dtv

vjb

Lexikon des Mittelalters
VII

Planudes bis Stadt (Rus')

Deutscher Taschenbuch Verlag

Band 1: Aachen – Bettelordenskirchen
Band 2: Bettlerwesen – Codex von Valencia
Band 3: Codex Wintoniensis – Erziehungs- und Bildungswesen
Band 4: Erzkanzler – Hiddensee
Band 5: Hiera-Mittel – Lukanien
Band 6: Lukasbilder – Plantagenêt
Band 7: Planudes – Stadt (Rus')
Band 8: Stadt (Byzantinisches Reich) – Werl
Band 9: Werla – Zypresse
Anhang: Stammtafeln, integriertes Großregister

Oktober 2002
Deutscher Taschenbuch Verlag GmbH & Co. KG,
München
www.dtv.de
© Coron Verlag Monika Schoeller & Co., Lachen am Zürichsee
1999
Das Werk ist urheberrechtlich geschützt.
Sämtliche, auch auszugsweise Verwertungen bleiben vorbehalten.
Umschlagkonzept: Balk & Brumshagen
Umschlaggestaltung unter Verwendung eines Ausschnittes aus dem Teppich von Bayeux
(© AKG, Berlin)
Druck und Bindung: Druckerei C. H. Beck, Nördlingen
Gedruckt auf säurefreiem, chlorfrei gebleichtem Papier
Printed in Germany · ISBN 3-423-59057-2

INHALTSVERZEICHNIS

	Seite
Herausgeber und Berater mit ihren Fachbereichen	VII
Redaktion	VIII

	Spalte
Stichwörter von Planudes bis Stadt (Rus')	1–2208
Mitarbeiter des siebenten Bandes	2209
Übersetzer des siebenten Bandes	2221
Verzeichnis der Abbildungen	2221
Erscheinungsdaten der Lieferungen	2221

DIE HERAUSGEBER UND BERATER MIT IHREN FACHBEREICHEN IM LEXIKON DES MITTELALTERS

Alphabetische Reihenfolge. Stand: Oktober 1995

ANGERMANN, NORBERT, Hamburg: *Geschichte Rußlands, Litauens und der baltischen Ostseeländer*

BAUTIER, ROBERT-HENRI, Paris: *Französische Geschichte im Spätmittelalter*
BERGHAUS, PETER, Münster (Westf.): *Numismatik*
BERNHARD, MICHAEL, München: *Geschichte der Musik*
BIEDERMANN, HERMENEGILD M., OSA †, *Geschichte der Ostkirche*
BINDING, GÜNTHER, Köln: *Die mittelalterliche Baukunst in Europa in formaler, typologischer und stilistischer Hinsicht*
BRIESEMEISTER, DIETRICH, Berlin: *Romanische Literaturen und Sprachen (Teilbereich)*
BRÜCKNER, WOLFGANG, Würzburg: *Volkskunde*
BRÜHL, CARLRICHARD, Düsseldorf: *Langobarden; Italien im Hochmittelalter*
BRUNHÖLZL, FRANZ, München: *Mittellateinische Sprache und Literatur*
BULLOUGH, DONALD A., St. Andrews: *Englische Geschichte im Hochmittelalter*

VAN CAENEGEM, RAOUL, Gent: *Englische Rechtsgeschichte*
CAVANNA, ADRIANO, Milano: *Italienische Rechtsgeschichte*
CONTAMINE, PHILIPPE, Paris: *Französische Geschichte im Spätmittelalter; Kriegswesen*
CORSTEN, SEVERIN, Bonn: *Schrift-, Buch- und Bibliothekswesen*

DILG, PETER, Marburg a.d. Lahn: *Geschichte der Botanik; Geschichte der Pharmazie*

ELBERN, VICTOR H., Berlin: *Kleinkunst*
ENGELS, ODILO, Köln: *Geschichte der Iberischen Halbinsel*
ENGEMANN, JOSEF, München; Golling: *Archäologie der Spätantike und des Frühchristentums*
VAN ESS, JOSEF, Tübingen: *Arabische Welt*

FAHLBUSCH, FRIEDRICH BERNWARD, Bonn: *Städtewesen*
FAROQHI, SURAIYA, München: *Geschichte der Osmanen*
FERLUGA, JADRAN, Münster (Westf.); Motovun: *Byzantinische Geschichte und Kultur*
FLECKENSTEIN, JOSEF, Göttingen: *Frühmittelalter*
FRANK, KARL SUSO, OFM, Freiburg i.Br.: *Patristik*
FRENZ, THOMAS, Passau: *Heraldik*

GABRIEL, ERICH, Wien: *Belagerungsgeräte, Feuerwaffen*
GAMBER, ORTWIN, Wien: *Waffenkunde, Rüstungswesen*
GERRITSEN, WILLEM P., Utrecht: *Mittelniederländische Literatur*
GRUBER, JOACHIM, München: *Spätantike, Westgoten*

HÄGERMANN, DIETER, Bremen: *Technik und Materielle Kultur*
HAMANN, GÜNTHER †, *Geschichte der Geographie und der Reisen im Mittelalter*
HANNICK, CHRISTIAN, Würzburg: *Geschichte der Ostkirche*
HARRIS, JENNIFER, Manchester: *Kostümkunde*
HÄUSSLING, ANGELUS A., OSB, Maria Laach; Benediktbeuern: *Liturgie*
HEINZELMANN, MARTIN, Paris: *Hagiographie*
HERDE, PETER, Würzburg: *Historische Grundwissenschaften*
HINZ, HERMANN, Tübingen: *Archäologie des Mittelalters*
HÖDL, LUDWIG, Bochum: *Philosophie und Theologie des Mittelalters*
HÜNEMÖRDER, CHRISTIAN, Hamburg: *Geschichte der Zoologie*

JUNG, MARC-RENÉ, Zürich: *Romanische Literaturen und Sprachen (Teilbereich)*
JÜTTNER, GUIDO, Berlin: *Geschichte der Mineralogie und Alchemie*

KLEMM, CHRISTIAN, Zürich: *Tafelmalerei*
KÖLZER, THEO, Bonn: *Langobarden; Italien im Hochmittelalter*

KROESCHELL, KARL, Freiburg i.Br.: *Rechts- und Verfassungsgeschichte*
KÜHNEL, HARRY †, *Realienkunde des Mittelalters*

LÜBKE, CHRISTIAN, Berlin: *Geschichte Ostmitteleuropas im Hoch- und Spätmittelalter*
LUDWIG, KARL-HEINZ, Bremen: *Technik und Materielle Kultur*

MAKSIMOVIĆ, LJUBOMIR, Beograd: *Geschichte Südosteuropas*
MEINHARDT, HELMUT, Gießen: *Philosophie und Theologie des Mittelalters*
MERTENS, VOLKER, Berlin: *Deutsche Literatur*
MORAW, PETER, Gießen: *Deutsche Geschichte im Spätmittelalter*
MORDEK, HUBERT, Freiburg i.Br.: *Kanonisches Recht; Kirchengeschichte und Kirchenverfassung*
VON MUTIUS, HANS-GEORG, München: *Geschichte des Judentums*

NEUENSCHWANDER, ERWIN, Zürich: *Geschichte der Mechanik, Mathematik und Astronomie*
NEWTON, STELLA M., London: *Kostümkunde*

ONASCH, KONRAD, Halle (Saale): *Russische Kunst*
OURLIAC, PAUL, Toulouse: *Romanisches Recht (unter Mitarbeit von DANIELLE ANEX-CABANIS, Toulouse)*

PÁSZTOR, EDITH, Roma: *Häresien*
PATSCHOVSKY, ALEXANDER, Konstanz: *Häresien*
PATZE, HANS, Göttingen: *Deutsche Geschichte im Spätmittelalter*
PLOTZEK, JOACHIM M., Köln: *Buch-, Wand- und Glasmalerei; Mosaikkunst*
PRINZING, GÜNTER, Mainz: *Byzantinische Geschichte und Kultur*

REINLE, ADOLF, Zürich: *Skulptur*
RESTLE, MARCELL ST., München: *Byzantinische Kunst*
RICHTER, MICHAEL, Konstanz: *Keltologie*
RILEY-SMITH, JONATHAN, London: *Geschichte der Kreuzzüge*

ROBERG, BURKHARD, Bonn: *Kirchengeschichte und Kirchenverfassung*

RÖSENER, WERNER, Göttingen: *Agrar- und Siedlungsgeschichte*

ROSSI, LUCIANO, Zürich: *Romanische Literaturen und Sprachen* (Teilbereich)

RÜEGG, WALTER, Veytaux: *Humanismus; Universitäten, Schulwesen*

SAUER, HANS, Dresden: *Altenglische Literatur; Mittelenglische Literatur*

SCHIPPERGES, HEINRICH, Heidelberg: *Geschichte der Medizin*

SCHMID, HANS †, *Geschichte der Musik*

SCHREINER, PETER, Köln: *Historische Grundwissenschaften in Byzanz, Südost- und Osteuropa*

SCHULZE, URSULA, Berlin: *Deutsche Literatur*

SCHWENK, SIGRID, Göttingen: *Jagdwesen*

VON SEE, KLAUS, Frankfurt a. Main: *Skandinavische Literatur; Politische und Rechtsgeschichte Skandinaviens* (unter Mitarbeit von HARALD EHRHARDT, Oberursel)

SEMMLER, JOSEF, Düsseldorf: *Mönchtum*

SPRANDEL, ROLF, Würzburg: *Handel, Gewerbe, Verkehr, Bergbau, Bankwesen*

STOOB, HEINZ, Münster (Westf.): *Städtewesen*

STOREY, ROBIN L., Carlisle: *Englische Geschichte im Spätmittelalter*

SVEJKOVSKÝ, FRANTIŠEK, Chicago: *Slavische Literaturen*

TABACCO, GIOVANNI, Torino: *Geschichte Italiens im Spätmittelalter*

TIETZE, ANDREAS, Wien: *Geschichte der Osmanen*

VERHULST, ADRIAAN, Gent: *Agrar- und Siedlungsgeschichte; Geschichte der Niederlande*

VISMARA, GIULIO, Milano: *Italienische Rechtsgeschichte*

VONES, LUDWIG, Köln: *Geschichte der Iberischen Halbinsel*

WEIMAR, PETER, Zürich: *Römisches und gemeines Recht*

WERNER, KARL FERDINAND, Paris; Rottach-Egern: *Geschichte Deutschlands und Frankreichs im Hochmittelalter*

ZAPP, HARTMUT, Freiburg i. Br.: *Kanonisches Recht*

ZERNACK, KLAUS, Berlin: *Geschichte Ostmitteleuropas im Spätmittelalter*

REDAKTION LEXIKON DES MITTELALTERS

Redaktion München

Dr. Mag. phil. GLORIA AVELLA-WIDHALM
Dr. LISELOTTE LUTZ
ROSWITHA MATTEJIET, M. A.
ULRICH MATTEJIET, M. A.

Arbeitsstelle Lexikon des Mittelalters
am Historischen Seminar der Universität Zürich

Dr. CHARLOTTE GSCHWIND-GISIGER
Dr. THOMAS MEIER

P

FORTSETZUNG

Planudes, Maximos (Mönchsname; Taufname; Michael), byz. Gelehrter, * um 1255 in Nikomedeia, † um 1305 in Konstantinopel, gewann nach Studien in Konstantinopel die Gunst Michaels VIII. und stellte seine Lateinkenntnisse in den Dienst der Unionspolitik des Ks.s, wurde aber nach Michaels Tod 1282 auch von dessen Sohn, dem Unionsgegner Andronikos II., wegen seiner überragenden Gelehrsamkeit geehrt und gefördert.

1283 noch im Dienst der Kaiserkanzlei bezeugt, wurde er einige Zeit danach Mönch in einem »ksl. Kl.« mit einer »ksl. Bibliothek«, möglicherweise identisch mit dem →Chora-Kl., hielt sich später aber auch zeitweilig im Akataleptos-Kl. auf. Zugleich war er Titularabt eines Kl. auf dem kleinasiat. Auxentiosberg. Gelegentlich versah er noch diplomat. Aufgaben im Dienst der Kirche (Unionsverhandlungen mit den Armeniern) oder des Staates (Gesandtschaft nach Venedig), widmete sich aber im wesentl. den Wissenschaften und der Lehrtätigkeit. Er verfaßte emendierte Textausgaben bzw. Komm. zu antiken Dichtern (Pindar, Hesiod, Theokrit, Arat, Tryphiodor, Nonnos), Dramatikern (Sophokles, Euripides, Aristophanes) und Prosaschriftstellern (Thukydides, Plutarch); er redigierte und kommentierte Buch 1 und 2 der Arithmetik des Diophant und gilt auch als Wiederentdecker der ptolemäischen Geographie für Byzanz. Ferner übersetzte er (z. T. zusammen mit einem kleinen Arbeitsteam) eine Reihe lat. Werke, sowohl theol. (v. a. Augustinus, »De Trinitate«) als auch profaner Autoren (Cicero, »Somnium Scipionis«, mit dem Komm. des Macrobius; Ovid, Juvenal, Ps.-Cato Maior; Boethius, »De consolatione philosophiae« u. a. Werke). Außerdem schrieb er Abhandlungen zur Grammatik, ein Rechenbuch (unter Verwendung der ind.-arab. Ziffern), rhetor. und kleinere theol. Werke, Dichtungen, eine größere Zahl von Briefen und gab Sammlungen von Exzerpten, Sprichwörtern und Epigrammen (Ausgabe der »Anthologia Graeca«; →Anthologie) heraus. Er stand in Verbindung mit bedeutenden Persönlichkeiten seiner Zeit wie General Alexios Tarchaneiotes Philanthropenos, dem Staatsmann Nikephoros →Chumnos, dem Astronomen Manuel →Bryennios, dem späteren Patriarchen →Johannes XIII. Glykys und der gebildeten, dem Palaiologenhause entstammenden Theodora Raulaina. Auch als Lehrer genoß er hohes Ansehen. Sein bekanntester Schüler und Mitarbeiter war Manuel →Moschopulos. Wahrscheinl. ist aber auch der hervorragende Textkritiker Demetrios Triklinios von ihm beeinflußt. Der gelehrte Staatsmann Theodoros →Metochites verdankte ihm manche Anregung. F. Tinnefeld

Lit.: Catholicisme XI, 488–490 – Oxford Dict. of Byzantium III, 1991, 1681f. – PLP, Nr. 23308 – RE XX 2, 2202–2253 – Tusculum-Lex.³, 647–650 – C. N. Constantinides, Higher Education in Byzantium in the Thirteenth and Early Fourteenth Centuries (1204 – ca. 1310), 1982 – N. Wilson, Scholars of Byzantium, 1983 – C. Gallavotti, Planudea (zu Forts. I–II, BZ 75, 1982, 99; Forts. III–X, Boll. dei Classici, ser. III, 2, 1981; 3, 1982; 4, 1983; 8, 1987; 10, 1989; 11, 1990).

Plasencia (= ut placeat Deo et hominibus), Stadt, von Alfons VIII. v. Kastilien 1186 am Fluß Jerte gegr. (Alta Estremadura/Kastilien). Ihre strateg. günstige Lage erlaubte eine Kontrolle der Pässe der Sierra de Gredos, begrenzte die Expansion des Kgr.es León nach S hin und ermöglichte die Eroberungszüge in muslim. Gebiete. Die →Fueros (1189, um 1208) stimmten weitgehend mit denen des benachbarten →Béjar überein. 1188 oder 1189 wurde P. zum Bm. erhoben, das außer den Gebieten v. P. und Béjar auch noch nicht zurückeroberte Orte (Trujillo, Medellín, Santa Cruz, Monfragüe) umfassen sollte. Die befestigte Stadt wurde zum polit. und wirtschaftl. Mittelpunkt ihres weit ausgedehnten Jurisdiktionsbereichs (Terminus; umfaßte an die 70 besiedelte Ortschaften), zu dem noch einige bereits im 13. Jh. belegte Adelsherrschaften (u. a. Almaraz, Belvís) kamen. Die Wiederbesiedlung zog sich bis ins 14. Jh. hin (Campo de Arañuelo). Die Gesch. der städt. Gesellschaft (jüd. und muslim. Minderheiten) und die des →Concejo (Stadtrat) unterschied sich nicht von der anderer Städte der kast. Estremadura: Der zunächst gemäß den Bestimmungen des Fuero offene, Mitte des 14. Jh. verkleinerte Concejo schickte bis 1391 Vertreter zu den →Cortes. Seit 1190 beteiligte sich die Stadt an Städtebünden und →Hermandades. Mit dem Aufkommen der Trastámara-Dynastie (1369) wurde P. zum Objekt der Begierde versch. Adelsfamilien, bes. der →Stúñiga (seit 1396 Herren v. Béjar): Pedro de Stúñiga war seit 1442 Gf. v. P. und erst nach dem Tode seines Nachfolgers, Álvaro de Stúñiga, fiel die Stadt 1488 wieder an den Kg. zurück. Die Adelsherrschaft fiel mit dem Beginn der demograph. und wirtschaftl. Expansion P.s zusammen (Stadt: 1494 Vollbürger, Terminus: 4890 Bürger; adlige Herrschaftsenklaven: 3465 Bürger [im ganzen an die 45000 Einw.]). Das Stadtbild wandelte sich zw. 1450 und 1550 (Palast der Stúñiga, Häuser des Doktor Trujillo, Dominikanerkonvent und Klarissenkl., neue Kathedrale, Rathaus, Stapelhaus [Mehlwaage], Aufpflasterung der Straßen usw.). Dank der günstigen Lage P.s nahe der wichtigsten Gebirgspässe und steigender Zahlen der durchziehenden Viehherden konnten die Weidegründe optimal genutzt werden, die reichen landwirtschaftl. Anbaugebiete von La Vera und dem Tal des Jerte wurden geschützt, 1496 wurde das Jahrmarktsprivileg v. P. erneuert.

M. A. Ladero Quesada

Lit.: M. A. Ladero Quesada, Rentas condales en P. (1454–88) (Ders., El siglo XV en Castilla, 1982), 168–189 – E. de Santos Canalejo, La hist. medieval de P. y su entorno geo-histórico, 1986 – B. Palacios Martín, Alfonso VIII y su política de frontera en Extremadura, En la España Medieval 15, 1992, 77–96.

Plassenburg → Kulmbach

Plastik

I. Allgemein; Westen – II. Byzantinischer Bereich – III. Altrußland – IV. Islamischer Bereich.

I. Allgemein; Westen: Unter den modernen Begriffen P., Skulptur, werden heute dreidimensionale figürl. und ornamentale Gestaltungen aller denkbaren Techniken und Materialien zusammengefaßt; Bildhauer, Bildschneider oder Bildschnitzer arbeiten v. a. in Stein oder Holz. Schon bei →Hrabanus Maurus, bezeichnenderweise in karol. Zeit, erscheint auch der Begriff P. für Stuck- und Tonarbeiten, De univ. XXI, 8: »De plastis. Plastice est parietum ex gypso effigies signaque exprimere, pingereque coloribus. Platein autem dictum Graece, quod Latine est fingere terra vel gypso similitudines. Nam et impressa argilla formam aliquam facere, plastis est, unde et protoplastus est dictus homo, qui ex limo primus est conditus.« Womit auch der Schöpfergott als erster Plastiker in Erinnerung gerufen wird.

Die sehr unterschiedl. überlieferte ma. P. tritt in unserem Lexikon in zahlreichen Artikeln in Erscheinung, welche sich den Materialien und Techniken, der Fülle der Aufgaben, dem Stand der Künstler und einer Auswahl von Meisternamen widmen. Zur Steinplastik v. a. →Bauplastik, →Portal, →Königsgalerie, →Wasserspeier, →Atlant, →Kirchenausstattung, →Altar, →Retabel, →Taufbecken, →Ambo, →Kanzel, →Kathedren, →Zelebrantensitze, →Buchpult, →Sakramentshaus, →Totenleuchte, →Grabmal, →Ölberg, →Kreuzweg, →Wegheiligtümer, →Denkmal, →Rolandfigur, →Brunnen, →Weihwasserbecken. Holzplastik erscheint an Holzbauten, aber auch Stein imitierend z. B. an got. Gewölben, an Getäfern und Decken, bei Kirchenmobiliar wie→Retabeln, →Kanzeln, →Chorgestühl, →Thronen, →Bänken, →Grabmälern. Meist sind die →Andachtsbilder, →Wallfahrtsbilder und die Prozessionsfiguren aus Holz, letztere oft mit Silber oder Gold beschlagen. Aus →Bronze oder →Messing sind viele sakrale Gefäße und Geräte wie →Kruzifixe, →Kreuzfüße, →Leuchter, →Weihrauchfässer, →Taufbecken, →Wassergefäße, Glocken, →Grabmäler, Großplastiken von →Denkmälern, sowie die Mehrzahl der profanen Kleinplastiken gearbeitet. →Eisen erreichte hohen künstler. Rang gegen 1500 v. a. in der →Grabmalkunst. Der künstler. Anteil der Edelmetalle →Gold und →Silber an der ma. Sakralplastik wie →Büsten und figurengezierten →Reliquienbehältern, v. a. →Reliquienschreinen, war enorm. Tragende Kerne bzw. Modelle waren oft in Holz geschnitzt. – Zu den edlen Werkstoffen zählte auch das →Elfenbein, daneben war das billigere Material der →Beinschnitzerei gebräuchlicher. →Diptychen, →Buchdeckel, Kästchen, Büchsen und Einzelfiguren entstanden im einen und andern Material. – Die →Tonplastik, mit antiker und oriental. Vergangenheit, kommt in der →Bauplastik, wie an der autonomen Figur, bei Öfen und →Gefäßen vor, zumeist glasiert. →Stuck, von den Römern reichl. als Bauzier verwendet, erscheint als Material v. a. der →Bauplastik im FrühMA, aber auch in Romanik und Gotik. Weniger bekannt ist die Tatsache, daß im MA als Material für P.en Kunststein, Papiermasse, Wachs, Leder und Pergament verwendet wurden, schließlich Stickerei, die auf Paramenten und profanen Prunkgewändern Hochreliefs bildete. – Zur P. zählen auch die Kleinkunstwerke wie→Münzen, →Medaillen, →Gemmen und →Siegel.

Wesentl. zum Erscheinungsbild der P. gehörte in den meisten Fällen eine ganze oder partielle farbige Fassung, über Kreidegrund, selbst bei »kostbaren« Stoffen wie Elfenbein. Bei Gold- und Silberarbeiten bildeten Steine und Emails oder Niello eine Bereicherung. Am Ende der Gotik, so bei Riemenschneider und Meister H. L., tritt Darbietung des Holzmaterials, immerhin mit Karnatpartien, auf. Tonplastiken erhielten polychrome Glasuren, andere wurden wie Stein- oder Holzplastiken gefaßt. Nicht zur Fassung rechnete man Elemente wie echte Haare, Gewänder oder Realien wie die den Drachen bei Notkes St. Georg in Stockholm formenden Elchgeweihe, ferner echte Kronen oder Waffen. A. Reinle

Lit.: RDK II, 582–614 [Bildhauer, Bildschnitzer], 614–622 [Bildhauerbildnis], 622–625 [Bildhauerkunst], 625–639 [Bildhauerzeichnung]; VII, 743–826 [Fassung von Bildwerken] – H. Wilm, Die got. Holzfigur, 1923, 1940[2] – H. Huth, Künstler und Werkstatt der Spätgotik, 1925, 1967[2] – E. Carli, La scultura lignea it., 1960 – M. Baxandall, The Limewood Sculpture of Renaiss. Germany, 1980

II. Byzantinischer Bereich: Bei der Erforschung der byz. Kunst war das genus P. bis vor kurzem Schlußlicht und Stiefkind zugleich. Im allg. beschränkte man sich darauf, die spätantike und frühbyz. P. als erlöschendes Nachleben der antiken P. zu verstehen, von der man auch Beurteilungs- und Qualitätsmaßstäbe übernahm sowie darüber hinaus den Bilderstreit und die Orthodoxie für Niedergang und Ende dieses genus in Byzanz verantwortl. zu machen, auch wenn eine solche Sicht durch die Q. nicht nur nicht gedeckt ist, sondern sich sogar als falsch erweist (→Byz. Kunst, III). Der unverhältnismäßig hohe Verlust an figürl. P. mag durch die Wiederverwendbarkeit von Metall und wertvollem Stein, vielleicht auch durch die anikonischen Trends der osman.-islam. Umwelt bedingt sein. Zum Bereich der P. in der Architektur →Bauplastik, II und →Kapitell. An figürl. Reliefplatten (s. u. Relief) aus Architekturzusammenhang hat sich fast nur erhalten, was als Beute des 4. Kreuzzuges von →Konstantinopel nach →Venedig gekommen war oder aus nz. Grabungen bzw. Funden stammt. Die figürl. Rundp. stand in der frühbyz. Zeit automatisch, sowohl funktional als auch formal, in der röm.-spätantiken Tradition. Öffentl. Staatsdenkmäler in Anlehnung an röm. Vorbilder (Reliefsäulen des Theodosios und Arkadios) wie Bronzestandbilder der jeweiligen Ks. (erhalten die Bronzestatue Leons I. [?], der sog. Koloß von →Barletta), aber auch mit deutl. eigener Prägung (Reliefs am Sockel des Hippodrom-Obelisken) wurden weiterhin errichtet. Spätestens im 6. Jh. hat man dann auch ältere Statuen umbenannt und wiederverwendet (Justinians Reiterstandbild auf dem Augusteion), wenngleich sicher auch noch eigenständige Statuen entstanden (Beamtenporträts aus →Ephesos; Porphyr-Kaiserkopf in Venedig, sog. Carmagnola; Kaiserinnenkopf im Castello Sforzesco, Mailand). Selbst in palaiolog. Zeit wurde noch ein Ehrensäule für Michael VIII. errichtet mit Bronzestandbild des Erzengels Michael und dem mit einem Stadtmodell vor diesem knienden Ks. (Q.- und Bildbelege; wiederverwendete ältere Teile?). Der größte Anteil byz. P. dürfte im Relief geschaffen worden sein. Byzanz hat mit dieser Technik in allen Materialien und Maßstäben Wichtiges, z. T. sogar weithin Bestimmendes im MA geleistet. Auch hier liegen die Anfänge im 4. (Bruchstück eines figürl. Porphyrsarkophags) und 5. Jh. (figürl. Kindersarkophag in Konstantinopel) im Bereich der antiken Tradition. Vermutl. parallel dazu entstanden »gröbere« Arbeiten auf Kalksteinplatten (Sarkophagplatten von Taşkasap, Neufunde beim Silivrikapi) und, wohl sicher bereits nach dem 6. Jh. formal völlig neue, stärker stilisierte Lösungen (Stele des Arztes Johannes, Berlin, frühchr. byz. Slg.), die für das MA bestimmend wurden (Scheibenrelief). Neben ornamentalen Reliefplatten entstanden monumentale figürl. (10.–14. Jh.), die – vermutl. unter dem Einfluß der Elfenbeintechnik – teilweise höchste Verfeinerung und Qualität erreichten (Fragmente einer Maria orans, Arch. Mus. Istanbul; Platten in S. Marco in Venedig u. a. Orts in Italien). Die Schöpfungen byz. Elfenbeinschnitzer galten während des gesamten MA als Meisterleistungen und waren als solche auch von bes. Bedeutung für die ma. Kunst des W. Auch Ks. sollen sich in dieser Kunst geübt haben (ob das Triptychon im Palazzo Venezia in Rom, ein wichtiges Werk des 10. Jh., tatsächl. Konstantin VII. Porphyrogennetos zugeschrieben werden kann, ist fraglich). Zu Einzelheiten

→Elfenbein. Auch auf diesem Terrain ist die Chronologie nicht gesichert. Die Massierung der Denkmäler ins 10. Jh. muß heute als obsolet angesehen werden. Dabei wird deutl., daß auch in der palaiolog. Zeit eine hochentwickelte Elfenbeinp. entstanden ist. Für P. in Holz →Holzschnitzkunst. Selbst bei Ikonen verschafft sich die Reliefp. Eingang, und dies nicht nur im Material Holz (Georgsikone, Byz. Mus. Athen), sondern auch in getriebenem Metall, aus dem nicht nur der Rahmen, sondern auch die gesamte Ikone hergestellt sein kann (Michaelsikonen im Schatz von S. Marco, Venedig: vergoldetes Silber mit Email). Ein wichtiges genus der byz. Reliefp. bilden Münzen und Siegel, die zwar als Ausgangspunkt wiederum das spätantike Münzrelief benützen, allerdings bald zu eigenständigen Lösungen mit den speziellen byz. Formprinzipien wie flaches Scheibenrelief, Frontalität u. ä. gelangen, die allerdings – im Gegensatz zu den übrigen genera der byz. P. – in der spätbyz. Zeit degenerieren.

M. Restle

Lit.: M. Restle, Konstantinopel, III (Skulptur), RByzK IV, 694–736 – J. Kollwitz, Oström. P. der theodosian. Zeit, 1941 – A. Grabar, Sculptures de Constantinople, 2 Bde, 1963, 1976 – R. Lange, Die byz. Reliefikone, 1964 – M. Restle, Kunst und byz. Münzprägung von Justinian I. bis zum Bilderstreit, 1964.

III. Altrussland: Zahlreiche frühma. Q. berichten von einer hochentwickelten Kunst der P. in Stein und Holz (s. a. Holzschnitzkunst) aller slav. Stämme und Völker bei der Gestaltung ihrer Idole (russ. kumiry, z. B. »knjaźbog« vom Zbruč). Auf der einen Seite verbot die kirchl. Vorschrift die Freip., auf der anderen war eine situationsmilitante Auseinandersetzung mit jener paganen Tradition notwendig, deren Denkmäler bis in das 13. Jh. reichen. Hinweise finden sich in der →Ikonenmalerei. Während die Freip. erst mit Ende unseres Berichtszeitraumes repräsentativ auftritt, ist skulpturaler Außenwandschmuck v. a. bei den Kirchen von → Vladimir-Suzdal (vgl. →Kirchenbau) sowie bei der künstlerischen Gestaltung des →Portals anzutreffen.

K. Onasch

Lit.: G. H. Hamilton, The Art and Architecture of Russia, 1954 – N. Pomerancev,, Russkaja derevjannaja skulptura – Russian wooden sculpture, 1967 – G. K. Vagner, Problema žanrov v drevnerusskom iskusstve, 1974, 72ff. – B. A. Rybakov, Jazyčestvo drevnych slavjan, 1981, 402ff.

IV. Islamischer Bereich: Die Araber vor dem Islam, v. a. die im S des Subkontinents, besaßen Skulpturen von Menschen und Tieren, in Bronze und Stein, insbes. Steinbüsten für Gräber; die Omayyaden (661–750) fuhren trotz des islam. Bilderverbots fort, ihre Residenzen mit Skulpturen und Reliefs zu versehen. Im Qaṣr al-Ḥair al-ġarbī (Syrien) ließ sich der Kalif Hišām (724–743) im Tortympanon sitzend als Herrscher mit sasanisierender Krone darstellen, umgeben von weibl. Büsten und figuralen Reliefs, die wohl zu einem noch unerklärten Programm gehören. Im Innern fanden sich Fragmente eines auf einem Thron sitzenden Herrschers, eines Reiterreliefs und von Balustraden mit Tierreliefs (Nationalmus. Damaskus). – Sein Nachfolger al-Walīd II. (743–744) war am Torgebäude von Ḫirbat al-Mafǧar (Jordanien) über einem emblemat. Löwenpaar als stehender Herrscher mit Schwert dargestellt. Innen dahinter fanden sich im Tambour einer Kuppel mehrere fast lebensgroße Skulpturen von nur mit einem Rock bekleideten, reichgeschmückten Frauen, die urspgl. farbig gefaßt waren; darüber Männer, die die Kuppel trugen (Rockefeller Mus., Jerusalem); sie werden als Hofpersonal gedeutet. Erhalten sind auch mehrere Reliefs mit anthropomorphen Darstellungen sowie kleine Skulpturen. – Wohl in die Zeit des gleichen Herrschers gehören Fragmente aus Stein mehrerer Torsi von Männern und Frauen sowie eines liegenden Löwen aus der unvollendeten Residenz, die Mschatta (Jordanien) genannt wird (Mus. für Islam. Kunst, Berlin; Mus. Amman). Der Stil der omayyad. Skulptur, insbes. der Figuren, unterscheidet sich klar von dem der Spätantike im Nahen Osten. – In der Kunst der türk. Selǧūqen kommen im 13. Jh. Skulpturen und Reliefs vor, meistens aus Stein, sonst aus Stuck, häufig von Fabeltieren und mit Tierkämpfen, wohl in einen astrolog. Kontext gehörend, aber auch von Rittern und Jägern (Mus. Konya; Mus. für Türk. und Islam. Kunst, Istanbul), auch an Stadttoren. K. Brisch

Lit.: R. W. Hamilton, Khirbat al Mafjar, 1959 – L. Trümpelmann, Die Skulpturen aus Mschatta, Archäol. Anzeiger, 2, 1965 – R. Ettinghausen, The Throne and Banquet Hall of Khirbat al-Mafjar, From Byzantium to Sasanian Iran and the Islamic World, 1972 – XVIIth European Art Exhibition, The Anatolian Civilizations III, 1983.

Platearius (de Platea), Ärztefamilie, an der Medizinschule v. Salerno tätig, aus der ein *Johannes* P. (jun., gegen Ende des 11. Jh.) und ein *Matthaeus* P. (jun., † 1161, vermutl. Sohn des vorigen und Lehrer des →Maurus v. Salerno) herausragen. Johannes wird als Verf. einer »Practica brevis« angesehen: Die patholog.-therapeut. Inhalte dieses nach Krankheiten systemat. geordneten Hb. wurden bald Bestandteil des tradierten Corpus Salernitani. Frühe Drucke zeugen von der Beliebtheit dieses Werkes bis in die NZ (Ferrara 1488, Venedig 1497 u. ö.). Eine Urinschr. (»Regulae urinae«) wird Johannes zu Unrecht zugeschrieben. So ist auch fraglich, ob Matthaeus P. für die – neben dem →Antidotarium Nicolai – wohl wirkungsmächtigste Salerner Drogenschr., das →»Circa instans«, und den →»Liber iste«, als Autor gelten darf, auch wenn dies der ma. Tradition entspricht und viele Pharmaziehistoriker bis heute daran festhalten.

H. H. Lauer

Lit.: Renzi II/2, 1–80 – Sarton II, 770; II, 241f. – Thorndike-Kibre, 91 [Practica brevis] – Verf.-Lex.[2] I, 1282–1285 [Circa instans]; V, 759–762 [Liber iste] – M. Neuburger, Gesch. der Med., II, 1906/11, 293, 303 – F. Hartmann, Die Lit. von Früh- und Hochsalerno, 1919 – K. Sudhoff, Die Salernitaner Hs. in Breslau, SudArch 12, 1929, 101–148 – G. Keil, Der 'kurze Harntraktat' des Breslauer 'Cod. Salernitanus' und seine Sippe [Diss. Bonn 1969].

Plāten (frz. *les plates*), im 13. Jh. über dem →Haubert, aber unter dem →Waffenrock getragene Brust- und Rückenplatten, aus denen sich in der 2. Hälfte des 13. Jh. der →Plattenrock entwickelte, welcher den Namen P. weiterführte.

O. Gamber

Lit.: V. Norman, Waffen und Rüstungen, 1965, 27.

Platina, Bartolomeo (Bartolomeo Sacchi), it. Humanist, * 1421 in Piadena (Cremona), † 1481 in Rom. War nach anfängl. Militärkarriere Nachfolger seines Lehrers Ognibene Bonisoli als Präzeptor der Söhne Ludovico Gonzagas in Mantua und setzte 1457 seine Studien in Florenz bei →Argyropulos fort. In Rom ernannte ihn Pius II. zum Apostol. Abbreviator. Unter Paul II. wegen seines Protestes gegen die Auflösung des Abbreviatorenkollegiums und seiner Mitgliedschaft in der einer antipäpstl. Verschwörung verdächtigten Akademie des →Pomponio Leto zweimal ins Gefängnis geworfen und gefoltert, wurde er von Sixtus IV., dem er seine Papstbiographien und »De falso et vero bono« widmete, zum Präfekten der Bibliotheca Vaticana ernannt (Fresko des Melozzo da Forlì im Vatikan). Sein traditionellen Q. wie dem LP verpflichteter »Liber de vita Christi ac omnium pontificum« zeigt in Rhetorik und Stil typ. humanist. Züge und publizist. Ziele: Sixtus IV. und Pius II. werden verherrlicht, Paul II. hingegen wird negativ dargestellt; die Wiederherstellung der Urkirche wird herbeigesehnt. P.s an der Kurie ent-

standene Schriften berühren sich mit seiner Produktion am Gonzaga-Hof: in die Papstgesch. wird Material aus seiner »Historia urbis Mantuae Gonzagaeque Familiae« übernommen; »De optimo cive«, Lorenzo de' Medici gewidmet, ist eine republikan. Bearbeitung der 1471 für Federico Gonzaga verfaßten Schrift »De principe«, die z. T. auch in den philos.-moral. Traktat »De vera nobilitate« einfloß. Sehr verbreitet war P.s gastronom.-moral. Kurztraktat »De honesta voluptate et valitudine«, der einen bes. Aspekt der von →Valla in »De voluptate« dargestellten chr.-epikureischen Synthese ausführt.
D. Coppini

Ed.: Liber de vita Christi..., ed. G. GAIDA, RIS 2, III, I, 1913-32 – De optimo cive, ed. F. BATTAGLIA, 1944 – Vita di Vittorino da Feltre, ed. G. BIASUZ, 1948 – De principe, ed. G. FERRAU', 1979 – Il piacere onesto e la buona salute, ed. E. FACCIOLI, 1985 – *Lit.:* B. Sacchi. Il P., hg. A. CAMPANA – P. MEDIOLI MASOTTI, 1986.

Plato v. Tivoli (P. Tiburtinus), vermutl. it. Abstammung, verfaßte einen Teil seines umfangreichen math. und astrolog. Werkes zw. 1132 und 1146 in Barcelona. Mit seinen Übers.en gehört er zu den frühen Vermittlern jüd. und arab. Wissenstraditionen an den lat. Westen. In Zusammenarbeit mit dem jüd. Mathematiker →Abraham bar Ḥiyya (Savasorda) übersetzte er u. a. 1138 als erster das »Quadripartitum« des →Ptolemaios nach einer arab. Fassung, ebenso 1145 die hebr. Geometrie (Liber embadorum) des Abraham bar Ḥiyya. Er wirkte auf →Leonardo Fibonacci und →Albertus Magnus.
H. H. Lauer
Q. und Lit.: DSB XI, 31-33.

Platon, Platonismus
A. Einleitung – B. Antike – C. Byzanz – D. Frühmittelalter – E. Judentum – F. Hochscholastik – G. Spätscholastik und Renaissance.

A. Einleitung
P.s Philos. ist nicht nur hinsichtl. der äußeren Form seiner Schr.en, sondern in ihrem innersten Wesen dialogisch. Die dem Menschen in seinem jetzigen innerweltl. Zustande annäherungsweise erreichbare Wahrheit ist nicht eindeutig und endgültig als These formulierbar, deshalb auch nicht ausschließl. einer bestimmten Dialogperson zuzuordnen. Die Wahrheit ereignet sich, immer wieder, im Gespräch zw. den Dialogpartnern (vgl. Platon, 7. Brief, 341 b–e). P.s Philos. liegt nicht als abgeschlossenes System vor, aber nicht, weil sie mit seinem kontingenten Todesdatum abbricht; sie weist vielmehr auf Grund ihrer inneren Dynamik über ihre fakt. Gestalt zu Lebzeiten P.s hinaus. Man muß P. weiterdenken, um ihn zu verstehen.

Diese Eigenart platon. Philosophierens hat deutl. Folgen für ihre Wirkungsgeschichte. Wegen ihres prozeßhaften dynam. Gesprächscharakters eignen sich die Originaldialoge P.s nicht als quasikanonisierte Texte für Schülerkommentare. Die in ihnen noch zusammengehaltenen dialekt. Spannungen führen schon in der Antike zu so entgegengesetzten philos. Richtungen wie der Akadem. Skepsis und dem Neuplatonismus. Jede Form von einengender Definition von »Platonismus« verbietet sich von daher. Er ist nicht als »Schule« zu begreifen, sondern als eine Grundsicht, die die uns gegebene Welt in ihrer endl. Andersheit als positiv und negativ in der Teilhabe (Partizipation) an der vollkommenen Einheit des ideenhaften Seins begründet sieht. Nicht Ideen sind das Zentrum platon. Weltsicht, sondern die Teilhabe an den Ideen als Begründung für Daß-Sein und Was-Sein der endl. Welt. Aufgrund der Teilhabe sind die endl. Dinge was sie sind, positive Abbilder der Ideen – weil nur durch Teilhabe, sind sie defizient abbildhaft, nicht-seiend in bezug auf alle Andersseienden (Platon: Symposion, Phaidon, Politeia, Parmenides, Sophistes, Timaios). Teilhabe bedeutet Anderssein zw. Participatum und Participans, nicht aber einen unüberbrückbaren Dualismus, sie meint gerade die – wenn auch defiziente – Präsenz des (christl. gesprochen) Göttlichen im Kreatürlichen. Die Rede von einem Chorismos ($\chi\omega\rho\iota\sigma\mu\acute{o}\varsigma$) ist nicht platonisch (vgl. E. HOFFMANN), der für den P.ismus zentrale Verweischarakter des Endlichen auf das Ewige vertrüge sich damit nicht; er trifft allenfalls zu auf ein durch materie- und sinnlichkeitsfeindl. gnost. und manichäisches Gedankengut eingefärbtes Platonverständnis.

P.s Ideen, bei ihm in noch ungeklärter Stellung unter der Idee des Guten, wurden gegen Ende des Mittelp.ismus (um Christi Geburt) zu urbildl. Gedanken des weltkonstituierenden Gottes, die Teilhabe an ihnen gewinnt im Neup.ismus (ab 3. Jh. n. Chr.) dynam. Aspekte in der Weltbegründungstrias $\mu o \nu \acute{\eta}$, $\pi \rho \acute{o} o \delta o \varsigma$, $\acute{\epsilon}\pi\iota\sigma\tau\rho o\varphi\acute{\eta}$ – Verharren, Hervorgang, Rückgang (lat. unum, exitus, reditus). Christl. verstanden: die ursprgl. Erschaffung der Welt ist von vornherein angelegt auf die abschließende vollendende Rückbindung an den Schöpfer; dieses Rückgerichtetsein gehört zum Wesen des Kreatürlichen. In dieser Weite verstanden ist sowohl P. selbst »Platoniker« als auch der Neup.ismus als auch die platonisierenden Richtungen des MA.
H. Meinhardt

B. Antike
I. Von der Älteren Akademie bis zu Numenios – II. Von Plotin bis zur Schließung der Akademie – III. Patristik.

I. VON DER ÄLTEREN AKADEMIE BIS ZU NUMENIOS: P.s Lehre, wie sie in seinen Schrr. (Dialogen und Briefen, alle erhalten) und in der nur in Umrissen rekonstruierbaren Altersvorlesung »Über das Gute« unsystemat. niedergelegt ist, versuchten seine Nachfolger in der →Akademie in ein System zu bringen. Dabei lag zunächst v. a. durch die Interpretation des »Timaios« der Schwerpunkt auf Ontologie, Kosmologie und Theol.: Der sichtbare Kosmos, in Hinblick auf die Ideen vom Demiurgen geschaffen und aus den vier Elementen aufgebaut, ist ein von der Weltseele zusammengehaltenes und vernunftbegabtes Lebewesen von ewiger Dauer. Er ist somit ein Abbild der Ideen, die das sich immer gleichbleibende Seiende bilden, das nur durch das Denken bzw. die Wiedererinnerung (Anamnesis) erfaßt werden kann, während die Erkenntnis der Sinne stets unvollkommene Meinung bleibt. Oberste Wesenheit ist die Idee des Guten, die als unwandelbares, immer mit sich selbst ident. Eines verstanden wird. Die Einzelseele ist göttlich und damit unsterblich; sie verläßt den Leib nach dem Tode. Richtiges Handeln ist klassifiziert durch die vier Kardinaltugenden Klugheit, Tapferkeit, Besonnenheit und Gerechtigkeit (→Tugenden und Laster). Umstritten blieben die Fragen nach der Beziehung von Ideenwelt zur Sinnenwelt und der Ideen untereinander sowie die nähere Wesensbestimmung der Ideen. Arkesilaos (ca. 316–241), der selbst nichts schrieb, knüpfte an die aporet. Frühdialoge P.s an und begründete eine skeptische Richtung der Akademie (Zurückhaltung jeglichen Urteils), die in Karneades (ca. 180–137) ihren bedeutendsten Vertreter fand. Antiochos v. Askalon, bei dem Cicero 79/78 in Athen studierte, kehrte wieder zur dogmat. Richtung der älteren Platoniker zurück und versuchte nachzuweisen, daß die von Sokrates ausgehenden Schulen der Akademie, des Peripatos und der Stoa in wesentl. Fragen und Lösungen übereinstimmten und in den Epikureern ihre gemeinsamen Gegner hätten. V. a. in Ciceros philos. Schrr. sind diese verschiedenen Richtungen rezipiert, während die Originalwerke verloren sind.

Die folgende Epoche von der zweiten Hälfte des ersten Jh. v. Chr. an ist charakterisiert teils durch ihren Eklektizismus, der zur Interpretation der Texte P.s auch auf Aristoteles und die Stoa zurückgreift, teils durch Ablehnung nichtplaton. Gutes. Fragen der Kosmologie werden am »Timaios« erörtert, eth. Probleme am »Theaitetos« (das Ziel menschl. Lebens ist Angleichung an Gott) und die Mythen der »Politeia« und des »Phaidros« zusammen mit der Frage nach der Stellung des Göttlichen im Kosmos (»Timaios«) bilden die Grundlagen einer auf Jenseits und Heilserwartung ausgerichteten Theol., auch wenn sie gegebenenfalls umgedeutet werden mußten (Philon v. Alexandria). Im Neup.ismus wird diese Richtung durch →Porphyrios, →Iamblichos und →Proklos fortgesetzt. Teilweise öffnet sich dieser Mittelp.ismus auch pythagoreischen und östl. Lehren: Numenios v. Apamea (2. Hälfte des 2. Jh.) beruft sich neben P. auch auf Pythagoras und Moses; der P.ismus wird zur allumfassenden Philosophie. Mit seiner Triadenlehre (Gott, Demiurg, Erzeugtes = dritter Gott) erreicht Numenios eine Vorstufe des Neup.ismus Gleichzeitig beeinflußt der P.ismus auch das entstehende Christentum (Iustinus). Die Originalwerke auch dieser Epoche sind verloren (Gaios; Vorlesungsnachschriften durch Albinos) oder nur fragmentar. erhalten (Eudoros, Timaioserklärung; Kalvisios Tauros, um 120, Referate bei Gellius, Fragmente bei →Johannes Philoponos, »De aeternitate mundi«; anonymer Theaitetoskomm.; Attikos bei Eusebios, Praeparatio Evangelica 11 und 15 und im Timaioskomm. des Proklos; Kelsos; Numenios). Einzelne Nachrichten bieten die Schrr. des eklekt. Platonikers →Plutarch (ca. 45–nach 120), die sich an ein weiteres Publikum wandten, und des →Apuleius. Als ein »Schulbuch des P.ismus« (DÖRRIE) kann man den »Didaskalikos« des Alkinoos (in älterer Forsch. mit einem Teil der Überlieferung Albinos zugewiesen) bezeichnen.

II. VON PLOTIN BIS ZUR SCHLIESSUNG DER AKADEMIE: Mit →Plotin beginnt die letzte Phase des antiken P.ismus, die erst seit der NZ als »Neup.ismus« bezeichnet wird, während seine Vertreter sich stets als Fortsetzer der Platon. Schultradition verstanden. Der P.ismus wird jetzt endgültig die herrschende philos. Richtung. Durch die hierarch. Gliederung des intelligiblen Kosmos in die Hypostasen des Einen, des Geistes und der Weltseele, die ident. ist mit den Einzelseelen, verbindet Plotin noch enger als P.s Teilhabedenken die geistige und sinnl. Welt. Aufgabe der Philos. ist es, die Seele aus der Körperlichkeit zu befreien und zu reinigen für eine myst. Einswerdung mit dem Einen. Nach Plotin schlägt sich die Beschäftigung mit P. in der Form des Komm. zu einzelnen Dialogen nieder (v. a. »Timaios«, »Politeia«, »Parmenides«, »Phaidros«, seltener »Philebos«, »Alkibiades I«, »Phaidon«, »Gorgias«). Porphyrios deutet einzelne philos. Aussagen der Texte, auch mit Hilfe der →Allegorie, während Iamblichos die für den späteren Neup.ismus verbindl. Form der Interpretation fand, die sich v. a. um den Hauptgesichtspunkt eines Textes bemühte (Proklos, Syrian, Hermeias). Der zunehmende oriental. Einfluß zeigt sich seit Porphyrios in der Rezeption der »Chaldäischen Orakel«; die Komm. dazu sind verloren. Indem die höchste ontolog. Stufe mit Gott gleichgesetzt wird, was im Mittelp.ismus vorbereitet wurde, wird die Philos. zur Theol. mit dem Ziel des regressus animae, der Rückkehr der Seele aus der sichtbaren in die intelligible Welt, nicht zuletzt mit Mitteln mag. Praktiken (Theurgie: Iamblichos). Porphyrios stellt die Frage nach dem Heil der Seele in den Mittelpunkt seiner vielfältigen und fruchtbaren Schriftstellerei. Enge Berührungen sowie mannigfache Befruchtungen und Auseinandersetzungen mit dem Christentum waren damit gegeben (Marius →Victorinus, →Synesios, →Augustinus, →Boethius, Johannes Philoponos). Zentrale Frage der Ontologie bleibt die Möglichkeit einer Verbindung der transzendenten mit der sinnl. Welt in Form zahlreicher Hypostasen (Theodoros v. Asine, Proklos). Vom 3. Jh. an werden weitere Schulen gegründet, so in Apamea in Syrien durch den Plotinschüler Amelios, dort wirkte später Iamblichos, dessen Schüler →Aidesios v. Kappadokien die Schule in Pergamon begründete, an der bes. die theol. Seite des Neup.ismus gepflegt wurde. Die bedeutendste Schule entstand in →Alexandria mit einer starken Ausrichtung auf math.-astronom. Stud. und Abkehr von theol. Spekulationen. In ihr wirkten v. a. →Hypatia, Synesios, →Hierokles, Hermeias (dessen Nachschrift eines Lehrvortrags des Syrianos über den »Phaidros« erhalten ist) und dessen Sohn Ammonios. Unter diesem wandte sich die Schule mehr den Stud. des Aristoteles zu, er verfaßte aber auch Komm. zu P. und zur Isagoge des Porphyrios. Zu seinen zahlreichen Schülern gehören u. a. →Damaskios, →Simplikios, →Olympiodoros und Johannes Philoponos.

Im 6. Jh. schrieb David einen nur armenisch überlieferten Komm. zu den Kategorien des Aristoteles; gr. erhalten ist seine Einführung in die Philos. und sein Komm. zur Isagoge des Porphyrios. Aus der Schule v. Alexandria, die mit der Eroberung durch die Araber 642 endete, gingen auch die athen. Schulhäupter Isidor, →Marinos und Damaskios hervor, nachdem seit 410 die Akademie wieder großes Ansehen gewonnen hatte. Seit etwa 437 leitete sie →Proklos mehr als 45 Jahre lang, der dem P.ismus die letzte systemat. Ausgestaltung gab und eine große Anzahl von Schülern anzog. 529 ließ Justinian die Akademie als Kultstätte heidn. Religiosität schließen (→Damaskios). J. Gruber

Ed.: Anonymus: H. DIELS–W. SCHUBART, Berliner Klassikertexte, 2, 1905 – Albinos: RE Suppl. XI, 22 – Alkinoos: J. WHITTAKER, 1990 – Ammonios Hermeiu: A. BUSSE, CAG 4,3–6 – Apuleius: P. THOMAS, 1907 [Neudr. 1970] – J. BEAUJEU, 1973 – Attikos: E. DES PLACES, 1977 – Chaldäische Orakel: E. DES PLACES, 1977 – David: A. BUSSE, CAG 18,2 – Hermeias: P. COUVREUR, 1901 [Neudr. 1971] – Numenios: E. DES PLACES, 1973 – Theodoros v. Asine: W. DEUSE, 1973 – s. a. die Einzelartikel – Lit.: K. PRAECHTER, Richtungen und Schulen im Neup.ismus (Fschr. C. ROBERT, 1910), 105–156 (= Kl. Schr., 1973, 165–216) – W. THEILER, Die Vorbereitung des Neup.ismus, 1930 (1964²) – PH. MERLAN, From Platonism to Neoplatonism, 1953 (1960², 1968³) – E. v. IVÁNKA, Plato Christianus. Übernahme und Umgestaltung des P. durch die Väter, 1964 – W. THEILER, Forsch. zum Neup.ismus, 1966 – W. BEIERWALTES, P. in der Philos. des MA, WdF 197, 1969 – The Cambridge Hist. of Later Greek and Early Mediev. Philos., hg. A. H. ARMSTRONG, 1970² – Entretiens sur l'Antiquité class., Fondation Hardt 21, 1975 (De Jamblique à Proclus) – M. BALTES, Die Weltentstehung des P. Timaios nach den antiken Interpreten, 2 Bde, 1976/78 – H. DÖRRIE, Platonica minora, 1976 – J. DILLON, The Middle Platonists, 1977 – C. ZINTZEN, Die Philos. des Neup.ismus, WdF 436, 1977 – I. HADOT, Le problème du néoplatonisme alexandrin, Hiéroclès et Simplicius, 1978 – A. H. ARMSTRONG, Plotinian and Chr. Studies, 1979 – C. MAZZARELLI, Bibliogr. medioplatonica, I–III, RFN 72/74, 1980/82 – C. ZINTZEN, Der Mittelp.ismus, WdF 70, 1981 – W. DEUSE, Unters. zur mittelplaton. und neuplaton. Seelenlehre, 1983 – F. P. HAGER, Zur Gesch., Problematik und Bedeutung des Begriffes »Neup.ismus«, Diotima 11, 1983, 98–110 – W. BEIERWALTES, Denken des Einen. Stud. zur neuplaton. Philos. und ihrer Wirkungsgesch., 1985 – N. AUJOULAT, Le néoplatonisme alexandrin. Hiéroclès d'Alexandrie, 1986 – S. GERSH, Middle Platonism and Neoplatonism in the Latin Tradition, 2 Bde, 1986 – H. DÖRRIE u. a., Der P.ismus in der Antike, 1987ff. – J. WHITTAKER, Platonic Philos. in the Early Cent. of the Empire, ANRW II. 36.1,

1987, 81–102 – H. D. SAFFREY, Recherches sur le Néoplatonisme après Plotin, 1990 – The Relationship between Neoplatonism and Christianity, hg. TH. FINAN – W. TWOMEY, 1992 – Neoplatonism and Gnosticism, hg. R. T. WALLIS, 1992.

III. PATRISTIK: Die neue christl. Religion hat sich von Anfang an in Richtung einer positiven Synthese der »heidnischen« Philosophie geöffnet (mit Ausnahmen, wie etwa der späte Tertullian, † um 222). Die damit entstehende Patristik sieht in den Platonikern ihre nächsten Geistesverwandten; die anderen philos. Schulen werden distanzierter gesehen.

Die herrschende philos. Richtung der Spätantike, der Neup.ismus (→Plotin, →Porphyrios, →Jamblichos, →Proklos), versteht sich von Anfang an bewußt als nichtchristl. heidn. Philosophie. Dennoch leisten mittel- und neuplaton. Inhalte und Begrifflichkeit im Zuge der Auseinandersetzungen des 4. Jh. (→Nikaia, →Konstantinopel) erhebl. Hilfe bei der Herausarbeitung der christl. Trinitätstheologie.

Am Ausgang der Patristik sind es v.a. zwei herausragende Denker, die den Neup.ismus ins Christliche wenden, jeder für sich, auf seine Weise, mit den je eigenen Schwerpunkten: →Augustinus im Westen, →Dionysius Areopagites im Osten. Augustinus ist durch Schr. Plotins mit der damals hochaktuellen neuplaton. Version des P.ismus vertraut geworden: Er feiert die »Platoniker« wegen ihrer Nähe zum Christentum, mag ihnen auch das Geheimnis der Menschwerdung und der Gotteskindschaft verborgen geblieben sein (Aug., Conf. VII; De civ. Dei, B. 8. und 10). Sein durch Plotin bereichertes theol. Denken läßt freilich dessen Einheitsmetaphysik zurücktreten, nicht gerade in der Nous-Spekulation, wohl aber in der Beschreibung der Schöpfung als gegenüber Gott seinsdefizient.

Anders etwa 100 Jahre später Dionysius Areopagites: Der Neuplatoniker Proklos ist für seine Philos. und Theol. nicht nur ein Baustein (wie Plotin für Augustinus), sondern der alles »zusammenhaltende Schlußstein« (J. KOCH, Augustin. ... Neup.ismus, 125). Die letzte und höchste Aussage über Gott ist »das Eine«; es ist erhaben über jegliche Vielheit, dennoch letzter Grund für sie. Alles Vielheitliche ist, insofern es eines ist. Das Eine selbst ist über jede Vielheit unendlich erhaben und als solches dem erkennenden und sprachl. Zugriff entzogen. Als »übereine« (ὑπὲρ ἕν – Proklos) göttl. Natur steht es noch über der Dreiheit der göttl. Personen (De mystica theol. V, MPG 3, 1045f.). H. Meinhardt

C. Byzanz →Philosophie, B

D. Frühmittelalter
Dem lat. MA war von den Originalschriften P.s nur sehr wenig zugänglich: Das FrühMA kennt nur einen Teil des Timaios (bis 53c) in der Übers. und Kommentierung des →Calcidius. Seit der Mitte des 12. Jh. kommen Menon und Phaidon (übers. von →Henricus Aristippus) hinzu, im späten 13. Jh. der Dialog Parmenides bis zum Ende der 1. Hypothese (mit dem Komm. des →Proklos, übers. durch →Wilhelm v. Moerbeke – vgl. R. KLIBANSKY, Proklos-Fund ...).

Alle anderen Q. liefern spätere Formen des P.ismus, v.a. neuplaton. Plotin-Texte bleiben bis zur Renaissance im lat. Sprachraum nahezu unbekannt, von →Porphyrios sind längere Textstücke in das Lat. gelangt. Mehrere vollständige Werke kannte man von Proklos, neben dem Parmenides-Komm. v.a. die Institutio Theologica und die Theologia Platonis, außerdem den zunächst für aristotel. gehaltenen, in Wirklichkeit proklisch-neuplaton. →Liber de causis.

Die erste brauchbare lat. Übers. des Corpus Dionysiacum lieferte im 9. Jh. →Johannes Scotus (Eriugena); zusammen mit seinem systemat. Hauptwerk »Periphyseon« legte er damit den Grundstein für die breite Wirkungsgesch. des dionysian. P.ismus. Dionysius lieferte ihm Hilfen, patrist.-chr. Trinitätstheologie, den chr. Schöpfungsbegriff einer willentl. creatio ex nihilo und die eschatolog. Vollendungserwartung in ein spekulatives System zu bringen.

Bei →Anselm v. Canterbury († 1109) liegt der P.ismus nicht so offen zutage, sondern muß als Implikat seines Denkens erst herausgearbeitet werden. So ist die Stringenz des sog. »ontologischen Gottesbeweises« abhängig von der nicht explizit formulierten Voraussetzung einer Präexistenz unserer Vernunftideen (hier des Gottesbegriffs) in Gott.

Höhepunkt der P.ismusgesch. im FrühMA ist die Schule v. →Chartres (11.–12. Jh.). In der Gotteslehre weisen die betonte Einheitsmetaphysik (→Thierry v. Chartres) und die bevorzugte →Negative Theologie auf den areopagit. Neup.ismus, neuplaton. Gedankengut entnimmt die Schule auch den Werken des →Boethius, v.a. aber ist es P.s Timaiosfragment mit dem Komm. des Calcidius, aus dem im Rahmen der Schöpfungslehre eine für die spätere Gesch. der Naturwiss. folgenreiche Naturphilos. entwickelt wird. H. Meinhardt

E. Judentum
Zentraler Ausgangspunkt für die neuplaton. Auffassung von Welt und Mensch ist der Prozeß der Emanation. Er geht vom absoluten Einen aus, durchläuft in seinem auf Selbstanschauung begründeten Fortgang durch den Dualismus von Form und Materie bestimmt die Phasen des Geistes, der Seele und der Natur, um beim Vielen der ird. Welt zu enden. Von diesem Ende aus findet der Mensch aufgrund seines Wesens, das die gesamte (emanierte) Wirklichkeit widerspiegelt zum Anfang, seiner höchsten Bestimmung, zurück, der dem Geiste nach immer schon ist und ursprgl. zugehört. Dieses Denken drang v.a. über die Philosophie →Plotins in die islam. Welt des 10. Jh. durch Kompilationen aus den Enneaden, verbreitet unter dem Namen »Der griechische Weise«, und durch die »Theologie des Aristoteles« sowie des pseudo-empedokleischen »Buches von den fünf Substanzen«. Die Durchdringung jüd. Tradition mit neuplaton. Gedankengut führte jedoch auch zu neuen, in der Tradition begründeten Problemen, z. B. Emanation/Schöpfung, Personalität Gottes, Wertung der Welt. Zu den wichtigsten Repräsentanten des jüd. Neup.ismus zählen: a) Isaak Israeli (→Isaac Judaeus; ca. 850–950). Er ist der erste bedeutende Vertreter des jüd. Neup.ismus, dessen Entwicklung seine Werke wesentlich beeinflußt haben. Bemerkenswert ist sein Gedanke, daß Materie und Form das Umgreifende, ontologisch Frühere und rangmäßig Höhere der Seinshierarchie sind und somit an der Spitze der Weltwirklichkeit stehen. Ihre Einheit bildet der Intellekt, dem Seele und Natur hierarchisch folgen (Buch der Substanzen). Der Aufstieg der Seele, der durch wachsende Selbsterkenntnis geschieht, endet bei ihm in der Vereinigung mit der ersten Form, dem unmittelbar von Gott geschaffenen Licht. b) Salomo ibn →Gabirol (1021/22–1057/58). V.a. im Ketär malkut (Königskrone) und seinem in lat. Übersetzung überlieferten Werk Fons vitae entspricht dem Emanationsabstieg der Seelenaufstieg als Erkenntnis-, Vervollkommnungs- und Heilsweg. c) Bachja ibn Paquda (um 1080). In seinem Werk Ḥobot hal-lebabot (Herzenspflichten) bildet der Neup.ismus den Rahmen für das ihn inter-

essierende Thema Gott und Seele. Da Gottes Wesen dem menschl. Denken verborgen bleibt und über allem geschaffenen Sein schlechthin erhaben ist, ist es alleinige Pflicht des Menschen, durch demütige Selbsteinschätzung, Selbstüberwachung und Bußfertigkeit geleitet, durch Vernunft und geoffenbartes Gesetz sich Gott liebevoll zuzuwenden. d) →Abraham bar Ḥiyya (gest. ca. 1136). In seinem Buch Hägjon han-näfäsh (Betrachtung der Seele) finden sich neben jüd.-traditionellen auch neuplaton. Elemente, die sich v. a. auf seine Lehre von der Emanation und Metempsychose beziehen. e) Josef ibn Zaddiq (gest. 1149). Seine Kosmologie und v. a. Anthropologie, dargelegt im Buch Ha-ᶜolam haq-qatan (Der Mikrokosmos), sind von neuplaton. Vorstellungen bestimmt. f) →Abraham ibn Ezra (1089?–1164). Er steht zwar in der Tradition jüd.-neuplaton. Philosophierens, orientiert sich aber an islam. Vorläufern bzw. Zeitgenossen, wie z. B. Avicenna. In seinem Werk Ḥaj ben Meqiṣ (Lebendiger, Sohn des Wachen) entwickelte er bedeutende eigene Positionen, z. B. durch die Einführung des Begriffs einer universalen Substanz im Unterschied zur Materie, der hierzu in Beziehung stehenden Lehre von den separaten Intelligenzen sowie die Individuation der Seele durch ihre Inkorporation. Nach Erstarken des Aristotelismus im 12. Jh. (→Maimonides) verlor der Neup.ismus an Bedeutung, und neuplaton. Elemente wurden nur dann übernommen, wenn es galt, die jüd. Tradition mit dem philos. Denken zu harmonisieren. Eine neue Blüte erfuhr er jedoch in dem Bestreben der →Kabbala, neuplaton. und gnost. Denkinhalte in jüd. Tradition zu integrieren und bestimmte somit wesentl. die Frömmigkeitsgesch. im SpätMA und in der Neuzeit. R. Schmitz

Lit.: J. HABERMANN, Joseph ibn Zaddik, The Microcosm, Transl. with Introd. and Notes, 1954 – S. M. STERN, Israel Israeli's Book of Substances, JJS 6, 1955, 135–145 – M. HYAMSON, Duties of the Heart by Bachya ben Josef ibn Paquda, 1962² – G. WIGODER, The Meditation of the Sad Soul (by) Abraham bar Chayya, 1969 – H. GREIVE, Stud. zum jüd. Neup.ismus. Die Religionsphilos. des Abraham ibn Ezra, 1973.

F. Hochscholastik

Das große geistige Ereignis des 13. Jh. ist der Eintritt des ganzen Aristoteles, also nicht mehr nur der log. Schriften, in das westl. Abendland (→Aristoteles, C. I). Die Übers.en ins Lat. entstammen zunächst arab. Versionen, verbunden oft mit neuplaton. gefärbten Kommentaren arab. Philosophen (→Averroes, Averroismus), es folgen dann aber immer mehr direkte Übertragungen aus dem Griechischen. Die Präsenz der arab.-neuplaton. Kommentare sorgt für eine – nicht unbedingt reflektierte – P.nähe der einsetzenden Aristotelesrezeption.

So sah →Albertus Magnus keinen Gegensatz zw. seinen Bemühungen, das Werk des Aristoteles durch paraphrasierende Kommentare seinen Zeitgenossen nahezubringen und seiner eigenen, deutl. neuplaton. Philos. und Theol.: »nur, wenn man beide kennt, die Philosophie des Aristoteles als auch die Platons, kann man es in der Philosophie zu etwas bringen« (Met. I, 5, 15).

→Thomas v. Aquin gehört ohne Zweifel in erster Linie in die Gesch. des Aristotelismus, sein P.bild ist das der aristotel. Kritik, der er sich mit Nachdruck anschließt (»haec – sc. Platonis – opinio irrationabilis«, S. th. I, 6, 4 c). Das hindert ihn nicht daran, in sein Denken ihm selbst vielleicht als solche nicht bewußte platon. Elemente einzubringen, etwa die Negationen in der Gotteslehre, die Begründungskategorie der Partizipation, die unum-exitus-reditus-Trias, die sich im Aufbau seiner »Summa theologiae« spiegelt.

Anders als Thomas pflegt man Meister →Eckhart eher dem platon. Denktypus zuzuordnen: Gott als das schlechthin Eine, das »üzliuhten-Ausleuchten« als Grund und Sinn der Vielheit (Predigt 1. DW I, 15, 10ff. – →Licht, Lichtmotorik), die →Abgeschiedenheit als höchste Tugend (DW V, 400ff.). Andererseits finden sich bei ihm auch Formulierungen, die von Gott als reinem Denken (LW V, 37ff.) reden oder das Sein mit Gott identifizieren: »das Sein ist Gott – esse est Deus (LW I, 156ff.); man muß sie wohl seins-metaphysisch-aristotel. verstehen.

G. Spätscholastik und Renaissance

Es gibt spätscholast. Autoren, die die gängige Aburteilung des SpätMA als verkrusteten Aristotelismus rechtfertigen könnten. Als solcher wäre etwa der Cusanus-Gegner →Johannes Wenck v. Herrenberg zu werten. Aber selbst er hat sich nachweisbar intensiv mit Dionysios Areopagites beschäftigt, dessen P.ismus freilich durch den pseudepigraphen Charakter seiner Schriften überdeckt wurde.

An Aristoteles vorbei greift dann aber →Nikolaus v. Kues (→Dionysius, C. V) unbefangen in die lange platon. Tradition und entwickelt sie, in positiver Reaktion auf zeitgenöss. →Nominalismus, zu einer Erkenntnislehre und Metaphysik von hoher spekulativer Dichte. In dieser Form wirkt der ma. P.ismus hinüber in die NZ, durch viele noch unaufgedeckte Kanäle, eindeutig nachweisbar aber über Giordano Bruno, zum Dt. Idealismus.

Der sog. Renaissance-P.ismus (Gemistos →Plethon, →Pico della Mirandola, Marsilio →Ficino) ist nur in seiner äußerl. Erscheinungsform etwas Neues. Die Accademia Platonica in Florenz (→Akademie) mit ihrer fast kulthaften Verehrung der Person P.s ist im eigtl. MA kaum vorstellbar. Vom Inhalt her gesehen bleibt der P.ismus der Renaissancephilosophen – trotz des durch die Übers. Ficinos erstmals zugängl. Gesamtwerkes P.s – 'traditionell': er zeigt die Spuren seiner langen Gesch., all der Wandlungen, die die Lebendigkeit einer geistigen Bewegung bezeugen.

H. Meinhardt

Lit.: [zu A., D., F., G.] Dict. of the MA IX, 694–704 [J. HANKINS] – E. HOFFMANN, P. und MA, Vorträge der Bibl. Warburg, 1926, 17–82 – R. KLIBANSKY, Ein Proklos-Fund und seine Bedeutung, SAH. PH, 5. Abh., 1929 – DERS., The Continuity of the Platonic Tradition during the MA, 1939 [Nachdr. 1981] – DERS., Plato's Parmenides in the MA and the Renaissance, MARS 1, 2, 1943 – J. KOCH, P. im MA, 1949 – DERS., Augustin. und dionys. Neup.ismus und das MA, Kant-Studien 48, 1956–57 – E. HOFFMANN, P. und Christl. Philos., 1960 – J. PIEPER, Scholastik, 1960 – P. in der Philos. des MA, hg. W. BEIERWALTES, 1969 – G. v. BREDOW, P. im MA, 1972 – H. MEINHARDT, Das Eine vor den Gegensätzen, Arch. für Begriffsgesch. 22, 1978, 133–154 – H.-B. GERL, Einf. in die Philos. der Renaissance, 1989.

Plattenharnisch, vollständiger Schutz des Körpers durch stählerne Platten, Röhren, Schienen und Buckel. Die Entwicklung des P.s begann gegen Ende des 13. Jh. durch ein additives System von Schienen, Scheiben und Buckel zur Verstärkung des Ringelpanzers an Armen und Beinen. Dieses lose Gefüge erhielt sich in Westeuropa und Dtl. bis ins 15. Jh. hinein, während die techn. führenden Mailänder →Plattner schon um 1350 bewegl. vernietete, zusammenhängende Arm- und →Beinzeuge erfunden hatten. Den Rumpf schützte der →Plattenrock, um 1350 gefolgt vom eng anliegenden, armierten »Lendner«. Um 1370 wurden Brustplatte und Bauchreifen bisweilen schon offen getragen, ein Rückenstück fehlte oder bestand aus zwei vertikalen Hälften. Zw. 1400 und 1420 vollendeten die Mailänder Plattner den P. als geschlossenes, bewegl. System, bestehend aus Visierhelm, horizontal geteiltem Brust- und Rückenstück mit Bauch- und Gesäßreifen, angehängten →Beintaschen, großen Harnischschultern, von denen die rechte für den Spieß ausgeschnitten war, Armzeugen und Handschuhen, →Diechlingen, Beinröhren und Panzerschuhen. Im Laufe des 15. Jh. kamen noch Verstärkungen für den Scheitel, für die Schultern und die Muscheln des Armzeugs hinzu, ferner ein »Vorschnallbart« für den →Helm. Deutsche und Franzosen bevorzugten einen symmetr. Aufbau des P.s mit Achseln samt angehängten Scheiben, Armzeugen aus drei Teilen, Beinzeugen mit Plattenschuhen. Seit etwa 1430 führte sich allmähl. der bewegl. Harnischkragen ein.

O. Gamber

Lit.: O. GAMBER, Stilgesch. des P.es, V, VI, Jb. der Kunsthist. Slg.en, 1953, 1955 – C. BLAIR, European Armour, 1958 – V. NORMAN, Arms and Armour, 1964.

Plattenrock, um die Mitte des 13. Jh. entstandener Körperschutz in Form einer vorne erhöhten Leibbinde aus vertikalen Eisenschienen, die in einen Waffenrock oder Lederrock eingenietet waren. Man nannte den P. *plate* oder *troîe* (→Neidhart v. Reuenthal). Er wich um 1350 dem eng anliegenden, ebenfalls armierten *lendner*. Auf dem Schlachtfeld bei →Visby (1361) haben sich in Massengräbern zahlreiche, damals schon veraltete P.e gefunden. B. THORDEMAN unterschied 6 Typen: Typus I–III als Leibbinden ohne Rücken, Typus I außerdem mit Bauchteil aus Horizontalschienen, Typus IV mit Achsel- und Rückenteil, Typus V und VI als ärmellose Jacken aus kleinen Platten bzw. Lamellen. O. Gamber

Lit.: SAN MARTE, Zur Waffenkunde des älteren dt. MA, 1867 – B. THORDEMAN, Armour of the Battle of Wisby 1361, 2 Bde, 1939/40.

Plattensee (ung. Balaton), größter See Mitteleuropas in W-Ungarn mit einer Fläche von 600 km², bereits den Kelten und Römern (als Lacus Pelso) bekannt, die an seinem Nordufer eine Heerstraße errichteten. Zur Zeit →Svatopluks I. lag unweit des Sees in →Mosapurg/Zalavár eines der Zentren des Großmähr. Reiches (→Mähren). Die Umgebung des P.s war im MA dicht besiedelt und gehörte meist kirchl. Grundherrschaften (Bf. v. →Veszprém, Nonnenkl. Veszprémvölgy, Erzabtei Pannonhalma/→Martinsberg), die auch einträgl. Fischereirechte besaßen. Im 12. Jh. erhielt die Atyus-Sippe mit ihrem Familienkl. Almádi (gegr. 1121) Güter am P.; ihr folgten andere weltl. Herrschaften. Im MA war das 1055 auf der Halbinsel Tihany gegr. Stift das wichtigste, den See überragende Zentrum, mit dem Grab Kg. Andreas' I. in der roman. Krypta. Zahlreiche weitere Benediktiner- und Pauliner-Kl. (z. B. Somogyvár, Kőröshegy, Sáska) sowie Burgen, deren Ruinen meist noch sichtbar sind (z. B. Tátika, Sümeg, Csobánc), wurden an beiden Ufern errichtet. J. Bak

Lit.: R. BÉKEFI, Kirchen und Burgen in der Umgebung des Balaton im MA, übers. M. v. SUFFLAY, 1907.

Plattner, Kunstschmied, der in techn. höchst schwieriger Arbeit den →Plattenharnisch herstellte, sowohl nach Maß, wie als Massenprodukt. Wie man aus dem Namen der bedeutendsten Augsburger P.familie (→Helmschmid) schließen kann, waren die P. aus den Helmschmieden hervorgegangen. Die Führung lag vom 14. Jh. an bei den Mailänder P.n, die auch den west- und nordeurop. Markt beherrschten, begünstigt durch ihre Freiheit vom Zunftzwang. Ihnen entstand um 1450 eine scharfe Konkurrenz durch die dt. P. in den Zentren Innsbruck, Augsburg, Landshut, Nürnberg und Köln, die allerdings dem Zunft- bzw. Innungszwang unterworfen blieben. Sie waren daher nicht so leistungsfähig wie die Italiener, lieferten aber sehr qualitätvolle Arbeit. O. Gamber

Lit.: O. GAMBER, L'Arte Milanese dell'Armatura (Storia di Milano 11, 1960), 708–756 – A. REITZENSTEIN, Der Waffenschmied, 1964 – M. PFAFFENBICHLER, Armourers, 1992.

Platz, freie, umbaute Straßenfläche regelmäßiger oder unregelmäßiger Form (platea, öffentl. Straße) als Versammlungsfläche zu wirtschaftl. (→Markt), polit., militär. und religiösen Zwecken, im MA nur selten bewußt als städtebaul. Element zur Gliederung des Siedlungskörpers oder zur Betonung repräsentativer Bauten eingesetzt. Gemäß der Hauptfunktion setzt sich meist eine Spezialbezeichnung (Marktp., Kirchp., Parade) durch. In städt. →Plananlagen wird häufig ein Baublock ausgespart und durch einen P. ersetzt, in ungeplanten Städten werden zunächst von Bebauung freigebliebene Flächen als P.e genutzt. Auch ländl. Siedlungen können von einem P. bestimmt werden (Anger-, Forta-, Radialwaldhufendörfer, Rundlinge). Einfachste P.form ist die verbreiterte Straße (Straßen-, Langrechteckmarkt, Anger); der meist von Straßen begrenzte große Zentralmarkt, über den regelmäßig die Landstraßen führen, wird zum beherrschenden Mittelpunkt der Stadt. Ein P. verändert Umriß und Fläche mit den an ihn gestellten Anforderungen. Ein Marktp. wächst bei steigendem Handelsvolumen auch auf Kosten von Bebauung in die zuführenden Straßen hinein (Neben-, Spezialmärkte). Andererseits können aus Marktständen dauerhafte Häuser werden (Überbauung von P. teilen). Am oder auf dem Hauptp. finden sich oft die weltl. und kirchl. →Gemeindebauten, in deren äußerl. Form sich das Selbstbewußtsein der Ortsgemeinde ausdrückt. Bei am Stadtrand gelegenen Vorratshäusern kann sich gleichwohl wie auch an den Toren aus rein prakt. Zwecken ein P. als Abstellfläche für Fuhrwerke bilden.

H.-K. Junk

Lit.: M. BORN, Geogr. der ländl. Siedlungen, 1977 – G. SCHWARZ, Allg. Siedlungsgeogr., 2 Bde, 1988f.⁴ – →Plananlage, städt.

Plautus im Mittelalter. Nachdem schon seit augusteischer Zeit keine Komödien mehr in Rom aufgeführt worden waren und auch die röm. Philologie (M. Valerius Probus) sich mit P. beschäftigt hatte, war in der späteren Ks.zeit der Dichter (gest. 184 v. Chr.) nur noch Grammatikern bekannt, die wegen archaischer und vulgärer Formen häufig aus den Werken des P. zitierten. Um 400 verfaßte ein Unbekannter, wahrscheinl. in Gallien, die Lesekomödie Querolus, eine breit angelegte prosaische Bearbeitung des Aululariastoffes, die fortan und durch das ganze MA fast immer gemeint ist, wenn von P. gesprochen wird. Denn vom echten P. hörte man jahrhundertelang nichts mehr. Die hs. auf uns gekommenen Textzeugen fanden fast keine Beachtung. P. gelangte ins MA erstens durch den Mailänder Palimpsest (Ambros. G 82 sup.), einen Capitaliscodex des 5. Jh., der wohl noch im späten 6. Jh. mit atl. Bibeltext reskribiert nach Bobbio gelangte, er blieb dem MA (und der NZ bis Anfang des 19. Jh.) unbekannt; zweitens durch ein (nicht erhaltenes) spätantikes Exemplar, von dem alle übrigen uns erhaltenen Textzeugen stammen (sog. palatin. Rezension). Die Gesch. dieses wichtigen Zweiges der Überlieferung ist weitgehend unbekannt. Daß ihr Archetypus in Italien entstand, darf vermutet werden; hier erhielt sich (aus einer Teilabschrift) die Kenntnis der ersten acht Komödien. Um die Jahrtausendwende tauchen die ersten Exemplare in S-Dtl. auf (zwei davon später im Besitz des Joachim Kammermeister/Camerarius: Heidelberg Pal. lat. 1615, 10./11. Jh. aus Freising; Vat. Pal. lat. 1613, 11. Jh.). Ein anderer Abkömmling desselben Archetypus scheint nach Frankreich ins Loiregebiet gekommen zu sein (Kollation des Adrianus Turnebus nach Exemplar von Sens z. T. erhalten). Die z. T. an plautin. Komödien erinnernden Titel der →Elegienkomödien des 12. Jh. (z. B. Aulularia,

Miles gloriosus) haben mit dem echten P. nichts zu tun. →Nikolaus v. Kues fand 1425 in Köln eine Hs. des 11. Jh. und brachte sie in den Besitz des Kard.s Giordano Orsini (cod. Ursinianus, Vat. lat. 3870); durch sie wurden auch die restl. 12 Stücke in Italien bekannt, wo noch zu Petrarcas Zeiten nur die ersten acht Stücke vorhanden gewesen waren. Die rasch einsetzende Beliebtheit in der Zeit der Renaissance äußert sich in Aufführungen, Übers.en und Nachbildungen, lat. und in den Volkssprachen seit der 2. Hälfte des 15. Jh.; erste dt. Übers.en durch Albrecht v. Eyb († 1475), gedr. 1511. F. Brunhölzl

Lit.: SCHANZ-HOSIUS I – REYNOLDS, Texts and Transmission, 1983, 302ff. [R. J. TARRANT] – M. v. ALBRECHT, Gesch. der röm. Lit., I, 1992, 162ff.

Pleas of the Crown ('Kronprozesse') betrafen Gerichtsfälle, meistens Kriminaldelikte, die nur vor dem Kg.sgericht verhandelt werden konnten; auch manchmal die Bezeichnung für Lehrbücher zum Kriminalrecht. Im SpätMA gehörten die P. of the C. zu den eigtl. Aufgaben des →King's Bench und wurden auch von den kgl. Reiserichtern (→Eyre) entschieden. Ihre Verbindung zur Krone ergab sich v.a. aus dem Recht des Kg.s auf die mit solchen Prozessen verbundenen Strafbußen und Einnahmen, aber auch aus der Verpflichtung des Kg.s, Gerechtigkeit zu üben und Frieden zu halten. Die Herkunft der P. of the C. ist schwer nachweisbar. Verzeichnisse in Q. aus der Zeit vor dem Common Law (→Engl. Recht), die über sie berichten, sind entweder unvollständig oder sehr unterschiedl. Herrscher behielten sich sowohl im ags. England als auch in der Normandie vor 1066 in der Regel die Jurisdiktion über bestimmte schwere Rechtsverstöße vor. Einige dieser Prozesse wurden für die angevin. Reformen von großer Bedeutung und erscheinen in dem Verzeichnis der der Krone vorbehaltenen Kriminalprozesse im »Glanvill-Traktat«, bei Hochverrat, Störung des Kg.sfriedens, Mord, Brandstiftung, Raub, Notzucht, Fälschung und Schatzraub. J. G. H. Hudson

Lit.: C. A. F. MEEKINGS, C.P. in the Wiltshire Eyre, 1249, 1961 – F. POLLOCK–F. W. MAITLAND, Hist. of English Law, 1968.

Pleichfeld, Schlacht bei. Im Frühsommer 1086 belagerte der (Gegen-)Kg. Hermann v. Salm die von der ksl. Partei gehaltene, strateg. wichtige Stadt →Würzburg. Die Belagerer waren stark genug, um das von Heinrich IV., der die Verbindung seiner nd. Gegner mit seinen obdt. verhindern wollte, herbeigeführte Entsatzheer am 11. Aug. 1086 bei (Ober-, Unter-)P. (nö. Würzburg) vernichtend zu schlagen. Zwar konnte einen Tag später der vom Ks. abgesetzte und durch Bf. Meginhard II. (→Meinhard v. Bamberg) ersetzte Bf. →Adalbero nach Würzburg zurückkehren, doch leitete der Ausgang des Kampfes keinen allg. militär. und polit. Umschwung ein. Denn die nach dem Abzug der Hauptmasse der Sachsen und Schwaben in Würzburg zurückgebliebene Besatzung war zu schwach, um dem bald mit einem neuen Heer zurückkehrenden Heinrich IV. standzuhalten. A. Wendehorst

Lit.: JDG H. IV. 4, 125–131 – K.-G. CRAM, Iudicium Belli, 1955, 148f., 158f., 167, 169, 215 – F. EBERT, Oberp., 1981², 21–25 – Unterfrk. Gesch., hg. P. KOLB–E.-G. KRENIG, 1989, 299f.

Pleier, der, mhd. Epiker, Schaffenszeit um 1240–70. Der Verfasser der drei Artusromane (→Artus, III) »Garel von dem blühenden Tal«, »Tandareis und Flordibel« und »Meleranz« nennt sich selbst 'P.', d.h. Schmelzmeister, was vermutl. »Künstlername« ist (Bildlichkeit der Metallverarbeitung für Dichtung: →Heinrich v. dem Türlin, →Konrad v. Würzburg, →Johann v. Würzburg). Die Reimsprache verweist auf den bayer.-österr. Raum, der Gönnerpreis im »Meleranz« nennt einen nicht sicher identifizierbaren 'Wîmar' (lit. Name?). Der »Garel« ist eine »Re-arthurisierung« des »Daniel« des →Stricker, »Tandareis und Flordibel« erweitert und problematisiert das arthur. Modell durch das des hellenist. Liebesromans (Konrad Fleck [→Florisdichtung, B. II]; →Rudolf v. Ems, »Willehalm v. Orlens«), der »Meleranz« führt Elemente des Feenromans (→Konrad v. Würzburg, »Partonopier«) parallel zum arthur. Thema durch. Diese strukturellen Erweiterungen werden durch die bewußte Wahrung der Gattungsidentität balanciert: Erzählerisch sind Motive und Konstellationen der älteren Artusromane verwendet und die Personen in ihrem Raum-Zeit-Gefüge situiert. Höfischer Exemplarik dient die ausführl. Darstellung von Eitkette und Zeremoniell. V. Mertens

Ed.: W. HERLES, Garel von dem blünden Tal von dem P. (Wiener Arb. z. germ. Altertumskunde und Philol. 17, 1981) – F. KHULL, Tandareis und Flordibel, 1885 – K. BARTSCH, Meleranz von dem P. (Stuttgarter Lit. Ver. 60, 1861) [Neudr. 1974] – *Lit.:* A. WOLFF, Unters. zu »Garel von dem blühenden Tal« von dem P. [Diss. München 1967] – W. HAUG, Paradigmat. Poesie, DVjs 54, 1980, 204–231 – P. KERN, Die Artusromane des P. (Phil. Stud. und Q. 100, 1981) – D. MÜLLER, »Daniel vom Blühenden Tal« und »Garel von dem blühenden Tal« (GAG 334, 1981) – H. P. PÜTZ, P.s »Garel von dem blühenden Tal«. Protest oder Anpassung? (Lit. und bildende Kunst im Tiroler MA, hg. E. KÜHEBACHER, 1982), 29–44 – A. KARNEIN, Minne, Aventiure und Artus-Idealität in den Romanen des späten 13.Jh. (Artusrittertum im späten MA, hg. F. WOLFZETTEL, 1984), 114–125 – W. HAUG, Literaturtheorie im dt. MA, 1985, 250–278 – W. SCHRÖDER, Das »Willehalm«-Plagiat im »Garel« des P. oder die vergebl. geleugnete Epigonalität, ZDA 114, 1985, 119–141 – D. BUSCHINGER, Ein Dichter des Übergangs. Einige Bemerkungen zum P. (Fschr. M. SZYROCKI, 1988), 137–149 – DIES., Die Widerspiegelung ma. Herrschaftsstrukturen im »Garel« des P. (Ergebnisse der 21. Jahrestagung 'Dt. Lit. des MA', 1989), 21–31 – V. MERTENS, 'gewisse lêre'. Zum Verhältnis von Fiktion und Didaxe im dt. Artusroman (Artusroman und Intertextualität, hg. F. WOLFZETTEL, 1990), 85–106 – CH. CORMEAU, »Tandareis und Flordibel« von dem P. Eine poetolog. Reflexion über die Liebe im Artusroman (Positionen des Romans im späten MA, hg. W. HAUG–B. WACHINGER, 1991), 39–53.

Pleißenland, hist. Landschaft in Mitteldt. An Maßnahmen Konrads III. und Lothars III. anknüpfend, baute Friedrich I. im Anschluß an alten Reichsbesitz um Altenburg seit 1158 zielstrebig ein dem Reich unmittelbar gehöriges Territorium auf, das sich vom altbesiedelten Land an der Pleiße bis an die Mulde erstreckte und im Zuge der gerade einsetzenden bäuerl. Kolonisation durch Rodung bis an den Kamm des w. Erzgebirges ausgedehnt werden konnte. Kl.gründungen (Remse 1165/70, Chemnitz 1136, Altenburg 1165/72), Förderung des Städtewesens (Reichsstädte Altenburg, Chemnitz, Zwickau) und Einsetzung von Burggf.en (Altenburg, Döben, Leisnig) trugen zur Festigung der Reichsgewalt bei, ein stets dem heim. Adel entstammender Reichslandrichter wirkte in Altenburg als Vertreter des Kg.s. Im Verband mit →Egerland und →Vogtland zeichnete sich ein weiter ausbaufähiges Reichsterritorium ab. Der Tod Heinrichs VI. und der nachfolgende Thronstreit machten diesen Plan zunichte; die kleinen Herrschaftsträger edelfreier und ministerialer Abkunft strebten nach eigener Landesherrschaft, wurden aber weitgehend von den Wettinern mediatisiert, denen das P. 1252 und dann nochmals unter Ludwig d. Bayern verpfändet wurde. Seitdem ging es im wettin. Territorialstaat auf. K. Blaschke

Lit.: W. SCHLESINGER, Egerland, Vogtland, P., 1937 [auch: DERS., Mitteldt. Beitr. zur dt. Verfassungsgesch. des MA, 1961, 188ff.] – BOSL, Reichsministerialität, I, 1950, 491ff. – D. RÜBSAMEN, Kleine Herrschaftsträger im P.... (Mitteldt. Forsch. 95, 1987) – K. BLASCHKE, Gesch. Sachsens im MA, 1990 [Karte: S. 140].

Plektrud, frk. Adlige, † p. 717, ⌐ St. Maria im Kapitol, ∞ Pippin d. M. P. stammte aus vornehmster austras. Familie: höchstwahrscheinl. Tochter der Äbt. →Irmina v. Oeren und des Seneschalls Hugobert und Schwester der Äbt. →Adela v. Pfalzel (HLAWITSCHKA gegen WERNER). Nach der Heirat (um 670) mit→Pippin d. M. begegnet sie als Mitausstellerin aller Urkk. des Hausmeiers. Nach dessen Tod 714 versuchte sie energ., die Rechte ihrer Enkel gegen ihren Stiefsohn →Karl (Martell) zu wahren, den sie in Köln gefangensetzte. 716 von den Neustriern zusammen mit den Friesen bedroht, mußte sie die Schätze aushändigen; der entkommene Karl konnte sie 717 zur förml. Anerkennung seiner Rechte zwingen. In dem von ihr gegründeten Stift St. Maria im Kapitol (Köln) fand sie ihr Grab. U. Nonn

Q.: MGH DD Merov. – Cont. Fredeg. 5–10; Liber hist. Fr. 48–53 (MGH SRM II) – Ann. Mettenses priores (MGH SRG 10) – *Lit.:* H. BONNELL, Die Anfänge des karol. Hauses, 1866 – I. HEIDRICH, Titul. und Urkk. der arnulf. Hausmeier, ADipl 11/12, 1965/66, 71–279 – S. KONECNY, Die Frauen des karol. Kg.shauses, 1976 – I. HASELBACH, Aufstieg und Herrschaft der Karl. in der Darstellung der sog. Ann. Mett. pr., 1970 – M. WERNER, Adelsfamilien im Umkreis der fr. Karolinger, 1982 [dazu E. HLAWITSCHKA, RhVjbll 49, 1985, 1–61] – R. A. GERBERDING, The Rise of the Carol. and the Liber hist. Fr., 1987 – I. HEIDRICH, Von P. zu Hildegard..., RhVjbll 52, 1988, 1–15.

Plenar heißt im frühen MA jedes, speziell ein in der →Liturgie verwendetes Buch, das ursprgl. getrennt tradierte Texte in einem Band vereinigt; im engeren Sinn bezeichnet es das →Missale plenarium oder plenum, in dem die verschiedenen Textsorten der Meßfeier (Gebet, Lesung, Gesang) zusammengefaßt sind. – Seit dem 13. Jh. geht der Begriff auf dt.sprachige Slg.en der gottesdienstl. Lesungen über; zu den Bibelperikopen treten predigtähnl. Erläuterungen (Glossen), die bald zu einer Kompilation verschiedenster spätma. Gattungen anwachsen (Homilien, Moralbelehrungen, →Miracula, →Fabeln, →Exempla, →Schwänke etc.). Die P.ien, die auch nichtreligiöse Dichtungen wie »Reineke de vos« oder das »Narrenschyp« beeinflussen, gehören zu den meistgedruckten Büchern vor der Reformation. Sie sind wichtige Zeugnisse für die Leseordnungen und die dt. Bibelübers. vor Luther, außerdem vorzügl. Q. für die Frömmigkeits- und Mentalitätsgesch. des ausgehenden MA. A. Franz

Lit.: Liturg. Woordenboek II, 1740f. – LThK² IX, 559f. – Verf.-Lex.² VII, 737–763 [Lit.] – W. KÄMPFER, Stud. zu den gedruckten mnd. P.ien, 1954 – A. A. HÄUSSLING, Das Missale dt., I, 1984 (LQF 66).

Pleskau → Pskov

Plethon (Georgios Gemistos), * kurz vor 1360 in Konstantinopel, † 26. Juni 1452 in Mistra, byz. Philosoph, stammte wahrscheinl. aus einer Familie des Klerus. P.s Aufenthalte im osman. Bursa oder in Edirne und Kontakte zu einem Juden Elisaios (Elischa) um 1380 sind möglicherweise gegnerische Unterstellungen, die seine Lehren mit islam. und jüd. Einflüssen in Verbindung zu bringen suchen. Um 1390 sind Verbindungen zu Demetrios →Kydones und Beziehungen zum Hof Ks. →Manuels II. feststellbar. Manuel II. 'befiehlt' ihm (wohl um 1407), zum Hof der Despoten v. →Mistra zu reisen; daß der Befehl auf Häresieverdacht beruhte, läßt sich nicht belegen. P. blieb als einer der höchsten, sog. 'kath.' Richter und Ratgeber der Despoten v. Mistra und des byz. Ks.s bis zu seinem Tode in Mistra, reich beschenkt – wie mehrere Urkk. beweisen – und hoch geachtet. 1437–41 war er Mitglied der gr. Delegation zum Konzil v. →Ferrara-Florenz; damals legt er sich den Namen 'Plethon' als Übersetzung von 'Gemistos' bei.

Unter den ca. 40 Schr. aus allen Wissensgebieten (u. a. zu Rhetorik, Grammatik, Musik, Geographie) seien erwähnt: Die »Beschreibung der Gesetze« (Νόμων συγγραφή, 3 B.), nurmehr in Frgm.en erhalten, da P.s Gegner, Patriarch →Gennadios II., alle erreichbaren Exemplare verbrennen ließ, legt P.s gesamtes philos. System dar. Unter den polit. Schr. faßt die Denkschr. an Ks. Manuel (1418) das staatspolit. Denken P.s am besten zusammen. Das 1439 in Florenz verfaßte Werk »Über die Unterschiede zw. Platon und Aristoteles« (Περὶ ὧν Ἀριστοτέλης πρὸς Πλάτωνα διαφέρεται) bewirkte eine lang andauernde Auseinandersetzung über dieses Thema in humanist. Kreisen Italiens.

Das theol.-polit. System P.s basiert auf Platon, den er in byz. Tradition, bereichert durch apokryphes (Pseudozoroaster), stoisches Gedankengut und die sog. chaldäischen Orakel, interpretiert. Aristoteles wird als Materialist und Atheist kritisiert, seine polit. Grundsätze aber z. T. übernommen. Der chr. Theol. wird vorgeworfen, nicht nach der Wahrheit zu streben. Die ird. Sphäre (33 Stufen vom Sein über log. Kategorien bis hin zum Anorganischen) hat ihre Entsprechung in der göttl. Sphäre (29 Stufen vom menschenliebenden Allvater Zeus bis zu den Dämonen). Die unsterbl. menschl. Seele trägt das Göttliche in sich; Tugend und Gerechtigkeit bedeuten, diesem ewigen göttl. Gesetz zu folgen. Die Freiheit des menschl. Willens besteht in der Bewußtwerdung der allg. und absoluten Notwendigkeit, der der Mensch unterworfen ist. Aus der Harmonie und freiwilligen Unterordung in der göttl. Sphäre leitet sich das soziale Verhalten des Menschen ab, das von der Vernunft, dem Logos geleitet wird. Zweck des in drei Klassen gegliederten Staates ist das εὖ ζῆν ('gut und glückl. Leben').

Zwar vermochte P. nur einen kleinen Kreis Eingeweihter (u. a. Kard. →Bessarion, Laonikos →Chalkondyles) für seine Lehren zu gewinnen, doch als 'letzte Summe' der byz. Geistesgesch. verdeutlichen die Schr. P.s die Kräfte, die in der byz. Tradition schlummern: die Philosophie befreit sich von ihrer Rolle als →'ancilla theologiae'. Als Mittler der byz.-platon. Tradition entfachte P. im W eine Begeisterung für Platon, die in der Errichtung der sog. Platon. Akademie des Cosimo →Medici 1462 ihren Höhepunkt erreichte. Der Condottiere und Humanistenfreund Sigismondo →Malatesta ließ als Ausdruck der P.-Verehrung die Gebeine des Philosophen in einem der Ehrengräber des von L. B. →Alberti gestalteten 'Tempio Malatestiano' zu →Rimini beisetzen. →Philosophie, Byzanz.

G. Weiß

Ed. und Übers.: Vgl. Tusculum-Lex. 1982³, 654f. [ältere Ed.] – G. G. P.: Traité des vertus, ed. B. TAMBRUN-KRASKER, 1987 – G. G. P.: Politik, Philos. und Rhetorik im spätbyz. Reich, hg. W. BLUM, 1988 – Contra Scholarii pro Aristotele obiectiones, ed. E. V. MALTESE, 1988 – G. G. P.: Contre les objections de Scholarios en faveur d'Aristote, hg. B. LAGARDE, Byzantion 59, 1989, 354–507 – Opuscula de Hist. Graeca, ed. E. V. MALTESE, 1989 – *weitere Werke* s. WOODHOUSE, BLUM – *Lit.:* BLGS III, 466f. [Lit.] – The Oxford Dict. of Byzantium, 1991, 1685 – F. MASAI, P. et le platonisme de Mistra, 1956 – TH. ST. NIKOLAOU, Αἱ περὶ πολιτείας καὶ δικαιοσύνης ἰδέαι τοῦ Γ. Πλήθωνος Γεμιστοῦ, 1974 – G. PODSKALSKY, Theologie und Philos. in Byzanz, 1977 – H.-G. BECK, Das byz. Jahrtausend, 1978 – HUNGER, Profane Lit. – I. P. MEDVEDEV, Neue philos. Ansätze im späten Byzanz, JÖB 31/1, 1981, 529–548 – D. MELČIĆ, Rechtshist. Journal 3, 1984, 225–242 – D. DEDES, Die wichtigsten Gründe der Apostasie des G. G. (P.), Φιλοσοφία 15/16, 1985/86, 352–375 – C. M. WOODHOUSE, George G. P., 1986 – M. TARDIEU, P., lecteur des oracles, Μῆτις, 1987, 141–164 – A. FIELD, The Origins of the Platonic Academy of Florence, 1988.

Pleydenwurff, Hans, frk. Maler und Glasmaler, * um 1420 Bamberg, † 1472 Nürnberg. In Bamberg ausgebildet, muß er eine längere Gesellenfahrt an den Niederrhein oder in die Niederlande unternommen haben, wo er v. a. die Kunst →Rogier van der Weydens studierte. Noch vor der Übersiedlung nach Nürnberg 1457 entstand das an Rogier orientierte Adorationsdiptychon mit dem Schmerzensmann und dem eindrückl. Bildnis des Domherrn Georg, Gf. v. Löwenstein (Basel/Nürnberg). 1462 wurde sein Hochaltar in der Elisabethkirche zu Breslau aufgerichtet (Breslau/Nürnberg). Sein reifstes Werk ist die Kreuzigung (München), Ausgangspunkt für seinen Schüler →Wolgemuth, der an der Ausführung des großen Altars aus der Michaelskirche in Hof (1465 dat., München) bereits weitgehend mitbeteiligt war.

Ch. Klemm

Lit.: A. STANGE, Dt. Malerei der Gotik, IX, 1958, 41–49 – R. SUCKALE, H. P. in Bamberg, Hist. Verein für die Pflege der Gesch. des ehem. Fs.bm.s Bamberg, Ber. 120, 1984, 423–438 – Nürnberg 1300–1550, Ausst. Kat. Nürnberg 1986, 83, Kat. 41.

Plinius. 1. P. d. Ä. im MA. Das umfangreiche und vielseitige schriftsteller. Werk des Gaius Plinius Secundus (des älteren P.), gest. 79 n. Chr., ist zum größeren Teil nicht über das Altertum hinausgelangt. Von Schriften geringeren Umfangs abgesehen, ist bes. schmerzl. der Verlust der 20 Bücher über die Germanenkriege, die schon z. Zt. des Redners Symmachus (epist. 4,18,7) nicht mehr vorhanden gewesen zu sein scheinen. Während ein grammat. Werk (Dubii sermonis libri VIII) noch aus den Fragmenten erkennbar ist, wurde eine Zeitgesch. in 31 Büchern (A fine Aufidii Bassi) wohl durch Tacitus verdrängt. Größte Bedeutung aber erlangte P. in der Folgezeit durch seine Enzyklopädie, die Naturalis historia in 37 Büchern. Das Werk wurde schon bald viel benutzt (erste Zitate bei Gellius 9,4,7 u. ö.) und ist eine der Hauptq. des →Solinus. Nach der Zahl der erhaltenen Fragmente aus dem Altertum selbst wäre P. nächst Vergil und Cicero an dritter Stelle gestanden (älteste Fragmente: Wien lat. 1a, saec. V[1]: CLA X 1470; Palimpseste ebenfalls saec. V: CLA X 1455, IV 421 und VI 725). Das eigtl. Charakteristische aber für die Überlieferung ist nicht ihre Dichte, sondern die durch den Aufbau des Werkes nahegelegte Herstellung von Auszügen, die mitunter zu selbständigen kleinen Handbüchern werden konnten. Deren berühmtestes Beispiel ist die →Medicina bzw. Physica Plinii, in der P. mit anderen Q. (dem Herbarius des →Ps.-Apuleius, →Solinus) verquickt ist und die in mehreren Fassungen vorliegt. – Ins MA müssen mehrere Hss. oder Teile des Werkes gelangt sein, die sich in eigenen Zweigen fortgepflanzt haben; es ist daher bei Benützung oder auch bei direkter Nennung des P. als Q. meist nicht zu entscheiden, ob es sich um Benützung eines vollständigen oder annähernd vollständigen Exemplars oder um einen Auszug aus dem Werk handelt. Isidor hat den P. vielfach herangezogen; ob unmittelbar oder aus zweiter Hand oder aus Auszügen, ist kaum zu entscheiden. Weiterer früher Gebrauch im MA weist auf England (Northumbrien, Zeit Bedas). Seitdem finden sich Spuren der Benützung oder auch Nennung des Autors in allen Jahrhunderten. →Johannes v. Salisbury z. B., der P. namentl. nennt, hat wahrscheinl. nur die Medicina Plinii gekannt. Das ganze Werk dürfte →Albertus Magnus vorgelegen haben, der den P. ausführl. zitiert, ihm aber, genauso wie dem Aristoteles, ggf. die eigene Beobachtung vorzieht. Der Übergang in die humanist. Zeit vollzieht sich ohne Unterbrechung bis zur ed. princeps von Venedig 1469. Gegenüber den bereits die Beobachtung als Erkenntnisquelle berücksichtigenden Gelehrten des späten MA (Albertus Magnus, →Roger Bacon) bedeutet die humanist. Einstellung zu P. eher wieder eine Stärkung seiner naturwiss. Autorität. Zahlreiche Drucke (über 50 bis zum J. 1600) und Kommentare, auch zu einzelnen Büchern.

F. Brunhölzl

Lit.: SCHANZ-HOSIUS – MANITIUS, I–III – CH. G. NAUERT bei F. E. CRANZ–P. O. KRISTELLER, Cat. translationum et commentariorum: Medieval Translations and Commentaries, IV, 1980, 297ff. – L. D. REYNOLDS, Texts and Transmissions, 1983, 307ff. – H. WALTER, Studien zur Hss.-Gesch. der naturalis historia des älteren P., Forsch.-ber. der Univ. Mannheim 1978–82, 1983, 227ff. – M. v. ALBRECHT, Gesch. der röm. Lit., II, 1992, 1008f. – →Medicina Plinii.

2. P. d. J. im MA. Der lit. Nachlaß des jüngeren P. ist nur unvollständig auf uns gekommen. Die poet. Versuche (Übers. griech. Epigr., Hendekasyllabi) gingen frühzeitig verloren, von den Reden sind z. T. noch die Titel bekannt. Vollständig erhalten ist allein die Slg. der privaten Briefe (9 Bücher) nebst dem offiziellen Briefwechsel mit Trajan aus der Zeit der Verwaltungstätigkeit in Bithynien (später Buch X); dazu kommt der Panegyricus auf Trajan. Das wohl auf P. selbst zurückgehende Corpus der 9 Bücher privater Korrespondenz war dem Apollinaris Sidonius (epist. 9,1,1) bekannt, der den P. nachahmte; es blieb im MA in verschiedenem Umfang am wichtigsten. Aber schon z. Zt. des Redners →Symmachus war eine Sammlung von 10 B. vorhanden. Im MA war die Überlieferung weit gestreut, aber nie sehr dicht; P. wird, wo man ihn nennt, auch geschätzt, doch ist Benützung stets vereinzelt und eine prägende Wirkung auf das geistige Leben hat P. im MA nicht ausgeübt. Seit dem 9. Jh. ist das 9-B.-Corpus für uns in mehreren Fassungen sichtbar. Von der 10-B.-Sammlung ist der Rest eines spätantiken Exemplars (New York, Pierpont Morgan Library M 462, 5./6. Jh.) erhalten. Aus der offiziellen Korrespondenz werden gelegentl. die Briefe über die Christen (10,96 und 97) zitiert (Flodoard, Ann. III). Eine erst im FrühMA wohl in Frankreich entstandene, auch in Italien verbreitete 100-Briefe-Sammlung (mit Schluß in Buch V) war den it. Frühhumanisten zunächst allein bekannt; schrittweise erst gelang d. Zusammenstellung eines 10 B. umfassenden Exemplars (nach dem Druck Venedig, Aldus 1508). Seitdem wurde P. Vorbild der Epistolographie, zumal in Frankreich. Der Panegyricus auf Trajan war bereits in der Spätantike Muster für Prunkreden auf Ks.; von diesen Reden wurden 12 (an erster Stelle der Panegyricus des P.) noch im Altertum zu einem Corpus vereinigt. Aus einer alten (vermutl. karol.) Hs. in Mainz, die dann verlorenging, wurde durch Giovanni →Aurispa das Corpus, das im MA außer seiner Erhaltung keine Rolle gespielt hatte, bekannt; von ihr stammen die humanist. Hss. ab.

F. Brunhölzl

Lit.: Praefationes der krit. Ausg.en – SCHANZ-HOSIUS – MANITIUS – R. SABBADINI, Le scoperte dei codici lat. e greci ne' sec. XIV e XV, 1914 – L. D. REYNOLDS, Texts and Transmission, 1983, 316ff., 289 – M. v. ALBRECHT, Gesch. der röm. Lit., II, 1992, 915f.

Plinthe → Basis

Pliska (gr. Πλίσκοβα), (proto-)bulg. Haupt- und Residenzstadt im 8./9. Jh., gelegen bei dem Dorf Aboba (jetzt P.) in NO-Bulgarien, ca. 85 km s. von →Durostorum und ca. 10 km n. der Festung Madara. Ihr slav. Name wird auf die Severen zurückgeführt (Siedlung bislang nicht nachweisbar; derzeit älteste archäolog. Funde: Reste von Wohnzelten protobulg. Stammesführer [mit Keramik des 8. Jh.]). Die heutige, ab 1899 auch durch Grabungen erforschte Ruinenstätte (23 km²) besteht aus der wohl zu Beginn des 8. Jh. von Wall und Graben umgebenen äußeren Stadt (nahezu ein Rechteck) sowie dem mitten in ihr gelegenen, von einer Quadermauer umschlossenen inneren Stadt-Quadrat (0,5 km²). Letzteres enthält drei Gruppen von Bauten: den Kleinen Palast, umgrenzt von einer weiteren (Ziegel-)Mauer, den Thronpalast (errichtet unter Chān→Omurtag über einem viel größeren, 811 bei der Brandschatzung P.s durch den byz. Ks. →Nikephoros I. zerstörten Vorgängerbau von Chān→Krum) sö. der Ziegelmauer, und die Hofbasilika sw. der Ziegelmauer. P., Fundort vieler protobulg. Inschriften, war auch durch mehrere in der Nähe gelegene Lager gesichert. Mit Einführung des Christentums durch Chān→Boris I. um 865 wurden nahe dem Palastviertel ein großes, für die kyrillomethodian. Mission bedeutendes Kl. und ca. 20 Kirchen bei den Erdhütten-Siedlungen im Bereich der äußeren Stadt errichtet. Mit der Verlegung der Residenz nach →Preslav unter Zar →Symeon verlor P. allmähl. an Bedeutung, ist aber noch bis ins 14. Jh. als Siedlung bezeugt. G. Prinzing

Lit.: SłowStarSłow 4, 1970, 139–147 – The Oxford Dict. of Byzantium, 1991, 1685f. [Lit.] – ST. STANČEV, P. und Preslav (Antike und MA in Bulgarien, 1960), 219–264 – V. BEŠEVLIEV, Die protobulg. Periode der bulg. Gesch., 1981, 459–476 – T. TOTEV, Les monastères de P. et de Preslav aux IXe-Xe s., Byzslav 48, 1987, 185–200.

Płock, Stadt in →Masowien, am rechten Weichselufer gelegen; im 8.–9. Jh. Siedlung auf dem sog. 'Schloßhügel', vielleicht polit. Stammeszentrum mit kult. Funktion. In der 2. Hälfte des 10. Jh., wohl im Zusammenhang mit dem Übergang an die →Piasten, wurde eine Burg errichtet (ca. 2 ha, Pfalz und Rotunde), vermutl. als Verwaltungszentrum. Nach 1047 war P. 'sedes principalis' einer der Prov. en Polens, seit ca. 1075 Bm.ssitz. Die Bf.e Alexander v. Malonne und Werner aus Burgund ließen Bauten errichten (roman. Dom 1144), importierten Kunstwerke (Bronzetüren, hergestellt in Magdeburg [heute in Novgorod]; P.er Bibel; Goldener Codex v. Pułtusk; Kelch und Schale des Fs.en Konrad I.) und förderten das lokale Kunsthandwerk. 1237 bestätigte Bf. Piotr den →hospites von P. in einer Urk. die Grenzen einer neuen civitas (Umfang ca. 15–20 ha), und verlieh ihnen Erbrecht für ihre Grundstücke (tabernae). Die ganze 'civitas' sollte der Gemeinschaft der hospites gehören, die individuelle Nutzung der Grundstücke dagegen dem →ius Polonicum unterliegen. Die Forsch. sieht in diesem Akt entweder eine Form der Verleihung des →ius Teutonicum (W. KUHN) bzw. des poln. Stadtrechts (G. LABUDA, T. ZEBROWSKI) oder den Versuch, lokale wirtschaftl. Erfordernisse mit dem poln. Rechtssystem zu harmonisieren (A. RUTKOWSKA-PŁACHCIŃSKA, K. BUCZEK). Seit der Mitte des 13. Jh. war P. Überfällen von Prußen (1243), Litauern und Ruthenen (1262, 1282, 1325) ausgesetzt und wurde zerstört; Anfang des 14. Jh. Bau des Schlosses und wahrscheinl. erneuter Lokationsversuch (→Lokator). P., ca. 1329–46 Lehen des Kg.s v. Böhmen, Johann v. Luxemburg, wurde z. Z. Kasimirs d. Gr. (1351–70) ummauert, erhielt erneut die Immunität (Stadtrat seit der 2. Hälfte des 14. Jh.), das Schloß wurde ausgebaut und 1356 die Pfarrkirche errichtet. Seit 1370 war P. Hauptstadt eines selbständigen Fsm.s, das, seit 1388 Lehen des Kg.s v. Polen, 1495 in das Kgr. Polen inkorporiert wurde. 1435 verlieh Fs. Władysław I. P. das Kulmer Stadtrecht (→Kulmer Handfeste). Nach dem Frieden v. Thorn (1466) exportierte P., seit dem 14. Jh. wirtschaftl. mit Preußen verbunden, v. a. Getreide und Holz nach Danzig. H. Samsonowicz

Lit.: Zbiór dokumentów i listów miasta P., I, 1065–1495, bearb. S. M. SZACHERSKA, 1975 – Dzieja P.a, hg. A. GIEYSZTOR, 1978².

Plön, Stadt in Schleswig-Holstein. [1] *Slavische Inselburg:* Als Anlage unbekannter Größe auf der Insel 'Olsborg' (4,7 ha) im Großen Plöner See errichtet und über eine 100 m lange Brücke mit dem Festland verbunden; die Gründung hängt mit Herrschaftskonzentration und Siedlungsausbau gegen Ende des 9. Jh. zusammen. Bei →Adam v. Bremen und →Helmold v. Bosau wird *Plune* als Burg- und Kultmittelpunkt eines größeren slav. Siedlungsgefildes beschrieben, wobei im Aufzählungskontext mit →Oldenburg, →Alt-Lübeck und →Ratzeburg nur ein bedeutender Ort von wohl eigenständigem dynast. Rang gemeint sein kann. 1139 wurde die Burg von →Holsten erobert und zerstört.

[2] *Deutsche Stadt:* Gf. Adolf II. ließ 1158 die alte Inselburg erneut befestigen und in ihrem Schutz auf der Festlandseite einen von Sachsen und Slaven besuchten Marktort nebst Kirche anlegen, der 1236 →Lübisches Stadtrecht erhielt. Die Burg wurde 1173 auf den 'Schloßberg' oberhalb der Stadt verlegt und blieb bis ins 13. Jh. eine wichtige Position in den Machtkämpfen um die Landesherrschaft.
I. Gabriel

Lit.: Hist. Stätten Dtl. I, 1964², 207ff. – H.-J. FREYTAG, Die Lage der slaw. und frühen dt. Burg P., ZSHG 110, 1985, 27–51.

Plotin (Plotinos), gr. Philosoph. [1] *Leben:* Nach der Biographie des →Porphyrios, der einzigen Q. für sein Leben, ist P. 205 geboren, wandte sich mit 28 Jahren der Philos. zu und war elf Jahre lang in Alexandria Schüler des Ammonios Sakkas. Angebl. um die Philos. der Perser und Inder kennenzulernen, schloß er sich 243 dem Feldzug Gordians III. gegen Sapor I. an, floh nach der Ermordung des Ks.s 244 nach Antiochia und kam im gleichen Jahr nach Rom. Erst nach zehnjähriger Lehrtätigkeit begann er zu schreiben. Aus Gesundheitsgründen siedelte er 268 nach Kampanien über, wo er 270 starb.

[2] *Schriften:* Porphyrios hat P.s 54 Schrr., die aus seiner Lehrtätigkeit hervorgingen, nach Sachgruppen geordnet und in sechs Enneaden gegliedert, zw. 301 und 305 herausgegeben. In der Vita teilt er auch die Chronologie der Schrr. mit, die eine ganz unsystemat., stets wechselnde und sich teilw. überschneidende Thematik erkennen läßt.

[3] *Lehre:* P. sieht sich als Interpret Platons, dessen Philos. er als das System versteht, wie es der →Platonismus nach Platons Tod entwickelt hat. Grundlage ist für ihn Platons Scheidung in eine sinnliche und eine geistige Welt. Diese teilt P. hierarch. in drei Hypostasen, das Eine, den Geist, die Seele. Über das Eine ist im Grunde keine Aussage möglich, es kann nur negativ durch das, was es nicht ist, beschrieben werden (Enn. 6,2,9,7). Als Urgrund aller Dinge teilt es sich den unteren Seinsstufen mit, ohne in seinem Sein eine Minderung zu erfahren. So wurde der seit Platon bestehende Chorismos zw. der intelligiblen und der sichtbaren Welt überwunden. Erkannt werden kann das überseiende und daher dem Denken nicht zugängliche Eine nur in einem myst. Akt des Aufstiegs der Seele, der als Leistung des Philosophierenden gesehen wird; P. soll die viermal gelungen sein. Die zweite Hypostase, den Geist, hat P., auf Parmenides fußend, mit dem Sein und der Summe der Ideen gleichgesetzt. Der Geist denkt die Ideen und sich selbst, er ist unwandelbar und ewig. Als Sein ist er zugleich vollkommenes Leben und Vorbild der sinnl. Welt. Die Weltseele ist unkörperl., göttl. Natur, lebt von sich aus und ist mit den Einzelseelen ident. (Enn. 4,2,2,52), die in die körperl. Welt hinabsteigen und aus ihr wieder zurückzukehren streben.

[4] *Rezeption in Spätantike und MA:* P. begründete keine Schule im eigtl. Sinne. Seine Lehrtätigkeit schlägt sich zuerst in verlorenen Schriften seiner Schüler und Hörer nieder, dann in Zitaten und Paraphrasen späterer Neuplatoniker. Auch chr. Autoren wie Eusebios, Kyrillos und Theodoros zitieren ihn oder verwenden seine Formulierungen (→Basilius d. Gr.). →Proklos schrieb (verlorene)

Komm. e zu den Enneaden. Mit →Simplikios und →Johannes Philoponos hört die direkte Benutzung zunächst auf. Mit →Plethon beginnt im W die erneute Beschäftigung mit P. Bei den Lateinern ziehen zuerst →Firmicus Maternus und Marius →Victorinus P. heran, der wohl auch Teile der Enneaden ins Lat. übersetzte (Aug. conf. 8,2,3); →Augustinus und →Macrobius kennen einige Schriften, vielleicht durch Vermittlung des Porphyrios. Sie geben die Kenntnis des P. an das lat. MA weiter, wo bes. die Einteilung der Tugenden aus Enn. 1,2, durch Macr. somn. 1,8,4–11 vermittelt, vielfach aufgegriffen wird. J. Gruber

Ed.: E. Bréhier, 1924ff. [mit frz. Übers.] – V. Cilento, 1947ff. [1986²ff.; mit it. Übers.] – P. Henry–R. Schwyzer, 1951ff. [1964²ff.] – R. Harder, R. Beutler, W. Theiler, 1956ff. [dt. Übers. mit Komm.] – A. H. Armstrong, 1966ff. [mit engl. Übers.] – R. Ferwerda, 1984 [ndl. Übers.] – J. Igal, 1984 [span. Übers.] – P. Hadot, 1988ff. [frz. Übers. mit Komm.] – Lit.: RE XXI, 471–592 [Lit. bis 1950] – J. H. Sleeman–G. Pollet, Lexicon Plotinianum, 1980 – H. van Lieshout, La théorie Plotinienne de la vertu, 1926 – Entretiens sur l'Antiquité class., Fondation Hardt 5, 1960 (Les Sources de P.) – J. M. Rist, P., 1967 – A. Slezák, Platon und Aristoteles in der Nuslehre P.s, 1979 – M. Isnardi Parente, Introduzione a P., 1984, →Platonismus.

Ploughgang → Carrucata

Plovdiv → Philippopel

Plumbator → Bullaria, Bullator

Plutarch im MA und Humanismus. Das umfangreiche Œuvre des Plutarchos v. Chaironeia (gest. nach 120): Moralia/ethica (69 Traktate versch. moralphilos. Themen [noch mehr sind bezeugt, aber verloren], einige Fragmente, einige zu Unrecht zugeschriebene) und Vitae parallelae (22 erhaltene Doppelbiographien gr. und röm. Staatsmänner, Herrscher und Feldherren, dazu vier Einzelporträts, weitere Parallelisierungen sind bezeugt) wurde bis ins 5./6. Jh. im W und O gelesen; Maximos →Planudes sammelte und archivierte vor 1300 die ursprgl. einzeln erschienenen und kursierenden Traktate und Viten.

Nach 1150 wird P. im lat. W zitiert, vor und nach 1375 am päpstl. Hof in Avignon erstmals eine Schrift (De cohibenda ira) ins Lat. übers., die Viten (fast komplett) ins Aragonesische. Um 1400 beginnt mit Manuel →Chrysoloras und C. →Salutati in Florenz die gelehrte Bemühung um einen 'Plutarchus Latinus', die im 16. Jh. fast die Form eines Wettstreites annahm; an ihm beteiligten sich →Erasmus, Budé, →Pirckheimer, Melanchthon, Simon Grynaeus und W. Xylander und zahlreiche andere Philologen (erste gr. Gesamtausg. von H. Stephanus, Genf 1572). Hieronymus Boner brachte die Vitae 'auß Latein' ins Dt. (Colmar 1541), Amyot 1559 ins Frz., North aus ihm 1579 ins Engl.: P. ist der hist. Lieblingsschriftsteller der frühen NZ geworden bis auf Schiller; die Moralität der eth. Schriften und die skizzierten Lebensbilder sind eine 'Bibliothek', eine lit. Summe weiser Lebensart und -führung, auch ein Fürstenspiegel. Rabelais (und folglich Fischart), Montaigne, Shakespeare und späteren ist er stoffl. Q. und noch mehr geistiges Archiv. Dem Erasmus war nächst der Bibel nichts heiliger (nihil sanctius) als P.; schon im 11. Jh. hatte Johannes →Mauropus des heidn. Literaten und frommen Philanthropen fürbittlich gedacht. R. Düchting

Lit.: R. Hirzel, P., 1912 – Gesch. der Textüberl. der antiken und ma. Lit., I, 1961, 296ff. – V. R. Giustiniani, Sulle traduzioni latine delle 'Vite' di Plutarco nel Quattrocento, Rinascimento (II) 1, 1961, 3–62 – W. Berschin, Gr.-lat. MA, 1980, bes. 308ff. – Ders., Sueton und P. im 14. Jh. (Biogr. und Autobiogr. in der Renaiss., 1983), 35–43 – R. Sühnel, P., Klassiker der Biogr., und seine Übers. Jacques Amyot (1559) und Sir Thomas North (1579) (Biogr. zw. Renaiss. und Barock, 1993), 129–156 – Kat.: F. J. Worstbrock, Dt. Antikerezeption 1450–1550 (I), 1976, 117–125 – Gr. Hss. und Aldinen, 1978, 106ff., 142ff. – Graecogermania, 1989 [s. Reg. 8c] – Gr. Geist aus Basler Pressen, 1992, bes. 141–161.

Pluviale, mantelartiges Kleidungsstück, das seit der 1. Hälfte des 9. Jh. zur liturg. →Kleidung zählte und sich im 10. Jh. allgemein durchsetzte. Im MA sprach man zunächst von der 'cappa', da der anfangs geschlossene und mit seitlichen Öffnungen für die Arme versehene Überwurf eine Kapuze trug. Von Italien aus setzte sich der Name P. (abgeleitet von 'pluvia') durch, der darauf hindeutet, daß sich das P. wie manch andere liturg. Gewandung aus der Alltagskleidung entwickelt hat, hier aus einem ehemals als Regenschutz verwendeten Mantel mit Kapuze. Die Form des P. wandelte sich zu einem halbkreisförmigen Gewand; es war vorne geöffnet und wurde von einer häufig reich geschmückten Agraffe zusammengehalten. Die Kapuze verlor ihre Funktion und entwickelte sich zu einem Schild (clipeus; mit Spitz-, seit dem 15./16. Jh. Rundbogen), das, wie oft das ganze P., reich mit Szenen der Heilsgesch., aus Hl.nviten u. a. bestickt wurde.

Aus einem monast. Festtagsgewand wurde das liturg. Obergewand zuerst der Kantoren, dann des Priesters und Bf.s, die es anstelle der Kasel als Parament bei der Tagzeitenliturgie (zum Altarinzens in Vesper und Matutin), bei Prozessionen, feierl. Segnungen und Weihen, bei Begräbnissen etc. trugen. Die Bf.e waren auch auf Synoden mit dem P. bekleidet. B. Kranemann

Lit.: →Kleidung, liturgische – DACL III, 1, 365–381 – LThK² VIII, 567f. – Liturgisch Woordenboek, 1965–68, 2216 – F. Bock, Gesch. der liturg. Gewänder des MA, 2, 1866 [Nachdr. 1970], 287–321 – J. Braun, Die liturg. Gewandung im Occident und Orient, 1907 [Nachdr. 1964], 306–358 – R. Berger, Liturg. Gewänder und Insignien (Ders. u. a., Gestalt des Gottesdienstes [GdK 3], 1987), 339f.

Pneuma → Heiliger Geist

Pneumatologie. Für das Verständnis der P. der Ostkirchen ist ihr Zugang zur Trinitätslehre entscheidend: von den drei Hypostasen zur Einheit Gottes in der Ousia (Wesen). Während noch Origenes subordinatianisch denkt, sind es Athanasios und v. a. Basileios, Gregor v. Nazianz und Gregor v. Nyssa, diese in der Auseinandersetzung mit den →Pneumatomachen, die sich um die Klärung der Lehre vom →Hl. Geist verdient machten, wobei ihnen die Hl. Schrift allein als Q. diente. Sie haben damit zugleich das 2. ökumen. Konzil (→Konstantinopel 381) wesentl. vorbereitet. In seiner Aussage über den Hl. Geist folgt dieses dem Vorangang des Basileios: Ohne ihn ausdrückl. »Gott« zu nennen, wie →Nikaia (325) dies gegenüber dem Sohn und dem Wort getan hatte, bietet der Artikel über den Geist eine »Beschreibung« seines Verhältnisses zu Vater und Sohn im innertrinitar. Geheimnis wie zur Schöpfung: Er ist der »Herr und Lebensspender, der vom Vater Ausgehende, der mit dem Vater zusammen Angebetete und zusammen Verherrlichte, der durch die Propheten gesprochen hat«. Damit ist seine Gleichwesentlichkeit mit dem Vater und dem Sohn ausgesprochen, die Herausforderung durch einen nicht schriftgemäßen philosoph. Ausdruck, wie es das ὁμοούσιος von Nikaia war, bewußt vermieden. In der Folge wurde das ἐκ τοῦ Πατρὸς ἐκπορευόμενον ('vom Vater ausgegangen') für die P. bedeutsam, weil darin Joh 15,26 nachklingt. Im übrigen sprechen die Väter gelegentl. vom Ausgang des Geistes auch von Vater und Sohn oder von beiden (→Epiphanios v. Zypern, † 403) oder »vom Vater durch (διά) den Sohn« (→Kyrillos v. Alexandria; →Johannes Damaskenos; auch das 7. ökumen. Konzil 787/Mansi 12,1122), was keineswegs nur von der missio ad extra verstanden werden kann.

Einen neuen Akzent setzte →Photios, der damit eine Wende im Verhältnis Orthodoxie/lat. Kirche und Ekklesiologie einleitete. In einer Enzyklika an die Patriarchen des Orients (867) beschuldigte er den Westen der Häresie wegen der, inhaltl. auf Augustinus zurückgehenden und in Spanien zuerst dem Symbolum eingefügten Lehre vom Ausgang des Geistes von Vater und Sohn (→filioque) und setzte ihr seine eigene, bisher von keinem Kirchenvater vertretene Aussage entgegen, daß der Sohn vom Vater allein ausgeht (MPG 102, 725). In seiner »Mystagogie des Hl. Geistes« (MPG 102, 263-391), verfaßt nach seiner zweiten Absetzung als Patriarch, verteidigte er seine These ausführlich. Er bestimmte damit den weiteren Weg der P. in der Orthodoxie, jedenfalls in der Dogmatik, bis heute. Versuche, die lat. Lehre dem Osten aufzuerlegen (Unionskonzil v. Lyon 1274) oder sie als gleichbedeutend mit der östlichen des διά auszuweisen (Konzil v. Florenz 1438/39) scheiterten. Ebenso Vermittlungsversuche gr. Theologen, bes. im Umkreis der beiden Unionskonzilien. Seit V. V. Bolotov (1898) versuchen v. a. russ. Theologen (s. S. Bulgakov, P. Evdokimov) die Kontroverse zu entschärfen; umgekehrt machen gr. Autoren das filioque für einen »Christomonismus« der kath. Kirche und für die Entwicklung ihrer Ekklesiologie, inklusive Primat, verantwortlich.   H. M. Biedermann

Lit.: DThC V, 692-828 – ThEE IX, 455-466 – S. Bulgakov, Le Paraclet, 1946 – P. N. Trembelas, Dogmatique de l'Église Orthod. Cath., I, 1966 [gr. 1959] – M. Blum, Basilius v. Cäsarea. Über den Hl. Geist, 1967 – M. A. Nissiotis, Die Theol. der Ostkirche im ökumen. Dialog, 1968 – Τὸ Ἅγιον Πνεῦμα, hg. J. E. Anastasiou, 1971 – P. Evdokimov, Présence de l'Esprit Saint dans la tradition orthod., 1977 – D. Staniloae, Orth. Dogmatik, I, 1985; II, 1990 – K. Chr. Felmy, Orth. Theol. Eine Einf., 1990.

Pneumatomachen ('Geistbekämpfer'), Bezeichnung für verschiedene ö. theol. Gruppen der 2. Hälfte des 4. Jh.'s, die zwar z. T. die wahre Gottheit des Sohnes Gottes anerkennen, aber den Hl. Geist entweder als Geschöpf ('Tropiker') oder als Mittelwesen zw. Gott und Geschöpf (Eustathianer) bestimmen. Originale Schrr. sind nicht erhalten. Ihre Lehren müssen aus den Schrr. der Gegner rekonstruiert werden (v. a. →Athanasios d. Gr., 4 Briefe an Serapion v. Thmuis [gegen 'Tropiker'], ca. 357/358; →Basilius d. Gr., Über den Hl. Geist [gegen Eustathianer], ca. 375). Nach 372 gründete →Eustathios v. Sebaste eine P.-Partei, die von weiteren Häuptern der ehem. →Homoiusianer als Kirche organisiert wurde (Zentrum Hellespontus). Auf dem Konzil v. →Konstantinopel 381 wurden die P. (als 'Semiarianer') anathematisiert. Der spätestens seit 383 (Cod. Theod. XVI, 5, 11) für die P. nachweisbare Name 'Makedonianer' wurde bald Selbstbezeichnung, obwohl der homoiusian. Bf. Makedonios v. Konstantinopel († bald nach 360) hist. nicht mit der P.-Partei zusammenhängt. Nach der von →Nestorios 428 in Hellespontus ausgelösten Verfolgung verlieren die P. an Bedeutung.   R. M. Hübner

Q.: Ps. Atanasio, Dialoghi contro i Macedoniani, ed. E. Cavalcanti, 1983 – Lit.: PRE 21, 1066-1101 [P. Meinhold; Q.] – H. Dörries, De Spiritu Sancto. Der Beitr. des Basilius zum Abschluß der trinitar. Dogmas, 1956 – A.-M. Ritter, Das Konzil v. Konstantinopel und sein Symbol, 1965 – W.-D. Hauschild, Die P. [Diss. Hamburg 1967] – A. Heron, Zur Theol. der 'Tropici' in den Serapionbriefen des Athanasius, Kyrios NF 14, 1974, 3-24.

Po (lat. Padus), längster (ca. 680 km) und bedeutendster Strom in Oberitalien, fließt auf seinen Anschwemmungen in einem erhöhten Flußbett. In den Cottischen Alpen (Monviso) entspringend, weitet sich sein Flußbett nach Eintritt in die Ebene. Seine gefürchteten Hochwasser haben den Lauf im MA häufig verändert (vgl. hierzu die Stadtchroniken sowie, seit dem 16. Jh., die von den Ingenieuren der oberit. Staaten angefertigten Karten). Infolgedessen ist das Netz der mit dem P. kommunizierenden Städte heute vom eigtl. Flußufer abgerückt. Schon bald nach der langob. Eroberung (→Langobarden) wurden erste Dammarbeiten zum Schutz der Ufer aufgenommen (→Deich- und Dammbau). Die Schlamm- und Geröllmassen, die der P. in seinem Unterlauf (in Verbindung mit der →Etsch) bewegt, ließen die Schwemmlandebene des P.deltas entstehen, in der Meliorationen durchgeführt wurden, um der Versumpfung Einhalt zu gebieten. Zugleich führten die Meeresströmungen der →Adria zur Entstehung von Strandwällen, hinter denen sich (durch Abschnürung) Lagunen bildeten, v. a. im Bereich der Seestädte →Venedig und →Ravenna.

Trotz seiner Launenhaftigkeit verstanden die Menschen den P. zu nutzen: Am Fuß der Voralpen, zw. →Mailand und →Brescia, entstanden durch →Bewässerung reiche Weidegebiete (Rinder-, Schafhaltung), begünstigt durch die Nachfrage städt. Märkte. An den linken wie rechten Nebenflüssen des P. wurden dank der Investitionstätigkeit ländl. Grundbesitzer →Mühlen errichtet (s. a. →Kanalbau). In enger Verbindung mit den städt. →Kommunen und den großen welt. und geistl. Grundherren war der Einzugsbereich des P. eine intensiv bewirtschaftete Agrarregion. Der Strom belebte bereits im FrühMA den Handel. Die langob. Herrscher, dann die röm.-dt. Kg.e und Ks. förderten den Verkehr auf dem Strom mittels eines dem röm. Recht entlehnten Konzepts, das auf dem öffentl. Eigentum an Gewässern und dem domanialen Charakter ihrer Nutzung beruhte und sich in vier Grundprinzipien ausdrückte: Verbot der Behinderung des Flußverkehrs, Untersagung von Flußsperren, Freiheit der Schiffahrt, Befestigung der Ufer ohne Beeinträchtigung des Schiffsverkehrs. Bereits der →Edictus Rothari (643) erwähnt das Amt des 'portonarius', dem es verboten war, Diebe und flüchtige Sklaven durchzulassen. Die langob. Königsmacht manifestierte sich im Edikt →Liutprands (715), das den 'milites' v. →Comacchio das Recht des Transports von →Salz und →Pfeffer über verschiedene Etappenorte (→Mantua, →Brescia, →Parma) zuerkennt. Die langob. Herrscher bewidmeten die Abteien mit Rechten und Privilegien, die von den Karolingern und den dt. Kg.en und Ks.n bestätigt wurden; diese verliehen den Bf.en ertragreiche →Immunitätsprivilegien und →Regalien, die den Stromverkehr betrafen. Die Desintegration der öffentl. Gewalt im 10. und 11. Jh. begünstigte die weitgehende Usurpation dieser bfl. Rechte durch die entstehenden kommunalen Gewalten und schuf einen Zustand, den Friedrich I. Barbarossa im Vertrag v. →Konstanz (1183) größtenteils anerkennen mußte.

Dank der Beziehungen zw. →Venedig und dem Messen v. →Pavia (erhellt durch die →Honorantie civitatis Papie) entwickelte sich auf dem P. ein reger Handelsverkehr. Die Venezianer führten kostbare Gewebe und Gewürze, aber auch Salz in das Hinterland der →Lombardei ein und bezogen von hier Getreide, Wein und Öl. Die großen Abteien (→Bobbio, →Nonantola) verschickten die Erzeugnisse ihrer Fronhöfe (curtes) über den Flußweg. Die Errichtung kommunaler Herrschaften führte zu heftigen Konflikten um bestimmte, für den Handelsverkehr wichtige Abschnitte des Stroms, auf dem sowohl Waren importiert (→Baumwolle, →Alaun, Farbstoffe/→Farbe) als auch über Venedig exportiert wurden (Tuche, →Barchent). In starker Rivalität strebte einerseits Venedig, andererseits das Mailand der →Visconti im ausgehenden MA nach Durchsetzung der Hegemonie im P.gebiet, bis der Friede v. →Lodi (1454) die Positionen festschrieb und einen Zustand schuf, der bis zur Invasion Frankreichs (1494) andauern sollte. P. Racine

Lit.: RE XVIII, 2178–2202 – P. Castignoli, Atti che riguardano la navigazione fluviale a Piacenza dal sec. XIV al XVIII, 1965 – P. Racine, Poteri medievali e percorsi fluviali nell' Italia padana, Quaderni stor. 61, 1986, 9–32.

Poblet, Abtei OCist in Katalonien, Filiation v. →Fontfroide, 1147/51 vom Gf. en v. Barcelona und der Familie v. →Cervera gegr., Besiedlung 1172 abgeschlossen. An Stelle von →S. Juan de la Peña (für Aragón) und →Ripoll (für Katalonien) seit 1162 kgl. Grablege der Krone Aragón, bis ins 15. Jh. 1183 dem Kg. direkt unterstellt, 1220 fakt. Exemtion päpstl. bestätigt. Von P. aus gegr. wurden die Klöster Piedra (1194), Benifazá (1233), La Real de Mallorca (1239), S. Vicente mártir (Valencia, 1287), Nazaret (Barcelona, 1311), S. Pablo (Manresa, 1478), S. María de Tallat (1509). P. war eines der reichsten und größten Kl. des Ordens; der Abt v. P. war *'limosnero mayor'* der Krone und seit Mitte 13. Jh. meist Ordensvikar für Spanien.
O. Engels

Lit.: DHEE III, 1623 ff. [Äbteliste] – J. Finestres y de Monsalvo, Hist. de P., Cervera y Tarragona, 5 Bde, 1753–65 [1947–55² (6 Bde)] – J. Villanueva, Viage literario a las Iglesias de España, XX, 1851, 147 ff. – E. Toda, L'arxiu de P., 1884 – L. Domènech y Montaner, Hist. y arquitectura del monasterio de P., 1927 – J. Guitert i Fontserè, Collecció de mss. inèdits de P., 7 Bde, 1947–49 – J. Domínguez Bordona, RABM 65, 1958, 531–534 [ehem. Kl. bibl.] – A. Altisent, Hist. de P., 1974 – J. Santacana Tort, El monasterio de P. (1151–1181), 1974.

Pocken
I. Westen – II. Osten.

I. Westen: Die hochkontagiöse Viruskrankheit P. (variola), gemäß einer Urk. der Weltgesundheitsorganisation (9. Dez. 1979) heute ausgerottet, war Jahrhunderte hindurch eine gefürchtete Kinderkrankheit. Die P. sind in Antike und MA kaum sicher faßbar, da sie von anderen exanthemat. Krankheiten nicht deutl. abgegrenzt wurden. Hier gelten dieselben grundsätzl. Bedenken wie bei der →Pest. Ob die von →Galen erwähnte »Antoninische Pest« des 2. Jh. die erste P. epidemie des Mittelmeerraumes war, bleibt spekulativ. Im 6. Jh. erwähnt Gregor v. Tours verschiedentl. eine tödliche, mit Bläschen und Pusteln einhergehende Seuche (Hist. Franc. VI 14; de virt. S. Mart. III 34). »Variola« bezeichnet erstmals in der Chronik des Marius v. Avenches (2. Hälfte 6. Jh.) eine (nicht identifizierbare) Epidemie i. J. 571. Am Ende des MA meint P. auch die als neu empfundene Krankheit Syphilis.

P. traktate: Wichtig für den lat. W wurde der von →Constantinus Africanus übersetzte Liber pantegni des →Haly Abbas mit einem Kapitel »De variola« (VIII, 14). Im Viaticum peregrinantis, der ebenfalls von Constantinus angefertigten lat. Version einer Schrift des Abū Ǧaʿfar ibn al-Ǧazzār (gest. ca. 1004), findet sich ein Kapitel »De variolis« über eine exanthemat. Krankheit. Mit diesen Übersetzungen prägte Constantinus für P. das Wort variola. Haly Abbas führt das P. exanthem auf im Kind zurückgebliebene Reste mütterl. Menstrualbluts zurück. Von →Rhazes (ca. 865–925) stammt die (vermutl.) älteste Monographie über die P., Kitāb fīʾl-ǧudarī waʾl-ḥaṣba (»Über P. und Masern«), die unter dem Titel »De pestilentia« durch Giorgio Valla erst 1498 aus einer gr. Version ins Lat. übersetzt wurde. Entsprechende Kapitel in Rhazes' Liber divisionum (cap. 159), übersetzt durch →Gerhard v. Cremona, und im Continens (XVIII 8), übersetzt durch Faraǧ b. Sālim (1279), laufen unter dem Titel »De variolis et morbillis«. Bei der von Rhazes *ǧudarī* gen. exanthemat. Kinderkrankheit dürfte es sich v. a. um die P. gehandelt haben, daneben auch um Windpocken und Masern. Rhazes, der sich darüber wundert, daß Galen die P. übergangen habe, erklärt die Krankheit gleichwohl im Sinne der hippokrat.-galen. Humoralpathologie als Fäulnis und Aufwallung des jugendl. Blutes, vergleichbar einem Gärungsprozeß. Exakte Schilderung der Symptomatik, ferner genaue Anweisungen für die Therapie, einschließl. der Bemühungen, die Narbenbildung zu mildern, zeigen die klin. Erfahrung des Rhazes. Bei späteren arab. Ärzten finden sich beide P.-Theorien (Gärung des Blutes bzw. Reste des Menstrualblutes) auch kombiniert, etwa bei Avicenna, Liber canonis IV 1,4,6. Die Passagen lat. Autoren über die P. orientieren sich inhaltl. an den übersetzten arab. Vorbildern. K.-H. Leven

Q. und Lit.: ar-Rāzī (Rhazes), Über die P. und die Masern. Aus dem Arab. übers. v. K. Opitz (Klassiker der Medizin, 12), 1911 – P. Richter, Beitrr. zur Gesch. der P. bei den Arabern, Arch. Gesch. Med. 5, 1912, 311–331 – O. Spies, Zur Gesch. der P. in der arab. Lit., SudArch, Beih. 7 (Fschr. J. Steudel, 1966), 187–200 – F. Fenner–D. A. Henderson u. a., Smallpox and its Eradication (Hist. of Internat. Public Health, 6), 1988 – K.-H. Leven, Zur Kenntnis der P. in der lat. Medizin, im lat. MA und in Byzanz (Kongreßakten 4. Symposion Mediävistenverb., Köln 1991, hg. O. Engels–P. Schreiner, 1993, 341–354) [Lit.].

II. Osten: Als erste gr. Beschreibung der P. – Zeugnisse aus der klass. Antike sind umstritten – gilt ein Abschnitt in den verlorenen 'Pandekten der Medizin' des Aaron v. Alexandreia (um 622 n. Chr.), eines der letzten Autoren aus der alexandrin. Schule. Erst Jahrhunderte später drangen aus dem arab. med. Schrifttum Kenntnisse über die P. in die byz. Fachlit. ein: →Constantinus Africanus übersetzte das Kompendium Zād al-musāfir des Abū Ǧaʿfar ibn al-Ǧazzār (gest. um 1004) ins Griech. und Lat.; sein 7. Buch (gr. ed. I. St. Bernard u. d. T. Synesius, De febribus, 1749), informiert im 9. Kap. über zwei Formen von λοιμική, wobei es sich um P. und Masern handelt. Diese beiden Krankheiten behandelt auch der arab. Kitāb al-ǧudarī wa-l-ḥaṣba des →Rhazes (ar-Rāzī, 9./10. Jh.), den wohl Johannes Zacharias Aktuarios (1. H. 14. Jh.) aus einer syr. Fassung ins Gr. übers. (hg. I. Goupylus, 1548). Terminolog. werden die P. nicht von der →Pest (λοιμική [scil. νόσος]) unterschieden – sogar der im Neugr. für die P. übliche euphemist. Terminus εὐλογία ('Gabe; Segnung') bezeichnet bei seinem ersten Vorkommen im 7. Jh. (Miracula S. Artemii c. 34, hg. A. Papadopulos-Kerameus, 1909, 52.14) die Beulenpest. Gesicherte ausführl. Beschreibungen der P. geben als med. interessierte Laien Michael →Psellos, dessen neunjährige Tochter Styliane an ihnen vermutl. 1054 bei einer Epidemie starb (Sathas, Mes. Bibl. V 62–87), während er selbst durch frühere Erkrankung immun war (Briefe 13–15 [Kurtz-Drexl]), und Theodoros →Prodromos (Briefe 4–6 [MPG 133, 1249–56]), der ebenfalls wieder genas. R. Volk

Lit.: P. S. Codellas, The case of smallpox of Theodorus Prodromus, BHM 20, 1946, 207–215 – A. Leroy-Molinghen, Styliané, Byzantion 39, 1969, 155–163 – D. R. Hopkins, Princes and peasants: Smallpox in hist., 1983, 19–29, 166f. – R. Volk, Der med. Inhalt der Schrr. des Michael Psellos, 1990, 21–23, 312–325, 424–427, 441.

Podestà (Potestas), seit dem Ende des 12. Jh. gewöhnl. Bezeichnung für den Amtsträger, der in alleiniger Kompetenz die it. Stadtkommune regierte und das Kollegium der Konsuln ersetzte. Der Begriff P. war bereits früher in Gebrauch und bezeichnete einen Träger öffentl. Gewalt, z. B. als Synonym für Konsul, Rektor (u. a. für die von Friedrich I. Barbarossa in den it. Städten eingesetzten Rektoren üblich). Den gleichen Titel führten v. a. in der 2. Hälfte des 12. Jh. kommunale Amtsträger, die zeitw.

mit Sondergewalten ausgestattet waren oder an die Spitze von Magistratskollegien gesetzt wurden. Diese Veränderungen in dem noch konsular. Stadtregiment zeigen an, daß man durch Heranziehung von Amtsträgern, die durch ständige polit. Aktivität zu erfahrenen Spezialisten geworden waren, effizientere Regierungsformen zu erreichen suchte. Außerdem sollten diese Amtsträger nicht mit der alten Konsulararistokratie verbunden sein, um in den Auseinandersetzungen innerhalb dieser Oligarchie sowie bei den durch den Aufstieg neuer sozialer Schichten aus dem →Popolo entstehenden Spannungen eine überparteil. Schiedsrichterfunktion entfalten zu können. Diese Tendenzen fanden ihren Ausdruck in der neuartigen Figur des P.: neuartig, weil es sich um einen einzigen Amtsträger handelte, der das Kollegium der Konsuln ersetzte, und v.a. weil sich ein Berufspodestat herausbildete, dessen Träger in der Regel nicht der Führungsschicht der Stadt seines künftigen Wirkungskreises entstammte. Nach einer Phase, in der P. und Konsuln sich im Stadtregiment abwechselten, setzte sich das P.-Regime definitiv in den ersten Jahrzehnten des 13. Jh. durch (v.a. nachdem der Friede v. →Konstanz zu einer Vermehrung der Funktionen, Würden und Gewalten der kommunalen Amtsträger geführt hatte). Es gab in den verschiedenen Städten keine einheitl. Regelung, jedoch zeigten sich ähnl. Charakteristika. Die Wahl des P. erfolgte durch die kommunalen Ratsversammlungen, jedoch indirekt z.B. durch Wahlkommissionen und manchmal auch durch Auslosung (zur Garantierung der Überparteilichkeit). Die Amtszeit betrug höchstens zwei Jahre, seit der Mitte des 13. Jh. gewöhnl. sechs Monate. Der Regel entsprechend kam der P. aus einer anderen Stadt, was auch für die von ihm mitgebrachte und auf eigene Kosten unterhaltene Curia und Familia (Richter, Notare, Kriegsleute) galt. Bei seinem Amtsantritt leistete er einen Eid auf die Statuten der Kommune, »ohne das Buch zu öffnen« (d.h. unabhängig vom Inhalt der Statuten). Der P. war das höchste Exekutivorgan der Kommune in Verbindung mit den Ratsversammlungen, die er einberufen mußte und deren Arbeit er leitete. Er kommandierte ferner die Miliz und führte den Vorsitz im Gerichtswesen. Am Ende seiner Amtsperiode wurde seine Tätigkeit durch die dafür vorgesehenen »Sindicatores« überprüft. Der Podestat bedeutete demnach eine wichtige Phase in der Gesch. der Kommune und einen bedeutenden Moment in der Gesch. der Professionalisierung der Politik. Bezeichnend war die Spezialisierung einzelner Personen (und Familien) auf diese Funktion und die Ausbildung einer Schicht (Adlige, Kriegsleute, Juristen) von berufsmäßigen P. Bezeichnend ist auch die Entwicklung einer umfangreichen Lit. über die Aufgaben und Funktionen des P.

Das P.-Regime vermochte gleichwohl nicht die Ziele, für die es geschaffen worden war, Rationalisierung und Konsolidierung der Regierung und Befriedung der kommunalen Gesellschaft, zu verwirklichen. In der 2. Hälfte des 13. Jh. führte die weiter anwachsende popolare Bewegung zu starker innerer Instabilität: an die Seite des P. traten nach Machtkämpfen Organe und Magistraturen popolarer Gruppierungen und Körperschaften. In vielen Kommunen Norditaliens führten die Spannungen zur Ablösung des kommunalen Stadtregiments durch die →Signorie. Danach wandelte sich der P. zu einem vom Signore ernannten einfachen Funktionär mit zunehmend techn. Aufgaben in der Verwaltung und Rechtssprechung. In dieser Gestalt erhielt sich das Amt des P. in vielen Städten bis in die NZ.

Neben dem städt. Amtsträger bezeichnete der Begriff P. auch im gesamten SpätMA und in der NZ die durch die Stadtkommune oder die Feudalherren eingesetzten Träger der Rechtsprechung in den kleinen Zentren des Umlands. Allgemein bezeichnete der Begriff die Träger öffentl. Gewalt in bes. Sektoren der Verwaltung oder in Korporationen (z.B. *p. di mercanti*) oder Anführer von Faktionen und Gruppen (P. der milites).   G. Chittolini

Lit.: G. Rezasco, Diz. del linguaggio it. stor. ed amministrativo, 1881, 810–816 – E. Salzer, Über die Anfänge der Signorie in Oberitalien, 1900 – G. Hanauer, Das Berufspotestat im 13. Jh., MIÖG 13, 1902 – G. Volpe, Il p. nei comune it. del Duecento, 1904, Medioevo it., 1961 – Fr. Herter, Die P. lit. Italiens im 12. und 13. Jh., 1910 – V. Franchini, Saggio di ricerche su l'istituto del p. nei Comuni medievali, 1912 – E. Sestan, Ricerche intorno ai primi p. toscani, ASI 82, 1924 – E. Cristiani, Le alternanze fra consoli e p. ed i p. cittadini (I problemi della civiltà comunale, hg. C. D. Fonseca, 1971), 47–57 – C. Ludwig, Unters. über die frühesten »Podestaten« it. Städte, 1973 – O. Banti, Forme di governo personale nei Comuni dell'Italia centro-settentrionale nel periodo consolare (sec. XI–XII), (Studi sul medioevo cristiano off. a R. Morghen, I), 1974 – E. Artifoni, Tensioni sociali e istituzioni nel mondo comunale (La storia, hg. N. Tranfaglia–M. Firpo, II, 1986), 461–491 [Lit.].

Dalmatien und Istrien: Auch in Städten →Dalmatiens amtierten im 13. und 14. Jh. zeitweilig P.; →Thomas v. Split schildert ausführl. die Tätigkeit eines P. aus Ancona in Split 1239–42. Später gelangte das Amt zumeist in die Hände kroat. Magnaten. In istr. Städten war die Berufung eines Venezianers zum P. häufig der erste Schritt zur Unterstellung unter ven. Herrschaft.   L. Steindorff

Lit.: L. Steindorff, Die dalmatin. Städte im 12. Jh., 1984.

Podlachien (aruss. Podlaše, lat. Podlachia, poln. Podlasie); der Name tritt seit Ende des 15. Jh. in der Kanzlei des Gfm.s →Litauen auf und bezeichnet die seit Anfang des 14. Jh. dem Gfsm. angehörenden, an →Polen und →Masowien angrenzenden Gebiete (am mittleren Bug und oberen Narev, um →Drohičin und →Brest). Das von Ostslaven besiedelte und im N von →Jadwingern kolonisierte Land gehörte seit der Wende zum 11. Jh. zur →Kiever Rus', seit der Wende zum 13. Jh. zum Fsm. →Halič-Wolhynien. Schon für das 10.–12. Jh. ist poln. Kolonisation (von Masowien her) archäolog. belegt. Sie wurde im 14. und 15. Jh. von litauischen Fs. en gefördert und trug zur Verdichtung kleinadliger Siedlung bei, so daß 1528 der Adel in P. überwiegend poln. Herkunft war. 1443 der Wojewodschaft →Traken angeschlossen, wurde P. 1520 zur eigenen Wojewodschaft. – Das ma. P. ('Land unter Lachen') dürfte den Bereich, der dem poln. Siedlungsraum benachbart war, bezeichnen. Die Annahme einer jüngeren Herkunft des Namens bringt dessen Entstehung in Zusammenhang mit der poln. Landnahme.   A. Poppe

Lit.: I. Baranowski, Podlasie w przededniu Unii Lubelskiej: szlachta, ludność miejska, ludność wiejska, Przg. Hist. VII, 1908, 48–74, 183–203, 299–321 – H. Łowmiański, Początki Polski, III, 1967, 79–85, 138–145, 431–434; VI, 1985, 12f., 588, 636–639, 642 – SłowStarSłow IV, 1970, 172–174.

Podlinnik (von *podlinnyj*, 'echt', 'wahr', 'authent.'; Plur. P.niki), russ. Bezeichnung der →Malerbücher. Man unterscheidet den *licevoj p.* mit den Darstellungen hl. Personen von *tolkovyj p.* mit kurzgefaßten Komm.en zum ersteren. Der tolkovyj p., oft ohne Bildmaterial, ist früher anzusetzen als der licevoj p. Wie die gr. Ἑρμηνεία τῆς ζωγραφικῆς τέχνης sind auch den p.niki hs. Aufzeichnungen vorausgegangen, die auf mündl. Traditionen beruhten, und sie entstanden ebenfalls erst Ende des MA (Hs. eines Novgoroder P. 1523). Ihre Bezeichnung signalisiert die zugrundeliegende Vorstellung der byz.-slav. Orthodoxie vom hl. Bild als authent. Abbild eines himml. Urbildes und zugleich die Forderung nach Ubiquität ihrer ikonograph. Schemata. Die Neuorientierung der russ. →Ikonenmalerei im 16. Jh. hat wesentl. zur Entstehung der p. niki beigetragen. Erst ihre Drucke im 18. und 19. Jh. machten sie einem interessierten Kunstpublikum und der Forsch. bekannt. K. Onasch

Lit.: K. ONASCH, Lexikon Liturgie und Kunst der Ostkirche, 1981, 255f. [Lit.].

Podolien (Podol'e = 'Unterland'), fruchtbares Schwarzerde-Land am mittleren Dnestr und Südl. Bug, im Siedlungsraum ostslav. Stämme (Uličen, Tivercen) unter schwach ausgebildeter Oberhoheit des Reiches v. →Kiev (Teilfsm. →Halič-Volhynien). Die Sonderstellung (direkte Tributpflicht) z. Zt. der Tatarenherrschaft förderte den Zustrom ostslav. Siedler und die wirtschaftl. Entwicklung. Im 14. Jh. geriet das Land unter den Einfluß des Gfsm.s →Litauen, doch konnten auch Polen (nach der Inkorporation von Halič) sowie Ungarn ztw. in P. Fuß fassen. Nach dem Tode →Witowts (1430) kam West-P. (etwa 32000 km²) mit Kamenec (Burg und Handelszentrum; Armenier- und Judengemeinden schon im 14. Jh. bezeugt) als Wojewodschaft an die poln. Krone. Um die Wende zum 14. Jh. war hier ein Bm. 'Camenec in Podolia' gegründet worden. Ost-P. (über 40000 km²) blieb bei Litauen, das von hier aus die Steppengebiete bis zum Schwarzen Meer und bis zum Dnepr überwachte. Landverleihungen führten zur Entstehung eines einflußreichen Dienstadels, der zur poln. Kolonisierung P.s beitrug und 1434 dem poln. Adel rechtl. gleichgestellt wurde. Bis 1569 andauernde poln.-litauische Auseinandersetzungen um die Zugehörigkeit P.s erleichterten immer wieder tatar. Plünderungszügen. A. Poppe

Lit.: N. MOLČANOVSKIJ, Očerk izvestij o Podolskoj zemle do 1434 g., 1885 – M. HRUŠEVS'KYJ, Istorija Ukraïny-Rusi, IV, 1907; V, 1905 [Register; grundlegend] – Etymologičnyj Slovnyk litopysnych geografičnych nazv pivdennoj Rusi, 1985, 103f., 107.

Poema de Alfonso Onceno, eines der späten Zeugnisse des mester de clerecía (etwa 10000 V. in vierzeiligen Achtsilblerstrophen mit Kreuzreim). Als Verf. nennt sich Rodrigo Yáñez. Er schildert 1348 Ereignisse seiner unmittelbaren Gegenwart: die militär. Erfolge von Kg. →Alfons XI. v. León und Kastilien vom Regierungsantritt bis zur Belagerung v. Algeciras (1344). Das unvollständig erhaltene Werk ist möglicherweise nach einer galic.-leones. Vorlage übers. oder abgeschrieben worden. Es gibt auch Anklänge an ein ptg. Gedichtbruchstück von Afonso Giraldes. Die Q. frage bleibt ungeklärt. Das Gedicht hängt jedenfalls mit der zeitgenöss. Chroniklit. (→Chronik, K. I) zusammen. Die Schlachtenbeschreibungen folgen traditionellen Mustern. Als lit. Vorbilder können der Libro de Alexandre (→Alexander d. Gr., B. V) und →Poema de Fernán González gelten. D. Briesemeister

Ed.: Yo TEN CATE, 1956 – D. CATALÁN, 1977 – *Lit.:* GRLMA IX, 1, 4, 57f.; IX, 2, 4, 50–52 – G. DAVIS, The Debt of the P. de A. O. to the Libro the Alexandre, Hispanic Review 15, 1947, 436–452 – DERS., National Sentiment in the P. de F. G. and in the Poema de Alfonso XI, ebd. 16, 1948, 61–68 – D. CATALÁN MENÉNDEZ PIDAL, P. de A. XI, fuentes, dialecto, estilo, 1953 – J. GASPAR SIMÕES, Hist. da poesia portuguesa dos origens aos nossos dias, I, 1955, 81–85 – D. CATALÁN MENÉNDEZ PIDAL, De Alfonso X al Conde de Barcelos, 1962 – DERS., La historiografía en verso y en prosa de Alfonso XI a la luz de nuevos textos, BRAH 154, 1964, 79–126; 156, 1965, 35–87, Anuario de Estudios Medievales 2, 1965, 257–299 – M. VAQUERO, The P. de A. XI, rhymed chronicle or epic? [Diss. Princeton 1984] – A. D. DEYERMOND, El Cantar de mio Cid y la épica medieval española, 1987.

Poema de Almería, mlat. ep. Gedicht, geschrieben zw. 1147/57, bildet den Schluß der →Chronica Adefonsi imperatoris, in der ein Kleriker die Herrschaftszeit von Kg. →Alfons VII. v. Kastilien-León bis 1147 darstellt. Es ist das wichtigste Zeugnis für die Existenz lat. Epik in Spanien im 12. Jh. Möglicherweise kannte der Verf. das volkssprachl. →Cid-Epos. Das Frgm. (386 V.), eine Art Heerschau der chr. Streitmacht vor Almería, weist klass. und bibl. Anklänge auf. D. Briesemeister

Ed.: Chronica Adefonsi imperatoris, hg. L. SÁNCHEZ BELDA, 1950, 165–186 – Prefatio de Almaria, ed. J. GIL (CChrCM LXXI, 1990), 249–267 – *Lit.:* F. RICO, Las letras latinas del s. XII en Galicia, León y Castilla, Abaco 2, 1962, 68 ff. – H. SALVADOR MARTÍNEZ, El P. de A. la épica románica, 1975.

Poema de Fernán González, kast. Heldengedicht in →cuaderna vía, um 1250 im Kl. San Pedro de Arlanza bei Burgos (nach der Legende eine Gründung von Fernán González) niedergeschrieben, einziges erhaltenes lit. Zeugnis für die Taten des Gf. en v. Kastilien, →Fernán González († 970). Das Gedicht schildert in ungenauer zeitl. Abfolge die Heldentaten des Gf. en. Die Einl. bietet einen Überblick über die Gesch. Spaniens in der Frühzeit der Reconquista sowie ein topisches Länderlob. Das Werk beruht auf einem früheren, nicht erhaltenen »Cantar de F. G.« und dient in seiner stilisierten Form sowohl der Werbung für das Kl. als auch dem patriot. Lobpreis. Es nimmt folklorist. Gestaltungs- und Überlieferungselemente auf. Der Stoff fand später volkstüml. Verbreitung in Romanzen, mehreren Prosaauflösungen und einer Reihe von Schauspielen. D. Briesemeister

Ed.: A. ZAMORA VICENTE, 1978⁵ – J. S. GEARY, 1987 – M. ALVAR, 1989 – *Lit.:* GRLMA III, 1/2, 75–79, 208–212 – G. CIROT, Hist. y leyenda en el P. de F. G., Escorial 14, 1944, 319–352 – G. DAVIS, National Sentiment in the P. de F. G. and the Poema de Alfonso XI, Hispanic Review 16, 1948, 61–68 – R. MENÉNDEZ PIDAL, Reliquias de la poesía épica española, 1951, 34–180 – L. CHALON, L'hist. de la monarchie asturienne, de Pelayo à Alphonse II le Chaste, dans le P. de F. G., Marche romane 20, 1970, 61–67 – R. COTRAIT, Hist. et poésie. Le comte F. G., 1977 – M. E. LACARRA, El significado hist. del P. de F. G., Studi Ispanici 1979, 9–41 – B. WEST, Epic, Folk, and Christian Traditions in the P. de F. G., 1983 – J. HERNANDO PÉREZ, Nuevos datos para el estudio del P. de F. G., BRAE 66, 1986, 135–152 – A. D. DEYERMOND, El Cantar de mio Cid y la épica medieval española, 1987 – J. NAGORE DE ZAND, La alabanza de España en el P. de F. G. y en las crónicas latinomedievales, Incipit 7, 1987, 35–67; 9, 1989, 13–31 – J. P. KELLER, The Poet's Myth of F. G., 1990.

Poema de mio Cid → Cid, L., II

Poema Morale, me. Predigtgedicht in Septenaren mit Paarreim (1170–1250), vorwiegend s. Dialekt, Umfang ca. 400 Zeilen; Hauptanliegen ist der Aufruf zur Buße. Der Autor beginnt mit einem Selbstbekenntnis über eigene Fehler und beschreibt im weiteren Verlauf die Schrecken des Jüngsten Tages, die Qualen der Hölle und die himml. Glückseligkeit. Das Werk ist – ähnl. wie das etwa gleichzeitig entstandene →Ormulum – zum Vortrag vor einem einfachen Publikum gedacht. Wortwahl, Syntax und Zeilenanpassung tragen zu einem insgesamt schlichten Stil bei, der dem didakt. Anliegen entgegenkommt; er weicht von der Tradition lat. und ae. Prosapredigten (z. B. →Blickling-Homilien) insofern ab, als er sich durch log. entwickelnde und geradlinige Gedankenführung auszeichnet. Die Beliebtheit des Werks im MA spiegelt sich in der Tatsache wider, daß es in mindestens sieben Hss. aus dem 13. Jh. überliefert ist. M. Markus

Bibliogr.: NCBEL I, 509 – *Ed.:* H. MARCUS, Das frühme. P. M., 1934 – *Lit.:* H. LEWIN, Das me. P. M., 1881 – J. A. W. BENNETT – D. GRAY, ME Lit., 1986, 27–30.

Poema de Yuşuf, Gedicht eines unbekannten aragon. Autors (Ende 13./frühes 14. Jh.), gehört zu den bedeutendsten und ältesten Zeugnissen der →Aljamiado-Lit. Geschrieben in der Form der →cuaderna vía (312 Strophen), erzählt es die Geschichte Josephs in Ägypten bis zur

Begegnung und Hochzeit mit Suleika. Es folgt weniger dem bibl. Bericht (Gen 37 ff.) als vielmehr der Version des Koran (12. Sure). Außer Elementen islam. Legendentradition weist das Werk auch Einflüsse volkstüml. jüd. Überlieferung auf. Ein Seitenstück zum P. de Y. bilden die Mitte des 14. Jh. entstandenen Coplas de Yoçef (ed. J. GONZÁLEZ LLUBERA, 1935). D. Briesemeister

Ed.: R. MENÉNDEZ PIDAL, 1952² – U. KLENK, 1972 – *Lit.*: GRLMA IX, 2, 4, Nr. 4822, 4960 – CH. FEST, P. de Y. Versuch einer Rekonstruktion [Diss. Berlin 1956] – R. KONTZI, Aljamiado-Texte, 1974 – W. W. JOHNSON, The P. de José, 1974 – A. VESPERTINO-RODRÍGUEZ, Leyendas aljamiadas y moriscas sobre personajes bíblicos, 1983.

Poenitentia publica → Buße D. I

Poenitentiale → Bußbücher

Poenitentiar. Die P.ie (Abstraktum um 1230 erstmals verwendet) ist die päpstl. »Beichtbehörde« im Rahmen der röm. →Kurie. Seit dem Ende des 12. Jh. bedienten sich die Päpste für die Ausübung ihrer Dispensations- und Absolutionsbefugnis eines Kard.s als Stellvertreter. Neben diesem (seit dem Ende des 13. Jh. so gen.) Großp. (penitentiarius maior) fungierten 8–15, meist 11 penitentiarii minores, die gleichmäßig den verschiedenen Nationen (Sprachen) und Orden entnommen wurden, ferner während des avign. Exils zusätzl. etwa 4–6 P.e in Rom selbst. Großp. und P.e blieben auch während der Sediskanz im Amt und wurden ggf. von den Kard.en ersetzt. Zur P.ie gehörten außerdem noch mehrere Dutzend weitere Bedienstete, v.a. für die Ausstellung der P.ieurkk. Befugnisse und Funktion der P.ie wurden insbes. durch Benedikt XII. (»In agro dominico« v. 1338) und Eugen IV. (»In apostolice dignitatis« v. 1438) geregelt; Neuordnung 1559 durch Pius V. Wichtigste Aufgabe der P.ie ist die Behandlung der dem Papst reservierten Fälle, bes. der in der →Abendmahlsbulle enthaltenen. Ihre Kompetenz geht aber weit darüber hinaus und beschränkt sich auch nicht auf das »forum internum« (Materien in Zusammenhang mit dem Beichtsakrament), sondern erstreckt sich ebenfalls auf das »forum externum«, wobei eine klare Abgrenzung zu den Befugnissen der →Kanzlei fehlt. Innerhalb der P.ie ist der Großp. allg. zuständig, aber auch er darf in einigen Fällen nur nach Rücksprache mit dem Papst entscheiden. Seine Urkk. ergehen aufgrund einer von ihm signierten Supplik und durchlaufen einen Geschäftsgang ähnl. demjenigen der Kanzlei; dazu sind P.ieprokuratoren und das Kolleg der 12–24 P.ieschreiber tätig. Die penitentiarii minores sind auf die Routineangelegenheiten beschränkt; wenn über ihre Entscheidung eine Urk. ausgestellt wird, geschieht dies unmittelbar anschließend noch in der Kirche, in der sie ihres Amtes walten, ebenfalls durch die P.ieschreiber (»litterae ecclesiae«). Das Archiv der P.ie (Register nachweisl. seit dem 14. Jh. geführt) reicht teilweise bis ins 14. Jh. zurück, ist aber der allg. Benutzung entzogen. Formelslg.en sind für die Urkk. des Großp.s seit dem 13. Jh. erhalten, für die litterae ecclesiae seit dem 14. Jh., für die Suppliken seit dem 15. Jh. Die älteste Gebührenliste stammt von 1338. Th. Frenz

Lit.: E. GÖLLER, Die päpstl. P.ie von ihrem Ursprung bis zu ihrer Umgestaltung unter Pius V., 4 Bde, 1907/11 [Bibl. des kgl. preuß. hist. Inst. in Rom 3, 4, 7, 8] – K. A. FINK, Das Archiv der Sacra P.ia Apostolica, ZKG 83, 1972, 88–92 – F. TAMBURINI, Note diplomatice intórno a suppliche e lettere di Penitenzieria (s. XIV–XV), AHP 11, 1973, 149–208.

Poeta Saxo, herkömml. Bezeichnung für einen unbekannten sächs. Dichter des späten 9. Jh., in dem man einen Mönch des Kl. →Corvey vermutet; der Versuch, ihn mit →Agius v. Corvey zu identifizieren, ist gescheitert. Der P.S. verfaßte 888/891 ein Gedicht, dem er den treffenden Titel »Annales de gestis Caroli Magni imperatoris« gab. In 4 Büchern (rund 2000 Hexameter) behandelt er in Anlehnung an die Darstellungsweise der Annalistik die Regierungszeit Karls d. Gr. vom Beginn der Alleinherrschaft (771) an; das 5. Buch (347 Distichen) bietet ein Gesamtbild von Karls Werk und Persönlichkeit mit panegyr. Lobpreis. Karl wird wegen der Sachsenbekehrung den Aposteln an die Seite gestellt; der Glanz seiner Epoche hebt sich vor dem Hintergrund des folgenden Niedergangs und der gegenwärtigen Not ab; nach seinem Vorbild soll Kg. →Arnulf die Reichseinheit wiederherstellen. Das Augenmerk gilt v. a. der Rolle Karls in der Gesch. der →Sachsen. – Gewöhnl. folgt der Dichter getreu seinen Vorlagen, näml. für die Zeit bis 801 in erster Linie den sog. Einhardannalen, im 5. Buch der »Vita Karoli« →Einhards; es wird vermutet, daß er für das 9. Jh. ein verlorenes Annalenwerk heranzog. Nur vereinzelt findet sich Material, das nicht aus bekannten Q. stammen kann; hervorzuheben ist die umstrittene Behauptung des P.S., Karl habe 803 in der Pfalz Salz mit den Sachsen Frieden geschlossen. – Die lit. Bedeutung des Werks pflegt man gering einzuschätzen, trotz der Belesenheit und sprachl. Gewandtheit des Autors; die neuartige Idee der Versifizierung von →Annalen bot keine Gelegenheit zu einer dem Stoff angemessenen poet. Gestaltung.

J. Prelog

Ed.: P. v. WINTERFELD, MGH PP IV/1, 1899, 1–71 – *Lit.*: BRUNHÖLZL I, 389f. – Verf.-Lex.² VII, 766–769 [Lit.] – WATTENBACH–LEVISON–LÖWE VI, 862–867 [Lit.] – H. E. STIENE, Agius v. Corvey und der P.S., MJb 22 (1987), 1989, 80–100.

Poetik. [1] *Mittelalter*: Im ma. Bildungsprogramm der septem →artes liberales ist die P. als selbständige Disziplin nicht vertreten. Sie wird der grammatica zugeordnet, insofern diese nicht nur die 'recte loquendi scientia' lehrt, sondern auch die 'enarratio poetarum'. Die ma. 'artes poetriae' erteilen prakt. Ratschläge in Grammatik und Metrik, behandeln jedoch kaum literaturästhet. Fragen. Auf die gegen Ende des 12. Jh. verfaßte »Ars versificatoria« des →Matthäus v. Vendôme folgen im 13. Jh. u. a. die »Poetria Nova« des →Galfridus de Vino Salvo, der Traktat »De arte prosayca, metrica et rithmica« des →Johannes v. Garlandia und der »Laborintus« von →Eberhard d. Dt. Aus dem Bereich der Trobadorlyrik stammen einige meist im 13. Jh. entstandene P.en, so die »Razos de trobar« des Ramon →Vidal, der »Donatz proensals« des →Uc Faidit und die »Regles de trobar« des Jaufre de Foixà; P.en, die primär der Unterweisung des Dichters dienen sollen und die Dichtungstheorie vernachlässigen.

Auf prakt. Bedürfnisse ausgerichtet sind auch die Lehrbücher der lat. Kunstprosa (→ars dictaminis, ars dictandi), abhängig von →Ciceros rhetor. Schriften, der Herenniusrhetorik, →Quintilians »Institutio oratoria« und der »Ars poetica« des →Horaz.

Die erste P. literaturästhet. Inhalts verfaßte →Dante Alighieri in der Absicht, das It. in den Rang einer dem Latein ebenbürtigen Lit.sprache zu erheben. Im ersten Buch von »De vulgari eloquentia« (1305) behandelt er allg. sprachl. Probleme, im zweiten eine Theorie der Stile und Gattungen, insbes. der →Canzone, der »suprema constructio«, deren hohem Stil die zu behandelnden Themen adäquat sind: 'salus' (öffentl. Wohl), 'Venus' (Liebe) und 'virtus' (Tugend). A. Buck

Lit.: [zu 1]: C. S. BALDWIN, Mediev. Rhetoric and Poetic, 1928 – A. BUCK, It. Dichtungslehren vom MA bis zum Ausgang der Renaiss., 1952 – F.-J. SCHMALE, Die Bologneser Schule der Artes dictandi, DA 13, 1957, 16–34 – P. ZUMTHOR, Rhétorique et politique lat. et romanes,

GRLMA I, 1972, 57–91 – G. HOLTUS – W. SCHWEICKARD, Rhetorik und P., ebd. X, 1989, 21–48.

[2] *Renaissance:* Durch Reflexion über die aus der produktiven Erinnerung an die antiken Vorbilder hervorgegangene moderne Dichtung entstanden die P. en der Renaissance, und zwar zuerst in Italien, von wo sie auf Europa ausstrahlten. Sie verstehen Dichtung als eine erlernbare Tätigkeit des menschl. Geistes. Die frühesten poetolog. Reflexionen begegnen in der humanist. Verteidigung der Dichtung gegen ihre meist aus kirchl. Kreisen stammenden Widersacher. A. →Mussato, F. →Petrarca und G. →Boccaccio verteidigen die Dichtung als eine der Philos. und der Theol. ebenbürtige Kunst unter Verwendung aus der Antike überlieferter Argumente: der allegor. Auslegung, welche die unter der Fiktion verborgene Wahrheit enthüllt, und der theolog. P., welche den aristotel. Begriff des »poeta theologus« positiv als Rangerhöhung des Dichters versteht. Die Verteidigung der Dichtung büßte an Aktualität ein, sobald die P. durch Aufnahme in die »studia humanitatis« als unentbehrl. Bildungselement anerkannt wurde.

Im Zeichen des Bildungswertes der Dichtung entstanden die ersten P.en von Bartolommeo della Fonte (1490–92) und Girolamo Vida (1527). Im Einklang mit Horaz fordern sie die Nachahmung von Musterautoren und kodifizieren damit das Grundgesetz der Renaissancedichtung, die 'Imitatio'. Horazens Mahnung an die röm. Dichter, die gr. Vorbilder nachzuahmen, wird auf das Verhältnis der modernen zu den antiken Dichtern übertragen. Dabei bedeutet Imitatio in der Tradition Vorhandenes neu zu formen nach dem Beispiel der Bienen, die den Nektar der Blüten in Honig verwandeln; ein auf Seneca zurückgehender Vergleich, der die Wahrung eines eigenen Stils mittels der eklekt. Nachahmung veranschaulichte. Sofern Nachahmung, 'Mimesis', in der aristotel. P. sich auf die Natur bezieht, wurde der Begriff zu einem Brennpunkt in der Auseinandersetzung mit der neu entdeckten aristotel. P., die im Zentrum der dichtungstheoret. Diskussion des 16. Jh. steht. Am beliebtesten ist die eth. Interpretation, wie sie sich u. a. in der weit verbreiteten P. J. C. Scaligers (1561) findet. Nachahmung ist nicht Selbstzweck wie bei Aristoteles, sondern Mittel zum Zweck, nämlich den Menschen durch Belehrung zu bessern und damit glückl. zu machen.

Auch den viel diskutierten aristotel. Schlüsselbegriff der 'Katharsis' hat man eth. interpretiert: die durch die Tragödie bewirkte Reinigung durch Mitleid und Furcht – so Vincenzo Maggi und Bartolomeo Lombardi in einem der vielen Komm. zu Aristoteles – reinigt die Seele von den Lastern und ersetzt diese durch die entgegengesetzten Tugenden. Da die gebesserten Menschen friedlich zusammenleben, übt die Tragödie eine heilsame Wirkung auf die Gesellschaft aus.

Eine Interpretation der aristotel. P. im Zeichen des platon. Furor-Begriffs liegt den beiden bedeutendsten P.en des 16. Jh. zugrunde: Girolamo Fracastoro und Francesco Patrizi billigen dem inspirierten Dichter eine ihm eigene Weltschau und eine entsprechende spezif. Ausdrucksweise zu. Wenn Patrizi den Dichter den ihm eingegebenen von Bildung und Regeln unabhängigen Enthusiasmus folgen läßt, weist er in die Dichtungstheorie der Zukunft.

Unter dem Einfluß der it. Renaissancep.en erfolgt in Europa die dichtungstheoret. Problematisierung der Rezeption der Antike in die volkssprachl. Lit.en (Joachim Du Belley 1549, Philip Sidney 1559, Martin Opitz 1624).

A. Buck

Lit.: zu [2] BUCK, s.o. – B. WEINBERG, A Hist. of Literary Criticism in the It. Renaiss., 1961 – TH. H. GREEN, The Light of Troy, Imitation and Discovery in Renaiss., 1962 – B. HATHAWAY, The Age of Literary Criticism in the It. Renaiss., 1962 – Dichtungslehren der Romania aus der Zeit der Renaiss. und des Barock, hg. und eingel. v. A. BUCK, K. HEITMANN, W. METTMANN, 1972 – R. STILLERS, Humanist. Deutung, Studien und Komm. und Lit.theorie in der it. Renaiss., 1988.

Poggio Bracciolini (Poggius Florentinus), it. Humanist, * 11. Febr. 1380 in Terranuova (Valdarno), † 1459. Nach erster Schulzeit in Arezzo wurde P. B. in Florenz, wo er sich C. →Salutati anschloß, zum Notar ausgebildet. 1403 ging er nach Rom. Sekretär bei L. Maramoldo, Kard. v. Bari, dann scriptor apostolicus an der Kurie. Das Konzil v. →Konstanz benutzte er, um antike Hss. zu suchen. Auf die Entdeckung der Institutiones oratoriae Quintilians im Kl. St. Gallen (1416) folgten bei weiteren Reisen in Dtl., der Schweiz und Frankreich zahlreiche, aufsehenerregende Hss.-Funde: u. a. Reden Ciceros, Valerius Flaccus (Argonautica), Laktanz, Vitruv, Manilius, Silius Italicus (Punica), Lukrez, Statius, röm. Komödien. Zusammen mit N. →Niccoli schuf er die sog. →Humanistenschrift. Er war befreundet mit L. →Bruni, →Ambrosius Traversari, →Guarino, F. →Barbaro u.a. 1417 päpstl. Sekretär unter Martin V. 1418–23 Englandaufenthalt im Gefolge Heinrich →Beauforts, Bf. v. Winchester. Als päpstl. Sekretär (1431–47) begleitete er Eugen IV. nach Florenz, Bologna, Ferrara. Er schloß Freundschaft mit Cosimo und Lorenzo de' →Medici. 1436 ∞ mit der 18jährigen Vaggia de' Buondelmonti, 6 Söhne. Das 1438 gekaufte Landhaus »Valdarnina« bei Impruneta wurde mit Bibliothek und antiken Statuen P.s Studienparadies. 1453–58 Kanzler v. Florenz, danach zog er sich ganz zu humanist. Studien zurück. – *Werke:* Seine bedeutenden Dialoge spiegeln das durch die studia humanitatis vermittelte, aus der Antike übernommene moralphilos. Wissen der Zeit: 1428 »De avaritia« (gegen die Observantenmönche); 1440 »De nobilitate«, über den Adelsbegriff, »De infelicitate principum«, Gespräch mit C. →Marsuppini, N. Niccoli und Cosimo Medici über die Unfähigkeit der Mächtigen, die wahren Kulturwerte zu erkennen. 1431–48 »De varietate fortunae«, Dialog mit A. →Loschi über die Unzuverlässigkeit des Glücks (B.I Schilderung der Ruinen Roms, B. IV Indienreise des Nicolò de' →Conti). 1455 »De miseria humanae conditionis«, Darstellung der Hinfälligkeit alles Ird. unter dem Eindruck des Falls von Konstantinopel. 1453–57 »Historia populi florentini«. Seine Invektiven (orationes) zeigen Schlagfertigkeit und Witz (gegen F. →Filelfo, →Georg v. Trapezunt, T. Morroni da Rieti, den Gegenpapst Felix V.). In den 5 Invektiven gegen →Valla verteidigte er die älteren studia humanitatis gegen die neue hist.-krit. Philologie. Die Briefe zählen zu den bedeutendsten kulturgesch. Dokumenten des 15. Jh. (Tod des Hieronymus v. Prag; Bäder v. Baden/Aargau). Nach dem Vorbild Ciceros in 3 Slg.en (Originale lit. überarbeitet) zusammengestellt (Briefe an N. Niccoli; 2 Bde: »Ad Familiares«), fanden sie in humanist. Kreisen ganz Europas interessierte Leser. Das gilt auch für die »Facetiae« (confabulationes), eine Slg. von Anekdoten, Witzen und Kurzgesch. (1438–59) mit Wirkung auf die frz. Novellistik.

H. Harth

Ed. und Lit.: Opera omnia, hg. R. FUBINI, 1964–69, Bd.I–IV [Nachdr. älterer Ausg.] – Facezie: hg. M. CICCUTO, 1983 [lat.-it.] – Lettere: hg. H. HARTH, 1987 (3 Bde) – R. SABBADINI, Storia e critica dei testi lat., 1914 – E. WALSER, P.ius Flor., 1914 – P. KOJ, Die frühe Rezeption der Fazetien P.s in Frankreich, 1969 – J. W. OPPEL, The Moral Basis of Renaiss. Politics: a Study of the Humanistic Political and Social Philos. of P.B., 1972 – P. W. G. GORDAN, Two Renaiss. Book Hunters, 1973 – E. GARIN, Interpres I, 1978, 14–26 – Un toscano del' 400, P. B.

1380-1459, hg. P. CASTELLI, 1980 – P. B. nel VI cent. della nascita, 1980-81.

Pogrom → Judenfeindschaft

Pohansko, großmähr. → Burgwall, 2 km s. von Břeclav, Anfang des 9. Jh. auf älterer slav. Siedlung (Brandgräberfelder mit Keramik des → Prager und Donau-Typs, zwei Siedlungen des 6.-8. Jh.) in Schalenbauweise mit Steinblende und innerer Holzwand errichtet (Innenfläche: 28 ha). Sw. des Burgwalls befand sich ein mit Palisaden befestigter, 1 ha großer Herrenhof (ca. 820–840 entstanden) mit einer einschiffigen steinernen Kirche aus der Mitte des 9. Jh. (SW-NO, halbrunde Apsis, viereckiger Narthex; Länge: 18,65 m, Breite: 7,62 m; Fresken), die bereits Mitte des 10. Jh. verfiel. Innerhalb und außerhalb des Hofareals wurden Siedlungsobjekte nachgewiesen, darunter ein Palas (26 m Länge) und Unterkünfte der Gefolgschaft. Das Gräberfeld um die Kirche (407 Einzelgräber) wies Waffen, Sporen, Gold- und Silberschmuck auf (1. Hälfte des 9. Jh.–Mitte des 10. Jh.); 11 m nö. der Apsis wurde ein rundes heidn. Pfahlkultobjekt aus der Mitte des 10. Jh. entdeckt. Um den Burgwall lagen offene Siedlungen (im NO handwerkl. Produktion) mit kleineren Gräberfeldern. Von drei Siedlungen in der s. Vorburg gibt es fast 400 Fundobjekte (hauptsächl. Bewaffnung) und ein Gräberfeld mit mehr als 200 zeitgleichen Gräbern. – Burg, C. VI. B. Chropovský

Lit.: F. KALOUSEK, Břeclav–P. I, Velkomoravské pohřebiště u kostela, 1971 – B. DOSTÁL, Břeclav–P. IV, Velkomoravský velmožský dvorec, 1975 – DIES., Břeclav–P. III, Časně slovanské osídlení, 1985 – J. VIGNATIOVÁ, Břeclav–P. II, Slovanské osídlení jižního předhradí, 1992.

Pöhlde (heute zu Herzberg, Krs. Osterode), → Pfalz im sw. Harzvorland auf ursprgl. Allod der Liudolfinger, von den dt. Kg.en im 10. und frühen 11. Jh. häufig (v. a. an Festtagen) aufgesucht. Die Pfalzgebäude (z. T. durch Grabungen n. der Kirche im Dorf P. ermittelt) lagen nicht wie meist bei den sächs. Pfalzen in der Burg, sondern beim Hof. Schutz bot im 9. und 10. Jh. eine starke Wallbefestigung sö. auf dem Rotenberg ('Kg. Heinrichs Vogelherd'). 927/929 übertrug Heinrich I. Hof und Burg P. seiner Gemahlin → Mathilde als Wittum. Sie errichtete in der Pfalz um 950 ein Kanonikerstift (von Otto II. in ein Kl. umgewandelt, 981 dem Ebm. → Magdeburg übergeben). Auch Ksn. → Theophanu besaß seit 978 den Hof als Wittum. Von Heinrich I. bis Heinrich IV. sind 27/28 Kg.sbesuche bezeugt, davon 15/16 zu Weihnachten ('Weihnachtspfalz'); 1002 Ermordung Mgf. → Ekkehards v. Meißen. Nach dem Ende der Kg.sbesuche (1059) blieb das Reichsgut weiter für das Kgtm. wertvoll ('curia P.' im sog. → Tafelgüterverzeichnis). 1158 trat Friedrich I. den Hof an Heinrich d. Löwen ab. Im Kl., von Ebf. → Norbert v. Magdeburg wohl 1129/30 zur Prämonstratenserpropstei umgewandelt, entstanden die »P.r Annalen«, die erstmals die Sage von 'Heinrich dem Vogler' (Heinrich I.) überliefern. K. Heinemeyer

Lit.: M. CLAUS, Die Burganlage 'Kg. Heinrichs Vogelherd' bei P. (Dt. Kg.spfalzen, 2, 1965), 265-272 – DERS., Zur Topographie der Pfalz P. (NAFN 7, 1972), 283-294 – Germania Benedictina 6, 1979, 404-420 [Lit.] – G. STREICH, Burg und Kirche während des dt. MA, 1984, bes. 1, 162-165.

Poilevilain, Jean, kgl. frz. Münzmeister und Hoffinanzier, † zw. Nov. 1363 und März 1364, Bürger v. Paris, wohl Sohn eines Lokalbeamten Karls v. Valois, belegt erstmals um 1324, durch Holzhandel reichgeworden, unter Karl IV. Münzmeister v. Paris. Philipp VI. setzte ihn zum Münzmeister der Silbermünzstätte ein (1328-38). April 1343-April 1344 war er → *Trésorier du roi*. Doch erlitt er 1345-46 Haft und Güterkonfiskation (gleichzeitig mit den Prozessen gegen Pierre des → Essarts und andere große Hoffinanziers), konnte sich aber offenbar durch eine Geldzahlung freikaufen, empfing am 11. Febr. 1347 einen kgl. Gnadenbrief und nahm seine Geschäfte wieder auf. 1348 gab er dem Kg. ein Darlehen (4000 *livres*). Am 30. Dez. 1348 wurde er zum Oberaufseher aller Münzstätten des Kgr.es ernannt. P. war verheiratet mit Agnès, Tochter von Jacques → Marcel. Er erwirkte im April 1343 einen kgl. Gunsterweis, durch den er seine großen Besitzungen in den Kastellaneien Tournan, Melun und Corbeil zu einem einzigen Lehen zusammenfassen konnte. E. Lalou

Lit.: R. CAZELLES, Hist. de Paris (1223-1380), 1972 – R. CAZELLES, La soc. politique et la crise de la royauté sous Philippe de Valois, 1958 – A. TERROINE, Recherches sur la bourgeoisie parisienne au XIIIe s. [Thèse d'Ecole des chartes, Fichiers conservés à l'Institut de Recherche et d'Hist. des Textes].

Poimandres → Corpus Hermeticum

Poissy, Stadt und → Pfalz in der Île-de-France, am linken Seineufer unterhalb von → Paris, geht wohl auf ein Stromwehr oder eine Fischersiedlung zurück. Karl d. Kahle hielt hier eine Reichsversammlung ab (868). Robert II. (996-1031) und seine Frau Konstanze v. Toulouse, die ein Augustinerchorherrenstift gründete, residierten in P. Ludwig d. Hl. (1226-70) hatte enge Beziehungen zu dieser Pfalz (Taufe in Notre-Dame de P., Selbstnennung als 'Ludwig v. P.') und soll den Anstoß zum Bau der Steinbrücke gegeben haben. Philipp d. Schöne stiftete am Vorabend der Kanonisation Ludwigs d. Hl.n (1298) am Platz des Chorherrenstifts ein Dominikanerinnenkl. (geplante Herzgrablege des Kg.s). Die von den Kapetingern geförderte, verkehrsgünstig gelegene Stadt wurde während des → Hundertjährigen Krieges 1346, erneut 1419 von den Engländern besetzt. E. Lalou

Lit.: ABBÉ LEBEUF, Hist. de la ville et de tout le dioc. de Paris, 1883 – S. MOREAU-RENDU, Le prieuré royal de St-Louis de P., 1968 – A. ERLANDE-BRANDENBURG, La priorale St-Louis de P., BullMon 129, 1971, 85-112 – E. LALOU, Les abbayes fondées par Philippe le Bel, Rev Mab, nouv. Sér. 2, 63, 1991, 143-165.

Poitiers, Stadt und Bm. in Westfrankreich (dép. Vienne). I. Stadt – II. Bistum.

I. STADT: [1] *Die Anfänge. Frühmittelalter*: In beherrschender Situation auf einem Bergsporn zw. Clain und Boivre, im Zentrum des → Poitou und in offener Lage zw. armorikan. Massiv und Zentralmassiv, war P. seit der kelt. Periode besiedelt und wurde in galloröm. Zeit zum Civitas-Vorort der Pictones (Pictavi). Im 4. Jh. n. Chr. war die Stadt von einer weiträumigen Befestigung Galliens (2,6 km, umwehrtes Areal: 43 ha) umgeben. Mit dem hl. → Hilarius († 367/368) setzte sich das Christentum durch. Der zentrale Raum des Baptisteriums St-Jean geht auf das Ende des 4. Jh. zurück. Im 6. Jh. gründete Kgn. → Radegunde, die sich vor ihrem Gemahl → Chlothar I. hierher zurückgezogen hatte, eine der ersten Frauenabteien Galliens, Ste-Croix (benannt nach der kostbaren Kreuzreliquie, die Radegunde als Geschenk des byz. Ks.s erhalten hatte). Aus dem 8. Jh. stammt das bemerkenswerte 'Hypogaeum', unterird. Kapelle des Abtes Mellebaudus.

768 bemächtigte sich Pippin III. der Stadt, die fortan den → Karolingern unterstand. 828 gründete → Pippin I., Kg. v. → Aquitanien, extra muros die Abtei St-Cyprien. Den etwa 15 Kirchen, die in der Merowingerzeit im Innern der Ummauerung, jedoch im unteren Teil der Stadt entstanden waren, fügte sich das große Kollegiatstift Notre-Dame-la-Grande an, nahe dem Grab des hl. Hilarius.

Die Stadt wurde mehrmals von → Normannen geplündert. Während die karol. Zentralgewalt verfiel, tritt noch vor Mitte des 9. Jh. (839) das Haus der Gf.en v. Poitou auf, das bis 1137 regierte.

[2] *Hochmittelalter:* Seit dem 2. Drittel des 10. Jh. setzte ein neuer Aufschwung ein. Die Abtei St-Cyprien wurde wiederhergestellt. Die Gemeinschaft, die den Dienst am Grabe der hl. Radegunde versah, wurde als Kollegiatstift organisiert. Eine Frauenabtei, Ste-Trinité, wurde von der Gfn. v. Poitou, Adela v. Normandie, gegr., der Witwe Wilhelm Werghaupts (935–963); in unmittelbarer Nähe entstand das Kapitel St-Pierre-le-Puellier. Zwei der 'extra muros' gelegenen →Burgi wurden mit eigener Mauer umgeben (St-Hilaire-le-Grand, Ste-Radegonde), ein dritter Burgus (St-Cyprien) blieb unbefestigt; 1016 werden die Einw. dieser frühstädt. Siedlungen als 'burgenses' bezeichnet. In der Cité tritt 970 erstmals ein Straßenname ('rua Fabroria') auf.

Um 1050 gründete Gfn. Agnes eine Kollegiatkirche, St-Nicolas, unter der Augustinerchorherrenregel. Ihr Sohn, Gf. Gui-Geoffroi-Guillaume (Wilhelm VI.), errichtete im letzten Drittel des 11. Jh. die Abtei St-Jean-de-Montierneuf, die er an →Cluny tradierte und in der 1096 Papst →Urban II. empfangen wurde. Um Montierneuf formierte sich 'extra muros' ein neuer Burgus. Der Gf. v. Poitou verlieh den Bewohnern erste Privilegien (Heirats-, Erb-, Prozeßrecht). St-Nicolas sank zum bloßen Priorat v. Montierneuf herab.

In der glanzvollen Periode des 11. und 12. Jh. erhielten die berühmten Kirchen der Stadt ihre von der reifen →Romanik geprägte Gestalt: St-Hilaire-le Grand, St-Hilaire-de-la-Celle, St-Germain, Notre-Dame-la-Grande, Ste-Radegonde (mit späteren Veränderungen: Schiff 13. Jh.), St-Jean-de-Montierneuf (mit got. Chor), St-Porchaire (roman. Glockenturm). Sie waren mit Fresken geschmückt (St-Hilaire-le-Grand, Baptisterium St-Jean, Notre-Dame-la-Grande) und besaßen reich illuminierte Codices (Vita und Miracula der hl. Radegunde).

1137 verstarb der letzte Gf. v. Poitou. Die Bewohner von P. errichteten eine →Kommune, die vom Kg. aufgehoben wurde. Unter →Heinrich II. Plantagenêt, Kg. v. England, dem 2. Gemahl der Erbtochter →Eleonore (→Angevin. Reich), wurden die Burgi der äußeren Teile des Felsplateaus in eine neue Befestigungsmauer von 6,5 km Länge einbezogen. Die damals begonnene neue Kathedrale wurde erst 1379 geweiht. Heinrich II. (oder sein Sohn Richard Löwenherz) verlieh den Bewohnern v. P. das Kommunalstatut, nach dem Vorbild der →Établissements de Rouen. Es wurde, gemeinsam mit den alten 'libertates', 1199 bestätigt, 1222 den Bürgern die alleinige Bürgermeisterwahl zugestanden. P. hatte zwei Jahrmärkte (Fasten, Okt.); als festes →Kaufhaus wurden die Hallen errichtet.

[3] *Spätmittelalter:* 1204 unterwarf Kg. →Philipp II. Augustus P. der frz. Krone. Die Stadt wurde als »Provinzhauptstadt« Schaltstelle der von Paris gesteuerten kgl. Verwaltung. Unter →Alfons v. Poitiers (1240–71), dem Bruder von Kg. →Ludwig IX., vollzog sich der Übergang zur neuen Situation. Dominikaner und Minoriten begründeten in P. ihre Konvente, die letzten neuen Pfarreien entstanden (insgesamt 29 städt. Pfarreien im 13. Jh.). Im 14. Jh. wurden Häuser der Augustiner und Karmeliter eingerichtet; die Johanniter traten 1317 an die Stelle des aufgehobenen Templerordens.

Zu Beginn des →Hundertjährigen Krieges erlitt P. Verwüstung durch engl. Truppen (1346). Nach der katastrophalen frz. Niederlage (→Poitiers, Schlacht v., 1356) wurde P. im Frieden v. →Brétigny und Calais an England abgetreten. 1372 öffnete die Stadt jedoch dem frz. Heerführer Bertrand →Du Guesclin d. Tore. →Jean de Berry, 1372–1416 Gf. v. Poitou, baute den gfl. Palast des 13. Jh. zur →Residenz modernen Typs aus. 1418 machte der aus Paris verdrängte Dauphin →Karl (VII.) P. zu einer seiner »Hauptstädte«, in der er →Parlement, Cour des →Aides und →Chancellerie etablierte; 1431–32 wurde eine Univ. gegr. (1447–66: eigenes Gebäude). Die Zentralbehörden wurden nach der Rückeroberung von Paris (1436) wieder aus P. abgezogen.

P. war der Verwaltungssitz einer der großen Provinzen des Kgr.es Frankreich und fungierte dank der Univ. auch als Brennpunkt intellektuellen Lebens. Die städt. Elite (Royrand, Fumé, Berthelot u.a.) und die kirchl. Würdenträger (Dekanat v. St-Hilaire) erbauten sich Stadtpaläste. →Buchdruck wurde seit 1479 gepflegt. Die kgl. Post richtete 1480 eine Etappenstation auf der Route von Tours nach Bordeaux ein. Den Bemühungen der Stadt um Hebung der Wirtschaftskraft (u.a. Tuch- und Waffenfabrikation) blieb allerdings der durchschlagende Erfolg versagt. Die Schöffen und Ratsherren wurden durch kgl. Gnadenbrief von 1372 nobilitiert. Das →Patriziat v. P. strebte nach Ämtern in Justiz und Verwaltung sowie nach ländl. Grundbesitz, schickte seine Söhne auf die Univ. und eiferte adligem Lebensstil nach. P. war niemals eine Stadt der großen Kaufleute und Unternehmer.

II. BISTUM: [1] *Territorialentwicklung:* Von den Anfängen des 4. Jh. bis ca. 1000 entsprach die Ausdehnung des zur Kirchenprov. →Bordeaux gehörenden Bm.s P. den Grenzen der Civitas, dann der Gft. (bzw. ihres Kernbereichs). Das Diözesangebiet reichte zunächst bis zum Layon und zur →Loire und schloß St-Martin-de-Verton und St-Florent-de-Montglonne (St-Florent-le-Vieil) ein. 851 verlor die Diöz. dasjenige Gebiet am linken Loireufer, das s. von →Nantes lag, am Ende des 10. Jh. die Landschaft Les Mauges, w. des Layon.

Nach dem Pfarreiregister des Bf.s Gautier v. Brügge (Anfang des 14. Jh.) umfaßte das Bm. P. nahezu vollständig die heut. dép. Vienne, Deux-Sèvres und Vendée nebst weiteren Gebieten (im N bis Cholet und Vihiers, im S bis →Aulnay, Ruffec und Confolens), zählte auf einer Fläche von gut 20 000 km² 1220 Pfarreien, 15 Kollegiatstifte, 55 Abteien, 543 Priorate, ferner Häuser der Bettelorden und geistl. Ritterorden. Im 10./11. Jh. erfolgte die Gliederung in drei Archidiakonate (P., Thouars und Brioux), 23 Archipresbyterate und acht Dekanate (seit Ende des 12. Jh.: neun). 1317 trennte Papst Johannes XXII. die neugeschaffenen Diöz.en Luçon und Maillezais ab. P. behielt 750 Pfarreien, 34 Abteien, 275 Priorate und alle Kollegiatstifte.

[2] *Geschichte:* Der erste gesicherte Bf. ist der hl. →Hilarius (um 351–367/368), grundlegender Theologe und unbeugsamer Kämpfer gegen den Arianismus (→Arius). Die frühen Bf. gehörten in der Regel der Aristokratie an und verdankten ihre Ernennung dem kgl. Einfluß, so der Dichter →Venantius Fortunatus, Vertrauter der hl. Radegunde, und die Frankoburgunder Dido und Ansoald im 7. Jh.

989 initiierten die Bf. der Kirchenprov. Bordeaux zu →Charroux in der Diöz. P. die →Gottesfriedensbewegung. Von 975 bis 1086 folgten Gislebert, Isembert I. und II. im Bischofsamt vom Onkel auf den Neffen. Peter II. (1086–1115) verkörpert dagegen den Prototyp des »gregorianischen« Reformbf.s. Die Ausschaltung Wilhelms II. (1132) durch den Hzg. v. Aquitanien, der dem Gegenpapst →Anaklet II. anhing, war der letzte brutale Eingriff eines Fs.en in Diözesanangelegenheiten. 1137

garantierte Kg. Ludwig VII. als Gemahl der Eleonore den Kirchen der Prov. Bordeaux die freie Bischofswahl. 1142–54 hatte der große Philosoph →Gilbert v. P. (G. de la Porrée) als vormaliger Domscholaster die Bischofswürde inne. Der aus England stammende Jean Bellesmains (1162–82) war ein anderer bedeutender Bf. und einflußreicher Kirchenpolitiker des 12. Jh. Seit dem 13. Jh. standen dem Bf. ein →Offizial (1242) und ein →Generalvikar (1260) zur Seite. Der fromme Franziskaner Gautier v. Brügge (1279–1306) wandte sich intensiv der Seelsorge zu. Im Zeichen des beginnenden →Templerprozesses trafen der Papst und der Kg. v. Frankreich 1307 und 1308 in P. zusammen. Die Bf.e v. P. wurden im 14. und 15. Jh. zunehmend für den Königsdienst in Anspruch genommen, v. a. unter Jean de Berry und Karl VII. In P. fand 1429 die Prüfung von →Jeanne d'Arc durch eine Theologenkommission statt. Der Bf. Pierre d'→Amboise (1481–1505), ein selten in der Diöz. residierender prachtliebender Prälat, trat als großer Bauherr und kgl. Rat hervor.

[3] *Diözesanklerus, Klosterwesen und religiöses Leben:* Der Pfarrklerus der Diöz. wurde »nach altem Brauch«, der seit dem 10. Jh. belegt ist, zweimal jährlich zu Synoden einberufen. Wir besitzen 13 →Synodalstatuten, von Gautier v. Brügge bis zu der bedeutenden Sammlung des Bf.s Jacques →Jouvenel des Ursins (1449–57). Der Säkularklerus hatte 16 Kollegiatkirchen: Bernezay, Celle-l'Evescault, Châtelleraut, →Chauvigny, →Loudun, Ménigoutte, Mirebeau, Montmorillon, Morthemer, →Parthenay, P. (Kathedrale, St-Hilaire-le-Grand, N.-D.-la-Grande, Ste-Radegonde, St-Pierre-le-Puellier), →Thouars.
Im 4. Jh. gründete der hl. →Martin in →Ligugé das älteste Kl. in Gallien. →St-Maixent (5. Jh.) und →St-Jouin (6. Jh.) entwickelten sich als Monasterien, während die hl. Radegunde in P. eine der ersten Frauenabteien stiftete (Ste-Croix). Die Abtei St-Sauveur in →Charroux wurde um 783 vom Gf.en Roger v. Limoges gegr. Zu Beginn des 9. Jh. entstand →St-Savin, das, durch den hl. →Benedikt v. Aniane reformiert, im 9. und 10. Jh. große monast. Bedeutung gewann. Die älteren Gründungen um Luçon und St-Michel-en-l'Herm, entwickelten sich um das Jahr 1000, desgleichen die Abtei Maillezais, eine Neugründung der Hzg.e v. →Aquitanien. St-Jean-de-Montierneuf in P., gegr. in den 70er Jahren des 11. Jh., war das wichtigste Priorat der →Cluniazenser in der Region. Die letzten Gründungen traditionell benediktin. Charakters, Orbestier, Talmont, La Grenetière und L'Absie, entstammen der Zeit vor oder nach 1000 und liegen im Bas-Poitou. Hinzu traten Abteien der →Regularkanoniker, Airvault, Mauléon, Celles-sur-Belle, Fontaine-le-Comte, und der neuen Orden, so der →Zisterzienser (Le Pin, L'Étoile, La Merci-Dieu, Valence, Les Châtelliers u. a.), →Grammontenser, →Prämonstratenser (Lieu-Dieu-en-Jard), und v. a. der von →Robert v. Arbrissel 1101 gegr. Kongregation v. →Fontevraud, deren Haupthaus im Bm. P. lag. Im 13. Jh. blühten die Konvente der Bettelorden, insbes. der →Dominikaner und →Franziskaner. Der geistl. Ritterorden der →Templer ging nach seiner Aufhebung (1312) in den →Johannitern auf. Im ausgehenden MA ebbte die Bewegung der Kloster- und Ordensgründungen fast völlig ab. Lediglich die Franziskanerobservanten (→Franziskaner A. V. B. I) installierten sich erfolgreich im Konvent v. Mirebeau (1388). Der materielle Wiederaufbau in der 2. Hälfte des 15. Jh. setzte kaum mehr relig. Energien frei, zumal starke »Verweltlichung« (Vernachlässigung der Residenzpflicht, Ämterkumulus, Kommendenwesen) um sich griff.

Das religiöse Leben der Laien vollzog sich im Rahmen der Pfarrei. Über diese hinaus wirkten Initiativen wie die Aufführung der großen geistl. Spiele des 15. Jh. (→Mysterienspiele), die →Bruderschaften, deren erstes Auftreten für 1107 (Maison-Dieu de Montmorillon) belegt ist, und die →Wallfahrten. Die Frömmigkeit nahm im 14. und 15.Jh. verstärkt individuelle Züge an (Stiftungen von Messen, Jahresgedächtnissen [→Memoria], Festen, →Grabmälern, Privatkapellen an Pfarrkirchen; private Bibliotheken: Andachts-, →Stundenbücher). Der Todesgedanke fand seinen Ausdruck in religiösen Darstellungen (→Drei Lebende und drei Tote: Fresken in Antigny, Boismorand, Jouhet), ebenso Kreuzesandacht und Marienverehrung. Blieb der religiöse Eifer im ausgehenden MA auch nicht frei von Verirrungen (Furcht vor →Hexen, die Pierre Mamoris, Professor in P., in seinem »Flagellum maleficorum« bekämpfte), so muß doch die Lebendigkeit der Laienfrömmigkeit des ausgehenden MA hervorgehoben werden.
R. Favreau

Q. und Lit: *Lit.: zu [I]:* Recueil de documents concernant la commune et la ville de P., 2 Bde, hg. E. Audouin, 1923, 1928 (Arch. hist. du Poitou 44, 46) – D. Claude, Topographie und Verfassung der Städte Bourges und P. bis in das 11. Jh., 1960 – G. Dez, Hist. de P., 1969 (Mém. Soc. Antiq. Ouest) – R. Favreau, La ville de P. à la fin du MA, une capitale régionale, 2 Bde, 1978 (ebd.) – Hist. de P., hg. R. Favreau, 1985 – *zu [II]:* LThK² VIII, 579–581 – J. Besly, Evesques de P. avec les preuves, 1647 – H. Beauchet-Filleau, Pouillé du dioc. de P., 1868 – J. Salvini, Le dioc. de P. à la fin du MA (1346–1560), 1946 – Le dioc. de P., hg. R. Favreau, 1988 (Hist. des dioc. de France, 22) [G. Bon – R. Favreau].

Poitiers. 1. P., Schlacht v. (Okt. 732). Nach der raschen Eroberung der Iber. Halbinsel setzten 719 arab. Vorstöße über die Pyrenäen ein. Narbonne wurde besetzt; das belagerte Toulouse konnte 721 →Eudo v. Aquitanien nur retten, doch folgten neue Einfälle in Aquitanien (Einnahme v. Carcassonne und Nîmes) und Burgund (725 Zerstörung v. Autun). Der neue Statthalter ʿAbdarraḥmān, mit dessen Gegenspieler, dem Berber Munnūz, sich Eudo verbündete (was →Karl Martell 731 mit zwei Strafzügen ahndete), zog im Frühjahr 732 von Pamplona aus durch das Baskenland nach Aquitanien; Eudo floh hilfesuchend zu Karl. ʿAbdarraḥmān gelangte siegreich bis P., wo die Kirche des hl. Hilarius in Flammen aufging. Nächstes Ziel war das frk. Nationalheiligtum, die Martinskirche in Tours. Karl trat ihm mit einem Heer aus Franken und Burgundern entgegen. Nach sieben Tagen gegenseitiger Beobachtung und kleinerer Manöver trafen die Heere an einem Samstag im Okt. aufeinander. Die arab. Reiterei zerbrach »an der unbewegl. Menschenmauer der Franken« (Isidori cont.). ʿAbdarraḥmān fiel, seine Truppen flohen zu ihrem festen Stützpunkt Narbonne. Karl blieb in zahlreichen weiteren Kämpfen mit den Arabern siegreich und drängte die Angreifer aus S-Gallien heraus; lediglich Septimanien blieb in arab. Hand. Die Schlacht bei P. steht in einer Reihe bedeutender Erfolge Karls bei der Abwehr der Araber; ihre zuweilen starke Überbewertung als welthist. Ereignis in der modernen Historiographie hat keine Grundlage in der Beurteilung der ma. Gesch.sschreibung.
U. Nonn

Q.: Cont. Fredeg. 23 (MGH SRM II) – Isidori cont. Hispana (MGH AA XI) – *Lit.:* F. Lot, Études sur la bataille de P. de 732, RBPH 26, 1948, 35–59 – J.-H. Roy – J. Deviosse, La bataille de P., 1966 – M. Rouche, L'Aquitaine des Wisigoths aux Arabes 418–781, 1979 – U. Nonn, Die Schlacht bei P. (Beitr. zur Gesch. des Regnum Francorum, hg. R. Schieffer, 1990), 37–56.

2. P., Schlacht v. (19. Sept. 1356), wohl schwerste Niederlage Frankreichs im →Hundertjährigen Krieg, fand statt auf dem Gebiet der heut. Gemeinde Nouaillé-

Maupertuis (dép. Vienne, arr. Poitiers, cant. La Villedieu-du-Clain), südl. der Stadt P. Vorausgegangen waren die heftigen Konflikte Kg. Johanns II. v. Frankreich (→Jean le Bon) mit →Karl II. d. Bösen, Kg. v. →Navarra und Gf. en v. →Évreux, die in den Krieg mit →Philipp v. Navarra und seinen engl. Verbündeten einmündeten (frz. Einnahme der Festung →Breteuil-sur-Iton, Mitte Aug. 1356). Angesichts des Vorrückens der anglogascogn. Streitmacht →Eduards, des Prinzen v. Wales, der am 5. Aug. von →Périgord aus zu einem Streifzug (*chevauchée*) aufgebrochen war, versammelte Johann das frz. Heeresaufgebot Ende Aug./Anfang Sept. 1356 in Chartres. Eduard, der die Festungen →Vierzon und Romorantin erobert hatte (28. Aug. – 4. Sept.) und auf →Tours vorrückte, trat beim Herannahen des zahlenmäßig überlegenen Gegners den Rückzug an. Sein bei Maupertuis am 18. Sept. von der frz. Armee gestelltes Heer lagerte in einer durch das Miossontal geschützten Stellung. Verhandlungen, die auf Initiative des Kard. →Talleyrand geführt wurden, scheiterten.

Am 19. Sept. entfaltete sich die Schlacht; Kg. Johann erwies sich als unfähig, den beschlossenen Schlachtplan durchzuführen. Ein Teil seiner Armee ergriff rasch die Flucht; der Kg. war nach heroischer Verteidigung gezwungen, sich zu ergeben. Die frz. Verluste, Tote und Gefangene, zählten nach tausenden. Frankreich hatte einen gefangenen Kg.; die in prekärer polit. Lage entstandene, durch strateg. und takt. Fehler herbeigeführte militär. Katastrophe verschärfte dramatisch die bedrohl. polit. und institutionelle, aus einer Krise der Gesellschaft hervorgegangene Situation des Landes (→Frankreich A VI, B VII). Der Abschluß des Friedens v. →Brétigny und Calais (1360) markiert eine erste Etappe der Rückkehr zu geordneteren Verhältnissen.

Schon frühzeitig spielte P. eine gewisse Rolle in der Propaganda der frz. Monarchie, wobei die unerschrockene Standhaftigkeit des Kg.s der Feigheit der Adligen gegenübergestellt wurde. Ein Teil der öffentl. Meinung vertrat die Auffassung, daß sich das Kgtm. auf die städt. Kommunen hätte stützen müssen. Später wurde aufgrund der schlimmen Erfahrung von P. die Regel aufgestellt, daß der Kg. v. Frankreich nicht mehr persönlich in einer Feldschlacht, die Leben und Freiheit gefährdete, mitkämpfen solle, ein Grundsatz, an den sich die frz. Kg.e bis zum Ende des Hundertjährigen Krieges hielten.

Ph. Contamine

Lit.: R. Delachenal, Hist. de Charles V, I, 1909 – E. Carpentier, L'historiographie de la bataille de P. au XIVe s., RH 263, 1980, 21–58 – J. Ehlers, Gesch. Frankreichs im MA, 1987, 226f. – F. Autrand, La déconfiture. La bataille de P. à travers quelques textes français... (Guerre et société..., hg. Ph. Contamine–Ch. Giry-Deloison–M. H. Keen, 1991), 93–121.

Poitou, ehem. Gft., Landschaft in Westfrankreich.

I. Territorialentwicklung – II. Früh- und Hochmittelalter. Die Grafen von Poitou – III. Unter der Herrschaft der Plantagenêt und Kapetinger – IV. Verwaltung und Wirtschaft.

I. Territorialentwicklung: Am Ende der Antike war die 'civitas Pictavorum' (mit ihrem Vorort →Poitiers) die ausgedehnteste der sechs Civitates der Aquitania II (→Aquitanien). Begrenzt durch die Küste der südl. Bretagne und den Anjou, umfaßte sie den Bereich des gesamten linken Ufers der →Loire vom Fluß Layon an; im S reichte sie bis zu den Sümpfen der Sèvre und dem Forst v. Argenson; im O und N wurde die Grenze durch die beiden Ingrandes markiert. 851 wurde der Pagus v. →Retz aus dem P. herausgelöst und dem Fsm. →Bretagne zugeschlagen; am Ende des 10. Jh. erfolgte die Abtretung der Mauges an die Gf.en v. Anjou (→Angers), die auch die Lehnshoheit über Loudunais und Mirebalais errangen. Im südl. Bereich dehnte sich das P. bis →Aulnay aus, während Ruffec im frühen 11. Jh. an das Angoumois (→Angoulême) fiel. Im O erstreckte sich das P. bis Bourganeuf und schloß die Vicomté →Rochechouart ein, reichte aber über Le Blanc nicht hinaus. Seit Mitte des 10. Jh. schob sich die Gft. →Marche mit dem Zentrum →Charroux zw. P. und Limousin (→Limoges). Zw. Bretagne, Anjou und P. bildeten sich Marken als Pufferzonen, in denen die Herrschaft geteilt war.

II. Früh- und Hochmittelalter: Die Grafen von Poitou: 507 schlug der Kg. der →Franken, →Chlodwig, den arian. Westgotenkg. →Alarich II. bei →Vouillé. Der Hzg. v. Aquitanien rief 732 den frk. Hausmeier →Karl Martell zu Hilfe, um bei →Poitiers die aus Spanien vordringenden Muslime zurückzuschlagen. 768 bemächtigte sich Pippin III. des P., das →Karl d. Gr. einem frk. Gf.en übertrug.

Der 839 zum Gf.en ernannte →Ramnulf war Spitzenahn des mächtigen Geschlechts, das (mit einer kurzen Unterbrechung von zehn Jahren) bis 1137 die Gft. P. regieren sollte. Der westfrk. Kg. →Rudolf erkannte dem Gf.en v. P. 928 den Titel des Hzg.s v. →Aquitanien zu. Im Verlauf von zwei Jahrhunderten folgten acht Gf.en v. P. (bzw. Hzg.e v. Aquitanien) mit dem Leitnamen Wilhelm aufeinander. Es regierten: →Wilhelm I. (III.) Werghaupt (935–963); →Wilhelm II. (IV.) Eisenarm (963–ca. 995), Schwager von Hugo Capet; →Wilhelm III. (V.) d. Gr. (um 995–1030), dem die Ks.krone angeboten wurde; seine vier Söhne: Wilhelm IV. (VI.) d. Dicke (1030–38), →Eudo (1038–39), Wilhelm V. (VII.) (1039–58); →Wilhelm VI. (VIII.) (Gui–Geoffroi–Guillaume) (1058–86), der Sieger v. →Barbastro; →Wilhelm VII. (IX.) (1086–1126), der erste der →Trobadors; →Wilhelm VIII. (X.) (1126–37). Diese Dynastie herrschte, quasi »königleich«, über ein →Fürstentum, dessen Blüte nicht zuletzt durch zahlreiche bedeutende roman. Bauwerke bezeugt wird. Dem Gf.en unterstanden mehrere →Vicecomites (→Thouars, →Aulnay, Châtellerault, Brosse, Bridiers, Rochechouart). Mit der Errichtung zahlreicher →Burgen im 10. und 11. Jh. wurde die karol. Institution der →Vikarie (um die 60 Vikarien im P.) abgelöst durch eine neue Organisation der →Kastellanei. Der Gf. kontrollierte unmittelbar das südl. P. durch seine Burgen →Niort, Fontenay-le-Comte, Maillezais, Talmont; der Nordteil stand dagegen unter der Herrschaft der Vizgf.en v. Châtellerault, das Gebiet östl. der Dive unter Kontrolle des Vizgf.en v. Thouars. Seit Beginn des 11. Jh. bildete sich das Gewohnheitsrecht (→Coutume) des P. aus. Das Netz der mittleren städt. Zentren (Niort, La Roche-sur-Yon, Châtellerault, Montmorillon, →Parthenay, Bressuire, Fontenay-le-Comte u. a.) entstand zw. dem Ende des 10. Jh. und dem Ende des 11. Jh.

III. Unter der Herrschaft der Plantagenêt und Kapetinger: Die →Erbtochter Wilhelms VIII., →Eleonore, brachte 1137 P. und Hzm. Aquitanien in die Ehe mit →Ludwig VII., Kg. v. →Frankreich, ein. Nachdem die Ehe 1152 gelöst worden war, kam Eleonores Territorialbesitz an ihren zweiten Gemahl, →Heinrich (II.) Plantagenêt, der 1154 Kg. v. England wurde (→Angevin. Reich). Unter Heinrich II. und seinem Sohn →Richard Löwenherz, Gf. v. P. seit 1169, Kg. v. England 1189–99, war das P. fest in der Hand des Hauses Plantagenêt. Richards Bruder →Johann, 1199 Kg. geworden, fügte der bereits bestehenden →Kommune von Poitiers die Kommune Niort hinzu (nach dem Vorbild der →Établissements de Rouen). 1204 ging Poitiers an Frankreich verloren. Im Zuge des Konflikts zw. Plantagenêt und →Kapetingern nahm Kg. →Ludwig VIII. v. Frankreich 1224 Niort und den Rest des P. ein. Ein von den →Lusignan entfesselter Aufstand des Adels (1241-42) wurde von Kg. →Ludwig IX. niedergeschlagen; 1258-59 setzte der Vertrag v. →Paris den Schlußpunkt unter ein Jahrhundert der Feindseligkeit zw. Kapetingern und Plantagenêt.

Die Gft. P. wurde 1241-71 regiert vom jüngeren Bruder Kg. Ludwigs IX., →Alfons v. Poitiers, einem peinlich auf Sparsamkeit bedachten, rigorosen Verwalter. Nach Alfons' Tod kam das P. an die Krone. Die Krondomäne erreichte ihre volle Ausdehnung; sie umfaßte neben Poitiers und Niort auch St-Maixent und Montreuil-Bonnin (1242), Fontenay-le-Comte (1246), Montmorillon (1281), Lusignan (1308), Cioray, Melle und Chizé (1350).

Die ersten Jahre des →Hundertjährigen Krieges waren verhängnisvoll. Nach der Katastrophe v. →Poitiers (1356) mußte Johann der Gute im Vertrag v. →Brétigny und Calais (1360) das P. an England abtreten. Karl V. trieb jedoch 1372-73 die militärische Rückeroberung voran; 1372-1416 gehörte das P. zur →Apanage des Hzg.s →Jean de Berry. Der 1418 aus Paris vertriebene Dauphin →Karl (VII.) machte Poitiers und Bourges zu den Verwaltungssitzen seines Exil-Kgr.es (bis 1436). Der frz. Sieg v. Castillon (1453) setzte der engl. Bedrohung des P. ein Ende.

IV. VERWALTUNG UND WIRTSCHAFT: Gründete sich die Grafengewalt auf das →Lehnswesen (Lehnseidleistung in der mit Statuen der großen Vasallen ausgestatteten Tour Maubergeon des gfl. Palasts zu Poitiers), so war die Herrschaftsausübung seit dem 13. Jh. von der Institution der kgl. *Sénéchaussée* (→Seneschall) geprägt. Der im Gf.enpalast residierende Seneschall, dem als wichtigste Helfer ein *lieutenant général* und mehrere *lieutenants particuliers* (→lieutenant) und zur Seite standen, übte im Namen des Kg.s Justiz, Verwaltung und Finanzverwaltung in der Krondomäne aus. Die sekundären Zentren des P., Niort, Fontenay-le-Comte und Montmorillon, stiegen rasch zu eigenen Verwaltungssitzen auf (1461 Gerichtshof in Niort). Die kgl. Beamten sicherten durch den Ausbau der Zentralinstitutionen die Ausdehnung der kgl. Autorität auf die Provinz.

Durch den →Hundertjährigen Krieg wurde der Übergang zu einer Monarchie moderner Prägung, die über festes Steueraufkommen und stehendes Heer verfügte, vorangetrieben (Bestreitung des Lösegeldes für Kg. Johann nach der Schlacht v. Poitiers, 1356: außerordentl. Finanzen, →Taille, →Aides). Der neue Fiskalbezirk der *Élection* des P., der sich aufgrund der erhaltenen fünfzehn Steuerrotelen kartographieren ließ, umfaßte ein Gebiet von ca. 23 000 km² und leistete als größter, ertragreichster Steuerbezirk des Kgr.es Frankreich ca. 7% des Gesamtaufkommens der Taille. Der Seneschall hatte die Gerichtsbarkeit über die Krondomäne inne, Appellationsgerichtsbarkeit dagegen im gesamten P. Die Élection kannte dagegen keine feudalen oder jurisdiktionellen Sonderrechte mehr: Alle Pfarreien wurden hinsichtlich der kgl. indirekten Steuern gleichermaßen herangezogen. Das P. war nur mehr eine Provinz unter mehreren in einer Monarchie mit gesicherter Autorität.

Die Wirtschaft des P. trug durchweg traditionelle Züge, wichtige Produkte waren Salz, Weizen, Wein, Leder und Tuche (draps de P.). Ihr Aufschwung wurde gehemmt durch das Fehlen nahegelegener großer Absatzmärkte, den Mangel an Binnenschiffahrtswegen und den geringen Unternehmungsgeist der Kaufleute der Region. Wirtschaftl. Dynamik prägte lediglich die außerhalb des P. gelegenen Hafenstadt →La Rochelle. R. Favreau

Q. *und Lit.*: RE XX, 1203-1213 - Bull. et Mém. de la Soc. des Antiquaires de l'Ouest (Mém. Soc. Antiq. Ouest 4ᵉ s., 17, 1983-84) - A. RICHARD, Hist. des comtes de P., 778-1204, 2 Bde, 1903 - Hist. du P., du Limousin et des pays charentais, hg. E.-R. LABANDE, 1976 [Kap. zum MA: E.-R. und Y. LABANDE, R. FAVREAU] - →Poitiers.

Pokal (lat. poculum, spätlat. baucalis [gr. βαύκαλις], it. boccale), kelchartiges Trinkgefäß aus Schale bzw. Kuppa über Ständer und Fußplatte, mit oder ohne Nodus, im Unterschied zum →Becher, den der P. seit Ende des MA weitgehend ersetzt. Typenvergleichbar sind Scyphus, liturg. →Kelch und Ziborium, vom P. oft nicht deutl. unterschieden. In Antike und Orient begegnen P.e in Metall wie Glas, die primäre Ableitung bleibt ungewiß. P.e aus frühbyz. Zeit variieren von Fußschale (z. B. Canoscio) zur Kelchform (New York, P.e aus Albanien und Istanbul, P. aus Škoder). Aus frühma. avar. bzw. slav. Funden ist der Schatz v. Pereščepina mit 21 goldenen und silbernen, ca. 11 cm hohen kelchartigen P.en hervorzuheben, mit Zieraten an der Kuppa. Im Schatz v. Nagyszentmiklos begegnen flache goldene P.e über schlankem Ständer. Einige karol. Kelche folgen antiker P.form (Utrecht, sog. Lebuinuskelch; Prag, Kelch v. Kolin). Mittelbyz. P.e kommen ebenfalls dem Kelch nahe (Venedig, S. Marco). Im roman. MA deutet sich, wohl unter oriental. Einfluß, eine enge Beziehung des P.s zum liturg. Ziborium an (z. B. Sens, Ste. Coupe; St-Maurice, sog. Ziborium Karls d. Gr.). Ma. Hss. zeigen in Mahlszenen P.e, wie sie in Beispielen aus Skandinavien erhalten sind (Stockholm, aus Dune/Gotland u. a.): deutl. eingezogene Kupparänder, Dekor in Gravierung, Email oder Relief, manchmal mit Kleinplastiken im Kuppainnern. Einzigartig ist ein in Resafa (Syrien) gefundener Wappenp. aus Kreuzfahrerbesitz. Seit dem 14. Jh. werden P.e auch als Schaugut aufgestellt, u. a. als Turnierpreise ausgelobt, als Geschenke angefertigt. Fs.en prunken mit zahlreichen P.en (Karl d. Kühne besaß über 100 Stück), Städte wetteifern untereinander (z. B. Lüneburger Ratssilber). Entsprechend wird großer Formenreichtum entfaltet, in Doppel- und Bukkelp.en ('Buckelperiode' seit Ende 15. Jh.), mit Einbeziehung von Naturformen (u. a. Apfel-, Birnen-, Rübenp.e). Entwürfe für hervorragende Stücke stammen von ersten Künstlern (Dürer, Hopfer u. a.). Die kunsthist. Zuordnung vieler P.e ist, bei Fehlen von Marken oder hist. Belegen, nicht möglich. Fragwürdig bleibt auch die Zuweisung formaler Entwicklungen an bestimmte Orte oder Werkstätten (z. B. des Buckelp.s an Nürnberg).

V. H. Elbern

Lit.: Lex. der Kunst III, 1975, 898 - P. SKUBISZEWSKI, Romańskie Cyboria w Kształcie czary z Nakrywa, Rocznik Historii Sztuki V, 1965, 7-46 - H. KOHLHAUSSEN, Nürnberger Goldschmiedekunst des MA und der Dürerzeit, 1240-1540, 1968 - F. KÄMPFER, Becher, Humpen und P.e, 1977 - R. W. LIGHTBOWN, Secular Goldsmith's Work in Medieval France, 1978 - J. M. FRITZ, Goldschmiedekunst der Gotik in Mitteleuropa, 1982 - A. ANDERSSON, Medieval Drinking Bowls of Silver Found in Sweden, 1983 - J. WERNER, Der Grabfund v. Malaja Pereščepina und Kuvrat (AAM phil.-hist. Kl. NF 91, 1984) - J. WERNER, Der Schatzfund von Vrap in Albanien (AAW phil.-hist. Kl., Denkschr. 184, 1986) - Kat. Das Lüneburger Ratssilber, 1990 - TH. ULBERT, Resafa III, 1990, 50ff., 110ff.

Pokrov, Fest. P. (russ. Mantel, Decke). Antike Rechtsvorstellungen (tutela, Schutz eines Mündels; velamentum, Mantel, den der Patron um den Schutzsuchenden als Rechtsakt schlägt, vgl. auch Rut 3,9; 1. Kön 19,19; 2. Kön 2,13; Hes 16,8) wurden in Byzanz und Rußland auf →Maria (B. II, IV) übertragen, um poet. im →Akathistos-

Hymnus ihren Ausdruck und in der Blachernenkirche in →Konstantinopel ihren Kultort zu finden. In Rußland verband sie →Andrej Bogoljubskij mit der Legende des angebl. slav. hl. Narren Andreas und schuf damit einen neuen ikonograph. Typus im Zusammenhang mit dem Patronat seiner Person und seines zentralruss. Reiches. Er schrieb einen →Prolog für das Fest am 1. Okt., das er in den Dienst seiner weitblickenden polit. und kirchenpolit. Pläne stellte. Ikonograph. entstanden zwei Typen: die Gottesmutter breitet selbst den P. aus, bzw. sie steht unter dem von zwei Engeln ausgebreiteten und von Christus gesegneten P. Mit seinen alten Vorstellungen und ideellen Wandlungen zum Patronatsbild gehört der P. in den Bereich der polit. Ikonographie. K. Onasch

Lit.: Chr. Belting-Ihm, »Sub matris tutela«, AAH, 1976, 3 – H. Schaeder, Die Gottesmutter »Schutzmantel« und »Entschlafen«. Zur Gesch. der Deutung orth. Patrozinien, FOG 25, 1978, 304–307 – V. Pucko, Bogorodica Desjatinnaja i rannaja ikonograf. P.a (Fschr. v. Lilienfeld, 1982), 355–373 – M. Graborowicz, Mater Misericordiae – Pokrow-Pokrova, 1986 – K. Onasch, Liturgie und Kunst der Ostkirche, 1993², 309f. [ältere Lit.].

Pokutien, Land zw. Ostkarpaten und Dnjestr, entstand gegen Ende des 14. Jh. im sö. Teil des Landes Halič, im poln. Rotreußen; Hauptort: Kołomyja, erhielt 1366–70 →Magdeburger Recht. Die Bergregionen P.s wurden im 15. Jh. zunehmend von walach. Wanderhirten (später Huzulen gen.) kolonisiert. Die Grenze zum Fsm. →Moldau war umstritten, die moldauischen Fs.en erhoben Ansprüche auf P., besetzten das Land u. a. 1502–05, 1530–31, verzichteten aber 1538 endgültig auf P. S. Gawlas

Lit.: M. Hruševśkij, Istorija Ukrajiny-Rusy, IV–V, 1905–07 – J. Nistor, Die moldauischen Ansprüche auf P., AÖG 101, 1910, 1–181 – G. Rhode, Die Ostgrenze Polens, 1955 – Z. Spieralski, Kampania obertyńska 1531 roku, 1962 – Guculśčyna: Istoryko-etnografične doslidženja, hg. J. G. Goško, 1987.

Pola → Pula

Polaben. Der Name wird in einem weiteren und in einem engeren Sinn verwendet: In der Sprachwissenschaft bezeichnet Polabisch (bzw. Altpolabisch) die Sprache der slav. Stämme zw. Elbe und Oder n. der sorb. Sprachgrenze, und daran anknüpfend findet sich in der hist. Lit. die Bezeichnung P. für alle jenseits der Elbe (tschech. Labe) und n. der Sorben siedelnden Slavenstämme. In den slav. Sprachen begegnet P. (poln. Połabianie, tschech. Polabané) auch in der Bedeutung 'Elbslaven'. Im engeren Sinn waren die P. einer der vier Teilstämme der →Abodriten. Sie siedelten zw. Trave, Sude und Elbe. Die W-Grenze ihres Siedlungsgebietes bildete der →Limes Saxoniae. Im N waren ihnen die Wagrier benachbart, im O die Abodriten (im engeren Sinn) bzw. die Warnower. Die Elbe trennte sie von den Drawenoslaven. Der Zeitpunkt ihrer Konstitution als Stamm ist in der Forsch. umstritten. In den frühen Q. der frk. Zeit, etwa dem →Geographus Bavarus, taucht ihr Name nicht auf. Erst sehr spät, für die Jahre zw. 1014 und 1018, kennt →Helmold v. Bosau erstmals Polabi. Sie gehören zur Diöz. Oldenburg. Die nächste Nennung der P. als Polabingi findet sich dann erst rund fünfzig Jahre später. Unter den slav. Völkerschaften, die der Diöz. Hamburg-Bremen unterstanden, werden die P. von Helmold v. Bosau und →Adam v. Bremen aufgeführt. Ihre Rolle innerhalb des Stammesverbandes der Abodriten dürfte – wegen der späten, seltenen und unter polit. Blickwinkel eher belanglosen Erwähnungen – gering gewesen sein. L. Dralle

Lit.: R. Trautmann, Ortsnamen, I, 1949, 1, Anm. 3 – W. H. Fritze, Probleme der abodrit. Stammes- und Reichsverfassung (Siedlung und Verfassung der Slaven zw. Elbe, Saale und Oder, hg. H. Ludat, 1960), 141–219 – W. Prange, Die slaw. Siedlung im Hzm. Lauenburg (ebd.), 115–123 – Herrmann, Siedlung, 19 – B. Friedmann, Unters. zur Gesch. des abodrit. Fsm.s bis zum Ende des 10. Jh., 1986, 75, 229 – Chr. Lübke, Reg. zur Gesch. der Slaven an Elbe und Oder, T. IV, 1987, Nr. 475a, 744 – Ders., Slaven zw. Elbe/Saale und Oder: Wenden – P. – Elbslaven? JGMODtl 41, 1993, 17–43.

Polack (Pollack, Polonus), **Jan**, bayer. Maler poln. Abstammung, * um 1445 Krakau (?), † 1519 München, kam anscheinend über Franken nach München. Hier erstmals 1479 in den Wandmalereien im Chor der Kirche v. Piping sicher faßbar, wird P. 1488 Stadtmaler (Bemalungen an Türmen und im Rathaus). Sein erstes großes Werk ist der Hochaltar v. Weihenstephan (1483–89; Freising/München); nach kleineren Tafeln für die Schloßkapelle Blutenburg für Hzg. Sigismund (1491, Trinität u. a.) entstand der Hochaltar für St. Peter (vollendet um 1495; St. Peter und Bayer. Nationalmus.). P. lädt im Rückgriff auf ältere bayer. Traditionen die von der vorhergehenden Generation aufgenommenen nld. Bildformen mit expressiver Spannung, scharf charakterisierender Dramatik und unruhig dekorativer Flächenbetonung auf. In seinen späteren Jahren wirkte er v. a. als Leiter seiner vielbeschäftigten Werkstatt. Ch. Klemm

Lit.: A. Stange, Dt. Malerei der Gotik, X, 1960, 81–89 – V. Liedke, Die Münchner Tafelmalerei und Schnitzkunst der Spätgotik, 1982 – L. Altmann, Das Bildprogramm der Schloßkapelle zu Blutenburg (Blutenburg. Beitr. zur Gesch. von Schloß und Hofmark Menzing, 1983), 167–182 – K. Otto, J. Pollacks Hochaltar von St. Peter in München: eine Rekonstruktion, MüJb 39, 1988, 73–88.

Polanen → Polen, →Westslaven

Polder, ndl. Bezeichnung für ein eingedeichtes Marschgebiet (mndl. *polre*, etymolog. Ursprung unsicher, viell. von altgerm. *polla* 'erhöhtes Stück Land'), im norddt. Küstengebiet gewöhnl. als *Koog* bezeichnet. Der Begriff P., erstmals belegt 1142 in Westflandern, am IJzer südl. von →Nieuwpoort (Sudhpolra), dann 1177 und 1189/90 auf der damaligen Insel Cadzand im Meerbusen des →Zwin, an der heut. Küste nördl. von →Brügge, in Südholland (bei Alblas) erstmals 1219, ist von Anfang an auch als Toponym bezeugt und bezeichnet ein Stück Land von einer gewissen Größe (einige bis mehrere Dutzend Hektar), das um einen hoch angeschwemmten, nicht mehr von den Gezeiten überfluteten »reifen« Groden, durch den Bau »offensiver« Deiche, vom Salz- oder Brackwasser abgetrennt wurde. Durch Gräben innerhalb der P. sowie durch Schleusen, Düker und sonstige Durchgänge in oder unter dem Deich wurde die weitere Entwässerung und Entsalzung der P. vorangetrieben.

Für den Anfang des 12. Jh., als das mndl. Wort *kade* aufkam (Cadesand 1111/15), das kleine individuelle Deichstücke bezeichnet, kann das Vorhandensein eines Netzes von *kaden* angenommen werden, wodurch die ersten, noch kleinräumigen P. entstanden, die oft nach einem Personennamen benannt waren. Etwas später, im 2. Viertel des 12. Jh., als das Wort P. an die Stelle von *kade* trat, wurden diese kleinen Eindeichungen zu großen, von einem einheitl. Deich umgebenen P.n, die keine Personennamen mehr trugen, vereinigt. Die Anlage von P.n war seitdem eine große Unternehmung; die hierfür erforderl. Kapitalmengen wurden oft von Abteien spezialisierten Polderunternehmern zur Verfügung gestellt. →Deich- und Dammbau. A. Verhulst

Lit.: A. A. Beekman, Het dijk- en waterschapsrecht in Nederland vóór 1795, 2 Tle, 1905, 1308–1313 – A. A. Beekman, P.s en droogmakerijen, 2 Teile, 1909–12 – A. Pauwels, P.s en Wateringen, 1935 – S. J. Fockema Andreae, Studiën over Waterschapsgeschiedenis, 8 Tle,

1950-51 – DERS., Embanking and Drainage Authorities in the Netherlands during the MA, Speculum 27, 1952, 158-167 – P. WAGRET, Les P.s, 1959.

Pole, de la, bedeutende engl. Familie im 14. und 15. Jh., über deren Herkunft wenig bekannt ist. *William* de la P. (* ?, † 21. Juni 1366), der ihren Erfolg begründete, stammte aus einer Kaufmannsfamilie in der Stadt Kingston-upon-Hull (→Hull). Während der Regierungszeit Eduards II. scheint er von seinen Handelsverträgen mit der Krone in der Zeit der Schottlandfeldzüge profitiert zu haben und wurde schließlich einer ihrer Gläubiger. In umfangreicher Weise war er am Wollhandel beteiligt und gehörte unter Eduard III. zu den führenden Geldgebern der Krone. Doch wurde er in polit. Konflikte verwickelt, die aus den kgl. Finanzgeschäften entstanden. 1337 erhielt er gemeinsam mit seinem Teilhaber, dem Kaufmann Reginald Conduit, die Leitung der »English Wool Company«, die eine Monopolstellung beim Ankauf der engl. →Wolle besaß und die Einnahmen aus dem Wollverkauf mit dem Kg. teilte, der während der Eröffnungsphase des →Hundertjährigen Krieges erhebl. Schulden gemacht hatte. Nachdem dieses Einnahmesystem jedoch bald zusammengebrochen war, verlieh William de la P. Geld an Eduard III., und im Sept. 1339 erhielt er seine Ernennung zum 2. Baron des →Exchequer. Aber er wurde in die polit. Krise von 1340 verwickelt, die ihren Ursprung in den finanziellen Schwierigkeiten Eduards hatte. Man nahm William gefangen und beschuldigte ihn im April 1341 – in Zusammenhang mit dem Mißerfolg der »English Wool Company« – einer schlechten Amtsführung. Er wurde eingekerkert, aber im Mai 1342 entlassen. Bald darauf erlangte er seine alte Stellung als Geldgeber der Krone zurück. Im April 1343 errichtete er die »English Company«, die Zölle verpachten und auf der Grundlage dieser Einnahmen dem Kg. Darlehen gewähren sollte. Im Juli 1344 erklärte eine Deklaration das 1341 gegen ihn verhängte Urteil für falsch. Obwohl die »English Company« im Aug. 1345 ein Ende fand, dauerten die polit. Feindseligkeiten gegen die großen engl. Kaufleute, einschließl. von William de la P., an. Dieser wurde 1353 erneut der falschen Amtsführung beschuldigt. Eduard III. forcierte diese Anschuldigungen, wohl um William zu zwingen, seine finanziellen Ansprüche gegenüber der Krone aufzugeben. Im Nov. 1354 erhielt William eine völlige Amnestie. Er investierte sein Vermögen teilweise in Ländereien und Besitzungen, hauptsächl. in Hull und im East Riding von Yorkshire, wo er einen Teil des kgl. Kammergutes in →Holderness erwarb. Doch mußte er 1354 seinen Anspruch auf dieses Gebiet als Teil seiner Übereinkunft mit der Krone abtreten.

Williams Sohn *Michael* (* um 1330, † 5. Sept. 1389 in Paris) nahm an Feldzügen in Frankreich unter →John of Gaunt, Duke of Lancaster, und →Eduard, dem Schwarzen Prinzen, teil. Als Richard II., der Sohn des Schwarzen Prinzen, 1377 den Thron bestieg, spielte Michael de la P. eine bedeutende Rolle in der engl. Diplomatie. Er war an den Verhandlungen anläßl. der Vermählung zw. Richard II. und Anna v. Luxemburg, Tochter Ks. Karls IV., beteiligt, wurde 1383 Kanzler v. England und im Aug. 1385 Earl of Suffolk, wobei ihm die Ländereien des letzten Earl übertragen wurden. Aber seine Stellung am Hof, die Gunst des Kg.s und v. a. seine vermittelnde Politik gegenüber Frankreich erregten die Feindschaft der führenden engl. Magnaten. Er wurde aus seinem Amt entlassen und im Parlament im Okt. 1386 der Vernachlässigung und der Unterschlagung angeklagt. Da die Beschuldigungen nicht ungerechtfertigt waren, wurde er kurze Zeit eingekerkert. Doch verurteilten Richards Richter 1387 die Anklage. Im Winter 1387 versuchten die →Appellants, ihn im Parlament des Verrats zu beschuldigen. Er floh nach Frankreich und wurde während seiner Abwesenheit aller Ländereien und Titel für verlustig erklärt.

Nach der Annullierung der Beschlüsse des Merciless Parliament v. 1388 erhielt Michaels gleichnamiger Sohn *Michael* (* um 1367, † 1415) das Earldom zurück. Er schloß sich der Lancastrian-Bewegung an und nahm am Feldzug Heinrichs V. nach →Harfleur 1415 teil, wo er starb. Sein ältester Sohn *Michael* (* 1395, ⚔ Okt. 1415) stand ebenfalls im Dienst Heinrichs V. und gehörte zu den wenigen engl. Gefallenen in der Schlacht v. →Agincourt; sein zweiter Sohn *William* (* 1396, † 2. Mai 1450) nahm an den Feldzügen Heinrichs V. teil, diente in den 20er Jahren des 15. Jh. in Frankreich unter →Johann, Duke of Bedford, sowie unter Thomas →Montagu, Earl of Salisbury, und übernahm nach dessen Tod (⚔ 3. Nov. 1428) bei der Belagerung v. →Orléans das Kommando. In den 40er Jahren des 15. Jh. ging er an den Hof Heinrichs VI. und erlangte rasch die Gunst des Kg.s. Doch spürte er bald die ablehnende Haltung des Volkes nach der Abtretung der Gft. →Maine (1448) und der Niederlage in der Normandie (1449-50). Schließlich führte seine Unpopularität zu seiner Anklage durch die Commons im Parlament im März 1450. Auf dem Weg ins Exil, zu dem er verurteilt worden war, wurde er ermordet. Williams Sohn *John* (* 1442, † Okt. 1492; ⚭ Elizabeth, Tochter von Richard Plantagenet, Duke of York) war noch zu jung, um an den polit. Umwälzungen der 50er Jahre des 15. Jh. teilnehmen zu können; er kämpfte für Eduard IV. in →Towton im März 1461, verhielt sich loyal gegenüber Eduard sowie Richard III. und erlebte die Thronbesteigung der Tudors. Sein ältester Sohn *John* (* um 1462, ⚔ 16. Juni 1487), aufgrund seiner Abstammung von der Schwester Richards of York zum Erben Richards III. erklärt, wandte sich gegen Heinrich VII. Er unterstützte die Rebellion des Kronprätendenten Lambert →Simnel und wurde in der Schlacht v. →Stoke getötet. Offenbar machten ihre Verbindungen zu den Yorkists die P.-Familie den Tudors verdächtig, und Johns Bruder *Edmund*, der letzte Duke aus der P.-Familie, ging 1500 ins Exil. 1504 wurde er in Abwesenheit der angebl. Anstiftung einer Rebellion angeklagt, 1506 an Heinrich VII. ausgeliefert und 1513 hingerichtet. J. A. Tuck

Lit.: DNB XVI, 21-23, 26-34, 48-56 – Peerage XII, 1, 434-454 – R. A. GRIFFITHS, The Reign of King Henry VI, 1981 – J. S. ROSKELL, The Impeachment of Michael de la P. in 1386, 1984 – E. B. FRYDE, William de la P., 1988.

Polen

I. Politik, Gesellschaft, Verfassung – II. Wirtschaft.

I. POLITIK, GESELLSCHAFT, VERFASSUNG: [1] *Frühe Piastenzeit:* Die Anfänge der westslav. Staaten durch die Vereinigung von Stammesterritorien, unter der zunächst nur zeitweiligen Herrschaft von Fs.en, darf man wohl auf das 8. und 9. Jh. datieren. Für die Gebiete an Weichsel und Oder gibt der →Geographus Bavarus eine Liste der Stämme des 9. Jh. an. Die Organisationsform eines Kleinstammes hatten damals die →Wislanen um →Krakau bereits überwunden. In einer zweiten Entwicklungsphase festigte sich die nunmehr erbliche fsl. Gewalt, gestützt auf eine aristokrat. Gruppe, und es bildeten sich eine militär. Organisation (→Družina) und ein Fiskalsystem aus, das der Elite Abgaben in Form von Naturalien und Diensten sicherte. Die Fs.enmacht strebte nach Thesaurierung der Einkünfte und Ausdehnung des Territoriums. Der Kernraum P.s ist das Gebiet der →Polanen. Ihr Name und der des Landes (Poloni, Polonia, Polska) gehen auf *pole* ('Feld',

d. h. ständiger Ackerbau in Waldlichtungen) zurück. Unter der Herrschaft Mieszkos I., Bolesławs I. Chrobry und zu Beginn der Regierung Mieszkos II. umfaßte der poln. Staat ein weites Territorium, zu dem auch Grenzländer gehörten, wie etwa →Mähren, die →Lausitz und das spätere Ruthenien am oberen Bug und San. Diese Gebiete gingen um 1032–34 verloren, und von da an bildeten fünf Länder die Grundlage P.s: →Großp., →Masowien, →Schlesien, →Kleinp. und das ö. →Pommern (wovon →Pommerellen letztl. bei P. verblieb). Im 11. Jh. wurden drei poln. Fs.en zu Kg.en gekrönt: 1025 Bolesław I. und auch sein Sohn Mieszko II., 1076 Bolesław II. Die Krönungen, die auch als polit. Demonstration gegen das dt. Reich gerichtet waren, dienten der Sakralisierung der fsl. Macht. Die Grundlage für das polit.-rechtl. Verhältnis P.s zum Reich war zunächst die Tributpflicht (bis zur →Warthe bzw. →Netze). Ein Lehensverhältnis bezog sich zu Beginn des 11. Jh. auf die Marken →Lausitz und →Milsener Land (→Mark, -grafschaft, II), 1135 auf Pommern und →Rügen. Solche Beziehungen endeten zu Beginn des 13. Jh. In Oberschlesien expandierte P. zunächst nach N (1109 →Ratibor). Zur Kiever Rus' (→Kiev, A) stabilisierten sich die Grenzen am Ende des 11. Jh. an den Flüssen Wisłok, Tyśmienica, Liwiec und Nurzec; die Waldgrenze zu Preußen verschob sich zu dieser Zeit im Kulmer Land (→Kulm) leicht zugunsten P.s.

Höchster Ausdruck des Staates (»salus Poloniae«, →Gallus Anonymus) war der Fs. (dux), und die Mitglieder der Piastendynastie (→Piasten) wurden als domini naturales betrachtet. Der Staat war das Patrimonium des Herrschers und der Dynastie. Bis 1138 befürwortete die Mehrheit der herrschenden Adelsschicht die fsl. Alleinherrschaft. Der Landesherr blieb stets der größte Grundeigentümer; im 12. Jh. war mehr als die Hälfte der Bauernschaft direkt von ihm abhängig. Er wurde vom consilium (Magnaten und Bf.e) beraten. Daneben versammelte sich mit den Rittern (milites gregarii) der totus populus der einzelnen Provinzen. Die Zentralverwaltung und die wichtigsten Territorialämter waren für den Hochadel (im 10.–12. Jh. meliores, nobiliores; im 12. Jh. principes terrae, comites, barones) reserviert, der z. T. dem alten Stammesadel, z. T. fremden Familien entstammte. Dieser Personenkreis gehörte zur Umgebung des Fs.en, und er bestand im 11. Jh. und zu Beginn des 12. Jh. aus einer ganzen Reihe von Geschlechtern. Die von der heutigen Gesch.sschreibung benutzten Namen dieser Geschlechter (wie Awdaniec, Łabędź, Topór u. a.) stammen aus der Zeit ihrer Nachkommen (14. und 15. Jh.). Früher und umfangreicher (v. a. in der 2. Hälfte des 11. Jh.) als die weltl. Grundherren, die höchstens über 20 bis 30 Dörfer verfügten, erlangte die Kirche Schenkungen von Land. Die Stellung der weltl. Elite erwuchs aus ihren leitenden Funktionen im Staat, aus Leistungen und Diensten der Bevölkerung, aus Markt- und Zollrechten sowie Gerichtsbußen. Grundlage für das Besitzrecht am Land war die dem Fs.en erwiesene Treue, nicht aber ein persönl. Vasallitäts- oder am Land haftendes Lehnsverhältnis. Gleiches galt auch für die Hofämter (Pfgf., Kämmerer, Mundschenk u. a.) und die örtl. Verwaltung (comites castri, seit Ende des 12. Jh. Kastellane). Die fsl. Burgen bildeten die Zentren der polizeil. Gewalt, der militär. Verteidigung, der Gerichtsbarkeit und des Fiskalwesens; es gab 8 bis 10 Provinzen. Seit der Taufe Mieszkos I. 966 erfuhren weltl. Macht und Staat die Unterstützung der lat. Kirche. Die erste Diöz. umfaßte das ganze Herrschaftsgebiet. I. J. 1000 wurden ein Ebm. in →Gnesen und Bm.er in →Breslau, →Kolberg und Krakau errichtet, der damalige Missionsbf. für P. wurde zum Diözesan in Posen. Die durch fremde Interventionen und innere Aufstände in den 30er Jahren des 11. Jh. ausgelöste Krise der Monarchie war auch eine der Kirche. Nach dem Neuanfang unter Kasimir I. und der Konsolidierung unter Bolesław II. wies die poln. Kirche unter Bolesław III. insgesamt acht dem Ebm. Gnesen unterstellte Bm.er sowie mehrere Abteien auf. Sie blieb bis zum Anfang des 13. Jh. eine eng mit der fsl. Macht verbundene Reichskirche. Die Kirchsprengel, anfangs am Kastellaneisystem (→Kastellanei, II) orientiert, entwickelten sich im 12. und 13. Jh. zu einem Netz von Pfarreien mit zahlreichen Dörfern. Die Abteien der Benediktiner, seit dem 11. und 12. Jh. der Prämonstratenser, Augustiner-Chorherren und Zisterzienser waren meistens fsl. Stiftungen.

[2] *Zeit der Teilfürstentümer:* Seit 1138 kam es zu einer Zersplitterung des poln. Staates in Hzm.er, an deren Spitze zunächst noch der senior (princeps) der Dynastie stand. Im Besitz der sich immer weiter auffächernden Dynastiezweige (Mitte des 13. Jh. etwa 12 Hzm.er) wurden sie allmähl. selbständig und unabhängig. Die alte Monarchie hatte sich als Hemmnis neuer sozialer Kräfte erwiesen. In den verschiedenen Hzm.ern bildeten nun die Landgüter die Machtbasis des Hochadels. Neben ihm entwickelte sich mit den »Rittern«, die teilweise aus der alten Schicht der milites gregarii, militelli (poln. *włodyki*), teilweise auch aus der fsl. Bauernschaft stammten, eine Schicht des niederen Adels. Zugleich entstand ein »ius militare«; die Ritter bekamen für ihren militär. Dienst gewisse, jedoch nicht umfassende Immunitäten. Eine relativ freie Stellung im Dorf hatten die rustici ducis, possessores und haeredes, denen die Fs.en Abgaben und Dienste leisten mußten. Die Unfreien (decimi, servi, ministeriales und ascripticii der kirchl. Güter) und die seltener werdenden Sklaven schlossen die Gesellschaftsstruktur im 12. und 13. Jh. nach unten ab, als aber auch eine wachsende räuml. und soziale Mobilität die Bevölkerung ergriff. Eine Besiedlungswelle nach dem poln. Gewohnheitsrecht (»more liberorum hospitum«; →hospites) erfaßte Schlesien, Kleinp. und Großp. Naturalleistungen und Geldzins ersetzten hier die ursprgl. Abgaben (Dienste). Die Suburbien der Burgen und die Marktflecken gaben schon zu Beginn des 12. Jh. den Anstoß zur Entwicklung städt. Lebens. Mit den ersten Jahrzehnten des 13. Jh. nahm die Zahl fremder (hauptsächl. dt.) Siedler und Stadtbürger v. a. in Niederschlesien und Pommern zu, mit dem Dt. Orden erreichte die Einwanderungswelle Preußen. Das führte zur Verdrängung der einheim. Sprachen bis zu ihrer teilweisen Eliminierung im SpätMA. In anderen Gebieten siedelten dt. Einwanderer vorwiegend in den Städten, während sie auf dem Land nur verstreut seßhaft wurden. Sie brachten das von den Landesherren bestätigte →ius Teutonicum mit, das als ius Sredense bzw. ius Novi Fori (Środa in Schlesien/Neumarkt) und ius Culmense (Kulmer Recht) erscheint; auch gibt es einige Beispiele des ius Lubecense (Lübecker Recht). Dieses Recht breitete sich im 13. Jh. aus und wurde zunächst nur dt. Siedlern verliehen, seit dem 14. Jh. aber auch nichtdt. Siedlern bei Stadt- und Dorf-Lokationen (→Lokator).

[3] *Monarchie der späten Piasten:* Das Territorium des alten, im geschichtl.-polit. Bewußtsein weiter existierenden Regnum Poloniae erlitt seit den 80er Jahren des 12. Jh. Verluste: Pommern wurde seit 1181 unabhängiges Hzm., das Lebuser Land kam 1249 zu →Brandenburg (→Neumark), das Kulmer Land wurde von Hzg. →Konrad I. v. Masowien dem Dt. Orden übertragen (→Kruschwitzer Vertrag, 1230). Innere Konflikte zw. den Teilfs.en

schwächten die militär. Abwehrkraft, v. a. gegen die Einfälle der Mongolen (1241 Schlacht b. →Liegnitz; 1259 und 1287 nach Kleinpolen). Nach Einigungsversuchen piast. Hzg.e in der 1. Hälfte des 13. Jh. (z. B. Heinrichs I. d. Bärtigen v. Schlesien) kam der entscheidende Anstoß vom Adel und vom hohen Klerus. Großp. entwickelte sich zum Zentrum der Einigung: Przemysł II. v. Großp. (und Pommerellen) wurde 1295 in Gnesen zum Kg. v. P. gekrönt. Im Anschluß an die Herrschaft Wenzels II. v. Böhmen und von dessen Sohn Wenzel III. (1300–06) nahm Władysław II. (Łokietek) v. Kujavien, Łęczyca und Sieradz in Mittelp. die Erneuerung des Kgr.es in Angriff. In Krakau, das er zu seiner Hauptstadt machte, wurde er 1320 gekrönt. Bald erhielt das Kgr., das aus Großp., Kleinp. und einigen mittelpoln. Ländern bestand, den Namen »Corona Regni Poloniae« (→corona, VII) als transpersonalen Staatsbegriff, der die Zusammengehörigkeit der poln. Länder und der lehnsabhängigen Fs.en dokumentiert. Die innere Gliederung und die Festigung der Grenzen des Kgr.es waren das Werk Kasimirs III. d. Gr. (1333–70), Władysławs Sohn. Die alten Ämter der Palatine und Kastellane blieben erhalten; mit verringerten Kompetenzen nahmen sie an den Versammlungen des Adels teil. Für die direkte kgl. Verwaltung bediente man sich der →Starosten (capitanei), die umfangreiche Ordnungs- und Gerichtsbefugnisse hatten. An die Stelle des alten, infolge von Immunitätsverleihungen aufgelösten Abgabensystems trat die Hakenpflugsteuer (poradlne, collecta generalis) als neue Geldabgabe. Die Einkünfte aus Zöllen, Salz- und anderen Bergwerken sowie aus den kgl. Gütern erhöhten sich. Die Finanzverwaltung lag in der Hand des kgl. Schatzmeisters (→Finanzwesen, B.VII), und es kam zu einer Zentralisierung des Kanzleiwesens (→Kanzlei, A.V). Der Kg. ließ gegen Mitte des 14. Jh. das Gewohnheitsrecht (ius terrestre) getrennt für Klein- und Großp. aufzeichnen. Die Versammlungen der Magnaten wurden im Verlauf des 14. Jh. selten einberufen. Der kgl. Rat, dem meist hohe Würdenträger aus Kleinp. angehörten und der von Kg. einberufen wurde, beriet diesen in inneren und äußeren Angelegenheiten. Die Politik Kasimirs III. war auf Ausgleich und Frieden ausgerichtet, bei wechselnden Bündnissen mit den in den Nachbarländern regierenden ung. →Anjou, Luxemburgern, Wittelsbachern und dem Dt. Orden. Wie seinem Vater gelang auch Kasimir nicht die Rückgewinnung des vom Dt. Orden eroberten Pommerellen (1308). Er erlangte 1343 Wschowa–Fraustadt an der schles. und 1368 Czaplinek–Tempelburg mit Drawsko–Dramburg an der pommerschen Grenze. 1348 verzichtete er auf Schlesien, das endgültig an Böhmen fiel.

Gegen Mitte des 14. Jh. begann die poln. Expansion nach O durch die Einverleibung des Fsm.s →Halič (mit Vladimir, Ruthenien), dessen Handelsstraßen →Vladimir und →Lemberg mit den genues. Kolonien am Schwarzen Meer verbanden. Kirche, Städte und Adel unterstützten diese Expansion, durch die der Staat sein Territorium um etwa 25% der Fläche und 30% der Bevölkerung vergrößerte. Den →Juden in P. sicherten bereits im 13. Jh. Privilegien (1264 Privileg v. Kalisch) persönl. Sicherheit und Kult- und Handelsfreiheit zu. Ihre Zahl vergrößerte sich am Ende des 14. Jh. infolge des Zustroms der aus Dtl. geflüchteten Juden.

[4] *Die Zeit der Union mit Litauen:* Nach dem Aussterben der kgl. Linie der Piastendynastie erhielt Ludwig I., Kg. v. Ungarn, der Neffe von Kasimir III., 1370 den poln. Thron. Um die Erbfolge seiner Töchter durchzusetzen, erließ er das Ständeprivileg v. Kaschau (1374), das den Adligen eine radikale Herabsetzung der Besitzsteuer zugestand; seitdem war die Erhebung außerordentl. Steuern von der Zustimmung des Adels abhängig. Nach dem Tode Ludwigs (1382) wurde seine Tochter →Hedwig Kgn. (rex) v. P. (1384). Die regierenden Magnaten erwirkten ihre Heirat mit dem Litauerfs.en →Jagiełło (nach seiner Taufe Władysław), der 1386 zum Kg. v. P. gekrönt wurde. Die so entstandene poln.-litauische Union ermöglichte den Sieg über den Dt. Orden (Schlacht b.→Tannenberg [Grunwald] 1410) sowie eine aktive Politik P.s in Mitteleuropa und Litauens gegenüber Moskau. Nach dem Tode Władysławs (1434), der die Erbfolge für seine Söhne in P. durch Privilegierung aller Adligen (u. a. »Neminem captivabimus nisi iure victum«, 1425) gesichert hatte, erbte sein Sohn Władysław III. den poln. Thron, doch herrschte der Regent Zbigniew →Oleśnicki, Bf. v. Krakau. Władysław III. wurde 1443 auch Kg. v. Ungarn, doch fiel er ein Jahr darauf bei →Varna gegen die Türken. Sein Bruder Kasimir IV., der schon selbständig in Litauen regierte, empfing 1447 auch die poln. Krone. Er wahrte die Gleichberechtigung seiner beiden Staaten. In P. achtete er die Vorrechte des Adels und öffnete 1454 mit den »Statuten« (v. →Nieszawa), die den Provinziallandtagen u. a. die Zustimmung bei neuen Gesetzen zugestanden, den Weg zum Parlamentarismus. In dem 13jährigen Krieg besiegte er den Dt. Orden (2. →Thorner Frieden 1466) und fügte Pommerellen, das Kulmer Land und die Gebiete um Elbing und Marienburg der poln. Krone wieder ein. In großen Allianzplänen suchte er die Kronen v. Böhmen, Ungarn sowie Polen und Litauen für seine Söhne zu gewinnen. Ihre kurzen Regierungszeiten (Johann Albrecht: 1492–1501, Alexander: 1501–06) in P. vollendeten die Grundlagen der poln. Ständemonarchie mit einem vom Adel (aus der Jagiellonen-Dynastie) gewählten Kg., der aufgrund seines Erbrechts auch Gfs. v. Litauen war. Neben dem Kg. stand der kgl. Rat, zu dem Bf.e, Palatine und Kastellane gehörten, also Vertreter der adligen Oberschicht, die seit 1493 mit der Abgeordnetenkammer den Reichstag (→Sejm) bildete.

II. WIRTSCHAFT: Der Anbau von Getreide (Roggen, Weizen, Hirse, Gerste, Hafer) wurde in den westslav. Ländern offenbar im 8.–10. Jh. intensiviert. Der Hakenpflug mit Eisenschar ermöglichte zunächst aber nur eine Bodennutzung in der Nähe der Siedlungen; mit Hilfe von Brandrodung drang die Siedlung in die Urwaldgebiete vor. Im 10.–11. Jh. entstanden Dörfer auf höheren Terrassen, und im 13. Jh. erreichte die Rodung die Höhen der Bergkämme. In Zusammenhang mit der dt. →Ostsiedlung verbreiteten sich →Pflug und →Dreifelderwirtschaft. Andere Anbausysteme (Zweifelderwirtschaft, schachbrettförmige Felder in modo saccorum) existierten parallel bis ins 15. Jh. Mit den Dorf-Lokationen zu dt. Recht entstanden neue Dorf-, Hof- und Flurformen. Der Gebrauch von Ackergeräten mit Pflugvordergestell erhöhte die Vielfalt der Bodennutzung bis nach Masowien und Ruthenien hin und sicherte den Bauern (sowohl auf der Basis des ius Teutonicum als auch des poln. Landrechts) im SpätMA die Beteiligung an der Geldwirtschaft und einen gewissen Wohlstand. Der Wald mit seinen vielfachen Nutzungsformen unterlag schon im 10.–11. Jh. dem Regalienrecht; trotz Schenkungen an weltl. und geistl. Grundherren blieb die Jagd immer den Fs.en vorbehalten, insbes. auf Großwild. Die umfangreichen Waldgebiete waren bis zur NZ Eigentum des Herrschers. Im frühma. Handel spielten Pelze, Honig, Wachs und Sklaven als Exportgüter eine große Rolle. Im Austausch gelangten Luxusgüter, Waffen, Tuche, Goldschmiedearbeiten sowie Silber (Münzen, Bruch, Schmuck) arab. Herkunft nach P.; schon im 10. Jh. setzte der Zufluß von Münzen aus dem Westen ein. Wichtige Impulse erhielten Nah- und Fernhandel durch die Ausbildung eines Städtenetzes und durch die Produktionssteigerung in der Landwirtschaft und im städt. Handwerk. Die Stadtentwicklung in P. erreichte schon im 14. Jh. mitteleurop. Maßstäbe; größere Städte wie Krakau, Posen und Sandomir hatten Handelsbeziehungen zu Prag und Brünn, zu Thorn, Danzig, Elbing und zu den Hansestädten, und sie waren über Lemberg mit dem Schwarzmeerraum verbunden. Mittlere und kleinere Städte, wie z. B. schon Warschau (um 1300 gegr.) oder Neusandez-Nowy Sącz (wichtig für die Kupfereinfuhr aus Ungarn), ergänzten das Städtenetz. Der Staat verlieh Privilegien u. a. für Jahrmärkte und Messen, Zollfreiheiten und Stapelrecht. Exportgüter aus →Litauen (Pelze, Wachs und Ochsen) wurden seit der 1. Hälfte des 15. Jh. über Lublin, Warschau und Posen ausgeführt. Das städt. Handwerk zeigte im 13.-15. Jh. eine ausgeprägte Spezialisierung, seine Produkte erreichten über den Handel auch entfernte Abnehmer. Zahlreiche Meister arbeiteten in Krakau, Lemberg, Posen und in den Städten an der unteren Weichsel. Lokale, regionale und überregionale Handelszonen überlagerten sich. Seit Mitte des 13. Jh. stieg die wirtschaftl. Bedeutung der →Ostsee und Anfang des 14. Jh. die der an der Weichsel gelegenen Städte: Danzig, Kulm, Włocławek-Leslau, Płock, Warschau, Sandomir, Krakau. Holz für den Schiffbau, Schindeln, Dauben, Pech, Pottasche und Kohle wurden auf Flößen nach Danzig und Elbing transportiert. P. war Durchgangsland für den Transit zw. NW- und SO-Europa. Seit dem 14. Jh. floß auch ausländ. Handels- und Bergbaukapital aus Deutschland, aber auch aus N-Italien nach P. Die Förderung von Bodenschätzen nahm im SpätMA zu, bes. in Kleinp.: Kupfer, Blei, Silber, Zinn, Schwefel, Steinsalz, auch Eisen. Bergbautechnik und -organisation erreichten in den Gruben von Olkusz, Wieliczka und Bochnia ein hohes Niveau.

Die Grundlage des poln. Münzwesens (→Münze, B. III, 8) bildete seit dem 11. Jh. die *grzywna-marca*. Die geprägten Denare erfuhren im Laufe des 13. Jh. eine immer stärkere Entwertung. Seit dem beginnenden 14. Jh. gelangten böhm. Groschen (→Prager Groschen) nach P. Durch eine Münzreform Kasimirs III. wurde die Krakauer marca zur Grundlage des poln. Geldsystems (197 g Silber entsprachen 48 Prager Groschen), doch verlor sie ebenfalls bald an Wert. Auch eine gesetzl. Regelung der Münzprägung i. J. 1398 konnte den Geldmarkt nicht stabilisieren. Seit 1422 wurden Münzen nur noch mit Einverständnis des kgl. Rates geprägt, und 1501 verzichtete Kg. Alexander auf die Einnahmen aus der Münzprägung. Eine hohe Konzentration von Geld gab es weder bei Kaufleuten noch bei Grundherren; im Kreditwesen dominierten kurzfristige Anleihen mit sehr hoher Verzinsung. Wie gering die finanziellen Möglichkeiten der kgl. Schatzkammer waren, zeigte sich bes. bei der Finanzierung von Kriegszügen, so im 15. Jh., als das Ritteraufgebot immer häufiger durch Söldner ergänzt oder ersetzt werden mußte.

A. Gieysztor

Bibliogr.: Bibliogr. historii Polski, 1-3, 1965-74 – Lit.: S. SMOLKA, Mieszko Stary i jego wiek, 1881 [Neudr. 1959] – O. BALZER, Królestwo Polskie 1295-1370, 3 Bde, 1919-20 – M. GUMOWSKI, Hb. der poln. Numismatik, 1960 – Zarys dziejów górnictwa na ziemiach polskich, 2 Bde, hg. J. PAZDUR, 1960-61 – Hist. of Poland, I, 1-2, hg. H. ŁOWMIAŃSKI, 1960-65 – ŁOWMIAŃSKI, Początki Polski – O. HALECKI, Gesch. P.s, 1963 – J. BARDACH, Hist. państwa i prawa Polski I, 1964² – R. KIERSNOWSKI, Wstęp do numizmatyki polskiej wieków średnich, 1964 – Zarys historii gospodarstwa wiejskiego w Polsce, hg. J. LESKIEWICZOWA, 3 Bde, 1964-70 – R. GRODECKI, Polska piastowska, 1969 – G. v. GRAWERT-MAY, Das staatsrechtl. Verhältnis Schlesiens zu P., Böhmen und dem Reich während des MA, 1971 – P. W. KNOLL, The Rise of the Polish Monarchy, Piast Poland in East Central Europe 1320-70, 1971 – H. LUDAT, An Elbe und Oder um das Jahr 1000, 1971 – Sztuka polska przedromańska i romańska, hg. M. WALICKI, 1971 – O. KOSSMANN, P. im MA, 1-2, 1971-85 – Polska dzielnicowa i zjednoczona, hg. A. GIEYSZTOR, 1972 – S. SUCHODOLSKI, Mennictwo polskie w XI i XII w., 1973 – Piastowie w dziejach Polski, hg. R. HECK, 1975 – B. ZIENTARA, Henryk Brodaty i jego czasy, 1975 – A. GIEYSZTOR, P. zur Zeit der Piasten (Hb. der europ. Wirtschafts- und Sozialgesch., hg. H. KELLENBENZ, II, 1980), 703-727 – G. RHODE, Gesch. P.s, 1980³ – Encyklopedia historii gospodarczej Polski do roku 1945, 2 Bde, 1981 – The Christian Community of Medieval Poland, hg. J. KŁOCZOWSKI, 1981 – Społeczeństwo Polski średniowiecznej, hg. S. K. KUCZYŃSKI, 1-5, 1981-92 – H. ŁOWMIAŃSKI, Studia na dziejami Wielkiego Księstwa Litewskiego, 1983 – M. LUDWIG, Besteuerung und Verpfändung kgl. Städte im spätma. P., 1984 – J. KŁOCZOWSKI, Europa słowiańska w XIV-XV w. 1984 – Kultura Polski średniowiecznej, hg. J. DOWIAT, 1985 – M. BISKUP-G. LABUDA, Dzieje Zakonu Krzyżackiego w Prusach, 1986 – M. BOGUCKA-H. SAMSONOWICZ, Dzieje miast i mieszczeństwa w Polsce przedrozbiorowej, 1986 – Niemcy-Polska w średniowieczu, hg. J. STRZELCZYK, 1986 – M. BISKUP-K. GÓRSKI, Kazimierz Jagiellończyk, 1987 – Hist. religieuse de la Pologne, hg. J. KŁOCZOWSKI, 1987 – K. MODZELEWSKI, Chłopi w monarchii wczesnopiastowskiej, 1987 – G. LABUDA, Studia nad początkami państwa polskiego, 1-2, 1987-88 – J. FRIED, Otto III. und Bolesław Chrobry, 1989 – J. KRZYŻANIAKOWA-J. OCHMAŃSKI, Władysław Jagiełło, 1990 – O. HALECKI, Jadwiga of Anjou and the Rise of East Central Europe, 1991 – H. BOOCKMANN, Deutsche Geschichte im Osten Europas. Ostpreußen und Westpreußen, 1992 – K. JASIŃSKI, Rodowód pierwszych Piastów, 1992 – G. LABUDA, Mieszko II król polski 1025-34, 1992.

Polenta, da, it. Signorenfamilie. Die P., deren angebl. genues. Herkunft sehr zweifelhaft ist, stammten vielleicht aus Mittelitalien und begegnen erstmals im späten 12. Jh. im romagnol. Apennin. Ihr Name leitet sich von dem Kastell P. am Hügel von Bertinoro im Comitatus bzw. der Diöz. v. →Forlimpopoli her, wo sie seit mindestens 1182 Ländereien des ravennat. Kl. S. Giovanni Evangelista besaßen. Bereits in dieser Zeit infolge von Besitzungen in der Diöz. →Forlì Zinsleute des Hl. Stuhls und Inhaber versch. lokaler Kirchenlehen stiegen sie im Lauf des 13. Jh. in wirtschaftl., gesellschaftl. und polit. Hinsicht auf und wurden in →Ravenna stadtsässig, wo sie zu Vicecomites der mächtigen Ebf.e erhoben wurden.

Sie nahmen tätigen Anteil an den Kriegen Ravennas gegen →Faenza und erreichten in den Kollegien und Magistraturen der Kommune Ravenna einflußreiche Positionen, anfangs in Zusammenarbeit, später im Gegensatz mit der adligen Familie →Traversari, die damals in der Stadt und in der Region die größte Macht hatte. Der Adel, den Papst Innozenz III. *Guido da P.* (vor 1192-1217) bestätigte, verlieh der Familie Prestige und gewann ihr Anhängerschaft. Nach der Eroberung Ravennas durch Friedrich II. (1240) war sie jedoch gezwungen, nach Apulien ins Exil zu gehen, was eine temporäre Unterbrechung ihres Aufstiegs bedeutete. Nach dem Tod des Staufers (1250) erlebten die P. in der Romagna und insbes. in Ravenna einen neuen Aufstieg. Als Anhänger der guelf. Partei unterstützten sie die Bestrebungen des Hl. Stuhls, die Gebiete des →Exarchats wiederzugewinnen, was 1278 gelang.

Der polit. Aufstieg der Familie ging so rasch vor sich, daß trotz wachsender Konflikte innerhalb der Stadt und auch innerhalb des Hauses P. selbst, *Guido d. J.* (1249-1310) i. J. 1275 in einem Handstreich die Kontrolle über Ravenna an sich brachte und damit die Grundlage für die Signorie legte. Eine Reihe günstiger Umstände sowie eine gezielte Heiratspolitik in bezug auf angesehene auswärtige

Familien (z. B. die Malatesta v. Rimini) und eine intensive Tätigkeit verschiedener Familienmitglieder als Podestà und Capitano del popolo in Ravenna und in zahlreichen anderen Städten trugen im 13./14. Jh. zur Stärkung der Herrschaft der P. nicht nur in Ravenna, sondern auch in der Region bei. U. a. erstreckte sich ihre Herrschaftsgewalt auf die Nachbarstädte Comacchio und Cervia, letztere ein wichtiges Zentrum der Salzgewinnung und des Salzhandels. Als die ghibellin. Gefahr in der Romagna, die sich v. a. in Guido, Gf. v. →Montefeltro, verkörpert hatte, schwächer wurde, führten die Machtbestrebungen der P. und ihre Politik, die beherrschten Städte und das jeweilige Umland unter Kontrolle zu halten und ihre Ressourcen selbständig zu verwalten, allmähl. zum Konflikt mit der päpstl. Oberhoheit und zu dramat. Brüchen und Kämpfen mit den päpstl. Rektoren und Legaten.

Nach kurzer Stagnation um 1295 gelangte die Herrschaft der P. in Ravenna und in den umliegenden Zentren und Territorien zu neuem Aufstieg unter *Lamberto* (1275–1316), der eine Reihe von Maßnahmen im öffentl. Bauwesen und in der Stadterweiterung durchführte und Gewässerregulierungen und Bodenmeliorationen vornehmen ließ. Der Beginn des 14. Jh. war auch eine Zeit polit. und militär. Erfolge, die ihre kulturelle Krönung während der glanzvollen Signorie des *Guido Novello* (1300–30) fanden, der dem verbannten →Dante in dessen letzten Lebensjahren Zuflucht gewährte (ca. 1319–Sept. 1321) und eine zahlreiche Schar von Dichtern und Literaten an seinen Hof zog. 1321 zeichnete sich für die Signorenfamilie durch die Erhebung *Rinaldos* zum Ebf. v. Ravenna ein weiterer Machtgewinn durch die Kontrolle über die Ortskirche ab, als innerhalb der Familie schwere Kämpfe ausbrachen, die nicht beigelegt werden konnten und zusammen mit der Opposition anderer ravennat. Familien und dem wachsenden Einfluß Venedigs in der Romagna die Voraussetzungen für den unaufhaltsamen Niedergang der P. bildeten, der jedoch in einer langsamen und keineswegs linearen Entwicklung erfolgte: zuerst wurde er durch den polit. Unternehmungsgeist *Ostasios* (1311–46) gebannt, der eine Zeitlang seine persönl. Herrschaft und die Macht der Familie auf tyrann. Weise zu stärken vermochte. Gestützt auf eine breite Klientel und auf festgegründete patrimoniale Abhängigkeitsverhältnisse zu einer Zahl bedeutender Ortskirchen, vermochten die P. der päpstl. Regierung Schach zu bieten, 1356 schlossen sie mit dieser einen Kompromiß: *Bernardino* (1318–59) erwirkte von Innozenz VI. die Anerkennung seiner Signorie durch Verleihung des Titels Apostolischer Vikar, der auch seinen Nachkommen bestätigt wurde. Während der Schwäche des Papsttums in der avignones. Periode und während des Großen →Abendländ. Schismas wurden die P., denen es nun an großen Persönlichkeiten ermangelte, in den Konflikt zw. Visconti und Venedig in der Romagna verwickelt: *Bernardino*, *Guido* (1350–90), *Obizzo* (1389–1431) und *Ostasio* (1407–44). 1406 erbaten sie den Schutz der Serenissima, 1441 traten sie endgültig die Herrschaft über Ravenna und sein Territorium an die Dogen der Seerepublik ab. Die P. wurden zuerst in Venedig, dann in Treviso, schließlich auf der Insel Kreta exiliert und starben um 1444 mit *Girolamo*, dem einzigen Nachkommen Ostasios, aus. A. Vasina

Lit.: A. Torre, I Polentani fino al tempo di Dante, 1966 – A. Vasina, Dai Traversari ai Da P. (Storia di Ravenna, III, 1993), 555–603.

Polenton, Sicco, it. Humanist, * 1375/76 in Levico (Trento), † 1447 in Padua. Sohn des Bartolomeo Rizzi (Ursprung des Beinamens P. unsicher). Nach Studien bei Giovanni Conversino in Padua war P. dort Notar und Kanzler der Kommune. Seit 1413 führte er →Loschis Analyse der Cicero-Reden fort. 1419 schrieb er, wohl als Lesedrama, die Prosa-Dialogkomödie »Catinia«, in der in makkaronischem Latein (→Macaronische Poesie) heiteres Leben, Wein und gutes Essen gepriesen und eine satir.-pedant. Diskussion über Trivium und Quadrivium geführt werden. Eine anonyme volkssprachl. Übertragung ist erhalten. In seinen »Exempla« folgt P. dem Vorbild des Valerius Maximus. P.s Hauptwerk, die libri »Scriptorum illustrium latinae linguae« (1425–1437 verf. und überarbeitet) sind der erste humanist. Versuch einer Literaturgesch.: Das Spektrum reicht von Livius Andronicus bis zu den toskan. Dichtern des 14. Jh., mit Hinweisen auf zeitgenöss. Schriftsteller und die paduan. »Prähumanisten«. Die erste Redaktion (1426; Cod. Riccardianus 121) bricht Anfang des 7. Buches ab. Die zweite umfaßt 18 Bücher und wird von zahlreichen Hss., darunter dem Autograph Vat. Ott. Lat. 1915 überliefert; ein eingefügtes Buch V ist hist. Schriftstellern der »res externae« gewidmet. Statt an A. Mussato wird in der 2. Fassung an Dante angeknüpft, im Sinne einer Wiedergeburt der Dichtkunst, die P. ganz im humanist. Geist auffaßt. D. Coppini

Ed.: La Catinia, le Orazioni e le Epistole, hg. A. Segarizzi, 1899 – Scriptorum illustr. Lat. linguae libri XVIII, hg. B. L. Ullman, 1928 – Catinia, hg. G. Padoan, 1969 – Lit.: P. Viti, Le biografie dantesche di S. P., Studi Danteschi LI, 1974–75, 409–425 – P. Pascal, The 'Scriptorum illustr. linguae lat. libri' of S. P., Acta conventus neolatini Amstelodamensis, 1979, 851–858 – R. Fabbri, Un esempio della tecnica compositiva del P.: la 'Vita Senecae', Res Publica Litter. X, 1987, 85–92. – F. Stock, Il rinascimento della biographia virgiliana, Studi umanistici Piceni 2, 1991, 229–239.

Poljanen ('Feld-[Steppen-]Bewohner'), Stamm der →Ostslaven, dessen Siedlungsgebiet hauptsächl. das Westufer des mittleren →Dnepr zw. den späteren Städten Ljubeč, →Kiev und →Perejaslavl' umfaßte. Kennzeichnendes Merkmal ist die seit dem 10. Jh. zu beobachtende Parallelität von Erd- und Feuerbestattung, wobei die Kremation häufig auf einem Plateau aus gestampftem Lehm vollzogen wurde, über das man einen Kurgan errichtete. Die Inhumation geschah in einem hausförmigen Holzkasten, der in die Erde eingesenkt und vom Kurgan überwölbt wurde. Bis zur Machtergreifung der →Waräger waren die P. den →Chazaren tributpflichtig, danach wurde ihr Territorium zum zentralen Raum des auss. Reiches mit der Metropole →Kiev. Als Stamm werden die P. zuletzt 944 erwähnt; in der auf ehemals poljan. Gebiet geschaffenen →Povest' vremennych let werden sie mit bes. Sympathie geschildert. F. Kämpfer

Lit.: C. Goehrke, Frühzeit des Ostslaventums, 1992 – →Ostslaven.

Poljica, Landgemeinde an der mitteldalmatin. Küste zw. den Flüssen Žrnovica (ö. von Split) und Cetina, hervorgegangen aus einer altkroat. *župa* (Gau), bezeichnete sich unter dem Einfluß der dalmat. Stadtkommunen spätestens im 15. Jh. als *općina* (Kommune). Wie das in kroat. Sprache in kyrill. Schr. verfaßte Statut v. 1440 zeigt, blieben zahlreiche slav. Rechtsinstitute bewahrt. Die zur Erzdiöz. →Split gehörende P. war in *katuni* gegliedert. Nach wechselnder polit. Unterstellung (kroat. Magnaten, Kg. v. Ungarn, Bosnien) kam die P. 1444 unter ven. Herrschaft. Die drei Stämme der P. verblassen gegenüber der ständ. Gliederung in Patriziat (*vlasteliči* und *didiči*; nach der Tradition die einen aus Ungarn, die anderen aus Bosnien stammend) und Volk (landbebauende *kmetiči*, viehzuchttreibende *vlašiči*). Der *zbor* (Versammlung) aller freien Männer behielt seine Stellung als Entscheidungsträger. Der *veliki* →*knez* als Oberhaupt wurde nach 1444 aus

Split gewählt, seit dem 16. Jh. zumeist aus dem Kreis der *vlastelići*. Ab 1514 war die Gemeinde dem Osman. Reich tributpflichtig. L. Steindorff

Lit.: A. Pavich v. Pfauenthal, Beitr. zur Gesch. der Republik P. bei Spalato, Wiss. Mitt. aus Bosnien und der Hercegovina 10, 1907, 156–344 – T. Matić, Statut der P., ebd. 12, 1912, 324–403 [maßgebl. dt. Übers.] – B. D. Grekov, Die altkroat. Republik P., 1961 – J. Božić, Plemeniti ljudi Poljičani u XV v., Glas SANU, Od. dr. nauka 15, 1971, 67–102 – M. Pera, Poljički statut, 1988 – A. Laušić, Postanak i razvitak poljičke kneževine, 1991 – J. Marušić, Supetarski kartular i p. seljačka republika, 1992.

Polirone (San Benedetto Po, Prov. Mantua, Lombardei), Abtei OSB, als Eigenkl. 1007 von Gf. Tedald v. Canossa auf einer Insel zw. dem Po und dem Lirone gegründet. Über dem Grab des von Benedikt VIII. auf Betreiben Mgf. Bonifaz' v. Canossa kanonisierten Eremiten Simeon († 1016) wurde 1074–76 eine neue Kirche (ō hl. Benedikt und hl. Simeon) errichtet. Unter Abt Petrus (1067–76) war bereits das Skriptorium tätig. 1077 schenkte→Mathilde v. Tuszien die Abtei Gregor VII., der sie→Cluny unterstellte. P. übernahm von Cluny die Consuetudines und erhielt von dort die Äbte Guido (1077–80), Wilhelm I. (1080–99), Albericus (1099–1118), Ermannus (1123–24). Seit seiner Unterstützung des Abtes v. Campese, Pontius v. Melgueil, bei dessen Auflehnung gegen →Petrus Venerabilis kämpfte P. darum, sich aus der Abhängigkeit von Cluny zu lösen, bis diese schließlich im 13. Jh. nur mehr formell bestand. Intensive Spiritualität und die Förderung durch Mathilde machten P. zu einem Stützpunkt der Kirchenreform. Mit den Canossa verbundene Adlige statteten das Kl. mit Schenkungen aus. Mehrere Abteien und Priorate wurden angeschlossen: Praglia (Padua), S. Maria in Strada (Bologna), S. Pietro al Po (Cremona), S. Benedetto di Gonzaga (Mantua), S. Elena in Tessera und S. Cipriano in Malamocco (Venedig), S. Croce v. Campese (Treviso), S. Ponziano in Lucca, S. Cesario sul Panaro (Modena), daneben zahlreiche Kirchen und Hospize in Mantua, Ferrara, Parma sowie im Bresciano und Reggiano. Der Reichtum der Abtei (Kontrolle über den mittleren Abschnitt des Po, eigene Salinen in Comacchio) kommt im Neubau der Kirche nach dem Vorbild von Cluny III (1131–51) sowie in der Produktion des Skriptoriums zum Ausdruck. Nach einer Niedergangsphase seit dem 13. Jh. erlebte P. nach dem Anschluß an die Kongregation von →S. Giustina in Padua (1420) einen neuen Aufschwung. 1797 wurde das Kl. von Napoleon aufgehoben. P. Golinelli

Lit.: H. Schwarzmeier, Das Kl. S. Benedetto di P. in seiner cluniazens. Umwelt (Adel und Kirche [Fschr. G. Tellenbach, 1968]), 280–294 – P. Piva, Da Cluny a P., 1980 – P. Golinelli – B. Andreolli, Bibliogr. Stor. Polironiana, I, 1983 – AAVV, L'Italia nel quadro dell'espansione europea del monachesimo cluniacense, 1985 – R. Rinaldi, C. Villani, P. Golinelli, Cod. dipl. Polironiano (961–1125), 1993.

Politische Dichtung. Zwar gab es die Begriffe Politik/politisch im MA noch nicht, doch entstand selbstverständl. engagierte Dichtung (*littérature engagée*), die in einem modernen und engeren Sinne als 'politisch' bezeichnet werden kann. Es ist aber zu beachten, daß alle Lit./Dichtung aufgrund ihres 'Sitzes im Leben' und ihrer gesellschaftl. Bezüge in irgendeiner Weise 'politisch' ist. Im folgenden kann nur eine Skizze geboten werden zu den vier großen, in 'gebundener Rede' (also in Versen und mit Reimen) abgefaßten Dichtungsarten des MA (Epik, Lyrik, Dramatik, Didaktik), mit Schwerpunkt auf deutschsprachigen Texten.

Am wenigsten explizit polit. Elemente enthält die Dramatik (→Drama); Ausnahmen bilden allerdings die Thematik der Endzeit und des Antichrist (z. B. →Ludus de Antichristo) sowie im SpätMA der Kampf gegen die Türken. Verdeckt polit. Züge trägt die umfangreiche Didaktik (→Lehrhafte Lit.) auf Latein sowie in den Volkssprachen: sie thematisiert ja das Wertesystem der jeweils literaturtragenden Schichten, also des Klerus, des Adels sowie später des aufsteigenden Bürgertums.

Die Epik (→Epos, →Chanson de geste) als eine für die Autoren arbeitsaufwendige Dichtungsart bedurfte in bes. Maße des →Mäzenatentums, und daher ist bei einem großen Teil der ma. Epik zu vermuten, daß sie mit den polit. Interessen der verschiedenen Herrscher und Auftraggeber zusammenhängt. Oft ist solches auch ausdrückl. im Prolog bzw. Epilog vom Autor genannt bzw. angedeutet, so etwa durch →Konrad im dt. Rolandslied oder in den sog. →'Spielmannsepen' von →König Rother und →Herzog Ernst (→Spielmannsdichtung). Eine zentrale Rolle spielten dabei der Preis eines Herrschers oder einer Dynastie: Einerseits in Fortsetzung antiker Tradition, andererseits aber auch germanischer →Panegyrik stand die Anbindung an bedeutende Vorfahren; entsprechend der Vorstellung von der→'Translatio Imperii' von den röm. Caesares auf die röm.-dt. Ks. ließen viele wichtige, aber auch kleinere Herrscherfamilien ihre Herkunftsmythen darstellen. Die Erzählungen von →Troja und →Aeneas (wie schon bei →Vergil), von →Alexander d. Gr., von→Karl d. Gr./Charlemagne, von Guilleaume/Willehalm (→Wilhelmsepen), aber auch von Kg. →Artus (Arthur) hatten von daher ihre polit. Bedeutung: Die Anfänge der ma. Artuslit. hängen ganz offenkundig mit den Propagandainteressen von Heinrich II. Plantagenêt und dessen Gattin Eleonore zusammen, während ein solcher Bezug bei den großen arthur. Dichtern wie →Chrétien de Troyes, →Hartmann v. Aue oder →Wolfram v. Eschenbach heute nicht mehr feststellbar ist. Auch Epen wie die verschiedenen frz. Empörer-Gesten, die europaweiten Tristan-Versionen sowie – im Dt. – das →Nibelungenlied oder der möglicherweise als polit. Schlüsselroman zu interpretierende Reinhart Fuchs (→Renart) hatten ihren polit. Kontext. In jedem Fall dienten solche Werke auch oder gar primär dem Repräsentationsbedürfnis und dem, was heute als Imagepflege bezeichnet wird, und dies sicherl. in allen Lit. des gesamten MA. Erst mit dem Aufkommen des →Buchdrucks und dem allmähl. Beginn einer Kommerzialisierung der Erzähllit. zu Ende des 15. Jh. wandelten sich diese Abhängigkeiten, ohne daß sie aber deswegen aufhörten. Eine bes. Form polit. Epik war die Geschichtsepik, wo die Gesch. bestimmter Herrscher und Personen, Familien, geograph.-polit. Räume oder hist. Ereignisse (z. B. einzelner Kreuzzüge) in mehr oder minder starker Stilisierung dargestellt wurde, z. B. im Lat. die→Gunther v. Pairis zugeschriebenen Werke→»Ligurinus« (über Ks. Friedrich I.) und »Solimarius« (Erster Kreuzzug), im Okzitan. und Frz. die Karls-, Guilleaume- und Kreuzzugs-Epen (→Kreuzzugsdichtung), im Span. der »Cantar del mio Cid« (→Cid), die altruss. (→Igorlied, →Bylinen) und südslav. Geschichtsepik, in den verschiedenen Sprachen die einzelnen →Weltchronik-Dichtungen (im Dt. z. B.: →Kaiserchronik, Steir. Reimchronik des →Ottokar, →Christherre-Chronik u. a.; →Reimchronik). Eine dichter. Prosa-Sonderform sind die nord. →Sagas, die immer wieder als ma. »hist. Romane« gekennzeichnet wurden.

Im SpätMA bieten, v. a. in den roman. Literaturen, →Visionsdichtung (→Dante; in England z. B. William →Langland), allegor. →Roman (→Christine de Pisan) und →Dialog (z. B. →»Songe du vergier«, 1376, im Auftrag Karls V. v. Frankreich) vielfältige Möglichkeiten der polit.- moral. Reflexion und satir. Geißelung des Zustandes von Kirche und Welt (»Roman de→Fauvel«, 1310–14, beeinflußt im 2. Teil bereits vom →»Roman de la Rose«). Der ausgeprägt satir. und zeitkrit. Ton zahlreicher frz. →Balladen (Eustache →Deschamps, François →Villon), oft in Verbindung mit dem Gedanken von →Tod und Vergänglichkeit (→Contemptus mundi, →Vanitas), ist beredter Ausdruck der polit. und kulturellen Umbruchsituation des 14. und 15. Jh.

Direkte polit. Aussagen enthalten viele Werke der gesungenen und gesprochenen →Lyrik (s. a. →Lied), wobei wiederum antike und volkssprachl. Traditionen (germ., kelt., slav.) sich verbinden. Auf Herrscherlob und polit. Tagesereignisse bezogen und sehr oft mit der eigenen Künstlerexistenz verknüpft waren Strophen und Lieder der nord. →Skalden, der lat. →Hofdichter und →'Vaganten', vieler →Trobadors und →Trouvères und →'Minnesänger': Zu nennen sind hier Autoren wie der →Archipoeta, →Hugo Primas, →Walter v. Châtillon, die Lyrik-Gattungen des okzitan. →Sirventes (z. B. →Bertran de Born, Peire →Vidal, →Guillem Figueira), des mhd. Sangspruchs und der Reimrede. – Im Dt. wurde, nach einzelnen Vorläufern wie →Spervogel oder der Kreuzzugslyrik, dann →Walther von der Vogelweide zum Schöpfer einer engagierten polit. Lyrik, mit Formulierungen, Bildern und Stellungnahmen, die teilweise bis heute nachwirken (z. B.: »Lied der Deutschen« des Hoffmann v. Fallersleben). Wie alle späteren Sangspruch-Sänger und Verfasser polit. Lieder, also der zumeist fahrenden Berufssänger (→Berufsdichter), stand er mit Preis und Schelte, Propaganda und Polemik sicherl. häufig unter dem Zwang, bestimmten polit. Interessen dienen zu müssen. Erst viel später hat Michel →Beheim (15. Jh.) in einer Mischung von Zynismus und Resignation dann ausdrückl. bekannt, daß seine Kunst 'nach Brot' gehe. Während der 'Sitz im Leben' und die realen Aufführungsumstände bei den meisten Sängern – unter ständiger Gefahr von Zirkelschlüssen – aus den Texten selbst erschlossen werden müssen, teilen im SpätMA dann Autoren wie →Muskatblut und ganz bes. Michel Beheim Genaueres zu Auftraggebern, Aufführungssituationen und Publikumsreaktionen mit. Qualitativ herausragend im SpätMA sind die polit. Lieder des →Oswald v. Wolkenstein, der Politik und Autobiographisches (→Autobiographie) vermischt, kaum in irgendeinem Auftrag, sondern vorwiegend für persönl. Zwecke. Für die Gattung der sehr parteil. Erzähllieder der späten MA und der frühen Neuzeit, die zumeist von krieger. Ereignissen handeln, hat Rochus v. Liliencron mit seiner großen Sammlung den irreführenden Begriff des »Hist. Volkslieds« (→Hist. Lied) geprägt; eine themat. bes. scharf umgrenzte Gruppe sind dabei die sog. »Schweizerlieder« über die versch. Kämpfe der Eidgenossen, insbes. gegen die Habsburger und Karl d. Kühnen. Die Tradition solcher Lieder führt später zu den Landsknechtsliedern und hist. Moritaten (Flugblatt; →Einblattdruck). Im 14. Jh. erlebte die gesprochene Reimpaar-Rede eine Blüte, mit Autoren wie dem fläm. Herold Gelre (→Heroldsdichtung) und dem Österreicher Peter →Suchenwirt als herausragenden Vertretern, mit Formen wie der stark normierten Preisrede (sog. »Ehrenrede«) und der tagespolit. Rede. – Insges. sind, trotz gelegentl. sehr scharfer Kritik (insbes. gegen Klerus, Kurie und Papst), im Grunde keine normbrechenden, sondern normstabilisierende und letzlich affirmative Beispiele von p.r D. aus dem MA überliefert. Erst im Zeitalter der Reformation und mit dem Buchdruck kamen das polit. Interesse und die techn. Möglichkeit zu einschneidenderer polit. Polemik zusammen. S. a. →Chronik, →Publizistik, →Fürstenspiegel, →Satire. U. Müller

Lit.: F.-W. WENTZLAFF-EGGEBERT, Kreuzzugsdichtung des MA, 1960 – W. MOHR, Polit. Dichtung, Reallex. der dt. lit.gesch.² III, 1966/67 – A. ADLER, Die polit. Satire, GromPhil VI 1/2, 1968/70 – E. KÖHLER, Ideal und Wirklichkeit in der höf. Epik, 1970² – H. SCHÜPPERT, Kirchenkritik in der lat. Lyrik des 12. und 13. Jh., 1972 – W. C. MCDONALD, German Medieval Literary Patronage from Charlemagne to Maximilian I., 1973 – E. KLEINSCHMIDT, Herrscherdarstellung. Zur Disposition ma. Aussageverhaltens, untersucht an Texten über Rudolf I. v. Habsburg, 1974 – U. MÜLLER, Polit. Lyrik des dt. MA, 1974 – H. KOKOTT, Lit. und Herrschaftsbewußtsein, Wertstrukturen der vor- und frühhöfischen Lit., 1978 – J. KÜHNEL, Zum 'Reinhart Fuchs' als antistauf. Gesellschaftssatire, Stauferzeit, 1978 – P. SEIBERT, Aufstandsbewegungen in Dtl. 1476–1517 in der zeitgenöss. Reimlit., 1978 – J. BUMKE, Mäzene im MA, 1979 – H. WENZEL, Höf. Gesch. Lit. Tradition und Gegenwartsdeutung in den volkssprachl. Chroniken des hohen und späten MA, 1980 – Adelsherrschaft und Lit., hg. H. WENZEL, 1980 – R. SPRANDEL, Gesellschaft und Lit. im MA, 1982 – U. LIEBERTZ-GRÜN, Das andere MA. Erzählte Gesch. und Gesch.erkenntnis um 1300, 1984 – Epische Stoffe des MA, hg. V. MERTENS–U. MÜLLER, 1984 – Geschichtsbewußtsein in der dt. Lit. des MA, hg. CH. GERHARDT u. a., 1985 – J. BUMKE, Höf. Kultur. Lit. und Gesellschaft im hohen MA, 1986 – B. RATTAY, Entstehung und Rezeption polit. Lyrik im 15. und 16. Jh.. Die Lieder im Chronicon Helveticum von Aegidius Tschudi, 1986 – P. GODMAN, Frankish Politics and Carolingian Poetry, 1987 – H.-J. BEHR, Lit. als Machtlegitimation. Stud. zur Funktion der deutschsprachigen Dichtung am böhm. Kg.shof im 13. Jh., 1989.

Polizei

I. Spätantike – II. Byzantinisches Reich – III. Westlicher Bereich – IV. Muslimischer Bereich.

I. SPÄTANTIKE: Ein P. wesen in modernem Sinne kannte die Antike nicht. Entsprechende Aufsicht über den Markt-, Sicherheits- und Ordnungsbereich nehmen Magistrate und zunehmend ksl. Beamte wahr (→praefectus urbis), teils mit eigenen, militär. strukturierten Verbänden, teils unterstützt durch die Garden der Residenz (Konstantinopel), wobei sich in der östl. Hauptstadt die Zahl einschlägiger Funktionäre mit der Zeit erhöhte, ohne daß die Aufgabenbereiche im einzelnen auseinandergehalten wären (ab 359 →quaesitor als Leiter des ganzen P.bereichs). Auf dem Lande oblagen die P. aufgaben weitgehend den →beneficarii, während in den Städten der Aedil zuständig war (im 4. Jh. wohl Amt für Sonderaufgaben). Hinzutritt eine Geheimpolizei mit vielfachen Befugnissen auch gegenüber den Behörden (agentes in rebus). G. Wirth

Lit.: O. HIRSCHFELD, Kl. Schriften, 1913, 576 – A. CHASTAGNOL, La préfecture urbaine à Roman sous le bas-empire, 1960 – JONES, LRE, 653 – W. NIPPEL, Aufruhr und »P.« in der röm. Republik, 1988.

II. BYZANTINISCHES REICH: Die Grenzen zw. Militär, P. und anderen Wachorganen waren in Byzanz recht fließend, polizeil. Agenden wurden von sehr verschiedenen Funktionären ausgeübt. Von der Mitte des 4. bis ins frühe 7. Jh. war der →magister officiorum u. a. für die Sicherheit des Ks.s und des Reiches zuständig. Ihm unterstand die militär. organisierte 'schola agentum in rebus' (teilweise einer »Staatsp.« vergleichbar), als deren Hauptaufgaben 'curae agendae' (Spitzeldienste, Spionage usw.) und Aufsicht über den →cursus publicus genannt werden. Aus ihren Reihen stammen die 'principes officii' (Bürovorsteher) der meisten hohen Beamten, wodurch deren Kontrolle garantiert werden sollte. Als 'curiosi' führten sie auch viele »Sonderaufträge« durch (Schutz von Gesandten, Verhaftungen, Verhöre, sogar Hinrichtungen).

Mit polizeil. Agenden in einem sehr weiten Sinn war in Konstantinopel primär der →Eparch betraut, wobei ihm bes. der λογοθέτης τοῦ πραιτωρίου, λεγατάριοι, κριταὶ τῶν ϱεγεώνων, πρωτοκαγκελλάριοι und καγκελλάριοι, ein κεντυϱίων mit einer speziellen P.truppe (στρατιῶται), γειτονἀρχαί und der παραθαλασσίτης zur Seite standen. Über die Vorsteher der einzelnen Korporationen übte der Eparch auch eine Art Wirtschaftsp. aus (→Eparchenbuch). Neben Wachaufgaben der Korporationen bzw. teilweise der →Demen (bes. 5.-7. Jh.) waren speziell in der Nacht polizeil. Agenden und Feuerwache (→Feuerwehr) oft verbunden (νυκτέπαρχος, πραίτωρ τῶν δήμων usw.). Gewisse fremdenpolizeil. Aufgaben kamen dem κοιαίστωρ zu, die Obsorge für die Gesandten und die Auslandsspionage in mittelbyz. Zeit primär dem λογοθέτης τοῦ δρόμου (→Logothet).

Der Ks. verwendete oft Personen seiner militär., paramilitär. oder zivilen Umgebung für polizeil. Aufgaben. Die Palasttruppen stellten gewissermaßen eine P.reserve zur Aufrechterhaltung von Ruhe und Ordnung dar.

Im Rahmen der Gerichtsbarkeit der hohen Beamten spielten die 'commentarienses' ('Protokollführer') bes. bei der Strafrechtspflege eine steigende Rolle; die commentarienses der praefecti praetorio galten im 6. Jh. als höchste Kriminalbeamte. Auch notarii konnten polizeil. Tätigkeiten ausüben.   W. Seibt

Lit.: Brehier, Institutions, 98, 153-169 – Ph. Kukules, Βυζαντινῶν βίος καί πολιτισμός III, 1949, 209-246 – R. Janin, Constantinople byz., 1964², 165-173 – N. Oikonomidès, Les listes de préséances byz. des IXᵉ et Xᵉ s., 1972, 319-321 – G. Dagron, Naissance d'une capitale, 1974, 226-239 – A. Giardina, Aspetti della burocrazia nel basso impero, 1977 – M. Clauss, Der magister officiorum in der Spätantike, 1980 – J. Koder, Das Eparchenbuch Leons des Weisen, 1991 – J. Durliat, Les rentiers de l'impôt, 1993, 57f., 91, 126f.

III. Westlicher Bereich: P. ist im Dt. ein seit 1464 belegtes, aus dem Gr. (politeia) bzw. Lat. (politia) stammendes und anscheinend über die burg. Kanzleien in das Hl. Röm. Reich dt. Nation gelangtes Fremdwort. Es bezeichnet zunächst den Zustand guter Ordnung eines Gemeinwesens und den auf Herstellung bzw. Erhaltung dieses Zustandes gerichteten Rechtssatz. Wenig später erweitert sich der Begriffsinhalt in verschiedener Weise.

Der Erstbeleg einer P. findet sich in einem Privileg des Ks.s vom 26. Juli 1464 für die Reichsstadt Nürnberg. 1476 erwähnt sie Bf. →Rudolf v. Scherenberg für Würzburg. Die nächsten Belege betreffen erneut Nürnberg (1482), Bingen (1488) und Würzburg (1490). Dabei wird der prakt. Inhalt sichtbar, wenn die i. J. 1490 gegebene Aufgabenbeschreibung Bf. Rudolfs v. Scherenberg, »uff pollicey und wesentlichkeyt unser stat Wurtzpurg ein vleissigs aufsehen zu haben«, sich in einem »Gebot der gemeynen verlewmutten frawen der kleidung und ander gezird halben« findet. Im unangemessenen Luxus besteht demnach ein Verhalten, dem die Obrigkeit in den Städten entgegentreten will und darf (→Luxusordnungen). Das dazu verwendete Instrument sind die P.ordnungen wie etwa die Reichsp. ordnung von 1530. Der Sache nach geht dabei die Ordnung schaffende Rechtssetzung in den Städten zeitl. erhebl. weiter zurück. Die dortige Dichte der sozialen Beziehungen erforderte schon früh allg. Regelungen. Zu den Anfangsgründen dürfte dabei die Aufsicht über den Markt und die Lebensmittel gezählt haben. S. a. →Bailli, →Bargello, →Büttel, →Châtelet, →Prévôt, →Seneschall, →Sergent.   G. Köbler

Lit.: J. Segall, Gesch. und Strafrecht der Reichsp.ordnungen von 1530, 1548 und 1577, 1914 – K. Zobel, P. [Diss. masch. München 1952] – H. Conrad, Dt. Rechtsgesch., I, 1962², 334 – H. Maier, Die ältere dt. Staats- und Verwaltungslehre, 1966 – L. Knemeyer, P. begriffe in den Gesetzen des 15. bis 18. Jh., Archiv des öffentl. Rechts 92, 1967, 165ff. – H. Scupin, Die Entwicklung des P. begriffs [Diss. Marburg 1970] – L. Knemeyer, P. (Gesch. Grundbegriffe IV, 1978), 875ff.

IV. Muslimischer Bereich: In abbasid. Zeit war der Ṣāḥib aš-šurṭa für die öffentl. Sicherheit verantwortlich.

Dieses Amt existierte auch unter den span. →Omayyaden sowie bei den →Fāṭimiden in Nordafrika und später in Ägypten. Im Unterschied zum →Qāḍī konnte der Ṣāḥib aš-šurṭa auf bloßen Verdacht hin tätig werden, insbes. bei von der Obrigkeit als verdächtig betrachteten Personen. Sein Amt überschnitt sich z. T. mit dem des Muḥtasib; dieser war befaßt mit der Einhaltung islam. Gesetzlichkeit in der Öffentlichkeit (Kontrolle von Frauen und Nichtmuslimen, Verrichtung der fünf tägl. Gebete), außerdem zuständig für Marktordnung, Überwachung der Maße und Gewichte sowie der Einhaltung obrigkeitl. Festpreise. Das Amt war im muslim. Spanien (und z. T. noch in den chr. Kgr.en; →Almotacén) ebenso vertreten wie bei den →Abbasiden, →Īlchānen, Ṣafawiden und Osmanen.

Ein Teil der Funktionen, die heute auf die P. entfallen, wurde aber von gesellschaftl. Organisationen wahrgenommen: So erkannte das islam. religiöse →Recht (šarīʿa) die Blutrache an sowie die Möglichkeit, diese durch die Zahlung von 'Blutgeld' an die Familie des Getöteten abzuwenden. Sklaven konnten durch ihren Besitzer bestraft werden, Frauen durch ihre Ehemänner. In den Städten Syriens, Ägyptens und Anatoliens bestanden im 13.-15. Jh. die fityān oder ʿayyārun, Gruppen oft junger unverheirateter Männer, die das ihnen bewohnte Stadtviertel gegen rivalisierende Stadtviertel vertraten und Gastfreundschaft gegenüber Fremden ausübten; diese Organisationen trugen zugleich zur Disziplinierung ihrer Mitglieder bei (→Futuwwa, →Aḫī).

Im →Osman. Reich lag die P.gewalt auf dem Land weitgehend bei den Inhabern von Militärlehen (→tīmār). Die Kommandanten dieser 'Lehensreiterei' (→subaši) bekämpften Räuber und mißliebige Personen. In manchen Städten patrouillierten Wächter (ʿases) im Stadtkern, während in Istanbul →Janitscharen, Kanoniere und Mitglieder anderer Militärverbände diese Funktion übernahmen. Auch hielt sich der Qāḍī eine kleine Zahl von Dienern, die Beklagte vor Gericht zu führen hatten.

S. Faroqhi

Lit.: EI¹, s.v. šurṭa [K. V. Zetterstein]; EI², s.v. ḥisba – Ö. Lütfi Barkan, Bazí büyuk şehirlerde eşya ve yiyecek fiyatlarının tesbit ve teftiş i hususlarını tanzim eden kanunlar, TV, 1942, I, 5, 326-340; II, 7, 15-40; II, 9, 168-177 – I. Lapidus, Muslim Cities in the Later MA, 1967 – H. Inalcik, The Ottoman Empire, the Classical Age 1300-1600, 1973.

Poliziano (Angelo Ambrogini), it. Humanist und Dichter in it. und lat. Sprache, * 1454 in Montepulciano (bei Siena), † 1494 in Florenz. Nach dem gewaltsamen Tod seines Vaters, des Juristen Benedetto A., kam P. ca. 1467 zur Vollendung seiner Studien (u. a. bei Joh. →Argyropulos und M. →Ficino) nach Florenz, wo er von Lorenzo de' Medici zum persönl. Sekretär und Lehrer seiner Söhne Piero und Giovanni (später Leo X.) bestellt wurde. Infolge eines Zerwürfnisses verließ P. Ende 1479 Florenz und suchte u. a. in Mantua Zuflucht, wo vermutl. sein mytholog.-pastorales Drama »Favola di Orfeo« entstand. P. kehrte 1480 nach Florenz zurück und erhielt einen Lehrstuhl für Rhetorik und Poetik an der Univ. Den Rest seines Lebens trug er das polit. und kulturelle Programm der Medici mit. Er stand in Kontakt mit dem Medici-Zirkel (Ficino, Giov. Pico della Mirandola, Landino, Botticelli, den er wohl mehrfach inspiriert hat, Savonarola) und mit anderen Humanisten (D. Calderini, F. Beroaldo, G. Merula, E. Barbaro u. a.).

Werke: In der Jugend verfaßte P. vorwiegend Dichtungen, viele davon in der Volkssprache, in seinen reiferen Jahren behandelte er fast ausschließl. gelehrte Themen in lat. Sprache. Lit. und Philologie sind dabei eng verbunden. Auch bei scheinbar volkstüml. Formen und Themen (»Canzoni a ballo«) sind Rückgriffe auf z. T. entlegene lat. und gr. Autoren festzustellen. Ebenso komplex sind die »Stanze« (allegor. Gedicht in →ottava rima zur Feier eines Turniersiegs von →Giuliano de' Medici, 1475) und der »Orfeo«, den man als Prototyp des Schäferspiels ansehen kann. P.s lat. und gr. Poesie, zumeist Gelegenheitsdichtung auf gesellschaftl. oder kulturelle Ereignisse der Zeit, nimmt das von Statius geprägte Genus der »Silva« wieder auf. Das reiche philolog. Schrifttum umfaßt Schr. für den Schulgebrauch, Übers., Antrittsvorlesungen, Komm. zu Klassikern sowie die beiden »Miscellanea« (I vom Autor 1489 ed.), d. h. Fälle virtuoser Textemendation oder hist.-lit. Klassikerexegese. Die innovative philolog. Methode P.s weist auf die moderne Textkritik voraus. In seinen Vorlesungen (ab 1490) über aristotel. Schr. (Nikom. Ethik, Analytika) verstand P. sich als 'Grammatiker' (»Lamia« 1491–92). Das Interesse für antike und ma. philos. Richtungen prägte seine Forsch.; die durchaus eigenständige Züge aufweist. P.s lat. Schrifttum verbreitete sich im 16. Jh. in ganz Europa. L. Cesarini Martinelli

Ed.: Op. omnia, Venedig 1498 [Nachdr. 1968] – Basel 1553, ed. I. MAIER, 1970–71 – Prose volgari ined., poesie lat. e greche, ed. e ined. ..., P. hg. I. DEL LUNGO, 1867 – Epigrammi greci, ed. A. ARDIZZONI, 1951 – *It. Werke:* Le Stanze, L'Orfeo e le Rime, ed. G. CARDUCCI, 1912 – Stanze, ed. V. PERNICONE, 1954 – Rime, ed. N. SAPEGNO, 1965; ed. D. DEL CORNO BRANCA, 1986 – Detti piacevoli, ed. T. ZANATO, 1983 – A. TISSONI BENVENUTI, L'Orfeo del P., 1986 – *Lat. Werke:* Le Selve e la Strega, ed. I. DEL LUNGO, 1925 – Les Silves, Übers. und komm. P. GALAND, 1987 – Coniurationis pactianae commentarium, ed. A. PEROSA, 1949 – Sylva in scabiem, ed. A. PEROSA, 1954; komm. Ed. P. ORVIETO, 1989 – Miscellaneorum. centuria prima, ed. H. KATAYAMA, 1982 – Misc. cent. sec., ed. V. BRANCA–M. PASTORE STOCCHI, 1972 – Lamia, ed. A. WESSELING, 1986 – *Komm.e:* Comm. ined. all'epistola ovidiana di Saffo a Faone, ed. E. LAZZERI, 1992 – Comm. ined. alle Selve di Stazio, ed. L. CESARINI MARTINELLI, 1978 – Comm. ined. alle Satire di Persio, ed. DIES.–R. RICCIARDI, 1985 – Comm. ined. ai Fasti di Ovidio, ed. F. LO MONACO, 1991 – Comm. ined. alle Georgiche di Virgilio, ed. L. CASTANO MUSICÒ, 1990 – V. FERA, Una ignota 'expositio Suetoni' del P., 1983 – *Lit.:* A. PEROSA, Mostra del P. nella Bibl. Medic. Laurenz., Catal., 1955 – II P. e il suo tempo, Atti, 1957 – D. DEL CORNO BRANCA, Rassegna polizianesca (1967–71), LI 24, 1972, 100–112 – V. BRANCA, P. e l'umanesimo d. parola, 1983 – A. BETTINZOLI, Rassegna di studi sul P. (1972–1986), LI 39, 1987, 53–125.

Poll Taxes, drei engl. Sondersteuern, die 1377, 1379 und 1380–81 von den Commons im Parliament bewilligt wurden. Unter dem Druck der Kosten des Krieges in Frankreich stehend, überzeugte die kgl. Regierung das letzte Parliament Eduards III. (Jan.–Febr. 1377) von der Notwendigkeit einer Kopfsteuer von 1 Groat (4 Denare) auf jeden Mann und jede Frau im Kgr., die älter als 14 Jahre waren. Die Einnahmen aus dieser außergewöhnl. hohen Steuer wurden auf über £ 22000 geschätzt, eine für die Krone vorteilhafte zusätzl. Abgabe zu den üblichen, im SpätMA von den Commons bewilligten Steuern (Zehnter und Fünfzehnter). Im April 1379 gewährte das dritte Parliament Richards II. die Erhebung einer zweiten P.T., diesmal auf der Grundlage einer genau abgestuften Tabelle der Personenbesteuerung. Im Nov. 1380 trafen die Commons im Parliament v. Northampton die verhängnisvolle Entscheidung, eine dritte P.T. einzuräumen, in der Form der bes. hohen Abgabe von 1 Shilling pro Person. Der sich gegen diese P. T. bes. in Essex rasch verbreitende Aufruhr war ein wesentl. Grund für den raschen Ausbruch der →Peasants' Revolt. R. B. Dobson

Lit.: T. F. TOUT, Chapters in the Administrative Hist. of Mediaeval England, III, 1928 – M. W. BERESFORD, Lay Subsidies and P. T., 1963 – →Peasants' Revolt.

Pollaiuolo. 1. P., Antonio di Jacopo d'Antonio Benci, gen. del P., * 1431/32 in Florenz, † 1498 in Rom, war als Goldschmied, Maler, Kupferstecher und Bronzebildner einer der vielseitigsten Florentiner Künstler in der 2. Hälfte des 15. Jh. Als Bildhauer zeigt er sich v. a. →Donatello, als Maler →Domenico Veneziano und Andrea del Castagno verpflichtet. Kennzeichnend für sein Werk sind ein ausgeprägtes Interesse an der Aktdarstellung und an Bewegungs- und Anatomiestudien. Von beträchtl. Einfluß war es dadurch u. a. auf →Verrocchio und auf Leonardo. Für 1457–59 ist die Mitarbeit an dem silbernen Reliquienkreuz des Florentiner Baptisteriums bezeugt (Florenz, Domopera). Um 1460 entstanden drei heute verlorene Gemälde mit der Darstellung von Herkulestaten für den Palazzo Medici (erhalten sind zwei kleinformatige Bilder gleichen Sujets in den Uffizien). 1466 wurde Antonio zusammen mit seinem Bruder Piero für das Altarbild in der Kapelle des Kard. v. Portugal in S. Miniato al Monte bezahlt (Uffizien). Nicht datiert ist ein signierter Kupferstich mit der Darstellung kämpfender Ignudi. Werke der 70er Jahre sind die Sebastiansmarter (London, Nat. Gall.) und das Relief mit der Geburt Johannes d. T. für den Silberaltar des Florentiner Baptisteriums (Florenz, Domopera). Seit 1484 war A. in Rom tätig und führte hier bis 1492 das Grabmal Papst Sixtus' IV. – sein Hauptwerk – und bald danach das Grabmal Papst Innocenz' VIII. aus (beide in St. Peter).

2. P., Piero, Bruder von 1., Maler, * 1441 in Florenz, † 1496 in Rom. Arbeitete mit A. zusammen, z. T. unter Verwendung von dessen Entwürfen. Hauptwerke: Tugendallegorien für die Mercanzia, 1469–70 (Uffizien); Marienkrönung für S. Agostino in S. Gimignano, 1483 (Collegiata). J. Poeschke

Lit.: A. BUSIGNANO, P., 1970 – L. D. ETTLINGER, A. and P. P., 1978 – J. POPE-HENNESSY, It. Renaiss. Sculpture, 1985[3] – J. POESCHKE, Skulptur der Renaiss. in Italien, I: Donatello und seine Zeit, 1990.

Pollich, Martin (Polichius, M. Mellerstadt/Mellerstat), * um 1455 Mellrichstadt (Unterfranken), † 27. Dez. 1513 Wittenberg. Nach Studium der Artes an der Univ. Leipzig (Mag. art. 1475/76) und der Medizin Leibarzt Kfs. Friedrichs III. d. Weisen (1482), Vizekanzler der Univ. Leipzig (1486), Prof. der Medizin in der Collegium maius (1494); dann wirkte P. maßgebl. mit an der Gründung der Univ. Wittenberg (1502) und wurde ihr erster Rektor. Er verfaßte lat. und dt. Jahresprognostiken (erhalten für 1483–90) und ein »Compendium quindecim propositionum introductoriarum in astrologiam« (1482), die auf Widerspruch von W. →Faber stießen. Im »Laconismos [...] in defensionem poetices« (1502) und anderen Streitschr., die er mit Konrad Wimpina über das Verhältnis von Poesie und Theologie wechselte, verfocht er humanist. Zielsetzungen. In einer Kontroverse um die astrale Ätiologie der →Syphilis mit Simon Pistoris (»Defensio Leoniceniana«, 1499; »Castigationes«, 1500; »Responsio«, 1501) stellte P. einen Einfluß der Gestirne auf Krankheitsentstehung und -therapie in Abrede. J. Telle

Ed. und Lit.: ADB XXVI, 393f. – G. BAUCH, Gesch. des Leipziger Frühhumanismus (Centralbl. für Bibliothekswesen, Beih. 22, 1899) – K. SUDHOFF, Die med. Fakultät zu Leipzig im ersten Jh. der Univ. (Stud. zur Gesch. der Med. 8, 1909), 122–152 [Textproben] – DERS., Aus der Frühgesch. der Syphilis (ebd. 9, 1912), 42–47 [Textproben] – TH. GRÜNEBERG, M. P. v. M., der erste Rektor der Wittenberger Univ. (450 Jahre Univ. Halle-Wittenberg, 1952), 87–91 – G. EIS, M. P.s Vorhersage für 1490, Libri 4, 1954, 103–129 [Faks. der frühnhd. und nd. »Prognostikon«-Fassung für 1490] – DERS., Wahrsagetexte des SpätMA, 1956 (Texte des späten MA, 1) [frühnd. »Prognostikon«-Fassung für 1490] – B. KOCOWSKI, Z badan nas Poczatkami drukarstwa w Magdeburgu, Rocniki Biblioteczne 10, 1966, 277–393 [Faks. der nd. »Prognostikon«-Fassung für 1486] – Med. und Naturwiss. in der

Wittenberger Reformationsära, hg. W. KAISER–A. VÖLKER, 1982 [s.v. Mellerstadt] – H. SCHLERETH, Opera Pollichiana, Würzburger med. hist. Mitt. 4, 1986, 185-202 – Literaturlex. Autoren und Werke dt. Sprache, 9, hg. W. KILLY, 1991, 202.

Polnische Literatur. Der Beginn der mit der lat. Kultur W-Europas eng verbundenen p. L. fällt in den Zeitraum nach der Taufe Fs. Mieszkos I. (966). Früheste Zeugnisse sind Eintragungen in die sog. Fuldaer Annalen, vermutl. durch den Missionsbf. →Jordanus (968–984), und die gegen 992 entstandene Beschreibung des Reiches Mieszkos I. (→»Dagome iudex«).

Die erste Phase umfaßt das 11. und 12. Jh., als ausschließl. lat. Werke (Hagiographie, liturg. Lyrik, Chroniken, weltl. Gelegenheitslyrik) entstanden; ihre Verfasser waren nur z. T. poln. Herkunft. Leben und Martyrium des hl. →Adalbert (Vojtěch, † 997) nahmen zunächst einen überragenden Rang ein. Eine der Viten stammt aus der Feder des in Polen wirkenden →Brun v. Querfurt († 1009), der auch die »Vita quinque fratrum« verfaßte. Als frühestes Werk poln. Herkunft unter den für den hl. Adalbert entstandenen liturg. Liedern gilt die Sequenz »Hac festa die tota« (nach 1090). Zu Beginn des 11. Jh. entstand die älteste poln. Grabinschrift in Hexametern (»Ossa trium...«; erhalten in der Kathedrale v. Gnesen). Das sog. »Epitafium Bolesława Chrobrego« (leonin. Hexameter), nur in recht später Überlieferung bekannt, könnte im 12. Jh. entstanden sein. Der Niedergang der staatl. und kirchl. Organisation in der 1. Hälfte des 11. Jh. verhinderte zunächst die Entwicklung der p. L. In Krakau, nunmehr Residenz der Fs.en, wurden die Annalen weitergeführt und ein Kalender herausgegeben. Das Verzeichnis der Bibl. am Krakauer Dom v. 1100 bezeugt das hohe Niveau der artes. Außerhalb des Landes schrieb Gfsn.→Gertrud, Tochter Kg. Mieszkos II., eine Slg. von Gebeten (Codex →Gertrudianus). Die früheste poln. Chronik (→Chronik, M. II) stammt vom →Gallus Anonymus, einem südfrz. Benediktinermönch (entstanden 1113–16[?]). Mit den in Versen abgefaßten, dem Werk eingefügten Liedern steht der Autor auch am Anfang der Entwicklung einer weltl. Lyrik in Polen. Um die Wende vom 12. zum 13. Jh. verfaßte →Vincentius Kadłubek die »Chronica Polonorum« in vier Büchern, wovon die ersten drei in Dialogform geschrieben sind. Der Einfluß der europ. Ritterromanzen wurde mit dem in Versen (vermutl. von einem Mönch frz. Herkunft) abgefaßten »Carmen Mauri« wirksam. Spätere Prosabearbeitungen bezeugen eine, vermutl. im 12. Jh. in Versen entstandene Erzählung von Walter, Helgund und Wisław, ein Nachklang des →»Waltharius«-Epos.

Die zweite Periode umfaßt das 13. und 14. Jh., in denen weiterhin die lat. Sprache dominierte. Neben der Hagiographie und Chronistik entwickelte sich die liturg. Dichtung. Es wurden erste Predigten, verschiedene liturg. Dramen sowie Lehr- und Gelegenheitsdichtung geschrieben. Herausragende Schriftsteller waren: Wincenty v. Kielcza (ca. 1200–nach 1261), Autor einer Chronik (verloren) und Verehrer des hl. →Stanisław (Bf. v. Krakau, 1072–79), dessen Leben und Martyrium er in zwei Prosaviten, dem Hymnus »Gaude mater Polonia« sowie in Sequenzen und einem Reimoffizium beschrieb; Jan Łodzia aus Kępa († 1346), Schöpfer religiöser und (verlorener) weltl. Lieder; →Frowin v. Krakau (vor 1295?–nach 1347), der das Lehrgedicht »Antigameratus« hinterließ; Benedykt Polak, Autor der »Historia Tartarorum« (1247); Godislaus Basco, der wahrscheinl. um 1295 die unvollendete, später erweiterte »Kronika Wielkopolska« (Großpoln. Chronik) verfaßte; Jan v. Czarnków (ca. 1320–86/87), Autor z. T. tagebuchartiger Berichte über Ereignisse d. J. 1370–83, dem jetzt auch die »Kronika Wielkopolska« zugeschrieben wird. Werke in poln. Sprache begleiteten das lat. Schaffen. Am Anfang der p. L. in poln. Sprache steht ein Meisterwerk der Volkslyrik, das Lied →»Bogurodzica« ('Lied der Mutter Gottes'), dessen zweistrophiger archaischer Teil (Ende des 13. Jh.) im 14. Jh. durch weitere Strophen ergänzt wurde. Wohl zu Beginn des 14. Jh. entstanden die »Kazania świętokrzyskie« ('Hl.-Kreuz-Predigten'), Ende des 14. Jh. die Psalmenübers. »Psałterz floriański« (Psalmen des St. Florian).

In der dritten Phase (15. Jh., 1. Hälfte 16. Jh.) gewann nunmehr die poln. sprachige Lit. Dominanz. In großer Zahl entstanden religiöse Lieder, die sich anfängl. an lat. Vorbildern orientierten; ihre Themen waren v. a. Auferstehung und Marienkult. In der 2. Hälfte des 15. Jh. verbreiteten sich unter dem Einfluß der Franziskaner-Observanten lyr. und ep. Passions- und Weihnachtslieder (renommiertester Dichter: Władysław v. Gielniow [ca. 1440–1505]). Gegen 1470 wurde ein anonymes Meisterwerk der Passionslyrik, der Planctus Mariae »Posłuchajcie bracia miła« ('Hört, ihr lieben Brüder'), geschrieben. Es entstanden auch ep. Gesänge über Hl.e (z. B. über den hl. →Alexios v. Edessa, 1454) sowie Werke über den Tod und das Leben nach dem Tod (z. B. »Dialog mistrza Polikarpa ze Śmiercią« ['Dialog des Meisters Polikarp mit dem Tod'], mit Totentanz-Reminiszenzen). Die weltl. Gesänge berührten Themen des Brauchtums (z. B. »Pieśń o zachowaniu się przy stole« ['Lied über das Verhalten bei Tisch'] von Przecław Słota, ca. 1415), der Gesellschaft (z. B. »Chytrze bydlą z pany kmiecie« [ca. 1483, 'Listig gehen die Bauern mit dem Herrn um']), der Liebe oder des lustigen Lebens; sie berichten auch von aktuellen Ereignissen (z. B. »Pieśń o zabiciu Andrzeja Tęczyńskiego« [ca. 1462; 'Lied von Tęczyńskis Ermordung') oder beinhalten religiöse Polemik (z. B. Andrzej Gałka v. Dobczyn: hussit. Wycliff-Lied »Pieśń o Wiklefie« [ca. 1449]). Neben der Lyrik entwickelte sich die poln. Prosa: Außer hervorragenden Übertragungen der Hl. Schrift (Mitte 15. Jh.; »Biblia królowej Zofii« ['Bibel der Kgn. Zofia']; »Psałterz puławski« [15./16. Jh.; 'Psalter aus Puławy']) entstanden Werke zu apokryph. Thematik, die das Leben Marias und Jesu unter bes. Betonung der Passion behandeln (»Rozmyślanie przemyskie« [15./16. Jh., 'Überlegungen aus Przemyśl']; »Rozmyślania dominikańskie« [vor 1532, 'Überlegungen der Dominikaner'], sowie Predigten (»Kazania gnieźnieńskie« [Anfang 15. Jh., 'Predigten aus Gnesen']). Die Entwicklung der Druckkunst wurde begünstigt durch die in der 1. Hälfte des 16. Jh. eintretende Verbreitung von Übers.en frommer Werke (z. B. »Raj duszny« von Biernat v. Lublin [1513, 'Geistiges Paradies']; »Żywot Pana Jezu Krysta« von Baltazar Opec [1522, 'Vita Jesu Christi']) sowie weltl. Werke (»Marchołt« [1521]; »Sowizdrzał« [ca. 1530?]). Die lat. Sprache spielte in der p. L. weiterhin eine bedeutende Rolle. Außer in den traditionellen religiösen und didakt. Werken wurde sie in der lyr. Hofdichtung, u.a. durch Stanisław Ciołek (1382–1437), repräsentiert. Die größte Leistung auf dem Gebiet der lat. Prosalit. sind die »Annales regni Poloniae« des Jan →Długosz (1415–80). Im 15. Jh. entstanden auch zahlreiche Slg.en von Predigten 'de tempore et de sanctis', die mit poln. Glossen versehen waren, um die Verkündigung in der Volkssprache zu erleichtern. Ein hohes Niveau errang die moraltheol. Prosa (→Matthaeus v. Krakau, Jakub v. Paradyż, u.a.). Die Gründung der Univ. →Krakau 1364 begünstigte die Entwicklung der Rhetorik, der Epistolographie, der Publizistik und der Gebrauchsprosa (Stanisław v. Skarbimierz, Paweł Włodkowic, Jan v. Ludzisko, Jan Elgot, Tomasz Strzempiński). Die im Verlauf des MA ausgeformten lit. Gattungen machten gegen Ende des 15. Jh. allmähl. dem humanist. Schrifttum Platz (→Humanismus, G) und wurden im 16. Jh. völlig verdrängt. T. Michałowska

Lit.: A. BRÜCKNER, Poezya łacińska w Polsce, 1892 – DERS., Kazania średniowieczne, 1895 – DERS., Lit. religijna w Polsce średniowiecznej, 1902–03 – J. ŁOŚ, Przegląd językowych zabytków staropolskich do r. 1543, 1915 – R. PILAT, Hist. literatury polskiej w wiekach średnich, I, T. 1–2, bearb. ST. KOSSOWSKI, 1926 – W. WYDRA–W. R. RZEPKA, Chrestomatia staropolska. Teksty do r. 1543, 1984 – Poln. MA. Poln. Bibl., hg. K. DEDECIUS, 1987 – »Toć jest dziwne a nowe«. Antologia literatury polskiej średniowiecza, bearb. A. JELICZ, 1987 – T. WITCZAK, Lit. średniowiecza, 1990 [Bibliogr.] – T. MICHAŁOWSKA, Średniowiecze [im Dr.; Bibliogr.].

Polnisches Recht → Ius Polonicum

Polo, Marco, ven. Reisender, * 1254, † 18. Jan. 1324. M.s Vater *Nicolò* und sein Onkel *Matteo* reisten 1260 als Kaufleute über Konstantinopel und die Krim an die untere Wolga, ein Gebiet, das von der →Goldenen Horde beherrscht wurde. Infolge eines Krieges an der Rückreise gehindert, blieben sie drei Jahre lang in Buchara und schlossen sich schließlich einer pers. Gesandtschaft zum Großkhan der Mongolen Qubilai an, der sie gnädig aufnahm und mit einer Mission an den Papst betraute. Zwei Jahre nach ihrer Rückkehr nach Venedig i. J. 1269 reisen sie in Begleitung des jungen M. mit Briefen und Geschenken des Papstes auf dem Landweg über Persien, Afghanistan und durch die Wüste Gobi zur Residenz des Großkhan. Nach 17 Jahren gelangten sie im Brautgefolge einer mongol. Prinzessin auf dem Seeweg nach Persien und zogen von dort über Trapezunt und Konstantinopel nach Venedig, wo sie 1295 eintrafen. Während des Seekriegs mit Genua wurde M. P. bei Lajazzo (1296) oder eher bei →Curzola (Korčula, 1298) gefangengenommen. Im Gefängnis (bis Mai 1299) zeichnete der pisan. Kriegsgefangene *Rustichello* die Reiseerinnerungen M.s in frz. Sprache auf (»Divisament dou monde«), die später unter dem Titel »Libro delle meraviglie del mondo« oder »Milione« berühmt wurden. Milione ist eine Kurzform des Beinamens Emilione, den alle Mitglieder dieses Zweigs der Familie zur Unterscheidung von den anderen P. trugen. Seine langen Reisen zu Land und zur See in abgelegene Gebiete, die vielen Jahre am Hof des Großkhans in angesehener Stellung und die zahlreichen, im Auftrag des Herrschers unternommenen Missionen in verschiedene Teile des Reiches boten M.P. eine Fülle von Erzählstoff. Er erweist sich als aufmerksamer Beobachter, der sich mit dem Wirklichkeitssinn des Kaufmanns für Einzelheiten interessiert und genau und anschaul. zu schildern versteht. Die Eingriffe Rustichellos, der aus seinem Repertoire an konventionellen Wendungen und Metaphern schöpft, können die Lebendigkeit der Erzählungen des Reisenden nicht beeinträchtigen.

Der »Milione«, der die anderen ma. Reiseberichte an Umfang der bereisten Länder und an genauer Beobachtung übertrifft, ist kein Reisetagebuch. Nur der Prolog enthält einen schemat. Bericht über die Ereignisse der ersten und zweiten Reise der Polo. Der Autor spricht nur sehr vereinzelt von sich selbst. In der chronolog. Schilderung sind Brüche und Abschweifungen häufig. Die Kapitel folgen dem Gliederungsschema: Lage und Gestalt der einzelnen Länder und Orte, lokale Erzeugnisse, charakterist. Sitten, hist. Begebenheiten, diverse Kuriositäten. M. interessiert sich v. a. für die Menschen und ihren Alltag, weniger für Natur und Landschaft, dennoch gelingt es ihm, einen Überblick über die Geographie des asiat. Kontinents zu geben. Seine Lieblingsthemen sind Sitten und Gebräuche der von ihm mit Sympathie und Bewunderung betrachteten »Tataren«, Formen des gesellschaftl. und des Familienlebens, Glaubensvorstellungen und Superstitionen. Das Seltsame und Pittoreske, die fremde Flora und Fauna erregen seine Neugier, die riesigen reichen Städte Chinas seine Begeisterung: Chinsai (Hang-chow fu), das 100 Meilen Umfang hat, Peking mit seinem straff organisierten Heer von 25000 Prostituierten, der große Hafen Zaitun (Ts'uan-chou), Shangtu mit dem prachtvollen Sommerpalast des Großkhan. Im Zentrum der Erzählung steht – im Glanz seiner oriental. Pracht und seiner Tugenden – Qubilai selbst, dessen Taten mit einem langen, romanhaften Exkurs über die Gesch. der Mongolen gepriesen werden.

Nach seiner Freilassung heiratete M. in Venedig Donata Badoer, mit der er drei Töchter hatte, denen er ein Erbe im Wert von mehr als 70 kg Gold hinterließ. Von seinem Vater Nicolò († um 1300) und seinem Onkel Matteo (der 1310 sein Testament machte), ist sonst nicht viel bekannt. Ihre im »Milione« geschilderte Hauptrolle bei der Einnahme von Hsiang-yang fu (1273) ist in der Forschung umstritten.

Die zahlreichen Redaktionen, Bearbeitungen und Übers.en des »Milione« und die breite Hss.tradition bezeugen seinen Erfolg. Erstdr. 1477 in Nürnberg.
U. Tucci

Ed. und Lit.: Ed. L. FOSCOLO BENEDETTO, 1928 – M. P., Milione. Le divisament dou monde. Il Milione delle redazioni toscana e franco-it., hg. G. RONCHI, 1982 – G. ORLANDINI, M. P. e la sua famiglia, Arch. Veneto–Tridentino IX, 1926 – L. OLSCHKI, L'Asia di M. P., 1957 – P. PELLIOT, Notes on M. P., 1959–63 – U. TUCCI, I primi viaggiatori e l'opera di M. P.(Storia della Cultura Veneta, I, 1976), 633–670.

Poločanen, nach der →Povest' vremennych let ostslav. Stamm, mit dem Hauptort →Polock an der →Düna siedelnd: Die P. »saßen an der Düna und nannten sich Poločane, eines Flüßchens wegen, welches in die Düna mündet und Polota heißt, von diesem hatten sie den Namen Poločane.« Da sich das genannte Gebiet mit dem der →Kriviči überschneidet und sich eine archäolog. Identität der P. nicht feststellen ließ, betrachtet die Forsch. fast einhellig die P. als Teil der Kriviči. Der Stammesname P. dürfte entstanden sein, um dem Fsm. Polock retrospektiv eigenständige Identität zu schaffen. F. Kämpfer

Lit.: C. GOEHRKE, Frühzeit des Ostslaventums, 1992 – →Kriviči, →Ostslaven.

Polock, Stadt und aruss. Fsm. im nördl. Weißrußland. [1] *Stadt:* Die an der Mündung des Flusses Polota (Zufluß der Düna) gelegene, zu den Jahren 862 und 980 erstmals erwähnte Stadt P., Zentrum eines aruss. Fsm.s, war seit 1105 Bf.ssitz (Suffragan des Metropoliten v. Kiev), seit dem 15. Jh. Sitz eines Ebf.s. Die Stadtanlage entwickelte sich dreiteilig: Am rechten Ufer der Polota, an der Stelle des sog. 'Oberschlosses', gab es im 9. Jh. eine Siedlung der →Kriviči; im 10. Jh. waren bereits das linke Ufer der Polota (Zapolot'e) und das rechte Ufer der Düna besiedelt. Von den etwa 10 profanen und sakralen Steinbauten P.s sind u. a. die Kathedrale der hl. Sofia (1050–55; mit Fs.engruft und Baptisterium) und die Kirche der Verklärung Christi (Fresken des 12. Jh.) erhalten. P. war vom 10.–12. Jh. Handelszentrum auf dem Weg 'von den Warägern zu den Griechen', vom 13.–15. Jh. auf dem Weg nach Riga. Den Außenhandel regelten u.a. Verträge v. 1229 und 1405–06 mit Gotland und Riga. Seit dem 15. Jh. Zentrum einer Wojewodschaft des Gfsm.s →Litauen, bewahrte sich P. dank eines Privilegs des Gfs.en →Witowt eine relativ weitgehende Autonomie und erhielt 1498 →Magdeburger Recht.

[2] *Fürstentum:* P., ein Fsm. der →Kiever Rus', lag im Becken der mittleren und unteren Düna mit ihren Zuflüssen Obol', Drissa, Lučesa, Ulla und Disna sowie des Oberlaufs der Dnepr-Zuflüsse Drut' und Berezina. Zu P. gehörten die Städte →Vitebsk, Druck (10. Jh.), Lukoml', Usvjaty, Braslav, Izjaslavl' (Zaslavl') und →Minsk (11. Jh.), im NW bis 1212 auch die Gebiete →Kokenhusen und →Gerzike. Die waräg. Dynastie des Fs.en →Rogvolod v. P. und seiner Tochter Rogneda (∞ Vladimir d. Hl.) befand sich in ständigem Konflikt mit der Kiever Fs.endynastie der Jaroslaviči. Häufiger Fs.enwechsel begünstigte die frühe Entstehung des →veče in P. und die Regelung der Beziehungen zw. den Fs.en und den Polockern in Form eines Vertrages (rjad). Im 12.-13. Jh. spalteten sich die Fsm.er Vitebsk, Minsk und Druck von P. ab. Im 13.-14. Jh. verlor P. die Unabhängigkeit und fiel im 15. Jh. an das Großfsm. →Litauen. A. L. Choroškevič

Lit.: V. E. DANILEVIČ, Očerk istorii Polockoj zemli do konca XIV stoletija, 1896 – L. K. GOETZ, Dt.-russ. Handelsverträge des MA, 1916 – DERS., Dt.-russ. Handelsgesch. des MA, 1922 – M. N. TICHOMIROV, Drevnerusskie goroda, 1956 – L. V. ALEKSEEV, Polockaja zemlja v IX-XIII vv., 1966 – Polockie gramoty XIII – načala XVI vv., vyp. I-VI, 1977-89 – G. V. ŠTYCHOV, Goroda Polockoj zemli (IX-XIII vv.), 1978 – P. A. RAPPOPORT, Polockoe zodčestvo XII v., Sovetskaja archeologija, 1980, 3 – V. A. BULKIN, Problemy izučenija Polockogo sofijskogo sobora, Drevnerusskoe gosudarstvo i slavjane, 1983, 113f. – A. J. DVORNIČENKO, Gorodskaja obščina Verchnego Podneprov'ja i Podvin'ja v XI-XV vv., 1983 – P. Istoričeskij očerk, 1987 – V. N. FLORJA, K izučeniju tradicii o polockoj respublike (Vostočnaja Evropa v srednevekov'e, 1990) – Gistoryja, archeologyja Polackoj zemli, 1992.

Polovcer → Kumanen

Polycarp, vorgratian. kirchenrechtl. Slg. der Spätreform, zusammengestellt wohl in Rom zw. 1111 und 1113 vom Kard.presbyter Gregor v. S. Grisogono († 30. Nov. 1113), der den Vertrag v. →Ponte Mammolo (April 1111) mit beschworen hat. Der gr.-lat. Name »Polycarpus« wurde der Kompilation im Prolog zu dem Werk vom Verf. selbst gegeben. Die Slg. (1540 Kapitel) ist sehr übersichtl. in 8 Bücher, mit weiterer Untergliederung in Titel und Kapitel, strukturiert. Bekannt sind bisher 11 Hss. vom 12. und beginnenden 13. Jh., die sich entweder einer it.-dt. Hss.familie oder einem frz. Überlieferungsstrang zuordnen lassen. Daneben ist eine jüngere P. Redaktion überliefert. Eine von C. ERDMANN 1929-32 begonnene Ed. wurde nicht zum Abschluß gebracht. Nachgewiesene Vorlagen sind die →Dionysio-Hadriana, die →Hispana, →Pseudo-Isidor, das Register →Gregors d. Gr., das Dekret →Burchards v. Worms, die →Sententiae diversorum patrum, die Collectio canonum →Anselms II. v. Lucca sowie die 2-Bücher-Slg. (Vat. lat. 3832). Auch ist von einer unmittelbaren Benutzung patrist. Texte sowie dem Gebrauch von →Florilegien und Zwischenslg.en auszugehen. In der Tendenz gehört der P. zu den →Kanonesslg.en der gregor. Reform; es darf vermutet werden, daß im P. die Vorstellungen und Rechtsauffassungen der führenden Köpfe des Reformpapsttums jener Zeit greifbar sind. Die hist. Bedeutung des P. ist nicht zuletzt darin begründet, daß er wahrscheinl. von →Gratian als unmittelbare Vorlage herangezogen wurde.

R. Kretzschmar

Lit.: P. FOURNIER, Les deux recensions de la collection canonique romaine dite le P.us, Mél. d'Arch. et d'Hist. 37, 1918/19, 55-101 – H. FUHRMANN, Zwei Papstbriefe aus der Überlieferung der Rechtsslg. »P.us« (Fschr. K. JORDAN [= Kieler Hist. Stud. 16], 1972), 131-140 – U. HORST, Die Kanonesslg. P.us des Gregor v. S. Grisogono (MGH Hilfsmittel 5, 1980) – J. GILCHRIST, The »P.us«, ZRGKanAbt 68, 1982, 441-452 – P. LANDAU, Neue Forsch.en zu vorgratian. Kanonesslg.en und den Q. des gratian. Dekrets, Ius commune 11, 1984, 1-29 – F. S. PAXTON, A canonical dossier on monastic rights in Leipzig Univ.sbibl. MS 276, BMCL 15, 1985, 1-17.

Polyeuktos, Patriarch v. Konstantinopel, 3. April 956 – † 5. Febr. 970. Zuvor Mönch, wurde P. 956 von →Konstantin VII. auf den Patriarchenthron erhoben. Durch seine Ablehnung simonist. Praktiken, öffentl. Kritik an der Habgier der →Lakapenoi und Eintragung des Patriarchen →Euthymios in die →Diptychen machte sich P. zahlreiche Feinde. 963 unterstützte er →Nikephoros Phokas gegen den Parakoimomenos Joseph Bringas, ließ den Ks. aber vor der Krönung schwören, die Rechte der Söhne Romanos' II. (959-963) und des →Senats zu wahren. Vor der Heirat des verwitweten Ks.s mit Theophano mußte Nikephoros II. die Kirchenbuße für Bigamisten leisten. Nur mit Mühe konnte P. davon abgehalten werden, die Ehe des Ks.s mit Theophano wegen geistl. Verwandtschaft zu trennen. Auch lehnten P. und die →Synodos endemusa die vom Ks. angestrebte Kanonisation der gegen die Araber gefallenen Soldaten ab. Nach der Ermordung Nikephoros' II. (10.-11. Dez. 969) verweigerte P. dem Ks. →Johannes I. solange die Krönung, bis dieser sich zur Bestrafung seiner Mittäter, Verbannung der Theophano und Aufhebung der von Nikephoros Phokas erlassenen Bestimmungen gegen das Anwachsen des Kl.besitzes und die Zulassung zum Bf.samt ohne ksl. Genehmigung bereit erklärte. 968 erhob P. →Otranto zur Metropolie. 970 setzte er den Mönch Theodor als Patriarchen für das am 28. Okt. 969 zurückeroberte→Antiocheia ein.

K.-P. Todt

Lit.: V. GRUMEL–J. DARROUZÈS, Regestes des actes du Patr. de Constantinople I, fasc. II-III (715-1206), 1989[2], Nr. 789j-797 – BECK, Kirche, 225 und 274 – H.-G. BECK, Gesch. der orth. Kirche im byz. Reich, 1980, 124-126 – DERS., Nomos, Kanon und Staatsraison, SAW 384, 1981, 21-27 – J. HUSSEY, The Orth. Church in the Byz. Empire, 1986, 112-114, 121 und 301.

Polygamie. [1] *Westlicher Bereich:* Die P. (gr. Lehnwort; 'Vielehe') kommt kulturgeschichtl. in zwei Formen vor: der Polygynie, wenn ein Mann gleichzeitig mehrere Frauen hat, und der Polyandrie, wenn eine Frau mehrere Männer hat; letztere ist viel seltener und im MA in Europa nirgends bezeugt. Die erstgen. Form der P. ist wie in manchen alten Kulturen auch im AT vielfach belegt, z. B. die vier Frauen des Patriarchen Jakob und die vielen Haupt- und Nebenfrauen des Kg.s Salomon. Im Unterschied zu den anderen atl. Bestimmungen, die auf die ma. Kirche einen maßgebenden Einfluß ausübten, wirkten sich diese Berichte weder auf die Moralvorstellungen der Kirche noch auf ihr Eherecht (→Ehe) aus, weil generell gelehrt wurde, daß diese Duldung der P. oder göttl. Dispens von der Einehe seit Christus nicht mehr gelte. Die Kirche hat eindeutig die Monogamie gefordert und alle Abweichungen oder Verfehlungen wie →Ehebruch, →Konkubinat, →Bigamie und P. verboten und mit strengen Strafen geahndet. Ihre Moral- und Rechtsvorstellungen wurden in den bekehrten Völkern allmähl. auch für das weltl. Recht maßgebend, bis hin zu eigenen Strafmaßnahmen der weltl. Gewalt. Aus diesem Grund ist in der christl. Ära nur gelegentl. vom Nachwirken der P. in den oberen Gesellschaftsschichten die Rede. Ähnlich wie bei den Römern, wo neben der Ehefrau manchmal eine oder mehrere Konkubinen vorkamen, die keinen rechtl. gesicherten Status hatten, sind bei den Merowingern Nebenfrauen bezeugt, bes. wenn eine oder mehrere Unfreie neben der Ehefrau als Kebse genommen wurden. Auch spätere Herrscher lebten gelegentl. in offener oder verdeckter P., so Karl d. Gr., bis die Kirche auch für die Herrschenden die P. abschaffen konnte. Im kelt. Recht war die P. erlaubt, die auch nach der Christianisierung in Irland und Wales noch lange verbreitet war, wobei nach dem Zeugnis eines ir. Juristen das AT als Argumentationshilfe verwendet wurde. Im byz. Bereich ist (wohl infolge der engen Verbindung von Staat und Kirche) keine P. bezeugt. In ihm war nach der Auflösung der früheren Ehen durch Tod oder kirchl. tolerierte Scheidung seit Ende des 9. Jh. höchstens eine dritte Ehe erlaubt. Bei den Slaven scheint die P. relativ häufig gewesen zu sein. →Vladimir d. Hl., der 988 in Kiev das Christentum einführte, soll vor seiner Taufe fünf Frauen und 800 Konkubinen gehabt haben. Später lebte diese frühere Sitte teils in Beischläferinnen weiter. Auch im Judentum ist die P. allmähl. verschwunden und nach der Jahrtausendwende völlig verboten worden. Das deutet darauf hin, daß die P. schließlich nicht allein durch den Einfluß des Christentums und die von ihm geförderte grundsätzl. Gleichberechtigung der Frau, sondern auch aus kulturellen Gründen verschwunden ist.   R. Weigand

Lit.: J. A. BRUNDAGE, Law, Sex, and Christian Society in Medieval Europe, 1987 – →Ehe.

[2] *Islamischer Bereich:* In Arabien war zur Zeit Mohammeds die Zahl der Frauen, die ein Mann gleichzeitig haben durfte (Polygynie), nicht beschränkt. Mohammed hat diesen Zustand nicht ausdrückl. geändert. Auch er selbst hatte gleichzeitig mehrere Frauen, was später als eines der Vorrechte (*haṣāʾiṣ*) des Propheten gedeutet wurde. Die P. wird in den Rechtswerken im Rahmen der Ehehindernisse behandelt. In der islam. Rechtswiss. (*fiqh*) hat sich der Grundsatz herausgebildet, daß ein freier Muslim keine weitere Ehe eingehen darf, wenn er bereits mit vier Frauen verheiratet ist. Diese Lehrmeinung ist aus dem Koran, Sure 4 (Sure an-nisāʾ/die Frauen), Vers 3, abgeleitet worden, dessen Auslegung durch die Überlieferung (→*ḥadīṯ*) von Aussprüchen Mohammeds abgestützt wurde: »Und wenn ihr fürchtet, in Sachen der (eurer Obhut anvertrauten weibl.) Waisen nicht recht zu tun, dann heiratet, was euch an Frauen gut ansteht (?) (oder: beliebt?), (ein jeder) zwei, drei oder vier. Wenn ihr aber fürchtet, (so viele) nicht gerecht zu (be)handeln, dann (nur) eine, oder was ihr (an Sklavinnen) besitzt! So könnt ihr am ehesten vermeiden, Unrecht zu tun (bzw.: daß ihr eine [zu] große Familie bekommt).« (Übers. von R. PARET). Die Auslegung der Koranstelle ist unklar: Die Aufforderung, mehrere Frauen zu heiraten, könnte sich ledigl. auf die weibl. Waisen beziehen, die nach der Schlacht v. Uḥud (625) auf sich allein angewiesen waren. Die Zahlenangabe von zwei bis vier Frauen braucht auch nicht als generelle Obergrenze verstanden zu werden. Unter bestimmten Umständen Sklavinnen zu heiraten, kann nach dem Zusammenhang nicht die Befugnis bedeuten, beliebig viele Sklavinnen als Konkubinen ohne Rücksicht auf die Zahl der Ehefrauen zu haben. Die 5. Ehe eines Mannes, der gleichzeitig bereits mit vier Frauen verheiratet ist, wird allg. als unwirksam und anfechtbar (*fāsid*) angesehen. Durch Ausscheiden einer der vier vorhandenen Ehefrauen kann sie aber auch wirksam werden. Die Eheschließung einer verheirateten Frau (Polyandrie) ist nichtig im Sinne von nichtexistent (*bāṭil*). Bei Vollziehung einer weiteren Ehe macht sich die Frau des →Ehebruchs (*zināʾ*/Unzucht) schuldig, während ein Mann wegen Nichtbeachtung des Ehehindernisses der Mehrehe grundsätzl. nicht wegen *zināʾ* strafbar ist.
   K. Dilger

Lit.: TH. W. JUYNBOLL, Hb. des islam. Gesetzes, 1910 – R. PARET, Der Koran. Übers. und Komm., 1980².

Polyglottenbibel, seit dem 16. Jh. gebräuchl. Bibelausgaben, die aus editionsphilolog. Gründen neben dem hebr. bzw. gr. Urtext verschiedene Übers.en desselben (Septuaginta, Vulgata) im Spaltendruck wiedergeben. Als ein Vorläufer der P. kann die sog. Hexapla des Origenes angesehen werden, der zur Vermeidung von Überlieferungsfehlern eine Bibelhs. zusammenstellte, die neben dem hebr. Text und dessen gr. Umschrift den Text der Septuaginta sowie mindestens drei weitere gr. Übers.en bot. Diese nur fragmentar. erhaltene Bibelausgabe hat für die ma. Bibelwissenschaft, die sich v. a. auf den lat. Vulgata-Text bezieht, keine Bedeutung. Seit dem 7. Jh. gebräuchl. gr.-lat. Bilinguen dienen eher zur Erlernung der Sprache des Urtextes als zu dessen Textkritik. Die von 1514–17 unter der Leitung von Kard. Francisco Jiménez de →Cisneros edierte complutensische Polyglotte ist die erste P. im eigtl. Sinn.   M.-A. Aris

Lit.: PRE XV, 528–535 – B. M. METZGER, The Text of the New Testament, 1966 – W. BERSCHIN, Griech.-lat. MA, 1980.

Polyphonie [πολυφωνία] bedeutet im klass. Griech. eine Vielzahl und Vielfalt mögl. Töne in der Natur, bei Menschen und auf Instrumenten; übertragen den Reichtum sprachl. Ausdrucksweisen und zugleich Geschwätzigkeit und Redseligkeit. Als ma. Musikterminus erscheint das Wort erst im anonymen Traktat Summa musice (13. Jh.) und bedeutet hier und fortan Mehr- oder Vielstimmigkeit, d. h. das durch zunehmend differenzierte Regeln festgelegte simultane Erklingen von mehr als einer solist. oder chor. ausgeführten Stimme. Der so definierte Terminus begegnet dann erst wieder im 15. Jh. im anonymen Traktat De poliphonia. Erst seit dem späten 18. Jh. gewinnt der Terminus die heutige Geläufigkeit und Unentbehrlichkeit. Zuvor gebrauchten Musikpraxis und -theorie jahrhundertelang meist die Gattungsbegriffe →cantus (planus) für einstimmige (gregorian.) Melodien und →musica (figuralis/mensurabilis) für mehrstimmige, kontrapunkt. Kompositionen. Der ergänzende Gegenbegriff Homophonie für akkord. angelegte Kompositionen (ὁμοφωνία, Gleichklang, Einklang, Oktave) erhält diese neue Bedeutung erst Ende des 18. Jh. und verdrängt alte Benennungen wie contrapunctus simplex.   H. Leuchtmann

Lit.: RIEMANN s. v. – NEW GROVE s. v. – C. PAGE, Summa Musice: a Thirteenth-Cent. Manual for Singers, 1991 – De poliphonia (J. SMITS VAN WAESBERGHE, The Theory of Music from the Carolingian era up to 1400, I: Descriptive Catalogue of MSS, RISM B/III/1, 1961), 61.

Polyptychon (von gr. πολύς 'viel' und πτύσσειν 'falten'; vgl. auch→Diptychon) bezeichnet zunächst in der Spätantike staatl. Steuerlisten (Cassiodor), sodann Verzeichnisse der Erträge einzelner Kirchen aus Grundbesitz (Pelagius II.) und schließlich seit dem 8., v. a. im 9. Jh., mit Ausgestaltung und Verbreitung der klass. →Grundherrschaft zahlreich überlieferte, meist umfangreiche Detailaufzeichnungen über Besitzungen, Einkünfte und Gerechtsame insbes. geistl. Großgrundherrschaften, wohl erstmals belegt unter diesem Titel für die Kirche v. Marseille (780). Sie gelten zu Recht als herausragende Q. der frühma. Wirtschafts- und Sozialgesch. Von den Polyptycha unterscheiden sich meist kürzere Besitzinventare, in karol. Zeit descriptiones, brevia, rationes, commemorationes genannt (→Urbare). Bekanntestes P. ist das original überlieferte P. der Pariser Abtei St-Germain-des-Prés (um 825/828) auf 130 fol. (→Paris, C[2]).   D. Hägermann

Lit.: R. FOSSIER, Polyptyques et censiers, 1978 [Bibliogr.] – D. HÄGERMANN, Q.krit. Bemerkungen zu den karolingerzeitl. Urbaren und Güterverz. (Strukturen der Grundherrschaft im frühen MA, hg. W. RÖSENER, 1989), 47–73.

Polytheistische Religionen

I. Germanischer Bereich – II. Irland – III. Slavischer Bereich – IV. Baltischer Bereich.

I. GERMANISCHER BEREICH: [1] *Westgermanen:* Die vorchr. Religion des kontinentalen Westeuropa weist deutl. Übereinstimmungen mit derjenigen Nordeuropas innerhalb des germ. Kontinuums auf, mangels einer systemat. zeitgenöss. Darstellung sind wir aber auf punktuelle Hinweise angewiesen.

Während wir die wesentl. Götter des westgerm. Pantheons als Runeninschriften und Abschwörungsformeln kennen und einige Hinweise auf Kultpraktiken besitzen, so schweigen die ma. Q. fast völlig über den für die röm. Ks.zeit noch reich belegten Kult von weibl. (seltener männl.) Schutzgottheiten (Matronenkult), wenn man von einem Hinweis bei Beda Venerabilis (um 700) auf einen Mütterkult (*mōdraniht*) absieht; sonst könnte nur das Aufblühen von individuellen Hl.nkulten innerhalb des Christentums nach dessen Übernahme durch die Germanen darauf hinweisen, daß es auch in den letzten vorchristl. Jahrhunderten noch einen solchen Kult persönl. Schutzgottheiten gegeben hat. Mit den gerade im ags.-insularen Bereich gut belegten Wesen der niederen Mythologie (Elfen, Alben), die v. a. im Volksglauben die Christianisierung weitgehend unbeschadet überstanden haben, haben diese Schutzgötter wohl wenig zu tun, auch wenn man sie mit den Idisi des Ersten →Merseburger Zauberspruchs identifizieren will, und diese wiederum mit den Disen (*dísir*) Nordeuropas, welche manchmal als Erdgeister, sonst wieder als weibl. Gottheiten gedeutet wurden.

Für unsere Kenntnis der Götterwelt ist ebenfalls der insulare Bereich quellenmäßig ergiebiger als das den Wirren der Völkerwanderungszeit ausgesetzte und dann zum Teil gewaltsam christianisierte Zentral- und Westeuropa. Neben der schon erwähnten niederen Mythologie, die eine in zahlreichen Glossen belegte systematisierende Gliederung der diversen Alben/Elfen erkennen läßt, welche allesamt Naturgeister sind, ist auch die Götterwelt durch den Blickwinkel der 'interpretatio christiana' gut belegt. Hauptgott und – aus der vom →Euhemerismus geprägten Sicht ags. Stammtafeln – Ahnherr der Angelsachsen ist Woden (→Odin), daneben werden Thor und Frigg bes. betont (vgl. Grim's dyke u. ä.).

Auf dem Kontinent fließen die Q. für die Götter selbst spärlich, seit Tacitus im 1. Jh. die Hauptgötter der Germanen als Mercur, Hercules und Mars bezeichnet hatte, womit wohl Odin, Thor und Týr gemeint waren; die erste und die letzte dieser Identifikationen werden durch die germ. Bezeichnungen der Wochentagsnamen bestätigt, denen wir auch die Gleichung von Fríja/Frigg mit Venus verdanken. Ein direktes, wenn auch keineswegs einfach zu deutendes Dokument aus späterer Zeit ist die Nordendorfer Runenspange aus dem 7. Jh., die mit *logapbore – wodan – wigipbonar* möglicherweise drei Götternamen wiedergibt, nämlich →Donar, Wodan und vielleicht auch →Loki, während wir in schriftl. Form für die Zeit knapp vor der Christianisierung sonst nur die Zeugnisse von Zaubersprüchen und Abschwörungsformeln haben, die Wodan, Donar, →Freyr und einen Gott Saxnot nennen. Die zahlreichen Bilddokumente der Völkerwanderungszeit in Form der →Brakteaten sind dagegen nur vor dem Hintergrund unseres Wissens über germ. Mythologie aus nordgerm. Q. deutbar. R. Simek

Lit.: E. HACKENBERG, Die Stammtafeln der ags. Kgr.e, 1918 – E. A. PHILIPPSON, Germ. Heidentum bei den Angelsachsen, 1929 – J. S. RYAN, Othin in England, Folklore 74, 1963, 460–480 – A. L. MEANEY, Woden in England, ebd. 77, 1966, 105–115 – E. O. G. TURVILLE-PETRE, Myth and Religion of the North, 1975 – K. HAUCK, Der religions- und sozialgesch. Q.nwert der völkerwanderungszeitl. Goldbrakteaten (H. BECK, D. ELLMERS, K. SCHIER, Germ. Religionsgesch., Q. und Q.probleme, 1992), 229–269.

[2] *Nordgermanen:* Die Q. für das nordgerm. Heidentum sind wesentl. reicher als für das anderer Bereiche, setzen aber auch viel später ein – außer →Runensteinen finden sich keine schriftl. Q. aus der Zeit vor dem 11. Jh., die meisten volkssprachl. Q. wie die Eddas (→Edda) stammen aus dem 13. Jh. – und sind wohl stärker durch das Christentum geprägt. Der Q.wert des reichen Bildmaterials der bronzezeitl. skand. Felszeichnungen für die germ. Religionsgesch. wird zwar neuerdings wieder stärker hervorgehoben, läßt sich aber gerade für die Götterwelt nur schwer interpretieren.

Aus Tacitus' Nennungen mehrerer Göttertriaden lassen sich schon →Odin, Thor (→Donar) und Týr mit Göttern der nordgerm. Mythographie identifizieren, und von seinen Ahnvätern der Stämme der Herminones, Ingaevones und Istaevones läßt sich wenigstens Yngvi = →Freyr für den skand. Norden rekonstruieren, und Freyr wurde noch im MA als der Ahnherr des schwed. Kg.sgeschlechts der Ynglinger betrachtet. In der skand. Mythologie der eddischen Q. treten uns zwei große Götterfamilien gegenüber, von denen die →Asen die Funktionen der Herrschaft und Stärke verkörperten, die →Wanen die der Fruchtbarkeit. Die nordgerm. Götter, bei denen Odin, Thor, →Balder, →Loki, Týr, Frigg zu den Asen, →Njörðr, →Freyr, →Freyja und Ullr zu den Wanen gezählt werden, lassen sich recht problemlos dem Dumézilschen Schema der indogerm. Götter zuordnen, wobei Týr und Odin die Funktion der Herrschaft, Thor die der Stärke und die Wanen (bes. Freyr) die der Fruchtbarkeit wahrnehmen; allerdings hat im germ. Bereich eine auffällige Verschiebung dieser Funktionen stattgefunden (zunehmende krieger. Funktionen Odins, Rolle Thors als bäuerl. Fruchtbarkeitsgott in der germ. Spätzeit). Die meisten anderen in hochma. Q. genannten Götter sind entweder Emanationen der älteren Gottheiten – wie etwa Thors Söhne Móði und Magni – oder erst spät benannte Personifikationen göttl. Schutzfunktionen – vgl. die Asinnen Fulla, Lofn, Vár, Vör, Syn und Hlín – oder aber vergöttlichte Heroen wie etwa →Bragi oder Hermóðr.

Neben diesen namentl. genannten Göttern der skand. Spätzeit ist auch der Kult von nicht näher bestimmbaren weibl. (Halb-?)Gottheiten, den →Disen (an. *dísir*) belegt, denen Opfer dargebracht wurden (an. *dísablot*) und die nicht nur durch die eddischen Q., sondern auch durch Ortsnamen belegt sind; es liegt nahe, sie mit den altsächs. Idisi des Ersten →Merseburger Zauberspruchs und dem altgerm. Matronenkult in Verbindung zu bringen.

Trotz der wiederholt belegten Opferzeiten (Winterbeginn, Mittwinter, Sommerbeginn) und einigen Elementen des anscheinend immer gemeinschaftl. vollzogenen Opfers als rituelles Tier- (nur selten Menschen-)Opfer und Kultmahl wissen wir sehr wenig über die heidn. Kultstätten. Das Opfermahl wie zu Jul dürfte in großen Bauernhöfen (der Priesterhäuptlinge?) vollzogen worden sein. Ob es, mit Ausnahme von wichtigen Kultstätten wie Alt-→Uppsala, tatsächl. komplexe Tempel als architekton. Vorläufer der →Stabkirchen gegeben hat, ist bislang nicht ausreichend belegt. Einfachere Kultanlagen wurden als *hörgr* (Steinhaufen mit der Funktion eines Opferaltars) oder als *vé* (hl. Ort) bezeichnet, wobei letzteres wohl auch auf die Niederlegungsorte von Votivgaben (Quellen, Haine, Felsen) angewendet werden konnte. Die auch bei Tacitus belegte Kultprozession dürfte schon für die älteste Zeit durch die südskand. Felszeichnungen belegt sein.

Die niedere Mythologie Skandinaviens scheint bes. reichhaltig gewesen zu sein, was aber möglicherweise im leichteren Überleben dieses Glaubensgutes im Volksglauben nach der Christianisierung seine Ursache haben mag. Neben den schon erwähnten Disen spielen →Walküren und Fylgjen (Seelenwesen) im persönl. Heilsglauben eine wichtige Rolle, während Alben, Landvættir, Zwerge, Trolle und Riesen in den erhaltenen Q. uns nur mehr als Topoi der Volkslit. entgegentreten.– Zum Verhältnis der Kirche zu den P.n R. →Heidentum, →Mission; s. a. →Mythos, →Euhemerismus, →Schamanismus. R. Simek

Lit.: J. GRIMM, Dt. Mythologie, 1875–78⁴ [Neudr. 1981] – O. ALMGREN, Nord. Felszeichnungen als religiöse Urkk., 1934 – V. GRÖNBECH, Kultur und Religion der Germanen, 1954⁵ – G. DUMÉZIL, L'idéologie tripartie des Indo-Européens, 1958 – O. OLSEN, Hørg, hov og kirke, 1966 – O. HÖFLER, Abstammungstraditionen (HOOPS² I), 18–28 – J. DE VRIES, Altgerm. Religionsgesch., 1970³ – Germ. und balt. Religion, hg. A. V. STRÖM – H. BIEZAIS, 1975 – G. DUMÉZIL, Gods of the Ancient Northmen, 1977 – R. SIMEK, Lex. der germ. Mythologie, 1984 – J. LINDOW, Scand. Mythology, 1988 – K. SCHIER, Skand. Felsbilder als Q. für die germ. Religionsgesch.? (H. BECK, D. ELLMERS, K. SCHIER, Germ. Religionsgesch., Q. und Q. probleme, 1992), 162–228.

II. IRLAND: Das vorchr. →Irland kannte eine Reihe männl. und weibl. Gottheiten, von denen einige als gemeinkeltisch identifiziert werden können. In der chr. Epoche wurden die meisten von ihnen (im Sinne des →Euhemerismus) »systematisiert« und als Mitglieder des Geschlechts der Tuatha Dé Danann (»Völker der [weibl.] Gottheit Danu«) angesehen, eine der Sippen, die nach der Überlieferung (→Lebor Gabála Érenn) vor der Ankunft der Goídil die Landnahme Irlands angeführt hatten; damit waren diese Gottheiten in das System gelehrter genealog.-hist. Fiktion des alten Irland eingeordnet. Als höchster dieser Götter galt Daghdha ('der Gute Gott'), bekannt auch als Eochaidh Ollathair ('E., der Große Vater'), der Gott der Fülle; aus seiner unerlaubter Verbindung mit der Göttin Boann (Frau des Nechtan), die ursprgl. eine Wassergöttin gewesen war (bezogen auf den Fluß Boyne, air. Bóinn), entsprang der Gott Óengus, auch bekannt als Mac ind Óg ('der Junge'). Doch gab es keine feststehende Theogonie; Funktionen und wechselseitige Beziehungen der männl. und weibl. Gottheiten bleiben recht unpräzise. Wichtigster Gott war Lugh, Schirmherr der Künste und des Wissens (Kultfest Lughnasa); andere bedeutende Gottheiten waren der Meeresgott Manannán mac Lir, der Todesgott Donn, der Heilgott Dian Cécht und der Schmiedegott Goibniu. Unter den zahlreichen weibl. Gottheiten sind zu nennen insbes. die chthon. Göttinnen Ériu, Fódla, Banba, deren Namen später synonym für Irland gebraucht wurden; andere wie Boann (s. o.) waren Flußgöttinnen oder lokale Schutzgöttinnen wie Áine v. Cnoc Áine (Gft. Limerick). Auch lebten Kriegsgöttinnen wie Morrígan und Macha in der Tradition fort. Die berühmteste Göttin der späteren Zeit war Brigid, die Schützerin von Dichtung und Gelehrsamkeit; viele ihrer Züge wurden in der hagiograph. Lit. auf die hl. →Brigida v. Kildare übertragen.

Nach der Annahme des Christentums wurden die Gottheiten oft zu feenhaften Naturdämonen (síd) herabgestuft und in das unterird. Reich verbannt; eine Vita des hl. →Patrick aus dem 7. Jh. bezeichnet diese Wesen der niederen Mythologie als »side aut deorum terrenorum«. Im 6. Jh. übernahm die Kirche die beiden großen heidn. Feste und füllte sie erfolgreich mit chr. Sinngehalt auf: Das Kultfest Imbolc (1. Febr.) wurde zum Fest der hl. Brigida, Samain (1. Nov.) zum Allerheiligenfest; andere Feste wie Lughnasa (1. Aug.), das der hl. →Columba in ein chr. »Fest der Pflugbauern« umwandeln wollte, und Beltaine (1. Mai) wurden zumindest in einigen Elementen von der Tradition bis in die Neuzeit bewahrt. G. MacNiocaill

Lit.: T. F. O'RAHILLY, Early Irish Hist. and Mythology, 1946 – M.-L. SJOESTEDT, Gods and Heros of the Celts, 1949 – J. DE VRIES, Kelt. Religion, 1961 – A. REES – B. REES, Celtic Heritage, 1961 – A. ROSS, Pagan Celtic Britain, 1967 – P. MAC CANA, Celtic Mythology, 1970 – M. MACNEILL, The Festival of Lughnasa, 1982² – Y. BREKILIEN, La mythologie celtique, 1987.

III. SLAVISCHER BEREICH: Zu den gesamtslav. Gottheiten gehören die konträren Hauptgötter Perun und Veles, die gemäß Ideengehalt und Funktion indoeurop. Tradition entsprechen. Perun war der Herr der Blitze, der wie ursprgl. Thor als Kriegsgott auftrat und auch die Kompetenzen eines Hüters der gesellschaftl. Ordnung der Gemeinschaft, so als Betreuer des Eides, für sich in Anspruch nahm. Mit ihm (vielleicht ident. mit dem Demiurg des Blitzes, der ohne Angabe des Namens von →Prokopios v. Kaisareia erwähnt wird; De Bello Gothico, III, 14,22) verband man in Blitzpfeilen, u. a. in Belemniten oder Fulguriten, sich materialisierende Blitze, aber auch die Keule als Waffe und rituelle Kämpfe mit Stöcken. Während Perun als Herr des Himmels und der atmosphär. Erscheinungen galt, kontrollierte Veles die »untere Welt«, war Betreuer der Verstorbenen. Er war für den Schutz der Gemeinschaft und ihren Wohlstand zuständig, weshalb seinen Statuen im Podol, dem agrar.-handwerkl. Zentrum zu Füßen der Burg, ein Platz zugewiesen wurde (skotij bog). Zu den slav. Gottheiten, die zw. Elbe und Dnjepr verehrt wurden, gehörte Svarog–Svarožic (= Sohn des Svarog). →Thietmar v. Merseburg nennt Svarožic als den Hauptbewohner des Tempels in Redigošč (→Rethra), dem wichtigsten kult.-polit. Zentrum des Lutizenbundes (→Lutizen). Die russ. Überlieferungen (bes. die Glossen zur Übers. der gr. Chronik von →Johannes Malalas) verleihen Svarog–Svarožic die Eigenschaften einer Feuergottheit, eines souveränen Gottes, der Schöpfer der Ordnung der Gemeinschaft und Garant ihres Wohlstandes war. Dažbog, im →»Igorlied« als Stammvater der russ. Fs.en erwähnt, erhält in den gen. Glossen den Status eines Sohnes von Svarog und wird mit der Sonne identifiziert. Dažbog und Svarožic mögen auch ident. sein in der Funktion eines Gottes, der den dann otiosum Svarog vertritt, dabei in seiner polab. Personifizierung auch als Krieger. Bei den Elbslaven und Pomoranen wurden nach den Überlieferungen der skand. Q. (→Saxo Grammaticus, →Knýtlinga Saga) und der Viten →Ottos v. Bamberg in der späteren Zeit (11.–1. Hälfte 12. Jh.) viele Götter verehrt (u. a. Svantevit in →Arkona, Rujevit [Rugiaevitus] in Garz, Jarovit in Wolgast und wohl in Havelberg, Triglav in Stettin und vielleicht in Brandenburg), die über militär. Potenz verfügten, sich aber auch als Herren der Gemeinschaft zeigten und die, wie Svantevit, um Vermehrung des Vermögens und um neue Siege angerufen wurden. Es ist schwierig, vielleicht auch unmögl., unter diesen Göttern der einzelnen Stammesgebiete gesamtslav. Gottheiten zu identifizieren. Viele andere Götter im slav. Bereich bleiben rätselhaft, so z. B. die Kiever Chors, Stribog, Semargl und die Göttin Mokoš, die Abodritengötter Prove (= prawo–Recht?) und Podaga. Bei den →Elb- und Ostseeslaven begegnen Tempel und Hallen als Kultstätten. Eine ausgebildete, einflußreiche Gruppe von Priestern (oracula, iudicia) versah hier den Gottesdienst; sie zeichnete sich höchstwahrscheinl.

durch lange Haare und Schnurrbärte (Saxo XIV, 39) sowie weiße Gewänder (Herbord III, 4) aus. 　　J. Banaszkiewicz

Lit.: Funk and Wagnalls Standard Dict., 1950, 1025-1028 – N. REITER, Mythologie der alten Slawen (Wb. der Mythologie, hg. H. W. HAUSSIG, I, 6 1965) – T. WITKOWSKI, Mytholog. motivierte altpolab. Ortsnamen, ZSl 15, 1970, 368-385 – E. SCHULDT, Der altslav. Tempel von Groß Raden, 1976 – J. HERRMANN, Zu den kulturgesch. Wurzeln und zur hist. Rolle nw.-slav. Tempel des frühen MA, SlovArch 26-1, 1978, 19-27 – H. ŁOWMIAŃSKI, Religia Słowian i jej upadek, 1979 – A. GIEYSZTOR, Mitologia Słowian, 1982 – J. E. BOBROVSKIJ, Mifologičeskij mir drevnich Kievjan, 1982 – E. C. POLOMÉ, The Slavic Gods and the Indo-European Heritage (Fschr. N. PRIBIĆ [Selecta Slavica 9], 1983), 545-555 – L. DRALLE, Rethra, JGMODtl 33, 1984, 37-61 – HERRMANN, Slawen 1985, 309-325 – B. RYBAKOV, Jazyčestvo drevnej Rusi, 1987 – S. URBAŃCZYK, Dawni Słowianie. Wiara i kult, 1991.

IV. BALTISCHER BEREICH: Unsere Kenntnis der vorchristl. Religion der balt. Völker ist in vielem recht fragmentar. Einiges über die Götter und deren Kulte bei den alten →Prußen berichten Q. aus der Zeit der Unterwerfung und Missionierung, während wir z. B. aus lett. Volksliedern wesentl. Züge der Mythologie kennenlernen. Diese Volkslieder sind aber erst im vergangenen Jh. aufgezeichnet worden. Manches mag daher einem Synkretismus der späteren Zeit und der niederen Mythologie entstammen, so die Gestalten der Dēkla (= Thekla) und Māra (= Maria) und des Jānis (= Johannes d. Täufer). Berichte über Götter und Kulte beziehen sich hier auf die Zeit um 1600 und später. In allen balt. Sprachen begegnet uns die idg. Bezeichnung für Gott (pruß. *deiws*, litauisch *dievas*, lett. *dievs*). In lett. Volksliedern heißt so auch der alte Himmelsgott; in den pruß. Texten ist es nur der Name des chr. Gottes. Allen balt. Völkern ist ferner unter dem Namen Percunis, Pērkons u. ä. der Gewittergott bekannt. Er ist der starke Kämpfer gegen böse Gewalten und Bringer von Segen und Fruchtbarkeit für die Felder. Weitere Götter werden bei den alten Prußen erwähnt. Eine bes. Rolle spielt bei den Letten die Schicksalsgöttin Laima. Verehrt wurden hier auch als Götter die Sonne und der Mond. Die alten Prußen kannten Priester, die Waidelutten, und einen Oberpriester, den Kriwe, sowie den hl. Hain Romowe. 　　W. Laur

Lit.: H. BIEZAIS, Balt. Religion (Germ. und Balt. Religion, hg. A. v. STRÖM – H. BIEZAIS [Die Religionen der Menschheit 19,1], 1975), 307-391 – M. GIMBUTAS, The Pre-Christian Religion of Lithuania (La christianizzazione della Lituania, 1989), 13-25.

Pombia, Gf. en v. Im 9./10. Jh. bildete das Castrum P. den Mittelpunkt des wichtigsten öffentl. Verwaltungsbezirks im Grenzgebiet zw. Piemont und Lombardei; die Gf. en v. P. beherrschten auch →Novara. 962 begegnet ein Gf. Adalbert v. P. (den die ältere Forsch. zur anskarid. Sippe der Mgf. en v. Ivrea rechnete). Der 973 bezeugte »Comes« Dado, Vater →Arduins v. Ivrea, war vermutl. nur ein Großgrundbesitzer im Komitat P. Als Gefolgsleute Kg. Arduins häuften die »comites« Hubert und Richard, Söhne des Hildeprand, Grundherrschaften an und verliehen ihrer Herrschaft über den comitatus eine dynast. Grundlage. Nach 1018 – der Bf. v. Novara hatte seine Stadt zum Regierungszentrum der umliegenden Komitate karol. Ursprungs gemacht – führten Hubert und seine Nachkommen (v. a. Guido, 1034) weiterhin den Titel »Comes«. Huberts Bruder Gualbertus war 1034-39 Bf. v. Novara. Drei Söhne Huberts (Riprand, Adalbert und Guido) sowie ein Neffe (Otto) gründeten um die Mitte des 11. Jh. das Kl. S. Nazzaro Sesia. Danach zerfiel die Familie in mehrere Zweige (Gf. en v. →Biandrate, Gf. en v. Canavese, möglicherw. Gf. en »da Castello«). 　　G. Sergi

Lit.: G. SERGI, Movimento signorile e affermazione ecclesiastica nel contesto distrettuale di P. e di Novara fra X e XI sec., StM, s. III, 16, 1975, 153-206 – A. A. SETTIA, S. Maria di Vezzolano, 1975, 175ff. – G. ANDENNA, Da Novara tutto intorno, 1982 – R. PAULER, Das Regnum Italiae in otton. Zeit, 1982, 19-53, 178-180 – G. ANDENNA (L'Italia nel quadro dell' espansione europea del monachesimo cluniac., 1985), 45-57 – Formazione e strutture dei ceti dominanti nel medioevo, I, 1988 (G. SERGI, 11-28; G. ANDENNA, 201-228) – C. VENTURINO, Da capoluogo di »iudiciaria« a castello signorile: il »castrum Plumbia« tra storia e archeol., BSBS 86, 1988, 405-468.

Pomesanien, westlichste der altpreuß. Landschaften; sie erstreckte sich ö. der Weichsel und n. des Kulmer Landes bis zur Ostsee im N und grenzte im O an →Ermland, Pogesanien und Sassen. Ebenso wie im Falle der drei anderen preuß. Bm. er, Ermland, →Kulm und →Samland, knüpfte auch das 1243 gegr. Bm. P. an eine altpreuß. Landschaft an. 1254 wurde →Marienwerder der Sitz des Bf.s, bis dieser seine Residenz nach Riesenburg verlegte; nachdem die Diöz. 1255 geteilt worden war und Bf. wie Kapitel je ein Drittel als Herrschaftsgebiet erhalten hatten. Der Dom und das dem →Dt. Orden inkorporierte Domkapitel verblieben in Marienwerder. Im 2. Frieden v. →Thorn 1466 blieben die Bindungen des Bm.s an den Dt. Orden erhalten. Der letzte Bf., Erhard Queis, und das Domkapitel verzichteten im Zuge der Reformation 1527 auf die Herrschaftsrechte. 　　H. Boockmann

Lit.: H. CRAMER, Gesch. des vormaligen Bm.s P., 1884.

Pomest'e, Dienstgut, das in Altrußland vom Herrscher gegen die Verpflichtung zur Leistung von Kriegs-, Hof- und sonstigen Diensten vergeben wurde. Die Anfänge des P.-Wesens gehen auf →Ivan I. Kalita in der 1. Hälfte des 14. Jh. zurück, der Terminus selbst ist jedoch erst unter Ivan III. (seit 1483/84) anzutreffen. Das Pomest'ja, anscheinend zunächst als Lohn für die geringeren Dienstleute gedacht, berechtigten nur zu zeitl. begrenzter Nutzung gegen Entrichtung eines Grundzinses. Unter Ivan III. und später kam es zu umfangreichen Landverteilungen auch an höhere Dienstleute, und das P. wurde als Grundbesitzkategorie zum Unterhalt der Kriegsleute vorherrschend. Hierzu beanspruchte man Hof- (*dvorcovaja zemlja*) und freies Staatsland (*černaja z.*), aber auch die Privatgüter (→Votčina) von Bojaren. Obwohl nicht vererbbar, verblieben Pomest'ja oft in Familienbesitz, wenn ein Sohn des alten Dienstmanns an dessen Stelle trat. Die Zuteilung erfolgte bei der Einschreibung zum Dienst, meist bei Erreichen des dienstpflichtigen Alters von 15 Jahren. Der Umfang der Zuteilungen richtete sich nach Dienstzeit und -rang und wuchs im Lauf der Zeit immer mehr an. Neben ländl. Grundbesitz als der vorherrschenden Form kam auch die Vergabe von Höfen oder Anwesen in den Städten als sog. *dannye dvory* vor. Die Besitzeinweisung in das P. wurde von einer Gehorsamsurk. (*poslušnaja gramota*) begleitet, die die hörigen Bauern zu Gehorsam gegenüber dem neuen Herrn verpflichtete. Nach staatl. Vorbild vergaben auch kirchl. Würdenträger und Kl. Pomest'ja an ihre Dienstleute. Das Recht am P. erlosch v. a. beim Wegfall der Vergabevoraussetzungen, d. h. durch Aufgabe des Dienstes oder Untauglichkeit hierzu, bei Dienstuntauglichkeit konnte aber auch Ersatz gestellt werden. Das Eigentum am und die Verfügungsbefugnis über das Land behielt der Herrscher, Verkauf, Vererbung, Verpfändung u. a. waren nicht möglich. 　　E. Kraft

Lit.: S. V. ROŽDESTVENSKIJ, Služiloe zemlevladenie v Moskovskom gosudarstve XVI v., 1897 – S. B. VESELOVSKIJ, Feodal'noe zemlevladenie v Severo-Vostočnoj Rusi, I, 1947 – V. B. KOBRIN, Stanovlenie pomestnoj sistemy, IstZap 105, 1980, 150-195.

Pommerellen, ö. Teil →Pommerns (poln.: Pomorze Wschodnie, P. Gdańskie, P. Nadwiślańskie), reichte von der Leba im W bis zur unteren Weichsel im O, mit den

Zentren Danzig (Gdańsk), Dirschau (Tczew), Lubiszewo und Świecie. Im frühen MA von den →Pomoranen bewohnt, wurde P. wohl bald nach der Mitte des 10. Jh. durch Mieszko I. →Polen eingegliedert. Eine Phase der Unabhängigkeit nach dem Tode Mieszkos II. († 1034) beendete am Anfang des 12. Jh. der poln. Fs. →Bolesław III. Krzywousty. Im Gegensatz zu Westpommern wuchs P. viel stärker mit Polen zusammen, v. a. in verfassungs- und kirchenrechtl. Hinsicht, u. a. durch die wohl 1123/24 gegr. Bm.er Kruschwitz und Leslau, die 1156 zum Bm. Leslau/→Włocławek vereinigt wurden und zum Gnesener Metropolitanverband gehörten. Nach 1138 verwalteten möglicherweise aus P. stammende Statthalter der poln. Seniorfs.en das Land. Kasimir II. setzte um 1180 in Danzig Sambor I. († vor 1209) und in Schlawe (Sławno) Bogusław († vor 1223) als Fs.en ein. Nach dem Tode Sambors übernahm sein Bruder Mestwin (Mstivoj) I. († 1217?) das Danziger Land. Dessen Sohn und Nachfolger Swantopluk (1217?–66) errreichte nach einem von ihm initiierten Mordanschlag auf den poln. Princeps Leszek Biały (1227) die volle polit. Selbständigkeit. Allerdings mußte er sich mit der Herrschaft seiner jüngeren Brüder in Białogard (Ratibor, † 1275), Lubiszewo und Dirschau (Sambor II., † 1277/78) sowie Świecie (Wartislav I., † vor 1229) abfinden. Kämpfe innerhalb der Dynastie (»Samboriden«), wie auch das wachsende Bedrohung seitens der Mark →Brandenburg und des →Dt. Ordens führten zu einem engeren Anschluß P.s an Polen. Nachdem der letzte Herrscher P.s, Mestwin II., um 1271 das Danziger Land mit Schlawe vereinigt hatte, schloß er 1282 mit dem großpoln. Hzg. Przemysł II. in Kempen (Kępno) einen Vertrag, auf dessen Grundlage nach dem Tode Mestwins (25. Dez. 1294) die Herrschaft in P. übernahm. Als Herr Großpolens und P.s erneuerte Przemysł 1295 die Kg.swürde in Polen; nach der Ermordung des Kg.s in Rogassen (Rogoźno) 1296 herrschten noch Wenzel II. als poln. Kg. (1300–05) und Władysław I. Łokietek in P. Das durch die Brandenburger bedrohte P., dem Władysław I. nicht helfen konnte, wurde 1308–09 vom Dt. Orden erobert; nach langen Kämpfen verzichtete Polen 1343 im Frieden v. Kalisch darauf.

Unter der Herrschaft des Dt. Ordens und im Rahmen des Ordensstaates setzte in P. eine vielschichtige Entwicklung ein, die nicht so sehr auf die Zuwanderung dt. Bevölkerung zurückzuführen ist, als vielmehr allg. auf die Belebung von Kultur und Zivilisation. Aus den slav. (pomoran., poln.), dt. und balt. (pruzz., litauisch) Bevölkerungsteilen entstanden die Preußen, die eine ständ. Struktur entwickelten und deren Interessen immer stärker mit denen der herrschenden Oligarchie des Ordens kollidierten. Dem Orden gelang es nicht, seinen Staat vom Bm. Leslau (Pommersches Archidiakonat) bzw. vom Ebm. Gnesen zu trennen. Die wachsenden Differenzen veranlaßten 1454 die preuß. Stände, sich dem poln. Kg. Kasimir IV. zu unterwerfen. Als Folge des nun einsetzenden 13jährigen Krieges kam der w. Teil des Ordensstaates mit P. als Hauptteil im 2. →Thorner Frieden 1466 wieder an die poln. Krone (Königspreußen, poln. Prusy Królewskie). Innerhalb des poln. Gesamtstaates erhielt Königspreußen eine beträchtl. Autonomie, die allerdings später zunehmend eingeschränkt wurde; der w. der Weichsel gelegene Teil bildete die pommer. Wojewodschaft.

J. Strzelczyk

Lit.: Hist. Pomorza, I, 1–2, 1972²; II, 1, 1976 – K. ZIELIŃSKA, Zjednoczenie Pomorza Gdańskiego z Wielkopolską pod koniec XIII w. Umowa kępińska, 1968 – J. SPORS, Dzieje polityczne ziem sławieńskiej, słupskiej i białogardzkiej XII–XIV w., 1973 – P. KRIEDTE, Die Herrschaft der Bf.e v. Włocławek in P. von den Anfängen bis z. J. 1409, 1974 – J. SPORS, Podziały administracyjne Pomorza Gdańskiego i Sławieńsko-Słupskiego od XII do początku XIV w., 1983 – B. ŚLIWIŃSKI, Rola polityczna możnowładztwa na Pomorzu Gdańskim za czasów Mściwoja II, 1987 – DERS., Urzędnicy Pomorza Wschodniego do 1309 r. Spisy, 1989.

Pommern, Hzm. [1] *Polnische und deutsche Abhängigkeit; Christianisierung:* Der Name P. (slav.: 'Land am Meer') begegnet zuerst in den →Annales Altahenses zu 1046, als der erste sicher bezeugte P.fs. Zemuzil dem dt. Kg. Heinrich III. in Merseburg Tribut leistete. Im Zusammenhang mit dem Vordringen →Polens nach P. zu Beginn des 12. Jh. unter Hzg. →Bolesław III. Krzywousty werden bei der Eroberung von →Kolberg und →Nakel mehrere P.fs.en gen., deren hist. und genealog. Zuordnung im Dunkeln liegt. Mit →Wartislaw I. und →Ratibor I. begann die Dynastie der →Greifen (bis 1637). Ihre Herrschaft erstreckte sich anfangs von der Oder bis zum Gollenberg (bei Köslin) und zur Küddow, s. bis zur Warthe und Netze. Ö. davon (um Schlawe und →Stolp) herrschten die Ratiboriden, eine Nebenlinie der Greifen. Nach ihrem Aussterben 1228 gelangte dieses Gebiet an die →Askanier und von diesen 1317 an die Greifen. Im Weichselgebiet um Danzig regierten die Samboriden (1186–1294); auch sie führten den P.namen im Titel. 1309 kaufte der Dt. Orden diese Herrschaft (→Pommerellen). Nachdem der Polenhzg. Bolesław III. einen Kriegszug in das Gebiet der →Lutizen (bis zur Müritz) unternommen und im Oderraum →Stettin 1121/22 erobert hatte, mußte sich Wartislaw I. zur Tributleistung, Heeresfolge und Annahme des Christentums verpflichten. Er bewahrte aber seine Selbständigkeit; indem er seinerseits lutiz. Gebiete bis an die Peene (→Demmin) gewann, erweiterte er seine Herrschaft über das pomoran. Stammesgebiet hinaus und lockerte allmähl. seine Abhängigkeit von Polen, da der lutiz. Raum zum Markengebiet des dt. Reiches gehörte.

Die Christianisierung P.s erfolgte 1124/25 und 1128 durch Bf. →Otto v. Bamberg. Erst nach seinem Tod kam es 1140 zur Errichtung eines Bm.s in Wollin. Mit Rücksicht auf die Ansprüche der Kirchenprovinzen →Gnesen und →Magdeburg wurde es 1188 dem Papst unmittelbar unterstellt. Der erste Bf. Adalbert verlegte den Bf.ssitz in das vor 1155 gegr. Prämonstratenserstift Grobe auf Usedom. 1175/76 wurde →Kammin Sitz des Bm.s und des Domkapitels. 1135 hatte Hzg. Bolesław III. v. Polen nach Tributzahlung Ks. Lothar III. für P. die Lehnshuldigung geleistet. Dieser Akt dürfte nur auf das eigtl. pomoran. Gebiet ö. der Oder zu beziehen sein. Die w. lutiz. Gebiete sind vom Ks. dem 1134 in der Nordmark eingesetzten →Albrecht d. Bären zugewiesen worden. Von ihm ist der Anspruch auf Lehnshoheit auf Heinrich d. Löwen übergegangen, die Mitte der 60er Jahre von den P. anerkannt wurde. Nach dem Sturz des Löwen hat sich Hzg. →Bogislaw I. 1181 vor Lübeck Ks. Friedrich I. unterstellt. Mit Fahnenbelehnung erkannte der Ks. die eigenständige Herrschaft des P. an und bestätigte so den Hzg.stitel, den die Greifen seit der 2. Hälfte der 70er Jahre des 12. Jh. in Urkk. geführt haben.

[2] *Unter dänischer und brandenburgischer Lehnshoheit; Teilung v. 1295:* Inzwischen gewannen die Dänen immer stärkeren Einfluß auf die s. Ostseeküste. Bogislaw I. sah sich 1185 gezwungen, dem Dänenkg. Knut VI. zu huldigen und die dän. Lehnshoheit anzuerkennen, die, 1214 vom dt. Kg. Friedrich II. akzeptiert, fakt. nach der Schlacht v. →Bornhöved 1227 endete. Friedrich II. hat dann 1231 den askan. Mgf.en v. Brandenburg P. als Reichslehen übertragen. Die in Demmin und Stettin resi-

dierenden P.hzg.e haben die brandenburg. Lehnsherrschaft anerkannt und im Vertrag zu Kremmen 1236 auf das Land Stargard (Mecklenburg-Strelitz) und 1250 im Vertrag zu Landin auf die Uckermark zugunsten Brandenburgs verzichtet. 1295 kam es unter Beteiligung der Stände zu einer bis ins 15. Jh. andauernden Teilung des Landes und des Greifengeschlechts in die Hzm. er Stettin (Oderregion) und →Wolgast (Küstenregion). 1317 trat zum Wolgaster Teil das Gebiet um Schlawe und Stolp hinzu. Dazwischen lag seit 1248 das Territorium der Bf.e v. Kammin um Kolberg, Köslin und Bublitz. Nach dem Aussterben der Fs. en v. →Rügen 1325 fielen auch Insel und rüg. Festland nach Kämpfen mit →Mecklenburg an das Hzm. Wolgast. Damit hatte P. seine fortan im wesentl. konstante territoriale Gestalt erlangt.

[3] *Eigenständiges Fürstentum; Klostergründungen und Landesausbau:* Nach dem Aussterben der Askanier in Brandenburg (1319/20) suchten sich die P.hzg.e der Lehnsoheit den ihnen folgenden Wittelsbacher zu entziehen. Hzg. →Barnim III. erreichte 1338, daß das Stettiner Hzm. aus der brandenburg. Lehnshoheit entlassen wurde und daß Kg. Ludwig d. Bayer es ihm als Reichslehen übertrug. Ludwigs Widersacher Karl IV. belehnte dann 1348 Barnim und die Wolgaster Hzg.e mit ganz P. und Rügen zu gesamter Hand. Seitdem war P. als unmittelbares Kg.slehen ein vollberechtigtes Fsm. des dt. Reiches. Die Kl.gründungen hatten noch im 12. Jh. mit dem Benediktinerkl. Stolpe a. d. Peene und dem Prämonstratenserstift Grobe eingesetzt. Es folgten Gründungen der Zisterzienser (→Dargun, →Kolbatz, Eldena), der Dominikaner (Kammin, Greifswald), der Franziskaner (Stettin, →Prenzlau), der Augustiner-Eremiten (→Stargard), der →Johanniter (Schlawe und Stargard), der →Templer (in der Neumark). Der Landesausbau hatte im 13. Jh. begonnen, einen Höhepunkt erreichte der Siedlungsvorgang unter den Hzg.en Barnim I. v. Stettin (1220–78) und Wartislaw III. v. Demmin (1219–64), unter denen auch die meisten dt.rechtl. Städte gegr. worden sind. Während in den meisten im Oderraum gegr. Städten das →Magdeburger Recht in der Form des Stettiner Stadtrechtes galt, erhielten die anderen Städte, v.a. im Küstenraum, das →Lübische Recht. Seit 1283 nahmen die Städte an den Beratungen des Landtages teil; die Prälaten hingegen erst seit etwa 1415. Die vorpommerschen Städte →Stralsund, →Greifswald (1456 Univ.), Anklam und Demmin sowie Stettin und zwölf hinterpommersche Städte gehörten der →Hanse an.

[4] *Teilfürstentümer:* Durch die Teilungen von 1368 bzw. 1372 wurde das Hzm. Wolgast in eine vorpommersche (Wolgast) und eine hinterpommersche Linie (Stolp) aufgespalten, die in sich noch weitere Teilungen vornahmen. Im 14. und 15. Jh. haben die pommerschen Teilfsm.er unterschiedl. polit. Wege beschritten. Elisabeth, die Tochter Bogislaws V., des Begründers der Stolper Linie, wurde 1363 mit Ks. Karl IV. verheiratet. Der Stolper Hzg. Erich I. stieg zum Kg. (→Erich VII.) der in der →Kalmarer Union vereinigten drei nord. Kgr.e auf (1412), doch wurde er 1438 abgesetzt. In den Auseinandersetzungen zw. Polen und dem Dt. Orden haben die P.hzg.e eine wechselnde Haltung eingenommen. Der Erbe Kg. Erichs in Stolp, Hzg. →Erich II., erlangte für sein Bündnis mit Polen die Länder Lauenburg und Bütow. 1466 kaufte er sie vom Dt. Orden frei und behielt sie auch nach dem 2. →Thorner Frieden, der sie Polen zusprach, mit dessen Zustimmung als Pfandbesitz. Als 1464 die Stettiner Linie mit Otto III. ausstarb, gelang es Erich II., den Anfall des Hzm.s Stettin an Brandenburg im Stettiner Erbfolgekrieg abzuwehren; doch mußten die P. 1466 zu Soldin die brandenburg. Lehnshoheit über Stettin anerkennen. Nach dem Tode Wartislaws X. v. Wolgast (1478) vereinigte →Bogislaw X., der Sohn Erichs II., das ganze 1295 geteilte P. Nachdem dieser anfängl. die Lehnshuldigung an Brandenburg verweigert hatte, mußte er sie 1479 nicht nur für Stettin, sondern auch für das Hzm. Wolgast leisten. Durch eine geschickte Außenpolitik in Verbindung mit dem dt. und dem poln. Kg. erreichte er 1493 im Vertrag zu →Pyritz für sich und seine Erben die Befreiung von der Pflicht des Lehnsempfangs gegen Zusicherung der brandenburg. Eventualnachfolge. Damit war die Voraussetzung für spätere Regelungen geschaffen, die zur vorerst endgültigen Unabhängigkeit P.s geführt haben. R. Schmidt

Q.: Pomm. UB, I–XI (786–1345), 1881–1990 – Johannes Bugenhagens Pomerania, hg. O. HEINEMANN, 1900 [Neuausg. hg. R. SCHMIDT, Mittelalt. Forsch., Sonderr. 7, 1986] – TH. KANTZOW, Chronik v. P. »Pomerania«, 2 Bde, hg. G. GAEBEL, 1908 – Hist. Atlas v. P., hg. F. ENGEL–R. SCHMIDT, Karte 1–8, 1959–92 – *Lit.:* M. WEHRMANN, Gesch. v. P., 2 Bde, 1919/21² [1982] – DERS., Genealogie des pommerschen Hzg.shauses, 1937 – A. HOFMEISTER, Genealog. Unters. zur Gesch. des pommerschen Hzg.shauses, 1938 – H. HEYDEN, Kirchengesch. P.s, 2 Bde, 1957² – K. SLASKI–B. ZIENTARA, Hist. Pomorza, I (bis 1466); II, 1969 – J. PETERSOHN, Der s. Ostseeraum im kirchl.-polit. Kräftespiel des Reichs, Polens und Dänemarks vom 10. bis 13. Jh. (Ostmitteleuropa in Vergangenheit und Gegenwart 17, 1979) – DERS., P.s staatsrechtl. Verhältnis zu den Nachbarmächten im MA (Schriftenr. des G. ECKERT-Inst. für internat. Schulbuchforsch. 22/III, 1980), 98–115 – R. BENL, Die Gestaltung der Bodenrechtsverhältnisse in P. vom 12. bis zum 14. Jh. (Mittelalt. Forsch. 93, 1986) – DERS., Gründung, Vorgesch. und Frühzeit des pomm. Bm.s (BSt NF 78, 1992), 7–16.

Pomoranen, Bewohner des an der Ostsee zw. Oder- und Weichselmündung gelegenen Gebiets, erscheinen in den Q. erst z. J. 1046: Nach den »Annales Altahenses Maiores« weilte Zemuzil Bomeraniorum zusammen mit den Fs.en Břetislav I. v. Böhmen und Kasimir I. v. Polen am Hof des Ks.s. Bald darauf begegnet der Name P. häufiger in der europ. Historiographie, u. a. bei →Adam v. Bremen, →Gallus Anonymus und in der Nestor-Chronik (»Povest' vremennych let). Der Landschaftsname 'Pomerania' (→Pommern) bezeichnete eine Gegend »iuxta mare sita« (→Herbord, 12. Jh.), und deshalb wurden die P. manchmal 'maritimi' genannt (→Vincencius Kadłubek, 12./13. Jh.). Diese Etymologie wird heute von der Sprachwiss. allg. akzeptiert. In diesem Sinn ist der Name aus der Sicht der Polen entstanden, und von den pomoran. Herrschern wurde er in der offiziellen Titulatur lange Zeit nicht berücksichtigt.

Die P. siedelten vorwiegend in den fruchtbaren Gebieten am Flachküstenstreifen, drangen aber auch bis zu den Endmoränen und der Pommerschen Seenplatte vor. Aufgrund archäolog. Forschungen können dort die Kleinstammgebiete lokalisiert werden, die sich meistens entlang der Flußtäler erstreckten. Von ihnen ging eine ansehnl. Siedlungsdynamik aus, die ihren Höhepunkt im 9.–10. Jh. erreichte. Auf den unfruchtbaren Sanderflächen vor den Endmoränen dominierte jedoch Urwald. Trotzdem besetzten die P. in der 2. Hälfte des 11. und zu Beginn des 12. Jh. das versumpfte, breite Netze- und untere Brdatal. Erst spätere polit. Grenzverschiebungen entschieden über die Angliederung dieses Raumes an Großpolen und Kujavien. Ackerbau (v. a. Roggen, Hirse, Weizen) und Viehzucht bildeten die Wirtschaftsgrundlagen und wurden durch Fischfang, Jagd und Sammeltätigkeit ergänzt. Die Viehzucht deckte 95% des Fleischbedarfs (vorwiegend Rindfleisch, seit dem 9. Jh. auch Schweinefleisch). Stellenweise wurde auch Salz gewonnen (Kolberger Salinen). Weitgehende Folgen hatte die Entwicklung des Fernhandels um 800, der u. a. den Zustrom von fremden Münzen förderte, zuerst v. a. von arab., seit der 2. Hälfte des 10. Jh. von europ. Zu den Exportgütern zählten u. a. Sklaven, Salz, Getreide und Heringe. Bernstein-, Geweih-, Glas-, Eisen-, Bronze- und Ledererzeugnisse waren Handelswaren, doch deckten die Handwerker auch den örtl. Bedarf. Ein reges Nahmarktgeschehen zeigt sich etwa in Stettin im 12. Jh., wo die Landbevölkerung zweimal wöchentl. ihre Erzeugnisse anbot. Die wirtschaftl. Entwicklung beeinflußte die Gesellschaftsstruktur der P. Aus einigen Siedlungen an der Oder- (→Stettin, →Wollin) sowie Persantemündung (→Kolberg) erwuchsen im Laufe des 9. Jh. regelmäßige, dicht bebaute Burganlagen, die von Handwerkern, Fischern und sicher auch Kaufleuten bewohnt wurden. Aus der späteren Funktion dieser Orte kann geschlossen werden, daß sich dort sowohl das polit. als auch das kulturelle Leben der örtl. Stammesverbände konzentrierte. In diesen Siedlungskomplexen, die als Frühstädte zu deuten sind, haben sich die inneren Strukturen bis zur 1. Hälfte des 12. Jh. kaum geändert, als die Viten →Ottos v. Bamberg Informationen über ihr soziales Gefüge und ihre polit. Organisation gaben. Adlige, die von Gefolgs- und Dienstleuten umgeben waren, und die Handel und Piraterie betrieben, hielten die Macht in Händen. Unterstützung fanden sie bei den heidn. Priestern. Polit. Forum der Gesellschaft waren die Volksversammlungen der Freien, zu denen die Handwerker, Fischer und andere Volksgruppen gehörten, die innerhalb der Burg lebten und denen eine ziemlich reiche materielle Kultur zugeordnet werden kann. In den Viten Ottos v. Bamberg werden auch Arme und Sklaven genannt.

Die frühstädt. Entwicklung wurde in der 2. Hälfte des 9. Jh. und im 10. Jh. von einer wirtschaftl. und polit. Integration der Stammesverbände begleitet, die auch in den Umgestaltungen der Siedlungsstruktur archäolog. faßbar ist. Die Gebietsverbände an der Odermündung werden im 10.-11. Jh. eher durch »städt.« Bedingungen charakterisiert als durch eine Stammesverfassung. Wahrscheinl. stieß die Ausbildung staatl. Strukturen bei den P. deshalb auf wesentl. Hindernisse. Bis zum 11. Jh. gibt es keinen Beleg dafür, daß die P. einen Großstamm bildeten. Es wird angenommen, daß die beim →Geographus Bavarus (Mitte des 9. Jh.) erwähnten Prissani mit einem Kleinstamm um Pyritz und die Velunzani mit den Wolinern zu identifizieren sind, die bei →Widukind v. Corvey 967 als Vuolini erscheinen, andere Identifizierungsvorschläge sind aber unsicher. In den 60er Jahren des 10. Jh. gliederte →Mieszko I. v. Polen die Ostseeküste zw. Oder und Weichsel seinem Staat ein. Zum Schutz der Weichselmündung wurde die Burg →Danzig errichtet, in →Kolberg i. J. 1000 ein zum Ebm. → Gnesen gehörendes Bm. gegründet. Während des 11. Jh. erlangten die P. jedoch ihre Unabhängigkeit von Polen; Zemuzil (Siemysl) war 1046 ihr Fs. Anfang des 12. Jh. erscheint bei Gallus Anonymus neben einigen Kleinfs.en ein Oberfs. der P., der seinen Sitz vermutl. in Kolberg hatte. Fs. Wartislaw, der die Christianisierung des Landes durch Otto v. Bamberg (1124/25 und 1128) förderte, herrschte über beide Ufer der Odermündung, im W bis ins Peenegebiet und im O bis zur Leba. Er erfuhr Unterstützung von dem lokalen Adel; die Küstenstädte verloren ihre Unabhängigkeit. Sein Fsm. griff in vieler Hinsicht auf das Vorbild der Monarchie der →Piasten zurück (Kastellaneiverfassung, Abgaben- und Leistungssystem, Hofdienste usw.). 1140 wurde das Bm. →Wollin durch eine päpstl. Bulle bestätigt. Wartislaw huldigte dem poln. Hzg. Bolesław III. Krzywousty, seine Nachfolger 1181 dem dt. Ks. und 1185 dem dän. Kg. Die ö. P. (→Pommerellen) wurden unmittelbar den poln. Herrschern unterworfen, jedoch von einheim. Großen verwaltet. Ihr Territorium war dem Bm. →Włocławek unterstellt.

L. Leciejewicz

Lit.: SłowStarSłow IV, 1970, s.v. [Lit.] - Hist. Pomorza I, hg. G. LABUDA, 1972² - J. PETERSOHN, Der s. Ostseeraum im kirchl.-polit. Kräftespiel des Reiches, Polens und Dänemarks vom 10. bis 13. Jh., 1979 - W. ŁOSIŃSKI, Osadnictwo plemienne Pomorza (VI-X wiek), 1982 - L. LECIEJEWICZ, Die P. und der Piastenstaat im 10.-11. Jh., ZA 18, 1984 - J. SPORS, Studia nad wczesnośredniowiecznymi dziejami Pomorza Zachodniego, 1988.

Pomorie ('Küstenland', im Wechsel mit Primorje verwendet), Bestandteil des serb. Herrschertitels (→Serbien). Im kgl. und ebfl. Titel wurden neben den serb./rasc. Gebieten auch die Küstenländer angeführt (»srpske zemlje i pomorske«); sie vertreten die früher einzeln aufgezählten Fsm.er (Zahumlje, Terbunien, Dioklitien). Erst im Zarentitel von Stefan Dušan und Stefan Uroš I. (1346-71) kommt P. vor, bezieht sich aber auf einen nicht näher bekannten Teil der eroberten Ägäisküste. Aus dem Zarentitel wurde P. übernommen und auch von späteren Herrschern gebraucht, die keine Beziehung zu den byz. Gebieten hatten. Es wurde umgedeutet und auf →Zeta (Zetsko oder Dioklitijsko P.) bezogen, bei den Kg.en v. →Bosnien auf den von ihnen beherrschten Teil der Adriaküste.

S. Ćirković

Lit.: M. DINIĆ, Srpska vladarska titula za vreme carstva, Zbornik radova Vizantološkog instituta 5, 1958, 9-19 - L. MAKSIMOVIĆ, Grci i Romanija u srpskoj vladarskoj tituli, ebd. 12, 1970, 61-78.

Pompeius Trogus → Justinus M. Junianus

Pomponatius, Petrus (Pomponazzi, Pietro), Philosoph und Mediziner, * 16. Sept. 1462 in Mantua, † 18. Mai 1525 in Bologna, ▭ Mantua, studierte in Padua (1484-87), promovierte in Philos. (1487) und Medizin (1495), lehrte Philos. abwechselnd in Padua und Ferrara, bes. aber in Bologna (1511-25). Berühmtestes Werk: »Tractatus de immortalitate animae« (Bologna 1516). P. ist rigoroser Vertreter einer Theorie der Sterblichkeit der Seele, wie es die natürl. Vernunft (ratio naturalis) und die Naturphilos. des Aristoteles nahelegen. Begründung: Die theoret. Vernunft besitzt zwar kein stoffl. Zugrundeliegendes und ist insofern in gewisser Hinsicht (secundum quid) unsterblich, ist jedoch stets auf Vorstellungsinhalte, Repräsentationen der stoffl. Erkenntnisgegenstände, bezogen und insofern schlechthin (simpliciter) sterblich; die prakt. Vernunft bedarf keiner jenseitigen Belohnungen, da die moral. Zurüstung, die Tugend, sich selbst Belohnung genug ist; die Ansicht der christl. Theol., die Seele sei unsterblich, wird von ihm unter naturphilos. Perspektive abgelehnt, in einer Appendix jedoch korrekt referiert. In seiner »Apologia« (1518: Replik auf Contarenus/Contarini) und seinem »Defensorium« (1519: Replik auf →Niphus/Nifo) verteidigt P. seine Mortalitätstheorie, die sich bes. gegen Platon und →Ficino, Themistius und →Averroes sowie →Thomas v. Aquin richtet. Gleichwohl war er kein Anhänger des ma. Alexandrismus (Akzentuierung der Materialität von Seele und Vernunft): Aristoteles selbst und die Stoiker waren seine Autoritäten, wie seine anderen naturphilos. Schr. (Komm. zu Aristoteles; »... de incantationibus«; »De fato...«) ausweisen.

B. Mojsisch

Ed. und Übers.: P.P., Abhandlung über die Unsterblichkeit der Seele, lat.-dt., übers. mit und mit einer Einleitung, hg. B. MOJSISCH, 1990 [mit vollständigem Werkverz. und ausführl. Lit.hinweisen: vgl. bes. DI NAPOLI, DOUGLAS, FERRI, FIORENTINO, GARIN, GILSON, KESSLER, KRI-

STELLER, LOHR, MAIER, MOJSISCH, NARDI, OLIVA, PAGNONI-STURLESE, PINE, PLUTA, POPPI, RANDALL, SCHMITT, VAN DOOREN, VASOLI, WEIL].

Pomponius Laetus, Julius, it. Humanist, * 1428 in Diano (h. Teggiano, Salerno), † 9. Juni 1498 in Rom, illegitimer Sohn des Gf. en Giovanni Sanseverino. Schüler von L. →Valla und Pietro Odi da Montopoli. Zu Beginn des Pontifikats Pauls II. erhielt er den Lehrstuhl für Rhetorik in Rom und gründete die sog. Accademia romana oder pomponiana (→Akademie). In Venedig, wo er als Privatlehrer tätig war, der Homosexualität beschuldigt (März 1468) und nach Rom ausgeliefert, wurde er mit den anderen Mitgliedern der (bis 1478) aufgelösten Accademia pomponiana unter dem Vorwurf der Häresie und der Verschwörung gegen Paul II. in der Engelsburg eingekerkert. Dort konnte er dank dem gelehrten Kastellan Rodrigo Sánchez de Arévalo wiss. (Silius Italicus, Valerius Flaccus) und lit. arbeiten (»Defensio in carceribus«, Briefe und Gedichte, Arbeit an einem Werk über das Röm. Reich). Vor seiner Gefangenschaft entstanden u. a. die Dichtung »Stationes Romanae quadragesimali ieiunio«, Komm. e zu Columella (1467) und Silius (1468) und die erste Fassg. einer Grammatik (Dr. 1484 in Venedig). Im Frühjahr 1469 freigelassen, erhielt er – vielleicht bereits 1470, seinen röm. Lehrstuhl zurück. Reflexe von mindestens zwei Reisen nach NOEuropa und nach Dtl. zu Ks. Friedrich III. (vor 1483) finden sich in seinen Klassikerkomm. en. Ein Großteil seines Œuvres steht in Zusammenhang mit seiner Lehrtätigkeit. Gedr. wurden zu seinen Lebzeiten außer der Grammatik nur »De Romanorum magistratibus sacerdotiis et legibus« (1474) und – z. T. nicht autorisiert – die Komm. e zu Columella (ca. 1472), Vergil (ca. 1490), Quintilian (1494); das von ihm selbst druckfertig gemachte Kompendium der röm. und byz. Gesch., »Caesares«, erschien postum 1499. P. verfaßte auch eine Topographie Roms (ed. 1510 in veränderter Form als »De vetustate urbis«) und sammelte Inschriften. R. Bianchi

Ed.: I. CARINI, La »Difesa« di P. L. (Nozze Cian-Sappa-Flandinet, 1894), 151–193 – H. MARUCCHI, Éléments d'archéol. chr., III, 1902, 62–65 [Stationes Romanae] – R. VALENTINI–G. ZUCCHETTI, Cod. topografico della città di Roma, I, 1940, 193–258 [Regionarium]; IV, 1953, 421–436 [Excerpta] – *Lit.:* Enc. Virgiliana III, 192–195 [Lit.] – V. ZABUGHIN, Giulio P. L., 2 Bde, 1909–12 – E. L. BASSET, J. DELZ, A. J. DUNSTON, Silius Italicus (Catal. translat. et comm., hg. F. E. CRANZ- -P.O. KRISTELLER, 1976), III, 373–383 [Lit.] – R. J. PALERMINO, The Roman Academy ..., AHP 18, 1980, 117–155 – R. BIANCHI, Due citazioni attrib. a Festo nel comm. a Lucano di P. L., Atti e mem. dell'Arcadia, s. III, 7, 1980–81, 235–262 – A. PEROSA, L'ed. veneta di Quintiliano coi commenti ... di P. L. ... (Fschr. A. CAMPANA, II, 1981), 575–610–P. MEDIOLI MASOTTI, Codd. scritti dagli accademici romani nel carcere di Castel S. Angelo (Vestigia. [Fschr. G. BILLANOVICH, hg. R. AVESANI u. a., II, 1984]), 451–459 – P. SCARCIA PIACENTINI, Note storico-chiavi della memoria..., 1984, 491–549 – M. DYKMANS, La Vita P.niana de Virgile, Humanistica Lovan. 36, 1987, 85–111–M. ACCAME LANZILLOTTA, Il comm. varroniano di P. L., Misc. greca e rom. 15, 1990, 309–345 – A. MOSCADI, Le glosse festine p.niane fuori Festo, Prometheus 16, 1990, 257–268 – W. BRACKE, »Fare la epistola« nella Roma del Quattrocento, 1992 – Roma e lo Studium urbis, Atti, 1992.

Pomposa, oberit. Abtei OSB (Prov. Ferrara, Emilia-Romagna), erste Erwähnung 874 in dem Frgm. eines Briefes Johannes' VIII. (monasterium sancte Marie in Comaclo, quod Pomposia dicitur). Bis 982 schweigen die Q., so daß eine Zerstörung des Kl. durch die →Ungarn vermutet wurde. Im 10. und 11. Jh. unterstand P. abwechselnd dem Bf. v. Comacchio, dem Kl. S. Salvatore in Pavia und dem Reich. Gleichzeitig entzog P. dem Bm. Comacchio einen Großteil der Güter der Aula Regia, die den wichtigsten Teil des Diözesanguts bildeten. Das Kl. fand nicht zuletzt wegen seiner Lage am Volano, der damals wichtigsten Wasserader in der östl. Po-Ebene, das Interesse der Herrscher. Im 11. Jh. erwirkte P. Privilegien und Schenkungen Ottos III., der die Herrschaft über die »insula Pomposiana« Abt Guido verlieh, und seiner Nachfolger. P. s polit. Bedeutung beruht allerdings eher auf seiner Mittlerrolle zw. den ks. freundl. und papstfreundl. Richtungen als auf der Ausdehnung seines Territoriums und seiner Jurisdiktionsgewalt. Als 1064 der Ks. hof Alexander II. anerkannte, und der Ebf. v. Ravenna weiterhin die Position des Gegenpapstes Cadalus (→Honorius II.) vertrat, bediente sich Heinrich IV. des Abtes Mainard, um die antiröm. Politik Ebf. Friedrichs zu neutralisieren. Die Umwandlung zur Kommende (1339) führte zum Niedergang des Kl. 1492 schloß Innozenz VIII. P. an die Reformkongregation →S. Giustina in Padua an. 1653 wurde P. von Innozenz X. aufgehoben.

Die Abtei erlebte ihre Blüte im 11. Jh. unter der Leitung von drei großen Äbten: →Guido erweiterte die Kl. kirche und restaurierte die Kl. gebäude; er brachte einen Ausgleich zw. mönch. Askese und der Pflege kultureller Interessen zuwege (→Guido v. Arezzo; liturg. Tradition) und stand in Kontakt mit Benedikt VIII., Heinrich II., Konrad II., Heinrich III., Ebf. Gebhard und →Petrus Damiani (1040–42). Abt Mainard begann den Bau des Campanile (1063); er schlug einen Reformkurs ein und war mit Montecassino und mit der röm. Kurie verbunden, an der er Kardinal-Bibliothekar wurde. Abt Hieronymus (Girolamo) vermehrte den Bestand der Bibliothek auch im Bereich der klass. Autoren – Livius, Seneca, Justinus (abgeschrieben von →Teuzo; Katalog von Heinricus). Zwei Jhh. später schöpften L. →Lovati und A. →Mussato aus dem Skriptorium und der Bibliothek von P., später die Humanisten auf der Suche nach theol. Texten als Grundlage für die Diskussionen auf dem Konzil v. →Ferrara-Florenz. M. Cortesi

Q.: P. FEDERICI, Rerum Pomposianarum historia monumentis ill., I, Rom 1781; II (1400–napoleon. Zeit): Ms. in Montecassino–Statuta Pomposiae, a. 1296–1338–83, hg. A. SAMARITANI, 1958–Reg. Pomposiae, I (aa. 874–1199), hg. DERS., 1963 – *Lit.:* M. INGUANEZ, Inventario dei codd. di P. nel 1459, Boll. del bibliofilo 2, 1920, 173–184 – G. MERCATI, Il catalogo della biblioteca di P., Opere minori, I, 1937, 358–388 – G. FASOLI, Incognite della storia dell'abbazia di P. fra il IX e l'XI s., Benedictina 13, 1959, 197–214 – Atti primo conv. int. studi stor. pompos. 1964, hg. A. SAMARITANI, Anal. Pompos. 1, 1965–M. SALMI, L'abbazia di P., 1966² – G. FASOLI, Monasteri padani (Monasteri in Alta Italia dopo le invasioni saracene e magiare sec. X–XII, 1966), 175–198 – P. LAGHI, S. Guido abate di P., 1967 – L. GATTO, Studi mainardeschi e pompos., 1969 – O. CAPITANI, Imperatori e monasteri in Italia centro-settentrionale (1049–89) (Il monachesimo e la riforma ecclesiastica 1049–1122. Atti IV sett. int. Mendola 1968), 1971, 429–468 – A. SAMARITANI, I metodi di visita monastica e pastorale dell'abbazia di P. nei sec. XIV–XVII, Anal. Ferrar. 2, 1974 – GUIDO BILLANOVICH, La lettera di Enrico a Stefano: altri classici a P. (ca. 1093) (Misc. A. CAMPANA, 1981) – G. ROPA, Cultura liturgica ravennate e pompos.-ravennate nei sec. XI e XII (La civiltà comacchiese e pompos. ..., Atti conv. naz. studi stor., Comacchio 1984, 1986), 561–606 – DERS., Su alcuni libri liturgici mediev. attrib. a P.-Ravenna (Libri ms. e a stampa da P. all'Umanesimo, hg. L. BALSAMO, 1985, 89–102)–GIUS. BILLANOVICH, Il Livio di P. e i primi umanisti padovani (ebd., 125–148) – A. SAMARITANI, Ipotesi sulle origini del monastero di P. fra VI e X. s., Anal. Pompos. 15, 1990, 15–36 – DERS., Lacune nella biografia di Guido monaco?, Nuovi contributi, Atti e mem. Accad. Petrarca di Lettere, arti e scienze, NS 52, 1990 [1992], 217–244 – La biblioteca del monastero di P., 1994 (GIUSEPPE BILLANOVICH, GUIDO BILLANOVICH, M. CORTESI, A. MANFREDI).

Ponce de León, leon. Geschlecht, stammte ab vom Gf. en Vela Gutiérrez, →Mayordomo Mayor Alfons' VII., dem sein jüngerer Sohn P. Velaz, sein Enkel Pedro P. und dessen Sohn Fernán Pérez P. († 1292), →Adelantado

Mayor v. Andalusien bzw. der Grenzgebiete, folgten. Von dessen Söhnen war Pedro P. († 1311) Mayordomo Mayor Ferdinands IV., während Fernán Pérez P. den andalus. Zweig der Familie begründete. Seine Gattin Isabel de →Guzmán brachte als Mitgift u. a. eine Rente von 100000 Maravedís auf die Stadt Marchena ein, die 1309 der Herrschaft der P. zugeschlagen wurde. Der zweite Herr v. Marchena, Pedro P. († 1352), erhielt die Herrschaften Mairena und Bailén (Alta Andalucía). Sein Sohn und Nachfolger Juan wurde 1367 von Peter I. hingerichtet, die Nachfolge fiel an dessen Bruder Pedro und seinen gleichnamigen Sohn († 1448), die beide seit 1369 in der Gunst der Trastámara-Dynastie standen. Die Machtbasis des Geschlechts vergrößerte sich nur langsam: 1430 erhielt Pedro P. Medellín (Estremadura), zusammen mit dem Gf. entitel, 1440 tauschte er es gegen Arcos de la Frontera bei Sevilla ein. Er kaufte Guadajoz und Los Palacios, besiedelte Paradas, so daß sein Sohn, der neue Gf. v. Arcos, Juan P. († 1469) über ein sehr reiches →Mayorazgo zugunsten seines illegitimen Sohnes Rodrigo verfügen konnte. Rodrigo P. († 1492) erhielt zusammen mit dem Titel eines Marqués die Herrschaft über Cádiz. 1471–74 zwang ihn der Krieg, den er gegen Heinrich de Guzmán, den Hzg. v. Medina Sidonia, führte, Sevilla zu verlassen, doch erlangte er die Kontrolle über Jérez de la Frontera. Nach der Thronbesteigung der Kath. Kg.e. widmete sich Rodrigo seit 1482 ganz dem Krieg gegen die Mauren v. Granada, wurde zum Marqués ernannt und lieh den Kg.en große Geldsummen, wofür sie ihn u. a. durch die Übertragung der Herrschaften Serranía de Villaluenga und Grazalema entschädigten. Rodrigo hinterließ dem Mayorazgo seinem gleichnamigen Enkel mit dem Titel eines Hzg.s v. Arcos. Dank ihrer jährl. Bruttoeinkünfte von ca. 30000 bis 35000 Dukaten zählten die P. zu den bedeutendsten Adelsgeschlechtern Andalusiens. M. A. Ladero Quesada

Q. und Lit.: Hist. de los hechos de don Rodrigo P. de L., Colección de Documentos inéditos para la Hist. de España 106, 1893, 143–318 – S. DE MOXÓ, De la nobleza vieja a la nobleza nueva, Cuadernos de Hist. 3, 1969, 123–127 – E. SOLANO RUIZ, La Hacienda de las Casas de Medina-Sidonia y Arcos en la Andalucía del siglo XV, Archivo Hispalense 168, 1972, 85–176 – M. A. LADERO QUESADA, Casa de Arcos (Andalucía en el siglo XV. Estudios de Hist. Política, 1973), 19–28 – M.-C. GERBET, La noblesse dans le royaume de Castille, 1979.

Poncius (Sponcius) **Provincialis** (Ponce de Provence), Mitte des 13. Jh., einer der letzten Repräsentanten der 'ars dictaminis' der Schule v. Orléans (außerdem wirkte er in Toulouse und Montpellier). Sein in zahlreichen Hss. erhaltenes Lehrbuch (datiert 1252) gliedert sich in vier Teile: ein Brieflehre unter Einschluß der 'cursus', eine »Summa de constructione« (Syntax, nach Priscian XVII–XVIII), ein »Epistolarium« (Slg. von Musterbriefen, vielfach aus dem student. Leben) und eine kurze Urk.lehre (»Libellus de cartis«). Das Werk war bis in die frühe NZ weit verbreitet und wird von Heinrich Bebel sowie in den »Epistulae virorum obscurorum« (II, 31) unter anderen typ. Schulbüchern des MA aufgezählt und verhöhnt.

F. Rädle

Lit.: CH. FIERVILLE, Une grammaire inédite du XIIIᵉ s., 1886, 175–177 [Exzerpte] – CH. H. HASKINS, Stud. in Medieval Culture, 1929, 1–35 [Proben aus den Musterbriefen] – CH. FAULHABER, Lat. Rhetorical Theory in Thirteenth and Fourteenth Cent. Castile, 1972 – J. J. MURPHY, Rhetoric in the MA, 1974 – J.-R. HENDERSON, Erasmus on the Art of Letter-Writing (Renaissance Eloquence, ed. J. J. MURPHY, 1983), 331–355.

Pönformel → Sanctio

Pont-à-Mousson, Stadt in Ostfrankreich, ehem. Hzm. →Bar (dép. Meurthe-et-Moselle). Die Burg →Mousson, am rechten Moselufer, auf halbem Wege zw. →Metz und →Nancy, gehörte seit dem 11. Jh. den Gf.en v. Bar, war im 12. Jh. Reichslehen und wichtigste Residenz der Gf. endynastie. Die am Fuße des Burgbergs im 10. oder aber 11. Jh. errichtete Moselbrücke stand zunächst im Besitz der Kanoniker v. St. Lambert zu →Lüttich und lag auf Gebiet der Grundherrschaft Maisières. Nachdem sich bereits Gf. Heinrich II. v. Bar, zugleich Vogt v. Maisières, im Streit um diesen wichtigen Flußübergang gegen das Bm. →Metz hatte durchsetzen können, gründete dessen Sohn Gf. Thiébaut II. hier eine Stadt (Urk. vom 20. April 1261). Zur Förderung ihrer Entwicklung ließ der Gf. die Pfarrkirchen zweier Dörfer auf das neugeschaffene Territorium verlegen und lud ihre Bewohner zur Ansiedlung ein. Die Pfarrei St-Martin, mit Komturei der →Antoniter, kontrollierte den Zugang zur Brücke am rechten Ufer, während die Pfarreien Ste-Croix und St-Laurent das linke Ufer sicherten. In hervorragender Verkehrslage, verfügte P. über Wochenmarkt und zwei Messen. 1354 ernannte Ks. Karl IV. die Gf.en v. Bar, als Reaktion auf die Herzogserhebung durch den Kg. v. Frankreich, zu 'Mgf.en vom P.' (*Marquis du Pont*). Einer der westlichsten Vorposten des Reiches, fungierte die seit ca. 1300 von →Schöffen verwaltete Stadt als administrativer, wirtschaftl. und religiöser Brennpunkt des 'Barrois non mouvant', des zum Reich gehörenden Teils des Hzm.s Bar. M. Parisse

Lit.: A. GIRARDOT, Les origines de la ville de P. (1261–1300), Annales de l'Est, 1972, 107–126 – P. LALLEMAND–M. NOËL, P. [o.J.].

Pontano, Giovanni, it. Humanist, Dichter und Staatsmann, * 1429 in Cerreto di Spoleto (Perugia), † 1503 in Neapel. Nach Studien in Perugia wirkte P. seit 1448 in Neapel am aragones. Hof. 1487 wurde er Staatssekretär. Da P. beim Einzug Karls VIII. in Neapel (1495) die Partei der Anjou ergriff, war nach der Rückkehr der Aragonesen seine polit. Karriere zu Ende. Als wichtigster Vertreter des neapolitan. Humanismus der aragones. Zeit folgte er Panormita (→Beccadelli) als Leiter der →Akademie nach, die künftig seinen Namen trug. P.s zahlreiche Dichtungen umfassen ein breites Spektrum lit. Genera: hexametr. Lehrgedichte »Urania« (Astrologie), »Meteorum liber« (atmosphär. Phänomene), »De hortis Hesperidum« (Agrumenanbau); sechs Eklogen, »Amores« (»Parthenopeus«) in Elegien- und Epigrammform, »De amore coniugali«; »Hendecasyllabi« (»Baiae«); »Eridanus«; mit den »Tumuli« (Epitaphien) und mit den »Naeniae« (Wiegenlieder für seinen Sohn Lucio in »De amore coniugali«, B.II), prägte P. lit. Genera, die weite Verbreitung fanden. Die »Iambici« beklagen den Tod des Sohnes. Eine das gesamte Werk durchziehende erot. Grundstimmung, die lit. wirkungsvolle Beziehung antiker Mythen auf die eigene biograph. Situation, ein flüssiges und durch Neuschöpfungen belebtes Latein sind die Hauptkennzeichen der Dichtung P.s, die sich z. T. auch in seiner Prosa finden. Die aus Aristoteles, Cicero und Seneca schöpfenden philos.-moral. Traktate (u. a. »De principe«, »De libertate«, »De beneficentia«, »De fortuna«) werden den höf. und humanist. Idealen angepaßt. Seine satir. Dialoge erhalten Farbe durch autobiograph. Bemerkungen. Neben dem hist. Werk »De bello neapolitano« sei auch P.s philolog. Tätigkeit hervorgehoben, in »De aspiratione« verfaßte er einen Orthographie-Traktat. D. Coppini

Ed. und Lit.: I Dialoghi, hg. C. PREVITERA, 1943 – Carmina, hg. J. OESCHGER, 1948 – De Sermone, hg. S. LUPI–A. RISICATO, 1954 – I trattati delle virtù sociali, hg. F. TATEO, 1965 – De Magnanimitate, F. TATEO, 1969 – Meteorum libri, hg. M. DE NICHILO, 1975 – Dialoge (lat.-dt.), ed. H. KIEFER–H. B. GERL, 1984 [Lit.] – D. COPPINI, Carmina di G. P., Letteratura it. Le opere, I, hg. A. ASOR ROSA, 1992, 713–741 [Lit.] – V. ROSSI, Il Quattrocento, 1992, 13, 761–765 [Lit.].

Ponte Mammolo, Vertrag v. (11. April 1111). Nach dem Scheitern der Investiturregelung (Vorvertrag v. S. Maria in Turri) und der Ks. krönung am 12. Febr. 1111 führte Kg. Heinrich V. Papst Paschalis II. und mehrere Kard.e als Gefangene mit sich aus Rom. Nach mehrwöchiger Gefangenschaft im Kastell Tribuco (w. der Abtei Farfa) resignierte Paschalis. Nach einer ersten Einigung an Ostern (2. April) am Ponte Salario (w. von Tivoli) kam es am 11. April am P.M. (ö. vor Rom, Übergang der Straße nach Tivoli über den Aniene), wo das dt. Heer lagerte, in Anwesenheit der Kard.e und der kgl. Berater zum Vertrag: Die Wahl der Bf.e und Äbte habe künftig frei und ohne Simonie durch Klerus und Volk mit Genehmigung des Kg.s zu erfolgen. An die Wahl sollte sich die →Investitur durch den Kg. mit Ring und Stab anschließen. Nur der Gewählte und Investierte dürfe sodann die Weihe erhalten. Zusätzl. sagte der Papst die Ks. krönung zu. Heinrich V. verpflichtete sich zur Freilassung der Gefangenen und zu Treue und Gehorsam, soweit die Rechte des Reiches nicht geschmälert würden. Der am 12. April durch ein päpstl. Privileg bestätigte Vertrag wurde von den Kirchenreformern sofort erbittert abgelehnt und als 'Pravilegium' verurteilt. St. Weinfurter

Q.: MGH Const. I, Nr. 91–96 – *Lit.*: C. SERVATIUS, Paschalis II., 1979 – ST. WEINFURTER, Reformidee und Kgtm. im spätsal. Reich (Reformidee und Reformpolitik im spätsal.-frühstauf. Reich, hg. DERS., 1992), 1–45.

Ponte, Pero de, Troubadour aus Galicien (?), dichtete etwa zw. 1235–56 und lebte am Hofe der kast. Kg.e Ferdinand III. sowie Alfons X., mit dem er eine heftige Fehde führte. Möglicherweise war er auch bei Kg. Jakob I. v. Aragón. Seine Gedichte sind im →Cancioneiro da Vaticana überliefert, darunter befinden sich Liebeslieder, →cantigas de amigo, Klagelieder und Gelegenheitsgedichte auf zeitgenöss. Ereignisse und Persönlichkeiten sowie über 30 Spott- und Schmähgedichte. Seine techn. Meisterschaft stärkte das Ansehen der galic. Lyrik gegenüber den prov. Vorbildern. D. Briesemeister

Ed.: Cancionero gallego del trovador P. da P., ed. R. FERNÁNDEZ POUSA, RABM 62, 1956, 803–840 – Poesie, ed. S. PANUNZIO, 1967 – *Lit.:* GRLMA II, 1, 8, n° a 120, 47–49 – G. PLACER, P. da P. poeta gallego del s. XIII, Estudios (Madrid) 2, 1946, 492–515 – F. R. HOLLIDAY, The Relations Between Alfonso X and P. da P., Revista da Faculdade de Letras, Coimbra III, n° 4, 1960, 152–164 – S. PELLEGRINI, Varietà romanze, 1977, 30–43 – A. JUÁREZ BLANQUER, Nuevos puntos de vista sobre la polémica entre Alfonso X y P. da P. (Estudios románicos dedicados a A. SORIA ORTEGA, 1, 1985), 407–422 – V. BELTRÁN, Los trovadores en la corte de Castilla y León, Romania 107, 1986, 486–503.

Ponthieu (Pontivus), Region im NW der →Picardie, Hauptort →Abbeville. Zunächst →Pagus der Civitas der Ambiani, dann Archidiakonat der Diöz. →Amiens. Das Haus der Gf.en v. P., hervorgegangen wohl aus den Vögten der Abtei →St-Riquier (Centula), tritt zu Beginn des 11. Jh. auf und bestand bis 1279. Die Gft. P. erfuhr im 12. Jh. eine Ausdehnung, wurde aber im 13. Jh. durch die Expansion der →Krondomäne (im südl. Bereich) und der Gft. →Artois (im nördl. Bereich) verkleinert. Durch Heirat der Erbtochter des Gf.en v. P. kam die Gft. P. 1279 im Erbgang an Kg. Eduard I. v. England und verblieb bis 1369 in engl. Besitz, um anschließend der frz. Krondomäne einverleibt zu werden. Der künftige Karl (VII.) war eine Zeitlang Gf. v. P. B. Delmaire

Q.: C. BRUNEL, Rec. des actes des comtes de P. (1026–1279), 1930 – *Lit.:* F. LOUANDRE, Hist. d'Abbeville et du P., 1883 – R. PETIT–A. JORON, Le P. et la dynastie anglaise au XIII^c s., 1969 – C. BACQUET, Le P., 1992.

Ponthion, Pfalzort in →Austrien, südl. Champagne, Gft. Perthois (dép. Marne, comm. Vitry-le-François), an der Saulx. In der Merowingerzeit war die Villa P. Sitz eines weiträumigen kgl. →Fiscus (Bereich zw. Saulx, Marne und Ornel, Vitry-en-Perthois und Olonne-St-Dizier, einschließl. des Forsts v. Luiz-Trois-Fontaines). Namentl. bekannt ist sogar ein Bewohner v. P. namens Maurellus, der am Grabe des hl. →Martin in Tours Heilung fand. P. war unter Kgn. →Brunichild Marterstätte des hl. Lubentius, Abtes v. St-Privat de Mende.

Als Pfalz gewann P. in der Karolingerzeit hohe polit. Bedeutung. Am 6. Jan. 754 empfing hier →Pippin III. den Papst →Stephan II. und schloß mit ihm Schwurfreundschaft (→Frankenreich, B. II, 2). 876 hielt hier →Karl d. Kahle ein Konzil ab (zw. 21. Juni und 16. Juli), auf dem er den Bf.en und Großen des Frankenreichs die Bedingungen seiner am 25. Dez. 875 in Rom erfolgten Ks. krönung darlegte und die Versammlung durch sein Auftreten im byz. Ks. ornat beeindruckte. Ebf. →Hinkmar v. Reims jedoch bestritt als Gegner der Politik Karls d. K. auf diesem Konzil dem Ebf. v. →Sens, →Ansegis, den Titel des päpstl. Vikars für Gallia und Germania. Im folgenden Jahr, am 5. Mai 877, übertrug der Ks. der Kirche Ste-Marie (St-Corneille) de →Compiègne den Zehnten des Fiscus v. P.

Unter →Ludwig d. Stammler (877–879) begann die Zerstückelung des Fiscus (Übertragung von Merlaut an St-Martin de →Tours). 917 schenkte →Karl d. Einfältige die Villa P. (doch nicht den ganzen Fiscus) an St-Corneille de Compiègne. Dennoch beanspruchten die Kanoniker v. Compiègne im 12. Jh. (mit unklarer Rechtsgrundlage) den Zins im gesamten Bereich; →Alberich v. Trois-Fontaines erwähnt eine angebl. Schenkung des Forsts v. Luiz an St-Corneille durch Karl d. K. für 876.

Infolge der Besetzung des Ortes Vitry (Besitz der Kirche v. →Reims) und des Fiscus P. durch Gf. →Heribert III. v. →Vermandois (952) kam das Territorium an die (spätere) Gft. →Champagne. Kg. →Ludwig IV. zerstörte 953 im Gegenstoß die Pfalz P. Im frühen 12. Jh. gründete Gf. Hugo v. Champagne im Forstbereich die Priorate bzw. Abteien Sermaize, Cheminon und →Trois-Fontaines. Die Mönche regelten ihr Verhältnis zu St-Corneille eiligst durch Entrichtung eines Rekognitionszinses.

Im Laufe des 12. Jh. treten in P. eigene Seigneurs auf, Vasallen der Gf.en v. Champagne. Es handelte sich wohl um eine Seitenlinie der Kastellane v. Vitry-en-Perthois, spätere Gf.en v. →Rethel; als Herren aus dieser Familie sind zu nennen: Richer, Geoffroi und Garnier, dessen Tochter Euphémie die Seigneurie P. ihrem Gemahl, dem Gf.en Renard I. v. Dampierre-en-→Astenois († 1191) in die Ehe einbrachte und sie ihrem 2. Sohn, Henri († 1218), und dessen Nachkommen vererbte. Um 1321 fiel die Seigneurie P. an die →Anglure, die sie bis ins 16. Jh. innehatten. – Der Ort P. erhielt 1231 ein Privileg (*Charte de coutumes*) nach dem Vorbild von Bar-le-Duc. M. Bur

Lit.: E. DE BARTHÉLEMY, Hist. du dioc. ancien de Châlons-sur-Marne, II, 1862, 97 – M. BUR, La formation du comté de Champagne, 1977 – A. KWANTEN, P. Une capitale endormie, Mém. Soc. d'Agriculture... du dép. de la Marne 94, 1984, 73–86.

Ponthus et la belle Sidoine (P. S.), frz. Prosafassung (14./15. Jh.) des anglonorm. Versromans »Horn et Rimel« (→»King Horn«). Zentrale Motive von »H. et R.« und »P. S.« sind ident., verschieden dagegen Akteure (P., S.) und Schauplätze (Galizien, Bretagne, England). »P. S.« vermehrt die Handlungsräume, fügt Motive aus dem →Artus-Zyklus, farbige Turnierschilderungen mit langen Namenslisten hinzu und liefert geogr. verifizierbare Ortsangaben. »P. S.« ist Familienroman der de la →Tour-

Landry aus Anjou. Literarästhet. unbedeutend, ist »P. S.« in seiner Zeit populär: Überliefert sind zahlreiche Hss. und frühe Drucke, eine der Vorlage treu folgende engl. Übers. (ca. 1450), zwei dt. (Mitte 15. Jh.; →Eleonore v. Österreich 1483), darauf beruhend die isländ. »Pontus rímur« (16.–17. Jh.), davon abgeleitet »Pontus saga konungssonar«. R. Gleißner

Ed.: F. J. MATHER, Jr., King P. and the Fair Sidone, PMLA 12, 1897, I–LXVII, 1–150 – »P. und S.« (Volksbücher vom sterbenden Rittertum, hg. H. KINDERMANN), 1923, 115–236 – P. und S. in der Verdeutschung eines Ungenannten aus dem 15. Jh., hg. K. SCHNEIDER, 1961 – P. rímur eftir Magnús Jónsson pruða, Pétur Einarsson og síra Olaf Halldórsson, hg. G. M. HELGASON, 1961 – M.-C. DE CRECY, Ed. critique du roman de P. et S., 1988 – *Lit.*: DLFMA I, 604 – A. M. STEWART, The Austrian Connection c. 1450–1483: Eleonora and the Intertextuality of »P. und S.« (Bryght Lanternis, hg. J. D. McCLURE– M. R. G. SPILLER, 1989), 129–149 – R. HAHN, »Von frantzosischer zungen in teütsch«. Das lit. Leben am Innsbrucker Hof des späteren 15. Jh. und der Prosaroman »P. und S.« (A), 1990.

Pontida, Kl. OSB S. Giacomo Maggiore bei Bergamo (Lombardei), von Alberto da Prezzate, der auch der erste Prior war, gegründet und →Cluny übertragen (8. Nov. 1076). Im 11./12. Jh. erwarb P. zahlreiche Dependenzen in verschiedenen lombard. Diözesen und spielte bisweilen eine bedeutende polit. Rolle, nicht zuletzt durch seine enge Verbindung mit Mailand. Ende des 13. Jh. wurde P. unter Bonifatius VIII. Kommende, wobei sich anfangs noch Kommendatarprioren und von der Kommunität gewählte Prioren abwechselten. Später wurde jedoch der Status der Kommende endgültig. 1491 erfolgte der Anschluß an die Kongregation von →S. Giustina in Padua. Von der Cisalpin. Republik 1798 aufgehoben, wurde das Kl. 1910 durch die Cassines. Kongregation neubegründet. S. a. →Lombardische Liga. A. Ambrosioni

Lit.: DIP VII, 84f. [G. SPINELLI] – G. SPINELLI, I rapporti fra P. e S. Ambrogio tra la fine dell' XI e l'inizio del XII sec. (Il monastero di S. Ambrogio nel Medioevo. Conv. di studi nel XII centenario: 784–1984, 1988), 374–382.

Pontifex maximus, Vorstand eines der Sakralkollegien des antiken Rom, bedeutendster der sacerdotes publici. Seit Augustus wurde die lebenslängl., mit religiösen Kontrollrechten verbundene Position stets dem jeweiligen Ks. zugewiesen. Unter chr. Herrschern konnte diese Praxis solange überdauern, solange der private 'Glaube' eines 'Priesters' kein für seinen Dienst an der polit. Gemeinschaft relevanter Faktor war und sich fides primär als Zuverlässigkeit, pietas als Pflichterfüllung, religio als sorgsame Beachtung kult. Regeln verstand. Daß sich Ks. →Gratianus, wohl in 2 Etappen (376/nach 379), vom Oberpontifikat trennte und →Theodosios I. die Bezeichnung nie führte, markiert den Wandel und gehört zu jenen Maßnahmen, die der altröm. Religion jede staatl. Förderung entziehen und den Aufstieg des Christentums zur Staatsreligion vorbereiten. Nach Abschluß dieses Prozesses war es 1. sporad. oström. Ks.n und 2. den Päpsten (bis zur Renaissance auch gelegentl. anderen Bf.en) mögl., den Titel für sich zu reklamieren. A. Pabst

Lit.: RE Suppl. XV, 331–366 – R. SCHIEFFER, Der Papst als p. m., ZRGKanAbt 57, 1971, 300ff. – A. PABST, Symmachus, Reden, 1989, 291ff. (Texte zur Forsch. 53) [Lit.].

Pontifikalamt, Meßfeier eines Prälaten (Bf., Abt), dem das Recht der →Pontifikalien zusteht, und das er unter Assistenz seiner Kleriker, gegebenenfalls in →Konzelebration, feiert. Das P. geht auf die bfl. Stadtliturgie der Alten Kirche zurück, bes. auf die des Bf.s v. Rom. Das ma. P. hat einerseits manche Elemente der altkirchl. →Messe bewahrt, andererseits auch alte und neu hinzukommende Ehrenrechte und Riten aufgenommen. H. B. Meyer

Lit.: L. EISENHOFER, Hb. der kath. Liturgik, II, 1933, 7–9 – J. A. JUNGMANN, Missarum sollemnia I–II, 1965⁵, passim, bes. I, 263–265 – Liturg. Woordenboek II, 1968, 2229f.

Pontifikale, liturg. Buch, enthält die Ordnungen und eucholog. Texte der spezif. bfl., vorwiegend nicht-eucharist. Liturgiefeiern und dient ab dem FrühMA dem Bf. in seiner Diöz. zur Ausübung des Leitungsdienstes in der liturg. Versammlung. Nachdem in einzelnen Sakramentaren des 8. Jh. (bes. Sacr. Gellonense) bereits Zusammenstellungen von Pontifikalriten vorkommen, entsteht der Buchtyp P. um 800 im Frankenreich (älteste Codd.: Köln, Dombibl. 138; Verona, Bibl. Capit. 92) dadurch, daß man a) Ordines(slg.en) für die bfl. Liturgie mit eucholog. Texten auffüllt (älteste Form), b) umgekehrt eucholog. Texte aus Sakramentaren mit Ordines ergänzt (verb. Form; so ANDRIEU, Ordines; VOGEL–ELZE), c) entsprechende liturg. Libelli zusammenbindet bzw. solche Slg.en kopiert (RASMUSSEN). Gemäß dieser Genese sind alle bekannten P.n des 9./10. Jh. Einzelstücke ohne Tradition (VOGEL, Mediev. Liturgy, 227–229). Erst das röm.-germ. P. (PRG), entstanden 950–961/963 im Kl. St. Alban zu Mainz, erlebt eine große Verbreitung (mehr als 50 bekannte Hss.) in ganz Europa, wobei es mit seiner umfangreichen, jedoch disparaten Textmasse (viele nicht-bfl. Liturgiefeiern, didakt. und jurid. Material) kein »reines« P. darstellt. Doch prägt es maßgebl. die spätere Entwicklung. Im Rom des 12./13. Jh. existieren variierende P.n mit gemeinsamem Grundbestand nebeneinander, die die Inhalte des PRG straffen, besser ordnen und ergänzen, bis sich im 13. Jh. eine kuriale Fassg. durchsetzt. Andernorts besteht die Vielfalt an diözesanen Ausg.en fort (vgl. LEROQUAIS; DYKMANS), jedoch fast überall unter Einfluß des PRG. G. →Duranti gibt 1293/95 unter Rückgriff auf das PRG, die röm. P.n und weitere Q. ein völlig überarb. P. heraus, in dem er das Kriterium der »pontifikalen« Liturgiefeiern konsequent anwendet; es wird im 14./15. Jh. zum führenden Werk. Auf dieser Grundlage bearbeiten A. Patrizi Piccolomini und Joh. Burckard die 1485 in Rom ersch. Ed. pr. Das im Geist des Tridentinums revidierte P. Romanum Clemens' VIII. (1596, Dr. 1595) bleibt mit geringfügigen Änderungen bis zum II. Vaticanum gültig. M. Klöckener

Q. und Lit.: s.a. →Ordo – DACL XIV, 1, 1428–1445 – DDC VII, 28–33 – ECatt IX, 1745–1750 – M. ANDRIEU, Les Ordines romani du haut MA 1, 1931, 467–548 – Le Pontifical romain au MA, ed. M. ANDRIEU, 4 Bde, 1938–41 – Le P. romano-germ. du dixième s., ed. C. VOGEL–R. ELZE, 3 Bde, 1963–72 – G. CATALANI, P. Romanum, 3 Bde, Rom 1738–40 [Nachdr. Paris 1850–52] – V. LEROQUAIS, Les pontificaux ms. des bibl. de France, 4 Bde, 1937 – L. BRINKHOFF, P. (Romanum), Liturg. Woordenboek 2, 1965–68, 2225–2229 [Lit.] – N. K. RASMUSSEN, Unité et diversité des pontificaux lat. aux VIIIe, IXe et Xe s. (Liturgie de l'Église particul. et liturgie de l'Église univ., 1976), 393–410 – DERS., Les pontificaux du haut MA, 3 Bde [Diss. Paris/Aarhus 1977] – M. DYKMANS, Le P. romain révisé au XVe s., 1985 – M. KLÖCKENER, Die Liturgie der Diöz. synode... Mit... Gesch. des P.s und einem Verz. seiner Dr.e, 1986 [Lit.] – DERS., Das P., ALW 28, 1986, 396–415 – C. VOGEL, Mediev. Liturgy, 1986, 225–256 [Lit.].

Pontifikalien, liturg. Gewänder und Insignien des Bf.s. Viele Teile der Gewandung stimmen mit der liturg. Kleidung des Priesters überein; unter der Kasel trug der Bf. allerdings die Dalmatik, die der Diakon als Oberkleid benutzte. Alle anderen Insignien waren Rangzeichen. Daß die Rangzeichen der röm. Beamtenhierarchie 313, spätestens 318, durch →Konstantin auch den Bf.en gegeben worden seien, um diese in den Staatsdienst einzugliedern (KLAUSER), ist mittlerweile widerlegt; was über den Papst an die Bf.e gelangte, stammte letztlich zwar von der spätröm. Ks.ern, allerdings durch sukzessive Akte vor ca.

800. Ring und Stab zählen zu den ältesten Rangzeichen des Bf.s. Ältester Beleg für den Stab (baculus) ist Cyprian v. Toulon (MG SS. rer. Merov. III 492), er sei seinem Lehrer Caesarius v. Arles von einem Notar vorangetragen worden. Isidor v. Sevilla erwähnt als erster die Übergabe von Ring und Stab im Weiheakt (MPL 83, 783f.). Es waren zugleich Jurisdiktionszeichen, die bei Suspension wieder genommen wurden. Erst im Frankenreich des 9. Jh. wurde der Stab mit Krümme versehen, in Italien nicht vor dem 10./11. Jh. Übergabe des Stabes durch den Herrscher bei der →Investitur ist nicht vor Ende des 9. Jh. und des Ringes nicht vor Heinrich III. belegt; dennoch fand im Weiheakt eine zweite Übergabe durch den Consecrator statt. Am Ende des Investiturstreites verzichtete überall der Herrscher auf die Übergabe dieser Insignien. Das älteste vom Papst stammende Ehrenzeichen ist das der spätantiken Beamtenschärpe ähnl. und dem ostkirchl. Omophorion entsprechende →Pallium. Im 10./11. Jh. von Reichsbf.en wenig begehrt, wurde es deshalb von päpstl. Seite mit vereinzelter Gewährung päpstl. Vorrechte in der Prozession (purpurne Reitdecke, naccum; Vortragskreuz) und vielleicht auch der Pontifikalschuhe (sandalia, campagi) sowie -strümpfe (caligae, tibilia, udones) und -handschuhe (chirotecae) ergänzt. In diese Phase ist auch die erstmalige Verleihung der Mitra (leitet sich nur in späterer Interpretation aus Altem Bund her, in Wirklichkeit aus dem päpstl. camelaucum, aus der sich die Tiara entwickelte) 1049 durch Leo IX. an den Trierer Ebf. einzuordnen. Weil vom Reformpapsttum die jetzt persönl. Übernahme des Palliums in Rom für die Ausübung der Jurisdiktion des Metropoliten zur Voraussetzung gemacht wurde, konnten die übrigen Insignien – nunmehr ohne Privileg – von jedem Bf. in Anspruch genommen werden; Äbte allerdings bedurften eines Privilegs, das im SpätMA reichlich gewährt wurde. Ungeklärt ist die tatsächl. Herkunft des Rationale (Schulterschmuck, 12. Jh. Y-förmig, 13. Jh. T-förmig, 14. Jh. Brust- und Rückenplatte, das im Hoch-MA nur wenigen Bf.ssitzen (z.B. Halberstadt, Paderborn, Eichstätt) per Privileg zugestanden wurde. Der Pileolus (subbiretum, submitrale), eine ursprgl. auch Hinterkopf und Schläfen bedeckende Kappe zum besseren Halt der Mitra, kam erst im 14. Jh. auf. O. Engels

Lit.: R. BERGER (Gottesdienst der Kirche, III, 1990², 312ff., bes. 342–344, 423 [Lit.] – J. BRAUN, Die liturg. Gewandung im Occident und Orient nach Ursprung und Entwicklung, Verwendung und Symbolik, 1907 – TH. KLAUSER, Der Ursprung der bfl. Insignien und Ehrenrechte (Bonner akad. Reden 1, 1949) – A. v. EUW, Liturg. Hss., Gewänder und Geräte (Ornamenta ecclesiae I, 1985), 385–414 – O. ENGELS, Der Pontifikatsantritt und seine Zeichen (Sett. cent. it. XXXII/2, 1987), 728–766 – Bildwb. der Kleidung und Rüstung, hg. H. KÜHNEL, 1992 [Lit.].

Pontifikatsjahr → Datierung von Urkunden, II, 1

Pontigny, Abtei SOCist in Burgund (dép. Yonne), gegr. von einem Eremiten, dem Presbyter Ansius, der sich aus der Abtei →Cîteaux Mönche entsenden ließ; die Kirche wurde am 31. Mai 1114 vom Bf. v. →Auxerre geweiht. Abt Hugo v. Mâcon (seit 1137 Bf. v. Auxerre) genoß Einfluß, der demjenigen des hl. →Bernhard v. Clairvaux vergleichbar ist. Die Abtei erhielt vom Gf.en v. Auxerre und anderen Wohltätern reichen Grundbesitz übertragen; sie stand an der Spitze einer der Filiationen des Zisterzienserordens, mit Häusern in Nord- und Südwestfrankreich, Italien und Ungarn. Sie bot mehreren Ebf.en v. →Canterbury, die mit den Kg.en v. →England in Konflikt lagen, Zuflucht: →Thomas Becket (1164–66), Stephan →Langton (1208–14) und insbes. →Edmund v. Abingdon (1240), dessen Grab in P. zum vielbesuchten Wallfahrerziel wurde. Ab 1150 erfolgte ein großdimensionierter Neubau der Kirche, finanziert durch den Gf.en v. →Champagne, →Tedbald II. J. Richard

Lit.: V. B. HENRY, Hist. de l'abbaye de P., 1882 – M. GARRIGUES, Le premier cart. de l'abbaye cist. de P., 1981 – T. KINDER, Architecture of the Cistercian abbey of P. [Diss. Bloomington, 1982].

Pontius. 1. P., 7. Abt v. →Cluny 1109–22, OSB, † 29. Dez. 1126 Rom, ⊡ Rom, S. Andrea, danach nach Cluny überführt; aus der Gf.enfamilie →Melgueil (Vater: Gf. Petrus); Prior v. St-Martial (Limoges), Nachfolger Abt →Hugos v. Cluny (21. H.). Neben der wohl durchaus erfolgreichen Leitung des Kl.verbandes ist sein Abbatiat v. a. durch seine Vermittlerrolle im →Investiturstreit zw. Heinrich V. und dem Papst gekennzeichnet. An dem im →Wormser Konkordat 1122 gefundenen Kompromiß gebührt ihm sicherl. Anteil. Im Gegenzug erhielt er päpstl. Privilegien, v.a. für den Abt Clunys, dem →Pallium (1109) sowie Mitra und Dalmatica (1114) zugestanden wurden. 1119 von Calixt II. zum Legaten und Kard.priester v. S. Cecilia ernannt, führten P.' extensive Auslegung und Beanspruchung dieser Vorrechte zu schweren Konflikten mit dem Abt v. St-Bertin, dem Bf. v. Mâcon und dem Abt v. Montecassino, dem er vergebl. den Rang des Erzbates streitig zu machen suchte. Ob wirtschaftl. Schwierigkeiten Clunys, für die P. verantwortl. gemacht wurde, Calixts II. Eintreten für überkommene bfl. Rechte (ZERBI) oder innerklösterl. Richtungskämpfe (BREDERO) zum Sturz von P. führten, bleibt umstritten. 1122 dankte er ab und begab sich auf Pilgerfahrt nach Jerusalem. Sein gewaltsamer Versuch (1125/26), nach seiner Rückkehr →Petrus Venerabilis das Abbatiat streitig zu machen, mißlang. Als Gefangener des Papstes starb er exkommuniziert in Rom. N. Bulst

Lit.: DHGE XIII, 56–59 – G. TELLENBACH, Der Sturz des Abtes P. v. Cluny und seine geschichtl. Bedeutung, QFIAB 42/43, 1963, 13–55 – H. E. J. COWDREY, Two Stud. in Cluniac Hist. 1049–1126, StGreg 11, 1978, 181–298 – P. ZERBI, Tra Milano e Cluny (Italia sacra 28, 1978) – A. H. BREDERO, Cluny et Cîteaux au douzième s., 1985.

2. P. de Ilerda, Zivilrechtslehrer (doctor legum) aus Lérida (Katalonien), leistete am 1. Nov. 1213 in Bologna den Professoreneid. Seine Bearbeitung (1214/17) der Arbor actionum von →Johannes Bassianus ist eine Q. der Summa de libellis von →Bernardus Dorna; seine Schrift über die Widerlegung von Urkk. (um 1216) wurde in das verbreitete Sammelwerk »Cavillationes« von Bagarottus (→Exceptiones) aufgenommen. P. Weimar

Ed.: La Summa arboris actionum di Ponzio da Ylerda, ed. G. ROSSI, 1951 – *Lit.*: SAVIGNY V, 156f. – S. KUTTNER, Analecta iuridica vaticana (Collectanea A. M. ALBAREDA I, StT 219, 1962), 415–452, 421ff. – L. FOWLER, Ordo iudiciorum vel ordo iudiciarius, 1984, 181f., 191ff., 228f.

Pontoise, Stadt nw. von Paris (dép. Val d'Oise), im →Vexin, am rechten Ufer der Oise, bei der Einmündung der Viosne, und am Flußübergang der Straße von →Paris nach →Rouen (Ortsname weist auf die Brückenfunktion hin). Seit röm. Zeit besiedelt, gehörte der Ort zu Neustrien, wurde 886 von den →Normannen geplündert, später dann Hauptort des Vexin français. Philipp I. gliederte P. der →Krondomäne ein und entzog sie dem Gf.en v. P. Unter Ludwig VI. wurde die kgl. Burg errichtet, in der die Kapetinger oft residierten. Philipp II. Augustus verlieh der Stadt 1188 ein Kommunalprivileg (→Charte de commune). Ludwig d. Hl. gelobte hier nach einer Erkrankung den →Kreuzzug. Während des Bürgerkrieges zw. →Armagnacs und Bourguignons wurde in P. ein wenig dauerhafter Friede geschlossen (Juli 1413). 1417 wurde die Stadt vom Hzg. v. →Burgund eingenommen, 1419 von

Kg. Heinrich V. v. England. Die engl. Militärmacht, erst 1435 vertrieben, konnte die Stadt 1437 noch einmal zurückerobern, bis Karl VII. v. Frankreich sie nach dreimonatiger Belagerung am 19. Sept. 1441 dauernd in Besitz nahm.

Wichtigste Gewerbebetriebe der Stadt waren Mühlen, Gerbereien und Tuchwalkereien. Die Stadt hatte drei Jahrmärkte (4. Mai, Fest des hl. Gautier; 11. Nov., St-Martin; 8. Sept., Notre-Dame). 1300 zählte P. 2500 Herdstellen. – Kirchl. gehörte P. im MA zur Diöz. Rouen. Als Schutzpatrone wurden die hll. Mello und Nicasius verehrt. Abteien und Stifte in und um P. waren: St-Martin, gegr. 1069, 1. Abt der hl. Gautier († 1099), vormals Mönch in →Rebais; das Hôtel-Dieu, gegr. am Ende des 12. Jh., von Ludwig d. Hl.en für 14 Augustinerinnen ausgestattet; die Zisterzienserinnenabtei →Maubuisson (1236), bedeutendes Hauskl. (Grablege) der →Kapetinger. E. Lalou

Q. und Lit.: J. DEPOIN, Hist. populaire de P., 1889 – F. DOUSSET, La commune de P. au MA, 1989.

Pontos, Pontus → Schwarzes Meer

Ponza, Schlacht bei (1435). Wichtige Episode in den Kämpfen um die Nachfolge Kgn. →Johannas II. v. Neapel, die nach Annullierung ihrer Adoption →Alfons' V. v. Aragón →René v. Anjou zu ihrem Nachfolger bestimmt hatte. Mit diesem verbündeten sich der Hzg. v. Mailand, Filippo Maria →Visconti, und →Genua (seit 1421 unter Visconti-Herrschaft), das sich durch die Expansion der Krone Aragón im Mittelmeer geschädigt sah. Der von Alfons belagerten, strateg. wichtigen Stadt →Gaeta kam eine genues. Flotte von 17 Schiffen unter dem Kommando Biagio Asseretos zu Hilfe. Alfons fuhr mit 26 Schiffen der feindl. Flotte entgegen. Am 5. August kam es zur Schlacht, die 10 Stunden dauerte und für die Aragonesen mit einer vernichtenden Niederlage endete: Der Kg. selbst, seine Brüder Heinrich und Johann, Kg. v. Navarra, und eine große Zahl neapolitan. Barone gerieten in Gefangenschaft. Die Gefangenen wurden über Savona nach Mailand gebracht, wo Alfons den Hzg. überreden konnte, sich mit ihm zu verbünden. G. Vitolo

Lit.: M. DEL TREPPO, I mercanti catalani e l'espansione della Corona d'Aragona nel sec. XV, 1972 – R. RYDER, Alfonso the Magnanimus, 1990 – G. GALASSO, Il regno di Napoli. Il Mezzogiorno angioino e aragonese (1266–1494), 1992.

Poor Caitiff ('Armer Elender'; lat. 'pauper rusticus'), spätme. Handbuch aus der 2. Hälfte des 14. Jh. zur religiösen Unterweisung der Laien. In insgesamt 14 Traktaten behandelt sein anonymer Kompilator (»compiild of a pore caitif«), der der myst. und allegor. Tradition nahesteht, das 'Credo', die Zehn Gebote, das Vaterunser und weitere katechet. Themen, wobei er u. a. aus Werken Richard →Rolles schöpft. Die große Popularität des P. C. belegen über 50 überlieferte Hss. und vielfache Querverbindungen zu anderen me. Erbauungsschriften. W. Sauer

Bibliogr.: J. E. WELLS, Manual, 1916, 482 [Nr. 74] – P. S. JOLLIFFE, A Checklist of ME Prose Writings of Spiritual Guidance, 1974, 65–67 – Ed.: The Religious Tract Society, Writings of ... John Wickliff. British Reformers I, 1831, 49–122 [unvollständig, modernisiert] – M. T. BRADY, The P. C., ed. from Ms. Harley 2336 with introduction and notes [Diss. Fordham 1954] – Lit.: M. T. BRADY, The P. C., An Introductory Study, Traditio 10, 1954, 529–548 – DIES., The Apostles and the Creed in Mss. of The P. C., Speculum 32, 1957, 323–325.

Pop Dukljanin (Priester v. Dioclea), Beiname des unbekannten Verf. einer nach 1149 (wahrscheinl. vor 1189, sicher vor 1215) in →Bar entstandenen Chronik, die sich selbst 'Libellus Gothorum' (= 'Sclavorum regnum') nennt (Letopis P.a D.a, in der Forsch. auch: Barski rodoslov 'Genealogie v. Bar'). Das Werk entwirft die fiktive Genealogie einer Dynastie des 5. bis 12. Jh., die zunächst in einem Herrschaftsbereich von Istrien bis nach Albanien, schließl. nur mehr in Dioklitien (→Zeta) geherrscht habe. In die einförmige genealog. Aufzählung sind ausführlichere Passagen eingeschoben, v. a. eine Zusammenfassung der Vita des hl. →Johannes Vladimir sowie ein Bericht über die Synode »in planitie Dalme« nach der Slavenbekehrung (Errichtung der beiden Metropolen →Split, als Nachfolger von →Salona, und Bar, als Nachfolger von →Doclea). Die Chronik ist zur Verteidigung der Rechte des Ebf.s v. Bar im Streit mit dem Ebf. v. →Ragusa (Dubrovnik) entstanden. Die lat. Version ist in zwei Hss. des 17. Jh. erhalten sowie in einer it. Übers. im Werk Mauro Orbinis (1601). Eine altkroat. Übers. des ersten Teiles (Kap. 1–23), mit Schilderung der Ermordung →Dmitar Zvonimirs (1089) im Anhang, war im SpätMA als selbständige Q. bekannt (lat. Übers. durch den Humanisten Marko Marulić, 1510). Nachdem einmal der artifizielle Gesamtcharakter der Chronik erkannt worden war, verlagerte sich die Erforschung auf die einzelnen Bestandteile. S. Ćirković

Ed.: F. ŠIŠIĆ, Letopis P.a D.a, 1928 – Lit.: Repfont IV, 202–204 – L. STEINDORFF, Die Synode auf der Planities Dalmae, MIÖG 93, 1985, 279–324 [Lit.] – E. PERIČIĆ, Sclavorum Regnum Grgura Barskog, 1991.

Popolo (populus), im Laufe des 13. Jh. in den it. Stadtkommunen entwickelter Begriff mit wirtschaftl.-sozialer und v. a. polit.-rechtl. Konnotation, den der Teil der Stadtbevölkerung bezeichnet, der im Gegensatz zu den →Magnaten stand und anfängl. nur in untergeordneter Position am öffentl. Leben der Stadt teilnahm. Der P. setzte sich hauptsächl. aus den →Arti und anderen Berufsorganisationen zusammen und war – ähnlich wie der Adel – familienweise und nach Stadtvierteln in societates armorum organisiert. Eine Teilnahme der Vertreter der »Arti minori« an den städt. Versammlungen wurde erst erreicht, als zw. 1230/40 die in der städt. Miliz als pedites organisierten Popularen eine Ordnung (ordinamentum) installierten, die auf die Bedürfnisse der handeltreibenden Bevölkerungsschichten zugeschnitten war. In dieser städt. Ordnung hatten die besser organisierten und wohlhabenderen Gruppen die Oberhand, während der *popolo minuto* (Handwerker, Kleinhändler, Arbeiter) nur eine marginale Funktion besaß. In der Anfangsphase folgten die Organe der P.-Kommune überwiegend dem Vorbild der Podestà-Kommune: an der Spitze ein von den *Anziani del p.* unter den Adligen einer anderen Stadt gewählter *Capitano del p.* (→Capitaneus); an der Basis die »congregatio populi« (Mitglieder der Korporationen und der societates armorum). Im Versuch, eine demokrat. und egalitäre Institution zu schaffen, erließen die populares eine Reihe von Gesetzen, die die Magnaten aus der Stadtpolitik verdrängten (→Ordinamenta iustitiae). Die Populus-Kommune blieb allerdings weiterhin eine oligarch. Einrichtung und verweigerte den Massen der Handwerker und Arbeiter, die zum Sturz der Adelsherrschaft beigetragen hatten, die Teilnahme am Stadtregiment. Dem p. minuto gelang ein Eintritt in die Politik nur für kurze Zeit im Rahmen revolutionärer Bewegungen. E. Capuzzo

Lit.: S.a. →Kommune; →Magnaten, →Signorie – Enc. diritto XXXIV, 1985, 330ff. – Diz. d. politica II, 1976, 716ff. – V. I. RUTENBURG, P. e movimenti popolari nell'Italia del '300 e '400 (Übers. aus d. Russ.), 1971 – U. NICOLINI, Per lo studio del Comune mediev., 1972 – M. SANFILIPPO, Le città mediev., 1973 – G. DE VERGOTTINI, Arti e p. nella prima metà del sec. XIII (Scritti di storia del diritto it., hg. G. ROSSI, I, 1977), 387–467 – A. MARONGIU, Storia del diritto it. Ordinamenti e istituti di governo, 1978 – Istituzioni e società nella storia d'Italia, hg. G. CHITTOLINI, 1979 – O. CAPITANI, Città e comuni (Storia d'Italia, hg. G. Galasso, IV, 1981), 31ff. – M. Bellomo, Soc. e istituzioni in Italia dal medioevo agli inizi dell'età moderna, 1990³.

Poppo

1. P., *Patriarch v. →Aquileia* 1019–42, † 28. Sept. 1042, ▭ Aquileia, Sohn des Kärntner Gewaltboten Oci aus dem Geschlecht der →Otakare (kein Gf. v. Treffen). P. wurde wohl im Okt. 1019 Patriarch v. Aquileia und brachte die elterl. Kl.gründung →Ossiach an seine Kirche. Er erhielt 1022 von Ks. Heinrich II. ein militär. Kommando und trat 1035 als ksl. →missus in Padua auf. Mit Hilfe Ks. Konrads II. bekämpfte er die ven. Metropole →Grado, die 1024 und 1042 (?) geplündert wurde. Die 1027 erzielte päpstl. Anerkennung von P.s Ansprüchen auf Grado wurde nie durchgesetzt; 1034 bekam er von Konrad II. bisher ven. Gebiet zugesprochen. Damit einher ging die Aufwertung von Aquileia: P. dotierte hier kirchl. Institutionen und weihte 1031 die erneuerte Kathedralkirche. Neben anderen Diplomen erhielt P. 1028 ein Münzprivileg, dessen Echtheit ebenso umstritten ist wie die des (einzigen) von P. bekannten Pfennigs. Gegen den Hzg. v. Kärnten setzte P. 1027 die Freiheit der Besitzungen seiner Kirche vom Fodrum durch. R. Härtel

Lit.: P. Paschini, Vicende del Friuli, Mem. stor. forogiul. 9, 1913, 14–39 – K.-J. Herrmann, Das Tuskulanerpapsttum (1012–46), 1973, 91–100 [Grado] – H. Dopsch, Salzburg und Aquileia (Il Friuli dagli Ottoni agli Hohenstaufen, 1984), 529–531 [Herkunft] – R. Härtel, Die Urkk. des Patriarchen P., RHMitt 26, 1984, 107–180 – P. Cammarosano, L'Alto medioevo (Ders. u. a., Il medioevo, 1988), 82–87.

2. P. (Bopho; häufiger: Folcmarus, Volcmarus), *Ebf. v. →Köln* 965–969, † 18. Juli 969; Kanoniker am Dom zu Hildesheim, am Dom zu Köln, Propst zu Bonn, erhielt an der Jahreswende 965/966 von Ks. Otto I. das Ebm., das vorher der in Köln als Hl. verehrte Bruder Ottos, →Brun, innehatte. P. veranlaßte die Abfassung der »Vita Brunonis«, die ihm vom Autor →Ruotger auch gewidmet wurde. Er stattete St. Pantaleon in Köln und St. Viktor in Xanten mit goldenen, beschrifteten Altartafeln aus, die Brun bereits geplant hatte. Möglicherweise erfolgte die Widmung der Tafel in Xanten zugleich mit der Weihe der Stiftskirche. Wichtigstes Ereignis in P.s Pontifikat war die Erhebung der 966 unter St. Pantaleon aufgefundenen Gebeine des hl. Maurinus. C. A. Lückerath

Q. und Lit.: Annales Colonienses, hg. Ph. Jaffé–W. Wattenbach, Eccl. metropol. Coloniensis codices manuscripti, 1874, 129 – Annales Prumienses, MGH SS 15/2, 1888, 1292 [mit einem der wenigen Belege des Namens P.] – Stephanus, De translatione s. Maurini, ebd., 684f. – Reg. der Ebf.e v. Köln, I, 1961, 151–153 – F. W. Oediger, Gesch. des Ebm.s Köln, I, 1972², 105.

3. P., *Ebf. v. →Trier* seit 1016 (Weihe: 1. Jan.; Pallium: 8. April), † 16. Juni 1047, ▭ Trier, Stift St. Simeon, ab 1803 St. Gervasius (1944 zerstört, Grab geborgen); Sohn von Mgf. Liutpold I. (jüng. →Babenberger) und der frk. Hzg.stochter Richeza. In Regensburg erzogen, wurde P. früh mit Ks. Heinrich II. bekannt, der ihn als Dompropst nach Bamberg entsandte. Mit der Bestimmung P.s zum Nachfolger Megingauds riegelte der Ks. zugleich die Ostexpansion der durch Ksn. →Kunigunde mit ihm verschwägerten →Luxemburger ab. Zielstrebig konnte P. die Herrschaft im Erzstift zurückgewinnen. Drei Ks.n (Heinrich II., Konrad II., Heinrich III.) war er treuer Lehnsmann. 1018 erhielt er von Heinrich II. den Kg.shof und St. Florin in Koblenz, 1031 durch Konrad II. die Gft. Marfels (Taunus), die Heinrich III. 1039 bestätigte. Als Trierer Oberhirte hat P. S. Maria ad martyres 1017 quasi neubegründet. Das aufgehobene Kl. Pfalzel, dessen Vermögen er gegen die Luxemburger heranzog, wurde als Stift wiederhergestellt. 1027 weihte er Bf. Bruno v. Toul (→Leo IX.). P. begründete den Kult des auf seinen Antrag von Benedikt IX. heiliggesprochenen →Simeon († 1035; Stiftsgründung). 1037 überführte er die Reliquien des Bf.s Maternus in den von ihm sanierten und erweiterten Dom (Westwerk). Als Persönlichkeit war P. zugleich kraftvoll und »humilis«. Sein Leben und Wirken erhielten sich auch in Legende und Sage. A. Heit

Q.: MGH SS VIII – UB zur Gesch. der mittelrhein. Territorien, I, 1860 – A. Goerz, Reg. der Ebf.e v. Trier, 1861 – Ders., Mittelrhein. Reg. I, 1876 – Lit.: ADB XXVI, s.v. – F. Lesser, Ebf. P. v. Trier, 1888 – K. Lönnert, Personal- und Amtsdaten der Trierer Ebf.e, 1908 – R. Martini, Die Trierer Bf.swahlen, 1909 – A. Heintz, Der hl. Simeon v. Trier, seine Kanonisation und seine Reliquien (Fschr. Thomas, 1967), 163–173 – F. Pauly, P. v. Babenberg (1016–47) (Aus der Gesch. des Bm.s Trier, II, 1969) – H. Schiel, Ein zeitgenöss. lat. Gedicht auf Ebf. P., seine Entstehungszeit und seine Deutung, Kurtrier. Jb. 9, 1969, 32–44 – D. Jank, Bemerkungen zu einigen Trierer Palliumurkk. des 11. Jh. ..., ebd. 22, 1982, 13–22.

4. P. v. Stablo OSB, lotharing. Reformabt, * 978 in Deinze, † 25. Jan. 1048 in Marchiennes. Zunächst militär. Laufbahn, unternahm zwei Wallfahrten (Rom, Hl. Land) und wurde Mönch in St-Thierry de →Reims. Dort begegnete er dem benediktin. Reformer →Richard v. St-Vanne, dem er nach →Verdun folgte. P. widmete sich v. a. Verwaltungsaufgaben und wurde zu diesem Zweck nach St-Vaast d'Arras und →Beaulieu-en-Argonne (dort Errichtung von Neubauten) entsandt.

Er wurde durch die Gunst Ks. →Heinrichs II. zum Abt v. →Stablo und →Malmedy 1020 ernannt, was Richard, der damit einen seiner fähigsten Helfer verlor, nicht ohne Widerspruch hinnahm. In Stablo-Malmedy stellte P., mit Hilfe einiger mit ihm gekommener Mönche, kraftvoll Klosterzucht und benediktin. Spiritualität wieder her. Er reorganisierte Domäne und Vogtei, rekuperierte entfremdetes Gut und erwirkte neue Schenkungen. Auch ließ er die kirchl. Bauten wiederherstellen, um so den Heiligen- und Reliquienkult zu verbreiten, förderte die künstler. Tätigkeit und verlieh dem monast. Leben starke intellektuelle Impulse. Am 5. Juni 1040 vollzog er in Anwesenheit des Ks.s und seines Hofes die Weihe der neuen großartigen Abteikirche v. Stablo.

P.s Reformtätigkeit erfaßte zahlreiche Kl. und Stifte, unmittelbar oder über seine Schüler (St. Maximin in →Trier, →Limburg a.d. Haardt, →Echternach, →Waulsort, →Hastière, Hautmont, →Hersfeld, →St. Truiden/St-Trond, →Brauweiler u. a.). Als großer Abt der otton.-sal. →Reichskirche und führender Repräsentant des Reichsmönchtums wurde er zu einer zentralen Gestalt der →Lotharing. Reform und diente dem Reich auch auf diplomat. Missionen. – Seine Heiligenverehrung konzentrierte sich auf Stablo (▭Krypta), offizielle Kanonisation 1624. Ph. George

Q.: BHL 6898, ed. Wattenbach, MGH SS XI, 1854, 291–316 – Halkin-Roland, Les chartes de St-My, I, 1909 – Lit.: BNB XVIII, 43–53 – Monasticon belge, II, 1928, 78f. – LThK² VIII, 617f. – Bibl. SS, 1029–1034 – J. L. Kupper, Liège et l'Église impériale, 1981 – Monast. Reformen im 9. und 10. Jh. (VuF 38, 1989) – Ph. George, Les reliques de Stavelot-Malmedy. Nouveaux documents, 1989 [Lit.] – Die Salier und das Reich, 1–3, hg. St. Weinfurter, 1991 – Ph. George, vollst. Biogr. [in Vorber.].

Popponen → Babenberger, ältere

Populonia → Massa Marittima

Porcari-Verschwörung. Im Jan. 1453 organisierte Stefano P., der dem niederen stadtröm. Adel entstammte, eine Verschwörung gegen Nikolaus V. P., der eine humanist. Erziehung genossen und mit der florent. Kultur des frühen Quattrocento in Berührung gekommen war

(1427–28 in Florenz Capitano del popolo), begeisterte sich für die republikan. und imperialen Ideale und wollte Rom aus der Papstherrschaft befreien, die die kommunale Selbständigkeit stark beschnitten hatte. Vom Papst wegen Unruhen, die er 1451 provoziert hatte, nach Bologna verbannt, kehrte P. Ende 1452 heimlich nach Rom zurück und nahm mit Personen Kontakt auf, die seine polit. Ansichten teilten. Bevor die Verschwörer ihre Absicht, den Vatikan in Brand zu setzen, den Papst mit goldenen Ketten zu fesseln, P. zum Tribun zu ernennen und Rom zur freien Stadt zu proklamieren, verwirklichen konnten, wurden sie entdeckt. P. wurde gefangengenommen und zusammen mit seinem Schwager, seinem Sohn Clemente und anderen Mitverschworenen am 9. Jan. 1453 in der Engelsburg gehängt. A. Modigliani

Lit.: Petri de Godis De coniuratione Porcaria dialogus (Horatii Romani Porcaria, hg. M. Lehnerdt), 1907 – Leonis Baptistae Alberti, De Porcaria coniuratione epistola, Opera ined., hg. H. Mancini, 1890, 257–266 – Diario ... di Stefano Infessura..., hg. O. Tommasini, 1890 – Il »Memoriale« di Paolo di Benedetto di Cola dello Mastro del rione di Ponte, hg. F. Isoldi, RIS² 24/2, 1910–12, 97 – O. Tommasini, Doc. relativi a S. P., ASRSP 3, 1880, 63–133 – R. Cessi, La congiura di S. P., Saggi Romani, 1956 – M. Miglio, »Viva la libertà et populo di Roma«...: S. P. (Fschr. G. Battelli, I, 1979), 381–428.

Porcien, Gft. in Nordfrankreich (dép. Ardennes), →Pagus der Francia occidentalis (→Francia), unmittelbar an der Grenze zum Imperium. Dieser Pagus 'Portianus' wurde im 10. Jh. zur Gft., deren Inhaber wohl vom Gf. enhaus v. →Laon abstammten. Die feudale Gft. verlor im 11.–12. Jh. etwa die Hälfte ihres Territorialumfangs, vorwiegend an die Gf.en v. →Rethel. 1302 wurde die Gft. vom Haus →Châtillon gekauft, 1400 vom Hzg. v. →Orléans, gehörte 1438–46 der Familie →Croy, 1561 zum Fsm. erhoben. Die Gft. umfaßte ca. 40 Dörfer, die sich in zwei große Komplexe gruppierten: der eine im NW (Herrschaft Montcornet), der andere im SW von Charleville-Mézières (mit Château-P. als Hauptort). B. Delmaire

Q.: G. Robert, Documents relatifs au comté de P., 1134–1464, 1935 – Lit.: M. Bur, La formation du comté de Champagne, 1977 – Albums de Croy, II: Propriétés des Croy, 2, 1988.

Poreč (lat. Parentium, it. Parenzo), auf einer Halbinsel gelegene Stadt an der W-Küste von →Istrien, hervorgegangen aus einer röm. colonia (Straßennetz erhalten). Im spätantiken Sakralzentrum am N-Rand wurde im 6. Jh. die Euphrasius-Basilika, eines der wichtigsten byz. Bauzeugnisse im Adriaraum, errichtet. Am Ende des 8. Jh. kam P. mit ganz Istrien unter frk. Herrschaft und verlor den größten Teil seines 'ager'; die Diöz. P., die auch Rovinj umfaßte, bewahrte ihren Umfang. Die Stadtregierung gelangte weitgehend an den Bf. Im 12. Jh. organisierte sich die Stadtbevölkerung als Kommune, an deren Spitze 1194 zwei rectores standen. Im Zuge des Ausbaus der ven. Macht in Istrien zu Lasten des Patriarchates v. →Aquileia gelangte auch P. 1267 unter die Herrschaft Venedigs. Nachdem das alte Statut bei der Verwüstung der Stadt durch die Genuesen 1354 verbrannt war, wurde 1363 ein neues abgefaßt. L. Steindorff

Lit.: IP VII/2, 229–231 – M. Prelog, P. Grad i spomenici, 1957 – Statut grada P.a (M. Zjačić, Mon. hist.-juridica Slavorum meridionalium XIII, 1979) – R. Bratož, Krščanstvo v Ogleju, 1986 – M. Prelog, Die Euphrasius-Basilika v. P., 1986.

Wichtigstes Denkmal der Stadt ist die nach ihrem Gründer, dem Bf. Eufrasius, benannte dreischiffige Basilika aus der Mitte des 6. Jh. (über einer älteren Kirchenanlage mit Mosaikböden) samt Atrium, Baptisterium, Episkopion sowie Martyrium des Lokalhl. und Bf.s Maurus. Von bes. Bedeutung sind die Apsismosaiken, die die Zuführung von vier Martyrern, darunter Maurus (Inschr.) und wohl auch Eleutherius samt dem Bf. und Gründer Eufrasius (mit Kirchenmodell), seinem Archidiakon Claudius und dessen Sohn Eufrasius durch zwei Engel zu dem auf dem Schoß Mariens thronenden Christusknaben, in der Fensterzone rechts und links Verkündigung und Heimsuchung zeigen. Allg. Verwandtschaft mit ravennat. Mosaiken der Zeit (San Vitale). Die Kapitelle (neben Spolien) offensichtl. Import aus →Konstantinopel, die Kämpferblöcke mit dem Monogramm des Bf.s, die Arkadensofitten mit hervorragenden farbigen Stucchi (N-Seite erhalten). Über dem Altar ein Ziborium mit ven. Mosaik (1277). Das Triumphbogenmosaik (Christus mit Aposteln) ist weitgehend Ende 19. Jh. wie auch das Apokalypsenmosaik der W-Fassade. Mit dem Eufrasius-Komplex verbunden ist das Canonicum-Gebäude des 13. Jh.; weiterhin Kirche des Hl. Franziskus (14./15. Jh.). M. Restle

Lit.: G. Bovini, Il complesso delle basiliche paleocristiane di Parenzo, CorsiRav 1960, 2, 13–39 – A. Sonje, Il complesso della prima basilica nella zona della basilica eufrasiana a Parenzo, Atti VI Congr. Int. Archeol. Crist. Ravenna 1962, 1965, 799–806 – Ders., Gli stucchi della Basilica Eufrasiana di Parenzo, Felix Ravenna 3. ser. 44 [95], 1967, 51–68.

Porete, Marguerite → Margareta Porete (5. M.)

Porfyrius Optatianus, Publilius, chr. lat. Dichter (ca. 260–335) von 27 Gedichten auf Konstantin und seine Politik, die durch Buchstaben- und Verskünsteleien ausgezeichnet sind (→Akrosticha, Mesosticha, Telesticha, geometr. Figuren, Symbole und Bilder, z. T. mit eingefügten gr. Wörtern und Versen); auch die Dichtung selbst wird thematisiert. Damit begründet er in der lat. Lit. eine Gattung, die sich im MA großer Beliebtheit erfreute (→Figurengedichte). J. Gruber

Ed.: G. Polara, 2 Bde, 1973 [mit Komm.] – Lit.: RE XXIII, 1928–1936 – HLL § 544 – U. Ernst, Carmen Figuratum, 1991.

Porikologos ('Obstbuch'), neben dem gleich strukturierten und von ihm abhängigen »Opsarologos« ('Fischbuch') eine Satire gegen das ausufernde Ämter- und Titelwesen in Byzanz in der Form einer Parodie einer Hochverratsverhandlung vor dem ksl. (Quitten-)Gerichtshof mit den Beisitzern Granatapfel, Pomeranze, Pfirsich, Pflaume, Pistazie, Limone, Pinien- und Muskatnuß. Das Werkchen geht auf das 14. Jh. zurück und ist einer der beliebtesten Texte spätbyz. Provenienz, was sich in 19 erhaltenen Hss. und 16 Venezianer Druckauflagen vom 17.–19. Jh. manifestiert. Neben der schriftl. Tradierung, die heute in 3 Hauptversionen unterteilt wird, wurde das Werk zeitweilig auch mündl. überliefert (Versionen auf Naxos und Zypern). Der gr. Text wurde auch ins Türk., Serb. und Rumän. übersetzt. H. Eideneier

Ed.: H. Winterwerb, P., 1992 (Neograeca medii aevi VII) [mit dt. Übers.].

Porphyr (lat. purpura), vom gr. πορφύρα 'Purpurschnekke oder -muschel' (Murex trunculus bzw. Purpura hamastoma), aus der an mehreren Orten des Mittelmeeres der blauviolettrote Farbstoff →Purpur gewonnen wurde. Der Begriff P. wird heute (gesteinskundl.) im Sinne von πορφυρίτης λίθος (Plin., Hist. Nat. 36, 57) für ein Ergußgestein von Alkalifeldspat mit weißen Quarzeinsprengseln von meist dunkelroter, aber auch grüner oder schwarzer Farbe verwendet. Einzig in der Antike bekanntes und in röm. wie frühbyz. Zeit bes. ausgebeutetes Vorkommen des dunkelroten P. im mons porphyreticus (heute Gebel Dukhan) in Oberägypten nahe der Küste des Roten Meeres, das jedoch seit der arab. Eroberung Ägyptens unzugängl. war. Seit der röm. Ks.zeit ksl. Reservat. Byz. Ksn.nen gebaren ihre Kinder in der Porphyra, dem mit P. inkrustierten Kreißgemach des Ks. palastes in Konstantinopel, die danach Πορφυρογέννετοι/αι genannt wurden; der ksl. Thron war über P.-Stufen errichtet, und die Plätze, auf denen der Ks. im Rahmen des Zeremoniells zu stehen hatte, waren mit runden P.-Scheiben (rotae) im Fußboden geschmückt. Ks.-Statuen waren häufig aus P. (z. B. sog. Tetrarchen, Venedig u. a.), und eine Reihe von Ks.n wurde auch in P.-Sarkophagen bestattet. Im MA Aneignung dieses Reservates auch durch Päpste und w. Herrscher. Das dazu benötigte Material kam als Spolien aus röm. Bauten. Auch in osman. Zeit fanden in den großen Stiftungen der Sultane noch P.rotae Verwendung. M. Restle

Lit.: RE XXXIII/2, 2000-2020 - R. DELBRUECK, Antike P. werke, 1932 - A. VASILIEV, Imperial Porphyry Sarcophagi in Constantinople, DOP 4, 1948, 1-26 - J. DEÉR, The Dynastic Porphyry Tombs of the Norman Period in Sicily, 1959 - H. HUNGER, Konstantinopel und Ksm. als 'Neue Mitte', Epidosis XX, 1989, 61-67.

Porphyrios, gr. Philosoph, geb. 234 in Tyros, Todesjahr unbekannt. Biograph. Q. sind seine Schriften und die Vita des →Eunapios. P. (ursprgl. Name Malkos oder Malchos), aus angesehener Familie, lernte in Athen bei Longinos (gest. 272) die platon. Philos. kennen. 263 ging er nach Rom, wo er sich zunächst krit. mit Lehrmeinungen →Plotins auseinandersetzte, sich dann aber ihm anschloß. Aus Gesundheitsgründen siedelte er 268 nach Lilybaeum in Sizilien über. Nach der Rückkehr nach Rom gab er zw. 301 und 305 Plotins Schriften heraus.

Schriften: Von den über 60 überlieferten Titeln (Komm. zu Texten Platons und Aristoteles', Lehrschrr. zu allen Gebieten der Philos). sind erhalten: Die Schr. über die Nymphengrotte, eine allegor. Deutung von Hom. Od. 13, 102-112; eine Einführung (Isagoge) in die Kategorienschr. des Aristoteles und ein Kurzkomm. dazu; die Vita Plotins; eine Slg. von Kernsätzen aus den Schrr. Plotins (Sententiae); die Vita des Pythagoras; »Über die Enthaltsamkeit« (De abstinentia); ein Trostbrief an seine Frau Marcella; ein Komm. zur Harmonielehre des Ptolemaios. Umfangreichere Fragmente sind erhalten aus: Komm. zum »Timaios« (bei Proklos); vier B. einer Philosophiegesch.; »Über die Rückkehr der Seele« (De regressu animae); »Über die Philosophie der Orakel«; »Über die Götterbilder«; »Brief an Anebo«; »Homer. Unters.«; »Gegen die Christen«; »Vermischte Unters.«.

Lehre: Zentral ist für P. die Frage nach dem durch Denken und Willen zu gewinnenden Seelenheil des Menschen, das in der Vereinigung mit Gott besteht; der Philosoph wird zum Seelenarzt. Die Seele nimmt zw. Gott und der Körperwelt eine Mittelstellung ein, woraus sich die Frage nach den Formen der Teilhabe der Seele an der Körperwelt und nach ihren Erkenntnismöglichkeiten ergibt. Erörtert wird auch das ontolog. Problem der Stellung des Ersten, wobei die Hypostasenlehre Plotins übernommen wird.

Rezeption in Spätantike und MA: Große Wirkung hatte P. im lat. W, wo der Neuplatonismus im wesentl. durch ihn vermittelt wurde. →Augustinus bewahrt im 10. B. der »Civitas Dei« zahlreiche Fragm. e aus »De regressu animae«, Claudianus Mamertus übernimmt P.' Gedanken in seine Schrift »De statu animae«, von wo aus sie über →Cassiodors »De anima« ins MA gelangten. Die Übers. der »Isagoge« durch →Marius Victorinus und die Übers. und Komm. der gleichen Schrift durch →Boethius machten sie zum Hb. der ma. Philos. (meist unter dem Titel »De quinque vocibus«). Im O wirkt er v. a. durch seine Komm. zum »Timaios« und zu den »Chaldäischen Orakeln«. J. Gruber

Ed.: A. NAUCK, Opuscula selecta, 1886 [Neudr. 1963] (Philosophiegesch., Vita Pyth., De antro nymph., De abstin., Marc.) - E. DES PLACES (Vita Pyth., Marc.), 1982 - *De abstinentia:* J. BOUFFARTIQUE-M. PATILLON, 2 Bde, 1977/79 [mit frz. Übers.] - M. PERIAGO LORENTE [span. Übers.] - *Gegen die Christen:* A. HARNACK, AAB 1916/21 - *Götterbilder:* J. BIDEZ [Lit.], 1*-23* - *Homer. Unters.:* H. SCHRADER, 1890 (Odyssee) - *Isagoge:* A. BUSSE, CAG IV 1 - E. W. WARREN [engl. Übers.] - A. R. SODANO [it. Übers.] - A. ZIMMER, 1986 [engl. Übers.] - K. O'BRIEN WICKER, 1987 [mit engl. Übers.] - *Nymphengrotte:* R. LAMBERTON, 1983 [engl. Übers.] - A. PENATI, 1985 [it. Übers.] - L. SIMONINI, 1986 [mit it. Übers. und Komm.] - *Philos. Or.:* G. WOLFF, 1856 [Neudr. 1962] - *Regr. anim.:* J. BIDEZ, 27*-44* - *Sententiae:* E. LAMBERZ, 1975 - C. J. LARRAIN, 1987 [dt. Übers.] - *Timaioskomm.:* A. R. SODANO, 1964 - *Verm. Unters.:* H. DÖRRIE, 1959 - *vita Plot.:* L. BRISSON u. a., 1982 - S. MACKENNA, 1984 [engl. Übers.] - *Fragmente:* A. SMITH, 1993 - *Lit.:* KL. PAULY IV, 1064-1069 - RE XXII, 275-313 - J. BIDEZ, Vie de P., 1913 [Neudr. 1964] - W. THEILER, P. und Augustin, 1933 (=Forsch. zum Neuplatonismus, 1966) - Entretiens sur l'Antiquité class., Fondation Hardt 12, 1966 - P. HADOT, P. et Victorinus, 2 Bde, 1968 - A. SMITH, P.s Place in the Neoplatonic Trad., 1974 - F. ROMANO, P. di Tiro, 1987 - P. COX, Biogr. in Late Antiquity, 1983 [zur Plotin-Vita] - A. SMITH, Porphyrian Studies since 1913, ANRW II. 36.2, 1987, 717-773 - →Platon, Platonismus.

Porphyrogennetos ('purpurgeboren'), Bezeichnung für (legitime) Kinder aus der ksl. Familie, die entweder in der Porphyra, einem mit Purpurmarmor ausgelegten Gebäude des Ks. palastes, oder nach Regierungsantritt des Vaters geboren wurden. Die Bezeichnung begegnet im 6. Jh., das Gebäude ist erstmals 797 genannt (Theophanes, Chronographia 472, 16, ed. DE BOOR) unter Bezugnahme auf die Geburt Konstantins VI.; seine Errichtung unter Konstantin d. Gr. (Liutprand, Antapodosis I, 7) ist Legende. Die bisher früheste Bezeichnung P. an offizieller (d. h. nicht rhetor.) Stelle ist in einer lat. Inschrift von 846 (Michael III.) aus Neapel zu finden. Leo VI. trägt (seit 879) diesen Beinamen. Einen bes. Nachdruck auf die Bezeichnung legte Leons Sohn →Konstantin VII. ('P.'; 905-959), der aufgrund seiner (zunächst) illegitimen Geburt damit die Rechtmäßigkeit seines Ksm.s betonte. Seit diesem Zeitpunkt bis zum Ende des Reiches ist P. ein ständiges Epitheton bei den Namen der Mitglieder der ksl. Familie (zur Abgrenzung gegenüber anderen adligen Familien), dem aber nie eine konstitutionelle Bedeutung zukommt und welches daher nie konsequenter Bestandteil der Ks.titulatur in Unterschriften wird. P. Schreiner

Lit.: Oxford Dict. of Byzantium, 1991, 1701 - R. JANIN, Constantinople byz., 1964, 121f. - P. SCHREINER, Das Herrscherbild in der byz. Lit., Saeculum 35, 1984, 142f.

Porretaner, Schüler →Gilberts v. Poitiers; sie bilden, dem Erbe der Schule v. →Chartres verbunden, eine eigene geistige Einheit, verteidigen die Thesen ihres Lehrers und fördern seine Impulse auf verschiedenen theol. Ebenen. So treten die Chronisten →Otto v. Freising (Gesta Frid. I, 48. 52) und →Johannes v. Salisbury (Hist. pont. VIII-XV) offen für ihn ein. Der Kanonist Eberhard v. Ypern SO-Cist, in Chartres, Paris und Poitiers Schüler Gilberts, später Magister in Paris, verteidigt diesen in seinem Hauptwerk »Dialogus Ratii et Everardi« (ed. HÄRING, MSt 15, 1953, 243-289) gegen →Bernhard v. Clairvaux. Der Liturgiker →Johannes Beleth erwähnt in seiner »Summa de ecclesiasticis officiis« Gilbert als theol. Autorität (CChrCM 41A, 406). Adhemar v. St-Ruf (Valence) stellt in seinem fast nur aus patrist. Texten bestehenden Boethius-Komm. Gilbert in eine Reihe mit den großen lat. Vätern (ed. HÄRING, AHDL 31, 1964, 111-206). →Hugo v. Honau, Pfalzdiakon Ks. Friedrichs I., erinnert sich der Väterkenntnis seines Lehrers; bes. habe er →Athanasios und →Hilarius v. Poitiers zitiert (Lib. de div. nat. I, 8; ed. HÄRING, AHDL 29, 1962, 122). Er ersucht in Konstantinopel →Hugo Etherianus um die Übers. patrist. Zeugnisse, die belegen, daß Gilberts Gotteslehre bereits von den gr. Vätern vorgetragen wurde. So auch sein Freund, →Peter v. Wien, dem die »Sententie Magistri Petri Pictaviensis« (sog. »Zwettler Summe«, ed. HÄRING), das systemat. bedeutsamste Werk der Gilbert-Schule, zugeschrieben werden. Weitere P. der ersten Generation sind der Magister (Dekan) Ivo v. Chartres († 1165), der 1147 seinen Lehrer vor dem päpstl. Konsistorium in Paris verteidigt, sowie der Dichter Jordanus Fantasma († nach 1174). Ob →Nikolaus v. Amiens und der Kanonist Kard. → Laborans († um 1190) unmittelbare Schüler Gilberts waren, wird diskutiert. Zur zweiten Generation der P. gehören →Simon v. Tournai, →Alanus ab Insulis, →Radulfus Ardens und Magister Martinus. Zu den namentl. bekannten P. kommen eine Reihe bemerkenswerter Schr. mit offener Verfasserfrage, die Gilberts Einfluß zeigen (LANDGRAF). Inhaltl. Besonderheiten ihrer Theol. sind Sensibilität für Sprachphilos. und Beschäftigung mit →Boethius (Komm.e von Adhemar v. St-Ruf, Hugo v. Honau, Simon v. Tournai, Alanus ab Insulis). Kennzeichnend sind ferner Bezug auf die Väter, Interesse für die Gottesund Trinitätslehre, Besonderheiten im Sakramenten- und Gnadenverständnis. Mit ihrer Vielfalt der Themenstellung und der Kraft ihrer Analyse gehören die P. zu den prägenden Theologen des 12. Jh. F. Courth

Lit.: GRABMANN, Scholastik II, 407-476 – LANDGRAF, Einführung, 72-92 – J. DE GHELLINCK, Le mouvement théol. du XIIe s., 1948 – S. GAMMERSBACH, Gilbert v. Poitiers und seine Prozesse im Urteil der Zeitgenossen, 1959 – N. M. HÄRING, The Porretans and the Greek Fathers, MSt 24, 1962, 181-209 – DERS., Zur Gesch. der Schulen v. Poitiers im 12. Jh., AK 47, 1965, 23-47 – DERS., Chartres and Paris Revisted (Essays in Hon. A. CH. PEGIS, hg. J. R. O'DONNELL, 1974), 268-329.

Porroys (Port-Royal; 'S. Maria de Portu Regio' nach der Gründungsbulle Honorius' III.), Frauenabtei, gelegen sw. von Paris, zw. Versailles und Chevreuse, gegr. 1204 von Mahaut de →Garlande, Gattin des Mathieu de Montmorency-Marly, und Eudes de →Sully, Bf. v. Paris. Zwölf Religiosen wurden installiert in der Abtei, die in einem weithin unbesiedelten Tal in der Pfarrei Magny-l'Essart (heute Magny-les-Hameaux) lag und lediglich an eine alte Laurentiuskapelle anknüpfen konnte. Eine Kirche wurde von Robert de Luzarches errichtet und 1229 geweiht. 1225 kam P. an den →Zisterzienserorden und war der nahegelegenen Abtei Les →Vaux-de-Cernay unterstellt. P. profitierte von Schenkungen großer Adelsfamilien (Marly, →Montmorency, Chevreuse, →Montfort, →Lévis, →Dreux) und den Kgtm.s (→Ludwig d. Hl.). 1234 zählte die Abtei 60 Religiosen. Papst Honorius III. bewilligte ihr 1223 das Recht der Aufnahme von Laien, die sich hierher (ohne Ablegung von Gelübden) im Alter oder zur Buße zurückzogen. Der Hundertjährige Krieg war für P. verhängnisvoll; erst unter Äbtissin Jeanne de la Fin begann am Ende des 15. Jh. ein Wiederaufstieg. Port-Royal war im 17. Jh. das geistige Zentrum des Jansenismus. E. Lalou

Lit.: A. DE DION, Cart. de l'abbaye de Porrois au dioc. de Paris plus connue sous son nom mystique Port-Royal, 1903.

Portage (Portagium), Abgabe in Frankreich. Der Begriff kann in doppeltem Sinn gebraucht werden, zum einen im allg., unspezif. Sinn der Erhebung eines →péage (Weg- →Zoll) auf alle Güter, die transportiert ('porté') werden, zum anderen in der (spezif.) Bedeutung einer Abgabe, die an den →Toren ('portes') von Städten erhoben wird. In diesem Sinne aufschlußreich ist z. B. die Angabe im »Livre rouge de la →Chambre des Comptes: »Deux livres de terre ... sous le pourtage de Troyes«, wobei des p., wie in der Quelle weiter ausgeführt wird, in der Entrichtung von je 100 Sous, zahlbar zu den beiden Meßterminen v. →Troyes, besteht. E. Lalou

Lit.: DU CANGE, s.v.

Portal

I. Westen – II. Byzanz – III. Altrußland.

I. WESTEN: Das P. ist ein monumentaler, repräsentativer Mauerdurchgang als Eingang, meist mit bes. architekton. Rahmung, und integrierender Bestandteil der Fassadengestaltung. Im ma. Kirchenbau ist das P. als Vermittlung von Außen und Innen ein wichtiges, reich gestaltetes Bauglied. Die P.e großer Kirchen dienten im MA als Gerichtsstätte, deswegen wurden die Bogenfelder oft mit Darstellungen des Jüngsten Gerichtes geschmückt und mit erhöhenden Baugliedern wie Säulen, Giebeln und P.löwen besetzt. Aber auch die Deutung der Kirche als Abbild des Himml. Jerusalem erfordert das Durchschreiten des göttl. Gerichts. Die großen got. P.e sind deshalb ein Abbild der hierarch. Ordnung des Gottesreiches: über allem thront Christus als Weltenrichter oder in der Verherrlichung; an den Gewänden die Vorfahren Christi, die Propheten, bes. verehrte Hl.e, auch die Tugenden und Laster; in den Archivolten Engelschöre, Kirchenväter, Hl.e, Apostel; im Sockel oft Reliefdarstellungen mit Jahreszeiten-, Monats- und Tierkreisbildern. Darüber hinaus findet sich an got. Kirchen ein ebenso reich geschmücktes Nordp. mit Relief- und Skulpturenschmuck, zumeist die Klugen und die Törichten Jungfrauen, gewöhnl. überdacht oder mit einer Vorhalle; hier nahm der Priester Eheschließung und Ringwechsel vor (Brauttür, am Dom in Magdeburg, St. Sebald in Nürnberg).

Die Lage der P.e ist abhängig von ihrer Nutzung. Der Haupteingang der altchr. Kirchen war verbunden mit einem Atrium und lag in der Mitte der Giebelfront, so auch bei den doppeltürmigen Westbauten der Romanik und Gotik, zusätzl. auch an den Querhausfronten. Doppelchörige Anlagen haben das Hauptp. an der Langseite (St. Michael in Hildesheim) sowie P.e von O bzw. W in die Querhausarme (Dome von Köln, Mainz, Bamberg). Bei Kl. kirchen führt oft das wichtigste P. aus dem Kreuzgang in die Kirche. Die Entwicklung der P. formen geht von den einfachen, mit Sturz und Bogen überdeckten, rechtwinkligen karol. zu den reichen spätroman.-got. Säulenp.en. Dem P. können Vorbauten vorgelagert sein: →Vorhalle, →Portikus, →Paradies.

Das *Sturzpfostenp.* ist die einfachste P.form, bei der zwei aufrechtstehende Monolithe als seitl. Begrenzung und ein Sturz den hochrechteckigen Durchgang rahmen, eine seit vorgesch. Zeit übliche und im Profanbau allg. gebräuchl. Form. Der giebelte Sturz kann auch Umrißritzung oder flache Reliefs aufweisen. Bald wurde der Sturz selbständig, rückte vor die Mauerflucht vor und wurde von Säulen getragen. So entstand die Ädikula, ein in der ma. Baukunst bes. in Oberitalien beliebtes Motiv (Parma, S. Zeno in Verona), das bei antikisierenden Bauten am Rhein unter den Saliern und in der Provence bis ins 12. Jh. hinein Verwendung fand. Das reine *Rahmenp.* kommt nur bei Innentüren oder kleineren Maueröffnungen vor. Das *Bogenp.* ist eine zweite, seit röm. Zeit übliche Art einfacher Mauerdurchgänge. In roman. Zeit ist der Rund- oder Kleeblattbogen zu finden. Die Bogenstirn wie auch das Gewände können mit Reliefs geschmückt sein. Die Gotik setzt Spitzbogen ein, die Spätgotik Eselrücken, Kielbogen und Vorhangbogen, in England Tudor- und Schulterbogen. Das *Bogenp. mit Sturz* ist eine konstruktive und zugleich gestalter. Neuerung, die sich aus der Verselbständigung des Entlastungsbogens bei einfachen P.en mit geradem Sturz entwickelt. Der in der Mauerfläche liegende, halbkreisförmige Mauerbogen über P.en mit horizontalem Sturz hatte reine Entlastungsfunktion (Entlastungsbogen). Das Bogenfeld war bündig vermauert, und der Durchmesser des Bogens entsprach zumeist nicht der Lichtöffnung des P.s (Oberitalien, Frankreich, West- und Süddtl.). Schon in karol. Zeit wird der Entlastungsbogen aus Steinen in wechselnder Farbe oder wechselnden Materialien gemauert und so in der Mauerfläche hervorgehoben. In der weiteren Entwicklung wird in sal. Zeit das Bogenfeld nicht mehr vermauert (Limburg a. d. H.), dann der Sturz zurückgestuft und das Bogenfeld durch eine Steinplatte (Tympanon) geschlossen, die im weiteren Verlauf mit Reliefschmuck überzogen wird. In der Gotik wird der Spitzbogen verwandt und das Tympanon in Zonen gegliedert oder seit 1240 durchfenstert (Reims, Kathedrale). Bei breiten P.en wird in einigen frz. Bauschulen, und von dort auf andere got. Kirchen übergreifend, der Sturz von einem mittleren Pfeiler (Trumeaupfeiler) abgestützt, der bes. bei got. Kirchen mit Relief oder einer Figur geschmückt wird. Das *Nischenp.* hat in karol. und otton. Zeit eine bes. Bedeutung. Eine große Nische, die zwei Geschosse umfassen kann und meist den Grundriß eines Kreissegmentes hat, ist in das aufgehende Mauerwerk eingelassen und kann als abschließende Apsis eines vorgelagerten Platzes oder Atriums aufgefaßt werden (Aachen, Pfalzkap.). Das eigentliche, einfache Rechteckp. mit Sturz befindet sich im Grunde der Nische und ist der monumentalen Nischenform untergeordnet. Das *Stufenp.* ist eine Schöpfung der sal. Baukunst um 1030, hervorgegangen aus einmal gestuften, ungegliederten Bogenp.en. Mehrfache Rücksprünge des Gewändes setzen sich in den Bogen des P.s (Archivolten) fort. In Speyer schließlich finden die fünf äußeren Stufen auch eine Entsprechung auf der Innenseite. In der weiteren Entwicklung werden Tympana eingesetzt sowie die Gewändestufen und Archivolten ornamentiert, auch mit Figuren besetzt. Das *Säulenp.* ist mit den in die Gewändestufen eingestellten Säulen die reichste P.form. Das Motiv der den Rundbogen tragenden Säulen in einem einfach zurückgestuften Gewände ist seit der Antike bekannt. In der reichen Form des roman. Säulenp.s sind in mehrere Gewändestufen Säulen eingestellt. Die Stufen werden durch Basis und Kämpfer in Pfeiler umgewandelt. Ihre mit den Säulen gemeinsame Basis- und Kämpferzone bewirkt dann später ein Übergreifen des Säulenkapitells auch auf die Stufenpfeiler. Die Basen entsprechen in Lage und Profilierung dem Mauersockel, so daß eine feste Verklammerung von P. und Baukörper entsteht. Erste Säulenp.e finden sich im 11. Jh. in der Normandie und in Italien, dann um 1100 in Burgund. Die frühesten Beispiele in Dtl. treten im ersten Drittel des 12. Jh. auf. Die reiche Ausgestaltung beginnt um 1150: die Säulen setzen sich als Wülste im Bogen fort und werden ornamentiert oder mit Figuren besetzt. Das Tympanon wird mit Reliefs reich geschmückt, seit der Mitte des 13. Jh. auch mit Maßwerkfenster geöffnet. Ab dem 12. Jh. werden in Frankreich die Säulen zunehmend durch Figuren ersetzt; der Säulenschaft wird unterbrochen, auf einem eingeschobenen Sockel steht die Figur, die von einem Baldachin beschirmt wird (Chartres, Reims, Bamberg). Seit der Mitte des 13. Jh. können die Baldachine wie die Kapitell-Kämpfer-Zone zu einem ornamentalen Fries zusammenwachsen. Im Verlauf des 14.Jh. werden Säulen und Figuren aufgegeben und durch Wülste,

Kehlen und andere Profile ersetzt, die sich in die Archivolten fortsetzen. Seit dem späten 12. Jh. werden an den West- und Querhausfassaden zwei oder drei P.e in ihren Gewändestufen so nahe zusammengerückt, daß eine zusammenhängende P.zone entsteht (Chartres, Reims). Die P.e werden von Wimpergen bekrönt und überschneiden mit ihrem Umriß das nächste Geschoß. Das *Trichterp.* ist eine seltene Abwandlung des Säulenp.s bzw. eine Frühform. Vor ein trichterförmig sich verengendes Gewände werden Säulen gestellt, deren Kapitelle und Kämpfer die Archivolten tragen (bes. um 1100, Hochelten). G. Binding

Lit.: Lex. der Kunst, V, 1993, 699f. – RDK II, 996–1010 – E. REDSLOB, Das Kirchenp., 1928 – K. ERDMANN, Zur Genesis des roman. Stufenp.s, Rep. f. Kw. 51, 1930, 179–195 – K. REIßMANN, Roman. P.architektur in Dtl. [Diss. München 1937] – H. HAASE, Roman. Kirchenp.e vom Ausgang des 12. bis zur Mitte des 13. Jh. [Diss. masch., Hannover 1948] – H. MECKENSTOCK, P.architektur dt. Spätgotik [Diss. masch., Innsbruck 1951] – D. UNKENBOLD, Unters. zur Entwicklung des dt. Kirchenp.s von ca. 1250 bis 1350 [Diss. masch., Göttingen 1957] – R. HIEPE, Prinzipien der Gesamtgestaltung monumentaler Türen von der Antike bis zur Romanik [Diss. masch., Hamburg 1958] – V. GÖTZ, Die Bildprogramme der Kirchentüren des 11. und 12. Jh. [Diss. masch., Tübingen 1971] – G. BINDING, Architekton. Formenlehre, 1987², 101–109 [Lit.] – G. FISCHER, Figurenp. in Dtl. 1350–1530, 1989.

II. BYZANZ: Byz. P.e sind in der Regel schlicht und fügen sich in das gesamte Gliederungssystem einer Fassade ein. Einzige Ausnahme von dieser Regel ist die Entstehung eigener P.- und Torbauten in der Folge spätantiker Propyla und Stadttore, wie etwa die sogenannte Chalke als Eingangsbau für den Kaiserpalast in Konstantinopel, die richtungsweisend für omayyad. Paläste wie Qirbet al-Mafgar und noch von Asir in Nordafrika (Algerien, 935/36) geworden sind. Daneben sind kleinere Säulenvorbauten in frühchr. und byz. Zeit häufig anzutreffen. Im allg. wird die Rechteckform der Tür von profilierten Gewänden und entsprechend gestaltetem Türsturz eingefaßt. Die durch den Entlastungsbogen für den Türsturz gebildete Lunette wird dagegen häufig durch Skulptur/Relief oder Mosaik und Malerei akzentuiert. In mittel- und spätbyz. Zeit gesellen sich zu den P.lunetten auch Blendnischen rechts und links des P.s, gelegentl. auch begleitende Säulen (Ausgangspunkt für das Säulenstufenportal?), die aber stets im Gesamtverband der Mauergliederung der betreffenden Fassade und nicht nur des P.s zu verstehen sind.

M. Restle

III. ALTRUSSLAND: Angesichts der Bedeutung des Innenraumes als »sakraler Schaubühne« (A. M. SCHNEIDER) und der klimat. Verhältnisse erfüllte das P. in Altrußland nicht die visuelle Funktion wie im Westen. Nach Stichen des 17. Jh. hat das P. der Sophienkathedrale in→Kiev eine reiche künstler. Ausgestaltung erfahren. Im weiteren Verlauf der Entwicklung dieses monograph. kaum erfaßten Gegenstandes finden sich in das Mauerwerk eingeschnittene, mit säulengegliedertem Gewände und (seltener) mit einem Tympanon ausgestattete P.e mit halb- und spitzbogenförmigem Abschluß. Unter roman. Einfluß stehen die P.e in →Vladimir-Suzdal', während sich die got. Spitzbogen (z. B. Troica-Kathedrale im Dreifaltigkeits-Kl., um 1408, Uspenie in Gorodok, um 1400) danach durchsetzt. Die P.e der Kirchen des Moskauer Kreml geben schließlich einen Überblick der Stilentwicklung bis hin zur Mischung mit dem Renaissance-P. Wegen der Technik der Metallverarbeitung und der ikonograph. Schemata ihrer Türen sind die P.e der Sophienkathedrale in Novgorod und der Geburtskathedrale in Suzdal'zu erwähnen.

K. Onasch

Lit.: →Kirchenbau, III – A. GOLDSCHMIDT, Die Bronzetüren von

Novgorod und Gnesen, 1922 – A. N. OVCHINNIKOV, Golden Gates in Suzdal, 1978.

Portalplastik erscheint zweifach. Als steinerner Bestandteil der Architektur wird sie unter →Bauplastik und →Portal behandelt, als bronzener oder hölzerner Dekor der Türflügel ist sie hier zu würdigen. Röm. Bronzetüren in situ oder Wiederverwendung und altchr. Holztüren mit Reliefschnitzereien wie S. Sabina in Rom und S. Ambrogio in Mailand waren Vorbilder für ma. Neuschöpfungen. Ganz röm. wirken die Türen um 800 am Aachener Münster und gegen Ende 10. Jh. am Mainzer Dom, inschriftl. auf erstere bezogen, glattflächig, einzig mit Löwenköpfen als Türzieher. Dieses Motiv bleibt durch die Jahrhunderte. Mit Hildesheim St. Michael 1015 entsteht im Rahmen der Tätigkeit Bf.→Bernwards das erste Bilderportal, gefolgt vom andersartigen Augsburger Domportal, 1. Hälfte des 11. Jh. Aus dt. Gießereien stammen die Bildertüren des 12. Jh. für Płock an der Weichsel, jetzt in Novgorod, und am Dom zu Gnesen. Frz. Türen sind untergegangen, zuletzt die 1794 eingeschmolzenen drei Tore, in karol. und zwei um 1140, von St-Denis. Italien importierte im 11. und 12. Jh. Bronzetüren aus Byzanz, so für Rom S. Paolo fuori le mura, Venedig S. Marco, in Canosa, Troia, nachgeahmt, mit flachen silbertauschierten Bildern. Reiche Relieftüren erhält S. Zeno in Verona mit zwei Stilgruppen und von rahmenden Steinreliefs sekundiert, ein Meister Barisanus v. Trani lieferte Türen nach Ravello, Trani und Monreale, Bonanus v. Pisa schuf nebst dem Hauptor, 1595 zerstört, eine Nebentür in Pisa und eine in Monreale erhaltene. Die Tür in Benevent wurde 1943 großenteils zerstört. Höchst selten sind roman. Holztüren mit geschnitzten Relieffolgen: St. Maria im Kapitol in Köln, um 1065, Kathedrale von Le Puy, Frankreich, 12. Jh. mit Flachschnitzerei und kufischen Beischriften. – Die got. Kathedrale mit ihren fast überbordenden steinernen Figurenprogrammen der Portale zog schlichte Türen mit dekorativen Eisenbeschlägen vor. Als isolierte Erscheinung ist Andrea →Pisanos Tür von 1330/36 am Baptisterium in Florenz zu nennen. Am selben Bau vollzog sich mit dem Wettbewerb um 1401 und den beiden Türen →Ghibertis von 1403–52 der Übergang zu den Bronzetüren der Renaissance.

Die Thematik der Bildertüren ist vorwiegend atl. und ntl., dazu gesellen sich lokale Hl.nkulte, so in Verona S. Zeno, in Gnesen St. Adalbert und in Florenz Johannes d. T. als Baptisteriums- und Stadtpatron. A. Reinle

Lit.: W. F. VOLBACH, Frühchr. Kunst, 1958 – P. BLOCH, Die Türflügel von St. Maria im Kapitol, 1959 – U. GÖTZ, Die Bildprogramme der Kirchentüren des 11. und 12. Jh., 1971 – U. MENDE, Die Türzieher des MA, 1981 – DIES., Die Bronzetüren des MA 800–1200, 1983.

Portatile → Altar, II

Portazgo, in Kastilien Bezeichnung für eine Steuer, die, auf die Ein- und Ausfuhr von Waren in eine Stadt erhoben, entweder an den Stadttoren, auf Zufahrtsstraßen oder auf dem Markt selbst eingezogen wurde. Der Begriff P., z. T. synonym zu anderen Wegzöllen wie →peaje, pontazgo, pasaje, lezda (→Leuda) verwendet, ersetzte seit dem 11. Jh. die lat. Bezeichnung 'telonium'. Schon im 13. Jh. waren einige P.s in →almojarifazgos oder Außenhandelsabgaben enthalten. Als es seit 1342 üblich wurde, sisas (Akzisen) auf den Märkten zu erheben und im ganzen Reich die →alcabala einzuziehen, wurden die P.s zu einer Art Nebensteuer im Transithandel. Das Kgtm. verzichtete oft auf ihre Erhebung zugunsten städt. und adliger Steuereintreiber, obwohl noch 1292 40 wichtige kgl., von allen zu entrichtende P.s erwähnt werden, darunter die v. Toledo, Sevilla und Murcia. Alfons X. und seine Nachfolger sprachen immer mehr Steuerbefreiungen von P.s auf Kg.sgut (→realengo) aus, v. a. 1281 zur Förderung des Transithandels, und beanspruchten die Schaffung neuer P.s als ausschließl. kgl. Recht. Seit 1258 durften nurmehr bereits 1214 beim Tode Alfons' VIII. oder z. Z. der Almohaden bestehende P.s erhoben werden. Doch seit 1490 legten die Kath. Kg.e neue Tarife zur Erhebung lokaler P.s fest.
M. A. Ladero Quesada

Lit.: C. GONZÁLEZ MÍNGUEZ, El p. en la Edad Media, 1989 – P. A. PORRAS ARBOLEDAS, Los p.s en León y Castilla durante la Edad Media, En la España Medieval 15, 1992, 161–213 – M. A. LADERO QUESADA, Fiscalidad y poder real en Castilla (1252-1369), 1993.

Portchester (Castle), Stadt in S-England (Gft. Hantshire). Das röm. castrum wurde um 280 n. Chr. gegr., um 360 erneut befestigt, als Teil des Verteidigungssystems an der sog. sächs. Küste, und ist vielleicht mit dem portus Adurni in der →Notitia dignitatum zu identifizieren. Weitgehend erhalten sind die Mauern aus dem 4. Jh., die ein Areal von 185 m x 180 m umfassen und fast 6 m hoch sind, sowie 14 der ursprgl. 20 Basteien, doch stammen die Tore aus dem MA. Die Existenz eines sächs. Hafens und eines Nachfolgers (501 nach der Ags. →Chronik) wird angenommen, aber die ags. Einnahme P.s ist archäol. seit dem frühen 6. Jh. belegt. Eduard d. Ä. übernahm P. 904 vom Bf. v. Winchester, um es in die Befestigungsanlage (→burh), die im →»Burghal Hidage« belegt ist, einzugliedern. 1086 wurde P. an William Mauduit übertragen, doch gelangte es wohl unter Heinrich I. wieder in kgl. Besitz und wurde zu einer größeren kgl. Burg umgebaut. Für kurze Zeit siedelten sich hier 1133 Augustiner-Chorherren an. Später spielte P. sowohl bei innerengl. Kämpfen als auch bei auf Frankreich ausgerichteten militär. Aktionen eine bemerkenswerte Rolle und wurde zuletzt von Richard II. als kgl. Residenz erneuert, die 1632 in Privatbesitz überging.
D. A. Bullough

Lit.: The Hist. of the King's Work, hg. H. M. COLVIN, 1-2, 1963 – B. CUNLIFFE, Excavations at P. C., 1–2, 1975.

Portikus (lat. porticus, Halle), offene →Vorhalle vor der Hauptfront eines Gebäudes. Der Architrav über die Archivolten werden von Säulen, seltener von Pfeilern getragen und in der Antike zumeist mit flachem Giebel, sonst mit Pultdach abgeschlossen. Auch eine Säulenhalle mit geschlossener Rückwand (ähnl. der gr. Stoa) wird P. genannt, z. B. als Säulengang um die vier Seiten eines Atriums (Quadriportikus) vor dem Eingang zur Kirche (St. Gereon in Köln 4. Jh., S. Ambrogio in Mailand 12. Jh.). Die Seitenräume an der Stelle von Seitenschiffen in Kirchen des 7. Jh. in Großbritannien werden ebenfalls als P. bezeichnet. In der antiken röm. Architektur als repräsentative Eingangshalle weit verbreitet, wird der P. über Pantheon und Alt-St. Peter in Rom sowie spätantike Bauten wie St. Gereon in Köln und die Trierer Bf.skirche in die ma. Baukunst in verschiedenen Abwandlungen übernommen bis hin zu Anlagen wie das Paradies der Zisterzienserklosterkirche Maulbronn (um 1210) oder die abgebrochenen P. am n. Seitenschiffportal des Trierer Domes (um 1120) und am s. Seitenschiffportal der Prämonstratenserklosterkirche Knechtsteden b. Köln (um 1160/80). Sie gehen schließlich zusammen mit spätroman. und got. Vorhallen wie die an den Domen von Münster, Paderborn, Magdeburg, Hildesheim und Lübeck sowie an den Querhausportalen der Kathedrale v. Chartres (2. Viertel 13. Jh.). Für das MA war die Aufnahme des antiken P. mitbestimmt durch den Salomon. Tempel, der als Antityp und Praefiguration der chr. ecclesia Vorbildfunktion hatte; nach 1 Kön 6, 3 hatte der Tempel Salomos in Jerusalem eine Vorhalle (porticus ante templum) von 20 Ellen

Breite entsprechend der Breite des Tempels und von 10 Ellen Tiefe vor der Front des Tempels (ante faciem templi). G. Binding

Porto (Oporto), Stadt und Bm. im nördl. →Portugal. An der atlantiknahen Mündung zweier Flüsse in den Duero und am Kreuzungspunkt der Straße von Tuy nach Lissabon mit dem galiz.-lusitan. Grenzfluß lag Calis (Portucale). Auf dem rechten Ufer war seit der Suevenzeit die zu →Braga gehörende Sedes Portucalensis untergebracht. 716 von den Arabern erobert, wurde P. endgültig erst 868 unter Alfons III. v. Asturien von Vimara Peres zurückerobert. Mit 'Portucale' war seither sowohl das umliegende Territorium gemeint, aus dem das Kgr. →Portugal hervorging, als auch die Stadt, die seit 1112 auch wieder einen Bf. hatte (→Hugo v. P.) und seit Ende des 12. Jh. auch als 'Portu' nachgewiesen ist. Die 1115 erlangte Exemption des Bm.s konnten Hugos Nachfolger nicht fortsetzen, wohl aber die 1120 von Kgn. Teresa begründete und 1123 von Hugo als →Fuero etablierte bfl. Stadtherrschaft. Dic Gesch. von P. war seitdem weitgehend geprägt von Auseinandersetzungen der Bf.e mit ihren Kathedralkapiteln v. a. um die Aufteilung ihrer Kircheneinnahmen, mit den Einwohnern um die Durchsetzung ihrer Feudalrechte (Aufstände: 1208–10, 1237–42, 1341; Untersuchungen: 1258, 1339, 1348) und mit der Krone um die Wahrnehmung ihrer Hoheits- und Finanzrechte und Handelsplatzvorteile. Die Kg.e gingen wiederholt auch militär. gegen die Bf.sstadt vor und gründeten sogar eigene Städte vor ihren Mauern: Gaia (Alfons III.) und Vila Nova do Rei (Dinis). Es gab mehr als ein Dutzend Einigungsverträge, aber erst unter der allg. dem Bürgertum und bes. den Bürgern P.s zu Dank verpflichteten Kg. Johann I. gelang 1405/06 der endgültige Kompromiß: Die Krone nahm P. in ihre Herrschaft und entschädigte den Bf. v. P. für dessen Verzicht auf die weltl. Gerichtshoheit mit einer großen Jahresrente, deren Höhe erst Kg. Manuel reduzierte (1517). P. Feige

Lit.: T. B. DE SOUSA SOARES, Subsídios para o Estudo da Organização Municipal da cidade do P. durante a Idade-Média, 1935 [Neudr. 1989] – F. F. LOPES, Das Actividades Políticas e Religiosas de D. Fr. Estêvão, Bispo que foi do P. e de Lisboa, Lusitania Sacra 6, 1962–63, 25–90 – J. MATTOSO, Le Monachisme ibérique et Cluny. Les monastères du diocèse de P. de l'an 1000 à 1200, 1968 – A. DE SOUSA MACHADO, O P. mediévico. Problemas de Portucale, 1968 – D. A. MOREIRA, Freguesias da Diocese de P., Elementos Onomásticos Alti-Medievais, 1974 – I. GONÇALVES, para o Estudo da Area de Influência do P. nos Fins do Século XIV, Revista da Faculdade de Letras, Lisboa, 2, 1978, 382–397 – A. CRUZ, Quadros da vida social e económica da cidade de P. no século quinze, Anais 26, 1980, 181–224 – L. M. DUARTE, Um Burgo medieval que muda de senhor. Episódios da vida do P. medievo, Ler História 5, 1985, 3–16.

Porto, Luigi da, * 1485 in Vicenza, † 1529. Als Abkömmling einer adligen Familie aus der Mark Treviso, mit den →Gonzaga verwandt und in Kontakt mit dem Hof v. Urbino, führte L. da P. ein prunkvolles und bewegtes Leben. Er nahm im Dienst →Venedigs am Krieg der Liga v. Cambrai teil, in dessen Verlauf er im Juni 1511 eine schwere Verwundung an der Kehle davontrug (Brief an P. Bembo). Weil dadurch seine Karriere als Höfling und Kriegsmann beendet war, zog sich da P. nach Vicenza zurück, widmete sich lit. Tätigkeiten und pflegte die Freundschaft mit den größten Literaten seiner Zeit (u. a. Bembo, Bandello). Erhalten sind von ihm 69 »lettere storiche«, die sich auf den Krieg v. Cambrai beziehen, die Bembo gewidmeten »Rime« sowie die Novelle »Giulietta e Romeo« (zwei postume Fassungen, »Istoria [...] di due nobili amanti con la loro pietosa morte«, 1532, und »La Giulietta«, 1539), die, vermittelt durch Bandello und Groto, zur Q. Shakespeares wurde. M. Picone

Ed. und Lit.: L. da P., Rime, hg. G. GORNI, 1973 – R. FEDI, Le »Rime« di L. da P. (La memoria dei poeti), 1990 – A. ROMANO, Le storie di Giulietta e Romeo, 1993 [Lit.].

Portocarrero, kast. Adelsgeschlecht, vermutl. galic. Herkunft, das dann seinen Besitzschwerpunkt in Andalusien hatte, ursprgl. die →Alcaiden v. Tarifa und Herren v. Villanueva del Fresno, aber dann in Nachfolge des Admirals Alfonso Jofre Tenorio seit 1340 die Herren v. Moguer (Huelva) stellte, aber auch starken Einfluß in Sevilla, Espera (Cádiz) sowie Fuentes ausübte und vorübergehend in Écija die Steuereinkünfte und weitere Herrschaftsrechte an sich ziehen konnte. Im 15. Jh. führten Eheverbindungen mit Alvaro de →Luna, der kast. Admiralsfamilie der →Enríquez und Juan →Pacheco dazu, daß sich verschiedene Familienzweige um die Herrschaften Palma del Río (durch Erbgang von der gens. Adelsfamilie →Boccanegra) und das im 14. Jh. stark erweiterte Moguer stritten, bis Moguer als →Mayorazgo zusammen mit dem →Almojarifazgo v. Écija der Pacheco-Linie zufiel (1465). Eine zweite Einflußzone erschloß sich im Guadiana-Tal (Estremadura), wo die P., zugleich erbl. →Regidores v. Zamora, seit 1452 Gf.en v. Medellín waren (1. Gf. Rodrigo P., † 1463, Repostero Mayor, ⚭ 1454 Beatriz Pacheco), eine Nebenlinie (P.-Cárdenas) Gf.en v. Puebla del Maestre. Aus der Moguer-Linie gingen die Marqueses v. Villanueva del Fresno sowie die Gf.en v. Palma del Río hervor (1507). L. Vones

Lit.: J. R. L. HIGHFIELD, The Catholic Kings and the Titled Nobility of Castile (Europe in the Late MA, 1970), 358–385 – M. A. LADERO QUESADA, Andalucía en el siglo XV, 1973 – A. GONZÁLEZ GÓMEZ, Moguer, un señorío medieval en tierras de Huelva (Huelva en la Andalucía del siglo XV, 1976), 99–127 – M.-C. GERBET, La noblesse dans le royaume de Castille, 1979 [Stammtafel] – Hist. de Andalucía III, 1981, bes. 113f., 126f. – R. SÁNCHEZ SAUS, Caballería y Linaje en la Sevilla Medieval, 1989.

Porträt. [1] *Allgemein:* Nebenbegriff zu »Bildnis«, im weiteren Sinne damit oft synonym verwendet, im genaueren Sinne als Wiedergabe des Aussehens eines bestimmten Menschen, inbes. des Gesichtes, mit seiner individuell charakterist. Physiognomie. Dieser Aspekt des Bildnisses, der v. a. in der röm. Kunst stark ausgebildet war, verliert sich parallel mit der Auflösung der organ. Körperauffassung in der Spätantike und beginnt erst im mittleren 14. Jh. wieder eine zunehmend wichtigere Rolle zu spielen, vgl. →Bildnis.

[2] *Frühchristlich:* Im Bereich des Privat-P.s (z. B. Verstorbener auf Sarkophagen seit dem späten 3. Jh.), des Herrscherbildes seit Konstantin (z. B. auf Münzen) und des Autorenbildes späterer →Buchmalerei konnte die frühchr. Kunst bisherige Übung ungebrochen fortsetzen. Probleme bereiteten Bilder Christi und von Hl.n wegen der Gefahr der Idolatrie (→Bild, →Bilderverbot, →Jesus Christus). Daher beginnt die christliche Kunst mit Darstellungen ntl. Szenen, bei deren Gestalten P.züge nicht intendiert waren. Dies änderte sich im Laufe des 4. Jh., wie man aus röm. →Goldgläsern erschließen kann; die P.züge von Hl.n, etwa der Apostel, sind natürlich ebenso fiktiv, wie die früherer Päpste in den seit →Leo I. bezeugten Reihen von P.medaillons der röm. Bf.e in S. Pietro und S. Paolo f.l.m. Der fehlenden Möglichkeit, Darstellungen Christi oder der Maria P.ähnlichkeit zu geben, begegnete man im 5./6. Jh. besonders im O mit Legenden über nicht von Menschenhand gemalte Bilder (Acheiropoieta; →Abgar, →Ikone, →Lukasbilder, →Mandilion).

J. Engemann

Lit.: →Bild, →Bilderverbot – LCI III, 365–375, s.v. Papst – TRE VI, 525–546 – H. G. THÜMMEL, Die Frühgesch. der ostkirchl. Bilderlehre, 1992.

[3] *Byzanz:* Der größte Teil byz. P.s enfällt auf die Gruppe Kaiserp. und Heiligenp. Das Privatp. spielt, von der frühbyz. Zeit abgesehen (Beamtenp.s), nur noch in der Spezies des →Stifterbildes eine gewichtigere Rolle. Die beste Übersicht über das Kaiserp. bietet die Münzprägung, wobei allerdings in der spätbyz. Zeit nicht nur Büstenp., sondern die Darstellung des Ks.s als Ganzfigur zunehmend verschwindet, allerdings in der letzteren Darstellungsform in das Ks.siegel hinüberwechselt. Grundlage aller p.artigen Bilder ist – nach dem Verschwinden der monumentalen Vollplastik (→Plastik, II) – das Rundbild, die imago clipeata, die in der spätbyz. Zeit selbst für Monumentalreliefs mit der stehenden Ks.figur gewählt wird (Steinreliefs in Tondoform aus Venedig in Dumb. Oaks Coll.). Ks.darstellungen als P.reihen sind in Form von Büstenmedaillons erst in spätbyz. Zeit gesichert (Cod. α S. 55 Bibl. Estense in Modena [eine Zonaras Chronik], mit Einwirkungen auf Schedls Weltchronik), für Heiligenp.s gibt es bereits frühe Belege in der Wandmalerei und Mosaiken (in der H. Sophia in Konstantinopel [Kleines Sekreton], S. Maria Antiqua Rom, →Hosios Lukas, die Wandmalereien in Kappadokien u. a.); in der Buchmalerei sind sie spätestens in mittelbyz. Zeit belegt (Cod. Par. suppl. gr. 923). Realist. P.darstellungen in byz. Zeit neigen bereits früh zu immer stärkerer Typisierung, auch in Richtung von Gemeinsamkeiten innerhalb der einzelnen Dynastien. Scheinbar realist. Details wie Bart und Haartracht werden früh im Sinne von Herrscherinsignien angewendet (Herakleiosdynastie, Makedonendynastie), so daß bei nicht inschriftl. bezeichneten Ks.darstellungen oft keine eindeutige Zuordnung möglich ist (z. B. Lunettenmosaik über Türe zw. Narthex und Naos der H. Sophia in Konstantinopel). Ähnliche Typisierung findet sich auch bei Apostel- und Hl.ndarstellung (nach Haartracht bei Petrus, Paulus und Andreas; vgl. auch die Charakterisierung der Hl.n in den →Malerbüchern). Entsprechendes gilt für die Darstellung von Personen auf Elfenbeinschnitzereien und im Email. M. Restle

Lit.: RbyzK II, 1034–1093 [A. CHATZINIKOLAOU]; III, 353–369 [M. LECHNER] – S. P. LAMPROS, Λεύκωμα βυζαντινῶν αὐτοκρατόρων, 1930 – M. RESTLE, Kunst und byz. Münzprägung von Justinian I. bis zum Bilderstreit, 1964.

Ports et passages → Maître des ports et passages

Portsmouth, Hafenstadt in der engl. Gft. Hampshire, auf der Halbinsel Portsea in der Nähe der Mündung des Wallington in den Kanal. Aufgrund der Versandung des Hafens von →Portchester ordnete Richard I. 1194 die Erweiterung der in der ags. →Chronik erwähnten Siedlung und deren Neugründung mit planmäßigem Straßenraster und dem Hospital Domus Dei an. Das auf den Freiheiten der Städte →Winchester und →Oxford basierende Stadtprivileg enthielt die Zollfreiheit der Bürger in allen Städten und Häfen des Kgr.es, eigene Gerichtsbarkeit sowie Markt- und Messerecht (15 Tage im Aug.); Bestätigung 1200, 1229. 1256 gewährte Heinrich III. P. eine Kaufmannsgilde. Die 1202 auf £ 18 festgeschriebene Jahresrente (*fee-farm*) wurde seit 1229 auf £ 20 angehoben. P., ein regionales Zentrum für den Weizen- und Wollexport, erreichte nie die Bedeutung von →Southampton als Handelszentrum, sondern entwickelte sich primär als Stützpunkt der kgl. Flotte. Die Dockanlagen umspannten gegen Ende des 15. Jh. bereits ca. 4 ha. Im 12. Jh. führten ein →*reeve* und zwei →*bailiffs* das P.er Stadtregiment; spätestens seit 1323 gibt es einen jährl. von der Bürgerschaft gewählten Bürgermeister, seit dem späten 12. Jh. einen Rat mit 12 Mitgliedern. Seit 1295 entsandte P. zwei Abgeordnete zum →Parliament. Während des →Hundertjährigen Krieges wurde P. zweimal fast völlig niedergebrannt; der erste Befestigungsbau erfolgte in der 2. Hälfte des 15. Jh. mit finanzieller Hilfe der Krone.

B. Brodt

Q. und Lit.: H. und J. SLIGHT, Chronicles of P., 1828 – VCH Hampshire III, 1908 – A. CORNEY, Fortifications in Old P., 1965 – A. T. PATTERSON, P.: a Hist., 1976 – E. A. CARSON, The Customs Records of P., Journal of the Soc. of Archivists, 1977.

Portugal, Reich im Westteil der Iber. Halbinsel.
I. Landesbegriff. Besiedlung und Entstehung der Grafschaft und des Königreiches – II. Das Königreich unter der Herrschaft des Hauses Burgund – III. Das Königreich unter der Herrschaft des Hauses Avís.

I. LANDESBEGRIFF. BESIEDLUNG UND ENTSTEHUNG DER GRAFSCHAFT UND DES KÖNIGREICHES: Die Gft. (später Kgr.) P. erstreckte sich südl. v. →Galicien; natürl. Grenze ist im N der Fluß Minho, im S bildete nach Erreichen der Flüsse Douro, Mondego und Tajo sowie nach Eroberung des Reino do Algarve schließlich die Atlantikküste die Grenze, während die Ostgrenze erst in Auseinandersetzungen mit dem Kgr. Kastilien-León (→Kastilien), aus dessen Reichsverband sich P. herausgelöst hatte, festgelegt werden konnte.

Als nach der arab. Invasion von 711 die allmähl. Wiederinbesitznahme des Landes im 9. Jh. in den wüsten Zonen vom Kgr. →Asturien her durch das Instrument der →Pres(s)ura geschah, wurden 868 auch das Gebiet um die Stadt →Porto (Portucale) durch den Gf.en →Vimara Peres, den ersten Begründer der Burg Guimarães (879), und 878 das Gebiet um die Stadt →Coimbra durch den Gf.en Hermenegildo Gutierres zur →Repoblación eingenommen. Seither hielt sich in diesen, dem wechselhaften Verlauf der →Reconquista unterworfenen Regionen, die in loser Abhängigkeit zu den Kgr.en Asturien, →León und Galicien standen, eine (gebietsmäßig noch nicht klar umrissene) Gf.engewalt, die z. T. partikularist. Tendenzen zeigte, durch Einheirat in das Kg.shaus ihren Vorrang gegenüber dem regionalen Adel zu festigen suchte und ztw. sogar Einfluß auf die Reichspolitik gewinnen konnte, was aber erst dem Gf.en →Mendo Gonçalves (961–1008), im Verein mit dem ebenfalls nach Eigenständigkeit strebenden galic. Adel, in stärkerem Maße gelingen sollte.

Die Verhältnisse in den ptg. Gebieten traten Mitte des 11. Jh. klarer in den Blick, als sich durch die Eroberungspolitik Kg. →Ferdinands I. v. León, die in der endgültigen Einnahme Coimbras mit dem Erreichen der Mondego-Linie gipfelte (1064), die Frage der Eingliederung dieser Gebiete in das leones. Reich stellte. Hatte Ferdinand I. schon zw. 1047 und 1050 gegenüber Gf. Mendo Nunes seinen Herrschaftsanspruch zur Geltung bringen müssen, so konnte infolge der Reichsteilung nach seinem Tod die Zugehörigkeit der Gft. nur sichergestellt werden, als sein Sohn →García I., der Galicien als Kgr. erhalten hatte, den aufständ. ptg. Adel unter Gf. Nuno Mendes, Mendos Sohn, 1071 in der Schlacht v. Pedroso besiegen konnte. Dieser Sieg, dessen unmittelbare Folge durch den Tod des Nuno Mendes das Aussterben des ptg. Gf.enhauses im Mannesstamm war, bereinigte die Situation zwar nicht grundlegend, da García schon bald von seinen Brüdern vertrieben wurde, doch sicherte er vorerst die Oberhoheit des leones.-kast. Kgtm.s.

Nachdem García 1070 den Metropolitansitz v. →Braga wiedererrichtet hatte, um seinem Reich eine unabhängige Kirchenstruktur zu sichern, war auf lange Sicht unbewußt die Voraussetzung für die Errichtung einer Landeskirche geschaffen worden, die Eigenständigkeitsbestrebungen begünstigte. Unter der Regierung von Garcías Bruder →Alfons VI. v. Kastilien-León sollten die Regionen P. und Coimbra der Aufsicht landfremder Gf.en unterstellt werden: →Raimund v. Burgund erhielt zuerst als Gemahl von Alfons' Tochter →Urraca die Gf.engewalt über Galicien, P. und Coimbra, konnte sich im Endeffekt allerdings mit seiner zentralisierenden, frz. Einfluß forcierenden Adels- und Kirchenpolitik nicht durchsetzen, so daß er auf Galicien beschränkt wurde; an seine Stelle trat 1096 in der Gft.en P. und Coimbra sein Vetter →Heinrich v. Burgund, Gemahl von Alfons' illegitimer Tochter →Teresa, der aktiv die Geschicke seiner Herrschaftsbereiche zu bestimmen suchte, aber den Widerstand des einheim. Adels letztlich nicht überwinden konnte und sich zunehmend auf die Politik im Kgr. Kastilien-León (Kampf um eine Nachfolgeregelung in seinem Sinne) konzentrierte. Er starb 1112, ohne seine Herrschaft in P. und Coimbra konsolidiert zu haben. Da Heinrichs Sohn und Erbe, Alfons Henriques, noch minderjährig war, folgte ihm in P. seine Witwe Teresa nach, die die Gft. zuerst mit dem Titel einer Infantin, dann (seit 1117) als Kgn. regierte, aber fortwährend in Konkurrenz mit ihrer Halbschwester Urraca, nun Kgn. v. Kastilien-León, stand.

Entscheidend für das Unabhängigkeitsstreben der Gft.en sollte die Herausbildung einer Adelsgenossenschaft mit Kern in den nördl. Gebieten sein, die zunehmend ein Zusammengehörigkeitsgefühl entwickelte und sich aus den mächtigen Familien rekrutierte, die die Repoblación, den »Repovoamento«, nach S getragen und umfangreichen patrimonialen Besitz in Anbindung an die großen klösterl. Grundherrschaften gebildet hatte. An erster Stelle sind für das beginnende 12. Jh. die Ribadouro, Maia, Marnel, →Sousa und Baião, für eine etwas spätere Zeit die Bragançoes zu nennen, die wegen ihrer Besitzgliederung äußeren Eingriffen in die kirchl. Struktur, v.a. wenn sie von Reformkräften unter Führung frz. Mönche (→Cluny, B. II) getragen wurden, eher ablehnend gegenüberstanden und erst unter Beteiligung des einheim. Klerus allmähl. zu einem Arrangement mit ihnen fanden. Kgn. Teresa ging unterdessen aus Gründen der Machterhaltung ein immer engeres Bündnis mit dem galic. Adel ein und brachte Mitglieder der königstreuen Gf.enfamilie v. →Traba in die wichtigsten Herrschaftspositionen: Ihren Geliebten Fernando Pérez de Traba machte sie (unter dem Titel eines Gf.en, dux oder consul) zum Herrn v. Portugal und Coimbra, dessen Bruder Bermudo Pérez zu ihrem Schwiegersohn. Als sie jedoch schließlich, vom Kriegsglück verlassen, dem neuen Kg. v. Kastilien-León, →Alfons VII., 1127 einen Lehnseid leisten mußte, also in die Vasallität gezwungen wurde, entlud sich der Zorn des oppositionellen ptg. Adels in der Schlacht von Guimarães (24. Juni 1128), durch die die Kgn. entmachtet und ihre galic. Anhänger außer Landes getrieben wurden.

Neben Paio Mendes, dem Ebf. v. Braga, trat der Infant Alfons Henriques (→Alfons I.), der 1125 die Schwertleite erhalten hatte, als Führer des Adelsheeres und zentrale Kristallisationsfigur der ptg. Adelsopposition bei der Befreiung P.s aus der Unterdrückung durch die als »fremd« empfundenen galic. und leones. Magnaten hervor. Durch eine Kapitulation vom 27. Mai 1128 an den zur Maia-Familie gehörenden Ebf. v. Braga, seine Kirche und somit an die Adelsgenossenschaft gebunden, regierte der Infant Alfons nach seinem Sieg das Land als 'princeps' und nahm damit eine Oberhoheit in Anspruch, durch die er sich zwar von seinen adligen Mitkämpfern abhob, aber noch nicht den letzten Schritt zum immer wieder angekündigten Kgtm. vollzogen hatte. Im folgenden Jahrzehnt bestand die Hauptsorge neben der Konsolidierung der Herrschaft nach innen v. a. in der Absicherung der Eigenständigkeit gegenüber dem kast.-leones. Reichsverband unter →Alfons VII., der 1135 durch die Kaiserkrönung in León seinen weitgespannten Herrschaftsanspruch untermauert hatte. Ein Ausgleich zw. den beiden Reichen kam zwei Jahre später zustande, als durch den Friedensvertrag v. →Túy, der während eines Herrschertreffens auf dem Minho am 4. Juli 1137 geschlossen wurde, der bestehende Status quo bewußt als Schwebezustand festgeschrieben, formal durch Elemente der Fidelität (Freundschaftsversprechen und Treueid) und durch in der Zukunft zu schließende lehnrechtl. Bindungen abgesichert wurde, ohne daß diese Bindungen jemals noch mit konkreten Inhalten gefüllt worden wären. Damit war der Weg geebnet zur Annahme des Königstitels, der als Folge des Sieges über die Mauren in der Schlacht v. →Ourique (25. Juli 1139) für Alfons I. in der Kanzlei Verwendung fand, ohne daß jedoch eine formelle Wahl oder Königserhebung nachzuweisen wäre. Die notwendige Absicherung der neuen Würde durch eine päpstl. Schutznahme, die die Unabhängigkeit des Kgr.es gegenüber anderen weltl. Mächten garantiert hätte, ließ allerdings noch lange auf sich warten, da der Papst den neuen Kg. weiterhin als 'dux' anredete und offensichtl. der außenpolit. Entwicklung nicht vorgreifen wollte. So erfolgte die endgültige Anerkennung des ptg. Kgtm.s erst 1179 durch das Schreiben »Manifestis probatum« (JL 13420), durch das Papst Alexander III. dem Kg. die Erfüllung der seit 1143 vorgetragenen Bitte gewährte und unter Betonung der jährl. Zinszahlung feststellte, daß das »regnum beati Petri iuris existat«, was das Aufhören der Zinszahlungen nicht verhindern konnte, denn in der Realität hatte Alfons I. seine kgl. Stellung, die Alfons VII. 1143 durch den Vertrag v. →Zamora anerkannt hatte, schon längst durch den Landesausbau, hartnäckige Kriegführung mit dem leones. Nachbarreich, geschickte Außenpolitik und den Aufbau einer Landeskirche unter der Leitung Bragas unangreifbar gemacht.

II. DAS KÖNIGREICH UNTER DER HERRSCHAFT DES HAUSES BURGUND: Mit der Errichtung des Kgtm.s war seit der Mitte des 12. Jh. eine gezielte Fortsetzung der Reconquista einhergegangen, die bereits 1147 zur Eroberung von →Santarém und (mit Hilfe eines Kreuzfahrerheeres) von →Lissabon geführt hatte und durch einen gezielten Ausbau der Kirchenstruktur mit Errichtung weiterer Bm.er und Kl. zur besseren organisator. Durchdringung des Landesausbaus begleitet werden sollte, wobei dem Zisterzienserorden sowie v. a. dem Ritterorden der →Templer eine bes. Bedeutung zufiel. Die Ausdehnungspolitik P.s nach O mit der Einnahme von Évora durch →Geraldo 'Sem Pavor' (1165) brachte das Kgr. zwangsläufig mit dem leones. Reich →Ferdinands II. in Konflikt, der seinerseits die Expansion in Richtung der alten muslim. Herrschaft →Badajoz betrieb. Die vorübergehende Gefangenschaft Kg. Alfons' I. in León (1169) gefährdete so ernsthaft seine Regierung, daß er auch nach seiner Freilassung und bis zu seinem Tode (8. Dez. 1185) die eigtl. Leitung der Staatsgeschäfte seinem Sohn und Nachfolger →Sancho I. (1185-1211) überlassen mußte. Der große Sieg bei Santarém über die →Almohaden (1183) und die wieder mit Unterstützung von Kreuzfahrern durchgesetzte Eroberung weiterer muslim.

Stützpunkte in Algarve führte zur Einrichtung eines weiteren Bm.s in →Silves (1189) und zur Erweiterung des Kg.stitels (»Dei gratia Portugalie, Silvii et Algarbi rex«).

Trotz großen äußeren Drucks verstand es das Kgtm. v. a. unter der Regierung →Alfons' II. (1211–23), die innere Konsolidierung des vergrößerten Reiches durch eine straffe Verwaltung und gesetzgeber. Maßnahmen zukunftsweisend voranzutreiben und gleichzeitig im Bund mit den Ritterorden der Reconquista die entscheidenden Impulse zu geben. Erst die Unfähigkeit →Sanchos II. (1223–48), die widerstrebenden Interessen im Inneren zu einem Ausgleich zu bringen, ließ eine schwere Krise heraufziehen, die darin gipfelte, daß er 1245 durch Papst Innozenz IV. auf dem Konzil v. →Lyon seiner Regierungsverantwortung als »rex inutilis« entkleidet und an seiner Stelle sein jüngerer Bruder Alfons, Gf. v. Boulogne, als Administrator mit der Reichsverwaltung betraut wurde. Dieser sollte 1248 nach einem Bürgerkrieg und dem Tod Sanchos als →Alfons III. (1248–79) den Thron besteigen in Erfüllung des Testamentes seines Vaters. Da der Kg. sogleich eine Verständigung mit Kastilien suchte und 1267 durch die Übereinkunft v. →Badajoz das Reich v. Algarve seiner Krone endgültig sicherte, darüber hinaus durch eine rigide Zentralisierungs- und Rekuperationspolitik die unter Sancho II. verlorengegangenen Positionen für die Kg.sgewalt zurückzugewinnen trachtete, brachte seine Regierung die entscheidende Wende bei der Konsolidierung der staatl. Grundlagen. Durch die Cortes v. Leiria 1254 (→Cortes, II) gelang es ihm, einen ständ. Konsens herzustellen, an dem erstmals das Bürgertum, das seine Rückkehr tat- und finanzkräftig unterstützt hatte, beteiligt war und als Garant der wirtschaftl. Entwicklung sowie als Gegengewicht gegen die Interessen v. Adel und Klerus gewonnen werden konnte. Die Errungenschaften seines Nachfolgers →Dinis I. (1279–1325), selbst die letztgültige Regelung der Grenzziehung mit Kastilien durch den Vertrag v. Alcanices (12. Sept. 1297) und der Beginn der expansiven Seepolitik im 14. Jh. wären ohne die Vorbereitung unter Alfons III. nicht denkbar gewesen. Anderseits waren auch die zunehmenden Auseinandersetzungen mit einer Adelsfronde, deren Aufstandsbewegungen sich immer wieder um Mitglieder des Kg.shauses scharten, durch die unter Dinis I. nach dem Vorbild →Alfons' X. v. Kastilien fortgesetzte Zentralisierungspolitik mit ihrer Eingeungung des adligen Spielraums durch die Initiativen Alfons' III. vorgeformt worden. Obwohl die Regierung Dinis' I. im Bürgerkrieg enden sollte, war sie eine Epoche höchster kultureller Blüte in Dichtung, Geschichtsschreibung und Bildung (→Galicisch-ptg. Sprache und Lit., →Portugies. Prosa) und markierte einen Neubeginn des landwirtschaftl. und grundherrschaftl. Landesausbaus, sah mit der vom Papsttum gebilligten Gründung des →Christusordens als Nachfolger des aufgelösten Templerordens die Entstehung eines in Zukunft expansiv ausgerichteten »nationalportugies.« Ritterordens und präfigurierte durch die Schaffung einer Flotte (→Flotte, B. VII. 3) die kommenden Zeiten ptg. Seeherrschaft, die sich allerdings zunächst noch auf die Kanar. Inseln (→Atlant. Inseln) konzentrierte. Während das ptg. Kg.shaus sich bis weit in die 2. Hälfte des 14. Jh. mit Schwierigkeiten innerhalb der eigenen Dynastie konfrontiert sah, es anderseits verstand, sich weitgehend aus den weltpolit. Auseinandersetzungen herauszuhalten, und selbst den Umwälzungen innerhalb der Krone Kastilien unter →Peter I. fernstand, wurde es unter →Ferdinand I. (1367–83) dann in verhängnisvoller Weise in die Wirren auf der Iber. Halbinsel verstrickt, die sich zu einem Nebenschauplatz des →Hunderjährigen Krieges entwickelt hatte. Der Versuch des Kg.s, nach der Ermordung Peters I. gegen die sich dort etablierende →Trastámara-Dynastie eigene Thronansprüche geltend zu machen, und die damit verbundene Parteinahme für →England gegen das mit →Frankreich verbündete Kastilien führte langfristig durch den Vertrag von →Elvas/Salvatierra de Magos (2. April 1383) und die Eheschließung zw. Kg. →Johann I. v. Kastilien und der ptg. Erbtochter →Beatrix zu kast. Nachfolgerrechten auf den ptg. Thron, die sich nach dem Tode Ferdinands am 22. Okt. 1383 realisieren konnten, aber durch den Aufstand von 1383 und seine Folgen verhindert wurden.

III. Das Königreich unter der Herrschaft des Hauses Avís: Der Volksaufstand v. 1383, dem ein »nationaler« Charakter zugesprochen und der gern als »revolução de 1383« bezeichnet wird, wurde vornehml. von Adel und Städten getragen und richtete sich gegen die Oberhoheit der als landesfremd empfundenen Trastámara-Dynastie, unter deren Herrschaft man die Eigenständigkeit des Kgr.es bedroht sah. Der Ermordung oder Vertreibung der bedeutendsten Vertreter der legitimist. Partei aus Lissabon folgte die Machtübernahme durch João d'Avís, der als Bastardsohn Kg. →Peters I. (1357–67) und Großmeister des Ritterordens v. →Avís zur Leitfigur des ptg. Widerstandes aufstieg. Innerhalb kurzer Zeit konnte er alle anderen Thronprätendenten überflügeln und, nachdem der Großkanzler →Johann das Regras als erfahrener Legist durch seine »razões« die Rechtsposition der Avís-Gegner zerstört hatte, wurde er von den Cortes v. Coimbra am 6. April 1385 zum neuen Kg. →Johann I. (1385–1433) gewählt. Diese Wahl bestätigte er auf dem Schlachtfeld durch den entscheidenden Sieg von →Aljubarrota (14. Aug. 1385), als er ein kast. Invasionsheer unter Führung Kg. Johanns I. vernichtend schlug und so, ungeachtet der späteren, sich bis 1431 hinziehenden ptg.-kast. Ausgleichsverhandlungen, die Grundlage für die ungebrochene Fortdauer seiner Kg.sherrschaft legte. Die endgültige Absicherung erfuhr sein junges Kgtm. durch den Bündnisvertrag v. →Windsor mit England (9. Mai 1386), der durch die Heirat Johanns I. mit →Philippa, der Tochter des Hzg.s v. →Lancaster, bekräftigt wurde, eine Ehe, deren reiche Nachkommenschaft keinen Zweifel an der Kontinuität des Herrscherhauses aufkommen ließ.

Sieht man von den wiederholten Eingriffen ptg. Prätendenten in die kast. und aragones. Thronfolgekämpfe während des 15. Jh. ab, richtete sich das Streben der Monarchie im Sinne eines »capitalismo monárquico português« vornehml. auf expansive handelspolit. Ziele, die allerdings eng verbunden mit Projekten der Landnahme waren. Da die Reconquista für P. seit dem 13. Jh. abgeschlossen war, suchte man in Konkurrenz zur Krone Kastilien Ausdehnungsgebiete in Nordafrika, wo durch die Einnahme von →Ceuta (1415), Alcácer Ceguer (1458), Arzila, Larache und →Tanger (1471) unter großen Opfern wichtige Stützpunkte gewonnen werden konnten. Parallel dazu erfolgte die Expansion nach Westafrika (→Afrika, III; →Guinea; →Expansion, IV) durch umfangreiche Entdeckungsfahrten, die den Grundstock für das »Seaborne Empire« legten und unter Rückendeckung durch den Infanten →Heinrich »den Seefahrer«, der als Hochmeister des Christusordens den Heidenkampf zu organisieren hatte, mit päpstl. Erlaubnis als Kreuzzugsunternehmen durchgeführt wurden, was Heinrich zum Hauptnutznießer des westafrikan. Handels machte, bevor Kg. →Alfons V. (1446–81) in diese Position drängte. War sein Vorgänger →Eduard/Duarte (1433–38) noch als hochgebildeter »Rei-Filósofo« in die

Geschichtssschreibung eingegangen, hatte sich Alfons erst von einer mächtigen Regentschaftsregierung zu befreien (Gefecht v. Alfarrobeira, 19. Mai 1449), ohne daß die Abschüttelung hochadliger Herrschaftspartizipation, die in der Vormachtstellung des Hauses →Braganza begründet lag, vollends gelungen wäre. Dennoch konnte der Kg. hinfort die rechtl., finanziellen und wirtschaftl. Grundlagen monarch. Machtausübung wiederherstellen, so daß es seinem Sohn und Nachfolger →Johann II. (1481-95) gelingen sollte, unter Beseitigung adliger Herrschaftskonkurrenz die zentrale Kg.sgewalt zu stärken und den Weg zur frühmodernen Staatlichkeit zu ebnen. – Zur jüd. Bevölkerung in P. →Sefarden. L. Vones

Lit.: P. Feige, Die Anfänge des ptg. Kgtm.s und seiner Landeskirche, SFGG. GAKGS 29, 1978, 85-436 – J. Veríssimo Serrão, História de P., I-II³, 1979-80 – J. Mattoso, Identificação de um país. Ensaio sobre as origens de P., 2 Bde, 1986² – Nova História de P., hg. J. Serrão–A. H. de Oliveira Marques, II: P. das Invasões Germânicas à »Reconquista«, 1993 [J.-P. Leguay, A. H. de Oliveira Marques, M. Â. Beirante] – A. Rucquoi, Hist. médiévale de la Péninsule ibérique, 1993 – L. Vones, Gesch. der Iber. Halbinsel im MA, 1993 [Q. und Lit.].

Portugiesisch →Cancioneiro, →Chronik, K. III, →Galicisch-portugiesisch, →Portugiesische Prosa.

Portugiesische Prosa. Die Historiographie (→Chronik, K. III) beginnt im 12. Jh. und erreicht ihren Gipfel im 15. Jh. mit Fernão →Lopes. Die erzählende Prosa (14./15. Jh.) ist vertreten durch Übers.en aus dem Frz.: »Crónica Troiana«, »Vida e feitos de Júlio César«, »Libro de Josep ab Arimathia«, »Demanda do Santo Graal«. Ob es eine ältere ptg. Fassung des span. Ritterromans→»Amadís de Gaula« gegeben hat, bleibt ungewiß. V. a. im Umkreis des Kl. →Alcobaça entstand eine fast ausschließl. aus Übers.en (aus dem Lat., Span., Frz.) bestehende umfangreiche religiöse Lit. Es handelt sich, neben Katechismen, Beichtspiegeln und ä. (Fr. João Claro, »Horas da confisscão«; Clemente Sánchez de Vercial, »Sacramental«), um Hl.nviten (z. B. »Alexius«, »Maria von Ägypten«, »Pelagia«, »Thais«, ein »Flos Sanctorum«), fromme Legenden (»Acta Apostolorum«, »Barlaam und Josaphat«; Jacobus de Voragine, »Legenda Aurea«) und um sonstige Erbauungslit. (Jacopo da Benevento, »Viridiarium consolationis« [»Virgeu de Consolaçam«]; Ps. Augustinus, »Meditationes«, »Soliloquia«; Ps. Bernardus, »Meditationes piissimae«; Domenico Cavalca, »Specchio di Croce« [»Espelho da Cruz«]; Ludolf v. Sachsen, »Vita Christi«; Thomas a Kempis, »Imitatio Christi«). Die monast. Ausrichtung tritt deutl. hervor in Übers.en der »Disciplina monachorum« Bernhards v. Clairvaux, Isaaks v. Ninive »De contemptu mundi« und der »Scala Paradisi« des Johannes Klimakos. Aus dem Frz. übersetzt wurde die für eine Nonne bestimmte Erbauungsschr. »Castelo Perigoso«, und ein ptg. Mönch verfaßte mit der gleichen Zielsetzung den »Orto do Esposo«. Das Lob der Einsamkeit und asket.-myst. Frömmigkeit sind zentrale Themen des »Bosco deleitoso«. Die Anfang des 14. Jh. entstandene »Corte Imperial« ist ein Religionsdisput zw. Vertretern der monotheist. Religionen und einem heidn. Philosophen, unter dem Vorsitz Christi. Eine christianisierte Fabelslg. (»Livro de Esopo«) ist die Übers. eines Textes der Tradition des sog. »Romulus«. Kg. Duarte (→Eduard, 11. E.) verfaßte die wichtigen moralist.-didakt. Werke »Leal Conselheiro« und »Livro da enssynança de bem cavalgar toda sela«, sein Bruder, der Infant Dom →Pedro (2. P.), übersetzte Ciceros »De officiis« und begann, inspiriert von Senecas »De beneficiis«, mit der Abfassung des zum größeren Teil aus der Feder seines Beichtvaters stammenden »Tratado de Virtuosa Bemfeitoria« zur Lebensführung der Fs.en. Ein Traktat über die Frauenerziehung von →Christine de Pisan, »Livre des trois vertus«, wurde unter dem Titel »Espelho de Cristina« übersetzt. Vom →»Secretum secretorum« existierte eine ptg. Übers. Die praxisorientierte Didaktik ist vertreten durch den »Livro de Falcoaria de Pero Menino« und zwei weitere Traktate über die Beizjagd, ferner ein von Kg. →Johann I. (12. J.) organisiertes Werk über das Jagdwesen (»Livro da Montaria«) und eine Schr. über die Pferdeheilkunde (»Livro d'Alveitaria do Mestre Giraldo«). Eine Übers. von Marco →Polos »Milione« wurde 1502 gedruckt. Zu den in Galicien entstandenen Prosatexten s.a. →Galic.-ptg. Sprache und Lit. W. Mettmann

Lit.: GRLMA IX, 2. 7 – A. J. da Costa Pimpão, Hist. da Lit. Portuguesa. Idade Média, 1959² – M. A. Valle Cintra, Bibliogr. de Textos Medievais Portugueses, 1960.

Portulak (Portulaca oleracea L./Portulacaceae). Der seit der röm. Ks.zeit in Mitteleuropa verbreitete P. war im MA unter den lat./dt. Namen *portulaca, portacla, pes pulli, andrago* (Alphita, hg. Mowat, 149b), *burtel* (Hildegard v. Bingen, Phys. I, 74), *pörzelkraut* (Konrad v. Megenberg, hg. Pfeiffer, V, 64) als Salat- und Heilpflanze bekannt. Wegen ihrer sukkulenten Blätter wurde die Pflanze als kühlendes Mittel u. a. gegen Fieber (Circa instans, hg. Wölfel, 96), Entzündungen des Magens und der Leber und Antoniusfeuer (Gart, Kap. 301) empfohlen. Daneben galt sie als heilkräftig bei Brechdurchfall, Blutungen, Warzen sowie übermäßiger Eß- und Liebeslust (Albertus Magnus, De veget. VI, 406). Als Speise erwähnt den P. (»purzeln«) Wolfram v. Eschenbach im Parzival (X 551, 20). I. Müller

Lit.: Marzell III, 986-991 – H. Küster, Wo der Pfeffer wächst. Ein Lex. zur Kulturgesch. der Gewürze, 1987, 202-204 – L. Reinhardt, Kulturgesch. der Nutzpflanzen, 1911, 522.

Portulan (portus 'Hafen'), ma. Seekarte, zeigt Mittelmeer- und Schwarzmeerküsten und in neueren Versionen auch europ. Atlantikküsten, bei denen die Namen von Häfen, Kaps und anderen Merkmalen senkrecht zur stilisierten Küstenlinie stehen. Über die Karte ist anstelle des Koordinatennetzes ein regelmäßiges, geometr. Liniensystem aus Sehnen eines oder mehrerer Kreise gelegt. Vom astronom. Norden weicht die Karte um 7-12 Grad ab. EDV-gestützte Unters.en der Punktgenauigkeit von ca. 350 Orten ergaben einen maximalen Punktfehler von ± 40 km (= ca. 1/3 Grad auf einem Großkreis der Erde). In neuerer Zeit wurden außerdem Texte zur Herstellung und Benutzung der P.e gefunden. Die ersten P.e entstanden zw. ca. 1150 und 1250 im w. Mittelmeer. Die ältesten P.e im ital. Stil zeigen ausschließl. die Küsten, beim katal. Stil ist das Inland mit hist.-geogr. Motiven dekoriert.

Als Voraussetzung für genaue Karten war in der Antike (Eratosthenes, Ptolemaios) die Bestimmung der geogr. Koordinaten festgelegt worden, wobei die Längenbestimmung noch problemat. blieb. Der entscheidende Fortschritt (sog. Monddistanzenmethode) wurde im 9. Jh. von arab. Astronomen erreicht, um die im Koran vorgeschriebene Gebetsrichtung zu bestimmen. Die notwendigen Hilfsmittel (astronom. Instrumente, Stern- und Mondtabellen, Methoden zur Bestimmung der Ortszeit) sind über Spanien ins Abendland gelangt. Mit Hilfe von Koordinatentabellen hat man die Orte zuerst auf einen großen Globus aufgetragen, sodann einen kreisförmigen Ausschnitt für den P. gewählt und diesen mit einem Zirkel auf das Pergament übertragen. Das Sehnennetz wurde zuletzt und auf jedem P. anders aufgebracht und durch die Kompaßrosen die magnet. Nordrichtung angegeben, die im SpätMA im P.gebiet um ca. 7-12° vom astronom.

Norden abwich. Bei der Benutzung wurde ein Magnetnadelkompaß (Bussole) so auf eine Kompaßrose des P.s gelegt, daß Magnetnadel und Nordpfeil der Kompaßrose übereinstimmten. Der Navigator konnte dann Richtung und Entfernung mit dem Zirkel (*compasso*) abgreifen. Die magnet. Deklination (Mißweisung) fiel bei Benutzung eines aktuellen P.en nicht ins Gewicht, weil auf den Karten die jeweils aktualisierte magnet. Nordrichtung angegeben war. →Karte, Kartographie. U.Lindgren

Lit.: J. K. Wright, Notes on the Knowledge of Latitudes and Longitudes in the MA, Isis 5, 1923 – D. B. Durand, The Vienna-Klosterneuburg Map Corpus of the 15th Cent., 1952 – A. J. Duken, Die math. Rekonstruktion der Portolankarte des Giovanni Carignano (ca. 1310), 1984 – A. Dürst, Die Seekarte des Andrea Benincasa (Borgiano VIII) 1508, 1984 – J. L. Berggren, Episodes in the Mathematics of Medieval Islam, 1986 – The Hist. of Cartography, I, II, hg. J. B. Harley – D. Woodward, 1987, 1992 [Beitr. T. Campbell, D. King – R. Lorch, G. R. Tibbetts] – P. Mesenburg, Rechnergestützte Analyse zum kartograph. und geodät. Informationsgehalt von Portolankarten (Kartographiehist. Colloquium Wien 1986, hg. W. Scharfe u. a., 1987) – J. Ma. Millàs Vallicrosa, Estudios sobre hist. de la ciencia española, 2 Bde, 1987 – U. Lindgren, Naturwissenschaftl. und techn. Planungsgrundlagen für die span. Expedition von 1492 (Kolumbus oder – wer entdeckte Amerika?, hg. W. Stein, 1992) – Dies., Battista Agnese P. Atlas, 1993 – Dies., Die Geographie als Naturwiss.? Wie Albertus Magnus ein Forschungsdesiderat begründete (Fschr. O. Engels, 1993).

Portus. Das zu porta 'Tor' und damit zur Wurzel *per- ('zu etwas durchdringen') gehörige p. bezeichnet im klass. Lat. die See-Einfahrt, den →Hafen, die Mündung, die Warenniederlage, das Haus oder übertragen die Zuflucht. Die frühma. lat. Q. verwenden es im Sinne von Landeplatz an einem Fluß, Fähre, Fährgeld, Warenhaus, Handelsort (u. a. Valenciennes [875], Rouen [876], Ouissant [853], Worms [858], Huy, Dinant [862], Namur [868], Guines? [938], Gent [941], Tiel, Utrecht, Tournai, Neuß [1021], Brügge [11. Jh.]), Golf oder Bergpaß. H. Planitz zog dabei hieraus den Schluß, daß man im westfrk. Teil des karol. Reiches häufig p. für die Kaufmannssiedlung (→*wik*) verwendet habe. Dies wird durch die germanist. Übersetzungsgleichungen nicht bestätigt. Sie übertragen p. außer durch *far* ('Hafen', 'Fahrstelle', 'Überfahrtstelle') und *urfar* ('Hafen') v. a. durch *stad* ('Ufer', 'Gestade', 'Küste') und *stedi* ('Ufer', 'Gestade', 'Stelle' bzw. 'Hafen', 'Landeplatz', 'Landungsplatz'). Allerdings ist der Hafen naheliegenderweise Niederlegungsort für Waren sowie zeitweiliger Aufenthaltsort von Kaufleuten und bietet damit stets auch Gelegenheit zum Handelsverkehr.

G. Köbler

Lit.: Vor- und Frühformen der europ. Stadt im MA, hg. H. Jankuhn u. a., 1973 – H. Planitz, Die dt. Stadt im MA, 1980⁵, 55, 65 – G. Köbler, Lat.-germ. Lex., 1983², 323 – Ders., Wb. des ahd. Sprachschatzes, 1993.

Posadnik, in der →Kiever Rus' Statthalter des Fs.en in den Landesteilen (seit dem 13./14. Jh. *namestnik* und *volostel'* gen.). Mit der Einsetzung eines Statthalters bekundete der Fs. seinen Herrschaftsanspruch über das betreffende Gebiet. Die P.i gehörten dem fsl. Gefolge (→*Družina*) an und waren für die allg. Verwaltung, das Militär-, Finanz- und Gerichtswesen zuständig. In →Novgorod wandelte sich seit Anfang des 12. Jh. der P. zu einem Vertreter der Stadt gegenüber dem Fs.en. Er wurde vom →Veče gewählt und konnte nur von diesem abberufen werden. Seit 1354 wurde aus den sechs P.i (seit 1416/17 neun) der verschiedenen Stadtteile (*koncy*) vom Veče jährl. (seit 1416/17 halbjährl.) der oberste P. (*stepennyj* P.) gewählt. Der P. berief das Veče ein, führte den Vorsitz und war militär. Befehlshaber, höchster Richter sowie Leiter der Finanzverwaltung und Diplomatie. In der Regel gehörten die mehrmals wählbaren P.i den vornehmen Familien der Stadt an. Erst Ivan III., der 1478 die Unabhängigkeit Novgorods beendete, beseitigte das Amt des P. In →Pskov wurden die (stepennye) P.i lange Zeit von Novgorod bestimmt und erst im 15. Jh. in der Stadt selbst gewählt (es gab ihrer damals offensichtl. zwei), wo sie unter einer stärkeren Kontrolle durch das Veče standen.

E. Kraft

Lit.: I. E. Andreevskij, O namestnikach, voevodach i gubernatorach, 1864 – B. B. Kafengauz, P.i i bojarskij sovet v drevnem Pskove, IstZap 33, 1950, 173–202 – V. L. Janin, Novgorodskie p.i, 1962 – G. Pickhan, Gospodin Pskov, 1992, 123ff., 194ff., 219ff., 290ff.

Posen (poln. Poznań), Stadt an der Warthe in Großpolen.
[1] *Burgmittelpunkt und Stadt zu polnischem Recht:* Nach dem heutigen Forschungsstand kann Mieszko I. († 992) als Begründer P.s gelten. Die erste Burg entstand etwa in der Mitte des 10. Jh. im nw. Teil der späteren Dominsel (Ostrów Tumski). Sie bestand aus zwei Teilen und war mit einem 10 m breiten Holz-Erde-Wall umgeben. In den 60er Jahren des 10. Jh. wurde die P.er Burg erweitert, wohl im Zusammenhang mit dem Beginn der Christianisierung Polens (966); auf diese Zeit geht höchstwahrscheinl. die Anlage der fsl. Burgkapelle (ð St. Marie?) und des ersten Doms zurück. Durch den zweiten Umbau um die Wende zum 11. Jh. wurde die P.er Burg zur größten und stärksten in Polen, mit einem 10–12 m hohen und ca. 20 m breiten Wall. Wie in →Gnesen waren die Wälle in Haken- und Holzkastentechnik erbaut und auf der Außenseite zusätzl. mit einem 4–5 m breiten und 3 m hohen steinernen Streifenfundament befestigt.

Schon im 10. Jh. entstand auf der Dominsel, unmittelbar am ö. Fuß der Burg, ein befestigtes Suburbium, dessen Wall mit dem der Burg verbunden und in derselben Technik erbaut war. Ebenfalls noch im 10. Jh. entwickelte sich im s. Teil der Dominsel, dem späteren Zagórze, eine weitere Vorburgsiedlung, in der im folgenden Jahrhundert die St. Nikolaikirche errichtet wurde. Das ö. der Burg gelegene Suburbium wurde wohl von Dienstleuten bewohnt, Handwerker und Kaufleute siedelten sich dagegen im Suburbium um die St. Nikolaikirche an, wo sich höchstwahrscheinl. auch der älteste Marktplatz befand. Obwohl sich nach der Verheerung Großpolens durch die Böhmen 1038 der Schwerpunkt des poln. Staates nach Kleinpolen und →Krakau verlagerte, wurde P. ziemI. schnell wiederaufgebaut. In der Nähe der P.er Burg entwickelten sich, bes. während des 12. und am Anfang des 13. Jh., zahlreiche weitere Vorburgsiedlungen. Auf dem rechten Ufer der Warthe entstand die hzgl. Marktsiedlung Śródka mit der St. Margarethenkirche, neben der der Posener Bf. 1170 das Hospital und die Kirche St. Michaelis (später Johanniskirche) stiftete (1187 den Johannitern übertragen, die dort ihren Komturei errichteten). Die Bf.ssiedlung Główna um die Allerheiligenkirche grenzte an. Zugleich entstanden auf dem linken Wartheufer drei Ansiedlungen um die Kirchen St. Martini, St. Adalberti und St. Gothardi. Die große Bedeutung P.s am Anfang des 11. und in der Mitte des 12. Jh. spiegeln die ksl. Heerzüge nach Polen 1005 und 1157 wider, die gegen P. gerichtet waren.

[2] *Bistum:* Wahrscheinl. nahm 968 der erste poln. Bf. Jordan seinen Sitz in P. Dort residierte auch sein Nachfolger Unger. Als i. J. 1000 das Ebm. Gnesen und die ihm unterstellten Diöz.en Breslau, Kolberg und Krakau errichtet wurden, blieb Unger als Bf. v. P. noch unabhängig. Der steinerne Dom (ð S. Petri) war noch in der 2. Hälfte des 10. Jh. auf dem Gelände des Suburbiums errichtet worden. Hier wurden die ersten poln. Fs.en und

Kg.e bestattet (Gräber von Mieszko I. und Bolesław I. Chrobry höchstwahrscheinl. archäolog. nachgewiesen). Die präroman. Basilika wurde während des heidn. Volksaufstands und infolge der Eroberung P.s durch die Böhmen in den 30er Jahren des 11. Jh. völlig zerstört. An ihrer Stelle errichtete man in der Mitte des 11. Jh. die neue roman. Kathedrale (got. Umbau 13.–15. Jh.).

[3] *Deutschrechtliche Stadt:* 1253 stellten die großpoln. Fs.en Przemysł I. und Bolesław d. Fromme eine Lokationsurkunde für P. aus, wobei unter den Zeugen bereits ein antiquus scultetus auftrat. Die Stadt, die →Magdeburger Rechte erhielt, wurde auf dem linken Wartheufer angelegt und umfaßte auch die Siedlung um die St. Gothardikirche. In diese neue Stadt zogen teilweise auch die Bürger der civitas circa ecclesiam S. Margarethe, also aus Śródka (später »antiqua civitas«), um. All dies deutet darauf hin, daß eine erste Stadt zu dt. Recht in P. schon in den 30er Jahren in Śródka entstanden war. 1288 wurde Śródka, wie schon früher die ganze Gegend um die Kathedrale, bfl. Eigentum. Die Stadt auf dem linken Wartheufer, die schnell zum Zentrum P.s wurde und in die auch der Fs. seinen Sitz verlegte, hatte die Form eines Ovals mit zentral gelegenem, fast quadrat. Markt und ca. 20 ha Fläche innerhalb der vor 1297 errichteten Mauer. Die Bevölkerungszahl P.s betrug um 1000 i. J. 1300, sie wuchs auf ca. 4000 i. J. 1430 an und erreichte 10 000 i. J. 1500. 1244 übernahmen die vielleicht aus Śródka gekommenen Dominikaner die St. Gothardikirche. 1263 wurde die Stadtpfarrkirche St. Marie Magdalene gegründet. Noch im 13. Jh. siedelten sich in P. Dominikanerinnen an, die ersten in Polen. Zum Jahr 1280 werden der Rat und die ersten Innungen, 1298 die Schöffen, 1302 der Stadtschreiber und 1310 der Bürgermeister erwähnt. Im 15. Jh. hatten Rat und Schöffenkollegium je acht Mitglieder.

Einen Aufschwung erlebte P. im 15. und 16. Jh. durch seine Lage am neuen Handelsweg zw. O- und W-Europa. Unter den drei, für den poln. Handel seit dem 15. Jh. entscheidenden Handelsgütern (Getreide, Pelze, Ochsen) waren die →Pelze für P. von bes. Bedeutung. Sie gelangten aus Rußland und Litauen über Wilna und P. in den W. Die P.er Kaufleute organisierten auch den Export von Ochsen, bes. nach Dtl. Sie importierten v. a. engl. Tuche und Heringe aus Stettin und Danzig. Von den P.er Handwerkszweigen sind v. a. die Gerber, Kürschner und Fleischer hervorzuheben. Seit dem 15. Jh. fanden drei große Jahrmärkte statt, um Ostern (4 Wochen), am Sommeranfang und im Sept. (jeweils 5 Wochen). An diesen Jahrmärkten nahmen Makler aus den großen ausländ. Kontoren teil, die ihre Geschäfte auf Kredit tätigten. Der Vertreter der Nürnberger Bankiersfamilie Landauer, Nicolaus Wilda, wählte P. als seinen festen Wohnsitz und wurde 1461 sogar Bürgermeister. J. M. Piskorski

Bibliogr.: M. SZYMAŃSKA, Bibliogr. historii Poznania, 1960 – *Lit.:* Gesch. der Stadt P., hg. G. RHODE, 1953 – J. NOWACKI, Dzieje archidiecezji poznańskiej, 2 Bde, 1959–64 – W. MAISEL, Sądownictwo miasta Poznania do końca XVI wieku, 1961 – K. JÓZEFOWICZÓWNA, Z badań nad architekturą przedromańską w Poznaniu, 1963 – W. HENSEL–J. ŻAK, P. im frühen MA, Archeologia Polona 7, 1964 – J. WIESIOŁOWSKI, Socjotopografia poźnośredniowiecznego Poznania, 1982 – Dzieje Poznania, hg. J. TOPOLSKI, I, 1, 1988 – Z. KURNATOWSKA, P. w czasach Mieszka I (Polska Mieszka I. W tysiąclecie śmierci twórcy państwa i Kościoła polskiego [992–1992], hg. J. M. PISKORSKI), 1993.

Possessio → Besitz

Possidius, monast. Schüler und Freund des →Augustinus in Hippo, † nach 437; 397 oder kurz danach Bf. v. Calama, 430 während der Belagerung Hippos durch die Vandalen bei Augustinus, nach dessen Tod (28. Aug. 430) verfaßte er die Vita Augustini mit beigefügtem Schriftenverzeichnis (Indiculum). Th. Baumeister

Q. und Lit.: DSAM XII, 1997–2008 [Lit.] – A. WILMART, Misc. Agostiniana, II, 1931, 149–233 [dazu D. DE BRUYNE, ebd., 317–319] – A. v. HARNACK, AAB 1930, Philos.-hist. Kl. Nr. 1 – A. A. R. BASTIAENSEN u. a., Vite dei Santi III, 1975, 127–241.

Post

I. Westlicher Bereich – II. Byzantinisches Reich – III. Islamischer Bereich.

I. WESTLICHER BEREICH: Die P. (von it. *posta*; span. *posta*, frz. *poste*, engl. *post[e]*), unter der die Beförderung von Briefen, Paketen und Reisenden über festgelegte Etappen verstanden wird, ist eine Neuentwicklung des ausgehenden MA, deren Anfänge in Italien zu suchen sind und die ihre Entstehung den Bedürfnissen weiträumiger staatl. Verwaltung verdankt, deren Probleme mit Hilfe privater Unternehmen gelöst wurden.

Nach dem Untergang der röm. Staatsp. im 6. Jh., des *cursus publicus*, der sich auf Stationen (*mansiones*) – mit Pferdewechsel, Übernachtungsmöglichkeit und Pflichten für die Beförderung von Sendungen und Personen – gestützt hatte, staatl. Zwecken vorbehalten war und von dem sich noch im 9. Jh. institutionelle Splitter nachweisen lassen (*angaria, evectio, tractoria, mansionaticum*), übernahmen einzelne Boten bzw. regional unterschiedl. organisierte Botenanstalten die Nachrichtenübermittlung (→Botenwesen; →Nachrichtenvermittlung). Aus der Kombination der bewährten Elemente dieser Organisationsformen entstand die P. Ihre wichtigsten Merkmale waren die Kette von Posten mit Boten und Wechselpferden, ihre staatl. Einrichtung und Förderung sowie die Bedienung staatl. wie privater Auftraggeber.

Die Bedienung »Fremder«, d. h. solcher, die mit dem ursprgl. Auftrag des einzelnen Boten oder – später – der Botenanstalt nichts zu tun hatten, und die herrschaftl.-öffentl. Reglementierung und Stützung der Botenorganisationen waren von jeher üblich. Botenketten, gewöhnl. in staatl. Diensten, erscheinen hingegen erst spät und sind für das frz. Kgtm. (1347), den Staat der →Visconti (1388), etc. bezeugt. Auch die Botenkette, die Maximilian I. durch Janetto de Taxis, dessen Familie seit 1474 im päpstl. Botenwesen nachweisbar ist, errichten ließ, um seine ndl. Besitzungen mit der 1489/90 übernommenen Gft. Tirol zu verbinden, diente ursprgl. staatl. Zwecken. Dieser erste, für 1490 belegte Kurs (Innsbruck-Mechelen) wurde bei der Expansion des habsbg. Einfluß- bzw. Herrschaftssphäre mit Linien nach Mailand (1495–ca. 1500) und zum span. bzw. frz. Kg.shof (1505) erweitert und über Verona und Rom bis nach Neapel (1515) verlängert. In dieses Netz haben die Taxis, mit ksl. Unterstützung, bald auch Venedig (1521) und Mailand (1538) einbezogen. Die in staatl. Auftrag errichteten Linien wurden anfangs mit Tiroler und seit 1501 v. a. mit span.-ndl. Geldern finanziert. Die Beförderung auch privater Korrespondenz, die schon früh praktiziert wurde (1500), bildete die zweite ökonom. Grundlage der Taxisschen P., zu der die »Personenbeförderung« durch die Stellung bzw. Vermietung von Reitpferden (1515) als weitere Einnahmequelle hinzukam. 1596/97 wurde die P. schließlich zu einem der Familie Taxis verliehenen Regal.

Durch die P., die im Abstand von jeweils 20–40 km Boten und Wechselpferde bereithielt, wurde die Laufzeit von Sendungen um etwa das Dreifache beschleunigt. Während ein einzelner Bote bis dahin tägl. normalerweise 30–50 km, in dringenden Fällen 50–70 km zurücklegte, kamen die Briefe mit der P. am Tag gewöhnl. 130–150 km und in bes. Fällen bis zu 300 km weit. Th. Szabó

Lit.: R.-H. BAUTIER, Recherches sur la chancellerie royal, BEC 123, 398–402 – M. DALLMEIER, Q. zur Gesch. des europ. P.wesens 1501–1806 (Thurn und Taxis-Stud. 9/I–II, 1987) – W. BEHRINGER, Thurn und Taxis, 1990.

II. BYZANTINISCHES REICH: Die P. gehörte zu jenen Institutionen, die Byzanz vom röm. Ksr. übernahm (cursus publicus, gr. δρόμος), zunächst dem →praefectus praetorio, dann dem →magister officiorum unterstehend, bis dessen Amt in den Aufgabenbereich des λογοθέτης τοῦ δρόμου überging (7./8. Jh.), dessen Bezeichnung noch in der Mitte des 14. Jh. nachweisbar ist. Einzelheiten der Organisation sind nur aus spätröm. und frühbyz. Zeit bekannt, wenngleich das für den diplomat. Verkehr und die innere Verwaltung wichtige Amt bis in die Spätzeit in irgendeiner Form existiert haben muß. Die großen Straßenzüge, die von der P. benutzt wurden, sind seit der Antike bis in die spätbyz. Zeit nachweisbar (bisweilen als δημόσιος δρομος bezeichnet) und mußten (urkundl. nachweisbar) von den Anliegern (kostenlos) instandgesetzt werden. Die aus frühbyz. Zeit bekannten hohen Geschwindigkeiten der P. (z. B. von Konstantinopel nach Alexandreia in 9 Tagen, Theoph. Simok. 311, DE BOOR) lassen auf eine hervorragende Infrastruktur schließen. Der private Verkehr war von dieser Versorgung ausgeschlossen und persönl. Mitteilungen mußten immer zufällig Reisenden mitgegeben werden. P. Schreiner

Bibliogr. und Q.: Dict. of Byzantium, 662 – A. M. RAMSEY, The Speed of the Roman Imperial P., The Journal of Roman Stud. 15, 1925, 60–74 – N. OIKONOMIDÈS, Les listes de préséance byz. des IXe e Xe s., 1972, 311f. – F. HILD, Das byz. Straßensystem in Kappadokien, 1977.

III. ISLAMISCHER BEREICH: [1] *Araber:* In der islam. Welt war bereits zur Omayyadenzeit ein staatl. P.- und Nachrichtenwesen vorhanden, das aber erst unter den Abbasiden das gesamte Kalifat einbezog. Diese Reichsp. verdankte wesentl. Anregungen vergleichbaren byz. und sāsānid. Institutionen, die im Iran bis in die Achämenidenzeit zurückgehen. Der P.dienst des Kalifats (arab.: *barīd*, von mlat. veredus 'P.pferd') übermittelte die Weisungen des Herrschers an die Provinzbehörden und unterrichtete zugleich die Zentrale über deren Verhalten. Als Boten dienten Läufer und berittene Kuriere (*furāniq*), die in Abständen von zwei bis vier *farsaḫ* (12–24 km) in Relaisposten (*sikka*, *ribāṭ*) stationiert und von »P.meistern« (*aṣḥāb al-barīd*) beaufsichtigt wurden, die dem Kalifen persönl. verantwortl. waren. Eilbotschaften wurden durch Brieftauben und Signalanlagen übermittelt. Das unter den Selǧūqen in Verfall geratene barīd-System wurde erst durch die Mamlūken wieder neu belebt.

[2] *Mongolen:* Die seit dem 5. Jh. v. Chr. nachweisbare chin. Reichsp. gab das Vorbild für ähnl. Einrichtungen bei den West- und Osttürken ab und übte maßgebl. Einfluß auf die Mongolen aus, die über das umfassendste und wirksamste P.- und Kuriersystem (mongol.: *ǰam*; chin.: *žàm*) der Alten Welt verfügten. Schon Dschingis Chān hatte die Errichtung von P.stationen an den wichtigsten Verkehrsrouten im Abstand von je einer Tagesreise verfügt, wo bis zu 20 Pferde für Meldereiter (*elči*), hohe Würdenträger und fremde Gesandte bereitgehalten wurden. Der eigtl. Ausbau des Kurierwesens erfolgte aber erst seit 1234 unter Großkhan Ögödei, der der örtl. Bevölkerung eine P.dienstpflicht auferlegte und ihr befahl, Pferde, Proviant und Futter zu stellen. Die mongol. Fs.en waren durch das Gesetz (→Yasa) verpflichtet, das ǰam-System zur Sicherung ihrer Herrschaft beizubehalten. So bestanden auch nach dem Zerfall des Gesamtreiches die P.einrichtungen der Mongolen in den Nachfolgestaaten fort. Noch die Reichsp. der Osmanen und der iran. Ṣafaviden spiegelte sowohl den Einfluß der islam. barīd- wie der mongol. ǰam-Institutionen wider. H. Göckenjan

Lit.: EI², 1045–1047 – Enc. Iranica III, 1989, 797–799 – P. PELLIOT, Sur yam ou jam, »relais postal«, T'oung Pao 27, 1930, 192–195 – J. SAUVAGET, La poste aux chevaux dans l'empire des Mamelouks, 1941 – P. OLBRICHT, Das P.wesen in China unter der Mongolenherrschaft im 13. und 14. Jh., 1954 – G. DOERFER, Türk. und mongol. Elemente im Neupers., II, 1965, 102–107; IV, 1975, 110–118.

Postglossatoren → Kommentatoren

Postola sögur (Apostelsaga), neben den Heilagra Manna sögur (Hl. ensaga; →Hagiographie, B. IX) und den →Biskupasögur (Bf.ssaga) dritte große Textslg. anord. Legendenlit. des 13. und 14. Jh.; sie berichten von den Taten der elf Apostel (ohne Judas) sowie der späteren Apostel Matthias und Paulus. Q. sind frühchr. Legenden, die in der Version des babylon. Bf.s Abdias (Ende des 6. Jh.) nach mehrfachen Umformungen in lat. Fassung nach Skandinavien gelangten und bald nach der Christianisierung um 11. Jh. in Norwegen und auf Island übersetzt wurden. Die Hs. AM 655 IX, 4° (2. Hälfte 12. Jh.) enthält als wohl ältesten Text in norw. Sprache ein Bruchstück der Matteus saga, die umfangreichste Slg. bietet der Codex Scardensis (1. Hälfte 14. Jh.), der vollständig nur in einer späten Abschrift vorliegt (Grundlage der Ed. UNGER). Ein Teil der P. ist in mehreren Fassungen erhalten, wobei die Texte des 13. Jh. sich enger an die lat. Vorlage halten, die des 14. Jh. rhetor. Ausschmückungen, Ergänzungen aus Bibelkomm.en, patrist. Schrr. und enzyklopäd. Werken (Vinzenz v. Beauvais, Petrus Comestor) und Zitate aus der anord. Lit. hinzufügen. In dem Begleitbrief zur jüngeren Version der Jóns saga baptista nennt der Übersetzer und Bearb., der Mönch Grímr Holmsteinsson († 1298), die verwendeten Q. (Augustinus, Ambrosius, Hieronymus u.a.). R. Volz

Ed.: C. R. UNGER, 1874 – D. SLAY, Cod. Scardensis, 1960 [Faks.] – L. HARTY, Andreas saga p., 1970 [Diss. Univ. of Otago; mit engl. Übers.] – *Lit.:* KL I, 177f. – E. MAGNÚSSON, Kodex Skardensis af P., ANF 8, 1892 – F. JÓNSSON, Den oldn. og oldisl. litt. hist. II, 1923², 863–873.

Postulatsgulden. In ihrem →Feingehalt bes. geringwertige →Gulden des postulierten Bf.s Rudolf v. Utrecht (1423–55), auch *Knapkoek* gen., im Wert von 1/2 →Rhein. Gulden, mit der Darstellung des stehenden Bf.s und dem Utrechter Wappenschild. Der P. wurde im 15. Jh. im Ebm. Köln und von Ulrich →Cirksena im Norderland (1441–64) nachgeahmt. In NW-Europa galt er überall als bes. minderwertige Goldmünze (→Hornscher Gulden). P. Berghaus

Lit.: A. Noss, Die Münzen der Ebf.e v. Cöln 1306–1547, 1913, 212f., 227f., 236f. – Wb. der Münzkunde, hg. F. V. SCHROETTER, 1930, 527 – A. KAPPELHOFF, Die Münzen Ostfrieslands vom frühen 14. Jh. bis 1628, 1982, 82f. – J. J. GROLLE, Numismat. Linguistik, 1984, 11–13.

Pot. **1. P., Philippe,** burg. Adliger, * 1428, † 20. Sept. 1493. Sohn von Jacques P. und Marguerite de Courtiamble, Enkel von 2, Taufpate Hzg. →Philipps des Guten, machte in dessen Hofhalt (Hôtel) Karriere, bei Rupelmonde zum Ritter gekürt, 1463 Ritter vom →Goldenen Vlies. Er nahm am Voeu du Faisan teil. P. kumulierte Ehren und Ämter, wurde 1473 zum Großen Hofmeister ernannt und ließ sich das Schloß Châteauneuf-en-Auxois übertragen. Dessenungeachtet näherte er sich Kg. →Ludwig XI. v. Frankreich an, der ihn am 21. Sept. 1477 zum Großseneschall v. Burgund ernannte und in den →Michaelsorden aufnahm. Kg. Karl VIII. übertrug ihm das Logis du Roi zu Dijon und designierte ihn zur Teilnahme an den →États généraux in →Tours, auf denen P. in einer berühmten Rede für die Forderungen der Regentin →Anna v. Beaujeu eintrat (7. Febr. 1484); er wurde in den kgl.

Rat (→Conseil royal) berufen. 1489 verhandelte er mit dem Abt v. →Cîteaux, um in dieser berühmten Abtei ein Grab zu erhalten (Grabmal heute im Louvre). J. Richard

Lit.: H. BOUCHARD, Ph. P., grand sénéchal de Bourgogne, 1993.

2. P., Re(g)nier, Rat des Hzg.s v. →Burgund, * um 1362, † Nov. 1432, Sohn von Guillaume III. v. La Prugne (Berry) und Radegonde Guenand. R. wurde von seinem Halbbruder Guy de →La Tremoïlle bei Hzg. →Philipp d. Kühnen eingeführt. Als →Chambellan des Hzg.s heiratete er 1392 Caterina →Anguissola, eine Hofdame der Valentina →Visconti, Gattin Hzg. →Ludwigs v. Orléans. 1390 auf →Preußenreise, erwarb er wohl dort seinen Beinamen 'Palamedes' (und fügte die Farben dieses myth. Helden seinem Wappen ein). Er wurde bei →Nikopolis (1396) gemeinsam mit dem jungen Hzg. Johann (→Jean sans Peur) gefangengenommen und losgekauft. Er übte zahlreiche diplomat. Missionen aus (bes. am Hof v. Ungarn) und war 1410–14 Gouverneur des →Dauphiné. P. erwarb mehrere Herrschaften in Burgund (Thorey, Mélisey, La Roche-Nolay u. a.) und erhielt vom Hzg. Privilegien verliehen; sein Stammsitz La Prugne im Berry wurde jedoch von →Karl VII. konfisziert (→Armagnacs et Bourguignons). Mitglied des hzgl. Rates zu →Dijon (1427), wurde er 1430 zum Ritter vom →Goldenen Vlies gekürt.

J. Richard

Lit.: J. POT, Hist. de R.P., 1929 – J.-B. DE VAIVRE, Les armoiries de R. P. et de Palamède, Cahiers de héraldique, II, 1975, 177–212.

Potentes. Im Gegensatz zu den →»Pauperes« konnten im Früh- und HochMA die P. über Menschen verfügen. In Anlehnung an die spätröm. Terminologie galten noch in der Merowingerzeit Großgrundbesitzer im einst röm. Gallien als P. Seit der Karolingerzeit verstand man unter P. alle Amtsträger und den hohen Adel. Sie bildeten mit dem Kg. oder Ks. die Spitze der Gesellschaftspyramide und verfügten über umfangreichen Grundbesitz, ohne den polit. Macht nicht ausübbar war. Daher hießen sie in den Q. auch häufig →»Dives« oder »Divites«. Entscheidend für die Zugehörigkeit zum Kreis der P. war jedoch die Möglichkeit, anderen Schutz gewähren zu können. Wer dazu in der Lage war, zählte zu ihnen. Am Ende der Karolingerzeit erweiterte sich der Kreis der P. über den hohen Adel hinaus. Schon damals wurden Klagen über den Gewaltmißbrauch der P. laut, dem die Herrscher zu steuern suchten. Im HochMA und bes. im SpätMA wandelte sich die Bewertung. Der Begriff »potens« bekam einen pejorativen Sinn. P. wurden zunehmend als Unterdrücker der Pauperes begriffen. Der Adel bevorzugte infolgedessen die Bezeichnungen »edel«, »nobilis« oder dergleichen und unterschied sich nach geburtsständ. Merkmalen von anderen. In den Städten nannten sich Angehörige der Führungsschicht »reich« oder »dives« und hoben damit auf das dort vorherrschende Kriterium des Vermögens ab. Als P. ließen sich die Eliten auf dem Land und in der Stadt nur noch ungern bezeichnen.

K. Militzer

Lit.: →Pauperes.

Potentia dei absoluta-ordinata, Begriffspaar, das die Macht Gottes doppelt bezeichnet: Die p. d. absoluta hebt den souveränen, frei sich schenkenden Willen Gottes hervor, die p. d. ordinata betont den in der Schöpfungs- und Heilsordnung wirksamen Willen Gottes. Bereits Augustinus unterscheidet zw. dem vielfältigen Können des allmächtigen Gottes und seinem konkreten, in der Heilsgesch. verwirklichten Wollen bzw. Nicht-Wollen. Der Gedanke wurde in der Frühscholastik aufgegriffen und abgewandelt: Gottes souveräne Freiheit wird gegenüber dem Geschaffenen dadurch gewahrt, daß man Gott als Schuldner des Menschen sieht, nicht weil dieser sich etwas verdient hätte, sondern weil Gott ihm etwas versprochen hat. In die →Franziskanerschule fand die Unterscheidung Eingang und wurde bes. von →Johannes Duns Scotus method. auf fast alle theol. Lehrstücke angewandt. Sie sollte den theol. Blick für die Größe Gottes öffnen. Die nachfolgenden Scotisten des 14. Jh. vergaßen bei ihren Unterscheidungen zw. der Macht Gottes jedoch weitgehend, daß der souveräne Wille Gottes mit dem absolut guten Wesen Gottes ident. ist. Es kam zu der Aussage, daß Gott nicht deshalb etwas wolle, weil es gut sei, sondern es sei deshalb gut, weil Gott es wolle. Für →Wilhelm v. Ockham war die gegenwärtige Welt- und Heilsordnung nicht notwendig, obwohl sie von Gott frei gewählt war. Er sah im Willen Gottes die höchste Norm für das sittl. Leben und für die Unterscheidung zw. sittl. guten und schlechten Handlungen. In seinem Gefolge kommt es mittels dieser Unterscheidung zu dem Satz, Gott könne einen Gerechten verdammen und einen Sünder mit der Seligkeit belohnen, ohne dabei ungerecht zu sein. Was anfängl. die Freiheit und Weite Gottes betonen sollte, führte schließlich zu einer Vereinseitigung und Verengung des Gottesbildes.

W. Eckermann

Lit.: W. DETTLOFF, Die Entwicklung der Akzeptations- und Verdienstlehre von Duns Scotus bis Luther mit bes. Berücksichtigung der Franziskanertheologen, 1963 – K. BANNACH, Die Lehre von der doppelten Macht Gottes bei Wilhelm v. Ockham, 1975 – B. HAMM, Promissio, pactum, ordinatio, 1977.

Potentia oboedientialis (p. oboedientiae), Begriff, der die Möglichkeit der Gnadenmitteilung und der Wunder erklärt, im 13. Jh. entstanden, geht inhaltl. auf die Patristik zurück (Augustinus, De Gen. ad litt. IX 17, 32; De praed. sanct., c. 5). Albertus Magnus wendet ihn auf die Fähigkeit des Verstandes an, zur Gottesschau erhoben zu werden (In Dionys. de div. nom., c. 1, 27, Ed. Col. 13, 58). Bonaventura spricht von einer p. secundum quid, die nur von einer höheren Ursache in Akt überführt werden kann (In I Sent., d. 42, q. 4 [Q. I 758a]). Thomas v. Aquin verwendet den Ausdruck an 23 Stellen (meist als p. oboedientiae); er unterscheidet zw. der auf ein Agens naturale bezogenen p. und der p. in Hinblick auf die Macht Gottes (p. oboedientiae in creatura). In Ver. 29, 3 ad 3 spricht Thomas von einer p. receptibilitatis, die nie vollständig erfüllt werden kann. Sie ist mit der Natur des Menschen gegeben, also mehr als eine non repugnantia. Ende des 13. Jh. ist der Terminus in der thom. Schule und bei Johannes Duns Scotus geläufig (Ord. I, prol. 70, Op. omnia, Vat. I 58; In Metaph. IX, 12, ed. VIVES, 576–579).

L. J. Elders

Lit.: HWP VII, 1165f. [Lit.] – L. B. GILLON, Aux origines de la puissance obédientielle, RTh 1947, 304ff.

Potenz → Akt-Potenz

Potenza, Stadt in Süditalien (Basilicata), 823 m ü. M. am Nordhang des Basentotals gelegen. Die röm. (Municipium Potentia) und frühma. Vorgängersiedlung verlagerte sich seit dem 9. Jh. von der Lokalität La Murata allmähl. in die Höhe. Als Verkehrsknotenpunkt zw. Kampanien und Apulien war P. bereits Ende des 5. Jh. Bf.ssitz (Bf. Herculentius). Im 6. Jh. in das langob. Hzm. →Benevent eingegliedert, gehörte P. seit dessen Teilung (847) zum Fsm. →Salerno, blieb jedoch Suffragan von Acerenza. Die Zugehörigkeit zum byz. Thema Langobardia ist unsicher: P. erscheint nicht in dem unter Nikephoros II. angelegten Verzeichnis der Suffragane von Otranto. Nach der Eroberung durch die Normannen (1. Hälfte 11. Jh.) erreichte P. nicht die Bedeutung von →Melfi, Lagopesole und Acerenza, zumal in seinem Gebiet wichtige Kl. gründungen fehlen. 1149 traf Kg. Roger II. in P. mit Kg. Ludwig VII. v. Frankreich bei dessen Rückkehr vom Kreuzzug zusammen. 1194 unterstellte sich die Stadt Heinrich VI. Unter Friedrich II. blieb P. Krongut. 1269 rebellierte P. gegen Karl I. v. Anjou, der zur Vergeltung die Mauern schleifen ließ und die Familien Grassinelli und Turachi auslöschte. Mit Hilfe der Krone nach dem Erdbeben von 1273 wiederaufgebaut, wurde P. im 14. Jh. an die →Sanseverino verlehnt. Nach der Belagerung und Einnahme durch Ladislaus v. Durazzo fiel die Stadt an die Origlia, dann an Michele Attendolo und schließlich an die Guevera (1435). Seit dem 16. Jh. war P. im Besitz der Loffredo, Mgf.en v. Treviso.   P. De Leo

Lit.: IP IX, 483–487 – N. Kamp, Kirche und Monarchie..., 1–2, 1975, 794–798 – C. D. Fonseca, Particolarismo istituzionale e organizzazione ecclesiastica del mezzogiorno medievale, 1987.

Potestas, oft synonym gebraucht mit auctoritas, maiestas, potentia, imperium, dominatio, dominium, ius, proprietas, possessio; weltl. 'Macht', 'Gewalt', 'Herrschaft', 'Amt'. Als Begriff der röm. Staatssprache, der eng mit imperium und auctoritas zusammenhängt, aber im staatspolit. Bereich komplementär zu potentia als äußerem Aspekt der Gewaltausübung ihre legale Grundlage meint, bezeichnet p. im MA in Ableitung von der Allgewalt Gottes die päpstl. und ksl. Gewalt sowie die institutionalisierte, rechtmäßige Herrschaft über Sachen, Personen und ihre Organisationsformen. Gemäß den chr. ma. Anschauungen wurde der eigtl. Ursprung der p. bis zur Mitte des 13. Jh. vorrangig in der Sündhaftigkeit des Menschen gesucht und die Einführung der Herrschaft in einer, durch →Irenäus v. Lyon erstmals vertretenen Tradition als ein Akt der Fürsorge Gottes gesehen, um durch die Aufrechterhaltung der Ordnung die selbstzerstör. Kräfte des der menschl. Natur innewohnenden Bösen zu bannen; in einer anderen, durch →Augustinus begründeten Tradition als Sündenstrafe und -folge, die die Unterwerfung unter eine Obrigkeit als naturgegebene Notwendigkeit erscheinen ließ. Parallel dazu entwickelte sich aus der Verbindung der patria p. der Antike mit jenen germ. Vorstellungen, die um den Rechtskreis des →Hauses als Kern eigenständiger Herrschaft kreisten, einerseits die Herrengewalt über Land und Leute als einer Grundlage autogener Adelsherrschaft, andererseits die gedankl. Verknüpfung von Kg.sgewalt und Kg.sherrschaft (regalis p.) über ein Reich (regnum) mit der hervorgehobenen und auf die Fortsetzung göttl.-chr. Herrschaft bezogenen Institution des Kg.shauses bzw. der Kg.sdynastie, wodurch die kgl. auctoritas ihren Vorsprung gegenüber der adligen Machtausübung erhielt. Abgeleitete p. trat als Amtsgewalt auf, die im geistl. Bereich als ius et p. des Bf.s die Verwaltung des Kirchenguts, aber auch die Strafgewalt über das Kirchenvolk bedeutete, im weltl. Bereich die Ermächtigung meinte, allg. Hoheitsfunktionen auszuüben oder für adlige Herrschaftsträger als potentes über ihren Machtanspruch hinaus Mittel kgl. Gewaltausübung zu nutzen.

Seine bes. Brisanz erhielt der p.-Begriff, als er zu einem Schlüsselwort in der polem. Auseinandersetzung um die Aufteilung und Vorherrschaft der Gewalten zw. weltl.-ksl.-fsl. und kirchl.-päpstl. Machtsphäre wurde, wobei seit der Mitte des 12. Jh. dem Papsttum von seiten der Kanonistik (→Rufinus) die von →Bernhard v. Clairvaux (»De consideratione«) thematisierte plenitudo potestatis, die aus der Binde- und Lösegewalt sowie dem darauf gestützten Jurisdiktionsprimat floß, als Bezeichnung für seine übergreifende Primatialstellung zugesprochen und unter Innozenz III. die Beziehung der regalis p. zur pontificalis auctoritas abschließend durch das Verhältnis des Mondes zur Sonne versinnbildlicht wurde. Diese Einstellung erfuhr eine Untermauerung durch die Ansicht, die weltl. Macht sei ein vom Bösen geprägtes Erzeugnis der gefallenen Menschheit, und deshalb könne es kein legitimes imperium außerhalb der Kirche geben (→Alanus Anglicus, →Tankred), denn der Papst sei von Gott zum Regenten und Richter der Welt bestellt worden. Unter Federführung der Kanonisten führte die Diskussion zur theoret.-funktionalen Aufgliederung der p. in Teilgewalten wie p. directa/indirecta, p. spiritualis/temporalis, p. condendi leges, p. iurisdictionis, p. dispensandi, ligandi, solvendi usw., wobei von päpstl. Seite die Grenze zw. geistl. (Befugnis, secundum plenitudinem potestatis de iure supra ius dispensare = X 3.8.4) und weltl. Jurisdiktionsgewalt immer mehr zugunsten der ersteren bis zum monarch. Herrschaftsanspruch Bonifatius' VIII. verschoben wurde. Für die Ausbildung der kgl. Machtstellung im Sinne souveräner Herrschaftsausübung kam der zuerst auf das Ksm. bezogenen und aus der Übertragung der p. durch die lex regia herrührenden p. condendi leges große Bedeutung zu, die als Grundlage der Rechtssetzungsbefugnis dem princeps legibus solutus unter dem Zwang der necessitas die Möglichkeit eröffnete, von bestehendem Recht abzuweichen oder es aufzuheben. Im 13. Jh., das von der Rezeption des Naturrechtsbegriffs aristotel. Prägung und seiner durch die aristotel. Politik umgesetzten Auswirkung auf die Sicht der natürl. Grundlagen von menschl. Herrschaft bestimmt wurde, bildete sich dann schnell die Ansicht heraus, daß den Kg.en die gleiche p. condendi leges zukomme wie dem Ks. und daß eine lex erst durch die p. des princeps ihre vis coactiva erhalte. Während sich die aus der plenitudo potestatis abgeleitete Anwendung der p. directa in temporalibus durch das Papsttum als nicht durchsetzbar erwies (z. B. bei Herrscherabsetzungen), entwickelte sich im staatl. Machtbereich die Vorstellung vom Kg., der in weltl. Belangen keinen Oberen anerkennen muß, und ihre Verkürzung im Satz vom »Rex est imperator in regno suo«, der bald in den vernakularsprachl. Rechtskodifikationen Verbreitung fand. Die Vereinnahmung der Vorstellung von der plenitudo potestatis durch die ksl. und kgl. Gewalt erfolgte fast zwangsläufig während der Auseinandersetzung zw. Philipp IV. und Bonifaz VIII. in Form der 'plenitudo regiae potestatis', und als →Baldus de Ubaldis dem Herrscher eine über seine gewöhnl. Gewalt (p. ordinaria) hinausgehende höchste, absolute Gewalt (suprema et absoluta p.) zuerkannte, die keiner Regel unterliege, so daß dieser seine Rechtsakte contra ius nicht eigens begründen müsse, fand sie in ihrer extremen Auslegung Eingang in die Legistik. Doch hing es in der Praxis von den Möglichkeiten der Einflußnahme durch die Fs.enkorporationen und Ständevertretungen ab, inwieweit ihrer Ausübung Grenzen gesetzt blieben, selbst wenn sie wie beim Ksm. als summa p. und ihr Träger als lex animata aufgefaßt wurden, oder ob der Weg zum frühmodernen Absolutismus beschritten wurde.   L. Vones

Lit.: Gesch. Grundbegriffe II, 1975, 923–958; III, 1–102, 817–935, VI, 99–107 – G. Post, Stud. in Medieval Legal Thought, 1964 – W. Ensslin, Auctoritas und P., HJb 74, 1955, 661ff. – L. Buisson, P. und Caritas, 1958, 1982² – H. Quaritsch, Staat und Souveränität, I, 1970 – W. Kölmel, Regimen Christianum, 1970 – W. Stürner, Natur und Ges. im Denken des Hoch- und SpätMA, 1975 – H. G. Walther, Imperiales Kgtm., Konziliarismus und Volkssouveränität, 1976 – T. Struve, Die Entwicklung der organolog. Staatsauffassung im MA, 1978 – D. Wyduckel, Princeps Legibus Solutus, 1979 – W. Stürner,

Peccatum und Potestas, 1987 – Pipers Handbuch der Politischen Ideen, hg. I. FETSCHER–H. MÜNKLER, II: Mittelalter, 1993 [Lit.].

Potestas ecclesiastica (Kirchengewalt), der Kirche von Christus zur Heiligung, Lehre und Leitung übertragene Vollmacht, die anfängl. einheitl. durch Weihe auf ein bestimmtes Kirchenamt hin vergeben wurde (relative Ordination). Die Ursachen der sich im 12. Jh. entwickelnden Unterscheidung von Weihe- (p. ordinis) und Jurisdiktionsgewalt (p. iurisdictionis) sind unterschiedl. Art und noch nicht ganz geklärt. Das →Decretum Gratiani (C. 14 q. 1 d. p. c. 37) realisiert die Unterscheidung noch wenig, ist aber Ausgangspunkt für die →Dekretisten, die die Weihe noch als Voraussetzung zur Ausübung von p. e. sehen. Ausschlaggebend für die weitere Entwicklung wurden die Strafgewalt und die bfl. Gewalt. →Paucapalea versteht unter officium noch p. iurisdictionis und p. ordinis, kennt aber schon eine Strafgewalt, die nicht aus der Weihe entspringt. →Rufinus versucht erstmals die wiss. Unterscheidung beider Gewalten; die Glosse zu X I. 6. 15 erkennt dem gewählten und bestätigten, aber noch nicht geweihten Bf. p. iurisdictionis zu. Durch die Delegierung von bfl. Gewalt wird klar, daß sie auch Nichtbf. e besitzen können (→Johannes Teutonicus). Mit der begriffl. Trennung ging aber auch die rechtl. Hand in Hand (PLÖCHL). P. iurisdictionis konnte nun auch von ungeweihten Amtsinhabern ausgeübt werden. Theol. ist Thomas v. Aquin zu nennen (S. th. II–II, q. 39 art. 3): Die spiritualis p. ist entweder eine sakramentale oder eine jurisdiktionelle, die durch Weihe bzw. menschl. Verleihung übertragen wird. Erstere ist unverlierbar (auch wenn der Träger zum Häretiker wird), letztere verlierbar. Als Ende des 12. Jh. päpstl. →Legaten, die nicht Priester waren, die Gewalt zu richten und zu exkommunizieren übertragen wurde, sah man Weihe und Jurisdiktion als zwei unabhängige Gewalten. Diese Sicht konnte prakt. Fragen (Jurisdiktionsgewalt der →Archidiakone, der einem nichtbfl. Abt unterstehenden Bf.e, Überordnung der p. iurisdictionis) besser klären (STICKLER). Denkbar wäre auch, daß die Unterscheidung im Kern erst gewonnen war, als sich die Erkenntnis durchgesetzt hatte, daß die Weihe auch ohne gleichzeitige Verleihung eines Amtes wirksam bestehen kann (MÖRSDORF). Fortan werden die beiden Gewalten unterschieden; sie entsprechen zwei Hierarchien (hierarchia ordinis, h. iurisdictionis). Die p. iurisdictionis ist eine ordentl. (ordinaria), delegierte (delegata) oder stellvertretende (vicaria, mandata). Der Papst übertrug Untersuchung und manchmal auch Entscheidung von Rechtsfällen. Der Delegierte mußte zwar Kleriker sein (X 1.2.10; X 2.1.2), doch reichten der bloße Empfang der Tonsur und die niederen Weihen aus. Auch Laien waren fähig, auf päpstl. Bestellung hin als Delegierte zu fungieren (HINSCHIUS). Frauen konnten ebenfalls Träger von Jurisdiktionsgewalt sein (Äbt. en). Die p. e. wird im äußeren (forum externum) und inneren Bereich (f. internum) ausgeübt. Diese Unterscheidung geht auf das Begriffspaar forum poenitentiale–forum iudiciale zurück, mit dem man in der 1. Hälfte des 13. Jh. die Trennung zw. Buß- und Gerichtswesen terminolog. einfing. Auch die, allerdings nur funktionale Unterscheidung der grundsätzl. einheitl. Leitungsgewalt in Gesetzgebung, Verwaltung und Rechtsprechung wird schon seit dem hohen MA sichtbar. R. Puza

Lit.: P. HINSCHIUS, System des kath. Kirchenrechts mit bes. Rücksicht auf Dtl., I, 1869, 163–195 – F. X. WERNZ, Ius decretalium, II, 1906, 4–18 – PLÖCHL II, 1962², 197–199 – A. M. STICKLER, Le pouvoir de gouvernement, pouvoir ordinaire et pouvoir délégué, L'Année canonique 24, 1980, 69–84 – DERS., P. sacra: Natura et origo, Periodica, 1982, 65–91 – DERS., La bipartición de la potestad eclesiástica en su perspectiva hist., Ius canonicum 15, Nr. 29, 1975, 45–75 – R. Puza, Kath. Kirchenrecht, 1993², 151–158.

Pothorst, Hans → Pining

Potier, Nicolas, Herr v. Groslay und Blanc-Mesnil, kgl. frz. Münzmeister, † nach Dez. 1501, ⚭ Madeleine de Marle. Reicher Pariser Bürger, fungierte P. 1466–68 als Schöffe und war wohl Kompagnon von Germain de Marle und Denis Le Breton, v. a. im Salzhandel (Compiègne 1472, Troyes, Châlons-sur-Marne). Gleichzeitig mit seinen Geschäftspartnern wurde er zum kgl. Münzmeister (général maître des monnaies) ernannt (2. Nov. 1475), nach Absetzung der Amtsvorgänger, die für die gescheiterte Politik einer Überhöhung des Goldécus verantwortl. gemacht wurden. P. hatte zuvor keinerlei Funktionen im Münzwesen ausgeübt und erhielt die Erlaubnis, seine eigenen Geschäfte in vollem Umfang weiterzuführen. Er wurde oft als Repräsentant der Chambre des monnaies zu Beratungen der →Chambre des comptes, des →Parlement und des →Conseil royal (Ordonnance v. Blois, 1499) hinzugezogen. Nach dem Einsturz des Pont Notre-Dame und der Aufhebung des Schöffenamts wurde P. am 26. Okt. 1499 zum →Prévôt des marchands eingesetzt; als solcher organisierte er die Wiederansiedlung der vom Brückeneinsturz betroffenen Wechsler in der Nähe des Palais Royal. M. Bompaire

Lit.: R. DE SAULCY, Recueil de documents relatifs à l'hist. des monnaies frappées par les rois de France jusqu'à François Ier, 1879–92, vol. III, IV – R. GANDILHON, Politique économique de Louis XI, 1940.

Potsdam, Burg der →Heveller. Funde vom 8.–12. Jh. bezeugen das Bestehen einer slav. Siedlungskammer mit Burgwall an der Havel unter der ehem. Heiliggeistkirche (Keramik vom 9.–12. Jh.). Nördl. lagen zwei nur bis ins 10. Jh. reichende Vorburgsiedlungen, im 11./12. Jh. bestand ein kleines Suburbium mit Körpergräberfeld westl. an der Burgstraße. Noch nach dem Lutizenaufstand (983) schenkte Ks. Otto III. 993 dem Kl. →Quedlinburg »duo loca Geliti [Geltow] et Poztupimi vocata in provincia Hevellon et in insula Chotiemuizles sita« (DO III, 131), d. h. P. bildete an der Ostgrenze des Hevellerstaates einen Bezirk zw. Havel, Wublitz und Sakrow-Paretzer-Kanal unter einem Herrschaftsträger (Chotemysl). Der Name Poztupimi ist entnasaliert, spätere Nennungen (nach 1317) zeigen die nasalierte Form 'Postamp' u. ä., zu polab. *Postąpim ('Ort des Postąpim'). E. Bohm

Lit.: R. E. FISCHER, Die Ortsnamen des Havellandes, 1976, 186ff. – Corpus archäolog. Q. zur Frühgesch. ... DDR 3, 1979, 28off. – W. H. FRITZE, Frühzeit zw. Ostsee und Donau, 1981, 150, 163ff., 448 – K. GREBE, Ausgrabungen am Alten Markt in P., Ausgrabungen 36, 1991, 86–91 [Lit.].

Pottasche (Kaliumkarbonat), seit dem Altertum durch Auslaugen von Pflanzenaschen (cineres clavellati) mit Wasser und Eindampfen der Lösungen in Töpfen ('Pötten'), aber auch als Verbrennungsrückstand von Weinstein (sal tartari-oleum tartari) gewonnene vegetabil. Substanz, die u. a. für die Seifen- und die Glasherstellung, wie auch med. als Diureticum und als Erweichungsmittel genutzt wurde. Im MA wandelte sich die antike Subsumierung der Natrium- und der Kaliumkarbonate von →Nitrum zu →Alkali, während das metall. Kalium seit 1807 die von P. abgeleitete Bezeichnung Potassium (Natrium dagegen Sodium) im nichtdt. Sprachbereich erhielt. G. Jüttner

Lit.: →Alkali, →Nitrum – W. SCHNEIDER, Lex. zur Arzneimittelgesch., VI, 1975, 132ff. – H. LÜSCHEN, Die Namen der Steine, 1979², 167, 283.

Pottenstein, Ulrich v. → Ulrich v. Pottenstein

Potter, Dirc, mndl. Dichter * ca. 1368/70, † 30. April 1428. Nach der Lateinschule *clerc* am Hofe der Gf. en v. Holland im Haag als Kanzleischreiber, Amtmann im Haag und Sekretär des Gf. en. Als Diplomat reiste er u. a. nach Rom (Febr. 1411–Mai 1412) und England (1413). Während oder kurz nach der Romreise verfaßte er sein Hauptwerk »Der minnen loep«, einen gereimten Traktat über die Liebe (4. B.; mehr als 11000 VV.), über die vier Erscheinungsformen der Liebe (*ghecke* [törichte], *goede* [gute], *ongheoerlofde* [verbotene], *gheoerlofde* [erlaubte] *minne*). Die theoret. Betrachtungen konkretisiert P. an Beispielen hauptsächl. aus der Bibel und Ovid. Drei seiner Minnebegriffe (ghecke, ongheoerlofde, gheoerlofde) stammen zweifellos aus ma. Heroides-Komm. en, der vierte (goede) möglicherweise auch. P. benutzte auch Ovids »Ars amatoria« und »Remedia amoris«. Im europ. Kontext ist »Der minnen loep« einmalig: P. hat mit 'heidn.' Material die ars amandi-Tradition auf eigene Weise ine christl. Liebeslehre geschaffen, die den Ehestand ins Zentrum stellt. Frühestens 1415 verfaßte P. die Prosatraktate »Blome der doechden« ('Blumen der Tugend') und »Mellibeus«. »Blome«, eine volkssprachl. Summe der Tugenden und Laster, steht in enger Beziehung zu dem it. Werk »Fiore di virtù«, »Mellibeus« geht über eine frz. Übers. auf den »Liber consolationis« des →Albertanus v. Brescia zurück. A. M. J. van Buuren
Ed.: P. LEENDERTZ Wz, Der minnen loep, 1845–47 – S. SCHOUTENS, Dat bouck der bloemen, 1904 – B. G. L. OVERMAAT, Mellibeus, 1950 – *Lit.:* B. G. L. OVERMAAT, Mellibeus, 1950 – A. M. J. VAN BUUREN, Der minnen loep van D. P., 1979 – F. P. VAN OOSTROM, Court and Culture, 1992 – Nederlandse literatuur, van den middeleeuwen tot de Gouden Eeuw, 1993, 92–96 – Medieval Dutch lit. in its European Context, 1994.

Poučenie ('Belehrung'), aruss. Text, Vermächtnis des Fs. en v. →Kiev, →Vladimir Monomach (1053–1125), an seine Söhne, erhalten als Einschub in die →Laurentios-Chronik (→Povest' vremennych let) ad a. 1096 (jedoch später, viell. 1117 entstanden). In diesem bedeutenden, z. T. von autobiograph. Zügen geprägten Dokument behandelt Vladimir, im Sinne eines →Fürstenspiegels, mit großem Ernst die Pflichten des gerechten, gottesfürchtigen und barmherzigen Herrschers. U. Mattejiet
Ed. und Lit.: →Vladimir Monomach.

Pouilly-sur-Loire, Pfalzort in Mittelfrankreich, Nivernais (dép. Nièvre), heute bekannt durch seine großen Weißweine, hervorgegangen aus einer galloröm. Villa, gelegen in der Diöz. und dem Pagus v. →Auxerre. Um 680 gehörte P. dem Bf. Vigilius v. Auxerre. Unter den Karolingern war es Teil eines kgl. →Fiscus. Karl d. K. hielt sich hier mehrfach auf, bevor er zum Feldzug gegen →Pippin v. Aquitanien aufbrach. 867 hielt der Ks. hier eine Versammlung (Placitum) ab, auf dem er seinen Sohn →Ludwig zum Kg. v. →Aquitanien designierte. 881 erließ →Karlmann hier mehrere Urkunden. Seit dem 10. Jh. tritt P. zurück gegenüber dem südlicher gelegenen Ort La →Charité-sur-Loire, Sitz eines großen cluniazens. Priorats. – P. ist nicht zu verwechseln mit dem stromaufwärts gelegenen Pouilly-sous-Charlieu (dép. Loire), Einschiffungsplatz der auf dem Landweg (über die Berge des Lyonnais) herangeführten Rhône-Weine. G. Devailly
Lit.: R. DE LESPINASSE, Le Nivernais et les comtes de Nevers, 3 Bde, 1909–14 – J. DROUILLET, Le Nivernais, 1944 – R. DION, Hist. de la vigne et du vin en France, 1959 – A. LEGUAI, Hist. du Nivernais, 1972.

Poussay, Abtei (Damenstift) in Ostfrankreich, Lothringen (dép. Vosges). Die Gründung der Abtei P. wurde von Bf. Berthold v. Toul zu Beginn des 11. Jh. beschlossen, doch wurde sie erst von Bf. Bruno am 18. Mai 1036 geweiht: als dieser Papst (→Leo IX.) geworden war, erließ er die erste Güterbestätigung für P. Die Abtei, die zunächst die Benediktinerregel befolgte, wandelte sich langsam in ein Säkularkapitel (wie die benachbarten Abteien →Remiremont, →Épinal und →Bouxières; ihr Besitz war bescheiden, und sie zählte kaum mehr als ein Dutzend Stiftsdamen (1308: 14 Mitglieder). P. unterstand dem Bf. v. →Toul, die →Vogtei wurde ausgeübt vom Gf. en v. Toul, dann vom Hzg. v. →Lothringen. Die Abtei bestand bis zur Frz. Revolution. M. Parisse
Lit.: M. PARISSE, Une abbaye de femmes en Lorraine, P. au MA, Sacris Erudiri 26, 103–118.

Povest'. Innerhalb der Gattungen des aruss. Schrifttums nimmt P. (»Erzählung«) eine wichtige, wenn auch gattungstheoret. und literaturhist. schwer definierbare Stellung ein. Der Begriff P. im Sinne von Erzählung neben Mitteilung, Kundgebung begegnet bereits in der altslav. Übers. des Lukas-Evangeliums 1,1 als Wiedergabe von διήγησις. In anderen Denkmälern des Übersetzungsschrifttums entspricht es auch ιστορία, διήγημα. Gattungsmäßig gehört also P. zur Belletristik, zur künstler. Prosa. Die P. beschreibt Ereignisse, hat also ein Sujet, das die beschriebenen Ereignisse verbindet, sei es eine Person als Held oder ein Thema. Das Sujet kann entweder hist. oder dichterisch erfunden (Legende, Fabel) sein. Daß die P. gattungsmäßig schwer abgrenzbar ist, beweist der Umstand, daß die gleichen aruss. Erzählungen als P. oder Skazanie gelten, wobei die Überschriften der jeweiligen Texte schwanken. Aufgrund der Thematik, der Überlieferungswege und der Herkunft werden verschiedene Typen der P. charakterisiert, wobei diese Einteilung sich als wenig aussagekräftig erweist, da die P. gattungsmäßig sehr uneinheitlich ist. Zu den ältesten Denkmälern des aruss. Schrifttums gehören die »übersetzten Erzählungen« wie z. B. die »Erzählung über Akir den Weisen« (Povest' o Akire Premudrom), die vermutl. aus dem Syr. in der Rus' im 11.–12. Jh. übersetzt wurde und in 2 Abschriften aus dem 15. Jh. erhalten ist, ferner die »Roman über Barlaam und Joasaph«, der in drei altslav. Versionen aus Rußland (Übers. spätestens Anfang des 12. Jh.), Serbien und Bulgarien bezeugt ist, ferner die »Erzählung über den König Adarian/Darius«. Viel wichtiger sind jene P., die im Corpus von Chroniken als erkennbar gesonderte belletrist. Erzählungen überliefert sind und daher chronikale Erzählungen genannt werden. Die Kiever Chronik als solche trägt die Überschrift →»Povest' vremennych let« (»Erzählung der vergangenen Jahre«) entsprechend ihren Anfangsworten. Eine Erwähnung verdient hier die »Erzählung über die Schlacht an der →Kalka« aus dem Jahre 1223. Sie ist in verschiedenen Redaktionen in der Laurentius-Chronik, in der Ersten Novgoroder Chronik sowie in der Hypatius-Chronik überliefert. Unter den Jahren 1237–39 begegnen in denselben drei Chroniken verschiedene Versionen der »Erzählung über den Einfall des Batu«, des Anführers der mongol. Heerscharen. Am Schluß der verlorenen Dreifaltigkeitschronik (Troickaja letopis') befand sich eine »Erzählung über den Einfall des Edigej'«, des Anführers der Goldenen Horde, der im Herbst 1408 bis nach Moskau kam. Einen hist. Inhalt weisen auch die »Erzählungen über die Einnahme Konstantinopels« durch die Kreuzfahrer 1204 sowie durch die Türken 1453 auf. Eher dem hagiograph. Typus ist die »Erzählung über das Leben des Alexander Nevskij« zuzuschreiben, die in mehreren Redaktionen ab dem 13. Jh. erhalten ist und lit. sowie überlieferungsmäßig Beziehungen mit der »Rede über den Untergang des russischen Landes« (Slovo o pogibeli russkoj zemli) aufweist. Aus den Erzählungen über Vergehen von Fs.en sei noch die »Erzählung über die Ermordung des Andrej Bogoljubskij« angeführt (zwei Redaktionen in der Laurentius- sowie in der Hypatius-Chronik unter d. J. 1177 bzw. 1175). Ab dem 16. Jh. tauchen auch im aruss. Schrifttum Erzählungen zu religiösen bzw. moralisierenden Themen auf. Andere Erzählzyklen sind lokal gebunden, an Novgorod oder Rjazań, oder an berühmte Klöster. Ritterl. Erzählungen aus Westeuropa sind in Altrußland nicht vor dem 16. Jh. bezeugt. Ch. Hannick

Ed.: Pamjatniki literatury Drevnej Rusi, IIff., 1980ff. – *Lit.*: Istoki russkoj belletristiki. Vozniknovenie žanrov sjužetnogo povestvovanija v drevnerusskoj literature, hg. Ja. S. Lur'e, 1970 – W.-H. Schmidt-K.-D. Seemann, Erzählen in den älteren slav. Lit.en (Gattung und Narration in den älteren slav. Lit.en, 1987), 1–25 – Slovar' knižnikov i knižnosti Drevnej Rusi, I, II/2, 1987, 1989, s.v.

Povest' o Car'grade. In der altruss. Lit. sind Erzählzyklen sowohl über die Einnahme der byz. Hauptstadt Konstantinopel (slav. Car'grad oder Carigrad) durch die Kreuzfahrer 1204 als auch über die türk. Eroberung 1453 überliefert. Als Haupterzählung des Zyklus steht neben einer chronograph. und einer kurzen Fassung die »Erzählung über die Einnahme Car'grads durch die Türken i. J. 1453« im Zusammenhang mit den Namen eines Nestor Iskander, der sich im Nachwort in einer der Hss. des 16. Jh. als Augenzeuge bezeichnet, nachdem er als Christ in der Jugend in türk. Gefangenschaft gefallen war. Lit. Gehalt der P. und der erfahrene Stil des Verfassers sind auffällig; griech. Herkunft ist kaum wahrscheinl. Als lit. Q. benutzt P. die verschiedenen altruss. Chronographen (Letopisec Ellinskij i Rimskij) für die Darstellung der Gesch. Konstantinopels, sowie die Revelationes des →Ps.-Methodius. Ch. Hannick

Lit.: B. O. Unbegaun, Les relations vieux-russes de la prise de Constantinople, RESl 9, 1929, 13–38 – Pamjatniki literatury Drevnej Rusi, vtoraja polovina XV v., 1982, 216–267, 602–607 – O. V. Tvorogov, TODRL 41, 1988, 33–35 – Slovar' knižnikov i knižnosti Drevnej Rusi, pervaja polovina XIV-XVI v., II, 1989, 124f., 195–197.

Povest' vremennych let ('Erzählung der vergangenen Jahre'), das als »Nestor-Chronik« bekannte große Denkmal der altruss. Chronistik (→Chronik, O), entstanden in →Kiev im 2. Jahrzehnt des 12. Jh., behandelt die Gesch. der Rus' von der Epoche der Aussonderung der ostslav. Stämme (→Ostslaven) über die Christianisierung unter dem Fs.en →Vladimir v. Kiev (988) bis zum Beginn des 12. Jh. Für die Gesch. der Beziehungen der Kiever Rus' zum →Byz. Reich im 9. und 10. Jh. schöpft der Verf. aus der griech. Chronik des →Georgios Monachos. Die ältesten Abschriften stammen aus dem Jahre 1377 (→Laurentios-Chronik, St. Petersburg GPB, F. П IV.2) bzw. aus dem ersten Viertel des 15. Jh. (→Hypatios-Chronik, St. Petersburg BAN, 16.4.4.). Nach den grundlegenden Forschungen von A. A. Šachmatov wurde eine erste Redaktion von einem Mönch des Kiever Höhlenkl., →Nestor, um 1110–12 kompiliert, als Bearbeitung eines postulierten »ursprgl.« Kerns (»načalnyj svod«), der im Kiever Höhlenkl. im letzten Jahrzehnt des 11. Jh. entstanden sei. Auf Nestor dürfte die Einbettung der russ. Gesch. in die Weltgesch., bis Noah, gestützt auf griech. Chroniken, zurückgehen. Die zweite, in der Laurentiosabschrift bezeugte Redaktion geht auf den Abt des Kl. Michail Vydubickij in Kiev, Silvestr, zurück und entstand i. J. 1116. Die Verlagerung der Federführung in der Chronistik vom Kiever Höhlenkl. (→Kiev, C) zum Vydubickij-Kl. entsprach dynast. Interessen; der neue Redaktor betonte u. a. die führende Rolle des Kiever Fs.en →Vladimir Monomach. Die dritte Redaktion, in der Hypatiosabschrift erhalten, wurde auf Befehl des Novgoroder Fs.en →Mstislav Vladimirovič 1118 angefertigt. Dieses Rekonstruktionsschema nach Šachmatov wird in der heutigen Forsch. gelegentl. modifiziert bzw. umgestellt. In die PVL fanden einige lit. Werke Eingang, z. B. die Ermahnung (→Poučenie) des Vladimir Monomach 1096. Die PVL bildet den Ausgangspunkt der zumeist aus ihr schöpfenden altruss. Chronistik. Ch. Hannick

Ed.: Hypatios-Chronik, PSRL II, 1908 – Laurentios-Chronik, PSRL I, 1926 – PVL, hg. D. S. Lichačev, B. A. Romanov, V. P. Adrianova-Peretc, I-II, 1950 – L. Müller, Hb. zur Nestorchronik, I-III, 1977 – Pamjatniki literatury Drevnej Rusi. XI – načalo XII veka, 1978, 23–278 – *Übers.*: R. Trautmann, Die aruss. Nestorchronik PVL, 1931 – The Russian Primary Chronicle. Laurentian Text, transl. S. H. Cross–O. Sherbowitz-Wetzor, 1953 – D. Tschižewskij, Die Nestor-Chronik, 1969 – *Lit.*: SlowStarSlow IV, 1970, 259 [A. Poppe] – G. A. Chaburgaev, Ėtnonimija »PVL« v svjazi s zadačami rekonstrukcii vostočnoslavjanskogo glottogeneza, 1979 – O. V. Tvorogov, Leksičeskij sostav »PVL« (slovonkazateli i častotnyj slovnik), 1984 – Slovar' knižnikov i knižnosti drevnej Rusi XI. – pervaja polovina XIV. veka, 1987, 337–343 [O. V. Tvorogov] – V. Vodoff, Naissance de la chrétienté russe, 1988, 412f. – Ch. Hannick, Chronologie et temps liturgiques en Russie kiévienne (Il Battesimo delle terre russe, hg. S. Graciotti, 1991), 73–107.

Powys, walis. Kgr., das die engl. Eroberung überdauerte und ein Teil der →Walis. Mark wurde. Seine Ursprünge sind unklar. Obwohl seinen Kg.en (oder Fs.en) die Abstammung von den n. → Briten, ein kgl. Zentrum in dem nicht bestimmbaren »Pengwern« und eine bedeutende Rolle beim Widerstand gegen die eindringenden Angelsachsen zugesprochen wird, stammt der erste Hinweis auf P. erst aus dem 9. Jh. Doch scheint es bereits vorher ein Kgr. gegeben zu haben, welches das zentrale →Wales und Shropshire umfaßte und in das z. T. seit der Mitte des 7. Jh. Kg.e v. Mercien eindrangen. Abgesehen von engl. Übergriffen, lag P. ständig im Streit mit dem Kgr. v. →Gwynedd. Die Macht der Herrscher v. P. erreichte 1099–1100, 1140–55 und 1197–98 Höhepunkte, doch waren sie von kurzer Dauer, da die herrschenden Familienmitglieder sich häufig befehdeten. Der mächtigste Fs. war Madog ap Maredudd († 1160), der durch Ausnutzung von innerkrieger. Auseinandersetzungen in England seine Besitzungen ausdehnen konnte. Nach seinem Tod wurde P. geteilt in das nach dem Sohn seines Neffen († 1216) benannte s. P. Wenwynwyn und in das nach seinem Enkel († 1236) bezeichnete n. P. Fadog. Beide Teile gehörten seit 1300 zur Walis. Mark, der s. Teil als Lordship of Chirk, der n. als Lordship of Bromfield. R. A. Griffiths

Lit.: J. E. Lloyd, A Hist. of Wales, II, 1939³ – W. Davies, Wales in the Early MA, 1982 – R. R. Davies, Wales 1063–1415, 1987.

Poynings, Sir Edward, engl. Heerführer, Diplomat sowie Mitglied des Privy Council und des Parliaments, Lord Deputy v. Irland 1491–96; * 1459, † Okt. 1521 Westhanger, Kent; einziger Sohn von Robert de P. (✕ 17. Febr. 1461) und Elizabeth, Tochter von Sir William Paston; ∞ Elizabeth († 15. Aug. 1528), Tochter von Sir John Scot, Marshall of Calais; ein Sohn John und sieben illegitime Kinder. 1483 Führer des Aufstands in Kent gegen Richard III., floh P. zu Heinrich Tudor in die Bretagne; seit 1485 Mitglied des Privy Council, 1488 Befehlshaber in →Calais und seit 1491 Ritter des →Hosenbandordens. 1492 half er Maximilian gegen die Aufständischen in den Niederlanden und in Flandern und nahm →Sluis ein. P. beteiligte sich an dem Feldzug Heinrichs VII. in Frankreich, der jedoch ohne militär. Auseinandersetzungen mit dem Frieden v. Étaples beendet wurde. P., seit 1493 Gouverneur v. Calais, wurde in diplomat. Mission zu Ehzg. Philipp d. Schönen entsandt, um die Vertreibung des engl. Thronbewerbers Perkin Warbeck aus dem burg. Gebiet zu sichern. Als nun Irland zum Hauptstützpunkt der Gegner der Tudor wurde (→Butler, →FitzGerald), landete P. als Lord Deputy mit 1000 Soldaten am 13. Okt. 1494 in Howth. Die Regierungsbeamten wurden durch Engländer ersetzt, eine Expeditionsstreitmacht nach Ulster gesandt und ein Parliament nach Drogheda am 1. Dez. 1494 einberufen. Alle bedeutenden Burgen wurden engl. Befehlshabern unterstellt, Heiraten zw. engl. Kolonisten und Iren verboten. Kein →Parliament konnte in Irland ohne die Zustimmung des English Privy Council einberufen werden. Ein Invasionsversuch in Waterford durch Perkin Warbeck wurde 1495 niedergeschlagen. P. kehrte 1496 nach England zurück, erhielt zahlreiche Aufträge in Kent und an der Südküste und war seit 1499 *warden* der →Cinque Ports. Er war einer der engsten Ratgeber Heinrichs VII. Nach seinem Tod wurde sein ältester illegitimer Sohn der 1. Baron P., seine Besitzungen erhielt sein Gefolgsmann Henry, 5. Earl of Northumberland.   A. Cameron

Lit.: DNB XVI, 271–274 – J. D. Mackie, The Earlier Tudors, bes. V, VI, 112–188, 1951 – S. B. Chrimes, Henry VII, 1971 – A New Hist. of Ireland, hg. A. Cosgrove, 1987, 613–617, 638–660.

Pozsony → Preßburg

Prachteinband. Wo das Buch durch seine Funktion in der Liturgie geweihter Gegenstand war und als materieller Träger göttl. Überlieferung wertvoller Besitz der Gemeinde, wurde die Wertschätzung auch durch einen kostbaren Einband (E.) zum Ausdruck gebracht. Für die Ausschmückung der P.e setzte man prakt. alle im Kunsthandwerk gebräuchl. Techniken ein. Die ältesten auf P.en verwendeten Schmuckelemente, spätantike →Elfenbeintafeln, waren sekundär für den E.dekor herangezogen (z. B. Elfenbein um 400 mit Terpsichore und zwei Männern in Philosophentracht, Paris, Bibl. de l'Arsenal, Ms. 1169). Auf E.en haben sich auch mehrere Konsular- und Ks.diptychen erhalten (→Diptychon; z.B. Probianus-Dipt. um 400, Berlin, Dt. Staatsbibl., Ms. theol. lat. fol. 323). Auf dem sog. Gregor-David-Dipt. aus dem 6. Jh. (S. Giovanni Battista, Monza) wurden in einer Umarbeitung um 900 die Figuren des Konsuls durch Beischr. als Gregor I. und Kg. David deklariert. Den Endpunkt der Entwicklung bedeutete die Christianisierung der antiken Ikonographie und die Anfertigung von eigens für den Bucheinband bestimmten Elfenbeinplatten (Dipt. aus dem 5. Jh. [Rouen, Bibl. mun., Ms. Y 27, 11./12. Jh.] an Stelle der Konsuln Petrus und Paulus; Passionsdipt., Mailand, Domschatz, um 500). Die fünfteilige Gliederung des Ks.-Diptychons wurde auf den Buchdeckeln übernommen und durch Unterteilung der Seitentafeln variiert. An die Stelle der Ks.figur trat Christus, an jene der Ksn. Maria; Genien wurden zu Engeln, tributpflichtige Barbaren etwa zu den Hl. Drei Königen. An den Umrahmungen der Elfenbeinplatten brachte man nicht selten Gold- und Edelsteinschmuck an. Die karol. Künstler griffen gerne auf antike Motive zurück; in otton. und roman. Zeit wurden weitere Modifikationen vorgenommen (z. B. fünfteiliges Elfenbeindipt. aus Etschmiazin mit Christus, Maria und bibl. Szenen, 6. Jh., Erewan, Arch. Mus.; aus Murano 6. Jh., Ravenna, Mus. Naz.; Evangelieneinband aus Lorsch, 9. Jh., Bibl. Vat., Mus. sacro; London, Victoria & Albert Mus., 138–1866; Theophanu-E., Essen, Münsterschatz, 11. Jh.; Evangeliar v. Riddagshausen, um 1200, Braunschweig, Hzg. Anton-Ulrich-Mus.). Das Mittelfeld von Elfenbeineinbänden konnte auch in Einzelszenen unterteilt werden (Drogo-Sakramentar, 9. Jh., Paris, B. N., Ms. lat. 9428; Tuotilo-E., 9./10. Jh., St. Gallen, Stiftsbibl.

Nr. 53). Im Mittelpunkt konnte aber auch eine Einzelszene aus der Heilsgesch. stehen.

Die älteste Technik für die Ausschmückung von P.en war die *Goldschmiedearbeit*. Das älteste Beispiel sind die Deckel des Evangeliars der Kgn. →Theudelinde für S. Giovanni Battista in Monza (Anfang 7. Jh.): auf den goldblechverkleideten Holzdeckeln teilt ein erhöhtes, mit Perlen und Edelsteinen verziertes Kreuz die Flächen in vier mit Kameen, Glasfluß und Widmungsinschriften verzierte Felder. Viele Einflüsse sind aus Byzanz gekommen, wo die handwerkl. Kunst zu höchster Raffinesse entwickelt worden war. In Gold- und später auch Silbertreibarbeit konnten die Figuren Christi und der Hll. gebildet sein; die Edelmetallflächen konnten graviert werden; seit dem 11. Jh. verwendete man auch gravierte und ausgeschnittene Metalltafeln. Breite Rahmen aus Goldblech mit reichem Edelstein- und Perlenbesatz umgaben oft Schnitzarbeiten im Mittelfeld der Deckel. Die →*Emailtechnik* brachte durch den buntschillernden Glasfluß ein farbiges Element in den Buchschmuck. Aus Byzanz wurde der Zellenschmelz übernommen. Die Zellenverglasung (Ausfüllung mit bunten Glasstücken) fand eine Fortsetzung im 11. bis 13. Jh. im Grubenschmelz.

Hatten die Elfenbeinarbeiten auf antiken Traditionen aufgebaut, so ist auf anderen E.en der Schmuck aus rein christl. Voraussetzungen entwickelt. Hier nimmt das Kreuz eine bevorzugte Stellung ein. Es kann entweder allein die Komposition bestimmen oder einen Crucifixus tragen oder von anderen Darstellungen umgeben sein. Die einfachste Gruppe ist die sog. →»*Crux-gemmata-Gruppe*«. Eng verwandt mit ihr sind die E.e der sog. »*Kruzifix-Gruppe*«, auf denen das Kreuz das Corpus Christi trägt; in Verbindung mit anderen Szenen konnte der Imago-Charakter des Crucifixus zur Schilderung der Kreuzigung ausgeweitet werden (Vorderdeckel des Lindauer Evangeliars, 8. Jh., New York, Pierpont Morgan Libr.; E. des Aribert d'Intimiano, 2. V. 11. Jh., Mailand, Domschatz). Der Codex aureus v. St. Emmeram (München, Clm 14000, kurz nach 870) ist Prototyp einer Gruppe von E. en, bei denen die Kreuzvierung zu einem Bildfeld erweitert ist.

Eine letzte selbständige stilist. Gruppe von P.en (mit zahlreichen Beispielen) ist durch die Gliederung des Dekkels in Mittelfeld und Rahmen bestimmt (»*Bild- oder Rahmentypus*«). Das Mittelfeld ist Hauptträger der Darstellungen, die Rahmen tragen Schmuck oder ergänzende Szenen. Beispiele für Darstellungen sind: Christus in der Glorie, auf dem Thron, in Parusieszenen, Kreuzigung, Agnus Dei, Maria, Apostel, Hll., David u. a. m. Hier sind auch viele E.e mit Grubenschmelzplatten (Niederrhein, Maas, 12./13. Jh.) einzureihen.

Im späteren MA wurde der P. seltener. Weltl. P.e mit Metallschmuck zeigen häufig rein ornamentales Dekor. Ein P. für Ks. Friedrich III. (Wien, ÖNB, Cod. 1182) von 1446 zeigt got. Maßwerk, Löwenköpfe und Sonnenstrahlen aus vergoldetem Silber über buntem Samt. Im Spät-MA wurde es zunehmend Sitte, Bücher mit Samt und Seide zu überziehen und darüber silberne und goldene Beschläge zu legen.   O. Mazal

Lit.: F. Steenbock, Der kirchl. P. im frühen MA von den Anfängen bis zum Beginn der Gotik, 1965 – O. Mazal, Der ma. Bucheinband (Liber librorum, 1972), 342–370.

Practica ex actis Eustathii Romani (gr. Kurztitel Peira/Πεῖρα), byz. Rechtsslg. der Mitte des 11. Jh., deren Grundlage Prozeßakten (insbes. Urteile, Gutachten, jur. Abh.en) des →Eustathios Romaios bilden. Der unbekannte, offenbar v. a. an der Vermittlung von Leitsätzen interessierte Verf. hat dieses Material zergliedert und auf 75 keiner nachvollziehbaren Systematik folgende Sachtitel verteilt, die er mit zahlreichen, v. a. den →Basiliken entnommenen Gesetzesexzerpten anreicherte. Trotz der durch die Kompilationstechnik verstärkten Schwierigkeiten der Fallrekonstruktion sind die P. eine der ergiebigsten Q. für die hauptstädt. Gerichtspraxis der mittelbyz. Zeit. Die Überlieferung in einem codex unicus von mäßiger Qualität wird durch indirekte Zeugnisse (→Hexabiblos, Basilikenscholien u. a.) ergänzt. L. Burgmann

Ed.: C. E. ZACHARIAE A LINGENTHAL, 1856 [Ndr.: J. ZEPOS-P. ZEPOS, Jus Graecoromanum, IV, 1931] – *Lit.:* A. SCHMINCK, Vier eherechtl. Entscheidungen aus dem 11. Jh., Fontes Minores III, 1979, 221–279 – N. OIKONOMIDÈS, The »Peira« of Eustathios Romaios: an Abortive Attempt to Innovate in Byz. Law, ebd. VII, 1986, 169–192 – D. SIMON, Das Eheguterrecht der Pira, ebd., 193–238 – H. KÖPSTEIN, Sklaven in der »Peira«, ebd. IX, 1993, 1–33.

Practica medicinae. Die Salerner Unterteilung der Heilkunde in 'theorica' und 'p.' wurde Ende des 12. Jh. von →Guido d'Arezzo d. J. in seinem Vorw. zur 'Chirurgie' Roger→Frugardis weiter differenziert, indem er die 'theorica' als theoret. Anleitung zum Therapieren zwar beibehält und der 'p.' nach wie vor dienende Funktionen zuweist, die Funktionsbereiche aber aufteilt, indem er der 'p.' im engeren Sinne die innerl. Erkrankungen vorbehält, während er die äußerl. Blessuren der 'chirurgica' zuteilt. Dieser Strukturvorgabe sind zahlreiche Salerner Autoren gefolgt, indem sie in ihren 'P.' betitelten Leitfäden internmed. Krankheitsbilder abhandelten. Mehrere derartiger Leitfäden hat man in »De aegritudinum curatione« zu einem Hb. prakt. Med. kompiliert (vgl. auch das »Compendium medicinae« des →Gilbertus Anglicus); im landessprachigen Schrifttum ist die Gattung seit dem → »Bartholomäus« vertreten. Aus dem Bereich der P. m. wird seit dem 12. Jh. die (früh)scholast. Med. kritisiert (Guido; →Nikolaus v. Polen; →Aegidius Corboliensis). Den Gegensatz zw. 'Theorica' und 'P. m.' hat der spätma. Fakultätenstreit während mehr als hundert Jahren kontrovers erörtert, und die Zweigliederung des Unterrichts, der seit Salerno mit der 'theorica' beginnt, um darauf die 'p.' zu gründen, lebt in der Zweiteilung modernen Med.studiums bis heute fort. G. Keil

Lit.: N. S. SIRAISI, Taddeo Alderotti and its Pupils, 1981 – K. GOEHL, Guido d'Arezzo d. J. und sein 'Liber mitis' (Würzburger med.hist. Forsch. 32), 1984, I, 145–147 – P. O. KRISTELLER, Studi sulla Scuola medica salernitana, 1986 – G. KEIL-R. PEITZ, 'Decem quaestiones de medicorum statu' (G. KEIL, B. MOELLER, W. TRUSEN, Der Humanismus und die oberen Fakultäten, 1987), 215–238 – CH. SCHMITT, Aristoteles bei den Ärzten (ebd.), 239–266 – J. AGRIMI–CH. CRISCIANI, Edocere medicos, 1988, 21–48 – S. JENKS, English medical practitioners, Würzburger med.hist. Mitt. 7, 1989, 353–376 – N. S. SIRAISI, Medieval and Early Renaissance Medicine, 1990 – K. BERGDOLT, Arzt, Krankheit und Therapie bei Petrarca, 1992, 38–40, 192–196.

Prades, katal. Gft. in den 'Muntanyer de P.', die zum katal. Serralada bei den Comarcas v. Camp de Tarragona, Conca de Barberà und Priorat gehörten. 1324 entstanden durch Kg. Jakob II. v. Aragón. Sollte der Versorgung nachgeborener Königssöhne dienen, zugleich den alten, auf beträchtl. Autonomie pochenden Adel nach und nach durch einen mittels Apanage der Dynastie eng verbundenen Adel ersetzen (in Parallele zu den wiederaufgelebten Gft. en Ampurias, Ribagorza und Urgel). Im 15. Jh. gelangte die Gft. durch Erbfolge an die →Cardona und dann an die Hzg. e v. →Medinaceli und →Feria. →Katalonien.
O. Engels

Lit.: S. SOBREQUÉS, La nobleza catalana en el siglo XIV, Anuario de Estudios Medievales 7, 1970/71, 493–531 – P. LÁZARO DE LA ESCOSURA, El condado de P., Historia, Instituciones, Documentos 3, 1976,
349–396 – M. ROMERO TALLAFIGO, La cancillería del condado de P. (1341–58), Internat. Kongr. für Diplomatik, II, 1983, 637–658 – DERS., La Cancillería de los Condes de P. y Ribagorza (1341–1414), 1990.

Prädestination/Reprobation
A. Christentum – B. Islam

A. Christentum
I. Westen – II. Osten.

I. WESTEN: [1] *Das bibl.-augustin. Verständnis:* Röm 8,9f.: »... die Gott im voraus erkannt ... hat er vorausbestimmt ... und verherrlicht.« Dieser komplexe ewigkeitl. Heilsplan Gottes gründet in Jesus Christus, dem prädestinierten Sohne Gottes (Röm 1, 4). Die strenge heilsgesch. Sicht wurde im MA im Sinne der doppelten P. ausgelegt und unter dem Einfluß des scholast. Denkens als wesenhaftes Handeln Gottes verstanden. Für die gr. Theologen gründet die P. in der Weisheit Gottes. In den Komm. zu Röm lehren Origenes, Cyrill v. Alexandrien und Joh. Chrysostomos, daß Gottes universaler Heilswille dem menschl. Wollen vor und über ist, und es gerade so ermöglicht, verwirklicht und vollendet. Das verdienstl. Handeln sei das Werk der Gnade, das strafwürdige Vergehen aber unsere Schuld. – Augustinus betrachtete die P. als komplexe Gesch. in ihrem ganzen Verlauf: im Grunde der unbedingten und freien Wahl Gottes, in der heilsgesch. Zurüstung der Gnade und in der Vollendung der Glorie (De p. e sanct. 10, 19). Weil Gott den Fall der Engel voraussah, bestimmt er für die (wenigen) Auserwählten den Platz der gefallenen Engel. Die »massa damnationis« der sünden- und gerichtsverfallenen Menschheit sperrt sich dem Heilswerk und sperrt sich selber aus (Ep. 194, 6, 22). »... non deserit, si non deseratur (Deus)« (De nat. et grat. 26, 29). Gegen die Pelagianer verteidigte Augustin den universalen Heilswillen Gottes (1 Tim 2,4), Gnade und Freiheit. In seinen späten Schr. wird die Spannung zw. universalem Heilswillen und elitärer P. größer (» Heilspessimismus«), die Berufung auf die freie Wahl Gottes radikaler (Röm 9, 20f. Ep 186, 6, 15 CSEL 57). Augustins Schüler →Prosper v. Aquitanien und v. a. →Fulgentius haben die Lehre von der zweifachen (!) P. und dem partikulären Heilswillen Gottes radikaler vorgetragen (dagegen die Synode v. Orange 529).

[2] Im 1. P.sstreit in den Schulen der karol. Bildungsreform wurde die P. zum theol. Problem. →Gottschalk v. Orbais (»De p.e«) begründete in log.-grammatikal. Argumentation die zweifache P. (und R.). →Hinkmar v. Reims betrieb auf den Synoden v. Mainz (848) und Quierzy (853) seine Verurteilung. Der Streit rief die gelehrten Theologen auf den Plan: →Lupus v. Ferrières, »Liber de tribus quaestionibus« , →Ratramnus v. Corbie, »De p.e libri duo« und →Johannes Scottus (Eriugena), »De p.e«. Letzterer analysierte die »auctoritates« more scientifico. Wissen und Wollen sind mit Gottes Wesen ident. und darum als solche ein und dasselbe. Die P. ist absolut eine (ebd. c. 5 ed. 30f.). Kirche und Schule v. Lyon opponierten scharf gegen Methode und Doktrin des Eriugena; allen voran der Diakon →Florus, »Sermo de p.e«. Die Synode v. Valence (855) verwarf jeden Gedanken an eine P. zur Sünde und bekannte die unterschiedl. P. der Erwählten und der Verdammten. Die P. sei unteilbar. Ausdrückl. verwarfen die Synodalen die Erklärungen von Quierzy. Hinkmar gab sich auch mit der Entscheidung von Valence nicht zufrieden: Vorherwissen und -bestimmen Gottes in der P. und R. seien derselbe Akt Gottes. Die Synode v. Thouzey suchte eine Einigung, indem sie das Synodalschreiben Hinkmars (Mansi XV, 563), die Dokumente v. Quierzy und Valence zu einem Dossier einte. Die theol. Probleme blieben: Korrelation von Vorherwissen und

-bestimmen, universaler Heilswille und partikuläre P., P. und Freiheit des Menschen, P. und R.

[3] Die frühscholast. P. slehre war mit diesen Problemen befaßt in einem Ambiente teils primitiver (vgl. →Honorius Augustod., »Inevitabile sive de p. e et libero arbitrio«, oder Ps.-Hugo, »De prima praevaricatione« (uned.; L. OTT, Unters. zur theol. Brieflit. der Frühscholastik, 1937, 456–484), teils häret. Auffassungen der zweifachen P. →Anselm v. Canterbury, »Über die Vereinbarkeit des Vorherwissens, der Vorherbestimmung und der Gnade Gottes mit dem freien Willen« des Menschen (Op. II, 243–288) unterschied die zuvorkommende und nachfolgende P., die den Sünder seinem Verderben überläßt. →Rupert v. Deutz und in der Auseinandersetzung mit ihm →Anselm v. Laon differenzierten den Begriff des göttl. Wollens, →Hugo v. S. Viktor, De sacram. I tr. 8, c. 7–9, den der Gerechtigkeit. →Petrus Lombardus stellte im Sentenzenwerk (I d. 40–41) P. und R. getrennt dar. »Die R. ist nicht in der Weise Ursache der Sünde, wie die P. Grund des Guten ist.« (ebd. d. 41 c. 2 n. 8). In der »sententia dictionis« kommt es auf die »ratio dicti« an, die sprachlog. eruiert werden muß. Diese Methode der theol. Sprachübungen machte Schule: bei →Petrus v. Poitiers (Sent. I d. 14–15), →Praepositinus, →Alexander v. Hales (Glossa, I d. 40–41). Nahtlos ging sie über in die Quästionen der Sentenzen.-Komm. Die Modalanalyse der Sätze brachte Licht in die P.saussage, die Notwendiges und Kontingentes, Ewigkeitliches und (Heils-)Geschichtl., Aktives und Passives konnotiert (vgl. Wilhelm v. La Mare OMin, Sent. I d. 40 q. 4.).

[4] Die Bakkalare haben bei der Erklärung von Sent. I d. 40–41 im 13./14. Jh. die P. als göttl. (Willens-)Akt metaphys. betrachtet: a) Im Kontext von »praescientia« (bzw. »providentia«) ist die P. prakt. Wissen (Alexander v. Hales), nach Art des Baumeisters geordnet, gegliedert, zielbestimmt. »P. ist die Zubereitung für die Gnade in der Jetztzeit und für die Glorie in der Zukunft« (Thomas v. Aquin, Sent. I d. 40 q. 1). Für →Bonaventura OMin ist die P. »affectus dilectionis«, für →Johannes Duns Scotus OMin freie Wahl (»electio«) und Annahme durch Gott (»acceptatio«) (Ord. I d. 38 q. un., n. 8). b) Die P. ist ewigkeitl. Akt in heilszeitl. Wirksamkeit, der nach Duns nie der Vergangenheit angehört (Ord. I d. 39 q. un n. 23), nach Thomas (S. th. I q. 14 a. 13) in Gott aktual präsent ist. c) Die P. umfängt den ganzen Heilsweg des Menschen, so daß auch das »meritum« und »demeritum« zweitursächl. Platz haben. Bonaventura betrachtete auf Seiten des P.nierten ein »meritum condignum«, auf Seiten Gottes eine »ratio congruitatis et decentiae«. d) Die P. ist heilsnotwendig, aber nicht im Sinne einer zwangsläufigen (»necessitas consequentis«), sondern einer folgerichtigen Notwendigkeit (»n. consequentiae«), die Raum gibt für die freie menschl. Entscheidung. e) Die P. ist unteilbar, die R. kann nicht das Ziel göttl. Wollens sein. Gott weiß aber nicht nur um das Verderben des Sünders; er will es als Erweis seiner Gerechtigkeit (Thomas v. Aquin, S. th. I q. 23 a. 3). Scotus, Ord. I d. 41, unterschied Intention und Ausführung der R. f) Zur Sonderlehre des Scotus über die absolute P. Jesu Christi, Ord. III d. 7 q. 3 n. 2, vgl. G. GIAMBERARDINI, Antonianum 33, 1979, 596–621.

[5] Im 14. und 15. Jh. wurden die Unterscheidungslehren zum P.sbegriff in den verschiedenen Schulen diskutiert. a) Die P. ist primär Willensdekret. Wenn P. nichts anderes bedeutet als Gott in seinem Wesen, müssen nach →Wilhelm v. Ockham, alle konnotativen Bedeutungsinhalte rein semiot. erörtert werden. Außer den Willensdekreten gibt es keinen Erklärungsgrund für die P. Das log.

Rüstzeug Ockhams (z. B. Unterscheidung »sensus compositionis« und »sensus divisionis«) wurde Gemeingut der Schulen. Im Kontext dieser nominalist. Methode konnten Ockham, →Holcot und →Biel unterschiedl. prädestinatian. Thesen über Freiheit, Gnade und Verdienst vertreten. b) Die Pariser Augustinerschule des 14. Jh. nahm den voluntativen P.sbegriff auf (zuerst →Aegidius Romanus). →Gregor v. Rimini löste die P. aus dem einengenden Kontext des Vorauswissens Gottes. Die Gnade geht dem zu befreienden Wollen des Menschen voraus (→Hugolin v. Orvieto). Zur P.slehre des →Johannes Klenkok, Angelus Dobelinus († p. 1420) und →Johannes Zachariae vgl. ZUMKELLER (Lit.). Auch die Augustinertheol. (v. a. →Michael de Massa) konnten sich dem Einfluß Ockhams nicht entziehen. c) Der zentrale gnadentheol. Begriff der »acceptatio« wurde bereits von Zeitgenossen des Scotus (→Alexander Bonini v. Alessandria OMin, →Robert Cowton OMin, →Heinrich v. Harclay und →Durandus de S. Porciano OP) rezipiert. Diese Idee war aber (selbst für Ockham) kein Grund, das Gnadenverdienst in Abrede zu stellen. In der Verbindung mit dem Begriff der →potentia Dei absoluta unterstrich sie ebenso die Freiheit Gottes wie die Kontingenz des Menschen (in ihrer positiven Bedeutung). d) Eine aktive Verwerfung des Sünders durch Gott wurde im Kontext der beiden Begriffe nicht gefolgert. →Johannes v. Dorsten OESA konnte aber gelegentl. von der P. »condicionata« sprechen, und →Richard v. Kilvington OESA bezeichnete das gute und böse Wollen des Menschen als »concausa« der P. e) Die →Thomistae haben im 14. Jh. die Lehre des Thomas von der P. »ante praevisa merita« entschieden verteidigt. Das gnadenhafte Verdienst der Glorie wurde zw. →Hervaeus Natalis, Durandus und →Johannes Capreolus sehr kontrovers diskutiert. f) In der Tradition Augustins hielten auch die scholast. Theologen dafür, daß nur der kleinere Teil der Menschheit gerettet werde. Die Gesamtheit der P.nierten sei die eigtl. Kirche. Diese pointierte These (z. B. des →Augustinus Favaroni OESA) leugnete aber nicht die Zugehörigkeit der Sünder zur streitenden Kirche. Joh. →Hus und (von ihm abhängig) John →Wyclif vertraten sie mit polem. Spitze gegen die Kirche (dagegen das Konzil v. Konstanz DENZINGER-SCHÖNMETZER, 1201–1206). g) Da P. und R. in allen Schulen als undurchdringl. Geheimnis des Glaubens bezeichnet wurde, erlangte die Frage nach den Zeichen von P. und R. zunehmende Bedeutung. Vgl. Ps.-Bonaventura »Opuscul. diaeta salutis« und →Rainerius v. Pisa OP, »Pantheologia«. Wirkung der R. sind: »obtusio, excaecatio, induratio, aversio«.

L. Hödl/M. Laarmann

Lit.: s. a. Lit. zu gen. Einzelartikeln – DThC XII.2, 2809–3022 – F. STEGMÜLLER, Die Lehre vom allg. Heilswillen ... bis Thomas v. Aquin, 1929 – H. SCHWAMM, Robert Cowton OFM über das göttl. Vorherwissen, Philos. und Grenzwiss., III. 5, 1931 – M. SCHÜLER, P., ... bis Gregor v. Rimini, Forsch. zur Kirchen- und Geistesgesch. 3, 1934 – P. VIGNAUX, Justification et p. au XIV s., BSHE 48, 1934 – J. L. SHANNON, Good Works and P. According to Thomas of Strassburg OESA, 1940 – W. PANNENBERG, Die P.s lehre des Duns Scotus, 1954 – G. NYGREN, Das P.sproblem in der Theol. Augustins, Forsch. zur Kirchen- und Dogmengesch. 5, 1956 – W. DETTLOFF, Die Entwicklung der Akzeptations- und Verdienstlehre von Duns Scotus bis Luther, BGPhMA, 40.2, 1963 – F. HOFFMANN, Die theol. Methode des ... Robert Holcot, BGPhMA NF 5, 1971 – K. BANNACH, Die Lehre von der doppelten Macht Gottes bei Wilhelm v. Ockham, 1975 – G. SCHRIMPF, Das Werk des ... Eriugena ..., BGPhMA NF 23, 1982 – A. ZUMKELLER, Erbsünde, Gnade, ... nach der Lehre der Erfurter Augustintheologen des SpätMA, Cassiciacum 34, 1985 [Lit.] – A. E. MCGRATH, Iustitia Dei. A Hist. of the Christian Doctrine of Justification, I, 1986 [Lit.] – D. PERLER, P., Zeit und Kontingenz. Philos.-hist. Unters. zu Wilhelm v. Ockhams Tract. De p. e..., 1988 – TH. KOBUSCH (Universalität und

Toleranz, hg. N. KLIMEK, 1989) 85–96 [1 Tim 2,4 in nominalist. Interpretation] – W. J. COURTENAY, Capacity and Volition, 1990 – K. FLASCH, Freiheit des Willens: 850–1150 (Die abendländ. Freiheit vom 10. zum 14. Jh., hg. J. FRIED, 1991), 17–47.

II. OSTEN: Der Begriff P. bzw. Vorherbestimmung (προορισμός) wird in der gr.-byz. Theol. seit Origenes (Komm. zu Eph. I,9) oft in Verbindung mit Vorsehung (πρόνοια), ja sogar als deren Synonym gebraucht (anstelle der vorchristl. Vorstellungen von Heimarmene, Tyche). Die meist kurzen Abhandlungen zum Thema stehen im Kontext der Polemik gegen dualist. Häresien (→Manichäer, →Paulikianer, →Bogomilen), heidn. →Astrologie und Philosophie (Platon, Aristoteles und Neuplatoniker) oder die Schicksalslehre des Islam. Die beste systemat. Darstellung des Problems unter all den angedeuteten Rücksichten sowie bezügl. der Fragen von Freiheit und Sünde (Bosheit/Übel) findet man in den fünf Traktaten des Ökumen. Patriarchen →Gennadios II. († 1472). Durch die weniger akzentuierte Erbsündelehre der Ostkirche gewann die P.slehre dort nie die gleiche Brisanz wie im W (Calvin, Jansenismus, usw.). G. Podskalsky

Lit.: H. (= H.-G.) BECK, Vorsehung und Vorherbestimmung in der theol. Lit. der Byzantiner, 1937, 235–253 – M. PHARANTOS, Περὶ θείας προνοίας καὶ προορισμοῦ κατὰ τὴν διδασκαλίαν Γενναδίου τοῦ Σχολαρίου, 1966 – Nikephoros Blemmydes, Gegen die Vorherbestimmung der Todesstunde, ed. W. LACKNER, 1985, XLIII–LXXXIV.

B. Islam

Der →Koran leitet das Jenseitsschicksal des Menschen unter Verwendung kaufmänn. Begriffe aus den ird. Taten ab (z. B. Sure 99: Waagschalen; Sure 5,12: Gott ein Darlehen geben); es findet sich jedoch auch die Auffassung, Gott bestimme die Menschen zum Glauben oder Unglauben und damit für Paradies oder Hölle (z. B. Sure 28, 56). Da die Muslime sich zunächst als eine Kampfgemeinschaft verstanden, deren Lebensmitte der Erwerb von Verdiensten für das Jenseits bildete, blieben solche Hinweise auf die göttl. P., die sich mit dem Konzept des allsorgenden Schöpfergottes erhärten ließen, ohne Gewicht. Erst als Ende des 7. Jh. die Ritenfrömmigkeit das muslim. Selbstverständnis zu beherrschen begann, sann man über die Reichweite menschl. Eigenbestimmung (arab. qadar) angesichts der von Gott festgelegten Bedingungen jegl. Handelns der Geschöpfe nach. Während die sog. Qadariten dem Menschen ein erhebl. Maß an Handlungsfreiheit zugestanden und die Muʿtaziliten (Blütezeit 9. und 10. Jh.) die Gerechtigkeit Gottes und damit die Verantwortlichkeit des Menschen betonten, neigte das sich seit dem frühen 8. Jh. entwickelnde, schließl. die Oberhand gewinnende Sunnitentum zu einer mehr oder minder schroff formulierten prädestinatian. Position. Mit Erbitterung und Scharfsinn wird bis heute um eine plausible Harmonisierung der allsorgenden göttl. Bestimmung einerseits und der Handlungsfreiheit und Verantwortlichkeit des Menschen andererseits gerungen. Im Volksislam überwiegen prädestinatian. Ansichten ganz eindeutig.
T. Nagel

Lit.: D. GIMARET, Théories de l'acte humain en théologie musulmane, 1980 – T. NAGEL, Gesch. der islam. Theologie, 1994.

Prädikabilien (lat. praedicabilia), Aussageweisen oder Weisen der Aussagbarkeit, log. Terminus seit der Frühscholastik, seit →Abaelard gebräuchl. zur Bezeichnung der von →Porphyrius der aristotel. 'Kategorienschrift' vorangestellten und aus ihr entwickelten Einteilung allg. Terme und ihrer Prädizierbarkeit. Die P. (später auch quinque voces bzw. quinque universalia) sind genus (γένος, Gattung), species (εἶδος, Art), differentia (διαφορά, Unterschied), proprium (ἴδιον, eigentüml. Merkmal), accidens (συμβεβηκός, beiläufiges Merkmal). Quelle für die P.lehre ist die »Isagoge« des Porphyrius, die in Übers. und Kommentierung des Boethius zur Logica vetus gezählt wurde, bei Aristoteles werden Differenzierungen der Prädizierbarkeit zunächst nur angedeutet (vgl. Categ. 2, 1a20ff.); hingegen wird das vierteilige Prädikatschema der »Topik« (I 4–5, 101b20ff.) durchgängig von den P. unterschieden. Im Zusammenhang des →'Universalienstreits' wird die bereits bei Porphyrius angelegte Unterscheidung zw. log. und metaphys. Interpretation der P. bedeutsam. Bei →Wilhelm v. Ockham werden die P. als 'nomina nominum' (so auch Boethius und Augustinus) rein metasprachl. Termini, 'nomina secundae intentionis', die sich – wie die Kategorien (praedicamenta) – auf Begriffe, nicht unmittelbar auf außersprachl. Seiendes beziehen.
N. Schneider

Lit.: HWP VII, 1178–1186 [Lit.] – J. M. BOCHEŃSKI, Formale Logik, 1956 – M. VAN AUBEL, Accident, catégories et prédicables dans l'œuvre d'Aristote, RPhL 61, 1963, 361–401 – J. PINBORG, Logik und Semantik im MA, 1972 – K. JACOBI, Die Modalbegriffe in den log. Schr. des Wilhelm v. Shyreswood, 1980 – TH. EBERT, Gattungen der Prädikate und Gattungen des Seienden bei Aristoteles, AGPh 67, 1985, 113–138.

Präexistenz der Seele meint prinzipiell ein reales Dasein der Seele in einer Zeit vor aller Zeit oder in einer gänzl. zeitlosen Ewigkeit, dies im Rahmen von unzweifelhaft deutl. oder schillernden – da auf Mythologeme rekurrierenden und so Dubioses implizierenden – Theorien (vgl. Orphik, Pythagoreismus, Platon), meint in spezif. theol. Kontexten aber ein präkorporales, der Daseinsweise der Engel korrespondierendes Sein der Seele, das aufgrund von Schuld in körperl. Dasein herabsinkt (so der Gnostizismus, Origenes, Marius Victorinus und – zunächst – Augustinus) oder unverschuldet inkorporiertes Sein wird (so Nemesius v. Emesa und – zunächst auch – Augustinus). Der Thematik der als Häresie angesehenen P. d. S. wurde im MA nur marginale Beachtung geschenkt, dies aufgrund richtungsweisender Konzilsdekrete (vgl. etwa »Concilium Constantinopolitanum« – 553 n. Chr. –, Anathema 1 – gegen Origenes –, Acta Conciliorum, hg. J. HARDOUIN, 1714/15, 3, 284). – Albertus Magnus, der die Lehre von der P. d. S. mit der Philos. der Stoiker in Verbindung bringt, erklärt sie für eine Häresie (vgl. Post. super Ieremiam fragm.; Ed. Colon. XIX, 633, 49–52), ebenso →Thomas v. Aquin, der so argumentiert: Präexistierte die Seele, wäre sie mit der Substanz Gottes identisch; da die Seele jedoch gelegentl. der Möglichkeit nach erkennt, ist sie von der Natur Gottes, dem reinen Akt, unterschieden; also kann ihr keine P. zukommen (vgl. S. Th. I, 90, 1). Von Meister →Eckhart wird hingegen deutl. eine P.theorie vertreten: Nicht die Seele, wohl aber das ungeschaffene und unerschaffbare Etwas in der Seele ist als Ursache seiner selbst das, was es ewig war, jetzt ist und ewig bleiben wird, näml. zeittranszendentes freiheitl. Sich-Erkennen und Sich-Wollen (vgl. Pr. 52; DW II, 486–506).
B. Mojsisch

Lit.: LThK² VIII, s. v. Präexistentianismus – HWP VII, s.v. P. [Lit.] – B. MOJSISCH, Meister Eckhart. Analogie, Univozität und Einheit, 1983 – K. RUH, Meister Eckhart. Theologe, Prediger, Mystiker, 1985.

Präfation → Messe, II

Prämonstratenser, -innen

I. Entstehung – II. Doppelklöster und ihre Trennung in Männer- und Frauenklöster – III. Männer- und Frauenklöster bis 1500 – IV. Struktur und Verfassung – V. Bevölkerung und Kloster – VI. Bedeutende Persönlichkeiten – VII. Prämonstratenserliturgie.

I. ENTSTEHUNG: Der Ordo Praemonstratensis (OPraem) ist der größte Chorherren-/Chorfrauenorden mit →Augustinusregel (→Augustiner-Chorherren/-Chorfrauen);

im engl., frz. und ndl. Sprachraum meist Norbertiner(innen) gen. →Norbert v. Xanten hatte 1120 mit einigen Gefährten im unwegsamen Waldtal von Prémontré bei Laon begonnen, aus dem Geist Christi und dem Ideal der Urkirche ein religiöses Gemeinschaftsleben zu führen. Daraus entwickelte sich unter Abt Hugo der P.orden. Grundlage war die Augustinusregel, vermehrt um den fälschl. Augustinus zugeschriebenen Ordo Monasterii. Dieser enthält konkrete Anweisungen für gemeinsames Beten, Stillschweigen, Handarbeit, häufiges Fasten und Verzicht auf Fleisch. Das weiße Bußkleid aus ungebleichter Wolle, das Norbert seit seiner Bekehrung trug, wurde zum Vorbild der künftigen Ordenskleidung, sichtbarer Ausdruck äußerster Armut. Am Weihnachtsfest 1121 legten die P. – es waren Geistliche und Laienbrüder (strittig ist, ob Frauen dabei waren) – die Gelübde auf ihre neue kanonikale Lebensform ab. Norbert als der geistl. Initiator und unbestrittene Leiter der P. (er trug nie den Abtstitel, sondern wurde Vater gen.) zog in der wärmeren Jahreszeit wie bisher als Wanderprediger durch das Land. Dabei folgten ihm Geistliche, Männer und Frauen, die ein entschiedenes chr. Leben in Güter- und Gebetsgemeinschaft führen wollten. Im Gegensatz zu früheren Wanderpredigern ließ Norbert die Neubekehrten nicht mit sich umherziehen, sondern führte sie Kl. zu, die er entweder selbst gründete (→Floreffe; →Cappenberg; →Antwerpen, St. Michael) oder nach prämonstratens. Vorbild reformierte (→Laon, St-Martin; Cuissy). Das erklärt die schnelle Ausbreitung der prämonstratens. Reformbewegung. Die Person Norberts war das ungeschriebene Gesetz für den Großkonvent, der sich bis 1126 auf mindestens zehn Kl. in N-Frankreich, im heutigen Belgien und in W-Dtl. verteilte. Norbert ließ alle Kl. besitzrechtl. auf sich (und seinen Konvent) als Eigentum überschreiben, gemäß dem germ. Rechtsprinzip vom Eigenkirchenherrn (→Eigenkirche); nur so glaubte er, vor dem Hineinregieren Dritter sicher zu sein. Etwa 100 Jahre vor den →Bettelorden leitete Norbert erstmals in der Kirche eine zentral geführte religiöse Gemeinschaft, die sich über mehrere Bm.er erstreckte. Sein Ideal wäre gewesen, daß alle Christen Mitglieder der prämonstratens. Bewegung geworden wären. Obwohl Papst Honorius II. am 16. Febr. 1126 die prämonstratens. Lebensweise und die Kl. der P. bestätigte, wuchs die Opposition der Bf.e und Theologen (v. a. bei anderen Regularkanonikern) gegen die Neuerungen Norberts so stark, daß er die Flucht nach vorn antrat. Statt einer Reform der Kirche von unten (ohne nennenswerten Einfluß der Bf.e) versuchte er ab 1126 eine Reform von oben, indem er sich um einen Bf.ssitz bewarb. Nach seiner Wahl 1126 zum Ebf. v. →Magdeburg flammte bei den P.n Enttäuschung und Empörung auf: Ihr verehrtes Vorbild, der barfüßige Büßer, war zum Reichsfs.en und Repräsentanten der Amtskirche aufgestiegen. Um die Reform vor dem Verfall zu retten, entließ Norbert seine Kl. ab 1126 in die Selbständigkeit. Sie durften sich einen eigenen Oberen (Propst oder Abt) wählen. Vorbildfunktion erhielt das Kl. Prémontré. Hugo v. Fosse, einer der ältesten und engsten Vertrauten Norberts, wurde auf dessen Anregung zum ersten Abt v. Prémontré bestellt. Hugo formte den »dislozierten Großkonvent« (WEINFURTER) allmähl. zum P.orden um. Das bleibende Verdienst Norberts ist es, die prämonstratens. Bewegung ins Leben gerufen und entscheidend geprägt zu haben; doch ohne Hugo als Organisator hätte sich diese Bewegung – wie mehrere zeitgleiche kanonikale Reformbewegungen – rasch aufgelöst. Hugo ließ eine geschriebene Verfassung (Constitutiones, Statuten) und einheitl. liturg. Riten für alle Kl. ausarbeiten. Als Klammer zw. den Kl. des Verbandes führte er das Filiationsprinzip ein: Jedes von Prémontré direkt gegr. oder ihm unterstellte Kl. wurde von Hugo als Tochterkl. betrachtet, das seiner Aufsicht als Vater-Abt unterstand. Die Tochterkl. Prémontrés nahmen nun ihrerseits die Rechte eines Mutterkl. über ihre Gründungen wahr usw.; damit entstand trotz aller Eigenständigkeit der Kl. ein durchorganisierter Verband, ausgerichtet auf Prémontré als Mutter aller Kl. Als das umfangreiche und von der röm. Liturgie abweichende Chorgebet des Ordo Monasterii sogar den Unwillen des Papstes hervorrief, paßte sich Hugo hierin den Gewohnheiten der übrigen Regularkanoniker an. Bis zu seinem Tod (10. Febr. 1164 [1161?]) entwickelte er Zug um Zug in Anlehnung an die →Zisterzienser und mit Billigung des Papstes eine die Einzelkl. übergreifende Organisationsform mit Generalkapitel, Visitationen und Paternitätsrechten. Um 1150/60 war die →Exemtion von der Korrekturgewalt des Ortsbf.s zugunsten des Generalkapitels nahezu erreicht. Aus der Reformbewegung von Prémontré war der von den Bf.en weitgehend unabhängige P.orden mit damals über 100 Kl. geworden. Konträr entgegengesetzt verlief die Entwicklung in Sachsen: Norbert als Ebf. hatte 1129 das Stift Unser Lieben Frauen in Magdeburg nach seinen Prinzipien reformiert und in Liturgie und Kleidung (abweichend von Prémontré) den übrigen Regularkanonikern angepaßt. Dieses Kl. wurde zum Ausgangspunkt vieler Kl. im N und O des Reiches (→Landesausbau und Kolonisation). Mit seinen Tochterkl. bildete es einen eigenständigen Verband, der nie in den Orden voll integriert, wohl aber diesem assoziiert war.

II. DOPPELKLÖSTER UND IHRE TRENNUNG IN MÄNNER- UND FRAUENKLÖSTER: In Norberts Reformvorstellungen sollte das einzelne Kl. Abbild der Urkirche sein. Um die Gruppe der Priester als Repräsentanten der Apostel sammelten sich Männer und Frauen zu gemeinsamem Gebet und gemeinsamer Arbeit für den Lebensunterhalt (→Doppelkl.). Ob Prémontré schon seit 1120 Doppelkl. war oder erst ab 1121, ist genauso umstritten wie alle Aussagen über das konkrete Leben in einem solchen Kl. Denn als die Norbert-Viten und andere erzählende Geschichtsq. geschrieben wurden, war die Auflösung der Doppelkl. schon im Gang, so daß Aussagen zum konkreten Leben unterblieben. Bei der Auflösung – den Anfang machte wohl 1137/41 Prémontré selbst – wurde meist der weibl. Zweig ausgesiedelt, den man entweder weiterhin als Teil des eigenen Kl. ansah (unter Leitung eines Priors) oder als Tochterkl. des verbliebenen Männerkl. (unter Leitung eines Propstes). Aussiedeln konnte man erst, sobald sich für die Gründung eines Frauenkl. ein geeigneter Stifter fand; und das konnte Jahrzehnte dauern. Es kam auch vor, daß man das Doppelkl. durch Aussterbenlassen des weibl. oder männl. Zweiges in ein Männer- bzw. Frauenkl. umwandelte. Aus Adelberg (bei Göppingen), dem letzten Doppelkl. Dtl.s, zog der weibl. Konvent erst 1476 nach Lauffen/Neckar. Nur in Friesland blieben die Doppelkl. bis zur Aufhebung (16. Jh.) bestehen.

III. MÄNNER- UND FRAUENKLÖSTER BIS 1500: Bei den P.n muß recht bald eine Abneigung gegen die Frauenkonvente und damit gegen das Ideal Norberts aufgekeimt sein. Nach der Auflösung der Doppelkl. verfügte das Generalkapitel ab der 2. Hälfte des 12. Jh., keine neuen Frauenkl. in den Orden aufzunehmen, ja, die bestehenden Frauenkl. anderen Orden zuzuführen (KRINGS). Diese Beschlüsse wurden in fast allen Ländern verwirklicht. Im Rheinland und in Westfalen behielt der P.orden seine fast 40 Frauenkl. oder gewann die verlorengegangenen Kl. im 13. Jh.

teilweise zurück. Papst Alexander III. bestätigte dem Kl. Prémontré 1177 alle Rechte, die nun nach dem Ende des Schismas auch für Dtl. galten. Seine stärkste Ausdehnung erreichte der P.orden um 1200 mit etwa 600 Kl. in ganz Europa und im Vorderen Orient (BACKMUND), höhere Zahlen sind falsch. Bedeutende Skriptorien gab es im 12. Jh. z. B. in Arnsberg (Richard Anglus), Arnstein, Schäftlarn und Windberg (Abt Gebhard). Im 12./13. Jh. spielte die Masse der Laienbrüder eine entscheidende Rolle in allen Männer- und Frauenkl. Sie leisteten die Arbeit in den Außenhöfen. Sie kultivierten nicht nur weniger wertvolle Böden (Böhmerwald, Friesland, dt. Osten), sondern entwickelten z. B. um das Kl. Prémontré im 12. Jh. ein Wirtschaftssystem, mit dem man sich gegenüber anderen durchsetzte (LOHRMANN). Auch die sog. Hospitäler (z. B. in →Cappenberg, Magdeburg, →Freising) wurden durchweg von Brüdern betreut. Doch um 1300 ging die Zahl der Brüder bis zur Bedeutungslosigkeit zurück. Die Landwirtschaft wurde auf bezahlte Kräfte und auf Verpachtung umgestellt. Der P.orden bekam den Charakter eines Priesterordens. Seit dem 13. Jh. begannen die P. in fast allen Ländern, die Seelsorge in jenen Pfarreien, die den Männer- und Frauenkl. übertragen waren, durch eigene Mitbrüder auszuüben; das erzeugte Spannungen zw. dem strengen Leben im Kl. und dem Leben der Auswärtigen. Im 14./15. Jh. war die extrem harte Lebensweise der Gründerzeit zu einer menschl. annehmbaren Form verflacht (Lockerung der Speisegebote und Klausur; persönl. Einkünfte), was die Reformer auf den Plan rief. Im letzten Viertel des 15. Jh. ist in den Kl. ein neuer religiöser Aufschwung zu erkennen, wozu das Generalkapitel nicht selten den Landesherrn um Hilfe bat. 1505 gab es neue Statuten. Mehrfach ist in der Lit. versucht worden, eine für den gesamten P.orden typ. Spiritualität herauszuarbeiten, doch angesichts der Struktur des Ordens vergebl.

IV. STRUKTUR UND VERFASSUNG: Es gibt keinen eigenen Orden der P.innen, sondern nur den einen Orden der P. Dieser Orden ist ein Zusammenschluß selbständiger Kl., die untereinander grundverschieden sind: Im MA gehörten die Domkapitel von Brandenburg, Havelberg, Ratzeburg und Riga genauso zum P.orden wie ein armes Kl. in der Einöde. Die Ordensgelübde werden auf das Einzelkl., nicht auf den Gesamtorden, abgelegt. Das Generalkapitel, bei dem alle Kl. gleiche Stimme haben, regelt strittige Fragen und erläßt Rahmengesetze (Statuten), die von den Einzelkl. aufgrund der lokalen Gegebenheiten unterschiedl. mit konkretem Leben gefüllt werden. Der Orden lebt in der Vielfalt seiner Einzelkl. Außer der Augustinusregel und den Statuten gibt es keine verbindl. Gemeinsamkeit. Am Ende des 12. Jh. trat neben das Korrektur- und Aufsichtsrecht des Mutterkl. über sein Tochterkl. ein Visitationsrecht des Generalkapitels, das für eine bestimmte Region (Zirkarie) zwei jährl. wechselnde Zirkatoren bestimmte, die beim nächsten Generalkapitel zu berichten hatten. Diese regionale Einteilung in Ordensprovinzen (Zirkarien) war eine Neuerung, die andere Orden übernahmen. Es gab zwei Typen von Kl. der P.innen: selbständige, in denen die Chorfrauen ihren männl. Oberen auf Lebenszeit wählten (er führte den Titel Propst), und abhängige, in denen der männl. Obere mit dem Titel Prior ohne Mitwirkung der Schwestern (= Chorfrauen und »Laienschwestern«) vom Prälaten des Mutterkl. frei ernannt bzw. abgesetzt wurde. Jedes Frauenkl. strebte nach Unabhängigkeit, bis hin zur Anmaßung des Titels Äbt. für die Oberin, während ihr offizieller Titel Priorin oder Meisterin lautete. Die selbständigen Frauenkl. wurden beim Generalkapitel durch ihren Propst vertreten, die abhängigen durch den Prälaten ihres zugeordneten Männerkl., den sie allerdings nicht mitwählen durften.

V. BEVÖLKERUNG UND KLOSTER: Am Kirchweihfest und an Festtagen, an denen der Kirchenbesuch mit einem →Ablaß verbunden war, drängte viel Volk ins Gotteshaus, sogar aus größerer Entfernung; sonst dürfte der Zuspruch spärl. gewesen sein. Selbst die Laienbrüder bzw. Laienschwestern waren – außer bei einer der tägl. Messen – nur selten beim lat. Chordienst anwesend; sie beteten auf Deutsch eine bestimmte Anzahl Vaterunser. Fast jedes Kl. bemühte sich um repräsentative Reliquien oder förderte den Kult eines im Ruf der Heiligkeit verstorbenen Mitglieds (LIENHARDT), um auf sich aufmerksam zu machen. Überörtl. Bedeutung gewannen die Wallfahrten zum Hl. Blut in Ravensburg-Weißenau (ab 1283) und zur Bluthostie in →Wilsnack (ab 1383). Viele Kl.kirchen waren zugleich Pfarrkirchen (auch bei Frauenkl.). Manche Kl. der P. und P.innen nahmen Kinder aus wohlhabenden Familien zur Erziehung und schul. Bildung auf. Adlige Familien waren auf eine repräsentative Grablege bedacht und vertrauten der Kraft der Beter(innen) am Grab; das war oft Anlaß zur Gründung eines Kl. oder zum Ausbau der Kl.kirche, verbunden mit reichen Zuwendungen. Einen eigenständigen Dritten Orden von Männern und Frauen, die in der Welt lebten und einem ganz bestimmten Kl. geistl. zugeordnet waren, gab es im MA trotz anderslautender Beteuerungen noch nicht; wohl gab es die Aufnahme verdienstvoller Laien schon zu Lebzeiten in die Gebetsgemeinschaft des Gesamtordens oder eines Einzelkl. sowie die Einkleidung auf dem Sterbebett.

VI. BEDEUTENDE PERSÖNLICHKEITEN: Theol.-spirituelle Werke verfaßten →Anselm v. Havelberg († 1158), →Philipp v. Harvengt († 1183), Adam Scotus († 1212), Petrus v. Herentals († 1390) u.a. Unter den Chronik- und Geschichtsschreibern ragt Propst →Burchard v. Ursberg († 1231) hervor. Thomas v. Breslau (1297–1378), Weihbf. und gelehrter Arzt, verfaßte ein med. Handbuch. Stephan Bodeker, Bf. v. Brandenburg (1421–59), genießt Anerkennung als gelehrter Hebraist. Der Gesamtorden nahm im 16./17. Jh. in seinen Kalender der Hl.en und Seligen einige Mitglieder auf, die aufgrund ihres religiös-asket. Vorbilds bereits im MA örtl. Wertschätzung und Verehrung gefunden hatten: Norbert v. Xanten, Hugo v. Fosse, →Gottfried v. Cappenberg, Hroznata v. Tepl, Friedrich und Siard v. Mariengaarde, Gilbert v. Neuffontaines, Hermann Josef v. Steinfeld, der Ratzeburger Bf. e Evermod, Isfried und Ludolf, Bronisława v. Kraków und Gertrud v. Altenberg, die jüngste Tochter der hl. →Elisabeth v. Thüringen. L. Horstkötter

VII. PRÄMONSTRATENSERLITURGIE: Der P.orden hat keinen Eigenritus im strikten Sinn. Was die Unterschiede zu anderen westl. lat. Liturgien betrifft, kann man eher von eigenen Liturg. Gewohnheiten sprechen. In Anlehnung v.a. an PL. LEFÈVRE und N. WEYNS versteht man im strengen Sinn unter dem Terminus P.liturgie die liturg. Gewohnheiten der P. von den Anfängen (1121) bis einschließl. des Breviers (1574) und des Missales (1578) unter Generalabt Jean Despruets. In der Anfangsphase von 1121 bis 1126 (als Norbert Ebf. v. Magdeburg wurde) oder bis 1131 (erste schriftl. Fassung der Gewohnheiten) folgte man – wie in →Klosterrath und →Springiersbach – höchstwahrscheinl. den liturg. Richtlinien des Ordo Monasterii, welcher damals Augustinus zugeschrieben wurde. Der ungewohnte Charakter dieser Liturgie führte bei vielen zum Widerspruch, u. a. bei Papst Honorius II. Recht bald nach seinem Amtsantritt in Prémontré (1128) ließ Abt Hugo v. Fosse auch die liturg. Gewohnheiten der noch jungen Gründung aufzeichnen; allerdings ist diese Aufzeichnung nicht bis heute überliefert. Ein wesentl. Teil dürfte im »Ordinarius« vom Ende des 12. Jh. zu finden sein. Die Existenz eines früheren Ordo wird vorausgesetzt, wenn Papst Innozenz II. die Äbte 1131 auffordert, die Einheitlichkeit der Lebensweise und die Gewohnheiten des Kl. Prémontré zu respektieren. Nach der Promulgierung des ersten »Liber ordinarius« dauerte es noch lange, bis die über ganz Europa verstreuten Kl. des Ordens die in Prémontré gefeierte Liturgie übernahmen. Norbert ließ als Ebf. v. Magdeburg für die P.kl. seines Sprengels die lokalen liturg. Traditionen weiterbestehen. In anderen Gegenden dürfte es etwa bis zur Mitte des 13. Jh. gedauert haben, bis (fast) alle Kl. die in Prémontré gefeierte Liturgie eingeführt hatten.

Zu den Kosten und Schwierigkeiten, sich die liturg. Bücher Prémontrés in authent. Kopie zu besorgen, trat der Umstand, daß die in Prémontré gefeierte Liturgie sehr stark von dortigen lokalen Einflüssen geprägt war. Bis heute hat noch niemand überzeugend nachgewiesen, von welchem Bm. oder Skriptorium – außer den Entlehnungen aus den »Instituta ecclesiastica« v. Cîteaux – die liturg. Bücher und der »Liber ordinarius« Prémontrés beeinflußt wurden. Bis heute ist für die P.liturgie noch kein gesicherter Abstammungsnachweis gelungen. Die Veröffentlichungen des »Ordinarius«, des »Sacramentarium Praem.« und des »Antiphonale Missarum Praem.« haben zwar auf die Eigentümlichkeiten der P.liturgie aufmerksam gemacht, aber es sind noch viele Unters.en nötig, um Ursprünge und Zusammenhänge zu klären. Bis dahin muß man sich mit der These von Pl. Lefèvre zufrieden geben: Die Hauptq., von der sich die Kompilatoren der P.liturgie inspirieren ließen, war der gall.-röm. Ritus, d.h. der Ritus Roms, so wie er bis ins 12. Jh. in den Hauptkirchen des Westens – den Kathedralen bzw. Kollegiatstiften – mit einigen lokalen Varianten rezipiert worden war (La Liturgie de Prémontré, 11).

Es gibt gewisse Anzeichen, die einige Autoren zu der Aussage veranlaßt haben, der ursprgl. gregorian. Choral sei bei den P.n etwas reichlicher entfaltet worden, z.B. die →Neumen als Verzierungen am Ende einiger Antiphonen zum »Benedictus« und »Magnificat«. Auch seien einige Tonintervalle weniger abgerundet usw. – Doch die Unterschiede zur ursprgl. Gregorianik sind sicher nicht wesentl. Allerdings macht die heutige Diskussion zum Cantus planus in den lat. Liturgien ein definitives Urteil über die prämonstratens. Gregorianik als musikal. Dialekt in der Gesamtheit der gregorian. Tradition nicht leichter.

L. Caals

Q. und Lit.: zu [I–V]: AnalPraem [Lit.] – DIP VII, 720–746 – DThC XIII, 2–31 – LThK² VIII, 688–694 – J. Lepaige, Bibl. Praem. Ord., Paris 1633 – C. L. Hugo, Sacri et can. Ord. Praem. Annales, I, II, Nancy 1734/36 – B. F. Grassl, Der P.orden, seine Gesch. und seine Ausbreitung bis zur Gegenwart, AnalPraem 10. Suppl., 1934 – F. Petit, La spiritualité des P. aux XIIᵉ et XIIIᵉ s., 1947 – N. Backmund, Monasticon Praem., I–III, 1949–56; I², 1983 [Lit.] – H. Marton, Initia Cap. Gen. in fontibus historicis Ord., AnalPraem 38, 1962, 43–69 – Gedenkboek Orde van Prémontré 1121–1971, 1971 – N. Backmund, Gesch. des P.ordens, 1986 – S. Weinfurter, Norbert v. Xanten und die Entstehung des P.ordens (Ders., Barbarossa und die P., 1989), 67–100 – B. Krings, Das P.stift Arnstein im MA, 1990 – S. Weinfurter, Norbert v. Xanten im Urteil seiner Zeitgenossen, 1992 – Ders., Der P.orden im 12. Jh. (Marchtal, hg. M. Müller u.a., 1992), 13–30 – D. Lohrmann, Die Erwerbspolitik der Abtei Prémontré unter Norbert v. Xanten und Hugo v. Fosse (Erwerbspolitik und Wirtschaftsweise ma. Orden und Kl., hg. K. Elm, 1992), 31–50 – R. Rommens, Gebhard, Propst und erster Abt v. Windberg (850 Jahre P.abtei Windberg, hg. P. Mai, 1993), 102–122 – M. Heim, P./P.innen (Mönchtum, Orden, Kl.,

hg. G. Schwaiger, 1993), 355–367 – B. Krings, Das Ordensrecht der P. vom späten 12. Jh. bis zum Jahr 1227, AnalPraem 69, 1993, 107–242 [mit Publ. von Dekreten der Generalkapitel und von Statuten] – B. Ardura, Abbayes, prieurés et monastères de l'ordre de Prémontré en France, 1993 – zu [VI]: Ed.: Thomae de Wratislavia, Practica medicinalis, ed. T. J. Antry, 1989 – Lit.: G. Lienhardt, Ephemerides hagiologicae OPraem, Augsburg 1764 – L. Goovaerts, Écrivains, artistes et savants de l'ordre de Prémontré, I–IV, 1899–1909 – N. Backmund, Die ma. Gesch.sschreiber des P.ordens, 1972 – C. K. Slack, The Premonstratensians and the Crusader Kingdoms in the 12th and 13th Cent., AnalPraem 67, 1991, 207–231; 68, 1992, 76–110 – H. J. Kugler, Hermann Josef v. Steinfeld im Kontext chr. Mystik, 1992 – J. T. Lees, Confronting the Otherness of the Greeks: Anselm of Havelberg and the Division between Greeks and Latins, AnalPraem 68, 1992, 224–240 – A. Wigger, Stephan Bodeker OPraem, 1992 – → Norbert v. Xanten – →Augustiner-Chorherren/-Chorfrauen – zu [VII]: Lit.: M. van Waefelghem, Le liber ordinarius d'après un manuscrit du XIIIᵉ–XIVᵉ s. de la Bibl. de S.A.R. le Duc d'Arenberg (Sonderdr. aus: Analectes de l'ordre de Prémontré II–IX, 1906–13) – Pl. Lefèvre, L'Ordinaire de Prémontré d'après des manuscrits du XIIᵉ et du XIIIᵉ s., Bibl. de RHE 22, 1941 – Ders., Coutumiers liturgiques de Prémontré du XIIIᵉ et du XIVᵉ s., ebd. 27, 1953 – Ders., La Liturgie de Prémontré, Bibl. Anal. Praem. 1, 1957 – N. I. Weyns, Sacramentarium Praemonstratense, ebd. 8, 1968 – Ders., Antiphonale Missarum Praemonstratense, ebd. 11, 1973.

Prämonstratenserkirche. Die P.n haben in Frankreich, England und Spanien allgemein zisterziens. Bauformen aufgegriffen (→Zisterzienser) und den »bernhardinischen Plan« mit zahlreichen Kapellen am Querschiff, die Schlichtheit und Verzicht auf figürl. Bauplastik übernommen. Die älteste P. auf dt. Boden, Cappenberg b. Dortmund, 1122 gegründet, ist eine schmucklose, flachgedeckte Pfeilerbasilika; andererseits entstand vom gleichen Stifter Gottfried v. →Cappenberg in Ilbenstadt in der Wetterau ein verhältnismäßig aufwendiger großer Kirchenbau mit w. Doppelturmpaar und reicher Bauzier, 1159 geweiht. Seit dem Ende des 12. Jh. übernehmen Floreff, Steinfeld/Eifel, Sayn bei Neuwied zisterziens. Bauformen. Die Kirchen der Magdeburger Prämonstratenser sind wenig charakteristisch und folgen örtl. Traditionen (Gottesgnaden, Leitzkau, Veßra, Jerichow, Ratzeburg, Havelberg, Brandenburg); auch die bayer. P.n weisen lokale Formen auf (Steingaden, Ursberg, Windberg); bei den westdt. P.n sind lothring. Einflüsse wirksam (Knechtsteden, Rommersdorf, Arnstein, Merzig). Daneben gibt es zahlreiche kleine, flachgedeckte, querschifflose Basiliken, die von ärmeren Kl. und zumeist von den seit der Mitte des 12. Jh. selbständigen Frauenkl. errichtet wurden. Die Klausuranlagen entsprechen dem in der Zeit üblichen zisterziens. Bauprogramm.   G. Binding

Lit.: A. W. Clapham, The Architecture of the Premonstratensians, Archaeologie 73, 1923, 117–146 – E. Hardick, Praemonstratenserbauten des 12. und 13. Jh. im Rheinland [Diss. Bonn 1934] – E. Badstübner, Die Prämonstratenser-Kl.kirche zu Veßra in Thüringen, 1961 (Corpus der roman. Kunst Mitteldeutschlands A, 1) – A. Verbeek, Roman. Prämonstratenserinnenkirchen am Niederrhein (Fschr. Fr. Graf Wolff Metternich, 1974), 131–141 – P. Ramm, Die Kl.kirche Jerichow (Architektur de MA. Funktion und Gestalt, hg. F. Möbius, E. Schubert, 1983), 141–159 – H. Schulze, Die ehem. Prämonstratenser-Abtei Rommersdorf, 1983 (Q. und Abhandl. zur mittelrhein. Kirchengesch. 44) – M. Untermann, Kirchenbauten der Prämonstratenser, 1984 (29. Veröff. der Abt. Arch. des Kunsthist. Inst. der Univ. zu Köln) – G. Binding – M. Untermann, Kleine Kunstgesch. der ma. Ordensbaukunst in Deutschland, 1985, 294–309.

Präsanktifikatenliturgie (missa praesanctificatorum, ἡ θεία Λειτουργία τῶν προηγιασμένων), Bezeichnung für die sog. »Liturgie der vorgeweihten (Opfer-) Gaben«, im wesentl. eine Kommunionfeier mit konsekrierter →Prosphora einer früheren Messe an aliturg. Tagen. Die P. ist wahrscheinlich im antiochen.-syr. Liturgiebereich im 6.

Jh. aufgekommen, als die priv. Hauskommunion zu Ende ging, und läßt sich wenig später in Konstantinopel nachweisen. Die Tradition schreibt sie u. a. Papst →Gregor d. Gr. zu, weshalb man sie gelegentl. »Gregorios-Liturgie« nennt. Die P. war im O lange weit verbreitet (außer bei den Äthiopiern) und wird heute z. B. noch bei den Maroniten (am Karfreitag) und v. a. im byz. Ritus gebraucht (jeden Mittwoch und Freitag sowie an einigen Festtagen der Großen Fastenzeit). Den Kern der byz. P. bildet der Kommunionritus, der mit einem bes. Vespergottesdienst (mit Lichtritus) verschmolzen ist. An den Großen Einzug mit eigenem Cherubikon und der Gabenlitanei schließt sich sofort das Vaterunser an. Im W wurde die P. im 7. Jh. unter ö. Einfluß übernommen (außer im ambrosian. Ritus) und ist nur am →Karfreitag erhalten geblieben. Die beträchtl. hochma. Erweiterungen des Ritus wurden durch die Karwochenreform 1955 wieder beseitigt.   H.-J. Feulner

Ed.: Brightman, 345–352 – Εὐχολόγιον τὸ Μέγα, 1986, 108–118 – *Lit.:* DThC XIII/1, 77–111 – J. M. Hanssens, Institutiones liturgicae, 1930–32, II, 86–121, III, 546–556 – G. Römer, ZKTH, 77, 1955, 86–93 – G. Winkler, OrChr 56, 1972, 184–206 [Lit.] – O. Nussbaum, Die Aufbewahrung der Eucharistie, 1979, 38–44 [Lit.] – M. Arranz, OrChrP 47, 1981, 332–388 – S. Janeras, Le Vendredi-Saint, 1988, 369–388.

Präsenz. Die mit einem kirchl. Amt verbundene Verpflichtung, am Dienstort anwesend zu sein (Residenzpflicht), wurde seit dem I. Konzil v. →Nikaia (cc. 15 f.) immer wieder durch Synodalbeschlüsse, Kapitularien und päpstl. Dekretalen eingeschärft. Häufig blieben diese wiederholten Mahnungen – insbes. bei Kumulation von →Benefizien – ohne durchgreifenden Erfolg. So versuchte man, die P. durch Strafen zu erzwingen. Erfolgreicher war die Einrichtung von sog. P.geldern: Um die Neigung zur persönl. Teilnahme am Chordienst in Dom- und Kollegiatstiften zu vergrößern, erhielten die anwesenden →Kanoniker vielfach Geldbeträge (praesentiae, distributiones quotidianae, quotidiana stipendia), die das Pfründeneinkommen verbesserten. Nur wer sich persönl. am gemeinsamen Chorgebet beteiligte, wurde bei der Verteilung dieser Einkünfte berücksichtigt. Doch enthielten die einschlägigen Gesetze (X 3.6.1; VI 3.3.1) zugleich auch Auflistungen von Entschuldigungsgründen, welche vom Chordienst befreiten, ohne die P.gelder zu schmälern. Zuweilen wurde auch die Vertretung durch einen →Vikar, der die P. wahrnahm, gestattet. Das Konzil v. Trient (1545–63) versuchte, diese Instrumente zur Durchsetzung der Residenzpflicht neu zu beleben (Sess. XXI c. 3, Sess. XXII c. 3 und Sess. XXIV c. 8 de ref.).   H.-J. Becker

Lit.: P. Hinschius, Das Kirchenrecht der Katholiken und Protestanten in Dtl., III, 1883, 236ff. [Neudr. 1959] – Plöchl II, 161, 410 – Feine, 388, 423.

Präzession. Unter P. (genauer P. der Äquinoktien) versteht man in der Astronomie die Erscheinung, daß die Erdachse sich auf einem Kegelmantel mit dem (fast) konstanten Öffnungswinkel von 23.°5 um die Achse der Ekliptik dreht. Ein Umlauf dauert ca. 25 800 Jahre. Wegen der P. weichen die Schnittpunkte des Himmelsäquators mit der Ekliptik (der Frühlingspunkt und der Herbstpunkt) pro Jahr um ca. 50″ zurück. Die P. wurde um 130 v. Chr. von Hipparch entdeckt. Im MA führten Messungen von muslim. Astronomen zu der These, daß die Geschwindigkeit der P. veränderl. sei, daß also dem mittleren Wert eine Schwankung (Trepidation) überlagert sei. Gegen Ende des 16. Jh. erkannte Tycho Brahe, daß die Trepidation nicht reell, sondern durch Meßfehler vorgetäuscht war.   F. Schmeidler

Lit.: E. Zinner, Die Gesch. der Sternkunde, 1931, 292f. – O. Struve, Astronomie, 1962, 75–77 – W. Hartner, Trepidation and Planetary Theories (Oriente e Occidente nel medioevo, 1971), 609–632 – R. Mercier, Stud. in the Medieval Conception of Precession, AIHS 26, 1976, 197–220; 27, 1977, 33–71.

Praeambula fidei (Antecedentia f.). Seit Beginn des 13. Jh. erörterte die ma. Theol. anhand der Begriffe P. (spätlat., Mart. Cap., De nupt. Merc. et Philol. II, 215; IX, 905. 996) und – weit häufiger – Antecedentia (philos. Terminus bereits bei Cic., Topica 19. 53. 88) zunächst das Verstehen des →Glaubens selbst und später vornehml. die Grundlegung dieses Glaubens.

Im Zuge der vollständig rezipierten aristotel. Wiss.slehre und deren dreistufigen Wissensaufbaus ('principia communia', 'dignitates' bzw. 'communes animi conceptiones' [Boethius]; bestimmte, den einzelnen Wiss. zugeordnete 'principia propria'; abgeleitete 'conclusiones') wandte wohl erstmals Philipp d. Kanzler (Summa de bono, ed. N. Wicki, 1985, 620) den Ausdruck Antecedentia auf den Bereich des Glaubens an. Damit sind Wahrheiten gemeint, die nicht nur als Wissen vor dem Glauben auch von der Vernunft mit Gewißheit erkennbar und einsehbar sind, sondern auch bei der Offenbarungsanrede Gottes beim Menschen log. vorausgesetzt werden und zugleich selber Inhalt der →Offenbarung sein können (revelabile; Thomas v. Aquin, S. theol. I, 1, 1). Die älteren OMin-Theologen (Eudes Rigaud, Wilhelm v. Militona, Summa Halensis, Bonaventura) faßten darunter die Existenz Gottes, seine Güte, Gerechtigkeit, Glaubwürdigkeit und Verehrungswürdigkeit sowie die Vermeidung allen Unrechts im Sinne der später sog. 'Goldenen Regel'; Thomas v. Aquin (In Boeth. trin. 2, 3; Ver. 14, 9 ad 8. 9; S. theol. I, 2, 2 ad 1; I–II, 94, 2; II–II, 2, 10 ad 2) nannte die Existenz, Einheit und Nichtkörperlichkeit Gottes, die Geistigkeit und Unsterblichkeit der Seele, ihre substantielle Einheit mit dem Leib, die Freiheit des Willens sowie den sittl. Grundsatz, das Gute zu suchen und das Böse zu meiden. Nach Thomas, der vermutl. im Anschluß an Maimonides dem Terminus P. f. den Vorzug gab, zählen die im übernatürl. Licht der Gnade prinzipiehaft geschauten Wahrheiten nicht zu den P. f., da sie sonst aufhörten, wesentl. Gegenstand des theol. Glaubens zu sein. Andererseits vermag der glaubende Mensch in den P. f. 'per accidens' sich selber Voraussetzungen des Glaubens aus eigen erwerbbarem Wissen aufzuzeigen, ohne dabei allen Inhalten der bibl. bezeugten Offenbarung vorgegriffen zu haben. Er bleibt so in der Lage, reflexiv seine Glaubenszustimmung konform den Gesetzen der Wahrheit und der Freiheit vollzogen erkennen und anerkennen zu können. Sobald die P. f. vom zu deren natürl. Erkenntnis Fähigen erkannt und begriffen werden, scheiden sie nach Thomas aus dem Bereich des im Glauben Erkannten aus, da Glauben und Wissen formal nicht vom selben statt haben können. Die damit verknüpfte Frage, ob etwas zugleich gewußt und geglaubt, d. h. bestimmte Wahrheiten des übernatürl. Glaubens von der Vernunft aufgefunden, eingesehen und bewiesen werden könnten, wurde bis zur Mitte des 13. Jh. allg., später bes. von OMin-Theologen bejaht. Erst Thomas v. Aquin brach mit dieser Tradition.

Durch Wilhelm v. Auxerre, Summa aurea II, 13, 2, ed. J. Ribaillier II/2, 481 angebahnt, wurden zuerst bei Albertus Magnus, De sacrif. missae II, 8, ed. A. Borgnet 38, 59b, die Antecedentia f. als Mittel zur Rechtfertigung des Glaubensaktes in einen apologet. Gedankengang eingebunden und dem positiven Aufweis der den Glauben begründenden Offenbarungstatsache zugeordnet. Unter method. Absehung einer tatsächl. ergangenen bibl. Offenbarung begründete Hugolinus v. Orvieto, In Sent. prol. q. 3, ed. W. ECKERMANN, 108–124, die allg. Pflicht, jeder Offenbarung Gottes gläubig zuzustimmen, über die Kenntnisnahme von erwiesenen Wundern und Weissagungen hinaus auch auf metaphys., den P. f. gleichkommenden Grundsätzen. Die nominalist. Theol. förderte die Diskussion, insoweit in ihr die kontingenten Bedingungen des Offenbarungsgeschehens bes. Beachtung fanden. Als herausragendes Glied in einer bei Albertus Magnus beginnenden und später über Marsilius v. Inghen, R. Agricola und F. de Vitoria in M. Canos →Loci Theologici gipfelnden Entfaltung der theol. Erkenntnislehre unterschied Heinrich Totting v. Oyta, Quaest. sent., q. 1, ed. A. LANG, Entfaltung 203f., die Antecedentia f. als 'principia extrinseca' von den in sich unerkennbaren Wahrheiten des Glaubens ('principia intrinseca'), wobei es ihm nach dem Erweis der metaphys. Grundlagen einer als göttl. bezeugten Offenbarung darauf ankam, ihre legitime und autoritative Fortbezeugung in Schr. und Kirche zu beweisen. Bei Heinrich v. Langenstein, Katharinenpredigt, ed. DT 26, 1948, 132–159, bilden die Antecedentia f. sogar den Ausgangspunkt einer hist. Rechtfertigung des Christentums überhaupt. M. Laarmann

Lit.: LThK² VIII, 653–657 – Sacramentum Mundi [Dt.] III, 1969, 1256–1261 – M. GRABMANN, De qu. 'Utrum aliquid possit esse simul creditum et scitum' (Acta Hebdomadae Augustin.-Thomist., 1931), 110–139 – G. DE BROGLIE, La vraie notion thomiste des 'p. f.', Gregorianum 34, 1953, 341–389; 36, 1955, 291f. – A. LANG, Die Entfaltung des apologet. Problems im MA, 1962, 58f., 92–109, 201–210 [Lit.] – DERS., Die theol. Prinzipienlehre der ma. Scholastik, 1964, 149–155 – A. KOLPING, Fundamentaltheol., I, 1967, 41–45 – L. WALTER, Das Glaubensverständnis bei Joh. Duns Scotus (VGI NF 5), 1968, 59–92 – L. HÖDL, Die 'Veritates fidei catholicae' und die Analogie der Wahrheit im ma. Streit der Fakultäten (La doctrine de la révélation divine de S. Thomas d'Aquin, hg. L. ELDERS, 1990), 49–68 – M. F. SPARROW, Natural Knowledge of God and the Principles of 'Sacra Doctrina', Angelicum 69, 1992, 471–491.

Praebende → Beneficium, III

Praecipe, Writ of, kgl. Erlaß in England (→*writs*), nach dem Anfangswort »p.« ('Anordnung') gen. Obwohl dieses Wort am Anfang vieler writs erschien, blieb die Bezeichnung 'P.' dem ersten writ in →Glanvills »Tractatus de Legibus« vorbehalten, den der Autor als einen Vorladungsbefehl darstellt und in die Form eines Briefs an den Sheriff kleidet. Der Sheriff soll einen Lehnsmann anweisen, einem Kläger Land zurückzugeben, das dieser eingeklagt hat, weil der Lehnsmann es ihm widerrechtl. vorenthalte. Wenn der Lehnsmann dieser Anordnung nicht folgen wollte, mußte er vor dem Kg. oder seinen Richtern erscheinen und seinen Anspruch auf das Land beweisen. Nicht vorgesehen war die Anrufung des grundherrl. Gerichts. In der →Magna Carta (1215) bestimmte c. 34, daß der W. of P. bei Besitzstreitigkeiten nicht mehr erlassen werden sollte, wenn dadurch ein Freier seine Gerichtsbarkeit verlieren könnte. Warum diesem Sachverhalt eine so große Bedeutung beigemessen wurde, bleibt unklar, da nach den Q. der Kg. selten versuchte, mit Hilfe der writs, Gerichtsfälle direkt vor seinen Gerichtshof zu ziehen. Trotzdem verschwand Glanvills writ nach 1215. Von den writs, die nun an seine Stelle traten, ist v.a. der »P. in capite« zu nennen, der, das Recht der Kronvasallen betraf. J. G. H. Hudson

Lit.: F. POLLOCK–F. W. MAITLAND, Hist. of English Law, 1968 – J. C. HOLT, Magna Carta, 1992.

Praefectus, röm. Titel für Amtsinhaber mit Vorgesetztenfunktion in republikan. und Ks.zeit von verschiedenem Rang und Aufgabenbereich in der Hauptstadt, im Imperium (p. Aegypti seit Augustus) und im municipalen Bereich. In der Ks.zeit blieb die Funktion in der Regel bestehen, der Gebrauch aber so zu, daß p. zu einer Art administrativem Allerweltstitel wurde, ohne daß eine schemat. Einordnung mögl. wäre. So bezeichnete p. in der Hauptstadt wie in der Prov. auch die Häupter von Collegia und die Leiter von Bereichen des Sakralwesens. Im allg. ist der Titel durch entsprechende Genitivapposition spezifiziert (Ausnahmen: p. praetorio, p. urbi). Aufgaben und Kompetenzen bestimmen sich durch die Funktion im einzelnen (z. B. p. annonae für die Getreideversorgung der Hauptstadt mit Unterstützung durch den p. Africae und Alexandriae; ihm ist der für die Getreideverteilung zuständige p. frumenti dandi untergeordnet), gleiches gilt für die Qualifikation, für die in den obersten Rängen Zugehörigkeit zu einer bestimmten sozialen Schicht bestimmend ist. Magistrat im eigtl. Sinne ist der p. nicht, hat aber seiner Aufgabe entsprechend ein officium. Ämterkumulation ist nicht nachzuweisen, die Dauer der Inhaberschaft im allg. begrenzt. Im militär. Bereich umschreibt der P.-Titel sowohl höhere (p. classis) wie niedere Ränge (p. cohortis, p. alae als militär. Eingangsstufen für die ritterl. Karriere im Rahmen der Tres Militiae, dazu p. castrorum, p. legionis als Bezeichnung des Legionschefs nach Ablösung der senator. Legaten im 3. Jh.). Im p. civitatis für Prov.städte oder dem p. gentium (p. laetorum) durchdringen sich militär. und ziviler Bereich, gleiches gilt vielleicht für den p. militum (seit 5. Jh.) zur Heeresversorgung innerhalb des Amtsbereichs des p. praetorio. Amtsgewalt und richterl. Befugnis können sich von Fall zu Fall über den Amtsbereich hinaus erstrecken.
G. Wirth

Lit.: RE XXII, 1258–1347, 2347–2534; RE Suppl. VIII, 525–539 – TH. MOMMSEN, Röm. Staatsrecht, III, 1887, 557 – O. HIRSCHFELD, Die ksl. Verwaltungsbeamten bis auf Diocletian, 1905² – A. v. DOMASZEWSKI, Die Rangordnung des röm. Heeres, 1908, 557 – JONES, LRE.

Praeiectus, hl. (frz. Priest, Prix, Projet), Bf. und Märtyrer des Bm.s →Clermont, † 25. Jan. 676, ▭ Volvic (dép. Puy-de-Dôme); entstammte einer gallioröm. Familie, wurde von seinen Eltern an den Archidiakon Genesius, den künftigen Bf. v. Clermont, empfohlen, der ihn mit der Pfarrei v. Issoire betraute; später ernannte ihn Bf. Felix zum Abt v. 'Candidense' (nicht lokalisiert). Nach ein oder zwei Anläufen erhielt P. das Bm. Clermont; in Verbindung mit dem columban. Mönchtum (→Columban) stehend, bewog er den Comes Genesius, in Chamalières (bei Clermont) ein Frauenkl. unter der Regel des hl. →Donatus zu errichten. Er selbst gründete ein Frauenkl. in einer Vorstadt von Clermont und ein Hospital (nicht lokalisiert). In einem Erbstreit setzte sich P. bei Kg. Childerich II. in Autun (April 675) gegen den Patricius v. Marseille, Hector, und dessen Verbündeten, Bf. →Leodegar v. Autun, durch. Beide wurden kurz darauf ermordet, was als Racheakt die Ermordung des P. nach sich zog; P. wurde sogleich als Märtyrer angesehen. Die erste Vita (BHL 6915–6916, vor Ende des 7. Jh.) zeigt eine gewisse Versöhnung zw. der Partei der Mörder und der Familie des P.; eine spätestens im 11. Jh. abgefaßte Kurzversion (BHL 6917) klammert die polit. Dimension des Mordes aus. – Der Kult entwickelte sich stark seit dem 8. Jh.; P. war nicht nur eher der Patrone der burg. Abtei →Flavigny, die 755 seine Reliquien erwarb, sondern wurde auch als erster Hl. der frk. Welt im →Sacramentarium Gelasianum des 8. Jh. einer eigenen Messe gewürdigt. J.-C. Poulin

Lit.: Bibl. SS 10, 1184–1185 – BHL 6919, 6917d [Mirakelbericht] – B. MORETON, A Patronal Festival?, St. P. and the Eight-Cent. Gelasian Sacramentary, JThSt 27, 1976, 370–380 – I. WOOD, The Ecclesiastical

Politics of Merov. Clermont (Mél. J. M. WALLACE-HADRILL, 1983), 34–57 – P. FOURACRE, Merov. Hist. and Merov. Hagiography, PP 127, 1990, 21-26.

Praemunire, Statuten, aufgrund einer Anordnung des Great Council Eduards III. (1353) und eines Beschlusses des Parliaments (1393) erlassen. Sie wurden so bezeichnet, weil sie mit Hilfe eines →*writ* (»p. facias«) einen Prozeß am kgl. Gerichtshof einleiten sollten. Dies betraf v. a. Personen, die sich vor Gerichtshöfen außerhalb des engl. Kgr. es verantworten mußten, wegen Vergehen, die nach dem Common Law (→Engl. Recht) vor weltl. Gerichtshöfen verhandelt wurden und schwere Strafen wie Acht, Einzug des Besitzes und Gefangennahme zur Folge hatten. Die Statuten richteten sich wohl nicht gegen kirchl. Gerichtshöfe, da diese bereits lange vor 1353 von Common Law-Gerichten auf ihren Jurisdiktionsbereich beschränkt werden konnten. Wahrscheinl. waren die Statuten wohl mehr eine konkrete Antwort auf die angespannten Beziehungen zu Papst Bonifatius IX. (→England, G. IV) und sollten engl. Prozesse an der Kurie vermeiden, bis eine Einigung erzielt worden war. Seit dem 15. Jh. bedienten sich jedoch einige Personen in England dieses neuen Verfahrens gegen Bf.e und Kleriker, manchmal um ihrer eigenen Verfolgung an kirchl. Gerichtshöfen zuvorzukommen. Trotz der Proteste in der →Convocation of Canterbury v. 1439 und einer Charta Eduards IV. an den Klerus v. 1462 entschieden kgl. Richter, daß kirchl. Gerichtshöfe »außerhalb des engl. Kgr.es« lagen. Der Rat Heinrichs VII. benutzte das »P.«-Verfahren zur Einschränkung der Tätigkeit bfl. Gerichtshöfe. R. L. Storey

Lit.: W. T. WAUGH, The Great Statute of P., EHR 37, 1922, 173–205 – R. L. STOREY, Diocesan Administration in Fifteenth-Century England, 1972, 27–32 – DERS., Episcopal Kingmakers (The Church, Politics and Patronage in the Fifteenth Century, hg. R. B. DOBSON, 1984), 89–94.

Pr(a)epositinus, * vor 1140, wahrscheinl. in der Lombardei (MGH SS XXIII, 891), † kurz nach 1210. Einige Hss. geben Cremona als Herkunftsort an. Zw. 1180 und 1190 Mag. in Paris, seit 1195 Scholasticus in Mainz. In den Nachfolgestreitigkeiten nach dem Tod Ebf. Konrads (1202) unterstützte P. die Mainzer Kanoniker gegen Rom, was ihm eine Ermahnung Innozenz' II. eintrug. Er verzichtete auf seine Benefizien und verließ Mainz. 1206–09 war er Kanzler von Notre Dame in Paris und zog sich dann in eine Abtei zurück. *Werke:* »Summa theologiae« in 4 B., überliefert die Lehre der Schule des →Petrus Lombardus in das 13. Jh.; Buch I ist eines der bedeutendsten Werke der theol. Sprachlogik der 2. Hälfte des 12. Jh. Die »Summa super Psalterium« umfaßt in einigen Hss. 59, in anderen 98 Psalmen. Eine Verbindung dieses Werks mit den »Collecta ex distinctionibus P. i (München, Clm 4784, ff. 167–174) ist nicht hinreichend zu begründen. Authent. sind auch ein »Tractatus de officiis« und mehr als 60 Predigten. Sehr fraglich ist die Zuschreibung einer »Summa de poenitentia iniungenda« und einer »Summa contra haereticos«. Mit Sicherheit unecht sind die Quaestiones und der Tractatus in ms. Paris, Mazarine 1708, ff. 232ra–261vb. R. Quinto

Ed.: G. ANGELINI, L'ortodossia e la grammatica, AnalGreg 183, 1972, 191–303 – D. E. PILARCZYK, P. Cancellarii De sacramentis et de novissimis [Summae Theol. P. Quarta], Coll. Urbaniana, Textus ac doc., VII, 1964 – J. N. GARVIN-J. A. CORBETT, The »Summa c. Haereticos« ascribed to P. of C., 1958 [dazu A. BORST, ZKG70, 1959, 166–169] – J. A. CORBETT, P. Cremon. Tract. de off., 1969 – J. LONGÈRE, Sapientia doctrina (Mél. BASCOUR, 1980), 207–211 – R. QUINTO, ALMA 48–49, 1989–90, 128–131 – DERS., Cah. Inst. M-Â Grec Lat. (Kopenhagen) 62, 1992, 108–112 – *Lit.:* DSAM XII, 2185–2193 – G. LACOMBE, La vie et les œuvres de Prévostin, BiblThom 11, 1927 – GLORIEUX, Rep. I, 266–268, n° 109 – O. LOTTIN, RTh XI,

1934, 416–422 – P. S. MOORE, The Works of Peter of Poitiers, 1936, 78–96 – L. HÖDL, BGPhM 38/4, 1962, 276–289 – J. B. SCHNEYER, BGPhMA 43/4, 1967, 870–876 – R. QUINTO, ALMA 48–49, 1989–90, 103–143.

Praepositus → Prévôt, →Provost; →Propst

Praepositus sacri cubiculi → Beamtenwesen, B

Praeses (gr. ἡγεμών; Amt: praesidiatus), Bezeichnung für Vorgesetzte im unteren Verwaltungsbereich, seit dem 1. Jh. für Prov.statthalter (ILS 9163; Suet. Otho 7, 1). Ab dem 3. Jh. ist p. Titel des ritterl. Prov.statthalters, seit dem 4. Jh. im niedersten Rang (p. provinciae, nach proconsul und corrector, vgl. CTh 8,4,8; 9,1,13; Not. Dign. Or. 1,79; 126; Occ. 19,2), vielleicht aus dem des bisherigen Amtsvertreters entstanden. Der Funktionsbezeichnung entsprechend können als p. auch senator. Inhaber bezeichnet werden. Der p. hat sein officium, militär. Befugnis besitzt er nicht (außer in Isauria und Mauretania Caesariensis). G. Wirth

Lit.: RE Suppl. VIII, 598–614 – H. G. PFLAUM, Les procurateurs équestres sous le bas-empire, 1950 – JONES, LRE, 572.

Praet, Jan. Die Hs. Gent U. B. 2906 (erste Hälfte 15. Jh.) enthält die Allegorie »Speghel der wijsheit«. In ihr werden im Rahmen eines Lehrgesprächs zw. einem Jan Praet und der personifizierten Sapientia auch weitere abstrakte Begriffe als Personifikationen aufgeführt. J. P. verfaßt, anscheinend auf Wunsch von Sapientia, ein Gedicht zu Ehren Marias; dieser Text wird als Gedicht im Gedicht wiedergeben. Unsicher bleibt, ob J. P. auch der Name des hist. Autors des Werkes ist. Diese Annahme wird durch die Tatsache gestützt, daß der Zuname 'Praet' im 14. Jh., namentl. in Brügge und Umgebung, begegnet. Da die Sprache (west)fläm. ist und die einzige bekannte Hs. in einem Brügger Kl. gefunden wurde, darf Brügge als Entstehungsort in Betracht gezogen werden. Nebst anonymer lat. Spruchlit. haben v. a. →Guillaume de Deguillevilles »Pèlerinage de vie humaine« und der »Roman de →Fauvel« den »Speghel« beeinflußt, der gleichermaßen v. a. darauf zielt, Sünden und soziale Mißstände anzuprangern. J. Reynaert

Lit.: J.-H. BORMANS, Speghel der wijsheit of Leeringhe der zalichede, van J. P., 1872 – J. REYNAERT, J. P.s Parlament van omoed ende hoverdije. Met een inleiding tot de »Speghel der Wijsheit«, 1983.

Praetextatus, P. Vettius Agorius, ca. 320–384, hervorragender, hochgebildeter Vertreter der heidn. Senatsaristokratie des 4. Jh. (→Flavianus, →Symmachus). Nach versch. Ämtern wird er 367/368 Praefectus urbi, 384 Praefectus praetorio Italiae, Illyrici et Africae. Seine Verbundenheit mit dem alten Glauben ist auch inschriftl. dokumentiert (CIL VI 1779 = ILS 1259). Noch um 430 setzt→Macrobius in den »Saturnalia« dem durch P. repräsentierten pagan-konservativen Kreis ein Denkmal.
J. Gruber

Lit.: KL. PAULY IV, 114 – PLRE I, 722–724 – RE XII, 1575–1579 – P. DE PAOLIS, Les Saturnales de Macrobe et l'idéalisation du saeculum P. i, Études classiques 55, 1987, 291–300.

Praetor (πραίτωρ; στρατηγός), ursprgl. Bezeichnung für das höchste Amt der röm. Republik, wurde dann dem des →Consuls nachgeordnet und zur höchsten jurist. und provinzialadministrativen Instanz. Unter dem Prinzipat wurde das Amt durch Spezialp.es eingeschränkt, erhielt jedoch die cura für die ludi Apollinares, Ceriales und Plebei in Rom (wie danach in Konstantinopel) mit Definition der Ausgaben und ksl. Finanzunterstützung. In der Ks.zeit ist das Amt Sprungbrett für die höhere Karriere. Justinian ernannte p.es mit vereinigter ziviler und militär. Gewalt, in der Prov.verwaltung hielt sich der Titel durch die folgenden Jahrhunderte, auch für das höchste Verwaltungsamt der → Themen. Der p. populi ist unter Justinian Nachfolger des praefectus vigilum der Hauptstadt.

G. Wirth

Lit.: RE XXII, 1581–1605 – TH. MOMMSEN, Röm. Staatsrecht, II, 1887, 193–238 – N. BANESCU, StT 123, 1946, 388 – L. BRÉHIER, Les Institutions de l'empire byz., 1949, 110, 193 – H. AHRWEILER, BCH 84, 1960, 1 – JONES, LRE, 537, 705.

Prag (tschech. Praha), Hauptstadt der Tschech. Republik, im Talkessel des von S nach O verlaufenden Bogens der unteren Moldau im Zentrum von → Böhmen gelegen. I. Burgen – II. Stadt – III. Bistum und Erzbistum – IV. Universität.

I. BURGEN: [1] *Prager Burg:* Heute wird allg. angenommen, daß 'P.' ursprgl. ein Flurname war, der eine ausgetrocknete und dürre Stelle bezeichnete. In der Folge der Mission des hl. Method (→ Konstantin und Method) um die Mitte der 80er Jahre des 9. Jh. errichtete der böhm. Fs. → Bořivoj I. oberhalb der Moldau auf einem kammartigen Hügel am linken Ufer eine Marienrotunde und verlegte wohl gleichzeitig oder kurz vorher den Hauptsitz der → Přemysliden von → Levý Hradec an diese Stelle, in der Nähe wichtiger Fernstraßen sowie der bedeutenden Moldaufurt. Die neue, zunächst aus Holz errichtete Burg bestand aus drei Teilen, wobei der mittlere als Wohnsitz des Fs.en und seines Gefolges diente. Hier stand seit heidn. Zeit der alte Thron, dessen Inbesitznahme die fsl. Stellung des P.er Burgherren sicherte. Der Name P. bzw. die Bezeichnungen 'urbs, civitas, metropolis' beziehen sich bis zur Gründung der eigtl. Stadt nur auf die Burg, die mit wenigen kurzen Unterbrechungen (vgl. Abschnitt I, 2) uneingeschränkt als Hauptsitz der Přemysliden sowie aller späteren Herrscher galt. → Vratislav I. ließ die Burg weiter ausbauen. In der St. Georgskirche (wohl 925) wurde die hl. → Ludmil(l)a beigesetzt, und hier entstand das erste Kl. (→ Benediktiner, -innen, B. IX) in Böhmen. Mit der Gründung des Bm.s wuchs die Bedeutung P.s (vgl. Abschnitt III). Als Symbol der Herrschaft über Böhmen war P. häufig das Ziel militär. Aktionen. Nach der Jahrtausendwende faßte auch → Bolesław I. Chrobry für kurze Zeit Fuß, der hier das Zentrum seiner Herrschaft errichten wollte. Im Laufe des 11. Jh., bes. während der Auseinandersetzungen zw. → Vratislav II. und seinem Bruder, Bf. → Jaromir-Gebhard v. P., übersiedelte der Fs. auf die Burg Vyšehrad s. von P. Doch blieb P. insgesamt die ständige Residenz der Přemysliden. Bes. → Otakar II. Přemysl zeigte eine intensive Bautätigkeit; v.a. unter ihm und unter Wenzel II. erlebte die Burg seit dem 13. Jh. eine kulturelle Blütezeit. Z. Zt. Otakars II. Přemysl siedelte sich auch das böhm. Landgericht an, das zum Organ des böhm. Adels wurde und begann, die wichtige böhm. → Landtafel zu führen. Andere Landesämter folgten. Nach dem großen Brand von 1303 zog der Kg. in die Altstadt, ohne dort eine Residenz zu errichten. Erst seit Karl IV. erfolgte ein großzügiger Ausbau der Burg für den Herrscher und seinen Hof. Obwohl die Bauarbeiten in den ersten Jahrzehnten von Wenzels Regierung noch andauerten, verließ er mit dem ganzen Hof zu Beginn der 80er Jahre die Burg. Seine große Residenz erstreckte sich an der Mauer der Altstadt in der Nähe der P.er Neustadt. Weitere kgl. Nebenresidenzen lagen in der Neustadt (Zderaz) und in der nächsten Umgebung. Am Beginn der Hussitenkriege (→ Hussiten) wechselte die Burg mehrmals ihren Besitzer; schließl. unterstand sie der P.er städt. Verwaltung. Mit der Konsolidierung der Verhältnisse kam sie wieder in die Hand der Zentralmacht, doch blieben die Kg.e noch immer altstädt. Kg.shof. Erst → Vladislav II. Jagiełło kehrte 1484 in die Burg zurück, die er und – nach seiner Übersiedelung nach Buda 1490 – die Repräsentanten der Stände prächtig umbauen ließen.

[2] *Vyšehrad:* Entgegen der sagenhaften Überlieferung muß die Gründung Vyšehrads (V.) dicht am rechten Moldauufer, s. von der P. er Burg, etwa in der Mitte des 10. Jh. erfolgt sein. V., wo sich kurz vor 1000 eine Münzstätte befand, war um 1000 vollständig ausgebaut und konnte von Bolesław Chrobry nicht eingenommen werden. Schon bald mit mehreren christl. Kultstätten ausgestattet, wurde V. in der Zeit Vratislavs II., der hier um 1070 ein exemtes Kollegiatstift mit einer St. Peter und Paul-Kirche gründete, Sitz des Herrschers, und es war auch später zeitweise Residenz (→ Vladislav I., 1109–25, und → Soběslav I., 1125–40). Seitdem sank V.s Bedeutung, bis 1322 der kgl. Besitz dem Kapitel geschenkt wurde. Erst Karl IV. versuchte, V. neuen Glanz zu verleihen; er ließ die Befestigung erneuern, setzte kgl. Beamte ein, initiierte den Bau einer großen Kapitelkirche und ordnete V. in seinen Krönungsordo ein. Das Kapitel wandelte die Vorburgsiedlung 1327 in einen Marktflecken um. Am 25. Okt. 1420 überfielen P.er und Táborer Hussiten V., das als Stützpunkt der Macht Kg. Siegmunds nochmals angegriffen und nach der Schlacht am Pankrazfeld 1420 zerstört wurde. Nach 1437 nur teilweise wieder aufgebaut, war V. erneut Sitz des Kapitels sowie des Burggf.en; es erholte sich allmähl., erreichte aber keine größere Bedeutung.

II. STADT: Schon frühzeitig (erwähnt bei → Ibrahim ibn Ya'qūb) entstand an der Moldaufurt eine multiethn. Kaufmanns- und Marktsiedlung, die eng mit der Burg P. zusammenhing und wohl am linken Ufer lag; ebenso bildete sich eine Kaufmannssiedlung am rechten Ufer um den sog. Teyn. In bes. Quartieren lebten dt. und roman. (Wallonen) sowie jüd. Bevölkerungsgruppen, die über eigene Rechtsprechung verfügten (Sonderrechte der Dt.en durch Vratislav II.) und eine eigene Verwaltung erhielten. Spätestens seit dem Privileg → Soběslavs II. für die Dt.en in der P.er Vorburg (1174–78) besaßen diese auch eigene Richter und Pfarrer. Im Laufe des 11. und 12. Jh. wuchs die Bevölkerung in den Siedlungen zw. beiden Burgen erhebl., und es wurden auch Steinbauten errichtet. Mit der Siedlungsverdichtung entstand ein Kirchennetz an beiden Flußufern, bes. am rechten; dazu kamen einige Kl. In der Zeit vor der Gründung der Rechtsstadt sind rund 30 Kirchen und Kapellen bezeugt. Das Prämonstratenserstift → Strahov wurde um 1143 durch Vladislav II. etwa 1 km w. der Burg gegr.; die Niederlassung der Johanniter erfolgte 1159 und die der Dt. Ordens am Anfang des 13. Jh. Schon im 11. Jh. wurde der Reichtum der Kaufleute, Geldwechsler und Juden »in suburbio Pragensi et in vico Wissegradensi« von → Cosmas gepriesen. Dem Handel diente seit früher Zeit die Holz- und seit den 70er Jahren des 12. Jh. die Steinbrücke (die sog. Juditabrücke).

Als in der 1. Hälfte des 13. Jh. der Prozeß der Gründung ma. Rechtsstädte auf Böhmen übergriff, erfolgte auch die Konstituierung der Altstadt (Größere Stadt) um 1234 unter → Wenzel I., wofür mehrere rechtsufrige Siedlungen, bes. die der Dt.en, die unmittelbare Grundlage lieferten. Hierauf geht die unregelmäßige Anordnung des Stadtkerns zurück. Dagegen zeigt die sog. »civitas circa s. Gallum«, die unter Otakar II. Přemysl ausdrückl. belegt ist, eine planmäßige Anordnung, sie war für kurze Zeit auch eine selbständige Verwaltungseinheit; sie wuchs aber bald mit der Altstadt zusammen. In der Altstadt galt süddt. Stadtrecht, während die durch Otakar II. Přemysl 1257 am linken Ufer direkt unter der Burg gegr. Stadt, die bis zur Gründung der Neustadt durch Karl IV. Kleinseite bzw. Kleinstadt oder auch Neustadt (vielleicht »Unter der Burg«) hieß, →Magdeburger Recht erhielt. Während die Altstadt eine vorwiegend dt. Bevölkerung besaß, lebten in der Neustadt urprgl. nur Dt.e, da die vorherigen Bewohner diesen Bereich verlassen mußten. Die Altstadt umfaßte in ihrer endgültigen Ausdehnung rund 140 ha und wurde von einer knapp 1700 m langen Mauer mit 13 Türmen und Toren umgeben, während die Flußseite nur leicht befestigt wurde. Die Stadtmauer durchtrennte einige kompakte Siedlungen. Obwohl die Einwohnerzahl nicht genau zu ermitteln ist, kann man für die erste Phase der Rechtsstadt von ca. 3000–3500 Einwohnern ausgehen. Bis zum Ende des 13. Jh. hat sich die Einwohnerzahl trotz der verheerenden Hungersnot nach dem Tode Otakars II. Přemysl mindestens verdoppelt. Dabei wuchs der Anteil der einheim. Bevölkerung, die bes. in der unteren und bald auch in der mittleren Schicht vertreten war. Zur Oberschicht gehörten bis zur Mitte des 14. Jh. fast ausschließl. Dt.e, die – bes. in Zeiten des Interregnums – auch nach polit. Macht strebten. Bald führten beide Städte eigene Siegel (Kleinseite 1257, Altstadt spätestens 1264) und besaßen eigene Kanzleien mit Schreibern; ein Bürgermeister der Altstadt wird erstmals 1318 erwähnt, ein eigenes Rathaus entstand (nach erstem Versuch 1296) 1338. Zahlreich waren die kirchl. Institutionen, zw. 1223 und 1256 wurden nicht weniger als acht neue Kl. errichtet. Das Stadtregiment der Patrizier in der Altstadt wurde Mitte des 14. Jh. durch das der Handwerker ersetzt. In der 2. Hälfte der 20er Jahre des 14. Jh. erfolgte die Gründung der abhängigen Stadt Hradschin im w. Vorfeld der Burg. Epochemachend war jedoch die Gründung der Neustadt am 8. März 1348 durch Karl IV. Mit einer Fläche von 360 ha grenzte sie die Altstadt ringartig ein, deren Entlastung sie diente. Kurz darauf erweiterte Karl auch die Kleinseite in s. Richtung bedeutend, so daß P. nun zu den räuml. größten Städten ganz Europas gehörte. Die Regelung der rechtl. und wirtschaftl. Beziehungen der beiden rechtsufrigen Städte zeigt, daß Karl von Anfang an mit der selbständigen Existenz beider Siedlungen gerechnet hat, wenn er auch versuchte, sie zu vereinigen (1367–77). Weder diese noch spätere Versuche (1421–24 und wohl 1427) hatten im MA Erfolg. Die Einwohnerzahl wuchs erhebl. Obwohl keine genauen Zahlen vorliegen, läßt sie sich um 1300 auf ca. 8000–10000, in der Blütezeit Karls auf gut 40000 schätzen. Zur Zeit der Hussitenbewegung sank die Einwohnerzahl auf knapp 30000. Bei dieser Zahl blieb es wohl bis zum Ende des MA. Die Gründung der Neustadt gab den Anstoß für Wandlungen in sozialer, kultureller, administrativer, ja in nationaler Hinsicht. Ein Übermaß an Geistlichkeit (über zwei Dutzend Kl., Domkapitel, drei Kollegiatkapitel und über 40 Pfarreien) verschärfte die wirtschaftl. und sozialen Spannungen in der Stadt. Nach den Reformpredigten von →Konrad Waldhauser und →Milíč v. Kremsier schwoll die tschech. Reformbewegung zu Beginn des 15. Jh. unter Führung von Johannes →Hus an, der seit 1402 Prediger in der Bethlehemskapelle war, bis man in Konflikt mit der Kirche und schließl. auch mit dem Kg. geriet. Nach Wenzels Tod standen die P.er Städte an der Spitze des Aufruhrs gegen Sigmund. Durch die Flucht der meisten Dt.en gewann die tschech. Bevölkerung die Oberhand, und P. übernahm die Führung des gemäßigten Flügels der Hussiten (die Altstadt eroberte 1434 die radikalere Neustadt). Die am Anfang der 20er Jahre völlig verwüstete Kleinseite erholte sich nur allmähl. In der Schlacht b. →Lipany (1434) halfen die P.er im Kampf gegen die radikalen →Taboriten und →Orebiten. Die Hussitenkriege stärkten die polit. Macht P.s (die kgl. Städte wurden ein gleichwertiges Glied der Landstände), doch wurde die wirtschaftl. und kulturelle Stellung, bes. auf internat. Ebene, erschüttert. Mit Sigmund versöhnt, beteiligte sich P. maßgebl. an der Landesregierung und wurde erst durch →Georg v. Podiebrad besetzt. Seit dieser Zeit sank P.s polit. Macht, doch konnte sich die Stadt wirtschaftl. und kulturell konsolidieren. Neue Erschütterungen brachten zwei größere Aufstände des P.er Bürgertums bzw. der Armen (1476, 1483). In den letzten Jahrzehnten des MA dominierte schließl. der wirtschaftl. und auch polit. Kampf mit dem Adel. Zur Wirtschaft vgl. →Böhmen, II.

III. Bistum und Erzbistum: [1] *Bistum:* Böhmen gehörte zunächst zum Bm. →Regensburg, bis 972/973 nach einigen erfolglosen Bemühungen ein eigenes Bm. in P. als Teil des Ebm.s →Mainz gegründet wurde. Der erste Bf., der ehem. Corveyer Mönch Thietmar, konnte aber erst 976 durch Ebf. →Willigis v. Mainz geweiht werden. Die Diözesangrenzen dehnten sich zuerst bis weit nach O (Schlesien, Krakau und bis zu den Flüssen Bug und Styr) aus. Als zweiter Bf. wirkte der hl. →Adalbert, der nur mühsam seine bfl. Pflichten bewältigen konnte, jedoch großen Einfluß außerhalb Böhmens hatte (Gründung der Ebm.er →Gnesen und →Gran). Die Bindung der Bf.e an die P.er Burg (die bfl. Kirche war St. Veit), dem Sitz des Přemyslidenfs.en, und ihre wirtschaftl. Abhängigkeit von diesem hatten die strikte Unterstellung der Bf.e zur Folge (mit Ausnahme von Bf. Jaromir). Fs. Břetislav scheiterte zu Beginn der 40er Jahre des 11. Jh. mit dem Plan, P. zum Ebm. zu erheben, ebenso wie Spytihněv in den 50er Jahren, der die alte Rotunde durch die weiträumige Basilika ersetzte (nach dem Brand von 1091 erneut vergrößert). Ihr Veits-Patrozinium wurde um Wenzel und Adalbert erweitert. Propst Markus (1068–98) reorganisierte das Domkapitel. 1063 wurde unter Bf. Severus das Bm. →Olmütz wiedererrichtet. Schon früh erlebte die Domschule (als Leiter 1008–18 Hubald aus Lüttich belegt) eine Blütezeit. Von den Bf.en der folgenden Zeit sind hervorzuheben: →Daniel I., →Heinrich Břetislav und Daniel II., während dessen Pontifikats Otakar I. Přemysl erneut vergebl. versuchte, für P. die Ebm.swürde zu erlangen (1204). Genauso scheiterte Bf. →Andreas ein Jahrzehnt später, und auch die Pläne einiger Bf.e, die Reichsunmittelbarkeit zu gewinnen, konnten nicht realisiert werden. Bestrebungen, das sittl. Niveau der Kirche zu erhöhen und sie gegenüber den Fs.en zu emanzipieren, gab es seit Adalbert (Statuten Břetislavs 1039, Legation Kard. →Guidos 1143 u.a.), und Bf. Andreas erreichte im Konkordat v. 1221 einen Teilerfolg. Die Bf.e waren als Kaplāne der böhm. Herrscher auch ihre Ratgeber in polit. Angelegenheiten. Bf. Tobias v. Bechyně (1276–96) festigte die Diözesanorganisation, die aus der älteren Pfarreiorganisation bzw. der Archidiakonatsverfassung entstand; auch Bf. Johann IV. Dražice (1301–43) kümmerte sich, obwohl er viele Jahre in Avignon verbrachte, intensiv um seine Diöz., doch geriet er mit der Inquisition in Konflikt. Während die ersten Bf.e meist dt. oder unbekannter Herkunft waren, stammten sie seit dem 13. Jh. vorwiegend aus dem heim. Hochadel.

[2] *Erzbistum:* Karl IV. setzte bei Papst Clemens VI. die Errichtung der P.er Ebm.s durch (30. April 1344), dem Olmütz und das neugegr. Bm. →Leitomischl unterstellt wurden. Die geplante Unterstellung Breslaus und Meißens sowie Neugründungen in Bautzen, Alt-Bunzlau, Melnik und Schlan gelangen nicht. Nur zeitweise waren Johann v. Vlašim und →Johannes v. Jenzenstein päpstl. Legaten in benachbarten Diöz.en. Der erste Ebf. war

→Ernst v. Pardubitz, der die kirchl. Verwaltung gründl. reorganisierte, für die Vertiefung des religiösen Lebens und eine kulturelle Förderung (Kanzler der Univ.) eintrat sowie zu den engsten Ratgebern des Ks.s gehörte. Er förderte auch den Bau der neuen Kathedrale. Das P.er Kapitel gewann an Bedeutung, bes. die Bibliothek. Die Zahl der Metropolitankleriker wuchs rasch an (zeitweise mehr als 300). Da auch sonst im P.er Ebm. die Zahl der Geistlichen zunahm, kam es zu ersten Reformversuchen, die später in die Hussitenbewegung mündeten. Unter Johannes v. Jenzenstein fand der ihm nahestehende Generalvikar →Johannes v. Pomuk (Nepomuk) 1393 infolge seines Konfliktes mit Kg. Wenzel den Märtyrertod. Nachdem Jenzenstein den P.er Stuhl 1396 hatte verlassen müssen, führten die Reformbestrebungen (Streit um →Wyclif, Hus u.a.) zur offenen Krise. Konrad v. →Vechta (1413–31), ein Günstling des Kg.s, trat 1421 zu den »Vier →P.er Artikeln« über und übertrug seine Kompetenzen an utraquist. Administratoren. Der wichtigste von ihnen, Johannes→Rokycana, übte schließl. die ebfl. Gewalt als »erwählter Ebf.« aus. Georg v. Podiebrad bemühte sich vergebl. um eine Anerkennung seitens der Kurie. Das Domkapitel sagte schon unter Konrad den Gehorsam auf, blieb kath. und wechselte während der Unruhen nach Görlitz. Nach dem Ende der Hussitenkriege blieb der P.er Ebf.sstuhl bis 1561 unbesetzt, die obersteń kirchl. Behörden bildeten zwei Konsistorien (ein kath. und ein hussit.-utraquist.). Die kath. Administratoren hielten sich bis in die 70er Jahre des 15. Jh. vornehml. in →Pilsen auf.

IV. UNIVERSITÄT: Nach einem gescheiterten Versuch Wenzels II. gründete Karl IV. mit vorläufiger Zustimmung des Papstes vom 26. Jan. 1347 am 7. April 1348 in P. eine Univ. und unterstellte sie der Obhut des P.er Ebf.s als Kanzler. Der eigtl. Lehrbetrieb begann jedoch erst später, so daß man von geregelten Verhältnissen frühestens seit der 2. Hälfte der 50er Jahre des 14. Jh. sprechen darf. Da an der Univ. alle vier →Fakultäten (Theologie, Recht, Medizin, Artes) gegründet wurden, spielten bei ihrer Konstituierung viele Elemente eine Rolle, bes. die Generalstudien einiger P.er Kl. und mehrere auswärtige Berufungen. Die Bedeutung →Erfurts wurde von S. LORENZ überschätzt. Die Univ. war mit finanziellen Mitteln des böhm. Kgr.s gegründet worden, doch sicherte ihr Karl IV. mit dem sog. Eisenacher Diplom (14. Jan. 1349) allg. Anerkennung im Reich zu und schuf am 30. Juli 1366 mit der Gründung des Karls- sowie des Allerheiligenkollegs mit insgesamt 23 Professorenstellen eine entsprechende materielle Grundlage. Weitere Kollegien folgten in der Zeit Wenzels sowie nach der Hussitenbewegung. Sie besaßen ausgedehnte und z. T. bedeutende Bibliotheken, von denen nur wenig erhalten geblieben ist. Das jurist. Studium erhielt nach Streitigkeiten mit den übrigen Fakultäten 1372 die Selbständigkeit, wurde aber kurz vor Beginn der Hussitenbewegung eingestellt. Die Univ. gliederte sich in vier →Nationen (böhm., poln., sächs. und bayer.), wobei bes. in den ersten Jahrzehnten die Auswärtigen (sowohl Studenten als auch Professoren) im Vordergrund standen. Nach außen trat die Univ. P. in Konkurrenz zu weiteren neugegründeten Univ.en im Reich (bes. →Wien und →Heidelberg), und auch nach innen gab es Spannungen, bes. eine Sezession 1384. Bis zum großen Auszug der Dt.en aus der Univ. i. J. 1409 galt P. als »universalster« Studienort Mitteleuropas, der eine hohe Frequenz aufwies (stets mehrere hundert, vorübergehend bis zu tausend Univ. mitglieder); zu den bedeutendsten Professoren gehörten u. a. →Konrad v. Soltau, →Matthäus v. Krakau, →Heinrich Totting v. Oyta, →Heinrich v. Bitterfeld. Als herrschende Lehre galt der →Nominalismus, der später durch den von tschech. Magistern gelehrten Realismus John Wyclifs verdrängt wurde. Nationale Spannungen, schon früh im Zusammenhang mit der Besetzung der Professorenstellen bemerkbar, gipfelten im sog. →Kuttenberger Dekret vom 18. Jan. 1409, durch das nach der Sezession die Univ. zunächst bohemisiert und nachher tschechisiert wurde, um bald eine Stütze der hussit. Reformbewegung zu werden (Hus, →Jakobell v. Mies u. a.). Im 2. Jahrzehnt des 15. Jh. bekannte sich die Univ. nach älteren Ansätzen in der Deklaration über das Abendmahl in beiderlei Gestalt (»communio sub utraque«, 10. März 1417) einhellig zum Reformprogramm und wurde so zur höchsten Instanz in Glaubensfragen, weshalb sie Angriffen der Kirche ausgesetzt war. Doch wurde der Univ.sbetrieb bei den Artisten fortgesetzt, freilich nicht so effektiv wie vorher und durch radikale Strömungen beeinträchtigt. Die Lehrtätigkeit ging zurück, gewisse Erneuerungsansätze zeigten sich seit 1428 im Bereich der artist. Fakultät, die sich 1447–48 kurzfristig nach außen öffnete. Nach den Hussitenkriegen wandelte sich die P.er Univ zur zentralen Bildungsanstalt des utraquist. Böhmen und damit zur übergeordneten Institution für das niedere utraquist. Schulwesen, verlor jedoch – bis auf wenige Ausnahmen – ihren wiss. Rang.

I. Hlaváček

Q.: Reg. dipl. et epist. Boh. et Mor. 1ff., 1855ff. – Cod. dipl. regni Boh. 1ff., 1904ff. – *Lit.*: V. V. TOMEK, Dějepis města Prahy I–VI, 1892²–1906²; VII–IX, 1886–93 [Bd. I auch dt. 1856] – Sborník příspěvků k dějinám hl. města Prahy 1–9, 1907–35 – Pražský sborník historický 1ff., 1964ff. – Dějiny Prahy, hg. J. JANÁČEK, 1964 – Documenta Pragensia 1ff., 1980ff. – F. MACHILEK, Praga caput regni, 1984, 67–125 [Lit.] – *zu [I]*: J. VANČURA, Hradčany-Pražský hrad, 1976 – B. NECHVÁTAL, Vyšehrad, 1976 – Královský Vyšehrad, 1992 – *zu [II]*: Q.: Dt. Rechtsdenkmäler aus Böhmen und Mähren, hg. E. F. RÖSSLER, I: Das Altp.er Stadtrecht, 1845 – V. V. TOMEK, Základy starého místopisu pražského 1–5, 1865–75 – Codex iuris municipalis regni Boh. I, hg. J. ČELAKOVSKÝ, 1886 – *Lit.*: A. ZYCHA, P., 1912 – D. TŘEŠTÍK, Počátky Prahy a českého státu, Folia hist. Boh. 5, 1983, 7–59 – J. MEZNÍK, Praha před husitskou revolucí, 1990 – V. HUML, Z. DRAGOUN, R. NOVÝ, Der archäolog. Beitr. zur Problematik der Entwicklung P.s in der Zeit vom 9. bis zur Mitte des 13. Jh. etc., ZAMA 18/19, 1990/91, 33–69 – *zu [III]*: P. HILSCH, Die Bf. e v. P. in der frühen Stauferzeit, 1969 – Tausend Jahre Bm. P. 973–1973, 1974 – Bohemia sacra 973–1973, hg. F. SEIBT, 1974 – J. KADLEC, Přehled českých církevních dějin, 1987 – Z. HLEDÍKOVÁ, Jan IV. z Dražic, 1991 – *zu [IV]*: Q.: Mon. hist. Univ. Carolo-Ferdinandeae Pragensis 1–3, 1830–48 – Hist. Universitatis Carolinae Pragensis 1ff., 1960ff. – *Lit.*: V. V. TOMEK, Děje university pražské 1 (1348–1436), 1849 – J. TŘÍŠKA, Životopisný slovník předhusitské pražské univerzity 1348–1409, 1981 – V. LORENC, Das P. Karls IV., 1982 – P. MORAW, Die Univ. P. im MA (Die Univ. zu P., 1986), 9–134 – DERS., Die Juristenuniv. in P. (1372–1419) verfassungs- und sozialgeschichtl. betrachtet (Schulen und Studium im sozialen Wandel des hohen und späten MA, hg. J. FRIED, VuF 30, 1986), 439–486 – →Böhmen, →Hussiten.

Prag, Frieden v. (22. Aug. 1463), beendete den sog. Markgrafenkrieg (1459–63) zw. Hzg. →Ludwig IX. v. Bayern-Landshut mit seinen Verbündeten (frk. Bf.e, Kurpfalz, Pfalz-Mosbach) sowie Ks. Friedrich III. und Mgf. →Albrecht Achilles v. Brandenburg (zusammen mit Sachsen, Baden, Württemberg, Kurmainz und Metz). Kriegsziele waren für den Hzg. die Behauptung Donauwörths, für den Mgf.en die Ausweitung der Zuständigkeit seines ksl. Landgerichts Nürnberg. Die Annäherung Hzg. Ludwigs an Kg. →Georg Podiebrad v. Böhmen (1459) ermöglichte die entscheidenden Siege (1462) des Hzg.s bei Giengen und Kfs. →Friedrichs I. v. d. Pfalz bei Seckenheim. Im Frieden v. P. verzichtete der Hzg. auf Donauwörth, der Mgf. auf die Zuständigkeit des ksl. Landgerichts Nürnberg für Bayern.

G. Schwertl

Lit.: S. RIEZLER, Gesch. Baierns III, 1889 [Neudr. 1964], 403–427 – SPINDLER II², 298–305.

Prager Artikel, Vier, gemeinsames Programm, auf das sich am 27. Mai 1420 die Gemeinden der Prager und der ländl. →Hussiten einigten. Von den vier Postulaten waren die ersten drei (Abendmahl in beiderlei Gestalt, Freiheit der Predigt des Gotteswortes, Verzicht der Kirche auf ihre weltl. Macht sowie Säkularisation des Kirchenbesitzes) bereits älteren Datums, das letzte (Bestrafung aller Todsünder, insbes. der öffentl. Sünder) erzwangen die Prediger der →Taboriten. Reihenfolge und Formulierung der »Vier P. A.« änderten sich im Laufe der Zeit. Die »Vier P. A.« sollten die gemeinsamen hussit. Grundsätze für eine Propaganda nach außen zum Ausdruck bringen, reichten aber den radikalen Strömungen nicht aus. Bei den Verhandlungen der hussit. Verbände mit Siegmund v. Luxemburg und den Repräsentanten der röm. Kirche waren die »Vier P. A.« Gegenstand theol. Diskussionen und gingen in reduzierter Form in die sog. →Basler Kompaktaten über. F. Šmahel

Q.: Archiv český, 1844, 211–216, 226, 261, 396–399 – FontrerBohem V, 374, 391–395 – *Lit.:* M. UHLIRZ, Die Genesis der vier P. A., SAW.PH 175-3, 1914 – L. LANCINGER, Čtyři artikuly pražské, Acta Univ. Carolinae, Hist. Univ. Carolinae Pragensis 3/2, 1962, 3–61.

Prager Groschen, eine in Anlehnung an den 1266 in Frankreich geschaffenen →Gros tournois 1300 von Kg. Wenzel II. v. Böhmen eingeführte Groschenmünze (→Groschen) im Wert von 12 kleinen →Denaren. Der P. G., aus dem Silber von →Kuttenberg dort im Welschen Hof geprägt, zeigt im doppelten Schriftkreis mit Angabe des Kg.snamens die böhm. Krone, auf der anderen Seite den böhm. Löwen. Das Gewicht von ursprgl. 3,975 g verminderte sich bereits unter Kg. Johann (1310–46) merkl., fiel unter Kg. Wenzel IV. (1378–1419) und bes. in der Zeit der →Hussiten noch stärker ab. Erst 1547 endete die Prägung des P. G.s. Er fand im 14./15. Jh. eine weite Verbreitung in der Ukraine, in Polen und Dtl. bis zum Rheinland. Seit dem späten 14. Jh., bes. im 15. Jh., wurde er in Iglau und zahlreichen anderen Städten gegengestempelt (→Gegenstempel). P. Berghaus

Lit.: P. BERGHAUS, Die Ausbreitung der Goldmünze und des Groschens in dt. Landen zu Beginn des 14. Jh., Numismatický Sborník 12, 1971/72, 211–237 – K. CASTELIN, Grossus Pragensis, 1972² – J. HÁSKOVÁ, Pražské Groše (1300–1526), 1991.

Prager Kompaktaten → Basler Kompaktaten

Prager Typ (→Keramik), Bezeichnung (in Anlehnung an Funde in Prag) für einen schlanken, hochschultrigen, zum Fuß abschmalenden Topf, der bis auf die jüngsten Vertreter unverziert ist. Die Töpfe benutzte man als Leichenbrandbehälter wie auch in Siedlungen. Neuerdings wird von einer Prager Kultur als der Hinterlassenschaft einer frühslav. Gruppe gesprochen, deren Fundmaterial vom unteren Dnjestr über die Donau und Oder bis zur Saale verbreitet ist und im 6. Jh. beginnt, im frühen 7.–8. Jh. die Ostsee erreicht und die Einwanderung der Slaven in diese Gebiete bekundet. Südl. angrenzend herrscht der ebenfalls slav. Donautyp mit Einflüssen der röm. Kultur vor, während sich noch weiter südl. bis zum Schwarzen Meer byz. Einflüsse bemerkbar machen. Die Keramik ist nicht sehr variantenreich und zieml. eintönig, andererseits relativ einheitl. Der P. T. und enge Verwandte (Penkovka, Korčak und Koločin Typen) sind jüngst von J. HERRMANN, K. W. STRUVE und M. PARCZEWSKI kartiert worden. Da der P. T. sich aus älterer kaiserzeitl. Ware entwickelte – dabei offenbar in engem Kontakt mit Germanen –, ist eine ethn. Zuordnung nicht immer eindeutig. Manche Grabungen, z. B. Březno bei Louny, nw. von Prag, lassen das Nebeneinander von Slaven und Germanen mit P. T. und germ. Keramik noch erkennen. Dies gilt wohl auch für Bosau, Krs. Ostholstein. Rein frühslav. mit P. T. en ist die Siedlung Dessau-Mosigkau. H. Hinz

Lit.: I. BORKOWSKÝ, Staroslovanská keramika ve středni Evrope, 1940 – I. PLEINEROVA, Germ. und slaw. Komponenten in der slaw. Siedlung Březno bei Louny, Germania 43, 1965, 121ff. – B. KRÜGER, Dessau-Mosigkau, 1967 – J. HERRMANN, Siedlung, Wirtschaft und gesellschaftl. Verhältnisse bei den slaw. Stämmen zw. Oder, Neiße und Elbe, 1968 – H. HINZ, Unters. einer Siedlungskammer in Ostholstein unter Leitung von H. HINZ, VI: Die Grabungen auf dem Möhlenkamp, 1983, 13ff. – K. W. STRUVE, Zur Ethnogenese der Slawen (Starigard/Oldenburg, 1991), 9ff. – M. PARCZEWSKI, Die Anfänge der frühslav. Kultur in Polen, 1993.

Pragmatica sanctio, seit der Zeit Konstantins d. Gr. Bezeichnung für eine Kategorie ksl. Gesetze bzw. Erlasse, die einen spezif. begrenzten, aber nicht singulären Fall betrafen. Die P. s. bezog sich nicht auf eine Situation von öffentl. Interesse. In der Regel wurde die Ursache für den Erlaß nicht eigens erwähnt. Der Name des Erlasses selbst gibt einen Hinweis auf das zugrundeliegende Faktum. Die P. s. ist nicht mit einem einfachen Verwaltungsakt gleichzusetzen; oft enthält sie Rechtsvorschriften; sie ist eine Zwischenform zw. »leges generales« und »rescripta«. Die bekannteste P. s. ist der Erlaß, in dem Ks. Justinian auf Betreiben des Papstes Vigilius 554 in Italien, das von der Herrschaft der Ostgoten befreit war, seine Gesetzessammlungen (leges et iura) als gültiges Recht einsetzte. Justinians Programm konnte zwar nicht völlig das theodosian. Vulgarrecht ersetzen, das in Italien während der Gotenherrschaft weiterbestand, bildete jedoch im 11. Jh. das Vehikel der Wiedergeburt des röm. Rechts in Europa. Justinians bedeutende P. s., die Auszüge verschiedener Gesetze »de reformanda Italia« zu einem einzigen Text vereinigt, enthält verschiedene Maßnahmen, die während der Gotenkriege getroffen wurden. Sie erkennt die von →Amalasuntha, →Athalarich und Theodat dem Senat und Volk von Rom gemachten concessiones sowie die Edikte, die →Theoderich 500 in Rom erlassen hatte, an; erklärt die Schenkungen des »Tyrannen Totila« für ungültig und widerruft generell andere Akte →Totilas, die Eigentumsrechte der Römer verletzt hatten.

In der Folge wurden im allg. herrscherl. Erlässe häufig als P. e s. nes bezeichnet (s. a. →Sardinien; →Sizilien). G. Vismara

Lit.: M. CONRAT, Gesch. der Q. und Lit. des röm. Rechts im frühen MA, 1891, 138 [Neudr. 1963] – F. DE MARTINO, Storia della constituzione romana, 5, 1975, 475–477 – G. VISMARA, Il diritto nel regno goto d'Italia, Studia et documenta historiae et iuris 58, 1992.

Pragmatique Sanction (Pragmat. Sanktion v. Bourges), von Kg. →Karl VII. v. Frankreich am 7. Juli 1438 erlassene →Ordonnance, die Beschlüsse einer seit Anfang Juni in →Bourges tagenden frz. Klerusversammlung zusammenfaßt. In einer den Interessen des Kgtm.s angepaßten Weise wurden bis dahin vom Konzil v. →Basel verabschiedete Dekrete übernommen: Während disziplinar. Bestimmungen unverändert blieben (z. B. Maßnahmen gegen →Konkubinat, unberechtigte Appellationen, Mißbräuche bei Verhängung von Kirchenstrafen u. a.), erfuhren Anordnungen mit jurisdiktionellen, administrativen, finanziellen und v. a. personellen Konsequenzen Modifikationen: Das Prinzip kanon. →Wahl wurde durch die Möglichkeit kgl. Einwirkens beschränkt; bei Benefizienkollationen (→Beneficium) sollten qualifizierte Universitätsabsolventen bes. berücksichtigt werden, Exspektanzen ebenso wie die Einrichtung neuer Kanonikate und

Präbenden bei Kapiteln mit begrenzter Mitgliederzahl dem Papst untersagt sein, dessen Funktion als Appellationsinstanz zudem drast. beschnitten wurde. Grundsätzl. Erwägungen wie akute finanzielle Probleme (Hundertjähriger Krieg, Edelmetallknappheit) führten zur Übernahme des Annatenverbots (→Annaten), allerdings waren für Eugen IV. ein Fünftel der früheren Einkünfte sowie Reste von Reservationsrecht und Mitsprache bei Kardinalsernennungen vorgesehen. Im Gegensatz zu den (in Basel bestätigten) Konstanzer Dekreten zur konziliaren Superiorität wurde das Synodendekret nicht rezipiert, wohl um das kgl. Kirchenregiment nicht durch ein eigenständiges Synodalwesen (→Synode) einzuschränken.

Die im Juli 1439 vom Parlament registrierte und im Okt. 1439 vom Basler Konzil zögernd approbierte P. S. steht in der Tradition gallikan. Manifestationen z. Zt. des Großen→Abendländ. Schismas, war aber auch eine aktuelle Reaktion auf die päpstl. Verweigerung des Wunsches nach Feier eines Unionskonzils (→Union) mit den Griechen in Avignon und nach Belehnung der →Anjou mit dem Kgr. Neapel. Dennoch stand bei dieser v. a. von Karls Beichtvater Gérard →Machet konzipierten Politik die grundsätzl. Anerkennung →Eugens IV. nie in Frage, und die konziliare Bewegung (→Konziliarismus) diente ihr letztl. nur als Basis für einen autonomen Rezeptionsakt; das Interesse des Hofs an Basel nahm bald darauf ab. Die P. S. als Magna Carta kgl. Kirchenregiments – Vorbild für die jedoch nie Reichsgesetz gewordene Mainzer Akzeptation von 1439 – markiert den kirchenpolit. Part des Wiederaufstiegs der frz. Monarchie am Ende des Hundertjährigen Krieges und steht mit am Anfang des allgemeinen europ. Phänomens landesherrl. Kirchenherrschaft im 15./16. Jh.

Während der gallikan. Parlamentarismus (→Parlement) auf strikte Applikation der P. S. drängte und die Kurie sie erbittert bekämpfte, verfuhren Karl VII. und Ludwig XI. flexibel: Sie bevorzugten, v. a. bei Bf.serhebungen, fallweise Einigung mit dem Papst, um sich bei Dissens der – aus takt. Erwägungen zw. sogar aufgehobenen – P. S. zu bedienen, die im übrigen in Burgund und der Bretagne keine Rechtskraft besaß und sich auch im papstnahen Midi nur begrenzt durchsetzen ließ. Eine einvernehml. Regelung mit Rom erfolgte erst 1516 mit dem Konkordat v. Bologna, das aber wesentl. in der Tradition der P. S. stand. →Gallikanismus, →Frankreich, B. V.

Heribert Müller

Q.: Ordonnances des rois de France de la troisième race, XIII, ed. DE VILLEVAULT-DE BRÉQUIGNY, 1782 [Neudr. 1967], 267–291 – MIRBT, n. 398 [Ausz.]. – Lit.: DThC XI, 2781–86 – LThK² VIII, 680 – HRG III, 1864ff. – Catholicisme XI, 726f. – N. VALOIS, Hist. de la P. S. de B. sous Charles VII, 1906 [dazu: J. HALLER, HZ 103, 1909, 1–51] – V. MARTIN, Les origines du gallicanisme II, 1939 [Neudr. 1978], 294–324 – HE XIV, 352–368 [P. OURLIAC] – H. MÜLLER, Die Franzosen, Frankreich und das Basler Konzil (1431–49), 1990, 994, s.v.

Praguerie, Aufstand gegen den Kg. v. →Frankreich, →Karl VII. (Febr.–Juli 1440). Die (zeitgenöss.) Bezeichnung geht zurück auf die Königstreuen, die – in Anspielung auf den Kampf der böhm. Ketzer (→Hussiten) gegen Kg. →Siegmund – ihre Gegner als 'Pragois' brandmarkten; in den folgenden Jahren wurden alle bewaffneten Konspirationen gegen den Kg. als 'P.' bezeichnet. Die P. von 1440 zählt zu den für das ausgehende MA charakterist. →Revolten der Fs.en und ihrer Klientel gegen die kgl. Autorität (→Ligue du Bien public, →Guerre folle).

Der Plan einer Reorganisation des Heerwesens trieb Ende 1439 mehrere 'Fs.en v. Geblüt', die fürchteten, ihrer privaten Gefolgschaften beraubt zu werden, zur Konspiration. Karl v. →Bourbon und Johann v. →Alençon gewannen den zur Macht drängenden 16jährigen Dauphin →Ludwig (XI.), der die »ineffektive« Regierungsweise des Vaters und seiner Ratgeber (Gf. Karl v. Maine und Clan der Angevinen) ausschalten wollte. Die Verbündeten brachten eine Reihe von Territorien in ihre Hand (Poitou, Marche, Auvergne, Bourbonnais) und verstanden es, die öffentl. Meinung zu ihren Gunsten aufzustacheln (Abhaltung von →États généraux).

Der sonst zaudernde Karl VII. reagierte diesmal energisch: Er stellte eine Armee auf, deren Banner symbol. mit dem Emblem einer goldenen Krone geschmückt waren, gewann Poitou, dann auch Auvergne und Bourbonnais zurück. Bernard de Rosier, der spätere Ebf. v. Toulouse, klagte diejenigen an, die Vater und Sohn einander entfremdeten und mahnte die guten Franzosen an ihre Treuepflicht (»Liber de attemptato transportu persone Delphini unigeniti et heredis corone«). Der in Ungnade gefallene Dauphin unterwarf sich und schützte nicht einmal seine Parteigänger wie Georges de →La Trémoille. Die völlig gescheiterte Affäre der P., die von Philippe de →Commynes als bloßer »débat de cour« abgetan wurde, stärkte letztendl. die Königsmacht, verhinderte aber ein Jahr lang das militär. Vorgehen gegen England. Ph. Contamine

Lit.: R. FAVREAU, La P. en Poitou, BEC 129, 1970, 277–301 – M. J. A. VALE, Charles VII, 1974, 70–86.

Praktika (Πρακτικά, Sgl. Praktikon/Πρακτικόν), »Protokolle der hohen byz. Schatzungsbeamten (Apographeis)« (DÖLGER). Im Unterschied zu den Katastern (Kodikes, Chartia) bis zum 12. Jh., die das Steueraufkommen ohne detaillierte Aufzeichnung des Besitzes festsetzen und für die Verhältnisse des Klein- und Mittelbesitzers geeignet sind, zählen die P. den vom Beamten vorgefundenen »Bestand der grundherrschaftl. Besitzungen mit genauen Angaben über die Namen, Familien und den Besitzstand der zugehörigen Katner, sowie deren entsprechende Abgaben und Steuern« (DÖLGER 1949, 5) auf. Sie dienen der Steuererhebung von weltl. und geistl. Großgrundbesitz und spiegeln den allg. Wandel der byz. Besitzverhältnisse wider. Das erste bekannte P. on ist für Andronikos Dukas 1073 ausgestellt (ed. MIKLOSICH-MÜLLER 6, 4–15). Bisher sind über 50 P. meist klösterl. Großgrundbesitzer bekannt. Trotz Informationslücken (Rechenfehler der Steuerbeamten, Fehlen von Alters- und Verwandschaftsangaben) sind die P. ab dem 11. Jh. – interpretiert mit dem übrigen Urkk.material und der modernen Topographie (vorbildl.: LEFORT) – eine erstrangige Quelle u. a. für die byz. Dorfstruktur (Handwerkszweige, Produktionsweise), Demographie, Ethnographie (Schlüsse aus nichtgr. Namen), Fluktuation von Besitzstand und Steuerwesen.

G. Weiß

Lit.: DÖLGER, Beiträge, 100f. – F. DÖLGER, Sechs byz. P. des 14. Jh. für das Athoskl. Iberon (AAM phil.-hist. Kl. Nr. 28, 1949) – OSTROGORSKY, Féodalité, 259–368 – O. MAZAL, Die P. des Athoskl. Xeropotamu, JÖB 17, 1968, 85–115 – A. E. LAIOU-THOMADAKIS, Peasant Society in the Late Byz. Empire, 1977 – J. KARAYANNOPULOS-G. WEISS, Q.kunde zur Gesch. v. Byzanz, I, 1982, 105–107 – J. LEFORT, Villages de Macédoine. I: La Chalcidique occidentale, 1982 – L. MAKSIMOVIĆ, The Late Byz. Provincial Administration under the Palaiologoi, 1988².

Pranger (mhd. *phrengen* 'einschließen', 'drücken'), in der Regel Säule mit Eisenspange als Instrument der Strafgerichtsbarkeit, ursprgl. als Marterwerkzeug (→Folter) und als Ort der Prügelstrafe eingesetzt (im südtt. Raum des 11. Jh. als *schreiat* bezeichnet, allg. auch als *staupe*, *stock*), dann seit dem 13. Jh. als Ehrenstrafgerät weit verbreitet. Bei Sittlichkeits-, Fälschungs-, (kleinen) Vermögensdelikten, Fluchen (Gotteslästerung), Ehrverletzungen, Meineid,

Gefährdung der Ordnung wurde der Täter öffentl. ausgestellt (oft zusätzl. durch Schandgeräte wie Halsgeige, Maske, auch Schrifttafeln gekennzeichnet) und dem Spott des dadurch zugleich abgeschreckten Volkes (daher im norddt. Raum als kak, kax nach kaken 'gaffen' bezeichnet) ausgesetzt; deshalb an vielbesuchten Orten und Zeiten nicht nur als Säulenp. (Schandpfahl), sondern auch als Auftrittsp. und Bühnenp. (mit ausgebauter Plattform) gestaltet (Sonderformen: u. a. Käfig, Trülle, Prechel, Narrenhaus, Wippe). Im Gegensatz zur niedergerichtl. Strafe des Halseisens bedeutete die eigtl. P.strafe den Verlust der Ehre und damit der bürgerl. Existenz, war deshalb meist verbunden mit Stadtverweisung. Wegen dieses Zusammenhanges mit der Hochgerichtsbarkeit diente der P. auch als Gerichtszeichen (oft mit angestecktem Schwert oder Fahne) und erhielt dadurch eine dem →Galgen vergleichbare Stellung. Am P. wurden auch zur Strafe abgeschnittene Körperteile angeheftet oder Schandbriefe angebracht. Neben den weltl. Formen ist bes. der Kirchenp. bei Verstößen gegen die Kirchenzucht zu nennen, da vielleicht die P.strafe überhaupt ihren Ursprung in der kirchl. Bußpraxis (→Buße) hatte. W. Schild

Lit.: HRG III, 1877–1884 – R. QUANTER, Die Schand- und Ehrenstrafen in der dt. Rechtspflege, 1901 – G. BADER-WEISS–K. S. BADER, Der P., 1935 – A. PREU, P. und Halseisen [Diss. Erlangen 1949] – R. VAN DÜLMEN, Theater des Schreckens, 1985, 62ff. – W. SCHILD, Alte Gerichtsbarkeit, 1985², 212ff.

Prato, Stadt in Mittelitalien (Toskana) am Fluß Bisenzio. Entstand seit dem 9. Jh. durch Verschmelzung kleinerer Burgussiedlungen und Villae (u. a. Borgo al Cornio, anfangs vom Bf. v. Pistoia kontrolliert) in einem Gebiet unweit von Florenz, wo in der Antike ligur., etrusk. und röm. Siedlungen bestanden hatten. P. war Feudum der →Alberti (Contalberti) und organisierte sich im 12. Jh. als freie Kommune (Konsuln seit 1144 belegt, erster Podestà 1193). Die Stadt vertrat vorwiegend eine guelfische und populare Politik, war jedoch Schauplatz heftiger Konflikte zwischen Guelfen und Ghibellinen sowie zwischen Bianchi und Neri, und bewahrte unter der wachsamen Kontrolle von Florenz lange ihre Selbständigkeit, ausgenommen von Perioden, in denen sie dem Reich (→Friedrich v. Antiochia ließ das Kastell wieder aufbauen) und dem →Anjou v. Neapel unterstand. Obgleich 1350–51 Florenz die Rechte auf P. von Kgn. →Johanna kaufte, blieb die Stadt in gewissem Maße autonom. Verhältnismäßig selbständig war auch die Kirche von P., die zur Diöz. Pistoia gehörte (seit 1460 Propstei nullius). Teile des Territoriums unterstanden der Diöz. Florenz. P., dessen Einw.zahl zw. 5000 und 12000 schwankte, war seit dem 12. Jh. und bis über das MA hinaus eines der Zentren der Wollindustrie in Italien, die v. a. durch die Trennung der verschiedenen Produktionsphasen relativ moderne Organisationsformen aufwies. P. war auch die Heimat zahlreicher Unternehmer, Bankiers und Kaufleute, die in anderen Regionen Italiens und in Europa tätig waren, unter ihnen der berühmte Francesco di Marco →Datini. Die Stadt besitzt reiche Kunstschätze aus roman. (Teile des Doms S. Stefano) und got. Zeit (S. Domenico, S. Francesco) und aus der Renaissance (→Donatello, →Lippi). M. Luzzati

Lit.: E. FIUMI, Demografia, movimento urbanistico e classi sociali a P. dall'età comunale a oggi, 1968 – P. Storia di una città, I, Ascesa e declino del centro medievale (dal Mille al 1494), hg. G. CHERUBINI, 1991.

Pravda ruskaja → Ruskaja Pravda

Praxapostolos, liturg. Buch (→Lektionar) für die Eucharistiefeier der byz. →Liturgie mit den ntl. Büchern Apg (Praxeis), den kath. Briefen sowie den Paulinen (Apostolos), jeweils in der bibl. Reihenfolge. Nicht enthalten sind die Evangelien sowie die in der byz. Liturgie nicht gelesene Offb. Die Perikopen sind im fortlaufenden Text am Anfang (ἀρχή) und Ende (τέλος) am Rand markiert im Unterschied zum Apostolos, der die →Episteln nach der Leseordnung aufführt. Hier wird die Perikopen des bewegl. Osterzyklus (→Synaxarion) denen des unbewegl. Monatszyklus (→Menologion) vorangestellt. Die späteren P.-Hss. enthalten zudem →Responsorien (Hymnen und Psalmverse), Perikopenverzeichnisse sowie gelegentl. Auszüge aus dem →Typikon. Die Mss. sind teilw. neumiert oder illustriert, so der P. Vat. Gr. 1208 (Konstantinopel, Ende 13. Jh.). A. Gerhards

Lit.: The Oxford Dict. of Byzantium 3, 1991, 1712f. – Encyclopedia of the Early Church I, 1992, 134–136, 501f. – CH. HANNICK, Les Lectionnaires Grecs de l'Apostolos avec Notation Ekphonétique (Stud. in Eastern Chant, hg. E. WELLESZ–M. VELIMIROVIĆ, IV, 1979), 76–80 – DERS., Die byz. liturg. Hss. (Ksn. Theophanu, hg. A. v. EUW–P. SCHREINER, II, 1991), 35 – Bibliotheca Apostolica Vaticana. Liturgie und Andacht im MA, hg. Ebfl. Diözesanmus. Köln, 1992, 150–153.

Praxedis → Adelheid (2. A.)

Préaux (Pratellum), Ort in der Haute-Normandie (dép. Eure, Bm. Lisieux), Standort zweier Abteien. P. ist 833 als monasterium erwähnt (Testament des →Ansegis v. Fontenelle). Hunfridus (Onfroy) v. Vieilles, ein großer Adliger von skand. Herkunft, der von den Hzg.en der →Normandie reich belehnt worden war, restaurierte 1034 das von den Wikingern zerstörte Kl. als Männerabtei (St-Pierre), später (um 1040–45/1050) stiftete er auf Bitten seiner Gemahlin eine Frauenabtei (Notre-Dame et St-Léger). Diese beiden Benediktinerabteien waren im 11. und 12. Jh. die Lieblingsklöster der großen Adelsfamilie Beaumont-Meulan (→Beaumont-le-Roger), die auf Hunfridus zurückgeht. St-Pierre war das Sanktuarium der Familie und zw. Sitz der gfl. Curia (1155). Die Abteien empfingen reiche Schenkungen sowohl des kontinentalen als auch des anglonorm. Adels, erreichten dessenungeachtet aber nur mittlere Bedeutung. Als Wohltäter treten die Stiftergruppe, die Hzg.e der Normandie und zahlreiche Mitglieder der Aristokratie hervor. Kg. Philipp II. Augustus bestätigte den Abteien im Besitz ihres Patrimoniums, das Ludwig d. Hl. erweiterte (St-Pierre). Am Ende des MA gerieten die durch Unruhen (um 1358) erschütterten Abteien in Verfall. A. Renoux

Lit.: L. MUSSET, Comment on vivait au MA dans la région de Pont-Audemer d'après les chartes des abbayes de P. (XIᵉ–XIIIᵉ s.), Connaissance de l'Eure 31, 1979, 2–20 – V. GAZEAU, Le temporel de l'abbaye St-Pierre de P. au XIᵉ s. (Fschr. L. MUSSET, Cahier des Annales de Normandie, 1990), 237–253.

Precaria, frühma. Bodenleihe (→Leihe) auf mündl. oder schriftl. Bitte (littera p., epistula p.). Für alle Arten erbetener Landüberlassung zur unterschiedlichsten Nutzung hat sich die P. – offenbar in Anlehnung an das (unentgeltl.) röm. precarium bzw. den →ususfructus bzw. an die locatio conductio – aus dem Vulgarrecht entwickelt. Häufig geschieht die Verleihung auf Lebenszeit, doch gibt es auch die P. auf jederzeitigen Widerruf, auf Zeit (meist fünf Jahre), unbeschränkt oder beschränkt (zwei bis drei Generationen) vererbl. Die Beleihung erfolgte in aller Regel gegen eine Leistung, meist (Geld-)Abgaben, zuweilen auch Dienste, manchmal nur gegen einen Anerkennungszins. Die P. gilt als zentrales Institut des spätröm./frühfrk. Grundstückverkehrs v.a. der Kirche, dann auch weltl. Grundherren, bes. der karol. Herrscher. Gängige Ausprägungen sind: p. data als direkte Verleihung von eigenem Land; verbreitet ist die p. oblata, die v.a. von kirchl. Einrichtungen praktizierte unmittelbare Rückleihe eines (als →Seelgerät) geschenkten Gutes an den Schenker zu dessen (meist lebenslängl.) →Nießbrauch, zuweilen durch weitere Güter, p. remuneratoria, vermehrt; p. verbo regis data bezeichnet die von den Karolingern aus Kirchengut vergebene P., von der ein Zins an die Kirche abzuführen war. Zunächst begründet die P. ein rein dingl. Verhältnis zw. den Vertragspartnern, doch tritt bald ein persönl. hinzu: z. B. erlangen nur Kommendierte (→Kommendation) einer →Grundherrschaft eine P. Die ritterl.-vasallit. P. (→Vasall) entwickelt sich – begriffl. und inhaltl. – zum →Beneficium, während die P. im Laufe der Zeit Terminus technicus für bäuerl. Leihen wird; seit dem hohen MA auch lat. für→Bede. A. Hedwig

Lit.: HRG III, 1855f.

Predella → Retabel

Predigerorden → Dominikaner

Predigt
A. Ursprünge und Recht – B. Volkssprachliche Literaturen des Westens – C. Byzantinische und Slavische Literaturen

A. Ursprünge und Recht
I. Biblische und patristische Ursprünge – II. Normative Quellen – III. Predigtsammlungen und Predigtpraxis.

I. BIBLISCHE UND PATRISTISCHE URSPRÜNGE: Die P. der chr. Kirche steht in der Tradition des Judentums, dessen Gottesdienst am Sabbat in der Synagoge Schriftlesung und -kommentierung umfaßte (Mk 1, 29; Joh 6, 59). Um 165 n. Chr. weist der hl. Justinus auf die Verbindung zw. Homilie und vorausgehender, zumindest im FrühMA streng bibl. →Lesung in der sonntägl. Versammlung der Christen hin.

Da in der patrist. Periode die Begriffe für die P. noch nicht festgelegt sind, läßt sich aus ihnen keine Typologie ableiten. Ὁμιλία bezeichnet bei den griech. Kirchenvätern ein spirituelles Gespräch (lat. 'tractatus'). Die latinisierte Form homilia gewinnt über Hieronymus und Rufinus, die Übersetzer des Origenes, im Westen bald Verbreitung (u. a. Gregor d. Gr., Beda). Der Begriff 'sermo', der zum Synonym von 'homilia' wird, findet seit dem 4. Jh. (Ambrosius, Augustinus) häufige Anwendung. In den P.titeln des Caesarius v. Arles sind 'homilia' und 'sermo' jeweils ca. 30mal verwendet, was auf einen Unterschied nicht des Inhalts, sondern der Q. verweist. Trotz des häufigen synonymen Gebrauchs beider Begriffe sei an ihren grundsätzl. Unterschied erinnert: Die Homilie bezieht sich auf ein bibl. Buch, das fortlaufend gelesen wird (Joh), oder auf einen in sich abgeschlossenen Textabschnitt (Wunderbericht, Gleichnis) als Gegenstand einer liturg. Lesung. Der Sermo ist eher thematisch ausgerichtet (→Katechese oder Ansprache aus gegebenem Anlaß [Synode]); er stützt sich auf ein 'Incipit', in der Regel eine Bibelstelle, wobei im Verlauf des Sermo andere Bibelzitate herangezogen werden können, so daß sich ein vielfältigerer Charakter als bei der strenger angelegten Homilie ausprägt.

II. NORMATIVE QUELLEN: [1] Predigtrecht: Die kirchl. Autoritäten legen fest, wer das Recht zur P. besitzt, an welchem Ort und zu welchem Anlaß sie stattzufinden hat und worin ihre Inhalte bestehen sollen. Die karol. →Kapitularien, die allg. und provinzialen Konzile und die Diözesansynoden (→Synode), dann auch die Statuten der Regularkanoniker ('Liber ordinis' von St. Viktor; →Viktoriner) und der →Bettelorden befassen sich häufig mit der P. Im lat. Westen ist die P. lange Zeit dem →Bischof vorbehalten. Coelestin I. rügte die Bf.e der Provence, da sich hier ein entgegengesetzter Brauch ausgebildet hatte, doch fand die päpstl. Ermahnung offenbar wenig Gehör. Auf Veranlassung des →Caesarius v. Arles erkannte das Konzil v. Vaison (529) in c. 2 das P.recht der Priester in Stadt und Land an. Die karol. Versammlungen forderten von den Bf.en, die Ausbildung der Priester zu überwachen und sie u. a. zum rechten Verständnis der patrist. Homilien zu führen. Der Priester mußte ein Homiliar, das für seine Amtsausübung als unentbehrl. galt, besitzen. Das IV. →Laterankonzil schreibt in c. 10 »De praedicatoribus instituendis« zur Entlastung der Bf.e vor, daß in jeder Diöz. fähige Männer eingesetzt werden sollen, um das Amt der hl. P. auszuüben, und verurteilt zugleich jene, die ohne Erlaubnis predigen (c. 3), da ihre Glaubensaussagen oft von Irrtümern wimmeln (c. 62).

Die P. war eine der Hauptaufgaben der Bettelorden. Die Bulle »Super Cathedram« Bonifatius' VIII. (1300), erneuert durch das Konzil v. →Vienne (1311–12), reglementierte die P. der Bettelorden auf öffentl. Plätzen und in den Pfarrkirchen.

[2] Predigtinhalte: Die karol. Reichssynoden forderten, daß den Gläubigen 'Credo' und 'Paternoster' ausgelegt werden (→Frankfurt, 794; →Mainz, 813; Meaux, 845). Das Konzil v. Tours (813) hob die Verkündigung der Letzten Dinge und die Belohnung bzw. Strafe im Jenseits hervor. Es empfahl bereits die Verwendung der Volkssprache. Die →»Admonitio generalis« (789) zählt die wichtigsten Glaubensinhalte auf, die es zu vermitteln gilt; sie fordert, daß die P. die christl. Reichsuntertanen zu Frieden, Eintracht und Achtung vor den Eltern ermahnen und ihnen die Verwerflichkeit von Verleumdung, Meineid und Zauberei vor Augen führen müsse. Die Synodalstatuten des 13. Jh. (Paris, um 1205; Angers, um 1220) wiesen die Priester an, in der P. eingehend die Sakramente zu behandeln und die Gläubigen durch Auslegung des Glaubensbekenntnisses im Glauben zu stärken.

III. PREDIGTSAMMLUNGEN UND PREDIGTPRAXIS: [1] Frühmittelalter: Von den Homilien der Kirchenväter, deren Benutzung die kirchl. Autoritäten empfahlen, wurden P.sammlungen angelegt: a) Die sog. patrist. Homiliare lieferten ausgewählte Vätertexte für die geistl. Lesungen (→Mönchtum). b) Die sog. karol. Homiliare vermittelten dem Seelenhirten Vorbilder für die P.tätigkeit und sind eher handbuchartige Ratgeber als Slg.en echter Musterp.en; zu nennen sind z. B. die beiden wenig verbreiteten Werke von →Hrabanus Maurus; die frk.-bayer. Slg.en (Würzburg, Mondsee, Ps.-Beda), Zeugnisse intensiver Pastoraltätigkeit in einem Gebiet mit reichen Bibliotheken und dynam. Skriptorien; die Traktate der Schule v. →Auxerre (Abtei St-Germain), wie jene von →Haimo v. Auxerre, der die Väterzitate durch persönl. Kommentare weiterentwickelt.

[2] Hoch- und Spätmittelalter: Im Laufe der Jahrhunderte entstanden neue, mehr oder weniger originelle P.slg.en, so das »Speculum ecclesiae« des →Honorius Augustodunensis, das von Weihnachten bis in den Advent reicht und das Sanctorale einschließt (MPL 172, 815–1108), oder die etwas spätere Slg. von Maurice de →Sully, Bf. v. Paris († 1196), die das Sonntagsevangelium glossiert und den moral. Schriftsinn in den Vordergrund stellt; sie fand rasch Eingang in die roman. Sprachen. Seit dem Ende des 12. Jh. und im 13. Jh. wurden von Magistern der Schulen, bald auch der Univ.en, sowie von Bf.en, zahlreiche Einzelp.en wie P.slg.en bzw. P.summen abgefaßt: →Radulfus Ardens, →Alanus ab Insulis, →Philipp d. Kanzler, →Guiard v. Laon, →Wilhelm v. Auvergne, Odo v. Châteauroux († 1213), Fridericus Visconti († 1277). Oft noch unediert, enthalten diese Slg.en häufig P.en über die Epistel- oder Evangelientexte des Tages. →Jakob v. Vitry fügte zu jedem Sonntag einen 3. Sermo ein, der sich auf den

'Introitus' stützte. Das Interesse der Universitätslehrer für die P. kann wohl als Anwendung der Konzilsbeschlüsse und als Echo der Auffassung des →Petrus Comestor gelten; dieser sah die Dreiheit des Exerzitiums der Hl. Schrift in 'lectio', 'disputatio' und 'predicatio' verwirklicht (MPL 205, 25 A–B). – Die P.tätigkeit der Religiosen richtete sich zunächst an die Mitglieder der eigenen Kommunität. In Cluny konnten zwei P.en pro Tag stattfinden. Im Stift St. Viktor v. Paris hörten die Kanoniker im Rahmen des tägl. Kapitels eine P. des Abtes oder eines Mitbruders. Bes. zahlreich sind die P.slg.en der Zisterzienser: →Bernhard v. Clairvaux, Guerric d'Igny († 1187), →Ælred v. Rievaux, Baudoin de Ford († 1190), Hermann v. Reun († ca. 1189). Die Verbreitung des Ideenguts der rhein. →Mystik hängt eng mit der P.tätigkeit ihrer führenden Repräsentanten, v. a. in Nonnenkl., zusammen: Dies gilt für Meister →Eckhart, Joh. →Tauler, H. →Seuse. Diese P.en, die dem Ablauf des Kirchenjahres folgten, entwickelten eine theol.-myst. Didaxe, deren Beziehung zur Tagesliturgie nur mehr schwach war. Auch die →Brüder vom gemeinsamen Leben machten zur Verbreitung ihrer Botschaft regen Gebrauch von der P.: G. →Groote, desgleichen Heinrich v. Harp († 1427), Rektor v. Delft und Gouda, der sich den Franziskanerobservanten anschloß. – Seit dem 11. Jh. predigten Kleriker von unterschiedl. Status (Eremiten, Mönche) ganz unabhängig von einem Seelsorgeauftrag. Neben Kreuzzugspredigern, z. T. mit starkem Zulauf (z. B. →Peter d. Eremit), sind Predigerpersönlichkeiten zu nennen, die in Nachahmung der 'vita apostolica' religiöse Gemeinschaften begründeten (→Robert v. Arbrissel [→Fontevrault]; →Norbert v. Xanten [→Prämonstratenser]).

Im 12. Jh. predigten Kleriker wie Laien, die oft heterodoxe oder hierarchiefeindl. Anschauungen vertraten, ohne Erlaubnis der geistl. Gewalt: →Petrus de Bruis, Pierre Vaudès († 1218) aus Lyon (→Waldenser), die →Katharer Südfrankreichs u. a.

Die Originalität der Bettelorden im 13. Jh. bestand nicht in der Erfindung einer auf P. beruhenden Seelsorge und der Betonung des Bußsakraments, sondern in der Intensivierung dieser theol.-pastoralen Ansätze und dem Bestreben, sie in universeller Weise auf die Kirche auszudehnen; damit entstand für alle Ordensmitglieder die Verpflichtung, sich in den Dienst dieser Predigtziele zu stellen. Ohne hier auf Einzelheiten eingehen zu können, ist festzustellen, daß die ca. 200 Minoriten, von denen in der Periode 1226–1526 P.en erhalten sind, um die 350 Slg.en abgefaßt haben (zwei Drittel von ihnen sind unediert). Bei anderen religiösen Gemeinschaften dürfte das Verhältnis ähnlich sein.

Erst seit dem 13. Jh. sind verstärkt themat. Serien greifbar. Zu nennen sind v. a. Sermones über die versch. Stände der Gesellschaft (ad status) bei →Jakob v. Vitry, →Guibert v. Tournai und →Humbert v. Romans, deren Umrisse sich bereits im »Sermo generalis« des Honorius Augustodunensis und in der »Ars praedicandi« (cap. 40–47) des →Alanus ab Insulis abzeichnen. Wichtige themat. Zyklen bilden die P.traktate Guiberts v. Tournai über den Tod, die Sieben Letzten Worte Christi, den Heiligsten Namen Jesu, zu nennen sind weiterhin: die P.en des →Johannes v. S. Gimignano über Weltverachtung, den Beistand des Sterbenden, den Trost der Lebenden; die Slg. des hl. →Bernardin v. Siena mit P.en über den Hl. Geist, die Hl. Jungfrau, das chr. Leben, die Seligkeiten. Seit dem 13. Jh. entstand der Brauch der →Fastenpredigt.

Seit dem Ende des 12. Jh. vervielfältigten sich die Arbeitsinstrumente des Predigers: Die Bibeltexte wurden verbessert durch die Korrektorien der Bettelordenstheologen; die Gliederung der Hl. Schrift in hist., didakt. und prophet. Bücher und die Einteilung eines jeden Werkes in Kapitel (St. →Langton) erleichterten dem Prediger die Orientierung. Zu den wichtigen Hilfsmitteln zählten exeget. Kommentare, →Glossa ordinaria, Postillae (Zitate von Vätern und ma. Autoren), Distinctiones (Erklärung schwieriger bibl. Begriffe), Konkordanzen (→Bibel, B. I. e) sowie →Florilegien von Väterstellen.

Zu den →Artes praedicandi traten geistl. und pastorale Unterweisungen (»Processus« des →Johannes de Rupella, »Ars concionandi« des →Ps. Bonaventura, »De eruditione praedicatorum« des Humbert v. Romans, mehrere Traktate des →Raimundus Lullus). – Die P. bietet den Mediävisten verschiedener Fachrichtungen ein weites Forschungsfeld, da zahlreiche P.en noch unediert oder kaum untersucht sind.
J. Longère

Lit.: DSAM VII, 597–606 – J. B. Schneyer, Rep. der lat. Sermones des MA..., 1–9, 1969–79 – Ders., Gesch. der kath. P., 1979 – R. Gregoire, Homéliaires liturg. médiév., 1980 – J. Longère, La prédication médiév., 1983 [Bibliogr. 247–263] – A. Olivar, La predicación crist. antigua, 1991.

B. Volkssprachliche Literaturen des Westens

I. Deutsche Literatur – II. Französische und Provenzalische Literaturen – III. Italienische Literatur – IV. Iberische Halbinsel – V. Englische Literatur – VI. Mittelniederländische Literatur – VII. Skandinavische Literatur.

I. Deutsche Literatur: [1] *Allgemeines:* Eine befriedigende Definition des Texttyps 'P.' fehlt. Als Orientierung kann das bei Morvay–Grube zusammengefaßte Textcorpus gedruckter P.en dienen. Weder die ma. Terminologie noch die Entstehungsgesch. erlauben es, eine präzise Trennung zw. P. und Traktat vorzunehmen, inhaltl. gibt es keine signifikanten Differenzen. P. ist dadurch von anderen Formen geistl. Prosa unterscheidbar, daß bei der meist autorisierten – Niederschrift der Verkündigungscharakter bewußt durch textinterne Mündlichkeitssignale beibehalten oder fingiert wurde. Fingiert heißt, daß die P. ein ausschließl. lit. Phänomen sein kann, bei dem nur der formale Rahmen des Kanzelvortrags zur Vermittlung religiöser Inhalte gewählt wurde. Zu diesen Signalen gehören die Hörerapostrophe, der häufige Einsatz rhetor. Fragen, das Prediger-Ich und die Bezugnahme auf Anlaß, Perikope oder Liturgie. Die Frage des tatsächl. Medienwechsels von der Mündlichkeit des Kanzelvortrags zur Schriftlichkeit und wieder zurück zur mündl. Umsetzung bleibt davon vollkommen unberührt. Abhängig vom sozialen Raum (Kl., Gemeinde etc.) gelten hier andere Voraussetzungen.

Hinweise auf volkssprachige P.tätigkeit gibt erstmals die →»Admonitio generalis« Karls d. Gr., die den Bf.en die Verkündigung zur Pflicht macht. Eine frühe Musterp. dieses Typs könnte in der dt.-lat. »Exhortatio ad plebem christianam« aus dem frühen 9. Jh. vorliegen. Die pastorale Betreuung der ländl. Bevölkerung wurde an →Priester delegiert, die ihrerseits nur liturg. und katechet. Grundkenntnisse in der P. verbreiten durften. Über die P.praxis im HochMA ist wenig bekannt.

[2] *Frühe deutsche Predigten:* Abgesehen von wenigen Ausnahmen im 10. und 11. Jh. (As. Beda-Homilie; Altdt. P.sammlungen A–C), konzentriert sich die frühe P. entstehungs- und überlieferungsgeschichtl. in der 2. Hälfte des 12. Jh. u. dem 13. Jh. Es handelt sich fast ausschließl. um Musterpredigtsammlungen für die Hand des Seelsorgers. Die Mehrzahl der Sammlungen ist miteinander durch partielle Überlieferungs- bzw. Vorlagengemeinschaften verknüpft; die P.en werden in Zyklen überliefert,

die mit wenigen Ausnahmen Temporale und Sanctorale blockweise miteinander verschachteln. Eine summenartige Kompilation der frühen dt. P. bieten die »Leipziger P.en« aus dem frühen 14. Jh. Mit einer Ausnahme, der Sammlung des Priesters →Konrad, wird die frühe dt. P. anonym überliefert. Dies ist gattungstyp. bis zu den P.en, die Berthold v. Regensburg zugeschrieben werden, und bis zur myst. P. dominikan. Provenienz. Die wenigen Hinweise sprechen dafür, daß die P.en im Benediktinerorden und bei den Augustinerchorherren entstanden, also denjenigen Orden, die neben dem Säkularklerus wesentl. Anteil an der Seelsorge im 12. Jh. hatten. Im dt. sprachigen Bereich ändert sich die Situation mit dem Aufkommen der Bettelorden und ihrer Integration in die P.organisation (IV. →Laterankonzil, 1215) nur langsam, da Dominikaner und Franziskaner in ihren P.en von lat. Mustern ausgingen.

Das 13. Jh. ist durch drei große P.sammlungen geprägt, die ihre Entstehung unterschiedl. Rezeptionskreisen verdanken: Die →»St. Georgener P.en«, entstanden seit der Jahrhundertmitte, sind eine uneinheitl. Sammlung von Klosterp.en, deren Gesamtüberlieferung breit, aber im Corpusbestand inkonsistent ist. Die »Schwarzwälder P.en«, entstanden am Ende des 13. Jh., bieten mit Temporale und Sanctorale die wirkungsmächtigste und in ihrer Eigenständigkeit umfangreichste Musterpredigtsammlung des SpätMA. Vermutl. franziskan. Provenienz, wurden sie nicht zum Gebrauch im eigenen Orden, sondern als Handreichung für den (Säkular)klerus geschaffen. Die →Berthold v. Regensburg zugeschriebenen dt. P.en sind ein Sonderfall, da sie den Versuch darstellen, den Rang und die Bedeutung des franziskan. Volkspredigers in lit. anspruchsvoller Weise zu dokumentieren. Daneben entwickelten sich erste Ansätze mendikant. P.en für die Cura der Religiosen und weibl. Angehörigen der Bettelorden (Berthold, Klosterp.en; dominikan. P.en auf Johannes Evangelista und Baptista; »Kölner Kl.p.en«).

[3] *Mystische Predigten:* Verbunden mit der Person Meister →Eckharts (um 1260–1328), aber tatsächl. auf viel breiterer Ebene beginnt um 1300 die (autochthon) dt. sprachige myst. P. Sie wird nicht nur von Eckhart im Rahmen der Cura angewandt, sondern auch zum Forum einer dt. sprachigen theol. Diskussion innerhalb der sog. dt. Dominikanerschule des frühen 14. Jh., die sich, grob gesagt, um Eckhart und →Dietrich v. Freiberg (um 1250–1318/20) konzentriert. Ihren Niederschlag fand diese Debatte in der dominikan. P.sammlung des »Paradisus anime intelligentis«, Spuren reichen bis in gleichzeitige Sammlungen, die mehr oder weniger disparates P.gut kompilieren: Hierher gehören die dominikan. »Kölner Klosterp.en«, die »Postille« des →Hartwig v. Erfurt, die »Schweizer P.en«, die P.sammlung des Nikolaus v. Landau (Mitte 14. Jh.) und die von Hermann v. Fritzlar (Mitte 14. Jh.) veranstaltete Sammlung von Heiligenleben. Die Lebendigkeit und Dynamik der im Medium dt.sprachiger P. geführten Debatte offenbart sich aber erst, wenn die vielen gleichzeitig oder wenig später entstehenden Spruchslg.en, Mosaiktraktate und P.exzerpte mit berücksichtigt werden. Von →Tauler weitergeführt und im Anspruch reduziert, reicht der Einfluß der myst. P. über das 14. Jh. hinaus bis weit in das 15. Jh. Wichtige Vertreter wie →Marquard v. Lindau († 1392) und Konrad →Bömlin (1380–1449) stammen aus dem Franziskanerorden. Für den laikalen Bereich entwickelt sich im 14. Jh. ein neuer und zukunftsweisender Typ der P.überlieferung, die Plenarhss. mit der Glosse (Mainzer P.fragmente, Stadtbibl., Hs. II, 437 Nr. 36, aus der Zeit um 1320/50).

[4] *Im 15. Jahrhundert:* Trotz schlechter Forschungslage und ungesicherter Materialbasis wird deutlich, daß zwei Phänomene entscheidenden Einfluß auf die P. genommen haben: die Observanzbewegung und die Einrichtung städt. Prädikaturen mit hohem Prestigewert. Die Einführung der strengen Observanz in den Bettelordenskonventen und die gleichzeitigen benediktin. Reformbewegungen sowie die →Devotio moderna haben auf die Produktion und Reproduktion geistl. Lit. im monast. Bereich höchst anregend gewirkt. Neben der Abschrift älterer P.sammlungen – bei dominant anonymer Überlieferung ist die Entstehungszeit nicht präzise bestimmbar – tritt die Verschriftlichung der von den Lektoren in den Kl. gehaltenen P.en. Das führt zu einer Art Hausüberlieferung, die bei entsprechender Bestandserhaltung für einzelne Kl. gut nachvollziehbar ist (z. B. Nürnberg, St. Katharina; Straßburg, St. Nikolaus; St. Gallen, St. Katharina). Bedeutsam ist hierbei, daß die Prediger nicht dem eigenen Orden angehören müssen und die Tradierungswege innerhalb der Observanzbewegung ordensübergreifend sind. Im weltl. Bereich wächst die Bedeutung der Plenarhss. mit der Glosse weiter an: Perikopentexte und Glossen bilden zumeist keine entstehungsgeschichtl. Einheit, sondern sind oft unabhängig voneinander entstanden. Die P.en sind häufig aus verschiedenen Sammlungen kompiliert, partielle Verwendung fanden u. a. die »Postille« Hartwigs v. Erfurt und die »Schwarzwälder P.en«. Die herausragende Persönlichkeit unter den Inhabern von Prädikaturen war Johann →Geiler v. Kaisersberg in Straßburg. Seine P.en, häufig zusammengefaßt in themat. P.reihen, fanden schnell den Weg in den Druck. Dieser Medienwechsel gelang vor allem den glossierten Evangelien bzw. Plenarien (erstmals 1473 bei Günther →Zainer in Augsburg) und den P.en Taulers. In der hsl. Tradierung dominiert die Bettelordens-Predigt. H.-J. Schiewer

Bibliogr.: Medieval Sermon Stud. Newsletter, hg. Dep. of Hist., Univ. of Leeds UK [ab 1977] – *Lit.:* Verf.-Lex.² – J. Alzog, Die dt. Plenarien (Handpostillen) im 15. und zu Anfang des 16. Jh., Freiburger Diözesan-Archiv 8, 1874, 255–330 – R. Cruel, Gesch. der dt. P. im MA, 1879 [Neudr. 1966] – A. Linsenmeyer, Gesch. der P. in Dtl. von Karl d. Gr. bis zum Ausgange des 14. Jh., 1886 [Neudr. 1969] – A. E. Schönbach, Stud. zur Gesch. der altdt. P., 1896f. [Neudr. 1968] – F. Landmann, Das P. wesen in Westfalen, 1900 – P. Pietsch, Ewangely und Epistel Teutsch, 1927 – A. Zarwat, The Hist. of Franciscan Preaching and of Franciscan Preachers, FSt 7, 1928 – R. Zerfass, Der Streit um die Laienp., 1974 – K. Ruh, Dt. P.bücher des MA, Vestigia Bibliae 3, 1981, 11–30 – D. D'Avray, The Preaching of the Friars. Sermons diffused from Paris before 1300, 1985 – W. Williams-Krapp, Die dt. und ndl. Legendare des MA, 1986 – G. Vollmann-Profe, Gesch. der dt. Lit. von den Anfängen bis zum Beginn der NZ, Bd. 1/2, 1986 – A. Haas, Dt. Mystik (Die dt. Lit. im spätem MA, Teil II, hg. I. Glier, 1987), 234–305 – G. Steer, Geistl. Prosa (ebd.), 306–370 – N. F. Palmer, Dt. Perikopenhss. mit der Glosse, Vestigia Bibliae 9/10, 1987/88, 273–296 – N. F. Palmer, Die Klosterburger Bußp.en (Überlieferungsgesch. Editionen, hg. K. Kunze u. a., 1989), 210–244 – M. Menzel, P. und P.-organisation im MA, HJb, 1991, 337–384 – V. Mertens, Texte unterwegs. Zu Funktions- und Textdynamik ma. P.en und den Konsequenzen für ihre Ed. (Mittelalterforsch. und Ed., 1991), 75–85 – Ders.-H.-J. Schiewer, Die dt. P. im MA. Internat. Symposium am FB Germanistik der FU Berlin (1989), 1992 – V. Mertens, H.-J. Schiewer, U. Störmer, Fragen einer Literaturtypologie, Internat. Jb. für Germ. 24, 1992, H.2, 41–52 – H.-J. Schiewer, Spuren von Mündlichkeit in der ma. P.überl., Editio 6, 1992, 64–79 – Ders., Die beiden Johannes, ein dominikan. Johannes-Libellus und das lit. Leben im Bodenseeraum um 1300, Oxford German Stud. 23/24, 1993–94.

II. Französische und Provenzalische Literaturen: Wenn auch schon das Konzil zu Tours (813) den Gebrauch der Volkssprache für das Predigen vorschrieb, so sind kaum frühe Beispiele dieser Gattung erhalten. Aus der ersten Hälfte des 10. Jh. ist als frz.-lat. Mixtum der »Sermon de Valenciennes« überliefert. 1168/75 schreibt Maurice de →Sully seine 64 Predigten zu den Sonntagsevangelien auf. Aus dem Ende 12./Anfang 13. Jh. datieren die »Sermoni Subalpini«, eine aus Piemont stammende, mit vielen frz., prov. und it. Formen durchsetzte Slg. Umstritten ist die Funktion der metrischen P.en, die in großer Zahl im 13. Jh. entstehen und nicht nur religiöse, sondern auch allgemein-moral. Belehrungen vermitteln und Ansätze zur Ständekritik enthalten. Die älteste Reimpredigt aus der ersten Hälfte des 12. Jh. »Grant mal fist Adam« wendet sich eigens an ein einfaches, ungebildetes Publikum; in Metrum und Stil wird sie nachgeahmt vom Autor des »Deu le omnipotent«. Guichard de Beaulieu und Thibaud de Marly dagegen adressieren ihre in den letzten Dezennien des 12. Jh. verfaßten Predigten vornehmlich an eine adlige Zuhörerschaft. Einer der bedeutendsten Prediger an der Wende zum 15. Jh. war der Theologe →Johannes Carlerius de Gerson, der sich in den P.en für seine Pfarrgemeinde in Saint-Jean-en-Grève eines volkstüml., durch Exempel und Sprichwörter aufgelockerten Frz. bedient. Themen der P.literatur greift im 15. Jh. der Dichter Pierre de Nesson in den »Vigiles des Morts« auf. In prov. Sprache sind aus dem späten 12. Jh. zwei P.sammlungen erhalten; ein Beispiel für die P. im späteren MA ist eine Homilie über die Passion Christi. U. Ebel

Lit.: s. die gen. Einzelartikel – GRLMA 1, 585ff. – M. ZINK, La prédication en langue romane avant 1300, 1976.

III. ITALIENISCHE LITERATUR. Die ältesten Belege für P. in it. Volkssprache gehen auf Ende 12./Anfang 13. Jh. zurück. Das erste umfassende Corpus von it. P.en (Nachschriften der P.en des Jordanus v. Pisa) stammt erst aus dem frühen 14.Jh. Der Aufstieg des it. Volgare zur P. sprache ist das Ergebnis eines langen Prozesses. Man predigte in Latein, in der Volkssprache und auch in einer Mischsprache aus Latein und Volgare; die aus dem 13. Jh. überlieferten P.texte sind jedoch alle lateinisch. Nicht von ungefähr entsteht das Corpus der P.en des Jordanus v. Pisa OP († 1331) als Ergebnis der Begegnung des Predigers mit einem städt. Publikum, in diesem Falle in Florenz, das begierig und imstande ist, den bei der P. mitgeschriebenen Text zu bewahren und zu überliefern. Ebenso wie Jordanus v. Pisa ist der Predigerorden (→Dominikaner) während des ganzen 14. Jh. eifrig danach bestrebt, die chr. Kultur dem Volk zu vermitteln. Einen neuen Impuls erfährt die P. durch den Einfluß →Katharinas v. Siena und im Wirken des G. →Dominici zu Beginn des 15. Jh. Seine – noch uned. – it. P.en sind im Cod. Riccardiano 1301 gesammelt. Dominicis Reformtätigkeit wird gegen Ende des 15. Jh. von G. →Savonarola aufgenommen und intensiviert. Der Franziskanerorden bringt im 15. Jh. eine außergewöhnl. Blüte der P. hervor, was v. a. den enormen rhetor. und mim. Fähigkeiten →Bernardins v. Siena zu verdanken ist. Unter seinen Schülern und Nachahmern (→Jacobus de Marchia, →Johannes v. Capestrano, Michele Carcano usw.) ist →Roberto Caracciolo (v. Lecce) für die Gesch. der P.lit. am bedeutendsten; er bearbeitete seine 1474 gehaltenen →Fastenpredigten, die in seinem Auftrag mitgeschrieben wurden, selbst und ließ sie drucken. Bereits im »Quaresimale padovano« des Jahres 1455 fügte R. Caracciolo in den lat. Grundtext it. Wendungen ein. Die P. in Mischsprache, die sich im späten 15. Jh. durchsetzt, ist in lit. Hinsicht sehr wichtig, auf ihren Wortschatz und Stil greifen die Dichter vor Teofilo Folengo und dieser selbst zurück. Die maccheron. Sprache von Gabriele da Barletta, →Bernardinus v. Feltre und Valeriano da Soncino wird so zum Bindeglied zw. P. und Literatur. O. Visani

Lit.: G. DE LUCA, Prosatori minori del Trecento, I: Scrittori di religione, 1954 – C. DELCORNO, Giordano da Pisa e l'antica predicazione volgare, 1975 [Lit.] – s. Lit. zu Einzelartikeln.

IV. IBERISCHE HALBINSEL: Auf der Iber. Halbinsel ist die Gesch. der P. im MA eng verbunden mit der kirchl. Neuorganisation im Zuge der →Reconquista, mit der religiösen Laienbildung und mit den Bewegungen spiritueller, pastoraler Erneuerung vom 12.–15. Jh. sowie mit der missionar.-apologet. Auseinandersetzung mit Islam und Judentum. Die Entwicklung der lat. und volkssprachl. P. ist noch wenig erforscht. Die Gründung des ersten Predigerordens ist das Werk eines span. Hl. (→Dominicus). In der *kast. Lit.* weisen nicht wenige Werke enge Verbindung mit der P. auf, etwa →exempla, →Petrus Alfonsi, Libro de los gatos, Espéculo de los legos, →Sánchez de Vercial. Juan →Ruiz hält die Einleitung seines Libro de Buen Amor nach Art eines sermo. Diego de San Pedro parodiert die P. im Sermón de Amor. Im 15. Jh. entstehen zahlreiche kast. Übers.en patrist. Homiletik. Eigenständige Traktate über die Ars praedicandi sind selten. Der bedeutendste Vertreter der Ars hochma. Kanzelredsamkeit ist der hl. Martin († 1203), Kanonikus v. S. Isidoro in León (Liber sermonum, MPL 208, 27–1350). Im frühen 14. Jh. ragt Juan de Aragón, Ebf. v. Toledo (1319–28), hervor. Für die volkssprachl. Predigt liefern die Pedro Marín zugeschriebenen Texte ein wichtiges Beispiel. Der konvertierte Rabbiner Alfonso de Valladolid († 1346), Prediger in Burgos, verwandte erstmals die kast. Sprache bei der Glaubensdisputation mit den Juden.

Zu den ältesten *katal.* Sprachzeugnissen gehören die Homilies d'Organya, sechs unvollständige P.entwürfe (Ende 12., Anf. 13. Jh.) nach prov. Vorlagen. →Raimundus Lullus setzte im Tractatus de modo convertendi infideles (1292) mehr auf die P. (in arab. Sprache) als auf Gewalt und schrieb zwei Artes praedicationis, aufbauend auf der Überzeugungskraft log. Argumentation. Zu den einflußreichsten Volkspredigern des SpätMA gehört der hl. Vinzenz→Ferrer. Francesc→Eiximenis faßt in der Ars praedicandi populo die gängige P.lehre zusammen. – Zu den bedeutendsten Vertretern lat. und katal. Kanzelrede zählen im 15.Jh. neben Felip de Malla († 1431) und Kard. Joan →Margarit Jerònim Fuster (Homilia sobre lo psalm De profundis, Valencia 1490, mit gereimten Einschüben, die den Einfluß von Dantes Divina Commedia zeigen) sowie Narciso Vinyoles (Omilia sobre Lo psalm del Miserere mei Deus, Valencia 1499, vielleicht unter dem Einfluß von Savonarolas P.).

Unter den spärlich erhaltenen Textzeugnissen für die P. in *Portugal* ist die Slg. des Paio de Coimbra OP zu nennen, eines Zeitgenossen des aus Lissabon stammenden hl. →Antonius v. Padua. Bei den Übers.en patrist. Homiletik sind Auszüge aus Augustinusp.en bemerkenswert. Um die Wende zum 16. Jh. finden sich in volkstüml. Bühnenstücken des Gil Vicente lit. Spiegelungen der P.praxis.
D. Briesemeister

Lit.: J. DE CARVALHO, Os sermões de Gil Vicente e a arte de pregar, Occidente 124/127, 1948 – J. FUSTER, Notes per a un estudi de l'oratòria vicentina, Rev. Valenc. de Filol. 4, 1954, 87–185 – J. A. CHAPMAN (Libro de Buen Amor Studies, hg. G. B. GYBBON-MONYPENNY, 1970), 29–51 – G. M. VERD, La predicación patrística españ., Estud. Ecles. 47, 1972, 227–251 – M. MARTINS, O sermonário de Frei Paio de Coimbra..., Didaskalia 3, 1973, 337–361 – F. RICO, Predicación y lit. en la España mediev., 1977 – A. D. DEYERMOND, The Sermons and Its Uses in Mediev. Castil. Lit., La Coronica 8, 1979/80, 127–145 – M. D. JOHNSTON (De ore domini, 1989), 119–145 – Los sermones atrib. a Pedro Marín, hg. P. M. CÁTEDRA, 1990 – P. A. ODBER DE BAUBETA, Towards a Hist. of Preaching in Mediev. Portugal, Ptg. Stud. 7, 1991, 1–18.

V. Englische Literatur: [1] *Altenglisch:* Bei der P.lit. wird gemeinhin zw. der →Homilie (Auslegung eines Bibeltextes) und der eigtl. P., dem sermo (generelle Ermahnung), unterschieden. Die ae. Autoren hielten sich jedoch in der Praxis nicht immer an diese strenge Unterscheidung. Die Homilien →Ælfrics entsprechen teilweise diesen idealen Formen. Man geht heute davon aus, daß die volkssprachigen Autoren vielfach auf lat. Slg.en zurückgriffen, so auf die Homilienslg. von →Paulus Diaconus, die insbes. Homilien→Bedas, Maximus' v. Turin, →Leos d. Gr. und→Gregors d. Gr. enthält, oder auf andere karol. P.slg.en, wie sie z.B. im MS 25 des Pembroke Coll., Cambridge, vorliegen. Die Abhängigkeit von lat. Q. schließt eine eigenständige volkssprachige Arbeit nicht aus, aber nur wenige P.en, wie →Wulfstans »Sermo Lupi«, beziehen sich auf zeitgenöss. Verhältnisse. Neben den P.en Ælfrics und Wulfstans sind zahlreiche anonyme ae. P.en überliefert; bekannt sind u. a. die Slg.en der →Blickling- und der →Vercelli-Homilien. Umstände oder Anlaß der ae. P.lit. sind oft unbekannt, mögl. Anlässe könnten die hl. Messe, die Abendandacht oder andere liturg. Feiern gewesen sein. Ebenso ungeklärt ist die Frage, wie weit die Zuhörerschaft aus Mönchen und wie weit sie aus Laien bestand. Auch in der Form unterscheidet sich die ae. P.lit. von spätma. volkssprachigen Homilien und P.en. Ebenso wie die vierfache Methode der Bibelexegese in den meisten ae. Homilien zu fehlen scheint, so fehlt auch die eng umrissene, relativ strenge Gliederung einer religiösen Ansprache, die von spätma. Rhetorikern wie →Robert v. Basevorn in seiner »Forma Praedicandi« gefordert wurde. Die fortlaufende Auslegung ist dagegen ein eindeutiges Charakteristikum. Vielleicht werden Verständnis dieser Form und Klärung der Charakteristika des sermo dazu führen, daß neben Ælfric und Wulfstan auch andere ae. Predigtautoren identifiziert werden können.

P. E. Szarmach

Bibliogr.: NCBEL I, 324–326 – Cameron, OE Texts, 44–114 – S. B. Greenfield–F. C. Robinson, A Bibliogr. of Publ. on OE Lit., 1980, 356–361 – *Ed.:* J. C. Pope, Homilies of Ælfric: A Suppl. Coll., EETS OS 259–260, 1967–68 – M. R. Godden, Ælfric's Catholic Homilies: the Second Ser., EETS SS 5, 1979 – J. E. Cross, Cambridge Pembroke Coll. MS 25: A Carolingian Sermonary Used by Anglo-Saxon Preachers (King's Coll. London Medieval Stud. 1, 1987) – D. G. Scragg, The Vercelli Homilies, EETS OS 300, 1992 – *Lit.:* C. L. Smetana, Ælfric and the Early Medieval Homiliary, Traditio 15, 1959, 163–204 – Ders., Ælfric and the Homiliary of Haymo of Halberstadt, Traditio 17, 1961, 457–469 – The OE Homily and its Background, hg. P. E. Szarmach–B. F. Huppé, 1978 – D. G. Scragg, The Corpus of Vernacular Homilies and Prose Saints' Lives before Ælfric, ASE 8, 1979, 223–277 – J. M. Hill, Ælfric and Smaragdus, ASE 21, 1992, 203–237.

[2] *Mittelenglisch:* Die Form der ae. Homilie setzt sich in der me. P.lit. z. T. fort, z. B. in den »Wycliffite Sermons«, um 1401; sie wird aber nach dem 13. Jh. durch die sog. scholast. P.lit. ergänzt. Me. P.en haben nicht nur Bettelmönche, Priester etc., sondern auch Ebf.e oder bei den →Lollarden Frauen und Laienprediger gehalten. Bis um 1450 wurden von me. P.en regelmäßig lat. Niederschriften angefertigt. Die P. beherbergte auch literar. Formen wie →Exempel (→»Northern Homily Cycle«, um 1300; John→Mirks »Festial«, vor 1415), →Lyrik mit religiösem, zeit- und kirchenkrit. Inhalt sowie Liebeslyrik (Ms. Harley 7322, nach 1350); auch P.hilfsmittel wie →Tugend- und Lasterlehrtraktate (»The Book of Vices and Virtues«, nach 1325), Exempelslg.en (Robert →Mannyngs »Handlyng Synne«, begonnen 1303) u. ä. sind reich an diesen Formen (→»Fasciculus Morum«). Deren Verwendung wurde von den Lollarden mißbilligt, dagegen nehmen in ihrer P.lit. Bibelinterpretation und -übersetzung einen breiten Raum ein. Zeit- und Kirchenkritik sowie Satire erscheinen nicht nur in der P.lit. der Lollarden, sondern waren weit verbreitet (»Jacobs Well«, vor 1450). Deshalb wurde der P.lit. Pierce the Plowman's Crede«) zugeschrieben.

R. Newhauser

Bibliogr.: NCBEL I, 481–490 – *Ed.:* D. M. Grisdale, Three ME Sermons from the Worcester Chapter Ms. F. 10, 1939 – W. O. Ross, ME Sermons, EETS 209, 1940 – A. Hudson–P. Gradon, English Wycliffite Sermons, I–III, 1983–90 – *Lit.:* G. R. Owst, Preaching in Medieval England, 1926 – Ders., Lit. and Pulpit in Medieval England, 1933, 1961² – H. G. Pfander, The Popular Sermon of the Medieval Friar in England, 1937 – Medieval Sermon Stud. Newsletter, 1ff., 1977ff. – S. Wenzel, Preachers, Poets, and the Early English Lyric, 1986.

VI. Mittelniederländische Literatur: Der mndl. P.lit. gehören kopierte Autorentexte, nach P.vorträgen rekomponierte P.en samt Übers. meist lat. und mhd. P.en an, wie u. a. P.en eines Gregor d. G. oder Tauler. Autochthone P.en sind der Form nach entweder Perikopen- oder Themap.en, manchmal eine Kombination beider Typen. Die Blütezeit der mndl. P.lit. ist das 15. Jh., fortdauernd bis in das 16. Jh. P.en sind zerstreut in Erbauungsbüchern (z. B. P.en eines Jan Brugman) oder in Slg.en überliefert. Manche P.slg.en waren zunächst Privatslg.en originaler bzw. kopierter Autorentexte oder rekomponierter P.en, meist von Nonnen hergestellt. Nach deren Tod wurden sie der Gemeinschaft vererbt, oft kopiert und gebunden, z. B. die P.en von Beernt Arborstier, Jan Storm, Paul v. Someren. Diese Slg.en, auch solche mehrerer Prediger, sind meist nicht über ihren engsten Umkreis hinausgelangt. Größere Verbreitung fanden anonyme geschlossene Reihen, v. a. Evangelienp.en, für die Sonn- und Festtage. Beispiele: »Zwoller Predigten« (Verfasser wahrscheinl. Gerhard Grote, in Überarbeitung meist verbreitet), »Pariser Predigten«, »Nuttelyc boec«, »Goudapredigten«. Der Form nach sind sie oft als sog. Evangelien mit Glosse überliefert. Die »Limburgse sermoenen« in der Haager Hs., von Gumbert neu datiert um 1300 (versus um 1400), stellen eine Slg. mndl. Texte und Übers. dar.

G. C. Zieleman

Lit.: G. C. Zieleman, Middelnederlandse evangelie- en epistelpreken, 1978 [Lit.] – Ders. (Die dt. P. des MA, 1992), 223–255 – J. P. Gumbert (Misc. Neerlandica, I, 1987), 183–195.

VII. Skandinavische Literatur: Nach Abschluß der Christianisierung (11. Jh.) entwickelte sich eine reiche P.tätigkeit, die der Tradition der Missionsp. die bibl. Unterweisung in Form der exeget. →Homilie hinzufügte. Diese Seelsorge, von der für den Westen Skandinaviens die →Biskupasögur Zeugnis ablegen, greift auf die Schriften von Gregor v. Nazianz, Augustinus, Beda Venerabilis, Alkuin u. a. zurück, mehrere isländ. und norw. Mss. homilet. Inhalts sind aus dem 13. und 14. Jh. erhalten und von Wisén, Unger, Indrebø ediert.

Nach etwa 1200 entwickelte sich um die neugegründeten Domkirchen und Kl. eine eigenständige P.kultur, deren hervorragenden schwed. Vertreter →Matthias v. Linköping, der Lehrer der hl. →Birgitta, und die Mönche des Kl. →Vadstena waren. Die landessprachl. P.tradition wurde unter deutl. dt. Einfluß von den Reformatoren →Olaus und Laurentius Petri umgestaltet und weitergeführt.

R. Volz

Ed.: Th. Wisén, Homiliu-Bók, 1872 – F. Paasche, Homiliu-Bók [Faks., Corp. Cod. Isl. med. aevi 8, 1935] – C. R. Unger, Gammel norsk homiliebog, 1864 – G. T. Flom, Cod. AM 619 Quarto, 1929 – G. Indrebø, Gamal norsk homiliebok, 1931, 1966 – A. Salvesen, Gammelnorsk homiliebok [norw. Übers.], 1971 – G. Klemming, Svenska middeltidspostillor, 1–5, 1879–1910 – *Lit.:* KL VI, 657–666; XIII, 420–430, 546–549.

C. Byzantinische und Slavische Literaturen

Nach dem Aufblühen der Homiletik in der patrist. Zeit setzte in der byz. Epoche eine Phase der Aufarbeitung des gewaltigen Materials in hs. Slg.en ein, die für die Verlesung im Offizium entsprechend dem liturg. Jahr oder nach themat. Kriterien angeordnet wurden. Vor dem Bilderstreit sind nur wenige Namen von Predigern bekannt, die, wie z. B. Leontios v. Jerusalem, oft kaum datierbar sind. Aus der Wende von 7. zum 8. Jh. stammt das große Oeuvre (ca. 50 Homilien und Panegyriken) des →Andreas v. Kreta, Metropolit v. Gortyns, das mit der Reform des liturg. Jahres in Verbindung steht. Sein Zeitgenosse →Johannes v. Damaskos genoß als Kirchenredner einen großen Ruhm, der ihm den Beinamen Χρυσορρύας bzw. -ρόας brachte. Neben der katechet. Tätigkeit des Abtes des Studion-Kl., →Theodoros (759–826), steht seine homilet. und panegyr., wobei die Reden stärker stilisiert sind als die Katechesen. Sie wurden schon sehr früh in einer Πανηγυρικὴ βίβλος zusammengefaßt, die jedoch nur fragmentar. erhalten ist. Auch Ks. Leon VI. gehörte zu den großen Homiletikern der gr. Kirche; seine Predigten (37) auf Herren- und Hl.nfeste wurden in einem prunkvoll ausgestatteten Spezialpanegyrikon zusammengefaßt (Vatop. 360, 10. Jh.).

Aus der Komnenenzeit stammen die zwei Redaktionen des sog. Patriarchalhomiliars, dessen 1. Typus aus der Mitte des 11. Jh. stammen soll und von Johannes Xiphilinos d. J., einem Neffen des Patriarchen Johannes VIII. Xiphilinos, angefertigt wurde. Die zweite Redaktion (Typ. II) geht auf Patriarch Johannes IX. Agapetos (1111–34) zurück und wurde unter Patriarch Kallistos I. (Mitte des 14. Jh.) umgearbeitet und ergänzt. Diese Homiliarien enthalten P.en für alle Sonntage des Kirchenjahres und schöpfen selbstverständl. aus den Komm. des →Johannes Chrysostomos zu den betreffenden Evangelienperikopen. Noch im letzten Viertel des 14. Jh. verfaßte Patriarch Neilos, ein Anhänger des Gregorios Palamas, ein Homiliar, das jedoch nicht nach dem Kirchenjahr angeordnet ist.

Homilet. Sammelhss. sind in der Regel nach dem liturg. Jahr angeordnet, wobei zu beachten ist, daß neben P.en zu den Festtagen nach dem Kalender auch Homilien zu der entsprechenden bibl. Bahnlesung vorkommen können, wie z. B. im Cod. Vind. theol. gr. 5 aus d. J. 948, einem mutilierten Homiliar für die Karwoche, die Osterzeit und den Monat März (mut.) mit am Beginn Homilien des Johannes Chrysostomos zur Genesis (CPG 4409). Für die Klassifikation der Homiliarien erweist sich neben der eventuellen Teilung in mehrere Bände das Zusammenflechten der 2 Hauptteile, des unbewegl. und des bewegl. Kirchenjahres, als maßgeblich. Häufig werden die Homilien für die Fasten- und Osterzeit zusammen zw. den Monaten Februar und März angebracht. Nicht selten sind für einen Tag mehrere Homilien vorgesehen, wie z. B. in Cod. Vind. theol. gr. 12 aus dem ausgehenden 11. Jh., einem Homiliar für die Karwoche mit 25 Texten. Durch die Verbindung der zwei Zyklen erklärt sich auch, daß die meisten Homiliarien auch hagiograph. Texte, Hl.nviten, Martyrien, enthalten.

Die gr. Tradition kennt wenige feste termini technici für den Bereich der Homiletik, ganz anders als im slav. Bereich. Allerdings steht noch eine umfassende Untersuchung der Typika und derjenigen liturg.-hymnograph. Hss., die ausführl. Angaben zum patrist. Lesezyklus bieten, aus, so daß der Befund in den Homiliarien selbst, deren älteste auf das 9. Jh. zurückgehen, aus indirekten Q.

so gut wie keine Ergänzung erfahren kann. Asket.-moral. P.slg.en haben im Gr. keine spezielle Bezeichnung, während im Slav. die Slg. Izmaragd, die spätestens im 14. Jh. entstand, in 2 Redaktionen bekannt ist, mit 88 bzw. 165 Kapiteln. Das Festhomiliar heißt πανηγυρικόν oder πανηγυρικὴ βίβλος, südslav. panegirik, altruss. toržestvennik. Als solches gilt z. B. das berühmte altserb. Mihanović-Homiliar aus dem Ende des 13. Jh. (Zagreb JAZU, III c 19), eine Homilienslg. für die Sommermonate mit Einschub des bewegl. Jahres nach dem 25. März. Als spätester byz. Autor begegnet in diesem Codex Georgios Metropolit v. Nikomedeia, ein Zeitgenosse des Patriarchen Photios.

Κυριακοδρόμιον heißt die Homilienslg. für alle Sonntage des Kirchenjahres. Dem entspricht im Slav. das evangelie učitel'noe, dessen erste Redaktion auf den Priester →Konstantin v. Preslav und späterer Bf. im Bulgarien des 10. Jh. zurückgeht. Die Slg. des Konstantin, die aus 51 Homilien besteht, stellt kaum Originales dar; es sind vorwiegend Auszüge aus chrysostom. Homilien in der Form von ἐκλογαί; P.slg.en für die Fasten- und Osterzeit, ohne bes. Bezeichnung im Gr., gelten im Slav. als Zlatoust, meist in 2 Bde eingeteilt.

Aus dem gewaltigen Material der Chrysostomos-P.en, wobei spuria und pseudepigrapha sich kaum aussondern lassen, schufen slav. Übersetzer verschiedene Slg.en, die gesonderte Bezeichnungen erhielten. Dabei darf nicht übersehen werden, daß Umfang und Anordnung der Texte in der gr. Überlieferung durchaus bekannt sind, jedoch nicht gesondert benannt werden. Mit dem Namen Zlatostruj (Χρυσορρόας) bezeichnet man eine asket. Slg. von 137 Texten, die auf die Chrysostom.-Eklogen des →Theodoros Daphnopates aus dem 10. Jh. zurückgeht. Freilich begegnen hier auch Texte von anderen Autoren wie z. B. Basileios v. Kaisareia, Anastasios Sinaites, Ephraem Syrus. Andriantis nennt man eine Slg. von 21 Homilien des Chrysostomos für das Volk von Antiochien gegen die Standbilder (CPG 4330). Margarit bezeichnet einen festen Bestandteil aus Homilien des Chrysostomos, nämlich De incomprehensibili hom. 1–5 (CPG 4318) Contra Anomaeos hom. 11 (CPG 4324), Adversus Judaeos hom. 1 und 4–8 (CPG 4327), In illud: Vidi Dominum (Is. 6,1) hom. 1–6 (CPG 4417), De Lazaro conciones hom. 1–4 und 7 (CPG 4329), De Davide et Saule hom. 1–3 (CPG 4412), In Job sermones 1–4 (CPG 4564). Als Bindeglied zw. Margarit und dem evangelie učitel'noe gilt die Zlataja matica, in der auch Schrr. von Johannes v. Damaskos, Epiphanios v. Salamis, Gregorios Patriarch v. Antiocheia (Ende des 6. Jh.) enthalten sind; es sind Lesungen für alle Sonntage des Kirchenjahres, angefangen mit der Fastenzeit. Die Zlataja cep' (»Goldene Kette«) hingegen bezeichnet keine feste Homilienslg., sondern die so gen. altruss. Hss. enthalten an die 3000 verschiedene Texte.

In der Kiever Rus' erfuhr die Homiletik neue Akzente mit →Ilarion, Metropolit v. Kiev um die Mitte des 11. Jh., der eine »Rede über Gesetz und Gnade« verfaßte. Aus der gleichen Epoche stammt auch eine schmucklose P. des Bf.s Luka Zidjata v. Novgorod. Der bedeutendste Homiletiker des 12. Jh. ist zweifellos Bf. →Kyrill (Kirill) v. Turov, dessen 8 Fest- und Sonntagspredigten in Slg. wie Zlatoust, also neben Werken, die aus dem Gr. übersetzt wurden, überliefert sind. In Hss. aus der Zlataja cep' sind auch Predigten des Bf.s Serapion v. Vladimir († 1275) erhalten.

Im Bulgarien des 10. Jh. wirkte Ioan der Exarch (→ Johannes [102. J.]), der einfache Festpredigten (12), meist aus Chrysostomos entlehnt, verfaßte, die kaum Originalität beanspruchen können, während der letzte Patriarch Bulgariens, →Evtimij, in der 2. Hälfte des 14. Jh. die

Homiletik auf ein hohes Niveau brachte, indem er im Bulgar.-Kirchenslav. die Ausdrucksmittel der byz. Rhetorik in vollem Ausmaß benutzte. In der slav. (wie auch in der georg. vgl. VAN ESBROECK) Überlieferung begegnen Werke und Autorennamen, die im Gr. verloren sind, so z. B. eine Homilie des Bf.s Julianos aus Tavia (5. Jh.) über die Theophanien, oder eines Petros Presbyter v. Antiocheia, der wahrscheinl. mit dem Patriarchen Petros III. v. Antiocheia (11. Jh.) ident. ist. Ch. Hannick

Lit.: A. EHRHARD, Überl. und Bestand der hagiogr. und homilet. Lit. der gr. Kirche, I-III, 1937-52 - CH. MARTIN, Aux sources de l'hagiographie et de l'homilétique byz., Byzantion 12, 1937, 347-362 - J. A. ALDAMA, Rep. pseudochrysostomicum, 1965 - M. GEERHARD, Clavis patrum graecorum, I-V, 1974-87 - M. VAN ESBROECK, Les plus anciens homéliaires géorgiens, 1975 - L. PERRIA, I mss. citati da A. EHRHARD, 1979 - D. B. GONES, Τὸ συγγραφικὸν ἔργον τοῦ οἰκουμενικοῦ πατριάρχου Καλλίστου Α', 1980 - CH. HANNICK, Maximos Holobolos in der kirchenslav. homilet. Lit., 1981 - G. PODSKALSKY, Christentum und theol. Lit. in der Kiever Rus' (988-1237), 1982 - Čet' sborniki Drevnej Rusi, Trudy otdela drevnerusskoj literatury 39, 1985, 236-273 - A. G. BOBROV-T. V. ČERTORICKAJA, K probleme Zlatoj maticy, Trudy otdela drevnerusskoj literatury 43, 1990, 341-358 - M. S. KRUTOVA, Sbornik »Zlataja Cep« v russkoj pis'mennosti (Metodičeskie rekomendacii po opisaniju slavjanorusskich rukopisej dlja Svodnogo kataloča rukopisej, chranjaščichsja v SSSR 5), I-II, 1990 - K. IVANOVA, Novoizvodnite turnovski sbornici i vuprosŭt za roljata na patriarch Evtimij v technija prevod, Starobŭlgarska literatura 25-26, 1991, 124-134 - K. STANČEV, Slovata na Joan Ekzarch Bŭlgarski, Starobŭlgarska literatura 25-26, 1991, 66-72.

Preetz, ehem. OSB-Kl. in Schleswig-Holstein (1216 wend.: »Porez«, 'am Fluß'), gegr. um 1211 von Gf. →Albrecht v. Orlamünde, Lehnsmann Kg. Waldemars II. v. Dänemark, der ihm 1222 einen weiteren größeren Landbesitz in der ostholstein. »Probstei« verlieh. Nach dem Wiedergewinn seiner Gft. (1225) ignorierte der Schauenburger Adolf IV. Albrechts Gründung (29. Sept. 1226, neue »Gründungsurk.«). Das Kl. spielte dann eine entscheidende Rolle für den Landesausbau in der »Probstei«. In seiner Nähe entstand ein Marktflecken (»Blek«) gleichen Namens, der für die Versorgung des Umlands von Bedeutung war (Schuhhandwerk). Zweimal wurde das Kl. kurzfristig verlegt (1233 nach Erpsfelde, 1240 nach Lutterbek). Nach der Durchführung der Reformation 1542 erfolgte die Umwandlung in ein Damenstift der Ritterschaft, doch blieben Rechte und Besitz erhalten. P. war ein bedeutender Agrarproduzent im 14.-16. Jh.
E. Hoffmann

Lit.: Schleswig-Holstein. Kirchengesch., I, 1986², 153-156 [E. FREYTAG]; III, 1982, 153-155 [E. HOFFMANN] - W. STOELTING, P., 1970 - H. WILLERT, Anfänge und frühe Entwicklung der Städte Kiel, Oldesloe und Plön, 1990, 25-29.

Preis
I. Westen - II. Byzantinisches Reich.

I. WESTEN: P.e werden im MA in Natural-, Münz- und Rechengeld berechnet. Letzteres ist aus dem Münzgeld abgeleitet und wird danach bezeichnet (→Münze). Eine Zwischenstellung zw. P.en in Natural- und Münzgeld nehmen P.angaben in gewogenen Edelmetallmengen, insbes. in (Gewichts-) Marksilber, ein.

Die ältesten Q. für P.nachrichten sind Buß- und Abgabenbestimmungen, in denen die Leistungspflichten alternativ in Waren oder Geld benannt werden. So hat ein Hintersasse 845 in einer St. Galler Urk. jährl. 14 Pfund Eisen oder 4 Pfennige zu leisten (St. Galler UB 1, Nr. 395). In dem HochMA gehen Stadt- und Korporationsstatuten mit normativen P.festsetzungen zurück. In solchen Statuten aus Nizza von ca. 1200 z. B. kostet 1 Pfund Eisen 2 Pfennige (Mon. Hist. Patriae II, 78). Die wichtigsten Q. sind die Serien von Ausgabenbüchern größerer Institutionen, wie Kg.shöfe, Kirchen und Stadtregierungen. Die Serien unterrichten über Abnehmerp.e. Entsprechende Serien für Herstellerp.e sind viel seltener, gehen aber für kirchl. Grundherrschaften in England, so etwa für das Bm. Winchester, auch schon ins 13. Jh. zurück (D. L. FARMER). Typ. für das SpätMA sind Lieferverträge zw. Kaufleuten und Produzenten, so etwa im Regensburger →Runtingerbuch (z. B. 1370 für 10 Pfund Eisen 5,4 Pfennige, BASTIAN III, 11). Vergleichbar sind Kaufurkk. für Naturalrenten, Renten von Getreide- und Weinlieferungen etwa, bei deren Verwertung man dann allerdings den regional gültigen Kapitalzins kennen muß.

Eine andere Art von P.-Quellen sind Gutachten und Usanzenbücher, die über regional gültige Durchschnittsp.e berichten. Davon weichen Chroniken ab, die manchmal in annalist. Serien auffallende P.e, Spitzenp.e nach oben und unten, festhalten. Zollakten enthalten mehrfach nicht nur den Zollbetrag, sondern auch den seiner Berechnung zugrunde liegenden Warenwert, etwa in Hamburg: 6t Heringe, Wert 8 Mark, Zoll 5 1/2 Pfennige (H. NIRRNHEIM, Das Hamburgische Pfundzollbuch von 1369, 1910, 1). In anderen Fällen ist der Warenwert aus Zollbetrag und Zollsatz zu erschließen.

Die P.bildung wurde von dem Sachwert im Natural- und Münzgeld stark beeinflußt. Deswegen ist der moderne Begriff der Inflation auf das MA nicht anwendbar. Es wird vorgeschlagen, den Ausdruck Inflation auf solche P.steigerungen zu beschränken, die mit dem Absinken des Edelmetallgehaltes im Münzgeld korrespondieren, da alle anderen P.veränderungen mit den Veränderungen der Knappheit, des Tauschwertes des Edelmetalles zusammenhängen. Dieses Absinken wurde dadurch hervorgerufen, daß Münzherrn oder gewerbl. Betreiber von Münzen den Münzgehalt senkten, um Münzmetall zurückbehalten oder um den Lieferanten von Münzmetall mehr Münzen ausliefern und dadurch den Umsatz steigern zu können (R. DE ROOVER). Man schlägt auch vor, den streckenweise zu beobachtenden Verfall z. B. von Agrarpreisen mit der zunehmenden Verknappung von Edelmetall zu erklären. Wenn die Münzpolitik am Edelmetallgehalt der Münzen rigide festhielt, konnte eine solche Verknappung sich durchaus derart niederschlagen. Allerdings versagt diese Erklärung dort, wo sich z. B. Agrarp.e signifikant anders entwickelten als Gewerbep.e und Löhne.

Ein inflationär (im oben gen. Sinne) bedingter Anstieg der Nominalp.e von Waren benachteiligte alle jene, deren Geldeinkommen rigide oder fixiert war, d. h. mehrere Gruppen von Lohnempfängern und v. a. die Inhaber von Geldrenten. Unter ihrem Einfluß dürften jene stadtobrigkeitl. P.festsetzungen entstanden sein, die den P.auftrieb bekämpfen sollten. Außerdem ist in diesen P.festsetzungen ein tendenzneutrales ordnungspolit. Element enthalten. P.e wurden gleichermaßen festgesetzt wie Gewichte und Qualitäten (F. LÜTGE).

Dem stehen Absprachen gegenüber, bei denen Produzentengruppen, Korporationen, Einigungen und Ringe das Absinken von P.en zu verhindern suchten. Dabei wurden P.e entweder direkt festgelegt oder/und durch Produktionseinschränkungen und Warenzurückhaltung indirekt beeinflußt (E. MASCHKE). Letzteres wurde insbes. durch →Fürkauf ermöglicht und mit diesem zusammen durch kirchl. Wirtschaftsmoralisten diskriminiert. Die Grundlage dafür war eine Bestimmung des Decretum Gratiani (C. 9 q. 4 c. 14).

In der kirchl. P.theorie des MA sind zwei Strömungen erkennbar. Die liberalere, vertreten durch Albertus Magnus und Thomas v. Aquin, orientiert den P. an Angebot und Nachfrage, erlaubt aber im Anschluß an Aristoteles staatl. Monopole, wodurch Einnahmen »für allgemeine und öffentl. Ausgaben« erzielt werden (HÖFFNER, 75). Die zweite Strömung, vertreten durch →Heinrich v. Langenstein, später ausgedrückt in der →Reformatio Sigismundi, orientiert den P. am Nahrungsprinzip. Ihr gehört auch Nicole →Oresme an, der ausdrückl. gegen staatl. Monopole ist.

Die Erforschung der Preisgesch., die sich hauptsächl. auf die Ausgaben-Rechnungen großer Institutionen stützt, geht in das 19. Jh. zurück (J. E. TH. ROGERS, G. D'AVENEL); 1930 wurde ein internationales Unternehmen der P.gesch. gegründet (vgl. für Dtl. ELSAS). Es ist das Kennzeichen vieler preisgeschichtl. Werke, daß sie das spätma. und nz. Material zu zusammenhängenden Serien und Kurven verarbeiten. R. Sprandel

Lit.: J. E. TH. ROGERS, A Hist. of Agriculture and Prices in England, 4 Bde, 1866–82 – G. D'AVENEL, Hist. économique de la propriété, des salaires, des denrées et de tous les prix en général depuis l'an 1200 jusqu'à l'an 1800, 2 Bde, 1894 – M. J. ELSAS, Umriß einer Gesch. der P.e und Löhne in Dtl., 3 Bde, 1936–49 – J. HÖFFNER, Wirtschaftsethik und Monopole im 15. und 16. Jh., 1941, 1969² – R. DE ROOVER, Money, Banking and Credit in Medieval Bruges, 1948 – D. L. FARMER, Some Grain Price Movements in Thirteenth Century England, EconHR 2 ser. X, 1957 – R. DE ROOVER, The Concept of the Just Price, JEH 18, 1958 – C. M. CIPOLLA, Currency Depreciation in Medieval Europe, EHR, 1962/63 – F. LÜTGE, Die P.politik in München im hohen MA (DERS., Stud. zur Sozial- und Wirtschaftsgesch., 1963) – E. MASCHKE, Dt. Kartelle des 15. Jh. (Fschr. F. LÜTGE, 1966) – J. IBANÈS, La doctrine de l'Église et les réalités économiques au XIII⁰ s., 1967 – R. SPRANDEL, Das Eisengewerbe im MA, 1968 – R. SPRANDEL, Das ma. Zahlungssystem nach hans.-nord. Q. des 13.–15. Jh., 1975 – W. ABEL, Strukturen und Krisen der spätma. Wirtschaft, 1980 – M. J. TITS-DIEUIADE, L'évolution du prix du blé dans quelques villes d'Europe Occidentale du XV⁰ au XVIII⁰ s., Annales 42, 1987 – R. SPRANDEL, Die spätma. Wirtschaftskonjunktur und ihre regionalen Determinanten, VSWG Beih. 84, 1987 [Lit.] – P. SPUFFORD, Money and its Use in Medieval Europe, 1988.

II. BYZANTINISCHES REICH: P.e in Byzanz werden für Getreide, Boden und Luxusgegenstände (einschl. Sklaven) in Goldwährung, für die meisten anderen Waren und Gegenstände in den Umlaufmünzen angegeben, wobei jedoch vielfach die Frage nach den zugrunde liegenden Maßangaben (insbes. beim Boden, wo außerdem die Qualitätsstufe zu beachten ist) zu unsicheren Berechnungen führen kann. Manche Wertgegenstände, v. a. unbearbeitetes Edelmetall, werden nach Gewicht berechnet. In geringerem Umfang gibt es auch P.angaben in Naturalien, wohl am ehesten im 7. und 8. Jh. und in Zeiten starker Geldwertschwankungen. Die Quellenlage ist in Byzanz wesentl. schlechter als im w. MA. Bis zum 6. Jh. sind es Angaben in Chroniken und der hagiogr. Lit. und in Ägypten die Dokumentenpapyri; zw. dem 7. und dem 10. Jh. lassen sich keine ausreichenden Daten beibringen und bis ins 13. Jh. ebenfalls nur wenige, da Angaben in mittel- und spätbyz. Chroniken meist nur untyp. Sondersituationen hervorheben. Erst vom späten 13. Jh. an verfügen wir durch w. und byz. Urkk. über hinreichend aussagekräftige Angaben. Dagegen haben Hinweise in (byz.) Rechenbüchern nur theoret. Wert und führen in der Praxis zu falschen Vorstellungen. Bei der P.entwicklung wird eine stabile Phase vom 4. Jh. bis in die Mitte des 6. Jh. von einer Periode der Schwankungen abgelöst, die wenigstens bis Anfang des 9. Jh. dauert, als, vielleicht dank der Finanzreform des Ks.s →Nikephoros I., eine gewisse Wende einzutreten scheint. Zw. dem 10./11. Jh. und dem späten 13. Jh. zeichnet sich wieder eine Konstanz ab (v. a. im Bereich der Leitp.e von Getreide und Boden), obwohl der Geldwert bis zum Ende dieser Periode um ein Drittel absinkt. Der Einfluß der w. Handelskonkurrenz führt im 13. und 14. Jh. zu einer Variabilität der P.e, die wegen der im Vergleich zu früheren Jahrhunderten größeren Zahl der Beispiele bes. akzentuiert wird. Kaum lösbar (und in der Forsch. vielfach unbeachtet) ist die definitor. Frage nach der Art des P.es (Großhandel, Kleinhandel, Einkauf, Verkauf) und der damit verbundenen Umsätze und Gewinne. Von staatl. Fest- und Höchstpreisen bei bestimmten Gelegenheiten (Brot bei Geldentwertung, Lämmer zu Ostern) spricht das →Eparchenbuch des 10. Jh., doch ist die zeitl. und regionale Umsetzung in der Praxis unsicher.

P. Schreiner

Q. und Lit.: Dict. of Byz., 1017 – G. OSTROGORSKY, Löhne und P.e in Byzanz, BZ 32, 1932, 292–333 – C. MORRISSON, Monnaie et prix à Byzance du V⁰ au VII⁰ s. (Hommes et richesses dans l'Empire byz., I, 1989), 239–260 – P. SCHREINER, Kosten der Hss.herstellung in Byzanz (Buch- und Bibliothekswiss. im Informationszeitalter, 1990), 331–344 – V. KRAVARI, Notes sur les prix des manuscrits, IX⁰–XV⁰ s. (Hommes et richesses dans l'Empire byz., II, 1991), 375–385 – J.-CL. CHEYNET u. a., Prix et salaires à Byzance, X⁰–XV⁰ s. (ebd.), 339–374 – P. SCHREINER, Texte zur spätbyz. Finanz- und Wirtschaftsgesch. in Hss. der Bibl. Vat., 1991), 372–381 – Das Eparchenbuch Leons d. Weisen, ed. J. KODER, 1991.

Preisdichtung → Panegyrik

Prekarie → precaria

Prémontré → Prämonstratenser

Přemysl → Przemysł

Přemysl, Otakar I., II. → Otakar

Přemysliden, Dynastie der Fs.en und Kg.e in →Böhmen und Mähren, die bis 1306 regierte. Ihr sagenhafter Urahn war Přemysl d. Pflüger, der in der »Chronica Boemorum« des →Cosmas genannte Gemahl der →Libussa; auch die weiteren vorchristl. P. werden von Cosmas überliefert. Im 9. Jh. gehörten sie zu jenen böhm. Lokalfs.en (duces), deren Machtzentren die Burgen (civitates) waren. Die P. saßen im mittelböhm. →Levý Hradec, von wo sie gegen Ende des 9. Jh. auf die neu gegr. Prager Burg (→Prag) übersiedelten. Nur allmähl. konnten die P. von hier aus Autorität gegenüber den anderen Lokalfs.en gewinnen. 882–884 wurde der erste hist. belegte P., →Bořivoj I. († um 888/889), im Großmähr. Reich getauft; nach ihm hatte der großmähr. Fs. →Svatopluk († 894) die Oberherrschaft über Böhmen, bis Bořivojs Söhne →Spytihněv I. (894–915) und →Vratislav I. (915–921) die Herrschaft übernahmen, aber bereits den Einfluß des Dt. Reiches anerkennen mußten. Der Mord an →Wenzel d. Hl. (935) und die Regierungszeit →Boleslavs I. (935–972) markieren die Begründung eines einheitl. böhm. Zentralstaates, wozu auch die Errichtung des Bm.s Prag unter Boleslav II. (972–999) i. J. 973 beitrug. Die letzten nichtpřemyslid. 'duces' wurden – meistens gewaltsam – beseitigt. Gefolgsleute Boleslavs ermordeten 995 die →Slavnikiden in →Libice.

In der 2. Hälfte des 10. Jh. beherrschten die P. auch die Nachbarländer (→Schlesien, →Kleinpolen, Nordmähren, Westslowakei). Seit Ende des 10. Jh. verschärften sich die Spannungen gegenüber →Polen. Die Thronkämpfe zw. Boleslavs Söhnen führten um 1000 zu einer Krise, die Interventionen Polens (→Bolesław I. Chrobry) und des Dt. Reiches nach sich zog. 1019 (1020?) beendete →Udalrich (1012–34) die poln. Besetzung Mährens, das auf Dauer eingegliedert wurde. Sein Sohn →Břetislav I. (1035–55) führte erfolgreich Krieg gegen Polen. Nach militär. Auseinandersetzungen mit Kg. Heinrich III. trat er dann als Verbündeter des Reiches gegen Ungarn auf

(→Menfö, Schlacht v.). Die Nachfolge regelte Břetislav durch die Senioratsordnung (1055), wonach der jeweils älteste P. die Herrschaft ausüben sollte. Während →Spytihněv II. (1055–61) und →Vratislav II. (1061–92), seine ältesten Söhne, nacheinander herrschten (→Jaromir/Gebhard wurde Bf. v. Prag), regierten die jüngeren Söhne als Teilfs.en in Mähren: →Konrad I. († 1092) erhielt →Brünn und →Znaim, →Otto I. († 1087) und seine Nachfolger herrschten in →Olmütz; ihre Ansprüche auf den Prager Thron verloren sie dadurch dennoch nicht.

Ks. Heinrich IV. erhob Vratislav II. als Belohnung für seine militär. und polit. Hilfe gegen die →Sachsen und die fsl. Opposition 1085/86 zum Kg. Doch war der Kg.stitel an seine Person gebunden: Konrad I. v. Brünn (1092) und Břetislav II. (1092–1100) mußten sich mit dem Hzg.stitel begnügen. 1099 erreichte Břetislav II. die Anerkennung seines Halbbruders Bořivoj II. (1100–07, 1117–20) als Nachfolger. Damit unterlief er erstmals das Senioratsgesetz. Versuche, das Seniorat durch die Primogenitur zu ersetzen, verschärften am Anfang und gegen Ende des 12. Jh. die Thronkämpfe.

Die Gegnerschaft der beiden Prager Hauptlinien, die von den jüngsten Söhnen Vratislavs, →Vladislav I. (1109–17, 1120–25) und →Soběslav I. (1125–40), abstammten, hatte schwerwiegende innen- und außenpolit. Folgen. Die Auseinandersetzungen zw. dem vladislav. Zweig (→Vladislav II., Friedrich, Vladislav Heinrich, →Otakar I. Přemysl) und dem soběslav. Zweig (→Soběslav II., →Wenzel I.) verschärften sich durch die Interventionen der mähr. P. (Udalrich v. Brünn, →Konrad II. v. Znaim, →Konrad III. Otto v. Znaim) und anderer Thronanwärter (Děpoltici/Theobalde, →Heinrich Břetislav u. a.). Aber nur selten kamen die nicht aus Prag stammenden P. zum Zug (Svatopluk 1107–09, Konrad II. Otto 1189–91, Heinrich Břetislav 1193–97). Die Bemühungen der mähr. Teilfs.en, die Oberherrschaft in Prag zu gewinnen, trafen auf hartnäckigen Widerstand des Prager Hofs. Zugleich nutzte der heim. Adel die Gelegenheit, seine Position zu stärken. Die Thronstreitigkeiten führten auch zur Einmischung des Dt. Reiches, bes. unter Friedrich I. Vladislav II. (1140–72) erhielt 1158 vom Ks. die Kg.skrone, die aber nicht auf seine Nachfolger überging. Das Selbstbewußtsein der einzelnen Haupt- und Nebenzweige offenbarte sich in ihrer Heiratspolitik. P. schlossen Ehen mit →Piasten, →Arpaden, →Wettinern und →Babenbergern, aber auch mit den Familien der Gf.en v. →Bogen, v. →Berg und den →Wittelsbachern; die mähr. P. u. a. mit den Herrscherhäusern in Rußland und Serbien. Dynast. Kontakte intensivierten die Kulturbeziehungen Böhmens zu den Nachbarländern.

Mit Hzg. Wenzel († um 1192) erlosch der soběslav. Zweig des Geschlechts, und um 1200 starben die meisten mähr. P. aus; ihr letzter Vertreter war Siffrid († 1227), Kanoniker in →Olmütz. Das kam dem vladislav. Zweig und bes. Otakar I. Přemysl (1192–93, 1197–1230) zugute, der seit 1198 Kg. v. Böhmen war. Seine geschickte Politik gegenüber Philipp v. Schwaben, Otto IV. und Friedrich II. führte dazu, daß schließlich in der →Goldenen Bulle Friedrichs II. (1212) ihm und seinen Nachfolgern die Kg.swürde und alle erworbenen Privilegien von seiten des Dt. Reiches zuerkannt wurden. Nach dem Tod seines kinderlosen Bruders Vladislav Heinrich († 1222), Mgf. v. Mähren, und nach der Vertreibung der Theobalde (um 1223), die später im Exil ausstarben, waren die Nachkommen Otakars I. Přemysl die einzigen Repräsentanten des ganzen Geschlechts. Bereits 1216 ließ Otakar I. Přemysl seinen Sohn Wenzel I. zum Kg. wählen und 1228 krönen.

Unter Wenzel I. (1230–53), der im Kindesalter Kunigunde, Tochter Philipps v. Schwaben, heiratete, begann die Expansionspolitik der P., die unter →Otakar II. Přemysl (1253–78) ihren Höhepunkt fand. Seine Ehe mit →Margarete v. Babenberg ermöglichte die Erwerbung Österreichs, danach beherrschte den böhm. Kg. die →Steiermark, das →Egerland, →Kärnten und →Krain. Doch mußte er sich mit einer starken, für die Zentralmacht gefährl. Adelsopposition in Böhmen, Österreich und den Alpenländern auseinandersetzen. Im Kampf mit Rudolf v. Habsburg wurde Otakar II. 1276 besiegt und in der Schlacht v. →Dürnkrut 1278 getötet. →Wenzel II. (1283–1304), sein Sohn aus der zweiten Ehe mit Kunigunde, Enkelin Bélas v. Ungarn, wurde sein Nachfolger. Nach anfängl. Wirren infolge der Kämpfe der Adelsopposition in Böhmen konnte Wenzel die Kg.smacht wieder konsolidieren. Er vereinigte drei Kgr.e: Böhmen, Polen (1300) und Ungarn (1301). Doch war dieser Erfolg nur von kurzer Dauer. Unzufriedenheit des poln. und ung. Adels und Feindschaft des dt. Kg.s Albrecht I. bewirkten das Schwinden der přemyslid. Macht in Polen und Ungarn. →Wenzel III. (1305–06), Sohn Wenzels II., wurde auf einem Feldzug gegen Polen am 4. Aug. 1306 in Olmütz ermordet. Damit starben die P. in der männl. Linie aus. Die Heirat der Přemyslidin →Elisabeth (5. E.), Tochter Kg. Wenzels II., mit →Johann v. Luxemburg (1310) gab die Grundlage für die Thronbesteigung der →Luxemburger in Böhmen und Mähren. Die unehel. Linie der P., die von Hzg. Nikolaus v. Troppau († 1318, illegitimer Sohn Otakars II. Přemysl) abstammte, starb 1521 aus.

Für mehr als vier Jh. standen die P. an der Spitze Böhmens. Über ihre polit. Herrschaft hinaus wurde die Familie zum Sinnbild von böhm. Staat und Nation, bes. in der Person des 935 ermordeten hl. Wenzel, der bald zum Landespatron avancierte. Alle Fs.en Böhmens galten als seine ird. Stellvertreter, und die anläßl. der Krönung Karls IV. angefertigte böhm. Kg.skrone wurde als →Wenzelskrone bezeichnet. J. Žemlička

Lit.: V. Novotný, České dějiny I. 1–4, 1912–37 – J. Šusta, České dějiny II. 1, 1935 – W. Wegener, Die P. Stammtafel des nationalen böhm. Hzg.shauses ca. 850–1306 mit peiner Einführung, 1957 – Z. Fiala, Přemyslovské Čechy, 1975² – E. Vlček, Poslední Přemyslovci, 1979 – K. Jasiński, Studia nad genealogia czeskich Dypoldowiców, Śląski Kwartalnik Historyczny Sobótka 35, 1981, 59–68 – D. Třeštík, Počátky Přemyslovců, 1981 – E. Vlček, Nejstarší Přemyslovci, 1982 – J. Žemlička, Století posledních Přemyslovců, 1986 – B. Krzemieńska, Die Rotunde in Znojmo und die Stellung Mährens im böhm. P.staat, Historica 27, 1987, 5–59 – B. Krzemieńska, Vztahy moravských Přemyslovců ke Kyjevské Rusi, Acta Universitatis Nicolai Copernici, Hist. 24, zesz. 204, 1990, 89–101 – T. Krzenck, Eine Stauferin am Prager Hof: Kunigunde v. Schwaben (1202–1248), Bohemia 31, 1990, 245–259 – J. Žemlička, Přemysl Otakar I., 1990 – J. Dejmek, Děpoltici, Mediaevalia Hist. Bohemica 1, 1991, 89–144 – P. Hilsch, Familienstamm und Politik bei den P. Jaromir-Gebhard, Bf. v. Prag und Kanzler des Kg.s (Papsttum, Kirche und Recht im MA [Fschr. H. Fuhrmann, hg. H. Mordek, 1991]), 215–231.

Prenzlau, Stadt in der →Uckermark. Neben einem slav. Burgort (erstmals erwähnt 1187) 1234 von Hzg. →Barnim I. v. Pommern als 'freie Stadt' nach →Magdeburger Recht gegr., geriet P. kurze Zeit später unter die Hoheit der Mgf.en v. →Brandenburg, denen die Stadt trotz wiederholter Revisionsbemühungen seitens der Hzg.e v. Pommern verblieb. Die Entwicklung P.s wurde durch eine günstige Verkehrslage am Austritt der Uecker aus dem Unteren Ueckersee (Schiffszugang zum Haff) und an der Kreuzung wichtiger WO- und NS-Verbindungen bestimmt. Ob P. der →Hanse angehörte, ist fraglich; städt. Rat seit 1270. Kirchl. zum Bm. →Kammin gehörig, besaß

P. mit drei Pfarrkirchen, mehreren Spitälern und Kl. (Dominikaner, Franziskaner, Magdalenerinnen) auch eine kirchl. Mittelpunktstellung in der Uckermark.

J. Petersohn

Lit.: J. PETERSOHN, Zur Lage des slav. P., JGMODtl 20, 1971, 245-250 – L. ENDERS, Die Uckermark, 1992.

Presbyter → Priester

Presbyterium → Chor

Preslav (Veliki P./ἡ Μεγάλη Περσλάβα/Groß-P., im Unterschied zu →Preslavec/Klein-P.), (zweite) Hauptstadt →Bulgariens (in Nachfolge →Pliskas), ca. 20 km sw. von Šumen, am NO-Hang des →Balkan, links des Flusses Kamčija/Tiča. Als Festung vermutl. schon in protobulg. Zeit (1. Viertel 9. Jh.) angelegt, wurde P. bes. durch Fs./ Zar →Simeon (893-927) zur neuen Residenz ausgebaut. Ähnlich wie im größeren Pliska teilt sich das Areal P.s in eine äußere, von einer Mauer (statt eines Erdwalls) befestigte Stadt von 3,5 km² und eine innere Stadt (bestehend aus dem aus Kalkblöcken und Marmor errichteten, reichverzierten Palast [von 35 × 22,5 m Grundfläche] und Annexen), die ebenfalls von einer mit Türmen versehenen, teilw. noch erhaltenen Mauer umgeben war. Die Wirkung der Palastbauten auf Besucher hat →Johannes Exarcha (102. J.) beschrieben, der zusammen mit →Chrabr und →Konstantin v. P. (19. K.) und anderen die sog. »P. er lit. »Schule« bildete. – P. blieb Zarenresidenz bis zur Besetzung durch die Rus' unter Fs. →Svjatoslav (969) und der folgenden byz. Eroberung (971) durch Ks. Johannes I. Tzimiskes, der P. in Ioannupolis umbenennen ließ. (Damals wurde auch der 1978 in P. gefundene reiche [Gold-] Schatz vergraben: TOTEV, 1983 und 1986.) Die →Strategoi der nunmehr byz. Garnisonstadt P./Ioannupolis lassen sich bis ca. Ende 1092 nachweisen (eine Grabung am Platz ihres Amtsgebäudes im Palastgebiet führte 1980 zum Fund von über 600 byz. Bleisiegeln: JORDANOV). Schon vorübergehend zw. ca. 986 und 1000 (unter Zar →Samuel) bulg. beherrscht, gehörte P. dann ab ca. 1186 zum Bulgarenreich der Aseniden; das Bm. P. ist nur für die Asenidenzeit sicher belegt. 1388 wurde P. von den Osmanen erobert. – In P. und seiner Umgebung lagen zahlreiche, z. T. mit erlesenem Dekor (u. a. lasierte bemalte Keramik) ausgestattete Kirchen (darunter die Rund- oder sog. »Goldene« Kirche) und Kl. Die Erforsch. ihrer Überreste dauert noch an.

G. Prinzing

Lit.: SlowStarSłow IV, 1970, 335-343 – Oxford Dict. of Byzantium III, 1991, 1715f. – ST. STANČEV, Pliska und P. Ihre archäol. Denkmäler und deren Erforsch., Berliner Byz. Arbeiten 21, 1960, 219-264 – Pliska-P., I-IV, 1979-85 [Sammelbde] – P., Sbornik, Rec., I-III, 1968-83 – D. OVČAROV, Émergence et développement de la ville de P., IXᵉ-Xᵉ s., Bulg. Hist. Review 7, 2, 1979, 51-61 – N. ČANEVA-DEČEVSKA, Cărkvi i manastiri ot Veliki P., 1980 [Lit.] – I. DUJČEV, Problemi vărchu političeskata i kulturnata istorija na P. (DERS., Proučvanija vărchu srednovekovnata bălg. istorija i kultura, 1981), 17-26 – M. STANTCHEVA, Trois capitales anciennes: Pliska, P., Tirnovo, 1981, 35-64 – T. TOTEV, P.skoto zlatno săkrovište, 1983 – D. ANGELOV, P. und Konstantinopel – Abhängigkeit und Unabhängigkeit im Kulturbereich (17th Int. Byz. Congr., 1986), 421-428 – I. BOŽILOV, P. et Constantinople: dépendance et indépendance culturelles, (ebd.), 429-446 – T. TOTEV, P.skoto săkrovište, Bull. du Musée de Varna 22, 1986, 81-107 – I. JORDANOV, La stratégie de P. aux Xᵉ-XIᵉ s. selon les données de la sigillographie (Stud. in Byz. Sigillographie, hg. N. OIKONOMIDÈS, 1987), 89-96 – T. TOTEV, Les monastères de Pliska et de P. aux IXᵉ-Xᵉ s.s, Byzslav 48, 1987, 185-200 [Lit.] – R. RASEV, Kăm topografijata na Pliska i P., Vekove 19, 5, 1990, 69-73.

Preslavec (Klein-Preslav; Πρεσθλαβίτζα), (vermutl.) nahe der Donaumündung gelegene ma. Stadt (genaue Lokalisierung umstritten). Als 967 der Fs. v. →Kiev, →Svjatoslav, an der Donaumündung, im Bündnis mit dem byz. Ks. Nikephoros II. Phokas (963-969), landete, wollte er das eroberte P., das offenbar große handelspolit. Bedeutung hatte, angebl. zu seiner Hauptstadt machen. P. wurde jedoch von Ks. Johannes I. Tzimiskes (969-976) zurückerobert und in die byz. Verwaltung inkorporiert. Aus dem 10. und 11. Jh. sind Siegel der Militärbefehlshaber (→Strategoi) und Zoll- und Finanzbeamten (Kommerkiarioi) von 'Presthlavitza' erhalten. Bemerkenswert ist die Bildung des Ortsnamens mit slav. Diminutivform. Wohl seit dem 12. Jh. in Verfall, wird die Stadt im SpätMA nur noch gelegentl. erwähnt.

W. Brandes

Lit.: Oxf. Dict. of Byzantium III, 1991, 1716 – P. NĂSTUREL, Peut-on localiser la Petite Preslav à Păcuiul lui Soare?, RESE 3, 1965, 17-36 – V. S. ŠANDROVSKAJA, Iz istorij Bolgarii X-XI vv, po dannym sfragistiki, Byzantinobulgarica 7, 1981, 461-464 – N. OIKONOMIDÈS, Presthlavitza, the Little Preslav, SOF 42, 1983, 1-9 – HGesch Rußlands I/1, 296f. [H. RÜSS].

Presles. 1. P., Raoul de (de Praelles, de Perellis), kgl. frz. Jurist und Kleriker (→Clerc du roi), * um 1270, † 23. Jan. 1327, ▭ Presles, Kirche; nach jurist. Ausbildung zunächst als Kleriker des Kg.s v. Navarra belegt (1308), machte als kgl. Advokat (→Avocat du roi) unter →Philipp IV. im →Templerprozeß eine Zeugenaussage. Danach war er →Maître des Requêtes am →Parlement. Während der Reaktion unter →Ludwig X. wurde er (wie Enguerran de →Marigny) eingekerkert, seine Güter konfisziert, im Sept. 1315 vom Kg. jedoch in Gnaden wiederaufgenommen. Bis zu seinem Tode hatte er am Parlement erneut eine führende Position inne. Breit dokumentiert ist sein Güter- und Rentenerwerb: u. a. Prévôté v. Courdemaine (1310), Güter in Bonnes; Güterübertragungen von seiten der Erben des Seigneur v. →Coucy (Lizy, 1311), des Gf.en v. →Dreux, des Connétable Gaucher de →Châtillon (Lehen an der Vesle bei Condé, 1312) und des Seigneur v. Blérancourt. Mit seiner Gemahlin Jeanne de Chastel stiftete P. zwei Kapellanate in der Kirche v. Presles sowie ein →Collegium in Paris. Als Seigneur v. Lizy (-sur-l'Ourcq) wurde er durch den Kg. im Dez. 1317 nobilitiert. →Legisten.

E. Lalou

Lit.: P. LEHUGEUR, Hist. de Philippe le Long, roi de France (1316-22), 1897-1931 – A. COULON, Jean XXII. Lettres secrètes et curiales, 1906, 66f.

2. P., Raoul de, kgl. Beamter, Autor und Übersetzer, * 1316, † 10. Nov. 1382, unehel. Sohn von 1 und Marie de la Porte (gen. 'des Vertus'), die sein Vater während der Haft im Châtelet (1315) kennengelernt hatte. P. studierte Recht in →Orléans und war als Jurist und Advokat tätig. Er begann eine Laufbahn am →Châtelet und wurde schließlich →Maître des Requêtes am →Hôtel Kg. →Karls V. (1373). Der Kg. gewährte ihm durch lettres (→litterae, II) die Legitimation und belohnte seine Dienste mit einer reichen →Pension. Als Übersetzer und Schriftsteller innerhalb des gelehrten Hofkreises Karls V. schrieb er zunächst das »Compendium morale de re publica« (1363), das er dem Bf. v. Chartres, Jean d'Angerant, widmete, sodann die »Musa« (nach 1364). Auf Wunsch des Kg.s übersetzte er die »Civitas dei« des →Augustinus (»Cité de Dieu«, 1371-75). Karl V. beauftragte ihn auch mit einer Bibelübersetzung, die aber nicht über die Psalmen hinauskam. Er verfaßte die »Chroniques en français contemporaisées«, die verloren sind. Seine Werke zeichnen sich durch starke Betonung der kgl. Autorität aus. Ebenfalls für den Kg. übersetzte er Pamphlete aus der Zeit des Kampfes zw. Philipp d. Schönen und Papst Bonifatius VIII., insbes. die »Quaestio inter clericum et militem« und den »Rex pacificus«.

E. Lalou

Lit.: HLF 40, 1974, 111–186 – Dict. Lettres fr., 1992, 1241f. – A. LOMBARD-JOURDAN, A propos de R. de P., BEC 139, 1981, 191–207.

Prespa (*Πρέσπα*), seit 986 hist. faßbare Festung und (Residenz-)Stadt des bulg. Zaren → Samuel auf der Insel des Hl. Achill(e)ios im Kl. P.-See (Nordgriechenland), kam 1018 durch Ks. → Basileios II. unter die nur 1204–15 durch die Bulgaren unterbrochene byz. (bzw. epirot. oder nikän.), 1334 unter die serb. und Ende 14. Jh. unter die osman. Herrschaft. Administrativ unterstand das byz. P. Anfang des 12. Jh. einem → Archon; ein → Thema P. ist nur 1198 und 1204 urkundl. belegt. Kirchlich war P. um 1000 ztw. Sitz des bulg. Ebf.s (oder auch »Patriarchen«) German/ Gabriel. Ab 1020 gehörte es zur Metropolie und Diöz. → Ohrid, bis es im 15. Jh. zum eigenen Bm. wurde. – P. heißt auch die in *Ober-P.* (mit dem von der Via Egnatia durchquerten Becken v. Resen, n. des Gr. P.-Sees) und *Unter-P.* geteilte Region um den Gr. und Kl. P.-See (Dreiländereck Albanien, Griechenland, ht. Staat Makedonien). Auf den in einer Ohrider Synodalakte von ca. 1226 erwähnten »ksl. Gutshof in P.« geht das Dorf Carev dvor (s. von Resen) zurück. – Die Achilleios-Insel birgt Ruinen der Befestigungen Samuels sowie mehrerer Kirchen- und Klosterbauten aus bulg., byz. und osman. Zeit, am wichtigsten die Basilika des Hl. Achilleios (errichtet von Griechen aus Larissa um 986/990, geplündert 1072, zerstört Anfang 15. Jh.), in die Zar Samuel die Reliquien des Hl.n aus dem eroberten → Larissa übertragen ließ. In ihrer Apsis sind die 14 bulg. Bf.s- bzw. Metropolitensitze inschriftl. vermerkt. Der Palast Samuels ist nicht erhalten. Die Echtheit einer im Dorf German/Hag. Germanos, am Kl. P.-See, gefundenen Inschrift Samuels ist umstritten. → Bulgarien.
G. Prinzing

Q.: Bălgarski starini iz Makedonija, ed. J. IVANOV, 1931 [Neudr. 1970], 23–25, 55–63, 550, 566 – Vizlzv 3, 1966 – G. PRINZING, SOF 40, 1981, 260/VI – Glossar ö. Europa, Beih. 4, ed. V. DJURIĆ – A. TSITOURIDOU, 1986, 30–33 – *Lit:* SłowStarSłow 4, 1970, 344–345 – Oxford Dict. of Byzantium 3, 1991, 1716 – S. PELEKANIDES, *Βυζαντινὰ καὶ μεταβυζαντινὰ μνημεῖα τῆς Πρέσπας*, 1960 – N. MUTSOPULOS, *Βυζαντινὰ μνημεῖα τῆς Μεγάλης Πρέσπας* (Fschr. A. K. ORLANDOS, 2, 1966), 138–159 – DERS., Byz. und nachbyz. Baudenkmäler aus Klein-P. und aus Hl. German, BNJ 20, 1970, 41–49 – J. FERLUGA, Byzantium on the Balkans, 1976, 355–360 – G. PRINZING, Hist.-geogr. Bemerkungen zu Carev dvor und Malaina, Byzslav 49, 1988, 213–221 – V. KRAVARI, Villes et villages de Macédoine occidentale, 1989, 371f. [Lit.].

Preßburg (lat. Posonium, slowak. Bratislava, ung. Pozsony), heute Hauptstadt der Slowakei, 10 km ö. von der Marchmündung in die Donau, an der Stelle eines kelt. Oppidums, unweit der röm. Gerulata gelegen, wo der von Aquileia zur Bernsteinküste führende Fernweg die Donau querte. Slav. Bevölkerung löste hier an der Wende des 5./6. Jh. die germ. ab. Die Siedlung war seit dem 9. Jh. ein Verwaltungsmittelpunkt mit einer Burg (907: Brezalauspurc, 1002: Posonium). Auf dem ö. Ausläufer des Burghügels errichtete man um die Mitte des 9. Jh. eine dreischiffige Basilika; die ö. und s. Seite des Hügels war damals besiedelt. Die Burg wurde im 1. Viertel des 10. Jh. durch die Magyaren zerstört, ihre Befestigung später wieder erneuert. Als Grenzburg spielte P. eine bedeutende Rolle für die Abwehr von Einfällen nach Ungarn aus dem W, aber auch für die Kämpfe innerhalb der Dynastie der → Arpaden im 11. Jh. In dieser Zeit wurde am Burghügel eine Kirche (ŏ Salvator) errichtet, die Sitz eines Kollegiatkapitels war, und in der ö. Siedlung befanden sich im 11. Jh. schon eine kleine Kirche (ŏ hl. Martin) und eine Rotunde (wahrscheinl. ŏ hl. Nikolaus) mit Friedhof am Abhang. Propstei (1204) und Kirche (1221) übersiedelten dann »in burgus« unterhalb der Burg, wobei die neu errichtete Kapitelkirche das doppelte Patrozinium erhielt.

Im burgus gab es auch ein Kl., das zunächst durch Benediktinerinnen, ab 1235 durch Zisterzienserinnen und am Ende des 13. Jh. durch Klarissen besetzt war (ŏ Exaltatio s. crucis).

Während des Tatareneinfalls (1241–42) wurde das suburbium geplündert, ebenso wie die danach wieder entstandene Siedlung 1271 und 1273 durch den böhm. Kg. Otakar II. Přemysl. Der Stadtwerdungsprozeß ist in seinen Anfängen auf spätestens zw. 1200 und 1235 zu datieren. Eine verfaßte Stadtgemeinde (1280: universitas civium, 1287 Ratsverfassung belegt, 1288 iudex civitatis) bestand bereits vor der umfassenden Privilegierung durch Andreas III. 1291, in der – einzig im 13. Jh. in Ungarn – auch die Rechte der Juden genannt sind. In der 2. Hälfte des 13. Jh. siedelten sich die Franziskaner an, und es entstanden drei weitere Pfarreien (ŏ hl. Michael, Andreas und Laurentius) für die Vorstädte; im suburbium lag auch das von den Antonitern verwaltete Spital. An der Wende vom 13. zum 14. Jh. wurde neben der zerstörten Rotunde eine neue Kirche (ŏ hl. Nikolaus) errichtet. An der Donaufurt stand schon im 13. Jh. der Wasserturm (Zollstelle). Seit 1288 gehörten Schöndorf (Zeploc) mit der Kirche (ŏ hl. Gotthard), seit 1390 Weidritz und seit 1412 Blumenau und Sellendorf zu P. Dem → Gespan des → Komitats blieb nur die Siedlung am S- und O-Abhang des Burghügels (Platea s. Nicolai). Im 13. Jh. lagen am Rande der Stadt mehrere Wohntürme, und Ende 13./Anfang 14. Jh. wurde eine Stadtbefestigung gebaut, doch umfaßte das Gebiet intra muros (16 ha) in der 2. Hälfte des 14. Jh. nicht die viel größeren Vorstädte. Im 15. Jh. entstanden noch zwei weitere Vorstädte (Neustadt und Donaustadt). Ohne den 14 ha bedeckenden Burgberg sind im 15. Jh. wenigstens 70 überbaute ha anzusetzen, so daß vor 1500 von mindestens 7000 Einw. auszugehen ist. Die Burg erhielt ihre (heutige) viereckige Form unter der Herrschaft Ks. Siegmunds. P. gehörte zu den kgl. Freistädten und war im SpätMA einer der bevorzugten Orte der ung. Kg.e (bes. Siegmund u. Matthias Corvinus) und Zentrum des nach W (bis Köln) zielenden ung. Außenhandels. Im Wirtschaftsleben der Stadt spielte Weinbau die bedeutendste Rolle, wichtig waren auch Fischerei sowie der Hafenumschlag von Textilfabrikaten und Bergbauprodukten. Papst Paulus II. bewilligte 1465 die Errichtung einer Univ. in P. (→ Academia Istropolitana). Seit der 2. Hälfte des 13. Jh. dominierte zahlenmäßig die dt. Bevölkerung (um 75%).
R. Marsina

Lit.: TH. ORTVAY, Die Gesch. der Stadt P., I–IV/1, 1892–94, 1912 – Dejiny Bratislavy, 1978³ – Najstaršie dejiny Bratislavy, hg. V. HORVÁTH, 1987 – DERS., Bratislavský topografický lex., 1990 – H. STOOB, P. und das Städtewesen im europ. Südosten (Fschr. F. SEIBT, 1992), 319–330 – Städte im Donauraum, hg. R. MARSINA, 1993 – T. ŠTEFANOVIČOVÁ u.a., Najstaršie dejiny Bratislavy, 1993.

Preßburg, Friede v. (7. Nov. 1491), beendete die Feindseligkeiten zw. Kg. → Vladislav II. v. Böhmen und Ungarn und Kg. Maximilian I., die durch die Wahl Vladislavs zum Kg. v. Ungarn (1490) gegen die Ansprüche Maximilians entstanden waren. In dem Vertrag v. P. wurde der 1463 im Frieden v. Wiener Neustadt zw. Matthias I. Corvinus v. Ungarn und Kg. Friedrich III. ausgehandelte Kompromiß in wesentl. wiederholt: Maximilian behielt den Titel eines Kg.s v. Ungarn und erhielt das Nachfolgerecht in den Ländern Vladislavs, falls dieser ohne männl. Erben sterben sollte, doch verzichtete er auf den ung. Thron. Schließlich führte dieser Frieden, 1515 durch die jagiellon.-habsbg. Doppelheirat bekräftigt, 1526 zum Erwerb Böhmens und Ungarns durch die Habsburger, nach dem Tod Kg. Ludwigs II., Sohn Vladislavs, in der Schlacht v. → Mohács.
J. Bak

Lit.: J. Bak, Kgtm. und Stände in Ungarn im 14.–16. Jh., 1973, 67f. [Lit.; Neudr. des Vertragstextes: 154ff.].

Preßburg, Reichstag. Im April 1404 erließ Kg. Siegmund in Preßburg nach Beratung mit den 'universitates' (Stände) das sog. »Placetum regium«. Es richtete sich gegen den Papst als Parteigänger →Ladislaus' v. Neapel und beschränkte den Einfluß der ung. Prälaten zugunsten des weltl. Adels. Der Kg. machte die Vergabe von Pfründen an Bullati, die Verleihung von Benefizien durch geistl. Patrone sowie die Verkündung von Urteilsbriefen und Vorladungen der Kurie und ihrer Gerichte von seiner Zustimmung abhängig. Die Nutzung des Schismas zur Stärkung des Kgtm.s prägte Siegmunds ung. Kirchenpolitik bis zum Konstanzer Konzil. S. Wefers

Ed.: F. Döry, G. Bónis, V. Bácskai, Decr. regni Hung., 1301–1457, 1976 – *Lit.:* J. M. Bak, Kgtm. und Stände in Ungarn im 14.–16. Jh., 1973 – E. Málytusz, Ks. Sigmund in Ungarn, 1990.

Pres(s)ura, Presuria, ältestes Rechtsinstrument zur Wiederbesiedlung und Kolonisierung (»populare«, »populatio patriae«) wüster oder nur spärl. besiedelter, polit. noch nicht organisierter Gebiete (»nemine possidente«) des Duerotals und →Galiciens im 9. und 10. Jh. In →Katalonien unter der Form des *aprisio* bekannt, wurde sie seit dem 10./11. Jh. in anderen Gebieten Spaniens langsam durch die *cartas pueblas* (Besiedlungsurkunden) und seit dem 12. Jh. durch systemat. *repartimientos* (Aufteilung der Ländereien durch den polit. Machtträger) abgelöst. Häufig wurde die P. durch einen offiziellen, vom Kg., einem Gf.en oder auch Bf. geleiteten Wiederbesiedlungsakt vollzogen (»per iussionem regis«; »cum cornu et albende de rege« [= auf Befehl des Kg.s, mit Horn und kgl. Standarte]); jeder Siedler nahm soviel Land in Besitz, wie er mit eigenen Mitteln, Familiaren, Knechten usw. bearbeiten konnte, so daß die offizielle P. ursprgl. in der Schaffung großer →Grundherrschaften des Adels bestand. Daneben gab es aber auch eine spontane und private P., so im N von bäuerl. Familienverbänden oder von →Mozarabern aus al-Andalus, aber auch von monast. Gemeinschaften, die durch Besetzung und Rodung (scalio, ruptura) herrenlosen Landes hier weitgehende Eigentumsrechte erhielten. Diese Form der P. führte (trotz kollektiver Durchführung) zur Ausbildung mittleren und kleineren Eigenbesitzes. Die P., von der zahlreiche Ortsnamen des Duerobeckens zeugen (Mozárbez, Toldanos, Villavascones, Villagallegos u. a.), war die einer Grenzgesellschaft gemäße Form der Landnahme, da sie ein rechtl. freies Bauerntum entstehen ließ, das sich auftretender Schwierigkeiten, so v. a. der häufigen Razzien der Mauren, zu erwehren verstand. →Repoblación. M. A. Ladero Quesada

Lit.: I. de la Concha, La p., AHDE 14, 1942–43, 382–460 – C. Sánchez-Albornoz, Despoblación y repoblación del valle del Duero, 1966 – Ders., Repoblación del reino astur-leonés, CHE 53/54, 1971, 237–459 – S. de Moxó, Repoblación y sociedad en la España cristiana medieval, 1979 – J. A. García de Cortázar, La repoblación del valle del Duero en el siglo IX, Actas V Asamblea Soc. Española Estudios Medievales, 1991, 15–40 – F. Dorn, Die Landschenkungen der frk. Kg.e, 1991, bes. 160ff.

Préstamo (Prestimonio), bes. in den westl. Kgr.en der Iber. Halbinsel (Asturien, León, Kastilien, Galicien und Portugal) bis ins 14. Jh. verbreiteter charakterist. Begriff zur Bezeichnung einer unterschiedl. motivierten Landübertragung zum zeitl. begrenzten Nießbrauch oder auf Lebenszeit. Synonym dazu wurden vor dem 11. Jh. verwandt: atonitus, atondo, commendita, precarium, precaria. Die Bezeichnung *prestimonio* wie der entsprechende Begriff 'honor' in Aragón und Navarra wurden seit der 2. Hälfte des 11. Jh. allgemein gebräuchl. Es gab landwirtschaftl. P., die einzelnen oder einer Gruppe von Bauern »ad populandum« zu erbl. →Lehen übertragen, und andere P., die ohne Auflage oder als Lohn für geleistete Dienste an verschiedene Institutionen und Personen »pro bono et fideli servitio« gegeben wurden. Bes. Interesse kommt jedoch für die verfassungsgesch. Forschung der Übertragung von Ländereien als Belohnung für Kriegsdienste in Form von Lehen (beneficium) zu; eine lehnsrechtl. Bindung des Begünstigten an den Schenkenden lag dabei nicht immer vor, so daß Vasallität und Lehen sich nicht zwingend bedingten. Zudem wurden die P. von den Kg.en nur auf Zeit gewährt (»ad tempus«) und konnten, da sie nicht erblich waren, wieder eingezogen werden, obwohl einzig die Inhaber von P., wie schon der Fuero v. Castrojeriz (974) erwähnt, verpflichtet waren, dem Kg. auf eigene Kosten Heerfolge zu leisten. Häufig wurden auch *tenencias* (Burglehen) nach denselben Rechtsnormen vergeben. Dagegen findet sich der Gebrauch des Begriffs *feudo* (Lehen) nur selten in Kastilien und León, und das P. weist nicht die für Lehensübertragungen charakterist. Merkmale auf. Bereits seit dem 11. Jh. wurden aus lehnsrechtl. Verpflichtungen erwachsene Kriegsdienste häufig durch Geldzahlungen (*soldada*) abgegolten, eine Verfahrensweise, die seit der Zeit Ferdinands III. allgemein üblich wurde, während gleichzeitig immer mehr kgl. Vasallen bei Landverteilungen (*repartimientos*) in den von den Muslimen zurückeroberten Gebieten Güter erhielten oder vom Herrscher Sold empfingen (eine bestimmte Geldsumme, die aus den kgl. Einkünften bezahlt wurde, obwohl sie zunächst als *tierra* und seit Mitte des 14. Jh. als *acostamiento* bezeichnet wurde); zudem kam es immer häufiger zur erbl. Vergabe kgl. Einkünfte aus bestimmten Ländereien, die zur Ausbildung von *señoríos jurisdiccionales* führten. Parallel dazu wurden seit der Zeit Alfons' X. fakt. keine P. als Lohn für geleistete Dienste mehr vergeben.
M. A. Ladero Quesada

Lit.: L. García de Valdeavellano, El Prestimonio, AHDE 15, 1955, 5–122 – H. Grassotti, Las instituciones feudo-vasalláticas en León y Castilla, 2 Bde, 1969 – Dies., Apostillas a »El prestimonio« de Valdeavellano (Estudios Medievales Españoles, 1981), 133–193 [ursprgl. in: CHE 29–30, 1959, 167–217] – A. García-Gallo, El hombre y la tierra en la edad media leonesa (El p. agrario, 1981) – L. García de Valdeavellano, El feudalismo hispánico, 1981, 106ff. – En torno al feudalismo hispánico (Kongreßakten, 1989).

Preußen, Land im sö. Ostseeraum. Seit die →Prußen/P. im 13. Jh. zum zweiten Mal das Ziel von Missions- und Unterwerfungsversuchen wurden, ist in päpstl. wie in ksl. Urkk. der Name des Volkes auf das von ihm bewohnte Gebiet, das 'terra Prussiae' o. ä. benannt wurde, übertragen worden. Entsprechend führte der oberste Amtsträger des →Deutschen Ordens in diesem Gebiet, der preuß. →Landmeister, den Titel 'magister Prussiae' o. ä. Als der Dt. Orden 1309 sein preuß. Herrschaftsgebiet um →Pommerellen erweiterte, blieb der Name des Landes zunächst noch gebräuchlich. Zumal im Zusammenhang rechtlicher Auseinandersetzungen wurde auf poln. Seite zwischen Prussia und Pomerania unterschieden. Auch der kirchl. Sprachgebrauch konservierte die alte Terminologie: Das neue Ordensgebiet bildete den Archidiakonat Pommerellen des Bm.s Leslau. Im internen Sprachgebrauch wurde jedoch bald das erweiterte Herrschaftsgebiet des Ordens als P. bezeichnet. Diese Bezeichnung wurde auch außerhalb des Landes gebraucht. Im Sprachgebrauch der →Hanse waren z. B. Kaufleute aus →Danzig preuß. Kaufleute, während der Orden nicht selten als 'ordo Pruthenorum' o. ä. benannt wurde, und preuß. Geschichtsschreiber von dem – nunmehr auf der Marienburg residierenden –

→Hochmeister als 'magister Pruthenorum' sprechen. Ordensintern war die Bezeichnung 'preußisch' für den Orden dagegen zunächst nicht üblich.

Am wichtigsten für die Verfestigung des Landesnamens in seiner seit dem frühen 14. Jh. erweiterten Geltung wurde, daß die Vertreter der →Stände in ihrer Selbstbezeichnung und wohl auch in ihrem Selbstverständnis nicht zw. dem ursprgl. und dem vergrößerten Herrschaftsgebiet des Ordens – und der vier preuß. Bf.e und Domkapitel – unterschieden. Die in ihrer überwiegenden Mehrzahl nicht aus dem Lande stammenden Ordensritter wurden im 15. Jh. in wachsendem Maße als landfremd verstanden. Dem entsprach auf seiten der Repräsentanten von Städten und größeren ländl. Grundbesitzern die Meinung, sie selbst verträten das Land P. Im Widerspruch gegen die Landfremdheit der Ordensritter trat die Erinnerung daran, daß die eigenen Vorfahren meistens ja ebenfalls eingewandert waren, zurück. Dabei blieb aber die Bezeichnung 'preußisch' für die Sprache – und wohl auch die Identität – derer, die in bes. preuß. Rechtsverhältnissen auf dem Lande lebten, bestehen.

Der →Preuß. Bund, der dem Orden 1454 den Gehorsam aufkündigte und im Bündnis mit dem Kg. v. →Polen den Krieg erklärte, bestand aus Repräsentanten des ganzen Landes. Dementsprechend wurde das Resultat des 2. →Thorner Friedens von 1466, der den Orden die Eroberungen des Jahres 1309, aber auch Teile seines ursprgl. Herrschaftsgebietes kostete, als eine Teilung des Landes P. verstanden. In dem Maße, in dem sich die Wortführer der nun zur Krone Polen gehörenden preuß. Gebiete, die als 'P. kgl. Anteils' bezeichnet wurden, gegen unitarische Tendenzen seitens der Vertreter der Krone zur Wehr setzten, blieb das Bewußtsein lebendig, daß es sich bei den nun zu Polen gehörenden Gebieten um einen Teil P.s handle. Gemeinsame Ständeversammlungen oder Münzvereinbarungen zw. beiden Teilen P.s trugen ebenso wie Bemühungen der Historiographen dazu bei, daß der Landesname weiterhin für das ganze Gebiet, das der Dt. Orden und die vier preuß. Bf.e und Domkapitel seit 1309 beherrscht hatten, in Geltung blieb. Die Teilungen Polens von 1772 bis 1785, in deren Folge die Gebiete, die der Orden 1466 verloren hatte, an die brandenburgisch-preuß. Monarchie fielen, sind im Hinblick auf die Motive, welche die preuß. Seite geleitet haben, zwar nicht als eine Wiedervereinigung des Landes zu verstehen. Doch hat auf der anderen Seite die Erinnerung an die alte Einheit zweifellos dazu beigetragen, daß die neuen Gebiete rasch in die brandenburgisch-preuß. Monarchie integriert wurden. 1773 bestimmte der Kg., die neuen Gebiete sollten Westpreußen, die schon vorher zu seiner Monarchie gehörige Hälfte aber Ostpreußen genannt werden.

So hat der Landesname P. von etwa 1230 bis 1945 ein in seiner Ausdehnung nur wenig verändertes Gebiet bezeichnet. Eine polit. Einheit stellte dieses aber zunächst nicht dar. Neben dem Orden waren die Bf.e und die Domkapitel v. →Ermland, →Pomesanien, →Kulm und →Samland Landesherren in P. Allerdings waren die Domkapitel, vom ermländ. abgesehen, dem Orden inkorporiert. Auch die Bf.e gehörten meist dem Orden an, und der Bf. und das Kapitel v. Ermland waren polit. eng mit ihm verbunden. In dem Maße, wie sich seit der Zeit um 1400 die Repräsentanten der Stände gegen die Landesherren artikulierten, rückten die Bf.e und die Kapitel noch fester an die Seite des Ordens.

Zudem waren die sozialen und wirtschaftl. Strukturen im Ordensgebiet und in den anderen preuß. Territorien die gleichen. Hier wie dort überzog das Land ein dichtes Netz von Gründungsstädten (→Kulmer Handfeste), die in aller Regel Kulmer – und nur im Ausnahmefall →Lübisches – Recht verliehen erhielten. Die ländl. Bevölkerung war in die im dörfl. Verband lebenden Bauern und die Besitzer von Einzelgütern gegliedert. Die Dorfbewohner schieden sich in die Siedler nach kulmischem Recht, einem typischen Kolonialrecht, das den Bauern weitreichende Freiheitsrechte zugestand, und in die ungünstiger gestellten Hakenbauern pruß. Herkunft. Die Inhaber von Einzelgütern, geschieden in große und kleine Freie, lebten nach versch. Rechten. Doch hatte der Orden nur in den ersten Jahren Latifundien ausgegeben. Die meisten Güterinhaber verfügten über nur bescheidenen Besitz. Der für das spätere Ost- und Westp. so typische Großgrundbesitz hat seine Anfänge erst im späteren 15. Jh., als der Orden Söldnerführer mit großem Landbesitz ausstattete. Seit dem 15. Jh. wanderten Masuren und Litauer in das Land ein. (Zur Wirtschaft →Ostsee, →Hanse sowie die Beiträge zu den wichtigsten Handelsgütern wie →Getreide, →Holz, →Bernstein.)

Ungeachtet der Unterschiede zw. den Territorien des Ordens und denen der Bf.e und Kapitel war die Position des Landesherrn stark. Einen Adel im strengen Sinne gab es nicht. Alle Herrschaftsrechte lagen beim Landesherrn. Obwohl sich die Inhaber der Güter im 15. Jh. als Landesadel zu verstehen begannen und sich als solcher verhielten, konnte noch der Große Kurfürst im 17. Jh. mit Recht davon sprechen, daß der Landesherr in Preußen bes. reiche Ressourcen habe.

Zur Formierung des Landes trugen Auseinandersetzungen innerhalb des Ordens bei, die durch die Konflikte zw. dem Landesherrn und den Ständen in P. zugespitzt wurden. Der Hochmeister wurde seitens des Ordens im Reich – und im geringeren Maße auch seitens des livländ. Ordenszweiges – als Vorsteher des preuß. Ordenszweiges und weniger als Oberer des ganzen Ordens verstanden. Die Friedensverträge mit Polen und Litauen, die der Hochmeister 1423 in →Melnosee und 1435 in →Brest schloß, verstärkten diese Desintegration. Der Deutschmeister und der röm.-dt. Kg. versuchten, den Frieden zu verhindern, während der Hochmeister in P. unter dem Druck der Stände des Landes handelte und die Stände den Frieden garantierten. Sie behandelten den Hochmeister als Landesfs.en und ignorierten die Ordenskorporation.

H. Boockmann

Lit.: E. Maschke, P. Das Werden eines dt. Stammesnamens, Ostdt. Wiss. 2, 1955 – R. Wenskus, Das Deutschordensland P. als Territorialstaat des 14. Jh. (Der dt. Territorialstaat des 14. Jh., 1, VuF 13, 1970) – J. Wałłek, Die Entstehung und Entwicklung eines Sonderbewußtseins in P. während des 15. und 16. Jh., ZOF 31, 1982 – B. Jähnig, Bevölkerungsveränderungen und Landesbewußtsein im P.land, BDLG 121, 1985 – Die Anfänge der ständ. Vertretungen in P. und seinen Nachbarländern, hg. H. Boockmann, 1992 – Ders., Dt. Gesch. im Osten Europas. Ostp. und Westp., 1992.

Preußenaufstände. Nachdem der →Dt. Orden 1231 mit dem Kampf gegen die →Prußen begonnen hatte, gelang es ihm und den von ihm geführten Kreuzfahrerheeren (→Kreuzzüge, C. II) in wenigen Jahren, weichselabwärts bis zur Ostsee vorzustoßen. Der Widerstand der Prußen wurde für ihn gefährl., als es 1242 zu einem Bündnis zw. diesen und Hzg. Swantopolk II. v. →Pommerellen kam. 1249 wurden nach dem Sieg des Ordens die Friedensbedingungen durch einen päpstl. Legaten im Vertrag v. →Christburg formuliert. Der Frieden wurde hinfällig, als sich ein großer Teil der Prußen 1260–74 abermals gegen die Herrschaft des Ordens zur Wehr setzte. Der Orden und die mit ihm verbündeten Kreuzfahrer hatten es mit einem erbitterten Widerstand zu tun, doch standen nicht alle Prußen gegen sie. Viele Angehörige führender Familien hatte der Orden privilegiert. So wurde ungeachtet des zweiten Aufstandes der Prußen für diejenigen, die auf der Seite des Ordens geblieben waren, der Sache nach das, was den Prußen im Christburger Vertrag zugestanden worden war, dennoch verwirklicht. H. Boockmann

Lit.: A. L. Ewald, Die Eroberung Preußens durch die Deutschen, 1872–86 – W. Urban, The Prussian Crusade, 1980.

Preußenreise (frz. *voyage de Prusse*), der Kriegszug (»Reise«, frz. *rèze*) nach dem Ordensland →Preußen, um mit dem →Dt. Orden gegen die (bis 1386) heidn. Litauer zu kämpfen (daher auch 'Litauerreise' gen.). Dieser Kreuzzug ist (nach Abschluß der Eroberung Preußens und dem Fall Akkons) 1304 erstmals bezeugt und dauerte in Ausläufern bis 1422/23, im Kern von 1328/29 bis 1396 (→Nikopolis, Schlacht v.), mit Höhepunkten in den 1330er/1340er, 1360er und den ersten 1390er Jahren. An ihm nahmen nicht nur Dt.e und Reichsangehörige, sondern auch in großer Zahl Franzosen und Engländer, in geringerer Zahl Schotten, Italiener, Spanier und, zeitweilig in den 1380er Jahren, auch Polen teil. Prominente Preußenfahrer waren: Kg. Johann v. Böhmen-Luxemburg (1328/29, 1336/37, 1344/45), Gf. Wilhelm IV. (II.) v. Holland-Hennegau (1336/37, 1343/44, 1344/45), Heinrich v. Grosmont, Hzg. v. Lancaster (1351/52), Gf. Gaston Fébus v. Foix-Béarn (1357/58), Jean de Blois-Gouda-Schoonhoven (1362/63, 1368/69), Hzg. Albrecht III. v. Österreich (1377), der Gf. v. Derby (= Kg. Heinrich IV.; 1390/91, 1392), Hzg. Wilhelm VII. v. Jülich-Geldern (wie sein Vater siebenmal: 1346/74, 1383/1400) und Guilbert de Lannoy (1413/14, 1420/21). Bei den Familien v. Ell(n)er, Namur, Gistel, Ufford-Suffolk, Beauchamp-Warwick, La Trémoille war die P. nachweisl. Tradition, für den gesamten Adel Europas die Attraktion, die auf »devotio et militia«, dem zu verdienenden Ablaß, der ungewöhnl. »Winterreise« (es gab daneben die »Sommerreise«) und auf dem vom Orden seit den 1350er Jahren wohl nach westeurop. Vorbild eingerichteten »Ehrentisch« beruhte. An diesen wurden nach Auswahl der anwesenden Herolde etwa 12 Edelleute gesetzt, einer an die Spitze. In Königsberg traf sich die internat. Ritterschaft und hinterließ als Andenken gemalte Wappen, u. a. im Dom. Die Preußen beim Orden und den Kaufleuten aufgenommen Anleihen, rückzahlbar in Brügge, waren ein bedeutender Teil des hans. Zahlungsverkehrs. Militär. hatten die Expeditionen nach →Litauen das Ziel, das Land zu »verheeren«, an der Memel auf Schiffsreisen Burgen zu errichten, die Befestigungen im litauischen Kernland (Kaunas, Wilna, Troki) zu erobern. Auf den durchaus ernstzunehmenden Feldzügen gelang es dem Orden auch mit Hilfe der »Kriegsgäste« jedoch nicht, das Land auf Dauer zu besetzen.
W. Paravicini

Lit.: W. Paravicini, Die P.n des europ. Adels, I, 1989; II, 1 [im Dr.].

Preußischer Bund. Nach Jahrzehnten zunehmender Konflikte zw. dem →Dt. Orden und den führenden Vertretern der größeren preuß. Städte und des sog. Landesadels schlossen sich diese Repräsentanten des Landes zu einem Bündnis gegen künftige Übergriffe des Ordens zusammen, das in mancher Hinsicht an gleichzeitige Landfriedensbündnisse erinnert, doch den Normen des kanon. Rechts, auf die sich der Orden bei seiner Landesherrschaft berufen konnte, widersprach. Hochmeister →Konrad v. Erlichshausen (1441–49) bemühte sich pragmat. um einen Ausgleich mit den Ständen, während sein Nachfolger, Ludwig v. Erlichshausen, dem P. B. im Zusammenwirken mit Papst und Ks. durch den Erweis der Illegalität beizukommen suchte. Dieser wurde in einem schiedsgerichtl. Urteil Ks. Friedrichs III. 1453 erbracht. Der P. B. kündigte daraufhin dem Hochmeister den Gehorsam auf und unterstellte sich dem Kg. v. Polen. Das Bündnis führte zum Dreizehnjährigen Krieg gegen den Orden, der mit dem 2. Frieden v. →Thorn 1466 beendet wurde.
H. Boockmann

Ed.: Acten der Ständetage Preußens unter der Herrschaft des Dt. Ordens, hg. M. Toeppen, 1874–86 – Lit.: E. Lüdicke, Der Rechtskampf des Dt. Ordens gegen den Bund der preuß. Stände 1440–53, Altpreuß. Forsch. 12, 1935 – K. Górski, La Ligue des États et les origines du Régime répresentatif en Prusse (Ders., Communitas, princeps, corona regni, 1976).

Prévôt (praepositus, 'Vorsteher'), Bezeichnung für verschiedene Typen von grundherrl. und kgl. Amtsträgern in Frankreich (zum 'praepositus' im monast.-kirchl. Bereich →Propst).

I. Der grundherrliche Prévôt – II. Der königliche Prévôt – III. Der Prévôt von Paris – IV. Der Prévôt des marchands in Paris – V. Die Prévôté de l'Hôtel.

I. Der grundherrliche Prévôt: Der P. (praepositus), der als Amtsträger (*P. seigneurial*) innerhalb der →Grundherrschaft erscheint, wurde vom Herrn, insbes. auf weiter entfernten 'villae', zum Stellvertreter ernannt; er wurde auch als 'major' (*maire*; →Meier; villicus) oder manchmal als 'bailli' bezeichnet. P.s nahmen die grundherrl. Rechte und Aufgaben wahr (einschließl. der Ansetzung neuer Pächter und Rodungsbauern), waren im 11. Jh. in der Regel aber selber unfreier Herkunft (→Unfreiheit). Trotz der Zugehörigkeit zur abhängigen grundherrl. Bevölkerungsschicht besaßen die P.s eine nicht unbedeutende Machtposition. Sie erhielten die Erträge eines bes., abgabefreien Bereichs des Domaniallandes; der Herr überließ ihnen einen Teil der Einkünfte. Ihre wachsende wirtschaftl. Unabhängigkeit und ihr Wohlstand waren durch den zumeist erbl. Charakter ihres Amts gut abgesichert. Sie übten im Namen des Grundherrn eine fast unumschränkte Befehlsgewalt über die Unfreien aus, waren bei den freien Pächtern gefürchtet und bildeten bereits im 11. Jh. eine echte »Aristokratie der Unfreiheit«.

Um 1100 überwanden sie zumeist ihren unfreien Rechtsstatus und waren nun bestrebt, ihren Besitz als →Allod zu organisieren und zu arrondieren. Zu Beginn des 12. Jh. waren diese freien und reichen P.s zu einer mächtigen Gruppierung geworden; manche von ihnen verfolgten die Absicht, in den von ihnen verwalteten Domänen den Grundherrn zu verdrängen. Die Herren ihrerseits bekämpften die allzu einflußreichen P.s, bemühten sich, den Ämterkumulus einzudämmen, die mächtigsten und unbotmäßigsten P.s auszuschalten, die Erblichkeit des Amts zugunsten einer nur zeitweiligen Übertragung abzuschaffen. Doch konnten sie diese Rekuperationspolitik in nur unvollkommenem Maße durchsetzen; in vielen Fällen kam es lediglich zum Abschluß einer 'charte de prévôté', die u. a. die wechselseitigen Rechte und Pflichten von Herrn und P. fixierte. Die P.s, bes. diejenigen, die an der Spitze ausgedehnter Seigneurien standen, bildeten bereits damals die Elite nichtadliger 'roturiers'.

Lit.: L. Halphen, P.s et voyers au XIe s; région angevine, Le M-Å, 1902 – G. Duby, La société aux XIe et XIIe s. dans la région mâconnaise, 1971.

II. Der königliche Prévôt: Das frz. Kgtm. der →Kapetinger setzte seit der Regierung →Roberts II. (996–1031), wenn nicht schon seit →Hugo Capet (987–996), in jedem Gebiet, in dem sich kgl. Domänen von Belang befanden, einen kgl. Verwalter ein, den 'praepositus'. Dieser kgl. P.

reiste in seinem Sprengel umher, um die kgl. Rechte und Abgaben auch an entfernten Orten wahrzunehmen bzw. einzuziehen. Neben der Abgabenerhebung oblagen dem P. andererseits die Zahlungen für den Unterhalt kgl. Burgen und Höfe. Er hatte auch die Almosen an die geistl. Häuser auszuteilen und Pfandschaften zu leisten. Als Helfer unterstanden ihm verschiedene Dienstleute (Büttel: *sergents, bedeaux*; Münzer: *monétaires*; Zöllner: *tonloyers*; Förster: *forestiers*). In den Städten waren ihm Vikare (*voyers*) unterstellt, in Marktflecken (*bourgs*) der jeweilige Meier (*maire*).

Der P. hatte die Anweisungen und Befehle des Kg.s weiterzugeben; er hielt auch Gericht, bei dem ihm die *prud'hommes* (→probi homines) zur Seite standen. Er führte das Truppenkontingent seines Amtsbezirks dem kgl. Heeresaufgebot (*ost*) zu. Seine Hauptaufgabe bestand jedoch in der domanialen Verwaltung der Königsgüter in seiner Prévôté, die eher als Gesamtheit der kgl. Rechte in einem Gebiet denn als territoriale Einheit zu verstehen ist. Die P.s waren beim Volk verhaßt, doch auch von den großen Herren wenig geschätzt.

Der Aufstieg mancher P.s konnte für die kgl. Zentralgewalt gefährl. werden. Um der im 11. Jh. vordringenden Erblichkeit (und dem damit implizierten Lehnscharakter der 'praepositura') Einhalt zu gebieten, transformierte das Kgtm. die Prévôté in ein Amt, das der Verpachtung und der Vergabe an den Meistbietenden unterlag. Der P. hatte jedes Jahr die zu erwartenden Einkünfte im voraus an den kgl. Schatz abzuführen: zu St. Remigius (seit dem 13. Jh. zu Allerheiligen), zu Mariä Lichtmeß und Christi Himmelfahrt. Anschließend holten die P.s die Einkünfte durch Auspressen ihrer Untergebenen wieder herein.

Im 11. und 12. Jh. unterstanden die P.s der Amtsgewalt des →Seneschalls. Ein Verzeichnis der kgl. Prévôtés läßt sich erst ab 1202–03, aufgrund der ersten erhaltenen Rechnung der kgl. Einnahmen und Ausgaben, erstellen. Dieses Dokument liefert eine Liste von 56 Prévôtés, denen eine Reihe weiterer hinzuzuzählen ist, so daß in dieser Periode wohl insgesamt 67 Prévôtés bestanden, die jedoch von nur 45 P.s verwaltet wurden. Ihre Ausdehnung war ganz unterschiedlich; neben P.s von beträchtl. Größe (z. B. Paris, Orléans, Bourges und Sens) gab es P.s, die nur winzige Dörfer umfaßten (so etwa manche Prévôtés im Orléanais und Gâtinais). Das Anwachsen der kgl. Prévôtés von der späten Karolingerzeit (Laon, Compiègne, Verbery, Bethisy, Wacquemoulin und Attigny) über die Zeit der frühen Kapetinger (z. B. Orléans, Étampes, Paris, Melun, Corbeil u. v. a.) bis zu Philipp II. Augustus (z. B. Montargis, Amiens, Beauquesne, Péronne, Arras u. v. a.) spiegelt die starke Erweiterung der →Krondomäne wider.

Die P.s wurden von den großen Herren nicht anerkannt und besaßen effektiv keine weitgehenden Machtbefugnisse. Am Ende des 12. Jh. wurde die Institution der Prévôté von derjenigen des Bailliage überlagert. Die →Baillis waren mit echter jurisdiktioneller Kompetenz ausgestattet, hatten anfangs die Amtsführung der P.s zu überwachen und Beschwerden der Bevölkerung entgegenzunehmen. Doch fungierten die P.s weiterhin als lokale kgl. Domänenverwalter. Das Amt wurde erst im April 1749 aufgehoben.

Lit.: H. Gravier, Essai sur les p.s royaux du XIe au XIVe s., 1904 – F. Lot–R. Fawtier, Le premier budget de la monarchie française, 1932 – Dies., Hist. des institutions françaises, 1954.

III. Der Prévôt von Paris: Seit der 1. Hälfte des 11. Jh. war der *P. de Paris* (auch: *garde de la prévôté*) derjenige kgl. Beamte, der die Verwaltung der Stadt →Paris (*Ville de Paris*) zu führen hatte. Sein Amtssitz war das →Châtelet.

Als sich die Institution der Baillis ausbildete, wurde Paris nicht als Bailliage organisiert, sondern blieb Prévôté. Der P. de Paris besaß trotz seines P. titels Stellung und Kompetenzen eines Bailli. Er richtete in erster Instanz die Untertanen des Kg.s in Paris und seiner Bannmeile (*banlieue*). Er hatte darüber hinaus die Appellationsgerichtsbarkeit für die Urteile der kleinen Prévôtés in der Vicomté v. Paris, ebenso diejenigen zahlreicher Seigneurien, geistl. wie weltl., die in Paris, der Bannmeile und der Vicomté bestanden.

Der bedeutendste P. de Paris war Étienne →Boileau, der, zunächst als Amtspächter, unter →Ludwig d. Hl.n amtierte und als Urheber des berühmten →»Livre des métiers« (um 1268) die Rechte und Gewohnheiten der Pariser Korporationen aufzeichnen ließ. Zu Beginn des 15. Jh. wurde der P. de Paris nicht mehr unmittelbar durch den Kg. ernannt, sondern vom Grand →Conseil erwählt.

Dem P. de Paris assistierten zwei →Lieutenants, der eine für Zivil-, der andere für Strafsachen. Als Räte des P. fungierten die →Auditeurs au Châtelet, die bei Prozessen, deren Streitwert unter 60 *sous* betrug, ohne Appellation an den P. richten durften. Seit Beginn des 14. Jh. waren am Châtelet 60 →Notare mit der Ausfertigung der überaus zahlreichen Gerichtsurkk. dieser zentralen Behörde befaßt.

Lit.: Ch. Desmaze, Le Châtelet de Paris, 1870 – Col. Borelli de Serres, Une légende administrative, la réforme de la prévôté de Paris et Étienne Boileau (Recherches sur divers services publics du XIIIe au XVIIe s., 1, 1895), 529–572 – F. Olivier-Martin, Hist. de la coutume de la prévôté et vicomté de Paris, 1922–30 – F. Lot–R. Fawtier, Hist. des institutions françaises, 1954 – →Châtelet.

IV. Der Prévôt des marchands in Paris: Der Titel *P. des marchands* wurde vom Leiter der Pariser Munizipalverwaltung geführt. Als Oberhaupt der Kaufmannschaft stand er an der Spitze der Geschworenen der (mit umfassenden Privilegien ausgestatteten) Korporation der 'marchands de l'eau de Paris' (→Hanse, Pariser). Ihm standen zur Seite vier →Schöffen (*échevins*), die als 'jurés de la confrérie des marchands de l'eau' bezeichnet wurden. Dem P. des marchands und den Schöffen oblagen alle Angelegenheiten, die den Handelsverkehr, die Instandhaltung und das Polizeiwesen der Stadt Paris betrafen. Die Prévôté des marchands war zugleich Gerichtshof; ab 1296 richteten der P. des marchands und seine Schöffen unter dem Beisitz von 24 Gerichtsschöffen. Ihr Amtssitz war das Stadthaus ('Maison aux piliers') nahe der Place de Grève.

Bedeutendster P. des marchands war Étienne →Marcel, der während der Krise der Jahre 1356–58 (→Frankreich, C. VII) als Führer der städt. Aufstandsbewegung eine mächtige Agitation entfaltete. Bis zu ihm wurde der P. des marchands durchweg von den großen Familien der Pariser Handelsbourgeoisie (Gentien, →Marcel, des →Essarts) gestellt. Nachdem das Amt am 27. Jan. 1383 eine Zeitlang aufgehoben worden war, amtierte 1389–1412 ein 'garde de la prévôté'; 1412 erfolgte die Wiedereinrichtung. Der P. des marchands entstammte nun zumeist dem Kreis der kgl. Ratgeber (→Conseil royal), großen Amtsinhaber (*grands officiers*) und Magistratsherren, so Jean →Bureau, der kgl. Trésorier war, und Mathieu de Nanterre, der als Präsident der Requêtes du Palais fungierte.

Lit.: G. Huisman, La juridiction de la municipalité parisienne de saint Louis à Charles VII, 1912 – A. Vidier, Les origines de la municipalité parisienne (Mém. de la soc. de l'hist. de Paris et de l'Île de France 49, 1927), 250–291 – J. Favier, Paris au XVe s., 1380–1500, 1974 (Nouv. Hist. de Paris).

V. Die Prévôté de l'Hôtel: Der P. de l'Hôtel (→Hôtel du roi) fungierte als ordentl. Richter des kgl. Hofhalts. Er tritt in der 1. Hälfte des 15. Jh. auf. Vorher waren seine Aufgaben vom →Seneschall und von den →Maîtres d'hôtel (Hofmeistern) ausgeübt worden. Das Amt erlebte seine weitere Entwicklung dann in der Neuzeit.   E. Lalou

Lit.: F. Lot–R. Fawtier, Hist. des institutions françaises au MA, II: Institutions royales, 1958.

Priamel, spezif. Art der →Spruchdichtung (von lat. Praeambulum 'das Vorangehende'). Das Wort bezeichnet in der Musik, ähnlich wie Praeludium, seit Anfang des 15. Jh. ein Einleitungsstück für Tasteninstrumente oder Laute. Als lit. Begriff wird P. zuerst von →Rosenplüt verwendet, der neben →Folz der bedeutendste Vertreter dieser im 15. Jh. in Nürnberg entstandenen Gattung ist. Anstelle von P. werden in der Überlieferung auch die Bezeichnungen *sprüchlin* oder *sprichpörter* (Sprichwörter) gebraucht. Da ein lit. P. in keiner Weise als 'Vorspiel' funktioniert, bleibt die Bezeichnung in ihrem hist. Entstehen unklar. Die Vorläufer der P.dichtung sind in der hochma. Spruchdichtung zu finden, insbes. bei →Freidank, →Hugo v. Trimberg u. a. In seiner kürzesten Form besteht das P. aus vier paargereimten viertaktigen Versen, kann jedoch einen Umfang bis zu ca. 70 Vv. annehmen (durchschnittl. 8–14 Vv.). Ein Beispiel: »Wer alle tag wil ligen im luder / Und aus der schussel wil füren gute fuder / und einen trunk übern andern will sauffen: / Den sicht man wenig erb und eigen kauffen« (Euling, 1887, Nr. XXX). Das Beispiel zeigt wesentl. Merkmale des P.: Die ersten drei Verse sind inhaltl. und syntakt. parallel gebaut, während die Schlußzeile eine Art Pointe darstellt, in der die vorhergehenden Aussagen auf den Punkt gebracht werden. Oft hat die Schlußpointe einen unerwarteten, ja witzigen Charakter. P.dichtung ist ihrem Wesen nach moralisierend-belehrend, d. h. menschl. Schwächen werden oft recht drastisch vorgestellt, mit der Absicht, diese erkennen und bessern zu können; dies gilt auch für das religiöse P. Die meisten P.hss. entstanden im späten 15. Jh., fast alle weisen auf bayer. Herkunft, manche direkt nach Nürnberg, so auch die bedeutendste P.hs. von 1490 (Wolfenbüttel 2.4 Aug. 2°). Neben P.slg.en sind seit 1460/70 auch P.-Einblattdrucke nachweisbar. Während die Hss. keine Illustrationen aufweisen, existieren →Einblattdrucke, auf denen der Text oberhalb eines Holzschnittes angeordnet ist. Es besteht jedoch kein Anlaß (vgl. Kiepe), in dieser Anordnung von Text und Bild die ursprgl. Form und somit die Herkunft des Begriffs P. (im Sinne von 'Vorrede' zum nachfolgenden Bild) zu sehen. Um die Mitte des 16. Jh. endet die Geschichte der Nürnberger P.dichtung.
P. Kesting

Lit.: Hundert noch ungedruckte P.n des 15. Jh., hg. K. Euling, 1887 – Ders., Das P. bis Hans Rosenplüt, 1905 – H. J. Kiepe, Die Nürnberger P.dichtung, 1984 – S. Pfister, Sind P.n 'Bildgedichte'?, ZDA 115, 1986, 228–233.

Pribik Pulkava → Pulkava, Pribik

Pribina → Privina

Pribislav

1. **P.,** Fs. der abodrit. Teilstämme der →Wagrier und →Polaben (daneben bei den →Abodriten Fs. →Niklot) nach dem Tod des →Knud Laward (1131), Neffe →Heinrichs v. Alt-Lübeck (28. H.). Vergeltungszüge der Holsten 1138/39 (→Holstein) gegen die heidn. Slaven sowie die wagr. Konkurrenz (aus dem Geschlecht des →Kruto) besiegelten P.s raschen Niedergang. 1143 belehnte der sächs. Hzg. →Heinrich d. Löwe (68. H.) Adolf II. v. Schauenburg mit Segeberg und ganz Wagrien sowie →Heinrich v. Badwide (66. H.) mit Ratzeburg und dem Land der Polaben. P.s Stellung nach 1143 bleibt im dunkeln. Nur z. J. 1156 erscheint er noch einmal in den Q.: Als offenbar machtloser, wenn auch wohlhabender Mann nahm er an einem Gottesdienst im wagr. →Oldenburg teil, als Verkörperung von »Rückzug und Untergang des Slaventums« (Lammers) in Nordelbien.   Chr. Lübke

Q.: Helmold v. Bosau, Chronica Slavorum, I/52f., 55, 83f., ed. B. Schmeidler (MGH SRG [in us. schol.] 32, 1937³) – Lit.: W. H. Fritze, Probleme der abodrit. Stammes- und Reichsverfassung (Siedlung und Verfassung der Slawen zw. Elbe, Saale und Oder, 1960), 169ff. – W. Lammers, Die Zeit bis zu Heinrich dem Löwen (Gesch. Schleswig-Holsteins, IV/4, 1981), 244f., 276ff., 340ff.

2. **P.,** Fs. der →Abodriten, † 1178, aus dem Geschlecht der Nakoniden (→Nakon), Sohn des →Niklot. Nach dem Tod des Vaters (1160) und der Niederschlagung des abodrit. Aufstandes gegen die Herrschaft Hzg. →Heinrichs d. Löwen (68. H.) in den Jahren 1163/64 (Schlacht bei Verchen nahe Demmin gegen ein sächs.-dän. Heer) floh P. zu den verbündeten Pommerns.en. Doch erhielt er 1167 die terra Obotritorum (außer Schwerin) als Vasall Heinrichs zurück, nahm den chr. Glauben an und blieb dem Sachsenhzg. seitdem eng verbunden. Er beteiligte sich, unter Einbeziehung der slav. Bevölkerung, am →Landesausbau, gründete 1171 das Kl. →Doberan, dotierte das Bm. Schwerin und begleitete Heinrich 1172 nach Jerusalem. Sein Sohn Borwin heiratete eine Tochter Heinrichs.
Chr. Lübke

Q.: Helmold v. Bosau, Chronica Slavorum, II/93, 98, 102, 104, 110, ed. B. Schmeidler (MGH SRG [in us.schol.] 32, 1937³) – Lit.: M. Hamann, Mecklenburg. Gesch., 1968, 85–92 – Herrmann, Slawen, 1985 [Ind.].

3. **P.,** Fs. der →Heveller, ∞ Mathilde, Tochter Mgf. →Dietrichs v. Haldensleben (8. D.), mußte wohl nach dem großen →Slavenaufstand von 983 seinen Sitz in →Brandenburg aufgeben. Mit Unterstützung Ks. Ottos III. und Fs. →Mieszkos I. v. Polen, mit dem P. verschwägert war, gelangte er um 991 wieder dorthin, ohne aber dauernde Herrschaft ausüben zu können. Vor dem Hintergrund der Kämpfe des Reiches mit den heidn. →Lutizen wurde die Brandenburg zum Brennpunkt gewalttätiger Auseinandersetzungen sächs. Familien, der Heveller und der →Piasten, in deren Verlauf P. bald nach 991 getötet wurde.   Chr. Lübke

Q.: Thietmar v. Merseburg, Chronik, IV/64, ed. R. Holtzmann (MGH SRG NS IX, 1935) – Lit.: H. Ludat, An Elbe und Oder um das Jahr 1000, 1971, 38ff., 49ff. – Chr. Lübke, Reg. zur Gesch. der Slaven an Elbe und Oder, T. II, III, V [Ind.], 1985ff.

4. **P.-Heinrich,** Fs. in der →Brandenburg und im umliegenden Land der →Heveller, um 1080–1150, folgte 1127 seinem ermordeten chr. Vorgänger Meinfried (comes Slavorum) als rechtmäßiger Erbe. P.s zweiter Name (wie auch der Name seiner Gemahlin Petrissa) zeigt den Übertritt zum Christentum an, den die meisten seiner Untertanen nicht vollzogen. P., der sich an die ostsächs. Großen anlehnte, drängte aber die 'Götzendiener' zurück. Diese für die Zeit typ. Zwischenstellung kommt auch in P.s Rang zum Ausdruck: Er führte den Kg.stitel und besaß Herrschaftszeichen (diadema regni sui). Die Erhöhung verdankte er offenbar der Einbindung in die 'Ostpolitik' Lothars III. Da P.s Münzen eine Fahnenlanze zeigen, hatte er ein →Fahnlehen des Reiches inne; doch bleibt seine rechtl. Stellung zum Reich unklar. Eine Vereinbarung mit dem dt. Kg. (Konrad III.?) muß ihm gestattet haben, sein Reich →Albrecht d. Bären zu vererben und dessen Sohn Otto die Zauche (Land s. der Havel) als Patengeschenk zu übertragen. Dies widersprach dem Lehnsrecht, zumal die Brandenburg als Reichsburg galt und die umliegende

Nordmark 1134 als Lehen an Albrecht gekommen war. P.s enge Bindung an den Mgf. en v. Brandenburg bewahrte sein regnum 1147 vor dem →Wendenkreuzzug: Am Vorabend des Zuges legte das Herrscherpaar in der Leitzkauer Peterskirche (sö. Magdeburg, provisor. Brandenburger Bm. ssitz) seine Krone nieder, eine symbol. Auftragung des Landes an den Apostelfs.en. Nach P.s Tod ermöglichte Petrissa, sicher consors regni, Albrechts Erbfolge, wodurch der Hevellerstaat zur slav. Wurzel der entstehenden Mark Brandenburg wurde. E. Bohm

Q.: Heinrici de Antwerpe tractatus de urbe Brandenburg, ed. G. SELLO, Jber. des Altmärk. Vereins für vaterländ. Gesch. und Industrie zu Salzwedel, Abt. für Gesch. 22, 1888, 1–33 – *Lit.:* H.-D. KAHL, Slawen und Deutsche in der brandenburg. Gesch. des 12. Jh., 1964 – E. BOHM, Albrecht d. Bär, Wibald v. Stablo und die Anfänge der Mark Brandenburg, JGMODtl 33, 1984, 62–91.

Pricke of Conscience, vermutl. gegen 1350 in Yorkshire entstandene religiös-didakt. Kompilation (mehr als 9600 Zeilen) in kurzen vierhebigen Reimpaaren, bereits in einigen Hss. und von →Lydgate Richard →Rolle zugeschrieben. ALLENS bisher allg. akzeptierte innere Gründe gegen eine Verf.schaft Rolles werden neuerdings von RIEHLE in Zweifel gezogen. Von dem mit 115 Hss. am breitesten überlieferten Werk me. Verslit. (auch in Testamenten öfters erwähnt) sind neben der Hauptversion eine s. Rezension, Auszüge, eine Bearb. aus dem frühen 15. Jh. (»Speculum huius vitae«; Ind. Nr. 484) und eine lat. Übers. (BLOOMFIELD, Nr. 1543) bekannt. – Nach einem Prolog werden in sieben Büchern die miseria conditionis humanae, Unbeständigkeit der Welt, Tod, Fegefeuer, Jüngstes Gericht, Qualen der Hölle und Freuden des Himmels behandelt. Als (auch häufig genannte) Q. sind u. a. Augustinus, →Anselm v. Canterbury, →Bernhard v. Clairvaux, Innozenz III., →Robert Grosseteste, →Raimund v. Peñafort und →Hugo Ripelin nachgewiesen. Zwei Einschübe, die zur Annahme einer 'Lollardenversion' geführt haben, entstammen dem →»Cursor Mundi« bzw. Ind. Nr. 1425 (ManualME 5. XIII. 97). K. Bitterling

Bibliogr.: ManualME 7. XX. 18, 1986 – NCBEL I, 503 – C. BROWN – R. H. ROBBINS, The Ind. of ME Verse, 1943 [Suppl., 1954], Nr. 3428f., 1193 – M. W. BLOOMFIELD u. a., Incipits of Lat. Works on the Virtues and Vices, 1979 – *Ed.:* R. MORRIS, 1863 [Neudr. 1973] [nach Galba E. ix; ergänzt für 1538–1729, 6923–9210 durch Harley 4196] – *Lit.:* H. E. ALLEN, The Authorship of the P. C., 1910 – DIES., Writings Ascribed to R. Rolle, 1927, 372–397 – R. E. LEWIS – A. McINTOSH, A Descriptive Guide to the Mss. of the P. C., 1982 – D. BRITTON, The Sources of Ll. 3562–3939 of the P. C., Anglia 109, 1991, 87–93 – W. RIEHLE, The Authorship of the P. C. Reconsidered, Anglia 111, 1993, 1–18.

Priester

A. Lateinischer Westen – B. Ostkirche

A. Lateinischer Westen

I. Historische Bedeutung und kirchenrechtliche Entwicklung – II. Theologie.

I. HISTORISCHE BEDEUTUNG UND KIRCHENRECHTLICHE ENTWICKLUNG: P., verstanden als Personen, die von der Allgemeinheit herausgehoben sind und die Aufgabe haben, zw. »Gott« (höherem Wesen) und den Menschen zu vermitteln, gab es bei Völkern aller Zeiten. Der eigtl. P. des NT ist Jesus Christus selbst. An seinem P.tum nehmen alle Getauften teil, doch ist in der Kirche neben dem sog. »allg. P.tum« schon sehr früh ein bes. Amtsp.tum nachweisbar, das sich auf einen Auftrag Christi beruft und nach dem Tode der Apostel die priesterl. Funktionen der von Christus selbst eingesetzten Amtsträger weiterführt. Das Amtsp.tum wird von Anfang an durch Handauflegung übertragen (Apg 6, 6; Didache 15, 1f.). Diese bes. Form der Amtsübertragung wurde als sakraler Weiheakt gedeutet und hatte die grundsätzl. Zweiteilung der Getauften in Amtsträger (Kleriker) und nichtgeweihte Gemeindeglieder (Laien) zur Folge. Unter den Gemeindemitgliedern mit Leitungs- und Ordnungsfunktionen werden die »Presbyter«, d. h. die »Ältesten«, erwähnt (Apg 14, 23). Paulus und Barnabas setzten auf ihrer Reise durch die Missionsgebiete des s. Kleinasien in jeder Gemeinde Presbyter ein; aus Ephesos läßt Paulus die Presbyter der Gemeinde zu sich kommen (Apg 14, 23; 20, 17). Der Ausdruck »Presbyter« wurde, weil noch eine einheitl. Terminologie erst im Entstehen begriffen war, vielfach noch untechn. verwendet. Daher könnten unter dieser Bezeichnung auch Älteste nach jüd. Vorbild verstanden werden, die in ihrer Gesamtheit einen »Ältestenrat« (Presbyterium) bildeten. Die terminolog. Ungenauigkeit stellt jedoch die Sicherheit in bezug auf die Existenz eines P. amtes nicht in Frage. Zur Zeit →Hippolytus' und →Tertullians, für die eine zunehmende Verrechtlichung der Begriffe charakterist. ist, wird unter P. ein Amtsträger verstanden, für den eine bes. Weihe unter Handauflegung durch den →Bischof erforderl. ist. Für die Bestellung zum P. amt und für die Verleihung der priesterl. Gewalt (De idolatria 7; De exhort. cast. 7; De praescr. 41) hat Tertullian wohl zum ersten Male den Terminus »ordinatio« gebraucht (→Ordination). In dieser Zeit sind P. ständige Vertreter des Bf.s bei der Eucharistie und Seelsorge. Die terminolog. Abgrenzung war allerdings noch nicht definitiv fixiert, denn die Begriffe Bf. und P. wurden oft synonym verwendet. Aus den Briefen des Bf.s Ignatius v. Antiochien wird jedoch bereits die Grundstruktur erkennbar, wonach der Bf. als einziger Amtsträger fungiert, unter seiner Leitung das Kollegium der Presbyter als sein Synedrion, und an dritter Stelle stehen die →Diakone. Trotzdem gebraucht noch →Clemens v. Alexandria (vor 215) für die Bf.e insgesamt wie einzeln den Ausdruck Presbyter bzw. successio presbyterorum (vgl. FEINE, 41). Offiziell durchgesetzt hat sich die Auffassung, daß die P. in ihrem Weiherang hierarch. nach dem Bf. und vor den Diakonen stehen. Dementsprechend fungierten die P. als ordentl. Ratgeber des Bf.s und nahmen an der bfl. Eucharistiefeier aktiven Anteil (concelebratio), sie assistierten bei der Erteilung der feierl. Taufe, Firmung und P. weihe und bei der Versöhnung der Büßer an den Bf.skirchen. Zunächst übten sie noch keine selbständigen seelsorgl. Dienste aus. Ihre Seelsorgetätigkeit entsprang der bfl. Delegation und entwickelte sich als durch die Ausbreitung und Verfolgung des Christentums bedingten Notwendigkeit. Es scheint ihnen das Recht eingeräumt worden zu sein, anstelle des Bf.s die feierl. Taufe zu spenden. Auch wurden sie als Prediger bestellt und übernahmen die Katechese. Weiter wurde ihnen die Erteilung des Bußsakramentes übertragen. In Abwesenheit des Bf.s feierten sie die P. auch das eucharist. Opfer. Seelsorgetätigkeit von P.n, die außerhalb der Kathedrale, also in Oratorien, Außen- bzw. Filialkirchen, angestellt waren, ist im 3. Jh. auch für den W nachweisbar. Darin werden die Anfänge der Pfarrseelsorge gesehen. Für den Beginn des 4. Jh. ist bereits die selbständige Feier des eucharist. Gottesdienstes durch P. in Außenkirchen bezeugt. Während der Zeit der Abwesenheit des Bf.s oder im Falle der Vakanz dieses Amtes fiel auch die Verwaltung der Diöz. und damit u. a. die Leitung der Seelsorge in deren Kompetenz (vgl. PLÖCHL, I, 64).

Immer noch unklar bleibt, ob das Amt des P.s eine »Ausgliederung nach unten« aus dem Episkopalamt darstellt oder umgekehrt das Bf.samt »die Vollendung des Presbyterates« ist. →Hieronymus, der P. und Bf. möglichst gleichzustellen sucht, hebt einen wichtigen Unterschied hervor, indem er bemerkt, nur der Bf. könne Weihen erteilen. Dennoch stehen der Ansicht, ein P. könne nicht einmal außerordentlicherweise gültig das Sakrament der Weihe spenden, ernste geschichtl. Schwierigkeiten entgegen. Im Einklang mit der Lehre zahlreicher ma. Kanonisten (z. B. →Huguccio) verliehen Päpste v. a. Äbten das Privileg, ihren Untergebenen sowohl die sog. niederen Weihen als auch die Subdiakonats-, Diakonats- und P. weihe zu spenden. Man muß annehmen, daß der P. in analoger Weise auch Spender der Diakonats- und P. weihe sein kann, wie er unbestreitbar auch Spender der Firmung ist. Die erforderl. Weihegewalt wäre unter dieser Voraussetzung in der priesterl. Weihegewalt als potestas ligata enthalten (vgl. OTT, 524).

Amt und Weihe waren in der Frühkirche untrennbar verbunden, d. h. die sakrale Handlung der Handauflegung (Chirothesie) vermittelte Weihe- und Amtsgewalt. Augustinus betont den character indelebilis und damit die Unwiederholbarkeit, weil Unverlierbarkeit von Taufe und Ordination »ideoque in catholica utrumque non licet iterari« (Contra ep. Parm. 2, 13, 28). Ungeklärt blieb die Frage, ob auch unwürdige Bf. e gültige Weihe spenden können. Deshalb kam es im Altertum und sogar im frühen MA zu zahlreichen Reordinationen, d. h. Wiederholungen der von häret., schismat. oder simonist. Bf. en gespendeten Weihen.

Die gedankl. Verarbeitung der Lehre des →Augustinus hatte weitreichende Folgen. Der Klerus war von den Laien noch mehr als früher ständ. gesondert, gültig erteilte Weihen galten als unverlierbar und die Reordinationen wurden nicht nur als Q. der Rechtsunsicherheit, sondern auch als Irrtum erkannt. Die Unterscheidung zw. gültiger und erlaubter Weihespendung und Ausübung der Weihegewalt wurde weiter ausgebaut und im Zusammenhang damit bahnte sich die – für die weitere Entwicklung bedeutsame – Unterscheidung, ja sogar Trennung der Weihe- und Jurisdiktionsgewalt an (potestas ordinis, potestas iurisdictionis). Im Gegensatz zur Weihegewalt wurde die Jurisdiktionsgewalt durch einen Rechtsakt je nach Bedarf abgestuft und übertragen, sie konnte, mit dem Amt oder auch unabhängig davon, entzogen werden. Seit Innozenz III. wird der Exklusivanspruch des P.s auf die Zelebration der Eucharistie (Ausfluß der Weihegewalt) sowie auf die Binde- und Lösegewalt (Mt 18, 18), unter dem Aspekt der Jurisdiktionsgewalt, nachdrückl. hervorgehoben. Außerdem erklärte Innozenz III. die absolute Ordination aufgrund einer Verobjektivierung des Weiheverständnisses für zulässig (X. 3.5.16). Damit wird der seit →Chalkedon (451, c.6) unbestrittene Grundsatz, daß Weihen nur auf ein bestimmtes Kirchenamt erteilt werden können, obsolet. Bei den Kanonisten tritt die Unterscheidung zw. Weihe- und Jurisdiktions- (Amts-, Regierungs-)gewalt zu Beginn des 13. Jh. klar zutage. Die Lockerung des Verhältnisses der beiden Gewalten hatte zur Folge, daß die Weihe nur mehr ausnahmsweise als notwendige Voraussetzung für die Übertragung von Amtsgewalt angesehen wurde. Daher konnte Regierungsgewalt auch von jemand ausgeübt werden, der wohl Inhaber des Amtes, aber nicht Träger der Weihe war. Ausgenommen waren nur priesterl. Tätigkeiten im engsten Sinne, wie Konsekration und Spendung des Bußsakramentes. F. Pototschnig

Lit.: FEINE – PLÖCHL – L. OTT, Grdr. der kath. Dogmatik, 1952 – M. PREMM, Kath. Glaubenskunde, III/2, 1955.

II. THEOLOGIE: Nach dem bibl. Zeugnis sind alle Getauften berufen, am P.tum Jesu Christi teilzuhaben und Gott geistl. Opfer darzubringen (1 Petr 2,4–5,9; Offb 1,6; 5,10; vgl. Röm 12, 1–2). In seinen montanist. Schriften über die Keuschheit und über das Gebet kämpft →Tertullian für das priesterl. Ethos auch der Laien. In der afrikan. Kirche kam die P. bezeichnung für die Episkopen und Presbyter in Übung. →Cyprian nannte sich in den Briefen (III c.2; 4, c.4 u. ö.) »sacerdos Dei«. Das Bf. samt ist »sacerdotium Dei«. →Johannes Chrysostomos schrieb im Anschluß an →Gregor v. Nazianz die 6 Bücher »De sacerdotio« über das P.tum der Bf. e und der P. →Hieronymus lehrte das Bf. en und Presbytern eine und gemeinsame P.tum, das hl. Vollmacht über den Leib des Herrn begründet. Die Bf. e haben kein anderes P.tum als die P. Nach Augustinus, De civ. Dei (XX c.10, CSEL 40.2, 455), wurden in seiner Kirche allein die Bf. e und Presbyter P. genannt (»...Proprie iam vocantur in ecclesia sacerdotes.«). Augustinus widerstrebt diese Sprachentwicklung: Alle Getauften sind P. und haben teil am P.tum Gottes und Jesu Christi (ebd. XVII c.5, 225). Großen Einfluß auf die ma. P.theologie hatte des Ps. →Dionysius Areopagita Schrift »De Ecclesiastica hierarchia«. Er differenzierte das »sacerdotium« in den reinigenden, erleuchtenden und vollendenden Ordo der Diakone, P. und Bf. e (ebd. c.5, §6). Die p.liche Vollmacht der Eucharistiefeier ist auch den Presbytern, die er in der Regel P. nennt, eigen. Gregor I. kritisierte in seinen Homilien zu den Evangelien (II. hom. 17) scharf die Übernahme von Weltaufgaben durch die P. und die Vernachlässigung der Verkündigung: »Ecce mundus sacerdotibus plenus est« (MPL 76, 1138).

Die ma. Theologie erachtete das P.tum zuallererst als Bestimmung der Heilswirklichkeit Christi, der zugleich P. und Opfergabe ist (Thomas v. Aquin III q.22 a.2). In seiner Person ist er der wahre Hohepriester und die Quelle des P.tums der Kirche (ebd. a.4), die in der Eucharistiefeier teilhat am P.tum und Opfer Christi (ebd. a.6). Das »rechte Priestertum« und das »wahre Opfer« gehören zusammen, und zwar so, daß die Kirche, die sein Leib ist, in der menschl. Natur versöhnt und geheiligt wird (Prol. zum Sententiae Anselmi, ed. H. J. F. REINHARDT, AHDL 36, 1969, 56). Alle Getauften haben aufgrund des sakramentar. →Charakters teil am P.tum Christi, empfangend und spendend. »In persona Christi« spricht der P. die eucharist. Konsekrationsworte und das Wort der Sündenvergebung (Thomas v. Aquin, S.th. III q.83 a.1 ad 3; q. 82 a.1 u.ö.); jener ist Primärakt, dieser ist sekundär (ebd. Suppl. q.37, a.5 ad 2). Die Ausrichtung der 7 Ordines (die Weihesakraments) auf das P.tum und die Gegenüberstellung von »ordines« und »dignitates« (vgl. Petrus Lombardus Sent. IV d.24 c.13 und 14, ed. Rom II, 405) war für das Verständnis des P.tums insofern verhängnisvoll, als sich »die Lehre vom Episkopat als Ordo« (LANDGRAF, Dogmengeschichte III 2, 277–302) nur mühsam behaupten konnte, und der Würde des P.s, seine Aufgabe und sittl. Vollkommenheit über die Maßen erhöht wurde. Im Vergleich zu diesem Ordo gibt es keinen höheren in der Kirche (Simon v. Tournai).

»Das P.tum ist die geistl. Vollmacht, die Christus den Dienern der Kirche zur Spendung der Sakramente für die Gläubigen verliehen hat« (Johannes Quidort v. Paris, Tract. de potestate regia et papali, c.2). Dessen Verhältnis zur bfl. und päpstl. Hirtengewalt wurde im MA sehr kontrovers diskutiert. Nach außen mußte das »sacerdotium« in seinem Verhältnis zum »regnum« bestimmt werden. In den zahlreichen Traktaten des 13. und 14.Jh. zu diesem Thema wurde die zeitl. Priorität und die höhere Dignität des P.tums begründet (Aegidius Romanus, De eccl. potestate, c.6). L. Hödl

Lit.: HDG IV, 5 [L. Ott] – P. Dabin, Le sacerdoce royal des fidèles dans la tradition ancienne et moderne, 1950 – L. Hödl, FSt 43, 1961, 1–21 – R. Kottje, Studien zum Einfluß des AT auf Recht und Liturgie des frühen MA (6.–8. Jh.), 1964 – J. Leclerq, Irenikon 36, 1963, 5–40 – L. Ott, Das Weihesakrament (HDG 4, 5, 1969) – W. Beinert, Die Kirche – Gottes Heil in der Welt, BGPhMA NF 13, 1973 – R. E. Reynolds, The Ordinals of Christ from their Origins to the Twelfth Cent., 1978 – J. L. Garret, Continuity and Discontinuity in Church History, 1979, 45–61.

B. Ostkirche

P., gr. πρεσβύτερος oder ἱερεύς. Zusammen mit den Diakonen (→Diakon) und Bf.en (→Bischof) gehörten die P. in Byzanz zum höheren Klerus, dessen Angehörige durch eine spezielle kirchl. Weihe (Cheirotonia) in ihr Amt eingesetzt wurden. Von einem Kandidaten für das P.amt verlangte die justinian. Gesetzgebung ein Mindestalter von dreißig Jahren, untadeligen Lebenswandel und Kenntnisse im Lesen und Schreiben (Nov. 6, 123 und 137; vgl. auch Trullanum, Kanon 14). Ein bereits in erster Ehe verheirateter Kandidat durfte nach der Weihe die ehel. Gemeinschaft fortsetzen, aber im Falle des Todes seiner Frau keine zweite Ehe mehr eingehen. Während es im 8. und 9. Jh. Diakonen und P.n erlaubt war, auch noch innerhalb von zwei Jahren nach den Weihen zu heiraten, brachte Leon VI. die ältere Regelung wieder zur Geltung (Nov. 3). Ein noch lediger Kandidat mußte sich bereits vor Empfang der Diakonatsweihe zur Ehelosigkeit verpflichten. Ehen mit einer Witwe, einer Geschiedenen oder einer Schauspielerin waren Weihehindernisse (Justinian, Nov. 6). Ein Verstoß gegen diese Bestimmungen wurde ebenso mit der Laisierung geahndet wie die Falschaussage eines Klerikers in einem Strafprozeß (Justinian, Nov. 6 und 123; zur Klerikerehe bes. die Kanones 3–6 und 13 des Trullanum). Sklaven bedurften der Zustimmung ihres Herrn zur P.weihe und erlangten durch die Weihe die Freiheit. Abhängige (Colonen) konnten auch gegen den Willen ihres Herrn geweiht werden, blieben aber zur Landarbeit verpflichtet (Justinian, Nov. 123). In mittelbyz. Zeit war nach dem Zeugnis der Urkk. ein Großteil der Landpfarrer als kleroparoikoi von geistl. und welt. Großgrundbesitzern abhängig. Da Kleriker und Mönche sich nach dem Willen des Gesetzgebers ausschließl. um »heilige Angelegenheiten« kümmern sollten, waren ihnen Ämter in der staatl. und städt. Verwaltung, viele Berufe (Steuereintreiber, Gutsverwalter, Bankier, Anwalt, Händler, Chirurg), Tätigkeiten (Bürgschaft, polit. Aktivität) und Vergnügungen (Würfelspiel, Jagd, Besuch des Hippodroms, von Theatern und Wirtshäusern) untersagt (Justinian, Nov. 123; Trullanum, Kanones 9–10, 24, 50; Grumel-Darrouzès, Reg. II et III, Nr. 1048), Handwerk und Landwirtschaft dagegen gestattet. Der Klerus genoß Immunität, Befreiung vom Militärdienst und den Curialenpflichten und die zumindest erstinstanzl. Unterstellung unter die Gerichtsbarkeit des Bf.s und des Patriarchen (Justinian, Nov. 123).

P. wirkten an Kathedralkirchen, Pfarrkirchen (καθολικαί ἐκκλησίαι; παροικίαι) und an privaten Gotteshäusern (εὐκτήριοι οἶκοι), z. B. in Kl., Pälasten und auf großen Landgütern. Unterstanden die Pfarrgeistlichen uneingeschränkt der bfl. Jurisdiktion, so durften Kleriker in privaten Gotteshäusern nur mit Genehmigung des Ortsbf.s zelebrieren. Dadurch sollten häret. Gottesdienste von vornherein unterbunden werden. Nur die Pfarrkirchen wurden regelrecht eingeweiht, und den Pfarrern waren in der Regel auch Taufen und Eheschließungen vorbehalten (Justinian, Nov. 58 und 131; Trullanum, Kanones 31 und 59; Novelle Andronikos' II.: Dölger, Reg. Nr. 2295). Aus den Urkk. kann auf einen relativ hohen Anteil der Kleriker an der Bevölkerung geschlossen werden.

Die wirtschaftl. Situation der P. war sehr unterschiedl. Die P. des ksl. Klerus und die (seit Herakleios) 80 planmäßigen P. des Patriarchatsklerus erhielten Gehälter und Anteile von den außerordentl. Geldspenden der Ks. (apokombion) und hoher Beamter. Der Kathedral- und Pfarrklerus hatte einen oft recht theoret. Anspruch auf Versorgung durch den Bf., mußte seinerseits aber dem Bf. für die sukzessiven Weihen Gebühren entrichten (Grumel-Darrouzès, Reg. II et III, Nr. 851 und 970). Den Landpfarrern wurde oft ein kirchl. Grundstück oder ein Bauernhof zur Nutznießung auf Lebenszeit überlassen. Mehr oder minder freiwillige Abgaben der Gläubigen in Geld und Naturalien bei Taufen, Hochzeiten, Begräbnissen und an hohen kirchl. Feiertagen besserten die materielle Lage der P., bargen aber die Gefahr simonist. Mißbrauches. Bei privaten Gotteshäusern und Kl. mußte der Stifter für die Versorgung des Klerus sorgen.

Verstöße gegen die o. gen. Bestimmungen über den priesterl. Lebenswandel sind quellenmäßig bes. in spätbyz. Zeit belegbar. Trotzdem war es v. a. das Verdienst der Pfarrgeistlichkeit, daß in Zeiten frk. und islam. Fremdherrschaft, wenn Patriarchen und Bf.e von den Eroberern an der Ausübung ihrer Ämter vor Ort gehindert wurden, die große Masse der orth. Bevölkerung im ägäischen Raum, in Kleinasien und in den Kreuzfahrerstaaten des Nahen Ostens an ihrem angestammten Glauben festhielt.   K.-P. Todt

Lit.: N. Milasch, Das Kirchenrecht der morgenländ. Kirche, 1897, 230–251, 258–269, 349–373 – E. Herman, Die kirchl. Einkünfte des byz. Niederklerus, OrChrP 8, 1942, 378–442 – Beck, Kirche, 74–86 – Ders., Kirche und Klerus im staatl. Leben von Byzanz, RevByz 24, 1966, 1–24 (= Ders., Ideen und Realitäten, 1972, Nr. XIV) – E. Herman, CMH IV, 1967, 116–129 – C. Cupane, Una »classe sociale« dimenticata: il basso clero metropolitano (Stud. zum Patriarchatsregister v. Konstantinopel, hg. H. Hunger, I, 1981), 61–83 – B. Ferjančić, Ogled o parochijskom sveštenstvu u poznoj Vizantiji (Resümee: On the Parish Clergy in Late Byzantium), ZRVI 22, 1983, 59–117 – E. Papagianne, Τά οἰκονομικά τοῦ ἔγγαμου κλήρου στό Βυζάντιο, 1986 – R. Cholij, Married Clergy and Eccl. Continence in Light of the Council in Trullo, AHC 19, 1987, 71–230, 241–299 [Lit.].

Priestersöhne, nach den ma. Texten in der Regel Kinder, von denen mindestens ein Elternteil zölibatär zu leben hatte. Die Lage der P. verschlechterte sich parallel zu der ab dem späten 4. Jh. immer stärker propagierten Zölibatsverpflichtung für höhere Kleriker (Subdiakon bis Bf.). Schon das IX. Konzil v. →Toledo (658) dekretierte für Kinder höherer Kleriker Erbverbot und Androhung von Unfreiheit. Trotz verschiedener rigorist. Versuche, P.n den Zugang zum Priestertum generell zu verbieten (Synode v. →Bourges 1031, Gregor VII. und seine Anhänger), gebot die Situation des bis ins 11. Jh. meist verheirateten Seelsorgeklerus moderatere Lösungen. Wenngleich das II. →Laterankonzil (1139) das Zölibatsgebot endgültig festschrieb, ließ es P. doch nach einer Bekehrung in einem Kl. oder Stift zu den höheren Weihen zu. Auch bei Gratian wurde der Geburtsmakel eines P.s durch einen vorbildl. Lebenswandel geheilt. Erst die Päpste ab Alexander III. (1159–81) fixierten die Illegitimität von P.n kirchenrechtl. In kirchl. Rechtsslg. en (Liber Extra, Liber Sextus) wurden entsprechende Canones eingefügt. Die mit Honorius III. (1216–27) einsetzende, relativ großzügige päpstl. Dispenspraxis milderte zwar aus rein prakt. Erwägungen die Ausschließlichkeit dieser rigiden Rechtssatzungen etwas ab, hob freil. die grundsätzl. Diskriminierung der P. nicht auf.   G. Kreuzer

Lit.: B. Schimmelpfennig, Zölibat und Lage der P. vom 11. bis 14. Jh.,

HZ 227, 1978, 1–44 – DERS., Ex Fornicatione Nati (Stud. in Medieval and Renaissance Hist. NS II, 1979), 1–50.

Prignitz, zuerst 1349 als Prygnitz bezeichnetes Grund- und Endmoränengebiet im NW Brandenburgs, das ledigl. im W und NW durch Elbe und Elde, im SW durch die Dosse natürl. begrenzt wird; erscheint seit karol. Zeit als Stammesgebiet elbslav. Kleinstämme, u. a. der Linanen, Brizanen und Dossanen. Die otton. Eroberungen gingen mit dem Bf.ssitz →Havelberg im →Slavenaufstand v. 983 z. T. verloren. Die im →Wendenkreuzzug 1147 entstandenen dt. Kleinherrschaften, u. a. der →Gänse zu Putlitz, auch die der Bf. e v. Havelberg, wurden im 13. Jh. unter die Herrschaft der Mgf.en v. →Brandenburg gebracht. An der hochma. Aufsiedlung der P. hatten neben slav. und sächs. auch ndl. Bauern Anteil. F. Escher

Lit.: J. SCHULTZE, Die P., 1956 – Hist. Ortslex. für Brandenburg I, bearb. L. ENDERS, Die P., 1962 – W. H. FRITZE, Eine Karte zum Verhältnis der frühma.-slaw. zur hochma. Siedlung in der Ostp., Germania Slavica II, 1984, 41–92 – Brandenburg. Namenbuch, VI: Die Ortsnamen der P., 1989.

Prikazy, Bezeichnung für die Zentralämter im Moskauer Reich (→Moskau, B), die vom Herrscher mit einzelnen Verwaltungsaufgaben bzw. der Aufsicht über Territorialbereiche (z. B. Kanzlei, Fiskalbehörde, Außenamt, Novgoroder Amt, Militäramt) beauftragt worden waren. Während des 15. Jh., bes. unter →Ivan III., begannen sich die P. aus den Ämtern des Gfs.enhofes herauszuentwikkeln. A. Poppe

Lit.: U. HALBACH, Der russ. Fs.enhof vor dem 16. Jh., 1985 – Lex. der Gesch. Rußlands, 1985, 422f. [H.-J. TORKE].

Prilep (byz. gr. Πρίλαπος), Stadt im nw. →Makedonien am NO-Rand eines ausgedehnten Beckens (antike Landschaft Pelagonia) bzw. an einer Straße zw. →Bitolj und Stobi, war schon in der Antike und im frühen MA besiedelt (Ceramiae). Im 10. Jh. nach dem Bau der später Markova kula genannten Festung Entstehung der Unterstadt (später Varoš), 2 km nw. des neuzeitl. Stadtzentrums v. P. und zugleich am Fuß des Berges Zlatovrh (mit Marienkl. Treskav'c aus dem 13. Jh.). 1014 wurde P. (erste Erwähnung des slav. Namens), wohin →Samuel geflohen war, von Ks. Basileios II. in Besitz genommen. Um 1200 bildete P. zus. mit Pelagonia ein Thema. 1215/16 fiel P. an →Theodor Angelos Dukas v. Epiros, 1230–46 war P. in bulg. Hand, in der Folge blieb P. byz. (1246–53 und 1257/58–59 als Teil des epirot. Reichs) und gewann an Bedeutung, die es unter serb. Herrschaft (1334 Besetzung durch Stefan Dušan) behielt. Um die Mitte des 14. Jh. herrschte →Vukašin als Župan v. P. Später hatte dessen Sohn →Marko Kraljević dort seinen Fürstensitz, bis P. 1395 türk. wurde. P. Soustal

Lit.: B. BABIĆ u. a., Kulturno bogatstvo P.a, 1976 – G. PRINZING, Eine kanonist. Q. zur Gesch. Pelagoniens im 14. Jh. (Cupido legum, hg. L. BURGMANN u. a., 1985), 179–193 – DERS., Materijalnata kultura ... vo P., 1986 – F. PAPAZOGLOU, Les villes de Macédoine à l'époque Romaine, 1988 – V. KRAVARI, Villes et villages de Macédoine occidentale, 1989.

Prima materia → Materia prima

Primas (von primus = primarius, episcopus primae sedis), seit dem 4. Jh. n. Chr. belegt, in der Westkirche eine dem →Exarchen der Ostkirche entsprechende Würde, zunächst dem Sinn nach gleichbedeutend mit →Metropolit oder →Erzbischof, später ledigl. ein Ehrenvorrang. Der Primat bedeutete (und bedeutet noch heute) keine jurisdiktionelle Gewalt, sondern nur Ehrenvorrechte wie z. B. Einberufung und Vorsitz eines Nationalkonzils, Annahme von Appellationen, Krönung des Herrschers. Einen bes. Rang nahmen schon früh der Bf. v. Karthago als P. v. Afrika und der Bf. v. Rom als P. v. Italien ein, der schließlich den Primat über die gesamte Kirche für sich beanspruchte (→Papst, -tum, →Primat, päpstl.). In den →Pseudo-Isidor. Dekretalen wurde versucht, durch die konstruierte Stufe des P., der über dem Metropoliten stehen sollte, die Metropolitangewalt einzuschränken. Der Begriff P. wurde dabei dem des →Patriarchen gleichgesetzt. Das Papsttum, inbes. Nikolaus I., machte sich diese Auffassung, die sich später auch bei →Gratian findet (Dist. XCIX c. 1–5), zu eigen, gegen die →Hinkmar v. Reims vergebl. seine Konstruktion des »metropolitanus, qui simul primas est« zu setzen versuchte. So bekämpfte er auch ohne Erfolg den Primat des →Ansegis v. Sens, den Johannes VIII. 876 zum päpstl. Vikar erhob, wodurch seinen eigenen Primatsbestrebungen ein Ende bereitet wurde. Der Titel 'P.' begegnet in den Q. synonym mit dem eines vicarius apostolicus oder eines legatus natus (→Legat, päpstl., →Vikariat); das Recht zur Verleihung dieser Titel zog der Papst an sich, der so versuchte, größeren Einfluß in den einzelnen Ländern zu gewinnen. Die Zahl der Primate stieg im Laufe des MA, nicht aber ihre Bedeutung: Für Dtl. bemühten sich nach →Mainz auch →Köln, →Trier, →Salzburg und →Magdeburg sowie →Adalbert v. Hamburg-Bremen persönl. um die Würde. Sitze eines P. waren außerdem →York und →Canterbury für England, →Armagh für Irland, →Lund für Schweden, →Bourges und später →Lyon für Frankreich, →Toledo für Spanien, →Gran für Ungarn, →Prag für Böhmen und →Gnesen für Polen. M. Stratmann

Lit.: D. MOLITOR, De primatibus, 1896 – P. HINSCHIUS, Das Kirchenrecht der Katholiken und Protestanten in Dtl., I, 1869, 576ff. – A. FLICHE, La primatie des Gaules depuis l'époque carolingienne jusqu'à la fin de la querelle des investitures (876–1121), RH 173, 1934, 329–342 – H. FUHRMANN, Stud. zur Gesch. ma. Patriarchate I, ZRGKanAbt 39, 1953, 112–176; II, 40, 1954, 1–84; III, 41, 1955, 95–183 – DERS., Einfluß und Verbreitung der pseudoisidor. Fälschungen (MGH Schr. XXIV 1–3, 1972–74) – E. BOSHOF, Köln, Mainz, Trier. – Die Auseinandersetzung um die Spitzenstellung im dt. Episkopat in otton.-sal. Zeit, JbKGV 49, 1978, 19–48.

Primas → Hugo Primas (50. H.)

Primasius, Bf. v. Hadrumetum (Sousse/Tunesien) zw. 550 und 560, gehörte zu den wenigen Afrikanern, die der Verurteilung der Drei Kapitel (→Dreikapitelstreit) zustimmten. Sein von Augustinus und bes. →Tyconius beeinflußter Komm. zur Offb ist wichtig für die Rekonstruktion des Tyconiuskomm.s und als Kompendium älterer Offb-Auslegungen, das in das MA hinein weiterwirkte. K. S. Frank

Ed.: W. ADAMS, CCL 92, 1985 – *Lit.:* G. KRETSCHMAR, Die Offb des Johannes. Die Gesch. ihrer Auslegung im 1. Jt., 1985, 111f. – K. STEINHAUSER, The Apocalypse Commentary of Tyconius. A Hist. of its Reception and Influence, 1987, 69–89.

Primat bezeichnet im Unterschied zur Stellung eines →Primas den Vorrang in der gesamten Kirche, der seit früher Zeit von den röm. Bf.en beansprucht und eingenommen wird; zu den theol. Grundlagen und hist. Anfängen s. →Papst, Papsttum. Inhaltl. prägte sich der P. schrittweise als oberste Instanz zumal in der Rechtsprechung, in der Gesetzgebung und in der Glaubenslehre aus. Für das geschichtl. Verständnis wesentl. sind die Diskrepanzen zw. normativen Konzeptionen und fakt. Resonanz.

Grundlegend für die ma. Entwicklung wurden die Äußerungen der großen Päpste des 4./5. Jh., die in disziplinären Einzelbescheiden wie auch im Verkehr mit den Ks.n und den Teilkirchen des O ihr Richteramt, ihre universale Verantwortung und ihre dogmat. Urteilskraft, notfalls auch gegen Synoden, hervorkehrten. Ihre klass. Formulierungen gingen, meist als →Dekretalen, in die Q. des →Kanon. Rechts ein und blieben den folgenden Jahrhunderten geläufig, auch wenn die kirchenpolit. Praxis dem kaum entsprach. Im gr. O fanden seit jeher bestehende Vorbehalte durch den →Dreikapitelstreit, die Krise des →Monotheletismus, den →Bilderstreit und die →Photios-Affäre immer wieder Nahrung, bis es im →Morgenländ. Schisma zum endgültigen Bruch kam. Im lat. W engte nach dem Zerfall des Röm. Reiches die landeskirchl. Entwicklung unter den germ. Kg.en den Aktionsradius des Papsttums stark ein, das sich durch Verleihungen des →Palliums an Ebf.e einen gewissen Ersatz zu schaffen suchte. Die neue polit. Einigung des Okzidents, die von der romorientierten →Ags. Mission angebahnt und durch das päpstl. Bündnis mit den Karolingern in Gang gesetzt wurde, verhalf zwar dem röm. Stuhl zu vermehrtem Ansehen und den kanonist. Zeugnissen seiner Autorität zu gesteigerter Verbreitung, bedeutete aber vorerst für den P. wenig, da die resolute Kirchenhoheit Karls d. Gr. bis in Glaubensfragen hinein keine fremde Anleitung duldete. Erst unter den späteren Karolingern konnte das Papsttum als universale Institution stärker zur Geltung kommen und seine alten P. sansprüche, nun zusätzl. fundiert durch die →Pseudo-Isidor. Dekretalen, aktualisieren (→Nikolaus I.), bevor der abermalige Verfall Ende des 9. Jh. den Schwebezustand eines prinzipiell in der lat. Kirche unbestrittenen, tatsächl. aber nur ausnahmsweise spürbaren P. wiederherstellte.

Der folgenreiche neue Impuls durch die →Gregorian. Reform ergab sich zunächst prakt. aus der führenden Rolle, die das Papsttum nach 1046 im Kampf gegen einzelne Mißstände einnahm, ließ aber bald den legitimierenden Rückgriff auf die in der Tradition angelegten Möglichkeiten des P.s zum Selbstzweck werden. Der (unveröffentlicht gebliebene) →Dictatus papae Gregors VII. bildet einen ersten Höhepunkt des monarch.-zentralist. Kirchenverständnisses, das sich fortan institutionell ausformte (→Kardinal; →Kurie; →Legat, päpstl.; →Lateranfonzilien) und theoret. in der aufblühenden Kanonistik ausdifferenzierte. Die päpstl. plenitudo potestatis wurde seit dem 12./13. Jh. zur Wurzel einer außerordentl. Gerichtsbarkeit und Dispensgewalt, der generellen Befugnis zur Rechtsetzung, einer umfassenden Organisationsoheit, des Provisionsrechts für Benefizien, der exklusiven Kompetenz für Selig- und Heiligsprechungen und weiterer Prärogativen im Ordensrecht und Finanzwesen. Während sich daraus eine dauerhafte Umgestaltung der Kirchenverfassung ergab, gingen die gleichzeitig immer schärfer zugespitzten Ansprüche auf Unterordnung auch der weltl. Gewalt, gipfelnd bei Bonifatius VIII., weithin ins Leere. Die polit. Gebundenheit des avign. Papsttums und die Ausweglosigkeit des →Abendländ. Schismas stürzten Theorie und Praxis der päpstl. Allgewalt in eine schwere Krise und riefen Bestrebungen nach einer Begrenzung durch die konziliare Repräsentation der Gesamtkirche (→Konziliarismus) hervor. Die päpstl. Gegenwehr, begünstigt durch den Rückhalt an den Landesfs.en und das polit. Scheitern des Konzils v. →Basel, war begleitet von neuer ekklesiolog. Reflexion, die den P. zumal auch als Irrtumslosigkeit gegenüber den konziliaren Dekreten begriff und zu der nz. Vorstellung von Unfehlbarkeit hinleitete. *Lit.:* →Papst, Papsttum. R. Schieffer

Primat, Mönch in →St-Denis, Chronist, tätig ca. 1244–77, steht am Anfang der Kompilation der »Grandes →Chroniques de France« in frz. Sprache, die nach seinem Tode weitergeführt wurden. Er begann sein Geschichtswerk wohl auf Wunsch Kg. →Ludwigs IX. d. Hl.en, präsentierte es aber nach dessen Tod →Philipp III. d. Kühnen unter dem Titel »Roman des rois«. Er folgte im wesentl. der um 1250 kompilierten lat. Slg. (heute Paris, BN lat 5925), wobei er Lücken mit anderen Texten ausfüllte (z. B. der frz. Übers. der Chronik des →Wilhelm v. Tyrus); er ließ sich auch von einer frz. »Chronique des rois« (um 1220–30) inspirieren. P.s Chronik reicht von den Merowingern bis zu Philipp II. Augustus (1223). Es war ursprgl. als dynast. Gesch. Frankreichs konzipiert, wurde aber im Sinne einer stärker »nationalen«, ja »patriot.« Perspektive erweitert, in erfolgreicher Auswertung des privilegierten Verhältnisses der Abtei St-Denis zum Kgtm.; akzentuiert wurde insbes. der moral. Wert der Geschichte und ihre Nutzanwendung für ein aristokrat., mit polit. Entscheidungsbefugnissen ausgestattetes Publikum. P. ist auch Verf. einer verlorenen lat. Chronik, die nur in einer frz. Teilübers. des Jean de Vignay bekannt ist. Weniger gesichert ist seine Autorschaft für eine frz. Chronik aus der Zeit um 1280, die auch Wilhelm v. →Nangis zugeschrieben wird. P. Bourgain

Ed.: J. VIARD, Grandes Chroniques de France, Bd. I–VI, 1920–30 – *Lit.:* MOLINIER, 2530 – Dict. Lettres Fr., 1992, 296 – G. SPIEGEL, The Chronicle Tradition of Saint Denis: a Survey, 1978, 72–89 – B. GUÉNÉE, Les Grandes chroniques de France (Les lieux de mémoire, ed. P. NORA, II: La Nation, 1986), 189–214 – K. D. UITTI, Récit et événement (La nouvelle. Actes du coll. de Montréal, 1983), 9–15.

Primicerius notariorum, im röm. Reich der erste (primus) auf der Wachstafel (cera) des Verzeichnisses der ksl. schola notariorum, galt als ihr Vormann bzw. Vorsteher. Die Bezeichnung P. n. wurde von der päpstl. Kurie für den Vorsteher der päpstl. →Notare übernommen. In den Quellen taucht der kirchl. P. n. in der Widmung der Schrift des hl. Augustinus »Enchiridion ad Laurentium« (ca. 421) auf: »Laurentius primicerius Romanae Ecclesiae«; im 6. Jh. wird der Titel geläufig. Ein secundicerius notariorum stand dem P. n. als Gehilfe und Stellvertreter zur Seite. Durch seine Stellung gehörte der P. n. zu den einflußreichsten Personen des päpstl. Hofes, war einer von sieben Pfalzrichtern (iudices ordinarii, später palatini), führte mit dem Archipresbyter und dem Archidiakon während der Sedisvakanz die Geschäfte des Hl. Stuhles und wurde zu besonderen diplomat. Missionen und in der Verwaltung verwandt (vgl. Briefe Gregors d. Gr.); er war zugleich Leiter des päpstl. Archivwesens und neben dem →Bibliothecarius dem päpstl. Urkk.wesen (→Papsturkk.) vor. In der Regel scheint der P. n. nur die niederen Weihen gehabt zu haben, vorwiegend aus dem röm. Adel gekommen und verheiratet gewesen zu sein, so daß eine gewisse Erblichkeit des Amtes nicht ausgeschlossen war. In der Zeit von Hadrian I. bis zum Ende des Pontifikats Benedikts VII. (772–982) unterfertigte der P. n. den größeren Teil (im Vergleich mit anderen Oberbeamten des Papsthofes) der Privilegien mit der →Datum per manum-Formel. Nach 983 kommt der P. n. in den Beurkundungen nicht mehr vor, ist aber noch bis 1299 unter den iudices palatini anzutreffen. Vom letzten Viertel des 11. Jh. an heißt er meistens p. iudicum. P. Rabikauskas

Lit.: DACL XIV, 1779–1781 – HKG III, 1, 321–324 – BRESSLAU I, 194–200, 208–212 – L. HALPHEN, Études sur l'administration de Rome au MA (751–1252), 1907 – L. SANTIFALLER, Saggio di un Elenco dei funzionari, impiegati e scrittori della Cancelleria pontificia dall'inizio all'anno 1099, BISI 56, 1940 – P. RABIKAUSKAS, Die röm. Kuriale in der päpstl. Kanzlei, 1958, 27–33.

Prince of Wales. Der erste walis. Herrscher, der sich 1244 selbst diesen Titel gab, war →Dafydd ap Llywelyn ab

Iorwerth, der auch vom Papst anerkannt wurde und dessen Machtbasis in N-Wales (→Gwynedd) lag. Sein Neffe →Llywelyn ap Gruffudd, P. of W., dehnte seine Herrschaft in N- und W-Wales aus, stimmte der engl. Oberherrschaft zu und erhielt 1267 die engl. Anerkennung seines Fsm. s. 1282 ließ Eduard I. Llywelyn töten und das Fsm. einziehen, obwohl Llywelyns Bruder Dafydd (David, † 1283) den Titel eines P. of W. beanspruchte. Nachdem Eduard I. →Wales annektiert und mit der engl. Krone 1284 vereinigt hatte, schuf er außerhalb des kgl. Territoriums ein neues Fsm., das er 1301 seinem Sohn, dem späteren Eduard II., übertrug. Nun war das Fsm. Wales mit der Krone verbunden, und den Titel des P. of W. erhielt künftig der älteste Sohn und Erbe des Kg.s. Zeitweise erlosch der Titel, z. B. 1307-43 (→Eduard d. »Schwarze Prinz«), und einige Prinzen trugen den Titel bei Erreichung des Mannesalters: förderlich Heinrich II. 1376-77, Heinrich V. 1399-1413, Eduard v. Lancaster 1454-61 und 1470-71, Eduard V. 1471-83, Edward of Middleham 1483, Arthur Tudor 1489-1502, Heinrich VIII. 1504-09. Nun blieb das Fsm. immer Kronbesitz. R. A. Griffiths

Lit.: F. JONES, Princes and Principality of Wales, 1969 – R. R. DAVIES, Wales, 1067-1415, 1987 – J. CANNON-R. A. GRIFFITHS, Oxford Illustrated Hist. of the British Monarchy, 1988.

Princeps, der führende Mann, ist (neben Caesar und →imperator) einer jener Begriffe, mit denen die Antike das Phänomen des röm. Ks.s zu umschreiben sucht. Sie bedient sich dabei einer Vokabel, die in der Republik für die Mitglieder einer nicht streng umrissenen Gruppe benutzt worden war, die – v. a. durch vordem erbrachte Leistungen für die Gemeinschaft, möglichst auch ein Höchstmaß allg. geachteter Qualitäten (edle Abkunft; 'Tugenden'; rollenkonformes Verhalten) – über gesellschaftl. und polit. Ansehen und daraus resultierenden Einfluß (in Senat wie Volksversammlung) verfügten.

Wenn schon Augustus selbst durch die Formel »me principe« (RG 13; 30; 32) polit. Großtaten auf sich rückbezog, an denen er in unterschiedl. Rechtsstellung mitwirkte, und zuleich den Anspruch erhob, seine Zeitgenossen soweit zu übertreffen, um nicht länger einer der principes, sondern der p. schlechthin zu sein, dann weist dies bereits darauf hin, daß der Ausdruck den beiden Seiten des Ksm.s (behelfsweise anzusprechen als 1. seine staatsrechtl. Imperiums-Komponente und 2. seine außerrechtl. Principats-Komponente) zu genügen vermag: So ist er ad 1 hinreichend vage, um das Faktum zu erfassen, daß der Ks. staatsrechtl. nicht Inhaber eines neuen Amtes (mit zugehörigem Titel), vielmehr eines Konglomerats von Amtsgewalten und Einzelrechten ist, die im Rahmen der fortbestehenden republikan. Verfassung ad personam durch Volksbeschluß zugewiesen und erst allmähl. als Kanon der 'cuncta principibus solita' (Tac. hist. 4, 3, 3), dann als 'ksl.' →imperium empfunden werden. Ad 2 trägt er der Tatsache Rechnung, daß persönl. Autorität (auctoritas) ebenso essentieller Bestandteil der Position des Ks.s ist wie das Postulat, er sei der 'erste', da 'beste' Mann. Eben letzteres ist ungemein folgenreich: Denn es bedingt, daß der Ks. – gerade auch in steter Konkurrenz mit jenen Leuten, welche die Ks.zeit meist als principes viri vom 'ksl.' p. terminolog. abhebt – sich permanent durch Leistung zu legitimieren und zudem um die Anerkennung der Mitwelt zu bemühen hat. Vor diesem Hintergrund zu sehen sind z. B. die Slogans der Münzprägung, die Panegyrik, in der die Mitbürger dem Ks. zu Regierungsjubiläen die Erfüllung der Qualitätsnormen attestieren, die sog. Ks.titulatur, die Fingierung hoher Abkunft (wo nötig), sowie der Umstand, daß die Spätantike zwar den Schwerpunkt auf den Akt einer regelrechten Ks. wahl legt, dabei freilich weder auf die Behauptung, kundige Wähler hätten einen fähigen Herrscher erkoren, noch auf die Forderung nach fortwährender Dokumentation dieser Fähigkeit zu verzichten vermag.

Obwohl mit der Etablierung des Ksm.s das Wort p. neutral gebraucht und sogar von schlechten principes (z. B. Tac. hist. 4, 42, 6) gesprochen werden kann, sind seine positiven Konnotationen jederzeit wiederzubeleben. Sie werden v. a. in der Antithese p. vs. →dominus zur Abgrenzung einer korrekten von einer despot. Herrschaftspraxis genutzt. Die Unterscheidung zw. Principat (Ksm. bis Diokletian, bes. 1./2. Jh.: Ks. als 1. Bürger) und Dominat (ab Diokletian: Ks. als oriental. Potentat), welche die Forsch. früher oft traf, sollte als dem Verständnis kaum förderlich aufgegeben werden.

In interpretatio Romana werden auch die polit. Führungsschichten fremder Staaten, so etwa die 'Fs.en' germ. Stämme (z. B. Tac. Germ. 15, 2; 22, 2) in Republik wie Ks.zeit principes genannt. →Fürst, Fürstentum. A. Pabst

Lit.: RE XXII, 1998-2296 – J. BÉRANGER, Recherches sur l'Aspect idéologique du principat, 1953 – DERS., Principatus, 1973 – L. WICKERT, Neue Forsch. zum röm. Principat (Aufstieg und Niedergang der röm. Welt 2, 1, 1974), 3-76 – J. BLEICKEN, Verfassungs- und Sozialgesch. der röm. Ks.zeit, 1978 – DERS., Prinzipat und Dominat, 1978 – Ideologie und Herrschaft in der Antike, hg. H. KLOFT, 1979 (WdF 528) – W. DAHLHEIM, Gesch. der röm. Ks.zeit, 1989² – A. PABST, Comitia imperii [Habil. Erlangen 1991] [im Dr.].

Principado de Asturias, erbl. Titel und Fs. enherrschaft (→Asturien), die dem Thronfolger v. →Kastilien seit dem Ende des 14. Jh. als Apanage zufielen. Der P. wurde 1388 anläßl. des Vertrags v. →Bayonne zw. →Johann I. v. Kastilien und →John of Gaunt, Hzg. v. Lancaster, geschaffen, als die Thronfolgeansprüche durch die Heirat des Infanten →Heinrich (III.) mit Katharina v. Lancaster geregelt wurden. Heinrich erhielt als Ausstattung den P., auch um die unter Gf. Alfons →Enríquez unruhige Region an den →Realengo zu binden, schlug dem Fsm. noch einige andalus. Städte (u. a. →Jaén, →Úbeda, Baeza, Andújar) sowie die ehem. Herrschaftsgebiete der →Lara und die Vizcaya (→Biskaya) zu und fügte zusätzl. die Titel eines Hzg.s v. →Soria und eines Herrn v. Molina zu, beide in Katharinas Herrschaftsbereich lagen. Im Laufe des 15. Jh. wurde der P. zum →Mayorazgo der kast. Thronfolger und, v. a. durch den Infanten →Heinrich (IV.), zu einer Landesherrschaft ausgebaut, die allerdings während der polit. Wirren zunehmend in die Hände des Adels, vornehml. der Familie →Quiñones, fiel, bis Isabella d. Kath. (1474-1504) als *Princesa de Asturias* die endgültige Anbindung des P. an die Krone einleitete. Als Verwaltungsorgan der Stände hatte sich 1444 in →Oviedo eine *Junta General* etabliert, die die Gewaltenausübung kontrollieren sowie die Einhaltung der alten Privilegien und →Fueros überwachen wollte, schließlich zur Vorform einer repräsentativen Regionalregierung wurde. L. Vones

Lit.: L. A. DE CARBALLO, Antigüedas y cosas memorables del P., 2 Bde, 1864 [Nachdr. 1977] – J. PÉREZ DE GUZMÁN, El P., 1880 – F. CANELLA SECADES, El P. (Estudios Asturianos, 1886), 169-207 – M. DE LA VILLA Y GARCÍA, La Junta General del P., 1909 – F. TUERO BERTRAND, Corregidores del P., Boletín del Inst. de Est. Asturianos 77, 1972, 639-672 – M. SANGRADOR Y VITORES, Hist. de la administración de justicia y del antiguo gobierno del P. [Neudr. 1975] – Hist. de Asturias 5, 1977, bes. 239ff. – F. TUERO BERTRAND, La Junta General del P., 1978 – M. CUARTAS RIVERO, Oviedo y el P. a fines de la Edad Media, 1983.

Príncipe de Viana, navarres. Titel, entstanden aus dem Bestreben Kg. →Karls III. v. →Navarra (1387-1425), seinem Kgr. dynast. Strukturen und Institutionen, nach dem Vorbild der großen westeurop. →Monarchien (v. a. →Frankreichs), zu verleihen. Der Titel 'P.' wurde 1423 für den künftigen Thronerben →Karl 'v. Viana' (18. K.) geschaffen. Die Besitzausstattung (→Apanage) umfaßte eine Reihe von Herrschaften und Städten im westl. und südl. Bereich des Kgr.es (Viana, Laguardia, S. Vicente de la Sonsierra, Burgen Marañón, Toro, Ferrera, Buradón, Ortschaften Peralta, Cadreita, Corella, Cintruenigo u. a.), die fiskal. Immunität genossen, der Krone Navarra aber nicht entfremdet werden durften. Der P. gewann daraus Einkünfte von 15000 *livres* (1437) und unterhielt eine glanzvolle Hofhaltung (→Hôtel) mit ca. 40 Personen in der Königsstadt →Olite.

Die Territorien des P. litten stark unter den Bürgerkriegen des 15. Jh.; die Thronansprüche Karls v. Viana wurden von seinem Vater →Johann und seiner Schwester →Leonor, Gattin des Gf.en Gaston v. →Foix, zurückgewiesen. Gf. Pedro v. Peralta, dessen Sitz zum Territorium des P. gehörte, ging rasch in das Lager Kg. Johanns (→Agramonteses) über. Karl v. Viana verkaufte seinen Anhängern, den →Beaumonteses, 1448 die Stadt Corella (für 6000 *livres*) trotz des Gebots der Unveräußerlichkeit; der P. hatte damit die Verankerung seines Titels in einem realen Territorialfsm. verloren.

Nach dem Tode Karls im Exil (1461) nannte sich seine Schwester Leonor 'Erbprinzessin v. Navarra'; ihre Nachkommen, noch Kg. Heinrich IV. v. Frankreich (als Kg. v. Navarra: Heinrich III.), führten in ihrer Eigenschaft als navarres. Thronfolger bzw. -prätendenten den Titel des P. Faktisch war aber bereits 1512 der größte Teil Navarras an Kastilien verlorengegangen, das seit dem Ende des 15. Jh. Viana und den Großteil der übrigen Territorien des P. besetzt hielt. B. Leroy

Lit.: E. RAMÍREZ VAQUERO, Blanca, Juan II y el P., 1987 – M. J. IBIRIZU DÍAZ, El hostal del P., 1451, Príncipe de Viana 185, 1988, 593–639 – E. RAMÍREZ VAQUERO, Solidaridades nobiliarias y conflictos politicos en Navarra, 1387-1464, 1990 – →Karl v. Viana (18. K.).

Principium (primum p., primitas). Die Vorsokratiker suchten (Arist. Met. 983b6ff.) nach den Naturprinzipien. Platon bezeichnet das höchste P. metaphor. als Gutes oder Eines; es transzendiert den Ideenbereich (Resp. 509b8), kann weder als P. benannt noch durch negative Dialektik erfaßt werden (Parm. 137c–142a). Die sich selbst bewegende Seele ist unentstandenes und unvergängl. Lebensp. (Phaidr. 245cff.). Aristoteles definiert: »Allen P.a ist gemeinsam, daß sie ein Erstes sind, aufgrund dessen etwas ist oder wird oder erkannt wird« und »alle Ursachen sind P.a« (Met. 1013 a17). Sicherstes Seins- und Erkenntnisp. ist der Satz vom ausgeschlossenen Widerspruch (Met. 1005b17ff.); Erkenntnisp.a sind auch die Prämissen des Syllogismus (An. post. 88b4), P.a aller Wissenschaften sind die gemeinsamen Axiome (a. O. 76b14); die P.a spontaner oder absichtl. Handlungen befinden sich im Handelnden (EN 1111a22ff.). Der Neuplatonismus setzt wie Platon eine absolut transzendente ἀρχή an. Später werden vornehml. die Triadenlehre des Porphyrios und durch Ps.-Dionysius das System des Proklos wichtig. Das Christentum erörtert P.a bes. im Zusammenhang mit der Trinitäts- und Schöpfungslehre. Augustinus lehrt: Gott ist das P. der Welt (De trin. V 13, 14); innertrinitar. ist der Vater 'p. non de principio', der Sohn 'p. de principio', P. ist auch der Hl. Geist (C. Max. 2, 17). Bei Johannes Scotus (Periphys. I 11, III 23) ist Gott p., medium und finis der Welt (vgl. Platon, Parm. 145a), was übernommen wird, abgesehen von Auffassungen von Gott, Materie, Ideen als ewiger P.a (vgl. Platon, Tim.; Petrus Lombardus, 2 Sent. 1, 1) oder von einem Licht- und einem Finsternisp. (vgl.

Alanus ab Insulis, C. haer. 1, MPL 210, 308). – Vor der Aristoteles-Rezeption kannte das lat. MA die aristotel. Lehren hauptsächl. durch Boethius. Das Widerspruchsp. gilt bei Nikolaus v. Autrecourt als einziges Fundament aller Gewißheit, was Nikolaus v. Kues ablehnt: Es gilt nur für das diskursive Denken, nicht aber für die Vernunftschau (Apol. h 28, 15). In »Tu quis es« bietet Nikolaus v. Kues im engen Anschluß an Proklos eine Spekulation über Christus als p. Aristoteles, Met. 1013a18, An. post. 72a6, Met. 1028a31 über ἀρχή als Erstes und dessen Bedeutungsvielfalt lassen 'Erstheits'-(primitas-)Analysen aufkommen. Für Bonaventura ist primitas: fecunditas, fontalis plenitudo und ratio producendi (Op. om. 1882ff. 1, 54a. 139b. 470b. 471a); für Johannes Duns Scotus hat das primum p. dreifache primitas: Wirkursächlichkeit, Ziel und Eminenz (De primo princ. 3). Danach wird primitas vielfältig differenziert. K. Bormann

Lit.: HWP VII, 1314f. [Primität]; 1336–1355 [Prinzip] – K. GAISER, Platons ungeschriebene Lehre, 1963.

Prinzenraub. Während des »sächs. Bruderkrieges« (1446–51) war der sächs. Ritter Kunz v. Kauf(f)ungen in die Gefangenschaft des Hzg.s Wilhelm v. Sachsen geraten, nach dem Friedensschluß aber von Kfs. →Friedrich II. (33. F.) für seinen erlittenen Verlust entschädigt worden. Er gab sich damit aber nicht zufrieden, klagte vergebl. vor dem sächs. Hofgericht und griff zur Selbsthilfe. In der Nacht zum 8. Juli 1455 entführte er mit einigen mitverschworenen Standesgenossen die Söhne des Kfs.en, →Ernst (14 Jahre; 6. E.) und →Albrecht (12 Jahre; 18. A.), aus dem Schlosse zu Altenburg. Bei dem Versuch, nach Böhmen zu entkommen, um von dort den Kfs.en zu erpressen, wurde Kunz im Walde bei Grünhain von einem Köhler überwältigt, die anderen gaben nach Zusicherung der Straffreiheit auf. Kunz wurde am 14. Juli aufgrund eines kfsl. Machtspruchs in Freiberg enthauptet. Der P. ist als Versuch des Ritterstandes zu werten, sich gegen den heraufziehenden Fs.enstaat zu wehren, der dem landsässigen Adel alte Freiheiten nahm. K. Blaschke

Lit.: M. VORETZSCH, Der sächs. P., 1906.

Prinzipat → Princeps

Prior. Das frühe Mönchtum verwendet den Begriff niemals im Sinne des ma. und modernen Sprachgebrauchs, nach dem der P. für den zweiten (d. h. stellvertretenden) Superior eines Kl. steht. Manchmal bezeichnet 'P.' jedoch den 'ersten Superior', gemäß der Etymologie und dem weltl. Sprachgebrauch (Cassiodor, Var. VII, 16,1 usw.). In diesem Sinne erscheint er erstmals bei →Caesarius v. Arles (Reg. uirg. 4,3) und nimmt hier eine isolierte Stellung gegenüber 'abbatissa' (26 Belege), 'mater' (14 Belege) und 'senior' (4 Belege) ein. Der P. bei →Ferrandus (Vita Fulg. Rusp., 39) bleibt in dieser Epoche ein Einzelbeleg. Etwas später bezeichnet jedoch die »Regula Benedicti« den →Abt als P. (zehn Belege), wohingegen die →»Regula Magistri« diese Bezeichnung nicht kennt. 'P.' dominiert schließl. (fünfzehn Belege) in der »Regula Pauli et Stephani«, in der nur zweimal der 'abbas', dreimal der 'pater' vorkommen. Im folgenden Jahrhundert tritt der Begriff 'P.' wieder stärker zurück; in der »Regula Cassiani« stehen drei Belegen für den P., sechs für den abbas, in der »Regula Consensoria« nur ein Beleg für den P. fünf Belegen für den abbas gegenüber. Bei Ferrandus und Benedikt hängt die Verwendung von 'P.' im Sinne von 'Superior' zusammen mit dem Rang der Ancienität, nach dem sich die Brüder in 'priores' ('seniores') und 'iuniores' teilen. Infolgedessen bezeichnet 'P.' (in der »Regula Benedicti« und den von ihr abhängigen Texten) oft recht unspezif. einen 'Höhergestellten' oder 'Rangälteren'. Die Consuetudines v. →Corbie (vor 826) sind eine der ersten Q., in denen der P. eindeutig die Stellung eines 'stellvertretenden Superior' (d. h. im Sinne des ma. und heutigen P.-Begriffs) einnimmt, die bei Benedikt der 'praepositus' (→Propst) innehat. →Priorat. A. de Vogüé

Lit.: CCM I, 1963 – DIP VII, 828f. – J. M. Clément, Lex. des anciennes règles monastiques occidentales, 1978, 964f. – A. M. Bautier, De praepositus à p., de cella à prioratus (Prieurés et prieurs dans l'Occident médiéval, hg. J.-L. Lemaître, 1987), 1–22.

Priorat, Amt, Würde, auch Wohnung eines →Priors; ursprgl. eines Prälaten, auch Bf.s, spezieller des Leiters einer religiösen Gemeinschaft, später des 'Zweiten' nach dem Abt bzw. einer Gruppe von Mönchen. Seit dem frühen MA dominiert die Bedeutung: Haus einer religiösen Gemeinschaft, v. a. Kl., das nicht Abtei ist, d. h. in der Regel eine kleinere Gemeinschaft beherbergt und personell, jurist. und finanziell einer Abtei zugeordnet ist. Neben der Fülle von Bezeichnungen, die z. T. alternativ für dieselben Orte und Gemeinschaften gebraucht werden (abbatiola, cella, domus, ecclesia, locus, monasteriolum, obedientia, praepositura), setzt sich P. seit dem 12. Jh. durch. Die als P. bezeichneten Häuser können sehr unterschiedl. sein nach Größe (2–50 Mönche), Grad der finanziellen und jurist. Selbständigkeit (totale Abhängigkeit, finanzielle Autonomie mit fixierten Abgaben an die Mutterabtei; delegierte oder auf Wahl basierende eigenständige Leitungsgewalt; Recht zur Aufnahme von Novizen; →Noviziat), Organisation und Qualität des religiösen Lebens (wie in einem Kl., totale Auflösung der vita communis, Leben als kleiner Grundherr in sehr kleinen P.en). Die Grenzen zu Kl. und Abtei sind daher fließend; große Abteien werden z. B. beim Anschluß an die Cluniazenser als P.e behandelt (Leiter z. T. als 'prior major' ausgezeichnet), weil diese eine große Gemeinschaft unter dem Abt v. →Cluny bilden und den einzelnen Häusern nur beschränkte Rechte belassen. Häuser anderer Verbände hingegen heißen Kl. oder P. Jurist. genauer definiert seit dem 13. Jh., kann man (bei den →Benediktinern) folgende Typen unterscheiden: einfache P.e, abhängig von einem Kl.; P.e sui juris, auch Konventual- oder Titularp.e gen., mit weitgehender Selbständigkeit: der Prior wird meist gewählt, ist gegen unbegründete Absetzung geschützt (Lateran II, c. 10, Gregor IX.) und hat fast dieselben Rechte wie ein Abt. Eine Sonderform stellen die engl. →Kathedralp.e dar, fakt. Leiter der Gemeinschaft ist der Kathedralprior, Abt der Bf. Die Gründe für die Einrichtung von P.en sind vielfältig wie ihre Aufgaben, z. B.: Verwaltung von Besitzkomplexen, Wunsch der Stifter nach Präsenz einer betenden Gemeinschaft, Seelsorge (auch Pfarrseelsorge bis zum Verbot im 13. Jh.), Hospiz, Rückzugsort, Studienhäuser in Städten. Die Bewertung der P.e ist weithin negativ, weil sie das Leben als kl. Gemeinschaft erschwerten bzw. unmögl. machten und zum 'Verfall' des Ordenslebens beitrugen; so schon Bf. Guillaume Le Maire in seiner Denkschrift für das Konzil v. →Vienne (1311/12). Seit dem späten 13. Jh. wurden die P.e auch weithin reduziert, v. a. aus Mangel an Mönchen (Mindeststärke festgelegt auf zwei oder drei Mönche, andernfalls Zusammenlegung), bzw. in reine Vermögensobjekte umgewandelt, die gegen fixierte Abgaben auch an Ordensfremde, an Mitglieder der päpstl. Kurie oder als →Kommenden vergeben wurden. Demgegenüber kann man ihre Bedeutung für die wirtschaftl. und religiöse Erschließung und Betreuung des Landes, für die Anpassung der kl. Wirtschaft an die allg. Entwicklung, ihre Leistungen für Pilger, Kranke etc., teilweise auch für die Baukunst und nicht zuletzt für die Mönche betonen, die dort Ruhe für ein beschaul., regelkonformes religiöses Leben finden konnten. F.-J. Felten

Lit.: DDC VII, 213f. – DIP VII, 828–861 [Q., Lit.] – LThK² VII, 768 – J. Avril, Les dépendances des abbayes (prieurés, églises, chapelles). Diversité des situations et évolutions (Les Moines Noirs [XIIIᵉ–XIVᵉ s.], 1984), 309–342 [= Cah. de Fanjeaux 19] – Prieurs et Prieurés dans l'Occident médiéval (Actes du coll. Paris 1984), éd. J. L. Lemaître 1987.

Priscianus (Caesariensis), lat. Grammatiker in Konstantinopel Ende 5. Jh./Anfang 6. Jh. Werke: »De laude Anastasii imperatoris« um 513; Triptychon ad Symmachum, Boethius' Schwiegervater, vor 485: »De figuris numerorum«, »De metris Terentii«, »Praeexercitamina«, oft zusammen abgeschrieben, schon ab 8./9. Jh. und wieder im 15. Jh., aber ohne Glossen oder Komm.; »Institutiones grammaticae« ad Julianum consulem ac patricium, in 18 B. (um 526), das umfangreichste Lehrbuch der lat. Sprache mit zahlreichen Zitaten und Vergleich mit der gr. Sprache. Grundlage des grammat. Unterrichts im MA, wurden die I.G. erst nach der Institutio de nomine in der sog. karol. Renaissance wiederentdeckt und glossiert, für pädagog. Zwecke wurden sie auch exzerpiert: Alkuin, Hrabanus Maurus, Walahfrid Strabo, Gottschalk, Sedulius Scottus, Ursus Beneventanus, Gozbertus, Papias und Anonymi: Scalprum P. i, Excerptiones de P. o. Die ersten 16 B. wurden öfter abgeschrieben als die zwei letzten über die Syntax (= P. minor). Seit der 2. Hälfte des 11. Jh. bilden die I.G. den Rahmen der Grammatik (die dann zur spekulativen →Grammatik [s. a. Modisten] wird), mit dem Barbarismus (Ars maior III) des Donatus. Nach den Glosulae super P.m (Ende 11. Jh.; lib. I–XVI) entstehen wichtige Komm.e: Wilhelm v. Champeaux, Wilhelm v. Conches (2 Versionen), Petrus Heliae, Petrus Hispanus (non papa). In der 2. Hälfte des 12. Jh. entstehen zahlreiche, öfters anonyme Komm.e zum P. minor. Im 13. Jh. gehören P. maior und P. minor mit De accentibus zum Lehrprogramm; »Institutio de nomine et pronomine et verbo«: kleines Lehrbuch als Ergänzung der Ars minor Donats (80 Hss.); »Partitiones duodecim versuum Aeneidos principalium«: metr., grammat. und lit. Komm. der Anfangsverse der 12 B. der Aeneis (70 Hss.). »De accentibus« (112 Hss., Komm. u. a. von Robert Kilwardby); »Periegesis«, lat. Übers. des Dionysios Periegetes (2. Jh.), hexametr. Beschreibung der bekannten Länder (ca. 50 Hss.), die vier letztgen. Werke wurden häufig glossiert. C. Jeudy

Ed.: GLK 1, 1855; 3, 1859–60 [Opera gramm.] – De fig. num., De metris Ter., Praeex.: M. Passalacqua, 1987 – Inst. de nom. e: Dies., 1992 – De laude An.: A. Chauvot, 1986 – Perieg.: PLM 5, 275–312; P. van de Woestijne, 1953 – Lit.: s. a. →Grammatik, →Modisten – Schanz-Hosius, IV/2, 221–238 – RE XXII/2, 2328–2346 – Enc. Virgil. IV, 279–281 – zu den Hss.: M. Passalacqua, I codd. di P., 1978 – G. Ballaira, Per il catal. dei codd. di P., 1982 – C. Jeudy, Complément à un catal. récent des mss. de P., Scriptorium 36, 1982, 313–325 – Dies., Nouveau complément., ebd. 38, 1984, 140–150 – Nouveaux fragm. de textes gramm., RHT 14–15, 1984–85, 131–141 – zu den Edd.: M. Gibson, The Collected Works of P., StM 18, 1977, 249–260 – P. van de Woestijne, ALMA 21, 1949–50, 133–157; 23, 1953, 137–152 – M. Glück, P.s Partitiones..., 1967 – C. Jeudy, La tradition ms. des Partitiones..., RHT 1, 1971, 123–143 – Dies., L'Institutio de nomine..., RHT 2, 1972, 73–144 – J. R. O'Donell, Alcuin's P., Lat. Script and Letters A. D. 400–900, 1976, 222–235 – M. Gibson, The Early Scholastic Glosule to P., StM 20, 1979, 235–248 – Dies., Rág. reads P. (Charles the Bald, 1990²), 261–266 – C. Jeudy, Le Scalprum P. i..., RHT 12–13, 1982–83, 181–193 – C. H. Kneepkens, Het iudicium constructionis..., 1987 – K. M. Fredborg, Speculative Grammar, 1988, 176–185 – L'héritage des grammairiens lat., hg. I. Rosier, 1988 – G. L. Bursill-Hall, Mediev. P. comm., HL 16, 1989, 89–130 – M.

GIBSON, Viator 23, 1992, 17–33 – Hist. of Linguistic Thought in the Early MA, hg. V. A. LAW, HL 20/1, 1993.

Priscillian, Priscillianismus. Nach der als conversio zur Askese verstandenen Taufe schloß der der hispan. Oberschicht entstammende P. sich in den 70er Jahren des 4. Jh. einer radikal asket. Gemeinschaft an, deren Führer er bald wurde. Außer Laien (Frauen!) gehörten ihr auch Kleriker und Bf.e an. Diese antihierarch. Asketengruppe ist im Osten mit Eustathianern, Aerianern und Messalianern zu vergleichen. Nach dem von Hyginus v. Cordoba bei Hydatius v. Emerita erhobenen Häresievorwurf verurteilte 380 eine auch von aquitan. Bf.en besuchte Synode v. Zaragoza die p. Formen der Askese, nicht aber P. und seine Anhänger selbst. 380/381 wurde P. zum Bf. v. Avila geweiht, wogegen Hydatius von Ks. Gratian die Anwendung der Häretikergesetze forderte. Hier scheint P. erstmals Magie und gnost. Manichäismus vorgeworfen worden zu sein. Dagegen wollte P. in Rom bei Damasus und in Mailand bei Ambrosius protestieren, die ihn beide nicht anhörten. Auf der Romreise hatte sich ihm und seinen Gefährten die Witwe Euchrotia mit ihrer Tochter angeschlossen, was zu Gerüchten Anlaß gab. Über den mag. off. Macedonius erreichte P. die Rücknahme der Häretikergesetze und ging nun in Spanien gegen seine Gegner Hydatius und Itacius vor, der nach Trier floh und P. bei dem Usurpator Magnus Maximus wegen Magie und Manichäismus verklagte. Entsprechend dem seit Konstantin üblichen Verfahren befahl Maximus 384 eine Synode nach Bordeaux. Die von P. geforderte neue Untersuchung fand als weltl. Verfahren gegen P. als synodal verurteilten Häretiker in Trier 384/385 statt, gegen den Protest des Ambrosius und Martins v. Tours. Wegen Magie und Manichäismus wurden P., Euchrotia und drei andere Angeklagte zum Tode verurteilt und hingerichtet; weitere Prozesse mit Todes- und Verbannungsurteilen schlossen sich an. 386 bestätigte eine Trierer Synode die Urteile; wegen seines Protestes geriet Martin v. Tours selbst in den Verdacht des Manichäismus. Nach dem Sturz Maximus' 388 wurden die Ankläger P.s abgesetzt; dennoch galt der P.ismus als Häresie, die sich v. a. im nordspan. Gallaecia als Volksbewegung, die P. und seine Anhänger als Märtyrer auch kultisch verehrte, ausbreitete und zu einer Spaltung der span. Kirche führte, wie die Synode v. Toledo (400) zeigt. Erst der Übergang der Sueben zum Katholizismus (2. Hälfte 6. Jh.) beendete den P.ismus. Eventuell handelt es sich beim Jakobusgrab in Santiago de Compostela um das ursprgl. Grab P.s, das nach dem Ende des P.ismus durch Jakobus eine zweifelsfrei orth. Legitimation bekam. Die gesamte Überlieferung, bes. Sulpicius Severus (Chron. II, 46ff., Dial. III, 11–13) als wichtigste Q., hat die gegen P. erhobenen Anklagepunkte aufgenommen; die in einer Würzburger Hs. erhaltenen p.ischen Texte (Autorschaft im einzelnen umstritten) widerlegen sie jedoch und zeigen nur die radikale Weltverneinung eines asket.-prophet. und antihierarch. Konventikels, der aber staatskirchl. Verhältnisse voraussetzt. Die monarchian. Tendenzen in Trinitätslehre und Christologie fallen nicht aus dem Rahmen des im 4. Jh. im Westen noch Üblichen. H. Ch. Brennecke

Lit.: EncEarlyChurch II, 711f. – RE Suppl. XIV, 485–559 – B. VOLLMANN, Studien zum P.ismus, 1965 – K. M. GIRARDET, Trier, 385, Chiron 4, 1974, 577–608 – H. CHADWICK, P. of Avila, 1976 – A. B. J. M. GOOSEN, Achtergronden van P.us' christelijke ascese [Diss. Nijmegen, 1976] – H. REIMER–V. C. REIMER, P. und der P.ismus in den Akten span. Konzilien des 4.–6. Jhs., Klio 71, 1989, 508–515.

Prise. [1] *Allgemein:* In seiner primären Bedeutung bezeichnet das Wort P. ein Regalienrecht (→Regalien), das es dem Fs.en und (durch Usurpation) dem feudalen Herrn (→Seigneurie) ermöglicht, private Güter zu seinem Nutzen oder im öffentl. Interesse an sich zu ziehen. Das Kgtm. in Frankreich (wie auch in anderen Monarchien) rekuperierte dieses wichtige Recht überall dort, wo der Kg. das 'dominium directum' wiedererlangt hatte. Die Ausübung des 'Droit de P.' war von einer speziellen kgl. Anordnung (*Commission*), versehen mit dem kgl. Siegel (Gr. Siegel oder Sekretsiegel), abhängig. Eine kgl. →Ordonnance von 1315 schreibt ein Leumundszeugnis für vertrauenswürdige Personen vor sowie eine Zahlung (schriftl. Zahlungsverpflichtung, seit 1319 feste Gebühr). Die Initiative zur Erhebung von P.n wurde den Seigneurs 1346 untersagt, doch gestattete die Kg. einigen von ihnen die Einziehung von P.n zur Versorgung ihrer im kgl. Dienst stehenden Burgen. In bestimmten Fällen requirierten während des →Hundertjährigen Krieges kgl. Beauftragte (*pourvoyeurs du garnisons du roi*) v.a. bei geistl. Gemeinschaften Lebensmittel. Der drückende Charakter der P.n und die mit ihrer Einziehung verbundenen Mißbräuche machten sie bei der Bevölkerung verhaßt und führten zur Gewährung von Exemtionen (1391, 1407); die Reformbewegung der 'Cabochiens' (→Ordonnance cabochienne) setzte die zeitweilige Abschaffung der P.n durch.

[2] *Seerecht*: Das Rechtsinstitut der P. ist in seiner spezif. Ausprägung mit →Seerecht und Flottenwesen (→Flotte) eng verbunden. Im Laufe des MA waren zunächst die seefahrenden Gemeinschaften, dann die Staaten darauf bedacht, die auf offener See oder an den Küsten begangenen Gewalttaten einer Kontrolle zu unterwerfen, wie aus den Rechtskodifikationen des atlant. und Ostseeraumes (Rôles d'→Oleron, Seerechte v. →Damme und Visby) sowie des mediterranen Bereichs (Seekonsulat, →Consolat de mar) hervorgeht. Dieses Bestreben setzte sich fort in der →Gesetzgebung der europ. →Monarchien, von Sizilien unter Friedrich II. über die Kgr.e Frankreich, England, Kastilien, Aragón und Portugal bis hin zu den Gesetzen des 16. und 17. Jh., die von den Seegesetzgebung Colberts zu einer großen Synthese zusammengefaßt wurden. Grundtendenz dieser Gesetzgebung war die zunehmende Unterscheidung zw. bloßer Piraterie (→Seeraub), die jedwedes Schiff auf See zwecks Erlangung von Beute angriff, und der →Kaperschiffahrt, deren Träger zum Beutemachen und Stören der gegner. Handels- und Nachschubwege autorisiert waren, dabei aber einer Überwachung durch eine öffentl. Institution unterlagen, als die seit dem 13. Jh. die Admiralität (→Amiral, →Admiratus usw.) hervortritt. Damit war die Abgrenzung zw. erlaubter und unerlaubter P., zumindest im Grundsätzlichen, vollzogen.

Eine legale P. ist dann gegeben, wenn die Besatzung eines Schiffs ein anderes, einem erklärten Feinde angehörendes Schiff aufbringt, die Ladung beschlagnahmt, die Mannschaft gefangennimmt; die Deklaration der P. hatte stattzufinden vor einer zu diesem Zweck gebildeten gerichtl. Institution (P.ngericht), die ggf. die Rechtmäßigkeit der P. durch Beweise (z. B. Zeugenaussagen) festzustellen hatte, wobei auch Appellation an ein Obergericht (in Frankreich '*Conseil des P.s*') möglich war. Diese Verfahrensweise setzte sich, nach langen Verhandlungen zw. den seefahrenden Staaten, in Westeuropa gegen Ende des 15. Jh. allmähl. durch. Wichtige Etappen auf dem Wege zu einem stärker einheitl. P.nrecht (als Teil des entstehenden See- und Völkerrechts) war zum einen die Praxis der Repressalien und Kaperbriefe, zum anderen die institutionelle Entwicklung der Admiralitäten, schließlich die

Beschlüsse internationaler Konferenzen (Bayonne, 1537–1541, zw. Frankreich, Portugal und Spanien). M. Mollat

Q. und Lit.: H. Grotius, De jure praedae, 1606 [im Dr. 1609], ed. G. HAMAKER, 1868 – E. CLAIRAC, Les Us et Coutumes de la Mer, 1671 – J. M. PARDESSUS, Coll. des Lois maritimes antérieures au XVIIIe s., 6 Bde, 1878 – R. DE MAS LATRIE, Du droit de marque ou droit de représailles au MA, 1866 – A. DUMAS, Étude sur le jugement des p.s maritimes en France, 1908 – P. TIMBAL, La guerre de Cent Ans vue à travers les registres du Parlement (1337–69), 1961 – M. REY, Les finances royales sous Charles VI, 1965 – R. DE ALBUQUERQUE, As Represalias (XV–XVIe s.), 1972 – PH. CONTAMINE, Guerre, État et Société à la fin du MA, 1972.

Priskos, Historiker und Rhetor, * ca. 420 in Panion (Thrakien), † 474, begleitete 449 den hohen oström. Beamten Maximinos, dessen Berater er bis 453 war, bei einer Gesandtschaft im Auftrag Ks. Theodosios' II. zu →Attila. 450 besuchte er Rom, 452 Arabien und Ägypten. Er wirkte als Berater des Euphemios, war magister officiorum für den O unter Ks. Markianos und verfaßte, neben Briefen und rhetor. Übungsstücken, die Ἱστορία Βυζαντινικὴ καὶ κατὰ 'Αττήλαν (8 B., nur fragmentar. für die Jahre 433–471/472 erhalten), eine wichtige Q. für die Gesch. Attilas und der Hunnen mit prosenator. und antibarbar. Tendenz. J. M. Alonso-Núñez

Ed.: F. BORNMANN, 1979 – R. C. BLOCKLEY, The Fragmentary Classicising Historians of the later Roman Empire, 1981 – *Lit.:* PLRE II, 906 – RE XXIII, 9f. – E. V. MALTESE, Quaderni di Storia 5, 1979, 297–320 – B. BALDWIN, Byzantion 50, 1980, 18–61.

Priština, Stadt in →Serbien (→Kosovo Polje), erwähnt erstmals zu 1342 als Dorf ohne Mauern, auch später pagus, *borgo, trg* genannt. P. befand sich in günstiger Lage am Kreuzweg in der Nähe des kgl. Residenzkomplexes (Pauni, Svrčin, Nerodimlja, Štimlja), des Bf.ssitzes v. →Lipljan/→Gračanica und, noch wichtiger, unweit der Bergwerke v. Janjevo, →Novo Brdo und →Trepča. Nach 1370 ließen sich auch Handwerker nieder. Es bestanden Anlagen zur Reinigung von Silber. P. hatte eigenes Gewicht (*pexo de P.,* Pfund von 345,6 g). Seit 1387 wird die kath. Kirche (Hl. Maria) erwähnt. In der Metropolitankirche (Christi Himmelfahrt) wurde der Fs. →Lazar 1389 nach der Kosovo-Schlacht beigesetzt.

In P. bestand kein Hof der Nemanjiden (→Nemanja), wie irrtüml. noch immer angenommen wird, doch war der Ort neben Vučitrn das Zentrum der Territorialherrenfamilie der →Brankovići. Während der inneren Kämpfe 1409 durch Brand beschädigt, erholte sich P. bald, die Ansiedlung der Ragusaner war 1420–40 bes. zahlreich. In P. war der Sitz des *Kefalija,* aber auch eines osman. →*Qāḍī* (1421) noch vor der Eroberung der Stadt (1439–44 und 1455). Zu Beginn der Türkenherrschaft hatte P. 400 Familien und war in neun Stadtviertel (*Machale*) geteilt.

S. Ćirković

Lit.: D. KOVAČEVIĆ-KOJIĆ, P. u srednjem vijeku, Istorijski časopis 22, 1975, 45–74 – B. TODIĆ, Mitropolija u Prištini-prva grobna crkva kneza Lazara (Sveti knez Lazar, 1989), 163–169.

Privatmesse. [1] *Begriff:* P. (lat. missa privata, solitaria, specialis, peculiaris) bezeichnet Meßfeiern ohne bes. Feierlichkeit, wie z. B. Gesang (missa lecta), sowie ohne Gemeindebeteiligung. Der Begriff ist vor dem hohen MA ungebräuchlich und kein Gegenbegriff zur öffentl. Meßfeier (missa publica) (HÄUSSLING spricht von nachgeordneter bzw. Nebenmesse).

[2] *Geschichte:* Messen, die der Priester allein (missa solitaria) oder nur mit einem Meßdiener feiert, standen im frühen MA höchstwahrscheinl. in Zusammenhang mit dem stadtrömischen, im Frankenreich nachgeahmten System der Liturgie (→Stationsgottesdienst) und waren in diesem Kontext keine P.n, sondern nur Teil öffentl. Liturgie (HÄUSSLING). Dieser Zusammenhang schwindet im Laufe des MA aus dem Bewußtsein. Zugleich wächst die Zahl solcher Messen, die in bes. Anliegen (→Votivmessen, missae speciales) und als →Seelenmessen gefeiert werden und wird zur Grundform der →Messe (II.4).

H. B. Meyer

Lit.: J. A. JUNGMANN, Missarum Sollemnia, I, 1965^2, 283–306 – A. A. HÄUSSLING, Mönchskonvent und Eucharistiefeier (LQF 58, 1973), 251–268, 319–321 – A. ANGENENDT, Missa specialis, FMASt 17, 1983, 153–221.

Privaturkunden, alle Urkk., die nicht von kgl./ksl. (→Ks.- und Kg.surkk.) oder päpstl. (→Papsturkk.) Ausstellern herrühren: Bf.s-, Fs.en- und landesherrl. Urkk. sowie die nahezu unüberschaubare Masse der Aufzeichnungen aus dem Bereich der freiwilligen Gerichtsbarkeit. An Zahl und Formenreichtum übertreffen die P. die Kg.s- und Papsturkk. um vieles. Obwohl sie inzwischen in den Mittelpunkt des Forschungsinteresses gerückt sind, bleibt – was die Edition der P. betrifft – noch sehr viel zu tun. Der Ausdruck P. ist ein Verabredungsbegriff, an dem man trotz vielfach geäußerter Kritik auch weiterhin festhält, obwohl der hist. Realität dadurch nicht immer Rechnung getragen wird. So werden z. B. Urkk., die nicht im Namen, sondern nur im Auftrag oder mit Zustimmung des Kg.s ausgestellt worden sind ('Konsensakte'), diplomat. zu den P. gezählt, obwohl sie den Wert von mittelbaren Kg.surkk. haben. Aber auch von rechtshist. Seite gibt es Einwände (öffentl. und privates Recht sind im MA, anders als in der röm. Ks.zeit, keine klar voneinander geschiedenen Sphären). Diese Kritik ist jedoch nur z. T. berechtigt. Denn es gibt aufgrund der →Beweiskraft bis ins hohe MA einen deutl. Unterschied zw. einer Kg.surk. und der etwa eines Bf.s oder Hzg.s. Mit der allg. Verbreitung des →Siegels sowie des →Notariats, Offizialats (→Offizial) und der städt. Beurkundungsstellen (→Schreinsbücher, →Stadtbücher) konnten auch die P. die Rechtsqualität der beiden anderen Urkk.kategorien beanspruchen. Bes. deutl. tritt dies beim Notariatsinstrument hervor, und nicht selten ließen sogar Kg.e und Ks. ihre Diplome von öffentl. Notaren anfertigen. Die frühma. P. kommen aus spätröm. Tradition wie die Kg.surkk. Beide haben sich zunächst getrennt entwickelt. Die Originalüberlieferung setzt im 5. Jh. ein. Neben Urkk. auf Holz- und Schiefertafeln sind hier v. a. die aus dem ebfl. Archiv v. Ravenna stammenden Papyri zu nennen, die als direkte Ausläufer röm. Urkk.typen eine Sonderstellung einnehmen. →Papyrus als Beschreibstoff für P. wird in Ravenna (und auch in Rom) noch im 10. Jh. verwendet. Mit der allg. Verwendung des →Pergaments beginnt im 8. Jh. die Überlieferung reichlicher zu fließen. Das Kl.archiv v. St. Gallen, dessen Originalurkk. mit 744 beginnen, sowie das ebfl. Archiv in Lucca (mit 1800 Urkk. allein aus dem Zeitraum von 685 bis 1000) besitzen bes. kostbare Schätze. Als Schrift ist zunächst die →Kursive herangezogen worden. Reich an individueller Gestaltung, lebte sie in Italien auch noch nach der Einführung der →karol. Minuskel lange fort, bis ihr Gebrauch 1231 von Friedrich II. verboten wurde (trotzdem begegnet man ihr noch in südit. Notariatsurkk. des ausgehenden 14. Jh.). Im übrigen setzte sich seit dem 9. Jh. immer mehr die Buchschrift durch, die häufig mit Elementen der →Urkk.schrift (Schnörkel, lange Ober- und Unterlängen) vermischt wurde. Später wird in den P. nach dem Vorbild der Kg.s- und Papsturkk. auch die diplomat. Minuskel verwendet. Bei den Schreibern sind zunächst zwei Gruppen zu unterscheiden: einerseits die bei den Behörden tätigen Amtsschreiber, andrerseits die →Tabellionen, die in Italien ihren Beruf in ununterbrochener Tradition bis ins hohe MA ausgeübt haben. Seit dem 8. Jh. lassen sich im frk. Bereich geistl., im Auftrag von Bf.en und Kl. schreibende Notare nachweisen. In der Praxis hat sich, wie man heute annimmt, das Beurkundungsgeschäft vom Gericht weg zur Kirche und ihren Notaren verlagert. Vor der Herausbildung eigener →Kanzleien (seit dem 12. Jh.) ist bei den Urkk. weltl. und geistl. Fs.en fast ausschließl. mit →Empfängerausfertigung zu rechnen. Die spärl. direkte Überlieferung der frühma. P. ergänzen →Formelslg.en (älteste erhaltene aus dem 6. Jh.). Diese Slg.en bieten eine Fülle von Urkk.typen, von denen viele, weil sie nur für einen bestimmten Zeitraum rechtl. relevant waren, archival. nicht überliefert sind. Die archival. Überlieferung der älteren P. beschränkt sich im wesentl. auf Schriftstücke aus dem Immobilienverkehr. Grundsätzl. unterscheidet man zwei Urkk.typen: →Charta und →Notitia. BRUNNER hat beide auf spätröm. Vorbilder zurückgeführt; dies wurde von seinen Kritikern zurückgewiesen: Allein die Charta (mit eigenhändigen Unterschriften des Ausstellers, Notars, der →Zeugen, meist durch ein Kreuz mit dem beigeschriebenen Wort 'signum' eingeleitet) als subjektiv vom Veräußerer gefaßte konstitutive Schenkungsurk. ist röm. Ursprungs. Die in objektiver Form stilisierte Notitia gibt es zwar auch in spätröm. Zeit, aber der Unterschied der Fassung ist kein Gegensatz der Rechtswirkung (CLASSEN). Charta und Notitia wurden in dem Maße, in dem die Teilnahme der Behörden am Beurkundungsprozeß (→Gesta municipalia) zurückging und schließlich ganz verschwand, immer häufiger Nachweise von Recht und Besitz. Dabei konnten Urk. und Symbol (→traditio cartae) eine enge Verbindung eingehen. Die weitere Entwicklung der P. nahm außerhalb Italiens, wo es stets ein öffentl. Schreiberwesen gegeben hat, einen anderen Verlauf. Im 9.–11. Jh. ging n. der Alpen die Bedeutung der Urk. als selbständiges Beweismittel stark zurück. Dieser Vorgang wird allg. mit der damaligen 'Schriftlosigkeit' im Rechtsverkehr (die z.T. mit dem o.a. Problem der archival. Überlieferung zusammenhängen dürfte) erklärt. Eine Rechtshandlung war nur dann beweisfähig, wenn die Namen der Zeugen mitverzeichnet wurden. Dies erfolgte in Notizen mit äußerst reduziertem Formular, die von einzelnen Pergamentzetteln in →Traditionsbücher übertragen wurden. Gelegentl. wurden solche Originalnotizen, von denen nur wenige überliefert sind, besiegelt. Sie stellen damit eine Zwischenstufe auf dem Weg zur Siegelurk. (→Urkunde) dar, die sich – zuerst bei den Urkk. weltl. und geistl. Fs.en – seit dem 11. Jh. immer mehr durchzusetzen begann. Vorbild war hierbei die Kg.surk., die darüber hinaus (neben der Papsturk.) auch als Muster für die weitere äußere sowie innere Gestaltung fsl. P. diente (z. B. beim →Chrismon, dem →Monogramm, der verlängerten Schrift, der 'dei-gratia'-Formel). Das Siegel als Beglaubigungsmittel hat sich bei P. im 13. Jh. allg. durchgesetzt. Die Versuchung, Urkk. privater Aussteller zu fälschen, war wesentl. geringer als bei Kg.surkk., und es ist wohl übertrieben, wenn gesagt wird, daß hier erst die Spitze des Eisbergs bekannt sei.   A. Gawlik

Lit.: H. BRUNNER, Zur Rechtsgesch. der röm. und germ. Urk., 1880 – O. REDLICH, Die P. des MA, 1911 – DERS.–L. GROSS, P., 1914 – BRESSLAU–H. STEINACKER, Die antiken Grundlagen der frühma. P., 1927 – A. DE BOÜARD, Manuel de diplomatique française et pontificale, II, 1948 – G. TESSIER, La diplomatique, 1952, 99ff. – J.-O. TJÄDER, Die nichtlit. lat. Papyri Italiens aus der Zeit 445–700, I, 1955; II, 1982; III, 1954 [Taf.] – H. STEINACKER, 'Traditio cartae' und 'Traditio per cartam' – ein Kontinuitätsproblem, ADipl 5/6, 1959/60, 1ff. – H. FICHTENAU, Das Urkk.wesen in Österreich vom 8. bis zum frühen 13. Jh., 1971 – U. NONN, Merow. Testamente, ADipl 18, 1972, 1ff. – P. CLASSEN, Fortleben und Wandel spätröm. Urkk.wesens im frühen MA (Recht und Schrift im MA, hg. DERS., 1977 [= VuF 23]), 13ff. – P. JOHANEK, Zur rechtl. Funktion von Traditionsnotiz, Traditionsbuch und früher Siegelurk. (ebd.), 131ff. – C. BRÜHL, Derzeitige Lage und künftige Aufgaben der Diplomatik (Landesherrl. Kanzleien, I, 1984), 44f. – E. WISPLINGHOFF, Zur Methode der P.kritik (MGH Schr. 33/3, 1988), 53ff. – E. CAU, Il falso nel documento privato fra XII e XIII s. (Civiltà comunale: Libro, scrittura, documento, 1989), 217ff.

Privileg(ien)

I. Urkundenwesen – II. Standesprivilegien der Kleriker – III. Städtische Privilegien.

I. URKUNDENWESEN: [1] *Kaiserliche und königliche Privilegien:* Das P. im weitesten Sinne bezeichnet den Haupttyp der auf Dauer/Ewigkeit angelegten und eine Rechtshandlung beinhaltenden ma. Urk. (vgl. →Mandat, →Brief, →Placitum). Ausgehend von den spätröm. Ks.- und Beamtenurkk. entwickelte die →Kanzlei der röm. Ks. und Kg.e von den Merowingern bis zu den Saliern für die →Ks.- und Kg.surkk. einen feststehenden Aufbau, untergliedert in →Protokoll, →Kontext und →Eschatokoll. Seit dem 12. Jh. trat in diesen immer häufiger der Terminus »privilegium« in Erscheinung (»per presens privilegium«; vgl. →Promulgatio). Die siz. Kg.surk. entwickelte unter kurialem Einfluß eine Scheidung in feierl. und einfaches P. Die Reichskanzlei bildete Form und Aufbau dieser P.typen seit der frühstauf. Zeit aus. Das feierl. P. umfaßte das vollständige Formular, wie es durch Jahrhunderte hindurch entwickelt worden war, und zeigt auch eine sorgfältige Ausführung. Das einfache P. weist dagegen ein kleineres Format auf, das zudem jedes Zierats entbehrt: die Elongata fehlt, der Herrschername ist häufig nur abgekürzt ausgeführt, und ein schlichter waagerechter Strich ersetzt meist das diplomat. Kürzungszeichen. Auch das Formular ist im einfachen P. auf das notwendige Minimum begrenzt. Unter Ks. Heinrich VI. trat die gehobene Ausfertigung hinzu, die an das einfache P. der Papsturk. erinnert, dem feierl. P. nahesteht und dieses immer stärker zurückdrängte. Der Herrschername oder die ganze erste Zeile erscheinen in verlängerter Schrift und auch der Kontext folgt in seinen formelhaften Teilen dem feierl. P., nur →Arenga und →Corroboratio können fehlen. Die →Invocatio wurde dagegen nicht verwandt, und die Devotio (→Intitulatio) erscheint meist nur in der einfachen Form »dei gratia«. Die →Privaturkk. folgten in der Regel zeitl. versetzt dieser Entwicklung, nicht zuletzt durch mißverstandene Vorbilder konnte es aber zu eigenwilligen Erscheinungen und Sonderformen kommen. Mit dem rapiden Anstieg der Schriftlichkeit seit der Mitte des 14. Jh. entstand ein als »Geschäftsurk.« bezeichneter Typ, in dem Abstufungen der Ausfertigung immer mehr entfielen. Eine Sonderstellung nahmen nur noch Stiftungsurkk., Testamente u. ä. ein, die über Invocatio und Arenga verfügen konnten.   J. Spiegel

Lit.: BRESSLAU I, 62ff. – H. BRESSLAU, Internat. Bezieh. im Urkk.wesen des MA, AU 6, 1918, 19–76 – H. BANSA, Stud. zur Kanzlei Ks. Ludwigs d. Bayern, 1968 – C. BRÜHL, Stud. zu den langob. Kg.surkk., 1970 – I. HLAVÁČEK, Urkk.- und Kanzleiwesen Kg. Wenzels (IV.), 1376–1419, 1970 – H. ENZENSBERGER, Beitr. zu Kanzlei- und Urkk.wesen der norm. Herrscher Unteritaliens, 1971 – C. BRÜHL, Urkk. und Kanzlei Kg. Rogers II. v. Sizilien, 1978 – W. KOCH, Schrift der Reichskanzlei im 12. Jh., 1979 – P. CSENDES, Kanzlei Ks. Heinrichs VI., 1981 – TH. KÖLZER, Urkk. und Kanzlei der Ksn. Konstanze (1195–1198), 1983 – R. M. HERKENRATH, Reichskanzlei in den Jahren 1181 bis 1190, 1985 – H. FICHTENAU, Forsch. über Urkk.formeln, MIÖG 94, 1986, 285–339 – C. BRÜHL, Purpururk. (Aus MA und Diplomatik, II, 1989) – G. M. LUCHA, Kanzleischriftgut, 1993.

[2] *Päpstliche Privilegien:* Sie sind als eigene Urk.form seit der Zeit Hadrians I. (772–795) bekannt. Unter Leo IX. (1049–54) wird ihre äußere Form stark verändert. Bis ins 12. Jh. sind die P. sehr beliebt, im 13. Jh. werden sie selten, im 14. Jh. kommen sie nur noch sporad. vor (ihre Rolle übernehmen dann neben litterae z. T. die →Bullen bzw. Konsistorialbullen). Die älteren P. bilden eine Erweiterung der Briefform (→litterae) durch Verewigungsformel und Aufspaltung des Datums in Skriptumformel am Schluß des Textes und große Datierung mit Nennung des Datars getrennt davon am Schluß der Urk. Dazwischen steht das eigenhändige Benevalete des Papstes. Seit Leo IX. wird das Protokoll erhebl. umgestaltet durch Einführung der →Rota, des Benevalete-Monogramms und des Kommas, ferner durch die Namensunterschr.en von Papst und Kard.en.

Das vollausgebildete P. des 12. und 13. Jh. hat folgende Merkmale: 1. erste Zeile in verlängerter Schr., endend mit IPPM (= in perpetuum), 2. hervorgehobene Majuskeln zu Beginn der einzelnen Textabschnitte, 3. am Ende des Kontextes dreifaches Amen, 4. Rota links unter dem Textblock, 5. Monogramm rechts unter dem Textblock, 6. Komma ebd., 7. Namensunterschr. des Papstes zw. Rota und Monogramm, 8. Namensunterschr.en der Kardinäle in drei Spalten (Priester, Bf.e, Diakone), 9. große Datierung mit Nennung des Datars am Fuß der Urk., 10. Bleisiegel an Seidenfäden. Neben diesen »feierl. P.« gibt es die »einfachen P.«, denen mehrere der genannten Elemente fehlen und die meist die Verewigung durch die Grußformel ersetzen.

Das Diktat der P. folgt häufig feststehenden, v. a. für die einzelnen Mönchsorden normierten Formularen (in forma communi). Die –Taxen sind außerordentl. niedrig.

Th. Frenz

Lit.: Bresslau I, 76–82 – Th. Frenz, Papsturkk. des MA und der NZ, 1986, 14, 17–19 [Lit.] – Ders., Graph. Symbole in den päpstl. Urkk. (mit Ausnahme der Rota) (Graph. Symbole in d. ma. Urkk., hg. P. Rück, II) [im Dr.] – J. Dahlhaus, Aufkommen und Bedeutung der Rota in der Papsturk. (ebd.) – *Abb. von P.:* F. Steffens, Lat. Paläographie, 1929², Taf. 73, 76, 80, 91 – L. Santifaller, Q. und Forsch. zum Urk.- und Kanzleiwesen Papst Gregors VII., 1957, Taf. I–XVI, XXIV – G. Battelli, Acta Pontificum, 1965², Taf. 5, 6, 8–10, 13, 18, 22.

II. Standesprivilegien der Kleriker: Die Ausstattung des chr. Klerus mit Sonderrechten (→Klerus, Kleriker, 5) begann in der staatl. Gesetzgebung der Antike seit Konstantin d. Gr. Sie nahm die Absonderung des Klerikerstandes, die in vorkonstantin. Zeit in der Kirche selbst eingesetzt hatte, auf und verstärkte sie, wobei offenbar die rechtl. Gleichstellung der Kleriker mit hohen Staatsbeamten das Ziel war. Im MA bestand nur ein Teil der in der Antike gewährten P. fort oder wurde erneut definiert. Die Dekretalengesetzgebung des 12. und 13. Jh. erfaßte einen Viererbestand: Den verstärkten Rechtsschutz des Klerikers gegen Tätlichkeiten (privilegium canonis); seine Befreiung von der weltl. und seine Zuordnung zur geistl. Gerichtsbarkeit (→privilegium fori); seine Freistellung von weltl. Diensten, Ämtern und Lasten (→privilegium immunitatis); die Sicherung seines Unterhalts durch den Schutz vor Vermögenseinzug (privilegium competentiae). Nicht zuletzt waren es diese P., die dem Klerikerstand seinen Vorrang und seine Sonderstellung in der ma. Gesellschaft sicherten. Von der weltl. Rechtsordnung im allg. anerkannt, gaben sie doch Anlaß zu vielerlei Konflikten. Diese entzündeten sich im SpätMA v. a. daran, daß die P., obgleich zur Abschirmung der priesterl. Funktionen der Kleriker bestimmt, zugleich deren weltl. Betätigung schützten und daher geradezu hervorriefen. B. Moeller

Lit.: DThC VII, 1218–1262 – DDC III, 864–872 – HRG III, 876–878 – R. Poncet, Les privilèges des clercs au MA, 1901 – M. Gechter, Kirche und Klerus in der stadtköln. Wirtschaft im SpätMA, 1983 – H.- U. Hergemöller, »Pfaffenkriege« im spätma. Hanseraum, 2 Bde, 1988 – B. Moeller, Kleriker als Bürger (Ders. Die Reformation und das MA, 1991), 35–52, 284–294.

III. Städtische Privilegien: Sie gehen zurück auf das im karol. P.recht begründete Kaufmannsrecht und wurden seit der kommunalen Phase der Stadtentwicklung (→Kommune) durch neue P. der geistl. und weltl. Stadtgründer und Stadtherren, aber auch der Päpste sowie anderer Herrschaftsträger vermehrt. Die Herauslösung aus Herrschafts- und Rechtsbefugnissen anderer, aus welcher gleichzeitig die Berechtigung hergeleitet wurde, die durch P. erlangten Rechte aktiv auszuüben und positives Recht zu setzen, wurde zum Grundstock der – begriffl. synonym oder tautolog. gebrauchten – städt. →Freiheit(en), Rechte, Gerechtigkeit(en), Gerechtsame sowie der »guten alten Gewohnheiten«. Diese bildeten zusammen mit dem Recht (→Willkür, →Satzung), das der durch P. legitimierte städt. →Rat autonom setzte, das →Stadtrecht, welches vielfach vom Stadtherrn bestätigt wurde und damit seinerseits privilegialen Charakter annahm (→Chartes de franchises, →Handfeste). Dem älteren Schutz des Kg.s, dem Waffenrecht, den Handels- und Zollfreiheiten, der Befreiung von gerichtl. →Zweikampf und Prozeßgefahr sowie der Gewährung von Grundbesitz in freier Erbleihe gegen einen zumeist kommunal entrichteten Rekognitionszins folgten kgl. Regal- und andere Rechte, die bes. das wirtschaftl. Leben (→Markt, →Messe, →Münze, →Stapel, →Geleit, →Zölle), die innere Organisation (→Rat, Verteidigung, Mauerbau) und den Bereich der →Gerichtsbarkeit (p.ia de non evocando/appellando; →Appellationsp.) betrafen. Durch die Verleihung der städt. Gebotsgewalt, v. a. durch die Befugnis zu Rechtsetzung und Steuererhebung, wurden die Funktionen stadtherrl. Amtleute beschnitten. Privilegial geregelt wurde das Verhältnis der Gesamt-Bürger-Kommune zu den eigenen Bürgern und denen anderer Kommunen. Viele Städte sollten weder für Schulden des Stadtherrn haften müssen noch von diesem verpfändet werden dürfen (p.ium de non aliendo), doch wurden diese Befreiungen bes. im 14. Jh. sowohl von den Kg.en als auch deren Gläubigern oft ebensowenig beachtet wie P., mit denen Kriegsdienste beschränkt oder erlassen wurden. Zeitweilig gewährte P. zu bünd. Zusammenschluß mehrerer Städte blieben ebenso die Ausnahme wie die gemeinsame Privilegierung ganzer Städtegruppen. Im Kern blieb es bei der (zumeist urkundl.) Gewährung von P. für die Einzelstadt. Bezügl. ihrer Zahl und Qualität, dem Zeitpunkt ihrer Erlangung sowie ihrer tatsächl. Geltungsdauer ist entsprechend der unterschiedl. Entwicklung der europ. Länder seit dem 11./12. Jh. zw. Ländern, Regionen und einzelnen Städten zu differenzieren. Bes. in Dtl., wo erstmals Heinrich IV. und Heinrich V. im sog. →Investiturstreit Städtep. zur Belohnung und Erlangung von Unterstützung und Wohlverhalten der rhein. →Bf.sstädte eingesetzt hatten, waren P. und deren Bestätigungen sowohl seitens der Gewährenden als auch der Städte im Sinne eines 'do ut des' Instrumente im Konkurrenzkampf der Herrschaftsträger. Die durch P. erlangte Emanzipation von stadtherrl. Gewalt bewirkte die Herausbildung der →Freien Städte und der →Reichsstädte. Zw. diesen und den »Territorialstädten« ließ die offene Verfassung des SpätMA zahlreiche Zwischenpositionen zu. Kgl. P. oder P.bestätigungen für derartige Städte – bis ins 15. Jh. nicht selten – können Ausdruck kgl. geförderter, von den städt. Führungsschichten gegen den Stadtherrn vertretener Emanzipationsbestrebungen sein.

Obwohl im SpätMA alle Städte über einige grundlegende P. verfügten, brachte jede Stadt einen ihren spezif. Interessen erwachsenen »individuellen« P. bestand zusammen. In Dtl. waren die traditionell kg.snahen Reichsstädte, allen voran →Nürnberg, am reichsten privilegiert. Die zunehmende Tendenz zur Fiskalisierung der kgl. P., Lehen usw. war umso ausgeprägter, als im Unterschied zu den Mandaten eine freie P.-Preisgestaltung bestehen blieb. Nicht nur in der Frühzeit wurden in P. lediglich die allmählich gewordenen Rechtsverhältnisse fixiert. Stets nahmen Städte nichtverbriefte Rechte in Anspruch oder übten solche stillschweigend aus und ließen sie ggf. nachträglich bestätigen. Die Durchsetzung der P. war prinzipiell Sache der Begünstigten selbst, gleichwohl führten Fragen ihres Schutzes bzw. der Sanktionen im Falle ihrer Verletzung zu Dauerkontakten zw. den Betroffenen und dem Aussteller. V. a. die Klagen der Reichsstädte am kgl. Hof sowie am Hof- bzw.→Kammergericht bildeten ein reichsübergreifendes Kommunikations- und Handlungsnetz.

Der P. erwerb erfolgte zeitl. und sachl. ungleichmäßig. Beim Herrschaftswechsel (Kg.swahl u.ä.) führte die Notwendigkeit der Legitimation des Status geradezu zu P.schüben. Nicht selten hielten es die Städte für erforderl., »außer der Reihe« Bestätigungen zu erwirken; kleinere Städte nahmen im Laufe des SpätMA aus Kostengründen häufig mit Generalbestätigungen (confirmationes generales) vorlieb. Veränderungen der Rechtsverhältnisse und -anschauungen wirkten sich allg. auf den Bedarf und konkret dergestalt aus, daß die älteren Texte bei ihrer Bestätigung gelegentl. verändert wurden. Auf der anderen Seite haben Städte beim Verlust der Urkk. versucht, sachl. »geschönte« Neuausfertigungen zu erlangen. Dadurch, daß der Aussteller in der Regel auch seine Nachfolger auf die P. verpflichtete, waren diese nicht grundsätzl. widerrufbar, die Verweigerung ihrer Bestätigung wurde als Rechtsverstoß begriffen. Dennoch war die Möglichkeit des Widerrufs durch den Vorbehalt sämtl. Rechte Dritter gegeben. Da die P. den Charakter eines Gnadenakts behielten, konnte der Aussteller sie bei schweren Treueverstößen suspendieren, ggf. mußten sie zurückgekauft werden. Die Tatsache, daß die entsprechenden Urkk. in der Regel an »Bürgermeister, Rat und Bürger (ganze Gemeinde o.ä.)« adressiert waren, deutet an, daß zw. dem Rat und der Gemeinde ein durch Aufeinanderbezogenheit geprägtes Herrschaftsverhältnis bestand, welches der Rat der reichsunmittelbaren Städte auch mittels der P. erfolgreich zur frühnz. Obrigkeit ausweitete. Auch die ursprgl., häufig zur Formsache degradierte Stadtherrschaft blieb ein Potential, das ausgangs des MA aktiviert wurde. Während die Kfs.en ihre um 1440 erhobene Forderung nach einer Überprüfung aller städt. P. nicht durchzusetzen vermochten und der Status der Reichsstädte und der Freien Städte verhältnismäßig unberührt blieb, führte die Erstarkung der Landesfs.en spätestens ab der 2. Hälfte des 15. Jh. vielfach zur Eingliederung der landesherrl. Städte in den frühnz. Territorialstaat durch die nicht selten erzwungene Abschaffung oder Einschränkung der P. bzw. deren Entleerung zur Förmlichkeit. P.-J. Heinig

Lit.: HRG IV, 1877–1880 – Dt. Städtebuch. Hb. städt. Gesch., hg. E. KEYSER–H. STOOB, 11 Bde, 1939–74 – H. CONRAD, Dt. Rechtsgesch., I, 1962² [neubearb. Aufl.], 322–344 – G. DROEGE, Die Stellung der Städte (Dt. Verwaltungsgesch., I, hg. K. G. A. JESERICH, H. POHL, G.-C. v. UNRUH, 1983), 177–187 – P.-J. HEINIG, Reichsstädte, Freie Städte und Kgtm. 1389–1450 (Beitr. zur Sozial- und Verfassungsgesch. des alten Reiches, III, 1983), bes. 267–301 – E. ISENMANN, Die dt. Stadt im SpätMA (1250–1500), 1988, bes. 78–80 [Lit.].

Privilegium Andreanum, Freiheitsbrief des ung. Kg.s Andreas II. für die Siebenbürger »Sachsen« v. 1224 (überliefert: Urk. Kg. Karls I., 1317). Das P. A. bestätigte die Rechte der dt. Siedler (→hospites) im s. Siebenbürgen, die unter Kg. Géza II. ins Kgr. Ungarn gekommen waren. Sie bildeten eine eigene Gemeinschaft (unum populum), wählten ihre Richter und Pfarrer selbst und durften nur vor das Gericht des Kg.s oder des Hermannstädter Gf.en geladen werden. Sie zahlten eine Jahressteuer von 500 Mark Silber und leisteten einen genau umschriebenen Kriegsdienst. Ähnl. Rechte wurden dann auch anderen dt. Siedlergruppen im ung. Kgr. erteilt. J. Bak

Ed.: Urk.buch zur Gesch. der Dt.en in Siebenbürgen, hg. F. ZIMMERMANN–C. WERNER, I: 1191–1342, 1892, 34f. – Lit.: H. ZIMMERMANN, Hospites Theutonici (Gedenkschr. für H. STEINACKER, 1966), 67–84 – H. HELBIG, Die ung. Gesetzgebung des 13. Jh. und die Dt.en (Die dt. Ostsiedlung im MA als Problem der europ. Gesch., hg. W. SCHLESINGER, 1975), 509–526 – E. FÜGEDI, Das ma. Kgr. Ungarn als Gastland (ebd.), 471–508.

Privilegium fori gehört zu den Standesvorrechten der Geistlichen (→Privilegien, II); dazu zählen noch das p. canonis, das →p. immunitatis und das p. (beneficium) competentiae. Es bedeutet Befreiung der Geistlichen von der weltl. Gerichtsbarkeit. Diese dürfen in Streit- und Strafsachen nur vor einem geistl. →Gericht belangt werden. Die Anfänge des p. f. liegen im 4. Jh. Seit 318 bzw. 333 besaßen die Bf.e in Konkurrenz mit dem Staat eine anerkannte Zivilgerichtsbarkeit unter Christen, die 398 bzw. 408 auf eine bfl. Schieds- und Friedensgerichtsbarkeit beschränkt wurde (episcopalis audientia). Sie hat sich seit dem 5./6. Jh. allmählich auf die Grundsätze der Unterstellung geistl. Angelegenheiten und das p. f. beschränkt. Zunächst unterlagen einfache Kleriker in geringfügigeren Delikten der bfl. Gerichtsbarkeit, Bf.e der synodalen (Theod. XVI. 2, 1 a. 355). Vollstreckt wurden die Urteile durch den Staat. Gemäß c. 9 des Konzils v. →Chalkedon 451 war für Streitsachen unter Geistlichen das geistl. Gericht zuständig. Justinian ordnete dies allg. für Klagen gegen Geistliche an. Die →Gregorian. Reform und ihr folgend das klass. kanon. Recht entwickelten neben den Standespflichten die Standesprivilegien des Klerus weiter. Das p. f. wurde nunmehr, im Sinne »Pseudo-Isidors«, in den →Decretales Gregorii IX. festgelegt (X 2. 1; X 2. 2) und den Klerikern für zivile und Straffälle zuerkannt (X 2. 2. 12 und 13). Gegenteilige Gewohnheit wurde nicht zugelassen (X 2. 1. 8). Der Kleriker konnte auf dieses Privileg nicht verzichten (X 2. 2. 12 und 18). Erworben wurde es durch die Tonsur (X 3. 1. 16; X 5. 9. 1; X 5. 39. 45). Ausdrückl. wurde festgelegt, daß der Kleriker nicht vor dem zivilen Richter verklagt werden kann (X 5. 31. 15). Alle crimina ecclesiastica unterstanden dem kirchl. Gericht (Apostasie, Häresie, Simonie, Sakrileg, Meineid, Eidbruch, Ehebruch, Blutschande, Bigamie und Schändung). Ks. Friedrich II. hat 1220 (Auth. »Statuimus« nach 1. 33 Cod. Iust. de episc. I, 3) Jurisdiktion und Immunität von Kirche und Klerus und dabei auch das p. f. zugesichert. So war das p. f. eine Zeitlang im weltl. Recht anerkannt und damit auch prakt. geworden. Kleriker konnten erst dann von weltl. Gerichten wegen schwerer Verbrechen bestraft werden, wenn ihnen kirchl. die Standesrechte durch →Degradation entzogen worden waren, oder wenn der Kleriker diesen Schutz durch eigene Schuld (Ablegung der geistl. Gewandung, Waffen tragen) verloren hatte. Im SpätMA wurde – zuerst in England und dann in Frankreich – der Kirche die Möglichkeit zur Durchsetzung des p. f. wieder genommen, der Klerus wurde mehr und mehr der weltl. Gerichtsbarkeit unterworfen.

R. Puza

Lit.: J. B. Sägmüller, Lehrbuch des kath. Kirchenrechts, I, 1930⁴, 339–346 – LThK² IV, 747f. – Feine, 72, 394, 493, 716 – Plöchl II, 191, 348, 384.

Privilegium Henricianum → Wormser Konkordat

Privilegium immunitatis. Die Immunitätsprivilegien deklarieren in formelhafter Weise Befugnisse, Freiheiten und Pflichten aus dem Rechtsverhältnis der →Immunität. Als Fiskalprivileg sind sie seit der frühen Merowingerzeit bezeugt. Ihre bekannteste Vergabeform ist das Kg.sdiplom, obwohl seit Mitte des 7. Jh. Immunitätsprivilege weltl. und geistl. Fs.en beweisen, daß die Immunitätsgewalt den Kg.en entglitten war. Als Adressaten sind fast nur geistl. Herrschaften bekannt. Bis zu Ludwig d. Fr. kann man davon ausgehen, daß den Immunitätsprivilegien weitgehend eine herrschaftslegitimierende Funktion zukam. Unter den Ottonen wiesen sie eine innovative innenpolit. Komponente auf, ehe sie nach dem →Investiturstreit flexibleren Herrschaftsinstrumenten weichen mußten.

Seit der Neukonzeption unter Dagobert I. trug das p. i. nur noch den Namen des spätantiken Privilegs. Die Kernformel der spezif. frk. Entwicklung ist das »introitus«-Verbot gegen den kgl. Beamten, dem bei Huldverlust untersagt wurde, Zwangshandlungen (districtio) in der privilegierten Herrschaft vorzunehmen und Abgaben (freda, herebannum) einzufordern (exactio). Ob die Gerichtsherrschaft sich aus dem »introitus«-Verbot entwickelte oder von ihm vorausgesetzt wurde, ist in der Forsch. umstritten. Seit Pippin III. waren Urkk.erweiterungen übl. Zum Privilegienbündel gehörten die Pertinenzformel (Besitzbestätigung), manchmal schon ein Marktprivileg (St-Denis 774), Wahl- oder Zollfreiheit. Die entscheidend neue Wendung der Immunitätsformel erarbeitete die Hofkanzlei Ludwigs d. Fr., indem sie die bisher getrennt verliehenen Schutz- und Immunitätsprivilegien in einem Formular verband. Der kgl. Herrschaftsanspruch sollte mittels Kg.sschutz im p. i. gegen die Eigenkirchenherren (→Eigenkirche) durchgesetzt werden. Otto I. knüpfte an dieses Konzept an und baute damit das →Reichskirchensystem gegen den lokalen Adel und das Episkopat aus (Hersfeld 936, Fulda 943). Unter den späten Karolingern nahm die Formelkombination in den Q. merkl. zu: Schenkungen, Gerichtsstandsprivilegien oder Bannleihen verbanden sich zu einem umfassend verstandenen Freibrief unter der Bezeichnung p. i., der der Kernformel den Charakter eines nur noch akzessor. Rechts verlieh. Die päpstl. Exemtionsbriefe lehnten sich terminolog. seit dem 9. Jh. bewußt an die kgl. Diplome an. Zur Zeit der cluniazens. Reform standen sich so eine kuriale und eine kgl. Konzeption des p. i. gegenüber, die sich in der Interpretation der →libertas-Formel unterschieden. Während die päpstl. →Exemtionen damit eine Befreiung von aller weltl. Herrschaft erklärten, sollte sie in den kgl. Privilegien die Zugehörigkeit zur Reichskirche manifestieren. Im Verlauf des Investiturstreits setzte sich die päpstl. libertas-Doktrin durch. Das Scheitern der Salier, die Kirchenherrschaft mittels Kirchenfreiheit zu sichern, und das Bannprivileg als modernere Form des territorialen Herrschaftsanspruchs machten das schwerfälligere p. i. obsolet; trotz gelegentl. Privilegienbestätigungen verschwand es folgerichtig im 12. Jh. endgültig.

Die Kanonistik konsolidierte seit dem 13. Jh. die vielfachen Verflechtungen der verschiedenen kirchl. Schutz- und Exemtionsprivilegien. Im Zentrum ihrer Privilegienlehre standen die Sonderrechte für Muntaten, Dombezirke und einzelne Kleriker. Dabei knüpfte die Lehre an die spätantike Tradition der Immunitätsprivilegien an und umschrieb sie als Befreiung von einem munus (öffentl. Abgaben und Dienste aller Art), während andere Rechte, die Bestandteil der früh- und hochma. Konzeption des p. i. waren, nun in eigenen Privilegien vergeben wurden (p. canonis, →p. fori). Bes. in den →Bf.sstädten des SpätMA prallte diese fiskal. Begünstigung auf die allg. bürgerl. Fronen und Steuern und löste dadurch heftig ausgetragene Konflikte zw. Klerikern und dem Bürgertum aus (→Klerus).

H. Romer

Lit.: I. Heidrich, Titulatur und Urkk. der arnulfing. Hausmeier, ADipl 11, 1965, 116–130 – R. Kaiser, Karls d. Gr. Immunitätsprivilegien für Trier und Metz, Jb. für westdt. Landesgesch. 2, 1976, 1–2 – E. Ewig, Bemerkungen zu den Immunitätsbestimmungen und Schenkungsinserten der Reichenauer Fälschungen (VuF 24, 1977), 63–80.

Privilegium maius, zur Unterscheidung vom →Privilegium minus seit Wattenbach (1852) so benanntes, unechtes Diplom Friedrichs I. vom 17. Sept. 1156, im weiteren Sinn die ebenfalls in der Kanzlei Hzg. →Rudolfs IV. v. Österreich im Winter 1358/59 gefälschten Urkk. Heinrichs IV. vom 4. Okt. 1058 und ihre Erweiterungen durch Heinrich (VII.) vom 24. Aug. 1228, Friedrichs II. von 1245 und Rudolfs I. vom 11. Juni 1283, mit denen dem österr. Hzg. eine Fülle einzigartiger Vorrechte als Landesherr und Reichsfs. eingeräumt wurde (auch 'österr. Freiheitsbriefe' gen.). Es sollte die Stellung des Hauses →Österreich innerhalb des Reiches aufwerten, die Alleinherrschaft Rudolfs gegenüber seinen Brüdern rechtfertigen und die vielfältigen Einflüsse in den Diöz. Salzburg und Passau legalisieren. Die geschickten, hist. sehr versierten, bislang anonymen Fälscher benutzten u. a. das hierauf vernichtete Original des Privilegium minus als Vorlage und verwendeten sein Goldsiegel. Die Vorrechte betrafen u. a.: Fakt. Befreiung von allem Reichsdienst, Lehnsempfang innerhalb Österreichs, Befreiung von der Hoffahrtpflicht, lückenlose weltl. Gerichtsbarkeit im Hzm., Abschaffung der Reichsgerichtsbarkeit über den Hzg., Primogenitur, auch in weibl. Linie, Unteilbarkeit des Hzm.s, Würde eines Pfalzerzherzogs, Geltung des P. m. auch für die in Zukunft beherrschten Länder. Karl IV., dem das P. m. in einem am 11. Juli 1360 ausgefertigten Vidimus zur Bestätigung vorgelegt wurde, verweigerte sie auch deshalb, weil der damals am Prager Hof weilende →Petrarca ein vernichtendes Gutachten über die in die Urk. Heinrichs IV. inserierten angebl. Briefe Caesars und Ks. Neros abgegeben hatte. Erst Friedrich III. bestätigte das P. m. am 25. Juli 1442, nach der Ks.krönung erneut am 6. Jan. 1453, wodurch die Stellung Österreichs unter den Territorien des Reiches definitiv hervorgehoben wurde. W. Maleczek

Ed. und Lit.: MGH DD F. I., 1040 – RI IV/2, †418 – A. Lhotsky, P. m., 1957 – H. Appelt, Anregungen zu einem Komm. der österr. Hausprivilegien (Ders., Ksm., Kgtm., Landesherrschaft, 1988) – P. Moraw, Das 'P. m.' und die Reichsverfassung (Fälschungen im MA, III, 1988), 201–224 – G. Hödl, Die Bestätigung und Erweiterung der österr. Freiheitsbriefe durch Ks. Friedrich III. (ebd.), 225–246.

Privilegium minus, zur Unterscheidung vom →Privilegium maius seit Wattenbach (1852) so benanntes echtes, nur abschriftl. überliefertes Diplom Friedrichs I. vom 17. Sept. 1156, mit dem der Ks. dem Hzg. v. Österreich, →Heinrich II. 'Jasomirgott' (64. H.), und seiner byz. Gemahlin Theodora eine Reihe bes. Vorrechte gewährte. Als Gegenleistung für den förml. Verzicht auf das seit 1139 in österr. Hand befindl. Hzm. Bayern, das damit an

→Heinrich d. Löwen restituiert werden konnte, erreichte der Babenberger die Umwandlung der bisherigen Mgft. Österreich in ein Hzm. Die lehnsrechtl. Zeremonie wurde nach vorangegangenem Spruch des Fs. engerichtes am 8. Sept. 1156 auf einem Hoftag zu Regensburg vollzogen. Die Rechte betrafen: die Vererbung des Hzm.s auch an Töchter und im Falle des kinderlosen Todes eine beliebige Verfügung über die Nachfolge (libertas affectandi – Vermutungen über die Interpolation dieser und anderer Bestimmungen sind widerlegt. Ebenso wie die ungewöhnl. Mitbelehnung Theodoras läßt sie sich aus der dynast. Sorge des damals noch söhnelosen Hzg. paares erklären.), die Ausübung jegl. Gerichtsbarkeit im Hzm. sollte an die Erlaubnis des Hzg.s gebunden sein (Anerkennung der bes. Position des Babenbergers in seinem Herrschaftsbereich), die Beschränkung der Dienste, die der Hzg. dem kgl. Lehnsherrn schuldete, auf den Besuch von Hoftagen in Bayern und auf die Heerfolge gegen die Österreich benachbarten Gebiete. (Die Lockerung der vasallit. Bindung diente dem Babenberger v. a. zur Vermehrung seines Prestiges.) Mit dem P. m. wurde die Lehnsabhängigkeit Österreichs vom Hzm. Bayern gelöst, für den Ausbau der Landeshoheit bedeutete es hingegen nicht viel. Es ist ein Ausdruck der geschickten Politik Friedrichs I., die polit. Gegensätze im S des Reiches unter Wahrung der ksl. Autorität auszugleichen, es ist aber auch ein Indiz für die Veränderung der Verfassung des Reiches, in dem die Stammeshzm. er gegenüber den Territorialfsm. ern neuen Typs an Gewicht verlieren. W. Maleczek

Ed. und Lit.: MGH DD F. I., 151–RI IV/2, 415, 417–H. APPELT, P. m., 1977² – E. ZÖLLNER, Das P. m. und seine Nachfolgebestimmungen in genealog. Sicht, MIÖG 86, 1978, 1–26 – H. APPELT, Die libertas affectandi des P. m. (Ksm., Kgtm., Landesherrschaft, 1988) – DERS., Österreich im HochMA, 1991, 271ff.

Privilegium de non evocando/appellando → Appellationsprivilegien

Privilegium Ottonianum, nach der Ks. krönung am 13. Febr. 962 in Rom ausgestellte Urk. →Ottos I., in der Papst Johannes XII. und dessen Nachfolgern im Anschluß an die →Pippin. Schenkung und die dieselbe bekräftigenden pacta der frk. Herrscher seit Karl d. Gr. der territoriale Besitzstand der röm. Kirche einschließl. der damit verbundenen Rechte bestätigt und zugleich ksl. Schutz zugesichert wird (§ 1–14): Dazu gehörten außer dem Dukat v. Rom weitere Besitzkomplexe, die sich, eine Landbrücke zum Adriat. Meer bildend, von Tuszien in nö. Richtung bis nach Venetien und Istrien erstreckten, die langob. Hzm. er Spoleto und Benevent einschlossen und im S bis nach Kalabrien und Sizilien ausgriffen. Ein zweiter Teil (§ 15–19) enthält Bestimmungen zur Regelung der →Papstwahl, verbunden mit der Auflage, daß der Erwählte erst nach Ablegung eines Treueides die Weihe empfangen dürfe. Mit dem P. O., das in einer vom Kard.-diakon Johannes hergestellten Prunkausfertigung zur Hinterlegung in der Confessio der Peterskirche überliefert ist, ging Otto I., dem bei den Verhandlungen wohl auch die →Konstantin. Schenkung vorgelegt wurde, nicht über die Zusagen seiner Vorgänger hinaus. Angesichts der begrenzten Möglichkeiten einer Realisierung der päpstl. Besitzansprüche auf einen sich hier in Umrissen abzeichnenden →Kirchenstaat blieb es jedoch vielfach bei einer bloßen Absichtserklärung. Unverkennbar ist andererseits das Bestreben nach Wahrung der ksl. Oberhoheit. Von Otto III. zurückgewiesen, wurde das P. O. 1020 von Heinrich II. (D. 427) in erweiterter Form erneuert.

T. Struve

Ed.: MGH Const. 1, 23–27 Nr. 12; dt. Übers. von L. WEINRICH (AusgQ 32, 1977), 46–55 – RI II, 1 Nr. 311; II, 5 Nr. 305 – *Lit.*: HRG III, 2025–2027 – TH. SICKEL, Das Privilegium Ottos I. für die röm. Kirche, 1883 – E. E. STENGEL, Die Entwicklung des Ks. privilegs für die röm. Kirche, HZ 134, 1926, 216–241 [Nachdr. in: DERS., Abh. und Unters. zur ma. Gesch., 1960, 218–248] – W. ULLMANN, The Origins of the Ottonianum, CHJ 11, 1953, 114–128 [dt.: Otto d. Gr., WdF 450, 1976, 296–324] – H. ZIMMERMANN, Otton. Stud., II: Das P. O. v. 962 und seine Problemgesch., MIVG Ergbd. 20/1, 1962, 147–190 – H. FUHRMANN, Konstantin. Schenkung und abendländ. Ksm., DA 22, 1966, 63–178, bes. 123ff. – A. M. DRABEK, Die Verträge der frk. und dt. Herrscher mit dem Papsttum, VIÖG 22, 1976, 64–72.

Privina, Fs. in →Pannonien seit 830/840, ✠ um 860 im Kampf gegen die Mährer; 833 vom mähr. Fs. en →Mojmír I. aus Neutra (→Nitra) verdrängt, floh mit seinem Sohn →Kocel zum obersten Gf. en (Präfekten) des bayer. Ostlandes und empfing auf Befehl Ludwigs d. Dt. in der Martinskirche des Salzburger Hofes Traismauer (Niederösterreich) die Taufe. P. war wohl mit einer bayer. Adligen verheiratet und hatte noch als Heide – 827/828 – durch den Salzburger Ebf. Adalram zu Neutra die älteste bekannte Kirche im Slavenland n. der Donau weihen lassen. P. blieb in einer schwierigen Lage, bis ihn Ludwig d. Dt. zw. 838 und 840 mit »einem Gebiet Unterpannoniens, das am Flusse Sala liegt«, belehnte, wo der Slavenfs. seine Hauptburg →Mosapurg (Zalavár) errichtete.

H. Wolfram

Lit.: H. WOLFRAM, Die Geburt Mitteleuropas, 1987.

Privy Seal, Geheimsiegel des engl. Kg.s, zuerst von Johann I. gebraucht. Seine Verwendung erwies sich als notwendig, weil die Anzahl der Briefe, die in der →Kanzlei verfaßt und mit dem Gr. Siegel gesiegelt wurden, so anstieg, daß dieses dem Kg. nicht mehr ständig zur Verfügung stand. Für ein Jh. wurde das P. S. im kgl. Hofhalt benutzt und war in der Obhut des *Keeper* und später des *Controller of the* →*Wardrobe*. Es diente der Beglaubigung der von Schreibern der Wardrobe verfaßten Briefe. Da ihre Zahl in den 90er Jahren des 13. Jh. immer mehr anwuchs, stieg die Bedeutung des P. S., so daß Eduard II. 1311 infolge der ihm auferlegten Ordinances (→Ordainers) das Amt eines →*Keeper of the P. S.* einrichten mußte. Der erste Inhaber wurde 1312 Roger Northburgh, der kein Beamter des Hofhalts war. Bald entstand außerdem ein Amt des P. S. außerhalb des kgl. Hofhalts, das man jedoch bis zum frühen 15. Jh. nur als vorübergehende Einrichtung ansah. Seit der Mitte des 14. Jh. gehörte der Keeper of the P. S. zu den drei bedeutendsten Beamten in England und nahm regelmäßig am Gericht und am kgl. Rat teil. Im 14. Jh. zählten zum Amt normalerweise vier, im frühen 15. Jh. fünf oder sechs Schreiber und ebenso viele oder sogar noch mehr Hilfsschreiber (subclerici). Der dienstälteste Schreiber war der *secondary* (secondarius), der *filacer* war für die Archive und den Kauf von Pergament und Papier zuständig. Die obersten Schreiber des King's →Council waren auch Schreiber des P. S.-Amtes, da die meisten Ratsentscheidungen durch Briefe mit dem P. S. Geltung erhielten. Das Amt, nun eine große Sammelstelle für Entscheidungen des Kg.s oder des Rates, vermittelte diese in schriftl. Form. An der zuständigen Beamten. Gut erhalten sind Anweisungen an den Kanzler oder an den Schatzmeister. Weniger weiß man über die zahlreichen Ausfertigungsbefehle an andere zentrale und lokale Beamte und über Briefe an einzelne Empfänger. So wurden z. B. die meisten kgl. Briefe an ausländ. Herrscher, den Papst und die engl. Gesandten in dem Amt verfaßt und Kopien sowie die eingehende Korrespondenz abgelegt. Die →*Indentures of War* wurden ebenfalls hier erstellt und registriert. Die meisten Briefe verfaßte man auf Befehl des Kg.s oder des Rates, doch konnte der Keeper of the P. S. Nachträge oder Routinebriefe ausfertigen. Während des 15. Jh. wurde ein Teil dieser Tätigkeit vom kgl. Sekretär (→ secretary) und dem Siegelamt übernommen. Das P. S.-Amt registrierte normalerweise keine Kopien der ausgehenden Briefe, doch existierten Ablagen von Entwürfen und Kopien auf Pergamentstreifen, mit Aufzeichnungen über die Verwendung. Die meisten verbrannten jedoch 1619. A. L. Brown

Q. und Lit.: T. F. TOUT, Chapters in Mediaeval Administrative Hist., I–IV, 1920–33 – A. L. BROWN, The P. S. Clerks in the Early Fifteenth Century (The Study of Medieval Records i. h. of K. MAJOR, ed. D. A. BULLOUGH–R. L. STOREY, 1971), 260–281 – DERS., The Governance of Late Medieval England, 1989.

Prizren (gr. Πριζδριάνα, Πρισδιάνα, lat. Prisrenum, Prisarin, Prisarino), Stadt in der Landschaft → Metohija. Der Name bezeichnet in den altserb. Q. auch das zur Stadt gehörende Gebiet und die → Župa v. P. Erstmals 1020 als Suffraganbm. v. → Ohrid erwähnt, stand P. bis zum Beginn des 13. Jh. zumeist unter byz. Herrschaft. Während des antibyz. Aufstandes 1072 wurde → Konstantin Bodin in P. zum Zaren der Bulgaren ausgerufen. 1183–90 unter der Herrschaft des serb. Großžupans Stefan Nemanja, dann wieder byz. und 1204–07 zum Zweiten Bulg. Reich gehörig, wurde P. Ende 1207 oder Anfang 1208 von Nemanjas Sohn, Stefan dem Erstgekrönten, erobert. Seit 1220 residierte dort ein Bf., ab 1346 ein Metropolit. Stefan Uroš II. Milutin ließ die Kathedrale Bogorodica Ljeviška errichten; es bestanden ein Dutzend weiterer orth. Kirchen und zwei kath. Kirchen. Das Erzengel-Kl. am Stadtrand fungierte als Grablege Stefan Dušans. In der stark befestigten Stadt lagen ein »Zarenhof« und ein »Zarengarten« (carev vrt) sowie Höfe reicher Stadtbewohner und Grundherren. Die Einwohnerschaft bestand mehrheitlich aus Handwerkern, Agrarbevölkerung und Kaufleuten. Wachsprodukte und Seide aus P. wurden nach Dubrovnik (→ Ragusa) ausgeführt (seit 1332 ständiger Sitz eines Ragusaner Konsuls). Die Stadt, Münzstätte und Ort zweier großer Jahrmärkte, wurde von einem Kefalija und einem → Knez verwaltet. Mit der Krise des serb. Reiches endete im letzten Viertel des 14. Jh. die Blütezeit von P. 1455 wurde die Stadt von den Türken erobert. M. Blagojević

Lit.: V. HAN, La culture materielle des Balkans au MA à travers la documentation des Archives de Dubrovnik, Balcanica III, 1972, 157–193 – S. DIMITRIJEVIĆ, Novac kneza Lazara u odnosu na novac drugih oblasnih gospodara (O knezu Lazaru, 1975), 185–221, X (Tab.) – D. PANIĆ–G. BABIĆ, Bogorodica Ljeviška, 1975 – R. ĆUK, Izvoz svile iz Dubrovnika u Veneciju u XIV veku, Istorijski časopis 28, 1981, 17–25 – M. JANKOVIĆ, Episkopije i mitropolije srpske crkve u srednjem veku, 1985 – M. BLAGOJEVIĆ, Grad i župa – međe gradskog društva, Socijalna struktura srpskih gradskih naselja (XII–XVIII vek), 1992, 67–84.

Proba, Faltonia Betitia, chr. Dichterin aus stadtröm. Adel (Gemahlin des Praefectus urbi von 351), * um 322, † um 370. Sie stellte in der Technik des → Cento aus Vergilversen die bibl. Gesch. in ausgewählten Episoden dar. Obwohl von Hieronymus (epist. 53,7) abgelehnt, erfreute sich die Dichtung nach Ausweis der Überlieferung großer Beliebtheit. Ein Epos auf den Krieg des → Constantius gegen → Maxentius ist verloren. J. Gruber

Ed.: K. SCHENKL, CSEL 16, 1, 1888, 513–609 – C. CARIDDI, 1971 [mit it. Übers.] – E. A. CLARK–D. F. HATCH, 1981 [mit engl. Übers. und Komm.] – Lit.: Hb. lat. Lit. V, 562 – V. BUCHHEIT, Vergildeutung im Cento Probae, Grazer Beitr. 15, 1988, 161–176.

Probatio → Beweis (Recht, I)

Probi homines (prud'hommes, prohoms). [1] Allgemein: In allg. Hinsicht ist der 'probus homo' ('der Ehrbare, Rechtschaffene') derjenige, der sich bei seinem Herrn oder seinen Mitbürgern eines hohen Ansehens erfreut und wegen seines Alters, seines Wissens oder seiner Erfahrung bes. Vertrauen genießt. Ein probus homo wird gern als Schiedsrichter oder Schlichter angerufen, wenn es um strittige Verträge, die Schätzung eines Schadens oder den Erlaß einer Schuld geht. Auch die Vollstreckung von → Testamenten wird den p. h. anvertraut. Erscheint ein probus homo vor Gericht als Zeuge, so verzichtet die gegner. Partei im Vertrauen auf seine Glaubwürdigkeit oft darauf, ihn zum Eid zu verpflichten. Neben dieser allg., eher unspezif. Rolle bezeichnet der Begriff der p. h. auch stärker institutionelle Funktionen.

[2] Städtewesen: Im südl. Frankreich treten die p. h. seit dem 11. Jh. als diejenigen Untertanen eines Grundherrn (Seigneur) hervor, die von diesem als Beisitzer des feudalen Gerichtshofes, neben den grundherrl. Beamten, eingesetzt werden und die wohl als Nachfolger der älteren → boni homines (boni viri), deren Präsenz im grundherrl. Gericht (→ mallus) seit dem frühen 10. Jh. belegt ist, gelten können. Im Zuge der städt. Emanzipationsbewegung (→ Kommune) des 12. Jh. gewannen diese Ratgeber des Seigneurs zunehmende Selbständigkeit; sie entwickelten sich oft zu 'probi viri de capitulo' und bildeten städt. Magistratskollegien, die unter verschiedenen Namen (capitouls, → Konsuln, sigilliers usw.) die städt. Angelegenheiten führten. Diese Kollegien setzten aber, nachdem sie unabhängig geworden waren, die überkommene Gewohnheit fort, sich häufig mit den p. h. zu beraten; die p. h. oder Notabeln (→ Patriziat) bildeten ihrerseits eigene Ratsgremien, beteiligten sich an der Ausarbeitung von städt. Verordnungen und Statuten sowie der Ausübung der städt. Gewalt. Auch in anderen Regionen ist der Einfluß der p. h. belegt. In Mittelfrankreich, wo die städt. Unabhängigkeit weniger ausgeprägt war, blieb ihnen die Wahrnehmung bestimmter städt. Interessen anvertraut. Im N nahmen sie oft an der Wahl der → Schöffen teil und sorgten als privilegierte Mitglieder der städt. Gemeinschaft für die freiwillige Gerichtsbarkeit, wobei den von ihnen beurkundeten Rechtsgeschäften bes. Glaubwürdigkeit zukam. Wegen ihrer herausgehobenen rechtl. Funktion wurden sie manchmal als 'legitimi homines' oder 'viri hereditarii' bezeichnet.

[3] Zunftwesen: Eine parallele Entwicklung vollzog sich im Zunftwesen (→ Zunft). Die proshomes, die hier ursprgl. nur zu Zeugenaussagen über die Gewohnheitsrechte eines Berufsstandes und zur Mitarbeit an der Ausarbeitung von Statuten und Ordnungen herangezogen wurden, designierten seit dem späten 13. Jh. die Vorsteher einer Zunft. Diese zögerten nicht selten, bes. Titel anzunehmen (garde, bayle), doch blieb innerhalb der korporativen Organisationen die Gewohnheit bestehen, als proshomes die selbständigen → Meister zu bezeichnen. Diese p. h. hatten die Aufgabe einer Kontrolle, ja Disziplinargerichtsbarkeit über die anderen Zunftgenossen; so wurden z. B. die Waagen und andere Instrumente zum Messen und Wiegen von ihnen überprüft. Der Begriff der prud'hommes hat sich im Sinne des Richters in Berufs- und Gewerbesachen in Frankreich bis heute erhalten. H. Gilles

Lit.: J. H. MUNDY, Liberty and Political Power in Toulouse, 1050–1230, 1954 – A. GOURON, La règlementation des métiers en Languedoc au M–Â, 1958.

Probra mulierum, schwankhaftes Gedicht (170 Distichen) des späten 14. Jh. aus dem nd. Sprachraum. Außer dem lat. Text sind zwei Fragmente (195 und 47 Vv.) einer jüngeren mnd. Fassung erhalten. Erzählt wird ein in Gewalttätigkeiten ausartender Streit einer Dienstmagd mit ihrer Herrin, der schließlich vom Bauern geschlichtet wird. Der Dichter will mit derber Unterhaltung ergötzen und auf drast. Weise seinen misogynen Überzeugungen Ausdruck verleihen. Auch der Klerus in Gestalt des Pfarrers, der den Bauern mit dessen Frau betrügt und sich von ihr auf Kosten ihres Ehemanns beschenken läßt, erscheint in sehr unvorteilhaftem Licht. J. Prelog

Ed.: F. J. MONE, AKDV 5, 1836, 199-208 - A. BLASCHKA, Die Dienstmagd, Wiss. Zs. der Martin-Luther-Univ. Halle-Wittenberg 8/3, 1959, 435-442; 10/4, 1961, 909-913 [unvollst.] - *Lit.:* Verf.-Lex.² VII, 854-856 [Lit.].

Proceres, p. regni, allg. Umschreibung für die Großen des Reiches, i. a. bedeutungsgleich mit principes (vgl. etwa DOI 5, DFI 305 u. a.), primores (DOI 72), comites (DHI 20 u. ö.), auch »fideles angewandt, damit jedoch nicht identisch. Der Sprachgebrauch wechselt, doch bleibt die Grundbedeutung über Jahrhunderte konstant. Neben dem Hauptbezug auf regnum und imperium häufig auch als p. palatii, palatini (z. B. DOI 86, DFI 305), p. provinciae oder terrae erwähnt. Obwohl der gleichen Schicht zugehörig, werden gleichwohl Rangunterschiede erkennbar. Aufschlußreich dafür Ermoldus Nigellus II, 288: »At proceres resident ordine quisque suo«. So bei Hofversammlungen, die den Hauptanlaß zu ihrer Erwähnung (in praesentia procerum) abgeben. Am Hof wirken sie an den Regierungsgeschäften mit, und zwar durch ihren Rat (→consilium): cum consilio (z. B. DOI 316, DHII 238 u. ö.), consultu (DOI 163 usw.); durch ihre Fürsprache: intercessione (DH III 11); precibus (DOI 272) u. v. a. durch ihr Urteil: z. etwa DFI 272L: »Sententia omnium p. sacri nostri palatii«), wie überhaupt ihren richterl. Funktionen bes. Bedeutung zukommt (vgl. DOI 111, DFI 242 u. ö.: iudices et alii p.). J. Fleckenstein

Lit.: WAITZ II, 363f.; IV, 327ff. u. ö. - SCHRÖDER-KÜNSSBERG, 1922⁶ - BRUNNER, DRG I, 1906, 349 - D. WILLOWEIT, Dt. Verf.gesch., 1990, 26f. u. ö.

Processio → Filioque, →Trinität

Procheiros Nomos, ein durch einen Gesetzgebungsakt in Geltung gesetztes kurzgefaßtes Kompendium (→Byz. Recht), das - in 40 Titel gegliedert - primäre Rechtsinformation vermitteln will. Es steht insofern ganz in der byz. Tradition, die mit der →Ekloge der Isaurier und der Eisagoge des →Basileios inhaltl. und strukturell ähnl. Werke aufweist. Beide Werke will der P. N. ersetzen, weil sie dem aktuellen polit. und jurist. Programm des regierenden Ks.s, wohl Leon VI., nicht entsprachen. Insbes. das zeitl. Verhältnis des P. N. zur Eisagoge (früher › Epanagoge) beschäftigt die neuere Forschung. Nach Auffassung von A. SCHMINCK richtet sich die Polemik des Prooimions des P. N. nicht mehr gegen die Ekloge, aus der das Gesetz vielfach schöpft, sondern vielmehr gegen die Eisagoge, die unter der Urheberschaft des Patriarchen →Photios die genuine Kirchenmacht zu Lasten der ksl. Prärogative betonte. Aus inhaltl. Indizien gewinnt SCHMINCK gewichtige Argumente für die Zuordnung des Gesetzes an →Leon VI. und aus P. N. 4, 25, dem Verbot des Abschlusses einer 4. Ehe, zieht er den Schluß, daß der P. N. i. J. 907 erlassen wurde. P. E. Pieler

Ed.: Ius Graecoromanum II, ed. J. D. ZEPOS-P. J. ZEPOS, 1931 [Neudr. 1962], 109-228 - *Lit.:* N. OIKONOMIDÈS, Leons VIs Legislation of 907 Forbidding Fourth Marriages, DOP 30, 1976, 173-193 - A. SCHMINCK, Stud. zu mittelbyz. Rechtsbüchern, 1986, 55-107 - SP. TROIANOS, Οι πηγές του βυζαντινού δικαίου, 1986, 103-105.

Prochiron auctum, byz. Rechtsbuch (→Byz. Recht), dessen unbekannter Verf. das umfangreiche Material seiner Kompilation nach der Titelfolge des →Procheiros Nomos angeordnet hat. Der um 1300 tätige Autor schöpfte aus einer Vielzahl von Werken der byz. Rechtslit., zu denen die →Ekloge, die scholiierte Eisagoge, Teile der →Basiliken sowie deren Syopsis Maior nebst Appendizes, das Ponema des →Attaleitates und zahlreiche Scholien des Kanonisten →Balsamon zählen. P. E. Pieler

Ed.: Ius Graecoromanum VII, hg. J. D. ZEPOS-P. J. ZEPOS, 1931 [Neudr. 1962], 3-361 - *Lit.:* C. W. E. HEIMBACH, Gr.-röm. Recht im MA und in der NZ (ERSCH-GRUBER, Allg. Encyclopädie der Wiss. und Künste, 86. Teil, 1868), 441-444 - HUNGER, Profane Lit., II, 474 [P. E. PIELER] - SP. TROIANOS, Οι πηγές του βυζαντινού δικαίου, 1986, 159f.

Procida. 1. P., Giovanni da, * um 1210 in Salerno, † 1298 in Rom. Herr der Insel Procida; wirkte mit Erfolg als Arzt und setzte seine Unterschrift unter das Testament Friedrichs II. Eng verbunden mit →Manfred, blieb er auch nach dessen Tod in der Schlacht v. Benevent (1266) den Staufern treu ergeben und war einer der eifrigsten Drahtzieher der polit. und militär. Aktionen gegen die Anjou. 1268 stand er →Konradin bei dessen unglückl. Versuch, sich die Herrschaft zu erkämpfen, zur Seite. 1270 war er in Prag, um →Friedrich v. Thüringen (15. F.) zu ermutigen, den Thron v. Sizilien zu erringen. Nach dem Scheitern seiner Verschwörungspläne floh G. nach Aragón an den Hof Jakobs I., dessen Sekretär er wurde. In diesem Amt unterhielt er enge Beziehungen zu den siz. Dissidenten und danach zu Rom und Byzanz, um die durch die Heirat Peters (III.), des erstgeborenen Sohnes Jakobs I., mit Manfreds Tochter Konstanze erworbenen Rechte der Aragón auf Sizilien durchzusetzen. Nach der →Sizilianischen Vesper und der Vertreibung der Anjou begab sich G. 1283 nach Sizilien und wurde Großkanzler des Kgr.es. In diesem Amt vertrat er an der Kurie die Rechte Jakobs II. (1290) und Friedrichs III. v. Aragón (1296) auf die Insel. Dann zog er sich in Rom aus dem polit. Leben zurück und starb dort zwei Jahre später. A. Menniti Ippolito

Lit.: Due cronache del Vespro in Volgare Siciliano del Sec. XIII, hg. E. SICARDI, RI² XXIV, 1935 - F. GIUNTA, Il Vespro e l'esperienza della »Communitas Siciliae« (Storia di Sicilia, III, 1980).

2. P. (katal. Pròixidia), **Olfo de,** * um 1320, † nach 1380, als Urenkel von 1. Nachkomme des bedeutenden neapolitan.-salernitan. Geschlechts, das sich im Laufe des 13. Jh. im Kgr. →Valencia angesiedelt hatte. Als Erbe der valencian. Familienbesitzungen und Titel kämpfte er gegen die Muslime, wirkte bei der Eroberung des Kgr.es →Mallorca durch Peter IV. mit (1343), unterstützte diesen im Kampf gegen die aragones. Adelsunion (1347) und nahm am Gefecht der kgl. Flotte bei Algier teil, bevor er als kgl. Kämmerer mit zahlreichen wichtigen Missionen betraut wurde. Von 1365 bis 1375 war er Gobernador v. Mallorca, das er gegen eine kast. Flotte verteidigte und dessen Finanzhaushalt er regulierte, 1375-80 Gobernador v. Valencia. L. Vones

Lit.: M. M. COSTA, Oficials de la Corona d'Aragó al Sardenya (segle XIV), 1964 - A. SANTAMARÍA ARÁNDEZ, El gobierno de O. de P. Una década de la hist. de Mallorca (1365-75), Hispania 25, 1965, 184-218, 367-412 - P. CATEURA BENNÀSSER, Política y Finanzas del Reino de Mallorca bajo Pedro IV de Aragón, 1982.

Proconsul, ursprgl. Promagistrat zur Bekleidung von Ämtern des Magistrats. In der Republik fast ausnahmslos als dessen Prorogation mit Iterationsmöglichkeit, spielte das Amt unter Augustus ab 23 v. Chr. eine bes. Rolle für die Principatsverfassung. Später bezeichnete der Titel p. einen Prov.statthalter im Rang des spectabilis (vorherige Bekleidung des Consulats nicht nötig), im 4. Jh. noch für Africa und Asia, vorübergehend für Palaestina I, Spanien und Campanien, dazu bis 359 für die Leitung der neuen

Hauptstadt. Im 6. Jh. kamen dazu die Statthalter v. Cappadocia I und Armenia I. Dem p. standen direkte Verbindung mit dem Hofe sowie in bestimmten Fällen Apellationsrecht für andere Prov. en zu. →consularis. G. Wirth

Lit.: RE IV, 1138–1142; XXIII, 1232–1234 – Th. Mommsen, Röm. Staatsrecht, II, 1887, 778, 840 – Ders., NA 14, 1889, 487 – L. Bréhier, Les Institutions de l'empire byz., 1949 – Jones, LRE.

Procurator

I. Spätantike – II. Recht – III. Päpstliche Kurie.

I. Spätantike: P. bezeichnete einen Funktionär im privaten wie öffentl. Bereich. Neben dem p. im ksl. Dienst gab es seit dem 1. Jh. p.es in der Leitung von Prov.en ohne Legionsgarnison. Dazu kamen procurator. Ämter in Administration und Gerichtswesen mit regionalen und überregionalen Aufgaben sowie am Hof und insbes. im ksl. Finanzwesen (p. fisci). Eine Gehaltsordnung bildete sich früh heraus, ohne daß ein durchgängiges, permanent anhaltendes Schema für die Amtsbezeichnung nachweisbar wäre (Titel: egregius oder perfectissimus). Die zunehmende Zahl der p.es führte seit Hadrian zur Herausbildung einer ritterl. Hierarchie, die lückenlos in die Spätantike überging. Doch blieb das Amt bei der Vielfalt seiner Möglichkeiten ein Mittel der Aktivierung vorgebildeter Schichten, der Zugang über die subalterne militär. Laufbahn war möglich. Seit dem 3. Jh. ist Aufstieg auch für Mitglieder der officia offen. G. Wirth

Lit.: RE XXIII, 1240–1279 – Th. Mommsen, Röm. Staatsrecht, II, 1887, 857 – O. Hirschfeld, Die ksl. Verwaltungsbeamten bis auf Diocletian, 1905² – A. v. Domaszewski, Die Rangordnung des röm. Heeres, 1908 – A. v. Premerstein, Vom Werden und Wachsen des Prinzipats, 1935 – H. G. Pflaum, Les procurateurs équestres sous le haut-empire romain, 1950 – Ders., Les carrières procuratoriennes équestres, 1960 – Jones, LRE.

II. Recht: Der P. ('Stellvertreter, Besorger') ist der Vertreter einer Partei in einem gerichtl. Verfahren. Im röm. Recht führt er den Prozeß an Stelle des Vertretenen (dominus litis) und erhält die Stellung der Prozeßpartei. Der Prozeß-P. hat sich offenbar aus dem P. als Vermögensverwalter seit der späten Republik entwickelt. Anders als der advocatus (→Advokat, 2) ist der P. weder rechtl. Berater und Beistand einer Partei noch Mitglied einer eigenen Standesklasse. Im gemeinen Zivilprozeß dagegen wird der Vertretene nach der litis contestatio (→Gerichtsverfahren, I) selbst Prozeßpartei und das Urteil auf seinen Namen ausgestellt. Der Prozeßführung ist jeder fähig, der selbständig vor Gericht auftreten kann und nicht wie z. B. →Frauen, →Geistliche, Blinde oder Militärpersonen hiervon ausgeschlossen ist. Materielle Rechtskenntnisse sind nicht erforderlich. Wegen der Schwierigkeit des kanon. Prozeßrechts (→Gerichtsverfahren, II, 1) war es für die Parteien hier aber unumgänglich, sich durch einen in der Praxis erfahrenen P., den sog. p. causarum, vertreten zu lassen. Die Vertretungsbefugnis erhält der P. aus einer formlosen Ermächtigung (mandatum) des Vertretenen. Die Prozeßvollmacht richtet sich entweder auf eine einzelne prozessuale Handlung oder den einzelnen Prozeß (p. unius rei) oder auf verschiedenartige, die Prozeßführung mitumfassende Geschäfte (p. omnium rerum). Fehlt es an der Vertretungsbefugnis und einer nachträgl. Genehmigung durch den Vertretenen, so ist der Prozeß nichtig. Sind zur Führung desselben Prozesses mehrere P.es zusammen ernannt worden, haben sie gewöhnl. gemeinschaftl. zu handeln. Aufgrund seines Prozeßmandats obliegt es dem P., alle prozessualen Handlungen, nicht aber den Empfang von Zahlungen, den Abschluß eines Vergleichs oder das Ablegen eines Geständnisses, formgerecht bei Gericht vorzunehmen. Für andere, nicht prozessuale Handlungen ist entweder eine spezielle oder eine dieselben einschließende Vollmacht erforderlich. Sie beinhaltet jedoch das Verfahren der Rechtsmittelinstanz dann nicht, wenn es zu dessen Einleitung einer selbständigen Klage bedarf. Aus dem Mandatsverhältnis ist der Vertretene verpflichtet, dem P. alle ihm durch den Prozeß verursachten Auslagen und Aufwendungen zu ersetzen und das ihm zugesicherte Honorar zu entrichten. Andererseits hat der P. alle Prozeßhandlungen mit größtmöglicher Sorgfalt und unter Maßgabe der ihm gegebenen Instruktionen auszuführen. St. Holenstein

Lit.: HRG I, 182–191; III, 2032–2034 – R. Osterloh, Lehrbuch des gemeinen, dt. ordentl. Civilprozesses, I, 1856, 478–510 – M. A. v. Bethmann-Hollweg, Der Civilprozeß des gemeinen Rechts in gesch. Entwicklung, II, 1865, 416–424 – H. v. Bayer, Vorträge über den dt. gemeinen ordentl. Civilprozeß, 1869, 317–364 – A. Renaud, Lehrbuch des gemeinen dt. Civilprozeßrechts, 1873, 164–176 – G. W. Wetzell, System des ordentl. Civilprozesses, 1878, 68–86 – F. Serrao, II p. (Univ. di Roma XXVI, 1947) – M. Kaser, Das röm. Zivilprozeßrecht, 1966, 152–162, 449–456.

III. Päpstliche Kurie: P.en als bevollmächtigte Vertreter sowohl an Gerichten (ad agendum) als auch in der Kanzlei (ad impetrandum) waren an der päpstl. →Kurie zunächst nur hochgestellten Personen und Korporationen, seit 1216 jedermann gestattet. Sie wurden gewöhnl. fallweise beauftragt; einzelne Institutionen, z. B. der →Dt. Orden, hielten auch ständige P.en. Umgekehrt spezialisierten sich an der Kurie ansässige Kanzleip.en längerfristig auf bestimmte Petentengruppen, so daß regelrechte »Firmen« entstanden. Die P. unterstanden der Aufsicht des →Auditor litterarum contradictarum, dem sie auch ihre Vollmacht einzureichen hatten. Ihre Aufgabe war die Erlangung päpstl. Urkk. für ihre Auftraggeber, ggf. der Einspruch gegen Urkk. konkurrierender →Petenten sowie die Annatenverpflichtung (→Annaten), für die sie persönl. hafteten. Der Name des P.s erscheint auf der Rückseite der Papsturk. am oberen Rand in der Mitte. Vom 14. Jh. an waren P.en sogar an der Ausstellung der Urkk. (litterae minoris iustitiae) beteiligt; ihre Funktion verengte sich zu einem förml. Kurienamt (p.es audientiae litterarum contradictarum), im 15. Jh. wurde ihre Zahl begrenzt, und sie wurden zu einem Kolleg vereinigt. Zugleich (nachweisbar etwa seit Martin V.) traten neue, freie P.en auf (p.es causarum in Romana curia), häufig als Nebentätigkeit anderer Kurienbediensteter (→Abbreviatoren, →Skriptoren etc.). Th. Frenz

Lit.: R. v. Heckel, Das Aufkommen der ständigen P.en an der päpstl. Kurie im 13. Jh. (Misc. F. Ehrle, II, 1924), 311–343 – J. Sayers, Canterbury Proctors at the Court of the Audientia litterarum contradictarum, Traditio 22, 1966, 311–346 – P. Herde, Beitr. zum päpstl. Kanzlei- und Urk.wesen im 13. Jh., 1967², 125ff. – Ders., Ein Formelbuch Gerhards v. Parma mit Urkk. des Auditor litt. contr. aus dem Jahre 1277, ADipl 17, 1971, 225ff. – W. Stelzer, Niederaltaicher Prokuratoren, MIÖG 77, 1969, 291ff. – P. Herde, Audientia litterarum contradictarum, I, 1970, 26ff. – W. Stelzer, Die Anfänge der Petentenvertretung an der päpstl. Kurie unter Innocenz III., Annali della Scuola speciale per Arch. e Bibliotecari 12, 1972, 130ff.

Procureur du roi. Als Besonderheit der frz. Rechtsinstitutionen tritt der öffentl. Sachwalter (→Procurator) an den kgl. Gerichtshöfen bereits seit Ende des 13. Jh. auf (Besoldung von P.s durch den Kg. in einigen →Bailliages). In der Folgezeit wurden die P.s, assistiert von →Avocats du roi, an allen Gerichtshöfen in Paris (→Parlement, →Chambre des comptes, →Chambre du Trésor, Cours des →Aides, Chambre des Monnaies, →Eaux et Forêts, Requêtes, →Châtelet) wie an den lokalen Gerichten eingesetzt. Ihre Aufgabe war, bei der Justizausübung darüber zu wachen, daß die Gerechtsame des Kg.s beachtet wurde, die

→Krondomäne unangetastet blieb und die öffentl. Ordnung gewahrt wurde. Der P. hatte auch das Recht, von Amts wegen tätig zu werden und die Initiative bei gerichtl. Verfolgungen zu ergreifen. Er konnte bei einem Prozeß als Hauptpartei fungieren oder aber als Nebenpartei eine der Parteien unterstützen (bes. wenn diese unter Königsschutz [sauvegarde] stand). In einem solchen Fall wurden Strafen und Bußen empfindlich verschärft. Der P. am Parlement, auch als P. général bezeichnet, war der erste der kgl. Amtsträger ('gens du roi'); ihm unterstanden die Avocats du roi. Er wurde in Fragen, die für die öffentl. Ordnung bedeutsam waren (→Apanagen, →Regalien, Konflikte um Jurisdiktionsrechte), sowie bei der Berufung von kgl. Beamten häufig konsultiert. Im 14. und 15. Jh. wurde das Amt des allg. P. von hohen Staatsdienern wie Simon de Bucy und Jean →Dauvet bekleidet. In der Provinz dagegen war die Institution des P. keineswegs unangefochten. Aus dem Milieu der öffentl. Rechts- wie Verwaltungspraktiker hervorgegangen, lagen die P.s oft im Streit mit ihnen übelgesonnenen Baillis und waren Zielscheibe von Angriffen der Untertanen, die den P.s die Ausübung der kgl. Rechte neideten und ihre Amtsführung heftig kritisierten. F. Autrand

Lit.: F. AUBERT, Le ministère public de Saint Louis à François Ier, RHDFE 18, 1894, 487–522 – E. MAUGIS, Essai sur le recrutement et les attributions des principaux offices du siège du bailliage d'Amiens (1300–1600), 1906 – B. GUENÉE, Tribunaux et gens du justice dans le bailliage de Senlis à la fin du MÂ (vers 1380 – vers 1550), 1963 – F. AUTRAND, Naissance d'un grand corps de l'État. Les gens du Parlement de Paris (1345-1454), 1981.

Prodenzani, Simone, it. Dichter und Musiker, Sohn des Ugolino P. (weniger gut belegte Namensform Prudenzani), * zweite Hälfte des 14. Jh. in Prodo di Orvieto (Umbrien), beteiligte sich 1387–1440 aktiv am polit. Leben der Kommune Orvieto. Die beiden von ihm erhaltenen Dichtungen sind wertvolle Zeugnisse für den lit. und musikal. Geschmack seiner Zeit: »Saporetto« umfaßt 186 Sonette und zahlreiche musikal. Intermezzi (it. oder frz. Herkunft) und gliedert sich in vier Teile oder »Welten«. Ihre Titel »Mundus Placidus«, »Mundus Blandus«, »Mundus Tranquillus« und »Mundus Meritorius« lassen die Grundstimmung des Werkes erkennen, in dem das harmon. und ruhige Leben an dem imaginären Hof des adligen Pierbaldo, Herrn v. Buongoverno, beschrieben wird, an dem der Spielmann Sollazzo, ein Pseudonym des Dichters, für Unterhaltung sorgt. »Sollazzo« ist als Geschichtenbuch angelegt, mit dem der gleiche Spielmann eine fröhliche, edle Gesellschaft unterhält. 18 »Favorelli« in →Ballata-Form werden von drei Sonetten, darunter ein Akrostichon mit dem Namen des Dichters, eingeleitet. Die aus verschiedenen Q. geschöpften Erzählungen sind ein rarer Beleg für die Verbreitung des →»Fabliau« in Italien. L. Rossi

Ed.: Il »Sollazzo« e il »Saporetto« con altre rime di S. P. d'Orvieto, hg. S. DEBENEDETTI, GSLI, Suppl. n° 15, 1913 – Lit.: S. DEBENEDETTI, »Il Sollazzo«, 1922 – P. ANDRIOLI NEMOLA, Un episodio poco noto del dantismo quattrocentesco: S. P., AnnUnivLecce, 1971–73, 12–43.

Prodromos, Theodoros, vielseitiger und sehr produktiver byz. Autor, Lehrer der Grammatik und Rhetorik, *um 1100, †wahrscheinl. vor 1158 (oder erst gegen 1170), aus gebildeter Familie, tätig von ca. 1120 bis in die fünfziger Jahre, zog sich wegen einer Pockenerkrankung relativ früh in ein Altersheim zurück. Von seinem Schüler →Niketas Eugeneianos stammt ein Epitaph auf ihn. P. verfaßte Auftragswerke für Ks. →Johannes II. und andere Personen des Hofes, darunter Eirene Dukaina, →Anna Komnene und die für ihr Mäzenatentum berühmte Sebastokratorissa Eirene, eine Schwiegertochter Johannes' II. Als Hofdichter par excellence verstand P. es meisterhaft, in Hymnen für Sieges- und Hochzeitsfeiern, Triumphzüge, Wagenrennen und andere Zeremonien Inhalte der ksl. Propaganda und das dynast. Selbstverständnis der Komnenen zu artikulieren. Neben dieser Gelegenheitsdichtung umfaßt sein Œuvre Lehrschr.en zu Philos., Theologie und Grammatik, den Versroman »Rhodanthe und Dosikles«, das satir. Drama »Katomyomachia«, Prosa-Satiren, religiöse Epigramme (z. B. metr. Heiligenkalender, Slg. von Tetrasticha zum AT und NT), Briefe u. a. Der satir. Dialog »Timarion« und das unter dem Autorennamen Gregor v. Nazianz überlieferte Passionsdrama »Christos Paschon« wurden ihm versuchsweise zugewiesen. Ein umfangreiches Gedichtcorpus, größtenteils an Ks. Manuel I. bzw. die Sebastokratorissa Eirene gerichtet, läuft in den Hss. unter P., ist ihm aber wahrscheinl. abzusprechen (unbekannter Autor, in der Lit. nach einer ihm verliehenen Pfründe im Manganenkl. 'Manganeios P.' gen.). P. gehört mit seinem jüngeren Zeitgenossen Michael →Glykas zu den frühesten Autoren, die sich in einzelnen Werken bewußt der Volkssprache bedienen. Ein volkssprachl. Bittgedicht an Ks. Manuel I. dürfte tatsächl. von ihm stammen; dagegen gehen die Meinungen hinsichtl. Autorschaft der als →Ptochoprodromika bezeichneten vier Gedichte weit auseinander. W. Hörandner

Ed.: MPG 133, 1101–1422 – H. HUNGER, Der byz. Katz-Mäuse-Krieg, 1968 – W. HÖRANDNER, Th. P. Hist. Gedichte, 1974 [mit Werkliste] – A. ACCONCIA LONGO, Il calendario giambico in monostici di Teodoro Prodromo, 1983 – Th. i P. i Rhodanthes et Dosiclis amorum libri IX, ed. M. MARCOVICH, 1991 – Lit.: Oxford Dict. of Byzantium, 1991, 1726f. – Tusculum-Lex. 1982³, 666–670 [ältere Ed.] – HUNGER, Profane Lit., passim – A. KAMBYLIS, Prodromea, 1984 – A. KAZHDAN–S. FRANKLIN, Stud. on Byz. Lit. of the 11th and 12th c., 1984, 87–114 [dazu W. HÖRANDNER, JÖB 38, 1988, 469f.] – W. HÖRANDNER, Autor oder Genus? Byzslav 54, 1993.

Profanbau, unspezif. Sammelbezeichnung für alle weltlichen, d. h. nichtkirchl. Bauten wie →Bauernhäuser, →Bürgerhäuser (Wohnbauten der Bürger einer Stadt), →Bürgerbauten für Gemeinschaftsaufgaben, →Rathaus, →Zeughaus, →Hospital, →Gewandhaus, →Hochzeits- und Tanzhaus), →Pfalzen, →Burgen und Schlösser, →Stadtmauern mit ihren Toren und Türmen, →Brücken u. ä. Während im frühen und hohen MA der →Kirchenbau an Umfang, Größe und künstler. Gestaltung überwog, traten seit der Mitte des 12. Jh. Pfalzen und Burgen hinzu, im SpätMA wurde die bürgerl. Architektur immer bedeutender und bestimmte das Bauschaffen des 15. Jh. teilweise gleichberechtigt neben den Kirchen. G. Binding

Profeß, feierl. Zusage eines nach Vollkommenheit strebenden Christen, in gemeinsamem Leben die consilia evangelica (Armut, Keuschheit und Gehorsam) zu befolgen, um in den Religiosenstand einzutreten; auch in der Todesstunde (p. ad succurrendum). Die seit dem 9. Jh. ausgebildete Trias der P.formel war ursprgl. ein stilles, Gott gegebenes Versprechen (p. tacita) und hatte im propositum sanctum der Ehelosigkeit von Jungfrauen und Klerikern Vorläufer. Durch die P. werden die im liturg. Akt der →Mönchsweihe eingegangenen Verpflichtungen jurist. gesichert. Aus dem schlichten Ritus sakramentalen Charakters (»zweite Taufe«) der consecratio monachi entwickelte sich ein öffentl. Bekenntnis nach dem Offertorium der Messe (Regula Magistri, c. 89). Nach der →Regula Benedicti (c. 58) gelobt der Novize (→Noviziat) im Oratorium vor Abt und Kl. gemeinde Beständigkeit, Bekehrung seiner Sitten und Gehorsam. In dieser bei Mönchen übl. P. »super altare« legt der Professe die zuvor von

ihm verlesene Bittschr. am Altar nieder, wirft sich vor der Kommunität zu Boden (prostratio) und nimmt sein Kleid (Professin: Schleier) entgegen. Die bei →Regularkanonikern und Mendikanten verbreitete P. »in manibus« findet im Kapitel statt und ist durch ihre commendatio dem feudalen Vertrag (Homagium; →Lehen, Lehnswesen) vergleichbar. Vorstellungen von »lebendiger Märtyrerschaft« (→Cassian, Conlationes patrum XVIII 7, 7) oder vom »Klostertod« – der filius nativus des Konvents verläßt die Welt und gibt sich ganz Gott hin – fügten später eine symbol. Grablegung in die Aufnahmezeremonie ein. Seit →Gratian wurde zw. ewigen und zeitl. begrenzten Gelübden (vota solemnia/simplicia) unterschieden. Für einige Orden gibt es ein auf den spezif. Ordenszweck bezogenes viertes Gelöbnis (insuper promitto).
A. Rüther

Lit.: DDC VII, 346–355 – DIP VII, 884–971 – HRG III, 2028–2030 – NCE XII, 328–331 – J. Leclercq, Profession according to the Rule of St. Benedict (Rule and Life, hg. M. B. Pennington, 1971), 117–150 – J. Wollasch, Das Mönchsgelübde als Opfer, FMASt 18, 1984, 529–545 – G. Constable, The Ceremonies and Symbolism of Entering Religious Life and Taking the Monastic Habit (Segni e riti nella chiesa altomedievale occidentale II, 1987), 771–834 – M. Lahaye-Geusen, Das Opfer der Kinder (Münsteraner Theol. Abh. 13, 1991) – A. de Vogüé, La formation et les promesses du moine chez saint Benoît, COCR 53, 1991, 49–58 – Chr. Vuillaume, La profession monastique, un second baptême? ebd., 275–292.

Professor. Die Bezeichnung P., die in der Antike selten, im chr. und ma. Lat. häufiger begegnet, steht für eine Person, die 'professio' einer Doktrin oder Regel abgelegt hat. Doch kann das Wort auch, vom Beginn seines Auftretens an, spezifisch den Lehrenden, den P. des modernen Sprachgebrauchs, bezeichnen. Es war von daher den Begriffen 'Magister' und 'Doctor' eng benachbart und wurde oft mit ihnen assoziiert. Vom 12. Jh. an wurde P. ein im schul. Bereich durchaus gebräuchl. Begriff, so in der Authentica »Habita« (1155–58) Friedrich Barbarossas für →Bologna (»divinarum et sacrarum legum professores«). Im 13. Jh. ging er in den universitären Wortschatz über und wurde im späten MA, v. a. im mediterranen Bereich (Italien, Südfrankreich), gern verwendet, war aber auch in Paris und England nicht unbekannt. Es konnte Magister verschiedener Disziplinen (Grammatik, Medizin, Theologie) bezeichnen, war aber bei den Legisten am verbreitetsten (professor legum). Es handelte sich noch nicht um einen terminus technicus; vielmehr wurde, nachdem Magisterium und Doktorat als universitäre →Grade klar definiert worden waren, üblicherweise als P. bezeichnet, wer das eine oder andere dieser Diplome erworben hatte. Andererseits scheint P. keineswegs durchaus immer einen aktiven Universitätslehrer (actu regens) bezeichnet zu haben, sondern auch den früher oder aber künftig mit einer Lehrtätigkeit befaßten Graduierten. Mit dem Begriff verband sich nicht so sehr die Vorstellung einer berufl. Tätigkeit, sondern stärker diejenige einer intellektuellen Kompetenz, nämlich der vollkommenen Beherrschung einer Disziplin (die eventuell zu einer Lehrtätigkeit befähigte) und, damit verbunden, einer persönl. Würde. P. war ein Qualifikativ des sozialen Ansehens, aber offenbar in geringerem Maße als 'Doctor'.
J. Verger

Lit.: Rashdall, passim – O. Weijers, Terminologie des univ. au XIIIᵉ s., 1987, 152–155 – Gesch. der Univ. in Europa, I, hg. W. Rüegg, 1993, 139–157.

Profil (Baukunst), Querschnitt eines Bauelementes (Gewände, Gesims, Kämpfer, Basis, Rippe usw.), zusammengesetzt aus Vor- und Rücksprung: Kehle, Wulst, Stab, Platte usw., auch zusätzlich ornamentiert. Die klass. Formen haben sich in Griechenland seit dem 6. Jh. v. Chr. entwickelt (Kyma, Astragal, Geison). Reich profilierte Bauteile treten in der antiken Architektur überall dort auf, wo Glieder bes. hervorgehoben werden sollten. Die P.e und ihre Anwendung wurden im MA von der Antike übernommen und reduziert bzw. weiterentwickelt. In der sal. Baukunst (11.Jh.) bildete sich das Karnies aus (Platte, Schmiege), im 12./13. Jh. wird das Wulst-Kehle-P. üblich.
G. Binding

Prognose, Prognostik

I. Begriff; mentalitätsgesch. Aspekte – II. Anwendung – III. Texte.

I. Begriff; mentalitätsgesch. Aspekte: P.tik, nicht immer streng von anderen mant. Techniken abgegrenzte Form der Zukunftsvorhersage durch Deutung natürl. Zeichen (→magia naturalis), repräsentiert den Wunsch, Wissen über persönl. und kollektives Schicksal zu erlangen; sie wurde zumeist von Gelehrten erstellt (z. B. M. →Pollich). Die prognost. Künste setzen den Glauben an die Zeichenhaftigkeit der Natur und an ihre Lesbarkeit durch den Menschen voraus; zudem beziehen sie, was insbes. die Kalenderregeln und -vorhersagen (z. B. Grazer Monatsregeln, Ende 12. Jh.) zeigen, empir. Beobachtungen mit ein. Die Grenzen zw. Zukunftsvorhersage und Gesellschaftsbelustigung sind dabei v. a. in den oberen Schichten fließend (z. B. Geomantie). Ch. Daxelmüller

II. Anwendung: Verfahren der Zukunftserkundung waren bes. verbreitet in der Landwirtschaft, bei den Lohnkämpfern (Fechtmeistern), bei Kaufverträgen, Krankheitsfällen und bei der Schicksalsbestimmung Neugeborener, wurden darüber hinaus in der Schwangerschafts- bzw. Geschlechtsp.tik, vor dem Antritt von Reisen, vor Beginn eines Bauvorhabens, vor dem Einleiten einer Therapie und bei zahlreichen weiteren Informationsbedürfnissen benutzt. Neben der Sterndeutung (→Astrologie, →Astrolog. Medizin) kamen unterschiedl. divinator. Verfahren zur Anwendung, die von den Mondphasen und Mondständen über die Monate (Zodiologia) zu den Wochentagen, Tagesstunden (Stundenregenten), dem Jahresbeginn, Christtag sowie den Verworfenen Tagen (dies incerti) ausgriffen und darüber hinaus die Vermischung von Körperflüssigkeiten, die Reaktion von Pflanzen auf Körperausscheidungen (insbes. Harn), Träume (→Traumbücher), die Lage der Larve im Eichengallapfel, die Brenndauer von Kerzen und nicht zuletzt Krankheitssymptome sowie somat. Merkmale (→Physiognomik) zugrundelegten.
G. Keil

III. Texte: Innerhalb der ma. Wahrsagelit. haben die astrolog. erarbeiteten P.tiken (z. B. Tegernseer P.tik, 12. Jh.; →Lunar) sowie Wettervorhersagen bes. Bedeutung. Neben Sonnenaufgangs- und Sonnenscheinp. oder der Weissagung aus dem Wehen des Windes (→Rauhnacht) spielen v. a. die Neujahrs- und Christtagsp.tiken eine wichtige Rolle. Zu den gen. Gattungen (auch Monatsregeln, Hebdomadare, Brontologien [Donnerp.tiken]) treten bes. verbreitete Texte bzw. Textgruppen wie 'Esdras Weissagung' (aus dem Gallapfel, erstmals 1120 in engl. Bearbeitung, seit dem Beginn des 14. Jh. in Dtl. und Frankreich in lat. und später in volkssprachl. Versionen), die 'Sphaera Pythagorae', die 'Capsula eburnea (Hippocratis)', die chirurg. 'Signa mortis', die 'Dies aegyptiaci' und die 'Koischen P.n' (→Hippokrates). Bei Blut- und Harnschau (→Diagnostik) verwischen sich die Grenzen zw. Krankheitsfindung und Divination. – Seit 1400 begegnen Kompilationen mit Kalenderbezug (Iatromath. Hausbuch, Iatromath. Korpus; Bauernkalender), aus denen sich »Aderlaßkalender« und »Jahresp.n« entwickeln.

Jahres- und Langzeitp. (Nostradamus, † 1566) und Wetterprophetien (Hundertjähriger Kalender) überlebten das MA. Ch. Daxelmüller/G. Keil

Lit.: s.a. →Hartlieb; →Krankheitslunar; →Lunar – HWDA VII, 335-338 – Verf.-Lex.² I, 640-642; IV, 348-351; V, 1054-1062 – G. HELLMANN, Beitr. Gesch. Meteorol. 2, 1917, 167-229 – G. KEIL, SudArch 41, 1951, 27-58 – G. EIS, Wahrsagetexte des SpätMA, 1956 – J. TELLE, SudArch 52, 1968, 130-141 – Vom Einfluß der Gestirne..., hg. G. KEIL, CH. WEISSER, F. LENHARDT, 1971-73 – N. K. LIEBGOTT, Kalendere, 1973 – W. SCHMITT (G. KEIL-P. ASSION, Fachprosaforsch., 1974), 167-182 – CH. WEISSER, Würzb. med.hist. Forsch. 24, 1982, 637-654 – L. WELKER, Das 'Iatromathemat. Corpus', 1988 – CH. DAXELMÜLLER, Zauberpraktiken, 1993.

Prohibition, Writs of, kgl. Erlasse in England (→*writs*), die während der Regierung Heinrichs II. entstanden sind und den kirchl. Gerichtshöfen die Anhörung von Gerichtsfällen, die nicht in ihren Jurisdiktionsbereich gehörten, verbieten sollten. Obwohl sie von vielen Vertretern der Kirche – bes. während der Regierungen Eduards I. und II. – als ernsthafte Bedrohung der kirchl. Jurisdiktion angesehen wurden, ist der Umfang ihres Gebrauchs nicht unmittelbar als ein Ergebnis der kgl. Politik zu werten, da sie häufig Kleriker erhielten. Viele kgl. Erlasse sorgten für den Schutz kirchl. Richter. Eine Art Definition des Geltungsbereichs der kirchl. Jurisdiktion, der von den W. of P. unberührt bleiben sollte, enthielten »Circumspecte Agatis« (1286) von Eduard I. und die »Articuli Cleri« Eduards II. (1316), doch wurde gleichzeitig die kgl. Kontrolle durch den Gebrauch einer bes. Form des writs (»ex relatu plurium«) erweitert, die den Beantragenden unerwähnt ließ und so Repressalien vermied. Obwohl ihr Gebrauch zurückging, blieben die W. of P. im MA für die Krone eine Verfahrensform zur Verteidigung ihrer Jurisdiktion. J. H. Denton

Lit.: G. B. FLAHIFF, The W. of P. to Court Christian in the Thirteenth Century, MSt 6, 1944, 261-313; 7, 1945, 229-290 – R. H. HELMHOLZ, The W. of P. to Court Christian before 1500, MSt 43, 1981, 297-314.

Prohor v. Pčinja. Südslav. Einsiedler aus dem 11. Jh., stammte aus Ovčo Polje im Vardartal oder aus dem Tal der Südmorava (Vranja) in Serbien. Als der spätere byz. Ks. Romanos Diogenes (1068–71) Dux in Serdika/Sofia war, errichtete P. eine Einsiedelei im oberen Tal der Pčinja. Sein Gedächtnis, unter dem 19. Okt., wird erst ab dem 13. Jh. begangen (Triodion v. Orbel). Das Kl. erneuerte der serb. Kg. Milutin (1281–1321). An der Stelle der unter Milutin errichteten, in den Türkeneinfällen (Anf. 15. Jh., 1454) beschädigten Kirche entstand 1489 ein neues Bauwerk. P. v. P. zählt zu den vier wichtigsten Asketen des südslav. Raumes, mit Ivan v. Rila, →Gabriel (Gavril) v. Lesnovo und →Joachim (Ioakim) v. Osogovo (3. J.). Eine Kurzvita (13. Jh.) entstand vermutl. im Kl. v. P., die ausführl. Vita ist erst in einer Fassg. aus dem späten 18. Jh. bezeugt. Ein P. gewidmetes Offizium entstand vor dem 16. Jh., der einzige Textzeuge (Nationalbibl. Belgrad) wurde im 2. Weltkrieg vernichtet. Ch. Hannick

Lit.: ST. NOVAKOVIĆ, Pšinjski pomenik, Spomenik Srpske Kraljevske akademije 29, 1895, 3–20 – K. IVANOVA, Dve neizvestni starobŭlgarski žitija, Literaturna istorija 1, 1977, 61–65 – S. NIKOLOVSKA, Izgradeni i obnoveni manastiri i crkvi od kralot Milutin, Spomenici za srednovekovnata i ponovata istorija na Makedonija 2, 1977, 515 – O. ZIROJEVIĆ, Crkve i manastiri na području Pećke patrijaršije do 1683. godine, 1984, 171 – E. GERGOVA (D. PETKANOVA, Starobŭlgarska literaturaenciklopedičen rečnik, 1992), 378f.

Prohor und Prokulf, Bf.e vom Ende des 10. Jh., die im ältesten Krakauer Bf.skatalog (1266–67) als Prohorius und Proculphus erscheinen, angebl. aufgrund einer Nekrolog-Überlieferung aus dem 11. Jh. Beide fungieren vor Poppo, dem ersten, i. J. 1000 eingesetzten Bf. v. Krakau.

Wegen ihrer Namen (gr. Prochoros, germ. Prokulf?) wurde ein slav. Bm. in →Krakau vermutet (Ende des 9. Jh. unter mähr. oder Ende des 10. Jh. unter tschech. Herrschaft). Überzeugender ist die Annahme, daß es sich um zwei Bf.e v. Mähren (Olmütz, seit 973/974) handelt, in deren Diöz. Krakau vor 1000 lag. A. Gieysztor

Lit.: MPH NS X/2, 1974, 25 – PSB XXVIII, 477–479, 490–492 – G. LABUDA, Studia nad początkami państwa pol., II, 1988, 151–166.

Proklos, griech. Philosoph, geb. 4. Febr. 421 in Konstantinopel als Sohn eines reichen Anwalts, gest. 17. April 485 in Athen, selbstverfaßte Grabschrift Anth. Pal. 7,341. P. studierte zunächst in Alexandria Rhetorik und Recht, dann in Athen bei Plutarch v. Athen und Syrian; nach dessen Tod (um 437) wurde er Leiter der Schule (Beiname Diadochos). Einzige biograph. Q. ist die Vita seines Nachfolgers Marinos. Zahlreiche seiner aus dem Unterricht hervorgegangenen ca. 50 Werke sind erhalten: Komm.e zu Dialogen Platons, zu Aristoteles, den Gedichten des »Orpheus« und den »Chaldäischen Orakeln«, systemat. Schrr. zur Hypostasenlehre, zur Theologie Platons, Traktate zur Theurgie, ferner Hymnen auf die neuplaton. gedeuteten altgriech. Gottheiten. P. hat dem →Platonismus die letzte systemat. Form gegeben. Ontolog. setzt P. →Plotin, →Porphyrios und →Iamblichos fort, führt aber eine stark differenzierte Untergliederung der drei Hypostasen ein. In der Seelenlehre setzt er sich krit. mit Plotin auseinander. In P. »hat die griech. Philosophie ihre spekulative Vollendung gefunden« (BEIERWALTES). Zur vielfachen Wirkung des P. in Byzanz wie im lat. W vgl. bes. →Berthold v. Moosburg, →Dietrich v. Freiberg, →Dionysios Areopagita, →Liber de causis, Johannes →Philoponos, Michael →Psellos, →Wilhelm v. Moerbeke. J. Gruber

Ed. in Auswahl: Komm. zu Plat. rep.: W. KROLL, 1899ff.; A. J. FESTUGIÈRE, 1970ff. [frz. Übers. mit Erl.] – Komm. zu Plat. Timaios: E. DIEHL, 1903ff.; A. J. FESTUGIÈRE, 1966ff. [frz. Übers. mit Erl.] – Hymnen: E. VOGT, 1957 – Elementatio theologica: E. R. DODDS, 1963 – Theologica Platonica: H. D. SAFFREY–L. G. WESTERINK, 1968ff. [mit frz. Übers.] – Über die Vorsehung: D. ISAAC, 3 Bde, 1977–82 [mit frz. Übers.] – Über die Existenz des Bösen: M. ERLER, 1978 [dt. Übers., Komm.] – *Lit.*: KL. PAULY IV, 1160–1162 – RE XXIII, 186–247 – W. BEIERWALTES, P., 1965 – S. E. GERSH, Kinesis akinetos, 1973 – J. TROUILLARD, Le mystagogie de P., 1982 – P., I manuali, hg. G. REALE u.a., 1985 – P. et son influence, hg. G. BOSS–G. SEEL, 1987.

Prokop

1. P., hl. (Fest: 4. Juli), * wahrscheinl. im tschech. Chotuň, † 25. März 1053, erster Abt der Abtei →Sázava, 1204 kanonisiert; der Name P. ist wohl auf sein Studium in einer unbekannten Abtei der Ostkirche zurückzuführen. Zuerst war P. weltl. Priester und verheiratet; sein Verwandter Veit folgte ihm als Abt nach, sein Sohn Emmeram erlangte später ebenfalls dieses Amt. P. lebte anfangs als Eremit in einer Höhle am Sázava-Ufer. Mit Hilfe →Břetislavs I. oder noch seines Vorgängers →Udalrich gründete er ein Kl. zu Sázava, das bis ca. 1095 ein eher bescheidenes Zentrum der slav. Liturgie blieb. P. errichtete eine wahrscheinl. hölzerne Kirche zu Ehren Marias und Johannes d. Täufers, wo ihn →Severus, Bf. v. Prag, beerdigte. Die latinisierte Abtei v. Sázava bewahrte den P.-Kult; hier entstanden einige Vitae: »V. minor« vor dem Ende des 12. Jh., ohne eine angebl. kirchenslav. Vorlage; »V. antiqua« vom 13./14. Jh. (tschech. Überarbeitung Mitte des 14. Jh.); mehrere liturg. Texte; »V. maior« in der 1. Hälfte des 14. Jh. und ihre Fassungen (tschech.: 1360–70, in Versen). Zur Zeit Karls IV. erlebte der P.-Kult seinen Höhepunkt mit der Gründung der slav. Abtei Emaus in Prag.

A. Gieysztor

Lit.: SłowStarSłow III, 36f.; IV, 358; V, 82-84 - V. CHALOUPECKÝ-B. RYBA, Středověké legendy prokopské, 1953 - P. SPUNAR, Kultura českého středověku, 1985, 103, 147, 152-154 - BHL nov. suppl., ed. H. FROS, 1986, 733-735.

2. P., Mgf. v. →Mähren, * nach 1355, † 24. Sept. 1405, jüngster der drei Söhne Mgf. →Johann Heinrichs (35. J.), erhielt 1375 neben dem Mgf.entitel nur einen kleineren Anteil an der Herrschaft. Dennoch spielte der ehrgeizige P. in den jahrzehntelangen Auseinandersetzungen innerhalb der lux. Familie nach dem Tode Karls IV. eine bedeutende Rolle. In mehreren krieger. Fehden widersetzte er sich dem Versuch →Jodoks, in Mähren die Alleinherrschaft zu gewinnen. Mit dem Bf. und Domkapitel v. →Olmütz geriet er mehrmals in heftige Besitzstreitigkeiten. 1385 unterstützte er mit Jodok ihren Vetter Siegmund finanziell und militär. bei der Gewinnung der Krone Ungarns. An der von Siegmund an Jodok übertragenen Pfandherrschaft über Brandenburg nahm auch P. teil. Gegen die wechselnden Koalitionen, die Jodok und Siegmund miteinander, mit den Habsburgern und Wettinern und bes. mit der böhm. Adelsfronde gegen Wenzel schlossen, hielt P. zum Kg. Nach dem Tod Johanns v. Görlitz war er der Hauptverbündete Wenzels und wurde von ihm 1397/98 zum Regenten in Böhmen bestimmt. Mit geschickter Diplomatie gelang es ihm nach der Absetzung Wenzels als dt. Kg., einen Kriegszug Kg. Ruprechts nach Böhmen zu verhindern. Nachdem sich Siegmund 1402 des Kg.s bemächtigt hatte, nahm er unter Bruch seines Versprechens auch P. gefangen. Erst 1405 aus dem Gefängnis in Preßburg freigelassen, starb P. an den Folgen der Kerkerhaft in Brünn. P. Hilsch

Lit.: F. M. BARTOŠ, České dějiny II, 6, 1947 - BOSL, Böhm. Länder, I [F. SEIBT] - I. HLAVÁČEK, Brünn als Residenz der Mgf.en v. Mähren (Fsl. Residenzen im spätma. Europa, 1991 [= VuF 36]) - J. VÁLKA, Dějiny Moravy I, 1991.

3. P. d. Gr. (d. Kahle, Rasus), hussit. Priester (→Hussiten), Heerführer der →Taboriten, ✕ 30. Mai 1434. P., der vielleicht dem Patriziat der Prager Altstadt entstammte, predigte 1417-18 in Soběslav, erschien seit 1420 in Tábor, wirkte 1421 in der Prager Neustadt und wurde hier zu Unrecht als Anhänger der →Pikarden bezeichnet. Sein Beiname bedeutet 'glattrasiert', weil er abweichend von den Taboritenpriestern bartlos blieb und auch im Ornat die Messe feierte. Nach dem Tode des Jan→Žižka konsolidierte er die taborit. Bruderschaft und begann im Bündnis mit den 'Waisen' (ehem. →Orebiten) die militär. Offensive der hussit. →Feldheere. Als Oberhauptmann der Taboriten leitete P. die Feldzüge 1428-29 nach Schlesien und 1429-30 nach Sachsen, in die Oberpfalz und nach Franken. Bereits 1429 versuchte er, die Diskussion um die »Vier →Prager Artikel« zu erneuern, doch scheiterte die Versammlung v. Preßburg an der Unnachgiebigkeit Kg. Siegmunds. Nach Vorverhandlungen in Eger im Mai 1432 leitete P. am Beginn des folgenden Jahres die hussit. Delegation am →Basler Konzil und verteidigte die radikalen Reformen noch im Landtag im Juni 1433. Bei einer Revolte der taborit. Truppen wurde er zeitweilig abgesetzt; er fiel in der Schlacht bei →Lipany zw. den radikalen Feldheeren und einer Koalition des Adels und der Prager →Utraquisten. F. Šmahel

Lit.: R. URBÁNEK, Lipany a konec polních vojsk, 1934 - J. MACEK, P. Veliký, 1953 - F. M. BARTOŠ, Několik záhad v životě P. Velikého, SbornHist 8, 1960, 157-194 - DERS., The Hussite Revolution 1424-1437, 1986 - F. ŠMAHEL, Dějiny Tábora I/1-2, 1988-90.

Prokopios

1. P., Usurpator, stammte aus Kilikien und war ein Verwandter des Ks.s →Julianus. Schon unter →Constantius II. war er als Gesandter zu Schapur II. gegangen. 361 comes primi ordinis, nahm P. 363 als Feldherr an Julianus' Perserfeldzug teil. 28. Sept. 365 ließ er sich in Konstantinopel zum Ks. ausrufen, gewann zunächst Thrakien und Bithynien und stellte ein ansehnl. Heer auf, unterlag aber am 27. Mai 366 bei Nakoleia Ks. →Valens, wozu der Verrat seines Heermeisters Agilo entscheidend beitrug. P. wurde enthauptet. M. Schottky

Lit.: RE XXIII, 252-256 - N. J. E. AUSTIN, A Usurper's Claim to Legitimacy: Procopius in A. D. 365/366, Rivista storica dell'antichità 2, 1972, 187-194.

2. P. v. Gaza, berühmter Lehrer (Sophist), ca. 465-530, hinterließ Festreden, z. B. auf Ks. Anastasios, und über 160 Briefe in bestem Attisch (hist. uninteressant). Er scheint der Erfinder der Katenen zu sein (Bibelkomm. e, die Auslegungen verschiedener Kirchenväter aneinanderreihen; →Bibel, B. II). Am Anfang des Genesiskomm.s erklärt er, nach dieser Methode käme eine unendl. Masse zustande; deshalb fasse er übereinstimmende Auslegungen zusammen und gebe abweichende an. Seine theol. Sachverstand bezeugende Auslegung des Pentateuch (CPG 87, 22-992) ist z. T. nur in lat. Übers. erhalten. Er verfaßte auch Erklärungen zu Jos, Ri, Kön, zu Spr (ebd., 1221-1544), Hld (ebd., 1545-1754) und Jes (ebd., 1817-2718). H.-J. Vogt

Ed. und Lit.: A. GARZYA-R.-L. LOENERTS, Procopii Gazaei epistolae et declamationes, 1963 - S. LEANZA, Procopii Gazaei catena in Ecclesiasten, CCG 4, 1978 - Dict. de la Bible, Suppl. I, 1928, 1103-1113 - RE XLV, 259-272 - BECK, Kirche, 414-416 - O. VEH, Prokops Verhältnis zum Christentum, TU 125, 1981, 579-591.

3. P. v. Kaisareia, wichtigster Historiker der Zeit Ks. Justinians I., * ca. 500 in Kaisareia (Palästina), † ca. 562; stammte aus begüterter Oberschicht, genoß eine rhetor.-jurist. Ausbildung vielleicht in der Rechtsschule v. Berytos. 527-540 war er im Gefolge des Generals →Belisar als »conciliarius« und später als jurist. Beistand (assessor) an den Kriegsschauplätzen in Mesopotamien, Nordafrika und Italien. Ab 540 ist nur der Aufenthalt in Konstantinopel gesichert, wo er 542 die Pest am Augenzeuge miterlebte. Weite Reisen - auch nach Rom - sind wahrscheinl.

Werke: Hist. Hauptwerk sind die bis 553 reichenden acht Bücher der »Kriegsgeschichte« (Ἱστορίαι bzw. Ὑπὲρ τῶν πολέμων λόγοι) in gr., stark rhetor. geprägter Hochsprache. Die gr. Historiker, v. a. Thukydides, Herodot und Diodor, sind Vorbilder in der Stilistik, in den Vorworten, im Aufbau, in den Reden und in den hist. Einzelinformationen, so daß von Fall zu Fall geprüft werden muß, inwieweit P. zeitgenöss. Daten verwertet. In den »Kriegen« kann P. Autopsie der Feldzüge Belisars, dessen Taten er tendenziös möglichst verherrlicht und entschuldigt, Akten- und Briefmaterial und mündl. Berichte über nicht gesehene Kriegsschauplätze verwerten. Die eingestreuten Berichte über fremde Völker und Kulturen, über wichtige Personen, Verwaltung und Heerwesen und nichtkrieger. Ereignisse machen die »Kriege« zu einer äußerst wertvollen Darstellung der Zeitgesch. P. entwickelt keine übergreifende soziale und polit. Gesamtanalyse und ist in seinen Äußerungen über das Christentum sehr zurückhaltend. In Anlehnung an antike Historiographie wird die Tyche, das Schicksal, häufig als Hintergrund der Ereignisse hervorgehoben. Buch I und II behandeln den Perserkrieg 530-532, 540-549, Buch III und VI den Vandalenkrieg 533-535, Buch V-VII die Gotenkriege 545-553, einschließl. der Barbareneinfälle auf dem Balkan, Buch VIII Kriege in Italien und an der Donau- und Ostgrenze bis 552. - Die »Anekdota« (auch »Historia arcana« gen.; Ἀνέκδοτα) sind i. J. 550 oder 558/559 geschrieben, aber aus naheliegenden Gründen zu Lebzeiten Justinians nicht veröffentlicht. Sie halten sich an die antike Literaturgattung der Schmährede (Psogos). P. hat seine in den »Bella« nur versteckte Kritik an Ks. Justinian hier offen bis ins Maßlose gesteigert. Belisar wird als ein den Frauen höriger polit. Schwächling dargestellt. Durch das haßverzerrte, bis hin zur Pornographie sich steigernde Porträt der Ksn. →Theodora wird das negative Bild Justinians verstärkt. Hintergrund der »Anekdota« ist der Haß des Aristokraten P. gegen den autoritären Ks. Justinian I. und seine Enttäuschung über Belisar. Das Ksm. wird freilich als Institution nie angetastet. – Das dritte Werk »Über die Bauten« (»De aedificiis«; Περὶ κτισμάτων) in sechs Büchern ist auf Veranlassung Ks. Justinians I. i. J. 553/555 in der Art der Lobrede verfaßt. Wie die notizenartige Kürze der Bücher V und VI beweist, ist es unvollendet. G. Weiß

Ed.: J. HAURY–G. WIRTH, Procopii Carsariensis opera omnia, I–III, 1962–64 – O. VEH, Prokop, I–V, 1961–77 – Procopius, 7 vols., Loeb Classical Library, 1968–79 [mit engl. Übers.] – *Lit.:* RE XXIII, 273–599 [B. RUBIN] – R. BENEDICTY, P.' Ber. über die slav. Vorzeit, JÖBG 14, 1965, 51–78 – F. TINNEFELD, Kategorien der Ks. kritik, 1971 – HUNGER, Profane Lit. [Register s. v.] – A. CAMERON, Procopius and the Sixth Century, 1985 – H.-G. BECK, Ksn. Theodora und Prokop, 1986 – R. DOSTÁLOVÁ, Frühbyz. Profanhistoriker (Q. zur Gesch. des frühen Byzanz, 1990), 156–188.

Prokulf → Prohor und Prokulf

Prokura-Ehe (matrimonium per procuratorem), Stellvertretung als Ausnahme vom Prinzip persönl. Eheschließung. Nachdem sich im kanon. Eheschließungsrecht (→Ehe) die Konsenstheorie durchgesetzt hatte, gelangte man in Anlehnung an das röm. Recht, wonach Konsensualverträge auch unter Abwesenden mögl. waren, zur grundsätzl. Zulassung einer Stellvertretung auch bei der Eheschließung. Mit den Dekretalen Innozenz' III. (X 3.32.14) und Bonifaz' VIII. (VI 1.19.9) wurde eine gesetzl. Regelung geschaffen, die durch die kanon. Lit. eine weitere Ausgestaltung erfuhr. Für eine P.-Eheschließung war ein Spezialmandat erforderl., die Substitution war nur bei ausdrückl. Ermächtigung erlaubt. In der kanon. Lit. behandelte man v. a. die Voraussetzungen des Spezialmandats, die Folgen seines Widerrufs und die Sakramentalität einer P.-E. Im MA wurden P.-E.n fast ausnahmslos in Kreisen des Hochadels geschlossen, z. B. Friedrich II. mit →Isabella II. v. Brienne (1225), Maximilian I. mit →Anna v. Bretagne (1490), Giovanni Sforza mit →Lucrezia Borgia (1494). C. Schott

Lit.: P. GASPARRI, Tractatus canonicus de matrimonio II, 1932 – A. KRADEPOHL, Stellvertretung und kanon. Eherecht, 1939 [Nachdr. 1964] – PLÖCHL II, 1962² – F. MERZBACHER, Die Eheschließung durch Stellvertretung nach altem und geltendem kanon. Recht (Festg. A. SCHEUERMANN, 1968), 455–466 – H. ZAPP (Atti ecoge. int. diritto canonico 1970, II. 2, 1972), 1467–1484 – A. E. HIEROLD, Die Eheschließung durch Stellvertreter (Festg. H. SCHWENDENWEIN, 1986), 349–361.

Prokurator → Procurator

Prometheus, gr. Heros/Gott mit vielfältiger Mythenüberlieferung und Aufnahme in gr. und röm. Kunst. P. bildete im Auftrag des Zeus die Menschen aus Wasser und Erde (Töpfergott; im röm. Mythos Beseelung durch Athena), raubte den Göttern das Feuer und brachte es neben anderen Kulturgütern den Menschen, wurde als Frevler an einen Felsen geschmiedet und dort von einem Adler gepeinigt, bis →Herakles ihn befreite. Zwar wurde die Schöpfertätigkeit des P. von chr. Autoren abgelehnt (Stellen: STEINER 30–32; TROUSSON 59–82; ebd. 73–77 zu übertriebenen Folgerungen aus Tert. adv. Marc. 1, 1, 247 [Gott als wahrer P.]), doch beeinflußten entsprechende röm. Sarkophagreliefs die Darstellungen der Erschaffung von Adam und Eva (→Schöpfungsgesch.) auf einigen frühchr. Sarkophagen (Beispiele: KAISER-MINN). In ma. Lit. und Kunst spielt der P. mythos eine geringe Rolle; in einigen Abbildungen in Hss. des →Ovide moralisée belebt P. den Menschen mit dem geraubten Feuer, daneben erscheint Christus als Ordner des Chaos oder Schöpfer Evas (RAGGIO 49; STEINER 113–117). Seit der Renaissance wurden P. bilder häufiger, meist Darstellungen des Feuer- und Kulturbringers oder des Gefesselten. J. Engemann

Lit.: RE XXIII, 1, 653–730 – KL. PAULY IV, 1174–1177 – O. RAGGIO, The Mytholog. P., Its Survival and Metamorphosis up to the 18th. Cent., J Warburg 21, 1958, 44–62 – R. TROUSSON, Le thème de P. dans la litt. européenne, I/II, 1976² – H. KAISER-MINN, Die Erschaffung des Menschen auf den spätantiken Monumenten des 3. und 4. Jh., 1981 – R. STEINER, P., 1991.

Promissio maleficiorum, älteste Strafgesetzordnung der Republik →Venedig, im März 1181 von dem Dogen Orio Mastropiero (1178–92) erlassen, danach von Enrico →Dandolo (1195–1205) und Jacopo →Tiepolo (1232) verbessert und ergänzt. Die P. m. läßt der discretio iudicum hinsichtl. der Strafzumessung und der Auswahl der vorgesehenen Strafen breiten Spielraum. Das Recht auf private Rache wird nicht anerkannt, →Ordal, Zweikampf und Reinigungseid werden nicht berücksichtigt, Bußgeld ist in nur sehr beschränktem Maße vorgesehen. Die P.m. bezieht sich nur auf eine kleine Anzahl von Verbrechen (Mord, Körperverletzung, Diebstahl, Raub, maleficia) für die sehr strenge, nicht durch Geldbußen ersetzbare, körperl. Strafen verhängt werden (Tod, Blendung, Verstümmelung, Auspeitschung, Brandmarkung). P. Preto

Lit.: S. ROMANIN, Storia docum. di Venezia, 1854, II, 241 – Carta di promissione del doge Orio Mastropiero, hg. E. TEZA, 1863 – E. BESTA, Appunti per la storia del diritto penale nel dogado ven. innanzi al 1232, Il Filangieri 5, 1899, 9–12 – U. KRETSCHMAYR, Gesch. v. Venedig, 1905, I, 494–497 – L. PANSOLLI, La geracia delle fonti di diritto nella legislazione mediev. ven., 1970, 30–31, 78, 130 – G. COZZI, La politica del diritto nella repubbl. di Venezia (Stato società e giustizia nella repubbl. di Venezia, 1980), I, 21 – G. ZORDAN, L'ordinamento giuridico ven., 1980, 187, 192f.

Promptuarium medicinae ('Beredicheyt der artzedige', 'Schone Arstedyge boeck'), nach den 79 Kräuter-Kapiteln der →Ortolf-Inkunabeln (1477ff.) ältestes gedr. dt. →Kräuterbuch: 1483 von Bartholomäus Ghotan (B. Benevenuto) in Magdeburg in zwei Fassungen veröffentlicht, 1485 durch Matthäus Brandis (?) in Lübeck nachgedr., ebd. von Steffen Arndes 1492 in dessen nd. →'Gart der Gesundheit' imitiert und 1526 hs. von einem norddt. Anonymus exzerpiert, nimmt das 'P. m.' eine Zwischenstellung zw. Kräuter- und Arzneibuch-Texten insofern ein, als der Autor sich nd. Zwitterformen ('Wolfenbütteler Arzneibuch'; 'bok' Albrechts van Borgunnien) zum Vorbild nimmt und die atschles. (13. Jh.) Kombination von 'Macer-Glossar', 'Älterem deutschen →Macer' sowie 'Freiberger Arzneimittellehre' ('Breslauer Arzneibuch' VI–VIII) seinem Textentwurf zugrunde legt: An 344 Drogenmonographien hängt er ein aus unterschiedl. Texten zusammengestücktes Arzneibuch an. Auf Schnellverfügbarkeit des Wissens ausgerichtet, ordnet Ghotan die Drogenkapitel halbalphabet. nach dem Anfangsbuchstaben des dt. Pflanzen- bzw. Arzneistoffnamens, streut 149 Querverweise (Synonyma, Ersatzdrogen) ein und bindet ein ausführl. Inhaltsverzeichnis vor. Er paragraphiert den Wortlaut der Drogenmonographien nach Indikationen und erreicht über sein halbalphabet. Symptomenregister eine Heilanzeigenerschließung, deren einzigartige pharmakograph. Genauigkeit dem Werk einen bemerkenswerten Erfolg sicherte. Der zugkräftige Titel wurde 1484 von Ghotan der nd. Ortolf-Übers. angeheftet. Wie sein Handexemplar zeigt, war Ghotan mit der 'Beredicheyt' noch 1495/96 unmittelbar vor seiner Ermordung in Moskau befaßt. G. Keil

Lit.: Verf.-Lex. VII, 864–867 – *Ed.*: P. SEIDENSTICKER–H. HÄNDLER, Das P. m., 1990 – G. KEIL, Ortolf-Anteile im P. m., Ortolf-Studien, 1, hg. G. KEIL, J. MAYER, CH. NASER (Wissenslit. im MA, 1, 1993), 499–537.

Promulgatio (Publicatio). Sie bringt innerhalb des →Kontexts einer Urkunde den Willen zum Ausdruck, die nachfolgenden Aussagen und Verfügungen bekanntzumachen. Die P. ist allg. Bestandteil der →Ks.- und Kg.surkk. sowie der →Privaturkk., während sie in den →Papsturkk. und in den norm. Kg.surkk. meist fehlt; im letzten Fall bleibt sie überwiegend den →Mandaten vorbehalten. Zw. →Arenga und →Narratio stehend, ist sie wohl nur rein formal von einer oft mit ihr verbundenen allg. Adresse zu trennen. Bei Fehlen der Arenga schließt die P. unmittelbar an die →Intitulatio an. Der Ursprung der sich aus der →Inscriptio entwickelnden P. muß in der Kanzlei der Merowinger gesucht werden, die die typische »cognuscat«-Formel ausbildete. Unter Karl d. Gr. fand die Wendung »Igitur notum sit omnibus fidelibus nostris praesentibus scilicet et futuris« weite Verbreitung und ging von hier zusammen mit mannigfachen Parallelformen in die Urkk. der dt. und frz. Kg.e über. Die Verbindung zur Arenga stellten häufig Bindewörter wie »quapropter«, »idcirco« u. ä. her. Noch unter Ks. Friedrich II. lautete die P. oft »Per presens scriptum (privilegium) notum facimus universis tam presentibus quam futuris«. Seit dem →Interregnum traten zunehmend verkürzte Formeln auf, die umfangreicheren Formulierungen blieben den feierl. Diplomen vorbehalten. Schon unter den frühen Staufern stieg die Zahl der Urkk. an, denen die P. ganz fehlt. Sie wurde immer stärker aus den lat. Ausfertigungen der Reichskanzlei verdrängt, während sie sich in den dt.sprachigen behaupten konnte. Die einfacheren Formen »Notum facimus« bzw. »*tun kund*«, »*veriehen offentlich an diesem brief*« oder »*bekennen und tun kund mit diesem brief*« drangen verbreitet in die Privaturkk. ein und wurden mit Wendungen wie »*allen den, die in sehent oder horent lesen*« erweitert. Noch im 14. und 15. Jh. traten Ergänzungen hinzu. J. Spiegel

Lit.: BRESSLAU I, 48; II, passim – W. ERBEN, Die Ks.- und Kg.surkk. des MA in Dtl., Frankreich und Italien, 1907, 339ff. – P. CLASSEN, Ks.-reskript und Kg.surk., 1977, 150, 157f. – H. FICHTENAU, Forsch. über Urkk.formeln, MIÖG 94, 1986, 303ff. – TH. FRENZ, Papsturkk. des MA und der NZ, 1986, passim.

Pronoia (πρόνοια 'Sorge', 'Fürsorge', 'Verwaltung'; theol. 'Vorsehung'), in Byzanz speziell im Rahmen der Staatsverwaltung seit dem 12. Jh., später auch in den Balkanländern verwendeter Begriff (auch οἰκονομία, ποσότης gen.). Der Inhaber einer P. wurde zumeist als στρατιώτης (→Stratioten) bezeichnet, ohne unbedingt Soldat zu sein; erst im 15. Jh. erscheint die Bezeichnung προνοιάριος (davon abgeleitet der wiss. Begriff 'Pronoiar'). Die Byzantinistik hat bis heute zu keiner einheitl. Beurteilung des Wesens der P. gefunden, doch lassen sich zwei Hauptdeutungsmuster finden: 1. Die P. bestand aus Landbesitz oder einer anderen Einkommensquelle (Saline, Fischteich o. ä.), die der Herrscher auf Lebenszeit zur Verwendung ausgab; die Gegenleistung des Empfängers bestand zumeist in der Verpflichtung zu militär. Dienst für den Staat (zu unterscheiden vom arab. →*iqṭāʿ* oder osman. →*tīmār*). Der zw. Geber und Empfänger bestehende Vertrag konnte in der Palaiologenzeit durch mehrfache Erneuerung zur fakt. Erblichkeit der P. führen. Da solch bedingtes Eigentum nicht dem röm.-byz. Recht entspricht, wäre die P. als Erscheinung feudaler Beziehungen zu bestimmen, mit offensichtl. Ähnlichkeit zum westeurop. *fief* (→Lehen). Doch bleiben Unterschiede: Bei der dominanten Stellung des Staates konnte allein der Ks. eine P. zuteilen; es gab keine Mediatisierung. Die P. war zugleich Steuer- und Verwaltungseinheit; die Bauern waren persönl. frei (→Paröken). 2. Die P. ist die bedingte Abtretung staatl. Fiskal- oder Einkommensrechte ('nicht-körperl.' Rechte) an einem Gut oder einer Gruppe von Bauernstellen (ähnl. arab. *iqṭāʿ* oder osman. *tīmār*), begründet also keine feudale Beziehung. In Kombination der beiden Deutungen gelangte man zur Erklärung der P. als (bedingtes) Recht auf Steuern und andere Einkünfte; in der Folge entstand das – im Sinne eines Feudalismus zu verstehende – (bedingte) Recht an der Einkommensquelle selbst, einschließl. bestimmter Rechte über abhängige Bauern. Demnach wäre das Wesen der P. widersprüchlich.

Die Größe der P. und soziale Zusammensetzung ihrer Inhaber bildete keine Konstante; man kennt sogar 'kollektive' Pronoien, die auf zahlreiche, eventuell zugleich als Söldner engagierte Inhaber aufgeteilt waren. Gute Diensterfüllung konnte durch die Vergrößerung der P. belohnt werden. In der Spätzeit des Byz. Reiches vertraten die Inhaber von Pronoien eines Territoriums evtl. zugleich die Staatsgewalt. Der Pronoiar lebte in jedem Falle in der Stadt; soweit er militär. Pflichten hatte, war er Angehöriger der territorialen (städt.) Einheit (allagion), der er allein oder in Begleitung (am häufigsten: oiketai) diente. Seit dem Beginn des 14. Jh. ist die P. auch in den serb. Ländern bekannt. Trotz gewisser Unklarheit, welche Merkmale der byz. P. übernommen wurden, ist doch sicher, daß die serb. P. eine bedingte Zuteilung von Landbesitz war. →Feudalismus, B. I. Lj. Maksimović

Lit.: G. OSTROGORSKI, Pronija, prilog istoriji feudalizma u Vizantiji i južnoslovenskim zemljama, 1951 [= DERS., Pour l'hist. de la féodalité byz., 1954] – M. MLADENOVIĆ, Zur Frage der P. und des Feudalismus im byz. Reiche, SOF 15, 1956, 123–140 – P. LEMERLE, Recherches sur le régime agraire à Byzance, CCMéd 2, 1959, 165–281 – I. BOŽIĆ, Proniari et capita, ZRVI 8/1, 1963, 61–70 – H. GLYKATZI-AHRWEILER, La concession des droits incorporels, donations conditionelles (Actes du XIIᵉ Congr. intern. d'ét. byz. II, 1964), 105–114 – B. KREKIĆ, Prilog proučavanju pronije u srednjovekovnoj Srbiji, ZRVI 8/2, 1964, 227–233 – N. OIKONOMIDÈS, Contribution à l'étude de la p. au XIIIᵉ s., RevByz 22, 1964, 158–175 – A. HOHLWEG, Zur Frage der P. in Byzanz, BZ 60, 1967, 288–308 – G. OSTROGORSKI, Die P. unter den Komnenen, ZRVI 12, 1970, 41–54 – LJ. MAKSIMOVIĆ, Pronijari u Trapezuntskom Carstvu, Zbornik rad. Fil. fakulteta 12-1, 1974, 393–404 – A. CARILE, Sulla p. nel Peloponneso biz. anteriormente alla conquista lat., ZRVI 16, 1975, 55–62 – H. GLYKATZI-AHRWEILER, La 'pr.' à Byzance (Structures féodales et féodalisme dans l'occident méditerranéen, 1980), 681–689 – N. OIKONOMIDÈS, À propos des armées des premiers Paléologues et des compagnies des soldats, TM 8, 1981, 353–371 – M. BARTUSIS, On the Status of Stratiotai, ZRVI 21, 1982, 53–59 – R. RADIĆ, Novi podaci o pronijarima iz prvih decenija XIV veka, ZRVI 21, 1982, 85–93 – K. CHVOSTOVA, Pronija: Social'no-ėkonomičeskie i pravovye problemy, VV 49, 1988, 13–23 – M. BARTUSIS, The Megala Allagia and the Tzaousios, RevByz 47, 1989, 183–207 – DERS., The Late Byz. Army, 1992.

Prooimion ('Vorrede'), stilisierter einleitender Passus von Schriften und Dichtungen. In ma. gr. Texten, die nach Form bzw. Inhalt früheren lit. Genera verpflichtet waren, fanden weiterhin die das P. betreffenden Regeln der (spät)antiken Schulrhetorik (bes. Menandros Rhetor, Hermogenes u. a.) Anwendung. Gelegentl. übten konkrete Vorbilder (P. en in Lk und Offb; bei Geschichtsschreibern Herodot, Thukydides und Polybios) Einfluß aus. In der Prosa begegnen am häufigsten programmat. Aussagen und Widmungen. In den P. en von Gesetzestexten und Urkk. (→Arenga) tritt neben der Propaganda die Herrschaftsideologie deutl. erkennbar hervor. Auch in volkssprachl. komischen Bettelgedichten (→Ptochoprodromos) finden sich P.en, die, an den Ks. oder an hohe Würdenträger gerichtet, in antikisierender Sprache und ernsthaftem Ton abgefaßt wurden. In P.en von Hl.nviten wurde häufig eine Verbindungslinie von den Patriarchen des AT über Propheten, Apostel, Märtyrer und den Mönchsstand bis hin zum Hl.n gezogen, in den →Enkomien bzw. in der Homiletik insbes. der Größe des zu Lobenden die mangelnde Kompetenz des Verf.s gegenübergestellt. In der →Hymnographie ist das P. ('Kukulion') Bestandteil des →Kontakion, der spätere Kanon kennt es nicht; es besteht aus meist einer allometr. Einleitungsstrophe mit einer gebündelten Lobpreisung zum Thema. G. Makris

Lit.: Kl. Pauly IV, 1179 – Oxford Dict. of Byzantium, III, 1991, 1734 [Lit.] – H. Lieberich, Studien zu den Proömien in der gr. und byz. Gesch.sschreibung II, Programm des Kgl. Realgymnasiums München 1899/1900, 1900 – H. Hunger, P., 1964 – Ders., Profane Lit. [Ind.].

Properz im Mittelalter. Die Elegien des Sextus Propertius wurden von den Zeitgenossen begeistert aufgenommen und sind bis ins 2. Jh. n. Chr. eifrig gelesen worden. In der Spätantike verschwindet mit Ausnahme vergleichsweise seltener Grammatikerzitate das Werk völlig. Ins MA sind nur wenige, vielleicht nur ein einziges Exemplar gelangt; Kenntnisse von der Person des P. vermittelte Quintilian (institutio oratoria 10,1, 93), seltener Apuleius (apologia 10). – P. gehört zu den Autoren, die vom MA bewahrt, aber nicht gelesen wurden. In der Karolingerzeit scheinen wenigstens zwei Abschriften hergestellt worden zu sein, die sich aber nicht erhalten haben. Auf sie gehen unsere Hss. zurück. Die angebl. Benutzung durch Johannes v. Salisbury trifft nicht zu (irrige Zuweisung eines Pseudepigraphon), die vermuteten Zitate im →Pamphilus sind fraglich, da formelhaft. Sicher ist die Nennung bei →Richard v. Fournival um 1250. Man glaubt, freilich ohne Beweis, daß →Petrarca das Exemplar des Richard kopiert habe, seine Abschrift an Coluccio →Salutati gelangt sei und von diesem ein Teil unserer Humanistenhss. abstamme. Von dem zweiten (verlorenen) karol. (?) Exemplar stammen die älteste erhaltene Hs. (Wolfenbüttel Gud. 224 saec. XII/XIII, frz.) und die Mehrzahl der über 130 Humanistenhss. ab, welche die große Beliebtheit des P. seit dem 15. Jh. bezeugen. Ed. pr. 1472 Venedig, ebd. 1472 erstmals P. zusammen mit Catull und Tibull bei Vindelinus de Spira. F. Brunhölzl

Lit.: Schanz-Hosius – Ed. R. Hanslik, 1979 [Praef.] – Reynolds, Texts and Transmission, 1983, 324ff. [R. J. Tarrant] – M. v. Albrecht, Gesch. der röm. Lit., I, 1992, 620f.

Prophatius Judaeus (Jacob ben Machir ibn Tibbon), Abkömmling einer berühmten jüd.-prov. Gelehrtenfamilie, geb. ca. 1236, gest. ca. 1304, wirkte als Mathematiker, Astronom und Arzt (?) in Montpellier. Im Streit um die rechte Lehre vertrat er dort die Partei des →Maimonides. Er beschrieb ein neues astronom. Instrument (»Quadrans Judaicus«), und seine astronom. Tafeln waren als »Almanach perpetuum Prophatii« auch im lat. Sprachraum sehr beliebt. Bes. aber seine Übers.en zahlreicher namhafter Autoren wie →Euklid, →Qusṭā ib. Lūqā, →al-Ġazzālī oder →Averroës aus dem Arab. ins Hebr. bildeten die Grundlage für weitere Übertragungen in europ. Sprachen. Er arbeitete mit verschiedenen lat. Übersetzern zusammen, so mit →Armengandus Blasii. H. H. Lauer

Q. und Lit.: DSB XIII, 400f. [Lit.] – EJud (engl.) XV, 1129f., 1318–1329 – JL IV/2, 940 – Sarton II/2, 850–853 [weitere Lit.] – Steinschneider,

Übers. 607–614, 976, Ind. 1057 – Thorndike-Kibre, Ind. 1892 – Wickersheimer, Dict. 670.

Prophete, John, engl. Beamter, † 1416; stammte anscheinend aus Herefordshire und erwarb seine akadem. Grade in Oxford. Als Notar wurde er 1382 zum Registrator am Gerichtshof v. Canterbury ernannt. Er trat 1386 in den Dienst Richards II. ein, wurde der erste bekannte Schreiber des King's →Council und reformierte 1392–95 dessen Urkk.enwesen. Heinrich IV. ernannte ihn 1400 zu einem besoldeten Ratsmitglied, 1401 zum Sekretär und 1406 zum →Keeper of the Privy Seal. Dieses Amt hatte er auch unter Heinrich V. bis 1415 inne. Obwohl er so viele hohe Ämter bekleidete, wurde er nicht zum Bf. ernannt. Doch erhielt er zahlreiche Benefizien, einschließl. des Dekanats v. York (1406–16). Bedeutend ist seine Slg. von Briefen (fälschl. »letter-book« gen.), u. a. über das Konzil v. →Pisa. R. L. Storey

Lit.: BRUO III, 1521f. – A. L. Brown, The Privy Seal Clerks... (The Study of Medieval Records, ed. D. A. Bullough–R. L. Storey, 1971), 260–281.

Propheten, Prophetie
A. Christliches Abendland – B. Judentum – C. Ikonographie der biblischen Propheten

A. Christliches Abendland
I. Prophetie, Prophetische Literatur – II. Der Prophetenbegriff in der ma. Theologie – III. Prophetie als erkenntnistheoret. Problem.

I. Prophetie, Prophetische Literatur: Im ma. Abendland trägt P.ie die Konnotation »Auslegung, Deutung«. Nach Cassiodors wirkungsmächtiger Definition ist sie göttl. Eingebung, die das Eintreten von Geschehnissen mit unumstößl. Wahrheit ankündigt. (Expos. Psalm., praef. 1). Für Gregor d. Gr. besteht das Wesen der P.ie nicht in der Vorhersage des Künftigen, sondern in der Aufdeckung des Verborgenen (»Hom. in Hiezechielem. proph.« I); sie erhellt daher auch Gegenwart und Vergangenheit. Auf dem Hintergrund dieses weiten P.ie-Begriffs entwickelt sich langsam das lit. Genus der P.ien. Es handelt sich dabei um Texte, die in Form einer Vision oder einer Privatoffenbarung künftige kirchl. und/oder polit. Ereignisse ankündigen. Unter den ältesten prophet. Schriften sind hervorzuheben: Die »Revelationes« des Pseudo-Methodius, deren syr. Urfassung (7. Jh.) bald ins Griech. und Lat. übersetzt wurde und im 8. Jh. im Frankenreich zirkulierte, und »Sibylla Tiburtina« (entstanden im 4./5. Jh. in Byzanz, im 11. Jh. in Süditalien bekannt). Beide Texte verkünden die bevorstehende Ankunft eines endzeitl. Friedensherrschers, der dem Antichrist und dem Weltende vorangehe. Am Pseudo-Methodius inspiriert sich →Adso v. Montier-en-Der. In dieser Traditionskette stehen auch der →»Ludus de Antichristo« und der Toledo-Brief (12. Jh.). Die Voraussagen der Sibyllinischen Orakel wurden im Lauf der Jhh. mehrfach neuen Deutungsversuchen unterzogen, denen die Idee einer bevorstehenden Friedenszeit vor der Ankunft des Antichrist gemeinsam ist. Die Autorität der legendären heidn. P.innen wurde das gesamte MA hindurch anerkannt. Im 12. Jh. erleben die sibyllin. Bücher ihre Hochblüte und die stärkste Verbreitung (Sibylla Samia; Sibylla Erythraea, von der eine spätere Fassung in den 1240er Jahren in franziskan. Umkreis entstand).

Im 12./13. Jh. prägen sich definitiv einige für die prophet. Lit. grundlegende Züge aus. Ausgangspunkt der P.ie ist im allg. die Ankündigung eines trag. und unerwarteten Ereignisses, so etwa bei den Kreuzzugsp.ien die Vorhersage des Falles von Jerusalem oder von Akkon (Visio Tripolis/Cedrus alta Libani). Zumeist handelt es sich um Prophezeiungen ex eventu. Der Text läßt ferner erkennen, daß nach einer Reihe von Plagen in absehbarer Zeit das am Anfang verkündete Unheil überwunden sein wird. Zuschreibung an einen berühmten (auch fiktiven) Autor oder einen geheimnisvollen Unbekannten und bisweilen außergewöhnl. Umstände der Auffindung des Textes verleihen der P.ie größeres Gewicht und bekräftigen ihren göttl. Ursprung. Kennzeichnend sind auch enigmat. Sprache und häufiger Gebrauch von Buchstaben- (»De semine Scripturarum«), Zahlen- und Tiersymbolik. Die lit. Struktur verbindet narrative Elemente ex eventu und Vorhersagen im eigtl. Sinn. Trifft das prophezeite Ereignis nicht ein, bedeutet dies nicht, daß die P.ie automatisch in Vergessenheit gerät. Im allg. wird sie in der Hss.tradition wiederholten Aktualisierungen unterzogen, wobei starke Abweichungen von der ursprgl. Intention möglich sind.

Seit dem 12. Jh. empfängt die prophet. Lit. durch Autoren Impulse, die überzeugt sind, prophet. Gaben zu besitzen und/oder bei den Zeitgenossen als P. gelten. →Hildegard v. Bingen beschwor in kosmolog. und heilsgesch. Vision den Verfall der Gesellschaft und der Kirche und verkündete deren künftige Läuterung. Mit ihr verstanden die sog. dt. Symbolisten (→Rupert v. Deutz, →Honorius Augustodunensis, →Gerhoch v. Reichersberg, →Anselm v. Havelberg, →Otto v. Freising) die Geschichtstheologie als »ethisch-pneumatische Geschichtsschau«, als »prophet. Einsicht« (D. RAUH) in dem drängenden Wechsel der Heilsgeschichte. →Joachim v. Fiore, der es selbst ablehnte, sich als P. zu bezeichnen und statt dessen für sich die Gabe des »geistlichen Verständnisses« der hl. Schrift beanspruchte, ihm die bisweilen eine dem alten P. gleichkommende Kenntnis des göttl. Geheimnisses verleihe, erkannte in der »Concordia Novi ac Veteris Testamenti« durch Zählung der Generationen Israels und Gegenüberstellung mit den parallelen Generationen der Kirche die unmittelbare Ankunft der dritten und letzten Epoche der Heilsgeschichte, der Zeit des Geistes, nach Antichrist und vor Weltende. Von seinen Anhängern wurden seine Schr. en zusammen mit den sibyllin. Sentenzen gelesen und mit ps.-epigraph. Erklärungen der Bücher des Jeremias und Jesaias (RBMA 4038, 4039) angereichert. Der joachimit. P.ismus wird gleichzeitig zur polit. Propaganda eingesetzt (»Prophezeiung« des Konfliktes zw. Papsttum und Stauferdynastie; Darstellung Friedrichs II. als Antichrist, Erwartung eines dritten Friedrich als Endzeitkaiser [Kurzfassung der »Sibylla erythraea« nach 1260]). Die Franziskaner (v. a. die Spiritualen) nahmen Joachims prophet. Schriftauslegung für sich in Anspruch und sahen in →Franziskus v. Assisi und seinem Orden die endzeitl. Erfüllung dieser Geistp.ie. Im Orden wurden auch die ersten Jünger des Hl.n mit dessen prophet. Worten zitiert (»Verba fr. Conradi«), die eine Periode des Friedens (Oraculum Cyrilli [→Oraculum angelicum]), ein Sabbat-Zeitalter der Ruhe (so Columbinus) verhießen. Im Streit der Spiritualen um die vollkommene Armut wurden u. a. von →Ubertino da Casale und →Angelus Clarenus die heils- und endzeitl. P.ien als Argumente verwendet. In den Kreisen der (bedrängten) Spiritualen suchten zwei Schriften »Liber de Flore« und »Vaticinia de summis pontificibus«, die gegen Ende des 13. Jh. nach dem Modell der byz. Oracula Leonis verfaßt sind) mit dem prophet. Bild des papa angelicus als künftigem Papst Trost und Hoffnung zu verbreiten. Im 13./14.Jh. findet sich die Erwartung eines oder mehrerer Engelspäpste in zahlreichen Schriften, deren Autoren bisweilen im dunkeln bleiben (Oraculum Cyrilli, Visio seu prophetia fr. Johannis, Ve mundo in centum annis), bisweilen jedoch Personen sind, die wegen ihres prophet. Anspruchs verschiedentl. mit den kirchl. Autoritäten zusammenstießen. Fra→Dolcino weissagte vom papa sanctus, der – zusammen mit Friedrich III. v. Sizilien – die Kirche zur ursprgl. Armut reformiert; →Arnald v. Vilanova sagte in den Jahren 1299–1300 die Ankunft des Antichrist etwa für die Zeit um 1365/69 voraus; →Johannes v. Roquetaillade verkündete aus päpstl. Kerkerhaft in Avignon die unmittelbar bevorstehende Ankunft des Antichrist sowie einen »Reparator« der Kirche und den Beginn eines tausendjährigen Friedens auf Erden. In Johannes' Schriften ist die religiöse P.ie eng mit der Verherrlichung der Kapetingerherrschaft verbunden. Die Verknüpfung zw. religiöser und polit. P.ie, die im gesamten MA erkennbar ist, gewinnt während des →Hundertjährigen Krieges bes. Bedeutung, so im Mythos des »Karolus filius Karoli«, der die Macht Frankreichs stärken werde (»Liber de magnis tribulationibus et de statu ecclesiae«, einem Telesphorus v. Cosenza zugeschrieben).

Im 14./15. Jh. wurden teils hs., teils gedruckte Sammlungen prophet. Schriften zusammengestellt. Sie waren auch für die kirchl. und zivilen Mächte von Interesse, die in der Krise der Institutionen damit über Hilfsmittel zur Nährung von Hoffnungen und Mobilisierung von Energien verfügten. Zu der Verbreitung von Texten, die von den kämpfenden Parteien während des Großen →Abendländischen Schismas vielfältig benutzt wurden, trat das Wirken von Visionärinnen (→Brigida v. Schweden, →Katharina v. Siena), die den Papst von Avignon nach Rom zurückzuholen strebten und die Kirchenreform propagierten. Auch die prophet. Predigten G. →Savonarolas im Florenz des späten 15. Jh. rufen zur »renovatio ecclesiae« auf.
G. L. Potestà

II. DER PROPHETENBEGRIFF IN DER MA. THEOLOGIE: Der ausgeweitete Gebrauch der Worte P. und prophetisch blieb in der ma. Theol. nicht unwidersprochen. Albertus Magnus unterschied in seiner Erklärung des Mt-Ev.s (11,9–10, ed. Op. omnia XII, 350) die bibl. P. als die eigentlichen. Heinrich v. Harcley erblickte in den anderen »prophetae« (auch in Hildegard v. Bingen) eher »poetae«. P. im eigtl. Sinn sind die bibl. P.: die vier Großen (Isaias, Ieremias, Ezechiel und Daniel) und die zwölf Kleinen (Osee, Ioel, Amos, Abdias, Ionas, Michaea, Nahum, Habacuc, Sophonias, Aggaeus, Zacharias und Malachias), die sog. Schriftp., dazu kommen noch die aus der atl. Gesch. bekannten P.: Moses, Nathan, Elias, Elisaeus u. a. bis zu Johannes d. Täufer. Gott kann zwar durch alle Geschöpfe – selbst durch die Eselin des Bileam (Num 22, 22–35) – und auch durch die Heiden zum Menschen sprechen, die eigtl. bibl. P. haben kraft göttl. Inspiration im voraus »Wort und Sakrament des Wortes (Gottes) geoffenbart« (Albertus Magnus, a.a.O.). Weil aber nach 1 Kor 14,29 und dem Verständnis der Patristik die (geistl.) Schriftauslegung prophet. Dienst ist, bezeichnet Albert auch die Lehrer in der Kirche als P. Epiphanius v. Salamis († 403) und ein Anonymus (Lit.) haben in ihren (im 5. Jh. auch ins Lat. übers.) Schriften die ma. Theol. über Herkunft und Todesgeschick der bibl. P. unterwiesen. Isidor v. Sevilla (Etym. VII c. 8) und Petrus Comestor (Historia scholastica) haben diese (z. T. legendäre) Überlieferung ausgeschrieben. Textgrundlage der scholast. Auslegung der P.bücher war die lat. Übers. des Hieronymus (Vulgata), der die uneingeschränkte »auctoritas« der ma. Schriftauslegung war. Im Prolog zur Erklärung des P. Jesaia (CClat 73,2) und also zu den P.büchern überhaupt formulierte Hieronymus das hermeneut. Prinzip der kirchl. Auslegung: »Ich will Isaias so auslegen, daß ich ihn nicht nur als P., sondern als Evangelisten und Apostel lehre«. In der prophet. Botschaft des AT sind die messian. Geheimnisse des Heiles im voraus präsent. Überdies soll nach seiner Meinung in der theol. Auslegung alles zur Sprache kommen, was »physica, ethica, logica« lehren. Die scholast. Theologen – auch Albert und Thomas – hielten sich an dieses Prinzip. (Nach seinem Prolog zum P. Jesaia erklärte Albert den des Hieronymus, vgl. Postilla super Isaiam, Op. omnia XIX, 3–9.)

Die atl. P.ie ist für Guillelmus →Duranti(s), Rationale div. off. VI c. 13, die Basis, auf der die Säule der Apostel ruht. Die systemat. scholast. Theologie hat die prophet. »loci« der erfüllten Weissagung ausgelegt und schon früh in Listen gesammelt: z. B. Jes 7, 14 (Immanuel-P.ie), Jes 53 (Erniedrigung und Erhöhung des Gottesknechtes); Sach 11,12 (Verräter-Lohn), Mal 3,1 (Erscheinung des Herrn im Tempel) u. a. In der Entsprechung und je noch größeren Unterschiedlichkeit erlangten auch Personen (→Elias), Gestalten (→Antichrist) und Ereignisse der P.ie in der scholast. Auslegung neue Bedeutung. In der voranschreitenden Gesch. wird das Geheimnis Gottes je und je neu virulent. Die heilsgesch. Spannung von Gesetz und P. hat Thomas v. Aquin (S. th. I–II q. 106) im Anschluß an Augustinus in den Heilsordo »Gesetz und Evangelium« (»lex evangelii«) aufgehoben, eine Thematik, die für die Reformationstheologie zentrale Bedeutung gewann.

Entsprechend der scholast. Schriftauslegung wurden auch die P. bücher in (Interlinear- und Marginal-) Glossen und eingesprengten Quästionen erklärt. Die Glossen waren Wort- und Sacherklärungen aus den Schriften der Väter (→Hieronymus, →Augustinus, →Gregor d. Gr.) und der frühma. Theologen (→Beda, →Hrabanus Maurus, →Walahfrid Strabo, →Haimo). In der Lehrtradition des →Anselm v. Laon und seines Bruders →Radulf sichtete und sammelte →Gilbertus Universalis ein Glossenwerk für die großen und (wahrscheinl.) auch für die kleinen P., die als »Glossa ordinaria« rezipiert wurde. Diese wurde in der Schule der Maßstab der Auslegung. →Stephan Langton schrieb neben der Erklärung der P. eine Glosse zur Glossa ord. (RBMA 7817–7898). In den großen Schriftkomm. des 13. und 14. Jh. (vgl. RBMA) kamen zur »expositio textus« die Quästionen. Die übliche Auslegung nach dem vierfachen →Schriftsinn übersah aber keineswegs das Problem der »Littera«. Adam v. St-Victor wußte, daß der lat. und hebr. Text jeweils der unterschiedl. Auslegung entspricht. →Nikolaus v. Lyra widmete ebenso der »veritas hebraica« wie der jüd. Schriftauslegung sein Augenmerk. L. Hödl

III. PROPHETIE ALS ERKENNTNISTHEORET. PROBLEM: Entsprechend den Akzenten der Patristik, die die P.ie mit einschränkendem Blick auf das Moment der sicheren Voraussage v. a. als »göttl. Eingebung oder Offenbarung, die das Eintreten von Dingen mit unumstößlicher Wahrheit ankündigt« (Cassiodor, Expos. Ps. praef. 1, CChrL 97,7), begriffen hatte, interessierte im MA bevorzugt die Authentizität atl. und ntl. P.ien. Eine neue Herausforderung für die chr. Theol. waren die z. T. stark naturalist. getönten P.ie-Konzeptionen jüd. (Moses Maimonides) und bes. muslim. Autoren (Avicenna, Averroes) mit ihrer für den Islam zentralen Lehre, daß die universale natürl. P.ie von der Absolutheit Allahs bei →Mohammed abschließende Gestalt gefunden habe. Die innerscholast. Diskussion des 13. Jh. erörterte innerhalb des P.ietraktates im Grenzgebiet von theol. Erkenntnislehre und rationaler Psychologie das Wesen und mögliche Begleitumstände (ecstasis, raptus etc.) von P.ie überhaupt, nun verstanden als konkret-geschichtl. ergangenen Akt göttl. Offenbarung. Dabei stand die P.ietheorie Augustins (De Gen. ad lit. XII) mit ihren drei Graden körperl., seel.-imaginärer und reingeistiger Schau (visio corporalis, spiritualis, intellectualis) in Konkurrenz zu der in ihrer Herkunft ungeklärten (arab.?) Theorie vom Schauen im 'Spiegel der Ewigkeit', den man als ein geschaffenes Erkenntnismedium des göttl. Wesens auffaßte. Nach Thomas v. Aquin (QD De ver. 12, 1–14; S. c. G. III, 154; S. Th. II–II, 171–174), der die scholast. Diskussion des P.iebegriffs zu einem gewissen Ende führte, erlangt die P.ie durch eine gleichsam als Anrede zu verstehende Illumination (nicht notwendig unter Koassistenz von Erkenntnishilfen wie Auditionen, Visionen und dgl.) in ihrem schauhaften Erkennen ein Höchstmaß an Urteilsgewißheit über den Heils- oder Unheilscharakter göttl. wie auch menschl. Dinge. Obwohl für die Mitteilung des Geschauten nur die Evidenz eines einzelnen Zeugen bürgt, wirkt sie stützend und leitend auf Glauben und Handeln der Allgemeinheit, da das Gnadenwirken Gottes bei der P.ie auch auf die Vervollkommnung der Gemeinschaft zielt (→Charisma). M. Laarmann

Lit.: zu [I]: B. TÖPFER, Das kommende Reich des Friedens, 1964 [it. Übers. mit neuer Einl., 1992] – M. REEVES, The Influence of Prophecy in the Later MA, 1969 – R. RUSCONI, L'attesa della fine. Crisi della società, profezia ed Apocalisse in Italia al tempo del grande scisma d'Occidente (1378–1417), 1979 – R. E. LERNER, The Powers of Prophecy, 1983 – B. MCGINN, Teste David cum Sibylla (Women of the Medieval World [Fschr. J. H. MUNDY, ed. J. KIRSHNER–S. W. WEMPLE, 1985]), 7–35 – The Use and Abuse of Eschatology in MA, ed. W. VERBEKE, D. VERHELST, A. WELKENHUYSEN, 1988 – Les textes prophétiques et la prophétie en Occident (XIIᵉ–XVIᵉ s.), hg. A. VAUCHEZ, MEFR 102, 1990, 291–685 – Il profetismo gioachimita tra Quattrocento e Cinquecento, hg. G. L. POTESTÀ, 1991 – J.-P. TORRELL, Recherches sur la théorie de la p.ie au MA, XIIᵉ–XIVᵉ s., Études et textes, 1992 – *zu [II und III]*: Dict. Bibl. VIII, 692–811 [s. v. prophètes], 811–1337 [prophetisme] – DThC VIII, 708–737 – HWP VII, 1473–1481 – Dt. Thomas-Ausg. 23, hg. H. U. v. BALTHASAR, 1953, 253–372 [Lit., grundlegend] – J. DANIÉLOU, Théol. du judéo-christianisme, 1958 – J. RATZINGER, Die Gesch. stheologie des hl. Bonaventura, 1959 – H. D. RAUH, Das Bild des Antichrist im MA: Von Tyconius zum Dt. Symbolismus, 1973², 19 – J.-P. TORRELL, Théorie de la p. et philosophie de la connaissance aux environs de 1230, SSL 40, 1977 [Lit.] – A. WILLIAMS, Prophecy and Millenarism (Fschr. M. REEVES, 1980) – L. HAGEMANN, P. – Zeugen des Glaubens. Koran. und bibl. Deutungen, 1985 – F. DOLBEAU, Deux opuscule latins, relatifs aux personnages de la Bible et anterieurs à Isidor de Seville, Rev. Hist. Text. 16, 1986, 83–139 – E. A. R. BROWN–R. E. LERNER, Traditio 45, 1989, 219–256.

B. Judentum
Die in talmud. Zeit vorhandene Sicht der P.ie (den P. oblag unverändertes Weitergeben und richtiges Auslegen der Tora, beginnend mit Mose, der einzig wie durch einen strahlend klaren Spiegel schaute) wurde im MA von philos. orientierten religiösen Denkern gegen karäische, islam. oder christl. Polemik sowie aufgrund adaptierter mutazilit., neuplaton. und aristotel. Gedanken reflektiert und weiterentwickelt: Von →Saadja Gaon wird P.ie gegen Anthropomorphismen abgesetzt: in prophet. Vision wird nur Gottes Kabod (erschaffener Lichtglanz) geschaut (Emunot we Deot III) – die Unvergleichlichkeit von Jehuda b. Samuel Hallevi–, menschl. Erkenntnis führt, da nicht ident. mit Offenbarungsinhalt, nie zum »Gott Abrahams« (Kuzari 2,14; 5,20; 4,14–16), und nur das erwählte Volk besitzt und realisiert unterschiedl. die Gabe der P.ie (Kuzari 1,103,109; 2,14; 4,17), von der sich die des Mose unvergleichlich unterscheidet. Deren Einzigartigkeit – »Schriftliche« und »Mündliche Tora« –, Wahrheit und zugleich Lebens-, Gesellschafts- und Staatsordnung entwickelt Mose b. Maimon (→Maimonides) im More Ne-

bukim (v. a. II, 32–38), von der er die allg. P.ie abgrenzt, zu der ein vollkommener, gebildeter Mensch aufgrund der Einwirkung des Aktiven Intellekts in einem imaginär vermittelten Erkenntnisakt gelangen und ihn als Mitteilung formulieren kann. Dem Autoritätsanspruch dieser unaufhebbaren und vollkommenen »Prophetie« (Offenbarung) ist der daher niemals zu ihr im Widerspruch stehende Wahrheitsanspruch der richtigen Vernunfterkenntnis nachgeordnet. Korrespondierend zum Offenbarungsbegriff wird bis in die Neuzeit das heilsgesch. Übernatürl. oder das menschl. Erfahrbare der P.ie reflektiert. R. Schmitz

Lit.: L. JACOBS, Principles of the Jewish Faith, 1964 – M. KELLNER, Maimonides and Gersonides and Mosaic Prophecy, Speculum 52, 1977, 62–79 – S. S. GELHAAR, P.ie und Gesetz bei Jehuda Hallevi, Maimonides und Spinoza, 1987.

C. Ikonographie der biblischen Propheten
I. Westen – II. Osten.

I. WESTEN: Die atl. P. bezeugen nach chr. Auffassung die Einheit des göttl. Heilsplans seit Anbeginn der Welt und stehen für die Zusammengehörigkeit von AT und NT im Sinne von Verheißung und Erfüllung. Ikonograph. noch nicht genau von Patriarchen und Hl.n unterschieden, treten sie schon in der frühchr. Monumentalkunst als frontal stehende Figuren auf, bes. bei Bilderzyklen aus dem AT und NT (S. Paolo f. l. m./Rom, Mitte 5. Jh.; S. Apollinare Nuovo/Ravenna, Anfang 6.Jh.). Bes. wichtig sind die 4 großen und 12 kleinen P. sowie Moses, David und Salomon, die als Verfasser kanon. Schrr. des AT gelten. Aber auch andere im AT gen. P. wie Bileam oder Elias spielen eine Rolle (Katakombenmalereien). Attribute der oft unbezeichneten P. sind fast immer ein entrolltes Schriftband, Bart (außer →Daniel) und bes. im späteren MA Kappe oder Judenhut. – Schon im frühen MA parallelisiert man die Vierzahl der großen P. Isaias, Jeremias, Ezechiel und Daniel den vier Evangelisten (Krypta v. St. Maximin, Trier, spätes 9. Jh.). In karol. Darstellungen der →Majestas Domini umgeben sie zusammen mit den Evangelisten und/oder deren Symbolen den thronenden Christus-Gott, so bes. in den einbändigen Bibeln der Schule v. Tours; diese »Harmoniebilder« bezeugen die Übereinstimmung der beiden Testamente. Im Evangeliar Ottos III. in München, Ende 10. Jh., erscheinen über den als Visionäre dargestellten Evangelisten jeweils mehrere P. in einer Wolkenglorie. Auch den Aposteln werden gelegentl. 4 (Ravenna, Mausoleum der Galla Placidia, um 450), häufiger 12 P. zugeordnet (Ravenna, Dom-Baptisterium, um 458; Bronzetür von S. Paolo/Rom, 1070; Dreikönigeschrein, Köln, um 1200; Bamberger Chorschranken, um 1225). Vereinzelt werden die Apostel von den P. auf Schultern getragen (Apsisbogen S. Maria in Pallara, Rom, spätes 10. Jh.; St. Gereon, Köln, frühes 12. Jh.; Bamberger Fürstenportal, um 1225), oder die 4 Evangelisten (Chartres, Fenster der Südquerhausfassade, um 1225). Der »Chor der P.« (Te Deum, Litanei) ist mit den übrigen Hl.n-Chören schon im Utrecht-Psalter dargestellt (fol. 88r; Reims, um 830), dann auch in engl. Hss. des 10. Jh. (Aethelstan-Psalter). – Mit dem von der Kirchenreform des 11. Jh. geförderten Bibelstudium geht auch ein neues Interesse an den P. einher (Autorenbilder in den von Rom her verbreiteten Riesenbibeln oder Hss. der P.-Schr., z. B. Palatina-Bibel, Bibel v. S. Cecilia, Rom, Vat. Pal. lat. 3 und Barb. lat. 587). In der Monumentalmalerei begleiten sie in langen Serien die AT- und NT-Zyklen (S. Angelo in Formis [um 1075], Zwickel der Mittelschiffarkaden), oder sie erscheinen als auf das Mittelbild verweisendes Paar an den Apsisbögen röm. und campan. Kirchen (Salerno, Capua, Rom/S. Clemente und S. Maria in Trastevere). Für diese Buch- und Monumentalmalereien sind byz. Anregungen anzunehmen. In der im 11. und 12. Jh. auch im übrigen Europa aufblühenden Bibelill. werden nun häufiger Episoden aus dem Leben der P. dargestellt, so v. a. ganze Ereignisfolgen in den katal. Bibeln in Rom (Vat. lat. 5729) und Paris (BN lat. 6), aber meist auf die Initialen beschränkte Einzelszenen (Bibeln v. Lobbes, Stavelot und Winchester). Einige der großen, aufwendig ausgestatteten Bibeln des 12. Jh. (Lambeth Palace; Admont) bringen wenigstens zu den großen P. mehrere szen. Darstellungen, bes. zu →Ezechiel und →Daniel, d. h. zu den P., für die sich (mit →Jonas) eine szen. Bildtradition seit der Spätantike nachweisen läßt. Gelegentl. werden auch wichtige Komm. zu den P. wie die des Hieronymus aus Cîteaux (Dijon, Bibl. mun., Ms. 132, um 1130) mit szen. (Daniel) oder repräsentativen Darstellungen (12 P. umstehen die Majestas Domini) geschmückt. – Die mit dem Aufblühen der Theol. im 12. Jh. aufkommenden typolog. oder auf die »Concordia veteris et novi testamenti« ausgerichteten Programme in Monumental- und Schatzkunst bedienen sich – ebenso wie die geistl. P.-Spiele (Ordo P.tarum) – häufig der P. (Lambeth-Bibel mit →Wurzel Jesse; Walroßbein-Kreuz, Cloisters, New York [um 1170], wo der die Auseinandersetzung mit dem Judentum thematisiert ist; Stammheimer Missale [um 1160]; Fassade der Kathedrale v. Amiens (1225–35) mit P.-Statuen und Szenen ihrer Prophetien). Gelegentl. (schon in S. Angelo in Formis) werden eine oder (später) mehrere →Sibyllen den P. zugesellt. – Im späten MA werden all diese Ansätze fortgeführt (Wurzel Jesse an der Fassade des Doms v. Orvieto, frühes 14. Jh.; →Biblia Pauperum etc.). P.-Serien gibt es nun allenthalben in der Malerei wie der Bauskulptur und am Kirchenmobiliar (Chorgestühl, Kanzeln, Sakramentshäuser etc.). Dazu treten die P. als Mahner ihres Volks nun auch im weltl. Bereich, an Brunnen (Nürnberg, um 1375) und v. a. in Rathaus-Programmen auf (Köln um 1400). U. Nilgen

Lit.: LCI III, 461–462 sowie zu den einzelnen P. – A. KATZENELLENBOGEN, The P.ts on the West Facade of the Cathedral at Amiens, Gazette Beaux-Arts 40, 1952, 241–260 – E. TRIER, Die P.figuren des Kölner Rathauses, II, Wallraf-Richartz-Jb. 19, 1957, 193–224 – U. NILGEN, Das große Walroßbeinkreuz in den »Cloisters«, ZK 48, 1985, 39–64 – D. F. GLASS, Ps.-Augustine, P.ts, and Pulpits in Campania, DOP 41, 1987, 215–226 – J. LOWDEN, Illuminated P.t Books, 1988 – M. EXNER, Die Fresken der Krypta von St. Maximin in Trier, 1989.

II. OSTEN: P., charismat. Verkünder der Offenbarung (bereits in Antike und Orient), sind vorwiegend bekannt aus dem AT, aber auch dem NT sowie aus frühchr. Zeit. Einzelne sind bereits in der Synagoge v. Dura, den Katakomben sowie auf Sarkophagen und auf der Holztür von S. Sabina in Rom dargestellt; als Zyklus, meist in Verbindung mit den Zwölfen in der Kuppel im Baptisterium der Orthodoxen zu Ravenna, ähnlich in S. Apollinare Nuovo ebd., wo sie sich in Verbindung mit den NT-Szenen oben, den Aposteln auf gleicher Ebene und den hl. Martyrer-(n)innen darunter deutlich als Träger des Reiches Christi (Eph 2,20) ausweisen. In der Monumentalmalerei der byz. Zeit als Zeugen in der Verklärung (S. Apollinare in Classe; Sinai) oder der Theophanie bzw. der →Prophetenvision wie um den Pantokrator stets an den wichtigsten Stellen des Kirchengebäudes in wechselnder Anzahl (Apsis, Kuppel, als Medaillonbüsten an Apsis- und/oder Kuppeltragebögen oder Tonnenscheitel) zentrale wie wichtige Bestandteile byz. Bildprogramme. In NT-Hss. des 6. Jh. werden sie als Vorverkünder in Verbindung mit NT-Szenen dargestellt (Codd. Sinopensis und Rossanensis),

sonst als Zeugen einzeln (P. bücher, Kosmas Indikopleustes, Menologien), in Szenen (Psalter- und Homilienillustration) oder auch zu Gruppen (P. codices) geordnet. Das Aussehen der P. ist lit. bei Elpios (hg. M. CHATZIDAKIS, EEBS 14 [1938], 393ff.) bzw. im Malerbuch des Dionysios v. Phurna (hg. PAPADOPOULOS-KERAMEUS, 77–79) überliefert.
M. Restle

Lit.: LCI – H. BELTING-G. CAVALLO, Die Bibel des Niketas, 1979, 38, 48.

Prophetenvision. Die Darstellung der Herrlichkeit Gottes nach den im AT geschilderten Visionen der Propheten Isaias (Jes 6), Ezechiel (Ez 1, 4–28 und 10) sowie Habakuk (Hab 3, 3–6) steht häufig im Zentrum frühchristl. wie byz. Apsis- und damit Bildprogramme, daher auch »liturgische Maiestas« (CHR. IHM) oder »liturgical Theophany« (G. GALAVARIS) genannt wegen der die verschiedenen Visionsberichte der Propheten vermengenden Darstellungen, die sich wohl an liturg. Texte anlehnen. Schließlich fließen auch gelegentl. Motive der Joh-Offb mit ein. Beispiele in der Monumentalkunst sind: Apsismosaik von H. David (Thessalonike, 5.–7. Jh.?) sowie Wandmalereien in Georgien (Dodo), West- (Pantokratorhöhle, Latmos, 9. Jh.?) und Zentralkleinasien (Kappadokien, z. B. Göreme Kap. 29, Taubenschlag von Çavusin 965 u. v. a.), weiterhin auch mit dem Thema der Deësis vermischt (Trapezunt, S. Sabas, westl. ob. Kapelle, 13. Jh.). Die Buchmalerei schöpft bereits in ihren frühesten bekannten Beispielen (Kosmas Indikopleustes, Cod. Vat. gr. 699 fol. 72, 74) aus den monumentalen Darstellungen, die die verschiedenen Prophetenschilderungen vermischen. Die P.en bilden die Grundlage auch für die Illustration der Evangelienprologe und anderer für den liturg. Gebrauch vorgesehenen Hss. illustrationen wie z. B. der Homilien des Gregor v. Nazianz.
M. Restle

Lit.: M. RESTLE, Die byz. Wandmalerei in Kleinasien, 1967 – G. GALAVARIS, The Illustrations of the Prefaces in Byz. Gospels, 1979 – CHR. IHM, Die Programme der chr. Apsismalerei vom 4. Jh. bis zur Mitte des 8. Jh., 1992².

Proportion ist ein terminolog. vielschichtiger Begriff. Grundlage ist die auf das 5. Buch der »Elemente« des Euklid (um 300 v. Chr.) zurückgehende math. Definition als Verhältnis zweier gleichartiger Größen (a:b) im Sinne von ratio (λόγος) oder in der Bedeutung von proportio (ἀναλογία, bei Cicero comparatio pro portione) als Gleichheit zweier oder mehrerer Verhältnisse (a:b = c:d); d. h. allg. die Beziehung zw. zwei oder mehr Größen, die Frage nach der richtigen P., dem »rechten Maß«. Nach Vitruvs De architectura libri decem entsteht aus ordinatio die symmetria, das rechte Maßverhältnis der Glieder eines Bauwerks untereinander; symmetria ist die Voraussetzung für die auf dispositio, der passenden Zusammenstellung der Einzelformen, beruhende eurythmia, und diese bezeichnet die wirkungsvollste P. im Hinblick auf den Betrachter; sie ist also subjektiv im Gegensatz zur symmetria, die auf objektiven Zahlengesetzmäßigkeiten beruht. Diese Gesetzmäßigkeiten werden von der Musik und der Arithmetik (→Mathematik) bereitgestellt. Schon Platon hatte im Philebos 55e festgestellt: »Wenn jemand aus allen Künsten die Rechenkunst und die Meßkunst und die Waagekunst ausscheidet, so ist es, geradeheraus zu sagen, nur etwas Geringfügiges, was von einer jeden dann noch übrigbleibt.« Cassiodor formuliert »numerus est qui cuncta disponit« und Isidor v. Sevilla in Übernahme des Gedankens von Platon »Nimm die Zahl in allen Dingen heraus, und alles vergeht (Tolle numerum in rebus omnibus, et omnia pereunt). Die christl. Rechtfertigung wird mit dem Hinweis auf das Liber sapientiae Salomonis 11,21 begründet: Omnia in numero, mensura et pondere disposuisti. In dem Studium der →Artes liberales, das durch die Bildungsreform Karls des Großen unter Alcuin neuen Auftrieb erhalten hat, wird das →Quadrivium (die vier rechnenden Künste) wieder gepflegt. Wie Boethius in De musica formuliert, »hat die Musik die Erfahrung in Bezug auf etwas im Verhältnis Stehendes (ad aliquid vero relatae musica probatur obtinere peritiam)«. Die Musik ist im MA zunächst vorrangig eine Wiss. der P.en, die sich jenseits der eigtl. Musikausübung mit der habitudo der Zahlen befaßt. Schon Augustinus interessierte sich in De musica nicht so sehr für die prakt. Kunst der Musikausübung, sondern mehr für die hinter den Tönen liegenden Zahlenverhältnisse und P.en, nach denen alle Dinge der Schöpfung bestimmt sind. Die Ordnung der Zahlen ist die in der Welt gegenwärtige Form der Weisheit Gottes, die vom menschl. Geist erkannt werden kann: In omnibus tamen cum mensuras et numeros et ordinem vides artificem quaerere. Nec alium invenies, nisi ubi summa mensura, et summus numerus, et summus ordo est, id est Deum, de quo verissime dictum est, quod omnia in mensura et numero et pondere disposuerit (De Genesi contra Manichaeos I, 15).

Die Zahlen selbst haben wiederum unterschiedl. Qualität. Isidor v. Sevilla, aus antiker Tradition schöpfend, hat das in seinen das Wissen des MA umfassend bestimmenden Etymologiae III, 5 dargelegt: »Gerade ist eine Zahl (par numerus est), die in zwei gleiche Teile geteilt werden kann, wie 2, 4, 8. Gerade gerade (pariter par) ist eine Zahl, die nach einer geraden Zahl gerade geteilt wird, bis man zur unteilbaren Einheit kommt, z. B. 64, 32, 16, 8, 4, 2, 1, die alleine unteilbar ist« und damit auf Gott verweist. »Ungleich gerade (impariter par) ist eine Zahl, deren Teile auch geteilt werden können, aber nicht bis zu einer Einheit kommen, wie die 24.« Entsprechend wird über die Aachener Pfalzkapelle Karls d. Gr. in dem Widmungsgedicht lobend geäußert: inque pares numeros omnia conveniunt (und alles in geraden Zahlen zusammenkommt), u. a. ist diese Aussage auf die Seitenverhältnisse vom Umgang und Zentralraum (16:8) zu beziehen.

Keine antike oder ma. Q. bringt eine andere Definition der P. oder Hinweise darauf, daß die P. durch geometr. Figuren bestimmt sei, sondern nennt immer nur das Verhältnis, das sich durch Zahlen bestimmen oder messen läßt. Die P. beruht auf dem allg. Streben des Menschen nach Ordnungsprinzipien (ordo), Gesetzmäßigkeiten bzw. Regeln.

Planimetr. Konstruktionsverfahren auf der Basis eines Moduls (Grundstrecke) mit Hilfe von Zirkel und Richtscheit werden für das MA in Form von Dreieck, Quadrat und Achteck (Triangulatur, Quadratur, Achtort) oder Kreis häufig in der Forsch. postuliert und versucht, an überkommenen Bauwerken nachzuweisen, wobei häufig vergessen wird, daß das in der röm. Tradition stehende ma. Vermessungsverfahren mit Meßlatte und Schnurschlag geometr. Methoden zur Bestimmung des rechten Winkels und paralleler Strecken anwendete (crux decussate, →Vermessung); auch sind mit Zirkel und Richtscheit die Ritzzeichnungen des 13./14. Jh. und Architekturrisse auf Pergament des 14./15. Jh. konstruiert. Dadurch entstehen schließlich die Entwürfe in der Regel Raster (z. B. St. Galler Klosterplan). Allg. werden ohne ausreichende Kenntnis ma. Q. Entwicklungen der Renaissance und Überlegungen des 18./19. Jh. auf das MA projiziert.

Ein zu erstellender Bau wird in seiner forma durch eine Linienskizze abgebildet und in seinen Dimensionen und P.en durch Maßangaben in glatten Zahlen bestimmt, wie sie z. B. auf dem →St. Galler Klosterplan (um 820/830) geschrieben stehen: innere Länge (ohne Apsiden) 200 Fuß, Mittelschiff 40, Seitenschiff 20, Säulenabstand im Langhaus 12 bzw. im Atrium 10 Fuß. Diese Zahlen bestimmen das Verhältnis der Strecken und dadurch geformter Räume zueinander, d. h. die P.; die Zahlen selbst sind in unterschiedl. Weise in ihrer Bedeutung gewählt: gerade Zahlen, »heilige« Zahlen (mysteria numerorum: Arche, Bundeszelt, Tempel Salomos) oder musikal. Akkorde (Oktave, Quinte, Quarte, 1:2, 2:3, 3:4).

Der Goldene Schnitt, eine stetige Teilung einer Strecke in zwei Teile in der Weise, daß sich der größere Abschnitt zur ganzen Strecke verhält wie der kleinere Abschnitt zum größeren, wird als eine bes. harmon. P. empfunden. Der Goldene Schnitt wurde bei Kunstwerken und in der Architektur in der it. Renaissance angewandt, im MA spielte er zumindest keine theoret. bewußte Rolle.   G. Binding

Lit.: HWP VII, 1482–1497 [M. SCHRAMM] – P. v. NAREDI-RAINER, Architektur und Harmonie. Zahl, Maß und P. in der abendländ. Baukunst, 1982 [Lit.] – D. v. WINTERFELD, Raster und Modul in der Baukunst des MA (Kunstsplitter [Fschr. W. MÜLLER, 1984]), 7–41 [Lit.] – *Zur Plan- und Vermessungstechnik:* G. BINDING, Baubetrieb im MA, 1993.

Propositio. [1] *Logisch:* Aristoteles definiert in De int. 4, 16b26f. die Rede als »bedeutungsvollen Laut[komplex], von dem einige Teile auch getrennt etwas bedeuten« und unterscheidet dann als bes. Klasse der Reden die aussagenden; eine solche (= p.) ist dadurch gekennzeichnet, daß sie – anders als z. B. ein Befehlssatz – wahr oder falsch ist (17a2f.), weil sie etwas von etwas bejaht oder verneint (cf. 17a8f. u. ö.; Analyt. pri. I, 1, 24a16f.): Boethius machte beide Bestimmungen der p. als »oratio affirmativa vel negativa alicuius de aliquo« (Boethius' Übers. von 24a16f.) und als »oratio verum falsumve significans« (Boethius, De diff. top. I, MPL 64, 1174B) zum Gemeingut der einschlägigen ma. Lit. Eine dritte Bestimmung der p., sc. einen vollständigen Gedanken auszudrücken und im Hörer hervorzurufen (cf. z. B. schon Apuleius, Peri herm. 1 [D. LONDEY-C. JOHANSON, The Logic of A., 1987, 82]), wird von den ma. Logikern eher der vollständigen Reden überhaupt zugeschrieben (also auch den fragenden usw., cf. u. v. a. Abaelard, Dialectica II, 1, ed. L. M. DE RIJK, 1956, 148); sie findet sich im Anschluß an Priscian (Inst. gramm. II, 4, § 15) bes. auch in der grammat. Lit. im Zusammenhang mit dem Begriff der constructio. Gemäß Aristoteles, De int. 1, 16a3–8, und Boethius' Komm. (ed. 2a, ed. C. MEISER, 1880, 29 u. ö.) werden v. a. im SpätMA drei Sprachebenen unterschieden, sc. eine geschriebene, gesprochene und mentale. Bes. in bezug auf mentale als die primären p.nes wurde das Problem ihrer Bedeutung diskutiert; im großen ganzen gab es zwei Positionen: (1) Eine p. bedeutet dasselbe wie ihre kategoremat. Bestandteile (Subjekt und Prädikat), aber auf andere (»komplexe«) Weise (cf. z. B. Joh. Buridan, Sophismata 1 & 2, ed. T. K. SCOTT, 1977, 19–47). (2) Eine p. hat gegenüber ihren kategoremat. Bestandteilen eine selbständige Bedeutung, da die synkategoremat. Kopula bewirkt, daß sie kein Ding benennt, sondern »gleichsam eine gewisse Weise des Sichverhaltens der Dinge ausdrückt« (Abaelard, loc. cit., 160). Diese Satzbedeutung (z. B.: daß S P ist), bei Abaelard »dictum«, im 14. Jh. »significatum totale p.nis« (Adam Wodeham, Crathorn) und v. a. »complexe significabile« (Gregor v. Rimini u. a.) genannt, ist weder eine Substanz noch ein Akzidens, sondern mit einem abstrakten Sachverhalt nach heutigem Verständnis vergleichbar.   H. Berger–W. Gombocz

Lit.: HWP VII, 1508–1525; VIII, 1102–1113, 1175–1195 – L. M. DE RIJK, Logica modernorum, 1962–67 – G. NUCHELMANS, Theories of the P.n, 1973 – DERS., Late-scholastic and Humanist Theories of the P.n, 1980 – H. ARENS, Aristotle's Theory of Language and its Tradition, 1984 – C. H. KNEEPKENS, Hist. Épistémologie Language 12/2, 1990, 139–176 [Lit.] – Satztheorien, hg. und übers. D. PERLER, 1990 – DERS., Der p.nale Wahrheitsbegriff im 14. Jh., 1992 [Lit.].

[2] *Philosophisch-theologisch:* P. es (v. a. im Plural) sind die Lehrsätze aus den Schriften der Philosophen (z. B. die »Auctoritates Aristotelis«, hg. J. HAMESSE), aber auch die 1277 von Stephan →Tempier verurteilten Sätze. Im Anschluß an Boethius verstand – v. Gilbert v. Poitiers die p. es als axiomat. Ansätze der theol. (dialekt.) Beweisführung. Der Beweisort vieler anderer Örter ist (Contra Eutychen c. 4 n. 66, hg. N. M. HÄRING, 300, 71–74) die p.: Das Sein und das Eine sind konvertierbar. Nikolaus v. Amiens, »Ars fidei catholicae«, sammelte die »theoremata sive p. es«, aus denen die wesentl. Inhalte der Glaubenslehre zu entfalten sind. – In der Rhetorik und Predigt gehört die p. zur Einleitung und Themenstellung.   L. Hödl

Lit.: M. DREYER, Nikolaus v. Amiens, Ars fidei catholicae. Ein Beispielwerk axiomat. Methode, BGPhMA NF 37, 1993.

Proprietas, proprium ('Eigentümlichkeit', 'allein zugehörig') bezeichnen die Bestimmtheit einer Person oder Sache, die derselben notwendig zukommt, ohne zu ihrem Wesen zu gehören. Die Theorie des Eigentümlichen geht auf die aristotel. Klassifikation mögl. Prädikate zurück (vgl. Topica 1, 128 b 13ff.; 102 a 19–22). Neben der Klasse von Prädikaten, die das Wesen einer Sache bezeichnen, und solchen, die die Gattungszugehörigkeit und die Akzidentien benennen, gibt es die Klasse der Eigentümlichkeiten, die zwar nicht zur Definition im engeren Sinne gehören, doch im Unterschied zu den nur kontingenten Akzidentien notwendige Bestimmungen darstellen. In der ma. →Logik findet diese Lehre Eingang durch die »Isagoge« des →Porphyrios zur aristotel. Kategorienschr. bzw. durch die Komm. e des →Boethius hierzu. Zusammen mit den Klassifikationen von Termini, die bei Gattungs-, Art-, Differenz- und Akzidens-Prädikationen auftreten, bildet proprium eine der fünf Aussageformen (→Prädikabilien). Ein proprium stellt danach eine von einem Subjekt aussagbare Bestimmtheit dar, die demselben von Natur aus zukommt, ohne Eingang in die Wesensdefinition zu finden. Die Diskussion der Frage der Wirklichkeitsfundierung derartiger Bestimmungen hat in der →Metaphysik des MA, insbes. im →Universalienstreit, weiten Raum eingenommen, wobei überwiegend zw. der log. Bedeutung der Prädikabilien und damit auch des proprium als einer Klasse mögl. Prädikate einerseits und den Universalien andererseits unterschieden worden ist (vgl. Petrus Hispanus, Tractatus II). Die log.-metaphys. Parallelisierung wird im 14. Jh. (z. B. von →Wilhelm v. Ockham) dahingehend aufgelöst, daß Eigentümlichkeiten keine den Dingen innewohnende Realitäten, sondern lediglich bestimmte Aussageformen bzw. Denkintentionen darstellen. Die ma. Verwendung von p. geht damit über die aristotel. hinaus und erweitert sie in modallog. wie in ontolog. Hinsicht nicht unerheblich.   J. P. Beckmann

Lit.: HWP VII, 1525–1527 – K. JACOBI, Die Modalbegriffe in den log. Schrr. des Wilhelm v. Shyreswood, 1980 – TH. EBERT, Gattungen der Prädikate und Gattungen des Seienden bei Aristoteles, AGPh 67, 1985.

Proprium missae. [1] *Begriff:* Im engeren Sinne nennt man P. m. (im Unterschied zum →Ordinarium m.) die wechselnden Gesänge der →Messe: →Introitus, →Graduale bzw. →Tractus, →Halleluja und →Sequenz, →Offertorium, →Communio. Im weiteren Sinne umfaßt das P. m. (Meßformular) darüber hinaus v. a. die wechselnden Priesterorationen (Oratio, Secreta, Postcommunio), aber auch die Lesungen (→Epistel, →Evangelium). Im weitesten Sinne gehören zum P. m. alle wechselnden Texte und Gesänge, d. h. außer den genannten auch die wechselnden →Präfationen und Hanc igitur sowie Communicantes Texte des Kanons der Messe. In den Q. wird P. m. zumeist im engeren Sinn (wechselnde Meßgesänge) verwendet (dafür im SpätMA manchmal auch: missa, officium), und die Lit. folgt diesem Sprachgebrauch.

[2] *Liturgische Bücher:* Da das P. m. sehr unterschiedl. Textarten umfaßt, finden sie sich in verschiedenen Büchern: die Gesänge im →Cantatorium bzw. →Antiphonar, dann im →Graduale, ferner im liber sequentiarum und im Tropar (→Tropus); die Lesungen im →Lektionar und →Evangeliar; die Priestergebete und -gesänge im →Sakramentar. Alle diese Stücke werden seit dem HochMA für die häufig allein zelebrierenden Priester (→Privatmesse), die man seit Mitte des 12. Jh. zu verpflichten begann, von anderen vorgetragene Lesungen und Gesänge selbst leise zu lesen, im (Plenar-)→Missale zusammengefaßt. Seit dem 11. Jh. wird es üblich, die Formulare mit den Gesängen bzw. Texten des P. m. in den liturg. Büchern zu Gruppen zusammenzufassen: P. de tempore (Temporale), P. de sanctis und →Commune sanctorum (Sanctorale). Dazu kommen als weitere Gruppen die Formulare für →Votiv-, Ritual- und →Seelenmessen.

[3] *Bedeutung:* Die Entwicklung des P. m. steht in innerem Zusammenhang mit der Entfaltung der heilsgesch. bzw. am Leben, Leiden und der Verherrlichung Christi orientierten sowie der Feier der Hl.n oder dem Gedenken bedeutsamer Ereignisse (z. B. Kirchweihe) gewidmeten Feste und Zeiten, die jährl. begangen werden (→Kirchenjahr). Diese Feieranlässe prägen im Unterschied zu den feststehenden Teilen die wechselnden Texte und Gesänge des P. m. Das gilt insbes. von der Eröffnung (Introitus, Oration) und vom Wortgottesdienst der Messe (Lesungen, Gesänge zu den Lesungen), betrifft aber auch die Präfation und (seltener) das Offertorium, die Secreta, Communio und Postcommunio. Dasselbe ist zu sagen vom P. m. der Messen, die anläßl. der Spendung von Sakramenten, in bes. Anliegen und für die Verstorbenen gefeiert werden. Allgemeineren Charakter hat das P. m. naturgemäß an den Sonntagen per annum und bei den Werktagsmessen außerhalb der geprägten Zeiten des Jahres. Dennoch liegt seine Bedeutung allg. gesprochen primär darin, daß es den Feieranlaß zum Ausdruck bringt. Darüber hinaus haben manche Teile des P. m. eine gewisse Bedeutung für die Struktur der Messe, bes. die Begleitgesänge und die Orationen der Meßformulare: der den Einzug begleitende Introitusgesang markiert den Beginn der Feier, und die Oration des Priesters beschließt die Eröffnung. Ähnlich begleitet der Offertoriumsgesang das Herbeibringen und Bereiten der Gaben, das durch die Secreta abgeschlossen wird, und der Communiogesang den Kommunionteil, den die Postcommunio beschließt. Die Propriumsgesänge waren im Unterschied zu denen des Ordinarium m. von Anfang an Sache geschulter Sänger, zeichneten sich durch reichere musikal. Formen aus und waren auch für die mit der Aufführungspraxis des →Chorals beginnende Mehrstimmigkeit des Kirchengesangs von Bedeutung.   H. B. Meyer

Lit.: MGG IX, 177ff. [P. Kast] – P. WAGNER, Einf. in die gregorian. Melodien, I, 1911, 58–122, 248–299 – R. J. HESBERT, Antiphonale missarum sextuplex, 1935 – W. LIPPHARDT, Die Gesch. des mehrstimmigen P. M., 1950 – J. PINSK, Die theol. Bedeutung des wechselnden Meßtexte (Die Messe in der Glaubensverkündigung, hg. F. X. ARNOLD – B. FISCHER, 1950), 34–51 – J. BECKMANN, Das P. M., Leiturgia II, 1955, 47–86, bes. 49–54 – H.-J. SCHULZ, P.sgesänge und Struktur der Opferfeier, LJ 7, 1957, 81–90 – J. A. JUNGMANN, Missarum Sollemnia, 2 Bde, 1962⁵ – A. SNIJDERS, Eigen der mis, LitWo I, 1962, 653–655 – B. STÄBLEIN, Monumenta monodica medii aevi, II, 1970 – Gesch. der kath. Kirchenmusik, I, hg. K. G. FELLERER, 1972, 167–282 – A. SCHARNAGL, Einf. in die kath. Kirchenmusik, 1980, 34–38, 45–48 – Die Messe (Musikal. Gattungen in Einzeldarstellungen, II, 1985 [B. STÄBLEIN u. a.]) – C. VOGEL, Mediev. Liturgy, 1986 – B. FISCHER – H. HUCKE, Wort und Musik im Gottesdienst (Gottesdienst der Kirche, III, 1990²), 190–203.

Propst (praepositus). Das lat. →Mönchtum bezeichnete als 'p.' zunächst den Superior des Kl. (Augustinus; »Zweite Väterregel«), dann seinen Stellvertreter (Reg. Orientalis 3; →Benedikt), der sich ursprgl. secundus nannte. Nicht ohne Gefahr der Zweideutigkeit erscheinen beide Begriffsinhalte bisweilen in derselben Q. (Reg. Macarii 7 und 27). Die Tatsache, daß Augustinus den Superior einem Presbyter unterordnet, hat vielleicht mit dazu geführt, daß die erstgenannte Bedeutung allmähl. in die zweite (p. als Stellvertreter) überging, was in den Regeln, die die Augustinusregel benutzen, deutlich wird (→Caesarius v. Arles, Reg. uirg.; Reg. Tarnantensis). Die allg. Verbreitung der Bezeichnung abbas (→Abt) für den ersten Superior hat ebenfalls zu dieser Begriffsentwicklung beigetragen, indem so die Bezeichnung p. für den Inhalt 'Stellvertreter' frei wurde. Seit dem Beginn der monast. Entwicklung findet sich im übrigen p. im Sinne von 'Vorsteher einer Gruppe', z. B. der Häuser des pachomian. Mönchtums oder der Dekanate des ägypt. Mönchtums. Nach der →»Regula Magistri« nannte man im 6. Jh. praepositi die beiden Leiter der Zehnergruppen. Die Funktion des p. als Stellvertreter geht auf die Koinonia des hl. →Pachomios zurück und ist prakt. allgegenwärtig. In der »Regula Magistri« tritt jedoch der stellvertretende Superior nur auf, wenn ein Abt, der auf seinem Totenbett einen Nachfolger designiert hat, sich wieder erholt; nun nimmt der zum Nachfolger Designierte die Rolle des Assistenten ein (Reg. Mag. 92–93). Benedikt bestätigt zwar erneut die traditionelle Funktion des 'p.', zeigt sich aber in bezug auf Neuerungen zurückhaltend. Er verbietet grundsätzl. die gleichzeitige Wahl des Abtes und seines Stellvertreters, da sie zur Insubordination des letzteren führen kann (Reg. Ben. 65). Dieses Verbot hielt aber →Gregor d. Gr. keineswegs ab, zugleich Abt und 'p.' zu ernennen (Ep. 9, 20) und diese Vorgehensweise sogar Benedikt selbst zuzuschreiben (Dial. II, 22). Im 6. und 7. Jh. wuchs die Bedeutung des 'p.' zunehmend, teils wohl aus Gründen der persönl. Unzulänglichkeit einiger Äbte, teils wegen Überlastung des Abtes, aber auch wegen des Anwachsens des kl. Temporalbesitzes, dessen Verwaltung dem 'p.' oblag (Isidor, Reg. 19). Die Verwaltung der Güter war auch die vorrangige Aufgabe des an der Spitze der Dom- und Stiftskapitel stehenden P.es (→Kapitel).
                                    A. de Vogüé

Lit.: DIP VIII, 750f. – K. HALLINGER, Papst Gregor d. Gr. und der hl. Benedikt (StAns 42, 1957), 296–305 – A. DE VOGÜÉ, La communauté et l'abbé dans la Règle de saint Benoît, 1961, 388–437.

Prosaroman → Roman

Prosek, Festung im Vardartal am Eingang zur Schlucht von Demir Kapija, an der alten Straße von Thessalonike nach Skopje und weiter Richtung Belgrad. Vermutl. befand sich hier auch die antike Stadt Stenae (erwähnt in der Tabula Peutingeriana, beim →Geographus Ravennas und Strabo. Erstmals unter dem Namen P. ('Engpaß', 'Durchbruch') ist die Festung in der Gründungsurk. Basileios' II. für das Ebm. →Ohrid 1020 erwähnt. Ende 12. und Anfang 13. Jh. war P. Herrschaftszentrum der Magnaten →Hrs Dobromir und Strez. Die erneuerte byz. Herrschaft beendete 1328 der Kg. v. Serbien, Stefan Dečanski. Ende 14. Jh. eroberten die Türken P.; die Festung erhielt den Namen Demir Kapija ('Eisernes Tor'). Im Baukomplex wurden antike, frühchr., ma. slav. Gräber (u. a. Keramik, Schmuck) und Reste einer in drei Phasen errichteten dreischiffigen Kirche (Freskenfragmente) gefunden.

B. Ferjančić

Lit.: B. ALEKSOVA, P. – Demir Kapija, 1966 – T. TOMOSKI, Srednovekovni gradovi vo Makedonija megu rekite Vardar, Bregalnica i Lakavica, Godišen zbornik 4/30, 1978, 270–277.

Prosimetrum, Lit. form aus abwechselnden, organ. verbundenen Prosa- und Verspartien. Ursprung ist die röm. satura Menippea (→Varro, →Seneca, apocolocyntosis, →Petronius); von →Fulgentius (mitolog. praef.) und →Ennodius in kleineren Stücken angewendet, dem MA durch →Martianus Capella und →Boethius vermittelt. Die didakt. Haltung der überlieferten spätantiken P.a ist auch bei →Dicuil und →Sedulius Scottus (de rectoribus christianis) gewehrt, im 12. Jh. bei →Adelard v. Bath und →Bernardus Silvestris, die Verbindung mit Allegorie und Personifikation v. a. bei →Alanus ab Insulis de planctu Naturae; →Johannes Carlerius de Gerson de consolatione Theologiae (ed. GLORIEUX IX, 185ff.) läßt die Theologia erst am Ende des Werkes auftreten. Die Form ist im MA auch auf anderen Gebieten angewendet worden: Von den weit über 100 P.a fallen die meisten in den Bereich der Hagiographie (deutlich ausgeprägt zuerst in der »Vita s. Winwaloei« des →Wurdestin v. Landevennec, originellster Text: »Metrum de vita s. Galli« →Notkers I.; im 12. Jh. →Hariulf v. St-Riquier, Vita S. Arnulfi, Teobaudus v. Bèze, Miracula S. Prudentii) und der Historiographie (zuerst ausgeprägt bei →Liutprand v. Cremona, Antapodosis; bes. Vielfalt der Metren und geschickte Handhabung der Verspartien als Beschreibungen und Kommentare zeigt →Dudo v. St-Quentin in seiner Normannengesch.). In der Regelmäßigkeit des Wechsels ragt Anfang des 13. Jh. die »Historia Constantinopolitana« des →Gunther v. Pairis hervor. Umfangreichstes Werk der prosimetr. Lit. ist die »Chronica Aulae Regiae« →Peters v. Zittau. In anderen Lit. sparten findet sich das P. nur vereinzelt, z. B. im Hld-Komm. →Brunos v. Segni.   G. Bernt

Lit.: B. PABST, P., 1994 [Lit.].

Proskomidie (προσκομιδή 'Gabenbereitung'), Vorbereitungsritus der eucharist. Gaben in der byz. →Liturgie. Die Zubereitung von Brot und Wein ist im byz. Ritus bereits im 8. Jh. rituell ausgestaltet. Ursprgl. wurden die Gaben der Gläubigen in einem Nebenraum (→Pastophorion) vom Diakon zur Liturgie vorbereitet. Durch die Ausformung zu einer symbol. Darstellung des Passionsmysteriums wurde die P. eine Art priesterl. Vorliturgie mit der symbol. Schlachtung des Lammes, dargestellt durch das gestempelte kreuzförmig zerschnittene Brot und durch den roten Wein mit Wasser für das bei der Durchbohrung Christi am Kreuz vergossene Blut (Jes 53, 7f., Joh 1, 29; 19, 34f.), sowie dem Gedächtnis Lebender, Verstorbener und Hl.r (Intentionen). Im 11. Jh. kamen noch inkarnationstheol. Interpretationen hinzu. Das Volk ist am Ritus auf dem linken Seitentisch hinter der geschlossenen Ikonostase nicht beteiligt. Beim 'Großen Einzug' nach dem Evangelium werden die vorbereiteten Gaben feierl. von der Prothesis durch die Kirche zum Altar getragen.

M. Petzolt

Q.: Liturgie, hg. A. KALLIS, 1989, 18–39 – *Lit.:* H.-J. SCHULZ, Die byz. Liturgie, 1980² – K. C. FELMY, Die Deutung der Göttl. Liturgie in der russ. Theol., 1984.

Proskynese (προσκύνησις), bei Persern als Haltung vor dem vergötterten Kg., bei den Griechen als Gebärde der Bitte und Verehrung und in der röm. Republik als demütiger Fußfall bekannte Geste, im Christentum in der Gebetshaltung und in der Verehrung von Kreuzen und Bildern übernommen. Märtyrer sind in St. Johannes und Paulus in Rom um 390 in tiefer Verbeugung dargestellt, Symeon Stylites († 596) verrichtete sein Gebet durch bis zum Boden reichende Verbeugungen. Ks. Leon VI. ist im Mosaik über der ksl. Pforte der Hagia Sophia in Konstantinopel vor Christus auf den Knien dargestellt, den Oberkörper gebeugt, die Hände bittend ausgestreckt. Diese Haltung erscheint auch in w. Stifterbildern. Im höf. →Zeremoniell hat nach dem Zeugnis →Prokops (Anekdota Kap. 30) erst Ks. Justinian I. die P. in der demütigendsten Form des am Boden Ausstreckens eingeführt. Nach dem Zeremonienbuch des Ks.s →Konstantin VII. Porphyrogennetos wird der Kniefall die übliche Form der P. im Palast wie auch bei Prozessionen und Paraden. Ausgenommen bleiben hohe Militärs, der Palastvorsteher, der Klerus und hohe Beamte an hohen Festtagen. Nur der Patriarch ist niemals der P. unterworfen. Er grüßt den Ks. mit dem Bruderkuß. Das von Prokop beschriebene Hinwerfen mit ausgestrecktem Körper ist ikonograph. bei unterworfenen Völkern für die Zeit des Ks.s Basileios II. bezeugt (SPATHARAKIS). Während sich im W die P. mit →Fußkuß nur in der religiösen Verehrung, v. a. bei Begrüßung des Papstes, durchsetzt, ist im O die Zeremonie »kennzeichnender Ausdruck dieses chr. Ks.s, auf den mehr und mehr die gesamten Formen des antiken Ks.kultes übertragen erscheinen« (TREITINGER).   G. Weiß

Lit.: Dict. of the MA X, 1988, 152f. – Oxford Dict. of Byzantium III, 1991, 1738f. – O. TREITINGER, Die oström. Ks.- und Reichsidee, 1938, 84–94 – R. GUILLAND, Recherches sur les institutions byz., I, 1967, 144–150 – B. HENDRICKX, Die 'P.' van die bysantynse Keiser in die dertiende eeu, Acta Classica 16, 1973, 147–158 – I. SPATHARAKIS, The P. in Byz. Art, Bull. Antieke Beschaving 49, 1974, 190–205 – A. CUTLER, Transfigurations: Stud. in the Dynamics of Byz. Iconography, 1975.

Prosper Tiro v. Aquitanien, * ca. 390, † vermutl. 463, 426–428 in Marseille, Anhänger des Augustinus. Nach einem ersten Aufenthalt in Rom (431) kehrte er nach Marseille zurück. Seit 440 erneut in Rom, war er Sekretär von Papst Leo I. Seine in Rom verfaßte »Chronica« beginnt mit Adam und führt bis z. J. 455 (Tod Valentinians III.); sie exzerpiert zunächst die Chronik des →Hieronymus, verwendet für die Zeit nach 378 →Sulpicius Severus, →Orosius, lit. Quellen und Konsularfasten. Ab 412 berichtet P. aus eigenem Erleben. Autor von Schrr. zur Verteidigung der augustin. Lehre, verfaßte P. auch eine Expositio psalmorum (zu Ps 110–150), einen Liber sententiarum, Epigramme und Gedichte.   J. M. Alonso-Núñez

Ed.: MPL 45, 1756–1760, 1833–1850; 51, 1–868; Suppl. III, 147–149 – TH. MOMMSEN, MGH AA IX/1 1892, 341–499 [Epitome Chronicon] – CCL 68A, 1972 [Liber sent.; Expositio ps.] – S. MUHLBERGER, The Fifth-Century Chroniclers, 1990, 48–135 – *Lit.:* CPL 516–535, 2257 – LThF² VIII, 811f. – PLRE II, 926f. – RE XXIII, 880–897 – RGG V, 641f. – ALTANER-STUIBER, 450–452 – The Oxford Dict. of the Christian Church, 1974², 1134 – L. PELLAND, S. P. Aqu. doctrina de praedestinatione, 1936 – J. GAIDIOZ, La Christologie de Saint P. d'Aquitaine, interprète de S. Augustin, Recherches Augustiniennes I, 1958, 339–355 – R. LORENZ, Der Augustinismus P.s v. Aquitanien, ZKG 72, 1962, 217–252.

Prosphora (προσφορά 'Opfer', 'Opfergabe'), im byz. Ritus Bezeichnung für das gesäuerte eucharist. Weizenbrot, im Gegensatz zur ungesäuerten →Hostie der lat. (und armen.) Kirche. Die P. besteht aus einem größeren unteren und einem kleineren oberen Teil (Symbol der göttl. und menschl. Natur Christi). Dem oberen Teil ist in der Mitte ein viergeteiltes Siegel (σφραγίς) aufgeprägt: IC

XC NI KA (»Jesus Christus siegt«), das für die sog. 'Schlachtung des Lammes' (= Mittelstück der P.) von Bedeutung ist. Bei der →Proskomidie schneidet der Priester aus der P. bestimmte Teile heraus und legt sie in einer festgelegten Ordnung auf den Diskos. Meist wird die P. am Tag der Meßfeier selbst gebacken. Bei den O-Syrern ist dafür ein eigener Ritus, der bereits als Bestandteil der Meßfeier gilt, vorgesehen. H.-J. Feulner

Lit.: RAC I, 1056–1062 – J. M. HANSSENS, Institutiones liturgicae, II, 1930, 121–217 [Lit.] – J. A. JUNGMANN, Missarum Sollemnia, II, 1962⁵, 40–57.

Prostitution

I. Westlicher Bereich – II. Byzanz.

I. WESTLICHER BEREICH: Der Begriff P. bildet eine, in Anlehnung an mlat. prostibilis ('sich feil bietend'), prostibulum ('Dirne', 'Bordell'), prostituta ('Dirne') u. ä. entstandene frühnz. Neubildung (Erstbeleg: Nürnberg 1567). Als »öffentl. Frau« (meretrix publica, scorta) galt nach der Definition der Digesten sowohl diejenige, die sich in Lupanaren aufhielt, als auch diejenige, die sich wahllos zum Zweck des Gelderwerbs den Männern zur Verfügung stellte (D. 23,2,43). Von der P. zu unterscheiden sind dauerhafte nichteheliche Lebensgemeinschaften (→Konkubinat).

Die Bibel begründete den ambivalenten Status der P. (vgl. Jos 2, 18–21; Lk 7, 48). Augustinus sah die Dirnen und deren Zuhälter als Bollwerk gegen die verwirrende Kraft der Libido an (De ordine II.IV.12); nach einer pseudo-augustin. Glossa wurde die Funktion der P. für die Ges. mit der »Kloake für den Palast« verglichen. →Thomas v. Aquin verteidigte die Existenz der P. als notwendiges (kleineres) Übel (S.th. II.II q 10 a.11). Dieser Ansicht widersprachen →Berthold v. Regensburg u.a. Theologen, die sich für eine Abschaffung der P. engagierten. Die kirchl. Angebote zur »Resozialisierung« der Dirnen, v.a. die Erlaubnis zur Eheschließung mit ehrbaren Männern und die Aufforderung zum Eintritt in den Orden der →Magdalenerinnen, waren wenig erfolgreich.

In präurbaner und frühstädt. Zeit wurde die P. von »fahrenden Frauen« ausgeübt. Die seßhafte P. ist seit dem 13. Jh. belegt. Im 14. und 15. Jh. wurden in allen europ. Großstädten sowie in vielen mittleren und kleineren urbanen Zentren Frauenhäuser (prostibula, lupanaria, »rote Kl.«) errichtet; die bisher bekannten Q. beziehen sich schwerpunktmäßig auf N-Italien, S-Frankreich und Oberdtl. Das 15. Jh. gilt als »Jh. der Bordelle« (I. BLOCH). Aus dieser Zeit stammen die meisten der erhaltenen Frauenhausordnungen. Danach unterlagen die Frauenhäuser der Oberhoheit des Rates und/oder des Landesherrn sowie der Leitung durch eine Frauenwirtin und/oder einen Frauenwirt. Der Bordellbesuch wurde den unverheirateten Männern (→Gesellen) gestattet, den Ehemännern, Klerikern und Juden jedoch strikt untersagt. Die Erlasse sprachen den Frauen i.a. feste Verpflegung und Unterkunft, Kleidung, Lohn, Arbeitsschutz bei Menstruation, Schwangerschaft und Krankheit sowie die Erlaubnis zum Meßbesuch zu. Darüber hinaus waren die Dirnen auf vielfältige Weise in das soziale Leben integriert: durch Teilnahme an Hochzeiten und Festen, durch Tanzvorführungen vor dem Rat und hochstehenden Gästen oder durch Barchent- und Scharlachrennen. Zumindest in Italien und Frankreich nahmen zahlreiche Badehäuser (→Badewesen) bordellähnl. Charakter an. Für das Reichsgebiet fehlen jedoch »evidente Spuren eines professionellen Bordellbetriebs« in Badstuben (SCHUSTER). Dennoch blieben die Dirnen Sündenböcke einer Ges., die die chron. Verletzung der religiösen und sittl. Normen zum integralen Bestandteil ihres Systems erhoben hatte. Die Prostituierten waren ausgeschlossen vom Bürgerrecht (→Bürgereid) und von der freien Wahl eines Freundes oder Ehemannes; sie waren der Vergewaltigung durch jugendl. Banden sowie der Ausbeutung und Körperverletzung durch Kunden, Frauenhändler, Zuhälter und Frauenwirtinnen (Frauenwirte) ausgeliefert; durch künstl. herbeigeführte Verschuldung wurden sie oft in sklavenähnl. Zustand versetzt. Im Gegensatz zu Florenz oder Venedig befanden sich die meisten Frauenhäuser im Reichsgebiet in Stadtrandlagen. Häufig lag das Bordell dem Haus des →Scharfrichters benachbart. Die Dirnen wurden durch Bänder, Schuhe und Schleier in den Schandfarben rot, gelb und grün gekennzeichnet und durch städt. →Kleider- und →Luxusordnungen reglementiert. Das Blick- und Berührungstabu war im Volksglauben tief verwurzelt; ebenso wie Aussätzigen wurde den Dirnen das Berühren von Lebensmitteln untersagt. Im 15. Jh. richteten sich die Verbotsmaßnahmen zunehmend gegen die P. contra naturam, v. a. gegen das Anlegen von Männerkleidern und das Tragen kurzer Haare zur Anwerbung homosexueller Kunden (→Homosexualität). Der Analverkehr innerhalb der P. wurde als »Sodomie« bei Todesstrafe untersagt. Die P. unter Männern unterlag nicht dem ambivalenten Status der mannweibl. P. und war stets bei Höchststrafe verboten.

Die P. auf Straßen, in Gasthäusern sowie im Privatbereich wurde sowohl von der Obrigkeit als auch von den städt. Frauenhausdirnen bekämpft. Im späten 15. Jh. mehren sich die Zeugnisse für topograph. Segregation (Sperrbezirksverordnungen), für soziale Ausgrenzung und Attacken gegen Frauenhäuser (München 1498). Die Ausbreitung der →Syphilis sowie die Verschärfung der Moralvorschriften im Zeitalter der Glaubenskämpfe förderten die Vertreibung der Prostituierten aus den Städten, die Schließung der Bordelle sowie die Verlagerung des Begriffs 'Hurerei' auf den Tatbestand des →Ehebruchs im 16. Jh. B.-U. Hergemöller

Lit.: R. C. TREXLER, La prostitution florentine au XVᵉ s., Annales 36, 1981, 983–1015 – G. RUGGIERO, The Boundaries of Eros. Sex Crime and Sexuality in Renaissance Venice, 1985 – L. L. OTIS, P. in Medieval Society. The Hist. of an Urban Institution in Languedoc, 1987 – J. ROSSIAUD, Dame Venus. P. im MA, 1989 – P. SCHUSTER, Das Frauenhaus. Städt. Bordelle in Dtl. 1350 bis 1600, 1992.

II. BYZANZ: Πορνεία als gewerbsmäßige Hingabe des eigenen Körpers an andere Personen zu deren sexueller Befriedigung ist in Byzanz nur als weibl. Tätigkeit dokumentierbar. Schwierig gestaltet sich bisweilen in (Rechts-)q.en die Abgrenzung der P. gegenüber der ebenfalls unter πορνεία – in breiterem sprachl. Sinn von Unzucht – subsumierten vor- und außerehel. →Sexualität auf unentgeltl. Basis. Das gebildete, finanziell unabhängige Hetärentum antiker Art verschwindet bereits in frühbyz. Zeit und hat nur in der höf. Konkubine (παλλακή) ein gewisses Nachleben. Die gewöhnl. Dirne (πόρνη, προϊσταμένη, ἑταιρίς, χούρβα) lockte allein durch körperl. und sprachl. aufreizende Erscheinung ihre Kunden an, unter denen mit gewiß stark top. Zügen gern Soldaten, Jünglinge, Würdenträger, Pilger und Mönche genannt werden. Solche Kontakte vollzogen sich örtl. in den Großstädten und regionalen Zentren primär im Bordell (πορνεῖον, χαμαιτυπεῖον, μαστροπεῖον, κοινεῖον; zu Konstantinopel Patria Const. II 65 [PREGER]) oder im →Gasthaus (καπηλεῖον, πανδοχεῖον), dessen Betreiber und weibl. Angestellte im Ruf eines Nahverhältnisses zur P. standen, sei es als Kuppler (D. 23, 2, 43, 9; Michael Psellos, Brief 97 [II KURTZ-DREXL]), sei es als Ausübende (Vita Theod. Syk., c. 3 [FESTUGIÈRE]). Wegen der derb-obszönen Freizügigkeit szen. Darstellungen wurden auch die Miminnen im Theater häufig mit P. assoziiert, so→Theodora, spätere Frau von Ks. Justinian I. Armut wird als häufigstes Motiv angeführt, das Frauen auf den Weg der P. brachte bzw. sogar Eltern veranlaßte, ihre Töchter vertragl. Zuhältern zu überantworten. Zu den Berufsrisiken der Dirnen zählten Schwangerschaft, gegen die man kontrazeptive Mittel und →Abtreibung anwandte (→Frauenheilkunde), und Infektion mit →Geschlechtskrankheiten, wenngleich ein damaliges Vorkommen der →Syphilis umstritten ist. Durch die aus religiös-moral. Sicht verwerfl. Lebensweise sind Prostituierte zugleich ein bevorzugtes Objekt der Errettung vom Bösen, was ihr wiederholtes Auftreten in der →Hagiographie erklären hilft. Maßnahmen zur Resozialisierung, z. B. Freikauf und Klöster für reuige Prostituierte, wurden auch staatlicherseits nebst Vorgehen gegen die Kuppelei gefördert bis initiiert. E. Kislinger

Lit.: RAC III, 1187–1213 – Ph. Kukules, Οἱ πάνδημοι γυναῖκες (Ders., Βυζαντινῶν βίος καὶ πολιτισμός, II/2, 1948), 117–162 – J. Irmscher, Die Bewertung der P. im byz. Recht (Ges. und Recht im gr.-röm. Altertum, II, 1969), 77–94 – H.-G. Beck, Byz. Erotikon, 1986² – N. Panajotakis, Sachlikisstud. (Neograeca Medii Aevi I, 1987), 219–277 – S. Leontsini, Die P. im frühen Byzanz, 1989 – J. Diethart–E. Kislinger, Papyrolog. zur P. im byz. Ägypten, JÖB 41, 1991, 15–23.

Protaton (Πρωτάτον), erstmals 1153 (Actes de Lavra Nr. 62) belegte Bezeichnung für den wohl seit dem 10. Jh. bestehenden Sitz des Protos ('Ersten') bzw. der Zentralverwaltung der klösterl. Einrichtungen auf dem→Athos im Dorf Karyes in der Mitte der Halbinsel. Zu dem Gebäudekomplex gehörten insbes. eine Kirche und ein Kl. mit Bibliothek und Archiv. Dort versammelten sich regelmäßig die Äbte bzw. Abgesandten der ca. 20 Athoskl., um den (von ihnen bis zum 14. Jh. auf Lebenszeit, später nur noch für jeweils ein Jahr gewählten) Protos bei der Verwaltung des hl. Berges zu unterstützen. Die tatsächl. Macht des Protos hing völlig von der unterschiedl. Einflußnahme weltl. und kirchl. Autoritäten ab. Seine rechtl. Stellung wurde v. a. durch ksl. →Typika bestimmt: den sog. »Tragos« Johannes' I. Tzimiskes (ca. 972), das Typikon Konstantinos' IX. Monomachos v. 1045, das Chrysobull Andronikos' II. Palaiologos v. 1312 und das Chrysobull Manuels II. Palaiologos v. 1406 (Actes du Prôtaton Nr. 7, 8, 12, 13). Insbes. sollte der Protos die Mönchsgemeinschaft nach außen vertreten, ihre Unabhängigkeit verteidigen, Gerichtsbarkeit und Disziplinargewalt über die einzelnen Mönche ausüben und ihnen die jährl. ksl. Zuwendungen zuteilen. A. Schminck

Lit.: D. Papachryssanthou, Actes du Prôtaton (Archives de l'Athos VII), 1975 [verb. und erw. Neuaufl.: Ὁ Ἀθωνικὸς μοναχισμός, 1992].

Kunsthistorisch: Die älteste aller Athoskirchen (ὁ →Koimesis Mariens) ist bereits vor der Konstituierung des Mönchsstaates (972, sog. Tragos) Sitz der Ältesten der über die Halbinsel verstreuten Mönchsgemeinschaften. Vom ursprgl. Bau (dreischiffige Basilika) vom Ende des 9. Jh. ist noch ein Teil der Substanz erhalten (wichtigster Umbau 965: Einbau des Querschiffs, um seitl. »Choroi« zu bekommen). Nach Brand (Legende: z. Zt. der Unionswirren 2. Hälfte 13. Jh.) unter Andronikos II. Wiederherstellung und bedeutende Wandmalereiausstattung um 1300 (Manuel →Panselinos zugeschrieben). Das Programm ist der Raumsituation angepaßt und daher gegenüber Kuppelkirchen in der themat. Abfolge variiert: Von den vier umlaufenden Zonen zeigen die oberste (Ahnväter Christi) und unterste (durch Bögen unterbrochen, Hl. e) nur frontal gereihte stehende Figuren, die beiden mittleren Szenen aus dem Leben Christi (mit Registertrennung nach Szenenkomplexen); im Bereich der »Vierung« die Evangelisten, an der Westwand die Koimesis. Wichtigste stilist. Kriterien sind: die Strenge ikon. Vorlagen sprengender »Realismus«, porträtartiges Erfassen der Persönlichkeiten, Liebe zu Details, bühnenhafte Verwendung von Architekturen zur Aufteilung des Bildes in Handlungsebenen, Hintergrundarchitektur zur Betonung von Bildteilen wie auch Verwendung feinst aufeinander abgestimmter heller und leichter Farbtöne. T. Steppan

Lit.: s. a. →Athos – RByzK I, s. v. Athos [M. Restle] – G. Millet, Monuments de l'Athos, 1927 – F. Dölger–E. Weigand, Mönchsland Athos, 1943 – A. Xyngopoulos, Manuel Panselinos, 1956 – P. Mylonas, Les étapes successives des constructions du P. au Mont Athos, Cah. Arch. 28, 1979 – C. Mango, Byzanz, 1986.

Protector of England, Regent des engl. Kgr.es während der Minderjährigkeit eines Herrschers. Obwohl kein oberstes Ratsmitglied zur Verwaltung des Kgr.es ernannt worden war, als Richard II. 1377 als Minderjähriger Kg. wurde, schien doch eine formale Regelung notwendig, als Heinrich VI. mit weniger als einem Jahr 1422 die Kg.swürde erhielt. →Humphrey, Duke of Gloucester, der zunächst die Vormundschaftsregierung übernehmen sollte, wurde von den Lords abgelehnt. Am 5. Dez. 1422 erhielt →Johann, Duke of Bedford, der älteste Onkel des Kg.s und bereits Regent in Frankreich, den Titel eines »regni Anglie et ecclesie Anglicane protector et defensor« im Parlament verliehen, doch hatte dieses Amt tatsächl. Humphrey inne, da sich Johann in Frankreich aufhielt. Der P. of E. mußte seine Macht in Verbindung mit dem King's →Council auf Lebenszeit des Kg.s ausüben. Sie erlosch, wenn der Kg. gekrönt wurde, so bei Heinrich VI. am 5. Nov. 1429. England hatte erneut einen P. 1454 und 1455, als während der Erkrankung Heinrichs VI. →Richard of York die Regentschaft übernahm, und 1483, als →Richard v. Gloucester während der Minderjährigkeit Eduards V. regierte. C. T. Allmand

Lit.: J. S. Roskell, The Office and Dignity of P. of E. ..., EHR 68, 1953, 193–233.

Protektionismus. Wirtschaftl. Schutzmaßnahmen, die im vollen Wortsinn als P. zu bezeichnen wären, wurden zwar erst in der frühen NZ entwickelt, aber auch das MA kennt schützende Eingriffe v. a. zugunsten von Handel und (urbanem) Gewerbe, während die Entwicklung der Landwirtschaft den Versorgungsinteressen der Städte (billige Lebensmittel) sowie den finanziellen Bedürfnissen von Adel und Landesherren nachgeordnet wurde. Die wichtigsten Rechtsmittel der Schutzmaßnahmen waren →Privilegien und→Regalien. Begünstigt wurde ihre Wirkung durch hohe Transportkosten und schlechte Nachrichtenverbindungen, die zur Entstehung weitgehend separierter Märkte beitrugen. Die protektionist. Tendenzen verstärkten sich nach dem Ende der hochma. Expansionsphase ab dem 13. Jh. als Folge einer verschärften Konkurrenz zw. höher entwickelten (Nord- und Mittelitalien, Flandern) und rückständigeren Regionen. Der Ausbau der Behördenapparate stellte dabei die unentbehrl. administrative Infrastruktur zur Verfügung. Träger protektionist. Maßnahmen waren zum einen wirtschaftl. Interessengruppen (Angehörige einer Zunft oder Kaufmannshanse, Bürger einer Stadt), zum anderen polit. Hoheitsträger, die vielfach aus fiskal. Interesse Einzelpersonen oder Gruppen Privilegien gewährten, wobei allerdings auch eine grundsätzl. Orientierung an der Idee des 'Gemeinen Besten' nicht zu verkennen ist. Protektionist. Maßnahmen begannen im Reich mit isolierten Eingriffen des Kg.s bzw. Ks.s in Handelsabläufe: z. B. das zusammen mit der Marktrechtsverleihung für Quedlinburg von Otto III. 994

erlassene Verbot, innerhalb eines bestimmten Umkreises Märkte neu anzulegen, oder die von Friedrich II. zur Sicherung der Versorgung des kgl. Hofs in Sizilien erlassenen Ausfuhrverbote. Im SpätMA wurden die wirtschaftl. Schutzmaßnahmen von Landesherren und Herrschern umfassender: Ks. Karl IV. plante eine Verkehrsumlenkung zugunsten seiner böhm. Hauptstadt Prag, Kg. Siegmund bezog das Gewerbe mit ein, als er durch Zollfreiheiten und Monopolrechte (→Monopol) die Baumwollverarbeitung in Kaschau (Ungarn) förderte, und machte in seinem Wirtschaftskrieg gegen Venedig ökonom. Schutzmaßnahmen zum polit. Instrument. In Phasen der spätMA. Überproduktion wurde das regionale Eisengewerbe (→Eisen) überall von den Landesherrschaften geschützt. Hauptträger protektionist. Maßnahmen waren aber die Städte, wo die →Zünfte durch Zunftzwang, interne Produktionsbeschränkungen und Bannmeilenrecht (→Bannmeile) die Konkurrenz einschränkten. Den heim. Konsumenten und Kaufmann begünstigten das →Stapel- und Niederlagsrecht, das in Köln und Wien, v. a. aber in Venedig (→Fondaco dei Tedeschi) fremde Kaufleute sogar vom Handel über den Stapelplatz hinaus ausschloß. Der Konkurrenzbeschränkung diente auch das Gästerecht (→Gast), das dem auswärtigen Kaufmann den Einzelhandel und den Handel von Gast zu Gast untersagte. Mit dem gleichen Instrumentarium (Ausschluß Nichtdeutscher von →Handelsgesellschaften, Kreditbeziehungen, Kontorsprivilegien u. a.), erweitert um das Mittel der Handelssperre, schützte die →Hanse die wirtschaftl. und polit. Interessen ihrer Mitglieder.

Gegenüber dem territorial zersplitterten, wirtschaftl. wie administrativ im Vergleich zu W- und S-Europa eher rückständigen dt. Raum verfolgten die it. Stadtstaaten und die entstehenden Nationalstaaten Spanien, Frankreich (v. a. unter Ludwig XI.) und England umfassendere Konzeptionen protektionist. Politik; sie erweiterten das Arsenal der wirtschaftspolit. Instrumente und erreichten in der theoret. Diskussion durch die Berücksichtigung von Zahlungsbilanzargumenten ein höheres Reflexionsniveau. Mailand und Florenz schützten das heim. Wollgewerbe durch hohe Zollmauern, wobei der Florentiner Lippo Brandolini diese Praxis in seiner Schr. »De comparatione reipublicae« rechtfertigte. Eingriffe in den Konsum, die zwangsweise Verwendung heim. Tuches für Amtstrachten, sollten in Venedig und in Spanien das heim. Gewerbe fördern, und gleichfalls in Spanien unterstützten frühe Formen der Navigationsakte die eigene Schiffahrt. Eine allseitige protektionist. Politik entwickelte aber v. a. England, wo die Dominanz eines einzigen Exportartikels, zunächst der Wolle, dann seit der Mitte des 15. Jh. des Wolltuchs, die Entwicklung eines nationalen Konsenses in der Wirtschaftspolitik förderte (→Calais). Den 'Merchants of the Staple', dann den →'Merchant Adventurers' wurden Monopolrechte zugestanden, wofür sie im Gegenzug den fiskal. Interessen der Krone durch Abgaben und Anleihen dienten, während das engl. Wolltuchgewerbe durch Einfuhrverbote und hohe Ausfuhrzölle auf Wolle gefördert wurde. Im europ. Vergleich blieb das engl. Beispiel eine Ausnahme.

U. Dirlmeier/F. Schmidt

Lit.: The Cambridge Economic Hist. of Europe, III, 1963 – U. DIRLMEIER, Ma. Hoheitsträger im wirtschaftl. Wettbewerb, 1966 – R. ENNEN, Zünfte und Wettbewerb, 1971 – W. V. STROMER, Die Gründung der Baumwollindustrie in Mitteleuropa. Wirtschaftspolitik im SpätMA, 1978 – R. SPRANDEL, Die Konkurrenzfähigkeit der Hanse im SpätMA, HGBll 102, 1984, 21–38 – Die Auswirkungen von Zöllen und anderen Handelshemmnissen auf Wirtschaft und Ges. vom MA bis zur Gegenwart, hg. H. POHL, 1987.

Proterios, nach der Absetzung des →Dioskoros auf Veranlassung von Ks. Markian 451 zum Bf. v. Alexandria gewählt und geweiht, wurde von den monophysit. gesinnten Anhängern des Dioskoros abgelehnt; sie wählten sofort nach dem Tode Markians 457 →Timotheos Ailuros zum Gegenbf. Drei Wochen später wurde P. im Baptisterium ermordet, obwohl er sich für die Alexandriner bei Markian verwendet hatte, als dieser der Stadt die Getreidezufuhr sperren ließ. Erhalten ist ein Brief an Papst Leo I. (ep. 133 der Leo-Korrespondenz, MPL 54, 1084–1094), in dem P. die ägypt. →Osterfestberechnung gegen die röm. verteidigt, deren Besonderheit er aber nicht zu kennen scheint.

H.-J. Vogt

Lit.: RE XLV, 931f. – B. KRUSCH, Stud. zur chr.-ma. Chronologie, I, 1880, 266ff.

Prothesis → Pastophorien, →Proskomidie

Protimesis, 'Bevorrechtigung' (bei der Eigentumsübertragung), insbes. das Vorkaufsrecht, ein Instrument, mit dem die byz. Ks. des 10. Jh. versuchten, den Landerwerb durch 'Mächtige' zu beschränken. In mehreren Gesetzen wurden Klassen der Bevorrechtigten (Verwandte und Nachbarn) festgelegt, Umgehungsgeschäfte (Schenkungen u. a.) untersagt und Rückabwicklungen angeordnet. Unter den in der Forsch. nicht unumstrittenen (eher konservativen) Motiven spielte die Sicherung einer ausreichenden landwirtschaftl. Versorgung und eines geregelten Steueraufkommens vermutlich eine mindestens ebenso große Rolle wie soziale Erwägungen einerseits und die Wahrung der ksl. Zentralgewalt andererseits. Trotz der in einer außergewöhnl. reichen (und komplizierten) Überlieferung reflektierten hohen Publizität der einschlägigen →Novellen wurde die Ausbreitung des Großgrundbesitzes nicht nachhaltig behindert, zumal andere, z. T. unter Fälschungsverdacht stehende Gesetze die strengen Regelungen wiederum verwässerten.

L. Burgmann

Lit.: P. LEMERLE, The Agrarian Hist. of Byzantium from the Origins to the Twelfth Cent., 1979 – A. SCHMINCK, »Novellae extravagantes« Leons VI., Subseciva Groningana 4, 1990, 195–209.

Protokoll, den →Kontext einer Urkunde umgebende Eingangs- und Schlußformeln. Bei genauerer Differenzierung werden das →Eingangsp. (P. im engeren Sinn) – in der ersten Zeile häufig durch Zierschrift (Elongata) hervorgehoben – und das Schlußp. (→Eschatokoll) unterschieden. Zum P. zählen →Invocatio, →Intitulatio, verbunden mit der Devotio, →Inscriptio – oft mit einer Grußformel (→Salutatio) kombiniert – sowie Unterschriften bzw. Unterfertigungen von →Zeugen, Aussteller (→Monogramm, →Rota, Signumzeile) und Kanzleipersonal (→Kanzler, →Notar, →Referendar, →Rekognitionszeile), →Datierung und →Apprecatio. Was tatsächl. Eingang in die Urk. fand, muß nach Ort und Zeit sowie nach dem Urkk.typ unterschieden werden. Der jeweilige Wortlaut zeigt oft typische Gebräuche der ausstellenden →Kanzlei bzw. des Notars. Den Papsturkk. fehlt – außer in Synodalkonstitutionen – meist die Invocatio, und anstelle der Salutatio kann eine Verewigungsformel (»in perpetuum«) treten. Intitulatio und Inscriptio der Papsturkk. werden im →Liber diurnus als Superscriptio bezeichnet. In den →Ks.- und Kg.surkk. tritt die monogrammat. (→Chrismon) und/oder verbale Invocatio auf und wird erst seit dem 12./13. Jh. immer weniger benutzt. Die in den älteren frk. Kg.surkk. noch vorhandene Inscriptio tritt mit fortschreitender Zeit immer mehr in den Hintergrund und blieb überwiegend den →Briefen und

→Mandaten vorbehalten. Notariatsinstrumente weisen eine Anfangsdatierung mit Pontifikats- und/oder Herrscherjahren, →Indiktion, Inkarnationsjahren, Tag und Uhrzeit auf. Die zunehmende Schriftlichkeit führte v. a. im SpätMA zu einer ansteigenden Urkk.produktion und so, durch den Arbeitsumfang bedingt, zu knapperen Urkk.typen. Die P.e wurden von der Vereinfachung des Formulars bes. betroffen. J. Spiegel

Lit.: BRESSLAU I, 45ff. u. ö. – W. ERBEN, Die Ks.- und Kg.surkk. in Dtl., Frankreich und Italien, 1907, 301ff. – O. REDLICH, Die Privaturkk. des MA, 1911, 14f., 209ff. – G. TESSIER, Diplomatique royale française, 1962, 21ff., 84ff., 215ff. – F. DÖLGER-J. KARAYANNOPULOS, Byz. Urkk.lehre, I, 1968, 48ff., 71ff. – TH. FRENZ, Papsturkk. des MA und der NZ, 1986, passim.

Protonotar, als Titelnennung in der Reichskanzlei erstmals 1150 anzutreffen, als der ksl. →Kapellan und Würzburger Domherr Heinrich in einem von →Wibald v. Stablo verfaßten Empfehlungsschreiben so bezeichnet wurde. Nach einem zweiten Beleg 1157 scheint sich dann ab etwa 1162 der anfangs noch unverbindl., in erster Linie das herausragende Ansehen seines Trägers unter den sonstigen im Hofdienst stehenden Kapellanen und →Notaren zum Ausdruck bringende Titel etabliert zu haben. Spätestens 1172, als der Würzburger Magister Wortwin in der Würde nachrückte, war der Prozeß der 'Amtswerdung' des Protonotariats abgeschlossen. Das Aufgabenfeld des P.s war nicht fest umgrenzt. Dem Herrscher ging es bei gestiegenem Arbeitsanfall und zunehmend differenzierter Regierungstätigkeit darum, neben dem →Kanzler eine weitere hochgebildete und erfahrene rechtskundige Persönlichkeit seines Vertrauens für bes. Aufgaben zur Verfügung zu haben. Diese lagen vielfach auf dem Feld der Diplomatie in der Abfassung bedeutender Schriftstücke, in der Teilnahme an Gesandtschaftsreisen oder in der Tätigkeit als selbständig Bevollmächtigter, mitunter auch auf militär. Gebiet. Der P. begegnet zuweilen als enger Berater des zur Nachfolge bereits erwählten Kg.ssohnes. Die Wortform weist auf die spätantik-byz. Welt – nicht außergewöhnl. in einer repräsentativen antiken oder antikisierenden Rechtsausdrücken zuneigenden Zeit. Auch eine direkte Übers. des v. a. mit 'auswärtigen Angelegenheiten' befaßten πρωτονοτάριος (τοῦ δρόμου) (→Protonotarios) der Komnenenzeit ist in Erwägung gezogen worden (ZEILLINGER). Mag auch der P. meist aus dem Kreise der Kanzleinotare aufgestiegen sein, so gehörte die tägl. Beurkundungsarbeit zweifellos nicht zu seinen normalen Obliegenheiten, wohl aber ihre verantwortl. Beaufsichtigung als Helfer des Kanzlers bzw. an seiner Stelle bei Vakanz dieses Amtes, wie seine Nennung, gelegentl. in →Rekognitionen, häufig in der Aushändigungsformel – so v. a. unter Heinrich VI. – zeigt. In Sizilien konnte der Kanzlei Rogers II. nicht mehr der Rang eines P.s er, drang erst wieder unter Friedrich II. unter dt. Einfluß dort ein. In der Kanzlei Rudolfs v. Habsburg begegnen zugleich zwei P.e, ab Karl IV. mehrere nebeneinander. Einer trug vielfach den Titel eines →Vizekanzlers. Nach dem Vorbild der Reichskanzlei finden sich ab dem 12./13. Jh. zunehmend P.e auch bei den geistl. und weltl. Fs.en des Reiches. Die notarii der päpstl. Kanzlei wurden im Unterschied zu den anderen Notaren der Kurie als P.e (ab dem 15. Jh.: protonotarii participantes) bezeichnet. W. Koch

Lit.: BRESSLAU I und II, passim – W. ERBEN, Die Ks.- und Kg.surkk. des MA in Dtl., Frankreich und Italien, 1907, 80f. – F. HAUSMANN, Reichskanzlei und Hofkapelle unter Heinrich V. und Konrad III. (MGH Schr. 14, 1956), 150f., 155f., 166, 253 – H. M. SCHALLER, Die Kanzlei Friedrichs II. Ihr Personal und ihr Sprachstil, I, ADipl 3, 1957, passim – P. MORAW, Kanzlei und Kanzleipersonal Kg. Ruprechts, ebd. 15, 1969, 469ff. – J. ŠEBÁNEK-S. DUŠKOVÁ, Das Urkk.wesen Kg. Ottokars II. v. Böhmen, II, ebd., 349ff., 368ff. – I. HLAVÁČEK, Das Urkk.- und Kanzleiwesen des böhm. und röm. Kg.s Wenzel (IV.) 1376-1419 (MGH Schr. 23, 1970), 173f. – P. CSENDES, Die Kanzlei Ks. Heinrichs VI. (Denkschr. der österr. Akad. der Wiss. 151, 1981), 34ff., 148f. – C. BRÜHL, Diplomi e cancelleria di Ruggero II, 1983, 162 – Landesherrl. Kanzleien im SpätMA, hg. G. SILAGI, 1984 – P. MOSER, Das Kanzleipersonal Ks. Ludwigs d. Bayern in den Jahren 1330-47, 1985, 208ff. – H. APPELT, Die Reichskanzlei Barbarossas – ein terminolog. Problem?, RHMitt 28, 1986, 148f. – TH. FRENZ, Papsturkk. des MA und der NZ, 1986, 55 – K. ZEILLINGER, Die Anfänge des Protonotariats in der Reichskanzlei unter den Frühstaufern, ebd. 30, 1988, 53-86 – MGH DD F. I., 5, 1990, 20-24.

Protonotarios, 'Erster der Notare' (auch Proedros oder Primikerios der Notare gen.), in Byzanz Amt einer Verwaltungsstelle, wo mehrere Notare mit einem Vorsteher arbeiteten. So stand in der Ks.kanzlei (→Kanzlei, C. I) der P. rangmäßig hinter dem Protasekretis als Vorsteher der ksl. Notarioi der Asekreta. Zusammen mit seinen Untergebenen war es seine Aufgabe, das Urk.konzept zur Reinschrift zu bringen. Im 14. Jh. war der P. wahrscheinl. Privatsekretär des Ks.s. In den zentralen Verwaltungsbehörden, den Logothesia (→Logothet), kam vom 8.–11. Jh. dem P. des Logothesion tu dromu bes. Bedeutung zu. Er erschien häufig als der 'P.' schlechthin und war Stellvertreter des Logotheten (bis Ende des 12. Jh. bezeugt). In den meisten anderen Logothesia übernahm der Vorsteher der →Chartularioi die Funktion des P. In den Behörden der Themenverwaltung war der P. tu thematos »ganz offenbar die Hauptperson in der provinzialen Finanzverwaltung« (DÖLGER) und spielte noch im späten 10. Jh. eine bedeutsame Rolle. Er verschwand nach dem 11. Jh. In der Patriarchatskanzlei überwachte der P., ein Beamter der zweiten Klasse hinter den Exokatakoiloi, die auslaufende Korrespondenz. Weitere P.oi fanden sich in v. a. mit Liegenschaftsverwaltung und religösen Stiftungen betrauten Behörden. G. Weiß

Lit.: DÖLGER, Beiträge, 68f. – H. GLYKATZI-AHRWEILER, Recherches sur l'administration de l'empire byz. aux IXe-XIe s., BCH 84, 1960, 1109 – F. DÖLGER-J. KARAYANNOPULOS, Byz. Urkk.lehre. Erster Abschn.: Die Ks.urkk., 1968 – J. DARROUZÈS, Recherches sur les OΦΦΙΚΙΑ de l'église byz., 1970, 175, 355-359 – N. OIKONOMIDÈS, Les listes de préséance byz. des IXe et Xe s., 1972 – V. LAURENT, Le Corpus des Sceaux de l'Empire byz., II, 1981, passim.

Protoscriniar (primiscrinius), päpstl. Vorgesetzter der öffentl. Schreiber der Stadt Rom. In der sog. 'jüngsten Richterliste' (1. Hälfte 11. Jh.) wird er als »protus qui praeest scriniariis, quos nos tabelliones vocamus« bezeichnet. Da die →Skriniare, die sich mit den →Papsturkk. beschäftigten, im 9.-10. Jh. ihre Tätigkeit immer mehr auf die →Privaturkk. der Stadt Rom ausdehnten und die eigtl. Stadtschreiber (→tabelliones) verdrängten (vgl. CARBONETTI), setzte man für diese scriniarii et tabelliones Urbis Romae einen eigenen Vorsteher, den P., ein, der auch zu den sieben Pfalzrichtern gehörte. In den Q. taucht der P. erstmals 861 (JAFFÉ 2687) auf. Er war gewöhnl. Laie (vgl. die Wahl des Papstes →Leo VIII.) oder Kleriker mit niederen Weihen. Als Datar der Papstprivilegien ist er zuerst im Jahre 875 (JAFFÉ 3022) belegt und kommt nach 963 in dieser Eigenschaft nicht mehr vor. In der 1. Hälfte des 10. und zu Beginn des 11. Jh. schrieb er auch einige Papsturkk. und amtete bis ins erste Jahrzehnt des 13. Jh. als Richter (primiscrinius iudex). P. Rabikauskas

Lit.: BRESSLAU I, 205-208 – LThK² VIII, 838 – RE Suppl. VIII, 624-628 – L. SANTIFALLER, Saggio di un Elenco dei funzionari, impiegati e scrittori della Cancelleria pontificia dall'inizio all'anno 1099, BISI 56, 1940, passim – P. RABIKAUSKAS, Die röm. Kuriale in der päpstl. Kanzlei, 1958, 69f. – C. CARBONETTI, Tabellioni e scriniari a Roma tra IX e XI s., ASRSP 102, 1979, 77-156 – →Skriniare.

Protovestiarios → Bestiarion

Prouille, Frauenkl. (→Dominikaner) im Languedoc (Dominikanerprov. Provence), gegr. von →Diego v. Osma und ausgestattet vom Ebf. v. →Narbonne (17. April 1207), nahm die vom hl. →Dominikus bekehrten Frauen auf; Dominikus bekümmerte sich um die spirituellen und weltl. Belange dieses frühen Stützpunkts dominikan. Predigtarbeit in Südfrankreich. 1218 wurde P. zum autonomen Konvent. Die beiden Gemeinschaften v. P., die durch dasselbe Gelübde dem Generalmeister verbunden waren, hatten ihre eigenen Superioren und wirkten zusammen, ohne aber ein → Doppelkl. zu bilden. Die Zahl der Schwestern überstieg 160 (1283). Die Consuetudines v. P. sind teilweise niedergelegt in den Statuten v. S. Sisto v. Rom, an dessen Gründung (1221) P. beteiligt war. Sie betonen die Klausur und das kontemplative sowie liturg. Gebet. Ihre strikte Observanz ist diejenige der Dominikaner. Diese wollten seit ca. 1226 aber (zugunsten einer Konzentration auf ihre Aufgaben des Studiums) auf die 'cura' der Schwestern verzichten und schlossen P. 1235 vom Dominikanerorden aus. P. kämpfte zäh und erfolgreich um den Verbleib im Ordensverband; 1259 wurde die Dominikanerinnenregel publiziert. P. gründete 13 Kl. 1791 aufgehoben, 1854 Neubau, 1880 Wiederherstellung durch das Kl. Nay.
M.-H. Vicaire†

Q.: J.Guiraud, Cart. de N. D. de P., 2 Bde, 1907 – Rohault de Fleury, Gallia Dominicana, II, 1907 – *Lit.*: LThK² VIII, 838f. – Hist. du monastère de N. D. de P., 1898 – M.-H. Vicaire, Hist. de S. Dominique, I, 1982², 250–273 – Ders., Cahiers de Fanjeaux 23, 1988, 217–240 – Ders., P. fut-il un couvent double?, Mém. Dominicaine, I, 1992, 119–128.

(Na)Prous Boneta, als Häretikerin verurteilte Mystikerin in Montpellier, † 1325, deren Ideen v. a. aus dem Umkreis der gegen Papst Johannes XXII. kämpfenden Franziskanerspiritualen (→Petrus Johannis Olivi) sowie der Joachimiten und Katharer kamen. P. hatte Christuserscheinungen, symbol. Gesichte und Himmelsvisionen, erfuhr die Unio mystica und war Vertreterin der Herz-Jesu-Verehrung. Sie sah sich als Erlöserin des Menschengeschlechts, der dazu Gott den Hl. Geist sende, den sie gebären werde; was sie verkünde, seien die Worte des Geistes, auf die die ganze Welt hören solle. Anstelle der Heilsvermittlung durch die kirchl. →Sakramente setzte sie die innerl. Verantwortung gegenüber Gott. Erstmals 1315 von der Inquisition verhaftet, wurde P. 1325 abermals vernommen und verbrannt, da sie sich weigerte abzuschwören.
P. Dinzelbacher

Ed.: H. Ch. Lea, Gesch. der Inquisition im MA, III, 1909, 733f. – W. May, The Confession of P. B. Heretic and Heresiarch (Essays in Medieval Life and Thought, hg. J. Mundy u.a., 1955), 3–30 – *Lit.*: Medieval Women's Visionary Lit., ed. E. Petroff, 1986, 276–290 – R. Manselli, Spirituels et béguins du Midi, 1989 – D. Müller, Der Prozeß gegen P. B., Forsch. zur Kirchenrechtswiss. 6, 1989, 199–221.

Provence, Landschaft (ehem. Gft.) in Südfrankreich.
A. Spätantike – B. Mittelalter

A. Spätantike

Das hist. Gebiet der P. entspricht etwa den heut. Départements Alpes-de-Haute-P., Bouches-du-Rhône, Var und Vaucluse. Von der zw. 125 und 118 v. Chr. gegr. röm. *Provincia Gallia Narbonensis*, die als älteste röm. Provinz →Galliens später meist nur als Provincia schlechthin bezeichnet wurde, bewahrt allein der SO den Namen. Nach der Neugliederung der Provinzialverwaltung durch →Diokletian (284–305) umfaßte das Gebiet der späteren P. die *Provincia Narbonensis II* mit den Civitates →Aix-en-P., →Apt, →Riez, →Fréjus, →Gap, →Sisteron sowie →Antibes (heute dép. Alpes-Maritimes) und den Südteil der *Provincia Viennensis* mit →Vaison, →Orange, →Carpentras, →Cavaillon, →Avignon, →Arles und →Marseille. Bis zum Ende des 4. Jh. genoß die Region eine Periode relativer Ruhe. An Ereignissen während dieser Zeit sind das Ende →Maximians in Marseille (310) sowie das erste und zweite Konzil v. Arles (314, 353) zu nennen. In diese Stadt wurde gegen 395 auch der Sitz der gall. Präfektur (bisher in →Trier) verlegt. Die folgenden Jahrzehnte standen im Zeichen des Versuchs, das südl. Gallien vor der Eroberung durch die →Westgoten zu bewahren: So mußten 427, 436 und 458/459 Angriffe auf Arles abgewehrt werden. Auf die Dauer aber ließ sich die got. Expansion trotz der Hilfe der kaisertreuen →Burgunder nicht mehr aufhalten: Bis 475 hatte →Eurich das gesamte Gebiet westl. der →Rhône erobert, ein Jahr später, nach dem Ende des westl. Ksm.s, nahm er Arles und Marseille ein, womit die P. östl. der Rhône westgotisch wurde und die gall. Präfektur erlosch. Die westgot. Herrschaft endete schon im Gefolge der vernichtenden Niederlage gegen die →Franken bei →Vouillé (507). Nutznießer waren jedoch nicht die Franken, sondern die →Ostgoten, deren Heer 508 die mit den Franken verbündeten Burgunder aus der P. vertrieb, wodurch das Land zw. Alpen, Durance und Rhône 509/510 zum italischen Gotenreich kam. →Theoderich errichtete die gall. Präfektur neu und bestellte →Liberius zu deren Inhaber, der sein Amt bis 535 ausübte. 537 trat →Vitigis die P. an die Franken ab, um deren Neutralität im Kampf gegen Byzanz zu erkaufen.
M. Schottky

B. Mittelalter

I. Vom Frühmittelalter bis zum 11. Jahrhundert – II. Vom 11. Jahrhundert bis zur Mitte des 13. Jahrhunderts – III. Von der Mitte des 13. Jahrhunderts bis zum Ende des 15. Jahrhunderts.

I. Vom Frühmittelalter bis zum 11. Jahrhundert: Die P. des FrühMA lebte im Rhythmus der Teilungen des Merowingerreiches. Der galloröm. Aristokratie entstammende →Patricii repräsentierten eine Königsgewalt, die oft theoretisch blieb. Der Abbruch der Bf.slisten am Ende des 6. Jh. weist auf starke Zerrüttung hin. Die Niederschlagung des Aufstandes des Patricius Mauronius, der sich mit dem muslim. →Wālī v. →Narbonne verbündet hatte, kann dagegen als Ausdruck einer Wiedereingliederung der P. in das Frankenreich der →Karolinger gelten. Das →Polyptychon des Wadaldus (813–814) belegt, daß die ländl. Gebiete einer tiefen demograph. Krise anheimgefallen waren.

Im Vertrag v. →Verdun (843) gehörte die P. (als Bestandteil des Regnums →Burgund) zum Reichsteil →Lothars I. Nach dessen Tod (855) erhielt sein jüngerer Sohn →Karl (855–863) das →Regnum der Provence und des Viennois (→Vienne), das fast das gesamte Becken der →Rhône umfaßte (Regnum Provinciae). →Karl d. Kahle bemächtigte sich 863 des Regnums und übertrug die Gft. Viennois (welche die P. miteinschloß) seinem Getreuen →Boso. Nach dem Tode →Ludwigs d. Stammlers erkannten die weltl. und geistl. Großen des Kgr.es →Burgund auf der Versammlung v. →Mantaille (879) Boso den Kg. stitel zu. Doch unterlag er 882 der Koalition der karol. Kg.e. Eine Versammlung der Großen und Bf.e wählte 890 seinen Sohn Ludwig III. (→Ludwig d. Blinde) zum Kg. des sich bis zur Diöz. Vienne erstreckenden Kgr.es P. Geblendet von →Berengar v. Friaul, seinem Gegenspieler im Kampf um das Kgr. →Italien, übergab Ludwig III. die Herrschaft, die er als Mgf. v. Vienne und Hzg. v. P. innehatte, an seinen Vetter →Hugo v. Arles (905). Dieser trat 935 seine Rechte westl. der Alpen an Rudolf II., den Kg. des (transjuran.) Burgund, ab. Die Realität der Herrschaft im lokalen Bereich wurde bestimmt von burg. Adelsfamilien, ausgestattet mit (erblich gewordenen) gfl. und vizgfl. Rechten, unter ihnen namentl. das Geschlecht der Gf. en v. →Arles, die ihren Gf. entitel durch die Markgrafenwürde, die sie bald nach ihrem Sieg über die Sarazenen v. →Fraxinetum (974) annahmen, erhöhten. Auch als die P. nach dem Tode Rudolfs III. von Heinrich III. mit dem Kgr. Burgund in den Verband des Imperiums eingegliedert wurde (Solothurn, 1038), blieb sie ein Fürstentum zu ungeteiltem Besitz.

II. VOM 11. JAHRHUNDERT BIS ZUR MITTE DES 13. JAHRHUNDERTS: In der 2. Hälfte des 11. Jh. wurden die verschiedenen Zweige der Gf. enfamilie nur mehr von Töchtern repräsentiert; durch Heirat kamen somit die Rechte an auswärtige Gf. enhäuser: →Toulouse (1040), →Urgel (1080) und →Gévaudan (um 1090). Nach der Ermordung Gilberts v. Gévaudan durch aufständ. Herren vermählte sich dessen Tochter Dulcia (→Douce) mit dem Gf. en v. →Barcelona, →Raimund Berengar III. (1112). An die Stelle der einst ungeteilten Herrschaft trat nun der Gegensatz zw. den Häusern Barcelona und Toulouse, der in eine Aufteilung des Landes einmündete: Ein Abkommen von 1125 sprach Raimund Berengar die Gebiete zw. Rhône, Durance, Alpen und Meer zu (Gft. P.), wohingegen Alphonse Jourdain v. Toulouse die Gebiete nördl. der unteren Durance und die Terre d'Argence am rechten Rhôneufer (Mgft. P.) erhielt. Eine Übereinkunft aus der Mitte des 12. Jh. definierte auch den Anteil der mit dem Haus Toulouse verschwägerten Gf. en v. →Forcalquier. Der Konflikt flammte verschiedentlich wieder auf; zu nennen ist v. a. die Revolte der Herren v. Les Baux gegen die Barceloneser Gf. enfamilie (1131–62).

Die Gesellschaft der P. wurde dominiert von etwa 20 großen Adelsfamilien (→Marseille, →Baux, →Fos u. a.), die reiche Allodien (→Allod) besaßen und bevorzugt die Bf. e und Domherren der Kathedralkapitel stellten. Der ungestüme Selbständigkeitsdrang des Adels ließ in den Jahren zw. 1010 und 1030 ungeordnete Verhältnisse entstehen, auf welche die Kirche (Raimbaud de Reillanne, Ebf. v. Arles, 1030–80) mit der Verkündigung des →Gottesfriedens reagierte. Die →Gregorian. Reform führte weitere Schläge gegen die Machtposition des Laienadels. Am Ende des 12. Jh. unterstanden die Bf. e der päpstl. Gewalt, die Kapitel waren wieder zu geistl. Gemeinschaften geworden, das kirchl. Patrimonium war wiederhergestellt. Der Reichtum der Bm. er und Abteien bildete der Grundlage eines großangelegten roman. Kirchenbauprogramms (Arles, St-Trophime; →St-Gilles u. a.). Der demograph. Aufschwung führte zur Entstehung neuer Dörfer, erweiterte den besiedelten und landwirtschaftl. genutzten Raum und regte den Handelsaustausch an. Hieraus zogen die Städte ihren Nutzen, v. a. die Rhônestädte, seit dem 12. Jh. →Marseille. Der wirtschaftl. Aufstieg gab der kommunalen Bewegung Auftrieb (→Kommune, II). Die →Konsulate, die zw. 1129 (→Avignon) und 1178 entstanden, waren anfangs von stadtsässigen Rittern (milites) dominiert, dehnten sich dann auf die Stadtbürger aus und entwickelten sich zu echten kollektiven Seigneurien, welche die bfl. und gfl. Gewalt in Unruhe versetzten.

→Alfons II. (I.) (1166–96), Kg. v. Aragón und Gf. v. Barcelona, festigte die Macht der katal. Dynastie in der P. Er setzte →Bayles ein, die fast alle aus Katalonien oder Aragón stammten. Ein juge-mage unterstützte oder vertrat den Kg.-Gf. en bei der Justizausübung. Um 1178 errichtete der Kg. seine Residenz in →Aix-en-P. Er dehnte seine Autorität aus auf die Haute-P. (den östl., in die Alpen hineinreichenden Landesteil) und handelte für seine Tochter den Ehevertrag aus, der die Gft. Forcalquier mit der Gft. P. vereinigen sollte. Gf. Alfons II. (1191–1209) sollte sein Leben lang um die Durchführung dieses Vertrages kämpfen. Die Regierung →Sanchos v. Aragón für den bis 1216 minderjährigen →Raimund Berengar V. (1209–45) schwächte die Gf. engewalt, wovon der Gf. v. Toulouse, die Stadt Marseille, die Städte im unteren Rhônetal und in der östl. P. sowie die fehdelustigen Adligen des Alpengebiets profitierten. Ab 1226 zwang ihnen aber der neue Gf. seinen Willen auf. Er schuf administrative Sprengel, die Baillies, die er seinen Getreuen anvertraute, so dem Katalanen Romée v. Villeneuve, der über die Baillie v. Outre-Siagne die östl. P. kontrollierte. Die Rechte des Gf. en wurden durch Statuten definiert (1235–38), die gfl. Domänen durch Konfiskationen und die Fiskaleinkünfte durch neue Abgaben auf Weiderechte (→Transhumanz) und Salz erweitert. Im N des Landes suchte er die Macht des Adels zu beschränken, indem er von der Gf. engewalt kontrollierte Konsulate errichtete, so in der 1232 gegr. neuen Stadt Barcelonnette.

III. VON DER MITTE DES 13. JAHRHUNDERTS BIS ZUM ENDE DES 15. JAHRHUNDERTS: Die Neuvermählung (1246) der Béatrix, letzte Tochter Raimund Berengars V., mit →Karl v. Anjou (1246–83), dem Bruder →Ludwigs d. Hl. n, begründete eine neue Dynastie (→Anjou). Der neue Gf. brach den Widerstand des Adels und der Städte. Er schöpfte voll die gfl. Prärogativen aus, die er in einem Inventar (1251–52) aufzeichnen ließ; dabei rekuperierte er diejenigen Rechte, die inzwischen von anderen Gewalten usurpiert worden waren, und fügte ihnen das Salzmonopol (→Salz) hinzu. Er erweiterte das Gebiet der Gft. im N und O auf Kosten von →Piemont und →Ligurien. Karl verlieh der Verwaltungsorganisation der Gft. definitive Gestalt, indem er sie in Baillies oder Vigueries aufgliederte; in diesen Verwaltungseinheiten wurde der Gf. von einem baile (→Bayle) oder viguier (→Vikar), einem clavaire (→clavarius) und einem juge (Richter) repräsentiert. 1263 mit dem Kgr. →Sizilien belehnt, residierte Karl, der eine großangelegte Mittelmeerpolitik verfolgte, in seinen späteren Jahren nicht mehr in der P.

Die Anjou, die als ihren Vertreter einen (häufig ausgewechselten) →Seneschall einsetzten, verstanden es, die fiskal. Ressourcen der Gft., die den sichersten Anker ihres Kgtm. s bildeten, wirkungsvoll zu nutzen. →Karl II. (1282–1309) konsolidierte die Territorialerwerbungen seines Vaters im O der Gft., intensivierte die Fiskalquellen, setzte mit dem Rational einen leitenden Finanzverwalter ein und vervollkommnete Justiz, Verwaltungsorganisation und Archivwesen.

Unter der Regierung →Roberts (1309–43), der stark durch seine Italienpolitik gebunden war, gewann die P. wieder stärkere institutionelle Autonomie, die in der Einrichtung einer →Chambre des Comptes (Rechnungshof) und der Verstärkung des Einflusses des →Conseil royal (kgl. angevin. Rates), dem der Seneschall zur Seite stand, ihren Ausdruck fand. In dieser Periode wuchs die Bevölkerung (z. B. hatte Nizza 1249 4000 Einw., 1323 10000), der landwirtschaftl. genutzte Raum wurde vergrößert. Die Installierung der päpstl. →Kurie in →Avignon (1316) belebte wirtschaftl. Austausch und Kreditverkehr.

Nach Roberts Tod ohne männl. Erben (1343) litt auch die Gft. P. unter den Hofintrigen der jungen Kgn. →Johanna, die 1348 vor den heranrückenden Truppen der ung. Anjou aus Neapel entfloh und während einer halbjährigen Residenz in der P. Hilfe und Geldmittel zu erlangen hoffte (Verkauf Avignons an den Papst). Ab 1357 suchten plündernde Söldnerbanden (→Kompagnien) die bis dahin vom →Hundertjährigen Krieg verschonte P. heim. Die États de P. (→États) waren bei den starken organisator. und finanziellen Anstrengungen der Landesverteidigung weitgehend auf sich allein gestellt.

Das Gr. →Abendländ. Schisma führte zur dramat. Zuspitzung der Krise: Johanna, die für →Clemens VII. Partei ergriffen hatte, sah sich isoliert und von allen Seiten bedrängt. Ohne Erben, adoptierte sie den Hzg. v. →Anjou, der ihr im Gegenzug Hilfe leistete. Diese Entscheidung spaltete die P.; Marseille und ein Großteil des Adels standen im Bürgerkrieg der Mehrzahl der Städte gegenüber, die sich um Aix-en-P., das Haupt der gegen →Ludwig v. Anjou († 1384) gerichteten Union, scharten. Die angevin. Partei triumphierte 1387; doch zogen es Nizza und ein Teil der östl. P. vor, sich dem Gf. en v. →Savoyen zu unterstellen (1388). Die Unsicherheit dauerte noch ein Jahrzehnt an, infolge des von Raymond de →Turenne geführten Bandenkrieges. Angesichts der Untätigkeit des Hofes ergriffen die États erneut die Initiative zur Überwindung der Gefahr. Die Kriegswirren führten zur explosiven Steigerung der Fiskallasten. Im Gefolge der Schwarzen→Pest (Marseille 1347, weitere Epidemien 1361, 1371–73) entstand eine tiefgreifende demograph. Krise, die zahlreiche →Wüstungen und eine Schrumpfung der grundherrl. Einkünfte mit sich brachte. Der Rückgang des Agrarlandes begünstigte extensive Weidewirtschaft (Aufschwung von Transhumanz und Wollausfuhr). Erst ab 1440 begann ein zögernder demograph. Wiederanstieg.

Trotz aller Rückschläge verzichteten auch die (nur ztw. in der P. residierenden) Fs. en aus dem zweiten Haus Anjou nicht auf die Jagd nach der neapolitan. Chimäre. →Ludwig II. (1348–1417), →Ludwig III. (1417–34) und →René (1434–80) waren zugleich dem frz. Königshof eng verbunden, nahmen am Krieg gegen England und an den Machtkämpfen unter Karl VI. und Karl VII. lebhaften Anteil. In der Spätzeit seiner Regierung (1471) unterhielt Kg. René, berühmt als →Mäzen, in seinen Palästen in Aix, →Tarascon und Gardanne eine erlesene Hofhaltung. Zur Bestreitung seiner ehrgeizigen Politik ließ er neue Steuern auf den Außenhandel erheben, unter Ausschaltung der Opposition der États. Im Zuge des demograph. Aufschwungs siedelten die Grundherren in den wüstgefallenen Dörfern Zuwanderer aus Ligurien und Piemont an. Die Etablierung des kaufmänn. Unternehmers Jacques →Coeur in Marseille belebte den →Levantehandel (v. a. mit →Gewürzen).

Im Testament von 1474 übertrug Kg. René die P. seinem Neffen →Karl v. Maine, der 1480 das Erbe antrat, was zu einer militär. Demonstration →Renés II. v. Lothringen, des übergangenen Enkels Renés, führte (1481). Karl vermachte kurz vor seinem Tode die P. an Kg. Ludwig XI. (10. Dez. 1481). Am 15. Jan. 1482 legten die États de P. dem einflußreichen kgl. Gouverneur, Palamède de →Forbin, ihre Gesuche vor: Bestätigung der von den Gf. en gewährten Privilegien, Beibehaltung der hergebrachten Institutionen und Prozeßverfahren. Duch kgl. *lettres patentes* tat Kg. Karl VIII. diesem Wunsch Genüge: Die P. wurde mit dem Kgr. Frankreich vereinigt, ohne ihm »unterstellt« ('subalternée') zu sein. Ein eigenes →Parlement wurde in Aix eingerichtet (1501). In diesen letzten Jahrzehnten des 15. Jh. verschlechterte sich die wirtschaftl. Situation in empfindl. Weise: Hungersnöte und Pestepidemien erschütterten das Land, die sozialen Spannungen verschärften sich, antijüd. Umtriebe mündeten in die Judenvertreibung von 1501 ein. N. Coulet

Lit.: zu [A]: F. Kiener, Verfassungsgesch. der P. seit der Ostgotenherrschaft bis zur Errichtung der Konsulate, 1900 – K. F. Stroheker, Der senator. Adel im spätantiken Gallien [Nachdr. 1970] – A. L. F. Rivet, Gallia Narbonensis, 1988 – H. Wolfram, Die Goten, 1990³ – *zu [B]: [allg.]:* Les Bouches du Rhône, hg. P. Masson, II: Antiquité et MA, 1924 – R.-H. Bautier-J. Sornay, Les sources de l'hist. économique et soc. du MA, I: P., Comtat Venaissin, 1968 – Atlas hist. de la P., hg. E. Baratier, G. Duby, E. Hildesheimer, 1969 – Hist. de la P., Doc. de l'hist. de la P., hg. E. Baratier, 1969–71 – Topographie chrétienne des cités de la Gaule des origines au milieu du VIII° s., II, III, hg. N. Gauthier-J. Chr. Picard, 1986 – La P. des origines à l'an mille, hg. P.-A. Février, 1989 – *[zu einzelnen Perioden und Fragestellungen]:* G. De Manteyer, La P. du Ier au XII° s., 1908 – V.-L. Bourrily, Essai sur l'hist. politique de la commune de Marseille des origines à la victoire de Charles d'Anjou (1264), 1925 – E.-G. Léonard, Hist. de Jeanne I°ʳᵉ, 3 Bde, 1932–37 – E. Engelmann, Zur städt. Volksbewegung in Südfrankreich...: Arles 1200–50, 1950 – E. Baratier-F. Reynaud, Hist. du commerce de Marseille, II, 1951 – Th. Sclafert, Cultures et déboisements en haute P., au MA, 1959 – E. Baratier, La démographie provençale du XIII° au XVI° s., 1961 – E. Smyrl, La famille des Baux, Cah. du Centre d'Études des Sociétés Méditerranéennes, 1, 1968, 7–108 – E. Baratier, Enquête sur les droits et revenus de Charles I°ʳ d'Anjou en P., 1969 – P.-L. Malaussena, La vie en P. orientale aux XIV° et XV° s., 1969 – L. Stouff, Ravitaillement et alimentation en P. aux XIV° et XV° s., 1970 – G. Duby, Hommes et structures du MA, 1973, passim – J.-P. Poly, La P. et la société féodale, 1976 – M. Hébert, Tarascon au XIV° s., 1979 – D. Poppe, Économie et société d'un bourg provençal au XIV° s., Reillanne en haute P., 1980 – M. de Forbin, L'Union de la P. à la France, Mém. Acad. Vaucluse, 1981, 19–112 – J. Pryor, Business Contracts of Medieval P., 1981 – N. Coulet, A. Planche, F. Robin, Le roi René, 1982 – F. Robin, La cour d'Anjou-P., 1985 – M. Aurell, Une famille de la nobl. prov. au MA, les Porcelet, 1986 – E. Sauze-Ph. Senac, Un pays provençal: le Freinet de l'an mille au milieu du XIII° s., 1986 – L. Stouff, La ville d'Arles à la fin du MA, 1986 – N. Coulet-L. Stouff, Le village de P. au bas MA, 1987 – N. Coulet, Aix-en-P., espace et relations d'une capitale (milieu XIV° – milieu XV° s.), 1988 – G. Giordanengo, Le droit féodal dans les pays de droit écrit, 1988 – M. Aurell, La vieille et l'épée. Troubadours et politique en P. au XIII° s., 1989 – P. L'Hermite-Leclercq, Le monachisme féminin dans la société de son temps. Le monastère de La Celle (XI°–début du XVI° s.), 1989 – P.-A. Amargier, Un âge d'or du monachisme, St-Victor de Marseille (990–1090), 1990 – J.-P. Boyer, Hommes et communautés du haut pays niçois médiéval. La Vésubie (XIII°–XV° s.), 1990 – M. Hébert, Les assemblées représentatives et la genèse de l'État moderne en P. (Genèse de l'État moderne en Méditerranée, 1993), 267–284.

Provenzalische Literatur. Die Bezeichnung p. L. geht auf die 1575 publizierten »Vies des plus célèbres et anciens poètes provençaux« des Provenzalen Jean de Nostredame zurück. Sie blieb bis nach dem 2. Weltkrieg gebräuchl. und wurde erst in den letzten Jahrzehnten zunehmend durch den Begriff »okzitanische Literatur« ersetzt. Gemeint ist jedoch in beiden Fällen die Lit. ganz Südfrankreichs, wo die →Langue d'oc gesprochen bzw. geschrieben wurde. *Quellen:* Seit dem »Grundriß« von K. Bartsch (1872) werden in der Troubadourforschung die →Chansonniers mit Siglen bezeichnet. Es ist jedoch zu beachten, daß viele dieser Chansonniers auch erzählende Lit. und nicht nur Lyrik enthalten. Diesem Umstand ist rezeptionsgeschichtl. bei der für die →Troubadours üblichen Verweisen Rechnung zu tragen. Die Q. sind voll erschlossen (vgl. Brunel, Avalle), doch sehr unterschiedl. erforscht. Neuentdeckungen sind aber noch möglich; so sind kürzlich in einer Hs. aus dem 11. Jh. fünf Verse mit lyr. Charakter gefunden worden (Anecdota novissima, hg. B. Bischoff, 1984). *Ursprünge:* Vor der Zeit des ältesten Troubadours →Wilhelm v. Poitiers sind aus dem 11. Jh. erzählende Dichtungen erhalten, z. T. allerdings nur fragmentarisch: das Lehrgedicht »Boeci« (→Boethius) in assonierenden Laissen, die Heiligenleben von Saint Léger und von Sainte Foi (→Fides), vom Anfang des 12. Jh. ein Alexanderfragment. Die unterschiedlichsten Gattungen sind somit in der p. L. schon sehr früh vertreten. *Epik:* Der älteste ep. Text ist das Alexanderfragment in 105 Achtsilbern von Alberic v. Pisançon (Briançon), doch hat die Alexanderepik in der p. L. keine Fortsetzung gefunden (→Alexander d. Gr. B. V). Zur Zeitgesch. sind drei ep. Texte in Alexandrinern erhalten. Der früheste, der »Canso d'Antiocha«, ein lit. bedeutendes Frgm., betrifft eine Episode des 1. Kreuzzuges (um 1130?). Daran schließt sich formal ausdrückl. die umfangreiche »Chanson de la Croisade albigeoise« an (→Albigenser), welche z. T. großen Quellenwert besitzt. Das hist. Epos besteht aus zwei Teilen, dessen erster, von →Wilhelm v. Tudela, das Geschehen eher vom Standpunkt der frz. Invasoren aus darstellt, während der zweite Teil, von einem Anonymus aus dem Toulousain, vehement gegen die frz. Kreuzfahrer Stellung nimmt. Ende 14. -Anfang 15. Jh. entsteht, vermutl. in Toulouse, eine prov. Prosafassung der »Chanson«. Ebenfalls in formaler Anlehnung an die vorhergehenden Epen berichtet Guilhem Anelier aus Toulouse die Wirren in →Pamplona von 1276-77 (→Navarra). - Trotz der engen Beziehungen Südfrankreichs zu den Ländern südl. der Pyrenäen, d. h. zu den ep. Schauplätzen der Karlsgeste, ist die nordfrz. »Königsgeste« (→Chanson de geste) in der p. L. kaum vertreten, da es im Midi keine Identifizierung mit der Ideologie des Kg.s (→St-Denis) gab. Allerdings finden sich schon in der »Canso d'Antiocha« Anspielungen auf eine von der frz. abweichende ep. Roland-Tradition (→Roland; →Rolandslied), die sich später in den originellen prov. Kurzepen »Ronsasvals« und »Rollan a Saragossa« manifestiert (Datierung umstritten; beide Texte in derselben Hs., Ende 14. Jh.). Reminiszenzen ep. Karlslegenden (→Karl (I.) d. Gr., B) finden sich im lat. Prosatext »Gesta Karoli Magni ad Carcassonam et Narbonam«, der um 1200 im Kl. La Grasse entstanden ist und im 14. Jh. in prov. Prosa übers. wurde (»Philomena«, so benannt nach dem Übers.). Der »Ferabras« hingegen ist, mit Ausnahme der ersten 600 Vv., eine freie Übers. der frz. Chanson de geste »Fierabras«. Die Vasallenepik ist mit den zwei bedeutenden Chansons →Girart de Roussillon und →Daurel et Beton vertreten. Nur als Frgm. ist »Aigar et Maurin« erhalten. *Erzählende Lit.:* Im Vergleich zur frz. Lit. sind die narrativen Texte nicht zahlreich. Allerdings finden sich in vielen lyr. und ep. Texten Anspielungen auf nicht erhaltene Erzählungen. Es ist in der Forsch. umstritten, ob es sich dabei um prov. oder frz. Texte handelt, etwa bei der Zitierung von Namen aus der Artus-, Tristan- und Karlssage (ab 2. Drittel des 12. Jh.). Die Kurzerzählungen sind geprägt von der ironischen Bezugnahme auf die lyr. Dichtung. Dies gilt sowohl für die →Vidas und die dazugehörigen Gedichtkomm.e (»Razos«) als auch für die seit dem frühen 13. Jh. belegten »Novas« (Novellen), welche die Eifersucht der Männer und die Weiberlisten schildern, etwa bei Arnaut de Carcassés und dem Katalanen Raimon →Vidal, welcher auch mit den »Razos de trobar« eine der ältesten Grammatiken der Troubadoursprache verfaßt hat, worin er sich als vorzügl. Kenner der Lyrik ausweist; dieser Traktat wurde von Terramagnino v. Pisa im 13. Jh. in Verse gefaßt (→Grammatik, D. II, →Uc Faidit). An Artusromanen oder mit ihnen verwandten Erzählungen sind zu nennen: Der auch in Aragón bekannte →Jaufre, »Blandin de Cornoualha« sowie »Guilhem de la Barra« (1318). Singulär ist der höf. Roman→Flamenca, zu dem es in der frz. Lit. kein Gegenstück gibt. Prosaromane finden sich keine in der p. L.; sie ist eine Domäne des Frz., wie es schon Dante festgestellt hat (→Frz. Lit. III). *Didaktische Literatur:* Sie ist themat. weit gestreut und reicht vom Rechtsbuch (Lo →Codi) und von religiösen Texten zum höf. →Ensenhamen (→Garin lo Brun; vgl. auch →Minneallegorie), zu den Traktaten des →Daude de Pradas und zur Wissensvermittlung in den versch. Bereichen (→Lehrhafte Lit., V). Das Boethiusfragment »Boeci« weist noch predigthafte Züge auf, laikal sind jedoch der »Libre de Seneca« und die prov. Fassung der →Disticha Catonis, welche wie →Barlaam und Joasaph und der »Elucidari« (→Lucidarius) bezeugen, daß die p. L. an der gesamteurop. didakt. Lit. partizipiert. Ein Sonderfall sind hingegen die Enzyklopädie von Matfre →Ermengaud und, im 14. Jh., die →Leys d'Amors. Der letztgen. Traktat kodifiziert die klass. höf. Troubadourdichtung und setzt den Rahmen für den nun städt. Dichterwettstreit (→Jeux floraux), ähnlich den nordfrz. →Puys. Im letzten Viertel des 14. Jh. verfaßt der Feldmesser Bertrand Boysset eine Unterweisung in der Feldmeßkunst, eine Chronik sowie eine ganz auf das Lob seiner Vaterstadt Arles ausgerichtete Universalchronik in Versen. Dieser von der Kritik »Roman d'Arles« genannte Text verwendet versch. legendäre Stoffe (Kreuzholzlegende, Zerstörung Jerusalems, Einnahme von Arles durch Karl d. Gr.). Boyssets Texte sind in Autographen erhalten. *Religiöse Literatur:* Neben den Übers. des Johannesevangeliums und der Apokryphen (→Lehrhafte Literatur, V) ist noch das Estherfragment von Crescar du Caylar zu erwähnen (in hebr. Schrift) sowie die Heiligenleben in Versen, die südfrz. Hll. betreffen: Fides, Trophimus und Honoratus (»Vida de sant Honorat« von Raimon Feraut, um 1300). *Dramatische Literatur:* Das älteste Monument ist das Spiel für die Hl. →Agnes (8. A.), entstanden um 1340-50 in der Gegend von Béziers. Die Bühnenanweisungen sind alle lat.; von den zahlreichen lyr. Einlagen sind viele mit der Melodie überliefert (NEW GROVE 12, 42), die sowohl dem kirchl. wie dem volkstüml. und dem troubouresken Repertoire entnommen sind, z. B. eine Marienklage nach der →Alba von →Guiraut de Bornelh. Weiter sind →Mysterienspiele aus dem Rouergue sowie eine Passion überliefert. Die im SpätMA zahlreichen Belege für Aufführungen von Mysterienspielen geben keine Hinweise, ob es sich um prov. oder frz. Texte gehandelt hat. Hingegen sind aus der Gegend von Briançon und aus Embrun im Dauphiné literar. anspruchslose und sicher für ein ungebildetes Publikum bestimmte Mysterienspiele erhalten (Ende 15.-Anfang 16. Jh.), die z. T. auf Vorlagen aus der Provence zurückzugehen scheinen. Da die Stücke die Viten von Hll. darstellen (Antonius, Eustachius, Peter und Paul, Ponce, Andreas, Bartholomäus), dürften sie eine Reaktion auf die häret. Bewegung der →Waldenser sein, die Gegner des Hl.nkults waren. M.-R. Jung

Bibliogr.: DLFMA, 1992 - D. C. HASKELL, Provençal Lit. and Language Including the Local Hist. of Southern France. A List of References in the New York Public Library, 1925 [Neudr. 1973] - H. PILLET-H. CARSTENS, Bibliogr. der Troubadours, 1933 [Neudr. 1968] - C. BRUNEL, Bibliogr. des mss. littéraires en ancien provençal, 1935 [Neudr. 1973 mit Erg. von G. BRUNEL-LOBRICHON in Bull. de l'Assoc. internat. d'Études occitanes 8, 1990, 1-12] - R. A. TAYLOR, La Litt. Occitane du MA, Bibliogr. sélective et critique, 1977 - D'A. S. AVALLE, I manoscritti della lett. in lingua d'oc [Neuausg. L. LEONARDI], 1993 - Bibliogr. de la litt. occitane du MA, Bull. de l'Assoc. internat. d'Études occitanes 9, 1993 - Laufende Bibl. in: Tenso. Bull. of the Soc. Guilhem IX - *Ed.*: Canso d'Antioca, hg. E. GREENAN, 1976 – Flamenca, ed. J.-C. HUCHET, 1988 [mit frz. Übers.] - Chanson de la croisade albigeoise, E. MARTIN-CHABOT, 1931-61 [Neudr. 1989] - Le Roland occitan, ed. et trad. G. GOUIRAN-R. LAFONT, 1991 - Nouvelles occitanes du MA, ed. J.-C. HUCHET, 1992 - La chanson de Girart de Roussillon, ed. et trad. M. DE COMBARIEU DE GRÈS-G. GUIRAN, 1993 - *Lit.*: E. MÜLLER, Die altprov. Versnovelle, 1930 - R. LAFONT-C. ANATOLE, Nouvelle hist. de la litt. occitane, 1970 - F. PIROT, Recherches sur les connaissances litt. des troubadours occitans et catalans des XIIe et XIIIe s., 1972 - J. CHOCHEYRAS, Le théâtre religieux en Dauphiné du MA au

XVIII ᵉ s., 1975 – A. LIMENTANI, L'eccezione narrativa, 1977 – C. ANATOLE, La prose hist. occitane au MA, XIV Congr. internat. di linguistica e filologia romanza. Atti, V, 1981, 303–319 – Studia occitanica in memoriam P. REMY, II: The Narrative, 1986 – Il miglior fabbro ... (Fschr. P. BEC, 1991) – IIIᵉ Congr. internat. de l'Assoc. internat. d'Études occitanes, Montpellier 1990, 3, 1993.

Provenzalische Sprache → Altprovenzalische Sprache

Proverbes, Proverbs, Proverbia → Sprichwort

Proverbia Grecorum, Sentenzenslg. aus vorkarol. Zeit, vielleicht ir. Ursprungs, die teils kurze, teils aus mehreren Sätzen bestehende Sprüche umfaßt. Das größte zusammenhängende Stück ist mit 74 Lebensregeln in den gelehrten Exzerpten (»Collectaneum«) des →Sedulius Scottus überliefert, Weiteres findet sich in desselben »Liber de rectoribus christianis«, ferner in der →Hibernensis Collectio Canonum und beim norm. →Anonymus; einiges wenige auch bei Cathvulf (Brief an Karl d. Gr., MGH Epp. Karol. IV, 501ff.) sowie in den Hss. clm 14096 und Ambrosianus F. 60. sup.   B. Gansweidt

Lit.: MGH Epp. Karol. VI, 206 [Vorrede] – S. HELLMANN, Sedulius Scottus, 1906, 121–135 – W. M. LINDSAY, Zs. für celt. Philol. 7, 1910, 266f. – B. BISCHOFF, Anecdota novissima, 1984, 98–100 – D. SIMPSON, Traditio 43, 1987, 1–22.

Proverbia Senecae (auch »Sententiae Senecae«). Unter dem Namen Senecas überlieferte Teilslg. der Sprüche des röm. Mimendichters →Publilius Syrus (1. Jh. v. Chr.); rund 700 iamb. Senare bieten dem Alphabet folgend je Vers eine Lebensweisheit. Ein Teil der Hss. (für das 9.–12. Jh. über 40 bei B. MUNK OLSEN, L'étude des auteurs class. lat., II, 1985, 378f.) ergänzt Fehlendes durch Prosasprüche aus einer weiteren Seneca zugeschriebenen Slg. »de moribus«.   B. Gansweidt

Ed.: W. MEYER, Publilii Syri mimi sententiae, 1880 – Lit.: SCHANZ-HOSIUS I, 259ff. [Lit.] – BRUNHÖLZL I, 192, 452 – Verf.-Lex.² VIII, bes. 1085 [Lit.].

Provincia, Provinz, ursprgl. Geschäftsbereich eines →Consuls oder →Praetors, dann geogr. abgegrenzter Amtsbezirk eines röm. Statthalters. Die Provinzialordnung des Augustus (27 v. Chr.), die das Röm. Reich (ohne Italien und das als ksl. Privatbesitz geltende Ägypten) in ksl. und senator. P.en geteilt hatte, bestand bis zum Ende des 3. Jh. 297 hob Diokletian den Unterschied zw. ksl. und senator. P. im wesentl. auf und teilte die damals ungefähr 50 bestehenden P.en stark auf, wobei auch der Sonderstatus von Italien und Ägypten verschwand. Der →Laterculus Veronensis (Anfang 4. Jh.) nennt 95 P.en, deren Zahl im weiteren Verlauf der Spätantike auf 120 anstieg (→Notitia dignitatum, 5. Jh.). An senator. P.en blieben die bedeutend verkleinerten Verwaltungseinheiten Africa, Asia und das von Konstantin wieder hinzugefügte Achaia übrig, die unter →proconsules standen. Der Titel der übrigen Statthalter lautete →praeses. Aufgrund der Trennung von militär. und zivilem Dienst verloren die Statthalter in den meisten P.en ihr militär. Kommando, doch stellte Justinian in einigen P.en die frühere Einheit von militär. und ziviler Befehlsgewalt wieder her. Unmittelbare Vorgesetzte der Statthalter waren die →vicarii, die Vorsteher der aus mehreren P.en bestehenden →Diözesen.   M. Schottky

Lit.: RE XXIII, 995–1029 [Lit.] – TH. MOMMSEN, Abriß des röm. Staatsrechts, 1907² [Neudr. 1974] – A. DEMANDT, Die Spätantike, HAW III, 6, 1989, 54f., 249ff.

Provins, Stadt in der →Champagne (dép. Seine-et-Marne), Standort einer der großen →Champagnemessen. Die erste Erwähnung des 'pagus Pruviniensis' datiert von 802. Ein Denar Karls d. K. trägt die Inschrift 'Castris Pruvinis'. Von →Her(i)bert II. v. Vermandois vor 942 erworben, kam das Provinois durch Heirat an die Gf.en v. →Blois, die es als kgl. Lehen innehatten. Die weibl. Mitglieder des Gf.enhauses Blois-Champagne besaßen es im 11. und 12. Jh. oft als Wittum. Das Gebiet der Burg mit einem Umfang von 950 m, errichtet auf einem Bergsporn, schloß die Kollegiatkirche St-Quiriace ein, gegr. von Gf. →Odo II. vor 1032. Außerhalb des Burgbezirkes lagen der Markt und das Hospital St-Jacques (um 1050). Im 'Val' (Tal) bestand eine Kapelle, die während der Normanneneinfälle Reliquien des hl. Ayoul aufnahm und 1048 von Gf. →Tedbald I. als Priorat an die Abtei Montier-la-Celle zu →Troyes gestiftet wurde. Anläßl. der Erhebung der Ayoul-Reliquien (1085/96) wird erstmals eine Handelsmesse in P. genannt.

Zu Beginn des 12. Jh. wurde eine Befestigung von 1,7 km Länge errichtet, die das als 'Châtel' bezeichnete städt. Areal mit Hospital und Markt umschloß. In den Jahren 1137–41 belegen Urkk. die Existenz zweier Messen im Bereich des Châtel, eine im Winter, zu St. Martin (die bald abkam), eine im Mai. Hinzu trat die Messe zu St. Ayoul (Sept.), die im 'Val' stattfand. Diese Messen wurden bereits von pikard. und fläm. Kaufleuten rege besucht.

Der eigtl. Aufschwung von P. geht zurück auf die Politik des Gf.en →Heinrich I. ('Henri le Libéral'), der den Donjon neu errichten und ab 1159 das Kollegiatstift St-Quiriace wiederherstellen ließ, aus der aber eine Gruppe von Kanonikern in das strengere Stift St-Jacques abwanderte, dessen Hospitalfunktionen an ein neues Spital, das am Fuß der Burg im Val lag, übergingen. Bald nach dem Tode ihres Gemahls gründete die Gfn. →Marie de Champagne das Kollegiatstift Notre-Dame du Val.

Die rasch wachsende städt. Bevölkerung forderte um 1153 eine →Kommune, offenbar ohne größeren Erfolg. Das Umland von P. war in dieser Zeit durch Binnenkolonisation voll erschlossen. Dynam. Aufschwung erfuhr das Tuchgewerbe, dessen Produkte auf den Messen das Angebot der fläm. Tuchhändler ergänzten und gegen Ende des 13. Jh. wohl nahezu das Volumen v. →Ypern erreichten. Dank regen Geldumlaufs entwickelte sich der →Denier v. P. (denarius provitiensis) zu einer führenden Währung des Abendlandes und wurde in Rom nachgeprägt. Im Verlauf des 13. Jh. erlangte das Geldgeschäft (→Wechsel) auf den Messen vorrangige Bedeutung. Ein Florentiner Wechsler in P., Renier →Accorre († um 1297), machte große Karriere als Finanzier des Gf.en.

Dank der umsichtigen Politik der Gf.en kam es nicht zu größeren Konflikten mit dem Bürgertum, das vielmehr an der Machtausübung partizipierte. 1230 nahm →Tedbald IV. ('Thibaud le Chansonnier'), der aus P. gebürtig war, die Errichtung eines mächtigen Mauerzugs (5 km) in Angriff; er schloß das um einen neuen Markt vergrößerte Châtel und das ganze Val mit ein. Doch konnte diese starke Befestigung erst im Laufe von einem Jahrhunderten vollendet werden. Ebenfalls 1230 gewährte Gf. Tedbald seinen Untertanen in P. und im Sprengel der neun ländl. Gemeinden, die von P. abhingen ('Vilois'), ein Statut (→Charte de franchises), das dem von →Troyes und →Bar-sur-Aube folgte: Ein Bürgermeister (maire) und zwölf Geschworene (jurés), die vom Gf.en designiert wurden, übernahmen in wesentl. Bereichen der Verwaltung, die bisher vom gfl. →Prévôt ausgeübt worden war, die Gerichtsbarkeit (außer der Halsgerichtsbarkeit) und das Steuerwesen (Kapitalsteuer: 'jurée'). Es etablierten sich in P. Franziskaner (1227), Klarissen, schließlich Dominikaner (1270). Im Val bestanden drei Pfarreien, doch nur eine im Châtel, da sich das Kapitel von St-Quiriace 1247 einer Aufgliederung widersetzt hatte. Das Archidiakonat (Dekanat) P. des Bm.s →Sens umfaßte um die 60 Pfarreien.

Da das chron. Finanzdefizit den Magistrat zu unpopulären Maßnahmen trieb, brach 1281 eine Revolte aus, der Bürgermeister Guillaume Pentecôte zum Opfer fiel. Es begann eine Krisenzeit, die zum einen mit dem Übergang der Gft. Champagne an die Krone Frankreich (1285), zum anderen mit dem Verlust der Mittlerfunktion der Champagnemessen (z. T. bedingt durch Umfahrung der Iber. Halbinsel durch it. Schiffe seit Ende des 13. Jh.) zusammenhing. P., das den Rang der zweiten Hauptstadt der Gft. und die internationale Handelsfunktion einbüßte, wurde nun vorrangig zur Stadt der Tuchmacher und Färber. Die städt. Charta wurde um 1324 aufgehoben. Die Schwarze →Pest und der →Hundertjährige Krieg beschleunigten den Verfall. 1417-29 von den Anglo-Burgundern beherrscht, 1429 (endgültig 1433) von Karl VII. zurückgewonnen, hatte die Stadt die Hälfte ihrer Einw. verloren. Ihre hist. Rolle war ausgespielt. M. Bur

Lit.: F. Bourquelot, Hist. de P., 2 Bde, 1839-40 – E. Chapin, Les villes de foires de Champagne des origines au début du XIVe s., 1937 – A. de Maillé, P., Les monuments religieux, 1939 [Neudr. 1975] – M. Veissière, Une communauté canoniale au MA, St-Quiriace de P., 1961 – M. Bur, La formation du comté de Champagne (v. 950-v. 1150), 1977 – J. Mesqui, P., la fortification d'une ville au MA, 1979 – M. Veissière u. a., Hist. de P. et de sa région, 1988 – P. Garrigou-Grandchamp, Les maisons canoniales de St-Quiriace à P., P. et sa région, 145, 1991, 65-116 – J. Mesqui u. a., Le palais de comtes de Champagne à P. (XIIe-XIIIe s.), BullMon 151, II, 1993, 321-355.

Provinzial → Ordensprovinz

Provision. 1. P. (provisio canonica), kanon. Verleihung eines Kirchenamtes durch die zuständige kirchl. Autorität, zugleich auch das Recht des kirchl. Oberen zur Verleihung. Die P. besteht aus mehreren Abschnitten: Auswahl des Kandidaten (designatio personae; steht diese jemandem anderen zu, so wird die Befugnis des Oberen als provisio minus plena bezeichnet); Amtsübertragung (collatio officii); bei →Benefizien auch Besitzergreifung bzw. Besitzeinweisung (→Investitur, II). Kein Teil der P. ist die →Weihe. Erfolgt im System der relativen Ordination die Amtsverleihung durch die Weihe auf ein bestimmtes Amt, so sind ab der 2. Hälfte des 12. Jh. Amtsverleihung und Weihe zwei getrennte Akte (→Potestas ecclesiastica). Die P. kann entweder frei (libera) oder gebunden (necessaria) sein, wobei auch die freie einem anderen als dem Bf. (z. B. Archidiakon) zukommen konnte. Deshalb wurde auch zw. provisio ordinaria und provisio extraordinaria unterschieden. Bei der gebundenen Verleihung bestand entweder Wahl- (bzw. Postulationsrecht), Präsentations- (abgeschwächtes Eigenkirchenrecht [→Eigenkirche], →Patronat und →Inkorporation) oder Nominationsrecht (→Nomination). Der Vorgeschlagene erwarb ein ius ad rem und mußte bei Eignung eingesetzt werden. Der Rechtsakt des Oberen wurde als confirmatio oder admissio (bei der Postulation) bezeichnet. Dieses Recht konnte auch gerichtl. eingeklagt werden. Wer ein Benefizium durch ein Jahr gutgläubig besessen hatte, konnte es nur im Wege eines Prozesses verlieren (35. Kanzleiregel). Wer ohne →Simonie oder äußere Gewalt durch drei Jahre in friedl. Besitz eines Benefiziums war, konnte überhaupt nicht mehr verklagt werden (36. Kanzleiregel). Die Regel, daß das Amt nur bei Vakanz besetzt werden kann, galt im MA nicht allg. (Anwartschaften auf Kanonikate durch Kapitel und Päpste, Expektanzen auf niedere Benefizien, Bf.sbestellungen sede vacante). Nicht geeignet (non idoneus) waren: Uneheliche, ehel. Kinder von Geistlichen, Verheiratete und Personen ohne ausreichende Bildung; weiter galten als Hindernis: mangelndes Alter, Kirchenstrafen, Zugehörigkeit zu einer anderen Diöz. Bei mehreren Bewerbern war die persona dignior auszuwählen. Nach staatl. Recht waren schon seit dem 14. Jh. in manchen Ländern fremde Untertanen ausgeschlossen.

R. Puza

Lit.: DDC VI, 1077-1081 – P. Hinschius, System des kath. Kirchenrechts mit bes. Rücksicht auf Dtl., II, 1878, 474-704 – Plöchl II, 200-220 – R. Puza, Kath. Kirchenrecht, 1993^2, 163f.

2. P. (handelsrechtliche Provision). Die moderne, handelsrechtl. P. ist eine Vergütung für eine kaufmänn. Geschäftsbesorgung, die nach Prozentsätzen des Umsatzes oder Gewinns berechnet wird. Sie ist auch im MA bezeugt, allerdings nicht unter dem Ausdruck provisio. Ihre Empfänger sind Handelsvertreter, Kommissionäre und →Makler. Der älteste erhaltene Maklertarif – von 1204 aus Genua – legt eine Geldp. nach dem Gewicht der gehandelten Waren fest (Schaube, 761). Die →Kommission ist im MA hauptsächl. in Varianten verbreitet, bei der die Gewinnbeteiligung nicht eigtl. der modernen P. entspricht. Die kommissionsartige hans. sendeve kannte keine P. Die Geschäftsbesorgungen erfolgten auf Gegenseitigkeit. Im Hanseraum und in anderen Gegenden Europas wurde der Handelsvertreter oft durch Fürlegung (Vorlegginge) beteiligt: Der Handelsherr schoß einem Diener das Kapital vor, mit dem dieser dann an dem Geschäft beteiligt war (Bauer, 70f.). Bei der mittelmeer. commenda wird der geschäftsführende Partner zwar durch Prozente am Gewinn beteiligt, aber diese Beteiligung läßt sich nicht als P. auffassen, da eine Ges. gleichrangiger Partner Kapitalgeber und Geschäftsführer zusammenführt. Die reich dokumentierte Firma →Datini kennt allerdings neben Geschäftspartnern und fest besoldeten →Faktoren auch Korrespondenten, commissi, die auf P. arbeiteten (Origo, 109).

R. Sprandel

Lit.: A. Schaube, Handelsgesch. der Roman. Völker..., 1906 – W. Schmidt-Rimpler, Gesch. des Kommissionsgeschäfts in Dtl. I, 1915 – Cl. Bauer, Unternehmung und Unternehmungsformen..., 1936 – I. Origo, Le marchand de Prato, 1959 – R. Sprandel, Die Konkurrenzfähigkeit der Hanse im SpätMA, HGBll 102, 1984.

Provisors, Statutes of. Die päpstl. →Provisionen wurden in England seit der Mitte des 13. Jh. kritisiert. 1307 stellte das Parliament v. Carlisle fest, daß die engl. Kirche von den Kg.en und Lords zum Wohle ihrer Untertanen gegr. und ausgestattet wurde, doch ihre Einkünfte durch die Provisionen an Ausländer gelangten. Schließlich erließ Eduard III. auf Druck des Parliaments 1351 ein Statut, das die Deklaration v. 1307 wiederholte und die Gefangennahme von Provisoren und ihren Vertretern anordnete, die die Inbesitznahme von Benefizien durch die vom zuständigen Patron präsentierten Inhaber störten. Ein zweites Statut v. 1365 umfaßte ähnlich wie das Statut v. →Praemunire (1353) Gerichtsverfahren und Strafen. Doch ließen die diplomat. Interessen Eduards nur eine begrenzte Anwendung der Statuten zu. Die päpstl. Provisionen sicherten auch die Anwartschaft auf vakante Bf.sstühle. Viele Kleriker, sogar einige Kard.e und kuriale Beamte, bekamen kgl. Ausnahmeregelungen, die ihnen den Erhalt von kleineren Benefizien gestatteten. Doch verklagten einige Kleriker, die eine frühere Einsetzung in ihre Benefizien beanspruchten, die Provisoren im →King's Bench. Nachdrückl. wurden jedoch in einem Statut v. 1352 die Provisionen bei Ordenshäusern abgelehnt, so daß die engl. Kl. bis zu ihrer Auflösung (1536, 1539) weiterhin ihre Äbte und Prioren wählen konnten, sehr wenige wurden Gegenstand päpstl. Kommendierungen. Weitere Petitionen und ein Statut gegen die Provisoren v. 1390 markieren die weiterhin feindl. Haltung des Parliaments. Nachdem Heinrich V. die Statuten 1413 bestätigt hatte, wurden bis 1532 nur die Bf.e durch Provisionsbullen ernannt. R. L. Storey

Lit.: C. Davies, The S. of P. of 1351, History 38, 1953, 116–133 – The English Church and the Papacy in the MA, hg. C. H. Lawrence, 1965 – R. L. Storey, Papal Provisions to English Monasteries, Nottingham Medieval Stud. 35, 1991, 77–91.

Provost (engl.; von lat. pr[a]epositus, 'Vorsteher'). In Schottland erscheinen in den ältesten kgl. Urkk. die prepositi eines →burgh, zuerst anläßl. der feudalen Neuordnung des Landes unter David I. Eine Urk. von Wilhelm I. ist an die prepositi von Berwick-on-Tweed gerichtet. Diese Bürger waren die Vorsitzenden der Gilden im burgh, und zw. 1250 und 1300 kristallisierte sich die Wahl eines prepositus oder p. aus ihrem Kreis heraus. Am Ende des 14. Jh. war der p. schließlich der wichtigste Amtsträger im burgh. Das Bürgermeisteramt (→mayor) in den engl. →boroughs hat sich dagegen aus dem praefectus, dem →reeve oder →steward entwickelt (→Bürger, F). – P. bezeichnet außerdem den Vorsteher eines Kathedralkapitels (→Kathedralkl. , -priorat) oder einer religiösen Gemeinschaft (→Propst), manchmal aber auch einen leitenden Verwaltungsbeamten oder den Vorsteher von Kollegien in →Oxford oder →Cambridge. A. Cameron

Q. und Lit.: P. Chaplais, English Royal Doc. King John–Henry VI, 1199–1461, 1971 – Reg. Regum Scott. II, 1165–1214, ed. G. W. S. Barrow, 1971 – A. A. M. Duncan, Scotland, The Making of the Kingdom, 1975.

Prozession
I. Westen – II. Byzanz.

I. Westen: Das in der Antike bedeutsame Phänomen des »Zuges« (Pompa u. ä.) erhält im ma. W durch die (liturg.) P. eine typ. Eigenprägung. Insgesamt handelt es sich um eine »dynam. Ortsveränderung«, die einer Generallinie verpflichtet ist (christl. Thematik) und dabei Sondermotiven Rechnung trägt. Daraus resultiert die Grundgestalt der P., aber auch die Vielfalt ihrer Eigenformen. Maßgebl. Bestandteile sind: Eröffnung, Zug (im engeren Sinn) und Abschluß. Sporad. Bemerkungen über Verlauf und Ausstattung (Kreuz, Fahnen, liturg. Paramente und Farben) in den »Ordines« werden in den »Ordinarien« detailliert und münden in die stark rubrizist. gefärbten Zeremonienbücher. Zur Grundgestalt gesellen sich lokale bzw. volkstüml. Ergänzungen und Variationen.

Phänomenolog. ergeben sich drei Hauptgruppen. 1. Gedächtnis-P.en: bei diesen bildet ein spezif. Heilsmysterium den Kern. Sie sind entweder christolog. orientiert (»Lichtmeß«, 2. Februar; Palmsonntag; Umkreis »Ostern–Taufe« u. ä.) oder vom Hl.ngedenken abhängig (z. B. Patrone). 2. Heiligungs-P.: hier wirkt ein »positives« (Vervollkommung) oder »negatives« (Befreiung) Moment gestaltbildend (Fest-P., Dank-P., Buß-P., Wallfahrt u. ä.). 3. Funktional-P.en: sie sind von speziellen »Vorgaben« bzw. Stationen bedingt (»Szenenwechsel«; Übertragung; Begräbnis). s. a. →Adventus.
H. Reifenberg

Lit.: LThK² VIII, 843ff. [Lit.] – H. Reifenberg, Sakramente, Sakramentalien und Ritualien im Bm. Mainz, 1–2, 1971–72 [Lit.] – Ders., Fundamentalliturgie, 1–2, 1978 – A. G. Martimort, Les Ordines, les Ordinaires et les Cérémoniaux, 1991.

II. Byzanz: Der feierl. Umzug ist Bestandteil der symbol.-zeremoniellen Handlungen, die wesentl. das öffentl. und private Leben von Byzanz prägten.

[1] *Religiöse P. n.*: a) *In der Meßliturgie*: »Kleiner Einzug«: Ursprgl. P. von Klerus und Gemeinde vom Narthex in die Kirche; nach Einführung der Bilderwand Niederlegung des Evangeliums durch den von der n. Tür kommenden Diakon auf dem Altar; im »Großen Einzug« (»Einzug der hl. Mysterien«) bringt der Priester die hl. Geräte und Gaben von der Nordtür der Bilderwand mit Lichtern und Weihrauch durch die ganze Kirche ziehend zum Altar. b) Litai, liturg. Festp.en von Klerus und Volk, in Konstantinopel das gesamte Kirchenjahr hindurch. An 17 der vom Synaxar aufgezählten 68 P.en nahm der Ks. teil; außerdem Dank- oder Bittp.en zu bes. Anlässen (z. B. Marienp.en 626 bei der Belagerung Konstantinopels durch die Avaren und Slaven). c) Pilgerp.en und P.en bei Reliquientranslationen: vgl. Menologion Ks. Basileios II., Vat. gr. 1613 (s. a. Holum–Vikan, 1979). Wallfahrten formierten sich zu mehr oder weniger geregelten Pilgerp.en nicht nur in Jerusalem, Konstantinopel, Qal at Seman in Syrien, Chonai, Thessalonike u. a., sondern auch an lokalen Heiligtümern (z. B. Sparta, Öl des hl. Nikon).

[2] *Kaiserp.en*: a) *Religiöse Ausgänge*: Bes. feierlich waren die P.en bei den »Großen Ausgängen« zur H. Sophia an großen Herrenfesten, dem Tag der Krönung, bei der Ordination des Patriarchen und bei der Geburt und Taufe eines Prinzen. Kerzen, Lampen und Weihrauchschalen, die dem Ks. vorangetragen wurden, Akklamationen und Gesänge ahmen kirchl. Symbolik nach. Der Gebrauch von Weihrauch und Feuer geht auf den antiken Ks.kult zurück. b) *Kaiserp.en bei bes. Anlässen*: Beim feierlichen Einzug des siegreichen Ks.s (z. B. Justinian I. 541, Herakleios 619, Nikephoros II. Phokas 963) wiederholt sich, ins Christliche transponiert, die Adventus-Symbolik der röm. Ks.zeit (bildl. Darst. Holum–Vikan, 1979). Auch der Auszug des Ks.s zum Feldzug wurde in P.en festl. begangen (vgl. Zeremonienbuch I, App.). Im Trauerzug wurde dem Ks. wie im antiken Rom als »Bewohner jener höheren civitas« die letzte Ehre erwiesen.

[3] *P.en bei Ernennung hoher Beamter* wie Stadteparch oder Kuropalates oder mit dem Magistros- oder Patrikiostitel Geehrte, die mit dem gesamten Hofstaat zur H. Sophia zogen (Zeremonienbuch II 45f., nicht mehr bei Ps. Kodinos [Mitte 14. Jh.]).

[4] *Weltliche P.en*: Aus dem Heidentum übernommene Umzüge verschwinden im Zuge der Verchristlichung des byz. Lebens oder werden in das Ks.zeremoniell integriert, wie z. B. die P. bei der Stadtgründungsfeier. Joh. Chrysostomos schildert noch maskierte Umzüge an den Kalenden (1. Jan.; Kukules II, 1 17f.). Während Zünfte und Zirkusparteien (Demen) bei den Ks.p.en nur noch als Statisten fungierten, hat sich ein Umzug der Notare am Fest ihres Schutzhl.n bis ins 11. Jh. erhalten (vgl. Christophoros Mitylenaios, 136).

[5] *P.en bei Familienfesten*: wie Hochzeiten und Totengeleit (Kukules IV, 104f.).

[6] *Die Strafp. als Gegenbild zur Feierlichen P.*: Diesen »ehrlosen Triumphzug« (πομπή) mußten nicht nur namenlose Diebe und Ehebrecher erleiden; der abgesetzte Ks. Andronikos I. wurde 1185 halbtot durch die Straßen geschleift, auch über →Maximos Homologetes wurde 662 eine Strafp. verhängt. G. Weiß

Lit.: Ph. Kukules, Byzantion Bios…, 1948–57 – B. Kötting, Peregrinatio religiosa, 1950 – O. Treitinger, Die oström. Ks.- und Reichsidee nach ihrer Gestaltung im höf. Zeremoniell, 1956² – R. Guilland, Sur les itinéraires du livre des Cérémonies, JÖBG 10, 1961, 39–52 – K. Onasch, Einf. in die Konfessionskunde der orth. Kirche, 1962 – R. Janin, Les processions religieuses à Byzance, RevByz 24, 1966, 69–88 – Th. Mathews, The Early Churches of Constantinople: Architecture and Liturgy, 1971 – H. Holum–G. Vikan,

The Trier Ivory, Adventus Ceremonial, DOP 33, 1979, 115-133 – H.-J. SCHULZ, Die byz. Liturgie, 1980 – P. MARAVAL, Lieux saints et pélerinages d'Orient, 1985 – S. MCCORMACK, Eternal Victory, 1986 – J. BALDOUIN, The Urban Character of Christian Worship, 1987.

Prozeß, -recht, -verfahren → Gerichtsverfahren

Prud' hommes → Probi homines

Prudentius. 1. P. (Galindo), Bf. v. →Troyes seit ca. 846, †861; in Troyes als Hl. verehrt (Fest 6. April), stammte aus Spanien, unter Ludwig d. Fr. Kapellan, vermutl. Autor eines Psalmenflorilegs für die Ksn. →Judith (MGH Epp. Karol. 7, 323f.). 844/845 visitierten →Lupus v. Ferrières und P. im Auftrag Karls d. K. Klöster. Von 835 bis zu seinem Tod führte P. die →Annalen v. St-Bertin (fortgesetzt durch→Hinkmar v. Reims). Zu Hinkmar stand P. in Opposition in seinem Kampf gegen das →Eigenkirchenwesen wie auch in seinem Eintreten für die Prädestinationslehre →Gottschalks v. Orbais. Auf Veranlassung Hinkmars verfaßte P. 850 einen längeren Brief zu diesem Thema (MPL 115, 971ff.), auf Wunsch Ebf. →Wenilos v. Sens 851 eine umfangreiche Schrift gegen die philos. Spekulationen des →Johannes Scotus Eriugena (ebd., 1011ff.; Widmungsbrief: MGH Epp. 7, 631ff.), mit der Hinkmar sich in seinem Werk »De praedestinatione« auseinandersetzte. P. bekräftigte seine Haltung 856 in einem Brief an Wenilo und die Synode v. Sens (MGH Conc. 3, 379ff.). Außerdem verfaßte er aufgrund persönl. Bekanntschaft eine »Vita Maurae virginis Trecensis« (BHL 5725, MPL 115, 1367ff.) und ein Gedicht über die vier Evangelien (MGH PP 2, 679f.). Er nahm an mehreren Synoden teil und stand in briefl. Kontakt zu bedeutenden Männern der Zeit; überliefert sind ein an ihn gerichteter Brief Leos IV. (MGH Epp. 7, 611), Lupus' v. Ferrières (ebd. 8, 62f.) und →Walahfrid Strabos (MGH Formulae, 375f.), der ihm auch ein Gedicht widmete (MGH PP 2, 403), sowie eine Formata des P. an Walahfrid.

M. Stratmann

Q. und Lit.: Hinkmar v. Reims, Collectio de ecclesiis et capellis, ed. M. STRATMANN, bes. 7ff. (MGH Fontes iur. Germ., in us. schol. 14, 1990) – The Annals of St. Bertin, hg. J. L. NELSON, 1991 – LThK² VIII, 845f. – MANITIUS I, bes. 344ff. – W. HARTMANN, Die Synoden der Karolingerzeit im Frankenreich und in Italien, 1989.

2. P. (Aurelius P. Clemens), chr. Dichter, * 349 in Spanien. 405 gab er eine Slg. seiner Gedichte heraus: 1. »Cathemerinon« (Tagelieder), 12 Hymnen in lyr. Strophen (6 für einzelne Tageszeiten, 2 zur Fastenzeit, Lob Christi, Totengesang, je 2 für Weihnachten und Epiphanias). 2. Hexametr. Lehrgedicht »Apotheosis« ('Göttlichkeit', Trinitätslehre, eingeleitet durch antihäret. Invektive in Epodenform). 3. Hexametr. Lehrgedicht »Hamartigenia« (Über die Entstehung der Sünde, mit iamb. Einl. gegen Markion). 4. »Psychomachia«, erstes allegor. chr. Gedicht: Paarweise kämpfen die 7 Hauptlaster Götzendienst, Unzucht, Zorn, Hochmut, Üppigkeit, Geiz, Zwietracht gegen die 7 Haupttugenden Glaube, Keuschheit, Geduld, Demut, Mäßigkeit, Eintracht. 5. Zwei Bücher gegen Q. Fabius Memmius →Symmachus (B. I enthält mit traditionellen chr. Argumenten einen scharfen Angriff auf das Heidentum, verbunden mit einem Preis des→Theodosius (I.); B. II widerlegt die Argumente der 3. Relatio). 6. »Peristephanon« (Über die Märtyrerkronen), 14 Hymnen in lyr. Strophen zu Ehren von v. a. span. und röm. Märtyrern mit hochpathet. und drast. Schilderung ihrer Leiden. In der Praefatio seiner Slg. deutet P. seinen berufl. Werdegang an (Studium der Rhetorik, Anwalt, zweimal Statthalter, hoher Beamter am Ks.hof). Das »Dittochaeon« ('Zweifache Speisung', 48 vierzeilige Epigramme zu je 24 Bildern aus AT und NT) wurde erst später hinzugefügt. Als bedeutendster lat. chr. Dichter der Spätantike war P. mit der klass. Erbe und der Dichtung von Lukrez bis →Claudianus voll vertraut; seine lyr. Verse schulte er an Horaz, seine Sprache v. a. an Vergil und Ovid. So schuf er in Anlehnung an die traditionellen Gattungen antiker Poesie einen Kanon chr. Dichtung. In den Hymnen nahm er z. T. die von →Ambrosius gewählte Form des trochäischen Dimeters auf, ging aber in der sprachl. und kompositor. Gestaltung viel weiter. Im Sieg des chr. Rom über das Heidentum sah er die Vollendung des zivilisierten Imperium Romanum. Während zeitgenöss. Zeugnisse fehlen, wird er seit→Sidonius Apollinaris (epist. 2, 9) bereits in der Spätantike und in der Folgezeit häufig erwähnt (Gennadius, Avitus, Gregor v. Tours, Venantius Fortunatus, Isidor, Beda). Von Alkuin an wird er zum meistgelesenen, imitierten, glossierten und kommentierten Dichter des lat. MA (Autorenliste LAVERENNE I, 1943, XVII-XXI; RE 1068f.), was u. a. ca. 320 Hss. dokumentieren. Einzelne Strophen aus den Hymnen wurden in das röm. →Brevier übernommen. Bes. der Einfluß von »Psychomachia« (LAVERENNE III, 1948, 25-46) und »Peristephanon« auf Lit. und bildende Kunst ist nicht leicht zu überschätzen. Ed. pr. Deventer 1492.

J. Gruber

Ed. und Komm.: J. BERGMAN, CSEL 61, 1926 – M. LAVERENNE, 4 Bde, 1943ff. [mit frz. Übers.] – H. J. THOMSON, 2 Bde, 1949/53 [mit engl. Übers.] – M. C. EAGAN, 2 Bde, 1962/65 [engl. Übers.] – M. C. CUNNIGHAM, CC 126, 1966 – Cathemerinon: M. PELLEGRINO, 1964 [1-6; Komm.] – R. PALLA, 1961 [mit it. Übers., Komm.] – CHARLET, 1988 [frz. Übers.] – Apotheosis: C. BROCKHAUS, 1872 [dt. Übers.] – E. RAPISARDA, 1948 [mit it. Übers.] – Hamartigenia: J. STAM, 1940 [engl. Übers., Komm.] – R. PALLA, 1961 [mit it. Übers., Komm.] – Psychomachie: M. LAVERENNE, 1933 [mit frz. Übers., Komm.] – E. RAPISARDA, 1962 [mit it. Übers., Komm.] – U. ENGELMANN, 1959 [mit dt. Übers.] – Contra Symmachum: C. STRAMONDO–L. TAORMINA, 1956 [mit it. Übers.] – Dittochaeon: R. PILLINGER, 1980 [Komm.] – Konkordanz: J. DEFERRARI–J. M. CAMPBELL, 1932 – Lit.: HLL § 629 – KL. PAULY IV, 1202f. – RE XXIII, 1039-1072 – M. LAVERENNE, Étude sur la langue du poète P., 1933 – I. RODRIGUEZ-HERRERA, Poeta Christianus [Diss. München 1937] – A. KATZENELLENBOGEN, Allegories of the Virtues and Vices in Ma. Art, 1939 [Neudr. 1964] – A. SALVATORE, Stud. prudenziani, 1959 – H. R. JAUSS (Fschr. W. BULST, 1960), 179-206 – CH. GNILKA, Stud. zur 'Psychomachie' des P., 1963 – K. THRAEDE, Stud. zu Sprache und Stil des P., 1965 – R. HERZOG, Die allegor. Dichtkunst des P., 1966 – W. STEIDLE, Die dichter. Konzeption des P. und das Gedicht 'Contra Symmachum', VC 25, 1971, 241-281 – M. SMITH, P.' Psychomachia. A Reexamination, 1976 – W. LUDWIG, Die chr. Dichtung des P., Entretiens Fondation Hardt 23, 1977, 303-372 – J.-L. CHARLET, L'influence d'Ausone sur la poésie de P., 1980 – S. DÖPP, P.' Gedicht gegen Symmachus, JbAC 23, 1980, 65-81 – CH. GNILKA, Die Natursymbolik in den Tagesliedern des P., JbAC Ergbd. 8, 1980, 411-446 – K. R. HAWORTH, Deified Virtues, Demonic Vices and Descriptive Allegory in P.' Psychomachia, 1980 – J.-L. CHARLET, La création poétique dans le Cathemerinon de P., 1982 [dazu CH. GNILKA, Gnomon 59, 1987, 299-310] – S. G. NUGENT, Allegory and Poetics, 1985 – C. FABIAN, Dogma und Dichtung, 1988 – J. S. NORMAN, Metamorphoses of an Allegory. The Iconography of the Psychomachia in ma. Art, 1988 – A. DIHLE, Die gr. und lat. Lit. der Ks.zeit, 1989, 593ff. – M. v. ALBRECHT, Gesch. der röm. Lit., II, 1992, 1076-1086 [Lit.].

Prüfening → Regensburg

Prüm (ŏ St. Salvator), ehem. Abtei OSB (Rheinland-Pfalz). 721 gründeten die Adlige Bertrada und ihr Sohn Charibert, Gf. v. Laon, auf Eigengut im Carosgau ein Mönchskl. in P. Die Gründer gehörten zur einflußreichen Irmina-Hugobert-Sippe (→Echternach, Pfalzel), einer mit den Karolingern verwandten und im Maas-Mosel-Raum begüterten frk. Adelsfamilie. Die ersten Mönche kamen vielleicht aus Echternach und lebten nach der Mischregel→Columbans. Durch Bertradas gleichnamige

Enkelin (⚭ Kg. →Pippin III.) fiel P. vor (?) 751 an die Karolinger. Pippin und seine Gemahlin stellten das nur noch bedingt lebensfähige Kl. seit 751/752 rechtl., materiell und religiös auf neue Grundlagen, die den Charakter einer Neugründung trugen. In der Erneuerung P.s verbanden sich persönl. Motive Pippins (Dank für die Kg.serhebung, Sicherung des Seelenheils) und polit.-liturg. Ziele (Hauskl., Gebet pro stabilitate regni). Bereits Pippin verlieh freie Abtswahl (762), →Immunität und Schutz (763) und übertrug mit den Zellen Altrip, Kesseling und Révin a. d. Maas spätere lokale Verwaltungs- und Besitzzentren, denen noch St. →Goar (782) und Münstereifel (ca. 800) folgten. Der Einzug neuer Mönche aus S. Faro in →Meaux 752 brachte P. den Anschluß an die monast. Reformkreise und die Durchsetzung der →Regula Benedicti. Doch erst unter Pippins Söhnen und Enkeln stieg P. zum religiösen, sozialen und kulturellen Vorort der Karolinger (Grabstätte Ks. →Lothars I.) und zu einer von Kgtm. und Adel reich begüterten Reichsabtei auf (→P.er Urbar). Die Zerstörung des Kl. durch die Normannen (882, 892) beendete P.s erste Blütezeit. Heinrichs II. religiöse und besitzmäßige Neuordnung P.s um 1003 öffnete es den Reformeinflüssen →Gorzes. Die für 1039–1104 erhaltenen P.er Totenannalen bezeugen Gebetsverbrüderungen mit Fulda, St. Maximin und Echternach. Im 13. Jh. gelangte der Aufbau einer Landesherrschaft (*land Prume*) im Caros- und Ardennengau zum Abschluß: Seit 1299 besaß P. die Reichsstandschaft. Den um 1230 einsetzenden Kampf der Ebf.e v. →Trier um die Inkorporation wehrte P. mit Hilfe der Ebf.e v. Köln (Schutzverträge 1246, 1299, 1379), der Privilegien und Schutzversprechen des frz. Kg.s (1449, 1480) und des burg. Hzg.s (1470) sowie des Bündnisses mit dem Adel der Eifel ab. Erst 1576 wurde das 1802 aufgehobene P. dem Erzstift Trier inkorporiert.

Bis zur norm. Zerstörung besaß P. ein blühendes Skriptorium (→Wandalbert v. P., ahd. →Georgslied, →Regino v. P.). Der Verlust aller Hss. 1511 erschwert die Rekonstruktion der bedeutenden P.er Bibliothek. Die nach 887, vielleicht erst um 923 entstandenen P.er Annalen enthalten Notizen zur Kl.- und Reichsgesch. von 714–755 und 828–923. H. Seibert

Ed.: L. Boschen, Die Annales Prumienses, 1972 – *Lit.:* Wattenbach-Levison–Löwe VI, 895–904 – M. Willwersch, Die Grundherrschaft des Kl. P., 1912 [Teildr.], 1989 [erw. Ausg.] – P. Neu, Die Abtei P. im Kräftespiel zw. Rhein, Mosel und Maas vom 13. Jh. bis 1576, RhVjbll 26, 1961, 255–285 – D. Geuenich, P. Personennamen in Überlieferungen von St. Gallen, Reichenau, Remiremont und P., 1971 – W. Haubrichs, Die Kultur der Abtei P. zur Karolingerzeit, 1979 – M. Knichel, Gesch. des Fernbesitzes der Abtei P. in den heutigen Niederlanden, in der Picardie ..., 1987 – P. Neu, Die Eifelabtei P. (Vorzeiten IV, 1988), 47–68 – E. Wisplinghoff, Unters. zur Gründungsgesch. des Kl. P., Jb. für westdt. Landesgesch. 17, 1991, 1–27.

Prümer Urbar. Die norm. Verwüstung des Kl. →Prüm und seines Besitzes 882 und 892 veranlaßte Abt →Regino zu einer Bestandsaufnahme der klösterl. Güter, Rechte und Einkünfte. Ergebnis der von verschiedenen Mönchskommissionen 892/893 vor Ort durchgeführten Nachforschungen waren mehrere geogr. klar abgegrenzte Teilurbare, die zu einem Gesamturbar, dem P.U. von 893, zusammengefaßt wurden; das P.U. ist in einer Abschrift des Exabts v. P., Caesarius v. Milendonk, von 1222 erhalten. Das den westfrk. →Polyptycha vergleichbare P.U. (118 Kap.) verzeichnet den Besitz P.s (ca. 1700 Mansen) in mehr als 400 Orten (im Raum zw. Ijssel, Oberrhein, Maas und Lahn), die Fron- und Transportdienste sowie Abgaben der ansässigen Bauern und Hörigen. Caesarius hat seine Abschrift mit zahlreichen Komm.en verse-

hen: u. a. Erklärung volkssprachl. und lat. Fachbegriffe, Beschreibung des aktuellen Zustandes des Gutes bzw. des Weges seines Verlusts. H. Seibert

Ed.: Das P. U., hg. I. Schwab, 1983 – *Lit.:* Ch. E. Perrin, Recherches sur la seigneurie rurale en Lorraine d'après les plus anciens censiers, 1935, 3–98 – L. Kuchenbuch, Bäuerl. Gesellschaft und Kl.herrschaft im 9. Jh., 1978 – Y. Morimoto, Sur la copie de Césaire (1222) du polyptyque de l'abbaye de P., 1980 – K. Petry, Die Geldzinse im P. U. von 893, RhVjbll 52, 1988, 16–42 – 1100 Jahre P. U., hg. R. Nolden, 1993.

Prunkurkunde, Sonderform der abendländ. Königs-Kaiserurk. im Früh- und HochMA auf gefärbtem →Pergament mit Gold- bzw. Silbertinte (→Tinte). Vorbild waren anscheinend die mit Rahmen verzierten und bes. →Schrift ausgezeichneten »Auslandsbriefe« der byz. Ks. auf Purpurpergament mit Goldtinte. Einfluß auf die Ausgestaltung im W hatte sicherl. auch die Verwendung von Purpurpergament und Goldtinte in liturg. Hss. Die in Italien, Imperium und Sizilien entstandenen →Purpururkunden können höchstwahrscheinl. als Zweitausfertigung des Empfängers angesehen werden. Aus Früh- und HochMA sind P.n ohne Besiegelung – z. B. →Ottonianum und Heiratsurk. der Ksn. Theophanu – erhalten, andere Exemplare waren mit →Goldbulle gesiegelt. Weitere Urkk. sind belegt, deren Ausfertigung als P. mit Goldschrift oder nur mit Goldschrift sich nicht in allen Fällen eindeutig nachweisen läßt. Im SpätMA wurde die P. mit kunstvollen →Initialen, bes. von der Kanzlei Ks. Ludwigs des Bayern (Grundform L, N, W) durch Leonhard v. München, gestaltet und die erste Zeile als Zierband bzw. Zierleiste ausgeführt; diese Form steht der Buchkunst nahe. W. Georgi

Lit.: Bresslau II, 507–513 – F. Dölger–J. Karayannopulos, Byz. Urk.nlehre. Die Ks.urk., 1968, 40, 89–94, 114f. – C. Wrede, Leonhard v. München, der Meister der P. Ks. Ludwigs d. Bayern, 1980 – C. Brühl, Purpururk. (Ders., Aus MA und Diplomatik, II, 1989), 601–619 – W. Georgi, Ottonianum und Heiratsurk. 962/972 (Ksn. Theophanu II, hg. A. v. Euw–P. Schreiner, 1991), 135–160.

Prußen (Pruzzen, Altpreußen), balt. Volk zw. Weichsel und Memel; in den Q. bis zum 9. Jh. mit den anderen →Balten zusammen als »aestii«, beim →Geographus Bavarus erstmals als »Bruzi« bezeichnet. Der Name ist abgeleitet von »prusāi«, der Eigenbezeichnung der P. Die Bedeutung des Wortes ist nicht zweifelsfrei geklärt.

[1] *Sprache:* Das Pruß. bildet den w. Zweig der balt. Sprachen. Deren Trennung in das Westbalt. und das Ostbalt. fand je nach Forscherstandpunkt im 1. Jt. v. Chr. (Kilian) oder bis etwa 500 n. Chr. statt. Das Pruß. bestand aus mehreren Dialekten und konnte mangels Schriftlichkeit nie eine Hochsprache ausbilden. Neben einer idg. Urschicht an Wörtern und einer wesentl. umfangreicheren, jüngeren balt. Schicht weist der pruß. Wortschatz germ. und v. a. slav. Lehnwörter auf. In den Jahrhunderten der Unterwerfung durch den →Dt. Orden verschwand das Pruß. im Zuge der Assimilierung des Volkes an einwandernde Deutsche, Polen bzw. Masowier und Litauer. Im →Samland konnte sich das Pruß. in Resten noch bis ins 17. Jh. halten. Die pruß. Sprache ist durch das Elbinger Vokabular (um 1400), das Vokabular des Simon Grunau (Anfang des 16. Jh.) sowie durch drei Katechismen (16. Jh.) nur mangelhaft überliefert.

[2] *Mythologie:* Die pruß. Glaubensvorstellungen weisen mit denen anderer Balten wesentl. gemeinsame Züge auf, so daß vielfach von einer balt. Religion gesprochen wird. Die pruß. Götter standen in enger Beziehung zur Natur und zum bäuerl. Leben. Es kann zw. himml. Göttern, die man durch einen ausgeprägten Kult verehrte, und

niederen Göttern, denen ledigl. ein Naturdienst erwiesen wurde, unterschieden werden. Auf die himml. Götter wurde das Naturgeschehen zurückgeführt, während man sich von den niederen Göttern eine positive Beeinflussung des Schicksals des Einzelnen erhoffte. Die wichtigsten himml. Götter waren Perkunos, der Donnergott, Pikollos, der Gott des Todes, und Potrimpos, der Gott des Lebens und der Fruchtbarkeit. Außerdem wurden die legendären Stammväter der P., Widewut und Bruteno, vergöttert. Für den umfangreichen Kult um die höheren Götter war eine Hierarchie von Priestern zuständig, deren oberster Kriwe genannt wurde, nach seinem krummen Stab Kriwule, der seine Amtsmacht symbolisierte. Ihm war eine Schar niederer Priester untergeordnet, die sich in Bezeichnung und Aufgabengebiet voneinander unterschieden. Einige dieser Priester waren für die umfangreichen Begräbniszeremonien verantwortlich. Die Toten wurden verbrannt, wobei ihnen für das Leben im Jenseits Werkzeuge, Keramik, Schmuck, Wertgegenstände und Waffen mitgegeben wurden. Gefolgsleute übergab man mit ihren Pferden dem Feuer, und Q. aus dem 9. bzw. 14. Jh. berichten davon, daß auch Witwen, Knechte und Mägde den Herrschenden auf den Scheiterhaufen folgten. Die P. kannten zahlreiche hl. Orte (Berge, Gewässer, Bäume und Wälder), deren wichtigster, der heilige Hain Romowe, Sitz des Kriwe, auch für andere Balten Bedeutung gehabt haben soll. Hl. Wälder und Flüsse dienten nach WENSKUS vielfach dazu, die Gebiete verschiedener Stämme voneinander abzugrenzen, und wirkten so friedenssichernd, während die hl. Berge Kult-, Gerichts- oder auch Bestattungsstätten gewesen sein könnten (→Polytheist. Religionen).

[3] *Stammesgeschichte:* Aufgrund der fehlenden Schriftlichkeit der P. gibt es nur sehr wenige Q. aus der Zeit vor der Unterwerfung durch den Dt. Orden. Unser Wissen stützt sich daher weitgehend auf archäolog. Funde. Mit dem 5. Jh. v. Chr. begannen die Westbalten, wesentlich früher als die Ostbalten, →Eisen zu verwenden. Es dauerte jedoch noch bis zum 2. Jh. n.Chr., bis die P. Eisen in größerem Umfang selbst herstellten. Die P. lebten in dieser Zeit in kleinen, befestigten Siedlungen auf Hügeln oder an Gewässern. Sie waren v. a. Viehzüchter und Akkerbauern, in geringerem Maße auch Fischer und Jäger. Durch die reichen Bernsteinvorkommen im Samland, dem am dichtesten besiedelten pruß. Gebiet, intensivierten sich ab dem 2. Jh. n. Chr. die Handelsbeziehungen mit röm. Provinzen. Grabbeigaben beweisen, daß in dieser Zeit große Mengen an Metall, v. a. Bronze und Silber, eingeführt wurden. Infolge der früheren Abwanderung der Goten konnten die P. im 6. Jh. ihr Siedlungsgebiet nach S bis zu den masur. Seen ausdehnen. Konsequenterweise sank im pruß. Kernland die Siedlungsdichte, und es entstanden noch kleinere, unbefestigte Siedlungen.

Mit der Völkerwanderung wurde ab dem 6. Jh. der Weg zum Mittelmeerraum gestört, so daß sich die Richtung des Handels änderte. Wichtig wurde der Ostseehandel mit den Wikingern. Dies führte zur Gründung des Handelsplatzes Truso (beim späteren →Elbing), das in seiner Bedeutung für die P. seit dem 9. Jh. von Wiskiauten (Kaup) im n. Samland abgelöst wurde. In diesen Orten siedelten sich Wikinger an, die nach VON ZUR MÜHLEN die Kultur im Küstenbereich wesentl. mitprägten, wenngleich auch die P. in gewissem Maße am Seehandel beteiligt waren. Die pruß. Siedlungen konzentrierten sich jetzt um Burgen, von denen es nach dem Bericht des Seefahrers Wulfstan ungewöhnl. viele gab. Sowohl Wulfstan als auch Q. aus der Ordenszeit bezeugen, daß die pruß. Gesellschaft sich in Burgherren (*cyninge, reges*), Gefolgschaften und Stammesadel (*nobiles, seniores*), Bauern sowie Unfreie gliederte. Mit dem Erstarken der Gefolgschaften nach der Jahrtausendwende erhöhte sich das militär. Potential. Frauen hatten in der pruß. Gesellschaft eine sehr untergeordnete Stellung. Im Vertrag v. →Christburg (1249) wird deutl., daß Frauenkauf und →Polygamie üblich waren. Überdies waren Frauen vom Erbrecht ausgeschlossen.

Die P. waren in zehn Stämme aufgeteilt, die unabhängig voneinander agierten und sich ledigl. in Ausnahmefällen für eine festumrissene Aufgabe ein gemeinsames Oberhaupt gaben. Diese Schwäche begannen die P. im 12. Jh., durch Tendenzen zur Bildung von Föderationen allmähl. zu überwinden. Das aufstrebende Polen versuchte seit dem 10. Jh., sowohl durch Missionierungsversuche als auch durch militär. Aktionen seinen Einfluß auf die P. zu stärken. Die unter →Bolesław I. Chrobry mit Unterstützung Ottos III. unternommenen Missionierungsversuche durch den hl. →Adalbert 997 und →Brun v. Querfurt 1009 scheiterten jedoch. Auch in den folgenden zwei Jahrhunderten kam es zu militär. Auseinandersetzungen mit Polen und der →Rus', die zur Entvölkerung der s. Gebiete der P. (→Jadwinger) führten. Nachdem die 1217 begonnene P.mission durch die Zisterzienser aufgrund von Streitigkeiten zw. den beteiligten poln. Hzg.en und wegen des erbitterten Widerstands der P. in Gefahr geraten war, berief →Konrad I., Hzg. v. Masowien, 1226 den Dt. Orden zum Kampf gegen die P., den der Orden 1231 begann. Die P.aufstände (→Preußenaufstände) führten dazu, daß die Ordensritter die Unterwerfung erst 1283 vollenden konnten. Gründe für die Niederlage der P. lagen in den langen, verlustreichen Auseinandersetzungen mit den slav. Nachbarn, aber v. a. auch in dem Fehlen einer dauerhaften Oberherrschaft, die es mit sich brachte, daß jeder Stamm alleine kämpfte. Obwohl die P. im 13. Jh. den christl. Glauben annehmen mußten, konnten sich einige Riten, wie z. B. das Bestatten mit Grabbeigaben, bis ins 14. Jh. halten. Danach oder verloren die P. zunehmend ihre eigene Sprache und Kultur. Bis zum 17. Jh. verschmolzen die P. endgültig mit den Deutschen. J. Börner

Lit.: *zu* [1]: R. TRAUTMANN, Die altpreuß. Sprachdenkmäler, 1909–10 – G. GERULLIS, Die altpreuß. Ortsnamen, 1922 – E. FRAENKEL, Die balt. Sprachen, 1950 – V. TOPOROV, Prusskij jazyk. Slovar', 1975ff. – L. KILIAN, Zur Herkunft und Sprache der P., 1980 – *zu* [2]: H. BERTULEIT, Das Religionswesen der alten Preußen mit litauisch-lett. Parallelen, Prussia 25, 1924 – C. KROLLMANN, Das Religionswesen der alten Preußen, Altpreuß. Forsch.en 4, 1927 – W. MANNHARDT, Letto-preuß. Götterlehre, 1936 – A. STRÖM–H. BIEZAIS, Germ. und balt. Religion, 1975 – H. BIEZAIS, Die balt. Ikonographie, 1985 – *zu* [3]: C. ENGEL–W. LA BAUME, Kulturen und Völker der Frühzeit im Preußenlande, 1937 – J. POWIERSKI, Stosunki polsko-pruskie do 1230 r., 1968 – A. RUTKOWSKA-PŁACHCIŃSKA, Tradition und Kulturumwandlungen der P. im 14. und 15. Jh., Acta Visbyensia IV, 1973 – B. VON ZUR MÜHLEN, Die Kultur der Wikinger in Ostpreußen, 1975 – D. JASKANIS–M. KACZYNKSI, The Balts – Northern Neighbours of the Slavs, 1981 – M. GIMBUTAS, Die Balten, 1983 – M. BISKUP–G. LABUDA, Dzieje zakonu krzyżackiego w Prusach, 1986 – R. WENSKUS, Ausgew. Aufs. zum frühen und preuß. MA, 1986 – V. KULAKOV, Drevnosti prussov, 1990.

Prvoslav, serb. Fs. 891–892, ältester Sohn und Nachfolger →Mutimirs. Nach einem Jahr Herrschaft von seinem Vetter Petar, Sohn von Mutimirs Bruder Gojnik, gestürzt, floh P. mit zwei Brüdern nach Kroatien; sein weiteres Schicksal ist unbekannt. B. Ferjančić

Lit.: JIREČEK I – Istorija srpskog naroda I, 1981.

Przemyśl' (aruss. Peremyšl'), am Fluß San gelegene burgstädt. Anlage im poln.-russ. Grenzraum am Handelsweg von Regensburg nach Kiev. Seit dem 10. Jh.

stritten poln., tschech., ung. und aruss. Fs.en um P., das nach 1078 auf Dauer im Herrschaftsbereich der Fs.en v. →Halič blieb. Während im Umland überwiegend Ostslaven siedelten, war die Bevölkerung von P. ethn. gemischt (Ende 10. Jh. jüd., Anfang 13. Jh. dt. Gemeinschaft). Neben orth. sind seit dem 11. Jh. auch kath. Kirchen belegt, und aus poln. Zeit vor 1030 stammen Reste der vorroman. Kapelle und des palatium. Die älteste orth. Steinkirche (vor 1124 errichtet; ŏ Johannes d. Täufer) wurde zur Kathedrale des 1220 gegr. orth. Bm.s. Nach 1340, endgültig seit 1387, gehörte P. zu →Polen und erhielt 1389 →Magdeburger Recht (Anfänge der Selbstverwaltung schon im 13. Jh.). 1375 wurde ein kath. Bm. P. gegründet (seit 1460 Bau einer Kathedrale). Das nach 1389 neu erbaute Schloß wurde mehrmals umgebaut. Im 15. Jh. gehörte P. zu den wirtschaftl. führenden Städten Polens.

A. Poppe

Lit.: M. HRUŠEVS'KYJ, Istorija Ukraïny-Rusi, II–IV, 1905–07 [Register] – A. KUNYSZ–F. PERSOWSKI, P. w starożytności i średniowieczu, 1966 – SłowStarSłow IV, 1970, 386–389.

Przemysł (Przemysław) **II.**, Hzg. v. →Großpolen, Kg. v. →Polen, * 14. Okt. 1257 in Posen, † 8. Febr. 1296 in Rogoźno (Rogasen), einziger, postumer Sohn Hzg. Przemysłs I. v. Großpolen und Elisabeths, Tochter Hzg. →Heinrichs II. d. Frommen v. Schlesien (69. H.); ∞ 1.: Juli 1273 Luidgard, Tochter Heinrichs I. d. Pilgers v. Mecklenburg (erzogen am Hof Hzg. Barnims I. v. Stettin; †Dez. 1283); 2.: 11. Okt. 1285 Rixa, Tochter Kg. Waldemars v. Schweden († wahrscheinl. vor 1291); 3.: 1291–93 Margarete, Tochter Mgf. Albrechts III. v. Brandenburg; Tochter von 2: Rixa-Elisabeth, * 1. Sept. 1288, † 19. Okt. 1335 (∞ 1.: 1303 Kg. Wenzel II. v. Böhmen; 2.: 1306 Hzg. Rudolf III. v. Österreich). Erzogen unter der Vormundschaft seines Onkels Bolesław d. Frommen, Hzg. v. Großpolen (Gnesen-Kalisch), erzwang P. Mitte 1273 die Herausgabe des väterl. Erbes (Posen). Um 1276 schloß P. ein Bündnis mit Hzg. Heinrich IV. Probus v. →Breslau, den er 1277 im Konflikt mit Bolesław II. v. Liegnitz erfolglos unterstützte, mit dem er aber seit 1281 in Grenzstreitigkeiten geriet. Nach dem Tod seines Onkels (13. April 1279) regierte er selbständig in ganz Großpolen. Am 15. Febr. 1282 schloß P. in Kępno (Kempen) einen Vertrag mit Hzg. Mestwin II. v. Pommerellen, in dem Mestwin die Lehnshoheit des großpoln. Hzg.s anerkannte und ihm sein Hzm. übertrug ('donatio inter vivos'). 1287 gelang es P. durch ein Bündnis mit Hzg. →Bogislaw IV. v. Pommern-Wolgast (erneuert 1291), seine Position gegenüber →Brandenburg zu stärken. Zw. 1287–90 einigte sich P. mit den Hzg.en Heinrich IV. v. Breslau und Heinrich I. v. Glogau auf gegenseitige Erbfolge. Nach dem Tod Hzg. Heinrichs IV. (23. Juni 1290) nahm P. →Krakau in Besitz, auf das Hzg. Władysław I. v. Kujavien ebenfalls Anspruch erhob, der →Sandomir besetzte. Im Jan. 1291 verzichtete P. zugunsten Kg. Wenzels II. v. Böhmen auf Krakau, behielt jedoch die Krönungsinsignien. Anfang 1293 schloß P. ein Bündnis mit Władysław I. gegen Wenzel II. Nach dem Tod Mestwins II. (25. Dez. 1294) nahm P. →Pommerellen in Besitz. Unter dem Einfluß von Ebf. →Jakob v. Gnesen (15. J.) verfolgte P. die Idee der Vereinigung der poln. Lande und der Wiedererlangung der Kg.swürde; am 26. Juni 1295 wurde er in Gnesen zum Kg. gekrönt. Wenig später kam P. bei einem Entführungsversuch ums Leben, den die Mgf.en v. Brandenburg angestiftet hatten, die Pommerellen und Gebiete n. der Netze für sich beanspruchten. P. stand in einem einvernehml. Verhältnis zur Kirche, unterhielt enge Kontakte zu Stadtbürgern und förderte bes. →Posen. 1284 warf er einen Adelsaufstand unter Führung des Geschlechts Zaremba nieder.

S. Gawlas

Lit.: PSB XXVIII, 730ff. [ältere Lit.] – E. RYMAR, Próba identyfikacji Jakuba Kaszuby, zabójcy króla Przemysła II, w powiązaniu z ekspansją brandenburską na północne obszary Wielkopolski (Niemcy – Polska w średniowieczu, hg. J. STRELCZYK, 1986), 203ff. – T. NOWAKOWSKI, Stosunki między Przemysłem II a Władysławem Łokietkiem w okresie walk o Kraków po śmierci Leszka Czarnego (1288–91), Rocz.Hist. 54, 1988, 143ff. – K. JASIŃSKI, Stosunki Przemysła z mieszczaństwem (Fschr. H. SAMSONOWICZ, hg. A. WYROBISZ–M. TYMOWSKI, 1991), 319ff.

Psalien, Knebel an den beiden Enden des Mundstücks, welche den richtigen Sitz des »Bisses« im Pferdemaul gewährleisten sollten. Von Steppenvölkern prähist. Zeit stammend, erhielten sich die P. bis ins HochMA. →Trense.

O. Gamber

Psalmen, Psalter
A. Christliche Kirchen – B. Literarische Ausformung. Psalterdichtung – C. Psalterillustration – D. Judentum

A. Christliche Kirchen
I. Überlieferung – II. Theologische Bedeutung – III. P. in der Liturgie – IV. Wirkung.

I. ÜBERLIEFERUNG: Innerhalb der lat. →Bibel ist die Überlieferung der P. ein Sonderfall: Nicht die von →Hieronymus 392/393 nach dem hebr. Urtext angefertigte Übers., das Psalterium iuxta Hebraeos, das sich zunächst in den meisten vollständigen Bibelhss. (Pandekten) befand, fand Eingang in die Vulgata (→Bibelübers.), sondern – wohl unter dem Einfluß der Bibelausgabe →Alkuins – das Psalterium Gallicanum, die Bearbeitung und Korrektur einer altlat. Übers., die Hieronymus zw. 389 und 392 nach dem Septuaginta-Text der Hexapla des Origenes durchgeführt hatte und die insbes. in Gallien verbreitet war. In Rom benutzte man lange Zeit, in S. Peter bis in die Gegenwart, in der Liturgie noch eine altlat. P.-Übers., das Psalterium Romanum. Die Reste der altlat. Übers. sind in der Ed. der Vetus Latina noch nicht ediert. Sehr zahlreich sind die Hss., die nur die P. enthalten; in einigen Bibliotheken, ja sogar in denselben Hss., finden sich Psalterium iuxta Hebraeos und Psalterium Gallicanum nebeneinander (→Odo v. Cambrai; vgl. das Verzeichnis der Hss. in der Vetus Latina 1, 1949, 11–42). Da das Psalterium Gallicanum und somit die Vulgata der Zählung der Septuaginta folgen, ergeben sich Abweichungen von der Zählung des hebr. Psalters (P.r), die z.B. in der Luther-Bibel und der Einheitsübers. übernommen ist: H 1–8 = V 1–8; H 9.10 = V 9; H 11–113 = V 10–112; H 114.115 = V 113; H 116 = V 114.115; H 117–146 = V 116–145; H 147 = V 146.147; H 148.150 = V 148–150. V als Zusatz: 151.

II. THEOLOGISCHE BEDEUTUNG: Der P.r wurde nicht zuletzt dadurch für die Christen zu einem der bekanntesten Bücher der Bibel, daß in der →Liturgie des Gottesdienstes regelmäßig P. vorgetragen wurden. Nach den lat. Eingangsworten des Introitus – meist eines P.-Verses – werden noch heute entsprechende Sonntage der Fasten- und Osterzeit benannt (Esto mihi bis Exaudi). Insbes. im Officium Divinum der Mönche und Geistlichen spielten P. eine wichtige Rolle: Der ganze P.r wurde turnusmäßig gelesen und bildete die Grundlage der →Stundengebete (Horen). Der Vortrag der P. im Gottesdienst trug wesentl. zur Entstehung des Kirchengesanges bei (→Gregorian. Gesang, Psalmodieren, Psalmtöne).

III. P. IN DER LITURGIE: Da der P.r in lat. Sprache wie in landessprachl. Übers. (→Bibelübers.) das Gebetbuch der Christen war (ebenso das der Juden), wurden von ihm für hochstehende geistl. und weltl. Persönlichkeiten kostbare illustrierte Hss. angefertigt (→Bibelillustrationen). Solche fanden sich auch in für die kirchl. Praxis bestimmten Exemplaren, häufig zur Kenntlichmachung der Einteilung des P.rs oder als Hinweis auf das liturg. Fest, dem ein bestimmter P. zugeordnet war.

IV. WIRKUNG: Der Verbreitung der P. in der kirchl. Praxis und privaten Frömmigkeit entspricht die Zahl der Auslegungen: Neben dem Corpus der paulin. Schr. ist der P.r auch im MA das meistkommentierte Buch der Bibel. Nach dem Vorbild früherer Autoren wie Origenes, Eusebios, Basilius d. Gr., Augustinus wurden die P. allegor.-typolog. ausgelegt (→Schriftsinn) und auf Christus, die Kirche und das sittl. Leben der Gläubigen bezogen. Gegen diese Praxis wandten sich jüd. Gelehrte. Unter ihrem Einfluß trat bei →Nikolaus v. Lyra in der Postilla litteralis wieder der hist. Sinn in den Vordergrund. Obwohl Hieronymus entsprechend den Überschr. verschiedene Verfasser für die P. annahm (ihm folgte u. a. Nikolaus v. Lyra), hielt man nach Augustinus zumeist David für den alleinigen Autor. Bes. Einfluß auf die Folgezeit hatten Augustins Enarrationes in P. (ed. DEKKERS-FRAIPONT, CCL 38-40). Standardwerk für das ganze MA war die →Glossa Ordinaria, in der →Anselm v. Laon selbst die P. kommentierte. →Gilbert v. Poitiers erweiterte sie zur Media Glossatura (uned.), →Petrus Lombardus zur Magna Glossatura (MPL 191). Er übernahm von →Cassiodor (der selbst unter dem Einfluß Augustins stand) die Einteilung der P. in elf Kategorien. Von den zahlreichen übrigen im RBMA zusammengestellten Verfassern von P.-Komm. seien nur noch →Thomas v. Aquin, →Hugo v. St. Cher, →Bonaventura, →Wyclif genannt.

Sehr groß ist im MA die Zahl der P.-Predigten (vgl. SCHNEYER). Insbes. in Ordensgemeinschaften, in denen ja der P.r regelmäßig gelesen wurde, lag es nahe, über die P. zu predigen (so schon Hieronymus, sermones, ed. MORIN, CCL 78). Zur Ostkirche s. Abschnitt B. II.

R. Peppermüller

Lit.: DSAM XII, 2, 2562–2568 – LCI III, 466–481 – MGG X, 1668–1713 – LThK² II, 679–684 – GRLMA 6, 1.2, 1968–70 – H. ROST, Die Bibel im MA, 1939 – C. SPICQ, Esquisse d'une hist. de l'exégèse lat. au MA, 1942 – B. FISCHER, Die P.-Frömmigkeit der regula S. Benedicti, Liturgie und Mönchtum 4, 1949, 22–35; 5, 1950, 64–79 – H. DE SAINTE-MARIE, Sancti Hieronymi Psalterium iuxta Hebraeos, Coll. Bibl. Lat. 11, 1954 – B. FISCHER, Die Alkuin-Bibel, Aus der Gesch. der lat. Bibel, I, 1957 – H. DE LUBAC, Exégèse médiév., 4 Bde, 1959–64 – P. SALMON, Les »Tituli Psalmorum« des mss. lat., 1959 – J. B. SCHNEYER, Wegweiser zu lat. Predigtreihen des MA, 1965 – G. A. BENRATH, Wyclifs Bibelkomm., 1966 – P. SALMON, L'office divin au MA, 1967 – DERS., Psautiers, ... Les mss. lit. lat. de la Bibl. Vaticane, 1968 – Cambridge Hist. of the Bible, II, hg. G. W. H. LAMPE, 1969 – J. B. SCHNEYER, Rep. der lat. Sermones des MA, 11 Bde, 1969–90 – BRUNHÖLZL, I – H. BOESE, Die alte Glosa Psalmorum ex traditione seniorum, Aus der Gesch. der lat. Bibel 9, 1982 – Liturgie und Dichtung, hg. H. BECKER-R. KACZYNSKI, 2 Bde, 1983 – J. SZÖVERFFY, Psallat Chorus Caelestium, 1983 – B. SMALLEY, The Study of the Bible in the MA, 1984³ – H. KARPP, Schr., Geist und Wort Gottes, 1992.

B. Literarische Ausformung. Psalterdichtung
I. Mittellateinische Literatur – II. Byzantinische Literatur – III. Deutsche Literatur – IV. Englische Literatur – V. Skandinavische Literaturen – VI. Romanische Literaturen.

I. MITTELLATEINISCHE LITERATUR: Im →Elementarunterricht vermittelte der Psalter (P.r) die erste Begegnung mit dem Latein durch Auswendiglernen. Zweisprachige P.r (Bilinguen) stellten den gr. Text neben eine oder mehrere lat. Versionen (Psalterium duplex, triplex, quadruplex). Aus dem südit.-siz. Gebiet ist ein gr.-lat.-arab. P.r des 12. Jh. erhalten. Tiron. P.r dienten in der Karolingerzeit zur Erlernung der →Tiron. Noten.

Rhythmische Psalter: Neben metr. oder rhythm. Umdichtungen einzelner P. scheint es nur eine rhythm. Paraphrase des ganzen P.rs zu geben (12. Jh., WALTHER, 9822; s. Lit., COLKER). – Von ca. 1200 bis nach 1500 wurden für die außerliturg. Andacht gereimte 'rhythm. P.r' geschaffen, die sich durch die Zahl ihrer 150 Strophen (mit Unterteilung in Quinquagenen), zunächst auch durch wörtl. und inhaltl. Bezüge an den P.r anlehnten. Diese Texte sind dem Kreuz, Christus und seinem Leiden, der Trinität, v. a. aber der Gottesmutter gewidmet. Marien-P.r ersetzten anfangs beim P.-Beten die Tagesantiphonen, später wurde je eine ihrer Strophen mit einem Ave Maria statt des Psalms verbunden. Voraus gingen unter dem Einfluß der verbreiteten, durch eine kurze Version des Hymnus →Akathistos angeregten Pariser Salutatio (11. Jh.) Grußhymnen, deren Strophen mit 'Ave', 'Salve', 'Vale', 'Gaude' beginnen. Die ältesten Gruß-P.r stammen aus dem 12. Jh.: Der verbreitete P.r von Pontigny (MEERSSEMAN 2, 79ff.), die P.r Ave mater advocati (Ps.-Anselm v. Canterbury), Ave porta paradisi, Gaude virgo mater Christi (von einem Theophilus monachus von St-Aubin). Die reiche Produktion der folgenden Jhh. ist zum großen Teil anonym; als Autoren werden u. a. Bernhard v. Clairvaux, Bonaventura, Albertus Magnus, Thomas v. Aquin genannt, alle zu Unrecht, ferner →Alanus ab Insulis, Stephen →Langton, († 1228), Edmund v. Canterbury († 1242), Joh. →Peckham († 1292), Columba de Vinchio († um 1300, MEERSSEMAN 2, 105ff.), →Engelbert v. Admont († 1331), →Guillaume de Deguilleville, Antonius v. Lantsee OCart, →Hieronymus de Werdea und der wohl fruchtbarste und einer der vorzüglichsten von allen, Ulrich→Stöcklin, der 17 P.r hinterlassen hat. Seit dem 13. Jh. gibt es zudem eine Art Marien-P.r, die jeweils einzelne Verse der P. marian. paraphrasieren, im 15. Jh. auch in Strophen. Im Zusammenhang mit dem Psalterien stehen die verschiedenen Kränze (→rosarium, corona, sertum, capelletum), die auf Verselbständigung einzelner Quinquagenen beruhen. Die rhythm. P.rien zeigen nicht selten großen Gedankenreichtum und myst. Versenkung in den Gegenstand, oft auch hohe Formkunst, manche P.r des 15. Jh. sind hingegen überaus anspruchslos. G. Bernt

Ed.: AnalHymn 35; 36; 38 – G. G. MEERSSEMAN, Der Hymnos Akathistos im Abendland, 1958 – *Lit.:* LThK² VIII, 863 – Medioevo lat. 2ff. ['Fortleben': Biblia sacra, Psalmi] – Marienlex. V, 357–364, 553–555.

II. BYZANTINISCHE LITERATUR: Die Bedeutung des oftmals illuminierten Psalters ist für die östl. Kirchen und ihre Gläubigen kaum zu überschätzen. Den Byzantinern galt der P.r als 4. liturg. Buch. Er ist in 20 Kathismata zu je 3 Staseis eingeteilt. An die 150 kanon. P. fügt sich 1 unkanon. an. Ihm folgen 9 Oden. Wie eine Reihe anderer byz. Bücher wurde auch das gr. Psalterion später in Venedig gedruckt. Verschiedene P. tauchen in Katenen auf. Bekannt sind die vielfach gekürzten und umgearbeiteten Katenen von Niketas v. Serrae (Ende 11. Jh.). →Neophytos Enkleistos schrieb einen katenenartigen P.-Komm. Andere Komm.e zu den P. stammen von →Theophylaktos, Ebf. v. Ohrid, von Nikephoros →Blemmydes, Nikephoros Kallistos u. a. Ein grammat. Komm. zu den P. von Georgios Choiroboskos ist diesem Autor zuweilen abgesprochen worden. Apollinarios d. J. († 350) verfaßte eine Paraphrase der P. in Hexametern, die den Charakter des Originals stark verändern (GOLEGA). Zu den P.-Bearbeitungen zählt die angebl. Anweisung →Leons des Weisen, wie aus dem Evangelium und dem P.r die Zukunft prophezeit werden könne (vgl. C. MANGO, ZRVI 6, 1960, 92). A. Ioannidou

Lit.: Oxford Dict. of Byzantium III, 1991, 1752–1754 – BECK, Kirche – K. SEYBOLD, Die P. Eine Einf., 1951 – J. GOLEGA, Der homer. P.r, 1960

– N. Fernández Marcos, Introduccion a los versiones Grieges de la Biblia, 1975 – CPG IV, 1980, 188–211 – K. Onasch, Kunst und Liturgie der Ostkirche in Stichworten, 1981, 318f.–M. Metzger, Mss. of the Greek Bible, 1981 – G. Dorival, Les chaines exégétiques grecques sur les psaumes, 1984 – Le monde grec ancien et la Bible, hg. C. Mondesert, 1984 [Lit.] – H. Gunkel, Einl. in die P., 1985.

III. Deutsche Literatur: Die volkssprachige Aneignung des P.rs setzt im gesamten dt. Sprachgebiet mit Interlinearversionen ein, deren ahd. Fassungen ausschließl., die frühmhd. überwiegend fragmentar. erhalten sind; (nahezu) vollständig überliefert sind ledigl. die vier frühmhd. P.r der sog. »Windberger Gruppe« (Ende 12. Jh.). Die enorme bibl. und liturg. Bedeutung des P.rs hatte eine v. a. im 14. Jh. stark anschwellende Übersetzungstätigkeit zur Folge, die, in der Mehrfach auf dem »Psalterium Gallicanum« basierend, zu einer Fülle unterschiedl., schwer überschaubarer Versionen führte. Außer den interlinearen Wiedergaben sind freiere Prosa-Übersetzungen (z. B. »Schleizer Psalmenfragmente«, wohl noch 12. Jh.) und – seltener – gereimte Bearbeitungen (z. B. die ahd. Versbearbeitung des Ps 138, Hs. des 10. Jh.) zu unterscheiden. – Mit der kommentierenden P.r-Übers. →Notkers (III.) Labeo (vor 1020) beginnt eine Reihe von Versionen, die über die bloße Verdeutschung des Bibelworts hinausgehen. Wie der P.r-Übers. in den »Niederdt. Bibeldrukken«, der »Catene« des Petrus v. Herrenthal u. a. liegt auch deren erfolgreichster Version, dem noch im Druckzeitalter verbreiteten, →Heinrich v. Mügeln zugeschriebenen und mit dem »Klosterneuburger Evangelienwerk« von 1330 in (noch ungeklärtem) Zusammenhang stehenden P.r-Komm. (älteste Hs. 1372), die »Postille« des →Nikolaus v. Lyra zugrunde. – Im SpätMA beförderten religiöse Laienbewegungen und die Zunahme von Kl.konventen die Produktion oftmals kostbar ausgestatteter P.r-Hss.; Teile des P.rs (v. a. die sieben Bußpsalmen) fanden Aufnahme in Historienbibeln und volkssprachigen Gebetbüchern (»Hortulus animae«).

Die herausragende Stellung der Psalmen im jüd. religiösen Leben machte nach dem Erlöschen des Hebräischen als Umgangssprache Übers.en in die jidd. Volkssprache notwendig, deren älteste, auf einen Sprachstand um 1300 verweisende Schicht nur in Glossaren aus dem 15. und 16. Jh. greifbar ist. Da Übersetzungen wie Glossare v. a. als Verständigungshilfe für den hebr. Text dienten, ist der Übergang zw. beiden fließend. Als Lesetext in einem (ursprgl. hs.) Gebetbuch fungierte die 1544 gedruckte Übers. des Josef ben Jakar; größte Wirkung, auch auf die christl. P.r-Übers. (Johannes Böschenstein, Wien 1570) hatte der zuerst 1545 gedruckte »Sefär tehillim« Elia →Levitas. N. H. Ott

Lit.: W. Walter, Die dt. Bibelübers. des MA, 3 Bde, 1889–93 [Neudr. 1966] – N. Leibowitz, Die Übersetzungstechnik der jüd.-dt. Bibelübers. des XV. und XVI. Jh., dargestellt an den P.rn, PBB 55, 1931, 377–468 – H. Vollmer, Bibel und dt. Kultur, 2, 1932 – H. Rost, Die Bibel im MA, 1939 – K. E. Schöndorf, Die Tradition der dt. Psalmenübers. Unters. zur Verwandtschaft und Übers.tradition zw. Notker und Luther, 1967 (Mitteldt. Forsch. 46) – K. Kirchert, Der Windberger P.r, 2 Bde, 1979 (MTU 59/60) [mit Ed.] – Dt. Bibelübers. des MA, hg. H. Reinitzer, 1991 (Vestigia Bibliae, 9/10).

IV. Englische Literatur: [1] Altenglisch: 15 teils vollständig, teils fragmentar. erhaltene ae. Interlinearglossierungen des lat. P.rs sind zw. 850 und 1175 eingetragen. Ihre lat. Textgrundlage ist teils das Psalterium Romanum, teils das Psalterium Gallicanum. Aufgrund sprachl. Differenzen lassen sich zwei Glossierungsgruppen unterscheiden, die nach ihrem jeweils ältesten Vertreter als A-Typ (B. L., Cotton Vespasian A i; ca. 850–900) und D-Typ-P.r (B. L., Royal 2 B. v; ca. 950) bezeichnet werden; ihnen kann man das Gros der ae. P.r zuordnen. Die Sprache der P.rglosse A ist mercisch, die der übrigen westsächs. mit unterschiedl. starker angl. Beimischung zumal im Wortschatz. Außerdem existiert eine aus zwei Teilen bestehende, fortlaufende Übertragung des P.rs ins Ae. (Hs. Paris, B. N., Lat. 8824; ca. 1050: 1. T., Ps 1–50, in Prosa, als Verf. gilt Kg. Alfred d. Gr.; 2. T.: Ps 51–150, metr. Paraphrase in Alliterationsversen, Verf. unbekannt). Daß es eine vollständige poet. Fassung des ae. P.rs gegeben hat, geht daraus hervor, daß weitere fragmentar. überlieferte Teile derselben poet. P.übers. existieren (Frgm. of Psalms; Menologium 60–62; Eadwine-P. 90, 15–95, 2; 142, 8), die z. T. aus dem ersten Drittel des P.rs stammen. Überliefert ist ferner eine ae. poet. Übertragung von Ps 50 im kent. Dialekt (Hs. B.L., Cotton Vespasian D. vi, ca. 950).

[2] Mittelenglisch: Außer der als Teil der →Wyclif-Bibel erhaltenen spätme. P.übertragung (Ende 14. Jh.; →Lollarden, 3) liegen drei vollständige P.rübers.en, jeweils in hs. Mehrfachüberlieferung, vor: der nordengl., ca. 1250–1300 in Reimpaaren verfaßte Surtees-P.r, der mittelländ. Prosap.r (Northamptonshire, ca. 1325–50) und die von einem Psalmenkomm. begleitete Prosaübertragung von Richard →Rolle (Yorkshire, 1337–49). Ferner sind Vers- und Prosaübertragungen einzelner Psalmen (insbes. Ps 50), P.gruppen (insbes. Bußp.) und P.slg.en, z. T. in Andachtsbüchern, überliefert. C.-D. Wetzel

Bibliogr.: NCBEL I, 280, 290, 293, 296, 323f., 477–480, 491–496, 517–520 – Cameron, OE Texts, A. 5, 14, 24, 24, 26, B. 8.2, C. 7.1–13 – ManualME 2.IV, 1970, 385–389, 402f., 537–542, 547–550 – S. B. Greenfield–F. C. Robinson, A Bibliogr. of Publ. on OE Lit., 1980, 226 mit 362f., 246, 251f., 256, 339–344 – Ed.: ASPR V – ASPR VI, LXXIV–LXXXIII, CLXIVf., CLXVIIf., 49–55, 80–86, 88–94, 170–174, 189–192 – S. M. Kuhn, The Vespasian P.r, 1965 – V. Edden, Richard Maidstone's Penitential Psalms, ME Texts 22, 1990 – Lit.: D. C. Fowler, The Bible in Early Engl. Lit., 1976 – S. L. Keefer, The OE Metrical P.r, 1979 – W. Hofstetter, Winchester und der spätae. Sprachgebrauch, 1987, Nr. 4–7, 119, 223–231, 266 – S. L. Keefer, Psalm-Poem and P.r-Glosses, 1991 – Ph. Pulsiano, Defining the A-Type (Vespasian) and D-Type (Regius) P.r-Gloss Traditions, ESts 72, 1991, 308–327 – →Bibeldichtung, IV, →Bibelübersetzungen, XII, →Glossen, Glossare, IV.

V. Skandinavische Literaturen: Lat. P.r als eigenständige Codices sind in ma. skand. Bibliotheken verzeichnet, für eine Reihe von heute in kontinentalen Bibliotheken befindl. Stücken lassen sich nord. Eigentümer rekonstruieren (vgl. die 13 bei Gad besprochenen Hss.). Darüber hinaus finden sich Reste lat. P.r in Island unter den ältesten isländ. Hss. mit Musiknotationen aus dem 12. Jh. (AM 241 a, fol; AM 678, 4to). Isländ. Interlinearglossen in einem lat. P.r (engl. Provenienz) finden sich im sog. Wiener P.r (13. Jh.), diese sind jedoch nach einer älteren Vorlage wohl erst nach der Reformation in den Codex eingetragen worden, als die P. auch in Skandinavien rasch Einzug in das volkssprachl. Kirchenlied fanden. Noch aus der kath. Zeit stammt die Bearbeitung des 50. Psalms durch Bf. Jón Arason im Davidsdiktr. R. Simek

Lit.: KL XIII, 583–595 [T. Gad]; XIV, 682–689 [J. A. Doctor, A. Arvastson, E. Molland] – E. Olmer, Boksamlingar pa Island 1179–1490, 1902 – P. E. Olason, Menn og menntir siðaskiptaaldar a Islandi 1, 1919 – H. Uecker, Der Wiener P.r Cod. Vind. 2713, 1980.

VI. Romanische Literaturen: Die ältesten P.rübers. entstehen im 12. Jh. im anglonorm. England: Der sog. Cambridge P.r (nach 1120) ist eine Interlinearübers. des lat. P.rs iuxta Hebraeos; auf dieser basiert der sog. Oxforder P.r (auch Psalterium Gallicanum, P. de Montebourg, 2. Hälfte 12. Jh.), der als Interlinearversion oder als fortlaufender Prosatext überliefert ist. Unabhängig von dieser Fassung sind die Fragm. e des ebenfalls anglonorm. P.rs de l'Orne (12. Jh.). Der Text des Oxforder P.rs wird, sprachl. modernisiert, aber sonst kaum verändert, bis ins 16. Jh. in zahlreiche frz. Bibelübers. integriert; daneben entstehen seit dem 13. Jh. selbständige P.rübers. in Prosa. Ein umfangreicher P.rkomm. wurde nach 1163 für Laurette d'Alsace geschrieben; die Autorschaft des Pariser Theologen →Simon v. Tournai ist nicht gesichert, vielleicht waren mehrere Übers. beteiligt. – Frz. Versübers. des P.rs sind weniger zahlreich: Der Arundel-P.r (anglonorm., 12. Jh.) bringt die Oxforder Prosa-Version in sechssilbige Verse (Strophen zu 6 Zeilen); Achtsilber-Versionen entstehen im 13. Jh. Für →Marie de Champagne verfaßt ein Anonymus (→Adam de Perseigne?) eine umfangreiche (2168 Verse) Paraphrase des 44. Psalms (Eructavit), die neben umfassendem theol. Wissen auch Kenntnis des höf. Lebens verrät. Die Versübers. der 7 Bußpsalmen (anglonorm., teils Alexandriner, teils Sechssilber) stammt aus dem 13. Jh.

In die toskan. Übers. des AT (2. Hälfte 13. Jh.) wurde eine möglicherweise ältere it. P.rübers. integriert, die auf der frz. Oxford-Version basiert; eine weitere toskan. Fassung (14. Jh.) ist in einer ven. Kopie überliefert. – Die älteste kast. P.übers. ist von →Hermannus Alemannus. Ein katal. P.r (Hss. 14./15. Jh.), der auf der frz. Oxford-Version basiert, war möglicherweise Teil der Bibelübers. des Jaume de Montjuich († 1290); der katal. P.r des Romeu Sabruguera ist jünger. A. Gier

Lit.: →Bibelübersetzungen – GromPhil II.1 – GRLMA VI. 1/2 – DLFMA², s.v. Bible française.

C. Psalterillustration
I. Byzanz – II. Westen.

I. BYZANZ: Die Illustration (Beispiele seit dem 9. Jh. bekannt) des liturg. Buchs der P. des AT, das in der Regel auch dessen übrige Oden bzw. Lobgesänge vom Danklied Mosis nach dem Durchzug durch das Rote Meer bis zum Gesang der Drei Jünglinge im Feuerofen enthält, kennt zwei Grundprinzipien: Hss., bei denen die meist zahlreichen Miniaturen auf den breiten Rändern allen einzelnen P. und Oden fortlaufend beigeordnet und ganzseitige Bilder auf Titelseiten beschränkt sind, werden nach dieser Darstellungsweise »Randpsalterien« oder – immer noch nach TIKKANEN – »mönchisch-theol. Redaktion« benannt (wichtigste Vertreter: Chludoff-P.r, Hist. Mus. Moskau Ms. 129D; Athos, Pantokr. 61 [beide 9. Jh.]; Bristol-P.r, Brit. Mus. London, Add. 40731 [11. Jh.]) und Codices mit ganzseitigen Vollbildern, die jeweils als Titelbilder zu den einzelnen P. bzw. Oden verwendet und – wieder nach TIKKANEN – bis heute »aristokratische Gruppe« genannt werden (Beispiele: sog. Pariser P.r, Par. gr. 139 [10. Jh.]; Palatina-P.r, Bibl. Vatic. Pal. gr. 381 [13. Jh.]). Die Forschung ist bei der Einbeziehung der spätbyz. und slav. Hss. mehrfach auf die eigentl. und v. a. vielfältigen Probleme der Bildtradition gestoßen, so daß das ursprgl. eher klare, wenn nicht simple Bild ständig erweitert und differenziert werden muß. Deshalb können zwar die Materialpublikationen im großen und ganzen als abgeschlossen gelten, wohingegen eine »Vorstellung von wirklichen Vorgang der Bildentstehung und Bildüberlieferung« (BELTING) im ganzen noch fast völlig fehlt bzw. als überholt gelten muß. M. Restle

Lit.: J. J. TIKKANEN, Die P.rillustration im MA, Acta societatis Fennicae 31, 9, 1903 – H. BUCHTAL, The Miniatures of the Paris P.r, 1938 – S. DUFRENNE, L'illustration des psautiers grecs du m.â, I, 1966 – S. DER NESESSIAN, L'illustration des psautiers grecs du m.â, V, 1970 – H. BELTING, Zum Palatina-P.r des 13. Jh., JÖB 21, 1972, 17–38 – M. B. ŠEPKINA, Miniaturi Chuldovskoj Psaltiri, 1977 – Der Serb. P.r, hg. H. BELTING, 1978 – A. CUTLER, The Aristocratic P.r in Byzantium, 1984 – J. LOWDON, Observations on Illuminated Byz. P.rs, ArtBull 70, 1988, 241–260 – K. CORRIGAN, Visual Polemics in the Ninth-Cent. Byz. P.rs, 1992.

II. WESTEN: →Gebetbuch, →Buchmalerei.

D. Judentum

Neben ihrer Rezitierung im synagogalen →Gottesdienst wurden die P. im ma. Judentum vielfach ausgelegt. Der älteste, arab.sprachige Komm. stammt von →Saadja Gaon (Irak, 1. Hälfte des 10. Jh.); weitere Psalterkomm. verfaßten →Raschi (Nordfrankreich, 2. Hälfte des 11. Jh.), →Abraham ibn Ezra (1. Hälfte des 12. Jh.) und David →Kimchi (Südfrankreich, 12./13. Jh.), der sich u. a. durch seine Auseinandersetzung mit der christolog. geprägten P.-Exegese der Kirche auszeichnet. Theologiegeschichtl. von ganz eigener Brisanz ist der nur in Frgm. edierte P.-Komm. des Mose ha-Kohen Ibn →Gikatilla (Córdoba, Mitte 11. Jh.), der die david. Herkunft etlicher P. bestritt, sie in die Zeit der Babylon. Gefangenschaft datierte und damit den Rahmen traditioneller jüd. Schriftdogmatik sprengte. Neben all diesen Auslegungen, die sich in unterschiedl. Weise um die Erfassung des Literalsinns des P.-Textes bemühten, wirkte auch die klass. rabbin. P.-Auslegung der Spätantike mit ihren vom Wortsinn stark abweichenden Textdeutungen im MA fort. Der →Midrasch zu den P., der fast nur Material aus der mischn.-talmud. Epoche enthält, durchlief während des ganzen MA seine komplizierte Redaktionsgesch. und erhielt wohl erst im 13. Jh. seine Endgestalt. Die Sprache des hebr. P.rs hat auf die ma. jüd. Poesie in Form des →Pijjut in hohem Maße stilbildend gewirkt. Zu jidd. P.-Übers. s. a. den Abschn. zur Dt. Lit. (B. III). H.-G. v. Mutius

Lit.: E. Z. MELAMMED, Mefaresche ha-Miqra², 1978 – G. STEMBERGER, Einl. in Talmud und Midrasch⁸, 1992.

Psalmodi (Psalmody), St-Pierre de, Abtei OSB im Rhônedelta (St-Laurent d'Aigouze, dép. Gard), lag auf der 'insula Psalmodiae' inmitten der *Étangs* (Lagunen) der Kleinen Camargue. Nach der Überlieferung soll P. 721 von Muslimen zerstört worden sein, doch wurde die Abtei gemäß der Chronik v. Uzès erst 783 an einer schon frühzeitig (5.–7. Jh.) christianisierten Stätte gegründet. Die Abtei soll Schenkungen Karls d. Gr. (fraglich), Ludwigs d. Fr. (815) und Karls d. Kahlen (844; besser gesichert) empfangen haben. 815 zählte P. 140 Mönche. Von 909 bis zum Ende des 10. Jh. mieden die Religiosen die Abtei wegen der Sarazenengefahr. P. wurde unter dem Abbatiat des Warnerius (1004–19) wiederhergestellt, mit Aufbau reichen Besitzes, der sich von den Alpen bis zu den Pyrenäen erstreckte (Güter, Kirchen, Priorate; wichtige Fischereirechte und Salinen). In der 2. Hälfte des 12. Jh. kam P. unter die Jurisdiktion von St-Victor de →Marseille, von der sich die Abtei 1099 wieder befreite. Durch Ausgrabungen wurden Spuren der karol. Kirche und des ausgedehnten roman.-got. Klosterbaus festgestellt, dessen Errichtung (ab 1160–70) die finanziellen Kräfte überspannte. 1240 verkaufte die Abtei →Ludwig dem Hl.n das unweit der Abtei gelegene Terrain, auf dem der Kg. den großen Mittelmeerhafen →Aigues-Mortes anlegen ließ. Die 1537 aufgegebene Abtei wurde durch die Religionskriege des 16. Jh. vollständig vernichtet. J. Caille

Lit.: W. S. STODDARD, B. YOUNG, J. DODDS, M. C. COLIN, R. SAINT-JEAN, D. FOY, P., une abbaye au coeur des étangs (Les étangs à l'époque médiév. d'Aigues-Mortes à Maguelone, 1986), 103–143 – R. SAINT-JEAN, Ancienne abbaye de P. (Le paysage monumental de la France autour de l'an mil, 1987), 418f.

Psalmodie (griech.: ψαλμωδία; lat. psalmodia), gesungener Vortrag eines →Psalms – aber auch anderer bibl. Texte – in vorgegebenen melod. Modellen. Die unterschiedl.

Arten der chr. P. gehen auf den Solo- und Gemeindegesang des jüd. Kultus zurück. Dabei entstanden verschiedene Typen:

1. Die responsoriale P. wurde zuerst Vers für Vers solistisch vorgetragen, dazwischen erfolgte ein jeweils gleichbleibender Refrain als Antwort der Gemeinde, später der Schola. Im MA ist die resp. P. sehr oft auf einen einzigen Vers verkürzt, der vom Corpus des →Responsorium umrahmt wird. Die wichtigsten Gesänge dieser Art sind Graduale, Alleluja und Offertorium (mit Versen) der Messe sowie die Responsorien des Stundengebets.

2. In der antiphonalen P. erklingt einleitend und schließend eine kurze →Antiphon, die ursprgl. nach jedem Vers gesungen wurde. Diese Aufführungsweise bestimmt im wesentl. den Psalmvortrag des Stundengebetes (Invitatorial-, Cantica- und Cursus-P.), seit dem 4. Jh. auch im versweisen Wechsel zweier Chorhälften. Bei den antiphonalen Gesängen der Messe reduzierte man die Verse auf einen (Introitus) oder eliminierte sie ganz (Communio).

3. Die P. »in directum« ist seit der Regel des hl. Benedikt belegt (Kap. 12 und 17). Dabei wird der Psalm ohne Initium und ohne Schlußdifferenz gesungen; außer im Totenoffizium entfällt die rahmende Antiphon.

Die melod. Modelle der P. nennt man Psalmtöne. Sie sind aus mehreren Elementen zusammengesetzt. Das nur beim ersten Vers gebrauchte Initium besteht aus zwei oder drei Tönen und leitet vom Schlußton der Antiphon zum eigentl. →Rezitationston (Tenor oder Repercussa genannt) über. Nach der Mittelzäsur (Mediatio) – bei langen Versen kann im Stundengebet eine weitere kurze Ausweichung (Flexa) erfolgen – hebt erneut der Tenor an; Versschluß ist die Terminatio, die je nach Anfangston der Antiphon unterschiedl. gestaltet wird (Differentiae). Seit dem 11. Jh. sind die Tenores des 1., 3., 5. und 7. Psalmtons die Quinte (3. Ton auch Sexte), des 2. und 6. Tons die Terz, des 4. und 8. die Quarte über der Finalis. Ein weiterer Ton im gleichen Vers wechselnden Rezitationston wird als Tonus peregrinus bezeichnet; er entstammt der gallikan. P. Im luther. »Magnificat« fand er eine weitere Verwendung. F. Körndle

Lit.: GROVE s.v. Psalm II – MGG s.v. Psalm – RIEMANN – WAGNER, Einführung – Paléographie musicale, I/4, 1894 – Ét. Gregorienines 1, 1954 – H. BERGER, Unters. zu den Psalmdifferenzen, 1966 – M. HUGLO, Les Tonaires: inventaire, analyse, comparison, 1971.

Psalterium sanctae Mariae → Maria, hl., C.I

Psaltikon, ma. Gesangsbuch der orth. Kirche, Pendant zum Asmatikon: Das P. ist das Buch des Solisten, das Asmatikon das Buch des Chores. P.a-Hss. sind selten überliefert und, wie es scheint, nur ital. Herkunft. Von den bisher etwa sechs bekannten Textzeugen stammt die älteste Hs. (Grottaferrata Γ.γ.III) aus dem Jahr 1247 und weist dementsprechend die mittelbyz. diastemat. Notation auf. Das P. enthält den Solistenpart der Großen Troparia für Weihnachten und Theophanie (der folgende Refrain ist im Asmatikon aufgenommen), der Großen Prokeimena (ähnliche Aufteilung), die Alleluja-Verse für die Liturgie, die Hypakoai für das Morgenoffizium am Sonntag (ebenfalls im Asmatikon, oft in einer anderen Fassung überliefert) und v.a. die Kontakia (Prooimion und erste Oikos). Sehr bald wurden die beiden Slg.en vereinigt, wie Hss. aus dem gr. Kl. S. Salvatore in Sizilien aus dem 13./14. Jh. zeigen. Im slav. Bereich kennen wir das P. in der Form des neumierten →Kontakarion aus fünf aruss. Hss. des 11.–13. Jh. mit eigenartiger, im gr. Bereich so gut wie unbekannter Notation. In Faks. ediert sind ein gr. P. von 1289 (MMB IV, 1956) sowie ein aruss. Kontakarion von 1207 (MMB VI, 1960). Ch. Hannick

Lit.: CH. THODBERG, The Tonal System of the Kontakariums, Kong. Danske Videnskab. Selskab, Hist.-fil. Medd. 37, 7, 1960 – DERS., Der byz. Alleluiarionzyklus, MMB subs. 8, 1966 – O. STRUNK, Essays on Music in the Byz. World, 1977, 45–50, 242f. – S. HARRIS, Psalmodic Traditions and the Christmas and Epiphany Troparia as Preserved in 13th-Century P.a and Asmatika (Cantus planus, ed. L. DOBSZAY u.a., 1992), 205–219.

Psellos, Michael (Konstantinos), einflußreicher 'Minister' am byz. Hof, Gesch.sschreiber, wohl bedeutendster Polyhistor seiner Zeit, * 1017/18 in Konstantinopel, † um 1078. Der Familienname 'P.' (von ψελλίζειν 'lispeln') könnte eigens M. P. gegolten haben. Aus eher bescheidenen Verhältnissen stammend, wurde er nach privatem Elementarunterricht (vom fünften bis achten Lebensjahr) Schüler in einem 'Didaskaleion' und studierte Rhetorik, Philos., die Fächer des Quadriviums sowie Jurisprudenz. Mit 16 Jahren aus finanziellen Gründen Sekretär bei einem Richter in der Prov. geworden, konnte er 1037–38 seine Studien wiederaufnehmen (Hauptlehrer: Johannes →Mauropus). Nach Tätigkeit im Justizdienst in versch. Prov.en wurde P. Ende 1041 Schreiber am ksl. Gericht in der Hauptstadt. Nach seiner Verheiratung von →Konstantin IX. zum ksl. Privatsekretär ernannt (1043), fungierte er auch als hoher Richter. Dank seiner außerordentl. Gelehrsamkeit zog P. als Privatlehrer zahlreiche Schüler an und erhielt bald nach 1045 den eigens für ihn geschaffenen Titel Ὕπατος τῶν φιλοσόφων, er war vermutl. auch Vorsteher der ksl. =Kanzlei (Protasekretis). Wohl wegen des Verdachts, sich mit Arkanwissenschaften zu beschäftigen, fiel er anscheinend in Ungnade und trat 1055 unter dem Mönchsnamen Michael zusammen mit dem späteren Patriarchen →Johannes VIII. Xiphilinos in das Kl. der »Schönen Quelle« auf dem Bithyn. Olymp ein. Noch im gleichen Jahr kehrte er jedoch an den Hof zurück, um nun eine entscheidende Rolle als Berater →Isaaks I. Komnenos zu spielen, der ihm u.a. den Titel 'Protoproedros' verlieh. 1059 bewog P. Isaak zum Rücktritt, wurde engster Vertrauter seines Nachfolgers →Konstantin X. Dukas und Erzieher des Thronfolgers →Michael (9. M.). P. blieb auch unter →Romanos IV. (1067–71), der ihm allerdings mißtraute, am Hof, hielt jedoch der Dukas-Dynastie weiterhin die Treue. So scheint P. auch nicht unschuldig zu sein am Sturz Romanos', für den er im übrigen ein Trostschreiben zu seiner von den Dukas veranlaßten Blendung verfaßte. Da sein Zögling Michael VII. andere Ratgeber bevorzugte, scheint der seines Einflusses beraubte P. bald in Vergessenheit geraten zu sein.

Das umfangreiche, noch nicht vollständig edierte Werk P.' berührt so gut wie alle Gebiete byz. Schrifttums, die Naturwissenschaften eingeschlossen. Als vorzügl. Kenner der antiken Autoren schöpfte er vielfach aus ihnen. Seine Vertrautheit mit der antiken Philos. war ausschlaggebend für seine 'humanist.' Haltung u.a. gegenüber dem Christentum sowie für die Bedeutung, die er der sinnl. erfahrbaren Natur beimaß. Er kannte ebenso die Dialoge 'seines' Platon, die Neuplatoniker wie das Corpus Aristotelicum, das er verschiedentl. paraphrasierte und kommentierte. Ein guter Teil seiner Schrr. war für den Unterricht bzw. für seinen ksl. Zögling bestimmt (wobei er häufig den Lehrstoff in Verse [Zwölf- oder Fünfzehnsilber] umarbeitete), so z.B. in Prosa das »De omnifaria doctrina«, das in fast 200 Kap. alle möglichen Themen, vom Glauben bis zu den Eigenschaften des Feigenbaumes, erörtert, und die versifizierte »Synopsis legum«. Neben rhetor. Werken (Enkomia, Trauerreden), Traktaten zur Theologie, Philos., Naturkunde, Medizin usw. sind von ihm über 500 Briefe erhalten, in denen sich seine sprachl. Meisterschaft wohl am besten manifestiert. Die große Zahl von Werken führte zu falschen Zuschreibungen (z. B. »De operatione daemonum«, »Traktat gegen die Vorbestimmung der Todesstunde«, »Rede über den Sturz der Kuppel der Hagia Sophia«; wohl auch »Historia syntomos« [hg. W. J. AERTS, 1990]).

Das bekannteste Werk des P. ist die sog. »Chronographia« (Titel möglicherweise original; einzige Hs. Par. graec. 1182), die die Geschichte von 976 bis ca. 1075 behandelt. Sie ist nach den Regierungen der einzelnen Ks. gegliedert und unterscheidet sich erhebl. von den anderen Werken der byz. →Historiographie: Die 'Außenpolitik' wird nur am Rande gestreift, das Hauptinteresse richtet sich auf die Gestalten und Intrigen des Hofes, wobei P. in subjektiver Sicht und mit feinem psycholog. Einfühlungsvermögen zu berichten versteht. →Byz. Literatur, A. III. 2, →Medizin, B, →Philosophie, B. V. Tiftixoglu

Ed.: Tusculum-Lex., 1982³, 675–680 [ältere Ed.] – Il »de lapidum virtutibus« di Michele Psello, ed. P. GALIGANI, 1980 – Michele Psello, Imperatori di Bisanzio (Cronografia), ed. S. IMPELLIZERI u. a., 1984 – In Mariam Sclerenam, ed. M. D. SPADARO, 1984 – Oratoria minora, ed. A. R. LITTLEWOOD, 1985 – The Essays on Euripides and George of Pisidia and on Heliodorus and Achilles Tatius, ed. A. R. DYCK, 1986 – Autobiografia. Encomio per la madre, ed. U. CRISCUOLO, 1989 – Theologica, I, ed. P. GAUTIER, 1989 – Philosophica minora, II, ed. D. J. O'MEARA, 1989 – Philosophica minora, I, ed. J. M. DUFFY, 1992 – Poemata, ed. L. G. WESTERINK, 1992 – Orationes panegyricae, ed. G. T. DENNIS, 1993 – *Lit.:* Oxford Dict. of Byzantium III, 1991, 1754f. – RE Suppl. XI, 1124–1182 – G. BÖHLIG, Unters. zum rhetor. Sprachgebrauch der Byzantiner, mit bes. Berücksichtigung der Schrr. des M. P., 1956 – G. WEISS, Ostrom. Beamte im Spiegel der Schrr. des M. P., 1973 – HUNGER, Profane Lit. [Ind.] – J. N. LJUBARSKIJ, Michail Psell. Ličnost' i tvorčestvo, 1978 – P. GAUTIER, Le »De daemonibus« du Pseudo-Psellos, RevByz 38, 1980, 105–194 – DERS., Collections inconnues ou peu connues de textes pselliens, Rivista di studi biz. e slavi 1, 1981, 39–69 – A. KAZHDAN – S. FRANKLIN, Stud. on Byz. Lit. of the Eleventh and Twelfth Cent., 1984, passim – A. KAZHDAN – A. WHARTON EPSTEIN, Change in Byz. Culture in the Eleventh and Twelfth Cent., 1985, passim – P. GAUTIER, Deux mss. pselliens: Le Parisinus graecus 1182 et le Laurentianus graecus 57/40, RevByz 44, 1986, 45–110 – DERS., Quelques lettres de P. inédites ou déjà éditées, ebd., 117–119 – A. GADOLIN, A Theory of Hist. and Society with Special Reference to the Chronographia of M. Psellus, 1987 – A. HOHLWEG, Med. »Enzyklopädismus« und das πόνημα ἰατρικόν des M. P., BZ 81, 1988, 39–49 – E. KRIARAS, Μεσαιωνικὰ μελετήματα: Γραμματεία καὶ γλῶσσα Β', 1988, 271–344 – A. GELIUS, M. P. und die Rezeption der byz. Alchimie in Europa, Norsk tidsskrift for misjon 26, 1989, 69–79 – C. MANGO, The Collapse of St. Sophia, P. and the Etymologicum Genuinum (Fschr. L. G. WESTERINK, 1989), 167–174 – K. SNIPES, The Chronographia of M. P. and the Textual Tradition and Transmission of the Byz. Historians of the Eleventh and Twelfth Cent., Zbronik rad. 27/28, 1989, 43–62 – R. VOLK, Der med. Inhalt der Schrr. des M. P., 1990 – I. VASSIS, Die hs. Überlieferung der sog. P.-Paraphrase der Ilias, 1991.

Pseudepigraphie, falsche Zuschreibung. Die Wechselfälle der Textüberlieferung und eine widersprüchl. Haltung, die einerseits das Werk über den Autor stellte, andererseits gerne die Beglaubigung durch eine Autorität suchte, trugen dazu bei, daß das ma. Schrifttum sehr reich an falschen Zuschreibungen ist. Manche sind durch Mißverständnisse, manche durch Absicht zustandegekommen. So wurden z. B. dem hl. Augustinus, Hieronymus, →Bernhard v. Clairvaux (III.), →Albertus Magnus (III.) zahlreiche Werke zugeschrieben oder untergeschoben. Auf diese Weise haben im MA die P.n am Bilde des Autors mitgewirkt. Oft haben aber auch nz. Herausgeber die Zahl der P.n vermehrt (Beda, →Hildebert v. Lavardin). Manchmal ist die Täuschung bereits vom Autor beabsichtigt (Ps.-Dionysius Areopagita [→Dionysius, hl., C], Ps.-Hieronymus de nativitate Mariae, Ps.-Ovidius de vetula [→Ovid, A]), um dem Werk größere Wirkung zu verleihen, oder zum eigenen Schutz, etwa vor dem Vorwurf der Häresie, schließlich auch wohl aus Spielerei. – Die protestant. Terminologie bezeichnet als P.n einen Teil des unechten atl. Schrifttums. G. Bernt

Lit.: LThK VIII, 548f. – CH. W. JONES, Bedae Pseudoepigrapha, 1939 – P. GLORIEUX, Pour revaloriser Migne, Mél. de science religieuse 9, 1952, Cah. suppl. – BRUNHÖLZL I, 374f. – Fälschungen im MA, 1988, bes. T. I und V – I. MACHIELSEN, Clavis patristica pseudepigraphorum medii aevi, I, 1990.

Pseudo-Apuleius. Auch als A. Barbarus oder A. Platonicus bezeichneter, unbekannter Verfasser eines illustrierten Kräuterbuches »Herbarius« oder »De herbarum virtutibus (medicaminibus)«, das im MA fälschlich mit dem Platoniker und Sophisten →Apuleius v. Madaura in Verbindung gebracht wurde. Das wahrscheinl. auf eine gr. Quelle zurückgehende Werk entstand jedoch erst im späten 4. Jh. und war vermutl. schon in der Urfassung (zumindest mit Pflanzenbildern) illustriert. Die älteste erhaltene und mit Pflanzen-, Tier- und figürl. Darstellungen versehene Hs. (UB Leiden, Voss. lat. Q 9) stammt aus dem späteren 6. Jh. (vgl. CLA X, 1582). Die sehr große Zahl der meist in Verbindung mit anderen Werken (bes. von →Ps.-Musa, Ps.-→Dioskurides und →Sextus Placitus) überlieferten Ps.-A.-Sammelhss. zeigt, welch ungewöhnl. Popularität dieser »Herbarius« im MA genoß. In den ca. 128–131 Kapiteln, die jeweils der abgebildeten Pflanze gewidmet sind, werden neben der Aufzählung der Synonyme Angaben über Standort, Sammelzeit, Zubereitung und Anwendung gemacht; oftmals finden sich auch Gebete bzw. Zaubersprüche und Beschwörungsformeln angeführt. Die durch Johannes Philippus de Lignamine nach einer Hs. aus Montecassino (9. Jh.) besorgte Ed. pr. erschien in Rom o. J. [1481]. I. Müller

Ed.: R. T. GUNTHER, The herbal of A. Barbarus, from the early 12th c. ms. formerly in the abbey of Bury St. Edmunds (Oxford, Ms. Bodl. 130), 1925 – E. HOWALD – H. E. SIGERIST, Pseudoapulei Herbarius [u.a.], CML IV, 1927 – F. W. T. HUNGER, The herbal of Ps.-A. [Faks. des Cod. Cass. 97 und der Ed. pr.], 1935 – *Lit.:* SARTON I, 296f., 392; II, 226 – CH. SINGER, The herbal in antiquity and its transmission to later ages, JHS 47, 1927, 37–48 – H. J. LORENZ, De Ps.-Antonii Musae et Ps.-Apulei genere dicendi [Diss. Bonn], 1959 – A. EL GHAMRAVĪ, Lexikograph. Stud. über die lat. Pflanzennamen bei Dioskurides und Ps.-A. [Diss. München 1967] – H. GRAPE-ALBERS, Spätantike Bilder aus der Welt des Arztes, 1977 [Analyse der Ill. von Ps.-A.-Hss. aus kunsthist. Sicht] – H. ZOTTER, Antike Medizin. Die med. Sammelhs. Cod. Vindobonensis 93 in lat. und dt. Sprache, 1986.

Pseudo-Bonaventura. Unter B.s Namen waren zahlreiche Werke in Umlauf, die nicht von seiner Hand stammen. Z. T. schöpfen sie jedoch aus seinen authent. Schr. Einige fanden weite Verbreitung und wurden für die Gesch. der Spiritualität bedeutsam. Die meisten sind ediert. Um die krit. Sichtung machten sich v. a. B. BONELLI (1767, 1772–74) und F. A FANNA (1874) verdient. B. DISTELBRINK (1975) führt 184 apokryphe Werke auf: Briefe, Opuscula in Gedichtform, Predigtreihen und Collationes, zahlreiche Traktate v. a. geistl. Inhalts. In einigen Fällen läßt sich der mutmaßl. Verfasser erschließen. Bes. einflußreich waren: Centiloquium, eine Kompilation aus verschiedenen Autoren, insbes. B. (vermutl. von Joh. Marchesinus de Regio Lepidi, ca. 1300), Compendium theologicae veritatis, das sich auf B.s Breviloquium stützt, (Hugo Ripelin), De exterioris et interioris hominis compositione... (David v. Augsburg), De imitatione Christi (?), De 7 gradibus contemplationis (Thomas Gallus), De 7 itineribus aeternitatis (Rudolf v. Biberach), Diaeta salutis

(Wilhelm v. Lanicia; † vor 1310), Philomena (Johannes Peckam). Als wichtigste Ps.-B.-Schr. dürfen die →Meditationes vitae Christi und der Stimulus amoris (in drei Fass.en, die kürzeste von Jakob v. Mailand, 2. Hälfte 13. Jh.) gelten. – Umstritten sind in der Forsch. der letzten Jahrzehnte auch der Sapientia-Komm. (Quaracchi VI, 107–235), einige geistl. Schr. (VIII, 99–106; 131–151; 159–189) sowie einige Opuscula, die den Orden betreffen (VIII, 337–374; 375–385; 386–390; 391–437; 438–448; 491–498). M. Schlosser

Q.: St. Bonaventura (...) operum Suppl. I–III, hg. B. BONELLI, 1772–74 – St. Bonaventura. Opera Omnia, I–XV, hg. A. C. PELTIER, 1868 – St. Bonaventura. Opera omnia I–X, Quaracchi 1882–1902 [App.] – *Lit.*: DSAM I, 1843–1856 – Verf.-Lex. I, 944 – B. BONELLI, Prodromus ad Opera o. St. B.rae, 1767 – F. A FANNA, Ratio novae collectionis op. o. (...), 1874 – I. BRADY, The Op. O. of St. B. Revisited (Proceed. of the American Cath. Philos. Association, 48, hg. G. MCLEAN, 1974), 295–304 – B. DISTELBRINK, B.rae scripta authentica, dubia vel spuria critice recensita, 1975 [Lit.] – S. B. Maestro di vita francescana, hg. A. POMPEI, I, 1976, 89–112 [I. BRADY] – I. BRADY, The Ed. of the »Op. O.« of St. B., AFH 70, 1977, bes. 366–376 – D. V. MONTI, A Reconsideration ... (zum Sap. Komm.), AFH 79, 1986, 359–391 – J. G. BOUGEROL, Introd. à s.B., 1988 – K. RUH, Gesch. der abendländ. Mystik, II, 1993, 439–446.

Pseudo-Dionysius → Dionysius, hl., C

Pseudo-Geber → Geber (latinus)

Pseudoisidorische Dekretalen, Hauptwerk einer Gruppe von →Fälschungen ähnl. Charakters; sie haben ihren Namen von dem vorgebl. Autor, der sich Isidorus Mercator nennt. Zu den pseudoisidor. Fälschungen, wie man den Komplex dieser Schriften nach dem Dekretalenautor nennt, werden, ohne daß das volle Ausmaß der Fälschungstätigkeit umschrieben ist, herkömmlicherweise gezählt: 1. Die nach dem Herkunftsort Autun der einzigen vollständigen Hs. benannte Collectio Hispana Gallica Augustodunensis, eine Ableitung der Collectio →Hispana. 2. Die →Capitula Angilramni, eine 71 oder 72 Kap. umfassende Slg. von Rechtssätzen, bei denen die Verfälschung noch nicht so energ. durchgeführt ist wie bei den P.n D.; ihr Hauptthema ist der Schutz der Geistlichen, speziell der Bf.e, im Prozeßrecht; in der Überschrift wird meist behauptet, Papst Hadrian I. habe sie Bf. →Angilram v. Metz überreicht. Neben der späteren, meist mit einer Langform der P.n D. überlieferten Version hat es Vor- und Parallelformen gegeben. 3. Die aus drei Büchern und vier Additiones bestehende Kapitularienslg. des →Benedictus Levita, die sich als Fortsetzung der echten Kapitularien des Abtes →Ansegis v. Fontenelle ausgibt. 4. Die am stärksten verfälschten P.n D.: sie umfassen hauptsächl. Papstbriefe von Clemens I. (ca. 88–97; hier Anaklet [ca. 76–88] vorangestellt) bis Gregor II. Offenbar existierten schon in der Zeit der Fälscher mehrere Langfassungen; größere Unterschiede bestehen zw. Lang- und Kurzversionen. Während die Langfassung drei Teile aufweist, indem zwei Dekretalenteile einen Konzilienteil umrahmen (60 Dekretalen bis Melchiades [311–314]; gr. bzw. allg., afrikan., gall., span. Konzilien mit dem XIII. Konzil v. Toledo [683] als jüngstem Stück; Dekretalen und Konzilsdekrete von Silvester I. bis Gregor II.), enthält die Kurzfassung lediglich Dekretalen von Clemens I. bis Damasus I. Der Anteil des Falschgutes ist in den frühpäpstl. Dekretalen bes. hoch; insgesamt wurden rund 10000 Exzerpte mit Eigengut verwoben. Die Auszüge stammen hauptsächl. aus Väterschriften, Konzilien, echten Papstbriefen, dem röm. Recht und dem →Liber pontificalis; auch ältere Fälschungen sind eingegliedert, z.B. die apokryphen Clemensbriefe, die →Canones apostolorum,

v.a. aber die →Konstantin. Schenkung, die eigtl. erst durch die P.n D. verbreitet worden ist und deren paläograph. älteste Textzeugen in Pseudoisidor-Hss. vorliegen. Die P.n D. geben sich als eine vollständigere Ausgabe der Collectio Hispana, doch sind Anfang und Schluß der damals weit verbreiteten und geschätzten →Dionysio-Hadriana angeglichen.

Mit rund hundert Hss. waren die P.n D. im MA die am weitesten verbreitete Kanonesslg. der hist.-chronolog. Ordnung. Ein Hauptzweck der Fälschung scheint es gewesen zu sein, die Bf.e vor dem Zugriff ihrer Metropoliten und der Laiengewalt zu schützen; als ein mit den Bf. konkurrierender Stand werden die →Chorbf.e energ. bekämpft. Zum Schutz der Bf.e ist eine neue hierarch. Stufe erfunden, der Primas-Patriarch, und die jurisdiktionelle Macht des Papstes erhebl. erhöht worden. Die P.n D. sind wahrscheinl. zw. 847 und 852 an einem westfrk. Ort von einem Personenkreis verfaßt worden, der in Gegnerschaft zu Ebf. →Hinkmar v. Reims stand. Allerdings konnte sich sein Gegner und Suffragan Bf. →Hinkmar v. Laon, der im Kampf gegen seinen Metropoliten als erster die P.n D. in großem Umfang heranzog, nicht behaupten, wie überhaupt der durchschlagende Erfolg des pseudoisidor. Rechts erst in der Zeit der Kirchenreform des 11. und 12. Jh. eintrat, zumal auch die Päpste, beginnend mit Nikolaus I., sich anfangs nur zögernd der P.n D. bedienten. Daß schließl. das Papsttum der Hauptnutznießer war, ist nicht durch die Fälschung herbeigeführt worden, sondern umgekehrt hat ein verändertes, auf Rom zentriertes Kirchenverständnis sich den P.n D. geöffnet. Wichtig war die Rezeption in den Kirchenrechtssammlungen des Hoch-MA (→Sententiae diversorum patrum, Kanonesslg.en →Anselms II. v. Lucca, →Deusdedits, →Bonizos v. Sutri, →Ivos v. Chartres u.a. m.); über das →Decretum Gratiani, das rund 10% pseudoisidor. Material enthält, wurden Sätze der Fälschung fester Bestandteil des Kirchenrechts, und auch in den beiden modernen Gesetzbüchern der kath. Kirche (Codex Iuris Canonici v. 1918 und 1983) sind Spuren pseudoisidor. Wirksamkeit greifbar.

Im MA ist zwar die Unechtheit einzelner Stücke erkannt worden (z.B. von Hinkmar v. Reims, →Bernold v. Konstanz, →Petrus Comestor, →Nikolaus v. Kues), doch unterblieb der Nachweis der Gesamtfälschung. Erst während und nach der Reformation haben nichtkath. Gelehrte (die Magdeburger Centuriatoren mit Flacius Illyricus [† 1575], der reformierte Prediger D. Blondel [† 1655]) die Unechtheit umfassend nachgewiesen. H. Fuhrmann

Ed.: Decretales Pseudo-Isidorianae et Capitula Angilramni, hg. P. HINSCHIUS, 1863 [der Ausg. liegt die irrtüml. Annahme zugrunde, daß der Konzilienteil frei von Fälschungen sei; der Hg. hat deshalb den Konzilienteil der Hispana übernommen; zur Gänze dagegen hat eine Hs. der P.n D. J. Merlin († 1541) abgedruckt; Nachdr.: MPL 130] – *Lit.*: HRG IV, 80–85 – PRE XVI, 265–307 – H. FUHRMANN, Einfluß und Verbreitung der pseudoisidor. Fälschungen (MGH Schr. 24, 1–3, 1972–74) [dazu: F. KEMPF, AHP 11, 1973, 389–396; 12, 1974, 346–352; 13, 1975, 437–440 – P. LANDAU, P. D., ZRGKanAbt 61, 1975, 377–392 – Y. CONGAR, Les Fausses Décrétales, leur réception, leur influence, RSPhTh 59, 1975, 279–288] – H. MORDEK, Kirchenrecht und Reform im Frankenreich, 1975 – K.-G. SCHON, Exzerpte aus den Akten v. Chalkedon bei Pseudoisidor und in der 74-Titel-Slg., DA 32, 1976, 546–557 – DERS., Eine Redaktion der P.n D. aus der Zeit der Fälschung, DA 34, 1978, 500–511 – H. MORDEK, Codices Pseudo-Isidoriani. Addenda zu dem gleichnamigen Buch v. SCH. WILLIAMS, AKKR 147, 1978, 471–478 – J. RICHTER, Stufen pseudoisidor. Verfälschung. Unters. zum Konzilsteil der P.n D., ZRGKanAbt 64, 1978, 1–72 – H. J. SIEBEN, Pseudoisidor oder der Bruch mit der altkirchl. Konzilsidee, ThPh 53, 1978, 498–537 – P. R. MCKEON, A Note on Gregory I and the Pseudo-Isidore, RevBén 89, 1979, 305–308 – H. FUHRMANN, Fälscher unter sich: Zum Streit zw. Hinkmar v. Reims und Hinkmar v. Laon

(Charles the Bald: Court and Kingdom, hg. M. GIBSON-J. NELSON [Brit. Archaeological Rep., Internat. Ser. 101], 1981), 237–254 [1990², 224–234] – DERS., Reflections on the Principles of Editing Texts: The Pseudo-Isidorian Decretals as an Example, BMCL NS 11, 1981, 1–7 – F. YARZA, El Obispo en la organzación eclesiástica de las Decretales pseudoisidorianas, 1985 – J. RUYSSCHAERT, Les Décrétales du Ps. Isidore du Vat. Lat. 630, Misc. Bibl. Apostolicae Vaticanae I (StT 329, 1987), 111–115 – Fälschungen im MA, II (MGH Schr. 33, 2, 1988), passim; dazu Reg., VI, 180 s. v. P. D. – H. FUHRMANN, Pseudoisidor und das Constitutum Constantini (In Jure Veritas, Stud. ... in Memory of SCH. WILLIAMS, hg. ST. B. BOWMAN–B. E. CODY, 1991), 80–84 – J. GILCHRIST, Changing the Structure of a Canonical Collection (ebd.), 93–117 – H.-J. SIEBEN, Pseudoisidor auf dem Konzil v. Florenz (1438/ 39), ThPh 66, 1991, 226–238.

Pseudo-Matthäus → Apokryphen, A. I

Pseudo-Mesuë → Mesuë

Pseudo-Methodius → Methodius

Pseudo-Musa. Die meist zusammen mit dem »Herbarius« des →Ps.-Apuleius in zahlreichen Hss. überlieferte und dann auch wiederholt gedr. Abhandlung »De herba vettonica« (→Betonie) nennt als Verf. Antonius Musa, der indes nicht mit dem durch seine Kaltwasserkuren berühmt gewordenen Arzt des Ks.s Augustus ident. ist. Vielmehr gehört dieses Pseudepigraph, das in 47 nach Indikationen geordneten Abschnitten jeweils kurze (Dosierungs-)Hinweise für die Anwendung der Pflanze gibt, einer wesentl. späteren Zeit an; unklar bleibt hingegen, ob die kleine Schrift u. U. gleichfalls von dem anonymen Autor des »Herbarius« oder von einem anderen (früheren?) Unbekannten stammt. P. Dilg

Ed.: E. HOWALD–H. E. SIGERIST, Antonii Musae de herba vettonica liber [u. a.], CML IV, 1927, 1–11 – *Lit.:* H. J. LORENZ, De Ps.-Antonii Musae et Ps.-Apulei genere dicendi [Diss. Bonn 1959].

Pseudo-Ovidiana → Ovid

Pseudo-Petroncellus (Petrizoneli), nicht sicher nachweisbares Mitglied der Medizinschule v. →Salerno, angebl. im 11. Jh. tätig. Unter seinem Namen ist ein dreiteiliges, »Practica« gen. →Arzneibuch überliefert, dessen Schlichtheit als kennzeichnend für das frühe Salerno gedeutet wurde und als Charakteristikum locker gefügte Quästionen sowie nach der Indikation gereihte Rezeptfolgen zeigt. Als Vorlage diente die »Epistula [peri hereseon] Quantis annis latuit medicina«, die auf Isidors →Etymologien« bzw. auf der »Naturalis historia« des Plinius fußt. Obwohl entsprechend strukturierte Arzneibücher auch im 12. Jh. noch von Salerner oder salernitan. geprägten Autoren verfaßt wurden (→»Bartholomäus«) und die »Practica.p.i« offensichtl. in der Medizinschule nicht ohne Bedeutung war, stammt der Text aus vorsalernitan. Rezeptlit., ist in Abschriften seit dem 9. Jh. belegbar und läuft dort unter dem Titel »Tereoperica«. Beachtung verdienen zwei ags. (Teil-)Übers.en des 10. bzw. 11. Jh. G. Keil

Ed.: Collectio salernitana, hg. S. DE RENZI, 1852–59, IV, 158–291; vgl. auch II, 134–765 [= IV, 292–314] – Leechdoms, wortcunning and starcraft of early England, hg. O. COCKAYNE, 1864–66 [Neudr. 1965], II, 1–157; III, 81–145 [Peri didaxeon] – Balds leechbook, hg. C. E. WRIGHT–R. QUIRK, Early English Mss. in Facs. 15, 1955 – *Lit.:* F. HARTMANN, Die Lit. von Früh- und Hochsalerno [Diss. Leipzig 1919], 7 – K. SUDHOFF–TH. MEYER-STEINEG, Gesch. der Med. im Überblick, 1922², 178–181 – K. SUDHOFF, Salerno, SudArch 21, 1929, 50 – K. SCHUBRING, Johann Petrizoneli und die Urheberschaft der 'Practica', SudArch 46, 1962, 364–366 – CH. H. TALBOT, Medicine in Medieval England, 1967, 18–20 – W. WIEDEMANN, Unters. zu dem frühma. med. Briefbuch des Cod. Bruxellensis 3701–15 [Diss. Berlin 1976], 60–62 – P. O. KRISTELLER, Studi sulla Scuola medica salernitana, 1986, 25.

Pseudo-Serapion → Serapion

Pseudo-Tertullianus → Tertullian

Pseudo-Turpin (Hist. Karoli Magni et Rotolandi), Bezeichnung für eine pseudohist. lat. Erzählung über die Feldzüge →Karls d. Gr. in Spanien und Aquitanien, zugeschrieben dem legendären Ebf. Turpin. Ein Kleriker aus dem Poitou, Aimeric Picaud, fügte diese Erzählung um 1140 dem →»Liber sancti Jacobi« ein. In der Mitte zw. Heldenepos und erbaul.-religiösem Gedicht angesiedelt, verarbeitet der Ps.-T. mehrere →Chansons de geste des Karlskreises; Zielsetzung ist die Propagierung des Reconquista-Kreuzzuges; die Kämpfer um Karl d. Gr. werden nachdrückl. mit Zügen von Märtyrern und Hl.n ausgestattet. – Einige Forscher (MEREDITH-JONES) sehen im Ps.-T. einen dem »Liber Jacobi« vorausgehenden Text, der im Rahmen der Einfügung in dieser Sammlung eine Überarbeitung erfuhr, wohingegen andere (HÄMEL, HORRENT, MOISAN) die Autorschaft dem Aimeri Picaud zuweisen, was größere Wahrscheinlichkeit hat. – Der weitverbreitete, in mindestens 170 Hss. erhaltene und oft gemeinsam mit bedeutenden historiograph. Werken (so →Einhards Karlsvita) überlieferte Text wurde im MA in fast alle europ. Sprachen übersetzt. In afrz. Sprache entstanden (außer einer anglonorm. Version) zw. 1200 und 1230 nicht weniger als sechs Übersetzungen, zumeist nordfrz. Provenienz und angefertigt im Auftrag adliger Herren, die angesichts des beunruhigenden Aufstiegs der →Kapetinger ihre karol. Abkunft hervorheben wollten. Diese Versionen des Ps.-T. zählen zu den ältesten hist. Texten in frz. Sprache. Der in zahlreiche historiograph. Kompilationen eingegangene Ps.-T. beeinflußte noch die Grandes →Chroniques de France. P. Bourgain

Ed.: C. MEREDITH-JONES, 1936 [Neudr. 1972] – A. HÄMEL (mit A. DE MANDACH), 1965 – frz. Fassg.: cf. G. SPIEGEL, 1986 – *Lit.:* DLFMA², 292–295 [s.v. Chronique du Pseudo-Turpin] – A. BURGER, La légende de Roncevaux avant la Chanson de Roland, Romania 70, 1948–49, 433–477 – R. LOUIS, Aimeri Picaud, Bull. Soc. nat. antiquaires de France, 1948–49, 80–97 – A. DE MANDACH, Naissance et développement de la chanson de geste en Europe, I, 1961 – I. SHORT, The Ps.-T. Chronicle, Some Unnoticed Versions and their Sources, MAe 39, 1969, 1–22 – J. HORRENT, Notes de critique textuelle sur le Ps.-T., M-A 81, 1975, 39–61 – W. DECKER, Über Rolandslied und Ps.-T., Euphorion 72, 1978, 133–142 – R. WALPOLE, Prolégomènes à une édition du T. français dit le T. I, Rev. Hist. Textes 10, 1980, 199–230; 11, 1981, 325–370 – A. MOISAN, L'exploitation de la chronique du Ps.-T., Marche romane 31, 1981, 11–41 – G. SPIEGEL, Ps.-T., the Crisis of Aristocracy and the Beginnings of Vernacular Hist. in France, Journal of Med. Hist. 12, 1986, 207–223 – A. MOISAN, L'exploitation de l'épopée par le Ps.-T., M-A 95, 1989, 195–224.

Pskov (aruss. Pl'skov, dt. Pleskau), Stadt und Fsm. im russ. NW. Die frühe Stadtgesch. P.s beginnt im 9. Jh., als im ursprgl. ostseefinn. Siedlungsgebiet eine ethn. gemischte (ostseefinn., slav., skand.) Siedlung entstand, die charakterist. Merkmale des aruss. →*gorod* trägt. Wichtigster Impuls für die frühstädt. Entwicklung P.s war die Einbindung des russ. NW in das Reich v. →Kiev, dessen erste christl. Fsn. →Ol'ga aus P. stammte. Maßgebl. beeinflußt wurden die Geschicke P.s durch die dt. Nachbarn in →Livland. →Hanse und livländ. Städte waren wichtige Handelspartner und trugen zur wirtschaftl. Blüte P.s bei; überschattet wurde das Verhältnis jedoch mehrfach durch militär. Auseinandersetzungen mit dem →Dt. Orden, der 1242 P. für kurze Zeit besetzte. →Alexander Nevskij, der dem Orden 1242 besiegte, legte wermutl. in der Erkenntnis der Bedeutung P.s als w. Vorposten der →Rus' den Grundstein für die städt. Autonomie. Dies wirkte sich v. a. auf das Verhältnis zu →Novgorod aus, das seine Schutzfunktion gegenüber dem nachgeordneten P. nur unzureichend wahrgenommen hatte und von dem sich P. in der Folgezeit löste. Einzig der Bf. v. Novgorod behielt seine Rechte als Oberhirte P.s. 1266 beriefen die Pskover erstmals eigenständig einen Fs.en; der aus →Litauen stammende →Dovmont wurde nach seinem Tode 1299 zum Schutzpatron P.s. Im 14./15.Jh. erfolgte ein kontinuierl. Ausbau der städt. Selbstverwaltung. Das →veče bildete das oberste Organ der Stadtgemeinde, die in mehrere Stadtviertel (koncy) eingeteilt war; als deren Repräsentanten waren die aus dem →Bojaren-Adel stammenden →posadniki die wichtigsten Amtsträger. Das zum städt. Herrschaftsbereich gehörende Umland war agrar. geprägt; die von P. aus verwalteten Beistädte (prigorody) hatten vornehml. militär. Funktion. Die Fs.en v. P., deren wichtigste Aufgabe die Führung des städt. Aufgebots war, wurden vom veče berufen. Es gelang den Gfs.en v. →Moskau seit dem Ende des 14. Jh., durch die Entsendung von Moskauer Stellvertretern auf den Pskover Fs.enthron die städt. Autonomie Schritt für Schritt einzuschränken, bis sich P. schließlich 1468 unter Beibehaltung der veče-Struktur als 'Vatererbe' (votčina) der Oberhoheit des Gfs.en unterstellte. Bis dahin war die gesellschaftl. Entwicklung P.s gekennzeichnet durch einen weitgehend erfolgreichen Interessenausgleich der verschiedenen Bevölkerungsgruppen, den als einzigen amtsfähigen Bojaren, den Kaufleuten und den Handwerkern und Kleinhändlern ('Schwarze Leute'). Die letzten Jahrzehnte der nur noch nominell freien Stadt P. waren jedoch von schweren sozialen Unruhen geprägt, in die auch die bäuerl. Bevölkerung des Umlands, insbes. die im Gegensatz zu den izorniki nicht grundherrl. abhängigen Smerden einbezogen wurden. Als Gfs. Vasilij III. 1510 die veče-Verfassung aufhob und die bedeutendsten Bojarenfamilien exilierte, war die Eingliederung P.s in das Moskauer Reich vollzogen. G. Pickhan

Q.: Pskovskie letopisi, red. A. N. Nasonov, I, 1941; II, 1955 – Lit.: A. I. Nikitskij, Očerk vnutrennej istorii Pskova, 1873 – H. J. Grabmüller, Die Pskover Chroniken, 1975 – Ju. G. Alekseev, Pskovskaja Sudnaja gramota i ee vremja, 1980 – G. Pickhan, Gospodin P., 1992 [dt.].

Pskover Chroniken → Chronik, O

Psychomachie → Prudentius (2. P.), →Tugenden und Laster

Ptochoprodromika, Sammelname (besser: Ptochoprodromos 'Armer Prodromos') für den Schlüsseltext der sog. byz. Volkslit. seit der 1. krit. Ausg. durch Hesseling-Pernot: 4 Gedichte vom lit. Genus der Bettcldichtung. Angeredet werden byz. Ks. der Komnenenzeit, die durch dramat. Schilderungen des Dichterelends zu Spenden erweicht werden sollen. In I leidet der Pantoffelheld unter seiner 'bösen' Frau, in II dramatisiert er die Sorgen ums Haushaltsgeld der Großfamilie, III schildert das zeitlose Elend der 'Gelehrten', in IV beschwert sich ein aufmüpfiges Mönchlein drast. über die Schikanen durch ein feistes Äbtegespann. Die packend aufgebauten Szenen haben diese Gedichte in den Rang von Weltlit. gehoben. Ursprgl. aus dem 12. Jh., waren die Gedichte mannigfaltigen Veränderungen ausgesetzt. Die umfangreichen Ks.-An- und Abreden im gelehrten Sprachstil gehören zum ursprgl. Bestand, nur die dramatisierten selbstiron., z. T. satir. Elemente sind in der überregionalen, dialektfreien Koine der Dichtersänger überliefert, womit eine zeitweilige Aufnahme dieser Teile auch in die mündl. Überlieferung verbunden war. Die Frage nach dem Autor hat eine 'Prodromische Frage' ausgelöst, die die Zuweisung der Gedichte an den berühmten zeitgleichen byz. Hofdichter Theodoros →Prodromos bzw. die Unabhängigkeit von diesem oder anderen gelehrten Dichtern beinhaltet. Bemühungen, stilist. 'von unten nach oben' zu kommen, sowie eine Reihe von kulturhist. und anderen Gründen schließen eine Identität des Dichters der P. mit Prodromos nahezu aus. H. Eideneier

Ed.: D.-C. Hesseling–H. Pernot, Poèmes Prodromiques en grec vulgaire, 1910 [mit Wortindex] – H. Eideneier, Ptochoprodromos, 1991 [mit Glossar, dt. Übers., Lit.] – Lit.: Beck, Volksliteratur, 101-105.

Ptolemaeus, Claudius P., bedeutender Gelehrter der Antike, * zw. 80 und 100 n. Chr., wurde 78 Jahre alt, lebte in Alexandria. Eine gelegentl. vermutete Verwandtschaft mit dem Kg.sgeschlecht der Ptolemäer wurde nie bewiesen. Seine Werke beeinflußten im MA die Wissenschaften im islam. Bereich und ab etwa 1200 auch in Europa außerordentl. stark. In seinem bedeutendsten Werk, dem sog. →»Almagest«, sind die Grundlagen der gr. Astronomie niedergelegt; es enthält auch mehrere trigonometr. Lehrsätze. Weite Teile des Almagest (13 B.) sind eine lehrbuchartige Darstellung der Begriffe und Methoden der →Astronomie; eine originale wiss. Leistung ist P.' Theorie der Bewegungen der →Planeten. Die Erde wird als unbewegl. im Zentrum der Welt befindl. angenommen; für dieses geozentr. →Weltbild werden Beweise vorgebracht, die im Rahmen der damaligen naturwiss. Kenntnisse glaubwürdig und plausibel waren. Für die Erklärung der beobachteten Bahnen der Himmelskörper verwendete P. die Hilfsmittel des exzentr. Kreises und des Epizykels. Manche Einzelheiten hat er von Hipparch übernommen. Ausführl. Tabellen ermöglichten die konkrete Berechnung von Planetenpositionen für Vergangenheit und Zukunft (→Tafeln, astronom. und math.). Das von P. errichtete astronom. Lehrgebäude hatte im MA sowohl im islam. Bereich als auch in Europa unumstrittene Geltung, wenn auch Einzelheiten modifiziert und verbessert wurden; erst in der Spätrenaissance wurde es allmähl. durch das heliozentr. Weltbild des →Kopernikus abgelöst.

P. arbeitete auf zahlreichen wiss. Gebieten. Neben einigen kleineren astronom., den Almagest ergänzenden Schriften ist der »Tetrabiblos« (Viererbuch) zu erwähnen, der die Grundlagen der →Astrologie erläutert. Von großer Bedeutung war die »Geographia«, die →Karten der antiken Welt und Angaben über die geogr. Koordinaten von ca. 8000 Orten mit allerdings sehr geringer Genauigkeit aufweist. Ein Werk über →Optik ist nur z. T. erhalten, doch kann der Inhalt verlorener Teile weitgehend indirekt erschlossen werden. Es enthält allg. Angaben über das Sehen sowie über Reflexion und Brechung von Lichtstrahlen. In einem Werk über Musiktheorie werden zahlenmäßige Beziehungen zw. Tönen behandelt. Der Almagest enthält auch trigonometr. Lehrsätze.

P., im MA eine unumstrittene Autorität ersten Ranges, wurde seit dem 18. Jh. mehrfach heftig kritisiert. Es wurde ihm vorgeworfen, daß er nicht mehr als ein Kompilator und z. T. Plagiator gewesen sei und daß er sogar astronom. Beobachtungen bewußt gefälscht, mindestens einseitig interpretiert habe. Zuletzt wurden derartige Vorwürfe in massiver Form von R. R. Newton vorgebracht, während andere Historiker der Naturwissenschaften, z. B. K. P. Moesgaard, P. verteidigen. F. Schmeidler

Ed.: J. L. Heiberg, Claudii P.i opera quae exstant omnia, 1898–1907 – K. Manitius, P., Hb. der Astronomie, 1912 [dt. Übers.; 1963²] – Lit.: DSB XI, 186–206 [Lit.] – E. Zinner, Die Gesch. der Sternkunde, 1931 – A. Pannekoek, A Hist. of Astronomy, 1961 – R. R. Newton, The Crime of Claudius Ptolemy, 1977 – K. P. Moesgaard, Ptolemy's failings, JHA 11, 1980, 133-135 – G. J. Toomer, Ptolemy's Almagest, 1984 – P. Kunitzsch, Der Sternkatalog des Almagest, 3 Bde, 1986–91.

Ptuj → Pettau

Publicatio, im Kontext der ma. Urk. jene Formel, durch die der Aussteller seinen Willen verkündet und öffentl. macht; →Promulgatio.

Publilius Syrus im Mittelalter. Von dem röm. Mimendichter P., einem Freigelassenen syr. Abkunft, der 46 v. Chr. bei den ludi Caesaris über den älteren, bis dahin angesehensten röm. Mimographen Decimus Laberius siegte, hat sich außer etlichen kleinen Fragmenten (bei Grammatikern) eine große Zahl der in seinen Mimen enthaltenen sentenziösen Verse, auf denen seine bes. Wertschätzung beruhte, erhalten. Wahrscheinlich wurde schon bald nach seinem Tode, vielleicht noch in augusteischer Zeit, eine alphabet. geordnete Slg. jener einzeiligen Sprüche (zumeist iamb. Senare, gelegentl. trochäische Septenare) angelegt, die in der Folgezeit auch in den Schule Verwendung fanden (vgl. Hieronymus, epist. 117, 8 ad Laetam). Aber diese nur als notwendig erschlossene, nirgends nachweisbare Slg. ist offenbar schon in der Spätantike von Teilslg. en verschiedenen Umfangs verdrängt worden; jedenfalls haben nur solche das MA erreicht. Die Nachwirkung des P. im MA läßt sich jedoch nur gleichsam wie Stücke von Fäden, die sich nicht zu einem Gewebe verbinden lassen, erkennen. P. verse sind (zumeist wohl in andere Versform umgegossen) in die verschiedensten Slg. en der im MA ungemein beliebten Spruchdichtung eingegangen (z. B. in die Delicie cleri eines Arnulf, Mitte 11. Jh.). Von den in der Hauptsache unverändert publianisches Gut enthaltenden Slg. en waren am verbreitetsten die Sprüche unter dem Namen des Seneca (sententiae Senecae), die im 9. Jh. bei Gelehrten wie →Lupus v. Ferrières, →Heiric v. Auxerre, →Sedulius Scottus u. a. erscheinen, oder innerhalb eines (nur aus Inhaltsangaben bekannten) Florilegiums eines Censorinus, das z. B. →Hadoard v. Corbie im 9. Jh. teilweise ausschrieb, aber auch noch bei Richard v. Fournival um 1250 als sententiae philosophorum auftreten. P.-Sprüche sind ferner enthalten in dem sog. →Caecilius Balbus, dessen Grundstock eine im 6. oder 7. Jh. ins Lat. übersetzte griech. Spruchslg. bildet. Andere Teilslg. en, deren Ursprung unbekannt ist und die seit dem 10. und 11. Jh. erscheinen, pflegt man nach Hss. zu benennen, in denen sie zuerst festgestellt wurden (Freisinger, Zürcher, Venezian. Slg., letztere seit 1329 nachgewiesen). Als man seit Erasmus der P. wiederzugewinnen suchte, bildeten jene Teilslg. en, zuerst die Sententiae philosophorum und der sog. Caecilius Balbus, den Grundstock, der in (über 250) Edd. seit dem 16. Jh. auf mannigfache Weise zurechtgemodelt durch die krit. Leistung des 19. Jh. zu einer Gesamt-Restslg. von ca. 700 wahrscheinl. echten P.-Sprüchen gedieh.   F. Brunhölzl

Q.: Publilii Syri Sententiae, ed. E. WOELFFLIN, 1869 – W. MEYER, Die Slg. en der Spruchverse des P., 1877 – L. TRAUBE, AAM 19, 1891, 369ff. – MANITIUS I–III – M. D. REEVE (REYNOLDS, Texts and Transmission, 1983), 327ff.

Publizistik

A. Westlicher Bereich – B. Byzanz

A. Westlicher Bereich
I. Hochmittelalter – II. Spätmittelalter.

I. HOCHMITTELALTER: [1] *Zum Begriff:* Unter P. wird gemeinhin die öffentl. Behandlung von aktuellen Streitfragen in Wort und Schrift mit der Absicht der Beeinflussung der Publikumsmeinung verstanden. Für das MA kann diese Definition nur mit Einschränkung in Anspruch genommen werden. Verf. wie Adressaten des in der Regel in lat. Sprache abgefaßten Schrifttums waren im HochMA fast ausnahmslos Kleriker, die sich dabei der jeweils zeitgemäßen Form des wiss. Diskurses bedienten. Die Öffentlichkeit war somit von vornherein auf den Kreis der Gebildeten, der litterati, beschränkt. Gemeinsame Standeszugehörigkeit, Bildung und Interessenlage waren somit konstitutiv für das Publikum ma. P. Durch die allein mögliche hs. Verbreitung der einschlägigen Texte war der Öffentlichkeitswirkung eine zusätzl. Grenze gesetzt. Wesentl. Anstöße empfing die P. von der sich in gleicher Weise auf die Kirche wie auf das Staatswesen erstreckenden ma. Reformdiskussion. Anlaß zu Kontroversen gab daneben das im MA stets aktuelle Thema des Gewaltenverhältnisses. Im Vordergrund stand hierbei die Frage nach dem Stellenwert ird. Herrschaft, nach den Grenzen päpstl. Gewalt wie bes. nach dem Verhältnis von Ksm. und Papsttum. Bevorzugte Gattungen waren der zur Verbreitung bestimmte (offene) Brief, der theol. Traktat und die scholast. →Quaestion; doch waren die Grenzen zum paränet. Schrifttum (→Fürstenspiegel), zur staatstheoret. Abhandlung wie auch zur Historiographie fließend.

[2] *Anfänge im 11. Jh.:* Nach den theol. Diskussionen der ersten christl. Jh. (→Apologetik) kam es erstmals in der Zeit des →Investiturstreits zu einer die Bezeichnung P. verdienenden Erscheinung. Die aktuellen Fragen der Kirchenreform (→Gregorian. Reform) und die Auseinandersetzungen zw. Kgtm. und Papsttum führten zur Ausbildung einer neuen lit. Gattung, der Streitschriften (→Libelli de lite). War deren hs. Überlieferung mitunter auch gering, so dürften zu ihrer Verbreitung Wanderprediger (*gyrovagi*) und Mönche beigetragen haben. In die Volkssprache übersetzt und zuweilen in den Kirchen verlesen, erreichten sie auch das einfache Volk. Daneben gab es Ansätze, aktuelle Streitfragen in öffentl. Disputation zu lösen (Zitatenkampf von →Gerstungen-Berka 1085). Als Argumentationshilfe bediente man sich auf kirchl. wie auf kgl. Seite eigens dafür angelegter Sentenzenslg. en. Die wechselseitigen Bezugnahmen der Streitschr. en aufeinander lassen in Umrissen eine »öffentl.« Debatte erkennen, deren Breite allerdings nicht überschätzt werden sollte. Im Vordergrund stand freilich häufig mehr die Bekräftigung des eigenen Parteistandpunktes als die Überzeugung des Gegners.

[3] *Die Publizistik des Investiturstreits:* Insbes. durch die zweite Bannung Heinrichs IV. auf der →Fastensynode 1080 kam eine lebhafte publizist. Diskussion in Gang. Während führende Gregorianer wie →Gebhard v. Salzburg und →Bernold v. Konstanz die päpstl. Maßnahmen wie die Absetzung des Kg.s und die Entbindung der Untertanen von ihrem Treueid billigten, stießen sie im kgl. Lager (Wenrich v. Trier, Wido v. Osnabrück) auf entschiedene Ablehnung. Eine auf Ausgleich bedachte Haltung nahm der Hersfelder Verfasser des →»Liber de unitate ecclesiae« ein, der gegen eine (nicht erhaltene) Hirsauer Streitschr. polemisierte. Heftige Angriffe, verbunden mit Ausfällen gegen Heinrich IV., richtete →Manegold v. Lautenbach gegen die Schr. Wenrichs v. Trier. Als Vertreter der oberit. Bf. e ergriff →Benzo v. Alba für das sal. Kgtm. Partei, während auf der Gegenseite →Bonizo v. Sutri leidenschaftl. für die gregorian. Sache eintrat. Der jurist. gebildete Laie Petrus Crassus versuchte weitsichtig, das röm. Recht für die Verteidigung der kgl. Position nutzbar zu machen. Gezielt wurde von Heinrich IV., unterstützt von dem Notar →Gottschalk v. Aachen, der Brief als Mittel polit. Propaganda eingesetzt. In der eigtl. Investiturfrage nahmen →Wido v. Ferrara, →Sigebert v. Gembloux, der vielleicht auch den Traktat »De investitura episcoporum« verfaßt hat, und der Verfasser einer im Reichskl. →Farfa entstandenen Streitschrift

(»Orthodoxa defensio imperialis«) zugunsten des kgl. Investiturrechts Stellung, während →Placidus v. Nonantola den weltl. Besitz der Kirche gegenüber der Verzichtpolitik Paschalis' II. zu verteidigen suchte.   T. Struve

II. SPÄTMITTELALTER: [1] *Allgemeine Charakteristik:* Auch im späten MA hat es eine »P.« im nz. Sinne nicht gegeben. In Zeiten hsl. Verbreitung von Texten konnte kein Autor für einen offenen Markt produzieren. Vielmehr wurden in aller Regel nur dann Abschriften hergestellt, wenn der Abnehmer die Mühe selbst auf sich nahm oder bezahlte. Nur der →Brief machte eine Ausnahme von dieser Regel, deshalb waren auch Briefe (und Briefslg.en) früh Instrumente »publizist.« Wirkung, da schon der einzelne Brief, zw. privater Mitteilung und öffentl. Anrede schillernd, solcher Absicht entgegenkam und →Kanzleien auch gleichlautende Schreiben an verschiedene Adressaten streuen konnten. Freilich war dann die Erhaltungschance der Texte wieder von den allg. Bedingungen abhängig. Keine Schrift, auch wenn sie in Streitfragen des Tages eingreifen wollte, konnte damit rechnen, sich Leser gleichsam selbst besorgen zu können, kein Text konstituierte seine Verbreitungskreise selbst, vielmehr zirkulierten Texte in Kreisen, die bereits zuvor unabhängig von dem konkreten Text konstituiert waren. Solche Kreise konnten klein sein, ein Freundes- oder Bekanntenkreis, ein Kl., eine Gemeinde; auch sehr große Organisationen konnten sich als Publikationssysteme und »begrenzte Öffentlichkeiten« anbieten: eine Univ., ein Ordensverband, ein Kg.shof, die päpstl. Kurie. Unterschiedl. also auch und abhängig von den gewählten Publikationsstrukturen war die Chance auf Aufmerksamkeit und Verbreitung.

[2] *Anfänge der Propaganda:* Selten finden sich in unserem Zeitraum Ansätze zu einer stoßweisen Textproduktion in propagandist. Absicht, am frühesten wohl bei den →Papstbriefen sowie dann in einzelnen Ordensverbänden, deren Statuten und normative Regulierungen prinzipiell gleichmäßig weithin verbreitet werden wollten. Wie die Zisterzienser mit ihren Liturgica und den Beschlüssen der Generalkapitel seit dem 12. Jh., so verfuhren seit dem 13. Jh. auch die Bettelorden, bald mit weiterem Schriftgut von Ordensangehörigen. Die Propaganda zum 2. Kreuzzug war nicht ohne Ursache →Bernhard v. Clairvaux anvertraut, der nicht allein mündl. in weitgedehnten Predigtreisen den päpstl. Aufruf Nachdruck gab, sondern auch die Möglichkeiten eines effizienten Skriptoriums und die organisator. Kanäle seines Ordens für die Verbreitung seiner eigenen Werbebriefe wie für die päpstl. Bulle einzusetzen wußte. Die Möglichkeiten, durch geballten Einsatz von Kopisten gleichlautende Texte in einer – freilich noch weitgehend oralen – Gesellschaft bekanntzumachen, wurden zunehmend auch von den Herrscherhöfen wahrgenommen. Aus der Kanzlei Friedrichs II. haben wir Zeugnisse für propagandist. Manifeste, die für eine kurze Zeit den Ks.hof der Kurie zumindest auch stilist. ebenbürtig machten.

[3] *Textverbreitung:* Nicht auf die herrscherl. Sphäre beschränkt blieb das Bedürfnis stärkerer Textverbreitung: die wachsenden →Univ.en mit ihrem gewaltigen Textbedarf haben schon im ersten Jh. ihres Bestehens die Grundtexte für den Unterricht aller Fakultäten bei den sog. →stationarii geradezu in einem Anbietermarkt bereitgehalten: durch die mechan. Aufteilung in etwa gleichlange Teile (peciae), die jeweils nacheinander zum Abschreiben entliehen werden konnten, wurde es möglich, auch umfängl. Textcorpora nach kontrollierbaren Vorlagen in größerer Zahl fast gleichzeitig zu kopieren und somit mögl. Abnehmer rascher mit qualitativ vergleichbaren Textexemplaren zu versorgen. Doch ging schon im 14. Jh. die große Zeit der stationarii zu Ende. Die sich provinzialisierenden Univ.en des 14. Jh. fanden in der pronunciatio, dem Gruppendiktat, Ersatz, wo ein Text (auch fremder Provenienz) durch einen Dozenten langsam zum Mitschreiben (offenbar gegen Entgelt) vorgelesen wurde. Die Univ.en legten in ihren Statuten Wert darauf, den Kreis der Berechtigten, die Art und die Korrektheit der verlesenen Texte zu kontrollieren und zugleich die traditionellen Vorlesungen davor zu schützen, zu solchen Gruppendiktaten zu entarten.

[4] *Einsatz im »politischen Meinungskampf«:* Alle diese Techniken wurden bei Bedarf auch im polit. Meinungskampf eingesetzt, um die Verbreitung der Argumente, die für die eigene Position angeführt werden konnten, zu sichern: ihre leistungsfähige Kanzlei setzte die Ordensleitung der →Franziskaner etwa im »Theoret. Armutsstreit« gezielt ein, um die offiziellen Stellungnahmen des Ordens, auf dem Generalkapitel in Perugia beschlossen, der gesamten Christenheit bekannt zu machen; über 100 Exemplare wurden 1322 binnen weniger Wochen verbreitet. Die →Colonna-Kard.e haben (1297ff.) ihre Appellationen gegen die Maßnahmen Bonifatius' VIII. manifestartig in großer Stückzahl versandt. Der Hof Philipps d. Schönen sorgte, in geringerem Umfang, ebenso für eine Verbreitung seiner Auffassungen im Streit mit dem Papst durch Kurztraktate und durch universitäre Quästionen; die Verfasser waren in aller Regel Pariser Univ.sgelehrte. Auch vom Hof Ludwigs d. Bayern wurden Appellationen und Mandate des Herrschers wie auch um Zustimmung werbende Darlegungen seiner Kleriker weit gestreut. Später schickten die Kard.e ihr Ausschreiben für das Konzil v. →Pisa (1409) an eine breite europ. Öffentlichkeit. Zur Zeit des →Abendländ. Schismas und der Konzilien des 15. Jh. hat man dann mehrfach auch auf die universitäre Erfindung der pronunciatio zurückgegriffen: die burg. Partei verbreitete die »Justification du Duc de Bourgogne« des Pariser Theologen Jean →Petit (von 1408) auch auf diese Weise, und Jan →Hus ließ seine Schrift »De ecclesia« in Prag 1413 in der Bethlehemkapelle vor etwa 80 Hörern diktieren; die »geschlossene Öffentlichkeit« der Konzilien hat dann erst recht diese Form der Vervielfältigung nahegelegt: für →Johannes Gerson, Pierre d'→Ailly (in Konstanz), für Jean de Mauroux und Ludovicus Pontanus (in Basel) lassen sich Veranstaltungen nachweisen, in denen sie ganze Traktate diktieren ließen. Doch auch die (relativ wenigen) so begünstigten Texte erreichten keineswegs Auflagenziffern, die heutigen Dimensionen auch nur entsprechen könnten. In der Regel blieb die P., auch wo sie im polit. Interesse tätig wurde, eine private Angelegenheit ihrer Autoren. So hat sie kein großes und breites Publikum anzielen können oder angetroffen, vielmehr fand sie einen sehr spezif. Leserkreis, der mit seinen bes. Bedürfnissen und Erwartungen dann ihren Charakter wesentl. mitbestimmte. Dieses Publikum ist freil. verläßl. nur aus den Texten selbst und ihrer in den Hss. noch nachweisbaren Verbreitungsgesch. in seinen Umrissen auszumachen. Die Texte der sog. polit. P. sind bis zum Ende des MA ganz überwiegend in der lat. Gelehrtensprache geschrieben, sie argumentierten mit wiss. Methoden, häufig den allermodernsten der Zeit: damit setzten sie Leser voraus, die mit solchen Traktaten umgehen konnten, die sich in der scholast. Wiss. gebildet hatten.

Ma. P. ist als der Versuch zu verstehen, Zeitprobleme mit den Methoden der Wiss. zu erörtern und eine Lösung argumentativ auszuarbeiten. Es ist kein Zufall, daß wesentl. Traktate, die unverzichtbar zur Gesch. der polit. Theorien im MA gehören, formal der P. zugerechnet worden sind (z. B. →Aegidius Romanus, →Marsilius v. Padua, →Wilhelm v. Ockham, →Lupold v. Bebenburg, →Nikolaus v. Kues). Eine inhaltl. Darlegung der in den publizist. Kämpfen vorgebrachten Argumente verbietet sich, weil nur eine Gesch. der polit. Reflexion insges. dieser Aufgabe genügen könnte: wenige zentrale Themen der polit. Diskussion sind ausschließl. in den gelehrten Einzeldisziplinen abgehandelt worden.

Die sog. P. des SpätMA wäre als kirchl. Tendenzschriftstellerei unzureichend charakterisiert, vielmehr war sie der Versuch einer Antwort ma. Wiss. auf Streitfragen der Zeit. Sie konnte daher stets auf beiden Seiten aller Frontlinien der Meinungskämpfe entstehen. Was die verschiedenen Texte zusammenschließt, was die Geschlossenheit der Argumentationsmuster, was ihren theoret. Anspruch erklärt, ist das gemeinsame Publikum, die Schicht von wiss. gebildeten Beratern und Helfern der Herrschenden. So war die spätma. P. (modernem Mißverständnis zum Trotz) nicht inhaltl. bestimmt, ihre (relative) formale Geschlossenheit erklärt sich aus ihren Produktionsbedingungen, ihre theoriegeschichtl. Bedeutung daraus, daß sie noch lange der zentrale Ort theoret. Bemühung um polit. Fragen blieb.

Nachdem die Debatten um Konzil und Kirchenreform im 15. Jh. hinsichtl. Umfang, Intensität und Verbreitungschancen eine letzte Blüte der ma. P. heraufgeführt hatten, hat am Ende des MA die neue Technik der Textverbreitung durch den →Buchdruck auch der P. neue Chancen eröffnet, die sie freilich nur dadurch realisieren konnte, daß sie sich radikal verwandelte: das Flugblatt der Reformationszeit löste den ma. Traktat ab. J. Miethke

Lit.: *zu* [I]: C. Mirbt, Die P. im Zeitalter Gregors VII., 1894 – A. Fauser, Die Publizisten des Investiturstreites, 1935 – K. Leyser, The Polemics of the Papal Revolution (Trends in Medieval Political Thought, hg. B. Smalley, 1965), 42–64 – I.S. Robinson, Authority and Resistance in the Investiture Contest, 1978 – G. Constable, Papal, Imperial and Monastic Propaganda in the 11th and 12th Cent. (Prédication et propagande au MA, 1983), 179–199 – *zu* [II]: HRG IV, 716–720 [Lit.] – J. Benzinger, Zum Wesen und den Formen von Kommunikation und P. im MA, P. 15, 1970, 295–318 – H. Boockmann, Zu den Wirkungen der »Reform Ks. Siegmunds«, DA 35, 1979, 514–541 – J. Miethke, Marsilius und Ockham, Publikum und Leser ihrer polit. Schr.en, Medioevo 6, 1980, 543–567 – A. Schütz, Der Kampf Ludwigs d. Bayern gegen Papst Johannes XXII. und die Rolle der Gelehrten (Wittelsbach und Bayern, hg. H. Glaser, 1980), I/1, 388–397 – J. Miethke, Die Konzilien als Forum der öffentl. Meinung im 15. Jh., DA 37, 1981, 736–773 – Ders., Die Traktate De potestate papae – ein Typus polittheoret. Lit. (Les genres littéraires, hg. R. Bultot–L. Génicot, 1982), 198–211 – H.-J. Sieben, Traktate und Theorien zum Konzil, 1983 – P. Moraw, Gelehrte Juristen im Dienste des dt. Kg.e (Die Rolle der Juristen bei der Entstehung des modernen Staates, hg. R. Schnur, 1986), 77–147 – La production du livre universitaire au MA, exemplar et pecia, hg. L. Bataillon, B.G. Guyot, R.H. Rouse, 1988 – J. Helmrath, Kommunikation auf den spätma. Konzilien (Die Bedeutung der Kommunikation für Wirtschaft und Ges., hg. H. Pohl, 1989), 116–172 – H.-J. Schmidt, Polit. Handeln und polit. Programmatik im Dienst der Luxemburger, ZHF 16, 1989, 129–150 – S. Menache, The Vox dei, Communication in the MA, 1990 – J. Miethke, Die ma. Univ.en und das gesprochene Wort, HZ 251, 1990, 1–44 – Das Publikum polit. Theorie im 14. Jh., hg. Ders., 1992.

B. Byzanz

I. Begriff – II. Im geschriebenen Wort – III. Im gesprochenen Wort – IV. Durch Symbolik – V. Im Bild.

I. Begriff: Die Definition von P. »als öffentliche Behandlung von aktuellen Streitfragen in Wort und Schrift mit der Absicht der Beeinflussung der Publikumsmeinung« ist im Rahmen der autokrat. Struktur von Byzanz nur bedingt anwendbar. Eine öffentl. Kontroverse über Meinungen, die von der jeweils herrschenden religiösen, sozialen und polit. Ideologie abwichen, war im Sinne einer modernen demokrat. Meinungsfindung nicht möglich. P. als Öffentlichkeitsarbeit war in erster Linie Propaganda, Stärkung und Hervorhebung der herrschenden Anschauung und Ideologien. Jede Kritik konnte persönl. gefährl. werden.

II. Im geschriebenen Wort: Bei einem hohen, nicht exakt festlegbaren Anteil von Analphabeten an der Gesamtbevölkerung und bei der Verbreitung von Schrifttum durch das kostspielige Abschreiben war der Leserkreis von vornherein auf eine gebildete Oberschicht beschränkt. In der Geschichtsschreibung drückt sich nicht nur Kritik an der Vergangenheit aus, sondern auch versteckte Opposition an gegenwärtigen Zuständen und Parteinahme für bestimmte soziale und theol. Anschauungen. Die »Anekdota« des Prokopios sind ein Höhepunkt derartiger P. Die →Fürstenspiegel zeigen in ihren Mahnungen teilweise erstaunl. offene Kritik an der Praxis der ksl. Regierungsform. Der byz. →Roman konnte in seinen oft sehr konkreten erot. Darstellungen einer wachsamen prüden Orthodoxie v. a. durch den Rückgriff auf antike Vorbilder entgehen. Die theol. Lit. der Byzantiner ist außer der didakt. Erbauungslit. fast ausschließl. P. in den innerbyz. theol. Kontroversen, der Sektenpolemik, der Auseinandersetzung mit dem Westen und der Islampolemik.

III. Im gesprochenen Wort: Wenn auch die gesprochene Rede weitgehend im Dienste propagandist. Systemstärkung im Rahmen des offiziellen Zeremoniells stand, so gab bes. die krit. Situation bei Ks. wechseln, Revolten und theol. Kontroversen (v. a. im →Bilderstreit) zu publizist. Reden Anlaß. Bis ins 11. Jh. sind Spottverse des Volkes auf den Ks. überliefert.

IV. Durch Symbolik: In einer noch stark von irrational-myst. Denken geprägten Kultur spielen Symbolik und Ritual in fast allen öffentl. Handlungen und Festen eine entscheidende Rolle, v. a. im Ks.zeremoniell, in der kirchl. →Liturgie und in bestimmten Rechtshandlungen. Dadurch werden unter der Hand auch aktuelle Streitpunkte symbol. der Öffentlichkeit nähergebracht, z. B. in Verstümmelung des theol. Gegners und dem Sturz von Ks.statuen.

V. Im Bild: Bei einem starken Anteil von Analphabetentum an der Gesamtbevölkerung spielt das Bild eine wichtige Rolle in der P. Da der kontroverse Dialog fehlte, ist bes. das Bild Propagandamittel, z. B. in der →Ikonenmalerei. V. a. in den →Münzbildern zeigen sich bes. Züge des jeweiligen Herrschers. G. Weiß

Lit.: O. Treitinger, Die oström. Ks.- und Reichsidee, 1956² – Beck, Kirche – F. Dölger, Johannes VI. Kantakuzenos als dynast. Legitimist (Paraspora 1961), 194–207 – E. Trapp, Manuel II. Palaiologos, 1966 – J. Vogt, Toleranz und Intoleranz im Constantinischen Zeitalter, Saeculum 19, 1968, 344–361 – Beck, Volksliteratur [Spottverse, Satire, Roman] – F. H. Tinnefeld, Kategorien der Ks.kritik in der byz. Historiographie, 1971 – A. Garzya, Literar. und rhetor. Polemiken in der Komnenenzeit, Byzslav 34, 1973, 1–34 – Das byz. Herrscherbild, hg. H. Hunger (WdF 341, 1975) – Hunger, Profane Lit. [Satire, Fürstenspiegel, Geschichtsschreibung] – K. Mpurdara, Absetzung und Tyrannis in der mittelbyz. Zeit. Die makedon. Dynastie 876–1056, 1981 [neugr.] – J. Karayannopulos–G. Weiss, Q.kunde zur Gesch. von Byzanz, 1982 [s. v. Propaganda, Redefreiheit, Schmähschriften] – H.-G. Beck, Byz. Erotikon, 1986 – K. P. Todt, Ks. Johannes VI. Kantakuzenos und der Islam, 1991 – G. Weiss, P., BZ 86/87, 1994 [im Dr.].

Publizität. Die Vorstellung, daß bestimmte Rechtshandlungen öffentl. zu geschehen haben, ist in vielen Bereichen des ma. Rechts lebendig. Daß jedoch in all diesen Fällen das einheitl. Prinzip der P. zum Ausdruck komme, ist erst eine von der Germanistik des 19. Jh. entwickelte Vorstellung. Quellengemäßer ist es, von Öffentlichkeit oder Kundbarkeit zu sprechen. Es ist auch problemat., von einer einheitl. Funktion der P. zu sprechen. Beweissicherung, Übereilungsschutz, Ersatz für Schriftlichkeit, Information aller Betroffenen können als Zwecke eine Rolle spielen. Das Gericht und die aus ihm entstandenen Gemeinde- und anderen Volksversammlungen tagten ursprügl. in 'mallo publico', unter freiem Himmel. Auch wenn man im SpätMA zunehmend den Schutz von Gebäuden suchte, blieb das Gebot, Fenster und Türen offenzuhalten. Zudem fand die Strafvollstreckung weiter unter freiem Himmel statt. Im kommunalen Bereich wurden Bürgereide, neue Ordnungen usw. von einer erhöhten Stelle aus (z. B. Kanzel, Rathaustreppe) verkündet. Im Privatrecht ist v. a. die P.sfunktion des Besitzes (→Gewere) von Bedeutung, der die dahinterstehende dingl. Berechtigung (Eigentum, Pfandrecht) vermuten ließ. Der Pfandbesitz durch den Gläubiger schrumpfte freilich gelegentl. auf einen symbol. Rest zusammen (PLANITZ). Das Grundeigentum konnte sich vor der Entstehung der Grundbücher im SpätMA allein auf den Besitz stützen. Daher fanden Grenzbegehungen und Grenzsteinsetzungen öffentl. statt – dem jüngsten Anwesenden zog man an den Ohren, um seine Erinnerung an das Ereignis wachzuhalten (BADER). Die P. spielte auch bei der Eigentumsübertragung eine wichtige Rolle. Für Grundstücke oder wertvolle bewegl. Güter, etwa Vieh, war sie mancherorts als Weinkauf ausgestaltet, wobei die Parteien die Anwesenden durch den Ausschank von freiem Wein zu Zeugen machten; angezündete Kerzen symbolisierten die P. (BEYERLE). Der Formalismus bei der Grundstücksübertragung, der die verschiedensten Ausprägungen annehmen konnte, läßt das Bedürfnis nach P. erkennen. Der Marktkauf war u. a. deshalb, weil er öffentl. stattfand, bes. geschätzt. Auch die bes. Rechte des Verfolgers beim →Anefangsverfahren beruhten nach älterer, allerdings bestrittener Ansicht im Kern auf dem P.sprinzip (MEYER). Schließlich lassen sich auch die Öffentlichkeit von Eheschließung und Testamentseröffnung unter dem Gesichtspunkt P. interpretieren. A. Cordes

Lit.: HRG IV, 92–95 – H. MEYER, Das P.sprinzip im dt. bürgerl. Recht, 1909 [dazu A. SCHULTZE, ZRGGermAbt 31, 1910, 641–651] – K. S. BADER, Der schwäb. Untergang, 1933, 82f. – F. BEYERLE (Fschr. A. SCHULTZE, 1934), 251–282 – H. PLANITZ, Das dt. Grundpfandrecht, 1936, 189f.

Pucci, Antonio, it. Dichter, *ca. 1310, † 1388 in Florenz, war zuerst Glöckner und dann Ausrufer im Dienst der Kommune Florenz. A. P. kann als bedeutendster und fruchtbarster Vertreter der volkstüml. Dichtung im it. Trecento angesehen werden, der stets rasch auf die kulturellen Bedürfnisse seines Publikums reagierte und mühelos von der Spruchdichtung und der religiösen Poesie zu weltl. Stoffen und zum Abenteuerroman überging. Unter seinen ernsten Werken seien v. a. erwähnt: »Centiloquio«, eine ausführl. Versfassung (Terzinen) der »Cronica« des Giovanni →Villani (die jedoch mit Canto 91 abbricht); hist. und polit. aktuelle Serventesen (z. B. über die Pest des Jahres 1348); ein Kurzepos in Terzinen »Le proprietà del Mercato Vecchio«, in dem er die Sitten und Gebräuche der kleinen Leute in Florenz beschreibt. Zur Unterhaltungslit. gehören die →Cantari, die für den Vortrag auf den Straßen und Plätzen der Stadt bestimmt waren wie »Apollonio di Tiro«, »La Reina d'Oriente«, »Madonna Lionessa«; dazu kommen einige Liebeslieder und ein Serventese auf die schönsten Frauen von Florenz. Von A. P. hat sich auch ein autograph. Notizbuch mit lit. Exzerpten und persönl. Aufzeichnungen erhalten (»Libro di varie storie«, ed. A. VÁRVARO, 1955). M. Picone

Lit.: Poeti minori del Trecento, hg. N. SAPEGNO, 1952 – Rimatori del Trecento, hg. G. CORSI, 1969 – A. BETTARINI BRUNI (I Cantari: struttura e tradizione, hg. M. PICONE, 1984), 143–160.

Pucelle, La → Jeanne d'Arc (5. J.)

Pucelle, Jean (Jehan), frz., für die Entwicklung der →Buchmalerei im 14. und 15. Jh. hochbedeutender Miniaturmaler des 14. Jh. Tätig zw. 1319 und 1334. Kam vermutl. aus N-Frankreich nach Paris. Anknüpfung an die Tradition der Pariser Schule des 13. Jh. (→Maître Honoré), aber auch erstmals Verarbeitung der Einflüsse der it. Malerei und Plastik des Trecento (v. a. →Duccio und G. →Pisano). Charakterist. für seine Miniaturen sind die eher zurückhaltende Farbigkeit und die plast. durchgebildete Malweise, die auch formale Verwandtschaft mit der frz. Kathedralskulptur erahnen läßt (BALAS), sowie die Tendenz zur Räumlichkeit. Hauptwerke: Breviar der Jeanne de Belleville (1323–26, B. N. Paris, ms. lat. 10483/84), Billyng-Bibel (1327, ebd., ms. lat. 11935) und v. a. das Stundenbuch der Jeanne d'Evreux (1325–28, New York, The Cloisters, 54.1.2), mit dem er die Grisaille in die Buchmalerei einführte. M. Grams-Thieme

Lit.: E. PANOFSKY, Early Netherlandish Painting, 1953, 29ff. – J. J. RORIMER, The Hours of Jeanne d'Evreux, 1957 – K. MORAND, J. P., 1962 – F. DEUCHLER, J. P. – Facts and Fictions, Bull. Met. Mus. of Art, NS 29, 1971, 253–256 – M. C. RANDALL, Games and the Passion in P.'s Hours of Jeanne d'Evreux, Speculum 47, 1972, 246–257 – E. BALAS, J. P. and the Gothic Cathedral Sculpture, Gazette des B.-A., 99, 1982, 39–44 – S. H. FERBER, J. P. and Giovanni Pisano, ArtBull 66, 1984, 1. 65–72.

Puchspaum, Hans, spätgot. Werkmeister, † 1454/55 in Wien, erstmals erwähnt 1417–21 im Ulmer Hüttenbuch als »Hanns buxböm«, dort als Wandergeselle beim Münsterbau beschäftigt, aus dieser Zeit zwei Grundrißzeichnungen des Ulmer Münsters (heute in Wien und London), wohl nach 1430 am Dom St. Stephan in Wien unter Hans v. Prachatitz als Parlier 1434/37 Altarbaldachin in der NW-Ecke des n. Seitenschiffs (Riß in der Wiener Akademie), ab 1443 leitete P. den Neubau der Pfarrkirche in Steyr (8 Pergamentrisse in Wien), von P. stammen auch das Sakramentshaus und der Baldachin an der Chorsüdwand; 1446 zum leitenden Werkmeister »paumeister« von St. Stephan in Wien berufen, 1450 Grundsteinlegung des N-Turmes, der 1467–1511 nach Rissen von P. errichtet wurde. Die zahlreichen Risse, Visierungen, die von der Hand P.s erhalten sind, neben kirchl. Werken auch Denkmäler und für das Wiener Rathaus, weisen ihn als vielseitig begabten »stainmecz« (1450) aus, der zunächst als Parlier und dann 10 Jahre als Werkmeister tätig war. Er bestimmt nachhaltig die got. Architektur in Wien und gewinnt Einfluß im W durch Steyr und im O durch die Zapolyakapelle von Donnersmarkt. G. Binding

Lit.: B. GRIMSCHITZ, Hanns P., 1947 – H. KOEPF, Die got. Planrisse der Wiener Slg., 1969.

Puff, Michael (P. aus Schrick), Arzt und med. Fachschriftsteller; * um 1400 (in Wien? Schrick?), † 1473, ▢ 12. Febr. 1473 Wien, Stephanskirche. Mag. artium (spätestens 1423) und Dr. med. (1433) an der Univ. Wien, dann Lehrer an der Wiener med. Fakultät, von 1435 bis 1470 elfmal Dekan. P. förderte im med. Unterricht die Sektion menschl. Körper und war an der Ausarbeitung der Wiener Apothekerordnung von 1465 beteiligt. Zu seinen Patienten zählte Hzg. Albrecht VI. (1463). P.s Nachruhm beruht auf dem Traktat »De virtutibus aquarum«/»Von den Tugenden der ausgebrannten Wässer« (Erstfassung 1455), einem dt.sprachigen Leitfaden für die Anwendung (nicht Zubereitung) alkohol. Destillate aus Heilpflanzen. Seine Aufnahme in das Büchlein »Von den ausgebrannten Wässern« (Augsburg: H. Bämler 1476; von 1476 bis 1500 fast 30 Ausg.) sicherte diesem auch weiterhin häufig nachgedr. Werk im dt.sprachigen Schrifttum zur Destillationskunst und Pharmakotherapie auf der Basis von Kräuterauszügen in der frühen NZ eine führende Stellung. J. Telle

Lit.: Verf.-Lex.[2] VII, 905–910 – L. SENFELDER, M. P. aus S. 1400–73, Wiener klin. Rundschau 12, 1898, passim [mit Textwiedergaben] – K. SUDHOFF, Dt. med. Inkunabeln, Stud. Gesch. Medizin, H. 2/3, 1908, Nr. 148–167 – H. KÜHNEL, Ma. Heilkunde in Wien, Stud. Gesch. Univ. Wien 5, 1965, 72–75 – P. H. PASCHER, M. P. aus S. ... in einer med. Sammelhs. im Schloß Ebenthal, Buchkunde 1, 1984, 38–45 – L. WELKER, Das »Iatromath. Corpus«, Zürcher medizingesch. Abh. 196, 1988, 85–98, 226–249 [Text] – M. GIESECKE, Sinnenwandel. Sprachwandel. Kulturwandel, 1992, s.v. Schrick, bes. 344–360.

Pugliese, Giacomino → Sizilian. Dichterschule

Puisaye, hügelige, feuchte, durch Gehölzlandschaften (*Bocage*) geprägte Region im n. Mittelfrankreich, zw. →Loire und Ouanne, sw. von Auxerre (dép. Yonne). Frühzeitig romanisiert (Entrains-sur-Nohains), teilte sie sich zw. den Diöz. →Sens, →Auxerre und →Nevers. Der Name begegnet mit dem 7. Jh. ('pagus de Pusceia'); das Archidiakonat P. tritt erst im 13. Jh. auf. Die Landschaft stand geistlich unter dem Einfluß von →St-Germain d'Auxerre, über das Priorat Moutiers (1010 Reliquien des hl. Didier v. Auxerre), dessen Prior der Chronist→Radulf Glaber war. Im 10. Jh. ließ der Bf. v. Auxerre die Burgen St-Fargeau und Toucy befestigen; eine Adelsfamilie, die Itier, übte seit dem 12. Jh. auf beiden Burgen die Herrschaft aus. Die gesamte Seigneurie kam 1240 durch Heirat an das Haus →Bar. Im →Hundertjährigen Krieg verarmt (engl. Einfälle unter Robert →Knolles, burg. unter Perrinet Gressart), kam die P. 1450–51 durch Kauf an Jacques →Coeur, wurde 1456 an dessen Gegner Antoine de →Chabannes übertragen, der den Wiederaufbau in Angriff nahm und 1472 ein Kollegiatstift (St-Ferréol) in St-Fargeau stiftete. F. Michaud-Fréjaville

Lit.: A. DE VATHAIRE DE GUERCHY, La P. sous les maisons de Toucy et de Bar, Bull. de la Soc. des sc. hist. de l'Yonne, 1925 – Y. SASSIER, Recherches sur le pouvoir comtal en Auxerrois du Xe au début du XIIIe s., 1980 – R. PÉLISSIER–S. PÉLISSIER, Moutiers: l'église aux peintures murales, Actes du Congr. de l'Assoc. Bourguignonne des Soc. Savantes, 1986.

Puiset, Le, frz. Adelsfamilie aus dem Chartrain (→Chartres).

1. P., Hugues I. du, gen. 'Blavon', Herr (Seigneur) v. Le Puiset (dép. Eure-et-Loir, arr. Janville), † 23. Dez. 1094, seit 1067 Seigneur, 1073 Vicomte v. Chartres, hatte drei Söhne: Evrard, dann später von Hugues III.; Hugues II., gen. 'Hugotin', ∞ Tochter von Ebles de →Roucy; Gui, Kanoniker in Chartres, durch Heirat 1104 Vicomte v. →Étampes. H. I. du P. war hinsichtl. seiner Burg Le Puiset Vasall des Kg.s v. →Frankreich, hinsichtl. der Vicomté Vasall des Gf.en v. Chartres (aus dem Hause →Blois-Champagne). Er heiratete Alix de Montlhéry, Schwester Milons d. Gr. Er besiegte Kg. →Philipp I. um 1079. E. Lalou

2. P., Hugues III. du, Herr v. Le Puiset, * um 1095, † um 1132 im Hl. Land; bekannt wegen seiner heftigen Fehden mit Kg. →Ludwig VI. v. Frankreich. Sohn Evrards III. du P. († 21. Aug. 1097 auf dem I. →Kreuzzug vor Antiochia), unterstand H. III. bis zu seiner Volljährigkeit (1109) der Vormundschaft seiner beiden Onkel. 1110 verwüstete er die Besitzungen der Gfn. v. →Chartres, →Adela v. England, seit 1102 Witwe des Gf.en v. →Blois, Mutter von →Tedbald IV. Adela fand die Unterstützung des Kg.s v. Frankreich, der bei einer Ratsversammlung zu Melun (12. März 1111) den Krieg gegen H. III. beschloß. Der Kg. eroberte die Burg Le P. und ließ H. III. als Gefangenen nach Château-Landon schaffen. Einige Zeit später wurde er nach Leistung der Urfehde wieder freigelassen. Verbündet mit Gf. Tedbald v. Blois (dessen Schwester Agnes er heiratete) und Kg. Heinrich v. England, griff er nun die der Abtei →St-Denis gehörende Villa Toury an. Er ließ seine zur Ruine verfallene Burg wiederherstellen. Im Herbst 1112 erstürmte Ludwig der Dicke sie erneut, ließ sie abermals zerstören und sogar die Brunnen zuschütten. 1118 fand eine dritte Belagerung statt, über die →Suger berichtet. Nach diesem letzten Kampf gelobte H. III. die Pilgerfahrt ins Hl. Land, brach aber wohl erst 1128 dorthin auf. Er starb hier an den Folgen einer am Spieltisch ausgebrochenen Schlägerei. E. Lalou

Q. und Lit.: Suger, Œuvres complètes, ed. A. LECOY DE LA MARCHE, 1867, 170–171 – Suger, Vie de Louis VI le Gros, ed. H. WAQUET, 1964 – J. DUFOUR, Recueil des actes de Louis VI roi de France (1108–37), 1992–93 – A. DE DION, Le P. au XIe et au XIIe s., 1886 – A. LUCHAIRE, Louis VI le Gros, 1890 – G. FOURNIER, Le château du P. au début du XIIe s. et sa place dans l'évolution de l'architecture militaire, Bull. monumental 122, 1964, 355–374 – La geste de Louis VI, ed. M. BUR, 1994.

3. P., Hugues (Hugh) **du,** seit 22. Jan. 1153 Bf. v. →Durham, † 3. März 1195; Vater: →2. H. du P.; mindestens zwei illegitime Söhne. Die Anfänge der Laufbahn von H. du P. liegen im dunkeln; er erscheint zuerst 1139 als Archidiakon v. →Winchester, und in den 40er Jahren des 12. Jh. interessierte er sich als Gefolgsmann von Heinrich, Bf. v. Winchester, für den N. Bei der strittigen Wahl des Bf.s v. →York spielte er eine bedeutende Rolle. Seine Wahl zum Bf. v. Durham mußte durch Appellation an Rom bestätigt werden. Doch galt sein Hauptinteresse weltl. Angelegenheiten. Wenige Hinweise gibt es auf seine Haltung in dem Streit zw. Kg. Heinrich II. und →Thomas Becket, doch beteiligte er sich im Juli 1170 an der Krönung Richards I. Das führte zu seiner Amtsenthebung bis 1171. Seine Stellung während des Aufstands gegen Heinrich II. 1173–74 bleibt unklar. Er mußte eine hohe Geldbuße an den Kg. entrichten, um seine Burgen zurückzuerhalten. Den Höhepunkt seines Erfolgs bildete die Ernennung zum Earl of →Northumberland und zum Justitiar unter Richard I. Doch wurde seine Laufbahn 1190 durch seinen Rivalen →William de Longchamp beendet. J. Hudson

Lit.: G. V. SCAMMELL, H. du P., Bishop of Durham, 1956.

4. P., Hugues du, 1179–85 Kanzler v. Frankreich (→Chancelier), von Kg. Ludwig VII. (nach siebenjähriger Vakanz des Amtes) ein Jahr vor seinem Tode ernannt. P., der als 'Hugo secundus' zeichnete, war natürl. Sohn von 3 und Großneffe →Stephans v. Blois, Kg.s v. England. Philipp II. Augustus beließ ihn bis 1181 im Amt, das P. zw. dem 21. April und 31. Okt. 1185 abgab, worauf das Kanzleramt erneut unbesetzt blieb. E. Lalou

Q. und Lit.: L. DELISLE, Catalogue des actes de Philippe Auguste, LXXXVI – L. PERRICHET, La grande chancellerie de France des origines à 1328, 1912 – G. TESSIER, Diplomatique royale française, 1962 – J. BALDWIN, Philippe Auguste, 1991.

Pula (lat., it. Pola), Stadt und Bf.ssitz an der Südspitze →Istriens. Die an eine vorgeschichtl. Siedlung anknüpfende röm. Stadt erhielt zw. 44 und 33 v. Chr. den Status einer 'colonia'. Von der im Vergleich zum MA viel größeren Bedeutung der Stadt in der Antike zeugen zahlreiche Baudenkmäler (Amphitheater). Bald nach Errichtung der byz. Herrschaft 539 erbaute Ebf. →Maximianus v. Ravenna die Basilika S. Maria Formosa, von der die Südkapelle und ein Mosaik erhalten sind. P. stand seit dem 10. Jh. im Spannungsfeld zw. →Venedig und →Aquileia. 1220 sind erstmals Konsuln erwähnt; das Statut der Kommune ist erst in der Fassung von 1499 überliefert. Ungewöhnl. für den Bereich der Adriaostküste, läßt sich die unumschränkte Vormachtstellung der Familie Castropola 1310-31 mit einer Signorie oberit. Typs vergleichen. Ihr Sturz 1331 war mit der Unterstellung unter Venedig verbunden. 1378 wurde die ven. Flotte vor P. von den Genuesen geschlagen. Im SpätMA setzte der Niedergang ein. V. Korać–L. Steindorff

Lit.: →Istrien – G. VERGOTTINI, Lineamenti storici della costituzione politica dell'Istria durante il medio evo, 1924 [Neudr. 1974], 139–155 – B. MARUŠIĆ, Kasnoantička i bizantska P., 1967.

Pulcheria (Aelia P.), * 399 in Konstantinopel, † 453, zweites Kind des ostr̈om. Ks.s →Arcadius und der Aelia Eudoxia. Nach dem Tod des Vaters (408) übernahm P., die gebildet war und Gr. und Lat. konnte, zunehmend die Sorge für die dynast. Interessen und als ἐπίτροπος die Erziehung ihres zwei Jahre jüngeren Bruders →Theodosius (II.). Ihre starke Persönlichkeit zeigte sich schon in jungen Jahren, als sie den bisherigen Leiter der Staatsgeschäfte ablösen ließ, 413 öffentl. das Gelöbnis der Jungfernschaft ablegte und auch ihre jüngeren Schwestern dazu veranlaßte. Der Entschluß zur Kinderlosigkeit im Kontext mit ihrer religiös-asket. Neigung – schon von Zeitgenossen zur Erhaltung der theodosian. Dynastie in männl. Linie gedeutet – wurde von HOLUM modifizierter als polit. Schachzug gegen Heiratspläne des mächtigen Reichspräfekten Anthemius interpretiert. 414 wurde P., bisher nobilissima (ἐπιφανεστάτη), von Theodosius zur Augusta proklamiert (Aufstellung ihres Bildes im Senat neben des Honorius und Theodosius). Verschärfte Gesetze gegen Häretiker, Juden und Heiden (Mord an der heidn. Philosophin →Hypatia), Abkehr von der intellektuellen Führungsschicht und eine neue Germanenpolitik (Ardabur, →Aspar) gingen wahrscheinl. auf P.s Einfluß zurück. Rasche Entscheidungsfähigkeit zeigte sich sowohl bei der Wahl der Athenais/Eudokia zur Gemahlin ihres Bruders als auch bei ihrer Heirat mit →Markianos und dessen Krönung nach dem Tode ihres Bruders (450). Neben ihrem monast. Lebensstil, chr. Wohltätigkeit (Verschenken ihres Vermögens, Bau von Armen- und Krankenhäusern, Fremdenherbergen) wird der Name P.s mit zahlreichen Örtlichkeiten (Zisterne) und Kirchenbauten (SPECK, JANIN; u. a. Hagios Stephanos [vgl. Elfenbein im Trierer Domschatz]) in Konstantinopel in Verbindung gebracht. Ihre aktive Teilnahme an dogmat. Auseinandersetzungen (→Chalkedon), Briefwechsel mit Papst Leo I., ihre angebl. Visionen, die die Auffindung von Reliquien ermöglichten, haben wohl ihre Aufnahme in den kirchl. Hl.nkalender bewirkt (Fest: 10. Sept. bzw. 7. Aug.).
G. Schmalzbauer

Lit.: KL. PAULY IV, 1242 – RE XXIII, 1955f. – Bibl. SS 10, 1254f. – R. JANIN, Constantinople Byz., 1964, 137, 210, 415 – DERS., Les églises et les monastères, 1969, 139f., 161f., 199, 237ff., 301f., 333, 472f. – P. SPECK, Der Mauerbau in 60 Tagen (H.-G. BECK, Stud. zur Frühgesch. Konstantinopels, 1973), 135–178, bes. 176f. – M. J. BOROWSKI, P. Empress of Byzantium, 1974 – K. G. HOLUM, Theodosian Empresses, 1982.

Pulci

1. **P., Bernardo**, * 1438 in Florenz, † 1488 ebd., jüngerer Bruder von Luca und Luigi; B. mußte 1465 infolge Bankrotts des Bankhauses, das er zusammen mit Luca führte, in den Mugello fliehen. Dank der Gönnerschaft von Lorenzo il Magnifico erhielt er jedoch wichtige öffentl. Ämter: 1476 Camerario im Mugello, 1484 Provveditore der Univ. Florenz und Pisa. Außer einer Übersetzung in Terzinen von Vergils »Bukolika« sind von ihm Liebesgedichte und religiöse Dichtungen wie der »Pianto della Madonna« (Marienklage) und die →sacra rappresentazione »Barlaam und Josaphat« erhalten. M. Picone

Lit.: Sacre rappresentazioni dei Quattrocento, hg. L. BANFI, 1963 – Lirici toscani del Quattrocento, hg. A. LANZA, 1975.

2. **P., Luca**, * 1431, † 1470 in Florenz, älterer Bruder von Luigi und Bernardo, war nach dem Tod des Vaters Jacopo infolge dessen Schulden mit einer schwierigen finanziellen Situation der Familie konfrontiert. In die Arte del Cambio eingeschrieben, war er seit 1455 als Bankier tätig. Nach dem Bankrott seiner Firma (1465) zog er sich in den Mugello zurück. Von dort übersandte er Lorenzo de' Medici 17 »Pistole« in Terzinen nach dem Vorbild der »Heroides« Ovids sowie die mytholog.-ätiolog. Dichtung in →ottava rima »Driadeo d'amore«, die →Boccaccios »Ninfale fiesolano« zum Vorbild nimmt. Seine Ritterdichtung »Ciriffo Calvaneo« wurde von seinem Bruder Luigi fortgesetzt und von Bernardo Giambullari beendet. M. Picone

Lit.: S. CARRAL, Le Muse dei P. Studi su L. e Luigi P., 1985 [Lit.].

3. **P., Luigi**, * 1432 in Florenz, † 1484 in Padua. P.s Leben war einerseits durch finanzielle Sorgen (infolge der vom Vater ererbten Schuldenlast), andererseits durch seine Liebe zur Dichtkunst geprägt. Er wurde als junger Mann in die Entourage der →Medici aufgenommen, war Mitarbeiter von Cosimo und Piero sowie Freund von Lorenzo. Im Gegensatz zu dem vertrauten Verhältnis, das er nicht nur zu Lorenzo, sondern auch zu dessen Mutter Lucrezia Tornabuoni aufbauen konnte (die ihm den Auftrag zu seinem berühmtesten Werk gab), standen in der Folge die heftigen Auseinandersetzungen mit anderen Mitgliedern des Hofes, insbes. dem Priester Matteo Franco und Marsilio →Ficino. Das letzte Lebensjahrzehnt verbrachte L. P. im Dienst des Condottiere Roberto di →Sanseverino, den er auf seinen Zügen durch ganz Italien begleitete.

Von L. P.s »kleineren« lit. Werken sind zu nennen: die sehr lebendigen »Briefe«, die heftigen Tenzonen mit Matteo Franco und Ficino, die »Novella del picchio senese«, »Beca da dicomano« (Parodie von Lorenzos »Nencia«) und die Stanzen für die »Giostra di Lorenzo«. L. P.s berühmtestes Werk ist jedoch das Ritterepos »Il Morgante«, dessen erste Fassung (1478) 23 Gesänge (»cantari«), die endgültige Fassung (1483) hingegen 28 Gesänge enthält. Die Bedeutung dieses Epos beruht nicht zuletzt darauf, daß die reiche toskan.→Cantari-Tradition hier in die gelehrte Dichtung Eingang findet, wobei v. a. burleske und parodist. Elemente im Vordergrund stehen.
M. Picone

Ed. und Lit.: L. P., Morgante e Lettere, hg. D. DE ROBERTIS, 1984 – L. P., Opere minori, hg. P. ORVIETO, 1986 [Lit.] – P. ORVIETO, P. medievale, 1978 – S. CARRAI, Le Muse dei Pulci. Studi su Luca e L. Pulci, 1985 [Lit.].

Pulgar, Hernando del → Hernando del Pulgar

Pulkava Přibík, wahrscheinl. Kleinadliger aus Radenín, Rektor der Schule v. St. Gilgen in der Prager Altstadt, Inhaber der Pfarrei in Chudenitz, † Sept. 1378/Sept. 1380. P. gilt als Autor der am Hof Karls IV. entstandenen Böhm. Chronik (→Chronik, M.I), doch wird sein Anteil nur in einigen Hss. erwähnt; andere nennen Karl IV., der jedoch eher ihr Initiator war. Das Werk ist, in jeweils unterschiedl. Umfang, in der ursprgl. lat. Fassung in mindestens 21 Hss., in der zeitgenöss. tschech. in 17 Hss. und in der dt. Fassung in 3 Hss. erhalten. Die Chronik reicht vom

Turmbau zu Babel bis in die 20er Jahre des 14. Jh. Sie beruht v. a. auf→Cosmas v. Prag und dem sog. →Dalimil und inseriert viele Urkk. des böhm. Kronarchivs. Von den mindestens sechs Rezensionen integrieren die letzten zwei unorgan. auch die ältere, sonst nicht erhaltene brandenburg. Chronistik. I. Hlaváček

Ed. und Lit.: J. Emler, FontrerBohem 5, 1893, 3–207 – J. Gebauer, ebd., 211–326 [tschech. Fassung] – M. Bláhová (Kroniky doby Karla IV., 1987), 572–578 [Lit.].

Pulologos (Vogelbuch), volksprachl. byz. Dichtung des 14. Jh. Kg. Adler lädt die Vögel zur Hochzeit seines Sohnes ein. Sie tragen an der Hochzeitstafel Wortgefechte aus (u. a. Storch–Schwan, Pelikan–Trappe, Taube–Rabe; insges. 14 Duelle, mehr als 650 fünfzehnsilbige Verse), bis schließlich der Streit auf Geheiß des Adlers beendet wird. Das Werk ist in 7 Hss. erhalten (älteste: 1461); in zweien davon beendet der beleidigte Adler mit den Raubvögeln den Streit der Gäste in einem Gemetzel. Material aus →Fabeln äsop. Prägung ist im Gedicht nicht präsent, (plump) moralisiert wird lediglich im wohl interpolierten Streit zw. Taube und Rabe (nach Gen 8, 7–12) und im abweichenden Ausgang. Der bei aller Verwandtschaft mit →Tierepen und -geschichten bzw. Vogelparlamenten inhaltl. einmalige Erzählstoff reflektiert den byz. Bürgerkrieg 1341–45: ein Teil der wüsten Beschimpfungen richten sich einseitig im Sinne der um →Johannes VI. Kantakuzenos gescharten Magnatenpartei gegen Alexios →Apokaukos und seine mittelständ. Anhänger. Dem 'Paragialites' gen. Vogel wird sogar Apokaukos' Laufbahn mit Details zum Vorwurf gemacht. Nach dessen Ermordung (1345) und dem Ende des Bürgerkriegs verlor der P. seine Brisanz und wurde nurmehr als Tiergeschichte rezipiert und überliefert. G. Makris

Ed.: St. Krawczynski, Berliner byz. Arbeiten 22, 1960 [mit Übers.] – Is. Tsabare, 1987 – *Lit.*: Beck, Volksliteratur, 173f. – H. Eideneier, Zum Stil der byz. Tierdichtung, JÖB 32/3, 1981, 301–306 – Kindlers Neues Lit.lex., XIX, 1992, 323f. – G. Makris, Zum lit. Genus des P. (Arches tes neoellenikes logotechnias – Praktika deuteru synedriu, I, 1993), 395–416.

Puls, -traktate. Der arterielle P.schlag (gr. σφυγμός/παλμός, lat. pulsus, mhd. *slac*) wurde von der abendländ. Medizin spätestens seit den Hippokratikern (ab dem 5. Jh. v. Chr.) untersucht, denen um 350 v. Chr. durch Nikarchos bzw. Praxagoras mit der Unterscheidung von Arterien und Venen eine richtungweisende Erkenntnis gelang. Während Aristoteles den P. allein von der Bewegung des Herzens abhängig machte, ließ Praxagoras trotz aller Korrelation mit dem Herzen die Arterien eigenständig sich bewegen, indem er deren Eng- oder Weitstellung analog dem kochenden Wasser deutete und den ins Blut eingeschlossenen Pneuma-Bläschen die Verantwortung für das Aufwallen gab. Die diesen Deutungsversuchen folgenden, späteren Interpretationsansätze waren mechanist. (alexandrin. Pumpen-Konzept; Eigenkontraktion der Gefäßmuskulatur) wie pneumat. Erklärungsmodelle erörtert. Den Abschluß bildet im 2. Jh. Galens Blasebalg-Konzept mit seiner in beide Richtungen erfolgenden Bewegung des Blutes, das die pulsierenden Arterien nicht nur Blut, sondern zugleich auch für die Respiration erforderl. Pneuma transportieren ließ. – Auf der Grundlage derartiger physiolog. Konzepte sind spätestens im 3. vorchr. Jh. die ertasteten P.phänomene systematisiert worden, wobei die alexandrin. P.qualität-Einteilungen schließlich von →Galen zum maßgebl. diagnost. Verfahren ausgebaut wurden, der anhand von drei kinet. 'Dimensionen' ('Länge', 'Breite' und 'Tiefe' der Arterien-»bewegung«) 27 P.arten festlegte, die er nach Stärke, Geschwindigkeit und Frequenz bzw. 'Rhythmus' unterschied.

Eigenständige P.traktate sind seit dem ausgehenden 5. Jh. v. Chr. bezeugt, wobei in der vorgalen. Zeit insbes. die Herophileer mit wirkungsgesch. bedeutenden Texten dominieren. In ihre Tradition läßt sich auch die sphygmolog. Fachlit. Galens einordnen, für den fünf selbständige P.schriften bezeugt sind, von denen die wichtigste das Ausmaß eines Korpus erreicht: Die aus vier Einzelwerken bestehende, in 16 B. gegliederte »Pragmatie über den P.« wurde in der sphygmolog. Lit. des Galenismus synopt. zusammengefaßt, und die nachfolgende byz. Lit. suchte zusätzl. nach schematisierender Vereinfachung (Theophilus Protospatharius).

Neben der Galen-Rezeption aus dem Gr., die mit →Burgundio v. Pisa im 12. Jh. beginnt, ist das galen. Schrifttum dem Abendland v. a. über die beiden Rezeptionswellen des Arabismus (Salerno, Toledo) vermittelt worden, wobei die wirkungsgesch. Impulse auf dem Gebiet der Sphygmologie jedoch früher anzusetzen sind und von galenist. bzw. ps.-epigraph. Texten ausgehen: Bereits an der Schwelle zum 6. Jh. übertragen wurde der »P.- und Urintraktat« des →Alexander v. Tralleis, von dem im vorsalernitan. Fachschrifttum zwei Übers.sversionen miteinander konkurrieren. Die wirkungsmächtigere von beiden, die wiederholt von frühma. Urognosten exzerpiert wurde (→Harn, -schau, -traktate), hat sich in hs. Überlieferung bis gegen 1400 gehalten, wo sie zwei moderneren P.schriften weichen mußte: Dem »Liber de pulsuum negotio« des →Philaretos und dem »Carmen de pulsibus« von →Aegidius Corboliensis.

Mit dem Sich-Durchsetzen der →Humoralpathologie hatte das P.greifen um 800 seine Stellung als führende diagnost. Methode (→Diagnostik) an die Harnschau abtreten müssen, war indessen nie so unbedeutend, daß man es in einer Gesch. ma. Krankheitsfindung ganz auslassen dürfte. – Ikonograph. ist das P.greifen im Umkreis des →Aderlasses bezeugt (Laßtafel-Drucke). G. Keil

Lit.: P. Capparoni, Il 'Tractatus de pulsibus' di Alfano I, arcivescovo di Salerno, 1936 [dazu: R. Creutz, SudArch 29, 1937, 57–83] – G. Keil, Die urognost. Praxis in vor- und frühsalernitan. Zeit [med. Habil.schr. Freiburg/Br. 1970 (masch.)], 15f. – Ch. R. Sch. Harris, The Heart and the Vascular System in Ancient Greek Medicine, 1973 – J. Kollesch, Unters.en zu den ps.galen. Definitiones medicae, 1973 – R. Villey u. a., Hist. du diagnostic médical, 1976 – Eine frühma. lat. Übers. des byz. P.- und Urintraktats des Alexandros, hg. M. Stoffregen [Diss. FU Berlin 1977] – G. Baader–G. Keil, Ma. Diagnostik (Fschr. H. Goerke, 1977), 121–144 – N. G. Siraisi, Taddeo Alderotti and his Pupils, 1981, 265–267 – Die Schrr. ΠΕΡΙ ΣΦΥΓΜΩΝ des Philaretos, hg. J. A. Pithis, 1983 [grundlegend] – P. O. Kristeller, Studi sulla Scuola medica salernitana (Istituto it. per gli studi filosofici »Hippocratica civitas«, 1), 1986, 122–128 [Philaretos-Komm.].

Pulsaner, vom hl. →Johannes v. Matera 1129 gegr. Kongregation, die nach Pulsano (am Abhang des Monte Gargano, Apulien) benannt ist. Die P.-Mönche lebten nach der Regel des hl. Benedikt, ihr Zönobitentum trug jedoch ausgeprägt eremit. Züge. Die Kongregation war nach zentralist. Muster organisiert: die Superioren der einzelnen Häuser unterstanden dem Abt v. Pulsano, auch wenn sie selbst die Abtswürde besaßen. Die P.-Klöster hatten zwar Besitzungen, ihre Mitglieder bestritten ihren Unterhalt jedoch durch Handarbeit und durch Almosen. Die Mönche trugen einen grauen Habit mit einem schwarzen Skapulier. Die Kongregation wurde von Innozenz II., Eugen III. und Alexander III. approbiert und genoß den Schutz der Normannenkg.e Roger II., Wilhelm I. und Wilhelm II. sowie des Staufers Friedrich II. Die erste Kl.gründung des hl. Johannes v. Matera war S. Giacomo bei Foggia, wichtige weitere Gründungen waren S. Pietro in Vallebona bei Chieti, S. Michele di Guamo bei Lucca, S. Michele in Orticaia bei Pisa. Unter den Persönlichkeiten der Kongregation ragen hervor: der selige Jordanus († 1145), der unmittelbare Nachfolger des hl. Johannes v. Matera, sowie der selige Joel († 1177), während dessen Abbatiat die Kongregation ihre größte Ausbreitung erfuhr. Der spätere Niedergang der Kongregation war nicht zuletzt durch die Einsetzung von Kommendaträbten (→Kommende) bedingt. Im 15. Jh. mußten verschiedene Häuser aufgegeben werden, mehrere P.-Kl. schlossen sich an andere Kongregationen an. M. A. Dell'Omo

Lit.: DIP VII, 1113-1114 - L. Mattei-Cerasoli, La congregazione benedettina degli eremiti p.esi, 1938 - T. Leccisotti, Nell' ottavo centenario di un apostolo dell'Italia meridionale, Convivium 11, 1939, 341-353 - C. Angelillis, Pulsano e l'ordine monastico p.ese, Arch. Stor. Pugliese 6, 1953, 421-466 - A. Moscati, Due monasteri e le loro relazioni: S. Spirito di Maiella e S. Maria di Pulsano, BISI 69, 1957, 275-301 - B. Vetere (L'esperienza monastica benedettina e la Puglia, I, hg. C. D. Fonseca (1983), 197-244 - A. Vuolo, Monachesimo riformato e predicazione, StM III, 27, 1986, 69-121 - F. Panarelli, San Giovanni da Matera e le origini della Congregazione P.ese, Arch. Stor. Calabria Lucania 57, 1990, 5-105 - B. Vetere, Elementi tradizionali e aspetti nuovi nella spiritualità monastica meridionale all' epoca di S. Bernardo (I Cistercensi nel Mezzogiorno medioev., 1992), 5-45, bes. 30-37.

Pulver (Schießp.), nach chin. Q. seit der 1. Hälfte des 13. Jh. für militär. Zwecke verwendet, ist seit dem 14. Jh. als Treibmittel auch in Europa bekannt und wurde von →Büchsenmeistern nach streng geheim gehaltenen Rezepten aus einem Gemisch von Salpeter, Kohle und Schwefel zum Verschießen von Geschossen aus →Büchsen hergestellt. Anfangs kannte man nur das langsam abbrennende und stark hygrostat. Mehlpulver, aber schon im 15. Jh. gelang es durch neue Herstellungsmethoden, das P. zu körnen (Knollenp.) und dadurch seine Entzündbarkeit wesentl. zu erhöhen. E. Gabriel

Lit.: B. Rathgen, Das Geschütz im MA, 1928 - W. Hassenstein, Das Feuerwerkbuch von 1420, 1941.

Pulverage (Pulveraticum, Pulveragium), frz. Abgabe in Frankreich, Äquivalent zu →*péage* (Wege, →Zoll). Der Begriff ist wohl abgeleitet von pulvis (*poussière*), dem Staub, den die Karren oder aber die Herden auf den Straßen, an denen die Wegzölle erhoben wurden, aufwirbelten. E. Lalou

Lit.: Du Cange, s.v.

Pulverturm, Gebäude zur Aufbewahrung des Schießpulvers für die im 14. Jh. aufkommende →Festungsartillerie, aber auch von sonstigen Sprengstoffen; meist räuml. getrennt von Gebäuden zu deren Herstellung (Pulvermühle) bzw. Verarbeitung (Laboratorium). Als P. wurde bei den spätma. →Festungen oft ein günstig gelegener, massiver Turm eingerichtet. Wegen seiner Gefährdung hatte der P. in keinem der frühnz. Festungsbausysteme einen festen Platz, wurde jedoch regelmäßig an eine wenig exponierte Stelle gelegt. H.-K. Junk

Lit.: J. Kraus, Das Militärwesen der Reichsstadt Augsburg, 1980.

Pulverwaffe. Nach jüngsten chin. Berichten war bereits im 2. Jh. in China ein aus Salpeter, Schwefel und Kohle bestehendes Gemisch mit explosiver Wirkung bekannt, und es sollen auch Chinesen gewesen sein, die als erste →Pulver als Kampfmittel zu nutzen wußten, als sie 1232 bei der Belagerung einer Stadt durch die Mongolen mit Pulver gefüllte und mit einer Lunte versehene eiserne Gefäße (Bomben) mit Wurfmaschinen gegen die Angreifer schleuderten sowie mit Pulver und Brandsätzen gefüllte Bambusstäbe (Raketen) gegen den Feind einsetzten.

War diese wahrscheinl. erste militär. Verwendung von Pulver durch die Chinesen noch ausschließl. auf dessen explosive Eigenschaften und den bloßen Antrieb von Raketen beschränkt, erkannte man in der 1. Hälfte des 14. Jh. in Europa, daß die beim Abbrennen des Pulvers freigesetzte Kraft durch Verdämmen nicht nur enorm gesteigert, sondern auch in eine bestimmte Richtung gelenkt werden kann, und man begann sie als Bewegungsenergie für Geschosse zu nutzen. In der Folge entstanden nun Feuerwaffen (→Büchsen) in den vielfältigsten Formen. Die älteste heute bekannte bildl. Darstellung eines Pulvergeschützes befindet sich in einer 1326 von Walter de Milimete verfaßten und in Oxford aufbewahrten Hs. Die kolorierte Abb. zeigt ein auf einem Holzgestell ruhendes, aus Bronze gegossenes vasenförmiges Gefäß mit Zündloch an der Oberseite mit einem Pfeil gezeigt. Für die ma. Feuerwaffen sollte aber weder das von Milimete überlieferte Geschütz noch dessen Geschoß typ. werden: Die bis zum 16. Jh. im Auftrag von Fürsten und Stadtverwaltungen erzeugten P.n waren geschmiedete und gegossene →Steinbüchsen, die Kugeln mit einem Durchmesser von 12 bis 80 cm verschossen, und leichte Handbüchsen (→Bleibüchsen), deren Munition kleinkalibrige Bleikugeln waren. E. Gabriel

Lit.: B. Rathgen, Das Geschütz im MA, 1928 - W. Hassenstein, Das Feuerwerkbuch von 1420, 1941 - D. Pope, Feuerwaffen, 1965 - V. Schmidtchen, Bombarden, Befestigungen, Büchsenmeister, 1977 - F. Winterberg, Vom gr. Feuer zur Wasserstoffbombe (Wehrtechnik und wiss. Waffenkunde, VI, 1992).

Pumpen, seit dem Altertum zu Zwecken der allg. Versorgung, in der →Landwirtschaft, dem →Bergbau, der →Schiffahrt usw. genutzte Wasserhebe- und -druckanlagen. Erst im SpätMA werden sie terminolog. allmähl. auf Saug- und Druckp. mit einem bewegl. Kolben in einer →Rohrleitung ('Rohrwerk') eingeengt und präzisiert. V. a. in Bergwerken - mit zunächst unbekannter Technik seit dem *wachum* von Trient 1208 -, in Salinen und Wasserwerken entstehen im 15. Jh. zahlreiche P.anlagen. Ihre Technik wird in zeitgenöss. Hss. abgebildet (→Mariano Daniello di Jacopo, →Hausbuchmeister u. a.), wobei der Antrieb auch schon mechan. über die →Nockenwelle oder ein Kurbel-Pleuel-System erfolgen kann. Mobile Feuerspritzen ('Messing-Spritzen') als Druckp. bedürfen weiterhin der Betätigung von Hand. Ein Verzeichnis der 'Bergnamen' versucht 1518 eine erste, die sog. Heinzenkünste und andere Wasserkünste abteilende sprachl. Normierung: »... P. ist ein rore, darein ist ein strudel gemacht, die legt man in einen sumpff, da zeucht ein knab ein zimlich wasser 2 oder 3 lachter«. K.-H. Ludwig

Lit.: Ph. Berdelle-Hilge, Die Gesch. der P., 1992.

Punctatio → Ars punctandi

Puppe → Spiele

Purgantia ('Reinigungsmittel'). Da nach antiker und ma. Auffassung Krankheiten primär aus Störungen des Gleichgewichts der 'humores' (Körpersäfte) und der damit verbundenen 'qualitates' resultieren (→Humoralpathologie, →Qualitäten- und Gradenlehre), bestand die medikamentöse Therapie v. a. im Einsatz von P., um den Körper von auszuscheidenden, d. h. überflüssigen und schädl. Stoffen zu befreien (→Aderlaß, →Hiera-Mittel); eine Vorstellung, deren letzter Rest sich in der Anwendung von sog. Blutreinigungstees bis heute erhalten hat. Unter P. verstand man demnach alle abführenden, brechen- und niesenerregenden, harn- und schweißtreibenden, also der innerl. Reinigung dienenden Mittel, wobei jedoch die darmentleerenden (Laxativa), gefolgt von den Brechreiz hervorrufenden (Vomitiva), die größte Bedeutung besaßen (→Ernährung, A. III. 2, →Klistier). Das Wort 'pharmacum' (sonst allg. für [→'Gift' oder] 'Arzneimittel') wie der – im MA relativ selten gebrauchte – Begriff 'pharmacia' (→Pharmazie) bezeichnet deshalb häufig nur ein solches Purgans bzw. die Verwendung/Verabreichung derartiger Reinigungsmittel (so etwa bei →Albertus Magnus, Pol. 8, 2: »Unde sicut pharmacia inducitur ad purgandum humorum, qui gravat corpus...« oder bei Taddeo →Alderotti, Cons. 28, 76: »Evacuatio autem duplex est: una per farmaciam, alia per flebotomiam«).

Starken Einfluß auf die Theorie und prakt. Anwendung der P. übte bis weit in die NZ hinein eine angebl. von →Mesuë (Iunior) stammende, indes vermutl. in Italien zw. 1260 und 1280 entstandene, wohl überwiegend auf arab. Q.n basierende Schrift aus, die in zahlreichen lat. Hss., aber auch in hebr. und it. Übers.en verbreitet war und seit 1471 – gemeinsam mit den beiden anderen unter Mesuës Namen tradierten, ebenfalls pseudepigraph. Werken (dem »Grabadin« und der [unvollst.] sog. Practica) – immer wieder gedruckt und bearbeitet worden ist. Deren erster Teil, meist mit »De consolatione (= rectificatione) medicinarum (simplicium solutivarum) ... canones (universales)« betitelt, stellt eine Slg. genereller Regeln dar, die sich mit der geeigneten Auswahl und der (durch Kombination mit anderen Mitteln oder durch pharmazeut. Operationen zu erzielenden) Wirkungsoptimierung der P. sowie mit der Beseitigung von (während oder nach der Behandlung auftretenden) physiolog. Störungen bzw. unerwünschten Nebenwirkungen befassen; der zweite, im allg. »De simplicibus medicinis solutivis (liber)« gen. Teil, auf den sich u. a. →Johannes v. St-Amand in seinen »Areolae« bezieht, erörtert dagegen in 54 Abschnitten die Eigenschaften und Anwendungsgebiete einzelner purgierender Arzneidrogen (wie z. B. von →Aloe, →Myrobalanen, →Pflaume, →Rhabarber, →Röhrenkassie, →Wolfsmilch).

Bezügl. ihrer Wirkungen zählt Ps.-Mesuë die – in den »Canones« auch als 'solutiva', 'laxativa', 'cathartica' oder 'pharmaca' bezeichneten – P. zu den substrat- und organspezif. Arzneimitteln: Demzufolge entleert ein Purgans in der Regel selektiv einen bestimmten Körpersaft und ist außerdem einem speziellen Zielorgan zugeordnet, wobei freilich letzthin die Natur je nach Eignung des betreffenden Mittels und nach Bedarf der zu reinigenden Körperteile die P. an die richtige Stelle lenkt. Diese (hier nur sehr verkürzt wiedergegebene) Theorie über den Wirkungsmechanismus findet u. a. bei →Hippokrates, →Serapion und →Avicenna ihre Basis oder doch zumindest Parallelen und regte eine Reihe von Komm.en an, die Ps.-Mesuës Erklärungsmodelle v. a. mit der Pharmakologie →Galens in Einklang zu bringen suchten. – Welche Bedeutung gerade den Laxativa in der Arzneimitteltherapie zukam, geht u. a. auch daraus hervor, daß man den Apothekern 1529 in Nürnberg den diesbezügl. Abschnitt aus dem Arzneibuch des →Manlius de Bosco sogar gesetzl. als Richtschnur für die Herstellung der entsprechenden Präparate vorschrieb. P. Dilg/F.-J. Kuhlen

Lit.: RByz A I, 355 – W. ARTELT, Stud. zur Gesch. der Begriffe »Heilmittel« und »Gift«, StGM 23, 1937 [Neudr. 1968] – D. GOLTZ, Ma. Pharmazie und Medizin. Dargest. an Gesch. und Inhalt des Antidotarium Nicolai, VIGGPharm, NF 44, 1976, 137 u. 150f. – I. KLIMASCHEWSKI-BOCK, Die 'Distinctio sexta' des Antidotarium Mesuë in der Druckfassg. Venedig 1561 (Sirupe und Robub). Übers., Komm. und Nachdr. der Textfassg. von 1561, QStGPharm 40, 1987, 8f. – S. LIEBERKNECHT, Die 'Canones' des Ps.-Mesuë. Eine ma. Purgantien-Lehre. Übers. und Komm. [Diss. Marburg 1993].

Purgatorium → Fegfeuer

Purgatorium Patricii → Patrick, hl.

Purimspiel, seit dem 15. Jh. nachweisbare, während des familiären Festmahls in Privathäusern stattfindende dramat. Aufführung, zunächst von kostümierten Jeschiva-Schülern, später im Wettstreit von Gruppen aus Lehrlingen, Handwerkern, Bettlern und Komödianten. Ursprung und Entwicklung des P.s verliefen parallel dem dt. →Fastnachtspiel. Hauptinhalt bildete im 17. Jh. das Buch Ester (Ahashverosh-shpil), im 18. Jh. der Verkauf des Joseph, David und Goliath sowie im 19. und 20. Jh. die Opferung Isaaks, Hanna und Pennina, die Weisheit Salomons etc. Mit Pro- und Epilogen, Segenssprüchen, Bemerkungen über Inhalt, Spieler und erwartete Entlohnung leitete ein Erzähler das P., das sowohl diese gen. bibl. Stoffe als auch weitere Themen parodierte, bisweilen sehr derb, was wahrscheinl. zur Verbrennung des 1708 gedruckten Ahashverosh-shpil in Frankfurt und der Bannung aller P.e 1728 durch jüd. Autoritäten in Hamburg führte. Das P. überlebte in Osteuropa bis zum 2. Weltkrieg. R. Schmitz

Lit.: J. SCHUDT, Jued. Merkwuerdigkeiten, 1714 – H. BERG, Jiddisch theater in Amsterdam in de achttiende eeuw, Studia Rosenthaliana 26, 1992, 10–37.

Purity → Pearl-Dichter

Purpur

I. Spätantike und Byzantinisches Reich – II. Westlicher Bereich.

I. SPÄTANTIKE UND BYZANTINISCHES REICH: Eine Produktpalette mit zwölf verschiedenen Sorten des Wirtschaftsgutes P. liegt uns für das Jahr 301 im Maximaltarif Ks. Diokletians vor. Unter der Typenbezeichnung »P.« werden ungesponnene Wolle oder Rohseide aufgeführt, die hauptsächl. mit Schneckenp. gefärbt sind, aber auch mit Kermes und mit Fucus, dem Farbstoff einer Rotalgenart (Rytiphloea tinctoria C. Ag.), der als billiges Schneckenp.imitat diente. Die teuerste Schneckenp.sorte ist die doppeltgefärbte, schwarzrote Blatta (»Tyrischer P.«), die unterschieden wird in Blattaseide und Blattawolle. Dann folgen die amethystfarbene Hypoblatta, der Amethystp. des Plinius, die karmesinrote Oxyblatta und schließl. die ganze Gattung des einfachgefärbten Schneckenp.s, der im Unterschied zu den vorausgehenden P.sorten aus dem Farbstoff einer einzigen Schneckenart hergestellt war; zu ihr zählte beispielsweise die schwarzblaue Hyacinthina (hebr. Tekhelet). Daran schließen sich zwei Sorten milesische Wolle an, gefärbt mit einer Doppelfärbung aus Schneckenp. und einem minderwertigen Farbstoff, die Kermeswolle aus Nikaia und schließl. die Imitate von Blatta, Hypoblatta, Oxyblatta und einfachgefärbten P.

Die Schneckenp.färberei wurde ebenso von staatl. Färbereien wie von privaten Handwerkern betrieben. Der Ks. hatte in Tyros eine eigene Fabrik mit einer Weberei. Die Färbereien befanden sich direkt an den Küsten und auf den Inseln des Mittelmeers, aber auch im Landesinneren (z. B. in This/Oberägypten). Bis zum Jahre 383 gab es für die privaten Färbereien keine Produktionsbeschränkungen. Zw. 383 und 392 verboten die Ks. Gratianus, Valentinian II. und Theodosius I. den freien P.färbern, Seide und ungesponnene Wolle mit Blatta, Oxyblatta und Hyacinthina zu färben und zu verkaufen. Damit beanspruchten die Ks. ein Produktions- und Verkaufsmonopol. Theodosius I., Arkadius (Augustus seit 383) und Honorius (Augustus seit 393) monopolisierten zw. 393 und 395 noch zusätzl. das Imitat von Blatta. Diese Monopole konnten jedoch nicht durchgesetzt werden. Ks. Justinian I. erneuerte sie in seinem Codex. Ein Monopol auf den Blattap. erließ auch Ks. Leo VI., jedoch werden Oxyblatta und Hyacinthina in seinem Gesetz nicht genannt. Seit der Monopolisierung konnten die Untertanen diese speziellen P. sorten nur noch in den staatl. oder konzessionierten Läden erwerben und zu P. kleidern, Besätzen und Borten aus P. wolle, purpurnen Vela, P. decken und Teppichen verarbeiten, wenn nicht ein staatl. Verbot dem entgegenstand. Selbstverständl. war es untersagt, eine ksl. P. chlamys zu fabrizieren. Ein weiteres Verbot verfügte erst Theodosius II. im ersten Jahrzehnt seiner Amtszeit und wiederholte es in einem Gesetz des Jahres 424. Er verbot, ganzblattapurpurne Tuniken und Pallia aus Seide und halbblattapurpurne Gewänder (z. B. P. goldgewänder), bei denen der Kett- bzw. der Schußfaden blattapurpurn, der andere Gewebefaden von anderer Farbe war, privat zu weben, zu schneidern und zu besitzen. Das Verbot bezog sich jedoch nicht auf ganzblattapurpurne Tuniken und Pallia aus Wolle, auf Lacernae und Paenulae von derselben P. färbung. Justinian erlaubte wieder den Frauen die halbblattapurpurnen Kleider. Leo VI. gestattete den Untertanen nur purpurne Besätze und Borten auf den Kleidern.

Das ksl. P. privileg bezog sich bis in das erste Jahrzehnt der Regierung des Ks.s Theodosius II. nur auf die blattapurpurne Chlamys als Insignie ksl. Herrschaft. Die P.-chlamys war auch Amtskleid des Mitaugustus, des Caesars und der Augusta (seit 383). Niemals haben die Ks. eine bestimmte P. farbe sich oder ihrer Familie vorbehalten. Theodosius II. beanspruchte zusätzl. für sich und seine Familie ein ausschließl. Verfügungsrecht über die genannten ganzblattaseidenen Tuniken und Pallia und die halbblattapurpurnen Kleider. Diese P. gewänder dienten mehr privaten Zwecken des Ks.s und seiner Familie. Zu den ksl. Vorrechten gehörte seit Leo I. (470) die Verwendung der (oxyblatta)purpurnen Tinte für die Rechtsgültigkeit der ksl. Erlasse. Mit einem blattapurpurnen Dienstkostüm durften sich auch die höchsten Beamten schmücken: der Jahreskonsul und der Prätor mit der Triumphaltrabea, der gewesene und der tituläre Jahreskonsul mit der Trabea. Die Patriarchen und Bf.e trugen eine blattapurpurne Casula/Planeta. Doch auch den Privatleuten, Männern und Frauen, waren blattapurpurne Kleider nicht verwehrt. Bis zum Erlaß des Theodosian. P. gesetzes waren sogar blattaseidene Tuniken und Pallia, seit Justinian für Frauen halbblattapurpurne Gewänder erlaubt.

Infolge der Veränderung der polit. und ökonom. Verhältnisse im Morgen- und Abendland konzentrierte sich die P. produktion immer mehr auf →Konstantinopel. Der Blattap. der ksl. Manufaktur war berühmt und in ganz Europa gesucht. Doch berichtet →Beda Venerabilis auch von P. erzeugung im brit.-ir. Raum und →Maimonides von der Herstellung von Tekhelet (Hyacinthina) an den Gestaden des alten Israel. Berühmt wurde schließl. die stauf. P. manufaktur in →Palermo. G. Steigerwald

Lit.: RE XXIII/2, 2000–2020 – W. A. Schmidt, Die P. färberei und der P. handel im Altertum (Forsch. auf dem Gebiet des Altertums 1, 1842), 94–212 – W. Born, P., Ciba-Rundschau 4, 1936, 110–128 – G. Steigerwald, Die antike P. färberei nach dem Bericht Plinius' d. Ä. in seiner 'Naturalis historia', Traditio 42, 1986, 1–57 – Ders., Die P. sorten im Preisedikt Diokletians vom Jahre 301, Byz. Forsch. 15, 1990, 219–276 – Ders., Das ksl. P. privileg in spätröm. und frühbyz. Zeit, Jb. für Antike und Christentum 33, 1990, 209–239 – Oxford Dict. of Byzantium, 1991, 1759f.

II. Westlicher Bereich: P. trat im Westen im Früh- und HochMA in der Form von mit P. gefärbten →Seiden, als →P. handschriften und →P. urkunden auf. P. diente nach byz. Vorbild während des ganzen MA den Herrschern des Westens und den Päpsten als Ausdruck ihrer Majestät und Hoheit. Dem P. als →Farbe entspricht der →Porphyr als Gestein. Unter den →Reichsinsignien des Hl. Röm. Reiches befinden sich drei rote oder purpurne Kg. smäntel des 12./13. Jh. und das vermutl. aus dem frühen 9. Jh. stammende Reichsevangeliar, das 236 Bl. aus P. gefärbtem Pergament enthält. Seit dem 10. Jh. ist P. zunehmend als päpstl. Farbe belegt. Die rubea/purpurea chlamys/cappa des Papstes ist vom 11. bis 13. Jh. die entscheidende Insignie der Papstherrschaft als Gegenstück zum ksl. Mantel gewesen (→Pontifikalien). Durch Papst Paulus II. (1464–71) wurden den →Kard. en scharlach- bzw. p. farbene Gewänder und Hüte vorgeschrieben. – Im 8./9. Jh. nennen zahlreiche päpstl. Stiftungen an Kirchen in Rom und Umgebung mit P. gefärbte Seidenstoffe. Sie sind ebenso wie die aus dem 9./11. Jh. stammenden und z. B. in Aachen, Berlin, Düsseldorf, Köln, Maastricht oder Siegburg erhaltenen Seidenfragmente meist byz. Herkunft; sie dienten häufig als Reliquienhüllen (→Reliquien). Diese Seidenstoffe kamen entweder als Geschenke an die w. Herrscher, die sie an Stifte und Kl. weiter verschenkten, oder als Handelswaren nach Europa. P. farbene Textilien wurden neben anderen oriental. Waren im FrühMA über Marseille, Lyon oder Narbonne gehandelt, später überwiegend von Kaufleuten aus Venedig und Genua. Die Bezeichnungen der seit dem 13. Jh. in Kircheninventaren zunehmend aufgeführten roten und sehr kostbaren Paramente für die hohen Kirchenfeste sind oft nicht sehr genau. Möglicherweise befinden sich ebenfalls mit P. gefärbte oder p. farbene Stücke darunter. – Da P. sehr kostbar und teuer war, suchte man früh nach Ersatzstoffen. Auch eignet sich P. wegen seiner chem. Zusammensetzung nicht zum Malen, sondern nur zum Färben. In den bisher naturwissenschaftl. untersuchten Seidenstoffen konnte die Verwendung der echten Schneckenp. s nicht nachgewiesen werden. Die hier wie auch in der Buchmalerei der karol.-otton. Zeit und in den P. urkk. auftretende P. farbe erwies sich meist als Lackmus/Folium oder als Farbmischung, z. B. aus →Krapp, Kermes oder Mennige mit verschiedenen Bindemitteln. Die Farbenrezepte der spätma. Maler nennen eine Fülle von Mischungen aus pflanzl. Farbstoffen, die den Farbton des P.s nachahmen sollten.

Chr. Reinicke

Lit.: HRG III, 111–113 – RDK VI, 1474f.; VII, 19 – Heyd, HCL – A. Schaube, Handelsgesch. der roman. Völker des Mittelmeergebiets..., 1906 [Nachdr. 1973] – Purple in the MA, Ciba-Review 4, 1937 – W. Born, La pourpre, Les Cahiers Ciba 1, 1946, Nr. 5, 142–164 – E. Eichmann, Weihe und Krönung des Papstes im MA, MthSt 3, 1, 1951 – H. Roosen-Runge, Farbgebung und Technik frühma. Buchmalerei, 2 Bde, 1967 – A. Geijer, A Hist. of Textile Art, 1979 – D. Claude, Der Handel im w. Mittelmeer während des FrühMA, AAG PH 3. F. 144, 1985 – L. v. Wilckens, Die textilen Künste, 1991 – V. Trost, Chrysographie und Argyrographie in Hss. und Urkk. (Ksn. Theophanu, hg. A. v. Euw–P. Schreiner, II, 1991), 335–343.

Purpurhandschriften. Als Ausdruck des Bücherluxus färbte man bereits in der Antike den Beschreibstoff mit purpurner Farbe (→Purpur). Ovid spielt in den Tristien (I, 1, 5) auf den purpurnen Umschlag einer Buchrolle an. Martial (III, 2, 11) erwähnt das purpurne Titelblättchen am oberen Rand der Rolle. →Lucianus v. Samosata nennt in der Schrift »Adversum indoctum« ein Prachtexemplar eines Buches mit purpurnem Pergament und goldenem Omphalos. Die Sitte der Herstellung von P., in denen mit

Gold- und Silbertinte geschrieben wurde, läßt sich bis in das 3. Jh. n. Chr. zurückverfolgen, während die Purpurfärbung einzelner ausgezeichneter Stellen von Rollen und Codices noch weiter zurückreicht. Auf das 3. Jh. würde eine Nachricht der unter dem Namen des Julius Capitolinus gehenden Biographie des Maximinus Thrax (röm. Ks. 235 bis 238) weisen, die davon berichtet, daß dem jungen Mann für Zwecke der Ausbildung in der Schule eine Homerhs. auf Purpur in Goldschrift geschenkt wurde. Im 4. Jh. fassen wir bereits deutl. Belege für die Sitte der Anfertigung von P. Der Dichter Publilius Optatianus Porphyrius widmete um 320 dem Ks. Konstantin I. ein Gedicht, von dessen prachtvoller Ausstattung mit Purpur und Metalltinte die Einleitung spricht (Paneg. in Const. 1-4). Zu Ende des 4. Jh. eiferte →Hieronymus gegen die Sitte der Purpurcodices, was bereits auf eine größere Verbreitung schließen läßt. →Johannes Chrysostomos tadelt den spärl. Bibelbesitz der Christen und spottet, daß Luxushss. eher als Schauobjekte denn als Gegenstand geistl. Nutzung dienten. Doch zog trotz mancher Kritik die bibliophile Mode auch in kirchl. Kreisen ein. Die Sitte der P. hielt sich durch die gesamte Spätantike und erlebte eine letzte Blüte im Zeitalter Justinians I. (527-565). Die Mehrzahl der erhaltenen Purpurpergamenthss. stammt denn auch aus dem 6. Jh. Hervorzuheben sind illuminierte Hss. wie die »Wiener Genesis« (Wien, Österr. Nationalbibl., Cod. theol. gr. 31), der →»Codex Purpureus Rossanensis«, der »Codex Sinopensis« (Paris, Bibl. nat., Suppl. gr. 1286). Etwas älter ist die »Cotton-Genesis« (5./6. Jh.; →Genesis-Illustration). Auch reine Texthss. sind auf Purpurpergament erhalten, so der Codex Beratinus mit Evangelienbruchstücken aus dem Johanneskl. zu Berat (Albanien) oder Evangelienfragmente des 6. Jh. aus Kleinasien, die heute auf verschiedene Bibliotheken verstreut sind, bekannt als »Codex N«. Eine der berühmtesten Texthss. ist der »Codex Argenteus« (Uppsala), der die got. Bibelübers. →Wulfilas aus dem 6. Jh. enthält. O. Mazal

Lit.: H. HUNGER, Antikes und ma. Buch- und Schriftwesen (Gesch. der Textüberlieferung der antiken und ma. Lit., I, 1961), 25-146 - O. MAZAL, Komm. zur Wiener Genesis, 1980 - Codex purpureus Rossanensis. Comm. G. CAVALLO, J. GRIBOMONT, W. C. LOERKE, 1987.

Purpururkunden. Das Vorhandensein von P. ist geogr. auf Byzanz, das Sacrum Romanum imperium und das Normannenreich des Südens beschränkt. Der oströmische Basileus benutzte Purpurpergament v. a. für seine Korrespondenz mit ausländ. Fs.en wie z. B. mit den Ks. des Westens, dem Papst und dem Kalifen; in einigen seltenen Fällen wurden auch Ernennungsurkk. oder feierl. Privilegien auf Purpurpergament geschrieben; der Brauch ist vom 9.-12. Jh. sicher bezeugt, jedoch mit hoher Wahrscheinlichkeit älter. P. sind regelmäßig mit Goldtinte (Chrysographie) geschrieben; für die Übers. des griech. Originaltextes, den die byz. Kanzlei zw. den Zeilen mitlieferte, wurde Silbertinte benutzt. Im Westen sind P. reine Prunkausfertigungen, die ein normales Kanzleioriginal voraussetzen; durch Anbringen einer →Goldbulle konnte die P. den Rang einer Originalausfertigung erhalten. Es haben sich bis heute 7 Ks.urkk. (962-1147/51) und zwei Diplome Rogers II. v. Sizilien (1134/40) mit →Goldschrift auf Purpurpergament erhalten (Verz. BRÜHL, 610f.), doch sind einige weitere Beispiele lit. überliefert. Das einzige Beispiel für eine erhaltene Original- und die zusätzl. Purpurausfertigung ist das Diplom Rogers II. für die »Cappella Palatina« in Palermo (28. April 1140; ed. C. BRÜHL, Rogerii II. regis Diplomata Lat., 1987, Nr. 48).

P. setzen die Benutzung von Goldtinte voraus, doch konnten gelegentl. auch ungefärbte Pergamenturkk. in Goldschrift geschrieben sein. Der älteste Beleg ist bereits für das frühe 8. Jh. bezeugt (verlorenes Diplom Ariperts II. für die Röm. Kirche 705/707), doch könnte es sich hier sogar um eine P. gehandelt haben. C. Brühl

Lit.: F. DÖLGER-J. KARAYANNOPULOS, Byz. Urkk.lehre, 1968, 89ff. - C. BRÜHL, P. [1977] (DERS., Aus MA und Diplomatik, II, 1989), 601-619.

Purveyance, Recht des engl. Kg.s und der Mitglieder der kgl. Familie, Lieferungen für die Versorgung des Hofhalts mittels eines Vorkaufsrechts (→Fürkauf) zu erwerben. Die zu *purveyors* ('Lieferanten') ernannten Beamten des Hofhalts konnten in einem Umkreis von 18 km Entfernung vom Kg. Zwangseinkäufe auf Märkten und in Dörfern tätigen. Die Bezahlung erfolgte vermutl. zum üblichen Marktpreis und mit der Zustimmung des Verkäufers, der gewöhnl. ein →Kerbholz erhielt, das er später am kgl. Hofhalt gegen Barzahlung einlösen konnte. Das rücksichtslose Verhalten der purveyors führte häufig zu Beschwerden. Ihre Befugnisse wurden deshalb durch ein Statut 1362 eingeschränkt, in dem ihnen auferlegt wurde, nur noch unter der Leitung des örtl. →*constable* des Dorfes einzukaufen. Als während der Anfangsphase des →Hundertjährigen Krieges die Lieferung von Nahrungsmitteln, Rindern, Pferden und Wagen in großem Umfang für die Versorgung der Truppen eingefordert wurde, kam es wiederholt zu Beschwerden im Parlament. Dieses Verfahren verschwand jedoch nach 1350, als der Bedarf in zunehmendem Maße durch Verträge mit Kaufleuten gedeckt wurde. G. L. Harriss

Lit.: G. L. HARRISS, King, Parliament and Public Finance in England, 1975 - C. GIVEN-WILSON, P. for the Royal Household, 1362-1413, BIHR 56, 1983, 145-163.

Puschman, Adam, Meistersinger, * 1532 in Görlitz, † 4. April 1600 in Breslau. - P. war von Beruf Schneider, später war er auch als Krämer und als dt. Schulmeister tätig; trotz ausgebreiteter lit. Tätigkeit wird man ihn nicht als Berufsautor bezeichnen können. Mit dem Meistergesang (→Meistersinger) war P. auf seiner Gesellenwanderung in Augsburg und Nürnberg vertraut geworden. Außer einer Komödie verfaßte er 180 Meisterlieder, dazu komponierte er über 30 Töne; als einer der ersten zeichnete er in großem Umfang Meistersingmelodien schriftl. auf. Bes. bekannt und einflußreich wurde er durch seinen »Gründlichen Bericht des deutschen Meistergesangs« (gedr. Fassungen 1571 und 1596). H. Brunner

Ed. und Lit.: R. HAHN, »Die lobliche Kunst«, 1984 - B. TAYLOR, A. P. »Gründlicher Bericht des deutschen Meistergesangs«, 1984 - H. BRUNNER-B. WACHINGER, Rep. der Sangsprüche und Meisterlieder, 8, 1988, 562-623.

Put', Verwaltungsressort an einem Fs.enhof in Altrußland im 14. und 15. Jh. mitsamt den zum Unterhalt zugewiesenen Ländereien und Leuten. Wichtige P.i waren: der für den fsl. →Marstall zuständige *konjušij p.,* der das Falkenjagdwesen betreuende *sokol'ničij p.* und der das übrige Jagdwesen einschließl. der Biberjagd verwaltende *lovčij p.* Der *čašničij p.* war für das Getränke- und Kellereiwesen sowie die Bienenzucht zuständig, der *stol'ničij p.* für das Küchen- und Proviantwesen. Die Leiter der P.i waren in der Regel →Bojaren (*putnyj bojarin*), die von anderen Hofdienstleuten (*putniki*) unterstützt wurden. Die P.-Verwaltung verschwand im 16. Jh. Damit verbundene Amtsbezeichnungen finden sich noch bis ins 17. Jh., bes. als Ehrentitel. Nicht geklärt ist, ob die P.-Verwaltung als Vorstufe zur späteren →Prikaz-Verwaltung angesehen werden kann (für die Moskauer Hofverwaltung zumindest wahrscheinlich). E. Kraft

Lit.: A. A. ZIMIN, O sostave dvorcovych učreždenij Russkogo gosudarstva konca XV i XVI v., IstZap 63, 1958, 180–205 – U. HALBACH, Der russ. Fs.enhof vor dem 16. Jh., 1985, 272ff.

Püterich v. Reichertshausen, Jakob (III.), Münchner Patrizier, hzgl.-bayer. Hofrat, Literat, * um 1400, † 1469 in München. P., Angehöriger eines seit dem 13. Jh. bezeugten Münchner Patriziergeschlechts, wurde 1442 Stadtrichter in Landshut und später Mitglied des landesherrl. Hofrates in München. Der begeisterte Bibliophile trug eine bemerkenswerte Slg. von Hss. zusammen und scharte einen Kreis Gleichgesinnter um sich (z. B. Ulrich →Fuetrer), in dem vorzugsweise die hochma. Aventiure-Lit. gepflegt wurde. Als einzige Schöpfung ist sein 1462 abgeschlossener »Ehrenbrief« überliefert, im Kern ein in antiquierten Titurelstrophen angelegter Kat. des turnierfähigen bayer. Adels, der Ehzgn. Mechthild v. Österreich gewidmet ist. Er gilt als Hauptwerk der epigonalen 'Ritterromantik' des 15. Jh., die gerade im Umkreis des Hofs Hzg. Albrechts IV. in München gepflegt wurde, und ist zugleich ein Beitrag zur Standortbestimmung des Patriziats angesichts des gesellschaftl. Umbruchs im Übergang zur Frührenaissance. A. Schmid

Ed. und Lit.: Der Ehrenbrief des P. v. R. Faks. v. F. BEHREND–R. WOLKAN, 1920 – ADB XXVI, 744–746 – Verf.-Lex.² VII, 918–923 [K. GRUBMÜLLER; Lit.] – H. PÖRNBACHER, Bayer. Bibl. I, 1978, 642–656 – Bayer. Biogr. I, hg. K. BOSL, 1983, 606 – M. MUELLER, Der 'Ehrenbrief' des J. P. v. R., die 'Turnierreime' Johann Hollands und der »Namenskatalog« Ulrich Fuetrers [Diss. City Univ. New York 1985] – SPINDLER II, 1988², 976f.

Putz, Mörtelüberzug der Mauer aus Kalk mit feinen Zuschlagstoffen (Sand, Ziegelmehl); bei dem ma. P. schwankt der Bindemittelgehalt sehr stark. Die am Außenbau im 13.–15. Jh. angewandten P.-Techniken sind (nach J. PURSCHE) Kellenwurf, d. h. mit der Kelle angeworfen und abgezogen (Bestich, Berapp) oder abgekellt, an- oder vorgeglättet oder abgezogen und aufgezogen (angetragen). Der P. bestand bei des. Ausführung, vorrangig zur Aufnahme von Wandgemälden auch aus einem Unterp. und dem – mit dem filzbelegten Brett abgezogenen – Feinp. Zumeist wurde der P. anschließend geschlämmt oder gestrichen. Bei ma. Bauten ist der P. häufig nur wenige Millimeter dick und folgt, da er nicht mit der Latte eben abgezogen ist, allen Unebenheiten des Mauerwerks. Werksteinteile der Mauer (Eckquader, Gewände, Gliederungen) wurden unverputzt gelassen und nur geschlämmt. Zeitgenöss. Q. berichten vom Verputzen und vom Tünchen (dealbatio) der Bauten, worüber auch Befundbeobachtungen Auskunft geben (z. B. hellziegelroter deckender Außenp. bei der Aachener Pfalzkapelle Karls d. Gr., Westnische mit dünner Schlämme von dunklerem Rot über steinsichtigem P.). Im Inneren, aber auch an Außenwänden kann der P. vollständig oder teilw. farbige Fassungen oder Gemälde tragen. – Bei dem im MA weitverbreiteten *Pietra-rasa-Verp.* wurde der aus den Stoß- und Lagerfugen vorquellende Mörtel mit der Kelle glattgestrichen, um Unebenheiten in der Mauerfläche auszugleichen und einen p.artigen Überzug herzustellen, bei dem nur einzelne Steinköpfe sichtbar blieben. Mit der Kelle wurden häufig regelmäßige Fugenritzungen vorgenommen. Ob dieser P. sichtbar bleiben sollte (St-Philibert in Tournus 11. Jh.; Burg Münzenberg 1150/60), bleibt häufig ungeklärt; bei Verp. dienten die Ritzungen der besseren Haftung des Feinp.es. – Der flächendeckend mit der Kelle aufgetragene und geglättete P. wurde auch im feuchten Zustand künstler. bearbeitet: eingeritzte oder eingelegte Fugen ohne Rücksicht auf den natürl. Steinverband. Kratzp.e (*Sgraffiti*) sind Mehrschichtp.e, bei denen die grau oder schwarz eingefärbte untere Schicht durch Ritzen oder Wegkratzen des oberen P.es sichtbar gemacht wird, um Ornamente zu bilden (früheste Beispiele Mitte 14. Jh. in Florenz), im 15. Jh. weit verbreitet. Bes. in der toskan. Baukunst wurden im 11./12. Jh. verschiedenfarbige Plättchen mosaikartig in den noch nassen P. gesetzt (*Inkrustation*). In Gegenden mit gut zu bearbeitendem Werksteinvorkommen (Rotsandsteingebiet, Oberrhein, Main) wurde in bestimmten Zeiten (12./13. Jh.) oder bei bes. Anlässen (Burgund, Pfalzen) auch bewußt auf P. und Tünche verzichtet, um den Werkstein sichtbar werden zu lassen. G. Binding

Lit.: R. WESENBERG, Zur Wiederherstellung des Äußeren der Kirche zu Schwarzrheindorf, Jb. der Rhein. Denkmalpflege 21, 1957, 16–27 – Der Dom in Limburg, hg. W. NICOL, 1985 – J. PURSCHE, Hist. P.e – Befunde in Bayern, Zs. für Kunsttechnologie und Konservierung 2, 1988, 7–52 – P. und Farbigkeit an ma. Bauten, hg. H. HOFRICHTER, 1993 – s. a. →Farbigkeit der Architektur.

Puy, spätma. 'Podium', bezeichnet eine lit. und musikal. Gesellschaft, die Dichterwettbewerbe durchführte, über deren Organisation wir jedoch nur wenig wissen. Weshalb der Begriff P. gewählt wurde, bleibt umstritten. Die P. sind Institutionen der Bürger in den nordfrz. Städten, deren okzitan. Gegenstück in den →Jeux floraux von →Toulouse zu sehen ist. Der älteste P. ist derjenige von →Arras, dessen Anfänge um 1240 anzusetzen sind, da sich →Guillaume le Vinier († 1245) mit einem jeu-parti an ihm beteiligte. Seine Blütezeit fällt in das dritte Viertel des 13. Jh. Er ist zu unterscheiden von der →Bruderschaft der »Carité Nostre Dame des jogleors et des borgois«, die seit Ende des 12. Jh. belegt ist und vornehml. religiösen Zwecken diente. Der P. von Arras wurde präsidiert von einem »Prince« (am bekanntesten →Jean Bretel). Dieser Titel könnte auf die aristokrat. Ansprüche der bürgerl. Institutionen hinweisen. Als Spezialität pflegte der P. von Arras das jeuparti (→Streitgedicht); von den 182 erhaltenen jeux-partis gehören 114 nach Arras (→Adam de la Halle, →Gillebert de Berneville, →Jehan Erart, →Moniot d'Arras). Vereinzelt hat auch der Hochadel mitgespielt (jeu-parti zw. →Perrin d'Angicourt und →Karl I. v. Anjou; auch →Eduard I., Kg. v. →England, hat sich am P. beteiligt). – Im SpätMA werden die P. zahlreich und stehen im Zusammenhang mit einem Marienfest (im Gegensatz zur aristokrat. →Cour amoureuse de Charles VI.). Jede Stadt hatte ihre Spezialität, →Chant royal, Serventois, Amoureuse. Das Geleit wird »Prince« genannt und beginnt auch meistens mit diesem Wort. Da der »Prince« auch außerhalb des P. in der Ballade erscheint, kann er hier zu Wortspielen Anlaß geben und sowohl den Präsidenten der Jury als auch einen realen Prinzen bezeichnen; er kann auch in der Pluralform auftreten, etwa bei →Villon. In seinem »Art de dicter« von 1392 präzisiert Eustache →Deschamps, daß die Gedichte vor dem »Prince du Puy« auswendig rezitiert werden müssen, doch gibt er keine Beispiele für das Serventois, weil diese Gedichtart vom Adel nicht gepflegt wurde. Jean →Froissart hat sich mehrmals an einem P. beteiligt (Abbeville, Lille, Valenciennes), doch ist sein Gedicht für Lille eine »Chanson royale sote«, also eine Parodie. Bes. berühmt waren der P. von Amiens und derjenige von Rouen, der seit 1486 dokumentar. gut belegt ist (Hss. und Drucke) und noch bis ins 17. Jh. weiterlebte. M.-R. Jung

Lit.: E. LANGLOIS, Recueil d'Arts de seconde rhétorique, 1902 [Nachdr. 1974] – R. BERGER, Litt. et société arrageoises au XIIIe s., 1981 – G. GROS, Le Poète, la Vierge et le Prince du Puy. Étude sur les Puys marials de la France du Nord du XIVe s. à la Renaissance, 1992 [Bibliogr. der Hss.; P. und Bruderschaft kaum differenziert].

Pyramus und Thisbe. Die vielleicht oriental. Sage war dem MA durch →Ovid (Met. IV, 55–166) bekannt; sie wurde schon bei Augustinus (De ordine) und während des ganzen MA moral. gedeutet. Eine Bilddarstellung ist für das beginnende 12. Jh. überliefert in der (fiktiven?) Beschreibung des Gemachs der Gfn. Adela v. Blois durch →Balderich v. Bourgeuil (J. v. Schlosser, Q.buch zur Kunstgesch. des abendländ. MA, 1976, 220). Bemerkenswerte erhaltene Darstellungen des 12. Jh. sind die ausführl., 14 Szenen umfassenden, sicher moral. auszudeutenden Bildzyklen in den nordwesteurop. gravierten Bronzeschalen, die den Selbstmord der Liebenden durch gelegentl. Anordnung um eine zentrale Superbia als Lasterexempel kennzeichnen. Im positiven Sinne moralisiert scheint die vierphasige Darstellung auf einem Kapitell im Chorumgang des Basler Münsters zu sein, wo der Zusammenhang mit den benachbarten Darstellungen für die heilsgesch. Deutung (P. = Christus, Th. = Seele, Löwe = Teufel) spricht (ähnlich interpretierbar kleines Tympanon, Mus. Cambrai, Ende des 12. Jh.): P. und (nach ihm) Th. haben sich vornüber in das Schwert gestürzt, das aus den übereinander liegenden Leibern der beiden im Tod vereinten Liebenden ragt. Alle Beispiele stellen die Protagonisten im Zeitkostüm dar, wie auch die bes. in Frankreich und Italien seit dem 14. Jh. vorkommenden Illustrationen in Hss. des originalen Ovidtextes oder des Ovide moralisé (z. B. Rouen, Bibl. municipale, Ms. 1044, 1. Hälfte 14. Jh.). Auf→Filaretes Bronzetür im Mittelportal v. St. Peter, Rom (1445 vollendet) ist in den Akanthusranken des Rahmens neben anderen mytholog. Szenen auch Th. im Zeitkostüm dargestellt, wie sie sich in das aus dem Leib des P. ragende Schwert stürzt, während der »Ovidius maior« in Florenz (Bibl. Naz., Panc. 63, 2. Hälfte 14. Jh.), wie schon die Hs. in Rouen, genauer Ovids Text folgend, zeigt, wie Th. sich mit dem aus des P.' Leib gezogenen Schwert tötet. Die Renaissance nimmt das Thema begierig auf und interpretiert es u. a. als Exemplum der Torheit (z. B. Urs Graf). U. Nilgen

Lit.: LCI III, 483f. – H. Künstle, Ikonographie der chr. Kunst, I, 1928, 178f. – F. Schmitt-von Mühlenfels, P. und Th., 1972 – C. Lord, Three Mss. of the Ovid moralisé, ArtBull 57, 1975, 161–175 – H. P. Uebach, Zwei mlat. P. und Th.-Dichtungen, 1975 – J. Weitzmann-Fiedler, Roman. gravierte Bronzeschalen, 1981, 30–37, 77f.

Pyrenäen, schmale, bis 3404 m hohe Gebirgskette, bildete nur in der Vorstellung der Autoren des MA, die bis ins 14. Jh. ledigl. das von den antiken Geographen vertretene Idealbild einer Grenzscheide zw. →Gallien und →Hispanien tradierten, eine echte Demarkationslinie. Mit den Germaneninvasionen des 5. Jh. wurden die P. im Zentrum und im Westen zu einer Barriere, infolge des Machtzuwachses der Basken, im FrühMA blieben sie es bis ins 10. Jh. Eine Grenze »auf den P.« hat nie existiert. Im 7.–12. Jh. bestand eine polit., kulturelle und religiöse Grenze im S des Gebirges zw. Christen und Muslimen, im Sinne einer Pufferzone. Die Grenze des 13.–15. Jh. war politisch und linear; sie verlief nördl. der P. und grenzte die Kgr.e →Navarra (Kastellanei St-Jean-Pied-de-Port) und →Aragón (1258: Festlegung der Grenze nördl. des →Roussillon) vom Kgr. Frankreich ab. Das Land →Béarn wurde im 11.–13. Jh. zunehmend zum Vasallen der Krone Aragón, um sich schließlich mit dem Hause →Foix, 1473 mit dem Hause →Albret zu verbinden.

Die meistbegangenen Paßwege waren: in den *Ostp.* der *Col de Perthus* (alte Via Domitia), zw. Roussillon und →Ampurias, sowie der *Puymorens* (von →Toulouse nach →Ripoll bzw. nach →Barcelona), beide seit 925 bzw. seit dem 11. Jh. als 'Kaufmannsstraßen' belegt; in den *Zentralp.* die seit dem 9. und 10. Jh. stark frequentierte, von den Gf. en v. →Bigorre geförderte Straße der *Ténarèze* von →Comminges nach →Barbastro über den *Col de Bielsa* (2575 m) sowie der Weg von →Tarbes nach Hocharagón über die Pässe v. *Mulos* bzw. *Palos;* in den lange als unsicher gemiedenen *Westp.*, die erst seit dem 11. Jh. durch die Hauptroute der Santiagowallfahrt starken Aufschwung nahmen, →*Roncesvalles* (Ibañeta) und *Somport.* Die Achse →Valencia–Somport–→Bayonne war die direkte Verbindung zw. Mittelmeer und →Biscaya in einer Epoche, in der der Paßverkehr dank des Einsatzes von →Saumtieren stark erleichtert wurde. Im Zuge polit. Verdichtung konstituierte sich im W Navarra seit dem 9. Jh. als Kgr.; im Zentrum bildete sich im 11. Jh. das Kgr. Aragón aus; im O entstanden die Gft. en →Kataloniens, die sich 1137 mit Aragón vereinigten.

Die kollektive Nutzung der Weideflächen und die Transhumanz schufen Verbindungen zw. Dörfern und Talschaften, auch zw. den verschiedenen Tälern und dem nördl. und südl. P. vorland, das dreimal ausgedehnter war als die Gebirgszone selbst. Seit dem 9. Jh. waren der demograph. Aufschwung und die Stabilisierung der Besiedlung von einem tiefgreifenden Prozeß der Binnenkolonisation und agrar. Entwicklung begleitet.

In einem weiträumigen Bereich des westl. P. raumes lebten →Basken, für deren Gentilstruktur es keinerlei Belege gibt. Die Wirtschaft beruhte auf Viehhaltung, wenig ertragreicher Agrikultur, Waldnutzung und Bergbau; bedeutend war das Silber v. Venasque und Bielsa sowie das Eisen, das in den berühmten 'katal.' Schmieden (Ripoll, Camprodon, Ribas, Ter- und Feser-Tal) verarbeitet wurde. Diese alte Zone der Eisenproduktion war auch die Wiege der frühen katal. →Romanik. D. Menjot

Lit.: E. Lambert, Les relations entre la France et l'Espagne par les routes des Pyrénées occidentales au MA (Fschr. D. Faucher, I, 1948), 319–328 – O. Engels, Schutzgedanke und Landesherrschaft im ö. Pyrenäenraum, 1970 – M. Rouche, Les relations transpyrénéennes du Ve au VIIe s. (Les communications dans la péninsule ibérique au MA, 1981), 13–20 – A. Ubieto Arteta, Los caminos que unían a Aragón con Francia durante la edad media, ebd., 21–27 – R. Collins, Los Vascos, 1989 – Ph. Senac, La frontera d'al-Andalus a l'època dels Omeis, L'avenc, 127f., 1989, 22–29 – J. J. Larrea, Moines et paysans aux origines de la première croissance agraire dans le Haut Aragón (IXe-X[e]), CCMéd 33, 1990, 219–239 – La Marche Supérieure d'al-Andalus et l'Occident chrétien, 1991 – Frontières et espaces pyrénéens au MA, CREPF, Univ. de Perpignan, 1992.

Pyritz (poln. Pyrzyce), Burg in →Pommern, vermutl. Vorort der vom →Geographus Bavarus (Mitte 9. Jh.) erwähnten Prissani. 1124 begann dort →Otto v. Bamberg seine Pommernmission. Später war P. Kastellaneiburg mit vicus; vor 1263 erfolgte Lokation (→Lokator) zu →Magdeburger Recht. Die neue, in der Nähe der Burganlage gegr. Stadt war auch ein kirchl. Zentrum (vor 1255 Stiftung des Augustinerinnenkl.; vor 1281 Niederlassung der Franziskaner; 1. Hälfte des 14. Jh. Archidiakonatsverwaltung). Im 14.–15. Jh. war P. eine der mittleren Städte des Hzm.s →Stettin. L. Leciejewicz

Lit.: G. Kratz, Die Städte der Prov. Pommern, 1865 – H. Hoogeweg, Die Stifter und Kl. der Prov. Pommern, 2, 1925 – E. Cnotliwy, T. Nawrolski, R. Rogosz, Grodziska wczesnośredniowieczne na Ziemi Pyrzyckiej, SlAnt 26, 1979 – J. M. Piskorski, Miasta księstwa szczecińskiego do połowy XIV wieku, 1987.

Pyritz, Vertrag v. (26. März 1493), führte einen Ausgleich in dem Streit über das staatsrechtl. Verhältnis zw. →Pommern und →Brandenburg herbei. 1479 hatte Hzg. →Bogislaw X. die brandenburg. Lehnshoheit über ganz Pommern anerkennen müssen; nach dem Tode des Kfs. en

→Albrecht Achilles (1486) hatte er dessen Nachfolger →Johann Cicero die Lehnshuldigung jedoch verweigert. Dieser verzichtete auf Lehnsempfang und Eidesleistung durch Bogislaw und dessen Erben sowie auf jegl. Herrschaft über Pommern. Bogislaw versicherte am 28. März in Königsberg i. d. Neumark, nirgendwo anders Belehnung zu suchen, und sagte den Hohenzollern die Nachfolge im Falle des Aussterbens des Geschlechts der →Greifen zu. Erreicht wurde der V. v. P. durch eine Annäherung Hzg. Bogislaws an den Ks. und an Polen, die durch die zweite Ehe Bogislaws mit Anna, Tochter Kg. Kasimirs IV. v. Polen und Elisabeths v. Österreich, 1491 bekräftigt worden war. R. Schmidt

Q.: Codex diplomaticus Brandenburgensis, ed. A. F. RIEDEL, II, 5, 1848, 479–492 – *Lit.:* M. WEHRMANN, Gesch. von Pommern, I, 1919² [Nachdr. 1982], 247–J. SCHULTZE, Die Mark Brandenburg, III, 1963, 166f.

Pyrotechnik, die Kunst der Herstellung und Anwendung von Feuerwerks- und Sprengkörpern, kam ebenso wie das Wissen um die Pulverherstellung (→Pulver) und die Verwendung des Pulvers als Kampfmittel (→Pulverwaffe) am Beginn des 13. Jh. aus China nach Europa und wurde hier von den →Büchsenmeistern unter strengster Geheimhaltung vornehml. für militär., vereinzelt aber auch für zivile Zwecke genutzt, und das Abbrennen von Raketen und das Zünden von Feuerwerk bei feierl. Anlässen waren im 14. Jh. v. a. in Italien schon sehr verbreitet. →Feuerwerksbücher aus dem 15. Jh. enthalten bereits Anleitungen zur Herstellung verschiedenster Raketen und Feuerwerkskörper, die Kunst großartig aufgebauter Lustfeuerwerke entwickelte sich aber erst im 16. Jh. und fand im 18. Jh. ihren Höhepunkt. E. Gabriel

Lit.: A. LOTZ, Das Feuerwerk, seine Gesch. und Bibliogr., 1941.

Pythagoras v. Samos, griech. Philosoph des 6. Jh. v. Chr., genaue Lebensdaten nicht bekannt. Die von ihm gegr. Philosophenschule hat das antike Denken stark beeinflußt. Es ist nicht durchweg geklärt, welche Lehren der Pythagoreer auf P. selbst und welche auf seine Anhänger zurückgehen. Der Grundgedanke war, daß Zahlen (→Zahl, -ensymbolik) das Maß aller Dinge sind. So wurden in allen Bereichen Zahlenbeziehungen gesucht und gefunden, z.B. in der Musik und in der Astronomie. Daraus wurde auf die Existenz einer für sterbliche Ohren nicht hörbaren Sphärenmusik geschlossen. Auf P. selbst soll aber auch die Erkenntnis der Kugelgestalt der Erde und einer zweifachen Bewegung der Sonne zurückgehen (→Weltbild). Pythagoreische Zahlenmystik hat in der späten Antike für das Denken der Neupythagoreer und der Neuplatoniker (→Plato, Platonismus) eine große Rolle gespielt; auch in den Schriften der Gnostiker (→Gnosis) finden sich Elemente davon. Der Einfluß dieser Strömungen war dann Ursache, daß pythagoreische Gedanken auch im MA Verbreitung fanden. Allgemein gesprochen, findet man sie überwiegend da, wo neuplaton. Ideen vertreten wurden. P. wurde im MA oft mit Mystik und Magie in Verbindung gebracht. Die hohe Wertschätzung der Musik im ma. Quadrivium (→Artes liberales) war weitgehend eine Folge von pythagoreischen Vorstellungen. Ausgehend von der →Boethius zugeschriebenen »Geometrie II« (11. Jh.), sah man P. als Erfinder des Rechenbrettes (→Abakus) an, das auch als »mensa Pythagorea« oder »Pythagorica« bezeichnet wurde. In der Scholastik spielten pythagoreische Ideen eine geringe Rolle; sie tauchten aber im 15. Jh. bei den Neuplatonikern wieder auf, z. B. bei Marsilio →Ficino. Noch in der Renaissance findet man pythagoreisches Gedankengut; Keplers Werk »Harmonice mundi« ist wesentl. davon beeinflußt. F. Schmeidler

Ed.: M. TIMPANARO-CARDINI, Pitagorici, Testimonianze e frammenti, 3 Bde, 1958–64 – *Lit.:* DSB XI, 219–225 [Lit.] – Dict. of the Hist. of Ideas IV, 1973, 30–42 [Lit.] – B. L. VAN DER WAERDEN, Die Pythagoreer, 1979 – L. E. NAVIA, P.: An Annotated Bibliogr., 1990.

Pyxis, runde oder polygonale Deckelbüchse aus Holz (gr. Pyxos 'Buchsbaumholz'), Elfenbein oder (Edel-)Metall zu profaner wie kult. Verwendung. In großer Zahl blieben Pyxiden des 5./6. Jh. aus →Elfenbein mit mytholog. oder chr. Reliefs erhalten (Verz.: VOLBACH): Die zylindr. Wandung wurde aus dem hohlen Ende des Elefantenstoßzahns hergestellt, was auch ihre meist leicht ovale Form erklärt (v. BARGEN), der Boden und der mit Scharnier befestigte flache Deckel wurden einzeln gearbeitet. Weiterleben bzw. Wiederaufnahme der Elfenbein-P. in karol. und frühislam. Kunst, in span.-arab. Werkstätten des 10./11. Jh., einigen siz.-arab. Beispielen des 13. Jh. (zu den Gruppen →Elfenbein) und in der Bd. 3, Sp. 1815 erwähnten byz. P. Die arab. Beispiele besitzen seit dem 10. Jh. auch kon. und kuppelförmige Deckel, KÜHNEL, Kat.-Nr. 28 mit Inschrift: »Ich bin ein Behältnis für Moschus, Kampfer und Amber«. Auch w. ma. Pyxiden aus Metall, z.B. die mit→Email verzierten aus Limoges haben meist kon. oder gewölbte Deckel (Verz.: BRAUN 304–323). BRAUN hat zu Recht vor voreiliger Annahme kult. Zweckbestimmung aufgrund bibl. Dekors der P. gewarnt (291–293), aber auch zahlreiche Belege für die Aufbewahrung von Weihrauch, Reliquien und v. a. eucharist. Brot vor und nach der Konsekration in Pyxiden aufgeführt (293–295). Letztere Verwendung führte zur Angleichung an den Weinkelch durch ständerförmigen Fuß mit Nodus (Beginn 12. Jh., häufig seit dem 14. Jh.); die Übertragung der Bezeichnung →Ciborium ist erst nachma. (BRAUN 283f.). J. Engemann

Lit.: →Elfenbein – DACL XIV, 2, 1983–1996 – J. BRAUN, Das chr. Altargerät in seinem Sein und seiner Entwicklung, 1932 (1973) – E. KÜHNEL, Die islam. Elfenbeinskulpturen, 1971 – VOLBACH, Elfenbeinarbeiten – F. v. BARGEN, Zur Form spätantiker Elfenbeinpyxiden, JbAC 37, 1994 [im Dr.].

Q

al-Qabīṣī, Abū ṣ-Ṣaqr ʿAbdalʿazīz b. ʿUṯmān (lat. Alchabitius), arab. Mathematiker, Astronom und Astrolog, studierte nach Ibn an-Nadīvm (2. Hälfte 10. Jh.) bei al-ʿImrānī in Mosul (Irak), lehrte den →Almagest des Ptolemaeus. Er lebte in der Umgebung des Ḥamdāniden→Saifaddaula v. Aleppo (944–967), dem er die Abhandlungen »Über die Arten der Zahl« (R. fī anwāʿ al-aʿdād), »Über die Entfernungen und Volumen (der Himmelskörper)« (R. fī l-abʿād wal-aǧrām) und die »Einführung in die Astrologie« (K. al-Mudḫal ilā ʿilm an-nuǧūm; 948/949) widmete. In letzterem Werk zitiert al-Q. sāsānid. Andarzaġarlit., →al-Kindī, →Ptolemaeus, →Dorotheos von Sidon, Valens, →Hermes Trismegistos, al-Fazārī und →Māšāʾallāh. Eine große Anzahl von arab. Hss. belegen die Verbreitung dieses Lehrbuches. Von →Johannes v. Sevilla 1144 übersetzt, wurde der »Liber isagogicus« 1331 von →Johannes (Danck) de Saxonia kommentiert. Weitere Kommentatoren waren →Cecco d'Ascoli (1269–1337) und V. Nabod (1560). Eine frz. Übers. von Pèlerin de Pousse erschien 1362. Y. Dold-Samplonius

Lit.: DSB XI, 226 – SEZGIN V, 311f; VI, 208–210; VII, 170f. – A. ANBOUBA, Un mémoire d'al-Q. (4ᵉ siècle H.) sur certaines sommations numériques, Journal for the Hist. of Arabic Science 6, 1982, 181–208 – J. SESIANO, A Treatise by al-Q. (Alchabitius) on Arithmetical Series, Annals of the New York Acad. of Sciences 500, 1987, 483–500.

Qāḍī (Qāẓī), Repräsentant der Autorität des Oberhaupts der islam. Gemeinde (→Kalif), ausgestattet mit der Befugnis zur Jurisdiktion, insofern v. a. Richter. Nach islam. Rechtslehre (*fiqh*) war Ziel der Arbeit des Q. die Anwendung der *Šarīʿa* (→Recht, islam.); er war daher auch für standesamtl. und notarielle Aufgaben sowie die Kontrolle der Verwaltung frommer Stiftungen (→*waqf*) zuständig. Die Verfolgung von Delikten höherer Amtsinhaber (*maẓālim*) fiel in die Verantwortung des Herrschers. Die Zuständigkeit des Q. in nicht von der Šarīʿa geregelten Fragen wechselte. Unbeschadet der Kompetenz des Kalifen, Entscheidungen selbst zu treffen, beschloß der Q. als Einzelrichter und ohne zweite Instanz. Unter →Hārūn ar-Rašīd (gest. 809)entstand das Amt des Q. al-quḍāt, der als (oberster) Richter der Hauptstadt mit der Verwaltung der Institution des Q. (Ernennungen, Absetzungen usw.) befaßt war; seit dem 13. Jh. wurden regionale, dem hauptstädt. unterstellte Q. al-quḍāt ernannt. Im Osman. Reich wurde der erste Q. bereits von →ʿOs̱mān I. ernannt, reguläre staatl. Bezahlung begann unter → Orḫan. Unter →Bāyezīd I. wurde eine erste staatl. Gebührenordnung erlassen. Das Bemühen der Zentralregierung, die Q. zu kontrollierten Staatsbeamten zu machen, zeigt sich an der Definierung von Amtsbezirken, Organisation zentralisierter Zulassungsprüfungen, Ausarbeitung detaillierter Laufbahnmuster mit Ranglisten, regelmäßigen (meist jährl.) Versetzungen und (irregulären) Zahlungen von Ruhegehältern an Q. im Wartestand. Q. waren an ihrem Amtssitz höchste Vertreter des Sultans und mit zusätzl. administrativen Aufgaben (Steuerumlage, Nachschub für das Heer etc.) befaßt. Ch. K. Neumann

Lit.: EI² IV, 373–375 – IA VI, 42–46; VII, 146–151 – UZUNÇARŞILI, Ilmiye, 83–145 – E. TYAN, Hist. de l'organisation judiciaire en pays d'Islam, 1960² – U. HEYD, Stud. in Old Ottoman Criminal Law, 1973 – İ. ORTAYLI, Osmanlı Kadısı, Siyasal Bilgiler Fakültesi Dergisi 30, 1975, 117–128 – Türk Dünyası Araştırmaları Vakfı, Şerʿiye Sicilleri, I, 1988, 12–83.

Qalāwūn, Mamlūkensultan 1279–90, geb. ca. 1220/23, gest. 1290; war wie Sultan →Baibars ein gebürtiger Qipčāq-Türke. Er wurde – für einen →Mamlūken spät – erst gegen Ende seines zweiten Lebensjahrzehnts nach Syrien verkauft. 1249 gelangte er in den Besitz von Sultan aṣ-Ṣāliḥ Aiyūb. Unter Baibars zu einem der ranghöchsten Emire avanciert, zeichnete er sich mehrfach in militär. Unternehmungen aus und wurde einer der engsten Berater des Sultans, der 1276 seinen zum Thronerben bestimmten Sohn Baraka Ḫān mit Q.s Tochter verheiratete. Baraka Ḫān trat zwar 1278 die Nachfolge seines Vaters an, wurde aber schon Mitte 1279 zur Abdankung gezwungen. Q. erhielt die Vormundschaft für dessen erst sieben Jahre alten Bruder Salāmiš und auch das Amt des Armeeoberkommandierenden (*atābak*). Bereits nach Monaten wurde Salāmiš abgesetzt und Q. zum Sultan ausgerufen. Q. mußte sich zunächst mit dem Emir Sunqur al-Ašqar auseinandersetzen, der sich in Damaskus unabhängig gemacht hatte und die Einheit des Reiches gefährdete. Erst nach dessen Einlenken konnte Q. gegen die erneut Syrien bedrohenden Mongolen vorgehen, denen er am 29. Okt. 1281 bei Ḥomṣ eine vernichtende Niederlage bereitete. Unter gleichzeitig regen diplomat. Kontakten zu christl. Staaten und Herrschern (Genua, Kastilien, Sizilien-Aragón, Byzanz, Rudolf v. Habsburg) kämpfte Q. in den nächsten Jahren erfolgreich gegen Franken und Armenier, die er beide nachhaltig schwächte, und hatte wesentl. Anteil an der inneren wie äußeren Konsolidierung des Staates. Obwohl dem mamlūk. System der »one generation nobility« (D. AYALON) zuwiderlaufend, verstand es Q., eine Dynastie zu gründen, die zumindest nominell bis 1382 regierte. P. Thorau

Q. und Lit.: R. IRWIN, The Middle East in the MA, 1986 – P. M. HOLT, The Age of the Crusades, 1986 – P. THORAU, Sultan Baibars I., 1987.

Qānūnnāme. Obwohl das Wort *qānūn* 'Gesetz' bedeutet, waren q.s meist keine Gesetzestexte im modernen Sinne, weil ihnen die Sanktion des Sultans fehlte. Viele q.s wurden zusammengestellt, um Richtern (*qāẓī*; →*qadi*) und lokalen Verwaltern die Orientierung zu erleichtern. Dies war bes. deshalb unerläßl., weil die q.s vom Sultan erlassene Vorschriften enthielten, während die qāẓis bei ihrer Studien- und Lehrtätigkeit sich mit dem religiösen Recht (*šerīʿat*) beschäftigt hatten. Außerdem finden sich q.s im Vorspann vieler osman. Steuerregister des 15. und 16. Jh. (*taḥrīr defterleri*). Hier geht es hauptsächl. um Steuersätze, Verpflichtungen der *reʿāyā* und um gelegentl. Vorschriften über zu verhängende Strafen. Die Redaktoren sind namentl. bekannt; so geht die Formulierung der Bedingungen, unter denen die reʿāyā ihr Land innehatten, auf Şeyḫülislām Ebusuʿūd (1490–1574) zurück, der auf die Harmonisierung von qānūn und šerīʿat hinarbeitete. Diese q.s galten nur für die Provinz, in deren Steuerregister sie verzeichnet waren. Viele Bestimmungen stammten von vorosman. Herrschern. S. Faroqhi

Lit.: Ö. BARKAN, ... Osmanlı Imparatorluğunda Ziraî Ekonominin Hukukî ve Malî Esasları, 1943 – U. HEYD, Stud. in Old Ottoman Criminal Law, 1973 – A. AKGÜNDÜZ, Osmanlı Kanunnâmeleri ve Hukukî Tahlilleri, 5 Bde, 1990ff.

Qapuǧï, Torhüter, bei den Osmanen Korps unter Kommando des qapuǧïlar ketḫudāsï mit der Aufgabe, die ersten beiden Palasttore zu bewachen, und zeremoniellen

Pflichten. Zuerst im qānūnāme Meḥmeds II. und in der →Ordo portae erwähnt, wuchs das Korps von 50–80 Mann (15. Jh.) auf 2400 (17. Jh.). Das Amt des qapuǧïbašï, ursprgl. Offizier der Wächter am *orta qapu*, wandelte sich zu dem eines Zeremonialbeamten und Staatsboten, die Zahl wuchs von 1 auf 150 (18. Jh.). Das qapuǧï-Korps wurde 1908 aufgelöst. Ch. K. Neumann

Lit.: EI² IV, 568 [Kapıdjı; R. Mantran] – Uzunçarşili, Saray, 396–407.

Qara Ḥiṣār (heute Afyonkarahisar), westanatol. Stadt am Lauf des Akarçay unter einem rund 200 m hohen Trachyt-Burgberg, der der Stadt ('Schwarzburg') den Namen gab. Das antike Akroinos war 740 Schauplatz der Schlacht, bei der Leo III. arab. Invasoren besiegte und der legendäre →Baṭṭāl Ġāzī gefallen sein soll (Grabstelle) sowie byz.-seldschuk. Verhandlungen zw. Alexis I. Komnenos und Melikšāh 1116. Im späten 13. Jh. war es Sitz des Wesirs Ṣāḥib ᶜAṭā Faḫr ad-Dīn ᶜAlī (deswegen bis ins 20. Jh. auch Q.-i Ṣāḥib), der sich hierher vor den Qaramān-oǧullarï zurückgezogen hatte. Seine Söhne akzeptierten die Oberherrschaft der →Germiyān-oǧullarï. 1390 nahm →Bāyezīd I. Q. ein. Nach 1402 wieder unter den Germiyān wurde Q. 1428/29 erneut Besitz der Osmanen, denen es als Grenzfestung gegen die Qaramān-oǧullarï (→Karaman) und Sitz eines →sanǧaq-begis diente. Q. war bedeutendes Zentrum der →Mevleviye: schon von den Germiyānoǧullarï-gefördert, war der Konvent der ranghöchste nach dem in Konya. Ch. K. Neumann

Lit.: EI² I, 243f. –IA VI, 277–280–Yurt Ansiklopedisi, I, 1981, 248–336 – S. Gönçer, Afyon İli Tarihi, I, 1971.

Qarāmān → Karaman

Qara-qoyunlu, turkmen. (oǧuz.) Stammeskonföderation unter Führung der Familie der Bahārlu, seit dem 14. Jh. hist. faßbar. Die Hauptgruppe der Q. nomadisierte zw. Mosul und Van, als das Ende mongol. Kontrolle über Anatolien das Aufkommen kleinerer Staatsgebilde förderte. Eines davon waren die Q., die in stetem Gegensatz zu den Aq-Qoyunlu und in wechselndem Verhältnis zu den Ǧalāyiriden eine Herrschaft um Erciş errichteten. Die Wirren nach dem Tode Timurs, den die Q. bekämpft hatten, nutzte der Q.-Herrscher Qara Yūsuf (1389–1420), um die Ǧalāyiriden und Artūqiden auszuschalten. Dem Timuriden Šāh Ruḫ gelangen nur kurzfristige Erfolge gegen die Expansion der Q. Im Bund mit einer Faktion der Q. unter Ǧahān-šāh vermochte er jedoch, den Q.-Sultan Qara Iskandar (1420–38) zu beseitigen. Ǧahān-šāh (1438–67) machte sich nach Šāh Ruḫs Tod (1447) von den Timuriden unabhängig, nahm den mongol. Titel eines Ḫāqān an und erweiterte die Herrschaft der Q. systemat. nach Georgien, Mesopotamien und v. a. in den Iran (Iṣfahān, Kirmān, Fars). Unter Ǧahān-šāh versuchten die Q. von ihrer Hauptstadt Tebrīz aus, Anspruch auf d. Erbe der →Ilchāne zu erheben. Doch das Ende der Q. kam plötzlich: In einem mißlungenen Feldzug gegen den Aq-Qoyunlu Uzun Ḥasan starben Ǧahān-šāh und einer seiner Söhne, die beiden letzten Vertreter der Dynastie konnten nicht verhindern, daß innerhalb weniger Jahre ihr Territorium an die Aq-Qoyunlu fiel. Ch. K. Neumann

Lit.: IA III, 173–189; VI, 292–305 – V. Minorsky, The Clan of the Q. Rulers, Fuad Köprülü armağanı, 1953, 391–395 – F. Sümer, Kara-Koyunlular, I, 1967 – H. R. Roemer, Persien auf dem Weg in die NZ, 1989, 173–204.

Qarası (Karēsi), türk. Kleindynastie (Emirat) im nw. Kleinasien, 1. Hälfte des 14. Jh.; Gründer war höchstwahrscheinl. Begdi beg (Pagdines im Geschichtswerk des →Pachymeres). Begdis Nachkommen Kalames und Qarası errichteten das kleine, aber kraftvolle Emirat nach der Kleinasien-Invasion der →Katal. Kompagnie (1303–04). Die Q. eroberten zuerst →Pergamon (Bergama); bald nach 1330 erstreckte sich ihr Territorium von der Region um Kyzikos bis zum Golf v. Adramyttion (→Edremit), einschließl. der asiat. Küste der →Dardanellen. Die Flotte der Q. führte Krieg gegen das →Byz. Reich, bis zur Vernichtung durch die Kreuzfahrer (1334 vor Edremit).

Die in frühen türk. Chroniken behauptete Unterwerfung des Emirats durch die →Osmanen bereits 1335 wird durch zuverlässige byz. Q., die von raschem Wiederaufstieg und Fortsetzung der Razzien berichten, dementiert. Als Teilnehmer am byz. Bürgerkrieg (1341–47) gerieten die Q. jedoch in offene Konfrontation mit den Osmanen, die →Johannes Kantakuzenos unterstützten und die Q. als Konkurrenten bei der Eroberung →Thrakiens betrachteten. Der osman. Sultan →Orḫān annektierte das Emirat 1345–46. Die kriegserfahrenen Seeleute der Q. mit ihren wendigen Schiffen spielten unter osman. Befehl eine wichtige Rolle bei den folgenden großen Eroberungszügen. E. Zachariadou

Lit.: EI², s.v. Karasi [C. Cahen] – The Ottoman Emirate 1300–1389 [Beitr. von E. A. Zachariadou und K. Zhukov; im Dr.].

Qara Timurtaš Paša, osman. →Wesir, gest. ca. 1404, stammte aus einer Familie, die bei der Entstehung der osman. Herrschaft eine wichtige Rolle gespielt hatte. 1375 zum →beglerbegi ernannt, nahm er an den osman. Eroberungen auf dem Balkan teil, beteiligte sich 1387 an den osman.-genues. Beratungen für ein Handelsabkommen und entschied durch sein Eingreifen im gleichen Jahr die Schlacht bei Konya gegen die Qaramān-oǧullarï (→Karaman). Zum →paša ernannt, nahm er an der Schlacht auf dem →Kosovo polje (1389) teil. Vermutl. seit Mitte der 1390er Jahre zurückgezogen lebend, hinterließ er in Bursa Stiftungen (Moschee, Bad und Küche; z. T. erhalten). Seine Söhne Yaḫši, ᶜAlī, Oruǧ und Umūr bekleideten wichtige Posten im osman. Staat, Umūrs Gesch.swerk war eine wichtige Q. ᶜAšïq-paša-zādes.
Ch. K. Neumann

Lit.: IA XII/1, 372–374 – İ. H. Ayverdi, Osmanlı Mi'mârisinin ilk devri, 1966, 387–393, 454.

Qaṣaba, arab. Bezeichnung für die Zitadelle einer Festung, einer Burg oder das befestigte Zentrum eines Distrikts. Die Mehrzahl der *qaṣabāt* entstand während des Kalifats v. →Córdoba, in der Almoraviden- und Almohadenzeit. Die Q. nimmt jeweils die günstigste strateg. Stelle einer Stadt ein; mit eigenen Mauern versehen, ist sie dieser durch ein Tor verbunden, besitzt aber meist auch eine Fluchtpforte (*bāb al-ǧadr* ['Verrätertor'] geheißen), die ins offene Land führt. In Spanien lebt das Wort als *alcazaba* (ptg. *alcaçova*) für imposante Festungsanlagen aus maur. Zeit fort, v. a. für jene von →Badajoz, →Mérida, →Málaga und →Granada. In der NZ verwenden Europäer das Wort als Bezeichnung der manchmal umfangreichen und teilweise befestigten Sitze von *qāᵓid-s* im Atlas und den Sahara-Oasen, aber auch der befestigten Wohntürme und Speicher der Seßhaften dieser Gebiete (berb. *tigrəmt* bzw. *āgādīr*). In einigen Städten (z. B. Algier) bezeichnet es (in der Dialektform *qaṣba*, frz. *Casbah* geschrieben) fälschl. die gesamte Altstadt. H.-R. Singer

Bibliogr. und Lit.: EI² IV, 684–686.

Qayï (im 11./12. Jh. Qayïy), einer der 24 zentralasiat. Stämme der Oghusen (→Oǧuz), spielte bei der Eroberung Anatoliens eine wichtige Rolle. Ihm gehört wohl auch das Herrscherhaus der Osmanen an (seit Murād II. [1421–51] ist die *damga* [Stempel] der Q. auf Münzen belegt). Bes.

häufig in alten und neuen Ortsnamen, nicht nur Anatoliens, vertreten. G. Doerfer

Lit.: M. F. KÖPRÜLÜ, Les origines de l'empire ottoman, 1935 – F. SÜMER, Oğuzlar (Türkmenler), 1967 – R. DANKOFF, Kāšyarī on the Tribal and Kinship Organisation of the Turks, AO 4, 1972, 23–43.

Qāżīᶜ asker, »Heeresrichter«; das Amt ist bereits bei ᶜAyyūbīden und Selǧuqen belegt. Im Osman. Reich wurde der erste Q. 1386 von→Murād I. ernannt. Seit 1480 gab es je einen Q. für Rumelien und Anatolien, wobei der rumel. höhergestellt war. Die Q. beaufsichtigten in Anlehnung an den Qāżī al-qużāt (→qāḍī)die Organisation der Rechtsprechung im Reich, ernannten qāḍīs der niederen Ränge, schlugen Kandidaten für die höheren vor und nahmen außerdem Aufgaben mit Bezug auf die polit.-militär. Führungsschicht (ᶜaskerī) wahr. Als Teilnehmer der Sitzungen des →dīwān-i humāyūn entschieden sie scheriatsrechtl. Fälle, insofern als eine (im islam. Recht nicht vorgesehene) Berufungsinstanz fungierend. Obwohl seit der 2. Hälfte des 16. Jh. der oberste Rechtsgutachter (šeyḫ ül-islām) eine Reihe wichtiger Kompetenzen der Q. an sich riß, galten diese bis ans Ende des Reiches als oberste Richter. Ch. K. Neumann

Lit.: EI² IV, 375f. – UZUNÇARŞILI, Ilmiye, 351–360 – R. C. REPP, The müfti of Istanbul, 1986 [Ind.].

Qāżī Burhān ad-Dīn, Aḥmed, Gelehrter, Dichter und Herrscher, 1345–98, Sohn eines Qāḍīs in Sivas. Ausgebildet durch seinen Vater, dann in Syrien und Kairo, kehrte er 1364/65 nach Sivas zurück, wo er das qāḍī-Amt seines Vaters übernahm. Nach dem Sturz des in Sivas herrschenden Giyāṯ ad-Dīn Eretnā war Q. B. →Wesir und→Aṭabeg (Tutor) für dessen Nachkommen, erklärte sich aber 1381/82 selbst zum Sultan. Q. B.s Versuche, seine Herrschaft auf das gesamte alte Gebiet der Dānišmendīye auszudehnen, führten zu ständigen Konflikten mit den→Osmanen, Qaramān-oġullarï und später Aq-Qoyunlu, zwischenzeitl. auch den ägypt. Mamlūken. Innenpolit. war er bestrebt, absolute Macht des Herrschers gegen Prärogative von Stämmen und lokalen Machthabern durchzusetzen. Nach seinem Tod im Kampf gegen den Aq-Qoyunlu Qara Yülük ᶜOṣmān Beg geriet sein Staat bald in osman. Abhängigkeit, bis er 1422 in deren Reich aufging. Bes. Bedeutung hat Q. B. als Autor jurist. Werke und eines Dīvāns. Ch. K. Neumann

Lit.: EI² I, 1327f. – KADI B. DIVANI, Tıpkıbasım, 1943 – W. C. CHITTICK, Sultan B.'s Sufi Correspondence, WZKM 73, 1981, 33–45 – Y. YÜCEL, »Anadolu Beylikleri Hakkında Araştırmalar«, II, 1991², 25–246.

Qāzī-zāde-i Rūmī, Mūsā Paša b. Maḥmūd b. Meḥmed Ṣalāḥ ad-Dīn, Mathematiker und theoret. Astronom, 1337–1412, Sohn eines Qāḍīs in Bursa, begab sich zu Studien nach Ḫurāsān und Samarkand, wo er lehrte und am Observatorium Uluġ Begs mit Ġïyāṯ ad-Dīn Ǧamšīd al-Kāšī und→ᶜAlī b. Kušǧī am »Zīǧ-e Gurǧānī« arbeitete. Zu Q.s Werken gehören »Šarḥ kitāb al-Ǧagminī«, ein Komm. zu ᶜUmar al-Ǧagminī al-Ḫurasānīs »al-mulaḫḫaṣ fī ᵓl-hayᵓa«, »Šarḥ at-Taḍkira an-Nāṣiryya«, ein Komm. zu Abu Ǧaᶜfar Naṣīr ad-Dīn aṭ-Ṭūsīs Werk über die Euklidischen Elemente sowie ein Komm. zu Šams ad-Dīn-e Samarqandīs Euklid-Komm. »Aškāl at-taᵓsīs« und zu Giyāṯ ad-Dīn Ǧamšīds »Risāla fī ᵓstiḫrāǧ al-ġayb daraǧa vahīda«. Ch. K. Neumann

Lit.: A. A. ADIVAR, Osmanlı Türklerinde İlim, 1943², 4ff. – A. SAYILI, The Observatory in Islam, 1960 [Ind.] – DERS., Ghyâth al Dîn al Kâshi's Letter on Ulugh Bey and the Scientific Activity in Samarqand, 1985 [Ind.].

al-Qazwīnī, Zakarīyāᵓ b. Muḥammad, vielseitiger Gelehrter und bedeutendster arab. Kosmograph, geb. um 1200 in Qazwīn (NW-Iran), gest. 1283, verfaßte eine Geographie (»Die Monumente der Länder und Gesch. der Menschen«), in der er im wesentl. frühere Q. ausschreibt, und eine Kosmographie (»Die Wunder der Geschöpfe und Besonderheiten der Dinge«), die ebenfalls ältere Vorstellungen wiedergibt, sie aber erstmals nach systemat. Gesichtspunkten zusammenfaßt und damit die Beschreibung des Universums zur eigenen Gattung der wiss. Lit. im Islam erhebt. Teil I der Schrift behandelt die überird. Dinge (Mond, Sonne, obere Himmelssphären sowie deren Bewohner, die Engel), Teil II die ird., zu denen die vier Elemente, die drei Naturreiche und schließlich der Mensch gehören. Das Werk erfreute sich im Orient höchster Anerkennung und Beliebtheit, was mehrere pers. und türk. Übers. sowie die zahlreichen wertvollen Illustrationen der Hss. bezeugen. U. Rudolph

Ed.: F. WÜSTENFELD, el-Cazwini's Kosmographie, I–II, 1848–49 [unkrit. Ed.] – Dt. Teilübers.: H. ETHÉ, el-Kazwini's K., 1868 – Lit.: EI¹ [Ḳazwīnī; M. STRECK] – EI² [Ḳazwīnī; T. LEWICKI] – J. RUSKA, Ḳazwīnīstud., Der Islam 4, 1913, 14–66, 236–262 – A. HEINEN, Islamic Cosmology, 1982.

Qïlič Arslan. 1. Q. A. I., Sultan der Rūmselǧūqen 1092–1107, ⚔ 1107. Sohn des Süleyman ibn Kutlumuš, des ersten selǧūqischen Statthalters in Kleinasien, der sich nach dem Sieg bei→Mantzikert (1071) in→Nikaia (İznik) etabliert hatte. Im Verlauf der heftigen Auseinandersetzungen zw. den verschiedenen Machthabern in Anatolien kam Süleyman 1086 bei Antiochia um, während Q. A. als Geisel an den Bagdader Hof des Sultans der →Selǧūqen, Malikšāh, gebracht wurde. 1092 konnte Q. A. nach Nikaia zurückkehren und wurde von den Türken als Nachfolger des Vaters anerkannt. Er vernichtete die ungeordneten Kreuzfahrerscharen→Peters des Eremiten (1096), wurde dann aber von den Baronen des regulären Kreuzheeres aus Nikaia vertrieben und verlegte seine Residenz 1097 nach Ikonion (→Konya). Gemeinsam mit anderen türk. Herren schlug er 1100–01 vernichtend ein Kreuzheer und verbündete sich später mit den Byzantinern gegen die Normannenfs.en→Bohemund v. Tarent. Er fiel im Kampf gegen konkurrierende Muslime in der Nähe des Flusses Ḫabūr (nördl. Syrien). E. A. Zachariadou

Lit.: P. WITTEK, The Rise of the Ottoman Empire, 1938, 13 – C. CAHEN, La Turquie Pré-Ottomane, 1988, 13–21.

2. Q. A. II., Sultan der Rūmselǧūqen 1155–92, gest. 1192, beherrschte von seiner Hauptstadt→Konya aus Zentralanatolien und beeinflußte, im Kampf mit dem byz. Ks.→Manuel I. Komnenos, dem Emir→Nūraddīn v. →Aleppo und dem konkurrierenden türk.-anatol. Staat der Dānišmendīden (um→Sivas), die internationale Politik, v.a. seit er 1178 engere, auf ein antibyz. Bündnis abzielende Beziehungen mit Ks. →Friedrich Barbarossa aufnahm. – Die Byzantiner hatten in der bedrängten Anfangszeit der Regierung Q. A.s ihrerseits zunächst gehofft, diesen in ein Vasallitätsverhältnis zu ziehen und so ihre frühere Herrschaft über große Teile Kleinasiens wiederherzustellen (festl. Empfang des Sultans in Konstantinopel, um 1161). Später gelang es Q. A. in zähem Ringen, den Dānišmendīden-Staat zu zerschlagen und sich (nach Nūraddīns Tod, 1174) zum alleinigen Oberherrn des muslim. Anatolien zu proklamieren. Er besiegte eine unter persönl. Befehl des Ks.s stehende byz. Armee in der Schlacht v.→Myriokephalon (1176), die für den Sultan die konsolidierte Herrschaft über Anatolien, für Byzanz den dauernden Verlust des kleinasiat. Hochlands zur Folge hatte.

Im Alter teilte Q. A. die Herrschaftsgebiete unter seine zehn Söhne und zwei weitere Verwandte auf; dies leitete eine Periode der Wirren ein, die mit dem Durchzug der Kreuzfahrer unter Friedrich Barbarossa (→Kreuzzug, III.) koinzidierte. Trotz der einst freundlichen Beziehungen Q.A.s mit dem Ks. wurde das Kreuzheer ständig von türk. Truppen, die der alte Sultan nicht mehr unter Kontrolle halten konnte, angegriffen. Es gelang ihm während seiner letzten beiden Lebensjahre nicht, geordnete Verhältnisse wiederherzustellen. E. A. Zachariadou

Lit.: N. Oikonomidès, Les Danishmendites, entre Byzance, Bagdad et le Sultanat d'Iconium, RNum 25, 1983, 189–207 – M. F. Hendy, Stud. in the Byz. Monetary Economy (300–1450), 1985, 126–129 – C. Cahen, La Turquie Pré-Ottomane, 1988, 37–48, 55–60, 211f.

Qïvāmī (Qivām ed-Dīn) gehörte zum Hofstaat Meḥmeds II., möglicherweise mit dem Dichter Qïvāmī Çelebi aus Gallipoli identisch, verfaßte 1490 ein »Fetḥ-nāme-i Sulṭān Meḥmed« und unterbreitete es Bāyezīd II., in vor dem Schlußteil des Buches eingeschobenes Lobgedicht gewidmet ist. Das nur im Widmungsexemplar erhaltene Werk behandelt in 28 Teilen die Zeit von der Thronbesteigung Meḥmeds II. bis zur osman. Einnahme Kilijas auf der Krim 1484. Ṭursun Beg scheint es für seine »Taʾrīḫ-i Ebūʾl-Fetḥ« benutzt zu haben. Ch. K. Neumann

Ed. und Lit.: Fetihnâme-i Sultan Mehmed, hg. F. Babinger, 1955 – S. Gökçe, Kivami und sein Fetihname [Diss. München 1955] – B. Flemming, Türk. Hss., I (Verz. der oriental. Hss. in Dtl., XIII/1, 1968), 99f.

Qïzïlbaš ('Rotkopf'), im engeren Sinn Träger der vom Ṣafawiden-Šayḫ Ḥaydar (gest. 1488) den Mitgliedern seines Ordens anbefohlenen zwölfwickeligen, roten Kopfbedeckung, im weiteren Angehöriger der in Anatolien und im Iran verbreiteten turkmen. Gemeinschaften auf Glaubens- und/oder Stammesgrundlage. Die Q. waren die wichtigsten militär. Einheiten des safawid. Šāhs Ismāʿīl (gest. 1524), der die volksreligiösen Vorstellungen der Q. in die als Staatsdoktrin neuetablierte Zwölfer-Schia integrierte. Als stammesmäßig organisierte Reiterei bildeten die Q. bis unter ʿAbbās I. (gest. 1629) einen wichtigen Teil der iran. Elite. In Anatolien führte die enge Bindung der Q. an die safawid. Dynastie zu blutig unterdrückten Aufständen gegen die osman. Herrschaft. Die überlebenden Q. fanden teils in der →Bektāšīye eine sozioreligiöse Heimat, teils überlebten sie in marginalisierten Stammesgruppen und klandestinen Sekten (Taḥtağï, ʿAbdāl). Die Glaubensvorstellungen der seit dem 19. Jh. ʿAlevī gen. Q. sind synkretistisch (Verehrung ʿAlīs als Verkörperung Gottes, Reinkarnationslehre). Ch. K. Neumann

Lit.: EI² IV, 243ff. – IA VI, 789–795 – I. Mélikoff, Le problème kızılbaş, Turcica 6, 1975, 49–67 – K. Kehl-Bodrogi, Die Kızılbaş/ Aleviten, 1988.

Quaden (Κουάδοι), Stamm der →Sueben elbgerm. Herkunft, im 1. Jh. v. Chr. wohl n. des Mains siedelnd, unter Augustus von den Römern bedrängt, wanderte zusammen mit den →Markomannen nach Mähren ab (Siedlungsgebiet zw. Eipel, March und Karpaten). Erste namentl. Erwähnung bei Tacitus, ann. 2, 63, 6. Der monarch. regierte Stamm scheint in Dynastien untergliedert; das krieger. Auftreten läßt Angleichung an benachbarte →Sarmaten erkennen. In Kriegen mit Rom unter Domitian und Mark Aurel bedrohten die Q., obwohl Foederaten, bes. →Pannonien, was zu Grenzbefestigung und röm. Anlagen auch im quad. Gebiet führte (Stillfried, Stampfen, Oberleiserberg). Nach einer Beruhigung im 3. und 4. Jh. kam es unter Valentinian I. erneut zu Auseinandersetzungen; Teile der Q. wanderten im 5. Jh. nach Gallien ab (Hieron. ep. 123), der Rest ging in neuen Stämmen auf. G. Wirth

Lit.: RE XXIV, 623–647 – L. Schmidt, Westgermanen, I, 1938, 154ff. – E. Beninger, Vorgesch. der dt. Stämme, II, 1940 – E. Schwarz, Germ. Stammeskunde, 1955, 163ff. – I. Bóna, AArchHung 15, 1963, 239–307 – U. B. Dittrich, Die Beziehungen Roms zu den Sarmaten und Q. im 4. Jh. n. Chr. [Diss. Bonn 1984].

Quaderbau, auch Hausteinbau, Bauten aus steinmetzmäßig bearbeiteten Natursteinen als glatte Quader mit sauberen Lager- und Stoßfugen oder als →Buckelquader. Die Bearbeitungsspuren von Fläche und Schlageisen sind sichtbar und geben der allg. steinsichtigen Oberfläche eine lebendige Wirkung; im Q. sind die Wände höchstens geschlämmt, nie verputzt. Die Kenntnis des antiken Q.s ging im frühen MA weitgehend verloren und begann erst wieder in spätotton. Zeit (Gernrode 3. Dr. 10. Jh., St. Michael in Hildesheim 1010/22) mit unregelmäßigem Fugenschnitt und einzeln eingepaßten Quadergrößen; um 1025/30 (Limburg a. d. L., Speyer, Burgund) wurde der Großq. mit rechtwinkligem Fugenschnitt üblich und führte um 1180/1200 zu regelmäßigen Steingrößen. Um 1140/50 kommen Buckelquader als Repräsentationsform im Burgenbau auf. Der reine Q. bestimmt die anspruchsvollen Bauten mit 11./12. Jh. und wird durch den Steinmetzgliederbau der Gotik abgelöst. In oberit. Städten entwickelt sich aus dem Buckelquader die Rustika, Quader mit regelmäßig gestalteten vortretenden Buckeln und bestimmt die repräsentativen Fassaden städt. Profanbauten bis ins 15. Jh. Der Q. ist auf Gegenden mit erreichbaren Natursteinbrüchen (vornehml. Sand- und Kalksteine) beschränkt, sonst wird verputzer Bruchstein oder Backstein verwendet. G. Binding

Quadragesima → Fasten

Quadrant, astronom. Meßgerät, besteht aus einem Viertelkreis, auf dessen Peripherie eine Teilung von 0° bis 90° (zumeist auch Unterteilungen für Bruchteile eines Grades) angebracht ist. Der Q. dient der Messung der Höhe eines Sterns über dem Horizont; diese erfolgt mit Hilfe eines am Mittelpunkt des Kreises drehbar befestigten Stabes (Alhidade) mit Visiereinrichtung, die der Beobachter auf den Stern richtet. Der Zenitpunkt des Q.en wird durch ein am Mittelpunkt hängendes Lot definiert. Die Genauigkeit der Messung ist umso besser, je größer der Radius des Q.en ist. Die in Antike und MA häufig benutzten Q.en wurden erst im Laufe des 18. Jh. durch bessere Geräte verdrängt. Um 1800 wurde in der Astronomie gelegentl. ein bestimmtes Sternbild Q. genannt (heute ungebräuchl.). F. Schmeidler

Lit.: J. Repsold, Zur Gesch. der astronom. Messwerkzeuge, 2 Bde, 1908/14 – E. Zinner, Dt. und ndl. Instrumente des 11. bis 18. Jh., 1967² – N. L. Hahn, Medieval Mensuration: Quadrans vetus and Geometrie due sunt partes principales, 1982 – H. Werner-F. Schmeidler, Synopsis der Nomenklatur der Fixsterne, 1986, 96 [Sternbild].

Quadratur → Kreisquadratur

Quadripartita figura, didakt. Hilfsmittel zur Veranschaulichung der →Kirchentonarten. In der Q. werden vier Monochordschemata versetzt übereinandergestellt, so daß alle wichtigen Eigenschaften der einzelnen Kirchentonarten auf einen Blick abgelesen werden können. Ihre Erfindung im 11. Jh. wird einem sonst unbekannten Regensburger Mönch Otkerus zugeschrieben. →Wilhelm v. Hirsau behandelt die Q. ausführl. →Aribo (3. A.) modifiziert die Darstellung und nennt sie »Caprea«. In dieser Form wird sie noch im 14. Jh. von →Jacobus v. Lüttich (18. J.) erwähnt. M. Bernhard

Ed.: M. Bernhard, Clavis Gerberti 1 (Veröff. Musikhist. Komm. Bayer. Akad. Wiss. 7, 1989), 199f. – Willehelmi Hirsaugiensis musica, hg. D. HARBINSON, CSM 23, 1975, 70–75 – Aribonis de musica, hg. J. SMITS VAN WAESBERGHE, CSM 2, 1951, 1–6 – *Lit.*: L. BRONARSKI, Die Q. in der ma. Musiktheorie (Fschr. P. WAGNER, 1926), 27–43.

Quadripartitus, engl. Rechtsbuch aus dem frühen 12. Jh., nach der im Vorwort angekündigten Einteilung in vier Abschnitte benannt: T. I enthält eine Slg. von ags. Rechten, für die norm. Eroberer ins Lat. übersetzt; T. II einige neue, von Heinrich I. erlassene Verordnungen; T. III Anweisungen zur Führung von Rechtsverfahren; T. IV eine Abhandlung über Diebstahlsdelikte. Nur die T.e I und II sind erhalten, doch stellen wohl die →»Leges Henrici Primi« eine ausführlichere Version von T. III desselben anonymen Kompilators dar. Der Q. zeigt die ags. Gerichtshöfe im Dienst der feudalen Gesellschaft. Die bedeutendsten der »scripta temporis nostri necessaria« im T. II sind die Krönungsurk. Heinrichs I., die auch am Anfang der »Leges Henrici Primi« erscheint, und sein Erlaß über die Abhaltung von Gft.s- und Hundertschaftsgerichten, einschließl. der Anordnung, daß ein Streit um einen feudalen Besitz vor einem öffentl. Gft.sgericht entschieden werden sollte, wenn er von Vasallen verschiedener Lehnsherrn geführt wurde. A. Harding

Q.: LIEBERMANN, Gesetze – *Lit.*: F. LIEBERMANN, Q., 1892 – H. G. RICHARDSON – G. O. SAYLES, Law and Legislation from Æthelberht to Magna Carta, 1966.

Quadrivium → Artes liberales, I

Quaesitor, in der röm. Republik Bezeichnung für die Leiter der Geschworenengerichte (quaestiones perpetuae). Unter Justinian (539) entstand ein Amt mit entsprechendem Namen zur (polizeil.) Kontrolle in der Hauptstadt, insbes. zur Überwachung der Fremden, der sozialen Sicherheit und der Beamten (Nov. 80, vgl. Prokop Anecd. 20; Joh. Lyd. Mag. 2, 29), das in späterer Zeit mit dem des →quaestor s. palatii fusioniert wurde. G. Wirth

Lit.: RE XXI, 720, 823–825 – BRÉHIER, Institutions, 193ff. – G. BIONDI, Il diritto Romano cristiano, II, III, 1952–54 – JONES, LRE.

Quaestio, Q.nenliteratur. Im scholast. Verständnis ist die Q. Denk- und Lehrform und lit. Gattung. 1. In seiner einfachsten Form ist die Q. der Dialog zw. Lehrer und Schüler. Die »Scolia quaestionum« des →Heiric v. Auxerre (ed. SpicFri II, 1966, 113–133) beleuchten den Frage-Antwort-Unterricht (Auslegung erklärungsbedürftiger Worte und Texte der Hl. Schrift) in der Schule des →Haimo v. Auxerre. In dieser Auslegung hatte die Q. von der Väterzeit her ihren Ort. Vgl. die von →Johannes Scotus übers. u. erklärten »Quaestiones ad Thalassium« des Maximus Homologetes (SC.SG VII, 1980). Die Q. ist mit der Lectio ein Elementarteil des scholast. Unterrichts. Sie ist nicht wie die →Sentenz Träger und Überbringer der Erkenntnis, sondern der Weg zur Erkenntnis der Wahrheit (vgl. Abaelard, Sic et non. Prol.). Auch die Theol. muß die Offenbarungswahrheit auf dem Weg der Q. und Disputatio auslegen. Kurzschlüssige Fragen und eilfertige Antworten führen nicht zur Erkenntnis (vgl. David v. Dinant, Quaternulorum fragmenta, ed. M. KURDZIALEK).

Die Q. resultiert in ihrer dialekt. Form aus der Spannung gegensätzl. Behauptungen, die jeweils ihre Gründe haben (vgl. Gilbert v. Poitiers, In Boethii De trinitate, Prol. III, ed. N. M. HÄRING, 63). Die Fragestellung ist Aufgabe der Dialektik. →Abaelard hat die Theol. dialekt. zugerüstet, indem er die Methode des »Sic et non« universalierte. In den Komm. zur Topik (B. VIII) und Elenchik des Aristoteles und in den Traktaten der Dialektik wurde die richtige Streitfrage und ihre Erörterung von den sophist. und streitsüchtigen Fragen abgegrenzt. In den einzelnen Fakultäten hatte die Q. sowohl in der Erklärung der Textbücher als auch in den ordentl. und außerordentl. Disputationen ihren Ort. Der urspgl. Ort der Q. in der Theol. ist die Auslegung der Hl. Schrift. Die intensive Befragung der »sacra pagina« in den Schulen des →Anselm v. Laon, Petrus →Abaelard, →Hugo v. St-Victor, →Petrus Lombardus, →Robert v. Melun zeitigte eine Fülle von Q.es, die teils in den Schriftkomm.en und Sentenzenwerken, teils als Q.nensummen überliefert sind. In manchen Schulen (z.B. des Odo v. Ourscamp) wurde das ständige Disputieren zu einer Manie, welche die dialekt. Theol. in Verruf brachte. Mit der Organisation der Univ. (Paris) zu Beginn des 13. Jh. erlangte die Q. (»ordinaria«) ihre selbständige Funktion im Lehrbetrieb. Sie war Aufgabe des Magisters. In der anonymen, zw. 1230 und 1240 entstandenen Schr. »De disciplina scolarium« (Stud. Texte Geistesgesch. MA XII, 1976) obliegt dem »meridianus doctor«, der im Unterschied zu den Bakkalaren zur Mittagszeit lehrt, die »meridiana disputatio« (ebd. 6, 14f., 127). Während die Lehrfragen im Schulunterricht zw. Dozenten und Scholaren disputiert wurden, nahmen an der (wöchentl.) fakultätsöffentl. Disputation der Q. ordinariae die Bakkalare auch der anderen Schulen teil. Zu den verschiedenen Formen der »Q.es de Quolibetis, Sorbonica, ordinaria et aula« vgl. →Disputatio, →Quodlibet. Die große Leistung der dialekt. Befragung des Wissensstoffes in allen Fakultäten ist dessen Zurüstung im Begriff, Urteil und Beweis. Die Q. disputata macht Lehrer und Schüler ebenso dissensfähig (als »opponens«) wie auch konsensfähig (als »respondens«) und eröffnet den »Spielraum« der Schulmeinungen und -bildungen. Im späteren 14. Jh. wurde die Q. disputata zur bevorzugten Methode der Bakkalare, während die Magister die in Artikel und »conclusiones« gegliederte Darlegung (Dissertation) wählten.

2. Die Q. ist auch ein dominierendes Genus der scholast. Lit., die der getreue Spiegel der Lehre ist. Die Q.nenkomm.e der Textbücher wurden teils als Schülernachschr.en (»Reportationes«), teils in der Redaktion durch die Dozenten überliefert. Reportationes derselben Q.es unterscheiden sich oft nicht unerheblich. Die Q.es ordinariae wurden vielfach in den Summen (z.B. des Alexander v. Hales, des Thomas v. Aquin, des Heinrich v. Gent) systemat. gesammelt und in der Univ. publiziert. Nach den (jüngeren) Statuten der Univ. in Bologna (ed. H. DENIFLE, ALKGMA III, 322) mußten die Magister eine »lesbare« Kopie ihrer Q.es in der Univ. und in der eigenen Schule hinterlegen. L. Hödl

Lit.: →Disputatio, →Quodlibet – J. HAMESSE, »Reportatio« et transmission des textes, Acta Univ. Stockholm. SLS 30, 1984, 11–34 – B. C. BAZÁN – J. F. WIPPEL u.a., Les questions disputées..., 1985, 12–149 [15–20 Lit.] – J. HAMESSE, Le vocabulaire de la transmission orale des textes, Civicima 2, 1989, 168–194 – R. SCHÖNBERGER, Was ist Scholastik, Philosophie und Religion 2, 1991, 52–83.

Quaestiones iuris sind – im Gegensatz zu q. facti, 'Tatfragen' (Ist es / Was ist geschehen?) – 'Rechtsfragen' (Ist es / Was ist / Warum ist es rechtens?). Während Tatfragen nur die Rechtspraxis beschäftigen, werden Rechtsfragen auch von der Rechtswiss. und im Rechtsunterricht behandelt. Zweifel über die Rechtslage ergeben sich aus nicht geregelten Lebenssachverhalten (q. iuris de facto emergentes oder de facto) oder aus dem objektiven Recht selbst (q. legitimae).

Q. de facto haben »Subsumtionsprobleme« zum Gegenstand und entsprechen dem genus rationale der rhetor. Q. Sie wurden von der scholast. Rechtswiss. in →Consilien und als q. disputatae (»Q. dominorum« der ältesten Glossatoren, von →Bulgarus, →Johannes Bassianus [66.

J.], →Pilius, →Placentinus; →Azo, →Roffredus, →Hugolinus [1. H.], Homobonus de Cremona, →Odofredus u. a.) in →Disputationen (II) abgehandelt, aber auch in Komm. (→Apparatus glossarum, →Commenta, →Kommentatoren) und Vorlesungen (→Bologna, B. IV) erörtert und separat gesammelt, z. B. von →Pilius (Q. super Digesto novo und super Codice). In Consilien ging es um wirkl., in q. disputatae und Disputationen auch um abgewandelte oder erdachte Einzelfälle, stets aber um konkrete Handlungen bestimmter Personen. In Komm. und Vorlesungen wurden die Tatbestände dagegen abstrakt formuliert. Die rhetor. Q.lehre hätte erstere als ὑπόθεσεις oder causae dem genus finitum, letztere als θέσεις oder proposita dem genus infinitum zugeordnet.

Die verschiedenartigen Unklarheiten des objektiven Rechts, die dem genus legale der rhetor. Q. entsprechen, waren für die ma. Juristen in erster Linie Anlaß für Auslegung der Rechtsquellen. Als solche formulierte q. legitimae hatten dagegen stets einen Widerspruch zw. zwei Texten oder Regelungen oder deren Sinn zum Gegenstand. Auch mit den q. legitimae haben sich die gelehrten Juristen in Komm., Vorlesungen und bes. Slg.en (z. B. Ms. Vendôme, Bibl. mun., 223, sog. Summa Vindocinensis) sowie in Form von Lehrdialogen (z. B. →Rogerius, Enodationes super Codice; →Questiones de iuris subtilitatibus) beschäftigt. Um die Auflösung rechtl. Widersprüche ging es auch in den solutiones der →Brocardica. Eine bes. Art von q. legitimae sind die als »Quare« ('Warum') bekannten Schr. der Glossatoren. Den Quare liegen ähnl., aber ungleich geregelte Tatbestände zugrunde, und es geht um die Erklärung des daraus jeweils resultierenden »Wertungswiderspruchs« (OTTE). →Dissensiones dominorum; →Distinktion (II). P. Weimar

Lit.: DDC VII, 407–418 [CH. LEFEBVRE–G. FRANSEN] – E. GENZMER, Quare Glossatorum. Erstausg. zweier Quare-Slg.en, nebst einer Studie aus E. SECKELS Nachlaß (Gedächtnisschr. E. SECKEL, 1927), 1–69 – KUTTNER, 243ff. – H. KANTOROWICZ, The Q. disputatae of the Glossators, TRG 16, 1939, 1–67 [auch in: DERS., Rechtshist. Schr., 1970, 137ff.] – F. SCHULZ, Die Q. iuris-Slg.en der Bologneser Glossatoren und die Problemata des Aristoteles (Atti del Congr. Internaz. di diritto romano e di storia del diritto. Verona 1948, I, 1951), 295–306 – G. FRANSEN, Les 'q.' des canonistes, Traditio 12, 1956, 566ff.; 13, 1957, 481ff.; 19, 1963, 516ff.; 20, 1964, 495ff. – DERS., La structure des 'q. disputatae' et leur classement, Traditio 23, 1967, 516–534 – M. BELLOMO, Due 'Libri magni q. disputatarum' le 'q.' di Riccardo da Saliceto, Studi sensei III.2, 1969, 256–291 – G. OTTE, Dialektik und Jurisprudenz, 1971, 156ff. – COING, Hdb. I, 1973, 222ff., 241ff. – M. BELLOMO, Aspetti dell'insegnamento giuridico nelle Univ. medievali, I. Le 'q. disputatae', 1974 – A. ROMANO, Aspetti dell'insegnamento ... [s. o.], IV, 1975 – G. D'AMELIO et al., Studi sulle 'q.' civilistische disputate nelle Univ. medievali (Studi e ricerche dei Quadernicatanesi, 1), 1980 – L. SORRENTI, Testimonianze di Giovanni d'Andrea sulle 'q.' civilistiche (Studi... [s. o.], 2), 1980 – G. FRANSEN, Les q. disputées dans les facultés de droit (C. BAZAN et al., Les q. disputées et les q. quodlibétiques dans les facultés de théol., de droit et de médecine, TS 44–45, 1985), 225ff. – A. BELLONI, Le questioni civilistiche del s. XII, 1989 – F. MARTINO, Le »quaestiones« del ms. Firenze, Bibl. Riccardiana, 744, Rivista internaz. di diritto comune 2, 1991, 175–222.

Quaestor (gr. Κοαίστωρ), Magistrat der röm Republik, ursprgl. v. a. mit marktaufsichtl. und richterl. Funktion, später zur Verwaltung von Aerarium, Prov.- sowie Heereskasse einzelner Imperiumsträger und zugleich unterste Stufe des cursus honorum, seit dem 4. Jh. nur noch munus zur Abhaltung von Spielen. Konstantin richtete das Amt des q. sacri palatii mit höchsten Kompetenzen für den Jurisdiktionsbereich ein (Rangstufe des illustris; ksl. Reskripte, Appellationsbefugnis, Ausarbeitung von Gesetzen). 536 entstand das Amt des q. exercitus (Nov. 41) als Vereinigung von militär. und ziviler Gewalt für Kreta, die Kykladen, Mysia, Scythia, Kypern (537 wieder eingeschränkt). Dem q. in der munizipalen Verwaltung der Ks. zeit oblag die Kassenführung. G. Wirth

Lit.: RE XXIV, 801–827 – TH. MOMMSEN, Röm. Staatsrecht, II, 1887, 523ff. – BRÉHIER, Institutions, 95ff. – E. STEIN, Hist. du bas-empire, II, 1949, 455ff. – JONES, LRE – J. HARRIS, Journal of Roman Stud. 78, 1988, 148–172.

Quaestor sacri palatii (κοιαίστωρ), Beamter der byz. Ks. kanzlei (→Kanzlei, C. I; dort zum q. s. p. in frühbyz. Zeit). Im 9. Jh. wurden die Bestimmungen über den q. s. p. und den im 6. Jh. eingerichteten →quaesitor mit Kontrollfunktionen auf den κοιαίστωρ übertragen. Vor diesem Beamten, der bis Mitte des 11. Jh. Vorsitzender eines Gerichts war und im Kleterologion des →Philotheos Protospatharios an 34. Stelle rangiert, fanden Testamentseröffnungen statt und wurden Erbauseinandersetzungen geschlichtet; sein Gericht befand u. a. über Streitigkeiten zw. →Paröken und Grundbesitzern, pflichtwidrige Amtsführung von Beamten und Fälschungen. In spätbyz. Zeit wird er bei Ps-→Kodinos nur noch als Hofamt ohne Dienstbefugnis aufgeführt. G. Weiß

Q. und Lit.: N. OIKONOMIDÈS, Les listes de préséance byz. des IXe et Xe s., 1972, 321 [Lit.] – R. GUILLAND, Titres et fonctions de l'Empire byz., 1976, Nr. XXIII – J. HARRIS, The Roman Imperial Q. from Constantine to Theodosios II., Journal of Roman Stud. 78, 1988, 148–172 – Oxford Dict. of Byzantium, 1991, 1765f.

Qualität (lat. qualitas, gr. ποιότης). Das lat. MA geht in der Bestimmung der Q. als einer der zehn obersten Kategorien über Aristoteles hinaus, der die abstrakte intensive Größenbestimmung der Q. von einem qualitativ bestimmten Konkreten (ποιόν) unterscheidet (Cat. 8 b 25ff.), wobei das ποιόν 'paronym.' (denominative) nach der Q. benannt wird. Boethius erläutert dies, indem er die Q. ontolog. als eine Sache bestimmt, die »aufgenommen werden kann«. Unter dem 'quale' ist danach ein Zweifaches zu verstehen: die Sache selbst und die Eigenschaft (In Categorias lib. 3, MPL 64, 239 CD). Alkuin spricht von der »großen Gemeinsamkeit, die (sie) mit den übrigen Kategorien zu haben scheint« (De dialectica 6, MPL 101, 959 CD). Aristoteles unterscheidet entsprechend der 'vielfachen Bedeutung' der Q. Haltung, Zustand, die natürl. Fähigkeit oder Unfähigkeit, etwas zu tun, affektive Q.en, Figur und äußere Form eines Dinges. Weiter kommen ihr in vielen Fällen die Merkmale der Kontrarietät und des 'Mehr' oder 'Weniger' zu; eigentüml. ist allen Q.en, »daß man nach ihnen von ähnl. oder unähnl. spricht« (Cat. 8 b 25ff.; 11 a 15ff.). – eine für das MA wichtige Bestimmung; denn von similitudo kann nur in bezug auf Q.en die Rede sein (Abaelard, Dialectica I, 2, 3). Auch kennt er die Unterscheidung in primäre und sekundäre Q.en (Met. V, 14. 1020 b 2, 14–15, 17–18). Thomas v. Aquin legt eine systemat. Darstellung der Q.s-Kategorie vor: Q. bedeutet in primärem Sinne eine 'Seinsweise der Substanz', die eine zusätzl., das Wesen weiter qualifizierende Bestimmung nach einem bestimmten Maß ist (S. th. I–II, 49, 2c). Die Q. bedarf insofern eines 'Zugrundeliegenden'; sie hat ihr Sein nur als ein 'esse per aliud' und folgt bei der Konstitution des konkreten Seienden der Substanz und Quantität an dritter Stelle. Es gibt so eine Ordnung zw. den Akzidentien; alle anderen Akzidentien setzen Quantität und Q. voraus (S. c. G. IV, 63 n. 4006). Aufgrund der Quantität und Q. wird materiell bestimmtes Seiendes sinnl. erfaßbar, während die Substanz allein durch den Intellekt erkennbar ist. Innerhalb der Sakramentenlehre (Transsubstantiation) ist von bes. Bedeutung die Frage, ob die Q. ein selbständiges Sein besitzen könne. Nach Thomas ist dies 'miraculo' widerspruchsfrei möglich, allerdings stelle dann die Q.

eine intelligible Form nach der Seinsweise der platon. Ideen dar (Quodl. 7, q. 4, a. 3). Die weitere Entwicklung der Q. ist dadurch gekennzeichnet, daß ihr zunehmend ein selbständiges, von der Substanz unabhängiges Sein zuerkannt wird in dem Sinne, daß sie vom Subjekt erkennbar, also erfaßt wird, ohne daß zugleich die zugrundeliegende Substanz miterfaßt, konnotiert wird (Wilhelm v. Ockham, Ordinatio I, d. 30, q. 1; Quodl. I, q. 18). Von Bedeutung ist die Q. in physikal. Hinsicht, sofern die ma. Philos. die aristotel. Verbindung der empedokleischen Elementenlehre mit bestimmten ausgezeichneten Q.en zur Klärung der Struktur der materiellen Substanzen heranzieht. Erkenntnistheoret. wird – da eine unmittelbare Verursachung über Entfernungen hinweg ausgeschlossen werden muß – zur Erklärung des Wahrnehmungsprozesses die Lehre von den 'species sensibiles in medio' entwikkelt, was wiederum die schon bei Roger Bacon einsetzende Theorie voraussetzt, daß die aktiven Q.en fähig sind, sich zu vervielfältigen ('multiplicatio specierum'). Schließlich bleibt noch die bedeutsame Auseinandersetzung, v. a. im späteren MA, um die intensive Steigerung und Minderung qualitativer Formbestimmtheiten zu erwähnen. Hervorzuheben ist Nicole Oresme, der durch seine graph. Methode der Behandlung der Formlatituden (Intensität einer Q.) die Möglichkeit der Quantifizierung der Q. vorbereitet und damit die nz. math.-physikal. Theorien spekulativ antizipiert. J. H. J. Schneider

Lit.: HWP VII, 1748–1766 [Lit.] – K. H. Tachau, Vision and Certitude in the Age of Ockham, 1988 – Autour de Nicole Oresme, ed. J. Quillet, 1990 – Th. Kobusch, Substanz und Q.en (Fschr. Kl. Hartmann, 1990), 75–78.

Qualitäten- und Gradelehre. Angeregt durch die 'pythagoreische Gegensatztafel' mit ihren zehn Gegensatzpaaren, die den Ursprung aller Dinge bedeuten sollten, weitergeführt durch Zenon v. Elea, der die Welterklärung allein mit dem therm. und hygr. Gegensatzpaar (und damit über die vier Grund-Q. »warm-kalt« bzw. »heißtrocken«) versuchte, zusammengebunden mit dem Empedokleischen →Elementen in der →Humoralpathologie des Polybos (um 405) und schrittweise ergänzt durch Aristoteles, hatte sich im 5. sowie 4. vorchr. Jh. ein Viererschema herausgebildet, das über die Vier Grundelemente, deren humorale Leibessaft-Entsprechungen und die jedem Element bzw. Humor zugeordnete therm. bzw. hygr. Primärq. einen derart hohen Komplexitätsgrad erreichte, daß sie die wesentl. Phänomene antiker Heil- und Naturkunde abzudecken in der Lage war und nur dort Deutungslücken hinterließ, wo es um die Erklärung typolog. Abstufungen oder Varianten ging. Während Polybos und Aristoteles mit Hilfe des empedokleischen Mischungskonzepts je nach Überwiegen eines der Vier Säfte (humores) vier Mischungstypen oder →Temperamente (Komplexionen) darstellen, erweiterte Galen speziell für die Pharmakognosie einfacher (meist vegetabil.) Arzneistoffe die Temperamentenlehre, indem er die vier Primärq. in jeweils vier Intensitätsg. zerlegte und aus deren konträrem (therm.-hygr.) Zusammenwirken dann die interferenzbedingten Sekundärq. (attraktiv, repulsiv, aperitiv, digestiv, mollifikativ, styptisch, usw.) ableitete. – In die drogenkundl. Lit. des MA (→Kräuterbücher) sind die Primärq. seit dem 11. Jh. eingedrungen ('Macer floridus' →Odos v. Meung); →Constantinus Africanus wählte (wie sein Vorbild, der 'Liber fiduciae' ibn al-Ǧazzārs) die Intensitätsstufen als Gliederungsprinzip für seine im 'Liber graduum' zusammengefaßten Drogenmonographien; seit dem 12. Jh. dominiert in der Pharmakographie das Bauprinzip des →'Circa instans' (Primärq. und G.,

Sekundärq. daraus abgeleitete Indikationen): Es ist bis zum →'Gart der Gesundheit' (1485) Vorbild geblieben. In den Bereich einer quantifizierenden Pharmakologie (→Urso, Arnald v. Villanova, Wilhelm v. Brescia) gehört →al-Kindis (bzw. ibn al-Ǧazzārs) Versuch, die 'commixtio elementorum' durch die Unterscheidung von »initium«, »medium« und »finis« bei jedem einzelnen Grad berechenbar zu machen. Al-Kindis umständl. System mit seinen 12 Intensitätsstufen hat ins erweiterte 'Circa instans' (→'Secreta salernitana') Aufnahme gefunden.

Im Gegensatz zur Pharmakobotanik, deren quantifizierendes Bestreben um 1300 in der →Theriak-Problematik seinen Gipfelpunkt erreicht, sind die übrigen Anwendungsgebiete des Q.-Modells (Planeten, Vier Jahreszeiten, Vier Lebensalter, Vier Hauptglieder, Vier Farben) ohne Gradeinteilung der Primärq. ausgekommen. Als weniger abstrakt entwickelten sie seit dem 12. Jh. eigene ikonograph. Zyklen (Elemente-, Temperamente-, Jahreszeiten-, Planetenbilder). Strukturbestimmenden Einfluß erlangten die »qualitates« über die »sex res naturales« in der ma. Medizintheorie (→Ars medicinae), deren Vorgabe für →Regimina sanitatis und →Arzneibücher (→Ortolf v. Baierland; 'Breslauer Arzneibuch', →'Bartholomäus') verbindl. Gliederungsschemata bereitstellte. Gliederungsbestimmung war die Q.- u. G. darüber hinaus bei den Harntraktaten (→Diagnostik, V). – Die qualitates occultae (»virtutes occultae«) der →Magie bzw. →Alchemie haben sich aus dem Konzept der Sekundärq. herausentwickelt. G. Keil

Lit.: Aphorismi de gradibus, hg. M. R. McVaugh (= Arnaldi de Villanova, Opera omnia, II), 1975 – K. Goehl, Guido d'Arezzo d. J. und sein 'Liber mitis', Würzb. med.hist. Forsch. 32, 1984, I, 99–116 – G. Keil (Die okkulten Wiss.en in der Renaissance, hg. A. Buck, 1992), 159–196.

Quantität (lat. quantitas, quantum). Die Q. hat im MA hauptsächl. eine philos. Bedeutung, aber auch einen naturwiss. und math. Sinn.

Der zentrale Text der Antike dazu ist die 'Kategorienschrift' des Aristoteles. Allerdings bleiben die zahlreichen griech. Komm. zu diesem Werk im MA zunächst unbekannt. Das Wissen der Antike zu den Kategorien erreicht den lat. W erst im frühen MA durch die Aristoteleskomm. des →Boethius, der die Kategorien in zwei Gruppen einteilt: Das Quantum gehört dabei zu den Kategorien »secundum rem«. Es betrifft die Sache und gerät deshalb in die Nähe der Substanz. In seinen Untersuchungen zur Trinitätslehre versucht Augustinus eine Überwindung der Dingontologie bei der relationalen Bestimmung der göttl. Personen. Die Kategorie der Q. erweist sich dabei als untauglich. Die realontolog. Deutung der Q. und ihre mehr intellektuelle Ableitung bestimmen die weitere Diskussion des Problems im MA. So gewährt →Alkuin in seiner 'Dialektik' der Kategorie der Q. einen bes. Vorzug: Schon der bloße Anblick eines Körpers ermöglicht einen quantitativen Eindruck (MPL 101; 957 C/D). Dagegen diskutiert →Johannes Scotus (Eriugena) in »De divisione naturae« eine entgegengesetzte Lösung. Wie Augustinus drängt er die Q. zugunsten der Relation zurück: Sie existiert nur als Zahl der Teile. Die göttl. Trinität ist jedoch nicht teilbar. In der Kritik der bisherigen Kategorienlehre reduziert er die Kategorien auf höhere Begriffe. Substanz, Q., Lage und Ort lassen sich auf die Ruhe, die anderen Kategorien auf die Bewegung zurückführen. Beide hebt Eriugena wiederum im Begriff der 'universitas' auf. Denker, die mehr an der Dingontologie interessiert sind, so Abaelard, sehen daher vornehml. die Nähe der Q. zur Substanz. Ihm erscheinen die Gattungen und Arten lediglich als Namen. Im 13. Jh. gewinnen quantitative Determinationen der Naturphänomene ein immer größeres Gewicht. →Jordanus Nemorarius schreibt über gewichtstheoret. Probleme, die →Alchemie fragt nach der quantitativen Umwandlung der Elemente, und die Naturphilos. diskutiert heftig, ob die Zeit eine kontinuierl. oder diskontinuierl. Q. sei (Albertus Magnus, Phys. IV tr. 3 c. 9; Opera Omnia IV/1, 277, 47). Die Teilung der Q. in 'quantitas discreta' und 'quantitas continua' erhält auf diese Weise sowohl ein naturphilos. Moment als auch eine log. Dimension. Philosophen wie →Albertus Magnus und →Thomas v. Aquin verfassen Komm. zur aristotel. 'Kategorienschrift'. Sie erforschen daher die Q. im engeren Sinne als eine der zehn Kategorien des Aristoteles. Thomas erarbeitet sich dabei eine ganze Fülle von Bedeutungen der Q. Seine Untersuchungen reichen von log. bis zu zahlentheoret. Bestimmungen der Q. Die Forsch. des →Dietrich v. Freiberg zur Natur der Kategorien als intellektuelle Setzungen geben der Q. einen Grund im Intellekt. Ähnlich wie Dietrich arbeitet auch →Raymundus Lullus an einer universellen Theorie der Kategorien. Daß die Frage nach der Q. im MA mit der Lehre von der Transsubstantiation vielfach zur Diskussion steht, ergibt sich schon aus der Problemstellung: Die Q. soll auch ohne Substanz bestehen können. In diesen Zusammenhang gehört die Beziehung der Q. zur Individuation. Wenn →Aegidius Romanus die Q. als Subjekt und Träger der Akzidentien ansieht, dann postuliert →Heinrich v. Gent sogar die Abhängigkeit der Substanz von der Q. Die reale Distinktion der Q. von Qualität und Substanz bestreitet →Wilhelm v. Ockham, wobei er sich auf Aristoteles beruft. Diese Überlegungen führen Ockham zu einer radikalen Kritik des Begriffs der Q.: Die Q. besitzt als Begriff oder Name im strengen Sinne keine Realität. Im späten MA ergeben sich Spannungen zw. der 'Via antiqua' und der 'Via moderna', d. h. zw. einer realist. und nominalist. Position. Man bedient sich dabei zunehmend naturwiss. Erfahrungswerte und math. Erkenntnisse. Die Frage nach der Q. erscheint als Problem der Extension und der materiellen Raumerfüllung. Die naturwiss. Forsch. eines →Nikolaus v. Oresme (De latitudinis formarum) führen zu einem besseren Verständnis der Quantifizierungen physikal. Erscheinungen. Die Philos. der Q. modifiziert sich im späten MA zur philos. Zahlenlehre. Die Zahl erhält auf diese Weise einen grundlegenden ontolog. Status. Eines der Hauptwerke des →Nikolaus v. Kues, De coniecturis«, spekuliert daher mit zahlentheoret. Überlegungen. Seine »Versuche mit der Waage« (1450) symbolisieren zudem auf ihre Weise die steigende Bedeutung des quantitativen Wägens und Messens im Zeitalter des Übergangs zur NZ. U. R. Jeck

Lit.: HWP VII, 1796–1808 – E. BODEWIG, Zahl und Kontinuum in der Philos. des hl. Thomas, DT 13, 1935, 55–77, 187–207 – A. MAIER, Die Vorläufer Galileis im 14. Jh., 1966 – The Cambridge Hist. of Later Medieval Philos., hg. N. KRETZMANN, A. KENNY, J. PINBORG, 1982 – K. FLASCH, Das philos. Denken im MA, 1986.

Quarantäne, seit dem 14. Jh. die vorübergehende Isolierung und Beobachtung von Personen, die mit Infizierten in Kontakt gestanden hatten oder aus verseuchten Gebieten einreisen wollten. Sie schloß die (ebenfalls vorübergehende) Beschlagnahmung von Gegenständen (Waren, Schiffe) mit ein. Die Q. stellte eine effiziente Maßnahme gegen die Ausbreitung der →Pest dar, die seit 1347 v. a. Hafenstädte bedrohte. Sie erlaubte einen reduzierten Handel zu Seuchenzeiten und löste vielerorts (Venedig, Genua) Hafensperren ab. 1374 verfügte Bernabeo Visconti für Reggio d'Emilia, daß Personen, die Pestkranke gepflegt hatten, zehn Tage isoliert wurden, bevor sie in die Stadt zurückkehrten. 1377 verordnete der Rat v. Ragusa (Dubrovnik) eine dreißigtägige Kontaktsperre für Schiffsbesatzungen, die aus verpesteten Gebieten kamen. Die Verfügung betraf in der Folgezeit auch Reisende zu Land. Eine Isolierung von vierzig (it. *quaranta*) Tagen ist erstmals 1383 in Marseille nachweisbar. Diese Frist, die sich – unter gewissen Variationen – für Jahrhunderte durchsetzen sollte, galt in der ma. Medizin als Grenze zw. akuten und chron. Krankheitsformen. Die Q. wurde erst nach Aufkommen der Pest sinnvoll, die – im Gegensatz zur Lepra (→Aussatz) – hochinfektiös war. Sie verrät einen erstaunl. Pragmatismus der spätma. Behörden, die aus der Seuchenerfahrung seit 1347 Konsequenzen zogen. Die Q. ist nicht mit der Isolierung bereits Erkrankter zu verwechseln, die bereits 1348 durchgeführt wurde. Sie bewährte sich bes. während der endem. Zwischenphasen der Pest, während bei akuten Epidemien im allg. strikte Isolierungsmaßnahmen (Grenz- und Hafensperre) notwendig wurden. K. Bergdolt

Lit.: J. F. HECKER, Der Schwarze Tod im 14. Jh., 1832 – G. STICKER, Abh.en aus der Seuchengesch. und Seuchenlehre, I, 1908–12 – J. GERLITT, Ciba-Zs. 2, 1935, 807–825 – P. ZIEGLER, The Black Death, 1970 – J. N. BIRABEN, Les hommes et la peste en France et dans les pays européens et méditérranéens, 2 Bde, 1975 – R. PALMER, La morte nera, Kos 2, 1985, 24–28.

Quarantia, wahrscheinl. Anfang des 13. Jh. eingerichtete Behörde, die als Appellationsinstanz der Gerichte der Stadt →Venedig und nach der Eroberung der Terraferma der unterworfenen Städte fungierte. In Verbindung mit dem Rat der *Pregadi* hatte die Q. bis zum Anfang des 15. Jh. auch legislative Kompetenzen, die direkt vom *Maggior Consiglio* delegiert wurden, sowie in zahlreichen administrativen und polit. Fragen auch exekutive Kompetenzen. Sie empfing die ausländ. Gesandtschaften, überwachte das Münz- und Steuerwesen und bereitete die Entscheidungen vor, die der Wahl des *Maggior Consiglio* vorausgingen. Als Anfang des 15. Jh. der Rat der *Pregadi* (oder *Senato*) alle legislativen Funktionen übernahm, behielt die Q. die Zivil- und Strafgerichtsbarkeit. Infolge der anwachsenden Zahl von Rechtsgeschäften wurde sie in eine Q. *criminal* und ein Q. *civil* unterteilt. Letztere spaltete sich schließlich in die *Civil vecchia* und die *Civil nuova*, die drei Vorsitzenden der Q. *criminal* gehörten der Serenissima Signoria an.
P. Preto

Lit.: A. DA MOSTO, L'Archivio di stato di Venezia, 1937, 63–64.

Quarr, einziges unabhängiges ma. Kl. auf der Isle of Wight, 1132 von Baldwin de Redvers gegr., einem bedeutenden anglonorm. Großen. Als drittes engl. Tochterkl. der norm. Abtei →Savigny wurde Q. 1147 – wie die anderen Tochterkl. Savignys – dem Zisterzienserorden angeschlossen. Die im »Public Record Off.« (London) erhaltenen Urkk. u. Rechnungen zeigen, daß die Abtei im späten 12. und im 13. Jh. bedeutenden Landbesitz auf der Isle of Wight und auf dem Festland in der Nähe von Portsmouth erwarb. Infolge der Heimsuchungen durch die Pest und der frz. Seeangriffe während des Hundertjährigen Krieges nahm der Einfluß Q.s offenbar seit den 40er Jahren des 14. Jh. ab. Während des späten 15. Jh. wurden viele Besitzungen der Abtei von lokalen weltl. Grundherrn ausgebeutet. Als Q. an die Küste der Meerenge The Solent verlegt wurde, blieb es ein bedeutender Zufluchtsort für Seeleute und Reisende. Der Konvent zählte bei der Auflösung 1536 nur noch 10 Mönche mit einem Jahreseinkommen von £ 134. R. B. Dobson

Lit.: B. D. HILL, English Cistercian Monasteries and their Patrons in the Twelfth Century, 1968 – F. HOCKEY, Q. Abbey and its Lands,

1132–1631, 1970 – The Heads of Religious Houses; England and Wales, 940–1216, hg. D. Knowles, C. N. L. Brooke, V. London, 1972.

Quartier. 1. Q. →Stadtviertel.

2. Q. (Hanseq.). Die Ansätze für die organisator. Einteilung der Hansestädte in Drittel oder Viertel liegen bei den landsmannschaftl. Gruppierungen der Kaufleute und den regionalen Verbindungen ihrer Heimatstädte. Die Statuten des Brügger Kontors v. 1347 sehen erstmals die Einteilung in ein wend.-sächs., ein westfäl.-preuß. und ein gotländ.-livländ. Drittel vor. Eine teilweise abweichende Drittelgliederung ist 1437 im Londoner Kontor übl. Die gesamthans. Organisation hat nur gelegentl. auf die Drittel Bezug genommen. Erst die »Tohopesaten«, die Schutz- und Wehrbündnisse der Hansestädte (→Hanse, IV), gehen seit Mitte des 15. Jh. von einer Einteilung in Drittel oder Viertel aus. Grundlegend sind jedoch die regionalen Zusammenschlüsse und Tagungen der Städte geworden, wobei sich neben dem lüb.-wend. Drittel v. a. ein niederrhein.-westfäl. Drittel unter Köln als Haupturt herausbildete. Ende des 15. Jh. begann sich auch die Gruppierung der sächs. Städte unter Braunschweig und die der preuß. unter Danzig zu festigen. Eine Viertelgliederung der Städte auf gesamthans. Ebene erfolgte erst im 16. Jh. »Q.« ist daneben auch unspezif. als Bezeichnung für die Unterabteilung eines Drittels oder allg. für eine Städtegruppe gebräuchl. gewesen. K. Wriedt

Lit.: P. Simson, Die Organisation der Hanse in ihrem letzten Jh., HGBll 13, 1907, 209ff. – W. Bode, Hans. Bundesbestrebungen in der ersten Hälfte des 15. Jh., HGBll 1926, 1927, 41ff. – L. v. Winterfeld, Das westfäl. Hanseq. (Der Raum Westfalen, II, 1, 1955), 266ff. – F. B. Fahlbusch, Osnabrück, seine »Beistädte« und die Theorie vom hans. Unterquartier, HGBll 109, 1991, 43–63.

Quatember ([ieiunia] quattuor temporum], seit dem 8. Jh. bezeugter Begriff, bezeichnet den Mittwoch, Freitag und Samstag von vier Wochen im Kirchenjahr, die durch Fasten und bes. Gottesdienste (Q.messen und Q.vigil) bestimmt sind: jeweils die Wochen nach Pfingsten, Kreuzerhöhung (14. Sept.), Lucia (13. Dez.) und (seit dem 7. Jh. auch) dem 1. Fastensonntag. Die Ursprünge dieses zunächst stadtröm., ab dem 8. Jh. sich im Abendland verbreitenden Brauches dürften in den drei heidn.-röm. Erntefesten (Morin) und atl. jüd. Traditionen (Sach 8, 19; Joel 2, 12ff.; Jungmann) liegen. Seit dem 5. Jh. sind die Q. bevorzugter Weihetermin; ihre endgültige zeitl. Festsetzung erfolgte unter Gregor VII. (1078). Die Q. galten dem MA als Fixpunkt im Jahreslauf und dienten vielfach als Termine (für Zunftversammlungen u. ä.). A. Franz

Lit.: DACL XIV, 2014–2017 – Liturg. Woordenboek II, 2338–2342 – LThK² VIII, 928f. – H. Grotefend, Zeitrechnung, I, 1891, 160f. – G. Morin, RevBén 14, 1897, 337–376 – J. A. Jungmann, ZKTH 15, 1953, 217f. – J. Pascher, Das liturg. Jahr, 1963, 38–42 – HLG II, 277–284 – H. auf der Maur, Feiern im Rhythmus der Zeit, I (Gottesdienst der Kirche, 5, 1983), 54f. [Lit.].

Quaternio terminorum (Vervierfachung der Termini), auch »Quadrupes« (Vierfüßler) oder »Vulpecula« (Füchslein) genannt, bezeichnet in der →Logik einen Fehlschluß (Sophisma, Fallacia; vgl. Petrus Hispanus, Tract. VII, ed. L. M. De Rijk, 1972, 89–184; Wilhelm v. Ockham, Summa logicae III, 4, ed. Ph. Boehner, G. Gál, St. Brown, Op. Philos., I, 1974, 749–849), der darin besteht, daß beim kategor. Schluß, der auf der Vergleichung der Außenbegriffe mit ein und demselben Mittelbegriff beruht, der Mittelbegriff nicht im gleichen, sondern im verschiedenen Sinne gebraucht wird. Der Fehlschluß beruht entweder auf unrichtigem sprachl. Ausdruck (fallacia in dictione), z. B. Uneindeutigkeit des Satzbaus, Äquivokation, falscher Wortbetonung, oder auf Denkfehlern (fallacia extra dictionem), z. B. Annahme eines zufälligen Merkmales als eines wesentlichen, Zuschreibung eines irrigen Grundes für eine Sache. M. Laarmann

Lit.: T. W. Krug, Allg. Hdb. der Philos. Wiss.en, 1832–38² [Nachdr. 1969], V/2, 433 – G. Hagemann–A. Dyroff, Logik und Noetik, 1915⁹⁻¹⁰, 148–150.

Quatrevaux, Gehöft unweit der Straße von Toul nach Vaucouleurs. Hier fand Ende 1299 ein mehrtägiges Treffen des dt. Kg.s Albrecht I. v. Habsburg und Kg. Philipps IV. v. Frankreich statt, dessen Ziel es u. a. war, die Grenzquerelen zw. beiden Reichen auszuräumen und die Verträge über die Ehe von Albrechts Sohn Rudolf und Philipps Schwester Blanche abzuschließen. Schon vorher protestierten einige Kfs. en gegen die Preisgabe von Reichsrechten. Gerüchte sprachen von der Abtretung der Gebiete links des Rheins. Tatsächl. wurden am 8. Dez. ein allg. Freundschaftsbund und die Eheverträge geschlossen. Nicht schriftl. fixiert wurde, daß die links der Maas gelegenen Teile der Gft. →Bar nicht mehr als Reichsgebiet gelten sollten. H. Thomas

Q.: MGH Const. 4, Nr. 80ff. – F. Kern, Acta Imperii, Angliae et Franciae, 1911, Nr. 278ff. – *Lit.*: F. Kern, Die Anfänge der frz. Ausdehnungspolitik, 1910, 190ff. – M. Grosdidier de Matons, Le Comté de Bar, 1922, 494ff. – A. Hessel, Jbb. des Dt. Reiches unter Kg. Albrecht I., 1931, 74ff. – H. Thomas, Zw. Regnum und Imperium, 1973, 240ff.

Quattuor doctores, 'Vier Lehrer', Sammelname der Bologneser Zivilrechtslehrer →Bulgarus, →Martinus Gosia, →Hugo (49. H.) und →Jacobus (24. J.) de Porta Ravennate, welche um die Mitte des 12. Jh. »durch fast gleichen Ruhm bei Zeitgenossen und Nachfolgern, durch gelehrte Streitigkeiten (→Dissensiones dominorum) und durch gemeinsame Theilnahme an öffentl. Angelegenheiten in mannichfaltiger Verbindung erscheinen« (Savigny). Sie sind die ersten namentl. bekannten Bologneser Rechtslehrer nach →Irnerius – ob dessen Schüler, ist indes zweifelhaft – und dürften um 1135/40 den kontinuierl. Rechtsunterricht in →Bologna (B. II) angefangen haben. Ks. Friedrich I. betraute sie und 28 Richter auf dem Reichstag bei →Roncaglia 1158 mit der Feststellung der von den lombard. Städten usurpierten Regalien. P. Weimar

Lit.: Savigny IV, 68–74, 171–193 – H. Kantorowicz, Studies in the Glossators of the Roman Law, 1938 [Neudr. 1969] – F. Calasso, Medio evo del diritto, 1954, 511ff. – J. Fried, Die Entstehung des Juristenstandes im 12. Jh., 1974 – G. Pace, 'Garnerius Theutonicus'. Nuove fonti su Irnerio e i 'quattro dottori', Rivista internaz. di diritto comune 2, 1991, 123–133.

Quecksilber ('quickes' [schnelles, bewegl.] Silber), Hydrargyrum (gr. ἄργυρον ὑγρόν, ὑδάργυρος [wässriges Silber] und ἄργυρος χυτόν; lat. argentum vivum, mercurius), natürl. als »Jungfernq.«, sonst u. a. aus Zinnober (Q.sulfid) gewonnen (u. a. in Spanien, Almadén), ist seit der Antike wohl bekannt. Hier noch zu den Ölen gerechnet, wurde Q. während des MA den →Metallen zugewiesen und in der →Alchemie als →Mercurius dem flüchtiggeflügelten Hermes wie auch dem Planeten Merkur zugeordnet. Q. wurde u. a. auch neben Schwefel und dem späteren paracels. Sal als Grundstoff der Metalle betrachtet (chem. Trias). Die hermet. Kunst (→Corpus hermeticum) ist mit Q. und seinen farbigen chem. Verbindungen in alchem. Decknamen und Identifikationen im Transmutationsgeschehen bis zum Lapis und zur →Materia prima sowie mit Analogien zum Androgynen eng verknüpft. Sublimation und Q.-Destillation (4. Jh. n. Chr.) sind Verfahren aus diesen Bereichen. Ägypt. Tempelwissen entstammt die Bildung von →Amalgam des Q.s und damit

die Löslichkeit und Isolierung von Edelmetallen, mithin auch Vergoldung und →Goldschrift, tradiert dann in ma. Farbrezepten. Berühmt waren die Q.teiche der Kalifate Córdoba, Kairo und Bagdad. Aus dem islam. Kulturkreis wurde auch die med. Anwendung von Q. (Constantinus Africanus, † 1087) übernommen, wobei die antike Warnung (Dioskurides) vor den giftigen 'Ausdünstungen' weniger beachtet wurde. Durch Feinverteilung mit meist organ. Stoffen (Verreibung) wurde das argentum vivum 'abgetötet' (argentum extinctum) und als Salbe und Schmierkur gegen Hautkrankheiten, Ekzeme, aber auch gegen Parasiten und Ungeziefer (Läusesalbe) seit dem 13. Jh. vermehrt eingesetzt, seit dem 15./16. Jh. in der – gefährl. – Q.dampfkur gegen vener. Erkrankungen (Syphilis).
G. Jüttner

Lit.: E. O. V. Lippmann, Entstehung und Ausbreitung der Alchemie, 1919, 600–607 – H. Biedermann, Handlex. der mag. Künste, 1968 [Mercurius] – D. Goltz, Stud. zur Gesch. der Mineral-Namen, Sud Arch Beih. 14, 1972 – H. Lüschen, Die Namen der Steine, 1979².

Quedlinburg, Stadt in Sachsen-Anhalt im nö. Harzvorland an der Bode. In einem seit der Altsteinzeit besiedelten Gebiet zeigt der Schloßberg Spuren karol. Wehranlagen, der an seinem Fuß gelegene Kg.shof Quitilingaburg war 922 im Besitz der →Ottonen. Eine um 935 gen. Kirche ging aus dem Besitz des Kl. →Hersfeld an die Ottonen über. Heinrich I. ließ zur Verteidigung gegen die Ungarn die Befestigungen verstärken. Häufig hielt er sich in der hier zu vermutenden →Pfalz auf, wo er auch bestattet wurde. Seine Witwe →Mathilde gründete 936 bei der Burgkirche ein Kanonissenstift St. Servatius. Während der ganzen Ottonenzeit diente Q. als Ort von Hoftagen, die Ksn.nen Adelheid und Theophanu residierten hier. Frauen der kgl. Familie standen dem Stift bis in sal. Zeit vor. Das Servatiusstift wurde durch reiche Dotierungen, die →Immunität und die vom Papst erwirkte Exemtion ausgezeichnet. Der Kg.shof stand 961 mit dem dort bestehenden Kanonikerstift St. Jakob unter der Botmäßigkeit der Äbt. (Mitte 12. Jh. in ein OPraem Stift umgewandelt). 986 entstand das Benediktinerinnenkl. Münzenberg, der Neubau der 1070 niedergebrannten Servatiuskirche in Form einer dreischiffigen Basilika wurde 1129 abgeschlossen. In stauf. Zeit lockerten sich die Beziehungen zum Kgtm. Unterdessen hatten die Äbt.nen mit reichsfsl. Rang ein kleines Stiftsterritorium geschaffen, was zu Konflikten mit den Stiftsvögten und den Bf.en v. →Halberstadt führte, die erst 1259 die Exemtion förml. anerkannten. Von der kgl. Stifterfamilie ging die Vogtei seit der Mitte des 12. Jh. an Gf.en des Harzraumes über, seit 1273 an die Gf.en v. Regenstein, die 1288 dicht bei Q. eine Zwingburg errichteten.

Die städt. Entwicklung begann mit dem um den Schloßberg sich erstreckenden Suburbium Westendorf, dem sich noch im 10. Jh. eine frühe Stadtanlage um die Blasiuskirche anschloß; sie erhielt von Ks. Otto III. 994 Markt-, Münz- und Zollrechte. Die Rechtsstadt bildete sich unmittelbar daneben um die Benedikti-Kirche wohl noch im 11. Jh., hier wurde auch am dreieckigen Markt das Rathaus erbaut. Eine Erweiterung nach N mit der Egidienkirche dürfte in die 2. Hälfte des 12. Jh. zu setzen sein. Die 1174 gen. Stadtmauer umschloß diese Altstadt, in der um 1270 ein OFM Kl. entstand. Jenseits des Bode-Mühlgrabens wurde nach 1200 die →Neustadt mit regelmäßigem Grundriß angelegt, dessen Hauptachse der Steinweg in auffallender Nachbarschaft zur 1227 gen. Nikolaikirche bildete, so daß hier an der Fernstraße nach Halle/S. eine frühe Kaufmannssiedlung angenommen werden kann. Die zunächst selbständige Neustadt gelangte 1300 aus den Händen der Äbt. an die Gf.en v. Regenstein, von denen der Rat der Altstadt 1327 die Vogtei erwarb, daraufhin wurden beide Städte vereinigt. Andauernde Auseinandersetzungen der Bürgerschaft mit feudalen Gewalten der Umgebung führten im 14. Jh. zum Städtebund mit Aschersleben und Halberstadt und zur Zerstörung der Regensteiner Zwingburg, 1358 verzichtete die Äbt. auf ihre Herrschaftsrechte über die Stadt, 1396 übernahm der Rat die Vogtei über die Stadt. 1384 trat Q. dem niedersächs. →Städtebund bei. Doch Äbt. Hedwig (1458–1511), Tochter Kfs. →Friedrichs II. v. Sachsen, warf mit Hilfe der von ihren Brüdern Ernst und Albrecht entsandten Truppen die selbstherrl. gewordene Stadt nieder. Q. verlor das Befestigungsrecht, die freie Ratswahl und die Vogtei, die 1479 an die →Wettiner gelangte. Das im 10. Jh. civitas, 994 metropolis gen. Q. ist ein Musterbeispiel für eine topograph. und rechtl. aus mehreren Teilen gewachsene Stadt, wie für Probleme strittiger Stadtherrschaft. Von 922 bis 1207 verzeichnete Q. 69 Aufenthalte dt. Herrscher, am Ende des MA hatte es bei gut 60 ha Fläche (inkl. Stiftsbereich) ca. 5000 Einw.
K. Blaschke

Bibliogr.: Bibliogr. zur dt. hist. Städteforsch. I, 1986, 352–354 – Lit.: H. H. Schauer, Q., 1990 – H. Fuhrmann, Vom einstigen Glanze Q.s (Das Samuhel-Evangeliar aus dem Q.er Dom, hg. F. Mütherich–K. Dachs, 1991), 13–22.

Quelle → Wasser, →Brunnen

Quendel → Thymian

Quentel, Kölner Buchdrucker- und Verlegerfamilie. Aus Straßburg kam um 1478 Heinrich Q. († 1501) nach Köln, wo er mit dem Goldschmied und Münzmeister Johann Helman ein Geschäftsverhältnis einging. Er besuchte die Messe in Leipzig und Antwerpen (dort 1483–86/87 längerer Aufenthalt aus polit. Gründen) und brachte ca. 400 Titel, v. a. Theologie und Univ.stexte, heraus. Er verfügte über einen umfangreichen Typenapparat und stattete die Lehrbücher mit einer Schulszene (»Accipies-Holzschnitt« in fünf Varianten, seit 1490) aus. Nach seinem Tode führten die drei Söhne bis 1520 das Unternehmen weiter, das dann an den jüngsten, Peter Q. († 29. Febr. 1546), fiel. Dieser führte die Firma zu neuer Blüte, beschäftigte etliche →Lohndrucker, u. a. Peter Jordan in Mainz, der für ihn die kath. Bibelübers. des Dominikanerpriors Johann Dietenberger (1. Aufl.: 27. Juni 1534) druckte.
S. Corsten

Lit.: Geldner I, 100 – J. Benzing, Die Buchdrucker des 16. und 17. Jh. im dt. Sprachgebiet, 1982², 233, 237f. – S. Corsten, Stud. zum Kölner Buchdruck, 1985, 233–240.

Quentowic (Quaentavic, Qvvoentavvic, Cuentavvich, Quentawic, Quentovic[us], Wicus, Wicos), wichtiger frühma. Handelsplatz (vicus, emporium) nahe der frz. Kanalküste, erst vor kurzem genau lokalisiert, auf dem Gebiet der heut. Gemeinde La Calotterie (dép. Pas-de-Calais), am südl. Ufer der Canche, 5 km flußabwärts von →Montreuil-sur-Mer in der ehem. Gft. →Ponthieu, bei den Weilern Visemarest (ehem. Wis-ès-Maretz) und Monthuis (ehem. Monthevis u.a.), deren Namensbestandteil 'wis, vis' auf 'wic, vicus' zurückgeht. Q. erscheint in zahlreichen schriftl. Q. (hagiograph. Werken, Chroniken und Annalen, Briefen, Urkk., Urbaren und Verordnungen) vom letzten Drittel des 7. Jh. bis zum letzten Drittel des 9. Jh. Bedeutender Hafen und Handelsort an der Route von England (→England, H. I) zum Kontinent (→Frankreich, D. V), war Q. die zweitwichtigste karol. Münzstätte (Karl d. K., 864), nächst der Münzstätte des Palasts und noch vor →Rouen (dessen Münze Q. unterstand). Schon für die Zeit um 600 sind goldene 'trientes' mit der Legende 'Qvantia' belegt (ein Exemplar im Schatz v. →Sutton Hoo, um 640; im →Crondall Hoard, um 640, trientes mit der Legende 'Wic in Pontio', d. h. [Quento]wic in Ponthieu). Noch der Hortfund v. Fécamp (965/980) umfaßt hunderte von Pfennigen mit der Legende 'Q.'

Die Blütezeit Q.s fällt ins 8. Jh. und in die 1. Hälfte des 9. Jh.; der Ort wurde (neben →Dorestad u. →Maastricht im NO, →Amiens und →Rouen im S/SW) zu einer der wichtigsten Zollstätten (→Zoll) des Frankenreichs an der von der Nordsee gebildeten Reichsgrenze. Ein sehr hoher frk. Amtsträger war Oberhaupt der Verwaltung mit einer gewissen Hoheit über die Häfen und Handelsplätze der Umgebung. 787 wird dieser Amtsinhaber (damals Abt Geroald v. Fontenelle) als »procurator ... per diversos portus ac civitates exigens tributa atque vectigalia, maxime in Q.« genannt. Um 858/868 wird ein »illuster vir« namens Grippo, der auch als frk. Gesandter in England auftritt, als »prefectus emporii Q.« erwähnt.

Die bisherigen Ausgrabungen (1973, 1984–87), von nur vorläufigem Charakter, haben neben einer genaueren Lokalisierung (sandige Anhöhen im tiefgelegenen Flußtal) nur weniges an archäolog. Material ergeben (Keramik- und Glasfunde, die den Funden v. Hamwih/Southampton nahestehen). Auch die schriftl. Q. bieten nur geringen Aufschluß über die in Q. gehandelten Waren. Doch belegen sie, daß die großen westfrk. Abteien und Bm.er in und um Q. Grundstücke und z.T. Kirchen besaßen, so →Ferrières, das durch Vermittlung →Alkuins von Karl d.Gr. die 'cella' St-Josse (einige Kilometer sw. von Q.) empfing, ebenso →Fontenelle, das bei Q. eine Peterskirche (wohl in Montreuil-sur-Mer) besaß. Andere Besitzer von Grundstücken (seticus, mansi) waren St. Vaast d'→Arras, →St-Riquier, St-Bertin (→Sithiu); Hörige auf einigen westl. Domänen der Abtei →St-Germain-des-Prés hatten Transportdienste (vermutl. Weinfuhren) nach Q. zu leisten.

Der Untergang von Q. im späten 9. oder im 10. Jh. kann nicht auf einen einzigen Normanneneinfall (→Normannen) zurückgeführt werden, sondern ist als Ergebnis des allmähl. Verfallsprozesses der kgl. Macht, der Q. seine Position verdankte, zu sehen. Auch Überflutungen dürften zum Niedergang des Ortes beigetragen haben. Gleichsam die Nachfolge der Kaufleute v. Q. traten Händler aus Montreuil-sur-Mer an; sie sind seit dem Ende des 10. Jh. wieder in London bezeugt, spielten aber neben ihren fläm. und maasländ. Konkurrenten eine nur bescheidene Rolle. A. Verhulst

Lit.: J. DHONDT, Les problèmes de Q. (Studi A. FANFANI, 1962), 181–248 – M. ROUCHE, Les Saxons et les origines de Q., Rev. du Nord 59, 1977, 457–478 – P. LEMAN, Contribution à la localisation de Q., ebd. 63, 1981, 935–945 – D. HILL-D. BARRETT u. a., Q. defined, Antiquity 64, 1990, 51–58 – S. LEBECQ, Q.: Un état de la question, Stud. zur Sachsenforsch. 8, 1993 [im Dr.].

Queralt, katal. Adelsgeschlecht. Der Besitz der Burg Q. (munic. Bellprat/Anoia), als Grenzfestung gegen die Mauren um 970 wiederhergestellt, war zu Beginn des 11. Jh. zw. dem Bf.ssitz v. →Urgel und Bernhard Sendred v. Gurb († um 1022) noch umstritten, doch die Nachkommen Bernhards nannten sich nach dieser Burg und betrieben von ihr aus die Wiederbesiedlung durch Kolonisierung und den Bau weiterer Burgen. Bedeutende Vertreter des Geschlechts waren Bernhard Wilhelm v. Q. († vor 1111), Anhänger →Raimund Berengars II. und Berater →Raimund Berengars III., sowie dessen Sohn Berengar Bernhard I. († um 1135), Seneschall v. Barcelona. Der Hauptzweig der Familie erlosch 1295 mit Sybilla v. Q. Bereits 1213 wurde die Burg Q. an den aus einer Seitenlinie stammenden Kastellan v. Q., Arnald v. Timor, verkauft und der Stammsitz nach Santa Coloma de Q. verlegt. Peter II. v. Q. († 1275), Kriegsmann, Tempelritter und Kommandant v. →Monzón, ging wegen seiner Heldentaten (Sieg über einen Löwen) als »Cor de Roure« (Eichenherz) in die Sage ein; Dalmau v. Q. i Rocabertí († 1387), Kämmerer Peters IV. v. Aragón, war Vertrauer Kg. Johanns I.; Peter v. Q. i Pinós († 1408), Kriegsmann, Diplomat, Lit.liebhaber und Dichter, stand unter dem Einfluß →Petrarcas; ein erhaltenes Verz. seiner Bibl. gibt ein Bild seiner lit. Bildung in der Vulgarsprache und im Frz. Carmen Batlle

Lit.: Gran Enc. Catalana XII, 234–239 [Genealog. Taf.]. – Diccionari d'Hist. de Catalunya, 1992, 874 – A. PLADEVALL, Els senescals dels comtes de Barcelona durante il segle XI, Anuario de Estudios Medievales 3, 1966, 111–130 – P. CATALÀ I ROCA, Castell de Q. (Castells Catalans V, 1976), 171–183 – M.-M. COSTA, L'inventari dels bens del poeta Père de Q. (Misc. Aramon i Serra III, 1983), 115–145 – A. BENET I CLARÀ, Castell de Q. (Catalunya romànica XIX, 1992), 372–375.

Quercia, Jacopo della, Bildhauer, * 1374(?) in Siena (?) als Sohn des Goldschmieds und Bildhauers Piero del fu Angelo di Guarniero, † 1438 ebd. Neben →Ghiberti und →Donatello bedeutendster Bildhauer der it. Frührenaissance. Wichtigste erhaltene Werke in Ferrara, Lucca, Siena, Bologna. Trotz fortgesetzter Differenzen mit seinen Auftraggebern in Siena hoch anerkannt: wegen seiner dortigen Fonte Gaia J. d. Fonte genannt; 1427 mag. operis des Taufbrunnens im Sieneser Baptisterium; 1435 operarius der Sieneser Domopera; 1438 spectabilis miles dominus Jacobus operarius et gubernator ecclesie cathedralis Senensis genannt. Bezeichnend sind die häufigen Ortswechsel, vorab zw. Lucca, Siena, Bologna, und daraus resultierende Unterbrechungen in der Fertigstellung von Großaufträgen, wie z.B. der Fonte Gaia in Siena (1409–19) und des Hauptportals v. S. Petronio in Bologna (1425–36), was auch der Einsatz stellvertretender Werkstattmitglieder. – 1401 nahm J. an der Konkurrenz für die zweite Florentiner Baptisteriumstür teil; in der Folge erhielt er seine künstler. Prägung in der Interaktion mit der Bildnerei der Florentiner Frührenaissance (Ghiberti, Nanni di Banco, Donatello), wie mit der Hofkunst Frankreichs und Oberitaliens vor und um 1400, vermittelt u. a. durch seine Tätigkeit für Paolo →Guinigi. Erstes dokumentiertes Werk die »Madonna del Melograno« (Ferrara, Dommus.), vollendet 1408, dann das Grabmonument der Ilaria del Carretto in S. Martino in Lucca, 1406–08 (?). Entsprechen die Luccheser Arbeiten (Trenta-Altar, vollendet 1422, u. a.) einer höf.-got. Geschmacksrichtung, so zeigen Konzeption, Reliefs und Statuen der Sieneser Fonte Gaia (1414–19 ca.) ihn auf der Höhe seines körper- und massenbetonten Renaissancestils, welcher in den »michelangelesken« Bologneser Arbeiten (1425–34) kulminiert. Für den Bildschnitzer steht die Verkündigungsgruppe in der Collegiata v. S. Gimignano, 1421, für den Bronzebildhauer das Sieneser Taufbrunnenrelief (Verkündigung an Zacharias, 1428–30). J. d. Q. begründete die sienes. Skulptur der Renaissance (u. a. Antonio Federighi, Il Vecchietta, Francesco di Giorgio, Giovanni di Stefano, Neroccio, Giac. Cozzarelli). A. Middeldorf-Kosegarten

Lit.: THIEME-BECKER, XXXVI, 313f. – L. GIELLY, J. d. Q., 1930 – O. MORISANI, Tutta la scultura di J. d. Q., 1962 – A. COFFIN HANSON, J. d. Q.'s Fonte Gaia, 1965 – M. WUNDRAM, J. d. Q. und das Relief der Gürtelspende über dem der Porta della Mandorla, ZK 28, 1965, 121–129 – A. KOSEGARTEN, Das Grabrelief des S. Aniello Abbate im Dom zu Lucca, Mitt. Kunsthist. Inst. Florenz 13, 1968, 223–272 – J. H. BECK, J. d. Q. e il portale di S. Petronio in Bologna, 1970 – CH. SEYMOUR JR., J. d. Q. Sculptor, 1973 – J. d. Q. fra Gotico e Rinascimento, hg. G.

Chelazzi Dini, 2 Bde, 1977 – E. Carli, Gli scultori senesi, 1980, 28–34 – J. Beck, J. d. Q., 2 Bde, 1991.

Quercy, Landschaft in Südwestfrankreich (→Aquitanien), mit dem Vorort→Cahors. Der Umfang der Gft. Q. entsprach wohl dem der Civitas (Diöz.) v. Cahors, wobei die ausgedehnten Forstgebiete, die das Q. von den Nachbarregionen abtrennten, für das FrühMA auf eher vage Grenzen hindeuten. Ein erster 'comes', Maurinus, belegt ca. 630 bis 655, gewinnt gegenüber dem großen Bf. →Desiderius nur schwache Konturen. In der Karolingerzeit tritt um 823 der Gf. Radulfus (Raoul) hervor, der als 'fidelis' →Pippins II. v. Aquitanien im Limousin und nördl. Q. Güter besaß. Ihm folgte 842 sein Sohn Gotafred, ein anderer seiner Söhne stieg zum Bf. v. →Bourges auf. Infolge der Konflikte im Westfrankenreich wurde Gotafred ausgeschaltet zugunsten eines 'fidelis' →Karls d. K., Raimund, welcher der (späteren) Gf. endynastie v. →Toulouse angehörte. Ein anderer Raimund, gut bekannt durch sein Testament v. 961, wurde auf dem Pilgerweg nach →Santiago de Compostela erschlagen. Schlecht belegt ist dagegen ein ca. 972–983 anläßl. des Testaments des Rammulf v. Fons genannter weiterer Träger des Namens Raimund.

Im 10. Jh. treten im Q. Vizgf. enfamilien hervor: zunächst die Vicecomites v. Cahors, dann die (vielleicht demselben Familienverband angehörenden) Vicecomites v. St-Cirq-La Popie, Calvignac und Brassac, wohingegen die Vicecomites v. Bruniquel vom Haus der Vizgf. en v. Toulouse abstammen. Schließlich konstituierte sich im späten 10. Jh. auch die Vizgft. →Turenne unter einem Geschlecht großer Grundherren, das in der Pufferzone zw. den Einflußbereichen der beiden großen Fs. enhäuser Poitiers-Bordeaux (→Poitou) und→Toulouse aufstieg. In der Realität glitt die Macht oft in die Hände von örtl. 'Burgherren' (→Kastellanei).

Eine dauerhafte, dynast. geprägte Gf. engewalt konnte sich an den Ufern des Lot nicht entfalten. Es war vielmehr der Bf. v. Cahors, der um 1090 von den Gf. en v. Toulouse die gfl. Rechte (u. a. das Münzrecht) in der Stadt erwarb und nach dem Albigenserkrieg (→Albigenser, II) eine »Gft. Cahors« aufbaute, deren Lebensader das Tal des Lot bildete.

Das Gebiet der kgl. Sénéchaussée Q. entsprach im wesentl. der Diöz. Cahors, wobei jedoch ca. 20 Caorsiner Pfarreien, die in der Gft. →Périgord lagen, und weitere 12 in der Gft. →Rouergue abzuziehen sind. Der erste bekannte kgl. Seneschall ist Géraud de Malemort (1243), der Limousin, Périgord und Q. in seiner Hand vereinigte. Doch setzte auch →Alfons v. Poitiers (1249–71), der kapet. Gf. v. Toulouse, seinerseits einen Seneschall für Q. und →Agenais ein, was aber nur während der Lebenszeit Alfons' Geltung hatte. Anläßl. des 'saisimentum' durch die kgl. Gewalt (1271) wurde das Q. in ein Dutzend von 'baylies' (→Bailli, Bailliage) aufgeteilt, von denen nur eine nördl. des Lot lag ('Outre-Lot'). Der Sitz des Seneschalls befand sich theoret. in Cahors, im kgl. Schloß ('La Rode') außerhalb der bfl. Civitas. Während des Hundertjährigen Krieges residierte der Seneschall auf Mont-de-Domme im Périgord, sein *juge mage* (Oberrichter) in der von den Engländern weniger bedrohten Bastide →Montauban.

Als der anglofrz. Konflikt auslief, wurden sekundäre Verwaltungszentren eingerichtet (in Martel, Gourdon, →Figeac, Lauzerte), die sich letztendl. gegen den Widerstand der alten Verwaltungszentren Cahors und Montauban (→États généraux v. Tours 1484, langer Prozeß vor dem *Grand* →*Conseil du roi*) zu behaupten wußten (kgl. *Arrêt* vom 29. April 1487). – Der Kg. v. England gründete aufgrund des Vertrags v. →Paris (1259) und einer Vereinbarung über die Einkünfte (1287) die →Bastide v. Montfaucon (1292); hier saß sein Seneschall für die engl. Besitzungen des Limousin, Périgord und Quercy. J. Lartigaut

Lit.: →Cahors.

Querfurt, Stadt in Sachsen-Anhalt, w. von Halle/S. Die im Hersfelder Zehntverzeichnis um 890 gen. urbs Curnfurdeburg über einer Furt durch die Querne entwickelte sich in otton. Zeit zu einer marktähnl. Siedlung. Die bis zum späten MA zu einer erstrangigen Festung ausgebaute Burg war Stammsitz der seit um 1000 nachweisbaren Edlen Herren v. Q., die seit 1136 als Lehnsleute der Ebf. e v. →Magdeburg das dortige Burggf. enamt innehatten und in mehrfacher Verzweigung im hohen MA in der Landes- und Reichspolitik eine beachtl. Stellung einnahmen. Aus dem Hause Q. ging 1229 die jüngere Linie der Gf. en v. →Mansfeld hervor. Beim Aussterben des Hauses Q. 1496 fiel das kleine Territorium an das Erzstift Magdeburg. Die bei der Burg entstandene Stadt erhielt vor 1198 Stadtrecht, im 13. Jh. einen Rat und das Münzrecht, am Ende des MA die hohe Gerichtsbarkeit. K. Blaschke

Lit.: H. Wäscher–H. Giesau, Burg Q., 1941 – Atlas des Saale- und mittleren Elbegebietes, hg. O. Schlüter–O. August, 2. T., 1960, Bl. 39; Beih., 216ff. – H. Helbig, Der wettin. Ständestaat, 1980², 117–121.

Querhaus. Schon bei den großen frühchristl. Basiliken in Rom findet sich das Q. als ein zw. Langhaus und Chor bzw. Apsis eingefügter Querriegel zur Aufnahme der Kleriker und der wachsenden Zahl der Altäre. Das sog. »Römische Querschiff« schließt unmittelbar an die drei bzw. fünf Schiffe des Langhauses an und wird selbst nicht durch Bogen unterteilt. In die Querschiffenden können Arkaden (mit Empore?) eingestellt sein (Alt-St. Peter in Rom, Fulda). Das in den frühchristl. Kirchen in Rom ausgebildete Querschiff findet im 8. bis 11. Jh. n. der Alpen reiche Wiederaufnahme und verdeutlicht – bes. wenn es im W liegt – unmittelbar den beabsichtigten Rombezug (Fulda, St. Aposteln in Köln). Die Kirche kann auch ein w. und ö. Q. besitzen (St. Michael in Hildesheim), auch ist im O ein zweites möglich (Cluny, III). Liegen Flachdecke oder Gewölbe im Q. auf der gleichen Höhe wie im Mittelschiff, so spricht man von einem Querschiff. Das Q. kann auch dreischiffig sein (Dom in Köln). Die Querarme überragen die Flucht der Seitenschiffe mit Mauerdicke oder normalerweise um ein größeres Maß. Den durch Schranken abgeteilten n. Q. flügel nennt man Transept, im Plural auch für das ganze Q. gebraucht. Zumeist teilen Bogen das Q. in drei quadrat. oder querrechteckige Joche, denen halbrunde Konchen (St. Maria im Kapitol, Groß St. Martin, St. Aposteln in Köln) oder polygonale (Bonner Münster, Marburg) als Nord- und Südschluß angefügt sein können (Dreikonchenchor). Die Nord- und Südgiebel des Q. es können wie die Westfront der Kirche reich gegliedert sein (Straßburg, Paris, St-Denis, Reims). G. Binding

Lit.: S. Guyer, Grundlagen ma. abendländ. Baukunst, 1950 – A. Mann, Doppelchor und Stiftermemorie, WZ 111, 1961, 149–262 – E. Lehmann, Zu Querschiff, Vierung und Doppeltransept in der karol.-otton. Architektur, Acta historiae artium 28, 1982, 219–228.

Querini, eine der wichtigsten und ältesten Familien des ven. Patriziats; stammte vielleicht aus Cittanova, siedelte sich anfängl. in Torcello an und ließ sich dann in Rialto nieder, wo sie seit den letzten Jahren des 11. Jh. eine rege und beständige Aktivität in der Stadtpolitik entfaltete. In der Folgezeit spaltete sie sich in mehrere Linien und stellte zahlreiche Staatsmänner, Condottieri, Literaten und Kleriker. Im MA sind bes. hervorzuheben: *Alvise* († 1482),

Capitano in →Skutari und in Candia (→Kreta) und Provveditore (Statthalter) in →Famagusta; *Balduccio*, ein glänzender Diplomat und Militärkommandant in den Kriegen mit Ungarn und Österreich in der zweiten Hälfte des 14. Jh.; *Francesco*, in der zweiten Hälfte des 14. Jh. Patriarch v. →Grado; *Francesco*, Sohn des Zanachi, leitete in der ersten Hälfte des 14. Jh. die Eroberung von Antivari (Bar) und Dulcigno (Ulcinj; →Albanien); *Giovanni III.* eroberte nach seiner Verbannung aus Venedig die Inseln Stampalia (Astypalaia) und Amorgos (die von ihm begründete Linie führte den Namen Q.-Stampalia auch noch nach der Eroberung der Insel durch die Türken i. J. 1537 weiter). *Giovanni* leitete 1358 eine Gesandtschaft zum Tatarenkhan; *Guglielmo* war in der zweiten Hälfte des 14. Jh. militär. Befehlshaber und Staatsmann; *Lauro* wirkte als Philosoph und Humanist in der zweiten Hälfte des 15. Jh.; *Lazzaro* unternahm 1471 eine wichtige Reise nach Persien; *Leonardo* besiegte 1234 Friedrich II. zur See; *Marco, Nicolò, Pietro* und Mitglieder anderer patriz. Familien zettelten 1310 eine Verschwörung gegen den Dogen Pietro →Gradenigo an. Marco wurde nach ihrer Aufdeckung hingerichtet, Nicolò und Pietro wurden verbannt. 1431-32 unternahm *Pietro* im Mittelmeerraum und im Atlantik eine wichtige Seereise.
P. Preto

Lit.: G. ZABARELLA, Il Galba overo historia della Serenissima famiglia Querina, Padua 1671 – C. HOPF, Veneto-Byz. Analekten..., SAW XXXII, 1859 – P. DONAZZOLO, I viaggiatori veneti minori, 1929 – R. LOENERTZ, Les Q., comtes d'Astypalée et seigneurs d'Amorgos, 1413, 1446, 1537, OChrP XXX, fasc. II, 1964; XXXII, fasc. II, 1966 – G. CRACCO, Società e stato nel Medioevo ven., 1967 – M. KING, Umanesimo e patriziato a Venezia nel Quattrocento, 1989 (Lauro, s. v.).

Querschiff → Kirchenbau

Quesnelliana, Collectio canonum et decretalium, ben. nach ihrem ersten Hg., dem Oratorianer Pasquier Quesnel († 1719), der sie zu Unrecht für den ältesten Codex canonum ecclesiae Romanae hielt. Die um 500 eher in Italien (Rom) als in Gallien entstandene Q. vereinigt breites kirchenrechtl. Material (gr. und afrikan. Konzile, päpstl. Dekretalen, Dokumente zu Glaubenskämpfen der Zeit) und entfaltete, obwohl ohne bes. Ordnung angelegt, eine beachtl. Wirkung im FrühMA.
H. Mordek

Ed.: MPL 56, 359–746 – *Lit.:* DDC VII, 434–440 – F. MAASSEN, Gesch. der Q. und der Lit. des canon. Rechts im Abendlande, 1870, 486–500 – H. MORDEK, Kirchenrecht und Reform im Frankenreich, 1975, 238–240 – J. VAN DER SPEETEN, Le dossier de Nicée dans la Q., Sacris erudiri 28, 1985, 383–450.

Queste (questa, questio, questus), Bezeichnung für eine grundherrl. →Abgabe in Frankreich, der →Bede benachbart. In der »Coutume v. Bourbon« ist eine »taille, qu'on appelle queste« genannt, in der »Coutume du Blésois« ein »cens a queste«. Das Wort Q. wird oft synonym mit expletum, *exploit* oder *tallia* (→Taille) gebraucht. Es bezeichnet das Recht, Abgaben in Geld, Getreide, Geflügel usw. einzuziehen, wobei die Tendenz besteht, den Begriff zunehmend auf Geldabgaben einzugrenzen. Die Q., die erstmals im 11. Jh. auftritt, wird von Kirchen, aber auch zahlreichen kleineren Grundherren erhoben. Ihre zuerst willkürl. Eintreibung wird vor dem Ende des 12. Jh. durch Gewohnheitsrecht geregelt. So bestimmt 1124 eine Urkunde des Bf.s v. Paris, daß die Kanoniker, die »Q.s« aufgrund des Herkommens erheben, dazu nun nicht mehr berechtigt sind. Eine Urkunde des Abtes v. Moissac verkündet 1212, daß »der Gf. keine Q. in der Stadt und auf den Kirchenbesitzungen ohne Absprache mit dem Abt zu fordern habe«. Diese Q. betrug in Moissac 10 Sous v. Cahors, fällig zu Fasten.

Eine andere, spätere Bedeutung von »Q.« entstand anläßl. der Einziehung der Taille und anderer Steuern: Als 'Q.' wurde nun der Weg bezeichnet, den der Steuereinnehmer bei Ausübung seiner Tätigkeit durch die Straßen einer Stadt zurückzulegen hatte. In diesem Sinne hieß 'Q.' auch die in Paris am Ende des 13. Jh. erhobene Taille.
E. Lalou

Lit.: DU CANGE – A. DEBORD, La société laïque dans les pays de Charente (X^e–XIIe s.), 1984 – J. F. NIERMEYER, Mediae Latinitatis Lexicon Minus, 1984 – E. A. R. BROWN, Customary Aids and Royal Finance in Capetian France, 1992.

Questiones de iuris subtilitatibus heißt ein anspruchsvoller Lehrdialog über Widersprüche im Zivilrecht (→Quaestiones iuris), der wohl um die Mitte des 12. Jh. in Italien geschrieben wurde, nicht von→Irnerius.
P. Weimar

Ed.: Q. des Irnerius, hg. H. FITTING (Fschr. der vier Fakultäten zum 200jährigen Jubiläum der Univ. Halle-Wittenberg, 1894, Jurist. Fak.) – Q., ed. G. ZANETTI (Bibl. di studi superiori 16, 1958) – *Lit.:* H. KANTOROWICZ, Studies in the Glossators of the Roman Law, 1938 [Neudr. mit Addenda et Corrigenda v. P. WEIMAR, 1969], 181ff., 293ff. – COING, Hdb. I, 1973, 224f. [Lit.].

Quevedo, Juan de OFM, erster Bf. auf dem amerikan. Festland, † 1519 in Barcelona, fuhr 1512/13 mit der Expedition des →Pedrarias Dávila an die Meerenge v. Panamá und übernahm 1513 das erste auf dem amerikan. Festland errichtete Bm. Santa María de la Antigua in Darién (auf Vasco Núñez de Balboa zurückgehende Gründung). Als Bf. vermittelte er zunächst in den Auseinandersetzungen zw. →Núñez de Balboa und Pedrarias Dávila, bevor er letzteren wegen zahlreicher Übergriffe u. a. auch gegenüber den Eingeborenen bei der Krone anklagte und die Einsetzung eines neuen Gouverneurs forderte. Wohl in diesem Zusammenhang nach Spanien zurückgekehrt, berichtete er Bartolomé de las →Casas von der Brutalität gegenüber den →Indianern und führte mit diesem kurz vor seinem Tod eine Debatte am Hof, in der er wie Las Casas die Mißhandlung der Indianer kritisierte, aber dafür eintrat, sie bei besserer Behandlung zu Zwangsarbeit zu verpflichten und sie in eigenständigen Dörfern anzusiedeln. Damit spielte er offenbar eine Rolle in den von Kard. →Cisneros als Regenten Spaniens eingeleiteten Reformbestrebungen bezügl. der frühen Kolonialpolitik der Krone.
H. Pietschmann

Lit.: F. FITA, El primer obispo del continente americano, Boletín de la Real Academia de la Hist. (Madrid) 21, 1892, 235–240.

Quia emptores. Dieses engl. Statut v. 1290 ordnete an, daß die Übertragung von einem voll im Eigentum stehenden Lehen (freier Landbesitz [→*freehold*]), der an Nachkommen und Seitenverwandten vererbt werden konnte) durch Stellvertretung, aber nicht durch weitere Unterbelehnung frei erfolgen sollte. Vorher konnte bei Unterbelehnung der Veräußerer das Land dem Empfänger mit der Gegenleistung von feudalen Diensten übertragen, indem er dessen Lehnsherr wurde. Durch Statut wurde bei der Stellvertretung der Empfänger den Veräußerer als Lehnsmann bei dessen Lehnsherrn. Auf diese Weise wurde die Ausdehnung von feudalem Landbesitz verhindert. Das Statut zeigt, daß der Niedergang des Feudalismus in England im Recht Eingang gefunden hatte. Es erkannte an, daß Grundbesitz ebenso wie anderer Besitz mit Geld gekauft oder verkauft werden konnte.
T. G. Watkin

Q. und Lit.: Statutes at Large I, 122 – T. F. T. PLUCKNETT, Legislation of Edward I, 1949, 102ff. – J. M. W. BEAN, The Decline of English Feudalism, 1968, 49ff. – A. W. B. SIMPSON, Hist. of the Land Law, 1986, 54ff. – T. G. WATKIN, Q. e. and the Entail, TRG 59, 1991, 353ff.

Quidditas, abstrahierende Substantivierung des pronominalen Fragworts 'was' (quid). Der Begriff 'Q.' wurde sehr wahrscheinl. aus den lat. Übers.en der arab. philos. Traktate (v. a. Avicennas) von der 2. Hälfte des 12. Jh. an allmähl. der Schulsprache einverleibt und bedeutet 'Washeit' (quid-itas) oder 'Wesenheit' (Quiddität), beantwortet also die Frage »was ist dieses Ding oder diese Sache?«. Q. wird daher oft als synonym mit *essentia* (Wesen), *natura* (Natur), *species* (Art, Gattung), *quod quid est* und *quod quid erat esse* verwendet. Q./essentia unterscheiden sich von existentia/esse, die den Seinsakt des betreffenden Dinges, also seine Aktivität des Existierens angeben, und von entitas, die auf den Seinscharakter des betreffl. Dinges deutet, d. h. auf diejenige Beziehung, nach welcher von diesem Dinge ausgesagt werden kann, daß es da ist oder existiert. Die Scholastiker des 13. Jh. kennen die Ausdrücke q./quidditativus ('wesentlich', 'zur Wesenheit gehörig'), und v. a. der sich in seiner Philos. stark an die Metaphysik Avicennas anlehnende Johannes Duns Scotus verwendet sie häufig. J. Decorte

Lit.: R. PRENTICE, The Basic Quidditative Metaphysics of Duns Scotus as seen in his de primo principio, Spicilegium Pontificii Athenaei Antoniani 16, 1970 – L. HONNEFELDER, Ens in quantum ens, BGTPMA 16, 1979 – DERS., Scientia Transcendens, 1990.

Quid pro quo → Arzneimittelverfälschung

Quiéret, Hue, Admiral v. Frankreich, ✕ 24. Juni 1340 bei →Sluis (L'Écluse); Seigneur v. Tours-en-Vimeu (Picardie), ⚭ Blanche, Tochter Jeans III. v. →Harcourt, Seneschalls v. →Beaucaire (1325–32). Q. war *Maître de l'Hôtel* unter Philipp VI. v. Valois und kämpfte 1326 in der →Gascogne. 1333 fungierte er als Schiedsrichter zw. dem Hzg. v. →Brabant und dem Bf. v. →Lüttich. 1336 folgte er seinem pikard. Landsmann Jean de →Chepoy als →Amiral de France nach (Flottenoperationen im östl. Mittelmeer, in Schottland, gegen England). Sein Plan einer Landung in England wurde durch einen Spion vereitelt (1336). Q., der kgl. Rat war (→Conseil royal) und zugleich zu den Vertrauten des Kg.s v. →Navarra zählte, stellte gemeinsam mit Nicolas Béhuchet eine auf dem kgl. Arsenal →Clos des Galées zu →Rouen ausgerüstete →Flotte gegen England auf (1339). Er war verantwortlich für die schwere Niederlage vor Sluis. Unter Mißachtung der takt. Ratschläge des genues. Admirals Barbavera wandte er die bei früheren Seeschlachten erfolgreiche Taktik einer geschlossenen Frontlinie aneinandergeketteter Schiffe an; diese Phalanx wurde aber von den engl. Schiffen durchbrochen und manövrierunfähig gemacht. In den folgenden Kämpfen Mann gegen Mann fand auch Q. den Tod. M. Mollat

Q. und Lit.: Froissart, Chroniques, hg. S. LUCE, II, 1859 – PÈRE ANSELME, Hist géneál., VII, 1733, 744f. – CH. DE LA RONCIÈRE, Hist. de la marine frç., I, 1909 – R. CAZELLES, La Société politique et la crise de la royauté sous Philippe de Valois, 1958 – E. H. JENKINS, Hist. de la marine française, 1977 – A. MERLIN-CHAZELAS, Documents relatifs au Clos des Galées de Rouen, 2 Bde, 1977–78 – T. J. RUNYAN, Ships and Fleet in Anglo-French Warfare 1331–60, American Neptune 46, 1986.

Quierzy (Carisiacum). Der Ort an der Oise (heute dép. Aisne, arr. Laon) war eng mit dem Aufstieg der Pippiniden/Karolinger zum Kgtm. verbunden. Erstmals von Fredegar (IV, 27) erwähnt, zu Beginn des 8. Jh. 'villa' des neustr. Hausmeiers →Grimoald (II.), begegnet Q. 741 als 'palatium' →Karl Martells, der dort auch starb. Wegen seiner Lage in der Diöz. Soissons an der Grenze zu Austrasien als Zentralort geeignet, wurde Q. für Kg. →Pippin III. zum wichtigen Stützpunkt in einer Pfalzenlandschaft mit pippinid. (Q., Verberie, Ver) und merow. Traditionen (Compiègne, Berny, Ponthion; als neue kgl. Aufenthaltsorte traten Attigny, Corbeny und Samoussy hinzu). Mehrfach als Festpfalz (754, 761–765) genutzt, wurde Q. 754 zum Schauplatz eines Hoftags, auf dem der frk. Langobardenfeldzug beschlossen wurde; hier leistete Pippin Papst Stephan II. eine umfassende 'promissio' mit Restitutions- und Gebietsgarantie für päpstl. Besitzungen in Italien als Grundlegung des →Patrimonium sancti Petri, Glied eines umfassenderen, quellenkrit. schwer zu beurteilenden Vertragswerks (mit Abmachungen vom Jan. 754 in Ponthion und der Salbung Pippins und seiner beiden Söhne durch den Papst im Juli 754 in St-Denis) zw. Papst und Frankenkg.

Auch als wegen der zunehmenden Konzentration Karls d. Gr. auf Austrasien Herstal und schließlich Aachen zu hauptsächl. Itinerarorten wurden, behielt Q. für den W des Frankenreichs eine bes. Bedeutung. Unter →Karl d. Kahlen traten →Compiègne und →Attigny an die Seite von Q. Hier wurden in der Mitte des Jahrhunderts mehrere Synoden und Hoftage abgehalten, 838 Karl d. Kahle mit dem Schwert gegürtet und gekrönt, 842 Karls Hochzeit mit Irmintrud gefeiert. Vor seinem letzten Italienzug versammelte Karl seine Großen im Juni 877 in Q. Im umfangreichen Kapitular v. Q. (MGH Cap. II/1, Nr. 281) wurden die Herrschaft während der Abwesenheit des Ks.s und die Regentschaft für Ludwig den Stammler geregelt. Die Bestimmungen über die Lehen von Vasallen, die nicht vom Italienzug zurückkehren sollten, sind von grundsätzl. verfassungsgesch. Bedeutung für die allmähl. kgl. Akzeptanz vasallit. Erblichkeit. Als letzter karol. Herrscher ist Karl III. d. Dicke 886 in Q. bezeugt; die Pfalz wurde vermutl. 890/891 von Normannen zerstört. Der Platz blieb dem Kgtm. erhalten: 1053 urkundete Heinrich I. hier, und Kg. Philipp I. übertrug die Lehnshoheit über Q. an den Bf. v. Noyon. Noch in 12. und 13. Jh. griffen die Kg.e in Rechtsstreitigkeiten um die Burgen von Q. ein. →Pfalz, E. B. Schneidmüller

Lit.: DÜMMLER[2], s.v. – G. WEISE, Zwei frk. Kg.spfalzen. Ber. über die an den Pfalzen zu Q. und Samoussy vorgenommenen Grabungen, 1923 – BRÜHL, Fodrum, 10ff. – W. H. FRITZE, Papst und Frankenkg., 1973, 63ff. – R. KAISER, Unters. zur Gesch. der Civitas und Diöz. Soissons in röm. und merow. Zeit, 1973, 207ff. – J. JARNUT, Q. und Rom, HZ 220, 1975, 265–297 – E. EWIG, Spätantikes und frk. Gallien, I, 1976 – D. LOHRMANN, Trois palais royaux de la vallée de l'Oise d'après les travaux des érudits mauristes: Compiègne, Choisy-au-Bac et Q., Francia 4, 1976, 130–139 – J. L. NELSON, Politics and Ritual in Early Med. Europe, 1986, 87 u. ö. – R.-H. BAUTIER, Le poids de la Neustrie (La Neustrie, I, 1989), 536ff. – J. BARBIER, Le système palatial franc: genèse et fonctionnement dans le nord-ouest du regnum, BEC 148, 1990, 279ff. – W. KIENAST, Die frk. Vasallität, 1990, 350ff. – J. L. NELSON, Charles the Bald, 1992, 206ff.

Quietismus. Obwohl der Begriff erst aus dem 17. Jh. stammt, gibt es der Sache nach Ansätze zu einer quietist. Haltung schon in der orth. wie in der verketzerten →Mystik des abendländ. MA. Passive Hingabe, nur inneres Gebet, Gelassenheit gelten als alleinige Mittel, die Vereinigung mit Gott zu erreichen. So beschreibt schon das mhd. »S. Trudperter Hld« (Mitte 12. Jh.) die Ruhe der Seele im göttl. Ursprung als Ablehnung jedes Tuns, selbst guter Werke und Gebete (18, 7ff.). Das Konzil v. Vienne (DENZINGER-SCHÖNMETZER Nr. 892, 896) verurteilte 1311/12 Beginen und Begarden u. a. deshalb, weil sie meinten, daß Tugendwerke wie Fasten, Geißelung, Wachen usw. die Vollkommenheit eher verzögern würden und unnötig seien. In der Sekte vom freien Geist spielten solche Vorstellungen eine Rolle; als Kritiker traten dagegen u. a. →Ruusbroc, Jordaens, →Johannes Carlerius de Gerson auf. Hauptgrund der Verketzerung war, daß die Q. auf die Heilsvermittlung der Amtskirche verzichtet. Es ist jedoch evident, daß solche Konzeptionen nur Spielarten der Ideale vom 'Lassen' und 'Freiwerden' sind, wie sie bes. die rhein. Mystik (Meister →Eckhart) lehrte und wie sie die

Christus-Johannes-Gruppen verbildlichten – in der Figur des Lieblingsjüngers an der Brust Christi als Vorbild des passiv lauschenden Mystikers. Doch ist die Befindlichkeit eines Ruhens in Gott mit völliger Indifferenz gegenüber allem von außen Kommenden auch sonst bezeugt (z. B. →Clara v. Montefalco). Für die Ostkirchen vgl. →Hesychasmus.
P. Dinzelbacher

Lit.: DSAM XII, 357-360 [Passivité]; 2754f. [Quies] – DThC XIII, 1537-1581.

Quilichinus v. Spoleto, Richter aus spoletin. Geschlecht, Anhänger Friedrichs II., verfaßte 1236 eine eng an die Q. angelehnte »Historia Alexandri Magni« in 1957 Dist. (19 Hss. überwiegend des 15. Jh., im 14. Jh. ins Dt. und It. übers.). →Alexander d. Gr.; →Historia de preliis; →Leo Archipresbyter v. Neapel.
B. Gansweidt

Ed.: W. Kirsch, Q. de S. Historia Alexandri Magni, 1971 – Lit.: A. C. Dionisolli, JWarburg 51, 1988, 1-13.

Quimper, Stadt und Bm. in der westl. →Bretagne (dép. Finistère), Zentrum der Landschaft →Cornouaille, seit dem 5. Jh. Bf.ssitz, entstanden an der Vereinigung (bret. Kemper 'Zusammenfluß') von Odet, Frout und Steir zu einer breiten Mündungsbucht (letzte Brücke vor dem Meer). Vorgängersiedlung war ein galloröm. Vicus, die spätere Vorstadt →Locmaria am linken Odetufer. Q. entwickelte sich auf dem Hügelzug v. Kerfeunteun, über der versumpften Talaue. Im 6./7. Jh. trat der hl. →Corentinus als Glaubensbote auf. Nach der Vereinigung mit dem Hzm. Bretagne (1066) unter Hzg. Hoël war Q. in zwei Bereiche geteilt: das Lehen des Bf.s ('régaire'), der Stadtherr der ummauerten 'ville close' war, und das Lehen des Hzg.s ('Terre-au-Duc'). Die Stadt war Schauplatz glanzvoller 'joyeuses entrées' der Hzg.e und Prälaten (1505 Hzgn. →Anna) sowie großer Prozessionen ('Tro Breiz': Umfahrt der Bretagne), litt aber auch unter den Wirren des Bret. Erbfolgekrieges (1344 Plünderung durch →Karl v. Blois, 1364 widerstrebende Unterwerfung unter die Herrschaft→Jeans IV. v. →Montfort), Pestepidemien, dem Terror von Söldner- und Räuberbanden sowie den Aufständen der Bauern, die 1490 eine 'commune' nach Art der Jacquerie bildeten.

Vom Wohlstand der ca. 4000-5000 Einw. zählenden Stadt zeugt ein reicher Bestand an ma. Bauten, so die Stadtbefestigung aus armorikan. Granit, die ein Areal von 15 ha umspannte. Die roman. Kathedrale St-Corentin wurde seit 1239 in got. Stil umgebaut, erst 1515 vollendet. Stadthäuser (Hôtels) des handeltreibenden Bürgertums und der Kanoniker sind, z. T. in reichem Fachwerk, erhalten. Der Konvent der Minoriten (Cordeliers) entstand 1232; das Hospital St-Antoine unterstand bereits städt. Regie. Als Gewerbetreibende sind u. a. Seehändler, Weber, Schuhmacher, Goldschmiede, Uhrmacher belegt. Einige Notabelngeschlechter treten hervor (Kaufmannsfamilie Le Baud, Glasmacherfamilie Solier, ferner: Giraud, Pouidez). Die durch den von Hzg. und Bf. ernannten 'capitaine' überwachte städt. Verwaltung wurde ausgeübt von den »nobles, vénérables et discrètes personnes«, im Rahmen eines Stadtrates (Conseil) und mit Ansätzen zu einem geregelten munizipalen Ämterwesen. Die städt. Finanzen wurden im wesentl. aus der Verpachtung von städt. Gerechtsamen sowie der Weinsteuer (in der gesamten Cornouaille) bestritten. Die Stadt besaß eine Reihe von Privilegien (Abführung von direkten →Aides an die hzgl. Kammer anstelle der drückenderen Fouages); sie entsandte Vertreter auf die États de Bretagne.
J.-P. Leguay

Lit.: J. Trévedy, Études sur Q. et la Cornouaille, 1892 – J.-P. Leguay, Un réseau urbain au MA: les villes du duché de Bretagne aus XIVe et XVe. s., 1981 – Hist. de Q. [J. Kerhervé, in Vorber.].

Quimperlé, ehem. Abtei (Ste-Croix) und Stadt in der westl. →Bretagne (dép. Finistère). 1029 übertrug der Gf. v. →Cornouaille, Alain Canhiart, zum Dank für die Genesung von schwerer Krankheit, seine Domäne Anaurot, gelegen am Zusammenfluß von Ellé und Isole, einer Gruppe von Benediktinermönchen aus der Abtei →Redon. Die Abtei OSB Q. baute dank umsichtiger Verwaltung und reicher Schenkungen eine sich über die gesamte Bretagne verteilende Grundherrschaft auf (Bestätigungsurkunde 1146), an deren reichen Einkünften sich jedoch die mißgünstigen Herzöge ihren Anteil sicherten (→Pariage, mit Abgabenteilung; 'Inquisitio' von 1238). Die Kirche ist ein Hauptzeugnis der roman. Architektur des 11. und 12. Jh. im Lande (Hl.-Grab-Rotunde von 1084, Krypta).

Die kleine Stadt (→Abteistadt) hatte einen Dominikanerkonvent (gegr. ca. 1260/70), war mit einer Stadtmauer ('cerne') befestigt (1494 verfallen) und lebte vom Handel mit Getreide, Salz und Wein (Schiffslände: 'rue des Vesseaux', 1464: Halle; acht Jahrmärkte; Mühlen; Fischerei sowie Produktion von Leder, grobem Tuch, Leinwand und Kleinmetallwaren.
J.-P. Leguay

Q. und Lit.: L. Maître, Cart. de l'abbaye Ste-Croix de Q., 1896 – J.-P. Leguay, Un réseau urbain au MA: les villes du duché de Bretagne aux XIVe et XVe s., 1981 [Lit.] – A. Chédeville-N. Tonnerre, La Bretagne féodale XIe-XIIe s., 1987.

Quinisextum → Konstantinopel, ökumen. Konzilien (Concilium Quinisextum)

Quiñones, Adelsgeschlecht, ursprgl. in Quiñones ansässig, einem kleinen leon. Dorf zw. dem gleichnamigen Fluß und dem Orbigo. Mitte des 14. Jh. – nach vereinzelten Nachrichten im 13. Jh. – bildete sich bei dem kleinen Ort Alcedo nahe La Robla (León) eine der hervorragensten Linien des Geschlechts, die Q. de Alcedo. Vertreter der Hauptlinie (auch Casa de Luna gen.) war Suero Pérez de Q. († 1367) der eigtl. Gründer des Geschlechts. Von den Kg.en Peter I. und Heinrich II. begünstigt, erhielt er u. a. die →Merindad der Stadt Ovideo, den →Concejo v. Gordón (León) und wurde →Adelantado Mayor v. León und Asturien. Obwohl er Berater Kg. Peters I. v. Kastilien war, schloß er sich Heinrich v. Trastámara an und erlag den in der Schlacht v. →Nájera (1367) erlittenen Wunden. Bedeutende Nachkommen Sueros im SpätMA waren der Adelantado Pedro Suárez de Q. I. († 1402) und seine Neffen, Diego Fernández de Q. I. »el de la Buena Fortuna« († 1444), dem Johann II. die Einrichtung eines→Mayorazgo gestattete, und Pedro Suárez II. († 1455). Ihnen gelang es durch Kauf, Erbschaften, Schenkungen oder Tauschgeschäfte eine ausgedehnte Herrschaft (señorío solariego) mit Gerichtsrechten zu errichten, deren geogr. Kern in den Leoneser Bergen, in den Hochtälern und am Mittellauf der Flüsse Luna/Orbigo und Torio sowie in den Tierras del Páramo lag; in Asturien gehörten ihnen zudem die Orte und Concejos v. Cangas, Tineo, Allande, Llanes, Ribadesella, Caso und Somiedo, zudem Besitzungen in Valladolid (Velliza und Barcial) und in der Stadt Toledo.

Heinrich IV. bürgte anläßl. der Geburt seiner Tochter →Johanna (la 'Beltraneja') am 28. Febr. 1462 Diego Fernández de Q. II. den Titel eines Gf.en der Stadt und der befestigten Burg v. Luna (schon seit der Zeit des Adelantado Pedro Suárez I. im Besitz der Familie). Die Stellung als →Merino und →Alcalde Mayor machte den jeweiligen Inhaber des Gf.enamtes bes. in der Zeit Kg. Alfons' (XII.), seiner Schwester Isabella und im kast. Bürgerkrieg zur

Stütze der Kg.sgewalt in Asturien. Mit den großen kast. Geschlechtern wie den Enríquez, Osorio, Pimentel, Acuña oder Mendoza verwandt, zählten zu den Q. de Luna auch qualifizierte Kirchenmänner wie Kard. Q., der zusammen mit Kard. →Cisneros die Kirchenreform durchführte, aber auch Politiker wie Claudio Fernández de Q., 4. Gf. v. Luna, der span. Gesandte auf dem Konzil v. Trient. Die Macht der Q. veranlaßte schließlich die Kath. Kg.e 1477, ihnen die Städte und Concejos v. Cangas und Tineo mit dem Titel eines →Marqués zu übertragen. 1480 änderte sich die Lage, als die Kg.e ihre Politik der Beschränkung und Eingrenzung der Adelsgewalten einleiteten.

Andere Zweige der Q. siedelten seit der zweiten Hälfte des 15. Jh. in verschiedenen Orten der heutigen Prov. León (Q. de Sena, Q. de Valdejamuz, Q. de Riolago). Sie verkörperten den Typus den niederen Adels, dem, am Hofe nicht vertreten, verwandtschaftl. Bindungen zu bedeutenden Adelsfamilien fehlte und der Zugang zu den höchsten Kirchenämter verwehrt blieb.

C. Álvarez Álvarez

Lit.: C. Álvarez Álvarez, El condado de Luna en la Baja Edad Media, 1982.

Quinta essentia → Elemente

Quintanilla, Alfonso de, * um 1430 in Paderni/Oviedo (Asturien), † 29. Aug. 1500 in Medina del Campo, begann seine Karriere als Vasall im Dienste Heinrichs IV. Gefolgsmann des Infanten Alfons, als dieser 1465 zum Kg. erhoben wurde, und später der Prinzessin →Isabella, wurde er einer ihrer vertrautesten Mitarbeiter: 1465 war er oberster Schreiber bei der Ausstellung und Bestätigung von Privilegien, 1467 Schatzmeister der Münze bzw. der neuen Münzprägestätte von Medina del Campo und →Alcalde der dortigen Burg La Mota (1475). Dank seiner Intervention anerkannten die Städte Ávila, Segovia und Tordesillas Isabella als Thronfolgerin. Im Erbfolgekrieg nahm er an den Feldzügen in die Estremadura teil (1475–79) und finanzierte die Expedition des Pedro de Vera zur endgültigen Eroberung von Gran Canaria (1480). Als *Contador Mayor de Cuentas* (→Contadurías) organisierte er die neue →Hermandad (Städtebund) vom Mai 1476 (Junta de Dueñas) und zeichnete sich v.a. durch die Einrichtung der Intendantur aus. Spezialist für Fragen der Marine, des Heeres und für die Vizcaya, war er unter den ersten, die →Kolumbus protegierten. M. A. Ladero Quesada

Lit.: R. Fuertes Arias, A. d. Q., contador mayor de los Reyes Católicos, 1909 – M. C. Morales Muñiz, A. d. Q., 1993.

Quintilianus im MA. Das Hauptwerk des berühmten Lehrers der Beredsamkeit in der Zeit Domitians Marcus Fabius Q., die 12 Bücher der Institutio oratoria, ist im Altertum merkwürdig rasch in den Hintergrund gedrängt worden; auch hs. Reste haben sich aus dem Altertum selbst nicht erhalten. Gleichwohl ist das Werk noch vollständig ins MA gekommen. Cassiodor (inst. II 2; de orthographia) hat es gekannt; längere Q.zitate freilich, die sich in einer Anzahl karol. Cassiodor-Hss. finden, stammen aus einer jüngeren Fassung des Cassiodortextes. Unsicher ist, ob Isidor, der Q. als Quelle benützt (etym. I 28; III 17) bzw. ihn nennt (etym. II 2,1), unmittelbar die Inst. orat. in Händen hatte oder aus einem spätantiken Kompendium zitierte; für letzteres spricht der Umstand, daß auch die angebl. Q.-Kenntnis des mit Isidor befreundeten Braulio (epist. 11: Manitius III 43) sich als Anspielung auf Hieronymus epist. 143 (CSEL 56, 261) erwiesen hat. Auszüge aus B. VIII und IX finden sich (als 'Schemata dianoeas quae ad rethores pertinent': vgl. L. Holtz, StM 3ª ser. 16, 1975, 121) in der nach Montecassino gehörenden Slg. von Texten zu den artes im Parisinus lat. 7530. Daß die Angelsachsen, die Q. nicht zu zitieren pflegen, schon vor dem 9. Jh. die Inst. orat. besessen hätten, ist trotz zweier möglicher Zitate bei Alkuin (P. Lehmann, Philologus 74, 380) nicht bewiesen. – Die uns sichtbare hs. Überlieferung setzt im 9. Jh. ein; sie ist dadurch gekennzeichnet, daß nur sehr wenige Exemplare den – entgegen einer lange Zeit herrschenden Ansicht – älteren, vollständigen Text besitzen, während die Mehrzahl der erhaltenen Exemplare auf eine Hs. zurückgeht, die zu unbestimmter Zeit durch Blatt- und Lagenausfall lückenhaft geworden war. Die älteste Hs., ein Vertreter des vollständigen Textes, Mailand, Ambr. E. 153 sup., in der 1. Hälfte des 9. Jh. für Tours oder in dessen Wirkungsgebiet geschrieben, blieb ohne erkennbare Nachwirkung. Ohne deren Kenntnis begann um die Mitte des 9. Jh. Lupus v. Ferrières, der offenbar vergebl. versucht hatte, seinen lückenhaften Q. mit Hilfe einer Hs. des Abtes Altsig v. York (epist. 62 von 849) und danach Benedikts III. (epist. 111 Dümmler von 856) zu vervollständigen, die Verbreitung wenigstens des lückenhaften Textes in Gang zu bringen: die ältesten Hss. dieser Familie lassen sich unmittelbar mit Lupus verbinden. Seit dieser Zeit ist Frankreich das Gebiet des lückenhaften Textes der inst. orat. geblieben. Das Bekanntwerden des vollständigen Textes ging von einer dt. Stätte aus. Der heutige Bambergensis class. 45, im 9. Jh. in der Loiregegend geschrieben und mit lückenhaftem Text, muß im 10. Jh. sich in einer dt. Bibliothek befunden haben, wo er nach einer Hs. des vollständigen Textes, die mit dem Ambr. E. 153 sup. nah verwandt, jedoch ags. geschrieben war, ergänzt wurde; das kann in einem Kl. geschehen sein, wo – wie in Fulda – ags. Schreibgewohnheiten noch bis in die Mitte des 9. Jh. geherrscht hatten. Die dann nach Bamberg (Michelsberg?) gelangte ergänzte Hs. ist Stammhs. der (geringen) Verbreitung des vollständigen Q. geworden (z.B. Köln: Harley 2641, oder St. Gallen: Zürich C 74). – Im Westen, d. h. in Frankreich, England, Spanien zeigen alle nachkarol. Hss. der Inst. orat. irgendeinen Typus des lückenhaften Textes. Um die Mitte des 12. Jh. soll Philippe de Harcourt, Bf. v. Bayeux, einen (lückenhaften) Q., in dem eine große Lücke im X. Buch ergänzt war, aus Rom mitgebracht und 1164 an die Abtei Bec geschenkt haben. Abkömmlinge dieser (später verlorenen) Hs. sind u. a. die als Compendium bezeichneten Auszüge des Becenser Mönches Stephan v. Rouen sowie, von diesem unabhängig, die pädagog.-moral. Exzerpte in dem großen Florilegium Gallicum des 12. Jh. – Mit dem Anwachsen des Interesses für Rhetorik und für humanist. Studien überhaupt seit dem 11. und 12. Jh. findet auch Q. stärkere Beachtung. Freilich, wenn ihn Anselm v. Besate neben anderen als Quelle seiner (verlorenen) Rhetorik, Benzo v. Alba als einen berühmten Autor des Altertums nennt, so gehen solche Erwähnungen kaum tiefer als eine gelegentl. Anspielung des Petrus Abaelardus oder des Giraldus Cambrensis. Von Bernhard v. Chartres glaubt man, daß er sich an B. I und II der Inst. orat. orientiert habe, und als einer der wenigen im MA überhaupt scheint Johannes v. Salisbury eine innere Beziehung zu Q. gehabt zu haben. Zahlreiche Zitate finden sich im 13. Jh. bei Vinzenz v. Beauvais, in der Enzyklopädie und in der Schr. De eruditione filiorum nobilium, wobei das moralpädagog. Anliegen deutl. im Vordergrund steht. Den Einfluß Q.' auf die rhetor. Theorie und Praxis darf man sich auch im 12. und 13. Jh. nicht zu stark vorstellen. – In Dtl., wo nur der vollständige Text bekannt war, haben der unbekannte Hersfelder Verf. der Schr. De unitate ecclesiae (in der Zeit

Heinrichs IV.) und Wibald v. Stablo Q. gekannt und zitiert. Ulrich v. Bamberg (→Codex Udalrici) verfaßte eine Rhetorik (ÖNB lat. 2521, Autograph?), die zu einem Drittel auf Q. fußt. In einer Institutio puerorum secundum consuetudinem Romanorum et mentem sanctorum patrum hat ein Zwiefaltener Mönch vielleicht noch im 11. Jh. eine Erziehungsschr. verfaßt, in der neben Bibel, Kirchenvätern und ma. Autoren bis Alkuin in bemerkenswertem Umfang Q. verarbeitet ist. – Um 1350 erhielt Petrarca in Frankreich nur ein Exemplar mit lückenhaftem Text; er fand ihn schwer verständl. und ungenießbar, fühlte sich jedoch zu einem Orcusbrief an Q. veranlaßt. Das Suchen der it. Humanisten nach einem vollständigen Q. blieb lange vergebl., und schließlich versuchte Gasparino Barzizza sogar, das Fehlende nach eigenem Gutdünken zu ergänzen. Poggio endlich gelangte während des Konstanzer Konzils in den Besitz einer alten St. Galler Abschr., die nach Italien kam und den Text unter dem Jubel der Humanisten in der ganzen lat. Welt verbreitete. Sehr geringe und wie es scheint nur zufällige lokale Bedeutung hatten die sog. kleinen Declamationes; die einzige erhaltene alte Hs. stammt aus Frankreich (Montpellier 126, späteres 9. Jh.). Eine schwache Spur der Benutzung hat sich im 12. Jh. im Verbum abbreviatum des Petrus Cantor gefunden (decl. 330). Aus unbekannter Stätte in Dtl. erhielt Francesco de' Piccolomini Todeschini (später Pius III.) ein dem Montepessulanus verwandtes Exemplar, das Stammhs. einiger humanist. Kopien wurde, ehe es wiederum verlorenging. – Die pseudoquintilian. (größeren) Declamationes haben, wiewohl nur wenig bekannt, im MA insofern eine gewisse Bedeutung erlangt, als Bernardus Silvestris den Stoff für seine (unvollendete?) Dichtung 'Mathematicus' aus decl. 4 entlehnte.   F. Brunhölzl

Lit.: MANITIUS, I–III – Praefationes der krit. Ausg.en. – P. LEHMANN, Die Institutio oratoria des Q. im MA. Erforsch. des MA, II, 1965, 1ff. [Lit.] – L. D. REYNOLDS, Texts and Transmission, 1982, 332ff.

Quintinus, hl. (frz. Quentin), Märtyrer, † Ende des 3. Jh. nahe →St-Quentin (Picardie, dép. Aisne), Hauptfest: 31. Okt. (Mart. Hieron.). Nach der ersten Passio (BHL 6999, nicht vor dem 7. Jh.) gehörte Q. einer röm. Senatorenfamilie an und kam unter dem Caesar Maximianus nach Gallien, um gemeinsam mit dem hl. →Lucianus die Region um →Amiens zu missionieren; die Passio des hl. Q. gehört dem sog. »Rictiovarus-Zyklus« an. Ein halbes Jahrhundert nach seinem Martyrium ließ die blinde Matrone Eusebia aus röm. Adel aufgrund einer Vision den Leichnam des Hl.n aus der Somme bergen und in ein von ihr errichtetes Heiligtum überführen (BHL 7000). Um 641 fand der hl. →Eligius die Reliquien des hl. Q. wieder auf und fertigte ein reichgeschmücktes Grabmal an. Der Kult des hl. Q. war bereits im 6. Jh. lebendig (Gregor v. Tours, In gl. mart. 72), doch gewann er erst in der Karolingerzeit entscheidende Ausstrahlung (mehrere Passiones, Inventiones und Miracula, Nennung in Litaneien, Weihe der neuen Kirche in St-Quentin 835). Wegen der Normanneneinfälle wurden die Reliquien 881 und 883 nach Laon geflüchtet. Die Passio et Inventio III[a] (BHL 7008/09, 9. Jh.) wurden zur Vorlage von altengl. und insbes. afrz. Werken (→Huon le Roi de Cambrai, 1270/75; Mystère des J. →Molinet, zw. 1460 und 1492). Die Kultusverbreitung umfaßte im wesentl. das Gebiet zw. Seine und Rhein.
                                                          J.-C. Poulin

Lit.: Catholicisme XII–55, 355–357 – LCI VIII, 239f. – M. FÖRSTER, Zur altengl. Q.-Legende, ASNSL 106, 1901, 258–261 – Le Mistère de s. Q., ed. H. CHÂTELAIN, 1907 – La vie de s. Q. par Huon le Roi de Cambrai, ed. A. LÅNGFORS–W. SÖDERHJELM, 1909 – J.-L. VILLETTE,

Hagiogr. et culte d'un saint dans le haut m. â.: s. Q. [Thèse Paris X–Nanterre 1982, 2 Bde].

Quintus (Κόϊντος), gr. Epiker wohl des 3. Jh., nach eigener, freilich lit. stilisierter Angabe (12, 308–313) als Hirt bei Smyrna aufgewachsen (daher Smyrnaeus, früher auch Calaber gen.). Seine »Posthomerica« (Τὰ μεθ' Ὅμηρον, 14 B.) setzen in Stil und Technik →Homers die Ilias bis zum Falle Trojas fort. Sprachl. Vorbild ist die ep. Tradition; sachl. Vorlagen sind daneben Tragödien, hellenist. Dichtungen und mythograph. Handbücher; weniger wahrscheinl. →Vergil. Offenbar bald von der modernen Epik →Triphiodors und der Schule des →Nonnos verdrängt, ist Q. im MA nur bei byz. Philologen (→Eustathios [4. E.], →Tzetzes) nachweisbar; alle Hss. stammen wohl von einer verlorenen Hs. der 2. Hälfte des 13. Jh. Die Wiederentdeckung (→Bessarion, ca. 1455) und die ed. pr. (→Manutius, ca. 1504) führten zu einer Q.-'Renaissance' im protestant. Schulwesen des 16./17. Jh. Möglicherweise ist der Verf. der chr. 'Vision des Dorotheos' (Pap. Bodmer XXIX, ed. 1984) Sohn des Q.   U. Dubielzig

Ed. und Komm.: F. VIAN, 3 Bde, 1963–69 [mit frz. Übers.] – M. CAMPBELL, A Commentary on Q. S. Posthomerica XII, 1981 – Lit.: RE XXIV, 1271–1296 – PH. I. KAKRIDIS, K. Σ., 1962 – F. VIAN–E. BATTEGAY, Lexique de Q. de Smyrne, 1984.

Quinze Joies de Mariage, misogyne frz. Prosaschr., höchstwahrscheinl. aus dem Anfang des 15. Jh., die in satir. und parodist. Form die Freuden der Ehe schildert. Der Titel des Werkes ahmt in iron. Weise geistl. Dichtungen zu Ehren der Jungfrau Maria nach (»Quinze joies de Notre Dame«). Verschiedene Versuche, den Namen des Verf.s festzustellen, der sich in einer Scharade am Ende des Textes selbst vorstellt, sind bis jetzt fehlgeschlagen. Als Verf. wurden u. a. vorgeschlagen Antoine de →La Sale, Jean →Wauquelin, →Simon de Hesdin, Gilles Bellemère und ein nicht näher identifizierter Lerse. Die sehr originelle kleine Schrift steht in der Tradition frauenfeindl. Lit. (wie »Adversus Jovinianum« des hl. Hieronymus, →»Roman de la Rose«, »Lamentationes Matheoli« [→Matthäus v. Boulogne]). Zu beachten sind v. a. die Analogien zum »Miroir de Mariage« des Eustache →Deschamps. – Obgleich die Verse des »Miroir« im Vergleich zu der witzigen Pointiertheit der Q. J. M. trocken und weitschweifig erscheinen, finden sich in den beiden Texten nicht wenige Übereinstimmungen, was überraschen kann, da der »Miroir« im 15. Jh. keine starke Verbreitung erfuhr.   L. Rossi

Ed.: F. FLEURET, 1936 – J. RYCHNER, 1963 – J. CROW, 1969 – Bibliogr.: DLFMA[2], 1216 – Lit.: M. CRESSOT, Vocabulaire des Q. J. M., 1939 – GRLMA, VIII/1, 1988, 178–196 – M. ZIMMERMANN, Vom Hausbuch zur Novelle. Didakt. und erzählende Prosa im Frankreich des späten MA, 1989.

Quiricus de Augustis (eigtl. Name wahrscheinl. Domenico Augusti), aus Tortona (Piemont) stammender Arzt, * vor 1460 als Sohn eines Chirurgen, † nach 1495. Studierte an der Univ. Pavia Medizin, unternahm verschiedene Reisen, ztw. (1480 und 1482) Leibarzt Margaretes, Gattin des Gf.en v. Bresse (→Philipp II., Hzg. v. Savoyen); hauptsächl. aber lebte er wohl in Vercelli, wo er vermutl. als Stadtarzt wirkte und auch eine Apotheke leitete. Diese berufl. Doppelfunktion legt v. a. sein erstmals 1492 zu Turin im Druck erschienenes »Lumen apothecariorum« nahe, das nicht nur die biogr. Haupt-Q. darstellt, sondern (wenngleich ohne Gesetzeskraft) zu den maßgebenden lat. Arzneibüchern des ausgehenden MA gehört. Dies bezeugen die zahlreichen, teils bearbeiteten und erweiterten Neuausgaben, die über die Mitte des 16. Jh. hinaus vornehml. in Venedig veröffentlicht wurden, ebenso wie die Tatsache, daß man das »Lumen« schon 1496 in die tschech., 1515 in die fläm. und schließlich 1559 in die it. Sprache übersetzte. Obwohl auch in anderen Ländern Europas, bes. in Frankreich sowie im ndl. Raum, verbreitet, übte das praxisgerechte, ca. 300 ausgewählte Vorschriften enthaltende und namentl. auf Pseudo-→Mesuë [Iunior] basierende Werk seinen stärksten Einfluß verständlicherweise in Oberitalien aus, wo es bereits wenige Jahre nach der Ed. pr. in →Manlius de Bosco (1494), der Q. zugleich scharf kritisierte, und Paulus→Suardus (1496) die ersten Nachahmer fand; aufgrund der engen inhaltl. Verwandtschaft wurden deren Arzneibücher denn auch häufig mit dem »Lumen« des Q. in einem Sammelband vereinigt. P. Dilg

Lit.: L. J. VANDEWIELE, Het »Licht der Apotekers«, Pharmaceut. Tijdschrift voor Belgie 38, 1961, 1–10 – H. M. WOLF, Das Lumen apothecariorum von Q. de A., übers. und krit. bearb. [Diss. München 1973].

Quirinus

1. Q., hl. (Fest: 11. Okt.), Priester und Märtyrer in der nordfrz. Landschaft →Vexin (?). Nach ihrer »Passio« sollen der Bf. Nicasius, der Priester Q. und der Diakon Scuviculus das Tal der Seine, zw. Pontoise und Rouen, unter Ks. Domitian evangelisiert haben. Dabei befreite Q. die Gegend von einem Drachen. Nach ihrer Enthauptung trugen die drei Märtyrer ihre Köpfe bis zur Île de Gasny, wo sie bestattet wurden. – Der Leichnam des hl. Q. wurde gemeinsam mit den Reliquien anderer Hl. r nach der Normandie nach →Malmedy überführt (Fest: 9. Juli); der Translationsbericht, verfaßt nach 1062, nennt 808 als Jahr der Erhebung, doch treten die ersten sicheren Zeugnisse der Verehrung des hl. Q. und seiner Gefährten in Malmedy erst im 11. Jh. auf. Q. wurde zum Hauptpatron der Abtei Malmedy; sein Kult strahlte in schwachem Maße auf die Maasregion aus (Stablo, Lierneux, Huy, St-Truiden), wurde aber von der Verehrung des hl. →Quirinus v. Neuss überlagert. Ph. George

Q.: BHL 6081–6084, 7040–7041 – *Lit.:* RÉAU, III, 1131 – Vies des Saints X, 430–442 – LThK² VIII, 947 – LCI VIII, 242 – Bibl.SS X, 1329 – A. LEGRIS, Les premiers martyrs du Vexin, 1913 – DERS., L'exode des corps saints au dioc. de Rouen, Revue Cath. de Normandie 28, 1919, 125–221 – B. DE GAIFFIER, S. Mélance de Rouen vénéré à Malmedy..., AB 64, 1946, 58–62 – J. TORSY, Der hl. Marschall Q., AHVN 153–154, 1953, 43 – M. ZENDER, Die Verehrung des hl. Q. in Kirche und Volk, 1967 [vgl. dazu M. COENS, AB 86, 1968, 428–431] – L. DREES, Der Kampf mit dem Drachen. Die Legende des hl. Q. v. Malmedy (Zw. Venn und Schneifel, X, 1973), 159–176 – PH. GEORGE, Les reliques de Stavelot-Malmedy, 1989.

2. Q. v. Neuss, hl. Märtyrer (Fest: 30. März, Translation 30. April); nach der frühma. Passio der hll. Alexander, Eventius, Theodulos und Hermes röm. Tribun in der 1. Hälfte des 2. Jh., der sich aufgrund der Wunder der gen. Märtyrer bekehrte, zusammen mit seiner Tochter Balbina taufen ließ und nach dem Martyrium in der Praetextatus-Katakombe an der Via Appia bestattet wurde. Seine Reliquien gelangten in das niederrhein. Benediktinerinnenkl. →Neuss (Verehrung bereits um 1000 bezeugt, nach später Tradition Schenkung durch Papst Leo IX. i. J. 1050). Das Scheitern der Belagerung von Neuss durch Karl d. Kühnen 1474/75 wurde seiner Hilfe zugeschrieben. Ausgehend vom Bm. Köln verbreitete sich der Kult in ganz Westdtl., im Elsaß, in den Niederlanden bis nach Skandinavien. In Italien wird Q. bes. in Correggio verehrt. Q. wurde (mit Antonius d. Eremiten, Papst Cornelius und Hubertus v. Tongern-Maastricht) der Nothelfergruppe der »Vier hl. Marschälle« zugerechnet. Er wurde bes. bei Gicht, Ausschlagskrankheiten (auch Pest und Pocken) und als Viehpatron angerufen (Q.-Wasser, Q.-Brunnen, Q.-Ritt). Darstellung zumeist als Ritter, persönl. Attribut Schild mit neun Punkten (Novesia-Neuss), Habicht. G. Avella-Widhalm

Lit.: AASS. Martii III, 1736, 811–815 – BHL 266–271, 7026–7028k – Bibl. SS. X, 1329–1332 – LCI VIII, 2240–2242 – LThK², 947f. – Vies des Saints III, 635–636 – W. FELTEN, Der hl. Märtyrer und Tribun Q., 1900 – R. KOTTJE, Das Stift St. Quirin zu Neuss, 1952 – M. ZENDER, Räume und Schichten ma. Hl.nverehrung, 1959 – E. VAN AUTENBOER, De verering van Sint-Q. in Westeuropa en speciaal te Vlimmeren, De Vlierbes 10, 1988, 75–93 – s. a. →Neuss.

3. Q. v. Siscia (h. Sisak, Kroatien), Bf. v. Siscia, hl. Märtyrer (Fest: 4. und 12. Juni), erlitt in den Diokletian.-Galerian. Verfolgungen in Pannonia Superior unter dem Statthalter Amantius das Martyrium durch Ertränken. Erste Erwähnung in der Continuatio der Eusebios-Chronik des Hieronymus ad a. 309. Die Reliquien des Hl.n wurden aus Sabaria (h. Szombathely, Ungarn) vermutl. im frühen 5. Jh. nach Rom gebracht (Platonia-Oratorium bei S. Sebastiano ad Catacumbas). Prudentius widmet Q. den 7. Hymnus des »Peristephanon«. Ikonograph. Attribut des als Bf. dargestellten Q. ist ein Mühlstein. G. Avella-Widhalm

Lit.: AASS. Jun. I, 1741, 380–384 – BHL 7035–7039 – Bibl.SS X, 1333 – LThK² VIII, 948 – Enc. Cath. X, 432ff. – R. NOLL, Frühes Christentum in Österreich, 1954.

4. Q. v. Tegernsee → Tegernsee

Quitte (Cydonia oblonga Mill./Rosaceae). Die Früchte des bereits im →Capitulare de villis (70) erwähnten *kütenpaums* (Konrad v. Megenberg IV A, 13) sind roh ungenießbar; sie wurden deshalb – etwa mit Honig – gekocht und als Süßspeise gegessen, aber auch med. genutzt. Während Dioskurides (Mat. med. I, 115 bzw. 45) und Plinius (Nat. hist. XV, 37; XXIII, 100–103) noch die stärkere Wirkung der rohen *(mala) cotonea* (gr. kydonia mela) hervorhoben, empfahl Hildegard v. Bingen (Phys. III, 49) diese nur mehr gekocht oder gebraten: innerl. gegen Gicht und übermäßigen Speichelfluß, äußerl. gegen Geschwüre. Der Preßsaft, der Sirup, die Abkochung oder die Latwerge aus *citonia, cottana* oder *coctana* wurden vielfältig, v. a. bei Husten, Erbrechen, Magen- und Darmbeschwerden eingesetzt; die gekochten Samen sollten außerdem bei der sog. Halsbräune oder einer rauhen Zunge helfen (Circa instans, ed. WÖLFEL, 76f.; Gart, Kap. 100). U. Stoll

Lit.: MARZELL I, 1289–1292 – J. MORGENTHALER, Erste Beitr. zu einer Monogr. des Q.nbaums, 1897.

Quitzow, brandenburg. Adelsfamilie, nach der Burg Q. (Prignitz) gen., 1261 erstmals erwähnt, gehörte zunächst zur Vasallität der →Gans v. Putlitz. Der Aufstieg in die Gruppe der nobiles erfolgte durch Ausnutzung der Krise der brandenburg. Landesherrschaft im 14. Jh. und brachte Konrad v. Q. den Besitz von wichtigen Paßorten im Elb-Havelraum und die Landeshauptmannschaft der →Prignitz. V. a. seine Söhne Johann († 1436) und Dietrich († 1417) machten die Burgen zum Ausgangspunkt von Kämpfen gegen den von Mgf. →Jodok eingesetzten Landeshauptmann, gegen die in die Verhältnisse der Mark →Brandenburg eingreifenden benachbarten Territorialherren, aber auch gegen brandenburg. Städte und Herrschaftsträger. 1404 versuchte die Stadt →Berlin vergebl., Johann v. Q. durch Übertragung ständ. Gewalt zur Friedenswahrung anzuhalten. Die Einnahme der stärksten Burgen 1414 durch Burggf. →Friedrich VI. (12. F.) beendete die polit. Bedeutung der Q.s. F. Escher

Q. und Lit.: W. HOPPE, Die Q.s, FBPrG 43, 1930, 22–43 – CH. V. WARNSTEDT, Das Geschlecht v. Q., Zs. für Nd. Familienkunde 45, 1970, 69–109 – Die Aufzeichnungen des Engelbert Wusterwitz, bearb. W. RIBBE, 1973.

Quodlibet, schriftl. Niederschlag einer →disputatio oder quaestio quodlibetalis (Diskussion oder Frage 'über einen beliebigen Gegenstand' [de quolibet]) oder – in erweitertem Sinne – die Diskussion selbst. In der Frühscholastik betonte der akadem. Unterricht neben der disputatio v.a. die lectio. Allmähl. aber gewann die quaestio an Interesse, bes. in zwei Formen: die *quaestio (disputata) ordinaria*, eine einem bes. Thema gewidmete Reihe von Fragen und Vorlesungen, wobei der Magister Fragen wie Lösungen selbst bestimmte, und die *quaestio (disputata) de quolibet*, eine feierl., in Anwesenheit der ganzen Univ. oder Fakultät gehaltenen Diskussion aus drei aufeinanderfolgenden, jedoch nur einen einzigen Akt des Magisters konstituierenden Momenten: 1. Disputatio de quolibet a quolibet proposito (Streitgespräch zweier →Baccalarii über einen beliebigen, z.T. vorher eingereichten Gegenstand, in das jeder Anwesende eingreifen kann); 2. Determinatio magistri (Zusammenfassung der Diskussion, Einführung der für die Lösung unentbehrl. Unterschiede und Lösung der Frage durch den Magister); 3. Später vom Magister redigierte, endgültige Fassung der determinatio. Ein Q. kann also in drei Formen begegnen: als von Studenten verfaßte reportationes, als vom Professor begutachtete reportationes und als vom Magister selbst geschriebener Text (häufigster Fall). Quodlibetale Diskussionen fanden im akadem. Jahr nur in der zweiten Woche des Advents und in der vierten Woche der Fastenzeit statt. Da die meisten Q. a sehr genau datierbar sind und häufig eine Fülle konkreter Ereignisse und Verweisungen auf andere Schrr. desselben oder anderer Autoren enthalten, bilden sie eine wichtige hist. Quelle für aktuelle, oftmals heftig umstrittene Fragen ihrer Entstehungszeit. Nach dem Höhepunkt des lit. Genres zw. 1260 und 1320 verschob sich das Interesse allmähl. von überwiegend prakt.-moral. auf philos.-theol., mehr spekulative Fragen; damit drängte das schriftl. Q., das zunehmend anstrengende wiss. Unters.en und ausführl. abstrakte Spekulationen voraussetzte, das mündl. zurück. Als die magistri regentes nach 1320 den immer höheren Anforderungen nicht mehr entsprechen konnten oder wollten und sich wiederholt dieser akadem. Verpflichtung entzogen, traten immer häufiger die Baccalarii anstelle des Magisters als determinatores auf, und das Genre verfiel. J. Decorte

Lit.: P. GLORIEUX, La litt. quodlibétique de 1260 à 1320, 1925-35, I, 11-95; II, 9-50 – E. AXTERS, The New Scholasticism 12, 1938, 242-253 – J. GOMEZ-CAFFARENA, Gregorianum 38, 1957, 116-133 – R. MACKEN, Henricus de Gandavo, Q. I, 1980, XIV–XX – J. WIPPEL, The Metaphysical Thought of Godfrey of Fontaines, 1981, XXXI–XXXIV – Les genres litt. dans les sources théol. et philos. médiévales, hg. R. BULTOT, 1982, 11-85 [Beitr. C. VIOLA, B. C. BAZÀN, J. G. BOUGEROL, J. WIPPEL] – B. C. BAZÀN u.a., Les questions disputées et les questions quodlibétiques..., 1985, 153-222 [Lit.] (TS fasc. 44-45) – B. LAWN, The Rise and Decline of the Scholastic 'Quaestio Disputata' (Education and Society in the MA and Renaissance, 2, 1993), 15-17.

Quo-warranto-Verfahren. Seit der norm. Eroberung (1066) übten engl. Magnaten →Gerichtsbarkeit über verschiedene Bereiche des kgl. Rechts aus, die ihnen durch Freiheitsurkk. (*franchises*) übertragen worden waren. Dieses seigneuriale Recht war so begehrt, daß sich Lords häufig der Gerichtsbarkeit bemächtigten, ohne eine echte Freiheitsurk. zu besitzen. Auf diese Weise beraubten sie die Kg.e ihrer Gerichtsbarkeit und der mit dem Recht verbundenen Einnahmen. Kg. →Eduard I. sorgte für eine Änderung der Praxis. 1274–75 ordnete er eine Inquisitio durch kgl. Kommissare in jeder Hundertschaft (→*hundred*) des Kgr.es an, um diejenigen festzustellen, die legal oder illegal kgl. Rechtsprechung ausübten. Zur Erfassung der Rechte fragten die Kommissare örtl. Geschworene, kraft welcher Vollmacht (»Q. w.«) die jeweiligen Herren Gerichtsrechte ausübten. Die Antworten wurden in den →Hundred Rolls zusammengefaßt, wo vermerkt ist, wer Inhaber einer Freiheitsurk. war und wer nicht. Auf der Grundlage dieser Untersuchung erließ Eduard 1278 in dem Statut v. Gloucester die Bestimmung, daß alle Personen, die beanspruchten, Freiheitsurkk. zu besitzen, welche ihnen Gerichtsrechte gewährten, vor den Reiserichtern den Beweis erbringen sollten. Denjenigen, die diesen Beweis nicht liefern konnten, wurde die Gerichtsbarkeit entzogen. Diese Vorschrift wurde in den folgenden Jahren von den kgl. Richtern, die über die Ausübung der Gerichtsbarkeit zu entscheiden hatten, rigoros angewandt, wobei sie davon ausgingen, daß eine lange, gewohnheitsmäßige Ausübung der Gerichtsbarkeit (auf die Krönung Richards I. 1199 und davor zurückgehend) keinen Anspruch auf dieses Recht darstellte, das rechtmäßig dem Kg. zustand. Nachdem Eduard I. die Ausübung der kgl. Gerichtsbarkeit durch nicht berechtigte Personen beendet hatte, stimmte er 1290 schließlich einem Kompromiß zu. Er erließ das »Statute of Q. w.«, das allen Personen, die für sich und ihre Vorfahren eine kontinuierl. Ausübung kgl. Rechtsprechung seit 1189 nachweisen konnten, die ungestörte Fortsetzung durch kgl. Urkk. bestätigte. Das Statut sicherte die kgl. Auffassung, daß alle Freiheitsurkk., die kgl. Recht verliehen, kgl. Gewalt delegierten. B. Lyon

Lit.: H. M. CAM, The Q. w. Proceedings under Edward I, History 11, 1926, 143-148 – D. W. SUTHERLAND, Q. w. Proceedings in the Reign of Edward I, 1278-1294, 1963.

Qusta ibn Luqa (Qusṭā b. Lūqā al-Baʿlabakkī, Costa ben Luca, Constabulus), melchit. Christ griech. Abstammung, * um 820 im syr. Baalbek (Heliopolis), lebte in Bagdad, zuletzt in Armenien, †912. Q. übersetzte zahlreiche math., philos. und med. Werke aus dem Gr. ins Arab., u.a. →Heron v. Alexandria. Er kommentierte →Euklid und schrieb eine frühe Abh. über das →Astrolabium (lat. Stephanus Arnaldus). Als ärztl. Autorität schon von →ar-Rāzī und →Ibn al-Ǧazzar gerühmt, schrieb er v.a. über physiolog. und psycholog. Themen. Auf seine Schr. »De differentia spiritus et animae« in der Übers. des →Johannes Hispanus beriefen sich →Alfredus Anglicus, →Albertus Magnus, →Roger Bacon u.a. Beachtl. Kritik am zeitgenöss. Zauberglauben übt seine nur lat. erhaltene Schr. »De physicis ligaturis«. H. H. Lauer

Q. und Lit.: DSB XI, 244-246 [Lit.] – SARTON I, 602 – BROCKELMANN I, 204; Suppl. I, 365f. – G. GRAF, Gesch. der chr. arab. Lit. 1944-53, II, 30-32 – THORNDIKE I, 652-661 – THORNDIKE-KIBRE, Ind. 1780 – ULLMANN, Medizin, 126-128 – G. HAYDAR, Kitāb fī l-bah ... des Q. [Diss. Erlangen 1973] – N. A. BARHOUM, Das Buch über die Geschlechtlichkeit ... von Q. [Diss. Erlangen 1974] – E. KAHLE, Der Traktat über das Zusammenwirken der Naturen des Q. (Fachprosa-Stud., hg. G. KEIL u.a., 1982) – J. WILCOX, The Transmission and Influence of Q.'s »On the difference between spirit and the soul« [Diss. New York 1985] – Abh. über die Ansteckung v. Q., hg. H. FÄHNDRICH, 1987.

R

Raab (ung. Györ, lat. Jaurinum), Stadt und Komitatsburg in W-Ungarn, an der Mündung der Flüsse Rába (R.) und Marcal in die Donau, Bm.; im 1.–4. Jh. befestigtes municipium am Donaulimes, im 9. Jh. Grenzburg im karol. →Pannonien, seit dem 10. Jh. ung. Festung gegen die Expansion des Reiches, seit 1009 in der Burg Bf.ssitz (ŏ Maria) mit Pfarrkirche (ŏ Lazarus). Im 12. Jh. entstanden zwei Pfarrkirchen (ŏ Benedikt und Protomartyr Stephanus) und eine Propstei (ŏ Adalbert), im 13. Jh. Dominikaner- und Franziskanerkl.; in den Vorstädten befand sich die (karol.?) Abraham-Kapelle und die Niederlassung der Johanniter. Die Grenzen des →Komitats lagen eine Tagesreise entfernt. Als wichtigster kgl. Zollort zw. Wien und Buda, der auch mit Stapelrecht versehen war, erhielt R. 1271 von Kg. Stephan V., der »hospites in der Burg ansiedelte, Stadtprivilegien (bestätigt und erweitert 1295, 1323, 1455, 1465, 1496). Die in der Stadt verbliebenen Hofbauern (*udvornici*), Burgleute (castrenses) und Hörigen des Domkapitels erhielten 1273 Bürgerrecht. Die Burg, vorübergehend 1240 von →Friedrich I. d. Streitbaren, 1273 von Truppen →Otakars II. eingenommen, ließ Kg. →Karl I. v. Ungarn nach 1310 durch kgl. Burgvögte verwalten. Elisabeth, Witwe Kg. →Albrechts, eroberte 1442 R. für ihren Sohn, Kg. →Ladislaus V.; 1442–47 fiel es in die Hände Ks. Friedrichs III. Obwohl R. unter den →Hunyadis Objekt von Streitigkeiten war, wuchs seine Bedeutung im Fernhandel. Gy. Györffy

Lit.: Györ, red. L. Dávid, A. Lengyel, L. Z. Szabó, 1971 – Gy. Györffy, Geogr. Hist., II, 1984, 589–600.

Raabs, Burg und Stadt an der Thaya, Niederösterreich. Mit der 1074 erwähnten »silva Rōgacs« (MGH D H.IV. 271) scheint doch eher das Gebiet von R. gemeint zu sein. Die Burg und ihr Herr Gottfried (wohl aus der Sippe der späteren Burggf.en v. →Nürnberg; vgl. MIÖG 31, 114) werden 1100 gen. (Cosmas III/12). Die Herrschaftsgründung selbst ist analog zu der von →Hardegg zu sehen; eine angebl. »außerhalb der Mark liegende reichsunmittelbare Gft. R.« (K. Lechner) findet in den Q. keine Stütze. Gottfrieds Nachfolger, die domini bzw. nobiles de Rach(e)z, erscheinen nach 1170 als comites und cognati der →Babenberger (V. Bertholdi c. 14; UBOE I, 120, 128), von denen sie um 1220 auch teilweise beerbt werden. Aus den »redditus vacantes comitissa in Ragz ibidem« (Lf. Urbar I/1, 39ff.) wird im »österr. Interregnum« (1246–51) unter den Gf.en v. Hardegg eine Herrschaft mit Landgerichtssprengel, die Kg. Otakar II. 1260 an die →Rosenberger vergibt. 1274 wird mit Burg Litschau ein zweiter Herrschaftsmittelpunkt deutl. 1283 verpfändet Hzg. Albrecht den Herrschaftsteil mit R. an die Maissauer, auf den mit Litschau setzen die Gf.en v. Hirschberg Erbansprüche durch. 1358 lösen die Puchheimer die Maissauer im Pfandbesitz ab. R. erscheint um 1230 erstmals als forum, die angebl. Marktnennung um 1200 im »Landbuch« (Dt. Chr. III, 718) gehört zu 1278/80. M. Weltin

Lit.: K. Lechner (Das Waldviertel, VII, 1937), 57–61, 98–103 [problemat.] – Ch. Tepperberg, Die Herren v. Puchheim im MA [Diss. Wien 1978] – B. Rigele, Die Maissauer [Diss. Wien 1990].

Rab (it. Arbe), Adriainsel in der Bucht von Rijeka (Kroatien) mit gleichnamiger Stadt als einzigem wichtigen Siedlungspunkt. Der slav. Name R. entspricht lat. Arva (Plin., Nat. Hist. III, 19), gr. Arba (Ptolem., Geogr. II, 16, 8; Konst. Porph., DAI, 29). Aus der liburn. Siedlung entstand ein röm. Municipium. Das im 6. Jh. begründete Bm. gehörte zur Kirchenprov. Salona/Split, ab 1154 zu Zadar. Von einer Zeit ven. (um 1000), dann kroat. Herrschaft (unter →Dmitar Zvonimir) abgesehen, gehörte die Insel bis 1105 nominell zum byz. →Dalmatien. Die bei der Unterstellung unter ung.-kroat. Herrschaft 1105 zugesagte Autonomie wurde 1116 von Venedig bestätigt, doch in den folgenden Jahrzehnten abgebaut. Nach erneuter ung.-kroat. Herrschaft 1358–1409 blieb die Kommune v. R. bis 1797 unter der Herrschaft Venedigs. In der Stadt sind bedeutende Baudenkmäler der Antike und der Romanik erhalten (Kathedrale St. Maria, Kl., Stadtpaläste).
Ž. Rapanić

Lit.: EncJugosl VII – Enciklopedija likovnih umjetnosti IV, 1966, 42 – N. Klaić, Povijest Hrvata u srednjem vijeku I, II, 1975², 1976 – L. Steindorff, Die dalmat. Städte im 12. Jh., 1984 – Rapski zbornik, 1987.

Rabbaniten, im oriental. und byz. Bereich Bezeichnung für jene Juden, die im Gegensatz zu den →Karäern den →Talmud als autoritative Gesetzesnorm anerkannten.
H.-G. v. Mutius

Rabbinat. Wegen der außerordentl. Bedeutung des →Rechts im Judentum als Teil des Heilsweges zu Gott benötigten die jüd. Gemeinden zu allen Zeiten fachl. kompetente Mitglieder, die in richterl. oder außerrichterl. Funktion auf die Einhaltung der Gesetze achteten und in Zweifelsfällen auch Weisungen oder Empfehlungen aussprachen. Im Prinzip war die Funktion des Gesetzesgelehrten ehrenamtl., für die bis ins späte MA hinein keine Vergütung gezahlt wurde. Das aber änderte sich im Verlauf des 14. Jh., als es in allen europ.-jüd. Gemeinden üblich wurde, einen bezahlten Beamten einzustellen, der die Anwendung des jüd. Rechts in allen Bereichen des tägl. Lebens überwachen sollte. Der vom Gemeindevorstand, oft genug aber auch von der nichtjüd. Obrigkeit bestellte Rabbiner war von Amts wegen der Vorsitzende des Gemeindegerichts, das über innerjüd. Streitigkeiten zu befinden hatte, sowie Urkundsbeamter und Mittler zu nichtjüd. Autoritäten, die seine Tätigkeit zur Steuereintreibung zu instrumentalisieren versuchten. Aufgrund seiner Traditionskundigkeit entschied er außerdem über die Genußfähigkeit von Nahrungsmitteln, die im jüd. Ritualgesetz sehr komplizierten Regelungen unterworfen waren. Die Ausbildung von talmudist. geschultem Nachwuchs und das Predigen an Sabbat- und Feiertagen wurde ebenfalls von ihm erwartet, obwohl gerade die letztere Funktion nicht zu den konstitutiven Aufgaben seines Amtes gehörte. Die endgültige Ausgestaltung des Rabbineramtes blieb der frühen NZ vorbehalten. H.-G. v. Mutius

Lit.: M. Breuer, Rabbanut Aschkenas, 1976 – I. Yuval, Rabbanim we-Rabbanut be-Germania, 1985 – R. Bonfils, Rabbis and Jewish Communities in Renaissance Italy, 1990.

Rabbula Codex, →Evangeliar, eines der frühesten und bedeutendsten Denkmäler der syr. →Buchmalerei, 586 vom Mönch Rabbula (oder unter dessen Aufsicht) im Johanneskl. Zaqba (Mesopotamien) geschrieben und illuminiert. Der Cod. (293 Bll.; Format 336/338 × 267/279 mm), im 11. Jh. im Besitz des Kl. S. Maria in Maiphuc, später im Kl. Kanubin, gelangte 1497 in die Bibl. Medicea-Laurenziana, Florenz (Cod. Plut. I, 56). Der Bezug zur frühbyz. Kunst ist offenbar; in der reichen Kolorierung der 26 illuminierten Seiten und in der Darbietung vieler Sujets steht der Cod. in Parallele zum →Codex Purpureus Rossanensis (6. Jh.). Die monumentalen Szenen können auch unter dem Einfluß von Wandmalereien und Mosaiken syr. oder palästinens. Kirchen gestanden sein. Den Beginn machen 19 →Kanontafeln, die mit schlanken, entmaterialisierten und reich verzierten Säulen ausgestattet sind, die eine Lunette tragen und die Ziffern der Eusebian. Kanones umschließen; auf den Lunetten stehen zahlreiche Vögel. An den Rändern befinden sich das Leben Jesu illustrierende Szenen, entsprechend dem harmonisierten Text der vier Evangelien (nach Tatians Diatessaron). Nach Kanon V wird der Zyklus durch die vier Evangelisten unterbrochen. Den Schmuck der Hs. runden sieben ganzseitige Miniaturen ab (u. a. Kreuzigung, Himmelfahrt, Pfingstwunder, thronender Christus). Sie gehen nicht selten über den Evangelientext hinaus; so kombiniert das Himmelfahrtsbild die Evangelientexte mit prophet. Berichten; die Gestalt Mariens bei der Himmelfahrt ist aus dogmat. Erwägungen hinzugefügt, insofern sie als Garantin der menschl. Natur Christi fungiert, die mit der göttl. Natur in →hypostat. Union verbunden ist. Der Figurenstil verrät einen guten Sinn für Körperlichkeit. Strenger Ausdruck wechselt mit volkstüml. Kraft. Im Schmuck der Arkaden der Kanontafeln mit Pflanzenwerk, Streublumenmustern und phantast. Vögeln kündigt sich bereits der arab. Ornamentstil an; im geometr. und vegetabilen Schmuck leben hellenist. Traditionen fort. O. Mazal

Lit.: C. Cecchelli, G. Forlani, M. Salmi, The R. Gospels, 1959 – W. F. Volbach–J. Lafontaine-Dosogne, Byzanz und der christl. O (PKG 3, 1968) – K. Weitzmann, Spätantike und frühchristl. Buchmalerei, 1977 – J. Engemann, Syr. Buchmalerei (Syrien. Ausstell.-Kat. Linz 1993), 161–168.

Rabe

I. Naturkundliche gelehrte Tradition – II. Glaubensvorstellungen, literarisches und volkstümliches Gedankengut.

I. Naturkundliche Gelehrte Tradition: Ohne echte abergläub. Bedeutung (vgl. HWDA) bei den naturkundl. Enzyklopädikern des lat. MA, aber als dem Apoll geweihter Augurenvogel (nur als Wetterprophet bei Alexander Neckam, nat. rer. 1,61) durch Martianus Capella (9, 894) und den Komm. von Remigius v. Auxerre (zu 1, 26 und 5, 435) bekannt (bei Thomas v. Cantimpré 5, 31 über den »Experimentator«, vgl. Bartholomaeus Anglicus 12, 10). Der Name (gr. korax, lat. corvus) wurde in der Antike auf die krächzende und – nach dem Mythographen Fulgentius (1, 13; zit. bei Bartholomaeus und nach dem »Experimentator« bei Thomas und Vinzenz v. Beauvais, 16, 62) – 64 unterschiedl. Laute umfassende Stimme zurückgeführt. Der Nestling dieser größten europ. Singvogelart konnte in Gefangenschaft zum Sprechen (berühmtes Beispiel bei Plinius, n. h. 10,121 f., zit. bei Thomas) oder zum Jagdvogel (Albertus Magnus, animal. 23,37: auf Rebhühner und wilde R.en) abgerichtet werden. Bekannte Motive aus der Antike (z. T. von Aristoteles, meist aber von Plinius stammend) sind zeitiges Brüten im Frühjahr, Empfängnis und Eiablage durch den Schnabel, angebl. Verweigerung der Fütterung durch die Altvögel (wegen der hellen Daunenbefiederung in der ersten Lebenswoche), 60tägiger Durst im Sommer, Langlebigkeit, Freundschaft mit dem Fuchs sowie Feindschaft mit anderen Tieren, Intelligenz (beim Nahrungserwerb) und Ernährung von Aas bzw. Nestplünderei. Unterschiedl. geistl. Deutung findet sich bei Hrabanus Maurus (8,6 = MPL 111,252) und Alexander

Q.: →Albertus Magnus, →Alexander Neckam, →Bartholomaeus Anglicus – Vinc. Bellov., Speculum nat., 1624 [Neudr. 1964] – Remigius Autissiodorensis, Commentum in Martianum Capellam, ed. C. E. Lutz, 2 Bde, 1962 – Fulgentius, Opera rec. R. Helm, 1898, 1970² – Thomas Cantimpr., Lib. de nat. rerum, T. 1, ed. H. Boese, 1973 – Martianus Capella, ed. J. Willis, 1983 – Lit.: HWDA VII, 427–457 [W. Peuckert].

II. Glaubensvorstellungen, literarisches und volkstümliches Gedankengut: Der R. hat von bibl. Zeiten an ambivalente Bedeutung: Von Noah wird er ausgeschickt, um Land zu suchen (Gen 8,7). Er gilt als rituell unrein (Lev 11, 15; Deut 14,14). R.neltern versorgen ihre Kinder nicht (Job 38,41). R.n werden andererseits bisweilen als hilfreiche Gefährten hl. Einsiedler und anderer Hl.r (Elias, Benedikt, Meinrad v. Einsiedeln, Oswald) dargestellt.

In der nord. Mythologie tragen die R.n Hugin und Munin, auf seinen Schultern sitzend, Odin Neuigkeiten aus der Welt zu. Röm. Glaubensvorstellungen wurden von ma. Autoren übernommen (s. Abschn. I).

In ma. Tierfabeln ist der R. oder auch andere R.nvögel mehrfach genannt. Am häufigsten ist die Fabel vom R.n, der Krähe, Dohle oder dem Häher, der sich mit fremden Federn schmückt (Aesop, Phaedrus, Romulus, als Exempel bei Odo v. Cheriton, Jacobus de Vitry, Vinzenz v. Beauvais, Stephan v. Bourbon, Johannes Bromyard, Guibert v. Tournai, beim Stricker, bei Hugo v. Trimberg und in anonymen Hss.). In Sagen und Märchen spielen R.n eine Rolle. R.n umkreisen Berge, in denen berühmte Tote auf ihre Wiederkehr warten wie Hörselberg, Kyffhäuser und Untersberg. Nach später Überlieferung sollen i. J. 1191 höll. Geister in R.ngestalt nach Gottes Willen die Stadt Mügeln verbrannt haben (A. Meiche, Sagenbuch des Kgr.s Sachsens, 1903, 636). Vom Märchen von den »Sieben Raben« ist eine Frühform von 1185 bekannt.

Der R., speziell der Kolkr. galt vielfach als Vorbote von Krieg, Tod, Seuchen, Pestilenz (»Unglücksrabe«). Zumeist in nachma. Überlieferung (im 19. Jh. häufig überbewertet und generalisiert) wurden Hexen und Zauberern R.zauber und das Schreiben mit R.nblut und R.nfedern zugeschrieben. In der Volksmedizin fanden R.nblut, Hirn, Herz, Galle und R.neier Verwendung. M. Rumpf

Lit.: HWDA VII, 427–457 – J. Bolte-G.Polívka, Anm. zu den Kinder- und Hausmärchen der Brüder Grimm, 1–5, 1913–32 – G. Dicke-K. Grubmüller, Die Fabeln des MA und der frühen NZ, 1987, 552–566.

Rabenschlacht, mhd. Heldendichtung aus dem Kreis der hist. Dietrichepik (→Dietrich v. Bern). Das stroph., wohl in der 2. Hälfte des 13. Jh. entstandene Werk ist vollständig in vier Hss. überliefert. Es folgt dort jeweils »Dietrichs Flucht«, an die es auch inhaltl. anschließt: Der wieder an Etzels Hof lebende Dietrich wird mit dessen *niftel* Herrad verheiratet und erneut für eine Heimkehrschlacht gegen Ermenrich ausgerüstet, die siegreich endet. Die Helche-Söhne Scharf und Ort sowie Dietrichs Bruder Diether werden unterdessen von Witege getötet, den sie gegen seinen Willen herausgefordert haben. Dieser wird vor dem ihn verfolgenden Dietrich von der Meerfrau Wachilt gerettet. Dietrich selbst kehrt, nachdem Rüdiger ihm Helches und Etzels Verzeihung erwirkt hat, an den Hunnenhof zurück und tritt damit wie schon in »Dietrichs Flucht« erneut in die Rolle des glücklosen Siegers ein, die dem *triuwen* als einzige in einer Welt bleibt, in der die *untriuwe* letztl. immer obsiegt. Dieser auch noch die Gegenwart bestimmende Gegensatz wird vom Erzähler betont, aber v. a. auch in den zahlreichen Klagereden herausgehoben, um beim Hörer Mitleid mit dem Schicksal der

Guten zu erwirken und so einem traditionellen Stoff einen für das späte 13. Jh. zeitgemäßen Zug abzugewinnen.
J. Haustein

Ed.: E. MARTIN, Dt. Heldenbuch, II, 1866 [Neudr. 1967] – *Lit.*: Verf.-Lex.² II, 116–127 [H. KUHN; Lit.] – R. WISNIEWSKI, Ma. Dietrichdichtung, 1986, bes. 139–143 [Lit.].

Raber, Vigil, * im letzten Viertel des 15. Jh. als Sohn eines Bäckers in Sterzing/Südtirol, † 14. Dez. 1552 ebd., 1510–22 in Bozen, seit 1524 in Sterzing als Kunsthandwerker und Maler bezeugt (Wappenbücher [Innsbruck, Ferdinandeum; Weimar, Staatsarchiv]; Wappen in Sterzing, Stadtturm und Ratsstube; R.s Tafelbilder verschollen). Spätestens seit 1510 wirkte R. als Sammler, Schreiber und Bearbeiter von →geistl. und →Fastnachtspielen, die er z. T. auch inszenierte (so 1514 die siebentägige »Bozner Passion«, bei der er auch Judas und Hortulanus/Christus spielte, 1517 ein Himmelfahrtsspiel in Cavalese); 1533–48 belegen ihn die Sterzinger Raitbücher als Organisator und Spielleiter. Außer 25 Fastnachtspielen sind noch 15 von seiner Hand geschriebene geistl. Spiele (Passions- und Osterspiele, je ein Verkündigungs-, Weihnachts-, Pfingst- , Himmelfahrts-, Emmaus-, Lazarus-, David- und-Goliath-Spiel, zwei Dramatisierungen des Johannesevangeliums, »Ein recht das Christus stirbt«, eine Marienklage) sowie Rollenentwürfe, Spielerverzeichnisse und ein Bühnenplan zur Bozner Passionsaufführung von 1514 erhalten (Sterzing, Stadtarchiv; »Emmausspiel« in Brixen, Diözesanarchiv). →Drama, V.   N. H. Ott

Lit.: Verf.-Lex.² VII, 943–958 [N. R. WOLF] – C. FISCHNALER, V. R., der Maler und Dichter, 1894 – W. F. MICHAEL, The Staging of the Bozen Passion Play, Germanic Rev. 25, 1950, 178–195 – Spätgotik in Tirol [Ausst.-Kat.], hg. G. AMMANN, 1973, 62–64 – B. NEUMANN, Geistl. Spiel im Zeugnis der Zeit, 2 Bde, 1987 (MTU 84–85).

Rabīʿ b. Zaid (Rece[s]mund[us]), christl. Kleriker im Kalifat v. →Córdoba, am Hofe →ʿAbdarraḥmāns III. und al-Ḥakams II. hoch angesehen, beherrschte sowohl Arab. wie Lat. 955 Leiter einer Gesandtschaft zu Otto d. Gr. wegen des Problems der arab. Piraten im Massif des Maures (→Fraxinetum), wurde er aus protokollar. Gründen zum Bf. v. →Elvira ernannt. Er beschaffte Kunstgegenstände für die Kalifenresidenz →Madīnat az-Zahrāʾ und schuf zusammen mit dem 980 gest. ʿArīb b. Saʿd den →Kalender v. Córdoba (zw. 961 und 976).   H.-R. Singer

Lit.: E. LÉVI-PROVENÇAL, Hist. de l'Espagne musulmane, II, 1950, 139, 148f., 161; III, 1953, 222f., 240, 290 – J. SAMSÓ-J. MARTÍNEZ, Al-Qanṭara II, 1981, 319–344 – DIES., Textos y estudios sobre astronomía española en el s. XIII, 1981, 9–78 [lat. Text des Kalenders].

Rache, also Vergeltung für erlittenes Unrecht, erscheint seit frühen Zeiten v. a. in Gestalt der →Blutrache. Dies ist der wichtigste Fall der →Fehde als gewalttätiger Selbsthilfe, die allerdings auch durch geringere Anlässe (etwa Ehrenkränkung oder →Raub) ausgelöst werden konnte. Im MA wurden R. und Fehde zunehmend durch Formen rechtl. Ausgleichs wie Sühneverträge (→Sühne) oder Gerichtsverfahren zurückgedrängt. Ein Recht zur R. wurde erst in den nord. Rechtsquellen des HochMA anerkannt. Eine R.pflicht gab es offenbar nicht.   K. Kroeschell

Lit.: HOOPS² III, 81ff.

Rachinburgen, als Urteiler des frk. Volks- bzw. Gf.engerichts in merow. wie auch noch in karol. Zeit bezeugt. Die →Lex Salica (Anfang 6. Jh.) weist sie außerdem als Helfer des Gf.en bei der Vollstreckung aus. Die R. (wohl mindestens sieben an der Zahl) wurden, wie es scheint, ad hoc aus der versammelten Gerichtsgemeinde als Urteiler ausgewählt. Strittig ist, ob die Urteilsfindung ausschließl. bei ihnen lag oder von einer Mitwirkung des vorsitzenden Richters bzw. der versammelten Gerichtsgemeinde aus-

zugehen ist, wobei auch zeitl. und regional bedingte Abweichungen in Rechnung zu stellen sind. Die R. begegnen v. a. in den Stammesrechten der sal. und ribuar. Franken (6. und 7. Jh.), aber auch in westfrk., ja selbst in ostfrk. Formularslg.en. Die Bezeichnung R. findet sich noch in Urkk. bis ins 9. Jh. hinein, obgleich sich im Rahmen der Gerichtsreform Karls d. Gr. seit den letzten Jahrzehnten des 8. Jh. mehr und mehr die Schöffenverfassung mit einem amtl. auf Dauer bestellten Schöffenkollegium (scabini) durchsetzte. Die Etymologie des Wortes R. ist unsicher. Behauptet hat sich die Auffassung, die das Wort von got. *ragin* (Rat) ableitet (»Ratbürge«). Daneben gibt es die Deutung des R. als »Rechenbürge« (afrk. *raka*, ahd. *rachjan* = rechnen), die auf einen Ursprung der R. in den im vorstaatl. Sühneverfahren tätigen Schiedsleuten, die die Buße festzusetzen und die Bußleistung zu schätzen hatten, hinweisen könnte.   K. Nehlsen-v. Stryk

Lit.: A. SCHMITT-WEIGAND, Rechtspflegedelikte in der frk. Zeit, 1962 – K. KROESCHELL, Dt. Rechtsgesch., I, 1972, 1992² – K. NEHLSEN-v. STRYK, Die boni homines des frühen MA, 1981 – J. WEITZEL, Dinggenossenschaft und Recht, Teilbd. I, II, 1985.

Rad. [1] *Technik:* →Mühle, →Spinnen, Spinnrad, →Wagen.

[2] *Ikonographie:* Ausgehend von der über Boethius, De consolatione Philosophiae vermittelten antiken Symbolik erscheint das R., zunächst als Illustration des Boethius-Textes, seit dem späten 11. Jh. vorwiegend in Form des die Veränderbarkeit des Lebens anzeigenden Glücksr.es. Seiner zumeist von →Fortuna oder von der Hand Gottes gelenkter Drehung folgen Kg.e, seltener Vertreter anderer Stände, seit dem SpätMA in satir. Absicht auch Tiere. Varianten des Glücksr.es sind das die einzelnen Altersstufen versinnbildlichende Lebensr. (→Lebensalter) sowie das R. der Zeit als Attribut des Annus. In Diagrammform ist es über die Enzyklopädie des Isidor v. Sevilla als Abbild kosm. Verhältnisse geläufig. In beiden Grundbedeutungen erscheint es als Fensterrose an den Kathedralfassaden. Die ineinandergreifenden R.er der Ezechielvision (Ez 1, 15ff.; 10, 9ff.), in Exegese und Kunst häufig als zwei konzentr. Kreise gedeutet, bezeichnen die Harmonie von AT und NT, vier ineinandergreifende R.er die Harmonie der vier Evangelien.   U. Liebl

Lit.: LCI III, 493f. – W. RANKE, Frühe Rundfenster in Italien [Diss. Berlin 1968] – M. SCHILLING, Rota Fortuna (Dt. Lit. des späten MA, 1975), 293–313 – R. SUCKALE, Thesen zum Bedeutungswandel der got. Fensterrose (Bauwerk und Bildwerk im HochMA, hg. K. CLAUSBERG u. a., 1981), 259–294.

Rada, Rat der Gfs.en v. →Litauen (13. Jh.–1. Hälfte des 15. Jh.), seit Mitte des 15. Jh. Herrenrat (litauisch *Taryba*, *Ponų taryba*) gen. Er entstand während der Herrschaft von →Mindowe (Mindaugas); ihm gehörten Familienmitglieder und treue Landesfs.en an, während der frühen Gediminidenzeit (14. Jh.–Anfang 15. Jh.) Fs.en der →Gedimin-Dynastie und Geistliche sowie herausragende →Bojaren. Unter →Witowt (Vytautas) wurden die Fs.en von den Bojaren verdrängt. Die Gfs.en ernannten die Ratsherren, die nur empfehlende Stimmen hatten. – Der Herrenrat setzte sich aus den Herren (litauisch *ponai*), den Räten des Gfs.en, zusammen, die ausschließl. Bojaren waren. Während der Herrschaft schwächerer Gfs.en (→Svidrigaila [Świdrigieło], →Sigismund) wuchs ihr polit. Einfluß. Als 1440 der minderjährige →Kasimir Andreas IV. (Kazimierz Jagiełłończyk) zum Gfs.en gewählt wurde, regierte er zusammen mit dem Herrenrat. Während der Personalunion mit →Polen (1447), als sich die Gfs.en vorwiegend in Polen aufhielten, handelte der Herrenrat selbständig und war fakt. die Regierung des Gfsm.s Litauen. Er erließ zusammen mit den Gfs. en Gesetze. Dieser Rat setzte sich aus den kath. Bf. en, hohen Administratoren der Länder des Gfsm.s Litauen und hohen Amtsträgern des Landeszentrums zusammen und umfaßte bis zu 50 Mitglieder, wobei die wichtigsten Entscheidungen von der einflußreichsten Gruppe (Bf.e, Woiwoden und Kastellane v. Vilnius [Wilna] und Trakai, Starosten v. Žemaiten) getroffen wurden. Diese Amtsträger entstammten vorwiegend den litauischen kath. Geschlechtern v. Goštautas (Gasztold), Kęsgaila (Kieżgajło) und Radvila (→Radziwill). Nach der Bestätigung der Kompetenzen des Rats durch den 1492 vom Herrenrat gewählten Gfs.en →Alexander mußte dieser die Innen- und Außenpolitik mit dem Rat abstimmen. Z. Kiaupa

Lit.: I. MALINOVSKIJ, R. Velikogo Knjažestva Litovskogo v svjazi s bojarskoju dumoju drevnej Rossii, Č. 2. T. 1–2, 1904–12 – I. VALIKONYTĖ, Lietuvos Didžiosios Kunigaikštystės Ponų Tarybos vaidmuo valstybiniame ir politiniame gyvenime XV a. IIp., Istorija 13/2, 1972, 71–81.

Radaniten. Eine arab. Quelle des späten 9. Jh. berichtet von der Existenz einer R. gen. Schicht jüd. Fernhandelskaufleute (→Fernhandel, I), die auf dem Land- oder Seeweg nach Indien und China reiste und dort v. a. →Gewürze einkaufte, um sie auf dem Rückweg in Byzanz und in den Territorien des Karolingerreiches wieder zu verkaufen.
H.-G. v. Mutius

Lit.: C. ROTH, The Dark Ages, 1966, 23ff.

Radbert v. Corbie → Paschasius Radbertus

Radbod

1. R., Friesenhzg., gest. 719. Der heidn. Fs. R. (in ags. Q. »rex«, in frk. »dux« oder »princeps«) herrschte zunächst unabhängig wohl über ganz →Friesland, stand jedoch zunehmend im Abwehrkampf gegen das Vordringen der Franken und chr. Missionsversuche. 689/690 führte ein frk. Feldzug zur Rückgewinnung der Lande zw. Maas und Lek. In einem neuen Konflikt zw. →Pippin II. (2. P.) und R. konnte die frk. Grenze bis zum Alten Rhein, vielleicht sogar bis zum Vlie vorgeschoben werden; →Dorestad und →Utrecht waren wieder in frk. Hand. 711/714 wurde ein Frieden mit einer Heirat besiegelt (Pippins Sohn →Grimoald ∞ R.s Tochter Theutsind). Die Hoffnung →Willibrords, der sich schon 690 an R. gewandt hatte, auf Bekehrung erfüllte sich nicht. In den innerfrk. Auseinandersetzungen nach dem Tod Pippins (714) unterstützte R. die Neustrier gegen →Plektrud und besiegte 716 →Karl Martell (Wiederherstellung der Maasgrenze), der erst nach R.s Tod die frk. Oberhoheit erneuern konnte. U. Nonn

Q.: Beda, Hist. eccl. V, 9–10 (ed. B. COLGRAVE–R. A. B. MYNORS, 1969) – Cont. Fredeg. 6–9; Liber hist. Fr. 49–52 (MGH SRM II) – Vita Bonifatii auct. Willibaldo 4–5 (MGH SRG) – *Lit.:* ADB XXVII, 340f. – Gesch. van Friesland, hg. J. J. KALMA u.a., 1968, 96–101 – W. H. FRITZE, Zur Entstehungsgesch. des Bm.s Utrecht, RhVjbll 35, 1971, 107–151.

2. R. (Ratbot, Ratpoto, Ratpot, Ratbod), Präfekt (Mgf.) der bayer. Ostmark, um 833 von Kg. Ludwig d. Dt. eingesetzt. In dieser Zeit bahnten sich sowohl die Reichskrise und Dreiteilung des Reiches an, als auch neue Konstellationen bei den Mährern (→Mähren), da der von →Mojmír I. vertriebene →Privina mit seinem Sohn zu R. floh, der ihn in Regensburg dem Kg. vorstellte und anschließend in seiner Mark taufen ließ. Wohl in seiner ganzen Amtszeit bemühte sich R. um die polit. und kirchl. Eingliederung Privinas. R.s frühe und anhaltende Aktivität gegenüber den Grenznachbarn legen es nahe, daß er schon vor 833 in diesem Raum tätig war. Direkt an der ö. Grenzzone besaß R. auch eine Gft. Woher er stammte, ist ungewiß. 854 wurde ihm das Mandat im O entzogen, möglicherweise wegen Kompetenzüberschreitungen, doch scheint er sich nicht völlig zurückgezogen zu haben.
W. Störmer

Q. und Lit.: DÜMMLER² III – M. MITTERAUER, Karol. Mgf.en im SO, AÖG 123, 1963, XVIIf., 86ff., 90ff., 155ff. – H. WOLFRAM, Conversio Bagoariorum et Carantanorum, 1979, 50–55, 84, 119, 128f., 131 – DERS., Die Geburt Mitteleuropas, 1987, 275ff.

3. R., Ebf. v. →Trier, † 30. März 915, aus schwäb. Adelsfamilie stammend, erzogen wohl in St. Gallen, erlangte 883 die Trierer Sedes (Weihe: 8. April). R. reorganisierte zunächst v. a. das Ebm. und die Kirchenprov. nach den Normannenstürmen, restituierte entfremdete Kl. (negatives Bild in den tendenziösen Miracula S. Liutwini) und förderte Kunst und Wiss. (u. a. →Regino v. Prüm). Eine maßgebl. Rolle nahm R. – mit gewisser Option für das ostfrk. Reich – im polit. Wechselspiel seiner Zeit ein, v. a. als Erzkanzler zunächst eines wiederbegründeten lotharing. Sonderkgtm.s (895–900; →Zwentibold) und dann →Lotharingiens unter ostfrk. und schließlich westfrk. Herrschaft. Niederschlag fand dies auch in epochalen, den hochma. Bf.s'staat' begründenden Diplomen (v. a. 898; 902), die R. für die Trierer Kirche erhielt. Th. Bauer

Lit.: F. GAUSE, Zwentibolds Verhältnis zu den lothring. Großen Ebf. R. und Gf. Reginar, AHVN 109, 1926, 145–155 – TH. SCHIEFFER, Die lothring. Kanzlei um 900, DA 14, 1958, 16–148 – H. BEUMANN, Kg. Zwentibolds Kurswechsel i.J. 898, RhVjbll 31, 1966/67, 17–41 – W. SANDERSON, Archbishop R., Regino of Prüm and late Carol. Art and Music in Trier, JbBM 24, 1982, 41–61 – C. A. A. LINSSEN, Hist. opstellen over Lotharingen en Maastricht in de middeleeuwen (Maaslandse Monografieën 41, 1985), 10–17 – H. ANTON, Trier im frühen MA, 1987.

4. R., hl., Bf. v. →Utrecht 899–917, † 29. Nov. 917 Ootmarsum (Prov. Overijssel), ▭ Deventer, St. Lebuin, aus vornehmer frk. Familie der Gegend v. Namur, verwandt mit dem Friesenhzg. →Radbod († 719) und 'Hilduinen', Neffe des Ebf.s Gunthar v. →Köln. Zunächst in Köln unter der Obhut Gunthars erzogen, begab er sich nach dessen Absetzung (863) an die Hofschule Karls d. Kahlen, dessen Kapellan er wurde. Nach Karls Tod (877) setzte er seine Studien wohl in St-Martin in Tours fort. 899 mit Zustimmung Ks. Arnulfs zum Bf. v. Utrecht gewählt und kurz danach geweiht, nahm er seinen Sitz nicht im von den Normannen zerstörten Utrecht, sondern (wie seine beiden Vorgänger) in →Deventer. Auch nach dem Erwerb →Lotharingiens durch den westfrk. Kg. Karl d. Einfältigen (911) erkannte er noch 914 den ostfrk. Kg. Konrad I. an. 914/915 reiste er nach Rom, wo Johannes X. seinen Streit mit dem Gf. en Meginhard schlichtete. Seinen Nachfolger Balderich hat R. selbst designiert. Literar. sehr produktiv, verfaßte er Werke religiösen und hist. Inhalts.
R. Große

Q. und Lit.: Oorkondenboek van het sticht Utrecht tot 1301, I, hg. S. MULLER – A. C. BOUMAN, 1920, 97–99 – B. AHLERS, Die ältere Fassung der Vita R.i, 1976 – M. CARASSO-KOK, Rep. van verhalende hist. bronnen uit de middeleeuwen, 1981 – GAMS V/1, 1982, 181–183 [Q. und Lit.] – R. GROSSE, Das Bm. Utrecht und seine Bf.e im 10. und frühen 11. Jh., 1987.

Radcot Bridge, Schlacht v. (20. Dez. 1387), entscheidender Höhepunkt des polit. Konflikts zw. dem engl. Kg. Richard II. und der Adelsopposition. Die →Appellants hatten im Nov. 1387 Robert de →Vere, Michael de la →Pole und andere Günstlinge des Kg.s des Verrats angeklagt. Pole floh aus England, doch de Vere, der Richter in Chester war, stellte dort ein Heer auf und marschierte nach S, um den Streitkräften der Appellants Widerstand zu leisten. Er durchquerte die s. Midlands vom Severn-Tal bis zur Themse, aber er wurde von den Appellants eingekreist und an der R. B., sw. von Oxford, gestellt. Während de Vere fliehen konnte, wurden seine Truppen von den Appellants versprengt, die nun siegreich nach London zogen. Im Tower erzwangen sie von Richard II. die Zustimmung zum Prozeß gegen seine Günstlinge im sog. »Merciless Parliament« (Febr. 1388). A. Tuck

Lit.: J. N. L. Myres, The Campaign of R. B. in Dec. 1387, EHR 42, 1927 – A. Tuck, Richard II. and the English Nobility, 1973.

Radegunde (Radegundis, frz. Radegonde), hl., Kgn., * 520 (?) in Erfurt (?), † 13. Aug. 587 in →Poitiers. Aus kgl. Geschlecht der →Thüringer stammend, wurde R. als Waisenkind mit ihren Brüdern nach der thür. Niederlage (531) als Gefangene nach Neustrien geführt und erhielt auf →Chlothars I. villa →Athies chr. Erziehung und eine gewisse lit. Bildung. Trotz Hinneigung zum religiösen Leben wurde sie mit Kg. Chlothar vermählt (vor 540). Sie widmete sich ihren Aufgaben als Kgn., entzog sich aber ihrem Gemahl, der sich beklagte, »eher eine Nonne als eine Kgn. zur Gattin zu haben«. Nachdem ihr Bruder als Vergeltung für den Aufstand der Thüringer (555) hingerichtet worden war, verließ sie den Hof und wurde durch den hl. →Medardus zur Diakonin geweiht. Nach längerem Aufenthalt in der kgl. villa Saix (im Grenzgebiet zw. Touraine und Poitou), wo sie sich der Armen- und Krankenfürsorge widmete, ließ sie sich trotz aller Versuche des Kg.s, sie zur Wiederaufnahme der ehel. Gemeinschaft zu bewegen, in dem Kl. nieder, das Chlothar innerhalb der Mauern v. Poitiers für sie hatte erbauen lassen. Dort unterstellte sie sich ihrer zur Äbt. ernannten Adoptivtochter Agnes. Seit ca. 567 wurde der Dichter →Venantius Fortunatus zum Vertrauten und Korrespondenzpartner der Kgn. Anläßl. des Eintreffens einer Kreuzpartikel, die R. von dem byz. Ks. Justin II. erbeten hatte, verfaßte Venantius Fortunatus die Hymnen »Pange lingua gloriosa« und »Vexilla regis«. Da sie bei dieser Gelegenheit die Mißgunst des Bf.s v. Poitiers, Meroveus, zu spüren bekommen hatte, unterstellte sie ihr Kl. der Regel des hl. →Caesarius, die sie bei einem Aufenthalt in →Arles (um 570, gemeinsam mit Agnes) studierte. R. führte in ihrem Hl.-Kreuz-Kl. zu Poitiers ein Leben der karitativen Frömmigkeit und wirkte für den Frieden zw. den Merowingerkg.en, doch deuten die ihr gewidmeten Dichtungen des Venantius Fortunatus auch auf Interesse am gesellschaftl. Leben hin. In ihren letzten Lebensjahren beachtete R. strenge Klausur. Ihre Begräbnisstätte Ste-Marie (vor den Mauern) nahm in der Folgezeit das Patrozinium der hl. R. an. Ihr Kult gewann rasche Verbreitung (zahlreiche Wunder vor und nach ihrem Tod); ikonograph. dargestellt ist sie als Kgn., bevorzugt aber als Nonne.

M. van Uytfanghe

Lit.: Bibl. SS X, 1348–1352 – LCI VIII, 245–247 – Vies des Saints VIII, 227–234 – R. Aigrain, Ste-R.gonde, 1918 – Ét. mérov. Actes, 1953 – Bezzola, Litt. courtoise, I, 1958, 55–74 – F. Prinz, Frühes Mönchtum im Frankenreich, 1965 – J. Fontaine, Hagiographie et politique, RHEF 62, 1976, 113–140 – G. Scheibelreiter, Kg.stöchter im Kl., MIÖG 87, 1979, 1–37 – La riche personnalité de s. R.gonde, 1988 [Beitr. M. Rouche u.a.] – F. E. Consolino, Due agiografi per una regina, Studi stor. 1988, n. 1, 143–159 – B. Merta, Helenae comparanda regina-secunda Isebel, MIÖG 96, 1988, 1–32 – S. Gaebe, R.is, Francia 16, 1989, 1–30 – G. Palermo, Venanzio Fortunato: Vite di ss. Ilario et R.gonda..., 1989 – C. Papa, R.gonda e Baltilde, Benedictina 36, 1989, 13–33 – S. Wittern, Frauen, Heiligkeit und Macht, 1994, 89–91.

Raderalbus. Der seit 1357 geprägte rhein. →Albus (Weißpfennig), offizielle Vertragsmünze des →Rhein. Münzvereins seit 1386, erhielt alsbald wegen des Mainzer Rades in den Wappenkombinationen der Vertragsmünzen den Namen R. Der R. wurde im Gegensatz zu den Nachahmungen des rhein. Albus als vollwertig angese-

hen. 1502 wurde Radergeld ausdrückl. für den Umlauf zugelassen. P. Berghaus

Lit.: A. Noss, Die Münzen der Ebf.e v. Cöln 1306–1547, 1913, 263 – M. van Rey, Einführung in die rhein. Münzgesch. des MA, 1983, 167f. – R. Metz, Geld, Währung und Preisentwicklung, 1990, 44f.

Radewijns, Florens, * um 1350 in Leerdam, † 1400 in Deventer, gehört zur Gründergeneration der →Devotio moderna; Mag. artium in Prag (1378), Priester, Kanoniker zu Utrecht, Vikar an der Lebuinuskirche zu Deventer. Als er Geert →Gro(o)te kennenlernte, änderte er sein Leben, wurde erster Rektor der →Brüder vom gemeinsamen Leben in →Deventer und Gründer des Kl. →Windesheim. Er betonte das prakt. gelebte Tugendstreben, das in der demütig-dienenden, tägl.-tätigen Nachfolge Christi »um der Herrlichkeit Gottes willen« besteht, und lehrte die Brüder, das innere Gespräch mit Gott über sich selbst – mittels der Lektüre der Hl. Schrift und Exzerpta von Werken geistl. Autoren (v. a. Cassian, Johannes Klimakos, Bernhard v. Clairvaux und David v. Augsburg) systemat. durch Führung eines geistl. Notizbuches (Rapiarium) einzuüben (Tractatulus devotus, hg. und übers. H. N. Janowski [Ders., Geert Groote, Thomas v. Kempen und die Devotio moderna, 1978], 69–102) und so auf dem Weg zur Vollkommenheit »dialogisch« voranzuschreiten (Libellus omnes inquit artes, 1950).

M. Gerwing

Lit.: DSAM V, 427–434 – M. van Woerkum, Florentius R. Schets von zijn leven, geschriften, persoonlijkheid en ideeën, Ons geestelijk erf 24, 1950, 337–364 – G. Epiney-Burgard, La vie et les écrits de Florent R. en langue vernaculaire, ebd. 63, 1989, 370–384.

Radim → Gaudentius, Ebf. v. Gnesen

Radimičen, Stamm der →Ostslaven, hergeleitet von einem legendären, angebl. westslav. Gründer Radim. Die R. siedelten seit dem 8./9. Jh. ö. des oberen Dnepr und erfuhren dort starke balt. Einmischungen (Halsringe u. a.). Bis zur Unterwerfung durch die →Waräger 885 den →Chazaren tributpflichtig, wurden sie 984 endgültig in das aruss. Reich einbezogen. Die Nestorchronik (→Povest' vremennych let) charakterisierte die R. (gemeinsam mit →Severjanen und →Vjatičen) als wilde Waldbewohner, »die alles Unreine essen. Sie gebrauchten Schandworte vor Vätern und Schwiegertöchtern. Hochzeiten gab es bei ihnen nicht, aber Tanzplätze zw. den Siedlungen. Sie trafen sich auf den Tanzplätzen zu Tänzen und dämon. Liedern. Hier entführten sie sich Weiber, mit denen sie sich verabredet hatten. Sie hatten je zwei bis drei Weiber. Wenn jemand starb, veranstalteten sie ein Gelage über ihm, bauten dann einen großen Holzstoß, legten den Toten auf den Holzstoß und verbrannten ihn. Dann sammelten sie die Knochen ein, legten sie in ein kleines Gefäß und stellten es auf einen Pfeiler am Wege.« F. Kämpfer

Lit.: C. Goehrke, Frühzeit des Ostslaventums, 1992.

Radolfzell, Stadt am Bodensee (Baden-Württ.); Chorherrenstift. Neben der um 826 gegr. Cella Ratoldi (→Ratold, Bf. v. Verona, † 847) und dem reichenauischen Kellhof entstand ein befestigter Marktflecken (Marktrechtsverleihung 1100), dem der Reichenauer Abt Albrecht v. Ramstein 1267 städt. Freiheiten verlieh.

Das Chorherrenstift St. Zeno, dessen Anfänge im dunkeln liegen (Kontinuität mit der geistl. Gemeinschaft um Ratold nicht belegbar), ist erstmals im Marktrecht v. 1100 faßbar und scheint spätestens in der 2. Hälfte des 11. Jh. gegr. worden zu sein, vermutl. bei der erneuten Übertragung von Zenoreliquien 1071/88. Patronats-, Jurisdiktions- und Legislationsrechte oblagen dem Abt der →Reichenau, dessen Rechte vor Ort der jeweilige Rector ecclesie, später in Personalunion mit dem Custos, wahrnahm. Die ehem. sieben Pfründen wurden 1594 auf vier reduziert. Die ältesten überlieferten Statuten sind von 1429/82; erhalten sind weiter die Kopialbücher (15. Jh., u. a. mit dem Marktrecht v. 1100), Urkk. (13.–18. Jh.), das Anniversar (14.–17. Jh.), Reste eines Stiftsbezirkes und das 1436 neu begonnene Münster (zugleich Pfarr- und Kollegiatskirche). Ch. Stadler

Lit.: P. ALBERT, Gesch. der Stadt R., 1896–Gesch. der Stadt R., hg. F. GÖTZ, 1967–Hist. Stätten Dtl.: Baden-Württ., 1980³, 636–638–CH. STADLER, Pfarrarchiv Münster ULF [masch. 1993].

Radom und Wilna, Union v. (1401), zw. Polen und Litauen. Die im Vertrag v. →Krewo (1385) vorgesehene Angliederung des litauischen Gfsm.s an die Krone Polens scheiterte. Władysław II. →Jagiełło, Kg. v. Polen und Gfs. v. Litauen, sah sich durch den Bürgerkrieg im Fsm., an dem auch der Dt. Orden beteiligt war, 1392 in Ostrów zum Ausgleich mit seinem Vetter →Witowt gezwungen; dieser erkannte Jagiełłos Oberherrschaft an, erlangte sein väterl. Erbe zurück und erhielt die Herrschaft über den litauischen Staat. Als Gfs. strebte Witowt nach Vereinheitlichung im Innern und Ausweitung der litauischen Herrschaft nach O und SO. Nach der Niederlage in der Schlacht an der Vorskla (1399) und dem Tod →Hedwigs, Kgn. v. Polen, kam es Ende 1400 in Grodno zur Neubestimmung des gegenseitigen Verhältnisses. In einer Urk. (Wilna, 18. Jan. 1401) verpflichtete sich Witowt, der die Herrschaft über Litauen auf Lebenszeit erhielt, zur Treue gegenüber Kg., Krone, Kgr. und den Bewohnern Polens. Nach seinem Tod sollte Litauen (mit Ausnahme von Anteilen für seinen Bruder Sigismund und seine Gattin Anna) wieder an Jagiełło und dessen Nachfolger zurückfallen. In einer anderen Urk. stimmten die litauischen Großen dem Vertrag gegen die Zusicherung ihrer Beteiligung an der Kg.swahl für den Fall zu, daß Jagiełło ohne Erben stürbe. Am 11. März 1401 erklärten die höchsten Würdenträger Polens in Radom ihr Einverständnis mit dieser Regelung. Die Union v. 1401 erkannte die litauische Eigenstaatlichkeit und Witowts Herrschaft an; zugleich bestätigte sie Jagiełłos Oberherrschaft und stärkte das Zusammenwirken beider Länder gegen den Dt. Orden. →Horodło. S. Gawlas

Q.: Akta unii Polski z Litwą 1385–1791, hg. S. KUTZREBA–W. SEMKOWICZ, 1932, Nr. 37–44–*Lit.:* O. HALECKI, Dzieje Unii Jagiellońskiej, I, 1919, 113ff., 136ff., 159–166–G. RHODE, Die Ostgrenze Polens, I, 1955, 359ff.–Hb. der Gesch. Rußlands I, hg. M. HELLMANN, 1981, 753ff.–J. KRZYŻANIAKOWA–J. OCHMAŃSKI, Władysław II Jagiełło, 1990, 98ff., 124ff., 132ff., 181ff.

Radoslav. 1. R., Kg. v. Serbien →Stefan Radoslav.

2. R., (Miniatur-)Maler, erwähnt im Kolophon des 1429 entstandenen Tetraevangeliars der Öffentl. Bibliothek St. Petersburg F. I, 591, das vom Priester Bessarion unter dem Despoten →Georg Branković in Auftrag gegeben wurde. Erhalten sind 12 Blätter mit Porträts der jeweils von einer Personifikation der Sophia begleiteten vier Evangelisten (das Kolophon auf dem Johannesblatt). R. wird allg. zur →Morava-Schule gezählt. Sv. RADOJČIĆ (Gesch. der serb. Kunst, 117 mit Abb. 64: »... subtile Strichführung ... üppiges Kolorit mit seinen feinen Blaunuancen und reicher Verwendung von Gold«) hat sein Werk mit den Malereien von Resava in Verbindung gebracht. V. DJURIĆ hingegen mit denen von Kalenić (1407–1413). M. Restle

Lit.: Sv. RADOJČIĆ, Stare srpske minijature, 1950–DERS., Gesch. der serb. Kunst, 1969–V. DJURIĆ, Byz. Fresken in Jugoslavien, 1976–DERS. (B. ŽIVKOVIĆ, Kalenić, 1982)–DERS., Slikar R. i freske Kalenića,

Zograf 2, 1967, 22–26 – J. MAKSIMOVIĆ, Srpske srednjovekovne minijature, 1983.

Radovan, Meister, bedeutendster Bildhauer der ersten Hälfte des 13. Jh. in Dalmatien. Als führender Skulptor gestaltete er in höchstem künstler. Niveau das roman. Hauptportal der dreischiffigen Kathedrale Hl. Lovrijenc in Trogir. Wie aus der Inschrift R.s hervorgeht – Fundatur valve post partum Virginis alme per Raduanum cunctis hac arte preclarum ut patet ex ip(s)is sculpturis et ex anagliphis. Anno milleno duceno bisq(ue) viceno presule Tuscano Floris ex urbe Treguano –, entstand das Portal 1240. Es wurde erst im 14., 15. und 16. Jh. im Stil der Gotik und Renaissance vollendet. Die figürl. Szenen aus der Hand R.s folgen zwar dem festgelegten ikonograph. Programm, sind aber durch einen Realismus geprägt, der dem lombard. Meister Benedetto →Antelami nahesteht. Wegen der ausgezeichneten plast. Modellierung der Figuren haben VENTURINI, DEMUS u. a. R. einen Anteil an der Entstehung der menschl. Figuren am ersten und zweiten Bogen des Hauptportals von S. Marco in Venedig zugeschrieben. Ihre Meinung gilt allerdings in der Wiss. noch nicht als ausreichend gesichert. D. Nagorni

Lit.: M. VASIĆ, Arhitektura i skulptura u Dalmaciji od početka IX do početka XV veka, 1922, 252–257 – A. VENTURI, Storia dell'arte it., III, 1934, 350–356 – C. FISKOVIĆ, R., 1965 – O. DEMUS, The Church of San Marco in Venice, 1980, 119f., 154–157.

Radu

1. R. I., Fs. der →Valachei ca. 1377–83, ▭ Fs.enkirche Curtea de Argeş (?), Bruder des Fs.en Vladislav Basarab, Vater der Fs.en →Dan I. und →Mircea d. A. Über R.s Auseinandersetzungen mit seinem Lehnsherrn, Kg. Ludwig I. v. Ungarn, um die Abhängigkeit der Valachei und um strittige Grenzgebiete (u. a. Severiner Banat) berichten ung. und it. Chroniken z. J. 1377. R. gilt als Kl. stifter (u. a. Tismana, Cotmeana und Cozia) und als Förderer der orth. Kirche auch in →Serbien. Er ließ die Kirche Curtea de Argeş mit Fresken im Stile der Mosaiken der hauptstädt. Chorakirche ausmalen. Wegen seiner zahlreichen frommen Werke galt R. vom 17. bis 19. Jh. als Begründer der Dynastie. K. Zach

Lit.: C. C. GIURESCU, Istoria Românilor, I, 1935² – DERS., S. und D. C. GIURESCU, Istoria românilor, II, 1976.

2. R. II. Praznaglava ('der Kahle'), Fs. der →Valachei Mai–Nov. 1421, Sommer 1423, Dez. 1424–Mai 1426, Jan. 1427, Sohn →Mirceas d. A. und Vetter →Dans II. In der Auseinandersetzung um den Fs.enthron mit seinem vom ung. Kg. unterstützten Vetter Dan, die aus der dreimaligen Bestätigung des Handelsprivilegs der Kaufleute v. Kronstadt durch die Valachei abzulesen ist (R.: 17. Mai 1421; Dan II.: 23. Okt. 1422 und 10. Nov. 1424), fand R. osman. Hilfe, doch 1427 vertrieb ihn Kg. Siegmund v. Luxemburg endgültig. K. Zach

Lit.: →Radu I.

3. R. III. der Schöne, Fs. der →Valachei Aug. 1462–Nov. 1473, Frühling 1474–Jan. 1475 (mit zwei Unterbrechungen), Bruder von Fs. →Vlad 'd. Pfähler'. Während der zwölfjährigen Geiselhaft Vlads in Pest versuchte R., zw. der ung. und osman. Oberhoheit über die Valachei zu lavieren: Er sandte jährl. den Tribut an die Pforte, begab sich oft nach Konstantinopel, bezeugte aber zugleich auch Kg. Matthias Corvinus seine Ergebenheit. Dieses Vorgehen führte zu einem Konflikt mit dem Fs.en der →Moldau, →Stefan III. d. Großen, der ihn nach mehreren Feldzügen absetzte und 1475 vertrieb. R. starb als Flüchtling im siebenbürg. Bezirk Fogarasch. K. Zach

Lit.: →Radu I.

4. R. IV. d. Gr., Fs. der →Valachei Sept. 1495–April 1508, ältester Sohn des Fs. en→Vlads d. Mönch (Mitregierung seit 1492). Kränkl. (Gicht) und friedliebend, versuchte er – wie schon →Radu III. – zw. dem Osman. Reich und Ungarn eine gewisse Eigenständigkeit zu bewahren. Der valach. Tribut betrug zu seiner Zeit 8000 Dukaten; 1505 überließ R. den Osmanen zusätzl. die Donaufurten mit den Zolleinnahmen. Mit den Siebenbürger Sachsen schloß er ein Abkommen auf gute Nachbarschaft (1507) und erhielt, gemeinsam mit seinem Bruder Vlad, vom ung. Kg. die siebenbürg. Domäne Geoagiu (Algyogy). R. berief den ehemaligen ökumen. Patriarchen Nephon II. zum Metropoliten der Valachei, restrukturierte die Kirchenhierarchie (zwei Bm.er: Râmnicul Vâlcea und Buzâu; Ebm. Târgoviște) und stattete Kl. aus (Govora, Dealu, Tismana, auch einige Athoskl.). Mit der Berufung des Buchdruckers Makarios aus Cetinje erhielt die Valachei ihr erstes kirchenslav. gedrucktes Buch (Liturgikon v. 1508), dem andere Kirchenbücher folgten. K. Zach
Lit.: →Radu I.

Radulf (s. a. →Radulfus)
1. R., Hzg. v. →*Thüringen*. Der wohl austras. (FRIESE: neustr.) Große R., Sohn eines Chamar, wurde vor 634 von Kg. →Dagobert I. zum dux des Markenhzm.s →Thüringen eingesetzt. Nach Siegen über die Wenden rebellierte er gegen den austras. Regenten →Adalgisel und dann auch gegen den jugendl. Kg. →Sigibert III.; dieser führte 641 einen Feldzug gegen den Aufrührer und den mit ihm verbündeten Agilolfinger →Fara. Fara wurde getötet; R. verschanzte sich über der Unstrut. Die frk. Belagerung vermochte er dank geheimen Einvernehmens mit Teilen der frk. Führung zu durchbrechen und richtete ein Blutbad an; die Überlebenden erreichten freien Abzug. »R. aber ging in seinem Übermut so weit, daß er sich für den Kg. in Thüringen hielt« (Fredegar). Mit seinem Sieg begann in den rechtsrhein. Prov. en der Niedergang der frk. Zentralgewalt. – FRIESES genealog. Hypothesen (Chamar [= frk.-lat. camerar] = Hausmeier Rado; Radulf = Hruodi, Vater des Hzg.s;→Hedene I.) sind nicht haltbar. U. Nonn
Q.: Fredeg. IV, 77, 88 (MGH SRM II)– *Lit.:* W. SCHLESINGER (Gesch. Thüringens, I, 1968), 337f. – H. EBLING, Prosopographie der Amtsträger der Merowingerreichs, 1974, 204 – A. FRIESE, Stud. zur Herrschaftsgesch. des frk. Adels, 1979, 17–28, 36–41 – R. BUTZEN, Die Merowinger ö. des mittleren Rheins, 1987, 139–170.

2. R. v. Brüssel (de Zeelandia), † 29. März 1466 Heidelberg. Ebd. 1423 Lic. art., 1432 Baccalaureus cursor, 1433–35 Baccalaureus sent., 1437 Lic., 1456 als Prof. theol. erwähnt; Rektor der Univ. 1432–33, 1448, 1456, deren Vizekanzler 1443–55, 1457, 1458–60. In seinen nur hs. überlieferten Werken folgt er der Via moderna. Als Anhänger Eugens IV. vertritt er gegen das Basler Konzil die Superiorität des Papstes. M. Laarmann
Q.: G. RITTER, Die Heidelberger Univ., I, 1936, 499f. – *Lit.:* LThK² VIII, 967 – RCS I, n. 705–709 – RITTER, Register s. v. 'B., R. v.'.

3. R. v. Caen, norm. Gesch.sschreiber, * um 1080, † nach 1130, trat ab ca. 1107 in engen Kontakt zu den herausragenden norm. Heerführern des I. →Kreuzzugs, zuerst zu →Bohemund I., dann zu →Tankred, die er auf Feldzügen begleitete. Tankreds Erzählungen bilden die Hauptq. für die zw. 1112 und 1118 verfaßten (später ergänzten) »Gesta Tancredi«, eine Schilderung der Taten der Kreuzfahrer (bis 1105) im Stile eines Heldenepos. Bemerkenswert sind lebendige Darstellung, gewandter, hochrhetor. Stil und Anlage als →Prosimetrum: Insbes. schildert R. die großen Kämpfe des I. Kreuzzugs (Dorylaion, Antiochia, Jerusalem) in langen Verspartien (174 bis 556 reimlose Hexameter) in Anlehnung an die antike Epik. Ein Hymnus in Terentianeen zeigt den Anschluß an die polymetr. Tradition der spätantiken Prosimetra (Boethius). Das nur in einer Hs. unvollständig erhaltene Werk blieb ohne Nachwirkung. B. Pabst
Ed.: RHCOcc III, 603–716 – *Lit.:* MANITIUS III, 421–424 – J.-C. PAYEN, Une légende épique en gestation: Les »Gesta Tancredi« de Raoul de C. (Mél. R. LOUIS, 1982, II), 1051–1062 – B. PABST, Prosimetrum, 1994.

4. R. v. Coggeshall, Abt einer kleineren Zisterzienserabtei in Coggeshall, Essex, 1207–18, resignierte aus Krankheitsgründen; Chronist. Die ihm zugeschriebene Chronik umfaßt die Zeit von 1066–1224. Möglicherweise hat er bis zum Jahr 1186 nur Annalen kopiert, dann erscheint ein deutl. erzählender Stil, mit Ausnahme für die Jahre 1206–12, für die wahrscheinl. die Aufzeichnungen R.s verlorengegangen sind; zur Füllung der Lücke wurden dann kurze Annalen eingefügt. R. konnte auf gute mündl. Q. zurückgreifen, doch enthält seine Chronik nur wenige Dokumente. Er preist Richard I. als einen guten Ritter, kritisiert aber seine Laster, bes. seine Habsucht. R. nahm bald eine krit. Haltung zu Johann Ohneland ein und unterstützte den baronialen Aufstand v. 1215. Sein Werk zeigt auch Interesse an religiösen, lokalen und übernatürl. Dingen. J. Hudson
Ed. und Lit.: Radulphi de C. Chronicon Anglicanum, ed. J. STEVENSON, 1875 – A. GRANSDEN, Historical Writing in England, 1974.

5. R. v. Laon, † 1131/33 (oder 1136–38), machte zusammen mit seinem Bruder →Anselm v. Laon (und →Wilhelm v. Champeaux) die Schule v. →Laon weit bekannt. Ihr Schüler →Gilbert v. Poitiers hat sich, so →Otto v. Freising (Gesta Frid. I, 52; MGH SRG 46, 74), von beiden eine tiefe Gelehrsamkeit erworben. Nach Anselms Tod (1117) übernahm R. die Leitung der Schule. →Johannes v. Salisbury nennt Anselm und R. die hellsten Leuchten der Theol. Frankreichs (Metalog. I, 5; MPL 199, 832). So erinnert sich ihrer auch →Gottfried v. Clairvaux (c. Cap. Gilberti V, 30; ed. N. HÄRING, AnalCist 22, 1966, 67). Im 12. Jh. als Exeget anerkannt, ist von R.s Schr. unmittelbar nichts erhalten. LANDGRAF versucht, einige Paulus-Komm.e mit R. zu verbinden. F. Courth
Lit.: LThK² VIII, 968f. – TRE III, 1–5 – GRABMANN, Scholastik II, 13–138 – LANDGRAF, Einführung, 53–62 – O. LOTTIN, Psychologie et Morale aux XIIᵉ et XIIIᵉ s., V, 1959, 183–188.

6. R. v. Maidstone, engl. Theologe, † 27. Dez. 1243, um 1220 gefeierter Lehrer in Paris, der in den Univ.swirren 1229 Frankreich verließ und dem Ruf Kg. Heinrichs III. v. England nach Oxford folgte, wo er 1231 Kanzler wurde. Von seinem Sentenzenkomm. ist (Cod. 14, Gray's Inn Bibl. in London) ein Fragment des Sakramententrakts erhalten. Zum Hld-Komm. vgl. RBMA V, 87. Er war Archidiakon v. Chester (1221), Propst und 1234 Bf. v. Hereford. 1239 resignierte er und trat (unter dem Provinzial Haimo v. Faversham) in den Franziskanerorden ein. L. Hödl
Lit.: DThC XIII, 1658 – Thomas d'Eccleston, De adventu fr. Minorum in Angliam, hg. A. G. LITTLE, CEHR VII, 1909, 107, 139 – Bartholomäus v. Pisa, De conformitate vitae b. Francisci ad vitam D. Jesu, AFrH IV, 1906, 20, 307, 330, 344, 429 – A. B. EMDEN, A Bibliogr. Register of the Univ. of Oxford, II, 1958, 1203f.

Radulfus (s. a. →Radulf)
1. R. Ardens, * vor 1140 in Beaulieu-sous-Bressuire (Picardie), † ca. 1200 möglicherweise in der Kartause v. Liget, gehörte zur Schule →Gilberts v. Poitiers; vor 1190 Kaplan am Hof von Richard Löwenherz. Seine ca. 200 mehrteilt. vor geistl. Zuhörerschaft gehaltenen Homilien von theol. beachtl. Gehalt (MPL 155, 1301–1626; 1667–2118) sind ein guter Spiegel porretan. Theol., v. a. ihrer

Sakramenten- und Gnadenlehre. R.' theol. Hauptwerk, »Speculum universale« (1193–1200; in den ältesten Hss. »Liber de vitiis et virtutibus« gen.; 8 Hss., Ed. angekündigt), ist die bedeutsamste Darstellung der chr. Glaubens- und Tugendlehre des 12. Jh. Im Vordergrund steht die philos.-theol. Ethik, bes. die Tugenden und die Lehre von den Seelenkräften. Gliederungsprinzip ist die durch →Boethius überlieferte aristotel. Tugenddefinition: B. 1–5 bieten eine generelle Tugendlehre; B. 6 ist als Traktat über das Gebet konzipiert (unausgeführt); B. 7–14 behandeln spezif. Tugenden. Bezüge zu →Petrus Lombardus und Gilbert wurden aufgewiesen. Die tragenden Begründungen des Werkes sind neben philos. bes. die theol. Wahrheiten Glaube, Gnade, Erlösung. Die R. mit guten Gründen zugeschriebene Slg. »Libri duo epistolarum« (GRÜNDEL, 15) ist bisher nicht aufgefunden. F. Courth

Lit.: Catholicisme XII, 483–485 [Lit.] – LThK² VIII, 967f. – A. LANDGRAF, Der Porretanismus der Homilien des R. A., ZKTH 64, 1940, 132–148 – P. MICHAUD-QUANTIN, Die Psychologie bei R. A., Münchener Theol. Zs. 9, 1958, 81–96 [Lit.] – J. LONGÈRE, Œuvre oratoire de maîtres parisiens au XII ͤ s., I–II, 1975 – J. GRÜNDEL, Die Lehre des R. A. von den Verstandestugenden, 1976.

2. R. de Diceto, Geschichtsschreiber, † 22. Nov. 1199/1200. Sein nicht identifizierter Herkunftsort befand sich in England oder im Herrschaftsbereich des Hauses Anjou in Frankreich. Nach Studien in Paris begegnet er 1152 als Magister; damals setzte ihn sein Gönner, der Londoner Bf. Richard, zum Archidiakon v. Middlesex ein. R. war im allg. kgl. gesinnt, hielt sich jedoch im Streit zw. →Heinrich II. und Ebf. →Thomas Becket zurück. 1180 wurde er zum Dekan von St. Paul zu London gewählt. – Neben kleineren historiograph. Werken verfaßte R. »Abbreviationes chronicorum«, eine umfangreiche Darstellung der Weltgesch. als Kompilation von Auszügen aus antikem und ma. Schrifttum, und als Forts. dazu für die Zeit von 1149 bis zur Jh.wende »Ymagines historiarum«, eine für die letzten drei Jahrzehnte sehr wertvolle Q. mit vielen Dokumenten und Briefen. J. Prelog

Ed.: W. STUBBS, RS 68, 2 Bde, 1876 – *Lit.:* A. GRANSDEN, Hist. Writing in England c. 550 to c. 1307, 1974, 230–236 – CH. DUGGAN–A. DUGGAN, Ralph de D., Henry II and Becket (Authority and Power [Fschr. W. ULLMANN, 1980]), 59–81.

3. R. Flaviacensis OSB (de Fly), † vermutl. vor 1157, wirkte in St-Germer de Fly/Beauvais. →Alberich v. Troisfontaines, Chronica MGH SS 23, 844 erwähnte R. als Autor eines in über 50 Hss. weitverbreiteten, 20 Bde umfassenden Komm.s. In Leviticum (Ed. pr. 1536), hg. Maxima Bibl. Patrum 17, 1677, 48–246, dessen gerühmte Rhetorik sich in den Dienst antijüd. Polemik stellte. Der asket. Trakt. De amore et de odio carnis, hg. A. DE POORTER, Revue d' ascétique et de mystique 12, 1931, 16–28, erläutert in Anlehnung an ostkirchl. monast. Theol. Deszendenz- und Aszendenzstufen der Seelenbewegung. Die Verfasserschaft anderer, ihm zugeschriebener Werke ist umstritten. K. A. Jacobi

Lit.: LThK² VIII, 968 – DSAM XIII, 106–108 [Werke, Lit.] – RBMA V, nr. 7093–7122; IX, nr. 7093–7113 – H. DE LUBAC, Exégèse Médièv., 1959–64, Register s.v. – B. SMALLEY, RTh 35, 1968, 35–82.

4. R. Glaber → Rodulfus Glaber

5. R. de Longo Campo OCist, * um 1153/60, † nach 1213. Schüler des →Alanus ab Insulis, Mag. artium, Lehrer u. a. in Montpellier. R. entwickelt hauptsächl. in Anlehnung an →Wilhelm. v. Conches eine von starken naturwiss. Interessen geprägte Wiss.slehre, die eine intensive Kenntnis des zeitgenöss. med. Schrifttums ausweist.

K. A. Jacobi

Ed.: In Anticlaudianum Alani comm., hg. J. SULOWSKI, 1972 [Lit.] –

Distinctiones a voce, hg. J. SULOWSKI, 1976 [Werkverz.; Lit.] – *Uned.:* Cornicula seu Summula de philos. – Computus – *Unaufgefunden:* Circa puerilia – Super barbarismum Donati – Phantasma – Regimentum Sanitatis – Ridiculum – Summa de elucutione – De speculis – *Lit.:* LThK² VIII, 968 – J. SULOWSKI, R. Longchamp on Seven Liberal Arts, Sophia 35, 1967, 318–334.

6. R. Niger, vielseitiger engl. Gelehrter, verfaßte – theol. und jurist. gebildet – musikal., exeget. und hist. Werke, * vor 1146, † um 1200, studierte in den 60er Jahren des 12. Jh. in Paris (Lehrer: →Johannes v. Salisbury und Gerardus Puella) und erwarb vor 1166 einen Magister-Titel. Aus zwei Briefen Johannes' v. Salisbury an R. N. (ed. W. J. MILLOR–C. N. L. BROOKE, 1979, Nr. 181, 182) ergibt sich, daß er zum Kreis der 'eruditi S. Thomae' gehörte. 1164/65 hatte R. N. im Gefolge des exilierten Ebf.s →Thomas v. Canterbury eine für die Partei Papst Alexanders III. wichtige Begegnung mit Ebf. →Konrad I. v. Mainz in Sens ermöglicht, ohne den Kontakt zum engl. Hof abzubrechen. Durch die Vermittlung →Richards v. Ilchester trat er sogar in die Dienste Kg. Heinrichs II. Nach dem 'Mord im Dom' 1170 brach er mit Heinrich und lebte seit 1173 in der Entourage Jung-→Heinrichs (17. H.) erneut in Frankreich. Damals entstanden die meisten seiner noch und., in der Tradition der viktorin. Exegese stehenden Bibelkomm.e (Pentateuch, Liber Regum), kurz nach 1187 sein Anti-Kreuzzugstraktat »De re militari«. Nach dem Tode Heinrichs II. kehrte R. N. nach England zurück, erhielt ein Kanonikat in Lincoln und verfaßte zwei Chroniken (ed. MGH SS 27, 1885, 327–341; H. KRAUSE, 1985 [Europ. Hochschulschr. III, 265]), ein Marienoffizium, ferner mit Hilfe eines getauften Juden, der darin verschlüsselte Hinweise auf die Yorker Pogrome v. 1190 gibt, die Schr. »De interpretationibus Hebraeorum Nominum« (»Philippicus«). L. Schmugge

Lit.: G. B. FLAHIFF, Ralph N. An Introduction to His Life and Works, MSt 2, 1940, 104–126 – L. SCHMUGGE, Thomas Becket und Kg. Heinrich II. in der Sicht des R. N., DA 32, 1976, 572–579 –DERS., R. N. De re militari und triplici via peregrinationis Ierosolimitane, 1977 [mit Ed.] – D. STAUB, R. N. Philippicus [Diss. Zürich 1993].

7. R. de Rivo (R. v. Tongern), Theologe, Theoretiker der Liturgie, * vor 1350 Breda, † 3. Nov. 1403 Tongern. Studienaufenthalte in Italien, Frankreich (Paris, Orléans), wieder Italien (1378[?]–81 Rom); griech. Studien bei Simon v. Konstantinopel; in R.' Besitz die griech. Hs. des NT (der späteren Ed. pr. des Erasmus 1516). 1383 Antritt des schon 1374 zugesprochenen Amtes des Kapitelsdekans in Tongern. 1390 nach Köln, dort 1397 33. Rektor der Universität. Berater der →Windesheimer Kongregation in kirchenrechtl. und liturg. Angelegenheiten. Ab 1398 bis zu seinem Tode wieder als Dekan in Tongern tätig. Bedeutend durch seine Schriften über die Liturgie, die Q. studien, Feldforschung und sicheres Urteil bezeugen. Eintritt für die hergebrachte Ordnung aus Einsicht in die zutreffende Formalgestalt des Gottesdienstes. A. A. Häußling

Lit.: C. MOHLBERG, R. de R. Der letzte Vertreter der altröm. Liturgie, 1–2, 1911–15 [in 2 Ed. der liturg. Schriften] – LThK² VIII, 968 [B. FISCHER].

8. R. Tortarius, * ca. 1063, † nicht vor 1122, Mönch der Abtei →Fleury. Sein poet. Werk ist in einer Hs. (Vat. Reg. lat. 1357) überliefert und umfaßt Versifikationen (Distichen) historiograph. Vorlagen (Valerius Maximus, Miracula S. Benedicti) sowie zwei Dichtungen (sapph. Strophe, Hexameter) zu Ehren des Hl. Maurus. Antiken Vorbildern (Horaz, Ovid) verpflichtet sind die elf Epistolae in eleg. Distichen, in denen er u. a. eine frühe Fassung der Legende von →Ami et Amile (Ep. II) sowie eine Reisebeschreibung der Normandie (Ep. VI) bietet. Das von ihm in

Prosa verfaßte achte Buch der Miracula S. Benedicti erweist ihn als sprachl. klaren und präzisen Hagiographen.

M.-A. Aris

Ed.: Rodulfi Tortarii Carmina, ed. M. B. Ogle–D. M. Schullian, 1933 – *Lit.:* DLFMA, 1239-1240 [Bibliogr.] – A. Vidier, L'historiographie à Saint-Benoit-sur-Loire et les miracles de saint Benoit, 1965.

Radulph(us) → Radulf, → Radulfus

Rad(z)iwill (litauisch Radvila), litauisches Adelsgeschlecht; Amtmänner des Gfsm.s → Litauen, Fs.en des Hl. Röm. Reiches; Gründer: Kristinas Astikas (Ościk; † 1442) und sein Sohn Radvila († 1477). Seit Mitte des 15. Jh. hatten die R. ständig höchste Ämter im Gfsm. inne. Radvila und sein Sohn Nikolaus († 1510) waren neben Goštautas (Gasztold) und Kęsgaila (Kieżgajło) Führer des mit den Gfs.en herrschenden Herrenrates. Die Söhne von Nikolaus gründeten die drei Zweige Goniądz-Medil (ausgestorben 1542), Nieśwyż-Ołyka (existiert noch) und Birżai-Dubingiai (ausgestorben 1669). Stützen der Macht der R. waren Landbesitz und verwandtschaftl. Verbindungen: Sogar wenn sie zu unterschiedl. polit. Lagern gehörten, ließen sie sich von Interessen des Geschlechts leiten und unterstützten sich gegenseitig. Größten Einfluß hatten sie in der NZ, als Barbara R. (Zweig Birżai-Dubingiai) 1547 den poln. Kg. Sigismund August heiratete und Nikolaus d. Schwarze (Zweig Nieśwyż-Ołyka) sowie ihr Bruder Nikolaus d. Braune Mitte des 16. Jh. fakt. Herrscher des Gfsm.s Litauen waren. Wappen: drei goldene Jagdhörner (poln. Trąby) auf blauem Grund (im Fs.enwappen auf der Brust des schwarzen Adlers).

J. Kiaupienė

Lit.: A. Wijuk Kojałowicz, Fasti Radviliani, 1653 – T. Nowakowski, Die R.s Die Gesch. einer großen europ. Familie, 1967, 1975 – M. Malczewska, Latyfundium Radziwiłłów w XV do połowy XVI wieku, 1985.

Rædwald, Kg. v. → Ostanglien, † 616, ▭ wahrscheinl. Schiffsgrab v. → Sutton Hoo. Beda Venerabilis nennt ihn als 4. → Bretwalda nach → Æthelberht v. Kent. R. ließ sich taufen, und unter ihm begann die Christianisierung Ostangliens. Nachdem → Edwin, Sohn von → Ælle, Kg. v. Deira, wegen der Machtstellung → Æthelfriths v. Northumbrien an den Hof R.s geflüchtet war, besiegte und tötete dieser als Beschützer Edwins 616 Æthelfrith in einer Schlacht am Idle bei Doncaster und setzte Edwin als Kg. in Northumbrien ein, der nach R.s Tod der 5. Bretwalda wurde.

R. Mattejiet

Lit.: B. Yorke, Kings and Kingdoms of Early Anglo-Saxon England, 1990 – → Ostanglien.

Raetia, röm. Provinz, zunächst offenbar Vindelicia oder Vindelicia et R. et vallis Poenina, dann R. et Vindelicia et vallis Poenina, nach der Abtrennung des → Wallis (um 45 n. Chr.) R. et Vindelicia und später kurz R. gen. – nach den sprachl. (nicht indogerm.) und räuml. schwer zu fassenden Stämmen der Raeti am Südsaum der Ostalpen. Ihr Name schließt in der Ks.zeit auch die nördl. angrenzenden (kelt.) Gebirgsvölker mit ein. Der Verwaltungsbezirk umfaßt die Eroberungen des Jahres 15 v. Chr. vom oberen Etschtal bis zur Donau und vom Bodensee bis zum Unterlauf des Inn einschließl. des Wallis, seit flav. Zeit auch das Land zw. Donau und Limes. Hauptort der hohen Ks.zeit ist → Augsburg, municipium seit Hadrian, capita viarum sind auch → Kempten und Faimingen, die rechtl. Stellung der übrigen Städte ist nicht bekannt. Von Augustus einem senatorischen legatus pro praetore unterstellt, wird die Provinz seit Tiberius nur noch von Hilfstruppen besetzt und von einem ritterl. praefectus oder procurator geleitet. Nach den Markomannenkriegen steht die legio III Italica in → Regensburg und die Provinz wieder unter einem legatus Augusti. Im späten 3. Jh. geht das Land nordwestl. von Bodensee, Iller und Donau verloren, zw. 314 und 354 wird die zur Italia annonaria zählende Prov. in die westl. R. prima und die östl. R. secunda mit je einem praeses für die zivile (und einem gemeinsamen dux für die militär.) Führung geteilt. Die Hauptstadt der R. secunda ist Augsburg, die der R. prima unbekannt (Kempten oder Bregenz), erst im 5. und 6. Jh. erscheinen die Bm.er → Chur der R. prima und Säben (→ Brixen) der R. secunda tief im Gebirge, vermutl. vor der alem. und bairischen Landnahme ins Innere der Romania geflüchtete Bf.ssitze. Nach der ostgot. Herrschaft fällt R. unter frk. und bairische Verwaltung. Der Name lebt in → Churrätien (R. Curiensis) und im Ries (Retia) weiter.

H. Lieb

Lit.: R. Heuberger, Rätien im Altertum und FrühMA, 1932 – H. J. Kellner, Die Römer in Bayern, 1971 – VuF 25, 1979, 25-267 – B. Thomasson, Laterculi praesidum, I, 1984, 77–82 – Die Bayern und ihre Nachbarn, I, 1985 – H. Lieb, Montfort 38, 1986, 121–125 – Gesch. des Landes Tirol, I, 1990², 131–290.

Raffael (Raffaello Santi), it. Maler, * 1483 Urbino, † 1520 Rom, Sohn des angesehenen Malers Giovanni Santi († 1494), Lehrling → Peruginos in Perugia, erhielt als Siebzehnjähriger seinen ersten Altarauftrag; spätestens mit der 'Vermählung Mariae' (1504, Mailand) zeigt sich R.s synthet. Genie, das gegenüber dem Bild seines Lehrers (Caen) eine neue Einheit in Raum, Atmosphäre, Handlung und Rhythmik erreicht. Mit der Übersiedlung nach Florenz 1504/05 und der Rezeption von Leonardo und Michelangelo, insbes. von deren Kartons für Schlachtengemälde im Palazzo Vecchio, vertieft sich die Auseinandersetzung mit der menschl. Figur; die 'Grablegung Christi' (1507, Rom, Galleria Borghese) zeigt als Dramatisierung einer 'Bewegung' die neue Spannung und Komplexität in Gruppierung, Haltung und Psychologie. Gleichzeitig erreicht er in den Dreieckskompositionen der berühmten 'Madonnen' (Paris, Florenz, Wien, München) eine harmon. Ausgewogenheit. 1508 von Julius II. nach Rom berufen, steigert sich seine Kunst unter dem Eindruck der Antike zur klass. Ausprägung der Hochrenaissance (Stanza della Segnatura: 'Disputation des Sakramentes', 'Schule v. Athen', 'Parnass' [1509–11]; Stanza di Eliodoro: 'Vertreibung Heliodors aus dem Tempel', 'Messe v. Bolsena', 'Begegnung Leos mit Attila', 'Befreiung Petri' [1511–14]). Vom gleichen Moment des höchsten Ausgleichs machtvoll organ. Lebensfülle und monumentaler Gesetzmäßigkeit zeugen die 'Sixtin. Madonna' (Dresden), der Tondo 'Madonna della seggiola' (Florenz, Pitti), die 'Madonna di Foligno' (Vatikan), die 'Hl. Caecilia' (Bologna), der 'Triumph der Galatea' in der Farnesina, das Bildnis Julius' II. (London), schließlich die Entwürfe für die Teppiche in der Sixtin. Kapelle (1515; Kartons: London, Victoria & Albert). In der Stanza dell'Incendio di Borgo (1514–17), in den Loggien (1518/19), in der gleichfalls von Gehilfen ausgeführten Sala di Costantino (1520–24) und in seinem letzten Meisterwerk, der 'Transfiguration' (1518–20, Vatikan) machen sich neue manierist. Spannungen geltend. Trotzdem bleibt R., nicht zuletzt wegen seiner Systematisierung des Entwurfsprozesses und der druckgraph. Verbreitung seiner Kompositionen (v. a. durch Marcanton Raimondi: 'Bethlehemit. Kindermord' [1510], 'Urteil des Paris'), bis ins 19. Jh. der wichtigste europ. Maler.

Ch. Klemm

Lit.: V. Golzio, R.lo nei documenti ... del suo secolo, 1936 [1971²] – L. Dussler, R. Krit. Verz. der Gemälde, Wandbilder und Bildteppiche, 1966 [engl. 1971²] – M. Prisco–P. de Vecchi, L'opera completa di R.lo, 1966 [1979²] – R. Jones–N. Penny, R., 1983 – E. Knab, E.

Mitsch, K. Oberhuber, Raphael. Die Zeichnungen, 1983 – Ch. Frommel, St. Rey, M. Tafuri, R. Das architekton. Werk, 1987.

Raffelstettener Zollordnung (um 903/905). Auf die Klage von geistl. und weltl. Großen aus Bayern über unberechtigte Zölle auf dem Weg ins Ostland ordnete Kg. Ludwig IV. eine Untersuchung an. In Gegenwart dreier →missi, des Ebf.s Theotmar v. Salzburg, des Bf.s Burchard v. Passau und des Gf. en Otachar, holte Mgf. Aribo um 903/905 auf einem Gerichtstag (placitum) in Raffelstetten a. d. Donau (sö. Linz) ein Weistum über die Zolltarife im Donauhandel unter den Kg. en Ludwig d. Dt. und Karlmann ein. Die R. Z., der Form nach eine gerichtl. →Notitia, zählt zu den seltenen Denkmälern des Schriftwesens der kgl. missi. Sie bietet einen detaillierten Einblick in die Wirtschaft und Verfassung des bayer. Ostlandes als eines Grenzgebietes der späten Karolingerzeit. Die Salzschiffe, die mit drei Mann Besatzung das Reichenhaller Salz donauabwärts führten, mußten bei der Einfahrt in die Mgft. Geleitgeld (conductus) erlegen und auch bei der Ausfahrt, wenn sie die Reichsgrenze überschritten, um zum »Markt der Mährer« zu fahren, Abgaben zahlen. An den drei 'rechten Märkten' (mercatus legitimi) Linz, Ebersburg (Ybbs?) und Mautern waren je drei Scheffel Salz als Marktzoll an die zuständigen vicarii zu entrichten. Von den Salzwagen, die auf der Reichsstraße entlang der Donau fuhren, wurde an der Url Zoll erhoben. Die einheim. Baiern und Slaven aus der patria, der Mark Aribos bzw. dem Traungau, durften für ihren Eigenbedarf frei einkaufen und mußten nur für den Handel auf den mercatus legitimi Abgaben entrichten. Auch die Salzschiffe aus dem Traungau waren vom Zoll an der Enns befreit. Den anderen Baiern war nur die zollfreie Durchfuhr von Salz für den Eigenbedarf ihrer Güter im Ostland, der vom Schiffsführer durch Eid bestätigt werden mußte, gestattet. Auch die Slaven, die aus Böhmen und Rußland (de Rugis) kamen, waren als Fernhändler zu Abgaben verpflichtet. Juden und andere Berufskaufleute mußten für die von ihnen importierten Sklaven und Handelswaren den rechtmäßigen Zoll entrichten. H. Dopsch

Q.: MGH Cap. II, 250ff., Nr. 253 – Codex diplomaticus et epistolaris regni Bohemiae, I, hg. G. Friedrich, 1904, 33–36, Nr. 31 – Q. zur dt. Verfassungs-, Wirtschafts- und Sozialgesch. bis 1250, hg. L. Weinrich, 1977, 14–19, Nr. 4 – Lit.: G. v. Below, Zur R. Z., VSWG 17, 1924, 346ff. – K. Schiffmann, Die Zollurk. v. R., MIÖG 37, 1926, 479–484 – M. Mitterauer, Wirtschaft und Verfassung in der Zollordnung v. R., Mitt. des Oberösterr. Landesarchivs 8, 1964, 344–373 – F. L. Ganshof, Note sur l'Inquisitio de theloneis Raffelstettensis, Le MA 72, 1966, 197–223 – M. Mitterauer, Zollfreiheit und Marktbereich (Forsch. zur LK v. Niederösterr. 19, 1969), 115–147 – H. Fichtenau, Das Urkk.wesen in Österreich (MIÖG Ergbd. 23, 1971), 108f. – P. Johanek, Die R. Z. und das Urkk.wesen der Karolingerzeit (Fschr. B. Schwineköper, 1982), 87–103.

Raganfrid, frk. Hausmeier, † 731. In der 714 nach dem Tod →Pippins II. (2. P.) ausbrechenden Krise empörten sich die Neustrier gegen →Plektrud, schlugen ihren Enkel, den Hausmeier →Theudoald, in die Flucht und erhoben den aus der neustr. Oberschicht stammenden, im Vexin begüterten R. »in principatum maiorum palacii«. Mit dem neuerhobenen Kg. →Chilperich II. zog er plündernd bis in die Ardennen und zur Maas; im Bündnis mit dem Friesenhzg. →Radbod gelang ein Sieg gegen →Karl Martell, der der Haft seiner Stiefmutter Plektrud entwichen war. 716 gelangte R. bis nach Köln, wo Plektrud zur Herausgabe ansehnl. Teile des Schatzes gezwungen wurde. Nun aber wandte sich das Blatt: Durch Siege bei Amblève 716 und bei Vinchy 717 errang Karl Martell die Herrschaft in Austrasien, dem er einen eigenen Kg. (→Chlothar IV.) gab. R. verbündete sich nun mit dem aquitan. dux →Eudo. Noch 718 (nicht 719: vgl. Semmler) schlug Karl die Verbündeten bei Soissons und kämpfte sich nach Paris und bis zur Loire vor. Eudo unterwarf sich; spätestens 720 war R. endgültig aus dem Hausmeieramt verdrängt. Eine lokale Herrschaft im Anjou vermochte er bis zu seinem Tod zu behaupten. U. Nonn

Q.: MGH DD Merov. 66, 87, 88 – Liber hist. Franc. 51–53; Cont. Fredeg. 8–11 (MGH SRM II) – Lit.: H. Ebling, Prosopographie der Amtsträger der Merowingerreichs, 1974, 206–208 – J. Semmler, Zur pippinid.-karol. Sukzessionskrise 714–723, DA 33, 1977, 1–36 – I. Heidrich, Les maires du palais neustriens (La Neustrie, ed. H. Atsma, 1989), 217–229.

Raginpert, Hzg. v. Turin, Kg. der →Langobarden (700), Sohn Kg. →Godeperts, Vater Kg. →Ariperts II., gehörte zur sog. bayer. Dynastie (→Agilolfinger). Er rebellierte acht Monate nach dem Tod Kg. →Cunincperts (700) gegen dessen minderjährigen Sohn und Nachfolger →Liutpert. Bei Novara besiegte er die von (dem später zum Kg. aufgestiegenen) →Ansprand und Hzg. Rothari v. Bergamo geführten kgl. Truppen und machte sich selbst zum Kg., starb aber noch im selben Jahr. Ihm folgte sein Sohn →Aripert II. J. Jarnut

Lit.: Hartmann, Gesch. Italiens II, 2, 122f. – R. Schneider, Kg. swahl und Kg. serhebung im FrühMA, 1972, 56f. – P. Delogu, Il regno longobardo (Storia d'Italia, hg. G. Calasso, I, 1980), 121f. – K. Bund, Thronsturz und Herrscherabsetzung im FrühMA, 1979, 209ff. – J. Jarnut, Gesch. der Langobarden, 1982, 64.

Ragnall, † 920, Enkel von →Ívarr. 914 besiegte R. eine Flotte von der Isle of Man, möglicherweise nach einem Sieg im selben Jahr in der Schlacht v. Corbridge am Fluß Tyne über Ealdred, high-reeve v. Bamburgh, der vom scot. Kg. Konstantin II. unterstützt wurde. Anschließend verteilte R. Ländereien des Bf.ssitzes des hl. →Cuthbert an seine Gefolgsleute. Von Waterford aus unternahm er 917–918 Plünderungszüge in S-Irland. 918 kehrte er nach Britannien zurück, suchte Dunblane in Schottland heim, gewann eine zweite Schlacht v. Corbridge und verteilte erneut Ländereien des hl. Cuthbert. 919 belagerte er →York, wo er als Kg. anerkannt wurde und Münzen prägen ließ. 920 unterwarf er sich Kg. Eduard d. Ä., doch trat im selben Jahr in York sein Bruder Sihtric die Nachfolge an. Nach Smyth hat R. Ívarrs Oberherrschaft wiederhergestellt und Münzen als Kg. v. York seit ca. 911 geprägt, nach Blunt u. a. gibt es dafür keinen numismat. Beweis. P. H. Sawyer

Lit.: A. P. Smyth, Scandinavian Kings of York and Dublin, I, 1975, 93–116 – C. E. Blunt, B. H. I. H. Stewart, C. S. S. Lyon, Coinage in Tenth-Century England, 1989, 6, 98f., 265.

Ragnarök (Pl., 'Schicksal der Götter'), Endzeit der nord. Mythologie der Liederedda; dagegen verwendet →Snorri in seiner Edda durchwegs *ragnarökr* 'Götterdämmerung' (so auch →Lokasenna 39). Die Hauptq. der Endzeiterwartungen ist das Eddalied →Völuspá (44–66) und Snorris Komm. dazu in Gylfaginning 50. Die R. umfassen eine auch Menschen und Götter einschließende Zerstörung der Welt und enthalten eine ganze Reihe lebensbedrohender Motive: der extrem kalte Fimbulwinter als Einleitung, der vom Riesen Surtr entfachte, abschließende Weltenbrand, das Versinken der Erde im aufgepeitschten Weltmeer und das Verschwinden der vom Fenriswolf verschluckten Sonne. Andere Naturkatastrophen (Erdbeben, Felsstürze, Einstürzen der Himmelsbrücke Bifröst, Erbeben der Weltesche) begleiten das Szenario. Die den Menschen und Göttern feindl. gesinnten Mächte der Unterwelt treten zur Schlacht an: Der Feuerriese Surtr führt die Muspellssöhne an, Hrymr steuert das Schiff Naglfar voller Riesen gegen Asgard. In der Schlacht auf dem Kampfplatz Vígríðr kämpfen und fallen die von den →Einheriern unterstützten Götter gegen die Riesen und Monstren der Unterwelt, den Fenriswolf, den Hund Garmr und die Midgardschlange (→Midgard). Die Vernichtung ist jedoch nicht endgültig; sowohl Völuspá 59–66 als auch 37, die Snorri (Gylfaginning 51) mit den R. in Verbindung bringt, sprechen von einer neuen Welt, in der sich die überlebenden Götter Víðarr und Váli, Móði und Magni mit den wiederauferstandenen Göttern →Balder und Höðr auf der Ebene Iðavöllr treffen. Bes. diese neue Welt hat die Frage nach christl. Elementen dieser Endzeitvorstellung provoziert, obwohl auch der Weltuntergang deutl. Elemente christl. Jenseitsvorstellungen aufweist. R. Simek

Lit.: KL XIII, 1968 [A. HOLTSMARK] – A. OLRIK, R., 1923 – R. REITZENSTEIN, Die nord., pers., und christl. Vorstellungen vom Weltuntergang, Vortr. der Bibl. Marburg 26, 1923–24 – DERS., Weltuntergangsvorstellungen, Kyrkohistorisk Årsskrift 24, 1924 – J. DE VRIES, Altgerm. Religionsgesch., 1970³ – J. S. MARTIN, R., 1972 – S. NORDAL, Völuspá, 1980.

Ragnit, Burg der Schalauer (Prußenstamm), am s. Hochufer der unteren Memel gelegen. Der →Dt. Orden eroberte 1275 die Burg und legte 1289 an deren Stelle die Burg Landeshut an, die bald wieder R. genannt wurde. Sie diente im Zeitalter der Litauerreisen (→Preußenreisen) der Landesverteidigung, insbes. auch als Etappe für die Feldzüge nach Litauen. Der 1288 gegr. Konvent Labiau ging 1289 mit seinem Komtur in die neue Burg. R. war während des ganzen 14. Jh. eine Siedlungsinsel mit militär. Bedeutung. Da die Komturei kaum eigene Einkünfte hatte, wurde das ganze Land zum Unterhalt herangezogen (Schalwenkorn). Die wiederholt zerstörte und wiederaufgebaute Holz-Erde-Befestigung wurde 1397–1409 an neuer Stelle w. des alten Burgbergs durch eine Steinburg mit quadrat. Konventshaus ersetzt, die u. a. vom berühmten Baumeister Nikolaus Fellenstein gestaltet wurde. Wandmalereien der Ordenszeit waren bis 1945 erhalten. Der Ausbau der vor der Burg im Grenzverkehr mit Litauen entstandenen Lischke (Marktflecken) zur Stadt (1409) scheiterte an den ungünstigen Verhältnissen nach der Schlacht bei →Tannenberg 1410. In dem 1466 verkleinerten Ordensstaat wuchs die Bedeutung von R., ehe es nach 1525 in der hzgl. Zeit bald von Tilsit in den Schatten gestellt wurde. B. Jähnig

Lit.: K. CLASEN-SANDT, Zur Baugesch. der Memelburgen R., Splitter und Memel, Prussia 29, 1931, 196–222 – K. FORSTREUTER (Ost- und Westpreußen, hg. E. Weise, 1966), 183f. – H.-G. TAUTORAT, R. im Wandel der Zeiten, 1972.

Ragusa (Dubrovnik), Stadt an der Adriaostküste des s. →Dalmatien, Kroatien.

I. Allgemeine und politische Geschichte – II. Wirtschaft.

I. ALLGEMEINE UND POLITISCHE GESCHICHTE: R. liegt teils auf einer felsigen Halbinsel, teils an den unteren Abhängen des Berges Srdj (St. Sergius). Der Name R. (lat. Ragusium) geht wahrscheinl. auf eine illyr. Befestigung auf der bis ins HochMA vom Festland getrennten Felseninsel zurück; der slav. Name Dubrovnik wird abgeleitet von 'dub': Eiche, 'dubrava' Eichenwald und bezog sich einst auf eine Lokalität am noch bewaldeten Srdj. Während bislang, ausgehend von den Angaben bei →Konstantin Porphyrogennetos, eine Gründung im 7. Jh. durch Flüchtlinge aus →Epidaurum angenommen wurde, lassen jüngst im Kathedralbereich ergrabene Reste einer Basilika und Befestigungsspuren aus dem 6. Jh. den Schluß zu, daß in der Zeit der Gotenkriege Justinians ein Kastell in Schutzlage auf der Insel errichtet wurde und R. schon damals ein wichtiges Zentrum war. Die Belagerung durch die Araber (866–867) und der Entsatz durch die byz. Flotte gaben den Impuls zur Bildung des Themas Dalmatien. Wahrscheinl. um 1000 löste sich das Bm. R. aus der Kirchenprov. →Split und wurde Ebm., von 1089 bis 1255 in Konflikt mit →Bar. Im 11. Jh. war Dubrovnik Zentrum des neuen Themas Dalmatia superior. Die nominelle byz. Herrschaft hielt sich, von der Unterstellung unter das norm. →Sizilien 1172/86–1192 abgesehen, bis zur Anerkennung der Herrschaft →Venedigs 1205.

Aus der schon im 12. Jh. begonnenen Kommunebildung (communitas civitatis, in kyrill. Urkk. 'općina grada') entwickelte sich eine differenzierte, bis zum Ende der Republik R. 1808 weitgehend stabile Verfassung. Das älteste Statut stammt von 1272; damals wurde auch die Vorstadt unterhalb des Srdj in Ummauerung und Bürgerrecht einbezogen. 1358 mußte Venedig R. wie ganz Dalmatien an den Kg. v. →Ungarn, →Ludwig I. v. Anjou, abtreten; doch während alle anderen Städte bis spätestens 1420 unter ven. Herrschaft zurückkehrten, erlangte R., das seit 1441 die Selbstbezeichnung als »Republik« verwendete, fakt. Selbstständigkeit, formell eingeschränkt durch den bis 1526 gezahlten Tribut an Ungarn und den Tribut an den Sultan ab 1458. Während die Stadt ursprgl. über ein nur kleines Umland (*astarea*) verfügte, erwarb sie im 13.–15. Jh. ein Territorium, das schließlich in einem schmalen Streifen von Pelješac bis an die Bucht v. →Kotor reichte. Wegen des Erdbebens v. 1667 sind von der Bausubstanz aus Gotik und Renaissance nur einzelne Komplexe erhalten, darunter der Rektorenpalast, das Zollgebäude (*Divona*), Franziskaner- und Dominikanerkl. Ž. Rapanić

II. WIRTSCHAFT: Die wirtschaftl. Entwicklung von Dubrovnik/R. war durch seine geograph. Situation bedingt. An der Küste gelegen, umgeben von zumeist unfruchtbarem Karstgebiet und feindl. slav. Völkerschaften, war R. frühzeitig genötigt, sich dem Meer zuzuwenden, um zu überleben. Einen Hinweis auf das frühe Wachstum der Stadt bietet die Erlaubnis ihres Oberherrn, des byz. Ks.s Basileios I. (867–886), zur Zahlung eines Jahrestributs an die slav. Fs.en v. Zahumlje (→Hum) und →Terbunien für das Recht, im slav. Herrschaftsgebiet Land zu kultivieren. Die nachfolgenden Jahrhunderte hindurch brachten für R. starken wirtschaftl. und demograph. Aufstieg. In der 2. Hälfte des 12. Jh. und im frühen 13. Jh. schloß R. eine Reihe von Handelsverträgen mit it. Städten (Pisa, Ancona, Molfetta, Fano, Monopoli, Bari, Termoli, Bisceglie) und erhielt von Ks. Isaak II. Angelos (1185–95) eine Urk. über den freien Handel im Byz. Reich. Bis zum 13. Jh. hatte sich auch lebhafter Seehandel zw. R. und den anderen dalmat. Städten sowie dem neuen Oberherrn Venedig (1205–1358) ausgebildet. Darüber hinaus schloß R. 1186 seinen ersten Friedens- und Handelsvertrag mit →Serbien und erlangte 1189 Handelsprivilegien in →Bosnien. Diese Entwicklung schuf die Grundlage für die hochbedeutende Rolle R.s als Zwischenglied zw. adriat./it./mediterranem Markt (→Mittelmeerhandel) und dem balkan. Hinterland. Die Entdeckung von Silber und anderen ertragreichen Erzvorkommen in Serbien (nach Mitte des 13. Jh.) und Bosnien (frühes 14. Jh.) machte die R.ner einerseits zu den wichtigsten Montanunternehmern und Exporteuren der Bergbauprodukte in den W, anderseits zu führenden Importeuren begehrter westeurop. Waren (Luxusgüter, Textilien) in die reichgewordenen Balkanländer. Dies führte im 15. Jh. zum Aufkommen eines bedeutenden Tuchgewerbes in R. selbst. Diese Entwicklungsprozesse waren begleitet von einer Expansion des Kreditwesens, an dem Fremde steigenden Anteil hatten. Der hohe Geldbedarf einer expandierenden Wirtschaft wurde von einheim.

und fremden Währungen (ven. →Dukaten), die in breitem Umfang kursierten, befriedigt. Zugleich baute die Kommune kraftvoll den Schiffbau auf, vergrößerte die Handelsflotte und förderte so den Handelsverkehr, nicht nur mit Dalmatien/Kroatien und Italien, sondern auch mit der →Levante, dem westl. Mittelmeerraum und den westeurop. Ländern (England, Frankreich), so daß R. im 16. Jh. sogar Anteil am Amerikahandel gewann.

Das rapide Wachstum auf allen Gebieten ließ R. in der großen Blütezeit, von der Mitte des 15. bis zur Mitte des 16. Jh., zu einem zwar kleinen, doch äußerst dynam. und weltoffenen städt. Gemeinwesen werden, das u.a. eine nicht unbeträchtliche Anzahl von →Sefarden, die eine bedeutende Rolle in der R.ner Wirtschaft spielten, anzog. Dank geschickter Diplomatie konnte R., zumindest zeitweilig, gute Beziehungen zu den großen Hegemonialmächten, dem →Osman. Reich im O und der span.-habsbg. Monarchie im W, schaffen. Die Republik R. setzte somit ihre traditionelle Mittlerrolle zw. den beiden Welten fort und profitierte von dieser Stellung wirtschaftlich so lange, wie die beiden Großmächte selbst prosperierten. Eine Zeitlang galt die R.er Flotte als mächtigste im Mittelmeer. Nach 1600 erfolgte jedoch ein wirtschaftl. Niedergang, der seine Ursache in versch. Faktoren hatte (Verfall des Osman. Reiches seit dem späten 16. Jh., Wandlungen der Seehandelswege, innere Krisen, einschließl. des verheerenden Erdbebens v. 1667) und schließlich zum Ende der Republik (1808) führte.

B. Krekić

Lit.: [allg.]: EncJugosl. III, 1984² – Hist. Bücherkunde Südosteuropa I, 2, 1980 [komm. Bibliogr.] – zu [I]: F. W. CARTER, Dubrovnik (R.). A Classic City State, 1972 – V. FORETIĆ, Povijest Dubrovnika do 1808. god., I–II, 1980 – L. STEINDORFF, Die dalmat. Städte im 12. Jh., 1984 – Zlatno doba Dubrovnika XV. i XVI. st., 1987 – Izdanja Hrvatskog arheološkog društva 12, 1988 – R. KATIČIĆ, Aedificaverunt Ragusium et habitaverunt in eo, Starohrvatska prosvjeta III 18, 1988 – S. M. STUARD, A State of Deference. R./Dubrovnik in the medieval centuries, 1992 – zu [II]: M. REŠETAR, Dubrovačka numizmatika, 2 Bde, Srpska kraljevska akademija, 1924–25 – J. TADIĆ, Jevreji u Dubrovniku do polovine XVII stoljeća, 1937 – J. TADIĆ, Organizacija dubrovačkog pomorstva u XVI veku, Istoriski časopis, 1–2, 1948, 3–53 – D. ROLLER, Dubrovački zanati u XV i XVI stoljeću, Jugoslavenska akademija znanosti i umjetnosti, 1951 – DERS., Agrarno-proizvodni odnosi na području Dubrovačke Republike od XII do XV stoljeća, ebd., 1955 – I. VOJE, Kreditna trgovina u srednjovekovnom Dubrovniku, Akademija nauka Bosne i Hercegovine, 1976 – J. LUČIĆ, Obrti i usluge u Dubrovniku do početka XIV stoljeća, Sveučilište u Zagrebu, Institut za hrvatsku povijest, 1979 – B. KREKIĆ, Dubrovnik, Italy and the Balkans in the Late MA, 1980 – S. ĆIRKOVIĆ, The Production of Gold, Silver and Copper in the Central Parts of the Balkans from the 13th to the 16th Cent. (Precious Metals in the Age of Expansion, Beitr. zur Wirtschaftsgesch., hg. H. KELLENBENZ, 1981), 41–69 – V. HAN, Tri veka dubrovačkog staklarstva (XIV–XVI vek), Srpska akademija nauka i umetnosti, 1981 – D. DINIĆ-KNEŽEVIĆ, Tkanine u privredi srednjovekovnog Dubrovnika, ebd., 1982 – B. KREKIĆ, Influence politique et pouvoir économique à Dubrovnik (Raguse) du XIIIᵉ au XVIᵉ s. (Gerarchie economiche e gerarchie sociali, sec. XII–XVIII, Istituto F. Datini, Prato, 1990), 241–258 – DERS., R. (Dubrovnik) e il mare: aspetti e problemi (XIV–XVI sec.) (R. e il Mediterraneo, hg. A. DI VITTORIO, 1990), 131–151.

Rahewin (auch Radewin, Radewic u. ä.), Historiograph und Dichter, * unbekannt, † zw. 1170 und 1177. R. erscheint 1144 als Notar des Bf.s →Otto v. Freising. Er begleitete diesen auf Reisen, wirkte als sein vertrauter Mitarbeiter und zeichnete wohl die Weltchronik Ottos auf. R. war Kanoniker am Dom und dürfte nach 1160 Propst des Stiftes St. Veit in Freising geworden sein. Einem von Bf. Otto auf dem Sterbelager geäußerten Wunsch folgend, setzte R. dessen »Gesta Frederici« fort. Zusätzl. betraute ihn Ks. Friedrich I. mit dieser Aufgabe.

R. fügte etwa von Ende 1158 bis 1160 dem Werk die Bücher III und IV hinzu, wobei er an der Grundhaltung Ottos festhielt, aber selbständig zu den Zeitereignissen Stellung nahm. Seine Darstellung reicht vom Polenfeldzug Barbarossas im Aug. 1157 bis zur Niederwerfung Mailands im Sept. 1158 (III) sowie vom Reichstag zu →Roncaglia im Nov. 1158 bis zu den Vorgängen Anfang 1160 (IV). R. zeigt wenig Neigung zu geschichtstheol. Betrachtungen. Er ist stärker am hist. Geschehen um seiner selbst willen interessiert als Otto, und er unterbaut seine Erzählung durch Aufnahme zahlreicher Dokumente. Dazu bietet er wörtl. Reden – v.a. des Ks.s, dessen Taten er in panegyr. Weise rühmt – und Charakteristiken der in der Reichsgesch. bedeutsamen Persönlichkeiten (zu Barbarossa IV, 86). Zahlreiche Entlehnungen aus antiken und ma. Geschichtswerken (u.a. Josephus, Sallust, →Orosius, →Einhard) dienen der stilist. Überhöhung. In bildhafter Schilderung treten die Höhepunkte des Geschehens hervor. Angesichts des Streites zw. Imperium und Sacerdotium fordert R. den Leser auf, sich selbst aus den Akten ein Urteil zu bilden. Im Grunde vertritt er wohl das Ideal eines harmon. Miteinanders der beiden Gewalten. – Zu den Dichtungen R.s zählen der »Versus de vita Theophili« (→Theophiluslegende) in 651 gereimten Hexametern und der »Flosculus Rahewini ad H. prepositum«, ein Schultext in zwei Büchern mit 194 Vagantenstrophen, der den Sentenzen des Petrus Lombardus folgt. – Früher wurde R. ein »Dialogus de pontificatu« zugeschrieben, der aber wohl nicht von ihm stammt.

K. Schnith

Ed.: Ausg. der Gesta: →Otto v. Freising [auch Lit.] – Radewins Gedicht über Theophilus..., hg. W. MEYER aus Speyer, SB München 1873, 49–114 [auch in dessen Ges. Abh. I, 1905, 59–135] – Auszüge aus dem Flosculus bei: W. WATTENBACH, Mitt. aus zwei Hss. der kgl. Hof- und Staatsbibl., SB München 1873, 685–747; H. BÖHMER, Der Dialogus de pontificatu..., NA 21, 1896, 632–684 – Lit.: Verf.-Lex.² VII, 976–982 [Lit.] – F.-J. SCHMALE, Die Gesta Frederici I. ..., DA 19, 1963, 168–214 – K. OESTERLE, Stud. zu R. [Diss. Heidelberg 1964] – H.-P. APELT, R.s Gesta Friderici I. ... [Diss. München 1971] – D. BECKER, Die Belagerung von Crema bei R. ..., Unters. zur lit. Form stauf. Gesch.s-schreibung [Diss. Würzburg 1975] – WATTENBACH-SCHMALE I, 1976, 60–66.

Rähm → Fachwerkbau

Rajhrad (Raigern), OSB-Kl. in Mähren, s. von Brünn, ursprgl. eine fsl. Burg, die der böhm. Fs. →Břetislav I. 1045 dem Kl. →Břevnov schenkte, das 1048 Mönche nach R. entsandte; bis 1803 blieb R. abhängige Propstei. Die Gorzer Reform (→Gorze) hat wohl in R. Eingang gefunden. Die Besitzungen wurden noch von Kg. Otakar I. Přemysl und seinen Nachfolgern sowie anderen Förderern R.s vermehrt. Trotz mancher Rückschläge (Mongoleneinfall 1241, 1253) überstand das Kl. kontinuierl. die Jh.e. Der Propst und Jurist Johannes II. verfaßte die kanonist. Schrift »Tabula iuris«, der Mönch Peter schrieb und malte wahrscheinl. auch das Brevier des Propstes Veit (1342). In der Kl. bibliothek befinden sich zahlreiche Codices aus vorhussit. Zeit (sog. »Martyrologium Adonis [Odonis]«, Ende 9. Jh.; 16 Codices entstanden vor 1300, 30 Hss. im 14. Jh.), aber auch Werke hussit. Autoren sowie zahlreiche Inkunabeln. Zwei Petrarca-Hss. stammen aus dem 15. Jh. (»Invectiva«). Die →Devotio moderna ist in den aszet. Werken greifbar. Da die Hussitenbewegung R. nicht erfaßte, wurde es Zufluchtsstätte u.a. für Johannes v. Holeschau, den Braunauer Propst Marek, den Břevnover Mönch Václav aus Chvaletice.

J. Kadlec

Lit.: B. DUDÍK, Gesch. des Benedictiner-Stiftes Raygern im Markgrafenthum Mähren, 2 Bde, 1849, 1868 – M. KINTER, Die Bibl. des Stiftes Raigern, Archiv für Bibliogr., Buch- und Bibliothekswesen 1, 1926, 204–213 – V. POKORNÝ–Z. DROBNÁ, Benediktinský klášter v Rajhradě

(Poklady umění v Čechách a na Moravě 48, 1942) – V. HÁJEK, Pohled do minulosti R. u, 1966 – V. DOKOUPIL, Dějiny moravských klášterních knihoven, 1972 [21–78, 327–330].

Raimbaut

1. R. d'Aurenga, Troubadour, * ca. 1144, † 1173, Herr v. Orange, Omelas und Courthézon (Vaucluse). Sein Vater Gulhem d'Omelas war der jüngere Sohn von Wilhelm V. v. Montpellier, die Mutter Tiburga d'Aurenga (frz. Orange) war mit den Grafen v. Toulouse verwandt. R. ist einer der größten Dichter nicht nur der prov. Lit., sondern des gesamten MA. In seiner melancholisch gefärbten Lyrik greift er mit Vorliebe zu Paradoxa, Oxymora und zur Selbstironie. Obgleich er in erster Linie den →trobar clus pflegt, der sich nur an eine kleine Schar von Kennern wendet, verschmäht er auch die leichten Töne und bissige Parodien nicht. R. stand mit den größten Troubadouren seiner Zeit in Verbindung, insbes. mit →Bernart de Ventadorn, →Peire d'Alvernhe, →Guiraut de Bornelh, Azalais de Porcairagues, die ihm die *senhals* (Decknamen) Tristan, Linhaure, Joglar gaben. Von ihm sind 40 – in der Deutung schwierige – Gedichte erhalten; am berühmtesten ist wohl »Ar resplan la flors enversa« (BdT 389, 16) sowie eines der ältesten Beispiele des →saluts (Versbrief): »Donna, cel qe. us es bos amics«, dessen Zuschreibung an R. jedoch kontrovers ist. L. Rossi

Ed.: C. APPEL, R. v. Orange, 1928 – W. PATTISON, The Life and Works of the Troubadour R. d'Orange, 1952 – *Lit.:* DLFMA², 1220ff. [Lit.] – L. MILONE, Retorica del potere e poetica dell'oscuro da Guglielmo IX a R. d'A. (Retorica e Poetica, 1979), 149–177 – DERS., R. d'A. tra »Fin'Amor« e »No-Poder«, Romanist. Zs. für Lit.gesch. VII, 1983, 1–27 – L. ROSSI, Chrétien de Troyes e i trovatori: Tristan, Linhaure, Carestia, Vox Romanica XLVI, 1987, 26–62 – S. GAUNT, Troubadours and Irony, 1989, 121–144 – M. PERUGI, Modelli critico-testuali applicabili a un lessico dei trovatori del periodo classico, StM XXXI, 1990, 481–554 – H. WALTER, Unters. zur Poetik von R. d'A., 1991 [Lit.] – M. VUIJLSTEKE, Eléments de définition d'un mode de l'énoncé poétique: R. d'Orange et le »trobar clus« (Fschr. P. BEC, 1991), 587–598 – AA. VV., D'Aurenga me mou l'esglais, RLR XCVI, 1992 [Lit.].

2. R. de Vaqueiras, prov. Troubadour, wirkte Ende 12./Anfang 13. Jh. Aus einer Familie des niederen Adels der Provence stammend, kam R. als →Berufsdichter zu Ansehen und Würden: seit den frühen 90er Jahren mit Mgf. →Bonifaz I. v. Montferrat verbunden, wurde er von diesem zum Ritter geschlagen und begleitete ihn auf den IV. →Kreuzzug (vgl. R.s »epischen Brief« in drei Laissen). R. beweist vielleicht von allen Dichtern seiner Generation die größte Vielfalt und Originalität. Er zeigt sich als Meister der traditionellen Liebeslyrik und experimentiert mit neuen Dichtungsformen. So verfaßte er u. a. eine →Estampida (Kalenda maya); ein Streitgedicht einer Frau aus Genua, die in ihrem Dialekt spricht, mit einem prov. Spielmann, der ihr nach den Regeln der höf. Dichtung – jedoch mit starken selbstiron. Brüchen – den Hof macht, sowie einen der ersten →descorts der Troubadourdichtung, dessen Strophen jeweils in verschiedenen Sprachen abgefaßt sind (prov., it., frz., gaskogn., galiz.-ptg.). Diese Dichtungen sind emblematisch für R.s Brückenstellung zw. verschiedenen regionalen Dichterschulen, deren Manier er sich zu eigen machte. R. ist der erste Troubadour, der sich in Italien niederließ; er verkörperte für seine Zeitgenossen die höf. und ritterl. Ideale par excellence, auch aufgrund des Erfolges und sozialen Aufstiegs, den er seiner Dichtkunst verdankte. Ihm wurde ein wichtiger biograph. Zyklus von →Razos gewidmet. St. Asperti

Ed. und Lit.: DLFMA², 1221ff. – MGG X, 1873–1874 – NEW GROVE XV, 541f. – J. LINSKILL, The Poems of the Troubadour R. de V., 1964 – A. PULEGA, Ludi e spettacoli nel medioevo. I tornei di dame, 1970, 67–72 und 77–80 [Teiled.] – H. VAN DER WERF, The Extant Troubadour Melodies, 1984, 289*–298* – V. BERTOLUCCI, Posizione e significato del canzoniere die R. d. V. nella storia della poesia prov., Studi mediolat. e volgari 11, 1963, 9–68 – A. BARBERO, La corte dei marchesi di Monferrato allo specchio della poesia trobadorica, BSBS LXXXI, 1983, 641–703 – F. BRUGNOLO, Plurilinguismo e lirica medievale 1983.

3. R. Vidal → Vidal, Raimbaut

Raimbert de Paris bearbeitet um 1200–20 die »Chevalerie Ogier« (→Ogier). M.-R. Jung

Lit.: DLFMA², 261–263.

Raimon

1. R. de Cornet, prov. Dichter aus der ersten Hälfte des 14. Jh. Zuerst Säkularkleriker, dann Franziskaner, schließlich Zisterzienser, war R. der wichtigste Autor der Dichterschule, die sich um das »Consistori del Gay Saber« von Toulouse (→Jeux floraux) gebildet hatte. R.s erhaltenes dichter. Werk ist von beachtl. Umfang (42 lyr. Dichtungen, unter ihnen verschiedene Tensos, 2 lat. Gedichte, vier Versepisteln und einige Lehrschriften, darunter ein grammatikal. Lehrgedicht »Doctrinal de Trobar«, das z. T. von Joan de Castellnou kritisiert und korrigiert wurde). R.s Œuvre unterscheidet sich von den Werken der Zeitgenossen durch seine Qualität und Formenvielfalt und durch die Anspielungen auf polit. und religiöse Kontroversen der Zeit, in denen R. eine aktive Rolle spielte, wobei er sich auch gegen den Vorwurf der Häresie verteidigen mußte. St. Asperti

Bibliogr.: F. ZUFFEREY, Bibliogr. des poètes prov. des XIVᵉ et XVᵉ s., 1981, n. 558 – *Lit.:* J. B. BOULET-C. CHABANEAU, Deux mss. prov. du XIVᵉ s., 1888 – J. MASSÓ-TORRENTS, Poésies en partie ined. de Johan de Castellnou et de R. d. C., AM 26, 1914, 451f.; 27–28, 1915–16, 5–36 – A. JEANROY, La poésie prov. dans le Sud-Ouest de la France et en Catalogne du Début à la fin du XIVᵉ s., HLF 38, 1949, 31–65 – M. PERUGI, Trovatori a Valchiusa, 1985, 94–136.

2. R. Jordan, prov. Troubadour, der im letzten Viertel des 12. Jh. wirkte, † wahrscheinl. vor 1198. Aus der vicecomitalen Familie v. Saint-Antonin, an der Grenze zw. Rouergue und Quercy, stammend, ist R. J. einer der wichtigsten Vertreter der Adelslyrik, deren Wortschatz und Symbolik stark durch das feudale Umfeld geprägt ist; Hauptthema ist die völlige Hingabe an den Dienst der Dame, die R. J. mit bemerkenswerter psycholog. Subtilität begründet. Die Eleganz der metr. und musikal. Formen sicherten seinem Werk einen dauernden Erfolg, wie zahlreiche →Contrafacta auch in frz. Sprache zeigen. Ihm ist eine umfangreiche →vida-razo gewidmet, ein vorzügl. Beispiel der höf. okzitan. narrativen Literatur. St. Asperti

Ed. und Lit.: Il trovatore R. J., ed. S. ASPERTI, 1990 – H. VAN DER WERF, The Extant Troubadour Melodies. Transcriptions and Essays for Performers and Scholars, 1984, 298*–304*.

3. R. de Miraval, prov. Troubadour, der Ende des 12. Jh. und in den ersten Jahren des 13. Jh. wirkte. Als Angehöriger des languedocischen Kleinadels bewahrte er den Status eines dichtenden Ritters und knüpfte als freier Hofdichter freundschaftl. Beziehungen zu den wichtigsten Feudalherren der Region und der benachbarten Gebiete auf der Iber. Halbinsel, v. a. zu →Raimund VI., Gf. v. Toulouse. Der soziale Status des Autors spiegelt sich in seinem umfangreichen lyr. Werk: R. unterscheidet sich von den zeitgenöss. Autoren durch sein Streben, mit Hilfe des →fin' amor Ehre und Geltung zu erlangen; die Beziehung zu der geliebten Frau ist nicht durch völlige Unterwerfung gekennzeichnet und wird durch die gesellschaftl. Stellung der Dame und durch das soziale Prestige bestimmt, das aus dieser Beziehung erwachsen kann. R. nimmt so die Stellung eines Richters und Schiedsrichters der höf. Welt ein und präsentiert sich als Hüter von deren Normen. Beim Ausbruch des →Albigenserkreuzzugs forderte er in einem Sirventese das Eingreifen des Kg.s v. Aragón. Nach der Niederlage des Gf.en v. Toulouse flüchtete R. wahrscheinl. nach Katalonien; nach 1213 sind keine Texte mehr von ihm bekannt. St. Asperti

Ed. und Lit.: L. TOPSFIELD, Les poésies du troubadour R. d. M., 1971 – M. DE RIQUER, Los trovadores, 1975, 983–1008 – L. TOPSFIELD, Troubadours and Love, 1975, 219–237 – H. VAN DER WERF, The Extant Troubadour Melodies. Transcriptions and Essays for Performers and Scholars, 1984, 304–331 – M. SWITTEN, The »Cansos« of R. d. M.: a Study of Poems and Melodies, 1985.

Raimund

1. R. v. Poitiers, Fs. v. →Antiochia 1136–49, * um 1108, ✕ Juni 1149 bei Inab; 2. Sohn→Wilhelms VII. (IX.), Gf. en v. →Poitou und Hzg.s v. →Aquitanien, erhielt am Hofe Heinrichs I. v. England seine ritterl. Erziehung, entschloß sich dann zur Heirat mit Konstanze, der Erbtochter v. Antiochia. Das frk. Fsm. bedurfte einer starken Hand, und R. machte sich bald als unerschrockener Kämpfer bekannt. Er schlug Angriffe der Muslime v. →Aleppo zurück, bemühte sich, die frk. Kontrolle auf das kilik. Armenien (→Armenien, II) auszudehnen und versuchte, wiewohl vergeblich, sein Fsm. vom byz. Herrschaftsanspruch zu befreien. Der 2. →Kreuzzug (1145–49) erschien als ideale Gelegenheit zum militär. Vorgehen gegen die Muslime, doch lehnte Kg. Ludwig VII. v. Frankreich es ab, im nördl. Syrien Krieg zu führen. Nach dem Scheitern des Unternehmens verstärkten die Muslime unter →Nūraddīn ihren Druck auf Antiochia; der in eine Falle gelockte Fs. fand in der Schlacht v. Inab den Tod. J. P. Phillipps

Q.: Wilhelm v. Tyrus, Chronicon, ed. R. B. C. HUYGENS, 2 Bde 1986 – Lit.: C. CAHEN, La Syrie du Nord à l'epoque des croisades, 1940 – B. HAMILTON, Ralph of Domfront, Patriarch of Antioch, Nottingham Medieval Stud. 28, 1984, 1–21 – J. P. PHILLIPPS, A Note on the Origins of Raymond of Poitiers, EHR 106, 1991, 66f.

2. R. Borrell I., Gf. v. →Barcelona, →Gerona und →Osona 992–1018, * um 10. Sept./5. Dez. 972, † 25. Febr. 1018 in Barcelona; Eltern: Gf. →Borrell II. und Ledgarda, ⚭ um 992 →Ermesinde v. Carcassonne-Couserans. Seit 986 an der Gft.sregierung des Vaters beteiligt, übernahm er nach dessen Tod 992 die alleinige Herrschaft, trat allerdings die Gft. →Urgel an seinen jüngeren Bruder Ermengol ab, und mußte sich lange Zeit gegen die bedrohl. Vorstöße der →ʿĀmiriden behaupten, bevor er 1010 gemeinsam mit den Gf.en v. Urgel und Besalú sowie den Bf.en v. Barcelona, Elne, Gerona und Ausona-Vich einen erfolgreichen Feldzug gegen →Córdoba führen konnte. Weitere Unternehmungen gegen maur. Stützpunkte brachten neue Gewinne und führten zur Abhängigkeit ihrer Reiche, so daß R. B. 1016 in Zaragoza mit dem Gf.en Sancho García v. Kastilien die Eheschließung zw. seinem Sohn →Berengar Raimund I. und dessen Tochter Sancha verabreden konnte. Wahrscheinl. 1001/02 weilte der Gf. zusammen mit Bf. Arnulf v. Vich bei Papst Silvester II. in Rom, um eine Entscheidung über die skandalösen Zustände im Kl. Sant Benet de Bages zu erlangen. Der frühe Tod R. B.s führte zur Regentschaft seiner machtbewußten, auf eigene Machtgrundlagen zurückgreifenden Witwe für ihren unmündigen Sohn und löste eine Herrschaftskrise aus. Ein anläßl. der Beisetzung R. B.s verfaßtes Gedicht setzte den Verstorbenen (»Lux ingens patrie«) erstmals in Verbindung zu einer katal. polit. Realität. L. Vones

Lit.: Dic. d'Hist. de Catalunya, 891f. [J. M. SALRACH] – S. SOBREQUÉS I VIDAL, Els grans comtes de Barcelona, 1961, 13–34 – A. M. MUNDÓ, La mort del comte R. de Barcelona i els bisbes de Vic Borrell i Oliba, Estudis d'Hist. Medieval 1, 1969 – O. ENGELS, Schutzgedanke und Landesherrschaft im ö. Pyrenäenraum, 1970 – P. BONNASSIE, La Catalogne, 2 Bde 1975–76 – A. BENET, El procès d'independència de Catalunya, 1988 – Catalunya i França Meridional a l'entorn de l'any Mil. Actes del Colloqui Internat. Hug Capet, 1991.

3. R. Berengar I. 'el Vell', Gf. v. →Barcelona, →Gerona (seit 1035), →Osona (seit 1054), →Carcassonne und →Razès (seit 1067/70), * um 1023/24, † 27. Mai 1076 in Barcelona, ▭ Kathedrale v. Barcelona, Eltern: Gf. →Berengar Raimund I. v. Barcelona und Sancha v. Kastilien; ⚭ 1. 1039 Elisabeth († 29. Juni 1050), vermutl. Tochter des Lope Aton v. Zuberoa, Herr v. Jaca, ⚭ 2. um 1051 Blanche (verstoßen; † 1076), vermutl. Tochter v. Gf. Fulco-Bertrand I. v. Provence, ⚭ 3. um 1052 Almodis v. der Marche (ermordet 1071), Tochter des Gf.en Bernhard I. v. Razès. Als Nachfolger des Vaters hatte er zunächst die Gft.en Gerona und Barcelona bis zum Llobregat inne sowie als gemeinsames Patrimonium der Gesamtfamilie die bajulia über die restl. Gft.en des Vaters, bis er seine Brüder durch Kauf zum Verzicht auf ihr Erbe bringen konnte (1049/54). Die Entscheidung, seine Gattin Blanche zugunsten einer Ehe mit Almodis v. der Marche zu verstoßen, trug ihm auf Betreiben seiner Großmutter →Ermesinde die dreimalige päpstl. Exkommunikation ein. Er war gezwungen, die Rechte Ermesindes an der Barceloneser Herrschaft zurückzukaufen, wofür diese ihm zusicherte, sich für die Lösung von der Exkommunikation zu verwenden. Bedrohlich waren auch die immer wieder aufflackernden Aufstände →Mir Geriberts, die bis 1056 eine Gefahr blieben. Die Tribute (→parias) der Taifenreiche v. Lérida und Zaragoza stärkten die Finanz- und Wirtschaftskraft Kataloniens, ermöglichten den Kauf von Rechten in der Gft. Carcassonne-Razès sowie eine zukunftweisende Siedlungspolitik in der Conca de Barberà, dem Camp v. Tarragona und in der Stadt Tarragona. Durch Burgenkauf und lehnrechtl. Beziehungen versuchte R. B. auch die übrigen Herrschaftsbezirke enger an die Barceloneser Gft.engewalt zu ziehen und unter Anwendung verfassungsrechtl. Instrumentarien (z. B. pax et treuga v. 1064) einen tiefgreifenden Landesausbau zu treiben, doch bleibt fraglich, ob er der eigtl. Schöpfer der →Usatges v. Barcelona war oder eher nur die ersten rudimentären Grundlagen dafür geschaffen hat. Da sein ältester, von seiner ersten Gattin stammende Sohn Pere Ramon seine Stiefmutter Almodis ermordete, wurde er enterbt; die väterl. Herrschaft gelangte ungeteilt an die beiden Söhne der Almodis, →Raimund Berengar II. und →Berengar Raimund II. (Liber Feudorum Maior, ed. F. MIQUEL ROSELL, I, 1945, 524ff., Nr. 492). L. Vones

Lit.: Dic. d'Hist. de Catalunya, 1992, 887f. – S. SOBREQUÉS I VIDAL, Els grans comtes de Barcelona, 1961, 53–114 – O. ENGELS, Schutzgedanke und Landesherrschaft im ö. Pyrenäenraum, 1970 – P. BONNASSIE, La Catalogne, 2 Bde 1975–76 – DERS., La Catalogne au tournant de l'an mil, 1990.

4. R. Berengar II. Cap d' Estopes, Gf. v. →Barcelona 1076–82, * um 1053, † 6. Dez. 1082 la Perxa de l'Astor, Montnegre, ▭ Gerona, Kathedrale; Eltern: →Raimund Berengar I. und Almodis de la Marche; ⚭ Mathilde v. Apulien, Tochter →Robert Guiscards. Bereits zu Lebzeiten des Vaters Gf. v. →Carcassonne und Razès, folgte er diesem gemäß der testamentar. Verfügungen zusammen mit seinem Bruder →Berengar Raimund II. in der Gft. Barcelona nach. Die ersten Regierungsjahre waren bestimmt von einer gemeinsamen Politik gegenüber den Taifenreichen (→Mulūk aṭ-ṭawā'if), die in Abstimmung mit Gf. Ermengold IV. v. Urgel (1176/78) zu einem Ausbau der Schutzherrschaft und des Systems der →Parias auf das ganze maur. Spanien führen sollte. Jedoch scheiterte der Feldzug R. B.s II. gegen Murcia (1077) ebenso wie ein Zug seines Bruders gegen Zaragoza (1082). Nach

Auseinandersetzungen zw. den Brüdern wurde, nach einer Intervention Gregors VII. (17. Mai 1079), ein Friedensvertrag abgeschlossen und Stadt und Gft. Barcelona aufgeteilt. In einem Zusatzvertrag gestand R. B. II. seinem Bruder die Hälfte der Gft.en Carcassonne und Razès (1180) sowie einige Burgen zu, während die Flotte ungeteilt blieb. In der Stadt Barcelona führte die Regierung R. B.s II. zu einem wirtschaftl. Aufschwung. Am 6. Dez. 1180 wurde er, wahrscheinl. auf Veranlassung seines Bruders, auf dem Weg nach Gerona ermordet.

U. Vones-Liebenstein

Lit.: Dic. d'Hist. de Catalunya, 1992, 888 [A. BENET I CLARÀ] – Gran Enc. Catalana XII [M. COLL I ALENTORN] – S. SOBREQUÉS I VIDAL, Els grans comtes de Barcelona, 1970, 117–129 – J. E. RUIZ DOMÉNEC, Ramón Berenguer II, Cap d'Estopes: Su concepto de gobierno, 1971 [unveröff. Diplomarbeit] – J. E. RUIZ DOMÉNEC, El origen del capital comercial en Barcelona, Misc. Barcinonensia 31, 1972, 55–87 – P. BONNASSIE, La Catalogne, 2 Bde, 1976.

5. R. Berengar III. 'el Gran', Gf. v. →Barcelona 1097–1131, Gf. v. →Provence, des →Gévaudan und Vizgf. v. Millau 1112–31, * 11. Nov. 1082, Rodez, † 19. Juli 1131, Barcelona, ▭ Santa Maria, Ripoll, Eltern: →Raimund Berengar II. und Mathilde v. Apulien; ⚭ 1. Maria, Tochter des →Cid (1098), 2. Almodis v. Mortain (1105), 3. →Douce, Gfn. v. Provence (1112); Kinder: Jimena, Gfn. v. Foix, Maria, Gfn. v. Besalú, →Raimund Berengar IV. v. Barcelona, Berengar Raimund v. Provence, →Berenguela (⚭ 1127 Alfons VII. v. Kastilien-León), Almodis, Herrin v. Cervera. Nach der Ermordung des Vaters 1086 unter der Vormundschaft seines Onkels →Berengar Raimund II., übernahm er 1097 die alleinige Herrschaft in der Gft. Barcelona und brach mit der Politik und den Anhängern seines *fratricida* Onkels. Durch Erbschaft fielen die Gft.en →Besalú (1111) und →Cerdaña (1117) an ihn zurück. Bernhard Aton, Vizgf. v. →Béziers, mußte die Oberhoheit Barcelonas über die Gft.en →Carcassonne und Razès ebenso anerkennen (1112) wie Gf. Pons Hugo v. →Ampurias (1128) die Handelsfreiheit des Barcelonesen in seiner Gft. Die Heirat mit der Erbtochter Douce v. Provence führte zur Expansion nach Südfrankreich. Drei wichtige Fragen beherrschten die Regierungszeit R. B.s: Die Auseinandersetzung mit den →Almoraviden, die Wiedererrichtung der Kirchenprov. →Tarragona und die Sicherung der Herrschaft des Hauses Barcelona in der Provence. Sie bestimmten zum einen die handelspolit. Konkurrenzfähigkeit Kataloniens im Mittelmeerraum (1127 Handelsvertrag mit Genua), zum anderen den Aufstieg der Gft. zu einer gleichrangigen Macht neben Kastilien-León und Aragón auf der Iber. Halbinsel. Ein Jahr vor seinem Tode trat R. B. in den Templerorden ein.

U. Vones-Liebenstein

Lit.: Gran Enc. Catalana XII, 330 – Dic. d'Hist. de Catalunya [J. M. SALRACH I MARÉS] – S. SOBREQUÉS I VIDAL, Els grans comtes de Barcelona, 1970³, 159–214 – P. BONNASSIE, La Catalogne, II, 1976, 868ff. – J. P. POLY, La Provence et la Société féodale, 879–1166, 1976, 325–334 – J. FRIED, Der päpstl. Schutz für Laienfs.en, 1980, 90–100 – L. VONES, Gesch. der Iber. Halbinsel im MA, 1992, 296–300 [Lit.].

6. R. Berengar IV. 'el Sant', Gf. v. →Barcelona 1131–1162, Princeps v. →Aragón 1137–62, Mgf. v. →Tortosa und →Lérida, * um 1113, † 6. Aug. 1162 Borgo San Dalmazzo, ▭ Santa Maria in →Ripoll, Eltern: →Raimund Berengar III. und Douce v. Provence, ⚭ 1137 →Petronilla v. Aragón; 7 legitime Kinder, darunter Alfons II., Kg. v. Aragón, →Raimund Berengar IV. v. Provence, Sancho; natürl. Sohn Berengar (Abt v. Montaragón und Ebf. v. Narbonne). R. B. setzte bis 1137 unter dem Einfluß Ebf. →Ollegars die Politik des Vaters fort: Exemtionsprivileg für die Templer (15. April 1134), Wahrung des Friedens mit den Taifenreichen v. Lérida und Tortosa gegen →Parias, Festigung des Bündnisses mit Alfons VII. v. Kastilien-León. Der Ehevertrag mit Petronilla, der ihm mit dem Titel eines Princeps die Herrschaft in Aragón brachte, führte für die nächsten Jahrhunderte zu einer Vereinigung beider Reiche. Auf Drängen des Papsttums mußte der Gf. die auf das Testament Alfons' I. gegründeten Ansprüche der Ritterorden ablösen. Nach dem Kreuzzugsaufruf Eugens III. nahm er die Eroberung v. Tortosa und Lérida in Angriff: Im Herbst 1147 fiel Almería, am 30. Dez. 1148 Tortosa, am 24. Okt. 1149 ergaben sich Lérida und Fraga. Nach der Regelung der Herrschaftsverhältnisse in den eroberten Städten begab sich R. B. in die →Provence, wo er seit 1144 die Regentschaft für seinen unmündigen Neffen, →Raimund Berengar III., führte und nahm die Huldigung der Herren v. →Les Baux entgegen. Auch Vizgf. Raimund I. →Trencavel v. Béziers-Carcassonne anerkannte die Lehnshoheit des Barcelonesen erneut. Doch zeigte sich noch 1159 anläßl. einer katal.-engl. Koalition gegen Toulouse, daß der Antagonismus beider Häuser immer weiter schwelte. Das Verhältnis zu Kastilien gestaltete sich nach der Einigung über den Besitz v. Zaragoza durchweg positiv, häufig allerdings auf Kosten →Navarras. Im Vertrag v. Tudején (1151) wurden die gegenseitigen Eroberungsgebiete abgesteckt, die Kgr.e Valencia und Murcia Barcelona zugesprochen.

R. B. förderte die Ritterorden, die Regularkanoniker v. →St-Ruf, die er zum Aufbau einer Bm.sorganisation in →Tortosa berief, die Zisterzienser (Gründung v. →Poblet). Nach 1145 besetzte er fast alle Bf.sstühle mit Männern seines Vertrauens, um so die Wiedererrichtung der Kirchenprov. →Tarragona als kirchl. Klammer des neu entstandenen katal.-aragon. Reiches zu sichern. Durch die endgültige Zusammenstellung der →Usatges v. Barcelona festigte er die rechtl. Organisation des Reiches und ordnete die Verwaltungsstruktur. Auf dem Rückweg von Verhandlungen mit Ks. Friedrich I. über die Lehnsabhängigkeit der Provence vom Reich starb der Gf. und hinterließ sein Reich im Schutz des Kg.s v. England.

U. Vones-Liebenstein

Lit.: Gran Enc. Catalana XII, 330f. [M. COLL I ALENTORN] – F. SOLDEVILA, Ramon Berenguer IV el Sant, 1955 – P. E. SCHRAMM, Die Entstehung eines Doppelreiches (Fschr. H. SPROEMBERG, 1956) – J. M. FONT RIUS, Cartas de población y franquicia de Cataluña II. Estudio, 1983, 99 – TH. N. BISSON, Fiscal Accounts of Catalonia, 1984, I, 23–77; II, 3–64 – U. VONES-LIEBENSTEIN, St. Ruf und Spanien, 1994 [im Dr.].

7. R. v. Burgund, Gf. v. →Galicien, † 20. Sept. 1107, ▭ →Santiago de Compostela, 2. Sohn des Gf.en Wilhelm I. v. Burgund, gehörte zu jener frz.-cluniazens. Fraktion, die dem 1086 von den →Almoraviden geschlagenen Kg. →Alfons VI. v. León und Kastilien und seiner burg. Frau →Konstanze zu Hilfe kam. Als er 1090/91 ihre Tochter →Urraca heiratete, machten sie ihn zum »comes« und »dominus« v. Galicien (Kg. →García v. Galicien) und des ganzen Reconquista-Westens ihres Reiches. R., dessen Schwester Berta 1093 Alfons' 3. Frau wurde, setzte in seinem Territorium dessen polit.-kirchl. Zentralisierungsinteressen weitgehend durch, 1094 bezwang er die mozarab. Opposition in →Coimbra, doch gelang es ihm 1094/95 nicht, die erst zwei Jahre zuvor zum Reich gekommene, aber sogleich an die Almoraviden verlorene Stadt →Lissabon zurückzuerobern. 1096 trennte Alfons den ptg. Teil von R.s Mandatsgebiet und übertrug ihn →Heinrich v. Burgund (65. H.). In Galicien war R.s Kanzler →Diego Gelmírez (3. D.) aktiver als der Gf. selbst, dessen Ambitionen sich v. a. nach der Geburt eines Sohnes (→Alfons VII.) darauf richteten, Alfons' VI. Nachfolge und Erbe anzutreten: In einem von Abt →Hugo v. Cluny vermittelten Vertrag wollte er dem ptg. Gf.en Heinrich Galicien und Toledo überlassen und León und Kastilien für sich reservieren.　　　　　　　　　　P. Feige

Lit.: MARQUÊS DE SÃO PAIO, O Conde D. Henrique de Borgonha e o conde D. Raimundo seríam parentes ou não, e como?, Anais Sér. 2, 12, 1962, 81–94 – L. VONES, Reconquista und Convivencia (Die Begegnung des Westens mit dem Osten, 1993), 221–242 – s.a. Lit. zu →Heinrich v. Burgund, →Diego Gelmírez, →Portugal.

8. R. Berengar, Gf. v. →Prades, Baron v. →Entença (1324–41), Gf. v. →Ampurias (1341–64), * Aug. 1308, Valencia, † nach 1366, jüngster Sohn →Jakobs II. v. Aragón und der Blanca v. Anjou, ∞ 1. Bianca v. Tarent († um 1337); 2. Maria Álvarez de Xèrica. Am 6. Mai 1324 erhielt er mit dem Titel eines Gf.en de las Muntanyes de Prades diese Gft. von seinem Vater als Apanage. 1341 tauschte er sie mit dem Infanten →Peter (5. P.) gegen die Gft. Ampurias ein. Er unterstützte die Politik Peters IV. gegen Jakob III. v. Mallorca, nahm 1344 an den →Cortes v. Barcelona teil, die dessen Absetzung verfügten, und 1349 am Feldzug ins Roussillon. 1356 führte er eine Gesandtschaft zu Innozenz VI. zur Beilegung des Aufstands des Judex v. →Arborea (Sardinien). 1364 verzichtete er zugunsten seines Sohnes Johann aus der Ehe mit Maria Álvarez auf die Gf.enwürde und trat ins Dominikanerkl. Santa Caterina in Barcelona ein.　　U. Vones-Liebenstein

Lit.: J. E. MARTÍNEZ FERRANDO, Jaime II. Su vida familiar, I, 1948, 178–183 – S. SOBREQUÉS I VIDAL, La nobleza catalana en el siglo XIV, Anuario de Estudios Medievales 1970/71, 493–531 – P. LAZARO DE LA ESCOSURA, El condado de Prades, Historia, Instituciones, Documentos 3, 1976, 349–396.

9. R. Berengar III., Gf. v. →Provence 1150–66, * um 1135, † März 1166, Nizza, Eltern: Gf. Berengar Raimund I. v. Provence und Beatrix v. →Melgueil; ∞ Richeza v. Polen (1161), Witwe Alfons' VII. v. Kastilien-León. Nach der Ermordung des Vaters unter der Vormundschaft seines Onkels →Raimund Berengar IV. v. Barcelona an dessen Hofe erzogen, nahm er im Sept. 1150 zusammen mit diesem in Arles die Unterwerfung und Huldigung der Herren v. →Les Baux entgegen. Von da an führte er auch den Titel eines Gf.en v. Melgueil, ohne jedoch den Rechtsanspruch gegen seine Mutter durchsetzen zu können. Nach dem Tode Raimund Berengars IV. belehnte ihn Friedrich Barbarossa 1162 zu Tori mit der Provence, mit der Auflage, den ksl. Papst Viktor IV. anzuerkennen, und gewährte ihm die Lehnshoheit über die Gft. →Forcalquier. 1166 schloß er Frieden mit Genua und starb kurz darauf beim Versuch, Nizza im Kampf gegen die Vizgf.en zu erobern. Seine Witwe Richeza heiratete Gf. Raimund V. v. Toulouse, der daraus Ansprüche auf die Gft. Provence ableitete, die er jedoch ebensowenig gegen die Rechte Kg. Alfons' II. v. Aragón durchsetzen konnte, wie Dulcia, die Tochter Raimund Berengars IV.　　U. Vones-Liebenstein

Lit.: Dic. d'Hist. de Catalunya, 1992 [M. AURELL I CARDONA] – Gran Enc. Catalana IX, 332 [M. COLLI ALENTORN] – E. SMYRL, La famille des Baux, Cah. du Centre d'Études des Sociétés Méditeranéennes 2, 1968, 7–108 – E. BARATIER, Hist. de la Provence, 1969, 137–139 – G. GIORDANENGO, Le droit féodal dans les pays de droit écrit, 1988, 56–67.

10. R. Berengar IV. (ursprgl. Name Peter), Gf. v. →Provence (1168–81) und v. →Cerdaña (Peter I.; 1162–68), * um 1159, † 5. April 1181 bei Montpellier, ▢ Kathedrale v. Maguelone, Eltern: Gf. →Raimund Berengar IV. v. Barcelona und →Petronila v. Aragón. Die Gft. Cerdaña und die ererbten Rechte über Carcassonne und Narbonne gab er im Dez. 1168 an seinen Bruder Alfons II. v. Aragón, der ihm dafür die Gft. Provence übertrug und einen Prokurator für ihn ernannte. Alfons II. unternahm selbst nach dem Abschluß des Vertrags v. Jarnégues (8. April 1176), in dem Gf. Raimund V. v. Toulouse die 1125 festgelegten Grenzen anerkannt hatte, einen Zug in die Gft. zur Festigung seiner Stellung in der ö. Provence, die ksl. Einfluß offenstand. Nach der Krönung Friedrich Barbarossas in Arles (30. Juli 1178) wurde die Residenz der Gf.en von Arles nach →Aix verlegt, die zw. Ks. Manuel und Alfons II. vereinbarte Ehe R.s mit Eudoxia Komnena wurde nicht geschlossen. Die erneute Auftragung der Gft. Provence an R. (Dez. 1178) hielt auch im Falle einer Lehnsleistung an die dt. Ks. die Oberhoheit des aragon. Kg.s ausdrückl. fest. Drei Jahre später fiel R. in einem Hinterhalt des Aimar v. Murviel.　　U. Vones-Liebenstein

Lit.: S. DE VAJAY, Eudoquía Cómnena, abuela biz. de Jaime el Conquistador (Jaime I y su época. X Congr. de Hist. de la Corona de Aragón, II, 1980), 611–631 – M. AURELL I CARDONA, Le personel politique catalan et aragonais d'Alphonse Ier en Provence (1166–96), AM 93, 1981, 132–139 – J. FRIED, Friedrich Barbarossas Krönung in Arles (1178), HJb 103, 1983, 347–371 – M. AURELL I CARDONA, Une famille de la Noblesse Provençale au MA: les Porcelet, 1986, 59–64 – O. ENGELS, Reconquista und Landesherrschaft, 1989, 3–50.

11. R. Berengar V., Gf. v. →Provence (1209–45), Gf. v. →Forcalquier, * 1205, † 19. Aug 1245 in Aix-en-Provence, Eltern: Gf. →Alfons II. v. Provence (25. A.) und Garsenda v. Sabran; ∞ Beatrix v. Savoyen (1220); Töchter: →Margarete (∞ Ludwig IX. v. Frankreich [1234]), Eleonore (∞ Heinrich III. v. England [1236]), Sancha (∞ Richard v. Cornwall [1243]), Beatrix (∞ Karl v. Anjou [1246]). Nach dem Tode des Vaters (1209) in Monzón erzogen, übernahm R. ab 1219 die Regierung und betrieb nach 1226 eine Politik der Zentralisierung der Gf.engewalt, die sich gegen die städt. Emanzipationstendenzen richtete (Abschaffung der Konsulate in Grasse und Tarascon) und zu einer Annäherung an die Kapetinger (Avignon 1226) führte. Der Antagonismus Toulouse-Provence zeigte sich nach 1230 im Konflikt des Gf.en mit →Marseille. Nach einer ersten Verständigung (Juni 1238) durch Vermittlung Jakobs I. v. Aragón und Friedrichs II., führten dank des militär. Eingreifens Ludwigs IX. weitere krieger. Auseinandersetzungen (1240) zur endgültigen Unterwerfung der Städte (Marseille 1243). Nachdem R. 1238 dem Ks. Waffenhilfe gegen die (2.) →Lombard. Liga geleistet hatte, unterstützte R. nach der Niederlage vor Brescia die Politik Gregors IX., vertrieb den Vertreter Friedrichs II. aus Arles und wurde mit der Reichsacht belegt. Die Versuche, die Folgen des Vertrags v. →Meaux-Paris (1229) für den südfrz. Raum durch eine Heirat des Toulousaners mit der Erbtochter der Provence abzuwenden, scheiterten trotz des Entgegenkommens R.s. Nach seinem Tod fiel sein Reich an seine Tochter Beatrix.　　U. Vones-Liebenstein

Lit.: R. BENOÎT, Recueil des actes des comtes de Provence (1196–1245), 1925 – G. GIORDANENGO, Le droit féodal dans les pays de droit écrit, 1988, 153–167 – M. AURELL, La vielle et l'épée, 1989, 95–153 – O. ENGELS, Reconquista und Landesherrschaft, 1989, 237–259.

12. R. IV. v. St-Gilles, Gf. v. →Toulouse (1093–1105), Mgf. v. →Provence (1066–1105), einer der bedeutendsten Persönlichkeiten des I. →Kreuzzugs und Begründer der Gft. →Tripolis, * 1041/42 in Toulouse, † 28. Febr. 1105 auf Mons Peregrinus. In jungen Jahren stritt R. eifrig für die päpstl. Reformbewegung; er zog als Pilger nach Jerusalem (vor 1095). Papst →Urban II. sah bei seiner Kreuzzugsproklamation R. als militär. Befehlshaber vor. Im Alter von mehr als 50 Jahren übertrug R. dem Sohn

Bertrand seine Territorien, bevor er an der Spitze des größten der Kreuzfahrerverbände, bestehend im wesentl. aus Provenzalen und Burgundern, aufbrach. Nachdem er sich in Konstantinopel am unbeugsamsten der Lehnseidleistung an Ks. →Alexios I. widersetzt hatte, akzeptierte er schließlich doch eine modifizierte Formel (26. April 1095). Nach der Eroberung v. →Antiochia (3. Juni 1098) war R. bei der Auffindung der Hl. →Lanze in der Kathedrale anwesend (14. Juni 1098) und unternahm im Spätherbst 1098 Razzien im muslim. Gebiet um Antiochia. Den von einem großen Teil des Kreuzheeres angetragenen Oberbefehl, unter der Voraussetzung des raschen Weiterziehens, nahm er an; der Vormarsch auf Jerusalem begann am 13. Jan. 1099. Während der Belagerung (7. Juni–15. Juli 1099) übernahm R. mit seinen Truppen die südl. Stadtmauer, verlegte aber wegen der Ungunst des Geländes seine Stellung auf den Berg Zion. Im Zuge der Erstürmung der Stadt nahm R. am 15. Juli 1099 die Kapitulation des in der Zitadelle, dem sog. »Davidsturm«, eingeschlossenen Statthalters der →Fāṭimiden an; er und seine Garnison erhielten (als einzige unter den Muslimen) von R. freien Abzug nach Askalon. Als ihm am 17. Juli die Krone des neuen Kgr.es →Jerusalem angetragen wurde, lehnte R. mit der Begründung ab, daß er in der Stadt des Heilands nicht als Kg. herrschen wolle, wobei er hoffte, mit diesem Argument auch →Gottfried v. Bouillon von einer Herrschaftsübernahme abzuhalten. Durch Gottfrieds Wahl zum Oberhaupt enttäuscht, verweigerte er eine Zeitlang die Herausgabe des »Davidsturms« und marschierte dann mit seinen Truppen nach Jericho, wo er sie in feierl. Prozession an den Jordan führte. Er lehnte eine Rückkehr nach Jerusalem ab, führte seine Männer vielmehr nach Latakia, von wo aus die meisten zu Schiff nach Europa zurückkehrten. R. selbst suchte in Konstantinopel die Hilfe des Ks.s Alexios I. Zu Beginn des Jahres 1102 kehrte R., mit Zustimmung des byz. Ks.s, nach Syrien zurück, mit einem Kreuzheer, das vorwiegend aus 1101 in Konstantinopel eingetroffenen Lombarden bestand. Sowohl R. als auch der byz. Ks. hofften, Anatolien für Byzanz zurückerobern und das Fsm. Antiochia wieder in Abhängigkeit von Byzanz bringen zu können. Von →Tankred, dem Regenten v. Antiochia, jedoch eingekerkert, mußte R. eidlich auf weitere Eroberungen in Syrien verzichten. Trotz dieses Eides besetzte R. den Hafen →Tortosa (1102) und errichtete bei Tripolis die Burg Mons Peregrinus; 1104 nahm er, mit Hilfe →Genuas, den Hafen Gubail (→Byblos) ein. Die Expansion des Fsm.s Antiochia im S blockierend, schuf er die Grundlagen der Gft. Tripolis, die seine Erben errichten sollten. – R. war eine der herausragenden Gestalten des I. Kreuzzugs, bes. verehrt von den 'pauperes', die auf ihn ihre Hoffnungen richteten. Wenn zeitgenöss. Q. ihn als den vornehmsten Fs.en der christl. Ritterschaft rühmen, so ist das eine kaum übertriebene Würdigung. S. Schein

Q.: Raimund v. Aguilers, Hist. Francorum, ed. und übers. (engl.) J. H. Hill–L. L. Hill, 1968 [Hauptq.] – *Lit.*: J. Richard, Le Comté de Tripoli sous la dynastie toulousaine (1102–87), 1945.[Neudr. 1980] – Runciman, I, II, passim – J. H. Hill–L. L. Hill, Raymond IV de St-Gilles, 1959 [engl. Übers. 1962] – J. Riley-Smith, The First Crusade and the Idea of Crusading, 1986.

13. R. VI., *Gf. v.* →*Toulouse* 1194–1222, * 1156 in Beaucaire, † 1222, ältester Sohn Raimunds V. und der 'Kgn.' Konstanze, Schwester →Ludwigs VII. v. Frankreich, folgte 1194 seinem Vater nach. Ohne Macht über Toulouse, das sich fünf Jahre vorher von der gfl. Vorherrschaft befreit hatte, schloß R. am Anfang seiner Regierung Frieden mit dem Kg. v. →England, →Richard Löwenherz, dessen Schwester Johanna er heiratete. Er schützte die 'albigens.' Häretiker (→Katharer) und wurde nach der ihm zur Last gelegten Ermordung des päpstl. Legaten Peter v. →Castelnau (1208) zum ersten Mal exkommuniziert (→Albigenser, II). Eine Zeitlang tat er beim Kreuzzug mit, geriet aber bald in offene Gegnerschaft zum Befehlshaber der Kreuzfahrer, Simon v. →Montfort. Nachdem der von ihm zu Hilfe gerufene Kg. →Peter II. v. →Aragón in der Schlacht v. →Muret (1213) gefallen war, lebte R. eine Zeitlang als einfacher Privatmann in Toulouse, wurde 1215 vor das IV. →Laterankonzil geladen, dort zum zweiten Mal exkommuniziert und zugunsten Montforts seiner Besitzungen für verlustig erklärt. Als er an der Spitze eines in Aragón angeworbenen Heeres nach Toulouse zurückkehrte, bereiteten ihm die Bürger einen begeisterten Empfang (Sept. 1217). Er bestand siegreich die Belagerung Montforts, der am 25. Juni 1218 vor Toulouse den Tod fand, und konnte trotz der Anstrengungen Amauris v. Montfort einen Großteil seiner Territorien zurückgewinnen. Nach seinem Tode wurde ihm ein Begräbnis in geweihter Erde verweigert. – Fünfmal verheiratet; der Nachfolger Raimund VII. entstammte der 4. Ehe, mit Johanna v. England. H. Gilles

Lit.: C. Devic-J. Vaissète, Hist. gén. de Languedoc, VI–VIII, 1879.

14. R. VII., *Gf. v.* →*Toulouse* 1222–49, † 27. Sept. 1249 in Millau, Sohn von 13. R. und Johanna, Tochter Heinrichs II. Plantagenêt. Schon frühzeitig an der Seite seines Vaters in den Albigenserkreuzzug (→Albigenser, II) verstrickt, begleitete er Raimund VI. auf das IV. →Laterankonzil, wo er persönl. mit →Innozenz III. zusammentraf und durch Vermittlung des Papstes seine provenzal. Lehen behalten durfte. In der Folgezeit nahm er als Befehlshaber der Truppen seines Vaters systematisch und erfolgreich die Rückeroberung der Gft. in Angriff. Nach seinem Regierungsbeginn (1222) sah er sich jedoch konfrontiert mit dem Kreuzzugsunternehmen →Ludwigs VIII., der den Großteil seiner Territorien besetzte, bald darauf aber verstarb (1226). R. schloß nach weiteren Kriegsjahren schließlich mit der frz. Regentin →Blanca v. Kastilien Frieden, den er am 12. April 1229 zu Notre-Dame in Paris beschwor (→Meaux-Paris, Frieden v.). Er behielt nur seine alten und angestammten Territorien (Gft. Toulouse, →Agenais, →Rouergue, Teile des Albigeois [→Albi] und →Quercy) und stimmte der Heirat seiner Erbtochter Johanna mit →Alfons v. Poitiers, dem Bruder Kg. Ludwigs IX., zu. Diese Heirat bereitete den Übergang der Gft. Toulouse an die →Krondomäne vor. 1242 schloß er mit dem Kg. v. England und anderen Großen eine Liga gegen →Ludwig IX. v. Frankreich, wurde besiegt und mußte sich unterwerfen. In seinen letzten Jahren geriet er in Konflikt mit den Repräsentanten der Stadt Toulouse, die auf der anläßlich seines Regierungsantrittes festgelegten Nichteinmischung der Gf.en in die Konsulwahl beharrten. Er mußte im Jan. 1248 schließlich das alleinige Recht der Kommune zur Einsetzung der →Konsuln anerkennen. Sein Tod hinderte ihn an der geplanten Teilnahme am Kreuzzug Ludwigs d. Hl.n. Mit R. erlosch die große Gf.endynastie, die Toulouse über vier Jahrhunderte regiert hatte, im Mannesstamm. H. Gilles

Lit.: C. Devic-J. -Vaissète, Hist. gén. de Languedoc, VI–VIII, 1879.

15. R. Trencavel → Trencavel

16. R. III., *Gf. v.* →*Tripolis*, * um 1140, † Sept./Okt. 1187, Sohn von R. II. (ermordet 1152) und Hodierne v. Jerusalem. R.s Schwester Melisende war dem Ks. Manuel Komnenos als Gemahlin zugedacht; als dieser die Verlobung aufkündigte, ließ R. als Vergeltungsmaßnahme die

Küsten v. →Zypern verwüsten (1161). Bei Ḥārim (1164) von →Nūraddīn gefangengenommen, blieb er bis 1172 zu Aleppo in Gefangenschaft; das enorme Lösegeld (80000 Besant) machte R. zum Schuldner der→Johanniter, denen er 1180–81 die östl. Grenze seiner Gft. abtreten mußte. R. heiratete Eschiva, die Witwe des Fs.en v. Galiläa, das er fortan neben der Gft. Tripolis regierte. Er übernahm zweimal (1174–76, für →Balduin IV.; 1183–86, für →Balduin V.) die Regentschaft des Kgr.es →Jerusalem, sah sich dort aber konfrontiert mit einer gegner. Partei, die ihn unlauterer Absichten auf den Thron verdächtigte und gegen ihn→Guido v. Lusignan als Kg. durchsetzte. Dieser forderte, entgegen getroffener Vereinbarungen, Zahlungen von R., der sich nach Tiberias zurückzog und der Schutzherrschaft →Saladins unterstellte. Nachdem dieser, von R. ungehindert, die Gebiete der Franken hatte verwüsten können, verbündete sich R. wieder mit Guido. Er entkam der Katastrophe v. →Ḥaṭṭīn (3./4. Juli 1187), indem er mit der von ihm geführten Heeresabteilung muslim. Linien durchbrach. Vor seinem kurz darauf erfolgten Tode übertrug er die Gft. Tripolis einem der Söhne Bohemunds III. v. Antiochia. R. ist eine umstrittene Gestalt: Während ihn→Wilhelm v. Tyrus lobt, bezichtigten ihn andere, wohl zu Unrecht, des Verrats in der Schlacht v. Ḥaṭṭīn. Dagegen dürften seine Aspirationen auf das Kgr. Jerusalem tatsächl. existiert haben, wobei er sich – unter Mißachtung der Rechte der Kgn. Sybille – auf seine enge Verwandtschaft zum Königshause berief.

J. Richard

Lit.: M. W. BALDWIN, Raymond III of Tripolis and the Fall of Jerusalem, 1936 - →Tripolis.

17. R. Xedmar v. Castelltersol, Bf. v. →Vich (1185–94), *Ebf. v.* →*Tarragona* (1194–98), † 4. Nov. 1198, ◻ Tarragona, Kathedrale. 1142 von seinen Eltern, Wilhelm Xedmar und Gincona v. Castelltersol (Vallès Oriental), an die Kathedrale von Vich als Kanoniker gegeben, wurde er 1185 zum Bf. gewählt. Er erhöhte die Einkünfte der Domherren und baute den Bf.spalast wieder auf. Kurz nach seiner Wahl zum Ebf. v. Tarragona erließ Alfons II. v. Aragón auf R.s Vorstellungen hin ein Edikt gegen die →Waldenser (Lérida, Okt. 1194). R. führte in Tarragona das Amt des Praecentor (→Cantor) ein und vertiefte die Beziehungen des Domkapitels zum Stift S. Miquel de →Escornalbou durch eine →Gebetsverbrüderung.

U. Vones-Liebenstein

Lit.: General Enc. Catalana XV, 727 – J. VILLANUEVA, Viage literario XIX, 1851, 171ff. – E. MORERA LLAURADÓ, Tarragona cristiana, I, 1897, 607–612 – P. CATALÀ I ROCA, Castell Terçol, Els Castells Catalans, II, 1969, 213–217.

18. R. v. Rocabertí, *Ebf. v.* →*Tarragona* (März 1199–1215), aus der Familie der Vizgf.en v. Rocabertí, † 6. Jan. 1215, ◻ Tarragona, Kathedrale, im Kreuzgang. Vor seiner Wahl war er Archidiakon der Kirche v. Tarragona. Er bemühte sich um Absicherung und Mehrung des Besitzstandes (Verträge mit der Kgn.mutter Sancha, 1199, und Versprechen Peters II. v. Aragón, die Rechte der Krone über Tarragona nicht zu verpfänden, 1212; Festschreibung der Diözesangrenzen gegenüber Lérida und Tortosa, 1203). R. nahm an Synoden teil, auf denen die →Albigenser verurteilt wurden (1198 Gerona, 1210 Lérida, 1213 Perpignan), kämpfte 1210 mit Peter II. vor Úbeda und war 1205 in Jaca bei dessen Treffen mit dem engl. Kg. Johann anwesend. Während R.s Amtszeit erlangte der Ebf. v. Tarragona das Recht, die Kg.e v. →Aragón zu salben. R. förderte die Kirchen und Hospitäler in Tarragona der Ebf.e durch Zuwendungen (Vollendung des reich dekorierten Kathedralkreuzgangs). U. Vones-Liebenstein

Lit.: General Enc. Catalana XII, 658 – J. VILLANUEVA, Viage literario XIX, 1841, 173ff. und app. 19, 267–271 – E. MORERA LLAURADÓ, Tarragona cristiana, I, 1897, 612–616 – J. VINCKE, Staat und Kirche in Katalonien und Aragón während des MA, 1931.

19. R. v. Toledo, Bf. v. Osma (1109) und *Ebf. v. Toledo* (1125), * ca. 1080 in Salvetat (Gascogne), † 20. Aug. 1152 in Toledo. Der in Toledo ausgebildete R. ist als Bf. v. Osma eher durch seine polit. Wirkung bekannt, als Toledaner Ebf. förderte er dagegen die (sog.) Übersetzerschule v. →Toledo, auf die lat. Übersetzungen philosoph. und wiss. Werke aus dem Arab. zurückgehen und die den ersten Anstoß zur Übersetzungstätigkeit des 12. und 13. Jh. gab. Zu den bedeutendsten Mitgliedern seines Übersetzerkreises zählten →Dominicus Gundissalinus und →Johannes v. Sevilla. J. Sesiano

Lit.: A. GONZÁLEZ PALENCIA, El Arzobispo D. Raimundo de Toledo, 1942.

20. R. v. Capua OP, sel., * um 1330 in Capua, † 5. Okt. 1399 in Nürnberg, aus der Adelsfamilie De Vineis. Nach Rechtsstudien in Bologna trat er zw. 1345 und 1348 in Orvieto in den OP ein. 1367 (und 1378) Prior v. S. Maria sopra Minerva in Rom. 1374 war er Lektor im Konvent OP in Siena und wurde der Seelenführer der hl. →Katharina, die er 1376 zu Gregor XI. nach Avignon begleitete. 1380 Provinzial der Lombardei, wurde R. auf dem Generalkapitel v. Bologna zum Generalmeister des unter der röm. Obödienz verbliebenen Teils des Ordens gewählt. Die folgenden Jahre sind geprägt vom Einsatz R.s für Urban VI. und durch sein Bemühen um die Reform des Ordens (Visitationsreisen in Italien, Deutschland, Böhmen und Ungarn). Mit Hilfe T. →Caffarinis (den er auch mit der Organisation des Büßerordens in Venedig betraute) verfaßte er die Legende der hl. Katharina (fertiggestellt 1395). Bis zu seinem Tod pflegte R. in Zusammenhang mit der Reform der Konvente sowie als Legat Papst Bonifaz' IX. bes. intensive Kontakte zu Venedig. S.a G. →Dominici. L. Gaffuri

Q. und Ed.: AASS, Aprilis, III, Venetiis 1738, 853–959 – R. da C., S. Caterina da Siena. Vita, hg. G. TINAGLI, 1978[4] – Opuscula et litterae, ed. H. M. CORMIER, 1899 – Registrum litt., ed. TH. KAEPPELI, 1937 – *Lit.:* Scriptores OP, IV, hg. TH. KAEPPELI–E. PANELLA, s.v. [im Dr.] – A. MORTIER, Hist. des Maîtres Généraux de l'Ordre des Frères Prêcheurs, III, 1907, 491–686 – M. H. LAURENT, Studi Cateriniani 12, 1936, 1–51 – G. G. MEERSSEMAN, APraed 26, 1956, 192–248; 27, 1957, 168–199 – V. J. KOUDELKA, APraed 30, 1960, 206–226 – A. W. VAN REE, APraed 33, 1963, 159–241 [Lit.] – S. BOESCH GAJANO–O. REDON, La 'Legenda Maior' di R. da C., costruzione di una santa (Atti, hg. D. MAFFEI–P. NARDI, 1982), 15–53 – F. SORELLI, La santità imitabile, 1984.

21. R. v. Marseille, Astronom, stark beeinflußt durch arab. Astronomen des benachbarten Spanien, verfaßte um 1140 Tafeln zur Bewegung der →Planeten, in denen er die von →Ibrāhīm b. Yaḥyā az-Zarqālī konstruierten Toledan. →Tafeln auf den Meridian von Marseille umrechnete (nicht ed.; Hs. Bibl. nat. Paris). Zur gleichen Zeit oder später schrieb er ein Werk über das →Astrolabium, das verbesserte Angaben über die Koordinaten der Astrolabsterne enthält. Seine Schriften erlangten in der Folge wenig Beachtung, obgleich sie zur Verbreitung der arab. Astronomie in Europa einen wesentl. Beitrag hätten liefern können. F. Schmeidler

Lit.: DSB XI, 321–323 – P. DUHEM, Le système du monde, III, 1915, 201–216 – SARTON, II, 210 – E. POULLE, Le traité d'astrolabe de Raymond de M., StM 3ª ser. 5, 1964, 866–900 [mit Ed.] – A. BORST, Astrolab und die Kl.reform in der Jahrtausendwende, SAH. PH 1989/1, 89f.

22. R. (Raymund) v. Peñafort, berühmter Kanonist, * um 1180 in Villafranca del Panadés bei Barcelona, † 6. Jan. 1275 in Barcelona, ◻ ebd.; studierte in Barcelona, später in Bologna, wo er wahrscheinl. 1218-21 auch als doctor decretorum lehrte. 1222 in den Dominikanerorden (Barcelona) eingetreten, wurde er 1230 von Gregor IX. zu seinem Kaplan und Pönitentiar ernannt und mit der Revision des Dekretalenrechts betraut. Als Generaloberer seines Ordens (1238) revidierte er dessen Konstitutionen (bis 1924 in Geltung), trat aber zwei Jahre später zurück, um sich der Seelsorge zu widmen; 1601 erfolgte seine Kanonisation durch Clemens VIII.

R.s hervorragendste Leistung war zweifellos seine im Auftrag Gregors IX. erstellte Neukompilation (→Corpus iuris canonici, III) der unüberschaubar gewordenen Masse päpstl. →Dekretalen, die er jedoch auch nicht in ihrer Gesamtheit erfaßte, da er meist nur schon bestehende →Dekretalensammlungen heranzog, wie das Beispiel der späten, in der Compilatio V nicht enthaltenen Dekretalen Honorius' III. zeigt. Sein erstes kanonist. Werk ist die unvollständig überlieferte »Summa iuris canonici« (1221). Zum einflußreichsten Kanonisten seiner Zeit wurde er durch seine zw. 1222 und 1229 entstandene →Bußsumme (»Summa de poenitentia, de casibus« oder ähnl. Bezeichnungen) in drei Büchern, die er nach der Promulgation des Liber Extra in zweiter Rezension wohl 1235 zusammen mit seiner »Summa de matrimonio« als viertes Buch, einer Überarbeitung der gleichnamigen Summe des →Tankred, veröffentlichte; die Wirkung dieser weit verbreiteten Summe wurde verstärkt durch Bearbeitungen – selbst schon der ersten Rezension – von Dritten (z. B. Guilelmus Redonensis, Adam Teutonicus, meist aber anonym). Weitere, ungedruckte Werke, z. T. auch Falschzuschreibungen, harren noch näherer Untersuchung (z. B. Glossen zum Dekret, Glossen zur Compilatio IV [?], »Decretales in consiliis et confessionibus necessariae«, »Tractatus de bello et duello«, »Tractatus de ratione visitandae dioecesis«). H. Zapp

Ed.: Summa de poen. et matr., Rom 1600 u. ö. [Nachdr. 1967 der Ausg. Rom 1603] – S. Raimundo de P., Summa iuris, ed. J. RIUS SERRA, 1945 – S. Raimundus de P., Tom. A: Summa de iure canonico; Tom. B: Summa de paenitentia, Tom. C: Summa de matrimonio, Decretales novae, Responsiones ad dubitabilia, Quaestiones variae canonicopastorales, Summula de consanguinitate et affinitate, cur. X. OCHOA-A. DÍEZ, 1975-78 [vgl. dazu krit.: S. KUTTNER, Jurist 37, 1977, 385f.] – R. WEIGAND, AKKR 146, 1977, 287-290; 147, 1978, 251-256; 148, 1979, 652-654 – A. GARCÍA Y GARCÍA, Rev. española de derecho canónico 35, 1979, 187-196 – *Lit.*: DDC VI, 461-464 – KUTTNER, 438-452, 532 – SCHULTE II, 408-413 – S. KUTTNER, Zur Entstehungsgesch. der Summa de casibus des hl. R. v. P., ZRGKanAbt 39, 1953, 419-434 – K. PENNINGTON, Summae on R. de P.'s Summa de casibus in the Bayer. SB München, Traditio 27, 1971, 471-480 [= Popes, Canonists and Texts, Variorum 1993, XV] – A. GARCÍA Y GARCÍA, La Canonística Ibérica (1150-1250), BMCL 11, 1981, 40-75 (bes. 58-60) – S. KUTTNER, R. of P. as Editor: The »decretales« and »constitutiones« of Gregory IX, BMCL 12, 1982, 65-80 [= Stud. in the Hist. of Medieval Canon Law, Variorum 1990, XI-XII (vgl. auch X), jeweils mit Retractationes].

Raimundus (s. a. Raymundus)

1. R. de Baux →Baux

2. R. Lullus →Raymundus Lullus

3. R. Martin OP, † nach dem 1. Juli 1284. 1250 und 1268 Lektor im Studium Arabicum Tunitanum, 1264 von Kg. →Jakob I. v. Aragón →Raimundus v. Peñaforte zur Bekämpfung jüd. Lehren anempfohlen, 1269 Rückkehr von einer Nordafrikareise, 1281 Hebräischlehrer im OP-Studium zu Barcelona. Das erste Buch seiner Pugio fidei schließt sich nahe an die Summa c. Gent. des →Thomas v. Aquin an. M. Laarmann

Q.: Pugio fidei adv. Mauros et Iudaeos, hg. J. B. CARPZOW, Leipzig 1687 [Neudr. 1964] – Explan. symb. Apost. ad instit. fidelium, hg. J. MARCH, Anuari Inst.d'Estudis Catalans, 1908, 443-498 – *Uned. Q.*: Capistrum Iudaeorum – *Lit.*: LThK² VIII, 976 – Catholicisme XII, 527f. [Lit.] – TH. KAEPPELI, Scriptores OP medii aevi, 1980, III, 281-283 [Lit.] – L. HAGEMANN, Bibliogr. du dial. islamo-chrétien. Auteurs chr. du monde lat. des XIIIᵉ et XIVᵉ s., Islamo-christiana 6, 1980, 260-278 – A. ROBLES SIERRA, Fray Ramón Martí de Subirats OP y el diálogo misional en el siglo XIII, 1986 – E. COLOMER, Estudios Lulianos 28, 1988, 1-37 – E. PANELLA, APraed 58, 1988, 23-38, 52-56 – A. CORTABARRÍA, Mél. d'Inst. Dominicain d'Études Orientales du Caire 19, 1989, 9-16.

4. R. v. Mevouillon (de Medullione) OP, † 1294. Lehrer der Theol. an versch. Ordensschulen (u. a. Montpellier), 1264 Praedicator generalis, oft als Diffinitor benannt (Provinzialkapitel zu Narbonne 1272 und 1280, Agen 1276; Generalkapitel zu Bologna 1275 und Paris 1279). Das Mailänder Generalkapitel 1278 entsandte ihn zusammen mit Johannes Vigoroux nach England mit der Vollmacht, ordensinterne Opponenten der Lehre des Thomas v. Aquin zu maßregeln, aus der Provinz zu bannen und sogar aller Ämter zu entheben. Seine Tätigkeit wurde durch die Versetzung von Bf. Robert Kilwardby an die röm. Kurie sehr begünstigt. 1282 Bf. v. Gap, 1289 Ebf. v. Embrun. M. Laarmann

Ed.: TH. KAEPPELI, APraed 21, 1951, 253f., 270f. [2 Briefe d. J. 1273 und 1297] – *Lit.*: LThK² VIII, 976f. [Lit.] – A. WALZ, APraed 34, 1964, 251.

5. R. v. Sabunde (Ramón Sibiuda), katal. Philosoph, Arzt und Theologe, Prof. in Toulouse, * Barcelona, † 29. April 1436 in Toulouse, beeinflußt von →Raymundus Lullus. In seinem »Liber creaturarum sive de homine« (später »Theologia naturalis« gen.) versucht R. eine 'Erkenntnistheorie der religiösen Wahrheiten' zu entwickeln, in der der Mensch die Wahrheit der Hl. Schrift nur überprüfen kann, wenn er zuerst seine eigene Stelle im 'Buch der Schöpfung' verstanden hat. Mit der Lehre von den 'zwei Büchern' und der Auffassung vom Menschen im Mittelpunkt der Schöpfung hat R. →Nikolaus v. Kues, Montaigne und Comenius beeinflußt. I. Bocken

Ed.: krit. Ausg. fehlt – Liber creaturarum sive de homine, Lyon 1484 – Theologia naturalis sive liber creaturarum specialiter de homine, Deventer 1485 – Theologia naturalis seu liber creat., Sulzbach 1852, Facs., Einf. F. STEGMÜLLER, 1966 – *Lit.*: LThK² VIII, 978 – J. M. GARCÍA GÓMEZ HERAS, El Lib. creat. de R., 1976 [Bibliogr.] – H. BLUMENBERG, Die Lesbarkeit der Welt, 1981 – J. DE PUIG, Arxiu d. textes catal. ant. 1, 1982, 277-289 [Lit.] – R. BERNOULLI (Fschr. H. A. SALMONY, 1985), 9-28.

Rainald

1. R. v. Châtillon, Fs. v. →Antiochia, Herr v. Transjordanien, aus dem Hause →Donzy, * in Châtillon-sur-Loing, † 7. Juli 1187, jüngerer Sohn von Hervé II., Herrn v. Donzy (Nièvre). R. kam 1147 in das Kgr. →Jerusalem, diente zunächst →Balduin III. und danach Konstanze v. Antiochia, die er 1153 heiratete. Er fiel 1156 gemeinsam mit Thoros II. v. Kilikien in das reiche byz. →Zypern ein. 1158 konnte er mit Unterstützung Balduins III. und →Dietrichs v. Elsaß, des Gf.en v. Flandern, die von den Muslimen eroberte Festung Harenc zurückgewinnen, sah sich aber angesichts eines byz. Vergeltungsfeldzuges für seinen Angriff auf Zypern bald in die Vasallität des byz. Ks.s gedrängt (1159). Von 1160 an verbrachte er 16 Jahre lang in musliml. Gefangenschaft des Statthalters v. →Aleppo. 1176 freigelassen, ging er nach Jerusalem, da seine Gemahlin († 1163) das Fsm. Antiochia dem Sohn aus ihrer 1. Ehe, Bohemund III., vererbt hatte. 1177 heiratete R. die Witwe des Herrn v. Transjordanien, Stephania. Als Seigneur dieses Lehnsfsm.s des Kgr.es Jerusalem kontrollierte R. (über die Festungen Kerak und Montreal) wichtige musliml. Handels- und Pilgerwege. Als er 1182 unter Bruch des Waffenstillstandes von 1180 eine musliml. Kara-

wane überfiel und die von →Saladin geforderte Wiedergutmachung verweigerte, kam es erneut zum offenen Krieg, den R. im Roten Meer mit fünf schnellen Galeeren führte. 1186 war R. an der Absicherung der Krönung von Sibylle, der Schwester Balduins IV. v. Jerusalem, und ihres Mannes →Guido v. Lusignan beteiligt. R.s hinterhältiger Überfall auf eine große muslim. Karawane an der Route von Damaskus nach Ägypten lieferte Anfang 1187 Saladin den willkommenen Casus belli. Der Krieg führte rasch zur vernichtenden frk. Niederlage bei →Ḥaṭṭīn (4. Juli 1187). Der gefangene R. wurde Saladin vorgeführt, der ihn, als R. den geforderten Übertritt zum Islam verweigerte, mit eigener Hand enthauptete. Saladin sah sich nach eigenem Briefzeugnis bei diesem Tötungsakt als Diener Gottes, der ein Gelübde erfüllte. Im Abendland wurde R. als exemplar. chr. Ritter und Märtyrer gewürdigt, so v.a. bei →Petrus v. Blois (»Passio Reginaldi«, 1187).
S. Schein

Q. und Lit.: Peter v. Blois, Passio Reginaldi principis Antiocheni, MPL 907, 1854, 957–976 – G. Schlumberger, Renaud de Ch., 1898 – C. Cahen, La Syrie du Nord à l'époque des Croisades, 1940 – G. La Viere-Leiser, The Crusader Raid in the Red Sea..., Journal of the American Research Center in Egypt 14, 1977, 87–100 – B. Hamilton, The Elephant of Christ: Reynald of C., Studies in Church Hist. 15, 1978, 97–108 – H. E. Mayer, Gesch. der Kreuzzüge, 1985² – C. P. Melville – M. C. Lyons, Saladin's Ḥaṭṭīn Letter (The Horns of Ḥaṭṭīn, hg. B. L. Kedar, 1992, 908–912).

2. R. I., Gf. v. →Geldern, † 1326, trat 1271 die Nachfolge seines Vaters Otto I. in der Gft. Geldern an. Schon zu Beginn der Regierungszeit trugen die Stände (Ritterschaft, Städte) die gfl. Territorialpolitik mit. Sie standen hinter R.s Expansionsbestrebungen nach S, die nach der ersten Ehe R.s mit der Erbtochter v. →Limburg, Ermengarde († 1283), möglich wurden, und billigten nach deren Scheitern in der Schlacht v. →Worringen (1288) die Verpfändungen der Landeseinkünfte an der Gf.en v. →Flandern, dessen Tochter R. 1285 in zweiter Ehe heiratete. Sie trugen auch die Ablösung der Pfandschaft durch eine Landessteuer (1293) mit. In der Folgezeit widmete R. sich der inneren Konsolidierung des Landes, v.a. durch Erneuerung von Städteprivilegien. Eine 1312 ausbrechende Geisteskrankheit führte zu Auseinandersetzungen mit seinem Sohn →Rainald (II.), die 1318 durch Eingriff der Stände beigelegt wurden. R. blieb zwar bis zu seinem Tod nominell Gf. v. Geldern, aber die Regierung führte sein Sohn.
W. Herborn

Lit.: →Rainald II.

3. R. II., Gf., seit 1339 Hzg. v. →Geldern, † 1343, bereits 1318 von den Ständen und den benachbarten Territorialherren als Regent anerkannt, wurde nach dem Tod seines Vaters →Rainald I. 326 Gf. v. Geldern. Er regelte in den ersten Monaten seiner Regierung die rechtl. Verhältnisse auf dem platten Lande, umschrieb die Aufgaben der Amtleute, erweiterte den Aktionsraum der Gerichte, kodifizierte verschiedene alte Landrechte und schuf damit die Grundlage für die Vereinheitlichung des Territoriums. Die Finanzpolitik wurde mit den Ständen zweckgebunden zum Vorteil des Landes abgestimmt und Sondersteuern auf Ausnahmen beschränkt, z. B. bei Heirat von Gf. enkindern als Ausgleich für die Primogenitur oder bei R.s zweiter Ehe mit Eleonore, der Schwester Kg. Eduards III. v. England. Die gefestigte Machtposition Gelderns fand ihre Anerkennung durch die Erhebung zum Hzm. 1339. R. starb, bevor er sein Ziel, das dt. Kgtm., erreichte.
W. Herborn

Lit.: W. Jappe Alberts, Geschiedenis van Gelderland van de vroegste tijden tot het einde der middeleeuwen, 1966 – W. Nikolay, Die Ausbildung der ständ. Verfassung in Geldern und Brabant während des 13. und 14. Jh., 1985 – →Geldern.

4. R., Bf. v. Como (1062–84), † 26. Jan. 1084. Anfängl. kaisertreu – in einem Diplom von 1061 oder 1062 wird ihm auf Intervention des Ebf.s Anno v. Köln und der Ksn. Agnes die Abtei Breme in Lomellina restituiert –, trat R. bald auf die Seite Papst Alexanders II., den er ein Jahr früher als die anderen lombard. Bf. e anerkannte (»Epistolae« von 1063 und 1064, MPL 146 col. 1406f.; S. Loewenfeld, Ep. Pont. Rom. ineditae, Nr. 77, 94), und begann für die moral. Reform des Klerus zu wirken. Zusammen mit →Petrus Damiani arbeitete er auf dem röm. Konzil v. 1063 die Dekrete gegen Simonie und Konkubinat aus; ferner wurde er der polit. Ratgeber der Ksn. Agnes. Eine enge Verbindung hatte er auch zu Gregor VII. und vermittelte zw. dem Ks. und dem Papst, um einen dauerhaften Ausgleich zw. Sacerdotium und Imperium zu schaffen, sowie zw. dem Papst und den zumeist ks. treuen lombard. Bf. en.
M. Cortesi

Q. u. Lit.: E. Besta, I diplomi regi ed imperiali per la Chiesa di Como, ASL 64, 1937, 299–343 – F. Savio, Gli antichi vescovi d'Italia dalle origini al 1300: La Lombardia, II/1, 1929, 324–328 – W. Goez, R. v. C. (Hist. Forsch. W. Schlesinger, hg. H. Beumann, 1974), 462–494 – L. Fasola, I necrologi della cattedrale di C. (XIII–XIV sec.)..., Aevum 56, 1982, 153–199 – P. Zerbi, Il vescovo comense R. o (Ecclesia in hoc mundo posita, 1993), 253–277.

5. R. v. Dassel, Ebf. v. →Köln 1159–67, * um 1120, † 14. Aug. 1167 Rom, ⌑ Köln, Dom; Sohn Gf. Reinolds I. v. Dassel. Nach seiner Ausbildung an der Domschule von Hildesheim studierte R. wahrscheinl. gemeinsam mit →Ekbert v. Schönau in Paris. 1146 ist R. als Subdiakon und Domcellerar v. Hildesheim nachzuweisen. Schon früh stand er in Verbindung mit Vertretern der stauf. Politik, insbes. mit Abt →Wibald v. Stablo und dem Hildesheimer Dompropst →Konrad v. Babenberg (30. K.), dessen Nachfolge er 1148/49 antrat. 1146 begleitete er beide nach Rom, vertrat Bf. →Bernhard I. v. Hildesheim 1148 auf dem Konzil v. Reims und hielt sich 1153 wiederum in Rom auf. 1153 lenkte er die Hildesheimer Bf.swahl auf Bruno und übernahm von ihm die Propstei des Goslarer Petersbergstiftes und die von St. Moritz zu Hildesheim. In den folgenden Jahren erwarb er die Dompropstei v. Münster, die Propstei v. St. Servatius zu Maastricht und die von St. Viktor zu Xanten. Sein bisheriger Werdegang war die beste Voraussetzung für die Berufung zum Kanzler im Mai 1156. In der Reichskanzlei führte er neue Formeln ein, den Begriff »sacrum imperium«. Auf dem Reichstag v. →Besançon lenkte er geschickt von den Klagen der päpstl. Legaten (→Eskil) gegen den Ks. ab und machte den Streit zw. Imperium und Sacerdotium durch seine Übersetzung des Begriffes 'beneficium' zu einer Grundsatzfrage. Als →Reichslegat bereitete er 1158 den Italienzug vor. Auf Veranlassung Friedrichs I. wurde er im Mai/Juni 1159 in Abwesenheit zum Ebf. v. Köln gewählt; der Ks. investierte und erhob ihn zum Erzkanzler für Italien. Nach dem Ausbruch des Papstschismas v. 1159 setzte er sich auf dem Konzil v. Pavia 1160 und bei einer Gesandtschaft an die Höfe Ludwigs VII. v. Frankreich und Heinrichs II. v. England für den ksl. gesinnten Viktor IV. gegen Alexander III. ein. Seine Tätigkeit als Reichslegat galt bis 1162 der Sicherung Reichsitaliens und der Vorbereitung des Feldzuges gegen Sizilien. Nach dem Scheitern der Verhandlungen v. →St-Jean-de-Losne erklärte er auf der Synode die →Papstwahl zu einer Angelegenheit des Reiches. 1163 bannte ihn Alexander III. 1163–64 setzte R. den Aufbau der stauf. Reichsverwaltung in Italien fort und ließ 1164 Paschalis III. als Nachfolger Viktors IV. wählen.

1165 vereinbarte R. in Rouen die Verlobung der engl. Kg. stöchter Mathilde mit Hzg. Heinrich d. Löwen und Eleonore mit dem Staufer Friedrich († Ende 1169). Nach seiner Rückkehr gewann R. auf dem Reichstag v. Würzburg – durch die Bündniserklärung Kg. Heinrichs II. – den anscheinend unter dem Druck der Reichsfs.en zu einer Beendigung des Schismas bereiten Ks. für eine allg. Vereidigung auf Paschalis III., die das Reich aber in die Isolation führte. Erst auf Druck der Bf.e ließ sich R. in Würzburg am 29. Mai 1165 zum Priester und am 2. Okt. 1165 im Beisein des Ks.s in Köln zum Bf. weihen. 1165 betrieb R. die Kanonisation Karls d. Gr. Er starb nach seinem glanzvollen Sieg vor Tusculum gegen die Römer und der Eroberung Roms an der großen Epidemie.

Trotz seiner kurzen Aufenthalte in Köln vernachlässigte R. die Belange des Ebm.s nicht. 1159 begann er mit der Reorganisation der ebfl. Höfe zur Hebung der Wirtschaftskraft. Seine Territorialpolitik ebnete →Philipp v. Heinsberg (21. Ph.) den Weg. Gegen den Pfgf.en bei Rhein, →Konrad v. Staufen (16. K.), richtete sich die Besetzung der Burg Rheineck; als Landfriedensbrecher verurteilt, geriet Gf. Heinrich v. →Arnsberg in Lehnsabhängigkeit. Die Stützpunkte des Erzstifts in Westfalen erweiterte er durch Gründung von Frauenkl. und Stiften. Für seinen Sieg vor Tusculum erhielt R. die Reichshöfe Andernach und Eckenhagen mit den Silbergruben. 1167 verbündete sich R. mit Ebf. →Wichmann v. Magdeburg gegen Hzg. Heinrich d. Löwen. Bedeutend für Köln waren R.s Überführung der Hl. →Drei Könige und seine Bauten, die Bf.spfalz und die Domtürme; eine steinerne Rheinbrücke war geplant. Ebenso trat er in Hildesheim als Bauherr hervor. In beiden Städten sind mehrere Stiftungen überliefert. Zu seinem Umkreis gehörte der →Archipoeta, der die wesentl. von R. geprägten Ziele des stauf. Ks.hofes interpretierte.

Für die Päpste Hadrian IV. und Alexander III. war R. ein »homo perversus« und »caput turbationis ecclesiae«. Die stauf. Historiographen lobten R. wegen seiner hohen Bildung, Ks.treue und Standfestigkeit. Seine Reichspolitik war durch eine konservative Grundhaltung geprägt, nahm jedoch starre Züge an und verstellte R. die Erkenntnis für das polit. Durchsetzbare. Nicht zuletzt deswegen geriet er 1161 während der Belagerung Mailands und 1165 auf dem Reichstag v. Würzburg in Konflikt mit den Reichsfs.en. Nach seinem Tod wurde die ksl. Politik wieder flexibler. W. Georgi

Q.: R. KNIPPING, Reg. der Ebf.e v. Köln, II, 1901, 110–162 [Neudr. 1985] – S. WEINFURTER, Colonia (GAMS V/I), 1982, 36–38 – GP VII/I, 1986, 107–115 – Lit.: J. FICKER, R. v. D. Reichskanzler und Ebf. v. Köln 1156–67, 1850 [Neudr. 1966] – R. M. HERKENRATH, R. v. D. als Verf. und Schreiber von Ks.urkk., MIÖG 72, 1964, 34–62 – DERS., R. v. D. (um 1120–67) (Rhein. Lebensbilder, IV, 1970), 7–21 – F. W. OEDIGER, Gesch. des Ebm.s Köln, I, 1972², 149–156 – W. GREBE, Stud. zur geistigen Welt R.s v. D. (Friedrich Barbarossa, hg. G. WOLF, WdF 390, 1975), 245–296 [Neudr.] – DERS., R. v. D. im Urteil unserer und seiner Zeit, JbKGV 47, 1976, 115–122 – O. ENGELS, Stauferzeit (Rhein. Gesch., I. 3, 1983), 224–230, 271–273 – W. GEORGI, Friedrich Barbarossa und die auswärtigen Mächte, 1990, 117–149 – R. SCHIEFFER, Bleibt der Archipoeta anonym?, MIÖG 98, 1990, 59–79 – J. FRIED, Der Archipoeta – ein Kölner Scholaster? (Fschr. H. ZIMMERMANN, 1991), 85–90 – Köln. Stadt und Bm. in Kirche und Reich des MA (Fschr. O. ENGELS, 1993) [Ind.].

6. R., *Ebf. v. Ravenna* (R. Ravennas, R. de Concoregio), sel. (Kult 1852 bestätigt), * um 1250 in Mailand, † 13. Aug. 1321, ▭ in Ravenna; aus einer aus Concorezzo stammenden Adelsfamilie. Seit 1286 Rechtslehrer in Lodi, begann R. 1289/90 seine diplomat. Karriere im Gefolge Kard. Michele Peregrossos, mit dem er 1293 nach Frankreich reiste. Nach 1295 Freundschaft mit Kard. Benedetto Caetani, einem Neffen Bonifatius' VIII., und Erhebung zum päpstl. Kaplan. 1296 Bf. selekt v. Vicenza, residierte R. jedoch nie in seinem Bm., sondern führte diplomat. Missionen in Frankreich, England und Schottland aus. 1302 Rektor der Romagna; am 19. Nov. 1303 wurde R. zum Ebf. v. Ravenna ernannt. 1311 wirkte er auf dem Konzil v. Vienne an der »Relatio ... super articulos regulae fratrum Minorum« mit. R. betrieb auf zahlreichen Diözesan- und Provinzialsynoden die Reform der ravennat. Kirche und des Klerus. Als Großinquisitor bei dem Prozeß gegen die →Templer bewies er maßvolle Haltung (Ablehnung der Folter); den Franziskanerspiritualen stand er mit Sympathie gegenüber. 1317 Protektor der Klarissen. Seine erste Biographie stammt von Nicolaus v. Rimini OMin (1413). L. Gaffuri

Lit.: AASS Aug., III, 1752, 692–696 – BHL II, 1030 – Bibl. SS XI, 192 – Vies des Saints, VIII, 321ff. – DBI XXVII, 747–751 – HEFELE-LECLERCQ VI, 1914 – E. MÜLLER, Das Konzil v. Vienne, 1934 – A. TORRE, Studi romagnoli 10, 1959, 112 – R. CARAVITA, Rinaldo da Concorezzo arcivesc. di Ravenna (1303–21) al tempo di Dante, 1964 – Les actes pontific. originaux des Arch. nat. de Paris, II, hg. B. BARBICHE, 1978 – C. CENCI, Lettera 'De bono animae' di fr. Gosmario di Verona al B. Rainaldo, AFrH 81, 1988, 50–71 – G. CRACCO, Religione, Chiesa, pietà (Storia di Vicenza, II, hg. DERS., 1988), 359–425, 411f. – R. CARAVITA (I Templari, mito e storia, hg. G. MINUCCI – F. SARDI, 1989), 87–105.

Rainer v. Pisa (Ranieri Giordani [di Giordano]) OP, * vermutl. in Rivalto, † kurz nach 1348, trat in den Pisaner Konvent OP S. Caterina ein. Neffe (nach anderen Q. Bruder) des →Jordanus v. Pisa. Nach Studien in Paris Lector sentent. in Pisa und in anderen Konventen der röm. Ordensprovinz. Die »Chronica Antiqua Conventus S. Catherinae de Pisis« des Domenico da Peccioli OP nennt R. einen unermüdl. Prediger, jedoch sind seine Predigten anscheinend nicht erhalten. R.s umfangreicher theol. Traktat »Pantheologia« ist als Hilfsmittel für Prediger verfaßt, um drei Schwierigkeiten zu bewältigen: Vielfalt kontroverser Meinungen, Fülle von theol. Lit., Problem der Stoffwahl. Aus diesen Gründen faßt er die Lehren von →Thomas v. Aquin, →Alexander v. Hales, →Bonaventura, →Aegidius Romanus in einer theol. Enzyklopädie zusammen, die 240 alphabet. (von »absolutio« bis »zelus«) geordnete, z. T. durchgegliederte Einzelartikel (zumeist der Moraltheol., Askese und Sakramentenlehre) enthält, mit einer an die Summa des Thomas orientierten Fragestellung. Trotz ihres Umfangs erfuhr die »Pantheologia« eine beachtl. hs. Verbreitung. Erstdruck (mit Prolog und Index) von Frater Jacobus v. Florenz. R. Quinto

Ed.: Ed. Nürnberg 1474 – zu den weiteren Ausg. s. KAEPPELI, Scriptores OP, III, 291–293, Nr. 3479 [mit Hss. verz]. – HAIN 13014–13019 – Lit.: Hieronymus de Bursellis, Chronica magistrorum generalium O. P., ad ann. 1351 (ms. Bologna, Bibl. Univ., 1999, f. 121v) – F. BONAINI, ASI, ser. I, t. VI, 1845, 543–546.

Rainerius (s. a. Raynerius). **1. R. Perusinus,** aus Perugia, Bologneser Notar und Rechtskenner (»notarius atque iudex«) in der 1. Hälfte des 13. Jh., war wohl die treibende Kraft beim Zusammenschluß der Bologneser Notare zu einer Zunft (ars tabellionatus; später: societas notariorum; Anfang der Notariatsmatrikeln 1219) und, als Verf. des »Liber formularius« (um 1214) und der (unvollendeten) ersten »Ars notarie« (1226–33), der Begründer der Notariatskunst (→Ars notariae) sowie deren erster Lehrer an der Schule der Zunft (»magister«). Redaktor des »Registro grosso« der Stadt i. J. 1223. P. Weimar

Ed. und Lit.: →Ars notariae – Notariato medievale bolognese, II: Atti di un convegno (febbraio 1976) (Studi storici sul notariato italiano III. 2), 1977 – J. BONO, Hist. del derecho notarial español I. 1, 1979, 208–213 – G. ORLANDELLI, La scuola di notariato tra VIII e IX centenario dello

Studio bolognese (Studio bolognese e formazione del notariato, 1992), 28ff.

2. R. v. Pomposa, um 1200 Mönch und Diakon in der Abtei OSB S. Maria in Pomposa, bekannt ausschließl. durch seine in zwei Hss. überlieferte Slg. von 123 →Dekretalen Innozenz' III., die er den Registern der Pontifikatsjahre 1198/1201 entnahm und in 41 Kap. gliederte. Gewidmet hat er sein Werk dem päpstl. Kaplan Johannes »sacerdos et monachus«. Aufbau und Titelformulierung sind sehr selbständig gegenüber der Compilatio I des →Bernhard v. Pavia. Die Slg. wurde mehrfach benutzt, z. B.: Collectio Palatina II, Dunelmensis IV, →Gilbertus, →Alanus, Albertus – dort zitiert als »compilatio monachi« – und →Bernhard v. Compostela d. Ä. in der Compilatio Romana. Dennoch wird R. weder durch →Tankred in dessen Apparat zur Compilatio III noch in späteren Zusammenstellungen über Kanonisten erwähnt. →Dekretalensammlungen. K. Borchardt

Ed.: E. Baluze, Epistolarum Innocentii III P. M. libri undecim, I, Paris 1682, 543–606 – MPL 216, 1173–1272 – *Lit.:* DDC VII, 583f. – Kuttner, 310 – Schulte I, 83f.

Rainfarn (Tanacetum vulgare L./Compositae). Die in der Antike vermutl. Artemisia-Arten zugeordnete, mlat. *tanacita*, auch *at(h)anasia* oder *atanacetum* (Rufinus, 29vb) gen. Heil- und Zauberpflanze findet erste Erwähnung im →Capitulare de villis (70) und im →Lorscher Arzneibuch, dort als *madrona*. Im MA wurde *reynfan* ('Grenzfahne', später auf 'Farn' umgedeutet) bes. bei Katarrh, Verdauungsbeschwerden und Frauenleiden (Hildegard v. Bingen, Phys. I, 111) empfohlen, während der Gebrauch gegen Würmer nz. Ursprungs ist. Der Rauch des R.s sollte Kinder vor Krankheiten und bösen Geistern bewahren (Gart, Kap. 399). U. Stoll

Lit.: Marzell IV, 581–600 – Ders., Heilpflanzen, 275–278 – HWDA VII, 494f. – G. Schenk-W.-H. Hein, Zur Kenntnis von Tanacetum vulgare L., Die Pharmazie 4, 1949, 520f.

Rainulf

1. R. Drengot, *Gf. v. Alife* und v. Caiazzo, später Hzg. v. Apulien, † 30. April 1139 in Troia (Apulien), Sohn Roberts, Gf. v. Alife, Caiazzo und S. Agata de' Goti. Nach dem Tod Hzg. →Wilhelms v. Apulien (25. Juli 1127) half er seinem Schwager →Roger II., Gf. v. Sizilien, sich des Hzm.s Apulien zu bemächtigen. Als jedoch R.s Gemahlin Matilde ihn verließ und zu ihrem Bruder nach Sizilien flüchtete, entstand zw. den Schwägern eine erbitterte Feindschaft. Im April 1135 verbündete sich R. mit Papst Innozenz II. gegen den Kg. v. Sizilien. Er verteidigte →Neapel während einer viele Monate dauernden Belagerung. Auch im Bewußtsein der Zeitgenossen wurde R. bald zur Symbolgestalt des Unabhängigkeitsstrebens des norm. Feudaladels gegenüber den Hegemonieplänen der →Hauteville: Während des Süditalienzugs Lothars III. (Frühjahr 1137) trug der Gf. v. Alife wesentlich dazu bei, daß die Kaiserlichen alle festländ. Prov.en des Kgr.es Sizilien erobern konnten. Lothar ernannte R. zum Hzg. v. Apulien und setzte damit die bereits im 11. Jh. von Heinrich II. (→Meles v. Bari) begonnene Süditalienpolitik fort. Die Fahnenbelehnung R.s nahmen der Papst und der Ks. gemeinsam vor. Nach dem Abzug Lothars leistete R., nur unterstützt vom Fs.en v. Capua, Kg. Roger II., allein Widerstand. Nach anfängl. Siegen und der Eroberung der →Capitanata mußte er schließlich sogar die Stadt Alife, das Zentrum seiner Gft., aufgeben, die zerstört wurde. Er starb eines jähen Todes in Troia. E. Cuozzo

Lit.: G. Beneduce, Un difensore della Chiesa nel sec. XII, Rainulfo III Quarrel, 1938 – D. Marrocco, Ruggero II e R. di Alife, 1951 – J. Déer, Papsttum und Normannen, 1972 – G. B. Loud, Church and Society in the Norman Principality of Capua, 1985, passim – E. Cuozzo, L'unificazione normanna e il Regno normanno-svevo (Storia del Mezzogiorno, II, 2, 1989), 640f.

2. R. I. Drengot, *Gf. v. Aversa,* † Juni 1045, stammte aus Les Carreaux (Dép. Seine Maritime) und kam spätestens 1017 mit mehreren Brüdern nach Unteritalien; 1017–19 nahm er am erfolglosen Aufstand der Langobarden gegen die byz. Herrschaft in Unteritalien teil. R. war zunächst 1024 Anführer der norm. Söldner in der Gft. Comino, dann Parteigänger von →Waimar IV. v. Salerno und wenig später von →Pandulf IV. v. Capua. Der häufige Parteiwechsel zeigt deutl. das norm. Selbstverständnis als eine kampfkräftige Söldnertruppe. R.s Wechsel auf die Seite von Hzg. Sergius IV. v. Neapel, der ihm um 1029/30 die im Grenzraum gegen Capua gelegene Gft. →Aversa übertrug, bedeutete den endgültigen Aufstieg. Das Bündnis wurde durch die Heirat mit der Schwester Sergius' bestärkt. Damit begann eine eigene norm. Herrschaftsbildung. Die Gft. Aversa war in der Folgezeit Anlaufstation für die verstärkt nach Unteritalien einwandernden Normannen. Nach dem Tod seiner Frau wechselte R. auf die Seite Pandulfs IV. v. Capua und heiratete dessen Nichte. Nach einem neuerl. Frontwechsel auf die Seite von →Waimar V. v. Salerno wurde er im Mai 1038 in Capua von Ks. Konrad II. mit der Gft. Aversa belehnt. Das bedeutete die Anerkennung der norm. Herrschaft in Unteritalien. Um 1041 erhielt R. von Waimar für seine Unterstützung das Hzm. →Gaeta. Ab 1040 war R. entscheidend an der Eroberung der byz. Gebiete in Apulien und Kalabrien durch die Normannen beteiligt. 1042 wurden ihm bei der Verteilung der eroberten bzw. noch zu erobernden Gebiete in Unteritalien →Siponto und der Gargano zugesprochen, der Kern der späteren Gft. →Monte Sant'Angelo.
W. Jahn

Lit.: DBI 41, 689–692 – A. Gallo, Aversa normanna, 1938 – L.-R. Ménager, Pesanteur et étiologie de la colonisation normande de l'Italie (Roberto il Guiscardo e il suo tempo), 1975, 303f., 308 – H. Taviani-Carozzi, La principauté lombarde de Salerne (IXe–XIe s.), 2 Bde, 1991.

3. R. II. Drengot, *Gf. v. Aversa,* gen. »Trincanocte«, † vor 21. April 1048, mit Rainulf I. v. Aversa verwandt. Nach dessen Tod 1045 war R. in einen fehlgeschlagenen Aufstand gegen Waimar V. v. Salerno verwickelt, der in Aversa eine andere Familie einsetzen wollte. Er wurde Parteigänger Pandulfs IV. v. Capua, des Rivalen Waimars. Nach dem Tod des 3. Gf.en v. Aversa wurde er um 1046 von den dortigen Normannen zunächst gegen den Willen Waimars zum Gf. bestimmt, dessen bisheriger Parteigänger aus Aversa vertrieben wurde. Bei seinen Auseinandersetzungen mit Waimar V. geriet R. in Gegensatz zum Anführer der apul. Normannen, →Drogo v. Hauteville, des Schwiegersohns Waimars. R. mußte sich Drogo unterwerfen und wurde auf dessen Vermittlung von Waimar als Gf. v. Aversa bestätigt. Die Belehnung R.s mit der Gft. Aversa durch Ks. Heinrich II. 1047 bedeutete eine weitere Emanzipation der norm. Herrschaft von den langob. Stadtstaaten. W. Jahn

Lit.: s.a. →Aversa – DBI 41, 692–694 – L.-R. Ménager (Roberto il Guiscardo e il suo tempo), 1975, 304, 308.

Rais, Gilles de, →Maréchal de France, * 1404 in Champtocé-sur-Loire, † 25. Okt. 1440 in Nantes, entstammte der Verbindung der mächtigen Adelsfamilien →Craon (Mutter: Marie) und →Laval (→Retz, Vater: Guy). Durch sein reiches Erbe und die Heirat mit Catherine de →Thouars war Gilles (so unterschrieb er) schon in jungen Jahren einer der großen 'Seigneurs' Westfrankreichs und der Bretagne. Als Kg. →Karl VII. den Bruder des Hzg.s v. Bretagne, →Arthur de Richemont, zum →Connétable erhob (nicht zuletzt, um Richemont und seinen Anhang aus dem Bündnis des 'engl. Frankreich' herauszulösen), kam R. in dessen Gefolge an den frz. Hof und vollbrachte im Grenzgebiet von Anjou und Maine seine ersten Waffentaten. Auch nach dem Bruch Karls VII. mit Richemont blieb R., der nun die Protektion des allmächtigen kgl. Ratgebers Georges de →La Trémoille genoß, im Bannkreis des frz. Königshofes.

R. kämpfte tapfer und loyal an der Seite von →Jeanne d'Arc vor →Orléans und bei →Patay, nahm teil am denkwürdigen Krönungszug nach →Reims und wurde bei dieser Gelegenheit zum Maréchal de France ernannt (17. Juli 1429). Er durfte nun seinem Familienwappen die kgl. →Lilie hinzufügen. Ende 1430 führte er gemeinsam mit →La Hire einen Vorstoß gegen Louviers, 1432 schlug er zusammen mit →Dunois und →Xaintrailles die Engländer bei →Lagny.

Nach La Trémoilles Verdrängung vom Hof (1433) verließ auch R. die polit. Szene. 1435 fiel er in Orléans durch hemmungslose Verschwendungssucht auf und verschleuderte zahlreiche seiner Besitzungen. Seit 1432 geschahen Entführungen von Kindern, deren Spuren sich in R.' Schlössern Champtocé, Machecoul und Tiffauges verloren. R. wandte sich alchemist. und dämonolog. Experimenten zu, ergab sich sadist. Formen der Päderastie. Gerüchte über grausame Morde R.' an zahlreichen Knaben erregten schließlich die Aufmerksamkeit der weltl. und geistl. Autoritäten. Am 15. Sept. 1440, nach vorausgegangener gerichtl. Untersuchung, ließ der Bf. v. Nantes, Jean de Malestroit, der auch als Kanzler Hzg. →Jeans V. v. Bretagne fungierte, R. in Machecoul gefangennehmen. Im Verlauf des Prozesses im Schloß v. Nantes gestand R. seine Untaten und bekundete Reue. Er wurde am 25. Okt. gehenkt, sein Leichnam verbrannt. Die Erben versuchten, die Güter des Marschalls, die der Hzg. v. Bretagne (zumeist zugunsten seiner Domäne) hatte konfiszieren lassen, zurückzuerhalten. Die Gestalt R.', die als eine Kristallisationsfigur der »Blaubart«-Sage gilt, wurde zum Gegenstand vielfältiger lit.-psycholog. Deutungsversuche.

Ph. Contamine

Lit.: E. BOSSARD, G. de R., 1885 – G. BATAILLE, Le procès de G. de R., 1965 – PH. RELIQUET, Ritter, Tod und Teufel. G. de R. oder die Magie des Bösen, 1984 – CH. DAXELMÜLLER, Zauberpraktiken, 1993, 147-152.

Ráith Bresail, Synode v. (1111), bedeutende Reformsynode der Kirche →Irlands, unter Vorsitz des päpstl. Legaten Gilbert v. Limerick (Gilla Espaic), des Bf.s →Cellach v. →Armagh, des Bf.s Maélmuire Ua Dúnáin v. Meath, des Kg.s →Muirchertach Ua Briain v. →Munster; sie wurde besucht von »50 Bf.en, 300 Priestern, 3000 Klerikern und den Adligen des südl. Irland«. R. B. schuf eine neue Diözesanstruktur unter bfl. Leitung, gegliedert in zwei Kirchenprov.en und 25 territorial verfaßte Bm.er. Die nördl. Prov., unter dem Ebf. v. →Armagh, umfaßte 13, die südl., unter dem Ebf. v. →Cashel, 12 Diöz. Die Synode bekräftigte den auf der Synode v. Cashel (1101) verkündeten Grundsatz, daß die Kirche frei von weltl. Abgabenerhebung sein müsse, forderte darüber hinausgehend für alle kirchl. Amtsträger Zölibat und Weihen. R. B. markiert die Ablösung des überkommenen kirchl. Systems Irlands durch eine dem kontinentalen, päpstl. Vorbild folgende neue Struktur, die bis in die Neuzeit Bestand haben sollte. – Der Tagungsort kann vielleicht mit 'Rathbrisill' (Gft. Cork, Baronat v. Duhallow) identifiziert werden.

D. Ó Cróinín

Lit.: J. MACERLEAN, Archivium Hibernicum 3, 1914, 1-33 – K. HUGHES, The Church in Early Irish Society, 1966, 266-268 – A. CANDON, Peritia 3, 1984, 326-329.

Ralegh, William, engl. Jurist, seit 1239 Bf. v. →Norwich, seit 1242 Bf. v. →Winchester, † 1250. Zunächst Schreiber bei Martin Pateshul (1214/19-29), einem bedeutenden Richter, war er selbst als Richter seit 1229 am allg. Gerichtshof (»the Bench«) und als Oberrichter 1234-39 am Gerichtshof »coram rege« (→King's Bench) tätig. Bei der Übertragung des Bf.ssitzes v. Winchester 1242 erhielt er jedoch wegen des Widerstands des Kg.s nicht die Temporalien für die folgenden zwei Jahre. Es ist behauptet worden, daß R. zw. 1234 und 1239 der eigtl. Hauptratgeber Heinrichs III. war und entscheidend zu den Finanz-, Verwaltungs- und Gerichtsreformen des Jahres 1236 (→England, C. I) beigetragen hat. Umstrittener ist die Hypothese, daß nicht →Henricus de Bracton, sondern R. und seine Gehilfen in den 20er und 30er Jahren des 13. Jh. das engl. Rechtsbuch »De Legibus et Consuetudinibus Regni Angliae« verfaßt haben. Obwohl diese Ansicht auf erhebl. Ablehnung stößt, verdient sie doch Beachtung und läßt R. als den größten Richter im ma. England erscheinen.

D. Carpenter

Lit.: C. A. F. MEEKINGS, Stud. in 13th-Cent. Justice and Administration, 1981, chs. 11, 12 – J. L. BARTON, The Mystery of Bracton, Journal of Legal Hist. 14, 3, 1993 – →Henricus de Bracton [S. E. THORNE], →Heinrich III.

Ralf. 1. R. Fitz Drogo, † 1057, Sohn von Drogo, Gf. v. Mantes, und der Godgifu, Schwester Eduards d. Bekenners. Angebl. ein Begleiter Eduards bei dessen Rückkehr aus dem Exil nach England, findet sich R. bis 1050 nicht in urkundl. Zeugenlisten. Dann weist sein Erscheinen als Earl auf eine der ersten Gunstbezeugungen des Kg.s für auswärtige Adlige hin. Wahrscheinl. erhielt er Ländereien in Herefordshire, Gloucestershire, Oxfordshire und Berkshire, als der vorhergehende Inhaber, Swegn Godwinson, in Ungnade fiel und England 1047 verließ. Obwohl R. gegen die →Godwin-Familie 1051-52 opponierte, war er seltsamerweise keinen großen Feindseligkeiten dieser Familie ausgesetzt, als sie erfolgreich nach England zurückkehrte. R. hatte Herefordshire erhalten, um es gegen die Waliser zu verteidigen. Er führte einige der auf dem Kontinent üblichen Praktiken ein, bes. beim Burgenbau und beim Einsatz von Pferden, jedoch nicht immer mit großem Erfolg. Als ein Verwandter Eduards machte er sich Hoffnung auf die Thronnachfolge, doch starb er bereits 1057 und hinterließ als Erben nur seinen minderjährigen Sohn Harold. →Harald Godwinson zog daraus seinen Nutzen und fügte Herefordshire seinem eigenen Earldom an.

J. Hudson

Lit.: F. BARLOW, Edward the Confessor, 1970.

2. R. 'the Staller', † vor April 1070 (1069?), bret. Herkunft, gehörte zu den frz. Günstlingen →Eduards d. Bekenners. Er bezeugte zuerst 1050 eine Urk. und spielte während der ganzen Regierungszeit Eduards eine bedeutende Rolle. Ungewöhnl. ist seine Zugehörigkeit zu den wichtigen →*thegns* am kgl. Hof bei der Überstehung der Krise von 1051-52 (→Godwin). Das Amt des →'Staller' war von Knud d. Gr. eingeführt worden und bestand unter Eduard fort, es handelte sich wahrscheinl. um einen Titel, der bes. verdienten thegns verliehen wurde, die eine bestimmte administrative Verantwortlichkeit besaßen und unter Eduard zunehmend als kgl. Ratgeber fungierten. R. behielt seine Stellung auch nach der norm. Eroberung, als er wohl von Wilhelm d. Eroberer zum Earl of →Norfolk erhoben wurde. Nach dem →Domesday Book waren die meisten seiner Ländereien im ö. England, bes. in Lincolnshire, Suffolk und Norfolk, doch hatte er auch Besitz in Tybesta, Cornwall. Als Earl of Norfolk folgte sein Sohn Ralf de Gael. J. Hudson

Lit.: F. BARLOW, Edward the Confessor, 1970 – K. MACK, The Staller..., Journal of Medieval Hist., 1986.

Ralswiek, Seehandelsplatz seit der 2. Hälfte des 8. Jh. auf der Ostseeinsel →Rügen, wahrscheinl. von Skandinaviern im Einvernehmen mit den slav. Stammesfs.en v. Rügen gegr. Auf einem Strandwall zw. Großem Jasmunder Bodden und ehem. Binnensee wurden etwa 15 Hofverbände angelegt sowie 12 Schiffseinfahrten und entsprechende Molen in Anlehnung an den Binnensee eingetieft. Eine Kultstätte lag am offenen Strand. Auf dem Höhenrücken sö. von R. erfolgten die Bestattungen (u. a. etwa 400 Hügelgräber). Zu dem reichen Fundmaterial gehört u. a. der bislang im Ostseegebiet bzw. in Osteuropa größte Schatzfund aus der 1. Hälfte des 9. Jh. (u. a. 2211 Münzen, überwiegend Prägungen arab. Münzstätten in Mittel- und Vorderasien). 1972–89 legten archäolog. Grabungen u. a. etwa 25% der über mehrere Perioden bestehenden Siedlungen, über 350 Hügelgräber, drei Kultstätten und einen abseits gelegenen Hof frei. Vier für den Ostseeverkehr der Slaven typ. Boote wurden untersucht. Obwohl der Seehandelsplatz seit dem 10. Jh. an Bedeutung verlor, veranlaßten dessen Lage und Tradition den Bf. v. →Roskilde, nach der Eroberung Rügens 1168 die für Rügen zuständige Propstei in R. einzurichten. J. Herrmann

Lit.: J. HERRMANN–D. WARNKE, R. (Archäologie in der DDR, 1989), 584–591.

Ramaḍān, 9. Monat des islam. Kalenders, Fastenmonat (*ṣaum* oder *ṣiyām*), während dessen bei Tag weder Speise noch Trank noch sexuelle Genüsse gestattet sind. Die Ursprünge des R.-Fastens sind noch immer kontrovers; jüd. wie chr. Vorbilder und Verhaltensmuster sind jedenfalls wahrscheinlich. Die Wurzel des Wortes (*r–m–ḍ*, die sich auf große Hitze v. a. des Sommers bezieht) weist darauf hin, daß im vorislam. Kalender der Araber dieser Monat in der heißen Jahreszeit lag. Er ist der einzige im Koran erwähnte Monat: In der *lailat al-qadr*, der 'Schicksalsnacht' des 27. R., wurde das hl. Buch herabgesandt. Der R. wird durch das Fest des Fastenbrechens (→'Īd al-aḍḥā, 'Īd al-fiṭr) beendet. H.-R. Singer

Lit.: EI¹ VI [Nachdr. 1993], 1111; VI, 192–199 – A. GROHMANN, Arab. Chronologie (HO 1. Abt., Ergbd. II, 1966, 1–48).

Ramažān-oġullarï, turkmen. Dynastie in SO-Anatolien (Çukurova). Die R. waren Üç-Oq-→Oġuzen, die vor den Mongolen nach Anatolien und dann nach Syrien geflohen waren. Unter mamlūk. Schutz etablierte der Gründer der Dynastie Ramažān 1352 eine Herrschaft um Elbistan, die sich v. a. gegen das kleinarmen. Kgr. richtete. Nach dessen Beseitigung bemühten sich die R. Ibrāhīm (gest. 1383) und Aḥmed (1383–1416) letzl. erfolglos zw. Mamlūken und Qaramān-oġullarï um mehr polit. Spielraum. Die Herrschaft der R. als den Mamlūken tributäres, tribal organisiertes Beglik in der Çukurova dauerte bis 1514, als das Territorium unter osman. Oberherrschaft geriet. Die R. blieben erbl. Häupter eines halbautonomen oġaqlïq bis zum Verzicht Pīr Manṣūrs 1608/09 und danach eine lokal bedeutende Familie. Ch. K. Neumann

Lit.: IA IX, 612–620 – E. KARTEKIN, R. beyliği tarihi, 1979 – F. SÜMER, R. na dâir bazı yeni bilgiler' Türk Dünyası Araştırmaları 33, 1984, 1–10.

Rambertus de Primadizzi v. Bologna OP, † Ende 1308 in Venedig, ▭S. Giovanni e Paolo, ebd. 1268 bereits Dominikaner in Bologna. Schüler des Thomas v. Aquin, den er mit seinem nach 1286 in Paris entstandenen unvollständigen Apologeticum veritatis im sog. →Korrektorienstreit gegen →Heinrich v. Gent u. andere Zeitgenossen verteidigte. Weitere Werke können ihm nicht sicher zugeschrieben werden. Nach Erwerb des Bakkalaureats 1288 wieder in Italien. 1295–99 Mag. Theol. in Paris. 1299–1302 Berater der Inquisition in Bologna, dort 1301 auch als Prior des Dominikanerkonvents nachgewiesen. R., der im Ruf vorbildl. Observanz stand, erhielt 1300 auf dem Generalkapitel zahlreiche Stimmen bei der Wahl des Ordensmeisters. 20. Febr. 1303 Bf. v. Castello. W. Senner

Ed: Apologeticum veritatis contra corruptorium, hg. J. P. MÜLLER, StT 108, 1943 – *Lit.*: NCE XII, 72 – T. SCHNEIDER, Die Einheit des Menschen, BGPhMA, NF, 1973 – TH. KAEPPELI, Scriptores OP medii aevi, III, 1980, 295 [Lit.].

Ramboldini, Vittorino → Vittorino da Feltre

Ramiro
1. R. I., Kg. v. →Aragón 1035–1064/69, * um 1006/07 (oder 1020/21) in Aibar (Navarra), † entweder 8. März 1064 bei der Schlacht um die Burg Graus in Ribagorza oder so schwer verletzt, daß er, nicht mehr regierungsfähig, am 8. Mai 1069 starb; (wahrscheinl. natürl., d. h. vorehel.) Sohn Kg. Sanchos III. 'el Mayor' v. Navarra mit einer Konkubine Sancha; ∞ 1. 1036 Gisberga-Ermensinde, Tochter des Gf. en Bernhard Roger v. →Bigorre († 1049), ∞ 2. nach 1049 Agnes; Kinder: legitime: von 1: Sancho Ramírez, Kg. v. Aragón, García, Bf. v. Jaca, Sancha (∞ Gf. Ermengol III. v. →Urgel); von 2: Sancha, Nonne in Serós; natürl.: Sancho. R., der schon früh als regulus an der Administration des Reiches beteiligt wurde und die um die Region v. Serrablo sowie das Tal v. Ayerbe erweiterte Gft. Aragón als Herrschaftsbereich zugewiesen erhielt, strebte nach dem Tod des Vaters (1035) zunehmend nach Verselbständigung der Herrschaft und betrachtete sich als Kg. in Aragón. Sein Ziel war, die Ansprüche seines Bruders →García III. Sánchez v. Pamplona-Navarra zurückzuweisen und sein Reich auf Kosten Navarras zu erweitern. Obwohl bei der Entscheidungsschlacht v. Tafalla (1043) nicht siegreich, gelang es R. in der Folge, die Gft.en →Sobrarbe und →Ribagorza nach dem Tod seines Bruders →Gonzalo an sich zu ziehen und sein Kgr. unter großen Gebietsgewinnen zu konsolidieren. Als Nutznießer der Schlacht v. Atapuerca, bei der García III. starb und seinen Sohn Sancho IV. Garcés in einer geschwächten Position zurückließ (1054), konnte R. nicht nur die Grenzlinie zu Navarra in seinem Sinne bereinigen, sondern auch an eine Expansion nach S gegen das Taifenreich der→Hūdiden v. Zaragoza denken, weshalb er eine komplizierte Bündnispolitik mit dem Gf.enhaus v. Urgel betrieb. Nachdem er 1061/62 seinen Sohn Sancho Ramírez als regis filius mit der Regierung der früheren Gft. Aragón betraut hatte, unternahm R. 1064 im Bündnis mit dem Gf.en v. Urgel ein durch zahlreiche nichttiber. Adlige unterstütztes Unternehmen gegen die maur. Feste →Barbastro (oft mißverständl. als 'Kreuzzug v. Barbastro' bezeichnet), bei dem er (tödl.) verletzt wurde. L. Vones

Lit.: Gran Enc. Catalana XII, 322 – E. IBARRA RODRÍGUEZ, Documentos correspondientes al reinado de R. I. desde 1034 hasta 1063 años, 1904 – DERS., Matrimonios y descendencia de R. I., Revista de Aragón 6, 1905, 121–165 – A. UBIETO ARTETA, R. I. y su concepto de la realeza, CHE 20, 1953, 45–62 – A. DURÁN GUDIOL, R. I. de Aragón, 1978 – A. UBIETO ARTETA, Hist. de Aragón. La formación territorial, 1981 – A. FERREIRO, The Siege of Barbastro, Journal of Medieval Hist. 9, 1983, 129ff. – A. CANELLAS LÓPEZ, La Cancillería real del reino de Aragón (Folia Budapéstina, 1983), 23–46 – A. UBIETO ARTETA, Los orígenes de los Reinos de Castilla y Aragón, 1991.

2. R. II. 'el Monje', Kg. v. →Aragón, Gf. v. →Ribagorza und →Sobrarbe 1134–37, * um 1080 (24. April?) in Pamplona (?), † 16. Aug. 1157 San Pedro el Viejo, Huesca, ◻ Kapelle San Bartolomé, ebd., Sohn von Kg. Sancho Ramírez und der Felicia de Roucy, Halbbruder Kg. Peters I. und Bruder Kg. Alfons' I. v. Aragón. Für den geistl. Stand bestimmt, im Kl. OSB →St-Pons-de-Thomières erzogen, war R. Abt v. →Sahagún (1112/13), Bf. selekt v. Burgos (Ende 1114–16) und v. Pamplona (um 1117), weilte gegen 1120 im von St-Pons abhängigen Priorat San Pedro el Viejo und wurde Mitte 1134 durch Alfons I. zum Bf. v. →Roda-Barbastro bestimmt. Als dieser wenig später ohne Nachkommen starb (Sept. 1134), wurde R., bevor er die Weihe erhalten und sein Bm. in Besitz genommen hatte, durch eine Versammlung des aragones. Adels in Jaca zum Kg. gewählt (wohl Okt. 1134). Er konnte die Abspaltung der Kerngebiete des alten Kgr.es →Navarra unter der Führung Kg. Garcías VI. Ramírez trotz der Übereinkunft v. Vadoluengo (Ende Jan. 1135) nicht verhindern, García Ramírez wurde Lehnsmann Kg. Alfons' VII. v. Kastilien-León, so daß Aragón schließlich seine Ansprüche auf das Reich v. Zaragoza zugunsten Kastiliens aufgeben mußte. Von einem Adelsaufstand zur Flucht gezwungen, fand R. bei Gf. →Raimund Berengar IV. v. Barcelona Unterstützung, dem er seine Tochter →Petronilla (aus seiner Ehe mit Agnes v. Poitou; * 1136) bereits 1137 in einer festen Ehezusage verlobte, um die drohende kast. Hegemonialstellung zu verhindern. R. übertrug dem Gf.en am 13. Nov. 1137 in Zaragoza die uneingeschränkte Lehnshoheit über alle kgl. Burgen, Festungen und Güter, so daß dieser fortan wie ein Kg. (tamquam regi) mit dem Titel eines princeps regieren konnte. R. zog sich unter Beibehaltung des Kg.stitels wieder in den geistl. Bereich zurück und lebte seit 1139/40, nachdem die von ihm angestrebte Nachfolge des verstorbenen Ebf.s →Ollegar in Tarragona nicht zustandegekommen war, fast 20 Jahre in San Pedro el Viejo, wo er kurz vor seinem Tod das Mönchsgewand nahm. L. Vones

Lit.: Dict. d'Hist. de Catalunya, 884f. – F. BALAGUER, Estudios de Edad Media de la Corona de Aragón 1, 1945, 327–333; 3, 1947–48, 29–54; 6, 1956, 7–40; 7, 1962, 39–72 – S. DE VAJAY, Ramire II le Moine, roi d'Aragón, et Agnès de Poitou dans l'hist. et dans la légende (Fschr. R. CROZET, II, 1966), 727–750 – A. UBIETO ARTETA, Hist. de Aragón, 1981, bes. 201ff. – DERS., Documentos de Ramiro II. de Aragón, 1988 – DERS., Los orígenes de los Reinos de Castilla y Aragón, 1991, bes. 195–204.

3. R. I., Kg. v. →Asturien 842/843–850, † 850 in Oviedo, ◻ebd., Sohn→Vermudos I., trat die Nachfolge→Alfons' II. gegen den Widerstand des comes palatii Nepotianus an, der, wie ein späterer Aufstand der comites palatii Aldroitus und Piniolus, erfolglos blieb. Während seiner Regierungszeit verfolgte R. Diebe und Magier. Truppen R.s besiegten die 844 erstmals in Spanien erscheinenden Normannen in Betanzos. R. bekämpfte die Araber 846 in León und 848 in Álava. Er ließ auf dem Berg Naranco die Kirche San Miguel de Lillo und ein palatium (ô Santa María) errichten. J. M. Alonso-Núñez

Q.: J. GIL FERNÁNDEZ, Crónicas asturianas, 1985 – Y. BONNAZ, Chroniques asturiennes, 1987 – Lit.: C. SÁNCHEZ ALBORNOZ, Orígenes de la nación española, 3 Bde, 1972–75 – J. F. HERNÁNDEZ LAZARO DE TEJADA, El solar de Tejada: una incidencia en Clavijo, Berceo 89, 1975, 7–12 – R. MENÉNDEZ PIDAL, Hist. de España, VI, 1982⁴ [J. PÉREZ DE URBEL–R. DEL ARCO GARAY]; VII, 1980 [C. SÁNCHEZ ALBORNOZ] – P. GARCÍA TORAÑO, Hist. del El Reino de Asturias (718–910), 1986 – L. BARRAU DIHIGO, Hist. política del reino asturiano (718–910), 1989.

4. R. II., Kg. v. →León 931–950/951, Sohn →Ordoños II., regierte vermutl. das ptg. Gebiet 926–930 von Viseu aus. R. war als Kg. v. León Nachfolger →Alfons' IV. 'el Monje', der nach anfängl. Thronverzicht erneut Ansprüche stellte, jedoch unterlag. R. belagerte Magerit (→Madrid), besiegte 933 in Osma und 939 in Simancas die Truppen von ᶜAbdarrāhmān III. und führte die →Repoblación des Tormestales durch. Nach 943 erschütterte die Rebellion des Gf.en v. Kastilien,→Fernán González, R.s Herrschaft. Zw. 944 und 950 nahmen die arab. Einfälle zu, aber R. errang einen weiteren Sieg über die Araber in Talavera. J. M. Alonso-Núñez

Q.: →Hist. Silense; →Sampiro – Lit.: E. SÁEZ, R. II, rey de »Portugal« de 926 a 930, RevPort 3, 1945, 271–290 – J. RODRÍGUEZ, R. II, rey de León, 1972 – M. RECUERO ASTRAY, Los reyes de León en la »Crónica de Veinte Reyes«, León y su hist. 4, 1977, 413–530 – R. MENÉNDEZ PIDAL, Hist. de España, VI, 1982⁴ [J. PÉREZ DE URBEL–R. DEL ARCO GARAY]; VII, 1980 [C. SÁNCHEZ ALBORNOZ] – L. VONES, Gesch. der Iber. Halbinsel, 1993, 41–43 [Lit.: 290–292].

5. R. III., Kg. v. →León 966–985, * 961, Sohn→Sanchos I., dem er fünfjährig unter der Regentschaft der Nonne Elvira, der Tochter Ramiros II., in der Herrschaft nachfolgte. Der Angriff der Normannen in Galicien zwang León zur Friedenspolitik mit dem Kalifat v. →Córdoba. 975 wurden R.s Truppen von den Arabern bei Gormaz geschlagen. Elvira wurde als Regentin durch Teresa, die Mutter des Kg.s, ersetzt. Ab 977 wurde das Kgr. León von →al-Manṣūr systemat. angegriffen, seit 981 nahmen Aufstände gegen R. zu und führten zur Kg.serhebung von →Vermudo (II.), dem Sohn→Ordoños III. J. M. Alonso-Núñez

Q.: →Hist. Silense; →Sampiro – Lit.: M. RECUERO ASTRAY, Los reyes de León en la »Crónica de los Veinte Reyes«, León y su hist. 4, 1977, 413–530 – R. MENÉNDEZ PIDAL, Hist. de España, VI, 1982⁴ [J. PÉREZ DE URBEL–R. DEL ARCO GARAY]; VII, 1980 [C. SÁNCHEZ ALBORNOZ] – J. GONZÁLEZ, Avanzada leonesa del siglo X en tierras del Tormes, Anexos de CHE 2, 1983, 161–178.

6. R. Garcés, Kg. v. →Viguera, aus dem Hause der Sánchez (→Navarra), Sohn des Kg.s v. →Pamplona, García Sánchez († 970), und der Teresa Ramírez v. →León, ⚔ 9. Juli 981 bei Atienza, ◻→S. Salvador de Leire; erhielt von seinem älteren Halbbruder Sancho Garcés II. 'Abarca' (dieser entstammte einer 1. Ehe des Kg.s mit Andregoto Galíndez v. Aragón, war 970–994 Kg. v. Pamplona) den Titel eines Kg.s v. Viguera, »sub eius imperio«. Das ihm übertragene Herrschaftsgebiet, mit der mächtigen Burg Viguera als Zentrum, umfaßte die Landschaft→Rioja, am Oberlauf des Ebro, die für das erste Kgr. Navarra, dessen Aufstieg sich in Konkurrenz zu den anderen chr. Mächten (Asturien-León, Kastilien, Aragón, katal. Gft.en) vollzog, essentielle strateg. Bedeutung hatte. R. erhielt von seinem Bruder daher außergewöhnl. militär. Befehlsgewalt verliehen. Die arab. Q. sprechen von R. als »Ruḏmīr ibn Ġarsīya«, der gegen den muslim. Statthalter (qāᵓid) v. →Zaragoza kämpfte (schwere Niederlage bei Sos, 6. Juli 975), dann gegen das Kalifat v. →Córdoba (al-Ḥakam II., gest. 976; al-→Manṣūr). Als R. einen mit al-Manṣūr verfeindeten Verwandten, Ġālib, der die Christen zu Hilfe gerufen hatte, unterstützte, fiel er mit diesem 981 in der Schlacht v. Atienza. B. Leroy

Q. und Lit.: Ibn Ḥayyān, Anales palatinos del califa de Córdoba al Ḥakam II por ᶜĪsā ibn Ahmād al-Rāzī, übers. E. GARCÍA GÓMEZ, 1967 – A. UBIETO ARTETA, Monarcas navarros olvidados: los reyes de Viguera, Hispania X, 1950, 6–24 – DERS., Un milenario navarro: R. G., rey de Viguera, Príncipe de Viana 42, 1981, 21–38 – A. CAÑADA JUSTE, De Sancho Garcés I. a Sancho Garcés III el Mayor (926–1004), 1986.

Rammelsberg → Bergbau, I; → Goslar

Ramnulf. 1. R. I., Gf. v. →Poitou, ⚔ 866, Sohn des Gf.en →Gerhard v. →Auvergne. Nach vorherrschender Ansicht entstammte R. der 1. Ehe Gerhards mit einer Schwester→Pippins I. v. →Aquitanien; damit wäre er ein Enkel Ks. →Ludwigs d. Fr., der ihm 839 die Gft. Poitou übertrug. Eine Zeitlang wurde er aber wohl von Bernhard, dem Bruder des Gf.en Emenon und 'fidelis' →Pippins II., abgelöst. Nach Bernhards Tod (844) regierte P. unbestritten die Gft.; eine zeitgenöss. Q. nennt ihn gar 'dux'. Er hatte gegen Pippin II. zu kämpfen, den er schließlich in einen Hinterhalt lockte und an →Karl d. K. auslieferte (864). Seit 852 zu widerholten Verteidigungskämpfen gegen die →Normannen genötigt, fiel er als Gefährte →Roberts d. Tapferen in der Schlacht v. Brissarthe. Ein (in seiner Echtheit umstrittenes) Diplom Karls d. K. von 862 nennt R. als Laienabt v. St-Hilaire-le-Grand zu →Poitiers. Mit seiner Gemahlin, einer Tochter des Gf.en v. Rorgo v. Maine, hatte er drei Söhne: Ramnulf (II.), Ebulus, Gauzbert. R. Favreau

Lit.: A. RICHARD, Hist. des comtes de Poitou 778–1204, I, 1903, 14–28 – L. AUZIAS, L'origine carolingienne des ducs féodaux d'Aquitaine et des rois capétiens, RH 173, 1934, 91–102 – DERS., L'Aquitaine carolingienne, 1937 – J. DHONDT, Études sur la naissance des principautés territoriales en France IXe–Xe s., 1948.

2. R. II., Gf. v. →Poitou, † 890, Sohn von 1. R., und seine Brüder behielten wohl nach dem Tode ihres Vaters noch eine Zeitlang die Gft. Poitou, wurden aber 868 aus ihr verdrängt und fanden Zuflucht am aquitan. Hofe Ludwigs 'des Stammlers', des Sohnes Karls d. K. Bald nach dem Tode Karls wurde R. als Gf. v. Poitou wiedereingesetzt (878); wer die Gft. in der Zeit von 868 und 878 beherrschte, ist dagegen unbekannt. Der postume Sohn Ludwigs 'des Stammlers', der spätere Kg. →Karl 'der Einfältige' (879), stand seit früher Jugend unter der Obhut R.s. Nach dem Tode Karls 'des Dicken' (888) versuchte sich R. zumindest eines Teils von →Aquitanien zu bemächtigen; eine Urkunde nennt ihn 'dux maximae partis Aquitaniae'. Er starb am Hofe Kg. →Odos v. Westfranken, angebl. durch Gift. Verheiratet mit Adda (Grabmal im Museum v. Poitiers erhalten), hinterließ R. jedoch nur einen Bastardsohn, Ebulus. R.s Bruder Ebulus war Abt v. St-Germain-des-Prés (881), St-Denis und Jumièges (um 886). R. Favreau

Lit.: A. RICHARD, Hist. des comtes de Poitou 778–1204, I, 1903, 14–28 – L. AUZIAS, L'Aquitaine carolingienne, 1937 – J. DHONDT, Études sur la naissance des principautés territoriales en France IXe–Xe s., 1948, passim.

Ramon (s. a. Raimund[us], s. a. Raymundus)
1. R. Folc I., Vgf. v. →Cardona 1040–86, † 1086 Maldà, Eltern: Vgf. Fulco I. v. Cardona und Guisla v. Sant Martí; ⚭ Ermensendis. Nach der Ermordung des Vaters übernahm er zusammen mit der Mutter die Vgft. Ausona. Ab 1062 nannte er sich nach seiner Stammburg Vgf. v. Cardona. Häufig am Hofe Raimund Berengars I. belegt, zählte er zur Gefolgschaft→Raimund Berengars II. 1084 schwor er zusammen mit Bernhard Wilhelm v. →Queralt, dessen Tod zu rächen, und betrieb energ. die Übertragung der Vormundschaft über dessen Sohn →Raimund Berengar III. an den Gf.en v. →Cerdaña, unter Übergehung →Berengar Raimunds II. 'el fratricida'. Erst nach R. F.s Tod im Kampf gegen die Mauren kam es zu einer Einigung zw. den Parteien und der Übernahme der Vormundschaft durch Berengar Raimund. Der einzige Sohn R. F.s, Bermon, starb in der Gefangenschaft der Mauren, so daß die Vgft. nach dem Tode seines Bruders, Bf. Fulcos v. Barcelona († 1099), an den Sohn seiner Tochter Ermensendis, Bernhard Amat v. Claramunt, fiel. U. Vones-Liebenstein

Lit.: Gran Enc. Catalana IV, 405 – J. SERRA I VILARÒ, Hist. de Cardona, I, 1966, 118–127 – M. CASAS I NADAL, Hist. de Cardona, III, 1992.

2. R. de Cardona, Admiral, Herr v. Torà, † um 1340, Sohn des Ramon Amat v. →Cardona († 1324) und einer ptg. Adligen; ⚭ Beatrix v. Aragón, natürl. Tochter Kg. Peters III.; vier Kinder (u. a. Isabel, Äbt. v. Sta. Clara in Coimbra [1329–62]). Dank seiner ptg. Beziehungen gehörte R. 1282 zum Gefolge der Infantin →Isabella v. Aragón (11. I.), der Braut Kg. Dinis'. 1284 übertrug ihm die Kgn. witwe →Beatrix v. Portugal (4. B.) die Stadt Mourão als Dank für das Geleit nach Kastilien. 1306 zum →Alférez des Infanten Alfons ernannt, genoß er das Vertrauen der Kgn. Isabella. Nach Streitigkeiten mit Kg. Dinis verließ er 1317 Portugal und unterstützte Ramon Folc VI. v. C. gegen den Infanten Alfons v. Aragón beim Kampf um den Besitz der Gft. →Urgel. Er verließ Katalonien ohne kgl. Genehmigung, trat 1319 in den Dienst →Roberts v. Neapel und befehligte 1320 als Admiral eine Flotte gegen Genua. Ab Mai 1321 trat als Generalkapitän in den Dienst Papst Johannes' XXII. und rückte nach dem Fall Genuas mit seinen Söldnertruppen gegen Mailand vor. Die Belagerung der Stadt wurde abgebrochen, als die Ghibellinen dank der Unterstützung durch Ludwig d. Bayern Mailand entsetzten konnten (Juli 1323). Zu Vaprio gefangengenommen (16. Febr. 1324), unterlag R. nach seiner Freilassung mit einem guelf. Heer bei →Altopascio und wurde erneut gefangengesetzt. Alfons IV. setzte sich für seine Befreiung ein und ernannte ihn nach seiner Rückkehr aus Italien zum Gouverneur v. Sardinien und Korsika (1329–36). U. Vones-Liebenstein

Lit.: Gran Enc. Catalana IV, 405 – S. SOBREQUÉS I VIDAL, Els Barons de Catalunya, 1970³, 116f. – P. PARTNER, The Lands of St. Peter, 1972, 314–317 – H. DAVID, A Família de C. e as relações entre Portugal e Aragão durante o reinado de D. Dinis (XIII Congr. d'Hist. de la Corona d'Aragó III, 1990), 273–279.

3. R. Roger I., Gf. v. →Pallars Sobirà, * um 1265, † 29. Okt. 1295 Llers, ▭ Sant Joan de Jerusalem in Barcelona, Eltern: Roger II. v. Pallars und Sibilla v. Saga; ⚭ Blanca de Bellera (1286). Bereits im Testament des Vaters als Erbe vorgesehen, folgte er seinem Bruder Arnau Roger I. (1256–88), der kurz vor seinem Tode zu seinen Gunsten auf die Gft. Pallars verzichtete. Er nahm an Adelsverschwörungen gegen Jakob I. und Peter III. (1274) teil, schloß sich 1285 zusammen mit Roger Bernat III. v. Foix dem von Martin IV. ausgerufenen frz. Kreuzzug gegen Peter III. (→Aragón, Kreuzzug v.) an und kämpfte in den folgenden Jahren auf Seiten Jakobs II. v. Mallorca, der ihn, als er 1288 zu Peter III. überging, sogar wegen Felonie zum Zweikampf forderte. Dafür unterstützte ihn Kg. Alfons III., als er mit seinem Neffen Arnau I. d'Espanha, Vgf. v. Couscrans, um den Besitz der Gft. kämpfte. Nach seinem Tod fiel die Gft. an seine Nichte Sibylle. U. Vones-Liebenstein

Lit.: Gran Enc. Catalana XII, 334 – Dicionari d'Hist. de Catalunya, 1992, 778 – I. M. PUIG I FERRETÉ, Testaments comtals del Pallars Sobirà, Urgellia IV, 1981, 293–333 – J. BAUCELLS I REIG, La successió dels comtes de Pallars en el dos-cents (Jaime I y su época. X Congr. de Hist. de la Corona de Aragón 1976, III, 1982), 21–36 – M. PUIG I FERRETÉ, Els comtes del Pallars en l'afer de Sicília (1282–95) (La società mediterranea all'epoca del Vespro. XI Congr. di storia della Corona d'Aragona 1982, 1984), 131–148.

4. R. Roger II., Gf. v. →Pallars-Sobirà, * um 1302, † um 1350, Eltern: Hugo I. v. Mataplana (1297–1328) und Sibylle v. Pallars-Sobirà; ⚭ Sibylle v. Cardona, erbte als Zweitgeborener die Herrschaften Mataplana, Vall de Toscs und Cervelló. Als Gf. Jakob v. Urgel nach dem Tode Arnau Rogers II. (1328–43) im Namen der Familie →Commingues Ansprüche auf die Nachfolge in Pallars erhob, belehnte Kg. Peter IV. v. Aragón R. mit der Gft., der als treuer Parteigänger des Kg.s fortan zusammen mit den Cabrera, Montcada und den Vgf.en v. Illa zu dessen engsten Vertrauten zählte. R. unterstützte Peter IV. im Kampf gegen Jakob III. v. Mallorca, nahm 1343 am

Feldzug ins Roussillon teil, gehörte 1344 den →Cortes v. Barcelona an, die die Absetzung Jakobs III. verfügten, und kämpfte mit in der Schlacht v. →Lluchmajor (1349). Sein Sohn Hug Roger I. folgte ihm in Pallars nach.

U. Vones-Liebenstein

Lit.: Gran Enc. Catalana XII, 334 – Dicionari d'Hist. de Catalunya, 1992, 778 – F. VALLS I TABERNER, Els comtats de Pallars i Ribagorça a partir del segle XI (DERS., Obres selectes IV, 1961) – S. SOBREQUÉS I VIDAL, Els barons de Catalunya, 1970³, 201f.

Ramos (Ramis) **de Pareia, Bartolomeo,** span. Musiktheoretiker und Komponist, * um 1440 Baeza, † (nach?) 1491. Lehrte an der Univ. Salamanca, ist ab 1472 in Bologna, nach 1484 bis 1491 in Rom nachweisbar. Von seinen Werken sind nur erhalten der Traktat »Musica practica« (Bologna, 2 Auflagen Mai und Juni 1482) und ein unendl. Kanon. R.' Bedeutung beruht auf einem – gegenüber den alten Autoritäten wie Boethius und Guido v. Arezzo – neuen, der Musik seiner Zeit entsprechenden Ansatz mit prakt., erbittert umstrittenen Verbesserungen auf dem Gebiet des Tonsystems, der Tonarten, der Stimmung und der Notation. H. Leuchtmann

Ed. und Lit.: MGG – NEW GROVE – RIEMANN, s.v. – J. WOLF, Musica practica Bartolomei Rami de P., 1901 [Nachdr. 1968] – O. STRUNK, Source Readings in Music Hist., 1950.

Rampe, flachgeneigte Ebene, die wie die →Treppe zur Überwindung von Höhenunterschieden dient und die sowohl begehbar als auch befahrbar ist. In einzelnen roman. Kirchtürmen ist die R. statt einer Wendeltreppe eingebaut und soll dem Baumaterialtransport mit Eseln gedient haben (→Eselsturm). Als architekton. Gestaltungselement wie in der Antike und im Barock wird die R. im MA nicht eingesetzt. Sie spielt im Burgenbau eine gewisse Rolle, um das Heranreiten auf Pferden zu ermöglichen.

G. Binding

Ramsbury (ags. Hremnesbyrig), Stadt und Bm. im O der engl. Gft. Wiltshire am Kennet, rund 5 km ö. von Marlborough und in gleicher Entfernung n. von Bedwyn. Zusammen mit diesen und dem in der →Burghal Hidage aufgeführten Chisbury scheint R. während der Herrschaft Kg. →Alfreds zu Vororten des Kgr.es Wessex gehört zu haben. Durch die Verlagerung des kgl. Machtzentrums vom unweit w. gelegenen und bereits in spätröm. Zeit befestigten Cunetio scheint R., wie auch Bedwyn, zu einer frühen villa regalis aufgestiegen zu sein. Im Verlauf des 9. Jh. wurde R. zu einem Zentrum der Eisenproduktion; seine damalige Bedeutung spiegelt sich bes. in der 909 erfolgten Erhebung zum Bm. wider. Die Einkünfte des Bm.s stammten aus den *manors* v. Potterne, Cannings, Old Sarum, Sonning und R., die im 11. Jh. insges. 300 Hiden umfaßten. Zu den herausragenden Amtsträgern zählen die Bf.e →Oda (923/927–942), Sigeric (985–990) und Ælfric I. (990–995), die alle zu Ebf.en v. →Canterbury aufstiegen. Mit der Wahl Heremans zum Bf. 1058 erfolgte die Zusammenlegung des Bm.s mit Sherbourne, 1078 wurde der Bf.ssitz nach →Salisbury verlegt. Diese Verlegung leitete den Niedergang R.s ein, das wie zahlreiche weitere Orte Wiltshires im SpätMA niemals städt. Charakter gewann. B. Brodt

Lit.: VCH Wiltshire, bes. Bd. 2, 1955, 1–34 – J. CAMPBELL, Stud. of Church Hist. 16, 1979, 119–135 – J. HASLAM (Med. Arch. 24, 1980), 1–68 – DERS. (Current Archaeology VII, 1981), 188.

Ramsey, ehem. OSB-Abtei, 16 km sö. von →Peterborough, verdankt ihren Aufstieg im wesentl. ihrer Lage inmitten des fruchtbaren Ackerlandes der Gft.en Cambridge und Huntingdon. Die ersten Benediktiner von Peterborough nahmen das inselartige Gebiet (»insula sancta«) im wasserreichen Fenland Ostangliens in Besitz. Dieses Gelände schenkte →Æthelwine, ein Mitglied der kgl. Familie, 969 oder um 969 dem hl. →Oswald, Bf. v. Worcester. Zweifellos auf dessen polit. Interesse an der Schaffung eines Bollwerks mit zuverlässiger religiöser Ausstrahlung in einem gerade von den Dänen kolonisierten Teil Englands scheint die sofortige Gründung eines großen Kl. in R. zurückzugehen. 972 besiedelte es Oswald mit zwölf Mönchen aus Westbury-on-Trym in der Nähe von Bristol, um ein monast. Leben zu begründen. Schnell wurde die neue Abtei mit umfangreichen Besitzungen in Huntingdonshire ausgestattet. Innerhalb von wenigen Jahren entwickelte sich das Kl. so erfolgreich, daß es zum Vorbild für andere berühmte Ordenshäuser wie →Winchcombe, Pershore und →Worcester wurde. Während des letzten Jh. der ags. Gesch. war R. folglich eines der führenden Benediktinerkl. (→Benediktiner, B. VI). Hier lehrte z.B. vor seinem Amtsantritt zwei Jahre →Abbo, der bedeutendste Abt v. →Fleury, und →Byrhtferth, der sowohl von Abbo als auch von →Beda Venerabilis beeinflußt wurde, war Mönch in R.

Die norm. Eroberung von 1066 führte eher zur Vergrößerung als zur Verminderung von Ansehen und Wohlstand der Abtei. Obwohl der erste norm. Abt, Herbert Losinga, erst 1087 gewählt wurde, konnte das Kl. seinen umfangreichen Grundbesitz bewahren und erhielt von den engl. Kg.en das Privileg, einen großen Immunitätsbezirk in und um R. zu errichten. Gelegentl. zog die reiche Abtei in bedrohl. Weise das Interesse des engl. Adels auf sich, v.a. 1143–44, als der berüchtigte →Geoffrey de Mandeville zeitweise die Mönche aus ihrer Abtei vertrieb. Jedoch besaß R. in der Mitte des 12. Jh. eine prächtige Kirche und geräumige Kl.gebäude. In den 20er Jahren des 13. Jh. entwickelte der Konvent eine bedeutende zentrale Finanzorganisation des Kl. und war in der Lage, Getreide nach London und Canterbury, aber auch auf das Festland zu exportieren. Trotz einer großen Kl.bibliothek und der regelmäßigen Entsendung von zwei oder drei Mitbrüdern zu Studien am Canterbury College in Oxford, stellte die Abtei vergleichsweise nur wenige bemerkenswerte akadem. gebildete Gelehrte im SpätMA. Der Wohlstand der Abtei erfuhr infolge des wirtschaftl. Rückgangs nach der Pest von 1348–49 erhebl. Einbußen. Während der Konvent im 12. Jh. 80 Mönche umfaßte, zählte er 1439 nur 44 und unmittelbar vor der Auflösung nur noch 34 Mitbrüder. Obwohl eine bfl. Visitation v. 1517 die ausschweifenden Trinksitten in R. anprangerte, genoß die Abtei noch ein verhältnismäßig großes Ansehen, als sie im Nov. 1539 plötzl. aufgehoben wurde und in die Hände der Cromwell-Familie überging. Nur das Torhaus und einige Überreste der Abteikirche sind erhalten. R. B. Dobson

Q.: Vita Oswaldi archiepiscopi Eboracensis (Historians of the Church of York, 3 Bde, RS, 1879–94), I, 399–475 – Cartularium monasterii de Rameseia, RS, 3 Bde, 1884–93 – Chronicon Abbatiae Ramesiensis, RS, 1886 – Court Rolls of the Abbey of R. and of the Honor of Clare, ed. W. O. AULT (Yale Hist. Publ. 9, 1928) – Byrhtferth's Manual (A.D. 1011), EETS 177, 1929 – *Lit.:* N. NEILSON, Economic Conditions on the Manors of R. Abbey, 1899 – J. A. RAFTIS, The Estates of R. Abbey, 1957 – DERS., Tenure and Mobility: Stud. in the Social Hist. of a Medieval English Village, 1964 – H. C. DARBY, The Medieval Fenland, 1973 – A. GRANSDEN, Hist. Writing in England, c. 550–c. 1307, 1974.

Ramwold, sel., Abt v. St. Emmeram, † 17. Juni 1000. Von Bf. →Wolfgang als 75jähriger aus dem Gorzer Reformkl. St. Maximin (→Trier) nach Regensburg berufen, wurde R. zuerst Propst und i. J. 975, nach der Trennung von Bm. und Kl., 1. Abt in St. Emmeram, das sich unter ihm zu einem Zentrum der Gorzer Reform (→Gorze) entwickelte. Deren Richtlinien folgend, stellte der rege Organisator das Kl. selbst auf eine neue wirtschaftl. Grundlage, gab auf künstler. und wissenschaftl. Gebiet wesentl. Impulse und veranlaßte am Kl. Neubauten, u. a. die nach ihm benannte Krypta, seinen Begräbnisort.

Ch. Rädlinger

Q. und Lit.: Ex Arnoldi Libris de St. Emmerammo (MGH SS IV, 1841), 558–569 – M. PIENDL, Fontes Monasterii S. Emmerammi Ratisbonensis (Thurn und Taxis-Stud. 1, 1961), 22–28 – K. J. BENZ, Regensburg in den geistigen Strömungen des 10. und 11. Jh. (Zwei Jahrtausende Regensburg, hg. D. ALBRECHT, 1979), 75–95 – MGH LM NS 3, 1986, 32r, 229 [ebd., E. FREISE, 96, J. WOLLASCH, 16–20] – J. ZINK, Zur frühma. Baugesch. der ehem. Benediktinerkl. kirche St. Emmeram... (1250 Jahre Kunst und Kultur im Bm. Regensburg, 1989), 100–131.

Randgruppen

I. Westen – II. Byzanz – III. Islam.

I. WESTEN: Der Forsch.sbegriff R. (*marginaux, disvalued people*) umschreibt jene heterogenen Personenkreise, die durch negative kollektive Attributionen einen partiellen oder vollständigen Verlust ihrer Rechte und/oder ihrer Ehre erleiden. Die zur sozialen Randständigkeit führenden individuellen Maßnahmen werden 'Stigmatisierung', der langfristige Prozeß der R.bildung wird 'Marginalisierung' genannt. R. sind begriffl. und sachl. zu unterscheiden von Unterschichten (→Armut, →Bettlerwesen), Kriminellen bzw. Kriminalisierten (→Kriminalität) und (statist. definierten) Minderheiten (vgl. →Klerus). Der Verlust der Wertschätzung wird auf der sprachl. Ebene durch Schimpfnamenbildung und Verbalinjurien ausgedrückt, auf der sozial-interaktiven Ebene durch Zwangszuweisung von Schandfarben (rot, gelb, grün) und Wohnrecht (Gettobildung, Stadtrandlage), auf der bildl. durch stereotype Karikaturen und abstoßende Physiognomien. Die Zuschreibungsfiguren und Opferselektionsmechanismen unterliegen zeitl. und regionalen Schwankungen und sperren sich monokausalen Erklärungsmodellen. Die wichtigsten R. des ma. Reichsgebiets lassen sich unter vier Oberbegriffen zusammenfassen:

[1] *Unehrliche Berufe*: Die »Unehrlichen«, d. h. Ehrlosen, verloren im allg. das aktive und passive Wahlrecht, die Testierhoheit, den Zugang zu Zünften und Gilden (sofern sie nicht wie die Leineweber [s. u.] eigene Zünfte bildeten), das Recht der freien Partner- und Gevatterwahl sowie den ungehinderten Zutritt zu Trinkstuben und Tanzhäusern. Die Spendung der Sakramente wurde ihnen jedoch im allg. nicht versagt. Ein frühes Beispiel der Ehrlossprechung bildet der →Sachsenspiegel (Ldr. I 38, 11), der »kempen unde ir kinder«, d. h. die Lohnkämpfer, die die im Zweikampf (→Gottesurteil) aufgebotenen Parteien vertraten, für »rechtlos« erklärt. Diese Herabstufung ist darauf zurückzuführen, daß der Lohnkampf in der 1. Hälfte des 13. Jh. zum Schaukampf herabsank und die Kirche begann, die Form der gottesgerichtl. Beweiserhebung zu unterbinden (X. 5. 35). Mit dem Begriff 'Spielleute' – ebenfalls bereits durch →Eike v. Repgow genannt – wurden Artisten und Tänzer, fahrende Mimen und Sänger (→Fahrende) sowie Musikanten jegl. Art umschrieben. Die Theologen warfen ihnen vor, »Gut für Ehre« zu nehmen, ihren gottebenbildl. Körper zu entstellen sowie die vagierende Form der Existenz der stabilen vorzuziehen. Im späten MA wurde jedoch zw. ehrl. Hof- und Stadtmusikern und umherziehenden Gelegenheitskünstlern differenziert. In einem ambivalenten R.status lebten auch die Dirnen (→Prostitution) sowie die Henker und ihre Gesellen (→Scharfrichter), die auf der einen Seite hoheitl. anerkannte und sozial abgesicherte Funktionen ausübten, auf der anderen Seite aber durch Berührungsverbote, Niederlassungsvorschriften und Tabuvorstellungen zu sozialen Sündenböcken gestempelt wurden. Ferner waren diejenigen, die Kadaver und Exkremente entsorgen mußten, im Ansehen gemindert: Schinder, Abdecker, Hundeschläger, Gassenfeger und Latrinenreiniger (»Goldgräber«). Wenngleich den Totengräbern mitunter Handel mit Leichenpartikeln oder Trunksucht nachgesagt wurde, fanden spezif. Verfolgungen dieses Metiers erst in der frühen NZ statt. Als vernehl. galten ferner die →Bader und Bademägde (die z. T. in die Nähe der Prostitution gerückt wurden), die →Barbiere und Bartscherer, die vorakadem. →Chirurgen und Heilkünstler sowie die Tierverschneider (»Nonnmacher«, »Sauschneider«). – Seit dem 14. Jh. begannen zahlreiche Zünfte (v. a. in N- und Niederdtl.), die Leineweber auszuschließen, die als dieb. und unrein (Symbiose mit dem →Igel) verspottet wurden. An der Wende zur FrühNZ werden die handwerkl. Ausschlußparagraphen um die Zöllner (Zolloffizianten), (Bach-)Müller und Feldschäfer ergänzt. Die Müller wurden beschuldigt, reines Mehl mit Hilfe eines »Himmels« abzuzweigen. Dies ähnelt den Vorwürfen gegen die (nicht unehrl.) →Schneider, die von den Kunden bezahlten Tuchreste in einer »Hölle« verschwinden zu lassen. – V. a. in Mittel- und O-Dtl. wurden die Spezialberufe der »Wenden«, die Zeidlerei (→Honig) und die Töpferei, ausgegrenzt. Das Wandergewerbe der Kesselflicker (Kessler) sah streng auf seine Ehrlichkeit und wurde nur selten von Ausschlußparagraphen erfaßt. Die Abstoßung in die Unehrlichkeit war hier und dort ein Kampfmittel gewerbl. Gruppen untereinander. Diskriminierte Gruppen konnten ihre Unehrlichkeit verlieren, indem sie sich geeignete Statuten gaben und anerkennen ließen.

[2] *Körperliche Signifikanz*: Alle, die sich durch angeborene Auffälligkeiten oder Behinderungen vom Durchschnittsbild unterschieden, liefen Gefahr, in ihrem Ansehen und ihrem Handlungsspielraum beschränkt zu werden. Nach kirchl. Recht fielen die debilitas corporis und der defectus scientiae unter die →Irregularität (X. 1.9.10; vgl. X. 3.6.1–6). Der Sachsenspiegel spricht den »Blödsinnigen, Zwergen, Lahmen und Aussätzigen« die Erb-, Wehr- und Testierfähigkeit ab, während die →Goldene Bulle Karls IV. den behinderten Kfs.ensohn (»mente captus, fatuus seu alterius famosi et notabilis defectus«) von der Nachfolge ausschließt (C. XXV). – Die Leprakranken wurden aufgrund der Bestimmungen des III. →Laterankonzils (1179) von den Gesunden separiert und in außerstädt. Leprosorien »ausgesetzt« (→Aussatz). Die vagierenden Leprösen waren dagegen auf den Bettel verwiesen und einem frühen Tod ausgeliefert. Seit Beginn des 15. Jh. wurden die geistig Erkrankten in Stadttürme oder »Torenkisten« (Dullhäuser, Hundehäuser etc.) verbracht und dort ohne therapeut. Bemühungen isoliert. Insbes. den »Fallsüchtigen« (Epileptikern, →Epilepsie) standen spezielle Sakramentalien (Exorzismen, Wallfahrten) zur Verfügung. – Zu den angeborenen Signifikanzen zählten auch die roten Haare, die als Zeichen des Teufels gedeutet wurden; Rothaarige galten als boshaft, jähzornig, betrüger. und sittenlos (z. B. bei →Notker Balbulus, Geoffrey →Chaucer, →Hugo Primas).

[3] *Ethnisch-religiöse Gruppen*: Die aus dem Alleinerlösungsanspruch der Kirche resultierenden Feindbilder verbanden sich insbes. im späten MA mit kollektiven Xenophobien und führten dazu, bestimmte Gruppen zu fremden Ethnica und Christenfeinden zu erklären. Der rezidivierende und nur phasenweise gebändigte Judenhaß (→Judenfeindschaft) rief die schlimmsten ma. Exzesse gegen ethn.-religiöse Sondergruppen hervor. – Im 14. Jh. began-

nen zahlreiche Zünfte in den Städten zw. Elbe oder Oder, dem Ethnicon »Wende« (→Elb- und Ostseeslaven) einen pejorativen Beiklang zu verleihen und sich durch »Wenden-« oder »Deutschtumsparagraphen« von denjenigen abzusetzen, die sie als »unerlik, eigen und nicht deutsch« betrachteten. Die Ratsgremien folgten dieser Tendenz und schlossen die »Wenden« vom Bürgerrecht, Haus- und Grunderwerb aus. Im Deutschordensland hielten noch im 15. Jh. die Aggressionen dt. Bürger und Kleriker gegen die »heidn.« Esten an. Die ab 1417 im Reichsgebiet auftretenden →Sinti und Roma wurden etwa ab Mitte des 15. Jh. als »Zigeuner« verspottet und als »Spione der Türken«, Diebe und Mörder gebrandmarkt.

[4] *Dämonisierte Verfolgungsopfer:* Während den durch Berufstätigkeit, Gebrechen oder Herkunft charakterisierten R. ein ambivalenter Sozialstatus gewährt wurde, wurden diejenigen als öffentl. Verbrecher verfolgt und vernichtet, die von inquisitor. Theologen (→Inquisitionsprozeß) als Ketzer (→Häresie), →Hexen und Sodomiter bezeichnet wurden. Nachvollziehbare Gruppenstrukturen besaßen ledigl. die sonderkirchl. Großhäresien, insbes. die →Katharer und →Waldenser. Sie entwickelten Elemente einer Sonderkultur, die sich im Wechsel des Personennamens, der Kleidung, der Nahrung (Vegetarismus) und der Binnenkommunikation ausdrückte. Im 15. Jh. konnten auch die »Sodomiter« (→Homosexualität) in urbanen Zentren wie Venedig, Florenz, Brügge und Köln Ansätze zu gruppenspezif. Verhaltensformen entfalten. Die Vorstellung einer durch Nachtflug, Teufelsbuhlschaft und Hexensabbat konstituierten Sekte der »Hexen« beruht jedoch nur auf theol. inspirierter kollektiver Imaginationen und besitzt keine Basis in den Q. Die Fiktion netzförmig verwobener Gruppen von Ketzern, Hexen und Sodomitern resultiert aus der seit Mitte des 13. Jh. gepflogenen Praxis, den Suspizierten mit Hilfe der →Folter Personennamen von vorgebl. Mitschuldigen abzupressen und auf diese Weise den Aktionsradius der Verfolgung ringförmig auszuweiten. Seit dem 13. Jh. wurden die drei genannten Gruppen zunehmend dämonisiert, nachdem der Scholastiker (→Thomas v. Aquin) die auf →Augustinus basierende Lehrmeinung bekräftigt hatten, daß bestimmte Personen einen ritualisierten Pakt mit dem Teufel bzw. mit den Dämonen einzugehen pflegten, um die Menschheit zu schädigen und zu vernichten. Gregor IX. rief in den Litterae »Vox in Rama« vom 13. 1233 (→Konrad v. Marburg) zur Verfolgung einer »Sekte« von sittenlosen Kröten- und Kateranbetern auf und leistete damit der Identifizierung von Häresie und Idolatrie Vorschub. Gleichzeitig wurde die »Sodomia« von vielen Theologen (→Albertus Magnus, →Wilhelm v. Auvergne) zur Maximalsünde erhoben und mit dem Vorwurf idolatr. Praktiken belastet (→Templer). Die Phantasiekonstruktion der durch sexuelle Vereinigung an den Satan gebundenen »Maleficae« führte ab etwa 1440 zu den ersten mittel- und w.europ. Hexenverfolgungen. Die Ursachen dieser langfristigen, über das MA hinausweisenden Dämonisierungs- und Eliminierungsprozesse sind noch nicht konsensfähig geklärt: Während Kirche und Staat, im Vertrauen auf die Wissenschaftlichkeit der theol. Methode, die Heilsnotwendigkeit der Verfolgung betonten, verlangte die Bevölkerung nach Erklärungsmodellen für ökonom. Depressionen, Naturkatastrophen und persönl. Schicksalsschläge.

B.-U. Hergemöller

Lit.: J. LESTOCQUOY, Inhonesta mercimonia (Mél. L. HALPHEN, 1951), 411–415 – W. DANCKERT, Unehrl. Leute, 1979[2] – F. GRAUS, R. der städt. Ges. im SpätMA, ZHF 8, 1981, 284–347 – Unterwegssein im SpätMA, hg. P. MORAW, ZHF Beih. 1, 1985 – W. HARTUNG, Gesellschaftl. R. im SpätMA (Städt. R. und Minderheiten, hg. B. KIRCHGÄSSNER–F. REUTER, 1986), 49–114 [Stadt in der Gesch. 13] – R. SPRANDEL, Die Bedeutung der Korporationen für die Unterschichten insbes. hans. Seestädte (Fschr. O. PICKL, 1987), 571–578 – F. IRSIGLER–A. LASSOTTA, Bettler und Gaukler, Dirnen und Henker, 1989[2] – J. RICHARDS, Sex, Dissidence and Damnation. Minority Groups in the MA, 1990 – J. NOWOSADTKO, Die Ehre, die Unehre und das Staatsinteresse, Gesch. in Wiss. und Unterricht 6, 1993, 362–381 – R. der spätma. Ges., hg. B.-U. HERGEMÖLLER, 1994[2].

II. BYZANZ: Das Byz. Reich erbte von der städt. Kultur der Antike eine Tradition rechtl. und sozialer Diskriminierung, die sich gegen bestimmte Gruppen innerhalb der Ges. richtete, welche nicht als volle Mitglieder der 'πολιτεία' oder 'res publica' betrachtet wurden: Barbaren, Bauern (ἄγροικοι/rustici); unfreie, vom pater familias abhängige Leute (→Sklaven; seltener Frauen und Minderjährige) und alle jene, die als 'unehrlich' galten (ἄτιμοι/humiliores), weil sie arm (ἄποροι) und von niedriger Herkunft (δυσγενεῖς) waren oder unehrenhaften Tätigkeiten (Gaukler, →Prostitution, Verbrechen) nachgingen. Die sich über einen langen Zeitraum vollziehende polit. und religiöse Umgestaltung der antiken Welt während des Röm. Reiches führte zu einer wachsenden Diskriminierung jener, die den Ks. oder seinen Schutzgott (seit dem 4. Jh. den Gott der Christen) beleidigten. Durch den Aufstieg des Christentums zur beherrschenden Religion des Byz. Reiches wurden innerhalb der Untertanenschaft ganze Gruppen marginalisiert (Heiden, Häretiker, Juden), ebenso Einzelpersonen (Blasphemiker, Homosexuelle, Exkommunizierte), v.a., seitdem die Annäherung an die atl. Vorstellung vom 'auserwählten Volkes' (»Mosaisches Gesetz«, →Dekalog) die chr. Untertanen des Ks.s von den unreinen Heiden, die nicht dem göttl. Recht folgten, scharf abgrenzte.

Eine Definition, die in den R. des Byz. Reiches die aus der Ges. Ausgeschlossenen als Opfer einer Synthese ererbter Wertvorstellungen sieht, kann nicht völlig befriedigen. Es bestanden klare Widersprüche zw. dem kulturellen Exklusivitätsgedanken und dem sozialen Elitarismus sowohl der klass.-antiken als auch der jüd. Tradition einerseits und dem vom Christentum propagierten Universalismus und Egalitarismus andererseits. Das Christentum verkündete sogar die Umkehrung der klass. Werte, indem es den →Heiligen, der alle ehrenhaften Standesattribute (Reichtum, Bildung, Ehe, Leben in der städt. Gesellschaft) abwarf, als Ideal hinstellte; im Zuge der Verbreitung dieses Demutsgedankens (→Demut) wurden die →Mönche zu einer hochgeachteten R. Die klass. Wertvorstellung wurde durch den Verfall der Strukturen der antiken Stadt zugunsten des ksl. Hofes untergraben, der den Aufstieg von barbar. Soldaten und →Eunuchen, die an sich den Status von Sklaven hatten, begünstigte.

Es zeigte sich eine starke Tendenz, verschiedene Arten der Diskriminierung miteinander zu verbinden. Dieses Bestreben sollte sich schließlich durchsetzen und fand kohärenten und normativen Ausdruck in der Gesetzgebung →Justinians I., der bewußt die autokrat. und theol.-dogmat. begründete Verfolgung religiöser und sexueller Abweichler mit der »klass.« Ablehnung der Bäuerlichkeit und des Barbarismus verknüpfte. Die polit. und ideolog. Wandlungen des 7. und 8. Jh. verschärften diesen Prozeß. Die Einführung eines breiten Spektrums demütigender körperl. →Strafen für eine Anzahl von öffentl. Vergehen brandmarkte einen wesentl. Teil der Ges. als sündige und straffällige Geschöpfe. Im Byz. Reich, das seit dem 9. Jh. die Werte der röm. Vergangenheit neu zur Geltung brach te, nahm die Marginalität die Dimension strenger geogr. Abgrenzung an. In →Konstantinopel, wo die exklusive Ges. des ksl. Palastes und des Patriarchats im Mittelpunkt standen, befanden sich auch die karitativen Gründungen für die Schwachen und Hilflosen (→Hospital, II) und die Säulenhallen, in denen sich Bettler, Prostituierte und Kriminelle drängten. Aussätzige (→Aussatz) und Juden hatten ihre ausgegrenzten Wohngebiete in der n. Vorstadt →Galata. Das ländl. Hinterland der Stadt und die entfernteren Provinzen waren bewohnt von einer bäuerl. Bevölkerung. In der Nähe der Grenzen (→Byz. Reich, A) zählten zur Provinzbevölkerung ethn. und religiös abgesonderte Gruppen: Armenier, Slaven, →Paulikianer, →Bogomilen. Bis zum 12. Jh. zeigt sich ein großer Unterschied zw. den Verhaltensmaßstäben der Einwohner Konstantinopels, deren Kennzeichen literar. Bildung, Glaube und Beachtung religiöser Gewohnheiten waren, und denen der Bewohner in den »Randprovinzen«, wo Häresien, Reste des Heidentums und mangelnde Beachtung der Gesetze in Erscheinung traten. Wurden die Grundlagen dieses Schemas auch durch die Katastrophe von 1204 zerstört, so erhielt sich die Verbindung des Begriffs der Orthodoxie mit zivilisiertem Verhalten schlechthin in der rhetor. Anklage, mit der ma. und moderne Griechen Unreinheit und Fremdartigkeit brandmarkten. P. Magdalino

Lit.: D. J. CONSTANTELOS, Byz. Philanthropy and Social Welfare, 1968 – P. CHARANIS, Stud. on the Demography of the Byzantine Empire, 1972 – E. PATLAGEAN, Pauvreté économique et pauvreté sociale à Byzance, 4ᵉ–7ᵉ s., 1977 – J. F. HALDON, Byzantium in the Seventh Century, 1990 – P. MAGDALINO, Tradition and Transformation in Medieval Byzantium, 1991 – DERS., Constantinople and the ἔξω χώραι in the Time of Balsamon (Byzantium in the 12th Century. Canon Law, State and Society, hg. N. OIKONOMIDÈS, 1991), 179–198 – Of Strangers and Foreigners (Late Antiquity – MA), hg. L. MAYALI–M. M. MART, 1993 [M. TH. FÖGEN, G. LANATA, P. MAGDALINO, P. ODORICO].

III. ISLAM: Das frühosman. Fsm. wurde von Nomaden und Glaubenskämpfern (→ġāzī) getragen. Neben wenigen Rechts- und Religionsgelehrten (ᶜulemā) repräsentierten →Derwische den Islam; allerdings waren viele von ihnen in den Augen sunnit. ᶜulemā heterodox. Mitglieder der ansässigen Bevölkerung konnten sich den Eroberern anschließen. Islamisierung durch Derwische, die auch synkretist. Kulte akzeptierten, konnte sowohl in Anatolien als auch auf dem Balkan öfter beobachtet werden. In dieser Gesellschaft von Grenzbewohnern waren anscheinend Maßnahmen zum Ausschluß bestimmter Gruppen noch wenig ausgeprägt. Mechanismen, die die staatstragende Gruppe deutl. von den Untertanen abheben sollten, sind erst seit dem 15. Jh. quellenmäßig zu belegen. So stellte sich nach jeder neuen Eroberung die Frage, was mit den Trägern der polit. Macht des alten Regimes zu geschehen habe. Den bewaffneten Gefolgsleuten ostanatol. Fs.en (nöker) gelang es nur selten, ein 'Militärlehen' (zımār) zu erhalten und damit in die osman. Oberschicht aufzusteigen; meist dürften sie in den Stand der Untertanen zurückgefallen sein. Auch auf dem Balkan wurde der Ausschluß ehemaliger Eliten öfter praktiziert. Allerdings gelang es im Albanien des 15. Jh. Mitgliedern der einheim. Aristokratie, sich sogar noch vor der Islamisierung ZIMĀRe zuweisen zu lassen.

Die Grenze zw. Mitgliedern des osman. Militärs und der osman. Verwaltung (ᶜaskerī) und den Untertanen, gleich welcher Religion (→reᶜāyā), war häufig Gegenstand von Auseinandersetzungen. Da es seit der Mitte des 15. Jh., vereinzelt auch schon früher, Steuerregister gab, in denen die Untertanen namentl. verzeichnet waren, konnten meist nur diejenigen, die nicht in den Registern nachzuweisen waren, die Behauptung wagen, sie seien 'niemandes raᶜiyyez' (Sing. von reᶜāyā). Das traf häufiger auf Derwische zu, die sich in einer 'Grauzone' zw. ᶜaskerī und reᶜāyā bewegten. Auch Krieger, die ihrer Herkunft nach reᶜāyā waren, aber zum Lohn für ihre Dienste ein Zımār erhalten hatten, verloren im 16. Jh. bisweilen ihre Position mit der Begründung, sie seien Söhne von Untertanen. Andere Möglichkeiten des gesellschaftl. Ausschlusses ergaben sich aus der Religion. Die osman. staatstragende Schicht bestand mit geringen Ausnahmen aus Muslimen. Christen und Juden wurden toleriert, sollten sich aber durch Kleidung, Schmuck der Häuser usw. deutl. von den Muslimen abheben. Keine Toleranz gab es jedoch gegenüber den Anhängern der synkretist. Religion der →Qïzïlbaš, die sich seit dem frühen 16. Jh. zunehmend als Parteigänger des Safawidenschahs v. Iran definierten. Nach dem Beginn der Kriege zw. Osmanen und Safawiden wurden viele von ihnen als Ketzer und Abtrünnige umgebracht. In der städt. Gesellschaft gab es die Hierarchie ehrenhafter und unehrenhafter Berufe, die z. T. auf von den →futuwwara bestimmten Vorstellungen basierte. Berufe, die mit der Tötung von Tieren zusammenhingen oder als 'schmutzig' galten, waren schlecht angesehen, aber Vorbehalte bestanden auch solchen Gewerben gegenüber, zu deren Ausübung der Umgang mit Edelmetallen Vorraussetzung war. Von seiten der städt. Bevölkerung gab es Vorbehalte gegenüber Bauern und Nomaden. Daß die anatol. Nomaden nach der Herausbildung eines straff zentralisierten Sultanats (seit 1453) von der Teilhabe an der osman. Staatsmacht ausgeschlossen waren, erklärt ihre Parteinahme für den Safawidenstaat. S. Faroqhi

Lit.: S. VRYONIS, The Decline of Medieval Hellenism in Asia Minor, 1971 – H. INALCIK, The Ottoman Empire, The Classical Age, 1973 – S. FAROQHI, Towns and Townsmen of Ottoman Anatolia, 1984.

Randminiatur. Unter dem Begriff R. sind alle jene Illustrationsformen zu subsumieren, die sich außerhalb der kanon. Hauptillustrationen entwickelt haben. Außerhalb sowohl rein formal, da sie sich im Rahmenwerk einnisten bzw. die leeren Pergamentränder besetzen; außerhalb aber auch was ihre Inhalte betrifft, da sie sich nicht zwingend in einen etablierten ikonograph. Zusammenhang mit Hauptminiatur und Text einzufügen haben, ja vielfach auf einen solchen Zusammenhang verzichten. Erste Ansätze zu dieser Illustrationsform finden sich in der karol. Buchmalerei, z. B. wenn auf die architekton. Rahmungen der Kanontafeln Jagdszenen placiert werden (Epernay, Bibl. mun., Ms. 1) oder in die Zwickelfelder von Bild- und Textrahmungen kleine christolog. Szenen eingefügt sind (Paris, BN, Lat. 8850). Ein zweiter Entwicklungsschub ist in der roman. Buchmalerei zu beobachten; hier beherbergen vorzugsweise in die Rahmenleisten eingesetzte Medaillons die zusätzl. Motive und Szenen (Evangeliar v. Avesnes, Soc. Arch.). Ihren Höhepunkt erlebt die R. zweifellos im 14. Jh.; hervorragende Beispiele, unter vielen, der Queen Mary Psalter (London, Brit. Lib., Royal MS 2 B. VII) mit seinem hunderte von Illustrationen zählenden R.-Zyklus, oder der St. Omer Psalter (London, Brit. Lib., Add. MS 39810), dessen exuberante Rahmenkompositionen eine Überfülle von Darstellungen bieten. Im 15. Jh. ist die R. fester Bestandteil des Buchschmucks. Sie entfaltet sich in den Bas de page Feldern ebenso wie in Bild- und Textspiegel umschließenden Medaillonfolgen oder architekton. Rahmenkonstruktionen, und, zuletzt, in weiten Landschaftspanoramen, vor die Textspiegel oder Hauptminiatur appliziert sind (anschaulichste Beispiele in der fläm. Buchmalerei). D. Thoss

Lit.: Zusammenhängende Studien zur R. existieren ledigl. im Spezialbereich der →Drolerie – F. WINKLER, Die fläm. Buchmalerei, 1925, Tafel 59, 77 – E. G. MILLAR, La Miniature anglaise, 1928, pl. 19, 34–36 – J. PORCHER, La Miniature frç., 1960, pl. XXXIV – F. MÜTHERICH-J. E. GAEHDE, Karol. Buchmalerei, 1976, Abb. 6, 7, 13.

Ranen (Ruani, Rugini), slav. Bewohner der Insel →Rügen, vielleicht schon um 700 →Beda bekannt, erschienen 955 als Verbündete Ottos d. Gr. in der Schlacht an der Recknitz (→Raxa). Während des 10.–12. Jh. besiedelten R. wahrscheinl. auch das mecklenburg. Festland bis Recknitz und Trebel. Nach dem Zerfall des Lutizenbundes (→Lutizen) wurden die R. Ende des 11. Jh. zum wichtigsten polit. Machtfaktor im ostseeslav. Raum. →Adam v. Bremen berichtet von ihrer Grausamkeit; um 1110 griffen sie →Alt-Lübeck, um 1127 →Stettin an, und oft unternahmen sie Raubzüge nach Dänemark. Sie wurden von einheim. Fs.en beherrscht (→Jaromar I.), doch ihr polit. Zentrum war die Kultstätte →Arkona, deren Zerstörung durch den dän. Kg. Waldemar I. 1168 das Ende ihrer Selbständigkeit und die Entstehung des von Dänemark abhängigen Fsm.s Rügen einleitete. L. Leciejewicz

Lit.: K. WACHOWSKI, Słowiańszczyzna Zachodnia, 1950[2] – W. BRÜSKE, Unters. zur Gesch. des Lutizenbundes, 1955 – HERRMANN, Siedlung – CHR. LÜBKE, Reg. zur Gesch. der Slaven an Elbe und Oder, 1984–88 – HERRMANN, Slawen, 1985[2].

Ränge, Ranglisten, Rangabzeichen → Taktika

Rangerius, Bf. v. Lucca (letztes Jahrzehnt des 11. Jh.–1112). Seine Biographie ist noch immer völlig ungesichert: Kontrovers ist seine Herkunft (Lucca, Lombardei, Frankreich?), ob er in Reims unter der Leitung von →Bruno dem Kartäuser (9. B.) studiert hat und ob er vor seiner Bf.swahl Mönch gewesen ist. Das Datum seiner Erhebung zum Bf. v. Lucca schwankt zw. 1087 und 1096. Als treuer Anhänger der gregorian. Reform verfaßte er zw. 1096 und 1099 die »Vita metrica s. Anselmi Lucensis episcopi«. Abgesehen von dem Q. wert für die Biographie des hl. Bf.s →Anselm v. Lucca hat die jüngste Forschung v. a. die große lit. Bedeutung der Vita und ihr wichtiges Zeugnis für das religiöse und kulturelle Klima der Zeit herausgestellt. R. befürwortete die Teilnahme Luccas am ersten →Kreuzzug; im →Investiturstreit unterstützte er entschieden die antiksl. Partei. 1110, knapp vor der Übereinkunft zw. Papst Paschalis II. und Ks. Heinrich V., die im folgenden Jahr zustande kam, verfaßte er in Versen den →Mathilde v. Tuszien gewidmeten »Liber de anulo et baculo«, in dem er die Gründe aufführte, weshalb die Kirche zu keiner Übereinkunft mit dem Ksm. kommen dürfe. M. Luzzati

Ed. und Lit.: MGH SS. XXX, 1155–1307 – MGH LL II, 508–533 – M. NOBILI, Il »Liber de anulo et baculo« del vescovo di Lucca R. io… (Sant' Anselmo vescovo di Lucca…, hg. C. VIOLANTE, 1992), 157–206 – G. SEVERINO, La Vita metrica di Anselmo da Lucca scritta da R.rio, ebd., 223–271.

Ranieri Sacconi → Sacconi, Ranieri

Ransano, Pietro OP, humanist. Historiker, seit 1476 Bf. v. →Lucera, * 1428 in Palermo, † 1492 in Lucera. Seit Ende der 40er Jahre des 15. Jh. arbeitete er an einer christl.-humanist. orientierten Weltgesch. (»Annales omnium temporum«). 1488–90 lebte er in Ofen, wo er die Gesch. Ungarns (»Epithoma rerum Hungararum«) schrieb. Er verfaßte das Heiligsprechungsprotokoll von Vinzenz →Ferrer, schrieb die Viten der hl. Barbara und des Antonius Lombardus, eine Gesch. von Palermo und hielt Leichenreden für Francesco Toletano, Maffeo Vegio und Kg. Matthias Corvinus v. Ungarn. Der Großteil seiner Werke blieb Manuskript. P. Kulcsár

Ed.: Oratio in funere F. Toletani, 1479 – Vita S. Vincentii, AASS Apr. I, 482–512 – Epithoma, hg. P. KULCSÁR 1977 – Lit.: F. A. TERMINI, P. R. umanista palermitano del sec. XV, 1915 – A. BARILLARO, P. R. vescovo di Lucera, umanista domenicano di Palermo, Memorie Domenichane, NS 8–9, 1977–78.

Rantzau, eines der drei »großen« Geschlechter der Schleswig-Holstein. Ritterschaft (→Holstein). Frühester sicherer Beleg: Johan R., 1226–36. Im 15. Jh. stellten die R.s bereits bedeutende Landesräte wie Claus R. (bezeugt seit 1387) unter →Adolf VIII. und Christian I.; er war auch einer der Wähler von →Ripen (1460). Unter Christian I. war Hans R. Landesrat. – Die große Zeit der verzweigten Adelsfamilie, deren Hauptgrundbesitz im s. Holstein um Breitenburg bei Itzehoe (Errichtung ihres fast fürstengleichen Adelssitzes nach 1526) sowie im SO von →Kiel lag, war das Ende des MA. Unter den Kg.en Friedrich I. (1523–33), Christian III. (1536–59) und Friedrich II. (1559–88) stellte die Familie die wichtigsten Berater in Schleswig-Holstein und →Dänemark, aber auch geistl. Würdenträger (Balthasar R., ca. 1497–1547, 1536–47 Bf. v. Lübeck). Der bedeutendste Feldherr des damaligen Nordeuropa war Johan R. (1492–1565), der in der Grafenfehde (1534–36) das Lübeck Jürgen Wullenwebers und die Anhänger Christians II. in Dänemark besiegte und noch 1559 →Dithmarschen eroberte, seit 1521 (Reichstag v. Worms) Anhänger Luthers war und als Diplomat 1544 (Frieden v. Speyer) bei Karl V. die Anerkennung Christians III. als Kg. durchsetzte, aus Protest gegen die Landesteilung Schleswig-Holsteins (1544) aber vom Amt des kgl. Statthalters zurücktrat. Sein Sohn Heinrich R. (1526–98), ebenfalls Statthalter, ist als bedeutender Humanist bekannt. E. Hoffmann

Lit.: Schleswig-Holst. Biogr. Lex. IV, 1976, 191–192; V, 1979, 217–225; VII, 1985, 177–178 – G. WAITZ, Lübeck unter Jürgen Wullenwever und die europ. Politik, 3 Bde, 1855/56 – H. RATJEN, Johan R. und Heinrich R., 1862 – L. E. v. STEMANN, Die Familie R., ZSHG 2, 1870, 148f. – H. H. HENNINGS, Die Wähler von Ripen (»Dat se bliven tosamende…« (Fschr. Ripen, 1960), 65ff., 87f., 100.

Ranulf (s. a. Ranulph)
1. **R. de Blundeville** → Blundeville, Ranulph de
2. **R. Flambard**, † 1128, Sohn von Thurstin, einem Priester in der Diöz. v. Bayeux, wuchs im kgl. Dienst in England auf und wurde – wie ein Zeitgenosse bezeichnete – »der wichtigste Vollstrecker des kgl. Willens« unter Wilhelm II. Rufus. Nach →Ordericus Vitalis soll Robert d. Dispenser den Spitznamen »Flambard« ('Fackel', 'brennendes Holz') in bezug auf R.s Diensteifer geprägt haben. R.s Aufstieg begann unter Wilhelm I.; 1085 wurde er gemeinsam mit dem Kanzler Maurice Bewahrer des kgl. Siegels. Nach dem →Domesday Book besaß er 1086 Landbesitz mit Einnahmen von ca. £ 30 pro Jahr. Unter Wilhelm Rufus war er die zentrale Figur für die Leitung der finanziellen und gerichtl. Belange des Kg.s, obwohl ihn die kgl. Urkk. immer nur als Kaplan des Kg.s bezeichnen. Den Chronisten der Kl. war er bes. wegen seiner Verwaltung kirchl. Ländereien bei Vakanzen bekannt. 1099 wurde R. für seine Dienste mit der Ernennung zum Bf. v. →Durham belohnt. Nach dem Tod des Kg.s 1100 folgte R.s Gefangennahme. Doch konnte er fliehen und unterstützte →Robert Courteheuse gegen Heinrich I. Nach der Invasion Roberts wurde R. in sein Bm. wieder eingesetzt,

ohne aber seine frühere Stellung in der kgl. Gunst zurückzugewinnen. J. Hudson
Lit.: F. BARLOW, William Rufus, 1983.

3. R. Higden → Higden, Ranulf

Raoul (s. a. Radulf, Rodulf)
1. R., *Hzg. v.* →*Lothringen* seit 1329, * 1319, ✕ 26. Aug. 1346 bei →Crécy, Sohn des Hzg.s. Ferri IV. (→Friedrich V.) und der Elisabeth (Isabelle) v. Österreich, erhielt den Namen seines Großvaters →Rudolf v. Habsburg. Nach dem Tode des Vaters (1329) stand R. unter der Vormundschaft seiner Mutter, 1331–35 unter derjenigen des Gf.en v. →Bar und wurde 1329 mit dessen Tochter Eleonore (Aliénor, † bereits 1333) verheiratet. Durch das Haus Bar kam R. in Verbindung mit der Partei des Kg.s v. Frankreich und heiratete 1334 Marie v. Blois, Nichte Philipps VI. v. Valois. R. nahm oft an frz. Feldzügen teil und fiel bei Crécy. Während seiner kurzen Aufenthalte im Hzm. Lothringen entfaltete R. starke Aktivitäten der administrativen Neuordnung: Er ließ die Institutionen seiner Residenzstadt →Nancy reorganisieren (Einrichtung des Wechselgerichts, Unabhängigkeit der 'tabelliones', der Notare), Gründung der Kollegiatkirche St-Georges (künftige hzgl. →Grablege, Kanoniker im Dienst der Hzg.e), Zentralisierung der Zünfte (*confréries de métiers*) des Hzm.s, Förderung der Handels- und Gewerbetätigkeit sowie der städt. Entwicklung von Nancy und Lunéville. M. Parisse
Lit.: H. LEVALLOIS, Cat. des actes du duc R. et Introduction [Ms. BM Nancy 1185] – G. POULL, La maison ducale de Lorraine, 1968 – J.-L. FRAY, Nancy-le-Duc, 1986, 95–113.

2. R. de Ferrières, frz. »Trouvère«, von BRAKELMANN mit dem gleichnamigen norm. Adligen gleichgesetzt, der in einer Urk. aus Eure (arr. Evreux) d. J. 1209 begegnet. Gesichert sind von ihm acht Liebeslieder, alle mit Notation erhalten (RAYNAUD-SPANKE: 243, 673, 818, 1412, 1460, 1535, 1670 und 1956); unsicher ist die Zuschreibung von drei weiteren Dichtungen; das bekannteste Stück von diesen »Quant li rossignols jolis« (auch dem Kastellan v. →Coucy zugeschrieben) wurde von →Johannes de Grocheo als Beispiel für den cantus coronatus genannt. L. Rossi
Ed.: Les chansons de Messire R. de F., éd. G. TRÉBUTIEN, 1847 – J. BRAKELMANN, Les plus anciens chansonniers frc., II, 1896, 44–57 – Poètes et romanciers du MA, éd. A. PAUPHILET, 1952, 923–924 – *Lit.*: DLFMA², 1235 – NEW GROVE, 586ff. – F. GENNRICH, Lat. Kontrafakta afrz. Lieder, ZRPh, 1930, 240–472 – R. DRAGONETTI, La technique poétique des trouvères dans la chanson courtoise, 1960, 686.

3. R. de Houdenc (Hodenc), frz. Dichter der ersten Jahrzehnte des 13. Jh., vielleicht ein Neffe des →Petrus Cantor. Sein Artusroman »Méraugis de Portlesguez« (5938 Vv., von den Zeitgenossen den Werken des →Chrétien de Troyes für ebenbürtig erachtet) erzählt die zahlreichen, z. T. in das Reich des Wunderbaren gehörenden Abenteuer von zwei Freunden, die beide dieselbe Dame lieben. Die für das lit. Genus typ. Episoden (Minnehof, Kämpfe etc.) sind in geschickter Weise miteinander verknüpft. Der »Songe d'Enfer« (678 Vv.) beschreibt die Traumvision einer Reise in die Hölle, ein zu jener Zeit sehr beliebtes Thema (→Jenseitsdichtung). In der Form einer Allegorie, die viele Personifikationen enthält, stellt der Autor in lit. kunstvoller Weise Elemente der christl. Lehre dar. Didakt. Zwecke – diesmal auf die höf. Lebensart bezogen – erfüllt auch die allegor. »Roman des Eles« (660 Vv.). Mittels des Bildes der beiden »Flügel« »largesse« und »courtoisie« und ihrer jeweils sieben Federn, die die entsprechenden Tugenden und Pflichten versinnbildlichen, werden die wesentl. Kennzeichen des höf. Rittertums beschrieben. Die Zuschreibung der »Vengeance Raguidel« und »Voie de paradis« an R. läßt sich nicht aufrechterhalten, seine Verfasserschaft des »Dit«, in dem das Motiv der antibürgerl. Satire aufgenommen ist, scheint nunmehr jedoch gesichert. G. E. Sansone
Ed. und Lit.: DLFMA², 1235ff. – *Méraugis de P.*: ed. M. FRIEDWAGNER 1897 – *Songe d'Enfer*: ed. A. SCHELER (Trouvères belges, 1879 [Neudr. 1977]); ed. M. T. MIHM, 1984 – *Roman des Eles*: ed. A. SCHELER, 1876 [Neudr. 1977]; ed. K. BUSBY, 1983 – A. MICHA, Romania 68, 1944–45, 316–360 – L. THORPE, MLR 47, 1952, 512–515 – V. KUNDERT-FORRER, R. de H., ein frz. Erzähler des XIII. Jh., 1960 – A. FOURRIER (Mél. M. DELBOUILLE, II, 1964), 165–193 – J. V. ALTER, Les origines de la satire anti-bourgeoise en France, 1966 – D. D. R. OWEN, The Vision of Hell, 1970 – R. M. SPENSLEY, FrSt 27, 1973, 129–133 – K. BUSBY (The Spirit of the Court, 1985), 79–89.

4. R. le Petit versieht 40 Zeichnungen zum »Fauvain« (→Fauvel) der Hs. Paris, BN fr. 571 (Valenciennes, 1326), mit Verserklärungen. M.-R. Jung
Lit.: DLFMA, 1992², 1239.

5. R. v. Presles → Presles

6. R. de Soissons, Trouvère, jüngerer Sohn des Gf.en v. Soissons, Raoul III. de →Nesle, * um 1215, † nach Sept. 1277, kurz nach der Rückkehr aus dem Kreuzzug Ludwigs d. Hl. R. nahm 1239, 1250 und 1270 an den Kreuzzügen teil und hielt sich lange im Orient auf, wo er – allerdings vergebl. – u. a. durch Heirat mit Alix de Champagne († 1246), Witwe Hugos v. Lusignan, ein eigenes Territorium zu erwerben trachtete. R. ist einer der wichtigsten Exponenten der Adelslyrik des 13. Jh. und steht in Verbindung mit →Thibaut de Champagne und später, nach der Jahrhundertmitte, mit →Charles d'Anjou. Er ist ein rein höf. Dichter und orientiert sich an den großen Autoren vom Ende des 12. Jh., v. a. an →Gace Brulé. Seine formal und melodisch eleganten Chansons erfuhren verschiedene Kontrafakturen. St. Asperti
Ed. und Lit.: DLFMA², 1242ff. – R. W. LINKER, A Bibliogr. of Old French Lyrics, 1979, n. 215 – Die Lieder Raoulz v. S., hg. E. WINKLER, 1914 – H. PETERSEN BYGGVE, Personnages hist. figurant dans la poésie lyrique frç. des XII et XIII s., XXV. Charles, comte d'Anjou, NM 1, 1949, 144–174 – M. VENTURI, Ancora un caso d'intertestualità fra trovieri e trovatori, MR 13, 1988, 321–329.

Raoul de Cambrai, Chanson de geste, nur in einer Hs. und einigen kurzen Fragmenten überliefert, gehört themat. zum Zyklus der »barons révoltés«. Sie gilt als eines der älteren Epen des Zyklus (wohl Ende 12. Jh.) und wird zu Recht zu den gelungensten gezählt. Erzählt wird eine durch den Sohn Karls d. Gr., Kg. Ludwig, verursachte Fehde R.s gegen die Vermandois, die, immer weitere Kreise ziehend, erst mit R.s Tod endet. Nach mühevoller Aussöhnung vereinen sich beide Familien gegen den Kg., bevor der Zwist erneut aufflammt. Die Einheit von R. de C. ist in der Forschung umstritten. In der erhaltenen Form umfaßt der Text 8726 in Laissen strukturierte Vv. Bis zu V. 5555 sind die Laissen gereimt, danach assoniert. Der zweite Teil des Epos tendiert deutl. zum Roman hin, während die gereimte Partie den krieger. Konflikt in den Vordergrund stellt. Der Text kann jedoch nie dort geendet haben, wo heute die gereimten Laissen abbrechen, da zuviele Handlungsstränge an diesem Punkt noch lose sind. Dasselbe geht auch aus einem Fragment hervor, das in gereimten Laissen eine verwandte Version einer Episode aus dem zweiten Teil erzählt. Es ist also wahrscheinlich, daß sehr früh schon einer der Handlungsstränge auf »romanhafte« Weise zu Ende geführt wurde. Vereinzelt wird auch eine, ähnlich wie z. B. bei »Jourdain de Blaye«, von vornherein bimetr. Redaktion angesetzt. Unabhängig von der

»Zweiteilung«, die R. heute aufweist, ist die Entstehung des Epos in der Forschung ungeklärt. Der bisweilen angenommenen Rückführung des R. de C. auf eine ältere Version aus dem 10. Jh., die verwandte Ereignisse, welche die Flodoard-Chronik festhält, zum Gegenstand hatte, ist entgegenzuhalten, daß die auf ähnl. Vorkommnisse anspielenden Dokumente in der Regel bei weitem nicht ins 10. Jh. zurückreichen. R. Trachsler

Ed.: P. Meyer–A. Longnon, 1882 – A. Bayot, Fragm.s de mss. trouvés aux Arch. gén. du Royaume, Rev. bibl. archives Belg. IV, 1906, 412–429 – *Übers.*: R. Berger–F. Suard, 1986 – *Lit.*: DFLMA², 1232–1234 – O. Jodogne (La technique litt. des chansons de geste, 1959), 37–58 – W. Calin, The Old French Epic of Revolt, 1962 – P. Matarasso, Recherches hist. et litt. sur R., 1962 – D. Missone, Eilbert de Florennes, 1967 – E. Baumgartner (Mél. R. Louis, 2, 1982), 1011–1019 – F. Denis, Barons et chevaliers dans R., 1989.

Rapallo, oberit. Stadt an der Ostküste →Liguriens, war seit dem 6. Jh. einer der vier Pfarrsprengel, die dem von den Langobarden nach Genua geflüchteten Ebf. v. Mailand übertragen worden waren. R. ging danach in die Kontrolle der Avvocati und der →Consorteria der Lavagna über, die das Mailänder Kirchengut feudalisierten, konstituierte sich dann als Kommune und kam gegen 1230 unter die Herrschaft von Genua. Ende des 13. Jh. wurde es von den →Doria kontrolliert. 1286 zog sich der Capitano del popolo Oberto →Doria nach seiner Abdankung nach R. zurück. Seit dem 14. Jh. Sitz einer Podestarie, wurde R. in die Kämpfe der →Fieschi und anderer Herren der ö. Riviera gegen die popolaren Dogen verwickelt, die an der Spitze der Republik Genua standen. Der Golf von R. war häufig Schauplatz von Seeschlachten. 1495 besiegte dort die genues. Flotte die Franzosen, nachdem R. erobert und geplündert worden war. G. Petti Balbi

Lit.: A. Ferretto, R. Spigolature storiche, 1889 – G. Petti Balbi, I conti e la contea di Lavagna, 1984 – R. Pavoni, Liguria medievale, 1992.

Raphael. 1. R. →Engel

2. R. de Pornassio OP, Theologe, * 1398 in Pornassio (Ligurien), † 26. Febr. 1467 in Genua, las die Sentenzen in Bologna (dort seit 1425 Mag.), dozierte am Ordensstudium in Genua und Mailand (bis 1434). Von seinen Schrr. sind 41 Traktate erhalten (meist nur hs.), davon einige, die Wirtschafts- und Handelsfragen behandeln. Von beträchtl. Bedeutung mit Nachwirkung bis ins 16. Jh. sind der »Liber de potestate concilii« (1434) und zwei wenig später erschienene Responsiones. Alle drei Schrr. sind an Kard. Johannes Casanova OP adressiert und gegen das Konzil v. →Basel gerichtet. Sie begründen die absolute Immunität des Papstes, selbst im Häresiefall, dabei werden wichtige Ansätze und Unterscheidungen zur Unfehlbarkeitslehre aufgezeigt. Der Liber und die 1. Responsio wurden von Julianus Tallada OP zum »Tractatus de potestate papae et concilii generalis« umgearbeitet (später fälschl. →Johannes de Turrecremata zugeschrieben; Friedrich). U. Horst

Lit.: J. Friedrich, De potestate papae et concilii generalis tractatus notabilis, 1871 – R. Creytens, APraed 49, 1979, 145–192; 50, 1980, 117–166 – U. Horst, Autorität und Immunität des Papstes, 1991.

Rappen, oberrhein., einseitig geprägte Silbermünze ad viereckigem (»vierzipfeligem«) Schrötling (→Brakteat), urkundl. erstmals 1302 in Straßburg erwähnt, seit 1322 kommen R. »Friburger Müntz« vor. Der Ursprung des Namens ist auf Rabe (Adlerkopf auf Freiburger Pfennigen), kaum auf Schwarz (Rappe) zurückzuführen. Von Freiburg aus wurde der R. auch in Breisach und Colmar aufgenommen. Der R. wurde 1403 zur Grundlage des →R.münzbundes und seit 1425 von runden Schrötlingen mit einfachen herald. Darstellungen (Basel: Baselstab, Freiburg: Adlerkopf, Colmar: Morgenstern, Breisach: Sechsberg) im Perlkreis ausgebracht. Als Doppelpfennig galt der R. zwei →Stäbler, um 1399 wog er 0,35 g; in der Schweiz als Münzbezeichnung bis in die Gegenwart erhalten. P. Berghaus

Lit.: E. Schröder, Der R., Bll. für Münzfreunde 1903, 2884ff. – F. v. Schroetter, Wb. der Münzkunde, 1930, 546f. – F. Wielandt, Der Breisgauer Pfennig und seine Münzstätten, 1951, 41f. – F. Burckhardt, Münznamen und Münzsorten, Schweizer Münzbll., 1955, 61.

Rappenmünzbund, oberrhein. →Münzverein, im Ansatz schon 1311 (Hzg. e v. Österreich und Basel) sichtbar; 1387 Münzvertrag unter 28 Teilnehmern im Elsaß, in der Schweiz und den oberrhein. Städten im Breisgau sowie in den Nachbarlandschaften; 1403 R. mit verminderter Teilnehmerzahl: Österr. Landvogtei im Elsaß, Breisgau und Sundgau, Basel, Freiburg, Colmar und Breisach. Grundlage des R.es waren der →Stäbler und dessen Doppelstück, der →Rappen. 1 Pfd. Stäbler (240 Stäbler oder 120 Rappen) sollten einem rhein. →Gulden entsprechen. Als Münzbild wurden die entsprechenden Wappen festgesetzt. In einem Vertrag v. 1425 wurde als Groschenmünze der Plappert zu 6 Rappen eingeführt, 1498 das Programm durch Dickplapperte (Ortsgulden), Groschen zu 2 Plapperten, Doppelvierer zu 4 Rappen und Vierer zu 2 Rappen erweitert. 1533 wurde der →Batzen zur Hauptwährungsmünze erhoben. 1584 versammelten sich die Vertreter der Mitglieder des R.es letztmalig. P. Berghaus

Lit.: J. Cahn, Der R., 1901 – F. v. Schroetter, Wb. der Münzkunde, 1930, 547f.

Rapperswil, freiherrl., ab 1233 gfl. Geschlecht, benannt nach der sich um die Burg in Altendorf (Alt-R.), ab Mitte 13. Jh. in R. konzentrierenden Herrschaft R., wobei die neuere Forsch. nicht mehr eine kontinuierl. agnat. oder wenigstens kognat. Dynastie konstruiert: im frühen 13. Jh. machten Vertreter des sich in Graubünden v. Vaz nennenden Geschlechts, später stärker der Freiherren v. Wädenswil Ansprüche geltend. Seit dem 11. Jh. Kastvögte des Kl. →Einsiedeln, im 13. Jh. Reichsvögte in →Uri; Lehensgüter v. a. am oberen Zürichsee, im Zürcher Oberland und im Glattal, dagegen kaum Allodialbesitz. Enge Beziehungen bestanden zum stauf. Ks.haus. Heinrich II. v. R. stiftete um 1227 die Zisterze Wettingen, während die Kl. Bollingen und Wurmsbach (gegr. 1252 bzw. 1259) auf verschiedene Träger des Namens Rudolf zurückgehen. Der massive Zugriff der österr. Landesherrschaft beschleunigte den bereits um 1260 einsetzenden wirtschaftl. und polit. Niedergang. F. Hälg-Steffen

Lit.: G. Boner, Zur Genealogie der Einsiedler Kastvögte, der Herren und Gf.en v. R., im 13. Jh. (Fschr. G. Boesch, 1980), 57–84 – R. Sablonier, Die Herrschaft der Gf.en v. R.: Alte Kontroversen und neue Perspektiven, Der Gesch.sfreund 147, 1994.

Rappoltstein (Ribeaupierre), edelfreie Familie, Burg bei der Stadt Rappoltsweiler (Ribeauville), n. von Colmar im →Elsaß. Das Geschlecht R. wird im 11. Jh. mit Reinbold († 1038) faßbar. Nach dem Aussterben des ersten Hauses R. in männl. Linie um 1156 gelangte der aus Schwaben stammende Egenolf v. Urslingen vermutl. durch Heirat in den Besitz der Herrschaft R., wobei mit ksl. Unterstützung zu rechnen ist. Egenolf wurde der Stammvater des zweiten Geschlechts R., das 1673 ausstarb. Besitzschwerpunkte der kleinen, um Colmar gruppierten Herrschaft waren neben Rappoltsweiler noch Gemar und Hohenack. Im 15. Jh. werden die Herren v. R. zugleich als Reichsstände und als Landsassen der in habsbg. Hand befindl. Landgft. Oberelsaß angesprochen. K.-H. Spieß

Lit.: R.isches UB, hg. K. Albrecht, 5 Bde, 1891–98 – L. Sittler, Un seigneur alsacien de la fin du MA: Maximin ou Smassmann Ier de Ribeaupierre 1398–1451, 1933 – B. JORDAN, La noblesse d'Alsace entre la gloire et la vertu. Les sires de Ribeaupierre 1451–1585, 1991.

Rapularius, anonyme lat. Dichtung (221 reimlose Distichen) wohl des frühen 13. Jh. vermutl. aus Süddtl. Die Geschichte von der Riesenrübe, die von zwei ungleichen Brüdern der arme dem Kg. schenkt, wofür er überreich belohnt wird, und die vergebl. Rache des durch eigene Habsucht um seinen Reichtum gekommenen Bruders bilden den Hauptinhalt einer den Elegienkomödien nahestehenden Verserzählung, die mit dem Schwank von einem geprellten Scholaren endet. Die Einheit der verschiedenen Elemente wird durch die Kunst des sehr gewandten Erzählens und der souveränen poet. Form gewonnen. In die Darstellung mischen sich parodist.-satir. Züge, moralisch belehrende Partien sind dezent eingefügt (= R. I.). Erste Erwähnung bei Hugo v. Trimberg um 1280. – In einer die ältere Dichtung benutzenden ungeschickten Bearbeitung vermutl. des früheren 14.Jh. sind Anmut und Witz der Darstellung wie auch Gewandtheit und Leichtigkeit der Sprache verlorengegangen, das Lehrhafte wird schulmeisterlich betont (= R. II). – Zum Märchen umgeformt in den Kinder- und Hausmärchen der Brüder Grimm (Die Rübe). B. Gansweidt

Ed.: K. LANGOSCH, Asinarius und R. (Sammlung mlat. Texte 10), 1929 – P. GATTI (F. BERTINI, Commedie lat. del XII e XIII sec., V, 1986), 13–79 – *Lit.:* Verf.-Lex.² VII, 1000–1002.

Ras, Stadt in Serbien (heute Novi Pazar). Als Hauptstadt des serb. Staates metonym. verwendet für das gesamte Reich der Nemanjiden (Dante, Div. Comm., Par. XIX, 140f.: »il regno di Rassa«). Prokopios erwähnt im 6. Jh. die Erneuerung der röm. Festung Arsa. Bei Konstantin Porphyrogennetos ist Rasa im 9. Jh. als Grenzgebiet zw. Serbien und Bulgarien genannt, bevor es bis 1018 unter bulg. Herrschaft stand. Nach der byz. Unterwerfung durch Basileios II. gehörte R. zur kirchl. Jurisdiktion von Ohrid. In der zweiten Hälfte des 12. Jh. gelangte R. dauerhaft unter serb. Herrschaft. Das Bm. R., seit 1219 dem serb. autokephalen Ebm. unterstellt, wurde Mitte des 14. Jh. zur Metropolie. Die Mitte des 15. Jh. von den Türken eroberte Stadt ist bereits im *defter* von 1468 unter dem Namen *Novi Pazar* verzeichnet. J. Kalić

Lit.: J. KALIĆ, Das Bm. R., Fontes slavici (Fschr. S. HAFNER, 1986), 173–178 – DIES., Prokopijeva Arsa, ZRVI 27–28, 1989, 9–17.

Ras(c)hi (Abk. für RAbi SCHelomo ben Isaak), berühmter jüd. Gelehrter, geb. 1040, gest. 1105. [1] *Leben und Werk:* Nach Studien bei Jakob b. Jakar und Isaak b. Juda in Mainz sowie Isaak b. Eleazar ha-Levi in Worms kehrte er 25jährig in seine Geburtsstadt Troyes zurück und gründete dort 1070 eine Jeschiva (Hohe Schule), deren Ansehen nur von seinen Werken übertroffen wurde. R. ist der prominenteste Kommentator des babylon. →Talmud, der sich vom 10. Jh. an in Europa durchzusetzen begann, und zählt gleichfalls bis heute zu den anerkanntesten Kommentatoren der Bibel (→Bibel, C). Unter seinen Schülern ragen v. a. R. Meir ben Samuel (um 1060–1135), dessen Söhne Jakob ben Meir (Rabbenu Tam, gest. 1171), erster Verfasser von →Tosafot, den erläuternden Zusätzen zu R.s Talmudkomm., sowie R. Samuel ben →Meir (RaSCHBaM, um 1080–1158) hervor. In seinen liturg. Dichtungen reflektiert er die leidvollen Erfahrungen der Judenverfolgungen des I. →Kreuzzugs (1096), den er als Augenzeuge erlebte, und fleht die →Tora an, sich für die Gequälten vor Gott zu verwenden und den Nachkommen ihr Studium – im Hl. Land – zu ermöglichen. Zu Fragen der →Halacha sowie zu Funktionen, Verbindlichkeit von Vorschriften und Autorität einer Gemeinde nahm er in zahlreichen →Responsen Stellung. Seine schöpfer. Kraft in Exegese und Halacha sowie sein Bemühen um präzise und verständliche Formulierungen sind nicht nur Wegbereiter der frz. und dt. Tosafisten des 12. und 13. Jh., sondern der aschkenas. Kultur.

[2] *Kommentare:* Während R. seine talmud. Q. nicht nennt, ist v. a. sein Pentateuchkomm. von aramäischen Bibelübers.en beeinflußt und nach Möglichkeit vom Peschat bestimmt, einer einfachen und klaren Erklärung des Textes im lit. und hist. Kontext. Sein Bibelkomm. besteht in der Regel in einer kurzen Interpretation der Terminologie, aus →Midraschim und philolog. Erklärungen – mit altfrz. Wortbeispielen – und vielen erklärenden Glossen. Bemerkenswert ist seine Kenntnis chr. Bibelexegese, die ihm in der für ihn ungewohnten lat. Sprache zugänglich war und dem christolog. und christl.-messian. Interpretation er nicht nur allgemein durch Betonung des Literalsinns, sondern expressis verbis in einer »Entgegnung auf die Minim (Christen)« oder durch die Hinzufügung »gemäß dem Wortsinn (des Bibelverses)« widerspricht. R. ist der wichtigste Repräsentant der palästinens.-it.-aschkenas. Bibelinterpretation. Die Akzeptanz, Verbreitung und Bedeutung seiner Komm. zeigen sich nicht nur in deren Druck in allen Standardausgaben der Bibel bzw. des Talmud sowie in über 200 Superkommentaren, sondern auch in ihrem Einfluß auf die christl. Theologie seit dem 12. Jh., z. B. über →Nikolaus v. Lyra bis hin zu Luther. Noch heute gehören die R.-K. zum traditionellen Lehrstoff der talmud. Ausbildung. R. Schmitz

Lit.: S. BAMBERGER, R.s Pentateuchkomm., 1922 [1935²] – H. HAILPERIN, R. and the Christian Scholars, 1963 – E. SHERESHEVSKY, R.'s and Christian Interpretations, JQR 61, 1970/71, 76–86 – M. AVERBUCH, Christl.-jüd. Begegnung im Zeitalter der Frühscholastik, 1980, 30ff., 101–130, 224 – J. GELLES, Peshat and Derash in the Exegesis of R., 1981 – M. R. LEHMANN, The Comm. of R. on the Pentateuch, 1981 – E. SHERESHEVSKY, R., the Man and his World, 1982 – CH. PERAL, R., 1988 – G. SÉD-RAJNA, R., 1040–1990, Congr. européen des Études juives, 1993.

Raseneisenerze. Sie wurden im Laufe der Zeit aus den meist sandigen Deckschichten gelöst und in geringer Tiefe in fast betonartigen Platten verfestigt. Durch ihre schwammige Struktur boten sie große Reduktionsflächen an und eigneten sich bes. für den Rennfeuerofen. Mit der Verringerung der Erzeinfuhr aus dem S wurde in der Röm. Kz.zeit die Erschließung eigener Vorkommen im N intensiviert. Dazu boten sich die R. e an, die in den feuchten Niederungen und ähnlichen Hochflächen der skand. Fjells abgelagert und ausgebeutet wurden. Der zweite Rohstoff Holz war reichl. vorhanden und wurde vor Ort zu Holzkohle gemeilert. Das R. zerkleinerte man grob und röstete es in Gruben mit Holz, wobei Wasser entzogen und die festen Erzstrukturen gelockert wurden. Der Ofen war eine rundl., nicht immer mit Lehm verkleidete Grube (70–80 cm Durchmesser/Tiefe); darüber stand der zylindr. Schacht aus Lehm. Auf dem Boden wurde der Herd, in Goldebeck als Meiler aus Eichenkloben (Holzkohle), aufgesetzt. Durch ein bodennahes Loch und durch Düsen erhielt das Feuer Luft. Auf dem Holz wurden lagenweise Erz und Holzkohle eingebracht. Die Bewetterung erfolgte teils durch den Hangwind (Windöfen), teils durch Blasebalg (Gebläseöfen). Das Erz wurde zähflüssig und tropfte trauben- oder fladenförmig nach unten. Am Boden sammelte es sich in der Ofensau, die wie die Luppen noch viel Silikat enthielt. Sie wurden in Ausheizherden weiter behandelt, bis die fast erzlose Garschlacke entstand (Burgus v. Asperden). Durch langes Ausschmieden trieb man die letzten Silikate aus. Gutes Schmiedeeisen lag nun

vor. Um daraus für Waffen und Schneidwaren besseres Material zu gewinnen, stählte man das →Eisen unter viel Kohlenstoffgaben. Durch den großen Holzverbrauch wurden auf den Kahlschlägen Binnendünen aus dem Sand ausgeblasen, die Ackerflächen und Siedlungen verwüsteten (Hyoldelunt deserta). Die Verhüttung fand in manchen Regionen saisonmäßig im Rahmen der Transhumanz statt (norw. Fjell). Sie lief in der frühen NZ aus, sporad. erst in der Gegenwart.
H. Hinz

Lit.: Hoops VII, 61–66 – H. Hinz, Hyoldelunt deserta, Die Heimat, 1949, 177ff. – Ders., Vorgeschichtl. Eisenschmelzen in Westschleswig, Offa 11, 1952, 32ff. – Ders., Vorgesch. des nordfries. Festlandes, 1954, 37ff. – Ders., Ein Burgus bei Asperden, Krs. Moers, Rhein. Ausgrabungen 3, 1968, 167ff., Taf. 16–23 – H. Hingst, Eisenverhüttung auf dem Kammberg bei Joldelund, Offa 40, 1983, 163ff. – A. Haffner u. a., Frühgeschichtl. Eisengewinnung und Verarbeitung am Kammberg b. Joldelund (Der Vergangenheit auf der Spur, hg. M. Müller-Wille, 1992), 83ff.

Rasieren, in älteren Mönchsordnungen und der →»Regula Benedicti« noch nicht vorgeschrieben, erst zu Beginn des 9. Jh. nach anianischen Bestimmungen üblich. Jüngere Fassungen der cluniazens. Consuetudines legen ungefähr zwanzig Rasurtage im Jahr fest, hingegen überliefert Petrus Venerabilis, daß das 'häufige' R. bes. im Winter als lästig empfunden und die Rasurtermine auf vierzehn reduziert wurden. Die neuen Orden der Zisterzienser und Kartäuser erlaubten das R. nur sechs- bis siebenmal im Jahr. Fratres (Küchendiener) verwahrten die Rasiergeräte, Rasiermesser (rasorium) und Becken (scutella), und brachten das warme Wasser in den Kreuzgang, wo gemeinsam rasiert wurde. Alle Brüder mußten des R.s kundig sein. Häufig schloß man an die Rasur Haarschneiden und Kopfwaschen an. Im Anschluß an die liturg. Ordnung waren Rasur und Baden eine vorfesttägl. Reinigung. Die Rasiergeräte wurden wie bei Bf. Wolfger v. Erla 1203/04 mitgeführt, im SpätMA suchte man →Barbiere auf. Nach Paolo Santonino 1485–87 war das Aufsuchen eines Bartscherers einmal wöchentl. üblich. Die oftmals schmerzhafte Prozedur des R.s wurde gegen Ende des 15. Jh. durch die Verwendung von 'balbierer kugelin' gelindert. Die Güte der Rasiermesser wurde im letzten Drittel des 15. Jh. durch Markenzeichen (Stern, Eichel, Schragen, Grabschrift) unterschieden. Eine der Karten des sog. Hofämterspiels, um 1450, zeigt einen Barbier beim R. (Wien, Kunsthist. Mus.).
H. Kühnel

Lit.: G. Zimmermann, Ordensleben und Lebensstandard, 1973, 125ff. – H. Hundsbichler, Reise, Gastlichkeit und Nahrung im Spiegel der Reisetagebücher des Paolo Santonino [Diss. Wien 1979], 82f. – H. Kühnel, »Mit Seife mißt man die Kultur...«, AK 73, 1991, 75f. – Ders., Die Sachkultur bürgerl. und patriz. Nürnberger Haushalte des SpätMA und der frühen NZ (Haushalt und Familie in MA und früher NZ, hg. T. Ehlert, 1991), 26.

Raška (Raszien, Rascia, Rassia), hist. Landschaft, seit Ende des 12. Jh. Bezeichnung für den serb. Staat. Der Name stammt vom Bm. Rassa mit dem Zentrum →Ras, wo die Großzupane v. →Serbien ihre Residenz hatten. Zur Zeit Nemanjas war bei der Petruskirche in Ras der 'Stuhl' (stono mesto) der serb. Herrscher. Dies bewirkte zunächst die Übertragung des Namens Rassia (Rascia) auf den ö. Teil Serbiens (ö. des Flusses Drina), später auf den serb. Staat und seine Bewohner (Rasciani, ung. *Ráczok* bis in die NZ). Durch dalmat. und ung. Vermittlung drang die Bezeichnung 'R.' in fast alle lat. Q. ein, blieb aber den byz. prakt. unbekannt, während sie in serb. Q. bis Mitte des 13. Jh. im Herrschertitel und als Name des Bm.s und des Gaues (župa) verwendet wurde. In lat. Urkk. des 15. Jh. erscheint R. wieder im Titel 'despotus Raszie'. Als kulturelles Zentrum wurde R. namengebend für die kunstgesch. Epoche der →'Schule v. Raška'.
S. Ćirković

Lit.: Jireček I – Đ. Sp. Radojičić, Srpsko Zagorje, das spätere Rascien, SOF 16, 1957, 259–284 – M. Dinić, O nazivima srednjovekovne srpske države – Sklavonija, Srbija, R., Prilozi KJIF 32, 1966, 26–34 [= Srpske zemlje u srednjem veku, 1978, 33–43] – J. Kalić, Naziv »R.« u starijoj srpskoj istoriji (IX–XII vek), Zbornik Filozofskog fakulteta u Beogradu 14/1, 1979, 79–92 – Dies., La région de Ras à l'époque byz., Byzantina Sorbonensia 7, 1988, 127–140.

Raška, Schule v., Kunststil in →Serbien von der 2. Hälfte des 12. Jh. bis zum Ende des 13. Jh., in Architektur und Skulptur z. T. bis zur Mitte des 14. Jh., mit Wurzeln sowohl in Byzanz als auch im Westen. Die ersten, von →Stefan Nemanja gestifteten Denkmäler sind einschiffige Kirchen mit einer Mittelkuppel, wobei die Nikolauskirche in Kuršumlija (1168) in Gesamtstruktur, Formen und Mauertechnik der Architektur Konstantinopels am nächsten steht. Die Kirche Djurdjevi stupovi in →Ras (1171), von im W ausgebildeten Baumeistern errichtet und räuml. gleich gestaltet, entlehnt die glatten Fassaden mit flachen Pilastern und Arkadenfries wie auch die beiden Glockentürme im W der Romanik. In Studenica (vor 1169; Grabkirche für Stefan Nemanja) sind Komposition, Raumstruktur und Kuppeln byz., Marmorfassaden, Skulptur- und Reliefschmuck an Portalen, Fenstern und Konsolen des Arkadenfrieses roman. Die Hauptportale im W und das Triforium an der Apsis stehen der apul. Romanik stilist. am nächsten. Das Bauprogramm der Schule v. R. erreichte in Žiča (1207-19) seine Vollendung und wurde in späteren Denkmälern variiert: Mileševa (um 1235), Morača (1252), Sopoćani (1265), Gradac (vor 1276; mit got. Einflüssen), Arilje (1296). Stark beeinflußt von der Romanik wurden Sopoćani, verstärkt Banjska (1313-15) und am ausgeprägtesten Dečani (1327-35) als dreischiffige Basilika gestaltet. Skulptur und Steindekoration, im 13. Jh. eher bescheiden, zeigen in Banjska, in Dečani und in der Erzengelkirche in Prizren (Mitte 14. Jh.) repräsentative Formen. In der Wandmalerei erscheinen einzelne Hl. e, große Feste und liturg. Szenen im Altarraum und – als Besonderheit der Schule v. R. – zahlreiche hist. Porträts. Stilist. bewegt sich die Malerei von der Hofkunst unter den Komnenen bis zum plast. Stil des 13. Jh. (höchste Entfaltung: Sopoćani). Die wenigen erhaltenen Ikonen befinden sich im Kl. →Hilandar. Miniaturen aus den Zentralgebieten Serbiens (Vukan-Evangeliar und Belgrader *parimije*) sind von der Malerei der Schule v. R., solche aus westl. Gebieten (Miroslav-Evangelium; einige Hss. in Hilandar) von der Romanik beeinflußt.
V. Korać

Lit.: G. Millet, L'ancien art serbe, 1919 – A. Deroko, Monumentalna i dekorativna arhitektura u srednjevekovnoj Srbiji, 1962² – S. Radojčić, Staro srpsko slikarstvo, 1966 – C. Mango, Architettura biz., 1974 – V. J. Djurić, Byz. Fresken in Jugoslawien, 1976 – R. Krautheimer, Early Christian und Byz. Architecture, 1989⁴.

Rasophat, Rasophoros, im oriental. Mönchtum die Anfangsstufe des monast. Lebens. Die Bezeichnung ist vom Kleid (ράσος) der Anfänger (Mantel mit weiten Ärmeln und zylinderförmiger Hut) genommen. Das R. wurde erst im MA als Vorstufe der höheren Grade ausgebildet. Eine eigene Weihe sollte den Rasophoros von Anfang an fest an die Mönchsgemeinde binden. Das R. schließt kein Gelübde ein, und der Rasophoros ist deshalb noch kein Vollmönch. Die genaue jurist. Natur des Rasophates ist umstritten.
K. S. Frank

Lit.: DIP VII, 1212f. – P. de Meester, De monachico statu iuxta disciplinam byzantinam, 1942.

Rasso, Gf., der Überlieferung nach früher Repräsentant des Geschlechts der Gf.en v. →Dießen und →Andechs. Die Wallfahrtskirche und das Kl. Grafrath (= »Gf. Rasso«) an der Amper (w. Oberbayern, Krs. Fürstenfeldbruck) sind heute noch sichtbare Denkmäler jenes Gf.en, der diese Kirche im 10. Jh. begründet haben soll (erstmals bezeugt in einer Dießener Urk. von 1132). Nach spätma. Überlieferung (13. Jh.?) starb er 954. Seit altersher als Sel. und Hl. verehrt (Wallfahrten), wurden seine Gebeine am 3. Juli 1468 feierl. in ein Hochgrab in der Kirchenmitte erhoben (Grabplatte erhalten), beim Bau der neuen Kirche (ab 1685) in einen kostbaren Schrein auf dem Hochaltar überführt. – Die neueste Geschichtsforsch. will im sel. R. nur noch eine legendäre Gestalt der spätma. Dießener Klostergeschichtsschreibung erblicken und ihn von einem Gf. R., der im beginnenden 11. Jh. in den Freisinger Traditionen (→Freising) genannt ist, unterscheiden. Die Zuordnung zu dem später nach Dießen und Andechs sich nennenden Gf.engeschlecht ist zwar urkundl. nicht beweisbar, doch sehr wahrscheinlich. P. Fried

Lit.: E. Frhr. v. Oefele, Gesch. der Gf.en v. Andechs, 1877 – Genealog. Hb., hg. O. Dungern, 1931, 10ff. [K. Trotter] – Erinnerung an die Jahrtausendfeier des Todes des hl. R. v. G., 1954 – A. Schütz, Das Geschlecht der Andechs-Meranier im europ. HochMA (Hzg.e und Hl.e, Kat. Landesausst. Andechs, 1993), 22–187 – Andechs, der hl. Berg, hg. K. Bosl u.a., 1993.

Rasthaken, an der abgeflachten rechten Brustseite von →Stechzeug und →Rennzeug angeschraubter langer Haken als Gegenlager für den am →Rüsthaken aufliegenden Spieß. O. Gamber

Lit.: →Rennzeug.

Rastislav → Rostislav

Rasur. Verschriebene Stellen in →Reinschriften bedurften der Korrektur. Eine Möglichkeit war die R., bei der die fehlerhafte Stelle abgeschabt und dann der richtige Text eingefügt wurde (→Palimpsest). Die R. bot damit aber auch ein Mittel zur →Fälschung: nicht gewünschte Bestimmungen konnten entfernt und durch angestrebte oder bereits erlangte, aber nicht belegbare Rechte ersetzt bzw. ergänzt werden. Da R.en auffällige Spuren hinterlassen, richtete bereits die ma. Urkk.kritik ihr Augenmerk auf sie. In →Beglaubigungen wurde oft betont, daß die Vorlage keine R.en aufwies. →Papsturkk. untersuchte der custos cancellarie noch in der päpstl. →Kanzlei auf unerlaubte R.en. Notariatsinstrumente enthalten, wenn rasiert werden mußte, häufig am Ende eine genaue Angabe, welcher Teil auf R. steht, um so die Echtheit dieser Stelle zu beweisen. J. Spiegel

Lit.: Bresslau I, 292, 343; II, 547 – MGH DD F. I., passim, bes. Nrr. 850, 855, 963, 984 – O. Redlich (W. Erben, Ks.- und Kg.surkk., 1907), 36 [allg. Einl.] – B. Bischoff, Paläographie, 1986, 33 – R. M. Herkenrath, Reichskanzlei, 1985, 273 – Th. Frenz, Papsturkk., 1986, § 129.

Rat
I. Fürstlicher Rat – II. Städtischer Rat.

I. Fürstlicher Rat: Aus den vielfältigen Formen des Ratens und Beratens sowie der Beglaubigungs- und Konsensbildung, die das in der Doppelformel »R. und Hilfe« (→consilium et auxilium) bzw. »Schutz und Schirm« ausgedrückte Gegenseitigkeitsverhältnis zw. Herrn und Holden seit jeher evoziert hatte, erwuchs nicht nur durch einen einmaligen organisator. Akt, sondern in einem das gesamte SpätMA durchziehenden und in den Territorien zeitl. und sachl. unterschiedl. verlaufenen Prozeß allmähl. die Figur des landesfsl. R.s. Am R. des Kg.s orientiert, erlangte dieser R. als »Werkstatt« der höf. Regierung (O. Hintze) und Integrationsfaktor der Landesherrschaft herausragende Bedeutung und wurde zum Zentrum der frühnz. zentralen Hof- und Landesverwaltung.

Aus dem weitgedehnten Kreis derjenigen, die vom Landesherrn aufgrund eines vasallit., dienstrechtl. oder grundherrl. begründeten Treueverhältnisses zur Bezeugung einer beurkundeten Maßnahme berufen wurden oder sich im Falle der necessitas mit der Erteilung ihres R.s selbst zu Hilfe verpflichteten, wurden vereinzelt am Ende des 12. Jh., allg. dann im 13. Jh. einige als consules, consiliarii, *rat* bezeichnet. Ausgangs des 13. Jh. stand der im »Großen« oder »gemeinen« R. versammelten »maiores et meliores terrae«, ohne deren Zustimmung der Landesfs. dem Reichsweistum v. 1231 zufolge keine Neuerungen einführen sollte, ein bes. R. der »geschworenen«, ggf. »heimlichen« (secretarii) R.e des Fs.en gegenüber. In deren Ernennung drückte sich nicht eine Amtseigenschaft, sondern eine besondere persönl. Beziehung zum Herrn aus, ohne daß die Zugehörigkeit zu dessen →familia unabdingbar gewesen wäre. Sie konnte einen lediglich ehrenden oder einen polit.-diplomat. Charakter ohne eigtl. Beratungsfunktion tragen, wenn sie analog zu militär. Hilfsverträgen als persönl. Verpflichtungs- und Befriedungsmittel eingesetzt wurde. Hieraus erwuchs der Kreis der vom Landesfs. nur im Bedarfsfall herangezogenen »R.e von Haus aus«. Befördert durch die Ausweitung der landesherrl. Funktionsbereiche und die Residenzbildung verfügte fast jeder Landesfs. spätestens in der Mitte des 14. Jh. über permanent an seinem Hof weilende »tägl.« R.e. Bei einer von der Regierungsdauer des Landesfs.en sowie der Größe und Beschaffenheit des Territoriums abhängigen, im Verlauf des SpätMA von etwa zwei Dutzend auf über 100 ansteigenden Gesamtzahl von R.en bestimmte in der Regel ein kleiner Kreis von 4–6 tägl. R.en das höf. Geschehen und die landesfsl. Politik.

Die Etablierung des R.s und die damit verbundene Entstehung eines zentralen Ämterwesens bis hin zur Ausformung behördenartiger Strukturen vollzogen sich in engem Zusammenhang mit dem mit Ende des 14. Jh. zuletzt auf den R. gerichteten Streben der Landstände (→Stände) nach Teilhabe am Regiment. In einem territorial unterschiedl. Maße vermochten die Stände oder – in geistl. Fsm.ern – die Domkapitel die Freiheit des Landesfs.en, seine R.e zu berufen, einzuschränken, aber nur ausnahmsweise gelang es ihnen, ihre Mitherrschaft zur verbindl. Konsultation eines förml. von ihnen dominierten R.s zu steigern. In ihrem persönl. Regiment beeinträchtigte Fs.en suchten sich durch die Bevorzugung »engerer« R.e in der Kammer abzuschichten. Der R.stitel war weder Voraussetzung noch Gewähr dafür, zur Beratung hinzugezogen zu werden. Auf dieser Grundlage war der Wirkungskreis der R.e respektive des R.s analog zu demjenigen des Landesfs.en selbst prinzipiell unbeschränkt. Er umfaßte insbes. die Bereiche der Landesregierung (Mitwirkung an Hof-, Landes- und Polizeiordnungen sowie anderen »Gesetzen«, höf. Erledigung von Petentenanliegen), der polit.-diplomat. Beratungs- und Verhandlungstätigkeit (»innere« und »äußere« Politik, Diplomatie und Gesandtschaftswesen), des landesherrl.-höf. Gerichtswesens (Hofgericht, Rechtspflege, Schieds- und Vertragswesen) und der Aufsicht über das regionale Ämter- und Finanzwesen (Landesverwaltung, Rechnungsprüfung der Viztume, Keller, Amtleute etc.). Im Falle der Abwesenheit des Fs.en, einer landesfsl. Vakanz, bei Landesteilungen u.ä. wurden Statthalterschaften aus 4–10 Hofr.en und Ständevertretern gebildet. Die rechtl. Abhängigkeit und Weisungsgebundenheit jedes einzelnen der R.e wurde vielfach dadurch gesteigert, daß die auf die Lebenszeit des Fs.en erstreckte, häufiger aber auf ein oder mehrere Jahre befristete Bestallung gleichzeitig zum R. und Diener erfolgte und durch Diensteide beschworen wurde. Seitdem man diese schriftl. festzuhalten begann, gewann man einen besseren Überblick über die verpflichteten R.e sowie deren Verpflegung und Versorgung durch Jahrgelder, Lehen, Ämter oder Pfründen. Aber der Grad der Institutionalisierung des R.s blieb im SpätMA gering. Gemeinhin waren dem R. weder eindeutige Aufgaben zugewiesen noch war seine Mitgliederzahl festgelegt, so daß man von ihm weniger im Sinne eines Gremiums als einer Addition von Einzelpersonen sprach. Der Prozeß der Institutionalisierung des R.s als einer kollegialen »Behörde« schritt erst seit der 2. Hälfte des 15. Jh. fort, als man – häufig im Zuge des Erlasses von Hof- und Landesordnungen – die Zahl der z. B. als »geordnete R.e« bezeichneten R.e und ihre Ernennung zu normieren sowie ihre Zuständigkeit gegenüber anderen Ämtern abzugrenzen und die bis dahin übliche Mehrfachloyalität der R.e einzuschränken suchte. Als Gremium gewann der R. zeitl. – meist tägl. – und örtl. Versammlungskontinuität und -frequenz. Aus der bis dahin allenfalls auf Spezialinteressen der einzelnen R.e beruhenden inneren Differenzierung erwuchsen die Anfänge einer geregelten Ressortbildung. Gleichzeitig traten durch die vermehrte Rezeption bürgerl. (Kleriker-)Juristen Veränderungen in der sozialen, ständ. und regionalen R.sstruktur ein. Hatte sich der landesfsl. R. von Anfang an aus Angehörigen von Adels- und Ministerialengeschlechtern rekrutiert, unter denen bis in die 2. Hälfte des 15. Jh. vielfach der höhere Adel dominiert hatte, so wurde das Beratungsmonopol des Adels durch Juristen nun bis hin zur Parität adliger und gelehrter R.e aufgebrochen. Gleichzeitig verschärften sich die Auseinandersetzungen um Adel und Indigenat als Voraussetzungen der R.sfähigkeit bzw. Berufung in den R. Der im allg. schlechtere Zugang des niederen Adels zum R. besserte sich nur bei denjenigen, die Ämter in der Finanzverwaltung inne hatten; auch Stadtbürgern eröffneten nun Geld und der Umgang mit Finanzen einen sporad. Zugang. Der Prozeß der »Verbehördlichung« des landesfsl. Hofr.es ist erst in der frühen NZ zum Abschluß gelangt.

II. STÄDTISCHER RAT: Als sich die ma. Stadtgemeinde zur →coniuratio reiterata zu formen begann, traten ungefähr zw. 1090 und 1135 in allen oberit. Städten (und Landgemeinden) →consules auf, die zu Trägern der eigenen kommunalen, die stadtherrl. Organisation unterlaufenden Verbandsgewalt wurden. Hundert Jahre später wird das →Konsulat infolge von Rezeptionsvorgängen, die über die Provence und Burgund in die rhein. →Bf.sstädte verlaufen sein dürften, aber auch aufgrund autochthoner »Parallelentwicklungen aus dem genossenschaftlichen Denken heraus« (ISENMANN) auch in Dtl. greifbar. Im Zuge des durch die Friedlosigkeit während des sog. →Investiturstreits begünstigten, teils mit, teils gegen die Stadtherren vollzogenen und von den vielfach der gehobenen →Ministerialität entstammenden sowie z. T. längst individuell oder als Gruppe privilegierten städt. Führungsgruppen (meliores civitatis, iudices, scabini, Fernhändlergilden) getragenen Prozesses der Gemeindebildung übernahmen diese als iurati oder nominati Leitungsfunktionen innerhalb der coniuratio. Zu deren exekutiver Gewalt, die die pax iurata der Bürgergemeinde (→Bürger, Bürgertum; →Bürgereid) vollzog, und zum polit. Führungsgremium, Zentrum der inneren Verwaltung und der Vertretung gegenüber dem Stadtherrn sowie nach außen, wurde in einem Prozeß der Verschmelzung der älteren »Konsiliarverfassung« mit dem Konsulat seit dem zweiten Jahrzehnt des 13. Jh. der R. Nach z. T. heftigen Auseinandersetzungen durch stadtherrl. oder kgl. →Privileg konzediert, ordnete sich der R. im Verlaufe des SpätMA seine Vorläufer unter und drängte die Einwirkungsrechte des Stadtherrn auf seine eigene Konstituierung, Zusammensetzung und Zuständigkeit und auf die gesamten städt. Belange unterschiedl. weit zurück. Während die meisten →Reichs- und →Freien Städte Wahlrechtsautonomie erlangten und etliche die konkurrierenden stadtherrl. Ämter des →Schultheißen, →Ammanns und→Vogts in den eigenen Pfandbesitz brachten, mußten die Territorialstädte dem Landesherrn mehr oder weniger Mitwirkungs- oder Aufsichtsrechte, meistens das Recht der Wahlbestätigung, einräumen.

Die Funktionen des R.s, an dessen Spitze seit dem 14. Jh. ein oder – in größeren Städten – mehrere →Bürgermeister standen, erstreckten sich auf die Wehr- und Steuerhoheit, die Stadtverwaltung, die äußere Vertretung der Stadt und die städt. Nieder-, vereinzelt auch Hochgerichtsbarkeit, die zentrale Finanzverwaltung, ggf. auf das Münzwesen, die Handels- und Gewerbeaufsicht sowie das Militärwesen und die öffentl. Ordnung. Die amtierenden, aber auch die 'ruhenden' R.sherren trugen die städt. Diplomatie und wurden mit der Leitung ständiger oder temporärer R.sämter, -ausschüsse und -kommissionen betraut. Diesen Ämtern bzw. den Bürgermeistern unterstanden die städt. Diener und Dienstämter, allen voran die R.s-(Stadt-)Kanzlei und die schon früh jurist. gebildeten R.skonsulenten, -syndici und -prokuratoren. Überwiegend wahrte der R. seine einheitl. Gewalt, nur vereinzelt verlor er seine Funktionen an sich verselbständigende Sonderämter, für die er nur noch das »Dach« bildete.

Bei der im autonomen Ermessen des jeweiligen R.s stehenden Festsetzung der Mitgliederzahl orientierte man sich häufig an der »Idealzahl« zwölf oder einer davon abgeleiteten Zahl. Die Verfahren der R.swahl spiegeln Rolle und Bedeutung der verschiedenen polit. und gesellschaftl. Kräfte in der Stadt wider, differierten örtl. und zeitl. und waren nicht selten außerordentl. kompliziert. Bei der gewöhnl. jährl. Erneuerung des R.s sind eine komplette Neuwahl und eine ledigl. partielle Erneuerung sowie lokale Kontrollspezifika zu unterscheiden. Im Verlaufe des 13. Jh. setzte sich fast überall die Kooptation aus den allein ratsfähigen stadtadlig-großbürgerl. Führungsschichten oder kooptationsverwandte, zumindest Wahlmännerverfahren durch. Daß vielfach der alte den neuen R. wählte, hatte in der Praxis denselben Effekt wie der institutionalisierte Wechsel zw. zwei oder drei kompletten R.sbesetzungen im »sitzenden« und »ruhenden« R.

Der sozialen Differenzierung und den Forderungen nach Teilhabe breiterer, wirtschaftl. aufgestiegener, aber wenig »abkömml.« Kreise am Stadtregiment seit dem 14. Jh. trug man nach z. T. mehrfachen gewaltsamen innerstädt. Unruhen (→Bürgerkämpfe) durch die Umorganisation der Geschlechterverfassung in die für die dt. Städtelandschaft typ. patriz.-zünft. Mischformen Rechnung. In der Regel nahm man eine Vergrößerung des R.s oder die ergänzende, mancherorts auch ohne zünft. Einfluß zustande gekommene Konstituierung »Großer«, »Alter« oder »Innerer« R.e vor, die sich in ihrer Stärke zw. 40 und mehreren hundert Mitgliedern vornehml. mit der Kontrolle der Finanzverwaltung befaßten. Die von den →Zünften geprägten R.sverfassungen des SpätMA suchten der offenkundigen Oligarchie der in der Regel grundbesitzenden, vielfach dem landadligen Ideal nachstrebenden Geschlechteraristokratie durch Zunftzwang und direkte Wahlen innerhalb der einzelnen Zunft, durch die

Begrenzung lebenslängl. Amtszeiten, die Einführung von Karenzzeiten und Wiederwahlsperren sowie durch das Verbot gleichzeitiger R.smitgliedschaft mehrerer Verwandter zu begegnen. Seit dem ausgehenden 14. Jh. bildete sich infolge der Oligarchisierung der Zünfte selbst eine neue, rein zünft. oder durch ein Arrangement zw. alten und neuen Führungsschichten geprägte R.sochlokratie heraus. Nachdem die R.smitgliedschaft längst nicht mehr ehrenamtl. war, sondern über partielle Abgabenfreiheit und die Erstattung konkreter Aufwendungen hinaus mit Sporteln, Präsenzgeldern oder Diäten vergütet wurde, leisteten fette Saläre und Deputate im 15. Jh. den Tendenzen zu Vererblichung und Verpfründung der R.sstellen Vorschub. Am Ende des MA hatten sich die ursprgl. genossenschaftl. Elemente der Zunftverfassung weitgehend verloren. Während die R.sverfassung der Territorialstädte der intensivierten Landes- und Stadtherrschaft eingegliedert wurde, richtete sich in den Reichsstädten und Freien Städten eine vielfach auf der Lebenslänglichkeit der Ämter beruhende »obrigkeitliche Ratsherrschaft über der untertänigen, zu Gehorsam verpflichteten Bürgerschaft« ein (ISENMANN). →Conseil.   P.-J. Heinig

Lit.: HRG IV, 156–182 – H. CONRAD, Dt. Rechtsgesch., 1–2, 1962 [neubearb. Aufl.], 309–322, 332–344 [Lit.] – D. WILLOWEIT, Dt. Verf.sgesch. (Jurist. Kurz-Lehrbücher, 1990), 72–79, 80–84 – zu [I]: Der dt. Territorialstaat im 14. Jh., hg. H. PATZE, 2 Bde (VuF 13/14, 1970) – Hist. comparée de l'Administration (IVᵉ–XVIIIᵉ s.), hg. W. PARAVICINI-K. F. WERNER (Beih. der Francia 9, 1980) – G. SCHULTEN, Entstehung und Entwicklung des R.swesens bis zur Behördenreform am Beginn der NZ [Diss. Tübingen 1982] – D. WILLOWEIT, Die Entwicklung und Verwaltung der spätma. Landesherrschaft (Dt. Verwaltungsgesch., I, 1983), 66–142 [Lit.], bes. 109–112 – Die Rolle der Juristen bei der Entstehung des modernen Staates, hg. R. SCHNUR, 1986 – zu [II]: H. RABE, Der R. der niederschwäb. Reichsstädte (Forsch.en zur dt. Rechtsgesch., IV, 1966) – G. DROEGE, Die Stellung der Städte (Dt. Verwaltungsgesch., I, 1983), 177–187 – E. ISENMANN, Die dt. Stadt im SpätMA (1250–1500), 1988, bes. 78–80 [Lit.] – E. PITZ, Europ. Städtewesen und Bürgertum, 1991 – E. ENGEL, Die dt. Stadt des MA, 1993, 55–81.

Rat, philosophisch-theologisch. Aristoteles begründet in der Nikomach. Ethik (III c. 5) R. und Beratung im Zusammenhang mit Vorsatz und Entscheidung als (sittl.) Handlungsprinzip, das im Horizont der Zielorientierung in der Fülle des Kontingenten das Rechte und Zutreffende sucht und findet. Was im R.(schlag) der Vielen in der Polis als Entscheidung gefällt wird, geschieht auch im Fall des einzelnen, der mit sich selber zu R.e geht. Gegen die (platonisierende) Theoretisierung der Praxis begründete Aristoteles das prakt. Wissen (vgl. HWPh VIII, 1992, 29–34). Über →Maximos Homologetes, →Johannes Damaskenos (De fide orth. II c. 22) und→Nemesios v. Emesa (und dessen im MA unter dem Namen des Gregor v. Nyssa bekannten Schrift De natura hominis c. 34) war diese Tradition im MA bekannt, in dem in den lat. Übers.en der »Ethica vetus« (12. Jh.) und »nova« (13. Jh.) diese Texte gelesen, kommentiert und diskutiert wurden (zusammen mit den klass. und arab. Kommentatoren). Vgl. Albertus Magnus, Super Ethica III lect. 5 n. 181–183 (hg. W. KÜBEL, 161–164). Das im Beraten für sich und im R.schlag für andere im voraus Beurteilte ist Sache der Wahl und der Entscheidung. Thomas v. Aquin handelte ebenfalls im Kontext von »electio« (Wahl) und »consensus« (Zustimmung) über »consilium« (S. th. I II q. 14 a. 1–5). Das Handlungsfeld des Menschen ist bestimmt durch das Einzelne, Sich-Verändernde, Zukommende und Zufallende (a. 3), in dem es jetzt (»statim«) zu wählen gilt (a. 5). Der R. ist die Option für das Zuträgliche. Die alte Kontroverse um ein mehr intellektuales oder arbitral. Verständnis des im Willensakt eingründenden R.schlusses forderte Heinrich v. Gent in den Quaest. ord (Summa, art. 45 q. 4, ed. 1520 II f. 19v) heraus. S. a. →Wille.

In der theol. Diskussion wurde der Begriff des R.es durch den spezif. bibl. Gebrauch des Terminus bestimmt: ewigkeitl. Ratschluß Gottes (Eph 1, 11), die →evangel. Räte, die (messian.) Gnadengabe des R.es (Jes 1, 12). Letzterer wurde in der Franziskan.-Theol. auf die Wahl der evangel. Vollkommenheit bezogen (vgl. Bonav. Sent. III d. 35 a. un. q. 4). Robert Kilwardby (Sent. III. 1, q. 41–44, hg. G. LEIBOLD, 156–167) ließ diesen Bezug nicht gelten. Die Geistes- und Gnadengabe des R.es betrifft die schwierige sittl. Handlung des Menschen.   L. Hödl

Lit.: HWPh VIII, 29–37 – O. LOTTIN, Psychologie et morale aux XIᵉ et XIIIᵉ s., I–VI, 1942–60 – W. KLUXEN, Die Philos. Ethik bei Thomas v. Aquin, 1964 – R. MACKEN, FSt 59, 1977, 125–182.

Rat der Zehn → Consiglio dei Dieci

Ratchis, langob. Kg. (744–749). Seine Familie stammte aus Belluno. Er wurde um 738 von Kg. →Liutprand, der R.' Vater Pemmo abgesetzt hatte, zum Hzg. v. Friaul erhoben. 742 folgten R. und sein Bruder→Aistulf Liutprand auf einem Feldzug gegen das Hzm. →Spoleto. 744 setzten die Langobarden den Nachfolger Liutprands, Kg. →Hildeprand, ab und wählten R. zum Kg. Mit R.' Thronerhebung begann eine Phase friedl. Beziehungen mit dem byz. Italien. R. ließ in seiner kurzen Regierungszeit die langob. Gesetze (→Edictus) fortführen und fügte neue Kapitel hinzu, die darauf hinweisen, daß sich die Ordnung sich in einer schwierigen Phase befand. 749 revoltierte die Partei, die einen Krieg mit Byzanz befürwortete, und erhob R.' Bruder Aistulf auf den Thron. Die Annullierung der von R. und seiner Gemahlin Tassia gemachten Schenkungen weisen darauf hin, daß Aistulf die Anhängerschaft seines Bruders schwächen wollte. Nach seiner Absetzung trat R. als Mönch in →Montecassino ein. Nach dem Tod Aistulfs (756) versuchte er, den Thron zurückzugewinnen, wurde jedoch von →Desiderius besiegt. R.' Beiname Hidebohorit ist auf dem von ihm in →Cividale gestifteten Altar erhalten.   S. Gasparri

Q.: Paulus Diaconus, Hist. Langobardorum, VI, 51–56 – Pauli Diaconi Continuatio Lombarda, 216–219 [MGH, SRL] – Ratchisi leges (F. BEYERLE, Leges Langobardorum), 1962 – Lit.: J. JARNUT, Prosopograph. und sozialgesch. Studien zum Langobardenreich in Italien (568–774), 1973 – S. GASPARRI, I duchi longobardi, 1978.

Ratdolt, Erhard, Druckerverleger, * 1447 in Augsburg, † um 1528 ebd., Sohn eines Augsburger Bildschnitzers, reiste nach eigenhändigen Aufzeichnungen 1462 erstmals nach Venedig, wo er sich 1474 für lange Zeit niederließ. Zusammen mit Bernhard Maler und Peter Löslein begründete er 1476 eine Druckerei, deren Produkte sich durch sorgfältige Typographie und qualitätsvollen Buchschmuck (weiße Initialen auf schwarzem Grund, Tiefschnittumrahmungen) auszeichnen. Die Gemeinschaft brachte als erstes lat. und dt. Ausgaben des »Calendarium« von Johannes →Regiomontanus (H 13776 und 13789) heraus und gab damit den Anstoß zu einer Produktion von math., astronom. und liturg. Werken, denen sich R. auch als alleiniger Inhaber der Offizin (seit 1478) weiterhin widmete. Auf Einladung des Bf.s v. Augsburg, Friedrich v. Zollern, kehrte R. 1486 in seine Vaterstadt zurück, wo er sich u. a. auf den Druck von Liturgica spezialisierte. Er experimentierte mit Gold- und Mehrfarbendruck, von der Mannigfaltigkeit seines Letternvorrats gibt ein Musterblatt Kunde.   S. Corsten

Lit.: K. SCHOTTENLOHER, Die liturg. Druckwerke E. R.s aus Augsburg, 1922 – GELDNER I, 150–157; II, 72–80 – J. BELLOT, Die Augsburger Frühdrucker Günther Zainer und E. R., 1979.

Räte, Evangelische → Evangelische Räte

Ratgar (Ratger), 3. Abt v. →Fulda, † 6. Dez. 835, ▭ Propstei Frauenberg (Grab 1525 geschändet), stammte aus ostfrk. Adel; 781 Mönch im Konvent →Baugulfs, 'Architekt' der 791 begonnenen (2.) Kl.kirche und seit dem Frühsommer 802 Abt. Er sorgte für die Ausbildung der Mönche, setzte die Bauarbeiten fort ('R.-Basilika', Propsteikirchen) und bemühte sich um die wirtschaftl. Leistungsfähigkeit Fuldas. Sein Führungsstil, seine Eingriffe in Organisation und Gewohnheiten der Mönchsgemeinschaft und die kräftezehrende Bautätigkeit führten zu einer Reihe folgenschwerer Krisen. Nach nur vorübergehender Beruhigung mit Hilfe Karls d. Gr. und mehrerer Bf. e. (809, 812) beendete Ludwig d. Fromme sie im Sommer 817 mit R.s Absetzung, Verbannung und einer Neuordnung in Fulda. R. wurde auf Bitten seines Nachfolgers →Eigil zurückgerufen und lebte auf dem Frauenberg. Sein eher negatives Bild zeichnen der »Supplex Libellus« (Beschwerdebrief der Fuldaer Mönche, 812/817), die Fuldaer Rezension des »Chronicon Laurissense breve« (815) und die »Vita Aegil« (nach 839); positiv urteilen die »Gesta abbatum« (Anfang 10. Jh.); eine noch im 16. Jh. vorhandene »Vita Ratgarii« ist heute verloren.   M. Sandmann

Lit.: Die Kl.gemeinschaft v. Fulda im früheren MA, hg. K. Schmid, 1–3, 1978 – E. Freise, Die Anfänge der Gesch.sschreibung im Kl. Fulda [Diss. Münster 1979] – H. Hahn, Die drei Vorgängerbauten des Fuldaer Domes, Fuldaer Gesch.sbll. 61, 1985, 180–202 – G. Becht-Jördens, Die Vita Aegil des Brun Candidus als Q. zu Fragen aus der Gesch. Fuldas im Zeitalter der anian. Reform, HJL 42, 1992, 19–48.

Rathaus (frz. *hôtel de ville*, it. *palazzo pubblico*, engl. *town hall*), zentrales, vornehml. der Verwaltung, aber auch dem Handel dienendes Gebäude einer Stadtgemeinde, Sitz- und Versammlungsort des Rates, so schon in der Antike (Bouleuterion oder Prytaneion), sowie Sitz des Stadtgerichtes. Im MA erscheinen wohl erstmals im 12. Jh. R.er als Ausdruck des selbständiger werdenden Bürgertums. R.er finden sich in Nord- und Mittelitalien, den Niederlanden, Belgien, Nordfrankreich und Deutschland, auch in deutschrechtl. geprägten Gebieten; in Südfrankreich, England und Ost- und Südosteuropa fehlen R.er im MA.

Das allgemein als ältestes erhaltenes R. angesprochene roman. Haus am Untermarkt in Gelnhausen um 1180 ist nicht als R. gebaut, sondern als Sitz des kgl. Verwalters (villicus) der 1170 von Ks. Friedrich Barbarossa gegr. Stadt. Die R.er gehen in Anlage und Gliederung auf den feudalen Saalbau (Palas) und auf große Bürgerhäuser zurück.

In Norditalien hatten die Stadtstaaten im 12. und 13. Jh. repräsentative R.er errichtet, die Elemente des Wehrbaus wie Zinnen und Türme aufnahmen. Das älteste erhaltene R., der Palazzo della Ragione in Padua, ab 1172, ist ein einfacher, langgestreckter Saalbau. Zu nennen sind ferner der Palazzo del Popolo in Orvieto ab etwa 1160, der Palazzo della Ragione in Mailand ab 1233. Der Palazzo del Podestà (Bargello) in Florenz war zunächst ab 1255 auch ein Saalbau, der später um einen Hof erweitert wurde. Sein Turmmotiv wird, ins Monumentale gesteigert (94 m hoch), beim zweiten R. in Florenz, dem Palazzo Vecchio (Palazzo della Signoria) ab 1289 übernommen, eine um den Hof errichtete, geschlossene Anlage, außen mit Rustika verkleidet, bekrönt von einem Laufgang mit Zinnen. Einen hohen Turm (1325–48) hat auch eines der originellsten R.er toskan. Gotik, der Palazzo Pubblico in Siena, Sitz der Signoria und des Podestà ab 1310 (Planungsbeginn 1287). Ein bes. prächtiges R. entstand in Venedig mit dem Palazzo Ducale (Dogenpalast), einem Geviert von 75×100 m s. von S. Marco, dessen Südflügel ab 1340 unter Übernahme der 1172/78 errichteten älteren Anlage errichtet wurde; die einheitl. skulpturale und dekorative Gestaltung der Südfront datiert nach 1404.

Das Bauprogramm eines ma. R.es in Deutschland ist vielgestaltig und wird von seinen verschiedenen Aufgaben bestimmt. Das R. (domus consulum, domus civium) hat als wichtigsten Raum im Obergeschoß den Ratssaal, zumeist mit flacher Balkendecke, bei großer Spannweite auch mit Unterzügen, die von Holzsäulen gestützt sind; es gibt aber auch weitere stützenlos überdeckte Säle mit Holztonnen (Lübeck 1298–1308, Lüneburg, Köln 1370, Frankfurt, Nürnberg, München) oder über Pfeilern eingewölbte Säle (Aachen 1300–1345).

Im Verlauf des späteren MA wurden die Ratsstuben mit beschnitzter Holzvertäfelung und prächtigen Kaminen oder reichen Kachelöfen ausgestattet; ihre großen Fenster waren mit Butzenscheiben verschlossen. Im Ratssaal tagte der →Rat. Auch wurden hier, wenn nicht dafür ein zweiter Saal bestand (Rothenburg), die Gerichtsverhandlungen durchgeführt. So haben sich in einigen R.ern neben dem reich beschnitzten Ratsgestühl auch die Gerichtsschranken erhalten (Rothenburg, Lüneburg, Münster). Die häufigen Festessen des Rates fanden ebenfalls hier statt, auch wenn die Stadt ein Festhaus hatte (Gürzenich in Köln, Tanz- oder Hochzeitshäuser in Rothenburg, Dinkelsbühl). Das Niedergericht, hauptsächl. für Marktstreitigkeiten, tagte in der offenen Erdgeschoßhalle oder in einer in Bogen geöffneten Vorhalle (Münster, Dortmund) oder in einer vorgelegten →Laube (Lübeck Mitte 13. Jh.). Dazu gehören Arrestkammern und Wachräume, die im Erd- oder Untergeschoß gelegen sind. Zum Ratssaal im Obergeschoß führt eine Freitreppe an der Längswand oder am Giebel. Erst im späteren MA finden sich auch innere Wendeltreppen (Marburg, Alsfeld), die nach außen als Turm hervortreten. Wichtig ist ein erhöhter Platz, von dem aus der auf dem Markt wartenden Menge die Beschlüsse des Rates verkündet wurden, entweder ein Balkon, ein Podest der Freitreppen oder eine Laube vor der Front (Lübeck, Braunschweig). Die kleinen Räume der Stadtschreiber und die Sektionszimmer (Engen) lagen im Obergeschoß neben dem Ratssaal oder in einem Anbau (Münster, Lübeck). Das Stadtarchiv war in einem gewölbten Anbau feuersicher untergebracht. Ein Dachreiter oder ein auf der Maueroberkante sitzendes Türmchen nahm die Ratsglocke und Uhr auf. R.türme sind in Deutschland selten (Köln 1407–14, Danzig, Thorn, Bunzlau, Breslau, Hirschberg, Görlitz, Regensburg, Straubing, Lauingen, Augsburg). Größere R.er haben eine kleine Kapelle (Breslau), oder eine Apsidiole am Ratssaal kann bei Bedarf zum Raum geöffnet werden (Goslar, Regensburg, Aachen 1414). Das mehr oder weniger in Arkaden geöffnete Erdgeschoß des R.es diente als Kaufhalle, auch durch hölzerne Wände in Krambuden aufgeteilt (Rothenburg, Stralsund, Thorn). Auch saßen hier die Lohnschreiber. Ein wichtiger Teil war die Ratswaage. Kaufhalle und Ratswaage konnten eigene Bauten in der Nähe des R.es erhalten (Freiburg, Halberstadt) oder wie in Lübeck eine Baugruppe, auch zusammen mit dem Tanzhaus, bilden.

Die R.er in Deutschland sind je nach allgemeiner örtl. Bautradition in Werkstein (Köln ab 1200, Münster 1335, Freiburg 1368, Basel um 1510, Lübeck, Bremen 1405–10, Thorn ab 1250) oder in Fachwerk (Duderstadt, Alsfeld 1512, Michelstadt 1484, Wernigerode 1498, Esslingen 1425) errichtet.

Die R.er finden sich entweder traufständig (Braunschweig, Köln, Bremen, Rothenburg) oder giebelständig zum Marktplatz gelegen; die Giebel sind als reiche Ziergiebel (Münster, Wesel, Grimmen, Tangermünde, Königsberg/Neumarkt) ausgebildet. Bei mehrteiligen R.ern fassen Schildwände den Bau zusammen, bes. in den dt. Hansestädten (Lübeck Anfang 14. Jh., Stralsund 1. Hälfte 15. Jh.).

In den Niederlanden und Belgien waren die R.er als langgestreckte Saalbauten ausgebildet, deren Fronten im späten MA reiches Zierrat erhielten (Löwen ab 1448, Brügge 1387 vollendet). Wieweit die Tuchhallen in Flandern (Ypern, Brügge) Vorläufer der R.er waren, ist unklar. Die R.er weisen wie die Tuchhallen vereinzelt mächtige Türme (Belfried) auf (Douai ab 1463). G. Binding

Lit.: F. BLUNTSCHLI–G. LASSIUS, Stadt- und R.häuser (Hdb. d. Arch. IV, 7, 1900²)–O. STIEHL, Das dt. R. im MA, 1905–K. GRUBER, Das dt. R., 1943–H. GEWANDE, Schönes dt. R., 1935, 1954²–J. PAUL, Die ma. Kommunalpaläste in Italien [Diss. Freiburg, 1963]–E. GĄSIOROWSKI, Das Altstädter R. in Thorn, Österr. Zs. für Kunst und Denkmalpflege 22, 1968, 129–139–E. HILBICH, Das Augsburger spätgot. R. und seine Stellung unter den südtl. R.bauten [Diss. München 1974]–H. BASHIR-HECHT, Die Fassade des Dogenpalastes in Venedig [Diss. München, 1977]–P. DEVOS, De Gemeentehuizen van Oost-Vlaanderen, 1982–A. GRÜGER, Das Stralsunder R. im MA [Diss. Greifswald 1984]–Das R. in Duderstadt, hg. H.-H. MÖLLER, 1989–V. FRANZOI, T. PIGNATTI, W. WOLTERS, Il Palazzo Ducale di Venezia, 1990–ST. ALBRECHT, Das Bremer R. im Zeichen städt. Selbstdarstellung vor dem 30jährigen Krieg [Diss. Marburg 1993].

Rather (Ratherius), Bf. v. Verona und Lüttich, Schriftsteller. [1] *Leben:* * um 887 nahe Lüttich, † Namur 974. Aus vornehmer Familie. Oblate, dann Mönch im Kl. Lobbes (Hennegau), ging 926 mit seinem Abt Hilduin nach Italien an den Hof Kg. Hugos, der ihn 931 auf Empfehlung Papst Johannes' XI., wenn auch widerwillig, zum Bf. v. Verona ernannte. Bald geriet R. wegen des Kirchengutes und wegen Parteinahme für Hzg. Arnulf v. Bayern, der 933 Verona besetzt hatte, in Streit mit dem Kg., der ihn 934 in Pavia einkerkerte und 936 nach Como verbannte. Erst 939 frei, verbrachte R. einige Zeit als Wanderlehrer in der Provence und kehrte 944 nach Lobbes zurück. 946 machte ihn Kg. Hugo von neuem zum Bf. v. Verona, wo sich R. aber in Streit mit Adel, Klerus und Kg. Lothar nur zwei Jahre halten konnte. Danach zeitweise in Dtl., bemühte er sich vergebl., sein Bm. wiederzubekommen. 951–952 wieder in Lobbes, berief ihn Kg. Otto I. an seine Hofschule, wo R. Ottos jüngsten Bruder Brun unterrichtete. Zum Dank ernannte ihn der Kg. im Sept. 953 zum Bf. v. Lüttich, wo er aber auf Feindschaft u. a. der Gf.en v. Hennegau stieß und im März 955 resignierte. R. lebte nun erst bei Ebf. Wilhelm v. Mainz, dann als Abt des kleinen Kl. Alna (Aulne) bei Lüttich. Als Otto I. nach Italien zog, setzte er R. 962 wieder als Bf. v. Verona ein, wo dieser erfolglos Verweltlichung und Zuchtlosigkeit des Klerus bekämpfte und sich auch gegen den Gf.en Nanno nicht durchsetzen konnte. Nach einem gegen ihn geführten Prozeß zog sich R. im Herbst 968 in seine Heimat zurück, wo er vergebl. mehrere Kl. zu reformieren suchte. 970–971 nochmals Abt v. Lobbes war, dann die letzten Jahre im Kl. Aulne lebte.

[2] *Werke:* R.s Bedeutung beruht auf seinen zahlreichen, großenteils erhaltenen Werken, die er meist anläßl. bestimmter Ereignisse seines unruhigen und kämpfer. Lebens verfaßt hat. Es sind z. T. sehr persönl. gehaltene, autobiogr. Schriften, in denen R. sein eigenes Handeln und Seelenleben in ernster, grübler. Frömmigkeit analysiert. Darüber hinaus war R. Philologe und Kalligraph, für seine Zeit ungemein belesen in der antiken, patrist. und kirchenrechtl. Lit. Er schrieb einen eigenwilligen glänzen-

den, bisweilen sehr gekünstelten und daher schwer verständl. Stil. Sein Hauptwerk Praeloquia ist eine an die verschiedenen Berufe und Stände gerichtete chr. Morallehre. Der Rechtfertigung und Verteidigung dienen die Abhandlungen Phrenesis, Conclusio deliberativa, Excerptum ex dialogo confessionali, Qualitatis coniectura. Überliefert sind ferner Hl.nviten, Predigten, 33 Briefe, Urkk. und Akten sowie einige kleinere Schriften.

H. M. Schaller

Ed.: Opera, hg. P. BALLERINI–H. BALLERINI, 1765–MPL 136, 143–758 – Hl.nviten, hg. W. LEVISON, MGH SRM 6, 445–461 – Urkk. und Akten, hg. F. WEIGLE, QFIAB 29, 1939, 1–40 – Briefe, ed. F. WEIGLE, MGH DK I, 1949–Sermones, hg. B. R. REECE, 1969–Opera minora, hg. P. L. D. REID, CChrCM 46–Praeloquia, Phrenesis, Dialogus confessionalis, Exhortatio et preces, hg. P. L. D. REID–Pauca de Vita S. Donatiani, hg. F. DOLBEAU–Fragmenta, hg. B. BISCHOFF–Glossae, hg. C. LEONARDI, CChrCM 46A – *Lit.:* MANITIUS II, 34–52 – Verf.-Lex.² VII, 1013–1032 – BRUNHÖLZL II, 355–366, 609f.

Rathramnus → Ratramnus

Ratibor (poln. Racibórz), Stadt in Oberschlesien; Hzm. Die Burg R., zu 1108 erstmals erwähnt, sicherte den Oderübergang (slav. Suburbium Ostrog rechts der Oder) der alten Straße von der Mähr. Pforte nach Krakau und war Zentrum einer →Kastellanei. Nach der Rückkehr der schles. →Piasten 1163 nahm Hzg. →Mieszko I. (4. M.) in R. seinen Sitz (1202 nach →Oppeln verlegt). 1217 bestand links der Oder bereits eine neue Marktsiedlung mit 'hospites', aus der die im üblichen Planschema angelegte dt. Stadt R. hervorging. Der erste Stadtvogt ist 1235 bezeugt, seit 1286 war R. →Oberhof für Orte fläm. Rechts. Die um 1300 ummauerte Stadt war ein bedeutender Handelsplatz mit Salzniederlage (1332) sowie florierendem Tuchmacher-, Gerber- und Brauereigewerbe. Bf. Thomas II. v. Breslau gründete 1288 in der hzgl. Burgkapelle ein Kollegiatstift (1416 in die Liebfrauen-Stadtpfarrkirche [13. Jh.] verlegt). Hzgl. Gründungen sind das Dominikanerkl. (1245) und das fsl. Dominikanerinnenkl. (1299). 1302 kam eine Kommende der Kreuzherren vom Hl. Grab hinzu. Das durch erneute dynast. Teilung 1281 entstandene Hzm. R. fiel 1336 an die Troppauer Přemysliden, 1521 an Hzg. Johann v. Oppeln und nach dessen Tode 1532 an die Habsburger. J. J. Menzel

Lit.: DtStb I, 853–856 – G. HYCKEL, Gesch. der Stadt R., 1956 – Hist. Stätten: Schlesien, 1977, 426–430 – R. Stadt und Land, hg. A. M. KOSLER, 1980.

Ratibor I., Fs. der →Pomoranen, † 7. Mai 1156 (1155?), □ Grobe, ⚭ Pribislawa; Bruder des ersten sicher bezeugten Vertreters des Hzg.sgeschlechtes der →Greifen, →Wartislaw I. († um 1135, erschlagen). 1135 unternahm R. einen Kriegszug nach Norwegen und plünderte hier die Stadt Konghelle. Als im →Wendenkreuzzug 1147 Stettin belagert wurde, traten R. und der Pommernbf. Adalbert den Anführern entgegen. 1148 bekannte R. vor sächs. Fs.en zu Havelberg seinen christl. Glauben und gelobte, für Ausbreitung und Verteidigung des Christentums tätig zu sein. Pommern gelangte in den Einflußbereich der Magdeburger Kirche, die von nun an »Aufbauhilfen« leistete: Das in Stolpe a. d. Peene gegründete Kl. wurde mit Benediktinern aus der Abtei Berge b. Magdeburg besetzt und mit Unterstützung von R. dotiert. Das von ihm und seiner Gemahlin gegründete Prämonstratenserstift Grobe, nahe der Hzg.sresidenz Usedom, wurde als Hauskl. der Greifen reich ausgestattet. Als Nachkommen R.s gelten die Herren v. Schlawe (12./13. Jh.). Möglicherweise gehen die Schenkungen für die Johanniterkomturei in Schlawe schon auf R. zurück. R. Schmidt

Q.: Pomm. UB I, bearb. K. CONRAD, 1970² – *Lit.:* M. WEHRMANN, Geschichte v. Pommern, I, 1919² [Nachdr. 1982] – DERS., Genealogie des pomm. Hzg.shauses, 1937, 35f. – A. HOFMEISTER, Geneal. Unters. zur Gesch. des pomm. Hzg.shauses, 1938 – J. PETERSOHN, Der s. Ostseeraum im kirchl.-polit. Kräftespiel des Reiches, Polens und Dänemarks vom 10. bis 13. Jh., 1979 – PSB XXIX, 1986, 580ff. [J. POWIERSKY].

Rätien → Raetia

Ratio. Die gesamte Bedeutungsvielfalt liegt bei Cicero vor: R. ist Übers. von gr. λόγος in platon. oder stoischer Bedeutung, ist das Göttliche und Beste in der Welt, Göttern und Menschen gemeinsam, sie unterscheidet Menschen von den Tieren. Gemeinsam ist Göttern und Menschen auch die recta r., die als r. recta summi Iovis das wahre Gesetz ist. Seneca schließt sich eng an die Stoa an; Leben gemäß der recta r. ist felicitas (ep. 76, 10). In der Folgezeit beeinflußte auch die Cicero und Seneca bekannte Ideenlehre die Bedeutung von r. Cicero differenziert r. und intellegentia nicht; terminolog. undifferenziert auch Augustinus (De ord. 2, 11, 30): r. ist das diskursive Denken, aber auch die Vernunft, welche im Licht Gottes die Ideen (r.nes rerum) schaut (De div. qu. 83, qu. 46, 2). Mit der Ideenlehre ist die stoische Auffassung von den Keimkräften verbunden (r.nes seminales; r.nes insitae; Gen. ad litt. IV 33). Boethius versteht r. als göttl. Vernunft (cons. philos. 3 m. 9, 1; vgl. ebd. 4 pr. 6, 32); menschl. Erkenntniskräfte sind (ebd. 5 pr. 4, 82–91) sensus, imaginatio, r., intellegentia. Gegenstand der r. ist die den Dingen immanente Wesensform. Zusammen mit der Unterscheidung »rationabiliter, disciplinaliter, intellectualiter« (De trin. 2, 16ff.), was der Einteilung 'r. , intellegentia, intellectus' entspricht, wurde diese Differenzierung in späterer Zeit wichtig. Johannes Eriugena (Peri physeon 4, MPL 122, 754CD): Die Seele ist als ganze intellectus, r., sensus, memoria; in der Hinwendung auf die Naturen und Gründe der geschaffenen Dinge ist sie r. Der Anonymus »De spiritu et anima« (c. 4, MPL 40, 782) unterscheidet sensus, imaginatio, r. (diskursives Denkvermögen; c. 38, ebd., 809), intellectus und intellegentia. Die Komm.e der Schule v. Chartres zu Boethius, De trin. stimmen darin überein, daß die r. Gott nicht erkennen kann (Lectiones 4, 10), daß sie das Universale durch Abstraktion erlangt (Glossa 2, 6), nicht die Wirklichkeit selbst, sondern ein 'Abbild' der Wirklichkeit erfaßt (Lectiones 2, 12) und folgl. opinio ist (ebd. 29; Glossa 2, 28). Nikolaus v. Kues bevorzugt die Einteilung sensus, imaginatio, r., intellectus (De docta ign. 1 nr. 27f.; De coni. 2 nr. 123. 141; vgl. De ven. sap. nr. 123). Der Satz vom ausgeschlossenen Widerspruch gilt nur für die r.; für den intellectus gilt die coincidentia oppositorum (De coni. 1 nr. 53; Apol. h 28, 15). Nach Thomas v. Aquin sind r. und intellectus Bezeichnungen verschiedenartiger Akte: Kennzeichnend für die r. sind inquisitio und discursus (S. th. II–II q. 49 a. 5 ad 3), Zusammensetzen und Trennen im Urteil. Die r. wird auch als intellectus bezeichnet, weil sie an der intellektualen Einfachheit partizipiert (De ver. q. 15 a. 1). R. superior und r. inferior bezeichnen die Hinwendung der Erkenntniskraft zu dem, was in der Seinsordnung der Seele über- oder untergeordnet ist (ebd., a. 2). Thomas übernimmt die Metapher des Isaac Israeli: »r. oritur in umbra intelligentiae« (I Sent. d. 25 q. 1 a. 1 ad 4); so auch Albertus Magnus (Super Dionysium De div. nom. 4 nr. 69 u. a.) und Nikolaus v. Kues (De ber. nr. 31). Verschieden von r. in dieser Bedeutung ist die r. particularis, die zu den inneren Sinnen gehört (S. th. I q. 78 a. 4). Meister Eckhart bezeichnet wie Augustinus, Thomas v. Aquin (S. th. I q. 15 a. 2) u. a. die Ideen als r.nes (Expos. libri Exodi nr. 120,

LW 2, 113, 7; vgl. Expos. libri Gen. nr. 3, LW 1, 186, 13); der göttl. Logos als Bereich der Ideenwelt ist r. (ebd.; Liber parabolarum Genesis nr. 20, LW 1, 491, 5). – Platon., aristotel., stoische und chr. Gedanken sind in den ma. Darlegungen zu recta r. vereinigt, die die richtige Handlung als Mitte zw. Extremen bestimmt (Albertus Magnus, Super eth. 6, 1, 466) und vorschreibt, wie jeweils gut zu handeln ist (Johannes Duns Scotus, Ord. I 17, 62); das 'dictatum a recta ratione' muß gewollt sein (Wilhelm v. Ockham, Quodl. III 16); jede recta r. stimmt mit jeder anderen überein (Gregor v. Rimini, Lectura super prim. et sec. Sent. II 34–37, 1, 2). Die zahlreichen Nuancen des Wortes r. bleiben im MA erhalten. K. Bormann

Lit.: HWP VI, 1389–1393 [Orthos logos]; VIII, 37–40 [R.], 355–360 [Recta r.].

Rationale, liturg. Schulter- oder Brustschmuck der Bf. e, der auf die Beschreibung der hohepriesterl. Gewänder (Ephod, Brusttasche = 'superhumerale', 'rationale' [Vulgata]) in Ex 28, 1–30 zurückgehen soll. Das R. war eine Auszeichnung, keine Insignie; es wurde seit dem 9. Jh. in einigen Fällen vom Papst verliehen. Eine u. a. in Deutschland übliche Form des Schulterschmucks, die vielleicht schon im 6. Jh. erwähnt wird, ist der Schulterkragen, der nach dem atl. Vorbild jetzt mit ntl.-chr. Motiven (Lamm Gottes, Evangelistensymbole u. a.) geschmückt wird. Der Brustschmuck, ein ebenfalls verziertes, viereckiges Brustschild, war im frk. Reich sehr verbreitet. B. Kranemann

Lit.: →Kleidung, II – DACL XIV, 2066f. – LThK² VIII, 1004f. – J. BRAUN, Die liturg. Gewandung im Occident und Orient, 1907 [Nachdr. 1964], 676–700 – K. HONSELMANN, Das R. der Bf.e, 1975 [Abb.].

Rationalismus (nlat.), erst seit dem 16. Jh. gebräuchl., notiert in seiner nz. Bedeutungsgesch. und in seiner ma. Vorgesch. den Vorrang des philos. Denkens. Für Platon ist die Ideenschau (nóesis) die höchste Erkenntnis, eine Annäherung an das Über-Eine ist nur durch notio negationis möglich (Parmenides 137c4–142a). Bei Aristoteles ist nóesis das Denken, durch welches die unveränderl. ousía sich selbst als nóesis erkennt (Metaph. 1074b33f.). Aufgrund der menschl. Logos-Natur (Stoa) hat das Denken höheren Rang als die Wahrnehmung, wenngleich ohne Wahrnehmung keine Erkenntnis möglich ist. Diese Auffassungen setzen sich in der Patristik (Augustinus, De ordine 2, 5; De trin. 12, 12, 17) und im MA fort: Platon. Gedankengut wird durch Augustinus, Boethius, und v. a. Ps.-Dionysius (Proklos), über Johannes Scotus Eriugena, die Schule v. Chartres bis Nikolaus v. Kues im MA wirksam. Die Trennung von Glauben und Wissen, die in antiken Texten bezeugt ist (Cicero, nat. deor. 3, 7), wurde im 13. Jh. (v. a. durch Thomas v. Aquin S. th. II–II q. 1 a. 5) erneuert. K. Bormann

Die nz. und die ma. Bedeutungsgesch. des R. konnotiert immer auch den theol. Vorbehalt gegen einen exzessiven Gebrauch der →Ratio. Dieser wurde bes. im Anschluß an den Prolog der Sententiae des →Petrus Lombardus (ed. Spicil. Bonavent. IV, 1971, 3f.) diskutiert. Mit einem Bündel von Bibelzitaten (u. a. 1 Tim 4, 4; 2 Tim 4, 3) wandte er sich gegen eine 'Scheinweisheit' (Kol 2, 23): Der Prolog der Ps.-Poitiers-Glosse (ca. 1165, ed. O. LOTTIN, RTh 7, 1935, 70–73) weist auf die 'termini' (Grenzmarken) hin, die nach Ex 19, 12–24 das altbundl. Gottesvolk am Berg der Offb bei Todesstrafe nicht übertreten durfte und deutet sie (in beliebter Auslegung) auf die 'blasphemi', welche die 'termini', d. h. die Grenzen (und Begriffe) der Glaubenslehre überschreiten. Praepositinus beschuldigt im Prolog seiner (uned.) Summa die 'ratiocinatio', sie verfälsche die Denkkraft und entleere die Glaubenskraft. In den Sermones eifert er gegen die dialekt. 'Geschwätzigkeit' der theol. 'litterati' und verweist sie auf Röm 12, 3: »Non plus sapere...«! In der Lehrepistel vom 7. Juli 1228 (DENZINGER–SCHÖNMETZER, 824) prangert Gregor IX. die 'ostentatio scientiae' der Pariser Theologen an. Päpste, Bf.e und Vertreter der →monastisch-mystischen Theologie protestierten im MA immer wieder gegen eine szientif. Überfremdung der Theologie. In den folgenschweren Auseinandersetzungen zw. Theologen und Philosophen, die in der bfl. Verurteilung v. 1277 zwar nicht ihren Grund hatten, wohl aber ihre Publizität erlangten (vgl. 'Averroistenstreit'), stellt Bonaventura (Coll. in Hexaem. I, 2, ed. F. DELORME, 1934, 84) die 'ratiocinatio' der Philosophen in wesentl. Themen in Frage. Die philos.-theol. Abgrenzungen wurden wissenschaftsgesch. zu Begrenzungen der Ratio, die im 'Wegestreit' des SpätMA eine neue Wendung nahmen. L. Hödl

Lit.: HWP VIII, 44–48 – K. BORMANN, Wahrheitsbegriff und Nous-Lehre, Misc. Med. 15, 1982, 1–24 – G. S. KIRK, J. E. RAVEN, M. SCHOFIELD, The Presocratic Philosophers, 1983² – K. FLASCH, Das philos. Denken im MA, 1986 – s.a. Lit. zu →Aristotelesverbote, →Averroes, II, →Philosophie, A, →Theologie.

Rätische Schrift, vorkarol. Regionalschrift ungefähr im Gebiet des heutigen Kt.s →Graubünden (Schweiz), die kurz vor 800 für wenige Jahrzehnte in Erscheinung tritt. Die früher vorgenommene Unterscheidung in einen älteren und einen jüngeren Typ (BRUCKNER u. a.) ist unhaltbar. Kennzeichen: betonte Brechungen und neben dem cc–a das t mit geteiltem Deckbalken (ähnlich wie in der →Beneventana und der →westgot. Schrift); Initialen mit geometr., vegetabilen und zoomorphen Elementen. Wichtige Zeugnisse wahrscheinl. aus dem Skriptorium v. →Chur unter Bf. Remedius (um 800): Sakramentar (CLA VII. 936), die Lex Romana Curiensis mit den Capitula Remedii (CLA VII. 946), ein fragmentar. erhaltenes Kartular (CLA VII. 891); vermutl. aus →Pfäfers: Liber viventium. – Vgl. CLA VII. – Zur rät. Urkk.kursive vgl. v. a. ChLA I. 40, 44, 63.

P. Ladner

Lit.: A. BRUCKNER, Scriptoria Medii Aevi Helvetica, I, 1935; V, 1943, 20ff. – B. BISCHOFF, Panorama der Hss.überl...., Ma. Stud., III, 1981, 22f. – DERS., Paläographie des röm. Altertums und des abendländ. MA, 1986², 154 – A. VON EUW, Liber viventium Fabariensis, 1989, 84–105 [Initialkunst] – M. STEINMANN, Neue Frgm.e aus der Basler Univ.bibl., ADipl 38, 1992, 353.

Ratold, hl., Bf. v. →Verona 802–840, * um 770, † 847 in Radolfzell. Im Kl. →Reichenau erzogen, wirkte R. als Kleriker unter Bf. →Egino v. Verona und später als Hofkapellan Kg. →Pippins (6. P.) in Pavia. In dieser Eigenschaft nahm er wichtige reichspolit. Aufgaben wahr, u. a. als →Missus Kg. Ludwigs d. Fr., erneuerte 806/807 das durch ein Erdbeben zerstörte Kl. S. Zeno und gründete 813 eine Klerikerschule in Verona. Während der Erhebung der älteren Ks.söhne blieb R. loyal zum Ks. Als Förderer des Reliquienkultes besorgte er u. a. die Reliquien des hl. →Markus für das Kl. Reichenau, bestätigte die Echtheit der Genesius-Reliquien v. Schienen und brachte Reliquien der hl. Märtyrer Theopont und Senesius sowie des hl. Zeno in seine Gründung am w. Bodenseeufer. In diese um 826 gegr. Cella Ratoldi zog er sich 840 zurück. Seine Zelle und der reichenauische Kellhof wurden zur Keimzelle der ma. Stadt →Radolfzell. Seine Verehrung als Hl. ist ab 1300 bezeugt, blieb regional beschränkt und erlebte einen bescheidenen Kultverlauf.

Ch. Stadler

Lit.: P. ALBERT, Bf. R. v. V., Aus der Gesch. der Stadt Radolfzell, 1954 – J. LEIBBRAND, Der sel. R. v. V. (Ms. 1973).

Ratpert v. St. Gallen, Gesch.sschreiber und Dichter, * zw. 840 und 850, † 25. Okt. ca. 900 (vor 912). Als Schüler der berühmten Lehrermönche Iso und Marcellus und Mitschüler von →Notker I. und →Tuotilo wurde R. in St. Gallen erzogen und war in der Folge dort selbst als Lehrer tätig. Er begründete die St. Galler Hauschronik »Casus Sancti Galli«, welche, von verschiedenen Autoren weitergeführt, die Gesch. des Kl. umfaßt. Sein Teil behandelt die Zeit von der Gründung bis zum Jahr 884, wobei er die »Vita Columbani« des →Jonas v. Bobbio, die Hl.nleben von →Gallus und →Otmar, daneben aber auch Urkk. benutzte. Nach →Ekkehard IV. ist R. der Schöpfer des Prozessionsliedes »Ardua spes mundi« und des (verlorenen) ahd. Gallusliedes, das in drei lat. Versionen Ekkehards erhalten ist. Daneben gelten drei weitere lat. liturg. Gedichte als Werk R.s. W. Vogler

Ed.: Casus: I. v. ARX, MGH SS 2, 1829, 61–74 – G. MEYER V. KNONAU, Mitth. zur Vaterländ. Gesch., hg. Hist. Verein St. Gallen XIII, 1872 – Gedichte: P. v. WINTERFELD, MGH PP IV/1, 1899, 315–334 – P. STOTZ, Ardua spes mundi, 1972 [Bibliogr.] – Gallusied: K. STRECKER, MGH PP V, 1936, 534–540 – P. OSTERWALDER, Das ahd. Gallusied R.s und seine lat. Übers. durch Ekkehart IV., 1982 [Lit.] – Lit.: Verf.-Lex², 1032–1035 – W. BERSCHIN, Eremus und Insula, 1987 – BRUNHÖLZL II, 58–61, 562f. [Lit.].

Ratramnus v. Corbie, seit ca. 825 Mönch OSB in Corbie, † ca. 870, nahm in mehreren Gelegenheitsschriften Stellung zu aktuellen theol.-kirchl. Fragen (teils auf Bitten Karls d. Kahlen, der um den inneren Frieden seines Reiches besorgt war), und z. T. auf der Grundlage von Schrift, Vätern und Vernunftgründen. Um Einheit und Differenz des sakramentalen und realgeschichtl. Herrenleibes kritischer zu begründen, als es sein Ordensbruder in Corbie, →Paschasius Radbertus († ca. 859), in seiner Schrift getan hatte, schrieb er 843/844 im Anschluß an Augustins »De corpore et sanguine Domini« (hg. J. N. BAKHUIZEN VAN DEN BRINK, 1974). Der Leib des Herrn wird nicht in seiner lebenszeitl. Wirklichkeit, sondern in sakramentaler Wahrheit empfangen. Nach der Verurteilung der Doktrin des Gottschalk v. Orbais über die zweifache Prädestination (zum Heil und zum Gericht) 849 in Quierzy begründete R. in zwei Schriften »De praedestinatione Dei« (hg. T. R. ROBERTS, 1977) für Karl d. K. die augustin. Lehre von der doppelten Prädestination: Gott ist nicht Urheber des Bösen, aber er überantwortet den Sünder dem Gericht. In der Schrift »De anima« (ca. 853; hg. A. WILMART, RevBen 43, 1931, 207–223) begründete er (mit Augustin, Isidor, Gregor d. Gr. u. a.) die Unstofflichkeit und Unbegrenzbarkeit der (menschl.) Seele.

Umstrittene Texte Augustins (»De quantitate animae«) und des Boethius veranlaßten ihn zur Lehrepistel »Liber de anima ad Odonem Bellovacensem« (ca. 863, hg. C. LAMBOT, 1952), in der er die Thesen von der (universalen) Weltseele zurückwies. Entgegen der verbreiteten Ansicht, R.' Schrift »De nativitate Christi« (ca. 835, hg. M. CANAL, Marianum 30, 1968, 53–110) sei in Bezug auf Paschasius' Traktat »De partu Virginis« zu verstehen, hält BOUHOT sie für einen von R. redigierten Brief des Abtes Odo v. Corbie an Abt Warin v. Corvey, in dem erklärt wird, daß die Geburt Jesu aus Maria u. Jungfrau nicht außernatürlich, wohl aber von übernatürl. Zeichen begleitet war. Andere Lehrbriefe: »de cynocephalis« (monströse Wesen), »de propinquorum coniugiis«. Sein Gutachten »De infantibus incaute oppressis« (852; ed. G. SCHMITZ, DA 38, 1982, 363–387), in dem das Verhältnis von individueller Schuld und richterl. Strafe mitbedacht wird, erwähnt die Synode v. Mainz (852). Durch den Kg. veranlaßte Papst Nikolaus I. um 867 R. zur Stellungnahme

»Contra Graecorum opposita« im Streit um das »Filioque« im Symbolum und andere unterschiedl. disziplinäre Fragen. L. Hödl
Lit.: MGH Epp VI, 147–158 – MPL 121, 13–346 [unkrit. Ed.] – DLFMA², 1243ff. – DSAM XIII, 147–153 – BRUNHÖLZL I, 379–383, 562–J.-P. BOUHOT, Ratramne de C. Hist.litt. et controverses doctrinales, 1976.

Ratschluß der Erlösung bezeichnet die Imagination der vorzeitl. Willensbestimmung Gottes bzw. der hl. →Dreifaltigkeit, den Heilsplan für die gefallene Menschheit ins Werk zu setzen. Seit dem 12. Jh. entstehen verschiedene Darstellungstypen: 1. Die hl. Dreifaltigkeit thronend im Himmel bei ihrem R. und der Aussendung Gabriels (Lk 1, 26f.; z. B. Vat. gr. 1162, fol. 113v, 12. Jh., Vatican, Bibl. Apostolica; Cod. Landsdowne 383, fol. 12, um 1161/80, London, Brit. Libr.; Stundenbuch der Katharina v. Kleve, fol. 82, um 1420/30; New York, Pierpont Morgan Libr., M 917/M 945; Giotto, Fresko des Triumphbogens in der Arena-Kapelle zu Padua, 1305/07; Nachfolger des Konrad Witz, Tafelbild mit dem R. und der Übergabe des Himmelschlüssels, 1435/40, Berlin, Staatl. Museen); 2. Gottvater, der dem Sohn das Kreuz der Erlösung reicht, an dem dieser durch seinen Tod die Sünde der Menschheit sühnen soll (z. B. Stundenbuch der Katharina v. Kleve, fol. 83v); 3. Gottvater sendet das Jesuskind als kreuztragenden Erlöser (Stundenbuch der Katharina v. Kleve, fol. 85). Der R. erscheint auch eingebunden in zahlreiche Darstellungen der Verkündigung der Geburt Christi im 15. Jh. G. Jászai
Lit.: LCI III, 499–502 – LThK² III, 1016–1030 – G. SCHILLER, Ikonogr. der chr. Kunst, I, 1966, 20–23.

Rätsel
I. Mittellateinische Literatur – II. Byzantinische Literatur – III. Deutsche Literatur – IV. Romanische Literaturen – V. Englische Literatur – VI. Altnordische und Skandinavische Literatur – VII. Slavische Literaturen – VIII. Türkische Literatur – IX. Mathematik.

I. MITTELLATEINISCHE LITERATUR: Das R. ist in den Volkssprachen verbreitet und hat auch in die lat. Lit. des MA Eingang gefunden. Hier wirkte v. a. das Vorbild des →Symphosius. Die Begeisterung des FrühMA für das R. und r. ähnliche Fragen, die sich in den zahlreichen Slg. en äußert (→Aldhelm, →Berner R., →Bonifatius, →Hwaedberht, →Tatwine, Lorscher R., Versus cuiusdam Scotti de alphabeto, Versus de nominibus litterarum), wurde von Alkuin und Karl d. Gr. geteilt (vgl. →Theodulf, carm. 25, 135–140). Das R. diente der Übung des Scharfsinns, der Erbauung und Unterhaltung und wohl auch dem Unterricht; durch geistvolles Umschreiben eines Gegenstandes nähert es sich manchmal dem beschreibenden →Epigramm. In erzählenden Werken spielt es häufig eine Rolle als Bewährung der Klugheit. Einzelne R. oder kleine Gruppen sind von vielen Autoren (u. a. Alkuin, Sedulius Scotus, Walahfrid, Petrus Damiani) und anonym überliefert (für die Zeit nach ca. 1100 vgl. WALTHER); größere Slg.en bieten u. a. →Philipp v. Harvengt (MPL 203, 1395), Bartholomäus Claretus (Folklore Studies 7, 1957; W. BAUMANN, Die Lit. des MA in Böhmen, 1978, 187) und Hss. (WALTHER 725, 5827). Die R. des späteren MA sind häufig Wort-R. (Logogriphen): Durch Änderung des Silben- oder Buchstabenbestandes sind neue Begriffe zu finden. – In der Rhetorik bezeichnet 'aenigma' das verhüllende Bild, in der Exegese die allegor. Verhüllung. →Aenigma. G. Bernt
Lit.: WALTHER, S. 1177 – A. TAYLOR, A Bibliogr. of Riddles, FF Communications, 1939, bes. 101–113 – DERS., The Lit. Riddle before 1600, 1948 – G. BERNT, Das lat. Epigramm im Übergang etc., 1968, 40f., 148ff. – F. H. WHITMAN, Medieval Riddling, NM 71, 1970, 177–185 – L. WITKOWSKI, Antike Einflüsse auf das dt. R., Philologus 119, 1975, 98–125 – Z. PAVLOVSKIS, The Riddler's Microcosm: From Symphosius to St. Boniface, CM 39, 1988, 219–251 – G. POLARA, Aenigmata (Lo spazio letterario del medioevo, 1: Il medioevo lat., dir. G. CAVALLO u. a., I, 2, 1993), 197–216.

II. BYZANTINISCHE LITERATUR: Das R. (αἴνιγμα) als verschlüsseltes Sprechen vom Unerklärlichen ist den Byzantinern sowohl aus der antiken Lit. (Tragödie, Orakellit.) als auch aus der jüd.-christl. Offenbarung (AT: Propheten; im NT insbes. 1 Kor 13, 12) bekannt. In diesem Sinn ist es der Metapher und der Allegorie verwandt. Als Motiv in Mythos und Volkserzählung (vgl. Sphinx) spielt es auch im byz. Roman eine gewisse Rolle (Apollonios-Roman: Abwehr der Freier). Daneben kennt die byz. wie auch schon die altgr. Lit. das R. als eigenes, der Unterhaltung und dem geistigen Wettstreit dienendes lit. Genus: Die →Anthologia Palatina enthält im 14. Buch neben Orakeln eine große Zahl antiker R. und r.artig formulierter Rechenaufgaben. In dieser Tradition stehen jene metr. R. aus mittel- und spätbyz. Zeit, die sich, gelegentl. mit ebenfalls metr. Lösungen versehen, in den Hss. finden, meist mit Zuweisungen an bekannte Dichter wie →Ioannes Geometres, Michael →Psellos, →Theodoros Prodromos oder Eustathios →Makrembolites. Auch im Unterricht werden grammat., arithmet. u. a. Aufgaben (Aporien) gern r. ähnlich eingekleidet (γρῖφος »Netz«, aus dem sich der R. löser zu befreien hat). Die rhetor. Theorie (seit Tryphon) zählt das R. unter die Tropen, warnt aber, am Ideal der Klarheit (σαφήνεια) orientiert, meist davor, allzu dunkel und in R.n zu sprechen. W. Hörandner
Lit.: KRUMBACHER, 765f. – HUNGER, Profane Lit., II, 119 – KL. PAULY IV, 1333f. – Oxford Dict. of Byzantium, 1991, 1795 – Hist. Wb. der Rhetorik I, 1992, 187–195.

III. DEUTSCHE LITERATUR: Das Wort ist seit dem 14./15. Jh. üblich ('redesall/retzel' [Luther], aber auch 'rätersch'). Die ältesten dt. formulierten R. sind wohl die Übers. der Symphosius-R. aus dem lat. Apollonius-Roman (Ende des 12. Jh.). Der Beginn eines eigenständigen dt. R.s verliert sich im dunkeln. Das hohe Alter des Wortes ahd. 'râtissa, râdisca' erlaubt keinen Schluß auf ein frühes R. im Sinne einer Gattung. Das lat. R. vom »Vogel federlos« unter den Reichenauer »Aenigmata risibilia« des 9./10. Jh. kann nicht als Übers. eines altdt. Volksr.s erwiesen werden, doch verweist die Herkunft des Stoffes auf einen Zusammenhang von R. und →Zauberspruch. Auch das ahd. St. Galler Spottliedchen von Liubene und Starzfidere (um 900) als ein R. mit der Lösung »Hahn« (TOMASEK) anzusehen, erklärt den Text nicht zugenügend. – Den Durchbruch der volkssprachigen ma. R.erfindung bringt die →Spruchdichtung des 13. Jh. mit ihren gesungenen Strophen, die in einem agonalen Spannungsverhältnis von Konkurrenten entstehen, wie sich beim Disput zw. Singuf und Rumeland oder der lit. Fiktion des R.streites im →»Wartburgkrieg« zeigt, der auf →Wolfram v. Eschenbachs »Parzival« fußt. Die Linie dieser genuin dt. Tradition verliert sich bei den →Meistersingern. Eine weitere, mehr literar. Tradition geht von den R.n des →»Apollonius v. Tyrus« aus (→Heinrich v. Neustadt, →Steinhöwel). – Die Masse der dt. R. sind Reimpaarstrophen vom 15. Jh. an. Sie sind zusammen mit Scherzfragen in Slg.en (Weimarer Hs. Q 565 ab 1483 mit gelegentl. obszönem Charakter, Liederbüchern und den ersten gedruckten »Straßburger R.-buch« – die Mehrzahl dieser R. in Prosa – um 1505) oder als Blattfüllsel meist bürgerl. Hss. überliefert. Hier dürfte ein Zusammenhang mit der dt. Volksrätselkultur bestehen und auch eine Wirkung auf sie ausgegangen sein. R. können sich zu Dialogen (»Tirol und Fridebrant«) oder R.liedern versammeln (Traugemundslied). Stoffl. zeigen ma. R. die Lebenswelt der klösterl. Skriptorien und der Schule (bibl. Paradoxa), später die der bäuerl. Arbeit. V. Schupp

Ed.: Straßburger R.buch, ed. A. F. BUTSCH, 1876 – Dt. R.buch, ed. V. SCHUPP, 1972 [Lit.] – Codex Weimar Q 565, ed. E. KULLY, Bibliotheca Germanica 25, 1982 – *Lit.*: GRIMM, DWB 14, 182, 194–197 – M. HAIN, R., 1966 (Slg. Metzler 53) – M. H. JONES, R.bücher (dt.), Verf.-Lex.² VII, 1036–1044 – T. TOMASEK, Das dt. R. im MA [Habil.-Schr. masch. Kiel 1989].

IV. ROMANISCHE LITERATUREN: R. finden sich in den Roman. Lit.en als pièces liminaires in Hss. ziemlich häufig, R.sammlungen sind hingegen sehr selten. Ihre weite Verbreitung in lit. Texten wurde bisher nicht systemat. erforscht.

Die ältesten Texte knüpfen an die mlat. R.lit. (s. Abschn. I) im Umkreis der Schule und vorwiegend insularer (Aldhelm, Beda), aber auch ital.-langob. Tradition an (→Berner R.). Der zweifellos wichtigste Text ist das sog. »R. v. Verona« (ms. LXXXIX Bibl. Capitolare, Provenienz Spanien), das sich als Fingerübung zusammen mit anderen lat. Formeln auf einem Schutzblatt findet, wobei mehrere Hände festzustellen sind. Der Text, der ven. oder friulan. Sprachelemente aufweist, stammt vom Anfang des 9. Jh. und gehört zu den frühesten Zeugnissen in roman. Sprache. Das R., das sich auf den Vorgang des Schreibens bezieht, stammt sicher aus der Schultradition und hat viele lat. Vorläufer und Analogien in allen europ. Lit.en bis in die neueste Zeit. Die – ingeniöse – Zuschreibung an Paulus Diaconus (RONCAGLIA) ist ungesichert.

In der R.tradition (prov. *devinalh*) stehen auch einige Gedichte der ältesten prov. Dichters, →Wilhelm IX. v. Aquitanien. Sie setzt sich in der prov. Lit. fort (→Raimbaut d'Aurenga, →Guiraut de Bornelh, →Raimbaut de Vaqueiras, →Peire Cardenal), wobei R. und Textverschlüsselung nahtlos ineinander übergehen können. Ebenfalls keine R. im eigtl. Sinne sind Texte in Frage- und Antwort-Form, zuweilen als »Subitilitas« wie im »L'enfant sage« und im allg. in der Tradition der Ioca monachorum, der Lucidarien und des Sidrach. Im Frz. gibt es richtige R.sammlungen, wie »Les demandes joyeuses« (um 1470), »Les adivineaux amoureaux«, Erstdr. Brüssel 1479, deren R. im allg. einen erot. Doppelsinn haben.

In der Lit. der Iber. Halbinsel sind neben den wenigen katal. Zeugnissen (MILÀ Y FONTANALS) die R. im »Libro de Apolonio« zu nennen, die auf frühere Vorgänger zurückgehen. A. Vitale Brovarone

Lit.: M. MILÀ Y FONTANALS, Anciennes énigmes catalanes, RLR 11 (2e sér. 3), 1881, 5–8 – A. TOBLER, Drei kleine prov. R.aufgaben, ASNSL 101, 1899, 397f. – A. KLEIN, Die afrz. Minnefragen, 1911 – L. LAWNER, Notes towards an Interpretation of the vers de dreyt nien, Cultura neolatina 28, 1968, 147–164 – N. PASERO, Devinalh, »non senso« e »interiorizzazione testuale«, Cultura neolatina 28, 1968, 113–146 – J. W. HASSELL JR., Amourous Games, 1974 – B. ROY, Devinettes frç. du MA, 1977 – C. C. PHIPPS, El incesto, las adivinanzas y la música: diseños de la geminación en el »Libro de Apolonio«, El Crotalón 1, 1984, 807–818 – A. RONCAGLIA, Le origini (Storia della letteratura it., I, 1987), 208–272 – DERS., L'indovinello veronese-friulano, i suoi »latinismi« e la »legge Tobler-Mussafia« (Fschr. G. FOLENA, 1993), 49–60.

V. ENGLISCHE LITERATUR: Abgesehen von dem Inzestr. im ae. →Apollonius v. Tyrus, dem ae. Prosar. (»Eva«) und dem »Leidener R.«, finden sich alle ae. R. im →Exeter-Buch (E. B.). ASPR III verzeichnet 95 Nummern. Vom lat. R. 90 abgesehen, handelt es sich ausnahmslos um Gedichte in germ. Langzeilen (→Alliteration). Die R. sind unterschiedl. lang: 107 Zeilen (R. 40) bis zu Frgm.en von nur 1 Zeile (R. 75, 76, 79). Brandlöcher in den letzten 14 Bll. der Hs. erschweren die Lösung der dortigen R. Die ae. R. sind ohne Lösungen überliefert, im Gegensatz zu den lat. R.n, in deren Tradition sie sonst anzusiedeln sind. Daß es wie dort 100 ae. R. gegeben hat, ist nicht zu beweisen, da das E. B. die R. in drei Gruppen überliefert und Bll. verlorengegangen sind. Die Verfasser der R. sind unbekannt. R. 35, Dublette zum »Leidener R.«, und R. 40 haben →Aldhelms »De lorica« bzw. »De creatura« als Vorlage, andere Q. sind nicht nachweisbar. Die R. sind nicht datierbar, könnten aber bis in die 1. Hälfte des 8. Jh. (Northumbria) zurückreichen. Einige R. sind durch ideograph. gebrauchte →Runen zusätzl. verfremdet, andere keine echten R., sondern lyr. Gedichte mit rhetor. R.fragen. Inhaltl. ist die Slg. heterogen: R. über Naturphänomene, Tiere, Geist und Körper, bibl. Personen, den einäugigen Knoblauchverkäufer, Gottesdienstgeräte, Waffen, Werkzeuge, Musikinstrumente, Rauschtränke und das Schriftwesen werden ohne ersichtl. Plan aneinandergereiht; neben hochgeistigen R.n stehen solche, in denen sich eine zweideutig-obszöne Lösung aufdrängt. Me. R. sind nur ganz sporad. überliefert (s. FÖRSTER). R. Gleißner

Bibliogr.: NCBEL I, 296–299 – P. LENDINARA, Gli enigmi del Codice Exoniense: Una ricerca bibliogr., AION, Fil. Germ., 1976, 231ff. – B. J. MUIR, The E. B.: A Bibliogr., 1992 – *Ed.*: ASPR, III – C. WILLIAMSON, The OE Riddles of the E. B., 1977 – H. PINSKER – W. ZIEGLER, Die ae. R. des Exeterbuches: Text mit dt. Übers. und Komm., 1985 – *Lit.*: M. FÖRSTER, Kleinere me. Texte, Anglia 42, 1918, 206–209 – H. GÖBEL, Stud. zu den ae. Schriftwesenr.n, 1980 – R. GLEISSNER, Die 'zweideutigen' ae. R. des E. B. in ihrem zeitgenöss. Kontext, 1984 – DERS., Leiden Riddle 3a: [Ni]uuat, [Ni]uat, or [N]aat? (Historical English, hg. M. MARKUS, 1988), 99ff. – →Elegie, V.

VI. ALTNORDISCHE UND SKANDINAVISCHE LITERATUR: Unabhängige R. oder R.sammlungen in altnord. Sprache sind nicht erhalten, die einzige bedeutende Sammlung von R.n, nämlich die Heiðreksgátur (oder Gátur Gestumblinda), findet sich als Teil der Heiðrekssaga. Hier tritt der Gott →Odin als Bauer Gestumblindi verkleidet, den der Kg. zum Wissenswettkampf zwingt, dem Kg. Heiðrekr entgegen und stellt ihm R.fragen, die dieser aber alle außer der letzten beantworten kann. Die 37 Strophen (in der Fassung der →Hauksbók, sonst nur 30) sind in den Versmaßen →Ljóðaháttr und →Fornyrðislag abgefaßt und behandeln vorwiegend konkrete, nicht aber mytholog. Themen. Die abschließende unlösbare Frage ist aber mytholog. Inhalts und findet sich ähnlich auch im Wissenswettkampf der →Vafþrúðnismál; mytholog. R.fragen finden sich auch in Alvíssmál, Grímnismál und Fjölsvinnsmál.

R.fragen kann man auch als Grundlage für die Erzählung von Thors Reise zu Utgarðaloki in der Prosa Edda des →Snorri Sturluson (Gylfaginning 44) sehen, wo Thor, Loki und Thjalfi Personifikationen des Alters, des Feuers und des Gedankens unterliegen. Vereinzelte R. gibt es auch in Saxos Gesta Danorum sowie in der Melkólfs saga ok Salomons konungs. Es weisen jedoch auch viele →Kenningar der →Skaldendichtung eine dem R. verwandte Verschlüsselungsstruktur auf, wobei die Richtung der Beeinflussung offenbleiben muß.

Eine Anzahl von R. finden sich im spätma. Island in der Sammlung Syrpa des Pfarrers Gottskálkr Jónsson († ca. 1590/91). R. Simek

Lit.: A. HEUSLER, Die altnord. R., ZVVK 11, 1901 – K. LIESTØL, Die Guten Rathschläge in der Hervararsaga (Fschr. E. MOGK, 1924) – A. HOLTSMARK, Den uløselige gåten, Maal og Minne, 1964, 101f. – J. H. AÐALSTEINSSON, Riddles (Medieval Scandinavia. An Encyclopedia, 1993), 533ff.

VII. SLAVISCHE LITERATUREN: R. sind in allen Slavinen belegt. Sie gehen teils auf die Volkstradition, teils auf die ma. gelehrte Lit. und die antike Überlieferung zurück. Als Q. von R.n gilt das AT, darunter v.a. die Septuaginta sowie die sog. »Frage- und Antwortliteratur«. Die R. spiegeln die Glaubensvorstellungen und die Lebensweise der Slaven wider. Im O und W standen kosmogon. Themen und Fragen nach dem Menschen und nach Tieren im Mittelpunkt. R. wurden aus bestimmten Anlässen vorgetragen. In Kroatien und in Serbien z. B. sind »Rätselabende« als scherzhafter Zeitvertreib beim Fleischessen oder in der Spinnstube belegt; in Bulgarien beim Leichenschmaus und nach der Verlobung usw. In Polen zählte »das Rätseln« zu den beliebtesten Gesellschaftsspielen des 16. Jh., wie Kochanowski bezeugt. Characterist. ist die Gliederung der R. in Frage und Antwort, der Gebrauch von Metaphern, Antithesen, Epitheta, Personennamen für Gegenstände oder Tiere. Ein bestimmtes Versmaß ist für die dichter. konzipierten R. nicht zu konstatieren. Durch die Verwandtschaft der Sprachen wird ein Wandern der R. unter den slav. Völkern angenommen. Die Motive der R. wiederholen sich in Kinderliedern, Sprüchen, Märchen usw. Das Interesse an den slav. R.n erwachte erst im 19. Jh. durch die Arbeiten von J. A. CHUDJAKOV und D. SADOVNIKOV (Rußland), V. MOCZYŃSKA (Ukraine), S. NOVAKOVIC' (Serbien) u. a.   A. Ioannidou

Lit.: V. N. MITROFANOV, O schodstve russkich i bolgarskich zagadok, Russkij fol'klor, 8, 1909, 160–174 – L. SADNIK, Südosteurop. R.studien, 1953 – A. N. AFANASEV, Zagadki. Narodnye russkie skazki, 1957 – Z. M. VOLOCKAJA, Nekotoye zamečanija o strukture slavjanskich zagadok, Sovetskoe slavjanovedenie 1982, kn. 1, 80–89 – J. M. KASJAN, Polska zagadka ludowa, 1983 [Lit.] – S. STOJKOVA, Bǎlgarski narodni gatunki, 1984 [Lit.].

VIII. TÜRKISCHE LITERATUR: Das Türkische kennt keinen übergreifenden Begriff für R.: Das *Volksr.* (osman. *bilmece*, in anderen Turksprachen *tapmaca, matal* u. a.) und das aus der islam. lit. Tradition übernommene arab. pers. Kunstr. (*lughz, muʿamma*) tragen unterschiedl. Bezeichnungen. Das *Volksr.* gehört zu den Kleinformen der türk. Folklore und steht der anderen Kleinform, dem Sprichwort, nahe. Es besteht zumeist aus einer kurzen Aussage über den verrätselten Gegenstand, worauf die Frage »was ist das ?« folgt. Die Aussage selbst ist meistens rhythm. gebaut, Stabreim und Endreim werden gern verwendet. In den verrätselten Gegenständen spiegelt sich das einfache Leben und die Wirtschaftsform eines in erster Linie nomad. Volkes (→Nomaden). Die Tradition des Volksr.s lebt auch heute noch bei allen türk. Volksstämmen. Daß sie sich im letzten halben Jt. nicht geändert hat, zeigt die kleine Sammlung »komanischer« R., die, von christl. Mönchen aufgezeichnet, auf zwei Seiten des →Codex Cumanicus erhalten geblieben ist. Stellung und Beantwortung von R.n war (und ist) eine der üblichen Veranstaltungen des traditionellen türk. Sängerwettstreits. – Das *Kunstr.* ist ein gelehrtes Wort- und Buchstabenspiel in hochlit. Prosodie, bei dem Anagramme und sogar die Graphie selbst eine Rolle spielen können. Die Lösung ist stets ein Wort, meistens ein Personenname.   A. Tietze

Lit.: EI² V [s.v. Lughz] – K. E. KÜRÇÜOĞLU, Risale-i muammiyat-i Fuzûli, Ankara Üniversitesi Dil ve Tarih-Coğrafya Fakültesi Dergisi VII/1, 1949 – A. TIETZE, The Koman Riddles and Turkic Folklore, 1966 – I. BASGÖZ–A. TIETZE, Bilmece, a Corpus of Turkish Riddles, 1973 – V. DRIMBA, Les devinettes komanes, WZKM 80, 1990.

IX. MATHEMATIK: Das math. Schrifttum des MA enthält oft Aufgaben, deren Auflösung keine Rechnung erfordert, wie: Überquerung eines Flusses durch eine Gruppe (z. B. Wolf, Ziege, Kohlkopf; drei eifersüchtige Ehepaare), wobei nur gewisse Mitglieder miteinander im Schiff und auf dem Ufer sein dürfen; Bestimmung von Verwandtschaftsverhältnissen aus der Angabe einer verwickelten Lage (z. B. jemand ist gleichzeitig Onkel zweier Tanten, der einen von der väterl. und der anderen von der mütterl. Seite); Auslosung von Leuten, die anscheinend willkürl. erfolgt, aber tatsächlich durch eine gewisse Zählweise nur wohlbestimmte Leute trifft. Solchen Aufgaben begegnet man im Altertum (»Anthologia Graeca«), dann quer durch das ganze lat. MA, von →Alkuins »Propositiones« (Nr. 11, 14, 17–20) bis zu →Paciolis »De viribus quantitatis« (Nr. 56ff., 69) sowie ebenfalls im arab. math. Schrifttum. Diese und ähnliche ältere Aufgaben haben in Lehrbüchern der Graphentheorie und der Kombinatorik bis heute überlebt.   J. Sesiano

Lit.: →Unterhaltungsmathematik.

Ratssendeboten, *domini nuncii consulares* (1416), *die ersame radessendebaden* (1494), auch verkürzt nur *sendeboden*, übliche Q.bezeichnung für die Beauftragten eines städt. →Rates bei der Erfüllung von Gesandtschaftsmissionen im hans. Raum auf Städte- und Hansetagen. Die R. besaßen zumeist nur spezielle Vollmacht gemäß ihren Instruktionen, so daß sie Mehrheitsbeschlüsse der Tagfahrten ad referendum nehmen mußten. Sie waren in der Regel einem engeren, informellen Kreis des Rates entnommen, der vorrangig die städt. Außenvertretung wahrnahm.   F. B. Fahlbusch

Q.: →Hanse – *Lit.*: E. PITZ, Einstimmigkeit oder Mehrheitsbeschluß? Ein heiml. Verfassungsstreit um die Vollmachten der R. auf den Hansetagen (Städt. Selbstverwaltungsorgane..., hg. W. EHBRECHT [Städteforsch. A 37]), [im Dr.].

Ratswillkür → Willkür

Rattenfänger v. Hameln, auf das Jahr 1284 datierte, hist. nicht bezeugte Sage über das plötzl. Verschwinden von 130 Kindern, die ein (dämonisch gedachter) Pfeifer aus der Stadt →Hameln entführt haben soll (Exodus Hamelensis) – als Racheakt für das Ausbleiben einer vorher mit dem Rat vereinbarten Entlohnung für die erfolgreiche Vertreibung von Ratten aus der Stadt. Die älteste schriftl. Nachricht stammt aus der Mitte des 16. Jh. (Job Fincel, 1556). Zeitlich davor liegende Q. berichten einzig vom Geschehen des Kinderauszugs. Eine Vielzahl epigraph., hs. und gedruckter Q. des 16.–18. Jh. zeugt von der Popularität der in der Struktur recht stabilen Sage, die zunächst in der Funktion einer Warngesch., bes. in der protestant. Historien-, Predigt- und Exempellit., begegnet und Eltern mahnt, stets auf ihre Kinder Obacht zu haben. Später verliert sich die didakt.-moral. Auslegung. Seit Mitte des 17. Jh. wurde die Historizität der Gesch. von Chronisten und Kompilatoren überwiegend angezweifelt (gelehrte Disputationen des 17. Jh.). Über die denkbaren Hintergründe des Geschehens herrschen bis heute recht unterschiedl. Meinungen (bzw. Spekulationen) vor: 1. Annahme eines Zusammenhangs mit der →Ostsiedlung: Auszug junger Hamelner Bürger, die auf Veranlassung des Bf.s v. →Olmütz durch →Lokatoren für die Besiedlung →Mährens geworben wurden (andere Varianten: Pommern, Siebenbürgen, Masuren); 2. Deutung des Verschwindens der Kinder als Katastrophe (Veitstanz, Brückeneinsturz, Schiffsunglück); 3. Beteiligung Hamelner Kinder an sog. Kinderkreuzzügen (→Kinderkreuzzug). Der Stoff (bekannteste Neufassung: Grimm, Dt. Sagen Nr. 245) weist eine ungemeine Verwendungsbreite auf (u. a. Ballade, Lied, Komödie, dramat. Legende, Novelle, Liebesgesch.; Bildmedien: Bilderbogen, Film, Comic, Cartoon; in Hameln örtl. R.spiel; journalist. Metapher: »polit. Rattenfängerei«).   H.-J. Uther

Lit.: W. WANN, Die Lösung der Hamelner R.sage [Diss. masch. Würzburg 1949] – H. DOBBERTIN, Q.nsammlung zur Hamelner R.sage, 1970 – H. FISCHER, Diffusion der R.sage, Jugendbuchmagazin extra, 1, 1980, 89-125 – H.-J. Uther, Die R.sage und die Brüder Grimm (Geschichten und Gesch. Erzählforschertagung in Hameln, hg. N. Humburg, 1985), 19-27 – E. Liebs, Kindheit und Tod. Der R.mythos als Beitr. zu einer Kulturgesch. der Kindheit, 1986.

Ratzeburg. Die Gauburg der abodrit. →Polaben wurde wohl im 11. Jh. vom Fs.en der →Abodriten, Ratibor (Kurzform 'Ratse', † 1043), errichtet. Ebf. →Adalbert v. Hamburg-Bremen gründete 1062 mit Hilfe des Fs.en →Gottschalk hier ein Suffraganbm., das bereits 1066 der heidn. Reaktion zum Opfer fiel und ca. 1154 durch Hzg. →Heinrich d. Löwen neubegründet wurde (bescheidene Landausstattung in NW-Mecklenburg), der bereits 1143 →Polabien und R. als Lehnsgft. an →Heinrich v. Badwide (66. H.) verliehen hatte. Im Verlauf des Landesausbaus (dt. Zuwanderer und Slaven) entstand bei der Burg ein Marktort (Kirche St. Petri), für den Ende des 13. Jh. städt. Funktion und Ratsverfassung bezeugt ist. 1201 fiel die Gft. unter die Oberherrschaft Kg. Waldemars II. v. Dänemark, der seinen Neffen →Albrecht v. Orlamünde mit R. belehnte (Badwider 1199 ausgestorben). Nach 1227 (Schlacht bei →Bornhöved) gewann der →Askanier Hzg. Albrecht I. v. Sachsen die Gft., die (seit 1295/96 Erbteilung) das Zentrum →Sachsen-Lauenburgs bildete.

E. Hoffmann

Lit.: W. Prange, Siedlungsgesch. des Landes Lauenburg im MA, 1960 – K. Jordan, Heinrich d. Löwe, 1979, 76-123 – K. W. Struve, Die Burgen in Schleswig-Holstein, I, 1981, 101-103 – H. G. Kaack, Bauer, Bürger, Edelmann. Das Hzm. Lauenburg..., 1985.

Raub

A. Rechte einzelner Länder – B. Byzanz und Südosteuropa – C. Kanonisches Recht

A. Rechte einzelner Länder

I. Deutsches Recht – II. Englisches Recht – III. Skandinavische Rechte – IV. Italienisches Recht – V. Spanisches Recht.

I. Deutsches Recht: Das in ahd. und mhd. Q. *roub* oder *roup*, in lat. Texten meist *rapina*, gelegentl. auch *preda* gen. Delikt besteht im Gegensatz zum heimlich ausgeführten →Diebstahl in der offenen Wegnahme einer Sache. Doch kann auch die Entführung einer Frau oder auch Objekt der Handlung, z.B. die Kriegsbeute, zuweilen sogar die Pfändung, als R. bezeichnet werden. Die Anwendung von Gewalt, die in der NZ zum Begriff des R.s gehört und daher in der älteren Lit. gerne auch mit diesem Delikt im MA verbunden wurde, gehört ursprgl. sicher nicht zu dessen notwendigen Merkmalen. Zwar ist bei unverhohlenen Wegnahmehandlungen die Anwendung von Gewalt wohl nicht selten mitgedacht, weil man vom Widerstand des Betroffenen ausgehen durfte. Doch scheint mit der Gewaltanwendung an sich – anders als mit der Heimlichkeit einer Tat – ein besonderer Unrechtsgehalt noch nicht verbunden gewesen zu sein, solange offene, gewaltsame Auseinandersetzungen und dabei selbst die Tötung eines Menschen in gewissem Umfang akzeptiert waren. Als manifester Konfliktfall wurde der R. daher auch milder bestraft als der Diebstahl. In frk. Zeit und noch später ist nur mehrfacher Ersatz für das geraubte Gut zu leisten; noch lange wird der →Räuber enthauptet, der Dieb dagegen gehängt. Indessen läßt sich die Vielfalt schon der älteren Q. nur unter Vorbehalt auf allg. Begriffe bringen.

Im Zuge der Landfriedensgesetzgebung (→Landfrieden) und der zugleich einsetzenden Rezeption traten bestimmte Formen des R.s in den Vordergrund, so daß es im späten MA zu einer Verengung des Begriffs kommt. Im röm. Recht war der R. als die mit vereinigter offener Gewalt verübte Wegnahme, etwa Plünderung und Straßenraub, von dem bloßen Privatdelikt des Diebstahls unterschieden und unter öffentl. Strafe gestellt worden. Eine ähnliche Entwicklung ist im Rahmen der ma. Landfriedenspolitik zu beobachten. Dem Merkmal der Gewalt kommt nun bei der Beurteilung des R.s generell eine größere Bedeutung zu. Teils wird der gewaltsame R. als »Schachr.« strenger bestraft, zunehmend erscheint der R. aber auch generell gleichgeordnet neben anderen todeswürdigen Verbrechen, wie →Mord und →Brandstiftung (z.B. Sachsenspiegel II 13 §§ 4 und 5). Weiterhin bleibt indessen der soziale Zusammenhang, in welchem sich das Delikt ereignet, entscheidend. R. in rechter →Fehde kann folgenlos sein. Die Differenzierungen der spätma. it. Jurisprudenz, in welchen der Räuber wegen der von ihm ausgehenden Gefahr für Menschenleben vom Dieb scharf abgesetzt wurde, haben erst allmähl. in die Rechtspraxis Eingang gefunden und in der frühen NZ den modernen Begriff des R.s mit dem ihm wesentl. Tatbestandsmerkmal der Gewalt geprägt.

D. Willoweit

Lit.: Grimm, DWB VIII, 210ff. – Hoops III, 460 – HRG IV, 182ff. – R. His, Das Strafrecht der Friesen im MA, 1901, 334ff. – Ders., Gesch. des dt. Strafrechts bis zur Karolina, 1928, 158ff. – Ders., Das Strafrecht des dt. MA, II, 1935, 201ff.

II. Englisches Recht: R. bezeichnet im ags. Recht ebenfalls die offene Wegnahme von Gut im Gegensatz zur heimlichen Tat, dem →Diebstahl. Der Charakter ist noch nicht ausschließl. kriminell, R. ist auch in einer Fehde denkbar. Doch bereits Kg. Ine v. Wessex fordert neben der Rückgabe des Gutes die Zahlung von 60 sh. Buße an den Kg. Die Zahlung des doppelten Wertes an den Geschädigten sowie die des Wergeldes an den Kg. ordnet Kg. Knud d. Gr. an. Anfang des 12. Jh. erscheint R. unter den dem Kg. vorbehaltenen Kriminalklagen, Sühne durch Zahlung des Wergeldes ist nicht mehr ohne weiteres möglich. Später wird R. als Entwendung von Gut mit Gewalt oder unter Androhung von Gewalt oder auch nur in Anwesenheit des Eigentümers oder eines Bediensteten definiert. In den Assisen v. Clarendon (1166) erscheint R. in der Liste der Schwerverbrechen (→Pleas of the Crown) und bildet dann einen festen Bestandteil der Liste der →*felonies*. Neben der bisher vorherrschenden privaten Klage (*appeal*) des Geschädigten tritt nun die Möglichkeit der Anklage durch Geschworene. Für die Rückerstattung des Gutes bleibt jedoch die sofort nach der Tat vorgebrachte Privatklage Voraussetzung. Im Statut v. →Winchester (1285) werden energ. Maßnahmen gegen Räuber angeordnet. Entkommt der Räuber, so haftet die Hundertschaft (→*hundred*) für den Schaden.

J. Röhrkasten

Q.: Liebermann, Gesetze, II, 623f. – Statutes of the Realm I, 96f.; III, 49 – Lit.: F. Pollock – F. W. Maitland, Hist. of Engl. Law, II, 1898, 493f. – M. Clanchy, Highway Robbery and Trial by Battle in the Hampshire Eyre of 1249 (Medieval Legal Records, hg. J. Post – R. Hunnisett, 1978) – J. Röhrkasten, Gefährdung und Sicherung des hans. Handels in England, HGBll 105, 1987, 33-49 – H. Summerson, The Enforcement of the Statute of Winchester, Journal of Legal Hist. 13, 1992, 232-250.

III. Skandinavische Rechte: Auch in den verschiedenen Rechts- und Gesetzbüchern der skand. Reiche wird R. als ein offenbarer Übergriff auf das →Eigentum eines Dritten definiert, wird aber im Gegensatz zum heimlichen →Diebstahl nicht als schimpfl. Tat angesehen und kann deshalb in der Regel mit →Bußen gesühnt werden. Die Anwendung körperl. Gewalt muß nicht immer ein qualifizierendes Merkmal für R. sein. So bemessen die schwed. »Götalagar« die Schwere des R.s zwar nach der angewendeten Gewalt, die schwed. »Svealagar« legen das Hauptgewicht jedoch auf Umfang und Bewertung des entstandenen Schadens. Ein gemeinsamer Zug ist, daß sich R.

nicht nur auf loses Gut beziehen muß, wie etwa 'Handraub' (schwed. *handran*/Entreißen einer Sache aus der Hand eines anderen) oder 'Hausraub' (norw. *búrán*/räuber. Einbruch in ein Haus), sondern auch auf Liegenschaften (schwed. *jorþaran*, norw. *jarðarán*), wie beispielsweise Unterpflügen fremden Ackerlandes, Versetzen von Zäunen, Errichtung von Häusern auf fremden Grund, Nutzung fremden Weidelandes usw. Aber auch die Nichtbezahlung von Schulden sowie die Weigerung, eine aufgekündigte Wohnstatt zu verlassen oder vorübergehend anvertrautes Vieh zurückzugeben, wird als R. behandelt. Mit 'Bettraub' bezeichnet man im schwed. Östgötalagh Ehebruchssachen, und auch Vergewaltigung (→Notzucht) wird als R. angesehen. Als R. gelten zudem alle Formen des Bandenverbrechens und der Straßenräuberei (dän. *hærværk*), die im 13. Jh. meist als Verstoß gegen die →Eidschwurgesetzgebung geahndet werden. Auf Island wird R. in der Regel mit →Friedlosigkeit bestraft.

H. Ehrhardt

Lit.: KL XIV, 569ff.

IV. ITALIENISCHES RECHT: R. als gewaltsame und offene Wegnahme bewegl. fremden Eigentums unterscheidet sich vom heiml. und nicht notwendigerweise gewaltsam ausgeführten →Diebstahl. Während einige der germ. Rechte wie die Lex Frisionum (VIII; IX, 14, 15) den R. als eigenes, weniger schwerwiegendes Delikt als den Diebstahl ansehen, stellen andere wie die Lex Romana Burgundionum (L. Rom. Burg, 8) Gewaltanwendung auf die gleiche Stufe wie Heimlichkeit und verhängen gleiche Strafen für Diebstahl und für R. Andere wie die langob. Edikte, die im FrühMA unmittelbaren Einfluß auf den it. Raum ausübten, sehen hingegen Gewaltanwendung als strafverschärfend an (Roth. 31; Liut. 35). Die Langobarden definierten den R. gewöhnl. als schweren Diebstahl und fügten zu der für das Grunddelikt vorgesehenen Strafe weitere Strafen hinzu, die nach der Form der Gewaltanwendung variierten. Im Statutenrecht wurde der R. (*scachum, praeda, raubaria, robaria*; weniger häufig: *sach, reraup, sexanraup, adrobaria, iscarania, disrobatio*) entsprechend den Prinzipien der Ersatzleistung und der Repression, wie sie das röm. und germ. Recht vorsahen, bestraft. Er wurde zumeist als eigenes, vom Diebstahl unterschiedenes, v. a. durch Gewaltanwendung gekennzeichnetes Delikt betrachtet; seine Bestrafung variierte jedoch und war nicht immer strenger als bei Diebstahl. Bei eher geringem Wert der geraubten Sachen konnte eine Geldstrafe verhängt werden, andernfalls eine Körperstrafe, bisweilen drohte aber auch schon für den R. geringerer Wertgegenstände der Galgen. Entscheidend für das Ausmaß der Strafe war auch die Rückfälligkeit, für die in verschiedenen Statuten die Todesstrafe verhängt wurde. Bes. strenge Verfügungen wurden bei Straßenraub und R. in bewohntem Gebiet vorgesehen, da ein starkes Interesse bestand, die Sicherheit der öffentl. Wege und Handelsstraßen zu schützen. Der Straßenräuber wurde dem »latro famosus« gleichgestellt und zumeist gehängt. Bereits die Constitutio de pace Constantiae sah für »berufsmäßige« Straßenräuber den Galgen vor. M. G. di Renzo Villata

Lit.: Dig. It., 1915, 46ff. – Nuovo Dig. It., 1939, 1074ff. – Enc. dir. XXXVIII, 1987, 266–267 – A. PERTILE, Storia del diritto it., V, 1892, 653–655 – I. KOHLER, Das Strafrecht der It. Statuten vom 12.–16. Jh., 1897, 455–460 – V. MANZINI, Trattato del furto, Prolegomeni, II, 1902, 723ff. – G. DAHM, Das Strafrecht Italiens im ausgehenden MA, 1931, 482–487.

V. SPANISCHES RECHT: R. (*robo*, von lat. *rapina*) erscheint als Verbrechen im Zusammenhang mit →Diebstahl, ohne daß sich im MA einfach unterscheiden ließ, ob es erschwerend hinzukam oder ob es als unabhängiges Delikt gesehen wurde. Bei den Goten war R. eine bestimmte, nicht unbedingt mit Gewaltanwendung verknüpfte Form der Eigentumsentwendung, die in Bezug zu krieger. Aktionen oder einer allg. Notlage stand. In den chr. Kgr.en und Gft.en unterschied man terminologisch zw. den ins Romanische übernommenen Begriffen des *furtum* und der *rapina*. Nach der Rezeption des →röm. Rechts scheint das Verbrechen des R.s zw. Diebstahl und Gewaltanwendung angesiedelt worden zu sein. J. Lalinde Abadía

Lit.: L. GARCÍA DE VALDEAVELLANO, Hurto y robo en el Derecho visigodo y postvisigodo, 1947 – B. GONZÁLEZ ALONSO, Los delitos patrimoniales en el Derecho Pirenaico local y territorial, AHDE 41, 1971, 237–334 – S. ROMEU ALFARO, Los delitos patrimoniales en el derecho catalán (Homenaje a J. REGLÁ, I, 1975), 59–72 – G. RODRÍGUEZ MOURULLO, Hurto-robo en el Derecho hist. español, AHDE 62, 1992, 25–111.

B. Byzanz und Südosteuropa

Die Regeln des röm. Rechts, die den R. als durch Gewaltanwendung qualifizierten →Diebstahl zu den privaten →Delikten rechneten und mit entsprechenden Bußen belegten, galten im Byz. Reich fort (Institutionen 4, 2; →Basiliken 60, 17). Öffentl. Interesse wurde in bes. Maße durch die schwere Form des Straßenraubs berührt. Die Täter, die wohl schon in röm. Zeit vogelfrei waren, sollten nach einer Vorschrift der →Ekloge (17, 50, vgl. Basiliken 60, 51, 26, 15) zur Abschreckung am Ort ihrer Ergreifung mittels der *furca*, des gabelförmigen Galgens, hingerichtet werden. Kehrseite des Bandenunwesens waren Übergriffe bei seiner Bekämpfung, die in frühbyz. Zeit von schwer kontrollierbarem paramilitär. Personal der Provinzialverwaltung, später von den Dienstleuten der →»Mächtigen« durchgeführt wurde. Die Verwischung der Grenze zw. Verfolgern und Verfolgten veranlaßte die Ks. mehrfach zu Versuchen, derartige Willkür zu unterbinden. – Als »R.« wurde in röm.-byz. Recht, wo die Sexualdelikte erst seit der Ekloge (741) eine eigene Kategorie bildeten, auch die Entführung unverheirateter Frauen (zunächst Jungfrauen, später auch Witwen und Nonnen) bezeichnet und schwer geahndet. – Durch die slav. Übersetzungen byz. Rechtstexte gelangten zahlreiche den R. betreffende Normen in die orth. Nachbarländer. In Serbien erließ →Stefan Dušan darüber hinaus mehrere einschlägige Bestimmungen, die in den Anhang (von 1354) seines Gesetzbuches aufgenommen wurden (Art. 145–147, 149). Danach sollten Räuber an den Füßen aufgehängt werden; die Dörfer, in denen sie angetroffen wurden, bzw. deren »Herren« wurden zur Verantwortung gezogen, desgleichen Amtsträger, die bei der Verfolgung von Räubern nachlässig waren. →Räuber, II. L. Burgmann

Lit.: S. TROIANOS, Ὁ Ποινάλιος τοῦ Ἐκλογαδίου, 1980, 12–16, 23–29, 40–45 – L. BURGMANN–P. MAGDALINO, Michael III on Maladministration, Fontes Minores VI, 1984, 377–390 – G. LANATA, Henkersbeil oder Chirurgenmesser?, Rechtshist. Journal 6, 1987, 293–306.

C. Kanonisches Recht

R. ist die widerrechtl., mit offenem Zwang ausgeführte Wegnahme einer fremden bewegl. Sache. Das kanon. Recht hat den röm.-rechtl. Begriff des R.s übernommen. Nicht eindeutig ist die Abgrenzung zum →Diebstahl. Ein Kriterium ist die Anwendung von Gewalt, ein anderes die gewollt offene Wegnahme beim R. gegenüber der Heimlichkeit beim Diebstahl, für Thomas v. Aquin der Wille des Opfers (beim R. positives Widerstreben gegen die Gewalt). R. ist Sünde, eine schwerere als Diebstahl. Die Terminologie ist nicht einheitl. (*rapina, depraedatio, auch sacrilegium oder homicidium*). Konkretere Regelungen, z. T. noch diffus, finden sich im Decretum Gratiani und im

Liber Extra (X. 5. 17), v. a. auch im Partikularrecht (Synoden und Provinzialkonzilien). Sondertatbestände des R.s sind der Seeraub und die Ausübung des Strandrechts gegen Christen (Lateranum III c. 24; X. 5. 17. 3), bes. geschützt wurden Geistliche (durch Partikularrecht), Kreuzfahrer und Frauen. Bei den germ. Völkern war die R.ehe verbreitet. Schon Karl d. Gr. und dann die Kirche wenden sich dagegen, die auch die →Ehe verbot (C. 36 q. 2. cc. 10, 11), wenn die Frau nicht einen freien Konsens abgeben konnte. Sonderbestimmungen unterlag der Kirchenr. (sacrilegium), die gewaltsame Entwendung einer geweihten Sache aus einem geweihten Ort. Der R. wird mit →Exkommunikation und Ehrlosigkeit bestraft, im Kirchenstaat auch mit dem Tod (wegen Gleichstellung mit Ketzerei). Seit dem späten MA wird der R. zu den gemischten Verbrechen gezählt. R. Puza

Q. und Lit.: DDC VII, 453f. – HRG IV, 186f. – P. Hinschius, System des kath. Kirchenrechts mit bes. Rücksicht auf Dtl., V, 1895, 185ff., 760, 828ff. – Thomas v. Aquin, Summa theol. (Ausg. Albertus-Magnus-Akad., Bd. 18, 1953), II-II q. 66 art. 4.

Räuber, -banden
I. Westen – II. Byzanz.

I. Westen: R.banden sind Verbindungen von R.n bzw. – bei dem weiten Begriff des →Raubes – von (Gewalt)Verbrechern überhaupt zur Begehung gemeinsamer Missetaten. Das Wort »Bande« findet sich erstmals im 12. Jh. als Bezeichnung für Scharen von Soldaten, die sich gegen Bezahlung anwerben ließen, für jede Seite fochten und dann plündernd durchs Land zogen. Doch finden sich Hinweise auf das Phänomen selbst bereits in frk. Q. (contubernicum, manus collecta, trustis, ags. hlod), die in der näheren Umschreibung den Bezug zur militär. Organisation verdeutlichen; so wenn ein Rädelsführer als »qui in capite est« oder als »prior« herausgehoben ist. Die Anzahl der beteiligten Genossen (»Folger«, d. h. »qui eum secuti sunt«) schwankte zw. 5 und 35 Mann. Der Zusammenschluß erfolgte in der Regel unter gegenseitiger Leistung des Treueides, einander bei der Begehung von noch unbestimmten Missetaten beizustehen und auch die Beute untereinander aufzuteilen (»auf einen Pfennig zu tun«). Es liegt auf der Hand, daß diese R.banden v. a. dort in Erscheinung traten, wo ein gemeinsames Vorgehen notwendig war: als Überfall (Heimsuchung), Straßenraub (Wegelagerei) und auch Menschenraub. Dadurch rückten die verbrecher. Aktivitäten immer in die Nähe des Landzwangs (»R. und Placker«), was zu Gegenmaßnahmen schon der Kg.e und dann der Landesherren führen mußte. Dabei standen die R.banden in und seit der frk. Zeit offensichtl. im Zusammenhang mit der →Fehde und stellten die Verwandten und Knechte der (oft adligen) Fehdeführer dar; von daher erklärt sich auch die militär. Organisation. Die Q. der späten Karolingerzeit berichten häufig über schwerste Störungen der öffentl. Sicherheit durch diese »reisigen Haufen«, die nicht durch Sold unterhalten wurden, sondern sich bei Freund und Feind durch Plünderungen ernährten. Oft verloren diese Männer den Bezug zu den adligen Höfen und stellten dann als »gartende Knechte« eine wilde und überaus gefährl. Masse dar (→»landschädl. Leute«). Dagegen wurden schon in karol. Zeit eigene »missi pro latronibus« zur Verfolgung eingesetzt. Die →Gottes- und Landfrieden setzten diesen Kampf fort, mit unterschiedl. Ergebnissen, da auch durch die wirtschaftl. und soziale Entwicklung die R.banden unter Führung der →»Raubritter« zunehmende Bedeutung erlangten. Das Söldnertum entstand in den Wirren des 12. Jh. und vergrößerte oft die Masse der vagabundierenden Gewalttäter, verstärkt durch die von den →Kreuzzügen enttäuschten und entwurzelten Kämpfer. Für das 13. Jh. schildert der »Meier Helmbrecht« des →Wernher des Gartenaere, welche Formen von Schwerkriminalität sich hier bereits ausgebildet hatten. Es ist daher nicht verwunderl., daß die Städte aufgrund von Privilegien darangingen, immer kürzeren Prozeß mit diesen Tätern zu machen: über Übersiebnungs-, Leumundsverfahren bis hin zu einfachen polizeirechtl. Schnellverfahren.
W. Schild

Lit.: HRG II, 1451-1485; IV, 187-191 – H. Grundmann, Rotten und Brabanzonen, DA 5, 1941/42, 419ff. – G. Radbruch-H. Gwinner, Gesch. des Verbrechens, 1951 – M. Scherer, Die Formen der Verbrechensbegehung bei den Rotten- und Bandendelikten [Diss. Mainz 1966] – A. Kosean-Mokrau, R.leben – R.sterben, 1972 – H. Fichtenau, Lebensordnungen des 10. Jh., 1984 – W. Schild, Alte Gerichtsbarkeit, 1985² – U. Andermann, Ritterl. Gewalt und bürgerl. Selbstbehauptung, 1991 – P. Menke, Recht und Ordo-Gedanke im Helmbrecht, 1993.

II. Byzanz: Wiederholte Feldzüge und eigenmächtige Landnahme auf dem Balkan (Slawen) und in Kleinasien (Araber, Selǧuqen) sowie, parallel dazu, der ökonom.-demographische (Bevölkerungsreduktion) bedingte Verfall der Infrastruktur (Straßensystem) führten in den Kerngebieten des Byz. Reiches ab dem 6./7. Jh. zu einem starken Rückgang des Überlandverkehrs. Diese instabile Gesamtlage begünstigte zudem reichsintern ein organisiertes Bandenwesen sowohl auf dem nun bevorzugten Seeweg (→Seeräuberei) als auch zu Lande, ausgerichtet auf gewaltsame Bereicherung (ληστεία, ἀρπαγή) an (entbehrten) Gütern oder seltener Lösegeldern. Die klare Scheidung zw. rein kriminellen Aktivitäten (Matthaios v. Ephesos/→Manuel Gabalas, Brief 64 [192-198 Reinsch]; sogar als Auftragshandlung: Patriarchatsregister von Konstantinopel, Nr. 101 [CFHB 19/1]) und paramilitär. Freischärlertum (u. a. revoltierende →Söldner) fällt dabei mitunter schwer; auch Übergriffe »regulärer« Soldateska kamen vor (Michael Gabras, Brief 295 [II 457f. Fatouros]). Polit., etwa autonomist. Motivation von Attacken und Eigentumsdelikte konnten Hand in Hand gehen. Speziell in Grenzgebieten mochte der wechselseitige Kleinkrieg primär zur Plünderung werden bzw. von der anderen Seite als solche empfunden werden (Belthandros und Chrysantza, v. 220-232 [Kriaras]), ebenso aber zur poet. Verklärung des Banditen führen (ἀπελάται im Epos →»Digenes Akrites«). →Akriten, →Mardaiten; →Raub, B.
E. Kislinger

Lit.: Oxford Dict. of Byz. III, 1991, 1799 – A. Pertusi, Tra storia e leggenda: akrítai e ǧhâzi sulla frontera orientale di Bisanzio (Actes XIVᵉ Congr. Int. Ét. Byz. 1974), 238-248 – M. Bartusis, Brigandage in the Late Byz. Empire, Byzantion 51, 1981, 386-409 – E. Malamut, Sur la route des saints byz., 1993, 275-277.

Räuberkonzil → Ephesos, Synoden/Konzilien, II

Raubritter, nach verbreiteter Auffassung Angehörige des niederen, ritterbürtigen Adels, die infolge des zunehmenden Verlusts ihrer militär. Funktionen sowie aufgrund des im späten MA tiefgreifenden Wandels in Herrschaft, Wirtschaft und Gesellschaft, namentl. durch die Folgen des Übergangs von der Natural- zur Geldwirtschaft, in Not geraten waren und ihre prekäre Situation durch Straßenraub sowie durch mutwillig angezettelte →Fehden und Beutezüge, v. a. gegen Städte und Kaufmannszüge, zu verbessern suchten. Die zeitgenöss., zumeist parteil. Q. sprechen im Zusammenhang mit Fehden und sonstigen Auseinandersetzungen zw. dem Adel und seinen keineswegs allein bürgerl. Gegnern zwar immer wieder von *raptores, predones, latrones, spoliatores* und *räubern* oder auch von *raubheußern*, jedoch nicht von R.n. Der

Begriff 'R.' ist eine späte Schöpfung und begegnet erstmals 1810 in der hist. Einleitung zu F. GOTTSCHALCKS von der Romantik geprägtem Sammelwerk »Die Ritterburgen und Bergschlösser Deutschlands« (I, XVIII); mithin bietet er nicht ein »Spiegelbild der Feudalzeit, sondern ein Spiegelbild der Meinung, die sich eine spätere Welt von der Vergangenheit machte« (M. ZENDER). In ihm verbinden sich bürgerl. Feudalismuskritik und Unverständnis im Umgang mit der Staatlichkeit des späten MA, war doch die Ritterfehde als Form der Selbsthilfe ein an sich unumstrittenes Element der ma. Verfassung, keineswegs aber Entartung und Verfall. Insoweit ist es auch nicht angebracht, das Rechtsempfinden fehdeführender Adliger kurzerhand als vordergründige Verbrämung materieller Interessen abzutun, dieses um so weniger, als die wirtschaftl. und sozialen Prämissen des gängigen R. bildes in ihrer vielzitierten Pauschalität gar nicht zutreffen. Obgleich das Fehderecht zweifellos oft mißbräuchl. angewendet wurde, geht es bei der Beurteilung des ma. R.tums weniger um die immer wieder erörterte Frage nach rechter und unrechter Fehde; vielmehr geht es grundsätzl. um die Einschränkung und endliche Ausschaltung der bewaffneten Selbsthilfe, insbes. der Fehde, im Zuge von Entwicklung und Durchsetzung des staatl. Gewaltmonopols seitens der Landesherren wie auch der großen Städte, denen der Kampf gegen die ritterl. Gewalt nicht zuletzt als Mittel der Selbstbehauptung im allg. Prozeß der Territorialisierung diente. Nach erfolglosem Bemühen der vielfältigen hoch- und spätma. Landfriedensbestrebungen (→Landfrieden) führten die Reichslandfriedensgesetzgebung seit 1495 und die Reichsexekutionsordnung (1512/55) schließlich zur Kriminalisierung der Ritterfehde und schufen so letztl. die Voraussetzung für die Entstehung des Begriffs 'R.', der freilich im wiss. Diskurs gemieden werden sollte. →Raub, →Räuber. K. Andermann

Lit.: O. BRUNNER, Land und Herrschaft, 1965⁵ – E. ORTH, Die Fehden der Reichsstadt Frankfurt a. M. im SpätMA, 1973 – H. ULMSCHNEIDER, Götz v. Berlichingen, 1974 – M. ZENDER, Volkserzählungen als Q. für Lebensverhältnisse vergangener Zeiten (Gestalt und Wandel, hg. DERS., 1977), 414–454 – W. RÖSENER, Zur Problematik des spätma. R.tums (Fschr. B. SCHWINEKÖPER, hg. H. MAURER–H. PATZE, 1982), 469–488 – F. REICHERT, Landesherrschaft, Adel und Vogtei, 1985 – R. GÖRNER, R., 1987 – P.-M. HAHN, Fsl. Territorialhoheit und lokale Adelsgewalt, 1989 – U. ANDERMANN, Ritterl. Gewalt und bürgerl. Selbstbehauptung, 1991 – M. BITTMANN, Kreditwirtschaft und Finanzierungsmethoden, 1991 – K. ANDERMANN, Zu den Einkommensverhältnissen der Kraichgauer Adels an der Wende vom MA zur NZ (Die Kraichgauer Ritterschaft in der frühen NZ, hg. S. RHEIN, 1993), 65–121 – K. GRAF, Feindbild und Vorbild. Bemerkungen zur städt. Wahrnehmung des Adels, ZGO 141, 1993, 121–154.

Raubtiere. Eine systemat. Kategorie für alle Familien der Landr. und der (im MA den Meerungeheuern zugerechneten) →Robben gab es weder in der Antike noch im MA. Nach Isidors unscharfer Definition (etym. 12, 2, 1) gehörten alle mit Maul oder Krallen 'wütenden' Tiere zu den 'Bestien', v. a. der Löwe, Pardel (pardus), Tiger, Wolf, Fuchs, →Hunde und →Affen (!). Dort werden aber auch →Nas- und →Einhorn (!), Elefant (!) (→Elephas), an sagenhaften Formen →Greif, Leontophonos und Enhydros, das →Chamaeleon (!), →Giraffe (!), Luchs →Biber (!), →Bär, →Stachelschwein (!), Ichneumon, Katze und →Dachs behandelt. Die Hyäne wurde offenbar vergessen (vgl. Thomas 4, 35 und 111). Im HochMA wies Thomas v. Cantimpré den meisten echten R.n ihren Platz unter den Vierfüßern (quadrupedia) zu und betont (4, 1), daß Fleischfresser wie Löwe und Wolf magerer und schneller als Vegetarier sind. Infolge des Fehlens echter zoolog. Kenntnisse, insbes. von den afrikan. R.n, glaubte man an sexuell entstandene Mischformen wie Leopard (Thomas 4, 55) aus →Löwe und Pardel (Thomas 4, 86) (unterschieden vom Panther [= Gepard?], Thomas 4, 87) und der Corocrotes (Thomas 4, 27) bzw. Lincisius (Thomas 4, 61) aus Hund und Wolf. Von den in Mitteleuropa verbreiteten heim. Räubern waren neben der (meist nicht von der Wildkatze unterschiedenen) domestizierten →Katze, dem →Fischotter, Fuchs (Thomas 4, 108), →Luchs und →Wolf am besten bekannt das Wiesel (mustela, Thomas 4, 77 vgl. 4, 47), das Hermelin (erminius, Thomas 4, 40) und der Iltis (putorius, Thomas 4, 93). Das (als dessen Zuchtform) dem Iltis ähnliche Frettchen (furunculus oder furetus) wurde im 13. Jh. (Thomas, 4, 42) bereits zur Kaninchenjagd verwendet. Von d. beiden hauptsächl. durch ihren Biotop (auf Buchen oder Tannen lebend) unterschiedenen Marderarten (angebl. auch der Baummarder mit weißer Kehle!) berichtet erstmals Albertus Magnus (de animal. 22, 125). Die Beschreibung bei den naturkundl. Enzyklopädikern legt meist mehr Wert auf das Verhalten als auf die Körpermerkmale. Die mediterrane Schleichkatze Ichneumon (= Mungo?) wird schon von Isidor (etym. 12, 2, 37), die Ginsterkatze (4, 48 genetha) erst von Thomas (Quelle?) erwähnt. Einige R. fanden als Pelztiere (→Pelze) Verwendung, in der Volksmedizin meist nur Bär, Dachs, Fuchs (vgl. Vinzenz v. Beauvais 19, 123), Hund und Wolf. Im Märchen begegnen v. a. Fuchs und Wolf. In christl. Symbolik haben die einzelnen R. meist negative Bedeutung (vgl. Hrabanus Maurus, de univ. 8, 1). Ch. Hünemörder

Q.: →Albertus Magnus, →Hrabanus Maurus, →Isidor v. Sevilla – Thomas Cantimprat., Lib. de nat. rer., I, hg. H. BOESE, 1973 – Vincentius Bellov., Speculum nat., 1624 [Neudr. 1964].

Räuchermittel. Arzneidrogen für sog. (suf)fumigationes oder 'rokingen' (→Arzneiformen) wurden sowohl direkt als auch im Kohlebecken über Holzkohlenfeuer verbrannt bzw. ins Wachs einer Kerze eingeknetet. Der Rauch wurde vom Patienten inhaliert oder mittels trichterartiger Röhren an die zu behandelnde Körperstelle geleitet. Bei gynäkolog. Genitalräucherungen stand das Räucherbecken unter einem durchlöcherten Schemel. In Anlehnung an die →Destillationsverfahren entwickelten spätma. Hebammen ein Räuchergerät, das mit seiner wärmegedämmten 'pipe' die intravaginale (sowie intrauterine) Rauchapplikation erlaubte. Im übrigen sind die Verfahren alt; die vom 'Bartholomäus' empfohlene Zahnwurmkerze ist bereits in der Keilschriftmedizin belegt. Zur Anwendung kamen aromat. Harze (wîhruoch), Kräuter, Samen und Hölzer: bei der Zahnwurmkerze nutzte man die peripher anästhetisierende Wirkung des →Bilsenkraut-Samens; bei Menstruations- und Empfängnisstörungen waren →Beifuß oder →Wermut indiziert. Mineralien traten gegenüber pflanzl. R.n zurück; häufiger kamen nur →Schwefel-Dämpfe bei Asthma bronchiale zum Einsatz (→Circa instans). Gegen Mücken (-stiche) hat man mit Wermut geräuchert (Macer, ed. CHOULANT, v. 72). →Wacholder-Räucherungen setzten sich seit 1371 in der →Pest-Prophylaxe durch ('Sendbrief des Gallus v. Prag). Über die Heilanzeige der vielfältigen R. entschieden die pharmakolog. Primär- oder Sekundärqualitäten (→Humoralpathologie). – Ikonograph. fanden die Räucherungen in den fläm. →'Trotula'-Illustrationen ihren Niederschlag. G. Keil

Lit.: G. WERTHMANN-HAAS, Adt. Übers. des Prager 'Sendbriefs', Würzb. med. hist. Forsch. 27, 1983 – A. B. C. M. DELVA, Vrouwengeneeskunde in Vlaanderen tijdens de late MA met uitgave van het Brugse Liber Trotula, Vlaamse hist. stud. 2, 1983, 172f., 176f., 191 – B. KUSCHE, Frauenaufklärung im SpätMA. Eine philol.-med.hist. Unters. und Ed. des gynäkolog.-obstetr. GKS 1657 Kopenhagen, Acta univ. Umensis. Umeå stud. in the humanities 94, 1990, I, 62; II, 199f., 207, 224f. – G. WERTHMANN-HAAS–G. KEIL, 'Sendbrief'-Anteile im St. Georgenberger Pest-Konsilium des Ulrich v. Trient, Der Schlern 65, 1991, 67–76 – K. BERGDOLT, Der Schwarze Tod in Europa, 1994, 27–30.

Rauchfaß → Weihrauchgefäße

Raudnitz, Burg am Elbübergang der Fernstraße von Prag in die Mgft. Meißen, seit dem 12. Jh. im Besitz der Bf.e v. →Prag, im frühen 13. Jh. nach frz. Manier ausgebaut. Die Marktsiedlung bei der Burg wurde 1237 zur bfl. Stadt erhoben. Seit dem 14. Jh. war R. bfl. Nebenresidenz. Bf. Johann IV. v. Draschitz (1301–43) stiftete 1333 in R. die erste Kanonie der →Augustiner-Chorherren in den böhm. Ländern, die zum Ausgangspunkt einer weit ausgreifenden Reformbewegung wurde (R.er Reform). Die unter Propst Nikolaus v. R. († 1383) aufgezeichneten Consuetudines Rudnicenses, für die Tochterkl. verbindl., stehen den Gewohnheiten von →St-Ruf/Avignon bzw. →Marbach nahe. Der 1349 durch Karl IV. in der Prager Neustadt gegr. Karlshof wurde zum zweiten Hauptkl. der R.er Reform; ihm unterstand die 1354 errichtete Filiale →Ingelheim. Ebf. →Ernst v. Pardubitz gründete vier Kl. (u.a. →Glatz). Um 1400 umfaßte der Reformkreis bereits 13 Kanonien, u.a. Wittingau in Südböhmen und das oberfrk. Neunkirchen am Brand; letzteres trug die Reform in Franken und nach Altbayern (Indersdorf) weiter, Glatz nach Polen, Wittingau nach Österreich. Die Chorherren der R.er Reform waren Förderer der sog. böhm. →Devotio moderna, der Buchkultur und der Kunst (→Meister v. Wittingau). In der hussit. Revolution ging ein Großteil der böhm.-mähr. Kl. unter. Kard. →Nikolaus v. Kues verpflichtete 1451 alle Kanonien der Erzdiöz. Salzburg auf die R.er Gewohnheiten. F. Machilek

Lit.: F. MACHILEK, Die Augustiner-Chorherren in Böhmen und Mähren, Archiv für Kirchengesch. v. Böhmen-Mähren-Schlesien 4, 1976, 107–144 [Lit.] – J. KADLEC, Začátky kláštera Augustiniánských kanovníků v Roudnici, Studie o rukopisech 20, 1981, 65–86 – ZD. HLEDÍKOVÁ, Biskup Jan IV. z Dražic, 1991, 148–151 – K. BOLDAN, Augustiner-Chorherren aus R. und Sadská im Exil in der Hussitenzeit als Schreiber von Hss., Studie o rukopisech 29, 1992, 79–93 [Lit.].

Raugrafen (lat. comites hirsuti, mhd. *rugrave*, wohl Anspielung auf die Gerichtsfunktion 'Rügegraf'), Gf.enfamilie, um die Mitte des 12. Jh. entstandene Seitenlinie der seit 960 als Gf.en im Nahegau nachweisbaren Emichonen (→Leiningen, →Veldenz, →Wildgrafen). Emich I., der sich auch Gf. v. Naumburg (Burg bei Bärenbach sw. Kirn) und v. Baumburg (Burg bei Altenbamberg s. Bad Kreuznach) nannte, begegnet 1148 erstmals mit dem Titel R. Das Geschlecht teilte sich im 13. Jh. in die Linien *Altenbaumburg*, *Neuenbaumburg* und *Stolzenfels*. Viele Verkäufe reduzierten die ohnehin kleine, im Nahegebiet zerstreute Gft., wobei Kurpfalz der größte Nutznießer wurde. Im 15. Jh. errang die überlebende Neuenbaumburger Linie dank einer Erbtochterheirat einen neuen Herrschaftsschwerpunkt im W (Luxemburg). K.-H. Spieß

Lit.: W. FABRICIUS, Die Herrschaften des unteren Nahegebietes, 1914 – P. SCHNEPP, Die R., Mitt. des Hist. Vereins der Pfalz 37/38, 1918, 147–206 – I. TOUSSAINT, Die Gf.en v. Leiningen, 1982.

Rauhnächte (Rauchnacht, Zwölften, Zwölfnächte), Nächte von der Thomasnacht (21. Dez.) bis zur Dreikönig (6. Jan.). Die seit dem 19. Jh. mit den R.n in Verbindung gebrachten, meist folklorist. geförderten Brauch- und Glaubenskomplexe des »Losens«, apotropäischer Rituale und der Heische- und Maskenumzüge sind sowohl hist. als auch regional zu differenzieren. Der Begriff »Rauchnacht« leitet sich vermutl. vom Ausräuchern des Hauses an Epiphanie ursprgl. durch einen Geistlichen, später durch die Bewohner als Segenshandlung wie als Mittel der Dämonenbannung ab (vgl. Joh. Boemus, Omnium gentium mores […]. Augsburg 1520, f. LIXr). Fröhlich begangen werden die R. ebenso wie die »Klöpfelnächte« (Advent-Donnerstage) gemäß einer hs. Losbücher-Slg. des 3. Viertels des 15. Jh. aus dem schwäb. Oettingen. Die verbreitete Überzeugung, daß man während der R. in die Zukunft blicken (Wetter, Ernte, Heiraten) könne, steht im Zusammenhang mit den u.a. von Martin v. Braga diskutierten Kalendensuperstitionen (Capitula, cap. 73). Prognost., bis ins 19. Jh. lebendig gebliebene Bräuche in den R.n wie z.B. Weissagung aus der Fallrichtung eines geworfenen Schuhs begegnen etwa in Hans Vintlers »Pluemen der tugent« (1393, Erstdr. 1486, Zeile 219–223). →Hartlieb beklagt im »puch aller verpoten kunst« (1456) die Ausübung mag. Praktiken in den verschiedenen R.n (cap. 64); das Umschreiten des Hauses mit Brot und Käse zur Erzielung einer guten Ernte ist im späten 14. Jh. bezeugt. – Von solchen Glaubensformen sind die heute auf die R. bezogenen Umzüge und Maskeraden zu trennen, bei denen es sich keinesfalls um Erinnerungen an germ. Mittwinterbräuche handelt. Missionszeitl. Q. zu Winter- und Neujahrsmaskeraden referieren spätantik-mediterrane Traditionen und spiegeln, so z.B. bei Caesarius v. Arles (470/471–542), bestenfalls gallo-kelt. Ausprägungen wider. Eine relativ späte, ursprgl. katechet. (»Frau Luxuria«) in Anspruch genommene spieldidakt. Form stellen die im Alpenraum bezeugten Perchtenläufe dar; sie stehen zudem Heischebräuchen ähnlich nahe wie andere Maskenumzüge; so ist 1391 für Straubing ein weihnachtl. »Schemenlaufen« belegt, gelegentl. fanden die Kinder- und Narrenbf. sfeste in den R.n statt. Ch. Daxelmüller

Lit.: HWDA VII, 529–532 – LThK[2] VIII, 1013; X, 1445f. – J. GRIMM, Dt. Mythologie, III, 1877[4], 418 – H. MOSER, Zur Gesch. der Klöpfelnachtbräuche…, Bayer. Jb. für VK 1951, 121–140 – J. DÜNNINGER–H. SCHOPF, Bräuche und Feste im frk. Jahresreif, 1971, 24f. – H. MOSER (Fschr. L. SCHMIDT, 1972), 224–245 – I. WEBER-KELLERMANN, Das Weihnachtsfest, 1978, 16–21 – D. HARMENING, Superstitio, 1979, 117–177 – F. MARKMILLER, Der Tag der ist so freudenreich, 1981, 173–186 – M. RUMPF, Luxuria, Frau Welt und Domina Percht, Fabula 31, 1990, 97–120 – PH. WALTER (Feste und Feiern im MA, hg. D. ALTENBURG, J. JARNUT, H.-H. STEINHOFFE, 1991), 377–388.

Raum. Die antiken Atomisten (Leukipp, Demokrit) hatten ihrer Kosmologie außer den Atomen die widerstandslose Leere oder Abwesenheit von Materie als Bedingung der Bewegung zugrundegelegt. Der Pythagoreer Archytas (DIELS–KRANZ Nr. 47, fr. A 24) warf die dann in der Scholastik vieldiskutierte Frage auf, ob man am Rande des Kosmos (Fixsternhimmel) die Hand hinausstrecken könne. Im Platon. »Timaios« (48 e, 49 a) wird als Bedingung für die Entstehung von Abbildern der Ideen das, worin sie werden, als 'Chora' oder metaphor. als 'Amme' eingeführt. Aristoteles entwickelt dies nicht weiter, sondern führt stattdessen den Begriff des Ortes eines Körpers als die erste unbewegte Grenze des Umfassenden ein (Phys. 212a 20f.). Außerdem betont er mit dem Begriff des natürl. Ortes, zu dem ein Körper strebt, die Anisotropie des R.es. Im Gegensatz zu Aristoteles unterscheidet Philoponos zw. der körperl. und der unkörperl. Ausdehnung.

Im chr. MA wird die unbegrenzte Ausdehnung und Dauer des Raumes gegenüber dem bibl. Schöpfungsbericht zum Problem. Nach Augustinus ist der Raum wie die Zeit mit der Welt erschaffen (De civ. Dei XI, 5). Außerhalb dieser Welt gibt es keinen Raum und keine anderen Welten. Johannes Scotus Eriugena unterscheidet zw. dem unbewegten, aufnehmenden R. und der in ihm enthaltenen Welt. Dabei ist der R. oder Ort eines Körpers nur im Geiste (in animo). Größen und Richtungen sind relativ in Bezug auf den Betrachter. Im Gegensatz zu Augustinus sehen die Mutakallimūn im Raum eine Voraussetzung für die Schöpfung der Welt und der Bewegung in ihr, dennoch kommt ihm keine selbständige Realität zu, er muß ständig von Gott erhalten werden. Al-Ġazzālī versteht den R. als ein bloßes Akzidens des Körpers. Averroes deutet R. als eine Potenz der Materie, die mit der Materie auch ewig ist, aber ebensowenig wie diese unendl. ausgedehnt (Phys. IV, comm. 6). Die Leugnung eines innerweltl. Vakuums und eines extramundanen R.es wird zur weitgehend akzeptierten Auffassung in der aristotel. Scholastik. Dennoch werden anhand des von Lukrez und Simplikios überlieferten Weltrandproblems des Archytas Fragen der für Gott oder den Menschen möglichen Erweiterung des kosm. R.es diskutiert (z.B. bei Johannes Buridanus und Richard v. Middleton). Zugleich wird bei Wilhelm v. Ockham durch Betrachtungen von Relativbewegungen (z.B. Pfahl im Flußbett) die Brauchbarkeit des aristotel. Ortsbegriffes fraglich. Ḥasday Crescas und Nicole Oresme propagieren die Realität des außerkosm. R.es. Nz. Denker (Telesio, Bruno, H. More) treiben die ontolog. Verselbständigung des als unendl. ausgedehnt und unendl. teilbar gedachten R.es voran, so daß bei Newton der absolute, homogene, unendl., leere R. zu einer grundlegenden Bedingung der Physik werden konnte. W. Breidert

Lit.: M. Jammer, Concepts of Space, 1954 [dt.: Das Problem des R.es, 1960] – A. Gosztonyi, Der R., 2 Bde, 1976 – E. Grant, Much ado about nothing: Theories of Space and Vacuum from the MA to the Scientific Revolution, 1981 – F. Brion, Le temps, l'espace et la genèse du monde selon Abu Bakr Al-Razi, RPhL 87, 1989, 139–164.

Rauschmittel, psychotrope Substanzen, die zur Erzeugung lustbetonter Empfindungen oder rauschartiger Zustände seit Urzeiten wohl in allen Kulturen (z.T. rituell) angewendet wurden und deren Genuß zu psych. und/oder phys. Abhängigkeit (Sucht) führt; bei bestimmungsgemäßem Gebrauch lassen sich die meisten R. auch unter die Genuß-, Schmerz-, Schlaf- oder →Betäubungsmittel einordnen (s.a. →Gift).

Hauptnahrungsmittel, aber auch R. im MA waren →Wein und im N →Bier sowie konkurrierende Getränke wie →Met, →Zider und verschiedene Mostsorten. Der Branntweinkonsum (Destillation seit dem 11./12. Jh.) begann sich im 14. Jh. in Frankreich und Deutschland auszubreiten. Während obrigkeitl. Verordnungen zur Überwachung des Alkoholgenusses seit dem ausgehenden 15. Jh. auf zunehmenden Verbrauch und Mißbrauch am Ende des MA hindeuten, finden sich solche seitens der Orden bereits früher. Teilweise interpretierte man den Alkoholrausch als Auftreten von Berauschungsdämonen, die sich bes. gern in Klöstern zeigten und dort entsprechende Maßnahmen (Weihwasser, Kreuzzeichen, Exorzismen) zu vertreiben waren. Ein eigenes Stichwort »ebrietas« (Trunkenheit, Rausch) findet sich bei Petrus de Sancto Floro (14. Jh.), der diskutiert, ob »vinum temperatum cum aqua« oder »vinum purum« eher trunken mache.

Da sich das Bierbrauen mit Hopfen erst seit dem Hoch- und SpätMA durchsetzte und bis dahin zur Stabilisierung 'Grut', d.h. verschiedene (z.T. narkotische) Drogen, wie Gagel oder Sumpfporst (oft noch versetzt mit Harzen, Lorbeer u.a.), verwendet wurden, zeigten sich auch deren Neben- und Nachwirkungen; bes. beliebt war der Zusatz von Bilsenkrautsamen, woran Ortsnamen wie Bilsengarten, Bilsen (Niederlande) und das böhm. Pilsen erinnern, aber auch Verbote wie das der Eichstätter Polizeiordnung von 1507, Bilsensamen und andere »den Kopf tollmachende Stücke und Kräuter« in das Bier zu mischen. Ähnl. berauschende Wirkungen erzeugten die beliebten Gewürzweine.

Verbreitete R. für die ärmsten Teile des Volkes, die sich damit in Ekstase, Trance oder Schlaf versetzten, um die Armseligkeit, Not und Einsamkeit ihres Alltags zu vergessen bzw. die entbehrten Freuden von Trinken, Essen, Spiel und Tanz sowie v.a. die der Liebe im Traum nachzuholen, waren die sog. Hexensalben und -tränke; diese bestanden hauptsächl. aus Alkaloiddrogen (→Bilsenkraut, →Mohn, →Eisenhut, →Schierling, →Tollkirsche u.a.) und riefen oft Flughalluzinationen und solche von Tierverwandlungen (z.B. Werwolf) hervor. Ähnl. zusammengesetzt (hier bes. mit →Alraune) waren viele Liebestränke. – Da von den 140 Präparaten des →Antidotarium Nicolai über ein Drittel zumindest eine dieser Drogen mit narkotischer oder das Zentralnervensystem beeinflussender Wirkung beinhalten, kann es als wahrscheinl. gelten, daß auch der med. angezeigte Gebrauch dieser Zubereitungen (z.B. des bei akuten Fiebern und als Schlafmittel indizierten, vielbenutzten und ausdrückl. als Hexensalbe erwähnten Unguentum populeon) zu deren Abusus als R. führte. – Reiner →Opium- und →Hanfmißbrauch läßt sich im Gegensatz zum islam. Kulturkreis im christl. MA nicht nachweisen. F.-J. Kuhlen

Lit.: M. Scheele, Über Vergiftungen mit Rauschgiften in med. Kräuterbüchern des 14.–17. Jh. [Diss. masch. Münster/W. 1944] – W. Schmidbauer–J. vom Scheidt, Hb. der Rauschdrogen, 1981[6] – Rausch und Realität, hg. G. Völger, 2 Bde, 1981 – F.-J. Kuhlen, Zur Gesch. der Schmerz-, Schlaf- und Betäubungsmittel im MA und früher NZ, QStGPh 19, 1983 – Ders., Von Hexen und Drogenträumen, DAZ 124, 1984, 2195–2202 – D. Martinetz–K. Lohs, Gift, Magie und Realität, Nutzen und Verderben, 1986 – Gifte. Gesch. der Toxikologie, hg. M. Amberger-Lahrmann–D. Schmähl, 1988 – R. Schmitz–F. J. Kuhlen, Schmerz- und Betäubungsmittel vor 1600, Pharmazie in unserer Zeit 18, 1989, 10–19.

Raute (Ruta graveolens L./Rutaceae), aus dem Mittelmeerraum stammende, nach ihrem herb-aromat. Duft lat. wie ahd. *ruta* benannte Pflanze, bei der man häufig eine Garten- und eine Wildform unterschied; sie genoß schon in der antiken Heilkunde höchstes Ansehen. Das weit ausgreifende, namentl. von Dioskurides (Mat. med. III, 45) für das 'peganon' aufgestellte Indikationsspektrum wurde während des MA in vollem Umfang weitertradiert: Demgemäß verwendete man die bereits im »Capitulare de villis« (70) und bei Walahfrid (Hortulus, hg. Stoffler, 79) erwähnte Pflanze v.a. gegen Sehschwäche, bei Magen-Darm-Affektionen und Bronchialleiden, als Antaphrodisiakum, schmerzlinderndes, harn- und wurmtreibendes sowie menstruationsförderndes Mittel (Macer, hg. Choulant, 267–331; Circa instans, hg. Wölfel, 103; Hildegard v. Bingen, Phys. I, 64; Albertus Magnus, De veget. VI, 428; Minner, 186–188: Gart, Kap. 336); aufgrund der letztgen. Wirkung benutzte man sie wie andere, äther. Öl enthaltende Pflanzen aber auch häufig als Abortivum. Seit jeher als unfehlbares Gegengift geschätzt, kam die R. mit dem »Pariser Pest-Gutachten« (1348/49) darüber hinaus in der Seuchenprophylaxe zum Einsatz. Als zauber-, hexen- und teufelabwehrendes Mittel, als Braut- und Totenpflanze spielte sie nicht zuletzt im Aberglauben eine bedeutende Rolle. – Schließl. diente die rhomb. Konfiguration der dreifach gefiederten Blätter nicht allein als Benennungsmotivation (auch für andere, ähnl. gestaltete und ebenfalls stark aromat. Pflanzen); die geometrisch-abstrakte Form ist vielmehr von der Buchornamentik übernommen, von d. Heraldik rezipiert u. im Blatt- u. Maßwerk ma. Kathedralen nachgebildet worden. G. Keil

Lit.: MARZELL III, 1552–1556 – DERS., Heilpflanzen, 117–123 – HWDA VII, 542–548 – C. BECELA-DELLER, Die Weinr., Heilpflanze zw. Magie und Wiss., DAZ 131, 1991, 2705–2709 – J. M. RIDDLE, Contraception and Abortion from the Ancient World to the Renaissance, 1992, passim.

Ravanica, Kl. bei Ćuprija, Serbien, um 1376 errichtete Stiftung des Fs. en→Lazar Hrebeljanović, der hier zwei bis drei Jahre nach seinem Tod in der Schlacht v. →Kosovo polje (1389) bestattet wurde. Hier ruhen auch sein zweiter Sohn Vuk und der bekannte bulg. Hesychast Romil, der in R. starb. In R. entstanden die ersten Texte des Lazar-Kults; die Reliquien Lazars wurden 1690 nach Ungarn, 1697 ins Kl. Vrdnik in der Fruška Gora gebracht. Äußere Gestalt und Raumverständnis der Kirche v. R. folgen der von Zar Stefan Dušan gestifteten Erzengel-Kirche bei →Prizren. Die Motive der plast. Dekoration sind aus Miniaturen und Fresken etwas früherer Zeit entlehnt. Der Bau v. R. gilt als der Beginn der →Morava-Schule. Das zw. 1385 und 1387 vollendete reiche Freskenprogramm mit abgesetzten Medaillons in der Oberzone wurde zum Vorbild für andere serb. Kl. (Ramaća, Kalenić, Resava etc.). Das Kl. ist von Mauern und Türmen aus der Zeit Lazars umgeben.
V. J. Djurić

Lit.: G. MILLET, L'ancien art serbe. Les églises, 1919, 159–163, passim – V. J. DJURIĆ, Byz. Fresken in Jugoslawien, 1976, 139–143, 283–285 – R., Spomenica o šestoj stogodišnjici, 1981 – M. LJUBINKOVIĆ, Manastir R., 1989 – B. ŽIVKOVIĆ, Les dessins des fresques, 1990.

Ravello, Stadt in Süditalien (Prov. Salerno, Kampanien), nach der Tradition von röm. Flüchtlingen während der →Gotenkriege (535–553) gegründet; sichere Belege für ihre Existenz sind jedoch vor dem 9. Jh. nicht erhalten. Zusammen mit dem Dukat →Amalfi kam R. 1073 unter die Herrschaft des Normannenhzg.s →Robert Guiscard. Dessen Sohn →Roger Borsa ließ R. durch Viktor III. 1087 zum Bm. erheben (andere, weniger wahrscheinl. Datierung 1086), seit 1090 (Urban II.) exemt. In den Kämpfen zw. →Roger II. und seinen internen Gegnern wurde R. im Juli 1137 von den mit Rogers Gegnern verbündeten Pisanern geplündert. Im 12. und 13. Jh. erlebte die Stadt eine Blütezeit, in der prachtvolle öffentl. Gebäude (Villa Rufolo) und Kirchen (v. a. der Dom) entstanden. Die Ansicht, daß R. damals 35000 Einw. zählte, entbehrt jedoch jeder Grundlage (Anfang des 15. Jh. betrug die Einw.zahl weniger als 1000). G. Vitolo

Lit.: M. CAMERA, Memorie storico-diplomatiche dell'antica città e ducato di Amalfi, II, 1881, 305–407 – Fonti aragonesi, hg. AAVV VII, 1970, 17 – Atti d. giornata di studio per il IX cent. d. fondazione della diocesi di R., 1987.

Ravenna, Stadt in Oberitalien (Emilia-Romagna). I. Stadt und Bistum – II. Kunstgeschichtliche Bedeutung.

I. STADT UND BISTUM: Das Fundament für die Bedeutung R.s im MA wurde bereits in der röm. Ks.zeit, v. a. in deren Endphase, gelegt: Zu R.s Aufstieg innerhalb der augusteischen Regio VIII trugen v. a. die Nähe zur Flottenbasis Classis bei sowie – seit dem späten 2. Jh. – seine Erhebung zum Bf.ssitz (erster Bf. Apollinaris, auf den eine lange Reihe von Bf.en ebenfalls östl. Provenienz folgte). Gefördert durch seine vorteilhafte Lage (Verkehrsverbindungen zu Land und zu Wasser zu Venetien, zur Poebene und zu Ariminum und der weiteren Apenninenhalbinsel; Verstärkung der Verbindungen zum O durch den nahen Seehafen und den Episkopat), wurde R. mit der Zeit zum Ausgangspunkt für die Christianisierung des adriat. Küstenstreifens und des Hinterlandes, zuerst der Flaminia, deren Vorort es gegen Ende des 2. Jh. wurde, seit dem 4.

Jh. auch der Aemilia. Als Teil der Italia suburbicaria hing R. in ziviler wie in kirchl. Hinsicht jedoch von Rom ab. Ein erster Bruch in diesem Abhängigkeitsverhältnis zeigte sich 402, als Ks. Honorius den Hof aus Sicherheitsgründen nach R. verlegte, das somit für mehr als 70 Jahre die Kapitale des Weström. Reichs wurde. Die starke Präsenz des Bf.s v. R. fand unter Bf. Ursus in der Errichtung einer Kathedrale (S. Resurrezione, auch Basilica Ursiana gen.) ihren sichtbaren Ausdruck. Eine weitere Lockerung der Abhängigkeit von Rom sollte künftig die Erhebung R.s zum Metropolitansitz (430) bringen (von Rom als gegen Mailand gerichtete Maßnahme gedacht).

Im Lauf des 5. Jh., aber auch in der Folgezeit, ist in R. v. a. durch Förderung der röm. Ks. und später der germ. Kg.e – und in ungebrochener Kontinuität des Wirkens seiner Bf.e – im Unterschied zu anderen Städten eine starke Zunahme der zivilen und kirchl. Bautätigkeit und der urbanist. Entwicklung zu beobachten. Die Stadtfläche wuchs von den 33 ha des röm. Municipium auf gut 166 ha an und wurde von Valentinian III. Mitte des 5. Jh. mit einem 4,5 km langen Mauerring umgeben. In der Folge gliederte sich der Stadtkern in zahlreiche *regiones*, danach in *guaytae* und *contratae*. Außerhalb der Mauern, in den w. und s. Vorstädten und entlang der Hauptverkehrsstraßen, die von der Stadt ausgingen, kam es zu verstärkter Siedlung. Die Scharnierfunktion des stark frequentierten Hafensystems zw. dem transalpinen und dem padanen Handel einerseits und dem Mittelmeer- und Orienthandel andererseits trug zur wirtschaftl. Blüte bei und erfüllte die Stadt, in der auch die Angehörigen des Hofes und des Säkular- und Regularklerus machtvoll präsent waren, mit pulsierendem, kosmopolit. Leben. Die soliden wirtschaftl. und sozialen Strukturen R.s erlitten auch unter den instabilen polit. Regimen, die im FrühMA mehrfach wechselten, keinen gravierenden Einbruch oder zeigten zumindest nur sehr langsam Schwächeerscheinungen: Auf →Odoakar folgte seit 494 die Herrschaft des Ostgoten →Theoderich, die das Aussehen der Stadt, zur Kapitale des Kgr.es erhoben wurde, nachhaltig prägen sollte; daran schloß sich die Herrschaft von Byzanz an, die von Belisar in R. 540 wieder etabliert und gegen Ende des 6. Jh. mit der Errichtung des →Exarchats v. Italien als Bollwerk gegen die vorrückenden Langobarden (nach 569) konsolidiert wurde; 751 eroberte der Langobardenkg. →Aistulf die Kapitale; schließlich wurde R. von den Franken formell dem Hl. Stuhl restituiert; nach der endgültigen Niederlage der Langobarden brachte Karl d. Gr. die Stadt unter seine Kontrolle, teils in Zusammenarbeit mit ihren Ebf.en. Im Wechsel der öffentl. Gewalten repräsentierte die Kirche von R. einen beständigen und zunehmend den wichtigsten Bezugspunkt der lokalen Gesellschaft; die Ebf.e regierten eine Kirchenprovinz, die sich sogar über die Grenzen der Region Emilia ausdehnte, und waren Grundherren eines riesigen Streubesitzes (von Istrien, den Gebieten des Exarchats von R. und der Pentapolis bis Sizilien), der an Umfang nur den *patrimonia b. Petri* nachstand. 666 erwirkte Ebf. Maurus vom byz. Ks. Konstans II. ein Autokephaliediplom, das die ravennat. Kirche zeitweise von Rom autonom machte, sie jedoch zunehmend in stärkere Abhängigkeit von Byzanz treten ließ. Spätestens aus dieser Zeit leiten sich die imperiale Orientierung und Tradition der Kirche von R. her, die in späterer Zeit ihre Fortsetzung fand: unter den Ottonen (die R.s Hauptstadtrolle bestätigten), den Saliern (Schisma des ravennat. Ebf.s und Gegenpapstes →Wibert) und den ersten Stauferks.n bis ca. zum 4. Jahrzehnt des 13. Jh. Daraus erklärt sich R.s jahrhundertelange Kompetition mit dem Hl.

Stuhl, die erst im 13. Jh. ein Ende finden sollte. Unter den dt. Ks.n erhielten die Ebf.e von R. auch umfassende öffentl. und Lehnsrechte. Völlig gewandelt hatten sich jedoch dabei der soziale Kontext und das geo-polit. Ambiente, da R. durch einen seit dem 8./9. Jh. erkennbaren Verlandungsprozeß der Lagunen, des Hafens und der Zubringerkanäle und durch die Verschiebung der Küstenlinie infolge der Anschwemmungen durch die Flüsse des Umlands zu einer Stadt im Binnenland geworden war. Die Kirche von R. führte ausgedehnte Trockenlegungs- und Meliorationsmaßnahmen durch und bestätigte auch damit ihre Rolle an der Spitze einer städt. und regionalen Gesellschaft aus großen und mittleren Possessores/Grundbesitzern, die die Beziehungen zw. der Stadt und dem flachen Land verstärkten und seit dem 11./12. Jh. die ersten Kommunen in der Romagna begründeten.

Bereits im 10. und 11. Jh. wurde R. – in dessen Nähe eine Pfalz der Ottonen bestand – durch die Präsenz der Herrscher und ihrer Funktionsträger wiederum zu einem polit. hochbedeutenden Zentrum, aber auch zu einer Stätte des Austausches religiöser und kultureller Ideen, die zu jener Zeit im chr. Europa gärten und v. a. auf eine Kirchenreform zielten, deren Schwerpunkt beim benediktin. Mönchtum und den Regularkanonikern lag: Zeugnis dafür geben herausragende Gestalten wie die Ravennaten →Romuald und →Petrus Damiani und bedeutende Kirchenfs.en zumeist transalpiner Herkunft wie Gerbert v. Aurillac, Anselm v. Havelberg u. a. Aus den Klerikernamen in Reformkl. wie →Pomposa, S. Apollinare in Classe und S. Maria in Porto läßt sich für diese Zeit eine starke Präsenz von Angehörigen germ. Völker erkennen.

Das hohe Ansehen der ravennat. Kirche und der Stadt R. und ihre wichtige Position als Stützpunkt der Italienpolitik der dt. Ks. blieben so lange erhalten wie im Verhältnis zw. Staat und Kirche enge Zusammenarbeit und Ausgeglichenheit bestand: Nach dem →Investiturstreit und dem unglückl. Ausgang des →Wibert-Schismas wurde die Stadt zusehends im europ. und auch regionalen Mächtespiel in eine Randlage gedrängt, ihre Ebf.e verloren schrittweise die Kontrolle über Suffraganbm.er wie Piacenza, Bologna und Ferrara, über das ausgedehnte Kirchengut insgesamt und über die signorilen und öffentl. Jurisdiktionen. Ihre Rückkehr zur röm. Obödienz, wodurch die bis dahin häufige ksl. Designation durch die päpstl. Ernennung abgelöst wurde, führte dazu, die Ebf.e für die lokalen Gewohnheiten und kirchl. wie polit. Autonomiebestrebungen zunehmend weniger Interesse zeigten, so daß der Adel und das Stadtvolk von R. zum Teil von ihnen abrückten und mit der Zeit Spannungen zw. den verschiedenen Ordines der städt. und regionalen Gesellschaft entstanden. Die Ansätze zur kommunalen Selbstverwaltung, die kurz vor 1109 – während einer Krise des städt. Episkopats – von einigen Familien des lokalen Adels (Duchi, Dusdei, Ubertini, Signorelli, Anastagi und Traversari) ausgingen, entwickelten sich eher schwächlich: Im Schatten der Kathedrale entstanden, konnte die Kommune sich nie, wie es andernorts möglich war, dem Einfluß der ebfl. Kirche entziehen: vielmehr hingen Konsuln, Podestà und Mitglieder der Stadträte häufig in verschiedener Form von den Ebf.en ab und bildeten deren »weltlichen Arm« zum Schutz der Kirchengüter, der Territoriumsgrenzen und v. a. der ebfl. Rechte auf den Hafen und die Salinen der Nachbarstadt Cervia. Die Stadtkommune schwenkte um 1238 unter Paolo Traversari von der im wesentl. ks.treuen Linie, die sie im 12. und in den ersten Jahrzehnten des 13. Jh. eingeschlagen hatte, zu einer papstfreundl. Politik um, die mit dem Niedergang der Stauferdynastie konform ging. Entscheidend für diesen Wechsel war die wachsende polit. Einflußnahme des Hl. Stuhls in der Romagna seit Innozenz III. durch apostol. Legaten, später päpstl. Rektoren und apostol. Administratoren: 1278 unterwarfen sich R. und die Romagna dem Papst. Die Stadtkommune, die einen Landstreifen unter ihre Herrschaft gebracht hatte, der vom Po di Primaro (dem heutigen Lauf des Reno) fast bis zur Via Emilia reichte, wobei wegen der Dauerfeindschaft mit →Faenza und dem benachbarten Feudaladel nur wenige Ausgriffe in das Hinterland möglich waren, sah sich zunehmend von wirtschaftl. Verarmung bedroht und in Produktion und Handel von →Venedig behindert, das ihr vom 13. bis 14. Jh. eine Reihe belastender Verträge aufzwang, die der Seerepublik das Monopol im Handel in der Poebene und in der Adria sichern sollten. In dieser schwierigen Konjunkturphase wurde das kommunale Stadtregiment von der Signorie der Familie Da →Polenta abgelöst, die zumeist die »guelfische« Orientierung der Stadt beibehielt, wobei sie – insgesamt ohne viel Erfolg – versuchte, die Autonomie R.s gegenüber dem päpstl. Souverän zu schützen. Ihre Signorie, die sich auch auf Cervia und →Comacchio erstreckte und in der Form des Apostol. Vikariats die päpstl. Anerkennung erhielt, bewirkte kaum einschneidende Veränderungen in der Stadt und in der Außenpolitik. Ihre kulturelle Blütezeit hatte sie unter Guido Novello, der →Dante an seinem Hof aufnahm (1317?–1321). Bürgerkriege, Seuchen, Kriege und Katastrophen ließen im 14./15. Jh. die Schwäche dieser Dynastie erkennen und beschleunigten ihren Untergang und den Niedergang der Stadt. Der »Descriptio Romandiole« des Kard. Vikars Anglic de Grimoard (1371) zufolge hatte R. in dieser Zeit 1743, sein Contado 1490 Herdstellen (ca. 7–8000 Einw. bzw. 6–7000 Einw.). Unter ven. Herrschaft (1443–1509) erlebte R. eine Phase kultureller wie städtebaul. Erneuerung. Anfang des 16. Jh. kam die Stadt unter die direkte Souveränität Julius' II., 1512 wurde sie von den Franzosen geplündert und verwüstet. A. Vasina

Lit.: R. in età veneziana, hg. D. BOLOGNESI, 1986 – Storia di R., I, hg. G. SUSINI, 1990; II/I, hg. A. CARILE, 1991; II/II, hg. A. CARILE, 1992; III, hg. A. VASINA, 1993.

II. KUNSTGESCHICHTLICHE BEDEUTUNG: Die internationale Rolle, zu der R. in der Spätantike aufgestiegen war (s. Abschnitt I) spiegelt sich in seiner Topographie und in den zum Großteil erhaltenen Monumenten. Die Lage am Meer trug natürlich zu der Bedeutung R.s bei und förderte die Verbindung zur Metropole →Konstantinopel und zum Ostteil des Reiches, die sich auch in den Bauwerken und der Topographie der ksl. Residenzstadt ausprägt, die – bedingt nicht zuletzt durch dynast. Bindungen an Konstantinopel – eine Nachahmung der Hauptstadt des Ostens, der R. sich gleichstellen will, erkennen lassen. Beispiele dafür sind der Name Porta Aurea (vgl. in Konstantinopel das Goldene Tor der Mauern Theodosius' II.), der »Lauretum«-Palast innerhalb des Palastkomplexes (entsprechend der »Daphne« des Mega Palation in Konstantinopel) und andere toponomast. Bezüge. Auch der Kult von in Konstantinopel verehrten Hl.n wird zusammen mit der Übertragung ihrer Reliquien in R. eingeführt (in justinian. Zeit Kult des hl. Andreas, des Schutzpatrons v. Konstantinopel). Bereits im 5. Jh. läßt die von Galla Placidia erbaute Ex-voto-Basilika S. Giovanni Evangelista Kultverbindungen und topograph. Bezüge erkennen: dem hl. Evangelisten Johannes geweiht, dem Schutzpatron der Seefahrer, liegt sie, wie ihre Entsprechung im Hebdomon-Quartier in Konstantinopel, beim Hafen und in der Nähe des Palasts. Ein byz. Einfluß in R. läßt sich mit gutem Recht seit diesem Zeitpunkt nicht nur in der Bauplastik annehmen (Einführung des Kämpferblocks, eines funktionalen Elements in den Bogenkonstruktionen), sondern auch in der Architektur selbst: so steht die Typologie der ersten außen polygonal ummantelten Apsiden der ravennat. Kirchen mit derjenigen in Konstantinopel und im ägäischen Raum in Zusammenhang. Auch in der Grabplastik erkennt man in den frühen Säulensarkophagen und im »Pignatta«-Sarkophag – Prototypen lokaler Werkstätten – den Einfluß Konstantinopels, der sich im Bereich der Bauplastik und der Kirchenausstattung in theodosian. und justinian. Zeit noch verstärkt. Die Kapitelle, die in den Kirchen und Oratorien R.s noch heute ab antiquo ihre Funktion erfüllen, zeigen ebenso wie die Chorschranken, Transennen und Ambonen die gleiche Vielfalt an Formen und Ornamenten wie in der Metropole, aus der sie sich herleiten. V. a. in der Zeit Justinians setzt sich auch in R. als Neuschöpfung der Typus des Kämpferkapitells durch. Im Bereich der Wanddekoration zeigen die Mosaiken von R. ebenfalls Bezüge zur Hauptstadt: v. a. lassen die farbige Vielfalt der Mosaiken des Mausoleums der Galla Placidia (5. Jh.) mit ihrem Reichtum an Halbtönen und die Formgebung an einen vielleicht aus Konstantinopel kommenden Meister denken, der noch in der hellenist. Tradition steht; auch das imperiale ikonograph. Programm von S. Giovanni Evangelista (das wir nur aus ma. Beschreibungen kennen) und später das sehr komplexe Programm des Baptisteriums der kath. Kathedrale (ca. 478) – von dem die Dekoration des Baptisteriums der Arianer abhängt – oder von S. Vitale (Weihe 547/548) setzen ausgearbeitete Pläne voraus. Wahrscheinl. waren ebenso wie in der Grabplastik, die in ikonograph.-kompositor. Hinsicht den Einfluß der Kunst des Ostens und Konstantinopels verrät, auch in der Mosaikkunst lokale Schulen von hoher Qualität am Werk, wie sich aus der Ausstattung der Kirchen des 5. und v. a. des 6. Jh. erschließen läßt (die als S. Apollinare Nuovo bekannte Palastkapelle Theoderichs, das Baptisterium der Arianer, die Ebfl. Kapelle, S. Vitale, S. Apollinare in Classe). Die reiche Thematik der Fußbodenmosaiken zeigt Verbindungslinien zum Osten und zu Nordafrika. Stuckdekoration der Unterseite der Bögen und der Wände, kostbare Marmorinkrustationen, Marmorverkleidung von Pilastern oder des unteren Abschnitts der Wände verstärken die mit den blau- oder goldgrundigen Mosaiken harmonierende Polychromie, die die Innenräume mit leuchtender Pracht erfüllt.

Auch in anderen Bereichen, wie der →Kleinkunst, läßt sich das Wirken hochqualifizierter Handwerker im Dienst der mächtigen Kirche oder des ksl. Hofes erkennen, wo Werkstätten zur Herstellung der »largitiones« (→Comes sacrarum largitionum) bestanden (d. h. von Elfenbeinen, Silberarbeiten und mit Edelsteinen geschmückten Insignien). Kostbare liturg. Geräte sind aus dem Liber Pontificalis Ecclesiae Ravennatis (1. H. 9. Jh.), aber auch aus Mosaikdarstellungen bekannt. Das kostbarste erhaltene Stück einer Kirchenausstattung, das wahrscheinl. in Konstantinopel hergestellt wurde, ist die Elfenbeinkathedra des Bf.s →Maximinianus, dem Justinian den Titel Archiepiscopus verlieh, der ihn dem Bf. v. Rom gleichstellte. Sein Episkopat ist die Blütezeit der ravennat. Kirche und ihrer Monumente. R. Farioli Campanati

Bibliogr.: F. W. Deichmann, R., Hauptstadt des spätantiken Abendlandes, I, 1969; II, 1, 1974; II, 2, 1976; II, 3, 1989 – R. Farioli, Pavimenti musivi di R. paleocristiana, 1975 – Dies., R. romana e biz., 1977 – J. Kollwitz–H. Herdejürgen, Die ravennat. Sarkophage, 1979 – R. Farioli, La cultura artistica nelle regioni biz. d'Italia (I Bizantini in Italia. Antica Madre, hg. G. Pugliese Carratelli, 1982), 139–426 – Lit.: R. Farioli Campanati, R., Costantinopoli: considerazioni sulla cultura del VI sec., XXX Corso di scultura sull'arte ravennate e biz., 1983, 205–253 – Dies., Gli edifici paleocristiani di Classe, R. e il Porto di Classe, hg. G. Bermond Montanari 1983, 23–51 – Dies., La scultura architettonica e di arredo liturgico a R. alla fine della tarda Antichità (Storia di R., II, 1, hg. A. Carile, 1991), 245–267 – Dies., R., Costantinopoli: aspetti topografico-monumentali e iconografici, ebd. II, 2, 1992, 127–158.

Ravenna, Synoden v. Aus der beachtl. Zahl Ravennater Kirchenversammlungen des MA seien folgende als bedeutsam hervorgehoben: 1. Die Synode v. 498 entschied sich mit Theoderich d. Gr. für Symmachus als rechtmäßigen Papst. 2. Sommer 877 bestätigten die Synodalen unter Papst Johannes VIII. die Ks.krönung Karls d. Kahlen und Kanones der röm. Synode v. 875. 3. Unter Papst Johannes IX. und Ks. Lambert erfolgte 898 die erneute Rehabilitation Papst Formosus'. 4. Die von Papst Johannes XIII. und Ks. Otto I. präsidierte Synode April 967 beschloß u. a. die Gründung des Ebm.s →Magdeburg zur Mission der Slaven und die Restitution Ravennater Gebiete an den Kirchenstaat. 5. 1014 wurden in Anwesenheit Kg. Heinrichs II. und vielleicht auch Papst Benedikts VIII. mehrere Beschlüsse zur Kirchenreform gefaßt. 6. Unter Ebf. Filippo Fontana ging es 1261 v. a. um die Finanzierung des Tatarenkriegs und um die Frage der mit dem Weltklerus konkurrierenden →Bettelorden. 7. Die Provinzialsynode vom Juni 1311 unter Ebf. Rainulf zeigte gegenüber angeklagten Templern eine bemerkenswerte Toleranz.
H. Mordek

Q. und Lit.: Mansi – Hefele-Leclercq – A. Simonini, La Chiesa ravennate, 1964 – Diz. dei concili, IV, ed. P. Palazzini, 1966, 42–74 – J. Th. Sawicki, Bibliogr. synodorum particularium, 1967 – Konziliengesch., hg. W. Brandmüller, R. A, 1988ff.

Ravensberg. Angehörige eines Edelgeschlechts, das sich später nach der Burg R. im Teutoburger Wald nannte, begegnen zunächst als Vizegf.en des sächs. Hzg.s im N des Bm.s →Osnabrück; Stammsitz war Calveslage bei Vechta. Die aus dem Erbe des Gf.en Heinrich v. Zutphen († 1119) stammenden Besitzungen im Osnabrücker Nordland, vermehrt um die Gft. im Emsland aus der Hinterlassenschaft des verwandtschaftl. verbundenen Gf.en →Otto v. Northeim († 1083), bildeten einen ansehnl. Besitzkomplex, dem räuml. getrennt, bedeutende Güter und Rechte im Teutoburger Wald (erworben aus Paderborner Vasallen) und umfängl. Streubesitz (u. a. im Wuppertal) gegenüberstanden. Eine Erbteilung (1226) und der Verkauf der Besitzungen im Emsland und um Vechta an das Bm. Münster (1252) leiteten die Konzentration der Herrschaftsbildung im Osning ein, die mit der Errichtung der Burg R. und der Stadtgründung von Bielefeld (1214) stabilisiert wurde. Die (Rück-)Erwerbung von Vlotho und des Limberges (1289/1309) rundete die kleine, sich zw. den Bm.ern Osnabrück, →Minden und →Paderborn behauptende Territorialgft. räuml. ab, die 1346 durch Heirat über die Nichte Margareta des letzten Gf.en v. R., Bernhard, die zugleich Erbin der Gft. →Berg war, an das Haus →Jülich fiel. Fortan blieb R. in Personalunion mit Berg verbunden und wurde Teil des sich ausbildenden niederrhein.-westfäl. Länderverbunds Jülich-Berg (1423)/Kleve-Mark (1521). W. Janssen

Lit.: R. Vogelsang, Die Gft. R. (Köln-Westfalen 1180/1980. Landesgesch. zw. Rhein und Weser, hg. P. Berghaus–S. Kessemeier, 1980), 186–189 – Ders., Gesch. der Stadt Bielefeld, I, 1980.

Ravensburg, Stadt in Oberschwaben (Baden-Württ.).
[1] *Stadtgeschichte und Wirtschaft:* Die Anfänge des suburbiums am Fuße der welf. Veitsburg und an einer alten

Römerstraße gehen bis auf die Zeit der Errichtung der Burg um 1020/80 zurück. Am Fuß der Burg entstand der älteste Marktplatz (heute Marktstraße); um 1250 erfolgte die erste Stadterweiterung zur sog. Ober- oder Altstadt mit einem unregelmäßigen Grundriß und Teilen einer Mauerbefestigung. Um 1340–65 erfolgte die 2. Erweiterung in Talrichtung in Form eines Rechtecks (sog. Unterstadt); Ober- und Unterstadt erhielten einen durchgehenden, ca. 30 ha umfassenden Mauerring mit vier Tor- und vier Mauertürmen sowie einem Stadt- oder Wachtturm in der Stadtmitte. Durch den Mauerbau wurde die Westmauer überflüssig, an ihrer Stelle entstanden unregelmäßig Plätze, die zugleich eine Feuerschneise zw. Ober- und Unterstadt darstellten.

Die Stadtwerdung erfolgte wohl im 12. Jh.; 1286 verlieh Kg. Rudolf v. Habsburg R. Überlinger, 1296 Kg. Adolf v. Nassau Ulmer Rechte. Seit 1218 ist ein scultetus regis, später ein Ammann nachweisbar; um 1220 entstand der Rat (1284 consilium civitatis), dessen Mitglieder (consules) zugleich Schöffen waren. Infolge der Zunftrevolution v. 1348 traten acht Zunftmeister in den Rat ein, und es wurde ein Bürgermeister eingesetzt, der bis zum Ende des Jh. den bis 1384 allein amtierenden Ammann aus der Verwaltungsspitze verdrängte. Das Patriziat bildete, um dem Zunftzwang nachzukommen, die adlige Gesellschaft »Zum Esel« und behielt so das Stadtregiment. Aus dem Marktgericht (12. Jh.) entwickelte sich im 13. Jh. als zweites Gericht das Stadtgericht; der Blutbann stand zunächst dem Kg. bzw. seinem Vertreter zu, seit dem Interregnum übte der Landvogt im Namen des Kg.s den Bann aus; 1396 erhielt ihn der Stadtammann. R. war für einige Städte der Umgebung →Oberhof (z. B. für Lindau 1345). R. zählte 1380 ca. 3000, 1500 ca. 4500 Einwohner und war im 14. und 15. Jh. vielfach Mitglied des →Schwäb. Städtebzw. des Seebundes und zum Reichstag zugelassen, prägte aber nur ein bescheidenes Landgebiet aus.

R. war eine der wichtigsten oberschwäb. Handelsstädte mit eigener Münze (ca. 1180) und schloß sich im 14. Jh. verschiedentl. →Münzvereinen an. Die Stadt bildete im MA ein Zentrum der Leinen- und Baumwollweberei, seit ca. 1392 auch der Papierfabrikation. R. erlangte mit der Großen →R.er Handelsgesellschaft (1380–1530) seine größte wirtschaftl. Bedeutung.

[2] *Kirchen und Klöster:* Kirchl. gehörte R. zum Bm. Konstanz (Archidiakonat Allgäu) und war Sitz des Landkapitels R. Die älteste Kirche war die Michaelskapelle (um 1109; 1824 abgebrochen); um 1250 wurde die Marienkapelle, 1365 an ihrer Stelle die erste Pfarrkirche, die Liebfrauenkirche, zudem in der Unterstadt die zweite Pfarrkirche St. Jodok (1385), die Burgkapelle St. Christina (1197 gen.), die Leprosenkapelle St. Georg (um 1345), St. Leonhard (um 1411), die Karmeliterkirche (1349 gestiftet) und die Dreifaltigkeitskirche (1812 abgebrochen) errichtet. Die Liebfrauenkirche war als Filialkirche der Pfarrkirche Altdorf (heute Weingarten) 1279 dem Kl. →Weingarten inkorporiert; vor 1300 wurde sie selbständig, der Pfarrer blieb jedoch vicarius incuratus des Abtes. Kl. Weißenau und die Stadt verwalteten gemeinsam St. Jodok in der Unterstadt. Im 14. Jh. brachte der Rat die Vermögensverwaltung aller Kirchen, Kapellen und Stiftungen in eine Hand, was die Rechte der beiden Reichsabteien erhebl. beschränkte. Zu den bedeutenden Gelehrten, die aus R. stammten bzw. dort nachweisbar sind, gehörten Ladislaus Suntheim (um 1445–1513), Historiograph am Hof Ks. Maximilians I., sowie die Humanisten Hans Susenbrot (1484–1543) und Michael Hummelberg (1487–1527).

P.-J. Schuler

Lit.: K. O. MÜLLER, Die oberschwäb. Reichsstädte, 1912 – DERS., Die ältesten Stadtrechte der Reichsstadt R., 1924 – A. DREHER, Das Patriziat der Reichsstadt R., 1966 – P. EITEL, Die oberschwäb. Reichsstädte im Zeitalter der Zunftherrschaft, 1970 – A. DREHER, Gesch. der Stadt R. und ihrer Landschaft von den Anfängen bis zur Mediatisierung, 2 Bde, 1972.

Ravensburger Handelsgesellschaft, größte oberdt. →Handelsges. im SpätMA (ca. 1380–1530), deren wichtigste Exportgüter neben dem heim. Leinen →Barchent, Metalle und v.a. Nürnberger Metallwaren waren, daneben auch Wollstoffe, Seide, Felle, Leder. Sie importierte durch die Vermittlung der Augsburger Familie Rehlinger ostind. Spezereien (Pfeffer, Gewürznelken, Zimt, Ingwer); eigenständig handelte sie mit Safran, Zucker, Reis, Datteln und anderen südländ. Früchten sowie mit Edelsteinen. Jedoch beteiligte sich die R. H. mit Rücksicht auf das kanon. Zinsverbot nur in begrenztem Umfang am Kreditgeschäft. Das Unternehmen besaß neben dt. Kontoren (u. a. in Köln) in seiner Blütezeit sog. Gelieger in Italien (Venedig, Genua, Mailand), Frankreich (Lyon, Perpignan, Toulouse, Marseille) und Spanien (Aquila, Mallorca, Valencia, Alicante, Bilbao und Zaragoza), weitere Kontore in Brügge, Antwerpen und London; daneben bestanden Beziehungen zu Breslau, Ofen und Wien. Der Italienhandel bildete das Kernstück der R. H. Bes. Wert legte die Firma auf eine Vertretung auf den großen Märkten und Messen (→Champagnemessen, →Lyon, →Brügge, →Frankfurt a. M., →Nördlingen).

Die Entstehung der R. H. ist unklar. Vieles spricht dafür, daß sie auf die Familie Humpiß und die aus Buchhorn zugezogene Familie Mötteli zurückgeht. Durch den Beitritt der Familie Muntprat, die wegen der Zunftunruhen und der Störungen des Wirtschaftslebens in →Konstanz nach Ravensburg gezogen war, verstärkte sich die Ges. Denkbar ist, daß sie zur Abwehr der →Diesbach-Watt-Ges. mit möglichst breiter Kapitalbasis aufgebaut wurde. Die ursprgl. Handelszeichen scheinen die der Humpiß und Muntprat gewesen zu sein. Die Bezeichnung »Große Handelsges.« ist eine Begriffsschöpfung von W. HEYD (1890), die A. SCHULTE übernahm. In Wirklichkeit führte die Ges. keinen festen Firmennamen. Sie wurde bald »Societas Alemannorum«, bald nach dem Regierer (»Ital humpis und Kompanie«) benannt. Spätestens seit 1420 war der Sitz der Firma →Ravensburg. Die R. H. wies schon frühe Formen einer Kapitalges. auf, die trotz der zeitweise hohen Mitgliedschaft von 70–80 Personen nie den Charakter einer Genossenschaft verlor. Denn die wichtigsten Teilhaber waren immer miteinander verwandt oder verschwägert. 1511 betrug das Gesamtkapital der R. H. 117000 fl., das in den nächsten Jahren auf 130000 fl. anstieg. Der Aufbau der Ges. scheint sich in diesem Zeitraum mehrfach geändert zu haben. An der Spitze stand ein Regierer, den von 1426 an vornehml. die Humpiß stellten. Ob er immer mehr zu einem Repräsentanten wurde und der zweite Regierer der eigtl. Tätige war, ist umstritten. Ein beratender und beschließender Ausschuß von neun Leuten war ihm beigegeben. Im Namen des Regierers handelten die Gesellen. Im Ausland unterstanden die Gelieger den →Faktoren. Daneben kannte die R. H. Agenten und Kommissionäre. Im Abstand von drei Jahren wurde in Ravensburg eine Ges.sversammlung einberufen, um Rechnung zu legen, die Bücher abzuschließen und die Dividende (ab 1477 jährl. ca. 7%) festzusetzen. Entsprechend dem Stand der oberdt. Verhältnisse führte die Ges. mehrere Geschäftsbücher, von denen sich keines erhalten hat.

Unterschiedl. Gründe trugen zum Niedergang der R. H. bei. Mitte des 15. Jh. verbanden sich die führenden Familien zunehmend mit dem Landadel und sahen die Handelstätigkeit als nicht mehr standesgemäß an. Man blieb auch organisator. überholten Vorstellungen verhaftet. Neben der innerstädt. Konkurrenz (Brock-Humpiß-Ges. 1437, Anlkenreute-Buckli-Ges. 1477) waren es v.a. die aufstrebenden Kaufmannshäuser in Augsburg, die sich auf die veränderten Marktbedingungen eingestellt hatten, die verkehrsmäßig günstiger lagen und die v.a. im Zusammenwirken mit der führenden polit. Macht, dem Haus Habsburg, sich weitere Märkte bis nach Amerika sicherten. P.-J. Schuler

Lit.: W. HEYD, Beitr. zur Gesch. des dt. Handels, 1890 – A. SCHULTE, Gesch. der großen R. H. 1380–1530, 3 Bde, 1923 [Neudr. 1964] – A. DREHER, Gesch. der Stadt R., II, 1966, 582–593 – DERS., Das Patriziat der Reichsstadt Ravensburg, 1966 – H. AMMANN, Dt.-span. Wirtschaftsbeziehungen bis zum Ende des 15. Jh. (Fremde Kaufleute auf der Iber. Halbinsel, hg. H. KELLENBENZ, 1970), 132–155 – E. LUTZ, Die rechtl. Struktur südd. Handelsges.en in der Zeit der Fugger, 2 Bde, 1976 – P. EITEL, Die große R. H., 1985.

Ravno (in lat. Q. Rabnel, Rabnella), heute Ćuprija in Serbien. Die ma. Stadt, an der Stelle des antiken Horreum Margi, war eine wichtige Station auf dem Heerweg von Konstantinopel nach Belgrad. Nach der Schilderung des arab. Geographen →al-Idrīsī (1154) war *Rabn/u/h* eine dichtbesiedelte Stadt mit Getreideanbau in ihrer Umgebung. →Arnold v. Lübeck erwähnt die Bewohner v. R. 1172 als Serben (Servi) unter byz. Herrschaft. Friedrich I. Barbarossa wurde auf dem 3. Kreuzzug in R. von Beauftragten des serb. Großžupans Stefan Nemanja begrüßt. In R. an der damaligen Grenze trafen sich 1215 Kg. Andreas II. v. Ungarn und Stefan (der Erstgekrönte) v. Serbien. Später verlor R. an Bedeutung; am Ende des 14. Jh. nur bekannt wegen des Überganges über die Morava sank die Stadt in der Türkenzeit zu einer dörfl. Siedlung ab.
M. Blagojević

Lit.: C. JIREČEK, Die Handelsstraßen und Bergwerke von Serbien und Bosnien während des MA, 1879 – O. ZIROJEVIĆ, Carigradski drum od Beograda do Sofije (1459–1683), Zbornik Istorijskog muzeja Srbije 7, 1970, 3–196 – G. ŠKRIVANIĆ, Putevi u srednjovekovnoj Srbiji, 1974 – Mon. cartographica Jugoslaviae, II, red. G. ŠKRIVANIĆ, 1979.

Raxa, Quellenname für den Fluß Recknitz in Mecklenburg (ö. Rostock), an dem i. J. 955 Otto d. Gr. ein slav. Heer unter Führung der →Abodriten schlug. Die slav. Stämme hatten zuvor, als Reaktion auf die Intensivierung der Reichsherrschaft durch die Bm.er →Brandenburg und →Havelberg, vergebl. um die »dominatio regionis«, d.h. um innere Autonomie, gebeten. Eine vollständige Unterwerfung v.a. der Stämme im ö. Mecklenburg gelang Otto jedoch nicht, so daß sich hier der Kern der →Lutizen bilden konnte. Chr. Lübke

Lit.: CHR. LÜBKE, Reg. zur Gesch. der Slaven an Elbe und Oder, II, 1985, Nr. 102.

Raymundus (s.a. Raimund[us], Ramón)

1. R. de Biterris (v. Béziers), Arzt, widmete 1313 Kg. Philipp IV. v. Frankreich seine Bearb. des Liber de→Kalīla wa-Dimna, die er unter engster wörtl. Anlehnung an→Johannes v. Capua nach einer span. Fassung angefertigt und um eine Fülle von Einschüben (Sentenzen, Zitaten aus Dichtungen, z.B. den →Disticha Catonis, und aus Prosaschr.) vermehrt hatte. Den zahlreichen Miniaturen, die im Widmungsexemplar (Paris BN lat. 8504) erhalten sind, gab er →Tituli bei. G. Bernt

Ed.: L. HERVIEUX, Les Fabulistes lat., V, 1899, 379–775 – Lit.: S. DE SACY, Notices et extraits … 10, 1818, 2ᵉ partie, 1–65 – HERVIEUX (vgl. Ed.), 39–75 [bedarf krit. Überprüfung] – CH. SAMARAN-R. MARICHAL, Catalogue des mss. en écriture lat. portant des indications de date, de lieu ou de copiste, III, 1974, 59f.; Taf. 87 und 208 – Kindlers Neues Lit. Lex. 18, 1992, 859.

2. R. Lullus (Ramon Lull), katal. Dichter, Philosoph und Theologe, * 1232/33 Mallorca, † ca. 1316.

I. Leben – II. Werke – III. Kerngedanke – IV. Nachwirkungen.

I. LEBEN: Die Biographie (Vita coetanea [Vc], ca. Aug./Sept. 1311), die R. L. von einem Bewunderer in Paris in kunstvollem Lat. formulieren ließ, bietet die authentischste Grundlage für das Verständnis seiner in vieler Hinsicht genialen Persönlichkeit.

Die ersten drei Jahrzehnte seines Lebens (fehlen in Vc) lassen sich nur indirekt erschließen. R. L. hatte an den Höfen →Jakobs I. v. Aragón und →Jakobs II. v. Mallorca (1276–1311) eine hervorragende Stellung inne und wurde sehr gefördert. Aus seiner Ehe mit Blanca Picany (wohl vor Sept. 1257) hatte er zwei Kinder, Dominik und Magdalena. 1311 beschrieb er sich vor der Bekehrung als »ziemlich reichen, ausgelassenen und weltl. Menschen« (Liber disputationis Petri et Raimundi, prol.). Bei seiner Bekehrung (um 1263), als er, leitender Hofbeamter und Liebhaber der Troubadourlyrik, während des Schreibens einer *cantilena* für eine geliebte Frau fünfmal den gekreuzigten Jesus Christus erblickte, erkannte er, daß er bei der Bekehrung der Muslime sein Leben geben, ein Buch (das »beste der Welt« [Vc 6]) gegen die Irrtümer der Ungläubigen schreiben und Papst, Kg.e und Fs.en zur Gründung von Kl. bewegen müsse, in denen Missionare Arabisch und andere Sprachen ungläubiger Völker erlernen könnten. Sein Leben war fortan weithin der Erfüllung dieser drei Aufgaben gewidmet. Zunächst verkaufte er seinen Besitz und unternahm Pilgerreisen (z.B. Rocamadour, Santiago de Compostela [ca. 1263/65]). In privaten Studien widmete er sich auf Mallorca der Philos. und der christl., bes. aber auch der arab. und muslim. Theol. und verfaßte erste arab. Werke (ca. 1265–74; vgl. die Selbstbezeichnungen »christianus arabicus« [Disputatio Raimundi christiani et Hamar saraceni, prol.] und »procurator infidelium« [Disputatio fidelis et infidelis, prol.]).

Zu den Höhe- und Tiefpunkten der zentralen Schaffensperioden (1274–89 und 1289–1308) gehörten die Erfahrung, daß ihm der Herr seinen Geist erleuchtete (späterer Ehrentitel »doctor illuminatus«), indem er ihm »Form und Modus« (Vc 14) des geplanten Buches eingab (Monte Randa, ca. 1274) und die daraus resultierenden ersten Fassungen der »Ars« (ca. 1274–88/89); die »Ars«-Vorlesungen in Montpellier (ca. 1275), wo er bewundernde Anerkennung gewann (Vc 16); die Gründung des dem Arabischstudium gewidmeten Franziskanerkl. Miramar auf Mallorca (bestand nur 1276-ca. 1292/95); die großartige Kreativität in der Romanlit. (ca. 1283–88/89); die Mißerfolge der ersten Rombesuche (1287, 1291/92); die Erfahrung der »Brüchigkeit des menschl. Intellekts« (Vc 19) bei den Studenten in Paris, wo er als Magister auftrat (1288/89); die Vereinfachung der »Ars« in Montpellier (1290); die Krisen in Genua, z.B. die Angst vor der ersten Nordafrikareise und die bestürzende Erkenntnis, daß er sich, um die ihm von Gott gegebene »Ars« zu retten, von den Dominikanern trennen und mit den Franziskanern verbünden müsse, obwohl Gott ihn deswegen ewig verdammen werde (1292/93); die Gespräche mit muslim. Theologen in Tunis, wo er bald mit der Todesstrafe bedroht und ausgewiesen wurde (1293/94); die erfolglosen Versuche, die Päpste Coelestin V. in Neapel (1294) und Bonifatius VIII. in Rom und Anagni (1295/96) für seine Überzeugungen zu gewinnen; der zweite Aufenthalt in Paris, wo er gewichtige Werke verfaßte, aber nur wenig Unterstützung fand (1297/99); die Predigt vor Juden u. Muslimen in Barcelona (1299) und auf Mallorca (1300/01); die Reise nach Zypern und Sizilien (1301/02); die z. T. sehr produktiven Aufenthalte in Genua, Montpellier, Barcelona, Paris und Lyon (1303/05); die Konfrontation mit dem Islam in Bugia in Nordafrika, wo er, beinahe gesteinigt, ein halbes Jahr gefangengehalten wurde (1307); der Schiffbruch bei Pisa (1307) und die Wiederaufnahme der Arbeit in Pisa und Genua (1307/08).

In den letzten Lebensjahren (nach 1308) bemühte sich R. L. nicht mehr um eine Verbesserung der »Ars«. Obwohl »alt und schwach« (Vc 41), war er von ungebrochener Schaffenskraft. Davon zeugen die Aktivitäten in Montpellier und bei Papst Clemens V. in Avignon (1308/09); der letzte, relativ erfolgreiche Aufenthalt in Paris, wo er mindestens 29 Werke, v. a. im Kampf gegen die Averroisten (→Averroes), schrieb und eine schriftl. Anerkennung der »Ars« durch 40 Univ.smitglieder sowie Empfehlungsbriefe des Kg.s und des Kanzlers der Univ. erhielt (1309–11); die Teilnahme am Konzil v. →Vienne, das, wohl auch auf sein Drängen hin, die Einrichtung von Sprachkursen für Hebräisch, Griechisch, Arabisch und Chaldäisch beschloß (1311/12), und die erneut höchst produktiven Aufenthalte auf Mallorca (1312/13), in Messina (1313/14) und in Tunis (1314/15), wo er im Dez. 1315 seine letzten drei uns bekannten Schrr. beendete.

Der Ort und die Art seines Todes sind unbekannt. Es kann ledigl. vermutet werden, daß er zu Beginn des Jahres 1316 entweder in Tunis, während der Schiffsreise nach Mallorca oder auf der Heimatinsel selbst starb.

II. WERKE: Die Zahl der Werke R.' L. steht noch nicht fest (PLATZECK [1962]: 292 Werke [ca. 256 erhalten]; BONNER [1985, 1988] 263 resp. 265 [273 erhalten]). Als Polyhistor, Romandichter, Meister mehrerer lit. Gattungen und erster europ. Autor verfeinerte er eine Volkssprache – das →Katalanische – dergestalt, daß in ihr auch komplexe philos., theol., naturwiss., pädagog., med., jurist., polit. und militär. Fragen erörtert werden konnten. Unter den gewichtigsten Werken ragen hervor: Libre de contemplació en Déu (1273/74?); Libre del gentil e dels tres savis (1274/76?); Blaquerna (1283; lib. 5: Libre d'amic e amat); Libre de meravelles oder Félix (1288/89); Taula general (1293/94); Arbre de ciència (1295/96); Liber Apostrophe (1296); Arbre de filosofia d'amor (1298); Ars generalis ultima (1305/08).

III. KERNGEDANKE: R.' L. Genialität bestand weithin darin, daß er für die intellektuelle und soziokulturelle Vielgestaltigkeit, die sich im 13. Jh., aufgrund der Handelsbeziehungen und der Konkurrenz von Judentum, Christentum und Islam, im Mittelmeerraum neu entfaltete, äußerst aufgeschlossen war und sich, zugleich neuplaton., jüd. (Kabbala), christl. (Augustinus, Anselm v. Canterbury, Richard v. St-Victor) und muslim. (al-Ġazzālī, Ṣūfī-Mystik) Traditionen originell weiterführend, bis in die Personmitte von seiner Konzeption des sich dynam. differenzierenden 'Einen' bewegen ließ. Er war aber ebenso Denker des alles durchdringenden Prozesses der aktiven und passiven Einigung (unificentia: Liber de scientia perfecta, dist. 1) und entdeckte, daß dieser Prozeß in je verschiedener Weise im elementaren Werden der Materie, im vegetativen Leben der Pflanzen, im sensitiven Leben der Tiere, im intellektiven Zusammenleben der Menschen in religiösen, sittl., rechtl., gesellschaftl. und staatl. Strukturen, in den Himmelssphären, im Leben der Engel, im Leben der Mutter Gottes, im Leben des Gottmenschen Jesus Christus und im trinitar. Mit-sich-selbst-Einssein des Gottes, der Liebe ist, vollzogen wird (Arbre de ciència). Daraus ergab sich die Tendenz, das Sein mit dem Tun und Getanwerden (Liber de divina existentia et agentia; Liber de agentia maiore) zu identifizieren, die Identität der Prinzipien dieses aktiven und passiven Seins und der Prinzipien des Denkens und Gedachtwerdens herauszuarbeiten (Liber de modo naturali intelligendi, dist. 5), das auf Autoritätsbeweisen beruhende Glauben in ein von der Vernunft mehr und mehr durch notwendige Gründe beweisbares und einsehbares Glauben zu überführen (Liber, in quo declaratur, quod fides sancta catholica est magis probabilis quam improbabilis) und so das Eine und Ganze der Wahrheit und das Zusammengehen des erleuchteten Christseins mit der theol. Philos. (Liber de modo naturali intelligendi, dist. 8) und der Gottesmystik mit der Christusmystik aufzuzeigen (Ars mystica theologiae et philosophiae, dist. 3).

Es lag R. L. jedoch fern, die Vielheiten, Unterschiede und Gegensätze einem alles verschlingenden Einheitsdenken auszuliefern. Als Denker der Einigung war er zugleich Anwalt der in der Einigung zu vollziehenden Differenzierung. So konnte der Kernbereich der »Ars« auch nicht von einem einzigen Prinzip des Seins und Denkens beherrscht werden, sondern nur von einer Vielheit solcher Prinzipien oder Grundwürden (dignitates), deren Bezeichnung und Reihenfolge von der Denkgesch. des Mittelmeerraumes mitbedingt war und deren wirkl. Bestimmungsmacht in diesem Raum über die Grenzen der Religionen hinweg anerkannt werden konnte.

In den letzten Fassungen der »Ars« sind es die neun absoluten Prinzipien (Gutheit, Größe, Dauer; Macht, Weisheit, Wille; Tugend, Wahrheit, Herrlichkeit) und die neun relativen Prinzipien (Unterschied, Übereinstimmung, Gegensätzlichkeit; Anfang, Mitte, Ende; Größersein, Gleichsein, Kleinersein), die gemeinsam den Kernbereich des Lullschen Denkens ausfüllen (Liber de modo naturali intelligendi, dist. 5). Durch Meditationen und Kombinationen der absoluten Prinzipien sollten – ähnlich wie in muslim. und kabbalist. Meditationen der Namen und Attribute Gottes – Einblicke in das Sein und Tun des einen Gottes, aber auch in die notwendige innere Pluralität dieses Seins und Tuns und in die Differenzen im Gott-Welt-Zusammenhang gewonnen werden. Dazu war auch eine fortwährende, den konkreten Sachverhalten angemessene Beachtung relativer Prinzipien notwendig, weil nur mit ihrer Hilfe das Tun und Getanwerden der absoluten Prinzipien in Gott, wo alles eins ist, und in der von ihm geschaffenen Welt, wo es Gegensätzlichkeiten, Größer- und Kleinersein gibt, gedacht werden konnte.

R. L. war aber auch überzeugt, daß es drei »angeborene Korrelativen« als »erstrangige, wahre und notwendige Prinzipien in allen Substanzen« gebe (Liber correlativorum innatorum, prol.). In seiner Sicht konnte etwas nur dadurch als wirkl. Seiendes begriffen werden, daß in der Einigung seines Seins zw. dem Tuenden, dem Getanen und dem Tun selbst unterschieden wurde. Er konnte also z. B. die Wirklichkeit der bonitas nicht ohne die drei Korrelativen 'bonificativum', 'bonificabile' und 'bonificare' begreifen und versuchte, auch islam. Gelehrte davon zu überzeugen (vgl. Vc 26). Die Einsicht in die dreidimensionale Korrelativität alles wirkl. Seienden war für ihn eine sich unmittelbar aufdrängende Schlüsselintuition.

Zur Gewinnung notwendiger Gründe in der theol. Philos. konnte diese Schlüsselintention jedoch nur dienen, wenn auch die drei Stufen der Beweisführung recht unterschieden wurden: die positive Beweisführung, die sich im Bereich der sinnl. wahrnehmbaren Wirkungen, die komparative Beweisführung, die sich im Bereich der vorstellbaren Ursachen, und die superlative, im eigtl. Sinn theol.

Beweisführung, die sich im myst. Bereich der meditierbaren Vollkommenheit der mit sich selbst ident. absoluten Prinzipien bewegt (Ars mystica theologiae et philosophiae, prol.).

Die Neuheit des Lullschen Kerngedankens bestand v. a. darin, daß er allen denkenden Menschen über die Grenzen der Religionen hinweg die Fähigkeit zutraute, auf dem Niveau der superlativen Beweisführung (vgl. Liber de demonstratione per aequiparantiam) durch die philos.-myst. Meditation der Prinzipien und Korrelativen des wirkl. Seins bis zur Erkenntnis der notwendigen Gründe für die Anerkennung der Trinität und Inkarnation Gottes zu gelangen (vgl. Vc 26; 27). Er konnte sich also nicht mit einer Widerlegung der gegen die Kompatibilität von Glaubens- und Vernunfterkenntnis vorgetragenen Argumente begnügen. In seinen Werken trat vielmehr die – Hegels christl. Idealismus in mancher Hinsicht vorwegnehmende – Intention hervor, in streng philos. Beweisführung einen Einblick in die Übereinstimmung des Kerninhalts der christl. Glaubenslehre und der Gotteserkenntnis der menschl. Vernunft zu ermöglichen.

Daher mußte der Kerngedanke R.' L. auch eine neue, nicht nur »christl.«, sondern auch »jüd., muslim. und heidn.« Denkern zugängl. »Philos. der Liebe« enthalten, die in der Wissen und Wollen gleichrangig sein sollten und die Menschen ebenso »zu lieben wüßten, wie sie zu erkennen wissen«. Die höchste Erfüllung fand diese »Philos. der Liebe« in der myst. Einigung, in der der liebende Mensch und der geliebte Gott nicht mehr voneinander getrennt werden können (Arbre de filosofia d'amor).

IV. NACHWIRKUNGEN: Den Anfängen der L.-Rezeption im 14. Jh. in Paris und Valencia folgten die ersten Attakken, die die antilullist. Bewegungen jahrhundertelang bestimmten: Der katal. Generalinquisitor Nicolas →Eymerich zählte 1376 in seinem »Directorium inquisitorum« 100 falsche Sätze und 20 verbotene Bücher R.' L. auf. Auf sein Drängen hin erschien im selben Jahr eine viele Lehren R.' L. verwerfende Bulle Papst Gregors XI. Auch die Theol. Fakultät der Univ. Paris verbot 1390 die Aufnahme Lullscher Lehren in den theol. Unterricht. Trotzdem wuchs im 15. und 16. Jh. der Einfluß R.'L. Papst Martin V. setzte 1419 die Verurteilung R.'L. in der Bulle Gregors XI. außer Kraft. Zu den Denkern, die R. L. bewunderten und rezipierten, gehörten Giovanni →Pico della Mirandola, Kard. →Cisneros, →Raimundus v. Sabunde, →Nikolaus v. Kues, Jacques →Lefèvre d'Étaples, Charles de Bovelles, Agrippa von Nettesheim und Giordano Bruno. Im 17. und 18. Jh. gab es Weiterentwicklungen der Lullschen »Ars« durch Athanasius Kircher und Gottfried Wilhelm Leibniz, aber im Gefolge der Aufklärung auch neue Wellen des Antilullismus. H. Riedlinger

Ed.: Katal.: Obres de Ramon Lull, 21 Bde, 1906–50; Forts.: Nova edició de les obres de Ramon Llull, bisher 2 Bde, 1990–93 – Lat.: Beati R. i L. i Opera, hg. J. SALZINGER, 8 Bde, Mainz 1721–42 [Neudr. 1965] – Raimundi L. i Opera lat., I–V, 1959–67; VI–XIX: 1978–94 – Selected Works of Ramon Lull, hg. A. BONNER, 2 Bde, 1985 – Bibliogr.: E. ROGENT–E. DURÁN, Bibliogr. de les impressions lullianes, 1927 – R. BRUMMER, Bibliogr. Lulliana, Ramon-Llull-Schrifttum 1870–1973, 1976 – M. SALLERAS I COROLÀ, Bibliogr. lulliana (1974–85), Randa 19, 1986, 153–185 – Lit.: T. CARRERAS Y ARTAU–J. CARRERAS Y ARTAU, Hist. de la filosofía española. Filosofía cristiana de los siglos XIII al XV., 2 Bde, 1939–43 – P. ROSSI, Clavis universalis, 1960 [1983²] – E. COLOMER, Nikolaus v. Kues und Raimund Llull, 1961 – R. D. F. PRING-MILL, El microcosmos lullià, 1961 – E. W. PLATZECK, Raimund Lull, I, 1962; II, 1964 – J. N. HILLGARTH, Ramon Lull and Lullism in Fourteenth-Century France, 1971 – A. MADRE, Die theol. Polemik gegen Raimundus L., 1973 – L. SALA-MOLINS, La Philos. de l'Amour chez Raymond Lulle, 1974 – J. GAYÁ, La teoría luliana de los correlativos, 1979 – D. URVOY, Penser l'Islam, 1980 – A. BONNER–L. BADIA, Ramon Llull, 1988 – M. PEREIRA, The Alchemical Corpus attributed to Raymond Lull, 1989.

3. R. de Rocosello (Rocozels-Ceilhes, dép. Hérault), * 1215/20, von 1263–80 Bf. v. Lodève, Verf. des Certamen anime, eines moralist. Lehrgedichts von ca. 3000, in der erweiterten Fassung 4000, zweisilbig gereimten Hexametern von bemerkenswerter formaler Vielfalt. Neben versus leonini finden sich collaterales, caudati, trinini salientes, tripertiti dactylici, cruciferi, adonici. Aus der Widmung an den Ebf. v. Narbonne, Petrus Amelii, und der Erwähnung der Eroberung von Valencia läßt sich das Abfassungsdatum 1240/45 erschließen. Mit dem Certamen anime bietet R. einen Leitfaden für den Kampf des Menschen (pugnaturus) gegen äußere und innere Anfechtungen (caro, mundus, demones). In der Gegenüberstellung von sieben Hauptlastern und sieben Tugenden wird neben traditionellem Gedankengut (gute/schlechte Seelsorger, Misogynika) auch Zeitspezifisches berücksichtigt wie z. B. die Goliarden. M. Rener

Ed. und Lit.: R. de R., Certamen anime, ed. M. RENER, 1980.

Raynerius de Ar(i)sendis Foroliviensis, * in Forlì, aus adliger Familie, † 6. April 1358 in Padua, it. Zivilrechtslehrer. R. studierte in Bologna, unter Bartolutius de Pretis, und lehrte daselbst, 1321–25 und 1326–38 – dazwischen war er Assessor des Podestà v. Siena und der Florentiner Signorie Hzg. →Karls v. Kalabrien (30. K.) –, am neuen Studium in Pisa, 1338–44, und in Padua, 1344–58. Während der Bologneser Zeit im Sinne der logica moderna (→Logik, II) v. a. methodolog. orientiert, richtete R. seine Vorlesungen später auf prakt. Fragestellungen aus. Erhalten geblieben sind neben einer Lectura Digesti novi v. a. Additiones zur Glossa ordinaria (→Accursius) und zu Komm. anderer Autoren, →Repetitiones, →Consilia, →Quaestiones und kleinere Schriften. Bekannt ist die krit. Einstellung des R. gegenüber den Lehren und Schriften seines Bologneser Schülers und Pisaner Kollegen →Bartolus. Auch ein Sohn des R., Argentinus, war Rechtslehrer. P. Weimar

Edd.: Lectura super prima et secunda parte ff. (Digesti) novi, Lugduni 1523 [Neudr. OIR IX, 1968] – Summa super modo arguendi, hg. S. CAPRIOLI (De »modis arguendi« scripta rariora, 2), Studi senesi 75, 1963, 107–190 – Lit.: DBI IV, 333–339 [R. ABBONDANZA; Schr., Lit.] – SAVIGNY V, 185–192, 501–505 – B. BRANDI, Vita e dottrine di R., 1885 – A. ROMANO, Una »repetitio« inedita di R., ASD 14/17, 1973, 223–229 – DERS., Le sostituzioni ereditarie nell'inedita »Repetitio de substitutionibus« di R., 1977 – F. MARTINO, Dottrine di giuristi e realtà cittadine nell'Italia del Trecento. R. a Pisa e a Padova, 1984 [Lit.; Ausg. von Additiones für die Pisaner Vorlesung zum Digestum vetus, 135–270] – Index repetitionum iuris canonici et civilis, hg. M. ASCHERI–E. BRIZIO, 1985, 143ff.

Razès (lat. Redes), →Pagus und Gft. im südfrz. →Septimanien, in den Tälern der Aude und des Agly, zw. den Gft. en →Narbonne, →Carcassonne, →Foix und →Roussillon gelegen. 788 wurde die Zugehörigkeit der Gft. zum Bm. Narbonne bestätigt. Die Gf. enfamilie, die sich auf Oliba I. v. Carcassonne († 837) zurückführt, übte bis zur Teilung von 957 eine Samtherrschaft in den Gft. en Carcassonne und R. aus. Nach dem kinderlosen Tod des letzten Gf. en v. R., Raimund II. (1065), und seines Nachfolgers Gf. Roger III. v. Carcassonne (1067) fiel die Erbschaft an die weibl. Linie. In den folgenden Jahren (1067–70) löste Gf. →Raimund Berengar I. v. →Barcelona, der über seine Großmutter →Ermessinde dem Gf. enhaus v. Carcassonne verwandt war, die einzelnen Rechte durch Zahlung großer Geldsummen aus den maur. →Parias ab, um sie seinem zweiten Sohn Raimund Berengar II. zu übertra-

gen. In den Wirren nach dessen Ermordung konnte Vzgf. Bernhard Aton v. →Béziers die Herrschaft in beiden Gft.en an sich bringen und das R. sogar 1112 Alfons I. v. Aragón als Lehen auftragen. Erst nach 1150 erkannte Vzgf. Raimund →Trencavel v. Béziers die Lehnshoheit des Gf.en v. Barcelona erneut in einem Vertrag an. 1258 fiel das R. im Vertrag v. →Corbeil an die frz. Krone und wurde der Sénéchaussée Carcassonne inkorporiert.
U. Vones-Liebenstein

Lit.: General Enc. Catalana XII, 347f. [Genealogie] – Diccionari d'Hist. de Catalunya, 892 – O. ENGELS, Der Vertrag v. Corbeil (1258), SFGG. GAKGS 19, 1962, 114–146 – DERS., Schutzgedanke und Landesherrschaft im ö. Pyrenäenraum, 1970 – P. BONNASSIE, La Catalogne, 1976, 860–863.

ar-Rāzī, zwei Mitglieder (Vater: Aḥmad b. Muḥammad, 888–955; Sohn: ʿĪsā b. Aḥmad) einer pers. Familie, nach dem Tode 890 des Großvaters (Muḥammad) in →al-Andalus seßhaft. Aḥmad wurde mit seinem Werk »Aḫbār mulūk al-Andalus«, das bis in seine Lebenszeit reichte und mit einer geogr.-polit. Einleitung versehen war (von LÉVI-PROVENÇAL aus den Zitaten rekonstruiert und ins Frz. übers.), zum eigtl. Begründer der span.-arab. Gesch.sschreibung. Sein Sohn ʿĪsā war unter al-Ḥakam II. offizieller Historiograph (tārīḫī) des Kalifats. Beider Werk ist unselbständig und fragmentar. zusammen mit Überlieferungen anderer Historiker im »al-Muqtabis« des bedeutendsten Historikers von al-Andalus, →Ibn Ḥayyān, erhalten und lebt u. a. in umfangreichen Zitaten bzw. Entlehnungen v. a. im »Bayān al-Muġrib« des →Ibn ʿIḏārī wie im »Tārīḫ al-kāmil« des Ibn al-Aṯīr fort. H.-R. Singer

Q. und Lit.: P. DE GAYANGOS, Mem. sobre la autenticidad de la crónica denominada del moro Rasis, 1852 – E. LÉVI-PROVENÇAL, Hist. de l'Espagne musulmane, III, 1953, 501–506 – DERS., La »Description de l'Espagne« d'Aḥmad al-Rāzī, Al-Andalus 18, 1953, 51–108 – D. CATALÁN-Mᴬ. S. DE ANDRÉS, Crónica del moro Rasis, 1975 – CL. SÁNCHEZ-ALBORNOZ, En torno a los orígenes del feudalismo, II, 1977², 115–158 [ohne Kenntnis des Arab., aufgrund von Übers. en angestellte Unters.en, somit immer haltbar] – L. MOLINA, Al-Qanṭara 10, 1989, 513–542.

ar-Rāzī → Rhazes

Razos de trobar → Vidal de Besalú, Ramón

Razzia, Raub-, Beute-, Kriegszug, arab. *ġazw, ġazwa*; über die Wortform *ġāziya* gelangte der Begriff mit leicht abwertender Bedeutung als R. in die europ. Sprachen. Die R., die die gesamte arab. Gesch. von vorislam. Zeit bis ins 20. Jh. durchzieht, erklärt sich aus den Lebensbedingungen der nomadisierenden Beduinen (→Nomaden) der arab. Halbinsel, deren wichtigste Existenzgrundlage seit altersher das Kamel darstellte. In Notzeiten, etwa nach einem regenarmen Winter oder dem Auftreten einer Viehseuche, war der Raub von Kamelen oder anderer Nahrungs- und Futtermittel oft die einzige Möglichkeit, die Gemeinschaft vor dem Verhungern zu bewahren. Solche R.en in das Gebiet benachbarter Sippen und Stämme hatten, soweit sie nicht bei Nacht stattfanden, nichts Ehrenrühriges an sich. Nach den Moralvorstellungen der Wüste betrachtete man sie nahezu als sportl. Unternehmungen, bei denen unter möglichster Vermeidung von Blutvergießen Ruhm und Ehre zu erlangen waren und die dementsprechend in der arab. Lit. verherrlicht wurden. Die arab. Wortformen für R. bezeichneten auch die Feldzüge des Propheten →Mohammed gegen die Ungläubigen und später die Kriegs- und Beutezüge begrenzten Ausmaßes gegen Byzantiner und die Kreuzfahrer (→Heer, C; →Krieg, Hl.). P. Thorau

Lit.: EI², II, 1055ff. [Lit.].

Reading, Stadt in SO-England (Gft. Berkshire), nahe der Mündung des Kennet in die Themse; ehem. OSB-Abtei.

[1] *Stadt:* Im 5. Jh. anstelle der aufgelassenen röm. civitas Silchester besiedelt, wurde R. erst 871 anläßl. der dän. Befestigung als »villa regalis« in den Q. erwähnt. Siedlungskern war die Pfarrkirche St. Maria, die aus einem späten ags. und im Domesday Book nachgewiesenen Nonnenkl. hervorgegangen ist. Die 1086 noch kleine Stadt entwickelte sich dank der Neugründung der Abtei und infolge ihrer günstigen Verkehrslage schon im 12. Jh. zu einem wichtigen Knotenpunkt. Sie wurde von Kg. Heinrich I. 1121 der Abtei übertragen. Die Versuche der Äbte, eine strenge Kontrolle auszuüben, führten 1244–54 zu einem Konflikt, der ein Ende fand, als der Abt die Kaufmannsgilde der Bürger anerkannte, doch behielt er das Ernennungsrecht des Vorsitzenden. 1253 Zoll- und Handelsprivilegien; 1301 erste Erwähnung des Vorsitzenden der Kaufmannsgilde als →*mayor*.

[2] *Abtei:* Die OSB-Abtei wurde 1121 von Heinrich I., vielleicht infolge des Todes seines Sohnes Wilhelm (1120), anstelle des aufgelassenen ags. Kl. errichtet und diente von Anfang an als Grablege des Kg.s. Nach der verfälschten, nach KEMP aber teilweise als echt anzusehenden Stiftungsurk. sollte das Kl. v. a. für Arme und Pilger sorgen. Heinrich I. besiedelte seine Neugründung mit cluniazens. Mönchen, doch sollten sie von →Cluny unabhängig bleiben. Nach zwei Jahren erhielten die Mönche, die zunächst unter der Leitung eines Priors standen, ihren ersten Abt, →Hugo v. Amiens, Ebf. v. Rouen. R.s Unabhängigkeit von Cluny wurde durch eine »Carta Societatis« von →Petrus Venerabilis anerkannt. Von R. abhängig waren u. a. Cholsey und Leominster, wo 1139 ein von R. abhängiges Priorat neu errichtet wurde. Heinrich I. schenkte vielleicht 1133 R. die von der dt. Ksn. →Mathilde nach England gebrachte Hand d. hl. →Jacobus. Von der ca. 130 m langen Kirche u. ihrer Bibl. blieb nur wenig erhalten. J. Barrow

Q. und Lit.: J. B. HURRY, R. Abbey, 1901 – VCH Berkshire II, 1907; III, 1923 – J. R. LIDDELL, Some Notes on the Library of R. Abbey, Bodleian Quarterly Rec. 8, 1935–38, 47–54 – B. R. KEMP, The Monastic Dean of Leominster, EHR 83, 1968, 505–515 – K. J. LEYSER, Frederick Barbarossa, Henry II and the Hand of St. James, EHR 90, 1975, 481–506 – R. Abbey Cartularies, ed. B. R. KEMP, 2 Bde, Camden Soc. 4. R., 31, 33, 1986–87.

Real (lat. Regalis), 1. eine seit Kg. Peter I. v. Kastilien (1350–69) geprägte Silbermünze (*r. de plata*), ähnlich dem frz. →Turnosen im Gewicht von 3,48g; 2. gleichzeitige ptg. Silbermünze, ursprgl. Tornez, um 1450 im Gewicht von 3,22g; 3. habsbg.-ndl. Münze (*reaal*): in Gold (14,82g) seit 1487 (Grote reaal van Oostenrijk), in Silber (Zilveren reaal) 1487 für die habsbg. Niederlande als 8-Stüberstück (→Stüber). P. Berghaus

Lit.: F. v. SCHROETTER, Wb. der Münzkunde, 1930, 550f. – H. E. VAN GELDER, De nederlandse munten, 1965, 267 – P. SPUFFORD, Money and its Use in Medieval Europe, 1988, 367.

Realengo (*reginatico, regalengo*; in Aragón und Navarra: honor regalis), in Spanien Bezeichnung für das Kg.sgut, das, in Besitz und Gewere des Kg.s, seiner direkten Verwaltung unterstand, im Gegensatz zu den Herrschaften der Geistlichkeit (*abadengo*), des Adels (→*solariego*), der Ritterorden oder der freien Dorfgemeinden (→*behetría*). Im R. waren Grund und Boden Besitz der zudem bestimmte Pachtzinsen und Abgaben von allen nicht privilegierten Bewohnern, bes. von den Bauern, erhielt, über die Allmende verfügte und Abgaben für ihre Nutzung einzog. Zwar erstreckte sich die Kg.sherrschaft im Zuge ihrer

Entwicklung nicht nur auf den R., sondern auf das ganze Reich (Regalien, übergeordnete Rechtsgewalt, Heerbann, allgem. Steuererhebungen usw.), aber einzig der R. unterstand direkt der kgl. Verwaltung. Nur äußerst selten wurden Ländereien und Einkünfte aus dem R. vergeben bzw. zu anderen Herrschaften gehörigen Personen oder Institutionen die Ansiedlung im R. erlaubt. Im 14./15. Jh. reagierten die Bewohner des R. ablehnend auf das Anwachsen der Adelsherrschaften (→señorios), da eine Eingliederung in eine solche für sie den Verlust eines Teils ihrer Freiheiten bedeutete. In Kastilien und León wurde der R. durch kgl. Beamte (→Merinos und →Adelantados mayores mit ihren Untergebenen, →Vegueres, Bailes etc.) verwaltet. In Katalonien dagegen war der R. meist in Gemeinden oder Stadtgemeinden (→concejos) aufgegliedert, die seit dem 12./13. Jh. große Freiheiten besaßen und deren Prokuratoren auf den →Cortes den ersten Stand bildeten.

M. A. Ladero Quesada

Lit.: J. Clemente Ramos, Estructuras señoriales castellano-leonesas: el R. (Siglos XI–XIII), 1989.

Realismus → Universalienstreit

Realpräsenz → Abendmahl, -sstreit

Realteilung, ein bes. →Erbrecht des bäuerl. Grundbesitzes, bei der der bäuerl. Betrieb nicht geschlossen an einen einzigen Erben (→Anerbenrecht) übergeht, sondern unter mehrere Erben aufgeteilt wird. Gebiete mit vorherrschender oder geschlossener Hofvererbung, die jahrhundertelang die europ. Agrarstruktur prägten, bildeten sich erst seit dem hohen und späten MA heraus. Agrarzonen mit dominanter R. tendierten dabei in der Regel zum Kleingütersystem und zur Bildung kleiner Bauernfamilien, während Gebiete mit geschlossener Gütervererbung zu größeren Höfen und umfangreichen Haushaltsfamilien neigten. Die bäuerl. Erbrechte verdanken ihre Entstehung zweifellos dem Zusammenwirken mehrerer Faktoren, die in den einzelnen Epochen in unterschiedl. Intensität zur Geltung kamen. Die Herleitung des Anerbenrechts aus altgerm. Volksrecht und der R. aus anderen Rechtskreisen ist durch die neuere Forsch. revidiert worden: Güterteilung war im gesamten germ. Raum vorhanden und wurde auch in den skand. Ländern reichl. praktiziert. Bei dem Auftreten der R. sind in ma. Zeit v. a. folgende Faktoren zu berücksichtigen: grundherrl. Einfluß, natürl. Voraussetzungen (Boden, Klima) sowie Wirtschaftslage und bäuerl. Mentalität in Erbrechtsfragen. Die Grundherren bemühten sich in allg. um die Übernahme der Bauernhöfe durch jeweils nur einen einzigen Erben, um so die Leistungsfähigkeit der Höfe zu sichern. Seit der Lockerung der grundherrl. Bindungen und der Bevölkerungszunahme im HochMA kam es in vielen Gegenden Mittel- und Westeuropas zu einer fortschreitenden Teilung der Hufen und Bauerngüter (v. a. N-Frankreich, SW-Dtl.), während in anderen Räumen (z. B. Bayern, NW-Dtl.) sich dagegen Gebiete mit überwiegend geschlossener Gütervererbung herausbildeten.

W. Rösener

Lit.: HRG I, 163ff. – B. Huppertz, Räume und Schichten bäuerl. Kulturformen in Dtl., 1939 – Th. Mayer-Edenhauser, Unters. über Anerbenrecht und Güterschluß in Kurhessen, 1942 – H. Röhm, Die Vererbung des landwirtschaftl. Grundeigentums in Baden-Württemberg, 1957 – W. Rösener, Bauern im MA, 1991[4], 195ff.

Reʿāyā, steuerzahlende Untertanen im Osman. Reich, im Gegensatz zu den steuerfreien Dienern des Sultans; bis zum 18. Jh. als Bezeichnung für Nichtmuslime wie für Muslime gebräuchl., später auf Nichtmuslime begrenzt. Trotz einer regional unterschiedl. starken Präsenz von Nomaden war das Osman. Reich eine Bauerngesellschaft; die Städte waren, abgesehen von einigen Ausnahmen, vor der Mitte des 16. Jh. oft recht klein. So erklärt sich, daß die Zahlung einer Hofsteuer zum typ. Kennzeichen der r. wurde. Diese wurde seit der Mitte des 15. Jh., vielleicht auch schon früher, in Geld eingefordert und bestand aus Ablösungsgebühren für sieben Dienste der r. an →tımār-Inhaber und sonstige lokale Verwalter. Dennoch wurden vom Sultan den r. bestimmte Dienste (z. B. Versorgung von Kurieren [ulaq], Bau/Reparatur von Festungen) abverlangt, von denen sich die r. jedoch durch Übernahme anderer Verpflichtungen (Bewachung von Pässen, Reparatur von Brücken) befreien konnten. Bäuerl. r. durften ihr Dorf nicht ohne die Zustimmung des tımār-Inhabers verlassen, während städt. und nomad. r. größere Freizügigkeit besaßen. Alle r. konnten zur Zwangsansiedlung an einen oft entfernten Reichsteil verbracht werden (sürgün). Dies geschah etwa zur Besiedlung neueroberter Städte, bes. Istanbuls nach 1453, aber auch, um eingesessene Führungsschichten der Machtbasis zu berauben. (→Randgruppen, III).

S. Faroqhi

Lit.: Ö. L. Barkan, Osmanlı Imparatorluğunda... Sürgünler, Istanbul Üniv. Iktisat Fakültesi Mecmuası XI, 1949–50, 524–569; XIII, 1951–52, 56–78; XV, 1953–54, 209–237 – H. Inalcik, Osmanlılarda Raiyyet Rüsûmu, Belleten XXIII, 1959, 575–610 – N. Beldiceanu, La conquête des cités marchandes de Kilia et de Cetatea Albă par Bayezid II, SOF 23, 1964, 36–90.

Rebais-en-Brie (Resbacum; ♂ St. Peter, St. Antonius; Diöz. Meaux, dép. Seine-et-Marne), Hauptkl. des irofrk., kolumban.-benediktin. Mönchtums. Als sich →Columban d. J. nach seiner Ausweisung aus dem Kl. →Luxeuil 610 zu Kg. Theudebert II. begab, schloß er unterwegs mit den frk. Großen Chagnerich v. Meaux und Audeharius in Ussy-sur-Marne Freundschaft. Dadurch wurde die Diöz. →Meaux ein Zentrum kolumban. Mönchtums. Audeharius' ältester Sohn Ado errichtete um 635 das Doppelkl. →Jouarre, und dessen Brüder →Audoenus-Dado und Rado gründeten bald darauf die Abtei R. mit Hilfe Kg. Dagoberts I. auf Kg.sgut. Audoenus war zu dieser Zeit noch Hofbeamter des Herrschers, 641 wurde er Bf. v. Rouen und zentrale Figur eines Adelskreises, der das irofrk. Mönchtum förderte. Im Immunitätsprivileg Dagoberts I. werden als Vorbilder des Männerkl. →Lérins, Luxeuil, Chalon-sur-Saône und Agaunum →St-Maurice im Wallis genannt. Noch wichtiger war das ergänzende Privileg des Bf.s Burgundofaro v. Meaux vom 1. Mai 637, in dem die »große Freiheit« (E. Ewig) des Kl. formuliert ist, die für andere irofrk. Gründungen als Vorbild diente. Der Bf. verzichtete gegenüber der Abtei auf sämtl. Rechte, einschließl. der pontificalia. Erster Abt wurde →Agilus (ca. 635–ca. 650), der möglicherweise mit den Agilulfingerhzg.en verwandt war; er kam als puer oblatus und später als Mönch in Columbans Urkl. Luxeuil und unternahm eine Missionsreise nach Bayern, ehe er mit einer Gruppe von Mönchen nach R. ging. An der Weihe der Kl.kirche nahmen die führenden Kl.gründer des kolumban.-benediktin. Mönchtums teil. Die Normanneneinfälle des 9. Jh. zogen R. schwer in Mitleidenschaft, ebenso der →Hundertjährige Krieg.

F. Prinz

Lit.: V. Leblond–M. Lecomte, Les privilèges de l'abbaye R.-en-Brie, 1910 – J. Guérout, Les origines et le premier s. de l'abbaye (L'abbaye royale N.-D. de Jouarre, 1961), 1–67, bes. 20ff., 32–37 – F. Prinz, Frühes Mönchtum im Frankenreich, 1965, 1988[2], 85f., 124–127, passim – M. Mousseaux, R. historique et son abbaye, 1973 – E. Ewig, Das Formular v. R. und die Bf.sprivilegien der Merowingerzeit (Ders., Spätantikes und frk. Gallien, 2 Bde, 1976/79), 456–484 – Ders., Beobachtungen zu den Kl.privilegien des 7. und frühen 8. Jh. (ebd.),

411–426 – DERS., Markulfs Formular »De privilegio« und die merow. Bf.sprivilegien (Fschr. R. KOTTJE zum 65. Geburtstag [Freiburger Beitr. zur ma. Gesch. 3, 1992]), 51–70.

Rebdorf, Augustiner-Chorherrenstift (ō Johannes d. Täufer) bei →Eichstätt, wohl 1156 von Bf. Konrad I. auf Reichsgut gegr. und 1159 von Friedrich Barbarossa in ksl. Schutz genommen. Die von den Gf.en v. Hirschberg ausgeübte Vogtei fiel 1305 an die Bf.e v. Eichstätt. 1458 schloß sich das Stift, dessen Kanoniker meist Adlige waren, unter Mithilfe des →Nikolaus v. Kues und Bf. →Johanns III. v. Eich (38. J.) der →Windesheimer Reform an. Damit wurde ein religiöser, geistiger und wirtschaftl. Neubeginn eingeleitet, dessen markantester Vertreter Kilian Leib (1471–1553) wurde, der seit 1503 Prior des Stiftes war. A. Wendehorst

Lit.: GP II/1, 9f. – A. HIRSCHMANN, Calendaria Eystettensia, AnalBoll 17, 1898, 401–406 – Kunstdenkmäler v. Bayern, Mittelfranken, I: F. MADER, Stadt Eichstätt, 1924, 417–456 – Ma. Bibl.skat. Dtld.s und der Schweiz, III/2, 1933, 257–316 – Monasticon Windeshemense, II, 1977, 340–362 – J. HÖCHERL, R.s Kanoniker der Windesheimer Zeit, Sammelbl. des Hist. Vereins Eichstätt 85, 1992, 3–206.

Rebellion → Revolte

Rebelo, Diogo Lopes, Theologe und staatspolit. Theoretiker, † 18. März 1498 in Paris, ◻ ebd., Kirche des Collège de Navarre, Lehrer, Erzieher und Kapellan des Hzg.s v. Beja (→Manuel I. v. Portugal), studierte an der Univ. Paris (Bacc. theol.), war Prior v. Clermont und seit 1495 Mitglied des Collège de Navarre, wo er am 13. Jan. 1497 Lic. theol. wurde. 1496 verfaßte er sein Manuel I. gewidmetes Hauptwerk »De Republica Gubernanda per Regem« (hg. und übers. M. PINTO DE MENESES–A. MOREIRA DE SÁ, 1951), einen polit. Traktat in der Tradition der →Fürstenspiegel. R. erwies sich als ein bedingungsloser Verteidiger des kgl. Absolutismus, der im Monarchen den Vertreter Gottes auf Erden sah, von daher die kgl. Gewaltausübung ableitete und den Tyrannenmord ausnahmslos ablehnte. Gemäß seinen Vorstellungen durfte der Kg. gerechte Kriege (→bellum iustum) gegen Ungläubige und Heidenvölker führen, die Christus beleidigten, sowie zur Verteidigung seiner Person und seines Landes. Entsprechend dem kgl. Machtanspruch konnte der Monarch zudem nach seinem Gutdünken die Juden erhalten oder vertreiben, ein Standpunkt, dessen Gewicht angesichts der Judenvertreibung von 1497 beträchtl. gewesen sein muß. L. Vones

Lit.: DHP V, 238–240 – F. ELIAS DE TEJADA, D. L. R., nuestro más antiguo tratadista en derecho político, Revista de Estudios Políticos 14, 1946.

Rebhuhn → Wildhühner

Recapitulatio (instauratio, gr. anakephalaiosis), antiker rhetor. Begriff, der eine prägnante Zusammenfassung und akzentuierte Wiederholung der Rede meint, im MA aber theol. Bedeutung gewinnt. Schon in der Patristik hatte v. a. →Irenäus v. Lyon († um 202) R. im Blick auf Eph 1, 10 zum christolog.-soteriolog. Schlüsselbegriff erhoben und darunter die Zusammenfassung, Heiligung und Gott-Vereinigung des gesamten Menschengeschlechts in Christus als dem zweiten Adam (Ad haer. III, 18, 1; 187) und die Erhebung Christi zum Haupt aller Dinge, insbes. der Kirche (ebd. III, 16, 6) verstanden. Die heilsgesch. Hauptstellung Christi wird von der gr. Patristik betont, aber auch im westl. ma. Europa festgehalten, wenngleich kaum ausdrückl. thematisiert (Aug., enchir. 62, 16; Thomas v. Aquin, S. th. III, 8, 3). Zu Beginn des MA stellt →Johannes Scotus Eriugena, v. a. im Rückgriff auf →Maximos Homologetes und Ps.-Dionysius Areopagites (→Dionysius, hl., C.), R. als den dreistufigen Aufstieg (purgatio, illuminatio, perfectio) zu Gott in Christus vor (Periphys. II, 9, 12; III, 8; V, 27, 37). Zum Ende des MA gewinnt R. v. a. dort neue Beachtung, wo die kosm. Größe Christi reflektiert wird, namentl. bei →Raymundus Lullus und →Nikolaus v. Kues. M. Gerwing

Lit.: Catholicisme XII, 547–557 – LThK³ I, 572f. – E. SCHARL, R. mundi, 1941 – R. HAUBST, Die Christologie des Nikolaus v. Kues, 1956 – H. SCHLIER, Der Brief an die Epheser, 1957 – ST. SCHNEIDER, Die 'kosm.' Größe Christi..., 1979 – G. SIEGWALT, Introd. à une théologie chrétienne de la récapitulation, RSPhTh 113, 1981, 259–278.

Recaudadores, in der Krone Kastilien seit dem 13. Jh. vom Kg. ernannte Amtsträger, die in einem bestimmten Bezirk die an die Staatskasse von den Pächtern, Getreuen, Stadtgemeinden, jüd. Gemeinden und den übrigen Steuerpächtern der Krone abzuführenden Gelder einzuziehen hatten. Im 14./15. Jh. erfolgte die geogr. Aufteilung der einzelnen Steuereinzugsbezirke (*partidos*), wobei es zusätzl. R. gab, die auf die Erhebung bes. Steuern spezialisiert waren. Die →Cortes v. 1387 erließen die wichtigsten, dieses Amt betreffenden Bestimmungen. Mit den eingetriebenen Geldern hatten sie dreimal im Jahr die vom Kg. durch den Mayordomo oder die Contadores mayores verfügten Geldzuweisungen (*libranzas*) zu zahlen und den Überschuß an die kgl. Kasse abzuführen. Spätestens seit dem 15. Jh. übernahmen die Steuerpächter auch das Einziehen der Steuern, was den Wert der Einkünfte steigerte und die Finanzverwaltung vereinfachte, jedoch auch Leuten die Ausübung staatl. Macht gestattete, denen dies wie im Fall der jüd. Steuerpächter gesetzl. verboten war. →Steuer, →Finanzwesen, B. VI. M. A. Ladero Quesada

Lit.: M. A. LADERO QUESADA, Para una imagen de Castilla (1429–1504) (El siglo XV en Castilla, Fuentes de renta y política fiscal, 1982), 88–113 – DERS., Cortes de Castilla y León y fiscalidad regia (1369–1429) (Las Cortes de Castilla y León en la Edad Media, I, 1988), 289–373.

Reccared I., westgot. Kg. 586–601, † in Toledo, Sohn Kg. →Leovigilds. Seine Konversion zum kath. Glauben 587 führte zum Konfessionswechsel der Westgoten, so daß das 3. Konzil v. →Toledo (589) zum Triumph des Katholizismus ausgestaltet wurde. R. war bestrebt, die Macht des Kgtm.s zu behaupten. Während seiner Regierung waren die Beziehungen zu den Franken schlecht; daneben prägten Kämpfe der Westgoten gegen Basken und Byzantiner die Zeit. J. M. Alonso-Núñez

Lit.: E. A. THOMPSON, The Goths in Spain, 1969 – D. CLAUDE, Gesch. der Westgoten, 1970 – DERS., Adel, Kirche und Kgtm. im Westgotenreich, 1971 – J. ORLANDIS, El reino visigodo. Siglos VI y VII (Hist. Económica y Social de España, hg. VÁZQUEZ DE PRADA, 1973), 451–598 – Hist. de España, hg. M. TUÑÓN DE LARA, II, 1982, 243–505 – J. ORLANDIS, Hist. de España. Epoca visigoda (409–711), 1987 – DERS., Hist. del reino visigoda español, 1988 – L. A. GARCÍA MORENO, Hist. de España Visigoda, 1989 – R. MENÉNDEZ PIDAL, Hist. de España, III, 1991 – J. ORLANDIS, Recaredo, el hombre nuevo, Semblanzas visigodas, 1992, 51–67.

Reccesvinth, westgot. Kg. 653–672, wurde 649 von seinem Vater →Chindaswinth an der Regierung beteiligt. Das 8. Konzil v. →Toledo (653) verfügte u. a. auch Bestimmungen zur Kg. swahl (in Toledo oder am Sterbeort des Kg.s durch Bf.e und hohe Hofbeamte in Übereinstimmung) und schuf so die Voraussetzung für ein Einvernehmen zw. Kg. und Adel. Während R.s Regierung wurde der Liber iudiciorum fertiggestellt (→Leges Visigothorum), der Goten und Hispanoromer dem gleichen Recht unterstellte. J. M. Alonso-Núñez

Lit.: E. A. THOMPSON, The Goths in Spain, 1969 – D. CLAUDE, Gesch. der Westgoten, 1970 – DERS., Adel, Kirche und Kgtm. im Westgotenreich, 1971 – J. ORLANDIS, El reino visigodo. Siglos VI y VII (Hist. Económica y Social de España, hg. VÁZQUEZ DE PRADA, 1973), 451–598

– Hist. de España, hg. M. Tuñón de Lara, II, 1982, 243–505 – J. Orlandis, Hist. de España. Epoca visigoda (409–711), 1987 – J. Orlandis, Hist. del reino visigodo español, 1988 – L. A. García Moreno, Hist. de España Visigoda, 1989 – R. Menéndez Pidal, Hist. de España, III, 1991.

Recesmund → Rabī̆c b. Zaid

Receptor, Titel des Funktionärs der kurialen Kollegien (z. B. →sollicitatores, collectores taxae plumbi), der die von den →Petenten zu zahlenden →Taxen einzog; er wurde durch den →Computator unterstützt und kontrolliert. Bei den →Skriptoren der Kanzlei wird seine Aufgabe vom →Reskribendar wahrgenommen. Th. Frenz
Lit.: Th. Frenz, Die Kanzlei der Päpste der Hochrenaissance, 1986, 190f., 476–480.

Receveur, kgl. Einnehmer der →Steuern und Abgaben in Frankreich.
I. Receveur du bailliage – II. Receveur des aides – III. Receveur général des finances.

I. Receveur du bailliage: Ein R. wurde mindestens seit 1292 in den Bailliages dem →Bailli zur Seite gestellt, in den Sénéchaussées seit ca. 1247 dem Seneschall. Seit Beginn des 14. Jh. waren die R.s verantwortlich für die Einziehung der Einkünfte und ihren Transport nach Paris und legten Rechnung vor der →Chambre des comptes. Seit 1320 hatten sie zunehmend Steuern in Pacht. Philipp VI. ordnete 1349 die kgl. Ernennung durch Wahl an. Dies bedeutete, daß der kgl. Rat (→Conseil) ihre Amtstüchtigkeit und moral. Zuverlässigkeit überprüfte. Eine →Ordonnance Philipps VI. von 1348 verbietet im Anschluß an frühere Ordonnances Philipps V. (1320) und Karls IV. (1323) Fremden den Zugang zum R.-Amt, eine Reaktion auf den Einfluß der →Lombarden unter Philipp d. Schönen. Nach 1348 sind daher durchweg Franzosen als R.s belegt (Vincent de Beauquesne in Amiens, Jean d'Auxerre in Paris, Marc de Fleury in der Auvergne).

II. Receveur des aides: 1355 wurden erstmals R.s des aides ernannt. Sie hatten die →Aides, die für den Krieg bestimmten außerordentl. Steuern, einzuziehen ('cueillir'). Seit der Regierung Johanns II. begegnen R.s des aides auch in der Normandie und Auvergne. Unter Karl V. wurde dieses Amt in den meisten Steuerbezirken (*diocèses-élections*) eingerichtet (Blois, Chartres, Tours, Le Mans, Lyon, Mâcon, Chalon, Bourges, Mantes u. a.). In manchen Fällen erhoben sie neben den Aides auch die →Taille. Sie entstammten in ihrer Mehrzahl dem Bürgertum und wurden wegen ihrer Ehrenhaftigkeit, Kenntnisse und Vermögensverhältnisse als R.s bestellt. Ihre Ernennung oblag dem Kg. War dieser verhindert, bestimmten die Généraux des finances oder die Cour des →Aides die R.s des aides, deren Bezüge sich 1376 auf 80 l., 1500 auf 100 l. beliefen.

III. Receveur général des finances: Durch Ordonnance vom 28. Dez. 1355 wurden zwei allg. Finanzverwalter der Aides eingesetzt. Sie wurden unter Johann II. und Karl V. unter dem Namen von 'r.s généraux des aides ordonnées pour la guerre' oder 'des aides pour la défense du royaume' designiert. Unter Karl VI. und Karl VII. heißen sie 'r.s généraux des aides et de toutes autres finances', unter Ludwig XI. 'r.s généraux des finances'. Einige R.s généraux wurden schon früh mit der →Finanzverwaltung ('du fait des finances') im gesamten Kgr. betraut. Dessenungeachtet hatten Normandie (während des gesamten 14. Jh.) und Artois (1382) eine gesonderte Einnahmebehörde (*recette*). Das Languedoc wurde (manchmal gemeinsam mit der Guyenne) einem R. unterstellt. 1483 wurden vier große Einnahmeämter unterschieden: Languedoïl, Languedoc, Outre-Seine (Île de France) und Normandie. Außerdem bestanden Ämter für Picardie und Burgund. Die R.s généraux wurden vom Kg. im Rat ernannt. Sie legten ihren Amtseid vor der Chambre des comptes ab und leisteten eine hohe Kaution: 10000 l. für Languedoïl, 6000 für Outre-Seine, Normandie und Languedoc; 3000 je für Picardie und Burgund. Die Bezüge der R.s beliefen sich auf ca. 2000 l.; sie kumulierten zudem das R.-Amt mit anderen hohen Funktionen (→ *Trésorier des guerres*, Notar/ *notaire-secrétaire*). Die vergleichsweise lange Amtszeit der R.s généraux begünstigte die Ausbildung von Amtsträgerdynastien (Chanteprime unter Karl V. und VI., Briçonnet, Lalemant, Bayard, Raguier, Le Roy, Erlant unter Karl VII. und Ludwig XI.). E. Lalou
Lit.: G. Jacqueton, Documents relatifs à l'administration financière en France de Charles VII à François Ier (1443–1523), 1891 – G. Dupont-Ferrier, Études sur les institutions financières de la France à la fin du MA, 1930 – R. Cazelles, La société politique et la crise de la royauté sous Philippe de Valois, 1958 – F. Lot-R. Fawtier, Hist. des institutions françaises, I: Institutions royales, 1958 – M. Rey, Les finances royales sous Charles VI. Les causes du déficit 1386–1413, 1965 – J. B. Henneman, Royal Taxation in Fourteenth-Century France. The Development of War Financing, 1322–1356, 1971 – Ders., Royal Taxation in Fourteenth-Century France. The Captivity and Ransom of John II, 1356–1370, 1976 – R. Cazelles, Société politique, noblesse et couronne sous Jean le Bon et Charles V, 1982.

Rechenbrett → Abakus

Rechenbuch → Rechenkunst

Rechengeld (»*Ghost money*«, *money of account*, *monnaie de compte*). Angesichts der unübersehbaren Mengen verschiedenster Münzsorten, bes. der →Groschen und Goldmünzen, der Münzverschlechterungen und des laufend wechselnden Wertverhältnisses zw. Gold und Silber im 14./15. Jh. griff man zum Mittel des R.es, auf das von nun an die meisten Geldtransaktionen bezogen wurden. Dem Münzsystem stand somit das R. gegenüber. So blieb man im Rheinland bis ins 16. Jh. hinein bei der Rechnung 1 Mark = 12 Schillinge = 144 Pfennige, obgleich mit der Prägung von Groschen (→Albus) seit 1357 (→Rhein. Münzverein) bei gleichzeitiger drast. Verschlechterung der →Pfennige das alte Münzsystem längst überholt war. Daneben gewann der →Gulden (Rechengulden) an R. an Bedeutung. In den verschiedenen europ. Landschaften basierte das R. großenteils auf früheren, inzw. überholten Münzsystemen. In Niedersachsen etwa wurde das Barrengeld (→Barren) im 14. Jh. zum R. P. Berghaus
Lit.: F. v. Schroetter, Wb. der Münzkunde, 1930, 553 – P. Spufford, Handbook of Medieval Exchange, 1986 – Ders., Money and its Use in Medieval Europe, 1988 – R. Metz, Geld, Währung und Preisentwicklung, 1990, 22–53.

Rechenkunst, -methoden, Rechenbücher
I. Ursprünge; Spätantike – II. Byzanz – III. Islamische Länder – IV. Abendland.

I. Ursprünge; Spätantike: Die Wurzeln der ma. R.kunst lassen sich teils bis in die babylon. und ägypt. →Mathematik (Math.) zurückverfolgen: Das im MA beliebte Brettrechnen geht letztl. auf die Buchführungstechnik der altoriental. Palastbeamten zurück und war zusammen mit dem babylon. Sexagesimalsystem im ganzen Altertum weit verbreitet (Waschkies, Menninger), die in den ma. Algorismusschriften auftretende Operation des Verdoppelns findet sich bereits in der altägypt. Math., und in einigen Fällen läßt sich sogar die Wanderung math. Probleme aus den Aufgabensammlungen und »Rechenbüchern« jener frühen Hochkulturen (math. Keilschrifttexte, Papyrus Rhind, Moskauer Papyrus usw.) über Alexandria und die arab. Länder in den lat. W auch heute noch genau dokumentieren (Sesiano, 1987). Aus der gr. Zeit sind nur wenige anwendungsorientierte R.bücher und Aufgabensammlungstexte erhalten, was meist mit der Geringschätzung alles Praktischen in der gr. Kultur erklärt wird. Am wichtigsten ist zweifelsohne das →Heron v. Alexandria zugeschriebene Schriftgut, welches jedoch in seiner heutigen Fassung zu einem großen Teil erst in byz. Zeit entstanden sein dürfte und zahlreiche fremde Einschlüsse enthält. HØYRUP meint, daß die babylon. und ägypt. Math. in einer Art math. Subkultur die gr. Zeit überdauerte und nachher direkt in das arab. Schriftgut einging.

Eine weitere wichtige Q. für die R.kunst des arab.-lat. MA bildete der ind. Kulturkreis. Dort entstand vor 600 n.Chr. das erste unbenannte dezimale Stellenwertsystem, dessen Anwendung schon wenig später in ind. R.büchern gelehrt wurde und das 662 bereits Severus Sēboḫt in Syrien und 773 mit dem Besuch eines ind. Astronomen am Hofe des Kalifen al-Manṣūr vermutl. auch in Bagdad bekannt war. Die ältesten erhaltenen neuartigen ind. R.bücher stammen freilich erst von Mahāvīra (um 850), Śrīdhara (um 850–950), Śrīpati (um 1040) und Bhāskara II (um 1150). Sie beginnen mit einer kurzen Vorstellung der ind. Ziffern und der grundlegenden Operationen mit ihnen und lehren danach deren Anwendung auf verschiedene konkrete Problemfelder. Seit dem 12.Jh. verbreiteten sich die ind.-arab. Ziffern (→Zahl) auch in Byzanz, wovon das R.buch des Maximos Planudes Zeugnis ablegt.

II. BYZANZ: Die Byzantiner haben einerseits das theoret. math. Wissen der Griechen bewahrt, sich andererseits aber viel stärker als diese für die prakt. Math. interessiert (→Mathematik). Daher gibt es eine Reihe von (teils anonymen) R.büchern, in denen die Methoden der gr. Logistik und spätestens seit dem 13. Jh. auch das ind. Rechnen gelehrt werden (der älteste bekannte Traktat wurde 1252 geschrieben). Bekannte Autoren von R.büchern sind Maximos →Planudes, →Barlaam aus Kalabrien, Nikolaos →Rhabdas und →Isaak Argyros. Die wichtigsten handschriftl. Texte über das Rechnen sind Paris, BN, suppl. gr. 387 (Anfang 14.Jh.), und Wien, Cod. phil. graec. 65 (um 1440); die dort behandelten Aufgaben (vgl. HUNGER–VOGEL, 1963; VOGEL, 1968) zeigen z.T. arab. Einfluß.

III. ISLAMISCHE LÄNDER: Die arab. R.lit. umfaßt nach der neueren Bibliogr. bei MATVIEVSKAJA–ROZENFELD 1983 weit über 100 Werke, von denen trotz großer Anstrengungen in den letzten Jahren erst ein kleiner Teil erforscht ist. Neben dem traditionellen »arabischen« Rechnen, bei dem sich der Rechner der »Luft« (ḥisāb hawāʾī), d.h. seines Kopfes, oder seiner »Hände« (ḥisāb al-yad), bediente, findet man ab dem 9. Jh. auch das effizientere »indische« Rechnen (ḥisāb al-hindī). Dieses bewirkte eine zunehmende Popularisierung der R.kunst und führte zur Ausgestaltung eigenständiger Traktattypen (ḥisāb-, misāḥa- und farāʾiḍ-Schriften), welche sich an den Leitthemen Rechnen, Vermessung und Erbteilung orientierten. Viele arab. R.bücher haben einen ausgeprägten prakt. Bezug. Sie vermitteln im Sinne eines theoret. aufgebauten Lehrbuchs oder anhand konkreter Fallbeispiele Hilfsmittel und Techniken zur Bewältigung rechner. Probleme im Alltag des Bürgers und Beamten. Daneben treten R.aufgaben auch in der Kanzlei-Lit. auf, was zeigt, welches erstaunl. Maß an R.fertigkeit von damaligen Staatsbediensteten verlangt wurde. In den mehr theoret. ausgerichteten Werken werden nach LUCKEY und REBSTOCK zunächst vielfach das Rechnen mit den ind. Ziffern, die diesbezügl. Grundoperationen, die R.proben, das Wurzelziehen sowie das Rechnen mit quadrat. und manchmal kub. Irrationalitäten

gelehrt (→Mathematik); danach folgt oft ein Kapitel zur Bruchrechnung (u. a. Sexagesimal- und Dezimalbrüche), zur →Geometrie (misāḥa), Proportionenlehre (nisba) und Algebra (al-ǧabr wal-muqābala) als zusätzl. R.methode (→Mathematik), worauf sich die Texte dann häufig den verschiedenen Anwendungsfeldern zuwenden. Hierzu gehören: Maßeinheiten, Preisberechnungen, Lohnrechnungen, Münz- und Währungsrechnungen, Kapitalrechnen, Steuerrechnen, Ausmessung, Erbrechnen und »Seltenheiten« (Bewegungsaufgaben, Zisternenaufgaben, Erraten einer Zahl, Problem der 100 Vögel, Schilfrohr-Aufgabe usw.; →Rätsel, →Unterhaltungsmath.). SAIDAN teilt die eigtl. R.bücher im engeren Sinne (ḥisāb-Schriften) nach den darin verwendeten R.methoden in verschiedene Untertypen ein, wobei je nach Typ und Autor auch mehrere der oben erwähnten Teile fehlen können. Zu den wichtigsten Schriften des ind. Typus gehören: der »Algorismus« von →al-Ḫwārizmī (um 820, nur lat. Bearbeitung überliefert), das »Kitāb al-Fuṣūl fī l-ḥisāb al-hindī« von →al-Uqlīdisī (um 950, ältestes bis heute bekanntes in Arab. erhaltenes R.buch mit ind. Ziffern), das »Kitāb fī Uṣūl ḥisāb al-hind« von →Kūšyār b. Labbān (um 1000, behandelt auch das Rechnen mit Sexagesimalzahlen), der »Muqniʿ fī l-ḥisāb al-hindī« von →an-Nasawī, die »Ǧawāmiʿ al-ḥisāb bit-taḫt wat-turāb« von →Naṣīraddīn aṭ-Ṭūsī usw.

IV. ABENDLAND: Im Abendland wurden im Rahmen des Unterrichts an den kirchl. Schulen bereits relativ früh auch in bescheidenem Umfang R.kenntnisse vermittelt. Diese standen in röm. Tradition. Gelehrt wurden die Stoffe des Quadriviums (→artes liberales) in der durch →Boethius und →Cassiodor geprägten Weise. Für das prakt. Rechnen benutzte man die röm. Zahlzeichen (→Zahl) und die auf dem As und seinen Zwölfteln beruhenden Brüche. Rechenkenntnisse waren v.a. für die Bestimmung des Osterfestes notwendig (→Komputistik, →Osterfestberechnung), sie beschränkten sich aber auf die vier Grundrechenarten mit ganzen Zahlen. Das Einmaleins (oft nur bis 5 × 5; höhere Multiplikationen wurden auf die Komplemente zu 10 zurückgeführt) wurde an den Klosterschulen eingeübt, indem es im Chor aufgesagt oder abgesungen wurde. Die Division und das Bruchrechnen wurde mit Hilfe des Calculus des →Victorius v. Aquitanien ausgeführt, einer Tabelle, der man die Vielfachen ganzer und gebrochener Zahlen entnehmen konnte. Als mnemotechn. Hilfsmittel zum Festhalten von Teilergebnissen dienten die Fingerzahlen, die v.a. durch die Darstellung des →Beda sehr bekannt waren. Im Rahmen der →Bildungsreform Karls d.Gr. wurde auch das Rechnen etwas aufgewertet.

In der Zeit vom Ende des 10. Jh. bis etwa 1250 wurde das Rechnen im Klosterbereich meist mit Hilfe des durch →Gerbert v. Aurillac eingeführten →Abakus mit bezifferten R.steinen (→Apices) durchgeführt. Von Gerbert und einer Reihe späterer Mönche (u.a. →Adelard v. Bath, →Bernelinus, Gerland v. Besançon, →Heriger v. Lobbes, →Hermann v. Reichenau, Odo [v. Cluny?]) sind Abhandlungen über das Rechnen auf dem Abakus erhalten, die oft auch das Bruchrechnen behandeln. Als bes. schwierig wurde die sog. »eiserne Division« empfunden. Man dividierte z.B. bei der Aufgabe 109:8 mit 10 statt mit 8 und mußte dann zu dem Rest noch das Doppelte des Teilquotienten jeweils ergänzen, so daß die Rechnung sich sehr verlängerte.

Der Klosterabakus der Gerbertschen Art setzte sich nicht auf Dauer durch, weil die Ersetzung der unbenannten Steinchen durch einen bezifferten Stein das Rechnen nicht erleichterte und weil seit dem 12. Jh. mit den Übersetzungen aus dem Arab. auch Texte zur Verfügung standen, in denen das schriftl. Rechnen mit den ind.-arab. Ziffern gelehrt wurde. Zu ihnen gehörte auch das Rechenbuch von al-Ḫwārizmī. Wirkungsgeschichtl. bedeutsamer als dieser Text wurden zwei darauf beruhende Bearbeitungen des 12. Jh. (»Liber Ysagogarum Alchorismi« und »Liber Alchorismi«). Von ihnen ausgehend, entstand im 13.-15. Jh. eine sehr große Zahl von sog. »Algorismus«-Schriften. Das Wort »Algorismus« geht auf den arab. Autor al-Ḫwārizmī zurück, dessen Name im MA (in Unkenntnis der genaueren hist. Zusammenhänge) zur Bezeichnung des neuen Verfahrens wurde. Die Algorismus-Schriften, die zunächst in Lat. verfaßt waren, wurden anfangs durch die Klöster weiterverbreitet. Schon im 13. Jh. fanden sie Eingang in den Universitätsbereich und wurden als Lehrbücher für den Unterricht in Arithmetik an der Artistenfakultät (→Universitäten) verwendet. Die wichtigsten derartigen Texte sind der »Algorismus vulgaris« des →Johannes de Sacrobosco und das »Carmen de algorismo« des →Alexander de Villa Dei, von denen mehrere hundert handschriftl. Kopien erhalten sind. Die Algorismusschriften lehrten die Darstellung natürl. Zahlen mit Hilfe der ind.-arab. Ziffern sowie das Rechnen mit ihnen, d.h. die sechs Grundrechenarten, Wurzelziehen sowie einfache arithmet. und geometr. Folgen. Die Regeln werden nicht hergeleitet, sondern anhand von Beispielen eingeübt.

Angeregt durch →Leonardo Fibonaccis »Liber abbaci« (1202, überarbeitet 1228), entstanden zunächst in Italien Darstellungen der für den Kaufmann wichtigen Math., die nicht mehr in Lat., sondern in den Volkssprachen abgefaßt waren. In Verbindung mit der »wirtschaftl. Revolution« im HochMA, die durch den Aufstieg der Städte, den steigenden Bedarf an Konsumgütern, das Aufkommen von Handelsgesellschaften und Bankhäusern charakterisiert werden kann, entstand die Notwendigkeit, die für Kaufleute erforderl. Math. zu lernen (→Bankwesen, →Buchhaltung, →Finanzwesen). Die an den Univ. benutzten Algorismus-Schriften waren für diese Zwecke nicht geeignet, und es entstanden, zunächst in Italien, spezielle Schulen, in denen von Praktikern, den R.meistern (it.: *maestri d'abbaco*), die erforderl. Kenntnisse vermittelt wurden. Zur Erlernung der math. Methoden und Techniken dienten R.bücher in it. Sprache, die zunächst handschriftl. vervielfältigt wurden. Von etwa 1290 bis 1500 sind gegen 300 derartige it. Schriften bekannt (VAN EGMOND), von denen die meisten aus dem 15. Jh. stammen. Diese mit dem Wort »abbacus« bezeichneten Schriften haben nichts mit dem ma. Abakus zu tun, sondern behandeln ausschließl. Formen und Methoden des neuen ind.-arab. Ziffernrechnens. Sie enthalten neben einführenden Bemerkungen zur Zahlenschreibweise und zu den arithmet. Operationen üblicherweise Probleme der Kaufleute (z.B. Preise und Produkte, Geldtausch, Maße und Gewichte, Tauschaufgaben, Gesellschaftsrechnung, Zins- und Diskontrechnung, Rückzahlung von Anleihen, Mischungsrechnung, Aufgaben der →Unterhaltungsmath., geometr. Probleme (z.B. Flächenbestimmung von Figuren) und manchmal auch methodolog. Abschnitte. Die meisten R.bücher der it. R.meister lehren also nicht nur die Arithmetik, sondern auch Algebra und Geometrie und vermitteln damit auch algebraische Inhalte, deren Kenntnis für Kaufleute nicht notwendig war. So geht die Lösung der kub. Gleichung durch Italiener im 16. Jh.

(Scipione del Ferro, Cardano) auf – zunächst falsche – Versuche der maestri d'abbaco zurück, Gleichungen 3. und 4. Grades zu lösen.

Der älteste Abbacus-Traktat in einer Nationalsprache ist der anonyme »Livero del abbecho« (um 1290). Weitere wichtige it. R.bücher stammen von Paolo Gerardi (»Libro di ragioni«, 1328), Magister Dardi (»Aliabraa-Argibra«, 1344), Antonio de' Mazzinghi (1353-83), →Piero della Francesca (»Trattato d'abaco«, vor 1477/ 78) und Luca →Pacioli (»Summa de arithmetica«, 1494 gedruckt). Von it. Traktaten beeinflußt sind R.bücher frz. (z.B. Nicolas →Chuquet) und dt. R.meister (z.B. Ulrich Wagner, 1482/83; Johannes →Widmann, 1489; Jakob Köbel, ab 1514; Adam Ries, ab 1518; Heinrich Schreyber [Grammateus], 1521). Die Entwicklung des schriftl. Rechnens und die Schaffung algebraischer Methoden führten in der 2. Hälfte des 15. Jh. bei den südt. R.meistern (Cossisten) zur Herausbildung algebraischer Zeichen und zur Entstehung einer algebraischen Symbolik (→Mathematik).

Die Verfahren, die in den R.büchern der R.meister dargestellt wurden, gehen auf die aus dem Ind. bzw. Arab. kommenden R.methoden zurück und waren von den heutigen nicht sehr verschieden. Es gab unterschiedl. Multiplikationsmethoden. Die Teilergebnisse konnten gelöscht (Staubbrettmethode), aber auch übereinandergeschrieben werden, so daß die Form einer Galeere entstand (»per galea«). In der »Gelosia«-Multiplikation (Netz- oder Gittermethode) fällt das Hinüberzählen einer Ziffer weg; man schrieb die Teilprodukte in die beiden Teil-Dreiecke des jeweiligen Quadrats und mußte beim Addieren nur in der Diagonalrichtung weitergehen. Auch für die Division gab es verschiedene Möglichkeiten. Ursprgl. bediente man sich eines Wischverfahrens. Man schrieb die Aufgabe an, löschte die erledigten Ziffern weg und setzte an ihre Stelle den übrigbleibenden Rest. Der Nachteil dabei war, daß man nicht mehr nachrechnen konnte. Auch für die Division wurde die »Galeeren«-Methode benutzt. Die heute übliche Division, bei der die Teilprodukte und Reste nach unten angeschrieben werden (»lange Division«), war seit dem 15. Jh. im Westen in Gebrauch.

In den Rechenbüchern der dt. R.meister wird noch im 16. Jh. neben dem schriftl. Rechnen (»Rechnen mit der Feder«) i.a. auch das »Rechnen auf den Linien« gelehrt. Dabei wurden »Rechenpfennige auf oder zwischen waagrecht verlaufende Linien gelegt, die auf einem Rechenbrett, Rechentisch (erhalten z.B. in Basel und Dinkelsbühl) oder ein Rechentuch gezeichnet waren. Das Rechnen auf dem Linienbrett entspricht dem auf dem →Abakus.

Im kaufmänn. Bereich fanden die ind.-arab. Ziffern (→Zahl) nur zögernd Eingang. 1299 verboten die Behörden in Florenz den Kaufleuten, ihre Bücher mit arab. Ziffern zu führen, vermutl., weil sie leichter zu fälschen waren. Noch im 15. Jh. wechselten in den Handelsbüchern röm. und arab. Ziffern ab. Erst mit dem Auftreten des Buchdrucks setzten sich die ind.-arab. Ziffern definitiv durch.   M. Folkerts/E. Neuenschwander

Lit. [enthält i.a. nur diejenigen Werke, die nicht im Literaturverz. zu Mathematik genannt sind; vgl. daher stets auch →Mathematik]: *Allgemein und zu [I]:* DSB – RE – SARTON – THORNDIKE-KIBRE – Tusculum – C. KREN, Medieval Science and Technology. A Selected, Annotated Bibliogr., 1985 – G. FRIEDLEIN, Die Zahlzeichen und das elementare Rechnen der Griechen und Römer und des chr. Abendlandes vom 7. bis 13. Jh., 1869 [Neudr. 1968] – B. DATTA-A. N. SINGH, Hist. of Hindu Mathematics, I, 1935 – K. MENNINGER, Zahlwort und Ziffer. Eine Kulturgesch. der Zahl, 1958², 1979³ [engl. Übers.: Number Words and Number Symbols. A Cultural Hist. of Numbers, 1969] – K. VOGEL, Beiträge zur Gesch. der Arithmetik, 1978 – J. TROPFKE, Gesch. der Elementarmath., I, 1980⁴ – G. IFRAH, Hist. universelle des chiffres, 1981 [dt. Übers.: Universalgesch. der Zahlen, 1986, 1987²] – K. N. SINHA, Śrîpati: An Eleventh-Cent. Indian Mathematician, Historia Mathematica 12, 1985, 25–44 – J. SESIANO, Survivance médiévale en Hispanie d'un problème né en Mésopotamie, Centaurus 30, 1987, 18–61 – H.-J. WASCHKIES, Anfänge der Arithmetik im Alten Orient und bei den Griechen, 1989 – J. HØYRUP, Subscientific Mathematics: Observations on a Pre-modern Phenomenon. Hist. of Science 28, 1990, 63–87 – Science in Western and Eastern Civilization in Carolingian Times, hg. P. L. BUTZER – D. LOHRMANN, 1993.

zu [II]: The Oxford Dict. of Byzantium, hg. A. P. KAZHDAN, 3 Bde, 1961 – P. TANNERY, Mémoires scientifiques, 4: Sciences exactes chez les Byzantins, 1920 – H. HUNGER – K. VOGEL, Ein byz. Rechenbuch des 15. Jh., DÖAW, Phil.-Hist. Kl. 78, Abh. 2, 1963 – K. VOGEL, Ein byz. Rechenbuch des frühen 14. Jh., Wiener Byz. Stud. 6, 1968 – A. ALLARD, Le premier traité byz. de calcul indien: classement des manuscrits et édition critique du texte, Rev. d'Hist. des Textes 7, 1977, 57–107 – H. HUNGER, Die hochsprachl. profane Lit. der Byzantiner [Kap. 9: Math. und Astronomie], HAW, Abt. 12, T. 5, 1978 [Lit.] – A. ALLARD, Maxime Planude: le Grand Calcul selon les Indiens, 1981 – Géometries du fisc byz., hg. J. LEFORT u. a. (Réalités byz., 4, 1991).

zu [III]: EI¹, EI² – SEZGIN V [Zusätze VIIIff.] – J. RUSKA, Zur ältesten arab. Algebra und Rechenkunst, SAH. PH, Jg. 1917, 2. Abh. – P. LUCKEY, Die R.kunst bei Ǧamšīd b. Masʿūd al-Kāšī ..., AKM 31, Nr. 1, 1951 – M. LEVEY – M. PETRUCK, Kūshyār ibn Labbān. Principles of Hindu Reckoning, 1965 – A. S. SAIDAN, The Arithmetic of Abū'l-Wafā', Isis 65, 1974, 367–375 – R. RASHED, L'extraction de la racine nième et l'invention des fractions décimales (XIᵉ–XIIᵉ s.), AHExSc 18, 1977/78, 191–243 – A. S. SAIDAN, The Arithmetic of Al-Uqlīdisī, 1978 – G. MATVIEVSKAJA – B. ROZENFELD, Matematiki i astronomyi musulmanskovo srednevekovia i ikh trudyi, 3 Bde, 1983 – U. REBSTOCK, Rechnen im islam. Orient, 1992 [Lit.].

zu [IV]: Quaderni del Centro Studi della Matematica Medioevale, Univ. Siena, H. 1–21, 1982–93 [Ed. von Rechentraktaten] – J. O. HALLIWELL, Rara Mathematica: A Coll. of Treatises on the Mathematics, 1841² [Neudr. 1977] – A. DE MORGAN, Arithmetical Books from the Invention of Printing to the Present Time, 1847 [Neudr. 1967] – F. UNGER, Die Methodik der prakt. Arithmetik in hist. Entwicklung vom Ausgange des MA bis auf die Gegenwart, 1888 – N. BUBNOV, Gerberti ... Opera Mathematica, 1899 [Neudr. 1963] – H. GROSSE, Hist. R.bücher des 16. und 17. Jh., 1901 [Neudr. 1965] – D. E. SMITH, Rara Arithmetica: A Cat. of the Arithmetics Written Before the Year 1601 ..., 1908¹ [Neudr. 1970] – F. GRUNDEL, Die Math. an den dt. höheren Schulen, T. 1, 1928 – K. VOGEL, Die Practica des Algorismus Ratisbonensis: Ein Rechenbuch des Benediktinerkl. St. Emmeram aus der Mitte des 15. Jh., 1954 – DERS., Mohammed ibn Musa Alchwarizmi's Algorismus, 1963 – A. P. JUSCHKEWITSCH, Über ein Werk des Abū ʿAbdallah Muḥammad ibn Mūsā al-Ḫuwārismī al Maǧusī zur Arithmetik der Inder, Beih. zur Schriftenreihe für Gesch. der Naturwiss. en, Technik und Medizin, 1964, 21–63 – H. L. L. BUSARD, L'algèbre au MA: le »Liber mensurationum« d'Abū Bekr, Journal des Savants, 1968, 65–124 – G. ARRIGHI, Libro d'abaco. Dal Codice 1754 (sec. XIV) della Biblioteca Statale di Lucca, 1973 – K. VOGEL, Der Donauraum: Die Wiege math. Studien in Dtl., 1973 – G. R. EVANS, Difficillima et Ardua: Theory and Practice in Thomas on the Abacus, 950–1150, Journal of Medieval Hist. 3, 1977, 21–38 – DIES., From Abacus to Algorism: Theory and Practice in Medieval Arithmetic, British Journal for the Hist. of Science 10, 1977, 114–131 – K. VOGEL, Ein unbestimmtes Problem al-Karaǧis in Rechenbüchern des Abendlandes, Sudhoffs Arch. 61, 1977, 66–74 – A. ALLARD, A propos d'un algorisme latin de Frankenthal: une méthode de recherche, Janus 65, 1978, 119–141 – W. VAN EGMOND, The Earliest Vernacular Treatment of Algebra: The »Libro di ragioni« of Paolo Gerardi (1328), Physis 20, 1978, 155–189 – ST. K. VICTOR, Practical Geometry in the High MA, Memoirs of the American Philosophical Society 134, 1979 – W. VAN EGMOND, Practical Mathematics in the Italian Renaissance: A Cat. of Italian Abbacus Ms.s and Printed Books to 1600, 1980 – M. FOLKERTS, Eine bisher unbekannte Abhandlung über das Rechenbrett aus dem beginnenden 14. Jh., Hist. Mathematica 10, 1983, 435–447 – W. KAUNZNER, Über die ma. math. Hss. der Staats- und Stadtbibliothek Augsburg: Ein Beitr. zur Gesch. der R.kunst im ausgehenden MA,

1983 – W. VAN EGMOND, The Algebra of Master Dardi of Pisa, Hist. Mathematica 10, 1983, 399–421 – P. BENOÎT, Recherches sur le vocabulaire des opérations élémentaires dans les arithmétiques en langue française de la fin du MA, Documents pour l'Hist. du Vocabulaire scientifique 7, 1985, 77–95 – W. BERGMANN, Innovationen im Quadrivium des 10. und 11. Jh., 1985 – Mathematics from Ms. to Print: 1300–1600, hg. C. HAY, 1988 – H. G. KNAPP, Zahl als Zeichen – Zur »Technisierung« der Arithmetik im MA., Hist. Mathematica 15, 1988, 114–134 – H. L'HUILLIER, Les mathématiques à Lyon ... (1480–1520) (Lyon, cité des savants, 1988), 31–41 – P. BENOÎT, Calcul, algèbre et marchandise (Éléments d'hist. des sciences, hg. M. SERRES 1989), 197–221 – R. ENDRES, Ausbildung und gesellschaftl. Stellung der Schreib- und Rechenmeister in den frk. Reichsstädten (Schreiber, Magister, Lehrer, hg. J. G. PRINZ V. HOHENZOLLERN – M. LIEDTKE, 1989), 144–159 – A. ALLARD, La diffusion en Occident des premières œuvres lat.: issues de l'arithmétique perdue d'al-Khwārizmī, Journal for the Hist. of Arabic Science 9, 1991, 101–105 – DERS., The Arabic Origins and Development of Latin Algorisms in the 12th Cent., Arabic Sciences and Philosophy 1, 1991, 233–283 – G. BEAUJOUAN, Par raison de nombres: l'art du calcul et les savoirs scientifiques médiévaux, Variorum Collected Studies Series, vol. 344, 1991 – A. ALLARD, Muḥammad ibn Mūsā al-Khwārizmī: Le Calcul Indien (Algorismus), 1992.

Rechenpfennige (frz. *jetons*, engl. *counters*, ndl. *Leggenninge*), münzzähnl. Metallplättchen zum Rechnung Legen auf dem Rechentisch (→Abakus), in Mittel- und W-Europa seit dem 13. Jh., teilweise bis ins 18. Jh. allg. üblich, bes. in Verwaltungen. R. wurden wie Münzen geprägt, jedoch in der Regel nicht aus Edelmetall. Die Herstellung oblag vielfach Münzmeistern, in Frankreich der Pariser Münze. Daneben gab es in Nürnberg eine kontinuierl. betriebene Produktion, die im Dt. Reich, in Frankreich, den Niederlanden und in Oberitalien regen Absatz fand. Die Nürnberger R.schläger gehörten seit dem 16. Jh. der Zunft der Spengler an. →Rechenkunst, -methoden, -bücher.

W. Heß

Lit.: F. P. BARNARD, The Casting Counter and the Counting Board, 1916 – C. F. GEBERT, Die Nürnberger R.schlager, Mitt. der bayer. Num. Ges. 35, 1917 – F. V. SCHROETTER, Wb. der Münzkunde, 1930, 551–553 – F. STALZER, R., I, 1, 1989 – →Zahl.

Rechnungsbücher (Rationes, Libri della ragione, Livres de compte, Raitbücher, aber vielfach benannt nach einem speziellen Inhalt, s. u.) sind Bücher, in welche Abrechnungen über einen gewissen Zeitraum eingetragen wurden, die meist ähnlich wiederkehrende Vorgänge betrafen. Sie unterscheiden sich von Abgabenregistern, etwa Urbaren, und z. B. auch von Inventaren. Abgabenregister halten Abgaben fest, die nicht tatsächl. geleistet, sondern auf die Ansprüche erhoben wurden. Sie sollten als Norm für die Zukunft gelten und wurden deswegen aufbewahrt. Das Aufbewahrungsinteresse war geringer für R. Diese konnten prinzipiell vernichtet werden, wenn der Rechnungsführer entlastet war. Die Überlieferung von R. hing – neben purem Zufall, Verwendung von Frgm.en beim Einbinden von Büchern etwa – von bes. Umständen ab, so etwa im Rahmen von Prozeßakten, wenn es Schwierigkeiten bei der Entlastung des Rechnungsführers gab. Bereits im →Capitulare de villis von etwa 800 wird vom iudex verlangt, zwei brevia zu führen, eines für die laufenden Aufwendungen für den Hof und die Rücklagen und ein anderes für Betriebsausgaben. Das Wort breve wird aber auch für Inventare gebraucht, und die aus der karol. Agrarverwaltung erhaltenen brevia betreffen nur Inventare. Abzugrenzen sind R. von allen Büchern, die zwar von Geldeinnahmen berichten (wie Neubürgerbücher) oder Geldtransaktionen festhalten (wie Stadtbücher mit Schuldgeschäften), bei denen aber das Beurkundungsinteresse im Vordergrund steht. It. und fläm. Wechsler, Bankiers und Notare führen im späten 14. und 15. Jh.

Bücher mit Konten für Kunden, die bei ihnen über einen Giralgeld-Kredit verfügen konnten. Diese Bücher nehmen eine Zwischenstellung ein zw. den eben genannten städt. Büchern und den Kaufmannsbüchern, die zu den R.n zu zählen sind. Eine Zwischenstellung zw. R. und Abgabenregistern nehmen staatl. und städt. Steuerlisten ein, die jeweils auf eine einmalige Steuersammelaktion zurückgehen, denen also die chronolog. Erstreckung, wie sie eigtl. R. haben, fehlt und die eine Vorbildfunktion für spätere Steuersammelaktionen haben konnten. Überwiegend, aber nicht grundsätzl., enthalten R. Geldangaben. In einigen sind Naturalien (ohne Geldwertangaben) berechnet worden.

R. wurden von Fs.en (→Finanzwesen) und Herren, kirchl. Institutionen, Städten (→Kämmereibücher), städt. Korporationen und bürgerl. Erwerbsunternehmen (→Buchhaltung) angelegt. Sie konnten rein chronolog. im Sinne von Journalen geführt werden, oder die Eintragungen erfolgten gewissermaßen springend, so daß sich in sich chronolog. geordnete Gruppen ergaben, die auf bestimmte Sachthemen oder Partner (z. B. Kunden) orientiert waren. Bei einem entwickelten Rechnungswesen wurden mehrere Bücher nebeneinander, etwa für Einnahmen und Ausgaben, oder ein Hauptbuch und Nebenbücher geführt. Die größte Entfaltung erfuhr dieses System von Büchern am Ende des MA in der Doppelten Buchführung.

Zu den Büchern im ma. Sinn sind auch →Rollen zu zählen, und deswegen können wir sagen, daß die ältesten überlieferten R. die engl. →Pipe Rolls sind, die ab 1130, ab 1155 lückenlos erhalten sind. Auf diesen Rollen wurden jährl. die Abrechnungen der engl. Krone mit Regionalbehörden, v. a. den *sheriffs*, festgehalten. Sonst sind aus dem 12. Jh. kaum noch R., nur seine Einzelabrechnungen erhalten. Im 13. Jh. erstreckt sich die Überlieferung jedoch auf mehrere der oben genannten Institutionen und ist auch aus Dtl. vertreten. Als herausragend sind zu nennen: Päpstl. R., Tiroler Raitbücher, Yper und Brügger Stadtrechnungen. Die R. der Grundherrschaft des Kl. →Ramsey gehen z. T. bis 1247 zurück. Sie werden agrargeschichtl. bes. hoch bewertet, weil sie neben Abrechnungen über die Erträge auch solche über die Aussaat enthalten, also Schlüsse auf die Produktivität zulassen. Aus den 1280er Jahren ist die 70 cm lange Rolle eines Lübecker Gewandschneiders erhalten. Im 14. Jh. wird die Überlieferung regional dichter. Weiterhin gibt es einige privilegierte Landschaften. Zu den R.n gehört auch die fortlaufende Registrierung von Zolleinnahmen (im Unterschied zu Zolltarifen), die in England 1275 (*enrolled accounts*), in den Niederlanden und im Hanseraum im 14. Jh. beginnt. Ein wertvolles Kuriosum ist das sog. älteste Kirchbuch aus dem burg. Givry 1334-57, in Wirklichkeit die buchförmige Abrechnung eines Vikars gegenüber seinem Pfarrer über die eingenommenen kirchl. Gebühren.

Die größte Entwicklung erfuhren die R. bei den it. Kaufleuten des 15. Jh., etwa bei Francesco →Datini oder den →Medici. Ersterer hat hauptsächl. aus knapp dreißig Jahren Tätigkeit in Prato über 500 R. hinterlassen. Zu dieser Entwicklung gehören folgende Buchtypen (Melis, 34ff.): Geheimbuch, Hauptbuch (mit Guthaben und Schulden), Kassenbuch, Lagerbuch, Grundbuch, Ein- und Ausfuhrbuch, Kleinhandelsbuch, Spesenbuch, Lohnbuch. Die heute üblichen Journale sind zuerst 1430 in Venedig entwickelt worden.   R. Sprandel

Lit. [Übersichten]: A. Sapori, Le Marchand italien au MA, 1952, 5ff. – R. C. van Caenegem–F. L. Ganshof, Kurze Q.kunde des w.europ. MA, 1964, 96ff. – L. Beutin–H. Kellenbenz, Wirtschaftsgesch., 1973, 12ff. – Q. zur Hansegesch., hg. R. Sprandel, 1982, 63ff., 429ff., 484ff. – [dazu in Auswahl]: P. Gras, Le registre paroissial de Givry, BEC 100, 1939, 295–308 – R. de Roover, Money, Banking and Credit in Medieval Bruges, 1948 – H. P. R. Finsberg, Tavistock Abbey, 1951 – J. A. Raftis, The Estates of Ramsey Abbey, 1957 – M. Cassandro, Il libro giallo di Ginevra, 1971 – Städt. Haushalts- und Rechnungswesen, hg. E. Maschke–J. Sydow, 1977 – A. v. Brandt, Ein Stück kaufmänn. Buchführung... (Lübeck, Hanse, N-Europa, 1979), 308ff. – W. Ziegler, Stud. zum Staatshaushalt in Bayern in der zweiten Hälfte des 15. Jh., 1981 – A. Ranft, Der Basishaushalt der Stadt Lüneburg in der Mitte des 15. Jh., 1987 – A. Wiesflecker, Die oberösterr. Kammerraitbücher zu Innsbruck (1493-1519), 1987 – P. Spufford, Money and its Use in Medieval Europe 1988 – F. Melis, L'azienda nel medioevo, 1991.

Rechnungswesen → Finanzwesen

Recht

A. Allgemeine Darstellung; westlicher Bereich – B. Rechte der Länder Ost- und Südeuropas – C. Recht im Judentum – D. Islamisches Recht

A. Allgemeine Darstellung; westlicher Bereich

I. Terminologie und Rechtsbegriff – II. Rechtsaufzeichnung und Rechtsgeltung – III. Rechtsleben und Rechtsbildung.

I. Terminologie und Rechtsbegriff: »Das R. ist alt. Das R. ist gut. Das gute alte R. ist ungesetzt und ungeschrieben.« Auf diese Formel brachte einst F. Kern seine Lehre von der ma. R.sauffassung, die noch heute einflußreich ist. Nach der Überzeugung des MA sei das R. eine überlieferte, unveränderl. Ordnung gewesen. Man habe es nicht machen oder setzen, sondern nur von Fall zu Fall »finden« können. Offenbar glaubte die Lehre vom »guten alten R.«, im MA ein hist. Gegenbild zu der modernen Vorstellung zu erblicken, wonach das (objektive) R. als geltende Normenordnung eine Schöpfung des Gesetzgebers sei und ständig zu dessen Disposition stehe. In der ma. Terminologie und Begrifflichkeit findet Kerns These keine Stütze.

Im lat. Sprachgebrauch der Schr.q.n erscheint am häufigsten das Wort ius, das wie in der Spätantike nicht mehr zugleich das (objektive) R., sondern nur noch die einzelnen (subjektiven) Berechtigungen meint, namentl. im Hinblick auf Besitz und Vermögen. Demgegenüber bedeutet lex, wo es nicht geradezu »Gesetz« heißt, das tatsächl. geübte (objektive) R. Die Vorstellung von Alter und Unveränderlichkeit ist weder dort noch hier zu erkennen. Im Gegenteil ist lex als göttl. Gesetz des alten oder neuen Bundes jeweils Zeichen eines neuen Anfangs.

Die entsprechenden dt. Wörter, wie sie in Glossen, Übers. und Evangeliendichtungen begegnen, lassen das Bemühen erkennen, sich die Begriffsinhalte der lat. Wörter überhaupt erst anzueignen. So wurde ius zunächst mit *kiwalt* (»Gewalt«) wiedergegeben, und das Wort *reht* (»gerade, richtig«), das sich endlich als Entsprechung durchsetzte, erlangte erst dadurch eine spezif. rechtl. Bedeutung. Lex wurde mit *êwa* übersetzt, das etwa »R., R.sgemeinschaft, Bund« (vgl. →Ehe) bedeutet haben mag.

Nach Alter und Dauer fragte das MA allein bei der *consuetudo*, der Gewohnheit, die einer bestehenden lex widersprach. Schon das röm. R. hatte einer langen Gewohnheit die Kraft zuerkannt, sich gegen das Gesetz durchzusetzen. Die Kirchenväter hatten freilich verlangt, die alte Gewohnheit müsse zugleich eine gute sein und dürfe nicht gegen die Vernunft und die göttl. Offenbarung verstoßen. Gerade dieser Begriff, der dem »guten alten R.« noch am nächsten kommt, wurde aber offenbar als bes. neuartig empfunden. Das dt. Wort *giwonaheite* mußte als Lehnübers. der lat. Vorlage Glied für Glied gleichsam erst nachgebildet werden. Eine ältere, womögl. »germ.« Vorstellung vom R. ist hier gewiß nicht zu erkennen.

Seit dem 12. Jh. zeichnet sich in der Terminologie allerdings ein Vorstellungswandel ab, der auf den Einfluß des gelehrten R.s hindeutet. So kehrt ius wieder zu seiner klass. Doppelbedeutung als subjektives und objektives R. zurück, worin ihm die dt. Entsprechung »recht« folgte. Und bei der consuetudo setzte sich die kanonist. Ansicht durch, alles R. erwachse letztl. aus der Gewohnheit. Im →Sachsenspiegel (um 1220/30) erscheinen beide Vorstellungen bereits im dt. Sprachgewand. Hier mag die spätma. Anschauung vom »alten R.« ihre Wurzel haben, die namentl. in den Bauernaufständen des 15. und 16. Jh. wirksam war.

II. Rechtsaufzeichnung und Rechtsgeltung: Die R.saufzeichnungen des MA – anfangs nur in lat., seit dem 13. Jh. auch in dt. Sprache – müssen vor dem Hintergrund eines R.slebens gesehen werden, das sich im Medium der Mündlichkeit vollzog. Welche prakt. Bedeutung sie unter diesen Umständen hatten, ist daher oft zweifelhaft. Insbes. fragt es sich, ob ihnen normative Geltung zukam, ob man sie also wirkl. als Rechtsq. bezeichnen sollte. Die Aufzeichnung des R.s ist jedenfalls nicht mit R.setzung zu verwechseln.

Die ältesten Schr.q.n des ma. R.s, die →Leges, bieten ein uneinheitl. Bild. Die Gesetze des Mittelmeerraumes, namentl. die →»Leges Visigothorum«, standen in der Tradition spätröm. Ks.gesetzgebung und erlangten auch vergleichbare prakt. Bedeutung. Dagegen hat die frk. →»Lex Salica« im R.sleben der Zeit kaum Spuren hinterlassen, und dasselbe gilt auch für die anderen Leges des frk. Reiches (→»Lex Ribuaria«, →»Lex Alamannorum«, →»Lex Baiuvariorum«). Mehrere Textfassungen und zahlreiche Hss. beweisen zwar ein erhebl. Interesse an jenen Texten, ohne daß zu entscheiden wäre, ob es klösterl. Gelehrsamkeit oder dem Bedürfnis herrscherl. Selbstdarstellung entsprang. Für eine Anwendung im Gericht fehlen im gall.-germ. N alle Voraussetzungen. Die auf Veranlassung Karls d. Gr. aufgezeichneten Leges der Friesen, Sachsen und Thüringer blieben ohne prakt. Bedeutung; mit knapper Not sind die Texte selbst durch einen oder zwei Textzeugen überliefert.

Gleichzeitig begannen jedoch die →Kapitularien zu einer umfangreichen Textmasse aufzuschwellen. Diese auf die Herstellung einer christl. Lebensordnung zielenden Anordnungen und Ermahnungen Karls d. Gr. und seiner Nachfolger standen eher in der Nähe kirchl. Synodalbeschlüsse als einer weltl. Gesetzgebung. Ihre prakt. Wirkung bleibt undeutl., und eine normative »Geltung« über den konkreten Anlaß hinaus ist nicht nachweisbar.

Mit dem Abebben der Kapitularien nach der Mitte des 9. Jh. beginnt eine Zeit, die an R.saufzeichnungen auffallend arm war und das gesamte 10. und 11. Jh. umfaßte. Nur wie ein dünnes Rinnsal setzten sich die Kg.surkk. fort, die als Privilegien einzelne R.sakte verbriefen. Erst im 12. Jh. ist neue Bewegung zu spüren. In den nun allmähl. einsetzenden Siegelurkk. der geistl. und weltl. Fs.en und Herren erscheinen R.sverleihungen an ganze Gruppen wie →Ministerialen, freie →Bauern und →Bürger. Auch das neue Phänomen der beschworenen Friedenseinungen (→Gottesfrieden, →Landfrieden) fand urkl. Niederschlag. Dabei konnten die vom Ks. veranlaßten Reichsfrieden bereits in der am röm. R. sich orientierenden Form des Gesetzes auftreten, die das neue Verständnis vom →Kaiserrecht bezeugt. Alle diese Erscheinungen setzten sich im folgenden Jh. in zunehmender Breite fort.

Das 13. Jh. eröffnete mit dem Sachsenspiegel (um 1220/30) und dem heute als →Schwabenspiegel bekannten »Kaiserrecht« (um 1270) die Reihe der →R.sbücher, die sich später auch im Stadtr. fortsetzte. Als private Aufzeichnungen hergebrachten R.s entsprachen sie ebenso wie die frz. →Coutumes dem kanonist. Modell der consuetudo in scriptis redacta. Eine normative Geltung wuchs ihnen als ius scriptum erst vor dem Hintergrund des gelehrten Prozesses zu, auf den auch die Sachsenspiegelglosse des Johann v. →Buch zielte.

Das ländl. R. des SpätMA wurde v. a. durch die →Weistümer geprägt, die aus Anlaß von grundherrschaftl. und territorialen Streitigkeiten in großer Zahl aufgezeichnet wurden. Ihre äußere Form als notariell beurkundete Zeugenvernehmung genügte oftmals schon den Beweisanforderungen des gelehrten Prozesses.

Bes. groß war die Q.nvielfalt im →Stadtr. des SpätMA. Das auf Privilegien oder Herkommen gegr. R. wurde (zur Mitteilung an andere Städte oder zum eigenen Gebrauch) in oftmals umfangreichen Texten amtl. aufgezeichnet. V. a. im sächs. Raum traten stadtl. Rechtsbücher hinzu. Schriftl. fixiert wurden auch die örtl. →Willküren oder Satzungen, um beim jährl. wiederholten →Bürgereid verlesen und beschworen zu werden. Schöffensprüche und Ratsurteile zeugen von einer ausgebreiteten R.sprechung, und die →Stadtbücher überliefern eine Fülle bürgerl. R.sgeschäfte.

III. Rechtsleben und Rechtsbildung: Trotz zunehmender Verschriftlichung spielte sich das ma. R.sleben im wesentl. nach den Regeln einer schriftlosen, oralen Kultur ab. Man mußte hören und sehen können, was geschah – selbst wenn eine Urk. vorgelegt oder ein Eintrag ins Stadtbuch vorgenommen wurde. Große Bedeutung hatte deshalb der Gebrauch der richtigen Worte und Formeln (→R.ssprache). Gebärden und Gesten machten die Vorgänge anschaul.: das Schwören eines →Eides, die Verweigerung einer Antwort. Endlich machten Symbole (→R.ssymbolik) das bloß Vorgestellte sichtbar: der Stab die Gerichtsgewalt, die überreichte Fahne das verliehene Fsm.

Wie sich in dieser Sphäre der Mündlichkeit die Herausbildung von R.svorstellungen und R.sinstituten vollzog, ist hinter dem Schleier der schriftl. Überlieferung nur undeutl. zu erkennen. W. Ebel hatte einst vorgeschlagen, drei Grundformen der Gesetzgebung (besser wohl: der R.sbildung) zu unterscheiden: das Weistum oder →Urteil, die →Satzung oder Willkür und das R.sgebot, aus dem das Gesetz wurde. Gerade aufgrund von Ebels Forsch. würde man heute noch die R.sgewohnheit hinzufügen müssen, also den festen Brauch vertragl. Regelung, der gleichwohl nur für den Einzelfall R. schafft.

Alle diese Grundformen haben im R. des MA mannigfaltige Ausprägung erfahren. Dabei meint die Bezeichnung »R.« v. a. die gemeinschaftl. R.süberzeugung, wie sie im Spruch der Urteiler konkretisiert ist. Ist dieser Spruch als Weistum, also abstrakt, formuliert, so erscheint er als Feststellung einer allg. geltenden Regel. Dennoch handelt es sich, wie die Reichsweistümer lehren, zumeist um die Entscheidung eines konkreten Konflikts. Die individuelle oder gemeinschaftl. eidl. Unterwerfung unter selbstgesetzte R.sfolgen hat in den Gottesfrieden und Landfrieden (zunächst nur auf Zeit) die neue R.sordnung des peinl. Strafr.s (→Strafe, Strafr.) aufgerichtet. In den Städten gründete sich die Geltung von →Rat erlassenen Willküren auf den alljährl. erneuerten Bürgereid. Allerdings wurde dieses städt. R. zunehmend als obrigkeitl. Satzung aufgefaßt, so daß hier ebenso wie bei dem v. Landesherr u. Landständen vereinbarten →Landrecht die Vorstellung der →Gesetzgebung nahelag.

Die Regeln der ständigen Vertragspraxis endlich wurden im Sinne des gelehrten R.s als Sätze einer ungeschriebenen R.sordnung, als →Gewohnheitsrecht, angesehen.

Vgl. auch die Artikel Dt., Engl., Frz., Ir., Langob., Walis. R.; Kanon., Röm. R. und die Darstellungen zum R. in einzelnen Länderartikeln, z. B. Aragón. K. Kroeschell

Lit.: F. Kern, R. und Verfassung im MA, HZ 120, 1919, 1–79 [selbst. Neudr. 1952, 1992] – W. Ebel, Gesch. der Gesetzgebung in Dtl., 1958, 1988² – K. v. See, An. R.swörter, Hermaea 16, 1964 – K. Kroeschell, R. und R.sbegriff im 12. Jh. (VuF 12, 1967), 309–335 – G. Köbler, Das R. im frühen MA, 1971 – W. Trusen, Gutes altes R. und consuetudo (R. und Staat. [Fschr. G. Küchenhoff, 1972]), 189–204 – R. und Schr., hg. P. Classen (VuF 23, 1977) – J. Weitzel, Dinggenossenschaft und R., 2 Bde, 1985 – Überlieferung und Geltung normativer Texte des frühen und hohen MA, hg. H. Mordek, 1986 – Gewohnheitsr. und R.sgewohnheiten im MA, hg. R. Schulze (Schr. zur europ. R.s- und Verf.gesch. 6, 1992).

B. Rechte der Länder Ost-und Südosteuropas (zu Byzanz →Byzantinisches Recht)
I. Altrußland – II. Serbien.

I. Altrussland: Sieht man von den byz.-russ. Verträgen (→Kiev, Reich v.; →Byz. Reich, E. II) des 10. Jh. ab, setzen Aufzeichnungen (auch) der einheim. Rechtsbräuche bzw. -normen erst nach der »offiziellen« Christianisierung (988) ein. Als Gesetzgeber fungierten die Fs.en (→Knjaz') bzw. →Großfürsten, fallweise in Verbindung mit Repräsentanten der Kirche, des Adels und/oder der städt. Bürgerschaften. Bei den erhaltenen Rechtssammlungen und -urkunden handelt es sich allerdings in der Regel um private Aufzeichnungen von häufig sukzessive entstandenen Normkomplexen. Hist. und geogr. sind sie breit gestreut: Der Kiever Rus' gehören die in zwei (bzw. drei) Redaktionen fixierte →Russkaja Pravda sowie mehrere fsl. Statuten (*ustavy* bzw. *ustavnye gramoty*) an; aus den westl. und nördl. Regionen sind neben den einigen Urkk. und Verträgen v. a. die umfangreichen, aus dem 14./15. Jh. stammenden »Gerichtsurkunden« (*sudnye gramoty*) der »Stadtrepubliken« →Novgorod und →Pskov erhalten; die älteste erhaltene Moskauer Rechtssammlung ist das »Gerichtsbuch« (Sudebnik) von 1497. Während die Russkaja Pravda, die in ihrer ältesten Schicht noch Elemente der Stammesgesellschaft aufweist, in ihrer Kurzen Redaktion wenig mehr als einen Katalog von Bußen, Strafen und Gebühren darstellt, die bei Körper- und Eigentumsverletzungen an den Geschädigten, den Fs.en und/oder an das »Justizpersonal« zu zahlen sind, berühren die späteren Sammlungen in wenig systemat. Weise zahlreiche Gegenstandsbereiche; dabei dominieren Vorschriften zum Verfahren, in dem Eid (→Eid, B. II), →Zweikampf und (andere) Gottesurteile (→Ordal) eine wesentl. Rolle spielen. Ein bes. Ermittlungsverfahren begegnet bei Diebstahl (→Diebstahl, C. VII). Ob der neben dem Augenzeugen (*vidok*) genannte »Hörzeuge« (*posluch*) als Eideshelfer betrachtet werden kann, ist umstritten. Die in den Q. stark variierende Terminologie für die mit der Durchführung von Verfahren und Vollstreckung betrauten Personen läßt spezialisierte Funktionen nur selten erkennen. – Neben das einheim. Recht treten die aus dem Griech. übersetzten überwiegend kirchenrechtl. byz. Rechtssammlungen, die wohl fast ausschließlich auf dem Umweg über (Mähren und) die südslav. Länder Bulgarien und Serbien zu den Ostslaven gelangt sind und dort allenfalls neu arrangiert wurden. Auch für zwei nur in russ. Hss. überlieferte weltl. Rechtsbücher, die Übersetzung der →Ekloge und die *Knigi zakonnye*, konnte russ. Entstehung bisher nicht überzeugend nachgewiesen werden. Bes. weite Verbreitung erlangte die vermutl. in der 2. Hälfte des 13. Jh. zusammengestellte russ. (»Novgoroder« oder »Sophien«-)Redaktion der →Kormčaja Kniga. Seltener überliefert, aber vermutl. ebenfalls ostslav. Ursprungs ist das *Merilo pravednoe* ('Waage der Gerechtigkeit'), in dem einer Auswahl von Rechtstexten ein umfangreiches Florileg aus der Bibel und den Kirchenvätern zum Thema »Gerechtigkeit« vorangestellt ist. Dieses Kirchenrecht wurde von der höheren Geistlichkeit, die in der frühen Zeit noch vorwiegend aus Byzanz rekrutiert wurde, verwaltet und ergänzt. Einen inhaltl. Schwerpunkt bildete das Eherecht. Außerdem ist ein bes. Interesse an »gerechtem Verfahren« erkennbar. – Russ. profanes Recht und byz. Kirchenrecht berührten einander zum einen in den Statuten der Fs.en, in denen diese, häufig mit deklaratorischer Berufung auf den →»Nomokanon«, den Umfang der kirchl. Jurisdiktion festlegten und Regelungen für den Unterhalt der Kirche trafen. Zum anderen fanden nicht nur diese Statuten, sondern auch die Erweiterte Redaktion der Russkaja Pravda Eingang in die kirchl. Rechtssammlungen. Darin ist wohl eher ein Prestigezuwachs der alten fsl. Satzungen zu sehen als ein Beleg dafür, daß die Kirche die Rechtsprechung monopolisiert hätte, die man sich ohnehin nicht als eine buchstäbl. Anwendung der heterogenen und häufig obsoleten Normen vorstellen darf. L. Burgmann

Q.: Pamjatniki russkogo prava, I–III, 1952, 1953, 1955 [Lit.] – Drevnerusskie knjazeskie ustavy, hg. Ja. N. Ščapov, 1976 [Lit.] – Rosijskoe zakonodatel'stvo X–XX vekov, I–II, 1984, 1985 [Lit.] – Übers.: K. Fritzler, Zwei Abh. über altruss. Recht, 1923 – G. Vernadsky, Medieval Russian Laws, 1947 – M. Szeftel, Le Justicier (Sudebnik) d'Ivan III (1497), RHDFE⁴ 34, 1956, 531–568 – M. Szeftel–A. Eck, Documents of droit public relatifs à la Russie médiévale, 1963 – Bibliogr.: F. I. Leontovič, Istorija russkogo prava, I: Literatura istorii russkogo prava, 1902 [Nachdr. 1974] – L. Burgmann–H. Kaufhold, Bibliogr. zur Rezeption des byz. Rechts im alten Rußland sowie zur Gesch. des arm. und georg. Rechts, 1992.

II. Serbien: Über das serb. Recht sind wir durch das Gesetzbuch von →Stefan Dušan, einige Übersetzungen von Sammlungen des →byz. Rechts sowie zahlreiche Urkk. unterrichtet. Die letztgenannten können allerdings nur unter Vorbehalt verwertet werden: Zum größten Teil aus den Städten der angrenzenden westslav. (dalmat.) und nördl. Regionen stammend, orientieren sie sich eher an mitteleurop. und nordit. Rechtsordnungen. – Die übersetzten byz. Texte gehören vorwiegend dem Kirchenrecht an, so der vermutl. 1219 von →Sava Nemanjić nach Serbien gebrachte →Nomokanon, der mit dem →Procheiros Nomos allerdings auch ein weltl. Rechtsbuch enthält, sowie das bald nach seiner Abfassung (1335) übersetzte »Syntagma canonum« des Matthaios →Blastares mit Appendix. Eine serb. Übers. des →Nomos Georgikos ist nur fragmentar. erhalten. Die Entstehung einer als »Gesetz Justinians« überschriebenen kurzen Sammlung stark überarbeiteter und sehr heterogener byz. Rechtstexte ist noch ungeklärt. – Das Gesetzbuch von Stefan Dušan ist in 25 überwiegend späten Handschriften überliefert, die in Bestand und Reihenfolge der Artikel z. T. stark voneinander abweichen; die Standardausgabe (Novaković, 1898) versammelt 201 Artikel. Nach der Überschrift wurde das Gesetzbuch (*Zakonik*) am 21. Mai 1349 (Himmelfahrt) vom Zaren und der »orthodoxen Versammlung«, dem Klerus unter der Führung des Patriarchen sowie den »großen und kleinen Machthabern« (*vlastele*) verabschiedet. Die Artikel 136ff. stellen möglicherweise einen Zusatz aus dem Jahr 1353/54 dar, doch ist die Interpretation einer entsprechenden Datierungsnotiz nicht unumstritten. Der Aufbau des Gesetzbuches folgt keinem plausiblen System; materiell dominieren das »öffentl.« und das Strafrecht. In den frühen Hss. gehen dem Zakonik Dušans, der nur geringfügige byz. Einflüsse aufweist, regelmäßig eine die weltl. Gesetze bevorzugende Auswahl von Blastares' Syntagma und das »Gesetz Justinians« voran. In dieser Zusammenstellung eine »Kodifikation« Dušans oder des Despoten Stefan Lazarević zu sehen, ist sicherlich zu optimistisch, zumal wir über die Vermittlung und Durchsetzung der einheim. wie der byz. Normen fast nichts wissen. L. Burgmann

Q. und Lit.: T. FLORINSKIJ, Pamjatniki zakonodatel'noj dejatel'nosti Dušana, 1888 – Zakonik Stefana Dušana, ed. S. NOVAKOVIĆ, 1898 – Matije Vlastara Sintagmat, ed. S. NOVAKOVIĆ, 1907 – C. JIREČEK, Staat und Gesellschaft im ma. Serbien, DAW Phil.-hist. Kl. 56, 1912 [Nachdr. 1974] – M. BURR, The Code of Stephan Dušan, The Slavonic and East European Review 28, 1949–50, 198–217, 516–539 [engl. Übers.] – Đ. S. RADOJIČIĆ, Srpski rukopis Zemljoradničkogzakona, ZRVI 3, 1955, 15–28 – S. TROICKI, Dopunski članci Vlastareve Sintagme, 1956 – Zakonik cara Stefana Dušana, I-II, 1975, 1981 – COING, Hdb. III. 5, 1988, 329–388 [Lit.; S. VILFAN] – →Kormčaja Kniga.

C. Recht im Judentum

Dem ma. jüd. R. ist die Unterscheidung zw. sakral und profan grundsätzlich fremd. Gott ist Gesetzgeber für alles oder doch fast alles; er hat dem →Mose auf dem Berg Sinai eine schriftl. →Tora in Gestalt des Pentateuchs und zusätzl. eine mündl. Tora übergeben, die, durch die Verordnungen und Auslegungen der Rabbinen ergänzt und erweitert, so gut wie sämtl. Lebensbereiche regulierte. Hierzu zählten nicht nur kult- und sittengesetzl. Bestimmungen; auch scheinbar weltl. Dinge wie das Schuld- und Sachenrecht, das ehel. Güterrecht, das Erbrecht, die Zivil- und Strafprozeßordnung, die Speisegesetzgebung u.a. sollten nach Gottes geoffenbartem Willen gestaltet und praktiziert werden. Die innerjüd. Rechtspflege, hauptsächl. im Bereich des Ehe- und Zivilrechts, seltener auch im Bereich des Strafrechts, wurde grundsätzl. von eigenen Gemeindegerichten ausgeübt. Sah sich das jüd. Gemeindegericht nicht in der Lage, den Prozeßverlierer zur Einhaltung des ergangenen Urteils zu zwingen, konnte es den Prozeßgewinner an die nichtjüd. Obrigkeit verweisen, damit er dort sein Recht durchzusetzen versuchte. Dennoch gab es Juden – insbes. in der hoch- und spätma. Provence –, die entgegen dem jüd. Gesetz ihre Streitigkeiten von vornherein vor nichtjüd. Gerichtshöfen ausfochten. Hauptquelle für die innerjüd. Rechtsanwendung war der →Talmud in beiderlei Gestalt, insbes. in seiner babylon. Rezension. Da die im Alltag auftauchenden Rechtsprobleme oftmals nicht genau die Tatbestandsmerkmale talmud. Gesetze oder Präzedenzfallentscheidungen aufwiesen, kam es in unterschiedl. Weise zur Rechtsfortbildung (→Responsen). Rechtsfragen, zu denen die talmud. Tradition überhaupt keine Antwort gab, wurden durch Gemeindeversammlungen in Form von Satzungen, den sogenannten Taqqanot (→Taqqana), entschieden. Grundsätzl. besaß jede Einzelgemeinde gegenüber der anderen volle jurisdiktionelle Autonomie. Unbeschadet des sakralrechtl. Charakters die jüd. Gesetzes war es den Juden übrigens auch nach innerjüd. Recht gestattet, beim Geschäftsverkehr mit Glaubensbrüdern im Bereich des Vertragsrechts an die Stelle der talmud. allg. Geschäftsbedingungen nichtjüd. Normen zu setzen.

Während das ma. jüd. Zivilrecht in Teilbereichen merkl. Entwicklungen durchmachte, war das →Ritualrecht weit konservativer, weil es als bes. streng offenbarungsgebunden angesehen wurde. Die aus dem antiken Erbe stammenden Speiseverbote (→Speisegesetze) z.B. bei Nahrungsmitteln nichtjüd. Herkunft, die strenge Trennung von Milch- und Fleischspeisen mitsamt dem dazugehörigen Geschirr, das Verbot, Mischgewebe aus Wolle und Leinen zu tragen, und viele andere Restriktionen galten im ganzen MA unverändert weiter. – Zur rechtl. Behandlung der jüd. Bevölkerung durch die nichtjüd. Obrigkeit →Judenrecht. H.-G. v. Mutius

Lit.: A. GULAK, Yesode ha-Mischpaṭ ha-ʿibri, 1967² – M. ELON, Ha-Mischpaṭ ha-ʿibri, 1988.

D. Islamisches Recht

Das islam. R. (šarīʿa = ursprgl.: Weg zur Tränke, rechter Weg, vgl. Koran XLV 18) ist die Gesamtheit aller Regeln, die ein Muslim befolgen muß, um den Anforderungen seines Glaubens gerecht zu werden. Daher nimmt das islam. R. innerhalb des Islam einen hervorragenden Platz ein. Es gilt als der wichtigste Ausdruck islam. Denkens, ja als der Wesenskern des Islam überhaupt. Die Regeln der šarīʿa beruhen auf den im Koran enthaltenen göttl. Offenbarungen, die der Prophet →Mohammed durch Vermittlung des Erzengels Gabriel von Gott (Allāh) empfangen hat. Der Geltungsgrund des islam. R. s ist der Wille Gottes. Gott allein ist der Gesetzgeber. Für eine menschl. R.sschöpfung ist kein Raum. Die Bemühungen der Religions- und R.sgelehrten (faqīh) können nur darauf gerichtet sein, das vorgegebene R. auszulegen. Als göttl. R. (ius divinum) ist das islam. R. grundsätzl. unwandelbar und daher auch durch staatl. Gesetzgebung nicht antastbar. Das islam. R. regelt alle Aspekte des religiösen, öffentl. und privaten Lebens. Dementsprechend umfaßt die šarīʿa sowohl die Regeln, die die Religionsausübung betreffen (ʿibādāt), als auch die im eigtl. Sinn rechtl. Vorschriften im Zusammenhang mit vermögensrechtl. Geschäften (muʿāmalāt), Familie, Vererbung und Strafen. Doch sind die islam. R.svorschriften heute außer im Familien- und Erbrecht weithin durch moderne Gesetzgebung verdrängt.

Die islam. R.swissenschaft (fiqh = eigtl. Verständnis, Kenntnis [des Glaubens], dann auch »Pflichtenlehre«) unterscheidet vier Wurzeln (uṣūl al-fiqh): Die wichtigste Q. (aṣl) ist der →Koran (qurʾān), der als Wort Gottes gilt. Manchmal stehen Offenbarungen miteinander in Widerspruch. Dann gilt die frühere Eingebung (al-mansūḫ) durch die spätere Offenbarung (an-nāsiḫ) als aufgehoben. Der Koran enthält nur wenige absolute Gebote und Verbote. Nur relativ selten finden sich Aussagen, die unmittelbar als Rechtssätze angewendet werden können. Da die koran. Regeln nicht ausreichten, richteten die Gläubigen sich nach dem Verhalten des Propheten Mohammed, wie es in seinen Handlungen und Worten zum Ausdruck kam. Die sog. sunna (Handlungsweise; →Islam) bildet die zweite Q. des islam. R.s. In der Frühzeit galt auch das Verhalten der ersten Prophetengenossen (ṣāḥib, Plural aṣḥāb) als vorbildl.; später nur noch insoweit, als es Mohammed gebilligt hat. Die immer stärker anschwellende Überlieferung (ḥadīṯ) der sunna wurde in der 2. Hälfte des 9. Jh. in umfangreichen Slg.en aufgezeichnet. Dem Text (matn) der Überlieferung wurde jeweils die »Kette« der Berichterstatter (isnād) beigefügt. Die Q.nkritik (ʿilm ar-riǧāl) beschränkte sich darauf, die Lückenlosigkeit der Überliefererkette und die persönl. Glaubwürdigkeit der zitierten Autoritäten herauszustellen. Dabei wurden die ḥadīṯ-Slg.en als »gesund« (ṣaḥīḥ), gut (ḥasan) und schwach (ḍaʿīf) eingestuft. Schließlich erlangten »die sechs Bücher« (al-kutub as-sitta) von al-Buḫārī (gest. 870 n. Chr.) und Muslim (gest. 875) sowie von Abū Dāwūd, at-Tirmiḏī, an-Nasāʾī und Ibn Māǧa allg. Anerkennung, von denen insbes. die ersten beiden besonderes Ansehen genießen. Der Konsens (iǧmāʿ) der Religions- und R.sgelehrten (faqīh) einer best. Epoche, die die Gemeinschaft der Gläubigen (umma) repräsentieren, ergab, was bei der Auslegung der Q.n im eigtl. Sinn, Koran und sunna, gelten sollte. Obwohl eigtl. nur ein Beurteilungsmaßstab, wurde der Konsens die dritte R.squelle. Zu seiner Rechtfertigung diente ein angebl. Ausspruch des Propheten Mohammed: »Meine Gemeinschaft wird über einen Irrtum nicht einer Meinung sein« (»lā tağtamiʿu ummatī ʿalā-ḍ-ḍalāla«). Das Konsensprinzip ermöglichte neue Lösungen, führte aber auch zu einer wachsenden Erstarrung des Islam. Das selbständige Bemühen (iğtihād) um neue Lösungen wurde im sunnit. Islam allmähl. für unzulässig gehalten, bis das »Tor des selbständigen Bemühens« (bāb al-iğtihād) seit dem 10. Jh. als geschlossen galt.

Fortan waren die sunnit. R.sgelehrten auf die bloße »Nachahmung« (taqlīd) beschränkt. Die Auslegung der Q.n wurde auf die Erteilung von R.sgutachten (fatwā) durch religiöse R.sgutachter (muftī) reduziert. Der sog. Analogieschluß (qiyās), die vierte R.squelle, umfaßt jede log. Deduktion, durch die aus einer akzeptierten Lösung (aṣl) eine neue Lösung (farʿ) abgeleitet werden kann. Auch der Analogieschluß ist eigtl. keine Q., sondern eine Methode, deren Ergebnis von dem Konsens der Glaubensgemeinschaft abhängig ist.

Nach der religiösen Durchdringung des R.slebens in der Frühzeit kristallisierten sich im 9. Jh. vier R.sschulen (maḏhab) heraus, die bleibende Bedeutung erlangten. Zuerst hat sich in Medina die mālikit. R.sschule herausgebildet. Ihr Begründer, →Mālik ibn Anas (gest. 795), hat in seinem Hauptwerk »kitāb al-muwaṭṭaʾ« allerdings nur eine Materialslg. hinterlassen. Die mālikit. R.sschule wurde später in den Maghreb, nach Spanien sowie nach Zentral- und Westafrika abgedrängt. Die wichtigste R.sschule ist die nach Abū Ḥanīfa (gest. 767) benannte ḥanafit. R.sschule, die in Kūfa entstanden ist. Sie wurde die liberalste und am weitesten verbreitete R.sschule. Ihre grundlegenden Werke stammen von Abū Yūsuf (gest. 798) und aš-Šaibānī (gest. 804), zwei Schülern Abū Ḥanīfaʾs. Die ḥanafit. R.sschule war unter den →Abbasiden (750–1258) und später in allen Ländern des Osman. Reiches sowie in Afghanistan und auf dem ind. Subkontinent vorherrschend. Als Begründer der R.swissenschaft gilt aš-Šāfiʿī (gest. 820), auf den die schafiit. R.sschule zurückgeht. Sie hat sich in Ostafrika, teilweise in Südarabien und v. a. in Südostasien (Indonesien) behauptet. Als vierte R.sschule konnte sich die traditionalist. Richtung des Aḥmad ibn Ḥanbal(gest. 855) durchsetzen, die seit Ende des 18. Jh. durch die Wahhabiten auf der Arab. Halbinsel größere Bedeutung erlangte. Die sunnit. R.sschulen sind als gleichwertig anerkannt. Die Unterschiede (iḫtilāf) zw. ihnen werden unter Berufung auf einen ḥadīṯ als gottgewollt hingestellt. Mohammed soll gesagt haben: Die Meinungsverschiedenheiten in meiner Gemeinde sind ein Gnadenerweis Gottes. Die schiit. Richtung des islam. R.s unterscheidet sich nur unwesentl. von den sunnit. R.sschulen. Häufig stimmt die schiit. Auffassung (vgl. v. a. bei Mufīd, Murtaḍā und Ṭūsī, sämtl. 11. Jh.) mit der ḥanafit. überein. Der Hauptunterschied zw. den Sunniten und Schiiten besteht hinsichtl. der Leitung der Glaubensgemeinschaft durch einen Kalifen (ḫalīfa = Nachfolger) oder Imam im schiit. Sinn. Ferner bildet nach schiit. Lehre die eigene Meinung (raʾy) aufgrund der Vernunft (ʿaql) anstelle des Analogieschlusses die vierte R.squelle. Qualifizierten R.sgelehrten im Range eines muğtahid steht die selbständige Auslegung der Q.n kraft eigenen Bemühens (iğtihād) bis heute offen. K. Dilger

Lit.: TH. W. JUYNBOLL, Hb. des islam. Gesetzes, 1910 – J. SCHACHT, G. Bergstrasser's Grundzüge des islam. R.s, 1935 – DERS., An Introduction to Islamic Law, 1966 – DERS., The Origins of Muhammadan Jurisprudence, 1967.

Rechts und links, Gegensatzpaar, schon in der Antike und im AT und NT im Sinne einer Wertskala (gut/ weniger gut; z. B. beim Segen Jakobs, wo die Rechte den stärkeren Segen vermittelt [Gen 48, 17–19]) bzw. einer Antithese (gut/böse; Jüngstes Gericht [Mt 25, 33]) konnotiert. Vgl. auch die R. als Ehrenseite, z. B. Ps 109, 1; Apg 2, 33; 7, 55. In Bilddarstellungen gelten r. und l. nicht vom Betrachter, sondern immer von der Mittelfigur aus; die Anordnung von Figuren r. und l. einer Mitte kann ihren unterschiedl. Rang (z. B. Maria zur R.n, Johannes zur L.n des Kreuzes) oder ihre moral. Gegensätzlichkeit (z. B. Abel beim Opfer zur R.n, Kain zur L.n des Gottessymbols) bezeichnen. Es gibt jedoch wichtige Abweichungen von dieser Regel: In Rom war es seit der Spätantike und während des MA üblich, in repräsentativen Bildern Christi und der Apostel en Paulus zur R.n und Petrus zur L.n Christi anzuordnen (z. B. Apsismosaik v. SS. Cosma e Damiano, 526/530), was vermutl. auf die Bildkomposition der →»Gesetzesübergabe« zurückgeht. Diese Anordnung, die Paulus den ranghöheren Platz zuweist, mußte schon im 11. Jh. von Petrus Damiani (Opusc. 35) und später von Papst Innozenz III., Thomas v. Aquin und Durandus gerechtfertigt werden, wobei sowohl mit der uralten Bildtradition als auch exeget. argumentiert wurde. U. Nilgen

Lit.: LCI III, 511–515 – G. ROTONDI, Un opusculo di S. Pier Damiano e l'iconografia dei SS. Pietro e Paolo (Fschr. G. GALBIATI, II, 1951, 275–282) – O. NUSSBAUM, Die Bewertung von R. und L. in der röm. Liturgie, JbAC 5, 1962, 158–171 – U. NILGEN, Filaretes Bronzetür v. St. Peter [im Dr.].

Rechtsaltertümer, bewegl. und unbewegl. Gegenstände des Rechtslebens, im weiteren Sinne auch andere Q. früheren Rechts. Die Erforschung der R. setzte im 16. Jh. mit Werken zur Strafrechtsgesch. ein. Im 17./18. Jh. befaßte sich die iurisprudentia symbolica mit Rechtssymbolen und symbol. Handlungen, die iurisprudentia picturata mit bildl. Darstellungen rechtl. Vorgänge, wozu im 19. Jh. die Beschäftigung mit Sachsenspiegel-Hss. kam. J. GRIMM leitete 1828 mit seinen »Deutschen R.n« die internat. Erforschung der R. ein. K. v. AMIRA prägte 1890 den Ausdruck Rechtsarchäologie für die Wiss., die sich mit den gegenständl. Rechtsdenkmälern befaßte.

Als Q. dienen Örtlichkeiten und Gegenstände, für die ältere Zeit auch Grabfunde, Bildzeugnisse auf Wänden von Kirchen und anderen Gebäuden, auf Siegeln, Bullen, Münzen, in Hss., Chroniken usw., daneben schriftl. Q., die Gegenstände und Rechtsvorgänge erwähnen. Leges und Kapitularien enthalten vereinzelt Hinweise. Nicht sehr ergiebig sind frühma. Chroniken und literar. Q. Gregor v. Tours (ca. 538–594) erwähnt Kg.sthron und Speer als Herrschaftszeichen (II/7, V/18, X/28, VII/3). In Dtl. reichen die ältesten erhaltenen gegenständl. R. in die otton. Zeit zurück (Trierer Marktkreuz 938). Der Großteil erhaltener R. stammt erst aus dem SpätMA und der frühen NZ.

An bestimmten Orten, im Freien oder in Gebäuden, wurden regelmäßig rechtl. Handlungen vorgenommen (→Publizität). Dadurch wurden sie zu R.n. Alte Dingstätten (→Ding) als Orte der Versammlung, des Gerichts und des Strafvollzugs lassen sich z. T. aus Orts- und Flurnamen erschließen (Mahol, madal, Mahlstat, mal; dän. Ringsted, Reingkjobin). Ob zw. kult. verehrtem Ahnengrab und Dingplatz Zusammenhänge bestehen, ist umstritten; die vielen Megalithgräber unter den ma. Dingstätten deuten darauf hin. Neben Orten im Freien, an denen regelmäßig

Gericht gehalten wurde, wie Hügel, Marktplatz, Kreuzweg, gab es Plätze für die Verkündung, Huldigung, Wahlen, Eidesleistung. R. sind auch Rats- und Gerichtshäuser, Behördensitze, Pfalzen, Kirchen (Krönungskirchen), Gefängnisse, Asylstätten, Gilden-, Zunft-, Zollhäuser, Gerichtslauben usw.

Es gibt mannigfache Gebrauchsgegenstände und Geräte des Rechtslebens. Wahlurnen dienen zum Abstimmen, Glocken, Musikinstrumente usw. zum Bekanntmachen, Schränke und Truhen zum Archivieren. Im gerichtl. Verfahren werden Ladungszeichen, Reliquiare, Eidtafeln, Schwurblöcke und Folterwerkzeuge gebraucht. Die →Todesstrafe wurde mittels Schwert, Beil, Rad und →Galgen vollzogen, Leibesstrafen mit Zangen, Geißeln, Ruten, Ehrenstrafen mit Brandstempeln und verschiedenen Formen des →Prangers, Freiheitsstrafen mit Fesseln, Fußkugeln, Leibringen, Strafjochen. Einzelne Strafr. wie Galgen und Pranger waren auch Hoheitszeichen. Münzen, Maße, Gewichte, Auktionshämmer dienten dem Rechtsverkehr, ebenso →Kerbhölzer, die mit den Festucae der Volksrechte verwandt sein können (z. B. Pact. Lex Salica CXIII). Zusammenhänge mit dem Recht haben Zunftaltertümer wie Truhen, Laden, Tafeln, Büchsen, Becher, Kannen.

R. sind auch Gegenstände des rechtsrituellen Handelns, Zeichen und Symbole, welche die Institute und Rechtshandlungen begleiten und versinnbildlichen. Dazu gehören Herrschafts-, Amts- und Würdezeichen geistl. (Stab, Ring, Kreuz) und weltl. Amtsträger (Krone, Zepter, Lanze, Stab, Schwert, Ketten). R. sind Zeichen und Marken für Institutionen (Fahnen), Sachen, Personen und Gebiete, wozu Grenz-, Friedens- und Freiheits-, Warnungs- und Entfernungszeichen (Meilensteine) gehören. L. Carlen

Lit.: HRG IV, 265–271 – J. P. Chassan, Essai sur la symbolique du droit, 1847 – Grimm, RA – H. Fehr, Das Recht im Bilde, 1923 – E. v. Künssberg, Rechtl. VK, 1936 – C. Puetzfeld, Dt. Rechtssymbolik, 1936 – Das Rechtswahrzeichen, I–V, hg. K. S. Bader, 1938-42 – K. Frölich, Dorfplätze und andere Stätten bäuerl. Rechtspflege, 1938 – Ders., Stätten ma. Rechtspflege, 1938, 146 – W. Funk, Dt. Rechtsdenkmäler mit bes. Berücksichtigung Frankens, 1938 – Ders., Alte dt. Rechtsmale, 1939 – K. v. Amira – C. v. Schwerin, Rechtsarchäologie, 1943 – P. E. Schramm, Herrschaftszeichen und Staatssymbolik, 3 Bde, 1954–56 – E. Wohlhaupter, Die Rechtsfibel, 1956 – H. Baltl, Rechtsarchäologie des Landes Steiermark, 1957 – E. v. Künssberg, Rechtsgesch. und VK, 1965 – L. Carlen, R. aus dem Wallis, 1967 – G. Sapori, Antichi testi giuridici dell'istituto di storia del diritto it., 2 Bde, 1977 – L. Carlen, Forsch. en zur Rechtsarchäologie und Rechtl. VK, 16 Bde, 1978ff. – Strafjustiz in alter Zeit, Kriminalmus. Rothenburg o. d. Tauber, 1980 – W. Schild, Alte Gerichtsbarkeit, 1980 – W. Maisel, Archeologia polski, 1982 – L. Carlen, Rechtsarchäologie in Europa, Iuris scripta historica, V, 1992, 21–46 – G. Kocher, Zeichen und Symbole des Rechts, 1992 – W. Maisel, Rechtsarchäologie Europas, 1992 – P. de Win, Rechtsarcheologie en rechtsiconografie, 1992.

Rechtsanwalt → Advokat

Rechtsbücher, Aufzeichnung von Gewohnheitsrecht, wobei sowohl unschriftl. Überlieferung wie auch ältere Aufzeichnungen von Gewohnheitsrecht als Q. dienen können. R. werden zumeist von rechtskundigen oder gelehrten Praktikern des Rechts auf eigene Initiative, seltener im offiziellen Auftrag verfaßt. Sie erheben den Anspruch, das bestehende Recht eines festumgrenzten Gebiets (Reich, Territorium, Personenverband, Stadt) aufzuzeichnen, und bedienen sich in der Regel der jeweiligen Volkssprache, gehören also nicht dem gelehrten Recht an. Neben der Verzeichnung und Systematisierung der Rechtssätze stehen auch Arbeiten zum Rechtsgang sowie Glossierungen (z.B. →Buch, Johann v., →Fontaines, Pierre de), ihre Abgrenzung zur Rechtslit. bleibt gelegentl. schwierig. Ihnen eignet keine Gesetzeskraft, doch erlangen sie Autorität durch Gebrauch im Gericht und in der Administration; vielfach werden sie allerdings im nachhinein als herrscherl. Kodifikation, Privileg oder Gesetz angesehen (z.B. →Sachsenspiegel, →Établissements de St-Louis).

Die Entstehung der R. vollzieht sich im Rahmen jenes »Dranges zur Kodifikation« (Gagnér), der im Gefolge des 'Dekrets' des →Gratian und der Wiederentdeckung der Q. des röm. Rechts zur Verschriftlichung des Gewohnheitsrechts führt. Dieser Prozeß begann um die Mitte des 12. Jh. in Italien mit den »Constituta usus et legis« v. Pisa und dem langob. Lehnrecht (→Liber feudorum) sowie mit dem Ranulf de →Glanvill zugeschriebenen »Tractatus de legibus et consuetudinibus regni Angliae« (ca. 1187/90). Die Rechtsaufzeichnungen wurden zuerst in lat. Sprache und dann in einem Zeitraum vom 13. bis zum 16. Jh. überwiegend in der Volkssprache abgefaßt.

R. waren v. a. in W-, N- und Mitteleuropa verbreitet. Auf der Iber. Halbinsel ist die Nähe zur lokalen und kgl. Gesetzgebung stark ausgeprägt (→Fuero); so entstanden in Kastilien die →Siete Partidas aus der Umarbeitung eines kgl. Gesetzbuches durch Juristen im Umkreis des Herrschers um 1300, und in Aragón wurde eine Kompilation des gelehrten Juristen →Vidal des Canellas 1247 von den →Cortes approbiert. Daneben stehen echte R. wie der »Fuero Vieja de Castilla« (13. Jh.; systematisierte Fassung 1356) und der katal. abgefaßte »Llibre de Costums de Tortosa« (1279).

Ähnlich vollzog sich die Entwicklung in Frankreich. Hier wurde Gewohnheitsrecht häufig amtl. aufgezeichnet (→Coutume), doch erlangten daneben private Aufzeichnungen großes Ansehen in der Gerichtspraxis. Sie beginnen um 1200/20 mit den Coutumiers der Normandie (zuerst lat., dann frz.) und finden ihre Höhepunkte in den »Coutumes de Beauvaisis« des →Philippe de Beaumanoir (1283) und der »Somme rural« des →Jean le Boutillier (1393/95; Recht v. Tournai, Artois, Flandern). Ihre Bedeutung liegt darin, daß sie Usus und Präzedenz (oder das Prozeßrecht) systemat. ordnen, den Rechtsstoff nicht selten aus dem röm. und kanon. Recht ergänzen und so das Gewohnheitsrecht nach den Prinzipien des gelehrten Rechts auslegbar machen.

In Skandinavien stand neben der kgl. Gesetzgebung die Aufzeichnung der durch die →Rechtssprecher überlieferten und fortgebildeten volkssprachl. Rechtstradition in Schweden (→Westgötalagh, vor 1296 [ältere Red. 1. Hälfte 13. Jh.]; →Ostgötalagh, ca. 1290; →Upplandslagh, 1296 kgl. Bestätigung), der Landschaftsrechte der vier regionalen Dingversammlungen (→Ding, II) in Norwegen, die bis in das 12. Jh. zurückreichen (→Borgarþingslög; →Eidsivaþingslög; →Frostaþingslög; →Gulaþingslög), sowie die 1274/77 aufgezeichnete →Hirðskrá, die die Rechtsordnung und das Ethos der kgl. Gefolgschaft spiegelt. Auf Island entstand als Summe der Rechtsentwicklung in der 'freistaatl.' Periode in der 2. Hälfte des 13. Jh. die →Grágás, die verschiedene zeitl. Schichten aufweist. Der übrigen europ. Entwicklung am nächsten stehen die dän. R. (ältestes Beispiel Skånske Lov v. 1203/12). Die Einwirkung von röm. und kanon. Rechtselementen war in Skandinavien gering.

Die am weitesten gespannte Wirkung übten die dt. R. aus. Sie entfalteten sich im wesentl. aus zwei Texten des Mittelelberaums, dem Sachsenspiegel des →Eike v. Repgow, der 1220/35 sächs. Land- und Lehnrecht in dt. Sprache aufzeichnete (erste, verlorene Fassung lat.), und den Magdeburger R.n (sog. Sächs. Weichbild, →Magdeburger Recht) um die Mitte des 13. Jh. im Kreis der Magdeburger Schöffen, die das sächs. Recht den Bedürfnissen der städt. Gesellschaft anpaßten. Beide übersprangen die Grenzen des Gebiets, für das sie ursprgl. geschaffen waren. Der Sachsenspiegel wurde im Augsburger Minoritenkonvent um 1270 durch Übers. ins Obdt. und durch Ergänzungen aus dem kanon. und röm. Recht sowie aus dem süddt. Gewohnheitsrecht in ein obdt. R. umgewandelt (→Deutschenspiegel; →Schwabenspiegel). Im N erfuhr er ca. 1325 durch Johann v. Buch eine Glossierung nach den Grundsätzen des gelehrten Rechts, die ebenso wie dessen Gerichtsgangbuch »Richtsteig Landrechts« die Verwendung in den Gerichten erleichterte. V. a. aber fand er zusammen mit den Magdeburger R.n weite Verbreitung in Ostmitteleuropa, wo im Zuge der dt. Ostsiedlung auch das dt., insbes. Magdeburger Recht (→Ius Teutonicum) vorbildhaft war und durch die Spruchtätigkeit des Magdeburger Schöffenstuhls gefördert wurde. Der Sachsenspiegel wurde ins Lat. und Poln. übersetzt; nach seinem Vorbild und in der Kombination mit Schöffenspruchslg.en entstanden weitere R., die in Preußen, Schlesien, Groß- und Kleinpolen und in der Ukraine verbreitet waren, während der Schwabenspiegel in Böhmen (dort auch Grundlage tschech. R.) und Ungarn rezipiert wurde.

Allen europ. R.n ist gemeinsam, daß sie über das MA hinaus bis in die NZ, z. T. bis ins 19. Jh., in der Rechtspraxis von Bedeutung blieben. P. Johanek

Lit.: Coing, Hdb. I, 355-357, 517-800 – HRG IV, 277-282 – W. Engelmann, Die Wiedergeburt der Rechtskultur in Italien durch die wiss. Lehre, 1938, 81-83 – St. Gagnér, Stud. zur Ideengesch. der Gesetzgebung, 1960, 302-307 – Amira-Eckhardt, 82-126, 154-185 – G. Theuerkauf, Lex, Speculum, Compendium Iuris (FDRG 6, 1968) – P. Classen, Kodifikation im 12. Jh.: Die Constituta usus et legis v. Pisa (VuF 23, 1977), 311-317 – J. Gilissen, La coutume (TS 41, 1982) – G. Garancini, Consuetudo et statutum ambulant pari passu, RSDI 58, 1985, 19-55 – G. van Dievoet, Les Coutumiers, les styles, les formulaires et les 'artes notariae' (TS 48, 1986) – P. Johanek, Rechtsschrifttum (De Boor-Newald, III/2, 1987), 396-431 – G. S. Pene Vidari, Consuetudini di Alessandria e ius statuendi, RSDI 61, 1988, 285-305 – R. Schmidt-Wiegand, Die Bilderhss. des Sachsenspiegels als Zeugen pragmat. Schriftlichkeit, FMASt 22, 1988, 357-387 – U.-D. Oppitz, Dt. R. des MA, I-III, 1990.

Rechtsspiegel nennt man einerseits lat. oder dt. Darstellungen des gelehrten Rechts wie das Speculum iudiciale des →Durantis (1. D.) oder den Klagspiegel und Laienspiegel. Anderseits verstand sich auch das bedeutendste unter den dt. →Rechtsbüchern des MA, der →Sachsenspiegel, als 'Spiegel' im Sinne des ma. Begriffs von Speculum (→Spiegellit.) als Abbild und Vorbild zugleich. Dem sog. →Schwabenspiegel wurde diese Bezeichnung erst nachträgl. beigelegt. K. Kroeschell

Lit.: HRG IV, 1759ff. [D. Munzel].

Rechtssprache. Unter der germ.-dt. R. des MA versteht man einerseits die für alle altgerm. Sprachen und die ihnen folgenden Sprachstufen des Hoch- und SpätMA überlieferungsgeschichtl. konstitutiven Sprachformen der eigtl. Rechtsdenkmäler, anderseits Rechtssprachelemente wie Einzelwörter, Wendungen, Sprichwörter, Rechtssätze oder angedeutete bis ausformulierte rechtl. Auseinandersetzungen in lit. Werken (z. B. Jüngstes Gericht im ahd. →»Muspilli«; Hofrechtsprechung im mhd. »Reinhart Fuchs« und im mnd. »Reinke de vos« [→Renart]) oder in weiteren außerrechtl. Q. Die R. stellt im Altgerm. wie noch weitgehend im Ahd. die einzige Fachsprache von Bedeutung neben den lit. Sprachschichten dar und bildet gleichzeitig die Basis für viele neue chr. Begriffe, welche in Anlehnung an schon vorchr. Rechtsverhältnisse geschaffen wurden (z. B. ahd. *truhtin*, mhd. *trohtin*, *trehtin* 'Herr', 'Gott', 'Christus', ursprgl. 'Gefolgsherr', 'Heerfürst'). Entwicklungsgeschichtl. lassen sich die folgenden Verschriftungsvorgänge innerhalb der durch das ganze MA noch stark einer mündl. Tradition in ihrer Formstrenge verpflichteten Rechtsdenkmäler mit oft mnemotechn. bedingter Stabreimbindung sinnstarker Wörter beobachten: 1. Die volkssprachl. Rechtswörter in den lat. →»Leges barbarorum« des FrühMA, sozusagen eine Vorstufe späterer volkssprachl. Rechtsverschriftung. – 2. Erste Rechtsverschriftungen in ahd. und as. Zeit (8.-11. Jh.), sei es aus der mündl. Tradition heraus (sog. Markbeschreibungen, d. h. Grenzbeschriebe; Heberegister; Eidformeln), sei es als Übers. (Canones-Glossen, Frgm. der ahd. →»Lex Salica«, Mainz, Anfang 9. Jh.; Trierer Capitulare 10. Jh.) oder über die Rezeption forens. Elemente der antiken Rhetorik, bes. Ciceros, bei →Notker v. St. Gallen um 1000. – 3. Vereinzelte Rechtsaufzeichnungen kleinerer Stücke seit dem 12. Jh. (v. a. Schwäb. Trauformel 12. Jh. und ähnliche spätere Fassungen, Erfurter Judeneid um 1200, →Mainzer Reichslandfriede v. 1235, auch lat.). – 4. Die Entstehung und Ausbreitung einer dt. Urk.sprache, vereinzelt bes. im S des dt. Sprachgebiets schon in der 1., breiter in einer von S nach N ausgreifenden Bewegung in der 2. Hälfte des 13. Jh. und später, wobei das lat. Urk. formular in den volkssprachl. Stücken in der Regel verkürzt übernommen und funktional z. T. umgestaltet bzw. gestrafft wird. Dadurch entsteht bei dieser mhd. *brief* genannten Gattung (nach Steinbauer) eine Dreiteilung des Formulars in Kundmachung des Ausstellers (→Protokoll), Kern des Rechtsgeschäftes (→Dispositio, spezif. Rechtsinhalt) und Schlußteil (→Eschatokoll, d. h. Ort, Zeitpunkt und weitere äußere Umstände). – 5. Entstehung der großen →Rechtsbücher des 13. Jh. und ihrer Fortsetzungen in einer vom mnd. →Sachsenspiegel des →Eike v. Repgow um 1222-25 ausgehenden N-S-Staffelung, welche zunächst zum weniger erfolgreichen mhd. →Deutschenspiegel nach 1260 als Versuch eines gesamtdt. Rechts führt und von da zum am weitesten verbreiteten mhd. →Schwabenspiegel um 1270-80 (Land- und Lehensrechtsbuch). Damit ist der Höhepunkt ma. dt. R. in N und S erreicht, der entscheidende Schritt zur allmähl. Verdrängung der bis dahin noch überwiegenden lat. R. durch die dt. Volkssprache. – 6. Weitere Formen spätma. R. sind im Gefolge der allg. Verdeutschungsbewegung dieser Fachsprache zu sehen, so die privilegartigen →Handfesten und sog. →Willküren der Städte, alsbald zur breiten Familie der bes. für den dt. Osten wichtigen →Stadtrechte mit spracheinigender Funktion ausgestaltet, ferner die städt. Rats- oder Gerichtsurteile (z. B. von Lübeck), sodann die Fülle der sog. →Weistümer oder Offnungen, d. h. ländl. Dorfrechtsaufzeichnungen. S. Sonderegger

Lit.: Grimm, RA, I-II – DtRechtswb Iff. – HRG IV, 232-249 – S. Sonderegger, Die Sprache des Rechts im Germ., Schweiz. Monatsh. 42, 1962-63, 259-271 – Ders., Die ältesten Schichten einer germ. R. (Fschr. K. S. Bader, 1965), 419-438 – Recht und Schrift im MA, hg. P. Classen, 1977 – Sprache und Recht (Fschr. R. Schmidt-Wiegand, 2 Bde, 1986) – B. Steinbauer, Rechtsakt und Sprechakt, Pragmalinguist. Unters. zu dt.sprachigen Urkk. des 13. Jh., 1989 – R. Schmidt-Wiegand, Stammesrecht und Volkssprache, Ausgew. Aufsätze, 1991 [mit Schriftenverz., 503-515] – E. Buhofer, Stabende Komposita in Rechtstexten und poet. Denkmälern der altgerm. Sprachen, 1992 – S. Widmaier, Das Recht im »Reinhart Fuchs«, 1993.

Rechtssprecher (altisländ. *lögsögumaðr*), Inhaber des einzigen weltl. Amtes der isländ. Neusiedlergesellschaft der sog. freistaatl. Periode, ca. 930-1262/64, resp. 1271 (→Island, III). Das Amt entstand mit der Errichtung des

→Allthings ca. 930 und gehört neben der Vollversammlung, der gesetzgebenden Körperschaft (*lögrétta*) und den Gerichten (*dómar*) zu den konstitutiven Elementen der Institution (→Ding, II). Der R. wurde von der lögrétta für drei Jahre zum Vorsteher des Dings gewählt. Seine Hauptaufgabe war es, alles geltende Recht zu sammeln und im zunächst mündl. Rechtsvortrag (*lögtala*) der Dingversammlung, über seine Amtsperiode verteilt, vorzutragen. Mit dem Allthingbeschluß v. 1117/18 über die schriftl. Aufzeichnung des Rechts konnten für den Rechtsvortrag auch entsprechende Texte herangezogen werden (→Grágás). Allein die Dingordnung mußte jeweils zur Eröffnung des Allthings vollständig bekanntgemacht werden. Neben den Obliegenheiten auf dem jährl. für ca. zwei Wochen zusammentretenden Allthing war der R. Instanz für Rechtsweisung und Rechtsgutachten. Ihm zur Seite standen (in der Regel fünf) rechtskundige Männer sowie die Mitglieder der lögrétta. Das Amt wurde v. a. aus den Einkünften des Allthings, der sog. Dingfahrtgebühr (*þingfararkaup*) dotiert. Die R. entstammten stets den vornehmsten Häuptlingsgeschlechtern, das Amt konnte innerhalb einer Familie weitergegeben werden. Namen und Amtsperioden der R. sind von 930 bis 1271 (Übernahme des norw. Rechtsbuchs →Járnsíða) durchgängig überliefert. Nach 1271 erlischt das Amt des R.s.

In den übrigen skand. Ländern existierte ein R.amt isländ. Prägung nicht, den jeweiligen Dingversammlungen standen aber immer rechtskundige Männer aus Häuptlingsgeschlechtern (häufig auf Lebenszeit) vor, die zugleich als Repräsentanten der bäuerl. Dinggemeinde gegenüber dem Kgtm. auftraten. Auf einen Rechtsvortrag weist insbes. der schwed. Terminus *laghsaga* für den Geltungsbereich eines →Landschaftsrechts hin. Seit Ende des 13. Jh. fungiert der schwed. *laghmaper* als kgl. Richter.

H. Ehrhardt

Lit.: KL XI, 137ff. – H. Kuhn, Das alte Island, 1971 – J. Johannesson, A Hist. of the Old Icelandic Commonwealth, 1974 – K. Hastrup, Culture and Hist. in Medieval Iceland, 1985 – J. L. Byock, Medieval Iceland, 1988.

Rechtssprichwort → Sprichwort

Rechtssymbolik. Die Symbolik, deren Wurzeln in der Antike liegen, meint, daß mit einem Gegenstand eine über das rein Funktionale hinausgehende Bedeutung verbunden ist, z. B. steht →Krone für Herrschaft, Herrschen – ja eine ganz bestimmte Krone kann sogar die Herrschaft über ein ganz bestimmtes Territorium verdeutlichen. Damit korrespondieren auch die sprachl. Entsprechungen im Dt.: Erkennungszeichen, Wahrzeichen oder Sinnbild. Allerdings hat die mehr gegenstandsorientierte antike Symbolik mit dem ma. Leben eine entscheidende Ausweitung im Hinblick auf den Symbolträger erfahren: Diese Aufgabe können über Gegenstände hinaus Personen, Körperteile, Tiere, Pflanzen, Zeichen oder auch ein geschriebenes Wort übernehmen. Nicht selten kommt eine lesbare Aussage erst durch die Kombination von mehreren Symbolträgern zustande. Nicht zu unterschätzen ist die Problematik der zu realisierenden, über das Funktionale hinausgehenden Aussage; Voraussetzung ist ein gewisses Grundwissen, und in Abhängigkeit davon können unterschiedl. Verständnisergebnisse resultieren, etwa wenn nur die Krone als solche erkannt wird, aber die Rückschlußmöglichkeit über die bes. Form auf die Qualität der Herrschaft (Ksm., Kgtm., Hzm.) nicht gegeben ist.

Im ma. Leben nimmt die Symbolik einen hohen Stellenwert ein, der mit der reduzierten Schriftlichkeit bzw. mangelnden Lesefähigkeit in Zusammenhang steht. Sie ist in allen Lebens- und Wissensbereichen präsent. Ganz bes. kommt sie jedoch im →Recht zum Tragen, weil hier bereits auf einfachen Entwicklungsstufen viele abstrakte Gegebenheiten und Beziehungsverhältnisse unter dem Blickwinkel auf die Gleichung »Öffentlichkeit = Rechtssicherheit« zu bewältigen waren. Das Symbol dient hier dazu, nicht sichtbare oder greifbare rechtl. Wesenszüge realisierbar und nachvollziehbar zu machen. Ein gutes Beispiel dafür ist der Liegenschaftsverkehr mit der breit gefächerten Übertragungssymbolik (Scholle, Zweig, Halm). Durch die Übergabe dieser Realien wird das sonst nicht sichtbare Recht an der Sache realisiert. Auf derselben Ebene bewegt man sich, wenn symbol. Handeln der Verdeutlichung rechtl. Vorgänge dient: Ergreifen des Kesselhakens, Anzünden des Herdfeuers als Versinnbildlichung des Rechtserwerbes. Deutl. wird hierbei, daß es keine spezif. Gegenstände des Rechts sein mußten, denen Symbolwert zukam, sondern es konnte sich durchaus um Realien des tägl. Lebens handeln. Zum anderen darf nicht übersehen werden, daß die rechtl. Aussagekraft nicht unbedingt der Realie allein innewohnen mußte, sondern unter Umständen erst dann zum Tragen kam, wenn anderes hinzutrat (Sprechen von Wortformeln, Handlungen, andere Realien, ein bestimmter Ort oder bestimmte Personen): Übergabe des →Rings kann einfaches Schenken bedeuten, vor einer dritten Person (Vormund, Priester) kann dies in Richtung Eheschließung weisen, eine Gewißheit, die vertieft wird, wenn die Szene vor der Kirchentür oder vor dem Altar stattfindet.

G. Kocher

Lit.: Grimm, DWB 10/IV, 1377ff. – Grimm, RA – HRG IV, 381ff. [Lit.] – M. Schlesinger, Gesch. des Symbols, 1912, bes. 207ff. [Lit. 267ff.] – K. v. Amira – C. Frh. v. Schwerin, Rechtsarchäologie, 1943 [Lit.] – B. Wittlich, Symbole und Zeichen, 1982² – F. Garnier, Le langage de l'image au MA, o. J. [1983] – W. Bauer u. a., Lex. der Symbole, 1985⁷ – B. Moser, Bilder, Zeichen und Gebärden, 1986 – Lex. der Symbole, hg. M. Oestreicher-Mollwo, 1988⁹ – Lex. der Kunst XI, 1990, 225ff. – G. Kocher, Zeichen und Symbole des Rechts. Eine hist. Ikonographie, 1992.

Rechtsunterricht als method. Vermittlung professioneller Rechtskenntnis wurde nach dem Erlöschen der Rechtsschulen in →Beirut und →Konstantinopel mit dem Ende der Ära Justinians († 565) in Konstantinopel noch eine Zeitlang auf privater Basis von sog. σχολαστικοί ('Stubengelehrten') erteilt, sank gegen Ende des 7. Jh. aber zu einer Unterweisung in gerichtl. Rhetorik hinab. Auch im lat. Westen wurde während des früheren MA Rechtliches nur im Rhetorikunterricht berührt. R. wurde erst seit dem Anfang des 12. Jh. wieder erteilt, als →Irnerius in →Bologna damit begann, das →Corpus iuris civilis zu erklären. Die angebl. frühma. Rechtsschulen v. Rom u. Ravenna hat es nicht gegeben, und die frühe Lit. zur →Lombarda, die man einer Rechtsschule in Pavia zuzuschreiben pflegt, läßt keinen Rückschluß auf einen R. in Pavia zu und ist zudem erst unter Bologneser Einfluß entstanden. Die Institutionalisierung des R.s in Bologna dürfte um 1135 durch das Wirken der →Quattuor doctores erfolgt sein. Von Bologna aus breitete sich der R. noch im 12. Jh. in andere oberit. Städte (Mantua), in die Provence (Montpellier, →Placentinus) und nach England aus (→Vacarius →Johannes Bassianus), dann weiter in ganz Italien (→Neapel, →Padua), Spanien (→Salamanca) und Frankreich (→Orléans, →Toulouse) und zuletzt in ganz Europa.

Regeln für das kirchl. Leben (canones) waren, schon seit karol. Zeit, als Teil der Theologie gelehrt worden. Nach dem Erscheinen des →Decretum Gratiani (1139/40) entstand unter dem Einfluß des Zivilrechts um 1150 in Bologna die Kanonistik als selbständige Wiss. Von der Kirche gefördert und an kirchl. Schulen gepflegt, breitete sie sich von Bologna aus noch schneller in Europa aus als der Unterricht im Zivilrecht. Ab dem 13. Jh. wurde das kirchl. Recht des →Corpus iuris canonici an den Univ. gelehrt.

Gegenstand des R.s waren seit dem 14. Jh. auch das Lehnrecht (→Lehen, II) des →Liber feudorum, nicht dagegen die Q. des Statutarrechts und die Aufzeichnungen der territorialen und lokalen Gewohnheitsrechte.

Der R. wurde in Bologna im 12. Jh. im Rahmen sog. societates ('Gesellschaften') erteilt, zu denen sich jeweils mehrere Studenten mit einem Rechtslehrer privat zusammenschlossen. Durch ein Privileg Ks. Friedrichs I. von 1155, die autentica 'Habita', wurden die Studenten dem Schutz des Ks.s und der Jurisdiktion des Bf.s v. Bologna oder ihres Lehrers (daher deren Titel 'dominus') unterstellt. Anfang des 13. Jh. organisierten sich die Studenten in nationes ('Landsmannschaften') sowie gesamtheitl. in den beiden von zwei Rektoren geführten »Universitäten« der citramontani und der ultramontani (→Bologna, B. II; C). Diese übernahmen die Anstellung und Besoldung der Professoren und überwachten die Erfüllung der diesen auferlegten Lehrverpflichtungen. Die Rechtslehrer führten um 1219 mit Hilfe der Kirche eine Prüfung als Voraussetzung für die Zulassung zum Lehrkörper (collegium doctorum) ein. Die Kirche brachte das Prüfungswesen unter ihre Kontrolle und gestattete den Studenten-Universitäten in Bologna und anderen hohen Schulen, aufgrund bestandener Prüfung die mit dem Doktortitel verbundene allg. Lehrerlaubnis ('licentia ubique docendi') zu verleihen (→Bologna, B. IV). Seitdem die Rechtslehrer in Bologna im 14. Jh. – zuerst in Einzelfällen, dann regelmäßig – aus öffentl. Kassen besoldet wurden, übernahmen die Behörden die Aufsicht über den R. Die Univ. in →Paris war demgegenüber von Anfang an eine Korporation von Professoren und Studenten. Die meisten von Papst, Ks., Fs.en und Republiken gegründeten hohen Schulen folgten diesem Organisationsmodell.

Der R. bestand aus Vorlesungen und Disputationen. Gegenstand der ersteren waren die Teile der Corpora iuris civilis und canonici; seit dem 13. Jh. kamen sie ausführl. Spezialvorlesungen über einzelne Quellenstellen (repetitiones) hinzu. Am Anfang eines Vorlesungskurses wurde eine Einl. in den betreffenden Teil des Corpus iuris gegeben (Prooemium, →Materia). Die eigtl. Vorlesung begann mit einer Zusammenfassung des Inhalts des zu behandelnden Abschnitts 'titulus' als Ganzes (Introductio tituli; →Summa). Vor der Lesung des Textes wurde der Inhalt jeder Stelle ('lex', 'constitutio' usw.), der »Fall«, referiert (→Casus legis). In die anschließende Lesung des Textes ('littera') wurden kurze sprachl. und jurist. Erklärungen eingeschaltet. Es folgten Hinweise auf ähnl. Textstellen. Die Parallelstellen wurden – nach Erklärung möglicherweise zum Vorschein gekommener Widersprüche (quaestiones legitimae; →Quaestiones iuris) – mit Hilfe von →Distinktionen systematisiert. Schließlich wurden die im Text enthaltenen →Argumente (→Brocarda) herausgearbeitet und ähnl. Sachverhalte besprochen (quaestiones de facto; →Quaestiones iuris). Dabei hat man zunehmend die zeitgenöss. jurist. Lit. diskutiert, im 14./15. Jh. in exzessiver Weise (zur Methode der Auslegung der Rechtsq. in den Vorlesungen →Bologna, B. IV). Systemat. Vorlesungen über bestimmte Rechtsgebiete wie Strafrecht oder Zivilprozeß hat es im scholast. R. nicht gegeben. In den Disputationen wurden Rechtsfälle erörtert, die in den Q. nicht entschieden waren (→Quaestiones iuris). Damit wurden die Studenten direkt auf die Rechts-

praxis vorbereitet. Der scholast. R. war entgegen einer weit verbreiteten irrigen Meinung von Anfang an auf die Ausbildung der Studenten für die (weltl. oder kirchl.) Rechtspraxis ausgerichtet.

Mit dem R. ist die ma. jurist. Lit. auf engste verbunden: In den schriftl. Komm. (→Apparatus glossarum) wurden die Rechtsq. nach derselben Methode ausgelegt wie in den Vorlesungen, und die verschiedenen bes. Lit.gattungen (→Summa, →Casus und→Commentum; →Distinktion [2]; →Brocarda; →Quaestiones iuris; →Dissensiones dominorum; →Disputation [2]) entsprechen den einzelnen Auslegungsschritten.
P. Weimar

Lit.: W. KUNKEL, Röm. Rechtsgesch., 1971⁶, 93f., 136ff. – H. J. SCHELTEMA, L'enseignement de droit des antécesseurs, 1970 – P. PIELER, Byz. Rechtslit. (HUNGER, Profane Lit., 1978), II, 341ff. [429f.] – P. RICHÉ, Enseignement du droit en Gaule du VIᵉ au XIᵉ s. (IRMAE I, 5b b, 1965) – R. GIBERT, Enseñanza del derecho en Hispania durante los siglos VI a XI (IRMAE I, 5b cc, 1967) – P. WEIMAR, Die legist. Lit. und die Methode des R.s der Glossatorenzeit, Ius commune 2, 1969, 43–83 – H. COING, Die jurist. Fakultät und ihr Lehrprogramm (DERS., Hdb. I, 1973), 37–128 [bes. 39ff., 70ff.] – U. GUALAZZINI, Trivium e quadrivium (IRMAE I, 5a, 1974) – DERS., L'insegnamento del diritto in Italia durante l'alto Medioevo (IRMAE I, 5b aa, 1974) – P. WEIMAR, Zur Doktorwürde der Bologneser Legisten, Aspekte europ. Rechtsgesch. (Fschr. H.COING, 1982), 421–443 – H. G. WALTHER, Die Anfänge des Rechtsstudiums und die kommunale Welt Italiens im HochMA (Schulen und Studium im sozialen Wandel der hohen und späten MA, hg. J. FRIED, 1986), 121–162.

Rechtsverweigerung → Appellation, II

Rechtszug. Der Begriff R. umfaßt ein weites Spektrum von Erscheinungsformen der Rechtseinholung bei einem anderen als dem mit der Entscheidung eines Rechtsfalls befaßten →Gericht. Er findet sich in Q. der frk. Zeit, in langob., got. Q. ebenso wie etwa im ma. England. Am gründlichsten erforscht dürfte er für das dt. MA sein. Abzugrenzen ist der R. von der aus dem röm. Recht kommenden →Appellation. V. a. im FrühMA finden sich mannigfache Mischformen. Maßgebl. ist die Ablehnung einer echten Mehrstufigkeit von Instanzen, die v.a. im dt. MA ab dem 11. Jh. hervortritt. Die Trennung des Verfahrens in Urteilsfindung durch Umstand oder eine begrenzte Zahl von Urteilern einerseits, die Vollziehung des gefundenen Rechts durch den Richter andererseits gehört in diesen Zusammenhang. Der eigtl. R. gehört zur Urteilsfindung; die R.sinstanz findet das Recht grundsätzl. ohne Richter. Geschieht der R. zunächst mündl. durch Frage des gesamten Gerichts oder einzelner Gerichtspersonen, so wandelt sich dies zumeist im 14. Jh. zur schriftl. Anfrage. Den R. gibt es im →Landrecht, →Lehnrecht und v. a. im Bereich des →Stadtrechts, wo er mit der Umgestaltung der innerstädt. Gerichtsverfassung, die zumeist einen R. letztl. an den Rat der Stadt hervorbringt, verbunden ist. Außerhalb der Stadt findet sich der R. als Element der Stadtrechtsfamilien und erzeugt Systeme von →Oberhöfen. Die Erscheinungsformen des R.s reichen von der bloßen Konsultation, der Urteilsschelte über Rechtsunwissenheit oder mögl. Befangenheit des Gerichts, Verwillkürung der Parteien bis hin zur Verpflichtung des anfragenden Gerichts, das eingeholte Urteil zu befolgen. Freilich ist auch im letzten Fall eine Gerichtsgewalt des Oberhofs im anfragenden Gericht nicht gegeben. Auch die Abgrenzung zur echten Schiedstätigkeit (→Schiedsgericht) ist fließend.
F. Ebel

Lit.: J. W. PLANCK, Das dt. Gerichtsverfahren im MA, I, 1879, 256ff. – W. EBEL, Lüb. Recht, I, 1971, 103ff. – H. SCHLOSSER, Spätma. Zivilprozeß nach bayer. Q., 1971, 26ff., 234ff. – F. EBEL, Statutum und ius fori im dt. SpätMA, ZRGGermAbt 93, 1976, 100ff. – J. WEITZEL, Über Oberhöfe, Recht und R., 1981 – DERS., Dinggenossenschaften und

Recht, 1985 – J. H. Baker, An Introduction to Engl. Legal Hist., 1990³, 160.

Recknitz, Schlacht an der → Raxa

Recognoverunt proceres, umfangreiches und grundlegendes → Privileg, das Kg. Peter III. v. Aragón am 11. Jan. 1284 der Stadt → Barcelona auf Drängen der um die Sicherheit des Handels besorgten Oberschicht gewähren mußte und durch das er unter Zügelung der kgl. Amtsträger (→ Veguers, Batlles) und ihrer Befugnisse die bestehenden Rechtsverhältnisse, die Machtausübung durch den städt. → Consell sowie das geltende Wirtschafts- und Finanzrecht sanktionierte. Ungeachtet der Geltung der → Usatges v. Barcelona sollten unter Berücksichtigung westgot. Normen beim Erbrecht »omnes libertates, privilegia, jura et consuetudines ... et etiam alia omnia ... firma« bleiben und zukünftig befolgt werden. Das bald von weiteren Städten übernommene Privileg (Gerona, Igualada, Granollers, Càller, Mataró, Vilafranca del Penedès, später Vich) fand Eingang in die übergreifenden katal. Rechtskompilationen (Constitutions y altres drets de Catalunya II. 1. 13) und erhielt schließlich umfassende verfassungsrechtl. Bedeutung. L. Vones

Ed.: J. Rovira i Armengol, R. P. Versión medieval catalana, 1927 – Colección de documentos inéditos del Archivo General de la Corona de Aragón, XLIII, 1971, 8–17, Nr. 22 – *Lit.*: F. Valls i Taberner, Les consuetuds i franqueses de Barcelona en 1284 ó »R. p.« (Estudis d'hist. jurídica, 1929), 88–97 – F. Duran i Canyameres, Extensió territorial del dret barceloní (Conferències sobre varietats comarcals del Dret Civil Català, 1940), 9–40 – S. Sobrequés i Vidal, Hist. de la producció del dret català fins al Decret de Nova Planta, 1981, 41–43 – J. M. Font Rius, Jaume I i la municipalitat de Barcelona (Estudis sobre els drets i institucions locals en la Catalunya medieval, 1985), 659–684.

Reconquista. Die R. ma. Ursprungs geht von der Vorstellung aus, daß die Muslime das Gebiet der → Hispania zu unrecht durch die Vernichtung des westgot. Kgtm.s besetzt hielten. Daher war es Recht und Pflicht der chr. Kg.e Spaniens, das Gebiet zurückzugewinnen und die polit. und religiöse Einheit Spaniens wiederherzustellen. Das Ziel sollte durch krieger., von den ideolog. Grundsätzen des → Neogoticismus und seit Ende des 11. Jh. der Kreuzzugsidee (→ Kreuzzüge, C. I) beeinflußte Aktionen erreicht werden. Diese R.konzeption war seit dem MA in Spanien grundlegend für die Ausbildung eines hist. Bewußtseins. Sie bewirkte, daß man die existierenden Grenzen bis zur endgültigen Rückeroberung immer als provisorisch ansah, noch nicht eroberte Gebiete bereits verteilte und, als weiterer Aspekt des Restaurationsprozesses, die zurückeroberten Territorien kolonisierte und mit neuen kirchl., polit. und sozioökonom. Strukturen versah (→ Repoblación).

[1] *Die Anfänge (8.–10. Jh.)*: Die Eroberung der Hispania (711–714) führte zum Zusammenbruch des westgot. Reiches v. Toledo (→ Westgoten), nicht jedoch zu einer gleichmäßigen polit. und militär. Beherrschung des Landes durch die Muslime. Im N schloß ihre Einflußzone das Zentralmassiv ein, reichte aber nicht bis zu den Pyrenäenländern nö. von Huesca, Lérida und Gerona, wo sie nur einzelne Befestigungsanlagen zur Sicherung der Hauptverkehrsadern und der Bergpässe unterhielten. Daher konnte die Bevölkerung Asturiens und Kantabriens, v. a. unter dem Einfluß hispanogot. Flüchtlinge, ihre traditionelle Abwehrpolitik, verbunden mit Raubzügen, ins Gebiet des Duerobeckens wiederaufnehmen: Die Führerrolle → Pelayos (718–737), sein Sieg v. → Covadonga (vor 722) über die muslim. Truppen und die Konsolidierung seiner Familie an der Spitze des entstehenden Kgr.es v. Asturien können, wenn auch mittlerweile die Historizität der Er-

eignisse stark bezweifelt wird, Zeugnis von diesem ersten hispano-chr. Widerstand gegen al-Andalus ablegen. Sein Schwiegersohn Alfons I. (739–757) nutzte die inneren Wirren im Emirat v. → Córdoba, um seine Herrschaft bis nach Galicien im W und nach Álava und dem N von Kastilien auszudehnen. Alfons II. (791–842) verfügte bereits über genügend Streitkräfte, um die Muslime in offener Schlacht zu besiegen, profitierte von der Einwanderung zahlreicher chr. → Mozaraber aus al-Andalus – die bis ins 9./10. Jh. andauern sollte – und reorganisierte seinen Hof nach dem Vorbild der westgot. Pfalzordnung. Seit Mitte des 9. Jh. ermöglichte eine zweite innenpolit. Krise in al-Andalus Ordoño I. (850–866) und Alfons III. (866–910) die Grenze bis zum Duero zw. Porto und Simancas und sogar noch darüber hinaus vorzuschieben und ihre Hauptstadt in → León zu errichten. Im O und in der Rioja kam es zu Zusammenstößen mit den Muslimen (920 Niederlage der Christen bei Valdejunquera, 939 Sieg bei Simancas). Unter Ramiro II. (931–951) und Gf. Fernán González v. → Kastilien konnte das Gebiet, trotz der vom Kalifen ʿAbdarraḥmān III. und → al-Manṣūr zw. 976 und 1002 lancierten Gegenoffensive und des Niedergangs des Kgr.es León, definitiv wiederbesiedelt werden. Wegen der starken Präsenz der Muslime – viele davon waren hispan. Muladíes – im Ebrotal und im NO bildeten sich erst später Widerstandsnester in den Pyrenäen. Im seit Ende des 8. Jh. unabhängigen → Pamplona konnte sich das Geschlecht des → Iñigo Arista (820–852) trotz Versuchen der Karolinger, es zu unterwerfen, durchsetzen und mit den Banū Qāsī des mittleren Ebrotals verbünden (→ Navarra). Karl d. Gr. und Ludwig d. Frommen gelang es, ihre Herrschaft in den Gft.en → Aragón, → Sobrarbe und → Ribagorza und in der sog. »Span. Mark« (Gft.en des späteren → Katalonien) zu festigen (Eroberung v. Gerona 785 und → Barcelona 801) und die Grenze vom Llobregat und dem Cardoner bis zur Sierra del Cadí festzuschreiben. Nach geringfügigen territorialen Veränderungen im 9. Jh. begünstigte der Zerfall des Karolingerreiches die Unabhängigkeitsbestrebungen der katal. Gft.en (873 wurde → Wilfred 'el Velloso' Gf. v. Urgel, 878 Gf. v. Barcelona), und in Aragón konnte sich die einheim. Dynastie des → Galindo durchsetzten. Im 10. Jh. erfolgte im Reich v. Pamplona und in Katalonien eine Reorganisation und Kolonisierung des Landes: Die von Sancho Garcés I. (905–925) begründete neue Dynastie eroberte die → Rioja und knüpfte Beziehungen zum Kgr. León, annektierte Aragón und unter Sancho III. (1000–35) Sobrarbe, Ribagorza und Kastilien. Die nach seinem Tode erfolgte Aufteilung seiner Reiche bietet den Schlüssel zum Verständnis der im 11. Jh. aufkommenden neuen Formen der R.

[2] *Die Zeit der großen Eroberungen (11.–13. Jh.)*: Der Zerfall des Kalifats v. Córdoba in verschiedene Taifenreiche (→ mulūk aṭ-ṭawāʾif) fiel mit der polit. Reorganisation des hispan.-chr. Bereiches zusammen, dessen immer engere Bindungen zum europ. W eine lange Phase der Expansion einleiteten. Der Krieg gegen al-Andalus stellte sich damit trotz verschiedener Modalitäten deutl. als R. mit globaler Zielsetzung dar. In einer ersten Phase nutzten Ferdinand I. v. Kastilien-León (1035–65) und Raimund Berengar I. v. Barcelona (1035–76) die Schwäche der Taifenreiche, um ihnen militär. Schutz gegen die Zahlung von → Parias aufzuzwingen. Dies führte indirekt zur polit. Unterwerfung neuer Gebiete: → Tortosa, → Lérida und → Valencia von katal., → Zaragoza, → Toledo, → Badajoz, → Sevilla und → Granada von kast.-leones. Seite. Den ersten Schritt vollzog Alfons VI. (1065–1109), als er die Kapitulation Toledos und ihres Taifen entgegennahm

(1085) und sich zum Ks. der zwei Religionen ausrufen ließ, während der →Cid Valencia einnahm (1094), wo sich die Christen bis 1102 halten konnten. Der Einfall der nordafrikan. →Almoraviden, ihre Siege über Alfons VI. (Sagrajas 1086, Consuegra 1097, Uclès 1108) und ihre polit. Herrschaft in al-Andalus bremsten die Expansion und die kast.-leones. Hegemoniebestrebungen ebenso wie die Regierungskrise nach dem Tod Alfons VI. Die Kg.e v. Aragón-Navarra, Peter I. und Alfons I., dagegen konnten ihre Herrschaft weiter bis ins mittlere Tal des Ebros ausdehnen (Eroberung v. Huesca 1096 und Zaragoza 1118), während Gf. Raimund Berengar III. einen ersten Feldzug gegen →Mallorca führte und →Tarragona zw. 1118 und 1126 eroberte.

Der Verfall der almoravid. Macht ermöglichte weitere Vorstöße der Christen, jedoch verschoben sich gleichzeitig die bis dahin ausgeglichenen Machtverhältnisse zw. den chr. Reichen: Alfons VII. v. Kastilien-León (1126–57) behielt den Ks.titel bei und nahm dank Lehnsverträgen eine Hegemonialstellung gegenüber den anderen chr. und muslim. Herrschern ein. Navarra andererseits hatte bereits seit 1134 wieder einen eigenen Kg., und grenzte damit nicht mehr an al-Andalus, eine Vereinigung von Aragón und Katalonien fand nach 1137 unter Raimund Berengar IV. statt, und die Gft. →Portugal strebte seit 1139–43 nach ihrer Unabhängigkeit als Kgr. Nach Alfons' VII. Tod trennten sich Kastilien und León (bis 1230). Während der großen Offensive der vierziger Jahre nahm Alfons VII. Coria ein (1142), festigte seine Herrschaft im kast. Teil des Tajobeckens und eroberte für eine gewisse Zeit Baeza und Almería (1147), während Alfons I. v. Portugal Lissabon einnahm (1147); Raimund Berengar IV. eroberte Tortosa, Lérida und Fraga und steckte mit Alfons VII. im Vertrag v. →Tudellén (1151) das Terrain für künftige Eroberungen in Denia und Valencia ab. In der zweiten Hälfte des 12. Jh. führten wechselnde Koalitionen und Kriege zw. den chr. Reichen und der immer stärkere Druck von seiten der →Almohaden – bis 1172 gelang ihnen die Unterwerfung aller unabhängigen Machthaber in Andalusien – zu einem teilw. Stillstand der R. und zwangen zur Suche nach neuen Formen des Kriegswesens (wachsende Bedeutung der expandierenden Ritterorden und der von den →Consejos aufgestellten Heere). Alfons II. v. Aragón eroberte Teruel (1171), unterstützte Alfons VIII. v. Kastilien bei der Einnahme v. Cuenca und legte mit ihm im Vertrag v. →Cazo(r)la (1177) die Grenzen beider Reiche und die künftigen Expansionsgebiete fest. 1186 gründete Alfons VIII. Plasencia als Vorposten gegen die Angriffe der Almohaden, die mit dem Sieg bei Alarcos (1195) weitere kast. Vorstöße in die Mancha vorerst unterbanden. Die Reaktion der Christen ließ auf sich warten, aber im Juni 1212 errang Alfons VIII. mit Unterstützung der anderen chr. Kg.e der Iber. Halbinsel und europ. Kreuzfahrer einen großen Sieg bei Las →Navas de Tolosa. Der wenig später in Nordafrika und in al-Andalus einsetzende Zerfall des Almohadenreiches und innere Streitigkeiten der Muslime erleichterten rasche Eroberungserfolge der Christen. Nach dem Vertrag v. Sabugal (1231), der eine Einigung über die jeweiligen Expansionsgebiete mit Kastilien und León brachte, vollendete Portugal die Eroberung des Alemtejo (Serpa und Moura 1232) und des Algarve im O des Guadiana (Ayamonte 1239). Nach 1249 gab es nur noch einzelne Grenzkorrekturen gegenüber Kastilien und León, die seit 1232 das Taifenreich v. →Niebla unter ihren Schutz genommen hatten, um eine mögl. ptg. Eroberung zu verhindern. Von leones. Seite stieß man in die heutige Estremadura vor, wo die Muslime bes. hartnäckig Widerstand leisteten: Valencia de Alcántara (1221), Cáceres (1229), Mérida und Badajoz (1230), Trujillo (1232, nach der Vereinigung von Kastilien und León). Währenddessen erzielten auch die Kastilier in dem ihnen eigenen Bereich der Mancha und des oberen Guadalquivirtals Fortschritte: Alcaraz (1215), Quesada und Cazorla (1224) sowie Baeza (1232) wurden eingenommen. Als 1236 Córdoba, das Symbol der glänzenden Vergangenheit von al-Andalus, fiel, hinderte nichts mehr eine rasche Inbesitznahme des Guadalquivirtals; die Einnahme v. Jaen (1246) dagegen konnte nur durch einen Vertrag erreicht werden, der die Existenz des Emirats v. Granada in Lehnsabhängigkeit von Kastilien in den Gebirgszügen Ostandalusiens garantierte. Zwei Jahre zuvor hatte der Infant Alfons, der Sohn und Erbe Ferdinands III., das Taifenreich v. Murcia als Schutzgebiet unterworfen und mit Jakob I. v. Aragón den Vertrag v. Almizra geschlossen (1244), der die s. Grenzen seiner Eroberungspolitik festlegte. Der Kg. v. Aragón hatte die R. der ihm zustehenden Einflußzone bereits abgeschlossen: Eroberung v. Mallorca und Ibiza (1229–35), und zw. 1232 (Fall v. Morella) und 1246 (Einnahme v. Denia) die Besetzung aller Gebiete, die das neue Reich v. Valencia bilden sollten, dessen Hauptstadt 1239 in die Hand der Christen gefallen war. Einen Höhepunkt der R. bildete die Einnahme Sevillas, der andalus. Hauptstadt der Almohaden, durch Ferdinand III. (1248). 1262–63 gliederte Alfons X. die Gebiete des unteren Andalusien, Cadiz und Niebla, bis dahin nur militär. kontrollierte Schutzzonen, endgültig seinem Reich ein. Die Niederschlagung des 1264 mit Hilfe des Emirats v. Granada ausgelösten Aufstands der andalus. und murcian. →Mudéjares bewirkte eine endgültige Absicherung der früheren Eroberungen: Alfons X. vertrieb prakt. alle Muslime aus dem chr. Andalusien und konsolidierte mit Hilfe Jakobs I. seine Herrschaft über Murcia. Letzteres war für den aragones. Kg. unerläßl., zum einen zur Absicherung seines Sieges über die valencian. Mudéjares, die bis 1276 immer wieder Teilaufstände versuchten, zum anderen um seine Ansprüche über die in Almizra festgelegten Grenzen hinaus zu signalisieren: Jahre später sollte Jakob II. nach einem Krieg mit Kastilien 1304 den Nordteil des Kgr.s Murcia annektieren.

[3] *Spätmittelalter:* Ein allg. Wechsel der polit. und wirtschaftl. Gegebenheiten, Schwierigkeiten mit der endgültigen Wiederbesiedlung der eroberten Länder und das starke, von den nordafrikan. →Meriniden zw. 1275 und 1350 unterstützte Verteidigungspotential des Emirats v. Granada setzten dem Vordringen der chr. Kg.e im letzten Drittel des 13. Jh. ein Ende. Bis 1350 ging es v.a. um die Kontrolle v. →Gibraltar (Einnahme v. Tarifa durch Sancho IV. 1292; Schlacht am Salado 1340; Einnahme v. Algeciras durch Alfons XI. 1344). Im 15. Jh. flammten die Kriege wieder auf (Eroberung v. Antequera 1410), die kast. Kg.e zwangen Granada zur Zahlung von Parias und mischten sich in die polit. Kämpfe im Inneren des Emirats mit der erklärten Absicht einer Eroberung ein. Dies geschah, als es den Kath. Kg.en Ferdinand und Isabella I. gelang, große Heere zu mobilisieren und einen zehnjährigen Krieg bis zur Einnahme der Stadt Granada (2. Jan. 1492) zu führen.   M. A. Ladero Quesada

Lit.: D. W. Lomax, The Reconquest of Spain, 1978 – S. de Moxó, Repoblación y Sociedad en la España cristiana medieval, 1979 – L. García de Valdeavellano, Hist. de España, 3 Bde , 1983 [bis 1264] – M. A. Ladero Quesada, Cordillères et fleuves dans la formation de l'Espagne médiévale (Montagnes, fleuves, forêts dans l'hist., hg. J. F. Bergier, 1988), 71–83 – O. Engels, R. und Landesherrschaft, 1989 – M. A. Ladero Quesada, Granada, hist. de un país islámico

(1232–1571), 1989³ – J. M. Mínguez, La R., 1989 – La r. y repoblación de los reinos hispánicos (Actas del Colóquio de la V Asamblea de la Soc. Española de Estudios Medievales), 1991 – L. Vones, R. und Convivencia (Die Begegnung des O mit dem W, 1993), 221–242 – Ders., Gesch. der Iber. Halbinsel im MA, 1993.

Rectitudines singularum personarum, Traktat über Rechte und Pflichten der Landarbeiter und Pächter, der unter den ags. Rechten aufgefunden wurde, die in dem aus dem frühen 12. Jh. stammenden →Quadripartitus enthalten sind. Seit seiner Entdeckung im frühen 19. Jh. bildet er einen zentralen Text in der Wiss. sdiskussion um die frühe engl. Gesellschaft. Der ae. Text, der nur als lat. Übers. in einer einzigen Kopie aus der Zeit nach der norm. Eroberung erhalten ist, dürfte vielleicht in der Mitte des 10. Jh. oder früher entstanden sein. Aufgrund stilist. Unters. wurde angenommen, daß Bf. →Wulfstan v. Worcester den Traktat in den 20er Jahren des 11. Jh. revidiert hat. Wahrscheinl. hat er den Abschnitt über das »Recht« der →thegns eingefügt, welcher der Beschreibung der »Rechte« und der zunehmend härteren Pflichten der verschiedenen Gruppen innerhalb der bäuerl. Gesellschaft (u. a. *geneats*) und der dienenden Gutsleute (u. a. *folgere*) vorangeht. Da in dem Traktat mehrere Werte für die Abgaben angegeben werden, mit denen der Grundherr rechnen konnte, aber zieml. genau die Nebeneinkünfte präzisiert werden, die er erlaubte, kann man wahrscheinl. davon ausgehen, daß es sich bei dem Text um eine Anleitung für die örtl. Verwalter eines bestimmten Landbesitzers (Bath oder Glastonbury Abbey?) handelt. A. Harding

Q.: Liebermann, Gesetze – Lit.: H. R. Loyn, Anglo-Saxon England and the Norman Conquest, 1962 – P. D. A. Harvey, R. S. P., EHR 108, 1993.

Rector
I. Allgemeine Definition; Burgund – II. Kirchenstaat – III. Universität.

I. Allgemeine Definition; Burgund: [1] *Allgemeine Definition:* Der Begriff »r.« in seiner Bedeutung 'Lenker, Leiter, Führer' gehört zum klass. Wortschatz der lat. Sprache und war im MA sehr beliebt. Von Gott als r. mundi über den Ks. als r. imperii bis hin zum Pfarrer als r. ecclesiae und dem Schulmeister als r. puerorum reicht seine Verwendung. Die Beliebtheit rührt daher, daß an dem Sinngehalt des Begriffs kein Zweifel bestehen konnte, wenn es galt, die Tätigkeit des »Regierens« hervorzuheben. Um so weniger eignete sich der Begriff zu einem rechtsverbindl. Titel.

[2] *Burgund:* Die Ermordung des Gf.en Wilhelm IV. v. Burgund, eines Neffen Hzg. →Konrads v. Zähringen, am 9./10. Febr. 1127 in Payerne führte zu Erbansprüchen Hzg. Konrads an dem weit gestreuten Besitz des mächtigen Gf.enhauses. Gegner waren die Gf.en v. →Mâcon aus einer Seitenlinie der Gf.en v. Burgund. Kg. Lothar III. bestätigte auf einem Hoftag in Speyer im Sept. 1127 nicht nur die Erbansprüche des Zähringers, sondern übertrug ihm auch die Wahrnehmung der Reichsrechte während seiner Abwesenheit im Kgr. →Burgund. Fakt. beschränkte sich der Auftrag jedoch auf den engen Herrschaftsbereich der →Zähringer in der heutigen Westschweiz. Einen Titel gab es für die neue Stellung nicht. Man griff deshalb zu dem rechtl. unverbindl. Titel »Rektor v. Burgund«, für den es bis dahin kein vergleichbares Vorbild gab. Die Reichskanzlei hat diesen zähring. Titel später auch konsequent vermieden. Mit der selbstgewählten Titulatur »dux et r. Burgundie« versuchten die Zähringer in den folgenden Jahrzehnten, als Hzg.e ohne Hzm. über den Reichsauftrag des Rektorats zu einem Hzm. Burgund zu gelangen, doch letztl. vergebens. Gescheitert ist auch der Versuch Kg. Friedrichs I. Barbarossa und Hzg. →Bertholds IV. v. Zähringen Anfang 1153, gemäß einem im Mai 1152 geschlossenen Vertrag in einem gemeinsamen Kriegszug nach Burgund die Erbansprüche des Zähringers und ebenso das Rektorat auch in den w. und s. Landesteilen des Kgr.es Burgund durchzusetzen. Statt dessen heiratete der Staufer 1156 die Erbtochter →Beatrix aus dem Hause der Gf.en v. Burgund, wodurch die Zähringer endgültig aus dem w. Burgund, der späteren Fgft., verdrängt wurden. Als Ausgleich erhielten sie das kgl. Recht auf die Regalieninvestitur in den drei ostburg. Bm.ern Lausanne, Genf und Sitten, wovon sie jedoch nur in Lausanne Gebrauch machten. Ab 1156 war damit das Rektorat v. Burgund in der Hand der Zähringer auf Ostburgund zw. Jura und Alpen – »inter Iurum et montem Iovis« –, die heutige Westschweiz, beschränkt. V. a. in den alem. besiedelten Teilen des Berner Mittel- und Oberlandes gelang den Zähringern, die dort auch ihr burg. Hausgut hatten, dank der Reichsrechte ein beständiger Ausbau ihrer Herrschaft. Ein Aufstand des burg. Adels wurde von Hzg. →Berthold V. 1190 erfolgreich niedergeschlagen. In der Waadt jedoch und am Genfer See stießen die Zähringer ab 1200 auf die vordringenden Gf.en v. →Savoyen. Der Kampf um die Vorherrschaft war beim Aussterben der Zähringer 1218 noch nicht entschieden. Die königsähnl. Stellung der Zähringer als Rektoren v. Burgund u. a. nach 1156 äußerte sich beispielhaft darin, daß sie nun Städte auf Reichsboden gründen konnten (Bern 1191, Murten), ohne auf den Kg. Rücksicht nehmen zu müssen. Die Entwicklung zur Landesherrschaft fand mit dem kinderlosen Tod Hzg. Bertholds V. am 18. Febr. 1218 ein jähes Ende. Das Rektorat fiel als erledigtes Lehen an den Kg. zurück. Um die kgl. Rechte vor den Ansprüchen der burg. Zähringererben als Allodialgut, der Gf.en v. →Kiburg, zu sichern, verlieh Kg. Friedrich II. seinem minderjährigen Sohn Heinrich (VII.) vermutl. Anfang 1220 den Titel eines Rektors v. Burgund. Heinrich führte ihn nur bis zu seiner Wahl zum dt. Kg. im April 1220, danach verschwindet er.
H. Heinemann

Q.: E. Heyck, Urkk., Siegel und Wappen der Hzg.e v. Zähringen, 1892 – Lit.: E. Heyck, Gesch. der Hzg.e v. Zähringen, 1891 – H. Ammann, Zähringer Stud. I, ZSchG 24, 1944, 352–387 – H. Büttner, Schwaben und Schweiz im frühen und hohen MA, Ges. Aufsätze (VuF 15, 1972) – H. Heinemann, Unters. zur Gesch. der Zähringer in Burgund, ADipl 29, 1983, 42–192; 30, 1984, 97–257 – Die Zähringer, hg. H. Schadeck–K. Schmid, I–III, 1986/90 [Lit.: I, III] – →Zähringer.

II. Kirchenstaat: Das Amt des R.s taucht schon sehr früh in der kurialen Administration auf, da bereits zu Zeiten Gregors I. die größeren päpstl. Patrimonien durch zumeist dem Klerikerstand angehörige r.es verwaltet wurden, die durch einen im Archiv hinterlegten Eid (cautio) gebunden waren, als unmittelbare Legaten in ihren Amtsbezirken fungierten, Aufsicht über die weltl. und kirchl. Belange bis hin zur Kontrolle der Kl. und Bf.e führten und über die Unterstützung durch untergeordnete Amtsträger (defensores, notarii, actionarii) verfügten. Nachdem schon im Laufe des 12. Jh. im s. Latium wieder vereinzelt von den Päpsten eingesetzte Amtsinhaber (häufig Kard.e) mit dem Titel von comites oder r.es Campanie als Träger von Verwaltungsaufgaben tätig waren, wurde das Amt des R.s nach jahrzehntelanger Unterbrechung durch Innozenz III. über Kampanien (Campagna e Marittima) hinaus auf den gesamten Kirchenstaat übertragen und zu einer dauerhaften Institution der Provinzialverwaltung gewandelt. R.es, die dem Papst durch die Leistung eines Amtseides verpflichtet wurden, finden sich nun nicht nur im s. Latium, sondern auch in Tuszien (Patrimonium beati Petri in Tuscia), der Sabina und im Dukat v. Spoleto, wo der R. den Titel eines dux führte, seit Honorius III. in allen Provinzen des Kirchenstaates (Mark Ancona, wo der R. lange den Titel eines marchio führte, Massa Trabaria, Urbino, Romagna, später noch Ferrara, Bologna, Città di Castello, Perugia, als Exklave Benevent). Die r.es sollten v. a. den Landfrieden wahren, die Friedensbrecher verfolgen und, seit Erlaß der Dekretalen »Vergentis in senium« (X 5. 7. 10), bis hin zur Verurteilung von Häretikern über die Einhaltung spiritueller Normen wachen; sie waren darüber hinaus aber auch mit der fälligen Besitzkonfiskation, einer Jurisdiktionshoheit und der Wahrnehmung der Appellationsgerichtsbarkeit betraut. Zudem waren die r.es mit der Steuerhebung sowie der Bestätigung und Amtseinsetzung kommunaler Magistrate befaßt und übten den militär. Befehl über die Kastellane der päpstl. castra aus. Gehörte der R. zu den Laien (r. in temporalibus), wurde ihm für die geistl. Belange ein r. in spiritualibus an die Seite gestellt, dessen Jurisdiktionsgewalt in geistl. Angelegenheiten, einschließl. der Einrichtung eigener Tribunale, völlig unabhängig war und der auf den Provinzialversammlungen eigenständig Konstitutionen promulgieren konnte. Als die Kurie im 14. Jh. in Avignon weilte, mußten sich die r.es, die sich nun auf eine curia generalis als oberstes Gerichtshof und oberste Verwaltungsinstitution der Provinz stützten, trotz ihrer weitreichenden Vollmachten gegen die zunehmenden Selbständigkeitsbestrebungen der Kommunen behaupten, was die Amtsteilung förderte und den r. in spiritualibus et temporalibus zur Ausnahme werden ließ, darüber hinaus die Entsendung von päpstl. Legaten und Generalvikaren notwendig machte. Andererseits wurde das Amt des R.s durch die auf alle Provinzen des Kirchenstaates ausgedehnten →Constitutiones Aegidianae verfassungsrechtl. endgültig festgeschrieben, und die rechtsverbindl. Konstitutionen wurden durch die r.es der jeweiligen Provinz zukünftig fortlaufend ergänzt, so daß in dieser Institution die eigtl. gesetzgebende Funktion begründet lag. R.es, zeitweilig mit untergeordneten Vizer.es, setzte das Papsttum seit dem 27. April 1274 (Bulle Gregors X.) auch zur Verwaltung des im 13. Jh. erworbenen →Comtat Venaissin ein.

L. Vones

Lit.: G. Ermini, I rettori provinciali dello Stato della Chiesa da Innocenzo III all'Albornoz, RSDI 4, 1931, 29–104 – D. Waley, The Papal State in the Thirteenth Cent., 1961 – A. Esch, Bonifaz IX. und der Kirchenstaat, 1969, bes. 453ff. – Ch. Reydellet-Guttinger, L'administration pontificale dans le duché de Spolète (1305–1352), 1975 – A. Paravicini Bagliani, Eine Briefslg. für Rektoren des Kirchenstaates, 1250–1320, DA 35, 1979, 138–208 – Chr. Lackner, Stud. zur Verwaltung des Kirchenstaates unter Papst Innocenz III., RHMitt 29, 1987, 127–214, bes. 191ff.

III. Universität: Die Mehrzahl der ma. Univ.en wurde von einem gewählten R. geleitet. Seine Amtszeit betrug zw. einem Monat und zwei Jahren. Der R., der die Univ. gegenüber den weltl. und geistl. Autoritäten zu repräsentieren, ihre Freiheiten und Privilegien zu verteidigen hatte, genoß umfangreiche Vorrechte. Gemeinsam mit einigen Hilfskräften hatte er die Univ. und ihre Finanzen zu verwalten, die Immatrikulation der neuen Studenten vorzunehmen, den Statuten Respekt zu verschaffen sowie Ratssitzungen und Versammlungen einzuberufen und zu leiten. Er übte eine gewisse Jurisdiktion über die Univ.smitglieder aus, war jedoch der Kontrolle der Versammlungen und Gremien, denen er Rechenschaft abzulegen hatte, unterworfen. In den »Magisteruniversitäten« war der R. ein das Lehramt ausübender →Doctor. An der Univ. v. Paris, wo der R. um 1245 erstmals auftrat, war er stets ein →Magister der Artistenfakultät, der aus den →Nationes hervorging. Die →Dekane der höheren Fakultäten (Medizin, Recht, Theol.) verweigerten ihm gelegentl. den Gehorsam. Dieses Problem verlor an den Univ.en Deutschlands und Frankreichs am Ende des MA seine Bedeutung, da nun der R., in Anlehnung an die Pariser Statuten, aus der Gesamtheit aller Doctores gewählt wurde. An den »Studentenuniversitäten« des Bologneser Typs (→Bologna), die in Italien, Südfrankreich und auf der Iber. Halbinsel vorherrschten, entstammte der R. der Studentenschaft und wurde turnusmäßig von den Nationes, die die jeweiligen Univ.en bildeten, gestellt. Da die Amtsausübung schwierig und mühevoll war, wurde in der Regel ein fortgeschrittener Student zum R. gewählt.

Es gab auch Univ.en ohne R.; teils trug der entsprechende Vorsteher einen anderen Titel (in Avignon z. B. »Primicerius«), teils existierte das Amt tatsächlich nicht (Oxford, Cambridge, Medizineruniv. v. Montpellier). In diesem Fall amtierte zumeist ein »Kanzler«, der vom Bf. ernannt wurde (auf Vorschlag der Doctores, deren Kreis er auch entstammte) und im wesentl. die gleichen Aufgaben wie der R. zu erfüllen hatte, in der Regel jedoch weitaus länger im Amt war.
J. Verger

Lit.: Rashdall, passim – O. Weijers, Terminologie des univ.s au XIIIe s., 1987, 187–194 – R. C. Schwinges, R.wahlen. Ein Beitr. zur Verfassungs-, Sozial- und Univ.sgesch. des alten Reiches im 15. Jh., 1992 – Gesch. der Univ. in Europa, I: MA, hg. W. Rüegg, 1993, passim.

Reculver, röm. Kastell und ehem. Kl. in England (Co. Kent). Am Nordende des in Antike und MA die Isle of Thanet von Kent trennenden Wantsum Channel, in den der durch →Canterbury fließende Stour mündete, wurde im 3. Jh. das in der →Notitia Dignitatum (Oc. 28, 8) gen. Kastell *Regulbium*, ein Pendant zum am Südende gelegenen Richborough, zur Sicherung des →Litus Saxonicum angelegt (Außenmauern erhalten). 669 übergab der Kg. v. Kent den Ort Raculf (= R.) Bassa zur Gründung eines Kl., das 949 dem Ebm. Canterbury zufiel; der Plan der Kirche des 7. Jh. wird in den (erhaltenen) Resten aus dem 12./13. Jh. deutl. Die Verlandung des Wantsum Channel und die Erosion durch das Meer führten zur Aufgabe von R.

K. Brodersen

Lit.: S. Johnson (The Saxon Shore, hg. V. Maxfield, 1989), 136–139.

Redarier (Riaderi, Riedere, Redarii, Retharii, Retheri, Rederi, Rediarii; Territorium: Radewer, Riedirierum, Rederi, Raduir, Radwere), im 10. und 11. Jh. oligarch.-theokrat. verfaßter Teilstamm (möglicherweise Kultverband) des slav. Lutizenbundes (→Lutizen). Der Name, dessen Deutung umstritten ist, hängt wahrscheinl. mit dem Heiligtum Riedegost (→Rethra) zusammen, das auf redar. Territorium lag. Die R. siedelten s. der Peene in Mecklenburg-Strelitz; ihr Territorium genau abzugrenzen, war jedoch nicht möglich; erste Nennung z. J. 929, als dem legatus Bernhard die Redariorum provincia unterstellt wurde. Später traten die R. als führende Kraft im Kampf der slav. Stämme ö. der Elbe und n. der Havel gegen die Reichsgewalten in Erscheinung. In vielen Feldzügen besiegt, gaben sie sich doch nicht geschlagen. Ks. Otto I. wollte sie deshalb 968 völlig vernichten lassen. Obwohl die R. namentl. nicht erwähnt wurden, ist anzunehmen, daß sie an dem großen →Slavenaufstand v. 983, in dem sie ihre Freiheit wiedergewannen, führend beteiligt waren. Über mehr als sieben Jahrzehnte traten sie nun als dominierender Teilstamm des Lutizenbundes in Erscheinung. Als Folge des zw. den lutizischen Hauptstämmen um die Vorherrschaft innerhalb des Bundes geführten

Bürgerkrieges sanken sie nach 1057 zur Bedeutungslosigkeit herab. L. Dralle

Lit.: W. Brüske, Unters. zur Gesch. des Lutizenbundes, 1955 – W. Fritze, Beobachtungen zu Entstehung und Wesen des Lutizenbundes, JGMODtl 7, 1958 – M. Hellmann, Grundzüge der Verfassungsstruktur der Liutizen (Siedlung und Verfassung der Slawen, 1960) – J. Herrmann, Siedlung, Wirtschaft und gesellschaftl. Verhältnisse der slaw. Stämme zw. Oder/Neiße und Elbe, 1968 – L. Dralle, Slaven an Havel und Spree, 1981 – Chr. Lübke, Reg. zur Gesch. der Slaven an Elbe und Oder, Teil II–IV, V [Ind.], 1985ff.

Rede → Rhetorik

Redegestus → Geste

Redemption (Kommutation), Ersatz der im Verfahren der frühma. Tarifbuße (→Buße, D) auferlegten, häufig langjährigen Fastenbuße durch kürzere, intensivere Leistungen (z. B. Psalmengebet mit Kniebeugen), die ggf. durch einen bezahlten Stellvertreter erbracht werden konnten (dagegen Paenit. Oxoniense II c. 61f. [8. Jh.]), oder die Ablösung der Bußleistung durch eine Geldzahlung, häufig bestimmt für die Meßfeier. Listenartige Zusammenstellungen der Umrechnungsmöglichkeiten sind zuerst aus Irland (Canones Hibernenses, altir. Traktat »De arreis«, Paenit. Cummeani [7. Jh.]) und England (Iudicia Theodori, red. nach 690) überliefert. Seit dem 8. Jh. haben umfangreiche Listen mit z. T. ähnl. Umrechnungen als Inquisitio sancti Hieronymi (z. B. im Zusammenhang des →Excarpsus Cummeani), Ammonitio Bedae oder Edictio sancti Bonifatii (beide v. a. überliefert mit den Paenit. Ps.-Bedae-Egberti) im Frankenreich Verbreitung gefunden. Kritik einzelner Synoden galt selten dem System (Clofeshoh 747, c. 26f.), häufiger dessen Mißbrauch (Chalon-sur-Saône 813, c. 36; Arn v. Salzburg, DA 39, 394).

L. Körntgen

Lit.: →Bußbücher – LThK² VIII, 1061f. – C. Vogel, Composition legale et commutations dans le système de la pénitence tarifée, RDC 8, 1958, 289–318; 9, 1959, 1–38, 341–359 – F. B. Asbach, Das Poenitentiale Remense und der sog. Excarpsus Cummeani [Diss. Regensburg 1975] – A. Angenendt, Missa specialis, FMSt 17, 1983, 153–221 – R. Haggenmüller, Die Überlieferung der Beda und Egbert zugeschriebenen Bußbücher, 1991.

Rederijker (ndl., purist. und wortspieler. Neologismus, um 1584 wahrscheinl. in Amsterdam entstanden; ursprgl. *rhetoriker, rhetori[rhetro]sien, ghesel vander retoriken* gen.), Dichter im Dienste einer R. kammer und Mitglied derselben. R. kammern (*gheselscepe, gulden, broederscepe, camere vander retoriken*, auch kurz *rhetorike* gen.), wurden im Laufe des 15. und 16. Jh. in verschiedenen Städten und Dörfern der Niederlande, v. a. in Flandern, Brabant, Seeland und Holland, gegründet und verbanden Werke der Frömmigkeit mit künstler. Tätigkeiten (v. a. Dichtung und Theater). Bald wurden viele dieser Gesellschaften von der städt. Obrigkeit als Zünfte anerkannt (ältester Zunftbrief: Ordnung der Genter Fonteine v. 1448), was ihnen erlaubte, ein Wappen zu führen und Zunftgewänder zu tragen. Charakterist. sind Devise und Name, der oft dem einer Pflanze oder Blume entlehnt ist. Viele Kammern verfügten über ein eigenes Lokal und eine Kapelle in der Kirche. Gegen Ende des 16. Jh. erreichte die Zahl der namentl. bekannten Kammern nahezu zweihundert, wobei mehrere Städte drei bis sechs Kammern hatten – ein dichtes Netz gegenüber den ca. 25 Schulen der vergleichbaren Meistersinger des dt. sprachigen Raumes. Die →Mittelndl. Lit. ist im 15. und 16. Jh. in weiten Teilen von den R.s geprägt. Neben der gelegentl. Aufführung von Theaterstücken oder der Darbietung von Tableau-vivants bei fsl. Einzügen, denen sich auch andere städt. →Bruderschaften widmeten, veranstalteten die R. kammern bei satzungsmäßig bestimmten Gelegenheiten *Refrein*-Wettbewerbe, lyr. Wettkämpfe. Der Refrein ist ein Strophengedicht mit Endkehrreim; im Wettbewerb mußte eine Frage beantwortet oder auf einen gegebenen Endkehrreim geschrieben werden. Refrein-Wettbewerbe, den nordfrz. →*Puys* vergleichbar, wurden innerhalb einer Kammer oder zw. mehreren Kammern verschiedener Gegenden veranstaltet. Die ndl. R. kammern bildeten den n. Ausläufer einer Bewegung, deren s. Flügel im Laufe des 14. und 15. Jh. sich bis in die Picardie und Normandie hinein ausbreitete, und deren Ursprung im Artois und im Hennegau, v. a. in den Städten Arras und Valenciennes, lag. Die Beziehung der ndl. Kammern zum frz. Raum läßt sich in der Verwendung von Lehnwörtern (*rhetorike, rhétoricien, facteur* [Kunstleiter und wichtigster Schriftsteller der Kammer], *ballade, refrain, amoureus, sot, prince* [*d'amour*; Vorsitzender und Financier des Refrein-Wettbewerbs]) erkennen. Im Gegensatz zu den Puys, von denen jeder eine eigene dichter. und themat. Spezialisierung entwickelte, die jährl. rein einem Wettbewerb vorgeführt werden mußte, haben die R.s in allen dichter. Wettbewerben die Refrein-Form gepflegt, die mit religiösen oder belehrenden Inhalten (*int vroede, int wijs*), mit Liebesthemen (*int amoureus*) oder mit komischen Motiven (*int sot*) gefüllt wurde. Die R. kammern wandten das Prinzip des Wettbewerbs auch in dramat. Gattungen und Theatervorstellungen an; hierin schlossen sie sich einer älteren, autochthonen Tradition an, nach der die städt. Behörden bei festl. Gelegenheiten für die Gesellschaft oder Straße (bzw. Stadtviertel) einen Preis auslobten, die am besten ihre Freude bekundete (u. a. mittels Theatervorstellungen), und nach der auch die Schützengilden auf ihren Wettkämpfen Wettbewerbe für kom. Schauspiele organisierten. Die Verbindung von satzungsmäßig festgelegten dichter. Wettbewerben mit der reichen und blühenden Theater- und Prozessionskultur der ndl. Städte führte zu Veranstaltungen, bei denen man sich nicht allein mit Refreinen, sondern auch mit vielfältigen theatral. Aufführungen um den Preis bewerben konnte: Nicht allein, wie bei den Wettbewerben der Schützengilden, komische Spiele (*esbattementen*), sondern auch didakt.-moralisierende Spiele (*spelen van sinne*), die eine bestimmte Frage zu beantworten hatten, beteiligten sich am Wettstreit. Auch die schönsten Auftritte der Kammergesellschaften und die sinnigsten Präsentationen des Wappens, wobei oft mittels allegor. Darstellungen und Bilderrätsel moral. Themen aufgeführt wurden, und die drolligsten Fratzen der Kammernarren wurden ausgezeichnet. Die eindrucksvollsten Zeugnisse dieser einmaligen R. kultur sind zwei →Landjuwele v. Antwerpen (1496: mit 28 Kammern [Texte nicht überliefert]; 1561: 16 Teilnehmer [Texte ed. in »Spelen van sinnen«, Antwerpen 1562]).

Die R.s brachten Lit. und dichter. Technik in das Zentrum gesellschaftl. Interesses, sie spielten eine wesentl. Rolle in der intellektuellen Emanzipation der städt. Bürgerschaft und machten ein breites Publikum mit dem akadem. Begriff 'Rhetorica' vertraut. Ihre Theateraufführungen (ca. 600 R. spiele überliefert) wurden Mitte des 16. Jh. ikonograph. zur Darstellung der 'Freien Kunst Rhetorica' verwendet.

Das einzige Hb. der R.-Dichtkunst »Const van Rhetoriken« des Matthijs de →Castelein (1548 vollendet) wurde 1555 postum publiziert. De Castelein hat die R.-Kunst bewußt und erfolgreich (sechs Drucke bis 1616) in einen klass. Rahmen gestellt. Die Regeln der ndl. Reimkunst ('zweite Rhetorik') wurden mit den Theorien der klass. ('ersten') Rhetorik verknüpft, und der Ursprung der von den R.s am häufigsten gepflegten Gedichtformen, wie

Refrein, Ballade (Strophengedicht ohne Endkehrreim) und Rondeau, wurde auf Gedichte klass. Dichter wie Vergil, Martial und Horaz zurückgeführt.

Die R.s und R.kammern spielten eine führende Rolle bei der Organisation fsl. Einzüge (→Joyeuse Entrée) und anderer, propagandist., von der burg. und habsbg. Obrigkeit befohlenen städt. →Feste. Sie wurden deshalb von den zentralen und städt. Behörden gefördert. Diese Förderung fand aber ihr Ende, als viele der R.s reformator. Gesinnung zeigten. Mit Zensur, Bestrafung einzelner Dichter und Aufhebung der Kammern konfrontiert, konnten sich die R.s von den mit dem ndl. Aufstand verbundenen, tief einschneidenden Ereignissen nie mehr ganz erholen. Seit der 2. Hälfte des 16. Jh. wurde die ursprgl. v. a. anonym und kollektiv angelegte Dichtung der R.s allmähl. von einer mehr auf den individuellen Dichter zentrierten Produktion und von der Pflege neuer Gattungen (Sonett, Ode, Tragödie, Komödie) abgelöst. Als Theatergesellschaften blieben die Kammern aber noch lange aktiv, z. T. in den s. Niederl. bis ins 20. Jh. →Rhétoriqueurs, →Meistersinger. D. Coigneau

Lit.: J. J. MAK, De r.s, 1944 – H. LIEBRECHT, Les chambres de rhét., 1948 – A. VAN ELSLANDER, De instelbrief van de r.skamer 'De Fonteine' te Gent (9 december 1448), Jaarboek De Fonteine 5, 1948/49, 15–22 – DERS., Het refrein in de Nederlanden tot 1600, 1953 – J. J. MAK, Uyt Ionsten versaemt. Retoricale studiën 1946-56, 1957 – E. DE BOCK, Opstellen over Colyn van Ryssele en andere r.s, 1958 – W. M. H. HUMMELEN, De sinnekens in het r.sdrama, 1958 – DERS., Rep. van het r.sdrama 1500-ca. 1620, 1968 – A. VAN ELSLANDER, Lijst van Nederlandse r.skamers uit de XVᵉ en XVIᵉ eeuw, Jaarboek De Fonteine 18, 1968, 29–60 – S. A. P. J. H. IANSEN, Verkenningen in Mattijs Casteleins Const van Rhetoriken, 1971 – W. S. GIBSON, Artists and R.s in the Age of Bruegel, The Art Bull. 63, 1981, 426–446 – D. COIGNEAU, Refreinen in het zotte bij de r.s, 1980–83 – DERS., R.sliteratuur (Hist. letterkunde. Facetten van vakbeoefening, hg. M. SPIES), 1984 – H. PLEIJ, De sneeuwpoppen van 1511. Literatuur en stadscultuur tussen middeleeuwen en moderne tijd, 1988 – P. PIKHAUS, Het tafelspel bij de r., 1988–89 – D. COIGNEAU, »Een vreughdich liedt...« (Een zoet akkoord. Middeleeuwse lyriek in de Lage Landen, hg. F. WILLAERT, 1992).

Reditus ad stirpem Karoli. In seiner »Historia succincta de gestis et successione regum Francorum« (bis 1194) hat →Andreas v. Marchiennes (16. A.) erklärt, daß die Tochter »seines« Gf.en Balduin V. v. Hennegau und Flandern, →Elisabeth/Isabelle (8. E.), als Mutter Ludwigs (VIII.), Sohn von Kg. Philipp II. Augustus v. Frankreich, durch ihre karol. Abkunft das Kgr. wieder der (legitimen) Dynastie zuführen werde, wenn Ludwig Kg. wird: »Si iste post patrem regnaverit, constat regnum reductum ad progeniem Karoli Magni« (MGH SS 26, 206). Verbreitung fand die auch sonst kopierte These durch →Vinzenz v. Beauvais, Lehrer von Ludwigs VIII. Sohn Ludwig IX. (d. Hl.): er nahm sie um 1250 in sein »Speculum historiale« auf, wo er dem cap. XXXI, 26 (ed. Douai 1624) 1276 den wirkungsvollen Titel gab: »De reditu regni Francorum ad stirpem Karoli«. Über die »Grandes → Chroniques de France« (um 1274, ed. J. VIARD, VII, 1932, 3f. bzw. V, 1928, 1f.) wurde die mit legendären Motiven (Prophezeiung kapet. Herrschaft für nur sieben Generationen, ein schon um 1040 auftretendes Motiv zu einer Reliquientranslation von 981) ausgestattete Gesch. weithin akzeptiert, obwohl um 1200 eher die »karol.« Abkunft Philipps II. selbst – durch seine Mutter →Adela v. Champagne – beachtet worden war (nicht aber gleich nach Philipps Geburt 1165, wie GABRIELLE M. SPIEGEL annahm). Die stauf. Gesch.sschreibung hatte karol. Aszendenz der Salier/Staufer bereits um 1150 zu einer »R.-These« genutzt. Wichtig ist der Nachweis von ELIZABETH A. R. BROWN, daß am Hof Philipps IV. d. Schönen die Gefährlichkeit des R. für das Prestige der frühen Kapetinger erkannt und durch einen »Nachweis« karol. Abkunft bereits für →Hugo Capet »widerlegt« wurde. K. F. Werner

Lit.: K. F. WERNER, Andreas v. Marchiennes, DA 9, 1952, 402–463 – DERS., Die Legitimität der Kapetinger und die Entstehung des R., WaG 12, 1952, 203–226 – G. M. SPIEGEL, The R.: A New Look (French Hist. Stud. 7, 1972), 162 – B. GUENÉE, Les généalogies entre l'hist. et la politique: la fierté d'être Capétien en France au MA, Annales 33, 1978, 450–477 – E. A. R. BROWN, La notion de la légitimité et la prophétie à la cour de Philippe Auguste (La France de Philippe Auguste, hg. R.-H. BAUTIER, 1982), 77–110 – B. SCHNEIDMÜLLER, Nomen Patriae. Die Entstehung Frankreichs, 1987, 167ff. – E. A. R. BROWN, Vincent de Beauvais and the R. (Vincent de Beauvais, hg. S. LUSIGNAN u. a., 1990), 167ff. [mit neuer Ed. der Andreas v. Marchiennes-Passagen: 189–196] – DIES., La généalogie capétienne dans l'historiographie du MA: Philippe le Bel, le reniement du R. (Religion et culture autour de l'an Mil, hg. D. IOGNA-PRAT u.a., 1990), 199–214 – K. F. WERNER, Il y a mille ans, les Carolingiens: Fin d'une dynastie, début d'un mythe, Ann.-Bull. de la Soc. de l'Hist. de France, 1991/92 (1993), 18–21, 78–80, 86f.

Redon, Stadt und ehem. Abtei in der südl. →Bretagne, an der Vilaine (dép. Ille-et-Vilaine), gegr. 832 in der Diöz. v. →Vannes von dem adligen Herrn (*machtiern*) Ratvili, wurde 834 vom bret. Fs.en→Nominoë, dann von Ks. Ludwig d. Fr. anerkannt. R. war nach dem Vorbild karol. Abteien konstituiert, folgte von Anfang an der Benediktinerregel (→Regula Benedicti), war dem Erlöser (St-Sauveur)geweiht, der ein bevorzugtes Patrozinium der Karolinger war, doch trugen die Mönche vorwiegend bret. Namen. Insgesamt kann R. eher als Träger kontinentaler Einflüsse denn als Schutzschild gegen das frk.-karol. Vordringen gelten. Von den →Normannen bedroht, erhielten die Mönche vor 862 eine Zufluchtsstätte, die nach Empfang der Reliquien des hl. Maxentius (Maixent) den Namen Maxent annahm. Hier entstand eine Begräbniskirche karol. Typs, in der 868 der erste Abt, →Conwoion, beigesetzt wurde. Aus dieser Zeit stammt ein Großteil des Bestandes des berühmten Kartulars v. R., kompiliert im 11. Jh. Zw. 913 und 919 flohen die Mönche vor den Loirenormannen und suchten Zuflucht erst im Auxerrois (→Auxerre), dann im →Poitou. Die Abtei R. wurde reorganisiert zw. 992 und 1009 auf Betreiben des Hzg.s v. Bretagne, Gottfried (Geoffroy), durch den Abt Mainard, der zugleich der Abtei →Mont-St-Michel vorstand, in Nachfolge seines Onkels, der aus der von →Gerhard v. Brogne reformierten Abtei St. Peter in→Gent gekommen war. Nachfolger Mainards waren Teudon, entsandt vom Abt v. →Fleury, und Catwallon, Bruder des Hzg.s. Der Besitz der Abtei war ausgedehnt, aber nicht sehr reich. Am Ende des 11. Jh. verlor R. gegen Ste-Croix de→Quimperlé einen Prozeß um den Besitz der Belle-Île (dép. Morbihan). In dieser Zeit trat die städt. Siedlung bereits aktiv hervor; in ihr lebten Tuchwerker und Lederer, die der Abtei Naturalabgaben zu leisten hatten. Zw. 1080 und 1130 erfolgte der Bau der neuen Abteikirche, z. T. inspiriert vom roman. Baustil der Saintonge. Im 13. Jh. litt die Abtei unter einem Konflikt mit →Peter I. Mauclerc, dann mit →Jean I. Das got. Kirchenschiff (wohl Ende des 13. Jh.) vereint anglonorm. und frz. Einflüsse. Im 14. Jh. gefährdete der bret. Erbfolgekrieg Abtei und Stadt, die unter Abt Jean de Tréal nach 1350 stärker befestigt wurde. Im 15. Jh. war die Stadt auf den États de Bretagne vertreten; der Hzg. residierte gelegentl. in der Abtei (1441 sog. »Konkordat v. R.«: Annahme des von Papst Eugen IV. vorgeschlagenen Kompromisses). Die Erhebung R.s zum Bm. (1449 auf Betreiben des Hzg.s→Franz I.) blieb Episode. 1468 wurde R. in eine →Kommende umgewandelt;

zw. 1474 und 1514 wechselten gewählte und Kommendatarräbte einander ab. A. Chédeville

Q.: A. DE COURSON, Cart. de l'abbaye de R., 1863 – C. BRETT, The Monks of R. Gesta sanctorum Rotonensium and Vita Conuuoionis, 1989 – Lit.: A. TRIGER, Hist. de R., 1985 – H. GUILLOTEL, Les cart. de R., Mém. Soc. hist. et archéol. de Bretagne 63, 1986, 27–48 – A. MUSSAT, L'église abbatiale St-Sauveur de R., ebd., 427–433.

Redondilla, Strophenform der span. und ptg. (*redondilha*) Lit., bestehend aus vier Kurzversen (meist Achtsilbern). Die jüngere Variante mit umschlungenen Reimen (abba) ist seit dem 14. Jh. belegt, fand ihre größte Verbreitung aber erst seit dem 16. Jh. Aus dieser Zeit stammt auch der Name. Eine ältere Form mit alternierenden Reimen (abab), von manchen nicht als R. betrachtet und als *cuarteta* oder *serventesio* bezeichnet, findet sich in ma. Texten (z.B. »Proverbios morales« des Rabbi Sem Tob, »Poema de Alfonso XI«). W. Mettmann

Lit.: R. BAEHR, Span. Verslehre, 1962, 167–173.

Reductio ad absurdum (demonstratio oder r. per impossibile). Ein hypothet. (Anal. Priora I, 23 40b25) oder probativer (ebd. I, 29 45a23–b11; II, 14 62b29–63b21) Syllogismus (→Schlußmodi), von dem die Falschheit einer Prämisse bewiesen wird durch die Absurdität der Konklusion, die daraus folgen würde (vgl. ebd. I, 17 37a10; I, 23 41a21–39; II, 11–14, v. a. 62b29–31; Boethius, Pri. Anal. Arist. Interpr. I, 30; II, 11–14 [MPL 64, 672f.; 697–701]). In einfachster Form ist die R. a. a. ein Syllogismus mit 'destructio consequentis': »si a, est b; sed non est b; ergo non est a« (Cfr. P. Abaelardus, Dialectica, Tract. IV: De Ypoteticis [hg. DE RIJK, 1970, 500, 7–16; 503, 22–505, 7]; Paulus Venetus, Logica Parva [1472], III, 8, Regel 7 [hg. PERREIAH, 179]). Die R. a. a. ist möglich in einer der drei syllogist. Figuren (Anal. Priora II, 11 61a20–32), um aber vollkommen zu sein, muß dieser Syllogismus auf die erste Figur reduziert werden (ebd., I, 7 29a30–b20; I, 23 41b1–5; Thomas v. Aquin (?), Totius Logicae Summa, VI, 10–12 [hg. PARMA, II, 101–103]). Deshalb ist die gewissere ostensive Demonstration vorzuziehen (Arist. Top., 8 157b34–158a2; Boethius, Top. Arist. Interpr. VIII, 2 [MPL 64, 997CD]; Th. v. Aquin, In Post. Anal. I, 1. 40). E. de Jong

Reeder (mnd. *reiden* 'zurüsten', andere Bedeutung: 'rechnen' [→Rechnungsbücher]; *rede* 'bereit', 'fertig', davon *Reede* 'offener Hafen', 'Ankerplatz vor der Hafeneinfahrt'). R. ist der Eigentümer eines ihm zum Erwerb durch Seefahrt dienenden Schiffes. Er führt das →Schiff nicht selbst, sondern durch einen von ihm angestellten Kapitän, einen Setzschiffer. Nur bei der →Partenreederei gehört der Kapitän manchmal zum Kreis der Mitreeder. Neben dem Parten- und Einzelr. gibt es die Reederei als öffentl. →Regiebetrieb. Für den letzteren ist Venedig herausragend, wo ab 1350 die Fernhandelsgaleeren (im Unterschied zu den *Navi*) im staatl. Monopolbesitz waren und für je eine Fahrt an Kaufleutegruppen und Kapitäne versteigert wurden. Im hans. Bereich scheint neben dem Kapitän als alleinigem Schiffseigner nur Partenreederei vorgekommen zu sein. Große it. Kaufleute haben im 14. Jh. angefangen, eigene Schiffe durch angestellte Kapitäne führen zu lassen. Diese Schiffe transportierten nicht nur Waren der Reeder-Kaufleute selbst. R. Sprandel

Lit.: HRG III, 1521–1523; IV, 452f. – J. SOTTAS, Les messageries maritimes de Venise aux XIVe et XVe s., 1938 – W. EBEL, Lübecker Ratsurteile, 3 Bde, 1955–58 [Sachregister s.v.] – M. E. MALLET, The Florentine Galleys in the Fifteenth Century, 1962 – M.-R. THIELEMANS, Bourgogne et Angleterre, 1966, 320ff. – E. RUHWEDEL, Die Partenreederei, 1973 – E. B. FRYDE, Italian Maritime Trade with Medieval England (c. 1270–c. 1530) (Les grandes Escales, 32, 1, 1974), 291–337 –

Seamen in Society – Gens de Mer en Société, hg. P. ADAM (Commission Internat. d'Hist. maritime, 1980).

Reeve, im ma. England die allg. Bezeichnung für einen Grundbesitzverwalter. In einer Agrargesellschaft war ihre Tätigkeit für die Krone, häufig aber auch für die privaten Grundherren, von großer Bedeutung; und die Kg.e, die im 10. Jh. England vereinigten, begründeten die Verwaltung des Landes mit Hilfe der *shire r.s* (→*sheriff*). Bis zur Einführung des Bürgermeisteramts (→*mayor*) im 13. Jh. kontrollierten die R.s auch städt. Gemeinden. Ags. Gesetze forderten von den R.s die Aufsicht über die Tätigkeit der Händler und die Bezeugung von Marktgeschäften. Aber der typ. Vertreter der R.s war der *tungerefa*, der die Arbeiten auf dem Gut (→*manor*) für seinen Herrn beaufsichtigte und für die Leitung der Dorfgemeinschaft zuständig war. Eine Abhandlung über die *gerefa*, die offenbar die klass. röm. Tätigkeiten der Gutsverwaltung zum Vorbild hatte, ist einem Text aus dem 10. Jh. über die Rechte und Pflichten der Bauern angefügt (→»Rectitudines singularum personarum«): Der R. sollte sich in der Dorfgemeinschaft und in der Leitung der Arbeiter auskennen sowie wissen, welche Arbeit zu bestimmten Zeiten des Jahres getan werden mußte und welche Ausrüstung benötigt wurde. Der R. erteilte zusammen mit dem Pfarrer und sechs Dorfbewohnern dem Kommissaren, die das →Domesday Book erstellten, den beschworenen Nachweis über den Landbesitz; und im 12. und 13. Jh. vertraten der R. und vier Dorfbewohner die Dorfgemeinschaft am Hundertschaftsgericht und am Gft.sgericht, ebenso vor den kgl. Reiserichtern bei deren Visitationen (→*eyre*). Obwohl notwendigerweise ein vermögender Mann und möglicherweise von seinen Gefährten am grundherrl. Gerichtshof gewählt, war der gutsherrl. Verwalter (R.), wie er in den Besitzurkk. erscheint, die in der 2. Hälfte des 13. Jh. zunahmen, unfreien Standes (*villein*) und hatte zu dienen. Seine beschwerl. Tätigkeit umfaßte die Aufbewahrung von Urkk. über die Einkünfte aus Renten und über den Verkauf der Erzeugnisse der Grundherrschaft sowie über Zahlungen für Waren und Arbeitsleistungen, so daß ein Schreiber die jährl. Rechnungsrollen für ihn anfertigen konnte. Der R. mußte dann seine Erfahrung, aber auch seine List bei den grundherrl. Rechnungsprüfern unter Beweis stellen, die ihn wegen zu hoher Schuldenlast anklagen oder ihn wegen ungenauer Rechnungslegung einkerkern lassen konnten. Im 14. Jh. betrauten die Grundherren häufig →*bailiffs* außerhalb der Grundherrschaft mit der Verwaltung oder zogen sich gänzl. aus der unmittelbaren Bestellung ihres Landes zurück, das sie vielleicht an R.s verpachteten. A. Harding

Lit.: H. R. LOYN, Anglo-Saxon England and the Norman Conquest, 1962 – P. D. A. HARVEY, A Medieval Oxfordshire Village: Cuxham, 1240 to 1400, 1965 – DERS., Manorial Records, 1986.

Refektorium (lat. Wiederherstellung), in Deutschordensburgen auch Remter genannt, ist der Speisesaal der Mönche und Nonnen in einem →Kloster. Das R. liegt allgemein an dem der Kirche gegenüber angeordneten Kreuzgangflügel, ihm zugeordnet auf der Innenseite des Kreuzganges das Brunnenhaus (→Kloster). Das R. ist entweder parallel entlang der Außenmauer des Kreuzganges gebaut (St. Galler Klosterplan um 820, Brauweiler, Chorin, Eberbach, Haina, Heiligenkreuz, Ilsenburg, Jerihow, Königsaal, Loccum, Mariental, Pelplin, Walkenried usw.) oder bes. in Zisterzienserkl. auch im rechten Winkel (La Ferté-sur-Grosne, Fontenay, Royaumont, Altzella, Bebenhausen, Bronnbach, Georgenthal, Maulbronn, Neuberg, Schönau, Velehrad, Wettingen), um Platz für Kalefaktorium (Wärmeraum) und Küche zu lassen und um es zu großer Raumhöhe steigern zu können. Das R. ist zumeist über einer schlanken, hohen Säulenreihe zweischiffig und kreuzgratgewölbt (Fontenay, Royaumont, Bebenhausen, Chorin, Haina, Loccum, Maulbronn, Schönau, Wettingen), aber auch einschiffig (Altzella, Bronnbach, Goldenkron, Hersfeld) und sogar vierschiffig (Georgenthal). Die Kappen des Gewölbes können reich ornamental bemalt sein und figürl. Schlußsteine besitzen (Bebenhausen um 1335). Das Lesepult zur Lesung während des schweigend eingenommenen Essens, häufig in einem zum R. geöffneten kleinen Anbau (Royaumont, Maulbronn) oder in der Mauerdicke, ist über eine steinerne, gewendelte Treppe zu erreichen. Ein bemerkenswertes Beispiel ist das aufwendige Herrenr. von Maulbronn, ein Hauptwerk der spätstauf. Baukunst um 1220. In Zisterzienserkl. gibt es für die Laienbrüder (Konversen) häufig im Westflügel des Kreuzganges oder, von diesem durch eine Klostergasse getrennt, ein zweites R. mit Dormitorium darüber (Bebenhausen, Eberbach, Marienthal, Maulbronn). In der Spätgotik wird für den Winter ein beheizbares Winter-R. eingebaut (Bebenhausen, Marienburg, Maulbronn). G. Binding

Lit.: →Kloster – G. BINDING–M. UNTERMANN, Kleine Kunstgesch. der ma. Ordensbaukunst in Dtl., 1985.

Referendar. [1] *Kaiserlicher Referendar:* In der spätröm. Antike aus den Notaren hervorgegangene, seit 427 nachweisbare ksl. Kanzleibeamte, den der Ks. Vortrag hielten und als seine Beauftragten fungierten. Unter →Justinian I. wurde ihre Zahl von 14 auf 8 beschränkt. Auch die Patriarchen in Byzanz hatten R.e, in den Reichen der Ostgoten und Vandalen begegnen sie als hohe Beamte. Während das Amt jedoch in Ostrom abkam, treten seit der Mitte des 6. Jh. R.e als Hofbeamte bei den Merowingern auf, wobei es gleichfalls mehrere nebeneinander gab; eine interne Rangordnung kann nur vermutet werden. Diesen R.en oblag Ausfertigung und Beglaubigung der Urkk., einer verwahrte den kgl. Siegelring. Die R.e waren auch Beisitzer im Kg.sgericht und übernahmen fallweise militär. oder administrative Aufgaben (→Missus). Sie waren durchwegs Laien, die über eine theoret. Schulung verfügten. Manche traten in späteren Jahren in den geistl. Stand ein. In karol. Zeit übernahmen ausnahmslos Geistliche der →Hofkapelle ihre Funktionen in der →Kanzlei, der Titel R. begegnet in der Folge nicht mehr. In Italien sind R.e seit dem 7. Jh. als Kanzleivorstände in langob. Kg.s- und Hzg.surkk. nachzuweisen, in den Urkk. der Fs.en v. Benevent, Capua und Salerno bis ins 11. Jh. Im Reich wurde der Titel im 16. Jh. innerhalb der Reichshofkanzlei in anderem Rahmen wiederbelebt. P. Csendes

Lit.: BRESSLAU I, 189f., 359ff., 742 – HRG IV, 453ff. – W. ERBEN, Die Ks.- und Kg.surkk. des MA in Dtl., Frankreich und Italien, 1907, 42ff. –J. BURY, Magistri scriniorum, antigrapheis and repherendarioi (Harvard Stud. in Class. Philol. 21, 1910), 23–29 – P. CLASSEN, Ks.reskript und Kg.surk., ADipl 1, 1955, 74f.; 2, 1956, 71ff. [überarb. Nachdr. 1977, 86f., 188f.] – DERS., Spätröm. Grundlagen ma. Kanzleien (VuF 28, 1983), 70f.

[2] *Päpstlicher Referendar:* Die R.e prüfen in der päpstl. →Kanzlei vom 14. Jh. an die →Suppliken und bereiten sie zur →Signatur vor. Der zunächst wohl verbale Bericht an den Papst wird im 15. Jh. ergänzt bzw. ersetzt durch mehrere Kanzleivermerke (Diözesenname, Summarium, Schlagwort, Name des R.s). Als bes. Vertrauenspersonen des Papstes ursprgl. formlos (mündl.) und in beliebiger Zahl ernannt, erhalten die R.e unter Alexander VI. eine festere Organisation und werden zur »Signatura« zusammengefaßt, die als »Signatura gratiae« und »Signatura iustitiae« die verschiedenen Materien behandelt. Die einzelnen R.e gehören als »referendarii utriusque signaturae« gewöhnl. beiden Abteilungen an und sind meist Äbte oder Bf.e; personelle Verflechtungen mit der übrigen Kanzlei sind selten. – Als »referendarius domesticus« bezeichnet man die R.e, die seit Eugen IV. das Recht der selbständigen Supplikensignatur haben; aus ihnen entwickeln sich später die Kard.präfekten der Signatura. Th. Frenz

Lit.: BRESSLAU II, 106–109 – B. KATTERBACH, Referendarii utriusque signaturae a Martino V ad Clementem IX et praelati signaturae supplicationum a Martino V ad Leonem XIII (StT 55, 1931) – TH. FRENZ, Papsturkk. des MA und der NZ, 1986, 56, § 97.

Referendarios (ῥεφερενδάριος, referendarius), staatl. und kirchl. Beamter. Erstmals unter Ks. →Julianus belegt, zählte der R. zum Personal der byz. →Kanzlei. Justinian I. (527–565) begrenzte die Zahl der R.oi, die als Privatsekretäre des Ks.s fungierten, auf acht. Nach 600 sind die ksl. R.oi nur noch auf Siegeln bis ins 8. Jh. feststellbar – eine »Übergangszeit« (SEIBT) zw. dem Verschwinden der R.oi und dem Aufkommen des ἐπὶ δεήσεων, des byz. Beamten für Bittgesuche. Der kirchl. R. war für den Verkehr zw. kirchl. Würdenträgern (Patriarchen und Bf.en) und weltl. Beamten bis hin zum Ks. verantwortl. Ihre Zahl begrenzte Herakleios (610–641) auf 12. Der R. spielte auch im ksl. Hofzeremoniell bei der Begrüßung des Ks.s, der Ankunft des Patriarchen und der Ernennung der Beamten eine Rolle. Wegen dieser Nähe zum Ks.hof wurde der kirchl. R. auch παλατῖνος genannt. →Referendar. G. Weiß

Lit.: Oxford Dict. of Byzantium III, 1991, 1778 [Lit.] – F. DÖLGER–J. KARAYANNOPULOS, Byz. Urkk.lehre, 1968, 57, 59, 61 – J. DARROUZÈS, Recherches sur les ΟΦΦΙΚΙΑ, 1970, 373f. – R. GUILLAND, Recherches sur les institutions byz., II, 1976, 89–98 – W. SEIBT, Die byz. Bleisiegel in Österreich, I, 1978, Nr. 83, 84 – V. LAURENT, Le Corpus des sceaux de l'empire byz., II, 1981, 4f.

Reflexion, Akt, in dem ein Seiendes sich auf sich selbst zurückbeugt, im eigtl. Sinn vom Lichtstrahl gesagt (→Optik, IV). Die opt. R. wird auch geistig gedeutet. In philos. Hinsicht kann dieses Zurückbeugen entweder im weiten Sinn verstanden werden, z. B. als ein Zurückgehen (reditio) auf die Substanz (S. th. I, 14, 2: »redire ad essentiam suam nihil aliud est quam rem subsistere in se ipsa«) oder im eigtl. Sinn als der Akt des Geistes, der die Akte des Geistes selbst zum Objekt nimmt (intentiones secundae), entweder intellektiv (Bonaventura, Collat. de septem donis, VIII, 20: »omnis substantia intellectualis est sciens et rediens supra se reditione completa«) oder voluntativ (»potentiae immateriales reflectuntur super sua objecta; quia intellectus intelligit se intelligere, et similiter voluntas vult se velle, et diligere« Thomas v. Aquin, I Sent. d. 17, a. 5, ad 3m; vgl. S. th. II–II, 24, 2; Bonaventura, Breviloquium, V, 8: »amor ... de facili reflectitur in se et difficulter tendit in proximum et difficilius elevatur in Deum«). Beides kann sich auch gegenseitig durchdringen (Thomas v. Aquin, III Sent. 23, 1, 2 ad 3; De Ver. 22, 12; S. th. I, 16, 4 ad 1). Die Idee der noēsis noēseōs) R. ist schon in Aristoteles' Konzeption der noesis noeseos (Met. 12, 9 1074b34 ff.) und in der neuplaton. Auffassung der epistrophé pròs heautón vorhanden, die die Immaterialität des Geistes voraussetzt (Proclus, Elem. theol., prop. 15, 16, 42, 43). Bei Thomas v. Aquin ist die R. die Basis der Erkenntnis des Singularia (vgl. De Ver. 10, 5), der intellektuellen Akte (vgl. De Ver. 10, 9 ad 10; De Pot. 7, 9; S. c. g. II, 75; S. th. I, 85, 2), der Wahrheit (De Ver. I, 9). Sie begründet die Logik (In Post. Anal. I, 1.1), die Erkenntnis der Seele von sich selbst (S. c. g. III, 46), die Möglichkeit von Freiheit (S. th. I–II, 17, 1), die Immaterialität (S. c. g., II, 49; Lib. de Causis, 1.7) und Unsterblichkeit der Seele (S. th. I, 14, 3 ad 1; Liber de Causis, 1. 15). E. de Jong

Lit.: J. Wébert, Reflexio… (Mél. Mandonnet I, 1930), 285–325 – J. de Finance, 'Cogito' cartésien et réflexion thomiste, 1946 – K. Hedwig, Sphaera Lucis, 1980 – F.-X. Putallaz, Le sens de la réflexion chez Thomas d'Aquin, Études de Philosophie Méd. 66, 1991 [Lit.].

Reform, Reformation (reformare, reformacio)

I. Zum Begriff – II. Kloster- und Ordensreform – III. Gregorianische Reform – IV. Kanonikerreform – V. Universitätsreformen – VI. Reform im Spätmittelalter.

I. Zum Begriff: Der Begriffsinhalt dieser Wörter ist dem MA als Erbe der Antike überkommen, freilich hat sich ihre weitreichende und mobilisierende Bedeutung erst im späteren MA durchgesetzt. Im klass. Lat. begegnet das Verb »reformare« – fernab polit.-sozialen Gebrauchs – bei Ovid, wo Veränderung, Gestaltwandel, Umgestaltung zu einem (nicht eigens qualifizierten) früheren Zustand gemeint sein kann (Met. 3, 254), jedoch auch schon der frühere Zustand als qualitativ überlegen gegenüber dem jüngeren erscheint, aus dem »zurückverwandelt« werden soll (Met. 9, 399). Später wird dann an den Substantiva »reformatio«, »reformator« dieses Bedeutungsfeld kontrastiv einem fortlaufenden raschen Verfall, einem abwärts gerichteten »progressus« entgegengesetzt (Seneca, Plinius). Röm. Streben nach dem »mos maiorum« mag das nahegelegt haben, gleichwohl findet sich auch jetzt noch ein weniger wertbeschwerter Gebrauch, der nur von materieller Wiederherstellung, phys. Restauration eines zerstörten Zustandes spricht. In der Rechtssprache bereits der spät- und nachklass. Juristen kann dann jedoch r. auch »Veränderung« schlechthin (ohne Richtungsbetonung) anzeigen (Ulpian, D. 2, 14, 7, 6), ja Veränderung zum Schlimmeren (D. 49, 1, 1; C. 2, 3, 3).

Das weitgespannte, insgesamt unentschiedene Bedeutungsspektrum des Begriffs erfuhr im Christentum eine andere Akzentuierung, ohne daß die älteren Bedeutungen verschwinden. Im NT und bei den Kirchenvätern wird eine neue Bedeutungsdimension erreicht. Paulus gebrauchte »reformare« (bzw. sein gr. Äquivalent) für die Verwandlung des Menschen in die neue Wirklichkeit des Erlösten. Das Wort erhält zu seinem eschatolog. Bezug einen appellativen Charakter durch die Aufforderung zur Verwirklichung des neuen Wandels (Röm 12, 2), kann aber auch die Verwandlung ganz auf Gottes Handeln zurückführen (Phil 3, 21). So rücken R. und Erneuerung in engste Nachbarschaft, enger als sie es im Lat. ursprgl. waren, da zuvor »novus« (und dgl.) eher pejorative Assoziationen geweckt hatte.

Bei den Kirchenvätern wurden diese Ansätze in verschiedene Richtungen hin ausgearbeitet. R. kann als Wandel, d.h. als Leben in Fortsetzung der durch die Taufe vermittelten Wiedergeburt verstanden werden, oder als Verklärung nach dem Tode, die den Menschen in jenen Zustand zurückversetzt, für den er ursprgl. geschaffen war; schließlich kann missionsterminolog. auch die Bekehrung zum christl. Glauben bezeichnet sein. Der Begriff hat also eine Innen- und eine Außenseite, behält den appellativen Zug und spannt zugleich einen eschatolog. Horizont der Bewährung. Seit Tertullian kann R. auch die Rückkehr zur ursprgl. Schöpfungsgnade meinen, die dem Leben des Sünders transzendent ist; mit der zukunftsträchtigen Wortprägung »reformatio in melius« wird zuerst im Heilsgeschehen, dann auch innerhalb der eschatolog. Spannung stückweise Verbesserung denkbar. Dabei kann die Akzentuierung variieren, der Ton kann ganz auf Gottes (menschl. Tun entzogenem) Handeln zur durchgreifenden Besserung liegen, wenn einer »reformatio in pristinum« eine »reformatio in melius« gegenübergestellt erscheint, wobei dieses »Bessere« nach Gottes Heilsplan zeitlos ist (Augustinus). Freilich laufen daneben auch die anderen Traditionen weiter. In Papstbriefen (z. B. Leos I., Gregors I.) erscheint »reformare« als Restitution eines früheren Rechtszustandes, Erstattung von materiellem Verlust, Wiederherstellung einer Ehebindung, Wiedereinsetzung in das Bf. samt.

Den in Antike und Patristik weitgefächerten Begriff übernahm das FrühMA, ohne ihn intensiv auszuarbeiten. Die Bewegung, die die Forsch. als »Karol. Renaissance« oder »Karol. R.« (→Bildungsr. Karls d. Gr.) beschreibt, griff weitgehend auf andere Worte zurück: »corrigere«, »reducere«, »restaurare« usw. Sachl. jedoch waren programmat. R.vorstellungen möglich, da dem Menschen gegenüber Gottes Schöpfung und Weltordnung eine doppelte Aufgabe gestellt bleibt: »conservatio« des guten Zustands, »reformatio« bzw. »correctio« eines verdorbenen Zustands. So wurden Wiederherstellung, Berichtigung, Verbesserung als Ziel bewußten Handelns vorstellbar. Dabei ist nicht unbedingt ein jemals zuvor bereits existierender Zustand, sondern die »norma rectitudinis« Maß der Richtigkeit. V. a. beim Wirken des Herrschers in der Kirche, für die er eigene Verantwortung trägt, wird das deutlich. Bei der Bildungsr., bei der Liturgier., bei der Kl. r. und bei der Klerikerr. findet, neben anderen Vokabeln, immer wieder auch »reformare« Anwendung. Leitung und R. des Reiches sind durchaus nicht ident., können inhaltl. weit auseinander liegen, gehören aber zusammen. Der spätkarol. Epoche scheint klar: Arbeit ist nötig, um den Verfallsprozeß aufzuhalten und umzukehren. Aber als Leitwort erscheint nicht überall »reformare«, sondern eine ganze Reihe anderer Vokabeln. Noch als Otto III. am Ende des 10. Jh. das Reich zur Blüte zu führen gedenkt, ist das programmat. Ziel nicht »reformatio«, sondern »renovatio imperii« (→Renovatio).

II. Kloster- und Ordensreform: Das Gebiet, in dem man seit der Antike am nächsten bei den bibl. Wurzeln der Begriffsbedeutung geblieben war, ist das Feld monast. »conversio«. Hier war es naheliegend, den gegenwärtigen Zustand mit den Anfängen oder sonst mit normativ verstandenen Vorbildern zu vergleichen. Frömmigkeit und Liturgie, Traditionsverständnis und Rechtsgewohnheiten eines vorbildl. Kl. wurden von anderen, auch älteren Kl. nachahmend befolgt, die freiwillig oder unter mehr oder minder starkem Druck ihrer Eigenherren an dem Beispiel Maß nahmen. Persönl. Beziehungen prägten sich in Gleichartigkeit bestimmter Lebensformen und Verfassungseinrichtungen, in Textgleichheit von normativen »consuetudines« und Urkk. formularen aus. Ein Kl. verband war damit aber zunächst nicht gesetzt. Das berühmteste R.zentrum des 10. und 11. Jh., →Cluny, entwickelte sich noch nicht zum »Orden« im späteren Sinn. Zwar wurden dem Abt gemäß dem päpstl. Privileg (JL 3584) zahlreiche andere Kl. zur Reform anvertraut, aber bezeichnend genug formulierte der Papst »ad meliorandum«, »meliorandae vitae studio«. Nicht überall wurde mit Notwendigkeit aus solcher Übergabe ein dauerhaftes Rechtsverhältnis, doch verloren immer mehr Kl. ihre Selbständigkeit für eine gewisse Zeit oder dauerhaft und blieben als »Priorate« rechtl. unselbständige Teile der Abtei.

Die Forsch. der letzten Jahrzehnte hat ein differenziertes Bild von den Verzweigungen und Verbindungen von Ideen, Verfassungsstrukturen und Textfiliationen (insbes. der »consuetudines«) erarbeitet, das die Anstöße und Widerstände, Konkurrenzen, Erfolge und Mißerfolge monast. Reformaktivitäten in breiter Front ermittelte. Schwer zu bestimmen bleibt freilich der objektive Grad von R. bedürftigkeit der betroffenen Kl. Zu deutl. verbinden sich mit den R. bestrebungen auch sichtl. materielle Interessen, sei es der R. abteien, sei es der Kl. herren aus Adel oder Episkopat (→Eigenkirchen), Interessen, die zwar keineswegs immer den Ausschlag gaben, die jedoch niemals fehlten. Alle berechtigte Kritik an bloßer R. rhetorik kann freilich nicht die deutl. Erfolge verdecken, die überraschend weiträumig erreichte Bündelung der monast. Welt, die (relative) Vereinheitlichung, auch den zunehmenden raumgreifenden Willen, die »richtige« Lebensweise nicht allein lokal, sondern in der ganzen Christenheit durchzusetzen. Seit dem 12. Jh. mündete solche universelle R. absicht in eigenen mehr oder minder raumgreifenden Verbandsstrukturen. Das Ordenswesen der Kirche gab aber von Anfang an verschiedenen »religiones« nebeneinander Platz. Am frühesten haben sich die →Zisterzienser zu einem (R.-)Orden gebildet. Andere Ordensgründungen folgten.

An Selbstbewußtsein fehlte es den neuen Verbänden nicht, zumal das Ordenswesen der Kirche sich in großer Breite zu entfalten vermochte. Die →Bettelorden setzten im 13. Jh. den Kl. verbänden des 12. Jh. Personenverbände mit straffem Zentralismus entgegen, entrannen aber ebensowenig der Dialektik von R. gründung, Erstarrung, R. bedürftigkeit und Erneuerungswillen wie ihre Vorgänger. Nachdem die Amtskirche bereits auf dem IV. →Laterankonzil (can. 13) und auf dem II. Konzil v. →Lyon (can. 23) die »nimia diversitas« der Orden beschnitten hatte, erlebten im 14. Jh. alle großen und viele kleinere Ordensgemeinschaften einen mehr oder minder erbitterten Kampf um Regeltreue und Observanz, der die Auseinandersetzung um R. zu einem nicht enden wollenden Konflikt und das Thema gleichsam allgegenwärtig machte. Die aufstrebende Landesherrschaft des SpätMA war bestrebt, über die Ordensr. dem eigenen Einfluß auf die Landeskirche nachzuhelfen. R. privilegien der Kurie, die nun die kirchl. Diözesangliederung mißachteten und nurmehr der polit. Geographie entsprachen, halfen dabei zu einem guten Teil mit.

III. GREGORIANISCHE REFORM: Schon der Karolinger Ludwig d. Fr. hatte neben die monast. Reform →Benedikts v. Aniane durch die →Institutiones Aquisgranenses (816) eine umfangreiche Regelung kirchl. Gemeinschaftslebens für alle nichtmonast. Klerikergemeinschaften gestellt und durch polit. Mittel (»missi dominici«) durchsetzen wollen. Im 11./12. Jh. wurde dasselbe Problem erneut zum Gegenstand brennenden R. eifers. Insbes. die aus monast. Traditionen verstärkt eingeschärfte Forderung des Zölibats (Kampf gegen →»Nikolaitismus«) und die Neuinterpretation der →Simonie, die sich fortan nicht mehr mit dem ohnedies weiten Rahmen begnügte, den →Gregor I. folgenreich formuliert hatte, sondern die nun jegl. Beteiligung von →Laien (jetzt streng als Nicht-Kleriker definiert) als »simoniaca heresis« brandmarkte, wurden mit flammenden Schlagworten und energ. Maßnahmen von entschlossenen R. kreisen in verschiedenen Regionen zuerst propagiert, schließlich von der röm. Kirchenzentrale aus durchgesetzt.

V. a. die Gestalt Gregors VII. als Exponent und Vorkämpfer dieser Konflikte um kirchl. Freiheit von laikaler Überfremdung machte Epoche (→Gregorian. R.). Der →Investiturstreit und eine neue Bestimmung des Verhältnisses von kirchl. und weltl. Ordnung war die Folge. Dabei spielt die Vokabel »R.« wiederum, entgegen ihrem Gebrauch in der modernen Forsch., nur eine verschwindend kleine Rolle. Daß freilich Gregor VII. und seine Anhänger sachl. die Kirche mit der Forderung nach Rückbesinnung auf die wahren Grundsätze des Lebens »reformieren« wollten, daran kann kein Zweifel bestehen.

IV. KANONIKERREFORM: Neue Bildungen, neue Einsichten fanden Verwirklichung, nicht immer im ursprgl. intendierten Sinn, aber mit nachhaltigen Folgen. Der Kampf um die Freiheit der Kirche (→Libertas ecclesiae) von Laiengewalt und Laieninvestitur führte über die →Konkordate des 12. Jh. zu einer Kirchenverfassung, die sich über das Lehnrecht dem Staatsaufbau eingliederte. Der Kampf um das angemessene Leben der Geistlichen, das naturgemäß zunächst den gesamten Klerus einer Diöz. ins Auge faßte, endete in der Einrichtung der reformierten Stifte der →Augustiner-Chorherren, die nur noch teilweise dem ursprgl. umfassenden Anspruch entsprachen. Bestimmte Bf. e konfrontierten ihren Klerus mit der Forderung nach R.; unbeschadet ihrer Motive leiteten sie damit zugleich einen sichtbaren Prozeß der Konsolidierung und Konzentration ihrer Diöz. n ein, der dann später vom gelehrten Recht unterstützt und fortgeführt werden sollte. »R. « war auch damals ein Vehikel, das nicht nur verschiedene Folgen, sondern auch verschiedene Inhalte trug und vertrug. Ketzergruppen, die sich als →pauperes Christi verstanden, tauchten seit dem 12. Jh. auf, z. T. zu den →Katharern gehörig, z. T. auch, wie später die →Waldenser, in Konkurrenz zu ihnen.

Die breite Aufnahme, die nach dem Zeugnis all dieser Erscheinungen der Gedanke einer Veränderung des eigenen Lebens fand, verbreitete auch den Begriff R. allmähl. in immer weitere Kreise. Doch auch die alten, eher techn. Bedeutungsnuancen blieben bestehen: Einen Friedensschluß (das wohl am häufigsten), eine Versöhnung, die Wiedergewinnung kgl. Gunst, aber auch die Reparatur einer Wasserleitung kann das Wort beschreiben. Es ist selbstverständl., daß die Wiederentdeckung des Röm. Rechts auch den bes. Sprachgebrauch der lat. Juristen wiederaufleben ließ: Schadensersatz und Wiedereinsetzung in den früheren Stand werden auch jetzt mit »reformare« ausgedrückt.

V. UNIVERSITÄTSREFORMEN: Der langwierige Entstehungsprozeß der europ. →Univ. en ist schwer genau zu datieren. Erst am Beginn des 13. Jh. ist er abgeschlossen. Bereits zu dieser Zeit taucht auch der Begriff einer »R. « der Univ. auf. 1215 erhält der Kard. legat →Robert de Courçon den Auftrag, den »Stand« der Pariser Schulen zu verbessern: er gibt der Univ. ihre ersten uns faßbaren Statuten. Nach einem Auszug der Studenten gilt 1231 in Paris: »studium in statum pristinum reformetur«. Auch nach zahlreichen anderen Belegen meint studium reformare, »ein in seiner Existenz unterbrochenes oder doch in der Substanz geschädigtes Studium wiederherstellen« (P. CLASSEN) – oder überhaupt erst herstellen, denn die Gründung der Univ. →Lérida (1300) vollzieht Kg. Jakob II. als ihre »reformacio«. Es ist daher fraglich, ob immer ein Vorbild, das wiederhergestellt werden sollte, präsent geblieben ist. In späteren Jahrhunderten werden die Univ. en fast jedes neue Statut als »reformacio« in ihre Amtsbücher eintragen, ohne wohl unbedingt zu meinen, man habe sich dabei stets an einem älteren Vorbild orientiert. Bekanntl. hießen dann analog im späteren MA, zunächst in den oberit. Kommunen, später auch in dt. Städten, sämtl. statutar. Rechtsnormen, die sich in schnellem Rhythmus, bisweilen in wenigen Wochen, jagten, *reformaciones*, *riformagioni* (→Reformationen des Rechts).

VI. REFORM IM SPÄTMITTELALTER: [1] *13. u. 14. Jahrhundert:* Solch abgeblaßter Gebrauch machte das Wort nicht unnütz, wo man Änderung und Erneuerung wollte. Neben der Kirche wird auch anderes zum Objekt von

R.erwartungen, insbes. das →»imperium«, das schon die frühen Staufer versprachen, »reformieren«, d.h. wiederherstellen zu wollen (MGH D K. III. nr. 222; D F. I nr. 5). Friedrich II. will durch den →Mainzer Landfrieden (1235) den allg. Stand und die ungestörte Ruhe des Ksr.es wiederherstellen, was sich ähnlich auch kfsl. Wahlproklamationen und -anzeigen für →Richard v. Cornwall, →Rudolf v. Habsburg, →Albrecht I. oder →Günther v. Schwarzburg vom neuen Kg. versprechen. Doch nicht nur offizielle Texte gebrauchen diese Sprache. In Frankreich wird seit Ludwig IX. das Schlagwort von der »reformacio regni« gebräuchl. In Dtl. setzt →Alexander v. Roes (1281) seine Hoffnung auf eine Ks.prophetie über einen (endzeitl.) Ks. »Karl«, der nicht allein das »imperium«, sondern zugleich auch die Kirche »widderbringen« werde (»Memoriale«, c. 30; →Eschatologie).

Zuständig für die Lebensordnung der Christen waren Synoden, letztendl. für die Gesamtkirche das Generalkonzil. Seit dem IV. Laterankonzil (1215) bereits bestimmten die päpstl. Einladungsschreiben die Kirchenversammlung »ad reformacionem universalis ecclesiae«; die Canones stellen dieser Synode kein schlechtes Zeugnis aus, wenn auch zeitgenöss. Berichterstatter über R.arbeit nicht genau zu berichten wissen. Im weiteren Fortgang werden dann die päpstl. Einladungsschreiben dringlicher, fordern, etwa auf dem II. Konzil v. Lyon – fast gleichlautend – zu – Vienne, sogar ausdrückl. dazu auf, Gravamina schriftl. einzureichen, über die dann im Konzil beraten und entschieden werden sollte. Die für Vienne bestimmte umfängl. R.schr. des frz. Bf.s Guillelmus →Durantis d. J., »De modo generalis concilii celebrandi«, hat auf den Konzilien v. →Konstanz und →Basel eine breite Wirkung entfaltet, da er etwa zum ersten Male die Formel »reformacio in capite et membris« aus der lokalen Sphäre der Reformation einzelner Kl. und Bm.er, wie sie seit dem 12. Jh. nachweisbar ist, auf die Gesamtkirche übertragen und damit auch Papst und Kurie zum Gegenstand eines Änderungswillens gemacht hat.

Das Konzil v. Vienne sollte keine Nachfolger im 14. Jh. bekommen. Das avign. Papsttum war anscheinend von der Überzeugung durchdrungen, R.aufgaben in der Kirche mittels der Kurie selbst effizient vollziehen zu können. Benedikt XII. und Urban V. haben insbes. bei den Ordensr.en deutl. Versuche unternommen, und noch der Ausbruch des →Abendländ. Schismas war außer von der herrischen Verstiegenheit von den harten R.forderungen Urbans VI. gegenüber Kard.en und Kurialen mitverursacht. Doch am Ende des 14. Jh. war die Überzeugung allg., daß eine umfassende R. der Kirche »in capite et membris«, unerläßl. sei.

Im 14. Jh. war eine ganze Tradition von R.schr.en entstanden, so daß die Traktate, die im Schisma geschrieben wurden, formal keine Neuerung brachten. In Frankreich haben die Univ.sgelehrten am Hof Karls V. (»des Gelehrten«) ihre Wiss. in den Dienst des Kgtm.s gestellt, wenn sie u. a. die Erkenntnisse der aristotel. Sozialphilosophie in frz. Übers. dem Hofe nahebrachten. Nach Nikolaus v. →Oresme soll die R. vom Kg. ausgehend und durch den Kg. vorgenommen das Reich wiederherstellen. In Dtl. wird der Gedanke einer »reformacio imperii« zwar bei Hof verschiedentl. angedeutet, ein Thema publizist. Reflexion (→Publizistik, A. II) kann aber dieses Schlagwort weder unter Ludwig d. Bayern noch unter Karl IV. werden. In England dagegen geht Bewegung von Kirchenkritik und Theologie aus: John →Wyclif fand mit seiner Kritik an Klerus und Amtskirche aus einem an Augustinus geschulten Prädestinationsverständnis und in unmittelbarer Applikation bibl. Vorstellungen an der Univ. Oxford viele Anhänger und stand in (ungeklärter) Beziehung zu der volkstüml. Predigtbewegung der →»Lollarden«, die das ganze 15. Jh. hindurch nicht unterdrückt werden konnte. Volkstüml. und massenwirksam wurden christl. R.forderungen an Kirche und Gesellschaft auch in Böhmen, v. a. in der Metropole →Prag (→Konrad v. Waldhausen, Jan →Milíč z Kroměříže, →Matthias v. Janov). Apokalypt. Endzeiterwartung und ein antihierarch. R.programm veranlaßten die Amtskirche mehrmals zum Einschreiten. Als Erbe dieser Strömung hat sich Jan →Hus an der Wende zum 15. Jh. unter direkter Aufnahme der Wyclifschen Forderungen als Prediger und Univ.smagister dem »Verfall« entgegengestemmt. Die Verurteilung zum Ketzertod sollte aus der radikalen R.bewegung die böhm. »Revolution« des Hussitismus entstehen lassen (→Hussiten).

Das Abendländ. Schisma galt nicht als Ursache der Schäden, die man überall zu erkennen glaubte, es galt als ihr äußerster und unwiderlegl. Beweis. In zahllosen Traktaten, Memoranden und Gutachten lief das Schlagwort um, das Wort »reformatio« drang in die Volkssprachen ein. →Nicolas de Clamanges machte im Titel seiner Schr. (von 1400/01) das Thema vieler Texte deutl.: »De ruina et reparatione Ecclesiae«. Allg. verbreitet war in der Kirche die Überzeugung, daß R. nötig sei, um künftig die Wiederholung der düsteren Erfahrungen der Kirchenspaltung zu unterbinden. Als alle anderen eingeschlagenen »Wege« sich als ungangbar erwiesen, rückte trotz aller Schwierigkeiten das →Konzil allmähl. immer deutlicher in den Blick (→»Konziliarismus«).

[2] *15. Jahrhundert:* Die Aufgaben der Wiedergewinnung der Kircheneinheit (»pax«, »unio«) und der R. förderten und behinderten sich gegenseitig gleichermaßen. An den ungewohnten Verfahrensproblemen lag es offenbar, daß man erst nach einigem Experimentieren vorankam. In der Schismazeit war trotz aller Rufe die R.aufgabe liegen geblieben. Auf dem von den Kard.en beider Obodienzen in →Pisa (1409) einberufenen Konzil wartete man, bis man schließlich die traditionelle Methode der Gravamina-Liste nutzen konnte. Alexander V. sah sich mit einer Kette von Forderungen eines Konzilsausschusses konfrontiert. Nach drei Jahren sollte ein weiteres Konzil die R. vollenden. Daraus wurde nichts, weil sich der »Pisaner Papst« nur als dritter zu den beiden schon vorhandenen gesellte und somit ein neuer Anlauf auch in der Frage der Union nötig wurde.

Das nach Konstanz durch den »Pisaner« Papst Johannes XXIII. auf Drängen Kg. Siegmunds berufene Konzil hatte von vornehernein neben der »causa unionis« (und der herkömml. »causa fidei«) auch die »causa reformacionis« auf der Agenda. Das Konzil hielt an dieser Aufgabe auch unerschütterl. fest und gab der R.arbeit sitzungsterminierenden Rang, indem es sich für unauflösbar erklärte, bevor das Schisma beendigt sei. Zwei Wochen später wurde folgerichtig in »Haec sancta« dekretiert, dem von Christus abgeleiteten Konzil sei jedermann, auch ein Papst, in Fragen des Glaubens, der Schismabeseitigung und der Kirchenr. zu Gehorsam verpflichtet. In einem Kompromiß mit der Konzilsmüdigkeit wurde in »Frequens« die R.arbeit verstetigt, wenn auch zunächst verschoben, um die Neuwahl eines Papstes zu ermöglichen. Doch auch Martin V. bekam keine durchgreifenden Beschlüsse mehr zustande.

Die liegengebliebene R.aufgabe konnte auch auf dem folgenden Konzil v. →Pavia/Siena (1423/24) nicht vorangebracht werden. Auf dem Konzil v. Basel (1431–49) sollte Mißtrauen dann die Fronten zw. Papst und Konzil verhärten. Schon vor dem Versenden der R. beschlüsse hatten in Frankreich Kg. Karl VII. durch die →»Pragmatique Sanction« (30. Juni 1438) und in Dtl. die Kfs. en in der Mainzer Akzeptation (26. März 1439) z. T. mit Modifikationen und in selbstbestimmter Auswahl die bis dahin gefaßten R. dekrete des Konzils übernommen und durch eigene Anordnung für den eigenen Geltungsbereich sanktioniert, ausdrückl. ohne im Streit zw. Konzil und Papst auf ihre Neutralität verzichten zu wollen. Eugen IV. selbst sorgte zwar nicht auf den von ihm nach →Ferrara und Florenz verlegten Konzilssitzungen der papsttreuen Minderheit für weitere R. maßnahmen, schloß aber ab 1441 eine ganze Reihe von Konkordaten, u. a. mit dem röm. Kg. Friedrich III. (3. Febr. 1447), wo er für die dt. Kirche seinerseits Basler Dekrete als verbindl. anerkannte. Auch er reihte sich also dem Zug zur landeskirchl. Einzelfestlegung ein, den mit dem →Wiener Konkordat (17. Febr. 1448) sein Nachfolger Nikolaus V. gleichfalls mit nachhaltiger Wirkung für Dtl. traf. Der große Aufwand jahrzehntelanger Bemühungen hatte mit einer Organisationsr. geendet, die das Werk nicht abschließen konnte. Die Ergebnisse der Basler Reform hatten, gerichtet auf organisator. und fiskal. Fragen, bereits das Spekrum der zahllosen R. traktate stark eingeengt, sie hatten auch zur R. »in membris« ganz wenig zu sagen. Das Thema der R. blieb allen erreichten Etappenzielen zum Trotz auch künftig auf der Tagesordnung.

Mit der R. der Glieder beschäftigten sich reformfreudige Bf. e und Synoden, Prälatenversammlungen und Landesherren, die Kurie beteiligte sich mit Legationsaufträgen (→Johannes v. Capestrano, →Nikolaus v. Kues), ohne daß sie ein wirkl. Konzept oder auch nur dauerhaft eigene Initiativen gezeigt hätte. Predigtbewegungen im Anschluß an Vorbilder aus dem 13. Jh., die sich v. a. in den Observanten-Zweigen der Bettelorden entfalteten (→Bernardinus v. Siena, Johannes v. Capestrano, Girolamo →Savonarola), wollten für eine R. des Lebens der einzelnen Gläubigen wirken, wobei die Formen der Durchsetzung von massenpsycholog. und gewaltsamen Zügen (u. a. Predigtmarathon, »Verbrennung der Eitelkeiten«) nicht frei blieben. Bei den Kl. r. en wurde »R.« gemäß dem Sprachgebrauch nicht mehr als ständige Aufgabe, sondern als vollziehbarer oder vollzogener Akt der Übernahme bestimmter normativer Festlegungen verstanden, als Einführung und Durchführung eines bestimmten Programms, als Übernahme der Statuten einer R. kongregation oder -richtung.

In Dtl. machte sich seit der Konzilszeit, in der Intensität zunehmend, die Forderung nach →»Reichsreform« hörbar (Job →Vener; Nikolaus v. Kues), was die Allgemeinheit des Begriffs zugleich mit seiner wachsenden Technizität verdeutlicht. Der verblassenden Bedeutung des Wortes R. schr. en an den eschatolog., ja apokalypt. Hintergrund der Begriffstradition energ. fest. Mehrfach ist eine tiefe Enttäuschung über die Wirkungslosigkeit der früheren R. bemühungen zu spüren. Die →»Reformatio Sigismundi« erwartet die entscheidenden Maßnahmen nicht mehr von den Verantwortlichen in Kirche und Welt, sondern von den »kleinen«. Auch hier wird deutl., daß die »R.«, die gefordert wird, fast wie ein Unternehmen der Gesetzgebung erscheint, dessen Exekution durch Sanktionen durchgesetzt werden muß. Der →»Oberrhein. Revolutionär« konfrontiert in seinem »Buchli« (1498-1510) in harter Anklage seine Zeit mit schroffer Forderung zu radikaler Änderung.

Höchst unterschiedl. also hatte sich der Begriff R. am Ende des MA ausgeprägt. Gerade sein unklarer und assoziationsreicher Umfang, der es erlaubte, sehr verschiedene Obertöne der Grundbedeutung »Veränderung« zu unterstreichen, machte ihn zum agitator. Gebrauch so geeignet. Die feste Tradition, die auf einen eschatolog. Horizont, die auf eine »Verbesserung« der Verhältnisse zielte, konnte und sollte sich auch in Zukunft noch als wirkungskräftig erweisen.
J. Miethke

Lit. [allg.]: DIP VII, 1748-1763 – K. BURDACH, Sinn und Ursprung der Worte Renaissance und Reformation, 1910 [jetzt: DERS., Reformation – Renaissance – Humanismus, 1918, 13-96] – G. B. LADNER, The Idea of R., 1959 – Renaissance and Renewal in the 12th Cent., hg. R. L. BENSON-G. CONSTABLE, 1982 – A. LUMPE, Zur Bedeutungsgesch. des Verbums »reformare« und seiner Ableitungen, AHC 14, 1982, 1-12 – G. B. LADNER, Images and Ideas in the MA, Selected Stud. 2, 1983 – E. WOLGAST, R., Reformation (Geschichtl. Grundbegriffe, 5, 1984), 313-360 – Lebenslehren und Weltentwürfe, hg. H. BOOCKMANN, B. MOELLER, K. STACKMANN, AAG PH III/179, 1989 – K. A. FRECH, R. an Haupt und Gliedern, 1992 – Institutionen und Gesch., hg. G. MELVILLE, 1992 – B. HAMM, Von der spätma. »reformatio« zur Reformation, Archiv für Reformationsgesch. 84, 1993, 7-81 – Sozialer Wandel im MA, hg. J. MIETHKE-K. SCHREINER, 1994 – *[Auswahl zu einzelnen Themen]:* J. HALLER, Papsttum und Kirchenr., 1903 – P. CLASSEN, Die ältesten Univ. sr. en und Univ. sgründungen des MA, 1968 [jetzt: DERS., Studium und Ges. im MA, hg. J. FRIED, 1983, 170-196] – ST. WEINFURTER, R. kanoniker und Reichsepiskopat im HochMA, HJb 97/98, 1978 – J. MIETHKE, Die Konzilien als Forum der öffentl. Meinung, DA 37, 1981, 736-773 – P. CONTAMINE, Le vocabulaire politique en France à la fin du MA, L'Idée de réformation (État et l'Église dans la genèse de l'État moderne, hg. J.-P. GENET-B. VINCENT, 1986), 145-156 – G. TELLENBACH, Die w. Kirche vom 10. bis zum frühen 12. Jh., 1988 [Lit.] – Monast. R. en im 9. und 10. Jh., hg. K. KOTTJE-H. MAURER, 1989 [Lit.] – R. bemühungen und Observanzbestrebungen im spätma. Ordenswesen, hg. K. ELM, 1989 [Lit.] – La riforma gregoriana e l'Europa, StGreg 13/14, 1989-91 – W. BRANDMÜLLER, Papst und Konzil im Großen Schisma, 1990 – L. VONES, La réforme de l'Église au XIVe s., Crises et réformes dans l'Église (115e Congr. national des sociétés savantes, 1991), 189-206 – J. HELMRATH, R. als Thema der Konzilien des SpätMA (Christian Unity, The Council of Ferrara-Florence, hg. G. ALBERIGO, 1991), 81-152 [gestrafft: Theorie und Praxis der Kirchenr. im SpätMA, Rottenbg. Jb. f. Kirchengesch. 11, 1992, 41-70] – J. KRYNEN, Aristotélisme et réforme de l'État, en France, au XIVe s. (Das Publikum polit. Theorie im 14. Jh., hg. J. MIETHKE, 1992), 225-236 – Gesch. der Unv. in Europa, I: MA, hg. W. RÜEGG, 1993 – H. JAKOBS, Kirchenr. und HochMA, 1994[3] [Lit.] – H. STUMP, The Reforms of the Council of Constance (1414-1418), 1994 [Lit.] – J. MIETHKE, Kirchenr. auf den R. konzilien des 15. Jh. (Fschr. E. MEUTHEN, hg. H. MÜLLER, J. HELMRATH, H. WOLFF, 1994) – Q. zur Kirchenr. im Zeitalter der großen Konzilien des 15. Jh., hg. J. MIETHKE-L. WEINRICH, 1-2, 1994/95.

Reformatio Sigismundi. »Die Reformation Kaiser Siegmunds«, von einem nach wie vor unbekannten Autor auf dem Konzil zu →Basel 1439 geschrieben, gibt vor, die Reformpläne Ks. Siegmunds zu überliefern und die Übersetzung einer lat. Vorlage zu sein. Tatsächl. ist sie in einigen Abschnitten von den Vorschlägen des Johannes Schele, Bf. v. Lübeck, abhängig, der am Konzil wohl im Einvernehmen mit dem Luxemburger eine entsprechende Denkschrift verfaßt hatte. Darüber ging aber die R. S. weit hinaus, zumal sie den Text mit Anekdoten und hist. Exkursen auflockerte, so daß sie als eigenständiger, dt. sprachiger Traktat einzustufen ist, dessen Urfassung ledigl. in einer Hs. (N) auf uns gekommen ist, von der andere Autoren vier weitere Redaktionen herstellten, von denen drei abermals in nur einer Hs. erhalten sind (G, K und P, G und K fragmentar.). Nur eine Version (V), die wohl um 1440 zu Augsburg entstand, den Text kürzte, die meisten Anekdoten strich und nur die überarbeiteten Reformvorschläge bringt, ist mit 13 Hss. und zahlreichen Frühdrucken auf uns gekommen. In den ältesten Hss. und ersten Frühdrucken wird diese Fassung gemeinsam mit

der »Reformatio Friderici« von 1442 und gelegentl. mit der →Goldenen Bulle Karls IV. (1356) abgeschrieben oder gedruckt. Demnach wurde sie zunächst als verbindliches Reichsgesetz anerkannt. Um 1500 wird sie bereits isoliert überliefert, als Gesetz abgelehnt, bleibt aber noch bis etwa 1520 aktuell und behält später das Interesse der Historiker. Sie besteht aus einer längeren, mit hist. Exkursen durchsetzten Einleitung mit einer bemerkenswerten Interpretation der Sakramentenlehre, aus Vorschlägen zur Kirchenreform, Plänen einer weltl. Reform und einer Siegmund zugeschriebenen Vision, in der das Auftreten eines Priesterkg.s Friedrich geweissagt wird, der nach der Redaktion V auch Verfasser der Schrift gewesen sein soll. Derzeit wird an der Verläßlichkeit dieser Angabe gezweifelt. Die Vorschläge entsprechen z.T. den zu Basel erhobenen Forderungen, überraschen aber in Einzelheiten. So tritt der Verfasser für eine Modernisierung des Gesundheitswesens, für die Priesterehe und die Säkularisierung des Kirchengutes ein, weshalb die R. S. zum Ausbruch der Bauernkriege beigetragen haben soll, doch wurden dagegen jüngst berechtigte Einwände erhoben.
→Publizistik, A. II. H. Koller

Ed.: Reformation Ks. Siegmunds, hg. H. KOLLER (MGH Staatsschr. 6, 1964) [dazu: R. S. (Augsburg 1497), mit einem Nachwort v. U. ALTMANN, Bibl. seltener Bücher, Neudr. 1, 1979 (V)] – Lit.: Verf.-Lex.[2] VII, 1070–1074 – L. GF. ZU DOHNA, R. S., 1960 – H. BOOCKMANN, Zu den Wirkungen der R. S. (Stud. zum städt. Bildungswesen, hg. B. MOELLER, H. PATZE, K. STACKMANN, 1983), 112–135 – H. ANGERMEIER, Die Reichsreform 1410–1555, 1984, 88ff. – K. F. KRIEGER, Kg., Reich und Reichsreform im SpätMA, 1992, 117f.

Reformationen (des Rechts). Im FrühMA begegnet zwar »reformare« (zum Begriffsinhalt vgl. auch →Reform, Reformation) v.a. im kirchl. Bereich für das Wiederherstellen der gestörten göttl. Weltordung, doch wird »reformatio« eher gemieden, und es findet sich auch nur einmal ahd. (als *rihtunga*) glossiert. Allerdings beruft Innozenz III. das IV. →Laterankonzil (1215) ausdrückl. zur »reformatio universalis ecclesiae« ein. Im weltl. Bereich wünschte bereits Kg. Konrad III., daß das »imperium Romanum in pristinae dignitatis robur reformari Deo auctore valeat«. Erst bei Rudolf v. Habsburg erscheint hier aber auch das Substantiv. Im Zusammenhang mit der Entfremdung von →Reichsgut bemüht sich etwa das Reichsweistum v. Hagenau um die »reformatio collapsi status imperii« (1274).

Fast schon zum characterist. Merkmal wird die reformatio im frühen 14. Jh. in Oberitalien. Eine ganze Reihe von Kommunen verpflichtet sich zur Anerkennung aller ordinationes oder statuta, welche der Kg. »super statu et reformatione civitatis« anordnen wird (Asti, Novara, Mailand, Pisa). Für andere Orte werden an gleicher Stelle einfach die Dispositionen »super pace et statu civitatis« genannt. Über diese speziellere Verwendung hinaus wird im 14. Jh. ganz allg. das Reformieren von Kirche und Reich diskutiert. Im 15. Jh. gewinnt die reformatio zusätzl. Dynamik. Die Kirche führt ihretwegen eigene Konzilien durch, welche institutionelle Veränderungen beschließen. Im weltl. Bereich erscheint 1438/39 der Traktat »Reformacion keyser Sigmunds« (→»Reformatio Sigismundi«), welcher wegen des beklagenswerten Zustandes der Welt die Wiederherstellung der rechten Ordnung im Sinne der Neuverwirklichung der Ordnung Gottes anstrebt. Er verwendet bereits das dt. Lehnwort *reformacion*, welches für das Jahr 1401 erstmals nachweisbar ist.

Sowohl das lat. reformatio als auch das dt. reformacion bezeichnen seit der Mitte des 15. Jh. dann auch die zum Zwecke der »reformatio/Reformation« geschaffenen Texte. Neben der »Reformacion keyser Sigmunds« belegt dies etwa die Benennung der Landfriedensordnung Friedrichs III. v. 1442 als kgl. Reformation oder Kg. Friedrichs Reformation. 1484 wird die umfassende Überarbeitung des Rechts der Stadt Nürnberg nicht nur als »Reformacion der Statut und gesetze«, sondern einfach als »newe Reformacion der Stat Nurenberg« bezeichnet. Dem folgen 1499 »Der Statt Wormbs Reformation«, 1509 die »Reformacion der Stat Franckenfort« und 1518 etwa die »Reformacion der bayrischen Landrecht«. Hier schwingt zwar anfangs vielleicht auch noch die theoret., dem Christentum notwendigerweise immanente Vorstellung der Rückführung auf vorbildl. frühere bzw. dem Menschen von Anfang an vorgegebene Zustände mit. Immer mehr geht es aber inhaltl. um eine teilweise Aufnahme der fremden Rechte in das einheim. Recht unter gleichzeitiger Betonung von bewußter Setzung und inhaltl. Ordnung. Damit ist stets eine gewollte Veränderung im Sinne einer modernisierenden Verbesserung verbunden. Sachl. reichen diese überwiegend amtl., teils aber doch auch noch privat in Angriff genommenen R. des Rechts, welche im Laufe des 16. Jh. von S her nach N fortzuschreiten scheinen, unterschiedl. weit. In erhebl. Umfang erfassen sie das Verfahrensrecht, das Schuldrecht und das Erbrecht, eher weniger dagegen das Liegenschaftsrecht und das Familienrecht. Hand in Hand damit geht auch eine verwissenschaftlichende Romanisierung der Rechtsterminologie.
G. Köbler

Q. und Lit.: Q. zur Neueren Privatrechtsgesch. Dtl.s, hg. F. BEYERLE u.a., 1936ff. [Teiled.] – H. COING, Die Rezeption des röm. Rechts in Frankfurt a.M., 1939 – W. EBEL, Gesch. der Gesetzgebung in Dtl., 1958[2] – F. WIEACKER, Privatrechtsgesch. der NZ, 1967[2] – Reformation der Stadt Nürnberg, hg. G. KÖBLER, 1984 – Reformacion der Stat Franckenfort, hg. DERS., 1984 – Der Statt Wormbs Reformation, hg. DERS., 1985 – Nüwe Stattrechten und Statuten der loblichen Statt Fryburg, hg. DERS., 1986 – B. SENDLER, Die Rechtssprache in den südt. Stadtrechtsr., 1989 – K. KROESCHELL, Dt. Rechtsgesch., II, 1992[8], 232 – G. KÖBLER, Wb. des ahd. Sprachschatzes, 1993.

Reformatores studii, städt. Univ.sbeauftragte. Wie alle Institutionen des MA waren auch die →Universitäten von Zeit zu Zeit das Ziel von »Reformen« (→Reform, Reformatio). Doch nur in Italien, wo sich die Kirche wenig in die universitären Angelegenheiten einschaltete, und die Univ.en, nach Bologneser Vorbild, üblicherweise als »Studentenuniversitäten« konstituiert waren, wurde die Aufgabe der Univ.sreform speziellen Amtsträgern aus dem Laienstand, die von den Kommunen eingesetzt waren und also außerhalb der universitären Körperschaften standen, übertragen. Sie spielten fakt. die Rolle einer Zwischeninstanz zw. den Univ.sinstitutionen (→Rektor) und der Kommunalgewalt, setzten sich in vielem an die Stelle der student. universitates und kümmerten sich insbes. um die vertragl. Anstellung, Gehaltszumessung und regelmäßige Besoldung der von den Kommunen bezahlten Professoren. Manchmal kontrollierten die r. st. auch die Magister der städt. Grammatikschulen.

Unter versch. Bezeichnungen (neben r. st. auch trattatores, curatores, sapientes [studii]) treten diese Amtsträger im 14. und 15. Jh. in den meisten Univ.sstädten Italiens auf. Anfangs manchmal nur auf Zeit eingesetzt, wurden die r. st. bald zu einer permanenten Institution. Ihre Zahl schwankte (4 in Padua, jeweils 5–10 in Perugia, 16 in Bologna usw.). Im Laufe des 15. Jh. traten im Zuge der Ausbildung der Signorien Beauftragte der Signoren bzw.

Fs.en, im Kirchenstaat päpstl. Legaten (Perugia) zunehmend an die Stelle der r. st. J. Verger

Lit.: RASHDALL, I, II, passim – G. ERMINI, Storia dell'Univ. di Perugia, I, 1971.

Reformkonzilien → Konzil, →Konziliarismus, →Reform, VI

Refrain

I. Mittellatein – II. Romanische Literaturen – III. Deutsche Literatur – IV. Englische Literatur – V. Skandinavische Literaturen – VI. Byzantinische Literatur.

I. MITTELLATEIN: Der R. als die regelmäßige Wiederholung einer Laut- oder Wortgruppe in einem stroph. gegliederten Text findet im Anschluß an →Augustins »Psalmus« (CSEL 51, 3–15) Eingang in die (oft →abecedarische) rhythm. Dichtung des FrühMA und der Karolingerzeit (s.v. a. MGH PP IV, 471–648). Die Einfügung von versus intercalares in metr. Dichtung nach dem Muster der antiken Bukolik blieb dagegen Ausnahme (→Angilbert, →Florus v. Lyon, →Audradus v. Sens, →Hucbald v. St. Amand). Die enge Bindung des R. an die weniger elitäre rhythm. Dichtung bezeugen auch die in den Analecta hymnica gesammelten religiösen R.-Lieder des hohen und späten MA (s. Register-Bd. II, 10f., 21f., 54, 56). Auf der anderen Seite führt eine gerade Linie vom frühesten weltl. Liebeslied der lat. MA (MGH PP V, 553) und dem Trink-/Spottlied auf den Abt v. Angers (MGH PP IV, 591) zu den R.-Liedern der →Carmina Burana und verwandter Slg.en.

Formal unterscheidet man zw. Klang-R. (z.B. »Locirdundeie«) und dem Wort-R., der vom einsilbigen Ausruf bis zur R.-Strophe reichen kann. Der R. kann ident. sein oder variieren, es können zwei R.s sich abwechseln, und die Rhythmik des R.s kann mit dem des Strophenkörpers übereinstimmen oder sich von ihm absetzen. Bevorzugte Stellung des R.s ist das Strophenende, doch ist auch R. am Strophenanfang oder im Stropheninneren möglich. Der formalen Variabilität verdankt der R. seine lebendige Vielgestalt, seiner Funktion im Lied als Antwort der Gruppe auf den Vortrag des Einzelsängers seine jahrhundertelange Beliebtheit. B. K. Vollmann

Lit.: Gesamtdarstellung fehlt – LAW 2569 – W. MEYER, Ges. Abh. zur mlat. Rythmik, 1905, I, 240; II, 18–23, 44–48 – H. SPANKE, Das lat. Rondeau, ZFSL 53, 1930, 113–148 – F. J. E. RABY, A Hist. of Secular Lat. Poetry, II, 1934, 329–332 – SZÖVÉRFFY, Annalen – DERS., Weltl. Dichtungen [jeweils Register].

II. ROMANISCHE LITERATUREN: Der R. gilt als typisch für volkstüml. Lyrik, z.B. Tanzlieder. Aus Frankreich sind seit Ende des 12. Jh. zahlreiche ein- bis vierzeilige R.s, oft bloße Ausrufe oder Klangspiele, überliefert (auch zitiert in Romanen des 13. Jh.); es ist nicht klar, ob es sich um Gedichtfrgm. oder vollständige Kurztexte handelt (bei den roman. *harjas* ist der ibero-arab. Lyrik stellt sich dieselbe Frage), jedenfalls dürften es in der Regel höf. Nachahmungen volkstüml. Formen sein, ähnlich wie die galego-ptg. Cantigas de amigo (→Cantiga). Bei den Liedformen mit R. ist zu unterscheiden zw. solchen, bei denen der R. auch im Inneren der Strophe erscheint (»chansons avec des r.s«, →Rondeau), und solchen, die den R. jeweils am Ende der Strophe wiederholen (»chansons à r.«, →Ballade); im afrz. →Virelai und im Cantigas de Santa Maria →Alfons' X., die von der arab. Gedichtform des *zejel* beeinflußt sind, steht der R. (kast. *estribillo*) auch am Anfang des Gedichts. – Auch erzählende Liedformen wie die afrz. →Pastourelle oder →Chanson de toile kennen den R.; im SpätMA differenzieren sich neue lyr. Formen mit R. heraus (span. Villancicos, etc.). A. Gier

Lit.: F. GENNRICH, Rondeaux, Virelais und Balladen aus dem Ende des XII., dem XIII. und dem ersten Drittel des XIV. Jh., 3 Bde, 1921–1963 – N. H. VAN DEN BOOGAARD, Rondeaux et r.s du XIIe s. au début du XIVe, 1969 – CHR. LEUBE, Tanzlied und Estampida, GRLMA II/1 fasc. 5, 60–66.

III. DEUTSCHE LITERATUR: Im Gegensatz zur mittellat. und roman. Lyrik erscheint der R. in der ma. dt. Lyrik des 12. und 13. Jh. seltener: von den ca. 1300 überlieferten höf. Liedern in ca. 10 Liedern des 12. Jh. und ca. 120 des 13. Jh. (HAUSNER), also in etwa 9% der erhaltenen Texte (im Nordfrz.: in etwa 25%). Auch mieden dt. Autoren damals Extremformen wie Ein-Wort-R. und R.-Strophen und bevorzugten ein- bis vierversige R.s; außerdem ist der R. in den dt. Liedern jener Zeit nicht typisch für bestimmte Liedgattungen. Kennzeichnende Einzelbeispiele finden sich bei →Walther von der Vogelweide, →Neidhart, →Tannhäuser und Günther vom dem Vorste; mehrheitl. aus R.-Liedern bestehen die Œuvres von Johann v. Brabant (Hzg. →Johann I.), →Steinmar und →Ulrich v. Winterstetten (29 von 40). Häufiger wird der R. dann im SpätMA, und nun werden im Dt. auch R.-Strophen beliebt (→Mönch v. Salzburg, →Oswald v. Wolkenstein). Jetzt ist auch eine Affinität zum Volksliedhaften und zum Tanz festzustellen, die für das 12./13. Jh. nur zu vermuten ist. – Ein Sonderfall sind R.-Rufe, wie etwa im 'Lochhamer Liederbuch' (Nr. 42: »Ich spring in disem ringe«) oder in der Epenmelodie des 'Hildebrandtones'. U. Müller

Lit.: M. MEYER, Die Formen des R.s, Euphorion 5, 1898 – R. HAUSNER, Spiel mit dem Identischen. Stud. zum R. dt. sprachiger lyr. Dichtung des 12. und 13. Jh. (Sprache – Text – Geschichte, hg. P. STEIN, 1980) – G. STREICHER, Minnesangs R. Die R.kanzonen des Ulrich v. Winterstetten, 1984.

IV. ENGLISCHE LITERATUR: [1] *Altenglische Zeit:* Nur zwei der aus dieser Epoche überlieferten lyr. Texte enthalten einen R.: die →Elegien →»Deor« und →»Wulf and Eadwacer«. Unregelmäßig auftretend, teilt der R. in beiden Gedichten jeweils ungleich lange Textabschnitte voneinander, ist also nur im weiteren Sinn als solcher zu bezeichnen.

[2] *Mittelenglische Zeit:* Aus diesem Zeitraum sind zahlreiche Gedichte bzw. →Lieder mit R. überliefert. Aufgrund dessen jeweiliger Funktion und Position im Text lassen sich v.a. drei Gruppen unterscheiden: R.gedichte (im engeren Sinn), →*carols* und →*ballades*. In R.gedichten – wie etwa dem berühmten »Alysoun« aus den →Harley Lyrics – folgt der R. einer jeden Strophe. Bei den etwa 500 erhaltenen carols dagegen beginnt der Text stets mit einem – *burden* gen. – R., der nach jeder Strophe wiederholt wird. Dieser burden wurde wohl ursprgl. chorisch gesungen, während jeweils ein Sänger oder eine Sängerin die einzelnen Strophen vortrug. Oft sind burden und Strophen durch eine gemeinsame, als R. fungierende Verszeile zu einer Einheit verbunden. Andererseits folgen in einigen carols burden und Strophen einander unverbunden. Schließlich enthält auch die seit dem 14. Jh. aus Frankreich importierte Gedichtform der lyr. ballade einen R. Diesen liefert der letzte Vers der ersten Strophe, der dann als letzter Vers aller folgenden Strophen und des abschließenden *envoy* wiederholt wird. Die wenigen engl. *rondels* und *virelais* folgen den frz. Vorbildern und integrieren den R. stärker in die Strophen als dies bei carols und ballades der Fall ist. Th. Stemmler

Lit.: F. RUHRMANN, Stud. zur Gesch. und Charakteristik des R.s in der engl. Lit., AF 64, 1927 – R. H. ROBBINS, The Burden in the Carols, MLN 57, 1942, 16ff. – R. L. GREENE, The Early English Carols, 1977².

V. SKANDINAVISCHE LITERATUREN: Der R. (altnord. *stef*) diente in der klass. altnord. gebundenen Dichtung zur

Gliederung der Gedichte und trat im Abstand von drei bis sechs Strophen auf dem letzten Verspaar oder der zweiten Halbstrophe im gleichen Abstand zueinander auf. Die Strophen zw. den R.s wurden als *Stefjabálkr* (auch *Stefjamél*) bezeichnet. Die skald. →Drápa im Versmaß →Dróttkvætt weist fast durchwegs einen Stef auf, wobei sich auch Sonderformen entwickelten, wie der *Klofastef* ('gespaltener Stef'), bei dem die einzelnen Zeilen des R.s auf eine oder zwei Strophen verteilt wurden (z. B. Bandadrápa des Eyjólfr dáðaskáld), oder der *Rekstef* ('komplizierter Stef'), wo der R. auf drei Strophen verteilt ist (Rekstefja: Ólafsdrápa des Hallar-Stein und - unechte - des Hallfreðr vandræðaskáld); wie der Rekstef konnten auch andere bes. Formen des Stef namengebend für die Gedichte sein (z.B. Þjóðólfs Sexstefja). Der R. unterscheidet die Drápa von anderen Gedichtformen, wie dem →Flokkr.

In den (spät)ma. island. Dansar, die nicht nur Tanzlieder, sondern eine Art von Balladen waren, gab es ein- oder vierzeilige R.s am Ende der zwei- oder vierzeiligen Strophe (a b c b r), oder dreizeilige R.s, deren erste Zeile in den Zweizeiler eingeführt wurde (a r a r r). R. Simek

Lit.: K. v. SEE, Germ. Verskunst, 1967 – VÉSTEINN ÓLASON, The Icelandic Ballad as a Medieval Genre (The European Medieval Ballad. A Symposium, 1978) – K. v. SEE, Skaldendichtung, 1980 – VÉSTEINN ÓLASON, The Traditional Ballads of Iceland, 1982 – H. KUHN, Das Dróttkvætt, 1983.

VI. BYZANTINISCHE LITERATUR: Da der Begriff R. von der gesungenen Dichtung untrennbar ist, kann er sich im byz. Bereich ledigl. auf die Kirchendichtung sowie evtl. auf die Hymnen im Hofzeremoniell (vgl. J. HANDSCHIN, Das Zeremonienwerk Ks. Konstantins und die sangbare Dichtung, 1942) beziehen. Im letzteren Fall lassen die von →Konstantin Porphyrogennetos mitgeteilten Textfragmente, einschließl. des Gothenspiels (I 383f.: REISKE), keinen R. im eigtl. Sinn erkennen. - R.s in der byz. Kirchendichtung gehen auf die Verwendung von Psalmen im Gottesdienst zurück, namentl. auf Ps 135 (Polyeleos), der am Sonntag am Orthros gesungen wird. Es sei auch auf die R.s im Christus-Hymnus des Paulus in Eph 1, 3–14 sowie in frühchristl. Hymnen hingewiesen. Da R.s von der Antiphonie und dem Responsorialgesang textl. und musikal. zu unterscheiden sind, fallen hier Begriffe wie ἐπίφθεγμα, ἐπιφώνημα oder μελῴδημα als syntakt. eigenständige Akklamationen außer Betracht. Durch einen festen R., dessen Umfang sich von einem Wort (ἀλληλουΐα bzw. πολυέλεε) bis zu einem Satzteil erstrecken kann, sind die Strophen der →Kontakia verbunden. Die im heutigen wissenschaftl. Schrifttum übliche Bezeichnung für einen R., ἐφύμνιον, ist erst bei →Johannes Damaskenos (CPG 8063) bezeugt. Der frühere terminus technicus war ἀνακλώμενον (scil. τὸ ἀπηχούμενον): Suda, ed. ADLER, I, 171). Außerhalb des Kontakion begegnen auch R.s in den →Romanos Melodos zugeschriebenen alphabet. Stichera prosomoia (2. plag. Ton) am Vorfest Christi Geburt (Röm. Menaion II, 564ff.). Eher als stereotyp wiederkehrende Redewendungen gelten die Schlußformeln in Troparia der 8. Ode in Kanones (z.B. Röm. Menaion II, 534), in denen der Wortlaut der bibl. Ode (Dan. 3, 52–88) leicht paraphrasierend übernommen wird. Ch. Hannick

Lit.: K. METSAKES, Βυζαντινὴ ὑμνογραφία, I, 1971 – J. GROSDIDIER DE MATONS, Romanos le Mélode et les origines de la poésie religieuse à Byzance, 1977, 45–47 – E. TONČEVA, Polielejni pripevi za sveti Joan Rilski ot XV v., Bŭlgarsko muzikoznanie, 1992, H. 2, 42–53.

Regalia, Bezeichnung für die bei der frz. Königsweihe (→Sacre) verwendeten Insignien, deren Gebrauch für den Weiheakt unerläßlich war. Sie wurden in der Abtei →St-Denis verwahrt, in unmittelbarer Nähe der Gräber Karls d. Kahlen und Dagoberts und der seit dem Ende des 11. Jh. geschaffenen kgl. →Grablege der →Kapetinger. Da die Königsweihe seit dem 12. Jh. in aller Regel in →Reims stattfand, wurden die R. für den Weiheakt aus St-Denis eingeholt. Nach neuzeitl. Inventaren umfaßten die in St-Denis aufbewahrten R. das Schwert ('Joyeuse'), Sporen, etwa zehn Zepter und Schwurhände ('Zepter Dagoberts', Zepter Karls V., als 'Zepter Karls d.Gr.' bezeichnet), etwa 30 Kronen aus Gold oder vergoldetem Silber. In St-Denis lagerten auch liturg. Geräte, deren Einsatz beim Sacre notwendig war, so der 'Kelch des hl. Remigius' oder 'Weihekelch', eine Patene aus Serpentin sowie der 'livre du sacre', auf den der Kg. den Eid leistete. Auch die Gewänder der Weihezeremonie befanden sich in St-Denis: Tunika aus roter Seide, Mantel aus Seide oder Satin, bestickt mit →Lilien, reiche Agraffe. Die hl. Ampulle, die das zur Salbung verwendete Chrisam enthielt und die nach →Hinkmars »Vita sancti Remigii« bei der Taufe →Chlodwigs durch eine Taube vom Himmel gebracht worden war, wurde dagegen in St-Remi de Reims gehütet.

E. Lalou

Lit.: D. GABORIT-CHOPIN, R. Les instruments du sacre des rois de France. Les »honneurs de Charlemagne«, 1987.

Regalien, -politik, -recht

I. Definition; Deutschland und Reichsitalien – II. Frankreich – III. England – IV. Ostmitteleuropa – V. Kgr. Sizilien.

I. DEFINITION; DEUTSCHLAND UND REICHSITALIEN: Eine zusammenfassende neuere Darstellung des Themas fehlt trotz seiner Bedeutung. – Seine »moderne« Ausprägung als Inbegriff staatl. Hoheitsrechte erhielt der Terminus R. erst im 12. und 13. Jh. infolge der Rezeption des röm.-weltl. Rechts, insbes. des spätantiken Ks.rechts. Von Italien, insbes. von der Rechtsschule v. →Bologna ausgehend, formte er entscheidend bereits die hoch- und spätma. Staatsvorstellungen. Die inhaltl. Festlegung bestimmter R., etwa des Berg- oder Münzregals, später auch des Judenregals, erfolgte erst in dieser Epoche.

Faßten die R. (regalia, iura regalia) zunächst bestimmte Rechte, Gerechtsame, aber auch Besitzungen und Güter des Kg.s als dingl. Substrat seiner Herrschaft zusammen, entsprechend dem gelegentl. Sprachgebrauch der Q. des 10. Jh., die in diesem Kontext publice functiones anführten und damit auf transpersonale Staatsvorstellungen abhoben, so gaben erst die inhaltl. präzisierten Distinktionen im Verlauf des sog. →Investiturstreits und die Herausbildung polit.-jurist. Begriffe wie »Temporalien« und »Spiritualien« auch den R. eine neue und eindeutige Rechtsqualität. N. der Alpen bezeichneten diese das Reichskirchengut, insbes. Herrschaftsrechte und Gerechtsame, während der Grundbesitz aus kgl. Vergabe, aber in Pertinenz des Reiches in seiner Qualität als Regal zunächst in der Kampflit. der Zeit umstritten blieb. Bereits das im Zusammenhang mit den Verhandlungen Heinrichs V. mit der Kurie vorgelegte Privileg Papst Paschalis II. v. 1111 definierte als regalia: Städte, Hzm.er, Mgft.en, Gft.en, Münzstätten, Zoll, Markt, Kg.svogteien, iura centurionum, Höfe, die offensichtl. dem Kgtm. gehörten, mit ihrem Zubehör, militia und Reichsburgen, wobei die Oblationen und von nichtkgl. Seite übertragene Erbgüter »frei« in der Hand der Kirchen verbleiben sollten. Das →Wormser Konkordat v. 1122 indessen zählte den reichen Temporalienbesitz der →Reichskirchen insgesamt zu den R., die bei Wiederbesetzung des Kirchenamtes dem kanon. gewählten Elekten vom Kg. unter Lehnrecht (→Lehen) zu übergeben waren. Damit wurde letztl. die rechtl. Konsequenz aus der Vergabepraxis des Kg.s im sog.

otton.-sal. Reichskirchensystem gezogen, die Bm.er und Abteien zu Trägern staatl. Hoheitsrechte wie Markt, Münze, Zoll und Gerichtsbarkeit gemacht und damit der Kg.sherrschaft zugeordnet hatte. Mit der »Regalisierung« staatl. Prärogativen und Gerechtsame war das Fundament für den Aufstieg auch der Bf.e und Reichsäbte in den Stand der Reichsfs.en und domini terrae gelegt.

Aber auch das Papsttum beanspruchte R. in Gestalt der Regalia S. Petri – erstmals belegt 1059 im Lehnseid von →Robert Guiscard und Richard v. Capua – als Substrat des von den Reformpäpsten seit Leo IX. behaupteten Regale sacerdotium s. Romane ecclesie et apostolice sedis, das auf die →Konstantin. Schenkung aus röm. Staatsbesitz und auf dessen Charakter der Unveräußerlichkeit verwies. Bereits 1095 gelang es dem Papsttum, den dt. Gegenkg. Konrad (III.) auf diese Formel zu verpflichten, im Wormser Konkordat werden die Regalia et alia possessiones als »freier« Besitz der Kirche Roms bleibend garantiert und blieben es trotz späterer gelegentl. Auseinandersetzungen zw. Papst Hadrian IV. und Friedrich Barbarossa.

Einen entscheidenden Wandel hin zur »modernen« Ausbildung des R.begriffs als Summe sowohl staatl. Prärogativen, auch Ämter, als auch vorwiegend finanzieller Fiskalrechte brachte die stauf. Revindikationspolitik verlustiggegangener bzw. insbes. von den lombard. Kommunen tatsächl. oder vermeintl. usurpierter Reichsrechte. Einen ersten Höhepunkt fanden diese Bestrebungen im sog. R.weistum v. →Roncaglia (1158) der vier legis doctores aus Bologna und weiterer 28 iudices aus it. Städten, die vorwiegend finanziell ertragreiche Gerechtsame aufzählten, darunter Straßen und Flüsse, Zölle, Münze, Strafgefälle, Anspanndienste, Beisteuer zur Romfahrt des Kg.s, Silbergruben (*argentarie*), Einkünfte aus Fischfang und Salzproduktion, aber auch Pfalzen und Güter von Majestätsverbrechern. Diese Definition fand mit drei anderen Gesetzen, wovon eines unter dem Titel »omnis iurisdictio« staatl. Hoheitsrechte und Ämter abstrahierend nennt, Eingang in die lehnrechtl. Libri feudorum. Der zeitgenöss. Chronist →Rahewin, der über die Begebenheit von Roncaglia berichtet, stellt hingegen die hohen Ämter wie das Hzm., aber auch das Konsulat, der Aufzählung der Fiskalrechte voran. Die it. Kommunen erhielten fortan wie der Adel, aber auch wie burg. Bf.e und Große, die R. zumeist unter Lehnrecht, auch wenn die dafür geforderten Leistungen durch Geldzahlungen abgelöst wurden. Das Lehnrecht sicherte in Dtl. wie anderswo im Imperium die Unveräußerlichkeit der Reichsrechte und deren spezif. Vergabemodalitäten.

Einzelne Rechte bzw. Gerechtsame gewannen erst im Verlauf des Hoch- und SpätMA ihren stringenten Charakter als R., die finanziellen Nutzen abwarfen und deren Verfügung in der Hand der domini terrae Landesherrschaft und Landeshoheit ausmachten. Auch als Instrumente staatl. Verwaltung (H. THIEME) und zur Förderung des öffentl. Wohls fanden sie Anwendung, so diente das Forst- und Jagdregal dem Schutz der Wälder, das Zollregal dem Straßen- und Brückenbau, das Deichregal der Küstensicherung, das Geleits- und Strandregal (unter Aufhebung der →Grundruhr) der Sicherheit der Verkehrswege. Das Münzregal sollte auch der Münzverschlechterung wehren. Von bes. Bedeutung für die Landesherrschaft und den frühmodernen Staat wurde die Ausbildung des Berg- und Salzregals, aber auch des Münz- und Zollregals. War das Kgtm. als Grundherr von alters her auch Eigentümer bestimmter Erzlager (Harz) und beanspruchte es seit dem 11. Jh. gelegentl. bestimmte Rechte an Metall- oder Salzvorkommen, so finden sich doch erst seit der 2. Hälfte des 12. Jh., der zunehmenden Bedeutung des Edelmetallbergbaus entsprechend, Vergabungen von Silberbergwerken als R. unter Lehnrecht, wobei die Krone bestimmte Anteile an der Ausbeute für sich beanspruchte oder gar mit Hinweis auf altes (röm.) Ks.recht, so Kg. Philipp 1207, sämtl. Metallvorkommen als Fiskalbesitz reklamierte. Die Regalität der Bodenschätze überlagerte das Eigentumsrecht des Grundbesitzers, der Bergbau löste sich trotz Widerspruchs des →Sachsenspiegels um 1230 vom Grundeigentum und wurde »frei«. Das Kgtm. legte zwar die jurist.-theoret. Grundlagen des Bergregals, dessen prakt. Nutzung mußte es aber den Landesherren, so z. B. dem Mgf.en v. Meißen bereits vor 1185, überlassen.

Eine vergleichbare Entwicklung durchlief auch das Münzregal, häufig in Verbindung mit dem Markt- und Zollregal verliehen, das zunächst in Anbindung an antike Verhältnisse als Münzhoheit in der alleinigen Zuständigkeit der Krone gelegen hatte, aber seit dem 9. Jh. durch Privileg an geistl. Empfänger, seit dem 11. bzw. dem 13. Jh. auch an Gf.en, Herren und Städte gelangt und durch Dritte usurpiert worden war oder kraft eigenen Rechts, etwa der Hzg.e v. Bayern und Schwaben, beansprucht wurde. Mit dem R.weistum v. Roncaglia bekräftigte Friedrich I. den Anspruch der Krone auf das Münzregal, das nur als vom Kgtm. delegiertes wahrgenommen werden durfte, und verlangte von den it. Kommunen Steuern aus Schlagschatz und Wechsel. In den Reichsgesetzen v. 1220 und 1232 (→Confoederatio cum principibus ecclesiasticis und →Statutum in favorem principum) beschränkte sich die Reichsgewalt in der Ausübung des Münzregals und der Neueinrichtung von Münzstätten, ähnl. hinsichtl. der Schaffung von Märkten und der Anlage von Straßen. Mit der →Goldenen Bulle v. 1356 gingen Münz- wie Zollregal, Berg- und Salzregal, aber auch das Judenregal, das abschließend erst 1236 aus der postulierten →Kammerknechtschaft und der Schutzbedürftigkeit der Juden erwachsen war, von Reichs wegen in die Hand der Kfs.en über, 1648 (Westfäl. Frieden) ebenso in die Verfügung der anderen Reichsstände, wobei die R. bewahrten aber, insbes. das Münzregal, den Charakter eines staatl. Monopols.

Regalienrecht: Es beinhaltet die Nutzung der R. als finanziell verwertbarer Hoheitsrechte aus Vergabung der Krone durch das Kgtm. bei Sedisvakanz einer Bf.skirche oder Reichsabtei während Jahr und Tag. Nach Otto IV. 1213/14 verzichtete Friedrich II. gegenüber der Kurie auf diese befristete Inanspruchnahme des Kirchengutes ebenso wie auf das →Spolienrecht. In gleicher Weise hatte Friedrich II. in der Confoederatio cum principibus ecclesiasticis v. 1220 die Zwischennutzung der R. in den Städten der geistl. Reichsfs.en auf einen Zeitraum von insgesamt 14 Tagen vor und nach einem angesagten Hoftag begrenzt. Damit war die unmittelbare Einwirkungsmöglichkeit der Krone auf das Reichskirchengut fast aufgehoben.

D. Hägermann

Lit.: HRG IV, 472–479 – H. THIEME, Die Funktion der R. im MA, ZRGGermAbt 62, 1942, 57–88 – I. OTT, Der R.begriff im 12. Jh., ZRGKanAbt 35, 1948, 234–304 – A. HAVERKAMP, Herrschaftsformen der Frühstaufer in Reichsitalien, 2 T.e, 1970 – J. FRIED, Der R.begriff im 11. und 12. Jh., DA 29, 1973, 450–528 – D. WILLOWEIT, Rechtsgrundlagen der Territorialgewalt, 1975 – D. HÄGERMANN, Dt. Kgtm. und Bergregal im Spiegel der Urkk. Eine Dokumentation bis zum Jahre 1272 (Der Anschnitt, Beih. 2, 1984), 13–23 – [*R.recht*]: E. SCHRADER, Bemerkungen zum Spolien- und R.recht der dt. Kg.e im MA, ZRGGermAbt 84, 1967, 128–171.

II. FRANKREICH: R.recht (frz. Régale) bezeichnet das Recht des Kg.s v. Frankreich (→Frankreich, B. IV), die Einkünfte vakanter Bistümer in der →Krondomäne zu nutzen und über deren →Benefizien zu verfügen. Unterschieden werden *régale temporelle*, die Einkünfte der erledigten Benefizien, und *régale spirituelle*, das Ernennungsrecht für diese.

Das Recht der 'régale temporelle' bestand seit der Karolingerzeit und ist als eines der letzten Überbleibsel der Säkularisierungen →Karl Martells anzusehen. Die 'régale spirituelle' ist jüngeren Datums. Die erste Erwähnung findet sich in einer →Ordonnance Philipps II. Augustus (1190), die Vollmachten des Regentschaftsrates definiert. Das Rechtsinstitut entwickelte sich im 13. und 14. Jh., fand aber erst in der →Pragmatique Sanction de Bourges (1438) seine rechtl. Formulierung. Ludwig d. Hl. setzte mehrfach seine Kandidaten durch, doch löste das R.recht unter →Philipp d. Schönen maßgebl. den Konflikt mit →Bonifatius VIII. aus. Im 14. Jh. bezog sich die 'régale temporelle' auf die Kirchenprov. →Sens (außer Diöz. Auxerre und Nevers), →Reims (außer Arras und Cambrai), →Rouen und →Tours. Die 'régale spirituelle' umfaßte eine wesentl. begrenztere Zahl von Bm.ern; die Diöz. Troyes, Amiens, Châlons, Séez, Le Mans und Angers waren exemt. Die südfrz. Bm.er waren von jedwedem R.recht eximiert. E. Lalou

Lit.: E. LESNE, Les origines du droit de régale, Nouv. rev. hist. du droit 45, 1921, 5–52 – J. GAUDEMET, La collation des bénéfices vacants en régale des origines à la fin du XIVᵉ s., 1935 – F. LOT–R. FAWTIER, Hist. des institutions françaises du MA, II: Institutions royales, 1958.

III. ENGLAND: Im engl. Hoch- und SpätMA begegnet für die temporalia, die der Kg. den geistl. Kronvasallen übertrug, auch die Bezeichnung regalia. – Zu den Hoheitsrechten des Kg.s s. →Corona, II, →Regnum.

Regalienrecht: Bei dem ius regale handelt es sich um die von den Kg.en in Anspruch genommene Befugnis, während der Vakanz der Bm.er und der Kg.sabteien a) durch spezielle Amtsträger die jeweiligen Einkünfte (vornehml. aus den Temporalien = R.) ganz oder teilweise an sich zu ziehen und zu verwenden und b) dazugehörige Pfründen zu besetzen, deren Vergabe sede plena dem Bf. zustand. Das R.recht steht in Parallele zu feudalrechtl. Forderungen der Krone im weltl. Bereich. Mehrere Chronisten berichten, es sei von Kg. Wilhelm II. Rufus persuasione Flambardi (→Ranulf Flambard) eingeführt worden, doch ist wohl mit älteren norm. Wurzeln zu rechnen. Rufus ließ wiederholt Bm.er (u. a. →Canterbury 1089–93) und Abteien längere Zeit vakant, um seine Einnahmen zu erhöhen. Kg. Heinrich I. erklärte: »nec mortuo archiepiscopo sive episcopo sive abbate aliquid accipiam de dominio ecclesiae vel de hominibus ejus donec successor in eam ingrediatur«. Er verzichtete aber trotzdem nicht auf die Erträge aus dem R.recht und ließ erhebl. Vakanzen zu. Kg. Stephan v. Blois versprach, die Besitzungen der Bm.er bei Vakanz den Klerikern und rechtschaffenen Leuten der jeweiligen Kirche zu überlassen. Kg. Heinrich II. nahm den Anspruch auf wirtschaftl. Nutzung mit Entschiedenheit wieder auf und definierte ihn zusätzl. (→Clarendon, Konstitutionen v.; Kap. 12: »et inde percipiet omnes redditus et exitus sicut dominicos«), sagte aber 1176 immerhin zu, Vakanzen nach Möglichkeit auf höchstens ein Jahr zu begrenzen. Unter Kg. Johann Ohneland wurden die Einnahmen aus dem R.recht mit neuen Methoden weiter gesteigert. Als er dem Papst die Freiheit der Bf.swahlen zugestand, wahrte er die herkömml. custodia der vakanten Kirchen. Im Unterschied zu Frankreich war das R.recht in England ein »Monopol« des Kg.s. Es besaß auch im SpätMA beträchtl. Bedeutung als Finanzq. Wenn »das Bistum mit den Temporalien« zeitweise an den Kg. überging, wurde demonstriert, daß dieser feudaler Oberherr der geistl. Barone und Advowee Paramount der Kirche in England war, dem es zustand, die kirchl. Wahlen zu genehmigen und zu kontrollieren. Die Krone wandte sich gegen das Bestreben der Päpste, →Provisionen vorzunehmen und die Administration der Temporalien zu verleihen. Kg. Eduard I. bezeichnete die kgl. Patronage über die Bm.er als ein uraltes Recht, von dem auch Johann Ohneland nicht abgewichen sei. K. Schnith

Lit.: W. STUBBS, Const. Hist. of England, I, 1897 [Neudr. 1967], 323–326 – M. HOWELL, Regalian Right in Medieval England, 1962 – F. BARLOW, The English Church 1066–1154, 1979, bes. 66–69, 300–304.

IV. OSTMITTELEUROPA: [1] *Ungarn*: →Münze und Salzhandel (wohl auch Salzbergbau, →Salz) waren seit Gründung des ung. Kgr.es in kgl. Hand; bereits Stephan I. erließ Gesetze zum Salzregal. Eine regelrechte Münz- und Salzkammerverwaltung hat es wohl schon im 12. Jh. gegeben, und im 13. Jh. versuchten die Kg.e, die R.einkünfte durch Verpachtung an Juden und Muslime zu erhöhen, was zu Protesten des Adels und der Kirche führte. Eine völlige Neuregelung der R. wurde von den Anjou-Kg.en durchgeführt. Nach dem Verlust des größten Teils des Kg.sgutes im 13. Jh. wurden nun die R.einkünfte, v. a. aus der wachsenden Gold- und Silbergewinnung, zur Hauptq. kgl. Einnahmen. Die Münze wurde an Unternehmer verpachtet (erster bekannter Pachtvertrag: 1335), und im Edelmetallbergbau erhielten seit 1327 die Eigentümer der Gruben eine Beteiligung an der kgl. Abgabe (urbura), was die Produktion vervielfachte und stabile Währungen ermöglichte. Für die Verwaltung der R. wurde das Kgr. in zehn Kammern aufgeteilt, an deren Spitze Kammergf.en, meistens Kaufleute ausländ. Herkunft, standen. Das Salzregal wurde unter Kg. Siegmund neu organisiert. In den Interregna der 40er Jahre des 15. Jh. weitgehend vernachlässigt, unterstanden die R. (v. a. Salz und Außenhandelszölle) unter Kg. Matthias Corvinus neuen, meist bürgerl. Verwaltern und wurden wieder zur wichtigen Einnahmeq. Trotz Erschöpfung der Edelmetallgruben und Münzverschlechterung am Ende des 15. Jh. fand das Kgtm. noch in den (verpachteten) Kupferbergwerken eine neue R.quelle, doch fielen die Gewinne zunehmend in private Hände (→Fugger, →Thurzó).

J. M. Bak

Lit.: Hb. der europ. Wirtschafts- und Sozialgesch., 1980, II, 625–655 [GY. GYÖRFFY] – O. PAULINYI, The Crown Monopoly. (Precious Metals in the Age of Expansion, hg. H. KELLENBENZ, 1981), 27–39 – J. BAK, Monarchie im Wellental (Spätma. Kgtm. im europ. Vergleich, hg. R. SCHNEIDER, 1984), I, 175–188 – A. KUBINYI, Kgl. Salzmonopol und die Städte des Kgr.es Ungarn im MA (Stadt und Salz, hg. W. RAUCH, 1988), 213–232.

[2] *Böhmen und Polen*: Die Entstehung der R., zu denen Münz-, Burg-, Markt-, Mühlen- und Fleischbankregal, die Kontrolle über die Verkehrswege zu Land und zu Wasser, Berg-, Jagd- und Fischfangregal in größerem Umfang, Heimfallrecht (→Heimfall) und Schutz der Juden als →Kammerknechte gezählt werden, ist umstritten, also die Frage, ob sie aus der Stammeszeit herzuleiten oder schrittweise mit der Etablierung der Fs.enherrschaft bis zum 14. Jh. (→Ius ducale) entstanden sind. Die Abgrenzung zw. den eigtl. R. und den allg. Herrschaftsrechten verschwand in dieser Zeit allmähl. Doch bestand weiterhin ein Unterschied: Die allg. Abgaben wurden u. U. gar nicht mehr erhoben; die R. dagegen konnte der Herrscher aus seiner Verfügungsgewalt insgesamt oder in Teilen verschenken. Die Immunitätsverleihungen im 13.–15. Jh. führten zur Abschaffung der meisten Abgaben des Ius ducale und der R., oder diese gingen in Privatbesitz über. Von den R. blieben noch das Bergregal (in Polen bis zum

Ende des 16. Jh.) sowie das Münz- und Marktregal (in Polen) erhalten. Der Erzbergbau in Polen und Böhmen wurde auf der Grundlage des sog. →Bergrechts organisiert. Bergbau und Salzsiederei wurden vom Kg. betriebl. eingerichtet und dann verpachtet. St. Russocki

Lit.: SłowStarSłow V, 198–204 – Z. Wojciechowski, L'État polonais au MA, 1949, 75–84, 279–285 – J. Bardach, Hist. państwa i prawa Polski I, wyd. 2-e, 1964, 100f., 142f., 268f. – V. Vaněček, Dějiny státu a práva ..., 1964, 72f., 525–536 – D. Třeštik, K sociálni struktuře přemyslovských Čech, ČČH 19, 1971, 537–557 – G. Labuda, R. (Mały Słownik Kultury dawnych Słowian, 1972), 326f. – K. Modzelewski, L'organizzazione dello stato polacco nei s. X–XIII. La società e le strutture del potere (Sett. cent. it. Spoleto 30, 1983), 557–596 – K. Malý–F. Sivák, Dějiny státu a práva v Československu, I, 1988, 59f. – J. Bardach, B. Leśnodorski, M. Pietrzak, Hist. ustroju i prawa polskiego, 1993, 71f. – St. Russocki, Le »limes« carolingien – confins des systèmes du pouvoir et de la domination (Quaestiones Medii Aevi, 3), 56f.

V. Kgr. Sizilien: Roger II., der erste Kg. des Regnum Siciliae, geht erstmals auf die Kategorie der R. in den →Assisen v. Ariano (1140) ein. In der Assise »Scire volumus« verbot der Herrscher jedem, der einen großen oder kleinen Teil »de regalibus nostris« innehabe, dessen Veräußerung, Schenkung, Verkauf oder Zerstörung. Der Inhalt der »iura reservata principis« wurde jedoch dabei nicht definiert. Erst →Andreas de Isernia präzisierte, daß sich der Ausdruck auf »fiscalia et patrimonialia ... quae omnia regis dicuntur« bezöge und daß »nullus sine regis voluntate debet tenere aut alienare«. Die gen. Assise betraf demnach weniger die sog. regalia maiora, d. h. die Hoheitsrechte und Jurisdiktion des Souveräns, auf die sehr klar im Proömium und im Corpus der Assisen eingegangen wird, sondern vielmehr die sog. regalia minora, iura und bona, die sich auf das Demanium publicum und die Fiskaleinkünfte bezogen. – Zu einer genaueren Definition der R. gelangte die Assise »Magistri Camerarii« aus der Zeit der beiden Wilhelme (»dohanas autem tam terrae quam maris, forestagia, plateatica, passagia, et alia tam vetera jura quam nova.«). Unter Friedrich II. versuchte man zu einer genauen Klassifikation der stark angewachsenen und zugleich als veräußerlich aufgefaßten R. zu gelangen, mit dem Ziel, die Krondomäne neu zu konstituieren und die potestas principis zu stärken (vgl. die umfangreiche Aufzählung der R. [zumeist Zölle, Wegerechte, Jagd- und Bergr.] im Privileg für die Söhne des Guido Guerra v. 1220). In seinem Gesetzeswerk für das Regnum Siciliae folgte Friedrich dem Vorbild seiner Ahnen und nahm die bereits zitierten Bestimmungen Rogers II. (LA C. III. 1) und der Wilhelme (LA C. I. 62, 2) in den Liber Constitutionum auf (→Liber Augustalis). Die personalist. Konzeption der Herrschaft über das Regnum, die der Kg.-Ks. vertrat (→König, C), wurde dabei mehrmals unterstrichen (vgl. Andreas de Isernia, Komm. zur constitutio »Duram et diram« [LA I. 48], »Creatio magistratuum est de regalibus«). Eine eingehende Definition der in der Assise »Magistri camerarii« gen. R. (iura vetera et nova) gibt Andreas de Isernia im Komm. zur constitutio »Quanto ceteris« (LA I. 7). Die Krone Aragòn war natürl. bestrebt, die Existenz der »iura reservata maiestatis« zu bestätigen (Martin I. [1398] cap. 33 [Betonung der Unveräußerlichkeit] und cap. 34 [Aufzählung]). Die Unveräußerlichkeit der R. wurde von den Kg.en Alfons V. (cap. 357) und Johann II. (cap. 423) bestätigt. D. Novarese

Q.: Capitula Regni Siciliae, I, 1741 – Constitutiones regum Regni utriusque Siciliae, 1786 [Nachdr. 1992] – J. L. A. Huillard-Bréholles, Historia diplom. Friderici sec., II, 60; IV, 199 – O. Zecchino, Le Assise di Ruggero II, 1984 – *Lit.:* Dig. It. XX, 518–520 – R. Gregorio, Considerazioni sopra la storia di Sicilia, 1873, 208–213.

Regel der Gesundheit. Als Verf. wird im Text »Herr Arnoldus von Mumpelier« genannt, der das Werk im Auftrag v. Barnabò Visconti v. Mailand (um 1355–61) angefertigt hat. Die Überlieferung setzt indes erst 1421 ein, und nur ein kleiner Teil der R. d. G. stammt aus dem »Regimen sanitatis ad regem Aragonum« des →Arnald v. Villanova, der v. a. in Montpellier wirkte und daher mit dem gen. Verf. gemeint sein könnte. Als Hauptq. wurden das »Urregimen« und »De qualitatibus ciborum« des →Konrad v. Eichstätt in vollem Umfang herangezogen. Die 10 bisher bekannten Hss. (Strauss, 52) lassen bereits 3 Textredaktionen erkennen: 1. 'vermischte Regel' (kehrt zur Reihenfolge der Versatzstücke in Konrads Urregimen zurück); 2. balneolog. 'kleine Regel' (nur 4 Kapitel aus dem Urregimen); 3. diätet. 'kleine Regel' (schließt das Urregimen ganz aus). Eine breite Streuüberlieferung konnte in astromed. Hausbuchlit. (z. B. Codex Kohlhauer) nachgewiesen werden. B. D. Haage

Lit.: Verf.-Lex.[2] V, 162–169 – P. Strauss, Arnald v. Villanova dt. unter bes. Berücksichtigung der 'R. v. d. G.' [Diss. Heidelberg 1963] [Ed. 85–134] – M. P. Koch–G. Keil, Die spätma. Gesundheitslehre des 'Herrn Arnoldus von Mumpelier', SudArch 50, 1966, 361–374 – Ch. Hagenmeyer, Die 'Ordnung der Gesundheit' für Rudolf v. Hohenberg [Diss. Heidelberg 1972] – F. Némethy, Astronom. und med. Doppelfrgm. zu Budapest [Diss. masch., Budapest 1978] – G. Keil, Der 'Kodex Kohlhauer', I, SudArch 64, 1980, 144ff.

Reg(e)lindis, Tochter Fs. →Bolesławs I. v. Polen und der →Emnild; ⚭ Mgf. →Hermann v. Meißen (1002), Sohn→Ekkehards I. v. Meißen. Kurz nach dem gewaltsamen Tod Ekkehards und nach der Belehnung Bolesławs mit den →Lausitzen festigte die Ehe die Beziehungen zw. →Piasten und →Ekkehardingern, die trotz der Kriege Heinrichs II. gegen Polen wirksam blieben und 1018, kurz nach dem Frieden v. →Bautzen, durch die letzte Ehe Bolesławs mit Hermanns Schwester Oda nochmals bekräftigt wurden. Chr. Lübke

Lit.: Chr. Lübke, Reg. zur Gesch. der Slaven an Elbe und Oder, III, IV, V [Ind.], 1985ff. – K. Jasiński, Rodowód pierwszych Piastów, 1992, 109–113.

Regenbald, bedeutender Geistlicher, der zur kgl. Gefolgschaft →Eduards d. Bekenners (1042–66) gehörte. Sein Name ist dt. oder frz. Herkunft, wie bei vielen anderen Günstlingen Eduards, und er stammte wahrscheinl. vom Kontinent. 1086 wird er im →Domesday Book als Kanzler bezeichnet. Jedoch ist die Existenz eines solchen Amtes vor der norm. Eroberung umstritten (→*chancellor*). Man geht aber heute davon aus, daß Urkk., die auf R. z. B. als »regis sigillarius« hinweisen, echte Q. aus der Zeit vor 1066 sind. R. blieb auch im ersten Regierungsjahr Wilhelms d. Eroberers im kgl. Dienst. J. Hudson

Lit.: S. D. Keynes, R. the Chancellor (Anglo-Norman Stud., 1988).

Regenboge, Barthel, Spruchdichter um 1300. Die Große Heidelberger →Liederhs. (C) überliefert fünf Strophen, die Kolmarer Hs. und eine Straßburger die erste dieser fünf, hinzu kommen sechs weitere Strophen des Grimmschen Frgm. in Berlin SBPK (132, 13). Diese umfassen Fürstenpreis (Waldemar v. Brandenburg, 1–3) und Totenklagen (Otto v. Brandenburg, 4; Waldemar v. Schleswig, 5; Bf. Konrad v. Lichtenberg v. Straßburg, 6); die Strophen in C enthalten Stände- und Frauenlehre und die Septem Artes (3 Strophen) mit Betonung von Rhetorik und Musik. Alle Strophen sind in der später so benannten »Briefweise« abgefaßt. Genannte Ereignisse sind zw. 1299/1312 zu datieren, die Identifikation mit dem 'cantor Regenpogen' in einer Urk. Hzg. Ludwigs v. Bayern v. 1302 gilt daher als gesichert. R. ist auf der Miniatur der Hs. C als Schmied dargestellt im Disput mit einem anderen

Dichter, der in früher Tradition mit →Frauenlob identifiziert wird: im Frauenlob-Corpus in C ist ein Teil der Strophen durch (nachträgl. ?) Beischriften als Streit zw. diesem und R. gedeutet. Vermutl. aus dem frühen 14. Jh. stammt die mehrfach überlieferte »Schmiedestrophe«, die als Selbstaussage oder Rollenstrophe eines anderen gedeutet wird. Seit Lupold Hornburg (um 1350) bis in die Kataloge und Töneverzeichnisse der Meistersingerhss. des 17. Jh. (→Meistersinger) gilt R. als einer der zwölf alten Meister; in dieser Tradition erhält er den Vornamen Barthel. Im späten 14. Jh. werden ihm der Lange und der Kurze Ton zugeschrieben, im 15. der Graue Ton; diese gelten, mit breiter Überlieferung, am ehesten als authent., dazu kommen noch mehr als 10 schmal tradierte. So steht das geringe Œuvre in auffälligem Kontrast zur breiten Wirkung und Wertschätzung der Nachfahren, die auf Verlorenem und der früh einsetzenden Legendenbildung (Dichterstreit, Handwerkertum) zu beruhen scheint.

V. Mertens

Ed.: H. v. d. Hagen, Minnesänger, II, 1838/56, 309 (C) – *Lit.:* Verf.-Lex.² VII, 1078ff. [F. Schanze] – Lit.-Lex. des Bertelsmann Verlages, hg. W. Killy, 1991, 332f. [G. Kornrumpf] – R. Schröder, Vorüberlegung zu einer R.-Ed. (Kolloquium über Probleme altgerm. Edd., hg. H. Kuhn u. a., 1968) – B. Wachinger, Sängerkrieg, 1973 – H. Brunner, Die alten Meister, 1975 – Die Töne der Meistersinger, hg. H. Brunner–J. Rettelbach, 1980 – F. Schanze, Meisterl. Liedkunst zw. Heinrich v. Mügeln und Hans Sachs, 2 Bde, 1983–84 – R. Schröder, Die R. zugeschriebenen Schmiedegedichte (Lit. und Laienbildung, hg. L. Grenzmann–K. Stackmann, 1984), 289ff. – R. Schröder, »Der regenboge den vrouwen lop bestund gelicher wer« (Fschr. K. Stackmann, 1990), 180–205 – H. Brunner–B. Wachinger, Repertorium der Sangsprüche und Meisterlieder, V, 1991 – G. Kornrumpf, Fürstenpreis und Totenklage R.s [im Dr.].

Regenbogen, →Optik, V. – *Ikonographie:* Im AT ist der R. Zeichen des Friedens zw. Gott und den Lebewesen nach →Noahs Dankopfer nach der Sintflut (Gen 9, 13) sowie Lichterscheinung um den Thronenden der Vision des →Ezechiel (Ez 1, 28; so auch Offb 4, 3). In Bilddarstellungen von Gottes Bund mit Noah steht der R. über der Menschengruppe (z. B. Wiener Genesis, ÖNB theol. gr. 31 [6. Jh.]). In Darstellungen der →Maiestas Domini (z. T. auf der Ezechiel-Vision und Offb basierend), der →Himmelfahrt Christi nach byz. Ikonographie oder des →Weltgerichts kann der Thron (z. B. Emmanuel-Ikone, Sinai, Katharinenkl. [7. Jh.]; Kuppelmosaik der Hagia Sophia, Saloniki [9. Jh.]; Bibel in Pommersfelden Cod. 333 [11. Jh.]; Hans Memlings Jüngstes Gericht, 1467/73, Danzig) und/oder der Rand der umgebenden →Mandorla oder Kreisglorie als R. gebildet sein (z. B. Gebetbuch Ottos III., Pommersfelden).

U. Nilgen

Lit.: LCI III, 521f. – U. Nilgen, Der Cod. Douce 292 der Bodleian Library zu Oxford, 1967, 76–84, 101–115.

Regens cancellariam, Stellvertreter des →Vizekanzlers in der päpstl. →Kanzlei. Zunächst nur bei Bedarf vom Vizekanzler oder Papst ernannt, wird das Amt seit dem späten 15. Jh. ein ständiges.

Th. Frenz

Lit.: Bresslau I, 289–292 – Th. Frenz, Die Kanzlei der Päpste der Hochrenaissance, 1986, 203.

Regensburg, Stadt an der Donau (Bayern) und Bm.
A. Stadt – B. Burggrafen – C. Bistum

A. Stadt
I. Spätantike – II. Mittelalter.

I. Spätantike: Das 15 v. Chr. der röm. Herrschaft eröffnete kelt. Alpenvorland wurde erst allmähl. erschlossen (Prov. →Raetia). Um 70 n. Chr. entstand in Kumpfmühl, das Donauknie beherrschend, ein Auxiliarkastell (160× 140 m), daneben und an der Schiffslände je eine Siedlung (vicus). Um 170 von Markomannen zerstört, blieb Kumpfmühl verlassen. Dafür wurde 179 gegenüber der Regenmündung ein Legionskastell (540×450 m; Namen: Castra Regina [Not. dign.], Legio [IBR 488.490]) errichtet (IBR 362) und mit der legio tertia Italica besetzt; ihr Befehlshaber (legatus) saß als Provinzstatthalter in →Augsburg. W. gab es eine große Handwerker- und Händlersiedlung (canabae; Name: Reginum [It. Anton., Tab. Peut.]), s. davon einen Friedhof, in Prüfening gegenüber der Naabmündung ein Kastell (80×60 m) mit Siedlung, auf dem Ziegetsberg ein Merkurheiligtum – sonst bes. Jupiter-, Mars-, Viktoria-, Vulkan- und Liberkulte –, im s. Umland Höfe (villae rusticae) und Straßen nach Augsburg und entlang der Donaugrenze. Nach Alamanneneinfällen wohl um 244 und 288 wurden Teile der Legion verlegt und Teile der Bevölkerung in das erneute Geviert verpflanzt; nach dem Juthungeneinfall um 357 wurde das Lager auf die NW-Ecke beschränkt. Um 400 endete die Besatzung, nicht aber die zunehmend elbgerm. Besiedelung (wohl →Föderaten). Spätröm. Christentum ist erwiesen (IBR 419), ein spätröm. Bm. (Bf. Paulinus, Bf. Lupus) nicht. Kern aller Kontinuität ist die wieder (?) kelt. Radaspona genannte, unzerstörte Festung (Arb. S. Haimhr. 4 u. ö.), in der vom 6. Jh. an der bajuwar. Hzg. residierte.

U. Dubielzig

Q. und Lit.: RE Suppl. VI, 1427–1434 – Inscriptiones Baivariae Romanae (IBR), ed. F. Vollmer, 1915, Nr. 358–425B – H.-J. Kellner, Die Römer in Bayern, 1978⁴ – K. Dietz u. a., R. zur Römerzeit, 1979² – Th. Fischer–S. Rieckhoff-Pauli, Von den Römern zu den Bajuwaren. Stadtarchäologie in R., 1982 – Th. Fischer, Römer und Bajuwaren an der Donau, 1988 – Ders., Das Umland des röm. R., 2 Bde, 1990 – A. Faber, Das röm. Auxiliarkastell und der Vicus von R.-Kumpfmühl (Münchner Beitr. zur Vor- und Frühgesch. 49, 1994).

II. Mittelalter: [1] *Frühmittelalter:* R. war von der Frühzeit an der Vorort des Stammeshzm.s →Bayern. Obwohl die Großfestung innerhalb des sich festigenden Hzm.s auffallend peripher gelegen war, haben die agilolfing. Hzg.e gerade hier ihre Hauptpfalz eingerichtet. 788 ging die Hoheit über die Stadt von den →Agilolfingern auf die Karolinger über, die sie in ihr größtes Jahrhundert führten. Nun stieg R. zusammen mit Aachen und Frankfurt zu den Vororten des Ostfrk. Reiches auf. Die herausragende Bedeutung kommt im Epitheton der Karolingerkanzlei »civitas regia« zum Ausdruck. Ludwig d. Dt. errichtete angesichts seiner gehäuften Aufenthalte in R. eine neue Pfalz am Alten Kornmarkt. Doch wurde diese von Arnulf v. Kärnten bereits ein halbes Jahrhundert durch eine Kl.pfalz bei St. Emmeram ersetzt. Gerade diese beiden Karolinger haben den Pfalzort oft und lange, v. a. an den hohen Kirchenfesten, aufgesucht. Einzelne Familienmitglieder sind hier zur letzten Ruhe gebettet worden. Neben dem Kg.sitinerar und den Herrschergräbern dokumentieren hauptsächl. die zahlreichen Reichsversammlungen die steigende Bedeutung der Stadt, von der aus v. a. die Ostpolitik geleitet wurde. Wirtschaftl. Grundlage der gehäuften Kg.spräsenz war reichl. vorhandenes Kg.sgut in zweckmäßig gestaffelter Entfernung, das auf dem Wege der Fiskalsukzession an das Kgtm. gelangt war; von ihm wurde sowohl die Nah- als auch die Fernversorgung der Pfalz bestritten. V. a. war dieser ein geschlossener Landgürtel in einem s. Halbkreis um die Stadt zugeordnet. Die Verwaltung dieses Fiskalbesitzes oblag einem vicarius regis; außerdem sind zahlreiche weitere Funktionsträger der Pfalz belegt. In karol. Zeit sind erste Ansätze zur Hauptstadtbildung in R. gegeben. Damals wuchs die Stadt in eine Doppelfunktion als Vorort Bayerns und einer der zentralen Herrschaftspunkte des entstehenden Dt. Reiches hinein (→Otto v. Freising: »metropolis ac sedes ducatus«); sie ist ihr bis zur Mitte des 13. Jh. geblieben. Seit dem 10. Jh. kam es zur Teilung der Stadtherrschaft zw. dem Kgtm. und den Hzg.en v. Bayern. Die mehrpoligen Machtverhältnisse fanden ihren baul. Ausdruck in den zwei Pfalzkomplexen als polit. Brennpunkten. Als weitere Konkurrenten im Kampf um die Stadtherrschaft traten seit der Jahrtausendwende die Bf.e auf. Diese drei Gewalten bildeten die bestimmenden Faktoren während des hohen MA in der Stadt, wobei mit beständigen Machtverschiebungen zu rechnen ist.

[2] *Hochmittelalter:* Der polit. Vorort im SO des Reiches wuchs bereits in karol. Zeit über das Rechteck des Römerlagers hinaus. Um 920 wurde die w. Neustadt in den Mauerring einbezogen. Die Pfalzen wurden die entscheidenden Kristallisationskerne der weiteren Stadtentwicklung und schufen die Voraussetzung für den Aufstieg zum beherrschenden wirtschaftl. Zentrum in süddt. Raum. Die Handelsbeziehungen erstreckten sich in alle Richtungen, hatten ihren Schwerpunkt aber im Süden. R. wurde nach der Jahrtausendwende die maßgebl. Verteilerstelle für die begehrte Italienware n. der Alpen; der Aufstieg der Stadt verlief in mancher Hinsicht parallel zum Aufstieg →Venedigs und stand damit vielleicht im Zusammenhang. Die wirtschaftl. Blütezeit R.s währte bis ins 14. Jh. Von ihr zeugen eine rege und anspruchsvolle Bautätigkeit (Steinerne Brücke, Patriziertürme, Dom, Rathaus), aber auch das Anwachsen zu einer der volkreichsten Städte Dtl.s im HochMA (urbs populosissima; ca. 15000 Einw.) mit international zusammengesetzter Bevölkerung. Dies machte eine abermalige Stadterweiterung durch die Einbeziehung der sich seit der Jahrtausendwende bildenden Westner- und Ostner-Vorstädte im späten 13. Jh. erforderl.; der damals errichtete Mauerring sollte bis zum Ende des 18. Jh. Bestand haben. Am Ende des MA lebten in der Stadt etwa 12000 Menschen.

Der erfolgreiche Transithandel war die entscheidende Grundlage des Aufstiegs des Bürgertums. Eine verstärkte gesellschaftl. Differenzierung ließ im 12. Jh. die erstmals um das Jahr 890 belegten cives immer mehr hervortreten. Sie organisierten sich und verschafften sich im Zusammenwirken mit dem im Rahmen der Reichslandpolitik sehr an der Stadt interessierten stauf. Kgtm. schrittweise seit 1182 alle wichtigen Selbstverwaltungskompetenzen. Die entscheidenden in einer langen Reihe von einschlägigen Privilegien erteilten die Kg.e Philipp v. Schwaben (1207) und Friedrich II. (1230, 1245). Dadurch wurden das Hzm. und die Bf.e als herrschaftl. Faktoren innerhalb der Stadt weithin ausgeschaltet. Diese Kg.surkk. sind die Grundlage der Stadtfreiheit geworden, die im Spannungsfeld von Kgtum., Hzm. und Bf.en durch- und umgesetzt werden mußte. Sie verliehen der aufstrebenden Bürgerschaft das Recht, einen Bürgermeister, einen Rat (der sich im 14. Jh. in einen Inneren und Äußeren Rat aufgliederte) und als Vertreter ihrer Standesinteressen einen Hansgf.en (1207) zu wählen. Seit 1230 ist weiterhin ein Stadtgericht belegt. Zur gleichen Zeit bildete sich eine sich immer weiter differenzierende Verwaltung aus. Das älteste Stadtsiegel stammt aus dem Jahre 1211, eine Stadtkanzlei ist seit 1242 nachweisbar. Die bestimmende Kraft war das machtvolle Handelspatriziat, zu dem seit der Karolingerzeit auch jüd. Familien gehörten und das die Stadt oligarch. beherrscht hat. Es gelang den Wittelsbachern nicht mehr, den herkömml. Vorort des Hzg.s auch zur Hauptstadt ihres Territorialstaates zu machen. R. stieg im SpätMA zu einer der sieben →Freien Städte auf, die dem Reich weder Steuern oder sonstige Abgaben noch die Huldigung schuldeten.

[3] *Spätmittelalter:* Im ausgehenden MA erlebte R. einen steilen Abstieg, der eine Reihe von inneren (einseitige Bevorzugung des Transithandels, kein überregional bedeutsames Gewerbe), aber auch äußeren Ursachen (Verlagerung der Haupthandelswege auf dem europ. Kontinent, Repressionen des Hzm.s Bayern) hatte. Er führte R. in den Schatten der neuen Zentren →Nürnberg und →Augsburg, welche die Stadt schließlich auch an Einwohnern überflügelten. Ihren Vorrang als bevorzugte Tagungsstätte von hzgl. und kgl. Hoftagen sowie Reichsversammlungen büßte sie nun ein. Viele Patriziergeschlechter verließen die Stadt. R. versuchte, diesem Niedergang schließlich durch die freiwillige Unterstellung unter die Landeshoheit der bayer. Wittelsbacher 1486 gegenzusteuern. Doch erzwangen die habsbg. Ks. Friedrich III. und Maximilian I. seit 1492 die Rückkehr zum Reich. Maximilian I. machte anschließend die bisherige Freistadt zur ksl. Stadt, die bis 1555 von einem Reichshauptmann kommandiert wurde. Damit waren die Weichen zur Eingliederung in die nunmehr vereinheitlichte Gruppe der →Reichsstädte gestellt. Die Beziehungen zum Hzm. Bayern wurden im Straubinger Vertrag v. 1496 auf Dauer neu geordnet; dieser traf auch tragfähige Verfügungen bezügl. des sich seit dem 13. Jh. ausbildenden, aber lange umstrittenen, mit ca. 2000 ha (davon 160 ha Wohngebiet) vergleichsweise kleinen Burgfriedens. V. a. wurde die bayer. Gegengründung am N-Ufer der Donau Stadtamhof nun förml. zur Stadt erhoben. R. war die einzige Reichsstadt im SO Dtl.s, in der seit dem 16. Jh. auch der →Reichstag wieder vermehrt zusammentrat. Einer der Gründe für die Wiederaufnahme der früheren Tradition war die durch den Einwohnerrückgang ermöglichte Bereitstellung der erforderl. Beherbergungs- und Versorgungskapazitäten. Diese Entwicklung mündete 1663 in den Immerwährenden Reichstag.

[4] *Klöster und Stifte:* R. war eine sehr klosterreiche Stadt. Am Beginn der Reformationszeit 1525 wird der Anteil des Klerus mit 230 Weltgeistlichen, 66 Mönchen und 85 Nonnen angegeben; sie machten etwa 3% der Stadtbevölkerung aus. Während des MA lag der Anteil höher. Drei geistl. Einrichtungen haben die Reichsstandschaft erlangt und so zur weiteren herrschaftl. Aufsplitterung der Stadt beigetragen. Als wichtigstes Kl. galt immer das Benediktinerstift St. Emmeram, das sich um 700 an der Stätte des endgültigen Grabes des hl. →Emmeram bildete. Dessen oftmals behauptete spätantike Wurzel kann archäolog. nicht gesichert werden. Emmeram galt als bayer. Landes- und karol. Reichsheiliger; dementsprechend viel Förderung hat das Kl. erfahren. Seine Äbte waren bis 973 in Personalunion Bf.e v. R. Erst im Rahmen der Gorzer Reformbewegung (→Gorze) kam es zur Trennung von Bf.shof und Domkl., die schwere Auseinandersetzungen zur Folge hatte. In diesem Rahmen wurde eine Reihe von Fälschungen angefertigt, die hauptsächl. mit dem Namen →Otlohs verbunden sind. Ziele waren die Exemtion von der bfl. Gewalt sowie die Erlangung der Reichsunmittelbarkeit, die schließlich 1295 von Kg. Adolf v. Nassau anerkannt wurde. Seitdem war St. Emmeram Reichsstift, das während des gesamten MA durch eine äußerst anspruchsvolle Kulturpflege hervorgetreten ist. Einen ähnlichen Sonderstatus vermochten sich das Ober- und das Niedermünster zu verschaffen. Sie sind aus sehr planvoll im Stadtareal plazierten Kl.gründungen hervorgegangen und später in Kanonis-

senstifte umgewandelt worden. Die von Bf. →Wolfgang versuchte Remonastisierung gelang nicht mehr. Das Niedermünster erhielt die Reichsunmittelbarkeit von Heinrich II. zugestanden, das Obermünster von Konrad II., der dem Konvent bes. verbunden war. Die Überlassung der beiden Reichsstifte an Bf. Konrad IV. 1215 durch Kg. Friedrich II. mußte rasch wieder rückgängig gemacht werden. Im späteren MA ist keines von beiden mehr bes. in den Vordergrund getreten. Einen vergleichbaren Weg ging das Kollegiatstift Unserer Lieben Frau zur Alten Kapelle, das aus der Hofkapelle der Pfalz Ludwigs d. Dt. erwachsen ist. Doch büßte es schon durch die Errichtung der Kl.pfalz bei St. Emmeram durch Arnulf v. Kärnten an Bedeutung ein. 1009 wurde die Alte Kapelle von Heinrich II. seiner Lieblingsgründung Bamberg inkorporiert, bei der sie dann auf Jahrhunderte verblieb.

Zu diesen traditionsreichen Stiftungen des frühen MA kamen seit der Jahrtausendwende zahlreiche weitere Kl.gründungen. Im Grunde sind alle wichtigen monast. Bewegungen des MA in R. vertreten. Das Kl. St. Paul ging aus der Gorzer Reform hervor, die Benediktinerabtei Prüfening aus der Hirsauer Reform (→Hirsau), das Stift St. Johann aus der Chorherren- und Kanonikerbewegung des 12. Jh. Die Schottenabtei St. Jakob gilt als ältester Stützpunkt der ir. Mönche auf dem Kontinent und wurde 1215 Mittelpunkt ihrer Kongregation. Die Bettelorden sind mit weithin ausstrahlenden Häusern der Dominikaner (St. Blasius) und Minoriten (St. Salvator) präsent, die zu den frühesten Niederlassungen auf dt. Boden gehören. In ihnen wirkten mit →Albertus Magnus, →Berthold v. R. und →David v. Augsburg Persönlichkeiten, die zu den Hauptvertretern des ma. Geisteslebens gerechnet werden. Auch der Augustinerorden (St. Salvator, St. Mang) und die Kartäuser (Prüll) konnten innerhalb bzw. in unmittelbarer Nähe der Stadt Kl. aufbauen. Die Ritterorden errichteten Niederlassungen bei St. Ägidius (Dt. Orden) und St. Leonhard (Johanniter). Die Frauenorden waren mit den Dominikanerinnen (Hl. Kreuz) und Klarissen vertreten. Angesichts der Vielzahl von Kl. konnten sich nicht alle behaupten; die Karmeliter haben sich schon nach kurzem Aufenthalt nach Straubing zurückgezogen. R. war geradezu ein Brennpunkt der oberdt. Kl.landschaft. Drei der ma. Kl. bzw. Stifte haben selbst die Säkularisation überlebt und bestehen seit ihrer Gründung ohne jede Unterbrechung bis in die Gegenwart.

B. Burggrafen

Die Vertreter des am R.er Raum sehr interessierten Kgtm.s waren die →Burggf.en. Die Burggf.en v. R. sind die ersten nachweisbaren Inhaber dieses Amtes in Dtl. Es wurde von Ks. Otto I. geschaffen, der nach der Niederwerfung des Liudolfschen Aufstandes 953/954 (→Liudolf) die Position des Kgtm.s in diesem Zentralraum durch einen neuen Funktionsträger wirkungsvoller zur Geltung bringen wollte. Die Burggft. war eines der wichtigsten Reichslehen in Bayern. Ihr Inhaber war militär. Kommandant der Festung R., hatte aber darüber hinaus alle gfl. Rechte innerhalb der Stadt sowie in ihrem unmittelbaren Umland in Händen. Denn mit der Burggft. war in Personalunion immer das Amt des Gf.en v. w. Donaugau verbunden, in dem R. zwar lag, in den es aber bis zur Jahrtausendwende nicht integriert war. Der erste Burggf. von R., Burchard, gehörte in den Umkreis der Luitpoldinger und war zugleich Mgf. der Ostmark. Als Beteiligter am Aufstand Hzg. →Heinrichs II. (d. Zänkers) wurde er 976 aller seiner Ämter enthoben. Nun ging die Burggft. an die →Babonen über, in deren Händen sie sich auf dem Erbweg verfestigte. Sie konnten ihre Position durch die Übernahme von mehreren Kirchenvogteien und einen gezielten Landesausbau im Vorderen Bayer. Wald so sehr stärken, daß 1143 ihr Territorium durch die Abtrennung der Lgft. Stefling geteilt werden konnte. Als Hauskl. gründete Burggf. Otto I. die Zisterze Walderbach, wo auch das Familienbegräbnis eingerichtet wurde. Eine weitere Machtausdehnung erfolgte in w. Richtung an der unteren Altmühl, als Friedrich Barbarossa mit Hilfe der Burggft. eine erdrückende Klammer um das nach Autonomie strebende R. zu legen begann. Einzelne Burggf.en sind als Minnesänger hervorgetreten (→Burggf. v. R.). Nach dem Aussterben der beiden Linien der Babonen um 1185 bzw. 1196 kamen Burg- und Lgft. auf unterschiedl. Wegen an die Wittelsbacher, die dadurch entscheidende Ansatzpunkte in R. erhielten. V. a. ging nun das Schultheißengericht an sie über. Freilich hat die Bürgerschaft im Verlaufe des SpätMA die hzgl. Gerichtsrechte schrittweise in ihre Verfügung gebracht.

C. Bistum

In Anlehnung an die polit. Zentralität wurde R. im Rahmen der Bm.sorganisation des hl. →Bonifatius i. J. 739 Sitz eines kanon. Bf.s. Die Hinweise auf ein spätantikes Bm. sind nicht tragfähig. Die hll. Emmeram und Erhard sowie weitere genannte vorbonifatian. Bf.e (Rupert, Valentin, Ratarius) sind den agilolfing. Hzg.en zuzuordnen und als missionierende Wander- oder Hofbf.e anzusprechen, die für das gesamte Hzm. zuständig waren. Inwieweit ein erster Organisationsentwurf für die bayer. Kirche von Hzg. →Theodo 715 verwirklicht werden konnte, wird nicht hinreichend klar. Daß der Metropolitansitz 798 nach Salzburg und nicht nach R. gelegt wurde, hängt mit der damaligen polit. Konstellation zusammen. Das Diözesangebiet entspricht im wesentl. dem Donau-, Kels- und Nordgau; in diesen kirchl. Grenzen wirkten herrschaftl. Gebilde des frühen MA nach. Ihm wurde im 9. Jh. noch das Hzm. Böhmen zugeordnet, bis es im Bm. →Prag 972/973 seine eigene Kirchenorganisation bekam.

Den Bf.en v. R. wurde angesichts der ausgeprägten Interessen der weltl. Gewalten innerhalb der Stadt nur eine vergleichsweise schmale Ausstattung zugeteilt. Der Dombezirk lehnt sich unmittelbar an den Bereich der Pfalz der Agilolfinger und Ludwigs d. Dt. an; er blieb immer auf seinen anfängl. Umfang begrenzt und erfuhr auch nie eine großzügige baul. Ausgestaltung wie in den umliegenden Bf.ssitzen. Als Bf.sburgen dienten die in deutl. Entfernung zur Stadt gelegenen Festungen Donaustauf und Wörth. Hier kommen die bes. Herrschaftsverhältnisse in R. sowie die begrenzten wirtschaftl. Möglichkeiten der Bf.e zum Tragen. Denn auch die reichere Begüterung außerhalb, n. u. ö. der Stadt, mußte 973 im Rahmen der Gorzer Reform mit dem Domkl. St. Emmeram geteilt werden. In der Stadt erhielt der Bf. während des HochMA eine Reihe von Herrschaftsrechten (Immunität, Gericht, Münze, Zoll). Im Unterschied zu den anderen Bf.en der bayer. Kirchenprovinz vermochte er sie aber nicht zur Stadtherrschaft auszubauen. Allein Siegfried (1226-46) konnte sich kurzfristig ein Übergewicht verschaffen. Im übrigen gelang es ledigl., i. J. 1245 die Domvogtei abzuschütteln, die bis 1148 in den Händen einer Nebenlinie der Gf.en v. →Bogen, bis 1188 der Gf.en v. →Sulzbach und in der Folgezeit der Herren v. Lengenbach gelegen hatte. Auf dieser Grundlage konnten dem sich bildenden Hochstift neben der innerstädt. Domimmunität die Reichsherrschaften Donaustauf, Wörth und Hohenburg zugeführt werden. Dazu kamen kleinere Mediatherrschaften in den Hzm. ern Bayern und Österreich. Das Hochstift R. gehörte immer zu den wirtschaftl. und polit. unbedeutendsten innerhalb des Reiches.

Die Bf.e v. R. waren während des frühen und hohen MA ausgesprochen polit. Persönlichkeiten, auf deren Einsetzung und Amtsführung zunächst die Hzg.e v. Bayern und seit 788 die Karolinger bestimmenden Einfluß ausübten. Mehrere wurden mit wichtigen herrschaftl. Funktionen betraut. Als Erzkanzler des Kgtm.s sind Baturich, Aspert, Konrad IV. und Siegfried bezeugt; Lothar v. Süpplingenburg ernannte Heinrich I. 1137 kurzfristig zum Erzkanzler für Italien. Im Jahre 932 wurde im R.er Dom eine wichtige Synode der bayer. Kirchenprovinz durchgeführt. Die religiös herausragenden Gestalten sind die kanonisierten Bf.e Wolfgang (973–994) und Albert (1260–62); einzelne andere (wie Tuto) wurden als Selige verehrt. Im SpätMA weist die Liste keine vergleichbar profilierten Gestalten mehr auf. A. Schmid

Q.: TH. RIED, Codex chronologico-diplomaticus episcopatus Ratisbonensis, 1816 – Arnold von St. Emmeram, Libri de Sancto Emmerammo (MGH SS IV), 543–574 – Annales Ratisponenses (MGH SS XVII), 577–590 – Eberhardi archidiaconi Ratisponensis annales (MGH SS XVII), 591–605 – Chr. dt. Städte, XV, 1878, 1967² – Andreas v. R., Sämtl. Werke, hg. G. LEIDINGER, 1903 – Konrad von Megenbergs Traktat De limitibus parochiarum civitatis Ratisbonensis, hg. PH. SCHNEIDER, 1906 – R. UB: Urkk. der Stadt, hg. J. WIDEMANN-F. BASTIAN, 1912/56 – Arbeonis episcopi vita vel passio Haimhrammi episcopi et martyris Ratisponensis, hg. B. KRUSCH, 1920 – Das Runtingerbuch, hg. F. BASTIAN, 1935-44 – Lit.: C. TH. GEMEINER, R.ische Chronik, 1800-24 [neu hg. v. H. ANGERMEIER, 1987²] – CH. G. GUMPELZHAIMER, R.'s Gesch., Sagen und Merkwürdigkeiten, 1830-38, 1984² – H. G. PH. GENGLER, Die Q. des Stadtrechts von R. aus dem XIII., XIV. und XV. Jh., 1882 – M. MAYER, Gesch. der Burggf.en v. R., 1883 – F. JANNER, Gesch. der Bf.e v. R., 1883–86 – I. STRIEDINGER, Der Kampf um R., Verhandlungen des Hist. Vereins für Oberpfalz und R. 44, 1890/91, 1–88, 95–205 – H. GF. V. WALDERDORFF, R. in seiner Vergangenheit und Gegenwart, 1896⁴ [Nachdr. 1973] – S. RIETSCHEL, Das Burggf.enamt und die hohe Gerichtsbarkeit in den dt. Bf.städten während des frühen MA, 1905 [Nachdr. 1965] – J. A. ENDRES, Beitr. zur Kunst- und Kulturgesch. des ma. R., 1925 – H. HEIMPEL, Das Gewerbe der Stadt R. im MA, 1926 – R. STRAUS, Die Judengemeinde R. im ausgehenden MA, 1932 – Kunstdenkmäler von Bayern, Oberpfalz XXII: Stadt R., bearb. F. MADER, 1933 [Nachdr. 1981] – F. MORRÉ, Ratsverfassung und Patriziat in R. um 1400, Verhandlungen des Hist. Vereins für Oberpfalz und R. 84, 1935, 1–147 – K. BOSL, Die Sozialstruktur der ma. Residenz- und Fernhandelsstadt R., 1966 – J. STABER, Kirchengesch. des Bm.s R., 1966 – K. O. AMBRONN, Verwaltung, Kanzlei und Urkk.wesen der Reichsstadt R. im 13. Jh., 1968 – G. HABLE, Gesch. R.s, 1970 – A. KRAUS, Civitas Regia. Das Bild R.s in der ma. Gesch.sschreibung Dtl.s, 1972 – G. KREUZER, 2000 Jahre R.er Stadtentwicklung, 1972 – K. BABL, Emmeram von R. Legende und Kult, 1973 – H. STOOB, R. (Dt. Städteatlas I. Lfg., 1973) – Baualtersp läne zur Stadtsanierung, R., 1973–93 – K. STROBEL, Das Bürgerhaus in R., 1976 – P. SCHMID, R. Stadt der Kg.e und Hzg.e im MA, 1977 – Zwei Jahrtausende R., hg. D. ALBRECHT, 1979 – K. GAMBER, Ecclesia Reginensis, 1979 – E. DuBRUCK-K. GÖLLER, Crossroads of Medieval Civilization: The City of R. and its Intellectual Milieu, 1984 – R. Gesch. in Bilddokumenten, hg. A. KRAUS-W. PFEIFFER, 1986² – K. BAUER, R., 1988⁴ – K. HAUSBERGER, Gesch. des Bm.s R., 1989 – H. TH. FISCHER, Das Umland des röm. R., 1990 – A. SCHMID, R.: Die Reichsstadt und die Kl., Hist. Atlas von Bayern, 1994 [Lit.].

Regensburg, Reichsversammlungen v., setzten unter Karl d. Gr. i. J. 788 ein und dauerten bis in die Mitte des 13. Jh. mit großer Stetigkeit an. In dieser Zeit beriefen die Kg.e ca. 60 Versammlungen nach R. ein, wobei mit 18 der Schwerpunkt in der Stauferzeit lag. Danach trat eine Zäsur ein, bis R. seit der Mitte des 14. Jh. allmähl. wieder als Versammlungsort in das Blickfeld des Ks.s trat. Diese Tradition basierte auf der Funktion R.s als Hauptstadt des bayer. Hzm.s und Zentrum der Kg.smacht im SO des Reiches. Den Charakter R.s als Versammlungsort brachten in augenfälliger und für Deutschland einzigartiger Weise die Höfe der Bf.e v. →Augsburg, →Brixen, →Bamberg, →Eichstätt, →Freising, →Salzburg und →Passau, mehrere →Reichskl. und einzelne weltl. Große seit dem Ende des 10. Jh. vom Kg. im Umkreis der Pfalz am Alten Kornmarkt als Quartiere für die Zeit der Versammlungen erhielten. Den themat. Schwerpunkt der R.er Versammlungen bildeten Fragen, die →Bayern und seine ö. Nachbarn betrafen. Seit der Mitte des 12. Jh. stand der Gegensatz zw. →Staufern und →Welfen, der zeitweise im Streit zw. Welfen und (jüngeren) →Babenbergern um das Hzm. Bayern in Erscheinung trat, im Vordergrund. 1155 versuchte Ks. Friedrich I., den Gegensatz zu den Welfen durch die Einsetzung →Heinrichs d. Löwen zum Hzg. v. Bayern zu beheben. Die damit verbundene Rechtshandlung der Reichsversammlung, die im Sept. 1156 auf den Wiesen v. Barbing vor den Toren R.s stattfand, dadurch kompensiert, daß die Mark →Österreich als selbständiges Hzm. den Babenbergern übergeben wurde. Der Gegensatz Staufer-Welfen beschäftigte noch einmal die Versammlung v. 1180. Die versammelten Fs.en verhängten über Heinrich d. Löwen die Aberacht und besiegelten damit endgültig sein Schicksal. Mit den Türken tauchte im 15. Jh. ein neues Thema in der Reichspolitik auf, das R. als östlichste und damit den Türken am nächsten gelegene Freie Stadt wieder als Versammlungsort ins Blickfeld der Reichspolitik rücken ließ. 1454 fand in R. der erste »Türkenreichstag« statt, den auch Hzg. →Philipp III. d. Gute v. Burgund, ein Verfechter des Kreuzzugsgedankens, besuchte. 1471 versammelte sich der sog. große Christentag in R., der zu einer →Türkensteuer aufrief. P. Schmid

Q.: RTA, Ältere Reihe, XIX/1, 1969 – Lit.: J. REISSERMAYER, Der große Christentag zu R. 1471, 2 T.e, 1887/88 – A. KRAUS, Civitas regia, 1972 – P. SCHMID, Die R.er Reichsversammlungen im MA, Verhandl. des Hist. Ver. für Oberpfalz und R. 112, 1972, 31–130 – DERS., R. Stadt der Kg.e und Hzg.e im MA, 1977.

Regensburg, Vertrag v. (921). Hzg. →Arnulf v. Bayern benutzte die Monate nach dem Tod Konrads I. bis zur Wahl Heinrichs I., der er fernblieb, zum Ausbau seiner Position. Deswegen nahm der Liudolfinger unverzügl. die Kriegshandlungen des Vorgängers gegen Bayern wieder auf. Nach einem geschilderten Zug 920, bei dem →Regensburg als Vorort Bayerns stark in Mitleidenschaft gezogen wurde, unternahm er 921 einen erneuten Vorstoß, dem jedoch eine vertragl. Einigung ein Ende bereitete. Der Luitpoldinger behielt alle Herrschaftsrechte, mußte aber als Gegenleistung die Oberhoheit Heinrichs I. anerkennen. Der V. v. R. stellte eine tragfähige Interessenabgrenzung auf der Grundlage eines Kompromisses dar (→Liutprand v. Cremona: »miles regis«) und ebnete dem Eintritt Bayerns ins Ottonenreich. A. Schmid

Lit.: K. REINDEL, Die bayer. Luitpoldinger 893–989, 1953, 119–131 – SPINDLER ²I, 285f.

Regenstein → Blankenburg

Regesten → Urkunde

Reggio di Calabria, südit. Hafenstadt an der Straße von Messina am Endpunkt der von Capua ausgehenden Via Popilia. [1] *Stadt:* Die im 8. Jh. v. Chr. von Griechen gegr. Stadt war in der späten Ks.zeit Sitz der Correctoren in Bruttium, seit dem langob. Vordringen nach Süditalien administratives Zentrum der verbleibenden unterit. Reichsgebiete, die im 7. Jh. den Namen →Kalabrien annahmen und im 8. Jh. einen Dukat bildeten. Nachdem der von den Arabern vertriebene siz. Stratege in R. Zuflucht fand, wurde die im 8. und 9. Jh. gräzisierte Stadt noch vor der Mitte des 10. Jh. Hauptort des byz. Themas Kalabrien. Obwohl die urbane Entwicklung durch arab. Angriffe, Zerstörungen (900) und Besetzungen stets gefährdet war, blieb R. ein Zentrum gr. Kultur und Rechtspflege in Kalabrien. Der Ausfall →Messinas verstärkte seinen Anteil am Mittelmeerhandel, zumal aus dem Hinterland im 10. und 11. Jh. in größerem Umfang →Seide nach Sizilien und Griechenland exportiert wurde. Die Normannen eroberten Reggio i. J. 1059. →Robert Guiscard nahm hier den Titel eines dux Calabrie an; →Roger I. wählte aber →Mileto als Residenz. Im Kgr. Sizilien brachten gr. Beamtenfamilien im 12. Jh. ihre Erfahrung in die neue Verwaltungsorganisation ein, als R. Vorort einer verkleinerten Provinz Kalabrien wurde. Im Handel, den Friedrich II. 1234 durch einen Jahrmarkt belebte, dominierten im 12. und 13. Jh. die Verbindungen nach Sizilien. 1282 optierten die Bürger für die Siz. Vesper und unterstellten sich bis zum Frieden v. →Caltabellotta (1302) der aragones. Herrschaft. Belagerungen und Blockaden führten zu einer nachhaltigen wirtschaftl. Depression, von der sich R. auch unter der angiovin. Herrschaft im 14. und 15. Jh. nicht mehr dauerhaft erholte. Die Zahl der steuerpflichtigen Feuerstellen fiel so stark ab, daß →Alfons I. v. Aragon R. 1443 als Gft. an Alfonso de Cardona verlieh. Sein Nachfolger →Ferdinand I. (Ferrante) hob die feudale Mediatisierung der früheren Hauptstadt Kalabriens 1462 wieder auf und förderte erneut Handel und Seidenproduktion. Die Erdbeben von 1783 und 1908 zerstörten R. vollständig und vernichteten auch die ma. Bausubstanz.

[2] *Bistum:* Das auf die Frühzeit des Christentums in Kalabrien zurückgehende Bm. unterstellten die byz. Ks. im Zusammenhang mit dem Bilderstreit in der ersten Hälfte des 8. Jh. der gr. Obödienz. Im 9. Jh., wahrscheinl. zw. 869/870 und 879/880, erhoben sie R. zur Metropole von Kalabrien mit (901/902) zwölf Suffraganen. Nach der Eroberung von R. erzwangen die Normannen um 1078/79 die Abkehr von der gr. Obödienz, indem sie den letzten Metropoliten →Basilius vertrieben und im Bunde mit Gregor VII. und Urban II. lat. Prälaten einsetzten. Die nach Veränderungen im 11. Jh. erst von Alexander III. 1165 neu geordnete Kirchenprovinz umfaßte fünf lat. (Cassano, Catanzaro, Nicastro, Squillace, Tropea) und vier gr. (Bova, Crotone, Gerace, Oppido) Bm.er. Die gr. Diözesen bewahrten ihren Ritus bis zum 15. oder 16. Jh.

N. Kamp

Lit.: IP 10, 1975, 15–25 [Lit.] – D. SPANÒ BOLANI, Storia di R. di C., 1–2, 1857 (1958–59³) – O. DITO, La storia Calabrese e la dimora degli Ebrei in Calabria..., 1916 – F. RUSSO, Storia della arcidiocesi di R. di C., 1–3, 1961–65 – A. GUILLOU, Le brébion de la métropole byz. de Région (vers 1050), 1974 – V. v. FALKENHAUSEN, Die Städte im byz. Italien, MEFRM 101, 1989, 401–464.

Reggio Emilia, oberit. Stadt (Emilia Romagna). Gründung des röm. Konsuls M. Aemilius Lepidus 182–174 v. Chr. Die Christianisierung ging im 3./4. Jh. wahrscheinl. von Ravenna aus (Kult der ravennat. Hl.n Apollinaris und Vitalis); erster bezeugter Bf. Faventius (451). Keine gesicherten Daten sind von dem Stadtpatron Bf. Prosperus bekannt (von der Hagiographie des 10. Jh. mit →Prosper v. Aquitanien verwechselt). Erst 772 ist ein langob. Gastalde belegt. Die Eroberung durch die Karolinger stärkte die Stellung des Bf.s und die kirchl. Einrichtungen R.s (835 Ausstattung des Kl. S. Tommaso durch Kgn. Kunigunde). Nach der Verwüstung der peripher (am St.-Prosperusgrab) gelegenen Kathedrale durch die Ungarn (899) wurde die Bf.skirche in die Nähe des antiken Zentrums verlegt ; →Berengar I. verlieh Bf. Petrus (900–915) das Befestigungsrecht sowie die Jurisdiktion über R. und seine Vorstädte. Unter Bf. Teuzo (979–1030) fand eine Reorganisierung des städt. Lebens statt. Innerhalb der engen Mauern des Castrum befanden sich nun die Kathedrale S. Maria mit Episcopium und Kapitelhaus sowie die Kirche und das Kanonikerhaus S. Prospero »di castello«; auf dem Platz der ursprgl. Kathedrale entstanden das Kl. S. Prospero (1006), außerhalb der Mauern die Frauenkl. S. Tommaso und S. Raffaele. 1027 bestätigte Konrad II. Teuzo die Gf.enrechte. In dieser Zeit dehnten die →Canossa, frühere Vasallen des Bf.s v. R., auf Kosten der Kirche ihre Kontrolle auf die Gft. R. aus. Im →Investiturstreit ersetzte →Mathilde v. Tuszien den ks.treuen Bf. Gandulf durch →Anselm v. Lucca (1082). Wichtigster Vertreter der Kirchenreform in R. war jedoch Bon(us)senior (1098–1118). Nach Mathildes Tod (1115) entwickelte sich die Kommune (1136 Konsuln). Bf. Albericus vertrat die Stadt, die der →Lombardischen Liga angehörte, im Frieden v. →Konstanz (1183). 1178 wurde der bis dahin dominierende Adel vom Stadtregiment ausgeschlossen und ein Capitano del popolo eingesetzt. Zeugnis für die jurisdiktionelle und städtebaul. Aktivität der Kommune, für die Unterwerfung der Grundherren des Contado und für die Bündnisse und Kriege mit den Nachbarkommunen (v. a. mit →Modena um die Wasserrechte am Secchia) sind der »Liber Grossus« (Slg. öffentl. Urkk. von 962 bis 1352, Consuetudines v. 1242, Statuten v. 1265 und [uned.]1311; hg. F. S. GATTA, 1944–1962). 1199–1245 wurde eine neue Stadtmauer hochgezogen. Trockenlegung und Melioration der Tagliata (1214) erweiterten den Herrschaftsbereich R.s im Contado. Das religiöse Leben empfing durch die Niederlassung der Dominikaner (1233), Franziskaner (1234) und Augustiner (1268) neue Impulse. 1265 ging das Stadtregiment auf die Popolaren über, welche die einflußreiche Adelsfamilie da Sezzo aus der Stadt vertrieben, die Statuten änderten und einschneidende baul. Veränderungen durchführten: u. a. Palazzo del Popolo, neuer Palazzo Comunale (1272/76), Naviglio Nuovo, Fertigstellung der Mauern (1281). Als Reaktion auf die Herrschaft der Popolaren boten 1290 mehrere Adelsfamilien Obizzo d' →Este die Signorie an. Damit begann der Niedergang der städt. Autonomie. R. stand danach unter der Herrschaft der Päpste, des Ks.s, lokaler und benachbarter Signoren (Fogliani, →della Scala, →Gonzaga, →Visconti). Anfang des 14. Jh. (Liber focorum d. J. 1315 [BELOCH]) hatte die Stadt ca. 15000 Einw.; 54250 im gesamten Territorium). Erdbeben (1346 und 1348), Überschwemmungen und Hungersnot (1347) sowie die Pest und interne Zwistigkeiten führten jedoch in der Folgezeit zu einem Bevölkerungsrückgang. Obgleich die Visconti-Regierung (1371–1409) versuchte, die Ordnung wiederherzustellen und Fördermaßnahmen durchführte, vergrößerte sich die allg. Not durch die Epidemien d. J. 1374, 1384 und 1388. Nach dem Tod Gian Galeazzo Viscontis (1406) errang Ottobono →Terzi die Signorie über R., wurde jedoch durch eine Allianz der Visconti und der Este besiegt. 1409 wurde R. dem Territorialstaat der →Este eingegliedert. P. Golinelli

Lit.: A. BALLETTI, Storia di R. nell'E., 1925 – P. GOLINELLI, Culto dei santi e vita cittadina a R. E. (sec. IX-XII), 1980 – O. ROMBALDI, Il monastero di S. Prospero di R. E., 1982 – Storia ill. di R. E., hg. M. FESTANTI-G. GHERPELLI, 1987 [Lit.] – M. MUSSINI, La mandorla a sei facce, 1988 – P. GOLINELLI, Matilde e i Canossa nel cuore del Medioevo, 1991.

Regiam Maiestatem, das früheste ausführl. schott. Rechtsbuch. Obwohl es auf dem aus dem späten 12. Jh. stammenden engl. Rechtstraktat basierte, der →Glanvill zugeschrieben wird, datieren Historiker heute die Erstellung des »R. M.« auf das 14. Jh. Diese Datierung weist möglicherweise auf eine Verbindung des »R. M.« mit einem Versuch hin, das Recht in Schottland nach dem Ende der Unabhängigkeitskriege (→Wars of Independence) wiederherzustellen. Der Text wurde ins Schott. übersetzt; das früheste Ms. der schott. Fassung wird auf ca. 1455 datiert. Das Rechtsbuch genoß im 15. Jh. Autorität, wobei kein Unterschied zw. den Teilen, die auf Glanvill basierten, und den übrigen Abschnitten gemacht wurde, die aus einigen röm.-kanon. Texten, die von dem Lehrbuch »Summa titulorum decretalium« des →Goffredus de Trano abgeleitet waren, und einigen anderen Texten, die irgendwo der Gesetzgebung der schott. Kg.e des 12. und 13. Jh. zuzuordnen sind, bestanden. J. Hudson

Ed. und Lit.: R. M. et Quoniam Attachiamenta, ed. Lord COOPER, 1947 – A. A. M. DUNCAN, R. M.: a Reconsideration, JR, 1961.

Regidores, öffentl. Amtsträger, die den Kern des *regimiento* oder *cabildo* bildeten, seit Alfons XI. sie, einer alten Tradition folgend, um die Tätigkeit des Stadtrats zu kontrollieren, zunächst in den Städten Andalusiens (Sevilla 1327, Córdoba 1328), dann seit 1345 in allen anderen des Reiches einsetzte. Die Maßnahme, Folge mehrerer Jahrzehnte ständ. Kämpfe zw. Volk und Gruppen des städt. Patriziats, sollte, wie die Ausbildung städt. Parteien und die allg. Zulassung der *caballería de cuantía* (→Nobleza), der Wiederherstellung des städt. Friedens dienen, setzte jedoch zugleich den offenen →Concejos aller freien Bürger ein Ende, da sie diesen »die Fähigkeit zur Legitimierung der Machtausübung« absprach. Die von Größe und Bedeutung einer Stadt abhängige Anzahl der R. schwankte zw. 6 und 14; als sie im 15. Jh. anstieg, wurde dies auf den Cortes v. Toledo 1480 verboten. Die R. wurden vom Kg. ernannt, manchmal auf Vorschlag des →Regimiento. Dies führte auf Jahrhunderte hinaus zu einer Konsolidierung des oligarch. Stadtregiments und bedingte zugleich seine Bindung und Abhängigkeit von der Kg.sgewalt. →Corregidor. M. A. Ladero Quesada

Lit.: →Regimiento

Regiebetrieb, Verwaltung und Bewirtschaftung von staats- und stadteigenen Unternehmungen, die weder jurist. noch wirtschaftl. verselbständigt sind. Im Unterschied dazu gibt es eine quasi privatwirtschaftl. Betätigung der öffentl. Hand mit Hilfe rechtl. selbständiger Unternehmungen. In der NZ wurde auch die Eigenverwaltung (also nicht an Pächter übertragenen Verwaltung) gewisser indirekter →Steuern oder staatl. Wirtschaftsmonopole (Salz-, Tabakhandel usw.), die prinzipiell ins MA zurückreicht, Regie genannt. Ein typischer R. auf der Basis eines staatl. →Monopols ist die ven. Galeerenflotte (→Reeder). Der größte R. in Frankreich ist der ab 1330/40 vom Kg. monopolisierte Salzhandel (→Gabelle). Damit ist der monopolisierte Bernsteinhandel des →Dt. Ordens (→Bernstein, II) vergleichbar, der am Ende des 15. Jh. die Hälfte der Hochmeistereinnahmen erbringt. Der Bernsteinhandel ist ein Teil des Handels der Großschäfferei v. →Königsberg, die als vielseitiger Staatshandelsbetrieb n. der Alpen einzigartig ist. S. der Alpen sind ihm die Staatshandelsbetriebe im stauf. Kgr. Sizilien an die Seite zu stellen. Im agrar. Bereich hat der R. in der fsl. und städt. Domänen- und Kammergutswirtschaft die größte Bedeutung und ist von der Eigenwirtschaft des Adels und landsässiger Kirchen zu trennen. Als Beispiel seien die Vorwerke der Komture des Dt. Ordens genannt. Der agrar. R. hatte auch verfassungsrechtl. große Bedeutung, weil nur bei ihm die fsl. Territorialherrschaft nicht dem Veränderungsdruck ausgesetzt war, der auf Feudalabgaben und Hoheitsrechten lag.

In der Stadt ist der R. zu unterscheiden von den städt. Häusern, die selbständigen Gewerbetreibenden als Lager, zum Verkauf oder für bestimmte Tätigkeiten wie Gewandschnitt, Gerben, Färben zur Verfügung gestellt werden. Die städt. R.e arbeiteten oft unter Aufsicht von Ratsdeputierten mit festangestellten Handwerkern, die zur Ratsdienerschaft gehörten. Erstaunl. ist die Vielfalt dieser Betriebe. Viele Städte hatten ihre eigenen Silberhütten, die nicht nur die Münze, sondern zugleich auch das Goldschmiedehandwerk belieferten. Der Braunschweiger Rat besaß Messinghütten in der Umgebung. Lübeck hatte eine Ratsplattnerei, viele Städte eine Büchsengießerei. Weiter sind zu nennen Ratsapotheke, Ratsbier- und -weinkeller, verschiedene städt. Mühlen. Der →Bauhof, der städt. Baubetrieb, ist als R. aufzufassen, umsomehr er nicht nur die öffentl. Bauten ausführte, sondern auch Baumaterial an Private gegen Entgelt abgab. In Hamburg gibt es einen ganzen Komplex städt. Baubetriebe, neben dem Bauhof einen Kalkhof und einen Ziegelhof. Abzutrennen vom R. sind die Werkverträge, die Städte mit Handwerkern und ihren Abhängigen abschlossen, so mit Glockengießern, Armbrustmachern, Uhrmachern, Orgelbauern.

Die R.e sind für die Wirtschaftsgeschichtsforsch. auch deswegen bedeutsam, weil sich aus ihnen betriebl. Buchführung (→Rechnungsbücher) erhalten hat, die aus dem privaten Bereich noch fast ganz fehlt. Man kann daraus Erkenntnisse für Produktivität und Rentabilität der agrar. und gewerbl. Wirtschaft gewinnen und mutatis mutandis auch auf die privaten Betriebe verallgemeinern. Bes. die städt. Buchführung mit ihren Nebenbüchern für R.e (gut erforscht für Hamburg) ist zu nennen. Da in den Nebenbüchern schon im 14. Jh. streckenweise Produktlieferungen und Geldeinnahmen gesondert und parallel verbucht werden, finden sich hier Ansätze einer Doppelten Buchführung, die die Forsch. generell erst bei it. Kaufleuten des 15. Jh. annimmt (→Buchhaltung).

R. Sprandel

Lit.: F. RENKEN, Der Handel der Königsberger Großschäfferei des Dt. Ordens mit Flandern, 1937 – E. MASCHKE, Die Wirtschaftspolitik Friedrichs II. im Kgr. Sizilien, VSWG 53, 1966, 289–328 – R. SPRANDEL, Die Handwerker in nordwestdt. Städten des SpätMA, HGBll 86, 1968, 37–62 – B. FIEDLER, Die gewerbl. Eigenbetriebe der Stadt Hamburg im SpätMA [Diss. Hamburg 1974] – R. SPRANDEL, Das ma. Zahlungssystem nach hans.-nord. Q. des 13.–15. Jh., 1975, 5–16 – H. BOOCKMANN, Die Vorwerke des Dt. Ordens in Preußen, VuF 27/1, 1983, 555–576 – U. DIRLMEIER-G. FOUQUET, Eigenbetriebe niedersächs. Städte im SpätMA (Stadt im Wandel, hg. CH. MECKSEPER, III, 1985), 257–279 – G. FOUQUET, Ad structuram civitatis. Der öffentl. Baubetrieb Hamburgs (Öffentl. Bauen im MA und früher NZ, 1991), 206–292.

Regimen sanitatis Salernitanum, behandelt in der Urfassung (nicht vor der 2. Hälfte des 13. Jh.) in 364 leonin. Versen den Sex →res non naturales, schwoll dann bis auf das Zehnfache zu einem gesamtmed. Kompendium an (3520 VV in der Ed. DE RENZI) und gehörte zu den wirkungsmächtigsten Fachschrr. des MA. Es ist weder seine Herkunft aus Salerno gesichert, noch wurde es textkrit. ediert (relativ zuverlässig: Ed. ACKERMANN), noch sind Überlieferungsgesch., Verf.frage oder Wirkung hinreichend untersucht. Es ist jedenfalls das »erste autochthon abendländ.« R. s. (SCHMITT, 11), also nicht mehr ledigl. eine Übertragung aus dem Arab. Die weite Verbreitung geht wohl auf die schlichte Popularisierung von med. Schulwissen und auf die leichtere Memorierbarkeit gebundener Rede zurück. Deshalb auch erscheint es in allen europ. Volkssprachen, und Teile daraus gingen in den dt. Sprichwortschatz ein (LIPPERHEIDE, 69a, Z. 10f.; 172a, Z. 24f.).   B. D. Haage

Ed.: [Ausw.] J. CH. G. ACKERMANN, R. s. S., 1790 – S. DE RENZI, Collectio salernitana..., I–V, 1852–59 [Neudr. 1967] – *Lit.*: Verf.-Lex.[2] VII, 1105–1111 – K. SUDHOFF, Zum R. s. S., SudArch 7, 1914, 360–362; 8, 1915, 292f., 352–373; 9, 1916, 221–249; 10, 1917, 91–101; 12, 1920, 149–180 – W. SCHMITT, Theorie der Gesundheit und R. s. im MA [Habil.schr. masch., Heidelberg 1973] – F. v. LIPPERHEIDE, Sprichwörterbuch, 1976[8].

Regimen vite. Auf das »Arzneibuch« →Ortolfs v. Baierland folgt in allen Inkunabeln das R. v., das fälschl. dort dem Würzburger Chirurgicus des 13. Jh. zugeschrieben wird. Es stammt indes nach Ausweis der hs. Überlieferung aus der 2. Hälfte des 14. Jh. Der anonyme Verf. übertrug zwei der wirkungsmächtigen diätet. Schrr. des →Konrad v. Eichstätt vollständig und sinngetreu ins Dt., nämlich das »Urregimen« in seiner ursprgl. Form, das die Sex→res non naturales abhandelt, und die Nahrungsmitteldiätetik »De qualitatibus ciborum«. Das R. v. gehört also wie die→»Regel der Gesundheit«, die »Ordnung der Gesundheit«, das »Büchlein der Gesundheit« – alle anonym - und die »Versehung der Gesundheit« von →Heinrich Laufenberg (121. H.) zu jenem dt. diätet. Fachschrifttum, das sich jedenfalls teilw. auf Konrads »Urregimen« stützt.   B. D. Haage

Lit.: Verf.-Lex.[2] V, 162–169 – K. SUDHOFF, Dt. med. Inkunabeln, 1908 – G. KEIL, Peter v. Ulm [Diss. Heidelberg 1960], 191 – CH. HAGENMEYER, Die 'Ordnung der Gesundheit' für Rudolf v. Hohenberg [Diss. Heidelberg 1972] [Ed. 133–155].

Regimiento, verkleinerter Stadtrat, der seit der Einführung der →Regidores durch Alfons XI. in den Städten Kastiliens fakt. den →*concejo abierto* (Versammlung aller Mitbürger) ablöste. Er setzte sich aus 2–6 →Alcalden, von denen einer den Vorsitz führte, manchmal einem→Alguacil (Büttel), und den Regidores zusammen. Die Form der Zusammenkünfte war in kgl. und städt. Erlassen festgeschrieben, die getroffenen Entscheidungen betrafen prakt. alle Bereiche des städt. Lebens mit Ausnahme der Rechtsprechung, die ausschließl. den Alkalden zustand. Das R. wählte jährl., manchmal durch Auslosung, die niedrigeren städt. Beamten. Es verwahrte die Siegel, die Archive und andere Attribute des Concejos als Rechtsinstitution und vertrat ihn nach außen. Die Kontrolle des R. durch Schöffen oder Vertreter der Bürgerschaft erwies sich als wenig effektiv, ganz anders als die der von der Krone seit dem 15. Jh. entsandten, vom →Consejo Real instruierten→*Corregidores*, die den Vorsitz im R. übernahmen und die Ausübung der Stadtherrschaft und der Justiz an sich zogen.   M. A. Ladero Quesada

Lit.: Concejos y ciudades en la Edad Media hispánica, 1990 – M. A. LADERO QUESADA, Lignages, bandos et partis dans la vie politique des villes castillanes (XIV–XV s.) (Les sociétés urbaines en France méridionale et en la péninsule iberique au MA, 1991), 105–130.

Regimina (R. sanitatis, Gesundheitsr.), med. Traktate, die Gesunderhaltung, Prophylaxe und Therapie in erster Linie für med. Laien vermittelten. Ihre Blütezeit lag im 13. bis 15. Jh. Verwurzelt in der hippokrat.-galen. Med., sind sie inhalt. und formal seit dem 11. Jh. vorliegender Lehrschr. der med. Scholastik bestimmt. Trotz Berücksichtigung therapeut. Momente ist die eigtl. Zielsetzung der R. die Regulierung der Lebensweise in körperl. und seel. Hinsicht unter der Leitidee der Gesunderhaltung und Krankheitsvorbeugung. Struktureller Kern der R. ist die Lehre von den sex →res non naturales (aer, cibus/potus, motus/quies, somnus/vigilia, repletio/evacuatio, accidentia animi), den ökolog., phys. und psych. Grundgegebenheiten und Rhythmen des menschl. Lebens, die einer umfassenden, individuellen Regelung und Ordnung im Sinne der Erhaltung des Gleichgewichts bedürfen. Das Regimen sanitatis (diaeta) als eine Systematisierung der antiken →Diätetik ist somit im engeren Sinne zugleich die Methode, die sex res non naturales zu kultivieren und in ihr rechtes Maß zu bringen. Daneben sind die →res naturales (Anatomie und Physiologie) und die→res praeter naturam (Krankheiten) strukturbildender Bestandteil vieler R. Nach der Zielsetzung zu unterscheiden sind: Regimen conservativum, praeservativum und curativum; nach der Methodik das Regimen diaetale, medicinale und das chirurg. Regimen; nach der Thematik Regimen der res non naturales, der res naturales und der res praeter naturam. Neben den allg. R. sanitatis waren spezielle R. verbreitet (Monatsr., Jahreszeitenr., Reiseregimen, Pestregimen). Für eine bestimmte, meist hochstehende Persönlichkeit verfaßte R. sanitatis wurden Consilia genannt. Hist. sind zwei Phasen der Entwicklung der R. sanitatis zu unterscheiden: Die erste steht in der direkten Tradition der spätantiken Gesundheitslehre und gehört in die Zeit des FrühMA, der →Kl. medizin, die zweite setzt ein nach der Rezeption der antik-arab. Gesundheitslehre vom 11. Jh. an und wird seit dem 13. Jh. greifbar. Bes. bedeutsam waren von den allg. R. sanitatis: →»Alexanderbrief« (Mitte 12. Jh.); →»Regimen sanitatis Salernitanum« (13. Jh.); »Liber de sanitate« des Taddeo →Alderotti (13. Jh., auch it. Fassung); »Régime du corps« des →Aldobrandino da Siena (1256); »De morte et vita« (»De longitate et brevitate vitae«) des Petrus Hispanus (→Johannes XXI.; 13. Jh.); »Regimen sanitatis« des →Maimonides (arab., um 1198; im 13. Jh. zwei lat. Übers.en); »Liber de regimine sanitatis« des →Avenzoar (1299 latinisiert); »Tacuinum sanitatis« des Ibn Buṭlān (latinisiert 13. Jh.); »Liber de conservatione vitae humanae« →Bernards v. Gordon (1308); »Regimen sanitatis ad inclytum regem Aragonum« →Arnalds v. Villanova (1308); »De sanitatis custodia« des Giacomo →Albini (14. Jh.); »Regimen sanitatis« des Maino de Maineri (14. Jh.); »De regimine diaetae« des Nicola →Bert(r)uccio (14. Jh.); »Libellus de conservanda sanitate« des →Barnabas v. Reggio (14. Jh.); »Liber conservationis sanitatis senis« des→Guido de Vigevano (1335); »Sanitatis conservator« →Konrads v. Eichstätt (um 1300; davon beeinflußt: »Tractatus de regimine sanitatis« →Arnolds v. Bamberg [13. Jh.] und die dt. R. »Ordnung der Gesundheit« für Gf. Rudolf v. Hohenberg [um 1400], »Regimen vite« des [Ps.-] →Ortolf v. Baierland [14. Jh.], →»Regel der Gesundheit« [um 1400] und »Büchlein der Gesundheit« [überliefert im 15. Jh.]). Im 15. Jh. entstanden u. a.: »De regimine sanitatis« des Ugo →Benzi; »Libellus de sex rebus non naturalibus« des Michele Savonarola (it.); »Libellus de conservatione sanitatis« des Benedetto →Reguardati; »Libellus de sanitate conservanda« des Guido →Parato (1459); »Tractatus de salute corporis« des (Ps.-) →Wilhelm v. Saliceto; »Florida corona medicinae« des Antonio Gazio; »De triplici vita« des Marsilio →Ficino; »Regimen« →Heinrichs v. Laufenberg (dt.); »Regimen hominis« Siegmund →Albichs; Gesundheitsregimen des Bartholomäus →Scherrenmüller.   W. Schmitt

Lit.: H. SCHIPPERGES, Lebendige Heilkunde, 1962 – DERS., Lebensordnung und Gesundheitsplanung in med. hist. Sicht, Arzt und Christ 8, 1962, 153–168 – DERS., Ärztl. Bemühungen um die Gesunderhaltung seit der Antike, Heidelberger Jb. 7, 1963, 121–136 – W. SCHMITT, Theorie der Gesundheit und 'Regimen sanitatis' im MA, 1973 – DERS., Geist und Überlieferung der R. sanitatis, (Tacuinum sanitatis, hg. L. COGLIATI ARANO, 1976), 17–35, 151–153 [Lit.] – DERS., Das Regimen sanitatis des MA (Psychiatr. Therapie heute, hg. H. TELLENBACH, 1982), 51–63.

Reginald

1. R. (Raginald) **v. Canterbury**, † nach 1109, aus Fagia (Faye-la Vineuse/Poitou?), nach 1092 Mönch in St. Augustine's/Canterbury, dichtete aufgrund der Vita Malchi des Hieronymus eine Vita (6. B., 3344 gereimte Hexameter), die er mit großem rhetor. Aufwand, epischen Szenen (Kampfspiele) und gelehrten Exkursen (Beschreibung des Hauses des Oceanus) ausstattete und mit einer Folge von Gebeten des Malchus (6. B.) abschloß, dazu Widmungsgedichte an →Gilbert Crispin, →Hildebert v. Lavardin (sein literarkrit. interessanter Antwortbrief ist erhalten), →Anselm v. Canterbury u. a., hymn. Lieder auf den hl. Malchus, auch eine Aufforderung zum Studium der Lyrik des Horaz, einen Preis seiner Heimat u. a. Eine Kurzfassung der Vita (1076 Verse) beschränkt sich auf die eigtl. Geschichte. P. Ch. Jacobsen

Ed.: TH. WRIGHT, The Anglo-Lat. Satirical Poets and Epigrammatists of the Twelfth Cent., II, 1872, 259–267 – F. LIEBERMANN, R. v. C., NA 13, 1888, 531–556 – AnalHym 50, 370–387, Nr. 287–298 – L. R. LIND, The Vita s. Malchi of R. of C., 1942 – *Lit.:* MANITIUS III, 840–846 – P. VON MOOS, Hildebert v. Lavardin (1056–1133), 1965, 32–37 – SZÖVÉRFFY, Annalen, II, 25–28 – TH. J. HEFFERNAN, Sacred Biography, 1988, 132–136.

2. R. v. Orléans (Rinaldus v. St-Gilles), sel. (Fest: 12. Febr.; Kultbestätigung 1875), * um 1180, † 1220 in Paris, ▭ Notre-Dame-des-Champs, Gebeine während der Frz. Revolution zerstreut. In der Mitte einer glänzenden Laufbahn als Univ.slehrer (Kanon. Recht in Paris) und Kleriker (Dekan der Kollegiatskirche St-Aignan d'Orléans), die ihn in spiritueller Hinsicht jedoch unbefriedigt ließ, begleitete R. 1218 seinen Bf. auf eine Wallfahrt in das Hl. Land. Unterwegs erkrankte er in Rom schwer und gelobte der Muttergottes, falls er genese, in den eben gegründeten Dominikanerorden einzutreten. Er empfing den Habit aus den Händen des hl. Dominikus selbst (Darstellung dieser Ereignisse durch Nicola Pisano und seine Werkstatt auf dem Dominikusschrein in S. Domenico, Bologna) und wurde sogleich nach Bologna gesandt, wo er am 21. Dez. 1218 in der kleinen Kommunität im »Ospizio« S. Maria della Mascarella eintraf. R.s intensive Predigttätigkeit, v. a. in Univ.skreisen, bewog zahlreiche Studenten und Professoren zum Eintritt in den Orden, so daß die Errichtung eines Konvents bei der Kirche S. Nicola delle Vigne (h. S. Domenico) erforderl. wurde, als dessen Gründer R. anzusehen ist. Ende Aug. 1219 sandte der hl. Dominikus R. nach St-Jacques in Paris, wo er jedoch bereits im Febr. des nächsten Jahres starb. L. Redigonda

Q. und Lit.: Anal. S. O. P., 96, 1988, N° speciale, 36 – Bibl. SS XI, 74f. – LThK² VIII, 1099 – Suppl. alla Liturgia delle Ore ... dei Frati Predicatori, 1981, 103–106 – P. LIPPINI, S. Domenico visto dai suoi contemporanei, 1983² – A. D'AMATO, I Domenicani a Bologna, I, 1988.

3. R. v. Priverno (de Priperno) OP, * ca. 1230, † 1290, trat in Neapel dem Dominikanerorden bei, wurde von dessen Röm. Prov. 1259 zum Sozius des →Thomas v. Aquin bestimmt, war dessen wichtigster Sekretär, Reisebegleiter und Beichtvater, hielt nach dessen Tod die Predigt im Seelenamt in →Fossanova. Er übertrug die littera inintelligibilis der Thomasautographen in eine lesbare Schrift, schrieb nach dem Diktat des Thomas v. Aquin, fertigte Mitschriften anderer Vorlesungen an; die zum Johannesevangelium wurde »durch Bruder Thomas korrigiert«, weil sie zur Vorlage einer Reinschrift bestimmt war, eine Auftragsarbeit für Adenulf v. Anagni, einen Freund des Aquinaten. Thomas widmete R. die unvollendeten Schrr. »Compendium theologiae« und »De substantiis separatis«. Nach seinem Tod wurde der ebenfalls unvollendete »Summa theologiae« von seinen Sekretären unter Leitung R.s ein aus den früheren Schrr., bes. dem Sentenzenkomm., zusammengestelltes Supplementum hinzugefügt. R. besaß in seiner persönl. Bibl. fast sämtl. Werke des Thomas v. Aquin und fertigte das älteste Werkverzeichnis an, ist darum ein wichtiger Zeuge für deren Authentizität. Die ältesten Biographen des Thomas v. Aquin, →Tolomeo de Lucca und Wilhelm v. Tocco, verdanken R. viele Informationen. W. P. Eckert

Lit.: LThK² VIII, 1098 – J. A. WEISHEIPL, Thomas v. Aquin, 1980.

Reginare, Familie der lothating. Aristokratie (→Lotharingien), geht zurück auf Reg(i)nar (Régnier), manchmal mit dem Beinamen 'Langhals' († 915), Sohn eines Gf.en aus dem Maasland und einer Tochter des Karolingers →Lothar I. Gf. Reginar hatte eine einflußreiche, aber territorial nicht eindeutig zu identifizierende Position als Repräsentant der karol. Herrscher →Ludwigs IV. d. Kindes, dann →Karls d. Einfältigen inne, ohne aber offiziell das Herzogsamt auszuüben. Nach Reginars Tod fielen seine Besitzungen an die Söhne →Giselbert, den künftigen Hzg. v. Lothringen, und (zu einem kleineren Teil) an Reginar II. († 932/940), der wohl den Pagus Hennegau regierte. Dessen Sohn Reginar III. († 973), auf den (mehr noch als auf seinen Großvater) der Beiname 'Langhals' angewandt wird, führte einen Aufstand gegen Kg. →Otto I. und dessen Bruder und Repräsentanten in Lotharingien, →Brun v. Köln, und wurde 958 vom Kg. geächtet und nach Böhmen verbannt. Die konfiszierten Güter und Rechte Reginars III. sollen an einen Gf.en/Hzg. →Gottfried († 964), der im Auftrag Bruns militär. Amtsgewalt in →Niederlothringien ausübte, dann an einen Gf. en Ruiker übergegangen sein. Als Gf.en und Inhaber dieser Rechte begegnen 973 zwei Brüder, Warner (Garnier) und Rainald (Renaud); sie fielen im selben Jahr im Kampf gegen die Söhne Reginars III., Reginar IV. und Lambert, die nach dem Tode Ottos I. auf Wunsch der Aristokratie ins Land zurückgekehrt waren. Die Söhne sahen sich allerdings beim Anrücken Ks. →Ottos II. zur Flucht ins →Westfrankenreich genötigt (um 974). Die Besitzungen der R. gingen nun an die Gf.en →Gottfried 'v. Verdun', gen. 'der Gefangene' (mit Sitz in →Mons), und Arnulf (mit Sitz in →Valenciennes) über. Nach dem gescheiterten Versuch einer Rückeroberung von Mons (April 976) wurden die R. dennoch von Otto II., zumindest partiell, in ihr väterl. Erbe wiedereingesetzt: Reginar IV. († 1013) etablierte sich in →Hennegau, Lambert in →Löwen, doch konnte Reginar IV. erst 998 Mons wieder in seine Hand bekommen, während die Stadt Valenciennes erst unter seinen Nachfolgern 1047 in den Besitz des Geschlechts kam. Die frühen R. sind oft miteinander verwechselt worden; U. NONN weist mit Recht auf das »heillose Durcheinander« in der älteren Forschung hin. J.-M. Cauchies

Lit.: J. DHONDT, Note critique sur les comtes de Hainaut au Xe s., Annales Cercle archéol. Mons 59, 1945, 123–144 – Alg. Geschiedenis der Nederlanden, II, 1950 [J. F. NIERMEYER] – W. MOHR, Gesch. des Hzm.s Lothringen, I (Gesch. des Hzm.s Groß-Lothringen, 900–1048), 1974 – (Nieuwe) Alg. Geschiedenis der Nederlanden, I, 1981 [C. A. A. LINSSEN] – U. NONN, Pagus und Comitatus in Niederlothringen, 1983.

Reginbert von der Reichenau, Mönch, Lehrer, Bibliothekar und Schreiber, † 846. Aufgrund des signierten Eintrags in Karlsruhe, Cod. Aug. CIX ist seine Hand, eine zierl., dank kursiver Elemente schwungvolle alem. Minuskel und Capitalis, auch in anderen Reichenauer Hss. zu identifizieren, Zeugnisse, die zugleich biograph. Q. sind. R. förderte die Kl.bibl. und verfaßte Besitzvermerke in Vers und Prosa; er legte einen Kat. mit Fortsetzungslisten an und verzeichnete darin auch mehr als 42 von ihm geschriebene oder erworbene Bücher aus nahezu allen Gebieten der Lit. und Wiss., einschließl. ahd. Dichtung. Sein Schriftstil beeinflußte auch seine bereits karol. Minuskel schreibenden Schüler. H. Spilling

Lit.: W. BERSCHIN, Eremus und Insula, 1987, Abb. 6 und 7 – Die dat. Hss. der Württ. Landesbibl. Stuttgart, T. 1, 1991, 47, Abb. 1 – Ma. Bibl.kat. Dtl.s und der Schweiz, Bd. 1, bearb. v. P. LEHMANN, 1918, 238–262 – K. PREISENDANZ, R. v. d. R., Neue Heidelberger Jbb. NF 1952/53, 1–49.

Regino, Abt v. →Prüm, Geschichtsschreiber, Kanonist und Musiktheoretiker, * um 840 wahrscheinl. in Altrip bei Speyer, † 915 in Trier, ⌑ ebd., St. Maximin; adliger Herkunft. R. trat vielleicht schon unter Abt Ansbald († 886) ins Kl. Prüm ein und wurde 892 nach einem Normanneneinfall zu dessen zweitem Nachfolger gewählt. Vermutl. war er schon damals mit historiograph. Arbeiten beschäftigt und reorganisierte 893 die kl. Grundherrschaft durch Anlage des sog. →Prümer Urbars. 899 fiel er einer Intrige der Matfridinger Richarius, Matfrid und Gerhard zum Opfer und mußte nach Trier emigrieren. Hier wurde er von Ebf. Ratbod zum Abt v. St. Martin erhoben und erarbeitete die Widmungsfassungen seiner drei Hauptschriften: einer mehrfach redigierten Weltchronik von Christi Geburt bis 906/908, einer als Handbuch für die bfl. Pfarrvisitation und Sendgerichtsbarkeit konzipierten Kirchenrechtsslg. und eines kurzen Traktats »De harmonica institutione«, der musiktheoret. auf →Boethius und →Martianus Capella fußte und insbes. der Verbesserung des Kirchengesangs im Ebm. Trier diente. Die eigtl. Bedeutung R.s beruht auf seinem historiograph. und kanonist. Schaffen; sein pragmat. Realismus ermöglichte es ihm, zwei oft benutzte Standardwerke von ungewöhnl. Knappheit und Präzision zu schreiben. Als Chronist beschränkte er sich zwar für die Zeit bis 813 auf kompilierende Arbeiten, machte aber schon durch die Grobgliederung seines ansonsten annalist. aufgebauten Werkes deutl., daß mit dem Kgtm. der Karolinger eine neue Epoche begonnen habe. R. durchbrach damit das Korsett der traditionellen Lehre von den vier Weltreichen zugunsten einer stark von Augustinus und Justinus beeinflußten Geschichtsdeutung, die dem röm. Reich keine eschatolog. Bedeutung mehr zuerkannte. Das menschl. Handeln versuchte er, mit dem Maßstab einer von antiken Elementen durchsetzten chr. Adelsethik zu messen; geschichtl. Entwicklungen werden häufig auf das Wirken numinoser Kräfte zurückgeführt. Von bes. Q.wert für die westfrk.-lotharing. Gesch. sind R.s Schilderungen der späten Karolingerzeit. Hier zeigte er sich als guter Beobachter mit wachem Gespür für Zeittendenzen und Kräfteverhältnisse; lediglich die Berichte zu den Jahren 892–906 fielen aus Furcht vor den Matfridingern in der Endredaktion etwas dürftiger aus. Als Kanonist bewies R. seinen Zeitgenossen, daß man den amorphen Stoff der Beschlußtexte durch Systematisierung und Kürzung praktikabler machen könne. Seine »Libri duo de synodalibus causis et disciplinis ecclesiasticis« zeichnen sich v.a. durch Klarheit, Präzision und Kürze aus. Obwohl die Forsch. erst partiell von der Textidentifikation zur Provenienzanalyse der von R. benutzten Vorlagen vorgestoßen ist, steht bereits fest, daß er diese häufig sprachl. geglättet, gekürzt und systematisierend aufgefächert hat. Neben kirchenrechtl. Slg.en wurden dabei auch →Kapitularien intensiv ausgewertet.

J. Laudage

Ed.: Libri duo de synodalibus causis et disciplinis ecclesiasticis, ed. F. W. H. WASSERSCHLEBEN, 1840 – De harmonica institutione, MPL 132, 483–502; COUSSEMAKER II, 1867, 1–73 – Chronicon, rec. F. KURZE, MGH SRG (in us. schol.) [50], 1890 – Das Prümer Urbar, ed. I. SCHWAB, 1983 – *Lit.*: Verf.-Lex.² VII, 1115–1122 – WATTENBACH–LEVISON–LÖWE VI, 898–904 [Lit.] – P. FOURNIER, L'œuvre canonique de Régino de Prüm, BEC 81, 1920, 5–44 – H. LÖWE, R. v. P. und das hist. Weltbild der Karolingerzeit, RhVjbll 17, 1952, 151–179 [Neudr.: WdF 21, 1965, 91–134] – A.-D. VON DEN BRINCKEN, Stud. zur lat. Weltchronistik bis in das Zeitalter Ottos v. Freising, 1957 – K. F. WERNER, Zur Arbeitsweise des R. v. P., WaG 19, 1959, 96–116 – H. HÜSCHEN, R. v. P., Historiker, Kirchenrechtler und Musiktheoretiker (Fschr. K. G. FELLERER, 1962), 205–223 – W. HELLINGER, Die Pfarrvisitation nach R. v. P., ZRGKanAbt 48, 1962, 1–116; 49, 1963, 76–137 – L. BOSCHEN, Die Annales Prumienses, 1972 – E. HLAWITSCHKA, R. v. P. (Rhein. Lebensbilder 6, 1975), 7–27 – W.-R. SCHLEIDGEN, Die Überlieferungsgesch. der Chronik des R. v. P., 1977 – M. BERNHARD, Stud. zur Epistola de armonica institutione des R. v. P., 1979 – G. SCHMITZ, Ansegis und R., ZRGKanAbt 74, 1988, 95–132.

Reginsmál, Heldenlied der →Edda, behandelt wie die →Fáfnismál und die Sigrdrífomál Sigurds Jugend; die 26 von einem Prosaabschnitt eingeleiteten Dialogstrophen im →Ljóðaháttr weisen eine Reihe von Prosaschüben auf. Der Zwerg Regin, auch andernorts als Bruder von →Fáfnir, Otr (R. 9 Prosa; Fáfnismál 25, 36, 39), Lyngheiðr und Lofnheiðr (R. 10, 11 Prosa) und als Sohn von Hreiðmarr (R. Prosa; Völsunga saga 13) bezeichnet, ist Sigurds Ziehvater und schmiedet für ihn das Schwert Gram. Als →Loki seinen Bruder Otr erschlägt, zwingen er und der dritte Bruder Fáfnir die Götter, zur Buße den Otterbalg mit Gold zu füllen; das Gold, das Loki beschafft, wird zum fluchbeladenen, zw. den Brüdern Unheil stiftenden Nibelungenhort: Auf Regins Geheiß erschlägt Sigurd den in Drachengestalt lebenden Fáfnir. Außerhalb der R. (Fáfnismál 39 Prosa, Völsunga saga 19) wird berichtet, daß Sigurd vor Regin gewarnt wird und ihm schließlich den Kopf abschlägt. Das Alter der R. (sicherl. vor der 2. Hälfte des 13. Jh.) wie auch ihre Q. sind noch immer umstritten. R. Simek

Lit.: J. DE VRIES, Altgerm. Religionsgesch., 1964² – A. KRAGERUD, De mytologiske sporsmål i Fåvensmål, ANF 96, 1981 – K. GRIMSTAD, R. and Fáfnismál (Medieval Scandinavia, hg. R. PULSIANO, 1993).

Regiomontanus, Johannes (Hans Müller), bedeutendster Astronom und Mathematiker des SpätMA vor →Kopernikus, * 6. Juni 1436 in Königsberg (Bayern), † ca. 6./8. Juli 1476 in Rom. R. studierte zuerst in Leipzig, dann in Wien (Schüler und Mitarbeiter von →Peuerbach). Von 1461–65 nach Peuerbachs Tod im Gefolge von Kard. →Bessarion in Italien, lebte er 1467–71 in Ungarn als Berater von Ebf. Vitez und Kg. Matthias Corvinus. 1471 übersiedelte er nach Nürnberg, wurde 1475 von Papst Sixtus IV. nach Rom berufen, um die Kalenderreform in Gang zu bringen, starb aber an der Pest.

R. vollendete eine von Peuerbach begonnene Ausgabe des →Almagest, die, nach Möglichkeit von Übersetzungsfehlern früherer Editionen gereinigt, die Erkenntnisse der arab. Astronomie berücksichtigte. Durch astronom. Messungen stellte er Fehler im Lehrgebäude der ptolemäischen →Astronomie fest und verlangte als erster eine grundsätzl. Erneuerung. Diese selbst an die Hand zu nehmen, verhinderte vielleicht sein früher Tod, doch veranlaßte die krit. Sicht R. zur Konstruktion von Meßgeräten. Für die Berechnung seiner umfangreichen Ephemeriden (→Tafeln, astronom.) nutzte er die ptolemäische Theorie als Grundlage, gelangte jedoch zu besserer Darstellung, so daß diese von den meisten Seefahrern der Folgezeit (z. B. Kolumbus, Vasco da Gama) genutzt wurde.

Auch die →Mathematik verdankt R. wichtige Fortschritte. Er berechnete genaue Tafeln der trigonometr. Funktionen, bearbeitete Probleme der Algebra und der

Zahlentheorie. Sein grundlegendes Werk zur Dreieckslehre faßt die Kenntnisse antiker und ma. Mathematiker über →Trigonometrie zusammen und ergänzt sie durch neue eigene Lehrsätze. Er gab auch Kalender heraus, die ihn in weiten Kreisen der Öffentlichkeit berühmt machten, aber auch zu falschen Zuschreibungen führten.

F. Schmeidler

Ed.: Gesamted. fehlt. – J. Schöner, Scripta clarissimi mathematici M. Joannis R.i, Nürnberg 1544 – F. SCHMEIDLER, Joannis R.i opera collectanea (Ser. Milliaria X/2, hg. H. ROSENFELD–O. ZELLER, 1972) – *Lit.:* DSB XI, 348–352 – E. ZINNER, Leben und Wirken des Joh. Müller v. Königsberg, gen. R. (Ser. Milliaria X/1, hg. H. ROSENFELD–O. ZELLER, 1968) [Lit.] – R.-Stud., Veröff. der Komm. für Gesch. der Math., Naturwiss.en und Med., H. 28–30, hg. G. HAMANN, 1980.

Register

I. Deutsches Reich – II. Päpstliche Kanzlei – III. England – IV. Frankreich – V. Kommunales Italien – VI. Süditalien – VII. Iberische Halbinsel.

I. DEUTSCHES REICH: R. sind Kennzeichen einer vollausgebildeten, erhöhten Schriftlichkeit und eine arbeitsteilig wirkende →Kanzlei voraussetzenden Verwaltung. Dies wurde im Reich, nicht zuletzt durch die Reiseherrschaft bedingt, die auch der Ausbildung eines Archivs hindernd entgegenstand, erst sehr spät erreicht. Friedrich II. setzte wohl 1235 im →Mainzer Landfrieden fest, daß der Schreiber des →Hofrichters ein R. führen sollte, doch ist von den Geschäftsbüchern des Hofgerichts nur wenig erhalten, und unmittelbare Auswirkungen dieser Anordnung sind nicht nachzuweisen. Da die ältesten bekannten R. in der Herrscherkanzlei des 14. Jh. auf die Initiative einzelner Notare zurückzuführen sind und spätere →Formelslg.en nachweisl. aus R.n geschöpft haben, wurde in der Forsch. diskutiert, ob man seit der Mitte des 13. Jh. Formularbücher R.funktion gehabt haben oder durch Exzerpierung verlorener Sonderr. entstanden sein könnten. So wurde die Existenz von R.n in der Kanzlei unter Rudolf I., Adolf v. Nassau und Albrecht I. postuliert. Es ist aber zu bedenken, daß – ungeachtet gewisser formaler Parallelen (insbes. Verkürzungen) – die Formelslg.en als stilist. Hilfsmittel einer alten Tradition folgen, die Anlage von R.n im eigtl. Sinn jedoch neuen Zielsetzungen entsprach. Als Vorbilder innerhalb des Reiches sind sowohl geistl. Institutionen – seit der Mitte des 13. Jh. sind R. in bfl. Kanzleien (Ebm. Mainz) und Kl. (Bayern) nachzuweisen – als auch vereinzelt landesherrl. Kanzleien (bes. früh in Tirol) sowie jene der →Reichsstädte anzusehen, wo seit dem ausgehenden 13. Jh. verschiedene Formen von →Stadtbüchern R.funktion hatten.

Sicher ist die R.führung seit Heinrich VII. zu belegen; so existiert der Torso eines R.s für das Kammernotariat, es begegnen aber auch Registraturvermerke auf Urkk., in einzelnen Fällen im Text Hinweise auf eine R.eintragung. Unter Ludwig IV. wurden von Anfang an R. geführt, wobei dafür die Tätigkeit bestimmter Notare eine Rolle gespielt haben dürfte. Vorbildwirkung hatte sicher die R.führung in den hzgl. wittelsb. Kanzleien. Teile von Ludwigs R.n sind erhalten geblieben (1314/15, 1322–27, 1330–32). Obwohl in der Reichskanzlei Karls IV. die Registratoren bereits eine eigene Abteilung bildeten, dachte man anscheinend – soweit die überlieferten Frgm.e (1358–61) eine Aussage erlauben – noch nicht an ein vollständiges Erfassen jegl. Ausgangs, aber offenbar an das aller Privilegien, wie eine Äußerung von 1363 beweist. Eine Trennung der böhm. von den Reichssachen erfolgte augenscheinl. nicht. Von Wenzel sind ledigl. Auszüge aus R.n erhalten, wobei anzunehmen ist, daß weiter für böhm. wie für Reichssachen gemeinsame R. geführt wurden. Die in Wien erhaltene Reihe der Reichsr. beginnt mit drei R.bänden Kg. Ruprechts, darunter ein Lehensr. Die Bände wurden parallel geführt, wobei als Gliederungskriterien die Sprache der Urkk. (dt. und lat.) sowie die Art ihrer Besiegelung dienten. Auch unter Ruprecht wurden keineswegs alle ausgestellten Urkk. registriert. Bemerkenswert ist der Einfluß, den der Kanzler, Bf. Raban v. Speyer, auf die R.führung genommen hat; von ihm verlangte nach dem Tod Ruprechts Kg. Siegmund die Auslieferung der R., die so in der Folge an die Habsburger gelangten. Siegmund selbst ließ für Böhmen und das Reich getrennte R. neben Sonderr.n anlegen. Im Unterschied zur Kanzlei Ruprechts wurde stets nur ein R.band geführt, wobei zunächst mehrere Registratoren nebeneinander arbeiteten, ab 1417 aber nur noch jeweils ein einziger tätig war. Registriert wurde selten der gesamte Text, zumeist begnügte man sich mit einem Kurzregest. Unter Albrecht II., von dem ein R.band erhalten ist, wurde ähnl. vorgegangen. Reichskanzlei und österr. Kanzlei wurden getrennt geführt, was man unter Friedrich III. jedoch aufgab; auch später wurden noch wiederholt Urkk. in Reichsmaterien von der österr. Kanzlei ausgestellt, doch achtete man in den R.n auf eine klare Trennung. So sind neben den landesfsl. R.n elf Bände Reichsr. überliefert, die allerdings nicht die gesamte Regierungszeit des Ks.s dokumentieren. – Vorschr.en für die R.führung, die wohl den überkommenen Gebrauch widerspiegeln, sind in den Kanzleiordnungen Maximilians I. von 1494 und 1498 enthalten; demnach sollte die Eintragung in das R. vor der Aushändigung des Originals nach dem kollationierten Konzept vorgenommen werden.

P. Csendes

Lit.: BRESSLAU I, 129ff. – HRG IV, 495ff. – W. H. STRUCK, R. zur Gesch. Kg. Adolfs v. Nassau, Nass A 63, 1952, 72–105 – H. KOLLER, Das Reichsr. Kg. Albrechts II., Mitt. des Österr. Staatsarchivs, Ergbd. 4, 1955 – P. MORAW, Kanzlei und Kanzleipersonal Kg. Ruprechts, ADipl 15, 1969, 44off. – I. HLAVÁČEK, R.- und Kanzleiwesen des böhm. und röm. Kg.s Wenzel (IV.) 1376–1419 (MGH Schr. 23, 1970), 29off. – H. BANSA, Die R. der Kanzlei Ludwigs d. Bayern (Q. und Erörterungen zur bayer. Gesch. NF 24/1, 2, 1971–74) – M. KOBUCH, Zur Überl. der Reichsr. Karls IV. aus den Jahren 1358–1361 (Folia diplomatica I, 1971), 153–170 – H. KOLLER, R.führung und Kanzleireform im 15. Jh., Acta Universitatis Carolinae, Phil. et hist. 3–4, 1971, 161–177 – H. BANSA, Zum Problem des Zusammenhangs von Formular und R.eintrag, DA 29, 1973, 529–550 – G. SILAGI, Landesherr. Kanzleien im SpätMA, Münchner Beitr. zur Mediävistik und Renaissanceforsch. 35, 1984 – J. HEINIG, Zur Kanzleipraxis unter Ks. Friedrich III. (1440–1493), ADipl 31, 1985, 383–442 – P. MORAW, Grundzüge der Kanzleigesch. Ks. Karls IV., ZHF 12, 1985, 11–42.

II. PÄPSTLICHE KANZLEI: →Papstregister.

III. ENGLAND: Der Begriff »registrum« (in unterschiedl. Schreibweise) hatte in den engl. Q. eine breite Bedeutungspalette: er konnte irgendeine Hs. bezeichnen, die Kopien oder Notizen von Urkk. und Akten enthielt. →Kartulare oder Archivinventare wurden z. B. im allg. R. genannt. Jedoch neigt die neuere Forsch. eher dazu, diesen Begriff in dem spezifischeren Sinn einer Hs. zu verwenden, in der ausgehende und manchmal auch eingehende Urkk. und Verwaltungsakten (entweder im vollen Wortlaut oder in gekürzter Form) zum Zeitpunkt ihrer Ausstellung oder ihres Empfangs oder bald darauf eingetragen wurden. Das unterscheidet das R. vom Kartular, das normalerweise eine Slg. von Abschriften darstellt, die auf einmal zu einem späteren Zeitpunkt erstellt wurde. Die kgl. Regierung in England bevorzugte eher die Registrierung von Urkk. in Rollenform als die in Buchform (obwohl einige R.serien oder einzelne R. in Buchform existieren). Der Oberjustitiar Hubert →Walter ordnete 1194 die Eintragung an den Ausstellungsorten von →Chirographen an, die Darlehen von Juden beurkundeten; und in der kgl. →Kanzlei wurde eine regelmäßige Registrierung ausgehender Urkk. 1199 und in den darauffolgenden Jahren eingeführt. Die Eintragung erfolgte in der Kanzlei im allg. von den Konzepten und nicht von den Originalen. Einige Privaturkk. wurden auf Anforderung in bestimmten R.rollen von Kanzlei und →Exchequer eingetragen. Außerhalb der kgl. Verwaltung verbreitete sich die Praxis der Registrierung im 13. Jh. Die →*boroughs* registrierten Eigentumsurkk., Testamente und Schuldscheine, und die Registrierung wurde in den größeren Städten durch das →Statute of Merchants (1285) eigens angeordnet. Die früheste erhaltene bfl. R.serie beginnt um 1214–15, und wahrscheinl. wurden seit 1300 bfl. R. in allen (bis auf eine) engl. Diöz. geführt. Im 14. Jh. waren die R. in Kl. häufig. Die meisten der Bf.s- und Kl.register erscheinen in Buchform. Im SpätMA wurden R. von Magnaten (z.B. Mitgliedern der kgl. Familie), einzelnen Geistlichen und Laien sowie den Univ.en unterhalten.

P. Zutshi

Lit.: T. F. TOUT, Chapters in the Administrative Hist. of Medieval England, 1920–33 – W. A. PANTIN, English Monastic Letter Books (Hist. Essays i. H. of J. TAIT, 1933), 201–222 – V. H. GALBRAITH, An Introduction to the Use of the Public Records, 1935 – DERS., Stud. in the Public Records, 1948 – C. R. CHENEY, English Bishops' Chanceries 1100–1250, 1950, 100–110 – P. CHAPLAIS, Privy Seal Drafts, Rolls and R.s, EHR 73, 1958, 270–273 – G. MARTIN, The English Borough in the Thirteenth Century (Transactions of the Royal Hist. Soc. 5th Ser. 13, 1963), 123–144 – D. M. SMITH, Guide to Bishops' R.s of England and Wales, 1981 – M. T. CLANCHY, From Memory to Written Record: England 1066–1307, 1993² [Lit.].

IV. FRANKREICH: Der Kanzler v. Frankreich (→Chancellerie) fungierte als Wahrer der Rechte des Kg.s und seiner Untertanen. Die Registrierung (*enregistrement*) der →Urkunden in der Kanzlei hatte die 'conservatio' der kgl. Entscheidungen und den Schutz des Rechtsstatus der Untertanen zu gewährleisten. Die Kanzleiregister (heute im wesentl. in der Serie JJ des Nationalarchivs zu Paris archiviert) umfassen die kgl. Urkk. von unbeschränkter Geltungsdauer, die in Form von *chartes*, gesiegelt mit grünem Wachs, abgefaßt sind. Diese R.führung setzt mit 1307 ein. Erst seit dem 1. Viertel des 14. Jh. findet sich eine Serie von R.n, die Schriftgut ohne grünes Wachssiegel und von nur temporärer Gültigkeit bewahrt.

Von 1441 an wurde eine getrennte Registrierung einerseits der von der Audientia des Kanzlers gesiegelten und expedierten Urkk., andererseits der von der Kanzlei des Pariser →Parlement (Chancellerie du Palais) sowie der Parlements in den Provinzen erlassenen Urkk. durchgeführt. Zu unterscheiden sind somit die R. der Hofkanzlei (später: Grande Chancellerie) und der Kanzleien (später: Petites chancelleries) v. Paris, Bordeaux und Rouen. Die R., die mit Philipp IV. einsetzen, enthalten, abgesehen von Ausnahmen, keine Kopien der aufgrund kgl. Autorität erlassenen Urkk., d.h. derjenigen Rechtsentscheide, die von souveränen Gerichtshöfen oder kgl. Justizinstitutionen getroffen wurden und deren Registrierung nicht nur der Bewahrung diente, sondern auch der Überprüfung, Kontrolle und Publikation. So registrierten →Parlement und →Chambre des comptes kgl. Regierungshandlungen in bes. R.n. Der Bestand des Parlement schließt somit 242 R. ein, die aus kgl. Autorität erlassene Urkk. bewahren.

E. Lalou

Lit.: G. TESSIER, L'enregistrement à la chancellerie royale française, Le MA 62, 1956, 39–62 – DERS., Diplomatique royale française, 1962 – Les Archives nationales. État général des fonds, 1978 – M. NORTIER, Les actes de Philippe Auguste (La France de Philippe Auguste. Le temps des mutations, hg. R.-H. BAUTIER, CNRS, 1982), 452f. und Diskussion.

V. KOMMUNALES ITALIEN: Systemat., buchmäßige, abschriftl. Verzeichnisse von Rechts- und Verwaltungsschriftgut oder -vorgängen, in Volltext oder Regest von Notaren angefertigt, zählen zu den Grundtypen der Schriftproduktion in den it. Kommunen des 13. Jh. Entgegen dem archivwiss. Sprachgebrauch seien unter »R.n« hier nicht nur Verzeichnisse von auslaufendem, sondern auch von ein- und (im 13. Jh. stark hervortretend) innenlaufendem Schriftgut verstanden. Notarielle (Ab-)Schriften erlangten in sämtl. Bereichen des kommunalen und öffentl. Lebens eine zentrale Rolle. Die seit den 1150er Jahren überlieferten →Imbreviaturbücher kommen von Notaren privat geführten R.n gleich. Die Kommunen selbst legten in der Regel seit Ende des 12. Jh. von der Forschung libri iurium gen. →Kopialbücher an, die jedoch zeitgenöss. nicht selten als registra bezeichnet werden (so schon →Caffaro zu 1156). Seit der Wende zum 13. Jh. greift die R.führung auf weitere Bereiche aus: Genannt seien Gerichtsbarkeit (z.B. Übertragung von Schriftgut aus in Termine zerfallenden Verfahren in R.), Finanz- (z.B. Übertragung von Einnahmen und Ausgaben in R.) und Steuerwesen (z.B. im Rahmen des →Estimo Übertragung der Vermögensangaben jedes Steuerpflichtigen in R.). Die Tendenz zur Sicherung von Einzelschriftstücken durch buchmäßige Erfassung durchdringt jedoch die gesamte kommunale Verwaltung, die für den Eigengebrauch auch häufig Spezialr. anfertigt. Als Bezeichnungen für R. finden sich wenig differenziert v.a. liber und quaternus, aber auch registrum, acta, cartularium oder inventarium. Registrare bedeutet »in ein (kommunales) Verzeichnis über-/eintragen«. R.einträge sind beweiskräftig, zumal ihnen nicht mehr in jedem Fall eine urkundl. Ausfertigung entspricht. Daher werden Verwahrung und Benutzung von R.n streng geregelt. Gleichwohl ist die große Masse der nicht selten auf Papier geschriebenen R. des 13. Jh. heute verloren. Eine Ausnahmeüberlieferung wie die in großen Teilen vollständig erhaltenen Bologneser Libri Memoriali, kommunale R. von Privatrechtsgeschäften, die allein zw. 1265 und 1300 bereits mehr als eine Viertelmillion Einträge umfassen, bezeugt ihren einstigen Rang und Umfang.

Th. Behrmann

Lit.: M. F. BARONI, La registrazione negli uffici del Comune di Milano nel sec. XIII, Studi di storia medioev. e di diplomatica 1, 1976, 51–68 – Il Registrum Magnum del Comune di Piacenza, Atti Conv. internaz., Piacenza, 29–31 marzo 1985, o. J. – G. TAMBA, I memoriali del Comune di Bologna nel sec. XIII. Note di diplomatica (Rassegna degli Arch. di Stato 47, 1987), 235–290 – A. ROVERE, I libri iurium dell'Italia comunale (Civiltà comunale, Atti Conv. Genova, 8–11 nov. 1988, 1989), 157–199 – M. BERTRAM, Bologneser Testamente, II, QFIAB 71, 1991, 195–240 – P. CAMMAROSANO, Italia medievale. Struttura e geografia delle fonti scritte, 1991 – Kommunales Schriftgut in Oberitalien, hg. H. KELLER–TH. BEHRMANN, MMS 68 [im Dr.].

VI. SÜDITALIEN: Schon →Roger I. († 1101) hat R. für Land (mit Grenzangaben) und geschuldete Dienste (deftarii [→Defter]), eingeschlossen Verzeichnisse der an das Land gebundenen Personen (plateae, arab. *garā'id*), von seinen arab. Vorgängern übernommen und weitergeführt, was seit der norm. Kg.szeit Aufgabe der zentralen Finanzverwaltung (→Duana) war. Noch in stauf. Zeit werden solche »quaterniones curie« benutzt. Aus einer Reihe gleichlautender kgl. Verfügungen bzgl. der Ehebruchgerichtsbarkeit (etwa D Ks. 32) und aus der Übernahme norm. Gesetze in den →Liber Augustalis hat man auch auf die Existenz von »Verordnungsr.« geschlossen, doch könnten diese Texte auch in anderer Form im →Archiv aufbewahrt worden sein, das schon unter Roger II. bezeugt ist. Eigentl. Urk.r. dürften dagegen vor der

Ks.zeit nicht existiert haben, deren R.wesen (seit 1230?) Berührungen mit der kurialen und engl.-norm. Praxis zeigt. Fragmentar. erhalten ist das Spezialr. für Finanz- und Verwaltungsangelegenheiten des Kgr.es, das durch angevin. Auszüge (»Marseiller Exzerpte«, 1230–48) ergänzt werden kann. Daneben muß zumindest ein weiteres, allg. R. geführt worden sein, in dem etwa die erteilten Privilegien verzeichnet waren. Von den kontinuierl. geführten R.n sind ad hoc erstellte Verzeichnisse und Inquisitionen zu unterscheiden (vgl. schon →Catalogus baronum), wie sie Friedrich II. gelegentl. Provinzbeamten befahl (etwa CARCANI, 236: duplices quaterniones für Krongut und kgl. Einkünfte); ein Beispiel bietet der »Quaternus« für die Capitanata. LA I. 40 nennt überdies »quaterniones doanae baronum«, in denen Kronlehen verzeichnet waren (feuda quaternata). Das tatsächl. Ausmaß der Akten- und R.führung auf allen Ebenen der Verwaltung erhellt eine spätstauf. Verwaltungsvorschrift (WINKELMANN, Acta I, Nr. 996). Die umfangreichen R. der Anjou, geplant von Karls I. Kanzler Geoffroy de Beaumont, sind 1943 verbrannt und werden heute mühsam rekonstruiert. Es handelte sich um ein nach Betreffen bzw. Adressaten gegliedertes R.wesen (allein für Karl I. sind 168 R. erschlossen), dessen jahrweise (wie schon unter Friedrich II. nach der byz. Indiktion) geführte Hefte im 16. Jh. in dicke Folianten zusammengebunden und durch Inventare erschlossen wurden (vor 1943 erhalten: 378 Bde und 4 Ergänzungsbde). Ergänzt wurden diese »registri« durch die 100 Bde der »Fascicoli angioini« und die 19 (21) Bde »Arche in pergamena/carta«, Slg.en von Kopien bzw. Originalurkk., vornehml. Verwaltung und Finanzen betreffend. Th. Kölzer

Q. und Lit.: G. CARCANI, Constitutiones regni Siciliae, 1786 [Ndr. 1992], 233–420 (R. Friedrichs II.) – E. WINKELMANN, Acta imperii ined., I, 1880, 599–720 (Marseiller Exzerpte) – P. DURRIEU, Les archives angevines de Naples, 2 Bde, 1886–87 – Quaternus de excadenciis et revocatis Capitanatae [ed. A. M. AMELLI], 1903 – R. v. HECKEL, Das päpstl. und sicil. R.wesen in vergleichender Darstellung, AUF I, 1908, 371–511 – I registri della cancelleria angioina ricostruiti da R. FILANGIERI (et al.), 1950ff. – W. HEUPEL, Schriftuntersuchungen zur R.führung in der Kanzlei Ks. Friedrichs II., QFIAB 46, 1966, 1–90 – H. ENZENSBERGER, Beiträge zum Kanzlei- und Urk.wesen der norm. Herrscher Unteritaliens und Siziliens, 1971 – J. MAZZOLENI, La registrazione dei documenti delle cancellerie meridionali dall'epoca sveva all'epoca viceregnale, I, 1971 – DIES., Le fonti documentarie e bibliograf. dal sec. X al sec. XX conservate presso l'Archivio di stato di Napoli, I, 1974 – H. TAKAYAMA, The Administration of the Norman Kingdom of Sicily, 1993.

VII. IBERISCHE HALBINSEL: Die R.führung setzte auf der Iber. Halbinsel in breitem Maße während des 13. Jh. ein, insbes. in der Krone Aragón entstand seit der Regierung Jakobs I. ein blühendes R.wesen (allein für das Kronarchiv Barcelona fast 4000 Bde bis zum Ende der ma. Epoche) und löste jene Vorformen ab, die im 12. Jh. bereits zur Herstellung registerähnl., fortlaufender Kopialbücher (→Kartular) beim Aussteller geführt hatten. Entgegen früherer Annahme ist nicht mehr davon auszugehen, daß das Beispiel der Papstr. vorbildhaft gewirkt hat, eher ist an einen verwaltungsbedingten Rückgriff auf ehemalige Praktiken zu denken, die mit der zunehmenden Wiederbelebung des röm. Rechts erneut ins Bewußtsein traten und deshalb die R.führung auch dort zuerst aufblühen ließen, wo wie in S-Europa und im Mittelmeerraum die Kontinuität dieser Rechtsebene sowohl in der Praxis der →Kanzlei als auch im →Notariat am stärksten war. Dementsprechend dienten die R. weniger der Bewahrung kopialer Vorlagen verlorener Originale als der Rechtsdokumentation des alltägl. Geschäftsschriftguts, weshalb die vermeintl. Lücken oft gerade die polit. wichtigeren, dafür aber auch sorgfältiger bewahrten Verträge, Urkk. und Schreiben umfaßten. Eine zunehmende Geschlossenheit der Eintragungen ist frühestens seit der 2. Hälfte des 13. Jh. zu beobachten, als v. a. nach der Eroberung von →Játiva, einem Zentrum der maur. Papierindustrie, um die Jahrhundertmitte die (teuren) Pergamentr. durch die (billigeren) Papierr. abgelöst wurden (Kg. Ferdinand III. befahl 1252 die Einführung von Papier in der kast. Kanzlei).

L. Vones

Lit.: R. PINTO DE AZEVEDO, O livro de registro da chancelaria de Alfonso II de Portugal, Anuario de Estudios Medievales 4, 1967, 35–74 – F. ARRIBAS ARRANZ, Los registros de la cancillería de Castilla, BRAH 162, 1968, 171–200; 163, 1969, 143–162 – A. M. ARAGÓ-J. TRENCHS, Los registros de cancillería de la Corona de Aragón (Jaime I y Pedro II) y los registros pontificios, Annali della Scuola speciale per Archivisti e Bibliotecari dell'Univ. di Roma 12, 1972, 26–39 – A. DE JESÚS DA COSTA, La Chancellerie royale Portugaise jusqu'au milieu du XIIIe s., RevPort 15, 1975, 143–169 – J. TRENCHS-A. M. ARAGÓ, Las cancillerías de la Corona de Aragón y Mallorca desde Jaime I a la muerte de Juan II, 1983 [Lit.] – R. I. BURNS, Society and Documentation in Crusader Valencia, I, 1985, bes. 48ff. – F. UDINA MARTORELL, Guía hist. y descriptiva del Archivio de la Corona de Aragón, 1986.

Registrum Gregorii, die Briefe Papst →Gregors d. Gr. (590–604), von der röm. Kanzlei in Kopien nach Indikationen geordnet und in 14 Büchern gesammelt. Im engeren Sinne ist das R. G. der im Auftrag Papst Hadrians I. (772–795) angefertigte und Karl d. Gr. überreichte Auszug aus der lateran. Slg. Zu den Zeugen dieser Ausgabe (R) gehören, nur noch als Frgm. erhalten, Hss. 171 und 171a der Trierer Stadtbibliothek. Hs. 171a besteht aus einem Einzelblatt mit der Darstellung Gregors d. Gr. beim Diktat und einem Doppelblatt mit Widmungsgedicht und Titelseite, von der Hand des →Gregor-Meisters, geschaffen zw. 983 und 985. Ob Hs. 171 (Textfrgm.) und 171a ursprgl. zusammengehörten, ist fraglich. A. v. Euw

Ed.: P. EWALD-L. M. HARTMANN, MGH Epp. I-II, 1891–99 – D. NORBERG, S. Gregorii Magni R. Epistularum CCL, 140–140A, 1982 – *Lit.:* BRUNHÖLZL I, 51 – H. HOFFMANN, Buchkunst und Kgtm. im otton. und frühsal. Reich, 1986, 345, 389f., passim.

Regnitzslaven. Nach der Aussage der Sprachforsch. sind die mittlerweile auch archäolog. v. a. durch Grabfunde und Keramik nachgewiesenen Slaven in NO-Bayern eng mit den →Sorben verwandt. Die Einwanderung, die auf die siedlungsgünstigen Tallandschaften an Obermain und Regnitz zielte, erfolgte spätestens seit dem 7. Jh. und traf auf Reste der germ. Vorbevölkerung. Die von →Fredegar für 631 überlieferten Ereignisse an der Wogastisburg nach der Erhebung des frk. Kaufmanns →Samo zum »Kg. der Wenden« wurden in jüngster Zeit von verschiedenen Historikern im Obermain-Regnitz-Gebiet lokalisiert. Die erste namentl. Erwähnung der »Moinvinidi et Radanzvinidi« aus der Zeit um 794 steht im Zusammenhang mit dem Auftrag Karls d. Gr. an den Würzburger Bf., für die neuerdings christianisierten Slaven an Obermain und Regnitz 14 Kirchen zu errichten. Deren Lokalisierung ist, da keine Ortsnamen überliefert sind, mit Ausnahme der von Amlingstadt und Seußling, umstritten. Im →Diedenhofener Kapitular v. 805 werden als Zollorte in NO-Bayern Hallstadt am Main, Forchheim an der Regnitz, Premberg an der Naab und Regensburg genannt. Vom 8. bis 10. Jh. werden für das Main-Regnitz-Gebiet eine ganze Reihe von dt. Orten als im Slavenland gelegen bezeichnet. Seit karol. Zeit wurde hier der Landesausbau offenbar von einer ethn. gemischten Bevölkerung getragen, die polit. und kirchl. in das frk. Reich eingebunden war. Einen gewissen Abschluß der Integration der Main- und Regnitzwenden bildete die auch durch die Slavenmission motivierte Gründung des Bm.s →Bamberg 1007. Von heidn. Praktiken der Slaven im neuen Bm. ist letztmals anläßl. einer Synode 1059 die Rede. Spätestens am Ende des hohen MA war die Assimilation der (Main- und) Regnitzwenden abgeschlossen. H. Losert

Lit.: E. Schwarz, Sprache und Siedlung in Nordostbayern (Erlanger Beitr. zur Sprach- und Kunstwiss. 4, 1962) – J. Schütz, »Moinwinida et Radanzwinida«. Zur slav. Namenforsch. in Nordbayern, Onomastica 34, 1989, 61–88 – H.-J. Brachmann, Als aber die Austrasier das castrum Wogastisburc belagerten (Fredegar IV 68), Onomastica Slavogerm. 19 (AAL Phil.-hist. Kl., Bd. 73, H. 2, 1990), 17–33 – H. Losert, Die slaw. Besiedlung Nordostbayerns aus archäolog. Sicht (Vortrag 11. Niederbayer. Archäologentag, 1993), 207–270.

Regnum

I. Begriff. Forschung – II. Regnum und Gens – III. Differenzierung von Regnum und Gentes im Frankenreich – IV. Regnum und Kirche unter dem Princeps – V. Neue Differenzierung von Regnum durch Verdun 843 – VI. Regnum in Osten und Westen

I. Begriff. Forschung: R., Grundbedeutung »Kgr.«, *royaume, kingdom (realm)*, konnte auch für Imperium stehen und umgekehrt (Du Cange VII, 96f.). Isidor (Etymol. IX, 3), »Regnum a regibus dictum«, nennt dennoch das Röm. Imperium eines der regna, Weltreiche, wie schon Augustinus. Regia, »Kaiserpalast«, Regina »Kaiserin« (Cod. Iust.), und der Wortsinn von Basileus, »Kg.«, zeigen, daß Reich (*rîche*) mit dem Doppelsinn »Kg.-« wie »Kaiserreich« nicht allein steht. R. hat im klass. wie patrist. Latein das Abstraktum »Staat« bezeichnet (absolut wie in der Kombination status regni, aus der »stato« hervorging), s. Augustinus' noch gültige Kritik des Machtstaats: »Remota ... iustitia quid sunt regna nisi magna latrocinia?« (s. W. Suerbaum, 198f.). R. bedeutete mit der (Kg.s-)Herrschaft auch ihre Dauer (Regierungszeit, *règne*) und ihre räuml. Erstreckung, die im dt. mit lant/Land wiedergegeben wurde (s. Abschnitt II, VI). Eine Nebenbedeutung vermerkt Du Cange (zur Lex Alaman.): »R., pro ducatu, seu provincia ducis«. Niermeyer, 902f. fügt Belege zu Aquitanien, Normandie und Flandern hinzu, ordnet andere zu Bayern und Sachsen einer Bedeutung: »région éthnique/tribal area« zu, ein Zugeständnis an die dt. Lehre vom »Stammesherzogtum«. Für »Omnia regna mandat adesse« kreiert er die Sonderbedeutung: »l'ensemble des grands du royaume«. Die nicht »Kgr.« bezeichnenden R.-Vorkommen wurden von Bréquigny, Waitz u. a. als Kuriosa notiert, ohne die gebührende Beachtung zu finden. Ihr Sinngehalt geht nicht an der dt. Gesch., aber aus der des R. Francorum hervor (s. Abschnitt III).

Anderen Bedeutungen, →Krone, →Thron, fügt Niermeyer noch »chandelier«, »majesté«, »fisc« hinzu.

II. Regnum und Gens: Rex, Gens und R. bilden, wie R. Wenskus zeigte, eine Trias, die sich in der röm. beeinflußten Begriffsgruppe got. *thiudan*/herrschen, *thiudans*/Kg., *thiudangardi*/Reich (zu *thiuda*/Volk) spiegelt. Das Ende von Kg. und R. (in einer Schlacht) kann zum Aufgehen der Volksreste in der siegreichen Gens führen. Völker formieren sich um Kg.e (Dynastien) und das Nomen gentis mit einem (oft namengebenden) Kern, zu dem heterogene Volks-(Heeres-)Splitter, frei oder gezwungen treten können. Durch sekundäre Mythenbildung wird den Bewohnern eines konsolidierten R. gemeinsame Herkunft zugeschrieben. R. war ein Faktor der Ethnogenese: der populus, polit.-militär. aktives Element der Gens, konstituiert sich in den Grenzen des R. als Adel, der den Kg. aus seinen Reihen erheben kann. Dem territorialen Aspekt – bei Wandervölkern ihrer »Territorialisierung« (Ewig), die nach Aufhören der Wanderbewegungen rasch eintrat – kam große Bedeutung zu. So wird früh von der »Patria Gothorum« der in Aquitanien stationierten Westgoten gesprochen. Ihre Herrscher gaben ihrer röm. beeinflußten Gesetzgebung einen an R./Patria orientierten territorialen Charakter (D. Claude). Abweichend von älteren stammesrechtl. Vorstellungen, die in der »Persönlichkeit des Rechts« eine Art nationales, an die Vorfahren gebundenes Recht sahen, war es ein persönl., ans jeweils eigene Geburtsland, die Patria, gebundenes Recht: die Lex Patriae setzte sich im Frankenreich im 7. Jh. durch und ist schon im 9. Jh. für die »Leute« (ahd. *liuti*, idg. Wurzel eleutheros/»frei«: rechtsfähige Bewohner) belegt als »thero liudio landreht« (K. F. Werner, Volk), ein Landrecht, dessen Entstehung im 12./13. Jh. und später vermutet wurde. Da Land der dt. Terminus für R. ist (s. Abschnitt I, III, VI), konnte in allen Territorien, denen die Bezeichnung R. zukam (s. Abschnitt III, VI), Landrecht auftreten. Die europ. Völker begannen ihren Weg im R., mit einem christl., von Kaiser und/oder Papst anerkannten Kg.: frühe Staatlichkeit, die durch die moderne Staatstheorie in Vergessenheit geriet.

Den Ablauf einer Ethnogenese auf polit.-territorialer Ebene zeigt E. Ewig für die Gens Francorum im R. Francorum – dem ersten kath. des Westens. Die merow. Dynastie hat die staatl. Gebilde im Gallien des 5. Jh. (röm. Reststaat im N, Westgotenreich im SW, rhein. Francia im NO, Burgundenreich im SO) in ihre Hand gebracht, im Bund mit der den Episkopat stellenden galloröm. Senatorialaristokratie, deren Katholizismus sie übernahm und gegen heidn. Alemannen wie häret. Goten verteidigte. Die vom rex Francorum – im Unterschied zu arianischen Kg.en, die dies nicht wagen konnten – zum Heeresdienst herangezogenen galloroman. pagenses begannen, als Krieger des rex Francorum, sich als vollberechtigte Franken zu fühlen. Im 7. Jh. (Ewig, Volkstum) waren sie überzeugt, Nachkommen der Franken Chlodwigs zu sein, die alle »Romani« nördl. der Loire getötet oder über den Strom gejagt hätten, eine Legende, die jetzt in der von solchen »Neufranken« verfaßten Historiographie auftritt. Die Ethnogenese findet in der Geltung der Lex Salica für »Franken« romanischer Sprache und in weitgehender Übernahme röm. Privatrechts durch die »Alt-Franken« ihren Abschluß. Zugleich kam es zur Symbiose des senator. Adels (nobiles) mit dem der Franken (maiores natu) – außer durch Connubium auch durch kgl. Ernennung barbarischer Großer in hohe Ämter der (fortbestehenden röm.) Rangordnung, honores (Patricius, Dux, Comes), durch Kodizell verliehen, die ihnen die dignitas eines vir illuster und mit ihr den Eintritt in die nobilitas brachten. Der frk. Kg. konnte dies tun, weil ihm 507 vom röm. Ks., seinem Verbündeten, der rex-Titel in der höchsten Rangstufe des nobilissimus verliehen worden war (s. Abschnitt IV).

III. Differenzierung von Regnum und Gentes im Frankenreich: Die merow. und karol. Expansion, mit An- bzw. Eingliederung von Gentes östl. des Rheins an das R. Francorum, führte zu einer Hierarchisierung des Terminus R.: a) R. Francorum, mit namengebendem frk. Reichsvolk, b) das R. einer unabhängigen Gens, mit eigenem Rex, c) das R. einer vom Frankenreich besiegten Gens, der das Nomen gentis belassen, dann sogar ein eigenes R. zugestanden wurde, aber ohne eigenen rex.

Die Franken beanspruchten, populus (Reichsvolk) vor den 'gentes circumsitae' zu sein, wie die Römer und nach deren Vorbild zuerst Theoderichs Goten (W. Ensslin) sowie die Westgoten (Imitatio imperii). Es erwuchs ihnen zusätzl. Selbstbewußtsein aus der Fügung im göttl. Weltenplan, daß ihre Herrscher die ersten kath. Gentes-Kg.e waren und mit Chlodwig, und erneut mit Karl, einen »novus Constantinus« aufwiesen. Im liturg. Gebet für Kg. und Reich trat ihr Volk neben die Römer, dann an deren Stelle. »Vivat qui Francos deligit Christus« (LL. IV, 2, 1969, 2ff.): in Nachfolge der verworfenen Juden (und anst. d. Römer) begriffen sie sich als Populus Dei, Volk eines auserwählten R., was ihnen Päpste bestätigten.

Die »gentes ... quondam Francis subiectae« (so die sog. Ann. Mettenses priores, um 800) wurden von den Pippiniden erneut bezwungen, in Kämpfen »contra Saxones, Frisiones, Alemannos, Bawarios, Aquitanios, Wascones et Brittones«. Der Integration dieser Gentes kommt, bes. für die spätere dt. Gesch., erhebl. Bedeutung zu. Den frk. Kg.en kam es zunächst darauf an, die bisherigen Feinde rasch dem eigenen Heer anzugliedern. Das gelang, indem sie den neuen Zwangsverbündeten das Zugeständnis des Kampfes im eigenen Verband machten, was diesen Bewahrung des nomen gentis und Anspruch auf ihren Beuteanteil brachte. Zugleich blieben interne Machtstrukturen der Gens gewahrt, womit ihr adliger Kern gewonnen werden konnte. Der sich zuverlässig erweisenden Gens beließ man das mos gentis, eigene Rechtsbräuche.

Eine zweite Integrationsphase setzt in der Mitte des 6. Jh. ein, mit Ernennung durch den Franken-Kg. eines eigenen Dux in Bayern, dann in Alemannien, der von frk. Amtsträgern und Klerikern umgeben war. Neben diesen erhielten auch einheim. Adlige einen Rangstatus röm.-frk. Provenienz, womit in Verbindung mit dem Konnubium in Alemannien, Bayern usw., dann in Sachsen, ein frk.-autochthoner Mischadel entstand. Im Zuge der Territorialisierung des Rechts erhielten Alemannen und Bayern eine eigene Lex gentis, bei deren Redaktion Spezialisten der frk. Reichsgewalt mitwirkten, und in der Bf.e und Leute des Dux hohes Wergeld erhielten. Für das dem Dux unterstellte Territorium (Zuständigkeitsgebiet der Lex, in den von der Reichsgewalt festgesetzten Grenzen – reduziert bei den Alemannen, stark erweitert bei den Bayern) tritt in den Leges erstmals der Terminus R. für ein nichtfrk., aber zum Reich gehörendes Land mit eigenen Kg. auf. Die administrative Einbindung dieser Regna zeigt sich in der Einführung der Pagus-Gliederung (pro R. gibt es nur einen Nord-, West(er)-, Sund('Süd')gau bzw. Kg.s-Sondergau) sowie der Fiskalorganisation, Straßenstationen mit Pferdewechsel (Paraveredus-»Pferd«), nicht ohne Vorteile für die dabei herangezogenen regionalen Kräfte. Die Integration war ein Erfolg der von der Kirche unterstützten frk. Politik: als Hzg.sdynastien sich gegen Kg.e oder Hausmeier auflehnten, standen Teile des Adels der Regna loyal zur frk. Zentralgewalt.

Merow. Reichsteilungen hatten im frk. Kerngebiet bereits vorher zur Entstehung auch frk. Regna ohne eigenen Rex geführt, wobei das im gentilen Vorfeld angewendete Konzept offenbar entwickelt worden war. E. Ewig hat gezeigt, wie sich nach den ersten merow. Teilungen aus den Reichsteilen drei Teilreiche konsolidierten (auf Grundlage der Strukturen des 5. Jh., s.o.): Neustria (Selbstbezeichnung meist: Francia) mit Paris; Austria/Austrasien, Hauptstadt Reims, dann Metz; Burgundia (frk. Teilreich, zu unterscheiden vom Burgundenreich), Hauptstadt Chalon-sur-Saône (→Neustrien, →Austrien, →Burgund). Neustrien hatte 119 Jahre einen eigenen Kg., Austrien deren 138, Burgund 49. Demgegenüber gab es nur 72 Jahre einen Kg. des gesamten R. Francorum, davon 52 unter den machtlosen Spätmerowingern. Das einheitl. merow. Großreich ist Fiktion – auf die Vorherrschaft Austrasiens im 6. Jh. folgte die des neustro-burg. Kgtm.s im 7. Jh. Konstantinopel hat ein Teilreich gegen das andere ausgespielt. Das austras. Kgtm. hat rechtsrhein. Gentes für seine Kriege in Italien wie gegen Neustrien herangezogen. Die kraftvollen Teilregna haben mit trotz innerer Machtkämpfe solidarischem Adel haben auch unter »fremdem« Kg. ihre Eigenart behauptet. Chlothar II. hat nach seinem Sieg über Brunhild (613) den von ihr abgefallenen Hausmeiern v. Austrasien und Burgund die Fortdauer der persönl. Machtposition in »ihrem« R. zugestanden, womit ein »R. ohne eigenen Rex« geschaffen war, mit eigenem Maior Domus (also Residenz ohne Kg.!) und mit eigenem Exercitus, der z. B. Burgund auch dann verblieb, als es keinen Hausmeier mehr hatte. Für die so fortbestehenden Reiche wird im 7. Jh. der Terminus 'tria regna' üblich: ihrem Adel wurde der Ausschluß von Amtsträgern aus einem anderen R. zugesichert. Die tria regna blieben trotz veränderter Grenzen auch unter den Karolingern frk. Reichskern und wurden stets vor den nichtfrk. Regna genannt. Bei Einführung dauerhafter Missatica (802, anstelle der kgl. Missi ad hoc) haben die Karolinger diese auf die tria regna begrenzt – für das übrige Reich dienten die »peripheren Regna« (zu denen im 7. Jh. →Aquitanien mit eigenem Dux getreten war) der Gentes als Missatsprengel. (Zum Anteil der Kirche an dieser Organisation s. Abschnitt IV.)

Alle diese Gebiete konnten alternativ zu R. auch regio, provincia, patria genannt werden, ihre Bewohner Gens (bzw. mit Plural des Volksnamens) (auch im Falle Neustriens, Aquitaniens: »Aquitani« sind Neuvolk mit eigenem Namen). Die Benennung des R. nach Volks- oder Landesname wechselte und war inhaltl. unerheblich, da es ohnehin von seinem Adel repräsentiert war, in karol. Zeit nach dem Schema: episcopi, abbates, comites.

Die Karolinger haben nach dem Sieg über Neustrien einerseits, über die inzw. zum Prinzipat (erblicher, fast autonomer Herrschaft) aufgestiegenen Duces der →Alemannen, Bayern, Aquitanier, Thüringer andererseits, das Hzm. abgeschafft und die R.-Bezeichnung Neustria bzw. Austria auf das Gebiet jenseits von Seine bzw. Rhein begrenzt, dem engeren frk. Kerngebiet von Seine bis Rhein die Bezeichnung →Francia vorbehaltend. Aus einem eher fiktiven Großreich, das zu einem wirren Regna-Konglomerat verkommen war, haben sie ein Großreich mit Regnastruktur (Werner, K. Brunner) gemacht. Die Regna bildeten eine Zwischeninstanz zw. Großkg. und Lokalverwaltung (Gft.-Niveau), was in der Lokalisierungsformel »in regno X, in pago Y« zum Ausdruck kam.

Im 9. Jh. wurde die sehr groß geratene Francia untergliedert (auch für das Heeresaufgebot), in »zwischen Seine und Maas« (Francia occidentalis) und »zwischen Maas und Rhein« (Francia mediana; jenseits des Rheins lag jetzt die Francia orientalis/Ostfranken [so statt Austrasia]). Im S waren schon vorher Provincia, Septimania/»Gothia« und Langobardia/Italia Regna geworden (→Provence, →Septimanien, →Italien), auch sie mit exercitus und Beibehaltung eigener, z. B. auch got. Institutionen. Endlich erfuhr das Selbstbewußtsein der nichtfrk. Regna eine Stärkung, indem sie nun doch einen eigenen Rex erhielten, in Gestalt eines karol. »Unterkg.s«: nach Italien und Aquitanien (778) Bayern (817/826), dann Neustrien, »Lotharingia« (s. u.), Burgundia, Provincia, »Schwaben« (s. Abschnitt V). Dieser für die Solidarisierung der regionalen Adels wichtige Prozeß wurde ergänzt durch Ernennung von nichtkarol. Großen an die Spitze eines R., zunächst mit einem Titel, der von der Zwischengewalt zw. Kg. und Gf. in den Marken übernommen wurde – marchio (→Markgrafschaft), was zum »Marchio Regni« führte (2. Hälfte 9. Jh.), dann mit dem wiedereingeführten Titel 'Dux'

(→Herzog). Auch der Hzg. ist stets »dux Regni«, Inhaber des ducatus regni, der Herzogsgewalt in einem R.: dux regni Lotharii, in regno Burgundiae, in regno Baouuariae (in Baierlant, in der baiero riche). »R.« konnte sich also in Bayern bzw. →Regensburg ebenso auf das R. des Hzg.s, wie auf das des Kg.s beziehen! 'Ducatus' in territorialer Bedeutung lebte zunächst nur für die kleineren einstigen merow. Dukate fort (→Elsaß, Moseldukat). Erst im 11. Jh. wird Hzm./Ducatus Territorialbezeichnung der R.-Dukate. Dies zeigt die Abwegigkeit des »Stammesherzogtums«, bei dem ein Begriff des 19. Jh. den der Q., »R.«, ersetzt, weil dieser, wie der korrespondierende Volksbegriff der Gens, der Idee eines in seinen »Stämmen« vermeintlich längst bestehenden »dt. Volkes« widersprach.

IV. REGNUM UND KIRCHE UNTER DEM PRINCEPS: Seit →Konstantin ist der nun entstehende chr. Staat, inkarniert im Princeps, rechtgläubig (darum Pius, Piissimus Princeps) im Gegensatz zum →Tyrannus. Er steht über den Bf.en (die Konstantin als Retter gefeiert hatten), beruft – zur Herstellung einheitl. Dogmen in der mit dem röm. Reich auch in der territorialen Organisation identifizierten Kirche – in seine Residenzen allg. Konzilien ein, deren Beschlüsse durch ksl. Verkündung Gesetzeskraft erhalten. Die Kirche war seit dem 4. Jh. Princeps-Kirche und hat sich nicht zufällig nach Trennung der Reichshälften, pars Orientis bzw. Occidentis, auch ihrerseits später entsprechend gespalten. – Auch für →Gregor v. Tours war die Leitung der Kirche gemeinsame Aufgabe der Bf.e und des christianus princeps (M. HEINZELMANN). Dieser aber war nun der frk. Kg., den 511 die Bf.e grüßten: »Domno suo catholicae ecclesiae filio Chlothovecho gloriosissimo [Beweis des vom Ks. verliehenen Höchstranges] regi omnes sacerdotes, quos ad concilium venire iussistis«. Auch der Franken-Rex ist pius princeps, beruft Synoden in seine Pfalz, betont in Urkk. seine principalis potestas. Bei den merow. Teilungen werden Diöz.n neu geschaffen bzw. den neuen Grenzen angepaßt: Jeder Teilkg. hat »seine« Bf.e, jeder Bf. seinen Kg. Dieses bes. Verhältnis war nicht an den Kg.stitel, sondern an den des Princeps gebunden: Als es dem Dux der Bayern mit päpstl. Billigung gelang, Princeps zu werden, berief er auch Synoden ein, auf denen »seine« Bf.e Gott dankten, »qui te nostris temporibus constituit principem«. Vor dem Sieg des Papsttums (das wußte, warum es die ksl. Prärogativen in Anspruch nahm und Erbe Konstantin zu sein vorgab) war die Kirche auch im W, was sie im O blieb: Princeps-Kirche. So konnten die Hausmeier Karlmann und Pippin ihre Reformsynoden erst einberufen, nachdem sie den Titel Princeps Francorum angenommen hatten, den sie nun neben, bald an Stelle der merow. Kg.e führten. Nach Pippins Erhebung zum papstgeweihten Kg. war eine höhere Ebene erreicht. Der Charakter »Dei gratia« des neuen Kgtm.s erlaubte einem Annalisten die Formulierung: »Gloriosus Pippinus ... rex constituitur Francorum, ablato principis nomine.« Damit war der Princeps-Anspruch des Dux v. Bayern (wie des Dux v. Aquitanien) in die Schranken gewiesen, schon bevor es den Karolingern gelang, den Dux/Princeps in den beiden Regna abzuschaffen.

Pippin war es auch, der mit der gemeinsamen Memoria des frk. Klerus, in die Kg. und hoher Adel einbezogen wurde, eine auch ideelle Verklammerung der Großen des Gesamtreichs über die einzelnen regna hinweg einleitete und mit der von Karl vollendeten Wiederherstellung der Metropolitanverfassung die neuen »Erzbischöfe« zu Mittelgliedern zw. Hof (mit dem Hofkapellan als Kirchenminister) und den Bf.en machte. Unter Karl wurden die Metropoliten (denen sein dankbares Testament galt) geradezu Relaisstationen der Befehls- und Kapitularienübermittlung zu den Bf.en, Äbten und Gf.en. Die Ebf.e stellten die Elite der →Missi, deren Missatica oft mit den Kirchenprovinzen korrespondierten. Kirchenorganisation und Regna bildeten ein Ensemble, in dem alle – Bischöfe, Äbte, Gf.en, Vassi dominici – einem Herren dienten, dem Princeps. Noch weiter ging Ks. Ludwig, der, wie J. SEMMLER zeigte, Ansätze seiner Vorgänger ausbauend, die »Reichskirche« schuf, indem er durch Kirchenschutz und Immunitätsbestätigung Bm.er und viele Abteien in →Reichskirchen verwandelte. Ohne diese wäre auch im 10.–12. Jh. die Überwölbung der Regna durch die in der Princeps-Kirche Gestalt gewordene Einheit des Großreichs nicht möglich gewesen. Kirche und Staat, Princeps und Episkopat waren untrennbar verklammert und wurden erst seit der Reformbewegung des 11. und 12. Jh., wenn auch nie ganz, getrennt.

Aber der nichtkgl. Prinzipat (WERNER, H. WOLFRAM) hat die Karolinger überlebt. Er wurde ein europäisches Phänomen. Die Kombination Princeps und R., die erbliche Autorität über eine Terra und eigene Hofhaltung bedeutete, hat →Landesherrschaft neben und nach den zum Hzm. führenden Regna möglich gemacht. Während die bedeutenden Prinzipate Frankreichs seit dem 12. Jh. dem Kgtm. erlagen, sind die Fs.en in Dtl. jetzt erst zum Ausbau ihrer vom Ks. bestätigten Rechte gelangt und haben als Gruppe schließlich gegenüber dem Ks. das Reich verkörpert. Jeder einzelne hatte überdies Einfluß auf die Kirchen seines »R.«, bis zum Dictum »Dux Cliviae est papa in territoriis suis«, eine Situation, die es den europ. Fs.en ermöglichte, z. Zt. des Schismas Einfluß auf die großen Konzilien zu nehmen, und den dt., den Sieg der Reformation zu ermöglichen, endlich den Fs.en aller Konfessionen, die Konfession ihrer Untertanen zu bestimmen. Diese sehr reale Kirchengesch. außerhalb der Welt des kanonischen Rechts seit dem 11. Jh. hat alte Wurzeln in der zentralen Rolle des Episkopats im Princeps-Staat des röm. Imperium christianum und des Frankenreichs, generell im Fiskalbereich (s. J. DURLIAT, E. MAGNOU-NORTIER, R. KAISER u. a.; vgl. EWIG, Die Merowinger und das Frankenreich, 1993², 229f.).

Die Kirche hat auch im Heerwesen ganz wesentl. zum Erfolg des Princeps beigetragen: Königsabteien waren in der Waffen- und Kriegsgeräteherstellung wie als Waffendepots unentbehrlich für Karl d. Gr. Königsabteien wie Fulda waren Schlüsselpositionen zur Nachschubsicherung nach Sachsen wie zur Integration des gewonnenen sächs. Adels. Im W wurden im 9. Jh. große Abteien (St-Martin-de-Tours, St-Denis) an große Kleriker wie Hugo den Abt bzw. Gauzlin verliehen, die damals maßgebliche Heerführer waren, dann aber auch an Gf.en als Laienäbte, wie Robert d. Tapfere. Die reichen Abteien mit Versorgungsmöglichkeiten für viele Vasallen wurden – auch mit ihrem spirituellen »Kapital« – als Basis des Aufstiegs der Hzg.sdynastien in den Regna Aquitanien, Burgund und Neustrien nachgewiesen (O. GUILLOT, K. F. WERNER). Der »Kriegsdienst des Klerus«, von F. PRINZ u. a. erforscht, war umstritten, aber verbreitet. Er gehört aber in den generellen Zusammenhang der nach Regna gegliederten Heere des Ottonen- und Salierreichs, für den im →Indiculus loricatorum, einem Panzerreiter-Verzeichnis für das Aufgebot Ottos II. für Italien (981), eine wertvolle Q. vorliegt (WERNER, Heerwesen; L. AUER). Es ist nach Regna gegliedert und zeigt den hohen Anteil der Kontingente der Reichskirchen (Bm.er, Reichsabteien). Die zu stellenden Truppen zogen immer noch im Regna-Verband ins Feld – wie schon die zur Heerfolge für den Rex Francorum verpflichteten Gens-Heere des 7. Jh. Seit Dagobert I. ist der Einsatz der Truppen eines oder mehrerer Regna (»Grande hoste«, magnus exercitus), je nach Bedarf, nachweisbar (WERNER, VIIe s.). Ein »Reichsheer« aus mehreren Regna ließ Karl d. Gr. im Spanienfeldzug konzentrisch aufmarschieren, ähnlich großräumig Otto I. 955 zum Entsatz Augsburgs gegen die Ungarn. Gerade in der Heeresorganisation zeigt sich die frk. Regna-Kontinuität in der dt. Gesch., was Lampert v. Hersfeld belegt, wenn er dem Kontingent der Bayern und Schwaben noch im 11. Jh. noch den richtigen Namen gibt: »Regna«.

V. NEUE DIFFERENZIERUNG VON REGNUM DURCH VERDUN 843: Die Kämpfe zw. Ks. Ludwig und seinen Söhnen und diesen untereinander mündeten nach mehreren Teilungsprojekten im Vertrag v. →Verdun 843. Von den in festen Händen befindlichen Regna ausgehend – Italien (Lothar), Bayern (Ludwig), Neustrien (Karl) –, hatte man Anteile nach von einer Kommission der Großen vorgenommenen Schätzung des Werts (Reichsgut, Bm.er, Gft.en) gebildet. Nun gab es zw. dem Gesamtreich (R. Francorum – universum R.), dessen Fortbestand postuliert wurde, und dessen Klein-Regna die neue Ebene der »Teil-Großreiche«. Wie das Gesamtreich bestanden sie aus mehreren Regna, was ihren Herrschern imperialen Charakter verlieh (Imperator, Caesar, magnus rex, selten Augustus, kommen vor). Den Großkönigen kam Gleichheit zu auch in der Regelung gemeinsamer Angelegenheiten, dem Ältesten als Imperator in Rom nur damit verbundene Sonderrechte.

Die Neugebilde führten, neben O-/W-Angaben oder R. Ultra- oder Transrhenense, den Namen des Herrschers, R. Karoli, R. Lotharii, was R. Karolorum (W-Reich) bzw. R. Lothariensium ergab. Erbprobleme, Zwist zw. karol. Brüdern, Neffen und Vettern führten zu Instabilität, andere R.-Kombinationen blieben durchaus möglich. Um 1000 war die Staatenwelt geprägt durch eine Vielzahl von »Nationen«, quer durch die Groß-Regna: »Francigenas et Lotharienses, Burgundiones et Flandrenses, Anglos und Hibernenses, Northmannos et Britones« (Dudo v. St-Quentin).

Faktoren dennoch eintretender Konsolidierung waren Episkopat (→ Hinkmar im Westen) und Hof des Großkönigs sowie gemeinsame Interessen des Adels, wie sie P. CLASSEN in den Zugeständnissen erkannte, die Karl d. K. 843 (→Coulaines) dem Adel machte. Die Folge war, daß sich ein »Reichsadel« auf der Ebene der Teil-Großreiche entwickelte, der karol. Plänen einer Restauration des Gesamtreiches entgegenwirkte, durch Ausschluß von Ratgebern aus anderen Reichen. So konnte Vereinigung des Gesamtreiches unter Ks. →Karl III. nur noch Personalunion bedeuten. Arnulf im O und dann Kg. Karl III. im W haben – immer noch mit dem Gesamtreich im Blick – eine vorübergehende Rekonsolidierung erreicht, aber erst die Erfolge der Ottonen, trotz aller Zugeständnisse, die sie den Regna Bayern und Schwaben, dann Lothringien (eigene Kanzlei) machen mußten, dem Großreich Dauer verliehen, wobei sie das westl. Vorbild der Zusammenarbeit mit dem Episkopat ebenso aufgriffen wie ihrerseits damit auf das W-Reich zurückwirkten. Die Reichsgewalt in den Teil-Regna wurde stark genug, Regna an sich zu ziehen – Franken – bzw. ein bes. großes, wie Bayern, durch Errichtung neuer Hzm.er zu zerschlagen: Ostarrichi/→Österreich, in der alten Avaria; Carinthia, slav. Dukat, als R. Karinthiae belegt, ehe es Hzm. →Kärnten wurde. Bezeichnend ist, daß im W sich die Dynastie durchsetzte, die mit Adel und Episkopat in der Ablehnung karol. Gesamtreichsträume übereinstimmte, die →Kapetinger, die, unter Nutzung karol. Vorgaben (s.u.), aus Westfranken Frankreich werden ließen.

VI. REGNUM IN OSTEN UND WESTEN: In die Vergangenheit zurückreichende Unterschiede zw. O und W haben die weitere Entwicklung geprägt, die im W vom zweiten R. Francorum zur France, im O vom R. Francorum Orientalium zu den »dt. Landen« verlief.

Im W blieb der Vorrang des frk. Reichsvolks unbestritten. Karl III. nannte sich, als er 911 Lotharingien an sich brachte, »rex Francorum«, um den Anspruch auf das ganze karol. Erbe zu betonen. Das wurde zur gar nicht beabsichtigten Basis des »zweiten R. Francorum«, das, unter dem Einfluß der Ideen Hinkmars und der Reimser Geschichtsschreibung, voll in die Tradition des Chlodwigsreiches eintrat: die Reichspatrone →Remigius, →Martin und →Dionysius, der Kg.sname Ludwig (Chlodwig) blieben Symbole des Anspruchs auf bes. göttl. Sendung. Es war so, als hätte es die karol. Ausweitung und Schwerpunktverlagerung in das Rhein-Maasland, in die Germania und nach Italien gar nicht gegeben. Der Name R. Francorum profitierte von dieser größeren Eindeutigkeit, was die Sequenz »R. Francorum – royaume de France – France« trotz eines zunächst schwachen Kgtm.s möglich machte. In diesem Reich gab es nur einen Kg. und nur ein Volk, das ihn stellen, wählen und krönen konnte, das der »Franci«, »Francigenae«, »Franceis«, »Français«.

Zuvor haben jedoch die Regna des W-Reiches ein kräftiges Eigenleben entfaltet: Francia, Neustria, Burgundia, Aquitania, Septimania (Languedoc), Hispania (später Katalonien, im 13. Jh. ausgeschieden), Vasconia (Gascogne) und Britannia (Bretagne) kamen, soweit sie nicht direkt dem Kg. verblieben, wie im O an einen marchio/dux regni. Von diesen Hzg.en wurde der Robertiner selbst Kg. – dann erst konnte in Neustrien der Normannen-Princeps Hzg. werden. Das Hzm. →Burgund, das Hzm. →Bretagne bestanden bis ins 16. Jh., wobei das letztere, wie Hzm. →Gascogne und Hzm. →»Guyenne« (Aquitanien, ohne →Poitou) mit der →Normandie zum anglonorm. bzw. →angevin. Reich gehörten, wenn auch als Lehen der Krone Frankreichs. Ihren Souveränitätsanspruch hat diese stets gewahrt und durch Erbgang oder Krieg wieder in direkte Herrschaft umgesetzt. Das gilt auch für große Gft.en (→Flandern, →Champagne, →Toulouse) und viele Herrschaften, deren Terra mit →Potestas des örtlichen Princeps (→Seigneurie) understand – sie fielen früher oder später an die Krone zurück. Die auf der Chlodwig-Tradition beruhende kapet. Dynastie hat das »zweite R. Francorum« geeint, in Wiederanknüpfung an Ks. Karl (seit dem 12. Jh.) erweitert und letztlich Frankreich geschaffen.

Nichts dergleichen im Osten. Überwog im Westen das frk. Kernland, seit dem 11. Jh. mit der Hauptstadt →Paris, so gab es ein solches im O nicht, schon gar nicht in der Germania, also östl. des Rheins. Dort hatte die Gruppe der einst dem R. Francorum eingegliederten Gentes, inzw. als Regna konstituiert, ein ganz anderes Gewicht, das durch eigene karol. Kg.e in Bayern und »Schwaben« (aus den merow. Dukaten Alemannien, Rätien und Elsaß für Karl III. gebildetes) verstärkt wurde. Der Adel von Regna, die im Falle Karls III., dann Arnulfs, sogar den Ks. gestellt hatten, sah seine Gens als Mitträger der frk. Welt, als Reichsvolk neben dem der Franken, deren Reich um 1000 von →Notker v. St. Gallen (wie einst das der Römer) als beendet, von dem der Sachsen abgelöst bezeichnet wurde! Man denke auch an die gewaltige Ausdehnung →Bayerns mit seinen →Marken, aus denen →Arnulf (Arnolf) wie schon sein Vater →Karlmann aufgestiegen waren, ein R., das mit →Regensburg die erste karol. Königshauptstadt jenseits des Rheins hatte. Der Wandel wurde manifest, als unter Arnulf (D. 132, 895) und →Ludwig d. Kind (DLK 23, 903) das Urteil über Große des Reichs (einst im Falle →Tassilos nur von den Franken und den unmittelbar betroffenen Bayern gefällt) – jetzt sogar über Franken »iudicio Franchorum, Alamannorum, Bauuoariorum, Thuringionum seu Saxonum« gesprochen wird. Mehr noch, es wurde nun der gemeinsame Kg. vom Adel aller Regna gewählt. Trotz Änderungen im Wahlverfahren blieb das Prinzip der das Reich tragenden R.-Völker gewahrt. →Eike v. Repgow (1230) sagt: »Iewelk dudisch lant hevet sinen palenzgreven: Sassen, Beieren, Vranken und Swaven. Dit waren alle koningrike« – Regna. Man beachte den Zusammenhang R. – Pfalz – Pfalzgf.!

Da der dt. Terminus für R. 'lant' lautet, wird verständlich, daß der dt. Anteil des →Hl. Reiches nicht »Deutschland« genannt wurde (auch nicht, als man im 11. Jh. mit it. Nachhilfe [E. Müller-Mertens] den gemeinsamen Namen R. Theutonicorum dem Sprachnamen »dt.« entlehnt hatte), sondern bis in die NZ hinein »die dt. Lande« (Regna des Großreichs). Die zeitweilige Idee, es nach den Sachsen zu benennen (W. Eggert), die nach Gottes Fügung (Translatio s. Viti, →Widukind) die Franken abgelöst hätten, wurde um 1100 vom Biographen des Erbauers der Harzburg gegen die Sachsen definitiv widerlegt, als er diesen die Unterwerfung durch den Frankenks. Karl (von dem sich die →Salier jetzt ableiteten!) hart in Erinnerung rief und dabei einen Gründungsakt Deutschlands durch Karl und seine Großen erfand: »totaque Saxonia in fidem christianam et deditionem Francorum redacta, cum imperatori ... regnique primatibus communi placuisset consilio, ut universa gens Teutonica [Erstbeleg] aequali conditione sub uno semper rege parili subiectione consisteret.« (Vita Bennonis, c. 13; →Benno v. Osnabrück).

Man entgeht nicht seiner Gesch., die Deutschen so wenig wie einst die Sachsen: das dt. R. konnte kein Staat werden, weil es als Großreich aus Staaten (regna) bestand; kein Volksreich – weil es kein Reichsvolk, vielmehr deren mehrere hatte. So hatte es auch keine Hauptstadt, wohl aber deren mehrere. Der frk. Kontinuität verdankte es, überhaupt als Regna-überwölbendes ostfrk.-dt. R. entstanden zu sein, ihr aber auch seinen föderalen Charakter, weil es um 900, schon vor der Wahl nichtkarol. Kg.e, sich als Regna-Verband konstituiert hat. Die dabei gewonnene Ebenbürtigkeit der nichtfrk. Völker und Vielfalt der. Gesch. mußte bezahlt werden mit dem Verlust des frk. Namens. Man hat von einer »allmählichen 'Entfrankung' dieses überwiegend von nichtfrk. Stämmen getragenen Reiches« im 10. Jh. gesprochen (Th. Schieffer). →Heinrich I., so sei hinzugefügt, war zwar nicht der erste »dt. Kg.«, wohl aber der erste Nichtfranke, der als Kg. eines frk. Großreichs (921: »rex Francorum orientalium«) anerkannt wurde. »Deutschland« ist Erbe der im R. Francorum orientalium vereinten Völker, und ihres neuen Namens. K. F. Werner

Q.: Du Cange, s.v. R. – Niermeyer – Isidor, Etymol. IX, 3, ed. W. M. Lindsay, Bd. 1, 1911 – Vita Bennonis, c. 13, ed. H. Bresslau, 1902, 15f. – Lampert v. Hersfeld, Ann. 1075, ed. O. Holder-Egger, 1894, 220 – Eike v. Repgow: K. A. Eckhardt, Das Landrecht des Sachsenspiegels III 53 1, 1955, 125 – Dudo v. St-Quentin, hg. J. Lair, 1865 (= HF 10, 142) – Lit.: G. Tellenbach, Die Entstehung des dt. Reiches, 1947 u. ö. – W. Suerbaum, Vom antiken zum frühma. Staatsbegriff, 1961 – R. Wenskus, Stammesbild und Verf., 1961 – P. Classen, Die Verträge v. Verdun und Coulaines 843 als polit. Grundlagen des westfrk Reiches, HZ 196, 1963, 1–35 [abgedr. in: Ders., Ausgew. Aufs., hg. J. Fleckenstein u.a., 1983, 249ff.] – H. Wolfram, Intitula-

tio, I, 1967 – E. Müller-Mertens, R. Teutonicorum, 1970 [Lit.] – D. Claude, Gentile und territoriale Staatsideen im Westgotenreich, FMASt 6, 1972, 26–37 – W. Eggert, Das ostfrk.-dt. Reich in der Auffassung der Zeitgenossen, 1973 [vgl. Ders., FMASt 26, 1992, 239–273] – E. Ewig, Spätantikes und frk. Gallien, 1, 1976, 114ff.; 231ff., 323ff. – Th. Schieffer, Krisenpunkte des HochMA, Rhein.-Westfäl. Akad. d. Wiss., Vortr. G 209, 1976, 15 – K. F. Werner, Structures politiques du monde franc (6.–12. s.), 1979, Art. II, III, V, X – H. Wolfram, Got. Kg.e und röm. Ksm., FMASt 13, 1979, 26 – Ders., The Shaping of Early Medieval Principality as a Type of Non-Royal Rulership, Viator 2, 1979, 33–51 – K. F. Werner, Vom Frankenreich zur Entfaltung Deutschlands und Frankreichs, 1984, 278ff., 191ff., 225ff. – K. Schmid, Das Problem der 'Unteilbarkeit des Reiches' (Ders., Reich und Kirche, 1985), 1–15 – K. F. Werner, Les origines de la 'noblesse', Comptes rendus des séances de l'acad. des inscr. et belles lettres, 1985, 186–200 – E. Hlawitschka, Vom Frankenreich zur Formierung der europ. Staaten- und Völkergemeinschaft 840–1046, 1986, 95ff. – H.-W. Goetz, R.: Zum polit. Denken der Karolingerzeit, ZRGGermAbt 104, 1987, 110–189 – B. Schneidmüller, Nomen Patriae..., 1987, 17ff., 62ff. – H. K. Schulze, Vom Reich der Franken zum Land der Dt., Merowinger und Karolinger, 1987 – M. Heinzelmann, Bf.sherrschaft vom spätantiken Gallien bis zu den karol. Hausmeiern (Herrschaft und Kirche, hg. F. Prinz, 1988), 23–82 – C. Brühl, Dtl. – Frankreich. Die Geburt zweier Völker, 1990 – J. Durliat, Les finances publiques de Dioclétien aux Carolingiens, 1990 – J. Semmler, Renovatio Regni Francorum 814–830 (Charlemagne's Heir, hg. Godman-Collins, 1990), 125–146 – Ders., Francia Saxoniaque, DA 46, 1990, 337–374 – T. Eichenberger, Patria ... (6.–12. Jh.), 1991, 71ff. – R. Schmidt-Wiegand, Stammesrecht und Volkssprache, 1991 – K. F. Werner, Volk, Nation, Masse, GGA 7, 1992, 194f., 215ff., 221 – Ders., L'historien et la notion d'État, Comptes rendus acad. des inscr. et belles lettres, 1992, 709–721 – Ders., Royaume et Regna (Pouvoirs et libertés au temps des premiers Capétiens, hg. E. Magnou-Nortier, 1992), 25–62 – Ders., La place du 7. s. dans l'évolution politique et institutionelle de la Gaule franque (The VIIth cent., hg. J. Fontaine-J. N. Hillgarth, 1992), 173–206, 188ff., 203 – E. Ewig, Die Merowinger und das Frankenreich, 1993[2], 227ff. – K. F. Werner, Von den Regna des Frankenreichs zu den »dt. Landen«, Zs. für Lit.wiss. und Linguistik, hg. W. Haubrichs u.a. 1994 [im Dr.] – Ders., Regna und Völker (Staat- und Volkwerdung in Dtl. und Frankreich, 10.–12. Jh., hg. C. Brühl. Beih. der HZ) [im Dr.].

Regnum Italiae. Die Bezeichnung R. I. erscheint erstmals noch 817, wahrscheinl. als Reflex der Rebellion →Bernhards, des Sohnes Kg. Pippins v. Italien, gegen Ludwig d. Fr. Seit der Eroberung des Langobardenreiches (774) hatte Karl d. Gr. den Titel »rex Francorum et Langobardorum« geführt; »Kg. der Langobarden« waren auch sein Sohn Pippin (781) und sein Enkel Bernhard (810). Nach dessen Rebellion wurde der Titel →Lothars I. in »rex Italiae« geändert, um mit dem früheren Titel eventuell verbundene autonomist. Implikationen zu beseitigen. Das Kgr. hatte damals weitgehend den Umfang des Langobardenreiches und umfaßte auch einen Teil Burgunds. 870 verlor das R. I. im Vertrag v. →Ribemont seine burg. Gebiete und nahm die Gestalt an, die es in der Folge behalten sollte: es umfaßte die heutigen Regionen Piemont, Lombardei, Festland-Venetien, Ligurien, einen Großteil der Toskana, die Emilia von Piacenza bis Modena, den Mittel- und Südteil der Marken und fast die ganze Region Abruzzen. Die »Romania« (Romagna) hingegen, der →Exarchat und der Dukat v. →Rom bildeten die ehemals byz. Gebiete, in denen sich der →Kirchenstaat zu organisieren begann. Die Hauptstadtfunktion behielt weiterhin →Pavia, wo das palatium regium stand (1024 in einem Aufstand zerstört), und wo der Kg. mit einer gewissen Regelmäßigkeit mindestens bis 860 Hof hielt; von da an setzte sich offenbar wieder der häufige Ortswechsel des Hofes durch. Die enge Verbindung zw. der Krone des R. I. und dem Ks.titel, die unter Lothar I. und Ludwig II. zutage trat, kam nach Ludwigs II. Tod (875) deutl. zum Ausdruck, als in Pavia Karl d. Kahle, bereits westfrk. Kg. (jedoch nie zum Kg. v. Italien gekrönt), Karlmann, der Sohn Ludwigs d. Dt., und später sein Bruder Karl III. d. Dicke (875) aufeinanderfolgten; mit dessen Absetzung (887) endete die Herrschaft der Karolinger über das R. I.

Diese Herrschaft basierte in Wirklichkeit auf dem instabilen Gleichgewicht zw. den Ansprüchen der öffentl. Institutionen und der einen spontanen sozio-ökonom. Aufstieg erlebenden kirchl. Einrichtungen und bedeutenden Milites-Familien, die ihre Macht dem Grundbesitz verdankten. Die Stabilität dieses Gleichgewichts wurde nicht zuletzt dadurch gemindert, daß die häufig aus transalpinen Gebieten stammenden Mächtigen gleichzeitig auch Amtsträger waren und ihr Amt zum persönl. und familiären Machtgewinn benutzten. Der Zerfall dieses Gleichgewichtssystems am Ende der Karolingerherrschaft führte zu deutl. Auflösungserscheinungen des R. infolge der Machtzuwachses der mgfl. Familien, insbes. der →Unruochinger (Friaul), der →Widonen (Toskana) und der Adalbertiner (Spoleto), die ihren Landbesitz ausbauten und allmähl. die Vormachtstellung über den gesamten Adel des R. errangen.

Die schwierige Nachfolge Karls III. (d. Dicken) verwickelte das R. I. in lange heftige Kämpfe zw. den Prätendenten. →Berengar v. Friaul und →Wido v. Spoleto ließen sich beide, eher aufgrund der militär. Stärke ihrer Anhänger als legitimiert durch Verwandtschaft mit den Karolingern, im gleichen Jahr (888) in Pavia zum Kg. v. Italien krönen. Berengars schwache Position zwang ihn zu einem Bündnis mit →Arnulf v. Kärnten, der seinerseits den Kg.stitel annahm und Berengar die subalterne Rolle eines Mitkg.s zuwies. Berengar mußte sich also damit begnügen, von Verona aus seine eigene Mark zu regieren, während es Wido gelang, zusätzl. zur Kg.swürde, an der er seinen Sohn →Lambert beteiligte, auch den Ks.titel anzunehmen. Nach Widos Tod wurde Arnulf Ks., während Berengar und Lambert sich über eine Teilung des R. I. in zwei große Einflußzonen einigten: Berengar erhielt die Gebiete in der Mitte und im O, ö. der Adda, Lambert den Rest. Nach dem tödl. Jagdunfall Lamberts vereinigte Berengar das R. I. wieder. Die Unfähigkeit des Kg.s, den verheerenden Ungarneinfällen wirksam zu begegnen, bot den Großen des Reiches einen Vorwand, ihm als Rivalen →Ludwig v. Provence entgegenzustellen. Dieser zog 900 kampflos in Pavia ein, wurde zum Kg. v. Italien gewählt und empfing in Rom den nach Arnulfs Tod vakanten Ks.titel. Berengar vertrieb Ludwig i. J. 905, blieb 10 Jahre lang Alleinherrscher und erhielt 915 die langersehnte Ks.krone. Zu seinem Aufstieg hatte vielleicht auch seine tatkräftige Koordinierung der Abwehr der Sarazenen (→Garigliano) beigetragen. In seinem ehemaligen Schwiegersohn Mgf. Adalbert v. Ivrea erwuchs ihm allerdings bald ein Gegner. Dessen zweite Frau Ermengard, Tochter Berthas v. Tuszien, rief zur Unterstützung ihres Gemahls →Rudolf II. v. Hochburgund zu Hilfe, der Berengar in der Schlacht bei Fiorenzuola d'Adda (923) schlug, in der ein großer Teil des Adels des R. I. fiel. Rudolf wurde seinerseits 927 von →Hugo v. Vienne (der bereits früher versucht hatte, sich des R. I. zu bemächtigen) vertrieben. Die Appelle der Großen des R. I. an auswärtige Machthaber lassen erkennen, daß die lokale Aristokratie unfähig war, die Regierungsgewalt selbst auszuüben. Mit Geschick und Entschlossenheit erneuerte Kg. Hugo die Führungsschicht und kontrollierte durch Vertrauensleute die wichtigsten Städte der Poebene und die verbliebenen regionalen polit. Einheiten (Ivrea, Tuszien, Spoleto). Das Programm des Kg.s, die öffentl. Gewalt zu stärken, fand jedoch Widerstände in der nunmehr fest verwurzelten Tendenz der Funktionsträger, derartige Funktionen zur Stärkung der Macht ihrer Familie zu benutzen und sich eigene Herrschaften zu schaffen. Dies führte schließlich zu einer allgemeinen Erhebung gegen die despot. Haltung des Kg.s, der 946 Italien verlassen mußte. Sein Sohn →Lothar regierte gemeinsam mit seiner Gemahlin →Adelheid v. Burgund, de facto jedoch unter der Kontrolle seines mächtigen Ratgebers, Mgf. →Berengars v. Ivrea, Adalberts Sohn. Nach Lothars Tod wurde 950 Berengar Kg. Er erhob seinen Sohn Adalbert zum Mitherrscher und ließ Lothars Witwe Adelheid gefangensetzen. Der dt. Kg. Otto I. zog in die Lombardei, vertrieb Berengar, ließ sich zum Kg. v. Italien krönen und vermählte sich mit Adelheid. Nachdem der neue Kg. wieder heimgekehrt war, nahmen Berengar und Adalbert, die sich ihm unterworfen hatten, ihren Thron in Pavia wieder ein. 962 wurden sie bei einem erneuten Italienzug Ottos endgültig vertrieben. Dieser wurde in Rom von Papst Johannes XII. zum Ks. gekrönt.

Seit der Kg.skrönung des Liudolfingers Otto I. war die Krone von Italien mit der röm.-dt. Krone verbunden, ihr Träger war in der Regel der Ks. (Ausnahme: Konrad III.). Nach jahrzehntelangen blutigen Kämpfen fand das R. I. Ruhe, und seine territorialen Untereinheiten begannen eine feste Form anzunehmen: im NO wurde die Mark von Treviso und Verona vom R. I. abgelöst und mit dem dt. Kgr. verbunden, im NW wurden die zur Zeit Berengars II. geschaffenen neuen Marken (Anskar., Aleram., Arduin. und Otbertin. Mark) anerkannt, in der unteren Poebene konsolidierte sich die Macht der Familie Adalbert-Attos v. →Canossa über die Territorien von Modena, Reggio, Mantua und Brescia. In der Toskana folgte dem außerehel. Sohn Hugos, Hubert, der die Hzm.er Tuszien und Spoleto erhalten hatte, sein ottonenfreundl. Sohn Hugo nach, der auf das Hzm. Spoleto verzichtete und sein Territorium in kluger Voraussicht mit einem Netz v. Funktionsträgern und durch die Förderung der Kl. neuorganisierte. Im Hzm. →Spoleto und in der Mark →Fermo entwickelten sich hingegen neben Resten der früheren Verwaltungseinheiten kleinere territoriale Einheiten und Amtsbezirke, die häufig in der Hand von Signoren waren. V. a. in den Städten des R. mußte Otto die polit. Macht berücksichtigen, welche die Bf.e während der Periode der sog. →»Nationalkönige« erlangt hatten, in der die geregelte öffentl. Gewalt schwächer geworden war. Die den Bf.en gewährten Privilegien und Konzessionen, die ihre de facto ausgeübte Autorität anerkannten, förderten die Loslösung der Bf.sstadt und ihres Districtus von den übrigen Territorien und ihre Ausgliederung aus dem öffentl. Netz der Gft.en.

Es handelte sich also nicht um eine effektive Rückkehr zu einer Ordnung karol. Prägung, trotz der von Otto durchgeführten Neuordnung der Gft.en, das R. I. nahm vielmehr eine lockere, polyzentr. Struktur an; der Kg. hatte dabei nur eine in erster Linie pazifikator. Vormachtstellung, die eher auf Interventionen ksl. Truppenverbände von jenseits der Alpen basierte, als auf einer funktionierenden Hierarchie öffentl. Amtsträger. Auch in der Gerichtsbarkeit – verkörpert durch den Comes palatinus und die ksl. Pfalzrichter in Pavia – zeigten sich seit der Zeit Ottos II. Ansätze zur Erblichkeit der Ämter: so in der Familie der Gf.en v. Lomello, und auf lokaler Ebene bei Richterfamilien, die nach dem Vorbild der ksl. Gerichtsbarkeit den Vorsitz bei den Placita der Signoren führten. Unter den konkurrierenden Hegemoniebestrebungen der Amtsträger mit dynast. Ambitionen und mächtiger weltl.

und kirchl. Grundherren, die öffentl. Funktionsträger nachahmen, ragt der Versuch Mgf. →Arduins v. Ivrea hervor, durch die Annahme des Kg.stitels nach dem Tod Ottos III. über seinen lokal begrenzten Machtbereich hinauszuwachsen (1002). Mit dem endgültigen Scheitern der Unabhängigkeitsbestrebungen – Arduin wurde 1013 von Heinrich (II.) abgesetzt – fiel die Krone des R. I. endgültig an die dt. Herrscher. Nicht zuletzt mittels beständiger ksl. Präsenz in den ehemals byz. Gebieten von den ven. Lagunengebieten bis Ravenna wurden de facto die Territorialgrenzen des R. I. neu definiert.

Im Lauf des 11. Jh. war Reichsitalien noch stärker als zuvor Schauplatz der Auseinandersetzungen zw. dem Kg. als Träger der öffentl. Gewalt und dem Adel – Bf.en und Dynasten, die bestrebt waren, Territorialfsm.er zu errichten (wie die Arduinen v. Turin oder die Canossa). Gelegentl. paktierte dabei die Kg.smacht mit dem Adel, verzichtete jedoch nicht darauf, ihre Präsenz bisweilen auch mit Waffengewalt zu manifestieren bzw. durch die Entsendung von missi, die festumschriebene Funktionen in der kgl. Gerichtsbarkeit erfüllten, eine geregelte Verwaltung auszuüben, gleichsam als höherer Garant des Rechts, wo dies erforderl. sein sollte. Der Ks. selbst erfüllte in Abständen seine kgl. Funktion durch die Einberufung von Hoftagen in Pavia, später in Roncaglia bei Piacenza, wo er einige allg. Verfügungen erließ oder in Fällen von polit. Relevanz Recht sprach. Aufrechterhaltung des Friedens und Schutz des Rechts waren die wichtigsten Prärogativen des Kg.s; an ihn appellierten auch die Bevölkerungen der Städte, die im Laufe ihrer wirtschaftl. und polit. Entwicklung unter der Herrschaft von weltl. oder häufiger kirchl. Machtträgern die öffentl. Dimension der Civitas wiederentdeckt hatten und vom Kg./Ks. die Anerkennung ihrer »libertas« zu erwirken suchten. Die Privilegien der sal. Kg.e/Ks. für Städte wie Mantua, Pisa, Turin bezeugen, daß sich zw. dem Herrscher und den Stadtgemeinden, die sich zunehmend aus dem Geflecht der alten Verwaltungsbezirke herausgelöst hatten und reif für die Selbstverwaltung geworden waren, ein Verhältnis der Unmittelbarkeit herauszubilden begann. Von den Veränderungen der Machtkonstellationen innerhalb des R. I. in der ersten Hälfte des 12. Jh. zeugt auch die kgl. Gesetzgebung auf lehnrechtl. Ebene, die nunmehr bestrebt war, signorile Hierarchien auf der Basis von vasallit. Bindungen anzuerkennen. Das Lehnrecht Lothars II. und die Anerkennung der städt. libertas fügen sich in die gleiche Konzeption des R. I. ein, die den lokalen Gewalten Raum gab, sich die lehnsrechtl. Koordinierung der beginnenden Territorialherrschaften vorbehielt und de facto den Städten gleiche Vorrechte zuerkannte wie den Dynastien.

Mit Friedrich I. Barbarossa zeichnete sich jedoch eine polit. Neuorientierung ab: im hartnäckigen Bemühen, die ksl. Gewalt in Italien mit allen Mitteln zu verstärken, ging er weit über die Praxis seiner Vorgänger hinaus. Sein Ziel war dabei der Aufbau einer funktionierenden Verwaltung im Rahmen einer grundlegenden Reorganisierung des R. I., die auf der Anerkennung der dem Ks. zustehenden Rechte basieren sollte. Deshalb forderte er auf dem zweiten Reichstag v. Roncaglia (1158) die Restitution der →Regalien und erließ Gesetze, die dem Ks. die plena potestas zuschrieben; danach ging er dazu über, persönl. Funktionsträger zu ernennen oder Jurisdiktionsrechte zu verlehnen. Die Politik von Roncaglia wurde trotz der bekannten Gegenreaktion der lombard. Kommunen von dem Erzkanzler →Rainald v. Dassel, dem ersten Generallegaten in Italien, in zentralist. Form weiterentwickelt; er führte bis zu seiner Ablösung durch Christian v. Buch (1164) die Neuorganisation der Lombardei und der Toskana durch. Von den Generallegaten hingen die städt. Podestà und Rektoren ab, die »missi« mit Sonderfunktion (z. B. Einforderung des ksl. →Fodrum) sowie die »vicarii«, denen die Verwaltung der kgl. Gerichtsbarkeit oblag. Dieser Versuch, dem Kgr. eine festere Struktur zu verleihen, war jedoch infolge der ablehnenden Haltung der Stadtkommunen und der Habgier der dt. Funktionsträger, die die Ressourcen der Einwohner bis aufs äußerste ausbeuteten, mehr oder weniger zum Scheitern verurteilt. Als Gegenreaktion wurde die →Lombard. Liga gegründet, die nicht nur einen militär. Verband, sondern auch eine Alternativorganisation zur kgl. Verwaltung darstellte, der die Städte rechtl. Autorität zuerkannte. Erst im Frieden v. →Konstanz konnte Friedrich I. Barbarossa die Situation wieder unter seine Kontrolle bringen, wobei er – unter gewissen Bedingungen – die öffentl.-rechtl. Bedeutung der kommunalen Stadtregimente anerkannte. Das so erreichte Einvernehmen ermöglichte auch eine bessere Effizienz der kgl. Gerichtsbarkeit durch den Aufbau eines Systems von »vicarii«, die die Kontroversen zw. einzelnen Städten oder den ksl. Lehnsträgern schlichten sollten oder als Appellationsinstanz gegen die von den kommunalen Konsuln verkündeten Urteile fungierten. In die gleiche Zeit fällt auch der Versuch, in einzelnen Teilen des R. I. (Piemont, Toskana) ein dichtes Netz von Kontrollpunkten (Burgen und ksl. Curtes) anzulegen, die neben strateg. auch fiskal.-administrative Funktionen besaßen.

Die Veränderungen, denen das polit. Konzept von Roncaglia in 25 Kriegsjahren unterlag und die zu einer Begrenzung seiner ursprgl. Dimensionen führten, ergaben eine »Mischstruktur« des R. (städt. Autonomien, Lehensverhältnisse, direkte Kontrolle) und verstärkten seine seit otton. Zeit bestehende charakterist. Polyzentralität durch Anpassung an die neue Realität der Kommunen. Barbarossas Enkel Friedrich II. strebte hingegen eine Zentralisierung des R. I. an nach dem funktionierenden Beispiel Süditaliens. Im Unterschied zu den Versuchen seiner Vorgänger zeigte seine nach dem Sieg v. Cortenuova über die Kommunen (1237) in kürzester Zeit durchgeführte Neuordnung der Verwaltungsbezirke ein systemat. Vorgehen, zumindest auf dem Papier. Die Mark Treviso wurde neubegründet, die übrigen Gebiete Norditaliens wurden in zwei Vikariate geteilt (n. und s. v. Pavia), in der Toskana und der Marittima (Tuscia romana) wurden Generalcapitaneate eingerichtet, in der Romagna und der Garfagnana Vikariate. In dieser neuen Form sollte das R. I. fast völlig durch ein System ausgewählter und von oben kontrollierter Funktionsträger verwaltet werden, angefangen vom Generallegaten für Italien – Friedrichs Sohn →Enzio – über die Generalvikare bis zu den lokalen Amtsträgern wie Kastellanen, städt. Capitanei oder Podestà, wobei den Lehnsverhältnissen nur geringer Raum blieb. Die Schwächen des Systems zeigten sich jedoch bereits kurz nach seiner Einführung, da sich die ausgewählten Männer als unzuverlässig erwiesen und in das Spiel der rasch wechselnden lokalen Machtkonstellationen verwickelt waren. Friedrich II. zog daher schließlich fast nur Familienangehörige heran und erhob seine Söhne und Verwandten zu den Vikariatsämtern. Reste des Systems überdauerten den Tod des Ks.s in den Gebieten, wo die für das Funktionieren notwendigen Machtstrukturen vorhanden waren, dabei handelte es sich vorwiegend um lokale Machthaber mit fester territorialer Basis, die dadurch ihre Stellung auf interurbaner Ebene zu verstärken suchten. Der Rückgriff auf den »Reichsvikariat«, der nunmehr seine administrative Bedeutung verloren hatte, sollte in der Folgezeit die Machthaber der neu entstehenden polit.-territorialen Organismen in Italien legitimieren. Das Konzept des R. I. verblaßte hingegen allmähl. während der endgültigen Krise des Reiches. R. Bordone

Lit.: V. FUMAGALLI, Il Regno italico, 1978 – A. A. SETTIA, Pavia carolingia e postcarolingia (Storia di Pavia, II, 1987), 69–158 – R. BORDONE, L'amministrazione del Regno d'Italia (Federico Barbarossa e l'Italia, BISIAM 96, 1990), 133–156 – G. TABACCO, Sperimentazioni del potere nell'alto medioevo, 1993, 95–140 – R. BORDONE, Le città del »R. I.« e Federico re [im Dr.].

Regnum Teutonicorum/Teutonicum, in otton.-sal. Zeit gebildet und verbreitet, drückt dieser Begriff aus, daß das auf das Ostfrankenreich und dessen Verbindung mit dem regnum Lotharii zurückgehende, seit 925 dauerhaft vereinte Kgr. auf die Dt.en, das dt. Volk bezogen bzw. ihm die sprachl.-volkl.-nat. Eigenschaft »deutsch« zugesprochen wurde. Voraussetzung für diesen Vorgang war, daß das Kgr. mit den Franken, Sachsen, Bayern und Alamannen den kontinentalen westgerm. Bereich repräsentierte. Der Reichsverband und die ihn tragende Bevölkerung konnten im Umstand der roman. und slav. Reiche und Völker als sprachl.-volkl.-nat. Einheit erscheinen. Für den Gewinn einer solchen Sicht war die Vereinigung der dt. Lande, Italiens und Burgunds im otton.-sal. Imperium von entscheidender Bedeutung.

Die Vorstellungen r. Teutonicorum und rex Teutonicorum wurden zuerst in Italien gebildet. Das geschah, nachdem ein Schwerpunkt der otton. Politik seit 961 dort gelegen hatte, die otton. Herrschaft über Italien nach dem Tode Ottos III. 1002 in Frage gestellt und von Heinrich II. wiederhergestellt worden war. Sprachl.-volkl. Kontrastbewußtsein, langob.-it. Gesch.s- und Reichsbewußtsein prägten eine nat.-it. Fassung des dt. Reichsbegriffes. Als Epoche erscheinen die Jahre nach dem ersten Italienzug Heinrichs II. 1004. Daß der Begriff r. Teutonicorum bereits in der Mitte des 10. Jh. in Salzburg, wenn überhaupt, im Sinne von Reich der Dt.en gebraucht worden wäre, ist nicht belegt. Anders als in Italien gab es in dieser Zeit n. der Alpen keine Vorstellung eines dt. Volkes. Der Begriff eines Dt. Reiches und Reiches der Dt. gewann für und in Dtl. schlagartig polit. Relevanz, als das Reformpapsttum und die Reichsfs.en den offenen Kampf mit dem Kgtm. um die Neugestaltung der Kirchen- und Reichsverfassung aufnahmen. Damit stellen die 70er Jahre des 11. Jh. die eigtl. Epoche dar. Gregor VII. griff das sakrale und imperiale Kgtm. Heinrichs IV. an und prägte als Kampfbegriff 1074 eine gregorian. Fassung des dt. Reichsbegriffes. Sie stand in Gegenposition zum Imperium. Heinrich IV. wurde aufgefordert, seine Herrschaft auf das r. Teutonicorum zu beschränken, sich als rex Teutonicorum in die Reihe der anderen Kg.e einzuordnen. Gregor VII. sprach eigens die Teutonici an, gebrauchte als erster und überwiegend den Begriff r. Teutonicorum, trug ggf. dem Tatbestand Rechnung, daß ein volkl.-nat. Gesamtaspekt in Dtl. Geltung gewonnen hatte. Davon zeugt die nat.-dt. Fassung des dt. Reichsbegriffes. Diese wurde gleichzeitig in der Nähe der Fs.enopposition bzw. in Opposition zu der neuen Kg.spolitik Heinrichs IV. geprägt. Wie in der gregorian. Fassung erscheint das r. Teutonicum als Institution. Doch wird es darüber hinaus als hist.-polit. Wertgröße und in Übereinstimmung mit dem Anspruch auf imperiale Kg.sherrschaft gesehen. Die nat.-dt. Fassung zeigt sich von dt. Reichsbewußtsein und polit. Deutschbewußtsein erfüllt. In ihr wurde das polit. Handeln an der Ehre, dem Glanz, dem Nutzen oder Schaden des dt. Reiches gemessen. In die gregorian. Fassung fand der volkl.-nat. dt. Wertgehalt erst nach dem Aufstand Heinrichs V. 1104 Eingang. Von Heinrich IV. und seinen Anhängern wurde die dt. Reichsidee nicht aufgegriffen. Sie entwickelten die sakrale und imperiale Gesamtreichsvorstellung weiter. Der päpstl. Anspruch »rex Teutonicorum« stellte Heinrich V. den seit 1106 zur Norm werdenden Kg.stitel »rex Romanorum« entgegen. Eine neue Epoche in der Begriffsgesch. ist in der Endphase des →Investiturstreites nach der Ks.krönung Heinrichs V. zu verzeichnen. Auf sie weist bereits die Titulatur in dem Investiturprivileg Paschalis' II. für Heinrich V. v. 1111: »Teutonicorum rex et Romanorum imperator«. Auf ksl. Seite wurde jetzt die nat.-dt. Fassung röm. erweitert. Sowohl das Romanum imperium wie das r. Teutonicum wurden als hist.-polit. Wertgrößen gesehen, beide seit Karl d. Gr. vereinigt. In dieser Sicht bestand das r. Teutonicum in der Vereinigung fort und begann die Herrschaft über das Röm. Reich mit der Kg.serhebung im Dt. Reich. Einen Schlußakt stellte das →Wormser Konkordat 1122 dar. Der Ks. und der Papst einigten sich, auf eine einheitl. Regelung der Investituren im Gesamtreich zu verzichten. Den gegebenen machtpolit. Verhältnissen entsprechend bestand der gefundene Kompromiß in verschiedenen Lösungen für das r. Teutonicum und für die aliae partes imperii. Damit hatte die nat.-dt. Vorstellung des Kgr.es für alle maßgebl. polit. Kräfte eigene Bedeutung gewonnen. Im Verhältnis zu den Neugestaltungen der Reichs- und Kirchenordnung 1073–1122 erscheint ein nat.-dt. Kgr. eindeutig und vollständig konstituiert. Doch präsentiert sich dieses nicht als ein Kgr. unter anderen, sondern im Rahmen oder als ein Teil des Röm. Reiches und in Beziehung auf dieses. E. Müller-Mertens

Lit.: →Deutschland – E. MÜLLER-MERTENS, R. Teutonicum, 1970 – C. BRÜHL, Dtl. – Frankreich, 1990 [Lit.] – E. MÜLLER-MERTENS, Romanum imperium und r. Teutonicorum, Jb. für Gesch. des Feudalismus 14, 1990, 47–54 – W. EGGERT, Ostfrk.-frk.-sächs.-röm.-dt. Zur Benennung des rechtsrhein.-nordalpinen Reiches bis zum Investiturstreit, FMASt 26, 1992, 239–273.

Regras, João das → Johann das Regras (50. J.)

Regressus ad infinitum, log. Prozedur, in der man nicht zu einer definitiven Begründung einer gegebenen Proposition gelangt, da jeder Grund selber wieder fundiert werden muß. Meistens gebraucht als Argument, um eine erste epistemolog. Voraussetzung (Thomas v. Aquin, An. Post. L. I, 1. 7. 31–32; L. II, 1. 20; Johannes Duns Scotus, Ord. II, d. 14, n. 6: »Nihil nisi sub ratione infiniti formaliter potest quietare intellectum«) oder einen ontolog. notwendigen Grund zu supponieren (Thomas, Phys. VIII, 1. 9; Met. II, 1. 4; XII, 1. 5f.; S. Th. I, 2, 3; Bonaventura, In Hex. I, 13; Scotus, Lect. I, d. 2, p. 1, q. 2 XVII, 125–132; Ord. I, d. 2, II, 151–165). E. de Jong

Lit.: J. OWENS, Aquinas on Infinite Regress (DERS., St. Thomas Aquinas on the Existence of God, 1980), 228–230 – J. WALGRAVE, Tertia Via (Quinque sunt Viae, hg. E. ELDERS, 1980), 65–74.

Reguardati, Benedetto (Benedetto da Norcia), * 1398 in Norcia (Umbrien), † 19. Juli 1469 in Florenz, Medizinprofessor, vor 1427 in Perugia, 1447–49 in Pavia nachgewiesen, seit 1442 Leibarzt und Diplomat Francesco →Sforzas in Mailand. Wichtigste Schr. ist sein Gesundheitsregimen »Libellus de conservatione sanitatis« (1435/38) für Astorgio Agnesi, Ebf. v. Benevent. Es steht in der galen.-arabist. Tradition der 'sex res non naturales', ist von zwei Regimina sanitatis des Barnabas de Riatinis (1331 und 1338) beeinflußt und wurde wiederholt gedr. (Rom 1475 u. ö.). Eine it. Übers. (Mailand 1468) lief später fälschl. unter Ugo →Benzis Namen. Außerdem verfaßte R. ein Pestregimen, »Tractatus de preservatione a pestientia«, Erstdr. Lyon 1477. W. Schmitt

Lit.: L. THORNDIKE, Vatican Lat. Mss. in the Hist. of Science and Medicine, Isis 13, 1929/30, 53–102 – A. C. KLEBS–K. SUDHOFF, Die ersten gedr. Pestschr., 1926 – G. DEFFENU, B. R. medico e diplomatico di Francesco Sforza, 1955 – F. LOMBARDI, Il De Conservatione sanitatis di Maestro B. da Norcia, 1962 – J. HILL COTTON, B. R., Author of Ugo Benzi's Tractato de la conservatione de la sanitate, MEDHIST 12, 1968, 76–83.

Regula S. Benedicti. Unter den rund 30 erhaltenen Mönchsregeln ist die Regel des hl. → Benedikt v. Nursia (RB) von außergewöhnl. Umfang, der lediglich von der →Basiliusregel und v. a. der →Regula Magistri (RM) übertroffen wird. Die dreimal längere und der RB eng verwandte RM galt traditionell als Erweiterung der RB. Doch haben neuere Untersuchungen gezeigt, daß die RM ein älteres Werk (um 500–530) darstellt, das von Benedikt zu einer Kurzfassung umgearbeitet wurde. Benedikt, der seine Regel um 530–560 in derselben röm. Einflußzone abfaßte, übernahm vom 'Magister' von dessen langen Einleitungen nur die letzte: eine Katechese nach der Taufe über Ps 33 und 14, die zum Prolog der RB wurde. Die Definition des Kl. als »Schule im Herrendienst«, mit der dieser Einleitungstext schließt, wird von Benedikt in einigen Zeilen glossiert, wobei bereits zwei Charakterzüge hervortreten: die Sorge um die Schwachen und das Interesse an der spirituellen Entfaltung des Menschen auf Erden, wohingegen der 'Magister' eine rein eschatolog. Perspektive verfolgte. Das folgende 1. Kapitel der RM hat Benedikt um die lange Satire auf die 'Gyrovagen' und um die Darstellung des Abtes als 'doctor' verkürzt; er verzichtet hier wie auch andernorts auf die farbigen Schilderungen wie die doktrinalen Theorien des 'Magister'. Dafür ist der Leitfaden für den Abt (RM 2) in der RB nicht weniger lang ausgefallen; Benedikt entwickelt hier mehrere seiner Hauptanliegen: Es soll eine jede Person gemäß ihrem bes. Charakter behandelt werden; den Schwächen des Superior muß gesteuert werden; zw. den Brüdern ist das Prinzip der Anciennität, das der 'Magister' aufgehoben hatte, wiederherzustellen. Die Perikope über den Rat der Brüder, die in der RM eine bloße Appendix darstellt, ist erweitert zu einem eigenen Kapitel (RB 3), in dem Benedikt durch persönl. Umschreibung des gesamten Textes und die Hinzufügung der Anweisung, daß der Rat der Alten bei Angelegenheiten von geringerer Bedeutung versammelt werden soll, sein Interesse an der prakt. Normsetzung bekundet. In den folgenden Abhandlungen zur Spiritualität werden zwei eschatolog. Konklusionen des 'Magister' (RM 3 und 10) gestrichen (RB 4 und 7), desgleichen mehrere beschreibende oder doktrinale Ausführungen, bes. aber eine lange kasuist. Textpassage über das Schweigen (RM 9), die in drast. Weise vereinfacht wird (RB 6, 7). Doch bleibt die von →Cassian ausgehende Kernaussage des 'Magister' bestehen: Durch die Demut (humilitas), deren wichtigste Züge Gehorsam und Schweigen sind, kann der Mönch von der anfängl. Furcht zur vollendeten Liebe gelangen, die die Furcht austreibt (1 Joh 4, 18). Während Benedikt die spirituellen Texte des 'Magister' im wesentl. übernimmt, unterzieht er die folgenden legislativen Texte (wie vorher schon die Aussagen zum Ratskapitel) einer durchgreifenden Umarbeitung. Obwohl gewöhnl. in vielem seiner Vorlage folgend, nimmt er zahlreiche entscheidende Verschiebungen vor. Die erste dieser Änderungen führt in unmittelbarer Verlängerung der spirituellen Kapitel den Abschnitt über das officium divinum ein (RB 8–20), das in der RM eher beiläufig im Zusammenhang mit den tägl. Aufgaben (RM 33–49) behandelt wurde. Der stark hervortretende »Gottesdienst« wird von Benedikt äußerst eingehend geregelt.

Die wichtigste Innovation der RB ist hier die wöchentl. Lesung des →Psalters. Die bis dahin hintereinander an den verschiedenen liturg. Feiern rezitierten 150 Psalmen werden nun in feststehender Weise auf die Gebetszeiten verteilt, so daß sie (nach Art des ostkirchl.-byz. und v. a. des röm. Ritus) im Verlaufe einer Woche sämtlich gesungen werden. Der 'Magister' teilt seine Gemeinschaften in Gruppen von zehn Mönchen auf, die jeweils zwei →Pröpsten (praepositus) unterstehen (RM 11). Unter Beibehaltung dieses Systems (RB 21) verleiht Benedikt seinen 'Dekanen' jedoch nicht dieselbe Bedeutung. Im folgenden werden die Strafbestimmungen des 'Magister' (RM 12–14) von Benedikt klarer gefaßt (RB 22–30), hinzu tritt eine Abhandlung über die Bußen (RB 43–46). Allgemein gesprochen ist die Gesetzgebung Benedikts konziser und zugleich besser entwickelt; neue Funktionen treten auf: der Krankenpfleger/Infirmar (RB 36), die mit der Küche für die Gäste betrauten Brüder (RB 53), der Novizenmeister (RB 58) mit entsprechenden Örtlichkeiten. Wöchentl. wechselnde Aufgaben werden zu festen Ämtern (Ankündigung des Gottesdienstes, Gästeempfang). Anstelle des einzigen Verwahrers/Depositars (RM 17) fungieren in der RB mehrere Beauftragte, die für die Aufbewahrung verschiedener Kategorien von Wertgegenständen verantwortlich sind (RB 32). Die wichtigste dieser Neuerungen ist die Schaffung eines monast. Klerus, bestehend aus Klerikern, die Mönche geworden sind (RB 60), und Mönchen, die auf Verlangen des Abtes die Weihen genommen haben (RB 62). Die kleinen, ausschließl. aus Laien bestehenden Gemeinschaften des 'Magister', die sich zur Meßfeier in die Ortskirche begeben mußten, sind bei Benedikt zu autonom liturg. Einheiten, die an ihrem Aufenthaltsort selbst die Messe zelebrieren, geworden. Der Abschnitt »De disciplina suscipiendorum fratrum« (RB 58), der vier Kapitel der RM verschmilzt, legt die Probezeit aller Postulanten auf ein Jahr fest, mit drei Perioden von zwei, sechs und vier Monaten, in denen der Novize nacheinander mit drei Grundforderungen des Koinobitenlebens konfrontiert wird: Verbleib im Kl., Befolgung der Regel und Unterwerfung unter die Oberen. Diese drei Punkte bilden schließlich den Gegenstand des dreifachen Gelübdes der Profeß: Ortsfestigkeit (stabilitas), Leben nach der Regel (conuersatio morum) und Gehorsam (oboedientia). Nach Regelung der Nachfolge im Abbatiat (RB 64: der Abt wird von der Gemeinschaft gewählt, nicht – wie in der RM – vom Vorgänger designiert) und der (nicht ohne Zögern erfolgten) Wiederherstellung des von der RM aufgehobenen traditionellen Amtes 'praepositus' (→Prior) schließt Benedikt mit einem Abschnitt über die Pförtner (RB 66, nach RM 95), dem wohl in der ursprgl. Version der Epilog (RB 73) folgte. Die (wahrscheinl. erst danach hinzugefügten) sechs letzten Kapitel (RB 67–72) behandeln v. a. die brüderl. Beziehungen, wobei Benedikt wohl auf Gedanken Augustins zurückgreift.

In ihrem Gesamttenor verbindet die RB zwei ältere Konzeptionen des Mönchtums: das 'Schul-Kloster' (Cassian, der 'Magister'), das v. a. die vertikale Beziehung eines jeden Mitglieds mit den Oberen des Kl. kennt, und das 'Communio-Kl.' (Augustin), das die horizontale Dimension, verbunden mit gegenseitiger liebevoller Zuwendung, in den Vordergrund stellt. Durch diese Verschmelzung und ihre sonstigen Qualitäten, von denen einige bereits auf die RM zurückgehen, bietet die RB ein in seiner Vollständigkeit und Anordnung einzigartiges Bild der Tradition des ursprgl. koinobit. Mönchtums, innerhalb dessen Benedikt einen zentralen Platz einnimmt, in der Mitte zw. den ersten Ansätzen (Augustin, 'Vier Väter')

und den letzten Regeln (irofrk. und span. Regeln des 7. Jh.). A. de Vogüé
Ed. und Lit.: C. BUTLER, S. B. R. Monasteriorum, 1935³ – A. DE VOGÜÉ, La communauté et l'abbé dans la Règle de s. Benoît, 1961 [engl. 1978-85] – DERS., La Règle de s. Benoît, I–VI, SC 181-186, 1971 – G. M. WIDHALM, Die rhetor. Elemente in der R. S. B., RBStS 2, 1974 – R. HANSLIK, B. R., CSEL LXXV, 1977² – A. DE VOGÜÉ, La Règle de s. Benoît, VII. Comm. doctrinal et spirituel, 1977 [dt. 1983] – A. LENTINI, S. Benedetto, La Regola, 1980² – T. FRY, RB 1980. The Rule of St. Benedict in Latin and English, 1981 – B. PROBST, R. B. de codice 914 S. Galli, 1983 – A. DE VOGÜÉ, Le Maître, Eugippe et s. Benoît, RBStS 17, 1984 – DERS., Les Règles monastiques anciennes (400-700), TS 46, 1985 – A. BORIAS, En relisant s. Benoît, 1990 – A. DE VOGÜÉ, Ce que dit s. Benoît. Une lecture de la Règle, 1991 [Lit.: 1992] – R. B. Die Benediktusregel lat./dt., 1992.

Regula coenobialis, Regula patrum → Columban

Regula fidei (r. veritatis) bedeutet in den ersten Jahrhunderten die kirchl. Verkündigung des Evangeliums. Für →Irenäus v. Lyon ist die r. fidei die überlieferte Glaubenswahrheit, nicht aber Regel *für* den Glauben (Adv. Haer. II 41); sie bleibt durch die apostol. Sukzession in der Kirche bewahrt. Die →Paradosis ist zugleich Lehre und ihre Weitergabe durch die ununterbrochene Aufeinanderfolge der Bf. e. Für →Tertullian ist der sachl. Inhalt der r. f. die Lehre der Kirche, die in der Taufe bekannt wird; formal ist sie der Glaube der Kirche (Adv. Praxen. 2; Praescr., 13). Die kirchl. Weitergabe des Glaubens wird von Augustinus die r. f. genannt. Während KUNZE folgert, daß die r. f. das antihäret. gewendete, aus der Hl. Schr. ausgelegte Taufbekenntnis sei, hat aber V. D. EYNDE nachgewiesen, daß die r. f. das ganze corpus der unveränderl. Lehre bedeutet. Auf dem 2. Konzil v. Orange (529) heißt es: Wir wollen die r. f. wieder zur Geltung bringen (DENZINGER–SCHÖNMETZER 370). Auf Anregung Karls des Großen wurde in den Bm.ern NW-Europas das apostol. Glaubensbekenntnis zur r. f. Im MA zeichnet sich die Tendenz ab, die Hl. Schrift, die Väter und die lehrende Kirche als eine einzige auctoritas zu sehen. Die überlieferte Lehre bleibt weiterhin Maßstab des Glaubens und des sittl. Lebens (vgl. DENZINGER–SCHÖNMETZER, 363; 824). Das 2. Konzil v. Lyon spricht von einer incommutabilis et vera sententia der orth. lat. und gr. Väter (DENZINGER–SCHÖNMETZER, 850). Bonaventura erklärt, daß auch der Glaube, wie die Sitten, eine Regel hat (Op. om. 2, 335). Nach Thomas v. Aquin ist die r. f. zugleich eine und doch vielfach: die Schrift (In ev. Io. 21, 6), die Kirche (II–II 1, 10 ad3), das Glaubensbekenntnis (In 3 Sent. 25, 1, 2 ad 4). Die Lehre ist dieselbe, aber die Aufgaben dieser Instanzen sind verschieden. In den folgenden Jahrhunderten zeigt sich eine Bedeutungsverschiebung: das depositum fidei wird als r. remota, die lehrende Kirche als r. proxima des Glaubens verstanden.

L. J. Elders

Lit.: J. KUNZE, Glaubensregel, Hl. Schr. und Taufbekenntnis, 1899 – G. BARDY, La règle de foi d'Origène, RechSR, 1919, 177ff. – D. VAN DEN EYNDE, Les normes de l'enseignement chrétien dans les trois premiers siècles, 1933 – Y. CONGAR, La tradition et les traditions, 1960 – J. N. D. KELLY, Early Christian Creeds, 1972³, 434.

Regula Magistri. Im »Codex« und in der »Concordia regularum« bezeichnet →Benedikt v. Aniane als R. M. eine anonyme monast. Regel, von der wir auch eine Hs., die von ca. 600 datiert (Paris BN lat. 12205), sowie noch ältere Auszüge (Paris BN lat. 12634) besitzen. Alle Hinweise deuten darauf hin, daß diese Regel im Umkreis von Rom im 1. Viertel des 6. Jh. verfaßt wurde. Als Werk von gigant. Ausmaßen übertrifft die R. M. in ihrer Länge bei weitem alle anderen monast. Regeln. Ihren Ruhm verdankt sie den engen Bezügen zur →Regula S. Benedicti, in der wir die ersten Seiten der R. M. (Prol. – c. 10) textgetreu wiederfinden, während die anschließenden Abschnitte ihr in der Substanz folgen (c. 11-95). Der Teil, den Benedikt v. Nursia (wenn auch nicht ohne Auslassungen) wörtlich reproduziert, ist spirituell ausgerichtet, während die folgenden Abschnitte das tägl. Leben der Mönche bis in die kleinsten Details regeln. Die Mönche sind gegliedert in Zehnergruppen (decadae), von denen eine jede der Obhut zweier Pröpste (praepositi) unterstellt ist. Der Autor der R. M. hatte anscheinend Gemeinschaften, die nur aus ein bis zwei Gruppen von zehn Mönchen bestanden, im Auge. Dieses reduzierte Modell ähnelt demjenigen der zwölf Monasterien von je zwölf Mönchen, die in →Subiaco vom jungen Benedikt organisiert wurden. Vielleicht wurde die R. M. für diese Gruppe von kleinen Monasterien konzipiert. In jedem Fall wurde dieses Regelwerk um 530 vom neapolitan. Abt →Eugippius, dem wahrscheinl. Verf. der kompilierten Regel (Paris BN lat. 12634), benutzt, sodann von Benedikt für das nach ihm benannte definitive legislative Werk.

Der Verf. der R. M., der sich selbst die Bezeichnung 'magister' (Meister) beilegt und sich als von göttl. Eingebung inspiriert sieht, gibt dem →Abt den Titel des 'doctor' (Lehrer); damit wird dem Vorsteher des Kl. eine dem →Bischof vergleichbare Stellung zuerkannt. Der Abt, der v. a. als Lehrender verstanden wird, ist – schon durch seinen Namen (Röm 8, 15) – ein Repräsentant Christi. Durch →Gehorsam gegenüber dem Abt und seinen Bevollmächtigten erfüllt der Mönch den göttl. Willen. In noch allgemeinerer Weise gilt, daß der Mönch sich zu Gott erhebt, wenn er sich demütig verhält (Lk 14, 11; →Demut), wobei der spirituelle Aufstieg in der R. M. durch eine Leiter der 'humilitas' veranschaulicht wird (c. 10). Diesem →Cassian (Inst. 4, 39) verpflichteten Itinerar der Seele folgt eine für die Mönchsgemeinschaft bestimmte Gesetzgebung, deren unvergleichl. Breite und Präzision die R. M. zu einer Geschichtsquelle ersten Ranges werden läßt.

A. de Vogüé

Ed. und Lit.: MPL 88, 943-1052 – La Règle du Maître, Éd. dipl., hg. H. VANDERHOVEN, F. MASAI, P. CORBETT, 1953 – La Règle du Maître, hg. A. DE VOGÜÉ, SC 105-107 – L. EBERLE, The Rule of the Master, CS 6, 1977 – A. DE VOGÜÉ, Le Maître, Eugippe et s. Benoît, RBStS 17, 1984 – K. S. FRANK, Die Magisterregel, 1989 – I. GÓMEZ, Regla del Maestro – Regla de S. Benito. Ed. Sinóptica, Espiritualidad monástica 18, 1988 – V. SELLA, La Regla del Maestro, 1993 – M. BOZZI, La Regola del Maestro, 1994 – DIP VII, 1582-1587.

Regula mixta. Unter dem in Q. nicht belegten Terminus »r. m.« versteht die Forschung die gesamte vor- und außerbenediktin. Tradition des okzidentalen Mönchtums. Seit dem 7. Jh. trat aus dieser Tradition – anfangs im Verbund mit der monast. Observanz →Columbans d. J. – die →Regula S. Benedicti immer stärker heraus, um spätestens seit der bonifatian.-karol. Kirchenreform zur namengebenden Metapher für die spirituelle, disziplinäre und organisator. Tradition des Mönchtums im Frankenreich zu werden. Aus der eremit. und zönobit. Tradition des lat.-okzidentalen Mönchtums wählte vom 4. bis zum 9. Jh. jeder Klosterstifter bzw. -vorsteher das aus, was ihm für Spiritualität und Organisation der ihm unterstellten religiösen Gemeinschaft geeignet erschien. Diese so konstituierte Observanz wurde mündlich und im prakt. Vollzug in der jeweiligen Kommunität weitergegeben; ihre Applikation und ihre Geltungsdauer sind daher kaum mehr zu eruieren. Denn nur in etwa 30 Fällen wurde sie schriftl. niedergelegt; auch die Verbreitung dieser Collationes, Institutiones, Praecepta und Regulae läßt sich allenfalls punktuell verfolgen. Die Reichs- und Kirchenreform Ks. Ludwigs d. Fr. und →Benedikts v. Aniane normierte die r. m. im Frankenreich durch die Verpflichtung der Mönche und Nonnen auf die Benediktinerregel als allein gültige monast. Norm, die durch eigens entwickelte Consuetudines ergänzt wurde, und der übrigen geistl. Gemeinschaften auf die Institutiones canonicorum und sanctimonialium Aquisgranenses: Dem Zeitalter der r. m. war damit ein Ende gesetzt. J. Semmler

Lit.: DIP VII, 1414–1434, 1497–1500 – K. HALLINGER, CCM I, XXVI–XLII – A. A. HÄUSSLING, Mönchskonvent und Eucharistiefeier, LWQF 58, 1973, 162–167 – K. S. FRANK, Grundzüge der Gesch. des chr. Mönchtums, Grundzüge 25, 1975, 39–54 – H. DICKERHOF, Zum monast. Gepräge des Bonifatiuskreises, Sammelbl. des Hist. Vereins Eichstätt 71/72, 1978/79, 61–80 – J. WOLLASCH, Benedictus abbas Romensis. Das röm. Element in der frühen benediktin. Tradition (Tradition als hist. Kraft, hg. N. KAMP-J. WOLLASCH, 1982), 119–137 – I. WOOD, The Vita Columbani and Merovingian Hagiography, Peritia 1, 1982, 119–137 – J. SEMMLER, Benedictus II: una regula – una consuetudo (Benedictine Culture 750–1050, hg. W. LOURDAUX–D. VERHELST, Mediaevalia Lovaniensia. Ser. I/Studia 11, 1983), 1–5 – A. DE VOGÜÉ, Les règles monastiques anciennes 400–700, TS 46, 1985 – F. PRINZ, Frühes Mönchtum im Frankenreich, 1988⁴, passim – J. SEMMLER, St-Denis: Von der bfl. Coemeterialbasilika zur kgl. Benediktinerabtei (La Neustrie. Les pays au nord de la Loire de 650 à 850, II, hg. H. ATSMA, Beih. der Francia 16/2, 1989), 102–107 – A. DIERKENS, Prolégomènes à une hist. des relations culturelles entre les Iles Britanniques et le Continent pendant le haut m. â. (ebd.), 371–394 – K. ZELZER, Von Benedikt zu Hildemar. Zu Textgestalt und Textgesch. der Regula Benedicti auf dem Wege zur Alleingeltung, FMASt 23, 1989, 112–130 – A. ANGENENDT, Er war der erste ... Willibrords hist. Stellung (Willibrord, zijn wereld en zijn werk, hg. P. BANGE–A. G. WEILER, Middeleeuwse Stud. 6, 1990), 13–34 – P. ENGELBERT, Liudger und das frk. Mönchtum seiner Zeit (St. Liudger, Zeuge des Glaubens. Gedenkschr. 742–1992, 1992), 137–158 – J. SEMMLER, Le monachisme occidental du VIIIᵉ au Xᵉ s., Formation et réformation, RevBén 103, 1993, 68–85 – DERS., Instituta sancti Bonifatii. Fulda im Widerstreit der Observanzen [im Dr.].

Regula Tarnatensis (R. Tarnantensis). Eine nur durch die Sammlungen →Benedikts v. Aniane (Codex und Concordia regularum) bekannte monast. Regel, an deren Anfang (c. 1–13) ein erstaunl. Mosaik von Anleihen bei verschiedenen Autoren (→Pachomius, →Cassian, die beiden ersten →Väterregeln, →Caesarius, →Aurelian) steht. Dann folgt (c. 14–23) eine method. Zusammenfassung der →Augustinusregel mit Auszügen aus Caesarius und Aurelian (c. 19–21). Die zw. dem Werk des Aurelian und des Ferreolus stehende R. T. dürfte aus den Jahren 551–573 stammen. Das 'monasterium Tarnantense' lag wohl im sö. Gallien, einer Einflußzone der Regeln v. Arles. Die R. T., die im äußersten Grad von der Methode der Wiederverwendung und Adaption älterer Texte (ein Charakterzug der meisten alten Mönchsregeln) Gebrauch macht, ist als typ. Dokument eine Q. von außergewöhnl. Interesse.
A. de Vogüé

Ed.: MPL 66, 977–986 – Lit.: L. R. DELSALLE, Comparaison, datation, localisation relatives des Règles monastiques de s. Césaire d'Arles, s. Ferréol d'Uzès et de la »R. T. monasterii«, Augustiniana 11, 1961, 5–26 – F. VILLEGAS, La »R. monasterii T.«, Texte, sources et datation, RevBén 84, 1974, 7–65 – V. DESPREZ, Règles monastiques d'Occident (Vie monastique 9, 1980), 258–286 – A. W. GODFREY, The Rule of Tarn, Monastic Stud. 17, 1986, 219–240 – DIP VII, 1600f.

Regulares (im MA: r. paschae, r. solares, r. mensium, r. lunares). Die r. paschae dienen dazu, den Tagesunterschied zw. dem Wochentag 24. März und der Ostergrenze (→Osterfestberechnung, →Komputistik) anzugeben. Zu den → Konkurrenten addiert ergeben sie den Wochentag des Ostervollmonds. Subtrahiert man aber den 24. März vom Datum der luna XIV und läßt die Woche unbeachtet, erhält man die R. des betreffenden Jahres: Liegt Ostern vor dem 24. März, zieht man von einer vollen Woche die bis zum 24. März verlaufenden Tage ab und erhält so die R.

Die R. sind wie die Ostergrenze von der Goldenen Zahl abhängig. – Die r. solares (r. mensium) ergeben zu den Konkurrenten addiert den Wochentag des Monatsersten. Es hat jeder Monat seine r. solares, die in allen Jahren gleich bleiben, auch in Schaltjahren. – Die r. lunares ergeben zu den → Epakten addiert das Alter des Mondes am Monatsersten. Auch sie sind in allen Jahren gleich. Steigt die Summe der Epakten und r. lunares über die 30 an, so hat man 30 abzuziehen, um die R. zu erhalten.
P.-J. Schuler

Lit.: H. GROTEFEND, Zeitrechnung des dt. MA und der NZ, I, 1891, 164 – F. RÜHL, Chronologie des MA und der NZ, 1897, 145–148 – GINZEL, III, 144–147.

Regularis concordia → Winchester, Synode v. (970)

Regularkanoniker, moderner Sammelbegriff für diejenigen →Kanoniker, die sich im Zuge der →Gregorian. Reform einer über die Aachener Regel v. 816 (→Institutiones Aquisgranenses) hinausgehenden Lebensordnung unterwarfen. Der Verzicht auf persönl. Besitz, Bewahrung oder Wiederherstellung der »vita communis«, ein bescheidenerer Lebensstil auch der Gemeinschaft, ein intensiverer liturg. Dienst und anfangs oft eine eremit. Ausrichtung kennzeichnen seit Mitte des 11. Jh. verschiedene lokale Initiativen im Arelat und in Italien (→St-Ruf/Avignon, S. Frediano/Lucca, Cesena bei Ravenna), bald nach 1070 auch in Dtl. (→Rottenbuch, Ravengiersburg, →Hasungen), die dem Klerus insgesamt das Ideal der »vita apostolica« vorgaben und mit der →Lateransynode v. 1059 auch in Rom Fuß faßten. Der so angebahnten Annäherung von »vita canonica« und »vita monastica« setzte Papst→Urban II. 1092 in seinem epochemachenden Privileg für Rottenbuch (JAFFE² Nr. 5459) den Gedanken der Gleichwertigkeit beider Ordnungen und einer eigenen spirituellen Tradition der Kanoniker entgegen, für die Augustinus rasch zum Kronzeugen wurde (→Augustiner-Chorherren). Im Zeichen der Adaption der beiden ihm zugeschriebenen Regeltexte »Praeceptum« und »Ordo monasterii« stand die nach Hunderten zählende Welle von Stiftsgründungen im 12. Jh. und deren Formierung zu Kongregationen mit impulsgebenden Zentren, die gemeinsame Consuetudines vermittelten. Neben dem wichtigsten Verband, den →Prämonstratensern, sind u. a. die Verbände von →Marbach, →Springiersbach, →Arrouaise, St-Victor in →Paris und S. Maria in Porto (bei Ravenna) daraus erwachsen. In Dtl. erfaßte die Bewegung auch einige Domkapitel und wurde von manchen Bf.en, zumal in →Salzburg und →Halberstadt, zur planmäßigen Reorganisation von Seelsorge und kirchl. Leben genutzt. Zur Zeit ihrer Blüte brachten die R. fünf Päpste (Honorius II., Innozenz II., Lucius II., Hadrian IV., Gregor VIII.), aber auch markante Theologen wie →Manegold v. Lautenbach, →Gerho(c)h v. Reichersberg oder→Hugo v. St-Victor hervor. Die Vereinigung der nicht prämonstratens. Gemeinschaften zu einem Orden durch Papst Benedikt XII. (1339) glückte nur teilweise. Bedeutendster spätma. Reformansatz war die Windesheimer Kongregation (→Windesheim). R. Schieffer

Lit.: La vita comune del clero nei secoli XI e XII, 1–2, 1962 – S. WEINFURTER, Neuere Forsch. zu den R.n im dt. Reich des 11. und 12. Jh., HZ 224, 1977, 379–397 – DERS., Reformkanoniker und Reichsepiskopat im HochMA, HJb 97/98, 1978, 158–193 – H. FUHRMANN, Papst Urban II. und der Stand der R. (SBA.PPH, 1984, Nr. 2) – J. LAUDAGE, Ad exemplar primitivae ecclesiae (Reformidee und Reformpolitik im spätsal.-frühstauf. Reich, hg. S. WEINFURTER, 1992), 47–73.

Regularkanonissen → Augustiner-Chorfrauen, →Kanonissen, →Prämonstratenser, →Regularkanoniker

Regularmethode. Mit R. kann allg. ein Verfahren bezeichnet werden, wonach aus Sätzen, die den Status von Prinzipien haben, andere Sätze abgeleitet werden. Eine genauere Spezifikation dieser Vorgehensweise hängt von der Herkunft der Prinzipien ab, ihrem Geltungsanspruch, dem des Ableitungsverfahrens und schließlich vom intendierten Ziel. In der älteren Forschung (vgl. z. B. LANG) wird die These vertreten, daß die ma. Theol. – vornehml. aus didakt. Gründen – bis in das 12. Jh. hinein die breite christl. Tradition durch Reduktion auf sententiae zusammenzufassen suchte. Auf diese Phase induktiver Sammelarbeit folgte eine solche, in der man die gewonnenen sententiae zur Basis deduktiver Beweisverfahren machte. Orientiert war die R. – so die These weiter – im 12. Jh. an der Dialektik, so daß den Ausgangssätzen wie dem Verfahren top. Geltung zukam. Auch das 13./14. Jh. hat diese Methode benutzt, allerdings, in Rezeption der Analytica posteriora des Aristoteles und der Elemente des Euklid, nun im Sinn der Apodeiktik, in den articuli fidei als Beweisgrundlagen. Problemat. ist diese Deutung der Entwicklung der R. in der Theol. des MA im Blick auf die durchgängig gleiche Interpretation der Befunde des 12. Jh. So wird die Bedeutung der Boethian. Schrift De Hebdomadibus für die Boethius-Rezeption, insbes. →Gilberts v. Poitiers, und die in ihrer Nachfolge entstehenden Theologieentwürfe des →Alanus ab Insulis und des →Nikolaus v. Amiens nicht genügend gesehen, mit der Konsequenz, daß die in diesen Schr. en formulierten methodolog. Bemerkungen, v. a. zum Geltungsanspruch der regulae oder rationes, nicht im Sinn der math., d. h. der deduktiven, sondern der top. Methode gelesen werden. In den Komm. zu De hebdomadibus des Gilbert und des →Clarembaldus v. Arras sowie in den Regulae des Alanus wird aber von allen regulae als Ausgangssätzen von Beweisverfahren der artes gesagt, sie seien in der regula enthalten: »Communis animi conceptio est enuntiatio quam quisque (intelligens add. Alanus) probat auditam«. Der Terminus »communis animi conceptio« dieser Definition aus De hebdomadibus ist die lat. Fassung des gr. Begriffs »koine ennoia«, womit in den Elementen des Euklid ein geom. Axiom, also ein Satz per se notum, bezeichnet wird. Dieser Befund aber bedeutet, daß bereits im 12. Jh. und damit vor der unmittelbaren Rezeption der Aristotel. Wiss.theorie die R. als apodeikt. Verfahren benutzt wird, was eine gleichzeitig top. Verwendung bei anderen Autoren (z. B. →Richard v. St. Viktor, →Simon v. Tournai) nicht ausschließt. Da man die apodeikt. Methode als die jeder ars bzw. scientia ansieht, entsprechend dem auf die stoische techne-Definition zurückgehenden Diktum →Isidors v. Sevilla: »Ars vero dicta est, quod artis praeceptis regulisque consistat«, wird sie von den Boethius-Rezeptoren im Zuge der Konstitution der Theol. als Wiss. auch für diese in Anspruch genommen. Neben theol. Schr. en, die partiell mit Hilfe von regulae top. oder apodeikt. Problemstellungen zu lösen versuchen (z. B. →Petrus v. Poitiers, Sententiae; die Zwettler Summe), entstehen zwei Werke, die die Inhalte der gesamten Theol. von nichttheol. Prinzipien apodeikt. ableiten zu können beanspruchen, die Regulae caelestis iuris des Alanus, formal orientiert am Liber de causis, und die Ars fidei catholicae des Nikolaus v. Amiens, konzipiert entsprechend den Elementen des Euklid. Die theol. und philos. Überlegungen des 13. Jh. zeigen, daß diese Konzeption nicht haltbare Maximalansprüche stellt: Die Differenz zw. natürl. und übernatürl. Wissen ist so beschaffen, daß die Inhalte der Offenbarung sich nicht aus Grundsätzen einer natürl. Vernunft ableiten lassen. An ihre Stelle treten zunächst die articuli fidei als Sätze per se notae (bereits bei →Wilhelm v. Auxerre), und →Thomas v. Aquin versucht im Sinn des Subordinationsgedankens der Zweiten Analytiken die Theol. als apodeikt. Wiss. auszuweisen, die ihre Prinzipien von der ihr übergeordneten scientia divina empfängt. Wie die wiss.theoret. Überlegungen des →Johannes Duns Scotus zeigen, muß im Hinblick auf das Erkenntnisobjekt wie auf das -subjekt und letztl. aus theol. Gründen auch dieses Modell scheitern: Die deduktive Wiss. ist zwar Ideal und Maßstab der Wiss., aber der Mensch als homo viator kann nur induktiv Wissen erwerben. Zudem muß das göttl. Handeln ad extra im Sinn einer operativen Kontingenz verstanden werden, so daß die Ereignisse der Heilsgesch. sich einer deduktiven Ableitung prinzipiell entziehen. Lit. Niederschlag der R. ist die im 13. Jh. entstehende Gattung der Theorematatexte (z. B. Aegidius Romanus, Joh. Duns Scotus), in denen zu bestimmten Themen Sätze, die teilweise untereinander in einem Ableitungszusammenhang stehen, samt ihren Erläuterungen oder Beweisen zusammengestellt werden. M. Dreyer

Lit.: A. LANG, Die theol. Prinzipienlehre der ma. Scholastik, 1964 – CH. LOHR, The Pseudo-Aristotelian Liber de causis und Lat. Theories of Science in the Twelfth and Thirteenth Cent. (Pseudo-Aristotle in the MA, hg. J. KRAYE u. a., 1986), 53–62 – M. DREYER, Nikolaus v. Amiens, Ars fidei catholicae – Ein Beispielwerk axiomat. Methode, BGPhMA. NF 37, 1993 – DDC VII, 541–545.

Regulus ('kleiner Kg.'). Aus der Sprache der →Alchemie stammend und in deren Zeichen als Krone eingesetzt, hat sich die Bedeutung im MA von der Gleichsetzung mit →Magisterium, →Arcanum zu der Bezeichnung für gediegen ausgeschmolzene, meist 'kgl.' glänzende =Metalle eingeschränkt und wird in der Pharmazie und Montanistik seit dem 15./16. Jh. sehr häufig genutzt. Da aus dem Schmelztiegel gewonnen, gelten die 'Metall-Kg.e' nicht für natürl. aufzufindende Metalle. G. Jüttner

Lit.: H. BIEDERMANN, Handlex. der mag. Künste, 1968 – H. LÜSCHEN, Die Namen der Steine, 1979².

Reh, in Südeuropa in der Antike nicht häufiger und trotz der Haltung in Tiergärten (TOYNBEE, 134) in seiner Lebensweise wenig bekannter Wiederkäuer (vgl. Ps. Hugo 4, 3, MPL 177, 140), gr. πρόξ, lat. capreolus bzw. capra oder capreola genannt. Verwechslungen mit →Antilopen, →Gemse (rupicapra), →Steinbock (ibex) oder bergbewohnender Wildziege (capra silvestris oder agrestis) sind häufig (vgl. Isidor, etym. 12, 1, 15 und Bartholomaeus Anglicus 18, 22). Nur Albertus Magnus (animal. 22, 39) erwähnt als Kennzeichen das hirschähnl. Gehörn des Bokkes neben dem guten Sehvermögen. Der Jäger lockte ihn im MA durch Imitieren seiner schwachen Stimme (durch »Blatten«, d. h. Pfeifen auf einem Baumblatt) an, um ihn zu erlegen. Bei Thomas v. Cantimpré (4, 19) beziehen sich auf das »rê(c)h« (Konrad v. Megenberg III. A. 13 nach Thomas III) wohl nur die zur Friedfertigkeit gegenüber anderen Tieren kontrastierenden Brunftkämpfe. Das Fleisch wurde zurecht als diät. wertvoll beurteilt (vgl. Bartholomaeus). Organotherapeut. Verwendung im MA ist unsicher. Ch. Hünemörder

Q.: →Albertus Magnus, →Bartholomaeus Anglicus – (Ps.) Hugo de S. Victore, de bestiis et aliis rebus, MPL 177, →Isidor v. Sevilla, →Konrad v. Megenberg – Thomas Cantimpr., Lib. de nat. rerum, T. 1, ed. H. BOESE, 1973 – *Lit.:* J. M. C. TOYNBEE, Tierwelt der Antike, 1983.

Reich → Regnum

Reich, rîche (*rîke*, ahd. *rîhhi*). Schon bei ahd. *rîhhi* traten, ähnlich wie auch im 10./11. Jh. bei ae. *rice,* neben die aus germ. Zeit stammende Bedeutung 'mächtig' (lat. potens) die Lehnbedeutungen 'wohlhabend' (lat. dives) und 'selig', 'glücklich' (lat. beatus). Im Mhd. konnte rîche bei Personen, Sachen, Abstrakta und als Gottesepitheton eine Vielzahl positiver Inhaltsmerkmale ausdrücken. Im Spät-MA kam es wieder zu einer stärkeren Konkretisierung im sozialen Sinne. Die in der Ständelit. (→Stände), v. a. aber in (städt.) Urkk. häufig gebrauchte Formel 'reich und arm' (lat. potens et pauper [→pauperes] bzw. →dives et pauper) diente neben Wortpaaren wie 'alt und jung' oder 'geistl. und weltl.' zur umfassenden Bezeichnung aller Menschen. Sie band die sozialen Gegensätze zusammen, ohne sie aufzuheben. Im von Standesunterschieden geprägten adlig-agrar. Zusammenhang lag der Inhaltsschwerpunkt von reich weiter auf der älteren Bedeutung 'mächtig', auch 'prächtig'. Der reiche besaß Herrschaftsmittel und -rechte zur sichtbaren Ausübung seiner Herrschaft und zum Schutz der armen, die auf sich gestellt rechtlos blieben. Im städt. Bereich dagegen waren die Bürger grundsätzl. gleichberechtigt, übermäßige Prachtentfaltung wurde unterbunden (→Luxusordnungen). Dennoch wurden auch hier Gegensätze zw. reich und arm erkennbar: reich sein bedeutete hier polit. einflußreich sein, die reichen bildeten die regierende städt. →Oberschicht gegenüber dem Rest der Bürgerschaft. Zugleich besaßen sie ein überdurchschnittl. Vermögen, das die zentrale soziale Kategorie in der Stadt bildete. Polit. und ökonom. Bedeutungskomponenten sind hier bis zum Ende des MA häufig kaum zu unterscheiden, wenn auch erstere noch überwiegen dürften.   J. Schneider

Lit.: R. Ris, Das Adjektiv reich im ma. Dtl., 1971 – H. Stahleder, Zum Ständebegriff im MA, ZBLG 35, 1972, 523–570 – W. Ehbrecht, Zu Ordnung und Selbstverständnis städt. Gesellschaft im späten MA, BDLG 110, 1974, 83–103 – J. Ellermeyer, Sozialgruppen, Selbstverständnis, Vermögen und städt. Verordnungen, ebd. 113, 1977, 203–275 – W. Ziegler, Die Bedeutung des Beinamens »reich« der Landshuter Hzg.e Heinrich, Ludwig und Georg (Fschr. A. Kraus, 1982), 161–181 – E. Isenmann, Die dt. Stadt im SpätMA, 1988, bes. 245f. – M. R. Godden, Money, Power and Morality in Late Anglo-Saxon England, Anglo-Saxon England 19, 1990, 41–66.

Reich Gottes. Herkommend von der atl. Vorstellung vom Kgtm. Jahwes (bes. in Ps) ist die Erwartung des R. es G., seiner Kg.sherrschaft, der umfassende Horizont von Verkündigung und Verhalten Jesu. Alles Heil in Gegenwart und Zukunft wird allein in Gott, dem gütigen und erbarmenden Vater, erwartet und bes. den Armen und Kleinen, den verachteten Sündern, den Leidenden und Trauernden geschenkt. Das R. G. wird v. a. präsent in der messian. Herrschaft Jesu Christi, die man früherhin in der Herrlichkeit des Auferstandenen bes. im Raum der von seinem Geist erfüllten Gemeinde wirksam sieht. Mit dieser urchr. Erwartung des R. es G. verbinden sich in chr. Antike und im MA eine Vielzahl von Motiven menschl. Sehnsucht, die den Begriff des R.es G. vieldeutig machen. Hier können nur die ma. bedeutsamsten Richtungen der R. G.-Erwartung skizziert werden. Grundlegend für die Rezeption der R. G.-Erwartung auf dem Hintergrund spätantiker Philos. und Religiosität ist die ideale, innerl.-myst. und jenseitige Tendenz, die, ausgehend v. a. von alexandrin. Theol. (Clemens, Origenes), Gottes Heil als aus Transzendenz kommend und innerl.-geistl. ankommend versteht. Das bleibt auch ma. die Grundtendenz der R. G.-Vorstellung sowohl im chr. O als auch im W. Zuerst im O verbindet sich damit ein ganz anderer Begriff des R.es G., nämlich der seiner Repräsentanz im röm. Imperium mit dem chr. Ks. als Stellvertreter des Pantokrator Christus (so byz.-theol. seit Eusebius v. Cäsarea, im W wirksam seit der Ks.idee der Karolinger und Ottonen). Vorherrschend im W wird dagegen die ekklesiolog. Tendenz der R. G.-Erwartung, da man bes. seit Augustinus in der sichtbaren Kirche die sakramentale Vermittlung und Präsenz der unsichtbaren »civitas Dei«, in der ird. Sammlung der zum jenseitigen Heil Prädestinierten, gegeben meint. Das führt in klerikalen Kreisen des MA zu einer weitgehenden Identifizierung der Kirche, bes. ihrer sakramentalen Ordnung und Hierarchie, mit dem R. G., gipfelnd im universalen Herrschaftsanspruch des Papsttums (Bonifatius VIII.). Dem steht (neben dem innerl.-myst. R. G.-Begriff) eine apokalyptische, auf endzeitl. Enthüllung des Heils tendierende R. G.-Erwartung entgegen (im MA bes. seit →Joachim v. Fiore und den Franziskaner-»Spiritualen«). →Franziskus v. Assisi selbst sah in der Armut seiner Brüder die Verheißung des R.es G. Wirklichkeit werden. So können die Eiferer für die franziskan. Armut (z. B. →Petrus Johannis Olivi, →Ubertinus v. Casale) darin im Anschluß an Joachim die Ankunft des R.es G. in der endzeitl. Epoche des Hl. Geistes erwarten, obgleich dessen letzte Vollendung strikt jenseitig bleibt. An innerl.-myst. wie apokalypt.-krit. Distanz des R.es G. zu Kirche und Gesellschaft konnten dann die unterschiedl. Versuche einer Erneuerung der urchr. R. G.-Erwartung spätma. anknüpfen (→Marsilius v. Padua, →Wilhelm Ockham, →Wycliff, Johannes→Hus).   J. Schlageter

Q.: Die Verkündigung des R.es G. in der Kirche Jesu Christi. Zeugnisse aus allen Jhh. und aus allen Konfessionen, hg. E. Staehelin, 4 Bde, 1951–57 – Lit.: DSAM XIII, 1026–1097 – LThK² VIII, 1109–1120 – RGG² V, 912–929 – K. Löwith, Weltgesch. und Heilsgeschehen, 1953² – A. Dempf, Sacrum Imperium, 1954² – Sacramentum Mundi 4, 135–150 – J. Moltmann, Trinität und R. G., 1986² – J. Schlageter, Apokalypt. Denken bei P. J. Olivi, WuW 50, 1987, 13–27.

Reichenau (ō St. Maria und Markus), ehem. Abtei OSB (Baden-Württ., Lkrs. Konstanz) auf der gleichnamigen Insel im Bodensee (Untersee) unweit der ehem. Bf.sstadt →Konstanz. Gegr. einer im frühen 9. Jh. nachweisbaren Kl.tradition zufolge 724 von dem 'Wanderbf.' →Pirmin, der den Kreisen des irofrk. Mönchtums im w. Frankenreich verpflichtet war. Bis heute ist umstritten, ob die Gründung polit. vom alam. Hzg. oder von →Karl Martell getragen war; letzteres ist angesichts der Wirren in der Frühgesch. der R. – bereits nach drei Jahren mußte Pirmin die Insel wieder verlassen – und des raschen Aufblühens der Abtei im Dienste der Karolinger das Wahrscheinlichere. Um 746 soll R. jeweils zwölf Mönche zur Instruktion nach →Murbach (Elsaß), →Niederaltaich (Niederbayern) und →Pfäfers (Bm. Chur) abgeordnet haben. Nach einer von ca. 736 bis 782 andauernden Personalunion des R.er Abbatiats mit der Konstanzer Sedes stieg das Kl. unter Karl d.Gr., begünstigt durch die Förderung der Adelskreise um die Kgn. Hildegard, v. a. deren Bruders, des Präfekten →Gerold, in den Kreis der großen frk. Kg.skl. auf. Gerold fand sein Grab 799 in der Abteikirche, Abt Waldo (786–806), einer der einflußreichsten Paladine Karls und Mentor Kg. Pippins v. Italien, wurde 806 zum Abt v. →St-Denis bei Paris befördert, sein Zögling →Heito (seit 802 Bf. v. Basel) folgte ihm in R. nach. Heitos Einfluß am Hof war kaum geringer als der Waldos. Er führte 810/811 mit dem langob. Gf.en Aio die Gesandtschaft nach Byzanz, die über die Anerkennung der Ks.würde Karls verhandeln sollte, und zählt zu den Unterzeichnern von Karls Testament. Heitos Rolle in der Kl.reform unter Ludwig d. Fr. bleibt strittig; 822/823 resignierte er von seinen Ämtern († 836 als Mönch in R.). Unter dem Eindruck dieser Vorgänge und angesichts der tiefen Skepsis Heitos gegenüber der Politik Ludwigs d. Fr. wandte sich der Konvent wieder stärker monast. Anliegen

zu. Es entstanden berühmte Werke und Dokumente wie die »Visio Wettini« aus der Feder Heitos (824), poet. bearbeitet von →Walahfrid, das R.er Verbrüderungsbuch, das die Namen der Mönche von über 50 verbrüderten Kl. und insges. rund 40000 Namen enthält (824/825), sowie der →St. Galler Kl.plan (vor 830). Die Bf.e →Egino und →Ratold v. Verona, die aus dem alam. Umkreis der Abtei stammten, gründeten 799 bzw. um 830 auf der Inselwestspitze und auf dem gegenüberliegenden Ufer die Stifte Niederzell und →Radolfzell. Gemeinsam mit der um 896 von dem Mainzer Ebf. und R.er Abt →Hatto (III.) erbauten Georgskirche in Oberzell – dotiert mit Reliquien, die Papst Formosus anläßl. der Ks.krönung Arnulfs v. Kärnten 896 überreicht hatte – kennzeichnen diese den sakralen Ausbau der Kl.insel und ihres Umlandes. Im Verlauf des 10. Jh. verringerte sich die Zahl der Mönche (824: 112; ca. 850: 134; ca. 876: 124; ca. 940: 96) beträchtl., weil das Kl. seither nur noch dem Adel Zugang gewährte. Auf die Krise des Reiches und die Ungarnzüge reagierte die R. mit einer Steigerung des Reliquienkults; die 830 durch Bf. Ratold v. Verona unter dem Namen 'Valens' ins Kl. gelangte Reliquie wurde vom Bf. v. Konstanz öffentl. als solche des Evangelisten →Markus anerkannt. Unter den Ottonen erlebte die Abtei nochmals einen Höhepunkt ihrer geistl. Würde und weltl. Macht. Abt Alawich II. erlangte 998 das Marktrecht und die röm. Freiheit. Dem äußeren Glanz entsprachen die Werke der R.er Malerschule, die den Hof und den Reichsepiskopat mit kostbaren illuminierten Hss. belieferte. Abt →Bern (1008–48) und →Hermann d. Lahme (27. H.; † 1054) waren die letzten großen Wissenschaftler der R.; sie widmeten sich v.a. der Musiktheorie, der Komputistik und der Gesch.sschreibung. Das Marktprivileg v. 998 wurde durch die Marktgründungen Abt Ekkehards II. 1075 in Allensbach und Abt Ulrichs II. um 1100 in Radolfzell wirtschaftl. verwertet, gleichwohl tritt der wirtschaftl. und geistige Niedergang des Kl. schon vorher deutl. zutage. Die Konstanzer Diözesane machten dem R.er Abt die →Pontifikalien und die →Immunität streitig, der schwäb. Hochadel griff auf die Abtei aus, die im →Investiturstreit unter Abt Ekkehard II. (v. →Nellenburg) auf Seiten des Papstes und der Gregorianer kämpfte, und schließlich liefen die südwestdt. Reformkl. der alten Reichsabtei den Rang ab. Seit dem 12. Jh. zählte der Konvent nur noch wenige Mönche, die nach einem verheerenden Kl.brand 1235 das gemeinschaftl. monast. Leben aufgaben und aus der Klausur in separate Kurien zogen. Die spätma. Gesch. der R. ist bisher kaum erforscht. Zaghafte Reformversuche im 13. Jh. fruchteten wenig, und auch von der benediktin. Kl.reform des späten MA wurde die R. nicht berührt. 1540 führte die lange Agonie der Abtei zur Inkorporation als Priorat in das Hochstift Konstanz, mit dessen Aufhebung i. J. 1803 das klösterl. Leben auf der Insel endgültig erlosch.
A. Zettler

Q. und Lit.: K. BRANDI, Die R.er Urkk.fälschungen, Q. und Forsch. zur Gesch. der Abtei R., 1, 1890 – Die Chronik des Gallus Öhem, ebd. 2, 1893 – Die Kultur der Abtei R., 2 Bde, 1925 – E. REISSER, Die frühe Baugesch. des Münsters zu R., 1960 – A. KNOEPFLI, Kunstgesch. des Bodenseeraumes, 1961–69 – Die Abtei R., 1974 – Mönchtum, Episkopat und Adel zur Gründungszeit des Kl. R., VuF 20, 1974 – Germania Benedictina 5, 1975, 503–548 – K. MARTIN, Die otton. Wandbilder der St. Georgskirche R.-Oberzell, 1975 – U. ENGELMANN, Der hl. Pirmin und sein Pastoralbüchlein, 1976² – Die Gründungsurkk. der R., VuF 4, 1977 – A. BORST, Mönche am Bodensee, 1978 – Das Verbrüderungsbuch der Abtei R. (MGH Libri mem. et Necr. NS 1, 1979) – TH. KLÜPPEL, R.er Hagiographie zw. Walahfrid und Berno, 1980 – Die Altarplatte von R.-Niederzell (MGH Libri mem. et Necr. NS 1, Suppl., 1983) – R. SCHMIDT, R. und S. Gallen, VuF Sonderbd. 33, 1985 – H. KNITTEL, Walahfrid Strabo: Visio Wettini, 1986 – Helvetia Sacra III/1, 2, 1986, 1059–1100 – W. BERSCHIN, Eremus und Insula, 1987 – W. ERDMANN, Die R. im Bodensee, 1988¹⁰ – W. BERSCHIN–TH. KLÜPPEL, Die R.er Heiligblutreliquie, 1988 – A. ZETTLER, Die frühen Kl.bauten der R., Archäologie und Gesch., 3, 1988 – E. HLAWITSCHKA, Egino, Bf. v. Verona und Begründer v. R.-Niederzell, ZGO 137, 1989, 1–32 – H.-D. STOFFLER, Der Hortulus der Walahfrid Strabo, 1989³ – A. ZETTLER, Der St. Galler Kl.plan (Charlemagne's Heir, ed. P. GODMAN–J. COLLINS, 1990), 655–687 – W. BERSCHIN–TH. KLÜPPEL, Die Legende vom R.er Kana-Krug, 1992 – DIES., Die Taten des Abtes Witigowo von der R. (985–997), 1992 – R. RAPPMANN–A. ZETTLER, Die R.er Mönchsgemeinschaft und ihr Totengedenken im frühen MA, Archäologie und Gesch. 5 [im Dr.].

Reichenbach, ehem. Kl. OSB (Oberpfalz, Lkrs. Cham), 1118 im Rahmen der Reformbewegung v. →Hirsau vom mächtigsten Dynasten der Mgft. →Cham, Diepold III., an geogr. markanter, herrschaftl. aber auffallend peripherer Stelle als Hauskl. der →Diepoldinger gegr. Die Besiedlung erfolgte vom oberpfälz. →Kastl aus. Der Besitz des Kl., das bald in den Wirkkreis der stauf. Reichslandpolitik geriet, konzentrierte sich im mittleren Regental. Mit dem Übergang der Mgft. an die →Wittelsbacher 1204 sank das Dynastenkl. zum entlegenen Landkl. herab, das lediglich zur Zeit Ks. Ludwigs d. Bayern in den Vordergrund trat, als es an der Gründung v. →Ettal mitwirkte. Erst Abt Johann Strolenfelser machte R. zu einem Zentrum der Kastler Reform, wo bes. die naturwiss. Studien gepflegt wurden. Nachdem das Kl. vom →Landshuter Erbfolgekrieg 1504/05 in Mitleidenschaft gezogen worden war, kam es unter Abt Michael Katzbeck mit der evangel. Bewegung in Verbindung und wurde 1556 aufgelöst.
A. Schmid

Lit.: J. KLOSE, R. am Regen – ein ma. Reform- und Dynastenkl., Verhandlungen des hist. Vereins für Oberpfalz und Regensburg 109, 1969, 7–26 – J. HEMMERLE, Die Benediktinerkl. in Bayern, 1970, 256–261 [Lit.] – I. SCHMITZ-PESCH, Roding (HAB Altbayern 44, 1986), 113–131, 203–231 – C. BAUMANN, Die Traditionen des Kl. R. am Regen, 1991 – 875 Jahre Kl. R. am Regen, 1993.

Reichenhall, Stadt und Saline in Bayern (sw. Salzburg). Die zumindest seit röm. Zeit genutzten natürl. Solequellen sicherten R. (roman. Salinae) bis Ende des 12. Jh. eine Monopolstellung in der Salzproduktion des Ostalpenraums, Süddtl.s und Böhmens. Erst im 13. Jh. wurde zur Unterscheidung von →Hallein der Name R. (maior Halle) anstelle des älteren Hall (= Salz) üblich. Die Agilolfinger schenkten nach 700 einen Großteil der Solequellen und Sudpfannen an Kirche und Kl. von Iuvavum, das davon seinen dt. Namen →Salzburg erhielt. Von den Hallingern (salinarii) als Salzproduzenten ließ Hzg. Arnulf 935 in R. seinem Sohn und Nachfolger Eberhard huldigen. Seit dem Ende des 11. Jh. ist die Entwicklung zur Stadt faßbar (1098 cives, 1150 oppidum, 1159 civitas). Die Salzburger Ebf.e gründeten 1136 das Augustinerchorherrenstift St. Zeno. Heinrich d. Löwe konnte 1169 die umgebende Hallgft. von der Gf.en v. Wasserburg als Hallgf.en an sich bringen und den bayer. Einfluß stärken (1175 Paierhalle, 1180 Herzogenhalle). Das Salzmonopol der R.er Bürger ging mit der Eröffnung der Salinen Hallein und Schellenberg nach 1185 zu Ende. Ebf. Adalbert II. v. Salzburg brannte 1196 R. nieder, eröffnete den Aufstieg Halleins zur dominierenden Saline im Alpenraum und drängte R. aber ganz ins bayer. Lager. Nachdem 1217 das Erbe der Gf.en v. →Peilstein u.a. mit der Vogtei in R. an Hzg. Ludwig I. gefallen war, mußte Ebf. Eberhard II. 1218 die Herrschaft der Wittelsbacher über R. anerkennen, obwohl die Salzburger Ansprüche durch Jahrhunderte immer wieder erneuert wurden. Die im 13. Jh. durch Ringmauern und zahlreiche Burgen befestigte Stadt, deren Stadtrat (seit 1279) 16 Mitglieder zählte, kam 1255 an Niederbayern, war seit 1331 bayer. Landstand und wurde 1507 dem Rentamt München zugeteilt. H. Dopsch

Lit.: →Hallein – H. VOGEL, Gesch. von Bad R., Oberbayer. Archiv 94, 1971 – F. KOLLER, St. Peter als Salzproduzent und Montanunternehmer (Fschr. Erzabtei St. Peter, 1982), 159–186 – R. PALME, Rechts-, Wirtschafts- und Sozialgesch. der inneralpinen Salzwerke bis zu deren Monopolisierung, 1983 – H. WANDERWITZ, Stud. zum ma. Salzwesen in Bayern, Schriftenr. Komm. für bayer. Landesgesch. 73, 1983 – F. KOLLER, Das Salzwesen (Gesch. v. Berchtesgaden, I, 1991), 737–842.

Reichersberg, Augustiner-Chorherrenstift (Oberösterreich), gehörte, trotz der Lage in der Diöz. →Passau, von Anfang an zum Reformkreis v. →Salzburg, zw. 1080 und 1084 vom Adligen Wernher (∞ Schwester des Ebf.s v. Salzburg) gegr., der nach dem Tod seines einzigen Sohnes beschloß, seine Burg in ein Kl. umzuwandeln. Die Herkunft der Kanoniker ist ungeklärt. Wernher stellte seine Gründung unter den Schutz der Salzburger Kirche und bestimmte den Salzburger Hauptvogt zum Vogt v. R. Nach Wernhers Tod (vor 1086) anerkannten seine Verwandten die Stiftung nicht, forderten R. als Erbe ein und zwangen die Chorherren mehrmals zur Flucht. Der erste bekannte Propst Bernwin (1110–16) mußte mit einem Teil der Chorherren wieder in seine Heimat Sachsen zurückkehren. Ebf. →Konrad I. v. Salzburg berief den kämpfer. Rottenbucher Chorherrn →Gerho(c)h 1132 nach R., der das Stift zu geistl. und wirtschaftl. Blüte führte. Gerho(c)hs Bruder, der bedeutende Theologe →Arno, trat auch in R. ein und wurde sein Nachfolger. Der 1138 neben dem Männerstift gegr. Frauenkonvent bestand bis zum 15. Jh. Seit der Mitte des 12. Jh. hatte R. zudem ein Hospital. 1144 schenkte der Ebf. v. Salzburg dem Stift, das in der näheren Umgebung nur eine schmale Besitzbasis hatte, wichtige Pfarreien und Rodungsland in Niederösterreich. In der 2. Hälfte des 13. Jh. gefährdete ein Konflikt zw. Propst und Chorherren die Gemeinschaft, bis Propst Walter (1268–81) erneut die Zucht hob. Seit 1335 folgte eine neue Blütezeit, doch in der 2. Hälfte des 15. Jh. nahm die Reformbereitschaft der Chorherren ab, was u. a. zum Scheitern der Reform v. →Raudnitz beitrug. W. Störmer

Lit.: DIP VII, 1623f. – F. HAUSMANN, Die Urkk. der Staufer für das Stift R., MIÖG 68, 1960, 98–113 – P. CLASSEN, Gerhoch v. R., 1960 – 900 Jahre Augustiner Chorherrenstift R., 1983 [Beitr. W. STÖRMER, S. HAIDER, CH. SCHLEICHER] – 900 Jahre Stift R., Ausstellungskat., 1984, 81–92, 101–126, 366–375.

Reichsabschied, von Ks. und Reichsständen gesiegelte formelle Zusammenfassung der von einem →Reichstag gefaßten Beschlüsse. R.e besaßen Gesetzeskraft und waren eine der wichtigsten Grundlagen der Rechtsprechung des →Reichskammergerichts und des →Reichshofrats. R.e dieser Form entwickelten sich im Zuge der institutionellen Ausformung des Reichstags gegen Ende des 15. Jh. und entsprachen seiner verfassungsrechtl. und polit. Aufwertung zum wichtigsten Mitwirkungsorgan der →Reichsstände. Als erster R. gilt der von Lindau 1497, wenngleich es bereits in Frankfurt 1489 und Worms 1495 Ansätze bzw. Vorformen dazu gegeben hat. Der letzte, der »Jüngste« R. stammt vom Regensburger Reichstag v. 1654, dem letzten Reichstag vor Beginn des Immerwährenden Reichstags. Fortan hießen die R.e Reichsschlüsse.
P. Schmid

Q.: Neue und vollständigere Slg. der R.e, hg. H. CH. SENCKENBERG, 4 T.e, 1747 – Lit.: HRG IV, 519–523 [Lit.] – F. H. SCHUBERT, Die dt. Reichstage in der Staatslehre der frühen NZ, 1966 – R. SEYBOTH, Die Reichstage der 1480er Jahre (Hof, Hoftag und Reichstag im späteren MA, hg. P. MORAW, 1994).

Reichsacht, bes. Ausprägung der allg. →Acht, in vielfältiger Weise mit der Person des Kg.s verbunden. Sie war v. a. eine Form zur Erzwingung der Einlassung eines Beklagten vor dem Kg.sgericht, konnte aber auch als Strafacht außerhalb des hofgerichtl. Verfahrens verhängt werden. Eng mit ihr verbunden war die Anleite (Einweisung) des Klägers in die Güter des 'Ächters'. Beide Formen, zw. denen am Hofgericht Rottweil (Ordnung v. 1435) ein Junktim bestand, waren in der Hofgerichtsordnung v. 1409 als causa personalis und causa realis geregelt. Die Steigerung der R. durch die Beantragung des Kirchenbanns (→Bann, B) wurde seit dem 15. Jh. durch die Aberacht ersetzt. Die Verkündung der R. war, wie später am →Reichskammergericht, dem Ks. vorbehalten. Sie (wie auch die Aberacht) wurde am Hofgericht im für die Zeit seit 1417 erhaltenen Achtbuch notiert. Eine vorläufige oder endgültige Lösung war nur gegen Entrichtung des Achtschatzes an →Hofrichter und Hofschreiber möglich. Mangels anderer Erzwingungsmittel wurden R., Aberacht und Anleite nützl. Hilfsmittel zur Rechtsdurchsetzung am Ks.hof. Die Handhabung der R. war ein wirksames Friedensinstrument und verschaffte dem Ks. zugleich eine nie in Zweifel gezogene Autorität. Das mit ihr verbundene Gemeinschaftsverbot konnte erhebl. Störungen des Handels verursachen, weshalb sie sich bis in die 2. Hälfte des 15. Jh. größter Beliebtheit erfreute.
J. F. Battenberg

Lit.: J. F. BATTENBERG, R. und Anleite im SpätMA, 1986 – DERS., Das Achtbuch der Kg.e Sigmund und Friedrich II., 1986.

Reichsannalen. Die wichtigste erzählende Q. für die Gesch. des großfrk. Reiches vom Tod Karl Martells (741) bis 829 wurde zunächst wegen des angebl. Entstehungsortes →Lorsch (älteste Hs.) Annales Laurissenses maiores genannt; seit L. v. RANKE hat sich die Bezeichnung Annales regni Francorum eingebürgert. Trotz zahlreicher Versuche konnten keine Verf. namhaft gemacht werden; die ausnehmend gute Kenntnis polit. Interna, die Vertrautheit mit dem Rechts- und Urk.sprache und die Benutzung von Aktenstücken wie auch die auffällige Übergehung von Rückschlägen wie Verschwörungen und Niederlagen (z. B. gescheiterter Pyrenäenfeldzug 778) erweisen den offiziösen Charakter des Werkes, dessen Autoren zweifellos im Umkreis des Hofes, am ehesten in der →Hofkapelle zu suchen sind. Durch intensive Erforschung der reichen hsl. Überlieferung und genaue Untersuchung der sprachl. Form hat man einzelne Abschnitte verschiedener Verf. zu unterscheiden versucht, ohne zu endgültig anerkannten Ergebnissen zu kommen. Als gesichert kann gelten: Nach einem ersten rückblickend, unter Verwendung älterer Q. (u. a. Fredegar-Forts.; →Fredegar) verfaßten Teil setzte zw. 787 und 793 die gleichzeitige Niederschr. ein; um 795, 808 und wohl auch 820 wechselten die Verf., die sich zunehmend durch bessere Latinität und verstärkten Einfluß antiker Vorbilder unterscheiden: hier läßt sich gleichsam die ständig stärkere Einwirkung der sog. karol. →Renaissance ablesen. Der letzte Wechsel und das sachl. kaum gerechtfertigte Abbrechen der R. 829 dürften auf →Hilduin v. St-Denis hinweisen, der nach dem Tod →Hildebalds v. Köln Erzkaplan wurde, als Teilnehmer des Aufstandes gegen Ludwig d. Fr. 830 aber das Hofamt verlor.

Eine Gruppe von Hss. (KURZES Klasse E) bietet eine stilist. und (bis 801) auch inhaltl. Überarbeitung des älteren Teils bis 812, die wohl in den ersten Jahren nach dem Tod Karls d. Gr. erfolgte. Aufgrund gewisser sprachl. Übereinstimmungen mit der Vita Karoli sah die ältere Forsch. in →Einhard den Bearbeiter; heute steht fest, daß umgekehrt Einhard diese anonyme Überarbeitung benutzt hat. Seit der Ausgabe Kurzes hat sich dafür die an sich irreführende Bezeichnung »Annales qui dicuntur Einhardi« durchgesetzt.

Nach 830 fanden die R. eine westfrk. Forts. in den (nach dem Herkunftsort der ältesten Hs. benannten) →Annales Bertiniani und eine ostfrk. Forts. in den Annales Fuldenses; für das Mittelreich sind die wohl im niederrhein. Raum aufgezeichneten Annales Xantenses (fortges. in den Annales Vedastini) heranzuziehen. →Annalen. U. Nonn

Ed.: F. Kurze, 1895 (MGH SRG) – R. Rau, 1962 (AusQ V) [zweispr.; mit Einl., Bibliogr.] – Lit.: Repfont II, 281f. – Wattenbach–Levison–Löwe II, 245–256 [mit Bibliogr.] – H. Hoffmann, Unters. zur karol. Annalistik, 1958 – F. L. Ganshof, L'historiographie dans la monarchie franque, Sett. cent. it. 17, 1970, 631–685 – I. Haselbach, Aufstieg und Herrschaft der Karlinger in der Darstellung der sog. Annales Mettenses priores, 1970, 17–21 – J. N. Adams, The Vocabulary of the Annales R. Fr., Glotta 55, 1977, 257–282.

Reichsdenar, ein um 822 unter Ludwig d. Fr. eingeführter Denartyp (→Denar), der ohne Angabe der Münzstätte, allenfalls gelegentl. mit kleinen Beizeichen versehen, in gleicher Gestalt in allen Münzstätten geprägt wurde: Vorderseite: Von vier Kugeln umwinkeltes Kreuz mit der Legende +HLVDOVVICVSIMP; Rückseite: Viersäuliger Tempel, in der Mitte Kreuz, Legende +XPISTIANA RELIGIO. Die Ausprägung muß nach Ausweis der Funde, die von Frankreich und dem Rheinland (Fund Pilliger Heck) über Belgien (Fund Zelzate) und die Niederlande mit Friesland (Fund Wagenborgen) bis nach Skandinavien (Fund Hjäljarp, Schonen) reichen, sehr umfangreich gewesen sein. In den fries. und rhein. Funden machen die R.e teilweise mehr als 50% des Inhalts aus. Die Bedeutung der R.-Prägung wird auch durch spätere Nachahmungen deutlich, so um 900/1000 in Ostfriesland (Fund Dietrichsfeld), auf Pfennigen von Dortmund des 11. Jh. (mit der Legende +VIDOVVICVSIMP), auf westfäl. Pfennigen um 1230 (Lippstadt) und endl. auf →Deniers der Abtei St-Maurice d'Agaune (Schweiz) bis zum frühen 14. Jh.
P. Berghaus

Lit.: H. H. Völckers, Die Christiana-religio-Gepräge, HBNum 6–7, 1958, 9–54 – K. F. Morrison–H. Grunthal, Carolingian Coinage, 1967, 8–16 – P. Grierson–M. Blackburn, European Medieval Coinage, 1, 1986, 216f. – G. Depeyrot, Le numeraire Carolingien, 1993, 41.

Reichsexekution → Heinrich der Löwe (68. H.)

Reichsfürsten. Erstmals im 12. Jh., verstärkt in dessen 2. Hälfte, begegnet die Verbindung von →Fürst und Reich: »principes regni«, dt. in der Wendung des 13. Jh.': »des riches fürsten«. Die Wortgesch. ist verwickelt; denn die »principes« noch des 10. Jh. werden in den Glossen nicht mit »Fs.«, sondern mit *herosto* übersetzt, einer Steigerungsform von →Herr. Die principes stehen also über den Herren, den →»nobiles«. Die Wortentwicklung zu der Übers. »Fs.« für »princeps«, wofür sich erst im 12. Jh. Belege finden lassen, antwortet offenbar auf einen herrschaftl. Konzentrationsprozeß, der aus dem weit gestreuten Besitzungen des hohen Adels ansatzweise gebietsmäßig zusammengefaßte Herrschaften gestaltet. Für die Zeit um 1190 sind 92 geistl. und 22 weltl. R. ermittelt worden. Es ist unverkennbar, daß damals der Ausdruck »princeps« einen exklusiveren Charakter gewonnen hat, aber es gibt weder land- noch lehenrechtl. Kriterien, welche die Fs.en rechtl. klar von den anderen hochadligen Geschlechtern abgrenzen. Wenn Friedrich Barbarossa von den »principes et magnates regni nostri« spricht (1170), dann wird hier der gleiche Sachverhalt wie ein Jh. später bezeichnet, als die Spruchdichter die Anrede finden »Ir vürsten und ir landesherren« (Der Unverzagte) oder »die hohen vörsten

und die Herren alle« erwähnen (Rumeszlant v. Sachsen). Gemeint ist hiermit genau wie im Reichsspruch v. 1231, der die »maiores et meliores terrae« benannte, daß in einem Land gleichermaßen Fs.en und Herren zu gebieten haben. Auch eine reichsrechtl. Definition des Fs.enstandes kannte das hohe MA nicht. →Confoederatio (1220) und →Statutum (1232), in dieser Hinsicht von der älteren Forsch. weit überschätzt, sanktionierten nur, was sich zuvor bereits entwickelt hatte; und dieses gilt ebenfalls für die Exklusivität des Fs.entitels. Davon geht zu jener Zeit auch der →Sachsenspiegel aus, der diese Exklusivität darin sieht, daß die Fs.en das →Fahnlehen (die Geistlichen das Zepterlehen) vom Kg. erhalten und daß nur der Kg. Richter »over der vorsten lif« sein darf. Dennoch ist die Regalienleihe (→Regalien) kein alleiniges Vorrecht der Fs.en.

Schon die überproportional hohe Zahl von geistl. R. zeigt, welche Kräfte zunächst den Titel »princeps« erstrebten, um über die alleinige vielt. Zuordnung zum Kgtm. Schutz vor anderen Herrschaftskonkurrenten zu erlangen. Dieses Prinzip läßt sich noch um 1300 daran erkennen, daß Äbte und Äbt.en sich in den R.stand erheben lassen. Hierin zeigt sich die Entwicklung zur →Reichsunmittelbarkeit. Dem liegt zunächst kein Veränderungsvorgang in der Herrschaft des Hochadels selbst zugrunde, sondern eine sich langsam entwickelnde rechtl. Kontur des Reiches. Im 13. Jh. zeigen sich im weltl. Bereich die ersten Ansätze dafür, daß zw. Fs.en und Gf.en ein Rangunterschied besteht. Jetzt beginnen weltl. Große, die Erhebung in den R.stand anzustreben. 1292 wird bei der Erhebung des Lgf.en v. Hessen dafür der Besitz von Reichslehen als Grundlage definiert. Bei den Fs.enprivilegien der Gf.en v. Henneberg (1310) bzw. der Bgf.en v. Nürnberg (1363) wird als deren Inhalt das Recht benannt, »mit des Reichs fürsten urteil zu finden«, wobei eigtl. nur bestimmte Vorrechte vergeben werden, die konkret im jederzeit freien Zugang zum Kg.shof liegen, ansonsten aber allein das Rangzeremoniell bestimmen. Das liegt auch allen Erhebungen von Gf.en in den Fs.enstand des 14. Jh. zugrunde; in diesen Fällen wird aber stets der Fs.enrang mit einem neugeschaffenen Hzm. gleichgesetzt (»ducatus sive principatus«). Verbunden werden damit weiterhin bestimmte Ehrentitel am Kg.shof. Im SpätMA übte das Rechtszeremoniell einen wesentl. Einfluß auf fsl. Standesdenken aus. Endpunkt dieser Entwicklung ist Ende des 15. Jh. das Aufkommen des Fs.enhutes als Standesattribut. Die Abschließung des Fs.enstandes war nie wirkl. vollendet. Fs.en heirateten Gf.entöchter, und der Ausdruck »Fs.engenoß« begegnet im 15. Jh. nur vereinzelt. – Für Frankreich →Pairs, für England →Peers. E. Schubert

Lit.: HRG I, 1337–1351 – J. Ficker–P. Puntschart, Vom R.stande, 2 Bde in 4 T.en, 1861–1923 [Neudr. 1961] – H. Koller, Die Bedeutung des Titels »princeps« in der Reichskanzlei unter den Saliern und Staufern, MIVÖ 68, 1960, 63–80 – G. Köbler, Amtsbezeichnungen in den frühma. Übers.sgleichungen, HJb 92, 1972, 334–341 – E. Schubert, Kg. und Reich, 1979, 308–321 – K.-F. Krieger, Die Lehnshoheit der dt. Kg.e im SpätMA (ca. 1200–1437), 1979, 156–173 – B. Arnold, Princes and Territories in Medieval Germany, 1991, 14–17.

Reichsgesetze → Gesetzgebung, B. II

Reichsgrafschaft. Von der Forsch. teilweise verwendeter Ordnungsbegriff zur Bezeichnung der direkt vom Reich herrührenden (reichsunmittelbaren) Gft.en, die auf diese Weise deutl. von den mediatisierten (landsässigen) Gft.en abgegrenzt werden sollen. Wie die →Rechtsbücher des 13. Jh. zeigen, existierte indes während des MA kein eigener Reichsgf.enstand, der seine Würde auf den Besitz von bes. qualifiziertem Reichslehngut hätte zurückführen können, was von Teilen der älteren Forsch. (z. B. M. BENDINER, A. SCHULTE) angenommen wurde. Stattdessen bezeichnen →Sachsenspiegel und →Schwabenspiegel den betreffenden Personenkreis als Gf.en und freie Herren, ohne dabei zw. Reichsunmittelbaren und Landsässigen zu differenzieren. Anders gelagert sind die Verhältnisse während der frühen NZ. Entsprechend der frühnz. Q.terminologie werden als R.en die nicht mediatisierten, d. h. nicht landsässigen Gft.en verstanden. In Reichsgf.enkollegien zusammengeschlossen, verfügten ihre Inhaber auf den →Reichstagen über das Kuriatstimmrecht. →Graf, →Grafschaft. R. Mitsch

Lit.: →Graf, →Grafschaft – HRG I, 1775–1795 – M. BENDINER, Die Reichsgf.en, eine verfassungsgeschichtl. Stud. [Diss. München 1888] – A. SCHULTE, Der dt. Staat. Verfassung, Macht und Grenzen 919–1914, 1933 – K.-F. KRIEGER, Die Lehnshoheit der dt. Kg.e im SpätMA (ca. 1200–1437), 1979 – E. SCHUBERT, Kg. und Reich. Stud. zur spätma. dt. Verfassungsgesch., 1979 – K.-F. KRIEGER, Kg., Reich und Reichsreform im SpätMA, 1992.

Reichsgrenze. Weil das ma. Reich von seinen Trägern weniger als Territorium, sondern als personal bestimmter Herrschaftsverband begriffen wurde, ergaben sich seine Grenzen in der Praxis aus der Reichweite integrativer Maßnahmen des Kgtm.s. Zwar kannte man seit den karol. Reichsteilungen Grenzlinien, doch bestimmten sie das polit.-geogr. Bild um so weniger, als zw. regnum (Kgr.) und imperium (Ksr.) unterschieden werden mußte. Das frk. Großreich zw. Atlantik und Elbe/Saale-Linie, oberer Donau und Ostalpen, Hzm. Spoleto, Mittelmeerküste und Pyrenäen hatte das Gesicht der lat. Christenheit nachhaltig geformt, ehe es seit den Verträgen v. →Verdun (843), →Meerssen (870) und →Ribémont (880) das ostfrk. und das westfrk. Reich sowie Italien aus sich entließ. Die Grenze zw. den beiden Frankenreichen verlief von Brügge zur Scheldemündung und weiter flußaufwärts über Cambrai hinaus, dann nach O zur Maas, deren Lauf sie ca. 35 km w. versetzt bis ins Quellgebiet folgte, wo sie (nunmehr als N-Grenze des Kgr.es →Burgund) nach O schwenkte, bei Basel den Rhein erreichte und stromaufwärts bis Schachen geführt wurde, um dann nach S gekehrt am Alpenkamm auf das it. Regnum zu stoßen. Die Abwendung des lothring. Adels von Konrad I. (911) blieb Episode, während die Erhebung Konrads II. zum Kg. v. Burgund (1033) dieses Reich auf Dauer zum Bestandteil des Imperiums und die Saône/Rhône-Linie zur Grenze gegen Frankreich machte. Im O hatten Slavenmission und Markenpolitik eine offene Situation geschaffen, bis die Christianisierung Polens seit 965 eine grundlegende Änderung brachte: Fortan waren die O-Grenze des Reiches und die Grenze der lat. Christenheit nicht mehr ident. Mit der Gründung des Ebm.s →Gnesen (1000) verlor Magdeburg seine Stellung als expansionsfähige Missionsmetropole; die künftig charakterist. Mittellage Dtl.s zeichnete sich ab. Seit Mitte des 12. Jh. führte die dt. →Ostsiedlung zur Bildung von Territorien (Mark Brandenburg, Pommern, Dt. Orden) und Neustämmen mit Konsequenzen für den N-Abschnitt der O-Grenze des Reiches. Weiter im S waren die NO-Grenzen Mährens und Böhmens sowie die O-Grenze der Mgft. →Lausitz der R. gleich. Im N entsprach die Grenze →Dithmarschens und der Gft. →Holstein an der Eider die R. Wird dynast. Erwerbspolitik von expansiver Tendenz des Reiches unterschieden, so gab es (abgesehen vom N-Abschnitt der O-Grenze mit dem Erwerb Schlesiens im 14. Jh.) auch im SpätMA kaum Auseinandersetzungen um den Grenzverlauf; ebenso fehlen einschneidende Gebietsverluste. J. Ehlers

Lit.: P. KIRN, Polit. Gesch. der dt. Grenzen, 1958⁴ – H. LUDAT, An Elbe und Oder um das Jahr 1000, 1971 – W. KIENAST, Dtl. und Frankreich in der Ks.zeit, 1–3, 1974/75 – K. LEYSER, Medieval Germany and its Neighbours, 1982 – F. PRINZ, Böhmen im ma. Europa, 1984 – R. SCHNEIDER, Grenzen und Grenzziehung im MA (Probleme von Grenzregionen, hg. W. BRÜCHER–P. R. FRANKE, 1987), 9–27 – C. BRÜHL, Dtl. – Frankreich, 1990 – Dtl.s Grenzen in der Gesch., hg. A. DEMANDT, 1990 – F. PRINZ, Die Grenzen des Reiches in frühsal. Zeit (Die Salier und das Reich, hg. ST. WEINFURTER, I, 1991), 159–173.

Reichsgut. So eindeutig der Terminus für die Gesamtheit der Besitzungen, über die das dt. Kgtm. im MA verfügen konnte, zu sein scheint, so schwierig gestaltet sich für die Forsch. die tatsächl. Ermittlung von R., zumal in der Abgrenzung zum Hausgut, da im Laufe der Jahrhunderte de facto eine Vermengung beider Gütergruppen angesichts mannigfacher Rechts- und Nutzungsformen eingetreten war. In nachkarol. Zeit fehlt es v. a. mit zwei bedeutenden Ausnahmen – dem sog. →Tafelgüterverzeichnis des röm. Kg.s (wohl 1152) und dem sog. →Reichssteuerverzeichnis v. 1241 – an einschlägigen Aufzeichnungen, die den lokal oder regional ausgerichteten älteren Reichsurbaren (z. B. für Lorsch, Churrätien) oder gar dem →Capitulare de villis an die Seite gestellt werden könnten. Häufig läßt sich R. daher erst bei Schenkungen, Veräußerungen oder Tausch als solches erkennen, auch wenn landes- und ortsgesch. Unters.en vielfach bedeutenden Wissenszuwachs gebracht haben.

Allg. akzeptiert ist die Aufgliederung des R.s in Krongut, Reichskirchengut und Reichslehngut, wobei freilich nur das Krongut als Fiskalbesitz in grundherrl. Verwaltung oder als wirtschaftl. Ausstattung (fisci, villae, curtes) etwa von →Pfalzen in direkter Verfügungsgewalt des Kg.s blieb. Sonstige Hoheits- und Herrschaftsrechte, v. a. fiskal. Natur, wie →Markt, →Münze, →Zoll und →Gericht, zählen nicht zum eigtl. R. (→Regalien).

Das R. geht in seiner ersten Ausformung in die merow.-karol. Epoche zurück, als mit dem Aufstieg der austras. Hausmeier spätestens seit Terty 687 Fiskalbesitz vorwiegend in Pfalzorten (z. B. Compiègne, Quierzy, Attigny, Ponthion) bzw. in Kg.städten wie Worms und Mainz und an der Rheinschiene von Straßburg bis Zülpich mit dem Hausgut der späteren karol. Dynastie um Metz, Stablo-Malmedy, Trier, Echternach und Prüm, aber auch in der Region Würzburg verschmolz. Urkk. und →Inventare, v. a. Herrscheritinerare, ließen die häufige Inanspruchnahme dieses R.s erkennen, das insbes. als Wirtschaftshof vom Typus Annappes (Tournai) der Versorgung des Kg.s diente, häufiger noch in Verbindung von Pfalz und forstl. Bannbezirk (→Forst) ausgedehnte Winteraufenthalte und herrschaftl. Jagd gestattete, z. B. Dreieich/Frankfurt, Ardennen/Aachen, später Harz/Goslar bzw. Reichswald/Nürnberg. Bereits in merow.-karol. Zeit kommt es in Zonen von Verdichtung des R.s zu regelrechten »Kg.slandschaften« (TH. MAYER). Diese frühen Komplexe konnten noch im 8. Jh. um Konfiskationen aus bayer. und alamann. Hzg.sgut angereichert werden, auch wenn Heinrich I. nach 919 als Preis seiner Anerkennung durch die Hzg.e auf dieses verzichten mußte. Mit dem Aufbau von Kronvasallität und Lehnsheer ging bereits in karol. Zeit R. an Adelsfamilien über, auch als Amtsausstattung von Gf.en, oder geriet als grundherrl. organisierter Besitz in kirchl. Verfügungsgewalt, so etwa des fisci Hammelburg an Fulda, Iphofen an Kitzingen oder Friemersheim an Werden. Der Terminus →'fiscus' weist in der Regel auf R. hin. Nach dem Übergang der Kg.sherrschaft auf Konrad I., ihm folgend auf die Ottonen und Salier, hoben sich weiterhin bestimmte Regionen der Konzentration von R. heraus oder wurden neu geschaffen, so der Niederrhein mit Aachen und Duisburg, am Mittelrhein mit Frankfurt und Ingelheim, während die seit Heinrich II. zunächst dominierende Residenz Goslar sich aus einer bescheidenen Jagdpfalz entwickelt haben dürfte, wobei das fehlende umfängl. R. durch die Harzer Metallvorkommen mehr als wett gemacht wurde.

Seit der sal. Epoche treten noch die R.komplexe um Nürnberg und erneut Regensburg hervor. Im sächs.-thür. Raum, Heimat der Ottonen, spielten neben Pfalzorten wie Tilleda oder Allstedt Pfalz und Bm. Merseburg eine gewichtige Rolle, wie einst das karol. Worms oder Paderborn. In stauf. Zeit sieht der Chronist →Otto v. Freising die maxima vis regni unter Einbeziehung des SW in der Landschaft von Basel bis Mainz. Die Bedeutung des R.s für die wirtschaftl. Versorgung des Kgtm.s nahm trotz der Fortexistenz von Tafelgütern durch Inanspruchnahme von Servitien der →Reichskirchen (Bm.er, Abteien) ab, auch wurden große Teile des R.s durch Reichsministeriale (→Ministerialität) verwaltet. Die direkte Nutzung des R.s wurde mehr und mehr durch die Steigerung fiskal. Erträge aus Regalienvergabungen (in Italien) bzw. aus Steuerzahlungen der Reichsstädte oder Judenschutzabgaben (→Judenrecht) kompensiert. Von bes. Bedeutung für die Ausdifferenzierung von R. und Hausgut wurde weder der Übergang der Kg.sherrschaft von Konrad I. auf die Ottonen, noch von diesen über Heinrich II. auf die Salier, sondern erst der Bruch des Jahres 1125, als statt des Staufers →Friedrich v. Schwaben →Lothar v. Süpplingenburg die Krone erlangte, dessen Kampf um das Reich der Kampf um das R. war (W. SCHLESINGER). Bereits 1020 war eine rechtl. differenzierende Einordnung von R. und Hausgut (ad regnum non pertinens) durch Heinrich II. erfolgt (MGH DD H. II. 433), und Heinrich IV. unterschied 1065 zw. 'proprie hereditates' und 'res ad regium fiscum pertinentes' (MGH DD H. IV. 165ff.), während Konrad II. 1024 in Regensburg durch Gf.en und Richter der 'Prov.' Bayern u. a. 'possessiones et predia' ermitteln ließ, die 'ad solium sui imperii iure' gehörten und seinem Biographen →Wipo zufolge die Bewohner v. Pavia, die nach dem Tode Heinrichs II. die dortige Pfalz zerstört hatten, über den Unterschied von domus regalis als aedes publica zur (privaten) domus regis belehrte. Doch erst im 1. Drittel des 12. Jh. wurden mit Hilfe des im →Investiturstreit entwickelten frühscholast. Instrumentariums am dt. Kg.shof Hausgut und R. auch in der Regierungspraxis unmißverständl. voneinander geschieden.

Differenzierte →Gerhoh v. Reichersberg um 1130 zw. 'regni facultas, que est res publica' und 'donatio privata' aus (kgl.) Hausgut, so war diesem Dictum 1125 ein Regensburger Fs.enweistum vorausgegangen, das v. a. die Auseinandersetzungen zw. Lothar III. und seinem stauf. Rivalen betraf, indem auf die Doppelfrage, ob Gut von Geächteten und gegen R. eingetauschter Besitz der proprietas regis zugeschlagen werden solle, die verbindl. Antwort lautete: »potius regiminis subiacere ditioni quam regis proprietati«. Herrschaft und Herrschaftsobjekte sind damit von der Person des Herrschers abgelöst (E. WADLE). Der Kg. als Mehrer des Reiches (augustus) besaß freie Verfügungsgewalt über R. nur insoweit er Tauschgeschäfte – ohne Nachteil für seine Nachfolger – vornahm bzw. →Seelgerät für Reichskirchen stiftete, wobei das Obereigentum des Reiches am Reichskirchengut vorausgesetzt wurde. Auch die Verpfändung von →Reichsstädten (und Reichsburgen), verstärkt praktiziert unter Rudolf v. Habsburg, berücksichtigte formal dieses Veräußerungsgebot von Reichsrechten bzw. R. Gleichzeitig ging damit zwar eine gewisse Revindikationspolitik hinsichtl.

gewisser bona imperii einher, aber dabei handelte es sich eher um ehemals stauf. Besitz als um tatsächl. altes R. Von Bedeutung für die stauf. Italienpolitik, die auf Fiskalisierung von Reichsrechten, v. a. gegenüber den oberit. Kommunen, abzielte, war der Rückgriff auf R. im Erbe der Mgfn. →Mathilde v. Tuszien, wobei zw. R., Amtsgut und Hausgut kaum geschieden werden konnte.

Mit dem Ausgang der stauf. Epoche verlor das R. mehr und mehr an Bedeutung. Verlehnung, Usurpation und Verpfändung ließen das Kgtm. seine wirtschaftl.-polit. Existenz im Ausbau des Hausgutes und dessen landesherrl. Verwaltung finden, auch wenn Verzeichnisse des R.s um Nürnberg und im Speyergau noch Interesse an alten Besitztiteln widerspiegeln ebenso wie Reichsreformbestrebungen des 15. Jh. D. Hägermann

Lit.: HRG IV, 597–600 – W. METZ, Das karol. R., 1960 – H. HOFFMANN, Die Unveräußerlichkeit der Kronrechte im MA, DA 20, 1964 – W. METZ, Stauf. Güterverzeichnisse, 1964 – E. WADLE, R. und Kg.sherrschaft unter Lothar III., 1969 – W. METZ, Zur Erforsch. des karol. R.es, 1971 – H. C. FAUSSNER, Die Verfügungsgewalt des dt. Kg.s über weltl. R. im HochMA, DA 29, 1973, 345–449 – W. METZ, Das Servitium regis, 1978 – M. PARISSE, Les ministériaux en Empire, Jb. für westdt. Landesgesch. 6, 1980, 1–24 – TH. ZOTZ, Kg.spfalz und Herrschaftspraxis im 10. und frühen 11. Jh., BDLG 120, 1984, 19–46 – W. JANSSEN, Siedlungsgesch. und siedlungsarchäol. Beobachtungen zum Haus- und R. der Salier, RGZM, Monogr. Nr. 28, 1991, 7–13 – J. SEMMLER, Der Forst des Kg.s (Der Wald im MA und Renaissance, hg. DERS., 1991), 130–147 – E. BOSHOF, Kgtm. und Kg.sherrschaft im 10. und 11. Jh., 1993, 83–90.

Reichshofgericht. Das seit dem 9. Jh. urkundl. deutlicher faßbare R., dem die jeweils am Hofe anwesenden Adligen als Urteiler beisaßen und dem der dt. Kg. oder ein Vertreter prozeßleitend vorsaß, war ein fallweise zusammentretendes Kg.sgericht, das urspgl. vornehml. in den an den Hof gebrachten Streitfällen der Großen des Reiches tätig wurde. Seit 1235 nach dem Vorbild des siz. Großhofs als ständiges Gericht unter dem Vorsitz eines hochadligen →Hofrichters und eines dem Laienstand entnommenen Hofschreibers reorganisiert, wurde es zu einer frühen bürokrat. Keimzelle am Kg.shof. Erst nach dem sog. →Interregnum jedoch setzte sich hier die Praxis der Registerführung (Urteils- und Ladungsregister, Achtbuch) durch eine eigenständige Kanzlei außerhalb der Hofkanzlei durch. Seit Ludwig d. Bayern und bes. seit Karl IV. stetiger organisiert, hatte das R. bis 1451, zuletzt neben dem →Kammergericht, Bestand. Die bisher knapp 2000 ermittelten →Hofgerichtsurkk. ebenso wie das für die Spätzeit erhaltene Achtbuch legen Zeugnis ab von einer recht emsigen Tätigkeit, die v. a. den Niederadel und das Stadtbürgertum erreichte. Kontinuitätsträger waren die seit Ludwig d. Bayern namentl. bekannten, auch dynastieübergreifend amtierenden Hofschreiber; sie hatten, bis Ende des 14. Jh. in doppelter Besetzung, anfangs auch die Prozeßparteien zu vertreten, wurden aber in dieser Funktion seit Kg. Ruprecht von jeweils zwei beeidigten Prokuratoren ersetzt. Der Klientel der jeweiligen Hofrichter entstammend und dem Bürgertum nahestehend, waren sie mit den Prokuratoren die eigtl. »professionalisierten« Amtsinhaber des R.s. Die von dem Hofschreiber Johannes Kirchen 1409 verfaßte Hofgerichtsordnung spiegelte die beiden wichtigsten Verfahrensarten des R.s wider, den Acht- und den Anleiteprozeß. Das daneben wichtige Urkk.bestätigungsverfahren, durch das bes. lokale Rechtstitel reichsweit legitimiert wurden, wurde im 15. Jh. weitgehend auf ein quasi-notarielles Beglaubigungsgeschäft reduziert. Die in einem »volksrechtl.« Verfahren aufgrund des Urteils der mindestens sieben beisitzenden Adligen, die zumindest Standesgenossen der Prozeßparteien sein mußten, vom Hofrichter verkündeten Sprüche wurden unter Gerichtssiegel nach feststehenden Formularen verbrieft und nötigenfalls zu Vollstreckungszwecken mit begleitenden Mandaten versehen. Die dem Hochadel entstammenden Hofrichter amtierten in regelmäßigen Gerichtssitzungen am jeweiligen Kg.shof, seit dem 15. Jh. in festen Amtszeiten gegen die pauschal garantierten Nutzungen des Gerichts. Zusammen mit den fallweise für sie amtierenden »Statthaltern« bildeten sie eine auch mit der Kg.sdynastie verquickte, familiär und sozial relativ einheitl. Gruppe. J. F. Battenberg

Q. und Lit.: O. FRANKLIN, Das R. im MA, 1–2, 1867–69 [1967] – J. F. BATTENBERG, Beitr. zur höchsten Gerichtsbarkeit im Alten Reich im 15. Jh., 1981 – Urkk.regesten zur Tätigkeit des dt. Kg.s- und Hofgerichts bis 1451, bearb. J. F. BATTENBERG, B. DIESTELKAMP u. a., 1987ff.

Reichshofrat, eigtl. Kgl./Ksl. Hofrat wohl bis zum ausgehenden 16. Jh., dann Ksl. R., neben dem Ksl. Kammergericht eines der beiden höchsten Gerichte im frühnz. Reich. Daß die Gesch. des R.s 1497/98 mit der Hofordnung Kg. Maximilians I. als herrscherl. Antwort auf die Herausforderungen der sog. →Reichsreform begonnen habe, ist Vereinbarung der Forsch. Denn ein →Hofrat entlastete von alters her den Herrscher, auch bei der Ausübung seines Richteramts. R. und Kammergericht entsprangen derselben Wurzel, da auch die Kammergerichtsbarkeit des 15. Jh. vielfach von Räten ausgeübt worden ist. Das Legitimierungswort des R.s war ksl. Der Namensbestandteil »Reich«, in der R.sordnung v. 1559 noch gänzl. peripher, benannte später das Zuständigkeitsgebiet, das »Reich« außerhalb der Erblande, aber samt Reichsitalien, als praxisgeborenes Sprachgut, schwerlich mit gewichtigem Verfassungshintergrund im Sinne prinzipieller Separierung der Erbländer. Traditionelle Forsch.svereinbarung ist auch die Hervorhebung der gerichtl. Funktion des R.s. Denn die umfassende Beratung des Herrschers durch den R. (zahlreiche frühnz. polit. Gutachten erhalten) und Regierungs- und Verwaltungsaufgaben des R.s mit nicht geringerem polit. Akzent waren am Herrschaftszentrum des Hofes gewiß nicht weniger wichtig. Eine strenge Abgrenzung von Tätigkeitsgebieten scheint ohnehin nicht möglich. Die ma. Grundlegung des R.s blieb für die Zukunft maßgebl. In einem gewissen Gegenüber zum Kammergericht diente er auf seinerzeit vielfach, bes. ständ.-konfessionell umstrittene Weise der Reichseinheit mit monarch.-monist. Zielsetzung. P. Moraw

Q.: TH. FELLNER–H. KRETSCHMAYR, Die österr. Zentralverwaltung I, 1–2, 1907 – Gesamtinv. des Wiener Haus-, Hof- und Staatsarchivs, I, hg. L. BITTNER, 1936 – Die Ordnungen des R.s 1550–1766, hg. W. SELLERT, 1. Halbbd. bis 1626, 1980 – *Lit.*: HRG IV, 630–638 [Lit.] – O. v. GSCHLIESSER, Der R., 1942 – Dt. Verwaltungsgesch. I, 1983, 289ff., 468ff.

Reichsinsignien (Wien, Weltl. Schatzkammer), Bestand an →Insignien, Heiltümern und Krönungsgewändern des Hl. (Röm.) Reiches, der im Laufe der Jhh. zusammengewachsen ist. Die Krönungszeremonie, sei es zur Ks.- oder Kg.skrönung, beinhaltete die kirchl. Übergabe der Insignien. Darin lebten formengeschichtl. und in ihrer Symbolik antike Insignien-Traditionen fort, über Byzanz vermittelt und bereichert, wo die ungebrochene Kontinuität des Imperium Romanum gegeben war. Für die R.n als ein hist. gewachsenes Ganzes tritt bei einem Gutteil des Insignienbestandes ausgeprägter noch dessen Reliquiencharakter hervor, worin der heilsgeschichtl. determinierte Sendungsauftrag des Reiches manifest wurde. Der Besitz der R. bedeutete den Nachweis für die Rechtmäßigkeit der Herrschaft.

Zum ältesten Bestand der R. gehören (bis 1798 Aachener Domschatz, seit 1801 Wien, Weltl. Schatzkammer): Das am Hofe Karls d. Gr. geschriebene und illuminierte →*Krönungsevangeliar,* auf das als Garant des Rechtsakts der Ks. den Eid für Zusagen ablegte, die er laut Wahlkapitulation zu machen hatte. Gleichfalls aus dem karol. Ks.hort, vielleicht noch zu Lebzeiten Karls d. Gr. geschaffen, stammt die *Stephansbursa* (→Bursenreliquiar). Der Tradition nach enthielt sie als Hauptreliquie die mit dem Blut des Protomärtyrers Stephan getränkte Erde Jerusalems. Wenn es zutrifft, daß durch das ganze MA hindurch während des Aachener Krönungszeremoniells die Stephansbursa in den Hohlraum unter den Thronsitz gelegt wurde, thronte der Kg. nach Salbung und Krönung symbol. im Zentrum der Welt, wobei die Reliquie den Ort der Wiederkunft Christi konkretisiert. Der *»Säbel Karls d. Gr.«,* eine osteurop. Arbeit aus der 1. Hälfte des 10. Jh., dessen Eingang in die R. im dunkeln liegt, zählt zu den legendären Erinnerungsstücken.

Im Insignienverständnis des 10. Jh. wurden Überzeugungen manifest, die letztl. durch das ganze MA fortwirkten: Heiltum und Herrschaftszeichen fielen in eins. Die oberste R., die →*Hl. Lanze,* wurde für Otto I. zur armatura Dei, und Gott gewährte Otto I. durch sie eine »renovatio antiqui miraculi« des AT. Der Glaube an die Nähe Christi in der Hl. Lanze garantierte das Kg.sheil. Ungewiß bleibt, warum sie im Laufe des 11. Jh. zur Lanze des Reichshl.n →Mauritius wurde. Die über den Lanzenflügeln an das Lanzenblatt angeflanschten Messerklingen, in den Q. nie erwähnt, könnten nach K. HAUCK den Doppelreliquiencharakter am ehesten erklären. Als Investitursignie ist die Hl. Lanze allein für Heinrich II. bezeugt, ihr Besitz legitimiert dann den Herrscher bis ins HochMA.

Die *Reichskrone* war im frühen und hohen MA eine unter vielen anderen →Kronen. Ihre hochtheol. Symbolik macht sie zum programmat. Sinnzeichen otton. Herrschaftsvorstellung: In den Stein- und Bildplatten des Kronenoktogons finden Aussagen über die Sakralität des Herrschers, kraft derer von Gottes Gnaden der Ks. das »imperium christianum« regiert, eine adäquate Form. Die Steinplatten und auch die imperiale Oktogonform versinnbildlichen das →himml. Jerusalem, als dessen Abbild das Hl. Reich gilt; die Mitra evoziert Hohepriesterliches. Zur Legitimation ihres anfängl. »romfreien« frk. Ksm.s haben sich die Ottonen auf die atl. Kg.e berufen, auf die »beata Davidica stirps«. Ezechias ist der kgl. Beter, den Gott erhört, indem er sein Leben verlängert und seine Feinde niederstreckt. Die Zuordnung von Salomo- und Davidplatte wäre lt. R. STAATS und G. WOLF als eine Spiegelung der besonderen otton. Erbfolgeregelung anzusehen, die →Otto II. zum Mitks. bestimmte, was bedeutete, daß das Kronenoktogon 967 erstmalig als Krönungsinsignie in Verwendung stand. Ins »redende« Bild versetzt, propagieren Kg.e und Propheten ihre eigenen Worte auf Spruchbändern, es sind zugleich Zitate aus der Krönungsliturgie, die Herrschaftstugenden rühmen. »Als Siegel vom AT zum NT« thront der rex regum zw. Cherubim. Über der frontalen Apostelplatte, auf der Rückseite des Stirnkreuzes – es ist zeitl. zw. dem Oktogon und dem Bügel anzusetzen –, erscheint Christus als Gekreuzigter, der Juwelenbesatz der Vorderseite betont den triumphalen Charakter des Siegeszeichens. Nach Ausweis des erneuerten Hochbügels, worin der röm. Charakter des Ksm.s in Form und Intitulation erst zu Wort kommt, hat die Reichskrone ihren Rang zumindest bis in die Regierungszeit Konrads II. beibehalten. Um 1200 wird die Reichskrone zuerst im →Hzg. Ernst-Epos und dann bei

→Walther von der Vogelweide – »Philippe setze en weisen ûf« und »der stein ist aller fursten leitesterne« – literar. zum populären Reichssymbol. Mit dem Waisen ist der Leitstein der Reichskrone genannt, ein ung. Edelopal, der nach →Albertus Magnus um 1250 schon seinen Glanz eingebüßt hatte und 1350 letztmals erwähnt worden ist; von höchster Symboldichte, verkörperte der Waise die »êre« des Reiches. Seit dem Trifels-Inventar v. 1246, dort durch das Kronenkreuz kenntl., ist die Reichskrone als einzigartige Insignie kontinuierl. verfolgbar. 1315 bei der Basler Weisung gilt sie bereits als die Krone Karls d. Gr., nimmt Reliquiencharakter an, wird zum Heiltum und zur dominanten R.

Die Inschrift des *Reichskreuzes* nennt Konrad II. als Stifter und setzt in der auf Konstantin rückprojizierten Siegesverheißung die Weltherrschaftsansprüche des röm. Ksm.s fort. Im niellierten Bildprogramm an der Rückseite des Reichskreuzes klingt die Vorstellung vom leuchtenden endzeitl. →Kreuz an, bei dessen Erscheinen die Herrschaft der Endkaisers erlischt. Neben anderen Reliquien barg das Reichskreuz im Querarm die Hl. Lanze, im Längsschaft die Kreuzpartikel: Christi Blut galt als das Kostbarste (→Blutwunder). Mit der Kreuzpartikel von außerordentl. Größe besaß der röm. Ks. ein Heiltum, das ihn dem byz. Ks. gleichstellte. Möglicherweise kam letztere 1029 als Schenkung des byz. Ks.s Romanos II. Argyros in den Reichsschatz und gab Anlaß für die Auftragserteilung des Reichskreuzes. Ohne zu den herkömml. Krönungsinsignien zu gehören, wurde das Reichskreuz zu Kg.skrönungen beim Einzug vorangetragen. Karl IV. ließ für das Reichskreuz den schlichten Sockel und für die Kreuzpartikel ein eigenes, den hl. Span fassendes Kreuz mit Aufsteckdorn anfertigen.

Mit der Wiedergabe einer Herrscherreihe von 14 Ks.n und Kg.en, welche die Salier mit den Karolingern verknüpft, dargestellt auf der Schwertscheide (Mitte 11. Jh.) des erneuerten *Reichsschwerts* (um 1200), gelangt das Kontinuitätsbewußtsein des imperialen Kgtm.s erstmals an einer Reichsinsignie unmittelbar zur Anschauung. Spätestens seit dem 14. Jh. nannte man das Reichsschwert auch Mauritiusschwert. Die traditionellen Krönungsinsignien, darunter *Zepter* und *Reichsapfel*, wurden aus dem Hort beliebig ausgewählt.

Krönungsgewänder umhüllen den Herrscher mit der Aura des Sakralen. Die ältesten Stücke des heterogenen Ornats stammen aus dem Schatz des norm. Kgr.es →Sizilien; motiv. greift man auf altoriental. Vorbilder zurück – so im Löwen über Kamel-Triumphalmotiv des *Krönungsmantels* (1133/34). →Friedrich II. ließ anläßl. seiner Ks.krönung 1220 Teile dieses Ornats umgestalten, Weiteres hinzufügen und ihn schließlich auf Burg →Trifels zu den R. legen. Ein Jh. später gilt der Ornat als jener Karls d. Gr. Im 14. Jh. kamen u. a. die *Adlerdalmatica* und die *Stola* – ein erneuerter Loros – hinzu.

Auf Betreiben Karls IV., der als letzter Ks. den Reichsschatz bedeutend erweiterte, gehen die jährl. Prager →Heiltumsweisungen zurück, die öffentl. Verehrung der R. zum neueingeführten Fest der Hl. Lanze und der Kreuznägel. Die Wandlung vom Kron- zum Reliquienschatz lockerte die Bindung der R. an den regierenden Herrscher und schuf die Voraussetzung, daß Ks. Siegmund 1424 die R. der Reichsstadt →Nürnberg zur Aufbewahrung auf ewige Zeiten übergab. Vor den Revolutionstruppen geflüchtet, wobei einige Stücke verlorengingen, fanden die R. seit 1806 in der Wiener Weltl. Schatzkammer ihre bleibende Obhut. H. Trnek

Lit.: H. Fillitz, Die Insignien und Kleinodien des Hl. Röm. Reiches, 1954 – P. E. Schramm, Herrschaftszeichen und Staatssymbolik, 3 Bde, 1954–56 – K. Hauck, Versuch einer Einhardsdeutung des Einhardkreuzes (Das Einhardkreuz, 1974), 143ff. – R. Staats, Theologie der Reichskrone, 1976 – P. E. Schramm–H. Fillitz, Denkmale der dt. Kg.e und Ks., II, 1978 – B. Schwineköper, Christus-Reliquien-Verehrung und Politik, BDLG, 1981, 224ff. – P. E. Schramm–F. Mütherich, Denkmale der dt. Kg.e und Ks., I, 1982² – E. Karpf, Herrscherlegitimation und Reichsbegriff in der otton. Gesch.sschreibung des 10. Jh., 1985, 3zf. – H. Fillitz, Die Schatzkammer in Wien, 1986 – G. J. Kugler, Die Reichskrone, 1986² – M. Schulze-Dörrlamm, Die Ks.krone Konrads II., 1991 – R. Staats, Die Reichskrone, 1991 – Weltl. und Geistl. Schatzkammer, 1991², Kat. Nrr. 143–152 [R. Bauer], Kat. Nrr. 153–177 [H. Trnek] – G. Wolf, Die Wiener Reichskrone, 1994 – R. Bauer, Il manto di Ruggero II (I Normanni) [im Dr.] – G. Wolf, Die Hl. Lanze... (Satura mediaevalis) [in Vorber.].

Reichskammergericht, -sordnungen. Neben dem 1451 zum Ende gekommenen →Reichshofgericht entwickelte sich seit Ks. Karl IV. aus der persönl., im Rat ausgeübten Rechtsprechung des Kg.s heraus eine seit 1415 unter dem Namen →»Kammergericht« umschriebene Institution. Nicht beschränkt durch Gerichtsstandsprivilegien konnte der Kg. hier mit Hilfe des neugeschaffenen Amtes des Fiskalprokurators (seit Siegmund) eigene Ansprüche geltend machen, wie z. B. die Ahndung des »crimen laesae maiestatis« (→Majestätsverbrechen). Eine Reform dieses Gerichts ist Kfs. →Adolf v. Mainz zu verdanken. Sein in der Praxis befolgtes Projekt einer »Kammergerichtsordnung« (1471) bedeutete den Anfang einer Reorganisation auf »verwissenschaftlichter« Grundlage, das weitere Nachfolger in Entwürfen von 1486/87 fand. Seither war das Gericht ein Zankapfel zw. Ks. und Ständen, bis es 1495 auf dem →Wormser Reichstag eine neue Ordnung erhielt. Erstmals wurde hier eine feste Dingstätte außerhalb des Ks.hofes festgelegt, anfangs Worms, endgültig seit 1527 Speyer. Die parität. Besetzung des Urteilergremiums bestand aus Juristen und Adligen (unter dem Vorsitz eines ständigen [hochadligen] Kammerrichters), die von den Reichsständen nach einem festen System präsentiert und durch die Umlage des »Kammerzielers« besoldet wurden. Die Kanzleigeschäfte erledigte ein vom Mainzer Kfs.en als Reichserzkanzler eingesetzter Kanzleiverwalter, auch wenn die Ausfertigung der Urkk. namens des Ks.s erfolgte. Geurteilt wurde nach gemeinem (röm.) Recht, soweit nicht einheim. Rechtsgewohnheiten von den Parteien bewiesen wurden. J. F. Battenberg

Lit.: R. Smend, Das R. Gesch. und Verfassung, 1911 [1965] – →Kammergericht.

Reichskirche

I. Begriff und Verbreitung – II. Ottonisch-salische Reichskirche.

I. Begriff und Verbreitung: R. bezeichnet im wiss. Sprachgebrauch einen Teil der universalen →Kirche, der in eine bestimmte polit. Ordnung einbezogen und der bes. Autorität des jeweiligen Herrschers unterworfen war. Kongruenz mit Gliederungsmustern der kanon. Kirchenverfassung (wie →Patriarchaten, Kirchenprovinzen [→Metropolit], →Bistümern u. ä.) braucht nicht gegeben zu sein, wurde aber im Zuge der hist. Entwicklung vielfach als Ausdruck von polit. Eigenständigkeit innerhalb der chr. Welt angestrebt. Von der R. in diesem weiteren Sinne zu unterscheiden ist der Quellenterminus »ecclesia regalis« u. ä., der im Singular und Plural die einzelnen unter dem Schutz bzw. im Besitz von Kg. und Reich stehenden, seit dem SpätMA als reichsunmittelbar geltenden Kirchen bezeichnet und als Gattungsbegriff (mit der Differenzierung zw. höheren R.n, näml. Bm.ern und →Reichskl., und niederen R.n wie Stiftskirchen, Pfarrkirchen und Kapellen) auch wiss. Verwendung findet.

Das polit. Phänomen der R. trat zuerst im Imperium

Romanum zutage, als Konstantin d. Gr. und die weiteren chr. Ks. die Kirche innerhalb der Reichsgrenzen zu privilegieren begannen, ihre Bf.e zu Konzilien versammelten und eine ksl. Gesetzgebung in kirchl. Dingen durchsetzten, während sich die Bm.seinteilung den staatl. Provinzen anglich. In dieser Tradition stand die Kirche im →Byz. Reich. Im W zog der Durchbruch des gentilen Prinzips in der Völkerwanderung die Aufspaltung in mehrere untereinander und mit Rom nur wenig verbundene Landeskirchen nach sich, von denen die frk. unter Merowingern und Karolingern die folgenreichste Entwicklung nahm (→Franken, Frankenreich, C). Durch Karl d. Gr. gelangte die karol. R., nun wieder Papst und Ksm. einbeziehend, auf den Gipfel ihrer Ausdehnung und Intensität. Davon ausgehend wurde die kgl. Kirchenhoheit – mit vielen Abstufungen – zum Gemeingut des ma. Europa, nicht nur in den karol. Nachfolgestaaten (mit dem röm.-dt. Reich der Ottonen und Salier an der Spitze, s. u.) und in England, sondern auch bei den später christianisierten Völkern, soweit sie zu eigener polit. Organisation fanden. Überall zeigten sich die Kg.e bestrebt, auf die Besetzung der Bf.sstühle maßgebl. einzuwirken, ihren Episkopat zu einem ständigen Synodalverband zu formen und seine Unterstützung in jeder Hinsicht zu gewinnen. Trotz grundsätzl. Vorbehalte gewährten die Päpste des Hoch- und SpätMA durch →Konkordate u. ä. Abmachungen verschiedenen R. n ein gewisses Maß an rechtl. Anerkennung. In den Krisen des →Abendländ. Schismas und des Konzils v. →Basel fiel die Parteinahme der einzelnen R.n und ihrer Herrscher wesentl. ins Gewicht.

II. OTTONISCH-SALISCHE REICHSKIRCHE: Eine bes. prägnante Gestalt gewann die R. in der Herrschaftsorganisation Ottos d. Gr. (936–973) und seiner Nachfolger. Seit 937 (Tod Hzg. →Arnulfs v. Bayern) konnte der Kg. an allen Bf.ssitzen seines Reiches sowie an den karol. Reichskl. durchsetzen, bei der Bestimmung des Vorstehers eingeschaltet zu werden und vielfach den Ausschlag zu geben, was seinen zeremoniellen Ausdruck in der regelmäßigen →Investitur mit dem Stab fand. Zunehmend griff er auf Kandidaten zurück, die sich im Rahmen der von den Karolingern bereits eingerichteten →Hofkapelle bewährt hatten. Den so besetzten Bf.skirchen und Abteien gewährten die Kg.e über Landschenkungen hinaus gesteigerte →Immunität und vielerlei einträgl. Hoheitsrechte (Forsten, Zoll, Münze, Markt), im 11. Jh. vermehrt auch ganze Gft.en, worin der Keim zu späterer geistl. →Landesherrschaft steckte. Die Gegenleistung bestand im →Servitium regis, das von der zeitweiligen Beherbergung und Verpflegung des wandernden Kg.shofes (→Gastung) über regelmäßige Geschenke und Abgaben (→Dona annualia), die Gestellung bewaffneter Aufgebote für das Reichsheer, diplomat. Dienste und polit. Beratung bis hin zur religiösen Unterstützung durch Gebet und moral. Rückhalt reichte. R.ngut war damit in der Funktion dem →Reichsgut prakt. gleichgestellt und befand sich ledigl. in gesonderter, meist effizienterer Verwaltung. Sichtbar zur Geltung kam die R. auch durch die Beteiligung der hohen Geistlichkeit an Synoden mit dem Kg. und an seinen Hoftagen (→Reichstag), wobei jedoch normative Reformpolitik gegenüber der Karolingerzeit stark zurücktrat. Südlich der Alpen, wo lokalen und aristokrat. Kräften ein wert stärkeres Eigengewicht blieb, ist diese Ordnung allenfalls in Ansätzen zu beobachten.

Der Umgang der Ottonen und frühen Salier mit der R. war in vielen Elementen nicht neu und wurde mit unterschiedl. Akzentuierung auch von den anderen chr. Herrschern der Zeit praktiziert, weil er dem strukturellen Bedürfnis entsprach, in einer weithin illiteraten Gesellschaft großräumige Herrschaft unter Rückgriff auf sakrale Autorität bei Wahrung aristokrat. Mitbeteiligung materiell, administrativ und geistig zu fundieren. Daher geht diese Politik auch nicht auf einen einmaligen konzeptionellen Entschluß (etwa im Aufstand →Liudolfs 953/954) zurück, sondern entwickelte sich nach spätkarol. Vorbildern schrittweise von einer frk.-sächs. Kernzone aus und erreichte erst mit Heinrich II. und Heinrich III. ihren Höhepunkt, bevor dann nach 1050 die Widersprüche zu elementaren Prinzipien des kanon. Rechts mehr und mehr ins allg. Bewußtsein traten (→Humbert v. Silva Candida, →Gregor VII.) und die große Krise des →Investiturstreits auslösten, der die R. nicht beseitigte, aber zu einer fühlbaren Schwächung der kgl. Prärogative führte.

Die neuere wiss. Diskussion über die otton.-sal. R. bezieht sich v. a. darauf, inwieweit die zuerst in den →»Libelli de lite« beschriebene wechselseitige Bedingtheit der einzelnen Komponenten dieser Politik auf ein bewußtes und konsequent gehandhabtes Kalkül der Ottonen schließen läßt, das die Kennzeichnung als »R.nsystem« (SANTIFALLER u. a.) nahelegen würde. R. Schieffer

Lit.: L. SANTIFALLER, Zur Gesch. des otton.-sal. R.nsystems (SAW. PH 229/1, 1964²) – O. KÖHLER, Die Otton. R. (Adel und Kirche [Fschr. G. TELLENBACH, 1968]), 141–204 – J. FLECKENSTEIN, Zum Begriff der otton.-sal. R. (Gesch., Wirtschaft. Ges. [Fschr. C. BAUER, 1974]), 61–71 – R. PAULER, Das Regnum Italiae in otton. Zeit. Mgf.en, Gf.en und Bf.e als polit. Kräfte, 1982 – T. REUTER, The »Imperial Church System« of the Ottonian and Salian Rulers: a Reconsideration, JEcH 33, 1982, 347–374 – H. ZIELINSKI, Der Reichsepiskopat in spätotton. und sal. Zeit (1002–1125), 1984 – J. FLECKENSTEIN, Problematik und Gestalt der otton.-sal. R. (Reich und Kirche vor dem Investiturstreit, hg. K. SCHMID, 1985), 83–98 – G. TELLENBACH, Die w. Kirche vom 10. bis zum frühen 12. Jh. (Die Kirche in ihrer Gesch., 2, Lfg. F 1, 1988), 53ff. u. ö. – H. WOLTER, Die Synoden im Reichsgebiet und in Reichsitalien von 916 bis 1056 (Konziliengesch., R. A, 1988) – O. ENGELS, Der Reichsbf. in otton. und frühsal. Zeit (Beitrr. zu Gesch. und Struktur der ma. Germania Sacra, hg. I. CRUSIUS [Veröff. des Max-Planck-Inst. für Gesch. 93], 1989), 135–175 – A. GF. FINCK V. FINCKENSTEIN, Bf. und Reich. Unters. zum Integrationsprozeß des otton.-frühsal. Reiches (919–1056), 1989 – R. SCHIEFFER, Der otton. Reichsepiskopat zw. Kgtm. und Adel, FMASt 23, 1989, 291–301 – H. HOFFMANN, Gft.en in Bf.shand, DA 46, 1990, 375–480 – E. BOSHOF, Kgtm. und Kg.sherrschaft im 10. und 11. Jh. (Enzyklopädie dt. Gesch. 27, 1993), 95f. u. ö. – H. HOFFMANN, Mönchskg. und rex idiota. Stud. zur Kirchenpolitik Heinrichs II. und Konrads II. (MGH Stud. und Texte 8, 1993) – R. SCHIEFFER, Der gesch. Ort der otton.-sal. R.npolitik [im Dr.].

Reichsklöster. Nachdem bereits die merow. Kg.e im 6./7. Jh. Kl. gegründet und privilegiert hatten, war insbes. der polit. Aufstieg der Karolinger von der Errichtung neuer Kl. aus eigenen Mitteln sowie dem Erwerb bestehender (Adels-)Kl. durch →Kommendation nach den Regeln des →Eigenkirchenwesens begleitet. Unter Karl d. Gr. und Ludwig d. Fr., der in seinen Urkk. eine feste Verbindung zw. →Immunität und →Königsschutz herstellte, standen alle wichtigen Abteien des Reiches (auch die weibl.) in unmittelbarer Rechtsbeziehung zum Ks. und können daher als R. bezeichnet werden. Die »Epistola de litteris colendis« v. 784/785 (UB des Kl. Fulda I n. 166) verdeutlicht beispielhaft ihre kulturelle Bedeutung als Stätten von Schulen und Schreibkunst, die »Notitia de servitio monasteriorum« v. 819 (CCM I, 483–499) ihr Gewicht für die materielle Versorgung des Hofes und das militär. Aufgebot des Reiches. Die Rechtsstellung der R. bot die Handhabe zur monast. Reformpolitik der Karolinger (gipfelnd in →Benedikt v. Aniane), aber auch zur Überlassung der Nutzung an mächtige Außenstehende (→Laienabt). Demgemäß wurden die R. vielfältig von den innerfrk. Auseinandersetzungen des weiteren 9. Jh. be-

troffen und als wertvolle Vermögensobjekte gleich den Bf.skirchen ausdrückl. in karol. Teilungsverträgen aufgeführt.
Während es in Westfranken und Italien meist zu einer Mediatisierung durch aristokrat. Machthaber kam, gingen die ostfrk.-lothring. R. in die →Reichskirche der Ottonen ein. Diese vergrößerten ihre Anzahl durch eigene Gründungen sowie die Übernahme adliger Stiftungen in Sachsen noch weiter, begannen andererseits aber, einzelne R. an Bf.e zu verschenken. Wesentl. Merkmale der R. wurden die gf. engleiche Gewalt des Hochvogts im Immunitätsbereich (→Vogt, -ei) und eine den Bm.ern analoge Ausstattung mit Hoheitsrechten, wodurch die R. imstande waren, den Kg. moral. und materiell mannigfach zu Diensten zu sein (→Indiculus loricatorum v. 981). Den Höhepunkt herrscherl. Bemühens um innere Erneuerung und Vereinheitlichung der R. bezeichnet die Regierung Ks. Heinrichs II. Dagegen bevorzugten die von Episkopat und Adel geförderten jüngeren Reformtendenzen im Mönchtum nach 1050 Rechtsformen, die ohne Übergabe an den Kg. auskamen (zur kgl. Bannleihe: →Hirsau) und folgerichtig nicht mehr zu neuen R.n führten. Da sich auch die immunitäts- und vogtfreien Zisterzienserkl. mit einem allg. Kg.sschutz begnügten, blieb der Kreis der männl. R. dauerhaft auf die alten benediktin. Abteien beschränkt, während sich die entsprechenden weibl. Konvente durchweg zu Kanonissenstiften entwickelten. Der Bestand verminderte sich im 11./12. Jh. durch weitere Vergabungen an Bf.e um fast die Hälfte, doch hatten die verbliebenen Anteil an der allg. Entwicklung der Reichskirche: Seit dem →Wormser Konkordat (1122) wurden ihre Vorsteher durch Szepter-Investitur mit den →Regalien belehnt und bildeten allmähl. kleine Territorien, die ihnen im SpätMA die Reichsstandschaft sicherten. Vom 13. Jh. an betraf dies noch 29 Äbte und 17 Äbt.nen. Nicht zu den R. zählen die Stiftskirchen des Reiches, deren Pröpste ohne Regalienleihe blieben. R. Schieffer

Lit.: A. Werminghoff, Verfassungsgesch. der dt. Kirche im MA, 1913², 67–86 – H. Feierabend, Die polit. Stellung der dt. Reichsabteien während des Investiturstreites, 1913 [mit Verz. 220ff.] – K. Hörger, Die reichsrechtl. Stellung der Fürstäbt.nen, AU 9, 1926, 195–270 – Th. Mayer, Fs.en und Staat. Stud. zur Verfassungsgesch. des dt. MA, 1950, 39ff. u.ö. – J. Semmler, Traditio und Kg.sschutz. Stud. zur Gesch. der kgl. monasteria, ZRGKanAbt 45, 1959, 1–33 – H. P. Wehlt, Reichsabtei und Kg. (Veröff. des Max-Planck-Inst. für Gesch. 28, 1970) – J. Semmler, Episcopi potestas und karol. Kl.politik (Mönchtum, Episkopat und Adel zur Gründungszeit des Kl. Reichenau, hg. A. Borst [VuF 20], 1974), 305–395 – K.-F. Krieger, Der Lehnshoheit der dt. Kg.e im SpätMA, 1979, 235ff. u.ö. – F. J. Felten, Äbte und Laienäbte im Frankenreich. Stud. zum Verhältnis von Staat und Kirche im früheren MA, 1980 – H. Seibert, Libertas und Reichsabtei. Zur Kl.politik der sal. Herrscher (Die Salier und das Reich, II, hg. St. Weinfurter, 1991), 503–569.

Reichskreise. Seitdem erstmals der sog. Reichslandfriede v. →Eger 1389 in Form mehrerer befristeter regionaler →Einungen durchgesetzt worden war, versuchten die Herrschaftsträger im Reich und die »Reformtheoretiker« (z. B. Job →Vener, 1417, →Nikolaus v. Kues 1433) immer wieder, den bestehenden Regionalismus unter verschiedenen Namen (terminien, begriffe, viertel, zirkel, Parteien, Teile, Kreise u. a.) für die reichsweite Verbesserung des Friedensschutzes, des Gerichtswesens und der Verteidigung, für die Aufbringung von Steuern etc. zu funktionalisieren. Zw. 1438 und 1486/91 scheiterten mehrere detaillierte Konzepte zur Teilung des Reiches in vier bzw. sechs »Kreise« an den machtpolit. Absichten, die die Kfs.en bzw. der Kg. damit verfolgten. Noch auf dem für die Umgestaltung der Reichsverfassung (→Reichsreform) entscheidenden →Wormser Reichstag v. 1495 wurden konträre Entwürfe der von →Berthold v. Henneberg geführten ständ. Opposition bzw. Kg. Maximilians nicht realisiert, weil keine Einigung über die Gestalt eines →Reichsregiments und zu dessen Konstituierung instrumentalisierten »Kreise« erzielt wurde. Als dann der Kg. 1500 ein ständ. Regiment zugestehen mußte, wurden im Rahmen eines territorialständ.-regionalen Mischprinzips sechs »Kreise« als Herkunftsbezirke der sechs ritterl. bzw. gelehrten Mitglieder des zwanzigköpfigen Regiments bzw. des seit 1495 vom Herrscherhof gelösten →Kammergerichts eingerichtet. Diese erlangten im Unterschied zu dem bald gescheiterten Regiment allmähl. Stabilität und weitere Funktionen. 1512 wurden auch die zunächst ausgesparten Erblande des Hauses Habsburg und die Territorien der Kfs.en »eingekreist«, so daß die v. a. im SW effektive frühnz. Kreisverfassung bis zum Ende des Alten Reiches aus den seit 1521 so benannten zehn Kreisen bestand (Franken, Bayern, Schwaben, Oberrhein, Westfalen, Niedersachsen; österr., burg., kurrhein. und obersächs. Kreis), denen die Aufrechterhaltung des inneren Friedens und die Exekution der Urteile des Kammergerichts übertragen wurde. P.-J. Heinig

Lit.: HRG IV, 682–687 – F. Hartung, Dt. Verfassungsgesch. vom 15. Jh. bis zur Gegenwart, 1950⁹, 42–45 – H. Conrad, Dt. Rechtsgesch., I, 1962², 319f. – H. Boldt, Dt. Verfassungsgesch., I, 1984, 257 – W. Dotzauer, Die dt. R. in der Verfassung des Alten Reiches mit Eigenleben (1500–1806), 1989 – →Reichsreform.

Reichskrone → Reichsinsignien

Reichslandfriede v. 1235 → Mainzer Landfriede

Reichslandfrieden, Ewiger, am 7. Aug. 1495 auf dem Reichstag v. →Worms als Reichsgesetz erlassen, stellte den Abschluß der spätma. Landfriedensbewegung (→Landfrieden, I), insbes. des Bestrebens nach Beseitigung der →Fehde dar. Er brachte de jure das Ende der Fehde, die bedingungslos kriminalisiert und in der Folgezeit allmähl. zurückgedrängt wurde. Alle Friedbruchsfälle wurden an die zuständigen ordentl. Gerichte verwiesen, als deren oberstes das →Reichskammergericht neu geschaffen wurde, das auch für die Verhängung der →Reichsacht zuständig sein sollte. Diese Verbindung von R. und Reichskammergericht, das unter dem beherrschenden Einfluß der →Reichsstände stand, und die in der »Handhabung Friedens und Rechts« (1495) festgelegten Bestimmungen über die Exekution bedeuteten die nahezu vollständige Aufgabe der Landfriedensgewalt durch den Kg. P. Schmid

Q.: RTA Mittlere Reihe V, 1981, 359–373 – Lit.: HRG II, 1451–1485 [Lit.] – H. Angermeier, Kgtm. und Landfriede, 1966 – Ders., Die Reichsreform 1410–1555, 1984 – K.-F. Krieger, Kg., Reich und Reichsreform im SpätMA, 1992 [Lit.].

Reichslandpläne der Staufer, nach sal. Ansätzen unter Konrad III. in bescheidenen Anfängen, unter Friedrich I. jedoch deutl. erkennbares System kgl. Territorialpolitik, die durch Einsatz eines breitgefächerten, in gleicher Weise von den adligen Konkurrenten genutzten Herrschaftsinstrumentariums darauf abzielte, 'geschlossene' Komplexe in Form von 'Reichsländern' zu schaffen. Auf der Basis des Reichs- sowie des stauf. Hausguts wurden in der 2. Hälfte des 12. Jh. die Grundzüge eines von der Oberrheinebene ausgehenden, über Schwaben, Ostfranken bis ins Elbe-Saale-Gebiet reichenden Territorialgürtels sichtbar, der in spätstauf. Zeit verdichtet und nach dem Untergang der →Staufer – freilich um einiges geschmälert – die 'reichs'-territoriale Basis des spätma. Kgtm.s bilden sollte. Die herrschaftl. Durchdringung kleinerer Räume stützte sich

v. a. auf die nicht zuletzt fiskal.-strateg. Nutzung von Kirchen und Kl., Burgen, Märkten und Städten, Verkehrswegen und in auffälliger Weise auf die Rodungstätigkeit in siedlungsarmen Räumen. Die großen, dem Kgtm. unmittelbar zustehenden Wald- und Forstgebiete um Hagenau, Kaiserslautern, Dreieich-Büdingen-Frankfurt, Nürnberg, Cham, Eger, Altenburg und Goslar bilden dann auch die Kerne dieser in nachstauf. Zeit sog. 'terrae imperii'. Neben der →Rodung fanden zur Arrondierung Kauf, Tausch, Erbschaft, Verträge, Übernahme von Kirchenlehen, Wiederaufnahme alter Kg.srechte, Umgehung des →Leihezwangs usw. Anwendung. Als wichtigste stauf. Erwerbungen sind die im schwäb. Raum liegenden Güter der Gf. en v. →Pfullendorf und der →Welfen und später das im SW des Reiches anfallende Erbe der →Zähringer zu nennen. Die Reaktivierung des Lehnrechts für die Reichslandziele der Staufer (bes. markant der allerdings nicht dauerhafte Einzug der Mark Meißen durch Heinrich VI. 1196) war jedoch nicht annähernd so charakterist. und folgenreich wie der Einsatz der Reichsministerialen (→Ministerialität, 4), die in den gen. Gebieten in reicher Zahl ansässig wurden und deren Verbreitungsgebiete in groben Umrissen die 'terrae imperii' beschreiben. Eine Organisation u. a. mit Landrichtern, Prokuratoren und Reichsvögten an der Spitze sorgte für eine effiziente Verwaltung, legte aber auch den Keim für die Auflösung bzw. das Aufgehen der Reichsländer in Adelsherrschaften in nachstauf. Zeit. D. Rübsamen

Lit.: BOSL, Reichsministerialität – H. WERLE, Stauf. Hausmachtpolitik am Rhein im 12. Jh., ZGO 110, 1962, 241–370 – W. METZ, Stauf. Güterverzeichnisse, 1964 – A. C. SCHLUNK, Kg.smacht und Krongut, 1988 [Lit.].

Reichslandvogtei → Landvogt, -vogtei

Reichslegat. Bereits im karol. Großreich sind →missi als Kg.sboten ad hoc mit herrscherl. Vollmacht nachweisbar, auch als Amtsinhaber von missaticum genannten Sprengeln als Aufsichts- und Kontrollinstanz; doch verfiel diese Einrichtung am Ausgang des 9. Jh. Gab es auch in der Folge vereinzelt hochrangige Kg.sboten, Bf.e v. a., mit speziellen, zeitl. befristeten Aufträgen, z. B. als Vorsitzende im Kg.sgericht, so fand die Institution des Kg.sboten bzw. – angelehnt an den Sprachgebrauch der röm. Kurie seit dem 11. Jh. – des R.en speziell für Italien bereits im ersten Jahrzehnt der Herrschaft Friedrichs I. Barbarossa Eingang in die Reichsverwaltung. In Konsequenz seiner v. a. fiskal. ausgerichteten Revindikationspolitik tatsächl. oder vermeintl. Reichsrechte in Italien, zumal in den Händen der lombard. Kommunen, aber auch von Adelsherrschaften und kirchl. Einrichtungen, suchte der Staufer seine Ziele durch Generallegaten (Imperatorie maiestatis legatus, imperialis aule legatus, totius Italie legatus, sacri imperii in Italia legatus) polit., administrativ und jurist. durchzusetzen. Mit dem Reichskanzler →Rainald v. Dassel und den Pfgf.en →Otto und Friedrich v. Wittelsbach beginnt 1158/59 die Reihe der ksl. Bevollmächtigten in Ober- und Mittelitalien. Rainald v. Dassel setzte seine Legation 1162–64 fort. Eine bes. Ausgestaltung erfuhr die Funktion des R.en in Italien durch Rainalds Nachfolger im Amt des Reichskanzlers, →Christian v. Buch, Ebf. v. Mainz, dessen umfassende Tätigkeit in den Jahren 1164–67 sowie 1171–77 und nach dem Friedensschluß v. →Venedig (1177) bis zu seinem Tode 1183 v. a. dem Aufbau der Reichsverwaltung in Mittelitalien (Tuszien, Spoleto, Marken und Romagna) galt. Eine stattl. Hofhaltung, die eine eigene Kanzlei einschloß, zeugt von seinem Rang als Stellvertreter des Ks.s. Auf Christian folgte 1184–86 kurzfristig ein weiterer Reichskanzler (→Gottfried v. Spitzenberg-Helfenstein); mit Trushard v. Kestenburg kommen für mehr als ein Jahrzehnt die R.en aus der stauf. Reichsministerialität (→Ministerialität), zu denen unter Heinrich VI. auch Heinrich v. Lautern und Heinrich v. Pappenheim zählen. Unter diesen amtieren ständige Reichsbeauftragte als preses, marchio oder dux in Tuszien, der Mark Ancona und Spoleto, die zuvor bereits teilweise als regionale R.en gewirkt hatten. Versuche, auch die Tätigkeit des R.en in der Hand von Reichsministerialen für die Krone als Amt verfügbar zu halten, wurden bereits unter Philipp v. Schwaben bzw. Otto IV. wieder aufgegeben. Mit dem Patriarchen →Wolfger v. Aquileia (1206–10), dem Trienter Bf. →Friedrich v. Wangen als legatus generalis (1213–18) und dem Elekten Konrad v. Worms und Speyer als R. wurde erneut an ältere Verhältnisse angeknüpft. Seit 1222 findet sich die Legation in Italien in mehrere Sprengel aufgeteilt, so für Tuszien und die Lombardei, in der etwa der Gf. →Thomas v. Savoyen amtierte; 1239 bestellte Friedrich II. seinen Sohn →Enzo zum legatus totius Italie de latere nostro (bis 1249). War vordem Kompetenz der R.en der ksl. Machtfülle gleichgeachtet und band deren Entscheidung den Herrscher, wie dies zahlreiche Legatenurkk., Verträge, Gerichtsprotokolle und seit 1209 auch Bevollmächtigungen belegen, so ließ Friedrich II. nicht nur die Appellation an den Ks. zu, sondern behielt sich das letzte Entscheidungsrecht auch in der Sache vor. Das Ende der Stauferherrschaft setzte auch der Tätigkeit der R.en ein Ende.

D. Hägermann

Lit.: FICKER, Italien, II, 133ff. – D. V. DER NAHMER, Die Reichsverwaltung in Toscana unter Friedrich I. und Heinrich VI. [Diss. Freiburg 1965] – D. HÄGERMANN, Die Urkk. Ebf. Christians I. v. Mainz als R. Friedrich Barbarossas in Italien, ADipl 14, 1968, 202ff. – DERS., Beitr. zur Reichslegation Christians v. Mainz in Italien, QFIAB 49, 1969, 186ff. – A. HAVERKAMP, Herrschaftsformen der Frühstaufer in Reichsitalien, 1–2, 1970–71, passim – R. M. HERKENRATH, I collaboratori tedeschi di Federico I. (Federico Barbarossa..., hg. R. MANSELLI–J. RIEDMANN, 1982), 199ff.

Reichsmatrikel, Festlegung der militär. und finanziellen Reichshilfen der →Reichsstände. Jeder Reichsstand hatte das durch Reichstagsbeschluß in der R. bestimmte Kontingent zu stellen. Der Eintrag in die R. galt als Indiz der oft umstrittenen →Reichsunmittelbarkeit. Die erste wurde 1422 zur Zeit der Hussitenkriege auf dem Reichstag zu Nürnberg beschlossen. Weitere folgten (u. a. 1467, 1486, 1507). Die bedeutende Wormser R. v. 1521 für den Romzug Karls V. ging von einem Truppenanschlag für das Reichsheer von 4000 Reitern und 20000 Fußknechten zu einem Geldanschlag von insgesamt über 51000 Gulden aus, die auf 405 Reichsstände verteilt wurden. Aus dieser Matrikel ergab sich die von jedem Kontingentsherrn aufzubringende Summe für den Sold eines Monats ('Römermonat'), in welcher Einheit künftig die an das Reich zu zahlende Matrikularsteuer bemessen wurde. Mit gewissen Moderationen blieb die Wormser R. bis zum Ende des Alten Reiches die Grundlage für die Heeres- und Steuerkontingente der Reichsstände. K.-M. Hingst

Q.: K. ZEUMER, Q.slg. zur Gesch. der Dt. Reichsverfassung, II, 1913², Nr. 181, 313–317 – *Lit.:* HRG III, 389–391 [Lit.]; IV, 1113–1115 – H. CONRAD, Dt. Rechtsgesch., I, 1962², 262; II, 1966², 122–126, 134f.

Reichsministerialität → Ministerialität

Reichspfandschaft, Verpfändung von →Reichsgut durch die Kg.e an Reichsfs.en und sonstige Gefolgsleute aus dem Adel, aber auch an Bürger und Städte. Als Pfandobjekte erscheinen sämtl. verfügbaren Herrschaftsrechte des Reiches: ganze Territorien (Hzm.er und

Gft.en); Reichsburgen, -städte und -dörfer; Gerechtsame (Wälder, Weinberge, Wildbanne, Fleischbänke); Amtsbefugnisse (Schultheißen- und Ammannämter); Abgaben (Steuern, Zölle, Judenschutzgelder); →Regalien (Münzen, Bergwerke, Geleitsrechte) u. a. m. Derartige →Pfandschaften (→Pfand) begegnen erstmals im 12. Jh. (1171 Verpfändung des Reichshofs Kröv an den Ebf. v. Trier durch Friedrich I.), erreichen einen Höhepunkt im 14. Jh. unter Ludwig d. Bayern und Karl IV. und enden im 17. Jh. Die über 1100 Pfandsetzungen von 1200 bis 1500 für insges. 1 640 000 Mark Silber, 920 000 Pfund Heller und 1 900 000 Gulden erfolgten größtenteils als Belohnung für schon erbrachte oder erst zugesagte Dienste (z. B. Teilnahme an Reichsheerfahrten und am Romzug zur Ks.krönung, Unterstützung bei der Kg.swahl). Sie führten in vielen Fällen zur Mediatisierung von Reichsgut (von 96 Kg.sstädten verloren 35 durch R. ihre →Reichsunmittelbarkeit) und entsprechendem Machtzuwachs der Territorialherren: So erpfändeten sich die Pfgf.en bei Rhein von 1330 bis 1430 Reichsgut für 400 000 Gulden. Seit Karl V. (1519) gelobten die Ks. in ihren Wahlkapitulationen, die Reichsfs.en im ungestörten Besitz ihrer R.en zu lassen.

K.-M. Hingst

Lit.: HRG III, 1688–1693 [Lit.].

Reichsrat (Rigsråd, Riksråd). Während die Kg.e der drei nord. Länder sich wohl immer auf individuelle Ratgeber mit oder ohne Regierungsfunktionen gestützt haben, entstand ein Rat erst während der 2. Hälfte des 13. Jh.; in →Norwegen und in →Dänemark sowohl als regierungsfähiger Ausschuß unter den zahlreicheren aristokrat. Reichsversammlungen als auch als loyales und weniger oppositionelles Regierungsgremium. Da die hochma. Hoftage im Laufe des 14. Jh. an Bedeutung verloren, wurde der R. das wichtigste polit. Regierungsorgan neben dem Kg., weshalb sich die Terminologie von 'concilium regis' in 'concilium regni' wandelte; nur in →Schweden erreichten die an Bedeutung zunehmenden Ständeversammlungen vor Ende des MA eine wesentl. Bedeutung neben dem R.

Die Mitgliedschaft des R.s war in den drei Reichen ähnlich strukturiert und folgte drei Hauptkategorien: 1. Bf.e und andere geistl. Würdenträger, 2. weltl. Aristokraten, 3. Verwaltungsexperten (z. B. Kanzler, Truchseß/ →Drost, Marschalk), in Norwegen ferner die Pröpste der kgl. Hauptkapellen in Bergen und Oslo (letzterer war öfter Kanzler), in Dänemark gegen Ende des 14. Jh. der 'praefectus' v. →Schonen. Während in Norwegen und Dänemark einerseits der Kg. neue Ratsmitglieder ernannte und andererseits die Bf.e und etliche weitere Prälaten von Amts wegen Mitglieder waren (z. B. die beiden norw. Kapellpröpste, gegen Ende des MA der Abt v. →Sorø und der Prior v. Antvorskov, beide in Dänemark), scheint der schwed. R. vor Mitte des 14. Jh. neue Mitglieder kooptiert zu haben. Nach →Magnús Erikssons Landslag (MELL) sollte der neueingesetzte Kg. seinen R. wählen; als Mitglieder waren die Ebf. v. →Uppsala (als einziges Mitglied von Amts wegen), etliche Bf.e, andere Geistliche, neben 12 weltl. Mitgliedern von Adel erwähnt. Letztere Zahl wurde im SpätMA manchmal nicht eingehalten, und schon in der Handfeste Kg. →Albrechts (1371) wurden sämtl. Bf.e als Ratsmitglieder betrachtet. Mit der Zeit wurde auch der schwed. R. als unabsetzbar angesehen. In allen drei Reichen durften nur einheim. oder naturalisierte Mitglieder (Indigenatsprinzip) in den R. gewählt werden (Dänemark seit 1320, Schweden seit MELL, Norwegen seit 1449), ein neues Mitglied mußte einen Ratseid schwören (Dänemark spätestens 1320, Schweden spätestens MELL, Norwegen 1483). Vorsitzender des Rates war in Dänemark wie in Schweden der Ebf.; in Norwegen hing der Vorsitz von den polit. Kräfteverhältnissen ab: Kanzler unter Håkon V., 1344–50, 1389–97; Drost bis zur Mitte der 1450er Jahre; mehrere Ebf.e im SpätMA.

In allen drei Reichen war der R. Träger der Souveränität, was sich bes. bei Thronwechseln zeigte, aber auch in der Bestimmung zum Ausdruck kam, daß Inhaber von Lehen diese zur Verfügung des R.s halten sollten. So war es der R., der um die Handfeste (→Wahlkapitulation) mit dem neuen König verhandelte, was man als Verfassungsrevision beim Thronwechsel betrachten darf. Auf ähnliche Weise war der R. an Regentschaften für unmündige oder abwesende Herrscher beteiligt.

Der R. nahm an der Gesetzgebung teil, wirkte beim Ausstellen der Privilegien mit und hatte auch im Justizwesen eine bedeutende Rolle inne. Seit der Regierung Håkons V. hatte der norw. R. zwei Abteilungen in Bergen und in Oslo, die das Gerichtswesen in Nord- bzw. Südnorwegen überwachten. Ähnlich wurden die in →Finnland ansässigen Ratsmitglieder während des 15. Jh. als eigene Gruppe innerhalb des schwed. R.s betrachtet. In Schweden fällte der R. manchmal Urteile in Abwesenheit des Kg.s, während er in Dänemark nach dem Verschwinden des →Danehofs (Parlament, letzte Sitzung 1413) dessen Gerichtsfunktion übernahm.

Formell hatte der dän. R. seit 1448 das Steuerbewilligungsrecht, dagegen gelang es dem norw. R. niemals, eine dauerhafte Kontrolle der Staatsfinanzen, einschließl. der Belehnungspolitik, zu erreichen, was als wesentl. Ursache für dessen Schwäche im ausgehenden MA gesehen werden muß.

Th. Riis

Lit.: KL XIV, 220–234 – K. Helle, Konge og gode menn i norsk riksstyring ca. 1150–1319, 1972 – M. Beyer, Den norske tronfølgeutviklingen 1319–1450, HTOs 54, 1975, 181–224 [Lit.] – Th. Riis, Les institutions politiques centrales du Danemark 1100–1332, 1977 – A. E. Christensen, Kalmarunionen og nordisk Politik 1319–1439, 1980 – J. E. Olesen, Rigsråd – Kongemagt – Union 1434–49, 1980 – H. Christensen, Len og magt i Danmark 1439–1481, 1983 – J. E. Olesen, Unionskrige og Stændersamfund. Bidrag til Nordens historie i Kristian I's regeringstid 1450–81, 1983.

Reichsreform. Seit C. Höfler (1850) wird aus einer Reihe von Texten des 15. Jh. abgeleitet, es habe damals kontinuierl. Bemühungen um die Reform des Reiches gegeben. Je negativer das spätma. Reich bewertet wurde, desto positiver stellten sich diese Bemühungen dar – obwohl sie vor dem Hintergrund jener Staatlichkeit, die das damalige Urteil dem spätma. Reich abverlangte, als gescheitert erschienen. Die eine R. des 15. Jh. hat es nicht gegeben. Es ist zw. literar. Texten und Aktenstücken zu unterscheiden, und es muß beachtet werden, daß die Autoren der einschlägigen Texte nichts voneinander wußten und daß literar. Wirkungen nicht zu erkennen sind. Auch waren die Konzepte für eine Reform des Reiches bis zur Mitte des 15. Jh. nur eine Nebenfrucht von – ungleich umfassenderen – Bemühungen um die Kirchenreform, am sichtbarsten bei Job →Vener, der 1417 schrieb, bei der Reform des Reiches glichen die zu beachtenden Gesichtspunkte in vieler Hinsicht denen, die für die Reform der Kirche gültig seien. Nach diesem Prinzip verfuhr auch →Nikolaus v. Kues 1433/34 in seiner »Concordantia Catholica«. Diese Autoren – wie auch der Magdeburger Domherr Heinrich Toke und der Lübecker Bf. Johannes Schele – haben einander gekannt. Dennoch gibt es in ihren Schrr. keine Anzeichen dafür, daß der eine die Konzepte des anderen genutzt hätte. Pragmat. Reformversuche hat Kg. Siegmund vom Beginn seiner Regierung an unternommen. Auch er wollte die Reform der Kirche und des Reiches zusammenziehen, die Kirchenfrage und den →Landfrieden gleichzeitig fördern. So lassen sich das →Konstanzer Konzil (1414-18) und die Reichstage in Konstanz nicht voneinander trennen. 1423-33 wurde der Hussitenkrieg zum Motor der Modernisierung der Reichsfinanzverfassung. 1434 legte Siegmund den →Reichsständen Vorschläge für eine Verbesserung des Gerichtswesens im Reich vor, die diese 1437 mit einem eigenen Entwurf beantworteten. Die damit eröffnete Front sollte bis 1495 immer wieder sichtbar werden. Die Stände wollten eine die Befugnisse des Kg.s stärkende R. verhindern. Dennoch erzielte Friedrich III. mit seinem Reichslandfrieden v. 1442, einem kgl. Gesetz, einen Erfolg. Diese »Reformatio Friderici« galt für die Zeitgenossen als ein Text von ähnlicher Bedeutung wie die →Goldene Bulle v. 1356. Zuweilen wurde dieser Landfrieden zusammen mit der →Reformatio Sigismundi überliefert. Dieses umfassende Konzept wiederum zur Reform zunächst der Kirche, dann aber auch des Reiches, gehört eher an die Seite der Texte von Job Vener oder Nikolaus v. Kues, doch unterscheidet es sich von ihnen durch den Predigt-Ductus seiner Sprache sowie dadurch, daß der anonyme Autor, anders als die Verfasser jener Konzepte, offensichtl. den polit. Geschäften fernstand. Wirkungszeugnisse gibt es auch bei diesem Text nicht. Wohl 1456 entstand in der Umgebung des Trierer Ebf.s →Jakob v. Sierck ein knapper Entwurf zur R. Probleme, die Job Vener und Nikolaus v. Kues diskutiert haben, werden abermals aufgeworfen. Das Reich soll eine Hauptstadt haben, der Kg. ein festes Beratergremium. Paris und Rom werden als Vorbilder genannt. Der pragmat. gemeinte Text bewegt sich also im Horizont der umfassenderen Konzepte. Und er gibt sich als ein Entwurf zugunsten der Kfs.en zu erkennen. In den folgenden Jahrzehnten wurden alle Bemühungen um den Landfrieden und dessen Exekution davon behindert, daß der Ks. seine Prärogativen ausbauen wollte, die Fs.en ihm dabei in den Arm fielen. Die Entscheidungen von 1495 (→Reichslandfrieden, Ewiger, Kammergerichtsordnung, Exekutionsordnung, Reichssteuergesetz) stellten einen Kompromiß dar. Sie waren das Resultat pragmat. Politik, aber sie brachten zugleich Lösungen jener Probleme, die seit der Zeit des Konstanzer Konzils immer wieder diskutiert worden waren, ohne daß man die Möglichkeit hätte, die Kontinuität dieser Diskussion über das Jahrhundert hin nachzuweisen.

H. Boockmann

Lit.: P. Moraw (Dt. Verwaltungsgesch., hg. K. G. A. Jeserich u. a., I, 1983), 58-65 - H. Angermeier, Die R. 1410-1555, 1984 - H. Boockmann, Reichstag und Konzil im 15. Jh. (Reichstage und Kirche, hg. E. Meuthen, 1991) - K.-F. Krieger, Kg., Reich und R. im SpätMA, 1992.

Reichsregiment. Im R. nahm das Verlangen der →Reichsstände nach Beteiligung an der Reichsgewalt konkrete Gestalt in Form einer zentralen Institution an. Mit ihm ließen sich allerdings durchaus gegensätzl. polit. Ziele verfolgen: Es konnte einerseits zur Beschränkung der kgl. Macht und zur Durchsetzung des ständ. Einflusses und andererseits als kgl. Reichsrat zur Stärkung der monarch. Gewalt dienen. Daher war das R. zw. Kg. und Reichsständen hart umstritten. Auch unter den Reichsständen regte sich Opposition gegen das R., denn nur wenigen von ihnen (1495: 17; 1500: 21; 1521: 22) konnte eine Mitwirkungsmöglichkeit eingeräumt werden. Führender Verfechter des R.s-Gedankens war der Ebf. v. Mainz, →Berthold v. Henneberg, der mit dem R. den Kg. entmachten und ihm nur noch die Funktion eines obersten Lehnsherrn belassen wollte. Nach einem Fehlversuch 1495 gelang es ihm erstmals auf dem Augsburger Reichstag 1500, ein R. durchzusetzen, ein 1501-02 in Nürnberg zu realisieren. Kg. Maximilian I. versuchte erfolglos, im Gegenzug 1495 und 1505 ein R. als kgl. Regierungsorgan zu etablieren. Eine Art Kompromiß stellte das R. v. 1521 dar, das unter der Statthalterschaft Ehzg. Ferdinands den Reichsständen für die Zeit der Abwesenheit Karls V. eine Mitwirkungsmöglichkeit an der Reichspolitik einräumte.

P. Schmid

Q.: Neue und vollständigere Slg. der Reichsabschiede, hg. H. Ch. Senckenberg, II, 1747, 56-63 - RTA, Mittlere Reihe, V, 1981, 335-358; Jüngere Reihe, II, 1962², 173-233 - Lit.: HRG IV, 739-742 [Lit.] - V. v. Kraus, Das Nürnberger R., 1883 - A. Grabner, Zur Gesch. des zweiten Nürnberger R.s 1521-23, 1903 - H. Angermeier, Die R.e und ihre Staatsidee, HZ 211, 1970, 265-315 - Ders., Das R. in der dt. Gesch. (Das Wappenbuch des Reichsherolds Caspar v. Sturm, bearb. J. Arndt, 1984), 43-49 - J. Arndt, Organisation und Besetzung des R.s unter Ks. Karl V. (ebd.), 51-61.

Reichsritterschaft. Eigtl. handelt es sich bei der R. weniger um ein Phänomen der ma. als vielmehr der frühnz. Gesch. Jedoch gibt es vielfältige Vorformen der R., die bis ins späte MA zurückreichen, so die Burgmannschaft der Reichsburg Friedberg in der Wetterau (später mittelrhein. R.), die Gemeinschaft der Burg Drachenfels im Wasgau (oberrhein. R.), die Rittergesellschaft »mit dem Esel« (Kraichgauer und Odenwälder R.) oder die Gesellschaft »mit St. Jörgenschild« in Schwaben (Hegauer R.); überhaupt dürfen die zahlreichen Rittereinigungen und -gesellschaften des 14. und 15. Jh. schon in Anbetracht ihrer hauptsächl. Verbreitung in den einst königsnahen Landschaften Schwabens, Frankens und am Rhein sowie hinsichtl. der Kontinuität der beteiligten Geschlechter großenteils als Vorläufer der späteren R. gelten (→Ritterbünde). Die mitunter geäußerte Vermutung, die R. sei ganz oder überwiegend von Familien der ehem. Reichsministerialität (→Ministerialität) getragen worden, trifft nicht zu, vielmehr fand in ihr Niederadel sowohl reichs- wie kirchen-, fürsten- und sonstigen adelsministerial., aber auch edelfreien Ursprungs zusammen, soweit es ihm gelungen war, sich und seinen Besitz der Superiorität benachbarter Territorien zu entziehen und die Eigenständigkeit seiner Herrschaft zu behaupten; nicht von ungefähr waren die Rittergesellschaften oft gegen Fs.en und Landesherren gerichtet. Nach wiederholten Verboten - 1356 in der →Goldenen Bulle (cap. 15), 1396 durch Kg. Wenzel - erteilte Kg. Siegmund 1422 dem ritterschaftl. Adel ganz Dtl.s das Privileg, sich korporativ zusammenzuschließen (RTA 8, 181). Die schon im 14. Jh. nicht seltene Beteiligung von Gf.en und Herren an den Gesellschaften nahm gegen Ende des 15. Jh. in dem Maße ab, in dem die Gf.en sich in eigenen Korporationen formierten und sich schließlich mit eigener →Reichsstandschaft etablierten. Die Kriminalisierung der →Fehde durch die Reichslandfriedensgesetzgebung (→Landfrieden), v. a. aber deren Durchsetzung seit 1495 (→Reichslandfrieden, Ewiger) schränkten die Möglichkeiten des ritterschaftl. Adels drast. ein. Der staatl. Durchdringungsprozeß, der von den frühmodernen Territorien ausging, wurde immer bedrängender, doch begünstigte die reichspolit. Konstellation im 2. Viertel des 16. Jh. die Annäherung an den Ks., und die unmittelbare Stellung unter dem Reichsoberhaupt konnte schließlich behauptet und auf Dauer bewahrt werden. Um eine eigene Reichsstandschaft hat sich die R. zwar gelegentl. bemüht, sie aber nie erlangt.

K. Andermann

Lit.: K. H. ROTH V. SCHRECKENSTEIN, Gesch. der ehem. freien R. in Schwaben, Franken und am Rheinstrome, 2 Bde, 1859–71 – O. EBERBACH, Die dt. R. in ihrer staatsrechtl.-polit. Entwicklung von den Anfängen bis zum Jahre 1495, 1913 [Nachdr. 1974] – H. MAU, Die Ritterges.en mit St. Jörgenschild in Schwaben, 1941 – H. OBENAUS, Recht und Verfassung der Ges. mit St. Jörgenschild in Schwaben, 1961 – G. PFEIFFER, Stud. zur Gesch. der frk. R., Jb. für frk. Landesforsch. 22, 1962, 173–280 – V. PRESS, Ks. Karl V., Kg. Ferdinand und die Entstehung der R., 1980² – TH. SCHILP, Die Reichsburg Friedberg im MA, Wetterauer Gesch.sbll. 31, 1982 – V. PRESS, R.en (Dt. Verwaltungsgesch., hg. K. G. A. JESERICH, H. POHL, G.-C. v. UNRUH, I, 1983), 679–689 – E. HILLENBRAND, Die Ortenauer Ritterschaft auf dem Wege zur R., ZGO 137, 1989, 241–257 – V. PRESS, Ks. und R. (Adel in der FrühNZ, hg. R. ENDRES, 1991), 163–194 – H. KRUSE, W. PARAVICINI, A. RANFT, Ritterorden und Adelsges.en im spätma. Dtl., 1991.

Reichsstädte stellen wie die von ihnen zu unterscheidenden →Freien Städte einen bes. Typus der dt. Stadt- und Verfassungsgesch. dar, insofern sich diese ursprgl. kgl. →Städte der Stauferzeit im Zuge der Ausgestaltung ihrer Ratsverfassung (→Rat, städt.) unterschiedl. weit von der direkten Stadtherrschaft des Kg.s emanzipierten und ein so hohes Maß an Freiheiten (→Privilegien, städt.) und fakt. Autonomie gewannen, daß sie um 1500 eine – nicht gleichberechtigte – Mitwirkung an den ständ. Reichsgremien sowie in der NZ den Charakter »selbstmechtiger«, wenngleich weiterhin durch stadtherrl. Relikte und die Obrigkeit des Ks.s abhängiger Stadt»staaten« erlangten.

[1] *Stauferzeit*: Die neuere Stadt- und Verfassungsgesch. hat erwiesen, daß dem zeitgenöss. Begriff 'Reichsstadt' kein eindeutiger Tatbestand eignete, sondern ein anderen Zusammensetzungen mit »Reich« (→Reichstag, →Reichskammergericht) analoges, am Ende des MA noch nicht entschiedenes Ringen verschiedener Auffassungen inhärent war. Die stauf. Konzeption der kgl. Stadt bezeichnete die drei Typen der Stadt, d.h. der Stadt auf Kg.s-(Reichs-)gut, der vom Kg. als Vogt auf Kirchen- und Kl.gut gegr. Stadt und der kgl. (Kirchen-)Vogteistadt, tautolog. als »unser und des richs stat«. Dieser folgten weder grundlegende verfassungsrechtl. Zäsuren, an denen an die Stelle der kgl. Stadtherrschaft diejenige eines von Kg. abgerückten abstrakten Reiches trat, noch deklarator. »Erhebungen« oder ein »Aufstieg« zur (»Freien«) R. Vielmehr vollzog sich in knapp 100 von insgesamt etwa 3000 Städten des Binnenreiches, von denen zwei Drittel s. des Mains mit Schwerpunkten in Franken, Schwaben und dem Elsaß lagen und von denen wieder etwa 30 im Verlauf des SpätMA v. a. durch Verpfändungen mediatisiert wurden, ein unterschiedl. rascher und umfangreicher Emanzipationsprozeß von der kgl. Stadtherrschaft. Im Ergebnis unterschied sich die Verfassungsstruktur dieser »kg.sunmittelbaren« Städte von derjenigen der landesherrl. oder Territorialstädte, zu denen lange Zeit fließende Übergänge (bes. in Niederdtl.) existierten, im wesentl. dadurch, daß die R. die Ratsverfassung dauerhaft sichern und ausgestalten konnten sowie die stadtherrl. Ämter (→Schultheiß, →Ammann) und →Regalien bis hin zur Hochgerichtsbarkeit an sich oder unter ihre Kontrolle zu bringen vermochten.

[2] *14. Jh. bis Mitte 15. Jh.*: Erst mit der Übersteigerung durch Karl IV. trat seit dem späten 14. Jh. der fortbestehenden, aber wegen der Schwäche des Kgtm.s zusehends mit der Realität kollidierenden herrscherl. Konzeption eine offenbar vom städtebünd. Schwaben ausgehende zweite Auffassung gegenüber, die die R. vom heranwachsenden dualist. Reich her zu legitimieren suchte. Sofern sich darin ein dem kgl. Verständnis konträrer Anspruch nicht- oder sogar gegenkgl. Kräfte auf Freiheit vom Kg. als Teil des durch die endgültige Verfestigung des Dualismus bezeichneten Wandels der Reichsverfassung ausdrückte, blieb dieser theoret. Die durch Nachbarn bedrohte Position etlicher Städte legte dem jeweiligen Rat nahe, das Rechtsverhältnis zum Kg. als dem persönl. Herrn nicht anzutasten und in der polit. Praxis gleich anderen Gruppen die Kg.snähe zu suchen. Deshalb verblieb das Städtecorpus insgesamt trotz aller Unterschiede im einzelnen bis zur Mitte des 15. Jh. im Rahmen eines überkommenen Systems gegenseitiger Beziehungen zur Zentralgewalt, wie es sich im 13. Jh. eingestellt und wohl zuerst unter Ludwig d. Bayern, dann v.a. unter Karl IV. ausgeprägt hatte. Während kg.sferne R. den Herrscher lieber in der Distanz als in der Nähe sahen und nur geringe Anstrengungen unternahmen, am Hof um seine Wirksamkeit nachzusuchen, stellten die vielfach von großbürgerl. Führungsschichten bestimmten kg.snahen R. mit den Prototypen →Frankfurt a. M. und →Nürnberg den Kg.en unterschiedl. Dynastien ihre Finanzkraft, ihren techn. Apparat und ihre polit.-militär. Leistungsfähigkeit zur Verfügung. Als Teil der kgl. Kammer erbrachten sie durch ihre jährl. eingeforderte Stadt- oder Kg.ssteuer die einzig relevante kontinuierl. finanzielle Fundierung der Zentralgewalt aus dem Reich. Dabei und bei den zahlreichen kommunalen und privaten Krediten, den anlaßgebundenen Zahlungen (Krönungssteuer, Romzugshilfe, Pöngelder) sowie den ordentl. und – insbes. unter den Luxemburgern – den außerordentl. Besteuerungen der stadtsässigen Juden (Schuldentilgungen) wurde auf höchster Ebene bereits eine »polit. Finanz« praktiziert. Gemäß dem das gesamte städt. Verhalten prägenden »do ut des« erhielten die R. dafür Privilegien, kommunale und Bürger-Lehen, Wappenbriefe und Standeserhöhungen. Während langer Phasen des SpätMA besaßen die R. nahezu ein Monopol im Besuch des Hofes. In erster Linie gaben sie bis 1450 den eigtl. Anlaß für die Aufrechterhaltung der kgl. Gerichtsgewalt im Reich ab (→Kg.s- und Hofgericht) und waren an deren anschließender Intensivierung auch deshalb maßgebl. beteiligt, weil ihre existenzbestimmenden Privilegien von den Territorialfs.en zusehends mißachtet und in Frage gestellt wurden. Damit kamen sie nicht nur ihrem eigenen Interesse nach, sondern trugen zur polit. Wirksamkeit und Information des Hofes bei.

[3] *Seit Mitte 15. Jh.*: Ein Wandel dieses überkommenen Systems trat in der Mitte des 15. Jh. ein, als sich nicht nur die Stellung der einen oder anderen Stadt im kgl. polit. System änderte, sondern als sich die klass. Zusammenhänge auch der kg.snahen Metropolen des Reiches mit dem in eine völlige Randlage gedrängten Kgtm. verdünnten. Zusammen mit anderen kg.snahen Gruppen wurden auch die R. und Großbürger nicht vom kgl. Hof integriert, blieben diesem fern und bewirkten durch ihre Hinwendung zu einigen Fs.enhöfen eine Stärkung des Territorialprinzips. Von den Fs.en erstmals 1389 im →Egerer Reichslandfrieden in die Schranken gewiesen, zog die Niederlage der R. im sog. zweiten Städtekrieg (1449/50) einen Schlußstrich unter die selbständigen reichs- und verfassungspolit. Ambitionen der Städte. Nicht wenige R. haben sich in diesen Jahren polit. mit ihren fsl. Nachbarn arrangiert und in Hegemonialsysteme eingeordnet. Als sie seit dem Wiedereinsetzen der aktiven Reichspolitik Friedrichs III. um 1470 rigoros von der ksl. und gleichermaßen von der ständ. Politik in Anspruch genommen wurden, traten unterschiedl. Parteiungen über die Frage hervor, wie man sich zw. dem Reichstag der Stände und dem Kgtm. verhalten solle. Waren sie den Ladungen zu den kgl. Hoftagen primär gefolgt, um ihre Pflichten gering zu halten und keine Präzedenzfälle zu schaffen, und an der

Entwicklung zum Reichstag kaum beteiligt gewesen, so suchten sie seit 1470/71 durch gemeinsame, parallel zu den Reichstagen abgehaltene Städtetage korporative Antworten auf neue Herausforderungen. Aber erst seit 1487 zogen die R. aus der Erfahrung, wegen ihrer dilator. Politik nicht zu den Reichstagen geladen oder von den Beratungen ausgeschlossen zu werden, die Konsequenzen und erkannten die Notwendigkeit an, sich in die Verfassungsentwicklung zu integrieren und Pflichten auf sich zu nehmen. Damals begann der wechselhafte Kampf um ihre Reichstandschaft (→Reichsstände). Gleichzeitig versuchten sie, die Nachteile des Ständedaseins dadurch zu kompensieren, daß sie vom Reichstag an den Ks. appellierten und protestierten und ihre bes. Beziehungen zum Reichsoberhaupt oder dessen Statthaltern nicht abreißen ließen. Ein neues, jedoch auf den alten Elementen ruhendes polit. System der Zentralgewalt band die Städte auf neue Weise ein. Mit der Fixierung der dualist. Reichsverfassung trat zw. beide Partner das »Reich«. Die weiterhin schwankende Position der Städte resultierte aus dem Umstand, daß sie gleichzeitig diesem wie auch dem Kgtm. zugehörig waren und – im Zweifelsfall – zugehörig sein wollten. P.-J. Heinig

Lit.: HRG I, 754–760 – P. Moraw, Reichsstadt, Reich und Kgtm. im späten MA, ZHF 4, 1979, 385–424 – F. B. Fahlbusch, Städte und Kgtm. im frühen 15. Jh. (Städteforsch. R A 17, 1983) – P.-J. Heinig, R., Freie Städte und Kgtm. 1389–1450 (Veröff. des Inst. für europ. Gesch. Mainz, 108, 1983) – Ders., Städte und Kgtm. im Zeitalter der Reichsverdichtung (La ville, la bourgeoisie..., Actes du colloque de Bielefeld, 1985, hg. N. Bulst–J.-P. Genet, 1988), 87–111 – P. Moraw, Zur Verfassungsposition der Freien Städte zw. Kg. und Reich, bes. im 15. Jh. (Res publica... Tagung der Vereinigung für Verfassungsgesch. 1987, 1988), 11–39 – E. Isenmann, Die dt. Stadt im SpätMA (1250–1500), 1988, 107–127.

Reichsstände. Unter R.n sind die in drei Kollegien (1. →Kurfürsten, 2. geistl. und weltl. →Fürsten, Prälaten, →Grafen und Herren, 3. →Städte) zusammengeschlossenen unmittelbaren Glieder des Reiches zu verstehen, die ihren Anspruch, das Reich gegenüber dem Herrscher zu repräsentieren, durchzusetzen vermochten und die daher berechtigt waren, auf →Reichstagen ein Mitsprache- und Stimmrecht in Form der ihnen jeweils zugestandenen Viril- oder Kuriatstimmen auszuüben. Die →Reichsunmittelbarkeit allein bildete kein hinreichendes Kriterium für die Anerkennung der Reichsstandschaft, wie das Beispiel der reichsunmittelbaren Ritterschaft (→Reichsritterschaft) zeigt, die keine Aufnahme in den Kreis der R. fand. Reichen die Wurzeln der Entwicklung, die zur Entstehung der R. und zur Ausbildung der Reichsstandschaft führte, auch bis ins HochMA zurück, so förderte v. a. die seit dem Ende des 14. Jh. erforderl. gewordene Abhaltung von kg.slosen Tagen den Anspruch der Stände auf eine Vertretung des Reiches gegenüber dem Herrscher. Die Ausformung der R. geht somit einher mit dem Übergang von den kgl. Hoftagen, wo der Herrscher über seine Vasallen gebot, zu den →Reichstagen des 15. Jh., auf denen sich der Kg. verstärkt mit dem Mitbestimmungsanspruch der Stände konfrontiert sah, was von Teilen der Forsch. (D. Willoweit) geradezu als der entscheidende Kern der →Reichsreform gewertet wird. Im Zuge dieser Entwicklung gelang es den Kfs.en auf Dauer nicht, ihr Monopol auf Vertretung des Reiches gegenüber dem Herrscher zu behaupten, wie der Zusammenschluß der Fs.en, Prälaten, Gf.en und Herren einerseits und der Reichsstädte andererseits zu Reichstagskollegien zeigt. Dennoch blieb der Einfluß der Kfs.en auf den Reichstagen vorherrschend, zumal nur ihnen und den Fs.en die Führung von Virilstimmen zukam, während die anderen R. ledigl. Kuriatstimmrecht besaßen. Eine Sonderrolle unter den R.n nahmen die →Reichsstädte ein, deren Forderung nach Mitsprache sich zwar während des 15. Jh. zunehmend deutl. artikulierte, denen man aber zunächst trotz der ihnen von seiten des Reiches auferlegten Verpflichtungen Sitz und Stimme im Reichstag verweigerte. Zwar wurden die Reichsstädte seit 1495 regelmäßig zu den Reichstagen geladen, so daß neben der Kfs.en- und Fs.enbank allmähl. auch eine Städtebank entstand, doch erst im ausgehenden 16. Jh. wurde ihnen das Stimmrecht zugestanden, was im Westfäl. Frieden (1648) noch einmal ausdrückl. bestätigt wurde. R. Mitsch

Lit.: HRG IV, 760–763 – J. Ficker, Vom Reichsfs.enstande, 2 Bde, 1861–1923 [Neudr. 1961] – V. Press, Die Ritterschaft im Kraichgau zw. Reich und Territorium 1500–1623, ZGO 122, 1974, 35–98 – E. Schubert, Die Stellung der Kfs.en in der spätma. Reichsverfassung, Jb. für westdt. Landesgesch. I, 1975, 97–128 – E. Isenmann, Reichsstadt und Reich an der Wende vom späten MA zur frühen NZ (Mittel und Wege früher Verfassungspolitik. Kleine Schr.en, I, hg. J. Engel, 1979), 9–223 – Ders., Reichsfinanzen und Reichssteuern im 15. Jh., ZHF 7, 1980, 1–76, 129–218 – Ders., Zur Frage der Reichsstandschaft der Frei- und Reichsstädte (Stadtverfassung – Verfassungsstaat – Pressepolitik [Fschr. E. Naujoks, hg. F. Quarthal–W. Setzler, 1980]), 91–110 – P. Moraw, Versuch über die Entstehung des Reichstags (Polit. Ordnungen und soziale Kräfte im Alten Reich, hg. H. Weber, 1980), 1–36 – H. Angermeier, Die Reichsreform 1410–1555, 1984 – D. Willoweit, Reichsreform als Verfassungskrise. Überlegungen zu H. Angermeier, Die Reichsreform 1410–1555 (Der Staat 26, 1987), 270–278 – Vom Reichsfs.enstande, hg. W. Heinemeyer 1987 – K.-F. Krieger, Kg., Reich und Reichsreform im SpätMA, 1992, passim – Th. Martin, Auf dem Weg zum Reichstag 1314–1410, 1992 – E. Schubert, Einf. in die Grundprobleme der dt. Gesch. im SpätMA, 1992, 232–246.

Reichssteuern → Finanzwesen, B. II

Reichssteuerverzeichnis v. 1241, dem eigtl. Namen nach ein Verzeichnis der »precarie civitatum et villarum«. Entgegen der vielfach verwendeten wiss. Bezeichnung R. handelt es sich nicht um eine allg. Reichssteuer, sondern um eine →Bede, die Kg. Konrad IV. von Städten, Verwaltungsämtern und in geringem Umfang von Grundherrschaften des stauf. Haus- und Reichsguts, von stauf. Kirchenlehen und -vogteien sowie von Juden als kgl. →Kammerknechten erhob. Rechtsgrundlage für die Besteuerung waren Schutz und Vogtei gegenüber grundherrl. Hintersassen, Vogtleuten, Städten und Bürgern sowie Juden. Die kgl. Bede wurde dem Kammergut im engeren und weiteren Sinne in dieser Zeit nicht mehr nur fallweise als Notsteuer auferlegt, sondern stellte vermutl. bereits eine regelmäßige jährl. Forderung dar. Aus der Liste werden einige finanzwirtschaftl. Praktiken ersichtl. wie Zahlungsanweisungen zugunsten einzelner Herren und die Verrechnung von Leistungen für den Kg. (→Gastung) mit der Steuerschuld. Brandkatastrophen wird mit zeitweiliger Steuerbefreiung Rechnung getragen. Zugunsten des städt. Mauerbaus werden Steuernachlässe gewährt. Die Steuerliste faßt in ihrer Gliederung größere landschaftl. Gruppen zusammen, so daß anzunehmen ist, daß sich der Steuereinzug organisator. weitgehend auf die größeren Verwaltungseinheiten der stauf. Zeit (Prokurationen) stützte. Die Gesamtsumme der Liste beläuft sich auf 7100 Mark (Feinsilbermark?); davon entfallen allein 857 Mark auf die Besteuerung der Juden. E. Isenmann

Q.: MGH Const. III, 2–5 – K. Zeumer, Q.slg. zur Gesch. der Dt. Reichsverfassung in MA und NZ, 1913[2], nr. 64, 83f. – *Lit.*: G. Kirchner, Die Steuerliste v. 1241, ZRGGermAbt 70, 1953, 64–104 – W. Metz, Stauf. Güterverzeichnisse, 1964.

Reichstag. [1] *Allgemeines:* R. ist ein für das dt. MA anachronismusbedrohter Forsch.sbegriff zur Bezeichnung unterschiedl. Phänomene: 1. für besser mit dem Kunstwort »Hoftag« benannte herrscherberufene Versammlungen von Großen zwecks Rat und Hilfe für den Herrn, wie es wohl vor der Ausbildung festerer Verfassungsformen im ganzen ma. Europa üblich war, 2. für Versammlungen von Großen in Opposition zum Herrscher und während der Thronvakanz (kg.sloser Tag und Wahltag), 3. wohl seit etwa 1470 für Versammlungen, die ohne Zäsur zu dem um und nach 1500 voll ausgebildeten R. führten, als Antwort auf spezif. Herausforderungen dieser Generation. Der Q. begriff R. ist nicht vor 1495 und selbst damals und später nicht ganz eindeutig bezeugt; er entstand wohl als »saloppe« Kurzform aus der längst bekannten, nach und nach doppeldeutig werdenden Formel »Unser« (des Kg.s) »und des Reiches Tag«, wobei »Kg. und Reich« lange Zeit, zumal vom Herrscher, tautolog. (im Sinne herrscherl. Interesses) verstanden worden sind. Wurzeln des R.s waren der Hoftag samt dem kg.slosen Tag, das Kfsm. und offenbar breitgelagerte Verdichtungsprozesse des ausgehenden MA im polit. Feld, im kommunikativ-ökonom. Bereich und beim nat. Bewußtsein.

[2] *Hoftag:* Der Hoftag, als Herrschaftsinstrument von Kg.en am Anfang der dt. Gesch. nichts Neues, war die gemäß dem Bedarf des Herrn an Regierung, Gesetzgebung und Justiz unregelmäßig einberufene Versammlung der Großen. Diese ist zieml. formlos entboten und veranstaltet worden, abgesehen von möglicherweise rituellen Formen. Zu Rat und Hilfe wie schon zur Hoffahrt waren die Getreuen prinzipiell verpflichtet, Verhandlungssache war »nur« die konkrete Ausformung des Beistands. Lenkung und Zähmung einer solchen Machtkonzentration waren unterschiedl. gelöste Herrschaftsprobleme. Auch Höhepunkte ksl. Hoftagsherrlichkeit (→Mainz 1184, 1188) waren nicht leicht zu handhaben. Nicht minder bedenkl. war, wenn zu wenige Große kamen. Sie nahmen stets auf Grund eigener polit. Berechtigung teil und vertraten niemanden als sich selbst. Die Frage nach einigermaßen lückenloser »Repräsentation« der Großräume des Reiches stellte sich nicht. Regeln des polit. hochempfindl. Umgangs Großer mit Großen waren nicht weniger wichtig als »Verfassungsnormen«, schon da der Hoftag stets auch als »Steigerung« des tägl. Herrscherhofs zu verstehen ist. Der umherziehende Kg. berief Hoftage in verschiedenen Regionen zur Bindung der regionalen Kräfte. Aus allen diesen Gründen sollte man den Hoftag weit von neueren Repräsentationskörperschaften abrücken. So konnte auch der Herrscher kein Interesse an festen Formen haben, die ihn nur behindert hätten.

Während des Vorspiels der ersten großen Krise, anläßl. der Minderjährigkeit Heinrichs IV., traten Große erstmals zu kg.slosen Tagen zusammen (1062–65), dann mit noch größerem Gewicht im →Investiturstreit (→Tribur 1076, räuml. gegenüber dem Hoftag v. Oppenheim). Auch dabei war, nun ex negativo, der Herrscher der entscheidende Bezugspunkt (Gegenkgtm.). Der Urtyp der kg.slosen Tages war ohnehin der immer wiederkehrende Wahltag. Daß die Fs.en – obwohl Erste im Reich nach dem Kg. und Mitträger des Reiches – immer mehr auf den heim. territorialen Konkurrenzkampf verwiesen wurden, so daß auch die Kg.swahl Sache von wenigen werden konnte (Siebenzahl der →Kfs.en seit 1257), veränderte die Lage. Spätma. Hoftage sind, was Fs.en betraf, durch geringe Teilnahme bezeichnet. Typ. Gruppen waren: Kfs.en, Gefolgsleute aus den kg.snahen Landschaften und dem Hegemonialbereich der Erbländer, Große aus der Region des Hoftagsorts, Einzelgänger mit spezif. Sorgen.

Gf.en und Herren gewannen am Hoftag an Bedeutung, später mochte auch das städt.-bürgerl. Element – in weitem sozialen Abstand – vom Hoftag wahrgenommen werden. Allmähl. sind Experten, die Kg. und Fs.en mitbrachten, sichtbar, aber ohne eigenes polit. Gewicht. Mag es im HochMA einen quasi sozialständ. Zusammenhalt auf Hoftagen gegeben haben, im SpätMA kann man davon nicht sprechen. Entscheidend war das persönl. Interesse. Höhepunkt der spätma. Hoftagsgesch. waren die Treffen in Frankfurt a. M. und Koblenz 1338 sowie in Nürnberg und Metz 1356, anläßl. der →Goldenen Bulle. Kann man unter Ks. Ludwig d. Bayern kurzzeitig Wesenszüge späterer R.e aufblitzen sehen, so ist eine Versammlung unter Karl IV. ein idealtyp. Hoftag, als »gesteigerter« Hof. Die Tage Kg. Ruprechts wiesen – abermals ohne Kontinuität – deutl. Merkmale kommender R.e auf: wachsende Eigenständigkeit der Kfs.en, nicht mehr volle Beherrschung des Tags durch den Kg., Gruppenbildung nach polit. Interesse, Opposition am Tag selbst statt in Gestalt des Fernbleibens.

[3] *Kurfürsten:* Eine zweite Wurzel des R.s war die Gruppe des Kfs.en als die allg. anerkannte und inzwischen populäre zweite Verfassungsinstitution neben dem Kg. In der Krise Kg. Wenzels nahmen die rhein. Vier das Instrument des kg.slosen Tages in die Hand (bes. 1399–1400). Kg. Siegmunds vieljährige Abwesenheit vom Reich erzwang während der Hussitennot unter der Führung von Kfs.en und päpstl. Legaten kg.slose Tage mit gewichtigen Entscheidungen, als – wiederum nicht kontinuitätsstarke – Anfänge der Selbstorganisation des Reiches auch gegenüber dem Kg. (bes. 1422, 1427). Die →Reichsstädte, als Leistungsträger neben den Kfs.en seit einer Generation zur Modalität ihrer Pflichten befragt, traten als Mithandelnde geringen Ranges auf. Fs.en als Ständegruppe fehlten noch fast gänzl. Der Faden riß wieder ab, als Ks. Friedrich III. dem Instrument des Tages eine Generation hindurch extrem zurückhaltend gegenübertrat.

[4] *Reichstag seit 1470:* Der R. entstand im Halbjh. nach 1470 und wurde bis 1555 endgültig ausgebildet. Ein präzises Geburtsdatum läßt sich nicht angeben. Er war nicht das Produkt von Planung, sondern formte sich Schritt für Schritt unter äußerem Druck aus, der vom Kg. als finanzieller Druck an das Reich weitergegeben wurde. Einen Höhepunkt stellt der R. v. →Worms (1495) dar, auf welchem sich vorerst am deutlichsten sichtbar das Neue aus dem Alten entfaltete: 1. Die Kfs.en als das bislang einzige geordnete Gegenüber des Kg.s wurden führend in Gestalt des ersten von drei »Räten«, und unter ihnen trat der Ebf. v. Mainz als der organisierende hervor; Kg. Maximilian sah sich infolge solcher heranwachsender interner Praxis in die Rolle eines Außenstehenden verwiesen, ganz anders als am Hoftag. 2. Die Reichsstädte, denen sich die Freien Städte zugesellten, fanden sich als dritter unterer »Rat« wieder, als Hauptzahler und als Befehlsempfänger (seit 1471: Einladung zum R. an alle Kommunen, die als Reichsstädte und Freie Städte galten, und allgemeine Städtetage zur Selbstorganisation der Doppelgruppe). 3. Die wichtigste Neuerung war das Einbeziehen der Fs.en, die sich am spätesten anbequemten, als dazwischengeschobener »Rest« in einem – ständ. geurteilt unorgan. gebildeten – zweiten »Rat«, getrennt von den standesgleichen Kfs.en und vereint mit den anderswo zumeist gesonderten Prälaten und mit den standesunterlegenen Gf.en und Herren. Bes. die Fs.engruppe warf schwierige Folgeprobleme auf (interne Rangfolge, Mehrheitsabstimmung, Bindung der Abwesenden). Eigtl. ist es erstaunl.,

daß sich die Fs.en angesichts ihrer brennenden Territorialinteressen so verpflichten ließen; auch dieses verweist auf breite Bewußtseins- und »technische« Wandlungen, denen man sich nicht mehr entziehen konnte.

So entstand »Reichstagsdeutschland«. Von ihm suchte der Kg. seine Erbländer fernzuhalten, weil er sich bei diesen nicht hineinreden lassen wollte, so daß sie auch später am R. nur unzureichend vertreten waren (»Erbländ. Dtl.«). Fern blieben diejenigen, die an den neuen Lasten nicht teilhaben wollten (Eidgenossen, Hamburg, Bremen) oder wie →Livland nicht teilhaben konnten (»Drittes Dtl.«). Fiskal. Augenblicksnöte und wachsende Solidarität hatten die Dinge vorwärtsgetrieben, Hindernisse blieben regionales Denken, die großdynast. Rivalität von Habsburgern und Wittelsbachern und unzählige prakt. Probleme bei der Begegnung so vieler unterschiedl. Kräfte. Positiv flankierend wirkten die zunehmende fachl. Solidarität von »Berufspolitikern«, in noch ungeklärter Form wohl auch mancherlei Modernisierungsprozesse (Buchdruck, Postwesen) und ein in der gelehrt-humanist. Öffentlichkeit wachsendes Nationalbewußtsein. Rasch erschien es auch über fiskal. Sorgen hinaus zweckmäßig, ein Forum für gemeinsam interessierende Fragen zu besitzen. So entstand neben dem überforderten Herrscherhof ein zweiter Brennpunkt polit. Handelns und polit. Begegnung von größter Bedeutung für die nz. Zukunft. Verfassungsgeschichtl. gesprochen erwuchs ein institutionalisierter Dualismus statt eines bis dahin kaum geregelten, in einem fortan »verdichteten« Reich. Die große Prägekraft der ma. Verfassungsgesch. zeigt sich daran, daß selbst die außerordentl. Neuerungen des Zeitalters Ks. Karls V. die Grundzüge des R.s nicht verändert haben.   P. Moraw

Q.: →R.sakten – Lit.: HRG IV, 781–786 [Lit.] – Dt. Verwaltungsgesch. I, 1983, 53–65 – G. Schmidt, Der Städtetag in der Reichsverfassung, 1984 – H. Boockmann, Geschäfte und Geschäftigkeit auf dem R. im späten MA, HZ 246, 1988, 297–325 – P. Moraw, Hoftag und R. von den Anfängen bis 1806 (Parlamentsrecht und Parlamentspraxis in der BR Dtl. Ein Hb., 1989), 3–47 – C. Goebel, Der R. v. Worms 1495 zw. Wandel und Beharrung [Diss. masch. Gießen, 1992] – P. Moraw, Zu Stand und Perspektiven der Ständeforsch. im spätma. Reich (Die Anfänge der ständ. Vertretungen in Preußen und seinen Nachbarländern, hg. H. Boockmann, 1992), 1–33 – Th. Martin, Auf dem Weg zum R. 1314-1410, 1993 – →Hof, →Parlament.

Reichstagsakten. Die R. sind kein authent. ma. Q.typ, sondern das Produkt gelehrter Komposition durch das gleichnamige Ed.sunternehmen. Die R. publizieren diejenigen Schriftq., die im Reich bei Vorbereitung und Abhaltung von kgl. und kfsl. Tagen sowie von Fs.en- und Städtetagen bzw. flankierend zu ihnen entstanden sind: Ladungsschreiben, Teilnehmer- und Quartierlisten, Briefe, Gesandtenberichte, Reden, protokollar. Aufzeichnungen, kgl. Propositionen, (Gegen-)Vorschläge der Stände, Abschiede etc. Auch wenn dabei das Bild eines fester strukturierten →Reichstags zugrundelag, als es seinem im 15. Jh. noch offenen Charakter entsprach, treten die genannten Typen doch nach und nach standardhaft auf. Der Prozeß der Institutionalisierung und Verschriftlichung läßt sich wiederum anhand der R. verfolgen.

Die offizielle Dokumentierung der Reichstage blieb rudimentär. Einzelne →Reichsstädte wie Nürnberg (sog. »Nürnberger R.«) und Frankfurt, Fs.en wie Mgf. →Albrecht Achilles v. Brandenburg, Stadtschreiber wie der Augsburger Heinrich Erlbach oder, halbamtl., die Reichserzkanzler (Mainzer Erzkanzlerarchiv, heute HHStA Wien) legten Aktenslg.en an. Humanist. Deskriptionen mit inserierten Dokumenten (Enea Silvio de' Piccolomini [→Pius II.] für Regensburg 1454) blieben vereinzelt; häufiger wurden die sog. »Reichstagshandlungen«, Aktenprotokolle der wichtigen Verhandlungsgegenstände, die für den →Wormser Reichstag 1495 erstmals gedruckt erschienen. Den Anlauf zu einer systemat. Slg. unternahmen seit 1523 die Reichsstädte, um ihren Anspruch auf volles Stimmrecht zu untermauern (sog. »Reichstädt. Registratur«). Die vielen offiziösen Drucke, insgesamt mindestens 39 zw. 1501 (H. Schober, »Das Buch des heiligen römischen Reichs unnderhalltung«, München) und 1747 (E. A. Koch, »Neuere und vollständigere Sammlung der Reichs-Abschiede«, Frankfurt/M.), erfassen im wesentl. nur die Ergebnisse (Abschiede etc.) der Reichstage, nicht deren Entstehungsprozeß in Aktenform. Ansätze einer Aktenpublikation für die Zeit Friedrichs III. und Maximilians I. (bis 1500) boten Joh. Joachim Müllers »Reichstagstheatrum« (Jena 1713, 1718) und G. Georg König v. Königsthals »Nachlese in den Reichs-Geschichten« (1759). So steht eigtl. L. v. Ranke am Anfang, der 1846 auf dem dt. Germanistentag den Ed.splan vorstellte. Realisiert wurde dieser erst 1857 mit Förderung des bayer. Kg.s Maximilian II.: Im folgenden Jahr der neugegr. Hist. Kommission bei der Bayer. Akad. d. Wiss. angeschlossen, liegen die R. als eines der großen Ed.sunternehmen der dt. Gesch.sforsch. bis heute in deren Händen. In Koordination mit den MGH setzte man den Beginn der Ed. auf 1376 (Krönung Kg. Wenzels) fest. Im Laufe der Jahre erhielt das Unternehmen folgende Gestalt: Die »ältere Reihe« umfaßt die Zeit von 1376 bis 1486 (Wenzel bis Friedrich III.), die »jüngere Reihe« (seit 1886) die Reformationsreichstage unter Ks. Karl V. 1519 bis 1555, die »mittlere Reihe« (seit 1929) die Zeit Maximilians I. (Krönungstag 1486 bis 1518), schließlich (seit 1986) die Reihe »R.-Reichsversammlungen 1556–1662« das Jahrhundert bis zur Etablierung des Immerwährenden Reichstags.

Konzeptionelle Probleme liegen in der Natur des Gegenstands: Dazu zählt die schwierige Definition eines in Entwicklung begriffenen Reichstags und seine Abgrenzung zu Versammlungen regionaler oder internationaler Art. Wenn man die Reichstage als Nuclei der Reichspolitik auffaßt, ergibt sich daraus notgedrungen Massierung oder aber Inselhaftigkeit des Materials; denn die Tage fanden nicht regelmäßig, sondern teils in dichter Folge (1438–46, 1521–32), teils über Jahre hinweg gar nicht statt (z.B. 1447–54, 1455–60, 1460–66). Gemäß dem universalen Zuschnitt des Alten Reiches besitzen die R. eine europ. Dimension. Gesandte auswärtiger Mächte nahmen häufig an Reichstagen teil, v.a. wegen der universalen Themen: z.B. Schisma, Papst und Konzil, Hussiten- oder Türkenkreuzzug. Zudem wuchsen die R. in der Sache nicht selten zu »Reichs«- oder Konzilsakten aus: etwa in der Dokumentation der Italienzüge der dt. Kg.e (1432/33, 1452 [künftig Bd. XVIII] und 1469) oder des →Basler Konzils (Bd. X–XVII).   J. Helmrath

Ed. [erschienene Bde]: a) Ältere Reihe: I–XVII zu 1376–1445 (1867–1963), XIX, 1 zu 1454 (1969), XXII, 1–2 zu 1468–71 (1973–95 [im Dr.]); b) Mittlere Reihe: I zu 1486 (1989), III zu 1488/89 (1972/73), V zu 1495 (1981), VI zu 1496–98 (1979); c) Jüngere Reihe: I–IV zu 1519–24 (1893–1905), VII–VIII zu 1527–30 (1935–71), X zu 1532 (1992); d) RTA Reichsversammlungen 1556–1662: [I] zu 1570 (1988) – Lit.: HRG IV, 794–797 [Lit.] – J. Weizsäcker, Vorwort zu RTA I, S. I–LXXXIV – H. Heimpel, RTA Ältere Reihe; W. Andreas, RTA Mittlere Reihe; H. Grundmann, RTA Jüngere Reihe: Die Hist. Kommission bei der Bayer. Akad. der Wiss. 1858–1958, 1958, 82–117, 118–131, 132–157 – F. H. Schubert, Die dt. Reichstage in der Staatslehre der frühen NZ, 1966 – H. Müller, Les diètes du Saint-Empire... l'édition des 'RTA' et leur intérêt pour l'hist. de France (Bull. d'information de la Mission Hist. Française en Allemagne, no. 8, mai 1984),

5-25 – Fortschritte in der Gesch. swiss. durch R. forsch., hg. H. ANGERMEIER–E. MEUTHEN, 1988 [bes. H. MÜLLER, 17-46].

Reichsteilungen → Regnum

Reichsunmittelbarkeit. Personen und Güter können nach spätma. Anschauungen Kg. und Reich unmittelbar und ohne Anerkennung eines Territorialherren unterworfen sein. Seit dem 12. Jh. sind solche Formeln (»ad regnum pertinere« [→ Wormser Konkordat 1122]) bekannt; eine allg. Rechtsvorstellung bildete sich erst seit dem 13. Jh. langsam aus.

[1] *Adel:* Für den weltl. Reichsadel sind Belehnung mit einem Reichslehen und persönl. hochadlige Herkunft Voraussetzungen für die R. Doch bereits FICKER weist darauf hin, daß die Stellung als → Reichsfs. nicht mit dem Begriff R. ident. ist, weil die → Heerschildordnung nur unzulängl. die Kg. snähe der Fs. en und Gf. en widerspiegelt; Ende des MA wird die R. der Gf. en überwiegend anerkannt. Dasselbe läßt sich auch bei den geistl. Fs. en beobachten, denn nicht alle reichsunmittelbaren Prälaten wurden vom Kg. nach Lehnsrecht investiert und somit auch nicht als Reichsfs. en angesehen (KRIEGER). Mit den sich seit 1422 entwickelnden → Reichsmatrikeln ergab sich erstmals ein eindeutiges Kriterium: R. hatte, wer die laut Reichsmatrikel vorgesehene Abgabe direkt an den Kg. abführte. Problemat. ist die R. der schwäb., frk. und rhein. Ritterschaft (→ Reichsritterschaft).

[2] *Städte:* Für sie ist die R. seit dem → Reichssteuerverzeichnis v. 1241 früh und eindeutig geklärt. Die R. ergibt sich nicht aus der kgl. Grundherrschaft, sondern aus der kgl. Gerichts- und Steuerherrschaft, aus der → Vogtei über Stadt und Bürger. Die R. hatte für die → Reichsstädte den Vorzug, daß sie *one mittel* Kg. und Reich unterworfen waren; der Kg. war ihr *ayniger ordentlicher und rechter herre* und ordentl. Richter; ihre Rechte erhielten die Reichsstädte unmittelbar vom Kg., dem sie eidl. verpflichtet waren, der ihnen ihre Freiheiten und Rechte aber auch wieder entziehen konnte. Aufgrund seiner vogteil. Gewalt beanspruchte er von ihnen besonderen Gehorsam, hatte aber andererseits ihnen gegenüber eine bes. Schutzverpflichtung.

[3] *Reichsdörfer:* Bei der Auflösung des südwestdt. Reichsgutes infolge der Territorialisierung blieben verstreute Reste übrig, die sich die R. bewahrten und keiner Landesherrschaft unterworfen waren. Verfassungsgeschichtl. entziehen sich diese ca. 120 'Reichsflecken und Reichshöfe' (Reichsdörfer) einer genauen Einordnung, da sich ihre Freiheiten auf keinen einheitl. Nenner bringen lassen. Grundsätzl. waren sie frei von grundherrl. Lasten und hatten einen erhebl. Anteil an der Gerichtsbarkeit. Aus der Sicht des Reiches wurden die Reichsdörfer stets als eigene, dem Reich zugehörende Rechtsgebilde anerkannt. P.-J. Schuler

Lit.: HRG IV, 799-801 [Lit.] – *zu [1]:* J. FICKER–P. PUNTSCHART, Vom Reichsfs. enstande, 2 Bde, 1861-1923 [bes. Bd. I] – E. E. STENGEL, Land- und lehnsrechtl. Grundlagen d. Reichsfs. enstandes, ZRGGerm Abt 66, 1948, 294-342 – G. ENGELBERT, Die Erhebung in den Reichsfs. enstand bis zum Ausgang des MA [Diss. masch., Marburg/L. 1948] – BOSL, Reichsministerialität – D. WILLOWEIT, Rechtsgrundlagen der Territorialgewalt, 1975 – K.-F. KRIEGER, Die Lehnshoheit der dt. Kg. e im SpätMA, ca. 1200-1437, 1979 – *zu [2]:* G. LANDWEHR, Die Verpfändungen der dt. Reichsstädte im MA, 1967 – P. MORAW, Reichsstadt, Reich und Kgtm. im spätem MA, ZHF 6, 1979, 392ff. – E. SCHUBERT, Kg. und Reich, 1979, 254ff., 285ff. – *zu [3]:* HRG IV, 561-564 – G. L. v. MAURER, Gesch. der Dorfverfassung in Dtl., II, 1866 [Neudr. 1961], 364ff. – K. S. BADER, Der dt. SW in seiner territorialstaatl. Entwicklung, 1950.

Reichsversammlungen → Versammlungen

Reichsverwaltung in Italien → Regnum Italiae

Reichsverweser (Reichsvorsteher), Amt in den nord. Ländern, bes. im Schweden des 15. und 16. Jh. (zum R. im Imperium → Reichsvikar; für England → Justitiar usw.). Der R. war in → Dänemark und → Norwegen während des gesamten MA und in → Schweden bis zur Mitte des 15. Jh. kein festes Amt. Verschiedene Umstände konnten jedoch zur temporären Berufung eines R. s führen: 1. Eine längere Abwesenheit des Kg. s. So übten anstelle → Knuds d. Gr. in Dänemark ca. 1023/24 → Thorkill und ca. 1024-26 Ulf, in Norwegen 1028/29 Hákon Eriksson die Herrschaft aus. Kg. → Erich Ejegod v. Dänemark bestimmte im Frühjahr 1103 wegen seiner Jerusalemfahrt seinen Sohn Harald Kesia und Ebf. Asker v. Lund zu R. n ('custodes regni'). Nach der Flucht des Kg. s v. Schweden, Birger Magnusson (1318), amtierte 1319 in Schweden Mathias Kettilmundsson als R. ('capitaneus Svecie'), bis am 8. Juli 1319 → Magnus Eriksson zum Kg. gewählt wurde. 1368-72 wurde Kg. → Waldemar IV. v. Dänemark, der sich außer Landes aufhielt, um Verbündete gegen die → Hanse zu suchen, von Henning Podebusk (Putbus) vertreten, der 1369/70 als 'houetman des rykes to Denemarken' den Frieden v. → Stralsund abschloß. – 2. Der starke Einfluß norddt. Fs. en, von denen es zweien gelang, ihre dominierende Stellung in Dänemark durch den Titel eines R. s ('tutor regni') rechtl. abzusichern: Hzg. → Albrecht I. v. Braunschweig (1262/63) und Gf. → Gerhard III. v. Holstein (1326-29). – 3. Als Sonderfall die Herrschaft → Margaretes d. Gr., die sich nach dem Tod ihres Sohnes Oluf (→ Olav) 1387/88 als 'bevollmächtigte Schützerin' (»fulmechtighe fruwe«/»tutrix«) und »Herrin« (»husbonde«/'domina') zur R. in v. Dänemark, Norwegen und Schweden wählen ließ. Nach der Krönung → Erichs v. Pommern 1397 in Kalmar zum Unionskg. der drei nord. Reiche trat sie zurück.

In Schweden entwickelte sich im 15. Jh., im Zuge der schwed. Emanzipationsbestrebungen gegen das dän. Übergewicht in der → Kalmarer Union, die Institution des R. s zu einem regulären Amt, dessen Träger sich 'Reichsvorsteher' ('rikens forstandere') nannte. Zwar wurde dabei ein R. vom → Reichsrat nur im Falle der Abwesenheit oder des Todes des Kg. s gewählt, dies aber so oft, daß das R. amt zu einer festen Einrichtung wurde. Zum ersten Mal wählte 1438 der schwed. Reichsrat einen Reichsvorsteher, Karl Knutsson, noch bevor Schweden 1439 Erich v. Pommern die Treue aufsagte. Nach der Wahl Kg. → Christophs III. v. Dänemark 1441 zum Kg. v. Schweden verzichtete Karl Knutsson auf sein Amt. Nach Christophs Tod (1448) wählte der schwed. Reichsrat sogleich Bengt und Niels Jönsson zu R. n, um Schwedens Unabhängigkeit gegenüber dem Kandidaten Dänemarks, Christian v. Oldenburg, zu demonstrieren. Schweden erhob in der Folge mit → Karl Knutsson einen eigenen Kg. Nun zeigte sich jedoch die zunehmende Verfestigung des R. amtes: Obwohl 1465-67 der entmachtete, im schwed. → Finnland residierende Karl Knutsson seinen Kg. stitel beibehielt, ernannte der Reichsrat 1465 Kettil Karlsson und Jöns Bengtsson und 1466 → Erich Axelsson Thott zu R. n. Nach Karl Knutssons Tod (1470) ließ sich Sten → Sture d. Ä. zum R. wählen. Nach seinem Sieg über → Christian I. v. Dänemark am → Brunkeberg (1471) konnte er, mit Ausnahme der Exiljahre 1497-1501, bis zu seinem Tod (1503) das Amt des R. s ausüben. Auf Sten folgten die R. Svante → Nilsson (1504-11), Erich Trolle (1512) und Sten Sture d. J. (1512-20), der im Abwehrkampf gegen Christian II. v. Dänemark umkam. 1470-1520 hatte der R. ständig eine königsgleiche Stellung inne (z. B. 1474 kirchl. Exkommunikationsandrohung bei Übergriffen gegen den R.). Der vom Reichsrat gewählte R. wurde auf einer Reichsversammlung von Repräsentanten aller Stände bestätigt. Mit der Ernennung eines R.s wahrte Schweden gegenüber Dänemark seine Unabhängigkeit, gab aber durch den Verzicht auf die Wahl eines eigenen Kg.s die Idee der nord. Union, der Teile des schwed. Hochadels anhingen, nicht preis und hielt sich so die Möglichkeit zu hinhaltenden Unionsverhandlungen mit Dänemark offen. Erst 1523 kündigte Schweden mit der Königserhebung des nach dem Stockholmer Blutbad 1521 zum R. gewählten Gustav →Wasa definitiv die Kalmarer Union auf. Das überflüssig gewordene Amt des R.s verschwand nun aus der schwed. Verfassungsgeschichte. – Von der schwed. Entwicklung war sicherl. 1482 die Ernennung Jon Smørs zum R. v. Norwegen beeinflußt. Th. Hill

Lit.: KL VII, 306f.; XIV, 248ff. – H. Yrwing, Från riksföreståndervalet 1470 till slaget på Brunkeberg, Scandia, 1966 – HEG III, bes. 962–976 [A. v. Brandt].

Reichsvikar, -iat. Ein Substitut und Stellvertreter (vicarius, provisor, locumtenens, Statthalter, Fürseher, Verweser, Vormund) war erforderl., wenn nach dem Tode des Kg.s das Reich ledig war (R. vacante imperio) und bis zur Wahl eines Nachfolgers ein Interregnum bestand, aber auch, wenn der Kg. in irgendeiner Weise wegen Abwesenheit (R. absente rege oder vivente imperatore) von Landschaften des Reiches dort vorhersehbar die Herrschaft wegen anderer Geschäfte in erforderl. Maße nicht ausüben konnte. Abwesenheit konnte durch den »Zug über den Berg« zur Ks.krönung, durch Rückzug des Kg.s in seine erbländ. Territorien und Entfernung vom Binnenreich oder dauerhaft durch die periphere Lage Reichsitaliens und des Arelats begründet sein. Der R. handelte an Statt des Kg.s und in seinem Namen, im Falle eines Interregnums im Namen des Reiches. Er übte ein Amt aus, das grundsätzl. widerrufbar war. Es gab aber auch Bestallungen, die für eine befristete Amtsperiode Unwiderrufbarkeit vorsahen und erst im Anschluß daran die Widerrufbarkeit wieder aufleben ließen, und solche, die auf Dauer und erbl. erfolgten. Festgelegt wurden der Vikariatsbezirk, der die gesamten dt. Lande umfassen konnte, und durch General- und Spezialvollmachten der Kompetenzbereich des Vikars. Vikariatsurkk. des 14. und 15. Jh. waren die verfassungsgeschichtl. umfassendsten Zusammenstellungen der einzelnen kgl. Befugnisse (vgl. etwa RTA 2, nr. 247, RTA 8, nr. 164). Fast ausnahmslos behielt sich der Kg. die Belehnung mit Fahnenlehen (Fs.lehen) vor. Die Ausgaben für die Amtsführung sollten aus den Städte- und Judensteuern oder durch Anweisungen auf Zolleinnahmen bestritten werden. Während die Vikariatsbestallung absente rege ad hoc durch kgl. Diplom erfolgte, wurde für das Vikariat vacante imperio in der →Goldenen Bulle v. 1356 (cap. V, 1) eine reichsgesetzl. Grundlage geschaffen. In den rhein. und schwäb. Landen und im Gebiet frk. Rechts sollte der Pfgf. b. Rhein, in den Gebieten des sächs. Rechts der Kfs. v. Sachsen provisor imperii sein mit den Befugnissen, Recht zu sprechen, auf kirchl. Pfründen zu präsentieren, Einkünfte und Gefälle einzuziehen, in Lehen – mit Ausnahme der Fs.en- und Fahnenlehen – einzusetzen und Treueide entgegenzunehmen. Alle Handlungen mußten später vom röm. Kg. erneuert werden. Während das Vikariat des Hzg.s v. Sachsen neben dem des Pfgf.en zunächst nur untergeordnet im Schwabenspiegel erwähnt wird (L 41), ist dasjenige des Pfgf.en auch sonst besser begründet. Nachdem der Pfgf. bereits 1267 einen Rechtsanspruch erhoben hatte, behauptete Kg. Rudolf I. in einer Urk. v. 1276/81 (MGH Const. III, nr. 121), der Pfgf. habe das Vikariatsrecht vacante imperio von alters her. Mit der gleichen Rechtsbehauptung zugunsten des Pfgf.en trat Kg. Ludwig d. Bayer 1324 in den Sachsenhäuser Appellation (MGH Const. V, nr. 909) dem kurialen Anspruch entgegen, wonach der Papst, der das Ksm. zu Lehen vergebe, der natürl. R. sei, solange es keinen neuen approbierten Kg. und künftigen Ks. gab. Das Papsttum verfolgte seinen Anspruch v. a. in Reichsitalien und setzte dort R.e ein. Die Bestimmungen der Goldenen Bulle über das R.iat traten erstmals nach dem Tode Kg. Ruprechts (1410) in Kraft, sodann immer, wenn kein röm. Kg. zu Lebzeiten eines Ks.s gewählt worden war, also nach dem Tode Siegmunds (1437), Albrechts II. (1439) und Maximilians I. (1519). Größere Bedeutung erlangten die R.e in dieser Zeit nicht. Der Kfs. v. Sachsen machte ohnehin erstmals nach dem Tode Maximilians seine Rechte geltend. In Reichsitalien waren die R.sbestallungen geeignet, die Position von lokalen Machthabern zu legitimieren.

E. Isenmann

Lit.: HRG IV, 807–810 [Lit.]; 806f. [Reichsverweser] – F. Baethgen, Der Anspruch des Papsttums auf das R.iat, 1920 [= Ders., Mediaevalia I, 1960, 110–185] – F. Trautz, Die Reichsgewalt in Italien im SpätMA, Heidelberger Jbb. 7, 1963, 45–81 – W. Hermkes, Das R.iat in Dtl. Reichsv.e nach dem Tod des Ks.s von der Goldenen Bulle bis zum Ende des Reiches, 1968 – F. Seibt, Zum R.iat für den Dauphin 1378, ZHF 8, 1981, 129–158.

Reichsvogt → Vogt

Reichswald. Der Begriff R. wird für jene vom Kg. noch nicht verschenkten →Forste verwendet, die als →Reichsgut die stauf. Zeit überdauert haben. Ihnen werden zugezählt der R. zw. Kleve und Nijmegen, der Kg.sforst 6. v. Köln, der Heiligenforst bei Hagenau, die beiden Nürnberger R.er und der erst durch die Reichslandpolitik der Staufer hinzugekommene Pfälzer R. um Kaiserslautern. Die R.er sind so wenig Herrschaftsgrundlage des Kgtm.s geworden wie die alten Forste, die durch Rodung und Landesausbau dann wichtige Elemente der Territorienbildung wurden. Die Einforstung, d. h. das Verbot freier Rodung und Nutzung, die an kgl. Verleihung gebunden blieb, war im 13. Jh. überall abgeschlossen. Doch gingen die R.er mit Ausnahme des Pfälzer Waldes, der über das MA hinaus dem Kgtm. erhalten blieb, während der Zeit des sog. →Interregnums verloren. Während die R.er im allg. bei agrarwirtschaftl. Nutzung (Schweinemast, Zeidlerei) stehenblieben (→Wald), wurde die vielfältige Nutzung der Nürnberger R.er, welche die Reichsstadt seit dem Ende des 13. Jh. ihrer Herrschaft unterstellen konnte, eine Hauptvoraussetzung für ihren wirtschaftl. Aufstieg (→Nürnberg). 1355 belehnte Karl IV. Konrad d. J. Waldstromer (→Stromer) mit dem Forstmeisteramt über die R.er und wies 1358 Forstmeister und Zeidler an, die vom Nürnberger Rat erlassene Waldordnung einzuhalten. 1396 verkauften die Waldstromer das Forstmeisteramt im Lorenzer Wald, 1427 veräußerte Burggf. →Friedrich VI. (I.) seine Lehenrechte am Sebalder Wald mit Ausnahme des Wildbannes an die Reichsstadt. Diese nutzte das Holz als Energieträger, für den Haus- und Gerüstbau und für handwerkl. Produktion, bes. für die verschiedenen Zweige der Metallverarbeitung, suchte Übernutzungen der R.er zu verhindern und Aufforstungen sicherzustellen. – Die Reichsstadt →Hagenau konnte die Hoheit über den sie umgebenden Forst bis 1348 an sich bringen. – Der R. zw. Kleve und Nijmegen, in welchem 980 Kg. Otto III. geboren wurde, gelangte 1247 pfandweise an die Gf.en v. →Geldern; was vom R. nach Rodungen noch übriggeblie-

ben war, wurde 1418 in der Weise geteilt, daß der obere Wald klev., der niedere geldr. wurde. A. Wendehorst
Bibliogr. und Lit.: HRG IV, 814–817 – K. Th. v. Eheberg, Die R. er bei Nürnberg, 1914 – Frk. Bibliogr. 2/II, hg. G. Pfeiffer–F. X. Pröll, 1970, Nrr. 34077–34132 [mit der übrigen älteren Lit.] – Niederrhein. Städteatlas/Geldr. Städte I: F. Gorissen, 1956, 24–28 – Mitt. aus der Staatsforstverwaltung Bayerns 37, 1968 – Der R. bei Nürnberg (Ausstellungskat. der Stadtbibl. Nürnberg 60, 1968) – Encycl. de l'Alsace VI, 1984, 3681–3691 – B. Thissen, Van villa naar dorpsgemeenschap (Van Gronspech tot Groesbeek – Fragmenten uit een lokaal verleden 1040–1940, hg. A. Bosch–J. Schmiermann, 1991), 37–86.

Reichsweistümer → Weistum

Reiher, Familie der Schreitvögel mit drei Arten bei Ps. Aristoteles (9, 1 p. 609 b 21–23 = Plinius, n. h. 10, 164), nämlich Graur. (lat. pelion), Silberr. (lat. leucon) und eine mit einem Stern versehene Art (wahrscheinl. Große Rohrdommel. Bei dem Silberr. sei für das Männchen die Paarung schmerzvoll (Austreten von Blut aus den Augen) und die Eiablage für das Weibchen (zit. ohne Artname bei Thomas v. Cantimpré, 5, 6 = Vinzenz v. Beauvais, Spec. nat. 16, 38; von Albertus Magnus, animal. 23, 20, durch Beobachtung des Paarungsverhaltens der Graur. widerlegt). Von dem gewöhnl. Tiefflug (wegen der kurzen Flügel nach Servius zu Verg., Aen. 7, 412, hg. Thilo, II, 157) abweichende Höhe (daher falsche Etymologie des »ardea« bei Isidor, etym. 12, 7, 21) wegen seiner angebl. Regenscheu galt als Sturmvorzeichen (vgl. Plinius 18, 363; Ambrosius, Exam. 5, 13, 43; Servius zu Verg., Georg. I, 363f., danach Isidor; Hrabanus Maurus, de univ. 8, 6, MPL 111, 246, geistl. bezogen auf die Seelen der Erwählten, zit. bei Ps. Hugo 1, 47, MPL 177, 47; Jacobus de Vitriaco, hist. orient. c. 92; Alexander Neckam, de laudibus, 2, 651f., Jorach bei Arnoldus Saxo 2, 6 u. a. m.). Nach Albert steigt er auch auf der Flucht vor dem Habicht empor. Von dem »Experimentator« (vgl. Wolfenbüttel, HAB, cod. Aug. 8. 8, 4°, f. 30 ra) übernimmt Thomas die Nahrungssuche im Wasser, das Nisten auf hohen (nach Albert durch den Kot des Koloniebrüters geschädigten) Bäumen, die Verteidigung der Nestjungen mit dem Schnabel und die Abwehr des Habichts durch einen Fäulnis der Federn bewirkenden Kotstrahl (geistl. Deutung bei Ps. Hugo), wovon nach Albert manche den Namen ableiten. Thomas erwähnt zusätzl. (5, 7) aus Plinius (11, 140) den angebl. einäugigen Silberr. (von Albert, 23, 21 als naturwidrige Lüge getadelt) und aus unbekannter Q. den mit breitem Schnabel fischenden Löffler (= Albert). Die im MA beliebte R. beize (vgl. Thomas, 5, 51; →Greifvögel) lieferte das (von Albert als ungesund abgelehnte) Fleisch für die Küche des Adels (Bumke, 243). Organotherapeut. Verwendung ist selten (HWDA VII, 629).
Ch. Hünemörder

Q.: Albertus Magnus, →Alexander Neckam, →Ambrosius, →Arnoldus Saxo – (Ps.) Hugo de S. Victore, de bestiis et aliis rebus, MPL 177, →Hrabanus Maurus, →Isidor v. Sevilla, →Jakob v. Vitry – Servii Grammatici commentarii, rec. G. Thilo, II, 1881 [Neudr. 1923] – Thomas Cantimpr., Lib. de nat. rerum, T. 1, hg. H. Boese, 1973 – Vinc. Bellov., Speculum nat., 1624 [Neudr. 1964] – *Lit.:* HWDA VII, 628–630 – J. Bumke, Höf. Kultur, 2 Bde, 1986.

Reim → Vers- und Strophenbau

Reimchronik
I. Allgemein. Romanische Literaturen – II. Deutsche Literatur – III. Mittelniederländische Literatur – IV. Englische Literatur – V. Skandinavische Literaturen – VI. Slavische Literaturen.

I. Allgemein. Romanische Literaturen: R. en können in Inhalt und Absicht den allg. Bestimmungen der Gattung →»Chronik« zugeordnet werden. Unter formalem Aspekt rücken sie die gebundene Sprache in eine bes. Beziehung zur Poesie und Poetik. Sie bilden einen in allen ma. Literaturen zu findenden, lat. oder volkssprachl. verfaßten Typus der »Geschichtsdichtung« (G. Gröber), der einmal mehr das komplexe Verhältnis von Historiographie und Dichtung belegt. Das dokumentiert die europ. Gesch. der R. en, die von anglo-norm. Ursprüngen im 12. Jh. über Frankreich – Geffrei →Gaimar, »Estoire de Engleis« –, Spanien – »Cronicas de los rimadores cronicos« –, Dtl., N- und O-Europa – →Livländ. R.; alttsch. R. des sog. →Dalimil – bis ins 16. Jh. reicht; 1504 bedient sich in Italien N. Machiavelli in seinen »Decennali« noch einmal dieser Form, um in Terzinen die »italischen Mühsale zu besingen« (Io canterò l'italiche fatiche). Kommunale R. von A. → Pucci (1310–88), Bearbeitung der Villani-Chronik von Florenz in 91 Gesängen à 100 Terzinen. – Ursprgl. zum Vortrag bestimmt, behandeln die an antiken Vorbildern ausgerichteten R. en Gesch. und Schicksale von Herrschern, Geschlechtern, Völkern, Kreuzzügen, Kl. und Städten sowie allg. Weltgesch. aus christl. Sicht (z. B. Jans →Enikel →»Kaiserchronik«; Gottfried Hagens R. der Stadt Köln, 13. Jh. [s. Abschnitt II]).

Als Auftragsarbeiten oft an rhetorik-, fabel- und gesch. skundige Kleriker (bes. Franziskaner u. a.) vergeben, spiegeln sie Willen und Wunsch nach Selbstvergewisserung und Legitimation von Herrschafts- und Geltungsansprüchen. So die »Geste des bretons« (= »Roman de Brut« d. i. Brutus) des norm. Geistlichen →Wace, um 1155, eine Übertragung der »Historia Regum Britanniae« des →Geoffrey. v. Monmouth, im Auftrag v. →Eleonore, Gattin Kg. Heinrichs II., und die »Geste des Normands« (= Roman de Rou), 1160–74, in 11492 Vv., im Auftrag Heinrichs II. Fortgesetzt von →Benoit de Ste-Maure (s. →Troia-Roman) in der »Histoire des Ducs de Normandie«; s. a. →Mousquet, Philippe und seine »Chronique rimée« der Kg. e v. Frankreich; »Récit de la première croisade« in Alexandrinern.

Oft geübte Praxis ist die chronikal. Verlängerung bekannter oder erlebter Gesch. in mythen- und sagenumwobene Vorzeit, wobei Fabeln, Legenden, Viten eingefügt werden. Personen, Ereignisse und Institutionen erhalten eine Genealogie, die ihnen die Würde der »langen Dauer« verleiht. Rom – Troia – Athen – Turmbau zu Babel sind, wie in der ma. Dichtung, bevorzugte Initiationszentren. Unter der Vorgabe christl. Kontinuitätswillens besingen auch R. en die für ma. Geschichtsdeutung typ. bruchlose Verkettung der Zeiten unter heilsgesch. Aspekt. Gedichtete Gesch. in volkssprachl. R. en erreichte nicht nur einen größeren und gemischten Adressatenkreis; die semipoet. Form hatte neben Rezeptions- und mnemotechn. Vorteilen gegenüber der Prosa v. a. die Aura der myth. Überhöhung des Faktischen (s. auch →Annales, →Gesta, →Höf. Roman, →Chronik, →Braunschweiger R., →Chroniques de France / de Flandre, →Kreuzzugsdichtung). D. Hoeges

Lit.: GromPhil 2, 1, 632–640, 762–769 [G. Gröber] – W.-D. Lange, GRLMA I, 163–205 – H. Matter, Engl. Gründungssagen, 1922 – E. Köhler, Vorlesungen zur Gesch. der frz. Lit., Mittelalter I, 1985, 114–117 – A. Galmés de Fuentes, GRLMA IX, 1, 4, 91–115 – Tillmann-Bartylla, GRLMA XI/1, 1, 313–350 – D. W.-D. Stempel, GRLMA XI/1, 3, 707–718.

II. Deutsche Literatur: R. ist die Bezeichnung für verschiedenartige Geschichtsdarst. unterschiedl. Länge (ca. 2000 bis 100 000 vv.) in vierhebigen Reimpaarversen. Wichtigste Typen sind: →Weltchroniken, Landeschroniken (z. B. →Braunschweiger R., letztes Viertel des 13. Jh., Jans →Enikels Fürstenbuch, letztes Drittel des 13. Jh.), →Städtechroniken (z. B. Gottfried Hagens Buch der Stadt Köln, 1270), in dt. Sprache seltene *Klosterchroniken* (z. B. Eberhards Gandersheimer R., 1216–1218), *Ereignischroniken*

(z. B. Appenzeller R., vor 1405, Hans Erhart Tüschs Burgundische Historie, 1477). Eine Mischung aus Weltchronik und Landeschronik ist die Steir. R. →Ottokars v. Steiermark, die zeitgenöss. Universalhistorie aus steir.-österreich. Sicht darstellt.

Seit dem 14. Jh. werden Landeschroniken und Städtechroniken meist in Prosa verfaßt, hist. bemerkenswerte Tagesereignisse weit häufiger in sog. hist. Volksliedern (→Hist. Lied) als in ausführl. erzählenden R. en dargestellt. Die gereimten, meist aufwendig illustrierten Weltchroniken bleiben dagegen, bis zu ihrer Verdrängung durch die 1493 gedruckte Prosa-Weltchronik Hartmann →Schedels, die wichtigste Informationsquelle für die universalhist. interessierten, aber lateinunkundigen Laien.

Die Weltchroniken gliedern die Zeit von der Erschaffung der Welt bis zum Jüngsten Gericht mit Hilfe zweier häufig kombinierter Periodisierungssysteme, der Lehre von den sechs Weltaltern und der Lehre von den vier Weltreichen. Gegenwärtig ist stets das vierte Weltreich bzw. das sechste Weltalter, d. h. die letzte Zeiteinheit vor dem Weltuntergang im Jüngsten Gericht. Wichtigstes Merkmal der Weltchronik ist ihre Fähigkeit, bislang chronikfremde Erzählstoffe zu chronikalisieren.

Die →Kaiserchronik (Mitte des 12. Jh.) chronikalisiert Stoffe der Heiligenlegende; sie konzentriert sich auf das heilsgeschichtl. Bedeutsame und bietet Beispiele moral. vorbildl. und verwerfl. Handelns. – Jans →Enikels Weltchronik (letztes Drittel des 13. Jh.) erzählt – wie die Kaiserchronik – Gesch. in Form von Geschichten, die parataktisch Episode an Episode aneinandergereiht werden. Aber Enikel hat anekdotenhafte mündl. und schriftl. Erzählstoffe, die im Unterschied zur →Legende bislang nicht einmal historiograph. Qualität besaßen, in seine Chronik integriert. Auffallend häufig konzentriert er sein Erzählinteresse auf anonyme 'kleine Leute'. Seine Chronik vermittelt nur selten eine heilsgeschichtl. oder religiös-moral. Lehre. Seine Erzählungen vom Sieg der Hinterlistigen und Tückischen verraten vielmehr moral. Indifferenz und spürbare 'Lust am Bösen'. – Spätere Chronisten, wie z. B. →Heinrich v. München (1. Hälfte des 14. Jh.), kompilieren ihre Weltchronik aus bereits vorhandenen Chroniken, Antikenromanen, Heldenepen um Karl den Großen, Artus- und Gralromanen etc.

Trotz noch unzureichender Erforschung ist schon jetzt erkennbar, daß die Perspektive der Weltchronik-Kompilatoren und die Erwartungshaltung ihres Publikums weniger durch enge gruppenspezif. Interessen als vielmehr durch eine ungezügelte Neugier bestimmt wurden. Die unordentl. Systematik der Weltchronik, ihr Potpourri disparater und konträrer Inhalte, Darstellungsmuster, Perspektiven und Weltsichten befriedigte offensichtl. die Lust an der Inkonsistenz und die Neugier auf die Mannigfaltigkeit hist. Lebens gemäß der Devise des Common Sense: »Weisheit kommt aus einem Ameisenhügel.«

U. Liebertz-Grün

Lit.: U. Liebertz-Grün, Gesellschaftsdarst. und Geschichtsbild in Jans Enikels Fürstenbuch, Weltchronik, Euphorion 74, 1980, 77–94; 75, 1981, 71–99 – H. Wenzel, Höf. Gesch. Literar. Tradition und Gegenwartsdeutung in den volkssprachigen Chroniken des hohen und späten MA, 1980 [Lit.].

III. Mittelniederländische Literatur: Mndl. R. en entstanden seit dem letzten Viertel des 13. Jh. Ihre lit. Gestaltung lehnt sich an die der Ritterromane an. Sie behandeln v. a. Themen aus der Landesgesch. Der gfl. 'clerc' Melis →Stoke vollendete vermutl. kurz nach 1305 die 'Rijmkroniek v. Holland', gestützt auf eine ältere Redaktion von ca. 1280. Während für Flandern nur eine mndl. R. überliefert ist, die bis 1405 reicht, florierte diese Gattung bes. in Brabant: ca. 1290 schrieb Heelu für Margaretha v. York, spätere Hzgn. v. Brabant, über die Schlacht bei →Worringen (1288) eine R. in ep. Stil. Ebenso wie →Boendale verfaßte auch der Brabanter Pfarrer →Velthem eine auf →Maerlants »Spiegel historiael« aufbauende, bis 1316 reichende R. (u. a. Tafelrunde →Eduards I. und dessen Expedition nach Wales, beide den Artusromanen ähnlich dargestellt, Goldsporenschlacht v. →Kortrijk). Brabant. Herkunft sind auch der »Grimbergse Oorlog«, wahrscheinl. nach 1350 (Kampf zw. den →Berthout und der aufkommenden Brabanter Dynastie im 12. Jh.), und Merchtenens panegyr. »Coronike v. Brabant« (1414). Im 15. Jh. wurden die volkssprachigen R. en von Prosachroniken abgelöst. A. L. H. Hage

Ed.: Melis Stoke: hg. W. G. Brill, 1885 [Neudr. 1983] – Jan van Heelu, hg. J. F. Willems, 1836 – Lodewijk van Velthem, hg. H. van der Linden u. a., 1906–38; hg. W. Waterschoot, 1979 – R. v. Flandern, hg. E. Kausler, 1840 – De Grimbergsche Oorlog, hg. C. P. Serrure–Ph. Blommaert, 1852–54 – Hennen van Merchtenen, hg. G. Gezelle, 1896 – *Lit.:* J. Te Winkel, Ontwikkelingsgang der Nederl. Ltk., T. 1, 1922/2 [Neudr. 1977] – M. Carasso-Kok, Repertorium, 1981, 388–390 – V. Krah, De Grimbergse oorlog, Literatuur 2, 1983, 213–220 – A. L. H. Hage, Sonder favele, sonder lieghen, 1989 [Lit.] – W. van Anrooij, De verhouding tussen Melis Stoke en Jacob van Maerlant, TNTL 108, 1992, 156–167 – G. Croenen, Maria van Berlaar en de Spiegel Historiael, In verscheidenheid. Liber Amic. van Passen, 1993, 63–72 – Nederlandse Lit., een geschiedenis 1993 [J. Goossens, 41–47; B. Besamusca, 47–53] – W. van Anrooij, De literaire ambities van Hennen van Merchtenen, TNTL 109, 1993, 291–314.

IV. Englische Literatur: Abgesehen von →Laʒamons »Brut« (Ind., Nr. 295) gehören die R. en ins 14. und 15. Jh. Sie stehen zw. hist. Lit. und →Epos bzw. →Romanzen, aus denen sie Stoffe und Motive übernehmen, wofür die →Auchinleck-Version der »Short Metrical Chronicle« (Ind., Nr. 1105) ein Beispiel ist. Das in verschiedenen Redaktionen und auch in anglonorm. Prosa vorliegende Werk reicht in seiner ursprgl. Fassung des frühen 14. Jh. von Brutus bis 1307, in Fortsetzungen des 15. Jh. bis in die Zeit Heinrichs VI. Die unter dem Namen eines »Robert of Gloucester laufende und in zwei Fassungen erhaltene R. (Ind., Nr. 727) von der Zerstörung Trojas bis 1270/72 aus dem frühen 14. Jh. ist das Werk von mehr als einem Verfasser. Aus dem 15. Jh. sind zwei Prosabearbeitungen erhalten. Die von Albion bis zur Absetzung Eduards II. reichende, noch nicht vollständig edierte R. des wohl mit dem Verfasser einer Gesch. Pontefracts (sw. von York) ident. Thomas v. Castelford (Ind., Nr. 1559) hat für n. Ereignisse der späten Jahre eigenständigen Wert. Hauptq. ist sonst→Geoffrey v. Monmouth, der Prolog stammt aus »Des Grantz Geantz«. Robert →Mannyngs zweiteilige »Storie of England« (Ind., Nr. 1995) ist wegen der Erwähnung volkstüml. Traditionen von Interesse. Eine Hs. und die Prosaparaphrase des 2. Teils zeigen die interpolierte Haveloksage (→Havelok). Für die Gesch. der Jahre 1304–33 wertvolle »Bruce« des John →Barbour (Ind., Nr. 3217) stellt den Beginn der Lit. in »Lowland Scots« dar. Dieselbe Zeit behandelt der →»Wallace« von Blind Harry (»Henry the Minstrel«) (Ind., Nr. 2701) aus den späten 70er Jahren des 15. Jh. Zeitl. dazwischen liegt der Kanoniker v. St. Andrews und Prior v. St. Serf, Andrew of Wyntoun, mit seiner →Original Chronicle« (Ind., Nr. 399), einer Universalgesch. bis 1408. Die drei Fassungen lassen Revisionen und (für 1329–90) einen langen Einschub erkennen, dessen Autor ein anonymer 'Freund' ist. Neben lat. und engl. »Brut«-Chroniken benutzt John →Harding in seiner R. →Chaucer und →Lydgate. Von den »Revelationes« des Ps.-Methodius ist auch eine Versbearbeitung (nach 1420; Ind., Nr. 3193) erhalten. – Das bevorzugte metr. Schema ist das vierhebige Reimpaar (Meth.: Kreuzreim). »Wallace« zeigt überwiegend *heroic couplet*, Mannyng II → Alexandriner, Robert of Gloucester Septenar und Alexandriner, Harding → *rhyme royal*, Laȝamon alliterierende Langzeilen. K. Bitterling

Bibliogr.: C. Brown-R. H. Robbins, The Ind. of ME Verse, 1943 [Suppl., 1954] – Manual ME 8. XXI, 1989 – *Lit.:* F. Brie, Die nat. Lit. Schottlands, 1937 – J. A. W. Bennett, ME Lit., 1986 – → Chronik, G. III, H.

V. Skandinavische Literaturen: Die skand. R.en entstanden seit dem frühen 14. Jh. unter dem Einfluß norddt. metr. Historiendichtung und erzählen meist in Knittelvers und Paarreim, oft auch in monolog. Form, in der die einzelnen Herrscher als Sprecher ihre Regierung, Taten, Vergehen und Tod darstellen, die Reichsgesch. → Schwedens bzw. → Dänemarks. Im Schweden des 15. Jh. dienten R.en der Propagierung eines vom Hochadel getragenen, gegen die Union mit Dänemark gerichteten Nationalbewußtseins (→ Karl Knutsson). Ältestes Beispiel ist die um 1320 verfaßte »Erikschronik« (→ Erikskrönikan), die die Zeit von 1230 bis 1319 behandelt; sie wird durch die 9628 Verse umfassende »Karlschronik« (Karlskrönikan) für die Jahre 1389 bis 1452 fortgesetzt und mit der »Sturechronik« (→ Sturekrönikan) bis zum Jahr 1496 geführt (→ Sture). Die Lücke zw. der Eriks- und der Karlschronik (die Jahre 1319 bis 1389) schließt das lit. wenig ergiebige »Verbindungsgedicht« (Förbindelsedikten). Die weitaus interessantere »Kleine R.« (Lilla rimkrönikan), die in Anlehnung an eine gleichzeitige Prosachronik am Ende des 15. Jh. entstand, zeigt in monolog. Form 62 schwed. Kg.e von Erik, dem ersten Herrscher in Götaland, bis zum Unionskg. → Christoph v. Bayern (1440–48). Moralisierende Tendenzen zeigen die R.en über das Leben der Bf.e v. → Skara und → Linköping, »Skara biskopskrönika« (Ende 15. Jh.) und »Linköpings biskopskrönika« (1523 gedruckt). In der »Dänischen R.« (Den danske Rimkrønike), entstanden im letzten Drittel des 15. Jh., liegt die einzige R. Dänemarks vor, sie umfaßt in der Form einer monolog. Königschronik mit wechselndem Versmaß und Strophenbau die Zeit von den sagenhaften Herrschern Humle und Dan bis zu → Christian I. (1448–81). In der niederdt. Übersetzung von ca. 1480 wird als Verfasser ein Bruder Niels aus Sorø genannt, das verwendete Q.material entstammt dem lat. »Compendium Saxonis« und einer Jütischen Chronik, daneben auch verschiedenen annalist. Werken. R. Volz

Ed.: Svenska medeltidens rimkrönikor, I–III, ed. G. E. Klemming, 1865–68, Samlingar utg. av Svenska fornskrift-sällskapet XVII, 1–3 – Svenska medeltids dikter och rim, hg. G. E. Klemming, 1881–82, Samlinger utg. av Svenska fornskrift-sällskapet XXV – *Lit.:* KL, s. unter den Einzelstichwörtern – G. Landberg, Om kulturen till vår yngsta rimmade rikskrönika 1452–1520, Samlaren NF 7, 1926, 133–149 – J. Brøndum-Nielsen, Om Rimkrønikens sprogform og tilblivelse, 1930 – K. Hagnell, Sturekrönikan 1452–96, 1941 – E. Lönnroth, Medeltidskrönikornas värld, 1941 – E. Jørgensen, Historieforskning og historieskrivning i Danmark indtil Aar 1800, 1960² – C. Blohm, Förbindelsedikten och de medeltida rimkrönikor, 1972.

VI. Slavische Literaturen: → Chronik, M, → Dalimil, → Wigand v. Marburg.

Reimchronik, Livländische → Livländische Reimchronik

Reimgebet
I. Lateinische Literatur – II. Romanische Literaturen – III. Englische Literatur – IV. Deutsche Literatur.

I. Lateinische Literatur: Pium dictamen, Leselied, bezeichnet religiöse Dichtungen des SpätMA mit Gebetscharakter, die nicht eindeutig mit der Liturgie verbunden, sondern eher für die private Andacht bestimmt sind. Sie sind vorwiegend in der Ich-Form und meist in rhythm. Strophen verfaßt, dem Inhalte nach vorwiegend preisend, betrachtend, auch myst.-meditativ und oft von bedeutender Länge (vgl. auch → Glossenlied, → Psalmen, B. I); manchmal sind R.e den Tagzeiten zugeteilt (cursus, horae). – Schon in der patrist. Zeit waren Gebete in poet. Formen entstanden, bald mehr Gebet, bald mehr Poesie, selbständig oder als Teile anderer Werke (Anrufungen, Schlußgebete, Fürbitten im Epitaph, Gebete in Tituli). Im FrühMA treten v. a. Gedichte mit Bußcharakter hervor, zunächst in metr., dann in rhythm. Formen, oft abecedar., die in den leidenschaftl. Versen → Gottschalks einen poet. Höhepunkt finden. Auch aus den folgenden Jahrhunderten bis zum SpätMA sind metr. und rhythm. Gebete überliefert. G. Bernt

Ed.: MGH PP IV, 484, 486, 489, 510, 575, 584, 602, 618, 658, 705, 770 [frühma. Rhythmen] – AnalHym 6; 15; 29–33; 38; 41; 46 [spätma. R.e] – *Lit.:* LThK² VIII, 1138f. – AnalHym 15 und 29 [Einl.] – MPL 221 [Register], 85 – Walther, S. 1173 ['Orationes'] – AnalHym, Register, hg. M. Lütolf, 1978, II, 22f. [»Pium dictamen«].

II. Romanische Literaturen: Seit dem 12. Jh. treten in den roman. Volkssprachen in großer Zahl Teile der Liturgie, atl. und ntl. Lobgesänge sowie freiere Gebete in Reimform auf. Vereinzelte Texte datieren schon in das 11. Jh. Die afrz. Versionen erscheinen dabei in der Überzahl (Verlust prov. Texte in den Albigenserkriegen, eventuelle retardierte Entwicklung der volkssprachl. Lit. in Italien und auf der Iber. Halbinsel, vielleicht auch nur unzureichende Erforschung der it. und span. Bibliotheksbestände?). Zu den der Liturgie entnommenen versifizierten und z. T. erweiterten Texten gehören Kyrie, Gloria, Credo, Sanctus, Agnus Dei, Te Deum, Pater noster und Veni creator Spiritus sowie Confiteor. Ein Nebeneinander von Credo, Confiteor und Glorifikation der Dreifaltigkeit wie der Gottesmutter stellt das schon im 12. Jh. entstandene prov. »Eu aor Damrideu« dar. Ein hochwertiges Beichtgedicht stammt von dem Katalanen Capellà de Bolquera (ca. 1278–1346). Gelegentl. sind die volkssprachl. Glaubensbekenntnisse in Reimform mit lat. Glossen versehen. Lat. Zusätze - allegor.-moral. oder auch allegor.-spirituelle Kurzkomm.e – sind zuweilen zw. die volkssprachl. Verse des Pater noster eingeschoben. Zu den atl. Gesängen in roman. Versen zählen der Lobpreis der Jünglinge im Feuerofen, Teile des Hld sowie die 7 Bußpsalmen, zu den ntl. das Magnificat, das Ave Maria sowie die Lobgesänge des Zacharias und des Simeon. Das Ave Maria ist zu umfängl. Gedichten erweitert worden (→ Baudouin de Condé, → Gautier de Coincy, → Philippe de Beaumanoir, → Rutebeuf, → Huon le Roi de Cambrai, Thibaut d'Amiens, Gui Folcueis). Weitere freie Formen des Marienlobs entstehen in der Provence, in Italien (→ Lauden) und Spanien (Loores, → Gonzalo de Berceo und → Alfons d. Weise). Die freien R.e zu Maria enthalten oft die Bitte um ihre Mittlerschaft bei ihrem Sohn. Freie volkssprachl. R.e sind an Gott oder Christus (den Weltenrichter bzw. den Erlöser) gerichtet und an Heilige. Letztere erscheinen vereinzelt seit dem 12./13. Jh., vermehrt seit dem 14. Jh. In diesen Umkreis gehört auch der Sonnengesang des hl. Franziskus v. Assisi (1224). Der Wechsel zw. lat. und volkssprachl. gereimtem Text ist nicht ungewöhnl.; es findet sich aber auch in ein zw. Frz. und Engl. wechselndes Gebet zu Christus (hg. P. Meyer, Romania 32, 1902, 23). Als erstes volkssprachl. Gebetbuch, d. h. als Slg. von R.en, ist der Psalter des Lambert le Bègue (Lüttich) anzusehen (13. Jh.). Eine weltl. Entsprechung zum Brevier der

Geistlichen sind die →Stundenbücher (Blütezeit 14.–16. Jh.). – Schließlich entstehen auch parodist. Umformungen, z. B. des Vaterunsers. Die Form der R.e ist vielfältig, das Metrum kann zw. 5 und 16 Silben enthalten, am häufigsten ist der Achtsilbler. Die Reimschemata entsprechen in ihrer Vielfalt der weltl. Lyrik. U. Ebel

Lit.: H. SUCHIER, Denkmäler prov. Lit. und Sprache, I, 1883 – J. SONET, Rép. d'Incipits de prières en ancien frç., 1956 – G. DE POERCK, Mél. de linguistique ... d'Istvan Frank, 1957, 512–545 – E. BRAYER, Cat. des textes liturg. et des petits genres religieux, GLMA VI, 1–2, 1968 – K. V. SINCLAIR, Prières en ancien frç., 1978; Suppl. 1987 – DERS., French Devotional Texts of the MA, a Bibliogr. Ms. Guide, 1979; First Suppl. 1982 – La Prière au m–â (litt. et civilisation), Coll. Aix-en-Provence 1980, 1981 – P. RÉZEAU, Les prières aux saints en frç. au MA, 1983 – DERS., Rép. d'incipit des prières frç. à la fin du MA, 1986; Suppl., 1987 – G. HASENOHR, Les traductions frç. du »Stabat mater dolorosa«, Recherches augustin. 24, 1989, 243–355 – Prier au MA (Vᵉ–XVᵉ), 1991.

III. ENGLISCHE LITERATUR: Neben liturg. ist privates Gebet schon in ae. Zeit bezeugt. Poet. Gebete liegen z. B. mit Sündengebeten (→Beichtformeln, C. III), → »Resignation A«, → »Azarias«, Fassungen von Paternoster, Credo und Gloria (u. a. aus dem Benediktineroffizium) und mit den Psalmen vor (im Me. auch separate Versionen der →Bußpsalmen; →Psalter, B. IV). Dem hl. Godric werden das erste Mariengebet und ein Nikolaushymnus zugeschrieben. In das 13. Jh. gehören das »God Ureisun of Ure Lefdi«, an Maria gerichtete Bußgebete und Bitten um Fürsprache. Das III. →Laterankonzil förderte das Entstehen von Fassungen des Paternoster, Credo und Ave Maria. Dazu traten halbliturg. Gedichte auf die 5, seltener auf die 7 und im 15. Jh. (→Lydgate) auf die 15 Freuden Mariens (→Maria, C. VI). Gedichte auf den hl. Namen finden sich schon in den →Harley Lyrics, dann bei →Rolle und →Hilton, oftmals verbunden mit Themen der Bußliteratur oder mit Meditationen über die Passion (vgl. auch die von Gebeten begleiteten Gedichte auf die 5 oder 7 Wunden und die →arma Christi). Versionen populärer lat. Hymnen sind von anonymen und namentl. bekannten Autoren wie Herebert, Lydgate und →Ryman (→*carols*) überliefert. Gedichte auf die Elevation der Hostie sind dagegen weitgehend unabhängig von lat. Vorbildern. Die im Gegensatz zu den Hymnen ursprgl. in Prosa gehaltenen liturg. orationes und collectae tauchen auch in Versform auf. Invokationen und Gebete finden sich häufig als Teile größerer Werke. R.e mit polit. Hintergrund erscheinen im 15. Jh. Der volkstüml. Charakter zeigt sich oftmals durch einfaches Reimschema und die Art der Überlieferung. K. Bitterling

Bibliogr.: CAMERON, OE Texts, 25–306 – C. BROWN–R. H. ROBBINS, The Ind. of ME Verse, 1943 [Suppl., 1954] – *Ed.:* ASPR VI – *Lit.:* R. WOOLF, The Engl. Religious Lyric in the MA, 1968 – P. REVELL, 15th Cent. English Prayers and Meditations, 1975.

IV. DEUTSCHE LITERATUR: Gereimte Gebete in dt. Sprache gibt es seit ahd. Zeit. Sie stehen am Rande der kirchl. Gebrauchslit., deren kathechet. Hauptstücke aus dem Lat. übertragene Prosatexte waren. Die Überlieferung ist zunächst spärlich und eher zufällig: um 900 Bitten um Erbarmen in zweimal zwei Langzeilen am Ende der Freisinger Otfrid-Hs. (→Otfrid) und auf dem Vorsatzblatt eines Liber poenitentialis das »Augsburger Gebet« mit lat. Vorlage. Aus dem 12. Jh. sind an verschiedene Adressen gerichtete R.e überliefert, die meist von liturg. Ansätzen ausgehen (Meßopfer, Beichtgebet, Litanei, Ave Maria), in ihrer erweiterten Ausgestaltung bis zu über 1000 Verse (Heinrichs Litanei) aber den gottesdienstl. Rahmen verlassen und der gemeinschaftl. Erbauung dienen. Die →Sündenklagen bilden eine bes. Gruppe versifizierter Beichtgebete. Aus dem 13. Jh. sind zahlreiche R.e bekannt, die Breite ihrer Existenzformen ist im Zuge der wachsenden Literaturproduktion und -überlieferung des SpätMA jedoch schwer zu überschauen. Faßbar sind sie im Repertoire von Berufsdichtern (→Marner, → Stricker, →Kanzler u. v. a.) als Paraphrase feststehender Gebete (Vaterunser), als Ausdruck von Bitte, Dank und Verehrung an Gott, Heilige und insbes. an Maria gewandt. Die im 15./16. Jh. unter dem Einfluß verschiedener religiöser Bewegungen entstandenen Gebets- und Andachtsbücher, wie z. B. die dt. Fassungen des →»Hortulus animae«, enthalten entsprechende R.e. In stiller Andacht und öffentl. Vortrag sollte die Reimform den z. T. strophisch gegliederten Gebeten Intensität und repräsentativen Charakter verleihen. Einen eigenen Typ stellen prologartige Gebete zu umfangreichen lit. Werken dar, die, an die lat. Tradition anknüpfend, den Gattungshorizont der eingeleiteten Texte (Legenden- und Geschichtsepik) eröffnen, wie z. B. im »Willehalm« →Wolframs v. Eschenbach und in der »Weltchronik« →Rudolfs v. Ems. U. Schulze

Lit.: W. HAUBRICHS, Gesch. der dt. Lit., 1, 1: Die Anfänge, 1988, 294–300 – D. KARTSCHOKE, Gesch. der dt. Lit. im frühen MA, 1990, 166, 387–391 – H. DE BOOR, Gesch. der dt. Lit. 3, 1: Zerfall und Neubeginn, 1962, 446–452 – J. HEINZLE, Gesch. der dt. Lit., 2, 2: Wandlungen und Neuansätze im 13. Jh., 1984, 186f. [jeweils mit Angaben zu Edd. und Lit.] – Verf.-Lex.² IV, 147–154 [s.v. Hortulus animae, P. OCHSENBEIN] – E. C. LUTZ, Rhetorica Divina. Mhd. Prologgebete und die rhetor. Kultur im MA, 1984.

Reimgedicht (»Riming Poem«), im →Exeter-Buch erhaltene ae. →Elegie. Im ersten Teil (Z. 1–42) blickt der Sprecher auf ein freudvolles Leben als erfolgreicher Mann hohen Ranges zurück, im zweiten (Z. 43–79) beklagt er den Zerfall seiner Welt, im dritten (Z. 80–87) findet er Trost im Jenseits. Das Gedicht erhielt seinen (modernen) Namen, weil es neben der im Ae. üblichen →Alliteration durchgehend Reime am Ende fast jeder Halbzeile vorweist. Reime kommen zwar stellenweise in der ae. Dichtung vor, aber das R. ist einzigartig in der konsequenten Anwendung. Verband man ursprgl. die Reime mit denen der an. Form der *Runhenda*, neigt die Forsch. heute mehr dazu, den Ursprung der Reime in denen der lat. Hymnen zu sehen. Da das Buch Hiob Ähnlichkeiten mit dem Thema des R.s aufweist, wurde es als Q. angesehen. Doch wird das Thema der Vergänglichkeit der Welt in der ae. Elegie so häufig behandelt, daß sich keine einzelne Q. feststellen läßt. Stilist. wird das R. nicht sehr hoch eingeschätzt: Der durchgehende Reim steht dem Verständnis des Gedichts oft entgegen. G. Wieland

Bibliogr.: NCBEL I, 299 – RENWICK-ORTON, 188 – S. B. GREENFIELD–F. C. ROBINSON, A Bibliogr. of Publ. on OE Lit., 1980, 262 – *Ed.:* ASPR III, 166ff. – O. D. MACRAE-GIBSON, The OE Riming Poem, 1983 – *Lit.:* D. PEARSALL, OE and ME Poetry, 1977 – J. W. EARL, Hisperic Style in the OE »Rhyming Poem«, PMLA 102, 1987, 187ff. – A. L. KLINCK, The Riming Poem: Design and Interpretation, NM 89, 1988, 266ff.

Reimoffizium (historia rhythmata oder rimata), eine vom 9. bis 16. Jh. in Frankreich und Dtl. (bes. bei den Franziskanern) beliebte Form des Offiziums, bei dem – mit Ausnahme der Ps, Lektionen und Orationen – alle Teile der Stundengebete eines ganzen Tages, ausgehend von Bibeltexten und Hl.nviten (»historiae«), in rhythmisierter und gereimter Fassung gehalten werden. Als Quelle ist das R.en Zeugnisse für den Übergang von der Metrik zur akzentuierten Rhythmik und von der Assonanz zum Endreim, musikal. für die Ausbildung fester Tonformeln und die Anordnung nach Kirchentönen. Als Höhepunkt der R.en gilt das 13. Jh., das Tridentinum schaffte sie ab.

H. Leuchtmann

Lit.: MGG s.v. – NEW GROVE s.v. Rhymed office – RIEMANN s.v. – Analecta hymnica medii aevi, hg. G. M. DREVES–C. BLUME, V, XIII, XVII, XVIII, XXIV–XXVI, XXVIII, XLV, 1886–1922 – R. JONSSON, Historia: Ét. sur la genèse des offices versifiés, 1968 – K.-H. SCHLAGER, R., Gesch. der kath. Kirchenmusik, I, 1972, 293ff.

Reimprosa, Prosa, deren Pausen mit →Reimen ausgestattet sind; die stilist. Absicht ist gewöhnl. um so deutlicher, je weniger sich der Reim ledigl. aus ident. Flexionsendungen ergibt; u. U. sind Haupt- und Nebenreim zu unterscheiden (Kola und kleinere Sprechpausen). Verschiedene Reimbindungen sind nebeneinander möglich: Paarreim (aabb, die häufigste Form), Kreuzreim (abab), umfassender Reim (abba), Tiradenreim (aaaa...), Binnenreim, Schlagreim (unmittelbar aufeinanderfolgende Reimwörter: nolens volens) u. a. Auch in konsequent durchgeführter R. sind Waisen (reimlose Pausen) gewöhnl. zugelassen. Bis zum 11./12. Jh. ist der Reim (wie in der Poesie) im Prinzip einsilbig, mehrsilbiger Reim ergibt sich vielfach von selbst. Im 12. Jh. wird Zweisilbigkeit des Reims verbindl. Der Reim ist nicht an ein bestimmtes Akzentschema gebunden, auch nicht bei gleichzeitigem Schmuck der Prosa durch →Cursus. – In der Antike wird Prosareim vereinzelt angewendet (häufig von Apuleius), von den chr. Schriftstellern (z. B. Augustinus, Leo d. Gr., Caesarius v. Arles) bedeutend häufiger, v. a. in den Predigten. Im FrühMA pflegen →Venantius Fortunatus und →Isidor v. Sevilla in auffallender Weise die R., dieser bes. in den »Synonyma« (daher bei Bernhard v. Meung [s. u.] und anderen der Ausdruck: »stilus Isidorianus«). Danach bis zum 10. Jh. wird der Prosareim nur gelegentl. gebraucht, eine auffallende Ausnahme bilden die Briefe zw. Frodebert und Importunus (vgl. BRUNHÖLZL I, 529). Vielbeachtet ist die R. der →Hrotsvit, bes. dicht und kunstvoll, mit vielen Reimspielen, die des →Gallus Anonymus; viele andere, z. T. sehr verbreitete Autoren schreiben in manchen Werken R., u. a. Anselm v. Canterbury, Honorius Augustodunensis, Bernhard v. Clairvaux, Richard v. St-Viktor. Nach dem 13. Jh. ist R. anscheinend nur noch in isolierten Beispielen zu finden, auffallend ist die konsequente R. des →»Speculum humanae salvationis« mit nahezu versartig gleichlangen Kola. – In der Theorie (→Rhetorik, →Ars dictandi) ist von Prosareim meist nur undeutl. beim Redeschmuck im Zusammenhang mit dem Homoioteleuton die Rede. Deutlich äußern sich →Beda, De schematibus et tropis I, 12sq., →Johannes de Garlandia (Parisiana poetria V, ed. T. LAWLOR, 1974, 106–108), nach →Bernhard v. Meungs Summa dictaminis (ebd., 257), ferner →Galfridus de Vino Salvo, Documentum (ebd., 330). G. Bernt

Lit.: K. POLHEIM, Die lat. R., 1925 – J. B. HOFMANN, Lat. Syntax und Stilistik, neubearb. v. A. SZANTYR, 1965, 704ff. [Antike und patrist. Zeit].

Reims, Stadt und Ebm. in Nordfrankreich, Champagne (dép. Marne).
I. Bistum und Erzbistum – II. Stadt.

I. BISTUM UND ERZBISTUM: [1] *Geschichte:* 'Durocortum' war Vorort der Civitas der galloröm. Remi, gelegen an der Stelle, an der die Vesle die Kreidefelsen der Île-de-France durchbricht. Die Stadt wurde um die Mitte des 3. Jh. vom hl. Sixtus christianisiert, Sixtus' Bruder Sinicius widmete sich zur gleichen Zeit der Bekehrung von Soissons. Das Gebiet der 'Civitas Remorum' wurde zum Bm. R., das sich im N bis Thiérache und zur Südflanke der Ardennen hin erstreckte und im O den Lauf der →Maas überschritt. Im NW wurde das Gebiet durch den hl. →Remigius, vor 511, abgetrennt, um die Diöz. →Laon zu bilden. Unter →Hinkmar (845–882) treten die ersten Diakonate und Archidiakonate auf. Am Ende des 12. Jh. plante Ebf. Wilhelm v. Champagne die Schaffung einer eigenen Diöz. →Mouzon, bestehend aus denjenigen pagi, die auf dem Gebiet des Imperiums lagen (östl. der Grenze von 843, →Verdun, Vertrag v.), d. h. Castrice, Mouzonnais und Dormois, doch mißlang der Plan. Wilhelm, der erste Ebf., der den Titel eines →Kardinals trug, schuf in R. das →Offizialat.

Der Bf. v. R. war Metropolitan der Belgica II, der von Diokletian am Ende des 3. Jh. geschaffenen Provinz. Seine Jurisdiktionshoheit erstreckte sich somit über die Diözesen beiderseits der alten 'Via Agrippa', die in Richtung auf Kanal und Nordsee verlief. Von daher waren die Bf.e kirchl. und polit. stets am merow. →Neustrien interessiert, auch während der Zeit, in der R. zu →Austrien gehörte. Angeklagt des Verrats, wurde Bf. Aegidius 590 auf Befehl der Kgn. →Brunichild abgesetzt.

Durch das Konzil v. →Soissons (744) wurde der Metropolitanbf. v. R. zum Ebf. erhoben. →Hinkmar v. R. (845–882) verstand es, seine Autorität gegenüber den Suffraganen, v. a. den Bf.en v. Soissons und Laon, durchzusetzen, wobei er die Ansprüche des Ebf.s v. →Trier auf den Primat (→Primas) über Belgica I und II zurückwies, ebenso aber auch die Prätention des Ebf.s v. →Sens auf den päpstl. →Vikariat in Gallien und Germanien. Der Titel des Primas der Belgica II wurde 1089 dem Ebf. v. R. durch →Urban II., der in jungen Jahren dem R.er Domkapitel angehört hatte, zuerkannt. Dieser Papst rekonstituierte 1093 das Bm. →Arras, das bis dahin mit dem (zum Imperium gehörenden) Bm. →Cambrai vereinigt gewesen war. Nach Abtrennung von →Noyon und →Tournai (1146) hatte R. elf Suffragane, die der große Ebf. Heinrich v. →Braine im 13. Jh. auf den Glasfenstern seiner Kathedrale abbilden ließ (→Soissons, dann →Beauvais, →Noyon, →Tournai, →Senlis, →Cambrai, →Arras, →Thérouanne, →Amiens, →Châlons, schließlich →Laon).

Wichtigster Amtsakt der Ebf.e v. R. war die Vornahme der Königsweihe (→Sacre royal). Während der Konflikte des späten 9. und frühen 10. Jh. hatte sich noch der Ebf. v. Sens, der die →Robertiner gegen die →Karolinger unterstützte, wiederholt in die Angelegenheiten v. Compiègne, R. und Soissons eingeschaltet. Seit 936 ließen sich die Karolinger, die in Laon Zuflucht gesucht hatten, vom Ebf. v. R. weihen; Ebf. →Adalbero salbte 987 zu Noyon →Hugo Capet, der ihm den Thron verdankte. Adalbero, der sich nun seinerseits über die Rechte des Ebf.s v. Sens hinwegsetzte und vielleicht einen Primat über das gesamte Gallien anstrebte (diesen forderte Ebf. →Gervasius 1059, gestützt auf ein Ps.-Privileg des Papstes Hormisdas), weihte →Robert d. Fr. zu Orléans im selben Jahr. Erst ab 1027 setzte sich die Kathedrale v. R. als Ort der Königsweihe durch (33 Weihen, mit Ausnahme der beiden Ludwigs VI., 1108, und Heinrichs IV., 1594). 1131 fand zum ersten Mal die hl. Ampulle, die die Mönche v. St-Remi bewahrten, Verwendung. Der Kg. nahm auch die Gewohnheit an, sich nach der Weihe in das Sanktuarium des hl. →Marculf zu →Corbény zu begeben, um dort die →Skrofeln zu heilen.

Seit dem 9. und 10. Jh. – und bes. in der Zeit von 949 bis 1059 – verzeichnete R. einen starken Zuwachs an polit. Gewicht. Wichtige Ebf.e dieser Periode waren: →Ebo (816–835, 840–841), der 833 maßgebl. die Entthronung →Ludwigs d. Fr. durchsetzte, 835 aber selbst abgesetzt wurde; →Hinkmar (845–882), der große Helfer →Karls d. K.; →Fulco (883–900), der →Karl d. Einfältigen gegen →Odo lancierte; →Heriveus (900–922), der die Christianisierung der Normannen (→Normandie) nachhaltig förderte; im weiteren 10. Jh. dann Séulf, Hugo v. Vermandois und sein Gegenspieler Artaldus, Odelrich (962–969) sowie →Adalbero (969–989), der lotharing., dem Imperium zugewandte Kirchenpolitiker; schließlich der Karolinger →Arnulf (989–991, 997–1021), der Hugo Capet verriet. Im 10. Jh. und in der 1. Hälfte des 11. Jh. waren die Ebf.e bestrebt, das Amt des →Erzkanzlers zu monopolisieren.

Es ist denkbar, daß Kg. Ludwig IV. Transmarinus 940 dem Ebf. Artaldus den 'comitatus' übertragen hat, doch blieb dieses Zugeständnis unter den herrschenden Bedingungen toter Buchstabe, da die Gft.en Laon, R. und Châlons bald wieder vom Kgtm. in die Hand genommen und um 968 dem Pfalzgf.en →Heribert III. d. Ä. übertragen wurden. Erst 1023 gelang es Ebf. Ebalus mit Unterstützung Kg. Roberts d. Fr., die Grafenrechte in der Bischofsstadt vom Gf.en v. →Champagne, →Odo II. (dem Großneffen Heriberts), zu kaufen; 1060 konnte dann sein Nachfolger Gervasius den Sohn Odos, →Tedbald I., aus der Abtei St-Nicaise, die ihm in R. als Residenz gedient hatte, verdrängen. Allmähl. bauten die Ebf.e das ebfl. Territorium auf, zu dem primär der größte Teil des Grundbesitzes in der Bf.sstadt selbst gehörte, dann (seit dem 12. Jh.) die ländl. Kastellaneien Cormicy, Chaumuzy, Courville, Sept-Saulx, Bétheniville und das (zum Imperium gehörende) →Mouzon. Erst Kg. Karl V. sollte Mouzon im Tausch gegen Vailly-sur-Aisne erwerben (1379).

Im späten 12. Jh. kam, im Zeichen einer »Rückbesinnung« der kapet. Monarchie auf die karol.-»frk.« Ursprünge, die Idee der zwölf →Pairs de France auf, erstmals wohl anläßl. der Weihe →Philipps II. Augustus (1179) durch den R.er Ebf. Wilhelm v. Champagne, der von mütterl. Seite her Onkel des Kg.s war. Der Ebf. v. R. hielt unter den Pairs, zu denen vier seiner Suffragane zählten, den höchsten Rang. Zwecks Wahrung der Parität gegenüber den sechs weltl. Pairs wurden auch die sechs geistl. Pairs mit weltl. Titeln ausgestattet: Der Ebf. v. R. nannte sich seit 1319 'Hzg. v. R.'.

[2] *Sakraltopographie:* Die erste Kathedrale, geweiht den hll. Aposteln, wurde errichtet im Innern des elipt. Mauerrings (60 ha), der um 275 zum Schutz vor den Barbareninvasionen angelegt worden war. Eine zweite Kathedrale entstand auf dem Gelände der röm. Thermen durch den hl. Nicasius, einen Orientalen, der sie dem Patronat der hl. Jungfrau Maria unterstellte. In diesem Bauwerk, das vor dem Vandaleneinfall von 407 errichtet worden war, vollzog der hl. →Remigius am Weihnachtstag 498 die Taufe →Chlodwigs. Im 6. Jh. wurde in der Nähe ein Hospital errichtet; nahe dem südl. Stadttor (Porte Basée), das zum Viertel der Basiliken führte, entstand die Abtei St-Pierreles-Dames. In dieser 'extra muros' gelegenen, mit Nekropolen durchsetzten Vorstadt lagen zwei Friedhofsbasiliken (→Basilikakl.): die eine war St-Vital et St-Agricole, errichtet vom Magister equitum Iovinus um 370 als eigene Begräbnisstätte und später unter dem Namen *St-Nicaise* bekannt, die andere war *St-Remi*, erbaut am Platz der Kapelle St-Christophe, in der der hl. →Remigius um 530 bestattet worden war. Am Ende des 8. Jh. wurde die Basilika durch Ebf. Tilpin (die hist. Vorbildfigur des Ebf.s 'Turpin' des →Rolandsliedes) in eine Benediktinerabtei umgewandelt. Andere Abteien wurden im 6. Jh. und frühen 7. Jh. im Umland gegr.: *St-Thierry, St-Basle de Verzy,* im Marnetal *St-Pierre de* →*Hautvillers* und die Frauenabtei *St. Pierre d'Avenay.*

Die Kaiserkrönung →Ludwigs d. Fr. durch Papst →Stephan IV. (816) fand noch in der von Nicasius geweihten Bischofskirche statt, doch unternahm Ebf. Ebo bald darauf einen Neubau mit den Steinen der röm. Stadtmauer, die wegen der Friedenszeit nicht mehr benötigt wurde. An der Fassade waren Papst und Ks. dargestellt. Die Weihe der neuen Kathedrale wurde 862 von Hinkmar zelebriert. Ebo und Hinkmar sind bekannt als Initiatoren des glanzvollen →Skriptoriums v. R. und Hautvillers, aus dem berühmte karol. Hss. (→Ebo-Evangeliar, →Utrecht-Psalter) hervorgingen.

Die Normanneneinfälle nötigten Ebf. Fulco am Ende des 9. Jh. zur Wiederherstellung der Mauer. Séulf ließ St-Remi mit einer Befestigung umgeben (923–925). Diese reiche Abtei, deren →Polyptychon des 9.-11. Jh. erhalten ist, wurde 945 von Ebf. Hugo, mit Hilfe Erchamberts v. →Fleury, reformiert und fungierte als monast. Pflanzschule für die übrigen, von Artaldus (St-Basle, 952) und Adalbero (Mouzon, 971, und St-Thierry, 972) restaurierten Monasterien. Die genannten Abteien gehörten zur Mensa episcopalis und unterstanden der Jurisdiktion des Ebf.s.

Adalbero baute das →Westwerk der Kathedrale um, reformierte das Kathedralkapitel, ebenso das Kapitel der nahen, extra muros gelegenen kleinen Kollegiatkirche St-Denis. Er entwickelte die bedeutende →Domschule gemeinsam mit dem Domscholaster →Gerbert v. Aurillac, der 991–997 Ebf. war, 999 Papst wurde (Silvester II.). Im 10. Jh. wirkten die beiden großen R.er Geschichtsschreiber: der Kanoniker →Flodoard († 966) als Verf. der »Historia Remensis Ecclesiae«, und der Mönch →Richer v. St-Remi († nach 998) als Autor der »Hist. Francorum«. Nach einem Verfall des Bildungswesens, der ein Dreivierteljahrhundert andauerte, blühte die Domschule ab 1065–75 erneut auf und wurde von Persönlichkeiten wie →Bruno dem Kartäuser, →Gottfried v. Reims und →Alberich (1118–36), dem Gegner Abaelards, geprägt. Als im 13. Jh. Kollegien (Bons-Enfants, Ecrevés) gegr. wurden, hatte R. aber bereits seine Ausstrahlung als Bildungsstätte verloren.

In der 1. Hälfte des 11. Jh. erfolgte durch Abt Herimar der großzügige roman. Neubau der Abteikirche St-Remi. Die Weihe nahm Papst Leo IX. 1049 vor (→Reims, Synoden, Konzilien). Um 1130 entstanden auf Initiative des Abtes Odo die Grabmonumente für Hinkmar und die letzten Karolinger Ludwig IV. und Lothar. Abt →Petrus v. Celle (1162–80) ließ Teile des roman. Kirchenbaus in frühgot. Stil umgestalten.

Um 1060 wurde die Abtei St-Nicaise (ebenso wie die Kollegiatkirche St-Denis) im Auftrag des Ebf.s Gervasius wieder instandgesetzt. Vom got. Umbau der Abteikirche St-Nicaise (durch den Baumeister Libergier) ist nichts mehr erhalten. Ab 1211 und bis ca. 1270 erfolgte unter Leitung des Baumeisters Jean d'Orbais der got. Neubau der Kathedrale, eines der Hauptwerke der frz. Kathedralgotik. Im 14. Jh. wurde an der Fassade die Königsgalerie eingefügt, im 15. Jh. traten die Glockentürme hinzu – Baumaßnahmen, die das heutige Erscheinungsbild der Kathedrale v. R. bestimmen.

II. STADT: Die Bischofsstadt, deren Gestalt eiförmig ist, war seit dem späten 3. Jh. ummauert und bewahrt die Spuren der röm. Topographie. Der →Cardo, dessen Verlauf seit der Zeit Ebos wegen des Chores der Kathedrale leicht verändert wurde, mündete im N auf das Marstor (Porta Martis), im S auf die Porte Basée. Der →Decumanus lief von der Porte de Vesle auf die Porte Chacre (= Gefängnis) zu. Im W des Decumanus konzentrierte sich in den Pfarreien St-Pierre und St-Hilaire der Großteil der städt. Laienbevölkerung. Im O, insbes. im sö. Bereich, nahe der Kathedrale und dem Kreuzgang, lebte der Regular- und Säkularklerus. Im 12. Jh. entwickelten sich vor den Toren große vorstädt. Siedlungen (*faubourgs*). Etwa 1 km vor der Porte Basée entstand seit dem 10. Jh. das 'castrum' v. St-Remi als zweiter Kern der Siedlungsentwicklung. Im Raum zw. Cité und St-Remi siedelte sich Bevölkerung entlang zweier paralleler Achsen an (Rue du Barbâtre, Rue Neuve).

Am Ende des 12. Jh. und am Beginn des 13. Jh. erfolgten durch den Ebf. große Aufsiedlungen (Kirche St-Jacques, ebfl. Gärten: 'le jard', schlecht entwässertes Viertel 'Venise'). Das Kathedralkapitel förderte die Besiedlung entlang der Rue de Vesle, der Abt v. St-Remi dagegen das Viertel 'Frichambaut', das zw. der Abtei und der Vesle lag. Die städt. Agglomeration umfaßte schließlich ca. 15 000 Bewohner, die verschiedenen Herren unterstanden: Der Bannbezirk des Ebf.s war der mit Abstand ausgedehnteste Bereich, der Bezirk des Kathedralkapitels war (intra muros) recht eingeschränkt, der Bezirk v. St-Remi umfaßte das Gebiet um die Abtei, der Bezirk v. St-Nicaise war nur klein. Dominikaner, Klarissen (1219) und Franziskaner errichteten ihre Konvente im frühen 13. Jh., Karmeliter und Augustiner zw. 1280 und 1320.

R. hatte Anteil an der weiträumigen Zone der Tuchverarbeitung, die sich von der Marne bis zur Nordsee erstreckte. Die R.er Weber produzierten als *serge* bezeichnete Gewebe, v. a. aber Leinwand, die in den Geschäftsbüchern des Francesco →Datini aus →Prato unter dem Namen 'Renzo' erwähnt wird und nicht nur im Ostsee- und Mittelmeerraum, sondern auch im Schwarzmeerraum und Persien verbreitet war. Weniger bedeutend waren die anderen Gewerbe (Leder-, Holz-, Metallverarbeitung, Kunsthandwerker). Seit dem Ende des 12. Jh. gehörte R. der →'Hanse der XVII Städte' an und trieb Handel auf den →Champagnemessen (→Troyes, →Bar-sur-Aube, →Provins, →Lagny), hatte als Marktort selbst aber nur geringe Bedeutung.

Der demograph. und wirtschaftl. Aufstieg über ein gutes Jahrhundert erklärt, daß die Bürger v. R. sich aktiv an der kommunalen Bewegung Nordfrankreichs (→Kommune II) beteiligten. 1139 nutzten die unter ebfl. Bannrecht stehenden Bewohner während einer Sedisvakanz die Schwächung der ebfl. Gewalt, um von Kg. Ludwig VII. ein dem Statut v. →Laon nachgebildetes städt. Privileg zu erlangen. Der neue Ebf., Sanson, konnte dieses Zugeständnis des Kg.s noch einmal mit Hilfe des Kathedralkapitels, des Abtes v. St-Remi und der Bewohner ihrer Bannbezirke rückgängig machen. Gegen Ebf. →Henri de France brach aber 1167 ein neuer Aufstand aus, der mit Hilfe des Gf.en v. →Flandern unterdrückt wurde. Ebf. Wilhelm v. Champagne jedoch verlieh den Bewohnern 1182 eine Charta, gen. 'Willelmine', die →Schöffenamt und Justizausübung regelte. 1236 erhoben sich die Bürger gegen Ebf. Heinrich v. Braine, der ihnen die Herausgabe der Stadtschlüssel verweigert hatte. Die ersten Ansätze zu einer Redaktion der städt. Gewohnheitsrechtes datieren von 1262.

1317 setzte der Kg. einen Stadthauptmann (*capitaine de ville*) ein, der die Rechte des Kg.s und der Bürger zu wahren hatte. Mit dem Beginn des →Hundertjährigen Krieges oblag diesem v. a. die Verteidigung; der mächtige, die einzelnen Viertel und Bannbezirke umfassende Mauerzug (228 ha), der bereits unter Philipp II. Augustus (um 1209) begonnen worden war und auf Befehl Philipps d. Schönen fortgeführt wurde, konnte erst 1358 vollendet werden. Seit 1346 standen sechs städt. 'Erwählte' (*élus*) dem Capitaine bzw. seinem *Lieutenant* zur Seite. Am Ende des 15. Jh. wurde der (gewählte) Lieutenant zum obersten städt. Magistratsherrn.

Während des →Hundertjährigen Krieges war R. Ziel einer engl. Belagerung (4. Dez. 1359 – 17. Jan. 1360), durch die →Eduard III. die Weihe zum Kg. v. Frankreich erzwingen wollte. Das Mißlingen dieses Angriffs führte schließlich zum Frieden v. →Brétigny (8. Mai 1360); R. hatte den 30. Teil des Lösegeldes für Kg. →Jean II. zu zahlen. Weitere engl. 'chevauchées' (Streifzüge) bedrohten die Stadt 1370 und 1380. 1417 bemächtigten sich ihrer die Burgunder (→Armagnacs et Bourguignons). Nach Aufhebung der Belagerung v. →Orléans (8. Mai 1429) führte →Jeanne d'Arc den 'Dauphin' →Karl VII. zur triumphalen Königsweihe nach R. (17. Juli 1429).

Ein Inventar der städt. Vorratshaltung und Armenversorgung erlaubt eine Schätzung der Bevölkerung, die 1422 wohl ca. 9000 Einw. betrug, unter ihnen offenbar zahlreiche arme Personen, die auf Steuererlaß hofften. Nachdem Ludwig XI. anläßl. seiner Königsweihe 1461 eine Aufhebung der →Taille in Aussicht gestellt hatte, kam es bald darauf zu einer Revolte gegen die Steuereintreiber des Kg.s ('Miquemaque'). Die Stadtbevölkerung stieg im späten 15. Jh. stark an; sie belief sich 1480 auf 10 678 Bewohner, die (nicht mitgezählte) arme Bevölkerung umfaßte wohl über 2000 Personen. M. Bur

Q.: Flodoard →Richer v. Reims – P. Varin, Archives administratives de la ville de R., 1839–48 – Ders., Archives législatives de la ville de R., 1840–53 – Th. Gousset, Les actes de la Province ecclésiastique de Reims, 1842–44 – A. Longnon, Pouillés de la Province ecclésiastique de R., 1908 – P. Demouy, Actes des archevêques de Reims d'Arnoul à Renaud II (997–1139) [masch. 1982] – Le polyptyque et les listes de cens de l'abbaye de Saint-Remi de R. (IXe–XIe s.), ed. J. P. Devroey, 1984 – Registre de délibérations du conseil de ville de R. (1422–36), ed. S. Guilbert, 1990–91 – Cart. de St-Nicaise de R. (XIIIe s.), ed. J. Cosse-Durlin, 1991 – Gerbert d'Aurillac, Correspondance, ed. P. Riché, 1993 – →Mouzon [M. Bur, 1989] – *Lit.*: G. Marlot, Metropolis Remensis Hist., 1666–79 – A. Longnon, Études sur les pagi de la Gaule, II: Les pagi du dioc. de R., 1872 – G. Humbert, Institutions municipales et administratives de la ville de R. sous l'Ancien Régime, 1910 – G. Boussinecq–G. Laurent, Hist. de R. depuis les origines jusqu'à nos jours, 1933 – F. Vercauteren, Études sur les civitates de la Belgique Seconde…, 1934 – J. Leflon, Hist. de l'église de R. du Ier au IVe s., 1941 – P. Lestocquoy, L'origine des évêchés de la Belgique Seconde, RHEF 32, 1946, 41–52 – J. Hourlier, Le monastère de St-Remi de R. …, Mém. de la Société d'Agriculture … de la Marne, 75, 1960, 37–56 – H. Zimmermann, Otton. Stud., I, MIÖG 20, 1, 1962, 122–190 – H. Reinhardt, La cathédrale de R., 1963 – J. R. Williams, The Cathedral School of R. in the Time of Master Alberic (1118–36), Traditio 20, 1964, 93–114 – A. Salet, Le premier colloque internat. de la Société française d'Archéologie (R., 1–2 juin 1965) – Chronologie de la cathédrale, BullMon 125, 1967 – Ch. Petri, Remarques sur la topographie chrétienne des cités de la Gaule entre Loire et Rhin des origines au VIIe s., RHEF 62, 1974, 189–204 – F. Poirier-Coutansais, Gallia Monastica, I: Les abbayes bénédictines du diocèse de R., 1974 – L. Schmugge, Ministerialität und Bürgertum in R., Francia 2, 1974, 152–212 – Brühl, Palatium I – A. Prache, St-Remi de R. L'œuvre de Pierre de Celle … , 1977 – P. Desportes, R. et les Rémois aux XIIIe et XIVe s., 1979 – R. Kaiser, Bf.sherrschaft zw. Kgtm. und Fs.enmacht, 1981 – R. Hamann-Mac Lean, Die R.er Denkmale des frz. Kgtm.s im 12. Jh. Zur Bildung der frz. Nation im Früh- und HochMA, hg. H. Beumann, 1983), 94–259 – R. McKitterick, The Carolingian Kings and the See of R. (Stud. J. M. Wallace-Hadrill, 1983), 228–249 – P. Demouy, F. Pomarède, R. Laslier, R. Panorama monumental et architectural des origines à 1914, 1985 – P. Kurmann, La façade de la cathédrale de R., 1987 – M. Stratmann, Hinkmar v. R. als Verwalter von Bm. und Kirchenprov., 1991 – M. Bur, Adalbéron, archevêque de R., reconsidéré (Le Roi de France et son royaume autour de l'An Mil, 1992), 55–64 – M. Sot, Un historien et son église: Flodoard de R., 1993 – →Champagne [M. Bur, 1977] – →Flodoard [P. Chr. Jacobsen, 1978] – →Fulco [G. Schneider, 1973] – →Heriveus [G. Schmitz,

1978] – →Hinkmar [J. Devisse, 1976] – →Richer [H. H. Kortüm, 1985].

Reims, Synoden und Konzile. [1] *Frühmittelalter:* Nach →Hinkmar soll der hl. →Remigius ein Konzil abgehalten haben; Ort und Zeitpunkt sind unbekannt. →Flodoard berichtet u. a. von einem Provinzialkonzil unter Vorsitz des Ebf.s Wulfhard (814). Erst unter Ebf. Hinkmar (845–882) fanden jedoch bedeutende Synoden statt, die am Ende des 9. Jh. auf legislativem Gebiet sogar die Schwäche der Königsgewalt auszugleichen vermochten. Hinkmar hinterließ in Gestalt der Akten des Konzils v. Fismes (881), in denen er ein klares Konzept von 'potestas regia' und 'auctoritas pontificum' artikuliert, gleichsam ein Testament seines polit. und kirchenreformer. Denkens. Bedeutsam war auch das Konzil v. Trosly, das Ebf. →Heriveus 909 mit neun Suffraganen, dem Ebf. Guido v. Rouen und dem Bf. Hubert v. Meaux abhielt und das die Mißstände der Gesellschaft aus pastoraler und moral. Sicht beheben wollte.

Eine wichtige Rolle spielten die Synoden v. Mouzon (948), Verzy (991) und nochmals Mouzon (995) im Zusammenhang mit den Prozessen um umstrittene Prälaten (Artaldus, Hugo v. Vermandois, →Arnulf und →Gerbert v. Aurillac). Eine Sonderstellung hatte die monast. Synode v. Mont-Notre-Dame, präsidiert von Abt Rodulf v. St-Remi, in Gegenwart Ebf. →Adalberos, die über die Frage der Einführung einer Variante der ags. →Regularis concordia in den Kl. der Diöz. beriet (973/983).

[2] *Die großen Reformkonzilien:* Mit dem 11. Jh. wurde R. (neben der Weiterführung der regulären Synodaltätigkeit) zum Schauplatz allg., vom Papst geleiteter Reformkonzilien. 1049 hielt →Leo IX. das große Konzil von St-Remi de R. ab, dem am 1. Okt. die Translation der Remigius-Reliquien, am 2. Okt. die Weihe der neuen Remigius-Basilika vorausgingen. Das eigtl. Konzil am 3.–5. Okt. (Beschreibung von →Anselm v. St-Remi), an dem die Ebf.e v. R., Trier, Besançon und Lyon, 20 Bf.e (darunter ein engl.), fast 50 Äbte und zahlreiche Kleriker teilnahmen, beriet die Fragen der →Simonie, der Usurpation von Kirchengut sowie der Kirchenschänder- und ehebrecher. Verbindungen. Zwölf Canones wurden erlassen, die Bf.e v. Langres und Nantes wurden exkommuniziert bzw. abgesetzt.

Im Okt. 1119 hielt →Calixt II. in der Kathedrale ein Konzil zur Beendigung des →Investiturstreites ab, mit 15 Ebf.en (u. a. v. Mainz, Rouen), 200 Bf.en aus Frankreich, Lothringen, Dtl., Italien, Spanien und England und etwa ebensovielen Äbten. Am 19. Okt. eröffnet, begann das Konzil mit der Beschwerde des Kg.s v. Frankreich, →Ludwigs VI., über die Felonie seines Vasallen →Heinrich I., Kg.s v. England und Hzg.s v. →Normandie, was zu Spannungen zw. den anglo-norm. Bf.en und den übrigen führte. Am 22. und 26. begab sich der Papst nach Mouzon zu einer Begegnung mit Ks. →Heinrich V., die aber ergebnislos blieb. Am 30. Okt. fand die Schlußsitzung statt. Fünf Canones wurden promulgiert, deren zweiter die Laieninvestitur von Bm.ern und Abteien verbot, während die anderen die Usurpation von Kirchengütern, den →Nikolaitismus und den →Gottesfrieden behandelten. An alle 427 Teilnehmer wurden brennende Kerzen verteilt, die während der Aussprechung des Exkommunikation über den Ks. und den Gegenpapst →Gregor (VIII.) ausgelöscht und zu Boden geschleudert wurden, wonach auch die Lösung der Vasallen des Kg.s v. England von ihrem Treueid verkündet wurde.

Vom 18.–26. Okt. 1131 versammelte →Innozenz II. in der Kathedrale 13 Ebf.e, unter ihnen→Norbert v. Xanten, Ebf. v. Magdeburg, 263 Bf.e aus Frankreich, Dtl., Spanien und England sowie zahlreiche Äbte, Kleriker und Mönche, unter ihnen →Bernhard v. Clairvaux. Am 25. Okt. vollzog der Papst die Königsweihe →Ludwigs VII. Die Legitimität seiner Wahl unterstreichend, ließ Innozenz II. den Pierleone-Papst →Anaklet (II.) exkommunizieren und promulgierte 17 Canones (über Simonie, Nikolaitismus, Kirchengüter, Kirchendisziplin, Treuga und Gottesfrieden, Turnierverbot, Verwandtenehe), die weitgehend wörtl. vom II. →Laterankonzil (1139) übernommen wurden.

Am 21. März 1148 ließ →Eugen III. ein 4. Konzil zusammentreten, das die meisten Beschlüsse von 1131 erneuerte. Die Versammlung hörte Bernhard v. Clairvaux, der die Lehre →Gilberts v. Poitiers widerlegte. →Suger präsentierte gemeinsam mit den Bf.en v. Thérouanne und Auxerre dem Papst das →Symbolum (Glaubensbekenntnis), dem der Angeklagte Gilbert und alle anderen beistimmten. Der bret. Häresiarch Eudo (→Éon) v. Stella wurde zur Haft verurteilt.

[3] *Spätes Mittelalter:* Nach der Epoche der großen Reformkonzilien kehrte R. zu den üblichen Diözesan- und Provinzialsynoden zurück. 1157 ließ Ebf. Sanson durch acht seiner Suffragane eine als →Manichäer bezeichnete Ketzergruppe verurteilen. Die Canones der Synoden des 13. und 14. Jh. waren gekennzeichnet von Sorge um die kirchl. Disziplin, aber auch um die 'libertas ecclesiae'. Die letzte große R.er Kirchenversammlung des MA, die am 28. April 1408 im Kollegiatstift St-Denis unter Vorsitz des Ebf.s Guy de Roye stattfand, war mit dem Schisma und den polit. Wirren im Kgr. Frankreich befaßt. Gerson (→Johannes Carlerius) hielt eine Predigt über die Seelsorgepflichten, v. a. über die bfl. Aufgabe der →Visitation der Pfarreien.   M. Bur

Q.: P. Varin, Archives administratives de la ville de R., I, 1839 – Th. Gousset, Les actes de la province ecclésiastique de R., 1842–44 – Hesso, Relatio de concilio remensi (1119), ed. W. Wattenbach, MGH SS XII, 1856 – Anselm v. St-Remi, →Flodoard, Ordericus Vitalis, →Richer v. Reims – *Lit.:* Hefele-Leclercq, I–VIII – O. Pontal, Rép. des status synodaux du dioc. de l'ancienne France, 1963 – R. Foreville, Latran I, II, III et IV, 1965 – J. Devisse, Hincmar, archevêque de R. (845–882), 1976 – G. Schmitz, Das Konzil v. Trosly (909), Überl. und Q., DA 33, 1977, 341–434 – M. Bur, St-Thierry et le renouveau monastique dans le dioc. de R. au Xe s. (St-Thierry, une abbaye du VIe au XXe s., 1979), 39–49 – I. Schröder, Die westfrk. Synoden von 888 bis 987 und ihre Überl., 1980 – O. Pontal, Die Synoden im Merowingerreich, 1986 – H. Wolter, Die Synoden im Reichsgebiet und in Reichsitalien von 916 bis 1056, 1988 – W. Hartmann, Die Synoden der Karolingerzeit im Frankreich und in Italien, 1989.

Reimsprecher. Im 14. Jh. gewinnt mit der Kurzform der Reimpaarrede (*rede*) ein lit. Typ an Bedeutung, dessen themat. Spektrum von myst. Spiritualität bis zum Obszönen, von ethischen Forderungen bis zur Physiognomik reicht und der seinem Publikum Identifikationsmuster für die alltägl. Lebenspraxis anbietet. Unter den Autoren der ausschließl. in Sammelhss. (z. B. Wien, ÖNB, Cod. 2705, um 1270; München, UB, 2° cod. ms. 731 [»Hausbuch des Michael de Leone«], 1348–53; Karlsruhe LB, Fürstenberg Ms. 104 [»Liedersaal-Hs.«], um 1425) weitgehend anonym überlieferten Reimpaarreden ragen einige namentl. bekannte, auf die Gattung spezialisierte R. hervor: Schulbildend wirkte der →Stricker (1. Hälfte 13. Jh.), der auch als Autor höf. Epen hervortrat. Noch ausgesprochen höf. orientiert sind die sechs fragmentar. Gedichte des mittelrhein. (Ps.-)Zilies v. Sayn, Ende 13. Jh.; v. a. Lobreden, Zeit- und Gesellschaftskritiken enthält das Reimredenopus des ostfrk. sog. Kg.s vom Odenwald, um 1350, mit 12 Gedichten das drittgrößte nach den etwa 720 lehrhaften, als Laienunterweisung und Moraldidaxe fungierenden Reimpaarreden →Heinrichs des Teichners (Mitte 14. Jh.) und den 52 Gedichten Peter →Suchenwirts (1320/30–95), der den Komplex der kleineren Reimpaardichtungen um den charakterist. Typ der Ehrenrede bereichert. Als spezif. spätma. Phänomen ist die Reimpaarrede über das 15. Jh. (Hans →Folz, Hans →Rosenplüt) bis ins 16. Jh. (Hans→Sachs) lebendig.   N. H. Ott

Lit.: Verf.-Lex² II, 884–892 [Heinrich der Teichner; I. GLIER]; V, 78–82 [Kg. vom Odenwald; G. KORNRUMPF] – E. LÄMMERT, R.kunst im SpätMA, 1970 – I. GLIER, Artes amandi, 1971 – H. FISCHER, Stud. zur dt. Märendichtung, 1983².

Reinbot v. Durne, mhd. Autor, verfaßte im Auftrag Hzg. Ottos II. v. Bayern (1231–53) und seiner Frau Agnes vielleicht in Wörth a. d. Donau, wohl nach 1246, die bedeutendste mhd. Legende des hl. →Georg (6134 VV). Der Ritterpatron (V. 95) wird als Heidenkämpfer und -missionar (Religionsgespräche mit dem Heidenkg. Dacian), Wundertäter und mehrfacher Märtyrer dargestellt; der Drachenkampf fehlt noch. Die lat. oder frz. Q. ist unbekannt, daher sind eigene Akzentuierungen nicht genau abzugrenzen, aber die Tendenzen zur 'Verritterung' des Hl.n (*ritter kristân* V. 1696/*miles christianus*), zur 'Höfisierung' (unter Einfluß →Hartmanns v. Aue, →Wolframs v. Eschenbach, →Konrads v. Heimesfurt) und 'Didaktisierung' (Allegorie der Burg der Tugend V. 5751–5898) der Legende sind deutlich. Die Auftraggeberin habe eine Darstellung im *sermo humilis* erbeten (V. 49–56). – Stark gekürzt in Prosa in »Der Heiligen Leben« (→Hagiographie, B. III) aufgenommen und damit, allerdings um den Drachenkampf ergänzt, am meisten verbreitete dt. Version der Legende bis zur Reformation.   K. Kunze

Ed.: C. v. KRAUS, Der hl. Georg R.s v. D., 1907 – Lit.: Verf.-Lex.² VII, 1156–1161 [W. WILLIAMS-KRAPP] – K. BRINKER, Formen der Heiligkeit [Diss. Bonn 1968], 95–168 – U. WYSS, Theorie der mhd. Legendenepik, 1973, 131–180 – A. V. MURRAY, R. v. D.s 'Der hl. Georg' as Crusading Lit., Forum for Modern Language Stud. 22, 1986, 172–183 – E. FEISTNER, Hist. Typologie der dt. Hl.n-Legende des MA, 1994.

Reineke Fuchs → Renart

Reiner (s. a. Rainer[ius], Raynerius)

1. R. von Huy, nach der allgemeinen, neuerdings zu Unrecht angefochtenen Meinung (COLMAN) Schöpfer des bronzegegossenen Taufbeckens, heute in der Kirche St-Barthélemy, Lüttich. Es gehört zu den bedeutendsten Werken der ma. Kunst. Die Chronique liégeoise von 1402 berichtet von Renerus aurifaber Hoyensis als dem Schöpfer des Taufbeckens, das nach dem Chronicon rhythmicon d. J. 1118 Abt Hellinus von Notre-Dame-aux-Fonts (1107–1118), Archidiakon v. Lüttich, in Auftrag gab. Ein Renerus aurifaber tritt in einer für Notre-Dame in Huy vom Lütticher Bf. Adalbero I. 1124 ausgestellten Urk. als Zeuge auf. Im Totenbuch von Neufmoustier bei Huy findet sich fol. 92r zum 4. Dez. die Commemoratio Reineri aurificis, geschrieben um die Mitte des 12. Jh. Auf einem Weihrauchfaß im Palais des Beaux-Arts, Lille, nennt sich Reinerus als Stifter. Wahrscheinl. führen alle diese Daten zur Person des Goldschmiedes R. v. H., der im Alter möglicherweise dem Konvent der Kanoniker v. Neufmoustier angehörte und dieser Kirche das Weihrauchfaß von Lille schenkte.   A. von Euw

Lit.: K. H. USENER, R. v. H. und seine künstler. Nachfolge, Marb. Jb. für Kunstwiss. 7, 1933, 77ff. – J. LEJEUNE, Renier, l'Orfèvre, et les Fonts de Notre-Dame, Ancien Pays et Assemblées d'États 3, 1952, 17ff. – D. KÖTZSCHE, Zum Stand der Forsch. der Goldschmiedekunst des 12. Jh. im Rhein-Maas-Gebiet (Rhein und Maas II, 1973), 195 – A. VON EUW, Ein Beitrag zu R. v. H. (Clio et son regard [Fschr. J. STIENNON, 1982], 211ff. – P. COLMAN–B. LHOST-COLMAN, Rech. sur deux chefs-d'œuvre du patrimoine artist. liégeois: l'ivoire dit de Notger et les fonts baptismaux dits de Renier de H., AaKbIl 52, 1984, 151ff.

2. R. v. St. Lorenz zu Lüttich (Renier de St-Laurent de Liège), mlat. Autor und Hagiograph, * um 1120, † nach 1182. Mönch der Abtei St. Lorenz zu →Lüttich, einer traditionsreichen Stätte monast. Gelehrsamkeit, hinterließ eine eigene Liste seiner (heute z. T. verlorenen) Schriften innerhalb seines stark autobiograph. Werkes »De ineptiis cujusdam idiotae«. Der Stil R.s ist zugleich lebendig und preziös und bewegt sich im Rahmen der lit. Tradition Lüttichs. Er bezeichnet eines seiner Werke als »Panther«, da es durch die Mischung von Prosa und Vers (→Prosimetrum) dem buntscheckigen Fell des Panthers gleicht. Neben Arbeiten zur Komputistik gliedern sich R.s Schr.en in drei Kategorien: 1. hagiograph. Werke, zumeist Umarbeitungen älterer Heiligenviten im Stil der Zeit; 2. poet. Werke, vorwiegend epische Bibeldichtungen (über den Erzengel Michael, die Makkabäer u. a.) und Paraphrasen (ein Gedicht in Asklepiadeen über den Korintherbrief); 3. historiograph. Werke in Vers und in Prosa, die großenteils die Gesch. Lüttichs, seiner Bf.e und Hl.n behandeln, wobei jedoch viele Aussagen der hist. Kritik nicht standhalten, insbes. sein Versuch, der eigenen Abtei St. Lorenz auf Kosten der konkurrierenden Abtei St. Jakob ein hohes Alter zuzuschreiben, selbst mit Mitteln der →Fälschung. In diesem Zusammenhang nennt R. ein (wohl frei erfundenes) Werk→Ruperts v. Deutz über St. Lorenz.

P. Bourgain

Ed.: MPL 204, 9–212 – MGH SS 20 (1868); 557–620 [historiograph. W.] – Lit.: MANITIUS III, 162–170 – H. SILVESTRE, Rupert de Deutz a-t-il rédigé ... un recueil de réflexions pieuses sur l'hist. de l'abbaye de St-Laurent?, RHE 77, 1982, 362–395 – DERS., Que nous apprend R. de St-L. sur Rupert de Deutz?, Sacris Eruditi 25, 1982, 49–97 – B. BAVANT, L'adaptation de la Vita sanctae Pelagiae par R. de L. (Pélagie la Pénitente, I: La survie dans les litt. européennes, 1984), 123–128.

3. R. v. Lüttich, Geschichtsschreiber, * 1157, † wahrscheinl. 1230, entstammte einer ritterl. Familie der Diöz. →Lüttich, wurde Mönch der Abtei St. Jakob zu Lüttich, im gleichen Jahr (1175) zum Subdiakon geweiht. 1179 Diakon, 1180 Profeß, 1181 Priester, 1197 dann Prior seiner Abtei, genoß bei seinen Brüdern hohe Autorität, wurde mit einer Reihe von Missionen betraut (mehrere Romreisen, 1215 Teilnahme am IV. →Laterankonzil).

R., der guten Einblick in das Zeitgeschehen hatte, setzte von 1194 bis 1230 die »Annales Sancti Jacobi« des 1194 verstorbenen Mönchs Lamberts des Kleinen fort. R.s Werk bietet eine sehr detailreiche Erzählung der Ereignisse des Bm.s Lüttich, berührt aber auch die Gesch. des Papsttums, des Imperiums und des Kgr.es Frankreich. Es liefert auch wertvolle Q.nachrichten zu Agrargesch. und Klimageschehen.   J.-L. Kupper

Ed.: R., Annales Sancti Jacobi Leodiensis, ed. L.-C. BETHMANN–J. ALEXANDRE, 1874, 49–146 (MGH SS XVI, 651–680) – Lit.: S. BALAU, Les sources de l'hist. de Liège au MA. Étude critique, 1903, 426–428 – J. STIENNON, Étude sur le chartrier et le domaine de l'abbaye de St-Jacques de Liège (1015–1209), 1951, 68–76, 136f., 167, 179f., 399, 411–413 – DERS., L'écriture diplomatique dans le dioc. de Liège du XIe au milieu du XIIIe s. Reflet d'une civilisation, 1960, 241, 276–278 – P. ALEXANDRE, Le Climat en Europe au MA, 1987, 63.

Reiner(i)us Alemannicus, Verf. des »Fagifacetus« (440 Hexameter), einer Anleitung zu guten Tischsitten (→Tischzuchten). »Reinerus me fecit« ergibt das »Akrostichon der Verse 1–15. Das Gedicht ist seit dem 13. Jh. in über 30 Hss. und mehreren Frühdrucken überliefert, wurde mehrfach kommentiert sowie u. a. in Florilegien aufgenommen; wohl unter Einfluß der beiden vermutl. noch ins 12. Jh. zu setzenden →»Facetus«-Gedichte entstanden, von→Hugo v. Trimberg im 1280 verfaßten »Registrum«

genannt (698–701b), von Sebastian →Brant übersetzt. An Horaz geschult, bietet der Verf. seine Belehrungen einprägsam und ansprechend, mitunter in pointierter Rede.
B. Gansweidt

Ed.: H. LEMCKE, R. Phagifacetus, 1880 – *Lit.*: Verf.-Lex.² VII, 1161–1165 [J. STOHLMANN].

Reinfried v. Braunschweig, zweiteiliger fragmentar. Versroman, nach 1291 (Erwähnung des Verlusts Akkons, V. 17980) von einem vermutl. aus dem Bodenseegebiet stammenden Anonymus verfaßt: einer Minne- und Werbungsgesch. (V. 65–12658: Hzg. R. v. B. heiratet nach verwickelten Minneaventiuren, Gerichtskampf und Entführung die dän. Kg.stochter Yrkane) folgt eine Reise-/Heimkehrergesch. (V. 12919–17627: R. gelobt nach zehnjähriger kinderloser Ehe eine Kreuzfahrt ins Hl. Land, befreit Jerusalem und begleitet den besiegten, zum Freund gewonnenen Perserkg. auf einer Orientfahrt). Der Roman bricht in der einzigen Hs. (Gotha, Cod. Memb. II 42) mit Verlust wohl eines guten Textdrittels ab, als R. auf der Heimreise allein auf einer Insel zurückbleibt. In drei Handlungsbereichen (dt. Territorialherrschaft, Kreuzzug, phantast. Orient) wird, stilist. an →Konrad v. Würzburg anschließend und den Motivschatz v. a. des »›Herzog Ernst« ausschöpfend (Wundervölker, Magnetberg), der Idealitätsanspruch des höf. Romans mit der Realitätserfahrung des späten 13. Jh. (Interregnum, Scheitern der Kreuzzüge) verschränkt. Zahlreiche Exkurse, Zitate und lit. Reminiszenzen belegen die profunde Kenntnis des Autors von lat. und dt. Dichtung, Sachlit., Bibel und Legendenstoffen.
N. H. Ott

Ed.: K. BARTSCH, R. v. B., 1871 – *Lit.*: Verf.-Lex.² VII, 1171–1176 [A. EBENBAUER; Lit.] – O. NEUDECK, Continuum historiale, Mikrokosmos 26, 1989 – D. OHLENROTH, 'R. v. B.' Vorüberlegungen zu einer Interpretation (Positionen des Romans im späten MA, hg. W. HAUG–B. WACHINGER, 1991 [= Fortuna vitrea]), 67–96.

Reinhardsbrunn, ehem. Kl. OSB sw. Gotha, 1085 vom thür. Gf.en Ludwig d. Springer († 1132) im Zusammenwirken mit den Reformäbten Giselbert v. →Hasungen und Herrand v. →Ilsenburg in Nachbarschaft seiner Stammburg Schauenburg gegr. und mit einem Konvent aus →Hirsau besetzt. R., das mit →Cluny und Hirsau verbrüdert war und seit 1092 unter päpstl. Schutz stand, stieg als hirsauisches Reformzentrum und als Hauskl. der 1131 mit der Lgf.enwürde in →Thüringen betrauten →Ludowinger rasch zu einem der bedeutendsten thür. Kl. auf. Von seiner geistigen Blüte und seiner Rolle als Traditionszentrum des Lgf.enhauses zeugen v. a. die 1156/68 entstandene →Reinhardsbrunner Briefslg. und die von 1197–1215 reichenden sog. »Reinhardsbrunner Historien« als ein hochrangiges Gesch.swerk von reichsgesch. Interesse. Umfangreiche, v. a. in Auseinandersetzung mit dem benachbarten Kl. SOCist Georgenthal entstandene Fälschungen (um 1165) sollten den Besitzstand und die Rechtsstellung von R. sichern. Der im frühen 13. Jh. einsetzende Niedergang beschleunigte sich nach dem Aussterben der Ludowinger (1247) und der verheerenden Brandkatastrophe v. 1292. Als Stätte ludowing. Tradition (Lgf.engrabmäler des frühen 14. Jh.; →Cronica Reinhardsbrunnensis, um 1340/49) bewahrte R. jedoch auch unter den Lgf.en aus wettin. Hause, denen es bis in das 15. Jh. mehrfach als Grablege diente, eine herausgehobene Bedeutung. Landesherrl. Bemühungen seit 1443 um Reform und Anschluß von R. an die →Bursfelder Kongregation führten erst 1492/93 zum Erfolg. Die Plünderung und weitgehende Zerstörung von R. 1525 im Bauernkrieg brachten das Ende des klösterl. Lebens.
M. Werner

Lit.: GP IV: Provincia Maguntinensis IV, 1978, 302–309 [Lit.] – H. ROOB, Kl. R. (1085–1525), Jb. für Regionalgesch. 13, 1986, 288–297 – E. SCHUBERT, Drei Grabmäler des Thüringer Lgf.enhauses aus dem Kl. R. (Skulptur des MA, hg. F. MÖBIUS–E. SCHUBERT, 1987), 211–242.

Reinhardsbrunner Briefsammlung, zw. 1156 und 1168 vom Bibliothekar des Kl. →Reinhardsbrunn, Sindold, zusammengestelltes Epistolar, umfaßt überwiegend →Briefe des 12. Jh. Neben der R. B. enthält die als eine Art Lehrbuch der Briefschreibekunst konzipierte Hs. (Gfl. Schönbornsche Schloßbibl. Pommersfelden, Hs. 31 [2750], um 1200; R. B.: Bll. 2ᵛ–50ʳ) u. a. einen Teil des Hld, →Adalbertus Samaritanus, →Hugo v. Bologna, sechs Briefe →Meinhards v. Bamberg, Salutationenmuster und 31 Verse über gleichklingende Wörter. Die für Schulzwecke zusammengestellte und um Stilübungen und theoret. Material ergänzte R. B. (102 lat. Briefe) gibt prakt. Anweisungen zur Erlernung der →Ars dictandi. Die über einen großen Teil des dt. Kulturraumes sich erstreckende Kl.korrespondenz unterrichtet u. a. über den Leihverkehr zw. Kl.bibliotheken, eine umfangreiche Abschreibetätigkeit der Reinhardsbrunner Mönche und Probleme des Kl.alltags. Zur Briefslg. gehört auch der Briefwechsel mit der Gründerfamilie der Abtei Reinhardsbrunn, den Lgf.en v. →Thüringen. Hinzu kommen 13 Briefe klosterfremder Absender bzw. Empfänger sowie eine Gruppe polit. Korrespondenz zw. hohen Reichsfs.en.
W. E. Gerabek

Ed.: F. PEECK, 1952, MGH Epp. sel. V [Neudr. 1978] [Lit.]. – *Lit.*: Verf.-Lex.² VIII, 1277f. [W. GERABEK] – H. KRABBO, Der R. Briefsteller aus dem zwölften Jh., NA 32, 1907, 51–81 – W. GERABEK, Consolida maior, Consolida minor und eine Kräuterfrau, SudArch 67, 1983, 80–93.

Reinhardsbrunner Chronik → Cronica Reinhardsbrunnensis

Reinhausen, OSB Abtei bei Göttingen. Auf ihrer Burg stifteten drei Söhne und die Tochter Mathilde des Gf.en Elli im letzten Viertel des 11. Jh. ein Säkularstift für vier Kanoniker und einen Propst; nach dessen Tod durch den Sohn Mathildes, Gf. Hermann, Umwandlung in ein OSB Kl. und Ausstattung mit Hermanns Reinhäuser Erbteil. Der Konvent hatte 1309 maximal 20 Mitglieder. Die Kl.kirche, fertiggestellt und geweiht um 1112 und 1115, war Grablege der Gf.en. 1144 überließ der Sohn Hermann das Kl. dem Ebf. v. →Mainz; zuvor hatte Kg. Konrad III. dem Kl. Markt-, Münz- und Zollrecht verliehen (nicht wirksam). Nach Gf. Hermanns Ermordung 1152 ging sein Erbe an →Heinrich d. Löwen, der R. zurückforderte (Schutzprivileg ca. 1163/68), und der Abt setzte die Herren v. Bodenhausen als Vögte ein, die dieses Amt behaupteten. Der Sturz Heinrichs d. Löwen stärkte die Mainzer Ebf.e: Ks. Otto IV. verzichtete 1209 auf R. Nach der Errichtung des Hzm.s →Braunschweig-Lüneburg verstärkte sich für R. die welf. Landesherrschaft. Hzgl. Schutzbriefe sind von 1255, 1318, 1365, 1393, 1412 und 1475, päpstl. von 1207, 1218, 1262 und 1373 überliefert. Der Kl.besitz war von 1207 bis 1508 recht konstant. R. schloß sich der Bursfelder Erneuerungsbewegung an und mit anderen zur →Bursfelder Kongregation zusammen; 1460 Einrichtung von Spital und Hospital.
G. Pischke

Q.: UB des Kl. R., bearb. M. HAMANN (Q. und Unters. zur Gesch. Niedersachsens im MA, 14, 1991) – *Lit.*: D. BROSIUS, R. (Germania Benedictina VI, 1979), 433–441 – G. STREICH, Kl., Stifte und Kommenden in Niedersachsen vor der Reformation, Stud. und Vorarbeiten zum Hist. Atlas Niedersachsen, 30. H., 1986, 113f.

Reinmar
1. R. 'der Alte', mhd. Lyriker, gilt neben →Walther v. der Vogelweide als bedeutendster Minnesänger um 1200 (→Minnesang). Eine Fixierung der hist. Person R. ist

schwierig: Das in einigen Hss. attribuierte 'herre' bietet keinen eindeutigen Hinweis auf R.s gesellschaftl. Position, der Zusatz 'der Alte' dient der Abgrenzung zu jüngeren Trägern des Namens. Es ist anzunehmen, daß →Gottfried v. Straßburg in seinem Tristanroman mit der Klage um den Tod der »nahtegal von Hagenouwe« R. meint, doch kommt die Koppelung 'R. v. Hagenau' nicht vor, und auch der Versuch, R. →Hagenau im Elsaß zuzuordnen (Geburtsort, temporäre lit. Beziehung zur Kaiserpfalz), bleibt Spekulation. In einer Totenklage betrauert R. »herre liutpolt«, der mit →Leopold V. v. Österreich († Ende 1194) identifiziert wird; hieraus werden Schaffenszeit und die Bindung R.s an den Donauraum abgeleitet. R. war aber wohl an verschied. Höfen tätig; eine über Vermutungen hinausgehende Lebensbeschreibung ist nicht möglich. Walther rühmt um 1208/09 den Sängerkollegen in zwei Nachrufstrophen und spielt dabei auch auf die berufl. Konkurrenzsituation mit R. an. Tatsächl. kennzeichnen zahlreiche Lieder R.s und Walthers Bezugnahmen aufeinander, aber auch auf →Heinrich v. Morungen und →Wolfram v. Eschenbach. Diese Intertextualität mit Walther resultiert aus dem Berufskollegentum und wurde publikumswirksam eingesetzt, ohne jedoch R.s Werk zu dominieren. Unter seinem Namen sind insges. 88 Lieder überliefert, die Echtheitsfrage (60–68 Texte) konnte noch nicht definitiv gelöst werden. Probleme treten u. a. durch Doppelzuschreibungen mit →Heinrich v. Rugge auf. Eine Großgruppe von R.-Liedern bietet ein in sich geschlossenes Bild: Monolog.-reflektierend akzeptiert der Liebende die Unerfüllbarkeit der *minne*; das Liebesleid, zum Hauptthema aufgestiegen, wird ästhetisiert. Die Dame (meist *wîp*) agiert nicht, sondern löst die resignativen Emotionen des Sprechers aus. R. arbeitet mit überkommenen Themen und Motiven, welche er gedankl.-hypothet. formuliert unter Verwendung oppositiver rhetor. Figuren (Antithese, Paradoxon, Oxymoron, Revocatio) ohne Metaphern oder Deskriptionen. Der hohe Grad an Abstraktion in Wortwahl und Inhalt dient dazu, in enger themat. Begrenzung übergreifende Lebensfragen (Liebe, Leid, Glück) und immer wieder die Kunst selbst zu diskutieren; einen festen Zyklus bilden diese Lieder nicht. Daneben findet sich im umfangreichen R.-Corpus eine Reihe ganz anders gearteter, von der Forsch. R. teilweise abgesprochener Texte. Die Variationsbreite dieser nicht melanchol. Lieder umfaßt nahezu das ges. Spektrum der Minnelyrik an Gattungen (z. B. Wechsel, Frauenlied, Tagelied) und Motivik (Falke, Bote); erot. Witz steht neben Burleskem, die Sprache ist spielerisch-kunstvoll. R. greift hierfür auf die Anfänge des Minnesangs zurück und weist zugleich auf nachfolgende Lyriker voraus. Es ergibt sich daher für R.s Werk insges. das Bild eines abwechslungsreichen, scheinbar widersprüchl. Dichtungsweisen vereinenden Repertoires, wie es für einen professionellen Minnesänger typisch war. R. Bauschke

Bibliogr.: H. Tervooren, Bibliogr. zum Minnesang, 1969, Nr. 638–672/1 [Lit.] – Ed.: R., Lieder, Mhd./Nhd., ed. G. Schweikle, 1986 – Des Minnesangs Frühling, bearb. H. Moser–H. Tervooren 1988³⁸ – Lit.: Verf.-Lex² VII, 1180–1191 [Lit.] – G. Schweikle, R. d. A. Grenzen und Möglichkeiten einer Minnesangphilologie, 1965 – H. Birkhan, R., Walther und die Minne, PBB (Tübingen) 93, 1971, 168–212 – A. Kircher, Dichter und Konvention, 1973 – W. Schmaltz, R. d. A. Beitr. zur poet. Technik, 1975 – M. Stange, R.s Lyrik, 1977 – W. E. Jackson, R.'s Women, 1981 – H. Rupp, R.s Lied Nr. 12 und die R.-Philologie, German Life and Letters 34, 1981, 81–93 – S. Ranawake, Gab es eine R.-Fehde?, Oxford German Stud. 13, 1982, 7–35 – V. Mertens, R.s 'Gegengesang' zu Walthers 'Lindenlied', ZDA 112, 1983, 161–177 – I. Kasten, Frauendienst bei Trobadors und Minnesängern im 12. Jh., 1986 – G. Schweikle, Die Fehde zw. Walther v. d. Vogelweide und R. d. A., ZDA 115, 1986, 235–253 – H. Tervooren, Brauchen wir ein neues R.bild?, GRM 36, 1986, 255–266 – I. Kasten, Weibl. Rollenverständnis in den Frauenliedern R.s und der Comtessa de Dia, GRM 37, 1987, 131–146 – H. Tervooren, R.-Studien, 1991.

2. R. v. Brennenberg, Liederdichter des 13. Jh., wird für identisch gehalten mit einem von mehreren Angehörigen eines sich nach Brennberg bei Regensburg nennenden Ministerialengeschlechts, die diesen Rufnamen tragen; in Frage kommen bes. zwei, bezeugt 1224–36 bzw. 1238 bis vor 1272. Literarisch tritt er dreifach in Erscheinung: als Autor, Tonautor und Held einer Dichtersage.

1. Die Große Heidelberger →Liederhs. (C, Anfang 14. Jh.) überliefert von ihm vier Minnelieder und eine Strophenreihe in einem Spruchton. Diese zwölf Strophen sind, formal in der Sangspruchtradition, thematisch aber gegen sie, kleine abgeschlossene Minnelieder, nur daß der Preis der Dame und ihrer äußeren wie inneren Schönheit gegenüber Minneklage und -reflexion stärker hervortritt und am Ende ein dreistrophiges (aber unabgeschlossenes) Gebilde steht, ein Streit zw. den Personifikationen der Liebe und der Schönheit. Das gesamte kleine Corpus zeigt deutl. Anklänge an →Reinmar den Alten und bes. →Walther v. d. Vogelweide.

2. Der Spruchton wurde als R.s v. Brennenberg Hofton oder kurz als Bremberger vom 13. bis zum 16. Jh. (dort auch in gedruckten Liedern) vielfach verwendet für Minnelieder und teils schwankhafte Erzähllieder, aber auch für theol. und moral. Erörterung, lat. Marienpreis, Zeitklage und anderes, wobei in der Überlieferung oft altes und neues Gut vermischt ist. Sehr alt wirkt eine Totenklage um Minnesänger der 1. Hälfte des 13. Jh. Hervorgehoben sei auch, daß der erwähnte Streit zw. Liebe und Schönheit in der Kolmarer Liederhs. (um 1470) siebenstrophig auftritt (außer in dieser Hs.) steht der Ton im Meistergesang nur am Rande.

3. Ein Paar balladesker Rollenlieder im Bremberger-Ton, Klage eines gefangenen Liebhaber-Sängers in Erwartung des Todes durch einen Fs.en mit Unschuldsbeteuerung und Klage der Dame (im Königsteiner Liederbuch, um 1470; bezeugt schon im 1430) ist vielleicht das Übergangsstück zum Balladenhelden Bremberger; die Tonbezeichnung taucht um die Mitte des 16. Jh. – teils in Liedern im einschlägigen Ton, teils in solchen einfacherer Bauart – als Name des Liebhabers auf, der vom Ehemann seiner Dame getötet wird; mehrfach schließt sich dann das häufigere Motiv an, daß sie sein Herz zu essen bekommt und daran stirbt. Sollte allerdings schon das Autorenbild in C, Tötung R.s durch viele Männer, darauf anspielen, so müßte man die Bremberger-Sage, die der Welt des Minnesangs doch recht fremd ist, trotz Bedenken näher an die Person des Minnesängers heranrücken. P. Sappler

Ed. und Lit.: Verf. Lex.² I, 1014–1016; VII, 1191–1195 – C. v. Kraus, Dt. Liederdichter des 13. Jh., 1978², I, Nr. 44, II, 385–396 – Repertorium der Sangsprüche und Meisterlieder, 5, 1991, 201–222 – A. Kopp, Bremberger-Gedichte (Q. und Forsch. zur dt. Volkskunde, 2, 1908) – J. Meier, Dt. Volkslieder, Balladen, 1935 (Dt. Volkslieder mit ihren Melodien, 1) – Das Königsteiner Liederbuch, Ms. germ. qu. 719 Berlin, ed. P. Sappler, 1970 (MTU 29), Nr. 68, 69, vgl. 221–227, 308–313.

3. R. v. Zweter, dt. Spruchdichter im 2. Viertel des 13. Jh. (datierbare Strophen 1227–46), * am Rhein, ◻ in Esfelt (bei Würzburg), ritterl.-adlige Herkunft möglich, in Österreich aufgewachsen (150). Trotz einer nicht ganz verständl. Nachricht und den geschlossenen Augen auf dem Dichterbild der Heidelberger →Liederhs. C nicht blind. Vielleicht Schüler →Walthers v. der Vogelweide (Roethe), jedenfalls beginnt er dort, wo jener verstummt, beim Kreuzzug Friedrichs II. Seine große Zeit ist der Aufenthalt des Ks.s in Dtl. bis zum Mainzer Reichstag. Dem Panegyrikus auf Friedrich (136) entspricht als Zeugnis der Abwendung eine Warnung vor dem Staufer in Gebetsform (143). Unmittelbar danach (1237; BEHR) oder nach einer gewissen Zeit (SCHUPP) wendet sich R. mit Wenzel I. nach Prag und unterstützt dessen Politik gegen den Ks. publizist. Dort kann er sich, allein auf den Kg. gestellt (159), nicht halten; seine Spur verliert sich im Rheinland. Die letzte datierbare Strophe 223 beklagt die Abwesenheit des Papstes vor Rom (Innozenz IV. ab Dez. 1244 in Lyon). – R., von Zeitgenossen und Nachwelt geschätzt, singt fast nur im Fraun-Ehren-Ton zwölfzeilige Strophen. Das Repertoire des offenbar gebildeten Sängers (GERHARDT) reicht von Gott, Trinität, Jungfrau Maria über geistl. und weltl. Minne, Tugendlehre für Herren, Ritter und Frauen, Preislieder, zum Rätsel, erstmals Lügenstrophen. Eine Autorenslg. X in der Heidelberger Liederhs. cpg 350 (ROETHE) 1240/41 wurde vom Autor selbst geordnet (trotz des Nachweises von Rollen als Vorform [BÄUML–ROUSE]). Sein religiöser →Leich mit nur vierhebigen Versen steht im Überlieferungszusammenhang mit Frauenlob. V. Schupp

Ed.: G. ROETHE, Die Gedichte R.s v. Z., 1887 – *Lit.*: Verf.-Lex.² VII, 1198–1207 [H. BRUNNER; Lit.] – V. SCHUPP, R. v. Z., Dichter Ks. Friedrichs II., Wirkendes Wort 19, 1969, 231–244 – F. H. BÄUML–R. H. ROUSE, Roll and Cod.: A new Ms.-Fragment of R. v. Z., PBB [Tübingen] 105, 1983, 192–231, 317–330 – CH. GERHARDT, R.s v. Z. 'Idealer Mann' (Roethe Nr. 99 und 100), ebd. 109, 1987, 51–84, 222–251 – H.-J. BEHR, Lit. als Machtlegitimation, 1989, 61–83.

Reinschrift (Ingrossat) bezeichnet im Beurkundungsgang den abschließend unter Berücksichtigung der für den jeweiligen Urk. typ notwendigen Formen schriftl. niedergelegten Urk. text, der nach erfolgter Besiegelung dem Empfänger ausgehändigt wurde. Die genauesten Bestimmungen zur R. sind aus der päpstl. →Kanzlei bekannt. Auf der Basis eines →Konzepts, das ein →Notar bzw. →Abbreviator erstellt hatte, oder eines →Formelbuches fertigte ein →Skriptor (Mundator) die R. an. Sie wurde zuerst auf Übereinstimmung des Wortlauts mit dem Konzept, dann hinsichtl. ihres Inhalts überprüft und schließlich auf äußere Mängel (z. B. unerlaubte →Rasuren) untersucht. Kleinere Fehler führten zu Korrekturen, während größere Fehler, bes. bei Namen, zur Anfertigung einer neuen R. zwingen konnten. Wenn die R. die Kontrollen unbeanstandet passiert hatte oder wenn der Papst trotz der festgestellten Mängel persönl. den →Fertigungsbefehl erteilte, wurde die R. besiegelt, registriert und anschließend dem →Petenten ausgehändigt. Den besten Einblick in dieses Verfahren gewähren außer Kanzleiordnungen und Amtseiden (→Eid) die Kanzleivermerke auf der R. selbst. Als Grundlage für die R. konnten neben Konzepten auch →Vorurkunden vom Empfänger selbst verfaßte Konzepte (in der Papstkanzlei erst seit dem 15. Jh.) vorgelegt werden. Ähnliche, aber meist erhebl. vereinfachte Verfahren beobachteten die Reichskanzlei und die verschiedenen Privatkanzleien. J. Spiegel

Lit.: BRESSLAU I, 4f., 266–322 passim, 574f.; II, 116f., 122–179 passim – W. ERBEN, Kg.s- und Ks.urkk., 1907, 25–31 [O. REDLICH, Allg. Einl.] – P. HERDE, Beitr. zum päpstl. Kanzlei- und Urkk. wesen im 13. Jh., 1967², 181ff. passim – TH. FRENZ, Papsturkk. des MA und der NZ, 1986, §§ 121–134 – A. SPRINKART, Kanzlei, Rat und Urkk. wesen der Pfgf.en bei Rhein, 1986, 101–103.

Reis, in der Antike v. a. als Arznei bekannt (Theophrast, Strabon, Dioskurides, Galen), wurde in Europa zuerst von den Arabern v. a. in Spanien, aber auch in S-Italien auf bewässerten Feldern angebaut. Für das SpätMA ist seine Kultur dann auch in Mittel- und Oberitalien bezeugt, wobei für Mailand Ausfuhrverbote und Exportlizenzen belegt sind. Der span. R. wurde, v. a. aus Mallorca und Valencia, nach Marseille, Italien (→Pegolotti), aber auch nach England und in die Niederlande ausgeführt. Exporte in den dt. Raum belegen im 15. Jh. die Zolltarife von Bruneck und Werfen, das Zoll- und Geleitsregister von Passau und der Luzerner Zentnerzoll. Nachweise über den Handel geben auch Kölner Q. und Hamburger Zolltarife. R. fand, als relativ teures Nahrungsmittel, v. a. in wohlhabenden Haushalten wie dem der Gf. en v. Savoyen und der Fürsten von Achaia, dem Francesco di Marco →Datinis und dem Hermann v. Gochs und bei festl. Anlässen wie dem Meisteressen der Amtleute v. St. Martin in Köln Verwendung. R.rezepte, die auch R.mehl erwähnen, finden sich im Ménagier de Paris, in it. →Kochbüchern des 15. Jh., dem »Buoch von guoter spîse«, dem Kochbuch Meister Eberhards und dem mittelnd. Kochbuch. R. wird dabei vielfach zusammen mit →Mandeln verwendet, bes. gern in Form des Blancmangers. R.wein war durch antike Autoren und Marco →Polo bekannt. Med. Verwendung fand der R. nach →Anthimus, dem →Lorscher Arzneibuch, dem Hausbuch der Cerruti und dem »Thesaurus medicaminum« Hans →Minners v.a. bei Magen- und Darmerkrankungen. Eine literar. Erwähnung findet sich bei Gallo da Pisa. F. Schmidt

Lit.: G. NEGRI, Le riz en Italie, 1934 – F. GLAUSER, Der internat. Gotthardtransit im Lichte des Luzerner Zentnerzolls von 1493 bis 1505, SchZG 18, 1968, 177–245 – J. N. HILLGARTH, The Spanish Kingdoms 1250–1516, 2 Bde, 1976–78 – A. M. NADA PATRONE, Il cibo del ricco ed il cibo del povero, 1981.

Re' īs ül-küttāb (arab. 'Haupt der Schreiber'), oberster Sekretär des großherrl. →Dīwāns im Osman. Reich. Entsprechende Ämter hatten bereits vor den Osmanen in den meisten islam. Staaten existiert. Über die bürokrat. Organisation der osman. Frühzeit weiß man wenig Genaues, doch unter →Meḥmed II. war der R. dem →nišānğī unterstellt und im Gegensatz zu diesem nicht Mitglied des Dīwāns. Unter dem R. entwickelte sich eine dem Großwesir unterstehende, von der Finanzverwaltung getrennte Zentralbürokratie. Mit wachsenden Aufgaben überstieg seit dem 17. Jh. die Bedeutung des R. die des nišānğī; seit dem 18. Jh. entwickelte sich das Amt des R. zu dem des Außenministers. Ch. K. Neumann

Lit.: IA IX, 671–683 – UZUNÇARŞILI, MB, 242–248 – J. REYCHMAN–A. ZAJASZKOWSKI, Handbook of Ottoman-Turkish Diplomatics, 1968, 163 [Liste der Amtsinhaber] – C. V. FINDLEY, Bureaucratic Reform in the Ottoman Empire, 1980, 106–111.

Reisen, Reisebeschreibungen

A. Westen – B. Byzanz – C. Islamischer Bereich – D. Judentum

A. Westen

I. Allgemein; Formen; Verkehrsmittel – II. Reisebeschreibungen.

I. ALLGEMEIN; FORMEN; VERKEHRSMITTEL: R. (ursprgl. 'einen Kriegszug unternehmen, aufbrechen, weggehen von einem Ort, auch unfreiwillig') machten Angehörige aller Schichten, nicht selten mehrmals jährl. und über weite Entfernungen. Kg. e bereisten ihr Reich, Bf. e ihren Sprengel; Päpste und Prälaten waren unterwegs zu Synoden, Äbte zum Generalkapitel ihres Ordens; Mönche und Nonnen reisten trotz Verboten. Es reisten Krieger, Kreuzfahrer, Kaufleute, Boten, Hirten, seit dem HochMA zunehmend Siedler, ferner Bergleute, Handwerker und Künstler auf Arbeitsuche, Studierende, Arme, Unfreie im Auftrag ihrer Grundherren, Räuber und Gauner, Kriegsgefangene und Sklaven, nicht zuletzt verfolgte oder Anhänger werbende Häretiker.

Zu den Pionieren des R.s gehörten Missionare (→Mission), die den Bereich der bekannten Welt ausweiteten, und →Kaufleute, die Luxusgüter (Bernstein, Pelze, Gewürze, Weihrauch) und Lebensnotwendiges (Salz) herbeischafften. Viele flohen vor Hunger, Seuche, Krieg und ähnlichen Katastrophen; andere (im FrühMA ganze Völkerschaften) suchten günstigere Lebensbedingungen, wieder andere Heilung von Krankheit oder Gebrechen, bei einem fernen Arzt oder am Grab eines Hl.n. Mindestens einmal in seinem Leben soll der Muslim nach →Mekka pilgern. Auch ohne ein solches Gebot sind im Laufe des MA Millionen von Männern, Frauen und Kinder zu hl. Stätten gewallt (→Pilger). Pilgerfahrten gingen seit dem SpätMA unmerkl. über in Bildungs- und Vergnügungs-R. Während im FrühMA einzelne Asketen die Heimatlosigkeit (→Peregrinatio) im ständigen Unterwegssein suchten, veranstalteten im SpätMA →Flagellanten europaweite Bußzüge.

Naturräuml. Gegebenheiten begünstigten das R. In Europa ist es bis zum Meer oder einem schiffbaren Fluß nie weit; das milde Klima sorgt für regelmäßige Niederschläge; die Hochgebirge sind in der wichtigen N-S-Richtung durchlässig (Scheitelhöhe des Brennerpasses 1370 m). Dazu kam das dichte Netz von Siedlungen, zumal in Durchgangslandschaften: Ländl. Siedlungen folgten einander in Rufweite, Städte im Abstand von 30 km und weniger.

Begünstigt wurde das R. ferner dadurch, daß die chr. Bevölkerung auf das Gebot der Gastfreundschaft verpflichtet wurde (Gleichnis vom barmherzigen Samariter, Lk 10, 25-37; Gerichtsrede Jesu, Mt 25, 38; Kap. 53 der Regula Benedicti). Gelegenheitsunterkunft boten Einsiedler, Bauern und Hirten, Jäger und Köhler. Wohlhabende führten Zelte, Bettzeug u. a. auf Packtieren mit sich. Herrscher und Adlige kehrten, sofern sie nicht in eigenen (Kg.s)-Höfen oder →Pfalzen übernachten konnten, bei ihresgleichen ein. Ähnlich hielten es Äbte und Bf.e, die zudem in für sie wichtigen Orten und an den dahin führenden Wegen nicht selten eigene Höfe bauten. Bei Standesgenossen und Berufskollegen kehrten Gebildete und Künstler sowie Handwerker und Studierende ein. Auf Hilfe von Glaubensgenossen waren in bes. Weise →Juden angewiesen. Unterkunft boten seit dem HochMA →Gasthäuser und oft auch →Hospitäler.

Etwa seit der Jahrtausendwende begünstigte ein wärmeres →Klima die Fahrten von Skandinaviern nach Island, Grönland und N-Amerika. Breitere Bevölkerungsschichten kamen zu Wohlstand; sie wünschten Erleichterungen für das R. und waren in der Lage, Dienstleistungen zu bezahlen oder unentbehrl. Hilfen durch Stiftungen zu fördern. An verkehrsreichen Pässen (z. B. →Großer St. Bernhard) und Flußübergängen wurden Hospize eingerichtet; →Fähren wurden angelegt und, verstärkt seit dem 12. Jh., →Brücken gebaut. Für die Unterhaltung von Hospizen, Fähren und Brücken sorgten seit dem HochMA auch →Bruderschaften, die oft gegründet wurden, um Pilgern und anderen Reisenden zu helfen.

Eine unbezahlbare Hilfe bedeutete es, wenn weltl. und kirchl. Obrigkeiten für Frieden sorgten: Mehr als andere waren Reisende auf die Wahrung des Rechtes angewiesen. Zwar verweist die häufige Wiederholung von Geboten, Reisende zu schützen und ihnen bes. Asylstätten zu garantieren, auf die begrenzte Wirksamkeit von →Gottes- und →Landfrieden; doch ohne Aussicht auf ein Mindestmaß an Sicherheit wären nicht so viele Menschen unterwegs gewesen. Zum Schutz und zur Unterhaltung (vgl. Prolog zu Chaucers Canterbury Tales) bildeten Reisende mit Weggefährten eine Schar, 'Hanse' oder Karawane; zur Sicherheit fuhren Schiffe möglichst im Konvoi.

Einfache Reisende wußten es zu schätzen, wenn sie ein Stück Weges auf das Tier eines Viehhändlers oder den Karren eines Fuhrmannes steigen durften. Wohlhabende und Mächtige reisten hoch zu Roß; wer Demut bekunden wollte, begnügte sich mit einem Esel, wie Jesus. Maulesel waren wegen ihrer Trittsicherheit im Gebirge geschätzt. Frauen und Kranke wurden, wie ggf. auch Verbrecher, auf Karren oder Wagen gefahren; seit dem SpätMA gab es überdachte Reisewagen mit verschließbaren Fenstern und Vorrichtungen zum Auffangen von Erschütterungen. Im Winter zog man nach Möglichkeit den Schlitten vor. Flußabwärts nahm man gern ein (gelegentl. schon regelmäßig verkehrendes Markt-)Schiff, auch auf schmalen Gewässern wie der Ill im Elsaß, oder bei günstiger Gelegenheit ein Floß. Die →Kreuzzüge brachten der Seeschiffahrt einen Aufschwung, so daß das R. auf dem Mittelmeer weniger gefährl. und unangenehm wurde.

Unter günstigen Bedingungen mochten Reisende an einem Tag (nicht durchschnittl. über lange Zeit) folgende Strecken schaffen: Rüstige Erwachsene 40 km, Reiter 60 km; auf einem Boot flußabwärts bis zu 150 km, flußaufwärts (getreidelt) höchstens 25 km. Dank des Einsatzes von Ruderern und Segel kam eine schnelle Galeere (→Schiff, -stypen) wohl auf 200 km. Hochseegängige Segelschiffe schafften gegebenenfalls noch weit mehr.

In Mitteleuropa reiste man vorzugsweise in der Zeit vom Frühjahr bis zum Herbst; dem entsprachen die Termine von →Messen und großen Wallfahrtsfesten. In der wärmeren Jahreszeit konnte man eher mit leidl. gangbaren Wegen rechnen, mit Verpflegung für Mensch und Tier, mit Unterbringungsmöglichkeiten. Dank der Schneeschmelze in den Alpen führten Rhein, Rhône und Po für die Schiffahrt ausreichend Wasser. Wegen der Mückenplage und weil Wege, Fähren und Brücken fehlten, mied man jedoch in O-Europa eher die warme Jahreszeit; man fuhr mit dem Schlitten, wenn Gewässer und Sümpfe zugefroren waren.

Je dichter das Land besiedelt war, desto eher fand der Reisende Hilfe, desto schneller kam er voran. Vielerorts dürfte das Wegenetz ähnlich dicht gewesen sein wie heute. Deshalb konnten Reisende Gefahren infolge von →Räuberbanden, Hochwasser oder anderen Unbilden ausweichen. Zu Fuß Reisenden war ein schmaler Pfad willkommen; für den Fuhrmann war eine schlechte Straße besser als gar keine. Da jahrhundertelang schwerbeladene Wagen rechtzeitig ferne Messeorte erreichten, dürften Straßen und Improvisationstalent von Fuhrleuten besser gewesen sein als oft angenommen.

Reisende haben den Aufschwung von Städten und Landschaften gefördert; sie haben Lat. als Sprache von Kult und Bildungswesen in Europa verbreitet, künstler. und techn. Neuerungen weitergetragen. Sie haben zur Durchmischung der Kulturen, zur Prägung großer Räume, zur Ausbildung von Gemeinsamkeiten über Grenzen von Sprachen und Rechten hinweg beigetragen. Reisende haben ein Wir-Gefühl entstehen lassen, z. B. in der von Rom sowie der vom Islam geprägten Welt. Sie haben aber auch Konflikte verstärkt, 'nationale' Vorurteile geschürt, kollektive Animositäten geweckt. N. Ohler

Lit.: GRIMM, DWB 14, 734f. – CH. H. HASKINS, The Spread of Ideas in the MA, Speculum 1, 1926, 19–30 – Inventar hist. Verkehrswege der Schweiz (IVS); Bibliogr. IVS, 1982 [Lit.] – N. OHLER, Reisen im MA, 1988² [Lit.] – Jakobus-Stud. 1ff., 1990ff. [Lit.] – F. BADEL, Un évêque à la Diète. Le voyage de Guillaume de Challaut auprès de l'empereur Sigismond (1422), 1991 (Cah. Lausannois d'Hist. Médiévale) – Die

Reise nach Jerusalem. Bernhard v. Breydenbachs Wallfahrt ins Hl. Land. Ausst.-Katalog Gutenberg-Mus. Mainz, 1992 [Lit.].

II. REISEBESCHREIBUNGEN: [1] *Lateinisches Mittelalter:* Bereits in der Antike finden sich R. beschreibungen in formal und genusmäßig sehr unterschiedl. Werken: in Geschichtswerken, Epen, Romanen etc. wie in wiss. Abhandlungen in erzählender Form (Periegesis, Periplus, Mirabilia, Itineraria), in Prosa wie in Versen (z. B. von Avienus und Priscian versifizierte Periegesis des Dionysios) als Beschreibungen realer wie fiktiver Reisen.

In Spätantike und FrühMA hatten die hellenist. Romane starken Einfluß auf die chr. Lit.: sowohl Liebesromane (→Apollonius v. Tyrus) als auch Werke philos. Zuschnitts (Vita des Apollonios v. Tyana des Philostratos). Züge eines Reiseromans mit chr. apologet. Tendenz haben z. B. die in der lat. Übers. des Rufinus im MA weit verbreiteten ps.-clementin. »Recognitiones«; ähnlich angelegt ist die im 11. Jh. ins Lat. übers. Legende von →Barlaam und Joasaph. Auch die Alexanderromane (→Alexander d. Gr.) beeinflußten die R.beschreibungen (Ps.-Kallisthenes-Übers.en des Julius Valerius und des →Leo Archipresbyter, »Epistola Alexandri ad Aristotelem« etc.): Die merkwürdige »Cosmographia« des →Aethicus Ister ist vielleicht ein satir. Reflex dieser an Wunderberichten reichen Texte. Neben der Briefform (»Brief des Pharasmanes«) wird auch die Dialogform verwendet. Insges. führte diese Art von Lit. zur Verbreitung der »mirabilia orientis«.

Sehr früh drangen diese exot. Motive in die hagiograph. Lit. ein; aus dem Griech. wurden viele Texte ins Lat. übersetzt. Bes. verbreitet waren die apokryphen Apostelviten mit Zyklen um die Hl.n Philippus, Barnabas, Thomas und Andreas (z. B. »Acta Andreae et Matthiae apud Anthropophagos«; es verbinden sich dabei in den Erzählungen über die Erlebnisse bei wilden Völkern thaumaturg. mit geograph.-ehtnograph. Elementen. Die »Vita Pauli« des Hieronymus erzählt die R. des Antonius in der Thebais auf der Suche nach Paulus und wird zum Vorbild für das Genus der Viten der Wüstenväter (mit Betonung des asket. Eremitentums). In der Traditionslinie stehen die auf den gleichen Schauplätzen spielenden ebenfalls legendar. Viten der Hl.n Onophrius, Macarius Romanus, Maria Aegyptiaca u. a. Einige Viten schildern die Suche nach dem ird. Paradies (wie bereits in der Vita Adae et Evae). Andere Texte schildern Jenseitsreisen in die Hölle und in das Paradies: Auf die apokryphe Paulus-Apokalypse, die mehrfach lat. übers. wurde (Visio Pauli), folgten v. a. im FrühMA viele andere →Visionen im insularen Bereich (Visio Fursaei; Beda, Bonifatius) und auf dem Kontinent (Visio Baronti; Gregor d. Gr.; Gregor v. Tours, Valerius v. Bierzo usw.), die in karol. Zeit weite Verbreitung fanden. Die Traditionen der Erlebnisreiseberichte, der Wundererzählungen und der Visionen verschmelzen mit Elementen des kelt. Erbes in der →Navigatio Brendani; andere mehr oder weniger fikt. Biographien ir. Hl.r haben als Hauptthema eine Seereise. Auch hist. fundierte Hl.n-viten berichten über R. (→Adamnan, Vita Columbae; →Eigil, Vita Sturmi).

Zwischen Biographie oder Autobiographie und R. führer angesiedelt sind die Beschreibungen von Pilgerr. zu hl. Stätten, v. a. nach Jerusalem. Dabei lassen sich unterscheiden: a) Anknüpfung an die antiken →Itinerarien (Itin. Burdigalense, Itin. Egeriae, 4. Jh.), b) an die Biographie (Hieronymus, Ep. 108; Hugeburc, Vita Willibaldi), c) R. erinnerungen (Itin. Antonini Placentini, Itin. Bernardi monachi, 6. bzw. 9. Jh.), d) Überlieferung von Berichten aus zweiter Hand (Adamnan, De locis sanctis). Es entwickelt sich außerdem eine autonome Lit. über die wichtigsten abendländ. Wallfahrtszentren wie Rom, Tours, Santiago de Compostela.

Andere Thematisierungen von R. treten im 9.–12. Jh. hervor: Neben den Gesandtschaftsberichten (→Liutprand v. Cremona) sind hist. bes. wertvoll die Berichte über Kolonisation und →Mission, aus denen sich die Ausbreitung des Christentums nach N und O verfolgen läßt (→Rimbert, Vita Anskarii; Vita Adalberti Pragensis des Johannes Canaparius; →Adam v. Bremen; Viten →Ottos v. Bamberg).

Mit den →Kreuzzügen tritt massiv das Motiv des Krieges und der Eroberung in die Reisebeschreibungen ein (vgl. auch →Kreuzzugsdichtung). Es vervielfältigt sich die Zahl der R. führer und Länderkunden. Bei den Geschichten der Kreuzzüge interessieren hier bes. die Texte mit deutl. autobiograph. Elementen, z. B. zum 1. Kreuzzug »Gesta Francorum et aliorum Hierosolymitanorum« (verfaßt von einem Laien im Normannenheer), →Fulcher v. Chartres; zum II. Kreuzzug →Odo v. Deuil; im 13. Jh. ragen hervor Thietmarus magister, →Oliver v. Paderborn und v. a. →Burchardus' de Monte Sion R. nach Ägypten und Palästina. Die Zahl der Pilgerr. nimmt nach dem Ende Outremers und der Niederlassung der Franziskaner im Hl. Land zu: z. B. »Liber secretorum fidelium crucis« des Marino →Sanudo und →Petrarcas »Itinerarium ad sepulchrum Domini« (aus zweiter Hand), die Mehrzahl der Verf. gehört jedoch dem germ. Kulturkreis an: z. B. im 14. Jh. Ludolf v. Suchen (Sudheim), im 15. Jh. Felix Fabri OP und Martin Röth OP (der die R. →Bernhards v. Breidenbach referiert).

Die Schr.en des →Riccoldo di Monte Croce OP (Ende 13. Jh.) verknüpfen Pilgerbericht und Erkundung unbekannter Völkerschaften. Aus Furcht vor der Expansion der →Mongolen wurden eine Reihe chr. Gesandtschaften nach Zentralasien entsandt. Der früheste Text ist der Bericht des →Johannes de Plano Carpini OMin über seine R. in die Mongolei; auf ihn folgt →Wilhelm v. Rubruck OMin; ein weiterer Franziskaner, →Odoricus v. Pordenone gelangte nach Indien und China. Im 14./15. Jh. vervielfachen sich die Berichte von Fernr., wobei auch die Grenzen der lit. Genera überschritten werden. So berichtet etwa →Poggio Bracciolini »De varietate fortunae«, B. IV. ausführl. über die R. des Niccolò de' →Conti nach Persien, Indien und Java. Hier wird bereits der Geist des Entdeckungszeitalters greifbar (→Expansion, europ.), der auch eine reiche volkssprachl. und lat. Reiselit. mit sich bringt. In lat. Sprache sind überliefert (Augenzeugen)-Berichte über Entdeckungsreisen und Eroberungen (Diego Gomes, Alvise →Cadamosto, Antoniotto →Usodimare), bisweilen auch, v. a. im 15./16. Jh. (Pietro Martire d'Anghiera, Niccolò di Squillace), mehr oder weniger phantasievoll lit. ausgestaltete R.erzählungen, in denen neben den Schiffen des Columbus wieder der alte mytholog. Apparat an Harpyien, Sirenen, Nereiden etc. und Fabelwesen aller Art zum Vergnügen der Leser aller Bildungsschichten auftauchen.
G. Orlandi

Lit.: T. TOBLER-A. MOLINIER, Itinera Hierosolymitana, 1880 – P. THOMSEN, Die Palästina-Lit., 1908–72 – C. PLUMMER, Vitae sanctorum Hiberniae, 1910 – R. HENNIG, Terrae incognitae, 1944–56 – S. DE SANDOLI, Itinera Hierosolymitana crucesignatorum, 1978–84 – J. RICHARD, Les récits de voyages et de pèlerinages, 1981 – Popoli e paesi nella cultura altomediev., 1983 – Columbeis I-V, 1986–93 – C. KAPPLER, Apocalypses et voyages de l'au-delà, 1987 – U. GANZ-BLÄTTLER, Andacht und Abenteuer, 1990 – J.-M. ANDRÉ-M.-F. BASLEZ, Voyager dans l'Antiquité, 1993.

[2] *Romanische Literaturen:* Die Reiselit. in den roman. Sprachen weist die gleichen Charakteristiken auf wie die

Lit. in lat. Sprache, die sie vielfach übersetzt (z. B. Übers. der Relatio des →Odoricus v. Pordenone durch Jean de Vignay). Es gibt jedoch auch Übers. von den Volkssprachen ins Lat. wie etwa bei »La flor des estoires d'Orient« des Hayton de Gorhigos († 1314/15), die aus dem Frz. ins Lat. und wieder zurück ins Frz. übersetzt wurde.

Genuin in der Volkssprache wurden R.beschreibungen von Kaufleuten abgefaßt, wie Marco →Polos in frz. Sprache entstandener »Devisement du monde«, der rasch als maßgebender Text in sehr viele Sprachen übersetzt wurde und bis in das ganze 15. Jh. Verbreitung fand. Manche Schriften haben eine sehr komplexe Überlieferung, wie der – verlorene – Bericht des Niccolò de' →Conti über seine Asienreise, der in →Poggio Bracciolinis Schrift »De varietate fortunae« eingefügt wurde, ins Ptg. übersetzt, ins It. rückübersetzt und ins Kastil. übersetzt wurde. Die am Schreibtisch entstandenen »Voyages« des Engländers Jean de →Mandeville (1305/56) wurden aus dem Frz. in zehn Sprachen übersetzt und rückübersetzt (mehr als 250 Hss.), wobei die Identität des Verfassers nicht eindeutig festzustellen ist. Diese R.beschreibungen sind Kompilationen von Material aus erster Hand und aus zweiter Hand (mündl. Erzählungen oder schriftl. Berichten).

R.berichte diplomat. oder militär. Charakters, verfaßt von Gesandten, gebildeten Kriegsleuten oder Kurialen im Troß von Heeren tragen eher die Züge von Tagebüchern als echten Beschreibungen. Unter ihnen gebührt ein bes. Platz der »Cronica« des Ramòn →Muntaner (1265-1336), einem der wichtigsten Werke der katal. Lit. Im iber. Raum seien ferner erwähnt »Andanças e viajes por diversas partes del mundo avidos« des Pero Tafur (15. Jh.) und »Embajada a Tamorlán« des Rui González de Clavijo; im frz. Raum: »Le livre des faits de Jean le Maingre, dit →Boucicaut« (Ende 14./Anfang 15. Jh.), »Salade« des →Antoine de la Sale (1442-44), »Voyage de Naples« (1494) des André de la Vigne im Gefolge Karls VIII. in Italien.

Die zahlreichen →Pilgerfahrten in das Hl. Land, auch nach dem Fall von →Jerusalem, beschreiben gleiche Routen und Etappenziele. Im Vergleich zu dem Ausmaß des Phänomens haben sich nur wenige Dutzende Texte erhalten: darunter die R.beschreibungen folgender Autoren: Santo Brasca (1480), Roberto di Sanseverino, Bernardino di Nali, Alessandro Rinuccini, Pietro Casola, Ogier d'Anglure (1394/96), Louis de Rochechouart, Sébastien Mamérot, die den seit Jahrhunderten traditionellen Pilgerrouten ad loca sancta folgen: Ziele sind die von den Evangelien genannten Orte und das Katharinenkl. auf dem Sinai. Die feststehenden Itinerarien ermöglichen auch die Entstehung rein literar. R.beschreibungen, wie →Petrarcas »Itinerarium Syriacum«.

Die vielen Kreuzzugsberichte nehmen die Mitte ein zw. den Beschreibungen der Pilgerfahrten und den Chroniken: z. B. →Robert de Clari, Geoffroy de →Villehardouin; später tritt der Kreuzzug in den Bereich der nicht ausgeführten Pläne ein: der Begriff *viaggio* – R. wie vorher *passagium* bezeichnet nun Kreuzzug und nicht Itinerar. Die betreffenden Texte können nicht mehr dem Bereich der R.lit. zugeordnet werden. Bes. interessant sind in den roman. Literaturen die fiktiven R.berichte, nicht nur in der mittellat. Traditionskette (Visio Pauli, Navigatio S. Brendani, Romane mit den Motiven der Trennung und Wiedererkennung usw.: in den Volkssprachen »L'Escoufle« von Jean Renart und »Cleomadés« von →Adenet le Roi; die R. ist auch die tragende Struktur des Artusromans), sondern auch im allegor. Roman (sehr häufig trägt der allegor. Roman die Gestalt einer imaginä-

ren R.), der sich meistens als Traum oder Vision darstellt: →Jean de Meun, →Dante und auch Texte wie »Le songe d'Enfer« von →Raoul de Houdenc und der »Songe du vieil pèlerin« (1387-89) von Philippe de →Mézières.

A. Vitale Brovarone

Ed. und Lit.: GRMLA, XI, 1, 259-283 – DLFMA, 1992, s.v. Voyages – Roberto di Sanseverino, Viaggio in Terrasanta, hg. G. MARUFFI, 1888 – Santo Brasca, Viaggio in Terrasanta, hg. A. L. MOMIGLIANO LEPSCHKI, 1966 – Toscana e Terra Santa nel Medioevo, 1982 – Rui González de Clavijo, Embajada a Tamorlán, hg. R. ALBA, 1984 – G. R. CARDONA, Viaggi e scoperte (Letteratura Italiana, V: Le questioni, 1986) – Pero Tafur, Andanças e viajes por diversas partes del mundo avidos, hg. G. BELLINI, 1986 – Cronache iberiche di viaggio e di scoperta, tra storia e letteratura (Fschr. E. MELILLO REALI, 1987) – La letteratura di viaggio del Medioevo al Rinascimento. Generi e problemi, 1989.

[3] *Deutsche Literatur:* Wenn 'Reise' als ein Unterwegs-Sein in fiktiven wie hist. geogr. Räumen definiert wird, läßt sich auch ein Großteil ma. Epik (v. a. Aventiure- und Orient-Romane) als Reiselit. beschreiben. Doch während in diesen Werken Ortsveränderung Strukturmoment ist, dienen Reisebeschreibungen im eigtl. Sinn der Informationsvermittlung v. a. über das Reiseziel: bes. über hl. Stätten (z. B. Santiago de Compostela, röm. Hauptkirchen), hauptsächl. aber über das Hl. Land und Jerusalem. Die Mehrzahl der dt. meist in Prosa abgefaßten Reisebeschreibungen berichten daher über Pilgerfahrten, im 14. Jh. noch als Übers. lat. Vorlagen (so Wilhelm v. Bodensele und Ludolf v. Sundheim über ihre R. 1333 bzw. 1336-41). In gut 300 Hss. vom Anfang des 14. bis zum Ende des 15. Jh. sind mehr als 120 dt. sprachige Berichte von Jerusalem-Wallfahrten überliefert, oft im Verbund mit Rom-Pilgerberichten (→Mirabilia urbis Romae) oder mit theol., lit. und chronikal. Werken, häufig in andere Textformen inkorporiert (so z. B. eine Beschreibung der Grabeskirche in der →Sächsischen Weltchronik, ein Palästina-Bericht v. 1461 in →Jakob Twingers »Dt. Chronik«), aber auch als selbständige Texte (u. a. Peter →Suchenwirt über die Reise Albrechts d. Schönen v. Brandenburg 1337-41; Felix Fabri über seine R. 1480 und 1483, →Bernhard v. Breidenbach 1483, Konrad Grünemberg 1486, →Arnold v. Harff 1496-99; die in einer Hs. v. 1464 überlieferte Übers. von Niccolòs da Poggibonsi Reise 1346-50 und die in zwei Hss. des frühen 16. Jh. als »Buch der Kirchfahrt« tradierte Verdeutschung der Pilgerfahrt des Jacobus de Verona).

Vom erfolgreichsten Text, Jean de →Mandevilles nicht auf Augenschein basierender, sondern ältere Q. kompilierenden »Reise«, liegt außer den obdt. Übers.en Michael Velsers (34 Hss., 4 Frgm.e) und Ottos v. Diemeringen (35 Hss., 3 Frgm.e) vom Ende des 14. Jh. auch eine wohl mit der ndl. Übertragung zusammenhängende nd. Version (8 Hss., 1 Frgm.) vor. Grundsätzl. gilt, daß die meisten Reisebeschreibungen eigene Beobachtungen mit tradierten Mustern verschränken und zw. Erfahrungsbericht, Pilgerführer und heilsgesch. Topographie oszillieren, sich mitunter auch zum fiktionalen Reise-Roman öffnen.

Reisebeschreibungen über andere Reiseziele sind gegenüber Jerusalemberichten in der Minderzahl: so übertrug 1359 Konrad Steckel die China-Reise des →Odoricus v. Pordenone ins Dt.; zwei Hss. tradieren den anonymen Bericht über die Krönungsfahrt Friedrichs III. von Graz nach Aachen 1442; von seiner Reise nach Santiago de Compostela 1446 berichtet der Augsburger Patrizier Sebastian Ilsung. Auffallend schmal ist die dt. Überlieferung von Marco →Polos »Reise« (2 Übers.en: md., 14. Jh., 1 Hs.; obdt., 15. Jh., 2 Inkunabeln, 3 Druck-Abschriften). Vermutl. kam ihr Anspruch auf empir. Wahrheit dem

Bedürfnis des dt. spätma. Publikums nach fiktionaler Alterität weniger entgegen als Mandevilles auch mit phantast. Geschichten gesättigter Bericht. N. H. Ott

Lit.: R. Röhricht, Dt. Pilgerr. nach dem hl. Lande, 1900 [Neudr. 1967] – D. Huschenbett, Die Lit. der dt. Pilgerr. nach Jerusalem im späten MA, DVjs 59, 1985, 29–46 [Bibliogr.] – Ders., Von landen und ynselen. Lit. und geistl. Meerfahrten nach Palästina im späten MA (Wissensorganisierende und wissensvermittelnde Lit. im MA, hg. N. R. Wolf, 1987), 187–207 – R. und Welterfahrung in der dt. Lit. des MA, hg. D. Huschenbett–J. Margette, 1991 – R. und Reiselit. in MA und in der Frühen NZ, hg. X. v. Ertzdorff–D. Neukirch, 1992.

[4] *Englische Literatur:* Die früheste R. beschreibung findet sich in der im Kreis um Kg. Alfred um 890 entstandenen ae. Übersetzung der Weltgesch. des →Orosius. In seine Beschreibung der Welt werden zwei Augenzeugenberichte eingeschoben, die Umsegelung des Nordkaps durch den Skandinavier Ohthere und die Fahrt eines gewissen Wulfstan v. Hedeby (→Haithabu) zur Weichselmündung; beide Berichte bringen zahlreiche geogr. und ethnolog. Details über Wohnorte und Bräuche der dort lebenden finno-ugr. Völker (Lappen, Esten, u.a.). Daneben sind in der ags. Zeit auch zwei im MA weitverbreitete legendäre R. berichte über den Orient, der fiktive Brief →Alexanders an Aristoteles und die Wunder des Ostens in das Ae. übersetzt worden. Der bedeutendste me. R. bericht ist die unter dem Namen »Mandeville's Travels« (→Mandeville, Jean de) bekannte Kompilation. Die in verschiedenen Versionen und zahlreichen Hss. überlieferte engl. Textgruppe wurde im 14. und 15. Jh. aus dem Frz. übersetzt; das Werk erfreute sich großer Popularität; auch Versbearbeitungen sind erhalten. Im Unterschied zu »Mandeville's Travels« sind die Beschreibungen der verschiedenen Pilgerfahrten, die die Mystikerin Margery →Kempe im 1. Drittel des 15. Jh. unternahm, authent.; in ihrer Autobiographie berichtet sie anschaul. von ihren Fahrten ins Hl. Land, nach Santiago de Compostela, nach Rom und zu verschiedenen anderen Pilgerorten Europas. Auch andere engl. Pilger haben ausführl. Berichte von R. ins Hl. Land und zu anderen Pilgerstätten hinterlassen (John →Capgrave, William Wey, beide 15. Jh.). Neben Prosadarstellungen sind aus dem 13. bis 15. Jh. auch Beschreibungen der hl. Stätten Roms und Jerusalems in Versen erhalten. K. Reichl

Bibliogr.: ManualME 7. XIX, 1986 – Ed.: Three OE Prose Texts in MS. Cotton Vitellius A XV, ed. S. Rypins, EETS 161, 1924 – Mandeville's Travels, ed. M. C. Seymour, 1967 – The Metrical Version of Mandeville's Travels, ed. M. C. Seymour, EETS 269, 1973 – The OE Orosius, ed. J. Bately, EETS, S.S. 6, 1980 – Margery →Kempe – Lit.: D. R. Howard, Writers and Pilgrims, 1980 – C. W. Atkinson, Mystic and Pilgrim: The Book and the World of Margery Kempe, 1983.

[5] *Skandinavische Literatur:* Neben zahlreichen Beschreibungen von R. norw. Kg. e (etwa ins Hl. Land) in den →Konunga sögur und den vorwiegend lit. gestalteten Auslandsreisen der Isländersaga sind sowohl volkssprachl. als auch lat. Reisebeschreibungen im engeren Sinn enthalten. Zu letzteren zählt das 1274 von einem Frater Mauritius in Norwegen verfaßte, nur fragmentar. überlieferte »Itinerarium in terram sanctam« und die in Dänemark am Ende des 12. Jh. entstandene umfängl. »Profectio Danorum in Hierosolymam«. Aus Schweden stammt ein lat. Itinerar aus dem 15. Jh. Dän. Ursprungs sind die einzige skand. volkssprachl. Übers. der weitgehend fiktiven Reisebeschreibungen des Jean de →Mandeville (»Mandevilles rejse«) sowie der →Vejleder for Pilgrimme« ('Wegweiser ins Hl. Land'; Mitte des 15. Jh.). Wichtiger ist das isländ. →Itinerar (»Leiðarvísir« 'Wegweiser') des Abtes Nikulás v. →Munkaþverá († 1159), der zw. 1149 und 1154 eine Pilgerreise nach Rom und ins Hl. Land unternahm und eine genaue, mit persönl. Beobachtungen angereicherte Routenbeschreibung samt →Pilgerführer für das Hl. Land verfaßte. Ein knappes altnord. →Itinerar (»Wegur til Rombs« 'Weg nach Rom') von Lübeck nach Rom, das nur die Städte und Entfernungen zw. diesen angibt, stammt spätestens vom Beginn des 14. Jh. (nur in Abschriften des 17. Jh. erhalten). Ein enzykloäd. Versatzstück zum Thema Reiserouten ist ein kurzer altnord. Text (»Leiðir« 'Wege'), der Entfernungen bei der Umsegelung Islands, einen knappen Führer nach Rom und Konstantinopel und einige geogr. Erklärungen enthält. R. Simek

Lit.: KL VII, 517–519 – P. Riant, Expéditions et pélérinages des Scandinaves en Terre Sainte au temps des Croisades, 1865 – H. Uecker, Altnord. Reiselit. (Der Reisebericht, hg. P. J. Brenner, 1989), 68–80 – R. Simek, Altnord. Kosmographie, 1990.

[6] *Mittelniederländische Literatur:* Aus den ersten Jhh. der mndl. Lit. sind nur Beschreibungen gänzl. oder teilw. fingierter R. überliefert: die »Reis van Sente →Brandane« (2. Hälfte 12. Jh.) und Übers. der »Voyages« von Jean de →Mandeville (Ende 14. Jh.) und des »Itinerarius a Iherusalem per diversas mundi partes« von Johannes Witte de Hese (1389). Ab Mitte des 15. Jh. sind rund 30 R. berichte von Pilgern überliefert, die tatsächl. in das Hl. Land gereist sind. Die auffallenden Parallelen zw. den Texten gehen wahrscheinl. auf die Verwendung eines Reiseführers zurück, dem die Pilger genau folgten. 1488 erschien die mndl. Übers. der sehr umfangreichen Beschreibung der Reise des →Bernhard v. Breidenbach. Der wichtigste mndl. Text aus dieser Gattung ist jedoch »Tvoyage van Joos van Ghistele«, in der Ambrosius Zeebout die vier Jahre dauernde Reise dieses Genter Edelmanns durch das Hl. Land, den Mittleren Osten und Nordafrika beschreibt. Der Verf. fügte seinem Bericht Einzelheiten aus Büchern über die Länder, die van Ghistele bereiste, hinzu. Dadurch erhielt das Werk den Charakter einer Enzyklopädie, eines populärwiss. Lesebuchs in der Form eines Reiseberichts. H. van Dijk

Ed.: De reis van Jan van Mandeville, naar de Middelndl. hss. en incunabelen, ed. N. A. Cramer, 1908 – Fragm. eener Ndl. vertaling van het reisverhaal van Joannes de Hese, ed. M. de Vries, Verslagen en berigten uitgeg. d. de Vereeniging ter bevordering der Oude Ndl. letterkunde 2, 1845, 5–32 – De reis van Sint Brandaan, ed. Werkgroep van Utrechtse neerlandici o. l. v. W. P. Gerritsen, S. Oppenhuis de Jong, 1994 – Lit.: B. Wasser, Ndl. pelgrims naar het hl. land, 1983 – H. Jansen-Sieben, Repertorium van de Middelndl. Artes-Lit., 1989 – J. C. Schenkel, Tvoyage van Mher Joos van Ghistele, SH 19, 1993, 81–95 – S. J. G. Brefeld, A Guidebook for the Jerusalem Pilgrimage in the Late MA, 1994.

[7] *Slavische Literaturen:* →Afanasij, Nikitin; →Pilger, B. II

B. Byzanz

Der Mangel an Reisebeschreibungen erschwert es, generelle Aussagen über R. der Byzantiner zu machen, so daß bisweilen der falsche Eindruck einer überwiegend ortsansässigen Lebensweise entstand. Prinzipiell waren wegen des besseren und (staatlich) kontrollierten Wegenetzes (→Straße) Landreisen in B. sicherer als im W, während Seereisen (→Schiff, -bau, -stypen) nicht nur der Unbill der Witterung (wenngleich der Seesturm vielfach bibl. Topos ist), sondern auch der Piraterie (→Seeraub) ausgesetzt waren. Der immer weitgehend ungebrochene Binnen- und Fernhandel (→Handel, B) ist ohne R. nicht denkbar, obwohl darüber, im Gegensatz zu den R. der Mönche, kaum Dokumente vorliegen. Die Wallfahrt spielt in Byzanz, im Gegensatz zum westl. Hoch- und SpätMA, kaum eine Rolle. Neben dem Reliquienzentrum (→Reliquien)

Konstantinopel (das v. a. Ausländer in seinen Bann zog) besaß nur →Jerusalem als Reiseziel Bedeutung. Hohe Staatsbeamte und Kleriker (z. B. →Konstantin und Method) waren häufig zu diplomat. Missionen unterwegs. R. von Ks.n waren höchst selten (→Konstans II., →Johannes V., →Manuel II., →Johannes VIII.). Im Gegensatz zur Antike gibt es keine Hinweise auf »Touristen«. Viele mit der R. in Verbindung stehende Details wie Unterkunft (→Gasthaus, B), Verpflegung (→Ernährung, B) und Kleidung sind in Byzanz noch kaum in den Anfängen erforscht.

Eine Reiselit. (vergleichbar der arab.) besitzt Byzanz nicht, vielleicht, weil dieses Genus (Pausanias ausgenommen) auch in der Antike nicht existierte. Außerdem hat der Byzantiner persönl. Eindrücke nur selten schriftl. niedergelegt, und viele Reisende wären nicht in der Lage gewesen, ihren Bericht in der geforderten rhetorisch tadellosen Form wiederzugeben. Abgesehen von den stereotypen Wegbeschreibungen nach Jerusalem (→Pilger, B. I), sind Berichte über R. vereinzelt bei Geschichtsschreibern überliefert (vgl. →Konstantin Porphyrogennetos, Excerpta de legationibus) und als Fakten eruierbar in den Heiligenviten und der Brieflit. Die geogr. Lit. ist ganz auf die antike Überlieferung beschränkt, und allein das schwer einzuordnende Werk des →Kosmas Indikopleustes bringt lebendige, aber manchmal phantastisch ausgeschmückte Reiseschilderungen. Der versifizierte Gesandtschaftsbericht (’Οδοιπορικόν) des Konstantinos →Manasses gleicht mehr der Seelenschilderung des geplagten Reisenden als der Erzählung von einer R. Eher als Staatsschrift denn als Reisebericht ist der Gesandtschaftsbericht (πρεσβευτικός) des →Theodoros Metochites zu betrachten. Ein weitgehend fiktives und gelehrtes Elaborat stellt die Schilderung der Nordlandreise des Laskaris Kananos (15. Jh.) dar. →Geographie, II.   P. Schreiner

Lit.: J. KARAYANNOPOULOS–G. WEISS, Q.kunde, I, 1982, 77–79 – P. SCHREINER, Byz. Orientreisende im 14. Jh., ZDMG, Suppl. VI, 1985, 141–149 – G. MAKRIS, Stud. zur spätbyz. Schiffahrt, 1988 – E. MALAMUT, Sur la route des saints byz., 1993 – P. SCHREINER, Viaggiatori a Bisanzio: il diplomatico, il monaco, il mercante (Columbeis V, 1993), 29–39 – A. KÜLZER, Peregrinatio graeca in terram sanctam, 1994 – G. MAKRIS, Geogr. Kenntnisse in Griechenland am Übergang vom MA in die NZ (Die Kultur Griechenlands in MA und NZ, hg. R. LAUER–P. SCHREINER, 1994) [im Dr.].

C. Islamischer Bereich

Aufstieg und Expansion des →Islam führten in vorher nicht erreichtem Umfang zur Erweiterung der geogr. Kenntnisse (→Geographie, I) im arab. Kulturkreis. Entscheidend geprägt wurde das islam. Weltbild von griech., pers. und ind. Vorstellungen, die durch arab. Übersetzungen v. a. der Werke des →Ptolemaeus seit dem 8. Jh. bekannt wurden. Im Verlauf des 10. Jh. verbreitete sich zunehmend die Auffassung, daß die Beschreibung fremder Länder und Völker auf unmittelbarer Anschauung zu beruhen habe (al-Muqaddasī). Doch beschränkten sich die R. zumeist auf den Kernraum der islam. Welt (Maghreb, Ägypten, Syrien, Irak). R. in die Welt des →Dār al-ḥarb ('Haus des Krieges') zu nichtmuslim. Völkern galten nach islam. Recht als verwerflich (*makrūh*) und nur als legitim, wenn sie dem Freikauf muslim. Gefangener dienten.

Erst als die islam. Expansion im 10. Jh. zum Stillstand kam, und muslim. Fs.en mit nichtislam. Mächten vertragl. Bindungen eingingen, lockerten sich die R.bestimmungen. Nicht immer waren die Reisenden geschulte Geographen. Häufig handelte es sich um Gesandte, Offiziere und Missionare in offiziellem Auftrag, nicht selten auch um Kaufleute, Pilger und Kriegsgefangene. Mitunter waren es einfach »Reiselustige«, die es in fremde Länder verschlug. Zahlreiche Berichte stehen nach Form und Inhalt in der Tradition der berühmten geogr. Schulen und informieren zutreffend über die ökonom., ethn., religiösen und polit. Verhältnisse der besuchten Regionen. Bisweilen beschreiben sie aber auch fiktive R. wie die →Ibn Baṭṭūṭas zu den →Wolgabulgaren und enthalten Fabelstoffe wie die bei Ibn Hordāḏbeh überlieferte Nachricht des Dolmetschers Sallām (9. Jh.) über die →Gog und Magog oder die Beschreibungen des Amazonenlandes (→Ibrāhīm ibn Yaʿḳūb, al-Faqīh, Ibn Baṭṭūṭa; →Amazonen).

Steht die Berichterstattung über die islam. Welt und ihre Randzonen sowie z. T. auch über Schwarzafrika, Zentralasien, →Indien und →China im Vordergrund, so nimmt der christl. Okzident im Weltbild der muslim. Autoren eine vergleichsweise nachgeordnete Stellung ein. Zwar gelangten Araber und Juden aus →al-Andalus auf ihren Fahrten durch West- und Mitteleuropa bis nach Skandinavien und über →Ungarn in die →Kiever Rus' und ins →Chazarenreich (al-Gazāl, Ibrāhīm ibn Yaʿḳūb, Abū Ḥāmid u. a.). Auch kam es bisweilen zu diplomat. Beziehungen zw. christl. und muslim. Herrschern (z. B. Gesandtschaft des Abts v. Gorze, → Johann v. Vandières, nach Córdoba, 953–956). Eine Besonderheit bildete die mit phantast. Zügen ausgeschmückte muslim. Vorstellung von Rom (→Rom, Romidee, arab. -islam.). Insgesamt behinderten aber religiöse Vorschriften, die oft unsichere Lage der muslim. und jüd. Minderheiten im Abendland, muslim. Überlegenheitsansprüche und mangelnde Handelsanreize die Vertiefung der gegenseitigen Kontakte. Ungleich mehr Beachtung fanden dank intensiver Handelsbeziehungen und vielfältiger polit. und kultureller Berührungen die Völker des östl. Europa (→al-Iṣṭaḫrī, al-Masʿūdī, →Ibn Faḍlān u. a.) und das →Byz. Reich (Rūm), das als mächtigster Gegner der islam. Welt angesehen wurde (Ġaʿfar al-Kātib, 10. Jh.).

Maßgebl. erweitert wurden die geogr. Kenntnisse der Perser und Araber durch die umfangreiche Seefahrtliteratur. Muslim. Seeleute befuhren nicht nur das →Mittelmeer, das Rote und Kaspische Meer sowie den Pers. Golf, sondern gelangten im S bis nach Sofala an der ostafrikan. Küste und erreichten im O unter Ausnutzung der Monsunwinde und unter Verwendung von Seekarten (rahmānī) bereits im 9. Jh. China (al-Masʿūdī). Erst die Ankunft der Portugiesen (→Expansion, europ.) beendete seit 1498 die arab. Vorherrschaft auf dem Indischen Ozean. Im W wagten sich arab. Segler seit dem 10. Jh. auf den Atlantik und erreichten um 1250 das westafrikan. Kap Blanco (al-Masʿūdī, Ibn Saʿīd).

Die Ergebnisse der älteren muslim. R.berichte fanden oft in wörtl. Auszügen – Eingang in die Länderkunden von al-Iṣṭaḫrī, →Ibn Ḥauqal (beide 10. Jh.) und →al-Bīrūnī (11. Jh.). Sie schlugen sich in der Weltbeschreibung von →al-Idrīsī (12. Jh.) ebenso nieder wie im großen geograph. Wörterbuch des Yāqūt (13. Jh.). Vom 13. bis 16. Jh. erlebte die oriental. R.literatur einen Niedergang. Man beschränkte sich im wesentl. auf Übersetzungen und Kompilationen, mit Ausnahme der bedeutenden Werke eines Abū l-Fidāʾ und des Weltreisenden Ibn Baṭṭūṭa (1304–77). Erst osman. Autoren des 17. Jh. wie Evliya Çelebi und der Polyhistor Kātib Çelebi knüpften erneut an die großen Traditionen der klass. R.berichte an. → Araber, III.   H. Göckenjan

Lit.: EI², I, 575–590 [S. M. AHMAD–F. TAESCHNER] – F. TAESCHNER, Die geogr. Lit. der Osmanen, ZDMG 77, 1923, 31–80 – G. JACOB, Arab. Berichte von Gesandten an arab. Fürstenhöfe ..., 1927 – I. J.

KRAČKOVSKIJ, Arabskaja geografičeskaja literatura, 1957 – A. MIQUEL, La géographie humaine du monde musulman jusqu'au milieu du XIe s., 1–4, 1967–88 – E. ASHTOR, Che cosa sapevano i geografi Arabi dell' Europa occidentale?, RSI 81, 1969, 453–479 – B. LEWIS, Die Welt der Ungläubigen, 1983 – E. WAGNER, Subjektive und objektive Wahrheit in islam. R. berichten (X. v. ERTZDORFF–D. NEUKIRCH, R. und R. lit. im MA und in der frühen NZ, 1992), 43–65.

D. Judentum
Die an Reisebeschreibungen nicht bes. reiche ma. jüd. Lit. hat auf diesem Gebiet immerhin zwei herausragende Beispiele vorzuweisen. Das erste ist das Itinerar des →Benjamin v. Tudela, der im 3. Viertel des 12. Jh. die meisten Mittelmeerländer, Syrien-Palästina und den Irak bereiste. Er berichtet ausführl. über die jeweiligen jüd. Gemeinden am Ort, ihre Beziehungen zur nichtjüd. Umwelt, das Leben und die Zeremonien muslim. Potentaten u. a. Etwa zur selben Zeit bereiste Petachja v. Regensburg mit Prag als Ausgangs- und Zielpunkt seiner Reise den Vorderen Orient. Er begab sich auf dem Landweg nach Südrußland, wo er auf der Krim mit →Karäern zusammentraf, reiste über den Kaukasus in den Irak und anschließend nach Syrien und Palästina. Der nur in Fragmenten auf uns gekommene Reisebericht ist voll von legendären und folklorist. Überlieferungen, Juden wie Muslime betreffend. Mit Hingabe widmet er sich der Beschreibung von Überresten bibl. Altertümer sowohl in Palästina als auch im Zweistromland und schildert Wunder, die sich v. a. an den Grabstätten bibl. Gestalten ereignet haben sollen. – Zu den Berichten jüd. Reisender aus al-Andalus (wie →Ibrāhīm ibn Ya‘kūb) s. Abschn. C.   H.-G. v. Mutius

Lit.: S. SCHREINER, Benjamin v. Tudela/Petachja v. Regensburg (Übers. mit Komm.), 1991.

Reiser, Friedrich, * 1401 oder 1402, Sohn eines waldens. Kaufmanns in Deutach b. Donauwörth, kam um 1418 zur Ausbildung zum waldens. Kaufmann Hans v. Plauen nach Nürnberg, wo er den Wyclif-Anhänger Peter Payne traf. 1420 wurde R. zum waldens. Meister geweiht und zu Mermet Hugo nach Freiburg i. Ü. geschickt. Um 1430 ging er nach Prag, wo er vom taborit. Bf. Nikolaus v. Pilgram zum Priester ordiniert wurde. 1433 und 1435 in Basel, wo das Konzil mit den →Hussiten verhandelte. Nach Aufenthalten in Straßburg, im Nürnberger Gebiet und in Norddeutschland nahm R. um 1450 erneut Verbindungen mit den böhm. Hussiten auf und wurde zum Bf. mit dem Titel »Fridericus, Dei gratia episcopus fidelium in Romana ecclesia donationem Constantini spernentium« ernannt. Am 6. März 1458 wurde er in Straßburg zusammen mit seiner Gefährtin Anna Weiler als rückfälliger Ketzer verbrannt. Die 1870 bei der Beschießung Straßburgs verlorengegangenen Inquisitionsakten sind in A. JUNGS 1822 erstmals veröffentlichter »Ketzergeschichte« nur in sehr unzureichender romanhafter Form überliefert.   K. Utz Tremp

Lit.: A. JUNG, F. R. Eine Ketzergesch. aus dem fünfzehnten Jh., neu hg. W. E. SCHMIDT, 1915 – H. KÖPSTEIN, Über den dt. Hussiten F. R., ZfG 7, 1959, 1068–1082 – V. VINAY, F. R. und die waldens. Diaspora de. Sprache im XV. Jh. (Waldenser. Gesch. und Gegenwart, hg. W. ERK, 1971), 25–47 – D. KURZE, Märk. Waldenser und böhm. Brüder (Fschr. W. SCHLESINGER, II [= Mitteldt. Forsch. en 74/II, 1974), 466–471 – J. GONNET–A. MOLNAR, Les Vaudois au MA, 1974, 239–253.

Reiterei → Pferd, II

Reiternomaden → Nomaden

Reiterstandbild. Die Vorstellung vom R. ist geprägt und eingeengt vom absolutist. Herrscherdenkmal der NZ. Die ma. Funktionen der Gattung sind viel differenzierter, umfassen Ehren-, Toten-, Votiv-, Herrscher-, Stifter-, Devotions- und Hl. nbild, haben ihre Reflexe in der Kleinkunst von Statuetten, Siegeln, Münzen, Medaillen, Spielsteinen und Spielzeugfiguren. Funktionell und formal können die einzelnen Typen bis in die alten Kulturen und direkt in die gr.-röm. Kunst zurückreichen. Über der Erde erhaltene Reiterbilder in Rom, Ravenna oder Pavia wirkten als Muster, wurden neu gedeutet integriert. Da schriftl. Zeugnisse zur Entstehung der Reiterbilder meist fehlen können, und die Gattungen sich überschneiden oder kumulieren können, sind heute Aussagen – wie z. B. über den »Bamberger Reiter« – erschwert. Auch die roman. »Konstantine« an den frz. Kirchen können nicht alle den »ersten chr. Ks.« darstellen. Werkstoff der großen ma. Reiterbilder ist üblicherweise der Stein, selten Holz, erst seit dem Quattrocento antikisierend Bronze.

Ehrenbilder für einzelne, oft unbedeutende Personen erlebten in spätröm. Zeit auf öffentl. Plätzen eine wahre Inflation. Das MA kannte dies nicht, doch erscheint zuweilen durchaus eine Ehrenstatue mit Inschrift. Ein seltenes Reiterbild dieser Aufgabe ist von Mailand seinem 1228–33 amtenden Podestà Oldrado da Tresseno am unter ihm errichteten Broletto errichtet worden, also zu Lebzeiten. – Grabmäler mit Reiterrreliefs wurden nach röm. Soldatengrabsteinen von Kelten und Germanen im Früh-MA vereinzelt primitiv umgesetzt. Einzigartig ist die Gruppe der Scaligergräber des 14. Jh. in Verona, wo im Sagrato v. S. Maria Antica auf der Spitze got. Grabbaldachine als Freiplastiken die Reiterbilder der Stadtherren →della Scala aufgestellt sind. Von einem ihrer Meister stammt auch die 1363 für den Mailänder Bernabò Visconti († 1385) geschaffene Reiterfigur, die anspruchsvoll hinter dem Altar in S. Maria della Conca aufgestellt war. Dann folgen die vom heutigen Betrachter rein als Denkmäler empfundenen R. er der Heerführer →Erasmo da Narni († 1443), von →Donatello in Padua und →Colleoni († 1475) von →Verrocchio in Venedig, auf Kirchhöfen. Wie sehr solche Reiterdenkmäler von Heerführern ein Typus geworden waren, läßt die gemalte Version →Uccellos (1436) für John →Hawkwood († 1394) und Niccolò da Tolentino († 1456) im Dom zu Florenz erkennen. – Es gab aber in Kirchen an Pfeilern und Wänden auch lebensgroße hölzerne Votiv-Reiterbilder – wie das bildl. bezeugte eines frz. Kg.s des 14. Jh. in Notre-Dame zu Paris, ja zahlreiche in der einst dicht mit realist. Votivfiguren angefüllten Rotunde von SS. Annunziata in Florenz. – Herrscherfiguren werden meist stehend oder thronend präsentiert, einzigartig war die angebl. 1291 begonnene Kg.sreihe am Straßburger Münster, durch Stich v. 1617 als Reiterfolge ausgewiesen, Chlodwig, Dagobert und Rudolf v. Habsburg benannt, in der Revolution zerstört. Ohne Namensnennung, also wohl keine bestimmte hist. Figur meinend, eher als allg. Hoheitszeichen sah man in den antiken Bronzereitern wie dem Regisole in Pavia, dem von Ravenna nach Aachen im 9. Jh. versetzten Reiter aus Ravenna und im Reiter der →Antelamiwerkstatt am Zürcher Großmünster (um 1180), auch im Magdeburger (um 1240/50) und Bamberger Reiter (um 1235). Maximilians I. R. im Chor von St. Afra in Augsburg, als Stifter- und Herrscherbild konzipiert, kam nicht mehr zustande. Reiterhl. e wie Georg und Martin leben über das MA als plast. Aufgabe weiter.   A. Reinle

Lit.: R. CROZET, Nouvelles remarques sur les cavaliers sculptés ou peints dans les églises romanes, CCMéd 1, 1958, 27–36 – A. REINLE, Der Reiter am Zürcher Großmünster, ZAK 26, 1969, 21–46 – DERS., Das stellvertretende Bildnis, 1984.

Rekkeswinth → Reccesvinth

Reklamationsrecht. Mit lat. reclamatio bezeichnen die frühma. Rechtsq. eine Fülle von Erscheinungen, die sich als die an den germ. Kg. gerichtete, auf Abhilfe gegenüber Gewalt und Unrecht antragende Beschwerde (Bitte) zusammenfassen lassen. Ein R. wird aus der reclamatio erst durch die von der Forsch. vorgenommene Erfassung bestimmter Fallgruppen und die damit einhergehende Qualifizierung als Rechtsbehelf. Angesichts des unscharfen Sprachgebrauchs der Q., des sog. Übersetzungsproblems und unterschiedl. Ausgestaltung der Rechtsbehelfe in den einzelnen Volksrechten ist über die Inhalte des R.s und sein Verhältnis zu benachbarten Erscheinungen und Begriffsbildungen bislang nur im Kern Einverständnis erzielt worden. Anerkannt sind ein R. wegen Rechtsverweigerung (→Appellation) und das durch kgl. →Privilegien an Schutzbefohlene verliehene Recht, sich einem nachteiligen (nicht unbedingt unrichtigen) untergerichtl. Endurteil bzw. einer seiner Herbeiführung dienenden richterl. Zwangsmaßnahme durch reclamatio ad regis definitivam sententiam zu entziehen. Letzteres wird gelegentl. als R. im engeren Sinne bezeichnet. Inwieweit ein entsprechendes R. den Kirchen, den Großen sowie den Witwen und Waisen auch ohne Privileg zustand, ist unklar. Dieses verfahrensrechtl. eingebettete R. ist zugleich ein Fall des →'Rechtszuges'. Hingegen wird der Zug nach Urteilsschelte (formalisierter Angriff des Nichtprivilegierten auf ein als unrichtig erachtetes →Urteil) üblicherweise nicht als R. erfaßt, obwohl ihn die Q. gelegentl. als reclamatio bezeichnen. Fraglich ist, ob sich das Verfahren nach Schelte erst unter dem Einfluß des privilegialen R.s als Rechtszug gestaltete oder ob nicht vielmehr R. und Rechtszug ein gemeinsames und anfängl. Erbe aus röm. Tradition sind. Die Fälle des frühma. R.s kamen späterhin in Abgang, oder sie wurden unter anderen Begriffen, generell als supplicatio, erfaßt. Das prozessuale R. hat offenbar die Voraussetzungen dafür geschaffen, daß am Mittelrhein (Speyer, Ingelheim) im Hoch- und SpätMA den Parteien der Rechtszug auch ohne Schelte offenstand.
J. Weitzel

Lit.: Brunner, DRG II, s. v. – HRG IV, 430-443, 855-858 – W. Seelmann, Der Rechtszug im älteren dt. Recht, 1911 – J. Weitzel, Über Oberhöfe, Recht und Rechtszug, 1981, 83f.

Reklusen → Inklusen

Rekognition, -szeile. In den spätröm. Ks.- und Beamtenurkk. hielt die →Unterschrift wesentl. Schritte der Beurkundung fest und war Mittel der →Beglaubigung. So begegnet seit dem 2. Jh. in ksl. Urkk. neben der Unterschrift des Ks.s mit dem Zusatz recognovi die Gegenzeichnung eines Beamten; 541 schrieb Justinian diese durch den →Quaestor vor. Die Tradition setzte sich in den merow. Urkk. mit Kg.sunterschrift und Unterfertigung durch einen →Referendar fort. In karol. Zeit nahm ein Kanzleinotar die Beglaubigung stellvertretend für den Erzkapellan (→Erzkanzler) vor. In der Folge entwickelte sich dafür eine eigene R.szeile zw. Signumzeile und →Datierung, die allmähl. zu einem Charakteristikum des feierl. Diploms wurde. Bis ins 9. Jh. wurde die R. eigenhändig vollzogen und durch ein R.szeichen ergänzt, das sich aus den Worten recognovi(t) und subscripsi(t) entwickelt hatte. Mit der Aufgabe der Eigenhändigkeit der R. verlor das Zeichen seinen Sinn, wurde aber bis ins 10. Jh. als Zierelement ('Bienenkorb') mitgeschleppt. Eine Wiederbelebung in Urkk. Ks. Heinrichs III. blieb Episode. In frz. Kg.surkk. wurde in der R.szeile in der Regel nur ein Name gen., seit dem frühen 12. Jh. die R. zugunsten einer Aushändigungsformel (→Datum per manum) aufgegeben. Im Reich wurde an der stellvertretenden R. des →Kanzlers für den Erzkanzler festgehalten, wobei sich seit der 1. Hälfte des 12. Jh. ein fester Typus herausbildete. Zu Abweichungen kam es bei Vakanz des Kanzleramts, so unter Ks. Lothar III. und insbes. unter Ks. Heinrich VI., in dessen Urkk. die Aushändigungsformel an Bedeutung gewann. Mit dem Vordringen einfacherer Urkk.formen wurde der Gebrauch der R.szeile seltener, ihr Wortlaut allerdings durch das Hinzufügen aller Titel des Genannten überaus ausführl. Im 14. Jh. griff man in Fällen bes. feierl. Ausfertigungen sogar auf die eigenhändige R. durch Kanzler und Erzkanzler zurück.
P. Csendes

Lit.: HRG IV, 443ff. – W. Erben, Die Ks.- und Kg.surkk. des MA in Dtl., Frankreich und Italien, 1907, 160-170, 211f., 260f., 319-321 – Breslau-P. Classen, Ks.reskript und Kg.surk., ADipl 1, 1955; 2, 1956, 52ff. [überarb. Nachdr. 1977, 161f., 167f.] – G. Tessier, Diplomatique royale française, 1962, 94ff. – P. Classen, Spätröm. Grundlagen ma. Kanzleien, VuF 28, 1983, 76ff. – L. Saupe, Die Unterfertigung der lat. Urkk. aus den Nachfolgestaaten des Weström. Reiches (Münchner Hist. Stud., Abt. Hist. Hilfswiss. 20, 1983).

Rekognitionszins, Zahlung, die lediglich der Anerkennung eines bestehenden Rechtsverhältnisses diente. In der Regel galt die Zinsleistung als wichtige Einnahmequelle des Zinsherrn; der R. aber war so niedrig eingestuft, daß seine wirtschaftl. Bedeutung sehr gering war. Die Zahlung eines R.es besaß daher im wesentl. nur symbol. Wert, wie z. B. bei der weit verbreiteten Abgabe einer Fastnachtshenne. Die Leistung eines wirtschaftl. bedeutungslosen R.es gab dem zw. Zinspflichtigen und Zinsherrn bestehenden Rechtsverhältnis sichtbaren Ausdruck und hatte demonstrativen Charakter. Im grundherrschaftl. Bereich begnügte sich der Grundherr häufig mit einem R., wenn es sich um eine Schenkung im Sinne der →precaria oblata handelte. Der R. brachte dabei deutl. zum Ausdruck, daß der Zinspflichtige das Gut nicht zu Eigentums-, sondern zu Leiherecht innehatte. Kleine Abgaben konnten am sichtbarsten die Abhängigkeit von einem Gerichtsherrn zeigen oder das Eigentängigkeitsrecht eines Grundherrn von Zeit zu Zeit erneut ins Gedächtnis rufen. Der Kopfzins der →Zensualen war ebenfalls in der Regel eher ein R. als eine nennenswerte Einnahmequelle. Im städt. Bereich war von zu Erbrecht vergebenen Baugrundstücken häufig eine sehr niedrige Abgabe zu zahlen, die auch als R. zu charakterisieren ist (Wurtzins).
W. Rösener

Lit.: HRG I, 166f. – R. Schröder, Lehrbuch der dt. Rechtsgesch., 1922[6], 173, 235, 691 – F. Lütge, Dt. Sozial- und Wirtschaftsgesch., 1966[3], 67.

Rektor → Rector

Relation (relatio, respectus, habitudo), in allgemeinster Weise die Beziehung zw. zwei Extremen, wobei jedes der Extreme für sich jeweils bezuglos ist, als anderes eines anderen jedoch so über sich hinausweist, daß ihm die Bestimmtheit des Bezüglichen (ad aliquid, relativum) oder Bezogenen (relatum) zu eigen ist.
Konstitutiv für das Wesen der R. ist der Bedeutungsgehalt der Extreme: Sind die Extreme trinitätsstrukturierende Substanzen, ist die R. absolute R., indem sie die göttl. Substanzen zugleich unterscheidet und verbindet (Augustinus, Boethius); sind die Extreme Naturdinge, begegnen bei ihnen zwar reale (Wechsel-)Bezüge, aber die R. als solche, als Mitte zw. den Extremen, verdankt sich allein einem intramentalen Akt (Averroes, Albertus Magnus, Ulrich v. Straßburg), einem Akt des Vergleichens (Petrus Aureoli, Johannes Buridanus), wobei der Konstitutionsakt des Intellekts der R. über intramentales Sein hinaus extramentale Realität verschafft (Dietrich v. Freiberg, Meister Eckhart); sind die Extreme teils real, teils rational

oder nur rational, ist die R. eine gedankl. R. (Avicenna, Johannes Picardi v. Lichtenberg) – Systematisierung der gedankl. R.en seitens Thomas' v. Aquin: Selbstreferenz, Beziehung der R. auf ein Zugrundeliegendes, irreversible Dependenz eines Bezüglichen von einem anderen Bezüglichen, R. zw. einem Seienden und einem (Noch-)Nicht-Seienden (vgl. De verit. I, 6 ad 16) –; sind die Extreme transprädikamental, liegen transzendentale R.en vor (vgl. bes. Wilhelm v. Ockham, Johannes Duns Scotus, Francisco Suárez). Diskutiert werden im MA auch die Probleme der Disparatheit (Unverknüpfbarkeit) von R.en (vgl. Thomas v. Aquin, De pot. X, 4 resp.), der R. zw. R.en (vgl. Johannes Buridanus, De relationibus [unveröff.]) und der Relationalität von Intentionen, von Begriffe intentional qualifizierenden Verhältnisbezügen zw. Vernunftakt und erkanntem Gegenstand (vgl. etwa Hervaeus Natalis, De intentionibus, Paris 1489). Gelegentl. wird der R. ein pejoratives Kolorit verliehen: Unter allen Prädikamenten – so Thomas v. Aquin, I Sent. 26, 2, 2, ad 2, im Anschluß an Averroes – besitze sie das schwächste Sein. Thomas' eigene Analogielehre lebt jedoch vom Gebrauch relationaler Strukturen, von Meister Eckharts Analogie- und Univozitätstheorie, Raymundus Lullus' Korrelativenlehre und Nikolaus' v. Kues Koinzidenztheorie ganz zu schweigen. B. Mojsisch

Lit.: HWP VIII, 586–595 – A. Krempel, La doctrine de la r. chez St. Thomas, 1952 – J. P. Beckmann, Die R.en der Identität und Gleichheit nach Joh. Duns Scotus, 1967 – B. Mojsisch, Meister Eckhart. Analogie, Univozität und Einheit, 1983 – K. Flasch, Das philos. Denken im MA, 1986 – M. G. Henninger, R.s Medieval Theories 1250–1325, 1989.

Relevium, Gebühr, die der →Vasall beim Erbfall an den Lehnsherrn zu zahlen hatte. Sie hielt die Erinnerung daran fest, daß ein →Lehen ursprgl. heimfiel und der Erbe es vom Herrn zurückkaufen mußte. Für den Lehnsmann war es eine Erleichterung, wenn sich der Lehnsherr mit einer Anerkennungsgebühr begnügte. Diese Zahlung hat zugleich die Pflicht des Vasallen abgelöst, bei Dienstbeendigung die Dienstausrüstung (→Heergewäte, *heriot*) zurückzugeben. In den westeurop. Q. wird diese Gebühr, die der Lehnsherr verlangte, in der Regel als R. bezeichnet, im dt. Bereich häufig als Lehnware. Am strengsten bewahrte das R. in England seinen ursprgl. Charakter, obwohl auch hier im 12. Jh. feste Tarife angesetzt wurden, jedoch wurden keine Unterschiede nach dem Grad der Verwandtschaft zw. Erblasser und Erben wie auf dem Kontinent gemacht. In Frankreich haben sich erhebl. Abweichungen durchgesetzt, so daß das R. meist nur für Seitenverwandte galt; auch die einseitige Festlegung durch den Herrn verschwand allmähl. zugunsten fester Beträge, die man schließlich auf einen Jahresertrag fixierte. Seit Philipp II. Augustus gewann das R. für das frz. Kgtm. erhebl. an Bedeutung, da häufig sehr hohe Summen gefordert wurden. In Dtl. war das R. weniger ausgebildet als in Frankreich und England, wo es für die Lehnsherren zu einer wichtigen Einnahmequelle wurde. Große Bedeutung hatte das R. auch in den lothring. Fsm.ern, wie in der Gft. Hennegau und in der Gft. Namur. In Italien spielte das R. im norm. S eine gewisse Rolle. W. Rösener

Lit.: HRG II, 1708ff., 1752ff. – H. Mitteis, Lehnrecht und Staatsgewalt, 1933 [Neudr. 1974], 672ff. – F. L. Ganshof, Was ist das Lehnswesen?, 1967², 147ff.

Relief

I. Frühchristentum – II. Mittelalter.

I. Frühchristentum: Während die zuvor bedeutende Rundplastik in der frühchr. Kunst des W wie O selten wurde, schlossen sich chr. R.s bruchlos und unvermindert an die vorausgehende und gleichzeitige nichtchr. R.kunst an. Auf keinem anderen Gebiet wird die künstler. Einheit der Spätantike (natürl. mit unterschiedl. Bildinhalten) so deutlich. Bei den Reliefs der →Sarkophage läßt sich in den Anfängen (2. Hälfte 3. Jh.) erkennen, daß dieselben röm. Werkstätten für Auftraggeber mit unterschiedl. religiösen Vorstellungen arbeiteten. Ähnlich einheitl. Arbeit zeigen marmorne Tischplatten und →Elfenbein-R.s aus theodosian. Zeit. Vorwiegend wurden Hoch- und Flach-R.s geschaffen; eingetieftes R. ist seltener (Beispiele: Inschr. und Symbole auf Grabverschlußplatten in →Katakomben, ein Teil der kopt. Grabstelen, →Ägypten, V). Ausgedehnte hist. Zyklen figürl. R.s in der imperialen Kunst Konstantinopels (Säule und Obeliskensockel des Theodosius, Säule des Arkadius) ahmen ks. zeitl. Vorbilder Roms nach (z. B. Säulen Trajans und Mark Aurels). Wichtiges Anwendungsgebiet für R.dekor (meist mit ornamentalen oder symbol. Motiven) blieben stets bestimmte, von der Tradition vorgegebene Architekturglieder, wie →Kapitell, →Architrav, →Bogen, →Archivolte, →Fries, →Transenne und Schrankenplatte. Stärkere Verwendung am Außenbau war auf bestimmte Regionen beschränkt (z. B. Hausteinkirchen Syriens). Ausgedehnt wurde der R.schmuck auf die spezif. chr. Ausstattung von Kirchen mit →Ciborium und →Ambo; R.s an steinerner →Kathedra des Bf.s lassen sich nur von der Elfenbeinkathedra des Maximian (→Elfenbein) und der sog. Sedia di San Marco her erschließen, einem Thronreliquiar des 6. Jh. in Venedig. Komplette Kirchenausstattungen einschließl. der R.arbeiten wurden im 5./6. Jh. aus der Prokonnes in den ganzen Mittelmeerraum verschifft, z. T. auch von lokalen Werkstätten imitiert (z. B. Kapitelle in Ägypten, Ambonen in Ravenna). Zur Architektur gehören weiterhin R.s an Deckenbalken und Holztüren (→Holzschnitzkunst; →Türen). In der Kleinkunst wurden neben den bereits erwähnten Elfenbeinen auch Metallarbeiten oft mit R. geschmückt; zum kostbaren, teilweise imperialer Repräsentation dienenden Silbergeschirr (→Silber) trat neu das chr. →Reliquiar. J. Engemann

Lit.: s. Einzelstichwörter – J. Kollwitz, Oström. Plastik der theodosian. Zeit, 1941 – A. Grabar, Sculptures byz. de Constantinople, IVᵉ–Xᵉ s., 1963 – F. W. Deichmann, Qalb Loze und Qa'at Sem'an, 1982 – Ders., Einf. in die chr. Archäologie, 1983, 289–322 – C. Strube, Polyeuktoskirche und H. Sophia, 1984 – J. M. C. Toynbee–K. S. Painter, Silver Picture Plates of Late Antiquity A. D. 300 to 700, Archaeologia 108, 1986, 15–65 – J. Dresken-Weiland, Reliefierte Tischplatten aus theodosian. Zeit, 1991.

II. Mittelalter: [1] *Westen*: Die Verbreitung der Gattung R. ist im MA gegenüber freistehenden Figuren enorm. Selbst letztere suchen in reliefhafter Wirkung Halt vor einer Wand, in einer Nische, unter einem Baldachin, in einem Altarschrein. Vgl. dazu →Bauplastik, →Portalplastik, →Schranken, →Retabel, →Chorgestühl und →Miserikordien, →Kirchenausstattung aller Art. Auch die Kleinkunst der →Bucheinbände und Buchbehälter, der →Reliquiare besteht in der Regel in R.s, wie z. B. die Zier steinerner oder metallener →Taufbecken.

Die Bildinhalte sind dieselben wie in der Malerei, Mosaikkunst, Glasmalerei und Textilkunst. Deren Bilder werden oft als Vorlage übernommen. Röm.-frühchristl. Werke der Plastik wie Sarkophage, Elfenbeintafeln und Gefäße werden weiterverwendet und als Vorbild gebraucht. Desgleichen röm. Bauplastik, am häufigsten naturgemäß in Italien oder in der Provence.

Funktionell ist das R. neben der repräsentativen Rolle der Statue das erzählende Element im plast. Programm. Das könnte dazu verführen, im R. eine künstler. sekundäre Gattung zu sehen. Das Gegenteil ist der Fall; es ist, abgesehen von den primitiv urtüml. Arbeiten roman. Werkleute, die für den Künstler anspruchsvollste Aufgabe zw. Malerei und Vollplastik: In einem Raum von geringer Tiefe vereinzelte Gestalten, Gruppen oder Massen von Figuren agieren zu lassen. Je nach Zeit, Gegend und Meister wandeln sich die Idealvorstellungen von dem, was ein R. sein kann. Von der Applikation der Gestalten an einen neutralen Hintergrund zum Herauswachsen aus der Wand, zur Tiefenstaffelung und schließlich zum perspektiv.-illusionist. Raum. A. Reinle

Lit.: W. Messerer, Das R. im MA, 1959 – L. R. Rogers, R. Sculpture, 1974.

[2] *Byzanz:* Das byz. R. ist die Hauptgattung byz. Plastik insgesamt. Aus spätantiken Voraussetzungen heraus wird das monumentale hist. R. im Sinne spätantik/frühbyz. Stilentwicklung bis in spätbyz. Zeit weitergepflegt, meist im Bereich der Evangelienszenen. Personen-R.s in der Sepulkralkunst, teilw. auch auf frühbyz. Themen und Formen zurückgreifend und zunehmend mit ornamentalem Dekor, werden fast ausschließl. mit Themen christl. Repräsentationsfiguren (Christus, Maria, Deesis, Propheten-, Apostel- und Hl.endarstellungen, Ks.bild) besetzt. Die Bereiche von R. und Ikone verschwimmen dabei. Prägestempelkunst (Numismatik, Sigillographie) bzw. Steinschneide- (Intaglien, Gemmen) und Goldschmiedekunst bleiben bis weit in die mittelbyz. Zeit hinein anspruchsvoll. Hauptbereich bleiben allerdings →Elfenbein und – mit anderem Material darunter zu subsumieren – die Steatitkunst. →Plastik, II. M. Restle

Reliefbandamphoren, große Vorratsgefäße, bauchig-eiförmig mit etwas abgeplattetem Boden, besitzen zur Festigung der Wand aufgelegte Tonbänder, die mit einem Rollrädchenmuster verziert sind. An der Mündung sitzen meist bandförmige Henkel. Sie gehören zu der größeren Gruppe karol. Badofware (→Badorfer Keramik), müssen jedoch als Sondergruppe gelten. Der Badorf-Ton fühlt sich fast weich an und ist nicht hart-körnig an der Oberfläche wie der spätere Pingsdorfton (→Pingsdorfer Keramik). Die R. nehmen etwa das gleiche Verbreitungsgebiet ein wie die Badorfer Keramik, die W. Hübener kartiert hat.

Es hat sich herausgestellt, daß die R. etwas langlebiger sind als die übrige Badorfware. So kommen sie in der »Bachbettstratigraphie« →Haithabus noch in höheren Lagen vor. Auch Amphoren in St. Quirin (Neuß) könnten jünger sein (10. Jh.), während die anderen Badorfwaren am Beginn des 10. Jh. aufhören, nachdem sie im späten 7. Jh. und v. a. im 8. Jh. eingesetzt hatten. Wichtig ist der Befund in St. Victor in Xanten, wo eine R. e als Schallgefäß im Mörtelverband eines Kirchenbodens stand, der 1081–83 angelegt worden ist. Bei Einzelscherben dieser Gattung in sonst jüngerem Fundverband ist also eine Datierung der Siedlung in die karol. Zeit nicht möglich, wie etwa in den Schichten der Burg →Husterknupp im Rheinland. Die längere Lebensdauer der R. ist wohl dadurch bedingt, daß sie als Spezialbehälter zur Lagerung von Korn und anderen Vorräten dienten. Vielleicht waren sie auch wie antike Amphoren in Speicherböden eingegraben, wie später die hochma., ähnlich großen Elmpter Amphoren in den Grubenhäusern, z. B. in Morken. Eß- und Gebrauchsgeschirr wurde wohl nicht in den gleichen Öfen erzeugt. H. Hinz

Lit.: →Badorfer Keramik – K. Böhner u. a, Ausgrabungen in Breberen und Doveren, BJ 150, 1950, 92ff. – Ders., Karol. Keramik aus dem Bonner Münster, ebd. 151, 1951, 18ff. – F. Tischler, Zur Datierung der frühma. Tonware von Badorf, Landkrs. Köln, Germania 50, 1952, 194ff. – W. Hübener, Die Keramik von Haithabu, 1959 – W. Bader, Datierte Gefäße aus St. Victor in Xanten, BJ 162, 1962, 188ff. – H. Hinz, Die karol. Keramik in Mitteleuropa (Karl d.Gr., III, 1965), 324ff. – Ders., Die Ausgrabung a. d. Kirchberg in Morken, Krs. Bergheim/Erft., 1969, 80 – W. Janssen, Der karol. Töpferbezirk von Eckdorf, Krs. Köln, Neue Ausgrabungen und Forsch. in Niedersachsen 6, 1970, 224ff. – *Datierung v. Einzelfunden:* A. Herrnbrodt, Der Husterknupp, eine niederrhein. Burganlage des frühen MA, 1958, 111.

Reliefikone → Ikone

Religieux de St-Denis →Chronique du Religieux de St-Denis

Religio, im MA vielschichtiger Begriff, der – im allg. Sinn – als christl. Glaube, im engeren Sinn als »klösterl. Verband« oder »Ordensgemeinschaft« verstanden und in theol. Tiefe als sittl. Vermögen (virtus) interpretiert wurde. Das röm. Verständnis von r. als gewissenhafte Beachtung von Kultvorschr. (Cicero leitet r. von religere ab, De nat. deor. II, 28, 72) wird schon in der Patristik insofern ergänzt, als die vera r. nicht nur im kult. Geschehen, der Gottesverehrung (cultus), sondern allererst in der dankbar erkannten, sittl. angenommenen und konkret gelebten Verbindung des Menschen mit dem dreieinigen Gott ans Ziel kommt. Auf Laktanz rekurrierend, führt Augustinus r. auf religare (binden) zurück und deutet r. als »Streben zu dem einen Gott« und als ein Bemühen, Gott allein »unsere Seelen zu verbinden (Retract. I, 12, 9). Kurz nach dem Tod Augustins kam es zu dem im MA geltenden Grundverständnis von R. als »Ordensgemeinschaft«, so daß status r.nis als Ordensstand und religiosus als Mönch zu übersetzen ist (Erstbeleg Salvianus, De gubernatione dei, vgl. Du Cange, Glossa 7, 111). Im Blick auf andere Glaubensgemeinschaften (Islam, Judentum) charakterisiert r. das Christentum (Abaelard, Dial. inter Philosophum, Judaeum et Christianum, ed. R. Thomas, 1970, 2144–2150), das sich allererst in der tätigen Nachfolge Christi realisiert. Dabei wurde r. als virtus begriffen und, im abermaligen Rückgriff auf Cicero, der →Gerechtigkeit zugeordnet. Die im Menschen natürlicherweise angelegte Dynamik, Gott das Geschuldete (debitum) zu erstatten, qualifiziert die r. als virtus innata, charakterisiert sie als species iustitiae (Anselm v. Canterbury, Ep. 276. 282. 311, ed. F. S. Schmitt 1968, 4, 191. 198; 5, 235) und läßt sie der pietas eng verbunden sein (Bonaventura, In sent. IV, 6, 1, 2: »habitus r.nis, qui est signum bonitatis«). Thomas v. Aquin bestimmt r. als eine Tugend, dank derjemand Gott dient und ehrt (S. th. II.II, 186, 1), die v. a. in den ersten drei Geboten zum Zuge kommt und die der vornehmste Teil der Tugend der Gerechtigkeit ist. In der r. werde seitens des Menschen versucht, Gott das zu geben, was ihm zusteht. Insofern ist für Thomas die Darbringung des Opfers eine mit der Natur des Menschen gegebene Rechtspflicht. Sie macht das Wesen der r. aus und bestimmt sie als lex naturalis. Nikolaus v. Kues erkennt das Gemeinsame in allen Religionen in dem einen Gott, auf den sich die r. aller Religionen bezieht (De pace fidei I, ed. R. Klibansky–H. bascour, 1949, 3ff.). M. Gerwing

Lit.: DSAM XIII, 308–316 – Catholicisme XII/57, 1990, 784–802 – HWP VIII, 633–644 – O. Lottin, Psychologie et Moral aux XIIe et XIIIe s., 3/1, 1942–60 – E. Heck, Roger Bacon, 1957 – J. A. Leies, Sanctity and R.n according to St. Thomas, 1963 – J. Pieper, Das Viergespann, 1964 – E. Heck, Der Begriff r. bei Thomas v. Aquin, 1971 – M. Despland–Cl. Geffré, La r.n en Occident, 1979 – Der Friede unter den R.nen nach Nikolaus v. Kues, hg. R. Haubst, 1984 – E. Feil, R. Die Gesch. eines nz. Grundbegriffs vom Frühchristentum bis zur Reformation, 1986 – La tradition frç. et sciences relig., hg. M. Despland, pages d'histoire Univ. Laval, Quebec 1991.

Religionsgespräche
I. Einleitung – II. Religionsgespräche zwischen orthodoxer und römisch-katholischer Kirche – III. Religionsgespräche zwischen katholischer Kirche und Häretikern – IV. Jüdisch-christliche Religionsgespräche – V. Islamisch-christliche Religionsgespräche.

I. EINLEITUNG: Theol. Auseinandersetzungen zw. den drei Offenbarungsreligionen wie zw. differierenden Gruppen innerhalb einer Religionsgemeinschaft sind im MA belegt in Form von mündl. Streitgesprächen (→Disputation) und schriftl. Traktatliteratur (wobei die oft gewählte Form des →Dialogs nicht zwangsläufig auf eine tatsächl. Gesprächssituation verweisen muß). Das vielfach gespannte Verhältnis von westl. und östl. Christenheit im Hoch- und SpätMA (die vorausgehenden Auseinandersetzungen, d. h. die christolog. Streitigkeiten des 3./4.–7. Jh., der Ikonoklasmus [→Bilderstreit] und die im späten 9. Jh. aufbrechenden Gegensätze [→Filioque, →Photios] können hier nur knapp angedeutet werden]) ließ v. a. nach dem (in seiner Tragweite umstrittenen) Schisma von 1054 eine Fülle von religiösen Streitgesprächen entstehen, die sich in der Spätzeit des Byz. Reiches auf die theologisch wie machtpolitisch brisante Frage der Kirchenunion zuspitzten (Abschn. II). Im inneren Bereich der westl. Christenheit stießen Disputationen (seit dem 12. Jh.) zw. Vertretern der Kirchendoktrin und der in die →Häresie abgedrängten heterodoxen Strömungen als spektakuläre Redeschlachten bei der Laienwelt auf brennendes Interesse (Abschn. III). Mit Militanz wurde das Streitgespräch zw. der herrschenden chr. Kirche und den in der Diaspora lebenden, als »verstockte« Anhänger einer »alten« Religion in die Defensive gedrängten Juden geführt (Abschn. IV). Die Auseinandersetzung zw. den beiden expansiven »neuen« Religionen →Islam und Christentum (Abschn. V) gewann auf chr. Seite erst durch eine gewisse Kenntnis islam. Glaubensinhalte (→Koran) und die scholast. Rezeption arab. (aristotel.) Philosophie (z. B. →Abaelard, »Dialogus inter Philosophum [d. h. Muslim!], Judaeum et Christianum«, um 1140) den Charakter eines echten R.s. Den Höhepunkt eines »zwischen Zwie- und Streitgespräch« (E. COLOMER über die Haltung des katal. Philosophen →Raymundus Lullus) angesiedelten chr.-islam. Dialogs bildete die Epoche der von Bettelorden und Papsttum getragenen weitgespannten Missionsinitiativen des 13.–14. Jh. (→Mission, II), die einem intensiveren wirtschaftl. und kulturellen Austausch mit dem Orient korrespondierten. Hier begegnen auf chr. Seite z. T. Positionen, die dem »Heidentum im Zeichen des »Naturrechts (→Thomas v. Aquin) versöhnlicher gegenüberstehen. Ein aufschlußreiches lit. Zeugnis dieser Epoche ist →Boccaccios »Ringparabel« (Decamerone I, 3), deren duldsame Aussage Lessing im »Nathan« radikal umdeuten sollte.

Das Verhältnis der Religionen zueinander (dies gilt im bes. für Christentum/Judentum) blieb bei alledem von »schiefer Symmetrie« und »unregelmäßig verteilten Gewichten« belastet (B. LEWIS–F. NIEWÖHNER); das Bild des Andersgläubigen behielt weiterhin seine stereotyp-abwertenden Züge (vgl. z. B. das Sarazenenbild des →Rolandsliedes). In zum Topos erstarrten chr. Berichten über religiöse Disputationen triumphiert (auch im Sinne des heilsgesch. Gegensatzpaares →Ecclesia und Synagoge) die wahre, chr. Religion über die (irrige, wenn auch achtenswerte) Auffassung des »edlen Heiden«, der sich, krönender Abschluß des Streitgesprächs, für überwunden erklärt und »spontan« zum chr. Glauben konvertiert. Trotz des Zwangscharakters vieler (chr.-jüd.) Disputationen und ungeachtet der bei Christen (→Bellum iustum, →Kreuzzug) wie Muslimen (→Krieg, Hl.) ungebrochenen Bereitschaft zum Glaubenskrieg sind den R.n als Ausdruck einer wachen »Wißbegier«, die den Andersgläubigen unmittelbarer »kennenlernen« und sich mit ihm argumentativ auseinandersetzen will, positive Züge nicht abzusprechen.
U. Mattejiet

Lit.: R. im MA, hg. B. LEWIS–F. NIEWÖHNER (Wolfenbütteler MA-Stud. 4, 1992) [mit zahlreichen Beitr. zu den in Abschn. II–V behandelten Aspekten].

II. RELIGIONSGESPRÄCHE ZWISCHEN ORTHODOXER UND RÖMISCH-KATHOLISCHER KIRCHE: Die gegenseitige Exkommunikation i. J. 1054 bedeutete nicht das Ende des Dialogs zw. orth. und röm.-kath. Kirche. Ks. Alexios I. Komnenos und Papst Urban II. waren zwar an einer Unionssynode interessiert, aber die Pläne der Päpste scheiterten an den →Kreuzzügen. Ks. Alexios' Vorschläge für die Union wurden von Papst Paschalis II. 1112 positiv beantwortet. Zu einem Unionskonzil kam es jedoch nicht. Im selben Jahr führte Ebf. →Petrus Grossolanus (Chrysolanus) v. Mailand theol. Debatten mit den byz. Hoftheologen. Nach Niketas →Seides waren päpstl. →Primat, →Filioque und →Azymen die Hauptstreitpunkte zw. den beiden Kirchen. Gegenüber der röm. Primatsforderung beanspruchten die Byzantiner den kirchl. Vorrang für Konstantinopel, vertraten (entgegen der röm.-kath. Lehre) den Ausgang des Hl. Geistes allein aus dem Vater und verwarfen den Brauch der lat. Kirche, Azymen zu konsekrieren.

1136 begründete →Anselm v. Havelberg im Disput mit byz. Theologen den päpstl. Primat aus Mt 16, 16–18 und den Kanones des Konzils v. →Nikaia. Er vertrat den Standpunkt, Byzanz könne den Primat wegen seiner Irrlehren nicht besitzen. 1166 diskutierte Ks. Manuel I. mit den Legaten Papst Alexanders III. über den päpstl. Primat. Manuel äußerte, die →Konstantin. Schenkung habe Rom nur den Ehrenprimat verliehen. Patriarch →Johannes X. Kamateros und Papst Innozenz III. standen 1200 miteinander in Briefdiskussion über den päpstl. Primat, wobei der Patriarch der päpstl. Forderung nach Unterordnung den Gedanken der Ranggleichheit und Kollegialität der fünf Patriarchen der Weltkirche in der Pentarchie entgegenstellte. Das Konzil v. →Lyon (1274) brachte keine dauerhafte Union.

1339 führte →Barlaam aus Kalabrien, beauftragt von Ks. Andronikos III. Palaiologos, Unionsverhandlungen mit dem päpstl. Legaten in Avignon. Angesichts der Türkengefahr unterstützte Barlaam in seiner 1334 bzw. 1339 vor Lateinern und Griechen in Konstantinopel gehaltenen Rede den Unionsgedanken, sprach dabei v. a. das Filioque an und mahnte beide Seiten im Interesse des ungestörten Unionsprozesses zum Einlenken. Trotz Barlaams Eintreten für den päpstl. Vorrang über alle Völker nach vollzogener Union lehnte Papst Benedikt XII. ein Unionskonzil ab und verlangte von den Griechen die Rückkehr zur Einheit mit Rom und die Annahme des Filioque. Barlaam setzte sich auch nach seiner Konversion zur kath. Kirche für ein Unionskonzil ein, das allerdings erst 1438–39 in →Ferrara und Florenz zusammenkam.

→Petrus (Pierre) Thomas führte als päpstl. Legat um 1360 in Kreta und Zypern R. mit dem Ziel, die Orthodoxen zur Konversion zu bewegen. – Zu vereinzelten R.n byz. Hoftheologen mit islam. Gelehrten →Abschn. V.
F. R. Gahbauer

Ed.: C. GIANELLI, Un progetto di Barlaam per l'unione delle chiese (Misc. G. MERCATI, III, 1946), 157–208 (StT 123) – J. SMET, The Life of St. Peter Thomas by Philippe de Mézières, 1954 – F. R. GAHBAUER, Gegen den Primat des Papstes. Stud. zu Niketas Seides (Ed., Einf., Komm.), 1975 – J. SPITERIS, La critica Bizantina del primato Romano nel sec. XII, 1979, 324–331 – F. MOSINO, Le orazioni Avignonesi di Barlaam Calabro nel Registro 134 dell'Arch. segr. Vat., Diptycha 4, 1986, 149–162 – *Lit.:* J. DARROUZÈS, Les Documents byz. du XIIe s. sur la primauté Romaine, RevByz 23, 1965, 42–88 – H.-G. BECK, Gesch. der orth. Kirche im byz. Reich, 1980, 147ff. – J. L. VAN DIETEN, Das lat. Ksr. v. Konstantinopel und die Verh. über kirchl. Wiedervereinigung (The Lat. Empire, hg. V. D. VAN AALST–K. N. CIGGAAR, 1990), 93–125 – F. R. GAHBAUER, Die Pentarchietheorie. Ein Modell der Kirchenleitung von den Anfängen bis zur Gegenwart, 1993 [Lit.].

III. RELIGIONSGESPRÄCHE ZWISCHEN KATHOLISCHER KIRCHE UND HÄRETIKERN: R. in Form von mündl. 'disputationes' fanden im MA schwerpunktmäßig in Südfrankreich im 12. und beginnenden 13. Jh. statt. Als erstes großes »Rededuell« gilt das von den Herren v. Lombers als Anhänger der →Katharer 1165 organisierte Zusammentreffen mehrerer 'boni homines' mit sieben kath. Bf.en, mehreren Äbten und Adligen, zu dem sich fast die ganze Bevölkerung v. Albi und Lombers einfand. Diese tagte auch die Kontroverse mit dem päpstl. Legaten 1178 in Toulouse endete mit einem rechtgläubigen Glaubensbekenntnis der Katharer, deren Weigerung, dieses zu beschwören, zur Exkommunikation führte. Daneben setzte sich der Klerus mit →Waldensern auseinander, so z. B. ca. 1190 in einem von beiden Seiten durch viele Bibelzitate angereicherten Disput in Narbonne, dessen Themen der anwesende Bernhard v. Fontcaude überliefert. Solche disputationes häuften sich bes. 1206–07 im Verlauf der von Bf. →Diego v. Osma in der Umgebung v. Toulouse und Narbonne in Angriff genommenen Evangelisierung. Ort und Tag der Versammlungen wurden vorher festgelegt. Es kamen neben den Glaubensgegnern auch Laien, Adlige wie Bauern. Die Parteien wählten einen Vorsitzenden sowie einen oder mehrere Schiedsrichter. Als Argumentationsbasis dienten mitgebrachte 'libelli'. Die Diskussionen verliefen meist kontrovers und ergebnislos, dauerten oft mehrere Tage und wurden vom Schiedsrichter oder durch die Entscheidung der versammelten Zuhörer beendet. Eines der wenigen für die röm. Kirche erfolgreich verlaufenden R. wurde im Sept. 1207 in Pamiers geführt, in dessen Verlauf sich eine waldens. Gruppe um →Durandus v. Huesca bekehrte und in »Kathol. Arme« (→Pauperes catholici) in die Kirche reintegriert und u. a. mit der Ketzerbekämpfung durch Dispute beauftragt wurde.

Neben mündl. R.n gab es auch die Form der schriftl. Auseinandersetzung. Diese wählte z. B. der Mönch Wilhelm, um gegen die Lehren des »Heinrich »v. Lausanne« (H. v. Le Mans) Stellung zu beziehen, der 1134/35 Gesprächen auswich und auch 1145 mit dem nach Toulouse gereisten Bernhard v. Clairvaux nicht reden wollte. Schriftl. setzte sich in Piacenza Magister →Vacarius 1177–85 mit den Lehren seines Freundes Hugo →Speroni auseinander sowie der Italiener und Laie Georgius mit kathar. Lehren in einer fingierten Wechselrede zw. einem Häretiker und einem Katholiken. Informationen aus weniger spektakulären R.n in kleinerem Kreis gingen in viele Antiketzerschriften ein, so bei Stephan v. Bourbon, →Moneta v. Cremona, dem →Passauer Anonymus u. a.

Im ausgehenden MA wurde Jan→Hus eine Disputation auf dem Konzil v. →Konstanz 1414–15 verwehrt, er konnte sich nur noch zu von Prager und Pariser Magistern vorformulierten Anklagen äußern. Mehrere R. mit den Führern der Böhm. Brüder (→Brüdergemeinde) hingegen führte Heinrich Institoris, so z. B. mit Laurentius Krasonický im Olmützer Michaelskl. 1501. Am Ende des MA stehen dann die vielen R. mit Martin Luther.

A. Fößel

Q.: Bernhard v. Fontcaude, Liber Adversus Waldensium sectam, MPL 204, 1855, 793–840 – →Guillaume de Puylaurens – →Pierre des Vaux-de-Cernay – *Lit.:* A. BORST, Die Katharer (MGH Schr. 12, 1953), bes. 95–119 – CH. THOUZELLIER, Catharisme et Valdéisme en Languedoc, 1965 – K.-V. SELGE, Die ersten Waldenser, I, 1967, 61 – P. SEGL, Heinrich Institoris (Der Hexenhammer, hg. DERS., 1988) – G. G. STROUMSA, Anti-Cathar Polemics and the Liber De Duobus Principiis (R. im MA, hg. B. LEWIS–F. NIEWÖHNER, 1992), 169–183.

IV. JÜDISCH-CHRISTLICHE RELIGIONSGESPRÄCHE: Die im MA zunehmende Auseinandersetzung des →Judentums mit seiner span. bzw. aschkenas. Diasporasituation, mit einer immer stärker werdenden religiös und rechtl.-sozialen Infragestellung seiner Existenzberechtigung durch das Christentum, mit assimilator. Tendenzen zum →Islam sowie mit antiken Philosophien und Wissenschaften führte zu einer Fülle von Abhandlungen, die zum einen der eigenen Glaubensstärkung, zum andern der Abwehr von Adversus-Judaeos-Schriften sowie chr. Angriffen dienten, deren apologet. und polem. Themen in der chr. Antike wurzeln. Ob die meist verwendete Dialogform mehr als ein Stilmittel ist, kann nur deren Einzelprüfung klären. Den halach. Rahmen (→Halacha) für diese Auseinandersetzung mit dem Christentum formulierte nicht zuletzt →Maimonides. Nur eine wörtl., den hist. Kontext berücksichtigende Exegese als Antwort auf christolog. Bibelinterpretationen sowie eine mögliche Abkehr des »Gesprächpartners« von seinem Irrtum rechtfertigten eine begrenzte Auseinandersetzung mit diesem Fremdkult (Götzendienst), die von der Verteidigung der Einzigartigkeit, Unabänderlichkeit und Unaufhebbarkeit der →Tora geleitet ist. Ihren Anspruch als Offenbarung und Offenbarungsgrundlage galt es wegen des Fehlens eines gemeinsamen bibl. Textes gegenüber dem Islam, ihre trinitar., christolog. und messian. Interpretation (zunächst aufgrund gr. bzw. lat. Übers. bei zunehmendem Interesse für die Hebraica veritas) durch die Anwendung der Götzendienst-Halacha für den Umgang mit Christen sowie eine adäquate jüd. Interpretation zu verteidigen. Die vorwiegend in Frankreich und Spanien verfaßten Texte dienten der Glaubensstärkung sowie als Argumentationshilfe, was ihre Abfassung in Hebräisch, ihr religiöser Hintergrund sowie ihr Umgang mit der Bibel beweisen. Hierzu zählen die Widerlegung a) allegorischer und christologischer Exegese durch Betonung des Literalsinns im hist. Kontext, b) christlicher Theologie durch Vernunft und Philosophie sowie c) christlichen Lebenswandels durch Beispiele chr. Unmoral und Aufweis jüdischer Moral sowie Leidenssituation. Den sozialen, ökonom. und polit. Lebensumständen der Juden korrespondiert die Heftigkeit der Auseinandersetzung, die u. a. zu öffentl., erzwungenen und einseitigen Disputationen (z. B. Meaux, 1240; Barcelona, 1263; Tortosa 1413/14, Vinzenz →Ferrer) mit Aufforderung zu Konversion und antijüd. Maßnahmen führte. Zu den bedeutendsten Werken zählen in Südfrankreich: Jakob ben Reuben (ca. 1170), »Milchamot ha-Shem (Gotteskämpfe)«; Josef →Kimchi (ca. 1170), »Sefär ha-Berit (Bundesbuch)«; in Nordfrankreich: Josef Official (ca. 1280), »Sefär Josef ha-Meqane (Buch Josef des Eiferers)«; in Aragón: »Sefär ha-Vikuach« (ca. 1263, Disputationsbuch) über die Disputation zu Barcelona; Profiat Duran (ca. 1395), »Al tehi ka-Avoteka (Werde nicht wie deine Väter)«; Salomo ibn Verga »Shevet Jehuda« (ca. 1413, Stamm/Zuchtrute Juda/s) über die Disputation zu Tortosa; in Kastilien: Isaak Polgar (ca. 1340) »Ezer ha-Dat (Glaubenshelfer)«. Das erste R. ohne kirchl. Zensur fand in Holland 1686 zw. Isaak Orobio de Castro und Philipp van Limborch statt.

R. Schmitz

Lit.: D. J. LASKER, Jewish Philosophical Polemics against Christianity in the MA, 1977 – D. BERGER, The Jewish-Christian Debate in the MA, 1979 – H. G. v. MUTIUS, Die chr.-jüd. Zwangsdisputation zu Barcelona, 1982 – H. SCHRECKENBERG, Die chr. Adversus-Judaeos-Texte (11.-13. Jh.), 1988 – DERS., Die chr. Adversus-Judaeos-Texte und ihr lit. Umfeld, 1.-11.Jh., 1990[2] – H. BUSSE, Die theol. Beziehungen des Islams zu Judentum und Christentum, 1991[2] – R. im MA, hg. B. LEWIS–F. NIEWÖHNER, 1992 [u.a. die Beitr. von. H. BEN-SHAMMAI, ST. S. SCHWARZSCHILD, M. AWERBUCH, W. CH. JORDAN, R. CHAZAN, J. COHEN, D. BERGER, A. GRABOÏS, M. PERLMANN] – H. TRAUTNER-KROMANN, Shield and Sword, 1993.

V. ISLAMISCH-CHRISTLICHE RELIGIONSGESPRÄCHE: Die weiträumige Expansion des →Islams im 7.–9. Jh. löste auch eine geistige Auseinandersetzung zw. muslim. und chr. Theologen aus, die das ganze MA über anhielt. Zu den Mitteln, derer sich die Kontrahenten bedienten, gehörten neben polem.-apologet. Schr. die R. Sie fanden zunächst dort statt, wo Christen als Schutzbefohlene (arab.: *ḍhimmī*) unter islam. Herrschaft lebten (Spanien, Nordafrika, Orient). Beide Seiten führten den Dialog, um das Verhältnis ihrer Religionen zueinander zu erkunden und zugleich die Überlegenheit der eigenen Position zu betonen. Ein frühes R. ist in mehreren, inhaltl. weitgehend übereinstimmenden Fassungen bereits für das Jahr 781 überliefert (zw. dem Abbasidenkalifen Manṣūr und dem nestorian. Patriarchen Timotheos I.), andere fanden noch im 13. Jh. statt (al-Qarāfī und der Bf. Paulos v. Sidon). Bisweilen erfolgten R., um nichtmuslimische Fs.en zu bekehren (im 9. Jh. bei den Chazaren, vor 988 in Kiev). Während muslimische Theologen (→al-Kindī, →al-Ġazzālī, ᶜAlī b. Rabban aṭ-Ṭabarī) v.a. die Trinität, die göttl. Natur und den Kreuzestod Christi leugneten, suchten ihre Kontrahenten die Offenbarung Mohammeds als häret. Fälschung zu entlarven (→Johannes Damaskenos, →Niketas Byzantios).

Im lat. W herrschten lange Unkenntnis des Islam und die Polemik gegen Mohammed (»nefandus propheta«) und den Koran (»pessimum dogma«, →Eulogius v. Córdoba, † 859) vor, die während der →Reconquista und zu Beginn der →Kreuzzüge wiederauflebten. Erst die von →Petrus Venerabilis 1142 veranlaßte Koranübers. machte den Weg frei für eine mehr pragmat. Haltung, in der die Apologetik zunehmend an die Seite der Polemik trat und den Dialog wieder ermöglichte (→Raymundus Lullus, →Thomas v. Aquin). Franziskaner und Dominikaner suchten bei ihrer Missionsarbeit erneut die Möglichkeit zu R.n mit den Muslimen (→Franziskus in Ägypten, →Wilhelm v. Rubruk bei den Mongolen, →Riccoldo da Monte Croce in Bagdad). Deren geistige Wirkungsgesch. war noch bei →Nikolaus v. Kues (1401–64) lebendig, der in einem visionären R. die Aussagen der Bibel und des Koran in Einklang zu bringen suchte. – Auch am byz. Hof wurde in der Spätzeit gelegentl. die theol. Disputation mit muslim. (türk.) Gelehrten gepflegt (Gregorios →Palamas während seines Zwangsaufenthaltes im türk. Bithynien, 1354; Ks. Manuel II. Palaiologos 1391, →Dialog, III, 1; einen apologet. Traktat gegen den Islam verfaßte u.a. Ks. →Johannes Kantakuzenos u.a.). H. Göckenjan

Lit.: E. FRITSCH, Islam und Christentum im MA, 1930 – M. TH. D'ALVERNY, La connaissance de l'Islam en Occident du IXe s. au XIe s. (Sett. cent. it. 12, 1965), 577–602 – N. DANIEL, Islam and the West, 1966[3] – G. C. ANAWATI, Polémique, apologie et dialogue islamochrétiens, Euntes docete 22, 1969, 375–451 – A. TH. KHOURY, Der theol. Streit der Byzantiner mit dem Islam, 1969 – R. W. SOUTHERN, Das Islambild des MA, 1981 – H. SUERMANN, Oriental. Christen und der Islam, Zs. für Missionswiss. und Religionswiss. 67, 1983, 120ff. – O. MAZAL, Zur geistigen Auseinandersetzung zw. Christentum und Islam in spätbyz. Zeit (Oriental. Kultur und Europ. MA, hg. A. ZIMMERMANN–J. CRAEMER-RUEGENBERG, 1985), 1–19 – K. P. TODT, Ks. Johannes Kant. und der Islam, 1991 – L. HAGEMANN, Zur Auseinandersetzung des Christentums mit dem Islam im MA und in der NZ, Verkündigung und Forsch., Beih. zu Evang. Theol. 1, 1987, 43–62 – R. im MA, hg. B. LEWIS–F. NIEWÖHNER, 1992 [u.a. die Beitr. von D. SAHAS, E. SIVAN, E. COLOMER, V. CANTARINO, S. H. GRIFFITH, K. ARAT, E. A. ZACHARIADOU, A.-M. TURKI, F. NIEWÖHNER, B. LEWIS].

Religiöse Orden. [1] *Definition, Organisation, Rechtsstellung:* Unter r.n O. versteht man seit dem 12. Jh. die unter der Leitung eines Oberen stehenden Verbände geistl. Kommunitäten (Abteien, Stifte, Priorate), denen nach allg. verbindl. und approbierten Regeln, Statuten oder Konstitutionen lebende und einer in Funktion, Gesetzgebung, Liturgie und Symbolik zum Ausdruck kommenden Spiritualität verpflichtete Gläubige angehören, die nach einer Probezeit und der Ablegung feierl. Gelübde in den Ordensstand eingetreten sind und sich bereit erklärt haben, in Übereinstimmung mit Charakter und Zielsetzung des jeweiligen O.s zu leben und zu wirken.

Die Organisation der O. ist entsprechend ihrer Gesch. und Eigenart stärker hierarch. oder genossenschaftl., föderalist. oder zentralist. strukturiert, was in der Stellung des Mutterhauses und der Superioren sowie dem Grad der Autonomie des Einzelkl. zum Ausdruck kommt. Die im allg. in regionale Untergliederungen (Filiationen, Circarien, Provinzen) zusammengeschlossenen Ordenshäuser und die ihnen angehörenden Religiosen sind in unterschiedl. hohem Maße an der Wahl der Oberen und der Zusammensetzung der Gremien und damit an Leitung und Gesetzgebung der O. beteiligt.

Im Zuge der spätma. Reformbestrebungen schlossen sich reformierte Kl. und Konvente zu Observanzen und →Kongregationen zusammen, die, sofern sie nicht den Status eigener O. erlangten, unter der Leitung von Vikaren standen, die direkt der Ordensleitung verantwortl. waren. Mit Ausnahmen solcher »Doppelorden« wie der Gilbertiner und →Birgittiner ist es den weibl. Religiosen nicht gelungen, in den O. eine bestimmende Rolle zu übernehmen oder gar autonome O. zu bilden. Die weibl. Zweige der O. oder Zweite O. lebten in unterschiedl. starker Abhängigkeit von den männl. O., auf deren geistl. Betreuung und administrative Hilfeleistung sie angewiesen blieben. Das gleiche gilt für die mit den O. verbundenen semireligiosen Gemeinschaften, aus denen u.a. die Drittorden der Mendikanten hervorgingen.

Die Rechtsstellung der O. und ihrer Angehörigen wird durch den Codex Iuris Canonici, durch Konzilsbeschlüsse und päpstl. Dekrete sowie ihr Eigenrecht, d.h. durch die Regeln, Konstitutionen und Kapitelbeschlüsse geregelt. Das vom Konzil v. →Chalkedon dem Ortsbf. übertragene Aufsichtsrecht über Kl. und Kl.gruppen wurde seit dem FrühMA zunehmend durch die von den Religiosen zur Sicherung ihrer Autonomie gegenüber lokalen Gewalten angestrebte Unterstellung unter den Schutz des Papstes und durch die aus ihr erwachsene Exemtion eingeschränkt. Die von der Kurie verstärkt ausgeübte Kontrolle über die O. und deren Zentralisierung führte zu Beginn des 13. Jh. zur Ernennung von Kard.protektoren, die mit der Aufsicht über einzelne Orden beauftragt wurden, und zur Bestellung von Ordensprokuratoren, die die Interessen der O. bei der Kurie wahrnehmen.

[2] *Entwicklung, Gliederung:* Im Anschluß an eine bereits im Frühchristentum übliche Praxis wurden die O. im MA nach dem Ausmaß der in ihnen praktizierten eremit. bzw. zönobit., kontemplativen bzw. aktiven Lebensweise klassifiziert. Spätestens seit dem 13. Jh. überwiegt jedoch die Einteilung in Mönchs-, Kanoniker-, Ritter-, Hospital- und Bettelorden, wobei in Kauf genommen wird, daß sich

O. wie diejenigen der →Kartäuser, →Wilhelmiten und →Pauliner einer eindeutigen Zuordnung entziehen. Bis ins 9. Jh. war für das Mönchtum (→Mönch) das autarke Einzelkl., dessen Abt und Mönche ihre Lebensweise selbst bestimmten, charakterist. Auch die Übernahme von Regeln wie denjenigen des →Pachomios, →Basilius, →Benedikt, →Caesarius oder →Columban bedeutete keineswegs die Gründung eines O.s, war vielmehr Ausdruck des Konsenses zw. einzelnen Kl.verbänden, die sich durch gemeinsame Ausrichtung an einem Mönchsvater oder gleiche Zielsetzung miteinander verbunden fühlten. Nachdem bereits 743 auf dem →Concilium Germanicum die vom ags. Mönchtum favorisierte →Regula Benedicti (→Benediktiner) anstelle der bis dahin überwiegenden Mischregeln zur einzig im Frankenreich zulässigen monast. Norm erklärt worden war, wurde die von →Benedikt v. Aniane in Aquitanien propagierte einheitl. benediktin. Regelobservanz 816 auf der Reformsynode v. Aachen (→Institutiones Aquisgranenses) mit kgl. Hilfe durchgesetzt und damit für eine Gruppe von Kg.sklöstern ein vorbildl., am 816/819 dekretierten Capitulare monasticum ausgerichtetes Konventsleben ermöglicht. Der ca. 910 in →Cluny unternommene Versuch einer Fortführung der anian. Reform führte zur Bildung eines sich über fast ganz Europa erstreckenden Verbandes reformierter Kl., die sich in gestufter jurist. und organisator. Abhängigkeit zu Cluny befanden und ihrerseits eigene Reformzentren bildeten. Filiationsartige Bindungen auf der Basis gemeinsamer Observanz sind auch für andere sich im 10. Jh. ausbildende Reformkreise wie denjenigen von →Gorze charakterist. Zur Bildung eines monast. O.s in engerem Sinne kam es erst in →Cîteaux, dessen von →Camaldoli, →Vallombrosa und in gewissem Maße auch von Cluny beeinflußte Verfassung sowohl hierarch. (zentrale Stellung von Cîteaux, Filiationssystem) als auch genossenschaftl. Elemente (Generalkapitel) in einer Weise verbindet, die für zahlreiche andere Orden vorbildl. geworden sind (→Zisterzienserorden).

Im Rückgriff auf das apostol. Urgemeinde und das Vorbild der →Augustinus gegründeten Mönchs- und Kl.gemeinschaften kam es im 11. Jh. im Anschluß an die 816 in Aachen einsetzenden Bestrebungen, den Klerus von Dom- und Stiftskirchen zu einem regulierten gemeinsamen Leben nach der →Augustinusregel zu veranlassen, aufgrund zahlreicher lokaler Initiativen und auf Betreiben der →Lateransynode v. 1059 sowie Urbans II. zur Ausbildung eines kanonikalen Pendants zur monast. Reform. Um →St-Ruf in Avignon und Rottenbuch bildeten sich wie um andere Reformzentren lockere Verbände, die im Falle von →Arrouaise und St-Victor in →Paris einen relativ hohen Grad an organisator. Verdichtung erreichten. Der Höhepunkt dieser Entwicklung wurde mit dem auf →Norbert v. Xanten zurückgehenden, von Hugo v. Fosses in Anlehnung an die Zisterzienserverfassung organisierten →Prämonstratenserorden erreicht.

Unmittelbar nach der Eroberung Jerusalems entstand im Templerorden (→Templer) der Prototyp der →Ritterorden. Die von →Bernhard v. Clairvaux theol. begründete Verbindung von Kriegsdienst und Ordensleben wurde in ihren Grundzügen in der Templerregel rechtl. und organisator. fixiert. Sie hat in erhebl. Maße Selbstverständnis und Organisation der übrigen in Palästina, auf der Iber. Halbinsel und im Ostseeraum entstandenen Ritterorden beeinflußt.

Um die Wende vom 11. zum 12. Jh. verstärkte sich die schon im 9. Jh. einsetzende Tendenz zur Zentralisierung des lokalen, vornehml. von kirchl. und städt. Institutionen getragenen, häufig genossenschaftl. organisierten Hospitalwesens. Sie führte zur Bildung von Hospitalorden, die sich wie z.B. die →Antoniter der Bekämpfung bestimmter Krankheiten widmeten oder ihre Entstehung wie z.B. die →Johanniter und die Gefangenenbefreiungsorden auf besondere hist. Umstände zurückführen können. Die im 13. Jh. entstandenen, durch weitgehende kollektive Armut gekennzeichneten und zunehmend auf Studium, Mission und Seelsorge vornehml. in der städt. Welt ausgerichteten →Bettelorden, auf deren Organisation die Konstitutionen der →Dominikaner maßgebl. Einfluß ausübten, verzichteten auf die Autonomie der einzelnen Konvente und die Unterstellung unter eine »monarch.« regierende Zentrale. Die in Provinzen zusammengeschlossenen Konvente unterstehen einem von ihren Vertretern auf dem Provinzkapitel gewählten Provinzial, der dem vom Generalkapitel gewählten Generalmagister oder Generalprior verantwortl. ist. Auch wenn die Zahl der Bettelorden auf Veranlassung des II. Konzils v. →Lyon erhebl. reduziert wurde, spielten die verbliebenen, an ihrer Spitze die →Franziskaner, Dominikaner, →Karmeliter und →Augustiner-Eremiten, im SpätMA bei der weiteren Entwicklung des O.swesens eine bestimmende Rolle.

[3] *Wesen, Bedeutung:* Die im 12. Jh. einsetzende Vermehrung der O. ging mit der Ausbildung eines spezif. Selbstverständnisses und der theol. Deutung der entstandenen Ordensvielfalt einher. Gegenüber den v. a. vom Episkopat und Weltklerus sowie den älteren Orden angesichts der inordinata multitudo ordinum gemachten Vorbehalte sahen Theologen wie →Anselm v. Havelberg und →Gerhoch v. Reichersberg in der acies ordinata der O. eine Frucht des Wirkens des Hl. Geistes, dessen Gaben durch sie der Christenheit vermittelt wurden. Auch wenn →Thomas v. Aquin und weitere Vertreter der Scholastik die durch Askese und Weltentsagung ermöglichte »Bewegung des Herzens auf Gott hin« als die eigtl. Zweckbestimmung des Ordenslebens ansahen, werden die Vielfalt der sozialen Funktion, die Befriedigung der nach Zeit und Raum verschiedenen geistl. und gesellschaftl. Bedürfnisse sowie die korrigierende und belebende Wirkung der O. auf Kirche und Christenheit von der Geschichtswiss. und den Sozialwiss.en zu den bemerkenswertesten Merkmalen und Leistungen der ma. Kirche gezählt. K. Elm

Lit. [Auswahl]: DHGE XII, 353–405 – DIP VI, 792–796 – LThK[2] VII, 1197–1201 – Sacramentum mundi III, 383–921 – *zu [1]*: J. LISKE u.a., Hb. des kath. Kirchenrechts, 1965–79 – J. HOURLIER, L'âge classique. 1140–1378. Les religieux (Hist. du Droit et des Institutions de l'Église en Occident 10, 1974) – J. F. ANGERER, Zur Problematik der Begriffe: Regula, Consuetudo, Observanz und Orden, SMBO 88, 1977, 312–323 – G. CONSTABLE, The Authority of Superiors in Religious Communities (La notion d'Autorité au MA, 1979), 189–210 – TH. KÖLZER, Mönchtum und Kirchenrecht, ZRGKanAbt 69, 1983, 121–142 – Herrschaft und Kirche. Beitr. zur Entstehung und Wirkungsweise episkopaler und monast. Organisationsformen, hg. F. PRINZ, 1988 – *zu [2]*: M. HEIMBUCHER, Die Orden und Kongregationen der kath. Kirche, 1933–34[3] – K. HALLINGER, Gorze-Kluny, I–II, 1950–51 – R. BROOKE, Early Franciscan Government, 1959 – A. H. THOMAS, De oudste constituties van de Dominicarien (Bibl. RHE 42, 1965) – J. SEMMLER, Die Beschlüsse des Aachener Konzilsi. J. 816, ZKG 74, 1963 – J. WOLLASCH, Mönchtum des MA zw. Kirche und Welt, 1973 – Die geistl. Ritterorden Europas, hg. J. FLECKENSTEIN-M. HELLMANN, 1980 – Istituzioni monastiche e istituzioni canonicali in occidente (Misc. del Centro di studi medioevali 9, 1980) – F. PRINZ, Askese und Kultur im vor- und frühbenediktin. Mönchtum an der Wiege Europas, 1980 – H. FUHRMANN, Papst Urban II. und der Stand der Regularkanoniker (SBA.PPH 1984/2) – A. DEMURGER, Vie et mort de l'Ordre du Temple, 1985 – A. DE VOGÜÉ, Les règles monastiques anciennes 400–700 (Typologie des sources du MA occ. 46, 1985) – D.

JETTER, Das europ. Hospital, 1986 – C. H. LAWRENCE, Medieval Monasticism. Forms of Religious Life in Western Europe in the MA, 1989² – Monast. Reformen im 9. und 10. Jh., hg. R. KOTTJE–H. MAURER (VuF 38, 1989) – M. PUZICHA, Die Regeln der Väter. Vorbenediktin. lat. Vätertradition, 1990 – L. HOLTZ, Gesch. des chr. Ordenslebens, 1991² – J. CHÂTILLON, Le mouvement canonical au MA, 1992 – A. FOREY, The Military Orders, 1992 – K. S. FRANK, Gesch. des chr. Mönchtums, 1993⁵ – B. KRINGS, Das Ordensrecht der Prämonstratenser vom späten 12. Jh. bis zum Jahre 1227, AnalPraem 69, 1993, 107–242 – Mönchtum, Orden, Kl. Ein Lex., hg. G. SCHWAIGER, 1993 – zu [3]: L. MOULIN, Le monde vivant des religieux, 1964 – J. SÉGUY, Une sociologie des ordres et congrégations religieuses, Social Compass 18, 1971, 1–164 – G. SCHNELLER, Religiöse Gruppen und sozialwiss. Typologie, 1979 – J. LECLERQ, Diversification et identité dans le monachisme au XIIᵉ s., Studia monastica 28, 1986, 51–74 – L. J. R. MILIS, Angelic Monks and Earthly Men, 1992 – K. ELM, Die Bedeutung hist. Legitimation für Entstehung, Funktion und Bestand des ma. Ordenswesens (Herkunft und Ursprung..., hg. P. WUNDERLI, 1994), 71–90.

Reliquiar

I. Frühchristentum – II. Abendland – III. Byzanz.

I. FRÜHCHRISTENTUM: Behälter aus Stein, Holz, Elfenbein oder (Edel-)Metall (meist quadrat., rund oder oval) zur Aufnahme von →Reliquien, in frühchr. Zeit überwiegend Berührungsreliquien (→Brandeum). Diese Einschränkung erklärt, warum es zunächst außer Kreuz-R.en keine R.e in Form der darin enthaltenen Reliquie gab (zu den ma. Kopf- und Arm-R.en und ähnl. Formen s. unten). Wichtigster Verwendungszweck von R.en war in frühchr. Zeit im O und W die Beisetzung im →Reliquiengrab von Kirchen, seltener auch von Grabbauten. Obwohl R.e hierbei nicht sichtbar waren, wurden sie aus wertvollem Material hergestellt und z. T. mit Inschriften und (figürl.) Dekor versehen, manchmal mit Bezug auf die darin enthaltenen Reliquien (z. B. BUSCHHAUSEN Nr. B 18). Die Vermutung eines Einflusses von spätantiken Schmuck- und Toilettenkästen, die z. T. ins Grab mitgegeben wurden, auf R.e in chr. Grabbauten (BUSCHHAUSEN) hat sich nicht durchsetzen können. Neben R.en für Altar und Grab sind solche zu erwähnen, die als →Amulette dienten, z. B. →Brustkreuze und R.ringe, die Kreuzpartikel enthielten (KÖTZSCHE-BREITENBRUCH), R.schnallen und -riemenzungen mit Wachs, Haaren, Textilien und Pflanzenteilen (→Gürtel; auch →Pilgerandenken (etwa Ampullen mit 'Öl vom Kreuzesholz') waren nicht nur Souvenirs, sondern heil- und schutzbringende R.e für Berührungsreliquien. J. Engemann

Lit.: →Altar, →Brustkreuz, →Gürtel, →Pilgerandenken – DACL XIV, 2, 2294–2359 – J. BRAUN, Die R.e des chr. Kultes und ihre Entwicklung, 1940 – A. FROLOW, Les reliquaires de la vraie croix, 1965 – H. BUSCHHAUSEN, Die spätröm. Metallscrinia und frühchr. R.e, 1, 1971 – L. KÖTZSCHE-BREITENBRUCH, Zum Ring des Gregor v. Nyssa (Tesserae, Fschr. J. ENGEMANN, 1991), 291–298.

II. ABENDLAND: Das R. des frühen MA schließt fast unmittelbar an die chr. Frühzeit an, in Übernahme (Ampullen für Kgn. Theodolinde, Monza; Staurothek für Kgn. Radegundis, Poitiers) oder Umgestaltung. Das herkömml. Altar-R. (sepulcrum) in Kästchenform wird z. B. mit neuem Dekor ausgestattet (Trient, Mus.), in vielen Fällen in kostbarsten Materialien und Techniken gefertigt (St-Maurice, Utrecht, Beromünster). Schon früh kann das kastenförmige R. als Tragaltar dienen (Essen-Werden, Trier Egbertschrein). Bes. charakterist. für die Zeit sind persönl. Objekte als Klein-R.e (phylacteria): Ring, Fibel, Gürtelschnalle, Anhänger, in mag.-apotrop. Verständnis. Häufig begegnet das Bursen-R. (Berlin, Chur, Wien u. a.), von textiler Form abgeleitet, meist tragbar, dem im insularen Bereich bevorzugten hausförmigen R. nahestehend. Im späteren 9. Jh. sind antikisch beeinflußte Sonderformen wie →Einhardsbogen, Miniatur-Bundeslade und Escrain de Charlemagne hervorzuheben. In otton. Zeit spielen sehr kostbare R.e eine herausragende Rolle in vielen Lebensbereichen, auch unter byz. Einfluß. Seit 10. Jh. gibt es die kirchl. Weihe des R.s. Der Formenreichtum des R.s entfaltet sich im roman. MA zu voller Blüte. Monumentale und künstler. bedeutende R.-Retabel und Schreine häufen sich im Rhein-Maas-Gebiet (Köln, Tournai, Aachen u. a.). Der kult. Umgang mit ihnen kann fast personhafte Züge annehmen. – In der *Gestaltung des ma. R.s* sind materielle, ornamentale und bildl. Möglichkeiten einzigartig ausgeschöpft. Neben edlen bzw. unedlen Metallen werden Holz, Horn, (Elfen-)Bein, Glas, Kristall, Halbedelstein, Keramik und Textil verwendet, Exotica wie Straußenei, Kokosnuß, Olifant, »Greifenklaue« quasi sakralisiert. In *ornamentaler wie symbol. Ausstattung* ist schon früh inhaltl. Systematik angestrebt (Engerer Burse), im bildl. Bereich entwickelt das hohe MA typolog. »Programme« oder hagiograph. Zyklen. – Aus der Präsentation des R.s, v. a. in Verbindung mit dem Altar, entfalten sich versch. *Formen liturg. Verehrung*, die freilich stets der →Reliquie gilt, die lt. Dekret 62 des IV. Laterankonzils 1215 »nicht außerhalb des R.s« gezeigt werden soll – in Berührung, Kuß, öffentl. Weisung, Festkrönung, Segnung, Verhüllung/Enthüllung im Laufe des Kirchenjahres, Einbeziehung in Prozessionen (tragen bzw. fahren). Wichtig sind R.e zumal im Pilgerwesen, u. a. durch mit ihnen verbundene Ablässe. Auf Bewahrung und Darstellung der R.e beziehen sich auch Entwicklung und Ausgestaltung baulicher Formen wie Krypta, Empore, Galerien zur Weisung (Aachen), R.-Kapellen (Karlstein). – Die Bemühung, den heilsmächtigen Inhalt des R.s zugänglich zu machen, führt zum *Schaugefäß*; über Frühformen (Talisman de Charlemagne, Tafel-R. Essen), Kästchen in Durchbruchsarbeit (Egbertschrein Trier, St. Gereon Köln) zum Ostensorium (tabernaculum, Ziborium, Monstranz). Der Visualisierung dient bes. *das »redende R.«*, dessen künstler. fruchtbare Entwicklung ebf. ins frühe MA verfolgt werden kann, sowohl teilfigurig (caput, brachium, pes, manus) als auch seit Mitte des 10. Jh. in Vollfiguren (Majestas s. Fidis, Conques), mit hoher Bedeutung für vollplast. Gestaltungsweise, ferner in monumentalen Kruzifixen (Gerokreuz Köln; Bronzekreuz Essen-Werden). Die Vielfalt »redender R.e« im hohen und späteren MA ist kaum überschaubar. An ihrem Beispiel konnte der *»Realitätscharakter« des ma. Kunstwerks* demonstriert werden (Egbertschrein Trier). – R.e nehmen im MA auch einen wichtigen *staatspolit. wie rechtl.-gesellschaftl. Rang* ein. Die Einleitung der »Lex Salica« erwähnt sie, der Kg.sthron stand über einem R. (Aachen), der Mainzer Krönungsordo (ca. 960) nennt Bf.e »habentes sanctorum reliquias collo pendentes«. Kostbare R.e gehören zum Kg.short (Reichskleinodien, Kg.short Monza). Die Hl. Lanze im R. des Reichskreuzes gewährleistet den Sieg, doch üben R.e auch friedensstiftende Funktion aus. Auf R.en wurden rechtl. Akte beschworen (Lipsanothek Hildesheim; Bürgereidkristall Lüneburg). Doch ist hervorzuheben, daß übertriebene spirituelle oder machtbezogene Bewertung kostbarer R.e und ihres Inhalts auch krit. beurteilt wurde (Hrab. Maurus MPL 107, 151; Bernhard v. Clairvaux MPL 182, 914), zumal sich mit R.en sowohl magische wie handfeste materielle Interessen verbinden konnten (Handel, handwerkl. Vertrieb, z. B. in Limoges, Pilgerwesen). Allerdings sollte die vielfach ernsthafte, auf persönl. Heilsstreben beruhende religiöse Absicht der Stifter von R.en nicht verkannt werden. V. H. Elbern

Lit.: DACL XIV, 2294ff. – LThK VIII, 1213ff. – LdK IV, 92ff. – J. BRAUN, Die R. e des chr. Kultes und ihre Entwicklung, 1940 – D. FREY, Der Realitätscharakter des Kunstwerkes. Kunstwiss. Grundfragen, Prolegomena zu einer Kunstphilosophie, 1946, 93ff. – E. MEYER, Reliquien und R. e im MA (Fschr. G. HEISE, 1950), 55ff. – H. KELLER, Zur Entstehung der sakralen Kultfigur in der otton. Zeit (Fschr. H. JANTZEN, 1951) – H. FICHTENAU, Zum Reliquienwesen im früheren MA, MIÖG 60, 1952, 71ff. – V. H. ELBERN, Der frk. Reliquienkasten und Tragaltar v. Werden, Das 1. Jahrtausend, Textbd. I, 1962, 436ff. – E. G. GRIMME, Goldschmiedekunst im MA. Form und Bedeutung des R. s von 800 bis 1500, 1972 – Kat. Rhein und Maas. Kunst und Kultur 800–1400, 1972 – V. H. ELBERN, Das Engerer Bursenr. und die Zierkunst des frühen MA, Ndt. Beitrr. zur Kunstgesch. 10, 1971, 41ff.; 13, 1974, 37ff. – M. M. GAUTHIER, Straßen des Glaubens. Reliquien und R. e des Abendlandes, 1983 – P. J. GEARY, The Saint and the Shrine (Wallfahrt kennt keine Grenzen, hg. L. KRISS-RETTENBECK–G. MÖHLER, 1984), 265ff. – R. KROOS, Vom Umgang mit Reliquien (Kat. Ornamenta Ecclesiae III, 1985), 25ff. – V. H. ELBERN, Die Goldschmiedekunst im frühen MA, 1988 – DERS., Ein langob. Altar-R. in Trient, Aachener Kunstbll. 60 (Fschr. H. FILLITZ, 1994), 45ff.

III. BYZANZ: R.e im Sinne von Schau- und Aufbewahrungsbehältnissen für Reliquien sind in Byzanz aus einfachen (Holz, Stein, Bronze, Ton) wie auch aus sehr kostbaren (Elfenbein, Seide, Gold und Silber mit Edelstein- und Perlenschmuck) Materialien gearbeitet worden. Die Verwendung von Glas ist im Zusammenhang mit der zunehmenden Tendenz zur Sichtbarmachung von Reliquien zu beobachten.

Zunächst als Schutz vor Unheil und Gefahr, dann auch in repräsentativer Funktion wurden →Phylakterien getragen, kleine Behältnisse, zumeist in Form von Kapseln oder (Brust-)Kreuzen (→Enkolpion), die die verschiedensten Reliquien in der Art von religiösen Amuletten bargen. Der Begriff ist später ganz allgemein für R.e, also auch für solche, die in den Kirchen Aufstellung fanden, verwendet worden.

Zu den bereits früh auftretenden Formen der letzteren zählen die *Sarkophagr. e.* Steinkästen mit Öffnungen zum Ein- und Auslassen von Öl, das die im Inneren befindl. Reliquien benetzen sollte (Berlin, Mus. f. spätantike und frühchr. Kunst, Inv. Nr. 10/87). Es wurde durch die Berührung seinerseits zur (Sekundär-)Reliquie, für die wiederum eigene Gefäße (z. B. Ampullen) entstanden.

Reliquienkästen bzw. -kästchen wurden aus Holz, Bein, Elfenbein und Edelmetall gearbeitet. Nicht alle Kästchen, die einmal der Aufnahme von Reliquien gedient haben, sind jedoch ursprgl. für diese Verwendung angefertigt worden; dies betrifft wesentl. die Gruppe der Pyxiden, die sicher zunächst andere (liturg.) Funktionen hatten.

Ein bes. Typus der Reliquienkästen sind die sog. *Staurotheken*, flache Kästen, entweder als Triptychon oder mit Schiebedeckel zu verschließen, die Kreuzpartikel enthielten. Sie konnten aus Elfenbein gearbeitet werden (Staurothek v. Cortona), die meisten erhaltenen Beispiele sind jedoch Holzkästen mit Verkleidungen aus Edelmetall (häufig mit gravierten oder getriebenen Bildern und Ornamenten) und Emailtafeln (Limburger Staurothek).

Darstellungen auf solchen Verkleidungen konnten auf den Inhalt verweisen. Eine bes. enge Verbindung zw. (Reliquien-)Inhalt und formaler Gestaltung zeigen diejenigen R.e, die, als kreuzförmige R.e zur Aufnahme von Kreuzpartikeln, Nachbildungen von Körperteilen für entsprechende Gebeine von Hl.n oder Fragmente davon, Kronenr.e, die Partikel der Dornenkrone Christi enthalten sollten u. ä. In vielen von ihnen waren die Reliquien zumindest teilw. sichtbar; sie sollten ihren Inhalt vorweisen, eine Absicht, die bis zur Reduktion des R.s auf eine bloße Fassung der Reliquie reichen konnte.

Byz. Seidenstoffe, häufig zu kleinen Beuteln genäht, sind, zumal im W, immer wieder zum Einhüllen von Reliquien verwendet worden; sie sind aber sicher nicht für diesen Zweck gewebt worden.   B. Borkopp

Lit.: →Abschn. I – R. RÜCKERT, Zur Form byz. R.e, MüJb 3. F. 8, 1957, 7–36.

Reliquien

I. Allgemeiner Begriff. Abendland – II. Byzanz – III. Medizin; Volkskunde.

I. ALLGEMEINER BEGRIFF. ABENDLAND: R. (reliquiae) sind körperl. Überreste. Ihre Aufbewahrung bzw. Verehrung wurzelt in mehreren religionsgeschichtl. und religionssoziolog. weitverbreiteten Phänomenen: in der Verehrung der Ahnen bzw. ihrer Gräber und Erinnerungsstücke, im Glauben an ein Weiterleben des Toten, näherhin an seine Präsenz im Grab, endlich in der Idee, daß für das postmortale Weiterleben die Gebeine erhalten bleiben oder wenigstens zusammenbleiben müssen; die ägypt. Mumifizierung ist dafür das extremste Beispiel. Im Christentum hatte die R. verehrung den Paulusbriefen zufolge zunächst keine Voraussetzung: bei der Auferstehung werde ein spirituell-himml. Leib verliehen (1 Cor 15, 40. 44: corpus caeleste, spiritale), weswegen der fleischliche vergehe und zu Staub werde. Tatsächl. hat das Grab des ersten christl. →Märtyrers →Stephanus keine Beachtung gefunden. Aber schon die Auferstehungsberichte der Evangelien mit dem leeren Grab beförderten die Idee der Wiederauferstehung des ird. Leibes, zumal auf den Auferstandenen das Psalmwort angewendet wurde, daß Gott seine Hl.n die Verwesung nicht schauen lasse (Ps 16 [15], 10; vgl. Apg 2, 27). Weiter wurde gegenüber der gnost. Verflüchtigung alles Irdisch-Leibhaftigen die »Auferstehung des Fleisches« betont. Nach dem Martyriumsbericht des Polykarp sind dessen Überbleibsel bereits wie Edelsteine gesammelt worden. Zugrunde lag die Auffassung, die Seele bleibe – aufgrund der bibl., ganzheitl. Anthropologie – mit ihrem Leib in Verbindung, ja lasse in den Überbleibseln sogar eine bes. Kraft (virtus) zurück, so daß R. als »sakramental« galten: Sie garantierten die Vergegenwärtigung der Hl.n auf Erden. Fortwährend strahlte die himml. Virtus der Seele auf den Leib ab, weswegen R., nicht anders als die Hl.n selbst, wundertätig wirkten und im Lichtglanz erstrahlten. Oft auch blieb, wie beim auferstandenen Jesus, der Leib unverwest (corpus incorruptum) oder wenigstens in seinen Gebeinen erhalten (corpus integrum), wie auch gemarterte Leiber ihre Unversehrtheit zurückerhalten konnten; das Haupt blieb indes zum Zeichen erlittener Enthauptung getrennt. Gebeinteilungen wurden immer wieder versucht, galten aber bis zur Jahrtausendwende als sakrilegisch. Separieren durfte man die »nachwachsenden« Teile wie Haare, Zähne und (Finger-)Nägel. Neben den Körperr., den »Primärreliquien«, gab es »Sekundärreliquien«: alles, was der Hl. besessen, berührt oder besprochen hatte, desgleichen alles von seinem Grab, etwa der Staub von der Abdeckplatte oder das Öl der dort brennenden Lampen. Von Jesus und Maria gab es wegen ihrer Auferstehung bzw. leibl. Aufnahme in den Himmel eigtl. keine Primärr., bei Jesus nur die beschnittene Vorhaut und sein am Kreuz vergossenes Blut, von Maria Milch und Haare; Sekundärr. gab es in Fülle: Kreuz und Krippe, Gewandstücke und Utensilien. Die R. hatten ihren eigenen Aufbewahrungsort. Ausgehend von dem Apokalypse-Wort, daß die Seelen unter dem himml. Altar seien (Offb 6, 9), sah man den angemessenen Ort für die Hl.n-Leiber an oder unter den ird. Kirchenaltären. So wurden im Freien befindl. Hl.n-Gräber entweder mit einem Altar und dann auch einer Kirche überbaut, oder der hl. Leib wurde an einen Altar übertragen. Daraus entstand eine verpflichtende Regel: kein Altar ohne R.; bei einfachen Altären waren es Berührungsr. (→Brandea) in einem Sepulchrum in der Altarmensa. Während in Rom gemäß antikem Sepulkralrecht kein Grab geöffnet wurde, begann man im Bereich der gall. Liturgie die Särge zu erheben; dabei wurde der Leib auf seinen Erhalt überprüft und in einen zumeist bes. Schrein hinter dem Altar erhöht aufgestellt, was sich allgemein durchsetzte und wofür im HochMA die großen kostbaren Schreine geschaffen wurden, als bedeutendster der Kölner Dreikönigen-Schrein. Seit dem 10. Jh. entstanden für die R. auch mit Gold und Edelsteinen geschmückte Figuren, um sozusagen im Vorgriff auf die eschatolog. Verherrlichung schon jetzt die künftige Glorie zum Ausdruck zu bringen; als älteste ist die Fides-Statue zu →Conques-en-Rouergue zu nennen. Weil die R. die vom Hl.n verehrte Gotteskraft, die Virtus, enthielten, wirkten sie Wunder. Der Wunderkraft wegen suchte man die Gräber auf und nahm von dort (Sekundär-)R. als Amulette mit. Die berühmtesten Graborte wie Rom, Compostela, Canterbury oder Köln zogen →Pilger aus der ganzen Christenheit an, andere Gräber nur die nächsten Nachbarn. Große R.-Sammlungen trugen die Herrscher zusammen und errichteten dafür, wie in Byzanz, 'heilige Kapellen'. Die allgemein vom Hl.n erhoffte Hilfe gewährte er vornehml. an seinem Todestag, dem »dies natalis« (Geburtstag) für den Himmel, wie auch an seinem Grabort, wo er der »patronus specialis« war. Später vervielfältigten sich diese Gegenwart und Wirksamkeit infolge der R.verbreitung, der zahlreichen Statuen wie auch der Bilder. S.a. →Heilige; →Reliquiar.

A. Angenendt

Lit.: ST. BEISSEL, Die Verehrung der Hl.n und ihrer R. in Dtl., 2 Bde (Stimmen aus Maria Laach, Erg.heft 47/54), 1890/92 [Neudr. 1976] – H. FICHTENAU, Zum R.wesen im früheren MA, MIÖG 60, 1952, 60–89 – K. SCHREINER, »Discrimen veri ac falsi«. Ansätze und Formen der Kritik in der Hl.n- und R.verehrung des MA, AK 48, 1966, 1–53 – DERS., Zum Wahrheitsverständnis im Hl.n- und R.wesen des MA, Saeculum 17, 1966, 131–169 – N. HERRMANN-MASCARD, Les reliques des saints. Formation coutumière d'un droit, 1975 – M. HEINZELMANN, Translationsberichte und andere Q. des R.kultes (Typologie des sources du MA occidental 33), 1979 – B. SCHWINEKÖPER, Christus-R.-Verehrung und Politik, BDLG 117, 1981, 183–281 – R. KROOS, Der Schrein des Hl. Servatius in Maastricht und die vier zugehörigen Reliquiare in Brüssel, 1985 – P.-A. SIGAL, L'homme et le miracle dans la France médiévale (XIᵉ–XIIᵉ s.), 1985 – R. Verehrung und Verklärung. Skizzen und Noten zur Thematik und Kat. zur Ausstellung der Kölner Slg. Louis Peters im Schnütgen-Museum, hg. A. LEGNER, 1989 – D. ROLLASON, Saints and Relics in Anglo-Saxon England, 1989 – P. DINZELBACHER, Die »Realpräsenz« der Hl.n in ihren Reliquiaren und Gräbern nach ma. Q. (Hl.nverehrung in Gesch. und Gegenwart, hg. DERS.–D. R. BAUER, 1990), 115–174 – P. GEARY, Furta sacra, 1990³ – A. ANGENENDT, Corpus incorruptum. Eine Leitidee der ma. R. verehrung, Saeculum 42, 1991, 320–348 – DERS., Hl.e und R. Die Gesch. ihres Kultes vom frühen Christentum bis zur Gegenwart, 1994 – Politik und Hl.nverehrung im HochMA, VuF 42, hg. J. PETERSOHN, 1994.

II. BYZANZ: R. gewannen im religiösen Leben des Byz. Reiches große Bedeutung, bes. in der Hauptstadt. Da sich Konstantinopel hinsichtl. seiner R.schätze nicht mit Rom, aber auch nicht mit den alten christl. Zentren des Ostens, →Antiochia, →Alexandria und →Jerusalem, messen konnte, machte es sich daran, seine fehlende christl. Geschichte zu importieren. Konstantins Apostelkirche z. B. war konzipiert als Martyrion (→ Martyrium, C) der Zwölf Apostel, deren R. sie aber zunächst nicht barg. Die Gedenktafeln der konstantin. Zeit wurden abgelöst von echten Apostelleibern, als Ks. Konstans II. (641–668) die R. der hll. Timotheus, Andreas und Lukas nach Konstantinopel in die Apostelkirche überführen ließ. Auf ksl. Befehl wurden Leichname von Heiligen oder Teile von ihnen (so das Haupt Johannes' d. Täufers) in die Hauptstadt gebracht, dort mit großem Pomp empfangen, in eigens erbauten Martyrien feierl. niedergelegt und regelmäßig durch Heiligenfeste als sichtbare Zeichen der auf Konstantinopel ruhenden göttl. Gnade kommemoriert.

Auch Gegenstände, die mit bibl. Geschehnissen verbunden waren, fanden ihren Weg nach Konstantinopel: Teile des Hl. →Kreuzes, das von Ksn. →Helena aufgefunden worden war, nach der arab. Eroberung Palästinas, das Wahre Kreuz selbst, Passionsr. u.a. Versch. Gewänder der Gottesmutter kamen gleichfalls nach Konstantinopel und fungierten hier, aufbewahrt in kostbaren Schreinen, als Schutz und Schirm der »von Gott bewachten« Stadt. Später wurden auf wunderbare Weise entstandene →Ikonen als neuer Typ der R. verehrt. Als die Kreuzfahrer nach Konstantinopel kamen, standen sie staunend vor den R.schätzen des »Neuen Jerusalem«. Infolge der Plünderung der Stadt durch das Kreuzheer (1204) gelangten zahllose R. ins westl. Europa. In vielen Fällen aber tauchten dessenungeachtet die gleichen R. in den griech. Kirchen wieder auf.

R. wurden in der byz. Welt zumeist in ähnl. Weise verehrt wie im lat. W. Sie wurden in reichgeschmückten R.kästen unterschiedl. Größe aufbewahrt oder in →Reliquiaren, die die Form der eingeschlossenen R. hatten; manchmal waren sie in →Ikonen eingefügt. Die R.kästen wurden den Gläubigen zu bestimmten Zeiten (Heiltumsweisung) offen gezeigt, zu anderen Zeiten in den Kirchen ausgebreitet. In Konstantinopel wurden einige der kostbarsten R. in ksl. Palastkapellen oder in städt. Kirchen unter ksl. Schutzherrschaft aufbewahrt. Doch rühmten sich zahlreiche byz. Kirchen und Kl., v.a. die →Athos-Kl., ihrer reichen R.schätze.

G. P. Majeska

Lit.: R. JANIN, La géographie ecclésiastique de l'Empire byz., I, 3, 1969, 41ff. – M. M. GAUTHIER, Les Routes de la Foi, Reliques and reliquaires de Jérusalem à Compostelle, 1983 – G. P. MAJESKA, Russian Travelers to Constantinople in the Fourteenth and Fifteenth Cent. 1984 – P. MARAVAL, Lieux saints et pélérinages d'Orient, 1985.

III. MEDIZIN; VOLKSKUNDE: R. spielten in der ma. Volksmedizin eine bedeutende Rolle. Nutznießer ihrer apotropäischen Wirkung waren ebenso Städte (vgl. Januarius in Neapel, Agatha in Catania) wie Gläubige, die ihre Hoffnung auf »Krankheitspatrone«, z.B. Lucia, Blasius, Rochus oder Valentin (bei Augen- und Halserkrankungen, Pest oder Epilepsie) setzten. Deren schützende und heilende Kraft galt in der Nähe ihrer R. als bes. effektiv. Folgerichtig erhoffte man sich von Heiltumsfahrten bzw. Schaudevotionen neben der seel. (vgl. Ablaß!) auch die körperl. Gesundung. R.partikel wurden deshalb auch amulettartig am Körper getragen. »Kontakt-R.« (Flüssigkeiten, Tücher, Staub, welche R. berührt hatten) mit krankheitshemmender Wirkung sind seit dem 5. Jh. belegt. Bereits die Kirchenväter schrieben R. eine überird. Seele und Körper heilende Kraft zu, die deren Überlegenheit über heidn. Amulette und Zaubersprüche bewies. Zahllose Legenden bestätigten entsprechende Wunderheilungen.

K. Bergdolt

Lit.: s.a. →Brandeum, →Heilige – HWDA VII, 681–685 – LCI III, 538–546 – LThK² VIII, 1216–1221.

Reliquienbehälter, -schrein → Reliquiar

Reliquiengrab (sepulcrum). Obwohl noch 357 und 386 Gesetze zur Wahrung der Grabesruhe erneuert wurden (Cod. Theod. 9, 17, 4. 7), kam es im O seit Mitte des 4. Jh. (vgl. MANGO), im W seit Ambrosius (→Gervasius und

Protasius, →Nazarius) zur Übertragung der →Reliquien von Märtyrern (→Martyrium) und →Heiligen in Kirchen. Ist zuvor kein unmittelbares Verhältnis zw. Grab und →Altar zu sichern, so ist (gegen DEICHMANN) mindestens seit Ambrosius (ep. 22; exhort. virg. 2, 10) von einer Beisetzung unter dem Altar auszugehen. →Paulinus v. Nola erwähnt Kreuz-, Apostel- und Märtyrerreliquien im oder unter dem Altar wie selbstverständl. (ep. 32, 8. 10f.). Da im W noch z. Zt. Gregors I. Reliquienteilungen strikt abgelehnt wurden (Greg. m. ep. 4, 30), handelte es sich um Kontaktreliquien (→Brandeum). Vielfach lagen die Reliquien innerhalb des R.es in einem →Reliquiar; für einen Teil der erhaltenen Reliquiare ist die Herkunft aus einem R. gesichert, für andere zu vermuten. Zur Möglichkeit, mit dem R. oder einem Reliquiar (z. B. in einem Kastenaltar) phys. oder symbol. Kontakt herzustellen, s. →Altar, III. Der Brauch, die Beziehung des Martyriums zum eucharist. Opfer durch das R. zu versinnbilden, galt selbstverständl. auch für den →Tragaltar. Im MA setzte sich die Anlage des R.es in der Altarplatte selbst durch. – In frühchr. Zeit führte der Wunsch nach einem →Begräbnis bei den Hl.n bisweilen auch zur Anlage eines R.es im Grabgebäude (Lit.: SULSER-CLAUSSEN, 136–146).

J. Engemann

Lit.: →Altar, →Reliquiar – B. KÖTTING, Der frühchr. Reliquienkult und die Bestattung im Kirchengebäude, 1965 – F. W. DEICHMANN, RömMitt 77, 1970, 144–169 – C. MANGO, Constantine's Mausoleum and the Translation of Relics, BZ 83, 1990, 51–61.

Reliquienkreuz → Brustkreuz; →Reliquiar

Rem, Lucas, Kaufmann, * 14. Dez. 1481, † 22. Sept. 1541 in Augsburg, Mitglied einer Augsburger Patrizierfamilie, die 1368 in die Zünfte übertrat und 1538 wieder ins Patriziat aufgenommen wurde. Nach Lehrjahren in Venedig war L. R. 1499–1517 als →Faktor der →Welser-Vöhlin-Gesellschaft tätig, zunächst in Lyon, 1503–08 in Lissabon, wo er u. a. die Interessen der Firma an den Indienfahrten vertrat, dann wieder in Lyon und ab 1511 in Antwerpen. Nach Konflikten aus der Firma ausgeschieden, gründete er zusammen mit seinem Bruder Andreas und Ulrich Hanolt 1518 eine eigene Handelsgesellschaft mittlerer Größe mit Faktoreien in Köln und Antwerpen. Aufschlußreich für das Selbstverständnis der Kaufleute ist sein Tagebuch 1494–1541, in dem er in knapper Form über die Stationen seines Lebens, seine Familie und Geschäfte berichtet.

R. Kießling

Lit.: ADB XXVIII, 187–190 – B. GREIFF, Tagebuch des L. R. aus den Jahren 1494–1541, 1861 – E. LUTZ, Die rechtl. Struktur süddt. Handelsgesellschaften in der Zeit der Fugger, 1976.

Remaclus, hl. (3. Sept.), Klosterbf., * um 600, † 673/679, Mönch in Luxeuil, wurde vom hl. →Eligius 632 zur Leitung der Abtei →Solignac berufen. Er gründete um 647/648 die Abtei →Stablo-Malmedy, □ ebd. – Seine Verehrung erfuhr in Stablo einen ehrgeizigen Aufschwung, v. a. unter den großen Äbten →Poppo († 1048) und →Wibald († 1158).

Über die weitverstreuten Besitzungen der Abteien Stablo und Malmedy erreichte der Kult auch andere entferntere Regionen. Wibald ließ in der Abteikirche von Stablo einen kostbaren Altar errichten, auf dem der Reliquienschrein des Hl.n aufgestellt wurde (der heute erhaltene R.-Schrein entstammt dem 13. Jh.). Während des sechsjährigen Schismas zw. Stablo und Malmedy trugen die Mönche v. Stablo den Schrein des Hl.n 1071 nach →Lüttich und veranlaßten durch die Vielzahl der bewirkten Wunder Ks. →Heinrich IV., die Jurisdiktion über Malmedy an Stablo zurückzugeben (»Triumphus s. Remacli«).

Ph. George

Q.: BHL 7113–7141 – HALKIN-ROLAND, Les chartes de Stavelot-Malmedy I, 1909 – Lit.: BNB IX, 6–8 – DACL X, 951–954 – LCI VIII, 260 – LThK² VIII, 1222 – REAU III, 1143f. – Scriptorium X, 1956, 120–122 [Bibliogr.] – H. MÜLLER-KEHLEN, Die Ardennen im Früh-MA, 1973 – PH. GEORGE, Les reliques de Stavelot-Malmedy, 1989 – R. NOËL, Moines et nature sauvage dans l'Ardenne du Haut MA (Fschr. G. DESPY, 1991), 563–597.

Remensas (katal. *remençes*; von *remensa* [von lat. redemptio, redimentia], Recht des Grundherren, eine persönl. Zahlung von jenen Bauern zu verlangen, die die Scholle verlassen wollten), schollenpflichtige, aufgrund der Ortsgebundenheit unfreie Bauern in →Katalonien. Die Institution, schon in den *Commemoracions* des Pere Albert um 1250 als alter katal. Brauch bezeichnet, wurde erst durch Peter III. v. Aragón auf den Barceloneser *Corts* v. 1283 durch die Konstitution *En les terres o locs* rechtsverbindl. festgelegt. Die Schicht der R. entwickelte sich seit dem 11. Jh., als die ursprgl. nur für eine begrenzte Zeit durch in wirtschaftl. Schwierigkeiten geratene freie Bauern eingegangene Verpflichtung auf Betreiben der Grundherren zu einem erbl. Abhängigkeitsverhältnis wurde. Häufige Aufstände der R. brachen seit Ende des 14. Jh. aus, als die Grundherren versuchten, die Wirtschaftskraft ihrer Güter durch die Ansiedlung neuer Bauern in den verfallenden Höfen zu erhöhen. Das Kgtm. verfolgte lange eine die R. begünstigende Politik, da der Druck dieser Schicht auf die adligen Grundbesitzer die Wiedergewinnung entfremdeter kgl. (Gerichts-)Rechte förderte. 1448 erlaubte Alfons V. die R.-Vereinigungen; das 1449 20000 Anhänger zählende *Sindicat* der R. konnte 1455 vom Kg. die Abschaffung der →Malos Usos und Abhängigkeitsverhältnisse erreichen (1457 bestätigt). Die Verwicklung der R. in den Bürgerkrieg unter Johann II. führte zu einer Radikalisierung und Spaltung der Bewegung, was sich im ersten R.-Krieg seit 1462 unter der Führung des Francesc de Verntallat entlud. Ferdinand II. machte nach Beendigung des Bürgerkrieges durch die Konstitution *Com per lo Senyor* (1481) die Abschaffungssentenz v. 1455 rückgängig, was zum zweiten R.-Krieg (seit 1483) führte. 1486 wurde die Institution der R. durch den Schiedsspruch v. Guadalupe gegen einmalige Zahlung einer Ablösesumme abgeschafft

L. Vones

Lit.: Dicc. d'Hist. de Catalunya, 1992, 904–906 – Gran Enciclopèdia Catalana XII, 454f. – E. DE HINOJOSA, El régimen señorial y la cuestión agraria en Cataluña durante la Edad Media, 1905 (= DERS., Obras, II, 1955, 35–323) – DERS., La pagesia de R. en Cataluña (ebd., 11–31) – J. VICENS VIVES, Hist. de las R. (en el siglo XV), 1945 [1978²] – DERS., El gran Sindicato Remensa (1498–1508), 1954 – M. GOLOBARDES VILA, Els R. dins el quadre de la pagesia catalana fins el sègle XV, 2 Bde, 1970 – J. SOBREQUÉS I CALLICÓ, La crisi social agrària a la Baixa Edat Mitjana: els remençes, Cuadernos de Hist. Económica de Cataluña 19, 1978, 47–58 – DERS., En torno al problema remensa, Hispania 40, 1980, 427–435 – P. H. FREEDMAN, Assaig d'hist. de la pagesia catalana (segles XI–XV), 1988 – J. M. SALRACH, La pesta negra i els orígens del problema remença (Pere el Cerimoniós i la seva època, 1989), 13–34 – A. JORDÀ FERNÁNDEZ, Los R., BRAH 187, 1990, 217–297 – P. H. FREEDMAN, The Origins of Peasant Servitude in Medieval Catalonia, 1991 – G. FELIU I MONTFORT, El pes ecoñomic de la remença, Anuario de Estudios Medievales 22, 1992, 145–160.

Remi, Pierre, Günstling Kg. →Karls IV. v. Frankreich, † 25. April 1328. Von niederer Herkunft (»venu de povre gent«), stieg R. im Sept. 1314 zum →Maître de l'Hôtel und Maître de la →Chambre aux deniers Ludwigs X. auf, war bald darauf →Trésorier du roi (1315), dann Schatzmeister Karls v. der Marche, der seit 1322 als Kg. regierte und seinen 'Familiar' wieder als Trésorier einsetzte. Im Nov. 1325 nobilitiert. Seine zweite Ehefrau, Blanche, entstammte der bedeutenden Beamtenfamilie Chauchat. R. häufte ein reiches Vermögen an (82 547 l. Schätzwert bei der Konfiskation), besaß u. a. Landgüter in Auvergne und Agenais, zahlreiche Häuser in Paris, Rechte und Renten in Île-de-France, Bourbonnais usw. Nach dem Tode Karls IV. wurde er am 9. Febr. 1328 verhaftet unter der Anklage, sein Vermögen mit unehrenhaften Mitteln zusammengerafft zu haben. Er endete schimpflich am Galgen.

E. Lalou

Lit.: BORRELLI DE SERRES, Recherches sur divers services publics, III, 1909, 295–311 – M. BOUDET, Les Gayte et les Chauchat, Rev. d'Auvergne, 1911, 411; 1912, 63 – J. VIARD, Les domaines de Vaux de P. R., Annuaire Bull. de la Soc. de l'hist. de France, 1921, 135–149 – A. CATEL, P. R. trésorier de France, Bull. de la soc. hist. et archéol. de l'arrondissement de Provins, 1934 – J. VIARD, Philippe de Valois. Le début du règne, BEC 95, 1934, 259–283 – R. CAZELLES, La société politique et la crise de la royauté sous Philippe de Valois, 1958.

Remigius

1. R., hl., Bf. v. →Reims, * um 438, † 13. Jan. um 533, ▭ St. Timotheus und Apollinaris (Reims). Aus vornehmem nordgall. Geschlecht stammend (Bruder Principius, Bf. v. Soissons, Neffe Lupus, dessen Nachfolger), gut ausgebildet (→Sidonius Apollinaris rühmt seine rhetor. Meisterschaft), wurde er bereits im 22. Lebensjahr Bf. Er sandte Kg. →Chlodwig I. zum Regierungsantritt 482 ein fürstenspiegelartiges Glückwunschschreiben; im Kontakt mit der chr. Kgn. →Chrodechilde erreichte er die erste Glaubensunterweisung Chlodwigs, den er wohl 498 in den Katechumenenstand aufnahm und Weihnachten mit seinem Gefolge in Reims taufte. Als Reorganisator seiner Kirchenprov. erneuerte bzw. gründete er die Bm. er →Arras und →Tournai; aus der Reimser Diöz. löste er →Laon als eigenes Bm. heraus. R.' Testament, dessen kürzere, nur in →Hinkmars R.-Vita überlieferte Fassung sicher echt ist (im Gegensatz zur längeren Fassung bei →Flodoard), spiegelt reichen Besitz bes. im →Porcien. Schon bald als einer der ersten Hl.en des Frankenreiches verehrt, wurde er später Patron zahlreicher Kirchen in Frankreich, Deutschland und Italien.

U. Nonn

Q.: Epp. Austr. 1–4 (MGH Epp. III) – Vita Remedii (MGH AA IV/2) – Vita R.i ep. Remensis auct. Hincmaro (MGH SRM II) – Gregor v. Tours, Hist. Franc. II 31 (MGH SRM I²) – Flodoard, Hist. Rem. eccl. I, 10–26 (MGH SS XIII) – Lit.: DUCHESNE, FE III, 81f. – DACL XIV/2, 2231–2237 – LCI VIII, 261–263 – LThK² VIII, 122ff. – W. VON DEN STEINEN, Chlodwigs Übergang zum Christentum, 1932 (MIÖG Ergbd. 12) – F. STROHEKER, Der senator. Adel im spätantiken Gallien, 1948, 207f. – M. JONES, P. GRIERSON, J. A. CROOK, The Authenticity of the »testamentum s. R.i«, RBPH 35, 1957, 356–373 – G. SCHENK ZU SCHWEINSBERG, Reims in merow. Zeit [Diss. Bonn 1971], 70–95 – U. NONN, Merow. Testamente, ADipl 18, 1972, 1–129.

2. R. v. Auxerre, Mönch des Kl. St.-Germain in →Auxerre, * nach 841, † 2. Mai wohl 908 in Paris, vermutl. verwandt mit →Lupus v. Ferrières (ep. 113 und 119), Schüler des →Heiric v. Auxerre und sein Nachfolger als Lehrer. Ebf. →Fulco v. Reims berief ihn ca. 893 nach Reims, um die Schulen wieder neu zu beleben. Nach Fulcos Ermordung (900) begab sich R. nach Paris, wo er starb. Aus R.' Unterricht stammt eine große Zahl von Komm.en zu einer breitgefächerten Auswahl von Werken: Theol. Komm.e »in Genesim«, »in Psalmos«, zu →Boethius' »Opuscula sacra« und eine Meßerklärung; gramm. Komm.e zu →Donatus' »Ars minor«, →Eutyches, →Phocas, →Priscianus' »Institutio de nomine« (für die erste Unterrichtsstufe), für Fortgeschrittene Donatus' »Ars maior«, Priscianus' »Partitiones«, →Bedas »De metrica arte« und »De schematibus et tropis«; Komm.e zu den Auctores: →»Disticha Catonis«, →Persius, →Juvenal, →Prudentius, →Sedulius, →Martianus Capella und »Consolatio Philosophie« des Boethius. Sein erweitertes Lehrprogramm vereinigt Exegese und Grammatik, Lektüre von röm. und chr. Dichtern. Lang verachtet wegen seines schulmäßigen Charakters ist R.' Werk wenig und unzureichend bekannt (oft nur Textauszüge aus einer einzigen Hs., selten krit. Edd.) und wegen seiner lebendigen Überlieferung schwer faßbar, doch hatte es während des ganzen MA und z. T. bis ins 16. Jh. große Bedeutung.
→Accessus ad auctores, →Grammatik, →Schullektüre.

C. Jeudy

Lit.: DLFMA 1992, 1251f. – DSAM XIII, 338–343 – DThC XIII, 2376f. – LThK² VIII, 1223–1225 – MANITIUS I, 504–519 – BRUNHÖLZL I, 466–489, 572–574 (frz. Übers. I/2, 238–240, 318–321) – RBMA, nr. 7188–7247; Suppl. nr. 7194–7246; s. a. nr. 5365, 8550 – C. E. LUTZ, R.' Ideas on the Classification of Liberal Arts, Traditio 12, 1956, 65–86 – DIES., R. A. Comm. in Martianum Capellam, 2 Bde, 1962–65 – C. LEONARDI, I commenti altomedievali (Sett. cent. it. 22, 1975), 459–508 – G. D'ONOFRIO, Giovanni Scoto e Remigio di A., StM 22, 1981, 587–693 – C. JEUDY, L'attitude de Remi d'A. (Jean Scot écrivain, hg. G. H. ALLARD, 1986), 299–310 – J. C. FRAKES, R. of A., Eriugena ... (The Sacred Nectar of the Greeks, ed. M. W. HERREN, 1988), 229–255 – Intellectuels et artistes dans l'Europe carolingienne, Ausst.kat. Auxerre, 1990, 44–57, 67–69, 274–277 – L'École carolingienne d'Auxerre. De Murethach à Remi 830–908, hg. D. IOGNA-PRAT, C. JEUDY, G. LOBRICHON, 1991 [C. JEUDY, L'œuvre de Remi d'A. (Stand der Forsch., vollständiges Werkverz. [mit Edd. oder Textauszügen, Hss. und Lit.]; J.-P. BOUHOT (Expositio missae); B. VAN NAME EDWARDS (Komm. in Gen.); P. W. TAX (In Ps., in Mt.?)] – C. JEUDY, Remi d'A. face aux étymologies d'Isidore, Lexique 13, 1994 [im Dr.] – DIES., Un glossaire carolingien de mots rares extraits des Satires de Juvénal (Gli umanesimi medievali [im Dr.]).

3. R. v. Florenz (dei Girolami) OP, † 1319 in Florenz, studierte zw. 1260–70 an der Pariser Univ. und hörte dort wahrscheinl. Thomas v. Aquin, lehrte ca. 40 Jahre bis zu seinem Tod am studium generale von S. Maria Novella in Florenz, wo auch seine zahlreichen Schriften, die einen dezidierten Thomismus vertreten, entstanden sind. Zu erwähnen sind polit. Werke zu den Verhältnissen in Florenz (De bono pacis, De bono communi), wirtschaftseth. Schriften (De peccato usure), eine Wissenschaftseinteilung (Divisio scientie), metaphys. Traktate (De modis rerum) sowie die ekklesiolog.-polit. Schrift »Contra falsos ecclesie professores«. Wahrscheinl. hat Dante eine Zeitlang bei R. Philosophie studiert.

R. Imbach

Ed. und Lit.: R. de G., Contra falsos ecclesie professores, Ed. crit. F. TAMBURINI, 1981 – CH. T. DAVIS, R. de G. and Dante, Studi Danteschi 36, 1959, 105–136 – O. CAPITANI, Il 'De peccato usure' di R. de G., StM 6/2, 1965, 537–662 – M. C. DE MATTEIS, La 'teologia politica comunale' di R. de G., 1977 – CH. T. DAVIS, R. de G. (d. 1319), Lector of S. Maria Novella (Le scuole degli ordini mendicanti, 1978), 281–304 – J.D. CAVIGIOLI-R. IMBACH, Brève notice sur l'Extractio ordinata per alphabetum de R. de Florence OP, APraed 49, 1979, 115–131 – E. PANELLA, Un' introduzione alla filosofia in uno »studium« dei frati predicatori del XIII sec., »Divisio scientie« di R. dei G., Memorie Domenicane 12, 1981, 27–126, 136.

Remiremont, St-Pierre de (Romberg), Frauenabtei in →Lothringen (dép. Vosges), gegr. um 620 als Abtei für junge Mädchen in einem Oppidum (Castrum Habendum) an der Vereinigung zweier Täler im sö. Vogesenvorland; Gründer waren der Adlige Romaricus (Romarich) und ein Mönch aus →Luxeuil, Amatus. R. war zunächst ein →Doppelkl., da in R. während der ersten zwei Jahrhunderte auch Brüder lebten. Zunächst standen Äbte an der Spitze der Gemeinschaft (Amatus, Romaricus, Adelphus, Garichramnus), danach nur noch Äbtissinnen.

817 übernahm das Kl. die →Regula Benedicti, richtete sich bei (oder in) einem ehem. Königspalast im Tal ein und führte fortan einen Liber memorialis (→Memorialüberlieferung), der die Namen der Nonnen (von der Gründung an), der Kg.e und der Wohltäter verzeichnet. Er bildet die älteste Geschichtsquelle des Kl. (seit dem 12. Jh. ergänzt

durch Urkk.) und gibt in breitem Umfang Aufschluß über die Aristokratie Lotharingiens und des Imperiums seit dem 9. und 10. Jh. 863 wurde eine erste Restauration durchgeführt; die Abtei trat von nun an als politisch wichtige Stätte hervor (Herrschertreffen). Die Schenkungen (Traditionen) bedeutender privater Stifter wurden nun ebenfalls im Memorialbuch festgehalten, das auch mehrere →Necrologe umfaßte. Ein neuer Versuch, die Benediktinerregel wieder zur Geltung zu bringen, wurde wohl 923 unternommen, doch war R. während des gesamten MA und in der NZ durchgängig von Lebensformen der Kanonissen geprägt. Die Abtei war sehr reich (52 'potestates' und 80 Kirchen) und bot nicht weniger als 50 Stiftsdamen sowie einer →Familia von geistl. und weltl. Amtsträgern (Kanoniker, Beamte, Diener) Unterhalt. Die Kanonissen entstammten exklusiv dem Adel und wurden nach einem komplizierten System durch Pfründengesellschaften kooptiert. Die Anforderungen an die adlige Abkunft wurden im 15. Jh. institutionalisiert (Acht- →Ahnenprobe). Das Gebiet, aus dem sich die Stiftsdamen rekrutierten, wurde auf Burgund und Elsaß ausgedehnt. Im Umkreis von R. standen die beiden Priorate St-Mont und Hérival in enger Beziehung zur Abtei.

Seit dem 12. Jh. verzeichnet die bei der Abtei entstandene Siedlung einige Merkmale urbaner Entwicklung wie Spital (Hôtel-Dieu), Markt und Handwerker (→Abteistadt). Die städt. Funktionen verstärkten sich im 13. Jh. dank der Lage an der wichtigen Handelsstraße, die von Burgund ins Elsaß führte und durch das Moseltal in das Kerngebiet des Hzm.s Lothringen verlief. Als Gegenspieler der Abtei trat die hzgl. Gewalt auf, die die Hochvogtei als Reichslehen innehatte und das Patrimonium v. R. dem Hzm. inkorporierte. Auch das Bürgertum erhob eigene Forderungen (städt. Privilegien und Institutionen; Befestigungsrecht, 1366). Am Ende des 13. Jh. wurde eine Äbtissin v. R. erstmals zur Reichsfürstin erklärt. Die Abtei konnte ihre Souveränität bis 1566 erhalten. M. Parisse

Q.: Liber memorialis Romaricensis, ed. E. Hlawitschka, K. Schmid, G. Tellenbach, MGH LM I, 1970 – *Lit.:* E. Hlawitschka, Stud. zur Äbtissinnenreihe von R., 1963 – R., l'abbaye et la ville, 1980 [Q. verz., vollst. Bibliogr.].

Remonstrance of O'Neill. 1317 sandten die ir. Fs.en eine Reihe von Anklagen an Papst Johannes XXII., die gegen die Engländer gerichtet waren. Eine Archivkopie dieses Textes ist nicht bekannt, doch wurde er von zwei schott. Chronisten, Bower und Fordun, überliefert. Obwohl die Form einige Ungereimtheiten aufweist, scheint er doch authent. zu sein. Er wurde auf Lat. verfaßt und zeigt literar. Versiertheit, möglicherweise ist Michael Mac Lochlainn der Verfasser. Die Schrift entstand nach einer vorübergehend erfolgreichen schott., gegen die Engländer gerichteten Invasion in →Irland. Das erklärt wohl auch, warum ein von ir. Fs.en, die →Eduard Bruce unterstützten, vorbereiteter Brief Schottland erreicht haben könnte. Als Absender des Briefs an den Papst werden genannt: Donald →O'Neill, Kg. v. Ulster und aufgrund seines Erbrechts angeblich der eigtl. Erbe von ganz Irland, Unterkg.e und Magnaten desselben Landes sowie das ir. Volk. Er beginnt mit einem Bericht über die Herkunft der Iren und stellt anschließend die ir. Gesch. seit Papst Hadrian IV. dar, der die Bulle→»Laudabiliter« erlassen hatte. Der Brief versucht dann ausführl., den Papst davon zu überzeugen, daß die engl. Kg.e es unterlassen haben, die Bestimmungen dieser Bulle zu beachten. Die Hauptangriffe richten sich gegen die Unterdrückung der ir. Kirche und auch gegen das dem ir. Volk widerfahrene Unrecht.
J. Hudson

Ed.: Scottichronicon by Walter Bower, ed. D. E. R. Watt, VI, 1991 – *Lit.:* M. Richter, Irland im MA, 1983, 137.

Remonstranz (Remontrance, droit de, 'Recht der Einwendung, des Widerspruchs') bezeichnet während des Ancien Régime das Recht des →Parlement de Paris, anläßl. der Registrierung (*enregistrement*) eines kgl. Gesetzes (→Ordonnance) Widerspruch gegen dieses einzulegen. Dieses frühneuzeitl. Rechtsinstitut hat seinen Ursprung in Rechtspraktiken des MA. Seit Beginn des 14. Jh. war das Parlement mit der Publikation (lautes Verlesen in der Grande-Chambre bei offenen Türen) und der Registrierung (Niederlegung einer Abschrift in einem bes. →Register) der kgl. Ordonnanzen betraut. Bei dieser Gelegenheit überprüfte der Gerichtshof die kgl. *lettres* (→litterae) und wurde beim Kg. vorstellig, wenn ein Gesetz Bestimmungen »wider die Vernunft« (»contre raison«) enthielt. Im übrigen bestand seit dem 13. Jh. die Praxis der 'Inquisitio', der Untersuchung der von kgl. Beamten verursachten Mißbräuche durch reisende Amtsträger (→*commissaire*), wobei auch schriftl. Beschwerden (*doléances*, querimoniae) entgegengenommen wurden. Im 14. und 15. Jh., v. a. in den großen Krisenperioden, wurden dem Kg. diese Beschwerden und Gesuche (→*cahier de doléances*, *remonstrances*, *requêtes*) durch die Versammlung der Drei Stände (→*États*) oder aber durch die Univ. und Stadt →Paris vorgelegt. Am Ende des 15. Jh. fiel wegen des Niedergangs der ständ. Repräsentativorgane wieder dem Parlement die Aufgabe zu, mißliebigen Entscheidungen der Königsgewalt (im Sinne einer »Opposition«) entgegenzutreten, eben mittels des Remonstranzrechts. Das Parlement wurde somit gleichsam zu einer Instanz des Dialogs zw. dem Kg. und der Gemeinschaft der Untertanen.
F. Autrand

Lit.: Ch. Petit-Dutaillis, Querimoniae Normannorum (Essays T. F. Tout, 1925) – F. Lot–R. Fawtier, Hist. des institutions françaises au MA, T. 2: Institutions royales, 1957.

Renaissance (Kunst). »Renasci« und »rinascere« wurden neben anderen der Lebens- und Wachstumsmetaphorik entstammenden Begriffen wie »revivere«, »risuscitare« und »reflorescere« von den Humanisten und Kunstschriftstellern des 14. und 15. Jh. bevorzugt verwendet, um den inneren Zusammenhang zw. dem allg. Wiederaufblühen der Wiss. und Künste in ihrer Epoche und der gleichzeitigen Erneuerung der Latinität zu unterstreichen. Von »rinascita« ist erstmals 1550 bei Vasari die Rede (Vite de' più eccellenti architetti, pittori et scultori italiani, Proemio delle vite und Proemio della seconda parte), von »renaissance« bei Pierre Belon (Observation de plusieurs singularitez et choses memorables, 1553); von »Wiedererwachsung« spricht 1523 A. Dürer (Schriftl. Nachlaß, hg. H. Rupprich, II, 1966). Als Kulturbegriff im allg. Sinne erst seit der Mitte des 19. Jh. in Gebrauch (J. Michelet, Hist. de France, 1855; Burckhardt, 1860), bezeichnet R. seitdem in der Regel jene Epoche der europ. Kunst- und Kulturgesch., die sich zeitl. gesehen vom 14. Jh. bzw. vom Anfang des 15. Jh. bis zur Mitte des 16. Jh. erstreckt und deren Ursprungsland und fast ausschließl. Verbreitungsgebiet während der hier interessierenden, bis ca. 1490 reichenden Periode des Früh-R. Italien war. In sozialer und ökonom. Hinsicht war sie wesentl. bestimmt durch das Emporkommen neuer Dynastien im 14. und 15. Jh., das Aufstreben des Bürgertums, das Ethos persönl. Tüchtigkeit (»virtù«) und die wachsende Bedeutung der Geldwirtschaft. Für die geistige Kultur der Epoche waren kennzeichnend deren Weltzugewandtheit und Anthropozentrismus, eine der Vielfalt der Erscheinungswelt ebenso wie der »ratio naturae« verpflichtete Wirklichkeitsbeobachtung und Naturforsch., die zunehmende selbständige Geltung der Wiss. und Künste, ein im bes. Maße an prakt. Erfordernissen ausgerichtetes theoret. Wissen und die allg. Anerkennung der Antike als der obersten Autorität in allen Fragen des lit.-künstler. Schaffens und des philos.-hist. Denkens. Als eine Epoche des Übergangs weist allerdings gerade die Früh-R., wie oft bemerkt worden ist, vielerlei uneinheitl. und widersprüchl. Züge auf. Ein klar umrissenes Bild von ihr läßt sich am ehesten am Beispiel des Florentiner Quattrocento gewinnen; es verliert jedoch an Geschlossenheit, je weiter man sich über Florenz oder gar über Italien hinaus orientiert. Geht man vom Selbstverständnis der Epoche aus, so ist zunächst festzuhalten, daß entgegen der im 19. Jh. einsetzenden Ausdehnung des R.-Begriffs auf alle Bereiche des polit., sozialen und kulturellen Lebens dessen ursprgl. und bis ins 18. Jh. gängige Verwendung wesentl. eingeschränkter und konkret auf das Wiederaufleben der Wiss. und Künste im 15./16. Jh. bezogen war. Im engeren und hier in Abgrenzung zum lit. →Humanismus vorrangig zu berücksichtigenden Sinne bezeichnete er das Wiederaufleben der Kunst bzw. der »wahren« Kunst und des »guten« Stils in der Architektur, Skulptur und Malerei.

Als eine der Grundvoraussetzungen dieses Wiederauflebens der Künste galt den Zeitgenossen des 15. und 16. Jh. die programmat. Ausrichtung an den Stilmustern der Antike, das eingehende Studium der antiken Bauten und Bildwerke. Ihre unmittelbare Auswirkung hatten diese Antikenstudien v. a. in der Skulptur (→Ghiberti, →Donatello) und in der Architektur (→Brunelleschi) des 15. Jh., in der man die seit der Antike verlorengegangenen Regeln des guten Bauens wiedergewonnen sah. Als »buona maniera« wurde diese neue, an der Norm der Antike orientierte Baukunst zur zeitgemäßen Alternative erhoben gegenüber der zugleich als barbar. verworfenen Gotik, der »maniera tedesca«, deren Ursprünge man letztl. mit dem Untergang des röm. Reiches und den dadurch bedingten allg. Verfall der Künste verknüpfte. »Moderno«, von →Filarete (Trattato di architettura, um 1464) und von Manetti (Vita di Brunelleschi, um 1485) noch als Synonym für »gotisch« verwendet, wird erst im 16. Jh., so z.B. von Michelangelo und von Vasari, mit »antikisierend« bzw. »all'antica« gleichgesetzt.

In der z.T. explizit gegen die Gotik gerichteten Propagierung der antiken Kunstideale als Maßstab des eigenen Bauens und Bildens kam unverhohlen auch ein wachsendes it. Nationalbewußtsein zum Ausdruck. Dennoch ist der Begriff der R., im Unterschied zu dem primär polit. bzw. religiös motivierten ma. »renovatio«-Gedanken von seinem Ursprung her in erster Linie ein Stilbegriff, der einen neuen, z.T. ausdrückl. an der Antike geschulten, z.T. entschiedener als im MA der sichtbaren Wirklichkeit verpflichteten Modus des Wahrnehmens und Gestaltens umschreibt, »limited strictly to the intellectual and aesthetic forms of culture« (FERGUSON, 1948). Ungleich anderen kunstgesch. Stilbegriffen wie z.B. »Romanik« oder »Barock« ist der R.-Begriff allerdings nicht erst nachträgl. geprägt worden, sondern war, zumindest der Sache nach, bereits im zeitgenöss. Bewußtsein fest verankert. Von Anfang an war er zudem mit der Vorstellung verknüpft, daß es zw. der Antike und der Gegenwart ein mittleres Zeitalter, das als Epoche des Verfalls und Niedergangs der Latinität und damit auch der Wiss. und Künste verstanden wurde, gegeben habe. In diesem Sinne ist der Ausdruck »rinascita« zwar erstmals von Vasari (1550, 1568) ausdrückl. verwendet worden, doch findet sich die Vorstellung von einem erneuten Aufleben der Künste und Wiss. nach Jhh. des Verfalls schon im 14. Jh. in aller Klarheit ausgesprochen (Dante-Kommentar des Guido da Pisa [1325-28], Petrarca, Boccaccio). Im Hinblick auf die bildenden Künste ist jedoch hervorzuheben, daß im 14. Jh. als deren oberster Beurteilungsmaßstab nicht die Antikennähe galt. Alleiniges Kriterium war vielmehr die Wirklichkeitsnähe bzw. die Naturgemäßheit der bildl. Darstellung im Sinne des aristotel. »ars imitatur naturam«. Das Antikenstudium als ein die angestrebte Naturgemäßheit des künstler. Schaffens wesentl. förderndes Element gewinnt daneben erst ab ca. 1400 explizit an Bedeutung. Keinen Widerspruch bedeutet es daher, wenn noch Vasari in →Cimabue den Vorbereiter und in →Giotto den eigtl. Begründer des letztl. im Schaffen Michelangelos kulminierenden Prozesses der »rinascita« der Künste sah. Vorbereitet war auch diese Sicht Vasaris, die Giotto die Protagonistenstellung innerhalb der neueren Kunstentwicklung zuerkannte, bereits im 14. Jh., v.a. durch →Boccaccio, Filippo →Villani und Cennino →Cennini. Cennini (um 1390) bezeichnet zudem erstmals die durch Giotto begründete »moderne« Malerei als »lateinische« Manier und hebt sie als solche von der »griechischen«, d.h. byz. Manier ab. Nachdrücklicher noch als die Autoren des 14. Jh. betont sodann Ghiberti (um 1447) die Rolle Giottos als des Begründers der »arte nuova«, wobei er in Anlehnung an das von den Humanisten (L. →Bruni, F. →Biondo) entworfene Gesch.sbild vorweg feststellt, daß die Künste seit Konstantin d. Gr. und der zu seiner Zeit aus antiidolatrist. Gesinnung erfolgten Zerstörung der antiken Bildwerke verfallen gewesen und durch die »Griechen« nur unzulängl. am Leben erhalten worden seien. Auf den Vergleich der schöpfer. Leistungen der eigenen Gegenwart mit denen der Antike beschränkt sich dagegen L. B. →Alberti, in dessen Schr. »Della Pittura« (1435 bzw. 1436) sich das Bewußtsein von einem Neubeginn der Künste im Florenz des frühen 15. Jh. am deutlichsten spiegelt. Im Prolog zur it. Fassung des Malereitraktats wird dieser Neubeginn ausdrückl. mit den Namen Brunelleschi, →Donatello, →Masaccio, Ghiberti und Luca →della Robbia verknüpft. Zugleich hebt Alberti mit Stolz hervor, daß sich die Leistungen dieser Künstler ohne weiteres mit denen der Antike vergleichen ließen, ja sie z.T. überträfen. Ein ähnl. Bewußtsein der Überlegenheit über die Antike kommt später auch bei Vasari zum Ausdruck.

Die von Alberti emphat. begrüßte neue Kunstblüte setzte in Florenz im ersten Jahrzehnt des 15. Jh. ein. Den Auftakt bildete 1401 die Konkurrenz um die Bronzetür des Baptisteriums, an der auch Brunelleschi teilnahm und aus der Ghiberti als Sieger hervorging. 1435, als Albertis Malereitraktat entstand, war eine erste Phase in der Entwicklung der R.-Kunst bereits zum Abschluß gelangt, stand in Florenz Brunelleschis Domkuppel kurz vor ihrer Vollendung, war durch Bauten wie die Loggia des Ospedale degli Innocenti und die Alte Sakristei von S. Lorenzo der Ruhm des Architekten als eines Erneuerers der Baukunst aus antikem Geist bereits fest begründet; Donatello war mit seinen Statuen für Orsanmichele und den Dom sowie durch Reliefs von größter erzähler. Vielfalt und virtuoser perspektiv. Raumgestaltung hervorgetreten; Ghiberti hatte seine erste Bronzetür für das Baptisterium und seine Bronzestatuen für Orsanmichele vollendet; Masaccio, 1428 bereits gestorben, war u.a. durch seinen Freskenzyklus in der Brancaccikapelle zu Ruhm gelangt. Antiken- und Naturstudium ergänzten und befruchteten sich in diesen Werken wechselseitig. Nach A. →Manetti (um 1485) waren Brunelleschi und Donatello die ersten, die sich in jungen Jahren in Rom der Erforsch. der antiken

Monumente gewidmet hätten. In dieselbe Zeit datieren Brunelleschis Perspektivstudien und seine »Erfindung« der zentralperspektiv. Bildkonstruktion, der »costruzione legittima«, für deren konsequente Anwendung Donatellos Reliefs (Georgsrelief für Orsanmichele, um 1417; Salomerelief im Baptisterium von Siena, 1428 vollendet) frühe Beispiele sind und deren Konstruktionsprinzipien im ersten Buch von Albertis Malereitraktat ausführl. beschrieben werden. Manche der für die Kunst der Frührenaissance kennzeichnenden ästhet. Postulate (»copia«, »varietà«, »concinnitas« etc.) werden von Alberti in direkter Anlehnung an Ciceros rhetor. Schrr. (GOSEBRUCH, 1957; POESCHKE, 1985) formuliert. In der Architektur kamen die antiken Säulenordnungen und mit diesen auch der antike Proportionskanon und die antike Bauornamentik erneut zur Anwendung, wobei jedoch von einem dogmat. Vitruvianismus, wie er für das 16. Jh. bezeichnend ist, im 15. Jh. noch nicht die Rede sein kann. So beschränkte sich Brunelleschi im Bereich der Bauplastik fast ausschließl. auf den Typus des korinth. Kapitells, während die auf ihn folgende Architektengeneration (Michelozzo, Alberti) im Sinne der ästhet. Forderung der »varietas« die vielfältigen Sonderformen der antiken Kapitellskulptur bevorzugte. Aus dem erklärten Bedürfnis, die Regeln der klass. Baukunst zurückzugewinnen, kam es in dieser Generation, d. h. seit der Mitte des Jh. zu einer immer gründlicheren Erforsch. und Bestandsaufnahme der antiken Denkmäler. Ihren sichtbaren Niederschlag fanden diese vertieften Antikenstudien nicht nur in der gebauten Architektur, sondern auch in den nach dem Vorbild Vitruvs verfaßten Architekturlehrbüchern eines Alberti und Francesco di Giorgio Martini sowie in den zeichner. Aufnahmen antiker Bauten und Baudetails in Skizzenbüchern, wie sie erst aus der 2. Hälfte des 15. Jh. erhalten sind (Cod. Escurialensis, Libro des Giuliano da Sangallo etc.). Durch das Studium der antiken Bauten entscheidend gefördert wurde nicht zuletzt auch das von Alberti theoret. begründete Interesse für den Zentralbau, der den Architekten der R. bereits von Brunelleschi an als höchstes Architekturideal galt (Brunelleschi, S. Maria degli Angeli in Florenz, 1434–37; Alberti, S. Sebastiano in Mantua, 1460ff.; Giuliano da Sangallo, S. Maria delle Carceri in Prato, 1485ff.). In der Malerei und in der Reliefkunst wird die perspektiv. Bildkonstruktion seit den 30er Jahren zur Regel. Neben der Figuren- und Historiendarstellung als dem nach wie vor zentralen Themenkreis der Bildkünste gewinnt die Raum- und Milieudarstellung – als Landschaft, als Architekturkulisse oder als Interieur – zunehmend an Interesse. Die angestrebte Motivvielfalt und Wirklichkeitsnähe werden in der Bildkomposition dem Gesetz der Kommensurabilität, Proportionalität und Perspektivität unterstellt und mit den Forderungen einer rational begründeten Kompositionslehre in Einklang gebracht. Der gesteigerten Bedeutung subjektiver Wahrnehmung entspricht auf der anderen Seite ein ausdrückl. Bemühen um objektive Kunstgesetze. Nicht Realismus als solcher, sondern ein mit den künstler. Prinzipien sublimierter und den Anforderungen des Decorum vereinbarer Realismus ist das Ziel. In der Skulptur wird der Einfluß antiker Vorbilder v. a. in einer der nord. Kunst fremden, klass. Körperauffassung und Ponderation der Statuen, in der zunehmenden Bedeutung des Akt- und Anatomiestudiums sowie in der Entwicklung von der Nischenstatue zur Freistatue (Donatello, Bronzedavid, Florenz, Bargello, um 1444–46) bzw. zum Freimonument (Donatello, Gattamelata-Monument in Padua, 1444–53; Verrocchio, Colleoni-Monument in Venedig, 1479–88) sichtbar.

Eine beträchtl. Erweiterung erfuhr in der R. der angestammte Aufgabenkreis der Künste. Neben der Sakralarchitektur und der kirchl. Kunst gewannen seit der Mitte des 15. Jh. v. a. der Profanbau und dessen künstler. Ausstattung erhebl. an Bedeutung. So wie die Kultur der Früh-R. insgesamt von höf. und bürgerl. Elementen gleichermaßen bestimmt war, spielten nun als Auftraggeber neben den Päpsten, Fs.en und Kommunen das wohlhabende, sich bewußt die Formen fsl. Repräsentation aneignende Bürgertum und städt. Patriziat eine immer größere Rolle. Exemplar. war in dieser Hinsicht v. a. das Mäzenatentum der →Medici in Florenz, das um 1420 mit dem Bau der Alten Sakristei von S. Lorenzo und des Observantenkl. von S. Francesco al Bosco im Mugello einsetzte und seit den späten 30er Jahren unter Cosimo d. Ä. fsl. Ausmaße annahm, wie die Stiftung zahlreicher Kirchen und Konventbauten in Florenz einerseits und die Errichtung des in seinem Auftrag ungewöhnl. aufwendig gestalteten und ausgestatteten Stadtpalastes andererseits bezeugen. Ein »palacium rege dignum« nannte bezeichnenderweise Pius II. den 1445–55 von Michelozzo erbauten Pal. Medici, der der Maßstabs bildete für alle weiteren Palastbauten der Früh-R., unter denen der seit ca. 1460 für Hzg. Federico da →Montefeltro errichtete Pal. Ducale in Urbino der bedeutendste war.

Zu den neuen Aufgaben der Malerei und der Skulptur gehörten insbes. das Porträt und das Persönlichkeitsdenkmal, in denen die bereits von BURCKHARDT als ein spezif. Merkmal der R. hervorgehobene Wertschätzung und Verherrlichung individueller »virtù« ihren unmittelbaren bildhaften Ausdruck fanden. Unter den seit der Mitte des 15. Jh. sich häufenden profanen Bildthemen nahmen insbes. solche aus der antiken Gesch. und Mythologie einen bevorzugten Platz ein. Sie waren beliebte Sujets v. a. für Kleinbronzen (Filarete, Mark Aurel, Dresden, Albertinum, um 1445; Antonio del →Pollaiuolo, Herkules und Antäus, Florenz, Bargello, um 1470; Bertoldo di Giovanni, Bellerophon und Pegasus, Wien, Kunsthist. Mus., um 1480–85), aber auch für Gemälde (Antonio del →Pollaiuolo, Herkulestaten für den Pal. Medici, um 1460), seltener dagegen für Statuen (Donatello, Amor Atys, Florenz, Bargello, um 1440). Werke dieser Art dienten der Ausstattung von Repräsentationsräumen und Privatgemächern, insbes. dem Schmuck von Studierzimmern (Studioli), die zugleich den Charakter von Kunstkammern hatten. Gerade das Kunstsammeln bildete seit der Mitte des 15. Jh. einen wesentl. Bestandteil der R.-Kultur. In erster Linie war dabei das Sammlerinteresse auf antike Skulpturen, Münzen und Gemmen gerichtet. Eine solche Antikenslg. soll nach Vasari bereits Cosimo d. Ä. mit Hilfe Donatellos im Pal. Medici eingerichtet haben; über eine berühmte Slg. antiker Münzen und Gemmen verfügte Kard. Pietro Barbo (späterer Papst Paul II.). Das Sammlerinteresse erstreckte sich jedoch nicht nur auf antike Werke, sondern auch auf solche berühmter zeitgenöss. Künstler, und zwar sowohl einheim. als auch fremder, insbes. fläm., da gerade der fläm. Malerei (Jan van →Eyck, →Rogier van der Weyden, →Memling) wegen der Feinheit ihrer maler. Mittel und ihrer Wirklichkeitstreue von den it. Kunstkennern der Zeit größte Bewunderung entgegengebracht wurde.

Die in der raschen Entwicklung des Sammlerwesens ablesbare hohe Wertschätzung der Kunst und der Kunstwerke als exemplar. Hervorbringungen des menschl. »ingegno« findet zur gleichen Zeit auch ihren lit. Niederschlag und ihre theoret. Begründung. Es entsteht eine kunsttheoret. Lit., die über die älteren, noch ganz aus ma. Geist verfaßten Traktate eines →Theophilus Presbyter oder Cennino Cennini dadurch weit hinausgeht, daß sie sich nicht mit prakt. Anweisungen begnügt, sondern ausdrücklicher als zuvor den intellektuellen Rang und den ideellen Wert des künstler. Schaffens zu begründen und dadurch den bildenden Künsten und der Architektur eine den →Artes liberales ebenbürtige Bedeutung zu verleihen sucht. Bahnbrechend waren auch in dieser Hinsicht Albertis Malereitraktat sowie seine der Baukunst gewidmeten Bücher (De re aedificatoria, vollendet 1452), in denen eingangs die theoret. Befähigung des Architekten von der nur prakt. des Handwerkers ausdrückl. unterschieden wird. Auf Alberti baut im wesentl. die weitere kunsttheoret. Lit. des 15. Jh. auf (Ghiberti, Commentari, um 1447; Filarete, Trattato di architettura, vollendet 1464; Francesco di Giorgio, Trattati di architettura ingegneria e arte militari, 1470er/1490er Jahre). Noch Leonardo zeigt sich in seinen Notizen zur Malerei Alberti in vielerlei Hinsicht verpflichtet. Das in der Traktatlit. deutl. erkennbare Bemühen um eine ideelle Aufwertung der Künste und um ein entsprechendes höheres soziales Ansehen des Künstlers findet darüber hinaus auch in der zeitgenöss. Vitenlit. ein bezeichnendes Echo in der Vita des Filippo Brunelleschi von Antonio Manetti (um 1485), die erste ausführl. Künstlerbiographie überhaupt. →Marsilio Ficino (Brief an Paul Middelburgh [FERGUSON, 1948]) zählte bereits wie selbstverständl. die Architektur und die bildenden Künste dem Kanon der Artes liberales zu, während Lorenzo →Valla (Elegantia linguae latinae, 1435–44) sich noch damit begnügte, sie in die Nähe der Artes liberales zu rücken, was schon die Sicht des 14. Jh. war, wie die nach 1334 von A. →Pisano und seiner Werkstatt geschaffenen, z.T. wohl von →Giotto entworfenen Reliefs am Campanile des Florentiner Doms bildl. bezeugen.

Bis ca. 1450 bleiben die Neuerungen der R.-Kunst im wesentl. auf Florenz und die Toskana (Siena, Prato) beschränkt. Zu weiterer, überregionaler Verbreitung gelangen sie erst seit der Mitte des Jh., durch Werke wie Donatellos Santo-Altar und Gattamelata-Monument in Padua, Albertis Bauten in Rimini (Tempio Malatestiano, 1450ff.) und Mantua (S. Sebastiano, S. Andrea, 1470ff.), den Triumphbogen Alfonsos I. in Neapel (1452ff.), den Pal. Ducale in Urbino (um 1460 begonnen). Neben diesen Orten werden zu weiteren wichtigen Zentren der R.-Kunst in der 2. Hälfte des 15. Jh. Mantua, wo →Mantegna als Hofkünstler in Diensten der →Gonzaga stand, Venedig, wo Giovanni →Bellini zu den bedeutendsten Malern der Epoche gehörte, und Mailand, wo Leonardo da Vinci und Bramante für die →Sforza tätig waren. In Rom sind dagegen bis gegen Ende des Jh. die namhaftesten Künstler jeweils von auswärts berufen worden (so z. B. →Pisanello, →Gentile da Fabriano, →Donatello, →Filarete, B. →Rossellino, →Ghirlandaio, →Perugino, →Mantegna). Jenseits der Alpen zeitigte die Kunst der Früh-R. ihre Wirkungen mit am frühesten in Ungarn, wo um 1480 Kg. →Mathias Corvinus, in dessen berühmter Bibl. in Buda auch Hss. der Architekturtraktate von Alberti und Filarete vertreten waren, u. a. den Bildhauer Giovanni Dalmata aus Rom an seinen Hof berief, sowie in Frankreich, wo Francesco Laurana in den 60er Jahren und Guido Mazzoni in den 90er Jahren tätig waren. In Dtl. wird der Einfluß der R. erst ab ca. 1500 wirksam, so zunächst in Augsburg und Nürnberg. Eine entscheidende Vermittlerrolle kam hier v. a. Dürer zu, der sich bereits seit den 1490er Jahren mit der it. Kunst, insbes. mit der Proportionslehre, auseinandergesetzt hat.

Bezeichnend für die kontroverse Beurteilung der R. ist nicht zuletzt die Diskussion über ihre Ursprünge und ihre zeitl. Abgrenzung gegenüber dem MA, die seit BURCKHARDT (1860) nicht mehr zur Ruhe gekommen ist. BURCKHARDT selbst sah bereits manche ihrer entscheidenden Züge im 13. Jh. vorbereitet, zugleich aber auch in dem von ihm als »Protorenaissance« bezeichneten antikisierenden Stil der toskan. Kirchenbauten des 11. und 12. Jh. (Pisa, Dom; Florenz, Baptisterium und S. Miniato) ein durch die Gotik gleichsam unterdrücktes Vorspiel zur R. des 15. Jh. Noch für den späten BURCKHARDT war die Zeit um 1400 »die größte Jahrhundertwende der ganzen Kunstgeschichte«. Die auf BURCKHARDT folgende Generation betonte dagegen stärker die Kontinuität zw. MA und R. Ihr schienen gerade in der Gotik die entscheidenden Grundlagen der R. gegeben zu sein. So war für H. THODE (1885), der in Franziskus v. Assisi den eigtl. Begründer der R. sah, dessen modern erscheinende »subjektive Gefühlsauffassung« der entscheidende Maßstab. Ähnl. urteilten nach THODE E. GEBHART (L'Italie mystique, 1892) und P. SABATIER (Vie de St François, 1893). Für den frz. Kunsthistoriker L. COURAJOD (Leçons 1888, 1890) war dagegen weniger das individuelle Gefühlsleben als vielmehr der Realismus der dominierende und eigtl. »moderne« Zug der Früh-R. Dementsprechend sah er deren Wurzeln letztl. in der frz. Gotik verankert. Dies bedeutete zugleich, daß er die R. nicht mehr, wie noch BURCKHARDT und THODE, als ein rein innerit. Phänomen betrachtete. In den Hintergrund trat bei einer solchen Betonung des ma. Erbes der R., in dem zu Recht eine Romantisierung und Germanisierung der R. gesehen worden ist (H. W. EPPELSHEIMER, 1933), zwangsläufig deren programmat. Antikeninteresse, das Bewußtsein von der Gleichzeitigkeit und wechselseitigen Bedingtheit des Natur- und Antikenstudiums als einer doppelten Wurzel der R. Stattdessen ist die neuartige, produktive Auseinandersetzung mit den antiken Vorbildern im 15. Jh. seit Beginn des 20. Jh. zunehmend im größeren Rahmen eines bereits im MA einsetzenden Nachlebens der Antike (F. v. BEZOLD, 1922) gesehen worden, so wie auch für den R.-Gedanken als solchen die Voraussetzungen im theol. und polit. Denken des MA geltend gemacht worden sind (K. BURDACH, 1910).

Insbes. von der Lit. wiss. ist der R.-Begriff bereits im 19. Jh. auch auf solche Epochen der ma. Kultur- und Geistesgesch. übertragen worden, zu deren bes. Kennzeichen ein Wiederaufleben der klass. Tradition im Bildungswesen und in der Kunst gehören. So ist von einer karol. R. andeutungsweise schon bei J. J. AMPÈRE (Histoire litt. de la France, 1839) und BURCKHARDT (1860) die Rede, in verstärktem Maße wird der Begriff jedoch erst seit dem späten 19. Jh. (K. LAMPRECHT, Dt. Gesch., 1891) verwendet. Als Zeugnisse für die karol. R. sind dabei vorrangig die am Hof Karls d. Gr. geförderten »studia litterarum«, deren Hauptvertreter Alkuin, Theodulf v. Orléans und Einhard waren, und das verstärkte Interesse an den klass. Autoren und deren Nachahmung (so z. B. in Einhards Vita Caroli Magni) geltend gemacht worden, darüber hinaus auch die bewußte Anknüpfung an die spätantik-frühchr. Tradition in der Baukunst (St-Denis, Fulrad-Basilika, 775 geweiht; Fulda, Ratgar-Basilika, 791 begonnen; Aachen, Pfalzkapelle, um 800; Lorsch, Torhalle, nach 800), in den antiken Spolien und bronzenen Ausstattungsstücken der Aachener Pfalzkapelle (Bronzetüren und -gitter, bronzener Pinienzapfen im Atrium), in der Buchmalerei (Godescalc-Evangelistar, 781–783; Wiener Krönungsevangeliar, um 800; Lorscher Evangeliar, um 810) und in der Elfenbeinkunst (Deckel des Dagulf-Psalters, um 783–795, und des Lorscher Evangeliars, um 810). Anders als in der R. des 15. Jh. ist jedoch dieses von klass. Vorbildern geprägte Wiederaufleben der Wiss. und Künste am karol. Hof integraler Bestandteil des polit. Programms der »renovatio imperii« und einer auf die allg. Hebung des kirchl. Lebens und Kultus abzielenden Reform. Die Aneignung der antiken Vorbilder ist dementsprechend oftmals eine partielle, auf äußerl. Elemente beschränkte, keine im umfassenden Sinne stilbildende. Hinzu kommt, daß in der Karolingerzeit das Bewußtsein vom Unterbrochensein der antiken Tradition nicht annähernd so ausgeprägt war wie im 14./15. Jh. Oftmals wird daher nur mit Vorbehalten von einer karol. R. gesprochen und dem zeitgenöss. Begriff der »renovatio« der Vorzug gegeben, so v. a. von Kunsthistorikern (G. DEHIO, Gesch. der dt. Kunst, I, 1923³; PAATZ, 1950, 1953; PANOFSKY, 1965; JACOBSEN, 1988). Dieselben Einschränkungen gelten für die »ottonische R.« und die mit dem Namen Ks. Friedrichs II. verbundene »staufische R.« sowie, auch wenn in diesem Fall der polit. motivierte Hintergrund fehlt, für die »R. des 12. Jh.«, die zuerst von H. RASHDALL (The Universities of Europe in the MA, 1895) als solche bezeichnet worden ist und ihre erste umfassende Darstellung durch C. H. HASKINS (1927) gefunden hat. J. Poeschke

Lit.: J. BURCKHARDT, Kultur der R. Ein Versuch, 1860 – H. THODE, Franz v. Assisi und die Anfänge der R. in Italien, 1885 – L. COURAJOD, La part de la France du Nord dans l'œuvre de la R., 1890 – DERS., Leçons professés à l'École du Louvre (1887–96), 1899–1903 – K. BURDACH, Reformation, R., Humanismus, 1910, 1926² – J. HUIZINGA, Das Problem der R. [1920] / R. und Realismus [1929], 1952 – F. v. BEZOLD, Das Fortleben der antiken Götter im ma. Humanismus, 1922 – J. HUIZINGA, Herbst des MA, 1924 – E. PATZELT, Die karol. R.: Beiträge zur Gesch. der Kultur des frühen MA, 1924 – H. NAUMANN, Karol. und otton. R., 1926 – C. H. HASKINS, The R. of the Twelfth Century, 1927 – D. FREY, Gotik und R., 1929 – H. W. EPPELSHEIMER, Das R.-Problem, DVjs 11, 1933, 477–500 – R. KRAUTHEIMER, The Carolingian Revival of Early Chr. Architecture, ArtBull 24, 1942, 1–38 – H. KAUFFMANN, Über »rinascere«, »Rinascita« und einige Stilmerkmale der Quattrocentobaukunst (Concordia decennalis – Fschr. der Univ. Köln aus Anlaß des 10jährigen Bestehens des.-it. Kulturinst. Petrarca-Haus in Köln 1941, Köln [1944]), 123–146 – W. K. FERGUSON, The R. in Hist. Thought: Five Centuries of Interpretation, 1948 – W. PAATZ, R. oder »renovatio«? Ein Problem der Begriffsbildung in der Kunstgesch. des MA (Beitr. zur Kunst des MA, 1950), 16–27 – DERS., Die Kunst der R. in Italien, 1953 – M. GOSEBRUCH, »Varietà« bei L. B. Alberti und der wiss. R.begriff, ZK 20, 1957, 229–238 – E. PANOFSKY, R. and Renascences in Western Art, 1965 – Zu Begriff und Problem der R., hg. A. BUCK, 1969 – M. BAXANDALL, Giotto and the Orators. Humanist Observers of painting in Italy and the Discovery of Pictorial Composition 1350–1450, 1971 – DERS., Painting and Experience in Fifteenth Cent. Italy, 1972 – J. BIAŁOSTOCKI, SpätMA und beginnende NZ (PKG 7), 1972 – J. POESCHKE, Zum Begriff der »concinnitas« bei L. B. Alberti (Intuition und Darstellung [Fschr. E. HUBALA, 1985]), 45–50 – W. JACOBSEN, Gab es eine karol. R. in der Baukunst?, ZK 51, 1988, 313–347 – J. POESCHKE, Skulptur der R. in Italien, I: Donatello und seine Zeit, 1990 – It. Frühr. und nordeurop. SpätMA, hg. J. POESCHKE, 1993.

Renaissance in Byzanz. Der stark von J. BURCKHARDT geprägte Ausdruck für die Wiederbelebung der griech. und lat. Antike hat in dieser Form in Byzanz keine Berechtigung. Er wurde dort von der kunsthist. Forschung eingeführt, wird jedoch inzw. auch in diesem Bereich sehr differenziert beurteilt, da solche Strömungen im wesentl. nur Teile der höf. Kunst umfassen und in ihrem Rückgriff auf Formen der Vergangenheit über die theodosian. und justinian. Epoche nicht hinauskommen. Die Begriffe »makedonische R.« (9./10. Jh. nach der Ks.dynastie benannt) und »Paläologenr.« (13.–15. Jh.) sind, ganz zu schweigen von einer »Komnenenr.«, kaum mehr brauchbar, wenngleich in diesen Perioden, bedingt durch kulturelle Einbrüche in den vorausgehenden Jahrhunderten (Araber, Slaven, Bulgaren) oder Jahrzehnten (IV. Kreuzzug, Lateinerherrschaft), eine stärkere Rückbesinnung auf die griech. Antike (immer als der eigenen Vergangenheit) feststellbar ist. Der R.begriff des Westens scheitert in Byzanz an der Kulturkontinuität zur Antike in Sprache, Schrift, (hochsprachiger) Lit. und Kunst, wobei es zwar Abschwächungen, aber nie einen völligen Bruch gab.

P. Schreiner

Lit.: Oxf. Dict. of Byzantium, 1991, 1783f. – K. WEITZMANN, Geistige Grundlagen und Wesen der Makedon. R., 1963 – H. BELTING, Problemi vecchi e nuovi sull'arte della cosidetta »Rinascenza Macedone« a Bisanzio (XXIX Corso di Cultura sull'Arte Ravennate, 1982), 31–57 – R.s before the R., Cultural Revivals of Late Antiquity in the MA, hg. W. TREADGOLD (bes. die Beitr. von I. ŠEVČENKO und W. TREADGOLD) – P. SPECK, Ikonoklasmus und die Anfänge der Makedon. R. (Poikila Byzantina 4, 1984), 175–210 – P. SCHREINER, »R.« in Byzanz? (Kontinuität und Transformation der Antike im MA, hg. W. ERZGRÄBER, 1989), 389f.

Renaissance, Karolingische. Die Vorstellung einer R. im Sinne eines Wiederauflebens des alten Rom und seiner Bauwerke in den Aachener Pfalzbauten Karls d. Gr. findet sich erstmals in einem nur fragmentar. auf uns gekommenen, in dem erhaltenen Teil noch vor der Ks.krönung gedichteten Epos (→Karolus Magnus et Leo papa) auf Karl d. Gr.; der Begriff der R. (renasci, benachbart renovare) ist ebenfalls schon karol. und erscheint in dem Sinne des Wiederentstehens des alten Rom und der antiken Kultur unter Karl in einem Gedicht des →Modoin, das noch zu Lebzeiten des Ks.s entstand: Aurea Roma iterum renovata renascitur orbi (ecloga 1, 27). Beide Dichtungen stammen aus dem Hofkreis und sind eindeutig mit der Absicht geschrieben, den Herrscher zu rühmen, dürften also nur sehr bedingt als Ausdruck eines allgemeineren Zeitbewußtseins gedeutet werden. – Der Begriff karol. R. ist mißverständlich, weil er in Anlehnung an den der it.-europ. →Renaissance des 15. und 16. Jh. gebildet ist und den Eindruck erweckt, die geistige Bewegung von etwa 780 bis ins spätere 9. Jh. sei von der Wiederbelebung der Antike bestimmt gewesen oder habe etwas mit einer Säkularisierung des Denkens zu tun. Es ist richtig, daß die Karolingerzeit, d. h. hier das 9. Jh., für die Erhaltung und das Nachwirken der profanantiken Lit. die wichtigste Epoche gewesen ist, wichtiger als die große →Humanismus des 14. und 15. Jh., weil die Humanisten ausschließl. solche antiken Autoren wiedergefunden haben, die das MA vor ihnen schon besessen hatte und die zumeist durch karol. Abschriften gerettet worden waren. Aber das antike Schrifttum nimmt in den karol. Bibliotheken nur einen sehr bescheidenen Raum ein, die antiken Autoren kommen seit dem Beginn der Erneuerungsbewegung sehr langsam wieder zum Vorschein, viele erst gegen Mitte des 9. Jh., als die Bewegung bereits wieder zu erlahmen begann. Von einer Säkularisierung gar ist nicht die Rede: die karol. Erneuerung knüpft an die vorausgegangene Epoche an und steht fest auf dem Boden der christl.-patrist. Überlieferung.

Seit dem 6. Jh. war in den Teilen der lat. Welt, die ehedem zum weström. Reich gehört hatten, wie auch in den neu christianisierten und dann in die lat. Welt hineingewachsenen Gebieten (Irland und England, dt. Stammesgebiete) die Entwicklung des geistigen Lebens recht unterschiedlich verlaufen. In Italien hatte seit dem 6. Jh., seit Papst →Gregor d. Gr. (590–604), Zahl und Rang der lit. Werke stark abgenommen, ähnlich war es in Gallien seit →Gregor v. Tours († 594) das Niveau des geistigen Lebens schlechthin tief gesunken. In Spanien hatte nach einer Zeit der Blüte, die unter →Isidor v. Sevilla († 636) begonnen hatte, die arab. Eroberung 711 zu einer nahezu völligen Abschnürung von der übrigen lat. Welt geführt. Irland, das seit dem späteren 5. Jh. christianisiert wurde, entwickelte im Laufe des 6. Jh. neben der einheim. kelt. Kultur eine lat. allein auf christl.-patrist. Grundlage, ohne Kenntnis antiken Schrifttums, und trug diese lat. Kultur auf dem Wege der Mission auf die größere Nachbarinsel. Im übrigen erhielt England durch die röm. Mission von S her seit Ende des 6. Jh. seine eigene, in diesem Fall antik beeinflußte lat. Bildung, die dann zur Zeit und in der Person →Bedas ihren Höhenpunkt erreichte. Durch die karol. Erneuerung sind diese z. T. divergierenden Richtungen der lat. Welt vereinigt worden.

Es gibt Erscheinungen, welche die Vermutung nahelegen, es könne sich bei der Erneuerung um eine Bewegung gehandelt haben, die gleichsam in der Luft lag und daher von versch. Seiten her eingeleitet wurde. Das augenfälligste Beispiel ist wohl die Entwicklung der Schrift, die in der 2. Hälfte des 8. Jh. das Streben nach einer neuen, klaren, eindeutigen, mit wenigen Abkürzungen zu schreibenden und zugleich ästhet. befriedigenden Schrift erkennen läßt, ein Bemühen, das in die Herausbildung der karol. Minuskel einmündete. Wenn auch Komponenten der gen. Art wirksam gewesen sein mögen, so ist die Bewegung auf sichtbare Weise doch zuerst dadurch in Gang gekommen, daß Anstöße vom Hof, ja von Karl d. Gr. selbst ausgingen. Der Herrscher erließ wiederholt Mandate, welche dazu bestimmt waren, das geistige Leben zu fördern und zu heben; bekannt sind die →Admonitio generalis und die sog. Epistola de litteris colendis. – Voraussetzung dieser und anderer uns nicht bekannter Maßnahmen Karls wurde die von einem unbekannten Zeitpunkt an zutage tretende Neigung des Herrschers, sich auch mit Männern des geistigen Lebens zu umgeben; dabei scheint er Nichtfranken den Vorzug gegeben zu haben: Italienern oder Langobarden wie →Petrus v. Pisa oder →Paulus Diaconus, Westgoten wie →Theodulf, Iren oder Angelsachsen; unter den letzteren ragte bes. →Alkuin hervor, der zu Karls engstem Berater in allen Fragen des geistigen Lebens wurde.

Das mitunter Jahre währende Zusammensein von Gelehrten, Schriftstellern, Dichtern und Künstlern aus allen Teilen der lat. Welt trug entscheidend dazu bei, daß in ihrem Kreise sich gemeinsame Vorstellungen und Ideale bildeten: eine lat. Sprache in der gepflegten Form des lit. überlieferten Spätlateins (→Lat. Sprache), als lit. Muster neben der lat. Bibel und den Kirchenvätern v. a. antike Autoren, die als formales Vorbild dienen sollten; kurzum, man suchte ein gemeinsames geistiges Ideal für die kulturell tragende Schicht der Bevölkerung des Reiches zu finden. In der Gemeinsamkeit des Lebens am Hofe wurde auf solche Weise erstmals Wirklichkeit, was für die europ. Kultur der folgenden Jhh. bestimmend werden sollte.

Da jene Männer, wenn sie vom Hofe schieden, vielfach ein Bm. oder eine Abtei empfingen, brachten sie die von ihnen am Hofe aufgenommenen Vorstellungen und Bildungsideale an ihren neuen Wirkungskreis und wurden selbst zu Trägern und Vermittlern jener geistigen Erneuerung. In der Regel ist dann in der folgenden Generation außerhalb des Hofes an den Bf.ssitzen und namentl. in den Klöstern des Reichs die erneuerte Gestalt des geistigen Lebens mehr oder minder nach dem Vorbild des Hofkreises durchgeführt worden (→Bildungsreform Karls d. Gr.).

Alkuin, der führende Kopf der karol. Erneuerung, kam aus der Schule von York, die das Erbe Bedas aufgenommen hatte; Beda seinerseits stand in der geistigen Tradition, die, von →Theodor und →Hadrian begründet, das griech.-röm. Element nach England verpflanzt hatte. In selbständiger Weiterführung des in der Heimat Aufgenommenen legte Alkuin in der Disputatio de vera philosophia, die er an die Spitze seiner Schriften zu den artes stellte, Richtung und Sinn dessen dar, was nach seiner Vorstellung die Erneuerung prägen sollte: eine Art des geistigen Lebens, geordnet nach dem System der artes liberales, die in stufenartigem Aufstieg zum höchsten Ziel, der Erkenntnis Gottes durch die Hl. Schrift, führen sollte, ein Streben, geöffnet für alle ohne Rücksicht auf Stand und Herkommen, für Geistliche wie für Laien, geknüpft aber an die strenge Forderung, daß geeignet sei nur der, der sich nach dem Grundsatz verhalte, daß 'propter se ipsam appetendam esse scientiam'.

Mit den angedeuteten Einschränkungen, aber auch mit der festen Bindung an das antike Element kann die für das folgende Jahrtausend grundlegende Erneuerung als karol. R. bezeichnet werden. F. Brunhölzl

Lit.: P. LEHMANN, Das Problem der karol. R. (I problemi della civiltà carolingia [Sett. Cent. it. 1954]), 109ff. (=DERS., Erforsch. des MA, 2, 1959, 109ff.) - BRUNHÖLZL I, 243ff. - →Bildungsreform Karls d. Gr.

Renart

I. Historischer Hintergrund – II. Romanische Literaturen – III. Deutsche und Niederländische Literatur – IV. Englische Literatur.

I. HISTORISCHER HINTERGRUND: Die Diskussion zu den Personennamen im Tierepos hat hist. belegte Adelsnamen für Große an Kg. Nobels Hof wenig beachtet. Selbst J. BATANY, der 1979 den von J. GRIMM verworfenen Gf.en Renard v. Sens (kontaminiert aus Rainardus I. »Vetulus« [† 996] und Rainardus II. [† 1059]) als Prototyp für den Roman de R. wahrscheinl. machte, dachte an lokale mündl. Tradition, erst im 12. Jh. verwendet, um bestimmte Laster zu evozieren (Name = Typus, nicht Individuum). Doch lag die Frage nahe, wann und wo ein Tierstaat konzipiert werden konnte, in dem der Kg. – von Klerus und Großvasallen umgeben – im Hofgericht Friedensbrecher unter Wahrung lehnrechtl. Formen belangt. MÜHLETHALER (Abschn. II) erkennt zu Recht Elemente dieser Welt schon in der lat. Epik des 11. und 12. Jh. (Fecunda Ratis, →Ecbasis captivi, →Isengrimus). Zum bereits von BATANY erinnerten ersten Zusammentreffen von →Gottesfrieden und in ihm aktivem Kgtm. auf burg. Synoden (1023) →Roberts II. zeigt K. F. WERNER, daß der Verteufelung des 1015 von Kg. und Ebf. kurz aus Sens vertriebenen Gf.en R. als Kirchen-, Kg.s- und Reichsfeind in der »Hist. Francorum Senonensis« (HFS) erneute polem. Texte im Reformklerus v. Sens folgten, als sich der listige Gf., mit Hilfe →Odos II. v. Blois-Champagne, in Sens, aber auch in seiner Burg Château-Renard (!) gegen das Kgtm. behauptete. Im Konflikt um die Nachfolge im Ebm. zw. dem Kandidaten des Gf.en und dem Kg. →Heinrichs I. (1031-60) hat sich ein im Dienst des letzteren stehender Autor der Tierfabel bedient und dabei die 996 von →Adalbero v. Laon gegen den polit. Rivalen Gf. →Landricus (Landri) v. Nevers ausgesprochene Verteufelung als 'vulpes' auf R. übertragen – auch den Landri vorgeworfenen Ehebruch mit der Hzg.sgattin Gersind, die jetzt als 'Hersint' Frau des Wolfs ist. Aus der HFS übernahm er den Sieg des R. Vetulus (»le vieux R.«) über →Brun v. Köln 959 in Gestalt und Namen des Bären, der sich blutige Tatzen holt: noch im »Roman de R.« ist Brun Kleriker, einmal ausdrückl. Bruder des Ks.s (!).

Die Friedenserlasse Roberts II. und Heinrichs I., im Bund mit Ks. Heinrich II. bzw. Konrad II. v. a. gegen

→Odo II. gerichtet, der das Bm. Toul bedrängte (M. BUR), erlauben es, diesen mit dem Lupus (auch Symbol des Bösen) der Ecbasis zu identifizieren, die also unmittelbar nach Odos Tod in der Schlacht von →Bar-le-Duc 1037 datiert werden kann. Der Erfolg der in der Ecbasis-Fabel noch vermiedenen Namensnennung der implizierten Großen im verlorenen Text aus Sens war so, daß in Klerus und Adel der Gf.enname R. das frz. 'Goupil' für 'Fuchs' schon verdrängt hatte, als die ersten Branches des Roman de R. entstanden. Im Genter »Isengrimus« heißt 1148 der Fuchs schon R., ja er spricht »burgundisch«, was die Herkunft der lat. Q. bestätigt.

Die mit den →Kapetingern verbündete Reform- und Friedensbewegung mit der in der teufl. Fuchsgestalt ausgesprochenen Verdammung des Kirchenfeindes in dieser und jener Welt ist also eine Wurzel der Tierepik. Ehe diese den jetzt in mächtigen Burgen möglich gewordenen Widerstand der Magnaten gegen das Kgtm. ebenso wie Kritik an diesem betonte, war sie im Kl. wie am Bf.shof Mittel kirchl.-polit. Polemik, Sprachrohr des Kgtm.s, des Abtes oder Bf.s. Die im Fest wie im Gericht, in Abkunft wie Politik vermengte Welt von Adel und Klerus konnte hinter lat. Tierepik kaum vermutet werden, solange man diese nur der engen Welt der Lateinkundigen, gar der Schule, zuordnete. Literarhist. gehört sie der damals blühenden Streitschriftenlit. (→Publizistik, A) an, vor dem Investiturstreit bewegt vom Konflikt zw. konservativem Episkopat und Reformklerus, also zw. Verbündeten und Feinden →Clunys (zu den letzteren gehört R.).

K. F. Werner

Lit.: J. BATANY, R. et les modèles hist. de la duplicité vers l'an mille (Third. Internat. Beast Epic and Fabliau Coll. Münster 1979, Proceedings, hg. J. GOOSSENS-T. SODMANN, 1981), 1–24 – M. BUR, La formation du comté de Champagne, 1977 – K. F. WERNER, Burg. Ursprung eines europ. Tierepos, ZDA, 1994 [im Dr.; dort Exkurs I zur Ecbasis].

II. ROMANISCHE LITERATUREN: Der Roman de Renart (R. de R.) besteht aus »branches« von Autoren, welche zw. 1170 und 1250 schrieben. In den über 20 Hss. und Fragm. variieren die Anzahl der Erzählungen (17 bis 25) und ihre Anordnung (s. Numerierung bei ROQUES und MARTIN). Die branches II (Pierre de Saint-Cloud zugeschr.) und Va sind die ältesten Texte und enthalten die wohl bekanntesten Streiche des vom Hunger gepeinigten Fuchses: Renart und die Meise; R. und die Katze Tibert; R. und der Hahn Chanteclerc; R. und der Rabe Tiéclein (im MA auch von →Marie de France, →Walter v. Châtillon, →Alexander Neckham erzählt). Die Idee eines Konflikts zw. R. und dem Wolf geht auf die →Ecbasis Captivi (11. Jh.) und bes. auf den →Isengrimus (1148–49) zurück; auch ist die Figur des »tricksters« in der folklorist. Dichtung häufig, und der Einfluß der Tierfabel gr.-lat. Ursprungs (→Ysopets) macht sich im R. de R. geltend. Die Erzählungen lassen sich aber nicht ohne Bezug auf die zeitgenöss. frz. Lit. erklären: Der R. de R. ist ein pseudoep. Gedicht mit Merkmalen aus der feudalen und höf. Welt. Mit dem Vermischen menschl. und tier. Verhaltensweisen werden Kampfhandlungen, Prozesse (Va), Wallfahrten (VIII), Mirakel und Liturgie (III, VII, XII) parodist. abgewandelt. R. ist ein »baron révolté«, der den Frieden in Nobles Reich gefährdet und den offenen Kampf mit dem Kg. nicht scheut (Ia). Der Anthropomorphismus (auch in den Miniaturen) der durch Eigennamen individualisierten Tiere wird immer ausgeprägter, und die branche XI (ed. MARTIN, »Renart empereur«) legt den Grundstein zur Entwicklung von R.s Figur im 13. Jh.: während der Kg. auf einem Kreuzzug ist, verführt Renart die Löwin und reißt die Macht an sich. Die branche spielt an auf die Konflikte zw. →Richard Löwenherz und Johann Ohneland: mit ihrem referentiellen Charakter öffnet sie sich der polit. Satire. Explizit referentiell sind die branches, welche →Philippe v. Novara in seinen Mémoires (1230) eingeflochten hat, um die Kriegshandlungen auf Zypern verschlüsselt darzustellen. In der 2. Hälfte des 13. Jh. verliert R. definitiv den Charakter des listigen und sympath. Gesellen, dessen Streiche zum Lachen bringen. Seine negativen Züge wurden schon in den älteren branches angetönt: nicht nur wohnt er in Maupertuis (= »mal« * »pertuis«, Höhle, Durchgang), es ist auch öfters von seiner »guile« (Betrug) und »male ars« (branche II) die Rede. Die branche XXIV (Anfang 13. Jh.) unterstreicht seinen negativen Charakter, indem sie – in Anlehnung an die »enfances« des Helden in den ep. Zyklen – die Schaffung R.s durch Eva, Parodie der göttl. Schöpfung, schildert. Auch bei →Isidor v. Sevilla (Etym. XII. 2. 29: der Fuchs läuft im Zickzack, er stellt sich tot, um seine Beute zu fangen) und in den →Bestiarien gilt der Fuchs als figura diaboli. So erklärt es sich, daß er zur Allegorie des Bösen, welches die Welt beherrscht, werden kann: Bei →Rutebeuf (»Renart le Bestourné«) verkörpern R. und seine Helfershelfer die Bettelorden, die →Ludwig IX. zu einer falschen Politik verleiten. Dank der Bettelorden wird R. im »Couronnement de Renart« zum tyrann. Nachfolger von Noble und dehnt seine Herrschaft auf die menschl. Gesellschaft aus. In →Jakemart Giélées »Renart le Nouvel« (1291, von der branche XI beeinflußt) triumphiert R. in den Kleidern der →Templer und →Hospitaliter auf →Fortunas Rad, das stillsteht. Als Allegorie der religiösen Heuchelei ist Renart »le roux« (Farbe der Verräter!) mit Faux Semblant (→Jean de Meun, →Roman de la Rose) und dem falben Hengst →Fauvel verwandt, welcher ihm im »Dit de la Queue de Renart« (14. Jh.) zu Diensten steht. Zw. 1319 und 1340 schreibt ein »clerc de Troyes« »Renart le Contrefait«, ein enzyklopäd. Werk von 40000 Versen und Prosateilen, das sich an die ältesten branches anlehnt, aber R. als teufl. Macht versteht, welche in die Gesch. eingreift und Enguerrand de →Marigny u. den →Templerorden vom rechten Weg abgebracht hat.

In der ma. Lit. finden sich viele Anspielungen auf R. (so in Vergleichen und Sprichwörtern) und seine Abenteuer (z. B. in der Tenso zw. Peirols und →Bernart de Ventadorn). In der Ikonographie ist R. eine beliebte Figur: s. z. B. die Marginalia in den Hss., Chorgestühle, das Portale della Pescheria (Dom, Modena), Mosaikfußboden (Dom, Venedig), Skulpturen in Bourges, Strasbourg, Amiens, weitere Belege in Spanien und England.

Nachdichtungen: Nach 1182 schafft der Elsässer →Heinrich der Glîchezære mit dem »Reinhart Fuchs« ein geschlossenes episches Gebilde (s. a. Abschnitt III). Rainardo e Lesengrino (Venedig, 13. Jh.) ist eine freie Adaptation des R.-Stoffes. Um 1250 schreibt der Flame Willem »Reinaert de Vos«. 1481 erscheint William →Caxtons Reynard the Fox (s. Abschnitt IV), anfangs 16. Jh. Jean Bouchets satir. »Regnars Traversans les Perilleuses Voyens des Folles Fiances du Monde«.

J.-C. Mühlethaler

Ed.: Roman de Renart: E. MARTIN, 1882–87 – M. ROQUES, 1948–63 – H. JAUSS-MEYER, 1965 [dt. Übers.] – M. DE COMBARIEU u.a., 1981 [Übers.] – N. FUKUMOTO u.a., 1983–85 – J. DUFOURNET, 1985 [Übers.] – Dit de la queue de Renart: A. JUBINAL, Nouv. recueil de contes, dits et fabliaux ..., 1842, Bd. II – Rainardo e Lesengrino: E. MARTIN, Bd. III, 358ff. – Isengrimus: E. VOIGT, 1974[2] – E. CHARBONNIER, 1991[2] [Übers.] – Le Couronnement de Renart, ed. A. FOULET, 1929 – Renart le Contrefait, ed. G. RAYNAUD–H. LEMAITRE, 1975[2] – Lit.: DLFMA[2] 1992, 1252–1253, 1314–1315, 1505–1506 – Neues Hb. d. Lit.wiss. VII, 1981, 413–421 – Zs.: Reinardus – L. ROSSI–S. ASPERTI, Il »Renart« di Siena,

Studi Franç. e Prov. 84/85, 1986 – A. STRUBEL, La Rose, Renart et le Graal, 1989 – J. A. KRAUSS, The Comedy of Paradox, 1990 – J. R. SIMPSON, Twice upon a Time, 1990 – J. SUBRENAT, Regards d'un clerc sur ses confrères, Bien dire et bien arprandre 8, 1990 – A. T. BOUWMAN, Reineart en Renart, 1991 – M. GENEVOIS, Le R. de R., 1991 – K. GRAVDAL, Law and Lit. in the French MA, RR 82, 1991 – E. SUOMELA-HÄRMÄ, La figure de l'auteur (narrateur) dans quelques épigones de R. de R. (D. BUSCHINGER, Figures de l'écrivain au MA, 1991) – J. DUFOURNET, Du R. de R. à Rutebeuf, 1993.

III. DEUTSCHE UND NIEDERLÄNDISCHE LITERATUR: Auf der Grundlage der Branchen II–Va, III, IV, V, I und X des »Roman de Renart« (RdR) bzw. ihrer mündlichen Vorstufen schuf gegen Ende des 12. Jh. der Elsässer Heinrich das mhd. Kurzepos »Reinhart Fuchs« (RF). Er drängt 24 Fabelepisoden auf knapp 2300 V. zusammen, unterwirft sie einer konzisen und finalen Struktur, zuletzt durch Anfügung eines neuen Schlusses (Vergiftung des Löwen durch den Fuchs), um – in vermutl. antistauf. Tendenz – eine durch Gewaltmißbrauch und Perfidie korrumpierte Feudalordnung satirisch zu entlarven. Während Heinrich in moraldidakt. Absicht die Tierschwänke (→Tierepos) wiederum dem etwas ernsteren Ton und der abstrakteren Darstellungsweise der Fabel annähert, läßt Willem, der fläm. Verfasser des mndl. Epos »Van den Vos Reynaerde« (VdVR) von ca. 3500 Versen (aus der 1. Hälfte oder Mitte des 13. Jh.) seiner Fabulierfreude, seiner Lust an komischen Genrebildern und köstl. Persiflage freien Lauf. Er folgt v. a. der Branche I des RdR, gelegentl. auch anderen Branchen, löst sich aber sukzessive von der Vorlage und stellt die perfekte Heuchelei des Fuchses in einer großen, rhetorisch genialen Lügenrede unter dem für ihn bestimmten Galgen dar. Der offene Schluß – der Fuchs entrinnt neuerlich dem Tode – provoziert eine (episch weniger kohärente, mitunter auch ins Allegorische hinübergleitende) Fortsetzung von ca. 4300 Versen: »Reynaerts Historie« (RH) (Flandern?, 4. Viertel 14. Jh.), die in freier Verwendung weiterer Tierschwänke aus dem RdR (bes. Branche VI) und diverser Fabeln immer neue Erfolge von R.s Bosheit in einer durch und durch verdorbenen Hofwelt durchführt und moralisierend kommentiert. Der Antwerpener Druck der RH (1487/90) mit Kapiteleinteilung und Prosakommentar von Hinrek van Alkmaar ist die unmittelbare Vorlage der ziemlich getreuen mnd. Übersetzung »Reynke de Vos« (RdV), deren Erstdruck (Lübeck 1498) offenkundig im Dienste der kirchl. Volksseelsorge steht. Der RdV vermittelt den Stoff unzähligen Literaturen der NZ. F. P. Knapp

Ed.: RF: G. BAESECKE-I. SCHRÖBLER, 1952 (ATB 7), mit Übers. v. K.-H. GÖTTERT, 1976 – K. DÜWEL, 1984 (ATB 96) – VdVR/RH: W. G. HELLINGA, 1952 – VdVR: F. LULOFS, 1983 [mit Komm.] – A. BERTELOOT-H.-L. WORM, 1982 [mit Übers.] – RdV: T. SODMANN, 1976 [Faks. der Ed. 1498] – Lit.: H. MENKE, Bibliotheca Reinardiana I, 1992 [Lit.] – RF: Verf.-Lex.² III, 666–678 [Lit.] – RH: P. W. M. WACKERS, De waarheid as leugen, 1986 – RdV: Verf.-Lex.² VIII, 12–20 [Lit.].

IV. ENGLISCHE LITERATUR: »Reynard the Fox« wurde 1481 von William →Caxton als Folio gedruckt und ist die erste engl. Version des in England weniger populären »Roman de R.«. Er übersetzte dafür »Die hystorie van Reynaert die Vos« (1479 von Gerard Leeu in Gouda gedruckt). Erhalten sind sechs Exemplare. Persönl. Kontakt Caxtons mit Leeu ist nicht nachweisbar; die engl. Version so bald nach der ndl. bezeugt den regen Buchhandel zw. den Ländern. – Caxton folgt seiner Vorlage im allg. genau; so spiegelt der bewegtere Charakter des Anfangs wie auch der langatmigere ab Kap. 23 noch die beiden poet. Quellen von Leeus Prosafassung. Abweichungen von dieser bei Caxton sind gering und dienen meist dem Verständnis durch engl. Leser. Caxtons einzige Übersetzung aus dem Ndl. ist anfangs eher mechan., später freier. Fehler und die Übernahme zahlreicher ndl. Lehnwörter sind wohl auf Eile beim Übersetzen zurückzuführen. – Das Interesse Caxtons galt weniger den satir.-parodist. oder höf. Aspekten der frühen R.-Tradition als den didakt.-moralisierenden späterer Fassungen; das Werk entsprach somit einem wichtigen Teil seines Verlagsprogramms (vgl. »Aesop«, 1484). Die günstige Aufnahme war vorbereitet durch andere Tierdichtungen (wie →Fabeln, →Bestiarium, eine isolierte Episode des »Roman« in »The Fox and the Wolf« um 1260, →Chaucers »The Nun's Priest's Tale«, »The →Owl and the Nightingale« etc.) und -darstellungen. Den Erfolg belegen weitere Auflagen und Nachdrucke: 1489 (Caxton), 1494 (Richard Pynson), um 1515 (Wynkyn de Worde), 1550 (Thomas Gaultier), Überarbeitungen im 17./18. Jh. K. Weimann

Ed.: The Hist. of Reynard the Fox, ed. D. B. SANDS, 1960 – Reynard the Fox, ed. N. F. BLAKE, EETS 263, 1970 – Lit.: F. MOSSÉ, Le Roman de R. dans l'Angleterre du MA (Les langues modernes 45, 1951), 22–36 – N. F. BLAKE, William Caxton's Reynard the Fox and his Dutch Original (Bull. of the John Rylands Library 46, 1963–64), 298–325.

Renart, Jean. Zugeschrieben werden R. drei Werke: Der »Lai de l'Ombre« (1217–22) ist signiert; im »Escoufle« (1200–1202) und im »Roman de la Rose« (1200?–1212?–1228?) verbirgt ein Wortspiel den *seurnon* des Autors, der seine Werke dem Gf.en v. Hennegau und Milon de Nanteuil, Bf. v. Beauvais, widmet. R. nimmt Abstand vom Artusroman und →Chrétien de Troyes: Die Stadt wird zum Handlungsort, der ritterl. Kampf führt nicht mehr zum Ziel. Beachtung findet das Wort als positiv bzw. negativ gewertetes Mittel der Manipulation: in R.s Werken verbinden sich Elemente der Folklore, Lit. (Tristansage im »Escoufle«) und Elemente mit referentiellem Charakter zu einer Reflexion über die Kunst des Sprechens und des Dichtens. Diese gipfelt im »Roman de la Rose« mit 48 lyr. Einlagen: bekannte höf. Kanzonen (→Troubadours) wechseln ab mit volkstüml. Romanzen. Die Neuschöpfung fand Anklang: →Gerbert de Montreuil, nach ihm andere, flochten lyr. Texte in Erzählungen ein. Auf den »Escoufle« greift »Galeran de Bretagne« zurück.

J.-C. Mühlethaler

Ed.: Lai de l'Ombre: F. LECOY, 1979 – M. E. WINTERS, 1986 – L'Escoufle: F. SWEETSER, 1974 – Roman de la Rose: F. LECOY, 1962 – Übers.: J. DUFOURNET, Guillaume de Dole, 1979 – A. MICHA, L'Escoufle, 1992 – Lit.: DLFMA, 1992², 838–841 – S. L. SNOUFFER MILLER, The Narrative Craft of J. R., 1980 – H. REY-FLAUD, La névrose courtoise, 1983 – M.-C. STRUYF, CCMéd 30, 1987 – J.-C. MÜHLETHALER, Studi Franc. e Prov. 86/87, 1990 – E. REAL, L'ironie dans le Lai de l'Ombre (TH. BOUCHÉ, Le rire au MA, 1990) – M.-C. STRUYF, Senefiance 28, 1990 – DIES., Le bonheur dans le Guillaume de Dole (D. BUSCHINGER, L'idée du bonheur, 1990) – C. L. STULTS, Mendacity in three Old French Romances, 1990 – L. DE LOOZE, French Review 64, 1991 – M.-C. STRUYF, Le personnage de Jouglet (D. BUSCHINGER, Figures de l'écrivain, 1991) – DIES., La rationalisation d'un topos (G. ANGELI, L'imaginaire courtois et son double, 1991) – Et c'est la fin pour quoy sommes ensemble. Hommage DUFOURNET, 1993 [versch. Beitr.].

Renaud. 1. **R. de Dammartin,** Gf. v. Dammartin (1187–1214) und v. →Boulogne, † 1227 auf Burg Péronne. R., dessen Großvater →Chambrier du roi gewesen war und der eine der wichtigsten Burgen der Île-de-France besaß, wuchs auf am frz. Königshof als Gefährte des jungen →Philipp Augustus, der ihn zum Ritter schlug. Nach einem ersten Verrat am Kg. erlangte er Verzeihung und wurde mit der Base des Kg.s, Marie de →Châtillon, vermählt. Doch verstieß R. 1190 die Gemahlin und entführte den Gf.en Arnulf v. →Guines die Witwe des Gf.en v. Geldern, Ida, Tochter des Gf.en Matthias v. Boulogne. Nachdem R. dem Kg. für die Gft. Boulogne den Treueid geleistet hatte (1191), verriet er ihn erneut und ging zum Kg. v. →England über. Es kam 1200 jedoch nochmals zur Versöhnung, und R. nahm an der Seite Kg. Philipps an der Eroberung der →Normandie teil. Der Kg. verlieh ihm 1204 die Gft.en Varenne, →Aumale und →Mortain, die R. (zusammen mit seinen Gft.en Dammartin und Boulogne) zu einem der mächtigsten frz. Seigneurs machten. Der Kg., der ihn gegen seine Nachbarn unterstützte, sorgte für ertragreiche Heiratsbündnisse: R.s Bruder Simon de D. erhielt die Hand einer Nichte des Kg.s, während R.s Tochter Mahaut mit →Philippe Hurepel, dem Prinzen aus der Ehe mit Agnes v. Meranien, verlobt wurde (späterer Sohn aus dieser Verbindung: Renaud II. de Trie). Gleichwohl hatte sich R. durch seine Heirat mit der Gfn. v. Boulogne nicht nur den enttäuschten Mitbewerber, sondern auch den Gf.en v. →St-Pol und das Haus →Dreux zum Feind gemacht. R. führte Krieg gegen den Bf. v. →Beauvais und verga߸ sich schließlich soweit, daß er den Kg. vor zahlreichen Zeugen bedrohte und in einem Wutausbruch eigenmächtig den Hof verließ. Der Kg. besetzte die von R. gerade neubefestigte Burg Mortain und marschierte auf Boulogne. R. entwich auf Reichsgebiet, an den Hof des Gf.en v. →Bar (1212). Im Mai 1213 erschien er als Verbündeter des Kg.s v. England mit einer Flotte, die bei Damme die frz. Flotte schlug. Bei →Bouvines (27. Juli 1214) kommandierte er eine Abteilung des Koalitionsheeres und kam in Gefangenschaft. Er wurde bis zu seinem Tode in Haft gehalten. E. Lalou

Lit.: DBF X, 56f. – H. Malo, Un grand feudataire, R. de D., 1898 – G. Duby, Le Dimanche de Bouvines, 1973 – J. W. Baldwin, Philipp Augustus, 1987.

2. R. v. Bar → Bar, Rainald v.

Renaut. 1. R. de Beaujeu (de Bâgé [dép. Ain]), frz. Trouvère, 2. Hälfte des 12. bis Anfang des 13. Jh., werden zwei Dichtungen zugeschrieben: eine Canzone, deren Anfang Jean →Renart im »Guillaume de Dole« zitiert und die sich vollständig in drei Chansonniers findet, sowie der Roman »Le Bel Inconnu« in 6266 Achtsilbern. Der Schöne Unbekannte, der nicht weiß, wer sein Vater ist, zieht vom Artushof aus und erlöst nach zahlreichen Abenteuern die Kgn. von Wales, Blonde Esmerée, die in eine Schlange verzaubert worden war. Nach dem Schlangenkuß erfährt er von der 'Pucele as Blances Mains', daß er der Sohn Gauvains ist und Guinglain heißt. Anstatt die erlöste Esmerée zu heiraten, kehrt er zur 'Pucele', die er liebt, zurück, doch erliegt er der Verlockung, an einem Turnier des Kg.s Artus teilzunehmen, und verliert damit die Geliebte. Er heiratet schließlich Esmerée. Im Epilog wendet sich der Autor an seine Dame und verspricht ihr, falls sie ihm ihre Gunst erweise, Guinglain wieder in die Arme der 'Pucele' zurückzuführen. Dieser offene Schluß ist absolut singulär. Neben dem Motiv des »fier baisier«, das in anderen ma. Dichtungen auch außerhalb Frankreichs Entsprechungen findet, wird im Roman der Gegensatz zw. der von den gesellschaftl. Regeln geforderten Heirat und der erot. Liebe anders dargestellt als im traditionellen Artusroman. Obwohl R. Chrétien de Troyes sehr genau kennt und ihn auch vielfach nachahmt, teilt er dessen Tendenz nicht, Gegensätze zw. Liebe und Rittertum auszugleichen und die individuellen Probleme im gesellschaftl. Kontext einer glückl. Lösung zuzuführen. Das Plädoyer des Erzählers zugunsten der treuen Liebe steht im Gegensatz zur Untreue des Protagonisten, so daß der Appell zum Ehebruch im Epilog an die Adressatin des Werkes den Erzähler moral. disqualifiziert.

F. Prosperetti Ercoli/M.-R. Jung

Ed. und Lit.: Le Bel Inconnu: hg. G. P. Williams, 1929; hg. K. Fresco, 1992 [Bibliogr.] – DLFMA² 1992, 1254–1255 – M. Tyssens, Les sources de R. d. B. (Fschr. J. Frappier, 2, 1970), 1043–1055 – A. Guerreau, R. d. B.: Le Bel Inconnu, Structure, symbologie et signification sociale, Romania 103, 1982, 28–82 – R. Bauschke, Auflösung des Artusromans und Defiktionalisierung im Bel Inconnu, ZFSL 102, 1992, 42–63 – M. Perret, »Architecture inscrite« dans un roman arthurien du XIIIᵉ s. (Le Bel Inconnu [Fschr. J. Dufournet, 3, 1993]), 1073–1087 – L. Walters, »A Love That Knows No Falsehood«: Moral Instruction and Narrative Closure in the Bel Inconnu and Beaudous, South Atlantic Review 58, 1993, 21–39 – Dies., The Formation of a Gauvain Cycle in Chantilly Ms. 472, Neophilologus 78, 1994, 29–43.

2. R. de Louhans OP, im Kl. Poligny, widmete einer ungenannten Dame 1336 oder 1337 zu ihrem Trost eine Versübers. der »Consolatio Philosophiae« des →Boethius, und kurz darauf zur Belehrung ihres Sohnes »Mélibée et Prudence«, eine Prosaübers. des »Liber consolationis et consilii« des →Albertanus v. Brescia. Die Boethiusübers. (8000 Verse, 39 Hss.) ist narrativ ausgestaltet und z. T. mit längeren Exkursen versehen. Sie wurde um 1380 von einem Anonymus OSB überarbeitet (10000 Vv., 34 Hss.). In der »Mélibée« wird die Vorlage kondensiert, v. a. durch Weglassung der Zitate (39 Hss.; 1491–1517 5 Drukke). Der Text wurde auch in den »Ménagier de Paris« und in den »Livre du chevalier de la Tour Landry« aufgenommen. Engl. Übers. von →Chaucer im »Tale of Melibeus«; eine ndl. Übers. ist anonym. M.-R. Jung

Lit.: DLFMA 1992, 1255 – HLF 37, 1938, 470–480, 493–503 [M. Roques] – R. A. Dwyer, Boethian Fictions, 1976.

Renaut de Montauban, frz. →Chanson de geste, auch unter dem Titel »Les Quatre fils Aymon« bekannt, um die sich ein Zyklus anderer Chansons gruppiert (»Maugis d'Aigremont«, »Mort de Maugis«, »Vivien de Monbranc«, →»Bueve d'Aigremont«). R. d. M. ist in 13. Hss. überliefert (älteste ab Mitte des 13. Jh.); der Stoff war mit Sicherheit bereits im 12. Jh. bekannt. Die hs. Überlieferung ist sehr komplex, wobei die Textlänge durch Wegfall oder Aufnahme ganzer Episoden zw. 14000 und 28000 Vv. schwankt. Im 15. Jh. entstand eine Prosafassung (9 Hss.) und auch eine prosimetr. Fassung. *Inhalt:* Das ungerechte Vorgehen Karls d. Gr. gegen R. d. M.s Onkel, Bueve d'Aigremont, das in dessen Ermordung gipfelt, führt zu einem langen, blutigen Krieg Karls gegen R. d. M. und dessen Brüder, der schließlich mit einer Versöhnung und der Sühnwallfahrt R.s nach Jerusalem endet. Der vielen epischen Viten gemeinsame fromme Schluß erfährt hier eine ungewöhnl. Wendung: R. wird auf der Baustelle des Kölner Doms verräterisch erschlagen und stirbt im Ruf der Heiligkeit. Die Geschichte von R. d. M. erfuhr außerhalb Frankreichs große Verbreitung. V. a. die Figur des ungerecht verfolgten R.-Rinaldo, der anderen Unterdrückten zu Hilfe kommt, wurde äußerst populär. In Italien wird er nicht nur zu einem großen Helden der Dichtung und epischen Erzählung, sondern auch zu der vielleicht wichtigsten Figur des Marionettentheaters (»Teatro dei pupi«).

Neben Übers. en ins Ndl., Dt., Norw., It. mit zahlreichen Druckausgaben verbreitete sich auch eine »Vita sancti Reynoldi«. A. Vitale Brovarone

Ed.: R. de M.: Ph. Verelst, 1988 – J. Thomas, 1989 – I cantari di Rinaldo de Monte Albano, hg. E. Melli, 1973 – Renout van Montalbaen, hg. P. J. J. Diermanse, 1939 – Reinolt von Montelban..., hg. F. Pfaff, 1885 – The Right and Goodly Historie of the Foure Sonnes of Aymon, hg. O. Richardson, 1884–85 – Mágus saga jarls, hg. G. Cederschiöld, 1876–77 – *Lit.:* DLFMA², 1256ff. – G. Pitré, Le tradizioni cavalleresche popolari in Sicilia, Romania 13, 1884, 315–398 – J. Thomas u. a., Études sur R. d. M., Romanica Gandensia 18, 1981 – Ph. Verelst, »R. d. M. « – Textes apparentés et versions étrangères: essai de bibliogr., ebd., 199–231; add. et suppl., Olifant 12, 1987, 125–144 – I.

SPIJKER, Aimoijns Kinderen hoog te paard. En studie over Renoud van Montalbaen en de Franse traditie, 1990.

Re(n)clus de Molliens, vielleicht identisch mit Barthélemy, R. de M.-Vidame, ab 1225 Abt v. St-Fuscien (Somme). Sein religiös-didakt. Werk, die der →Contemptus mundi-Lit. nahestehenden pikard. Dichtungen »Carité« und »Miserere«, sind bei nachweisl. hohen Verlusten in gut 30 Hss. erhalten. In dem für die Weltabsagelit. typischen achtsilbigen gereimten Zwölfzeilern – wie →Hélinand de Froidmont – geht R. de M. in »Carité« (242 Str.) auf die Suche nach der Liebe, die er bei Fürsten, Klerikern (Papst und Bischöfe miteingeschlossen), bei Ordensleuten wie bei den Laien vermißt, weshalb er zu Kritik und Ermahnung ausholt. Gleichfalls zur Umkehr ruft »Miserere« (273 Str.) auf. Hervorgehobene Exempla sind Hiob in »Carité«, nebst Maria Magdalena und Maria Aegyptiaca und Theophilus in »Miserere«, das mit einem großen Marienlob und -gebet (Str. 259–273) endet.

L. Gnädinger

Ed.: Li Romans de Carité et Miserere du R. de M., ed. A.-G. VAN HAMEL, 1885, 2 Bde [Neudr. 1974] – *Lit.:* DLFMA², 1992, 1247f.

Rendsburg, Stadt und Amt in Holstein. Auf einer Insel – dem Übergang des N–S–→Heerweges (Ochsenweg) – im Grenzfluß →Eider legten die Gf.en v. →Holstein in der 2. Hälfte des 12. Jh. das castrum Reinoldesburch an. Gf. Adolf IV. dürfte neben →Kiel (1242) auch die straßenmarktartige civitas R. (1253; Siegel 1334) s. der Burg (Mühlenstraße; ca. 2 ha; ca. 200 Einw.) mit Marienkirche in den 1230er/40er Jahren privilegiert haben. Nach einem Stadtbrand (1286) wurde die prosperierende Stadt auf 8 ha (15. Jh. ca. 1100–1400 Einw.; Umwallung erst 1536–41) erweitert. Bis 1386 erfüllte R. die Funktion einer Residenz des Gf. enhaues, war Münz- und Zollstätte. 1339 ging die Gerichtsbarkeit des gfl. advocatus an den kooptierenden, zweischichtigen Rat (consules 1280) über, und Gf. →Gerhard III. verlieh lüb. Stadtrechte (bis 1494 Appellationen an den Lübecker Rat, danach an das Vierstädtegericht [Rat zu Kiel, Itzehoe, Oldesloe und R.]). Der O–W-Transithandel aus Eckernförde und Kiel konzentrierte sich in R., wo R. er Kaufleute und Schiffer diese Waren neben Getreide und Holz des Umlandes eiderabwärts vermittelten. Die gewerbl. Produktion diente nur der lokalen Versorgung.

F.-W. Hemann

Lit.: E. WASCHINSKI, ZSHG 87, 1962, 71ff.

René

1. R. v. Anjou

I. Leben und politische Tätigkeit – II. Mäzenatentum.

I. LEBEN UND POLITISCHE TÄTIGKEIT: R., Hzg. v. →Anjou (und Gf. v. →Maine), Hzg. v. →Lothringen und →Bar, Gf. v. →Provence, Kg. v. →Neapel, Kg. v. →Jerusalem, * 26. Jan. 1409 in →Angers, † 10. Juli 1480 in →Aix-en-Provence, 2. Sohn →Ludwigs II. v. Anjou und der Yolande v. →Aragón, ∞ 1. Isabella v. Lothringen (1420), 2. Jeanne de →Laval (1454). R. verlor mit neun Jahren den Vater (1417), wurde von seinem Großonkel, Kard. Ludwig v. Bar (→Bar, Ludwig v., † 1430), adoptiert und fungierte als Erbe von Bar. Das Hzm. Lothringen, das er durch Heirat mit Isabella, der Tochter →Karls II. v. Lothringen, gewann, wurde ihm von Antoine de →Vaudémont, der sich als Neffe des Hzg.s v. →Burgund auf die starke burg. Militärmacht stützen konnte, streitig gemacht. In der Schlacht v. Bulgnéville (1431) unterlegen, verbrachte R. fünf Jahre in burg. Gefangenschaft (1431–36).

Die Ansprüche R.s auf Neapel rückten der Realisierung näher, als Kgn. →Johanna II. kurz vor ihrem Tode R. (anstelle seines 1434 verstorbenen Bruders →Ludwig III.) adoptierte und damit die Politik des übermächtigen Konkurrenten →Alfons V. v. Aragón eine Zeitlang durchkreuzte. R.s Gemahlin Isabella rückte, gestützt auf das Bündnis mit dem Hzg. v. →Mailand, Filippo Maria →Visconti, mit einer kleinen Flotte gegen Alfons v. Aragón vor, der am 5. Aug. 1435 in der Seeschlacht v. →Ponza durch Kontingente →Genuas besiegt wurde (Einzug Isabellas in Neapel, 18. Okt. 1435). R., der sich nach dem Loskauf aus der Gefangenschaft nach Neapel begab (19. Mai 1438), geriet unter wachsenden militär. und polit. Druck des erneut vordringenden Aragonesen (der den Visconti längst auf seine Seite gezogen hatte) und mußte sich Ende 1442 geschlagen in die Provence zurückziehen.

Am frz. Hof spielte R. während der Endphase des →Hundertjährigen Krieges als bedeutender Ratgeber seines Schwagers →Karls VII. eine gewichtige Rolle. Er war neben Karl I. v. Maine das Haupt der einflußreichen Hofpartei der 'Angevinen'. Mit →England schloß R. einen Waffenstillstand (1444), der durch die Vermählung seiner Tochter Margarete mit →Heinrich VI. (1445) besiegelt wurde und dem Hause Anjou die Rückgewinnung der Gft. Maine brachte. Trotz dieser Verbindung zum Hause Lancaster beteiligte sich R. 1449 an der frz. Rückeroberung der →Normandie.

Nach dem Tode Alfons' (1458) nahm R. erneut den Kampf um Neapel auf. Der Feldzug seines Sohnes Johann (→Johann II., Hzg. v. Lothringen) in Kalabrien scheiterte jedoch (Niederlage bei Troia/Apulien, 1462). Als die katal. Stände, die sich gegen Kg. →Johann II. v. Aragón erhoben hatten, R. die Krone anboten, entsandte er 1466 Johann als künftigen Kg. nach Barcelona, der aber 1470 verstarb, ohne seine Position konsolidiert zu haben. R. überlebte auch seinen zweiten Sohn, Ludwig, sowie den Enkel und präsumptiven Thronerben Nikolaus, den Sohn von Johann. In seinen letzten Lebensjahren war R. in der Provence (s. Abschn. II, 2) wachsenden Pressionen von seiten seines Neffen →Ludwig XI. v. Frankreich, der mit Zähigkeit die Annexion der angevin. Länder betrieb, ausgesetzt.

Die von vielen Mißerfolgen überschattete polit. Tätigkeit R.s stand im Zeichen der weitgespannten Erbansprüche und Ambitionen des Hauses Anjou, die sich v. a. auf den Mittelmeerraum richteten (Neapel–Sizilien) und mit dem Titularkgtm. v. Jerusalem noch einmal an den Kreuzzugsgedanken anknüpften. R., der sich durch sein Erbe »am geograph. Schnittpunkt mehrerer Kulturen« (S. LEFÈVRE, in: DLFMA²) befand, setzte durch sein glanzvolles, von engster persönl. Beziehung zu Dichtung und Kunst geprägtes →Mäzenatentum zum einen (in Anknüpfung an die reiche Stiftungstätigkeit des Vaters) die Traditionen des frz. Kg.shauses der →Valois fort (geistl. Stiftungen, Memorialwesen) und betonte dabei stark den Charakter ritterl. Adelskultur (Ritterorden, Turniere mit allegor. Sinngebung), erschloß sich zum anderen der it. Renaissance und förderte so die ideelle Legitimation und Propagierung des angevin. Herrschaftsanspruchs.

G. Vitolo

Lit.: A. LECOY DE LA MARCHE, Le Roi R., 1875 – N. F. FARAGLIA, Storia della lotta tra Alfonso d'Aragona e Renato d'Angiò, 1908 – E. G. LÉONARD, Les Angevins de Naples, 1954, 617–625 – H. BELLUGOU, Le roi R. et la réforme fiscale dans le duché d'Anjou au milieu du XVᵉ s., 1962 – A. GIRARDOT, Les Angevins, ducs de Lorraine et de Bar, Le Pays lorrain, 1978, 1–18 – N. COULET, A. PLANCHE, F. ROBIN, Le roi R., le prince, le mécène, l'écrivain, le mythe, 1982 – G. GALASSO, Il Regno di Napoli (Storia d'Italia, XV/1, 1992), 561–587 – B. SCHNERB, Bulgnéville 1431. L'État bourguignon prend pied en Lorraine, 1993.

II. MÄZENATENTUM: [1] *Allgemein. Literarische Tätigkeit:* Der it. Einfluß zeigte sich beim Mäzen und Dichter. It. Künstler lebten an seinem Hof, Louis de Beauvau übersetzte Boccaccios »Filostrato«. Im »Cuer d'Amour Espris« (1457, davon ein Hs. mit Miniaturen des vielleicht mit Barthélemy Van Eyck identischen →Cœur-Meisters, der in der →Buchmalerei neuartige Lichtstimmungen gestaltete) erhalten →Ovid, →Boccaccio, →Petrarca, Jean de Meun (→»Roman de la Rose«), Alain →Chartier ein Grabmal im »hôpital d'Amour« (Achille Caulier). Die allegor. Liebessuche des Ritters Cœur folgt dem Modell des »Roman de la Rose« und der »Queste del Saint →Graal«. Im myst. »Mortifiement de Vaine Plaisance« (1455) wendet sich das Herz von der Welt ab, findet geläutert zum Glauben zurück. Die traditionelle →Allegorie wird erneuert durch autobiograph. Elemente, die auch im Schäfergedicht »Regnault et Jehanneton« (von R. selbst? in Zusammenhang mit seiner Heirat mit Jeanne de Laval) zu finden sind. Vom Kg. sind auch ein »Traité des Tournois« (1445/50) und Gedichte für →Charles d'Orléans. Er ließ die Mysterienspiele der Brüder→Gréban aufführen; →Antoine de la Sale und Pierre →Chastellain hatten enge Kontakte zu R.s Hof. J.-C. Mühlethaler

[2] *Als Graf von Provence:* R.s Mäzenatentum wird durch die Aktivitäten in seiner Gft. →Provence illustriert. Seit 1433 Gf., residierte er dort aber bis 1447 jeweils nur für kurze Perioden. Erst 1447-49 entfaltete er während eines längeren Aufenthalts intensive religiöse und höfisch-kulturelle Gönnerschaft; zu nennen sind: die Auffindung der Reliquien der hl. Marien (Les →Stes-Maries), die Stiftung des 'Halbmond-Ordens' ('Ordre du Croissant'; →Ritterorden), die Abhaltung eines großen →Turniers ('Pas d'armes de la bergiere') in →Tarascon, der Ankauf von Ländereien zur Anlage prachtvoller Gärten (Palast in →Aix, Landsitz Bastide de Gardanne). 1457-62 erneut in der Gft. Provence, zog R. die it. Bildhauer Pietro da Milano und Francesco Laurana an seinen Hof zu Aix. Seit 1471 lebte der alternde Kg. dauernd in der Provence (umfangreiche Baumaßnahmen an seinen Residenzen: Palast in Aix, Schloß in Tarascon, Landsitze ['Bastides'] in Marseille, Avignon und in der Umgebung von Aix). Er gab bedeutende religiöse Kunstwerke in Auftrag (1476 Triptychon der Madonna im Brennenden Dornbusch von Nicolas →Froment für die Karmeliterkapelle in Aix, die als Eingeweidegrablege des Kg.s dienen sollte; 1478 Flügelaltar Notre-Dame du Spasme von F. Laurana für den Coelestinerkonvent in Avignon).

Der Luxus des von R. initiierten Hoflebens gab dem Handel der großen prov. Städte lebhafte Impulse. Andererseits verschärfte der enorme Geldbedarf des Hofes den Steuerdruck. Ohne Rücksicht auf die Proteste der Stände (→États) zu nehmen, etablierte der Kg. ein drückendes Zollsystem. Die fiskal. Ausbeutung und die Mißachtung der hergebrachten Rechte der Untertanen haben der Verbreitung des Mythos (»le bon roi R.«) keinen Abbruch getan. N. Coulet

Ed.: T. de Quatrebarbes, Œuvres complètes, 1844-46 - A. Champollion-Figeac, Livre des Tournois, 1826-27 - F. Avril, 1986 [Buchmalerei] - S. Wharton, Cuer d'Amours Espris, 1980 - D. Poirion u. a., 1981 [Buchmalerei] - E. Amino, Mortifiement de Vaine Plaisance, 1981 - *Lit.:* DLFMA², 1992 - F. Piponnier, Costume et vie sociale, 1970 - M. Vale, Chivalry, Warfare and Aristocratic Culture in England, France and Burgundy at the End of the MA, 1981 - G. A. Runnals, R. et le théâtre, 1981 - Ch. de Mérindol, Le roi R. et la seconde maison d'Anjou. Emblématique, art, hist., 1987 - F. Robin, La cour d'Anjou-Provence, 1985 - N. Coulet, Jardin et jardiniers du roi R. à Aix, Annales du Midi, 1990, 275-286 - F. Avril-N. Reynaud, Les mss. à peintures en France, 1993, 223-224 - Ch. de Mérindol, Les fêtes de chevalerie du roi R., 1993 - R. Deschaux, Le livre du Cuer d'Amours (Hommage J. Dufournet, 1993), 419-425 - s. a. Lit. zu I.

2. R. II., *Hzg. v. →Lothringen und →Bar,* * 1451 in Angers, † 10. Dez. 1508 in Fains, Sohn von Ferri v. →Vaudémont und Yolande v. →Anjou, Enkel von Kg. →René v. Anjou; ∞ Philippa v. Geldern, acht Söhne (Karl, Franz, Anton [sein Nachfolger], Nikolaus, Claudius, Johann, Ludwig, Franz) und vier Töchter (Anna, Isabella, Claudia, Katharina). Er erbte von seinem Vater die Gft. Vaudémont, von seiner Mutter, der Tochter Kg. Renés, das Hzm. Lothringen, wurde 1473 Hzg. und mußte seine Territorien gegen den Ansturm Hzg. →Karls d. Kühnen v. →Burgund verteidigen (1475-77). Der entscheidende Sieg v. Nancy (5. Jan. 1477), der seinen Gegner das Leben kostete, gab ihm wieder freie Hand. Von seinem berühmten Großvater erbte R. ledigl. das Hzm. Bar, dafür aber Ansprüche auf Sizilien, Jerusalem, Anjou und Provence. In Lothringen versuchte er vergebl., →Metz in seine Hand zu bekommen (1488-93). Er leistete →Maximilian 1495 den Treueid. R. gestaltete seine Hzm.er zu frühneuzeitl. Staaten aus, entwickelte Hofhaltung und Palast, betrieb künstler. Mäzenatentum in großem Stil. M. Parisse

Lit.: Ch. Pfister, Hist. de Nancy, I, 1902 - R. Parisot, Hist. de Lorraine, I, 1925 - R. Mathieu de Vienne, Études sur le règne de R. [Positions des Thèses, Éc. nat. des Chartes, 1946], 105-111 - G. Poull, La maison ducale de la Lorraine, 1968 - Hist. de la Lorraine, 1977.

Rennen, sportl. Reiterzweikampf mit scharfen Spießen, ausgeführt im Feldharnisch mit umgehängter Renntartsche. Zweck war das Abwerfen (Abrennen) des Gegners oder das Abreißen bzw. Zersplittern des Schildes. Seit etwa 1390 erwähnt, diente das R. ursprgl. als Mutprobe junger →Ritter. Von Maximilian I. wurde das R. zum höf. Sport gemacht und gegen 1490 mit einer Spezialausrüstung, dem →Rennzeug, versehen. O. Gamber

Lit.: O. Gamber, Ritterspiele und Turnierrüstung im SpätMA (Das ritterl. Turnier im MA, hg. J. Fleckenstein, 1985).

Rennes, Stadt und Bm. in der östl. →Bretagne, dép. Ille-et-Vilaine, trug in galloröm. Zeit zunächst den gall. Namen 'Condate', der auf die Lage am Zusammenfluß von Vilaine und Ille hinweist. Der Name 'R.' geht dagegen zurück auf die Völkerschaft der 'Riedones', deren Vorort R. war. Im 3. Jh. n. Chr. (Barbareneinfälle) erhielt R. eine steinerne Befestigungsmauer, die im S dem Lauf der Vilaine folgte (Mauerzug bis ins 15. Jh. maßgebend) und ein Areal von 9 ha umschloß. In der späten Kaiserzeit beherbergte R. eine Besatzung aus frk. →Laeti.

Der erste Bf., Athenius, ist 461 belegt. Der hl. →Melanius, der aus der örtl. Aristokratie stammte, ist als Teilnehmer des Konzils v. →Orléans (511) belegt, gilt als Ratgeber Kg. →Chlodwigs und schritt gegen die nicht rechtgläubigen Bräuche der neueingewanderten Bretonen ein. Über dem Grab des Hl.n entstand ein bei →Gregor v. Tours erwähntes Monument, bald darauf die Abtei St-Melaine. Einer seiner Nachfolger, Victurius, entstammte einer großen Familie des→Maine. Zu Beginn des 8. Jh. stand ein Laie, der Gf. Agatheus, den Bm.ern R. und →Nantes vor. Zw. 750 und 850 ist die Bischofsliste unterbrochen. Die Kathedralgruppe wurde im W der Civitas errichtet; Spuren der Bf.skirche N. D.-de-la-Cité blieben bis ins 19. Jh. erhalten.

In der Karolingerzeit diente R. als Basis für die frk. Feldzüge in die Innerbretagne. 845 wurde R. vom bret. Fs.en →Nominoë besetzt; im Vertrag v. Angers (851) erkannte Karl d. K. die bret. Herrschaft über Rennais und Nantais an. Jedoch unterstanden die Bf.e v. R. weiterhin der Autorität des Ebf.s v. →Tours und nicht der Jurisdiktion der vom bret. Kg. →Salomon geschaffenen Metropole→Dol. Nach Salomons Tod rief einer der Bewerber um die Herrschaft die →Normannen zu Hilfe, die sich ab 875 eine Zeitlang in der Abtei St-Melaine festsetzten. Etwa 50 Jahre später flüchteten die Mönche die Reliquien des hl. Melanius vor der Normannengefahr nach Preuilly-sur-Claise (dép. Indre-et-Loire).

Im frühen 10. Jh. dürfte Berengar, der 922/923 dem westfrk. Kg. →Rudolf I. das Homagium leistete, die Gft. R. besessen haben; sicher belegt als Gf. ist sein Sohn Juhel Berengar, dessen erster (bret.) Name auf Verwurzelung in der örtl. Aristokratie hinweist. Als Verbündeter Alans (Alain Barbetorte) unterstützte er diesen 939 bei der Vertreibung der Normannen aus der Bretagne und mußte anschließend die Autorität des neuen Hzg.s anerkennen. Doch hinterließ dieser keine legitimen Nachkommen. Conan I., der Sohn v. Juhel Berengar, konnte daher die Durchsetzung seiner Vorherrschaft in der gesamten Bretagne vorantreiben und wurde zum Begründer des Herzogshauses v. R., das die Bretagne von 990 bis 1066 regieren sollte.

Während der 1. Hälfte des 11. Jh. übten die Bf.e v. R., die über die Abtei St-Melaine verfügten, ihr Amt in Sohnesfolge aus (bzw. vom Onkel auf den Neffen); erst der diesem Clan entstammende Bf. Sylvester trat als Anhänger der Gregorian. Reform gegen diesen Mißbrauch auf. Zw. 1024 und 1034 gründete Hzg. Alan III. außerhalb der Cité die Abtei St-Georges, das erste Frauenkloster der Bretagne. 1058 berief Conan II. aus St-Florent de→Saumur einen aus der Bretagne stammenden Mönch, Even, der als Reformabt die Abtei St-Melaine restaurierte. Die Reform des Bm.s wurde vollendet durch →Marbod v. R., den früheren Archidiakon und Scholaster v. Angers, der als aktiver Seelsorger und bedeutender Autor hervortrat. Er wurde von Papst →Urban II. selbst auf dem Konzil v. Tours (1096) geweiht. Seine Nachfolger kamen zumeist aus dem Mönchtum, mit Ausnahme von →Stephan v. Fougères (1168–78), der als Kapellan und Kanzler Kg. →Heinrichs II. sowie wiederum als namhafter Schriftsteller (»Livre des Manieres«) tätig war.

Unmittelbar vor der Eroberung Englands (1066) unternahm Hzg. →Wilhelm v. Normandie einen Kriegszug gegen den Hzg. Conan II. v. Bretagne; auf dem Bildteppich v. →Bayeux ist R. (neben anderen bret. Städten) daher als einfache →Motte dargestellt. In der 2. Hälfte des 11. Jh. wurde R. als Apanage an einen Bastard Alans III., Geoffroy Grenonat, übertragen, dem aber bereits 1084 von Alan IV. die Herrschaft aberkannt wurde. Ein roman. Neubau der Abteikirche v. St-Melaine erfolgte am Ende des 11. Jh. oder Beginn des 12. Jh. Mit der Errichtung einer neuen Kathedrale (nicht erhalten) wurde am Ende des 12. Jh. begonnen; die Weihe erfolgte aber erst 1359. Die Kathedrale war die einzige Pfarrkirche der Cité. Außerhalb der Mauern entstanden präurbane Vorstädte (Bourgs), die zumeist vom Weinbau und anderen landwirtschaftl. Tätigkeiten lebten; lediglich der Bourg-l'Évêque, vor dem großen Stadttor im W gelegen, betrieb aktive Gerberei und Weberei, während die Fleischereien auf dem linken Ufer der Vilaine lagen. Ein erster Seneschall v. R. ist am Ende des 11. Jh. bezeugt; die Münzstätte v. R. war die einzige Münze des Hzm.s mit durchgängiger Prägetätigkeit vom Beginn des 11. Jh. bis zum Anfang des 13. Jh. Die Ausbildung einer Hauptstadtfunktion, die R. mit Nantes zu teilen hatte, erfolgte nur zögernd; noch →Peter Mauclerc (1213–37) erließ eine ungefähr gleiche Anzahl von Urkunden in R. wie in Nantes. Der Hzg. residierte in dem im nördl. Bereich der Befestigung gelegenen Schloß. Ein gedeckter Markt ('cohue') ist seit dem Ende des 13. Jh.

belegt. Die Franziskaner errichteten vor 1238 einen Konvent, die Dominikaner erst 1368.

Während des Bret. Erbfolgekrieges (1341–64) bemächtigte sich um 1341 nach zweimonatiger Belagerung →Johann v. Montfort der Stadt, doch gewann sie →Karl v. Blois im folgenden Jahr innerhalb weniger Tage zurück. Während der berühmten Belagerung (3. Okt. 1356–5. Juli 1357) suchte der Verteidiger, Bertrand→Du Guesclin, mit viel Kriegslist die engl. Truppen des Duke of Lancaster abzuwehren. Die Unsicherheit der Landgebiete und (im 15. Jh.) der Zuzug von Flüchtlingen aus der engl. beherrschten Normandie beschleunigten den Aufschwung von R., das nun wohl 12–13000 Einw. zählte. Zwei neue Befestigungen wurden errichtet; sie vergrößerten das ummauerte städt. Areal von 9 ha auf 62 ha; die ältere Befestigungsmaßnahme (1441–48) umschloß im O die 'Ville neuve', die jüngere (1449–76) schützte im S der Vilaine die 'Nouvelle ville'. Obwohl eine regelrechte städt. Verfassung nicht bestand, bildete sich allmählich eine Notabelnversammlung heraus, an deren Spitze ein 'procureur des bourgeois' stand, während die Finanz- und Fiskalangelegenheiten von 'miseurs' wahrgenommen wurden. 1491 mußte Hzgn. →Anna, die in R. von der kgl. frz. Armee belagert wurde, kapitulieren und in die Heirat mit Kg. →Karl VIII. einwilligen, was der Autonomie des großen Lehensfsm.s der Bretagne ein Ende setzte. A. Chédeville

Lit.: J.-P. Leguay, La ville de R. au XVe s., à travers les comptes des miseurs, 1968 – Hist. de R., hg. J. Meyer, 1972 – J.-P. Leguay, Le paysage urbain de R. au XVe s., d'après un livre-rentier, Mém. Soc. hist. et archéol. de Bretagne, 1977, 69–116 – Hist. du dioc. de R., hg. J. Delumeau, 1979 – J.-P. Leguay, Un réseau urbain au MA: les villes du duché de Bretagne aux XIVe et XVe s., 1981 – A. Chédeville, L'emplacement de l'église St-Pierre-du-Marché à R. au MA (Charpiana, 1991), 151–158.

Rennzeug, um 1490 am Hofe Maximilians I. entstandene Spezialausrüstung für das →Rennen, bestehend aus »Rennhut« nach Art der →Schaller, steifem »Rennbart«, schwerer Brust mit →Rüst- und →Rasthaken und angehängten Schößen, tief ausgeschnittenem Rücken mit trapezförmigem »Schwänzel« als Stützplatte für den Sitz im pritschenartigen »Rennsattel«, an dem noch →»Dilgen« als Schenkelschutz hingen. Am Ende des Spießes saß das scharfe »Renneisen«, die Hand deckte ein halbkreisförmiger »Brechschild«.

Für verschiedene Arten des Rennens erfand Maximilian zusammen mit seinem Hofplattner Lorenz →Helmschmid sinnreiche Mechanismen, die das Abwerfen oder Zersplittern der »Renntartsche« nachahmen sollten, wohingegen beim bes. schweren »Feldrennen«, welches nur das Abwerfen des Gegners bezweckte, ein lederüberzogener großer Eisenschild fest mit Bart und Brust verschraubt war. Das Pferd trug einen leichten Roßharnisch oder nur die →Roßdecke. O. Gamber

Lit.: Qu. v. Leitner, Freydal des Ks.s Maximilian I., 1880–82 – O. Gamber, Der Turnierharnisch zur Zeit Kg. Maximilians I., JKS 53, 1957.

Renovatio (R. regni Francorum/R. imperii Romanorum). [1] *Der Begriff:* Unter R. wird gemeinhin die Erneuerung oder Wiederherstellung eines als beispielhaft angesehenen idealen Zustands verstanden. In dieser Hinsicht besteht eine enge Berührung mit dem inhaltl. verwandten Begriff reformatio (→Reform). Der Gedanke der R. als einer umfassenden Erneuerung von Staat, Kirche und Gesellschaft gründet sich sowohl auf die in jüd.-hellenist. Tradition stehende messian. Erneuerungserwartung, auf die altröm. Vorstellung von der Wiederkehr einer aurea aetas wie auch auf die ntl. Anschauung von der sakramentalen Wiedergeburt. Im MA wurde er bes. in Verbindung mit dem antiken Romgedanken (→Rom-idee), der auch nach dem Niedergang der Stadt nichts von seiner einstigen Attraktivität verloren hatte, geschichtl. wirksam. Sein programmat. Charakter kommt bereits auf Münzlegenden der Antike zum Ausdruck.

[2] *Renovatio regni Francorum*: Mit dieser Bezeichnung wird in Anknüpfung an die gleichlautende Bullenlegende jene 816 einsetzende kirchl. und weltl. Reformgesetzgebung →Ludwigs d. Fr. umschrieben, welche die entsprechenden Bemühungen Karls d. Gr. auf diesem Gebiet konsequent weiterführte. Durch die Einbeziehung des kgl. Schutzes in das überkommene Immunitätsprivileg wurde versucht, die Kirchen stärker an den Herrscher zu binden. Der Vereinheitlichung des spirituellen Lebens sollte die auf der Synode zu Aachen (816) beschlossene Kanoniker- und Mönchsreform dienen (→Institutiones Aquisgranenses). Hinfort galt die →Regula Benedicti als allein verbindl. Norm monast. Lebens. Ähnlich wie die Repräsentanten der Kirche sollten auch die Träger staatl. Aufgaben an den karol. Herrscher gebunden sein. Diesem Ziel diente die in der →Ordinatio imperii v. 817 getroffene Nachfolgeregelung: Im Interesse der Wahrung der unitas imperii sollten die jeweiligen Herrscher der Teilreiche ihrem zur Nachfolge im Ksm. ausersehenen Bruder Lothar I. untergeordnet sein. Die Reformbestrebungen, die in Ludwigs öffentl. Buße auf dem Reichstag zu →Attigny (822) symbol. Ausdruck fanden, gipfelten in der Neubewertung der ksl. Würde als ministerium, an welchem die geistl. und weltl. Großen im Rahmen wechselseitiger Kooperation teilhaben sollten (»Admonitio ad omnes regni ordines«, MGH Cap. I, S. 303ff., Nr. 150). Der von Ludwig d. Fr. angeregten Erneuerungspolitik fehlt jeder Hinweis auf ein röm. Reich oder Ksm., auf welches noch in der Bullenumschrift seines Vaters Bezug genommen wurde. Sie ist vielmehr Ausdruck einer Erneuerung des frk. Reiches unter christl. Vorzeichen.

[3] *Renovatio imperii Romanorum*: Unter der erstmals auf einer ksl. Bulle von 998 erscheinenden Devise werden all jene Bestrebungen →Ottos III. zusammengefaßt, welche auf eine umfassende Erneuerung des staatl. und religiösen Lebens im Rahmen des Imperiums abzielten. Diese fanden in der verstärkten ksl. Präsenz in →Rom, das als Hauptstadt der Welt (caput mundi) angesehen wurde, ihren Niederschlag. Begleitet wurde sie von teilweise spektakulären Maßnahmen wie der Einrichtung einer ksl. Pfalz auf dem Palatin, der Umgestaltung von Hofzeremoniell und Ämtertitulaturen nach röm. Vorbild sowie einer Neubelebung des Patriziats. Kernstück der angestrebten Politik war das einträchtige Zusammenwirken von Ks. und Papst, das seit der Papsterhebung →Gerberts v. Aurillac (Silvester II.) Wirklichkeit wurde. Voraussetzung hierfür war die Befreiung des Papsttums aus seiner Abhängigkeit vom stadtröm. Adel. Freilich sollte auch in einem christl. verstandenen Imperium die Führung beim Ks. liegen. Die sich auf die →Konstantin. Schenkung gründenden Besitzansprüche der röm. Kirche wurden daher zurückgewiesen und derselben die fragl. Gebiete aus ksl. Machtvollkommenheit zugesprochen (DO. III. 389). Die von Ks. und Papst gemeinsam gestaltete Politik gipfelte in der Einbeziehung Polens und Ungarns, die durch die Errichtung der Ebm.er →Gnesen und →Gran eine eigenständige kirchl. Organisation erhielten, in den universellen Verband des Imperiums.

Gegenüber der maßgebl. von P. E. SCHRAMM geprägten Sicht, wonach der Politik Ottos III. ein sich auf die gelehrt-literar. Überlieferung gründendes »Programm« zugrun-de gelegen habe, wird neuerdings betont, daß die erwähnten Erscheinungen wohl eher als zeitl. begrenzte Reaktion auf aktuelle polit. Konstellationen verstanden werden müssen. Insofern sei auch der unter Heinrich II. zu beobachtende Wandel weniger als Kritik an einer romzentrierten R.politik Ottos III. zu begreifen, sondern als Versuch, den partikulären Auflösungstendenzen im Reich wirksam entgegenzutreten. Der röm. Erneuerungsgedanke lebte freilich in den folgenden Jahrhunderten ungebrochen fort – wenn auch nicht in dem von SCHRAMM angenommenen »Graphia-Kreis«, da der dahinter vermutete »Libellus« als Kompilation des →Petrus Diaconus aus der Mitte des 12. Jh. erwiesen werden konnte (H. BLOCH, DA 40, 1984, 55–175). Im Zuge der Wiederentdeckung des →röm. Rechts kam ihm höchste Aktualität zu. In der Stauferzeit von der Vorstellung einer →translatio imperii abgelöst, erhielt er in der stadtröm. Bewegung des 14. Jh. (→Cola di Rienzo) einen nationalen Akzent. T. Struve

Lit.: HEG IV, 893–895 [Lit.] – LThK² VIII, 1238f. – K. BURDACH, Reformation, Renaissance, Humanismus, 1918 [Nachdr. 1963] – P. E. SCHRAMM, Ks., Rom und R., 1929 [Nachdr. 1962] – A. BRACKMANN, Der »Röm. Erneuerungsgedanke« und seine Bedeutung für die Reichspolitik der dt. Ks.zeit (SPA. PH 17, 1932), 346–374 [DERS., Ges. Aufsätze, 1967², 108–139] – C. ERDMANN, Forsch. zur polit. Ideenwelt des FrühMA, 1951, 92–111 – M. UHLIRZ, Das Werden des Gedankens der »R. imperii Romanorum« bei Otto III. (Sett. cent. it. 2, 1955), 201–219 – W. GOEZ, Translatio Imperii, 1958, bes. 104ff. – W. OHNSORGE, »R. regni Francorum« (DERS., Abendland und Byzanz, 1979), 111–130 – J. SEMMLER, R. regni Francorum (Charlemagne's Heir, hg. P. GODMAN–R. COLLINS, 1990), 125–146 – K. GÖRICH, Otto III., Romanus Saxonicus et Italicus, 1993.

Rente (Grundrente), eine zu regelmäßigen Abgaben verpflichtende Reallast, die in den Q. unter verschiedenartigen Bezeichnungen auftaucht (census, redditus, *erbzins, huszins* etc.). Sie war sachl. und histor. eng mit dem Grundzins verwandt, beruhte aber nicht wie dieser auf einem persönl. oder dingl. Abhängigkeitsverhältnis. Die Reallasten, kraft deren der Berechtigte befugt war, von dem belasteten Grundstück Abgaben zu erheben, wurden daher nicht als Rechte an einer fremden Sache, sondern als Formen des Miteigentums behandelt.

Kontrovers wird noch immer die Entstehung der Grundr. diskutiert. Viele Forscher führen die Grundr. auf die ländl. Grundzinse zurück, die sich unter Anpassung an die wirtschaftl. Bedürfnisse des städt. Wirtschaftslebens etwa seit dem 12./13. Jh. zur Grundr. fortentwickelten. Seelgerätsstiftungen ermöglichten eine Schenkung, bei der ein Grundstück ohne Übertragung des Eigentums mit Zins belastet werden konnte, so daß die private Erbleihe in den Hintergrund trat. Möglicherweise hat sich die Grundr. entweder unmittelbar aus der Erbleihe oder wenigstens in enger Anlehnung an diese entwickelt. Der Kauf von Grundstücken und ihre Weitergabe zu Leiherecht gegen Zins war ursprgl. die Hauptform der Geldanlage, falls jemand einen relativ sicheren Kapitalertrag suchte. Allmähl. trat jedoch der Eigentumserwerb hinter den dauernden Zinsbezug zurück, bis sich schließlich das Obereigentum des Geldanlegers am Grundstück verflüchtigte und der Zins in Form der R. zu einem selbständigen Objekt des Rechtsverkehrs wurde. Der R.nkauf (→Rente, -nkauf, -nmarkt) entstand demnach durch die Hingabe von Kapital durch den R.nkäufer gegen eine auf dem Grundstück des R.nverkäufers als Reallast ruhende Rente.

Rechtl. gesehen bedeutete der Kauf einer Grundr. die Begründung eines beschränkten dingl. Rechtes an einem belasteten Grundstück. Dem R.nverpflichteten blieb die Sachherrschaft und damit die unmittelbare →Gewere am

Grundstück. Um die ökonom. Grundlage der R. zu sichern, hatte der Grundeigentümer dafür zu sorgen, daß sich der Zustand des Grundstücks und des darauf stehenden Gebäude nicht verschlechterte. Wie der Verkauf des Grundstücks, so bedurfte auch dessen Belastung mit einer zweiten R. der Zustimmung des ersten R.nberechtigten. Begründet wurde die Grundr. in den meisten Fällen durch Kauf, doch konnte sie auch durch Schenkung oder Verfügung von Todes wegen bestellt werden. Dem Inhalt nach handelte es sich bei den Grundr.n im 12. und 13. Jh. meist um Naturalr.n, während die Geldr.n seit dem 14. Jh. überwogen.   W. Rösener

Lit.: HRG I, 1852ff. – W. Arnold, Zur Gesch. des Eigentums in den dt. Städten, 1861 [Neudr. 1966] – R. Schröder, Lehrbuch der dt. Rechtsgesch., 1922^6, 796ff. – F. Lütge, Dt. Sozial- und Wirtschaftsgesch., 1966^3, 272f.

Rente, -nkauf, -nmarkt. Als R.n werden period. zahlbare Naturalmengen und Geldbeträge bezeichnet, die auf Immobilien ruhen. Ihr Entstehungsgrund kann in einer unentgeltl. Konstitution durch den Schuldner etwa bei Stiftung, Erbschaft, Mitgift, Abschichtung oder in einem Kauf bzw. in einer Kreditierung von Sachleistungen durch den R.nbezieher bestehen. Beim R.nkauf wird um eine Kaufsumme (*hauptgut, hauptgelt, lat. capitale*) das Recht zum Bezug einer period. Zahlung (*burgrecht, erbzins, erftins, gelt, ghulde, gult, gült, huszins, ingheld, überzins, weddeschatz, wicbelde, wortzins,* lat. *redditus, census, pensio, canon, merces*) erworben. R.n wurden regelmäßig als Reallast auf Immobilien radiziert, auf die der R.ngläubiger bei Zahlungsverzug als Pfand greifen konnte.

[1] *Formen:* Zu unterscheiden sind Ewigr., Wiederkaufsr. (*widderkaufsgulte, losungsgulte*) und Leibr. (*lipding, lifgeding, liftucht,* lat. *pensio, precarium*) sowie nach der Art der Leistungen Naturalr. und Geldr., wobei auch die Mischform begegnet. Bei der ursprgl. vorherrschenden Form der Ewigr. konnten R.ngläubiger und ihre Rechtsnachfolger ihre Verpflichtung nicht ablösen. Das Recht des »Wiederkaufs«, d.h. des Rückkaufs der Leistungsverpflichtung durch Erlegung der ursprgl. Kaufsumme, hat sich erst allmähl. gegen wucherrechtl. Bedenken durchgesetzt. Die Leistungen aus Leibr.nverträgen erloschen mit dem Tod der zum Bezug Berechtigten unter Verfall auch der ursprgl. Kaufsumme. Die Naturalform der R.nleistungen dominierte in der frühen Zeit und blieb bis über das MA hinaus von Bedeutung.

[2] *Entstehung und Funktion:* Der R.nkauf tritt in Frankreich vereinzelt seit der 1. Hälfte des 12. Jh. auf, im Reich begegnet er wenig später. Leibr.n sind seit dem 1. Drittel des 13. Jh. belegt. Die ältere Forsch. war beherrscht durch drei Grundannahmen: Die These, der R.nkauf sei ein spezif. dt. Institut, schränkte den Blick auf die Entwicklung im Reichsgebiet ein. Weil in den Städten am frühesten die freie Erbleihe auftritt, die als Voraussetzung des R.nkaufs betrachtet wurde, gelangte man zur These eines rein städt. Ursprungs. Drittens stellte man die Entstehung des R.nkaufs in den Rahmen einer wirtschaftl. Stufentheorie als geldwirtschaftl. orientierte Umgehung des kanon. Wucherverbotes. Seine Funktion sei diejenige des Darlehens, zu dem er sich auch formal schließlich durch allg. Radizierung auf alle Güter des Schuldners und beidseitiges Kündigungsrecht entwickelt habe. Abgesehen vom dt. Ursprung klingen diese Annahmen bis in neueste Untersuchungen nach. In der rechtsgesch. Forsch. wird der R.nkauf auf verschiedene Geschäfte zurückgeführt. Im Vordergrund steht die Entwicklung aus der freien Erbleihe, wobei Schenkungen von unentgeltl. konstituierten R.n als Seelzinsen an geistl. Institutionen als Vorstufe gelten. In der ältesten Form seien Erbleihegüter mit Einwilligung des Grundherrn dem R.nkäufer übertragen und von diesem, zusätzl. zum Erbleihezins mit der neuen R. belastet, dem R.nverkäufer zu Afterleihe zurückverliehen worden. Später sei die Belastung durch den Inhaber der Güter nur noch an das Einverständnis des Grundherrn gebunden gewesen, das zuletzt auch entfiel. Die frz. Forsch. hat diese von Arnold entwickelte These einhellig abgelehnt. Sie sieht im R.nkauf eine Nachahmung des bereits früher belegten Kaufs schon bestehender älterer Zinsen oder eine Entwicklung aus der Prekarie (→Precaria). Vereinzelt wurde in jüngster Zeit auch die Entstehung als Ersatz für Kirchenr.n (pensiones ecclesiasticae) vertreten (Trusen) bzw. eine Ableitung aus der Totsatzung vorgeschlagen (Sprandel). In der wirtschaftl. Funktion konnte der R.nkauf anstelle des 1163 wucherrechtl. verbotenen Lebensatzung (frz. *mortgage*!) treten. Er bot dieser gegenüber Vorteile: R.nbezugsrechte konnten schon früh an Dritte weiterveräußert werden (Belege schon 1. Hälfte des 13. Jh.). Die Möglichkeit, jederzeit die angelegte Summe flüssig machen zu können, ließ das Bedürfnis zurücktreten, für Notfälle größere Barbestände zu halten. Der R.nkauf konnte deshalb die Entschatzung entscheidend fördern und so zu einer Vergrößerung der umlaufenden Geldmenge und einer Beschleunigung der Umlaufsgeschwindigkeit beitragen.

[3] *Wucherrechtliche Zulässigkeit:* Entgegen einer oft vertretenen Meinung ist der R.nkauf nicht als Umgehung des Wucherverbotes entstanden. Die theol. und kanonist. Kontroversen um seine Zulässigkeit haben erst in der 2. Hälfte des 13. Jh. in Frankreich eingesetzt, und erst die Verurteilung des R.nkaufs durch →Heinrich v. Gent 1276 brachte die R.n ernstl. in die Wucherdiskussion. Im Reich setzte die Auseinandersetzung mit →Konrads v. Ebrach Traktat »De contractibus reddituum« sogar erst in der 2. Hälfte des 14. Jh. ein und führte in den 90er Jahren des 14. Jh. in den Diskussionen um die Ablösungsgesetze Hzg. Rudolfs IV. von 1360 zu einem Höhepunkt in Wien. Hier wurde das Thema des R.nkaufs erstmals im Reich ausführl. behandelt. →Heinrich v. Langenstein verfaßte damals die bedeutendste Schr. »Tractatus de contractibus habens duas partes«. 1425 erklärte Papst Martin V. in der Bulle »Regimini universalis« die Unbedenklichkeit der Wiederkaufsr.n. Dennoch ist die Frage auch später, so an den Konzilien v. Konstanz und Basel, weiter erörtert worden.

[4] *Rentenmarkt:* Beim R.nkauf steht die Kaufsumme in einem festen Verhältnis zur jährl. R. Dies ist Grundbedingung dafür, daß später, als sich diese Beziehung durch die massenhafte Verbreitung des R.nkaufs zu einem über den einzelnen Vertrag hinaus üblichen R.nsatz verdichtet hatte, ein Kapitalmarkt entstehen konnte, also on Markt für längerfristige→Kredite. N. der Alpen war der R.nkauf die bedeutendste Kreditform des SpätMA. Die R.nmärkte hatten überregionale (z. B. Frankfurt, Straßburg) oder bloß regionale Bedeutung (z. B. Basel). V. a. der seit dem 14. Jh. überall von unterschiedl. Niveau aus stark sinkende R.nsatz, aber auch andere Indizien wie der Ausschluß bestimmter Käufergruppen (→Tote Hand, →Fremde) zeigen an, daß im SpätMA – abgesehen von kurzfristigen und regionalen Störungen – mit einem Kapitalüberangebot gerechnet werden kann. Die breite Durchsetzung des Wiederkaufsrechts und der Ablösungsgesetze beeinflußte den R.nmarkt seit dem 14. Jh. Als R.nverkäufer konnte jeder auftreten, der über belastbare liegende Güter verfügte, als R.nkäufer jeder, der Geldkapital anlegen wollte. Unter den Käufern (und auch Verkäufern) dominierten

zunächst Adel und Klerus, später das städt. Bürgertum. Bäuerl. R.nverkäufe sind in größerer Zahl erst möglich geworden, als rechtl. die Belastung von Erbleihegütern möglich wurde und als die Bodenerträge über die Bewirtschaftungs- und Subsistenzkosten hinaus anstiegen und ein Mehrwert erwirtschaftet werden konnte, der nicht über die verschiedenen Abgaben appropriiert wurde. Dieses Mehrprodukt konnten die Bauern durch R.nverkäufe kapitalisieren. Bei günstigen Leihebedingungen mit fixierten, infolge der Inflation sogar sinkenden Abgaben konnten die Bauern so von den Produktivitätsfortschritten profitieren. Als institutionelle Verkäufer begegnen früh die Kl., v. a. aber dann die Städte. Auch Dörfer haben seit Ende des MA durch R.nverkäufe Mittel beschafft. Verschiedentl. wurde versucht, die quantitative Entwicklung städt. R.nmärkte (z. B. in Buxtehude, Hamburg, Lübeck, Stade) mit der Handelskonjunktur in Zusammenhang zu bringen, unter der Annahme, daß bei Handelsflauten nicht benötigtes Kapital in den R.nmarkt fließe bzw. bei Handelskonjunktur daraus wieder abgezogen werde. Aber selbst in Großstädten wie Lübeck und Hamburg eignet sich der R.nmarkt nur bedingt als Konjunkturindikator, weil nur vermutet werden kann, wie stark das Marktvolumen durch neu zugeführtes Geld ausgeweitet wurde bzw. wieviele der Neur.nkäufe bloß der Neuanlage von Geld aus zurückbezahlten Altr.n dienten. Die Hauptfunktion des R.nkaufs bestand sicher nicht in der kurzfristigen Anlage, sondern in der langfristigen Sicherung arbeitsfreien Einkommens. Mit dem markanten Absinken des Rentfußes im 14. und 15. Jh. verlagerte sich das Interesse an R.nanlagen vollends vom Profit zum Sozialprestige des Müßiggangs, der verschiedentl. sogar stadtrechtl. für die oberste Schicht gefordert war. Handelsgewinne wurden vielfach auf dem R.nmarkt langfristig plaziert mit dem Ziel, sich aus dem Handel als Rentner zurückzuziehen. Durch R.nverkäufe beschaffte Mittel konnten angesichts der günstigen Zinssätze in den verschiedensten Wirtschaftsbereichen gewinnbringend investiert werden. Allerdings ist es schwierig, die Funktion der Kredite im einzelnen nachzuweisen. Die Belastung seiner Güter verschaffte dem Adel im SpätMA vielfältige Handlungsoptionen, führte aber auch häufig in nicht mehr zu bewältigende Verschuldung. H.-J. Gilomen

Lit.: W. Arnold, Zur Gesch. des Eigentums in den dt. Städten, 1861 [Neudr. 1966], 61–140 – B. v. Stempell, Die ewigen R.n und ihre Ablösung, 1910 – A. v. Brandt, Der Lübecker R.nmarkt von 1320–1350, 1935 – W. Ogris, Der ma. Leibr.nvertrag (Wiener Rechtsgesch. Arbeiten 6, 1961) – W. Trusen, Spätma. Jurisprudenz und Wirtschaftsethik dargestellt am Wiener Gutachten des 14. Jh., VSWG Beih. 43, 1961 – R. Sprandel, Der städt. R.nmarkt in Nordwestdtl. im SpätMA (Forsch. zur Sozial- und Wirtschaftsgesch. 16, 1971), 14–23 – W. Trusen, Zum R.nkauf im SpätMA (Fschr. H. Heimpel, H. 1972), 140–158 – H. Haberland, Der Lübecker R.n- und Immobilienmarkt in der Zeit von 1285–1315 (Veröff. zur Gesch. der Hansestadt Lübeck, R. B 1, 1974) – H.-P. Baum, Hochkonjunktur und Wirtschaftskrise im spätma. Hamburg. Hamburger R.ngeschäfte 1371–1410 (Beitr. zur Gesch. Hamburgs 11, 1976) – H.-J. Lorenzen-Schmidt, Umfang und Dynamik des Hamburger R.nmarktes zw. 1471 und 1570, Zs. des Vereins für Hamburg. Gesch. 65, 1979, 21–52 – H.-J. Gilomen, Die städt. Schuld Berns und der Basler R.nmarkt im 15. Jh., Basler Zs. für Gesch. und Altertumskunde 82, 1982, 5–64 – M. Bittmann, Kreditwirtschaft und Finanzierungsmethoden. Stud. zu den wirtschaftl. Verhältnissen des Adels im w. Bodenseeraum 1300–1500 (VSWG Beih. 99, 1991) – H.-J. Gilomen, Das Motiv der bäuerl. Verschuldung in den Bauernunruhen an der Wende der NZ (Spannungen und Widersprüche. Gedenkschr. für F. Graus, 1992), 173–189 – S. Herman, Medieval Usury and the Commercialization of Feudal Bonds (Schr. zur europ. Rechts- und Verfassungsgesch. 11, 1993) – H.-J. Gilomen, R.n und Grundbesitz in der toten Hand (Himmel, Hölle, Fegefeuer. Das Jenseits im MA. Kat. zur Ausstellung des Schweiz. Landesmus.s in Zürich, hg. P. Jezler, 1994), 135–148.

Rentenlehen (*fief-rente*), die jährl. Zahlung einer bestimmten Geldsumme oder seltener einer gewissen Menge von Naturalien als →Lehen an einen Vasallen. Das R. tritt in den westeurop. Ländern im 11. Jh. zum ersten Mal auf, setzt sich aber erst im 13. Jh. allg. durch. Ursache für die weite Verbreitung war die Erkenntnis der Lehnsherren, daß die bislang geübte Praxis, neue Vasallen gegen die Hingabe von Ländereien und Herrschaftsrechten zu gewinnen, den Auf- und Ausbau ihrer Territorien hemmen mußte. Unterstützt wurde der Einsatz von R. durch das Aufblühen der Geldwirtschaft, doch hätte sich beim Fehlen dieser Voraussetzung sicher das Naturalien-R. stärker durchgesetzt. Im 15. Jh. werden die R. zunehmend durch die nicht gegen einen vasallit. Treueid vergebenen Soldzahlungen und Pensionen ersetzt.

R. treten in unterschiedl. Formen auf. Bei dem R. im engeren Sinne wird die Lehnsrente auf genau benannte Einkunftsq.n des Lehnsherrn wie Zoll oder Geleit angewiesen. Eng verwandt ist das Kammerlehen (*fief de bourse*), das nicht auf lokal radizierte Einnahmen, sondern pauschal auf die lehnsherrl. Finanzkammer verwiesen wurde. Dieser in Frankreich beliebte Typ erfüllte nach Aussage der dt. Lehnrechtsbücher allerdings nicht die Voraussetzung eines rechten Lehens, da ihm die »stat« als konkreter Bezugspunkt fehlte, der dem Vasallen die →Gewere an seinem Lehen vermittelte.

Der R.vertrag wurde häufig mit einer Klausel versehen, die dem Lehnsherrn erlaubte, die jährl. Rentenzahlung durch eine einmalige Geldzahlung in zehnfacher Höhe der Rente abzulösen. Diese Summe mußte unverzügl. vom Vasallen auf gleichwertiges Eigengut belegt werden, das dem Herrn zu Lehen aufgetragen wurde. Die Einkünfte aus dem Beleggut wurden auf ein Zehntel des Ablösebetrags fixiert, so daß dem Vasall eine Jahresrente in der gleichen Höhe wie zuvor zur Verfügung stand.

Prinzipiell zu unterscheiden, in der Praxis aber ähnl. waren die R., bei denen eine bestimmte Geldsumme als Lehnsobjekt diente. Dieser Betrag wurde jedoch nicht ausgezahlt, sondern durch eine Rente in Höhe von einem Zehntel des Grundbetrags ersetzt, bis die versprochene Geldsumme in die Hände des Vasallen gelangte. Die bis dahin angefallenen Jahresbeträge wurden nicht auf die Hauptsumme angerechnet. Auch bei diesem Typ mußte von der Lösungssumme Eigengut erworben und dem Lehnsherrn aufgetragen werden. Da die R. in Dtl. vorzugsweise an Burgmannen vergeben wurden, waren diese häufig zusätzl. verpflichtet, das Beleggut im Umkreis der lehnsherrl. →Burg anzusiedeln. Der Lehnsherr erreichte dadurch eine engere Bindung des Burgmannes an die Burg. K.-H. Spieß

Lit.: H. Mitteis, Lehnrecht und Staatsgewalt, 1933 [Neudr. 1958] – B. D. Lyon, From Fief to Indenture, 1957 – B. Diestelkamp, Das Lehnrecht der Gft. Katzenelnbogen, 1969 – K.-H. Spiess, Lehnsrecht, Lehnspolitik und Lehnsverwaltung der Pfgf.en bei Rhein im SpätMA, 1978 – K.-F. Krieger, Die Lehnshoheit der dt. Kg.e im SpätMA, 1979.

Rentier → Urbar

Renuntiationen, ma. Urkk.klauseln, die einen Verzicht auf die Anwendung →kanon. und →röm. Rechts, insbes. auf die Geltendmachung von Einreden und Rechtsbehelfen, aussprechen. Sie treten v. a. im 13. und 14. Jh. massenhaft auf, zuerst in lat., dann auch in volkssprachigen →Urkunden. In der Notariatspraxis (→Notar, Notariat) halten sie sich noch weit über das Ende des MA hinaus.

R. konnten entweder generell formuliert sein (»renuntio omni iure canonico vel civili«) oder die Einreden und Rechtsbehelfe, auf die verzichtet wurde, im einzelnen aufführen. Dabei ging es um die unterschiedlichsten Dinge, etwa die Geltendmachung von Willensmängeln oder Formfehlern, die Berufung auf die Unzuständigkeit des Gerichts oder auf →Privilegien des Bürgen, die Einrede des nicht gezahlten Kaufpreises.

Zweifellos sind die R. wichtige Zeugnisse für die zunehmende Bekanntschaft ma. Urkk.schreiber mit dem gelehrten röm.-kanon. Recht. Allerdings schien die Frage nach ihrer prakt. Bedeutung zunächst ins Leere zu gehen, da sie in den ungelehrten weltl. Gerichten der Zeit doch schwerlich eine Rolle spielen konnten. So hielt man die R. ztw. für Erzeugnisse einfallsloser Abschreiber von Formularen oder bestenfalls von Schreibern, die ihre Bildung hervorkehren wollten.

Erst die neuere Forsch. konnte zeigen, daß die R. durchaus von prakt. Bedeutung sein konnten, und zwar bei Prozessen vor den geistl. Gerichten, deren Zuständigkeit über die eigtl. kirchl. Sachen weit hinausreichte. Hierzu steht es nicht im Widerspruch, daß man namentl. in Frankreich die R. als den Versuch versteht, die einheim. Praxis vor Einwänden aus dem gelehrten Recht zu schützen. K. Kroeschell

Lit.: HRG IV, 901ff. [Lit.] – J. GILISSEN, L'apparition des renonciations dans le droit flamand (Mél. F. DE VISSCHER, III, 1950), 513–550 – K. KROESCHELL, Dt. Rechtsgesch., II, 1989⁷, 44f.

Réole, La, Abtei OSB (Priorat) in der →Gascogne, an der unteren Garonne (dép. Gironde), gegr. 977 von Hzg. Wilhelm Sancho und Bf. Gombaldus (Gombaud) v. Bordeaux, zugunsten der großen Abtei →Fleury, an einem Ort namens 'Squirs', der später den Namen 'La R.' (von lat. 'regula') annahm. Die Hypothese, daß es sich hierbei um bloße Restauration eines bestehenden Kl. gehandelt haben dürfte, wird heute in Zweifel gezogen. La R. und →St-Sever trugen entscheidend zur Strukturierung des Hzm.s Gascogne bei und fungierten als Stützpunkte der Benediktinerreform. Doch wurde →Abbo v. Fleury, als er die Reform in La R. durchführen wollte, von einer Gruppe aufsässiger Gascogner erschlagen (1004). Das Grab des Märtyrers in der Krypta von La R. trug zum wirtschaftl. Aufschwung des Priorats bei, dem bis ca. 1180 kontinuierlich reiche Schenkungen zuflossen. Ein aktiver →Burgus entstand, der frühzeitig mit Privilegien bewidmet wurde und sich 1206–08 als →Kommune organisierte. La R. bewährte sich auch als administratives Zentrum; in der von den Plantagenêt errichteten Burg, die neben der Kirche lag, amtete ein →Seneschall. Die Zerstörung des Priorats durch einen Aufstand der Bürger (1254) stellte den Bestand des Burgus nicht in Frage. B. Cursente

Lit.: Coll. du Millénaire de la fondation du Prieuré de La R., 1980.

Reolus, Bf. v. →Reims, † zw. 688 und 693. Der aus vermögender Familie stammende R. (Besitz in den Gauen Reims, Beauvais und s. der Loire) war zunächst Gf. wohl des Reimser Gaus; 673/674 wurde er Nachfolger Bf. Nivardus', dessen Nichte er zur Frau hatte. Er bemühte sich um die Vergrößerung des Besitzstandes der Reimser Kirche und gründete das Kl. Orbais (→Epernay). In den neustr.-austras. Konflikten spielte er eine bedeutende Rolle: zunächst auf Seiten →Ebroins, gehörte er zu den Hintermännern des Mordanschlags auf Kg. →Dagobert II. (679), stand gegen →Pippin II. (beteiligt an der Ermordung des Dux Martin), später wieder auf dessen Seite. Aus seiner Schaukelpolitik zog er stets Vorteile für sein Bm. U. Nonn

Q.: Cont. Fredeg. 3, 5 (MGH SRM II) – Vita Nivardi ep. Rem. 1, 9, 10 (MGH SRM V) – Flodoard, Hist. Rem. eccl. II, 7–10 (MGH SS XIII) – Lit.: DUCHESNE, FE III, 85 – L. DUPRAZ, Contribution à l'Hist. du Regnum Francorum pendant le 3ᵉ quart du 7ᵉ s., 1948 – E. EWIG, Die frk. Teilreiche im 7. Jh., TZ 22, 1953, 133–143 (= DERS., Spätantikes und frk. Gallien, I, 1976, 220–229) – G. SCHENK ZU SCHWEINSBERG, Reims in merow. Zeit [Diss. Bonn 1971], 143–149.

Réôme (Moutiers-St-Jean) → Moutiers-St-Jean

Reparata, hl. Die älteste Erwähnung einer hl. Jungfrau R. (Fest 8. Okt.) im Abendland geht auf die Mitte des 9. Jh. zurück. Der hist. kaum glaubwürdigen Passio zufolge handelt es sich um eine Märtyrerin aus Cäsarea in Palästina, die während der Christenverfolgungen unter Decius den Tod erlitt. Der Name R. erscheint nicht in den östl. hagiograph. Q. Nach einer anderen Legende (BHL 5223), die an die Legende der hl. Maria v. Antiochia und der hl. Büßerin Pelagia anknüpft, sei der Name R. nach ihrem Tode, als sich ihre Unschuld herausgestellt hatte (in diesem Sinne sei der lat. Name R. zu verstehen), einer Jungfrau Margarita gegeben worden, die als Mann verkleidet unter dem Namen Pelagius in einem Kl. gelebt hatte und fälschl. der Verführung einer Nonne beschuldigt worden war. Der R.-Kult fand in Italien bes. Verbreitung in Florenz, Neapel, Atri und in Teano, wo sich nach der Tradition die Reliquien der Hl. befinden sollen. F. Scorza Barcellona

Q.: AASS Oct. IV, 1780, 24–41 [vgl. BHL 7183–7189 und Novum Supplementum 7184b–7185] – AASS, Iul. IV, 1725, 287 [BHL 5323] – Lit.: Bibl. SS XI, 124–128 – Vie des Saints X, 213 – Catholicisme XII, 926 – LThK VIII, 1241f. – R. MORGHEN, Il culto di S. Margherita e di S. R. a Firenze (Tradizione religiosa dell'Occidente cristiano, hg. DERS., 1979), 49–64.

Repartimientos → Repoblación

Repetitio. R.nes, lat. 'Wiederholungen', waren im ma. →Rechtsunterricht, seit der Mitte des 13. Jh., bes. eingehende Spezialvorlesungen über einzelne Q.stellen (Lex, Paragraph, Institutionentitel; Capitulum), die von Zeit zu Zeit außerhalb der gewöhnl. Vorlesungen gehalten wurden und an die sich eine Diskussion mit den Studenten anschließen konnte. Die R.nes scheinen als freie Lehrveranstaltungen infolge der scharfen Reglementierung des Vorlesungsbetriebs durch das Puncta-System in →Bologna (B. IV) aufgekommen zu sein; später wurden sie den Rechtslehrern zur Pflicht gemacht. In Methode und Aufbau entsprachen R.nes den gewöhnl. Vorlesungen, doch gaben sie auch Gelegenheit zur systemat. Abhandlung des betreffenden Gegenstandes. R.nes pflegten reportiert oder schriftl. ausgearbeitet zu werden und wurden zusammen mit den Vorlesungen oder in bes. Sammlungen überliefert. P. Weimar

Q.: R.nes iuris civilis, Venetiis 1608 – R.nes iuris canonici, Coloniae Agrippinae 1618, I–VI [beide erschlossen durch M. ASCHERI–E. BRIZIO, Index R.num iuris canonici et civilis, 1985] – Lit.: M. BELLOMO, Saggio sull'Univ. nell'età del dir. comune, 1979, 229ff. – DERS., Società e istituzioni in Italia dal medioevo agli inizi dell'età moderna, 1984², 409 – C. H. BEZEMER, Les répétitions de Jacques de Révigny, 1987.

Repoblación (ptg. Repovoamento), Wiederbesiedlung der durch die Christen von den muslim. Invasoren zurückeroberten Gebiete der Iber. Halbinsel, die parallel zur →Reconquista im Laufe des 8. und 9. Jh. einsetzte und bis ins 16. Jh. andauerte. Die R. folgte, wenn auch häufig mit beträchtl. Zeitverzug, der Reconquista und war ihre notwendige, herrschaftssichernde Ergänzung. Da die erforderl. Siedler nicht in ausreichender Menge zur Verfügung standen und der Zuzug nördl. Kolonen, manchmal auch mozarab. Christen (→Mozaraber) aus dem →al-Andalus nur sehr langsam vonstatten ging, sind die in den ersten Jahrhunderten der Reconquista festzustellenden, vom Miño und dem Bierzo bis zum Duerotal und dem Oberlauf des Mondego reichenden entvölkerten Regionen nicht nur strateg. Grenzzonen zw. den chr. und muslim. Herrschaften, sondern auch Niemandsland, zu dessen Besiedlung vorerst die demograph. und ökonom. Kraft noch nicht ausreichte. Dafür sprechen auch die dort nachweisbare Anwesenheit von Wanderhirten und spärl. Siedlungskerne, so daß schließlich die Landnahme in Form der →Presura umso einfacher durchgeführt werden konnte. In Katalonien fand die Wiederbesiedlung sehr früh zu geregelten Formen, da die sog. 'Span. Mark' als peripherer Teil des Karolingerreiches an der frk. Verwaltungsorganisation partizipierte und spätestens seit der Einnahme Barcelonas durch Ludwig d. Frommen (801) die Ebrogrenze zwar wieder ins Blickfeld gerückt war, aber dafür der Grenzverlauf nach S bis ins 11. Jh. fast unverändert blieb. Den Mangel an geeigneten Siedlern versuchten die Karolinger durch die gezielte Ansiedlung von Hispani, mozarab.-westgot. Flüchtlingen aus dem arab. Machtbereich, als Militärkolonien unter Gewährung vorteilhafter Siedlungsprivilegien zu beheben. Die eigtl. R. fand jedoch mehr im Inneren der Iber. Halbinsel statt, wo die Kgr. e v. Asturien-León und Navarra sowie die Gft. Kastilien den stärksten Druck im Kampf gegen das Emirat, dann Kalifat v. →Córdoba sowie gegen die partikularen muslim. Grenzgewalten, v. a. die Walis v. →Zaragoza, aushalten mußten.

Einen bedeutenden Schub erlebte die R. seit der Regierungszeit Alfons' III. v. Asturien (866–911), der nicht nur durch seine Reconquistatätigkeit die notwendigen Voraussetzungen schuf, sondern auch an westgot. Traditionen anknüpfte, um im Rahmen des →Neogoticismus als Eroberungsziel die Wiederherstellung des Reiches v. Toledo und die Eroberung der früheren Hauptstadt zu propagieren, wodurch er den Zuzug mozarab. Siedler aus al-Andalus und mit anhaltendem Erfolg die notwendige Dynamik des Siedlungsprozesses forcieren wollte. Während in den nächsten Jahrhunderten Kastilien, (Asturien-) León und Galicien mit der Gft. Portucale durch Reconquista und R. ihre Reichsgebiete beträchtl. nach S ausdehnen konnten, wurde Navarra von diesem Prozeß abgeschnitten, da sich die Gft. Aragón, die im 11. Jh. zum Kgr. aufstieg, vorlagerte und in diesem Abschnitt der Grenze sowohl die Eroberung und Kolonisation als auch in Konkurrenz zu Kastilien-León und der Gft. Barcelona die Beziehungen zu den in Nachfolge des Kalifats v. Córdoba entstehenden Taifenreichen (→mulūk aṭ-ṭawā'if), v. a. Zaragoza, trug. Man hat die Gesellschaft(en) auf der Iber. Halbinsel als durch bes. Grenzsituationen geprägt gesehen und in diesem Zusammenhang zu Recht von einer »Society Organized for War« gesprochen. Für die R. bis zum Ende des 11. Jh. bedeutet dies, daß sie sowohl von freien Bauern, die oft ihre Freiheit ihrem Status als Grenzbauern zu verdanken hatten und nur kleine Besitzungen bewirtschafteten, als auch von kirchl. Institutionen (Bm.ern, Kl.), von adligen Grundherren, die ihren Besitz durch Kultivierung nach einer Landnahme im Auftrag und unter der Schutzhoheit des Kg.s erworben hatten, und schließlich von Städten in den Grenzzonen durchgeführt wurde, in denen sich ein funktional zu definierender Stadt- und Grenzadel ohne Tendenzen zur Schaffung grundherrl. Großbesitzes herausbildete, wie er nur unter diesen spezif. Bedingungen entstehen konnte.

Das Bild änderte sich allmähl., als mit der Einnahme v. →Toledo (1085) eine neue Phase der R. begann, die die Organisation des Siedlungsprozesses, unabhängig von der alten Auffassung, alles eroberte Land sei Eigentum des Kg.s, auch herrschaftstechnisch immer mehr in kgl. bzw. herrscherl. Hand konzentrierte, die aber auch durch die Einwanderung neuer Siedler v. a. aus dem frz. Bereich nördl. der Pyrenäen, insbes. entlang des Pilgerweges nach →Santiago de Compostela, gekennzeichnet war. Parallel dazu unterstützten in zunehmenden Maße frz., aquitan. und burg. Adlige die Reconquista, die nun den 'Hl. Kampf' gegen die Heiden als →Kreuzzug propagierten. Von Katalonien aus stieß man immer weiter nach S ins Ebrotal, nach Neukatalonien bis hin zum Kgr. Valencia vor, von Aragón aus trat man durch Vorstöße ins Tal des Jalón, nach Calatayud, Daroca, Zaragoza und Teruel in Konkurrenz zur kast. R., die sich hin zur südl. Meseta, in die Estremadura und nach Andalusien erstreckte, wo sie in der Estremadura mit den leones. Bemühungen um die Gewinnung neuer Siedlungsräume zusammenstieß; León wiederum traf in der Estremadura auf die Konkurrenz der nach Eigenständigkeit strebenden, bald zum Kgr. mutierenden Gft. Portugal, deren Gebiet nach S durch die Eroberung v. Coimbra und Lissabon beträchtl. erweitert wurde. Die zunehmende zentrale Steuerung der R. zeigte sich in der steigenden Bedeutung, die der Ausstellung von *cartas de población (cartas-pueblas)* und →*fueros* durch die Herrscher beigelegt wurde, die Ablauf, Umfang und rechtl. Grundlage des Siedlungsprozesses festlegten. Zudem wurde die R. seit der Mitte des 12. Jh. vermehrt durch zentralist. aufgebaute Institutionen durchgeführt, die sich deshalb als Instrument der Kg.sgewalt bes. eigneten. Es waren dies die neuen Orden, insbes. die →Zisterzienser, und die zumeist ebenfalls zisterziens. Geist verpflichteten Ritterorden (v. a. Orden v. →Calatrava, →Jacobusorden, Orden v. →Alcántara). Die große Stunde der Ritterorden kam jedoch im 13. Jh., als die Eroberung der Kgr.e v. Valencia und Mallorca durch die Krone Aragón, durch die Einnahme der meisten arab. Kgr.e in Andalusien und der Estremadura durch die Krone Kastilien und durch die Eroberung des Algarvereiches durch Portugal fast alle übriggebliebenen muslim. Herrschaften auf der Iber. Halbinsel mit Ausnahme des Nasridenreiches v. Granada einverleibt wurden. Nun trat die Ausbildung von großräumigen Grundherrschaften und Latifundien an die Stelle intensiver Besiedlung, so daß auch der extensiven wirtschaftl. Nutzung hauptsächl. durch Viehzucht (→Mesta) der Vorzug gegeben wurde. Die großen Städte und ihr Umland hingegen erfuhren unter Aufsicht der Kg.sgewalt eine minutiöse und zw. Kg., Adel, Kirche und ggf. weiteren, aus Städten rekrutierten Mitoberrern sowie den als Schutzbefohlenen zurückgebliebenen muslim. Siedlern genau abgewogene Aufteilung durch sog. *repartimientos*, die die alten freiere, aber unsystematischeren Formen der Besitzübernahme ersetzten, die Gefolgsleute des Kg.s und die Kirchen mit *donadíos*, andere *repobladores* mit Übertragungen in Form von *heredamientos* versorgten und eine minutiöse Kontrolle durch →Register (*Libros de Repartimiento*) ermöglichten. So kündigte sich schon lange vor dem endgültigen Abschluß der R. durch die Besiedlung Granadas Ende des 15./Anfang des 16. Jh. sowohl die zentralisierende Tendenz der monarch. Gewalt als auch der Prozeß der Territorialisierung (*señorialización*) mit seiner Ausbildung riesiger Adelsherrschaften als zukünftige Konkurrenz für das Kgtm. an.   L. Vones

Lit.: La Reconquista española y la R. del país, 1951 – J. M. Font Rius, Cartas de población y franquicia de Cataluña, I, 1 – II, 1969–83 – D. Claude, Die Anfänge der Wiederbesiedlung Innerspaniens (VuF XVIII, 1975), 607–656 – A. Barbero–M. Vigil, Sobre los orígenes sociales de la Reconquista, 1974 [Neudr. 1979] – S. de Moxó, R. y Sociedad en la España Cristiana Medieval, 1979 – Ch. J. Bishko, Stud.

in Medieval Spanish Frontier Hist., 1980 – J. M. Lacarra, Documentos para el estudio de la Reconquista y Repoblación del Valle del Ebro, 2 Bde, 1982–85 – M. González Jiménez, En torno a los orígenes de Andalucía. La R. del siglo XIII, 1988² – J. F. Powers, A Society Organized for War, 1988 – O. Engels, Reconquista und Landesherrschaft, 1989 – M. González Jiménez, Frontier and Settlement in the Kingdom of Castile (1085–1350) (Medieval Frontier Societies, ed. R. Bartlett–A. Mac Kay, 1989), 49–74 – M. L. Ledesma Rubio, Cartas de población del Reino de Aragón en los siglos medievales, 1991 – L. Vones, Gesch. der Iber. Halbinsel im MA, 1993.

Repostero (lat. repositarius), Amtsträger in den Reichen der Iber. Halbinsel, der in Kastilien und León z.T. die Funktion des Thesaurarius übernahm und im SpätMA für das 'repositum' zuständig war, das u.a. Gegenstände des persönl. Gebrauchs des Kg.s enthielt. Es gab verschiedene R.s mit unterschiedl. Aufgabenbereichen (z.B. Schlafgemächer; Auftragen der Speisen; Tafelgeschirr). Das Amt des R. wurde schließlich hierarch. aufgegliedert, so daß R.s Mayores andere R.s unter ihrer Aufsicht hatten, wie denn in den *Partidas* (Part. II, 9, 12) die R.s zum Kreis der Amtsträger für den persönl. Dienst am Kg. gezählt werden und in den *Ordinacions de Cort* Peters IV. v. Aragón 1344 zwei übergeordnete R. Mayores verankert sind, wodurch der Übergang zum Ehrenamt angezeigt wird.

L. Vones

Lit.: L. García de Valdeavellano, Curso de Hist. de las Instituciones españolas, 1982⁶, 491–496 – L. M. Rubio, Leyes de Alfonso X., III: Contribución al estudio de las definiciones léxicas de 'Las Partidas' de Alfonso X el Sabio, 1991, 252, 672 s.v.

Repraesentatio (theol.-philos., von »repraesentare«), Vergegenwärtigung, Vertretung. In der bibl. Tradition ist r. als vergegenwärtigen oder vertreten wichtig. Die Schöpfung repräsentiert den Schöpfer, der Mensch repräsentiert den sichtbaren Kosmos, Christus repräsentiert Gott in der Menschheit und diese vor Gott. In der Eucharistie ist Christus sakramental repräsentiert. Im gesellschaftl. Leben bedeutet r. eine Person oder eine Autorität vertreten, an jemandes Stelle sein und handeln. Im MA wurden diese Verwendungen vielfach präzisiert und ergänzt. Thomas v. Aquin umschreibt die Grundbedeutung: »Repraesentare aliquid est similitudinem eius continere«. Daß etwas ein anderes repräsentiert, erschließt sich durch Vergleichen. Grundlage kann eine vorgegebene Ähnlichkeit sein (r. ex se et naturaliter), die R. kann auch festgesetzt werden, insofern eines als Zeichen für anderes betrachtet wird (R. ex institutione). Jedwede R. ist letztl. ermöglicht durch die grundlegende Gemeinsamkeit alles Seienden. – Unmittelbar und anschaul. repräsentiert das in einem Spiegel erzeugte Bild, insofern die sichtbaren Formen von Bild und Gegenstand übereinstimmen. Vermittelt ist die R. durch Zeichen: Schriftzüge sind Zeichen für Sprachgebilde, diese repräsentieren Denkinhalte, die Sachverhalten entsprechen. Einzelheiten der das Erkennen prägenden R. (z.B. die species intelligibilis) waren umstritten. – Verursachtes repräsentiert die Ursache, sei es bloß als Spur (Rauch – Feuer), sei es nach Art eines Bildes, wenn beides ähnliche Seinsformen hat (ein Feuer als Wirkung eines anderen). Die geschaffenen Dinge im allg. repräsentieren den Schöpfer wie Spuren, die geistigen Geschöpfe können aufgrund ihrer spezif. Vermögen als bildhafte R. des dreieinigen Schöpfers angesehen werden (→Ebenbild Gottes). Zur R. im polit. Sinne →Repräsentation.

Für die Frage, wie die Kirche durch Papst und Konzil repräsentiert wird, waren Überlegungen des Wilhelm v. Ockham von Einfluß. Ihr galten die Auseinandersetzungen auf den Konzilien von Konstanz und Basel. Systemat. zusammengefaßt wurden die Meinungen durch Nikolaus v. Kues, ausgehend von dem Grundsatz: »R. in consensu tacito vel expresso est«. – R. wird in der Folgezeit zur Erläuterung philosoph. Lehrstücke v.a. der Erkenntnistheorie (Descartes, Leibniz) und der polit. Philosophie (Hobbes, Kant) verwendet. Auch heute bemüht man sich um eine Theorie gerechter R.

A. Zimmermann

Lit.: Der Begriff der R. im MA. Stellvertretung, Symbol, Zeichen, Bild, hg. A. Zimmermann, Misc. Mediaevalia 8, 1971 – H. Hofmann, Repräsentation. Stud. zur Wort- und Begriffsgesch. von der Antike bis ins 19. Jh., 1974, 1990² – HWPh 8, 1992.

Repräsentation, -srecht. R. bezeichnet in der Sprache des MA zunächst einmal, daß jemand die Stelle eines anderen einnimmt (»vicem alicuius repraesentare«; →Repraesentatio). Da die Rechtsfigur der Stellvertretung in der Antike und auch noch im MA nicht bekannt war, wird der Begriff im Sinne einer tatsächl. Vergegenwärtigung verwandt: Wenn etwa ein Personenverband, dessen Mitgliederbestand wechselnd ist, gleichwohl als überzeitl., dauerhafte Einheit verstanden wird, so spricht man davon, daß er die Stelle einer Person einnimmt (persona ficta oder repraesentata). Sehr bezeichnend ist die Formulierung →Michaels v. Cesena von 1328 im Hinblick auf den Franziskanerorden: Der Orden sei nicht etwa etwas Imaginäres oder eine Chimäre, sondern repräsentiere von Rechts wegen in Wahrheit eine Person (Hofmann, 145, Anm. 111). Im gleichen Sinne spricht bereits Papst Bonifatius VIII. in der Bulle »Unam sanctam« von der Kirche, daß sie ein corpus mysticum repräsentiere.

Bei der Ausbildung der städt. Kommune, im Zusammenhang mit der Formierung des Kfs.enkollegs und insbes. im →Konziliarismus gewann der Begriff der R. eine bedeutende Funktion, um die Jurisdiktionsgewalt einer Körperschaft zu begründen sowie die Leitungsbefugnis über sie und die Willensbildung in ihr zu umschreiben. Legitime Herrschaft über die Korporation beruht nach dieser Auffassung auf dem Konsens ihrer Mitglieder. Im Wahlakt schaffen die dazu berufenen Repräsentanten der Körperschaft (Kapitel, Stadtrat, Kurkolleg, Kard.skolleg usw.) eine doppelte Identität, da sie einerseits diejenigen repräsentieren, für die sie handeln, und da andererseits der von ihnen gewählte Jurisdiktionsträger die Gesamtheit der Korporation verkörpert. Das Mehrheitsprinzip bei der Wahl (Konsensbildung) wird gleichfalls mit der R. erläutert: Die maior pars repräsentiert das gesamte Gremium. In der Auseinandersetzung zw. Papst und Konzil um die Frage, wer der Inhaber der höchsten Gewalt in der Kirche sei, beriefen sich folgerichtig die Vertreter der konziliaren Auffassung auf die Theorie der R.: Das legitim zusammengetretene Generalkonzil repräsentiert als congregatio fidelium die gesamte Kirche (vgl. →Johannes v. Segovia, Hofmann, 271).

Im Privatrecht bezeichnet R. ein Prinzip des Verwandtenerbrechts, wo es zur Ergänzung der im spätma. Europa weitverbreiteten Parentelenordnung diente. Die Enkel des Erblassers waren ursprgl. nicht zum engeren Erbenkreis gerechnet worden. Die Parentelenordnung bestimmte, daß die nächstberufenen Erben die Kinder des Verstorbenen waren; auf sie folgten die Eltern des Erblassers und dann seine Geschwister. Das Recht der R. beantwortet die Frage, ob die Enkel des Erblassers an die Stelle ihres vorverstorbenen Vaters in der Erbfolge neben dessen Brüder treten, ihn also bei der Nachlaßverteilung repräsentieren, Das Recht der R., auch Eintrittsrecht genannt, bedeutete eine sich mühsam durchsetzende Bevorzugung der Nachkommen vor sämtl. Seitenverwandten.

H.-J. Becker

Lit.: O. v. GIERKE, Das dt. Genossenschaftsrecht, III, 1881 [Neudr. 1954] – R. HÜBNER, Grundzüge des dt. Privatrechts, 1930⁵, 766ff. – P. PAILLOT, La représentation successorale dans les coutumes du Nord de la France, 1935 – H. HOFMANN, R., 1990².

Repräsentationsbild

I. Frühchristentum – II. Byzanz.

I. FRÜHCHRISTENTUM: Der moderne Begriff R. (von lat. repraesentatio 'Darstellung' allg.) zielt auf Bilder, in denen die Wiedergabe eines hist. Ereignisses zu überzeitl., allg. gültiger Ehrung der Hauptperson(en) überhöht ist, oder die gänzl. aus hist. Zusammenhang gelöst sind (vgl. z. B. →Gesetzesübergabe; zum Übergang von hist. Szene zu zeitloser Theophanie →Himmelfahrt Christi). Formale Bildelemente spätantiker R.er für Beamte, Ks., Christus und Hl.e, die an die ma. Kunst weitergegeben wurden, sind z.B.: Frontalität; Axialsymmetrie mit Anordnung der Hauptperson auf der Mittelachse; →Bedeutungsgröße; Anordnung von Personengruppen nach Rangordnung in vertikalen Zonen, verbunden mit entsprechender →Akklamationsrichtung; Vermeidung der Überschneidung der Hauptperson durch Begleiter. Während private R.er und Darstellungen provinzieller Beamter mit Kollegen und Bürgern schon im 1. Jh. n. Chr. zahlreiche dieser Motive enthalten (claud. Grabrelief des Seivirn M. V. Anteros in Brescia: sogar schon Zonenanordnung und vertikale Akklamationsrichtung), verlief die Entwicklung im imperialen Bereich langsam. V.a. bei traditionell mit seitl. Anordnung und Profildarstellung verbundenen Themen begnügte man sich noch lange damit, nur den Geehrten möglichst frontal darzustellen, zu erhöhen und freizustellen. Mit der R.ern der Tetrarchen im Lagerheiligtum in Luxor und am Galeriusbogen in Thessaloniki war zu Beginn des 4. Jh. der Stand erreicht, an den spätere Ks.- und Christusbilder anknüpften, wenn auch ein unmittelbares Vorbild für die frühesten Christushuldigungen auf zwei röm. Sarkophagen in Arles und Florenz (um 300) nicht erhalten blieb. Dem thronenden Christus auf dem Sarkophag des Junius Bassus v. J. 359 dient Caelus als Fußschemel wie zuvor den Ks.n; v.a. viele →Apsisbilder chr. Kirchen waren formal und durch Aufnahme imperialer Details (vgl. z.B. →Hand Gottes) eng mit der ksl. R. verbunden. J. Engemann

Lit.: RAC XIV, 966–1047, s.v. Herrscherbild – R. DELBRUECK, Die Consulardiptychen und verwandte Denkmäler, 1929 – A. ALFÖLDI, Die monarch. Repräsentation im röm. Ksr.e, 1970 – H. GABELMANN, Antike Audienz- und Tribunalszenen, 1984 – T. F. MATHEWS, The Clash of Gods, 1993 [Method. verfehlte Ablehnung der Verbindungen vom chr. zum ksl. R.]

II. BYZANZ: Der Typus des röm. R.s wird in byz. Zeit v.a. in der Ks.ikonographie weitergeführt. In frühbyz. Zeit noch vollplast. Ks.statuen und Reiterbilder (Bronze, Stein [häufig →Porphyr], reduziert sich diese Gattung in mittelbyz. Zeit auf Reliefs. Beim →Elfenbein verliert das ksl. R. mit dem Auslaufen der Konsulardiptychen Ende der frühbyz. Zeit nicht an Bedeutung und wird in der Form von Krönungsbildern (Moskau: Konstantin VII., Paris: Romanos und Eudokia) weitergeführt. Die Münzprägung verbreitet traditionell das offizielle Ks. bild durch den Handel auch weit über die Grenzen des Reiches hinaus. Das R. von Beamten wandelt sich zunehmend zum →Stifterbild in Relief, Mosaik, Wand- und Buchmalerei. Das Christusbild (→Jesus Christus, III) in der Form eines ksl. R.s in kosm. Kontext erhält in byz. Zeit spezielle ikonograph. Ausprägungen im →Pantokrator und in der →Deesis, die ihrerseits wieder in größere Bildkompositionen (Parusie, Gerichtsbild u.a.) als fest geprägte Motive eingebaut werden. Dazu tritt auch das autonome Marienbild (→Maria, hl., B. II) in vielfältiger Ausprägung, auch in speziellen Verbindungen zum Christusbild. Das Hl.nbild wird formal als R. aufgefaßt. Früh bemächtigen sich auch die wichtigsten Theophaniedarstellungen der formalen Elemente des R.s (Frontalität usw.; vgl. Abschn. I) und können daher in Bildprogrammen zentrale Stellen einnehmen. Die dominierende Rolle des R.s in der byz. Kunst insgesamt hat auch die ma. Kunst des W stark bestimmt (→Bildnis, A). M. Restle

Repressalien(recht) (represalia), im MA das von einer Autorität (Kommune, Lehensherr etc.) einem ihr Untergebenen zugestandene Recht, sich gewaltsam am Eigentum Fremder oder fremden, auch nicht direkt verantwortlichen Personen für die Erfüllung einer Verpflichtung oder die Wiedergutmachung erlittenen Unrechts schadlos zu halten. Gewalt konnte gegenüber einem fremden Schuldner oder einem seiner Landsleute oder deren Staat angewandt werden. Die R. konnten zu Ritorsionen und Kriegen mit schweren Konsequenzen für den internationalen Handelsverkehr führen. Als Voraussetzungen der Bevollmächtigung zu R. (»Repressalienbriefe«) verlangten die Kommunen, daß der Kredit gesichert, daß dem Kreditgeber nicht sein Recht geworden war und daß alle Lösungsversuche gescheitert waren. Die Kommunen waren bestrebt, das R. auf äußerste Notfälle zu beschränken; die Kirche trachtete danach, deren Ursachen zu eliminieren: sie schrieb vor, die Schulden gegenüber Fremden zu begleichen und ihnen ihr Recht zu geben. Von R. ausgeschlossen waren Pilger, Studenten und Kaufleute. In manchen Städten wurden eigene Amtsträger (»Ambasciatori delle Rappresaglia«) eingesetzt. Zur Ausbildung der Lehre vom R.recht (das im röm. Recht nicht anerkannt, aber von städt. Statuten, internationalen Verträgen und Kanones geregelt wurde) trugen Juristen wie Bartolus, Albericus de Besate und Johannes de Legnano bei. Was ursprgl. eine unerlaubte Gewaltmaßnahme gewesen war, wurde zu einem charakterist. Rechtsinstitut des SpätMA. Mit der Entwicklung des modernen Staates wurden die für den Freihandel und für die friedl. internationalen Beziehungen verderbl. R. eliminiert. G. Vismara

Lit.: G. BALLADORE-PALLIERI-G. VISMARA, Acta pontificia iuris gentium, 1946, 190–192, 195, 205 – G. S. PENE VIDARI, Rappresaglia, Storia (Enc. diritto 38, 1987), 403–410.

Repton, Abtei in Mittelengland (Gft. Derbyshire), in der Frühzeit wohl eine bedeutendere Siedlung der 'Hrepingas', eines der kleineren Stammesverbände, aus denen das Kgr. →Mercien hervorging, in der Folgezeit dann wahrscheinl. Zentrum eines kgl. Grundbesitzes. Im späten 7. Jh. entstand hier ein Doppelkl., in dem der hl. →Guthlac um 702 die Gelübde ablegte. R. war Bestattungsort der Kg.e →Æthelbald († 757) und Wiglaf († 840) sowie des ermordeten Prinzen Wigstan († 849); die aus dem 8./9. Jh. stammende Krypta des hl. Wystan/Wigstan (mit gedrehten Säulen und Wandpfeilern!) war, nach den Ausgrabungen der 1970er/1980er Jahre, offenbar ursprgl. ein freistehendes kgl. Mausoleum. Der Krieger zu Pferde auf einem skulptierten Kreuzfragment wurde kühn als »Darstellung Kg. Æthelbalds in der Fülle seiner Jahre und seiner Macht« etikettiert. Das Winterlager der nach England eingefallenen →Wikinger (873–874) bezog die Kirche v. R. in seinen Verteidigungsring ein; das Gelände des Kirchhofs wurde für Bestattungen, vielleicht der einheim. Bevölkerung, genutzt. Nach der engl. Rückeroberung des Gebietes hatte R. seine alte Bedeutung eingebüßt. Ein Haus der Augustinerchorherren wurde in R. um 1153/60 errichtet; es bezog um 1172 eine ältere Gründung in Cathe ein, die Kirche

(ð Holy Trinity) wurde erst gegen Ende des Jahrzehnts vollendet. Sie hatte Pfarrechte über einen weiten Sprengel mit zahlreichen Kapellen (1291: 26 Kanoniker, bei der Aufhebung 1538: 15). Nur eine Hs. aus R. konnte bislang identifiziert werden. D. A. Bullough
Q. und Lit.: VCH Derbyshire 2, 58–62 – F. WILLIAMSON, R. Charters, Journ. of the Derbys. Arch. and Nat. Hist. Soc. 53 no. 6, 1933 – C. H. KNOWLES u.a., Heads of Religious Houses, 1972, 182 – M. BIDDLE–B. KJOLBYE-BIDDLE, The R. Stone, ASE 14, 1985, 233–292 – M. BIDDLE, L. A. S. BUTLER, R. K. MORRIS, The Anglo-Saxon Church (Papers i.h. of H. M. TAYLOR, CBA Research Report, 1986), 14–22 – H. M. TAYLOR, St. Wystan's Church, R., Derbys., Arch. Journ. 144, 1987, 205–245.

Requesens, Burg und Adelsgeschlecht in →Katalonien (munic. La Jonquera/comarca Alt Empordà). Der Besitz der im 11. Jh. von Gf. Gaufred II. v. Roussillon in der Gft. Peralada errichteten Burg war lange Zeit zw. den Gf.en v. →Roussillon und →Ampurias umstritten. 1172 erwarb der Infant Raimund Berengar, Gf. v. Ampurias, die Burg, die 1418 durch Erbschaft an die Hauptlinie der →Rocaberti fiel. Das Geschlecht selbst leitet sich von den Kastellanen der Burg ab, als deren erster Arnald v. R. (1182–1205) bezeugt ist. Ab dem 13. Jh. kam auch die gleichnamige Burg in Gerona als Lehen der →Montcada in den Besitz der Familie. Unklar sind die verwandtschaftl. Beziehungen zu dem Kaufmannsgeschlecht R. in Tarragona, das ab dem 13. Jh. an Bedeutung gewann, im 14. Jh. in den Ritterstand aufstieg und im 15. Jh. geadelt wurde, nachdem es 1462 im Bürgerkrieg Johann II. unterstützt hatte. Mitgliedern dieser Familie wurden hohe Ämter wie das des Generalgouverneurs v. Katalonien übertragen.

U. Vones-Liebenstein

Lit.: Dicc. d'Hist. de Catalunya, 1992, 913 – Gran Enciclopèdia Catalana XII, 498–503 [genealog. Taf.] – Catalunya romànica IX, 503f. – P. NEGRE PASTELL, El Castillo de R., Anales de Inst. de Estudios gerundenses 9, 1954, 171–232 – DERS., El Linaje de R., ebd. 10, 1955, 25–148 – R. CATALÀ I ROCA u.a., Els Castells Catalans, II, 1969, 421–424 – C. BATTLE, La crisis social y económica de Barcelona en mediados del siglo XV, 2 Bde, 1973.

R., Galcerán (Galeran) **de,** † 1465 in Valencia, Eltern: Lluis de R. und Relat, Herr v. Altafulla und Nou, und Konstanze v. Santacoloma, ∞ Elisabet Joan Dessoler, Herrin v. Martorell und Rosanes; Kinder: sechs Söhne und sieben Töchter. Anhänger der →Trastámara-Dynastie, begann R. seine polit. Laufbahn unter Kg. Alfons V. v. Aragón, der ihm die Baronie Molins de Rei mit der Pfarrei Santa Creu d'Olorda am unteren Llobregat schenkte (1430) und ihn 1435 zum Batlle General v. Katalonien, 1442 zum Gobernador General des Prinzipats ernannte. Bald in heftigen Auseinandersetzungen mit dem von den *ciutadans honrats* beherrschten Rat der Hundert (→Consejo de Ciento) v. Barcelona, suchte R. die Unterstützung der populären Partei der →Busca, die mit seiner Hilfe zw. die Oberhand gegenüber der oligarch. Partei der →Biga gewinnen konnte. Unter der Statthalterschaft der Kgn. Maria hatte er sich ihren autoritär monarch. Kurs zunutze gemacht, um das Stadtregiment in den Griff zu bekommen. Zwar mußte er, seit Okt. 1453 (bis 31. Mai 1454) erster nicht der Kg.sfamilie angehöriger Generalstatthalter für Katalonien, manche Niederlage einstecken, doch tat dies seinem Aufstieg (1454 auch kgl. Gobernador v. Mallorca) keinen Abbruch. Durch die Thronfolge Kg. Johanns II. (1458) gewann R. noch an Einfluß, wurde in den erbl. Adelsstand erhoben und erhielt seinen Amtssitz in Barcelona, den Palau Menor, geschenkt. Dennoch mußte er schließlich vor den Schergen des wieder mächtigen Consell fliehen, wurde ergriffen, eingekerkert (1461), durch Kgn. →Johanna Enríquez abgesetzt und mußte den Prinzipat verlassen. Mit den Streitkräften Johanns II. kehrte er 1462 im Bürgerkrieg zurück und wurde 1464 nochmals Stadtkommandant v. Lérida. Bei seinem Tod hinterließ er außer den gen. Besitzungen noch Altafulla, Torredembarra sowie das feste Haus v. Clairà und wurde Ahnherr der Gf.en v. Palamós. L. Vones

Lit.: Gran Enciclopèdia Catalana XII, 499–502 – C. BATLLE, La crisis social y económica de Barcelona a mediados del siglo XV, 2 Bde, 1973 – S. SOBREQUÉS I VIDAL – J. SOBREQUÉS I CALLICÓ, La guerra civil catalana del segle XV, 2 Bde, 1973 – S. SOBREQUÉS I VIDAL, Societat i estructura política de la Girona medieval, 1975.

Requests, Court of (*C. of Whitehall, C. of Poor Men's Causes*), ein hoheitsrechtl. Gerichtshof, der im späten 15. Jh. als ein Ausschuß des →Council erschien. Sein Name wurde zuerst in den Order Books 1529 gebraucht. Er umfaßte normalerweise vier berufsmäßige Magister und ein Register. Der Lord of the →Privy Seal war nominell Präsident des Gerichtshofes, doch waren die Magister die eigtl. Richter. Zwei ordentl. Magister dienten dem Kg., zwei außerordentl. waren für die Rechtsgeschäfte des C. of R. in Whitehall zuständig. Die Magister waren Juristen des Gewohnheitsrechts und des röm. Rechts, wobei die letzteren Mitglieder der Doctors' Commons, der Korporation der Doctors of Laws, waren. Die Popularität des Gerichtshofes wuchs im 16. und im frühen 17. Jh., weil er sich zu einem billigen Gerichtshof für das Billigkeitsrecht (→Aequitas) entwickelte und die »Strenge des Gesetzes« erleichterte. Durch den Zusammenschluß mit dem Court of →Chancery überlebte der C. of R. eine ernsthafte Bedrohung seiner Legitimität durch die Juristen des Gewohnheitsrechts in der Elisabethan. Zeit. Der C. of R. war zuständig für Zivilklagen, die des Billigkeitsrechts bedurften, oft infolge des Fehlens eines Schriftstücks. →Requêtes. L. M. Hill

Lit.: I. S. LEADAM, Select Cases ... C. of R. ..., 1898 – The Ancient State ... of the C. of R. ..., ed. L. M. HILL, 1975.

Requêtes, kgl. frz. Gerichtshöfe (s.a. →Maître des requêtes).
Die *R. de l'Hôtel,* in ihrer frühen Phase als 'Türgericht' (*plaids de la porte* [de l'Hôtel du roi]) bezeichnet, waren ein Gericht, das die Bitt- und Klagschriften (*requêtes*) entgegenzunehmen und über sie zu richten hatte. Die Richter, vom Kg. delegierte Personen des Hofes, wurden zunächst als 'suivants' oder 'poursuivants du roi' bezeichnet, bis unter Philipp VI. (1328–50) der Name 'Maîtres des requêtes de l'Hôtel' aufkam. Sie hatten das Recht, im Parlement zu Gericht zu sitzen.
R.s du Palais hieß das Gericht des →Parlement, das sich mit den Bittgesuchen zu befassen hatte, da diese seit dem 13. Jh. auch im Parlement selbst übergeben wurden. Der Gerichtshof, der 1296 als autonome Kammer konstituiert wurde, nahm bald den Namen 'Chambre des r.' an.

E. Lalou

Lit.: F. AUBERT, Le Parlement de Paris de Philippe le Bel à Charles VII (1314–1422), 1887–90 – DERS., Hist. du Parlement de Paris (1250–1515), 1894 – F. LOT – R. FAWTIER, Hist. des institutions françaises au MA, 1958.

Requêtes de l'Hôtel → Maître des Requêtes

Reric, Handelsplatz (*emporium*) an der sw. Ostseeküste im Gebiet der →Abodriten. Eine genaue und endgültige Lokalisierung ist wohl nicht möglich; die Kombination schriftl. Q. mit archäolog. Funden weist auf die Wismarer Bucht (nahe der abodrit. Hauptburg →Mecklenburg), weniger auf die Küste →Wagriens (Oldenburg, Alt-Lübeck). Offenbar erlangte R. als *port of trade* Bedeutung, als einer jener multiethnischen Kaufmannssiedlungen, deren

Existenz für die wikingerzeitl. →Ostsee kennzeichnend war (→Birka, →Alt-Ladoga, →Ralswiek, →Wolin); aus R. bezog der dän. Kg. →Gudfred reiche Einkünfte. Im Konflikt mit den Abodriten zerstörte er i. J. 808 R. und entführte die Kaufleute nach Sliesthorp (→Haithabu). Ein Jahr später tritt R. nochmals in Erscheinung, als Schauplatz der von Gudfred initiierten Ermordung des Abodritenfs.en Drazko. Der von den Dänen gebrauchte Name R. ('Röhricht'?) blieb erhalten: In der Form 'Reregi' begegnet er noch bei →Adam v. Bremen (und→Helmold v. Bosau) als Bezeichnung für die Abodriten. Ch. Lübke

Q.: Ann. regni Francorum, hg. F. Kurze, MGH SRG (in us. schol.) 6, 1895, a. 808f. – Lit.: B. Friedmann, Unters. zur Gesch. des abodrit. Fsm.s bis zum Ende des 10. Jh., 1986, 134–139 – J. Herrmann, Zur Struktur von Handel und Handelsplätzen im sw. Ostseegebiet vom 8.-10. Jh., Ber. der röm.-germ. Komm. 69, 1988, 720–739 – F. Wietrzichowski, Unters. zu den Anfängen des frühma. Seehandels im s. Ostseeraum unter bes. Berücksichtigung der Grabungsergebnisse von Groß Strömkendorf, 1993, 44f.

Res (philos.-theol.). R. (lat., 'Ding', 'Sache'), übersetzt von →Boethius bis →Wilhelm v. Moerbeke gr. πρᾶγμα. Im ursprgl. jurist. Sinn ist r. als 'Frage', 'Fall', 'Problem', im rhetor. Kontext als 'Sinn', 'Sachverhalt' zu verstehen. R. im Plural übers. gr. ὄντα. R. bezeichnet so die Gesamtheit der Dinge, die erst durch hinzutretende Bestimmungen oder mittels Entgegensetzungen präzisiert wird (r. gestae, publica, divina, familiaris; r. und verbum). Augustins theol. Deutung von r. als Bezeichnung der Trinität (de doct. christ. I, 15) führte zu einer weiteren, im MA oft kommentierten Ausdehnung der Bedeutung. Für →Abaelard ist es möglich, daß der r. propositionis keine r. subjecta entspricht. →Avicenna begreift r. im sprachlog. Kontext als das, worauf sich eine Aussage bezieht, unabhängig davon, ob es zu den konkreten (r. in exterioribus) oder gedachten (r. in intellectu) Gegenständen zu rechnen ist (ed. S. van Riet, 1977, 33, 37f.). Seit →Gerhard v. Cremona wird r. zu den →Transzendentalien gezählt, wobei Thomas v. Aquin den fest umgrenzten Inhalt eines Seienden als r. versteht (De ver. 1, 1) und →Bonaventura zw. einer allg., eigtl. und eigentlicheren Bedeutung von r. differenziert. R. im letzteren Sinn ist nur im Blick auf die Geschöpfe und die an sich seienden Substanzen auszusagen, während r. im allg. Sinn von reor ('[be]rechnen') her und im eigtl. Sinn a ratitudine zu begreifen ist: »von der Stabilität und Gesichertheit (ratitudo) seitens des Seiendheit« (In 2 Sent:, d. 37, dub. 1.). Mit ratitudo prägt Bonaventura einen Begriff, den u. a. →Johannes Duns Scotus übernimmt. Nach ihm besitzt r. als Gegenstand der Erkenntnis eine ratitudo, der es nicht widerstrebt, verwirklicht zu werden. Im SpätMA wurde die ontolog. Struktur der r. (Substanz und Akzidentien) fragwürdig, was nicht ohne Folgen für die (Sakramenten-)Theologie (z. B. r. sacramenti; Transsubstantiation) blieb. M. Gerwing

Lit.: HWP VIII, 892–901 – LThK³ [K. Hedwig; Ding, Ding an sich] [im Dr.] – L. Honnefelder, Die Lehre von der doppelten Ratitudo entis (Studia scholastico-scotistica 5, 1972), 661–671 – P. Hadot, Sur divers sens du mot Pragma (Concepts et catégories dans la pensée antique, hg. P. Aubenque, 1980), 309–319 – L. Honnefelder, Scientia transcendens, 1990.

Res (rechtl.). R., lat. 'Sache', 'Ding', 'Gegenstand', 'Angelegenheit' usw., bezeichnete in der röm. Rechtssprache das Rechtsobjekt, d.h. den körperl. oder unkörperl. Gegenstand eines Rechts, das dem Berechtigten zugeordnete Rechtsgut – im Gegensatz zur Persona, näml. dem Menschen als Träger von Rechten und Pflichten. Eine Klage, deren Gegenstand eine Sache oder ein Recht war, die der Kläger in Anspruch nahm, hieß »actio in rem« – im Gegensatz zur »actio in personam«, deren Gegenstand eine Leistungspflicht des Beklagten oder, nach archaischer Vorstellung, dessen Person war. R. war auch das Begehren, das durch Klage (→actio) zum Gegenstand eines Rechtsstreits, zum »Streitgegenstand« wurde. »R. uxoria« war daher weniger die Dos, das 'Frauengut', als vielmehr das Begehren geschiedener oder verwitweter Frauen auf deren Herausgabe, das mit der »actio rei uxoriae« geltend gemacht wurde. Ein Pactum de non petendo (Einrede) wurde entweder »in rem« abgeschlossen und erfaßte dann die Actio als solche oder »in personam« und half dann nur dem Schuldner persönlich, nicht aber z. B. seinen Erben. Worauf sich mein Anspruch bezieht, was er umfaßt, »mea in re est«; daraus sind »mea interest« und das Juristenwort »Interesse« geworden. – »Reus«, 'Prozeß-', 'Vertragspartei', ist stammverwandt. P. Weimar

Lit.: Heumann-Seckel, 511ff. – A. Walde-J. B. Hofmann, Lat. etymolog. Wb., 1972⁵, II, 430 – W. Kunkel-H. Honsell, Röm. Recht, 1987⁴, 224 Anm. 4.

Res naturales. Die r. n. gehören zusammen mit den →res non naturales und den →res praeter naturam zum Kern der systematisierten Gesundheits-und Krankheitslehre der med. Scholastik, die in den latinisierten arab. Lehrschriften des 11. und 12. Jh. ('Tegni Galieni', 'Isagoge Johannitii', 'Liber Pantegni' des Haly Abbas, 'Liber de medicina ad Almansorem' des Rhazes, 'Canon medicinae' des Avicenna) die hippokrat.-galen. Tradition für das MA und die frühe NZ festschrieb. Die r. n. begründen mit den beiden anderen res-Reihen die Theorie (theorica) der Medizin, die die Phänomene Gesundheit (sanitas), Krankheit (aegritudo) und deren Zwischenbereich, die Neutralität (neutralitas), als Gleichgewicht bzw. Ungleichgewicht der körperl. Abläufe beschreibt. Auf der Theorie beruht die Praxis (practica) der Medizin, die mit den Methoden der →Diätetik (diaeta, →regimen sanitatis), Pharmazeutik (→materia medica, potio) und →Chirurgie (chirurgia) die Ziele der Gesunderhaltung (conservatio sanitatis), Prophylaxe (praeservatio) und Therapie (curatio) verfolgt. Die r. n. bezeichnen die Natur des Menschen in einem siebengliedrigen System der Physiologie und Anatomie in ihrer Verflechtung von Elementen, Qualitäten, Säften, Strukturen und Funktionen. Im einzelnen sind dies: 1. *elementa*, die vier Elemente Feuer, Luft, Wasser und Erde mit ihren Qualitäten warm, kalt, feucht und trocken; 2. *commixtiones* (= *complexiones*), die verschiedenen Mischungsverhältnisse der Elemente und Qualitäten; 3. *compositiones* (= *humores*), die vier Körpersäfte Blut, Schleim, gelbe Galle und schwarze Galle in ihrem komplexen Zusammenspiel; 4. *membra*, die Organe des Körpers; 5. *virtutes*, die im Körper wirkenden Kräfte, unterteilt in virtus animalis, virtus spiritualis und virtus naturalis; 6. *operationes* (= *actiones*), die physiolog. Funktionen, die durch die virtutes bewirkt werden (z.B. Verdauung, Ausscheidung); 7. *spiritus*, die hauchartige Substanz als Vermittlerin der Kräfte und Funktionen, die als spiritus animalis vom Gehirn zu den Nerven, als spiritus vitalis vom Herzen in die Arterien und als spiritus naturalis von der Leber in die Venen zieht. Zu den sieben r. n. treten die vier *res naturales additae*, die den menschl. Natur unter typolog. Gesichtspunkten differenzieren: 1. *aetates*, die vier Lebensalter (adolescentia, iuventus, senectus, senium); 2. *colores*, die Haut-, Haar- und Augenfarben; 3. *figura*, die äußere Gestalt, bes. der dicke und magere Körperbau; 4. *distantia inter masculum et feminam*, die Unterschiede der Geschlechter. Diese Typologie nach Alter, Körpergestalt und Geschlecht steht in Beziehungen zur →Physiognomik.

W. Schmitt

Lit.: Th. Meyer-Steineg, Studien zur Physiologie des Galenos, SudhArch 5, 1912, 172–224; 6, 1913, 417–448 – K. Schönfeldt, Die Temperamentenlehre in dt.sprachigen Hss. des 15. Jh. [Diss. Heidelberg 1962] – E. Schöner, Das Viererschema in der antiken Humoralpathologie, 1964 – R. E. Siegel, Galen's System of Physiology and Medicine, 1968 – W. Schmitt, Theorie der Gesundheit und 'Regimen sanitatis' im MA, 1973.

Res non naturales oder sex res non naturales (→res naturales, →res praeter naturam) repräsentieren die in den Lehrbüchern der med. Scholastik und den Regimina sanitatis (→Regimina) zentrale und für die ma. Medizin bes. charakterist. Gesundheitslehre. Sie umschreiben sechs fundamentale Lebensbereiche, die der Mensch einzeln und in ihrer Gesamtheit regeln und ordnen muß, damit er das Gleichgewicht der Gesundheit erhalten oder wiedererlangen kann. Zusammen mit den →res naturales und →res praeter naturam sind sie zugleich Bestandteil der scholast. Krankheitslehre, die von fließenden Übergängen zw. sanitas, aegritudo und dem Mittelfeld des neutralitas ausgeht. Die sex r. n. n. fächern sich in folgende Bereiche auf (meist auch in dieser Reihenfolge:

1. *aer* = Luft als Inbegriff der klimat. und geograph. Umwelt. Die Qualität der Luft hinsichtl. Temperatur, Feuchtigkeit, Geruch und Reinheit, das Klima im Wechsel der vier Jahreszeiten, der Wandel der Gestirnskonstellationen, die Windverhältnisse, die geograph. Lage (Klimazonen, Hoch- und Tieflandklima, Gebirgs- und Seeklima, Bodenbeschaffenheit) sind in ihren physiolog. und patholog. Wirkungen katalogisiert und bedürfen einer gesundheitsrelevanten Beachtung.

2. *cibus et potus* = Speise und Trank. Grundlage ist eine allgemeine Speisenlehre, die die Wirkungen von guter und schlechter, schwerer und leichter, feiner und grober Nahrung, jeweils bezogen auf die traditionellen Qualitäten warm, kalt, trocken und feucht, behandelt. Darauf baut eine spezielle Nahrungsmittellehre auf, die pflanzl. und tier. Nahrung (Früchte, Kräuter, Gemüse, Wurzeln, Obst – Landtiere, Fische, Geflügel und deren Produkte) nach ihren gesundheitl. Aspekten detailliert erörtert. Ebenso erfahren die Getränke, insbes. Wasser und Wein, genaueste Würdigung.

3. *motus et quies* = Bewegung und Ruhe. Hierunter werden die körperl. Auswirkungen maßvoller oder übermäßiger, aktiver oder passiver Bewegung, bezogen auf den ganzen Körper oder einzelne Körperteile, sowie der Bewegung bei der Arbeit oder beim Sport dargestellt. Die gesundheitl. Wirkungen werden auch hinsichtl. spezieller berufl. Tätigkeiten (Handwerker, Jäger, Fischer, Seeleute, Kaufleute) und verschiedener Sportarten (Ringen, Reiten, Laufen, Steinwerfen) differenziert. Ferner wird Bewegung allgemein im Hinblick auf Qualität, Quantität und Geschwindigkeit betrachtet. Die Ruhe ist in ihren physiolog. Wirkungen im wesentl. als Komplementärbegriff der Bewegung behandelt.

4. *somnus et vigilia* (oder *vigiliae*) = Schlafen und Wachen. Die Regelung der Schlafdauer und der Wachphasen wird nach ihren gesundheitl. Belangen auf der Grundlage der jeweiligen physiolog. Vorgänge beschrieben. Der Schlaf bewirkt eine Erholung des Gehirns und fördert die Verdauungsabläufe, wobei ein ausgewogenes Verhältnis zu den vor dem Schlafengehen aufgenommenen Speisen wesentl. ist. Das Wachen hingegen bringt Stärkung von Sinnestätigkeit und Motorik sowie Austrocknung des Körpers mit sich.

5. *repletio et evacutio (repletio et inanitio; secreta et excreta)* = Füllung und Entleerung, umfaßt die Regulierung der Körperausscheidungen, wie Stuhl und Winde, Urin und Menstrualblut, Auswurf aus Mund und Nase, Erbrechen. Dazu gehören auch das Purgieren und der Aderlaß. Außerdem wird hier die Sexualität (coitus) mit ihren vielfältigen Beziehungen zu den übrigen r. n. n. im Sinne einer Sexualhygiene abgehandelt. Das Baden (balneum) wird hier ebenfalls integriert, das den Körper von überflüssigen Säften befreit. Beim Baden sind die Lufttemperatur des Baderaumes ebenso zu berücksichtigen wie die Beschaffenheit des Badewassers. Schließlich wird auch die auf das Bad folgende Massage (fricatio) in ihren diversen Wirkungen einbezogen, balneum und fricatio sind bei manchen Autoren auch unter motus et quies eingeordnet.

6. *accidentia animi* (oder *animae; affectus animi; motus animi*) = die Gemütsbewegungen. Abgehandelt werden die sechs Affekte Zorn (ira), Freude (gaudium sive laetitia), Angst (angustia), Furcht (timor), Traurigkeit (tristitia) und Scham (verecundia). Gesundheit oder Krankheit hängen entscheidend von einem maßvollen Umgang mit den Affekten ab, die im übrigen gleichermaßen als körperl. wie als seel. Phänomene gelten. Wesentl. Elemente einer Psychohygiene und Psychosomatik sind in diesem Ansatz enthalten.

Die Lehre von den sex r. n. n. intendiert eine Lebensordnung als Gesundheitsordnung von ihren körperl., seel. und ökolog. Grundlagen her. Vorraussetzung der Gesundheit ist eine Kunst der Lebensführung (ars vivendi) als Kultivierung der Natur des Menschen. W. Schmitt

Lit.: R. Herrlinger, Die sechs R. n. n. in den Predigten Bertholds v. Regensburg, SudArch 42, 1958, 27–38 – H. Schipperges, Lebensordnung und Gesundheitsplanung in medizinhist. Sicht, Arzt und Christ 8, 1962, 153–168 – L. J. Rather, The »Six Things Non-Natural«. Note on the Origins and Fate of a Doctrine and a Phrase, Clio Medica 3, 1968, 337–347 – S. Jarcho, Galen's Six Non-Naturals. A Bibliograph. Note and Translation, BHM 44, 1970, 372–377 – J. J. Bylebyl, Galen on the Non-Natural Causes of Variation in the Pulse, BHM 45, 1971, 482–485 – P. H. Niebyl, The Non-Naturals, ebd., 486–492 – W. Schmitt, Theorie der Gesundheit und 'Regimen sanitatis' im MA, 1973.

Res praeter naturam (r. praeternaturales, r. contra naturam, →res naturales, →res non naturales) sind in der Theorie der med. Scholastik die Krankheiten mit ihren Ursachen und Symptomen als die gegen die Natur des Menschen gerichteten »Dinge«. In dieser allgemeinen Pathologie bedeutet zunächst Krankheit (*morbus, aegritudo*) eine Schädigung des Körpers (»Morbus est, qui principaliter corpori nocet«, Isagoge Johannitii). Als Krankheitsursachen (*causae morbi, occasiones*) gelten v. a. Störungen der physiolog. und anatom. Verhältnisse der →res naturales sowie, über deren Vermittlung, Veränderungen im Gleichgewicht der →res non naturales. Dieser Ätiologie schließt sich eine Symptomatologie an, die die Krankheitszeichen (*accidentia morbum sequentia, signa, significationes*) systematisiert und u. a. Zeichen der vergangenen, gegenwärtigen und zukünftigen Krankheiten differenziert. Hierin zeigen sich Grundlinien einer Semiotik (Zeichenlehre) mit einer Auffächerung in Anamnestik, Diagnostik und Prognostik. W. Schmitt

Lit.: M. Neuburger, Gesch. der Medizin, II, 1911 – H. Schipperges, Die Assimilation der arab. Medizin durch das lat. MA, 1964 – D. Gracia Guillén–J. L. Peset, La medicina en la baja edad media latina (siglos XIV y XV) (Historia universal de la medicina, hg. P. Laín Entralgo, III, 1972), 338–351 – W. Schmitt, Theorie der Gesundheit und 'Regimen sanitatis' im MA, 1973 – H. Schipperges, Der Garten der Gesundheit. Medizin im MA, 1987².

Resafa (Nordsyrien; altsyr. Rasappa, im AT Rezef, bei Ptolemaeos *Ῥησάφα*, röm. Risapha, Rosapha, byz. und kirchenpolit. seit 6. Jh. Sergiupolis, arab. Ruṣāfat Hišām). Archäolog. bisher nachweisbar ist das Kastell der röm. Okkupationsphase im 1. Jh. n. Chr. Um 300 Tod des chr.

Märtyrers Sergios; Beginn der Wallfahrt nach R. Im 6. Jh. höchste Bauentfaltung. 724–743 Omayyadenresidenz (südl. außerhalb der Stadt Reste von Palästen etc.; Gartenpavillon des frühen 8. Jh.). R. war bis zum Ende um 1260 eine chr. geprägte Stadt. Profanbauten: bedeutende Zisternen, Reste des Forums, komplett erhaltene Stadtbefestigung (2 km lange, bis zu 15 m hohe Mauer; 50 Türme und 4 Toranlagen). Unter den vier monumentalen, archäolog. untersuchten Kirchen seien erwähnt die früheste nachweisbare Sergiosbasilika und die bis ins MA als Kathedrale und Pilgerkirche mit entsprechenden Einrichtungen dienende Weitarkadenbasilika (Hl. Kreuz, Bas. A). 1982 Schatzfund aus silbervergoldeten Votivgefäßen, die zw. 1243 und 1258 versteckt wurden. Darunter eine in Syrien gefertigte Kopie eines spätroman. Meßkelchs, eine aus W-Europa importierte Patene sowie ein profaner Hanap aus dem Besitz Raouls I. v. →Coucy (gefallen 1191 vor Akkon im III. Kreuzzug) mit zahlreichen Wappenschilden.   T. Ulbert

Lit.: J. Kollwitz u.a., ArchAnz 1954, 119–159; 1957, 64–109; 1963, 328–360; 1968, 307–343 – W. Karnapp, Die Stadtmauer von R. in Syrien, 1976 – T. Ulbert, Die Basilika des Hl. Kreuzes in R.-Sergiupolis, RESAFA II, 1986 – Ders., Der kreuzfahrerzeitl. Silberschatz aus R.-Sergiupolis, ebd. III, 1990 – D. Sack-Gauss, Die Große Moschee von R.-Ruṣāfat Hišām, ebd. IV, 1994.

Resava (Manasija), Dreifaltigkeitskl. bei Despotovac (Serbien), Stiftung und Grablege des Despoten →Stefan Lazarević († 1427), 1406–18 erbaut und ausgemalt. Die Kirche und die zehntürmige Befestigung mit dem mächtigen Donjon sind gut erhalten, vom Refektorium nur Ruinen. Neben →Ravanica ist R. das einzige Beispiel einer fünfkuppeligen Kirche der →Morava-Schule. Die Steinfassaden sind im Unterschied zu den meisten serb. Kirchen der Zeit monochrom und ohne plast. Gestaltung, die Biforien und Monoforien haben got. Bögen. Die Ausmalung, luxuriös durch die reicheVerwendung von Gold und Azur, ist in der Ornamentik der Einrahmungen und Gewänder sehr dekorativ. Stilist. folgt sie Vorbildern aus Thessalonike in der 2. Hälfte des 14. Jh. wie auch aus den serb. Kl. Ravanica und Sisojevac. R. war z. Z. von Stefan Lazarević wichtigstes kulturelles Zentrum Serbiens; die Bücher aus seinem Skriptorium dienten später als Vorlagen.   V.J. Djurić

Lit.: V. J. Djurić, Die byz. Fresken in Jugoslawien, 1976, 150–155, 278 [Lit.] – B. Živković, Manasija, Les dessins des fresques, 1983.

Reservatio mentalis, Ergebnis einer lebensnahen Beschäftigung mit dem Verhältnis von Selbst- oder Fremdschutz und der →Lüge. Nachdem Augustinus und Thomas v. Aquin keine Güterabwägung bei der Beurteilung der Lüge gestatten und sie für unter keinen Umständen zu rechtfertigen erklärt hatten, erhob sich die Frage, wie das Verbergen der Wahrheit – die r. – sittl. zu beurteilen sei. Bei der r. stricte m. unterschiebt der Sprechende eindeutigen Ausdrücken einen zweiten Sinn oder macht einen Vorbehalt und teilt dem Hörenden somit eine bewußt verzerrte oder unvollständig gehaltene Information mit; deren Kenntnis allein aber würde es dem Hörer ermöglichen, die Wahrheit zu erkennen. Der Hörer ist außerstande, von sich aus auf die fehlende Information zu schließen. Bei der r. (restrictio) late m. drückt der Sprechende seine Gedanken wirkl. aus und macht keinen Vorbehalt, bedient sich aber einer mehrdeutigen Ausdrucksweise, doch vermag der Hörer bei genauer Prüfung der Umstände zur Wahrheit vorzudringen (Beispiel: Athanasius entgegnet den Häschern, die ihn aufspüren wollen, aber nicht kennen: »Athanasius ist nicht weit von hier«). Die r. stricte m. ist nach Thomas v. Aquin nie zu rechtfertigen, weil sie die Wahrheit verzerrt, wohl aber die r. late m., da sie kein Mißbrauch der Sprache ist und der Hörende sich selbst in die Irre führt; doch muß ein gewichtiger Grund für die r. vorliegen und zu schweigen verräter. sein (S. th. II II 110). Dem HochMA ist die Überlegung geläufig, daß die Wahrheit verborgen werden dürfe, wenn das Recht des Fragenden auf das erfragte Wissen fehle (vgl. Johannes v. Erfurt, Summa Confessorum I. 5. 5. B, hg. N. Brieskorn, 1980, I, 152). Robert de Curson (Cod. Brug. lat. 247, fol. 85ᵛ–91) trug zur Erarbeitung der r. m. bei.   N. Brieskorn

Lit.: LThK VI, 703f. – LThK² VI, 1198–1200 – RGG VI, 1511–1515 – Wetzer und Welte's Kirchenlex. X, 1897², 1082–1088 – A. M. Landgraf, Der verfolgte Feind und das nichtgehaltene Versprechen in der Theol. der Frühscholastik, DT 22, 1944, 3–30, 217–227.

Reservation heißt, daß einem kirchl. Jurisdiktionsträger eine bestimmte Rechtshandlung vorbehalten ist, wobei R.sfälle die sakramentale Absolution von Sünden, die Lossprechung von Kirchenstrafen und die Verleihung von Kirchenämtern betreffen. Die R. der Lossprechung von Sünden und Kirchenstrafen entwickelte sich in der 2. Hälfte des 11. Jh.; zunächst dem Papst vorbehalten, stand sie seit dem 12. Jh. Bf.en, im 13. und 14. Jh. auch Provinzialkonzilien und Metropoliten zu. Mit der Beichtjurisdiktion wurde die R. auf Priester übertragen oder auch delegiert. R.en bezogen sich auf Vergehen gegen die Person und Autorität des Klerus, gegen die Macht und die Rechte der Kirche. Die erste gemeinrechtl. R. erließ das II. Laterankonzil (1139, c. 15); im 14. Jh. gab es etwa 30 R.sfälle. Für die R. wesentl. wurden die sog. →Abendmahlsbullen der Päpste. Bei den bfl. R.en von Ämtern lag der Schwerpunkt im Gewissensbereich, durch den Zusammenhang mit der Beichte wurden sie aber auch für den Rechtsbereich (forum externum) bedeutsam. Bei den R.en von Ämtern unterschied man zw. r.es generales und r.es speciales (z.B. beneficia in curia vacantia oder bestimmte Dignitäten), ferner zw. r.es reales, r.es personales sowie r.es mentales. Neben der R. findet sich auch der Ausdruck affectio, der jene Fälle meinte, in denen der Papst die Hand auf ein bestimmtes Benefizium legte. Die Generalr.en finden sich in den Kanzleiregeln (1.–9., 68.), über denen die päpstl. Konstitutionen standen. Die päpstl. Regelungen beginnen mit Alexander III. (s. a. →Provision) und erleben ihren Höhepunkt mit Clemens IV. (1265, VI 3. 4. 2.: R. des Papstes für an der röm. Kurie erledigte Ämter), Bonifatius VIII. (VI 3. 4. 34–35) und Clemens V. (Extravag. comm. 3. 2. 2.). Sie haben die R.sgrundsätze weiterentwickelt (bestimmte Arten von Kirchenämtern oder Benefizien [v.a. durch Tod in Rom erledigte]; Dignitäten der Domkapitel und Kollegiatsstifte; Wiederbesetzung von Ämtern, die der letzte Inhaber durch →Deposition, Anfechtung, Versetzung, Wahl oder Verzicht verloren hatte). Gegen die Ausdehnung der R.en wandten sich die Reformkonzilien des 15. Jh. Für die Entwicklung bis zum Ende des Reiches wurden die →Konkordate ausschlaggebend.   R.Puza

Lit.: DDC VII, 635ff. – HRG IV, 929f. – LThK² VIII, 1248f. – Hinschius III, 113–167 – Plöchl II, 20 2f., 378ff. – E. v. Ottenthal, Die päpstl. Kanzleiregeln von Johannes XXII. bis Nikolaus V., 1888.

Reservatrechte (iura caesarea reservata, relicta), Hoheitsrechte, die dem Ks. nach dem verfassungsgesch. bedeutsamen Reichstag v. →Worms 1495 von seiner ursprgl. plenitudo potestatis verblieben und die im Gegensatz zu den Hoheitsrechten standen, deren Ausübung dem Herrscher im dualist. strukturierten Reich fortan nur gemeinsam mit dem Reichstag möglich war (iura comitialia, Komitialrechte). Die R. zerfallen in zwei Gruppen: So sind die sog. iura reservata limitata oder regalia imperatoria et electoribus communia (z. B. Erteilung von Münz-, Zoll- und Stapelgerechtigkeiten), bei deren Wahrnehmung der Herrscher der Zustimmung der Kfs.en bedurfte, von den eigtl. R.n (iura caesarea illimitata) zu unterscheiden, die der Ks. im gesamten Reich ausüben konnte, ohne daß eine Einwilligung der Kfs.en oder des Reichstags erforderl. gewesen wäre, und für deren Wahrnehmung er den anderen Verfassungsorganen auch keine Rechenschaft schuldig war. Bei der Ausübung der R. im engeren Sinn waren dem Herrscher nur insoweit Grenzen gezogen, als er nicht gegen die von ihm beschworene →Wahlkapitulation, die Reichsrechte oder die Rechte der →Reichsstände verstoßen durfte. Zu den R.en im engeren Sinne zählten das bereits im 5. Kap. der →Goldenen Bulle v. 1356 dem Reichsoberhaupt »reservierte« und von den Herrschern bis zum Ende des Alten Reiches wahrgenommene Recht, als oberster Lehnsherr die Belehnung mit →Regalien vorzunehmen, das Recht zur Erteilung von Standeserhöhungen, zur Ernennung von ksl. →Notaren, zur Vergabe von Univ.sprivilegien und akadem. Graden, zu Volljährigkeitserklärungen, zur Bestätigung von →Adoptionen. Ein Teil dieser Rechte (z. B. die Stellung als oberster Lehnsherr sowie das Recht, Standeserhöhungen vorzunehmen) stand ausschließl. dem Ks. zu (iura reservata exclusiva), während andere Rechte konkurrierend zur ksl. Ausübungspraxis auch von den Landesherren wahrgenommen wurden (iura reservata cumulativa) wie z. B. Volljährigkeitserklärungen oder die Legitimation unehel. Geborener. Eine genaue reichsrechtl. Fixierung der R., wie man sie während der Westfäl. Friedensverhandlungen v. 1648 ins Auge gefaßt hatte, wurde nicht durchgeführt, so daß der tatsächl. Umfang der R. umstritten blieb.

R. Mitsch

Lit.: HRG II, 476–481 – J. Pratje, Die ksl. R. Jura caesarea reservata [Diss. masch., Erlangen 1957] – H. Conrad, Dt. Rechtsgesch., II, 1966, 67 f.

Residenz. [1] *Begriff:* Dem mlat. »residentia« als allg. Bezeichnung des Wohn- und Aufenthaltsorts einer Person stehen zahlreiche Q.nbegriffe wie »sedes« oder »caput regni« gegenüber, welche die bes. Bedeutung von Orten und Baulichkeiten ideell-rechtl., möglichst von der Tradition sanktionierter Qualität hervorheben, die mit herausgehobenen Akten der Herrschaftsausübung und Regierungspraxis des Kg.s verbunden waren (z. B. →Frankfurt als Wahlort, →Aachen als Krönungsort, →Speyer als Grablege, →Nürnberg als Ort der ersten Reichsversammlung nach der Krönung und Hort der →Reichsinsignien). Damit decken sich die ma. Bedeutungs- und Bewußtseinsinhalte nur zu einem geringen Teil mit dem modernen Forsch.sbegriff 'R.' als einem herrschaftl. Handlungs- und Legitimationszentrum.

[2] *Merkmale:* Die R. ist ein fsl. Herrschaftsmittelpunkt innerhalb eines annähernd geschlossenen Territoriums. Die zahlenmäßige Häufung, Periodizität und Dauer von Herrscheraufenthalten an einem Ort sowie der bes. Charakter der hier vorgenommenen Regierungs- und Verwaltungsakte heben einen R.ort aus dem →Itinerar heraus. Aufgrund der zunehmenden Verschriftlichung in Recht und Verwaltung lösten sich im späteren MA Kanzlei und Ämter von der Person und Entourage des Fs.en und verblieben aus Gründen der Zweckmäßigkeit ohne Rücksicht auf die Wege ihres Herrn an einem Ort, an dem sich auf diese Weise Zentralbehörden ausbildeten. Die R. hielt ihren Fs. allerdings nicht auf Dauer fest, der weiterhin seine Reisen zu Zwecken der Herrschaftsausübung, Repräsentation und Vergnügen nutzte. Die repräsentative Ausgestaltung des R.ortes durch hochrangige architekton. Werke im Profan- wie Sakralbau, das Aufgeben des Verteidigungscharakters alter Burgen zugunsten repräsentativer Schloßbauten, die Einrichtung von Bildungsinstitutionen bis hin zur Univ. brachten den Charakter der R. auch als ideelles Zentrum des Landes zum Ausdruck.

[3] *Entwicklung und Typologie:* Vom 5. bis zum 12. Jh., einer Zeit des Reisekgtm.s, gab es in Europa – abgesehen vom Mittelmeergebiet mit seiner ununterbrochenen Städtekultur (Konstantinopel, Palermo, Rom u. a.) – keine festen R.en. Erst seit dem 13. Jh. bildeten sich zuerst in W-Europa mit den alten Vororten London und Paris Hauptstädte zentralist. organisierter Staatsgebilde aus, während es dem dt. Kg. nicht gelang, einen einzigen zentralen Ort im Reich als R. zu schaffen. Der wesentl. Grund dafür war, daß keine der →Pfalzen der dt. Kg.e von einer mit der frz. →Krondomäne vergleichbaren geschlossenen Reichsgutzone umgeben war, welche die Herrscher zu einer eigenen Flächenherrschaft hätten ausbauen können. Aufgrund des durch die Wirrnisse des →Interregnums geförderten fortschreitenden Territorialisierungsprozesses mit der Ausbildung selbständiger Herrschaften der Fs.en konnte diese Möglichkeit nur noch im Rahmen des jeweiligen Hausmachtgebietes der Kg.shäuser verwirklicht werden. So entwickelten sich auch den Territorialherrschaften der Luxemburger in Böhmen und der Habsburger in Österreich seit dem 14. Jh. die gewissermaßen subsidiären Hauptstädte Prag und Wien. Das Dt. Reich ist daher nicht ein 'Reich ohne Hauptstadt', sondern eines mit vielen Hauptorten, die in enger Wechselbeziehung mit der Ausbildung und Festigung der spätma. Territorien entstanden. In ganz Europa vollzog sich daneben – z. T. mit gewaltiger Phasenverschiebung und Entwicklungsbrüchen aufgrund von Landesteilungen, Zusammenlegungen getrennter Landesteile, territorialer Verluste, Dynastiewechseln etc. – der langgestreckte Prozeß fsl. R.bildung vom 12. bis ins 17. Jh.

Zuerst stand für die geistl. Fsm.er fest, wo in Zukunft ihr Herrschaftsschwerpunkt liegen würde. Seit dem 12. Jh. war die →Bf.sstadt Ansatzpunkt für die residenzartige Ausgestaltung des Dombezirks. Hier kollidierte jedoch seit dem 13. Jh. das Bedürfnis nach Freiheit und Selbstverwaltung der erstarkenden Bürgergemeinde mit den Herrschaftsbestrebungen des Bf.s, so daß die Bf.e wie in →Mainz und →Köln die Stadt als dauernde R. aufgaben und sich mit ihrer Hofhaltung und Regierung an einem nahegelegenen kleineren Ort wie Eltville und Aschaffenburg bzw. Brühl und Bonn niederließen. Bei den weltl. Reichsfs.en konnte sich der Prozeß der Auswahl einer Burg oder Stadt unter einer größeren Anzahl von Möglichkeiten lange hinziehen wie z. B. in der Mark Brandenburg, wo unter den Hauptorten Brandenburg, Stendal, Tangermünde und Spandau schließl. Berlin-Cölln mit der Errichtung des Stadtschlosses zur R. der Hohenzollern wurde. Die Ansätze für die Verbindung von landesherrl. R. mit dem Sozialgebilde der Stadt lagen bereits im SpätMA, aber erst in der frühen NZ kam die Ausstrahlung der R. und Hofgesellschaft auf die Stadt in sozialer, rechtl., wirtschaftl. und kultureller Hinsicht zu eigtl. Entfaltung.

B. Studt

Lit.: HRG IV, 930–933 – W. Berges, Das Reich ohne Hauptstadt (Das Hauptstadtproblem in der Gesch., 1952) – H. C. Peyer, Das Aufkommen von festen R.en und Hauptstädten im ma. Europa (Ders., Kg.e, Stadt und Kapital, 1982) – H. Patze–G. Streich, Die landesherrl. R. im spätma. Dt. Reich, BDLG 118, 1982, 205–220 [Lit.; in aktualisierter Form: H. Ahrens, Jb. der hist. Forsch., 1984, 29–36] – K.-U. Jäschke, Nichtkgl. R.en im spätma. England, 1990 – K. Neitmann, Was ist eine R.? (Vorträge und Forsch.en zur R.enfrage, hg. P. Johanek, 1990) –

Fsl. R.en im spätma. Europa, hg. H. Patze–W. Paravicini, 1991 – K. Schulz, R.stadt und Ges. vom Hoch- zum SpätMA (Territorium und R. am Niederrhein, hg. K. Flink–W. Janssen, 1993).

Residenzpflicht. 1. R. bezeichnet die Verpflichtung der Burgmannen, auf oder nahe bei einer →Burg zu leben. Hielt man bei der Vergabe von →Burglehen urspgl. an der R. fest, so zeichnete sich seit dem 13. Jh. ein Wandel ab. Vermehrt ging man dazu über, die R. auf bestimmte Zeiträume, teilweise sogar nur auf Notzeiten zu beschränken und die Stellung von geeigneten Vertretern für die Wahrnehmung der Burghut zu gestatten. Aus der R. resultierte der Zusammenschluß der Burgmannen zu bes. Rechts- und Gerichtsgenossenschaften, die noch im 15. Jh. eine Sonderzuständigkeit in allen Rechtsstreitigkeiten, die die Mitglieder der Burgbesatzung oder die mit der Burg verbundenen Lehen betrafen, wahren konnten. R. Mitsch

Lit.: HRG I, 562ff. – V. Rödel, Reichslehenswesen, Ministerialität, Burgmannschaft und Niederadel. Stud. zur Rechts- und Sozialgesch. des Adels in den Mittel- und Oberrheinlanden während des 13. und 14. Jh., 1979 – K.-F. Krieger, Die Lehnshoheit der dt. Kg.e im SpätMA (ca. 1200 bis 1437), 1979, 58–64.

2. R., die mit einem kirchl. Amt verbundene Anwesenheitspflicht. →Präsenz.

Resignatio
I. Kanonistik – II. Mystik.

I. Kanonistik: Die R. (renuntiatio [allgemeinerer Begriff], cessio [auch dimissio]) ist Amts- oder Pfründenverzicht. Benefizien und Ämter wurden auf Lebenszeit verliehen. Es zeigte sich seit dem 4. Jh., daß der Geistliche sein Amt nicht eigenmächtig aufgeben konnte, doch war die Aufgabe seiner Stellung möglich. Gründe für die R. entwickelten sich im 4.–6. Jh. Die Notwendigkeit einer Genehmigung (z.B. durch die Provinzialsynode) ist aber in dieser Zeit noch nicht sichtbar, allenfalls durch den Kg. und die Mitbf.e (im Frankenreich). Die R.smöglichkeit und die Akzeptanz von Begründungen wurden durch Synoden und Metropoliten langsam gesteuert; ab dem 12. Jh. verlangten die Päpste ihre Zustimmung zum Verzicht auf ein Bf.samt (X 1. 9. 4) (Begründung: eheähnl. Band). Auch bei niederen Benefizien war Verzicht möglich, z.T. auch in die Hände des Grund-(Eigenkirchen-) oder Patronatsherren. Die R. war erst nach Annahme wirksam. Der Verzichtende mußte im Vollbesitz der geistigen Kräfte, unbeeinflußt von Gewalt und Angst, frei von Simonie sein; Minderjährige konnten nur mit Zustimmung ihres Gewalthabers resignieren. Solange zwei Anspruchsberechtigte im Prozeßweg ihr Recht geltend machten, konnte ein Verzicht nicht zugunsten einer dritten Person ausgesprochen werden. Für die R. war ein gerechter Grund erforderl., nach Innozenz III. waren dies folgende Gründe: Verbrechen, Krankheit, Altersschwäche, mangelndes Wissen, große Abneigung des Kirchenvolkes, welche die Ausübung der Seelsorge unmögl. machte, Erregung großen Ärgernisses, Irregularität wegen sukzessiver Bigamie oder Verheiratung mit einer Witwe. Für niedere Kirchenämter waren die Regeln weniger streng. Es entschied der Obere, d.h. der Bf. (oder ihm gleichstehende Ordinarien) bzw. bei Freistehen des Bf.sstuhls das Domkapitel (oder der Kapitelsvikar). War die Gültigkeit der R. fraglich, war zwar der Verzichtende, nicht aber der kirchl. Obere gebunden (→Raimund v. Peñafort); eine angenommene R. konnte nicht mehr widerrufen werden (Innozenz III. im IV. Laterankonzil). Stillschweigende R. lag vor, wenn jemandem eine andere Seelsorgspfründe verliehen wurde. Die erstere ging dann zumeist verloren. Keine Rechtsvorschriften bestanden für die Form der R. (auch mündl.). Der Verzicht war unter Bedingung möglich; zugunsten eines Dritten (R. in favorem tertii) war er schließlich so häufig, daß er im Kurialstil mit R. schlechthin bezeichnet wurde. R. Puza

Lit.: DDC VI, 660, 434, 467, 473, 484 – LThK² VI, 192f. – Hinschius III, 264–285 – Plöchl II, 204ff.

II. Mystik: Seit dem 12. Jh. verwendeten Autoren einer bes. auf Konformität mit dem göttl. Willen absehenden →Mystik (Bernhard v. Clairvaux, Sent. II, 54 Op. omn. VI/2, 36, 9; Wilhelm v. St.-Thierry, Expos. epist. Rom. 2 CChr. CM 86, 58 u.a.) den in der →Devotio moderna zentral gewordenen und im SpätMA bevorzugt mit →Gelassenheit übersetzten Begriff der R. Als der demütig liebende Wille, der ein wechselseitiges Zueinander von Gott und Mensch begründet, ist R. die allein gültige Lebensform, die der Seele vor Gott Freiheit, Würde und Frieden bringt (→Imitatio Christi III, 37; IV, 7ff.). Nach H. Herp, Spieghel der volcomenheit III, 56, ed. L. Verschueren, 1931, 352, 21 spürt die Seele in der Berührung durch Gott, daß sogar Gott selbst ihr sich resignieren will. Den Grad der R. steigerte man, anfangs noch als Gedankenexperiment formuliert, bis zur 'resignatio ad infernum', die die Bereitschaft eines Menschen meint, auf das eigene Heil bei Gott verzichten zu wollen, d.h. selbst in die Hölle gehen zu wollen, um so noch ausdrücklicher die Ergebung in den Willen Gottes kundzutun. M. Laarmann

Lit.: HWPh VIII, 909–916 [Lit.].

Resignation, anonymes ae. Gedicht des →Exeter-Buches, das oft als Reueelegie bezeichnet wird. Bliss und Frantzen stellten 1976 fest, daß das Ende von Folio 118v mit dem Ende von Zeile 69 übereinstimmt und daß die Zeile 70 des Textes mit Folio 119 beginnt. Sie nahmen an, daß hier ein Blatt fehlte. Auf der Grundlage syntakt., metr. und handschriftenkundl. Brüche postulierten sie, daß auf dem fehlenden Blatt ein Gedicht geendet und ein anderes begonnen habe. Die beiden Hälften bezeichneten sie als R. »A« und R. »B«. R. »A« ist in den Psalmen ähnl. Gedicht, R. »B« ist eine exzentr. Klage über das Exil, die der eleg. Tradition der ae. Dichtung ganz unähnl. ist (→Elegie, V). Conners handschriftenkundl. Analyse bestätigt diese Trennung. Es werden andererseits aber auch Argumente für die themat. Einheit des Gedichtes angeführt (Klinck). A.J. Frantzen

Bibliogr.: Renwick-Orton, 197 – NCBEL I, 296 – *Ed.:* ASPR III, 215–218 – A. Klinck, The OE Elegies: A Critical Ed. and Genre Study, 1993 – *Lit.:* E. G. Stanley, OE Poetic Diction, Anglia 73, 1955, 413–466 – A. J. Bliss–A. Frantzen, The Integrity of R., RES 27, 1976, 385–402 – A. Klinck, R.: Exile's Lament or Pentitent's Prayer?, Neophilologus 71, 1987, 423–430 – P. Conner, Anglo-Saxon Exeter: A Tenth-Century Cultural Hist., 1993.

Reskribendar. In der päpstl. →Kanzlei mußten Urkk., deren →Reinschrift aus irgendeinem Grunde beanstandet wurde, neu geschrieben werden, und zwar (theoret.) auf Kosten des Schuldigen. Die Verteilung dieser »litterae rescribendae« an die →Skriptoren war Aufgabe des R.s, der dabei von einem →Computator überwacht wurde; die normalen Urkk. wurden vom →Distributor und seinem Computator ausgeteilt. Die Kanzleireform Johannes' XXII. beschränkte den Distributor auf die Justizsachen, während seine Rolle für die Gnadensachen R. (unter Beibehaltung dieses Titels) übernahm. Eine gesonderte Behandlung der litterae rescribendae erfolgte seitdem nicht mehr. Dem R. oblag demnach für die Gnadensachen die Gebührenfestsetzung sowie die Aufgabe der »aequalis distributio«, d.h. der gleichmäßigen Verteilung von Arbeit und Einnahmen unter die Skriptoren, die deshalb schwierig war, weil die Höhe der →Taxe nicht von der Länge der Urk. abhing. R. (und Computator) wurden zunächst für jeweils 6, seit 1445 für jeweils 3 (manchmal auch 4) Monate eingesetzt. Der Kanzleivermerk des R.s steht links unter der Plica. Th. Frenz

Lit.: Bresslau I, 303–308 – P. Herde, Beitr. zum päpstl. Kanzlei- und Urkk.wesen im 13. Jh., 1967², 181ff. – Th. Frenz, Die Kanzlei der Päpste der Hochrenaissance, 1986, 108–115, 466–470.

Reskripte (im unspezif. Sinn dem röm. Recht entnommen) stellt die päpstl. Kanzlei aus, um auf geschehene →Appellation hin Richter am Ort mit der Entscheidung des Falles zu beauftragen (Delegationsr.). Die Urkk. haben entweder die Form der »litterae minoris iustitiae« und werden »per viam correctoris« mit der Verlesung in der →Audientia litterarum contradictarum expediert (→litterae, →Kanzlei), oder sie ergehen als →Breve, und zwar gewöhnl. als »breve supplicationi introclusa«. Die Formulare für die litterae sind im Formularium audientiae (→Formel, -sammlungen, A. II) gesammelt. Th. Frenz

Lit.: P. Herde, Audientia litterarum contradictarum, 2 Bde, 1970 – Ders., Zur Audientia litterarum contradictarum und zur 'R.technik', AZ 69, 1973, 54–90.

Responsa Nicolai I. papae ad consulta Bulgarorum ('Die Antworten des Papstes Nikolaus I. auf die Anfragen der Bulgaren'), Text einer päpstl. Botschaft aus dem Jahre 866 als Antwort auf 115 (nicht im Wortlaut überlieferte) Fragen, die Fs. →Boris I. Michail v. →Bulgarien im Zusammenhang mit der Christianisierung des bulg. Volkes (865) und seiner kirchl. Umorientierung durch eine eigene Gesandtschaft dem Papst →Nikolaus I., wohl in griech. Formulierung, übermittelte (Aug. 866). Unter Mithilfe von →Anastasius Bibliothecarius erstellte der Papst 106 Antworten, die der bulg. Gesandtschaft und der sie begleitenden päpstl. Mission am 13. Nov. 866 ausgehändigt wurden. Die R., ein wichtiges Dokument der päpstl., in Konkurrenz zu Byzanz (→Photios) stehenden Missions- und Primatspolitik, sind ein getreuer Spiegel der damaligen bulg. Wirklichkeit, eine Hauptquelle für Leben, Sitten, Kultur und Staatsaufbau der Bulgaren im 9. Jh. Einen zentralen Platz nimmt in den R. die vorsichtige Reaktion des Papstes auf die Forderung des bulg. Herrschers nach Gründung einer autokephalen Kirche mit einem Patriarchen als Oberhaupt ein (→Patriarchat). Die R., die in das kanon. Recht der röm. Kirche einflossen, wurden bei den Streitigkeiten zw. Papsttum und Patriarchat v. Konstantinopel herangezogen. Sie sind in mehreren lat. Abschriften in der Vatikan. Bibliothek erhalten.
V. Gjuzelev

Ed.: Nicolai I. papae epistolae, ed. E. Perels, MGH Epp. VI, 1925, 568–600 – D. Detschev, R., 1938² – *Lit.*: Oxford Dict. of Byzantium, 1991, s.v. R. [A. P. Kazhdan] – I. Dujčev, Die R. als Q. für die bulg. Gesch. (Ders., Medioevo Biz.-Slavo, I, 1965, 125–148) – Ders., I Responsi di papa Niccolò I ai Bulgari neoconvertiti, Aevum 42, 1968, 403–428 – L. Heiser, Die R. ad consulta Bulgarorum des Papstes Nikolaus I., 1979 [dt. Übers., 400–488] – P. A. Holmes, Nicholas I's »Reply to the Bulgarians« Revisited, Ecclesia Orans 7, 1990, 131–143.

Responsen. Die Anwendung der im →Talmud und anderen Gesetzeskorpora kodifizierten, so gut wie alle Bereiche jüd. Lebens regulierenden Vorschriften führte sowohl im rituellen Bereich als auch in der Rechtspflege zu Problemen, weil sich im Verlaufe des MA oftmals Situationen im tägl. Leben ergaben, auf die das klass. rabbin. Recht keine direkte Antwort gab. Wenn ein jüd. Gemeindegericht z.B. bei einem Streitfall nicht wußte, welche talmud. Bestimmung auf das anhängige Verfahren anzuwenden war, schrieb es eine bekannte Autorität an, schilderte ihr den Fall und bat sie um eine Entscheidungshilfe. Bisweilen wandten sich die streitenden Parteien unter Umgehung der gemeindeeigenen Gerichtsbarkeit direkt an einen Gutachter. Die so erteilten Rechtsentscheide, die in Mittel- und SW-Europa ab etwa 950 einsetzen und zumeist in hebräisch-aramäischer Mischsprache mit einer hochspezif. Terminologie geschrieben sind, wurden gesammelt, kopiert und zu Kompilationen vereinigt, die entweder nach Themen oder nach Autoren geordnet wurden. Die Zahl der bis ins 15. Jh. verfaßten R. geht in die Zehntausende; die in ihnen geschilderten Fälle liefern wichtige Hinweise zur Rechts-, Wirtschafts- und Sozialgesch. nicht allein der jüd. Minderheit, sondern auch zum Thema Judentum und Umwelt. Für die hist. Fragestellung wirkt sich jedoch der Umstand erschwerend aus, daß im Laufe der Abschreibeüberlieferung insbes. der Frageteil vielfach verkürzt oder ganz weggelassen wurde, so daß man oft nicht mehr weiß, aus welcher Gemeinde die Anfrage kam. Auch der Name des Respondenten wird gelegentl. nicht überliefert, so daß anhand von Inhalt und Stil erschlossen werden muß, welchem Rechtsgutachter der Entscheid zugeordnet werden könnte. Die für die hist. Justizforsch. wichtige Frage, ob die Entscheide der Gutachter von den betreffenden Gerichten auch vollstreckt oder von den Parteien respektiert wurden, kann im allg. überhaupt nicht beantwortet werden. H.-G. v. Mutius

Lit.: M. Elon, Ha-Mischpat ha-ʿibri, 1988³, 1213ff.

Responsorium (von lat. respondere 'antworten'), liturg. Gesang, der aus einem Chorteil und einem (manchmal mehreren) solist. Versus besteht.

I. Westen – II. Osten.

I. Westen: Die bereits seit frühchr. Zeit (mit musikal. Bedeutung seit dem 4. Jh.) auftretende Bezeichnung R. bezieht sich auf den Kehrvers, mit dem die Gemeinde nach jüd. Vorbild auf die (Psalm-)Verse des Vorsängers antwortete. Mit dem formalen Kriterium ist auch ein charakterist. Unterscheidungsmerkmal zur →Antiphon gegeben, bei der zwei Chöre alternieren (Isidor v. Sevilla, Etym. 6, 8). Im frühen Mönchtum (ca. 5. Jh. und dann in der Regula S. Benedicti, c. 9ff.) erscheint R. zur Benennung des ganzen Psalms als Gattung. Die Texte sind den Ps oder Büchern des AT (z. B. Ijob, Jdt, Est, Kön, Weish) und NT (Offb) entnommen. Mit der reichen melismat. Ausgestaltung der solist. ausgeführten Melodien hängt wohl die schon bald erfolgte Reduzierung auf meist nur einen Vers zusammen (ca. 450–Anfang 7. Jh.). Das R. hat seinen Platz im Offizium (bes. in den Nokturnen der Matutin) und in der Messe jeweils nach den Lesungen. Es soll der Meditation über das gehörte Schriftwort dienen. Neben dem »R. →graduale« zählt auch das →Halleluja zu den responsorialen Gesängen. Eine Sonderstellung nimmt das →Offertorium ein, das im hohen MA aus einer Antiphon in ein R. umgeformt wurde, jedoch meist ganz auf Verse verzichtet.

Das R. besteht aus zwei Teilen, dem Chorteil (Responsum oder R. im engeren Sinn [A] mit einer Repetenda [B]) und dem Vers (C). Das schlichtere R. breve für die kleinen Tageshoren (Prim, Terz, Sext, Non) im Säkularoffizium und Laudes und Vesper im monast. Bereich zeigt die Vortragsanordnung Solo AB, Chor AB, Solo C, Chor B (dazu ggf. Solo 'Gloria Patri', Chor AB). →Amalarus v. Metz (De ord. antiph. 18, 6; 9. Jh.) beschreibt für das große (prolixum) R. in Rom folgende Ausführung: Solo AB, Chor AB, Solo C, Chor AB, Solo 'Gloria Patri', Chor B, Solo AB, Chor AB. Dagegen wurde im frk. Bereich nach dem Vers nur die Repetenda gesungen. Die R.en des Offizium werden seit dem späteren MA meist mit dem ersten Teil des 'Gloria patri' (ohne 'Sicut erat') gesungen.
F. Körndle

Lit.: MGG – NEW GROVE – RIEMANN – P. WAGNER, Einf. in die gregorian. Melodien, I, 1895; II, 1921 – J. STENZL, Antiphonen und R.en (Gesch. der kath. Kirchenmusik, I, 1972) – H. HUCKE, Das R. (Gedenkschr. L. SCHRADE, 1973), 144–191 – TH. F. KELLY, Melodic Elaborations in Responsory Melismas, JAMS 27, 1974, 461.

II. OSTEN: Geht man von der Definition des R. bei Isidor v. Sevilla, Etym. 3, 19, 8 aus, so können mehrere Hymnengattungen und Gesangsarten des byz. Gottesdienstes als R. aufgefaßt werden, wobei eine annähernde Entsprechung zum Begriff R. ὑπακοή, die bereits in der hierosolymitan. liturg. Ordnung gemäß dem georg. Kanonarion für die Epoche zw. dem 5. und dem 8. Jh. bezeugt ist, formal nur noch entfernt einem R. gleichzusetzen ist. Nach dem georg. Kanonarion hat die Hypakoe (georg. *ibakoy*) z. B. in der Ostervigil eine eindeutige responsor. Struktur. Im heutigen byz. Ritus – und dies seit dem Beginn der musikal. Überlieferung ab dem 11. Jh. – wird die Hypakoe am Orthros des Sonntags als einmaliger Gesang nach Abschluß eines Psalmengefüges vorgetragen. In der Tradition der italogr. Gesangsbücher ist die Hypakoe sowohl im Solistenbuch (→Psaltikon) als auch im Buch des Chores (Asmatikon) überliefert; eine Alternanz in responsorialer Form ist jedoch nicht erkenntlich.

Zur Gattung R. können auch Prokeimena und Halleluja-Verse in der Liturgie sowie am festl. Morgenoffizium gezählt werden. Im Unterschied zur Hypakoe als metr. Hymnus nach dem Achttonsystem werden hier Psalmverse alternierend zw. Solist und Chor gesungen, die ebenfalls im Psaltikon bzw. im Asmatikon mit musikal. Notation überliefert sind. Ch. Hannick

Lit.: NEW GROVE IV, 367 [CH. HANNICK] – H. LEEB, Die Gesänge im Gemeindegottesdienst von Jerusalem (vom 5. bis 8. Jh.), 1970 – O. STRUNK, Essays on Music in the Byz. World, 1977, 311f., 321f.

Restrictio → Reservatio mentalis

Resumption, Acts of, Parlamentsbeschlüsse, welche die Rückforderung von kgl. Schenkungen (meistens von Landschenkungen) beinhalteten, um die kgl. Finanzen wiederherzustellen. Diese Rückforderung wurde in England zuerst von Kritikern des Kg.s in polit. schwierigen Zeiten erhoben. 1258 verlangten die baronialen Opponenten von Heinrich III., daß er bestimmte großzügige Schenkungen an ausländ. Günstlinge zurücknahm. 1311–18 versuchten die →Ordainers, die Schenkungen Eduards II. einzuschränken bzw. rückgängig zu machen. Das Parliament wurde in der Krisenzeit (1340–41) beim Ausbruch des →Hundertjährigen Krieges zum Forum für ähnl. Forderungen, als die Rücknahme der Schenkungen der Preis für die Gewährung von Kriegssteuern war. Es nahm die Vorschläge der Ordainers am Beginn der Regierung Richards II. (1377) an, doch wurde die Rückforderung von Schenkungen infolge der Thronansprüche durch Heinrich IV. 1399 und seines Kampfes für die Errichtung einer dauerhaften und zahlungsfähigen Dynastie zu einer konstruktiven Finanzpolitik. Das Parliament verabschiedete 1399–1406 A.s of R., um die Krongüter wiederherzustellen und eine belastende Besteuerung zu vermeiden. Als die Regierung Heinrichs VI. wegen der militär. Niederlagen in Frankreich, der Unfähigkeit in England und der sich verschlechternden Finanzen angeklagt wurde, bediente sich das Parlament 1449 erneut dieses Erlasses. Empfänger von kgl. Schenkungen versuchten, der Durchführung des Beschlusses zu entgehen, oder sicherten sich eine Befreiung von den Beschlüssen von 1450–56. Eduard IV. benutzte die Rückforderung, um seine Einkünfte zu vermehren und eine Sondersteuer zu vermeiden, doch entfremdete dieses Vorgehen Eduards Bruder, den Duke of Clarence, der im Gegensatz zu dem Duke of Gloucester nicht von dem A. of R. von 1473 befreit worden war. Heinrich VII. setzte diese Politik fort, um die kgl. Besitzungen auszudehnen. R. A. Griffiths

Lit.: B. WOLFFE, The Royal Demesne in English Hist., 1971 – S. L. WAUGH, The Lordship of England, 1217–1327, 1988.

Resverie → Unsinnsdichtung

Retabel (lat. retrotabularium, retabulum u. ä.), Form des westkirchl. Altaraufsatzes: auf dem hinteren Teil der Mensa dauernd angebrachter Aufsatz als Bildträger, größenmäßig auf den →Altar abgestimmt. Die an eine Wand bzw. Nische über und hinter dem Altar gemalten Bilder, in eindeutigem lokalen und ikonograph. Bezug zum Altar, dürfen als R.-Version gelten.

[1] *Alter:* Zur Vorgesch. des R.s gehören u. a. die nur zu bes. Anlässen auf Altären exponierten Reliquienaltärchen oder andere Altarbilder; dann, mindestens seit dem 10. Jh., Hl.nstatuetten in Baldachingehäusen, die seit dem HochMA mit Rückbrettern (Dorsale-Figuren) oder mit Türen (Madonnen-, Hl.nkästen) kombiniert sind, deren geöffnete Innenseiten (bemalt, geschnitzt) eine retabelartige Wirkung erzeugten. Eine Parallelerscheinung zum R. sind die Reliquienschreine, die seit dem 10. und v.a. dem 12. Jh. über dem Altar zumeist in Dreiergruppen bzw. in bildgeschmückten Umbauungen, d. h. als eine Art altarbezogener Bildwand präsentiert wurden. R.n sind seit dem 11. Jh. bezeugt und seit dem 12. Jh. erhalten, entgegen der wohl gescheiterten These, ein Steinrelief im Luxemburger Staatsmuseum als ältestes R. ins 8. Jh. zu datieren. Zur Begründung der späten Entstehung dient u. a. der ab ca. 1000 übliche Positionswechsel des zelebrierenden Priesters vor den Altar, wodurch die Altarrückseite für Bildschmuck frei wurde (doch hätten viele Ausnahmen ein früheres R.-Vorkommen ermöglicht). Als ein Hauptentstehungsgrund ist dagegen ein neuartiges Bedürfnis nach Schau und Visualisierung der Liturgie zu nennen.

[2] *Wichtigste Typen:* Flügellose Stein-R.n zählen v. a. in Frankreich zu den ältesten erhaltenen Beispielen (12. Jh.). In Dtl. kombinierte man sie im 15. Jh. gerne mit Sakramentshäuschen. Von Anfang an begegnen Metall-R.n ohne Flügel (im 12. und 13. Jh. gerne mit Email kombiniert), in Dänemark als Bestandteile der sog. *Gyldne altre* (zusammen mit →Antependien und Aufsatzkruzifixen). Die seit dem 12. Jh., v. a. in Spanien und Dtl. dokumentierten, wohl aber älteren bemalten flügellosen R.n haben anfängl. eingeschossigen, querrechteckigen, in der Mitte überhöhten Aufriß und Figurenfelder seitl. des Zentralkompartiments. Im 13. Jh. ist in Italien das vom byz. Ikonostas abhängige Dossale üblich: eine Reihe halbfiguriger Hl.n unter Spitzbogenblenden, das Ganze mit giebelförmigem Abschluß. Seit dem Trecento schließen sich die Teiltafeln zu mehrstöckigen, von gemalten oder geschnitzten Architekturen gegliederten und architekton. überhöhten Bildwänden (→Ancone, *pale*) zusammen. Außerhalb Italiens dominierten bemalte R.n mit Flügeln (in Spanien ab dem 12., in Dtl. ab dem 13. Jh. bekannt): einer Mitteltafel sind ein oder mehrere bemalte Flügelpaare angehängt, wodurch ein →Triptychon bzw. Polyptychon entsteht. Seit dem 14. Jh. bevorzugten das Rhein-Maas-Gebiet, Skandinavien, v. a. aber Dtl. (schon seit ca. 1300: Doberan, Cismar) das Schnitz-R. ('Schnitzaltar'), hier jedenfalls bis in die 1370er Jahre v. a. auf Hochaltären von Kl.- und Stiftskirchen, also nicht für die Laienrezeption bestimmt. Seit dem Ende des 14. Jh. dominiert der Typus mit unterschiedl. tiefem Schrein (Corpus) in meh-

reren Stockwerken und Gefachen (Nischen) für Schnitzfiguren; die Flügelinnenseiten bemalt oder mit Schnitzreliefs, die Außenseiten bemalt; bekrönende Türme und Wimperge, seit dem 15. Jh. zum Gesprenge entwickelt (Fialen, Türmchen, Strebewerk u.ä.); Reliquienfächer nehmen einen großen Raum ein oder fehlen (deshalb die Diskussion nach der Genese dieser R.n als 'Reliquientresor' oder als Präsentationsinstrument von Kultbildern). Das Klaren-R. (Kölner Dom, um 1360) hat als erstes Schnitz-R. ein doppeltes Flügelpaar, das 15. Jh., die Blütezeit des Schnitz-R.s, kennt zusätzl. unbewegl. Standflügel. Z.T. komplizierte Schließmechanismen und spärl. Q. v. a. seit dem 15. Jh. (Mesnerpflichtbücher u. a.) belegen die relativ seltene Öffnung dieser R.n. Während flügellose und Flügel-R.n im 13. Jh. nur einen schmalen Sockelstreifen aufweisen, entsteht seit dem frühen 14. Jh. die Predella ('Staffel'; in Italien 1301 erstmals als 'predula' gen.): d. h. die Basis unterhalb der (Mittel-)Tafel eines flügellosen R.s (meist als bemalte Tafel-Predella) oder als Kasten-Predella unter dem Schrein eines Schnitz-R.s (gleichfalls schon seit dem Anfang des 14. Jh.); letztere mit Schnitzfiguren oder Reliquien (hiervon die Bezeichnung 'Sarg') und bemalten Flügeln (seltener eine Klappe bzw. Schiebelade). Neben der Reliquien- und Bildrepräsentation dient die Predella der Erhöhung des R.körpers, was auch ungehindertes Öffnen und Schließen der Flügel ermöglichte. N. Wolf

Lit.: J. Braun, Der chr. Altar in seiner gesch. Entwicklung, 2 Bde, 1924 – M. Hasse, Der Flügelaltar, 1941 – K. Lankheit, Das Triptychon als Pathosformel, 1959 – H. Hager, Die Anfänge des it. Altarbildes. Unters. zur Entstehungsgesch. des toskan. Hochaltarr.s, 1962 – W. Paatz, Süddt. Schnitzaltäre der Spätgotik, 1963 – H. Keller, Der Flügelaltar als Reliquienschrein (Stud. zur Gesch. der europ. Plastik [Fschr. Th. Müller, 1965]) – A. Preiser, Das Entstehen und die Entwicklung der Predella in der it. Malerei, 1973 – Ch. Beutler, Die Entstehung des Altaraufsatzes, 1978 – D. L. Ehresmann, Some Observations on the Role of Liturgy in the Early Winged Altarpiece, The Art Bull. 64, 1982 – B. Decker, Reform within the Cult-image: the German Winged Altarpiece before the Reformation (The Altarpiece in the Renaissance, hg. P. Humfrey – M. Kemp, 1990) – Flügelaltäre des späten MA, hg. H. Krohm – E. Oellermann, 1992.

Rethel, Gft. und Stadt in der nördl. Champagne (dép. Ardennes). Die an der Grenze zw. Kgr. Frankreich und Imperium entstandene Gft. bildete sich durch Abspaltung von den karol. Gft.en →Porcien, Castrice und Mouzonnais (→Mouzon). Am Anfang stand die von Ebf. →Fulco v. →Reims am Ende des 9. Jh. errichtete Burg Omont, die der Sicherung der Domäne v. Vendresse diente und um die Mitte des 10. Jh. von Ebf. Artaldus an dessen Bruder Dodo übertragen wurde. Dodos Nachkommen gaben Omont auf, um sich auf einer anderen Domäne der Kirche v. Reims zu installieren, dem im Tal der Aisne gelegenen R. (vor 1026). Mit den anderen großen Familien der Region (→Roucy, Porcien, →Verdun) eng verbunden, dehnten die Gf.en v. R. ihre Besitzungen aus, im N bis Mézières und in das obere Tal der Aisne, im S, entlang den Argonnen bis St-Menehould, das sie schließlich an die Gf.en v. →Champagne abtraten. Das erste Gf.enhaus erlosch 1124 mit Gervasius (1106 zum Ebf. v. Reims gewählt), dem Bruder von →Balduin II., Kg. v. →Jerusalem, und von Mathilde, die die Gft. ihrem Gatten Odo (Eudes), Kastellan v. Vitry-en-Perthois, in die Ehe brachte.

Das zweite Gf.enhaus geht zurück auf Itier (Gunther), den Sohn von Mathilde und Odo, und seine Gemahlin Beatrix v. →Namur. Die Gf.en v. R. traten 1179, gemeinsam mit den Gf.en v. Roucy, Braine und Porcien, in die Vasallität des Gf.en v. Champagne ein, blieben jedoch Aftervasallen der Ebf.e v. Reims. Nach dem Tode Hugos IV. (1290) übertrug seine Tochter Johanna das gesamte Erbe ihrem Gemahl Ludwig v. Nevers, dessen gleichnamiger Sohn 1322–46 Gf. v. →Flandern war (→Ludwig II. v. Nevers). Über →Margarete v. Flandern (1350–1405) kam R. mit den anderen Besitzungen des Hauses Flandern 1369 an ihren 2. Gemahl →Philipp d. Kühnen und seine Nachkommen (→Burgund). M. Bur

Q.: Flodoard, Annales, ed. Ph. Lauer, 1905 – Hist. remensis ecclesiae, MGH SS XIII – G. Saige, H. Lacaille, L. H. Labande, Trésor des chartes du comté de R. (1081–1415), 1902–16 – L. Robert, Documents relatifs au comté de Porcien (1134–1464), 1935 – Lit.: G. Marlot, Metropolis Remensis hist., 1666–79 – M. Bur, La formation du comté de Champagne, 1977 – Ders., Vestiges d'habitat seigneurial fortifié des Ardennes et de la vallée de l'Aisne, 1980.

Rethra (Riedegost, Radogost), Tempelburg der Slaven auf dem Gebiet der →Redarier. Ihre genaue Lage ist unbekannt; nach 983 polit.-ideolog. Zentrum des →Lutizenbundes, wo sich sein commune placitum versammelte. R. war v. a. aber eine Art Olymp slav. Gottheiten. Neben dem des Hauptgottes Riedegost gab es auch Standbilder anderer Götter, in deren Sockel die Namen der Götter eingeritzt (!) gewesen sein sollen. Die ministri des Riedegost wurden von den Redariern gestellt. Vor wichtigen Unternehmungen wurde sein (Losworf- und Pferde-) Orakel befragt. Die Funktion der Tempelburg ging nach dem Bruderkrieg der lutiz. Stämme 1057 wohl auf →Arkona über. Vermutl. wurde R. durch einen Feldzug Bf. →Burchards II. v. Halberstadt 1068 zerstört. L. Dralle

Lit.: C. Schuchhardt, Arkona, R., Vineta, 1926 – E. Unger, R. Das Heiligtum der Wenden in Mecklenburg, Offa 11, 1952, 101ff. – W. Brüske, Unters. zur Gesch. des Lutizenbundes, 1955, 212ff. – G. Schlimpert – T. Witkowski, Namenkundliches zum 'R.'-Problem, ZSl 14, 1969, 529ff. – J. Herrmann, Feldberg, R. und das Problem der wilz. Höhenburgen, SlAnt 16, 1970, 33ff. – L. Dralle, R. Zu Bedeutung und Lage des redar. Kultortes, JGMODtl 33, 1984, 37ff.

Retorte → Alchemie, III. 2

Retraktrecht, lat. Bezeichnung für das →Näherrecht. Im bes. Kontext des Lehnsrechts bezieht sich das R. (*retractus feudalis*, Lehnsretrakt) auf den Verkauf des Lehens durch den Lehnsmann. In diesem Fall stand das R. neben dem Lehnsherren den Agnaten oder den Deszendenten des Verkäufers zu. Daß im Konfliktfall das R. der letzteren über das des Lehnsherren obsiegte, ist ein Indiz für die Verselbständigung des Rechts am Lehngut in der Hand des Lehnsmannes (»Patrimonialisierung«). Im Unterschied zu anderen Ausprägungen des Näherrechts fand der Lehnsretrakt Eingang in das →gemeine Recht und erfuhr dadurch eine halbwegs einheitl. Ausgestaltung.
A. Cordes

Lit.: HRG II, 1754 1f.

Réttarbót (anorw. 'Rechtsbesserung', pl. *réttarbœtr*), nach dem Sprachgebrauch der norw. →Landschaftsrechte und Königssagas (→Konunga sǫgur) ist ein R. innerhalb der Rechtsbeziehungen zw. bäuerl. Dinggemeinde und Kg. eine Befreiung von Rechtspflichten oder Auflagen oder die Begünstigung eines bestimmten Personenkreises. Die Rechtsbesserungen scheinen zunächst kgl. Heimfallsrecht (→Heimfall) unterlegen zu haben, wurden aber zuerst in die →Frostaþingslǫg unter Zuweisung an die jeweiligen Kg.e als dauerhaft geltendes Recht inkorporiert. R. sind in dieser Phase Ausdruck des kgl. Rechts, an der 'Verbesserung' des geltenden Rechts mitzuwirken. Seit der 2. Hälfte des 12. Jh. wurden R. immer mehr zum Instrument kgl. Gesetzgebungsinitiativen, die als »Neusetzungen« (*Nýmæli*) bevorzugt auf Reichstreffen verhandelt wurden, da ihnen reichseinheitl. Geltung zugedacht war, und nicht mehr auf den einzelnen Lagdingen

(→Ding, II). Seit der Mitte des 13. Jh. spielten die Lagdinge bei Gesetzgebung und Gesetzesrevision nur noch eine formale Rolle. Die Gesetzgebung lag jetzt vollständig beim Kg., dem Reichstreffen und einem Kreis weltlicher und geistlicher Großer aus der Umgebung des Kg.s (*góðir menn*). Dementsprechend meint R. spätestens seit der Annahme des Reichsrechts 1274/75 (→Magnús Hákonarsons Landslög) die von den Landschaftsrechten unabhängige, alle öffentl. Bereiche umfassende kgl. Gesetzgebung, sei es als »neues Recht«, sei es als kgl. Verordnung (auch *skipan* gen.). R. konnten als Reichsgesetz, in jeweils zwei Versionen für Stadt und Land, als nur regional gültige Verordnung oder als Stadtprivileg ausgefertigt werden. H. Ehrhardt

Q.: Norges gamle Love, Bd. 1–5, hg. R. KEYSER u. a., 1846–95 – *Lit.*: KL IV, 108ff. [Lit.] – K. HELLE, Norge blir en stat, 1974 [Lit.].

Rettich (Raphanus sativus L./Cruciferae). Die schon im »Capitulare de villis« (70) genannte und von Walahfrid Strabo (Hortulus, ed. STOFFLER, 387–391) besungene, alte Kulturpflanze war im MA unter den lat. und dt. Namen *raffanus* oder *raphanum* bzw. *ret(h)ich, ratich, redich* (aus lat. 'radix') bekannt und wurde sowohl als Nahrung (→Obst und Gemüse) wie als Heilmittel benutzt. Sie galt als verdauungsfördernd und fand ferner gegen Husten, Blasen- und Nierensteine, Milzverhärtung sowie Viertagefieber Anwendung (Circa instans, ed. WÖLFEL, 101; Hildegard v. Bingen, Phys. I, 89; Albertus Magnus, De veget. VI, 423; Gart, Kap. 339). I. Müller

Lit.: MARZELL III, 1294–1297 – R. v. FISCHER-BENZON, Altdt. Gartenflora, 1894 [Neudr. 1972], 113f.

Retuerta, Kl. OPraem in Kastilien (Bm. Palencia), um 1145 ö. von Valladolid an einem Nebenfluß (Ribulo-Torta, Claris Fontibus) des Duero von der zum Ansúrez-Geschlecht der Herren v. Valladolid gehörenden Adligen Mayor Pérez, Tochter des →Pedro Ansúrez, und ihrem Cousin Sancho Ansúrez gegr., der zuvor in St-Martin (Laon) die Gelübde abgelegt hatte. Aus La Casedieu (Casa Dei) in der Gascogne, R.s Mutterhaus, stammten die ersten Mönche, Sancho wurde erster Abt († 1163), →Alfons VIII. v. Kastilien ein großer Förderer. R., das für sich gegenüber dem zur gleichen Zeit in der Nähe gegr. Kl. OPraem La Vid eine – ab 1185 gesicherte – Vorrangstellung erringen konnte, ist das Mutterhaus von 12 weiteren Kl. geworden (zu denen als eines der bedeutendsten Santa María de Aguilar de Campóo w. von Palencia zählte) und die Primarabtei und damit Ort der Generalkapitel der Circaria Hispaniae, zu der bis auf die neun Kl. in Navarra, Katalonien und Mallorca alle übrigen Ordenshäuser der Iber. Halbinsel gehörten, mehr als 30 an der Zahl. P. Feige

Lit.: C. MERCHÁN FERNÁNDEZ, Sobre los orígenes del régimen señorial en Castilla, 1982 – N. BACKMUND, La Orden Premonstratense en España, Hispania Sacra 35, 1983, 57–85 [Lit.] – M. E. GONZÁLEZ DE FAUVE, La orden premonstratense en España, 2 Bde, 1992.

Retz, Pays de (Rais, Rays), Landschaft in Westfrankreich (dép. Loire-Atlantique), in galloröm. Zeit Gebiet der Ambiliati, das durch die röm. Herrschaft der Civitas der Pictones (→Poitou) einverleibt wurde. Im Nov. 839 als 'vicaria Racinse' erstmals genannt, bildete R. den nördl. Teil des wohl 830 geschaffenen Pagus v. Herbauge. Der karol. Pagus erstreckte sich zw. Atlantik, →Loire, Sèvre nantaise und war im S durch die Linie Bouin–Rocoservière–Vieillevigne begrenzt, umfaßte also ein größeres Gebiet als das heutige Pays de R. und korrespondierte mit dem gleichnamigen, erst im 13. Jh. geschaffenen Archidiakonat. Namengebend war der 'portus' v. Rezé (gegenüber von →Nantes), für den 511 ein Bf., Adelfius, belegt ist. 851 trat Karl d. K. die 'vicaria' dem Fs. en der →Bretagne, →Erispoë, ab, der damit das Loiremündungsgebiet gegen die →Normannen hielt; auch die Salzsümpfe der Baie de Bourgneuf standen unter bret. Kontrolle. Die hier bereits in der Merowingerzeit betriebene Salzgewinnung (Zölle, von denen Abteien wie →Stablo-Malmedy, 652–653, profitierten) sollte im SpätMA größte Bedeutung für den internat. Handel erhalten (→Salz, →Baiensalz, →Hanse). 942 gestand der Gf. v. Poitou, Wilhelm Werghaupt, dem Hzg. v. Bretagne eine weite Zone im S der Loire zu, u. a. die Vikarie v. R., die von nun an als Teil der Bretagne galt. Ein Vizgf. namens Gestin, erwähnt um 950, war Spitzenahn der Herren (Sires) v. R., deren Stammsitz zunächst Machecoul war, das aber ca. 1170–1265 einer jüngeren Linie des Geschlechts unterstand. 1252 fiel die Seigneurie an die poitevin. Adelsfamilie Chabot; die Erbtochter Jeanne de Chabot brachte sie in die Ehe mit Guy de →Laval (1401–45) ein, den Vater von Gilles de →Rais (1404–40), dessen Tochter Marie 1442 Prigent de →Coëtivy heiratete; dieser ließ das Kartular der Seigneurie v. R. anlegen. Nach seinem Tod begann der ein Jahrhundert dauernde Erbprozeß zw. den Coëtivy (dann den →La Trémoïlle) und den Nachkommen Renés, des Bruders v. Gilles de Rais. A. Chédeville

Q.: R. BLANCHARD, Cart. des sires de Rays (1160–1449), 2 Bde, 1898–99 – *Lit.*: J. P. BRUNTERC'H, L'extension du ressort politique et religieux du Nantais au sud de la Loire: essai sur les origines de la dislocation du pagus d'Herbauge (IXe s. –987) [Thèse dactyl, Univ. Paris IV, 1981].

Retz, Gilles de Laval → Rais, Gilles de Laval

Reuchlin, Johannes (Humanistenname 'Capnio' von gr. kapnion 'Räuchlein'), dt. Humanist, Jurist und Philologe, * 29. Jan. 1455 in Pforzheim, † 30. Juni 1522 in Stuttgart. Nach dem Besuch der Elementar- und Lateinschule in Pforzheim begann der Sohn des Kl. verwalters Georg R. 1470 in Freiburg i. Br. das Studium der Artes Liberales. Als Begleiter des Sohnes Mgf. Karls V. v. Baden, Friedrich, weilte er wahrscheinl. 1473/74 in Paris. Entscheidend für R.s weiteren Werdegang war die Begegnung mit dem im damaligen Dtl. umstrittenen Griechisch und der Kontakt mit →Johannes de Lapide und Rudolf →Agricola. Möglicherweise traf R. bereits hier, spätestens aber in Basel, wohin er sich nach der Rückkehr aus Frankreich wandte, auch auf →Wessel Gansfort – wie Agricola Gräzist und Hebraist. Neben dem Artes-Studium (Bacc. 1475; Mag. art. 1477) intensivierte R. seine Griechischstudien bei dem Exilgriechen Andronikos Kontoblakas. Wegen seiner Sprachkenntnisse beauftragte ihn der Basler Verleger Johannes →Amerbach mit der Zusammenstellung eines lat. und eines gr. Wörterbuches. Während der lat. »Vocabularius breviloquus« anonym erstmals 1478 erschien, blieb die gr. »Mikropaedia« wegen R.s Weggang aus Basel unvollendet. Als Begleiter des Basler Patriziersohnes Hieronymus Zechenburlin kehrte R. 1477/78 nach Paris zurück, wo er sich weiter dem Gr. widmete und vermutl. Rechtsstudien aufnahm. Anfang 1479 wechselte er an die jurist. Fakultät in Orléans, um dann als Bacc. iur. (1480) zum Wintersemester 1480/81 die jurist. Studien an der Univ. Poitiers fortzusetzen. 1481 erwarb R. hier das Lizentiat des röm. (oder ksl.) Rechts. Anfang 1482 kam er nach Tübingen und durch die Empfehlung u. a. von Johannes Nauclerus an den Stuttgarter Hof der Gf.en v. Württemberg. Als Dolmetscher begleitete er Gf. →Eberhard V. im Bart auf einer Romreise (Febr.–April 1482). Am Hof Lorenzo →Medicis (2. M.) in Florenz ergab sich die erste Berührung mit dem it. Neuplatonismus; in Rom besuchte R. die Vorlesungen von Johannes →Argyropulos. R.s Immatrikulation an der Tübinger Univ. im Dez. 1482 diente vermutl. der Promotion im röm. Recht (1484). Als Jurist ist R. faßbar als Beisitzer am Württ. Hofgericht (1485-96; 1499), in seiner Tätigkeit am Reichskammergericht in Speyer (1501-09) und als Richter des Schwäb. Bundes (1502-13). Seine Verbindung mit dem württ. Hof prägte auch seine philolog. und philos.-theol. Wirksamkeit. Im Auftrag Eberhards schuf R. zahlreiche Übers.en aus dem Lat. und Gr. 1490 reiste er ein zweites Mal nach Italien. Die Vertiefung des Kontaktes mit Ermolao →Barbaro und Jakob Questenberg in Rom, v. a. aber die Begegnungen mit Marsilio →Ficino und Giovanni →Pico della Mirandola in Florenz beeinflußten ihn ebenso nachhaltig wie die gründl. Einführung in die hebr. Sprache durch den Leibarzt Ks. Friedrichs III., Jakob ben Jechiel Loans, den er 1492 am ksl. Hof in Linz kennenlernte. Sie schlugen sich 1494 in »De verbo mirifico«, R.s erster, bei Amerbach in Basel gedruckter kabbalist. Publikation nieder, die den Beginn einer wiss. betriebenen chr. →Kabbala markiert. Nach dem Tode Eberhards lebte R. 1496-98 im Humanistenkreis des Bf.s v. Worms, Johann v. →Dalberg. In dieser Zeit schrieb er zwei lat., die Gattung des humanist. Schuldramas nachhaltig beeinflussende Komödien (»Sergius«, Druck 1498; »Scaenica progymnasmata«, Druck 1507 [nach dem Titel der dt. Übers. des Hans Sachs (1531) meist »Henno« gen.]). Seine umfangreiche Einf. in die hebr. Sprache (»De rudimentis hebraicis«; Druck 1506 bei Thomas Anshelm, Pforzheim), eine Kombination von Grammatik und Wörterbuch, wurde von Zeitgenossen wie Martin Luther, Joh. Eck, A. Osiander und Ph. Melanchthon genutztes Standardwerk. Bereits die ersten hebraist. Publikationen zeigen die Interessen, die R. beim Studium der hebr. Sprache und der jüd. Lit. leiteten: neben dem rein philolog. (1512 Übers. der Bußpsalmen »In septem psalmos poenitentiales hebraicos interpretatio«; 1518 »De accentibus et orthographia linguae hebraicae«) stand ein religiös-theol. für die Mysterien der Kabbala (1517 Hauptwerk »De arte cabalistica«). Die Kenntnis der hebr. Sprache und der jüd. Lit. waren für ihn Schlüssel zur Erneuerung des Christentums. Daher mußten nach R. die durch die Judenvertreibungen bedrohte Sprache und die von der Inquisition verfolgte jüd. Lit. geschützt werden (Gutachten »Ob man den Juden alle ihre Bücher nehmen abtun und verbrennen soll« [1510], publiziert mit weiteren Stellungnahmen 1511 im »Augenspiegel«). Trotz seines Eintretens für den Erhalt der jüd. Lit., das in den sog. R.-Pfefferkorn- oder Dunkelmännerstreit mündete, war R.s Haltung seinen jüd. Zeitgenossen gegenüber ambivalent. Obwohl R. vor dem Inquisitionsgericht, vor das ihn die Dominikaner der Kölner Univ. gebracht hatten, im März 1514 siegte, weitete sich der Konflikt aus. Trotz der Unterstützung zahlreicher Gelehrter (»Clarorum virorum epistolae«, Tübingen 1514; 2. erw. Aufl.: »Epistolae illustrium virorum«, Hagenau 1519) und des positiven Gutachtens einer röm. Sachverständigenkommission (Juli 1516) wurde R. am 23. Juni 1520 vom Papst verurteilt. Die Univ. im bayer. Ingolstadt, wohin sich R. 1519 zurückzog, übertrug ihm im Febr. 1520 eine Professur für Gr. und Hebr. Ende 1521 kehrte R. nach Württemberg zurück und übernahm bis kurz vor seinem Tod gr. und hebr. Vorlesungen an der Univ. Tübingen. S. Rohde

Lit.: L. GEIGER, R. Sein Leben und seine Werke, 1871 [Nachdr. 1964] – Johann R.s Briefwechsel, hg. DERS., 1875 [Nachdr. 1962] – K. CHRIST, Die Bibl. R.s in Pforzheim, 1924 – J. BENZING, Bibliogr. der Schrr. R.s im 15. und 16. Jh., 1955 – J. R. 1455-1522. Festgabe seiner Vaterstadt Pforzheim zur 500. Wiederkehr seines Geburtstages, hg. M. KREBS, 1955 [erw. Neudr. 1993²] – G. KISCH, Zasius und R., 1961 – Contemporaries of Erasmus, hg. P. G. BIETENHOLZ, III, 1987, 145-150 – Graecogermania. Griechischstud. dt. Humanisten. Die Ed.tätigkeit der Griechen in der it. Renaissance (1469-1523), hg. D. HARLFINGER, 1989 – R. und die Juden, hg. A. HERZIG, J. H. SCHOEPS, S. ROHDE, 1993 – ST. RHEIN, J. R. (1455-1522): ein dt. 'uomo universale' (Humanismus im Dt. Südwesten, hg. P. G. SCHMIDT), 1993, 59-75.

Reue. Die Praxis der Gewissensprüfung, Seelenführung und Beichte war auch in der Antike, in der Schule Epikurs (342/341-270) bekannt. Die bibl. Botschaft von der gnadenhaften Schuldvergebung aufgrund der R. ist der gr. Philos. unbekannt. Sie ist ein Kernelement der atl. und ntl. Verheißung der vergebenden Barmherzigkeit Gottes (vgl. Ps 51 »Miserere«; Hos 11, 8f.; Lk 7, 47; 15, 1-11; 12-24). Einerseits mußte die patrist. Theol. (vgl. Origenes Contra Celsum II c. 11, GCS 1, 139) den R.affekt gegen die stoische Apatheia in seiner heilshaftigen Bedeutung verteidigen, andererseits wurde der existenzialphilos. Appell zur Selbstprüfung ein wichtiger Wegweis der Theol. der R. bei den gr. Vätern (→Johannes Chrysostomos [† 407], De compunctione I-II, MPG 47, 393-422; Maximos Homologetes u. a.). In der lat. Theol. und Kirche haben v. a. Augustinus und Gregor d. Gr. die Tradition beeinflußt: Gregor wurde mit den »Moralia in Iob« zum Vermittler der gr. Theol. der 'compunctio', Augustinus hat die existenzielle Erfahrung der R. (contritio) und Umkehr (Confess. VIII c. 12. 29) im Licht der Bußpsalmen erhellt und die gnadenhafte R. in ihrer religionskrit. und soteriolog. Kraft gewürdigt (De civ. Dei X c. 5). Im Anschluß an Augustin identifizierte die frühscholast. Theol. R. und inwendige →Buße (ps.-augustin. Traktat »De vera poenitentia«). In der Tiefe und Kraft des Herzens tilgt die R. die Sünde (Abaelard, Ethica c. 19, hg. D. E. LUSCOMBE, 88). In der Ep. 8 (Heloises an Abaelard) begegnet der R.begriff der Minnedichtung (→Gottfried v. Straßburg, »Tristan und Isold«; →Wolfram v. Eschenbach, »Parzival«), die unglückl., leidende, erot. Liebe. Im scholast. Verständnis ist R. sittl. Tugend und Gnade (vgl. Thomas v. Aquin S. th. III a. 84 und 85). Im sakramental. Vollzug sind R., Beichte (mit Absolution) und Genugtuung integrale Elemente der Rechtfertigung, die mit- und durcheinander wirken. R. und sakramentale Buße sind ein Weg (Thomas v. Aquin), nicht zwei formal verschiedene Wege (→Johannes Duns Scotus) der Versöhnung. Die R. ist ein komplexer Akt, der in der Furcht anhebt und in der Gottesliebe sich vollendet. 'Attritio' und 'contritio' wurden erst im 14. Jh. nach Maßgabe der sie formenden Motive (Furcht und Liebe) unterschieden. Die vieldiskutierte Frage nach der hinreichenden R. wurde ebenso in der →Devotio moderna (→»Imitatio Christi«) wie von M. Luther zurückgewiesen. L. Hödl

Lit.: – Buße, D. II, →contritio – HWP VIII, 944-951 – W. SCHMID, RhM 100, 1957, 301-327 – J. CH. PAYEN, Le motif du repentir dans la litt. française médiévale, 1967 – I. HADOT, Seneca und die gr.-röm. Tradition der Seelenführung, 1969.

Reuerinnen → Magdalenerinnen

Reuse. Unter R.n oder R.nfallen werden in der Fallensystematik alle Fallen oder fallenähnl. Fangeinrichtungen verstanden, bei denen die Öffnung federnd oder dehnbar gestaltet ist, so daß das Wild mit dem ganzen Körper oder einem Körperteil zwar in die Falle hinein-, aber nicht oder nur sehr schwer wieder herausgeraten kann. Meist wird das R.nprinzip bei Gefäßfallen aus Holz, Weidengeflecht, Draht oder Netzwerk angewendet, seltener bei den sog. »flachen Nadelfallen« aus Holz oder Draht. In der Jagdtechnik Mitteleuropas spielen R.n keine große Rolle, zeigen aber bes. gut die Wechselwirkungen zw. Jagd- (v. a. Vogelfang-) und Fischereitechnik. S. Schwenk

Reuß, Heinrich → Heinrich Reuß v. Plauen (79. H.)

Reutlingen (Baden-Württemberg), →Reichsstadt im Kreuz der Rheinstraße zum Bodensee und der Verbindung Straßburg-Ulm in günstiger Furtlage an der Echaz. Als *Rutelingin* 1089/90 erstmals erwähnt und auf mehreren vorstädt. Siedlungen (bes. Hofstatt) fußend, entstand in der 2. Hälfte des 12. Jh. auf Reichsboden eine 1209 von Otto IV. mit weiteren städt. Rechten begabte, vor 1240 planmäßig im Zuge stauf. Reichslandpolitik erweiterte, seit 1235 mit der ö. gelegenen Reichsburg Achalm verbundene, 1250 urkdl. 'civitas' gen. Stadt, deren Pfarre St. Peter und Paul außerhalb des ohne die drei ummauerten Vorstädte gut 28 ha umfassenden Berings lag. Ab 1539 übernahm die Marienkirche die Pfarrfunktion. Ein Spital ist vor 1200, eine Lateinschule vor 1276, ein Franziskanerkl. seit 1259 anzusetzen. 1241 ist ein vom Achalmvogt ernannter Schultheiß belegt, 1280 'judices scabini', 1282 dann 'scultetus, consules et universi cives' und 1292 ein 'magister civium', zu 1243 das Siegel überkommen. Die von Ludwig IV. bestätigte Verfassung v. 1343 verschuf Vertretern der Zünfte Sitze im Rat. Die kgl. Stadt konnte im späten 15. Jh. die stadtherrl. Rechte anpfänden und schuf sich äußere Sicherheit durch Anlehnung an Württemberg, Landfriedensbünde und →schwäb. Städtebund. Das wirtschaftl. Gewicht der um 1400 ca. 4000 Einw. zählenden Stadt lag auf Textilgewerbe, (seit 13. Jh.) Weinbau und der Handelsplatzfunktion für Alb- und oberen Neckarraum. F. B. Fahlbusch

Bibliogr.: Bibliogr. zur dt. hist. Städteforsch., I/2, 1994 [im Dr.].

Reval (estn. Tallinn), Stadt und ehem. Bm.ssitz in →Estland am Finn. Meerbusen, vor der dän. Eroberung →Lyndanise (Estenburg auf dem Domberge); Mittelpunkt der Landschaft Revele mit Hafen, Handelsplatz und auswärtigen Handelsniederlassungen (→Kaufmannskirche St. Olav), von arab. Geographen →Idrīsī *qlwry* gen., was auf russ. Kolyvanj hindeutet. Im Juni 1219 landete Waldemar II. und besetzte den Burgberg (estn. *taani linn* 'Dänenburg' = Tallinn). 1227 nahmen die →Schwertbrüder Land und Burg in Besitz, gründeten 1230 am Fuße des Berges mit dt. Kaufleuten aus →Visby die Stadt R. mit St. Nikolaikirche, errichteten auf einem Viertel des Berges das castrum minus und überließen drei Viertel (castrum maius) den Vasallen v. →Harrien-Wierland und Revele. 1233 besiegten sie in der Schlacht auf dem Domberg die mit dem päpstl. Vizelegaten →Balduin v. Alna verbündeten Vasallen, mußten aber nach dem Aufgehen im →Dt. Orden und dem Vertrag v. Stensby (1238) die Herrschaft an Waldemar II. abtreten. Mit der Ernennung von Thorkill aus Ripen und Bf. gründete der Kg. das Bm. R.

[1] *Bistum:* Zur Diöz. R. gehörte außer Dän.-Estland auch das Ordensgebiet →Jerwen. Anders als in →Livland war der Bf. v. R. nicht Landesherr, nahm aber Beamtenfunktionen für den Kg. wahr. Seinem Unterhalt dienten mehrere Tafelgüter, zudem Präbenden für das Kapitel (vier Domherren: Dekan, Ökonom, Scholastikus [Leiter der 1319 erwähnten Domschule], Kantor). 1277 übertrug Kgn. Margaretha das Wahlrecht dem Kapitel, nach 1346 beanspruchte der Dt. Orden das Ernennungsrecht und setzte oft Dt. ordenspriester durch. Obwohl Suffragane v. →Lund, nahmen die Bf.e an Provinzialkonzilien der Erzdiöz. →Riga teil, auch an livländ. Stände- und Landtagen. In der Unterstadt hatte der Bf. nur begrenzte Rechte.

[2] *Dom:* Von der Stadt R. rechtl. getrennt war der »Dom« – Sitz einiger Verwaltungskörper. Im »Kleinen Schloß« residierte der Landesherr oder sein Vertreter: zu dän. Zeit der Hauptmann, zur Ordenszeit der Komtur mit Gefolge. Das »Große Schloß« bildeten die Adelssitze, der St. Marien-Dom als kirchl. Zentrum des Bm.s, die bfl. Residenz, die Häuser der Domherren und die 1407 gegr. St. Mariengilde, Vereinigungsort der Domburger, meist Handwerker und kleine Leute vom Dom und der Domvorstadt, dem Tönnisberge.

[3] *Stadt:* Die Unterstadt umfaßte zwei ursprgl. gesonderte Teile: die Siedlung um die St. Olaikirche und den Markt mit der St. Nikolaikirche, die wohl spätestens bei der Verleihung des →lüb. Rechts durch Kg. Erich IV. 1248 vereinigt wurden. Auf dem lüb. Recht und anderen Privilegien beruhte die Autonomie R.s: Der Bf. war nur geistl. Oberrichter, besaß das Visitationsrecht und ein begrenztes Patronat über die St. Nikolaikirche, vermochte jedoch nicht, ein alleiniges Recht auf Schulunterricht durchzusetzen. In R. gab es die zwei Pfarrkirchen, beide seit dem späten MA mit Predigtstühlen für die Esten, außerdem die wohl aus einem Spital hervorgegangene Hl. Geistkirche (auch Ratskapelle und Gotteshaus der Undeutschen). Auch in der St. Katharinenkirche des Dominikanerkl. wurde undeutsch gepredigt. Das St. Michaeliskl. der Zisterzienserinnen hatte das Patronat über die St. Olaikirche; ferner gab es eine St. Gertrudskapelle für die Schiffer, Siechenhäuser und das Augustinerkl. für Mönche und Nonnen zu St. Brigitten an der ö. Stadtmarkgrenze. Die Autonomie der Stadt verkörperte der 1248 erwähnte, aber wohl schon früher bestehende Rat (consulatus, später senatus). 1255 sicherte Kg. Christoph der Stadt Gerichtsbann und volle Gerichtsbarkeit zu, ab 1265 durfte der Vogt nur mit Zustimmung des Rates ernannt werden; später war der Gerichtsvogt Mitglied des Rates. 1273 erstreckte sich die Gerichtsbarkeit der Stadt auf die von Waldemar verliehene Stadtmark. Der Rat erließ jährl. →*burspraken*. Die seit 1265/1310 ummauerte Stadt war nach außen unabhängig, nur bei Handels- und polit. Verträgen an die Einwilligung des Landesherrn und die Richtlinien der →Hanse gebunden. Das seit 1277 nachweisbare Siegel zeigt die drei gekrönten dän. Leoparden. 1282 zählten die R.er sich zur Kaufmannshanse. R. nahm an Hansetagen und mit Kriegsschiffen an Unternehmungen der Hanse teil, beschickte die livländ. Städte- und Landtage und unterstützte den Ordensmeister in Kriegen gegen die Russen. Die großen militär. und finanziellen Opfer konnte R. durch Handelsvorteile ausgleichen. Es besaß 1265 das Recht, Münzen zu prägen; 1279 wurde Fremden der Detailhandel mit Salz und Tuchen verboten; 1294 gestattete der Kg. den Landweg über Narva nach Rußland; 1336 erwarb R. Handelsvorteile in Finnland; 1346 erkannte die Hanse das Stapelrecht Rigas, R.s und Pernaus an; 1356 gewann das livländ. Drittel der Hanse Vorrechte in Flandern. 1361 schied Visby nach der Plünderung als Konkurrentin aus: im Hansekontor zu Novgorod traten R. und Dorpat an seine Stelle, 1442/50 anerkannte die Hanse ihre Vorherrschaft, doch verlagerte sich der Rußlandhandel immer mehr in die livländ. Städte. Sehr bedeutend war der Handel nach Schweden und Finnland (→Livland, IV). Im Binnenhandel hatten die Kaufleute durch *Söbers* ('Freunde') unter den Bauern (Kredite und Beherbergung) einen festen Kundenkreis. In wichtigen Fragen der Politik und Verwaltung war der Rat auf die Mitwirkung der von zwei, später drei Gilden repräsentierten Gemeinde angewiesen. Er kooptierte sich aus den Reihen der Fernkaufleute, später aus der Kinder- oder Großen Gilde. Sie war durch Separierung der Kaufleute von den Handwerkern der

älteren St. Olai- und der unter Waldemar II. konstituierten St. Kanutigilde entstanden (gehörte dem dän. Knutsgildeverband an). Vor 1400 schieden die auswärtigen Kaufleute und Kaufgesellen aus der Kindergilde aus und bildeten die Kompanie der Schwarzenhäupter. Undeutsche (ohne Bürgerrecht) schlossen sich zur Hl. Leichnamsgilde zusammen, beide Vereinigungen hatten keine polit. Funktionen. Die soziale Struktur der Stadt war durch den Handel bestimmt: eine starke dt. kaufmänn. Oberschicht, eine meist dt., teils schwed. und estn. handwerkl. Mittelschicht und eine mehrheitl. estn., teils schwed. Unterschicht, dominiert von Handelshilfsgewerbe, Bauarbeitern, Dienstboten. Die Einw.zahl im 16. Jh. ist auf 5000, mit Vorstadt Fischermay (meist estn., teils schwed. Fischer, Bootsleute u. a.) und dem Dom auf ca. 6500 geschätzt worden. H. von zur Mühlen

Q. und Lit.: Publ. en aus dem R.er Stadtarchiv 1–9, 1923ff. – F. G. v. Bunge, Die Q. des R.er Stadtrechts, I, II, 1843/46 – Ders., Liv-, Esth- und Kurländ. UB, I. Abt., 1–5, 1852f. – Ders., Die R.er Rathslinie, 1874 – E. v. Nottbeck, Gesch. und Kunstdenkmäler der Stadt R., 1904 – V. Niitemaa, Der Binnenhandel in der Politik der livländ. Städte im MA, 1932 – P. Johansen, Die Estlandliste des Liber Census Daniae, 1933 – Ders., Die Bedeutung der Hanse für Livland, HGbll 65/66, 1941 – Ders., Nord. Mission, R.s Gründung und die Schwedensiedlung in Estland, 1951 – H. v. zur Mühlen, Siedlungskontinuität und Rechtslage der Esten in R., ZOF 18, 1969 – P. Johann–H. v. zur Mühlen, Deutsch und Undeutsch im ma. R., 1973 – H. v. zur Mühlen, Zur wiss. Diskussion über den Ursprung R.s, ZOF 33, 1984.

Reverdie

I. Romanische Literatur – II. Englische Literatur.

I. Romanische Literatur: R., von G. Paris (1912) vorgeschlagene Bezeichnung für die afrz. Frühlings- oder Maienlieder (afrz. *reverdie* bezeichnet das Wiedererwachen der Natur im Frühling). Überliefert sind etwa zehn R.s, alle aus dem 13. Jh.: eine von →Guillaume le Vinier, zwei von Colin →Muset, die übrigen anonym. Die unterschiedl. Strophenformen (mit und ohne Refrain) sprechen nicht dafür, daß die R. im MA als eigene Gattung empfunden wurde; je nachdem besteht formale Nähe zum →Lai, zur →Rotrouenge oder zur →Canso.

Ungeachtet eines möglicherweise volkstüml. Ursprungs ist die R. im 13. Jh. eine höf., ja »gelehrte« Form, wie nicht nur die kunstvollen Melodien, sondern auch das Vorkommen allegor. Elemente (Gott Amor und seine Attribute in 'En avril au tens pascour') bezeugen. Die typ. Versatzstücke des →Natureingangs (Blumen, Vogelgesang...) werden eher beschreibend als erzählend entfaltet, die Begegnung mit einer Frau, in die sich das lyr. Ich verliebt, rückt manche R.s (z. B. die beiden Gedichte von Colin Muset) in die Nähe der →Pastourelle. Kennzeichnend für die R. ist schließlich eine unbeschwerte, »leicht euphorische« Stimmung (P. Bec). A. Gier

Lit.: P. Bec, La lyrique frç. au MA, I, 1977, 136ff.

II. Englische Literatur: Von der R. als Gattung muß das Motiv der im Frühling neu erblühenden Natur als Spiegel innerer Befindlichkeit unterschieden werden. Letzteres ist schon in der ae. Dichtung belegt, bes. eindringl. in der →Elegie vom Seefahrer (»The Seafarer«, Z. 48ff.). In der me. Liebeslyrik gehört der Natureingang zu den aus der mlat. und roman. Lyrik übernommenen Dichtungskonventionen; auch religiöse Gedichte verwenden gelegentl. dieses Eingangsmotiv (Ind. 3963). Bei einer Reihe von me. Gedichten spielt das Frühlingsmotiv eine zentrale Rolle, so z. B. in dem Liebesgedicht »Lenten ys come wiþ loue to toune« der →Harley-Lyrics (Ind. 1861). Inwieweit sich diese me. Gedichte allerdings als Vertreter einer Gattung interpretieren lassen, muß aufgrund der spärl. Überlieferung v. a. der frühme. Lyrik fraglich bleiben. K. Reichl

Bibliogr.: C. Brown–R. H. Robbins, The Ind. of ME Verse, 1943 [Suppl.: R. H. Robbins–J. L. Cutler, 1965] – Lit.: R. Tuve, Seasons and Months: Stud. in a Tradition of ME Poetry, 1933 – A. K. Moore, The Secular Lyric in ME, 1951 – H. Bergner, Die me. Lyrik (Lyrik des MA, II, 1983), 317ff.

Reverter, Vgf. v. →Barcelona, † 1142 in Marokko; Eltern: Vgf. Guislabert II. (1076–1126) und Rodlanda, ⚭ Ermensendis (▭ Girona); Söhne: Berengar R. (1131–87), sein Nachfolger in der Vgft., und ᶜAlī b. R., der zum Islam konvertierte. Von den →Almoraviden gefangengenommen, stellte sich R. in Marokko an die Spitze chr. Söldner im Dienste des Sultans ᶜAlī b. Yūsuf und später seines Sohnes Tāšufīn und kämpfte für diese gegen die →Almohaden. Von 1135–39 in Marokko bezeugt, übertrug er für diese Zeit die Besitzungen in der Gft. Barcelona, wo er 1126 seinem Vater als Vzgf. v. Barcelona nachgefolgt war, an seinen Neffen Wilhelm v. Sa Guardia, der jedoch nach einem Aufstand gegen →Raimund Berengar IV. v. Barcelona von Berengar Raimund v. Castellet abgelöst wurde. Nach seiner Rückkehr leistete R. deshalb 1139 dem Gf. en erneut den Lehnseid für die Burgen Castellnou in Barcelona, La Guardia de Montserrat, Collbató, Piera, Pierola, Granera und Castellvell. Kurz darauf setzte er wieder nach Marokko über und fiel in einem Feldzug gegen die Almohaden. U. Vones-Liebenstein

Lit.: Dicc. biografic dels Catalans IV, 66 – Gran Enciclopedia Catalana XII, 539 – I. Frank, R., vicomte de Barcelone, Boletin de la Real Acad. de Buenas Letras Barcelona 25, 1954/56, 195–220 – S. Sobrequés i Vidal, Els barons de Catalunya, 1961, 39f. – J. E. Ruiz Domènec, Las Cartas de R. vizconde de Barcelona, Boletin de la Real Acad. de Buenas Letras Barcelona 39, 1983/84, 93–118.

Révigny, Jacques de (Jacobus de Ravanis, richtig: de Ravenneio), nach dem Dorf R. (dép. Meuse) in Lothringen, frz. Jurist, * 1230/40, † 1296 in Ferentino (Latium). R. studierte Zivilrecht in →Orléans, bei Jean de Monchy sowie bei Guichard de Langres und Simon Parisiensis, und lehrte ebd. bis gegen 1280. Zu seinen Schülern zählten Jacques de Boulogne, Pierre de la Chapelle, Guy de la Charité und Raoul d'Harcourt, der Lehrer →Petrus de Bellaperticas. Angebl. wurde R. dann als →Richter an die Rota Romana (→Audientia sacri palatii) berufen, doch gibt es dafür keinen Beweis. Archidiakon v. Toul, wurde er am 13. Dez. 1289 von Papst Nikolaus IV. (nach einer Doppelwahl) zum Bf. v. →Verdun ernannt und am 13. März 1290 vom Papst selbst geweiht. Als Bf. lag R. ständig im Streit mit den Bürgern v. Verdun; dies veranlaßte ihn zu einer Reise nach Rom, auf der er starb. Aus seinem Rechtsunterricht sind gehaltvolle, aber naturgemäß oft fehlerhafte Reportationes seiner Vorlesungen über die Digesta vetus et novum, den Codex, die Institutionen und das Autenticum sowie →Repetitiones und Quaestiones erhalten geblieben; auch schrieb er das erste Rechtswörterbuch, das »Dictionarium iuris«. Die Codex-Vorlesung ist unter dem Namen des Petrus de Bellapertica, die Institutionen-Vorlesung unter dem Namen des →Bartolus (Erstausg. Pavia 1504) gedruckt. Eine Summa feudorum hat man R. zu Unrecht zugeschrieben.

P. Weimar

Ed.: Petri de Bella Perthica ... Lectura ... super prima parte Cod. dom. Justiniani, Parrhisiis 1519 [Neudr. e Bologna 1967 (OIR I); Frankfurt 1968] – Lit.: E. M. Meijers, L'Univ. d'Orléans au XIIIᵉ s., 1918–21 [jetzt in: Ders., Études d'hist. de droit, III, 1959, 3ff., 59–80] [Lit., Ed.] – H. Kiefner, Zur gedr. Codexlectura des J. de R., TRG 31, 1963, 5–38 – D. Maffei, Il giudice testimone e una 'quaestio' di J. de R., TRG 35, 1967, 54–76 [mit Ed.] – G. D'Amelio, Il Dictionarium iuris di J. de R., TRG 40, 1972, 43–72 [mit Ed.] – R. Feenstra, Quaestiones de materia feudorum de J. de R., Studi senesi 84, 1972, 379–401 [jetzt in Ders., Fata iuris Romani, 1974, 298–320; mit Ed.] – C. H. Bezemer, A Repetitio by J. de R. on the Creations of the Ius Gentium, TRG 49, 1981, 87–321 – L. Waelkens, La théorie de la coutume chez J. de R., 1984 – C. H. Bezemer, Les répétitions de J. de R., 1987 – E. Cortese, Il rinascimento giuridico medievale, 1992, 78–84.

Revindikationen → Rudolf v. Habsburg

Revolte

I. Westlicher Bereich – II. Byzantinisches Reich.

I. Westlicher Bereich: Aus ma. Sicht besteht kein eindeutig definierbarer Unterschied innerhalb des breiten Spektrums sozialer Unruhen, welche die moderne Historiographie aus rechtl., ideolog., ökonom., sozialen und anderen Gesichtspunkten heraus als →Aufruhr, Aufstand, →Bürger- und Zunftkämpfe, Krieg oder auch als R. bezeichnet. Die zeitgenöss. Terminologie ist ebensowenig eindeutig wie die moderne Benennung dieser Ereignisse. Hinzu kommt der unterschiedl. Sprachgebrauch in den modernen Sprachen, in denen die dt. Termini Aufstand und Aufruhr (ndl. *opstand* und *oproer*) meist synonym mit *révolte*, *revolt*, *rivolta* und *revuelta* bezeichnet werden. Während der zeitl. Verlauf kein brauchbares Unterscheidungskriterium zu sein scheint, da sowohl mehrjährige Aufstandsgeschehen als auch Erhebungen von einigen Tagen als Aufstand bezeichnet werden, lassen sich trotz fließender Grenzen zum Aufruhr als Wesensmerkmale von R.n (Aufstand) Öffentlichkeit, Massencharakter – häufig –, schichtenübergreifende Beteiligung und überregionale Verbreitung, was zumeist größere Militäraktionen zur Niederschlagung der R. nötig machte, sowie Gewaltanwendung gegen Personen (bes. Amtsträger) und Sachen zur Durchsetzung von Veränderungen bestehender polit., sozialer und wirtschaftl. Verhältnisse ausmachen. Grundsätzl. wird man je nach Hauptträgerschaft zw. Bauern-, Adels- und städt. R.n unterscheiden können. Doch überwog v. a. bei den größeren polit. motivierten R.n wie z. B. dem →Sachsenaufstand gegen den Landesausbau Heinrichs IV. (1073–75), an dem Adel und Bauern beteiligt waren, sowie bei R.n mit religiösem Hintergrund wie der sog. hussit. Revolution (→Hussiten), die jedoch ebenfalls als R. interpretiert werden kann und die weite Teile der Gesamtbevölkerung erfaßte, eine schichten- und ständeübergreifende Beteiligung. Auch ökonom. Subsistenzkrisen als Auslöser führten sehr schnell, unabhängig vom Ausgangspunkt der R., zu Zusammenschlüssen und gemeinsamen Aktionen der Bauern und Lohnarbeiter auf dem Lande und der städt. Unterschichten (z. B. in Kastilien im 15. Jh.) oder auch zu einem Bündnis von niederem Adel, ländl. oder städt. Bevölkerung gegen den Hochadel (*hermandino*-R. in Galicien 1467–70).

Zwar wird seit dem frühen MA von R.n berichtet, wobei angesichts der Q.narmut zweifellos nur größere R.n ihren Niederschlag in der Überlieferung gefunden haben, doch bildet sicherlich das SpätMA einen Höhepunkt bezügl. der Häufigkeit von R.n in der Stadt und auf dem Land. Moderne, keineswegs vollständige Zusammenstellungen ergaben beispielsweise für Dtl. zw. 1301 und 1500 148 »oft blutige Unruhen« in nahezu hundert verschiedenen Städten, wobei die 2. Hälfte des 14. Jh. nach dem Schwarzen Tod einen Höhepunkt bildete. In zeitl. gegenläufiger Entwicklung erscheinen die Befunde für den bäuerl. Bereich im Reich: vier bäuerl. R.n im 14. Jh., 15 in der 1. Hälfte und 25 in der 2. Hälfte des 15. Jh. Für Kastilien wurden zw. 1391 und 1476 16 z. T. großflächige städt. R.n gezählt. In allen westl. Ländern finden sich städt. und bäuerl. Erhebungen, wobei die Jahre zw. 1378 und 1385 mit z. T. großflächigen R.n in England (→Peasants' Revolt 1381), in Italien (→Ciompi in Siena und Florenz 1378–82), im Reich (→Danzig, →Lübeck und →Braunschweig), in den Niederlanden (→Gent) und in Frankreich (→Tuchins, →Maillotins und Harelle) einen in seiner zeitl. Koinzidenz kaum erklärbaren Höhepunkt darstellten. Verschiedentl. vorgenommene Typologisierungsversuche ma. R.n in 1. messian. Bewegungen, 2. soziale Erhebungen, mit dem Ziel einer Verbesserung des sozialen Status (bes. im Hinblick auf Zugehörigkeit zur Führungsschicht) und 3. konjunkturell bedingte Erhebungen oder 1. religiös motivierte gewaltsame Erhebungen, 2. »profane« Erhebungen und 3. »stumme« R.n, worunter R.n von langer Dauer, wie die R. der Tuchins in S-Frankreich (1356–84) oder die →»remensas« in Aragón (1350–1415), verstanden werden, überzeugen nicht, da hierbei ledigl. einzelne Strukturmerkmale in den Vordergrund gestellt wurden, während die untereinander bestehenden Gemeinsamkeiten und Überlappungen zurücktreten. Trotz eines breiten Spektrums von Unterschieden bei Ursachen und Anlässen, Führer- und Trägerschaft, Verlaufsmustern, Zielsetzungen und Ergebnissen lassen sich gleichwohl bestimmte, vielen R.n eigene strukturelle Gemeinsamkeiten feststellen. Die im allg. den Aufständischen feindl. gesinnte ma. Überl. läßt nur in seltenen Fällen das gesamte Geschehen erkennen. Während sie dazu neigt, die Aufständischen durch Unterstellung von Planlosigkeit und unberechtigter Ausübung sinnloser Grausamkeiten (z. B. bei der →Jacquerie 1358) zu diskreditieren, lassen sich gleichwohl bei der Rekonstruktion von Ursachen und Anlässen nachvollziehbare Motivationen und trotz scheinbar sinnloser Gewalt gegen Personen und Sachen planvolle Züge ausmachen. Ma. R.n waren eigtl. nicht Elendsr.n. Auch zielten sie nicht auf den ihnen oft unterstellten Umsturz der Gesellschaft. Ursachen waren vielmehr zumeist eine tiefe und weit verbreitete Unzufriedenheit mit allmähl. oder kurzfristig sich verschlechternden Lebensbedingungen in Verbindung mit einer Auflehnung gegen tatsächl. oder als solche empfundene Rechtsbrüche von seiten der jeweils Herrschenden oder ökonom. und polit. Mächtigen oder zumindest Mächtigeren. Ihr primäres Ziel war die Beseitigung solcher Veränderungen und die Wiederherstellung eines angebl. oder tatsächl. früheren sozialen und ökonom. Status, etwa bei dem Protest gegen neue Steuern oder dingl. Belastungen. Die Vernichtung aller Adliger war wohl nie ein erklärtes Ziel von Aufständischen. Im allg. wurde die bestehende Ordnung durchaus akzeptiert, was sich auch in der Berufung auf den Kg. als Wahrer des Rechts ausdrückte, dessen Autorität meist vorbehaltlos in den spätma. R.n anerkannt wurde, während Mißstände den unrechtmäßig agierenden Amtsträgern (bes. Steuereintreibern), engen Beratern (»Verrätern«) des Kg.s oder intermediären Führungsschichten (Klerus, Adel) angelastet wurden. Spezifikum vieler R.n war ihre Fremdenfeindlichkeit, wobei bes. →Juden (in Spanien auch die *conversos*) in den Sog der Verfolgung durch viele R.n gerieten (z. B. →Armleder, →Pastorellen, städt. und ländl. Aufstände in Kastilien im 15. Jh.), aber auch wirtschaftl. besser gestellte Ausländer (z. B. Flamen und Lombarden 1381 in London oder frz. Kaufleute in Kastilien und frz. Siedler auf Mallorca). Angesichts mangelnder Bildung und geringer militär. Erfahrung waren Aufständische häufig auf Führerpersönlichkeiten aus dem Adel, der Geistlichkeit oder im Falle städt. R.n auf Mitglieder der städt. Führungsschicht angewiesen. Über die eigtl. Zielsetzung der meisten R.n liegen erst seit dem SpätMA detaillierte Nachrichten vor, als die Chroniken auch die Aufständischen selbst zu Wort kommen ließen (z. B. John →Ball 1381). Nur selten gelang es, selbst angesichts gemeinsamer Interessenlagen, der Befreiung aus Unfreiheit, der Entlastung von Steuern und Abgaben, dem Bestreben nach Freizügigkeit oder der Beteiligung an der polit. Macht, das Aufstandsgeschehen zu koordinieren, Kräfte zu bündeln und einheitl. Strategien zu entwerfen. Grundsätzl. Antagonismen zw. städt. und ländl. Bevölkerung sowie der Vorrang lokaler Interessen erwiesen sich letztl. als unüberwindbar. So blieben etwa Unterstützungsgesuche, die aus Paris während der R. des Étienne →Marcel und der Maillotins an flandr. Städte gesandt wurden, folgenlos. Dies ist auch ein Grund dafür, daß bis auf wenige Ausnahmen (→Dithmarschen, Schweizer→Eidgenossenschaft) alle Aufstandsbewegungen dem massiven militär. Gegenschlag der Landesherrschaft unterlagen. Die zumeist nur rudimentären Organisationsformen bedingten auch die relativ kurze Dauer – oft nur von wenigen Wochen – vieler R. n, da sie konzertierten Repressionsmaßnahmen nicht gewachsen waren. In dem Maße wie jedoch bei R. n eine homogene Trägerschaft und konkrete Zielsetzungen vorhanden waren, war längerer, bisweilen sehr erfolgreicher Widerstand möglich, wie z. B. bei den→Stedingern (1207–35) oder anderen Bauernaufständen im N Dtl.s oder in Flandern 1323–28, als sich die Bauern mit ihren ausgeprägten Freiheitsvorstellungen mit Unterstützung der Städte gegen Übergriffe ihrer Gerichtsherren und der gfl. Amtsträger zur Wehr setzten.

N. Bulst

Lit.: M. Mollat–Ph. Wolff, Ongles bleus, Jacques et Ciompi, 1970 – G. Fourquin, Les soulèvements populaires au MA, 1972 – R. Hilton, Bond Men Made Free, 1973 – F. Graus, Ketzerbewegungen und soziale Unruhen, ZHF 1, 1974, 3–21 – W. Eggert, Rebelliones servorum, ZfG 23, 1975, 1147–1164 – W. Ehbrecht, Hanse und spätma. Bürgerkämpfe in Niedersachsen und Westfalen, Niedersächs. Jb. 58, 1976, 77–105 – P. Blickle, Bäuerl. Erhebungen im spätma. dt. Reich, ZAA 27, 1979, 208–231 – Aufruhr und Empörung? Stud. zum bäuerl. Widerstand im Alten Reich, hg. P. Blickle, 1980 – U. J. Diederichs, Der Aufruhr von 1454 bis 1456 in der Stadt Lüneburg, 1981 – A. Leguai, Les révoltes rurales dans le royaume de France du milieu du XIVe s. à la fin du XVe, MA 88, 1982, 49–76 – J. Fisch–N. Bulst, Revolution, Rebellion, Aufruhr, Bürgerkrieg (MA) (Geschichtl. Grundbegriffe 5, 1984), 670–689 – The English Rising of 1381, hg. R. H. Hilton–T. H. Aston, 1984 – P.-J. Schuler, Ungehorsam – Widerstand – R. Neuere Forsch.en zu bäuerl. Unruhen am Ende des SpätMA und in der FrühNZ, ZGO 132, 1984, 412–418 – N. Bulst, 'Jacquerie' und 'Peasants' Revolt' in der frz. und engl. Chronistik (Gesch.sschreibung und Gesch.sbewußtsein im SpätMA, hg. H. Patze, VuF 31, 1987), 791–819 – H. Boockmann, Eine Krise im Zusammenleben einer Bürgerges. und ein politolog. Modell des 15. Jh., Gesch. in Wiss. und Unterricht 40, 1989, 732–749 – N. Bulst, Kollektive Gewalt in engl. und frz. Bauernaufständen im 14. Jh. (Was ist Gesellschaftsgesch.? ..., hg. M. Hettling u.a., 1991), 155–165 – A. Stella, La Révolte des Ciompi, 1993.

II. Byzantinisches Reich: Die Natur der ksl. Gewalt ließ theoret. keinen Platz für Widerspruch von seiten der Beherrschten, da der Ks. (→Kaisertum) als Repräsentant Gottes auf Erden fungierte. Andererseits begünstigte das Fehlen des dynast. Prinzips Versuche von Konkurrenten, sich des Thrones zu bemächtigen, wenngleich die öffentl. Meinung in zunehmendem Maße den Gedanken einer dynast. Legitimation aufnahm. Die Ausübung der Macht im Staate galt als *techne*, die hohe Kompetenz und Verantwortung für das Gemeinwohl implizierte. Wich der Ks. von diesem Prinzip ab, so wurde er zum τύραννος, dessen Regierung nicht mehr als gottgefällig gelten konnte (→Tyrann, Tyrannenmord). Das Fehlen des göttl. Segens äußerte sich in göttl. →Vorzeichen (θεοσημία), die das nahende Ende ankündigten: →Erdbeben, →Kometen, →Epidemien, Invasionen fremder Krieger usw.

Rebellion (στάσις, ἐπανάστασις, νεωτερισμός, συνομωσία) galt als Verbrechen, das von Staat und Kirche geahndet wurde. Der Schuldige verfiel der Blendung und wurde mit dem →Anathem belegt, wie aus einer →Novelle Konstantins VIII., die von Patriarch und Synode bestätigt wurde, hervorgeht. Dies war übrigens die einzige Intervention der Kirche zur Stützung eines regierenden Ks.s; die Patriarchen haben es ansonsten nie abgelehnt, einen triumphierenden Usurpator zu krönen. Letztendl. konnte nur der fakt. Sieg den Willen Gottes enthüllen, sei es, daß der regierende Ks. durch Überwindung des Usurpators seine Legitimation bewies, sei es, daß sich ein vermeintl. 'tyrannos' als wahrer Träger der Legitimität herausstellte.

Eine derartige Denkweise war keineswegs geeignet, Bewerber um die Macht zu entmutigen, so daß sich die Aufstände häuften, wenn eine Dynastie nicht gefestigt oder dem Erlöschen nahe war (Makedonisches Herrscherhaus, nach 1028). Die besten Karten hatten hierbei die Kommandanten mächtiger Truppeneinheiten wie der Anatolikoi oder die Domestikoi der Scholen, die wie Leon III., Leon V. oder Nikephoros Phokas den Sieg errangen; viel häufiger waren aber die erfolglosen Usurpatoren, die an den mächtigen Mauern Konstantinopels oder am Gold des ksl. Schatzes scheiterten. Die Truppen in den Provinzen waren nur allzugern geneigt, einen ihrer Befehlshaber, der ihre Interessen berücksichtigte, auf den Thron zu bringen und schreckten auch nicht davor zurück, Reichsfeinde zu Hilfe zu rufen. Die Rivalität zw. den →Themen der Armeniakoi und der Anatolikoi war eine Hauptursache der Unruhen des 7. und 9. Jh.; im 9. Jh. führten die Ambitionen der einflußreichen Militärs in Adrianopel ebenfalls zu Aufständen. Palastverschwörungen, gestützt auf mächtige Klientelnetze, konnten auch zur erfolgreichen Erringung des Thrones führen (Nikephoros I., Johannes Tzimiskes). Nachdem im 6. Jh. die in den →Demen organisierte Hauptstadtbevölkerung das Reich noch in den Grundfesten erschüttert hatte (→Nika-Aufstand), griff sie vom 7. Jh. an nur noch selten aktiv in Aufstände ein. Sie spielte noch einmal eine gewisse Rolle seit dem 11. Jh., hatte aber (mit Ausnahme des Sturzes Michaels V., 1042) keine entscheidende Bedeutung mehr.

Nicht alle Aufstandsbewegungen zielten auf die Erringung der Kaisergewalt. Dissidente Strömungen brachen in den Provinzen, v. a. in den Grenzregionen, aus. Dort lebten z. T. Bevölkerungen, die das Chalcedonense nicht anerkannten, wie die Armenier und die Jakobiten, oder die anderen ethn. Gruppen angehörten, wie die →Bulgaren. Da diese als Untertanen des Reiches behandelt wurden, verfielen Zar Samuels Truppen nach ihrer Niederlage am →Kleidion (1014) als Empörer kollektiv der Blendung. Im übrigen führte fiskal. Druck oft zu Aufständen, die sich zumeist auf eine Stadt beschränkten (Antiochia). Selbst die Griechen, die wegen der Arroganz der Zentralgewalt in Konstantinopel unzufrieden waren und sich von ihr schlecht verteidigt sahen, lieferten manchmal ihre Städte dem Feind aus. Letztl. waren diese bescheidenen lokalen Erhebungen für den Zusammenhalt des Reiches gefährlicher als die großen Aufstände, in denen sich eine dynamischere neue Ks.gewalt gegen eine bestehende schwache Regierung durchsetzte. →Zeloten.

J.-C. Cheynet

Lit.: W. E. Kaegi, Byz. Military Unrest 471–843. An Interpretation, 1981 – J. C. Cheynet, Pouvoir et contestations (963–1210), Byzantina Sorbonensia 9, 1990.

Rex christianissimus ('roi très chrétien'; 'Seine Allerchristlichste Majestät'), Titel des Kg.s v. →Frankreich. Das Epitheton des chr. und frommen Herrschers wurde seit dem FrühMA dem Kg. der →Franken, aber auch anderen Kg.en und Fs.en von Päpsten und sonstigen kirchl. Würdenträgern als individueller Ehrentitel zuerkannt und hatte auch seine Entsprechung in Byzanz (s. a. →Sakralität, →Gottesgnadentum). Erst Kg. →Karl V. v. Frankreich (1364-80) und sein gelehrter Hofkreis (Évrard de Trémaugon, der mutmaßl. Autor des →»Songe du Vergier« und seiner lat. Version, des »Somnium viridarii«; Jean →Golein; Raoul de →Presles) setzten in der öffentl. Meinung und beim Papsttum die Auffassung durch, daß der Titel des 'r. chr.' ausschließl. dem Kg. v. Frankreich gebühre, schon wegen dessen Zugehörigkeit zur »domus christianissima« unter dem Zeichen der →Lilie. Gestützt auch auf die von den frz. Kg.en gewirkten →Wunder, konnte sich die frz. →Monarchie somit auf die unmittelbare göttl. Legitimation ihres Herrschertums berufen und war völlig unabhängig von der ksl. Autorität (→Kaiser, -tum) geworden, zumal mehrere Träger der Kaisergewalt als rückfällige Schismatiker oder Häretiker verurteilt worden waren.

Der Titel des 'r. chr.' wurde vom Papsttum benutzt, um die Kg.e v. Frankreich an ihre Aufgabe als Schützer der Kirche zu mahnen. Seinerseits nahm das Kgtm. gern auf den Titel Bezug, wenn es galt, theokrat. Ansprüche des Papsttums in die Schranken zu weisen. Unter Berufung auf diesen Titel forderten die frz. Universitätsgelehrten Kg. →Karl VI. auf, im →Abendländ. Schisma an die Spitze der konziliaren Bewegung (→Konziliarismus) zu treten. Entsprechend drängten 1465 die Vertreter des →Parlements Kg. →Ludwig XI., in seiner Eigenschaft als 'r. chr.', die gallikan. Freiheiten (→Gallikanismus) 'ex officio' zu garantieren und die bei seinem Regierungsantritt aufgehobene →Pragmatique Sanction de Bourges wiederherzustellen. Ph. Contamine

Lit.: N. Valois, Le roi très chrétien (La France chrétienne dans l'hist., hg. M. Baudrillart, 1885), 314-327 – J. Krynen, L'Empire du roi. Idées et croyances politiques en France, XIIIe-XVe s., 1993, 345-383.

Rex Romanorum. Der Römername war zuerst unter Otto II. und seit Otto III. regelmäßig in den bis dahin ethnisch undefinierten (absoluten) Ks.titel (→Kaiser) aufgenommen worden, während der absolute Kg.stitel (→König) im 11. Jh. die Norm geblieben ist. Doch schon in der Kg.szeit Heinrichs II. begegnet der röm. Kg.stitel in einem Diplom für sein Bm. Bamberg von 1007 (ausgefertigt 1017) und 1016 im Datum eines Trierer Papstprivilegs. Wie mit der 1003 und 1007 belegten Kaiserbulle ist mit diesem und anderen 'Sondertiteln' auch fernerhin der Anspruch auf die Kaiserwürde ausgedrückt worden. R. R. wurde in das Monogramm Heinrichs III. aufgenommen und erscheint als Sondertitel bei ihm und Heinrich IV. in 7 von 8 Diplomen zur imperialen Legitimation für Empfänger Italiens und Lotharingiens (Merta, 187). Die Titelvarianten der burg. Kanzlei Heinrichs III., die 'Gesta Chuonradi' seines Hofkapellans Wipo und Titulierungen in provenzal. Privaturkunden (1044: 'rex Romanus') zeugen von Reflexionen über das staatsrechtl. Verhältnis der drei Gliedreiche zum Imperium.

In einem von →Benzo v. Alba überlieferten Brief begehrt 1063 Ks. Konstantin X. Dukas einen Pakt »cum puero Heinrico, rege Romano« (RI III, 2, 258). Nach der im Investiturstreit belebten, auch Benzo vertrauten sibyllin. Überlieferung (→Antichrist, →Eschatologie, →Friedenskaiser) ist r. R. der Endkaiser (H. D. Kahl, Mediaevistik 4, 1991, 124).

Erst seit Heinrich V. ist der röm. Kg.stitel, jetzt endgültig mit Inversion ('Romanorum rex' analog zu 'Romanorum imperator'), im Gegenzug zur Titulierung als 'rex Teutonicorum' durch die Päpste seit Gregor VII., die den imperialen Anspruch in Frage stellte, zur Kanzleinorm geworden. Zuerst bei Lothar III. (1132) und häufiger bei dessen Nachfolgern wurde mit der Fassung 'Romanorum rex (et semper) augustus' eine weitere Annäherung an den Kaisertitel erreicht. H. Beumann

Lit.: R. Buchner, Der Titel r. R. in dt. Kg.surkk. des 11. Jh., DA 19, 1963 – R. M. Herkenrath, Regnum und Imperium. Das »Reich« in der frühstauf. Kanzlei (1138-55), SAW. PH 264, 5, 1969 – E. Müller-Mertens, Regnum Teutonicum, 1970 [dazu: H. Beumann, AK 55, 1973, 215-223] – H. Beumann, Der dt. Kg. als »R. r.«, SB Wiss. Ges. Univ. Frankfurt, 1981 – U. Schmidt, Kg.swahl und Thronfolge im 12. Jh., 1987, 91-108 – B. Merta, Die Titel Heinrichs II. und der Salier, MIÖG Ergbd. 29, 1988.

Reynard the Fox → Renart

Reynolds, Walter, Bf. v. →Worcester seit 13. Nov. 1307 (Provision: 12. Febr. 1308), Ebf. v. →Canterbury seit 1. Okt. 1313, † 16. Nov. 1327; von ungeklärter Herkunft, stammte vielleicht aus Windsor (Ortsangabe bei den Namen einiger seiner Verwandten). Seine Gelehrsamkeit wurde ungerechterweise angezweifelt, doch hat er keine Univ. besucht; 1301-07 Keeper of the →Wardrobe des Prinzen Eduard. Auf Empfehlung des Kg.s wählte das Kapitel v. Worcester R. zum Bf., erst später folgte die päpstl. Provisionsbulle. Wegen seiner Tätigkeit als Schatzmeister (1307-10), Kanzler (1310-14) und kgl. Gesandter an der avign. Kurie hielt er sich selten in seiner Diöz. auf. Obwohl Cobham zum Ebf. v. Canterbury gewählt worden war, übertug Clemens V. ihm mit Einverständnis des Kg.s das Ebm. Lebenslang unterstützte R. Eduard II., verhielt sich aber bei der Absetzung des Kg.s (1326-27) unentschlossen. Von ma. Chronisten und auch modernen Wissenschaftlern ungünstig dargestellt, hat er neuerdings in J. R. Wright einen Verteidiger gefunden. R. M. Haines

Q. und Lit.: J. R. Wright, The Church and the English Crown, 1980 – R. M. Haines, Archbishop Stratford, 1986, s.v.

Rezept, Rezeptliteratur. Benannt nach dem initialen, imperativ. 'Recipe' (abgekürzt als Rc. bzw. R$_x$, das – unter Einkreuzung des →Christusmonogramms – auf das ägypt. Horusauge zurückgeht), repräsentiert das R. eine der ältesten (seit dem 3. vorchr. Jt. nachweisbaren) und zugleich wichtigsten lit. Gattungen, die in techn. (→Farbe u.a.) und gastronom. (→Kochbücher) Bereichen, v.a. aber in der med. Fachprosa ausgebildet wurde. Speziell im Rahmen der Heilkunde versteht man unter einem R. darüber hinaus die an den →Apotheker gerichtete, schriftl. Anweisung des Arztes zur Herstellung bzw. Abgabe des jeweiligen, auf dem R.blatt verordneten Arzneimittels. Charakterisiert ist das R. im allg. durch eine Dreiteilung, die mit der med. Indikation einsetzt, die Herstellungsanweisungen folgen läßt (→Pharmazie) und mit den Anwendungsvorschriften schließt. Dieses strukturelle Grundschema ist für zahlreiche Variationen offen, was sich einerseits in der Aufnahme zusätzl. Bauelemente, andererseits in der Abwandlung der drei Hauptteile ausdrückt. Großformen, wie sie beim Beschreiben aufwendiger →Composita nötig wurden und sich bis zu Traktaten mit mehreren Kapiteln ausweiten konnten, haben den hypothet. R.eingang meist zum betreffenden Arzneimittelnamen schrumpfen lassen und bieten statt einer stringenten Heilanzeige oft einen ganzen Fächer an Indikationen. Während die erste und dritte Hauptteil häufig Mutationen zeigen, erweist sich der zweite als der zentrale Herstellungsteil (Rezeptur) als der eigtl. Kern, der textgesch. am widerstandsfähigsten ist und überlieferungsgesch. die höchste Konsistenz bewahrt.

R.e können isoliert tradiert sein, wurden in der Regel jedoch zu Serien zusammengefaßt, die den kompilativen

Ansatz zur R.lit. (Rezeptarien) bilden. Die Gruppierung erfolgte dabei nach inhaltl. oder formalen Aspekten, d.h. im ersten Fall nach der Leitdroge, dem Ablauf therapeut. Maßnahmen oder nach Indikationen (Symptomen), welch letztere die anatom. Reihung 'vom Scheitel bis zur Sohle' ermöglichte; im zweiten Fall dagegen nach den →Arzneiformen, was insbes. für die pharmazeut. Lit. (→Ricettario Fiorentino u. a.), aber auch für chirurg. Manuale gilt. Indikationsgleiche R.-Staffeln, die nur in erster Stelle die Heilanzeige bringen und bei den folgenden Vorschriften den spitzenständigen Indikationsteil weglassen, leiten bereits über zu den →Arzneibüchern, die in ihre therapeut. Kap. indikationsverwandte R.e integrieren, d.h. die 'formulae' entweder additiv-alternativ hintereinanderschalten oder sequenziell einer Mehrschritt-Therapie zuordnen. Dabei wird häufig die textl. Integrität der einzelnen Vorschrift aufgegeben zugunsten einer syntakt. Einbindung in das kontextuelle Umfeld. – Als eine der zentralen Gattungen begründen R.e nationale Lit.en (→Basler R.e), führen in Verbundformen bedeutende med. Fachtexte an (→'Bartholomäus'), transportieren botan. Daten und zeugen bisweilen auch vom therapeut. Fortschritt. Manche ma. Berufszweige sind ausschließl. über R.texte dokumentiert. Im Gegensatz zu den →Kräuterbüchern sind Einzel- oder seriengebundene R.e nur selten illustriert worden. Inhaltsschließende (Konstruktions-)Zeichnungen begegnen – meist als Marginalien – bei techn., militär. (→Feuerwerksbücher, →Pulver), weidmänn., alchem. und mag. R.formeln; chirurg. R.slg.en wurden lediglich. in Ausnahmefällen bebildert.

G. Keil

Lit.: H. E. SIGERIST, Stud. und Texte zur frühma. R. lit., StGM 13, 1923 [Neudr. 1977] – J. JÖRIMANN, Frühma. Rezeptarien, BGM 1, 1925 [Neudr. 1977] – O. ZEKERT, Das ärztl. R., 1960 – L. BUCHHEIM, Gesch. der R.einleitung. Horusauge – Jupiterzeichen – Recipe [Habil.schr. Bonn 1965] – D. GOLTZ, Ma. Pharmazie und Medizin, VIGGPharm NF 44, 1976, 22–55 – G. BOSZHAMMER, Technolog. und Farb-R.e aus dem Kasseler Cod. med. 4° 10, Würzburger med.hist. Forsch. 10, 1977 – U. SEIDEL, R. und Apotheke [Diss. Marburg 1977] – G. EIS, Austernschalen (Medizin im ma. Abendland, hg. G. BAADER–G. KEIL, 1982), 125–150 [Basler R.e] – Fachprosa-Stud., hg. G. KEIL, 1982 [J. STANNARD; B. D. HAAGE] – G. KEIL, Das Krebs-Pulver-R. für Karl d. Gr., Würzburger med.hist. Mitt. 3, 1985, 243–255 – D. LEHMANN–A. [UHLIG-]LEHMANN, Zwei wundärztl. R.bücher des 15. Jh. vom Oberrhein, I–II, Würzburger med.hist. Forsch. 34 und 35, 1985/86 – G. KEIL, Organisationsformen med. Wissens (Wissensorganisierende und wissensvermittelnde Lit. im MA, hg. N. R. WOLF, 1986), 221–245 – C. M. E. DE BACKER, Farmacie te Gent in de late middeleeuwen: apothekers en receptuur. Middeleeuwse studies en bronnen 21, 1990 – U. STOLL–B. MÜLLER, Alte R.e modern betrachtet, BGPharm 42, 1990, 33–40 – R. HALLEUX, Die frühma. R.lit. (Das Lorscher Arzneibuch und die frühma. Medizin, hg. G. KEIL–P. SCHNITZER, 1991), 115–122 – G. KEIL, Das älteste ndl. R. und seine Q.n, Scientiarum Hist. 17, 1991, 5–16 – Älterer d. 'Macer', Ortolf v. Baierland 'Arzneibuch', 'Herbar' des Bernhard v. Breidenbach, Färber- und Maler-R.e: die oberrhein. med. Sammelhs. des Kodex Berleburg, hg. W. DRESSENDÖRFER u. a., 1991 – U. OTT-VOIGTLÄNDER–M. KREIENKAMP, Das St. Georgener Rezeptar, I–II [I: Würzburger med.hist. Forsch. 17; II: Diss. Würzburg], 1977, 1992 – R. PAPADOPOULOS, Das lat. R.gut im 'Breslauer Arzneibuch' (Würzburger Fachprosa-Stud., Fschr. M. HOLLER, hg. G. KEIL, 1994), 98–117.

Rezeptarien → Arzneibücher

Rezeption des römischen Rechts → Römisches Recht, Rezeption

Rezitationstöne (auch Ténor, Tuba oder Repercussa), Tonstufen, die beim gesungenen Vortrag von Text wiederholt verwendet werden und deshalb ein bes. Gewicht erlangen. Sie bilden im gregorian. Choral eine Art Gegenpol zur →Finalis, dem eigtl. Haupt- und Endton einer der acht Tonarten. Die R. sind 1. a, 2. f, 3. h oder c, 4. g oder a, 5. e, 6. a, 7. d und 8. c. In der →Psalmodie werden die R. zum tonal bestimmenden Faktor, da die Finalis hier nur wenig oder gar nicht in Erscheinung tritt. Außer dem kurzen Initium und der Terminatio begegnen hier keine eigtl. melod. Elemente, der Text wird annähernd ganz auf einer einzigen Tonhöhe rezitiert. Ähnlich verhält es sich bei den liturg. Lesungen. Hier werden jedoch bestimmte melod. Wendungen zur gliedernden Interpunktion (bes. Frage, Satzschluß) angewendet. In den Passionslesungen finden sich neben dem R.ton für den Evangelienbericht noch zwei weitere Töne für Christus (Unterquinte) und die direkten Reden der anderen beteiligten Personen (Oberquarte).

F. Körndle

Lit.: MGG s.v. Choral – NEW GROVE s.v. Psalm – E. JAMMERS, Der Choral als Rezitativ, AMW 22, 1965, 143 – TH. GÖLLNER, Die mehrstimmigen liturg. Lesungen, 2 Bde, 1969.

Rhabarber (Rheum-Arten/Polygonaceae). Bevor der chin. Rh. durch die Araber in Europa bekannt wurde, bezeichneten die lat. Namen *reubarbarum* und *reuponticum* (Isidor, Etym. XVII, 9, 40) nur die über die Küstenländer des Schwarzen Meeres eingeführte und deshalb 'pontisch' gen. Wurzel, die schon Dioskurides (Mat. med. III, 2) als 'rha' beschreibt. Seit dem 11. Jh. wird der erste Name dann meist auf den – angebl. aus Indien stammenden – echten Rh. zentralasiat. Herkunft bezogen und zumindest terminolog. von dem pontischen Rh. unterschieden (Constantinus Africanus, De grad., 354; Circa instans, ed. WÖLFEL, 102; Alphita, ed. MOWAT, 157; →Mesuë [Iunior]). Die teuere Arzneidroge, die bis zum Ausgang des MA relativ selten verwendet worden sein dürfte, galt in der Heilkunde v.a. als blut-, magen- und leberreinigendes Mittel, wobei man ihre sonstigen Indikationen freilich häufig mit denjenigen der schon in der Antike bekannten Rh.-Art vermengte (Gart, Kap. 342 und 343).

I. Müller

Lit.: MARZELL III, 1317–1319 – W. GÖPFERT, Drogen auf alten Landkarten und das zeitgenöss. Wissen über ihre Herkunft [Diss. Düsseldorf, 1985], 930–991 – C. M. FOUST, Rhubarb: The Wondrous Drug, 1992.

Rhabdas (Nikolaos Artabasdos) aus Smyrna, um 1340, byz. Mathematiker, verfaßte folgende (erhaltene) Schrr.: 1. (dem G. Chatzykes gewidmet) eine elementare arithmet. Abhandlung, in der griech. Zahlensystem, Fingerrechnen, arithmet. Operationen und Verwendung von Rechentafeln dargelegt werden; 2. (dem Th. Tzabuches gewidmet) eine arithmet. Abhandlung, in der Bruchrechnen, Wurzelziehen, Osterfestberechnung, Aufgaben aus dem Handelsrechnen sowie der →Unterhaltungsmathematik erklärt werden; 3. eine neue Edition des Rechenbuches (mit ind.-arab. Zahlen) des →Planudes; 4. eine Grammatik für seinen Sohn P. Artabasdos. In 1 und 2 behält Rh. das griech. (nicht das ind.) Zahlensystem bei, wodurch seine beiden Abhandlungen zu den ganz wenigen erhaltenen Q. des griech. Rechnens (Logistik) zählen; insbes. die Erklärung des Fingerrechnens ist die einzige erhaltene, während Rechentafeln aus griech. Zeit nur fragmentar. erhalten sind. – Moschopulos widmete seine Arbeit über →mag. Quadrate dem R.

J. Sesiano

Ed. (von 1 und 2): P. TANNERY, Mém. scient. IV, 1920, 61–198 – Lit.: SARTON III, 681f.

Rhazes (Abū Bakr Muḥammad b. Zakarīyā' ar-Rāzī, latinisiert R.), geb. 865 in Raiy in der pers. Prov. Chorasan, gest. 925 in Raiy oder Bagdad. Nach Studien in Musik und Chemie wandte er sich unter Ibn Zain aṭ-Ṭabarī der Med. zu, leitete zunächst ein Spital in Raiy und wurde später nach Bagdad berufen; als Consiliarius besuchte er zahlreiche Fs.enhöfe, u. a. auch den Hof des Samaniden

Abū Salih Manṣūr b. Isḥāq. Die arab. Quellenslg. »Fihrist« führt unter den Namen des R. 116 Bücher und 29 Abhandlungen auf; nach dem arab. Med.historiker Ibn Abī Uṣaibi'ā soll er 237 naturphilos. und med. Arbeiten verfaßt haben. Unter den Werken rangieren an erster Stelle die med. Schrr., Slg.en von Exzerpten aus gr., ind. und älteren arab. Autoren zur Physiologie, Pathologie und Therapie; sie wurden bereichert durch Aufzeichnungen aus der eigenen Praxis. – Als med. Hauptwerk imponiert der »Kitāb al-ḥāwī« (krit. Ed.: Al-Ḥāwī, the most voluminous of Rāzī's medical works, 1955–68). Der »Kitābū'l-ḥāwī fi'ṭ-ṭibb« ('Buch der Zusammenfassung der Medizin') trägt in der lat. Übers. des Abū'l-Farağ ben Sālim den Titel »Continens« (auch »Comprehensor«). Nach lat. Hss. wurde das Werk erstmals 1486 in Brescia gedruckt (weitere Ausgaben: 1500, 1506 und 1509 in Venedig). An Q. dienen »Hippokrates, →Galen, →Oreibasios, Aetios v. Amida und →Paulos v. Aigina; daneben finden sich Auszüge aus älteren arab. Q., so bes. aus Texten seines Lehrers Ibn Zain aṭ-Ṭabarī. – Systematischer angelegt ist ein zweites größeres Werk, der »Kitāb al-Manṣūrī«, der in zehn Teilen die ges. Theorie und Praxis der Heilkunde behandelt und dem Samaniden-Herrscher Abū Salih Manṣūr b. Isḥāq gewidmet ist. Als »Liber ad Almansorem« wurde das Werk an der Schule v. Toledo ins Lat. übersetzt. Sein 9. Buch (»Liber nonus«), eine spezielle Therapeutik, diente zahlreichen Generationen von Ärzten als das klass. Prüfungsbuch; noch Andreas Vesalius hat zu diesem Buch einen Komm. geschrieben (»Paraphrasis in nonum librum Rhazae«, 1537). Der »Liber medicinalis ad Almansorem« (Ed. Mailand 1481) bringt in den drei ersten Büchern die Anatomie und Physiologie; das vierte Buch enthält eine allg. Gesundheitslehre, die im fünften Buch mit der Kosmetik und im sechsten mit einem »Viaticum« verbunden ist. Als nächste Bücher folgen die Chirurgie und eine Toxikologie. Der »Liber nonus« bringt die vielbenutzte Spezielle Therapie (»De curatione aegritudinum, quae accidunt a capite usque ad pedes«); das zehnte Buch stellt eine ausführl. Fieberlehre dar. – Zu einem auch in der lat. Scholastik beliebten Schulbuch wurde das Werk über die Pocken und Masern (Kitāb al-ǧudarī wa'l-ḥaṣba). In diesem »Liber de variolis et morbillis« werden Masern (ḥaṣba) und Pocken (ǧudarī)als nosolog. Einheit gesehen und mit ihren Initialsymptomen wie auch ihrem klass. Verlauf eingehend beschrieben. – Als Spätwerk ist der »Kitāb al-Muršid« ('Der Führer') anzusehen. Im Prolog hierzu fordert R. eine systemat. Einführung in die Med., die als Wegweiser für Studenten dienen sollte. Das Werk bringt 377 Aphorismen in 37 Kapiteln, vereinzelt auch Lit. hinweise für interessierte Kollegen und Studenten. – Neben weiteren Schrr. zur Diagnostik und Uroskopie, ferner zur Diätetik und Sexualhygiene, verdienen seine Kampfschrr. gegen die →Kurpfuscher Beachtung, so eine unter dem arabesken Titel: »Über die in der med. Kunst wohnenden Umstände, welche die Herzen der meisten Menschen von den achtbarsten Ärzten abwenden und den niedrigsten zuführen, sowie die Verteidigung des achtbaren Arztes in allen Punkten und in all seinem Tun«. – In seiner Ärztebiogr. hat Ibn Abī Uṣaibi'ā das Urteil über das Gesamtwerk noch einmal zusammengefaßt: »R. war einsichtsvoll, verständig, gegen die Kranken liebenswürdig und bemüht, ihnen auf jede Weise zu helfen. Mit anhaltendem Fleiße erforschte er die Geheimnisse der Medizin und suchte die verborgensten Wahrheiten zu entdecken«. Seinen eigenen Forsch. wie selbst Autoritäten wie →Aristoteles oder →Galen gegen-

über blieb er skept. eingestellt. Wie weit R. als ein 'zweiter Galen' oder gar als der erste humanist. Arzt gewürdigt werden soll, kann beim jetzigen Stand der Forsch. nicht beurteilt werden. H. Schipperges

Ed. und Lit.: Opera Rhazae, Basel 1544 – Ar-Rāzī, De variolis et morbillis, ed J. CHANNING, 1766 – Ar-Rāzī, Über die Pocken und Masern, hg. K. OPITZ, 1911 – G. S. A. RANKING, The Life and Works of R., 1914, 237–268 – H. O. ILLGEN, Die abendländ. R.-Komm. e des XIV. bis XVII. Jh., 1921 – J. RUSKA, Al-Bīrūnī'als Q. für das Leben und die Schrr. al-Rāzī's, Isis 5, 1922, 26–50 – P. KRAUS, Raziana I, Orientalia NS 4, 1935, 300–334 – O. TEMKIN, A Medieval Translation of R.' Clinical Observations, BHM 12, 1942, 102–117 – H. SCHIPPERGES, Bemerkungen zu R. und seinem Liber Nonus, SudArch 47, 1963, 377 – M. ULLMANN, Die Med. im Islam, 1970, 128–136 – Klassiker der Med., I, 1991, 31–35, 366–367 [H. SCHIPPERGES].

Rhein (lat. Rhenus, frz. Rhin, ndl. Rijn), einer der wichtigsten Flüsse Europas, größter Fluß Dtl.s, mit einer Gesamtlänge von 1236km und einem Einzugsgebiet von 224400 km² (Vorderr., Hinterr., Alpenr., Hochr., Oberr., Mittelr., Niederr.).

Mittel- und Unterlauf des R.s waren in der Römerzeit als Reichsgrenze auf langer Strecke befestigt, die jedoch seit dem 3. Jh. immer öfters von germ. Völkern überschritten und nach dem massenhaften Einfall 406/407 endgültig aufgegeben wurde. Die Bedeutung der verschiedenen Mündungen des R.s im ndl. Flachland wechselte, z. T. infolge wiederholter Sturmfluten und von Hochwasser. In der Antike war laut Caesar die Waal der Hauptarm des Deltas; freilich reichte röm. Gebiet bis zum sog. Alten R. (Mündung beim heutigen Katwijk), der, um 800 noch befahren, bis zum 12. Jh. völlig verlandete. Von seinem Lauf zweigte in Utrecht die Vecht in Richtung der Almere, der späteren →Zuidersee, ab. Auch dieser Arm versandete bis ins 13. Jh. Weiter ö. entstand möglicherweise schon im 8. Jh. eine Verbindung zw. R. und Lek. Letzere war seit dem 12. Jh. der wichtigste R.arm, bis die Waal im 13. Jh. wieder an die erste Stelle trat. Spätestens im 12. Jh. wurde die geldr. Yssel, ursprgl. ein vom R. getrennter Fluß, zum östlichsten, in die Zuidersee mündenden R. arm.

Der R. gehörte als Teil der Handelsroute zw. den Niederlanden und den Nordseeländern einerseits und Italien und dem Mittelmeerraum andererseits zur wichtigsten N-S-Verkehrsachse des ma. Europas. Außer Transitwaren beförderte die R.schiffahrt v. a. entlang dem Fluß erzeugte, insbes. schwere oder in Maßen abgesetzte Konsumgüter (Niederlande: Tuche, Fisch, Backsteine, Dachziegel; mittelrhein. Raum: Mühlsteine aus Basalt, Bausteine, Erze, Metall-, Ton- und Glaswaren). Von Bedeutung war auch die Flößerei von Eichenholz aus dem Oberlauf. Der R. war vermutl. seit dem 7. Jh. einer der Hauptwege des →Friesenhandels (Friesenviertel in Köln, Mainz und Worms), was wiederum die →Normannen zu ergiebigen Plünderfahrten auf den R. anregte. Nach der Verwüstung von →Dorestad wurde der Rheinhandel im 9. und 10. Jh. v. a. von →Deventer und →Tiel aufrechterhalten, seit dem 11. Jh. erlangten auch fläm. Kaufleute zunehmende Bedeutung. Die seit dem 12. Jh. entwickelten Schiffstypen mit größerem Tiefgang erlaubten es nicht mehr, in direkter Fahrt von Übersee (England) weiter als bis oberhalb →Kölns zu gelangen, das zum zentralen Umladeplatz mit weitgehendem →Stapelzwang wurde. Der fläm. Handel verlegte sich vom R. auf den Landweg. Im Mündungsgebiet wuchs der Anteil am R.handel der Ysselstädte, seit dem 14. Jh. auch der Holländer und Seeländer. Der rege R.verkehr führte zu ausgiebiger Zollerhebung. Im 13. Jh. gab es stromabwärts ab Bingen 20 Zollstellen. Um ihnen zu entgehen, wurde nicht selten auf Schiffe aus Städten umgeladen, die an der betreffenden Station Zollfreiheit genossen. J. A. van Houtte

Bibliogr.: K. R. Nippes, BIBLIOGR. DES R.GEBIETES, 1991 – Lit.: W. JAPPE ALBERTS, Beitr. zur Wirtschaftsgesch. des R.s im Zusammenhang mit der spätma. Gesch. der Niederlande, RhVjbll 26, 1961, 297–322 – W. VAN ES, Das ndl. Flußgebiet von der Römerzeit bis ins MA, Beih. zum Bericht der röm.-germ. Kommission 58, 1977, 103–126 – Rheinische Gesch., III, hg. F. PETRI–G. DROEGE, 1979.

Rheinau, ehem. Abtei OSB im Hochrheintal (Kt. Zürich, Schweiz). Spätestens Anfang des 9. Jh. von einer Familie aus dem karol. Reichsadel als Eigenkl. gegr., die zur Verwandtschaft der →Alaholfinger gehörte. Im Streit innerhalb der Stifterfamilie um Erbansprüche setzte sich Wolvene durch, der R. an den Kg. tradierte. Ludwig. d. Dt. erhob R. 858 zum Reichskl. (Verleihung von Immunität, Schutz, Wahlrecht) und wichtigen kgl. Stützpunkt am Hochrhein. Stifterfamilie und benachbarter Adel (Cella alba →St. Blasien) statteten R. mit Besitz im Alb-, Klett- und Thurgau sowie in den Gauen Verona und Tortona aus. Durch seinen Anschluß an die Kl.reform v. →Hirsau (vor 1098/1106) wurden Disziplin, Liturgie (Liber ordinarius und Rituale aus dem 12. Jh.) und Kirchenbau (1114 Weihe der dreischiffigen Basilika) nachdrückl. geprägt. Vom Ende des 11. bis zum 13. Jh. war R. Doppelkl.; die Frauengemeinschaft versammelte sich in der 1167 geweihten Felix- und Regulakirche in R. Der Kampf gegen die eigenkirchenherrl. Ansprüche des Bf.s v. Konstanz (10.–13. Jh.) und die häufigen Übergriffe der Vögte (11.–15. Jh.: Gf.en v. Lenzburg, Herren v. Krenkingen, Gf.en v. Sulz) wirkten sich negativ auf das geistig-religiöse Leben aus. Mit Hilfe der Schweizer. →Eidgenossenschaft, seit 1455 im Besitz der Schirmherrschaft, behauptete das Kl. seine Stellung gegenüber den nach Unabhängigkeit drängenden Bürgern R.s. Die – noch im 15. Jh. fehlgeschlagene – Reform der klösterl. Zucht in R. im Gefolge des Konzils v. Trient Anfang des 17. Jh. sicherte seine Existenz und bescherte eine neue Blüte bis zur Aufhebung durch den Rat des Kt. Zürich 1862. H. Seibert

Q.: A. HÄNGGI, Der R.er Liber Ordinarius, 1957 – Lit.: Helvetia Sacra III/1, 2, 1986, 1101–1165 [Lit.] – H. SEIBERT, Leben nach der Benediktsregel, Rottenburger Jb. für Kirchengesch. 12, 1993, 153–158.

Rheinfeldener (Herren v. Rheinfelden), nach der auf einer Felseninsel am linken Ufer des Hochrheins gelegenen Stammburg benanntes Adelsgeschlecht, entstammte vermutl. einer Nebenlinie des burg. Kg.shauses, die im Wallis, im Waadtland sowie im oberen Aaregau begütert war und die Gft. im Sisgau (sö. Basel) innehatte. Der in der welf. Hausüberlieferung erwähnte quidam de Rinvelden ist nicht mit dem mysteriösen Kuno v. Öhningen gleichzusetzen, sondern wohl eher mit jenem um 1000 bezeugten burg. Pfgf.en Kuno, der ein Nachkomme des dux Rudolf, eines Bruders Kg. →Konrads I. v. Burgund, gewesen sein dürfte (HLAWITSCHKA). Bedeutendster Vertreter war →Rudolf v. Rheinfelden, der 1057 das Hzm. Schwaben erhielt und 1077 von der dt. Fs.enopposition zum Gegenkg. erhoben wurde. Nach dem Tode seines Sohnes Berthold (1090), der 1079 zum Gegenhzg. v. Schwaben erhoben worden war, trat der mit Rudolfs Tochter Agnes vermählte Zähringer →Berthold II. das Erbe der R. an. Das von Rudolf reich dotierte Schwarzwaldkl. →St. Blasien wurde zum Hauskl. des Geschlechts. T. Struve

Lit.: G. MEYER v. KNONAU, JDG unter Heinrich IV. und Heinrich V., I, 1890, 652–655 [älterer Forsch.sstand] – H. JAKOBS, Der Adel und die Kl.reform von St. Blasien, 1968, 157–235 – H. MAURER, Der Hzg. v. Schwaben, 1978, 98, 167f., 219 – E. HLAWITSCHKA, Zur Herkunft und

zu den Seitenverwandten des Gegenkg.s Rudolf v. R. (Die Salier und das Reich, I, 1991), 175–220.

Rheinischer Bund. 1254–57, während des →Interregnums, schlossen Städte, Bf.e und weltl. Große ein Bündnis, das »eine neue Form des Landfriedens« (H. ANGERMEIER) anstrebte. Die Vorstufe zu der großen Vereinigung bildete ein Bund der Städte→Mainz, →Worms, →Oppenheim und Bingen (Frühjahr 1254), dem ein bilateraler Städtevertrag zw. Mainz und Worms vorangegangen war. Im Juli 1254 wurde auf dem Tag zu Mainz der Bund, der im Namen von →Köln, Worms, →Speyer, →Straßburg, →Basel und weiteren ungen. Städten geschlossen wurde, auch inhaltl. durch die Forderung nach Abschaffung der unrechtmäßigen Zölle und durch den Abschluß eines auf 10 Jahre befristeten Friedens erweitert. Allen Friedensbrechern wurde der Kampf angesagt, Streitigkeiten untereinander sollten durch ein Schiedsgericht geschlichtet werden. Der zweite Bundestag zu Worms im Okt. 1254 führte nicht nur zu einer zahlenmäßigen Vergrößerung des Bundes, sondern ließ bereits eine schlagkräftige Organisation erkennen: Bundesorgan war die Bundesversammlung, die vierteljährl. zusammentrat; Mainz und Worms fungierten als Vororte des Bundes; auf dem Rhein sollte eine gewaltige Kriegsflotte unterhalten werden. Nach etwa zwei Jahren erreichte der Bund die größte Ausbreitung (Gebiet von Basel bis Bremen, von Aachen bis Regensburg). Nach dem Tode →Wilhelms v. Holland (Jan. 1256) beschloß der Bund den Schutz des Kg.sgutes und kam überein, nur einen einhellig gewählten Kg. anzuerkennen. Nach der Doppelwahl von 1257 brach der Bund auseinander. H.-J. Becker

Q.: MGH Const. II, 580–585 – Der R. B. von 1254, hg. P. ROTH, 1954 [Faks.] – Die Urkk. und Akten der oberdt. Städtebünde vom 13. Jh. bis 1549, I, bearb. K. RUSER, 1979 – Q. zur Verfassungsgesch. des röm.-dt. Reiches im SpätMA 1250–1500, hg. L. WEINRICH, 1983, Nr. 5, 13–27 – Lit.: E. BIELFELDT, Der R. B. von 1254. Ein erster rheinischer Reichsreform, 1937 – H. ANGERMEIER, Kgtm. und Landfriede im dt. SpätMA, 1966 – A. BUSCHMANN, Der R. B. von 1254–57 (Kommunale Bündnisse Oberitaliens und Oberdt.s im Vergleich, hg. H. MAURER, [VuF 23], 1978), 167–212 – Propter culturam pacis... Der R. Städtebund von 1254/56 (Kat. Landesausst. Worms, 1986).

Rheinischer Gulden → Gulden; →Rheinischer Münzverein

Rheinischer Münzverein. Unter den dt. →Münzvereinen des MA kommt dem R. M. die größte Bedeutung, auch für die allg. dt. Münzgesch., zu. Dem R. M. gingen Münzabsprachen einzelner rhein. Münzherren voran: 1348 Ebf. v. Köln, Jülich, Ebf. v. Trier sowie Luxemburg; 1354 Ebf.e v. Köln, Mainz und Trier; 1357 Ebf. v. Köln, Jülich, Städte Köln und Aachen; 1358/59 Ebf. v. Trier sowie Luxemburg; 1362 (?) Ebf.e v. Mainz, Köln ünd Trier; 1371 Ebf. v. Trier sowie Luxemburg; 1374 Ebf.e v. Köln und Trier. 1385/86 wurde der Kurrhein. Münzverein von den vier Kfs.en (Ebf.e v. Köln, Mainz, Trier und Pfgf. bei Rhein) geschlossen. Hauptpunkt war die Schaffung eines gemeinsamen →Gulden-Typs, der in Nachahmung der Florentiner Gulden auf der einen Seite Johannes d. Täufer, auf der Rückseite eine Wappenkombination der Vertragspartner zeigt, bei denen das Wappen des jeweiligen Münzherrn bes. hervorgehoben ist. Zu dem Vertragsgulden, von dem 66 aus der 23karätigen →Mark zu schlagen waren, kam als weitere Vertragsmünze der →Albus (Weißpfennig) im Gewicht von 2,21 g hinzu, 20 auf den Gulden gerechnet. Bereits 1391 wurde der Vertrag erneuert, ebenso 1399 bei geringfügiger Absenkung des Goldgehalts des Guldens. Angesichts einer weiteren Verschlechterung verbot Kg. Ruprecht 1402 die weitere Prägung, bis 1404 eine neue Einigung abgeschlossen werden konnte. Weitere Verträge: 1409 (Feingehalt des Guldens 22 Karat), 1417 unter Beteiligung von Jülich (20 Karat), 1419 (19 Karat), 1425, 1437, 1444, 1454, 1459, 1464, 1488 (18 1/2 Karat), 1490, 1502, 1509. Jeweils wurde ebenfalls über die Prägung von Silbermünzen (Albus, →Pfennig) verhandelt; die Zahl der Teilnehmer wechselte, zeitweise wurden auch die Stadt Köln, die Bf.e v. Worms und Speyer sowie Hessen einbezogen. Die Münzen des R. M.s, insbes. der Gulden, stellten eine Art Reichswährung dar und waren weit verbreitet. Der Gulden wurde häufig, bes. im 15. Jh. in den Niederlanden, minderwertig nachgeahmt (→Hornsche Gulden, →Postulatsgulden) und in Urkk. deshalb auch als oberländ. Gulden der Kfs.en bei Rhein genannt. P. Berghaus

Lit.: W. Diepenbach, Der R. M. (Fschr. Chr. Eckert, 1949), 89–120 – W. Hess, Das rhein. Münzwesen im 14. Jh. und die Entstehung des Kurrhein. Münzvereins (Der Territorialstaat im 14. Jh., 1970), 257–323 – J. Weschke, Ma. Goldmünzen, 1982 – G. Felke, Die Goldprägungen der rhein. Kfs.en 1346–1478, 1989.

Rhense, Kurverein v. (1338). Der Abbruch der Rekonziliationsverhandlungen zw. Ks. Ludwig d. Bayern und Papst Benedikt XII. 1337 löste in Deutschland eine antikuriale pränationale Verfassungsbewegung aus. In diesem Rahmen trafen sich am 15. Juli 1338 in Oberlahnstein mit Ausnahme Kg. Johanns v. Böhmen alle Kfs.en, um die Lage zu beraten. Weil der anwesende Ks. keine hinreichende Unabhängigkeit erwarten ließ, verlegten sie das Treffen auf das gegenüberliegende Rheinufer nach R. Dort schlossen sie am 16. Juli ein förml. und zeitl. unbegrenztes Bündnis zur Verteidigung des Reiches sowie der Rechte, Freiheiten und Gewohnheiten der Kfs.en. Unter dem bestimmenden Einfluß Ebf. →Balduins v. Trier (14. B.) verabschiedeten sie noch am gleichen Tag eine mit kanon.-rechtl. Formulierungen abgesicherte Erklärung, die bezügl. der Kg.swahl den Anspruch anmeldete, daß der von den Kfs.en einstimmig oder auch nur mehrheitl. Gewählte den Titel 'Röm. Kg.' führen dürfe und zur umfassenden Herrschaftsausübung im Reich befugt sei, ohne daß dafür die Zustimmung oder Billigung des Papstes erforderl. wäre. Diese Deklaration von Reichsrechten erfolgte ohne direkten Bezug auf Ks. Ludwig. Ein solcher wurde erst auf den anschließenden kgl. Hoftagen in Frankfurt und Koblenz hergestellt, wo die R.r Erklärung in weitergehender und einseitiger Interpretation Grundlage des Kg.swahlgesetzes →»Licet iuris« wurde.

Der in der Tradition mehrerer vorausgegangener Treffen der rhein. Kfs.en (1273, 1275, 1290, 1300, 1318) stehende K. v. R. vereinigte fast alle Kfs.en zu einer über ihr überkommenes Kg.swahlrecht hinausgehenden polit. Aktion. Erstmals hier wurde die Gültigkeit des Mehrheitsprinzips für ihre Entscheidungen festgesetzt. Auch wenn die Kfs.en noch nicht als korporatives Kollegium auftraten, stellte der K. v. R. dennoch einen wichtigen Schritt zur Dualisierung der Reichsverfassung dar.
A. Schmid

Lit.: K. Zeumer, Ludwigs d. Bayern Kg.swahlgesetz Licet iuris vom 6. Aug. 1338. Mit einer Beil.: Das R.r Weisthum vom 16. Juli 1338, NA 30, 1905, 85–112, 485–487 – Ders., Q.slg. zur Gesch. der dt. Reichsverfassung in MA und NZ, I, 1913², 181–184 – E. E. Stengel, Avignon und Rhens, 1930 – E. Schubert, Die Stellung der Kfs.en in der spätma. Reichsverfassung, Jb. für westdt. Landesgesch. 1, 1975, 111–119 – Th. M. Martin, Auf dem Weg zum Reichstag 1314–1410, 1993, 60, 183f.

Rhetorica ad Herennium war in MA und Humanismus als »Rhetorica nova« (weniger häufig »Rhetorica secunda«) bekannt, zum Unterschied von »De inventione« (»Rhetorica vetus« oder »Rhetorica prima«), und galt als Werk Ciceros. Ende des 15. Jh. zogen Giorgio →Merula und Raffaele Regio (1492 Diskussionen in Padua) die Verfasserschaft Ciceros in Zweifel. Im 16. und 17. Jh. vertrat weiterhin eine Forschungsmeinung die Autorschaft Ciceros, die andere schrieb das Werk Cornificius zu. Die communis opinio ist auch heute, daß die Rh. ad H. nicht Cicero gehört, der Name des Verfassers ist kontrovers. In der reichen hs. Überlieferung (mehr als 700 Hss.) ist der Text in vier, fünf oder sechs Bücher geteilt, je nach der Anzahl der Unterteilungen des letzten (vierten) Buches über den »ornatus«. Ebenfalls beachtl. ist die zumeist anonyme glossograph. Tradition. Relativ wenige ma. Kommentatoren, deren Schriften sich erhalten haben, sind zu nennen; →Thierry v. Chartres, →Wilhelm v. Champeaux, Alanus (wahrscheinl. →Alanus ab Insulis), →Jacobus v. Dinant, Bartolinus de Benincasa de Canulo. Im 13.–15. Jh. wurde die Rh. ad H. gesamt oder teilw. auch in die Volkssprachen übersetzt. It.: →Bono Giamboni und anonyme Übersetzung des 13. Jh.; frz.: Jean d'Antioche; kast.: Enrique de Villena. G. C. Alessio

Lit.: M. Dickey, Some Comm. on the De inventione and Rh. ad H. of the Eleventh and Twelfth Cent., Mediev. and Renaiss. Studies 6, 1968, 1–41 – H. Caplan, Mediev. Comm. on the Rh. ad H. (Of Eloquence, hg. A. King-H. North, 1970), 247–270 – K. M. Fredborg, The Comm. on Cicero's De inventione and Rh. ad H. by William of Champeaux, CIMAGL 17, 1976, 1–39 – J. O. Ward (Medieval Eloquence, hg. J. J. Murphy, 1978), 25–67 – M. Spallone. La trasmissione della Rh. ad H. nell'Italia meridionale tra l'XI e il XII sec., Boll. del comitato per la preparazione dell'ed. naz. dei classici greci e latini 1, 1980, 158–190 – J. O. Ward (Renaissance Eloquence, hg. J. J. Murphy, 1983), 126–187 – K. Fredborg, The Lat. Rhetorical Comm. by Thierry of Chartres, 1988.

Rhetorik
I. Lateinisches Mittelalter – II. Byzanz – III. Romanische Literaturen – IV. Deutsche Literatur – V. Englische Literatur.

I. Lateinisches Mittelalter: Die eine der antiken Lehrtraditionen der R., die philos. fundierte des Aristoteles, ist dem MA direkt erst durch drei Übers.en des 13. Jh. bekannt geworden, die arab.-lat. des →Hermannus Alemannus († 1272), dazu zwei aus dem Gr., eine anonyme und die des →Wilhelm v. Moerbeke (um 1266); doch ist mit indirekter Wirkung über lat. Vermittler stets zu rechnen. Die ursprgl. mehr an der jurist. und polit. Praxis der röm. Republik orientierte (z. B. Cicero, v. a. »De inventione«; →»Rhetorica ad Herennium«) verliert den Sitz im Leben und verlagert sich in den Schulbetrieb wirklichkeitsferner Deklamationen, wie ihn schon Petron. 1ff. karikiert. Doch gewinnt die Rh. auf der anderen Seite bedeutende Gebiete hinzu: Sie wird durch Cicero und bes. durch →Quintilian zu einem wesentl. Faktor der Menschenbildung und zum integralen Bestandteil des Katalogs der Bildungsgüter (→artes liberales). Mit den enzyklopäd. Darstellungen dieser artes bei →Martianus Capella, →Cassiodor und →Isidor v. Sevilla ist eine gewichtige Tradition rhetor. Wissens für das MA bereitgestellt. Ein weiterer großer Gebietsgewinn ist der R. durch ihre enge Verbindung mit der →Poetik gegeben. Seit Quintilian gehört die Lektüre rhetor. geformter prosaischer wie poet. Texte zur Ausbildung des Rhetors ebenso wie die Auflösung von Poesie in Prosa zum Aufweis der rhetor. Strukturen. Die enge Zusammengehörigkeit von R. und Poesie zeigen die Bucheinteilung der »Ars grammatica« des Diomedes (4. Jh.; B. I: Grammatik; B. II: Rh.; B. III: Poetik und Metrik) wie auch die gemeinsame hs. Überlieferung von →Bedas Schrr. »De schematibus et tropis« und »Ars metrica«. Seit dem 11. Jh. schließlich erscheinen rhetor. Prosa, Poesie und die Mischformen aus beiden unter der Bezeichnung 'dictamen' zusammengefaßt. –

Neben die aktive Rolle der R. bei der kunstmäßigen Gestaltung von Texten tritt in der spätantiken Schule die passive bei der Interpretation, dem Aufzeigen der rhetor. Formung. Das Vorbild aller Komm., der des →Servius zur Aeneis, gibt bereits zum ersten Wort eine rhetor. Deutung: »Per 'arma' autem bellum significat, et est tropus metonymia.«

Die Stellung der spätantiken Christen zur R. ist vorgegeben durch die Notwendigkeit, sich den heidn. Vorwürfen zu stellen, ihre hl. Schrr. ermangelten jeder sprachl. Kultur. Die Widerlegung war auf zwei Wegen möglich: 1. Man begründete die stilist. Unzulänglichkeit mit dem Zwang, gerade auch die Einfältigen zu lehren, so Hieron. epist. 53, 9 ut rusticam contionem facilius instruerent, oder im FrühMA Greg. Tur. Hist. praef. philosophantem rhetorem intellegunt pauci, loquentem rusticum multi; das Argument dient hier wie auch später nicht selten zur Bemäntelung der eigenen Unzulänglichkeit. 2. Man bemühte sich um den Nachweis, die hl. Schrr. seien kunstmäßig gestaltet, rhetor. und z. T. auch metr. (Hieron., Praef. in Euseb. Chron. 8, 3 und Augustinus; NORDEN, 521 ff.). Wegweisend für die Praxis des MA ist – bei aller verbalen Mißbilligung rhetor. Aufputzes – die Aussage Augustins (Doct. Chr. 4, 2, 3), man dürfe die an sich wertfreie R. nicht den Heiden zum Schmucke ihrer Irrtümer überlassen, sondern sie auch im Kampf für die chr. Wahrheit einsetzen. Diesen Gedanken hat →Hrabanus Maurus unter dem Aspekt der chr. Predigt aufgenommen (Inst. cler. 3, 19), allerdings mit der Einschränkung, die Befähigten sollten die Redekunst in jungen Jahren sich aneignen, die späteren seien Wesentlicherem vorbehalten; weniger Begabte sollten sich nicht an die Theorie halten, sondern imitativ an gesprochene oder geschriebene Vorbilder. – Die chr. →Predigt erfährt im HochMA weitere theoret. Anstöße durch den »Liber quo ordine sermo fieri debeat« →Guiberts v. Nogent (um 1084) und die »Ars praedicatoria« des →Alanus ab Insulis (1199?). Eine reiche Lehrbuchlit. entfaltet sich seit dem 13. Jh. (MURPHY, 275ff.).

Eine direkte Tradition des weltl. R.unterrichts der Antike ist allenfalls in Oberitalien faßbar, bes. seit dem 10. Jh.; so hat Stephan v. Novara, von Otto d. Gr. nach Dtl. berufen, in Würzburg Martianus Capella interpretiert; der gleichfalls in Ottos Gefolge nach Dtl. gekommene →Gunzo kann sich mit der Kenntnis von Cic. Inv., Rhet. Her. und Quintilian brüsten (Epist. ad Aug. 12); in der Mitte des 11. Jh. verfaßt →Anselm v. Besate seine »Rhetorimachia« als Lehrschr. in Briefform und mit dem Inhalt einer Invektive. Von Oberitalien gehen schließlich Anfang des 12. Jh. die Anweisungen zur kunstmäßigen Abfassung von Briefen aus (→ars dictaminis, dictandi), deren erste die →Alberichs v. Monte Cassino (DRONKE, 189f.) und die des Bolognesen →Adalbertus Samaritanus (SCHMALE) sind.

Die Theorie der R. eignet man sich zunächst aus den angeführten antiken Texten an, und es dauert relativ lange, bis es zu eigenständiger Verarbeitung des Materials kommt. Zunächst ist Cic. Inv. zu nennen, der die Hauptq. von →Alkuins »Dialogus de rhetorica et virtutibus« ist; gleiche Bedeutung erlangt die seit der Spätantike Cicero zugeschriebene Rhet. Her. So bittet →Lupus v. Ferrières →Einhard (Epist. 1; 829/830) um Exemplare von Cic. Inv. – dieses, um sein eigenes zu emendieren –, von Cic. De orat. und von Rhet. Her. samt einem Komm. Bedeutende Impulse gehen schließlich von der Vergillektüre mit dem Komm. des Servius aus wie auch von der Ars poetica des →Horaz samt deren systematisierenden antiken und frühma. Kommentierungen (KLOPSCH, 42f.). Dagegen tritt Quintilians »Institutio« bis ins 12. Jh. zurück. Zwar hat sich Lupus v. Ferrières, auf den vermutl. (LEHMANN, 5ff.) die Verbreitung der Codices mutili in Frankreich zurückgeht, sich sowohl 852 in York (Epist. 87) als auch einige Jahre später beim Papst – hier um ein Exemplar, das auch Cic. de orat. enthielt – (Epist. 100) bemüht, doch wird der integre Text wohl erst im 10. Jh. in Dtl. (Fulda?) auf Grund eines ags. Exemplars hergestellt. Intensive Benutzung findet sich erst im 12. Jh.: Ulrich v. Bamberg, →Wibald v. Stablo, →Johannes v. Salisbury.

Bis in die Schwelle des 12. Jh. erfolgt die Beschäftigung mit der antiken R. eher rezeptiv, interpretierend und harmonisierend; vgl. etwa die Merkverse →Walahfrid Strabos (Carm. 10) zu den Officia oratoris oder die R. →Notker Labeos, die Cic. Inv. und Martianus Capella samt dem Komm. des →Remigius v. Auxerre verarbeitet. Die Figurenlehre des 4. Buches der Rhet. Her. wurde in der 2. Hälfte des 11. Jh. zweimal poet. umgesetzt, durch →Marbod v. Rennes in Hexametern und von Onulf v. Speyer in einem moralisierenden Opus geminum. Von den antiken Autoren, die durch das direkte Vorbild ihrer R. im MA wirkten, ist in erster Linie →Sallust zu nennen, v. a. die Reden, deren Anregung seit dem 10. Jh. in Hagio- und Historiographie präsent ist.

Die im 11. Jh. einsetzenden polit. und wirtschaftl. Wandlungen führen einerseits durch die sich etablierenden Wiss. der Medizin und Jurisprudenz, andererseits durch das Einströmen der Wiss. des arab. vermittelten aristotel. Organons zu einer Sprengung des überkommenen Systems der artes liberales und damit zu einer Neuansiedlung der R. im System der Wiss. en und ihrer Scheidung von der Poetik. So teilt Johannes v. Salisbury, veranlaßt durch das System →Hugos v. St-Victor, die Poetik der →Grammatik zu, die R. hingegen wird mit der →Dialektik unter die ratio disserendi subsumiert.

Wesentl. Änderungen in der Gewichtung und Gestaltung der R. ergeben sich aus ihrem Zusammengehen mit der Poesie in der dichter. Praxis, bes. in den platonist. Schulen v. →Chartres und →Orléans. Schon →Hildebert v. Lavardin formuliert ein neues Selbstbewußtsein der rhetor. geformten Dichtung (Carm. 26, 19f.): »Pondera verborum, sensus gravis, ordo venustus / vultum divine condicionis habent.« Den neuen, über die Antike hinausstrebenden Anspruch der Poesie hat Alanus ab Insulis (Anticl. 5, 125ff.) erhoben: Das an sich Unsagbare, die Aussage über Gott, macht der Dichter durch die rhetor. Mittel von tropus und figura sagbar. Aus einer so verstandenen R. erwachsen die 'neuen Poetiken' des 12. und 13. Jh. (KLOPSCH, 121ff.). →Matthaeus v. Vendôme (Ars versificatoria, vor 1175) sieht in der kunstvollen Wortwahl den Leib, in den rhetor. Figuren die Lebensart, in der Schönheit der Gedankenfolge die geistige Existenz des Sprachkunstwerks. Die poet. Diktion ist es, die das Wesen des Dichters ausmacht, nicht die Beherrschung des Versmaßes. Damit ist – das gilt ebenso für die weiteren 'neuen Poetiken' – die R. als das beherrschende Gemeinsame von Prosa und Poesie herausgestellt.

Im →Platonismus verankert ist die »Poetria nova« – so im Gegensatz zur horaz. Poetria vetus – →Galfrids de Vino Salvo (um 1210). Der Stoff wird mit dem Hauptgewicht auf dispositio und elocutio in Begriffspaaren geboten; so ist für die dispositio die Unterscheidung von ordo naturalis und artificialis leitend, für die elocutio wird das neue Begriffspaar amplificatio-abbreviatio und aus dem Material der Rhet. Her. das von ornatus facilis-difficilis geschaffen.

Die »Ars poetica« des →Gervasius v. Melkley (wohl 1215/16) ist auffällig durch die sprachphilos. fundierte Disposition des üblichen Materials. Die dialekt. Betrachtung orientiert sich an der Zuordnung von Sache und Sprache in den Kategorien der idemptitas, similitudo und contrarietas. →Johannes de Garlandia bietet in der »Parisiana poetria« (2. Viertel des 13. Jh.) den herkömml. Unterrichtsstoff in assoziativ reihender Anordnung. Ein bes. Gewicht kommt dabei der Wortwahl zu, die von einem ständ. abgestuften System bestimmt ist, das aus der Abfolge der drei vergil. Hauptwerke als eines Abbildes der menschl. Kulturentwicklung vom Hirten- über das Bauern- zum Kriegerleben abgeleitet ist (Ordo-temporum-Theorie, QUADLBAUER, passim); bildl. Darstellung 'rota Virgilii', KLOPSCH, 151).

An der engen Verzahnung von Poesie und R. ändert sich im frühen Humanismus wenig: Eloquenz ist auch für den Dichter als 'poeta rhetor' Ziel der Bildung. Noch J. C. Scaliger ist mit den sieben Büchern seiner Poetik (1561) von diesen Vorstellungen geleitet und prägt damit weitgehend den europ. Klassizismus. Aber schon lange vorher war Eloquenz für die volkssprachige Lit. gefordert: Brunetto →Latini übers. in seiner »Rettorica« (um 1260) 17 Kap. von Cic. Inv. ins It.; und einen Markstein setzt →Dantes »De vulgari eloquentia«. P. Klopsch

Bibliogr.: J. J. MURPHY, Medieval R. A Select Bibliogr., 1989² – Lit.: E. NORDEN, Die antike Kunstprosa, 1909² [1958] – P. WENDLAND, Die hellenist.-röm. Kultur. Die urchr. Lit.formen, 1912² – H. CAPLAN, Classical Rh. and the Mediaeval Theory of Preaching, 1933 – P. LEHMANN, Die Institutio oratoria des Quintilian im MA, 1934 – H. LAUSBERG, Hb. der lit. R., 1960 – F. J. SCHMALE, Adalbertus Samaritanus Praecepta dictaminum, 1961 – F. QUADLBAUER, Die antike Theorie der Genera dicendi im MA, 1962 – L. ARBUSOW, Colores rhetorici, 1963² – E. GALLO, The Poetria nova and its Sources in Early Rhetorical Doctrine, 1971 – J. J. MURPHY, Rhetoric in the MA, 1974 – P. KLOPSCH, Einf. in die Dichtungslehren des lat. MA, 1980 – H. SZKLENAR, Magister Nikolaus de Dybin, 1981 – P. DRONKE, Ma. R., 1982 – R. COPELAND, Rhetoric, Hermeneutics and Translations in the MA, 1991.

II. BYZANZ. Die byz. R. hat sich im Rahmen der hochsprachl. gr. Lit. in den Jahrhunderten des Übergangs von der Antike zur Spätantike entwickelt. Diese Entwicklung erfolgte zwangsläufig unter dem Einfluß der polit. und sozialen Veränderungen, welche von der Spätstufe der hellen. Stadtstaaten über die hellenist. Monarchien zum Prinzipat und schließlich zum Dominat innerhalb des Imperium Romanum führten. Wie so vieles in Byzanz beruhte auch die R. auf der Mimesis antiker Vorbilder. Die maßgebenden Lehrbücher (Hermogenes, Aphthonios, [Ps.]-Menandros) stammten aus der Spätantike (Ende 2.–4. Jh.). Der Hauptakzent lag auf formalen Änderungen und raffinierten Varianten, wobei inhaltl. Wiederholungen belanglos waren.

Anstelle von Originalität und Erfindung neuer Motive bevorzugten die byz. Rhetoren die variatio minima, woraus sich – gegenüber dem nz. Jahrhunderten – ein völlig verschiedener Begriff des Plagiats ergab. – Die antike Ausgangsbasis für die gr. R. war die 'Redefreiheit' (παρρησία) für die freien Bürger in der att. Demokratie, dazu die ethische Relativismus im sophist. Ambiente, der in dem Gegensatzpaar Widerlegung/Begründung der byz. Progymnasmata fortlebte. Aristoteles unterschied in seinem Lehrbuch der R. 3 Gattungen: polit. Rede (γένος συμβουλευτικόν), Gerichtsrede (γένος δικανικόν), Prunkrede (γένος ἐπιδεικτικόν), die durch die Zusammensetzung des Auditoriums bestimmt waren (Gerichtshof, Volksversammlung bzw. breitere Öffentlichkeit). Stilist. standen schon in vorbyz. Zeit Attizismus (Schlichtheit der alten att. Autoren) und Asianismus (barocke Üppigkeit im Bereich der Diadochenstaaten) einander gegenüber. Die polit. Veränderungen in der Spätantike (Weg zur absoluten Monarchie) brachten die Reduktion der rhetor. Genera auf die Prunkrede. Das maßgebende Auditorium wurde der Ks. und sein Hofstaat, das vorzügl. Genus das →Enkomion. Dieser Einschränkung trat jedoch gegenläufig die Ausdehnung der R. auf fast alle Sparten der Lit. (Gesch.sschreibung, Epistolographie, Dichtung) gegenüber. Seit dem 4. Jh. bedienten sich die führenden chr. Autoren (die Kappadokier und Johannes Chrysostomos) auf breiter Front der Mittel der R. Allg. wurden die abstrakten Anredeformen mit exzessiven Attributen der Adressaten für ein Jahrtausend ein Charakteristikum der byz. R. Die Praxis der R. beruhte auf der systemat. Schulbildung mit ihren 12–14 Progymnasmata ('Vorübungen'): Fabel, kleine Erzählung, Chrie (= Anekdote), Gnome (= Sentenz), Widerlegung, Begründung, Gemeinplatz, Enkomion (Lobspruch), Psogos (Tadel), Synkrisis (Vergleich), Ethopoiie (Charakterzeichnung), Ekphrasis (Beschreibung), Thesis (wiss. bzw. popularphilos. Frage), νόμου εἰσφορά (Beurteilung eines Gesetzesvorschlages). Die weitgehend mytholog. Themenwahl dieser Progymnasmata beweist allein den konservativen Charakter dieser rhetor. Schulbildung. Die rhetor. Lehrbücher samt Kommentaren waren in der mittelbyz. Zeit zu einem Corpus Hermogenianum zusammengefaßt, dessen allg. Beliebtheit durch einen exemplar. Satz des Lexikons →Suda (10. Jh.) belegt ist. – Die von den Autoren zu selbständigen Essays ausgebauten Progymnasmata enthielten wenig Christliches, noch weniger 'Aktuelles' (Ausnahme: Ikonenverkauf; Verhöhnung eines dem Badeluxus ergebenen Metropoliten). Die Ekphraseis von Städten konnten sich freilich über große Zeiträume erstrecken und auch noch für die jeweilige Gegenwart interessant sein. Ein spannendes Thema wie der Verlauf der Pest wurde in der Sicht der Mimesis von dem Vorbild Thukydides von →Prokop v. Kaisareia übernommen, in einem weiteren Schritt das Revolutionskapitel (Thukydides III 82) von Ks. Johannes VI. Kantakuzenos in die polit. Aktualität des Bürgerkriegs im 14. Jh. übertragen.

Mytholog. Exempla wuchern in vielen byz. Gesch.swerken, noch mehr in der Epistolographie; Hermes, der Gott der Rhetoren, 'fliegt' durch die Brieflit. wie Perseus mit seinen Flügelschuhen. Die Mimesis erlaubte den Byzantinern, die Antike in die Gegenwart zu 'holen': →Johannes Chortasmenos (14./15. Jh.) schrieb »Antwortbriefe« an den spätantiken Autor Libanios. Michael →Psellos (11. Jh.) ergab sich einem l'art pour l'art, wenn er Enkomia auf Insekten (Floh, Wanze und Laus) schrieb, um seine Schüler über die »unbegrenzten Möglichkeiten« der R. aufzuklären. – Das Genos der →Epitaphien (Grabreden) gehörte schon eher der Praxis an, wenngleich es sich nach dem alten Grundsatz 'de mortuis nil nisi bene' weitgehend in Richtung auf das Enkomion entwickelte. Hier fand die Lust der Rhetoren an der Antithese (vor dem Tod/nach dem Tod) eine treffl. Spielwiese. – Autobiographien können einem konkreten polit. Zweck dienen: Michael VIII., Gründer der Palaiologendynastie, verstand es vorzügl., seine Thronbesteigung in geschickter R. als einen völlig legalen Akt erscheinen zu lassen. Jahrhunderte früher gelang es den Repräsentanten der Makedon. Dynastie, durch massiven rhetor. Einsatz in biograph. und hist. Darstellungen sich selbst zu verherrlichen und den besiegten Gegner zur bête noire zu machen. – Daß die byz. R. ein wichtiges Element der Systemstabilisierung in Bezug auf die Ks.ideologie war (rhetor. formulierte Akklamationen bei Massenkundgebungen im Hippodrom; rhetor. stilisierte »Preislieder« auf den Ks. [Theodoros Prodromos], welche Abordnungen der →Demen vortrugen; →Prooimia der Ks.urkk.), hat man in der Forsch. lange nicht erkannt. Aber auch für den einzelnen Byzantiner konnte die R. prakt. Bedeutung erlangen. Gelegenheitsreden bei Hof wurden honoriert oder brachten zumindest publicity. Analoges gilt von den Inaugurationsreden im Patriarchat, wo die Diakone R. im Kampf um ihre Karriere durchaus eigennützig einsetzten. Schließlich sei nicht vergessen, daß die chr. Dichtung in Byzanz der R. ihren angemessenen Tribut zollte, ob es der große →Romanos Melodos war oder die zahlreichen Verf. der qualitativ sehr unterschiedl. Synaxarverse auf die vielen Hl. n.   H. Hunger

Lit.: H. HUNGER, Aspekte der gr. R. von Gorgias bis zum Untergang von Byzanz, SAW 277, 3. Abh., 1972 – HUNGER, Profane Lit., I, 65-196 – Hist. Wb. der R., II, 1994, 92-118.

III. ROMANISCHE LITERATUREN: Das Bedürfnis nach rhetor. Unterweisung in der Volkssprache manifestiert sich zuerst in den it. Stadtrepubliken, wo im jurist. wie im polit. Bereich (Reden des Podestà etc., diplomat. Schriftverkehr) das Volgare an die Stelle des Lat. tritt. Zentrum des R.-Unterrichts ist die Univ. Bologna. Hier verfaßt →Guido Faba ca. 1243 die Reden- und Briefmustersammlung »Parlamenta et epistole«, die neben lat. auch 26 it. Beispieltexte enthält; ihr Stil zeichnet sich durch reichen Ornatus aus. In einem lat. Traktat Fabas ist auch eine kleine Slg. volkssprachiger Exordialformeln, »Gemma purpurea«, enthalten. Im 13. und 14. Jh. entstehen v. a. in und um Bologna weitere (meist kürzere) Slg.en von Briefmustern und Eingangs- oder Schlußformeln, die bis nach Florenz Verbreitung finden. Brunetto →Latini verfaßte ca. 1261 eine kommentierte Teilübers. von Ciceros »De inventione« (bis B. I Kap. 17); der Komm. zielt v. a. darauf ab, die Redelehre Ciceros um eine Theorie der schriftl. Äußerung zu erweitern (Exkurs zur Kunst des *dittare*). Im dritten Buch des »Tresor« gibt Latini erneut einen systemat. Abriß der R. (Kap. 1-72), im Anschluß an »De inventione«, aber unter Berücksichtigung weiterer Q.n (→Marius Victorinus); der »Tresor« enthält außerdem Reden- und Briefmuster. Guidotto da Bologna verfaßte wohl zw. 1258 und 1266 den Traktat »Fiore di rettorica«, der auf dem pseudociceronian. →Rhetorica ad Herennium basiert; die zweite Hauptquelle ist »De inventione«.

Den rhetor. Schriften Ciceros kommt für die Entwicklung der R. in der Romania entscheidende Bedeutung zu (→Cicero in MA und Humanismus): In Frankreich werden »De inventione« und die »Rhetorica ad Herennium« erstmals 1282 von Jean d'Antioche übersetzt. Als Teil der Dichtungslehre wird die R. zunächst im Rahmen der →Grammatik behandelt (z. B. in den okzitan. »Leys d'amors« des Guilhem Molinier, ca. 1356); seit Ende des 14. Jh. entstehen in Frankreich die »Arts de seconde rhétorique«, die formale Aspekte der Versdichtung behandeln (Strophen- und Gedichtformen, z. T. mit beigegebenem Reimwörterbuch). Unter den Verfassern sind Eustache →Deschamps (»L'Art de dicter«, 1392) und Jean →Molinet, dessen »Art de rhétorique vulgaire« (Ende des 15. Jh.; zu Reimformen und lyr. Gattungen der Zeit) eine Art Synthese aus den Arbeiten der Vorgänger darstellt. Auch dem →»Jardin de Plaisance et fleur de Rhétorique« (1501) geht ein »Instructif de la Seconde Rhétorique« voraus. Von *rhétorique* in der Bedeutung 'Dichtungslehre' leitet sich die Bezeichnung →Rhétoriqueurs für Autoren des 15. Jh. ab.

Auf der Pyrenäenhalbinsel enstehen Übers. der rhetor. Schr.en Ciceros im frühen 15. Jh. (→Cicero in MA und Humanismus). Alfonso de la Torre verfaßt ca. 1430-40 die »Visión delectable«, eine allegor. Dichtung als Einführung in die Artes liberales, die sich am Vorbild des →Martianus Capella orientiert. Bei Humanisten wie Antonio de →Nebrija gewinnt die R. zusätzl. an Bedeutung.   A. Gier

Ed.: E. LANGLOIS, Recueil d'Arts de Seconde Rhétorique, 1902 – Lit.: GRLMA VI 1, 121-123; VI 2 n° 3380-3428 – DLFMA² [Arts de seconde rhétorique, 104/105] – W. F. PATTERSON, Three Centuries of French Poetic Theory (1328-1630), 2 Bde, 1935 – Medieval Eloquence, ed. J. J. MURPHY, 1978 – Gesch. der span. Lit., hg. CHR. STROSETZKI, 1991 [214-225: Grammatiker, Humanisten und Moralisten] – R. MEYENBERG, Alain Chartier prosateur, 1992 [Bibliogr.].

IV. DEUTSCHE LITERATUR: Volkssprachl. Werke zur R.theorie entstehen in Dtl. bis zum 15. Jh. nicht. Spuren ahd. Bemühungen um die R.terminologie finden sich in der →Notker Labeo († 1022) zugeschriebenen 'R.'; sie enthält auch zwei ahd. Figurenbeispiele. Aus mhd. Zeit stammen didakt. Reimverdichtungen, die auf die System →artes liberales eingehen, mithin auch die R. behandeln (→Thomasin v. Zerklaere, »Der welsche Gast«, v. 8917ff.; →Heinrich v. Mügeln, »Der meide kranz«, v. 269-318). Auch in Spruchgedichten ist bisweilen von der R. unter Betonung ihrer Kolorierungsfunktion die Rede (z. B. Heinrich v. Mügeln, Spruchsammlung, Nr. 283).

Dies sind Reflexe lat. Schulbildung, die im Rahmen des Trivium elementare R.kenntnisse vermittelte. Seit ca. 1400 entstehen dann erste deutschsprachige Handreichungen rhetor. Inhalts. Es beginnt mit Briefmustersammlungen (z. B. die schlesisch-böhm. Briefmuster) und setzt sich in der 1. Hälfte des 15. Jh. mit Ars dictandi-Texten (→Ars dictaminis) als deutschsprachigen Briefstellern fort (z. B. Friedrich v. Nürnberg). Für den deutschsprachigen Kanzleibetrieb verfaßte →Niklas v. Wyle in der 2. Hälfte des 15. Jh. seine elocutio-bezogenen Anweisungen: die erstmals 1478 in Esslingen gedruckte »18. Translatze« und die zw. 1464 und 1465 entstandenen »Colores rhetoricales«. Erst um 1493 erscheint mit Friedrich Riederers »Spiegel der wahren Rhetorik« die erste Vollrhetorik in dt. Sprache.

Seit der ahd. Zeit suchten Autoren mit schulrhetor. Mitteln für ihre Texte einen höheren Elaborierungsgrad zu erreichen. Bei erzählenden Texten boten hierzu v. a. die Werkprologe Gelegenheit. Aber auch bei der Lied- und Spruchdichtung läßt sich das Bemühen um rhetor. Überformung nachweisen. Das Florieren oder Blümen galt im SpätMA vielfach als erstrebenswertes ästhet. Ideal. In den Bereichen von Mystik und Predigtlit. fehlt es noch an genügenden Erkenntnissen über rhetor. Einflüsse. Im pragmat. Schriftwesen zeigen sich seit dem 14. Jh. bei einigen →Kanzleien verstärkt Bemühungen um rhetor. Form. Insgesamt gilt für die dt. Lit. des MA auf dem Sektor rhetor. Theorie der Primat lat. Vermittlung; auf dem Sektor volkssprachl. lit. Praxis zeigt sich bei fast allen bedeutenden Autoren der Hintergrund einer gewissen rhetor. Schulung.   J. Knape

Lit.: P. JOACHIMSEN, Aus der Vorgesch. des »Formulare und deutsch Rhetorica«, ZDA 37, 1893, 24-121 – K. BURDACH, Schles.-böhm. Briefmuster aus der Wende des 14. Jh., 1926 – S. SAWICKI, Gottfried v. Straßburg und die Poetik des MA, 1932 [Neudr. 1967] – A. H. TOUBER, R. und Form im dt. Minnesang, 1964 – F. SCHÜLEIN, Zur Theorie und Praxis des Blümens: Unters. zur Sprachästhetik in der dt. Lit. des 13.-15. Jh., 1976 – E. KLEINSCHMIDT, Humanismus und urbane Zivilisation. Friedrich Riederer ... und sein »Spiegel der waren Rhetorik«, ZDA 112, 1983, 296-313 – E. C. LUTZ, Rhetorica divina. Mhd. Prologgebete und die rhetor. Kultur des MA, 1984 – H. MOSER, Die Kanzleisprachen (Sprachgesch. Ein Hb. zur Gesch. der dt. Sprache und ihrer Erforschung, hg. W. BESCH, O. REICHMANN, S. SONDEREGGER, 1985, 2. Halbbd.), 1398-1408 – W. HAUG, Literaturtheorie im dt. MA von den Anfängen bis zum Ende des 13. Jh., 1992².

V. ENGLISCHE LITERATUR: [1] *Altenglische Zeit:* Die antike R. ist als Lehre von den Tropen und Figuren (Teil der elocutio) den Angelsachsen aus der grammat. Tradition durch Buch III der »Ars maior« des Donatus und der enzyklopäd. Lit. (→Cassiodors »Institutiones«, →Isidors »Etymologiae« und →Martianus Capella) seit dem 7. Jh. bekannt. Von Donatus ist →Beda (»De schematibus et tropis«) und von ihm die volkssprachl. Behandlung bei →Byrhtferth abhängig. Auf Cassiodor fußt die Darstellung bei Isidor, die wiederum →Ælfric für die »triginta divisiones« im Anhang seiner Grammatik benutzt hat. Trotz →Alkuins Erwähnung des »rhetor... Tullius« für die Bibliothek von York und des Einflusses auf seinen späteren »Dialogus de r. et virtutibus« standen die Ciceron. Schriften innerhalb der ae. Periode wohl nicht zur Verfügung. Auch ist die an Ealsige v. York gerichtete Bitte →Lupus' v. Ferrières um →Quintilians »Inst. oratoria« kein Beweis für das Vorhandensein dieses Werkes. Einwirkung der R. auf die ae. Poesie und Prosa (Ælfric und →Wulfstan) wird allg. anerkannt, jedoch ist das Ausmaß umstritten.

[2] *Mittelenglische Zeit:* Die drei maßgebl. Q. (Ciceros »De inv.«, die »R. ad Her.« und Quintilians »Inst. or.«) sind seit dem 12. Jh. in engl. Bibliotheken nachweisbar. Das Curriculum der Oxforder Artistenfakultät basiert im frühen 14. Jh. auf den »Topica« des →Boethius, der R. des →Aristoteles, Ciceros »De inv.« (= »R. vetus«) und der »R. ad Her.« (= »R. nova«). – Einfluß der R. ist seit der frühme. Lit. (»The →Owl and the Nightingale«) über →Chaucer bis zur späten mittelschott. Lit. nachweisbar. Dies gilt insbes. für Figuren, Stilebenen (Register; vgl. Chaucers »The Nun's Priest's Tale« mit der Invokation Gottfrieds v. Vinsauf [→Galfridus de Vino Salvo]) und die Bereiche der descriptio (übertrieben in Chaucers »Squire's Tale«). Elemente des 'akadem.' Prologs finden sich u. a. bei →Gower, →Bokenham, →Pecock und noch im →Everyman. Die R. wird in Gowers »Confessio Amantis« (VII. 1507ff.), im »Court of Sapience« und in →Caxtons »Mirror« behandelt. Die →artes praedicandi sind seit dem frühen 13. Jh. durch Alexander v. Ashby (→Essebi), Thomas of Chobham etc., aus dem 14. Jh. durch →Robert v. Basevorn, →Thomas Waleys, Ranulph →Higden etc. vertreten. Ihr Einfluß auf die Univ.spredigt ist evident (vgl. auch→Langland), auf die me. →Predigt ad populum geringer. →Artes dictaminis, Briefsteller und Formelbücher finden sich erst seit dem späten 14. Jh. häufiger. Ihr Vorbild ist in offiziellen (Heinrich V.) und privaten →Briefen des 15. Jh. zu erkennen (vgl. auch Chaucers »Troilus and Criseyde«, V. 1317ff.). K. Bitterling

Lit.: J. J. MURPHY, R. in 14th-Cent. Oxford, MÆ 34, 1965, 1–20 – Medieval Eloquence, ed. DERS., 1978 – R. O. PAYNE, Chaucer and the Art of R. (Comp. to Chaucer Stud., ed. B. ROWLAND, 1979²), 42–64 – A. J. MINNIS, The Influence of Acad. Prol.s on the Prol.s and Lit. Attitudes ..., MSt 43, 1981, 342–383 – L. E. VOIGTS, A Letter from a ME Dictaminal Formulary ..., Speculum 56, 1981, 575–581 – A. J. MINNIS, Med. Theory of Authorship, 1988² – H. GNEUSS, The Study of Language in Anglo-Saxon England, Bull. of the John Rylands Univ. Libr. 72, 1990, 3–32 – R. COPELAND, R., Hermeneutics, and Translation in the MA, 1991.

Rhetorios, griech. Astrologe des 6. Jh., wirkte in Ägypten, kompilierte zahlreiche Auszüge aus Werken griechischer Astrologen der vergangenen sechs Jahrhunderte (darunter auch babylon. Wissensgut). Das durch ihn überlieferte Material wurde später von den Byzantinern verwendet, einiges mittels einer lat. Übers. aus →Hermetischem Schrifttum auch im ma. Abendland erhalten.

J. Sesiano

Ed.: Catalogus codicum astrologorum Graecorum, 1898–1953 [verteilt auf mehrere Bde].

Rhétoriqueurs, literaturkrit. Bezeichnung für bürgerl. Autoren des frz. und burg. Kulturkreises (ca. 1450–1530), die sich selbst *rhétoriques* oder *orateurs* nannten. Viele von ihnen bekleideten Hofämter; am burg. Hof waren Georges →Chastellain und Jean →Molinet die offiziellen Historiographen. Ihre lit. Werke, manche in der Form eines allegor. →Prosimetrums, sind jedoch keine Auftragsdichtung. Sie bilden das frei gestaltete Korrelat zur offiziellen Historiographie. Obwohl die Texte auch für das höf. Publikum gedacht waren, handelt es sich nicht um höf. Dichtung im traditionellen Sinn; die Liebesdichtung z. B. wurde von den R. kaum gepflegt. Die R. sind überzeugt, daß sie für sämtl. Bereiche ihres unmittelbaren sozialen Umfeldes, ja der Nation und der Christenheit, verantwortl. sind, wodurch ihre Werke fast ausnahmslos in einem umfassenden Sinn eine polit. Dimension aufweisen. Dies gilt auch für die zahlreichen panegyr. Totenklagen, deren Serie 1461 von Simon →Gréban eröffnet wird (→Planctus, II) und bis zu Jean →Lemaire de Belges und Clément Marot weitergeführt wird. Sehr ausgeprägt ist das Gefühl, einer Gruppe anzugehören. Als Vorbilder werden Jean de Meun (→Roman de la Rose), Alain →Chartier und bes. Georges Chastellain genannt. Die Berufung auf antike Autoren bleibt hingegen Ornament. Der→Humanismus der R. ist in der Tat rein volkssprachl. Es ist bezeichnend, daß die R., z. B. Guillaume →Crétin, erst am Anfang des 16. Jh., als der Humanismus im engeren Sinn in Frankreich neu Fuß faßte, die Poesie wieder verteidigten. Die profunde Kenntnis der →Rhetorik der R. manifestiert sich sowohl in der Prosa (*première rhétorique*) als auch im Vers (*seconde rhétorique*), wobei in der Prosa dem Rhythmus oder der *mesure*, und in der Versdichtung der Metrik und dem Reim bes. Aufmerksamkeit geschenkt werden. Bei der komplexen Reim- und Verstechnik handelt es sich um mehr als um Laborversuche auf der Ebene des →Ornatus: diese Techniken werden im Textgefüge selbst zu Funktionsträgern. Der Begriff R. hat sich als sinnvoll erwiesen, vermag jedoch den einzelnen Dichterpersönlichkeiten nicht gerecht zu werden (Pierre →Gringore, Jean →Meschinot, Jean →Robertet, Octovien de →St-Gelais). M.-R. Jung

Lit.: P. JODOGNE, Les »r.« et l'humanisme (Humanism in France at the end of the MA and in the Early Renaissance, hg. A. H. T. LEVI, 1970), 150–175 – M.-R. JUNG, Poetria, Vox romanica 30, 1971, 44–64 – P. ZUMTHOR, Le Masque et la Lumière, 1978 [dazu C. THIRY, M-A 86, 1980, 117–123] – Du mot au texte. Actes du III° coll. internat. sur le moyen français, hg. P. WUNDERLI, 1982; Actes du V° coll., 1991: I: Les grands r.; II: Études litt. sur le XV° s.; Actes du VI° coll., hg. S. CIGADA–A. SLERCA, 1991, II: R. et mise en prose du XV° s.; III: Rech. sur la litt. du XV° s. – J. C. MÜHLETHALER, Les poètes que de vert on couronne, le moyen français, 30, 1992, 97–112 – Rhétorique, Rhetoric – R. – Rederijkers, hg. J. KOOPMANS u.a. [im Dr.].

Rhetorische Figuren → Figurae

Rhipidion → Fächer

Rhodisches Seerecht → Seerecht

Rhodopen, seit der Antike Bezeichnung des Gebirges, das sich zw. dem Tal der Marica (Hebros) im N und O, dem Tal des Nestos im W und S sowie den Ebenen an der Nordküste der →Ägäis im S erhebt. Die R. mit etwa 240 km Länge (WNW–OSO-Richtung) und 100 km Breite erreichen im W knapp die 2200 m-Grenze und verlieren nach O zu allmähl. an Höhe. In der Antike, aber auch im MA wurde der Begriff R. bisweilen weiter gefaßt und auch auf die Gebirge Rila und Pirin im W ausgedehnt. Im

Zuge der von Diokletian eingeleiteten Verwaltungsreform ging aus der Teilung der Prov. Thracia (Thrake) u. a. die Prov. Rhodopa (Rhodope; Hauptstadt Traïanupolis) hervor. Zu ihr gehörten die nördl. Ägäisküste vom Nestos bis zum Hebros, der Südabhang der R. und das obere Nestostal. Die frühbyz. Prov. Rhodope lebte in der kirchl. Verwaltung auch in mittel- und spätbyz. Zeit fort, als für deren Gebiet im militär. und zivilen Bereich die Bezeichnung Boleron (Thema mit dem Zentrum Mosynopolis ab dem 11. Jh.) in Gebrauch war. Für die R. selbst waren ab dem 12. Jh. Morrha und Achridos geläufige Bezeichnungen, während der W-Teil des Gebirges in mittelbyz. Zeit nach dem slav. Stamm der Smolenoi benannt wurde (Smolenōn oros, S. thema). Die Benennung Thrakiens als Makedonia (→Makedonien) ist Grundlage der arab. Bezeichnung ǧabal al-Maqdūniya für die R. und das Haimosgebirge. Auf →Alexis Slav, einen Neffen →Kalojans, der nach des Zaren Tod (1207) von Tzepaina aus den W der R. beherrschte, geht der erst ab dem 15. Jh. nachweisbare und in der Volkssprache bis ins 20. Jh. geläufige Name Slavievi gori zurück. Ab dem 16. Jh. wurde das Gebirge auch Despoto Dagh, Dospat dag(h), Dospatska planina gen. 1341 fielen Städte und Festungen der R. von Johannes VI. Kantakuzenos ab, wurden aber von diesem mit Umurs Hilfe durch einen Vorstoß von →Didymoteichon aus wiedergewonnen. 1345 überquerten byz. und türk. Streitkräfte im Kampf gegen →Momčilo die R. – Das Papikiongebirge im S der R. ist ab dem späten 11. Jh. ein bedeutender Kl. berg. An Kl. hervorzuheben sind weiters das ursprgl. rein georg. →Bačkovo-Kl. im N der R. sowie ein Kl. des 11. Jh. bei Kǎrdžali (Ausgrabungen ab 1962).

P. Soustal

Lit.: C. Asdracha, La région des R. aux XIIIe et XIVe s., 1976 – Dies., Les R. au XIVe s.: Administration et prosopographie ecclésiastiques, BNJ 23, 1979, 1–64 – P. Soustal, TIB VI, 1991, 63, 127, 129, 427f. – N. Ovčarov, JÖB 43, 1993, 329–348.

Rhodos (Griechenland), östlichste, gebirgige Insel (1404 km²) des südägäischen Inselbogens, der W-Küste Kariens vorgelagert, und deren am NO-Ende gelegene Hauptstadt. R. genoß nach der röm. Eroberung (42 v. Chr.) noch eine Scheinautonomie, wurde von Diokletian 297 in die zur Diöz. Asiane gehörige Prov. Insulae (Nesoi) eingegliedert und war in frühbyz. Zeit, v. a. infolge seiner Bedeutung für die Handelsschiffahrt, deren Hauptinsel. Seit dem frühen 9. Jh. gehörte R. zum Thema der Kibyrraioten. Die Kirche v. R. war seit frühbyz. Zeit Metropolis 'der Kykladen' mit 11 (ztw. 12) Suffraganen auf umliegenden Inseln. Auch nach dem 6. Jh. war R. Hauptstützpunkt der byz. Schiffahrt, wobei einerseits die zentrale Position der Insel für den Handel im ö. Mittelmeer bedeutsam war (Rhod. Seegesetz [→Seerecht]). Andererseits war es Basis der byz. Kriegsflotte (rhod. Flottenrevolte v. 715), v. a. im Seekrieg gegen die Araber, weshalb es mehrfach Angriffen ausgesetzt war: 654, unter →Mu^cāwiya, Plünderung (und Abtransport des Kolosses v. Rh.); 807 Verwüstung der Insel durch →Hārūn ar-Rašīds Flotte (die – nicht an der Stelle der antiken Akropolis, sondern bereits an der des Johanniter-Komplexes gelegene – Festung wurde gehalten); 944 Ausgangspunkt der byz. Flottenexpedition gegen Ägypten. Neben der Inselhauptstadt sind seit dem 10. Jh. Lindos (einziger guter natürl. Hafen neben dem der Hauptstadt), seit spätbyz. Zeit auch Pharaklos als Festungsorte bezeugt.

Während der →Kreuzzüge war R. eine wichtige Station auf dem Weg ins Hl. Land (1099 byz. Seesieg über eine pisan. Flotte, 1124/45 Plünderung durch die ven. Flotte, 1190 Aufenthalt von Richard Löwenherz und Philipp II.

Augustus). Seit 1082 ven. Handelsstützpunkt, wird R. in der Partitio Romaniae 1204 den Venezianern zugesprochen, aber nicht von ihnen besetzt, da sich im selben Jahr der byz. Gouverneur der Insel, Leon Gabalas, für unabhängig erklärte. Schon er selbst, v. a. aber nach 1240 seine Nachfolger, anerkannten erneut die Oberhoheit der byz. Ks. in →Nikaia. R. wurde 1248 für kurze Zeit von den Genuesen erobert, die, bei Anerkennung der Souveränität der byz. Ks., eine nominelle Herrschaft ausübten.

Ab 1306 war R. Zufluchtsort der in Limassol (Zypern) in ihren Autonomierechten eingeschränkten →Johanniter und wurde von diesen schrittweise erobert (zunächst die Festungen Pharaklos und Phileremos, 1309 die Stadtfestung R.). Die Johanniter verwandelten die Inselhauptstadt in eine der modernsten und größten zeitgenöss. Festungen im ö. Mittelmeer und übten auch der Insel – sowie ztw. in der Dodekanes (außer Karpathos, Kasos und Astypalaia) und in Smyrna (1374–1402) bzw. Petrumi bei Halikarnassos (ab 1402) – für über 200 Jahre eine durch friedl. Koexistenz zw. Griechen und Lateinern geprägte Herrschaft aus. Die weltl. Architektur dieser Zeit ist auf R. in zwei Phasen zu gliedern (1306–1480/81; 1480/81–1522), von denen die zweite im erhaltenen Baubestand überwiegt. Von den etwa 400 Kirchen, die bislang auf R. zw. dem 5. und dem 19. Jh. registriert wurden, gehören über 100 der Zeit der Ordensherrschaft an; bei ihnen dominiert der architekton. Typus des freien Kreuzes. Auch von den etwa 80 Freskenausstattungen ist der größte Teil dieser Epoche zuzuordnen, wobei stilist. sowohl palaiolog. als auch westeurop. Tendenzen erkennbar sind. Erfolglose ägypt. Flottenangriffe auf R. und Kos (1440, 1444) endeten mit dem Friedensschluß v. 1445, doch nach der osman. Eroberung Konstantinopels (1453) und gescheiterten Vertragsverhandlungen zw. den Johannitern und →Meḥmed II. (1455) häuften sich die türk. Angriffe auf die Territorien des Ritterordens (1456 Kos und Syme, 1457 Telos, Nisyros, Kalymnos, Leros und R.), weshalb die Bewohner der kleineren Inseln nach R. umgesiedelt wurden. Nach dem Fall v. Mytilene (1462) und Negroponte (1470) war R. in Hinblick auf das Streben der Türken nach Kontrolle der Schiffahrt in der Ägäis deren nächstes log. Eroberungsziel, doch griffen sie R. erst 1480 an und konnten zunächst unter schweren Verlusten zurückgeschlagen werden. 1481 schädigte ein Erdbeben die vor dem türk. Angriff von Grund auf modernisierten Befestigungsanlagen schwer, doch gewährte der Tod Meḥmeds II. den Johannitern eine Atempause, so daß sie die Stadtmauern wieder instand setzen konnten. Erst im Juni 1522 besetzte die türk. Kriegsflotte die Insel und belagerte die Festung, die sich nach sieben Monaten am 22. Dez. 1522 ergab. Die Ordensritter und ein Teil der Bevölkerung erhielten im Jan. 1523 freies Geleit nach Kreta. J. Koder

Lit.: Oxford Dict. of Byzantium, 1991, 1791f. – RE Suppl. V, 731–840 – A. Gabriel, La cité de Rhodes, 2 Bde, 1921–23 – G. Gerola, Il contributo dell'Italia alle opere d'arte militare rodiesi, Atti R. Ist. Ven. 89, 1930, 1015–1027 – A. Philippson–E. Kirsten, Die gr. Landschaften, IV, 1959, 329–352 – E. Brockman, The two Sieges of Rhodes, 1969 – Z. N. Tsirpanlis, Μελέτες για την ιστορία της Ρόδου στα χρόνια των Ιπποτών, 1970 – E. E. Kollias, Τοιχογραφίαι της ιπποτοκρατίας (1309–1522) εις Ρόδον, Archaiol. Anal. Ath. 6, 1973, 265–276 – D. I. Pallas, Les monuments paléochrétiens de Grèce, 1977, 236ff. – A. T. Luttrell, The Hospitallers in Cyprus, Rhodes, Greece and the West, 1978 – M. Arpharas, Εκκλησάκια της Ρόδου, 1980 – J. Darrouzès, Notitiae episcopatuum ecclesiae Constantinopolitanae, 1981, 511, passim – A. T. Luttrell, Lat. Greece, the Hospitallers and the Crusades, 1291–1440, 1982 – A. Sabbides, Η βυζ. δυναστεία των Γαβαλάδων και η ελληνοϊταλική διαμάχη για τη P. το 13° αιώνα, Byzantina 12, 1983, 405–428 – A. T. Luttrell–V. v. Falkenhausen, Lindos and the

Defence of Rhodes, RSBN 22/23, 1986, 317–332 – A. T. LUTTRELL, Greeks, Latins and Turks on Late-Medieval Rhodes, Byz. Forsch. 11, 1987, 357–374 – E. KOLLIAS, The City of Rhodes and the Palace of the Grand Master, 1988 – E. MALAMUT, Les îles de l'Empire byz., 1988, 242–244, 281–283, passim – J.-CHR. POUTIERS, Rhodes et ses chevaliers (1306–1523), 1989.

Rhomaioi (Sing. Rhomaios, hiervon abgeleitet Rhom[a]iosyne, 'Römertum' für das [Neu-]Griechentum), dank des seit der Spätantike ungebrochenen Zugehörigkeitsgefühles zum röm. Reich kontinuierl. tradierte Selbstbezeichnung der Byzantiner (also der Bewohner des 'neuen Rom' Konstantinopel [→Romidee], im weiteren Sinn jedoch aller Untertanen des byz. Ks.s) und in deren Nachfolge der (orth.) Griechen innerhalb und außerhalb des Osman. Reiches als 'Römer'. R. war und ist weiters Fremdbezeichnung der Byzantiner und später der Griechen in oriental. Sprachen, insbes. armen. *horovm*, arab., pers. und türk. *(ar) Rūm* (wogegen neutürk. *Yunan*, von türk. *Yūnāniyān* 'Jonier' bzw. arab. *al-iūnān*, ursprgl. die 'alten' Griechen meint), doch wurde die Verwendung des Terminus in diesem Sinn im (west-)europ. Sprachgebrauch abgelehnt. Der W verwendete stattdessen v. a. den Begriff Gr(a)eci ('Griechen'), welcher v. a. in der Kombination imperator oder rex Graecorum – im Gegensatz zum byz. Ks.titel basileus (ton) Rhomaion (→Basileus, →Kaiser) – polit. und ideolog. Brisanz erhielt. Die Präsenz der 'Lateiner' in Byzanz nach dem IV. Kreuzzug brachte, insbes. im Reich v. →Nikaia, im 13. Jh. ztw. eine verstärkte Problematisierung des Selbstverständnisses der R. als Griechen mit sich. Doch erst durch die z. Z. der neugr. Aufklärung in Gang gekommene krit. Betrachtung der ma.-byz. Vergangenheit des Griechentums sowie durch den Freiheitskampf und die Staatsgründung der Griechen wird R. endgültig durch den klass. Begriff Hellenes (in Byzanz seit der chr. Antike durch die Bedeutung 'Heiden' belastet) aus der offiziellen und offiziösen Sprachsphäre abgedrängt, hält sich jedoch bis heute in Griechenland in volksnahem Gebrauch (Rhomios). J. Koder

Lit.: EI VI [Neudr. 1987], 1174f. – Oxford Dict. of Byzantium III, 1991, 1793 – H. AHRWEILER, L'idéologie politique de l'empire byz., 1975, 60ff. – M. MANTOUVALOU, Romaios–Romios–Romiossyni. La notion de 'romain' avant et après la chute de Constantinople (Epist. Epet. Philos. Scholes Univ. Athen, 1985), 169–198 – R. BROWNING, Greeks and Others from Antiquity to the Renaissance (DERS., Hist., Language and Literacy in the Byz. World, 1989, II) – J. KODER, Byzanz, die Griechen und die Romaiosyne – eine 'Ethnogenese' der 'Römer'? (Typen der Ethnogenese unter bes. Berücksichtigung der Bayern, T. 1, hg. H. WOLFRAM–W. POHL, 1990), 103–111 – P. MAGDALINO, Hellenism and Nationalism in Byzantium (Tradition and Transformation in Medieval Byzantium, 1991, XIV) – M. MACRIDES–P. MAGDALINO, The Fourth Kingdom and the Rhetoric of Hellenism (The Perception of the Past in Twelfth-Cent. Europe, hg. P. MAGDALINO, 1992), 117–156.

Rhône (frz., griech./lat. Rhodanos, Rhodanus; dt. Rhone, fem.), mit 810 km der zweitlängste Strom Frankreichs, entspringt auf 1753 m Meereshöhe dem Rhônegletscher (Schweiz), durchfließt den Kanton →Wallis und den Genfer See (→Genf), durchbricht den Jura (Écluse), nimmt bei →Lyon die Saône (482 km Länge) auf und fließt dann in südl. Richtung durch die fruchtbare, altbesiedelte Landschaft des R.tals (im W begrenzt vom Massif Central, im O von den Alpen), das bereits starke mediterrane Klima- und Kultureinflüsse aufweist (intensiver Anbau von Getreide und Wein). Nahe →Arles tritt die R. in das siedlungsfeindl. R.delta ein (Bildung von Lagunen/*Étangs*; Fischerei, extensive Weidewirtschaft, Salinen) und mündet mit mehreren Armen in den Golfe du Lion.

Das R.tal gehört (zusammen mit dem sich nördl. anschließenden Einzugsbereich der Saône) zu prähist. und antiker Zeit zu den wichtigsten Verbindungswegen zw. der Mittelmeerwelt und den zentralen Regionen West- und Mitteleuropas. Seit der Gründung griech. Kolonien (Massilia/→Marseille, um 600 v. Chr.) wurde über das R.tal verstärkter Handelsaustausch mit dem nördl. Europa gepflegt (Zinn, Bernstein u. a.). Die Einverleibung des gesamten R.bereichs, des Kernstücks der südl. Gallia (späterer Reichsteil 'Gallia Lugdunensis'), in das entstehende röm. Reich wurde vollendet durch Caesar (58–57 v. Chr.) und verstärkte die wirtschaftl.-kulturelle Mittlerrolle dieser tiefgreifend romanisierten Region (→Provence, A), die auch nach den Einbrüchen der Völkerwanderungszeit (einsetzender got. und v. a. burgundisch-frk. Einfluß) für den →Fernhandel des →Frankenreiches noch eine wichtige Rolle spielen sollte (→Fos).

Das R.tal bildete die Hauptachse des Kgr.es →Burgund. Nach der Überwindung der Sarazenengefahr (972/973 Zerstörung von →Fraxinetum) bot der sich allmähl. intensivierende Handels-, Pilger- und Paßverkehr (→Alpenpässe, →Mittelmeerhandel) günstige Voraussetzungen für die Entstehung dynam. Territorialstaaten, die sich links der R., auf dem Gebiet des Imperiums ('terre d'Empire'), entwickelten (→Savoyen, →Dauphiné, →Provence), wohingegen die Landschaften rechts der R. zum Kgr. Frankreich gehörten. Das Netz der (vielfach auf röm. Civitates/Bf.sstädte zurückgehenden) Städte des R.tals verdichtete sich, neben dem zentralen Knotenpunkt Lyon sind v. a. zu nennen: →Vienne, →Valence, →Montélimar, →Orange, →Avignon (1309–76 ständiger Sitz der päpstl. →Kurie), →Beaucaire, →Tarascon, →Arles, St-Gilles sowie im Westteil des R.deltas der erste Mittelmeerhafen der frz. Monarchie, →Aigues-Mortes (um 1241). Die Binnenschiffahrt (die R. ist bis Lyon, die Saône bis → Chalon schiffbar), die durch Stromschnellen und z. T. Hochwasser behindert wurde (die Bergfahrt war mühsam durch Treideln zu bewältigen), diente nicht zuletzt der Beförderung von Massengütern wie →Salz, →Getreide, →Wein und →Holz. Von großer Bedeutung war der Straßenverkehr, der (über das Saônetal) einerseits auf Burgund und Paris (→Champagnemessen, Flandern, England), andererseits auf die Schweiz und Südwestdeutschland ausstrahlte. U. Mattejiet

Lit.: REI A, I, 759–769 – J. FAVIER, Dict. de la France médiévale, 1993, 819 – R.H. BAUTIER–J. SORNAY, Les sources de l'hist. écom. et soc., I: Provence, Comtat Venaissin, 1968 – E. BARATIER, G. DUBY, E. HILDESHEIMER, Atlas hist. Provence, Comtat Venaissin, 1969 – Le R. et Lyon de la préhist. à nos jours, hg. G. GARRIER, 1987 – J. ROSSIAUD, Réalités et imaginaire d'un fleure, Rech. sur le R. méd. Thèse ... Univ. Paris, I, 1994.

Rhopai, hai → Libellus de temporibus ac dilationibus

Rhuddlan, Statute of (oder Statute of Wales), am 19. März 1284 von Kg. Eduard I. in R. erlassen, markiert den Abschluß der Eroberung des letzten unabhängigen walis. Fsm.s durch Eduard, das nun der engl. Krone einverleibt wurde (→England, C. II). Das Statut gestaltete die Regierung in N-Wales bis zu den Acts of Union (1536–43) und war das umfassendste Gesetzbuch, das jemals von einem engl. Gesetzgeber während des MA erlassen wurde (F. W. MAITLAND). Es schuf eine Kolonialregierung in drei neuen Gft.en im nw. Wales (Anglesey, Caernarfon, Merioneth) und in einer neuen Gft. (Flint) im nö. Wales. Diese Einteilung basierte auf der engl. Erfahrung in Cheshire, Irland und im w. Wales. Flintshire wurde verwaltungsmäßig an Cheshire angegliedert, die anderen drei Gft.en bildeten das Fsm. N-Wales, das von einem Justitiar und einem Chamberlain sowie einem Sheriff in jeder Gft. verwaltet wurde. Zeitgenöss. Grundsätze und Praktiken des engl.

Rechts wurden sowohl auf die walis. als auch auf die engl. Bevölkerung angewandt, das walis. Gewohnheitsrecht war jedoch für alle zivilen Rechtsfälle zuständig, wenn sie Grundbesitz oder Besitzrecht betrafen. Bei Kriminalrechtsfällen und bei Besitzrechtsklagen von Frauen wurde engl. Recht angewandt. Das Statut galt für N-Wales, doch fanden seine Rechtsbestimmungen eine weitere Verbreitung. R. A. Griffiths

Lit.: L. B. Smith, The Statute of Wales 1284, Welsh Hist. Rev. 10, 1981 – R. R. Davies, Wales 1063–1415, 1987.

Rhyme royal (Chaucerstrophe), von →Chaucer in die engl. Dichtung eingeführte Strophe $a_5 b_5 a_5 b_5 b_5 c_5 c_5$ (zwei pedes und eine cauda), aus der frz. →Ballade übernommen. Chaucer macht die ursprgl. lyr. Strophe zum Medium großer Erzähldichtungen (»Parliament of Fowls«, »Troilus and Criseyde«, einige der »Canterbury Tales«), indem er sie durch abwechslungsreiche Strophengliederung und Enjambement auflockert. Im 15. Jh. ist r. r. das Kennzeichen der engl. und schott. →Chaucernachfolger, darunter auch des →»Kingis Quair«, das wohl von Kg. Jakob I. stammt, woher der Name r. r. rührt. Bis ins 16. Jh. hinein war r. r. die akzeptierte Strophe für erhabene Dichtung. Mit der Durchsetzung des Blankverses für die hohen Gattungen Tragödie und Epos kam der r. r. außer Gebrauch. Erneuerungsversuche im 19. und 20. Jh. (Chatterton, Morris, Masefield) blieben ohne Echo. H. J. Diller

Lit.: H. J. Diller, Metrik und Verslehre, 1978 – E. Häublein, The Stanza, 1978.

Rhys. 1. R. v. Deheubarth, walis. Fs. (→Wales), * um 1132, † 1197, jüngerer Sohn von Gruffydd ap Rhys ap Tewdwr und Gwenllian, Tochter von →Gruffudd ap Cynan. R. erbte 1155 die Herrschaft über das Fsm. Deheubarth (südwestl. Wales) und konnte, gestützt auf eine Anerkennung der (mehr oder weniger nominellen) Oberhoheit →Heinrichs II. v. England, seinen Machtbereich ausdehnen. Bedeutender Gönner der Dichter und Musiker, hielt er 1176 einen in der walis. Fs.enchronik →»Brut y Tywysogyon« erwähnten Dichterwettstreit ab. Nach R.' Tod zerfiel sein Fsm. rasch in unbedeutende Einzelherrschaften. U. Mattejiet

Lit.: J. E. Lloyd, A Hist. of Wales, II, 1939³ [Nachdr. 1948], bes. Kap. 15 – R. R. Davies, Conquest, coexistence and change Wales, 1063–1415, 1987, 218ff., 244ff.

2. R. ap Tewdwr (später bekannt als R. the Great), Nachkomme von →Hywel Dda und Kg. v. →Deheubarth im w. Wales, † 1093; seit 1075 um die Macht, konnte er erst 1081 (Schlacht v. Mynydd Carn) seine Gegner und Verwandten besiegen. Zu dieser Zeit hatte der norm. Einfall in Wales begonnen. Wilhelm I. zog 1081 nach St. Davids, wahrscheinl. um seine Herrschaft über R. zu erklären, der wohl die Obergewalt des engl. Kg.s anerkannte und zur Zahlung eines jährl. Tributs bereit war. R.' Macht wurde von anderen walis. Herrschern beargwöhnt, und die in →Powys vertrieben ihn 1088. Doch verhalfen ihm die skand. Herrscher v. →Dublin zur Rückkehr. Er konnte auch 1091 seine Gegner in Deheubarth besiegen. Nach dem Tod Wilhelms I. versuchte R., weitere norm. Einfälle zu verhindern, aber er wurde in der Nähe von Brecon getötet. Nach der Rückkehr seines Sohnes Gruffydd († 1137) nach Irland verhinderten die norm. Eroberungen und walis. Teilungen, daß er die Machtposition seines Vaters wiederherstellen konnte. R.' Tochter Nest heiratete einen Normannen und wurde die Geliebte Heinrichs I. (→FitzGerald). R. A. Griffiths

Lit.: Dict. Welsh Biogr., 1959, s.v. – R. R. Davies, Wales 1063–1415, 1987 – A. G. Williams, Welsh Hist. Rev., 1993.

Rhythmen. Als R. (versuchsweise auch, angelehnt an ma. Schreibung, Rythmen, Rithmen) werden lat. Dichtungen bezeichnet, deren Bau vom Wortakzent ausgeht, z.B. Méum ést propósitùm, ín tabérna móri. Sie sind in der Regel gereimt und für den Gesang bestimmt. Rhythm. Dichtung trat hervor, als in der lat. Sprache die Längen und Kürzen nicht mehr zu hören waren, auf denen der Bau der metr. Dichtung beruht. Diese lebt jedoch auch im MA (und bis zur NZ) weiter durch schulmäßiges Erlernen der Quantitäten (→Vers- und Strophenbau). Die R. kamen wohl zunächst einem Publikum mit bescheidenerem Bildungsstand entgegen, sie wurden im FrühMA gelegentl. den metr. 'versus' oder 'carmina' gegenüber herabgesetzt (B. Bischoff, Ma. Stud., 1, 295). Auch im späteren MA konnten sie als Form einer einfacheren erbaul. oder unterhaltenden Poesie dienen. Von den Gedichten des →Commodianus vielleicht abgesehen, sind die ältesten erhaltenen R. gereimte Abecedarien, deren Verse aus jeweils etwa gleichviel Silben bestehen: ein 'Psalmus' auf Christi Geburt (2. Hälfte des 4. Jh., vgl. CLA 1782) und Augustins 'Psalmus' (mit →Refrain). Unter den Hymnen treten seit dem 5./6. Jh. rhythm. ambrosian. Strophen und Fünfzehnsilber neben die metr. Formen, z.B. 'Ad cenam agni providi' (Bulst 116) und 'Apparebit repentina dies magna Domini' (Schaller 945). Sehr früh (ebf. 5./6. Jh.?) werden auch in Irland R. gedichtet: Hymnen und andere geistl. Dichtung, viel Heiligenlob. Sie zeigen bald bes. reichen, oft dreisilbigen Reim (→Antiphonar v. Bangor, ir. →Liber hymnorum). Metr. Verse dichtet in Irland erst →Columban. In Spanien scheinen R. im 7. Jh. aufzukommen – Hymnen, auch ein Hochzeitshymnus, Bußgedichte –, während zur gleichen Zeit auch Metren gedichtet werden. It. und frz. R. des frühen MA sind in weitgestreuter Einzelüberlieferung erhalten und v.a. in einigen großen Sammelhss. (St. Gallen, Brüssel, Verona). Sie überliefern Hymnen, Balladenartiges mit lehrhafter Haltung, überhaupt Lehrhaftes, bibl. und apokryphe Episoden, moral.-asket., eschatolog. Gedichte, auch ein Scherzlied auf den trinkfesten Abt v. Angers (MGH PP 4, 591, Schaller 754). Selbst die jüngeren R. zeigen in ihrer Sprache oft noch wenig von der Wirkung der karol. Erneuerung. Viele der R. sind Abecedare; unter den Formen erscheint häufig der 12- und der 15-Silber. Dieser wird im frühen MA, entsprechend seinen metr. Vorbildern (z.B. Prudentius, perist. 1) häufig für Kriegerisches verwendet, z.B. in den Liedern von Pippins Avarensieg (MGH PP 1, 116, Schaller 11231) und auf die Schlacht von Fontanetum (MGH PP 2, 138; 4, 607, Schaller 1493). Unter den Dichtern des Hofkreises Karls d.Gr. sind es u.a. →Petrus v. Pisa und →Paulus Diaconus, die rhythm. dichten. Im weiteren 9. Jh. tritt →Gottschalk der Sachse mit seinen bewegenden R. hervor (→Reimgebet). Im 10. Jh. erscheint mit 'Deus amet puellam' zum ersten Mal ein Liebesgedicht (MGH PP 5, 553). Im frühen 11. Jh. pflegt eine Gruppe von Dichtern Hagiographisches in rhythm. ambrosian. Strophen, wohl unter dem Einfluß →Fulberts v. Chartres, der selbst wahrscheinl. das scherzhafte Gedicht vom Einsiedler Johannes verfaßt hat. Dieses findet sich mit anderen bedeutenden R., u.a. weiterer Liebesdichtung, in der Slg. →Carmina Cantabrigiensia (Nr. 42). Mit dem Abaelardschüler →Hilarius wird eine Form der Zehnsilberstrophe im →Drama heimisch, andere rhythm. Formen kommen dazu. Im 12. Jh. erreicht die rhythm. Dichtung ihre höchste Vollendung in müheloser, oft virtuoser Handhabung von Vers und Sprache, in der Vielfalt der Gegenstände und in der Raffinesse des Ausdrucks. Das zeigt eine Fülle von R. unbekannter Verf., aber auch bekannter Dichter wie des →Hugo Primas, des →Archipoeta und →Walters v. Châtillon, der neben →Petrus v. Blois und zwei anderen sich selbst unter den rhythm. Dichtenden Frankreichs selbstbewußt nennt (Moral.-satir. Gedichte, ed. STRECKER 3, 7f.). Durch die Rhythmisierung der →Sequenz und des Leichs hat sich der Bereich der rhythm. Dichtung in dieser Zeit nochmals erweitert. Zusammen mit musikal. Formen wie →Conductus und →Motette treten auch neue Arten von R. auf. Am Ende der Epoche geben die →Carmina Burana in der reichhaltigsten einer Reihe von R.- (und Versus-) Slg.en (z. B. der →Arundel-Slg., Florenz, Plut. 29, 1, Stuttgart, HB I 95, Vatikan, Reg. 344) gleichsam eine Überschau über die Vielfalt dieser Dichtung. Nach der Mitte des 13. Jh. ist die Blütezeit der weltl. Dichtung vorbei, auf geistl. Gebiet entstehen allerdings bis zum Ende des MA umfangreiche, z. T. formvollendete Dichtungen (→Psalmen, B., →Reimgebet). G. Bernt

Ed. (R. und Metra): W. BULST, Hymni latini antiquissimi, 1956 – AnalHym – MGH PP IV, 2 – *Anthologien* (R. und Metra): G. VECCHI, Poesia lat. Medievale, 1952 [lat.-it.] – H. KUSCH, Einf. in das lat. MA, I, 1957 [lat.-dt.] – F. J. E. RABY, The Oxford Book of Medieval Lat. Verse, 1959 u. ö. – P. DRONKE, Medieval Lat. and the Rise of European Love-Lyric, 1968, Bd. 2 [Leibeslyrik, lat.-engl.] – P. KLOPSCH, Lat. Lyrik des MA, 1985 [lat.-dt.] – *Lit.*: BRUNHÖLZL, passim, bes. I, 61–63, 112–114, 152–155, 164–168, 361–364; II, 121f., 249–251, 304f., 461f., 498–504, 549–554 und jeweils bibliogr. Anh. – SZÖVÉRFFY, Annalen – DERS., Weltl. Dichtungen – W. Meyer, Ges. Abhandlung zur mlat. Rythmik, 3 Bde, 1905, 1936 – F. J. E. RABY, A Hist. of Secular Lat. Poetry, 1934 – DERS., A Hist. of Christian-Latin Poetry, 1957² – B. THORSBERG, Études sur l'hymnologie mozarabe, 1962 – D. NORBERG, Introduction à l'étude de la versification latine médiévale, 1958 – P. KLOPSCH, Einf. in die mlat. Verslehre, 1972 – DERS., Die mlat. Lyrik (Lyrik des MA, I, hg. v. H. BERGNER, 1983), bes. 66–189 – D'A. S. AVALLE, Dalla metrica alla ritmica, Lo spazio letterario del medioevo, I, Medievo lat., I, 1, 1992, 391–476 – J. SZÖVÉRFFY, Secular Lat. Lyrics and Minor Poetic Forms of the MA, I, 1992.

Rhythmomachie ([A]rithmomachie, pugna numerorum), ein in Anlehnung an das Schachspiel vermutl. ca. 1030 von einem Würzburger Kleriker entwickeltes Zahlenkampfspiel. Fraglich ist, ob schon Walther v. Speyer (ca. 983) auf die R. Bezug nimmt (J. HØYRUP, AHExSc 38, 1988, 314). Die Spielsteine tragen nach pythagoreischen Aspekten gebildete Zahlen und werden u. a. mit Hilfe von Rechenoperationen erobert, um eine Proportion im feindl. Lager herzustellen. Die R. war vom 11. bis 17. Jh. in Westeuropa verbreitet und diente als Emblem der Arithmetik. W. Breidert

Lit.: R. PEIPER, Fortolfi Rythmimachia, Abh. zur Gesch. der Math. 3, 1880, 169–227 – E. WAPPLER, Bemerkungen zur Rythmomachie, Zs. für Math. und Physik, hist.-lit. Abt., 37, 1892, 1–17 – W. BREIDERT, R. und Globusspiel, MFCG 10, 1973, 155–171 – A. BORST, Das ma. Zahlenkampfspiel, 1986 – M. FOLKERTS, Rithmimachie (Maß, Zahl und Gewicht, hg. DERS. u. a., 1989), 331–344 – DERS., Die Rithmachia des Werinher v. Tegernsee (Vestigia mathematica, hg. DERS.–J. P. HOGENDIJK, 1993), 107–142.

Riade, Ort einer Schlacht gegen ein ung. Heer i. J. 933, nach einigen Q. im Gebiet der Sorben, wahrscheinl. im Bereich Merseburg/Unstrut. Den einige Jahre zuvor geschlossenen Waffenstillstand mit den Ungarn hatte Kg. Heinrich I. zur Errichtung von Tributherrschaft über die →Elbslaven genutzt und den Ungarn ihre Aufmarschbasis für Einfälle nach Thüringen und Sachsen (so 906, 908, 915, 919) entzogen. Die 932 auf einer Reichsversammlung in Erfurt beschlossene Tributverweigerung provozierte den ung. Kriegszug. Bei R. gelang Heinrich ein wichtiger Sieg, der seine Machtposition gegenüber Elbslaven und Böhmen ebenso festigte wie das Ansehen des sächs. Kg.shauses im Reich. Ch. Lübke

Lit.: M. LINTZEL, Die Schlacht v. R. und die Anfänge des dt. Staates, Sachsen und Anhalt 9, 1933, 27–51 – CH. LÜBKE, Reg. zur Gesch. der Slaven an Elbe und Oder, II, 1985ff., Nr. 39.

Riario. Der Aufstieg der aus Savona (Ligurien) stammenden Familie geht auf die Vermählung des aus relativ bescheidenen Verhältnissen stammenden *Paolo R.* mit Bianca della Rovere zurück, der Schwester des späteren Papstes →Sixtus IV. Die dieser Ehe entstammenden Söhne *Pietro* und *Girolamo* wurden durch den Nepotismus des Papstes stark gefördert. *Pietro* (1443–74) wurde vom einfachen Frater 1471 zum Bf. v. Treviso und danach zum Kard. (Titelkirche S. Sisto) erhoben. Als päpstl. Legat für Italien durchreiste er 1473 die Apenninenhalbinsel, um die Beziehungen zw. den it. Machthabern (Florenz, Ferrara, Mailand, Venedig) und dem Kirchenstaat zu festigen. Er starb mit 28 Jahren an den Folgen eines ausschweifenden Lebenswandels, der – neben großer Prachtentfaltung – die letzte Periode seines Lebens kennzeichnete. Sein Bruder *Girolamo* (1443–88) erhielt von seinem Onkel, dem Papst, 1473 die Signorie v. →Imola, die kurz zuvor von Galeazzo Maria →Sforza an die Kirche verkauft worden war. G. heiratete 1477 dessen Tochter Caterina. Aus dieser Verbindung ging die Linie *Riario Sforza* hervor. G. hatte an der Kurie und im polit. Leben Italiens in dieser Zeit gemeinsam mit seinem Vetter Giuliano della Rovere, dem späteren Papst →Julius II., eine hervorragende Stellung inne. Er unterstützte die expansionist. Politik Sixtus' IV. und organisierte die fehlgeschlagene, gegen die →Medici gerichtete →Pazzi-Verschwörung (1478). 1480 wurde er auch mit der Signorie v. →Forlì investiert. Als nach dem Tode Sixtus' IV. der Volkszorn gegen die habgierigen Verwandten des Papstes losbrach, mußte er 1484 nach Forlì fliehen. In einer von Lorenzo de' Medici unterstützten Verschwörung der Forlivesen fand er am 14. April 1488 den Tod. Seine Gemahlin Caterina konnte für sich und ihren Sohn Ottaviano die Herrschaft retten, verlor sie jedoch wenige Jahre danach an Cesare Borgia.

Girolamos Neffe *Raffaele* (1460–1521) wurde im Dez. 1477 zum Kard. geweiht (Titelkirche S. Giorgio al Velabro). Wenige Monate darauf wurde er als Gast der Familie →Pazzi in Florenz und Zeuge der Ermordung Giuliano de'Medici und Verwundung Lorenzos für einen Komplizen der Pazzi-Verschwörung gehalten und einige Zeit gefangengesetzt. Nach seiner Rückkehr nach Rom wurde er zum päpstl. Kämmerer ernannt und errichtete den großartigen Palazzo della Cancelleria (1485). Seine intensive Aktivität an der Kurie wurde durch eine Periode der Unstimmigkeiten mit den Borgia von 1499 bis 1503 unterbrochen. R. förderte die größten Künstler seiner Zeit, darunter Melozzo da Forlì, Bramante, Michelangelo und Raffael. 1517 wurde er unter dem Vorwurf der Teilnahme an der Verschwörung des Kard.s Alfonso Petrucci und anderer Purpurträger gegen Leo X. in der Engelsburg gefangengesetzt und der Kardinalswürde enthoben. Seine Schuld konnte jedoch nicht nachgewiesen werden, so daß er in seine Ämter wiedereingesetzt wurde. 1520 zog er sich nach Neapel zurück, wo er bald danach starb.

A. Menniti Ippolito

Lit.: N. VALERI, L'Italia nell'età dei Principati, 1969.

Rjazan', Stadt im mittleren Rußland, unweit der Oka (sö. von Moskau), entstanden um 1100, Sitz eines aruss. Fsm.s unter einem Zweig der →Rjurikiden. Nach der Invasion der →Mongolen, die R. 1237 verwüsteten, bemühten sich die Fs.en v. R., die den Titel von Großfürsten führten, ihren Herrschaftsbereich in Konkurrenz zu dem aufstrebenden Fsm. →Moskau territorial abzusichern. Die exponierte geogr. Lage zw. der Steppengrenze im S und dem Moskauer Machtbereich im N veranlaßte die Fs. en v. R. zu verstärktem Paktieren mit der →Goldenen Horde, v. a. unter →Oleg Ivanovič (1350–1402). Infolge innerer dynast. Streitigkeiten, v. a. aber durch den Sieg des Gfs. en →Dmitrij Donskoj v. Moskau über die Tataren (→Kulikovo, 1380), an dem die Fs. en v. R. sich nicht beteiligten, kam R. im Verlauf eines längeren Prozesses unter Moskauer Oberherrschaft (1382 und 1387 Verträge über ein gewisses Abhängigkeitsverhältnis, im späten 15. Jh. Annexion der n. Teils des Fsm.s R. durch Gfs. →Ivan III., 1521 Eingliederung in den Moskauer Staat).

Lit.: Gesch. Rußlands I, s.v. [Register] – →Oleg Ivanovič.

Ribagorza, Gft. in NO-Spanien, in den Tälern der Esera, Isábena und der Noguera Ribagorzana, Ende des 8. Jh. zusammen mit →Pallars auf Initiative der Gf. en v. →Toulouse wiedererobert. Zunächst unter der Herrschaft der Gf. en v. Toulouse, dann kurzfristig (833–848) unter der des Gf. en Galindo I. v. →Aragón, gelangte R. 872/884 an den bask. Adligen Raimund I. v. Pallars-R. († 920). Nach seinem Tod wurden die Gft. en Pallars und R. zw. seinen Söhnen geteilt, wobei R. an Bernhard Unifred († um 950) und Miro I. († 954) fiel. Bernhard Unifred eroberte die beim muslim. Einfall 908 verlorenen Gebiete 916 zurück und leitete nach seiner Heirat mit Toda (Tochter des Gf. en →Galindo Aznar II. v. Aragón) die Wiederbesiedlung von →Sobrarbe ein. In der Folgezeit wurde die Gft. von den Nachkommen Bernhard Unifreds und Miros zur gesamten Hand regiert. Nachdem die Talschaften Pallars und R. ursprgl. von Karl d. Gr. dem Bm. →Urgell unterstellt worden waren, erreichten die Gf. en 956 die Errichtung eines eigenen Bm.s →Roda-R., eine Entwicklung, die Gf. Sunyer v. Pallars († 1011) wieder rückgängig zu machen suchte, um eine Wiedervereinigung der Gft. en Pallars-R. zu erleichtern. Als 1017 das Gf. enhaus in männl. Linie erloschen war, gelang es Sancho III. 'el Mayor' v. Navarra 1025, die Erbansprüche seiner Gattin durchzusetzen. Sancho hinterließ die Gft. en R. und Sobrarbe seinem Sohn →Gonzalo (1035–46), nach dessen Ermordung fielen beide an einen der anderen Söhne, →Ramiro I. v. Aragón. Die Vereinigung von R. mit Aragón bewirkte, daß die Gft. 1137 durch →Petronilla v. Aragón (∞ →Raimund Berengar IV. v. Barcelona) an das Barceloneser Gf. enhaus kam. 1322 übertrug Kg. Jakob II. die R. seinem Sohn →Peter (5. P.), der sie an seinen Sohn Alfons v. Aragón (1381–1412) und gleichnamigen Enkel (1412–24/25) vererbte. 1425 fiel R. an die Krone zurück und wurde von Kg. Alfons V. v. Aragón seinem Bruder →Johann (2. J.) gegeben, der die Gft. bei seiner Thronbesteigung 1458 seinem Sohn →Ferdinand (2. F.) und später seinem Bastard, Alfons v. Aragón, Hzg. v. Vilafermosa (1469–85), übertrug.

Außer den auf den →Cortes in Aragón vertretenen Gf. en fungierten noch der →Justícia v. R. als Vertreter des Kg.s und der Consell General de R. als Vertreter der Stände. Die im 11. Jh. bezeugte Münze von R. wurde durch die von →Jaca abgelöst. Die Gf. en förderten v. a. die Kl. Alaón, →Lavaix und →Obarra.

U. Vones-Liebenstein

Lit.: Dicc. d'Hist. de Catalunya, 1992, 919f. – Gran Enciclopèdia Catalana XII, 565f. – M. SERRANO Y SANZ, Noticías y documentos hist. del condado de R. hasta la muerte de Sancho Garcés III, 1912 – R. D'ABADAL I DE VINYALS, Els comtats de Pallars i Ribagorça, 2 Bde, 1955 – F. VALLS I TABERNER, Els Comtats de Pallars i Ribagorça a partir del segle XI (DERS., Obres selectes, IV, 1961) – O. ENGELS, La »autonomía« de los condados pirenáicos de Pallars y R. y el sistema del privilegio carolíngio de protección, Anuario de Estudios Medievales 6, 1969,

9–41 – DERS., Schutzgedanke und Landesherrschaft im ö. Pyrenäenraum, 1970 – F. GALTIER MARTÍ, R., condado independiente, desde los orígines hasta 1025, 1981 – I. PUIG I FERRETÉ, La Vall de Senyiu i els Comtats de Pallars i Ribagorça, Boletin de la Real Acad. de Buenas Letras Barcelona 39, 1983–84, 119–134 – L. VONES, Gesch. der Iber. Halbinsel im MA, 1993.

Ribāṭ, arab. Bezeichnung für die vorwiegend im 8./9. Jh. v. a. in Afrika und Spanien (aber auch in Syrien und Transoxanien) angelegten Grenzbefestigungen, die als militär. Niederlassungen im Sinne des ǧihād (→Krieg, Heiliger) sowohl der feindl. Abwehr als auch als Angriffsbasen dienten. Ihre Garnisonen bestanden aus Freiwilligen, die im Interesse ihrer religiös-militär. Aufgaben eine asketisch-soldatische Lebensweise führten. Der sowohl militär. wie religiöse Charakter erklärt, daß das Wort R. in Spanien allmähl. die Bedeutung der Abwehr der Reconquista erhielt, während es im übrigen Orient ab dem 11./12. Jh. (im Sinne von zāwiya) den aus frommen Mitteln errichteten Gebäudekomplex um das Grab eines Mystikers bezeichnet. Die von dem Almohaden Abū Yūsuf Ya'qūb al-Manṣūr (1184–99) gebaute Burg Ribāṭ al-Fatḥ (des Sieges) entwickelte sich zur Stadt Rabat. P. Thorau

Lit.: EI² VIII, 493–506 – H. HALM, Das Reich des Mahdi, 1991, 200ff.

Ribe (dt. Ripen), Stadt und Bm. in →Dänemark (sw. Jütland), an der Ribe Aa, ca. 6 km von der Nordseeküste entfernt. Seit Beginn des 8. Jh. Handelsplatz, wohl vom Kg. gefördert, auf dem Gelände zwischen Ribe Aa und Tved Aa (Furten), auch mit handwerklicher Funktion (Kammacher, Schuhmacher, Schmiede, Perlenmacher, Weber) und wohl Münzprägung (→Sceattas). Die archäologisch noch nicht nachgewiesene wikingerzeitliche Siedlung wird, v. a. in ihrer Bedeutung für die vom Ebm. →Hamburg-Bremen geleitete →Mission, durch schriftliche Q. erhellt: 854–857 erhielt →Ansgar vom Kg. ein Grundstück in R. für den Kirchenbau sowie die Genehmigung zum Aufenthalt eines ständigen Priesters. 948 wurde der erste Bf. v. R., das gemeinsam mit →Aarhus und →Schleswig die Trias der ältesten Bm.er Dänemarks bildete, erwähnt.

Die früheste Vorgängerkirche am Platz des Domes St. Marien (wahrscheinl. Holzbau) muß in der 1. Hälfte des 11. Jh. erbaut worden sein. Bf. Thure (1114–34) ließ die erste Steinkirche errichten, doch wurde bereits ab 1150 mit dem Bau des heut. Domes begonnen (vollendet um 1225). Das Domkapitel wurde 1145 gegr.; die zunächst angestrebte 'vita communis' kam um 1200 zum Erliegen.

Das ma. R. hatte (neben der Dompfarrei) fünf Pfarreien: St. Clemens (vor 1145) und St. Hans (spätestens 1. Viertel des 13. Jh.), beide südl. der Aa; St. Petri (vor 1145), St. Nicolai (vor Ende des 12. Jh., mit Benediktinerkl.), St. Bartholomaei/Hl. Grabkirche (vor Mitte des 14. Jh.), alle nördl. der Aa. Die Niederlassungen der Dominikaner (1228) und Franziskaner (1232) lagen in der südl. Stadthälfte, hier befanden sich auch ein Johanniterhaus (1311) und das Heiligengeisthaus (1280). Die nördl. Stadthälfte, in der das Leprosorium (um 1280) lag, verlor seit Mitte des 13. Jh. an Bedeutung (im 14. Jh. bereits 'suburbium'). Ein Kolleg ('Puggaard') wurde in den Jahren nach 1290 gestiftet.

Um die Mitte des 13. Jh. (vor 1255) wurde der Durchfahrtsweg durch R. nach N verlegt (Bau eines Damms über zwei Flußinseln, Errichtung einer kgl. Mühle). Um 1300 wurde die südl. Stadthälfte im Zuge von Wasserbaumaßnahmen mit Gräben umzogen. Das Schloß, im W der südl. Stadthälfte, entstand wohl im 13. Jh.

R. war Münzstätte des 11.–14. Jh. Der Rat wird 1252 erwähnt, ein Bürgermeister erst seit 1349. Als kgl. Stellvertreter fungierte der Stadtvogt. Das erste, vom →Lübischen Recht beeinflußte Stadtrecht wurde 1269 vom Kg. bestätigt, ein zweites Stadtrecht 1443 erlassen. 1292 erhielt R. die Jurisdiktion über Strand- und Wattgebiete von R. bis zur Nordspitze der Insel Sylt. Auseinandersetzungen zw. Rat und Bürgern um strittige Fragen der Finanzverwaltung führten 1514 zu einem Ausgleich. 1460 war R. Tagungsort der Ratsversammlung, die (unter aktiver Mitwirkung der schleswigschen und holstein. Ritterschaft) mit → Christian I. den folgenreichen Vertrag v. →Ripen aushandelte.

Schon die älteste Siedlung des 8. Jh. besaß Handelsverbindungen mit dem Rheinland, das später den Tuffstein für den Dombau liefern sollte. R. exportierte Waren aus dem weiten Hinterland (1271 Ausfuhren nach Flandern) und lieferte Holz nach Nordfriesland. 1491 werden die Harden (Amtsbezirke) Hvidding, Frøs, Kalvslund und Gram, deren Bewohner den Markt v. R. besuchten, als Hinterland der Stadt erwähnt. 1494 ist ein Jahrmarkt (um den 8. Sept.) genannt; wichtigstes Handelsgut waren am Ende des MA die Ochsen (Viehtrieb über den →Heerweg, 'Ochsenweg'). In R. bestanden Zünfte und Gilden (Schneider/Gewandschneider, 1349; Schmiede, 1424; Schiffer, 1478), eine Priestergilde (Mitglieder aus der gesamten Diöz.) sowie Bruderschaften (am vornehmsten die Petrigilde, 1397). Die Stadt hatte 1545 wohl ca. 2900 Einwohner. Th. Riis

Q.: Samling af Adkomster ... for R. Domkapitel og Bispestol ..., hg. O. NIELSEN, 1869 – Danmarks Gilde- og Lavsskraaer fra Middelalderen, hg. C. NYROP, I–II, 1895–1904 – Danmarks gamle Købstadlovgivning, hg. E. KROMAN, II, 1952, 1–106 – R. Bys Jordebog, hg. I. NIELSEN, 1979 – Danmarks Kirker, XIX: R. Amt, 1–2, 1979–84 – *Lit.:* R. Excavations, I–IV, 1970–76, hg. M. BENCARD, 1981–91 – TH. RIIS, Det middelalderlige danske rejsekongedømme indtil 1332 (Fschr. N. SKYUM-NIELSEN, 1981), 115–136 – O. DEGN, R. 1500–1950, Scandinavian Atlas of Hist. Towns 3, 1983 – I. NIELSEN, Middelalderbyen R. (Projekt Middelalderbyen 1, 1985).

Ribémont, Vertrag v. (Febr. 880). Durch den Vertrag v. R. gelang dem westfrk. Magnaten unter der Führung des →Hugo Abbas (5. H.) die Anerkennung der legitimen Kg.sherrschaft für die Söhne Ludwigs d. Stammlers aus dessen Ehe mit Ansgard, →Ludwig (6. L.) und →Karlmann (4. K.). Der ostfrk. Vertragspartner Ludwig d. J. erhielt für den Verzicht auf Herrschaftsansprüche im Westreich den Teil Lotharingiens, der im Vertrag v. →Meerssen 870 dem Westreich zugesprochen worden war. Vertragsgegenstand war aber auch eine Amnestie für die Mitglieder der Gegenpartei im Westreich unter der Führung Abt →Gauzlins v. St-Denis und Konrads v. Paris, die nach dem Tod Ludwigs d. Stammlers für eine Herrschaftsübernahme durch Ludwig d. J. plädiert hatten und ihm damals sowie auch noch nach der Konsekration der Stammlersöhne, die Kg.sherrschaft angetragen hatten. In R. wurde die Abmachung vom Vorjahr zu Verdun bestätigt, wobei eine Fortführung der Bündnispolitik auf einem künftigen Kg.streffen in Gondreville in Aussicht gestellt wurde. A. Krah

Lit.: E. HLAWITSCHKA, Lothringien und das Reich an der Schwelle der dt. Gesch., 1968, 20f., 221ff. – I. VOSS, Herrschertreffen im frühen und hohen MA, 1987, 21f. – K. F. WERNER, Gauzlin v. St-Denis und die westfrk. Reichsteilung von Amiens (Neudr.: DERS., Vom Frankenreich zur Entfaltung Dtl.s und Frankreichs, 1984), 157ff. – C. BRÜHL, Dtl.-Frankreich. Die Geburt zweier Völker, 1990, 346, 366.

Ribuarier, Ribuarien. Als eigene Volksgruppe sind die Ribuarier (R.), entgegen der für die Wanderungszeit lange angenommenen Existenz als ribuar. neben der sal. →Franken, erst in merow. Zeit faßbar. Die Tatsache einer rein geogr. bedingten Volksnamenbildung (aus ripa Rheni und *Rip-*warjoz* 'Bewohner des Rheinuferlandes') und Landesbezeichnung (Belege ab 7. Jh.) schmälert nicht die schon im 7. Jh. gegebene Sonderstellung der R. (→Lex Ribuaria; →Dux, Dukat, II [2]), die v. a. auf älteren, mit dem Siedlungsgebiet verbundenen frk. Traditionen (sog. 'Kölner Reich'; wohl auch Francia Rinensis) und auf der strateg. Bedeutung des Landes fußte. Das Land Ribuarien (R.n) entsprach ungefähr der spätantiken civitas →Köln; rechtsrhein. ist nur die Zugehörigkeit des pagus Ruhrgau eindeutig belegt. In den Q. meist als (Groß-)pagus gefaßt, behielt R.n seine verfassungsrechtl. Stellung als Dukat bis um die Mitte des 9. Jh. Auch nach der hier erfolgten Konsolidierung der Komitatsverfassung blieb R.n eine übergeordnete Einheit (mehrere comitatus, Vertrag v. →Meerssen 870) und bestand als pagus bis zur Territorialisierung im 11. Jh. fort. Erinnerungen an R.n in der Historiographie (z. B. Sigebert v. Gembloux, Konrad v. Brauweiler), z. T. in gelehrter Konzeption (Wipo), blieben bis ins HochMA tragfähig (ebfl.-köln. Dukat des 12./13. Jh.). Th. Bauer

Lit.: G. ECKERTZ, Das frk. R.land auf der linken Rheinseite, AHVN 1, 1855, 19–46 – R. PARISOT, Le royaume de Lorraine sous les Carolingiens, 1898, 97–103 [Nachdr. 1975] – E. EWIG, Zum lothring. Dukat der Kölner Ebf.e (Fschr. F. STEINBACH 1960), 210–246 – DERS., Die civitas Ubiorum, die Francia Rinensis und das Land R.n (Neudr.: DERS., Spätantikes und frk. Gallien, I, 1976), 472–503 – DERS., Volkstum und Volksbewußtsein im Frankenreich des 7. Jh. (ebd.), 231–273, 242–244 – DERS., Die Stellung R.ns in der Verfassungsgesch. des Merowingerreiches (ebd.), 450–471 – U. NONN, Pagus und Comitatus in Niederlothringen (BHF 49, 1983), bes. 164–189.

Rica (Richeza, Richilde, Ryksa), Kgn. v. Kastilien-León, * um 1135, † 16. Febr. 1185, Tochter Władysławs v. Krakau/Schlesien (→Piasten) und der Babenbergerin Agnes, ⚭ 1152 Alfons VII. v. Kastilien-León; Kinder: Sancha und Ferdinand († vor 1157). Nach Alfons' Tod († 1157) ging sie an den Hof Gf. →Raimund Berengars IV. v. Barcelona, dessen Sohn Alfons II. v. Aragón ihrer Tochter verlobt war. Im Herbst 1161 heiratete sie Gf. →Raimund Berengar III. v. d. Provence, möglicherweise im Zusammenhang mit der ein Jahr später erfolgenden Anerkennung der Lehnshoheit des Reiches über die →Provence durch ihren Gatten. Als dieser 1166 vor Nizza fiel, trennte sich Gf. Raimund V. v. Toulouse († 1194) von seiner Gattin Konstanze v. Frankreich, um durch eine Ehe mit R. die Gft. Provence seinem Hause zu sichern. R., 1176 letztmals in Südfrankreich bezeugt, heiratete Gf. Albrecht II. v. Everstein († 1197), einen Parteigänger Barbarossas im Streit mit den Welfen. U. Vones-Liebenstein

Lit.: ISENBURG III, s.v. – NDB IV, 693 – H. DOBBERTIN, Die Piastin Richeza v. Everstein und ihre Verwandtschaft, Schr.reihe der Genealog. Gesellschaft Hameln 14, 1957 – J. FRIED, Friedrich Barbarossas Krönung in Arles (1178), HJb 103, 1983, 347–371 – M. DEMBINSKA, A Polish Princess – Empress of Spain and Countess of Provence in the 12th Cent. (Frauen in Spätantike und FrühMA, hg. W. AFFELDT, 1990), 283–290 [ältere poln. Lit.].

Ricardus Anglicus (Richard de Mores, de Morins), bedeutender Kanonist, * um 1162 in Lincolnshire, † 9. April 1242, 1186/87 in Paris, Ende 12. Jh. Mag. in Bologna, 1202 bis zu seinem Tod Prior der Augustinerchorherren in Dunstable. Werke: Summa quaestionum (1186/87 Paris), Summa brevis, Distinctiones decretorum, Notabilia decretorum, Ordo iudiciarius, Casus decretalium, Apparatus decretalium, Brocarda (alle 1196/98 Bologna).

K. Borchardt

Ed.: Bernardi et R.i Casus decretalium (Bernardi Papiensis Summa decretalium, hg. E. A. TH. LASPEYRES, 1860), 327–352 – Summa de ordine iudiciario, hg. WAHRMUND 2/3, 1915 – *Lit.*: DDC VII, 676–681 – KUTTNER, 222–227, 323–325, 398, 417f. – F. GILLMANN, Richardus Anglikus als Glossator der Compilatio I, AKKR 107, 1927, 575–655 [erw. Sonderdr. Ges. Schr. zur klass. Kanonistik v. F. GILLMANN, II, hg. R. WEIGAND, 1993, Nr. 20] – S. KUTTNER–E. RATHBONE, Anglo-Norman Canonists of the Twelfth Cent., Traditio 7, 1949/51, 329–339, 353–358 – C. LEFEBVRE, Recherches sur les mss. des glossateurs de la Compilatio I²: l'œuvre de R. A. (Congr. de Droit canonique médiéval, 1959), 137–150.

Ricbod (Richbod), Abt v. →Lorsch seit 784, Bf. v. →Trier seit 791/793 (erst nach seinem Tod als Ebf. erwähnt), † 1. Okt. 804; unbekannter Herkunft, weilte bei der Ankunft des großen ags. Gelehrten →Alkuin 782 zusammen mit seinem Mitkapellan Richolf am Hof Karls d. Gr., wo er darauf als Angehöriger des Freundeskreises Alkuins unter dem Pseudonym 'Macharius' erschien. Die freundschaftl. Beziehung, die sich in beider Briefwechsel widerspiegelt (MGH Epp. IV, Register s.v.), hielt bis zum Tode R.s an. Dementsprechend blieb er auch als Abt v. Lorsch in Kontakt mit dem Hof und setzte dessen Bildungsbestrebungen fort, indem er in Lorsch eine bedeutende Wirksamkeit für Kunst und Wiss. entfaltete. R. errichtete v. a. für das blühende Kl. einen neuen großen Konventsbau und setzte den Bau der Kl.kirche fort, begründete ein eigenes Skriptorium und pflegte die Gesch.s.schreibung: die Annales Laureshamenses dürften von ihm verfaßt sein. Er behielt die Leitung des Kl. bei, als er Bf. v. Trier wurde, nahm als solcher 794 am Konzil v. Frankfurt teil, hier bes. durch Alkuin zu den ihn offenbar zu den führenden Theologen des Reiches zählte, am Kampf gegen den →Adoptianismus beteiligt (MGH Epp. IV, Nr. 91). J. Fleckenstein

Lit.: HAUCK II, 157 – H. FICHTENAU, Karl d. Gr. und das Ksm., MIÖG 61, 1953 – B. BISCHOFF, Lorsch im Spiegel seiner Hss. (Die Reichsabtei Lorsch, II, 1977), 7–128.

Riccardi, Kaufmanns- und Bankiersfamilie des 13. Jh. aus Lucca. Ihre Kompanie, die als Familienunternehmen entstanden war, wurde mit Hilfe auswärtiger Kompagnons erweitert. 1284 waren diese in der Mehrzahl und nahmen leitende Positionen ein. Die R.-Kompanie war außer in Italien auch in Flandern, Frankreich, Irland, Schottland, Norwegen und England vertreten; in England verkaufte sie schon vor der Mitte des 13. Jh. Seidenstoffe an den kgl. Hof und betrieb Geschäfte der Hochfinanz. Sie lieh dem Adel und dem Klerus Geld und exportierte Wolle. Mindestens seit 1273 war die Kompanie R. Depositar der päpstl. Zehnten in verschiedenen Ländern Europas, und auch in Italien benutzte der Papst ihre Dienste. →Eduard I. v. England erhob die R. zu seinen Bankiers, übertrug ihnen die Eintreibung der *customs* in England und Irland sowie die Finanzierung seiner Kriege. Eine Verkettung von Umständen führte 1291 zur Krise der Kompanie. Das Vermögen der R. wurde in Frankreich – wie das anderer it. Häuser – durch Kg. Philipp d. Schönen beschlagnahmt. Zwei Jahre danach befahl der Papst den Kollektoren, den Kreuzzugszehnten an den Kg. v. England auszuzahlen, und die R. beteiligten sich daran mit 35 570 Mark. Weitere Geldsummen wurden, ebenfalls auf päpstl. Anweisung, den Anjou geliehen. Infolge des Krieges von 1294 zw. England und Frankreich ließ Philipp d. Schöne Mitglieder der Familie R. einkerkern. Da sie innerhalb des europ. Wechselsystems keine Geldtransaktionen durchführen konnten, waren die R. nicht imstande, den Krieg Eduards I. weiter zu finanzieren, weshalb sie der Kg. gefangennehmen ließ. Bonifatius VIII. verlangte von ihnen die Rückzahlung der Zehntgelder, die bei ihnen deponiert waren. Zu allen diesen Verlusten kam auch noch die Unmöglichkeit, die Außenstände einzutreiben. Schließlich führten die Auseinandersetzungen zw. den Kompagnons zum Bankrott des Hauses R. B. Dini

Lit.: G. ARIAS, Studi e documenti di storia del diritto, 1901, 77–120 – E. RE, La Compagnia dei R. in Inghilterra, ASRSP, 1914, 87–138 – R. W. KAEUPER, Bankers to the Crown. The R. of Lucca and Edward I, 1973.

Ric(c)oldo da Monte di Croce, OP, Orientmissionar, * ca. 1243 Florenz, † 31. Okt. 1320 ebd.; seit 1267 im Dominikanerkl. S. Maria Novella in Florenz, ab 1272 in Pisa, 1288 als Prediger in den Orient entsandt, reiste über →Akkon, Kilikien, Erzurum, Täbrīz nach →Bagdad, wohl um 1300 zurück nach Florenz, wo er, außer kurzem Exil in Orvieto, hochgeehrt seine Werke redigierte: den Unionsappell »Libellus ad nationes orientales«, seinen autobiogr. »Liber Peregrinationis«, später »Itinerarium« gen. (ed. J. C. M. LAURENT, 1873²; it. Übers. U. MONNERET DE VILLARD, 1948), nebst Briefen (ed. R. RÖHRICHT, Archives de l'Orient Lat. II, 1884, 258–296), mit zeitgesch. Zeugnissen und Lob des Sozialverhaltens, der Gastfreundlichkeit und Würde von Muslimen. Er verfaßte – als Vorbereitung der Mission – eine Koranwiderlegung; Unordnung, Widersprüchlichkeit, Fehlen von Wundern zeigten, daß dies keine Offenbarung sei: »Contra legem Sarracenorum«, kompiliert aus →Wilhelm v. Tripolis, der »Contrarietas alpholica«, →Marcus v. Toledo. Sie erfuhr weite Resonanz: gr. Übers. von Dem. →Kydones 1385 (MPG 154, 1035–1152), mit lat. Rückübers. von Bartolomeo Piceno unter dem Titel »Improbatio« bzw. »Confutatio Alcorani«, span. Übers. Toledo 1502, teilweise dt. von Martin Luther 1530; Wirkung auf Pius II., →Johannes v. Segovia, →Nikolaus v. Kues (vgl. »Cribratio Alcorani«, ed. L. HAGEMANN, 1986). C.-P. Haase

Ed.: J.-M. MÉRIGOUX, Memorie Domenicane, NS 17, 1986, 1–144 – G. RIZZARDI, I Saraceni, 1992 – *Lit.*: E. CERULLI, Il Libro della Scala, 1969, passim – DERS., Nuove ricerche sul Libro, 1972, passim – N. DANIEL, The Arabs and Medieval Europe, 1975, passim – G. C. ANAWATI, Islam et Christianisme (Mél. de l'Inst. Dominicain d'Étud. Orientales 20, 1991), 167–169.

Ricettario Fiorentino. Vom örtl. Ärztekollegium zusammengestellt und auf Gesuch der Apothekerzunft gedruckt, erschien in Florenz 1499 (bzw. nach damals dort geltender Zeitrechnung 1498) das »Nuovo Receptario«, das als offiziell im gesamten florent. Herrschaftsgebiet einzuführendes Arzneibuch die verschiedenen, bis dahin gebrauchten Vorschriftenslg. ein ersetzen und damit die Einheitlichkeit in der Medikamentenauswahl, -zubereitung und -aufbewahrung normativ sichern sollte. Diese Inkunabel existiert in zwei, allerdings nur in der Kolophon-Datierung (10. bzw. 21. Jan.) differierenden Varianten, deren erste außerdem Hieronymo [Girolamo] dal Pozzo Tosc(h)anelli als Bearbeiter nennt. Im wesentl. von der arabist.-scholast. Tradition geprägt, aber auch durch einige neuere Autoren (z. B. →Manlius de Bosco) beeinflußt, wirkte dieses in der Volkssprache abgefaßte, praxisgerechte Kompendium, das 1550 völlig umgestaltet und dann noch mehrfach herausgegeben wurde, seinerseits maßstabsetzend auf die betreffende Fachlit. anderer Länder ein. Seine singuläre Position unter den anonym kompilierten bzw. aufgrund der Privatinitiative von namentl. bekannten Einzelpersonen entstandenen, jedenfalls inoffiziellen →Arzneibüchern des MA verdankt das sog. R. F. jedoch dem in der Vorrede formulierten Postulat, das Werk der staatl. Medizinalgesetzgebung zu unterstellen; mithin dem fortschrittl. Versuch, eine durch die zuständige Behörde für einen bestimmten Geltungsbereich als obligator. vorgeschriebene Pharmakopöe zu schaffen. Den meisten gilt deshalb dieses Rezeptarium von 1499 nach wie vor als »la prima pubblica farmacopea« (CORRADI), obschon der zweifelsfreie Beleg für dessen (nach LUTZ erst mit der Neuausgabe von 1567 erfolgte) amtl. beglaubigte Einführung bis heute aussteht; zutreffender erscheint vielmehr die Auffassung, daß es sich dabei – ähnlich der »Concordia Apothecariorum« von Barcelona (1511) – wohl nur um ein korporationsintern verbindl. Arzneibuch gehandelt hat, was indes die zukunftsträchtige Bedeutung des R. F. prinzipiell nicht schmälert: Stellt es doch zumindest die Vorstufe zu der nachweisl. ersten offiziellen Pharmakopöe dar, wie sie dann 1547 mit dem Nürnberger Dispensatorium des Valerius Cordus definitiv verwirklicht worden ist. P. Dilg

Lit.: A. CORRADI, Le prime farmacopee it. ed in particolare dei Ricettari Fiorentini. Memoria, Annali Universali di Medicina e Chirurgia 279, 1887 [Neudr. 1966] – A. LUTZ, Stud. über die pharmazeut. Inkunabel »Nuovo Receptario« von Florenz, VIGGPharm, NF 13, 1958, 113-128 – E. CINGOLANI-L. COLAPINTO, Le Farmacopee in Italia, Medicina nei Secoli. Arte e Scienza, NS 4, 1992 – Nuovo Receptario ... Firenze MCCCLXXXXVIII (Faks.-Ed.). [Einl. und Komm. A. M. CARMONA I CORNET, 1992].

Rich, Edmund → Edmund v. Abingdon

Richalm v. Schöntal, von 1216/17 bis zu seinem Tod im Dez. 1219 Abt der Zisterze Schöntal (Jagsttal). Sein in sechs Hss. überlieferter »Liber revelationum«, als Gemeinschaftswerk mit einem Vertrauten in Dialogform aufgezeichnet, bietet Einblick in die Gedanken- und Gefühlswelt eines unter Altersbeschwerden, psychosomat. Störungen, Dämonenfurcht und anderen Ängsten leidenden Mönches, der mehrfach aus Versagensangst von seinen Kl.ämtern zurücktrat. Neben Aufzeichnungen über das Schicksal mehrerer Schöntaler Mönche und Konversen handelt die Autobiographie in erster Linie von R.s visionären Erlebnissen, Auditionen, Versuchungen und konventsinternen Konflikten; zur Lebensbewältigung empfiehlt R. körperl. Arbeit und die Lektüre der Kirchenväter. P. G. Schmidt

Ed. und Lit.: B. PEZ, Thes. anecdotorum novissimus I 2, 1721, 373-472 [unzulängl.; krit. Ausg. MGH QG erscheint demnächst] – P. G. SCHMIDT, HZ 252, 1991, 541-557.

Richard

1. R. v. Cornwall, dt. Kg. 1257-72, Gf. v. →Cornwall 1225-72, * 5. Jan. 1209, † 2. April 1272 in Berkhampstead, ▭ Hailes, Abtei SOCist; zweiter Sohn Kg. Johanns und seiner 2. Frau Isabella v. Angoulême, ∞ 1. 1231 Isabella († 1240), Tochter von William →Marshal, Witwe von Gilbert de Clare, Earl of Gloucester, 2. 1243 Sancha († 1261), dritte Tochter von →Raimund Berengar V., Gf. v. Provence, 3. 1269 Beatrix († 1277), Tochter Dietrichs v. Falkenburg; sechs Kinder sowie mindestens drei illegitime Nachkommen. R. blieb trotz erkennbarer eigenständiger Zielsetzungen stets in die Auseinandersetzungen seines Bruders, des engl. Kg.s Heinrich III., mit den einheim. Baronen verwickelt und war auch immer wieder von den außenpolit., auf das Festland gerichteten Unternehmungen Heinrichs betroffen. Er sammelte bei einer Expedition in die Gascogne (1225-27) frühzeitig militär. Erfahrungen. Langfristig bestimmte Loyalität dem engl. Kg. gegenüber, gepaart mit Verhandlungsgeschick und einem sicheren Gespür für die Mehrung seines in den Q. gerühmten Reichtums, die Aktionen R.s. 1240 führte ihn sein →Kreuzzug ins Hl. Land, wobei er zunächst in Paris mit Ludwig IX., bei seiner Rückkehr aus Palästina 1241 in Sizilien mit Friedrich II. zusammentraf. 1242 unterstützte er anfangs Heinrich III. bei der geplanten militär. Rückgewinnung der Gft. Poitou, die ihm sein Bruder bereits 1225 verliehen hatte, doch konnte er das Mißlingen dieser Unternehmung nicht verhindern und kehrte vorzeitig nach England zurück, ohne je wieder Versuche in dieser Hinsicht zu unternehmen. Die Verbundenheit mit Heinrich III. unterstrich seine zweite Ehe mit Sancha, Schwester der engl. Kgn. (seit 1236) Eleonore v. Provence. Später zeigen die Verhandlungen R.s mit Peter v. Savoyen und Papst Innozenz IV. in Lyon (1250) den Einfluß R.s auf den Kg. 1254 führte er in Abwesenheit Heinrichs III. die Regentschaft. Das ihm von Innozenz IV. mindestens zweimal offerierte Kgr. Sizilien (1252/53) lehnte er in Anbetracht mangelnder weiterer Hilfeleistung ab. Anders stellte sich für R. die Situation nach dem Tode →Wilhelms v. Holland in Dtl. dar, denn jetzt konnte er auf die Unterstützung Heinrichs III. bauen, der sich Vorteile bei dem erhofften Erwerb Siziliens für seinen Sohn →Edmund Crouchback versprach. Betrieben wurde die Kandidatur R.s für die dt. Kg.swahl, der neben seinen diplomat. Stärken seine verwandtschaftl. Beziehungen zu seinem Vetter, dem Welfen Otto IV., und zu seinem Schwager Friedrich II. geltend machen konnte, v.a. von Johann v. →Avesnes, Gf. v. Hennegau, und dem einflußreichen Kölner Ebf. →Konrad v. Hochstaden. Gegenkandidat bei dieser sog. →Interregnum akzentuierenden Doppelwahl mit Wahlort Frankfurt war der vom Trierer Kfs.en unterstützte→Alfons X. v. Kastilien. R. wurde von seinen auch finanziell von ihm dotierten Anhängern am 13. Jan. 1257 gewählt und bereits am Himmelfahrtstag 1257 zu Aachen gekrönt. Während der Kastilier nie ernsthaft einen Zug nach Dtl. vorbereitete und seine Absichten auf den Mittelmeerraum beschränkte, war R. in den Jahren 1257 bis zu seinem Tod viermal im Reich. Eine tatsächl. Verknüpfung zw. dem unerschöpfl. erscheinende Geldmittel zur Verfügung stellenden engl. Heimatland und den Aufgaben im Reich konnte in dieser knappen Zeit nicht erreicht werden. Die tatsächl. Wirkungsmöglichkeiten R.s beschränkten sich auf das Rheinland; Ottokar v. Böhmen stattete er 1262 mit den Reichslehen Österreich und Steiermark aus und übertrug ihm 1266 den Schutz des rechtsrhein. Reichsgutes. Weiterreichende Aktionen zur Erlangung der Ks.krone wären angesichts der Angewiesenheit auf den Papst und insbes. nach dem Tod Alexanders IV. – trotz der 1261 erlangten Senatorenwürde von Rom – bei der mangelnden effektiven Machtbasis im Reich und der sich verschärfenden Situation in England (Niederlage Heinrichs III. bei →Lewes /Sussex, Gefangenschaft R.s Mai 1264 bis Sept. 1265) illusor. gewesen. I. Schwab

Lit.: DNB XLVIII, s.v. – N. DENHOLM-YOUNG, R. of C., 1947 – H. MARC-BONET, R. de Cornouailles et la couronne de Sicile (Mél. d'hist. du MA... à L. HALPHEN, 1951), 483-489 – F. M. POWICKE, The Thirteenth Century 1216-1307 (The Oxford Hist. of England, IV, 1953) – F. TRAUTZ, Die Kg.e v. England und das Reich 1272-1377, 1961, 100ff. – S. HAIDER, Schriftl. Wahlversprechungen röm.-dt. Kg.e im 13. Jh., MIÖG 76, 1978, 106-173 – H.-E. HILPERT, R. of C.'s Canditature for the German Throne and the Christmas 1256 Parliament at Westminster, Journal of Medieval Hist. 6, 1980, 185-198 – O. ENGELS, Die Stauferzeit (Rhein. Gesch., I, 3: Hohes MA, hg. F. PETRI-G. DROEGE, 1983), 199-296.

2. R. I. (gen. »Löwenherz«), Kg. v. →England seit 1189, * 1157, † 1199; 3. Sohn von →Heinrich II. und →Eleonore v. Aquitanien, ∞ 12. Mai 1191 →Berenguela v. Navarra. Zum Nachfolger in →Aquitanien bestimmt, wurde R. dort 1170 zum Hzg. erhoben und 1172 eingesetzt. Er widmete sich in erster Linie der Durchsetzung seiner Herrschaft über seine eigenen Vasallen im Hzm., fand aber auch Zeit für krieger. Auseinandersetzungen mit seinen Nachbarn und mit Kg. Ludwig VII. v. Frankreich. R. kämpfte gegen seinen Vater während der Rebellion von

1173-74 und dann gegen seinen älteren Bruder, der befürchtete, daß beim Tod Heinrichs II. R. und Aquitanien unabhängig werden könnten. Als der jüngere →Heinrich (17. H.) starb, wurde R. offenbar sein Erbe, aber er setzte seine Intrigen gegen seinen Vater fort und wurde dabei von den frz. Kg.en, Ludwig VII. und Philipp II., ermutigt. Bis zum Tod Heinrichs II. 1189 während eines solchen Krieges hatten sich Vater und Sohn nicht mehr versöhnt. Nachdem R. bereits nach der Einnahme →Jerusalems durch →Saladin 1187 das Kreuz genommen hatte, begab er sich nach seiner Thronbesteigung sofort auf den Kreuzzug. Auf seinem Weg ins Hl. Land führte er auf der Seite seiner Schwester →Johanna (Joan), Witwe →Kg. Wilhelms II. v. Sizilien, Krieg in →Sizilien und griff auf →Zypern den aufständ. Isaak Komnenos an. R.s Eroberung der Insel erwies sich als das dauerhafteste Vermächtnis des III. →Kreuzzuges. R.s frz. Rivale Philipp II. nahm ebenfalls am Kreuzzug teil. In Palästina unterstützte R. →Guido v. Lusignan, als die frz. Partei Guidos Gegner, →Konrad v. Montferrat, verteidigte, und die Pisaner gegen die Genuesen, die Verbündete der Franzosen waren. Der Kreuzzug war durch Streitigkeiten zw. den verschiedenen lat. Lagern gekennzeichnet, und erst nach der Rückkehr Philipps II. nach Frankreich übernahm R. das tatsächl. Kommando über die Kreuzfahrerheere. Trotz einiger hervorragender Siege schloß er schließlich einen Vertrag mit Saladin, der diesem die Kontrolle von Jerusalem überließ. Im Sept. 1192 verließ R. Palästina, doch fiel er bei Wien in die Hände des österr. Hzg.s →Leopold V., der sich durch R. beleidigt fühlte, weil dieser bei der Belagerung →Akkons ein österr. Feldzeichen herabgerissen haben soll. Mit frz. Einverständnis wurde R. in Österreich in Haft gehalten (→Dürnstein) und erst 1194 gegen die Zahlung eines hohen Lösegeldes freigelassen.

Während seiner Abwesenheit hatte R. England zunächst der Obhut →Williams Longchamp anvertraut, dann Walters de →Coutances, wobei beide mit dem baronialen Aufruhr konfrontiert wurden, an dessen Spitze R.s Bruder Johann (Ohneland) stand. R. kehrte nach England zurück, um diese Rebellion zu unterdrücken und um erneut gekrönt zu werden. Fast gleich darauf verließ er England erneut, um gegen Frankreich Krieg zu führen. Dort verblieb er bis zum Ende seiner Regierung. 1199 wurde er bei der Belagerung eines seiner eigenen Vasallen tödl. verwundet. – Obwohl R. nicht Englisch sprach und nur wenige Monate in seinem Kgr. England verbrachte, wurde er schon zu Lebzeiten zu einer legendären Gestalt, und zu seinen Heldentaten dichtete man noch viele fabelhafte Abenteuer hinzu. Ein Zeugnis dafür ist die me. →Romanze »R. Cœur de Lyon« (c. 1300). J. S. Critchley

Lit.: L. LANDON, Itinerary of King R. I (Pipe Roll Soc., NS XIII, 1935) – B. B. BROUGHTON, The Legends of King R. I, 1966 – Manual ME I.I, 1967, 158-160, 315-318 – R. PERNOUD, R. Cœur de Lion, 1988 – S. WENISCH, Kg. R. Löwenherz als Gefangener in Ochsenfurt, Mainfrk. Jb. 16, 1989 – R. Cœur de Lion in Hist. and Myth, hg. J. NELSON, 1992 – J. GILLINGHAM, Conquering Kings (Warriors and Churchmen in the High MA: Essays to K. LEYSER, hg. T. A. REUTER, 1992).

3. R. II., *Kg. v.* →England 1377-99, * 6. Jan. 1367 Bordeaux, † 1400 (wahrscheinl. 14. Febr.), ◻ Dominikanerkirche, King's Langley (Buckinghamshire), seit 1413 Westminster Abbey; 2. Sohn von →Eduard dem Schwarzen Prinzen, dem ältesten Sohn von Eduard III., und Johanna, Tochter von →Edmund, Earl of Kent; ∞ 1. 20. Jan. 1382 Anna v. Luxemburg, Tochter Ks. Karls IV., 2. 12. März 1396 →Isabella, Tochter Kg. Karls VI. v. Frankreich. Nachdem sein älterer Bruder Eduard (* 1364) bereits 1371 gestorben war, wurde R. nach dem Tod des Schwarzen Prinzen (8. Juni 1376) der Erbe des engl. Throns. Am 20. Nov. 1376 zum Prince of Wales ernannt, folgte er seinem Großvater Eduard III. († 21. Juni 1377) im Alter von zehn Jahren auf den Thron und wurde am 16. Juli 1377 gekrönt. Trotz seiner Minderjährigkeit wurde kein Regent oder →Protector of England mit der Regierung des Kgr.es beauftragt. Seit dem Zeitpunkt seiner Thronbesteigung besaß R. rechtmäßig die volle kgl. Gewalt, obwohl zw. 1377 und 1380 eine Reihe von Ratsversammlungen die meisten der tägl. Regierungsgeschäfte übernahm. Sein Kgtm. erfuhr während der →Peasants' Revolt v. 1381 eine bemerkenswerte Anerkennung durch die aufständ. Bauern, die von ihm als Zeichen der Loyalität die Hinrichtung seiner führenden Minister forderten. Seine mutige Haltung bei der Abwehr der Rebellen erhöhte seine Anerkennung. Seit dieser Zeit übernahm er verstärkt persönl. Verantwortung in der Regierung. Formal wurde er jedoch erst im Mai 1389 mündig, nach den polit. Krisen von 1386-88, die ihre Ursprünge in den Feindseligkeiten der Aristokratie gegen R.s Regierungsform und die Auswahl seiner Freunde und Ratgeber hatten. R.s Heirat mit Anna v. Luxemburg war Teil eines polit. Versuchs, eine Allianz zw. England und der traditionell mit den Valois verbundenen Dynastie der Luxemburger zustande zu bringen. Der Erfolg blieb jedoch aus. R. faßte aber eine große Neigung zu Anna, und ihr Tod 1394 erschütterte ihn so stark, daß er den Sheen Palace, wo sie gestorben war, bis auf die Grundmauern zerstören ließ. Die Ehe war kinderlos. Seine zweite Heirat mit der siebenjährigen Isabella war Teil eines Abkommens mit Frankreich, das einen 28jährigen Waffenstillstand während des Hundertjährigen Krieges vorsah. Diese Ehe endete fakt. 1399 mit R.s Absetzung und blieb natürl. ebenfalls kinderlos. Verhandlungen über Isabellas Rückkehr führten in den ersten Regierungsjahren Heinrichs IV. zu Meinungsverschiedenheiten zw. England und Frankreich. R.s Herrschaft nach 1397 stieß in England auf Abneigung, und einige Zeitgenossen klagten sie als tyrann. an. Seine Herrschaft brach bei der Invasion Englands durch seinen Vetter Heinrich Bolingbroke im Juli 1399 zusammen, der R. in N-Wales gefangennahm, wahrscheinl. am 16. Aug. 1399. R. wurde im Tower wie ein Gefangener eingekerkert, und am 29. Sept. 1399 erklärten die Stände des Kgr.es ihn für abgesetzt. Er blieb in Gefangenschaft und wurde bald zum Pontefract Castle in Yorkshire gebracht, das Heinrich IV. gehörte. Es ist ziemlich sicher, daß R. Anfang 1400 (wahrscheinl. am 14. Febr.) unter ungeklärten Umständen gestorben ist, obwohl sogar während der Regierung Heinrichs V. die Gerüchte nicht verstummen wollten, daß er noch am Leben sei. J. A. Tuck

Lit.: A. GOODMAN, The Loyal Conspiracy, 1971 – J. A. TUCK, R. II and the English Nobility, 1973 – A. GOODMAN, John of Gaunt, 1992.

4. R. III., *Kg. v.* →England seit 1483, * 1452 in Fotheringhay (Northamptonshire), ⚔ 1485 Schlacht v. →Bosworth, ◻ Leicester (Grab später zerstört); jüngster Sohn von →Richard, Hzg. v. York († 1460), und Cecily →Neville († 1495), Tochter von Ralph, Earl of Westmorland; ∞ 1472 Anne Neville († März 1485), Tochter und Miterbin von Richard, Earl of Warwick († 1471), Sohn: Eduard († April 1484). R. wurde zum Hzg. v. Gloucester ernannt, nachdem sein Bruder als Eduard IV. 1461 den Thron bestiegen hatte. R. verhielt sich gegenüber dem Kg. loyal, begleitete ihn ins Exil nach Flandern (1470-71) und unterstützte dessen erfolgreiches Unternehmen, auf den Thron zurückzukehren (April 1471). Anders als sein

Bruder →George, Duke of Clarence, war R. für Eduard eine Hauptstütze seiner Regierung, bes. im N, wo dieser gute Beziehungen zum Adel und zu den Städten Durham und York knüpfte. Auch R.s Heirat stärkte die Position im N. 1482 übertrug ihm Eduard außerordentl. Gewalt als Lord Palatine an der schott. Grenze, was ihn anregte, die engl. Macht im s. Schottland zu behaupten. Als Eduard im April 1483 starb, wurde die Lage im N kritisch. R., nach der Hinrichtung (1478) von George der einzige überlebende Bruder des Kg.s, befürchtete, daß die Verwandten der Kgn. →Elisabeth Wydeville ihn davon abhalten würden, den jungen Eduard V. zu beaufsichtigen. Unterstützt von Heinrich, Hzg. v. Buckingham, bemächtigte sich R. Eduards V. bei Stony Stratford und ließ eigenmächtig den Kg. und seinen Bruder Richard, Hzg. v. York, im Tower v. London einkerkern. Er erklärte sie für Bastarde und bemächtigte sich am 26. Juni 1483 der Krone. Die »Prinzen im Tower« wurden niemals wieder gesehen. R.s Regierung dauerte jedoch nur kurz. Die Lancaster und die Wydevilles waren ihm feindl. gesonnen, und seine Absetzung des minderjährigen Kg.s schuf neue Gegner. Auch der Hzg. v. Buckingham schloß sich nun einer jedoch erfolglosen Rebellion gegen den Kg. an (Okt. 1483). R.s Versuche, n. Verbündete in s. England einzusetzen, waren unpopulär, und Heinrich Tudor wurde der Mittelpunkt von Rebellion und Opposition. R., dessen Fähigkeiten kaum angezweifelt wurden und dessen Aktivitäten zunächst beeindruckten, konnte dem Makel der Usurpation nicht entfliehen. Auf diplomat. Wege versuchte er, Heinrichs Stellung in der Bretagne und in Frankreich zu untergraben. Der Tod seines einzigen Sohnes und seiner Frau schwächte sein Kgtm. In der Schlacht v. Bosworth, in der er von Heinrich Tudors Streitkräften geschlagen wurde, bewies er Mut. Die Darstellung R.s als bösen Ränkeschmied aus der Sicht der Tudors fand in Shakespeares Porträt einen Höhepunkt. R. A. Griffiths

Lit.: A. HANHAM, R. III and his Early Historians, 1483-1535, 1975 – C. D. ROSS, R. III, 1981 – Kings and Nobles in the Later MA, hg. R. A. GRIFFITHS-J. SHERBORNE, 1986 – R. III and the North, hg. R. HORROX, 1986 – R. HORROX, R. III: A Study of Service, 1989 – A. J. POLLARD, R. III and the Princes in the Tower, 1991.

5. R. 'der Justitiar', Hzg. v. →Burgund, † 1. Sept. 921, ▢ →Ste-Colombe-lès-Sens; Sohn des Gf.en Biwin, eines entfernten Nachfahren von →Karl Martell (→Bosoniden), Bruder v. Richilde, Gemahlin Ks. Karls d. Kahlen, und des Kg.s →Boso. R. tritt 876 als Gf. in Erscheinung, ist als →missus in Italien belegt (877), nahm an der Wahlversammlung für Boso teil, verband sich dann jedoch mit Kg. →Karlmann, der ihm die Gft. →Autun und die Abtei St-Symphorien übertrug (880). Unbekannt ist, ob er an der Belagerung v. →Vienne beteiligt war, doch wurde seine Schwägerin, die Gemahlin Bosos, seiner Obhut unterstellt. 887 oder 888 heiratete er Adeleidis, die Tochter des →Welfen Konrad II., und folgte →Hugo Abbas, dem Bruder Konrads II., als Gf. v. →Auxerre und Laienabt v. Ste-Colombe nach. 888 eerbte er 'honores' seines Bruders Boso († 887) und figuriert als Oberbefehlshaber einer Mark (doch trägt er den Titel 'comes et marchio' erst später). Nach der Absetzung →Karls d. Dicken unterstützte er seinen Neffen →Ludwig bei der Inbesitznahme des Kgr.es →Provence (890), verbündete sich mit →Odo (891), dann mit →Karl 'd. Einfältigen', zu dessen wichtigsten →fideles er zählte; bei alledem vermied er es aber, sich in die Konflikte des Westfrankenreiches zu verstricken, und baute seine Macht in dem Teil Burgunds, der zur Francia occidentalis gehörte, geschickt aus. Unterstützt vom Gf.en →Manasses, der R.s Nichte heiratete, brachte R. dessen Bruder auf den Bf.ssitz v. →Autun, ließ den Bf. Tedbald v. →Langres blenden und den Ebf. v. →Sens gefangensetzen; auch verfügte er über den Bf.ssitz v. Auxerre. Er unterwarf die Gft.en →Nevers und →Troyes. Seine Siege über die →Normannen bei Argenteuil und St-Florentin (892, 898) sowie →Chartres (911), sein Reichtum und sein Ansehen als 'Justitiar' verschafften ihm eine Autorität, die den Titel des 'dux', den er seit ca. 918 führte, legitimierte; er sah sich in der Lage, die Hzg.swürde an seinen älteren Sohn Radulf (Raoul) weiterzugeben, wohingegen sein jüngerer Sproß, →Hugo der Schwarze, die Gft.en 'jenseits der Saône' ('Outre-Saône') erwerben sollte. R. hat somit das Hzm. Burgund begründet. J. Richard

Lit.: M. CHAUME, Les origines du duché de Bourgogne, 1925 – E. HLAWITSCHKA, Die verwandtschaftl. Verbindungen ... (Fschr. P. ACHT, 1976) – K. F. WERNER, La genèse des duchés en France et en Allemagne, Sett. cent. it., 1981 – DERS., Un poème contemporain ..., Annales de Bourgogne 58, 1986.

6. R. ('of Conisborough'), *Earl of Cambridge*, * wahrscheinl. ca. 1375, † 5. Aug. 1415; 2. Sohn von →Edmund Langley, dem 1. Hzg. v. York, und der →Isabella v. Kastilien (9. I.). Er nahm an den Feldzügen in Wales 1403 und 1404 teil und wurde im Juli 1406 zum Ritter (*knight*) geschlagen; ∞ 1. 1408 Anne Mortimer († nach 1412), Enkelin von →Lionel, Hzg. v. Clarence (Sohn aus dieser Ehe: →Richard, 2. Hzg. v. York), 2. Maud Clifford. Im Mai 1414 wurde er von Kg. Heinrich V. zum Earl of Cambridge ernannt. Im Juli 1415 beteiligte er sich zusammen mit Henry, Lord Scrope, und Sir Thomas Grey an einer Verschwörung, die die Erhebung seines Schwagers, Edmund →Mortimer, zum Kg. v. England zum Ziel hatte. Diese Verschwörung entdeckte Mortimer selbst Heinrich V. in Southampton. Am 5. Aug. 1415 wurde R. verhört und von einem Adelsgericht verurteilt; man entzog ihm seine Titel und vollzog die Hinrichtung. Das Urteil wurde erst von seinem Enkel, Kg. Eduard IV., 1461 rückgängig gemacht. C. T. Allmand

Lit.: DNB XVI, 1061 – T. B. PUGH, Henry V and the Southampton Plot of 1415, 1988.

7. R. I. Quarrel (Les Carreaux, Seine Maritime, arr. Dieppe), Gf. v. Aversa, *Fs. v. Capua*, † 5. April 1078. Nach seiner Ankunft in Unteritalien um 1046 stand R. zunächst im Dienst →Humfreds v. Hauteville, des Anführers der apulischen Normannen. Nach Konflikten mit →Drogo v. Hauteville, dessen Schwester Fredesende er heiratete, wurde ihm um 1049 als einem der Nachfolger seines Onkels →Rainulf Trincanocte die Gft. →Aversa angetragen. Bei der Schlacht v. →Civitate (16. Juni 1053) gegen die Truppen Leos IX. war R. bereits einer der Anführer des norm. Kontingents. Im Verlauf seines gezielten Machtausbaus eroberte er das Fsm. Capua (Juni 1058), gliederte die umliegenden kleineren Gft.en, meist nach Vertreibung der alten langob. Herrscher, durch eine Neuvergabe an seine Lehensleute in seine Herrschaft ein und brachte auch das Hzm. →Gaeta unter seine Kontrolle (nach 1061). Im Aug. 1059 erreichte R. mit dem Lehenseid für Nikolaus II., den er mit Truppen gegen den Gegenpapst Benedikt X. unterstützt hatte, als Fs. v. Capua neben →Robert Guiscard, dem Hzg. v. Apulien, Kalabrien und Sizilien, eine nominell gleichberechtigte Stellung. Auch gegenüber Alexander II., dem er militär. Hilfe bei dessen Inthronisierung leistete, wurde der Eid am 2. Okt. 1061 in Rom und gegenüber Gregor VII. am 14. Sept. 1073 in Capua erneuert. Die Annäherung an das Papsttum wurde durch Abt →Desiderius v. →Montecassino, mit dem R. bereits seit einigen Jahren in engem Kontakt war, vorbereitet. Diese strateg. Allianz (COWDREY) führte zu einer großen

Anzahl von Schenkungen und Übertragungen von Kirchen und Territorien an dieses wichtige Zentrum der Kirchenreform. In der Konzeption der päpstl. Politik gegenüber den Normannen wurde R. immer auch als Gegengewicht zu Robert Guiscard angesehen. Das Verhältnis dieser beiden bedeutendsten norm. Anführer war nach 1071 gespannt, da R., wohl um Suprematsansprüche Robert Guiscards abzuwehren, Aufstandsversuche der apulischen Gf.en gegen den Hzg. unterstützte. Die Aussöhnung, vermittelt 1075/76 durch Abt Desiderius, ermöglichte dann gemeinsame militär. Aktionen zur Belagerung von →Neapel und →Salerno. Die norm. Expansionspolitik gegenüber dem Kirchenstaat führte zum Bann durch die Fastensynode 1078, der erst kurz vor dem Tod R.s gelöst wurde. W. Jahn

Lit.: H. E. J. COWDREY, The Age of Abbot Desiderius, 1983 – G. A. LOUD, Church and Society in the Norman Principality of Capua, 1058–1197, 1985 – W. SCHÜTZ, Catalogus Comitum [Diss. masch. München 1993].

8. R. I., Hzg. v. →Normandie 942–996, * 932 in Fécamp, † 996 ebd. Die lange und für den Aufbau des Fsm.s Normandie grundlegende Regierung R.s wird vorwiegend beleuchtet durch das große Geschichtswerk →Dudos v. St-Quentin, der das idealisierte Bild eines christl. Fs.en und einer starken Persönlichkeit zeichnet. Als nach der Ermordung von →Wilhelm Langschwert (942) eine schwere Krise ausbrach, war der Nachfolger R., Sohn Wilhelms und einer bret. Konkubine, erst zehn Jahre alt. Kg. Ludwig IV. versuchte, die Normandie zurückzuerobern. Skand. Banden verübten gewalttätige Einfälle. R., der eine Zeitlang in Laon gefangengehalten wurde, konnte erst seit ca. 950 effektiv die Regierung ausüben. Es folgte eine Phase starker Konsolidierung der hzgl. Macht; als enger Vasall und Verbündeter der →Robertiner heiratete R. eine Schwester von →Hugo Capet, Emma; die Ehe blieb kinderlos. Zunächst Gf. v. →Rouen, nahm er (vor 966) den Titel eines Mgf.en (marchio) an, der ihm das Recht zur Ernennung und Überwachung der Gf.en verlieh. R. bekümmerte sich aktiv um die allmähl. Restauration der kirchl. Gewalt. 990 sind alle Bm.er wiederbesetzt, die großen Abteien (→Fontenelle, dann →Mont-Saint-Michel) wiederhergestellt, in Fécamp Kanoniker installiert. Die Integration in die Welt der Francia bedeutete aber keinen Abbruch der Verbindungen mit Skandinavien; R. erhielt in period. Abständen Zuzug von Wikingerkontingenten. Nach dem Tode Emmas (bald nach 968) heiratete er Gonnor aus einer dän. Familie, die sich in der Normandie niedergelassen hatte und bald eine große Rolle innerhalb der norm. Aristokratie spielen sollte. Unter den (mindestens) drei Töchtern und fünf Söhnen aus dieser Verbindung waren: →Richard II., der künftige Nachfolger; Robert, Ebf. v. Rouen und Gf. v. Évreux; →Emma, die spätere Kgn. v. →England. Von seinen zahlreichen Bastarden erhielten zwei den Grafenrang. R. wurde beigesetzt in der von ihm neuerrichteten mächtigen Abteikirche La Trinité in →Fécamp, das eines seiner Lieblingsresidenzen gewesen war. A. Renoux

Lit.: D. BATES, Normandy before 1066, 1982 – E. SEARLE, Predatory Kingship and the Creation of Norman Power, 840–1066, 1988.

9. R. II., Hzg. v. →Normandie 996–1026, † 23. Aug. 1026 in →Fécamp, ▭ ebd. an der Seite seines Vaters R. I., dessen Werk er vollendete. In den Q. als Muster an Tugend, Friedenshüter und Schirmherr der Kirche gefeiert, war der umsichtig agierende und friedliebende Hzg. eine Fürstenpersönlichkeit ersten Ranges. Seine Regierung begann mit einem Aufstand der unterdrückten Bauern, dessen blutiger Niederschlagung eine dreißigjährige

Regierung, geprägt von Stabilität und Ausbau der fsl. Autorität, folgte. R., dem in zwei Urkundenbelegen kgl. Rang zuerkannt wird ('monarchus' in einem Diplom, 'rex Normannorum' in einem privaten Dokument), trug als erster Fs. der Normandie (mindestens seit 1006) offiziell den Titel des →Herzogs, der seit 987 in →Neustrien vakant war. Das Fsm. Normandie hatte die Stellung eines →Regnums, dessen Inhaber die Regalienrechte (→Regalien) ausübte und das innerhalb der Fsm.er der nördl. →Francia die Spitzenstellung einnahm. Ohne die überkommenen nord. Züge seiner Fürstengewalt aufzugeben, entwickelte R. ein auf karol. Grundsätzen beruhendes Herrschaftssystem. Er lehnte die Einführung des →Gottesfriedens ab (1023) und setzte statt dessen seinen Herzogsfrieden durch, der sich auf effektive Verwaltung, einzigartige Gewohnheitsrechte und das von R. geförderte Mönchtum stützte. Als Zentren der Regierung fungierten die beiden hzgl. →Pfalzen →Rouen und →Fécamp; an den polit. Schalthebeln wirkten Gf.en (im Grenzbereich installierte Mitglieder der hzgl. Familie) und Vicecomites, beide absetzbar. Höhepunkt der weitgespannten kirchl. Reformtätigkeit war die Berufung →Wilhelms v. Volpiano als Abt v. Fécamp (1001). R. bot als treuer Vasall dem Kg. →Robert 'dem Frommen' wiederholt polit. und militär. Unterstützung (z. B. in Burgund).

Zugleich förderte R. die dynast. Beziehungen zu den großen Familien Nordfrankreichs, zu England und Dänemark. Er selbst heiratete 996 →Judith († 1008), die Schwester Gottfrieds v. Rennes, mit der er drei Söhne hatte: Wilhelm, Mönch in Fécamp, Richard und Robert, die ihm nachfolgen sollten. Nach dem Tode Judiths gebar ihm Papie, eine Normannin (Tochter von Richildis v. Envermeu), die Söhne Wilhelm (Gf. v. →Arques) und Mauger (Ebf.). R.s Schwester →Emma wurde Gemahlin des ags. Kg.s →Ethelred. Der Hzg. schloß einen Vertrag mit dem Kg. der Dänen (1003) und schaltete sich in die Angelegenheiten Englands ein. Er knüpfte Verbindungen mit dem Papsttum an; seine Freigebigkeit wurde bis zum Sinaikloster gepriesen. Die vollständige Integration in die westfrk. Welt führte auf längere Sicht zu einem Abbruch der nord. Herrschafts- und Kulturtraditionen. Bis 1016–20 bestanden enge Beziehungen zu Skandinavien, was den wirtschaftl. Wohlstand und ztw. die militär. Stärke (1013–14) erhöhte. Der Bruch kam, als der Kg. v. Dänemark, →Knud d. Gr., als neuer Gemahl von Emma an die Spitze des ags. England trat. Nach dem Tode R.s übernahm (im Einverständnis mit den Großen) sein Sohn Richard III., der bereits vorher an der Regierung beteiligt gewesen war, die Nachfolge. A. Renoux

Lit.: H. PRENTOUT, Le règne de R. II, duc de Normandie (996–1027): son importance dans l'hist., Mém. de l'Acad. ... de Caen, IV, 1929 – A. RENOUX, Fécamp: du palais de Dieu au palais ducal, 1991.

10. R. Plantagenêt, Hzg. v. →York, * 1411, † 30. Dez. 1460, von Kg. →Heinrich VI. als Thronerbe am 31. Okt. 1460 anerkannt; stammte über seinen Vater →Richard, Earl of Cambridge († 1415), und seine Mutter Anne Mortimer, Tochter von Roger, Earl of March († 1398), von Kg. Eduard III. ab; ⚭ 1429 Cecily Neville, Tochter von Ralph, Earl of Westmorland. R. erbte umfangreiche Besitzungen in England, Wales und Irland, die zum Earldom of March gehörten, und von seinem Onkel, →Eduard, Duke of York († 1415). Er begann seine Laufbahn im militär. Dienst und war 1436–37 und 1440–47 kgl. →*lieutenant* in Frankreich. Als er aber versuchte, dort die engl. Position abzusichern, zerstritt er sich mit den Ministern Heinrichs VI. 1447–53 wurde er zum kgl. lieutenant in Irland ernannt. Diese Position war zwar eine finanzielle

Belastung, aber sie erlaubte ihm, die Stellung der Familie dort zu festigen. Seine Besitzungen und der Kriegsdienst ermöglichten ihm, sich Mitglieder des Hochadels und der Gentry dienstbar zu machen, die ihm halfen, als er 1450 aus Irland zurückkehrte, um sich den Protesten gegen die Regierung Heinrichs VI. in England und Frankreich anzuschließen. Während der nächsten zehn Jahre zwangen ihn die Versäumnisse einer schlechten Regierung, seine persönl. Ressentiments und sein Ehrgeiz als Vetter des Kg.s, weitere bewaffnete Manöver gegen Heinrichs Minister in Dartford (Kent, 1452) und St. Albans (Mai 1455) zu führen. Zweimal (1454–56) nutzte er die Krankheit des Kg.s aus, um seine Ernennung zum Protektor und Verteidiger des Kgr.es zu sichern. 1459–60 fand ein entscheidender Kampf statt, bei dem R. und seine Anhänger nach England von Irland und Calais aus einfielen. R. beanspruchte den Thron und zwang Heinrich VI., seinen eigenen Sohn zu enterben und ihn als Erben anzuerkennen. Er wurde von den Lancastrians in Wakefield (Yorkshire) getötet. Sein ältester Sohn Eduard (IV.) bemächtigte sich am 4. März 1461 der Krone und begründete die York-Dynastie.　　　　　　　　　　　　　　R. A. Griffiths

Lit.: R. A. GRIFFITHS, The Reign of King Henry VI, 1981 – B. P. WOLFFE, Henry VI, 1981 – P. A. JOHNSON, Duke R. of Y., 1411–1460, 1988.

11. R. FitzRalph, *Ebf. v. Armagh* →FitzRalph

12. R. v. Dover, OSB, *Ebf. v.* →Canterbury seit 1173, Nachfolger von →Thomas Becket, † 1184; erscheint zuerst als Prior v. St. Martin in Dover und als Kaplan in Canterbury unter Becket, der ihn 1170 als Boten zu →Heinrich d. J., Sohn Heinrichs II., entsandte. Er tendierte jedoch stärker zur kgl. Partei und erhielt nach Beckets Tod dessen Ebf.ssitz. Diese Ernennung blieb allerdings umstritten, da R. illegitimer Herkunft war. Er ging nach Rom und appellierte an Papst Alexander III., der ihn unterstützte. Als Ebf. verteidigte er die Rechte Canterburys gegen andere geistl. Ansprüche.　　J. S. Critchley

Q. und Lit.: English Episcopal Acta, ed. C. R. CHENEY–B. E. A. JONES, II: Canterbury 1162–90, 1986.

13. R. of Wych (Droitwich, Worcestershire), hl., *Bf. v.* →Chichester seit 1245, * um 1198, † 1253; begründete seine akadem. Laufbahn an der Univ. v. Oxford, wo er in den 30er Jahren des 13. Jh. Kanzler war, bis er Kanzler des Ebf.s v. Canterbury, →Edmund v. Abingdon, wurde. Die Kanonisation Edmunds (1248) umgab R., der ebenfalls eine enthaltsame Lebensweise führte, wahrscheinl. selbst mit einer Aura von Heiligkeit. Sofort nach R.s Tod sind Wunder überliefert, und sein Kult wurde von den Kanonikern v. Chichester gefördert, die an einem Hl.n zur Auszeichnung ihrer Kathedrale interessiert waren. 1262 heiliggesprochen, blieb R.s Kult jedoch weitgehend auf Chichester beschränkt. R.s Biograph, sein Beichtvater Ralph Bocking, macht nur sehr unbestimmte Angaben zur Vita. Von allen engl. bfl. Hl.n des 13. Jh. ist von ihm am wenigsten bekannt.　　　　　　　　　D. A. Carpenter

Lit.: E. F. JACOB, St. R. of Chichester, JEH 7, 1956, 174–188 – D. J. JONES, The Lives and Acta of St. R. of Chichester [Diss. masch., London 1981] – C. H. LAWRENCE, St. R. of Chichester (Stud. in Sussex Church Hist., hg. M. KITCH, 1981).

14. R. v. Bury, engl. Diplomat, Staatsmann und Gelehrter, *Bf. v.* →Durham seit 14. Okt. 1333, * 24. Jan. 1287 in der Nähe von Bury St. Edmunds, † 14. April 1345; Sohn von Sir Richard d' Aungerville, studierte in Oxford. Er erfreute sich der kgl. Gunst und wurde auch von Papst Johannes XXII. gefördert, der ihn 1331 zum päpstl. Kaplan ernannte. R. war ein bemerkenswerter Pluralist, der mehrere Kanonikate innehatte. Er diente im Hofhalt Eduards v. Windsor, des späteren Eduards III., und war wohl dessen Lehrer. R. begleitete Eduard und Kgn. →Isabella 1326 nach Frankreich, kehrte mit ihnen wegen des Putsches von 1327 nach England zurück und half, den Anschlag von 1330 zu organisieren, der den jungen Kg. von der Vormundschaft Isabellas und Roger →Mortimers befreite. 1329 wurde er zum →Keeper of the Privy Seal ernannt, 1334 zum Schatzmeister des →Exchequer und zum Kanzler. Zw. 1330 und 1343 war er an Gesandtschaften an die avign. Kurie, wo er →Petrarca traf, und in das Kgr. Frankreich beteiligt. Er wurde mehrmals zu Verhandlungen mit den Schotten entsandt und begleitete 1338 Eduard III. zu Ks. Ludwig d. Bayern nach Koblenz. 1341 gehörte er zu den beauftragten Kommissaren, welche die Anklagen gegen Ebf. John →Stratford anhören sollten. Von R. stammt ein Formelbuch (»Liber Epistolaris«), und er zählte zu den ersten Bibliophilen seiner Zeit. Das berühmte »Philobiblon« wird ihm zugeschrieben. Er war ein meisterhafter Stilist des röm. →cursus.　　R. M. Haines

Ed.: The Liber Epistolaris, ed. N. DENHOLM-YOUNG, 1950 – The Philobiblon, ed. E. C. THOMAS, 1962 – *Lit.:* BRUO I, 323–326 – J. DE GHELLINK, RHE 18–19, 1922–23 – N. DENHOLM-YOUNG, Collected Papers, 1969.

15. R. v. Ely, *Bf. v.* →London seit 1189, † 1198; Sohn Nigels, Bf. v. →Ely und Schatzmeister Heinrichs I. sowie Neffe →Rogers v. Salisbury, Justitiar Heinrichs I. Als 1169 sein Vater seine Ernennung zum Schatzmeister Heinrichs II. erreichte, begann eine erfolgreiche Laufbahn im kgl. Dienst. Wahrscheinl. war R. der Verfasser des →»Dialogus de Scaccario«. Er wurde 1176 mit der Reorganisation der Finanzen in der Normandie betraut. Gegen seine Wahl zum Bf. v. Lincoln legte der Kg. 1186 ein Veto zugunsten des Kartäusers →Hugo (25. H.) ein. Als Bf. v. London fungierte R. während der Abwesenheit des Ebf.s →Balduin v. Canterbury, der Richard I. auf dem 3. Kreuzzug begleitete, als Custos für das Ebm.; er gehörte zu den Vermittlern zw. Johann Ohneland und →William Longchamp. Von großer Gelehrsamkeit, behauptet er im »Dialogus« ein Geschichtswerk verfaßt zu haben, das aber verlorengegangen ist. Er war ein Förderer der Wiss. und der Kathedralschulen, bes. von St. Paul in London.

J. S. Critchley

Lit.: H. G. RICHARDSON, Richard Fitz Neil and the Dialogus de Scaccario, EHR 43, 1928, 161–166 – J. HUDSON, Administration, Familiy and Perceptions of the Past in Late Twelfth-Century England: Richard FitzNigel... (The Perception of the Past in Twelfth-Century Europe, hg. P. MAGDALINO, 1992), 75–93.

16. R. v. Wallingford, *Abt v.* →St. Albans, * ca. 1292 in Wallingford bei Oxford, † 23. Mai 1336 in St. Albans. Der bedeutendste engl. Astronom des MA, der sich auch prakt. Problemen der Mathematik und Mechanik zuwandte, war Sohn eines Grobschmieds, wurde nach dem Tode des Vaters (um 1302) vom Prior der Benediktinerzelle zu Wallingford, Wilhelm v. Kirkeby, adoptiert und 1308 an die Univ. →Oxford geschickt, wo er vor 1316 sein Artes-Studium abschloß. R. wurde Mönch in St. Albans, empfing die Weihe als Diakon, dann Priester, wurde von seinem Abt erneut nach Oxford abgeordnet (vielleicht an das benediktin. Gloucester College) und studierte hier neun Jahre lang Philosophie und Theologie (Bacc. theol. 1327), doch zeigen seine Schriften, daß er sich in erster Linie mit naturwiss. Problemen befaßte. Sein erstes astronom. Werk war ein Kommentar zu den astronom. →Tafeln des →John Maudith, eines der führenden Astronomen des Merton College (→Mertonschule); es folgte ein langer Traktat (»Quadripartitum«), der die für die astronom.

Praxis erforderl. Elemente der Trigonometrie behandelte. Vor seinem erneuten Weggang aus Oxford (1327) schrieb R. noch eine astrolog. Schrift (»Exafrenon pronosticacionum temporis«), ein weiteres Werk, das ein von ihm erfundenes astronom. →Instrument beschrieb (»Rectangulus«), sowie seine wichtigste und einflußreichste Abhandlung, den »Tractatus albionis«, der das mit Abstand vollkommenste →Äquatorium des MA behandelt und die großen Astronomen des 15. Jh., →Johannes v. Gmunden und →Regiomontanus, stark beeinflußte.

1327 wurde R. zum Abt von St. Albans gewählt. Belastet mit Verwaltungsaufgaben und Schwierigkeiten (Aufstand der Stadtbürger v. St. Albans gegen die feudalen Privilegien der Abtei, päpstl. Untersuchung seiner Amtsführung), infizierte er sich bei der Ad-limina-Reise zur Bestätigung seiner Privilegien mit →Aussatz. Trotz dieser verhaßten Krankheit wurde er von seinen Mönchen verehrt, baute er doch für sie das Wunderwerk seiner astronom. Uhr, der bis ins 16. Jh. keine andere gleichkam (Rekonstruktion im Time Museum, Rockford, Illinois). J. D. North

Ed. und Lit.: J. D. NORTH, R. of W., 3 Bde, 1976.

17. R., Abt v. St-Vanne (→Verdun) 1004–46, OSB, sel., * um 970 in Bantheville bei Montfaucon (arr. Verdun), † 14. Juni 1046 in St-Vanne, ▭ ebd.; adliger Herkunft (Vater: Gautier, Mutter: Teodrada, drei Brüder). Er trat früh in die ebfl. Schule in Reims ein, wurde von →Gerbert v. Aurillac ausgebildet, erhielt dort ein Kanonikat und wurde Cantor und Dekan (oder Archidiakon). Nach dem Entschluß, Mönch zu werden, verließ R. gemeinsam mit Friedrich, dem Sohn des Gf.en v. Verdun, das Kapitel und suchte bei Abt →Odilo v. Cluny Rat bei der Wahl eines geeigneten Kl. Von Odilo an St-Vanne verwiesen, das unter der Leitung des ir. Abtes Fingen stand, trat er um 1002/03 dort ein. Nach dem Tod Fingens wählten ihn die Mönche auf Betreiben des Bf.s v. Verdun 1004 zum Nachfolger. Durch Ausbau von Kirche und Gebäuden der Abtei sowie durch Vermehrung ihres Besitzes schuf R. eine Grundlage für eine sich schnell vergrößernde Mönchsgemeinde. Während seines langen Abbatiats wurde er zu einem der bedeutendsten Reformer seiner Zeit. Neben Bf.en und dem hohen Adel der umliegenden Diöz.n zählten auch Gf. Balduin v. Flandern, die norm. Hzg.e Richard II., Robert und Wilhelm, die dt. Kg.e (Heinrich III. suchte ihn vergebl. zur Übernahme des Episkopats v. Verdun zu bewegen) und Kg. Robert der Fromme v. Frankreich, der ihm – ebenfalls vergebl. – die Abtei Corbie übertragen wollte, zu seinen Förderern. Trotz der Verbindungen zu Odilo und wahrscheinl. cluniazens. Einflüsse auf die Consuetudines v. St-Vanne blieb R.s Werk unabhängig von Cluny. Die über zwanzig von ihm in den Diöz.n Verdun, Metz, Châlons, Reims, Noyon, Amiens, Cambrai, Arras und Lüttich reformierten Kl. – darunter →Lobbes, →St-Ghislain und St-Vaast (→Arras, II) – oder Kanonikergemeinschaften, die er durch Mönche ersetzte, blieben unabhängig und waren nur durch ihn selbst in Personalunion mit St-Vanne verbunden, wenn R. nicht schon bald nach der Reform seine Schüler als Äbte einsetzte. Trotz ihrer Autonomie unterstanden diese Abteien jedoch weiterhin dem kontrollierenden Zugriff R.s. Das auf R. zurückgehende Totenbuch v. St-Vanne dokumentiert diesen auf die Person R.s ausgerichteten Zusammenschluß von Kl. Der von HALLINGER hierfür geprägte Begriff der »lothring. Mischobservanz« hat sich als nicht tragfähig erwiesen. Zu den bedeutendsten Schülern zählen →Poppo v. Stablo und Leduin v. St-Vaast. Von R.s ausgeprägter Frömmigkeit und von seinem Reformerfolg, der die Voraussetzung für längere Abwesenheiten war, zeugt auch seine Pilgerreise nach Jerusalem 1026/27, der noch weitere in Frankreich folgten. Erhaltene Schr. R.s sind die Viten des hl. Vitus (St-Vanne) und des hl. Rouin, des Gründers des von ihm reformierten →Beaulieu. N. Bulst

Lit.: DIP VII, 1707 – LThK² VIII, 1293 – H. DAUPHIN, Le Bienheureux R., abbé de St-Vanne de Verdun † 1046, 1946 – K. HALLINGER, Gorze-Kluny, 1950.

18. R. v. Ilchester, Bf. v. →Winchester seit 1174, † 1188; erscheint zuerst als Geistlicher am Hof Heinrichs II., seit 1196 Archidiakon v. Poitiers. Er genoß das Vertrauen des Kg.s und war 1163 und 1164 einer der kgl. Gesandten an Alexander III., welche die päpstl. Unterstützung gegen →Thomas Becket gewinnen sollten. R. war an der Promulgation der Konstitutionen v. →Clarendon beteiligt und hielt sich 1165 in Dtl. auf, um über den Übertritt Heinrichs II. zum ksl. Gegenpapst Paschalis zu verhandeln, eine Mission, die ihm die Exkommunikation einbrachte. Er war weiterhin als Richter am Court of →Exchequer und als Reiserichter tätig und scheint ein bes. Interesse an der Aufbewahrung von Urkk. gehabt zu haben. Auch fungierte er als Custos für vakanten Kirchenbesitz. Seit 1174 Bf. v. Winchester und seit 1176 Seneschall der Normandie, war er weiterhin als Richter tätig. 1182 erscheint er als Zeuge im Testament Heinrichs II.

J. S. Critchley

Lit.: V. D. OGGINS, R. of I.'s Inheritance; an Extended Family in Twelfth-Century England, Medieval Prosopography XII(I), 1991.

19. R. v. Arnsberg (v. Wedinghausen, R. Anglicus) OPraem, † um 1190. Caesarius v. Heisterbach, Dial. miraculorum XII, 47, erwähnt seine engl. Herkunft, schriftsteller. Tätigkeit und ein Graböffnungswunder. Die Zuweisung aller ihm bislang zugeschriebenen Werke, insbes. der hs. gut bezeugten, unter den Werken des Hugo v. St. Victor gedr. →Meßerklärung »Libellus de canone mystici libaminis« (MPL 177, 455–470), ist umstritten.

K. A. Jacobi

Lit.: LThK² VIII, 1287 [Lit.] – N. BACKMUND, Die ma. Geschichtsschreiber des Prämonstratenserordens, 1972, 319f. – G. MACY, A Bibliogr. Note on R. Praemonstratensis, AnalPraem 52, 1976, 64–69 [Lit.] – R. SUNTRUP, Die Bedeutung der liturg. Gebärden und Bewegungen in lat. und dt. Auslegungen des 9. bis 13. Jh., 1978, 269f. – Arnsbergs alte Schriften, hg. Stadt Arnsberg, 1988.

20. R. v. Cluny OSB (auch R. Pictaviensis aufgrund seiner Herkunft aus dem Poitou), mlat. Autor, * ca. 1110/20, † nach 1174, unter den Äbten →Petrus Venerabilis und Hugo III. Mönch in →Cluny, danach in einem cluniazens. Priorat im Poitou; zw. 1143 und 1154 auf Reisen in England. Sein Hauptwerk, eine Universalchronik, die sich an →Isidor v. Sevilla und →Ado v. Vienne anlehnt und für das 11. und 12. Jh. u.a. auch auf heute verlorene Q. zurückgreift, liegt in vier Redaktionen vor, von denen die letzte – unter Ausblendung des in der 2. und 3. Fassung behandelten Papstschismas – 1274 endet. Im MA weit verbreitet, wurde sie u.a. von →Bernardus Guidonis, →Martin v. Troppau und →Tolomeo v. Lucca benutzt. Weitere Werke sind ein Bericht in Versen über seine Eindrücke in England (bes. über London), sowie – mit z.T. umstrittener Zuschreibung – Aufzeichnungen über seine engere Heimat und ein Papstkatalog (bis Alexander III.) mit originären Nachrichten zur Gesch. der Kirche und Clunys. Eine Gesamtausgabe des Werkes fehlt. N. Bulst

Lit.: POTTHAST II, 969 – MOLINIER II, 315f. – LThK² VIII, 1288f. – I. SCHNACK, R. v. C., 1921 – A. B. SCOTT, Some Poems attributed to

R. of C. (Medieval Learning and Literature, Essays attributed to R. W. HUNT, 1976), 181–199.

21. R. v. Conisborough →Richard, Earl of Cambridge (7. R.)

22. R. Rufus v. Cornwall OMin, † um 1260 in Oxford. Trat als Mag. artium um 1238 in Paris in den Franziskanerorden ein. 1250–53 Sententiar in Oxford. 1253–56 lehrte R. in Paris Theol. und wurde dann in Oxford Lector im Franziskaner-Studium. *Werke:* Zwei Sentenzenkommentare: a) in Ms. Oxford, Balliol College, 62 [Buch I–III]), b) die sog. Kurzfassung des Sentenzenkomm. Bonaventuras – in Realität ein eigenständiges Werk, von dem B. I–IV, dist. 25 erhalten sind; Quaestiones disputatae (u. a. de intellectu divino, über die Erkenntnis [Ms. Assisi, Bibl. Com. 138, mit einem Traktat über die Existenz Gottes und die Eigenschaften der menschlichen Seele], rationes seminales [Ms. Toulouse, Bibl. mun., 737, ff. 158–160]). R. verdankte seinen Ruhm bei seinen Zeitgenossen v. a. seinen philosoph. Interessen. Ihm werden ein Komm. zu den »Metaphysica« und zu den »Meteorologica« (verschollen) zugeschrieben; R. WOOD entdeckte neue Werke im Ms. Erfurt, Quarto 312: einen Komm. zu den Physica (um 1235 verfaßt, einer der ersten ma. Physikkomm.), den Traktat »De causa individuationis« und ein »Speculum animae«.

R. definiert die Theol. als Studium der Bibel, obgleich er der Dialektik und der Sentenzenerklärung breiten Raum gewährt, was ihn mit →Richard Fishacre († 1248) verbindet und den Einfluß des →Alexander v. Hales (Glossa) verrät. Seine vorsichtige Haltung erklärt sich durch den Bezug auf das engl. Franziskanermilieu, das in der ersten Hälfte des 13. Jh. von →Robert Grosseteste dominiert wird, dessen Lichtmetaphorik R. ebensoweing teilt (vielmehr nimmt er eher einen physikal. Standpunkt ein) wie den christolog. Optimismus. Mit seiner Theorie der Individuation mittels einer individuellen Form nimmt R. in der Franziskanerschule Ideen vorweg, die später von →Johannes Duns Scotus aufgegriffen werden. R. Quinto

Ed.: G. GÁL, FSt 38, 1956, 187–202 [An deus sit] – R. PLEVANO, Medioevo 19, 1993 – *Lit.:* Thomas de Eccleston, Tractatus de adventu Fratrum Min. in Angliam, ed. A. G. LITTLE, 1909, 24, 37, 65 – A. G. LITTLE, SFRH XIX, 1926, 803–874 – F. PELSTER, Scholastik, I, 1926, 50–80; IV, 1929, 410–416 – W. LAMPEN, AFrH XXI, 1928, 403–406 – F. M. HENQUINET, Ant. XI, 1936, 187–218 – B. EMDEN, A Biograph. Register of the Univ. of Oxford to A. D. 1500, III, 1959, 1605 – G. GÁL, AFrH XLIII, 1950, 209–242 – DERS., FStud 38, 1956, 177–202 – DERS., FSt 35, 1975, 136–193 – A. DE LIBERA (Engl. Logic and Semantics, 1981), 193–234 – P. RAEDTS, R. R. of C. and the Tradition of Oxford Theology, 1987 – T. B. NOONE, An Ed. and Study of the Scriptum super Metaphysicam bk. 12, dist. 2: A Work Attributed to R. R. of C., 1988 – DERS., FSt 49, 1989, 55–91 – R. WOOD, Medieval Philosophy and Theology, II, 1992, 1–30 – Mitt. der Akad. gemeinnütziger Wiss. zu Erfurt 6, 1993, 64–65.

23. R. Fishacre OP, * vermutl. Exeter um 1200, † Oxford 1248. Als Schüler →Robert Bacons zweiter Mag. aus dem Dominikanerorden in Oxford. Sein Sentenzenkomm. (ca. 1235–40), vermutl. der erste dort entstandene, führt die Quästionenform ein. Gegen seine theol. Methode, sich auf die systemat. Fragen zu konzentrieren, gab es starken Widerstand, wie ein Brief Papst Innozenz' IV. an den Kanzler der Univ., Bf. →Robert Grosseteste, zeigt. R. sieht in naturwiss. Kenntnissen eine unerläßl. Propädeutik der Theologie; er nutzt hierzu auch die Philos. des Aristoteles und des Averroes, mit deren Hilfe er die eucharist. →Transsubstantiation darlegt. Weitere Werke sind eine Quaestio »De ascensione Christi«, Quodlibeta und Predigten. Die Authentizität von »De fide, spe et caritate« und eines »Tractatus de haeresibus« wird bezweifelt; Textzeugen der ihm zugeschriebenen Komm. e zu Ps 1–70 und den Sprüchen Salomons sowie von »De paenitentia« sind noch nicht aufgefunden. W. Senner

Lit.: DSAM XIII, 563–565 – W. H. PRINCIPE, R. F.s use of Averroës, MSt 40, 1978, 349–360 – TH. KAEPPELI, Scriptores OP, III, 1980, 303–306; IV, 1993, 261f. – R. J. LONG, The Virgin as Olive-tree, APraed 52, 1982, 77–87 – D. BURR, Eucharistic Presence and Conversion in Late 13th Cent. Franciscan Thought, 1984 – G. GOERING – R. J. LONG, R. F.s treatise 'De fide, spe et caritate', Bull. philos. méd. 31, 1989, 101–110 – I. BIFFI, Figure medievali della teologia, 1992, 222–262.

24. R. v. Fournival, frz. (pikard.) Autor, * 10. Okt. 1201 Amiens (nach »Nativitas«), † wohl 1. März 1260, Magister, um 1246 Diakon. Sohn des Roger v. F., Arzt von Kg. →Philipp II. Augustus, übte er wie sein Vater die Medizin aus (verlorener Harntraktat: »Jugement des urines«), dgl. die Chirurgie, für die ihm Gregor IX. einen bis zur Diakonweihe gültigen Indult ausstellte (1246 Dispensbestätigung von Innozenz IV.). R. war Kanoniker in Amiens und Rouen und wurde 1240/41 Kanzler der Kath. Notre-Dame d'Amiens, der sein Halbbruder Arnoul de la Pierre 1236–47 als Bf. vorstand. Für die von ihm für die Schülerschaft v. Amiens aufgebaute öffentl. Bibliothek redigierte er um 1250 einen Katalog, »Biblionomia«, in dem er 194 der (wohl ca. 300) Cod. seiner Bibliothek aufführt.

Berühmtestes Werk von R. ist das »Bestiaire d' Amours« (→Bestiarium), verfaßt zw. 1230 und 1250, stilisiert als »Nachhut« (*arierebon*) der Lieder, die der Autor an seine Dame gerichtet hat. Das Bestiaire d'A., das die →Physiologus-Tradition aufnimmt und sich v. a. am »Bestiaire« des →Pierre de Beauvais orientiert, erscheint als ein Buch, das die Erinnerung an die höf. Lyrik festhält, und dessen Wegstationen durch mnemotechn. Tierbilder bezeichnet sind, die affektiv von 'paintures' begleitet werden (17 der 22 Hss. sind illuminiert). Als Repertorium der versch. Haltungen, in denen sich die Beziehung des Liebenden und seiner Dame ausdrückt, der Traktat entwirft eine (oft iron.) Bilanz der »Minnerede«, wie sie bereits die →Troubadoure formuliert hatten; auf der klerikalen Ebene artikuliert er enzyklopäd. Wissen. Eine fragmentar. versifizierte Version, »B. d'A. en vers«, wird R. selbst zugeschrieben, die zweite Versifikation, »B. d. A. rimé«, stammt von einem Anonymus der 2. Hälfte des 13. Jh. Zwei Fortsetzungen finden sich in den Hss. Mailand (Bibl. Ambros., Ms. I 78) bzw. in New York (Ms. 459, Pierpont Morgan Libr.) und Florenz (Bibl. Laur. Ms. Ashburnham 123). Eine »Response« orientiert sich am Vorbild der »Saluts d'amour« und regte einen lit. Dialog an, dessen Fortsetzung sich in der Hs. Wien (Palat. 2609, ÖNB) findet. Im frz. Bereich zeigen v. a. »Arriereban d' Amours«, »Dit de la tremontaine«, »Vraie médecine d' Amours« des Berniers v. Chartres, »Dit de la Panthère d'Amours« des Nicole de Margival, »Prise amoureuse« des →Jean Acart de Hesdin und noch »Menus propos amoureux« des Pierre →Gringoire (1521) den Einfluß des B. d'A., in der it. Lit. v. a. die »Rime« des Chiaro →Davanzati sowie »Il mare amoroso« und »Acerba« des →Cecco d'Ascoli. Einfluß des B. d'A. ist auch im altfrz. »Bestiaire de Cambrai« und dem altprov. »Aiso son las naturas d'alcus unzels et d'alcunas bestias« spürbar. Das B. d'A. wurde auch in zahlreichen ma. Übers. verbreitet.

Ferner sind von R. 21 lyr. Gedichte, darunter zwei Streitgedichte (*jeux-partis*) mit Gautier de Dargies, ein Kreuzlied und ein Marienlied erhalten. Ihm wird auch eine Reihe lehrhafter Gedichte zugeschrieben; das eine, »Consaus d'Amours« (die Antwort auf Briefe, die ein Ritter von seiner Schwester erhalten hat), weist viele Gemeinsamkeiten mit dem B. d'A. auf, so daß die Verfasserschaft von R.

mit einer gewissen Sicherheit bejaht werden kann. Auch wurde R. (allerdings ohne gültigen Beweis) das pseudoovidianische Werk »De vetula« (→Ovid, A) zugeschrieben. Ch. Lucken

Ed.: Le Bestiaire d'amours et l'Art d'aimer d'Ovide, ed. M. Bormans, 1869 – La Biblionomie de R. de F., ed. L. Delisle, 1874 – Le Bestiaire d'Amour en vers par R. de F., ed. A. Långfors, 1924 – Eine Mittelndfrk. Übertragung des Bestiaire d'amours, ed. J. Holmberg, 1925 – Le Bestiaire d'Amours rimé, ed. A. Thordstein, 1941 – Li Bestiaire d'Amours di Maistre Richart de Fornival e li Response du Bestiaire, ed. C. Segre, 1957 – Un Art d'aimer du XIIIe s.: l'Amistiés de vraie amour, ed. J. Thomas, 1951 – Li Commens d'Amours de R. de F.(?), ed. A. Saly, Travaux de Linguistique et de Litt. X/2, 1972, 21–55 – Una versione pisana ined. del »Bestiaire d'Amours«, ed. R. Crespo, 1972 – Il Consaus d'Amours di R. de F., ed. G. B. Speroni, MR I, 1974, 217–278 – La Poissance d'Amours dello pseudo-R. de F., ed. G. B. Speroni, 1975 – L'œuvre lyrique de R. de F., ed. Y. G. Lepage, 1981 – A Welsh Bestiary of Love, being a Translation into Welsh of Richart de F.'s Bestiaire d'Amour, ed. G. C. G. Thomas, 1988 – Lit.: DLFMA[2], 1266–1268 – R. W. Linker, A. Bibliogr. of O. F. Lyrics, 1979 – R. de F., Il Bestiario d'Amore e la Risposta al Bestiario, ed. F. Zambon, 1987, 25–31 [Bibliogr.] – Ch. Lucken, Les Portes de la mémoire. R. de F. et l'»Ariereban« de l'Amour [im Dr.].

25. R. Knapwell OP (R. Clapwell), * ca. 1240, † ca. 1288, verfaßte als Sententiar in Oxford (ab ca. 1280) 1282 das Korrektorium »Quare« zur Verteidigung der Lehre des →Thomas v. Aquin, die erste Erwiderung gegen →Wilhelm de la Mare im →Korrektorienstreit. Kam dort als Mag. (ab 1284) wegen seines Eintretens für die Einheit der Seele als Wesensform des Menschen und anderer thomist. Positionen mit Ebf. →Peckham in Konflikt, wurde von diesem verurteilt (1286) und exkommuniziert (1288). Auf der Reise zur Appellation starb er wahrscheinl. in Bologna. Von R.s Sentenzenkomm. ist ein Frgm. (1. I, d. 1–16) erhalten, außerdem Quästionen »De verbo«, »De unitate formae« und ein Quodlibet. W. Senner

Ed.: »Quare«, ed. P. Glorieux, Les premières polémiques thomistes, I, 1927 – Q. de unitate formae, ed. F. F. Kelley, 1982 – Lit.: M. D. Chenu, La première diffusion du thomisme à Oxford, AHDL 3, 1928, 185–200 – F. Pelster, R. v. K. OP, ZKTH 52, 1928, 473–491 – Ders., Die Sätze der Londoner Verurteilung v. 1286 und die Schrr. des Mag. R. v. K., APraed 26, 1946, 83–106 – D. A. Callus, The Problem of the Unity of Form and R. K. (Mél. E. Gilson, 1959), 123–160 – Th. Kaeppeli, Scriptores OP, III, 1980, 306f.; IV, 1993, 262.

26. R. v. Maidstone OCarm, † 1. Juni 1396 Aylesford. Prof. in Oxford, entschiedener Gegner J. →Wiclifs, verfaßte einen Hld-Komm., scholast. Abh.en (In Sent.; Lect. scholast.; Quaest. ord.; Determinationes) und Streitschrr. gegen →Lollarden und Wyccliften. M. Laarmann

Ed.: Concordia facta inter Regem Ricardum Secundum post Conquestum et cives Londinenses, ed. Th. Wright, Polit. Poems and Songs relating to Engl. Hist., RerBrit 14/1, 1859, 282–300 – Protectorium pauperis, ed. A. Williams, Carmelus 5, 1958, 132–180 – Lit.: DSAM XIII, 569f. – Carmel in Britain, hg. P. Fitzgerald-Lombard, 1993.

27. R. v. Mediavilla (Middletown, Moyeneville) OMin, * um 1249, † 30. März 1302/08, Reims. 'Doctor solidus'. Studierte in Paris unter Petrus de Falco, →Wilhelm de la Mare und →Matthaeus v. Acquasparta, 1283 Baccalaureat und Mitglied der Komm. zur Prüfung der Schrr. des →Petrus Johannis Olivi, 1284–87 Mag. regens in Paris. Vertrat ein augustin.-bonaventurian. geprägtes Denken, teilweise mit Neigung zu Lehrpunkten der thoman. Abstraktionslehre und Metaphysik. 1295 Provinzial der Francia. M. Laarmann

Ed.: In Sent. (verf. um 1285–95, gedr. Brescia 1591, Neudr. 1963), Quodl. (1284–87, ebd.) – Q. de privilegio Martini papae IV (1286), ed. A. Emmen, 1959 – weitere Edd. s. Rep. ed. Texte aus dem Bereich der Philos. und angrenzender Gebiete, hg. R. Schönberger-B. Kible, 1994, nr. 17415–17429 – Lit.: LThK[2] VIII, 1292 [Lit.] – J. B. Schneyer, Rep. der lat. Sermones des MA, BGPhMA 43/5, 1974,

159f. – B. C. Bazán, RPhL 67, 1967, 30–73 – M. Schmaus (Fschr. J. Hirschberger, 1965), 393–406 [Bewegungslehre] – FSt 48, 1966, 254–265 [theol. Methode] – H. J. Müller, Die Lehre vom verbum mentis in der span. Scholastik [Diss. Münster/Westf. 1969], 68–73 – J. A. Wahl, Manuscripta 13, 1969, 67–80 [Bezüge zur Jurisprudenz] – F. A. Cunningham, FStud 30, 1970, 49–76 [esse/essentia] – M. Erburu, Apollinaris 44, 1971, 295–360 [Materie] – M. Schmaus (Mysterium der Gnade[Fschr. J. Auer, 1975]), 251–258 [trinitar. Ebenbildlichkeit] – J. P. Dedek, RTh 50, 1983, 203–206 [intrinsice malum] – L. Cova, 'Originale peccatum' e 'concupiscentia' in R. di M., 1984 – Th. Kobusch, Sein und Sprache, 1987, 98–102 [esse repraesentatum] – M. G. Henninger, Relations. Med. Theories 1250–1325, 1989, 59–67 – P. van Veldhuijsen (The Eternity of the World in the Thought of Thomas Aquinas and His Contemporaries, ed. J. B. M. Wissink, 1990), 69–81 – P. Porro, Mediaevalia 3, 1993, 138–143 [status].

28. R. Palmer, geistl. Würdenträger im Kgr. Sizilien engl. Herkunft, † 7. Aug. 1195. P.s Aufstieg – der vermutl. seit 1155 Bf.-Elekt v. Syrakus war – am Hof Wilhelms I. erfolgte in der Zeit nach der Ermordung des →Admiratus →Maio v. Bari (10. Nov. 1160). Er unterstützte die Befreiung des während der Adelsverschwörung gefangengesetzten Kg.s und wurde danach Mitglied des kgl. Rats, welches Amt er auch während der Regentschaft →Margaretes v. Navarra (1166–71) ausübte. Infolge des Widerstands des Bf.s Gentile v. Agrigent gelang es P. nicht, Ebf. v. Palermo zu werden. Er verbündete sich daher mit dem Gf.en Gilbert v. Gravina, der die alten Rechte des Feudaladels verteidigte. Zu →Stephan v. Perche (1166–68) stand er in Gegnerschaft und trat für die Wahrung der Gewohnheitsrechte des Regnum ein. Am 28. April 1169 erhielt er von Papst Alexander III. das →Pallium. Er stand in Briefwechsel mit →Petrus v. Blois und →Thomas Becket, dessen Anhänger er unterstützte. 1170 führte er im Auftrag Wilhelms II. in Anagni mit Alexander III. Verhandlungen zugunsten Heinrichs II. v. England, der ihm das Bm. Lincoln versprochen haben soll. Mit der Großjährigkeit Wilhelms II. erlitt P. offenbar einen Machtverlust. 1177 war er in Palermo bei der Hochzeit Wilhelms II. mit der Tochter Heinrichs II., Johanna (die P. 1176 in St-Gilles empfangen hatte), anwesend. 1183 wurde er Ebf. v. Messina. S. Fodale

Lit.: F. Chalandon, Hist. de la domination normande en Italie et en Sicile, 1907, II, passim – S. Tramontana, La monarchia normanna e sveva, 1986.

29. R. v. Pofi stammte aus Pofi (sö. von Rom bei Frosinone), belegt seit 1256 als 'scriniarius s. Romane ecclesie' (öffentl. Notar im Umfeld der Kurie). Im Dienst der Kard.e Petrus Capocci (1257) und Jordanus v. Terracina (ab 1264), dessen Testament er 1269 in Viterbo schrieb. Besaß Pfründen in Veroli und Metz. Unter seinem Namen ist eine Briefslg. von über 450 Briefen überliefert (über 40 Hss.), die neben Papstbriefen Urbans IV. und Clemens' IV. Privatbriefe, Formeln u. ä. enthält, von denen er offenbar viele selbst verfaßt oder überarbeitet hat und aus deren Konzepten er sehr wahrscheinl. während der Vakanz des päpstl. Stuhls 1268–71 in Viterbo seine Slg. zusammenstellte; damals entstand, ebenfalls in der Umgebung des Jordanus v. Terracina, wohl auch die 10-Bücher-Redaktion der Briefslg. des →Thomas v. Capua. P. Herde

Lit.: Bresslau II, 265–267 – E. Batzer, Zur Kenntnis der Formularslg. des R. v. P., 1910 – H. M. Schaller, Stud. zur Briefslg. des Thomas v. Capua, DA 21, 1965, 371–518 – A. Paravicini Bagliani, Cardinali di curia e 'familiae' cardinalizie dal 1227 al 1254, I, 1972, 311f. – Ders., I testamenti dei cardinali del Duecento, 1980, LXXXVf., 17, 125f. – H. M. Schaller, Stauferzeit, 1993.

30. R. Rolle →Rolle

31. R. v. San Germano (Ryccardus de Sancto Germano), Geschichtsschreiber. [1] Leben: * vielleicht um 1165 in

San Germano (Cassino), † 7. Mai 1244. Der wohl in der Kl.schule von →Montecassino erzogene R. ist 1186-1232 als öffentl. Notar seiner Heimatstadt und der Abtei Montecassino urkdl. bezeugt. Nach 1220 war er auch öfters im Dienst Ks. Friedrichs II. mit Aufgaben in der Finanzverwaltung betraut. Seit 1214 nennt er sich Magister, 1215 war er beim 4. Laterankonzil anwesend.

[2] *Werke:* Seine Chronik, eine der wichtigsten Q. zur Gesch. Süditaliens unter der Herrschaft Friedrichs II., ist in zwei z.T. sich ergänzenden Redaktionen überliefert. Die ältere behandelt die Jahre 1208-1227 und sollte anscheinend v. a. die Montecassineser Annalistik fortsetzen; die jüngere, als Autograph erhalten, schildert die Zeit von 1189 bis Okt. 1243 und weitet sich aus zu einer Gesch. des Kgr.es Sizilien überhaupt. Der hohe Wert der Chronik beruht auf ihren zuverlässigen Nachrichten und den zahlreichen nur in ihr überlieferten Texten von Briefen, Urkk. und Gesetzen. Obwohl ks.freundl., bemühte sich R. um objektive Darstellung der verschiedenen Konflikte zw. Friedrich II. und der Kirche. Manche Nachrichten mag R. von seinem Bruder Johannes, der 1221-40 als Notar der ksl. Kanzlei tätig war, erhalten haben. Die Chronik ist in schlichter Sprache abgefaßt, aber öfters ausgeschmückt durch Verse und drei längere rhythm. Gedichte (über den Tod Kg. Wilhelms II. 1189, den Verlust von Damiette 1221, eine eigene schwere Erkrankung 1242). H. M. Schaller

Ed.: C. A. GARUFI, Ryccardi de Sancto Germano notarii Chronica, MURATORI² 7, 2, 1936-38 - *Lit.:* H. LOEWE, R. v. S. G. und die ältere Redaktion seiner Chronik, 1894 - B. CAPASSO-E. O. MASTROJANNI, Le fonti della storia delle provincie napoletane dal 568 al 1500, 1902, 104f. - P. F. PALUMBO, Medio evo meridionale, 1978, 184f.

32. R. v. St. Victor, Theologe und Philosoph, nach 1141 CSA, Novizenmeister, 1159 Subprior, 1162 Prior, † 10. März 1173. Vermutl. ags. Herkunft trat R. wohl noch zu Lebzeiten →Hugos in die Abtei St. Victor ein und prägte, wie sein umfangreiches Œuvre belegt, in dessen Nachfolge die Tradition der Kl.schule, die, der Einheit von theol. Denk- und religiöser Lebensform verpflichtet, wiss. Erkenntnis mit spiritueller Erfahrung zu verbinden suchte. Das Ziel der wiss. Sicherung der durch die Hl. Schrift und die Schöpfung vermittelten Erkenntnis setzt eine Methodenreflexion voraus, die R. im Anschluß an Hugos »Didascalicon« im »Liber Exceptionum« leistet. Durch die Beachtung einer der Schrift- und Wirklichkeitsauslegung (scriptura, natura) angemessenenen Methode wird das wiss. richtige Verständnis des Textes garantiert, in dem sich Gott als dessen Autor offenbart. R.s theol. Denken entfaltet sich daher v. a. in der Bibelauslegung, sei es in der Kommentierung (Offb, teilw. Ez, evtl. Hld), sei es in der Allegorese von Perikopen bzw. darin beschriebener Gegenstände, deren bildl. Einheit ihm die systemat. Einheit des theol. Gedankens sichert. Wie, nach R., im Bibeltext nicht nur der Wortlaut, sondern jeder Gegenstand als solcher auslegungsbedürftig ist, wird auch in der Deutung der Wirklichkeit über den ursächl. Zusammenhang zw. Gott und seiner Schöpfung hinaus nach der Bedeutung gefragt, die Gott dem Geschöpf verleiht. Der Erkenntnismodus, in dem der Symbolgehalt der Wirklichkeit zuverlässig ermittelt wird, ist die Betrachtung (contemplatio), auf die R. in seiner Schr. »Benjamin Minor« im Zusammenhang einer Rangordnung der Erkenntniskräfte hinweist. In der Schr. »Benjamin Maior« deutet er contemplatio im neuplaton. Bild eines in sechs Stufen vollzogenen Erkenntnisaufstiegs, dessen Gipfel die Betrachtung des einen und dreifaltigen Gottes ist. Dieser widmet R. seine Schr. »De Trinitate«, in der er aufgrund der Entsprechung (similitudo) zw. Schöpfer und Geschöpf aus der Erfahrung menschl. Liebe die Trinität als den Inbegriff des Gottesgedankens erweist. M.-A. Aris

Ed.: MPL 196 - L'Édit d'Alexandre ou les trois processions, ed. J. CHATILLON, 1951 - Les quatres degrés de la violente charité, ed. G. DUMEIGE, 1955 - Liber exceptionum, ed. J. CHATILLON, 1958 - De Trinitate, ed. J. RIBAILLIER, 1958; ed. G. SALET, 1959 (= SC 63) - Opuscules théol., ed. J. RIBAILLIER, 1967 - De statu interioris hominis, ed. J. RIBAILLIER, AHDLMA 34, 1967, 7-128 - Trois opuscules spirituels, ed. J. CHATILLON, 1986 - *Lit.:* DLFMA², 127of. - DSAM XIII, 593-654 - Verf.-Lex² XIII, 44-54 - C. MEIER, Malerei des Unsichtbaren. Über den Zusammenhang von Erkenntnistheorie und Bildstruktur im MA (Text und Bild, Bild und Text, hg. W. HARMS, 1990), 35-65 - J. W. M. SCHELLEKENS, De Betwisting van R. van St. V. Auteurschap der Expositio in Cantica Canticorum, OGE 64, 1990, 407-429 - R. KÄMMERLINGS, Mystica arca. Zur Erkenntnislehre R.s v. St. V. (Ma. Kunsterleben, hg. G. BINDING-A. SPEER, 1993), 76-100.

33. R. Swineshead (Swyneshed, Suisseth, Suicet u. a.), engl. Naturphilosoph, bedeutendster der unter diesem Beinamen bekannten Oxforder Gelehrten des 14. Jh., war Mitglied (*fellow*) des Merton College (→Mertonschule) zu →Oxford, wohl seit 1340 (sicher belegt seit 1344), bezeugt bis 1355. Sein Hauptwerk ist der »Liber calculationum« (um 1350; 1520 zu Venedig im Dr., nicht in allen Teilen Verfasserschaft gesichert). Ihm werden zwei Bewegungstraktate zugeschrieben (Gonville und Caius Coll., Cambridge, Ms. 499/268), das Werk »Questio de augmentatione« (Paris, Bibl. Nat., Ms. 16 621) sowie ein Komm. zur Aristotel. Physik (Venedig, S. Marco lat. VI VI, 72). Alle diese Werke sind im neuartigen wiss. Stil, wie er am Merton College gepflegt wurde, gehalten. Sie benutzen logico-math. Techniken zur Berechnung von physikal. Variablen. R. antizipiert einige Konzepte der späteren Differentialrechnung, ein algebraischer Ansatzpunkt ist dagegen nicht erkennbar. Zunächst wegen ihrer Schwierigkeiten nicht allzu verbreitet (doch starke Wirkung bereits auf Nicole →Oresme), kursierten im 15. Jh. zahlreiche Hss. des »Liber calculationum« in Südeuropa. Die heftige Kritik einiger it. Humanisten ('barbari Britanni', 'Suicetica inania') muß auch als Zeugnis starker Verbreitung an den Univ. Padua und Pavia gewertet werden. Insbes. R.s Doktrin »de intensione et remissione formarum« fand hier viel Beachtung.

Kommentare zu vielfältigen Aspekten von R.s Werk wurden von bedeutenden Gelehrten verfaßt wie Gaietano de Thienis, Angelo de Fossambruno, Petrus →Pomponatius; im 16. Jh. erfolgte eine Neubelebung des Interesses (Alvaro Thomaz, Johan Dullaert, Juan de Celaya). Hochgepriesen wurde R.s Werk von Cardano, Julius Scaliger und Leibniz, dessen Differentialrechnung von R.s Denken beeinflußt wurde. J. D. North

Lit.: DSB XIII, 184-213 - A. B. EMDEN, A Biogr. Register of the Univ. of Oxford, 3 Bde, 1957-59 - M. CLAGETT, The Science of Mechanics in the MA, 1959 - A. MAIER, Die Vorläufer Galileis im 14. Jh., 1962, 1966² - J. A. WEISHEIPL, R. Swyneshead OSB (Oxford Stud. D. CALLUS, hg. R. W. HUNT, 1964), 231-252 - E. SYLLA, Mathematical Physics and Imagination in the Work of the Oxford Calculators: R.'s »On Natural Motions« (Mathematics and its Applications to Science..., hg. E. GRANT-J. E. MURDOCH, 1987), 69-101.

34. R. v. Thetford, 13. Jh., vielleicht Benediktiner oder Ritter des Ordens v. Hl. Grabe, Verfasser einer Predigtlehre (Ars dilatandi sermones, inc. (prol.?) Quoniam aemulatores estis spirituum... inc. Octo sunt modi dilatandi sermonem, 27 Hss.), von der ein Teil fälschl. Bonaventuras Ars concionandi (Bd. IX, p. 17-21, sect. 33-51) zugerechnet wurde. Möglicherweise stammen auch mehrere sermones von ihm. B. Gansweidt

Lit.: GLORIEUX, Rép. 324i, 349k – H. CAPLAN, Medieval Artes Predicandi, 1934 (Suppl. 1936), bes. Nr. 154 – J. C. RUSSELL, Dict. of Writers of 13th Cent. England, 1936, 122f. – G. E. MOHAN, Initia opp. Franciscalium, 1975 – D. L. D'AVRAY, The Preaching of the Friars, 1985, passim – M. JENNINGS, AHDL 56, 1990, 91–122 – J. G. LIDAKA, EL 105, 1991, bes. 338ff.

35. R. (Riccardus) v. **Venosa,** Richter und Dichter in lat. Sprache, * in Venosa (Basilicata), † nach 1277. Vollendete zw. Juni 1228 und Juni 1229 die →Elegienkomödie »De Paulino et Polla« und widmete sie Friedrich II. Die Farce bzw. Dialognovelle in eleg. Distichen spielt in Venosa. Die alte Polla bittet den Advokat Fulco, ihre Heirat mit dem greisen Paulinus zu vermitteln. Die Handlung besteht aus Kontroversen über bestimmte Themen (wie Schmeichelei, Alter, Geld, Furcht, Ehre, Laster der Frauen, Fasten, Zutrauen, Bauern, Ehe im Alter, Adel, Begabung) und den erheiternden Fehlschlägen und Unglücksfällen Fulcos. Die Farce parodiert die Liebesthematik einiger Elegienkomödien des 12. Jh. Sie zeigt deutlich den Einfluß Ovids und ist reich an Sentenzen. V. a. ist jedoch in der starken Präsenz der Rechtskultur der Geist der Zeit Friedrichs II. spürbar.

Ed.: E. DU MÉRIL, Poésies inédites du MA, 1854, 374–416 – R. BRISCESE, 1903 – M. RIGILLO, 1903–06 – G. PINTO, 1930 – G. G. MONACO, 1984 – S. PITTALUGA, Commedie lat. del XII e XIII sec., 5, 1986, 81–227 – *Lit.*: G. FORTUNATO, Riccardo da V. e il suo tempo, 1918 – G. PEPE, Lo stato ghibellino di Federico II, 1951², 176–187.

Richardis (Richgarda), Ksn., * um 840 als Tochter des elsäss. Gf. en Erchangar, ⚭ 861/862 mit →Karl III. (5. K.), der damals als 'Rector' (Gf.) im Breisgau amtierte. Obschon durch den Kg. und Ks. u. a. mit mehreren Reichskl. ausgestattet, gründete R. auf väterl. Erbgut im Elsaß das Nonnenkl. →Andlau, das sie 881 anläßl. der Ks.krönung Karls den hl. Petrus tradierte. Die Herrscherin gebar ihrem Gemahl keine Kinder; dem Vorwurf der Unzucht mit Erzkanzler →Liutward v. Vercelli begegnete sie 887 mit der Behauptung der Jungfräulichkeit, sie verließ jedoch den Hof noch vor Karls Sturz und zog sich nach Andlau zurück. Im Bm. Straßburg wurde R. bald als Hl. verehrt (Fest 18. Sept.), Papst Leo IX. erhob 1049 ihre Gebeine. M. Borgolte

Q.: MGH DD Karol. dt. II, 326–328 – A. BRUCKNER, Reg. Alsatiae I, 1949, 390–395 Nr. 656 – *Lit.*: M. BORGOLTE, Die Gesch. der Gf. engewalt im Elsaß, ZGO 131, 1983, 25–35 – Helvetia Sacra 3/1, 1986, 335f., 352f., 1996 – R. SCHIEFFER, Die Karolinger, 1992 – D. GEUENICH (Fschr. E. HLAWITSCHKA, 1993), 106–109.

Richardus. 1. R. de Campsall, † ca. 1350; Kleriker der Erzdiöz. York; ab 1305 Fellow v. Merton College, Oxford; ab 1308 mag. art. regens und procurator der Univ.; ab 1322 dr. theol., ebd. R.' Lehre ist von →Wilhelm v. Ockham beeinflußt. In seinen log. Quaestiones zu Aristoteles' Priora ist er bereits auf dem Weg zu den consequentiae. Vertreter des zeitgenöss. 'Pelagianismus', gegen den Thomas →Bradwardine schrieb. Von seinen ed. Werken ist die »Logica contra Ocham« (ed. SYNAN, II, 76–420) unecht, verschollen sind die »Notabilitates breves super omnes libros Physicorum« und die »Quaestiones super III libros Physicorum«. C. H. Lohr

Ed.: E. A. SYNAN, The Works of R. of C., 2 Bde, 1968–82 – *Lit.*: E. SYNAN, R. of C., an English Theologian of the 14th Cent., MSt 14, 1952, 1–8 – C. H. LOHR, Traditio 28, 1972, 391 [Lit.] – H. GELBER, Logic and the Trinity (Diss. Univ. of Wisconsin, Madison 1974), passim – Cambridge Hist. of Later Medieval Philos., hg. N. KRETZMANN, 1982, 273–299, bes. 293, vgl. 880ff. – W. J. COURTENAY, Schools and Scholars in 14th-Century England, 1987, passim – H. GELBER, Vivarium 15, 1987, 110–145 – K. TACHAU, The Influence of R. C. on 14th-Century Oxford Thought (From Ockham to Wyclif, ed. A. HUDSON u. a., 1987), 109–123 – DIES., Vision and Certitude in the Age of Ockham, 1988, 158–166 – DIES. (Fschr. K. FLASCH, 1991), 979–1002.

2. R. de Kilvington, † ca. 1362, Kleriker der Erzdiöz. York; ab 1331 mag. art., Oxford; 1333 Fellow v. Oriel College, Oxford; ca. 1335 sententiarius; vor 1350 dr. theol.; 1348/50 Archidiakon, London; 1353 canonicus, York; 1354 canonicus und Dekan von St. Paul's, London. R. trug mit Thomas →Bradwardine zur Entwicklung der 'Calculatores'-Bewegung in Oxford bei. In den Kontroversen mit den Mendikanten über die evangel. Armut spielte R. auf der Seite von Richard →Fitzralph eine wichtige Rolle. *Werke:* In librum I Sententiarum (STEGMÜLLER Nr. 715; DOUCET 73); Quaestiones super librum De generatione et corruptione (LOHR Nr. 1); Quaestiones morales super libros Ethicorum (LOHR Nr. 2); De intensionibus et remissionibus potentiarum (Ms. Erfurt BAmpl. O. 78 item 1); Sermo de adventu Domini (cf. J. B. SCHNEYER, Rep. der lat. Sermones des MA, V, 1974, 158f.); Quaestiones super libros Physicorum (LOHR Nr. 3, zweifelhaft) C. H. Lohr

Ed.: Sophismata, hg. N. KRETZMANN u. a., 1990 – *Lit.*: LThK² VIII, 1296 – C. H. LOHR, Traditio 28, 1972, 392f. [Lit.] – Cambridge Hist. of Later Medieval Philos., hg. N. KRETZMANN, 1982, 315–334, bes. 329–332; 540–563, bes. 546–555 – J. E. MURDOCH, The Analytic Character of Medieval Learning (Approaches to Nature in the MA, hg. L. D. ROVERTS, 1982), 171–213 – P. V. SPADE, Hist. and Philos. of Logic 3, 1982, 1–32 – S. KNUUTTILA, 14th-Century Limit Decision Controversies (The Editing of Theological and Philosophical Texts from the MA, hg. M. ASZTALOS, 1986), 244–266 – W. J. COURTENAY, Schools and Scholars in 14th-Century England, 1987, passim – C. H. LOHR, Commentateurs d'Aristote au MA lat., 1988, 212 [Lit.] – E. STUMP, Dialectic and Its Place in the Development of Medieval Logic, 1989, passim – E. J. ASHWORTH, Dialogue 31, 1992, 517–521.

Richarius (frz. Riquier), hl., * in Centula (der späteren Abtei →St-Riquier, Gft. Ponthieu, Picardie, dép. Somme), † Mitte des 7. Jh. in einer Einsiedelei im Forst v. Crécy (spätere Abtei Forest-Montiers, Bm. Amiens), ⊃ ebd. R., der von zwei wandernden Iren (→peregrinatio) bekehrt wurde, missionierte als Priester in seiner Heimat. Er wurde von Kg. →Dagobert aufgesucht und beschenkt, reiste nach Britannien und widmete sich dort der Gefangenenbefreiung (er ließ auch alle seine persönl. Leibeigenen frei). In den letzten Lebensjahren zog sich R. in eine Einsiedelei bei 'Argubium' (Forst v. Crécy) zurück, die er auf einem kgl. →Fiscus zw. 638 und 642 errichtete. Seit dem Ende des 8. Jh. wurde R. die Gründung der beiden Abteien Centula und Forest-Montiers zugeschrieben. Die bald nach seinem Tod nach Centula gebrachten Reliquien wurden um 950 von Gf. en v. Flandern, →Arnulf I. d. Gr., feierl. erhoben und in →Montreuil, dann in →St-Bertin niedergelegt; Hugo Capet ließ sie 980 wieder nach St-Riquier übertragen.

Eine erste Vita wurde wohl am Ende des 7. Jh. von einem Mönch in Centula (von ir. Herkunft?; BHL 7245) auf Ersuchen des Abtes →Angilbert abgefaßt. →Alkuin überarbeitete diese Vita in flüssigem Latein (BHL 7223–27, zw. 800 und 804 Ks. Karl d. Gr. gewidmet), nicht aber in ihrer schlichteren sprachl. Gestaltung wohl auf die Kommunikation mit den Gläubigen abgestimmte Slg. von →Miracula. Ein in St-Riquier redigiertes Mirakelcorpus deckt die Zeit zw. 814 und 864 ab. Die Gesamtheit dieses hagiograph. Textbestandes wurde zu Beginn des 11. Jh. von Abt Enguerrand, in amplifizierter Gestalt, in Versform gebracht (BHL 7231), am Ende des 11. Jh. dann von →Hariulf in das »Chronicon Centulense« aufgenommen (BHL 7233). Die ersten Erwähnungen in den →Martyrologien (26. April, depositio) finden sich bei →Wandalbert, →Usuard und →Notker; Fest 9. Okt. (erste Translation). Kultverbreitung im Bereich der Kanalküste, Seinemündung und Gft. Flandern. J.-C. Poulin

Q. und Lit.: Bibl. SS XI, 155–157 – J. Dubois, La diffusion du culte de saint Riquier au MA, 1958 – J. Laporte, St-Riquier, 1958 – I Deug-Su, L'opera agiografica di Alcuino, 1983 – W. Berschin, Biographie und Epochenstil im lat. MA, II, 1988, 90–94; III, 1991, 139–157.

Richart de Semilli, frz. →Trouvère um 1200, dem etwa zehn Chansons zugeschrieben werden, die formal eigenständig erscheinen. Ein episches Damenturnier in Alexandrinern ist unvollständig überliefert.   H. Leuchtmann

Ed.: F. Gennrich, Die altfrz. Rotrouenge, 1925 – Ders., Troubadours, Trouvères, Minne- und Meistergesang (Das Musikwerk, II, 1951) – Lit.: DLFMA 1992, 1272f. – MGG – New Grove – R. W. Linker, A Bibliogr. of Old French Lyrics, 1979, Nr. 224 – G. Steffens, Der krit. Text der Gedichte von R. de S. (Fschr. W. Foerster, 1902), 331ff. – P. Aubry, Trouvères et Troubadours, 1909 – F. Gennrich, Grundsätzliches zu den Troubadour- und Trouvère-Weisen, ZRPh 57, 1937, 35ff. – A. Pulega, Ludi e spettacoli nel medioevo. I Tornei di dame, 1970.

Richaut de Barbezilh → Rigaut de Barbezieux

Richel, Bernhard, Druckerverleger und Buchhändler, † 1482 in Basel. Dort war R. seit 1472 tätig, erwarb 1474 das Bürgerrecht und kaufte 1478 das vorher zur Miete bewohnte Haus »Zum kleinen Blumen«. Gelegentl. (seit 1473) arbeitete er mit Berthold →Ruppel und Michael →Wenssler zusammen; der 1475 von allen dreien hg. Dekretalenkomm. des →Nicolaus de Tudeschis (H 12309) war geschäftl. ein Mißerfolg. Aus R.s Offizin gingen mehrere lat. Bibelausg. und liturg. Drucke hervor. Daneben brachte er großzügig illustrierte volkssprachige Bücher (u. a. einen Sachsenspiegel [GW 9256] und die erste und einzige dt. sprachige Ausg. von des Baltherus »Vita s. Fridolini« [GW 3226]) auf den Markt. Für die typograph. Qualität seiner Drucke sorgte ein umfangreicher Bestand an Lettern und Initialen. Nach seinem Tode ging die Offizin an Nicolaus →Kessler über.   S. Corsten

Lit.: Geldner I, 114–116 – P. L. van der Haegen, Ein Kalendergedicht auf das J. 1471, Basler Zs. für Gesch. und Altertumskunde 83, 1983, 183–191 – A. Henry, The Woodcuts of 'Der Spiegel menschlicher Behältnis' in the Ed. printed by Drach und R., Oud Holland 99, 1985, 1–15 – H. M. Winteroll, Summae innumerae, 1987, 80–91.

Richemont, Arthur v. → Arthur III., Hzg. der Bretagne

Richental, Ulrich → Ulrich v. Richental

Richenza v. Northeim, Ksn., dt. Kgn., * um 1087–89, † 10. Juni 1141, ▭ →Königslutter; Tochter Gf. →Heinrichs d. Fetten (62. H.) und der Gertrud v. Braunschweig († 1117); ∞ um 1100 (Ks.) →Lothar III. (v. Süpplingenburg), dem sie 1115 die Tochter →Gertrud (3. G.) gebar und 1115/17 Teile des Northeimer und Braunschweiger Erbes einbrachte. Als Mitherrscherin wurde sie wiederholt von verschiedenen Großen um ihre Fürsprache bei Lothar gebeten; handelnd trat sie insbes. bei dessen 2. Italienzug (1136/37) hervor. Dem Streben ihres Schwiegersohns →Heinrichs X. d. Stolzen (39. H.) nach der Kg.swürde entzog sie mit ihrem Erscheinen auf Konrads III. Pfingsthoftag v. Bamberg (1138) sichtbar die Unterstützung. Jedoch war sie vor und nach Heinrichs Tod (20. Okt. 1139) das Haupt des Widerstands gegen den vom Kg. zum sächs. Hzg. erhobenen →Albrecht d. Bären (7. A.) und wahrte die Ansprüche ihres Enkels →Heinrich d. Löwen (68. H.) auf Sachsen.   W. Petke

Q.: RI IV, 1, 1 – Lit.: W. Bernhardi, JDG Konrad III., 1883 – W. Petke, Kanzlei, Kapelle und kgl. Kurie unter Lothar III. (1125–37), 1985 – E. Boshof, Staufer und Welfen in der Regierungszeit Konrads III., AK 70, 1988, 313–341.

Richer

1. R., Bf. v. →Lüttich, † 23. Juli 945, Bruder der Gf.en Gerhard und Matfrid, zweier bedeutender Repräsentanten der Aristokratie→Lotharingiens, hatte den Abtsstuhl von →Prüm von 899 bis zu seiner Erhebung zum Bf. inne. Nach dem Tode des Bf.s Stephan v. Lüttich († 920) wurde R.s Kandidatur vom westfrk. Kg. →Karl III. d. Einfältigen unterstützt, gegen diejenige →Hilduins, der ins Lager des 'princeps' v. Lotharingien, →Giselbert, übergewechselt war. Im Okt. 921 beendete Papst →Johannes X. den Streit zugunsten R.s, der am 4. Nov. 921 vom Papst selbst die Weihe empfing. Darüber hinaus gewährte der Papst ihm das Vorrecht, das →Pallium zu tragen. R. ließ während seines Episkopats die Abteien →Stablo-→Malmedy und →St-Hubert reformieren. Er wurde beigesetzt in der Lütticher Kollegiatkirche St-Pierre, die er hatte vergrößern lassen.   J.-L. Kupper

Lit.: GAMS, Ser. V, Tom. I, 1982, 61f. – J.-L. Kupper, Liège et l'Église impériale, 1981, 111f., 117f., 237, 326f., 333, 436, 465 – M. Margue, Aspects politiques de la »réforme« monastique en Lotharingie, RevBén 98, 1988, 31–61 – s. a. →Hilduin.

2. R. v. Metz, Abt v. St-Martin und St-Symphorien in →Metz, † vermutl. zw. 1146 und 1152, verfaßte wohl bald nach 1122 eine Vita s. Martini in verschiedenen metr. und rhythm. Versmaßen, die sich im Stoff eng an die Martins-Vita des →Sulpicius Severus anschließt. Die eigtl. Lebensgesch. wird von weitschweifigen Prologen (darunter eine Art Lobpreis der Stadt Metz) eingeleitet und schließt mit einer Beschreibung der Martins-Basilika und einer ausführl. Darstellung der Feier im Himmel zur Aufnahme des Hl. n.   M. Bernhard

Ed.: R. Decker, Programm des kgl. Gymnasiums zu Trier für das Schuljahr 1885–86, 1886, 1–22 [Teilausg.] – Lit.: M. Bernhard, Neues zu Leben und Werk des R. v. M., MJb 19, 1984, 155–158.

3. R. v. Reims, Mönch in St-Remi de →Reims, Geschichtsschreiber des späten 10. Jh., von dem kaum Lebensdaten bekannt sind. R. nennt als seinen Vater Radulf (Raoul), der als 'miles' im persönl. Dienst des Kg.s →Ludwig IV. Transmarinus stand. Er berichtet über seinen Vater, daß dieser kühn und redegewandt war, 948 die Stadt→Laon durch List einnahm, nach dem Tode des Kg.s dessen Witwe →Gerberga diente und für sie 956 →Mons im →Hennegau besetzte.

Über sich selbst teilt R. mit, daß er 991 eine Reise nach →Chartres unternommen habe, um eine Hs. der »Aphorismen« des →Hippokrates einzusehen. R., der seine »Historia« dem verehrten →Gerbert v. Aurillac widmete, stellt sein Werk in die Tradition der »Annalen« →Hinkmars v. Reims († 882), der sog. »Annalen v. St-Bertin«. Die ersten beiden Bücher, die von der Geburt →Karls 'des Einfältigen' bis zum Tode Ludwigs IV. (954) reichen, sind eine Erweiterung der »Annalen« →Flodoards, unter Einbeziehung der Erinnerungen seines Vaters und einiger Anleihen bei örtl. Überlieferungen und der »Hist. ecclesiae Remensis« Flodoards. Die Bücher III und IV, die die Periode von 954 bis 998 abdecken, sind von größerem Interesse. Nach Flodoards Tod (966) stützte sich R. im wesentl. auf die eigenen Aufzeichnungen und berichtete als unmittelbarer Zeitzeuge über die Regierung →Lothars und →Ludwigs V., den Sturz der →Karolinger und die Übernahme der Herrschaft durch die ersten →Kapetinger. Die Darstellung, die mit dem Konzil v. Mouzon (2. Juni 995) schließt, wird ergänzt durch annalist. Aufzeichnungen von Juli 995 bis April 998.

Das Werk Richers ist in einer einzigen Hs., dem Autograph des Verfassers, überliefert; diese befand sich seit dem 11. Jh. in der Bibliothek der Abtei Michelsberg in →Bamberg (wo sie zw. 1112 und 1123 katalogisiert wurde). →Ekkehard v. Aura benutzte sie zu Beginn des 12. Jh., Johannes→Trithemius noch im 15. Jh. Infolge der Verwüstung der Abtei 1453 in die Bibliothek des Domkapitels gekommen, entdeckte sie PERTZ i. J. 1833. Nach der Farbe der benutzten Tinte zu schließen, dürfte R. die Hs. in zwei Phasen geschrieben haben: zunächst 991–996 Buch I und die ersten 78 Kapitel von Buch II sowie die abschließenden annalist. Aufzeichnungen zu 995–996; dann 996–998 das Ende von Buch II, die Bücher III und IV, die Aufzeichnungen zu den Jahren 997–998 sowie die zahlreichen Korrekturen, die er sämtlich vor Aug. 998 einfügte.

R. bewundert Gerberts tiefe Gelehrsamkeit auf den Gebieten der Arithmetik, Musik, Geometrie und Astronomie, ist selber aber stärker an Fragen der →Medizin interessiert. Mit offenkundiger Detailfreude beschreibt er die Krankheiten der letzten Karolinger. Seine andere Leidenschaft war die →Rhetorik, für die er sich →Sallust zum Vorbild nahm. Positivist. Historiker haben ihm diese Vorliebe verübelt und die trockene, »objektivere« Darstellungsweise Flodoards bevorzugt. Einer eingehenden Untersuchung harrt immer noch die Frage der Intentionen des Autors und den Strukturen eines Werkes, das zur Erhellung der Gesch. Frankreichs am Ende des 10. Jh. schlechthin unabdingbar ist. M. Bur

Q.: Richer, Hist., ed. R. LATOUCHE, 1930–37 – Lit.: H. H. KORTÜM, R. v. St-Remi, 1985 – M. BUR, Adalbéron, archevêque de Reims, reconsidéré (Le roi de France et son royaume autour de l'an mil, 1992), 55–63.

Richerzeche (wörtl. »Bruderschaft der Reichen«), genossenschaftl. Zusammenschluß (fraternitas, in Köln »Amt«) der führenden Familien →Kölns, an deren Spitze zwei jährl. gewählte Bürgermeister standen; einer von ihnen, der zugleich Schöffe war, bewahrte das Stadtsiegel. Obwohl die R. erst um 1185 belegt ist, erfolgte ihre Gründung wahrscheinl. z. Zt. Ebf. →Friedrichs I. (1100–31), da zw. 1114 und 1119 das Stadtsiegel konzipiert wurde und spätestens in den 30er Jahren Bürgermeister amtiert haben. Um 1130 ist als Versammlungsort ein »Bürgerhaus« bezeugt, das später zum Rathaus wurde. Hier tagten auch die Schöffen des ebfl. Hochgerichts, die in der R. eine maßgebende Rolle spielten. Nach dem Vorbild der Amtleutekollegien der Kölner →Sondergemeinden gehörten die gewesenen Bürgermeister dem engeren Kreis der verdienten Amtleute der R. an, denen die Wahl der Bürgermeister und die Aufnahme neuer Mitglieder, der unverdienten Amtleute, oblag. Während im 12. Jh. neben Eingesessenen auch Neubürger und ebfl. →Ministerialen Zugang fanden, schichtete sich im 13. Jh. ein engeres Patriziat ab, das die verdienten Amtleute stellte. Diese bildeten nie eine »Behörde« mit hoheitl. Befugnissen, sondern zogen aufgrund ihres Prestiges informell eine Reihe von Kompetenzen an sich (Verleihung des Zunftzwangs, marktpolizeil. Aufgaben, spätestens im 14. Jh. Gerichtsbarkeit in Sachen des Marktes und der Bruderschaften). Als Nukleus der Stadtgemeinde war die R. Wegbereiterin städt. Autonomie, die im Laufe des 13. Jh. vom Rat (seit 1216 belegt) errungen wurde. Die R. selbst wurde zu einer reinen Pfründenanstalt. Die bepfründete Mitgliedschaft konnte man gegen einen entsprechenden Preis erwerben; im 14. Jh. werden 361 Pfründen genannt. 1391, im Zeichen des Niedergangs der Geschlechterherrschaft, wurde die R. aufgelöst. Fortan wählte der Rat die beiden Bürgermeister. L. Böhringer

Lit.: M. GROTEN, Die Kölner R. im 12. Jh., RhVjbll 48, 1984, 34–85 – W. PETERS, Zum Alter der Kölner R., JbKGV 59, 1988, 1–18 – H. STEHKÄMPER, Die Stadt Köln in der Salierzeit (Die Salier und das Reich, III, hg. S. WEINFURTER, 1991), 136ff.

Richeut, afrz. Erzählung, die zwar einen fabliauartigen Stoff behandelt, sich aber durch Umfang (über 1300 Verse) und metr. Form von den →Fabliaux unterscheidet (auf zwei oder drei Achtsilber folgt jeweils ein meist viersilbiger Kurzvers, der auf die folgende Achtsilber-Gruppe reimt; wohl →Parodie einer lat. Strophenform). R. ist ca. 1170 entstanden, also möglicherweise älter als die frühesten Fabliaux. Die Protagonistin, die Dirne und Kupplerin R., war im 12. Jh. sprichwörtl. Der erste Teil schildert, wie sie von drei Liebhabern, einem Priester, einem Ritter und einem Bürger, Geld für den Unterhalt ihres Sohnes erpreßt. Dieser Sohn, Sanson, ein 'Don Juan des MA', ist der Protagonist der zweiten Texthälfte; er verführt und betrügt alle Frauen, wird aber zum Opfer einer von seiner Mutter gesponnenen Intrige. R., vielleicht ein im klerikalen Milieu entstandener Spaß, ist nur in einer, sehr fehlerhaften Hs. des 14. Jh. überliefert, manche Stellen sind nahezu unverständlich. A. Gier

Ed.: PH. VERNAY, 1988 – Lit.: DLFMA, 1992, 1273 – Kindlers Neues Lit.-Lex. 19, 390f. [A. GIER].

Richeza, Kgn. v. →Polen, * um 995, † 21. März 1063, ▢ St. Maria Graden, Köln, seit 1817 Dom, ebd.; Eltern: Pfgf. →Ezzo v. Lothringen und →Mathilde (Schwester Ks. Ottos III.); ⚭ →Mieszko II. v. Polen; Kinder: →Kasimir I. v. Polen, →Gertrud (⚭ Gfs. →Izjaslav v. Kiev), Tochter N. N. (⚭ Kg. →Béla I. v. Ungarn). Die wohl schon in Gnesen i. J. 1000 zw. Ks. Otto III. und Fs. Bolesław I. v. Polen verabredete Vermählung R.s mit dem poln. Thronfolger Mieszko (1013) ermöglichte den Frieden v. →Merseburg. Nach Mieszkos Tod (1034) und wegen der in Polen herrschenden Wirren verließ R. das Land und bezog ihren Sitz in →Saalfeld; den Kg.stitel, den Ks. Konrad II. ihrem Gemahl bestritten hatte, führte R. hier unangefochten. Durch Schenkungen förderte sie das ezzon. Familienkl. →Brauweiler. Ch. Lübke

Lit.: ST. v. HALKO, R., Kgn. v. Polen, 1914 – CH. LÜBKE, Reg. zur Gesch. der Slaven an Elbe und Oder, II–IV, V [Ind.], 1985–88 – K. JASIŃSKI, Rodowód pierwszych Piastów, 1992, 114ff. →Ezzonen, →Mieszko II.

Richmond, →Honour und →Borough in der engl. Gft. Yorkshire (North Riding). Die Stadt liegt am linken Ufer der Swale, rund 70 km nw. v. →York. Die Gft. (County) Richmondshire wird erstmals 1173 erwähnt; sie setzt sich aus den →Wapentakes Hallikeld, Gilling und Hang zusammen. Zur Honour zählten Besitzungen in Cambridgeshire, Hertfordshire und Westmorland (Barony of Kendal); die größte Landbesitzkonzentration befand sich in Lincolnshire (Boston, Frampton, Fulbeck, Gayton, Kirton, Leddenham, Mumby, Skirbeck, Washingborough und Wykes). Vor der norm. Eroberung hatte die Honour Gf. Edwin v. Mercia unterstanden; 1071 belehnte Kg. Wilhelm I. Alan den Roten, Sohn des norm. Gf.en v. →Penthièvre, mit dem Besitz. Alan, der in R. eine Burg errichten ließ, die als bestes Beispiel früher norm. Architektur in Nordengland gilt, war zugleich ein Verwandter des Hzg.s v. →Bretagne. Die doppelte Vasallität der Gf.en v. R. führte im gesamten Verlauf des MA zu Loyalitätskonflikten. 1164 fiel die Hzg.swürde an die Penthièvre, die das Hzm. an den engl. Kg. überschrieben. 1205 wurde Ranulph de →Blundeville, Gf. v. Chester, mit der Honour belehnt; 1240 fiel sie an →Peter II. v. Savoyen und gelangte 1334 an →Jean III., Hzg. v. Bretagne († 1341). 1342 erhob Eduard III. seinen Sohn →John of Gaunt zum Hzg. v. R.; dieser hielt den Besitz bis zu seinem Anspruch an der Krone v. Kastilien 1372, dann fiel er an →Jean IV. v. Montfort, Hzg. v. Bretagne. Er ging 1384 eine Allianz mit Frankreich ein und verlor R., das Kg. Richard II. im selben Jahr seiner Gattin Anna v. Böhmen überschrieb. Kg.

Heinrich IV. belehnte zunächst Ralph →Neville, Gf. v. Westmorland, mit der Honour, doch gelangte der Besitz 1425 an den Sohn Heinrichs, →Johann, Hzg. v. Bedford, und fiel nach dessen Tod 1435 an die Krone. Kg. Eduard IV. belehnte 1462 seinen Bruder →George, Hzg. v. Clarence, mit dem Besitz; nach dessen Hinrichtung 1478 folgte ihm sein Bruder Richard, Hzg. v. Gloucester (Richard III.). Mit der Thronbesteigung Kg. Heinrichs VII. 1485 wurde die Honour v. R. erneut in den Besitz der Krone inkorporiert.

Das im →Domesday Book nicht verzeichnete R. entwickelte sich um die Burg; topographisch und administrativ läßt sich die Stadt in drei Teile untergliedern: das Zentrum unterhalb der Burganlage mit dem Marktplatz sowie die im W und O sich anschließenden Vorstädte Bargate und Frenchgate. Damit korrespondiert die administrative Unterteilung in Bailey, Bargate und Frenchgate Wards. Ledigl. das Zentrum war im MA ummauert; der erste Nachweis eines 'Murage Grant' datiert aus dem Jahre 1313 (weitere Grants wurden 1341 und 1400 erlassen). Die ursprüngl. dreitorige Befestigung des Zentrums steht in unmittelbarem Zusammenhang mit der Bedrohung des im 14. Jh. wirtschaftl. prosperierenden R. durch die Schotten. Die Pfarrkirche St. Mary the Virgin datiert aus dem 12. Jh., etwa zeitgleich mit dem wohl von Kg. Heinrich II. um 1173 begründeten Hospital St. Nicholas, dem eine Kapelle angeschlossen war. Die St. Edmund's Kapelle wurde gleichfalls im 12. Jh. geweiht. Nur für 1171–82 erwähnen die Q. ein Nonnenkl. in R. 1258 siedelten sich Franziskaner in R. an.

Das früheste erhaltene Privileg R.s datiert aus dem Jahr 1145; es bestätigt die Rechte der Einwohner, die diesen von Alan dem Roten gewährt worden waren. Die *Charter* schreibt die *fee-farm* der *burgesses* mit £29 fest (Erhöhung auf £40 1268; Reduzierung auf £12 1441). Für 1207–08 sind erstmals →Bailiffs der Stadt verzeichnet. Die Stadt dürfte während des gesamten MA von insgesamt 4 Bailiffs und einem 24köpfigen Rat verwaltet worden sein. 1328 wurde R. zur Beschickung des →Parliaments aufgefordert, doch wurden bis gegen Ende des 16. Jh. keine Repräsentanten entsandt. R. war wirtschaftl. von regionaler Bedeutung als Umschlagplatz für Getreide (Nachweis für Mühlen 2. Hälfte 12. Jh.) sowie Wolle und Tuche. 1155 gewährte Kg. Heinrich II. der Stadt einen Jahrmarkt; 1278 erteilte Kg. Eduard I. dem Gf.en Johann ein zweites Jahrmarktprivileg (3.–6. Sept.). In der *Lay Subsidy* v. 1334 wurde R. entgegen früherer Einschätzung als *Taxation Borough* mit dem ländl. 15. Teil und einer Gesamtsumme von £5 veranschlagt.
B. Brodt

Lit.: VCH North Riding, I, 1914 – Sir Ch. Peers, R. Castle, 1985².

Richter (ahd. *rihtari*, mhd. *rihtære*, zu *rihten* in der ursprgl. Bedeutung *geradmachen*) ist im FrühMA die allg. Bezeichnung für eine Person, die mit Rechtszwang ordnet, lenkt und leitet (lat. *rector, princeps, regulus, magistratus, iudex*). Vom wesentl. Kern der Funktionen ausgehend, konzentriert sich der Begriff gegen Ende des HochMA auf den neutralen Leiter des Gerichtsverfahrens, d.h. auf denjenigen, der den Vorsitz innehat und kraft seiner richterl. Gewalt den vor ihm ausgetragenen Streitfall entscheidet. Zur Mitwirkung des R.s an der materiellen Urteilsfindung äußern sich die frühma. Rechtsq. uneinheitl. Die →Lex Baiuvariorum und die →Lex Alamannorum kennen den miturteilenden *iudex*, während der frk. *Thunginus* (Thingrichter) nicht zum Gremium der Urteiler (→Rachinburgen) gehört zu haben scheint.

Typ. für die ma. dt. Gerichtsverfassung ist die strikte Funktionsteilung zw. dem R. und den Urteilern (→Schöffen): Der R. hegt das Gericht und leitet das Verfahren, fordert die Schöffen zur Abgabe des →Urteils auf und ist dann gehalten, ihren Spruch, falls er nicht gescholten wird (Urteilsschelte), durch Verkündigung zum verbindl. Rechtsbefehl an die streitenden Parteien zu erheben; des weiteren obliegt ihm die Durchsetzung des Rechts. Die Kernaussage des Sachsenspiegels (Ldr III 30 § 2) – »De richtere scal gelik richtere sin allen luden; ordel ne scal he <nicht> vinden noch scelden.« – darf Gemeingültigkeit beanspruchen. Sie grenzt den Vorsitzenden des weltl. Gerichts scharf ab vom selbsturteilenden geistl. R. (→Offizial).

Seit der Karolingerzeit treten die vom Kg. als oberstem R. bestellten Amtsträger, →Graf (*comes, grafio*) und →Schultheiß (*centenarius, causidicus*), in den Vordergrund. Den dt. Rechtsspiegeln des 13. Jh. gelten sie als richterl. Leitfiguren. An ihnen orientiert sich das Personal der zunehmend differenzierten Spezial-, Sonder- und Privatgerichtsbarkeit (Dorf-, Stadt-, Lehns-, grundherrschaftl. R.). Mit dem Reichshofr. führte Ks. Friedrich II. 1235 im →Mainzer Landfrieden (c. 28) nach siz. Vorbild den Prototyp des im Auftrag und auf Zeit amtenden, mit exakt beschriebenen Kompetenzen versehenen, durch Amtseid (→Eid) gebundenen R. in Dtl. ein. Eingesetzt wird der R. grundsätzl. vom jeweiligen Inhaber der Gerichtshoheit; seine Gerichtsgewalt (*potestas iudicandi*) empfängt er in der Regel durch bes. Rechtsakt (→Bannleihe). Bereits um 1275 postuliert aber der →Deutschenspiegel (Ldr 77 § 2), »daz dhein herre sol dhein lœuten dheinen richter geben wan den si welent«. Aufgegriffen und mit unterschiedl. Erfolg (von schlichter Bitte bis hin zu förml. Wahl) verwirklicht wurde die Mitwirkung der Gerichtsgemeinde bei der R.bestellung in den Städten. Allg. persönl. Voraussetzungen der Amtstauglichkeit sind männl. Geschlecht, Großjährigkeit, Vollrechtsfähigkeit, Orthodoxie, durch Privatvermögen gesicherte Unabhängigkeit und Abkömmlichkeit sowie Rechtsfahrenheit. Im Unterschied zum geistl. erwarb der weltl. dt. R. seine Fachkenntnis nicht durch schulmäßige jurist. Lehre, sondern durch frühe Heranführung an die Praxis.

Bedeutsamen Einfluß nahm das kanon. Recht auf die Ethisierung des R.amts. Über das selbstverständl. Gebot der Unparteilichkeit hinaus greift das Eidesformular von 1235 (MRLF c. 28) den aus der Patristik (MPL 83, 726 s.) und dem Kirchenrecht geschöpften Katalog richterl. Kardinaltugenden auf, wie sie dann später, variiert und erweitert, immer wieder in den Rechtsq. begegnen: Unbestechlichkeit, Furchtlosigkeit, Neutralität ohne Ansehen der Person, maßvolle Strenge. Der geleistete Amtseid bot die Handhabe, gegen den pflichtwidrig (eidbrüchig) handelnden R. strafrechtl. vorzugehen. Als bes. prekär erweist sich dabei die zähe Tradition der Unentgeltlichkeit der Rechtspflege und der Selbsterhaltung des Gerichts aus den Bußgeldern: Abhilfe durch Einführung einer angemessenen, fixen R.besoldung wird bis zum Ende des MA nur selten in die Praxis umgesetzt.

Seit Mitte des 14. Jh. erscheint neben dem herkömml., an der Urteilsfindung nicht beteiligten Vorsitzenden auch an weltl. dt. Gerichten der selbsturteilende R., der regelmäßig allein entscheidet (Oberbaier. Landrecht Ks. Ludwigs IV., 1335/46). Aber erst mit der Rezeption gewinnt der R.-Typus allmähl. überregionale Verbreitung. Selbst die Reichskammergerichtsordnung v. 1495 (§1) erkannte dem R. zunächst nur ausnahmsweise eine Mitwirkung an der Urteilsfindung zu.
H. Drüppel

Lit.: HRG IV, 1094ff. – K. W. Nörr, Zur Stellung des R.s im gelehrten Prozeß der Frühzeit, 1967 – G. Köbler, Richten–R.–Gericht, ZRGGermAbt 87, 1970, 57ff. – H. Schlosser, Spätma. Zivilprozeß nach bayer. Q., 1971 – W. Schild, Alte Gerichtsbarkeit, 1980, 125ff. – H. Drüppel, Iudex Civitatis, 1981 – J. Weitzel, Dinggenossenschaft und Recht, 1985.

Richthorn, seit dem 14. Jh. bekanntes Hilfsmittel zum vertikalen Richten einer →Büchse, im 15. Jh. Teil der →Lafette leichter und mittlerer Geschütze. Bei der sog. Burgunderlafette (von der Artillerie Karls d. Kühnen v. Burgund verwendet) war die →Lade mit dem Geschütz an ihrem vorderen Ende mit dem Lafettengestell (Unterlade) durch einen Bolzen drehbar verbunden, wodurch das Geschütz durch Anheben der Lade in beliebige Erhöhung gebracht werden konnte. Die an den Seiten der Unterlade angebrachten beiden R.er aus Holz oder Eisen (bei Verwendung nur eines R.s lief es durch einen Schlitz in der Lade) ermöglichten es, das Geschütz in der gewünschten Position zu fixieren, indem ein Bolzen durch die in den R.ern gebohrten Ausnehmungen geschoben wurde und so die Auflage der Lade bildete. E. Gabriel

Lit.: B. Rathgen, Das Geschütz im MA, 1928.

Richtkeil, diente ebenso wie das →Richthorn zum vertikalen Richten (Erhöhen) eines Geschützes. Bei →Legstükken wurde ein der gewünschten Erhöhung entsprechender R. unter den vorderen Teil der Bettung geschoben. Als es bei Geschützen mit →Schildzapfen möglich war, das Rohr ohne Verwendung einer →Lade direkt in Ausnehmungen in den beiden Seitenwänden einer →Lafette oder eines Schießgestells bewegl. zu lagern, wurde mit R.en der hintere Teil des Geschützrohres in der Lafette oder im Schießgestell verkeilt und in der gewünschten Erhöhung festgehalten. E. Gabriel

Lit.: B. Rathgen, Das Geschütz im MA, 1928.

Richtsteig Landrechts → Buch, Johann v.

Ricimer (Flavius R.), →Magister militum (ab 456; Patricius 457; Consul 459), stammte aus dem westgot. oder sueb. Kg.shaus, Onkel des Burgundenkg.s →Gundobad. R. diente unter Aëtius, war unter →Avitus 456 erfolgreich gegen die Vandalen in Sizilien, führend beteiligt bei der Beseitigung des Ks.s und der Erhebung des →Maiorianus. Nach dessen Versagen und Vernichtung 461 hob er Libius Severus auf den Thron. Nicht zu bewältigen war die Gegnerschaft zu →Marcellinus in Dalmatien bis zu dessen Ermordung 468. →Leon I. erhob auf Ersuchen R.s →Anthemius 466 zum Westks. Zerwürfnisse zw. Anthemius und R. (∞ Tochter des Anthemius) führten ab 470 zu offenem, durch gelegentl. Versöhnung (→Epiphanius) unterbrochenem Bürgerkrieg und Ermordung des Ks.s. R. starb 40 Tage danach (wohl Aug. 472), der im April von ihm erhobene →Olybrius im Herbst. Nachfolger R.s wurde Gundobad. G. Wirth

Lit.: PLRE II, 942–REI A, 758; Suppl. XII, 673 – P. Papini, Ricimero. L'agonia dell'impero Romano nel'occidente, 1958.

Ricobald v. Ferrara, Gesch.sschreiber, Geograph und Notar, † nicht vor 1318. 1274 begegnet er im Rat des Signore seiner Heimatstadt Ferrara Mgf. Obizzo II. d'→Este (8. E.); nach dessen Tod (1293) emigrierte er. Er lebte dann in Padua und in Ravenna; später kehrte er für einige Zeit nach Ferrara zurück. – In Ravenna entstand R.s »Pomerium Ravennatis ecclesie«, eine vom Weltbeginn bis 1298 reichende Universalchronik samt einer Beschreibung der Erde. In Padua verfaßte er die »Historie« (heute z. T. verschollen), eine umfangreiche Darstellung der Weltgesch.; später schrieb er eine Kurzfassung, das bis 1318 reichende »Compendium«. Ferner stammen von R. die sog. »Chronica parva Ferrariensis«, eine »Compilatio chronologica« und ein »Liber de locis orbis et insularum et marium«. Der Chronist erweist sich als Gegner der kurialen Politik. J. Prelog

Ed.: R.i Ferrariensis compendium Romanae historiae, ed. A. T. Hankey, 2 Bde, 1984 – Riccobaldo da F.: De locis orbis, ed. G. Zanella, 1986 – *Lit.:* M. Zabbia, Notariato e memoria storica, BISI 97, 1991, 75–122 – Rep. della cronachistica emiliano-romagnola, 1991, 163–182 [G. Zanella].

Ricos hombres, seit Mitte des 12. Jh. gebräuchl. Bezeichnung der Mitglieder des Hochadels im Unterschied zum niederen Adel (→*infanzones*, →*hidalgos, caballeros*), ersetzte in Kastilien und León den Begriff Magnaten, in Aragón und Navarra den der *seniores* oder Barone, eine Bezeichnung, die in Katalonien neben dem selteneren *richs homens* weiter verwendet wurde. Seit Kg. Johann II. wurde R. h. in Kastilien immer häufiger durch den Begriff Granden ersetzt. Schon z. Z. der →*nobleza vieja* in Kastilien und León (12.–14. Jh.) hatten die R. h. das Recht, wie ein →*Don* behandelt zu werden, ein Banner zu führen (Zeichen der Fähigkeit, einen Heerbann zu stellen) und im Wappenschild einen Kessel zu verwenden (Symbol der Fähigkeit, ihre Lehnsleute zu ernähren). Sie bildeten die mächtigste, durch Kg.snähe ausgezeichnete soziale Gruppe: Ihnen allein stand die Besetzung der obersten Hofämter und der Verwaltung der Ländereien zu, sie erhielten vom kgl. Schatzamt *sueldos* (Geldzuwendungen) zum Unterhalt ihrer Lehnsheere ausgezahlt (in Kastilien *tierra* gen.), verfügten über große, ihrer Gerichtsbarkeit unterstehende Ländereien sowie über Einkünfte aus Lehen (Katalonien: *feudos*; Aragón: *honores*; Kastilien: *prestimonios* [→*préstamo*]) und aus Herrschaften (→*señoríos*). Diese gesellschaftl. Stellung vererbte sich innerhalb des manchmal mit dem Kg.shaus verwandten Geschlechts und bedingte meist neben einem sehr großen Vermögen auch polit. Einfluß. Während die polit. Macht des Hochadels in Kastilien und Portugal mehr von der persönl. Beziehung zum Kg. und dem Zusammenschluß in Adelsligen bestimmt war, kam den R. h. in Navarra (Fuero General), Aragón (Privilegio General, 1283) und Katalonien (Usatges, Constitucions de Corts) eine komplexere Rechtsstellung zu. Auf den →Cortes bildeten sie den 2. Stand (*brazo nobiliario* oder *militar*); einzig im Kgr. Aragón hatte der niedere Adel seine eigene Standesvertretung. M. A. Ladero Quesada

Lit.: S. Sobrequés i Vidal, Els Barons de Catalunya, 1957 – S. de Moxó, De la nobleza vieja a la nobleza nueva, Cuadernos de Hist. 3, 1969, 1–210 – J. Mattoso, Ricos-Homens, Infanções e Cavaleiros, 1985 – I. Beceiro Pita–R. Córdoba da la Llave, Parentesco, poder y mentalidad. La nobleza castellana, siglos XII–XV, 1990.

Rictrudis, hl., Äbtissin, stammte aus der Gascogne, † 12. Mai 687 in →Marchiennes (Bm. Tournai), ▭ ebd., Fest: 12. Mai. Witwe des →Adalbald und Mutter von vier Kindern, entzog sie sich der ihr von Kg. →Dagobert auferlegten Wiederverheiratung, suchte um die Mitte des 7. Jh. Zuflucht im Kl. Marchiennes und stand hier einer weibl. Gemeinschaft vor; nach ihrem Tod folgte ihr ihre Tochter Clotsinde als 2. Äbtissin nach. Das Leben der R. und ihrer Familie illustriert die vom Adel getragene monast. Bewegung des 7. Jh. und diente als Grundlage für eine Art von hagiograph. Zyklus.

Die erste Biographie des hl. R. wurde 907 von →Hucbald v. St-Amand (BHL 7247) auf Bitten der Mönche und Nonnen v. Marchiennes verfaßt, angebl. aufgrund einer älteren Vita, deren Codex beim Normanneneinfall von 881/883 vernichtet worden sei. Die von Hucbald abgefaßte Vita wurde um 1000 von Johannes v. St-Amand auf Weisung des Bf.s Erluin v. Cambrai versifiziert (BHL

7248). Bedeutende Miracula-Slg.en entstanden anläßl. von Translationen der Reliquien; zunächst um 1127 von Gualbert v. Marchiennes (BHL 7249–51), dann zw. 1164/68 und (in zwei leicht differierenden Versionen: BHL 7252–82a) von →Andreas v. Marchiennes (nach K.-F. Werner). Fragmente der Reliquien wurden von der Abtei Fécamp 1682 erworben. Das Reliquiar v. Marchiennes wurde 1793 zur Einschmelzung nach Paris geschickt, die Reliquien während der Revolution von 1830 vernichtet. Der Kult war bes. in den Bm.ern Cambrai, Arras, Auch und Bayonne verbreitet. J.-C. Poulin

Lit.: Bibl. SS XI, 181f. – Catholicisme XII, 1209f. – L. van der Essen, Hucbald de St-Amand (c. 840–930) et sa place dans le mouvement hagiographique médiéval, RHE 19, 1923, 543–550 – K. F. Werner, Andreas v. Marchiennes..., DA 9, 1952 [vgl. dazu G. Despy, Scriptorium 9, 1955, 156–158] – H. Platelle, Crime et châtiment à Marchiennes. Étude sur la conception et le fonctionnement de la justice d'après les Miracles de s. R. (XIIe s.), Sacris erudiri 24, 1980, 155–202 – Deug-Su I, La Vita Rictrudis di Ubaldo di St-Amand: un'agiografia intellettuale e i santi imperfetti, StM, 3e s., 31, 1990, 545–582.

Riculf, Bf. v. →Soissons, ca. 889–900. Über ihn ist wenig bekannt. I. J. 900 weihte er mit den anderen Suffraganen Ebf. →Heriveus v. Reims; ob er an der Krönung Ludwigs v. d. Provence teilnahm, ist unsicher. Wohl kurz nach seinem Amtsantritt verfaßte er ein Bf.skapitular für die Kleriker seiner Diöz., das nur fragmentar. durch die Hs. Paris, Bibl. Nat. lat. 4280 A, erhalten ist. Seine Q. waren Schrr. →Gregors d. Gr. und →Hinkmars v. Reims.
M. Stratmann

Q. und Lit.: MPL 131, 15ff. [demnächst ersetzt durch MGH Cap. episc. 2, 1994] – Flodoard, Historia Remensis ecclesiae IV 6, 11 und 53, MGH SS XIII 569, 575, 598 – Duchesne, FE III, 92 – E. Hlawitschka, Lotharingien und das Reich an der Schwelle der dt. Gesch. (MGH Schr. 21, 1968), 99 – I. Schröder, Die westfrk. Synoden von 888 bis 987 und ihre Überl. (MGH Hilfsmittel 32, 1980), 105, 115, 153f., 323.

Riddarasaga (Riddarasǫgur, 'Ritterromane'). Als R. werden ma. skand. Texte bezeichnet, die entweder Übers. bzw. Übertragungen ausländischer Werke der höf. Epik in altnord. Prosa waren (übersetzte R.) oder einheim. Werke nach dem Muster derartiger ausländischer Werke, wobei v. a. exot. Motivik und eine Brautwerbehandlung (→Brautwerberepos, III) zu den Konstanten zählten (originale R.). – Die übersetzten R., die großteils in der 1. Hälfte des 13. Jh. am norw. Kg.shof entstanden, sind stark kürzende altwestnord. Prosauflösungen frz. oder anglonorm., seltener lat. Werke, und umfassen nur rund ein Dutzend Sagas. Übertragungen aus dem Artusstoffkreis im Altfrz. sind die »Ivens saga«, die »Erex saga«, »Parcevals saga« mit dem »Valvers þáttr«, die »Tristrams saga ok Isondar« und die »Mǫttuls saga« sowie die Übers. von 21 frz. Lais (→»Strengleikar«), die »Elis saga«, die »Flores saga ok Blankiflur«, die »Partalopa saga«, die »Bevers saga« und die »Flovents saga«. Mit Sicherheit auf einem lat. Original beruht die »Clarus saga«. Zu den R. im weitesten Sinn zählt man auch die aus dem Lat. übertragenen hist. bzw. pseudohist. Werke wie die »Breta sǫgur« (»Historia regum Britanniae« des →Geoffrey v. Monmouth), die »Trójumanna saga« (»De excidio Troiae« des [Ps.-]→Dares Phrygius), die »Alexanders saga« (»Alexandreis« des →Walter v. Châtilon) sowie die »Karlamagnús saga« (→Karl d. Gr., B. V). Die »Tristrams saga« und die »Elis saga« nennen ihren Übersetzer, einen Bruder (bzw. Abt) Robert, wohl in beiden Fällen dieselbe Person (für die »Parcevals saga« vermutet man aus sprachl. Gründen denselben Übersetzer). Diese beiden sowie die »Mǫttuls saga«, die »Ívens saga« und die »Strengleikar« verweisen auf den Auftraggeber der Übersetzungen, nämlich auf den Kg. v. Norwegen, →Hákon Hákonarson (1204–63), der diese Übertragungen als Teil seines »Kulturprogramms« zur Europäisierung Norwegens betrachtet haben dürfte. Die originalen R. entstanden in Island seit dem Ende des 13. Jh. in Anlehnung an die übersetzten Texte, und bei ihnen sind trotz der Unabhängigkeit von direkten Originalen zahlreiche Motive aus frz. Ritterromanen, byz. und oriental. Erzählungen und Wandermärchen und der ma. lat. Novellenlit. entnommen, und südländ. klingende Namen, exot. Schauplätze sowie häufig Zaubergegenstände spielten eine wichtige Rolle. Die Handlungsstruktur dieser Sagas dagegen ist einfach und besteht meist aus einer Brautwerbegeschichte mit stereotypem glücklichen Ausgang durch Hochzeit, so daß hier mit Recht von Schemaliteratur gesprochen werden kann. Der – nicht zuletzt motivgeschichtlich wie volkskundlich interessante – Reichtum an märchenhaften Elementen hat zu einer Überschneidung mit dem Begriff der Märchensagas geführt, der aber enger zu fassen wäre, daneben finden auch andere Bezeichnungen wie romant. Sagas, Südlandsfabeln, Fornsǫgur Suðrlanda, Lygisǫgur ('Lügensagas'), Stjúpmœðrasǫgur ('Stiefmuttermärchen') oder Æventýrasǫgur Anwendung für diese Gruppe von weit über 200 spätma. Werken, die noch bis in die jüngere Vergangenheit Nachahmung gefunden haben.
R. Simek

Lit.: H. G. Leach, Angevin Britain and Scandinavia, 1921 – M. Schlauch, Romance in Iceland, 1934 – G. Barnes, The r. and Medieval European Lit. (Medieval Scandinavia 8, 1975) – A. v. Nahl, Originale R. als Teil altnord. Sagalit., 1981 – J. Glauser, Isländ. Märchensagas, 1983 – Les Sagas des Chevaliers. R., 1985 – M. E. Kalinke–P. M. Mitchell, Bibliogr. of Old Norse-Icelandic Romances, 1985 (Islandica 44).

Riechapfel → Ambra; →Bisamapfel

Riemenschneider (nd. *remensnider*, lat. *corrigiator*, *corrigiarius*; R. in Nord- und Mitteldtl. vorherrschend, in Süddtl. häufig *Riemer*) verarbeiteten Rind-, Schweins- und Wildleder zu Gürteln, Zaumzeug und Zuggeschirr von Pferden, aber auch zu Modeprodukten wie z. B. Strumpfbändern. Sie standen dabei in Konkurrenz zu einer Reihe anderer Berufe, bes. zu den →Sattlern, den Gürtlern bzw. Riemenschlägern, aber auch zu den Beutlern und Nestlern. Häufig waren diese Berufe in einer Zunft vereint, so etwa 1375 in Hamburg die R., Glaser, Maler, Sattler, Beutel- und Taschenmacher. Nur in großen Städten wie Lübeck oder Köln waren R. und Gürtler bzw. Riemenschläger in getrennten Zünften organisiert. Auch dort werden R.zünfte aber erst am Ende des 14. und Anfang des 15. Jh. erwähnt. Sie gehörten nirgends zu den großen und reichen Zünften. Mehr Information als über die R. haben wir über die Gürtler, deren Arbeit in erster Linie im Anfertigen der metallenen Schließen und Beschläge und im Versilbern und Vergolden lag; daraus ist zu schließen, daß die Arbeit der R. mehr das Schneiden, Verzieren und eventuell Färben des Leders betraf. Die Lehrzeiten konnten zw. drei und sechs Jahren schwanken. Viele Zunftordnungen der R. und Gürtler lassen erkennen, daß sie nicht nur untereinander in Konkurrenz standen, sondern oft auch zu den Krämern ihrer Städte, die eingeführte Ware anboten, daß andererseits bes. die Gürtler relativ großzügige Genehmigungen zu auswärtigen Messebesuchen erhielten und so selbst leicht zum Handel übergehen konnten. Die obdt. Beutler und Nestler trafen sich in der 2. Hälfte des 15. Jh. zu einem jährl. »Kapitel« auf der Nördlinger Messe.
H.-P. Baum

Q. und Lit.: →Handwerk.

Riemenschneider, Tilman, Bildhauer in Holz und Stein, Bildschnitzer und Retabelmeister, * zw. 1455/60 in

Osterode (Harz), † 7. Juli 1531 in Würzburg, kam 1483 nach Würzburg und heiratete 1485 die Witwe des Goldschmiedes Ewalt Schmidt. 1504 in den Rat der Stadt gewählt, 1520/21 Bürgermeister, erwarb sich R. im Laufe seines Lebens, in dem er vier Ehen einging, ein beträchtl. Vermögen. 1525 auf Seiten der aufständ. Bauern, schließlich gefangengenommen und auf Geheiß des Fürstbf.s gefoltert, verlor er weitgehend die Grundlagen seiner bürgerl. Existenz. R.s künstler. Herkunft ist unbekannt, doch weisen in seinem Schaffen vorhandene schwäb. und oberrhein. Einflüsse aus der Zeit der Wanderjahre auf die Stilkreise von Niclaus →Gerhaert und Jürg →Syrlin. Insbes. aber nahm R. starke Eindrücke aus der Grafik Martin →Schongauers auf und setzte sie ins Dreidimensionale um. R. bestimmte von Würzburg aus nachhaltig die damalige Kunstentwicklung. Er verharrte trotz des Aufkommens eines neuen, realist. Stils noch in der Formensprache ma. Idealität. Jedoch verzichtete das aus R.s Werkstatt für den Taubergrund hervorgegangene →Retabel bewußt auf die überkommene ma. farbige Fassung, wobei R. durch die feine, auf maler. Effekte abzielende Bearbeitung des Holzes, durch den Verzicht auf Farbe und eine bewußte Steigerung des Spieles von Licht und Schatten sowohl eine mystische als auch eine vertiefte myst. Wirkung erzielt. Zu deren Intensivierung durchbrach er mitunter noch die Schreinrückwand mittels geschnitzter Fenster (z. B. Creglinger Retabel). Hauptwerke der Frühzeit: Steinskulpturen von Adam und Eva (1491–93; für die Marienkapelle, Würzburg, heute Würzburg, Mainfrk. Mus.). Altäre: Münnerstädter Altar (1490–92; heute zersprengt, Teile: Pfarrkirche zu Münnerstadt; München, Bayer. Nat.mus.; Berlin, Staatl. Mus. Preuss. Kulturbesitz); Heiligblutaltar in der Jakobskirche zu Rothenburg o. d. T. (1499–1505); Altar in der Herrgottskirche zu Creglingen (um 1505); Windsheimer Zwölfbotenaltar (1509/10; Heidelberg, Kurpfälz. Mus.); Marienaltar (nach 1511; Nürnberg, Germ. Nat. Mus.); Passionsaltar (1512/13; in Dettwang, urspgrl. in der Michaelskapelle zu Rothenburg o. d. T.). Hauptwerke der Grabmalskulptur und Einzelfiguren: Wandgrab für den Fürstbf. Rudolf v. Scherenberg (1498–99; Würzburg, Dom); Wandgrab für Lorenz v. Bibra († 1519; ebd.); Grab Ks. Heinrichs II. und Kunigundes (1499–1513; Bamberg, Dom); Sandsteinmuttergottes (1493; Würzburg, Neumünster); Salvatorfigur (1518–22; Biebelried, Pfarrkirche); Muttergottes (Holz; Berlin, Staatl. Mus. Preuss. Kulturbesitz); weitere Gottesmütter (Holz; Würzburg, Mainfrk. Mus.); Hl. Anna vom verlorenen Annenaltar der Würzburger Marienkapelle (München, Bayer. Nat. Mus.). M. Tripps

Lit.: J. BIER, T. R. Die frühen Werke, 1925 – DERS., Die reifen Werke, 1930 – TH. DEMMLER, Die Meisterwerke R.s, 1937 – K. GERSTENBERG, T. R., 1941 – M. H. V. FREEDEN, T. R., 1954 – DERS., T. R. Leben und Werk, 1972 – J. BIER, Die späten Werke in Stein, 1973 – DERS., Die späten Werke in Holz, 1978 – H. MUTH–T. SCHNEIDERS, T. R. und seine Werke, 1980 – DIES., Ich, meister Til R. Bildschnitzer, Bürger v. Würzburg. Gedanken zum 450. Todestag des Bildhauers, Würzburg heute 31, 1981, 15 – E. M. VETTER–A. WALZ, Die Rolle des Monogrammisten AG im Werk R.s, Anz. des Germ. Nat. Mus., 1980, 48–73 – H. MUTH, T. R. Die Werke des Bildschnitzers und Bildhauers, seiner Werkstatt und seines Umkreises im Mainfrk. Mus. Würzburg, 1982 – Zum Frühwerk T. R.s. Eine Dokumentation, hg. H. KROHM, 1982 – I. KALDEN, T. R. – Werkstattleiter in Würzburg: Beitr. zur Organisation einer Bildschnitzer- und Steinbildhauerwerkstatt im ausgehenden MA, 1990.

Rieneck. Die Mainzer Bgft. und Erzstiftsvogtei gelangten 1106/08 an die Gf.en v. →Looz in Brabant, wurden institutionell wahrscheinl. durch Ebf. →Adalbert I. († 1137) getrennt und später infolge der Entvogtung wertgemindert. Die Gf.ensippe trennte sich gegen Ende des 12. Jh. in die Linien Looz (bis 1336) und R. (bis 1559), deren Hauptsitz die 1179 erstmals gen. Burg R. (Krs. Gemünden) an der Sinn war. Ihre Gft. umfaßte Reichslehen und Allodialgut, konnte sich jedoch zw. den Herrschaftsbereichen von →Mainz, →Würzburg und →Fulda nicht recht ausdehnen. Der Bgf.entitel verschwindet ab 1221, den Streubesitz am Rhein und Nahe hatte man schon zuvor aufgegeben. In Nutzung von Vogteirechtslehen Fuldas und des Stiftes →Aschaffenburg wurden Rodungen im Ostspessart durchgeführt, das Vordringen in das Zentrum des Waldlandes scheiterte jedoch am Widerstand Ebf.s →Werner v. Eppstein († 1284). Ö. des Mains blieb das Hochstift Würzburg Vormacht. Burg und Stadt R., seit 1366/1408 Lehen des Ebf.s v. Mainz, verloren an Bedeutung zugunsten von Lohr. A. Gerlich

Lit.: T. RUF, Die Gf.en v. R. [Diss. Würzburg 1983] – Mainfrk. Stud. 32/ I, II, 1984.

Rienzo → Cola di Rienzo

Ries, Landschaft in Niederschwaben. Gegenüber dem geogr. Begriff des R.beckens ist die hist. Landschaft im MA umfassender: Als 'Ereignisname' gedeutet, in dem Germanen ihre Begegnung mit der röm. Prov. →Raetia konservierten, taucht die Lagebezeichnung »in Rieza« wie »in pago Retie« bzw. »Retiense« in Urkk. des 8./9. Jh. auf, ohne daß daraus auf eine Gaugft. geschlossen werden kann; bis ins HochMA wurden auch Orte außerhalb des R. (z. B. 1053 Donauwörth) einbezogen, der gelehrte Sprachgebrauch (1458 Augsburg »im oberen Rieß«) knüpfte an die Raetia secunda an; gleichzeitig fand eine Einengung statt, wenn das Kl. Kaisheim ab 1319 einen Besitzsprengel »praepositura Recia« abgrenzte. Als alem. Altsiedellandschaft seit der 2. Hälfte des 8. Jh. »karol. Interessenzone« (KUDORFER) mit Besitz v. a. der Reichskl. und Hochkirchen, schob sich im HochMA der Hochadel stärker in den Vordergrund (Hürnheim, Lierheim), im 12. Jh. bezogen die →Staufer (eventuell R.gaugf.en des 11. Jh.) es in ihren polit. Ausbau ein. Seit dem SpätMA wurde das R. herrschaftl. von der sog. jüngeren Gft. →Oettingen geprägt, die freil. in Spannung mit der Reichsstadt →Nördlingen als wirtschaftl. Zentrum stand. R. Kießling

Lit.: R.er Kulturtage. Dokumentation, Iff., 1978ff. – D. KUDORFER, Nördlingen, 1974 – DERS., Die Gft. Oettingen, 1985.

Riesenbibeln (it. *bibbie atlantiche*, engl. *giant bibles*), großformatige, meist zweibändige Bibeln, die seit dem mittleren 11. Jh. in Italien üblich werden, obwohl entsprechende Großformate bei einbändigen (Pandekten) oder zweibändigen Bibeln schon im 6. und frühen 8. Jh. (Codex grandior des Cassiodor; →Codex Amiatinus) und seit dem 9. Jh. vorkommen (karol. Bibeln v. Tours, Bibel v. S. Paolo fuori le mura, erste Bibel von S. Martial/Limoges). Auch die großformatigen katal. Pandekten des 11. Jh. (Ripoll- und Roda-Bibel) werden als R. bezeichnet. Die Maße der (meist beschnittenen) Buchblöcke bewegen sich etwa zw. 50×34 cm und 66×41 cm und werden im Verlauf des 12. Jh. auch für n. der Alpen und in Spanien hergestellte Bibeln allgemeiner üblich, gelegentl. sogar beträchtl. überschritten (Bibel aus Regensburg-Prüfening, 71×48 cm; →Codex Gigas, Stockholm, 90×50 cm). Die mittelit. R., für die der Begriff im engeren Sinne sich eingebürgert hat, wurden unterschiedl. lokalisiert (Rom, Umbrien, Toskana, Oberitalien); die neuere Forsch. (BERG, AYRES, SUPINO MARTINI) datiert die frühen, meist nur mit ornamentalen 'geometr.' Initialen geschmückten Hss. schon in die Mitte bis in die 2. Hälfte des 11. Jh. und sieht in den meisten von ihnen wie auch in den frühen figürl. geschmückten Exemplaren (Palatina-Bibel, Bibel v. Sta. Cecilia, Pantheon-Bibel) Zeugen einer von der päpstl. Kurie iniziierten Bibeled. aus dem Geist der Kirchenreform, die in relativ großen Mengen hergestellt, weit über Italien hinaus exportiert wurden und den Anstoß zu eigener Bibelproduktion gaben. Weitere Herstellungszentren sind im n. Mittelitalien (Bibel des Florentiner Doms), vielleicht auch in Oberitalien anzunehmen. – Die figürl. Ausstattung der R. beschränkt sich anfangs auf Autoren- bzw. Protagonistenbilder, die gelegentl. szen. erweitert werden; in einigen bes. reich ausgestatteten R. (Pantheon-Bibel, Bibel des Florentiner Doms) breitet sich das mehrszenige Bildprogramm auf großen, z. T. ganzseitigen Miniaturen aus. Häufig werden die R. mit einer ganz- oder halbseitigen Miniatur eingeleitet, die, der typ. röm. Ikonographie (vgl. Langhausmalereien von S. Paolo f. l. m.) folgend, die Schöpfung und Gesch. Adams und Evas bis zur Vertreibung aus dem Paradies zeigt (→Bibelillustration).

U. Nilgen

Lit.: S. Berger, Hist. de la Vulgate, 1893 – E. B. Garrison, Stud. in the Hist. of Mediaeval Italian Painting, I–IV, 1953–62 – K. Berg, Stud. in Tuscan Twelfth Cent. Illumination, 1968 – W. Cahn, Die Bibel in der Romanik, 1982 – L. M. Ayres, An Italianate Episode in Romanesque Bible Illumination at Weingarten Abbey, Gesta 24, 1985, 121–128 – P. Supino Martini, Roma e l'area grafica romanesca (s. X–XII), 1985, 25–33.

Rietberg, Gft., entstand 1237 durch eine Herrschaftsteilung zw. den gfl. Brüdern Gottfried III. und Konrad I. v. →Arnsberg, bei der Konrad die n. der Lippe gelegenen Teile der Gft. Arnsberg erhielt und sich fortan nach der um 1100 gegr. Burg R. nannte. Trotz der schmalen Macht- und Territorialbasis vermochten die Gf.en v. R. in der Gesch. →Westfalens eine wichtige Rolle zu spielen, da es ihnen mehrfach gelang, die Bf.sstühle in →Münster, →Osnabrück, →Paderborn und →Minden mit Söhnen ihres Hauses zu besetzen und in der westfäl. und rhein. (Köln) Domkapiteln zahlreich vertreten zu sein. Auch die Lehnsbindungen, die sie 1353 zum Reich eingingen, trugen zur Hebung des Ansehens bei. Doch der Mangel an Ressourcen zwang 1456 Gf. Konrad V., die Gft. R. den Lgf.en v. Hessen zu Lehen aufzutragen und damit in die Gruppe der unbedeutenden Territorien einzureihen. Doch konnten die Gf.en unter verschiedenen Häusern (Arnsberg bis 1562, →Cirksena bis 1699, Kaunitz bis 1815) ihre Eigenständigkeit behaupten.

W. Janssen

Lit.: W. Leesch, Die Gf.en v. R. aus den Häusern Arnsberg und Ostfriesland, WZ 113, 1963, 281–376 – P. Leidinger, Zur Frühgesch. der Gft. R., Beitr. zur Heimatkunde des Krs.s Wiedenbrück 3, 1966, 43–49 – A. Hanschmidt, Die Gft. R. (Köln-Westfalen 1180/1980, hg. P. Berghaus–S. Kessemeier, 1980), 190–193.

Rieti, Stadt in Mittelitalien (Latium), sabinische Gründung, gelegen in dem etwa 400 m hohen Velino-Becken zw. den Sabiner Bergen und dem Terminillo-Massiv. In augusteischer Zeit wurde R. Präfektur. Seit dem 6. Jh. ist ein Bf. bezeugt; ein Papyrus von 557 (Tjäder, 7) beweist das Fortbestehen einer Kurie und öffentl. Institutionen, die in spätröm. Zeit die Ausstellung, Registrierung und Aufbewahrung von Privaturkk. durchführten. Nach der langob. Landnahme wurde R. seit den letzten beiden Jahrzehnten des 6. Jh. Teil des Dukats v. →Spoleto. Das Klosterchartular (Regestum Farfense) der Abtei →Farfa, dessen früheste Urkk. aus dem zweiten Jahrzehnt des 8. Jh. stammen, erlaubt bezeichnende Einblicke in das Leben R.s in langob. Zeit. Die Stadt war ein wichtiges Gastaldat und unterstand formell dem Dukat Spoleto, scheint jedoch zeitweise im 8. Jh. eine beachtl. Aktionsfreiheit besessen zu haben. Eine in ihrer äußeren Charakteristik völlig »langobardisierte« städt. Aristokratie agiert als Partner der Abtei Farfa in Tausch-, Miet- und Pachtgeschäften sowie Käufen und Verkäufen von Immobilien. Bereits in dieser Zeit wuchs die Siedlung (mit landwirtschaftl. genutzten Flächen) über den Bereich der röm. Mauern hinaus. Als Siedlungskerne ragten hervor die Residenz des Gastalden (später des Gf.en), die Kathedrale und einige städt. Klöster. Im 10. Jh. scheint sich die Besiedlung wohl aufgrund eines Bevölkerungsanstiegs an einigen Stellen verdichtet zu haben. Erst die Errichtung der spätma. Stadtmauern (1253–1320) hat die endgültige Stadtfläche definiert. Die Stadt wurde wahrscheinl. Ende des 9./Anfang des 10. Jh. von den Raubzügen der Sarazenen betroffen. Von 920 bis Anfang des 12. Jh. sind in R. Gf.en bezeugt. Um die Mitte des 12. Jh. scheint der Prozeß der kommunalen Selbstverwaltung abgeschlossen. 1149 wurde R. von den Normannen unter dem kgl. Kanzler Robert eingenommen und niedergebrannt, verblieb jedoch im röm. Einflußbereich und leistete 1198 Papst Innozenz III. den Treueid. Seine geograph. Nähe zum Kgr. Neapel machte R. v. a. in der ersten Hälfte des 14. Jh. zum Ziel der Expansionspolitik der Anjou. 1354 ergab sich R. Kard. Albornoz und wurde dadurch definitiv Teil des Kirchenstaats.

F. Marazzi

Lit.: M. Michaeli, Memorie stor. della città di R. e dei paesi circostanti dalle origini all'anno 1560, 2 Bde, 1897–98 – P. Brezzi, R. e la Sabina (R. e il suo territorio, 1976), 165–211 – S. Gasparri (Il Ducato di Spoleto, 1983), I, 77–122 – T. Leggio, La nascita del Comune reatino nel 1140 o nel 1141 ed un documento ignorato, Il Territorio 4, 1988, 63–67 – Ders., Le fortificazioni di R. dall'alto medioevo al rinascimento, Quaderni di Storia Urbana e Territoriale 4, 1989 – M. C. Somma–L. Saladino, Elementi per una topografia di R. in età tardoantica ed altomedievale, MEFR 105, 1993/1, 23–122.

Rieti, Bulle v. (3. Aug. 1234), von Papst Gregor IX. in R. dem →Dt. Orden ausgestellt, befiehlt dem Orden bereits gehörende Land und alle künftigen Eroberungen in Preußen unter den Schutz des Apostol. Stuhles; dem Orden wird der Besitz verliehen, der Papst behält sich aber die Errichtung und Dotierung von Bm.ern vor. Zwecks Anerkennung des päpstl. Lehens auferlegt er einen jährl. Zins. Die Auslegung der Bulle ist hinsichtl. des rechtl. Einbezuges des Kulmer Landes (→Kulm) und der Berücksichtigung früherer Verträge (→Kruschwitzer Vertrag, Rubenicht) kontrovers.

C. A. Lückerath

Lit.: M. Perlbach, Preuß.-poln. Stud. zur Gesch. des MA, I, 1886, 96ff. – E. Maschke, Polen und die Berufung des Dt. Ordens nach Preußen, 1934, 37ff. – E. Pitz, Papstreskript und Ks.reskript im MA, 1971, 5ff. – J. Fried, Der päpstl. Schutz für Laienfs.en, AAH, phil.-hist. Kl., 1980, 1, 135ff. – G. Labuda, Die Urkk. über die Anfänge des Dt. Ordens im Kulmer Land und in Preußen i. d. J. 1226 bis 1235 (Die geistl. Ritterorden Europas, hg. J. Fleckenstein–M. Hellmann, 1980), 300ff. – H. Boockmann, Bemerkungen zu den frühen Urkk. über die Mission und Unterwerfung der Prussen (Die Ritterorden zw. geistl. und weltl. Macht im MA, hg. Z. H. Nowak, 1990), 45–58.

Rieux, Bm. in Südwestfrankreich (Toulousain, dép. Haute-Garonne). Die Herrschaft über die kleine Stadt R. teilte sich der Kg. v. Frankreich (in seiner Eigenschaft als Erbe der Gf.en v. →Toulouse) mit mehreren lokalen Adelsfamilien. 1317 wurde die Pfarrkirche Notre-Dame zur Kathedrale des neugeschaffenen Bm.s R. erhoben. R. war eine der 16 neuen Diöz., die Papst →Johannes XXII. in Südfrankreich, auf Kosten der alten, weitmaschigen Diözesanstruktur des Languedoc, errichten ließ; als offizielle Begründung diente der Wunsch, nach der tiefen Krise des →Katharertums enger an ihren Seelenhirten zu binden; zugleich ging es den Päpsten aber auch um eine Vermehrung der Pfründen, durch deren Vergabe sie sich eine

Klientel ergebener Prälaten schufen. Die eher kleine Diöz. R. (etwa 100 Pfarreien) umfaßte zwei Benediktinerabteien, Lézat und Mas-d'Azil. Der bedeutendste Bf. v. R. war Jean Tissandier (1324-48), der, in großer Nähe zum Papst agierend, als eigtl. Organisator der Diöz. gelten muß; er ließ Kathedrale und Bischofspalast ausbauen und errichtete sich bei den Cordeliers in Toulouse eine reichskulptierte Grabkapelle. Die Zeit danach war vom Schwarzen Tod, von den Einfällen der Söldnerbanden und starker Verarmung, dann durch das Große Schisma überschattet. Es häuften sich auch in R. die Eingriffe des Kgtm.s bei der Besetzung des Bf.sstuhles, der oft an Prälaten, die nicht am Ort residierten, vergeben wurde.
C. Pailhes

Lit.: J. CONTRASTY, Hist. de la cité de R. Volvestre et de ses évêques, 1936.

Rieux, Adelsfamilie und Herrschaft in der südwestl. →Bretagne (R., dép. Morbihan, belegt seit dem 9. Jh., Kastellanei unter hzgl. Oberhoheit), stellte im Hundertjährigen Krieg der frz. Monarchie zwei Marschälle.

1. R., Jean II., Seigneur de R., †7. Sept. 1417, Sohn von Jean I., stand zunächst in engl. Diensten unter →Eduard, dem »Schwarzen Prinzen«, dann als Bannerherr und Waffengefährte →Du Guesclins in zahlreichen frz. Feldzügen, gehörte der Entourage des Hzg.s v. →Bourbon an, bekleidete 1397-1417 das Amt des Maréchal de France, übte Kommandos in Bretagne und Schottland aus. Die Bourguignons (→Armagnacs et Bourguignons) vertrieben ihn 1411 aus dem Amt, das er aber 1413-17, bis zu seinem Rücktritt aus Altersgründen, wieder innehatte.

2. R., Pierre de, Seigneur de Rochefort, →Maréchal de France seit 1417, jüngerer Sohn von 1, * um 1390, † 1441, gen. 'le bon Maréchal'. Er diente dem Dauphin →Karl (VII.) in den Kriegen von 1418 und 1419 als Bannerherr, zunächst als *écuyer banneret* (→Écuyer), nach seinem →Adoubement als *chevalier banneret* (→Chevalier). R. verbrachte mehrere Jahre als Gefangener in England und mußte sich durch hohes Lösegeld freikaufen. Nach seiner Freilassung heiratete er Marie, Tochter Richards v. Bretagne, des Gf.en v. →Étampes (1431) und führte, im Kielwasser →Arthurs v. Richemont, erneut Krieg für Karl VII., bes. in der östl. →Normandie. Er wurde zum →Capitaine v. Beauvais ernannt. Nach der Gefangennahme durch Guillaume de Flavy verstarb er in dessen Kerker zu Nesle-en-Tardenois (1441).
Ph. Contamine

Lit.: P. ANSELME, Hist. généalogique, VI, 1730, 762-768, 806-807 – DOM H. MORICE, Mémoires pour servir de preuves de l'hist. de Bretagne, II, 1744 – DERS., Hist. de Bretagne, 1750 – P. CHAMPION, Guillaume de Flavy, 1906 – PH. CONTAMINE, Guerre, État et société à la fin du MA, 1972.

Rievaulx, ehem. OCist-Abtei im n. Yorkshire, erhielt ihren Namen wegen der abgeschiedenen Lage im Flußtal des Rye. Auf Einladung Ebf.s Thurstan v. York sandte →Bernhard v. Clairvaux 1131-32 William, einen seiner Sekretäre, und eine Gruppe von Zisterziensermönchen nach England mit dem Auftrag, die neue monast. Lebensform in Yorkshire einzuführen. Walter Espec, kgl. Richter und Herr der örtl. Burg Helmsley, übertrug ihnen ein Grundstück und einige anfängl. Stiftungen in Ryedale, so daß die Mönche unter Abt William sofort eine monast. Gemeinschaft errichten konnten, die sich rasch entfaltete. Tochterkl. wurden bereits 1136 in →Melrose und Warden (Bedfordshire), 1142 in Dundrennan und Revesby (Lincolnshire) und 1146 in Rufford gegründet. Der geistl. Einfluß R.s selbst erreichte unter →Ælred, dem dritten Abt (1147-67) und einem der bedeutendsten Vertreter der monast. Theologie, der später auch »Bernhard des Nordens« gen. wurde, seinen Höhepunkt. Bei Ælreds Tod beherbergte R. angebl. 140 Mönche sowie 500 Konversen und Bedienstete der Abtei. Ein so großer Kl.verband erschöpfte die wirtschaftl. Ressourcen, so daß der Konvent seit dem 13. Jh. keine bes. herausragende Stellung mehr unter den engl. Zisterzienserkl. einnahm und 1380-81 nur noch 15 Mönche umfaßte. Im Dez. 1538 übergaben die letzten 22 Konventsmitglieder R. der Krone. Bedeutende Ruinen der Abtei sind erhalten.
R. B. Dobson

Q.: Cartularium Abbathiae de Rievalle, ed. J. C. ATKINSON (Surtees Society 83, 1889) – Walter Daniel, Vita Aelredi, ed. F. M. POWICKE, 1950 – Lit.: D. KNOWLES, The Monastic Order in England, 1940 – C. PLATT, The Monastic Grange in Medieval England, 1969 – A. SQUIRE, Aelred of R.: a Study, 1969.

Riez, Stadt und Bm. in der nördl. →Provence (dép. Alpes de Haute-Provence), alter Vorort der ligur. Civitas der Reii, lat. Colonia unter Augustus. Bischofssitz seit dem 5. Jh. n. Chr., erster namentl. bekannter Bf. Maximus (433-452), geformt in →Lérins, ebenso wie Bf. →Faustus (461-495), der Theologe und Apologetiker. Ein von →Hilarius v. Arles geleitetes Konzil fand 439 in R. statt. Die Bf.sliste ist von 650 bis 879 unterbrochen. Zw. dem 5. und 11. Jh. gab die Bevölkerung ihr Wohngebiet in der Ebene auf (dort markiert das Baptisterium noch heute den Ort der ursprgl. Kathedralgruppe) und siedelte sich auf einem Hügel an, der die neue Kathedrale trug. Die Kirche v. R. wurde der Gregorian. Bewegung angeschlossen (Wahl Bf. Heinrichs, 1094). Die Stadt blieb bis 1246 im Besitz der verwandten Baronenfamilien Augier und Spata. In avignones. Zeit wechselte der gering dotierte Bf.ssitz rasch den Inhaber (neun Bf.e von 1317 bis 1369). Seit 1294 bestand in R. ein Franziskanerkonvent. Im Herzen einer reichen Getreidekammer gelegen, war R. eine der bevölkerungsreichsten Städte der Hochprovence und dehnte seinen Siedlungsraum wieder in die Ebene aus. Infolge der Pest sank die Bevölkerung bis 1354 jedoch auf ein Drittel. Die Stadt erlitt 1366 eine Plünderung durch die Söldner Heinrichs v. Trastámara. Aktive Handelstätigkeit (Rechnungsbücher des Tuchhändlers Jean Barral, 1417-24) brachte im 15. Jh. Neubelebung.
N. Coulet

Q. und Lit.: GChrNov, 1899, 557-652 [J.-H. ALBANÈS] – J. GUYON, Topogr. chrétienne des cités de la Gaule, II, 1986, 35-44 – E. BARATIER, Le notaire Jean Barral, marchand de R. au début du XVe s., PH, 1957, 254-274 – DERS., La démographie provençale du XIIe au XVIe s., 1961 – P.-A. FÉVRIER, Le développement urbain en Provence de l'époque romaine à la fin du XIVe s., 1964 – E. BARATIER, Enquêtes sur les droits et revenus de Charles I d'Anjou en Provence, 1969 – J.-M. ROUX, Les évêchés provençaux de la fin de l'époque romaine à l'avènement des Carolingiens (476-751), PH, 1971, 414-415.

Riga
A. Stadt – B. Rigisches Recht – C. Bistum/Erzbistum

A. Stadt

R., Stadt (heut. Hauptstadt v. Lettland) und ehem. Sitz eines Bf.s und Ebf.s am rechten Ufer der →Düna, 16 km von der Mündung in die Ostsee. In einem weiträumigen Felde im Bogen des Rigebaches, wo 1198 die Kreuzfahrer vor der Schlacht gegen die Liven (→Livland) Aufstellung genommen hatten, unweit von Wohnstätten livischer Fischer und einem Sammelpunkt gotländ. Kaufleute (→Gotland), wo auch ein Hafen bestand, ließ Bf. →Albert I. sich i. J. 1200 von den Liven einen Ort (locus Rige) mit gewissen Hoheitsrechten für eine Stadt anweisen, um dorthin den Sitz seines Bm.s zu verlegen.

1201 wurde die Stadt mit Hilfe von Pilgern und frühhansischen Kaufleuten (→Hanse) gegründet. Die ersten Bürger wurden 1202 aus Dtl. herangeführt, der älteste Teil der Stadt mit Bischofspfalz und Dom ummauert. Der

1202 gegr. Ritterorden der →Schwertbrüder errichtete ein Konventshaus mit St. Georgskapelle (später Kirche); 1209 erbauten die Bürger die Pfarrkirche zu St. Peter. 1211 wurden durch Handelsprivilegien und das Recht, nach Herkunft gesonderte Gilden zu gründen, frühhansische Kaufleute zur Ansiedlung gewonnen. Bald darauf wurde die Stadt durch neuen Mauerbau erweitert, trat ein Rat auf, der die Autonomie der Stadt verkörperte. Ihm standen Rechtsprechung und Rechtsetzung (durch →Willküren und →Bursprake) sowie Verwaltungs- und polit. Entscheidungskompetenz nach innen und außen zu, im Falle gesamtstädt. Interessen unter Mitwirkung der Gemeinde.

Stadtherr war der Bf., später Ebf., der auch die geistl. Gerichtsbarkeit ausübte. Im Zusammenhang mit der Stadterweiterung wurden Dom und Pfalz des Bf.s sowie die Domherrenhäuser verlegt. 1226 wird die Kirche zu St. Jakob erwähnt, 1234 der frühere Sitz des Bf.s den Dominikanern für ein Kl. mit Kirche zu St. Johannis (d. Täufers) verliehen, 1255 den Zisterzienserinnen vom Papst ihr St. Marienkl. bestätigt. 1258 erwarben die Minoriten vom Domkapitel den Grund für ihr Kl. mit St. Katharinenkirche. Eine 1263 erwähnte Kirche zu St. Paul wird 1391 von der röm. Kurie dem Domkapitel zugesprochen. Eine St. Gertrudkirche in der Stadtmark wird 1418 genannt. Die Russen besaßen eine St. Nikolaikirche. Zwei Hospitäler (Hl. Geist und St. Lazarus) wurden schon zu Zeiten Bf. Alberts ins Leben gerufen.

Die Schwertbrüder galten als Bürger und waren im Rat vertreten. Das änderte sich zur Zeit des →Dt. Ordens infolge der Spannungen zw. ihm und dem Ebf. im Streit um die Stadtherrschaft. 1297 rissen die Bürger das Ordensschloß nieder und riefen die Litauer zu Hilfe, gerieten aber, zusammen mit dem Ebf., in Gegensatz zu dem mit dem Orden verbündeten livländ. Ständen (1304). 1330 mußte die Stadt dem Ordensmeister huldigen, Heeresfolge leisten und das Schloß an anderem Ort (mit St. Andreaskirche) wiederaufbauen. 1452 einigten sich Orden und Ebf. im Kirchholmer Vertrag auf gemeinsame Stadtherrschaft. Es kam aber wieder zum Krieg, die Bürger zerstörten 1484 das Schloß, wurden erneut besiegt und zum Wiederaufbau gezwungen. Der Vertrag über gemeinsame Stadtherrschaft wurde 1492 erneuert.

Wachsender Wohlstand und Macht R.s beruhten auf ausgedehntem Landbesitz (bis 1237 auf →Ösel, in Kurland), auf dem Handel, militär. Kraft und polit. Autonomie. 1282 gehörten die Bürger zur Kaufmannshanse, später nahm die Stadt an Hansetagen und krieger. Unternehmungen der Hanse ebenso wie an livländ. Städte- und Landtagen teil. Wichtig war von jeher der Rußlandhandel. Schon 1229 beteiligte R. sich am Handelsvertrag mehrerer dt. Städte mit →Smolensk. Andere Handelsplätze waren →Novgorod, →Pskov, →Vitebsk und →Polock. Seit Mitte des 14. Jh. war R. bemüht, sich der Konkurrenz der Hansestädte zu entledigen, so durch ihren Ausschluß von der »Bergfahrt« dünaaufwärts. 1346 wird R.s →Stapelrecht von der Hanse anerkannt, 1393 ist das Hansekontor in Polock faktisch R. unterworfen; 1459 verbietet R. den Gasthandel zw. nichtlivländ. Hansen und Russen. Bald verlagerte sich der Handel mit den Russen nach R. Bedeutend war R. bis 1400 auch der Handel mit →Litauen, später –infolge der Konkurrenz →Danzigs– nur noch mit dem nö. Litauen. Von jeher spielte der Binnenhandel eine große Rolle. Die Kaufleute hatten ihre feste bäuerl. Kundschaft, stritten sich aber mit dem Adel um dessen Handelsberechtigung.

Der Handel bestimmte R.s Sozialstruktur im ganzen. Die Kaufleute bildeten die Oberschicht und gehörten seit Mitte des 14. Jh. geschlossen der Großen oder St. Mariengilde an. Aus ihr kooptierte sich der Rat. Die meist dt. Handwerker gehörten der Kleinen Gilde an und waren zu Ämtern (Innungen) zusammengefaßt. Beide Gilden waren aus regional organisierten Gilden hervorgegangen (»Stuben« v. →Münster und →Soest). Sie repräsentierten im SpätMA gemeinsam die Stadtgemeinde, während die auswärtigen Kaufleute und Kaufgesellen als Nichtbürger sich in der Kompanie der →Schwarzenhäupter, die kleinen Leute, meist Liven und Letten, sich in der Gilde des Hl. Kreuzes (religiös-gesellígen Charakters) zusammenfanden. Zur breiten Unterschicht zählten v. a. das Hilfsgewerbe des Handels, niederes (unzünftiges) Handwerk und Dienstboten. Die Zahl der Stadtbevölkerung im 16. Jh. ist auf 12000 geschätzt worden, davon zwei Drittel Deutsche. Sie bildeten die Ober- und Mittelschicht, gehörten teilweise aber auch der Unterschicht an.

H. v. zur Mühlen

Q. und Lit.: →Livland (Chroniken) – UB – F. G. v. BUNGE, 1874 – L. ARBUSOW, 1918 – K. v. LÖWIS OF MENAR, 1922 – P. JOHANSEN, 1941 – A. TUULSE, 1942 – V. NIITEMAA, 1949 – M. HELLMANN, 1954 – R. WITTRAM, 1954 – F. BENNINGHOVEN, 1961 (1965) – F. G. v. BUNGE, Die Stadt R. im 13. und 14. Jh., 1878 [Nachdr. 1975] – H. LAAKMANN, Die Gründungsgesch. R.s, BL I, 1939 – C. REDLICH, Besiedlungsgesch. R.s, ZOF 33, 1984 – DIES., Das älteste R. und die Stuben zu Münster und Soest, ebd. 37, 1988 – B. JÄHNIG, Die Anfänge der Sakraltopographie von R. (Stud. über die Anfänge der Mission in Livland, hg. M. HELLMANN, 1989) – N. ANGERMANN, Die Bedeutung Livlands für die Hanse (Die Hanse und der dt. Osten, hg. DERS., 1990).

B. Rigisches Recht

In der Zeit nach der Gründung R.s kam es dort zur Übernahme von Rechtsnormen der Deutschen auf →Gotland. Umstritten ist, in welchen Etappen und in welchem Ausmaß diese Übertragung erfolgte. Im Laufe des 13. Jh. hat der R.er Rat dann weiter Rechtssatzungen von Hansestädten rezipiert und das rig. Recht mit großer Intensität fortgebildet und ergänzt. Eine älteste Fassung desselben liegt mit einer Rechtsmitteilung an →Reval von etwa 1230 vor, eine weitere mit einer solchen an Hapsal von 1279. Gegen 1285 hat R. die Hamburger Kodifikation von 1270 als Subsidiarrecht übernommen. Erklären läßt sich dies mit einem Spannungsverhältnis zw. R. und →Lübeck, von dem fast alle anderen Ostseeküstenstädte ihr Recht erhielten. Abweichungen vom üblichen Hamburger Text enthält die Ausfertigung für R. v. a. im Schiffsrecht. Bereits um 1300 hat man in R. neue »umgearbeitete Statuten« geschaffen, die bis zum 17. Jh. nur noch vereinzelt ergänzt wurden. Aufnahme fand hier nur etwa die Hälfte der Satzungen des hamburg.-rig. Rechts, die anderen Artikel entstammten der R.er Tradition, dem lüb. Recht und demjenigen des Novgoroder Hansekontors. Das Ganze weist eine ungewöhnl. klare systemat. Gliederung auf. Ungeachtet der territorialen Zersplitterung des Ostbaltikums erhielten fast alle livländ. Städte durch ihre Landesherren oder durch autonome Rezeption das rig. Recht, womit der R.er Rat zu ihrer gemeinsamen Appellationsinstanz wurde. Reval, das während seiner frühen Ordenszeit (1227–38) das rig. Recht übernommen hatte, wurde danach ebenso wie →Wesenberg und →Narva von den Kg.en v. →Dänemark, den Landesherren Nordestlands, mit lüb. Recht begabt, womit dem Rechtszug nach R. und damit einer potentiellen Einflußnahme dieses dt. Herrschaftszentrums vorgebeugt werden sollte.

N. Angermann

Ed.: Die Q. des Rig. Stadtrechts bis zum Jahr 1673, ed. J. G. L. NAPIERSKY, 1876 – *Lit.*: F. G. v. BUNGE, Einleitung in die liv-, esth- und curländ. Rechtsgesch. und Gesch. der Rechtsq., 1849, 133–165 – O. SCHMIDT, Rechtsgesch. Liv-, Est- und Curlands, 1894 [Neudr. 1968],

48–56, 99–103 – F. FRENSDORFF, Das Stadtrecht von Wisby, HGBll 22, 1916, 1–85, passim – G. SCHUBERT-FIKENTSCHER, Die Verbreitung der dt. Stadtrechte in Osteuropa, 1942, 502–515 – F. BENNINGHOVEN, R.s Entstehung und der frühhans. Kaufmann, 1961, 36f.

C. Bistum/Erzbistum
I. Bischöfe von Üxküll und Riga – II. Erzbischöfe von Riga – III. Kirchenprovinz – IV. Domkapitel und Niederkirchenwesen des Erzbistums – V. Territorium und weltl. Verwaltung des Erzstifts.

I. BISCHÖFE VON ÜXKÜLL UND RIGA: Die Livenmission eröffnete der Segeberger Augustinerchorherr Meinhard, der 1184 in →Üxküll die erste Kirche errichtete und 1186 in Bremen zum Bf. geweiht wurde. Mit Bf. →Berthold aus →Loccum wurde →Livland 1197 Kreuzzugsgebiet. Bf. →Albert I. v. Bekeshovede (Buxhöveden) war der eigtl. Organisator der Mission. Er gründete 1201 die Stadt R. als neuen Bm.ssitz; 1202 entstand der →Schwertbrüderorden, 1205 das Zisterzienserkl. →Dünamünde. Seit 1211 wurde der Dom an seiner endgültigen Stelle errichtet. Seit 1207 hatte der Bf. ein Drittel der werdenden Diöz. an die Schwertbrüder, seit 1237 an den →Dt. Orden als deren Nachfolger abzutreten.

II. ERZBISCHÖFE VON RIGA: →Albert Suerbeer wurde 1246 Ebf. v. →Preußen und Livland, konnte aber erst nach dem Tode von Bf. →Nikolaus 1253 R. als Kathedralsitz einnehmen. Die eigtl. Missionsarbeit leisteten seit der 1. Hälfte des 13. Jh. die Bettelorden. Albert Suerbeers Ehrgeiz steigerte die Auseinandersetzungen mit dem Dt. Orden. Der Ebf. stand auf seiten der Stadt, als diese 1297 den Orden aus ihren Mauern vertrieb. Die weiteren Kämpfe führten die Ebf.e an der →Kurie in →Avignon gegen den Orden, bes. nachdem dieser 1330 die Stadt erobert hatte. Vergebl. richteten sie an den Ordensmeister lehnrechtl. Forderungen. Ohne Erfolg suchte Ks. →Karl IV. die Ebf.e zu unterstützen. Als Ebf. Johann v. Sinten und ein Teil des Domkapitels das Ebm. verließen, gelang es dem Orden 1393/97, →Johann v. Wallenrode, einen Ordensbruder, als neuen Ebf. durchzusetzen und das Domkapitel zu inkorporieren. Die nächsten Ebf.e konnten letzteres nur ztw. rückgängig machen, denn als mit Hochmeisterkaplan Silvester →Stodewescher wieder ein Ordensbruder Ebf. geworden war, wurden 1452 auf Dauer die Inkorporierung des Domkapitels eingeführt und die Stadtherrschaft über Riga geteilt. In den weiteren Kämpfen unterlag der Ebf. Im Zeitalter →Wolters v. Plettenberg war das Übergewicht des Ordens so stark, daß Ebf. Johannes →Blankenfeld u. a. dem Meister die Reichsfürstenwürde verschaffte. Unter dem letzten ma. Ebf., Wilhelm v. Brandenburg-Ansbach, einem Bruder Hzg. Albrechts in Preußen, drang die Reformation auch im Ebm. Riga weitgehend durch.

III. KIRCHENPROVINZ: Bf. Albert v. Bekeshovede hatte 1215 zwar die Exemtion v. →Hamburg-Bremen erreichen können, konnte aber keine eigene Metropolitangewalt über die jüngeren Nachbarbm.er errichten. Das gelang erst 1246 Albert Suerbeer mit der neugeschaffenen preußisch-livländ. Kirchenprov., die aus den livländ. Bm.ern →Dorpat, →Ösel und Kurland (→Kuren) sowie den preuß. Bm.ern →Kulm, →Pomesanien, →Ermland und →Samland bestand. Das Bm. →Reval in Nordestland gehörte zur dän. Kirchenprov. →Lund. Die starke Landesherrschaft des Dt. Ordens in →Preußen und Kurland bedingte einen bes. geringen Einfluß der Ebf.s. Provinzialkonzilien zur Koordinierung geistl. Maßnahmen ließen sich kaum durchsetzen. Mit der Reformation und dem Ende der livländ. Gemeinschaft hörten Ebm. und Kirchenprov. zu bestehen auf.

IV. DOMKAPITEL UND NIEDERKIRCHENWESEN DES ERZBISTUMS: Das Domkapitel v. R. war im Unterschied zu den meisten anderen livländ. Kapiteln reguliert. In Üxküll wurde es als Augustinerchorherrenstift gegründet, 1210 der strengeren Prämonstratenserreform unterworfen, ehe es 1373 aus polit. Gründen die alte Augustinertracht zurückerhielt. Die Inkorporierung in den Dt. Orden hat das geistl. Leben nicht wesentl. verändert, die Liturgie blieb augustinisch. Obwohl R. kein adliges Domkapitel war, unterlag es den üblichen Verweltlichungstendenzen, so daß 1509/22 das gemeinschaftl. Leben aufgehoben wurde. Das Ebm. war wie die ganze Kirchenprovinz arm an Klöstern. Die Reformbewegung des späten 15. Jh. erreichte auch die Mendikanten des Ebm.s. Außer in den Städten entstanden an den ländl. Mittelpunkten Pfarrkirchen, die den ganzen Sprengel weitmaschig bedeckten.

V. TERRITORIUM UND WELTLICHE VERWALTUNG DES ERZSTIFTS: Die verschiedenen Landesteilungen zw. Bf. und späterem Ebf. sowie den Ritterorden haben ein weltl. Territorium entstehen lassen, das aus zwei nicht zusammenhängenden Hauptteilen bestand, die entsprechend der jeweiligen einheimischen Bevölkerung als »Livische Seite« und »Lettische Seite« des Erzstifts bezeichnet wurden. An deren Spitze stand je ein Vogt, unter dem die teilw. mit den Landkirchspielen identischen Burgbezirke die örtl. Ämter waren. Drei Ämter gehörten dem Domkapitel, das außerdem bis zum 15. Jh. Besitz in Ostkurland hatte. Die bfl., später ebfl. Residenz lag neben dem Dom zu R., später hielten sich die Ebf.e bevorzugt in →Kokenhusen und Ronneburg auf. Das Erzstift war von Anfang an als Lehnsherrschaft aufgebaut. Landtage, Lehnrecht, Landrecht und Bauerrecht erlebten im Erzstift keine vom übrigen Livland gesonderte Entwicklung. B. Jähnig

Bibliogr., Q. und Lit.: →Livland – G. RATHLEF, Das Verhältnis des livländ. Ordens zu den Landesbf.en und zur Stadt R., 1875 – C. METTIG, Zur Verfassungsgesch. des R.schen Domkapitels, MittLiv 12, 1875, 509–537 – L. ARBUSOW, Livlands Geistlichkeit vom Ende des 12. bis ins 16. Jh., Mitauer Jb. für Genealogie, Heraldik und Sphragistik, 1900, 33–80; 1901, 1–160; 1902, 39–134; 1911–13, 1–432 – H. v. BRUININGK, Messe und kanon. Stundengebet nach dem Brauche der R.schen Kirche, MittLiv 19, 1904 – L. LEMMENS, Gesch. der Observantenkustodie Silvesand und Preußen, Beitr. zur Gesch. der sächs. Franziskanerprov. zum Hl. Kreuz 6, 1913, 5–67 – L. ARBUSOW, Die Einführung der Reformation in Liv-, Est- und Kurland, 1921 – H. DOPKEWITSCH, Die Burgsuchungen in Kurland und Livland vom 13.–16. Jh., MittLiv 25, 1933, 1–108 – E. O. KUUJO, Die rechtl. und wirtschaftl. Stellung der Pfarrkirchen in Alt-Livland, 1953 – Balt. Kirchengesch., hg. R. WITTRAM, 1956 – J. KOSTRZAK, Narodziny ogólnoinflanckich zgromadzeń stanowych, 1985 – M. HELLMANN, Livland und das Reich, 1989 – Stud. über die Anfänge der Mission in Livland, hg. DERS., 1989.

Rigaud. 1. R., **Gilles**, Abt v. →St-Denis, Kard., † 10. Sept. 1353. Nach Theologiestudium in Paris erhielt er das Benediktinerpriorat Essonnes (1333). 1343 zum Abt v. St-Denis erhoben, bald darauf Rat Kg. Philipps VI. In seiner Eigenschaft als Abt v. St-Denis war er de jure Mitglied des Parlement, de facto Vorsteher der Grand' Chambre (1340–41, 1341–42). Im April 1345 überprüfte er die Subsidienrechnungen für das Heer. Nach der schweren Niederlage v. →Crécy wurde R. in den kgl. Rat (→Conseil) berufen (Kontrolle der Ausgaben, Expedition kgl. *lettres* [→Litterae]), gemeinsam mit den Äbten v. Corbie und Marmoutier. Am 17. Dez. 1350 zum Kard. erhoben, empfing er den roten Hut in feierl. Zeremonie aus den Händen der Bf.e v. Laon, Chartres und Paris, in Gegenwart Kg. Johanns II. (10. April 1351). Nach seinem Eintreffen an der Kurie erhielt er den Titel des Kard.s v. S. Prassede (nach 14. Juni 1351).   E. Lalou

Lit.: DHGE XX, 1374 – R. CAZELLES, La société politique et la crise de la royauté sous Philippe de Valois, 1958.

2. R., Eudes →Eudes Rigaud

Rigaut de Barbezieux, →Troubadour. Sein Werk umfaßt 9 →Chansons sowie 6 weitere (z. T. nur auszugsweise erhalten) mit ungewisser Zuschreibung. R.s dem *trobar leu* nahestehende Liebeslyrik hat die Aufmerksamkeit der Forsch. v. a. wegen der Verwendung einer reichen Tiermetaphorik (→Bestiarium, →Richard de Fournival) und einer Anspielung auf →Parzival und den →Gral auf sich gezogen. Letztere bewiesen die Existenz einer (Parzival-) Grallegende auf dem Kontinent lange vor →Chrétien de Troyes, falls der Troubadour mit dem in Urkk. zw. 1140–63 erwähnten R. ident. ist (LEJEUNE, DUGUET, PIROT; aufgrund v. a. stilist. Kriterien bestritten von VÁRVARO und BRACCINI). Seit der Entdeckung von Archivdokumenten, die einen weiteren R. um 1200 bezeugen, scheint die Datierungsfrage in dieser Richtung entschieden. Hss.-Überlieferung und Rezeption in Italien und der Iber. Halbinsel zeigen, daß R. bis ins späte MA hoch geschätzt wurde. R. Trachsler

Ed.: M. BRACCINI, 1960 [mit it. Übers.] – A. VÁRVARO, 1960 [mit *vida* und it. Übers.] – A. ROSSEL I MAYO, Monodia cortesana trobadoresca, 1976, 187–192 [Ed. der Musik] – *Lit.:* DLFMA 1992, 1273f. – R. LEJEUNE, M-A 68, 1962, 331–377 – DIES., ebd. 70, 1964, 397–417 – A. VÁRVARO, ebd., 377–395 – J. DUGUET, Bull. de la Soc. des Antiquaires de l'Ouest et des Mus. de Poitiers 19, 1968, 537–547 – P. PIROT, Recherches sur les connaissances litt. des troubadours occitans et catalans des XIIe et XIIIe s., 1972, 485–494 – S. GUIDA, Problemi di datazione e di identificazione di trovatori, I: Studi provenzali e francesi 86/87, Romanica Vulgaria, Quaderni 10/11, 1989, 87–108.

Rigbod → Ricbod

Rigobert, hl., Bf. v. →Reims, † 4. Jan. vor 743, ▢ Gernicourt (bei Laon). →Pippins d. M. Erhebung des vornehmen →Ribuariers R. zum Reimser Metropoliten (vor 693) diente offenbar dem Ausbau der Champagne als »Brücke vom arnulf. Austrasien zum neustr. Kernland« (EWIG). R.s Taufpatenschaft für Pippins Sohn →Karl Martell spiegelt die guten Beziehungen. Im frk. Bürgerkrieg nach Pippins Tod kam es zum Konflikt, als der neutral bleibende Bf. Karl die Stadttore verschloß. Nach dem Sieg bei Vinchy 717 setzte Karl R. ab (der nach Aquitanien floh) und gab das Bm. seinem Günstling Liutwin, dann dessen Sohn →Milo. Dem zurückgekehrten R. gestattete Milo geistl. Amtshandlungen, behielt aber selbst die Verwaltung des Bm.s. Der in seinem Wohnort Gernicourt bestattete R. wurde 864 nach Reims überführt, wo er als Hl. verehrt wird. U. Nonn

Q.: Vita R.i ep. Remensis (MGH SRM VII) – Flodoard, Hist. Rem. eccl. II 11–15 (MGH SS XIII) – *Lit.:* DUCHESNE, FE III, 85f. – LThK² VIII, 1310 – E. EWIG, Milo et eiusmodi similes (Neudr.: DERS., Spätantikes und frk. Gallien, II, 1979), 189–219 – G. SCHENK ZU SCHWEINSBERG, Reims in merow. Zeit [Diss. Bonn 1971], 150–158.

Rigord, frz. Chronist, * um 1145/50, † 1207, Arzt aus dem Niederlanguedoc (Umgebung von Alès oder Nîmes), begann auf eigene Initiative eine Lebensbeschreibung des regierenden Kg.s v. Frankreich, →Philipp II., trat um 1183/86 als Mönch in die Abtei →St-Denis ein und lebte eine Zeitlang im Priorat →Argenteuil. Der Abt v. St-Denis ermunterte ihn, sein Werk fortzusetzen und dem Kg. zu widmen. Vor 1196 dedizierte R. seinem Kg. die erste Redaktion der »Gesta Philippi Augusti«, nebst einem Prolog. Eine zweite Redaktion wurde um 1200 dem Erbprinzen →Ludwig (VIII.), mit einem Widmungsbrief, zugeeignet. R. setzte sein Werk bis Anfang 1207 fort. Es diente als Ausgangspunkt für die Gesta →Wilhelms des Bretonen und ist in seiner Gesamtheit nur in der von den Mönchen um 1250 angefertigten Abschrift, die der Einreihung in das lat. Corpus Dionysianum diente, erhalten (Paris, BN. lat. 5925). Dadurch hatte R.s Werk, das in seiner frz. Adaptation in die Grandes →Chroniques de France einging, einen wesentlich größeren Einfluß, als die geringe Anzahl von Abschriften vermuten läßt. R. macht umsichtigen Gebrauch von den öffentl. Dokumenten im Archiv v. St-Denis. Geprägt zunächst von bewundernder Haltung gegenüber dem Kg., dem er als erster den Beinamen →Augustus beilegt (im Sinne von 'augere, auctor': 'Mehrer des Kgr.es'), nimmt R. für die Zeit ab 1196 (Verbindung des Kg.s mit →Agnes v. Meranien) eine kritischere Haltung ein. – R.s zweites Werk, eine um 1196 abgefaßte Kurzchronik der Kg.e der Franken, die den Besuchern der Königsgräber als Führer dienen sollte, ist nur unvollständig (bis 954) erhalten. Hier nennt sich R. als »Chronograph des Kg.s v. Frankreich«, was (obwohl nur auf die Königsvita bezogen) in späterer Zeit (1410) von St-Denis als offizielles, jeweils einem dionysian. Mönch vorbehaltenes Amt gedeutet wurde. P. Bourgain

Ed.: Recueil des Historiens des Gaules et de la France 17, 1878, 1–60 [unvollendet] – H.-F. DELABORDE, Œuvres de R. et Guillaume le Breton, 1882, 1–187, XII–XXV [Ausz.] – *Lit.:* MOLINIER, 2211, 2242, 2530, V, n° 162 – Dict. Lett. fr., 1274 – H.-F. DELABORDE, Notice sur les ouvrages et sur la vie de R., BEC 45, 1884, 585–614 – G. SPIEGEL, The Chronicle Tradition of St-Denis, 1977, 56–63 – E. CARPENTIER, Recherches sur le vocabulaire des biographies royales françaises, CCMéd 25, 1982, 3–30.

Rígsþula ('Merkgedicht von Ríg'), altnord. mytholog. Lied (nicht im Codex Regius der →Edda enthalten). Ein sonst unbekannter Gott Rígr (→Heimdall [?]) besucht drei kinderlose Ehepaare und zeugt dabei je einen Sohn. Der Sohn des ersten Paares, Ai und Edda ('Urgroßvater und -mutter'), heißt Þræll ('Knecht'), der des zweiten Paares, Afi und Amma ('Großvater und -mutter'), Karl ('Mann', 'Bauer'), der des dritten Paares, Faðir und Móðir ('Vater und Mutter'), aber Jarl ('Fürst'). Diesen adoptiert Rígr und gibt an ihn die Kenntnis der →Runen weiter. Die Herkunft des Götternamens Rígr düfte im irischen *rí* (Gen., Dat., Akk. *ríg*) zu suchen sein, wie man auch sonst in der R. irische Motive vermutete. Doch ist weder die darauf basierende Datierung ins 10. Jh. zu halten, noch die Vermutung, es handle sich um die Reflexion eines alten Kultmythus, sondern es handelt sich wohl eher um eine gelehrte ständedidakt. Dichtung des 13. Jh. R. Simek

Lit.: KL VI – K. LEHMANN, Die R. (Fschr. AMSBERG, 1904) – A. HEUSLER, Heimat und Alter der edd. Gedichte, Archiv 116, 1906 – F. JÓNSSON, R., ANF 33, 1917 – R. MEISSNER, Rígr, PBB (Halle) 57, 1933 – J. I. YOUNG, Does R. betray Irish Influence?, ANF 49, 1933 – K. v. SEE, Das Alter der R., Acta Philologica Scandinavica 24, 1961 – S. P. SCHER, R. als Poetry, MLN 78, 1963 – B. NERMAN, R.s älder, ANF 84, 1969 – J. FLECK, Konr-Ottar-Geirroðr: A Knowledge Criterion for Succession to the Germanic Sacred Kingship, Scandinavian Stud. 42, 1970 – T. D. HILL, R.: Some Medieval Christian Analogues, Speculum 61, 1986.

Rijeka (it. Fiume, dt. St. Veit am Pflaum), Stadt an der Ostküste der Adria, Kroatien, am rechten Ufer des Flusses Rječina, gegenüber von →Trsat, 799 indirekt erstmals erwähnt im Zusammenhang der Ermordung des Mgf.en →Erich v. Friaul, namentl. erst 1230/32. Im FrühMA unter kroat. Herrschaft, gelangte das Gebiet um R. mit Oststirien (→Istrien) Ende des 11. Jh. an die Patriarchen v. →Aquileia, in der 2. Hälfte des 12. Jh. an die Gf.en v. Duino, kirchl. unterstreh es dem Bm. →Pula. Die Stadt, organisiert als →Kommune mit *capetanus*, Richtern, Rat, Notar und Wache, war wie die ostistr. Kommunen Kastav, Veprinac, Mošćenice und Bršec zu Naturalien- und Geldabgaben verpflichtet, wie auch ein Urbar v. 1400, als R. an die Familie Walsee gelangte, festhält. Im 15. Jh. blühten Schiffbau und Seehandel mit Eisen, Holz, Öl,

Salz, Leder, Wolle und Wein. Die Lebensformen der kroat. Bevölkerung wandelten sich durch dt. und it. Zusiedlung. Nach 1465 standen R. und die anderen Kommunen Ostistriens unter Herrschaft der →Habsburger. Trotz Pest 1477 sowie Plünderung und Brandschatzung durch die Venezianer 1509-11 setzte sich der Aufschwung der Stadt fort. Kg. Ferdinand sicherte die Autonomie der Kommune durch Bestätigung des Statutes 1530; damals arbeitete in R. kurzfristig eine Druckerei für kroat. Bücher in glagolit. Schrift. D. Munić

Lit.: Povijest Rijeke, 1988 [Lit.].

Rijmbijbl → Jacob van Maerlant (23. J.)

Rilakloster, größtes Kl. →Bulgariens, eines der bedeutendsten religiösen, geistigen und kulturellen ma. Zentren der Balkanhalbinsel, im Rilagebirge (SW-Bulgarien) gelegen. In den 30er Jahren des 10. Jh. vom berühmten bulg. Anachoreten Johannes v. Rila gegr., erlangte es nach seinem Tod († 946) parallel zur Verbreitung des Kultes in der slav.-byz. Welt wachsende Bedeutung und wurde im 10.-15. Jh. von den bulg. Zaren, den serb. Kg.en und den türk. Sultanen reich beschenkt. Der Architekturkomplex des Kl. (heutiger Zustand aus dem 18.-19. Jh.) ist ein festungsähnl. geschlossenes Ensemble (Gesamtoberfläche 8800 m²) in der Form eines unregelmäßigen Vierecks mit einem Innenhof von 3200 m². Von den ma. Gebäuden sind u. a. die Ruinen des ältesten Kl. (10.-11. Jh.), der Chreljoturm mit Kapelle und Wandmalereien (14. Jh.) und der Fastenraum 'Hl. Lukas' mit Wandmalereien (15. Jh.) erhalten. Zum führenden geistl. und kulturellen Zentrum wurde das Kl. im 14.-15. Jh. (bedeutende Verteter der lit. Schule: Symeon Mnich, David v. R., Mardarios v. R., →Dimitrije Kantakuzin, Vladislav d. Grammatiker). Von größtem Wert ist die ma. slav. Hss.slg. des Kl., die zu den reichsten im slav. S gehört. V. Gjuzelev

Lit.: J. IVANOV, Sv. Ivan Rilski i negovijat manastir, 1917 – I. DUJČEV, Rilskijat svetec i negovata obitel, 1943 – B. RAJKOV, H. KODOV, B. HRISTOVA, Slavjanski rǎkopisi v Rilskija manastir, I, 1986 – V. GJUZELEV, Bulgarien zw. Orient und Okzident, 1993, 170-172, 230-235.

Rilinda (Relinde, Rilint, Regilind) **v. Hohenburg**, um 1163 von Friedrich I. Barbarossa als Äbt. v. Hohenburg im Elsaß (→Odilienberg) berufen, † (umstritten) 1167, 1169 oder 1176. R. führte in ihrem Kl. die Augustinerregel ein. Ihre Identität mit einer Nonne des Kl. OSB Admont und der seit ca. 1156 erwähnten Äbt. des Kl. Bergen bei Neuburg wurde von WILL bezweifelt. Zusammen mit ihrer Nachfolgerin →Herrad († 1196/97) ist R. in zwei Miniaturen im »Hortus deliciarum« bezeugt (fol. 322ᵛ, fol. 323ʳ) und auf einer Steinstele in Hohenberg (GREEN, II, Fig. 350) dargestellt. Die enge Verbundenheit der beiden führt zur Annahme, daß R. den »Hortus« angeregt oder maßgebl. an dem im MA weit verbreiteten Werk beteiligt war. Ihr werden zwei, im Hortus überlieferte, kurze Gedichte zugeschrieben (Inc. »Vos quas includit, frangit, gravat, atterit, urit« [Versus rapportati]; »O pia grex, cui celica lex est, nulla doli fex«). C. L. Gottzmann

Q.: Herrad of Hohenburg. Hortus Deliciarum, ed. R. GREEN u. a., 2 Bde, 1979 – *Lit.:* Verf.-Lex.² VIII, 76f. – P. A. GRANDIDIER, Œuvres hist. inédites, 2 Bde, 1865 – O. GILLEN, Ikonograph. Stud. zum Hortus deliciarum der Herrad v. Landsberg, 1931 – H. RADSPIELER, Regilind aus Admont, Neuburger Kollektaneenbl. 115, 1962, 33-48 – R. WILL, Les origines de l'abesse Relinde de Hohenbourg, Archives de l'église d'Alsace 37, 1974, 1-12.

Rimbert (Rembert), hl., karol. Missionar, Ebf. v. →Hamburg–Bremen, * um 830 nahe dem Kl. Turholt (Westflandern), † 11. Juni 888 in Bremen. Auf Veranlassung des hl. →Ansgar, Lehrer in →Corbie und →Corvey, erhielt R. eine theol. Ausbildung und begleitete den späteren Ebf. v. Hamburg auf Reisen zu Synoden und Reichsversammlungen. Er erlebte die Wikingerzüge um die Mitte des 9. Jh. als gefährl. Bedrohung Norddtl.s (Zerstörung der Hammaburg 845 durch die Dänen; →Hamburg, I) und der →Mission in Skandinavien, die mit Ansgars Reise nach Schweden (829) und der Gründung einer Missionsstation in →Birka (830/831) eingesetzt hatte. Aufgrund seiner polit. Erfahrung und einer umfangreichen, von benediktin. Geist geprägten Bildung wurde R. am 3. Febr. 865, dem Tag der Beisetzung Ansgars, von Volk und Klerus zum Nachfolger als Ebf. gewählt und setzte dessen Lebenswerk durch rege polit. Reisetätigkeit (bei der er z. B. Karl [III.], den Sohn Ludwigs d. Dt., 873 in Frankfurt heilte) und mehrere Missionsreisen nach Dänemark und Schweden fort. Seine überragende Leistung besteht in der zw. 865 und 876 verfaßten »Vita Anskarii«, die im Stil karol. Hl.nviten Leben und Leistungen seines Vorgängers, bes. die Missionstätigkeit in Birka und in Dänemark mit hist. wichtigen Mitteilungen über die polit. Verhältnisse Schwedens im 9. Jh. würdigt. Ziel des Werks war es, trotz aller Rückschläge Unterstützung der weiteren Missionierung Skandinaviens zu erhalten. Die Schr. ist zwar ohne Verf.angabe überliefert, durch die anonyme Vita R.i (um 900) und →Adam v. Bremen (I, 34) ist aber R.s Autorschaft gesichert. Neben der ursprgl. Version existieren eine hexametr. Fassung aus Corbie (um 1060/65) und eine gefälschte Kurzfassung (kurz nach 1100) mit der Tendenz, die Skandinavienmission ausschließl. in Händen des Ebm.s Hamburg-Bremen zu belassen und sie noch auf Norwegen, Island, Grönland und die Färöer auszuweiten. R. Volz

Ed. und Q.: Vitae Anskarii et R.i, ed. G. WAITZ, MGH SRG, 1884 [Neudr. 1977], 81-100 – W. TRILLMICH, AusgQ XI, 1961 [mit Übers., Einl. und Lit.] – *Übers.:* W. WATTENBACH, GDV 22, 1889 [1939³] – *Lit.:* KL XIV, 297-299 – W. SCHÄFER, Unters. zum Sprachgebrauch R.s, 1909 – W. LEVINSON, Die echte und die verfälschte Gestalt von R.s Vita Anskarii, Zs. des Vereins für Hamburg. Gesch. 23, 1919, 84-146 – H. JANKUHN, Das Missionsfeld Ansgars, FMASt 1, 1967, 221ff. – s. a. Lit. →Ansgar.

Rimini, oberit. Hafenstadt (Emilia-Romagna), erste röm. Kolonie jenseits des Apennin (268 v. Chr.), nach dem Fluß Ariminus (h. Marecchia) genannt. In seiner wechselhaften Gesch. war R., obgleich es nie zu einer wirkl. Seemacht aufstieg, Militär- und Handelshafen, Schmelztiegel verschiedener Ethnien, Zentrum von Handwerk und Gewerbe sowie Markt für die blühende landwirtschaftl. Produktion des Hinterlandes. Seit dem 3. Jh. Bm. (erster bekannter Bf. Stemmnius 313), war R. 359 Ort eines Konzils und bewahrte lange Zeit seine polit. und wirtschaftl. Vorrangstellung. Nach der Herrschaft →Odoakers und der →Goten (549-553) fiel R. 567 an Byzanz, unter dessen Herrschaft es – ausgenommen eine kürzere langob. Periode – bis zur Übernahme der Herrschaft durch die Franken in der 2. Hälfte des 8. Jh. verblieb. 591 wurde R., vielleicht als Hauptstadt der →Pentapolis, von einem Dux regiert; bis zum 10. Jh. sind Duces bezeugt, danach begegnen Gf.en (→comes) mit Amtsdauer auf Lebenszeit, später erbl., die zumeist lokalen Adelshäusern entstammten. Seit Gregor d. Gr. unterstand R. direkt der röm. Kirche, nicht den Ebf.en v. Ravenna, die gleichwohl in der Stadt und im Territorium umfangreiche Besitzungen hatten. In scharfem Gegensatz dazu stand die fast stets kaiserfreundl. öffentl. Politik und Gesinnung der wichtigsten Familien, wie sich v. a. im →Investiturstreit zeigte, als sich Bf. Opizzo auf die Seite des Gegenpapstes Clemens III. stellte. In den ersten Jahrzehnten des 11. Jh. begann ein demograph. und wirtschaftl. Aufschwung: die

Stadt dehnte sich in Richtung des Hafens aus, der ausgebaut wurde, und wohin sich auch der wirtschaftl. Schwerpunkt und das Zentrum des Handels verlagerten. Im 11./12. Jh. entwickelte sich die →Kommune. Das Konsulamt, erstmals 1111 erwähnt, ist ohne Unterbrechung von 1158 bis 1198 bezeugt. Das →Podestà-Amt ist erstmals zu 1185 erwähnt; es wurde bis 1239 von Auswärtigen ausgeübt. Die Konsuln, später die Podestà, führten den Vorsitz beim Consiglio grande oder C. generale, der im 14. Jh. nicht mehr als 300 Mitglieder umfassen durfte; neben ihm bestand der Consiglio di Credenza (oder C. dei Savi). Die →Arti (1232 fünfundzwanzig) wurden seit ca. 1252 vertreten durch die vier Capitani del Popolo (seit ca. 1278 durch die vier Ufficiali del Comune). Die ersten kommunalen Statuten stammen aus dem späten 12. Jh.; erste organ. Statutenslg. aus d. J. 1334 (uneditiert). Bereits im 12. Jh. dehnte sich R. im Contado aus, führte es Expansionskriege v. a. gegen →Cesena und schloß Verträge z. B. mit →Fano, Ferrara und Ragusa. Trotz der andauernden inneren Kämpfe zw. →Guelfen und Ghibellinen im 12./13. Jh. und den Spannungen zw. dem Klerus und den städt. Behörden sowie zw. dem Bf. und den Kanonikern, blühte die Wirtschaft. Die Stadt wurde von einem neuen Mauerring umgeben, nach lokaler Tradition auf Anregung Friedrichs II. Trotz der feindl. Haltung des Klerus (der seit dem 13. Jh. 25 Pfarrkirchen betreute) ließen sich die →Bettelorden in R. nieder (seit 1228 die Minoriten, denen die Inquisition übertragen wurde). Zw. dem ausgehenden 12. und dem 14. Jh. wies die Stadt eine starke Präsenz häret. Strömungen auf. Im 14. Jh. erreichte R. seine höchste ma. Bevölkerungszahl. Trotz der starken Dezimierung durch die Pest d. J. 1348 (2400 Tote) wurden 2240 Herdstellen veranschlagt, d. h. ca. 9000–10000 Einwohner (»Descriptio provincie Romandiole« des Kard.s A. Grimoard de Grisac); am Anfang des 14. Jh. betrug die Einw.zahl wahrscheinl. mehr als 15000 auf einer Stadtfläche von 38 bis 46 ha. 1295 setzte sich →Malatesta da Verucchio als unangefochtener Signore von R. durch. 1334 erkannten die städt. Statuten den Malatesta »dominium et deffensoria« über die Stadt zu, die unter seinen Zeiten großen Glanzes erlebte, wirtschaftl. jedoch zunehmend der Kontrolle von Venedig und Florenz unterstand. D. Frioli

Lit.: L. Tonini, Della storia civile e sacra riminese, 5 Bde, 1848–82 – F. Viroli, Note sugli statuti riminesi del XIII e XIV sec., Studi romagnoli, XIV, 1963, 355–371 – A. Vasina, La società riminese nel Quattrocento, Studi Malatestiani, 1978, 21–70 – C. Curradi, Pievi del territorio riminese nei documenti fino al Mille, 1984 – Storia illustrata di R., I, hg. P. Meldini, A. Turchini, P. Sobrero, 1990 – Rep. della cronachistica emiliano-romagnola (secc. IX–XV), hg. B. Andreolli et al., 1991.

Rímur, mit den engl. und dän. ma. →Balladen verwandte spätma. isländ. Verserzählungen in stabreimenden Strophen, die üblicherweise vierzeilig (*ferskeytt*), seltener dreizeilig (*brihent*) sind. *Ríma* (afrz. Lehnwort) bezeichnet ein einzelnes Gedicht, später auch den Einzelabschnitt eines R.zyklus, der aus einer Reihe einzelner Gedichtteile (ríma) bestehen kann und häufig recht umfangreich ist; die einzelnen Abschnitte sind meist in einem Metrum gehalten, dieses kann jedoch von Abschnitt zu Abschnitt wechseln. R. beruhen durchwegs auf schriftl. (Prosa-)Vorlagen, die nur formal, kaum aber inhaltl. bearbeitet werden; es werden fast alle Stoffbereiche der ma. isländ. Lit. zu R. verarbeitet; selbst mytholog. und hist. aus den →Konunga sǫgur; bes. beliebt waren aber die jüngeren →Fornaldarsǫgur und →Riddarasǫgur (→Florisdichtung, VI; →Karl d. Gr., B. V). Zusätzl. werden die einzelnen Abschnitte aber noch von Liebesliedern (*mansǫngr*) eingeleitet, die auf die Troubadourlyrik zurückgehen dürften. Bes. literarhist. Bedeutung haben die R. bei fehlenden Prosavorlagen (z. B. Griplur, Haralds rímur Hringsbana). R. Simek

Lit.: W. A. Craigie, Sýnisbók Íslenzkra Rímna: Specimens of the Icelandic Metrical Romances, 3 Bde, 1952 – E. Kölbing, Beitr. zur vergleichenden Gesch. der romant. Poesie und Prosa des MA, 1876 – J. Þorkelsson, Om Digtningen på Island i det 15. og 16. Århundrede, 1888 – B. K. Þórólfsson, R. fyrir 1600, 1934 – Ders., Dróttkvæði og r., Skírnir 124, 1950 – W. A. Craigie, The Romantic Poetry of Iceland, 1950 – H. V. Eiríksson, On Icelandic R. An Orientation, Arv 31, 1975 – V. Ólason, The Traditional Ballads of Iceland, 1982.

Rinaldo d'Aquino → Sizilianische Dichterschule

Rinck, Kölner Firma. Die über drei Generationen bestehende Kaufmannsfirma setzte sich aus Mitgliedern der Familie R. und verschiedenen z. T. mit ihr verschwägerten Gesellschaftern sowie Faktoren zusammen. Gegründet wurde sie von *Johann* R. († 1466) aus Corbach, der 1432 das Kölner Bürgerrecht erwarb. Johann knüpfte Handelsbeziehungen nach England, Nordfrankreich und Flandern, in den Ostseeraum und über Frankfurt nach Oberdtl. In der zweiten Generation leitete sein Neffe *Hermann* († 1495) das Geschäft, der den Handel auf England, die Niederlande und Oberdtl. konzentrierte. Wichtigste Handelsgüter waren Tuch, Stahl und Wein. Seit 1484 vertraten drei Söhne Hermanns, *Johann* († 1516), *Hermann* († 1531/32) und *Konrad* († 1531), die Firma in England. Seit 1490 tritt auch der jüngere Bruder *Alf* (*Adolf*, † 1541) auf. 1492 legte Hermann R. in seinem Testament die Geschäftsbedingungen (Höhe der Kapitaleinlage, Sanktionen) des Familienunternehmens fest. Durch Verschwägerung mit den Struys gewannen die R. seit 1509 auch Zugang zum Kupferhandel. Der jüngere Hermann R. schied vor 1511 aus der Firma aus, erwarb den Rittertitel und betätigte sich als Rat des Ks.s und des engl. Kg.s. 1511 verließ auch Johann R. die Firma. Er verwehrte seinen Söhnen, die akadem. Karrieren einschlugen, den Eintritt in das Geschäft, weil er eine negative Einstellung zu seinem Beruf gewonnen hatte. Damit erlosch die Firma in der dritten Generation, wenn auch einzelne R. weiterhin im Handel aktiv blieben. M. Groten

Lit.: F. Irsigler, Hansekaufleute – Die Lübecker Veckinchusen und die Kölner R. (Hanse in Europa..., Ausstellungskat., 1973), 313–327.

Rind
I. Zoologie – II. Wirtschaftsgeschichte.

I. Zoologie: Zucht (mit regionalen Besonderheiten), Verhalten (z. B. Rivalenkämpfe der Stiere) und Krankheiten sind von Aristoteles wegen der Bedeutung des R.s für die menschl. Ernährung genauer beschrieben, aber nur z. T. von Plinius übernommen. Erst Thomas v. Cantimpré (4, 98) setzt sich mit Hilfe der arab.-lat. Übertragung der zoolog. Werke des Aristoteles durch Michael Scotus mit Einzelheiten auseinander, z. B. der einmaligen Zeugung durch einen des Hodens beraubten Stier (h. a. 3, 1 p. 510 a35–b4, vgl. de gen. 1, 4 p. 717 a36–b4) und der Kritik an der Lage der Hörner am Kopf im »Momos« des Äsop (zu Alcinos philosophus entstellt; de part. 3, 4 p. 663 a34–b12), mit eigenem Zusatz über die Anbringung des Joches, bes. bei Zugochsen. Nach Ambrosius (exam. 6, 4, 20) spürt das R. kommendes Unwetter. Die diätet. Wertung nach Fleisch und Milch fehlt bei den Enzyklopädikern nie (vgl. Vinzenz v. Beauvais, Spec. nat. 18, 93). Das Blut galt nach antikem Glauben als giftig. Zusammenstellung der organotherapeut. Verwendung bei Vinzenz (18, 91 und 94; vgl. HWDA). Verarbeitung der Hörner u. a. zu Kämmen und Benutzung des Mistes als Brennmaterial erwähnt nur Alexander Neckam (nat. rer. 2, 161).

Ch. Hünemörder

Q.: →Alexander Neckam, →Ambrosius – Thomas Cantimpr., Lib. de nat. rerum, T. I, ed. H. Boese, 1973 – Vinc. Bellov., Speculum nat., 1624 [Neudr. 1964] – *Lit.:* HWDA VII, 695–702.

II. WIRTSCHAFTSGESCHICHTE: Das R. war ein Nutztier der ma. Epoche und weit darüber hinaus als Lieferant von Fleisch, Leder (auch Pergament, Kalb), Milch und Milchprodukten (Käse, insbes. aus →Schwaighöfen) sowie als Zugtier vor Karren und Pflug unter Joch, das freilich als Wiederkäuer weder Ausdauer noch Leistung des →Pferdes unter →Kummet erreichte. Seiner Bedeutung in dem →Pactus legis Salicae des 6. Jh. entsprechend als »animal« schlechthin bezeichnet, als Sachsentribut von 500 Stück bis 758 bezeugt, dominiert das R. in den Bußgeldkatalogen der sog. Volksrechte (leges) im Anschluß an das →Schwein. Knochenfunde mit über 60% Anteil und Hausgrundrisse (Wohn-Stallhaus) lassen seine bevorzugte Stellung bereits in frühma. Siedlungen der Nordseeküste (Tofting) erkennen. In der mittleren Karolingerzeit gehört die Stellung von durch Ochsen gezogenen Wagen zu den unabdingbaren Leistungen der freien Bauern zu militär. Zwecken, die bald als hostilicium der einst freien Grundholden die Einnahmen des Grundherrn erhöhten. Umfaßten die Herden zunächst nur 12 bis 15 Stück, eingedenk der Fütterungsprobleme bei der Ausstallung im Winter und eingeschränkter Weiderechte (→Allmende), so nahmen diese im Hoch- und SpätMA deutl. zu, v. a. in den Grünlandzonen der Berge und in den Niederungen. Zu dem allg. Konjunkturverlauf, dem Wachstum der städt. Bevölkerung und der Zunahme des Fleischverzehrs korrespondierend, entfaltet sich ein reger kontinentaler Ochsenhandel (Sammelname für alle R.er) zunächst in O-W-Richtung aus den Weidegebieten von Donau und Theiß (v. a. Ungarn) zu den Großmärkten in Oberdtl. und am Rhein (Köln) mit Zwischenstationen in Nürnberg und Regensburg, dem ein Export von N nach S aus den Küstengebieten (fries. R.er) und aus Dänemark folgte.

D. Hägermann

Lit.: W. Abel, Gesch. der dt. Landwirtschaft, 1978³, 23ff. u. ö. [Bibliogr.] – Internat. Ochsenhandel (1350–1750), hg. E. Westermann, 1979.

Rinderraub, air. Epos → Táin Bó Cúailgne

Rinesberch und Schene, Bremer Chronik. Nach dem Vorwort ihrer »Chronica Bremensis« hatten Gerd R., Vikar am Dom v. →Bremen, und Herbord Sch., Kanoniker am Dom und am Ansgarstift, zunächst geplant, die Gesch. der Bf.e und der Stadt anhand der Übers. der lat. Bf.schronik darzustellen. Doch habe *ein gudt frundt* sie gebeten, zur Belehrung der Bremer auch die Ereignisse der jüngeren Zeit, bes. die Kriege und inneren Unruhen, aufzuzeichnen. Umstritten ist, ob der Bremer Bürgermeister Johann Hemeling den Auftrag erteilt, die Chronik überarbeitet und fortgesetzt hat. Das nach den Pontifikaten der Ebf.e gegliederte Werk beginnt 788 und reicht bis 1430. Deutl. ist die Tendenz, die Freiheit der Stadt herauszustellen. K. Wriedt

Ed.: H. Meinert, 1968 – *Lit.:* Verf.-Lex.² VIII, 82, 639–641 – K. Koppmann, Zu der Chronik von R. und Sch., Brem. Jb. 6, 1871, 256–265 – W. von Bippen, Die Verf. der ältesten brem. Stadtchronik, ebd. 12, 1883, 108–131 – H. Schwarzwälder, Die Chronik von R. und Sch., ebd. 52, 1972, 21–37.

Ring. In frühchristl. Zeit stand der Fingerring in der Tradition der Antike. Die R.e waren im Hinblick auf die Bescheidenheit und Askese der Christen meist aus vergoldeter Bronze und wegen ihrer Verfolgung trugen sie Symbole als verschlüsseltes Erkennungszeichen. In Byzanz war das Christentum Staatsreligion, so konnten die nun offiziell getragenen R.e prächtig in Gold oder Silber mit Niello ausgeführt werden. Hl.ndarstellungen und Amulettmotive waren bes. beliebt. Die Gestaltung byz. R.e beeinflußte versch. Kulturen der Völkerwanderungszeit und dadurch ist oft die Provenienz kaum zu bestimmen.

Der R. gehörte zu den meistgetragenen Schmuckstükken (→Schmuck) im MA und war nicht nur Zeichen von Stand, Reichtum und Würde (→Investitur). Mit dem Aufschwung des Handels in Europa und des Bürgertums gewann der →Siegelr. an Bedeutung. Familienwappen, Kaufmanns- oder Handwerkszeichen dienten zum Siegeln von Briefen, Urkk. und Verträgen. R.e konnten Kennzeichen sein für die Zugehörigkeit zu einer Partei oder polit. Bewegung. Als Ausdruck tiefer Gläubigkeit und religiösen Eifers spielten R.e eine bes. wichtige Rolle. Schlichte Reifen mit Inschriften oder R.e mit Hl.ndarstellungen besaßen mag. Kräfte, sie sollten den Träger vor Krankheiten oder dem Bösen schützen.

Von der Kleidermode unabhängig und eng mit dem Körper des Trägers verbunden, übertrugen R.e auch persönl. Botschaften des Dankes, der Trauer und Liebe. Erst im MA findet bei dem Ehezeremoniell der R.austausch zw. Mann und Frau statt, und als Eheversprechen beliebt waren R.e mit den »mani in fede« ('Hände im Glauben').

Da Fund- und Herstellungsort meist nicht unbedingt ident. sind, ist die Herkunftsbestimmung ma. R.e kaum möglich. Während dt. und it. R.inschriften auf einen bestimmten Herkunftsraum verweisen, liefern lat. Bibelverse oder Inschriften in Frz., der Hofsprache Europas, keine Hinweise auf die Provenienz. Steinschliffe und R.formen zeigen, bedingt durch den Steinhandel, Ähnlichkeiten mit zeitgleichen Beispielen islam. Länder (bes. sichtbar an den R.en südosteurop. Herkunft).

Im MA wurden vorwiegend Mugelschliffe bevorzugt, erst später die Facettenschliffe. →Luxusordnungen regelten in den verschiedenen Ländern das Tragen von Gold- und Silberr.en. Preiswerteres Material war die Gold imitierende Bronze. Steine wurden wegen ihrer symbol. Bedeutung sowie mag. und med. Wirkung getragen: Der Diamant hatte einen hohen Stellenwert als diplomat. Geschenk, der Rubin stand für die Liebe und Luxus, der Türkis schützte vor Vergiftungen und Reitunfällen, der Smaragd half gegen Epilepsie und Augenkrankheiten. Amethyste und Saphire trugen die kirchl. Würdenträger als Zeichen göttl. Macht (→Edelsteine, →Lithotherapie).

Wichtige Slg. en von ma. R.en, u. a. datiert durch Fundorte mit Münzbeigaben, befinden sich v. a. im Nationalmuseet, Kopenhagen (u. a. Funde v. Ribe, Roskilde, Slagelse); British Museum, London (Funde v. Chalcis, Lark Hill, Fishpool usw.); Victoria and Albert Museum, London; Ashmolean Museum, Oxford und Musée de Cluny, Paris (Schatz v. Colmar, 14. Jh.). A. B. Chadour

Lit.: M. M. Deloche, Ét. hist. et archéol. sur les anneaux sigillaires et autres des premiers siècles du MA, 1900 – O. M. Dalton, Catalogue of Finger R.s, 1912 – C. C. Oman, Catalogue of R.s, 1930 – M. Degani, Il tesoro romano barbarico di Reggio Emilia, 1959 – F. Lindahl, Middelalderlige Ribe-r.e, Mark og Montre, Fra sydvestjyske museet, 1966, 28–34 – B. Radojkovic, Jewellery with the Serbs, 1969 – A. Fourlas, Der R. in der Antike und im Christentum, 1971 – J. Cherry, The Medieval Jewellery from the Fishpool Nottinghamshire Hoard, Archaeologia CIV, 1973, 307–321 – Ch. Meier, Gemma Spiritalis, 1977 – G. Friess, Edelsteine im MA, 1980 – A. Ward u. a., Der R. im Wandel der Zeit, 1981 – E. Taburet-M. Dhénin, Le trésor de Colmar, La revue du Louvre et des musées de France XXXIV, 1984, 89–101 – F. Lindahl, Roskilde-smykker fra omkring 1000 til 1500 arene i Nationalmuseet, Historisk Arbog fra Roskilde Amt 1984/85, 9–33 – A. B. Chadour-R. Joppien, Schmuck I und II, Bestandskat. des Kunstgewerbemuseums, Köln, Bd. X, 1985 – F. Lindahl, Middelalderlige fingerr. e med ikonografiske motiver, Taidehistoriallisia Tutkimuksia – Konsthistoriska Studier 8, 1985 – D. SCARISBRICK, R. s, 1993 – A. B. CHADOUR, R. e – Rings, Die Alice und Louis Koch Sammlung/The Alice and Louis Koch Collection, 1994.

Ringelblume (Calendula officinalis L./Compositae). Die zu den 'sonnenwendigen' Pflanzen zählende R. läßt sich im MA oft nur schwer nachweisen, weil ihre lat. Namen *(h)eliotropium, solsequium* oder *sponsa solis* (Circa instans, ed. WÖLFEL, 109) auch auf den Löwenzahn und die →Wegwarte bezogen wurden (Konrad v. Megenberg V, 28; Gart, Kap. 98: caput monachi). Hildegard v. Bingen (Phys. I, 122) empfahl *ringula* u. a. gegen Gift und Kopfgrind; Albertus Magnus (De veget. VI, 451) verwendete sie äußerl. bei Bissen durch Gifttiere und als Wundheilmittel, innerlich bei Milz- und Leberleiden. U. Stoll

Lit.: MARZELL I, 715–723 – DERS., Heilpflanzen, 294–297 – D. I. MACHT, Calendula or Marigold in medical Hist. and in Shakespeare, BHM 29, 1955, 491–502.

Ringelpanzer, bewegl. Geflecht aus genieteten bzw. genieteten und gestanzten Eisen- oder Messingringen. Einfaches Ringelgeflecht war aus nebeneinander liegenden Ringen zusammengefügt, dichteres aus versetzten Ringreihen dreifach (*drivältig, treslie*) verflochten.

Der R. war wohl eine kelt. Erfindung und wurde von Griechen und Römern übernommen. Im Orient bevorzugten ihn Perser, Mamelucken und Osmanen, die ihn auch als Verbindung von Metallplatten ihrer Rüstung nutzten. Im ma. Abendland dominierte der R. als Panzermaterial und wurde noch im SpätMA zusammen mit dem →Plattenharnisch getragen. O. Gamber

Lit.: W. BOEHEIM, Hb. der Waffenkunde, 1890.

Ringsted, Stadt und Kl. in Dänemark, ursprgl. sakrales Zentrum v. Seeland (Dingsteine auf dem Hauptplatz an Südhang an einem nordsüdl. Prozessionsweg). Bf. Svend Nordmand baute um 1080 die erste Steinkirche an der Westseite des Hauptplatzes, die nach der Beisetzung des nördl. von R. ermordeten →Knud Laward (1131) zum Wallfahrtsziel wurde. Kg. Erik Emune stiftete 1135 ein Kl. für Benediktiner, die wohl aus St. Knud in →Odense kamen. Nach seinem Sieg begann Knuds Sohn →Waldemar I. (→Dänemark, C. II) um 1160 mit dem Bau eines östl. Querschiffes mit Absiden in Backstein (Weihe am 25. Juni 1170 bei der Erhebung der Gebeine Knuds); bald folgte der Neubau des Langhauses in Backstein auf den alten Fundamenten. Obwohl 1241 durch Feuer beschädigt, wurde R. bevorzugte →Grablege der dän. Kg.e bis z. Z. der Kgn. Margarethe I. (1412). Die Stadt R. (Zentrum der Handelsniederlassung im SO, Pfarrkirche St. Hans [abgerissen]) entstand aus der sakralen Funktion, da keine bedeutende Handelsstraße vorbeiführte. Sie war Zentrum der dän. Knudsgilden. T. Nyberg

Lit.: M. CLEMMENSEN, R. Kirke, 1927 – A. H. JENSEN, Hvorfor er Sct. Bendts kirke i R. bygget skævt, Årbog for Hist. Samfund for Sorø Amt 60, 1973, 111–122 – TH. HILL, Kg. e, Fs. en und Kl. (Kieler Werkstücke, R. A: 4, 1992), 125–157.

Rinio-Codex. Die in der Bibl. Marciana (Venedig) aufbewahrte Hs. ist nach dem ven. Arzt und ztw. Besitzer Benedetto R. (1485–1565) benannt, den man lange Zeit auch für den Autor dieses ill. Herbarius (→Kräuterbücher) hielt. Wie indes MINIO nachwies, handelt es sich bei dem tatsächl. Verf. um den Arzt Niccolò Roccabonella aus Conegliano (1386–1459), der das insgesamt 483 Bll. umfassende Werk im zweiten Viertel des 15. Jh. für seinen persönl. Bedarf zusammengestellt hat. Der von dem ven. Maler Andrea Amadio (sonst unbekannt) mit mehr als 400 Abb. geschmückte Papiercod. zeichnet sich einmal, basierend auf einer Vielzahl von Autoren, durch eine äußerst reiche, den Charakter einer ärztl. Gebrauchsschrift betonende Synonymik aus, so daß er heute gleichsam als bebildertes botan. Lex. zur Identifizierung der ma. Pflanzennamen dienen kann; zum anderen und v. a. aber liegt seine Bedeutung in den fast ausnahmslos mit großer Sorgfalt ausgeführten Aquarellen, die – teilweise nach dem sog. Erbario Carrarese kopiert – zu den hervorragendsten Zeugnissen der naturalist. →Pflanzendarstellung im SpätMA gehören. P. Dilg

Ed.: E. DE TONI, Il libro dei semplici di Benedetto R., Mem. della Pontificia Acc. Romana dei Nuovi Lincei, Ser. II, 5, 1919, 171–279; 7, 1924, 275–398; 8, 1925, 123–264 – *Lit.:* FISCHER, 188f., 228–231 – O. PÄCHT, Early It. Nature Stud. and the Early Calendar Landscape, J Warburg 13, 1950, 13–47 – M. MINIO, Il quattrocentesco codice »R.« integralmente rivendicato al medico Nicolò Roccabonella, AIVSL, Classe di Scienze morali e Lettere 111, 1952/53, 49–64 – G. INEICHEN, Bemerkungen zu den pharmakognost. Stud. im SpätMA im Bereiche von Venedig, ZRPh 75, 1959, 439–466 – F. A. BAUMANN, Das Erbario Carrarese und die Bildtradition des Tractatus de herbis, Berner Schr. zur Kunst 12, 1974, 126–128 – E. CAPPELLETTI, I semplici a Venezia nel secolo XV: Sofisticazioni... Atti del Congr. di Piacenza (23–25 Settembre 1988), 1988, 89–93.

Rintfleisch-Verfolgung, nach dem Namen des Anführers, R., benannte Volksbewegung, die im April 1298 in Röttingen ihren Ausgang genommen hat. Den bis zum Herbst andauernden Judenverfolgungen fielen an mindestens 130 Orten in Franken und den angrenzenden Ländern mehrere tausend Menschen zum Opfer. Die Ausbreitung und die Dauer der Verfolgungswelle zeigt, daß mehrere Haufen an den Massakern beteiligt waren bzw. daß sich verschiedene Städte spontan den Verfolgungen anschlossen. Anlaß war die Beschuldigung, die Röttinger Juden hätten eine Hostie geschändet (→Hostienfrevel). Trotz aller ausschmückenden Variationen ist das stereotype Frevelmuster mit Licht- und Offenbarungswunder erkennbar, und die Verfolgung wird als Bestrafung der Lästerer gerechtfertigt. Erst der wiederhergestellte Judenschutz (→Judenrecht) durch Kg. Albrecht konnte den Aufruhr niederschlagen. Einzelne Städte wurden wegen ihrer Beteiligung vom Kg. bestraft. Die Frevellegende wurde in verschiedenen Orten Frankens bis ins 20. Jh. hinein lebendig gehalten. R. Erb

Lit.: F. LOTTER, Die Judenverfolgung des »König R.« in Franken um 1298, ZHF 15, 1988, 385–422.

Rinuccini, Alamanno, 1426–99, einer der bedeutendsten Vertreter jener ebenso gelehrten wie prakt.-polit. tätigen Generation von Florentiner Humanisten, die sich um die Familie →Medici gruppierte. Bis etwa zu seinem 50. Jahr genoß R., wenn auch nicht ungetrübt, das Vertrauen der Medici und wurde in wichtige Ämter berufen (u. a. 1460 *priore,* 1471 *gonfaloniere,* 1475 *oratore* bei Sixtus IV., um über die Finanzierung eines vom Papst gewollten Krieges gegen die Türken zu verhandeln). Nach seinem Bruch mit den Medici tritt er nur als *ufficiale dello studio* (1480) und in kleineren Ämtern auf. Erst nach der Vertreibung der Medici (1494) kommt er wieder zu polit. Geltung.

R.s Beziehungen zu den Medici spiegeln sich in seinen Schriften wider. Zunächst widmet er Piero die lat. Übers. von Plutarchs »Vitae Niciae et Crassi« und »Agidis et Cleomenis« (1456–58) sowie dem kleinen Lorenzo die Übers. der »Vita Agesilai« (1462). Cosimo widmet er die Übers. der pseudoplutarch. »Consolatio ad Apollonium« (1463). Er verehrte Cosimo und war ein guter Freund seines Altersgenossen Piero, solange er noch glauben konnte, die Medici seien primi inter pares in der florent. Oligarchie und deren natürl. Beschützer. Die Ernüchterung muß etwa um die Zeit der Pazzi-Verschwörung

(1478) gekommen sein, die R. im »Dialogus de libertate« (1479) in den Himmel hebt: Freiheit ist für ihn im wesentl. die Regierungskunst der sich nunmehr auflösenden Oligarchie. Der Dialog gipfelt in einem leidenschaftl. Plädoyer gegen Lorenzo, den Totengräber der florent. »Freiheit«, ähnlich dem vernichtenden Urteil über diesen, das R. am Tag von dessen Tod (8. April 1492) in den von seinem Vater begonnenen *priorista* (etwa Stadtchronik) eintrug. So sehr uns R.s polit. Denkweise als die eines laudator temporis acti erscheinen mag, muß ihm doch das Verdienst zuerkannt werden, daß er anders als die meisten seinesgleichen (z. B. Donato Acciaiuoli, Pierfilippo Pandolfini) die Umtriebe der Medici erkannt, sich von diesen distanziert und konsequent die Folgen davon getragen hat. R.s Wechselfälle zeigen die wirklichen inneren Verhältnisse im Medici-Florenz.

Außer dem »Dialogus de libertate« und den *priorista*-Eintragungen umfaßt R.s Nachlaß eine Anzahl in perfektem Latein verfaßter Briefe (darunter einen an seinen Sohn Filippo über die Studienordnung, bedeutend wegen der Aufwertung der geistigen Leistungen der Gegenwart gegenüber der Antike), einige (auch it.) Reden und weitere Übers. aus dem Griech. (Plutarch, Isokrates, Philostratos, Basilius v. Caesarea). Einige davon liegen in Inkunabeln vor. V. R. Giustiniani

Ed. und Lit.: Defensa de la libertad, hg. F. ADORNO, 1952 – Dialogus de libertate, hg. F. ADORNO, 1957 – Lettere ed Orazioni, hg. V. R. GIUSTINIANI, 1953 – Filippo R., Ricordi storici (priorista) con la continuazione d'Alamanno e Neri suoi figli, hg. G. AIAZZI, 1847 – F. FOSSI, Ritratto d'A. R. (Ritratti d'uomini illustri toscani, 1, 1766) – DERS., Monumenta ad A. R. vitam contexendam, 1791 – V. R. GIUSTINIANI, A. R. (1426–99): Materialien und Forsch. zur Gesch. des florent. Humanismus, 1965 – Lorenzo dei Medici, Lettere, Bd 2, hg. R. FUBINI, 1977, 141–198 n., 231 n., 501, 507–509 – V. R. GIUSTINIANI, Lorenzo nel giudizio d'un suo intrinseco, ASI 150, 1992, 467–479.

Rioja, la, Region im nö. Spanien (→Kastilien), im oberen Ebrobecken zw. Haro und Alfaro, im S begrenzt von hohen Gebirgszügen (Sierra de la Demanda u. a.), im N von der Sierra de Cantabria. Mit den fruchtbaren Tälern mehrerer rechter Nebenflüsse des Ebro (Tirón, Oja, Najerilla, Iregua, Cidacos, Alhama) bildet die R. eine ertragreiche Agrarlandschaft. Die wichtigste Stadt, →Logroño, liegt an der Grenze von Alta und Baja R. (Ober- und Nieder-R.)

Während der muslim. Periode beherrschten die Banū Qāsī v. →Tudela, eine selbständige Statthalterdynastie, einen Großteil der R. (843–917). →Sancho Garcés I., Kg. v. →Pamplona (→Navarra), eroberte den strateg. wichtigen Ort →Viguera (917) und konnte trotz der Niederlage v. Valdejunquera (920) im Bündnis mit →Ordoño II. v. →León 922–924 die Alta R. besetzen. →Nájera wurde zur bevorzugten Pfalz der Kg.e v. Pamplona, die als Schutzherren der Abteien →S. Martín de Albelda und →S. Millán de la Cogolla, die geistl. Zentren des Gebiets, förderten. 1045 (Eroberung von →Calahorra) fiel dann auch die Baja R. unter die chr. Herrschaft →Garcías III. v. Navarra. Nach dem Tode von dessen Sohn →Sancho IV. verleibte →Alfons VI. v. León und Kastilien die R. (neben Alava, Vizcaya und Teilen v. Guipzzcoa) seinem Herrschaftsbereich ein. Trotz aller Rekuperationsbestrebungen der Kg.e v. Aragón und Navarra im 12. Jh. blieb die R. fortan bei Kastilien. Als Grenzgebiet hatte sie im SpätMA stark unter den Kriegen Kastiliens mit Aragón und Navarra zu leiden (so 1366–73, während der Bürgerkriegsperiode). Dessen ungeachtet erfuhr die R. als Durchgangsland, das von der Pilgerstraße nach →Santiago durchzogen wurde (über Logroño, Nájera, S. Domingo de la →Calzada, Belorado), intensiven agrar. Landesausbau und urbane Entwicklung: Nájera (1076) und Logroño (1095) wurden mit →Fueros bewidmet. Kirchl. bildete die R. einen Teil des Diözesangebietes v. Calahorra, dessen Bf.e seit 1232 in S. Domingo de la Calzada residierten. Die kgl. Verwaltung gliederte die R. in zwei Merindades (Merino), R. und Logroño. Am Ende des MA nahm die Zahl der adligen Herrschaften (→Señoríos) stark zu: Die →Velasco waren Herren v. Arnedo (1388) und Gf.en v. →Haro (1430), die →Manrique de Lara Hzg.e v. Nájera (1482), wohingegen der →Realengo, die kgl. Domäne, weiterhin u. a. die wichtigen Städte S. Domingo de la Calzada, Logroño (ca. 5000 Einw.) und Alfaro umfaßte. M.-A. Ladero Quesada

Q.: I. RODRÍGUEZ DE LAMA, Colección Diplomática Medieval de la R., 4 Bde, 1976–89 – *Lit.:* E. CANTERA MONTENEGRO, Las juderías de la diócesis de Calahorra en la Baja Edad Media, 1987 [reiche Lit.] – J. GARCÍA PRADO (Dir.), Hist. de la R., II, 1983.

Riom, Stadt in Mittelfrankreich, nördl. →Auvergne (dép. Puy-de-Dôme), im 6.–7. Jh. Sitz einer Pfarrei. Die Verehrung des hl. Amabilis (Amable, 5. Jh.) stand am Beginn der Gründung eines Kapitels (11.–12. Jh.) und der Errichtung einer roman. Kirche am Platz zweier älterer merow. Kirchen. Dieses Kanonikerviertel, das wohl im 12. Jh. befestigt wurde, war einer der Ausgangspunkte der Stadtentwicklung. Östl. davon erbauten die Gf.en v. Auvergne eine Burg, die von den kgl. Truppen bei ihrer Eroberung der Gft. Auvergne zu Beginn des 13. Jh. besetzt wurde. R. gehörte nun zur 'kgl. Auvergne', ausgetan als →Apanage an →Alfons v. Poitiers, der R. zum Verwaltungssitz machte, den Einwohnern Privilegien verlieh und neue Viertel nach einheitl. Plan sowie die Befestigung errichten ließ.

Die Stadt teilte das Schicksal der 'Terre royale d'Auvergne', wurde nach 1271 unmittelbar der Krone unterstellt und war Verwaltungssitz des 1360 für →Jean de Berry geschaffenen Hzm.s. Der Hzg., der R. zu seinen Lieblingsresidenzen zählte, ließ hier einen Palast mit (wohlerhaltener) →Sainte-Chapelle erbauen. Die Stadt hatte den Status einer 'bonne ville' mit reichem Amtsbürgertum. Sie kam nach dem Tode Hzg. Jeans an das Haus →Bourbon, um 1527 an die Krone zurückzufallen. – Westl. der Stadt liegt die alte Abtei OSB →Mozat. G. Fournier

Lit.: G. FOURNIER, Châteaux, villages et villes d'Auvergne au XVe s. d'après l'Armorial de Guillaume Revel, 1973, 100–106 [Bibliogr.] – J. TEYSSOT, Un grand chantier de construction à la fin du XIVe s.: le palais ducal de R., Bull. hist. et scientifique de l'Auvergne, 1992, 151–166.

Ripaille, ehem. Residenz der Gf.en/Hzg.e v. →Savoyen und Kl., östl. von Thonon am Genfer See (Frankreich, dép. Savoie). Der Forst v. R. war exklusives Jagdgebiet der Gf.en v. Savoyen, Errichtung eines Jagdhauses vor 1294. Mit dem Bau eines Schlosses ('domus') durch die Gfn. Bonne de Bourbon (1371–77) wurde R. zur regulären →Residenz (Architekt: Jean d'Orlye; unterer und oberer Saalbau, Kapelle, Wohnräume und Galerien; ab 1384 Fortsetzung der Bautätigkeit durch Jean de Liège: u. a. Wasserkunst, Falknerturm). Der Komplex konnte bis zu 300 Personen und 200 Pferde aufnehmen. Nach dem tragischen Tod →Amadeus' VII. durch einen Jagdunfall verließ der Hof im Nov. 1391 das Schloß. Der verödete Bau wurde wiederbelebt durch →Amadeus VIII., der eine neuartige Verbindung von Residenz und geistl. Stätte kreierte: Er gründete zu Ehren der Landespatrone N. Dame und St. Maurice 1410 ein Priorat der Augustinerchorherren und stiftete hier 1434 den exklusiven →Ritterorden vom hl. →Mauritius; R. fungierte als Sitz von sieben Eremiten, deren 'Dekan' der Hzg. war. Hierfür errichtete Aymonet Corviaux gegenüber dem Priorat den originellen Bau des siebentürmigen »château-chartreuse«. Dieses Zentrum spirituellen Hoflebens wurde 1489 durch Berner Truppen verwüstet, doch 1614 vom hl. Franz v. Sales als neuer Sitz des →Annuntiatenordens wiederhergestellt.

B. Demotz

Lit.: M. Bruchet, Le château de R., 1907 – Marie-José SM, Amédée VIII, le duc qui devint pape, 2, 1962 – M. Pierre, R. (Congr. arch. de France, 1965), 288–321.

Ripelin, Hugo → Hugo Ripelin v. Straßburg (53. H.)

Ripen → Ribe

Ripen, Vertrag v. (1460). Nach dem erbenlosen Tod →Adolfs VIII. v. Schleswig und Holstein (2. A.) nahm die Ritterschaft der Lande die Nachfolgelösung in die Hand, weil sie eine Teilung des Erbes oder eine Trennung beider Lande im eigenen Interesse vermeiden wollte. Man entschloß sich zur gemeinsamen, alle bindenden Wahl eines neuen Fs. en. Nach dem Vorbild der nord. Reiche übte der gemeinsame Rat der Lande die Wahl aus. Er entschied sich zu R. (→Ribe) am 2. März 1460 für Adolfs Neffen, Kg. →Christian I. v. Dänemark, Gf. v. Oldenburg. Die nach Verhandlungen am 2. März ausgestellte R.er Urk. entsprach den Wahlhandfesten in nord. Reichen: Christian gab Versicherungen für die Beteiligung von Rat und Ritterschaft an der Außenpolitik und Bedeerhebung, den Indigenat bei Amtsstellen, die Untrennbarkeit und Unteilbarkeit der Lande (»dat se bliven ewich tosamende ungedeelt«). Die Wahl der künftigen Nachfolger sollte auf Christians nächsten Erben fallen; ab ca. 1462 wurden gemeinsame Landtage für beide Lande abgehalten. Eine engere Union mit Dänemark bestand nicht. Die Zugeständnisse wurden durch die Kieler »Tapfere Verbesserung« (4. April 1460) erweitert.

E. Hoffmann

Lit.: W. Carstens, Die Wahl Kg. Christians I. v. Dänemark..., ZSHG 60, 1931, 213 ff. – Fschr. der Schleswig-Holstein. Ritterschaft zur 500 j. Wiederkehr des Tages v. R., hg. H. v. Rumohr, 1960 [Beitr. A. Scharff, V. Pauls, H. H. Hennings] – E. Hoffmann, Gesch. Schleswig-Holsteins, IV/2 (hg. O. Klose, 1990), 261–289, 332–337.

Ripley, George, engl. Kanoniker und alchem. Fachautor, ca. 1415–90; mit seinem Namen verknüpft sich ein umfängl. Alchemicacorpus (»Medulla alchymiae«; »De mercurio et lapide philosophorum«; allegor. Texte [»Cantilena«, »Vision«]; Text/Bild-Ensembles [»R.s-Scrolls«]). Frühnz. Alchemiker sahen im »Liber duodecim portarum« (»Twelve gates«, auch: »Compound of alchemy«) R.s Hauptwerk. Die reiche hsl. Überlieferung, viele Drucke des 16. bis 18. Jh. in lat., engl., frz., ndl. und dt. Sprache und Komm.e bezeugen das Ansehen des R.-Corpus. R.s Schr. spielten v. a. im Samuel-Hartlib-Kreis (London, 17. Jh.) eine wichtige Rolle; Eirenaeus Philalethes' Rückgriff auf das R.-Corpus (»R. Reviv'd«, 1678) trug maßgebl. dazu bei, daß sich im dt. Kulturgebiet die R.-Rezeption bis in das 18. Jh. fortsetzte. Eine text- und quellenkrit. Unters. des R.-Corpus steht noch aus. J. Telle

Ed. [Auswahl]: The compound of alchymy, ed. R. Rabbards, London 1591 [Neudr. 1977] – Chym. Schrifften, Erfurt 1624 – Opera omnia chemica, ed. L. Combach, Kassel 1649 – Theatrum Chemicum Brittannicum, ed. E. Ashmole, London 1652 [»Compound«, »Dichtungen«] – Magnalia medico-chymico continuata, ed. J. H. Cardilucius, Nürnberg 1680 [= »Antrum naturae«, Nürnberg 1710] – Chym. Schrifften, übers. B. Roth-Scholtz, Nürnberg 1717 [Wien 1756] – F. S. Taylor, G. R.'s Song, Ambix 2, 1946, 177–181 – Les Douze Portes d'Alchimie, ed. B. Biebel, 1979 – Lit.: Ferguson, II, 276–278 – Thorndike, IV, 351–353 – R. M. Schuler, English magical and scientific poems to 1700. An Annotated Bibliogr., 1979.

Ripoll, Santa Maria de, Abtei OSB in →Katalonien (Bm. →Vich), gegr. 879 vom Gf. en →Wifred I. 'el Pelós', der den Priester Dagius († 902) als ersten Abt einsetzte, das Kl. reich dotierte und die Grenzen seines Patrimoniums festsetzte. Nach der Weihe der ersten Kirche 888 erhielt R. Privilegien der Kg. e Ludwig IV. (939) und Lothar (982). Abt Arnulf (948–970; seit 954 Bf. v. →Gerona) erwirkte von Papst Agapet II. eine Bestätigung der Immunitätsrechte (951). R. erlebte eine erste Blütezeit unter Abt →Oliba (gleichzeitig Abt v. →Cuxa, seit 1018 Bf. v. Vich). Ursprgl. einem Königskl. gleichgestellt, kam R. durch die Schenkung Olibas an die Gf. en v. →Besalú, die es (als Absicherung ihres gefährdeten Einflusses im Ripollès) 1070 zur Reform an die Abtei St-Victor in →Marseille übertrugen (zahlreiche Schenkungen). Nach der 1169 von Marseille nicht anerkannten Wahl Raimunds v. Bergà setzte R. mit Hilfe Kg. Alfons' II. v. Aragón das Ausscheiden aus dem Verband v. St-Victor durch (Prozesse an der Kurie noch bis 1252). Die Abtei schloß sich 1215 den →Claustrales v. Tarragona an.

Im SpätMA kam es zu Auseinandersetzungen mit dem Bf. v. Vich wegen der Seelsorgerechte und zu Konflikten mit den Bewohnern des Ortes (1296 Aufstand gegen Abt Raimund v. Vilaragut, 1378 Prozeß vor Clemens VII.: Forderung nach Gewährung eines →Konsulats). 1428 betrug die Zahl der Mönche nur noch 22 (1169: 75). Seit 1461 wurde das Kl. von Kommendaräbten (→Kommende) regiert. R. war seit Wifred 'el Pelós' fsl. →Grablege (Gf. en v. Besalú, dann v. Barcelona). Von R. war eine Reihe von Prioraten abhängig, darunter Sta. Maria de Montserrat (1023–1410).

Das Skriptorium wurde 951 von Abt Arnulf nach seiner Rückkehr von Rom eingerichtet. 979, beim Tod seines Nachfolgers Guidiscle, besaß das Kl. bereits 65 Codices, auch ein →Astrolabium und bedeutende Traktate über Astronomie und Geometrie, die →Gerbert v. Aurillac 967 dort einsah. Unter Abt Oliba stieg der Bestand von 121 auf 246 Hss. (Inventar v. 1047). Im 12. Jh. entstanden in R. die historiograph. Werke »Chronicon Rivipullense«, eine Version des »Carmen Campidoctoris« (→Cid, II), Teile der →»Gesta comitum Barchinonensium et regum Aragonum« und die »Brevis historia monasterii Rivipullensis« (1147); 1173 kopierte Arnald de Mont den →Codex Calixtinus. Der poet. Schule v. R. entstammen z.T. die →Carmina Rivipullensia. Das um die Mitte des 12. Jh. geschaffene Portal ist mit seinem komplexen ikonograph. Programm ein Hauptwerk der Romanik in Katalonien.

U. Vones-Liebenstein

Lit.: ECatt X, 956f. – Gran Enciclopèdia Catalana XII, 619–621 – R. Beer, Die Hss. des Kl. Sta. Maria de R., 1907 – M. Colli Alentorn, La historiografía de Catalunya en el període primitiu, Estudis Romànics 3, 1951–52, 139–196 – R. d'Abadal i de Vinyals, La fundació del monestir de R., Analecta Montserratensia 9, 1962, 187–197 – E. Junyent, El Necrologi del Monestir de R., ebd., 217–225 – J. Bauer, Rechtsverhältnisse der katal. Kl. von der Mitte des 10. Jh. bis zur Einführung der Kirchenreform, SFGG GAKGS 22, 1965, 72–77 – O. Engels, Schutzgedanke und Landesherrschaft im ö. Pyrenäenraum, 1970 – U. Lindgren, Die span. Mark im 10. Jh., SFGG GAKGS 26, 1971, 151–200 – X. Baral i Altet, La sculpture à R. au XIIe s., BullMon 131, 1973, 311–359 – M. Delcor, Le scriptorium de R. et son rayonnement culturel, Les Cahiers de St-Michel de Cuxa 5, 1974, 45–64 – E. Junyent, El monestir de Sta. Maria de R., 1975 – Catalunya romànica X, 1987, 206–334 [Lit.] – →Carmina Rivipullensia.

Ripon, ehem. Abtei OSB, Stiftskirche und Marktort in Yorkshire. Um 661 errichtete Kg. Alhfrith in R. eine Mönchsgemeinschaft in der Tradition von →Iona-Lindisfarne, doch verließen ihre Vorsteher das Kl., das nun →Wilfrid übertragen wurde, der die Regula Benedicti einführte, eine Kirche mit Porticus und Krypta errichtete, die er zweimal als Bf. skirche verwendete. Dort wurde er auch 709 begraben. Nach der Zerstörung der Kirche 948 durch westsächs. Heere und der vermutl. Entfernung der Gebeine des Gründers erfolgte im 11. Jh. eine Neugründung als Stiftskirche (keine Augustiner-Chorherren) mit umfangreichen Seelsorgeaufgaben. Die Kirche (ð St. Peter und St. Wilfrid) wurde 1154-1255 wiederaufgebaut, unter Beibehaltung der Krypta Wilfrids. Gut ausgestattet, hatte die Kirche am Ende des 13. Jh. ca. 20 Kleriker; von örtl. Laien wurden in der Folgezeit Seelenstiftungen eingerichtet. Noch im 14. und 15. Jh. spiegelte sich die wirtschaftl. Prosperität (Tuchmacherei, Viehhaltung) des Gebietes um R. im Wachstum der Stadt wider, deren Jahrmarkt und Märkte eine wichtige Einnahmequelle des Ebf.s v. York waren. Im SpätMA wurden mehrere Hospitäler gegründet. Die Aufhebung der Stiftskirche erfolgte 1536. D. A. Bullough

Lit.: VCH Yorkshire III, 1913, 367-372 – LThK² VIII, 1320 – R. L. POOLE, Stud. in Chronology and Hist., 1934, 56-81.

Riquier, Guiraut, Troubadour aus Narbonne, ca. 1254-1292, hielt sich an mehreren Fs.enhöfen des S auf, v. a. am Hofe →Alfons' X. v. Kastilien, wo er mindestens zehn Jahre verblieb sowie am Hofe Gf. Heinrichs II. v. Rodez. Sein umfangreiches und viele Genera umfassendes dichter. Werk ist in den Hss. C und R überliefert (letztere auch mit Musiknotation), die ungewöhnlicherweise die vom Dichter gewollte Anordnung in »libre« bewahren, wie die Titel-Rubrik von C beweist, die angibt, die Hs. sei in der Anordnung des Autographs des Dichters abgeschrieben worden. Die Slg. wird nach chronolog. Kriterien und nach Genera strukturiert (die in den Rubriken zu jedem Text bezeichnet werden), wobei an erster Stelle »Cansos« und »vers« stehen (die durch eine gemeinsame chronolog. Anordnung auf eine Stufe gestellt werden), gefolgt von anderen kleineren lyr. Gattungen. Beachtenswert ist unter ihnen der Zyklus der sechs Pastorellen, in denen die Figur der Hirtin, zuerst ein junges Mädchen, dann Braut und Mutter, innerhalb der Texte die zeitl. Abfolge der Begegnungen deutl. macht. Im Laufe des Buchs wird aus der Gestalt der geliebten Dame, die unter dem *senhal* »Belh Deport« besungen wird: post mortem die Himmelsherrin, die Jungfrau Maria, der das Schlußgebet gewidmet ist.

Unter den didakt. Dichtungen von großem Interesse ist die Bittschrift an Alfons X. v. Kastilien (und die dem Kg. in den Mund gelegte Antwort), in der ein gerechteres Bezeichnungssystem vorgeschlagen wird, das die verschiedenen künstler. Fähigkeiten der Dichter (Verfasser und Komponisten) und der Spielleute (die nur als Ausführende gesehen werden) erkennen läßt. G. R. verfaßte auch eine beachtl. Zahl an Dialogdichtungen (etwa 20 Tensos und Partimens). V. Bertolucci Pizzorusso

Ed.: C. A. F. MAHN, Die Werke der Troubadours in prov. Sprache, IV: G. R., ed. S. L. H. PFAFF, 1853 – C. CHABANEAU, Cinq tensons de G. R., RLR 32, 1882, 109-127 – U. MÖLK, G. R.: Las cansos, 1962 – M. LONGOBARDI, I vers del trovatore G. R., SMV 31, 1982-83, 17-23 – J. LINSKILL, Les Epitres de G. R., troubadour occitan du XIII s., 1985 – V. BERTOLUCCI PIZZORUSSO, La Supplica di G. R. e la risposta di Alfonso X di Castiglia, SMV 14, 1966, 9-135 – M. G. CAPUSSO, L'Exposition di G. R. sulla canzone di G. de C. »Celeis cui am de cor e de saber«, 1989 – Lit.: J. ANGLADE, Le troubadour G. R., 1905 – V. BERTOLUCCI PIZZORUSSO, »Il canzoniere di un trovatore: il »libro« di G. R.«, MR 5, 1978, 216-259 – M.-A. BOSSY, Cyclical Composition in G. R.'s Book of Poems, Speculum 66, 1991, 277-293.

Rispetto, Dichtung volkstüml. Charakters, die zum gesungenen Vortrag bestimmt war, und vorwiegend die Liebesthematik enthielt, in Elfsilblern nach dem →Ottava-Schema (am häufigsten, in der toskan. Variante, ist die Form ABABABCC oder ABABCCDD). V. a. im 14./15. Jh. verbreitet, tritt der R. in Einzelstrophen oder in Reihen auf, deren Inhalt von Strophe zu Strophe wechseln kann (»rispetti spicciolati«), oder in Reihen, die das gleiche Thema weiterentwickeln (»rispetti continuati«). Wie bei allen Formen, die auf die Ottava zurückgeführt werden können, ist der Ursprung der R. problematisch, nicht zuletzt, da er in den ersten Jahrhunderten metr. nicht klar vom →Strambotto abgegrenzt wird. Der Name könnte als Ehrenbezeugung an die Geliebte verstanden werden oder als »Wechselgesang«.

Unter den nicht anonymen R.-Dichtern des 15. Jh. sind →Poliziano und →Lorenzo de' Medici hervorzuheben; im Rahmen des Rückgriffs auf archaisch-volkstüml. Formen im 19. Jh. bedienen sich Carducci und seine Schüler, v. a. Pascoli und Severino Ferrari, des R. G. Capovilla

Lit.: G. CAPOVILLA, Materiali per la morfologia e la storia del madrigale »antico«, dal ms. Vaticano Rossi 215 al Novecento, Metrica III, 1982, 172-175 – A. M. CIRESE, Ragioni metriche, 1988, 35-153 – P. BELTRAMI, La metrica it., 1991, 286-289.

Ristorato, il → Canigiani, Ristoro

Ristoro d'Arezzo (besser: Restoro) OP. Die spärlichen biograph. Daten lassen sich nur aus seinem Werk gewinnen. Er verfaßte 1282 im Dialekt von Arezzo den Traktat »La composizione del mondo colle sue cascioni« in zwei Büchern (I gliedert sich in acht Kapitel, II in acht »Distinktionen«). Aus dem Traktat geht auch hervor, daß R. sich mit Goldschmiedekunst und Malerei befaßte. Das Werk präsentiert sich als kosmolog. Kompilation (vorwiegend der Astronomie und Geographie) mit Elementen der →»Naturphilosophie«, wurde aber als kleine »Enzyklopädie« betrachtet. R.s Quellen sind sicher zahlreicher als die von ihm selbst zitierten (Aristoteles, Ptolemaeus, eine Gruppe arab. Autoren vom 9.–12. Jh. [al-Farġānī, Zahel, Abū Ma'šar, Avicenna, Averroes] in den lat. Übersetzungen von Gerhard v. Cremona, Johannes v. Sevilla und vielleicht Michael Scotus). Ohne sie zu nennen, zeigt R. Kenntnis von Albertus Magnus und benutzt die »Sphaera« von →Johannes de Sacrobosco. Der Traktat erfuhr im 14. Jh. beachtl. Verbreitung und war wahrscheinl. auch →Dante bekannt. L. Rossi

Ed.: A. MORINO, 1976 – Lit.: H. D. AUSTIN, Accredited citations R. d'A.'s Composizione del Mondo; a Study of Sources, StM IV, 1912-13, 335-382 – A. ZANCANELLA, Scienza e magia ai tempi di R. d'A. e di Dante, 1935 – M. L. ALTIERI BIAGI, Lett. it. Einaudi, III: Le forme del testo (II. La prosa), 1984, 900-909 [Lit.] – L'enciclopedismo medievale, hg. M. PICONE, 1994 [Lit.].

Rita v. Cascia, OESA, hl., * 1381? in Roccaporena, † 22. Mai 1457 (?), ▭ Cascia, S. Rita. Die Angaben über ihr Leben sind nicht gesichert, da ihre erste Biographie (Anfang des 17. Jh.) mit apologet. Färbung auf die Seligsprechung R.s zielt, die schließlich von Urban VIII. wegen ihrer Verehrung ab immemorabili gewährt wurde. Der Legende zufolge wurde R. trotz ihres Wunsches, Nonne zu werden, von den Eltern zur Heirat gezwungen. Nach langer unglückl. Ehe mit einem gewalttätigen Mann, den sie jedoch schließlich bekehren konnte, wurde dieser ermordet. Kurz darauf starben »nach göttlicher Fügung« auch ihre Söhne, bevor sie durch Blutrache Schuld auf sich laden konnten. Nach mehrfacher Abweisung wurde R. in das Augustinerinnenkl. v. Cascia aufgenommen, nachdem sie von drei Hl. n durch die Lüfte hingetragen worden war. Ihre meditative Teilhabe an der Passion (mit Ekstasen) fand sichtbaren Ausdruck in einer Dornenwunde auf ihrer Stirn, die sich nur für die Zeit einer Pilgerfahrt nach Rom schloß. Seit 1545 wurde ihr Fest von der Stadt Cascia ausgerichtet, wo sie bereits seit langem als Friedensstifterin und als Helferin gegen die Pest heiligmäßige Verehrung genoß. 1900 wurde sie als Muster einer vorbildl. Ehefrau heiliggesprochen. Dargestellt wird sie in Ordenstracht mit Dornenwunde; Attribute: Kreuz, Rose.

G. Barone

Q.: Documentazione ritiana antica, 4 Bde, 1968–70 – Lit.: Bibl. SS XI, 212–221 – LCI VIII, 270–271 – Wb. der Mystik, 1989, 438 – L. SCARAFFIA, La santa degli impossibili, 1990.

Rithmimachie → Rhythmomachie

Ritmo Cassinese, einer der ältesten Texte der it. Lit.; verfaßt von einem Kleriker und Spielmann, der im Umfeld der Abtei →Montecassino wirkte. Der Text ist in der Hs. 552, 32 des Cassineser Archivs vom Ende des 12. Jh. erhalten. Das nach V. 96 abbrechende Gedicht ist in 12 polymetr. Laissen gegliedert (am Beginn steht eine größere Reihe von Acht- und Neunsilbern, am Ende eine kleinere Reihe von Zehn- und Elfsilbern). Es thematisiert den Dialog zw. einem oriental. Asketen, der das kontemplative Leben preist und einem Abendländer, der ihm seine hedonist. Lebenssicht entgegenhält. In V. 28 wird auf eine »sciphra«, eine autoritative Quelle, hingewiesen, die von einigen Forschern (DEL MONTE, SPITZER) mit den Dialogi des Sulpicius Severus identifiziert wurde, in denen eine analoge Polemik zw. einem aus dem Osten zurückkehrenden Mönch und einem Mitbruder, der im Westen geblieben ist, geschildert wird, von anderen (SEGRE) hingegen mit der »Collatio Alexandri cum Diudimo rege«, einem Text der ma. Alexandersage. Die Dichtung gehört in die Tradition mlat. und volkssprachl. verbreiteten Genus des »Streitgedichts« und wiederholt Topoi der narrativen und didakt. Lit. der Zeit.

M. Picone

Lit.: A. DEL MONTE, GSLI CXXVIII, 1951, 81–87 – L. SPITZER, Roman. Lit.studien, 1959, 425–463 – G. CONTINI, Poeti del Duecento, I, 1960, 7–13 – C. SEGRE, Studi in onore di Italo Siciliano, II, 1966, 1081–1086 – B. PANVINI, Le forme e la storia, II, 1990, 62–87 [Lit.].

Ritter, -tum, -stand

I. Allgemein und Mitteleuropa – II. Italien – III. Iberische Halbinsel – IV. Byzanz.

I. ALLGEMEIN UND MITTELEUROPA: Die Begriffe miles, militia, ordo militaris umschreiben den Gesamtbereich des R.tums im Hinblick auf die einzelnen R., auf die Gesamtheit aller R.: die R.schaft, und schließlich auf die zeitgenöss. Bestimmung dieser Gesamtheit als Stand. Da sie sich aufeinander beziehen, erhellen sie sich gegenseitig; sie werden deshalb im folgenden wechselweise berücksichtigt.

[1] *Abgrenzung:* Das R.tum ist eine Erscheinung, die aus dem Kriegertum hervorgegangen, mit ihm jedoch nicht ident. ist. Obwohl es in ähnl. Formen in mehreren Kulturkreisen beobachtet werden kann, soll es im folgenden in Übereinstimmung mit der neueren Forschung (seit O. HINTZE und M. BLOCH) in der Begrenzung auf den europ. Geschichtsraum behandelt werden, da es im Rahmen des →Feudalismus zu seiner eigenen Gestalt gefunden und sich in ihm entfaltet hat – des Feudalismus, der seinerseits als ein gesamteurop. Phänomen erwiesen ist. R.tum und Feudalismus gehören in ihrer Geschichte unlösbar zusammen.

Diese Zusammengehörigkeit und den europ. Horizont vorausgesetzt, verfolgt der vorliegende Artikel (Abschnitt I) zunächst seine Geschichte im großfrk. Reich und den karol. Nachfolgestaaten.

[2] *Erscheinungsbild des Ritters:* Das Erscheinungsbild des R.s hat sich in unserem Geschichtsbewußtsein tief eingeprägt. Es ist uns aus zahlreichen zeitgenöss. Bildern, Grabsteinen und Siegeln bekannt und findet in den erzählenden Q. eine zwar sporad., im ganzen aber verläßl. Bestätigung. Danach erscheint der R. hoch zu Roß, mit →Schwert und →Lanze bewaffnet und geschützt durch →Helm, Panzer und →Schild. Bei genauerem Vergleich der Bilder, bes. der Siegel, zeigt sich jedoch ein deutl. Wechsel in Erscheinung und Bewaffnung an. So wechselt der in der Blütezeit des R.tums übliche Kettenpanzer (mit der Hals und Kinn schützenden Halsperge) in der Spätzeit mit dem sichereren, aber auch schwereren Plattenpanzer, ebenso der alte →Spangenhelm im 11. Jh. mit dem →Nasalhelm, dem sog. Norm. Helm mit Nasenschutz, dieser schließl. im 12. Jh. mit dem →Topfhelm, der den ganzen Kopf schützt und zum Turnier als Stechhelm (→Stechzeug) mit herald. Helmzier getragen wird. Diese korrespondiert mit dem wappengeschmückten Schild, ursprgl. einem →Langschild, der vom Dreieckschild abgelöst wird und wie jener den R. schützt, um ihn durch das →Wappen gleichzeitig als seinen Träger kenntl. zu machen. Es ist kennzeichnend, daß er als R. erkannt und anerkannt sein will. Die beliebte Formel dafür lautet: »miles probus, strenuus, egregius« u. a.

Dieses Bild des einzelnen R.s, das offenbar dem Selbstverständnis des kühnen und selbstsicheren Streiters entspricht, vermittelt jedoch nur die halbe Wirklichkeit seiner ritterl. Erscheinung. Es wird nämlich i.a. stillschweigend vorausgesetzt, daß er zur Erfüllung seiner Aufgaben, v.a. im Ernstfall, stets auf einen oder mehrere Begleiter angewiesen war. Es ist deshalb zu ergänzen, daß nach der Überlieferung seit dem 11. Jh. der ausziehende R. in der Regel von einem →Knappen, u.U. auch von einem Knecht begleitet war, wofür er gewöhnl. drei Pferde benötigte, nämlich zwei für sich selbst: neben dem Streitroß, das nur im Kampf geritten wurde, das Marschpferd (palefridus), das dritte Pferd für den Knappen bestimmt, der ihm Schild und Lanze trug. Nicht selten war für den Transport der Rüstung noch ein weiteres Pferd (der sog. Klepper, roncinus) vorgesehen. Mit dieser Ausstattung ist zugleich die kleinste militär. Einheit umschrieben, die seit den →Kreuzzügen zu jedem R. gehörte. Sie wurde nach der weithin sichtbaren Hauptangriffswaffe des R.s, der Lanze, 'Gleve' (→Glefe) benannt. Obwohl namentl. erst im 14. Jh. bezeugt, besteht kein Zweifel, daß sie im Kern bis ins 12. Jh. zurückgeht.

Unser Bild weist insgesamt zeitl. eine beträchtl. Streubreite auf, die sich z.T. über mehrere Jahrhunderte erstreckt. Es bedarf deshalb einer genaueren hist. Differenzierung, wenn es der Erscheinung des R.tums gerecht werden soll.

[3] *Entstehung des Rittertums: Vorgeschichte und Herausbildung bis zum ersten Kreuzzug:* Vorausgeht das uralte Kriegertum, das den Wurzelgrund des R.tums bildet. Obwohl sein Wesen darin besteht, daß es sich über das allg. Kriegertum erhoben hat, ist es ihm doch zutiefst verhaftet geblieben. Ursprgl. hatten alle Freien gemeinsam das Volksheer gebildet. Es gab zunächst noch lange den allg. Rahmen für seine allmähl. Herausbildung ab, die neben militär. v.a. wirtschaftl. Gründe hatte. Sie deuten sich im mächtig aufstrebenden Frankenreich bereits im Übergang zum Reiterkampf an, der durch die höheren Anforderungen, die er an Roß und Reiter stellte, eine Scheidung in berittene und in Fußtruppen erforderl. machte. Es versteht sich, daß für die Scheidung finanzielle eine wichtige Rolle spielten; sie fielen um so mehr ins Gewicht, je mehr sich das wachsende Reich zu Fernzügen genötigt sah, die für den einfachen Freien bes. in Zeiten von Saat und Ernte kaum zu leisten waren. Aus diesen erschwerenden Bedingungen hat kein Geringerer als Karl d.Gr. die notwendige Konsequenz gezogen, indem er i. J. 807 eine

Heeresreform durchführte, in der man den ersten Schritt in Richtung auf das R.tum hin sehen darf. 807 verfügte Karl, daß hinfort nur diejenigen Freien ausrücken mußten, die einen Grundbesitz von wenigstens drei Hufen besaßen, dazu alle diejenigen, die ein →Lehen (beneficium) innehatten. 808 wurde die Norm auf vier Hufen erhöht. Die →pauperes, d. h. diejenigen, die weniger besaßen, wurden zunächst in Gestellungsverbänden zusammengefaßt, die jeweils nur einen Mann zu stellen hatten. Doch spielten sie schon bald keine Rolle mehr. Um so wichtiger wird, daß sich in der Folgezeit das Gewicht von den freien bäuerl. Grundbesitzern immer mehr auf die Inhaber von Lehen, die in der Regel Vasallen waren, verschob, zumal bereits im 9. Jh. zu den freien Vasallen auch adlige (nobiles) hinzutraten. Im 10. Jh. sind es nur noch Vasallen, die (abgesehen vom Notfall der Landesverteidigung) allein den berittenen Kriegsdienst leisten. Der Heerbann besteht zwar fort, aber aus dem Volksheer hat sich die militia herausgehoben, die jetzt alle milites als Vasallen, und zwar als loricati, als Panzerreiter, zusammenfaßt. Damit wird als entscheidende Auswirkung der Heeresreform Karls d. Gr. erkennbar, daß die Heeresverfassung in den Sog des Lehnswesens, des Feudalismus, geraten ist. Das heißt: der Feudalismus stellt seitdem rechtl. und wirtschaftl. die Grundlage der militia dar, die er sogleich zu einer einheitl. Schicht zusammenfaßt.

Für diese Gesellschaftsschicht wird das Lehen in der Regel wichtiger als das →Allod, das bei den größeren Familien im allg. seinen Wert behält, während bei den kleineren Familien das Lehen oft ihre einzige wirtschaftl. Grundlage ist. In jedem Fall spiegelt das Lehen den Rang seines Inhabers wider. Es ist im hohen MA im allg. größer als in der Karolingerzeit, in der freil. die Mindestgröße von vier Hufen auch bereits oft überschritten wurde. V. a. hat es in der Zwischenzeit eine wichtige Verfestigung erfahren, die seinen Wert beträchtl. erhöht, und zwar durch die Gewährung der Erblichkeit. Nachdem diese bereits in der 2. Hälfte des 9. Jh. zunächst für die großen Lehen zugestanden war, wurde sie nunmehr durch Konrad II. in seinem berühmten Lehnsgesetz v. 1037 auch für die kleineren Lehen gewährt. Das Gesetz spiegelt die Stufenfolge in Ober- und Untervasallen in aller Klarheit wider und zeigt zugleich ihre große Bedeutung für die feudale Gesellschaftsordnung an, die auf der in Mannschaft und Treueid begründeten Vasallität beruht und in den Lehen ihre unentbehrl. wirtschaftl. Grundlage hatte.

Die Grundlage bestand (neben Ämtern) in jedem Fall aus Grundbesitz, d. h. aus einem oder mehreren Landgütern, die der Vasall, der zugleich miles war, einschließl. der Leistungen und Abgaben der Bauern und Handwerker gewöhnl. von einem →Meier verwalten ließ, die er aber bes. wegen der wichtigen Gerichtsgewalt nach Möglichkeit auch selbst im Auge behielt. Schließl. gehörte es zum Wesen der →Grundherrschaft, daß sie einen ganzen Komplex von Rechten umfaßte, die nicht nur das Äquivalent seines Dienstes waren, sondern die den miles als ihren Inhaber zugleich als Herrn sichtbar in Erscheinung treten ließen. So war der miles als Vasall und beneficiarius stets Diener und Herr zugleich.

Die Grundherrschaft ist die früheste und die bleibende Grundlage des sich ausbildenden R.tums; sie bleibt jedoch mehr im Hintergrund. Dafür gewinnt seit dem 10. Jh. mit gewissen zeitl. Verschiebungen in allen Ländern Europas ein anderes Phänomen, näml. die →Burg, beherrschende Geltung, und zwar in einem völlig neuen Zusammenhang, der auch die milites miteinbezieht. Voraussetzung dafür ist, daß die Burg inzwischen einen Funktionswandel erfahren hat: aus der alten Volksburg ist im 10. und 11. Jh. die herrschaftl. organisierte Kg.s- und Adelsburg geworden, d. h. ein Herrschaftszentrum in der Hand von milites, die von ihm aus im Auftrag des Kg.s, ihres adligen Herrn oder auch im eigenen Namen das Umland überwachten. Die Burg, fortan befestigte Wohnstatt und Herrschaftszentrum zugleich, wird in Zukunft zum weithin sichtbaren Symbol ritterl. Daseins.

Nicht zufällig zeigt sich um die gleiche Zeit eine Erweiterung der militia. Seit dem 10. Jh. setzt nämlich allg. ein kräftiges Bevölkerungswachstum ein, das v. a. der Grundherrschaft zugute kommt. In deren Rahmen steigt in den →Ministerialen eine bewährte Schicht von Unfreien auf, denen es gelingt, durch ihre Herren von den niedrigen Diensten (munera sordida) befreit und stattdessen auf die höheren Hof- und Kriegsdienste beschränkt zu werden. Damit gleichen sie sich durch ihren bevorzugten Dienst mehr und mehr den Vasallen an: sie werden, obwohl sie rechtl. noch Unfreie bleiben, wie jene milites genannt, führen ein Wappen wie sie und sind bestrebt, genauso aufzutreten wie sie. Und obwohl ihre Lehen Amtslehen sind, die der Herr ihnen mit dem Amt wieder entziehen kann, gelingt es ihnen, daneben auch echte Lehen zu erwerben. So treten die Merkmale der Unfreiheit bei ihnen immer mehr zurück; im 11. Jh. sind sie jedenfalls vollwertige Mitglieder der militia geworden.

Ihre Schwerpunkte blieben allerdings im wesentl. auf das dt. Reichsgebiet beschränkt, was offenbar mit der stärkeren Feudalisierung v. a. Frankreichs und Englands zusammenhängt, während die Ministerialität in Italien durch die Angliederung des regnum Italiae an das Imperium ein bes. günstiges Wirkungsfeld erhält. Das Ergebnis ihres Aufstiegs ist jedenfalls die Erweiterung der militia über die freien und adligen milites hinaus um bes. tatkräftige unfreie Elemente, so daß sich fortan adlige, freie und unfreie milites zu einer zwar gestuften, aber in sich zusammengehörigen militia verbinden.

Daß es in dieser Einheit auch mancherlei Varianten gab, zeigt auf frz. Boden deutl. das Beispiel der →Normannen, die seit der Besitznahme der Normandie eine erstaunl. Wandlung vollzogen: die alten Seekrieger, die zuvor der größte Schrecken der von ihnen mit Vorliebe geplünderten Kirchen und Kl. waren, haben sich in Reiterkrieger, die Heiden in fürsorgl. Christen verwandelt, und die frk. Formen von Vasallität und beneficium haben sie konsequenter realisiert als die Franken selbst. Wie sich bei ihren Eroberungen von →England (1066) und →Sizilien (1061/91) zeigen sollte, haben sie auf dem Wege vom Krieger- zum R.tum prakt. selbst die frk. Nachfolgestaaten überholt.

Unter völlig anderen Voraussetzungen hat sich im S Frankreichs eine neue Bewegung gebildet, die zwar außerhalb der militia ins Leben gerufen war, sie aber auf bes. Weise beeinflussen sollte. Im relativ königsfernen Südfrankreich hatten die zunehmenden →Fehden des rivalisierenden Adels nicht nur die umliegende Bevölkerung, sondern auch die Kirche in starke Mitleidenschaft gezogen. In dieser Bedrängnis hat die Kirche in der Gottesfriedensbewegung (→Gottesfrieden) Adel und Kriegerschaft mit den Mitteln eidl. Verpflichtung, mit Fahnen und Reliquien, Schwertsegen, Krieger-(Ritter-)Weihe u. a. zur Einschränkung ihrer Fehden zu bewegen gesucht und sie gedrängt, die Rolle des Schutzes der Kirche und aller Schutzbedürftigen zu übernehmen. Der Erfolg blieb zwar begrenzt, wirkte aber in den →Landfrieden nach, und da die Kirche ihre Bemühungen nachdrückl.

fortsetzte, war damit der Anfang der Verchristlichung der militia gemacht.

In dieser Situation alarmierte die Nachricht der Eroberung des Hl. Landes durch den Islam die westl. Christenheit, die sich plötzl. vor die Riesenaufgabe der Rückeroberung ihrer heiligen Stätten »jenseits des Meeres« gestellt sah. Diese Aufgabe hielt Papst Urban II. im Nov. 1095 in →Clermont den dort versammelten milites vor Augen, indem er sie in seiner berühmten Predigt zum Kreuzzug aufrief – eine Predigt, in der er den milites mit dieser von Gott selbst gestellten Aufgabe eine völlig neue Bedeutung zusprach: »Nunc fiant milites, qui dudum extiterunt raptores«. Das aber bedeutet, daß die neue militia, die eine militia Christi sein sollte, sich grundsätzl. von der alten unterschied; denn sie bewirkte, daß Kampf und Friede, Ehre und Rettung des Seelenheils, die vordem unvereinbar schienen, sich plötzl. in der neuen militia verbanden. Indem sie nämlich die Ungläubigen bekämpfte, schützte sie den Frieden der Christenheit; und indem sie den Kreuzritter zu ehrenvollem Kampf führte, verhieß sie ihnen damit zugleich ihr Seelenheil. Es ist der Begriff des miles christianus, der damit umschrieben war.

Die Predigt Urbans ist in mehreren Versionen überliefert; an ihrem Grundtenor ist gleichwohl nicht zu zweifeln: die Verheißung geistl. Lohns, die Gewährung eines Ablasses für die Teilnahme, die Zusicherung des Schutzes der Person wie der Familie und des Besitzes der Teilnehmer während des Kreuzzugs sind auch unabhängig davon überliefert, und sie decken sich im großen und ganzen mit dem Aufruf Urbans.

Wichtig ist auch, daß die milites in Clermont mit dem Ruf »Deus lo volt« ('Gott will es') den Kreuzzug zu ihrer eigenen Sache machten. Mit diesem Bekenntnis zum Kreuzzug haben sie sich als milites christiani bekannt. Damit war der Übergang vom Krieger- zum R.tum zum Abschluß gekommen: Das R.tum hatte im miles christianus sein eigenes Ideal gefunden. Hinfort haben die Kreuzzüge die R. aller Länder der westl. Christenheit in ihren Bann gezogen. Sie alle haben sich das Ideal des miles christianus zu eigen gemacht, das sie bei aller Verschiedenheit als eine große Gemeinschaft zusammenhielt.

[4] *Blütezeit des Rittertums im 12. und 13. Jh.: Kreuzzüge und Gründung der geistl. Ritterorden – Höfisch-ritterliche Kultur*: Die Gesch. des R.tums weist im hohen MA zwei Höhepunkte auf, die scheinbar in einem konträren Verhältnis zueinander stehen und die dennoch untrennbar miteinander verbunden sind: einen militär. und einen kulturellen; der militär. tritt in den Kreuzzügen, der kulturelle in der höf.-ritterl. Kultur in Erscheinung. Beide stellen außerordentl. Leistungen dar, die das unverwechselbare Signum ihrer Träger und Akteure tragen, obwohl in beiden Fällen jeweils andere Kräfte den ersten Anstoß dazu gaben.

a) Die europ. R.schaft stellte im 11. Jh. die Vollkrieger ihrer Zeit. Sie hatte sich in allen Ländern der christl. Europa in zahlreichen Fernkriegen, in ihrer Umgebung aber auch in ständigen Fehden hervorgetan, als sie die Herausforderung der Kreuzzüge auf sich nahm. Dafür war sie nicht ganz unvorbereitet. Wir verdanken C. ERDMANN die Erkenntnis, daß mit der Entstehung des Kreuzzugsgedankens der alte Begriff der militia Christi, der ursprgl. für die Apostel, darauf für die Mönche angewandt wurde, von der Kirche schließl. auf die tatsächl. Krieger übertragen wird, ohne diese allerdings damit schon stärker zu beeinflussen. Dies änderte sich jedoch mit dem 1. Kreuzzug, mit dem die R.schaft sich v.a., wie bereits angedeutet, das Ideal des miles christianus zu eigen machte, dem sie fortan auch auf den weiteren Kreuzzügen folgte. Auch wenn das Ideal im Lauf der Kreuzzüge immer wieder durch andere Motive durchkreuzt wurde, wären sie doch ohne dieses Ideal nicht denkbar gewesen. Es ist die große Bedeutung der Kreuzzüge, daß sie nicht nur das erste gewaltige Unternehmen waren, das die europ. R.schaft über die ursprgl. Intention hinaus über alle Ländergrenzen hinweg zusammenführte, so daß sie ihr darüber hinaus, nicht zuletzt dank des gemeinsamen Ideals, das Bewußtsein gab, eine einzige große Gemeinschaft zu sein. Von dieser Gemeinsamkeit haben alle Kreuzzüge im Hl. Land wie in Spanien, in Osteuropa wie in Preußen, auf die hier nicht im einzelnen einzugehen ist, gezehrt.

Das Ideal des miles christianus hat inmitten der Kreuzzugskämpfe im Hl. Land und in Spanien seinen reinsten Ausdruck in den geistl. →R.orden gefunden. Bahnbrechend und zugleich richtungweisend ist dabei der Templerorden in Jerusalem (1118/19) gewesen. Das irritierend Neue daran war, daß die →Templer R.tum und Mönchtum miteinander verbanden, zwei Lebensformen, die sich bis dahin ausgeschlossen hatten und deshalb auch bei den Zeitgenossen zunächst keinen Anklang fanden. Es war das Glück der Templer, daß sie in →Bernhard v. Clairvaux, einem der großen Vorstreiter der Kreuzzugsbewegung, einen Fürsprecher fanden, der sie als ein novum militiae genus rechtfertigte und dem Orden zu allgemeiner kirchl. Anerkennung verhalf. Diese Anerkennung ist darauf auch den aus einer Hospitalgemeinschaft hervorgegangenen →Johannitern und ebenso dem →Dt. Orden zugute gekommen. In Spanien waren es die Zisterzienser, die v.a. den großen Orden von →Calatrava, →Alcántara und Santiago (→Jacobusorden) zusammen mit dem Kgtm. zu einem geordneten Ordensleben verhalfen. Sie sind die stärkste Stütze des R.tums im europ. SW geworden.

b) Ganz anders lagen die Voraussetzungen für die Entstehung der höfisch-ritterl. Kultur (vgl. auch: →Kultur und Gesellschaft, höf.). Wie die moderne Bezeichnung anzeigt, sind die großen Höfe dafür von grundlegender Bedeutung gewesen, und zwar die Kg.s- wie die Fs.enhöfe. Seit dem →Investiturstreit nimmt das ritterl. Element an ihnen erkennbar zu, so daß sie weit stärker, als dies in den räuml. meist begrenzten Burgen möglich war, als Sammelpunkte der militia erscheinen. Bald bekennen sich auch die Fs.en selbst und schließl. auch die Kg.e (v. a. seit den Kreuzzügen) zum R.tum. Auffällig ist ein früher in dieser Form nicht bezeugtes Repräsentationsbedürfnis, das bes. bei Hoffesten glanzvoll in Erscheinung tritt. Sie gipfeln in der Regel in dem in Frankreich in neue Formen gefaßten Kampfspiel, dem →Turnier, das vor den Augen des gesamten Hofes, einschließl. der höf. Damen, durchgeführt wird: für den Herrn des Hofes die beste Gelegenheit, seine generositas zu erweisen, während die R. sich im Aufweis ihrer Tapferkeit und Geschicklichkeit wie auf dem Schlachtfeld Ruhm und Ehre erwerben, und dies im Angesicht der festl. geschmückten Damen, die als Schiedsrichter fungieren und u. U. auch dem Sieger ihre Gunst erweisen. Es ist die Widerspiegelung des ritterl. Ethos im Spiel, konzentriert auf Tapferkeit, Ehre und Ruhm – ein Ethos, das alte vorchristl. Wurzeln hat, inzwischen aber erweitert um die antike virtus als Sammelbegriff adligen Verhaltens und ergänzt durch den christl. Tugendkanon, zum miles christianus gehört. Die Ergänzung ist wesentl.; sie ist zugleich ein Hinweis darauf, daß zur höf. Gesellschaft außer dem Herrn des Hofes, den R.n und ihren Damen auch die Hofkleriker gehören. Sie waren seit je die Spezialisten der schriftl. Verwaltungstätigkeit am Hofe und tragen jetzt als Vermittler der an den

Hochschulen aufblühenden neuen Bildungswelt auf ihre Weise zur Ausformung der höf. Gesellgkeit und ihrer Bildung bei. Indem sie in wechselseitigem Austausch zw. R. und Kleriker sich über die heim. Sagenwelt und über die antiken und christl. litterae berichten, erweitert sich ihre eigene Bildungswelt – mit dem Ergebnis, daß nicht nur →Karl d. Gr., →Roland und Kg. →Artus, sondern auch Helden des AT wie Judas Maccabaeus (→Neun gute Helden) und der Antike wie →Alexander d. Gr., →Caesar und →Konstantin d. Gr. in R. verwandelt für sie vorbildl. Bedeutung gewinnen.

Der Austausch zw. miles und clericus hat seinen bleibenden Niederschlag in einer neuen Art von Lied und Dichtung gefunden, die dem geistigen Bedürfnis des R. tums nach einem ihm gemäßen Leben im Dienst an der Gesellschaft entsprach. Letztl. geht es dabei stets um Gesinnung und Verhalten nach dem Leitbild der curialitas. Und das Auffällige und Neue, das wiederum durch die Vermittlung der Kleriker ermöglicht worden ist, liegt darin, daß damit eine spezif. Gesellschaftsdichtung entstanden ist und daß diese in der Volkssprache abgefaßt und verschriftlicht wurde, eben als höf. Lit. Sie hat, von Frankreich ausgehend, ihren Siegeszug durch die gesamte ritterl. Welt angetreten: das stärkste und bleibende Zeugnis der höf.-ritterl. Kultur als der ersten christl. Laienkultur des MA.

[5] *Entwicklung im späten Mittelalter:* Die beiden großen Leistungen des abendländ. R. tums, die Durchführung der Kreuzzüge und die Bildung der höfisch-ritterl. Kultur, sind kennzeichnend für den Aufstieg des R. tums und für die Spannweite der Kräfte, die es für so verschiedene Aufgaben zu mobilisieren vermochte.

Dieses R. tum umschließt eine vielschichtige Gesellschaft, die von der unteren Stufe der sog. Einschildritter über die in den einzelnen Ländern variierende Vielfalt der Abstufungen des Adels bis zu den Fs. en reichte, um schließl. im Kg. und Ks. zu gipfeln. Trotz dieser rechtl. Unterschiede hat sie sich sozial als eine große, durch Dienst und Herrschaft verbundene Gemeinschaft verstanden, eine Gemeinschaft, die in den zeitgenöss. Q. ordo militaris genannt wird: R. stand.

Dieser hat im Lauf der Zeit durch bestimmte Formalakte (Schwertleite, Verleihung des R. gürtels u. a.) immer wieder neue Mitglieder aufgenommen. Nachdem es dagegen wiederholt zu einzelnen Einschränkungen gekommen war, hat Ks. Friedrich II. i. J. 1231 rechtl. die Abschließung des R. standes verfügt. An der Tatsache selbst ist nicht zu zweifeln. Entgegen früherer Annahme, daß damit auch der R. stand entstanden sei, ist jedoch zu betonen, daß er 1231 nur seine Bedeutung geändert hat. Seitdem war es in der Tat etwas anderes als zuvor. Die entscheidende Bestimmung besagt, daß hinfort niemand mehr aufgenommen werden dürfe, der nicht »de genere militum« sei. Aufnahmebedingung ist also hinfort die Zugehörigkeit zu einem ritterl. Geschlecht, die R. bürtigkeit. Merkwürdigerweise hat sie aber etwas ganz anderes bewirkt, näml. nicht den Ausschluß von Nicht-R. bürtigen – ignobiles – (in der Folge haben sich v. a. vermögendere Bürger Zugang zum R. tum zu verschaffen vermocht); die Forderung der R. bürtigkeit hat vielmehr eine Spaltung innerhalb der bisherigen Einheit des R. standes nach sich gezogen. Denn da R. bürtigkeit als ein Merkmal des niederen Adels galt, ergab sich daraus, daß sich der R. stand (im Unterschied zum ritterl. Gedanken) auch auf den niederen Adel beschränkte, während der hohe Adel sich betont über ihn erhob.

Symptomat. für diese Unterscheidung sind zwei Neuschöpfungen ritterl. Prägung, die gleichwohl keine Vermischung duldeten: Die weltl. R. orden, die sich in idealer R. schaft als Kreis von Auserwählten ausschließl. aus hohem und höchstem Adel rekrutierten, und die →Ritterbünde, von der Not erzwungene Kampfbündnisse im wesentl. des niederen Adels, dem es um die Verteidigung seiner bedrohten Interessen ging. Beispielhaft seien als die berühmtesten weltl. R. ordensgründungen nur der →Hosenbandorden Kg. Eduards III. v. England von 1348, der Sternenorden Kg. Johanns v. Frankreich von 1351 und der alle anderen bald überstrahlende Orden vom →Goldenen Vlies Hzg. Philipps d. Guten v. Burgund von 1438 genannt, lauter kgl., zumindest fsl. Gründungen, deren höchstes Ziel auf die Realisierung der »höheren Lebensform« bei Fest und Spiel gerichtet war. Der Vergleich mit den zahlreichen, meist kurzlebigen R. bünden, von denen nur wenige, die letztl. um ihre Existenz kämpften, sich nur durch den Zusammenschluß mit anderen Bünden längere Zeit halten konnten (etwa der Löwenbund und die Gesellschaften mit →St. Jörgenschild in Schwaben), zeigt deutl., daß die ehemals als Einheit fungierende ritterl. Gesellschaft bereits im »Herbst des Mittelalters« tief in sich gespalten war.

[6] *Niedergang und Nachwirkung:* Der Niedergang des R. tums ist in den verschiedenen Ländern in unterschiedl. Weise und zu verschiedenen Zeiten erfolgt. Doch wirken die alten Zusammenhänge noch lange nach, wobei mehrere Faktoren ineinandergreifen. So haben das Scheitern der Kreuzzüge ebenso wie das Aufkommen der Feuerwaffen und die mächtig um sich greifende Verwendung der Söldnerheere ihren Anteil daran, daß das R. tum immer mehr an Boden verlor. Die Bezeichnung Ks. Maximilians I. († 1519) als der »letzte Ritter« gibt zumindest für das dt. Reichsgebiet zutreffend an, daß hier mit ihm die Zeit des R. tums und der ritterl. Kultur abgelaufen war, wenn sie auch in anderen Ländern, v. a. in Spanien, sich noch einige Zeit bemerkbar machten. Einen echten Schlußpunkt gibt es nicht. Stattdessen zeigen sich spätere Nachwirkungen, die noch im nachhinein den Rang der ritterl. Kultur bezeugen. So wird v. a. folgenreich, daß sich mit ihrer Auflösung die ritterl. Idee von der alten Trägerschaft löst, um sich in ein allg. Ideal zu verwandeln, das sich nicht nur im Adel behauptet, sondern auch auf immer breitere Schichten bes. des Bürgertums ausstrahlt. Damit verwandeln sich die vormals elitären Begriffe »ritterlich«, »höflich«, auch »herrlich« in allg. Wertvorstellungen, und die ursprgl. den sozialen Rang bezeichnenden Begriffe »Dame« und »Herr« halten noch in der bloßen Anrede den Anspruch von Anstand und gesittetem Verhalten fest: Angelpunkte der einstigen curialitas.

In bes. Weise hat schließl. das ritterl. Ideal in den Leitbegriffen der folgenden Jahrhunderte einen jeweils neuen und zeitgerechten Ausdruck gefunden: im *Cortegiano*, im *honnête homme* und im *gentilhomme* bis hin zum *Gentleman* und zum *Kavalier* – den letzten Zeugen der versunkenen höfisch-ritterl. Kultur.   J. Fleckenstein

Lit. [allg.]: J. Le Goff, La civilisation de l'Occident médiéval, 1961 [dt. 1970] – Das R. tum im MA, hg. A. Borst, 1976 – J. Bumke, Stud. über R. begriff im 12. und 13. Jh., 1976[2] – J. Flory, L'Essor de la Chevalerie, 1986 – M. Keen, Chivalry, 1986 – J. Fleckenstein, Über den engeren und weiteren Begriff von R. und R. tum (Fschr. K. Schmid, 1988) – *Zur Wirtschafts- und Sozialgesch. des Rittertums*: P. Guilhiermoz, Essai sur l'origine de la noblesse en France au MA, 1902 [Nachdr. 1960] – H. Mitteis, Lehnrecht und Staatsgewalt, 1933 – C. Erdmann, Die Entstehung des Kreuzzugsgedankens, 1935 [Nachdr. 1974] – M. Bloch, La société féodale, I–II, 1939–40 – O. Brunner, Adeliges Landleben und europ. Geist, 1949 – P. Boutruche, Seigneurie et féodalité, 2 Bde, 1959–70 – H. E. Meyer, Gesch. der Kreuzzüge, 1961 [Lit.] – O.

HINTZE, Wesen und Verbreitung des Feudalismus (DERS., Staat und Verfassung, 1962²) – J. JOHRENDT, 'Milites' und 'Militia' im 11. Jh. [Diss. Erlangen-Nürnberg, 1971] – H. G. REUTER, Die Lehre vom R.stand, 1971 – G. DUBY, Guerriers et paysans, VII–XII° s., 1973 – DERS., Hommes et structures au MA, 1973 – J. FLECKENSTEIN, Zum Problem der Abschließung des R.standes (Hist. Forsch.en für W. SCHLESINGER, hg. H. BEUMANN, 1974) – F.-L. GANSHOF, Was ist das Lehnswesen?, 1975⁴ – Herrschaft u. Stand, hg. J. FLECKENSTEIN, 1977 – H. KELLER, Adelsherrschaft und städt. Gesellschaft in Oberitalien (9.–12. Jh.), 1979 – PH. CONTAMINE, La guerre au MA, 1980 – F. CARDINI, Alle radici della cavalleria medievale, 1981 – L. GENICOT, La noblesse dans l'Occident médiéval, 1982 – *Zur Kulturgesch. des Rittertums:* J. HUIZINGA, Herbst des MA, 1952⁶ – J. M. VAN WINTER, R.tum. Ideal und Wirklichkeit, 1969 – J. FLECKENSTEIN, R.tum und höf. Kultur, Jb. der Max-Planck-Ges., 1976 – G. DUBY, Le chevalier, la femme et le prêtre, 1981 [dt.: Ritter, Frau und Priester, 1985] – Das ritterl. Turnier im MA, hg. J. FLECKENSTEIN, 1985 – C. ST. JAEGER, The Origins of Courtliness, 1985 – J. BUMKE, Höf. Kultur, 2 Bde, 1986 – G. DUBY, Wirklichkeit und höf. Traum. Zur Kultur des MA, 1986 – G. KAISER – J.-D. MÜLLER, Höf. Lit., Hofgesellschaft, Höf. Lebensformen um 1200 (Studia humaniora), 1986 – Curialitas, hg. J. FLECKENSTEIN, 1990 – J. BUMKE, Höf. Körper – Höf. Kultur (Modernes MA, hg. J. HEINZLE, 1994).

II. ITALIEN: Otto von Freising notierte bekanntl. mit Erstaunen – da diese Sitte im germ. Kulturkreis nicht üblich war –, daß in den it. Städten um die Mitte des 12. Jh. das cingulum militiae auch den artifices, also Personen, die die mechanicae →artes ausübten, verliehen werde. Andererseits bezieht sich eines der ältesten Zeugnisse für die Erhebung zum R. im mittelit. Raum auf einen Gf.en, Giovanni di Ceccano, der im Jan. 1190 »gladio militiae accinctus est«. Im norm. Kgr. Sizilien, das eng mit den frz. Traditionen verbunden war, hatte das R.tum eine andere Genese. Bereits die →Assisen v. Ariano (1140) hatten die Abschließung der Schicht der milites sanktioniert, indem sie das →Adoubement – in der doppelten Form der Übergabe des geweihten Schwertes und des Schlages, der wahrscheinl. eine Erinnerung an eine rituelle Verwundung ist (Schwertleite und Ritterschlag) – nur Nachkommen von R.n vorbehielten, ausgenommen Fälle, bei denen der Herrscher anders entschied. Im Kgr. Sizilien konnte man – eingebunden in die Feudalpyramide – dem Namen nach (nomine) R. sein, oder auch »berufsmäßig« (professione), indem man den Status eines miles in den Städten oder den Kastellen des Krongut oder auch in der familia eines hohen geistl. oder weltl. Würdenträgers innehatte. Später setzte sich auch im Regnum Italiae die von Friedrich I. angeordnete Abschließung des Standes durch, in den Kommunen jedoch – wo der Kriegsdienst zugleich als Verpflichtung und Privileg angesehen wurde, die an den Vermögensstand gebunden waren – war die »militia« an städt. Bürgerpflichten gebunden, die auf sehr alte Zeit zurückgingen. Daraus läßt sich vielleicht ein zweifacher Ursprung des it. R.tums herleiten: einerseits umfaßte es die eventuell stadtsässigen, aber aus dem Contado kommenden grundherrlich-adligen milites, andererseits Personen, deren Zugehörigkeit zum Ritterstand darauf beruhte, daß sie zu Pferde kämpften und für ihr Streitroß und die schwere Bewaffnung auf eigene Kosten aufkommen mußten. Im ersten Fall konnten Personen, z. T. auch niederer Herkunft, beneficia verliehen werden, die sie zu einem Dienst verpflichteten, der aufgrund der Erblichkeit als »adlig« (nobile) galt. Im zweiten Fall gehörten die »milites pro communi« einer in ökonom. Hinsicht stark variierenden Gruppe an; gemeinsam war ihnen jedoch die Verpflichtung zu einem Dienst, der mit einer bes. Lebensform verbunden war.

In den Auseinandersetzungen, die Ende des 13. Jh. in allen Städten Nord- und Mittelitaliens zw. den Adelsfamilien der Führungsschicht (die trotz ihres verschiedenen, z. T. signorilen, z. T. merkantilen Ursprungs den Namen »potentes, magni, →Magnaten« führten) und der neuen wohlhabenden und einflußreichen Schicht des →Populus stattfanden, wurde die Ritterwürde, ebenso wie der Besitz befestigter Häuser und das Fehderecht, zum Zeichen der Zugehörigkeit zu den potentes. Diese wurden im allgemeinen von den popolaren Regimen polit. an den Rand gedrängt, bestimmte Ämter – wie das Podestariat – blieben ihnen jedoch vorbehalten, für die das R.tum als obligatorisch galt.

Auf diese Weise erhielt das R.tum einerseits polit. eine Marginalfunktion und wurde diskriminiert, bewahrte andererseits jedoch eine starke Faszination, die nicht zuletzt durch die Verbreitung der Ritterromane und der höf. Lit. insgesamt sowie der Vorbilder aus den Ländern jenseits der Alpen, v. a. aus Frankreich, Burgund und Deutschland, genährt wurde. Nach dem Ende der schärfsten Spannungen zw. potentes und Populus ging man zum Adoubement von »cavalieri di popolo« über; zumindest seit dem 2. Drittel des 14. Jh. verbreitete sich auch der Brauch des Adoubement und damit die »militia« und ihre äußeren Zeichen (Fehpelz, Verwendung von Gold für Schwertknauf, Sporen und Zügel des Pferdes). Die Ritterwürde führte zum gesellschaftl. Aufstieg, war der Zugang zu öffentl. Ämtern wie dem Podestariat und beinhaltete gleichzeitig eine Art von Verpflichtung zu einer bestimmten Lebensform, zu der das Waffentragen ebenso gehörte wie die Teilnahme an bes. städt. Festlichkeiten und Festen und Spielen militär. Charakters (Ritterspiele, Turniere etc.), die nunmehr eine öffentl. Bedeutung für die Bürgerschaft gewonnen hatten und ein integrierender Bestandteil für die Erzielung des öffentl. Konsenses in den Städten waren. In diesem Sinn erhält das R.tum im 14./15. Jh. im Leben der oligarch. verfaßten Gesellschaften und der Signorien und Fsm.er eine bes. Rolle.   F. Cardini

Lit.: G. SALVEMINI, La dignità cavalleresca nel comune di Firenze, 1896 – F. CARDINI, Guerre di Primavera, 1992 – S. GASPARRI, I milites cittadini. Studi sulla cavalleria in Italia, 1992 – I. RICCIARDI, Col senno, col tesoro e colla lancia. Riti e giochi cavallereschi nella Firenze del Magnifico Lorenzo, 1992 – I. PERI, Villani e cavalieri nella Sicilia medievale, 1993.

III. IBERISCHE HALBINSEL: Im chr. Spanien des MA wiesen die Begriffe R. und Rittertum (*caballero, caballería*) auf jene spezif. Form krieger. Tätigkeit hin, die am meisten den Lebensumständen und dem Stand der Krieger (bellatores) entsprach. Geburtsadel (*nobleza de sangre*; →Nobleza) und Rittertum waren nicht synonym, doch beinhaltete das Rittertum die Zugehörigkeit zur Aristokratie, zumindest zum niederen Adel. In Katalonien bildeten in der Tat die R. (*cavallers*) den niederen Adel. In den übrigen Gebieten des chr. Spanien waren dagegen die auf den Geburtsadel verweisenden Begriffe *infanzonía* (→Infanzón) bzw. *hidalguía* (→Hidalgo) mit dem Rittertum nicht identisch: Diego de Valera weist im »Spiegel des wahren Adels« (um 1450) darauf hin, daß der Kg. Männer zwar zu R.n schlagen, jedoch nicht zu Hidalgos machen könne. (In der Realität verliehen die Kg.e v. Kastilien im 14. und 15. Jh. jedoch zahlreichen R.n die *hidalguía*, meist als Belohnung für Kriegsdienste.) Ende des 15. Jh. genossen 10% der Vollbürger in der Krone Kastiliens die an sich dem Adel vorbehaltenen (v. a. fiskal.) Privilegien. Mehr als die Hälfte der Hidalgos saß im Bergland des Nordens (nicht aber in Galicien) und im Gebiet um Burgos und León, während im restl. Kastilien und León nur ca. 18% Hidalgos lebten, aber um die 33% R. Im Süden des Duero gab es wesentl. weniger Hidalgos, dagegen um so mehr R.

Die R. und die städt. Oberschicht (*hombres principales*) beherrschten das polit. Leben in fast allen Städten Kastiliens. In der Krone Aragón hatten die R. dagegen keinen Anteil an der städt. Machtausübung, die in der Hand des →Patriziats und in geringerem Maße der anderen Bürger lag. Was die R. im spätma. Kastilien als soziale Gruppe definierte, war v. a. ihre Wehrhaftigkeit, die Befreiung von allen (oder einigen) direkten Steuern, rechtl. und polit. Vorrechte (zumindest aber die Ausübung der meisten städt. Ämter), Lebensformen (Kleidung, Nahrung, Familienstrukturen) sowie ritterl. Erziehung und Ausübung der Verhaltensnormen, wie sie das Rittertum seit dem 12. Jh. in Westeuropa ausgebildet hatte.

Innerhalb der verschiedenen Typen des Rittertums rangierten an erster Stelle diejenigen, die vom Kg. den Ritterschlag empfangen hatten (*caballeros de espuela dorada*), darunter auch die auf dem Schlachtfeld gekürten R. Dieser Personenkreis genoß umfassende Steuerprivilegien, die jedoch strikt an die Ausübung des Waffenhandwerks gebunden waren. Gleiches galt für R., die durch einen Gnadenbrief (*albalá*) des Kg.s gekürt worden waren (*caballeros de gracia*). Andere R. sowie Knappen (*escuderos*) lebten an verschiedenen Orten als kgl. Lehnsleute oder *hombres de acostamiento* (Soldempfänger) und waren als solche verpflichtet, dem Kg. im Bedarfsfall Kriegsdienst zu leisten. Angehörige von Ritterorden und Ritterbruderschaften (z. B. 'Orden de la Banda', gegr. von Alfons XI., 1332) entstammten fast durchweg dem Geburtsadel und zählten somit zur obersten sozialen Schicht des Rittertums.

Zusätzlich jedoch förderten die Kg.e (v. a. im Zuge der Wiederbesiedlung und Grenzsicherung) den Aufbau einer *caballería popular* oder →*caballería villana*, der alle Vollbürger des Reiches angehören konnten, wenn sie imstande waren, Pferd und Waffen zu unterhalten. Zw. 1327 und 1348 ordnete Alfons XI. an, daß alle Bürger, deren Vermögen eine bestimmte Höhe überstieg, ein Pferd sowie Waffen besitzen sollten, so daß die bis dahin freiwillige Leistung nun verpflichtend wurde. Diese Form der Ritterschaft (bzw. Miliz) hieß *de cuantía* oder *de premia* (wegen ihres Zwangscharakters) oder auch *de alarde*, weil sie zwei- oder dreimal pro Jahr von den städt. Amtsträgern gemustert wurde, ein Hinweis, daß ihre Mitglieder nicht dem Kriegshandwerk nachgingen, kein ritterl. Leben führten und nicht zum Adel gezählt wurden.

Das Ritterideal war im chr. Spanien weit verbreitet und konnte im 15. Jh. sein soziales Ansehen noch steigern, so daß es bis ins 17. Jh. als normativ für eine adlige Lebensform galt. Dies belegt u. a. eine Fülle von Ritterspiegeln und sonstiger lehrhafter Lit.: im 13. Jh. die zweite der →»Siete Partidas« Alfons' X. und ein Ritterschaftstraktat von →Raymundus Lullus, im 14. Jh. Werke von →Juan Manuel, im 15. Jh. Schriften von →Alfons v. Cartagena und →Diego de Valera, in Katalonien Werke von Pere Joan Ferrer und Ponç de Menaguerra. Am bemerkenswertesten war aber die weite Verbreitung und gesellschaftl. Anerkennung des lit. Genres der →»Libros de caballerías« (Ritterromane), vom fabulosen →Amadis de Gaule bis zum stärker realitätsbezogenen »Tirant lo Blanch« des Valencianers Joanot →Martorell. M. A. Ladero Quesada

Q. und Lit.: Tractats de cavallería, ed. P. BOHIGAS, 1947 – I. LEONARD, Books of the Brave, 1949 – C. PESCADOR DE HOYO, La caballería popular en León y Castilla, CHE, 1961–64 – M. DE RIQUER, Los caballeros andantes españoles, 1967 – M. C. GERBET, Les guerres et l'accès à la noblesse en Espagne de 1465 à 1592, Mél. Casa Velázquez 8, 1972, 295–326 – DIES., La population noble dans le royaume de Castille vers 1500, Anales de Hist. Antigua y Medieval, 1977–79 – DIES., La noblesse dans le Royaume de Castille, 1979 – M. DE CABAÑAS GONZÁ-LEZ, La caballería popular en Cuenca durante la Baja Edad Media, 1980 – J. MATTOSO, Ricos-Homens, Infançoes e Cavaleiros. A nobreza medieval portuguesa nos séculos XI e XII, 1985 – R. DE ANDRÉS, Las fiestas de la caballería en la Castilla de los Trastámara, En la España Medieval 7, 1986, 81–108 – Textos medievales de caballerías, ed. J. M. VIÑA LISTE, 1993.

IV. BYZANZ: Ein R.tum als Stand kennt Byzanz nicht. Dafür fehlten in erster Linie die gesellschaftl. Voraussetzungen in Form eines dem Herrscher in Treue verbundenen Personenkreises, der zur persönl. oder dingl. Verteidigung herangezogen werden konnte (→Lehen, -swesen). Der ἱππεύς der byz. Militärtraktate ist mit »Kavallerist« zu übersetzen, und seine Dienstleistung wurde mit Sold vergolten, der (später) zum Erwerb von Grundbesitz als Basis der Heeresverpflichtung führte. Mit dem Niedergang dieser Militärschicht, die dank Grund und Boden über Waffen und Pferde verfügte, war im 10. Jh. auch die Basis für einen dem W vergleichbaren Stand beseitigt. Die seit dem 12. Jh. eingeführten →Turniere sind höf. Veranstaltungen, die dem darin auftretenden Reiter/R. (ἱππεύς) nur eine sportl. und keine gesellschaftl. Relevanz verleihen.

P. Schreiner

Ritterbünde, -gesellschaften. Mit diesen z. T. irreführenden Bezeichnungen, die nicht aus den Q. geschöpft, sondern Begriffsbildungen vornehml. der antiquar. Lit. des 19. Jh. sind, werden im einzelnen unterschiedl. motivierte Verbindungen aus dem niederadligen Milieu identifiziert, denen keineswegs stets allein Ritter oder Ritterbürtige angehörten (s. z. B. →Eidechsengesellschaft). Sie alle trugen Namen entweder nach Hll. (»St. Christophorus«, »St. Georg«, »St. Hubertus«, »St. Simplicius« oder »St. Wilhelm«) oder – entsprechend gemeinen Figuren, wie auf Schilden und Helmzierden zu finden sind – nach Tieren (»Bär«, »Eidechse«, »Falke«, »Fisch«, »Löwe«, »Wolf«, etc.), Teilen einer Bekleidung (»Ärmel«, »Hose«, »Hut«, »Krone«, »Kranz«, usw.) oder nach Gerätschaften und Waffen (»Sichel«, »Kolben«, »Rad«, »Schlegel«, »Schwert« oder »Spieß«); aber auch andere herald. Kategorien waren möglich wie Gestirne (z. B. »Mond«) oder Fabeltiere (»Einhorn«, »Greif«). In Gemeinschaft waren sie als Abzeichen zu tragen und dienten der Identifikation und Repräsentation.

Allen gemeinsam ist die Art ihres Zusammenschlusses. Dieser wurde durch gegenseitigen Versprechenseid der Mitglieder begründet, der wie bei allen »freien Einungen« Gleichheit stiftete und auf gemeinsame Statuten verpflichtete, in denen das genossenschaftl. Leben geregelt wurde. Dazu gehörten neben eigener Schiedsgerichtsbarkeit, welche im besonderen der Fehdevermeidung der adligen Genossen untereinander diente, regelmäßig gemeinsames Mahl und religiöse Begehungen (Gottesdienst und Totenmemoria) sowie - unterschiedl. ausgeprägt – der Appell zu ritterl.-standesgemäßer Lebensführung. Verbindl. war die Wahl eines/einer jeweiligen Schutzhl.n; meist wurden, wenn der Name nicht auf andere verweist, die hl. Maria oder der Ritterhl. Georg verehrt. Einheitl. waren auch die Selbstbezeichnungen dieser genossenschaftl. Verbindungen; in ihren Statuten ist ausschließl. von »Gesellschaft« (*Geselleschafft, Selschap, Gselsscaf* u. ä. sowie lat. *societas*) die Rede, was sich zugleich in zeitgenöss. Fremdbezeichnungen spiegelt. Neueste Forsch. spricht daher analyt. und doch quellennah von »Adelsgesellschaften«. Ort ihrer geselligen Aktivitäten war beinahe ausnahmslos die Stadt, sie war weltl. (Kapitel-) Sitz und mit einer ihrer Kirchen geistl. Zentrum.

Ihr Erscheinen war zeitl. auf das 14. (zuerst »Rote Ärmel« 1331, Niederrhein) und 15. Jh. (zuletzt »St. Georgs-Gesellschaft« 1489, Friedberg) beschränkt und erstreckte sich vornehml. auf die Kernlande des alten Reiches, wo sich der reichsunmittelbare Adel konzentrierte und die Gesellen als polit.-militär. Bündnispartner der Mächtigen zu agieren vermochten (u. a. »Böckler« oder »Einhorn«, Bayern/Oberpfalz; »Löwengesellschaft«, Wetterau; →»St. Jörgenschild«, Schwaben; sog. »Löwlerbund«, Bayern) und selbst untereinander Bündnisse eingingen (z. B. »Löwengesellschaft« mit »St. Wilhelm«, Schwaben/Bayern, und »St. Georg«, Franken) mit dem Ziel, weiträumig Landfrieden in eigener Macht durchzusetzen. Aber auch im mitteldt. Raum, in den österr. Ländern und in Bayern waren sie zu finden und an der Weichsel (→»Eidechsengesellschaft«, Rheden und Thorn). Das frühe Verbot Karls IV. in der →Goldenen Bulle (Art. 15, De conspirationibus) bezeugt die polit. Bedeutung solcher Gesellschaften ebenso wie die späteren Bestätigungen durch Siegmund (1422/31). Ihre Aktivitäten blieben aber nicht auf wehrhaften (Fehde-) Schutz und auf Landfriedenspolitik beschränkt. Manche Gesellschaften zeigten sich in der Überlieferung eher von ihrer bruderschaftl. Seite (z. B. »St. Hubertus«, »Rad« oder »Einhorn und Jungfrau«). Einen letzten Höhepunkt dieser »Vergesellschaftung des Adels« bedeuteten die genossenschaftl. Bemühungen um einen herrschaftslegitimierenden Lebensgestus durch aufwendige und teure Pflege von Turnier und Hof, wie sie bei den sog. Turniergesellschaften der Vier Lande (z. B. »Esel«, »Fürspänger«, »Fisch und Falke«, »Krone« und »Windhund«) bes. zum Ausdruck kam. Damit verbundenes Streben nach sozialer Exklusivität (u. a. Postulat eines Turnieradels) ließ auf Dauer immer weniger Gesellen an dieser Art Verteilungskampf um Sozialprestige mithalten und verlagerte das Ringen um adlige Selbstbehauptung eher auf Institutionen polit. Natur, wie sie der →Schwäb. Bund oder später die→ Reichsritterschaft darstellten. A. Ranft

Lit.: HRG VI, 1070-1074 - G. Landau, Die Rittergges.en in Hessen während des vierzehnten und fünfzehnten Jh., Zs. des Ver. für hess. Gesch. und Landeskunde, 1. Suppl. Bd., 1840, 1-196 - F. Frh. v. Biedenfeld, Gesch. und Verfassung aller geistl. und weltl., erloschenen und blühenden Ritterorden, 1841 - K. H. Roth v. Schreckenstein, Die Ritterwürde und der Ritterstand, 2 Bde, 1859/71 - P. Ganz, Die Abzeichen der Ritterorden, Schweizer Archiv für Heraldik 19, 20, 1905/06, 28-37, 52-67, 134-140, 16-25 - H. Mau, Die Rittergges. mit St. Jörgenschild, 1941 - A. Friese, Die Ritter- und Turniergges. mit dem Esel, Archiv für hess. Gesch. NF 24, 1953, 153-183 - B. Heydenreich, Ritterorden und Rittergges.en, 1960 - H. Obenaus, Recht und Verfassung der Ges.en mit St. Jörgenschild in Schwaben, 1961 - H. Hold, Adelsbünde und Rittergges.en im SpätMA [Diss. Wien 1975] - K. Ruser, Zur Gesch. der Ges.en von Herren, Rittern und Knechten in S-Dtl. während des 14. Jh., Zs. für württ. Landesgesch. 34/35, 1975/76, 1-100 - W. Meyer, Turniergges.en (Das ritterl. Turnier im MA, hg. J. Fleckenstein, 1985), 500-512 - S. Zielke, Die Löwenges., ZGO 138, 1990, 27-97 - Ritterorden und Adelsges.en im spätma. Dtl., hg. H. Kruse, W. Paravicini, A. Ranft, 1991 - Chr. Kutter, Zur Gesch. einiger schwäb. Rittergges.en des 14. Jh., Zs. für württ. Landesgesch. 50, 1991, 87-104 - A. Ranft, Adelsges.en. Gruppenbildung und Genossenschaft im spätma. Reich, 1994 [Lit.].

Ritterkantone. Aus der Wurzel älterer Vergesellschaftungen (→Ritterbünde) bildete sich zum Zweck der Steuerverwaltung (Rittertruhe) seit dem 16. Jh. eine regionale Untergliederung der →Reichsritterschaft nach 15 Orten in 3 Kreisen heraus, wobei die Ritterorte in Anlehnung an die Kantone der Schweizer. →Eidgenossenschaft bald auch als R. bezeichnet wurden. An der Spitze der R. standen je ein Direktor oder Hauptmann sowie mehrere Ritterräte. Der Frk. Ritterkreis setzte sich aus den Kantonen Odenwald (Kanzlei in Heilbronn, dann in Kochendorf), Gebirg (Bamberg), Rhön-Werra mit saal., main., henneberg. und buch. Quartier (Schweinfurt), Steigerwald (Erlangen), Altmühl (Wilhermsdorf) und Baunach (Rügland, dann Nürnberg) zusammen; Schwäb. Ritterkreis: Donau (Ulm, dann Ehingen), Hegau–Allgäu–Bodensee mit den Bezirken Hegau und Bodensee (Radolfzell) und Allgäu (Wangen), Neckar–Schwarzwald (Tübingen) mit dem locker angefügten Ort Ortenau (Offenburg), Kocher (Esslingen) und Kraichgau (Wimpfen, dann Heilbronn); Rhein. Ritterkreis: Oberrhein (Mainz), Niederrhein (Koblenz) und Mittelrhein (Friedberg). Die reichsunmittelbare Ritterschaft im Unterelsaß suchte erst 1651 Anschluß an die ritterschaftl. Organisation. K. Andermann

Lit.: V. Press, Reichsritterschaften (Dt. Verwaltungsgesch., hg. K. G. A. Jeserich, H. Pohl, G.-C. v. Unruh, I, 1983), 679-689.

Ritterorden. Nach dem 1. →Kreuzzug entstanden neuartige Gemeinschaften, die als geistl. R. bezeichnet werden. Sie verbanden karitative Aufgaben mit dem Pilgerschutz und dem militär. Kampf gegen Glaubensfeinde, später auch gegen Häretiker, zuerst in Syrien (→Templer 1120/29, →Johanniter nach 1135, →Deutscher Orden 1198), dann auf der Iber. Halbinsel (→Évora/→Avís 1145/1212, →Calatrava 1157, Santiago/→Jacobusorden 1161/70, →Alcántara 1176, im 14. Jh. →Montesa und→Christusorden) und im Baltikum (→Schwertbrüderorden 1202/03, Orden v. →Dobrin 1228). Spezieller ausgerichtet waren →Lazariten, →Mercedarier, Militia Jesu Christi. Die R. umfaßten in der Regel drei Gruppen von Mitgliedern: Ritter (milites), dienende Brüder (servientes) und Kleriker (capellani), außerdem confratres und z. T. weibl. Zweige. Durch die Ablegung der Gelübde von Armut, Keuschheit und Gehorsam dem Kirchenrecht unterstellt, seit »De laude novae militiae« v. Bernhards v. Clairvaux oft als Mönche bezeichnet, waren es in Wirklichkeit Semireligiosen mit Anpassung des geistl. Lebens an die Ordensaufgabe. Diese erforderte eine straffe hierarch.-zentralist. Organisation zur Nutzung des rasch wachsenden Besitzes. An der Spitze stand jeweils ein Meister (Großmeister, →Hochmeister) mit einem Konvent hoher Würdenträger und dem Generalkapitel, darunter Provinzen bzw. 'Zungen', (Groß-)Priorate, Kommenden und Häuser. Die R. wurden eine Art stehendes Heer der Kreuzfahrerstaaten und der iber. Reiche (dort oft in enger Verflechtung mit dem Kgtm.) mit gewaltigen →Burgen als Stützpunkten und erlitten im Kampf oft existenzbedrohende Verluste fast ihres ganzen Aufgebots. Äußeres Zeichen waren verschiedenfarbige Kreuze und Mäntel, für die innere Ordnung sorgten vom Papsttum bestätigte Regeln, daneben Statuten und Verfahrensvorschriften (*usances, esgarts*). Die durch umfangreiche Privilegien erreichte Autonomie und der umfangreiche Besitz stießen schon im 12. Jh. auf den Widerstand des Episkopats (III. →Laterankonzil) und führte im 13. Jh. wegen der Verwicklung in Finanzgeschäfte zu wachsender Kritik mit der Forderung nach einer Zusammenfassung der verschiedenen Institutionen. Der Templerorden wurde im Verlauf eines spektakulären Prozesses 1312 (→Philipp IV. v. Frankreich, Konzil v. →Vienne) aufgehoben. Der Dt. Orden gelangte im Baltikum (→Preußen, →Livland) seit 1227, die Johanniter auf →Rhodos 1310, seit 1530 auf Malta zu eigener Staatlichkeit. Im SpätMA führten wirtschaftl. Verarmung und Klerikalisierung zu vielfachen Reformversuchen. Reformation, absolutist. Staat und Französ. Revolution brachten für die meisten R. das Ende, die z. T. als Militär- oder Verdienstorden wieder aufleben; nur die Malteser sind bis heute völkerrechtl. Subjekt. Seit dem 14. Jh. entstanden auf fsl. Initiative teils rein weltl., teils kirchl., oft kurzlebige R. für Türken- und Häretikerabwehr und zur Integration des Adels mit den Idealen ritterl. Tugenden wie Treue, Loyalität, Mut, höf. Liebe (z. B. Orden des Hl. Geistes in Frankreich, →Hosenbandorden in England, Orden des →Goldenen Vlieses in Burgund), daneben die →Annuntiaten (1364), Antoniter/→Antoniusritterorden (1382), →Drachenorden (1408), Adlerorden (1433), →Mauritiusorden (1434), →St. Georgsorden (1469), →Michaelsorden (1469), Loretoorden (1561) usw., in deren weiteres Umfeld auch der R. des Hl. Grabes gehört. R. Hiestand

Bibliogr.: H. E. MAYER, Bibliogr. zur Gesch. der Kreuzzüge, 1960 – DERS.–J. MCLELLAN, Select Bibliogr. of the Crusades (K. M. SETTON, A Hist. of the Crusades, 6, 1989), 511–664 – *Lit.:* H. PRUTZ, Die geistl. R., 1908 – B. HEYDENREICH, R. und Rittergesellschaften, 1961 – W. MÜLLER-WIENER, Burgen der Kreuzritter im Hl. Land ..., 1966 – D. SEWARD, The Monks of War, 1972 – A. LINAGE CONDE, Tipología de la vida monástica en las órdenes militares, Yermo 12, 1974, 73–115 – D. W. LOMAX, Las órdenes militares en la Península Ibérica en la Edad Media, 1976 [Lit.] – Die geistl. R. Europas, hg. J. FLECKENSTEIN (VuF 26, 1980) – Las órdenes militares en la Península durante la Edad Media, Anuario de Estudios Medievales 11, 1981 – Ordines militares, 1–7, hg. Z. H. NOWAK (Colloquia Torunensia hist., 1983ff.) – Les ordres militaires, la vie rurale et le peuplement en Europe occidentale XIIe–XVIIIe s., 1986 – A.-M. LEGRAS–J.-L. LEMAÎTRE, La pratique liturgique des Templiers et des Hospitaliers de St-Jean de Jérusalem (L'Écrit dans la société médiévale, 1991), 77–137 – 'Militia Christi' e Crociata nei s. XI–XIII (Atti 11a Sett. di studio Mendola 1989), 1992 – A. FOREY, The Military Orders from the 12th to the Early 14th C., 1992 [Lit.] – H. NICHOLSON, Templars, Hospitallers and Teutonic Knights. Images of the Military Orders 1128–1291, 1993 – A. RANFT, Adelsgesellschaften. Gruppenbildung und Genossenschaft im spätma. Reich, 1994.

Ritterspiel, spätma. Sammelbegriff für die ritterl. Sportarten →Turnier, Stechen (Gestech) und →Rennen.
 O. Gamber

Rituale, liturg. Buchtyp, der sich von den Ordines (→Ordo) herleitet und für den einzelnen Priester bestimmt ist. Nach Vorformen seit dem Beginn des 10. Jh. wird es seit dem Ende des 11. Jh. reiner ausgebildet, zunächst im Umkreis der Kl., mit dem 13. Jh. verstärkt durch bfl. Gesetzgebung auch im Diözesanklerus. Die Bezeichnung war vielfältig (Manuale, Baptisterium, Agenda, Ordinarius, Sacerdotale usw.), ebenso die Überlieferung (zusammen mit Kollektaren zum Stundengebet, mit Sakramentaren usw.). Inhaltl. lag von Anfang an der Schwerpunkt auf den liturg. Riten der einfachen Presbyters (Taufe, Buße, Krankensalbung, Totenoffizien, Prozessionen, Exorzismen). Erst mit der offiziellen Ed. des R. Romanum durch Paul V. 1614 wurde die Presbyterliturgie vereinheitlicht. H. Schneider
Lit.: →Ordo.

Ritualmordbeschuldigung. In der R. (erstes nachantikes Auftreten: 1144 in Norwich) wird den Juden vorgeworfen, daß sie, aus Haß gegen Christus und die Christen, unter Anleitung ihrer Rabbinen, alljährl. in der Osterzeit zur Verhöhnung der Passion Jesu ein unschuldiges chr. Kind (meist einen Knaben) in ritueller Form ermorden. Nach der Verkündigung der →Transsubstantiationslehre durch das IV. →Laterankonzil (1215) kommt das Motiv der Blutentnahme hinzu (zuerst quellenmäßig faßbar: Fulda 1235). Das →Blut der geraubten oder gekauften Kinder werde aus rituellen, med. oder mag. Gründen entzogen und zur Zubereitung der Mazzot verwendet. Von England ausgehend, verbreitete sich die R. über ganz Europa (Schwerpunkt: England, Frankreich, Spanien, am Rhein, am Bodensee, Franken, Alpenraum, ab dem 16. Jh. Polen) und löste regelmäßig Judenverfolgungen aus. Trotz der Zurückweisungen der Anklagen, Verbote und Proteste von Ks.n und Päpsten wurden viele der angebl. Mordopfer (in Europa lassen sich zwei Dutzend Fälle nachweisen) – teils mit Duldung der Kirche, teils approbiert – als durch Wunder legitimierte Märtyrer verehrt (z. B.: Little Hugh of Lincoln 1255; Werner v. Bacharach 1287; Simon v. Trient 1475; Niño de la Guardia 1490). →Judenfeindschaft. R. Erb

Lit.: A. NEUBAUER–M. STERN, Hebr. Ber. über die Judenverfolgungen während der Kreuzzüge, 1892 – J. ARONIUS, Reg. zur Gesch. der Juden im frk. und dt. Reich bis zum Jahre 1273, 1902 – A. VAUCHEZ, La Sainteté en occident aux derniers Siècles du MA, 1981 – G. R. SCHROUBEK, Zur Kriminalgesch. der Blutbeschuldigung, Monatsschr. für Kriminologie und Strafrechtsreform 65, 1982, 2–17 – F. GRAUS, Pest – Geißler – Judenmorde ..., 1987 – F. Lotter, Die Judenverfolgung des »Kg. Rintfleisch« in Franken um 1298, ZHF 15, 1988, 385–422 – R. Po-Chia Hsia, The Myth of Ritual Murder, 1988 – A. Dundes, The Ritual Murder or Blood Libel Legend, Temenos 25, 1989, 7–32 – G. I. Langmuir, Toward a Definition of Antisemitism, 1990 – Die Legende vom R., hg. R. Erb, 1992.

Rjurik. 1. R. (skand. Hrørikr), →Waräger, gest. angebl. 879, der nach einer in der aruss. Chronik (→Povest' vremennych let) seit Anfang des 12. Jh. belegten, sicherl. spätestens auf die Mitte des 11. Jh. zurückgehenden Sage mit seinen Brüdern Sineus und Truvor auf Einladung slav. und finnougr. Stämme in den NW der späteren →Rus' kam und seit 862 in →Alt-Ladoga (nach anderer Überlieferung in →Novgorod) herrschte. R. gilt als Stammvater der aruss. Fs.endynastie (→Igor). Obwohl die Sage zweifellos einen hist. Kern enthält (waräg. Tributherrschaft im N Osteuropas, deren ungefähre Ausdehnung vom Peipussee bis zur oberen Wolga, wahrscheinl. auch die Namen der drei Brüder), beruhen ihre chronolog. Angaben auf späteren Berechnungen und sind nur mit großem Vorbehalt hinzunehmen. Nicht beweisbar bleibt die vermutete Identität R.s mit dem dän. Wikinger Rorik, der nach den Annales Fuldenses als frk. Lehnsmann ca. 850–875 in →Dorestad und s. der Eider herrschte.
 A. Nazarenko

Lit.: A. A. ŠACHMATOV, Skazanie o prizvanii varjagov, Izvestija Otdel. russ. jazyka i slovesnosti imp. Akad. nauk 9/4, 1904, 284–365 – DERS., Razyskanija o drevn. russ. letopisnych svodach, 1908, 289–340 – G. LOVMJANSKIJ, Rorik Frislandskij i R. »Novgorodskij«, Skandinav. Sbornik 7, 1963, 221–249 – G. SCHRAMM, Die erste Generation der aruss. Fs.endynastie, JbGO 28, 1980, 321–333.

2. R. Rostislavič, Sohn des Fs.en →Rostislav Mstislavič v. →Smolensk, * um 1140, † 1212/15, widersetzte sich 1173–81 mit Rückhalt in Ovruč (nw. von Kiev) mit wechselndem Erfolg den Herrschaftsansprüchen von Svjatoslav Vsevolodovič v. →Černigov auf Kiev. Dies führte zur Etablierung einer Doppelherrschaft, in der Svjatoslav →Kiev, R. die übrigen Städte des Kiever Landes beherrschten. Nach Svjatoslavs Tod 1194 bis 1202 Alleinherrscher in Kiev, mußte R. das →Seniorat →Vsevolods III. v. →Vladimir-Suzdal' anerkennen. Seit 1202 wurde R. von seinem Schwiegersohn →Roman Mstislavič v. →Halič-Volhynien, ab 1206 von Svjatoslavs Sohn Vsevolod bekämpft, dem er Kiev im Austausch gegen Černigov aushändigen mußte. R.s Regierung in Kiev war nicht ohne Glanz (Bautätigkeit; um 1200 eine Redaktion der Kiever Chronik), offenbarte aber den Niedergang Kievs im polit. Kräftespiel der damaligen Rus'.
 A. Nazarenko

Lit.: PSRL 1, 1928², 438; 2, 1908², passim; 7, 1856, passim – N. G. BEREŽKOV, Chronologija russ. letopisanija, 1963, 104 – M. DIMNIK, The Place of R. R.'s Death: Kiev or Chernigov?, MSt 44, 1982, 371–393.

Rjurikiden (russ. Rjurikoviči), nach ihrem sagenhaften Ahnherrn →Rjurik gen. aruss. Fs.endynastie (→Kiev), erlosch 1598 mit dem Tod des Zaren Feodor Ivanovič in ihrer Moskauer Linie. Bis ins 11. Jh. bildeten die R. eine einheitl. Sippe, die das Reich als gemeinsamen Besitz betrachtete. Das seit Mitte des 11. Jh. auftretende →Seniorat konnte jedoch die zunehmende territoriale Spaltung nicht verhindern. Bereits Mitte des 12. Jh. sind die R. in mehrere selbständige lokale Zweige getrennt; deren wichtigste sind die von →Polock, von →Černigov (→Svjatoslav Jaroslavič), von →Rostov-Suzdal' (später →Vladimir-S.) (→Jurij Dolgorukij), von →Halič, von →Smolensk (→Rostislav Mstislavič), von →Volhynien (→Izjaslav Mstislavič). Während das Schicksal der R. der nachmongol. Zeit in den ursprgl. aruss. Ländern des Gfsm.s →Litauen weitgehend im Dunkeln bleibt, führte im NO die territoriale Zersplitterung im 13. Jh. zur Herausbildung neuer Fs.enhäuser (u. a. →Tver', →Jaroslavl', →Nižnij Novgorod), die bis einschließl. des 15. Jh. unter die Oberherrschaft der Gfs.en v. →Moskau gerieten, wobei sie die Oberschicht des Moskauer Dienstadels bildeten.

A. Nazarenko

Lit.: A. V. ÈKZEMPLJARSKIJ, Velikie i udel'nye knjaz'ja Severnoj Rusi v tatarskij period, 1-2, 1889-91 – N. BAUMGARTEN, Généalogies et mariages occidentaux des R. russes du Xe au XIIIe s., 1927 – O. M. RAPOV, Knjažeskie vladenija na Rusi v X – pervoj polovine XIII v., 1977 [reich an Fehlern] – V. A. KUČKIN, Formirovanie gosudarstvennoj territorii Severo-Vostočnoj Rusi v X-XIV vv., 1984 [wichtig] – D. DONSKOÏ, Généalogie des R., IXe-XIVe s., 1991 [kompilator.].

Rivaux, Peter des, Sohn oder Neffe von Peter des →Roches, mit dem seine Laufbahn eng verbunden war; * wahrscheinl. in der Normandie, † 1263. Seit 1218 Keeper of the →Wardrobe und später der eigtl. →Treasurer des kgl. Hofhalts, wurde er 1223-24 zusammen mit des Roches aus dem Amt entlassen. 1232 wieder in Gnaden aufgenommen, erhielt P. des R. die Ämter des →Keeper of the Privy Seal, des Keeper of the Wardrobe, des Oberrichters der Forste und des Keeper aller heimgefallenen Besitzungen und Vormundschaften und wurde sheriff von 21 Gft.en. Die Häufung so vieler Ämter in der Hand einer Person hätte einen neuen radikalen Zugriff auf die Verwaltung zur Folge haben können, doch bedeutete sie eher eine Kontrolle des Patronatswesens als eine Stärkung der kgl. Finanzen, und deshalb kam nur wenig zur Ausführung. P. des R. verlor zusammen mit des Roches 1234 seine Ämter, wurde aber zwei Jahre später wieder in Gnaden aufgenommen. 1250 zweimal zeitweise Keeper of the Great Seal und 1257 wieder Keeper of the Wardrobe, wurde er im folgenden Jahr von den baronialen Reformern entlassen. 1261 stand er erneut im kgl. Dienst.

C. H. Knowles

Lit.: T. F. TOUT, Chapters in the Administrative Hist. of Mediaeval England, I, 1937 – R. STACEY, Politics, Policy and Finance under Henry III, 1216-1245, 1987.

Rivière, Bureau de la, † 1400, frz. Staatsmann, entstammte einer Adelsfamilie des Nivernais (→Nevers), kam frühzeitig mit dem Milieu des →Hôtel du roi in Berührung (enge Verbindung zweier Onkel mit Miles de →Noyers). 1358 traten B. de la R. und sein älterer Bruder Jean als →'iuvenes' in den Hofhalt des künftigen Kg.s →Karl V. ein, dessen Freundschaft sie gewannen (nach dem Tode Jeans de la R. auf Kreuzfahrt in Famagusta [1366] Gedächtnisstiftung des Kg.s für den Verstorbenen). B. de la R., der seine militär. Laufbahn als Ritter auf den Feldzügen gegen →Karl den Bösen begann, hatte nach der Wiederaufnahme des Krieges gegen England (→Hundertjähriger Krieg) Truppenkommandos des Hzg.s v. Burgund inne, nachdem er den zum →Connétable erwählten Bertrand →Du Guesclin nach Paris eskortiert hatte. 1372 Bannerherr, nahm er 1373 unter Du Guesclin an der Besetzung der →Bretagne teil (Ehrenrente wegen Tapferkeit vor St-Sauveur-le-Vicomte, 1375). Nach dem Waffenstillstand organisierte er die (fehlgeschlagene) Expedition Enguerrands VII. v. →Coucy, der die Kompagnien auf Kriegsschauplätze im Westen des Dt. Reiches abzulenken suchte. 1367 war La R. →*Capitaine* v. Montjoie, seit 1376 des kgl. Residenzschlosses →Vincennes.

Unter dem Titel des Ersten Kammerherrn (*premier chambellan*) war er die rechte Hand Kg. Karls V., führte zahlreiche polit. und diplomat. Missionen durch, fungierte als Zeremonienmeister des Hofes und Leiter der Ehrenbegleitung für Ks. →Karl IV. beim Staatsbesuch 1377-78. La R.s polit. Linie war die leidenschaftl. Verteidigung des Königsstaates. Er inspirierte den Kg. zum rücksichtslosen Vorgehen gegen Navarra und Bretagne; letztere Aktion beleidigte aber das bret. Nationalgefühl und führte zur Entfremdung von dem alten Waffengefährten Du Guesclin. Eine neuartige Haltung rigoroser monarch. Loyalität ließ La R. auch die Verurteilung Walrams v. Luxemburg, der anläßl. seiner Heirat mit einer Halbschwester Kg. →Richards II. Verhandlungen mit England gepflegt hatte, betreiben. Wegen seiner exklusiven Königsnähe schlug er 1373 den mit einer großen →Pension (800 l.) verbundenen Lehnseid an den Hzg. v. Burgund aus und holte ihn erst 1388, nach dem Tode seines Kg.s, nach. Durch die →Ordonnances v. 1374 wurde La R. zum Vollstrecker des kgl. Willens, (präsumptiven) Vorsitzenden einer Vormundschaftsregierung, Ersten Kammerherrn des künftigen Kg.s und Hüter des Staatsschatzes proklamiert. Im Testament von 1374 verfügte Karl V., daß der Leichnam seines vertrauten Ratgebers dereinst in →St-Denis zu seinen Füßen ruhen solle. La R. hatte seinerseits 1373 eine Kapelle für seinen Kg. gestiftet.

Durch den Tod Karls V. (1380) war die Monopolstellung La R.s gebrochen, sein Einfluß auf den jungen Kg. →Karl VI. blieb gleichwohl erhalten. Im Zuge der Entmachtung der →Marmousets (1392), an deren Spitze La R. stand, wurde er jedoch verurteilt und ins Exil des Dauphiné getrieben, bis Karl VI. ihm schließlich Titel und Ämter zurückgab. Ein Gönner der großen Dichter und Denker der Ära Karls V. (→Christine de Pisan, →Philippe de Mézières), verstarb La R. nach friedl. Lebensabend und wurde in St-Denis begraben. – Er war vermählt mit Marguerite d' Auneau aus dem Hause →Dreux; Söhne: Charles, Patenkind des Kg.s und durch Heirat Gf. v. Dammartin; Jacques, Chambellan des Hzg.e v. Orléans und Guyenne, wegen seiner Sprachkenntnisse mit dem Empfang ausländ. Fs.en bei Hofe betraut, 1413 von den Cabochiens (Armagnacs et Bourguignons) umgebracht.

F. Autrand

Lit.: H. MORANVILLE, Étude sur la vie de Jean Le Mercier, 1888 – A. PICARD, B. de La R. favori de Charles V et de Charles VI [Positions des Thèses de l'École des Chartes, 1889], 65-70 – F. AUTRAND, Naissance d' un grand corps de l'état. Les gens du Parlement de Paris, 1981 – R. CAZELLES, Société politique, noblesse et couronne sous Jean le Bon et Charles V, 1982.

Rivus altus, Rialto → Venedig

Roanne, Stadt in Mittelfrankreich, →Forez, an der Loire (dép. Loire), antiken Ursprungs. Vor Ende des 11. Jh. errichtete eine Kastellanenfamilie hier eine Burg, unweit einer älteren Pfarrkirche, die an einer sekundären O-W-Verbindung durch die Gft. Forez lag. Im Zuge der Konflikte zw. den Herren v. Beaujeu (→Beaujolais) und dem neuen Gf.enhaus v. Forez traten die Herren v. R. in die Vasallität der Forez ein und erwarben im Laufe des 13. Jh. seigneuriale Rechte über Burg und Stadt (Conseniorat). In R. sind im 13. Jh. Markt und Zoll belegt. In der 2. Hälfte des 14. Jh. wurde eine Befestigung zum Schutz der Siedlung, die sich bei der Burg gebildet hatte, errichtet.

Die 1382 erfolgte Wiederangliederung des Forez an das Bourbonnais (→Bourbon) und v. a. die Entwicklung der →Messen v. →Lyon (seit dem 2. Viertel des 15. Jh.), die zu einer Verlagerung der Verkehrsströme auf die transversale Verbindung über R. führte, sicherten den Aufstieg der Stadt in der 2. Hälfte des 15. Jh., auf Kosten älterer Städte des Forez (Charlieu). Jacques→Cœur war ztw. Consenior v. R.; nach der Konfiskation (1451) kamen seine Güter in und um R. an die Familie Gouffier, die 1515 zum alleinigen Stadtherrn wurde. G. Fournier

Lit.: M. Labouré, R. et le Roannais. Études hist., 1957 – E. Fournial, R. au MA, 1964 – E. Perroy, Les châteaux du Roannais du XIe au XIIIe s., CCMéd, 1966, 13–27.

Robben. Vier der fünf Kapitel über diese »Meermonster« bei Thomas v. Cantimpré behandeln (vgl. Leitner 198) die im Mittelmeer heute fast ausgestorbene Mönchsr. (Monachus, gr. phoke, lat. phoca). Die Beschreibung als vivipares, lungenatmendes, amphib. lebendes Säugetier mit spitzen Zähnen, stierartiger Stimme und schwerfälligem Gang auf fischschwanzartigen Flossen nach Aristoteles (bes. h. a. 6, 41 p. 566 b 27 – 567 a 14 = Plinius, n. h. 9, 41f.) wurde durch Thomas (6, 29; koki; 6, 9: ca[h]ab; 6, 56: vitulus marinus aufgrund der Identifizierung durch Plinius, n. h. 9, 19) an Albertus Magnus (animal.), Vinzenz v. Beauvais u. a. m. übermittelt. Vom »Experimentator« stammen (Thomas 6, 23: focha) Ortstreue und Rivalenkämpfe. Die (neben der schlaferzeugenden Wirkung der rechten Flosse, vgl. HWDA) abergläub. Behauptung der Aufrichtung der Haare von R. fellen bei Ebbe (Thomas 6, 56 nach Plinius) wird vom »Liber rerum« (bei Thomas 6, 22; hel-/felcus = Seehund wegen schwarzfleckigen Fells) als Sturmvorzeichen umgedeutet. Der menschenfressende »monachus maris« im »britannischen Meer« bei Thomas (6, 34) mit einer Tonsur (vgl. Alexander Neckam, nat. rer. 2, 25) ist »Seemannsgarn«. Tötung durch Hammerschläge kennen die naturkundl. Enzyklopädien nur aus Plinius. Ch. Hünemörder

Q.: →Albertus Magnus, →Alexander Neckam, →Thomas Cantimpr., Lib. de nat. rer., T. 1, ed. H. Boese, 1973 – Vinc. Bellov., Speculum nat. 1624 [Neudr. 1964] – *Lit.:* HWDA VII, 742f. – H. Leitner, Zoolog. Terminologie beim Älteren Plinius, 1972.

Robert

1. R. d. Tapfere, * ca. 820, ✕ 866, Vater der westfrk. Kg.e →Odo (888–898) und →Robert I. (922–923), Stammvater der →Robertiner (→'Kapetinger'). Aus bedeutendem rheinfrk. Gf.enhaus der 'Rupertiner' (Gründer des Kl. →Lorsch), trat er um 840 in die Dienste →Karls d. Kahlen, der ihn u. a. aus Reimser Kirchengut versorgte und den mit seiner Gattin Ermentrud versippten Vasallen 852 zum Laienabt v. →Marmoutier und Gf. v. →Angers, 853 zum →Missus im Raum Anjou/Touraine/Maine erhob. Neben vorübergehender Verwendung in der Bourgogne hatte R. lange den militär. Oberbefehl »zw. Seine und Loire« inne, mit den Gft.en von Orléans bis Anjou, zuletzt auch die Abtei St-Martin in Tours. In Auseinandersetzungen mit rivalisierendem Adel um den neustr. Unterkg. →Ludwig ('d. Stammler', Sohn Karls d. Kahlen) kam es neben einer Auflehnung Ludwigs gegen den Vater auch zu einer Erhebung R.s gegen Karl (857–861). R. hat Bretonen, Normannen und Aquitanier erfolgreich bekämpft, wobei er sie geschickt gegeneinander ausspielte. Er fiel 866, zusammen mit Gf. →Ramnulf v. Poitiers, bei Brissarthe (n. Angers) im Kampf gegen die Normannen. Den Gefallenen verglich man in der rheinfrk. Heimat mit den Makkabäern (»R. fortis«). K. F. Werner

Lit.: K. Glöckner, Lorsch und Lothringen, Robertiner und Capetinger, ZGO NF 50, 1936, 301–354 – K. F. Werner, Rotberti complices. Die Vasallen R.s d. T.n, WaG 19, 1959, 146–193 – Ders., Les Robertiens (Le Roi de France et son royaume autour de l'an Mil, hg. M. Parisse–X. Barral i Altet, 1992), 15–26 - s. a. →Robertiner.

2. R. I., *westfrk. Kg.* 922–923, ✕ 15. Juni 923 Soissons, ⚭ Beatrix, Schwester →Heriberts II. v. Vermandois (3. H.). Nach dem Tod→Roberts d. Tapferen 866 verhinderte Karl d. Kahle die Nachfolge von dessen minderjährigen Söhnen →Odo (1. O.) und R., die erst seit den 80er Jahren ihre Macht v. a. in →Neustrien wieder errichten konnten. R., Laienabt v. Marmoutier, rückte nach der Kg.swahl des Bruders 888 weitgehend in dessen Stellung als Herr des robertin. Herrschaftskomplexes ein und wurde von Odo nachdrückl. gefördert (893 marchio, Inhaber mehrerer Gft.en, Laienabt v. St-Martin [Tours], St-Denis, St-Germain-des-Prés, Notre-Dame de Morienval, St-Amand). In den Abmachungen mit dem rivalisierenden Karolinger →Karl III. 'd. Einfältigen' (7. K.) von 897 vermochte Odo dem Bruder zwar nicht das Kgtm., wohl aber die Besitzungen und Rechte der Familie zu sichern. R. anerkannte Karls Kgtm. nach dem Tod des Bruders 898 und erschien bis 920 häufig in der Umgebung des Karolingers. Als marchio Neustriens in beständigem Konflikt mit den →Normannen des unteren Seinegebiets, gelang R. im Bund mit Richard v. Burgund im Juli 911 ein entscheidender Normannensieg bei Chartres, Voraussetzung für deren allmähl. Einbeziehung ins westfrk. Reich. Bei der Taufe des Normannenführers →Rollo fungierte R. als Pate. Sein gutes Verhältnis zum Kg. nutzte er 914 für eine Nachfolgeregelung zugunsten seines Sohnes→Hugo Magnus (7. H.), der die Kontinuität robertin. Herrschaft in W-Franken gewährleistete. 920/921 zunehmend von Karl III. wegen dessen umstrittenen Günstlings→Hagano entfremdet, wurde R. nach militär. Auseinandersetzungen von einer Adelsopposition am 29. Juni 922 in Reims gegen Karl zum Kg. gewählt und einen Tag später durch Ebf. Walter v. Sens in St-Remi (Reims) gekrönt. Das robertin. Kgtm., auf R.s Macht in Neustrien und der→Francia stützte, blieb freil. im Reich umstritten. Ein wichtiger Erfolg gelang 923 auf einem Herrschertreffen mit dem ostfrk. Kg. Heinrich I. (vermutl. an der unteren Ruhr), der R.s Kgtm. und seine Herrschaft über Lotharingien anerkannte. Kurz danach fand R. in einer Schlacht gegen das Heer Karls III. den Tod. Seine Anhänger wählten am 13. Juli 923 R.s Schwager →Rudolf v. Burgund zum neuen Kg. B. Schneidmüller

Q.: Recueil des actes de R. et de Raoul rois de France, ed. J. Dufour, 1978 – *Lit.:* A. Eckel, Charles le Simple, 1899 – P. Lauer, R. et Raoul de Bourgogne rois de France, 1910 – B. Schneidmüller, Karol. Tradition und frühes frz. Kgtm., 1979, 138ff. – F. J. Felten, Äbte und Laienäbte im Frankenreich, 1980, 52ff. – I. Voss, Herrschertreffen im frühen und hohen MA, 1987, 49ff. – K. F. Werner, Die Ursprünge Frankreichs bis zum Jahr 1000, 1989, 467ff. – W. Kienast, Die frk. Vasallität, 1990, 463ff. – K. F. Werner, Les Robertiens (Le roi de France et son royaume autour de l'an Mil, 1992), 15–26.

3. R. II. 'd. Fromme', *Kg. v. Frankreich* 987/996–1031, † 20. Juli 1031 in Melun, ▭ →St-Denis. R. erhielt an der Reimser Kathedralschule unter →Gerbert v. Aurillac eine profunde Ausbildung, die ihn an den geistig-geistl. Auseinandersetzungen der Zeit teilhaben ließ. Nach seiner Kg.swahl betrieb R.s Vater →Hugo Capet gegen adligen und klerikalen Widerstand, angebl. mit Hinweis auf einen bevorstehenden Spanienfeldzug, die Erhebung R.s zum Mitkg. und damit die Sicherung der dynast. Sukzession (Dez. 987 in Orléans, Weihe durch Ebf. →Adalbero v. Reims). Wie sein Vater regierte R. in der Kontinuität der karol. Amtsvorgänger, auch wenn vielfältige Legitimationsformeln in den Urkk. den Versuch der Neuorientierung verraten. R.s Eheschließungen verknüpften wichtige Adelsverbände mit der Monarchie, führten aber auch 'zu heftig widerstreitenden Einflußnahmen bei Hof: Nach dem offenbar nicht ernsthaft verfolgten Projekt einer Ehe mit einer byz. Prinzessin heiratete R. 988 Rozala-Susanna (Tochter Kg. →Berengars II. v. Italien, Witwe Gf. Arnulfs v. Flandern) und band (bis zur Trennung 992) damit den Gf.en v. Flandern an sich. 996 folgte mit einer 2. Ehe mit →Bertha v. Burgund, der Witwe Gf. →Odos I. v. Blois, die Zuwendung zum Haus →Blois; wegen enger Verwandtschaft führte die Verbindung zu scharfen Reaktionen der Kirche und 1003/04 zur ztw. Trennung. Aus der 1004/05 mit →Konstanze v. Arles geschlossenen 3. Ehe, die den kapet. Hof südfrz. Einflüssen öffnete, gingen mehrere Kinder hervor.

Schon vor Hugos Tod (24. Okt. 996) an der Politik beteiligt und in engem Kontakt zum cluniazens. Reformmönchtum, sorgte R. als alleiniger Herrscher 997 für eine von Abt→Abbo v. Fleury bei Papst Gregor V. vermittelte Beilegung des Reimser Schismas. Die vom Kg. angestrebte Konsolidierung (Einsetzung von praepositi) und Erweiterung der Krondomäne glückte nur unvollkommen. Zwar konnte das 1002 durch den Tod von R.s Oheim Odo-Heinrich ledig gewordene Hzm. →Burgund nach langen Auseinandersetzungen mit Gf. →Ott-Wilhelm v. Burgund und Bf. →Bruno v. Langres schließlich 1016 für die Herrscherfamilie erworben und erst, nach Anerkennung der Eigenständigkeit des burg. Adels, an R.s 2. Sohn →Heinrich (18. H.) verliehen werden. Doch vermochte der Kg. den Mannfall in den Gft.en Troyes, Meaux und Provins nicht für sich zu nutzen und mußte 1023 die umfassende Herrschaftsbildung des Gf.en →Odo II. v. Blois-Champagne (3. O.) akzeptieren. Auch ein Treffen R.s mit Ks. Heinrich II. im Aug. 1023 bei →Ivois-sur-Chiers/Mouzon vermochte Odos Aufstieg vorläufig nicht zu bremsen, führte aber zur Verabredung einer Synode in Pavia. Sie kam zwar wegen Heinrichs Tod 1024 nicht mehr zustande, unterstrich aber die führende und gleichberechtigte Rolle von Ksm. und frz. Kgtm. in ihrem Selbstverständnis als Säulen der Christenheit. Den dynast. Wechsel im Imperium 1024 nutzte R. trotz des Angebots der it. Kg.skrone nicht für sich oder seinen Sohn aus, Indiz für den Dekompositionsprozeß der frk. regna.

Trotz der machtpolit. Beschränkungen sorgte R. für die dynast. Konsolidierung der kapet. Kg.sfamilie, nicht allein wegen seiner langen Regierungszeit, sondern auch durch die im Bund mit dem Adel betriebene Erhebung seiner Söhne →Hugo (8. H.; 1017, † 1025) und Heinrich (1027) zu Mitkg.en. R.s letzte Jahre blieben durch Auseinandersetzungen innerhalb der Familie geprägt. Die von seinem Biographen Helgaud v. Fleury gemeldete und persönlicher Frömmigkeit (Beiname pius) entsprungene Fähigkeit R.s, durch Handauflegen und Kreuzschlagen Wunden zu heilen, sollte späteren Generationen zum traditionsbildenden Ausgangspunkt für göttl. inspirierte Heilungskräfte kapet. Kg.e werden. B. Schneidmüller

Q.: W. M. Newman, Cat. des actes de R. II roi de France, 1937 – Helgaud de Fleury, Vie de R. le Pieux, ed. R.-H. Bautier–G. Labory, 1965 – Adalbéron de Laon, Poème au roi R., ed. C. Carozzi, 1979 – Lit.: HEG I, 756ff. [K. F. Werner] – C. Pfister, Études sur le règne de R. le Pieux, 1885 – F. Lot, Études sur le règne de Hugues Capet et la fin du Xe s., 1903 – M. Bloch, Les rois thaumaturges, 1924 – J.-F. Lemarignier, Le gouvernement royal aux premiers temps capétiens (987–1108), 1965, 37ff. – B. Schneidmüller, Karol. Tradition und frühes frz. Kgtm., 1979, 170ff. – J. Ehlers, Gesch. Frankreichs im MA, 1987, 59ff. – I. Voss, Herrschertreffen im frühen und hohen MA, 1987, 65ff. – K. Lohrmann, Die Titel der Kapetinger bis zum Tod Ludwigs VII. (Intitulatio III, 1988), 201–256 – Le roi de France et son royaume autour de l'an Mil, 1992 – Pouvoirs et libertés au temps des premiers Capétiens, 1992.

4. R. v. Courtenay, *Ks. des→Lat. Ksr.es v. Konstantinopel* 1221–28, † Jan. 1228, (2.) Sohn→Peters v. C. und der Jolante († 1219), konnte als erster lat. Ks. von Frankreich aus auf der Landroute über Ungarn und Bulgarien (dabei Vertragsschluß mit→Ivan II. Asen?) nach Konstantinopel reisen (Krönung 25. März 1221). In Bündnis-Verhandlungen mit seinem Schwager, Ks. →Theodoros I. Laskaris v. Nikaia, stellte ihm dieser u. a. eine Heiratsverbindung mit seiner Tochter Eudokia in Aussicht, was aber aus eherechtl. Gründen auf den Widerstand Patriarch Manuels I. stieß (Grumel-Laurent, Nr. 1229). Nach dem Tod Theodoros' I. (Nov. 1221) rebellierten seine Brüder Alexios und Isaak gegen den neuen Ks. Johannes III. Vatatzes und fanden militär. Unterstützung bei R. Das Unternehmen führte zur Niederlage bei Poimanenon (1224), nach der den Lateinern in Kleinasien nur noch der Küstenstreifen s. des Marmarameeres verblieb (s. Dölger-Wirth, Reg. Nr. 1711; Hendrickx, Nr. 158). Militär. und außenpolit. erfolglos oder überhaupt untätig, verlor R. zusehends an Rückhalt bei den Baronen, die ihn zwangen, sich von seiner nicht standesgemäßen Gattin, der Tochter eines (gefallenen) frz. Ritters, zu trennen. R. begab sich zu Papst Gregor IX., der den Ks., der im Juni 1222 das umfassende Statut über den Ausgleich zw. der Kirche und den weltl. Kräften im Lat. Ksr. gebilligt hatte, zur Rückkehr überredete; bei einem Zwischenaufenthalt bei seiner Schwester Agnes auf der Peloponnes starb R. Johann v. →Brienne wurde Regent für R.s noch minderjährigen Bruder→Balduin II. – Eines der Siegel R.s wurde in Tǎrnovo (Bulgarien) gefunden (Ovčarov). G. Prinzing

Lit.: BLGS I, 331f. – Oxford Dict. of Byzantium III, 1991, 1799f. – J. Longnon, L'Empire lat. de Constantinople et le principauté de Morée, 1949 – G. Zacos–A. Veglery, Byz. Lead Seals, I, 1972, Nr. 113 – K. M. Setton, The Papacy and the Levant, I, 1976 – R. L. Wolff, Stud. in the Lat. Empire of Constantinople, 1976 – T. Ovčarov, Numizmatika 13, H. 4, 1979, 5–8 – A. Dančeva-Vasileva, Bǎlgarija i Latinskata imperija, 1985, 116–123 – B. Hendrickx, Régestes des empereurs lat. de Constantinople, Byzantina 14, 1988, 1–220, Nr. 145–162.

5. R. I., *Kg. v.* →*Schottland* 1306–29 (»R. the Bruce«), * 1274, † 7. Juni 1329 in Cardross, w. von Glasgow; Sohn von Robert Bruce und Marjorie, Countess of→Carrick, ∞ 1. Isabel v. Mar (älteste Tochter: Marjorie, Mutter von →Robert II.), Sohn aus der 2. Ehe: →David II. 1292 trat R. im Earldom of Carrick die Nachfolge seines Vaters an. Während der schott. Thronkämpfe 1291–92 forderte R.s Großvater erfolglos gegen John →Balliol den Thron, doch wurde dieser Anspruch von den Bruce nie aufgegeben. Der künftige Kg. R. I. trat seit 1297 in den Vordergrund, als er mit der eigenen Familientradition brach, um die Partei derjenigen zu ergreifen, die unter der Führung von William→Wallace für die schott. Unabhängigkeit kämpften. Kurzzeitig Guardian v. Schottland, wechselte R., weil er 1302 eine Wiedereinsetzung Balliols befürchtete, zu Eduard I. v. England über, der 1305 Schottland tatsächl. eroberte. R. beanspruchte nun den schott. Thron und bekämpfte seinen Hauptrivalen John →Comyn, an dessen Ermordung er beteiligt war. Am 25. März 1306 erhob er sich selbst in →Scone zum Kg. Nachdem R. fast ein Jahr lang wie ein Flüchtling verfolgt worden war, gewann er allmähl. dank der wachsenden Unterstützung in der Bevölkerung die Initiative zurück. 1314 waren die größeren schott. Burgen außer Berwick upon Tweed und Stirling in R.s Besitz und wurden zerstört, um eine Nutzung durch die Feinde zu verhindern. Eduard II. führte im

Juni 1314 ein großes Heer nach Schottland, das am 23./24. Juni von R. und seiner bedeutend kleineren Streitmacht bei →Bannockburn besiegt wurde. Dieser Sieg verschaffte R. I. die völlige Anerkennung als Kg. eines unabhängigen Schottland, außer durch den engl. Hof und die päpstl. Kurie. Der Krieg mit England wurde bis 1327 schleppend und unterbrochen von Waffenstillständen fortgesetzt. 1315–18 erhielt Irland bedeutende schott. Hilfeleistungen zur Unterstützung des vergebl. Versuchs Eduards, des Bruders von R., dort Kg. zu werden. 1328 schloß der neue Kg. v. England, Eduard III., noch unter der Regentschaft seiner Mutter →Isabella und ihres Geliebten Roger →Mortimer, den Vertrag v. →Edinburgh, der durch die Heirat zw. R.s Thronerben David und Johanna, Schwester Eduards III., besiegelt werden sollte. – R. I. gehörte zusammen mit William Wallace zu den großen Vorkämpfern für die Unabhängigkeit des ma. Kgr.es v. Schottland. G. W. S. Barrow

Lit.: R. NICHOLSON, Scotland: The Later MA, 1974 – A. A. M. DUNCAN, Scotland: The Making of the Kingdom, 1975 – A. GRANT, Independence and Nationhood: Scotland, 1306–1469, 1984 – G. W. S. BARROW, R. Bruce and the Community of the Realm of Scotland, 1988³.

6. R. II., *Kg. v.* →*Schottland* 1371–90, † 1390, der erste schott. Herrscher aus dem Hause →Stewart (Stuart); Sohn von Walter, dem 6. erbl. →Steward oder Stewart v. Schottland, und von Marjorie Bruce, der ältesten Tochter von Robert I. und dessen erster Gemahlin Isabel v. Mar. Eduard, Bruder Roberts I. und 1315–18 Inhaber des Titels »Kg. v. Irland«, wurde 1315 mit Zustimmung des schott. Parlaments als Thronfolger anerkannt, falls Robert I. ohne männl. Erben sterben sollte. Nach Eduards Tod wurde R. Stewart zum mutmaßl. Thronerben erhoben, doch gebar die zweite Gemahlin Roberts I. 1324 einen Sohn (→David [II.]), der 1329 Kg. v. Schottland wurde. R., seit 1326 der 7. erbl. Stewart, fungierte mehrmals als Guardian v. Schottland während der Minderjährigkeit Davids und nach der Gefangennahme des Kg.s in →Neville's Cross 1346. R. dehnte die Machtposition und die Besitzungen seiner umfangreichen Familie aus, bes. im sw. Hochland, in Ayrshire und Perthshire, wo er das Earldom of Strathearn innehatte. Aus seinen beiden Ehen gingen zahlreiche Söhne und Töchter hervor, aber er hatte auch viele illegitime Kinder. R., der im Alter von fast 55 Jahren den Thron bestieg, erwies sich als erfolgloser Kg., obwohl er nicht unpopulär war und militär. Siege über die Engländer (z. B. in der Schlacht v. →Otterburn 1388) erzielte sowie auch gute Beziehungen zu Frankreich und seit 1378 zum avign. Papsttum unterhielt. Er förderte John →Barbour, Verfasser der Verserzählung »Bruce«. 1388 wurde sein zweiter überlebender Sohn →Robert Stewart, Duke of Albany, Guardian des Kgr.es. G. W. S. Barrow

Lit.: R. NICHOLSON, Scotland: The Later MA, 1974 – A. GRANT, Independence and Nationhood: Scotland 1306–1469, 1984.

7. R. III., *Kg. v.* →*Schottland* 1390–1406, † 4. April 1406 in Rothesay; ältester Sohn Roberts II. aus dessen erster Ehe mit Elizabeth Mure of Rowallan. Bis zu seiner Thronbesteigung hieß er John (nach John →Balliol) Stewart, Earl of Carrick, doch mit Zustimmung des Parlaments nahm er den Namen R. an. Obwohl seine Regierung den Bauern und Bürgern Wohlstand brachte, muß sie doch als Mißerfolg angesehen werden. Da R. unfähig war, allein zu regieren, übertrug er 1399 die Regierungsgewalt seinem ältesten Sohn David, den er zum Duke of Rothesay ernannte. Der Kg. bevorzugte dagegen den Lebensstil eines Adligen aus dem w. Schottland. Die Engländer errangen einen bemerkenswerten Sieg bei Homildon Hill, Northumberland (14. Sept. 1402), während bereits vorher der Duke of Rothesay unter mysteriösen Umständen in Falkland gestorben war, vielleicht auf Betreiben von →Robert Stewart, dem Bruder des Kg.s. Im März 1406 wurde der zweite Sohn R.s III., James (→Jakob I.), an der Küste von Yorkshire gefangengenommen und von Heinrich IV. eingekerkert. Die Nachricht von diesem Ereignis beschleunigte den Tod des Kg.s. G. W. S. Barrow

Lit.: R. NICHOLSON, Scotland: The Later MA, 1974 – A. GRANT, Independence and Nationhood: Scotland, 1306–1469, 1984.

8. R. v. Anjou, *Kg. v. Sizilien (Neapel)*, * 1278 als dritter Sohn Karls II. und der Maria v. Ungarn, † 20. Jan. 1343, ◻ S. Chiara Neapel. ⚭ 1. Violante (Yolande) v. Aragón († 1303), 2. Sancha v. Mallorca. Im Okt. 1288 wurde R. gemeinsam mit seinen Brüdern →Ludwig und Raimund Berengar als Geisel für die Freilassung seines Vaters, der bei der Niederlage der angevin. Flotte im Golf v. Neapel (1284) in Gefangenschaft geraten war, zu Kg. Jakob II. v. Aragón gesandt. Ende 1295 freigelassen und vom Vater zum Vikar ernannt, erhielt er am 24. Febr. 1297 den Titel eines Hzg.s v. Kalabrien und wurde damit zum Nachfolger designiert (da der älteste Sohn des Kg.s, Karl Martell, gestorben und der zweite Sohn Ludwig in den Franziskanerorden eingetreten war). Um zw. den Anjou und Aragón den Frieden wiederherzustellen, förderte Bonifatius VIII. die Ehe R.s mit Violante (Yolande) v. Aragón, der Schwester Jakobs II. Dieser hatte jedoch inzwischen die Kontrolle über Sizilien verloren, wo sich unter der Führung seines Bruders Friedrich (des späteren Friedrich III. v. Trinacria) eine selbständige Regierung gebildet hatte. Dies führte 1299 zur Wiederaufnahme des Krieges, an dem R. persönlich als Kommandant des Heeres teilnahm. Nach Anfangserfolgen wurde das Unternehmen abgebrochen (→Caltabellotta). Am 5. Mai 1309 starb Karl II. und R. wurde zum Kg. v. Sizilien gekrönt.

Die polit. Lage in Mittelitalien war inzwischen immer komplizierter geworden, so daß R. als natürlicher Führer der Guelfen und als Signore v. Florenz sich vor schwierige Entscheidungen gestellt sah. Bes. heikel wurde seine Position nach dem Italienzug Ks. Heinrichs VII.; auch nach dessen Tod (24. Aug. 1313) besserte sich R.s Lage nicht, da die toskan. Guelfen 1315 bei →Montecatini geschlagen wurden und der Bruder des Kg.s, Petrus v. Eboli, und sein Neffe Karl v. Achaia in der Schlacht fielen. Dank der Unterstützung Papst Johannes' XXII. gewann R. in Mittel- und Norditalien sein Ansehen zurück und erhielt 1318 auch die Signorie von Genua.

Der Italienzug Ludwigs d. Bayern (1327) brachte erneut krit. Momente für R. Aus Furcht vor einer Invasion des Ks.s in das Kgr. rief R. seinen Sohn Karl, Hzg. v. Kalabrien, aus Florenz zurück, der 1325 zum Signore ernannt worden war, um die Stadt vor Ludwig d. Bayern und dessen ghibellin. Verbündeten zu schützen. Am 9. Nov. 1328 starb Karl jedoch. Von da an rieb sich der Kg. bis zu seinem Tode im vergebl. Versuch auf, Sizilien zurückzuerobern und das Problem der Nachfolge zu lösen, da er keine anderen direkten Erben hatte (seine Ehe mit Sancha war kinderlos). Seine Wahl fiel schließlich auf seine Enkelin →Johanna, die Tochter seines verstorbenen Sohnes Karl, die er mit Andreas v. Ungarn verheiratete, dem Sohn seines Neffen Karl Robert (Caroberto), Kg. v. Ungarn, eine Wahl, die für das Kgr. katastrophale Folgen haben sollte.

Trotz der vielen Fehlschläge seiner Politik genoß R. unter seinen Zeitgenossen großen Ruhm, nicht zuletzt wegen seiner guten lit. Bildung (Beiname »der Weise«)

und seiner Förderung von Dichtern, Literaten und Künstlern, unter ihnen auch Francesco →Petrarca, der die Inschrift für R.s Grabmal verfaßte. Mit den rigorist. Strömungen des Franziskanerordens sympathisierend, schrieb R. eine schmale Schrift über die Armut Christi und der Apostel. Er glänzte auch gerne bei den verschiedensten Gelegenheiten als Redner. G. Vitolo

Lit.: R. CAGGESE, Roberto d'Angiò e i suoi tempi, 1922–31 – É. G. LÉONARD, Les Angevins de Naples, 1954 – G. VITOLO, Il Regno angioino (Storia del Mezzogiorno IV, 1984), 11–86 – G. GALASSO, Il Regno di Napoli (Storia d'Italia, UTET, XV/1, 1992), 114–163.

9. R. Stewart, *Duke of Albany,* † 1420, seit 1388 tatsächl. Regent Schottlands, nachdem er als Earl of Fife und Menteith zum *Guardian* ernannt worden war, da sein Vater Kg. →Robert II. und sein älterer Bruder John, Earl of Carrick (→Robert III.), sich als unfähig erwiesen hatten. Als Earl of Menteith errichtete er die noch gut erhaltene Burg v. Doune, w. von Stirling. 1399 wurde er als Guardian durch seinen Neffen David, dem Duke of Rothesay und zukünftigen Thronanwärter, ersetzt, der jedoch 1402 unter mysteriösen Umständen in Falkland starb, einer von R. kontrollierten Residenz. Als R. das Amt des Guardian zurückerlangte, entschied der Kg., daß sein zweiter Sohn und Erbe James (→Jakob I.) nach Frankreich geschickt werden sollte, um aus R.s Reichweite zu sein. 1406 geriet Jakob in engl. Gefangenschaft. Als Robert III. starb, wurde R. zum Statthalter (*governor*) des Kgr.es im Namen Jakobs I. ernannt und regierte 14 Jahre. R. bemühte sich nicht intensiv um Jakobs Freilassung, doch zeichneten seine Regierung Vorsicht und Mäßigung aus. Er schlug feindl. Einfälle auf dem schott. Hochland in Harlaw 1411 zurück. Die erste Univ. Schottlands wurde in →St. Andrews gegr., und schließlich war das schott. Kgr. mit der w. Christenheit 1418 durch die Anerkennung Papst Martins V. wieder vereint. G. W. S. Barrow

Lit.: E. W. M. BALFOUR-MELVILLE, James I, King of Scots, 1936 – R. NICHOLSON, Scotland: the later MA, 1974 – A. GRANT, Independence and Nationhood: Scotland..., 1984.

10. R. Guiscard, *Hzg. v. Apulien und Kalabrien,* Sohn des →Tankred v. Hauteville und seiner zweiten Gemahlin Fredesende, † 17. Juli 1085. R. folgte zw. 1046 und 1047 seinen Brüdern nach Süditalien. Es gelang ihm in Kürze, →Kalabrien zu unterwerfen (Beiname »der Verschlagene«). I. J. 1053 gehörte er zu den Anführern des norm. Heeres, das sich in →Civitate Papst Leo IX. entgegenstellte. 1059 erbte R. die apul. Herrschaften seines Bruders →Humfred und gewann die Vorrangstellung über alle Normannen in Apulien. Nach der endgültigen Eroberung Kalabriens (1059) wurde er in Reggio vom Heer mit dem Ehrentitel eines Hzg.s v. Apulien ausgezeichnet. Am 24. Juni des gleichen Jahres investierte ihn in Melfi Papst Nikolaus II. formell als Hzg. v. Apulien und Kalabrien und zukünftiger Hzg. v. Sizilien. Die Investitur v. Melfi legitimierte R.s Vorrangstellung über alle norm. Herrschaften in Apulien und Kalabrien und berechtigte ihn, von ihren Trägern den Lehenseid zu verlangen. In nur fünfzehn Jahren verwirklichte R. eine Reihe von großen Plänen: die endgültige Vertreibung der Byzantiner aus Apulien (1071); die Eroberung des letzten langob. Staatsgebildes in Süditalien, des Fsm.s →Salerno (1077); die fast vollständige Eroberung Siziliens zusammen mit seinem Bruder und Vasallen →Roger I.; Schutz des Papsttums (1084 siegreiche militär. Unterstützung Gregors VII. in Rom gegen Ks. →Heinrich IV.). Bei der Verwirklichung seines letzten Zieles, eines Feldzugs gegen Byzanz, fand er den Tod. R. hatte es vermocht, alle norm. Kräfte Süditaliens zusammenzufassen und für gemeinsame Ziele zu vereinen, sowohl die Lehensträger des Hzm.s Apulien als auch die Normannen außerhalb seines Herrschaftsgebiets. Nach dem Wegfall dieser einigenden Kraft durch R.s Tod entstand eine polit. Situation, in der innerhalb und außerhalb des Hzm.s Apulien eine Reihe von polit. gleichstarken Organismen miteinander in beständigem Kampf lagen und über die die Hzg.e v. Apulien, R.s Nachfolger, keine Kontrolle hatten. E. Cuozzo

Lit.: F. CHALANDON, Hist. de la domination normande en Italie et en Sicile, I, 1907, passim – E. CUOZZO, L'unificazione normanna e il Regno normanno svevo (Storia del Mezzogiorno, II, 2, 1989), 602–629 – W. JAHN, Unters. zur norm. Herrschaft in Süditalien (1040–1100), 1989.

11. R. II., *Gf. v. →Artois,* * 1248, ✕ 11. Juli 1302 als Befehlshaber des französischen Heeres in der Schlacht v. →Kortrijk, Sohn Roberts I. (✕ 1250 bei Mansura), des ersten Gf.en v. Artois aus einer Linie der →Kapetinger, und der Mahaut v. Brabant. R. regierte selbständig seit 1267, vergrößerte seine Domäne in starkem Maß und verlieh ihr ab 1291 eine straffere Verwaltungsstruktur. Er teilte seine Zeit zw. den Regierungsaufgaben im Artois, dem Kg.shof sowie zahlreichen Feldzügen für den Kg. (→Gascogne, →Flandern) und →Karl v. Anjou (Kgr. →Sizilien, 1275–76, 1282–91). Dreimal verheiratet: 1. Anicie v. →Courtenay (1272–76), aus dieser Ehe stammten die Nachfolgerin →Mahaut (1302–29) sowie Philipp und Robert; 2. Agnes v. Burgund (1277–83); 3. Margarete v. Hennegau (1298). B. Delmaire

Q. und Lit.: A. DE LOISNE, Itinéraire de R., Bull. hist. et philol. Comité travaux hist., 1913, 362–383 – DERS., Diplomatique des actes de R. (1266–1302), ebd., 1916, 184–224 – DERS., Une cour féodale vers la fin du XIIIe s. L'hôtel de R., ebd. 1918, 84–143 – B. DELMAIRE, Le compte général du receveur d'Artois pour 1303–04, 1977.

12. R. v. Artois, hoher frz. Adliger, * 1287, † 1342, Sohn von Philipp v. Artois und Blanca v. Bretagne. Sein Vater, Erbe der Gft. →Artois, starb früh (1298); nach dem Tode seines Großvaters, Gf. →Roberts II., in der Schlacht v. →Kortrijk (1302) wurde R. von der Erbfolge ausgeschlossen, die Gft. Artois seiner Tante →Mahaut zugesprochen, da die →Coutume des Artois keine »représentation successorale« zuließ. R., der lediglich die norm. Gft. →Beaumont-le-Roger erhielt, strengte am Königshof drei Prozesse gegen seine Tante an (1307–09, 1315–18, 1329–31), wobei er im 3. Prozeß gar gefälschte Urkunden vorlegte; alle seine Klagen wurden abgewiesen. Vermählt mit Johanna v. Valois (1318), unterstützte er zunächst seinen Schwager →Philipp VI., der ihn 1329 zum →Pair de France erhob, doch wurde R. 1332 aus dem Kgr. Frankreich verbannt und trat in den Dienst des Kg.s v. England über. Die Zeitgenossen haben R.s Anteil an der Entfesselung des →Hundertjährigen Krieges übertrieben.

B. Delmaire

Lit.: A. LANCELOT, Mém. pour servir à l'hist. de R. d'A., Mém. ... de l'Acad. royale des Inscriptions et Belles-Lettres, 1736, 571–663 – J. KERVYN DE LETTENHOVE, Le procès de R. d'A., Bull. de l'Acad. royale ... de Belgique, 1860, 641–669; 1861, 107–125 – B. ZELLER, Philippe VI et R. d'A. Les commencements de la guerre de Cent Ans, 1328–45, 1885 – E. DESPREZ, La mort de R. d'A., RH, 1907, 63–96 – E. POULLE, Les faux de R. d'A. (Mél. J. STIENNON, 1982), 519–534.

13. R. V., *Gf. v. →Auvergne und →Boulogne* 1261–77, † 1277; Sohn von Wilhelm V., Gf. v. Auvergne, und Alix v. Brabant. Nach langen Auseinandersetzungen erbte R. die Gft. Boulogne, die nach dem Tode der Mahaut de Dammartin († 1259), Witwe von →Philipp 'Hurepel' (einem Sohn Kg. →Philipps II. Augustus v. Frankreich), vakant war; R.s Erbansprüche gründeten sich auf seine Großmutter Mahaut (⚭ Heinrich I., Hzg. v. Brabant), die

Tante der verstorbenen Gfn. Mahaut de Dammartin. Das Haus Auvergne sollte die Gft. Boulogne bis 1416 regieren. R. hatte wohl sechs Kinder; zwei von ihnen folgten ihm als Gf.en nach, ein anderer Sohn, Gui, wurde Bf. v. Tournai.
B. Delmaire

Lit.: E. Baluze, Hist. généalogique de la maison d'Auvergne, 2 Bde, 1708 – B. De Fournoux, Le comté d'Auvergne de 1213 à 1437 [Positions des Thèses de l'École des chartes, 1946], 63–71 – P. Héliot, Hist. de Boulogne et du Boulonnais, 1937.

14. R. VI., *Gf. v.* →*Auvergne* und →*Boulogne* 1279–1317, † 1317, jüngerer Sohn von Robert V., folgte seinem älteren Bruder Wilhelm X. (1277–78) in den beiden Gft.en nach; ⚭ 1279 Béatrice de Montgacon. R. kämpfte häufig im Heer des Kg.s v. Frankreich. Er geriet in ernsthafte Auseinandersetzungen mit der Univ. →Paris um die Zollprivilegien der Pariser Studenten in den Häfen des Boulonnais.
B. Delmaire

Lit.: →Robert V.

15. R. VII., *Gf. v.* →*Auvergne* und →*Boulogne* 1317–24, † 1324, Sohn von Robert VI., ⚭ 1. Blanca, Enkelin von Ludwig IX. d. Hl., aus welcher Ehe der Nachfolger Wilhelm XII. (1324–32) hervorging; 2. Maria v. Flandern. Einer seiner Söhne war der künftige Kard. Gui de →Boulogne, einer seiner Enkel, Robert v. Genf, sollte als →Clemens VII. Papst werden.
B. Delmaire

Lit.: →Robert V.

16. R. I., *Hzg. v.* →*Bar* und *Mgf. v.* →*Pont-à-Mousson* (Marquis du Pont) 1352–1411, * 1345, † 12. April 1411, ⌂ Bar-le-Duc; Sohn von Heinrich IV., des Gf.en v. Bar, und Yolande v. Flandern, ⚭ Maria v. Frankreich (1344–1404), Schwester Kg. Karls V., die ihm zehn Kinder gebar, darunter den Nachfolger Eduard III., Hzg. v. Bar. Als 2. Sohn Gf. Heinrichs folgte R. seinem Bruder Eduard II. († 1325) nach. Seine Vormundschaft war zw. seiner Mutter und seiner Großtante Johanna (Jeanne de Warren) umstritten (1352–59). Die Grenzlage seiner Territorien, die teils Frankreich ('Barrois mouvant' links der →Maas), teils dem Imperium unterstanden, erklärt, daß ihn zunächst Ks. Karl IV. zum Mgf.en v. Pont – und damit zum →Reichsfs.en – erhob (März 1354), bald darauf aber ihm Kg. Johann II. v. Frankreich den Herzogstitel – und damit die Würde eines →Pair de France – zugestand. Mit zwölf Jahren zum Ritter geschlagen, wurde er an seinem 14. Geburtstag für volljährig erklärt. Durch die Konflikte, die seine Mutter in Frankreich entfesselt hatte, zum Lavieren genötigt, war R. doch durchgängig ein treuer Gefolgsmann des Kg.s v. →Frankreich, dem er den Lehnseid leistete, für den er im →Hundertjährigen Krieg kämpfte und zu dessen engerem Hofkreis er gehörte (Heirat mit Maria v. Frankreich, Teilnahme an den Pariser Klerus- und Adelsversammlungen). Anderseits war seine Regierung durch z. T. heftige Spannungen mit dem Bf. v. →Metz und dem Hzg. v. →Lothringen überschattet. Mehrere seiner Söhne fielen in Schlachten (→Nikopolis 1396, →Agincourt 1415: Tod Eduards III.); schließlich war es Kard. Ludwig v. Bar (→Bar, Ludwig v.), der als einziger überlebender Erbe die Vereinigung der Hzm.er Bar und Lothringen (→René v. Anjou) in Angriff nehmen sollte.
M. Parisse

Lit.: V. Servais, Annales hist. du Barrois, 1865–67 – H. Thomas, Zw. Regnum und Imperium. Die Fsm.er Bar und Lothringen zur Zeit Ks. Karls IV., 1973 – M. Bubenicek, Yolande de Flandre, comtesse de Bar [Thèse masch., 1994].

17. R. I., *Hzg. v.* →*Burgund*, *um 1007, † 21. März 1075 in Fleury-sur-Ouche; Sohn von →Robert II., Kg. v. Frankreich, und →Konstanze v. Arles. Obwohl seine ehrgeizige Mutter versuchte, R. als Thronerben durchzusetzen, mußte er sich mit dem Hzm. Burgund, das ihm sein Bruder, Kg. Heinrich I., 1032 überließ, begnügen. R. vermählte sich mit Hélie v. Semur, Nichte des Bf.s Hugo v. Chalon, verstieß sie aber später, um Ermengarde (v. Anjou?) zu heiraten. Der Hzg. war bestrebt, die Kontrolle über die Gft. Auxerrois (→Auxerre) zu bewahren, mußte aber nach mehreren Kriegen, bei denen sein ältester Sohn umkam, auf sie verzichten (Konzil v. Autun, 1060). Die hzgl. Domäne wurde um →Semur-en-Auxois vergrößert. Streitigkeiten mit der Kirche trugen R. einen zweifelhaften Ruf ein; es wurde ihm die Ermordung seines Schwagers Damas v. Semur zur Last gelegt. R. führte wohl einen Feldzug zur Sicherung →Barcelonas durch und unternahm eine Wallfahrt nach Rom. Die Umstände seines wenig ehrenhaften (»dedecorose«) Todes sind unklar; seine Frau soll gleichzeitig mit ihm gestorben sein. Der ihm von Historikern zuerkannte Beiname »Ohneland (sans Terre)« ist nicht authentisch. R. designierte zum Nachfolger seinen 3. Sohn Robert, der aber von R.s Enkel Hugo I. ausgeschaltet wurde.
J. Richard

Lit.: E. Petit, Hist. des ducs de Bourgogne, I, 1885.

18. R. II., *Hzg. v.* →*Burgund* 1272–1306, * vor 1248, † 21. März 1306 in Vernon, ⌂ Cîteaux; Sohn von Hzg. →Hugo IV. und Yolande v. →Dreux; zunächst als »Ohneland (sans Terre)« bezeichnet, designierte ihn sein Vater erst nach dem Tode der beiden älteren Brüder zum Erben des Hzm.s, was einen langen Prozeß mit R.s Nichten zur Folge hatte. R. heiratete Agnes v. Frankreich, Tochter Ludwigs d. Hl.n,' wurde zum →Chambrier de France ernannt und übte für den Kg. diplomat. Missionen aus, diente beim Kreuzzug gegen →Aragón (1285) sowie in den Feldzügen gegen →Flandern (1297, 1302, 1304) und erhielt zahlreiche kgl. Gnadenerweise. Doch konnte er nicht verhindern, daß seine Aspirationen auf den Besitz der Gft. (Freigft.) →Burgund von Philipp dem Schönen durchkreuzt wurden (1295). R. bestritt →Humbert I. v. La Tour das Erbe des →Dauphiné und ließ sich von dt. Kg. →Rudolf v. Habsburg, dem er 1284 seine Schwester zur Frau gab, mit dem Dauphiné belehnen; trotzdem mußte er sich letztendl. mit der Abtretung von Revermont begnügen, das er mit dem Gf.en v. →Savoyen gegen Gebiete in der →Bresse (Cuisery, Sagy) tauschte. R. erweiterte die hzgl. Macht und spielte am frz. Kg.shof eine wichtige Rolle.
J. Richard

Lit.: E. Petit, Hist. des ducs de Bourgogne, VI, 1898 – J. Richard, Les ducs de Bourgogne et la formation du duché, 1954.

19. R. II., *Fs. v. Capua* († nach 1156), Sohn Jordanus' II., wurde 1127 von Papst Honorius II., der das Fsm. Capua wiederherstellte und aus der Abhängigkeit der Hzg.e v. Apulien herauslöste, als Fs. eingesetzt. 1130 unterwarf sich R. II. →Roger II., gegen den sich 1131 eine Adelsrevolte erhob. 1132 besiegte R. II. (zusammen mit →Rainulf v. Alife) Roger II. bei Nocera. Dieser übertrug das Fsm. Capua 1135 seinem Zweitgeborenen Anfusus. R. II. gelang es erst 1137 mit Hilfe Lothars III., Capua zurückzuerhalten. Nach dem Frieden von →San Germano floh R. II. zu Konrad III., der ihn mit einer Gesandtschaft nach Byzanz betraute. 1155 kehrte er – als Gegner Wilhelms I. – in das Kgr. zurück, wurde jedoch 1156 von einem Vasallen verraten, schließlich geblendet und in Palermo eingekerkert.
V. D'Alessandro

Q. und Lit.: G. A. Loud, A Calendar of the Diplomas of the Norman Princes of Capua, Papers of the British School at Rome 49, 1981, 100–143 – Alexandri Telesini Abbatis Ystoria Rogerii Regis Sicilie Calabrie atque Apulie, ed. L. de Novo, komm. D. Clementi (F.S.I.

112), 1991 – V. D'Alessandro, Storiografia e politica nell'Italia normanna, 1978.

20. R., *Gf. v. →Clermont-en-Beauvaisis*, aus dem Hause der →Kapetinger, * 1256, † 7. Febr. 1318, 6. Sohn von →Ludwig d. Hl. und →Margarete v. Provence. R. erhielt 1269 von seinem Vater die Gft. Clermont. 1272 nahm er am Feldzug gegen Roger Bernhard, Gf. en v. →Foix, teil. 1279 wurde er in Paris zum Ritter geschlagen und heiratete die Enkelin des Hzg.s v. Burgund, Béatrix de →Bourbon, die ihm Bourbonnais und →Charolais in die Ehe brachte. Ein großer Liebhaber des →Turniers, empfing er 1279 bei einem zu Ehren des Fs. en Karl v. Salerno abgehaltenen Turnier eine schwere Kopfwunde, die nach Wilhelm v. →Nangis zu dauernder Geistesverwirrung führte. Trotz seines Zustandes nahm er noch von Zeit zu Zeit am polit. Leben teil (21. Jan. 1297 Versammlung im Louvre). Er ließ sich einen Herrensitz in Vincennes errichten. Seine Tochter Margarete heiratete im Aug. 1308 Johann v. Namur.

E. Lalou

Lit.: P. Anselme, Hist. généal., 1, 1726, 296 – L. Carolus-Barré, La folie de Jean de Mouy (Actes du 97e congr. des soc. sav., 1972), 301–346 – Autour du donjon de Clermont, Soc. hist. et archéol. de Clermont, 1989 – Lit. zu →Clermont-en-Beauvaisis [E. de Lépinois].

21. R. II. de Basunvilla (Basseneville), *Gf. v. Conversano* (Apulien) und v. Loritello. * im 3. Jahrzehnt des 12. Jh., † 15. Sept. 1182. Sohn Gf. Roberts I. v. Conversano, aus einer aus Basseneville (Calvados) stammenden norm. Familie, und Judiths, der Schwester Kg. →Rogers II. 1142 war er bereits in Besitz der väterl. Gft., wurde aber nicht von seinem Onkel Roger II. zum Nachfolger bestimmt. Fest steht, daß R. kurz nach dem Tod des Kg.s (26. Febr. 1154) von seinem Cousin Kg. Wilhelm I. auch mit der Gft. Loritello belehnt wurde, die sich von Molise bis zur Capitanata erstreckte. Sehr bald entwickelte sich R. jedoch zum Anführer einer Adelsrevolte, die die festländ. Provinzen des Kgr. es erfaßte. Er nahm mit Ks. Friedrich I. Barbarossa Verhandlungen auf, der bereits seit längerem mit den byz. Ks. eine Invasion in das Kgr. Sizilien plante. Nach seiner Ks.krönung in Rom gab der Staufer den geplanten Feldzug nach Süditalien auf und brach die Verhandlungen mit R. ab. Dieser unterstützte danach mit allen Kräften den Feldzug, den die Byzantiner im Alleingang gegen das Kgr. unternahmen. Nach deren Niederlage gegen Kg. Wilhelm I. vor Brindisi (Mai 1156) floh R. ins Molise und begab sich nach einem erneuten Rebellionsversuch zu Ks. Friedrich. In der Lombardei kämpfte er bei der Belagerung von →Crema mit. Beim Ausbruch eines neuen Aufstands des Siz. Adels (1161) eilte R. in das Kgr., schloß sich jedoch erneut Barbarossa an, als dieser 1166 den Plan einer Invasion in das Kgr. Sizilien wiederaufnahm. 1169 kehrte R. in das Kgr. zurück und erwirkte von Wilhelm II. die Rückgabe all seiner Lehen. E. Cuozzo

Lit.: E. Cuozzo, Catalogus Baronum. Comm., 1984, 87f. und ad vocem – Ders., L'unificazione normanna e il Regno normanno svevo (Storia del Mezzogiorno, III, 2, 1989), 660–667, 696–699.

22. R. v. Frankreich, *Gf. v. →Dreux* aus dem Hause der →Kapetinger, * 1124 (oder etwas später), † 1188, 4. Sohn von →Ludwig VI. und Adélaïde, ⚭ 1144/45 Hadwisa, Witwe des Gf. en v. →Perche, übte als ihr Ehemann die Vormundschaft ('bail') für den jungen Gf. en Rotrou aus. 1147 begleitete er seinen Bruder →Ludwig VII. auf den 2. →Kreuzzug. Vor dem Kg. nach Frankreich zurückgekehrt, stellte er sich an die Spitze einer Partei von Malkontenten, die sich gegen Abt →Suger wandten und gar eine Absetzung des Kg.s ins Auge faßten; R. unterstützte gegen den Kg. auch einen anderen seiner Brüder, →Henri de France, den Bf. v. Beauvais. Diese Revolte, die R. zwecks Erlangung einer besseren Besitzausstattung instrumentalisierte, wurde erst um 1152 beigelegt. Kurz vor (oder nach) dem Tode seiner Gemahlin, der ihn den Zugriff auf die Gft. Perche kostete, erhielt er von seinem Bruder die Herrschaft Dreux. Er heiratete in 2. Ehe rasch Agnès de Baudement, Witwe des Gf. en Milo v. →Bar-sur-Seine und Erbin v. →Braine, deren Familie hier die Prämonstratenserabtei St-Yved gestiftet hatte. Wieder brachte ihm eine Frau den Grafentitel: R. intituliert sich bald als 'Herr', bald als 'Gf.' v. Dreux und/oder Braine. Von nun an loyaler Verbündeter des Kg.s, trug er zur Stärkung des kapet. Zugriffs auf die frz.-norm. Grenzzone zum Machtbereich der →Plantagenêt bei. Er gründete in Paris, nahe dem Louvre, ein dem hl. →Thomas Becket geweihtes Kollegiatstift und Spital. Sein älterer Sohn Robert II., der die Vormundschaft in der Gft. →Nevers ausübte, erbte die Gft. en Dreux und Braine. Zwei jüngere Söhne beschritten die geistl. Laufbahn: Heinrich als Bf. v. Orléans, Philipp als Bf. v. Beauvais. O. Guyotjeannin

Q. und Lit.: Jaffé–Löwenfeld, 16429 – Cart. de St-Yved de Braine, Mém. et documents de l'École des chartes [im Dr.] – A. W. Lewis, Fourteen Charters of R. I. of Dreux (1152–88), Traditio 41, 1985, 145–179 – Ders., Le sang royal [frz. Übers.], 1986.

23. R. I. der Friese, *Gf. v. →Flandern*, * 1029/32, † 13. Okt. 1093, ▭ Cassel, Stiftskirche St-Pierre, 2. Sohn des Gf. en →Balduin V. und der →Adela, Tochter Kg. →Roberts II. v. Frankreich; ⚭ 1063 Gertrud v. Sachsen, Witwe des Gf. en Floris I. v. Holland. – R. verteidigte in →Holland die Rechte seines minderjährigen Stiefsohnes Dietrich V. Er leistete zweimal eidl. Verzicht auf seine Ansprüche auf Flandern, zugunsten seines älteren Bruders Balduin VI. (I.) v. →Hennegau. Nach dessen frühem Tod (17. Juli 1070) kämpfte R. dann mit Arnulf III. und dessen Mutter Richilde um das Erbe und gewann durch seinen Sieg bei Cassel (Niederlage und Tod Arnulfs, 22. Febr. 1071) die Gft. Flandern, wohingegen Hennegau dem 2. Sohne der Richildis, Balduin II., verblieb. Kg. →Philipp I. v. Frankreich verpflichtete sich R. als Lehnsmann und heiratete die Stieftochter des Gf. en, Bertha v. Holland. 1076 setzte R. noch Wiedererwerbungen holländ. Territorien für seinen Stiefsohn Dietrich V. durch, trat danach aber in Holland nicht mehr in Erscheinung. Er hatte ein gespanntes Verhältnis zu seinem Schwager →Wilhelm d. Eroberer wegen der Lehnspflichten gegenüber Frankreich und der Unterstützung des Aufstandes von Wilhelms Sohn →Robert II. v. Normandie. R. selbst schloß eine Allianz mit →Dänemark, beteiligte sich am Aufbau einer gemeinsamen Flotte und vermählte seine Tochter Adela mit Kg. →Knud IV. Erst am Ende seines Lebens fand R. zu einer Annäherung an England (Dover, 1093). Er verhielt sich gegenüber dem Papsttum (→Gregor VII., →Urban II.), aber auch gegenüber Ks. →Heinrich IV. sehr selbstbewußt. In der Frage der Abtrennung des Bm.s → Arras von →Cambrai folgte er aber der päpstl. Auffassung, da diese sich mit seinen Eigeninteressen deckte. Während der Reise R.s ins Hl. Land (nach 10. Juli 1086 bis vor April 1090) wurde Flandern vom Sohn des Gf. en, →Robert II., regiert. R. entsandte Hilfstruppen an Ks. →Alexios I. Komnenos. Der Brief, den er vom byz. Ks. empfing, war das Musterbild eines 'excitatorium' zum I. →Kreuzzug.

Th. de Hemptinne

Q.: F. Vercauteren, Actes des comtes de Flandre (1071–1128), 1938 – A. C. F. Koch, Actes des comtes de Flandre, Bull. de la Commission royale d'Hist. 122, 1957, 261–278 – *Lit.*: BNB 39, 429–432 – Ch. Verlinden, Robert Ier le Frison, comte de Flandre, 1935 [Q. und Lit. bis 1932] – G. M. Koch-De Meyer, Gravin Richildis in Henegouwen en Vlaanderen, 1951 – F.-L. Ganshof, R. le Frison et Alexis Comnène,

Byzantion 31, 1961, 64f. – C. Cahen, La politique orientale des comtes de Flandre et la lettre d'Alexis Comnène (Mél. A. Abel, 1974), 84–90 – M. de Waha, La lettre d'Alexis Comnène à R. le Frison, Byzantion 47, 1977, 115–125 – N. Huyghebaert, Adèle de France, comtesse de Flandre, Rev. générale 12, 1980, 51–63 – W. Mohr, Richilde vom Hennegau und R. der Friese, RBPH 58, 1980, 777–796; 59, 1981, 265–291 – K. N. Ciggaar, Flemish Mercenaries in Byzantium: Their Later Hist. in an Old Norse Miracle, Byzantion 51, 1981, 44–74.

24. R. II. v. Jerusalem, *Gf. v. → Flandern*, * um 1065, ⚔ 2./3. Okt. 1111, ⊡ 6. Okt. 1111 Abteikirche St-Vaast d'→Arras, ältester Sohn des Gf.en →Robert I. und der Gertrud v. Sachsen, ⚭ um 1090→Clementia v. Burgund. R., der den Gf.entitel bereits 1080 trug, führte während der Pilgerfahrt seines Vaters (1086–89) eine wichtige administrative Neuerung durch, indem er den Propst des Stiftes St. Donatian zu →Brügge als Kanzler einsetzte (→Kanzlei, A. IX). Nach der Rückkehr Roberts I. regierten Vater und Sohn gemeinsam. Es war vielleicht R., der 1093 mit Kg. →Wilhelm II. v. →England in Dover ein Abkommen aushandelte. Nach dem Tode des Vaters (1093) unbestrittener Nachfolger, unterstützte er Kg. Wilhelm II. v. England bei einem Feldzug gegen→Robert II., Hzg. v. Normandie (1094–95). Mit einem großen Heer brach R. im Sept./Okt. 1096 zum I. →Kreuzzug auf, gemeinsam mit Robert II. v. Normandie und Eustachius v.→Boulogne. In Konstantinopel leistete er Ks. →Alexios I. Komnenos einen Treueid. Im Hl. Land beteiligte er sich u.a. an der Belagerung von →Antiochia, trat aber bald nach der Einnahme →Jerusalems (15. Juli 1099) die Rückreise an. Auf ein Angebot des byz. Ks.s, in die Dienste des Byz. Reiches zu treten, ging er nicht ein. Im Frühling 1100 nach Flandern zurückgekehrt, verfolgte R. in bezug auf →Cambrai eine antiksl. Politik, geriet mehrmals in Konflikt mit→Heinrich IV. und→Heinrich V. und verstand es, die flandr. Machtstellung im Cambrésis zu festigen. Durch den Einfluß seiner Gemahlin Clementia wurde die cluniazens. Reform eingeführt (→Cluny, B. IV). Im März 1103 schloß er zu Dover einen Vertrag mit →Heinrich I. v. England, der R. ein jährl. Geldlehen von 400 Mark sicherte. Nach der Eroberung der →Normandie durch Heinrich I. unterstützte R. 1109 seinen Lehnsherrn→Ludwig VI. v. Frankreich im Krieg gegen Heinrich I. (dennoch Erneuerung des Vertrags v. Dover, 1110) und dessen Verbündeten→Tedbald IV. v. Blois und fand im Kampf mit diesem den Tod. Th. de Hemptinne

Q. und Lit.: BNB XIX, 437–445 [H. Pirenne, Q. und Lit.] – M. M. Knappen, R. II. of Flanders in the First Crusade (Fschr. D. C. Munro, 1928), 79–100 – L. Vercauteren-De Smet, Étude sur les rapports politiques de l'Angleterre et de la France sous le règne du comte R. II (Fschr. H. Pirenne, 1937), 414–423 – M. Bruwier, Le Hainaut, le Cambrésis et l'Empire au XIIe s. (Annales du XXXVIe congr. de la Fédération arch. et hist. de Belgique, 1955), 207–226 – F.-L. Ganshof, R. van Caenegem, A. Verhulst, Note sur le prémier traité anglo-flamand de Douvres, Rev. du Nord, 1958, 245–257.

25. R. III., *Gf. v. → Flandern* 1305–22 (R. II. v. Béthune), * 1247, † 17. Sept. 1322, ältester Sohn von →Gui III. v. Dampierre und Mathilde v. Béthune; ⚭ 1. Blanca, Tochter →Karls v. Anjou (1265), 2. Yolande v. Nevers (1272). Er unterstützte seinen Schwiegervater Karl v. Anjou bei der Wiedereroberung des Kgr.es Neapel (1265). Während des frz.-fläm. Krieges wurde er gemeinsam mit seinem Vater vom Kg. v. →Frankreich gefangengehalten (von Mai 1300 bis Juli 1305, noch über den Tod des Vaters hinaus). Um den Frieden mit Frankreich und die Autonomie der Gft. Flandern wiederherzustellen, stimmte R. dem drückenden Vertrag v. →Athis (1305) zu. Sein Widerstand gegen die für Flandern nachteilige frz. Interpretation der finanziellen Absprachen führte zum Abschluß eines neuen, kaum günstigeren Vertrags (Pontoise, 1312). Die Aufsage des Treueids an den Kg. (1297) und militär. Operationen gegen Frankreich (1314–16) konnten den noch härteren Vertrag v. 1316 nicht verhindern. Trotz einer erzwungenen neuen Lehnshuldigung an den Kg. v. Frankreich (1320) ging R. zur Boykottierung der finanziellen Absprachen und zur Unabhängigkeitspolitik über. W. Prevenier

Lit.: Alg. Gesch. Nederl. II, 1982, 414f. [M. Vandermaesen; Bibliogr.].

26. R. v. Cassel, Mitglied der Familie der Gf.en v. →Flandern, * ca. 1275, † 1331, 2. Sohn des Gf.en→Robert III. und der Yolande v. Nevers. In seiner Jugend stark verwickelt in den frz.-fläm. Konflikt, in dem er die Belange seines Hauses, der→Dampierre, verfocht. Er nahm teil an der Schlacht v. →Mons-en-Pévèle (18. Aug. 1304) und war auf diplomat. Gebiet aktiv (Verhandlungen mit Frankreich wie mit der rivalisierenden Familie→Avesnes, der Gf.en v. →Hennegau und →Holland-Seeland), beteiligte sich auch an ausländ. Kriegsabenteuern (Italienzug →Heinrichs VII., 1311–12). Seit Juni 1313 schaltete er sich in Flandern aktiv in die Intrigen der Grafenfamilie und den sich hinschleppenden Konflikt mit Frankreich ein. 1318 erhielt er eine ausgedehnte→Apanage mit Kerngebiet um Cassel (frz. Flandern, dép. Nord, arr. Dunkerque). Bis 1320 verwaltete er Flandern mit den Vollmachten eines →Ruwaard (Regenten). Sein Machthunger führte wiederholt zu Konfrontationen mit den Städten, v.a. →Brügge. Im Zuge der Versöhnung des Gf.en v. Flandern mit dem Kg. v. Frankreich (Vertrag v. Paris, 1320; Heirat des jungen →Ludwig II. v. Nevers mit Margarete v. Frankreich) wurde R. definitiv von der Erbfolge ausgeschlossen, doch versuchte R. 1322, diese Erbfolgeregelung vor dem →Parlement de Paris anzufechten. Seit Dez. 1323 mit Jeanne de Bretagne, Tochter Hzg. Arthurs II., vermählt, wechselte R. während der Aufstände in Brügge und Westflandern (1323–28) mehrmals die Partei. Auf dem Höhepunkt des Bürgerkriegs regierte R. als Ruwaard gar den aufständ. Teil Flanderns (1325–26). Er versöhnte sich aber wieder rechtzeitig mit Gf. und Kg. und hatte maßgebl. Anteil am Sieg über die Aufständischen bei →Cassel (23. Aug. 1328). Die nachfolgenden harten Repressionsmaßnahmen wurden von R. zu starker Bereicherung genutzt. M. Boone

Lit.: BNB XIX, 1907 [H. Pirenne] – NBW VI, 1974 [M. Vandermaesen] – Alg. Gesch. Nederl. 2, 1982 [M. Vandermaesen; Lit.] – J. Sabbe, Vlaanderen in opstand 1323–28, 1992 – W. H. Tebrake, Revolt in Flanders, 1323–28, 1993.

27. R., Earl of Gloucester, * wahrscheinl. um 1090, † 1147; illegitimer Sohn des künftigen Kg.s Heinrich I. v. England und einer Frau aus Caen. Als anerkannter Sohn Heinrichs wurde R., nachdem sein Vater den Thron bestiegen hatte, in den kgl. Hofhalt aufgenommen. Später trat er v.a. als Förderer von Dichtern hervor. 1107 wurde er mit Mabel verheiratet, der Erbin des Honour of→Gloucester und der Herrschaft v. Glamorgan und von umfangreichen Ländereien in der Normandie. R. war berühmt wegen seiner militär. Tapferkeit. Er war wesentl. an der anglo-norm. Niederlage Ludwigs VI. bei→Brémule 1119 beteiligt. 1121/22 ernannte ihn der Kg. zum Earl of Gloucester. In der späteren Regierungszeit Heinrichs I. unterstützte R. tatkräftig den Thronfolgeanspruch seiner Halbschwester→Mathilde. Das führte zu einem Konflikt mit dem späteren Kg. Stephan v. Blois, dessen Krönung R. erst spät, 1135, zustimmte. Aber 1138 brach R. mit Stephan, für den nun die unruhigsten Regierungsjahre begannen. R. und Mathildes Gefolgsleute erzielten 1141 in

→Lincoln einen Erfolg, als der Kg. gefangengenommen wurde. Doch geriet R. bald darauf in Winchester in Gefangenschaft. Nach seiner Freilassung blieb er bis zu seinem Tod der bedeutendste Verteter des angevin. Anspruchs.

J. Hudson

Lit.: R. B. PATTERSON, Earldom of Gloucester Charters, 1973.

28. R., *Hzg. v.* →*Normandie* 1027–35, † zw. 1. und 3. Juli 1035 in Nikaia (Anatolien), ⌑ ebd., Marienkirche (nach →Wilhelm v. Jumièges). Nach dem Tode seines Vaters →Richard II. hatte R. als jüngerer Sohn die Gft. Hiesmois (Basse-Normandie) inne, während sein älterer Bruder Richard III. als Hzg. regierte. R. rebellierte gegen ihn und wurde daher in der Burg Falaise belagert. Im Okt. 1027 wurde er Hzg.; er wurde der Mittäterschaft des Giftmords an seinem Bruder, dessen illegitimen Sohn er ins Kl. einweisen ließ, verdächtigt. R., von dessen Charakter die Q. ein zumeist negatives Bild entwerfen, war eine temperamentvolle und sprunghafte Persönlichkeit. Seine kurze Regierung leitete eine Periode der Turbulenzen und tiefen sozialen Wandlungen ein. Um die ihn umschmeichelnde 'militia' aus jungen Adligen zufriedenzustellen und so das Geflecht loyaler Vasallen auszubauen, verteilte er großzügig Grundbesitz aus der hzgl. Domäne, wobei nicht nur die alte Aristokratie der Normandie, sondern auch zahlreiche Immigranten bedacht wurden; hier setzte R. Ansätze seines Vaters fort, neu waren aber die größere Systematisierung der Vergabungspolitik, die Berücksichtigung auch niederer Adliger und v. a. die Usurpation von geistl. Gütern. Dies trug ihm der Exkommunikation ein; zur Sühne führte er eine Restitutionen durch und wandte sich dann verstärkt dem vom Vater eingeleiteten kirchl. Reformprogramm zu, unterhielt Kontakte mit dem Reformer →Richard v. St-Vanne und restaurierte 1032 die Abtei Cerisy (als erste Abtei in der Basse-Normandie). In seinen Außenbeziehungen verhielt er sich den →Kapetingern gegenüber loyal, gewährte →Heinrich I. Exil in Fécamp und intervenierte, um ihm den Zugang zum Thron (1031) zu erleichtern. Als Gegenleistung soll ihm der Kg. Rechte am →Vexin français abgetreten haben (nach Ordericus Vitalis), was unsicher bleibt. Er unterstützte seine ags. Vettern und seinen Schwager →Balduin V. v. →Flandern. V. a. aber trug er Konflikte im Grenzbereich der Normandie aus: Er bekämpfte die Adelsfamilie der →Bellême und führte einen siegreichen Krieg gegen Hzg. Alan v. →Bretagne im Avranchin (→Avranches) um die Abtei →Mont-Saint-Michel. Dann entschloß sich R. zur Pilgerfahrt ins Hl. Land und setzte die Legitimierung seines einzigen Sohnes, des sieben- oder achtjährigen Bastards →Wilhelm (des späteren 'Eroberers'), bei Kg. Heinrich I. und den norm. Gf.en durch. R. starb auf der Rückfahrt von Jerusalem an einer Erkrankung. Sein Tod löste eine schwere Nachfolgekrise aus. A. Renoux

Lit.: D. BATES, Normandy before 1066, 1982.

29. R. II., *Hzg. v.* →*Normandie* (Curthose [Courteheuse] wegen seiner kleinen Statur gen.), * um 1054, † Febr. 1134 in Cardiff (Wales), ⌑ Abteikirche St. Peter, Gloucester; ⚭ Sybille v. Conversano. – R. folgte 1087 seinem Vater Wilhelm II. (Kg. Wilhelm I. v. England), gegen den er zweimal rebelliert hatte, in der Herrschaft über die Normandie. Versuche R.s, zusammen mit unzufriedenen Großen seine Brüder Wilhelm Rufus (Kg. Wilhelm II.) und Heinrich (Kg. Heinrich I.) vom engl. Thron zu verdrängen, schlugen fehl (1087, 1101). R. erwies sich als schwacher Regent, der seinen – offenbar ohnehin schmalen – Besitz verschleuderte. Adelskämpfe führten in der Normandie chaot. Zustände herbei. Als 1091 Rufus militär. in das Hzm. übergriff, mußte R. ihm Teile des Landes abtreten. 1096 nahm er das Kreuz und überließ für die Zeit seiner Abwesenheit die Normandie gegen eine Geldzahlung Rufus. Als Teilnehmer am I. →Kreuzzug zeichnete sich R. in der Schlacht v. →Dorylaion und bei der Eroberung Jerusalems aus. Der Sieg v. Askalon war maßgebl. ihm zu verdanken. Bei der Rückkehr heiratete er 1100 die Tochter eines apul. Gf.en. Deren Mitgift ermöglichte ihm, sein Hzm. wieder in Besitz zu nehmen. Der innere Zwist hielt jedoch an. R. konnte sich gegen die adligen Unruhestifter nicht durchsetzen. Kirchl. Würdenträger forderten Heinrich I. v. England auf, der Anarchie ein Ende zu bereiten. Als dieser mit einem Heer in der Normandie landete, gingen zahlreiche Vasallen R.s zu ihm über. Der Hzg. unterlag in der Schlacht v. →Tinchebrai (Sept. 1106) und geriet in Gefangenschaft. Bis zu seinem Tode blieb er in verschiedenen engl. Burgen eingekerkert. Sein Sohn Wilhelm Clito († 1128) suchte erfolglos die Normandie und auch England zu gewinnen. K. Schnith

Lit.: C. W. DAVID, R. Curthose, 1920 – J. H. LE PATOUREL, The Norman Succession, 996–1135, EHR 86, 1971, 225–250 – DERS., The Norman Empire, 1976 – R. H. C. DAVIS, William of Jumièges, R. Curthose and the Norman Succession, EHR 95, 1980, 597–806 – S. L. MOOERS, Backers and Stabbers: Problems of Loyalty in R. Curthose's Entourage, JBS 21, 1981, 1–17 – D. BATES, Normandy and England after 1066, EHR 104, 1989, 851–880 [Lit.].

30. R., *Bf. v.* →*Clermont* 1195–1227, aus dem Hause der Gf.en v. →Clermont (→Auvergne), wichtiger Parteigänger der kgl. Politik in Mittelfrankreich. R. lag schon vor seiner Ernennung zum Bf., als Dekan v. →Autun, in andauernder Fehde mit seinem Bruder Gui II., Gf.en v. Auvergne. 1201 wurde ein Friede geschlossen. Der Gf. gab ihm 1202 einen Teil der Stadt Clermont zurück. 1205 ließ sich R. vom Kg. die Burg Vertaizon zusprechen. 1207 trat ihm der Kg. die Burg Mauzun ab. Nach der Eroberung der Auvergne durch das kgl. Heer unter →Cadoc und Gui de →Dampierre (1213) verlieh ihm Kg. Philipp Augustus die Besitzungen Lezoux, Anténioux, Gerzat u. a., wohingegen die Domänen des Gf.en Gui II. konfisziert wurden und an Gui de Dampierre kamen. E. Lalou

Lit.: R. SÈVE, La seigneurie épiscopale de Clermont des origines à 1357 [Thèse d' École des chartes, 1947] – J. BALDWIN, Philippe Auguste et son gouvernement, 1991.

31. R. v. Genf, Kard. →Clemens VII.

32. R. Champart, *Abt v.* →*Jumièges* seit 1037, *Bf. v.* →London seit 1044, *Ebf. v.* →Canterbury seit 1051; † 1052, ⌑ Jumièges, in der Nähe des Hochaltars der Kirche. R., zunächst Prior v. St-Ouen in Rouen, wurde infolge der Designation durch seinen Verwandten und Vorgänger, Abt →Wilhelm, zum Abt v. Jumièges gewählt. R. nahm Kontakt zu →Eduard d. Bekenner auf, der sich in der Normandie im Exil aufhielt. Als Eduard nach England zurückkehrte, um den Thron zu beanspruchen, wurde er von R. begleitet. Zum Bf. v. London ernannt, ragte R. aus dem Kreis der Normannen heraus, die Eduard favorisierte. Das führte zu einem Konflikt mit Earl →Godwin und dessen Helfern. Als 1050 das Ebm. v. Canterbury vakant wurde, ernannte Eduard auf einer Synode v. 1051 R. zum Nachfolger auf dem Ebf.ssitz. R. ging nach Rom, um das Pallium in Empfang zu nehmen, und suchte unterwegs Hzg. Wilhelm v. der Normandie (→Wilhelm I.) auf, ihm das Versprechen der Nachfolge im Kgr. England zu überbringen. Bei der Übernahme seines Ebm.s geriet R. mit mehreren engl. Kirchenmännern in Konflikt. Bes. hervorzuheben ist R.s Weigerung, den Bf.selekten v. London, Spearhavoc, Abt v. Abingdon, zu weihen, indem er behauptete, der Papst habe ihm verboten, diese

Weihe vorzunehmen. Noch bedrohlicher war, daß er einen Bruch zw. Kg. Eduard und Earl Godwin hervorrief, der schließlich dazu führte, daß Godwin und seine Familie ins Exil gehen mußten. Auch riet er Eduard zur Trennung von seiner Gemahlin, einer Tochter Godwins, doch folgte der Kg. diesem Rat nicht. Als im Sept. 1052 Godwin gestärkt aus dem Exil zurückkehrte, floh R. in die Normandie. Vom engl. →witan geächtet, legte R. Beschwerde ein und wandte sich an den Papst. Doch blieben die päpstl. Briefe, die seine Wiedereinsetzung forderten, unwirksam. R. kehrte nach Jumièges zurück, wo er wahrscheinl. bald darauf starb. J. Hudson

Lit.: F. Barlow, The English Church, 1000–1066, 1963 – Ders., Edward the Confessor, 1970.

33. R. Briçonnet, Ebf. v. →Reims, Kanzler v. Frankreich (→Chancelier), † 26. Juni 1497 in Moulins, entstammte einer der bedeutendsten Familien des Bürgertums v. →Tours, einer der Söhne von →Jean Briçonnet d. D. und Jeanne Berthelot, jüngerer Bruder des höchst einflußreichen →Guillaume Briçonnet. Für die kirchl. Laufbahn bestimmt, wurde R. unmittelbar nach Erwerb des Lizentiats 'in utroque iure' zum Scholaster v. St-Martin de Tours eingesetzt (1477), war außerdem Kanoniker v. Chartres, St-Aignan d'Orléans, St-Quentin sowie Abt v. St-Vaast d'Arras (1489). Seit 1481 Rat am →Parlement zu Paris, vereitelte er einige Jahre später durch seine Intervention die Pläne Kg. →Karls VIII., den Sprengel des Pariser Parlements durch Schaffung eines eigenen Parlements in Poitiers zu beschneiden. 1493 wurde er zum Ebf. v. Reims und Präsidenten der →Chambre des Comptes ernannt. Nachdem er den Kg. nach Italien begleitet hatte, erhielt er als Nachfolger von Adam Fumée 1495 das Kanzleramt. Ph. Contamine

Lit.: DHGE X, 681f. – M. Harsgor, Recherches sur le personnel du conseil du roi sous Charles VIII et Louis XII, III, 1980, 1936–1940.

34. R. v. Aire, Kanzler v. →Flandern (→Kanzlei, A. IX), † 5. Okt. 1174, ▭ Aire-sur-la-Lys, Stiftskirche St-Pierre; von niederer Herkunft, stammte aus der Gegend von Chartres, war schon 1157 beim Regierungsantritt des jungen Gf.en v. Flandern →Philipp v. Elsaß, in dessen Entourage, hatte damals bereits die Würde des Propstes v. →Aire-sur-la-Lys inne und kumulierte in der Folgezeit weitere einträgl. kirchl. Benefizien (Propst v. Notre-Dame zu →St-Omer, St. Donatian zu →Brügge, St-Amé zu →Douai; Elekt v. →Arras und Cambrai). Seine steile Karriere verdankte er der Gunst des Gf.en, dessen vertrauter Ratgeber in allen wirtschaftl., polit. und administrativen Fragen R. war. Er regte Philipp v. Elsaß zur planmäßigen Gründung von →Häfen (Gravelines, →Nieuwpoort) und zu Landgewinnungsmaßnahmen (→Deich- und Dammbau) an. Als hochbegabter Verwaltungsfachmann leistete R. (Kanzler 1168–74) einen wichtigen Beitrag zum Aufbau des flandr. Kanzleiwesens und wohl auch zur Modernisierung des gfl. Verwaltungsapparates (Institution der gfl. →Baillis). R. veranlaßte den Gf.en zur nachhaltigen Unterstützung des aus →England geflohenen Kanzlers →Thomas Becket, seines Freundes, dem er die Präbende des Thesaurars v. St-Martin de →Tours verschaffte. Zu Beginn des Jahres 1172 wurde R. durch Fürsprache seines Gf.en und mit Zustimmung Papst →Alexanders III. zum Bf. v. Arras gewählt, konnte aber wegen des Widerstandes des Ebf.s v. →Reims, →Henri de France, das Bm. nicht in Besitz nehmen. Im Mai 1174 erhielt er als Nachfolger Peters v. Elsaß, des Bruders des Gf.en, das Bm. Cambrai. Wegen der materiellen Belange seiner neuen Diöz. geriet er rasch in Konflikt mit dem mächtigen Hennegauer Adligen Jakob v. →Avesnes, der ihn noch vor der Bf.sweihe ermorden ließ. R. war der Typ des intelligenten, ehrgeizigen Aufsteigers von geringer Herkunft, der den Fs.en zur Modernisierung ihres Machtapparates unentbehrlich war und der daher für seine Dienste reich belohnt wurde. Th. de Hemptinne

Lit.: NBW IV, 653–656; XI, 653–656 – A. Verhulst–Th. de Hemptinne, Le chancelier de Flandre sous les comtes de la maison d'Alsace, Bull. comm. roy. d' hist. de Belg. 141, 1975, 288–299 – L. Falkenstein, Alexandre III et Henri de France (L'Église de France et la Papauté, 1993), 158–168.

35. R. v. Arbrissel, Wanderprediger, Gründer v. →Fontevrault, * um 1045, † 1116 im Priorat Orsan (Berry), Sohn des Damalioc, des erbl. Pfarrers v. Arbrissel (Bretagne, Bm. Rennes), und seiner Frau Orguende, trat in den geistl. Stand ein und studierte in Paris. Um 1088 machte ihn Sylvester v. La Guerche, letzter Repräsentant einer erbl. Bischofsfamilie in Rennes und zugleich erster Reformbf. dieser Diöz., zu einem seiner Ratgeber und kirchl. Würdenträger. Nach Sylvesters Tod mußte R. aber Rennes verlassen und besuchte als verspäteter Student die Schulen v. Angers. Bald darauf durchlebte er seine 'conversio' und zog sich in die 'Wüstenei' des Forstes v. Craon zurück, wo er 1095 in La Roë ein augustin. Kollegiatstift gründete. Dann aber verließ er auch diesen Ort und zog in Lumpen gehüllt als wandernder Bußprediger durchs Land. Durch seine extreme Weltverachtung und glühende Beredsamkeit gewann er eine wachsende Schar männl. und weibl. Anhänger, geriet aber rasch in Konflikt mit Bf. Marbod v. Rennes. R. stand in Verbindung mit anderen Eremiten Westfrankreichs (→Vitalis v. Savigny, →Bernhard v. Tiron u. a.). 1096 rief ihn Papst Urban II. in Angers zu sich und erteilte ihm ein Predigtmandat, jedoch verbunden mit der Mahnung, »anstößige Vorschläge« künftig zu unterlassen. 1098 beschloß er, auf Rat des Bf.s Peter II. v. Poitiers, für seine Anhängerschaft in Fontevrault, in der bewaldeten Grenzzone zw. den Diöz. Poitiers, Angers und Tours, eine feste Bleibe zu errichten. Zwei umfriedete Komplexe, der eine für Männer, der andere für Frauen, wurden geschaffen, außerdem Häuser für Aussätzige und reuige Dirnen. R. verstand sich als 'magister', nicht als Abt der Gründung, deren Leitung er zwei adligen Witwen anvertraute: Hersende de Montsoreau, der Priorin, und Petronille de Chemillé, ihrer Helferin und Nachfolgerin. R. nahm sein unstetes Wanderleben wieder auf und gründete mehrere gemischte, aber von Frauen geleitete Priorate, die Fontevrault, das die Benediktinerregel annahm, unterstellt wurden. R. mußte akzeptieren, daß seine Gründung sich zu einem regulären Konvent unter Äbtissin Petronille entwickelte. R. blieb für seine Zeitgenossen eine umstrittene Gestalt; begeisterter Zustimmung (→Balderich v. Bourgueil, Vita; Peter v. Poitiers, Leodegar v. Bourges) stand heftige Ablehnung (→Marbod v. Rennes, →Gottfried v. Vendôme) gegenüber. Er wurde als Seliger verehrt, doch sein Kanonisationsprozeß kam nicht zum Abschluß. G. Devailly

Lit.: R. Niderst, R. et les origines de l'ordre de Fontevrault, 1952 – J. M. Bienvenu, L'étonnant fondateur de Fontevraud R., 1981 – J. Dalarun, L'impossible sainteté: la vie retrouvée de R., 1985 – Ders., R. d' A., fondateur de Fontevraud, 1986.

36. R. Bacon, OP, Theologe, Bibelinterpret, wurde vor 1234 Dominikaner; † 1248 Oxford. Als Prediger war er hochgeschätzt. Im Anschluß an seinen Lehrer Johannes v. Abbeville in Paris kommentierte er die Psalmen. Als erster unter seinen Zeitgenossen bediente er sich in seinen Moralitates der Form der Quaestiones. Von den Werken des Aristoteles macht er wiederholt Gebrauch. Doch schließt er sich den Ansichten des Aristoteles nicht unbesehen und unkrit. an. Zugleich mit →Edmund v. Abington wurde er Magister in S. Theologia in Oxford. Als erster Dominikaner von 1234 bis 1238 lehrte er Theol. an der Univ. Oxford. Einer seiner wichtigsten Schüler war →Richard Fishacre. Auch als Hagiograph trat R. B. hervor. So verfaßte er eine Vita S. Edmundi. W. P. Eckert

Ed. und Lit.: T. KAEPPELI, Scriptores OP III, 1980, 311 – F. PELSTER, Der älteste Sentenzenkommentar aus der Oxforder Franziskanerschule, Scholastik 1, 1928, 54–59 – B. SMALLEY, R. B. and the Early Dominican School at Oxford, TRHS 30, 1948, 119 u. ö. – DIES., The Study of the Bible in the MA, 1957, 265 u. ö.

37. R. v. Basevorn, engl. Herkunft, einer der bedeutendsten Vertreter des →Artes praedicandi-Lit. (Predigtanleitungen) des 14. Jh. Seine »Forma praedicandi« widmet sich in 50 Kap., deren Anfangsbuchstaben in einer →Akrostichon-Kombination den Autor und als Adressaten einen Zisterzienserabt preisgeben (»Domino Willelmo de Basinweek Robertus de Basevorn«), der Struktur der modernen Form der Artes praedicandi. R.s Lehrschr. diskutiert u. a. Nennung des Themas, das Prothema (antethema) mit Gebet (oratio, invocare), die Wiederaufnahme (introductio) und Aufgliederung (divisio) des Themas mit subdivisiones und erweiternder Ausführung (dilatatio) unter Verwendung von obligator. Autoritäten (auctoritates, confirmatio), Vergleiche (comparatio, similitudo) und →Exempeln sowie Klauseln (cadentiae, →Cursus) und Figuren-Schmuck (→Figurae) der einzelnen divisio-Glieder. R. erstrebt eine Synthese des aufbautechn. einfacheren Pariser modus und des subtileren Oxforder modus der Predigt(lehre). F. Wagner

Lit.: H. CAPLAN, Mediaeval Artes praedicandi, A Handlist, 1934 (Suppl. 1936) – TH. M. CHARLAND, Artes praedicandi, 1936 – J. J. MURPHY, Medieval Rhetoric, A Select Bibliogr., 1971 – DERS., Three Medieval Rhetorical Arts, 1971 – DERS., Rhetoric in the MA, 1974.

38. R. de Blois, frz. Schriftsteller, Mitte des 13. Jh. Seine Werke sind außer in einigen weniger bedeutenden Hss. in einem Prunkcodex aus dem Ende des 13. Jh. erhalten. Neben einigen Gedichten, einer Reihe kurzer Dichtungen erbaul. Charakters und zwei Versromanen, »Beaudous« (in dem vollständige Passagen aus anderen seiner Werke aufgenommen sind) und »Floris et Liriopé« (mit Einflüssen des »Cligés« des →Chrétien de Troyes und der »Alda« des →Wilhelm v. Blois), verfaßte R. de B. zwei größere Lehrdichtungen. In dem »Enseignement des princes« werden verschiedene Themen aus dem Bereich der Lebensführung behandelt (v. a. in moral. Hinsicht, wie Geiz, Stolz, Neid, etc.), auch die Symbolik der Waffen findet ihren Platz; der Autor stellt zudem gelehrtes Wissen (Gesch. des Jonas, Caesars usw.) zur Schau. Das dichter. geglücktere »Chastoiement des dames« bietet einen umfangreichen Katalog von Anstandsregeln des höf. Sittencodex mit interessanten Anknüpfungspunkten an die den gleichen Bereich betreffenden prov. Texte sowie an das »Reggimento« des Francesco da Barberino.
G. E. Sansone

Ed. und Lit.: J. ULRICH, Sämmtl. Werke R.s v. B., 1889–95 – P. E. BARRETTE, R. de B., Floris et Lyriopé, 1968 – J. H. Fox, R. de B., son œuvre didactique et narrative, 1950 [Ed. Chastoiment..., Enseignement] – CH. V. LANGLOIS, La vie en France au MA, II, 1926, 176–204 – L. WALTERS, »A Love That Knows No Falsehood«: Moral Instruction and Narrative Closure in the Bel Inconnu and Beaudous, South Atlantiv Review 58, 1993, 21–39 – DLFMA², 1277–1279.

39. R. de Boron →Gra(a)l, -sdichtung, I

40. R. v. Brügge OCist, * Ende 11. Jh. in Brügge, † 29. April 1157 Clairvaux, ⌐ ebd., sel., lehrte, jung Priester geworden, längere Zeit in Laon. 1131 nahm ihn →Bernhard während der Flandernreise nach →Clairvaux mit, wo R. eintrat. Als die benediktin. →Dünenabtei sich 1138 der Reform v. Cîteaux unterstellte, wählte Bernhard R. zum ersten Abt und führte ihn am 5. April 1139 selbst ein. Auf Bitte →Dietrichs v. Elsaß, Gf. v. Flandern, gründete R. 1140 die Abtei→Clairmarais. 1153, kurz vor seinem Tod, ernannte Bernhard R. zu seinem Nachfolger in Clairvaux.
M. Haverals

Q. und Lit.: MPL 182, 530 [2 Briefe Bernhards an R.]; 185, 1026–1029 – AASS Oct. XIII, 91–96 – BNB 19, 416–422 – C. CALLEWAERT, La visite de St. Bernard à ... Dunes ..., 1903, 418–433 – A. DUBOIS – N. HUYGHEBAERT, Abbaye des Dunes à Koksijde et à Bruges (Monasticon belge, III, 1966), 375–377.

41. R. de Castel, →Trouvère aus →Arras im 3. Viertel des 13. Jh., Autor von sechs mit Melodie überlieferten Liebesliedern, von denen eines metr. und musikal. einem Marienlied als Vorlage gedient hat. Mit →Jean Bretel tauscht er ein »Jeu parti« (→Streitgedicht) aus; in einem weiteren »Jeu Parti« zw. Jean Bretel und Jean de Greviler wird er als Schiedsrichter bestimmt. M.-R. Jung

Ed.: J. MELANDER, Studia Neophilologica 3, 1930, 17–43 – Lit.: DLFMA 1992, 1282 – MGG – NEW GROVE – R. W. LINKER, A Bibliogr. of Old French Lyrics, 1979, Nr. 232.

42. R. v. Chester (R. Castrensis, Retinensis, Cestrensis, Ketenensis [v. Ketton], Anglicus, Anglus), bedeutender Übersetzer arab. math., astronom. und naturkundl. Texte, möglicherweise 'nepos' des →Adelard v. Bath, bereiste zunächst vermutl. Frankreich, Italien, Dalmatien und Syrien, wohl seit 1141 in →Toledo, 1143 Archidiakon in Pamplona/Navarra, 1147–50 in London nachweisbar. U. a. übersetzte R. die Algebra des →al-Ḫwārizmī (9. Jh.), die math. »Iudicia« des →al-Kindī, einen →Ptolemaeus zugeschriebenen Traktat über das Astrolab und verschiedene astronom.-astrolog. →Tafeln (mit späterer Anpassung, z. B. an den Meridian von London). Er führte den Begriff 'sinus' (sine; nach arab. jaib) in der →Trigonometrie ein. Im Auftrag →Petrus' Venerabilis übertrug er 1141–43 zusammen mit →Hermann v. Carinthia den →Koran erstmals ins Lat. 1144 vollendet er die wohl erstmalige Übers. eines alt. alchem.-hermet. Textes »Liber de compositione alchemiae« (eigtl. »Liber de substantiarum mutatione«) (→Corpus hermeticum). Der Rahmen, als Belehrung des →Ḫālid ibn Yazīd durch den legendären →Morienus gestaltet, hat in der alchem. Tradition bes. Anklang gefunden. Zwar hatten schon spärl. byz. Q.n (→Psellos) zur Alchemie Eingang gefunden und in den handwerkl. Fachschrr. (→Mappae clavicula, →Compositiones ad tingenda musiva), im →Heraclius-Traktat und in den Schrr. des →Theophilus sind Techniken und Rezepturen vermittelt, doch setzt mit R. die Rezeption von Schrifttum zu →Transmutation und zu →Hermes Trismegistos ein. Weiter werden R. die Übertragung einer metr. Version der Mappae clavicula und eines Komm.s zur→Tabula smaragdina zugeschrieben.
G. Jüttner

Ed. und Lit.: Liber de compositione alchemiae, Basel 1559, 1593; Paris 1564 u. a. – L. CH. KARPINSKI, R. v. Ch. Translation of the Algebra of Al-Khowarizmi, 1915 – R. WÜSTENFELD, Die Übers.en arab. Werke in das Lat. seit dem XI. Jh., 1877 – CH. H. HASKINS, The Reception of Arabic Science in England, EHR 30, 1915, 62–65 – THORNDIKE I, II – SARTON II, 1 – F. BLIEMETZRIEDER, Adelard v. Bath, 1935 – H. SCHIPPERGES, Die frühen Übersetzer der arab. Med., Sud-Arch 39, 1955, 72–74.

43. R. de Clari, Chronist, † nach 1216, aus Clari (Cléry-lès-Pernois, Picardie), nahm teil am IV. →Kreuzzug unter dem Banner seines Lehnsherrn Peter v. Amiens

und des Gf. en Hugo v. →St-Pol. Im Frühjahr 1205 in die Heimat zurückgekehrt, brachte er vielleicht die Reliquien, die sich in der Kirche St-Pierre der Abtei Corbie befanden (Fragmente des Wahren Kreuzes), aus Konstantinopel mit. Wohl nach 1216 diktierte er seinen Bericht »La Conquête de Constantinople«. Das in Afrz. abgefaßte Werk zählt zum neuen Genre der volkssprachl. Chronik. Es schildert die Ereignisse aus der Sicht eines Augenzeugen und einfachen Ritters. Über die großen Linien des Kreuzzugs schlechter informiert als →Villehardouin und mit Schwächen der Chronologie behaftet, ist R.s Bericht wegen seiner Aussagekraft, v. a. über das Verhalten der einfachen Kreuzfahrer, gleichwohl eine äußerst wertvolle Quelle von starkem »human interest«. →Chronik, L.
S. Schein

Ed.: R. de C., La Conquête de Constantinople, ed. PH. SAUER, 1924 – Übers.: E. HOLMES MCNEAL, 1966 [engl., mit Einl.] – Lit.: E. WANNER, R. de C., ein afrz. Chronist des IV. Kreuzzuges, 1901 – A. PAUPHILET, R. de C. et Villerhardouin (Mél. M. JEANROY, 1928) – DERS., Sur R. de C., Romania 57, 1931, 289–311 – D. E. QUELLER, The Fourth Crusade, 1201–04, 1977/78 – J. LONGNON, Les compagnons de Villehardouin, 1978, 202.

44. R. le Clerc, aus →Arras, † 1272, schrieb 1266–67 die »Vers de la Mort« in 312 Hélinand-Strophen (→Hélinand de Froidmont). Außer der bes. für Arras aufschlußreichen Ständesatire enthält das Gedicht auch eine Kritik der Kurie. Den frz. Kg. und →Robert d'Artois ruft R. zum Kreuzzug auf.
M.-R. Jung

Ed.: C. A. WINDAHL, 1887 – J.-M. PAQUETTE, Poèmes la mort, 1979 [Teiled. mit neufrz. Übers.] – Lit.: DLFMA 1992, 1290.

45. R. v. Colletorto (Orford) OP, † wohl vor 1300. R. verteidigte als ein direkter Schüler des →Thomas v. Aquin dessen Lehre im →Korrektorienstreit, quodlibetale gegen →Aegidius Romanus und bes. gegen →Heinrich v. Gent, wobei ihm bisweilen das Gespür für die sachl. Anliegen der beiden Thomaskritiker abging.
M. Laarmann

Ed.: R. M. MARTIN, La controverse sur le péché originel au début du XIV° s., SSL 10, 1930, 15–19 – Impugnationes in XIV qdl. Henrici de Gandavo, teiled. E. HOCEDEZ, Q. de unico esse in Christo, 1933, 95–100 – Correctorium 'Sciendum', ed. P. GLORIEUX, BiblThom 31, 1956 – Reprobatio, teiled. P. T. STELLA, Salesianum 21, 1959, 139f. – Reprobationes dictorum a fr. Egidio in I Sent., ed. A. P. VELLA, BiblThom 38, 1968 – Uned.: Sent.-Komm. [Frgm.] – De unitate formae – In Arist. De somno et vigiliis – Lit.: LThK² VIII, 1337 – TH. SCHNEIDER, Die Einheit des Menschen, BGPhMA NF 8, 1973, 140–153 [Lit.] – TH. KAEPPELI, Scriptores OP medii aevi, III, 1980, 325f. [Lit.] – F. E. KELLEY, Thomist 45, 1981, 345–387 – M. D. JORDAN, Speculum 57, 1982, 292–314 – F. E. KELLEY, Thomist 47, 1983, 77–99 – Thomist 51, 1987, 70–96.

46. R. de Courson, * in England, † 6. Febr. 1219 auf dem Kreuzzug (vor Damiette); in Paris geprägt von →Petrus Cantor. Mag. in Paris (vor 1200–12), Kanoniker (Noyon, Paris), 1212 Kard. Richter im Auftrag der Kirche; Kampf gegen →Amalrikaner. Als Kurienkard. 1213 päpstl. Legat in Frankreich zur Vorbereitung von Konzil und Kreuzzug. Regionale Synoden; Predigttätigkeit; Albigenserkrieg. 1215 Statuten für die Univ. Paris (Verbot von Metaphysik und naturphilos. Schrr. des Aristoteles). Unbeliebtheit beim frz. Klerus. 1215 beim IV. Laterankonzil in Rom; 1218 Kreuzzugsprediger. Erkrankung während der Belagerung von Damiette. Seine »Summa celestis philosophie« (drei Fassungen) wie auch Quaestionen sind nicht ediert; verloren sind ein Sentenzenkomm. und Predigten.
R. Peppermüller

Lit.: CH. und M. DICKSON, Le Cardinal R. de C. Sa vie, AHDL 9, 1934, 53–142 – V. L. KENNEDY, R. de C. on Penance, MSt 7, 1945, 291–366 – DERS., The Content of C.'s Summa, ebd. 9, 1947, 81–107 – L. HÖDL, Die Gesch. der scholast. Lit. und der Theol. der Schlüsselgewalt, 1960, 320–327 – J. W. BALDWIN, Masters Princes and Merchants, 1970, 19–25.

47. R. Cowton (Cotton, Conton) OMin, * um 1275 Cowton bei Darlington (York), Juli 1300 Priesterweihe; studierte in Oxford unter Philipp v. Bridlington und Adam v. Howden, ebd. um 1309–11 Sentenzen-Komm.; um 1313 'inceptor in theol.'. In seinem von →Wilhelm v. Nottingham d. J. abhängigen, um 1309–11 verfaßten und hs. weit verbreiteten Sentenzen-Komm. reagiert er, obwohl ihm erst mündl. bekannt, unmittelbar auf die skot. Univozitätsthese (→Johannes Duns Scotus). Gegen R.s in I–III Sent. schrieb um 1312 →Thomas v. Sutton eine »Refutatio de Cowton«.
M. Laarmann

Ed.: Rep. ed. Texte des MA aus dem Bereich der Philos. und angrenzender Gebiete, hg. R. SCHÖNBERGER–B. KIBLE, 1994, nr. 17549–17558 – Lit.: LThK² VIII, 1338f. – Z. WLODEK, Une question scotiste du XIV° s. sur la continuité du temps, Med. Philos. Polon. 12, 1967, 117–234 – J. GARRIDO, El »argumentum ex pietate« en la Escuela franciscana del siglo XIII, Verdad y Vida 26, 1968, 291–353 – H. THEISSING, Glaube und Theol. bei R. C., BGPhMA 42/3, 1969.

48. R. v. Cricklade, engl. Augustiner-Chorherr in Cirencester (Gloucester), 1141 Prior in St. Fridewide, opponierte scharf gegen die theol. Methode des →Petrus Lombardus (bes. in der Christologie). Als vielseitiger, sprachbegabter Schriftsteller exzerpierte er in 9 Büchern (1172 für Kg. Heinrich II.) die Naturalis historia Plinius' d. J. (vgl. MANITIUS III, 241), verfaßte dogmat. und moraltheol. Schr.en (»Speculum fidei«, »De connubio Patriarchae Jacob«), erklärte mehrere atl. Bücher, darunter die Ps und das Hld (vgl. RBMA V, Nr. 7446–7459), und predigte über das Buch Ezechiel (vgl. J. SCHNEYER, Rep. Serm. V, 1973, 171–176). Er hinterließ Materialien für die Gesch. des Ebf.s →Thomas Becket (ed. RS II, 96–101). Andere ihm zugeschriebene Schr.en sind zweifelhaft.
L. Hödl

Lit.: LThK² VIII, 1338 – New Cath. Enc. XII, 530 – A. B. EMDEN, A Biographical Register of the Univ. of Oxford, I, 1957, 513–514.

49. R. FitzHamon, † 1107; Sohn des im →Domesday Book erwähnten Sheriff v. Kent, verhielt sich gegenüber Kg. Wilhelm II. (1087–1100) ständig loyal. Er erhielt die Ländereien, die vorher Beorhtric, Sohn von Ælfgar, besessen hatte und die vorwiegend in Gloucestershire lagen. R. kämpfte mit Heinrich I. im →Cotentin in der Normandie, wo ihm die Burg Creully übertragen wurde. 1105 in Falaise ernsthaft verwundet, blieb er bis zu seinem Tod Invalide. In Wales leitete er in den 90er Jahren des 11. Jh. den norm. Vormarsch nach Morgannwg und die Besiedlung der ö. und zentralen Gebiete der Herrschaft v. Glamorgan. Sein Stützpunkt war die Burg Cardiff. R.s Schenkungen von Ländereien und Kirchen an die Abteien v. →Tewkesbury und →Gloucester (St. Peter's) beeinflußten nachhaltig die Kirchenlandschaft der ma. Diöz. v. →Llandaff. Seine Ländereien erhielt über seine Tochter Mabel →Robert, Earl of Gloucester.
D. Walker

Lit.: L. C. LOYD, The Origins of some Anglo-Norman Families, 1951 – Glamorgan County Hist., III: The MA, ed. T. B. PUGH, 1971 – F. BARLOW, William Rufus, 1983.

50. R. (v.) Flamborough, gen. nach seiner Herkunft aus Flamborough (Yorkshire), Regularkanoniker und Beichtvater in der Abtei St-Victor in Paris, verfaßte 1208/13 einen »Liber poenitentialis« zur Unterweisung von Beichtvätern. Als erster arbeitete er in ein solches Werk in größerem Umfang die neuere kanonist. Lit. ein sowie Dekretalen der Päpste von Alexander III. bis Innozenz III. Inhaltl. jedoch hielt er anders als die →Bußsummen an der Höhe der aufzuerlegenden Bußleistungen fest und wurde deshalb durch →Petrus Pictaviensis (58. P.) kritisiert.
K. Borchardt

Ed.: J. F. v. SCHULTE, Summa de matrimonio et de usuris. Auszug aus dem Lib. poen., 1868 – F. FIRTH, Lib. poen., 1971 – *Lit.*: DDC VII, 699f. – SCHULTE I, 208–210 – S. KUTTNER, Pierre de Roissy and R. of F., Traditio 2, 1944, 492–499 – P. MICHAUD-QUANTIN, À propos des premières Summae confessorum, RTh 26, 1959, 276–283, 292–296 – F. FIRTH, The 'Poenitentiale' of R. of F., Traditio 16, 1960, 541–556; 17, 1961, 531f.

51. R. of Gloucester, einer der mutmaßl. Verf. einer me. →Reimchronik (13./14. Jh.) südwestmittelländ. Herkunft, die in zwei für ein Laienpublikum bestimmten Versionen von ca. 6000 bzw. 5000 meist siebenhebigen Reimpaaren die Gesch. Britanniens vom legendären Brutus bis z. J. 1272 behandelt und in je 7 Hss. (1325ff.) überliefert ist. Der ansonsten unbekannte Verf. (»*pis isei robert / pat verst pis boc made*«) war mit den Städten Gloucester und Oxford vertraut. Zu den bekanntesten Stellen des aus zahlreichen historiograph. und geistl. Q. (u. a. →Geoffrey v. Monmouth, →Heinrich v. Huntingdon, →Wilhelm v. Malmsbury, Ags. →Chronik, →South English Legendary, →Laʒamon's Brut) schöpfenden Werkes gehört die Schilderung der Oxforder Studentenunruhen v. 1263 und des Todes von Simon de →Montfort in der Schlacht v. →Evesham (1265). Auffällig ist auch ein starkes Interesse am Arthurstoff. W. Sauer

Bibliogr.: ManualME 8.XII, 1989, 2617–2621, 2798–2807–NCBEL I, 463 – *Ed.*: W. A. WRIGHT, The Metrical Chronicle of R. of G. (RerBrit 86–87, 1887) – A. M. HUDSON, An Ed. of Part of the Chronicle Attributed to R. of G., 1963–64 – *Lit.*: K. H. GÖLLER, Kg. Arthur in der engl. Lit. des späten MA, 1963, 26f. – U. KAISER, Unters. zur Erzähltechnik in R. of G.s Reimchronik, 1971 – M. GÖRLACH, The Textual Tradition of the South English Legendary, 1974, 40–45 – J. A. W. BENNETT–D. GRAY, Me. Lit., 1986, 92f.

52. R. Graystanes OSB, † um 1336. Sein vermutl. 1321/22 verf., von Robert Walsingham OCarm und Lukas v. Ely beeinflußter Sentenzen-Komm. spiegelt aufschlußreich die damaligen, von →Walter Burleigh, Richard v. Campsall, Richard Drayton, Johannes Reading, →Wilhelm v. Ockham u. a. angeführten Diskussionen an der Oxforder Universität. M. Laarmann

Ed.: Hist. de statu eccl. Dunelmensis, ed. J. RAINE, Hist. Dunelm. Scriptores tres, Surtees Soc. 9, 1839, 33–123 – Comm. in Sent., qu. 6, ed. L. A. KENNEDY, RTh 56, 1989, 102–116 – Q. super Sent., Prol., qu. 3, ed. S. LIVESEY, RTh 61, 1994, 158–172 – *Lit.*: BRUO II, 814 – LThK² VIII, 1339 – L. A. KENNEDY, RTh 53, 1986, 185–189 [Sent.-Komm.: Quaest.-Verz.] – W. J. COURTENAY (From Ockham to Wiclif, hg. A. HUDSON–M. WILKS, 1987), 94–96 – Schools and Scholars in Fourteenth-Cent. England, 1987, Ind. s.v. G., R. – K. H. TACHAU, Vision and Certitude in the Age of Ockham, 1988, 161–163, 209–212.

53. R. Grosseteste (Grossum Caput, Lincolniensis), engl. Theologe, Bf. v. →Lincoln, * vor 1170 in Suffolk, † Nacht vom 8. zum 9. Okt. 1253 in Lincoln, ▭ ebd., Kathedrale. R. entstammte einer armen anglonorm. Familie, dürfte vor 1190 in →Hereford die Artes studiert haben und trat in die Dienste des dortigen Bf.s ein. Weitere gesicherte Nachrichten über sein Leben liegen erst ab 1225 vor, als er, immer noch Diakon, ein Beneficium erhielt. Er hatte inzw. wahrscheinl. Theol. in →Paris studiert, und es gibt Anhaltspunkte, daß er der erste Kanzler der Univ. →Oxford war (1214). 1229–30 war er, auf Einladung des Provinzials, mit der theol. Ausbildung der →Franziskaner befaßt. 1235 wurde er zum Bf. v. Lincoln gewählt. Grundgedanke seiner diözesanen Arbeit war die persönl. Verantwortung des Bf.s für die Seelsorge einer jeden Einzelperson in seiner Diöz.; dieses Ziel sollte durch die Berufung sorgfältig ausgebildeter, würdiger Priester, die gewissenhafte Abstellung von Mißständen, die bfl. →Visitation des Kathedralkapitels, der Abteien und Dekanate, die Förderung der→Bettelorden, die Veröffentlichung von seelsorgerl. Schriften sowie das Beispiel der eigenen →Predigt erreicht werden. R.s glühendes Bekenntnis zu den Reformmaßnahmen des IV. →Lateranonzils schlug sich in seinen Diözesanstatuten (vor 1240) nieder. Er nahm teil am Konzil v. →Lyon (1245). Vom Scheitern des Konzils enttäuscht, begab sich R. nochmals nach Lyon und überreichte Papst →Innozenz IV. am 13. Mai 1250 eine Denkschrift, in der er die von der röm. Kurie zu verantwortenden Mißstände in der engl. Kirche (v. a. die päpstl. Vergabe von Benefizien an unwürdige oder unfähige Priester) nachdrücklich kritisierte. Er betonte den Gedanken, daß Gott den Nachfolgern des Apostels Petrus die 'plenitudo potestatis' gegeben habe, um die Kirche in würdiger und gottgefälliger Weise aufzubauen; im Mißbrauch dieser von Gott verliehenen Gewalt sah R. ein unverzeihliches Skandalon. Noch in seinem letzten Lebensjahr bekämpfte er vehement die Berufung eines Neffen von Innozenz IV. auf ein Lincolner Kanonikat. R. verstarb im Ruf der Heiligkeit, doch blieben mehrere Ansätze zu seiner Kanonisation erfolglos.

Sein reiches, vielfältiges Werk ist noch nicht in allen Teilen ediert. Auf dem Gebiet der Philosophie zeigte sich R. in einem Komm. zu den Analytica Posteriora als Meister der aristotel. →Logik. Die Hochschätzung der Naturphilosophie (→Physik und Naturphilosophie) des →Aristoteles führte ihn zu der Auffassung, daß die →Mathematik, insbes. die →Geometrie, einen wesentl. Schlüssel zur Erkenntnis der Naturerscheinungen liefere (Lichtstrahl, Farbe, Regenbogen, Klimaphänomene, Sicht und Wahrnehmung, Form und Bewegung). Seine philos. und theol. Interessen verbinden sich in der von ihm entfalteten →Metaphysik des →Lichts. Gott ist Licht; von daher ist die →Schöpfung und alles, was sie umfaßt, eine Art von Licht; die im Universum wirkende Energie entstammt der ursprgl., strahlenden Lichtquelle, die von Gott erschaffen ist. Durch seine Griechischkenntnisse (→Griechische Sprache, II), die er wohl erst in seinen späten Lebensjahren erwarb, wurde R. zum Bewunderer der aristotel. →Ethik, die er zusammen mit den Schriften griech. Kommentatoren übersetzte. Weitere Übersetzungen (der Werke des →Johannes Damaskenos und des Ps. →Dionysius, der »Testamente der zwölf Patriarchen«, der Briefe des hl. →Ignatios, mehrerer Artikel des byz. Lexikons der→Suda u. a.) vertieften seine theol. Schau, wie sein »Hexaemeron« belegt. Zu den Schriftkomm.en vgl. RBMA V, n. 7398–7405; zu den Sermones vgl. J. B. SCHNEYER, Rep. lat. serm. III, 176–191. Obwohl R. in konservativer theol. Denker war, vertrat er die Auffassung, daß es zur →Inkarnation auch ohne den →Sündenfall gekommen wäre. Er schrieb in anglonorm. Sprache ein langes allegor. Gedicht über die Erlösung, »Château d'Amour«. R. war der mit Abstand berühmteste unter den Oxforder Magistern der ersten Stunde und drückte mehreren Generationen seinen intellektuellen Stempel auf. J. McEvoy

Bibliogr.: Cat. of Mss.: S. H. THOMSON, The Writings of R. G., 1940 – S. GIEBEN, Bibliographia universa R.i G. (1473–1969), CF 39, 1969, 362–418 – DERS., R. G., Bibliographia 1970–91 (R. G. New Perspectives, hg. J. McEVOY, 1994), 415–431 – *Ed.*: H. R. LUARD, R.i G. Epistolae, 1861 – L. BAUR, Die philos. Werke des R. G., BGPhMA IX, 1912 – J. MURRAY, Le 'Château d'Amour' de R. G., 1918 – S. GIEBEN, R. G. at the Papal Curia, 1250. Ed. of the Documents, CF 41, 1971, 340–393 – H. P. F. MERCKEN, The Greek Commentators on the 'Nicomachean Ethics' of Aristotle in the Latin Translation of R. G., I, 1973; II, 1991 – R. G., Hexaemeron, ed. R. C. DALES–S. GIEBEN, 1982 – R. G., De cessatione Legalium, ed. R. C. DALES-KING 1986 – R. G., De Decem Mandatis, ed. R. C. DALES-KING, 1987 – Expositio in Epistolam ad Galatas, ed. J. McEVOY, CChrCM, 1994 – Glossae in Epistola S. Pauli, ed. R. C. DALES, ebd. – Tabula, ed. P. W. ROSEMANN, ebd. –

Lit.: DSB V, 548–554 – E. FRANCESCHINI, Roberto Grossatesta e le sue traduzioni latine, 1933 – A. C. CROMBIE, R. G. and the Origins of Experimental Science 1100–1700, 1953, 1971³ – R. G., Scholar and Bishop, hg. D. A. CALLUS, 1955 – J. MCEVOY,The Philosophy of R. G., 1982; 1986 – P. B. ROSSI, Roberto Grossatesta. Metafisica della luce, 1986 – R. W. SOUTHERN, R. G. The Growth of an English Mind in the MA, 1986; 1993 – J. MCEVOY, R. G. Exegete and Philosopher, 1994 – R. G. New Perspectives on His Thought and Scholarship, hg. J. MCEVOY, 1994.

54. R. Holcot OP, Theologe in Oxford, † 1349 in Northampton. Seine theol. Position entfaltet er seit 1330 in der Sentenzenkommentierung und vertieft sie in der Auseinandersetzung mit W. Crathorn in den »Sex Articuli« bzw. »Conferentiae« und den »Quaestiones quodlibetales«. Von methodolog. Interesse geleitet, unterscheidet R. nach dem Erfordernis des jeweiligen Erkenntnisobjekts zw. einer logica naturalis und einer logica fidei. So sichert er einerseits die log. Aussageform als die formale Bedingung der wiss. Richtigkeit theol. Aussagen, bestreitet aber andererseits die ausnahmslose Geltung der aristotel. Logik für die Gegenstände der Trinitätstheologie. Pastoral motiviert ist seine Toleranz gegenüber Ungläubigen. Seit 1334 hält er in Oxford bibelkommentierende Vorlesungen, deren erste, zu Mt, nur fragmentar. erhalten ist. Sein Komm. zu Weish fand in über 100 Hss. weitere Verbreitung als die ihm zugeschriebenen Komm.e des Ecclesiasticus und der zwölf kleinen Propheten. Die Exempelslg. »Moralitates«, die sich des öfteren mit den →Gesta Romanorum berührt, bezeugt seine Kenntnis antiker Autoren, die Abschiedsvorlesung als Sententiarius (Sermo finalis) seinen Humor. M.-A. Aris

Ed.: In IV libros Sententiarum quaestiones, Lyon 1518 [Neudr. 1967] – Super libros sapientiae, Hagenau 1494 [Neudr. 1974] – *Conferentiae:* F. HOFFMANN, BGPhMA NF 36, 1993 – *Quodlibeta:* J. C. WEY, MSt 11, 1949, 219–223 – J. T. MUCKLE, MSt 20, 1958, 127–153 – E. A. MOODY, Speculum 39, 1964, 53–74 – W. J. COURTENAY, AGPh 53, 1971, 1–21 – P. MOLTENI, R. H. OP, 1968 – H. G. GELBER, Exploring the Boundaries of Reason, *Lit.:* B. SMALLEY, English Friars and Antiquity in the Early XIVth Cent., 1960, 133–202 – W. J. COURTENAY, The Lost Matthew Commentary of R. H., APraed 50, 1980, 103–112 – TH. KAEPPELI, Scriptores OP, III, 1980, 313–320 [Bibliogr.] – W. J. COURTENAY, Schools & Scholars in XIVth Cent. England, 1987 – K. TACHAU, Vision and Certitude in the Age of Ockham, 1988 – DIES., Looking Gravely at Dominican Puns: The Sermons of R. H. and Ralph Friseby, Traditio 46, 1991, 337–345.

55. R. Kilwardby OP, Ordensprovinzial, Ebf., Kard. [1] *Leben:* * ca. 1215 in Leicestershire, † 10. Sept. 1279 in Viterbo, ⌐ebd. Nicht früher als 1231 dürfte R. K. Student der Artistenfakultät in Paris geworden sein. Entsprechend den Studienvorschriften könnte er um 1237 den Grad eines Mag. artium erworben und dieses Amt, wenn das Zeugnis des Stamser Katalogs verläßl. ist, bis 1245 ausgeübt haben. Vor 1250 trat er, wahrscheinl. in England, in den Dominikanerorden ein und studierte Theol. in Oxford. Nach seinen Vorlesungen über die Sentenzen, wohl von 1252–54, und die Bibel dürfte er um 1256 Mag. theol. geworden sein, ehe er im Sept. 1261 – das früheste sichere Datum seines Lebens – zum Provinzial der engl. Dominikaner gewählt wurde. Ein potentieller Konflikt mit ausländ. Oberen seines Ordens anläßl. seiner Wiederwahl wurde abgewendet, als er am 11. Okt. 1272 von Gregor X. zum Ebf. v. Canterbury ernannt wurde. 1278 wurde er zum Kard. v. Porto (bei Rom) erhoben.

[2] *Administrative Wirksamkeit:* Neben seiner Wahl zum Provinzial der engl. Dominikaner, welche unter seiner Leitung eine Blüte erlebten, ist v. a. K.s berühmte Intervention in Lehrangelegenheiten vom 18. März 1277 in Oxford hervorzuheben, in der er wenige Tage nach der Pariser Verurteilung des heterodoxen Aristotelismus dreißig Thesen zur Grammatik, Logik und Naturphilosophie verurteilte. Bes. bei den Sätzen zur Naturphilos. ist seine Opposition zu →Thomas v. Aquin deutlich spürbar. In der dramat. geistesgeschichtl. Situation des 13. Jh. stellte sich K. der durch die Aristotelesrezeption veranlaßten Neuorientierung der lat. Philos. autoritativ entgegen, indem er das neue Gedankengut der augustin. geprägten Tradition zu- und unterordnete.

[3] *Werk:* Vor seinem Ordenseintritt spielte K. als Mag. der Artistenfakultät in Paris (ca. 1237–45) eine nicht unbedeutende Rolle. Seine Vorlesungen über Logik, Grammatik und Ethik geben uns ein umfassendes Zeugnis darüber, was in der ersten Hälfte des 13. Jh. an dieser Fakultät gelehrt wurde. In seinem Komm. zur Ersten Analytik des Aristoteles begründet er eingehend die Unverzichtbarkeit der Logik für das formal-method. Vorgehen in allen Wissenschaften. Sein Komm. zu Priscian »De Constructione« entwickelt Ansätze zur Analyse allgemeiner grammat. Strukturen der Sprache. Entsprechend einer Aufforderung durch seine Ordensoberen verfaßte er um 1250 den Traktat »De ortu scientiarum«, eine der besten Einführungen zur 'Wissenschaftslehre', die das MA hervorgebracht hat. In ganz grundlegender Weise nimmt K. hier Unterscheidungen und Einteilungen unter sämtl. theoret. und prakt. Wiss. vor. Das theol. Hauptwerk K.s ist sein Sentenzenkomm. Darin macht er von seinen weitgespannten Aristoteleskenntnissen nur eklekt. Gebrauch und gibt in allen wesentl. Fragen der durch →Augustinus und →Bonaventura repräsentierten Tradition den Vorzug.

G. Leibold

Q.: Viele Werke, deren Authentizität teilw. ungeklärt ist, sind nur hs. überliefert. – *Ed.:* De ortu scientiarum, ed. A. G. JUDY, 1976 – In Donati artem maiorem III, ed. L. SCHMUECKER, 1984 – De tempore, De spiritu fantastico, ed. O. LEWRY, 1987 – Quaestiones in quattuor libros Sententiarum, ed. E. GÖSSMANN, G. LEIBOLD, R. SCHENK, J. SCHNEIDER, 1982–93 – *Lit.:* Dict. of Lit. Biogr., 115 – E. M. F. SOMMER-SECKENDORFF, Studies in the Life of R. K. OP, 1937 – W. A. HINNEBUSCH, The Early English Friars Preachers, 1951 – L. HÖDL, Über die averroist. Wende der lat. Philos. des MA im 13. Jh., RTh 1972, 171–204 – CH. LOHR, Traditio 29, 1973, 108–113.

56. R. of Knaresborough (Robert Flower), hl., Eremit, * 1160 York, † 24. Sept. 1218 Knaresborough (ae.: Cénheardes burh, am Nidd w. von York, von den Anglo-Normannen seit 1070 Chenáresburg/Cnéaresbourg gen.). Patriziersohn und Subdiakon R. wählte K. zur Stätte seines Wirkens. Nach Aufenthalten in Newminster (Durham) und in einer Klause kehrte er nach K. zurück. Matrone Helena stiftete die Kapelle St. Hild. Vor Räubern floh R. nach Spofforth und Hedley, vor Kl.zwist nahe nach St. Hild. Ein Gäste-/Pilgerheim mit Hof und Vieh scheiterte an Vogt William de Stuteville. R. zog nach St. Giles. Von Bruder Walter Flower unterstützt, baute er Holy Rood. Kg. Johann I. besuchte R. und schenkte ihm Ackerland. Bald gründete R. ein Trinitarierhaus, das Armen, Siechen und Gefangenen half. Den Zisterziensern von →Fountains Abbey stand der Hl. stets nahe.

H. Weinstock

Bibliogr.: ManualME 2.V, 1970, 622f. – *Q. und Lit.:* London BL MS Egerton, 3143 – J. I. CUMMINS, Legends, Saints and Shrines of K., 1928 – DERS., St. R. of K., Hermit, 1218, Pax 26, 1936, 101–106, 126–130, 176–180, 201–204 – P. GROSJEAN, Vitae S. Roberti Knaresburgensis, AnalBoll 57, 1939, 364–400 – Vies des Saints, hg. Bénédictins de Paris, IX, 1950, 501–504 – J. BAZIRE, The Metrical Life of St. R. of K., EETS OS 228, 1953 – Bibl. SS, 1968, 234f.

57. R. v. Lecce, * um 1425 in Lecce, † 6. Mai 1495, aus der adligen Familie Caracciolo. In der Kindheit durch ein Gelübde dem hl. Franziskus geweiht, wurde er im Konvent der Franziskanerkonventualen in Lecce erzogen und kam dann in ein Observantenkl. Nach dem Vorbild des hl. →Bernardin v. Siena widmete er einen Großteil seines Ordenslebens der Predigt. Rasch erlangte er dabei große Berühmtheit, nicht zuletzt durch Anwendung mimischer und choreograph. Mittel und durch eingestreute volkssprachl. Wendungen. Seine lat. und volkssprachl. Werke wurden Ende des 15. Jh. in weiten Teilen Europas, v. a. in Dtl. und in Frankreich, gedruckt. Nach Umbrien entsandt, begann R. 1448 die lange Reihe der Quadragesimales (Fastenpredigten), die er auf Verlangen vieler mittel- und nordit. Städte hielt (z. B. in Rom, Padua, L'Aquila, Bologna, Perugia, Mailand, Siena). 1452 kehrte er zu den Konventualen zurück, noch 1455 ernannten ihn allerdings die Observanten von Bosnien zu ihrem Vikar. Mit großem Eifer predigte R. den Kreuzzug gegen die Türken, am 8. Juli 1453 verkündigte er in St. Peter in Rom den Fall Konstantinopels. Calixtus III. ernannte ihn 1456 zum päpstl. Kaplan. Außerdem wurde er Kollektor des Zehnten in der Lombardei und im Montferrat und apostol. Subdelegat in Venetien, wo seine Predigten Berühmtheit erlangten, die R. in den folgenden Jahren auch in Genua, Neapel und Lecce hielt. Am 25. Okt. 1475 wurde R. von Sixtus IV. zum Bf. v. Aquino ernannt, erwirkte jedoch 1484 die Verlegung nach Lecce, wo er als Legat bis zu seinem Tode blieb.　　　　　　　　　　　P. De Leo

Ed. und Lit.: DBI XIX, 446-452 – R. Carracciolo, Opere in volgare, ed. E. Esposito, 1993, 67-73.

58. R. v. Melun, Engländer von Geburt, * ca. 1100, † 1167, studierte in Oxford und in Paris bei →Hugo v. St-Victor und →Abaelard. Als dessen Nachfolger lehrte er 1137-38 auf dem Genovevaberg Dialektik (Schüler: →Johannes v. Salisbury, →Johannes v. Cornwall), danach Leiter der Schule v. Melun, schließlich Lehrer in St-Victor. 1148 war er auf der Synode v. Sens, die die Trinitätslehre des →Gilbert v. Poitiers behandelte, kehrte 1160 nach England zurück, wurde Archidiakon in Oxford, 1163 Bf. v. Hereford. R. verfaßte Sentenzen (1152-60; wahrscheinl. unvollendet), 125 »Questiones de divina pagina« (ca. 1157; die meisten zu Mt) sowie »Questiones de Epistolis Pauli«. Kaum ein Theologe des 12. Jh. hat die Neuaufbrüche seiner Zeit ähnl. krit. begleitet wie er; diskutiert werden Abaelard, Gilbert und selbst →Petrus Lombardus. R. gilt als gründl. und eigenständiger Denker, auch wenn Einflüsse seiner Lehrer nachweisbar sind, der Abaelards in der Gotteslehre, der Hugos im Schrift- und Traditionsverständnis.　　　　　　　　F. Courth

Q.: Œuvres de R. de M., ed. R. M. Martin – R. M. Gallet, 4 Bde, 1932-52 [Ed. der Sentenzen nicht abgeschlossen] – *Lit.*: DThC XIII, 2751-2753 – ECatt X, 1040f. – New Cath. Enc. XII, 533f. – F. Anders, Die Christologie des R. v. M., 1927 [Ed. christolog. einschlägiger Texte des 2. Buches der Sentenzen] – J. de Ghellink, Le mouvement théol. du XIIe s., 1948² – U. Horst, Die Trinitäts- und Gotteslehre des R. v. M., 1964.

59. R. v. Molesme, hl., Abt, * um 1028 in der Champagne, † 29. April 1111 in Molesme, 1222 kanonisiert. Sohn von Thierry und Ermengarde; zunächst Mönch, dann Prior in →Montier-La-Celle, nach 1068 Abt v. St-Michel de→Tonnerre, verzichtete aber auf die Abtswürde und wurde Prior v. St-Ayoul de →Provins, das von Montier-la-Celle abhing. R. wurde zum spirituellen Ratgeber der Einsiedler im Forst v. Collan (im Tonnerrois) berufen (1073-74); er sorgte für ihre Übersiedlung in die von ihm gegr. Abtei →Molesme (1075). Diese Abtei, in der R. die strengste Befolgung der →Regula S. Benedicti durchsetzte, erfuhr eine rasche Entwicklung. Auf der Suche nach einer Lebensweise, die seinem rigorosen asket. Ideal näher kam, verließ R. jedoch seine Gründung wieder, um eine Zeitlang (um 1090) in einer Einsiedelei zu leben (Aulx, nahe Molesme; eher wohl als das ebenfalls vorgeschlagene Aulps in den Alpen). Später zog er mit den ihm anhängenden Mönchen aus Molesme aus und gründete zunächst das Kl. 'Vivicus' (Viviers-sur-Artaut?), um 1098 nach →Cîteaux überzusiedeln. Auch wenn er später genötigt wurde, wieder nach Molesme zurückzukehren, muß er als eigtl. Schöpfer der Spiritualität der →Zisterzienser gelten.　　　　　　　　　　J. Richard

Lit.: DSAM XIII, 736-814 – K. Spahr, Das Leben des hl. R. v. M., 1944.

60. R. le Petit ('le Bougre'), OP, † vor 1263. Der Beiname 'le Bougre' ist sicherl. eine pejorative Fremdbenennung, wobei offen bleibt, ob auf eine Konversion R.s von den Ketzern angespielt wird, oder, wie →Matthäus Paris angibt, weil R. alle Ketzer so ansprach, oder weil R. der Homosexualität bezichtigt wurde. R. wirkte als päpstl. beauftragter Inquisitor in N-Frankreich seit 1233 und dürfte vor der Jahrhundertmitte von seinem Amt abgelöst worden sein. Er gehörte, wie →Konrad v. Marburg, zu den fanat. Ketzerverfolgern der ersten Inquisitorengeneration. Über Verfahrensvorschriften (z. B. Zusammenarbeit mit Bf.en) setzte er sich hinweg, was zu entsprechenden revisionsbedürftigen Urteilen führte. Die Beschwerden über sein Vorgehen führten mit zur detaillierteren Festlegung des Verfahrens. Wegen seiner Härte zeichneten ihn bereits die zeitgenöss. Chronisten durchweg negativ.　　　　　　　　　　L. Kolmer

Q.: L. Auvray, Les registres de Grégoire IX, 4 Bde, 1896-1955, 1253, 2735ff. – Matthaeus Paris, Chronica III, 361, 520, ed. H. R. Luard, 1872-83 – Thomas v. Capua, Forme Romanae curie super casibus penitentie, ed. H. Ch. Lea, A Formulary of the Papal Penitentiary in the Thirteenth Cent., 1892 – *Lit.*: J. Frederichs, R. le Bougre, premier inquisiteur général de France, Receuil des travaux de la Fac. de Philos. et Lettres de Gand 6, 1892 – Ch. H. Haskins, R. le Bougre and the Beginnings of the Inquisition in Northern France, AHR 7, 1902, 437-457, 631-665 – E. Chénon, L'hérésie à la Charité-sur-Loire et les débuts de l'inquisition monastique dans la France du Nord au XIIIe s., Nouvelle Revue hist. de droit français et étranger 41, 1917, 299-345 – Ch. H. Haskins, Stud. in medieval Culture, 1929, 193-244 – L. Kolmer, Ad capiendas vulpes, Pariser hist. Stud. 19, 1982, 117-124.

61. R. v. Reading, Mönch der Abtei v. →Westminster, † 1317 oder 1325 (?), gilt üblicherweise als Verfasser der »Flores Historiarum« (1306-26). Ein Fortsetzer der Chronik berichtet für das Jahr 1325 vom Tod R.s und dem Abschluß seiner Chronik, doch ist dieser Komm. nicht in zeitgenöss. Fassung erhalten. Während T. F. Tout die Richtigkeit der Angabe anzweifelt, wird sie neuerdings wieder bekräftigt. Die Chronik richtet sich vehement gegen Kg. Eduard II. Lassen wir die Feststellung des Fortsetzers der Chronik außer acht, können wir im günstigsten Fall von einer ca. 1327 auf Betreiben von Roger →Mortimer und Kgn. →Isabella entstandenen Propaganda-Schrift ausgehen. Allerdings starb der einzige Mönch der Abtei v. Westminster, der mit diesen Namen anderswo sicher nachweisbar ist, schon 1317.　R. M. Haines

Q. und Lit.: Chronica, ed. J. Tait, 1914 [Einf.] – E. H. Pearce, Monks of Westminster, 1916, 70 – T. F. Tout, Collected Papers, 1932-34, II, 289-304 – A. Gransden, Historical Writing, II, 1982, s. v.

62. R. v. St. Marianus zu Auxerre, frz. Chronist, *1156, † 1212; auch: 'R. Abolant' (Verwechslung mit einem nach 1214 verstorbenen anderen R.). Prämonstratens. Kanoniker an St. Marian zu →Auxerre, kompilierte er von ca. 1200 an eine bedeutende »Chronologia« (berühmt wegen der Anzweiflung bestimmter Legenden, so der Kreuzesauffindung durch die hl. →Helena), die von der Schöpfung bis ins beginnende 13. Jh. reicht. Das Werk wurde fortgesetzt (1211-20, 1214-23). R. nennt seine

Quellen, deren wichtigste die Chronik →Sigeberts v. Gembloux ist, auf der etwa drei Viertel der mitgeteilten Fakten beruhen. R.s Geschichtskonzeption ist stark beeinflußt vom Denken →Hugos v. St. Victor. Nach dessen Vorbild wendet sich R. der Zeit mit ihrer Erlösungsfunktion, dem heilsgesch. Geschehen, damit auch der Gesch. des menschl. Fortschritts zu. R. betont stark die theol. und religiöse Erneuerung, v. a. die intellektuellen Bewegungen des 12.–13. Jh. und das visionäre Geschichtsbild →Joachims v. Fiores. Das in verhältnismäßig wenigen Hss. überlieferte Werk wurde dessenungeachtet von den Geschichtsschreibern des 13. Jh. stark rezipiert (»Hist. Francorum usque ad 1214«, Geraldus v. Frachet, Wilhelm v. →Nangis, v. a. aber →Vinzenz v. Beauvais); es bildet das Bindeglied zw. den Universalchroniken traditionellen Typs, die durch die Reflexion der Viktoriner sowie die Forderung des 12. Jh. nach Rationalität vertieft wurde, und der enzyklopäd. Historiographie des 13. Jh. Es ist eine frz. Kurzfassung erhalten. P. Bourgain

Ed.: N. CAMUZAT, Troyes 1608 [unzureichend] – MGH SS XXVI, 1882, ed. O. HOLDER-EGGER, 226–287 [Ausz.] – L. DELISLE, BEC 58, 1897, 226–287 [frz. Kurzfassung] – *Lit.:* MOLINIER, 2514 – L. DELISLE, HLF 32, 1898, 503–535 – N. BACKMUND, Die ma. Geschichtsschreiber des Prämonstratenserordens, 1972, 260–267 – C. L. NEEL, Man's Restoration: R. of Auxerre and the Writing of Hist. in the Early Thirteenth Cent., Traditio 44, 1988, 253–274.

63. R. v. Selby, † 1152, Ordensmann engl. Herkunft, wurde von Roger II. zum Kanzler des Kgr.es →Sizilien ernannt (dem Bericht des →Romuald v. Salerno zufolge nach dem Tod des Guarinus [Jan. 1137] oder einige Zeit danach, vielleicht um 1138). Der älteste urkundl. Beleg für seine Tätigkeit als Kanzler stammt vom 28. April 1140. Roger betraute ihn mit wichtigen polit. Aufgaben. 1137 führte R. den Oberbefehl bei der Verteidigung von →Salerno, das von Ks. Lothar, Innozenz II. sowie von den mit →Robert v. Capua verbündeten Pisanern und Genuesen belagert wurde. 1143 wurde er zur Verifizierung der von Benevent geltend gemachten Privilegien dorthin entsandt. →Johannes v. Salisbury im »Policraticus«, Johannes v. Hexham und Romuald v. Salerno bezeugen einhellig R.s einflußreiche Stellung bei Hof, seine Fähigkeit und seine Energie bei der Abwicklung seiner Amtsgeschäfte und die Prachtentfaltung und Großzügigkeit seines Lebensstils; es ist jedoch umstritten, ob er eine gute lit. Bildung besaß. S. Fodale

Q. und Lit.: Romualdo Salernitano, Chronicon, ed. C. A. GARUFI, 1935, 222, 233 – John of Salisbury, Policraticus..., ed. J. WEBB, II, 1909, 173f. – John of Hexham, Historia Hagustaldiensis ecclesiae, ed. T. ARNOLD, 1885, 318 – E. CASPAR, Roger II (1101–54) und die Gründung der norm.-sicil. Monarchie, 1904, 302ff. – F. CHALANDON, Hist. de la domination normande en Italie et en Sicile, II, 1907, 73ff., 112, 638 – C. H. HASKINS, England and Sicily in the Twelfth Century, EHR 26, 1911, 437 – E. JAMISON, The Norman Administration of Apulia and Capua (Papers of the British School at Rome, 1913), 272f., 280f. – C. H. HASKINS, Studies in the Hist. of Mediaeval Science, 1924, 156, 169, 188 – H. ENZENSBERGER, Beiträge zum Kanzlei- und Urkundenwesen der norm. Herrscher Unteritaliens und Siziliens, 1971, 74f. – C. BRÜHL, Diplomi e Cancelleria di Ruggero II, 1983, 37f., 89ff. – P. MORPURGO, »Nos vero physicae rationis sectatores«, Quaderni Medievali XXVIII, 1989, 57, 59.

64. R. de Sorbon, Pariser Theologe, * 1201 in Sorbon (frz. Ardennen), † 1274; Sohn eines Bauern, verdankte seinen sozialen Aufstieg dem Eintritt in den Klerus und den Studien. Er war Student der Artes, dann der Theol. an der Univ. →Paris (1235–36), wurde hier schließlich selbst Regens der Theologie. R. war Kanoniker in Cambrai, dann an Notre-Dame de Paris (1258) sowie Familiar Kg. →Ludwigs IX. Er förderte (im Gegensatz zu anderen Pariser Universitätsgelehrten wie →Wilhelm de St-Amour) die Lehrtätigkeit der von ihm bewunderten →Dominikaner und →Franziskaner. Wohl inspiriert von den →'Studia' der Bettelorden, gründete R. 1257 jenes →Collegium, das etwa 20 arme Theologiestudenten aufnahm und als 'la Sorbonne' (schon bei François →Villon, um 1460) seinen Namen über die Jahrhunderte lebendig erhielt. Mit Unterstützung des Kg.s kaufte R. zahlreiche Häuser, die teils den Stipendiaten als Wohnung dienten (bereits am Ort der heut. Sorbonne), teils als Immobilienfonds des Kollegs fungierten. Er verfaßte um 1270 die Statuten des Kollegs, als dessen erster Provisor er fungierte und dem er testamentar. seine Hss. vermachte.

Als erstes großes weltl. Kolleg in Paris erlebte die Sorbonne, ohne daß hier eigener Unterricht erteilt wurde, einen raschen Aufstieg, bedingt durch die Solidität ihrer Besitzgrundlagen, die intellektuelle Qualität der Stipendiatenauswahl, den Rang ihrer Bibliothek, die Atmosphäre brüderl. Zusammenhalts zw. den Bursaren (socii) und die autonome Verwaltung nach eigenen Statuten. Das Kolleg wurde von Studenten aus dem gesamten Kgr. Frankreich wie aus dem Ausland frequentiert.

R. war wie sein vermutl. Lehrer →Guiart de Laon ein traditionalist. Theologe, der den Pariser Auffassungen des frühen 13. Jh. verhaftet blieb. Seine (weithin uned.) Werke zeigen stärkere Hinwendung zur Moral- und Pastoraltheol. als zur scholast. Philosophie (v. a. Fragen der Buße und des Seelenheils).

Seine Vorlesungen (lecturae) und Quaestionen (quaestiones disputatae) sind nicht erhalten, doch besitzen wir mehr als 80 seiner (zumeist an die Studenten gerichteten →Predigten), die ihn als geschätzten Kanzelredner ausweisen. Er verfaßte auch mehrere moral. Traktate (»De matrimonio«, »De consciencia«, »De tribus dietis«, »De saporibus«) sowie Anleitungen für Beichtväter. J. Verger

Ed. und Lit.: DSAM XIII, 816–824 – R. de S., De Consciencia et De tribus dietis, ed. F. CHAMBON, 1903 – P. GLORIEUX, Aux origines de la Sorbonne, 2 Bde, 1965–66 – A. L. GABRIEL, The Paris Studium. R. of Sorbonne and his Legacy, 1992, 63–111.

65. R. v. Tombelaine OSB, * um 1010, † 1078; Mönch v. →Mont-St-Michel, dann Einsiedler auf der nahen Insel Tombelaine, seit ca. 1040 Abt v. St-Vigor bei Bayeux, z. Z. Gregors VII. (1073–85) in Rom; hervorragender Vertreter des norm. Mönchtums des 11. Jh., Freund →Anselms v. Canterbury und Richards v. Préaux. Hauptwerk ist ein ca. 1050 verfaßter, hauptsächl. von →Beda inspirierter und v. a. auf die Beziehungen zw. Jesus Christus und der Kirche ausgerichteter Komm. zum Hld, der im MA als Werk Gregors d. Gr. angesehen wurde. H. Riedlinger

Lit.: RBMA V, 7488 – F. OHLY, Hld.studien, 1958, 95–98 – H. RIEDLINGER, Die Makellosigkeit der Kirche in den lat. Hld-Komm. des MA, 1958, 191–194 – P. QUIVY-J. THIRON, R. d. T. et son commentaire sur le Cantique des Cantiques (Millénaire monastique du Mont St-Michel, II, 1967), 347–356.

66. R. v. Torigny (Robertus de Monte), OSB, Gesch.sschreiber, † 23./24. Juni 1186; seit 1128 Mönch in Le →Bec, wurde um 1149 dort Prior und 1154 Abt v. Le →Mont-Saint-Michel. R. sorgte für die klösterl. Disziplin und trat als Bauherr hervor. Zweimal war er in England (1157, 1175). Auf Einladung Papst Alexanders III. nahm er an der Synode v. Tours 1163 teil. 1139 machte er →Heinrich v. Huntingdon mit der »Historia regum Britanniae« des →Geoffrey v. Monmouth bekannt. Um diese Zeit begann R. seine historiograph. Tätigkeit. Er fügte den »Gesta Normannorum ducum« des →Wilhelm v. Jumièges Interpolationen aus verschiedenen Q. ein und setzte das Werk von 1087 bis zum Tode des engl. Kg.s Heinrich I. 1135 fort (= Buch 8). R.s Hauptwerk ist seine von 1112 bis 1186 reichende Chronik (ab 1147 selbständig, eine Fortsetzung →Sigeberts v. Gembloux, die er von 1150 an in mehreren Phasen abfaßte. Sie stellt eine wichtige Q. zur engl.-frz. Gesch., bes. zur Politik Kg. Heinrichs II. und den Streitigkeiten im Hause Anjou, dar. Die Chronik fand weite Verbreitung und wurde später u. a. von →Radulfus de Diceto und →Matthäus Paris benutzt. R. verfaßte außerdem eine Schr. über das Mönchtum und die norm. Kl. sowie Ergänzungen zu Viten der Äbte von Le Bec (→Gilbert Crispin) und zu Annalen von Le Mont-Saint-Michel. Er zeigt Interesse für den Orient und die Aristoteles-Übers.en seiner Zeit. K. Schnith

Ed.: Chronique, ed. L. DELISLE, 2 Bde, 1872–73 [Text v. Jahre 94 bis 1186] – Chronica, ed. R. HOWLETT (Chronicles of the Reigns of Stephen, Henry II and Richard I, IV, 3–315 [RS], 1889) – Wilhelm v. Jumièges, Gesta Normannorum ducum, ed. J. MARX, 1914, 199–334 – Tractatus de immutationibus ordinis monachorum..., ed. L. DELISLE (s. o.), II, 184–206 – *Lit.*: MANITIUS III, bes. 442–445 – EBrit XIX, 350 – RBMA V, 1954, nr. 7489f. – GRABMANN, Geistesleben, III, 476 [Register] – M. CHIBNALL, Orderic Vitalis and R. of T. (Millenaire monastique du Mont-Saint-Michel, II, 1967), 133ff. – A. GRANSDEN, Historical Writing in England c. 550 to c. 1307, 1974, bes. 199f. und 261f. – E. M. C. VAN HOUTS, R. of T. as Genealogist (Stud. in Medieval Hist. pres. to R. A. BROWN, 1989), 215–233.

67. R. Tweng (Thweng), engl. Adliger, stammte aus Thwing (East Riding v. Yorkshire) und gewann durch Heirat die Besitzungen Kirkleatham und Burg Kilton im North Riding. 1231–32 unternahm R., den der Chronist →Matthaeus Paris einen »edlen und ansehnl. jungen Mann und kraftvollen Ritter« nennt, unter dem Decknamen 'William Wither' an der Spitze bewaffneter Banden gewaltsame Angriffe auf die engl. Besitzungen it. Kleriker, die diese vom Papst als Pfründen erhalten hatten. Diese Überfälle waren wohl z. T. dadurch motiviert, daß R. durch eine solche Pfründenvergabe um seine Herrschaftsrechte über Kirkleatham gebracht worden war. Der Kg. machte seinen Justitiar Hugh de →Burgh für den Aufruhr verantwortlich und enthob ihn des Amtes. Im Juli 1232 soll R. freies Geleit erhalten haben, um sich dem Kg. zu stellen; offenbar entging er aber einer Bestrafung, wohl weil seine Taten sich breiter Sympathien erfreuten. 1239, als neue Streitigkeiten um Kirkleatham ausbrachen, reiste R., wohlversehen mit Protestbriefen mehrerer Magnaten, nach Rom und konnte (dies behauptet zumindest Matthaeus Paris) den Papst zum Nachgeben überreden. Die von R. und seinen Gefolgsleuten durchgeführten Aktionen zeigen, wie tief in der lokalen engl. Gesellschaft des 13. Jh. der Haß gegen die päpstl. Pfründenpraxis verwurzelt war. D. A. Carpenter

Lit.: Peerage XII, 1, 1953, 735–744 – H. MACKENZIE, The Anti-Foreign Movement in England in 1231–32 (Anniversary Essays CH. H. HASKINS, 1929), 183–203.

68. R. v. Uzès OP, sel., * 1263, † Metz 1296, Neffe des Bf.s Robert v. Avignon, verfaßte ab 1291 tagebuchartige Aufzeichnungen über seine Offenbarungserlebnisse (symbol. Visionen, Erscheinungen, Auditionen, Prophezeiungen): »Liber visionum« und »Liber sermonum Domini«. Sie betreffen v. a. den gefährdeten Zustand von Kirche und Papsttum in der angebrochenen Endzeit und wenden sich mahnend an Cölestin V. ('Abel') und Bonifatius VIII. ('Kain'). R. wurde 1292 Dominikaner, engagiert für die Kirchenreform und als Prediger gesucht. Seine Schr.en übten einen gewissen Einfluß auf →Johannes v. Roquetaillade aus. P. Dinzelbacher

Ed.: J. BIGNAMI-ODIER, Les visions de R. d'U., AFP 25, 1955, 258–310 – *Lit.*: Bibl. SS XI, 259 – DSAM XIII, 831f. – P. AMARGIER, La Parole Rêvée, 1982 – R. MICHETTI, L'immagine del nemico nelle visioni di R. d'U., Clio 26, 1990, 661–670 – P. AMARGIER, R. d'U. revisité, Cahiers de Fanjeaux 27, 1992, 33–47.

69. R. v. York ('Perscrutator', R. Anglicus, R. Eboracensis) OP, Verf. von Werken zur Astrologie, Meteorologie und alchem.-med. Fragen, 1. Hälfte 14. Jh., † 1348 (?). V. a. in »De impressionibus aeris« (1325) entwickelte er ein System der Wettervorhersage aus astrolog. →Konjunktionen und Wetter- und Naturbeobachtungen. Manches ist in die »Summa judicialis« des →John of Eschenden eingegangen. R. hat die spätere Fülle der Prognostica (→Prognose) und der Kalender-Lit. mit beeinflußt. In dem ihm zugeschriebenen »Correctorium Alchemiae« erläutert er in achtzehn Kap. Theorien – auch aristotel. – der Metallogenese, räumt dem →Quecksilber nach arab. und ma. Tradition eine bes. Stellung hierbei ein, während er dem →Schwefel nur veredelnden Charakter zubilligt. Überzeugt von der →Transmutation an sich, äußert er sich über die ihm bekannten prakt. alchem. Verfahrensschritte eher skeptisch. Ein mehr med. Werk »De mysteriis secretorum« und eines über mag. Zeremonien (verloren) wurden ihm später (16. Jh.) noch zugeschrieben. G. Jüttner

Lit.: G. HELLMANN, Beitr. zur Gesch. der Meteorologie, II, 1917 – THORNDIKE III, 103–118.

Robert le Diable (R. der Teufel), Legendenstoff, der ritterl., religiöse und wohl auch folklorist. (Bezüge zum Grimmschen Märchen »Der Eisenhans« und zu den von A. AARNE und ST. THOMPSON als Typ 314 klassifizierten Erzählungen) Momente enthält, ist verklammert durch die Struktur der exemplar. Erzählung (→Exempel). Inhalt (nach der Version Stephans v. Bourbon; um 1250–61): Eine kinderlose Gfn. verspricht ihr Kind, falls sie eines bekommen sollte, dem →Teufel. Nachdem der daraufhin geborene Sohn R. von der Mutter den Grund für sein diabol. Wesen erfahren hat, zieht er nach Rom, um den Papst um Vergebung zu bitten. Er wird zu einem Eremiten geschickt, der ihm als Buße Schweigen, »Narrheit« und das Gebot, seine Nahrung den Hunden zu entreißen, auferlegt. R. unterzieht sich der Prüfung. Er nimmt unerkannt am Kampf gegen ein feindl. Heer teil, seine Identität wird enthüllt, doch lehnt er jegl. Belohnung ab und lebt fortan als Einsiedler. Der Stoff wird in einem afrz. Roman vom Ende des 12. Jh. oder Beginn des 13. Jh. (5078 Achtsilbler) behandelt; Stephan v. Bourbon gestaltet ihn als Exemplum; →Johannes Gobi bietet in der »Scala celi« eine Kurzfassung. Als erstes Kapitel der »Chroniques de Normandie« (14. Jh.) erweist sich R. als fiktive genealog. Erzählung (R. hat keine Nachkommen), die das norm. Herzogshaus mit einer diabol. Aura umgeben soll. Ein »Dit« von 254 monorimen Viersilblern (14. Jh.) wird ausgeweitet in einem Mirakelspiel, »Miracle de Nostre Dame de R. le D.« (2279 vv.), das zum Repertoire einer Pariser Marienbruderschaft gehörte (Aufführung 6. Dez. 1375). In diesen späten Fassungen verliert sich die asket. Haltung: R. heiratet (auf göttl. Eingebung) die Königstochter; burleske Szenen treten hinzu. Der »Dit« wurde Ende 15. Jh. in eine sehr erfolgreiche Prosaerzählung umgearbeitet: »La Vie du terrible R. le dyable«, Erstdruck Lyon 1496. Der Stoff wurde auch von der (15. Jh., mit asket. getöntem Epilog) engl. Lit. (Roman »Sir Gowther«) übernommen. Die frz. Fassung wurde seit dem 16. Jh. in die meisten europ. Sprachen übersetzt; die ptg. Version ist in Brasilien noch heute als Kolportageroman beliebt (»Folheto Roberto o Diabo«). Die einst vielgespielte Oper von Giacomo Meyerbeer (1831) beruht auf dem Libretto von Scribe und Delavigne. J. Berlioz

Ed.: Jean Gobi, Scala coeli, ed. M. A. POLO DE BEAULIEU, 1992 –

Anecdotes hist. ... d'Étienne de Bourbon, ed. A. LECOY DE LA MARCHE, 1877, no 168, 145–148 – Les Miracles de Notre Dame, ed. G. PARIS–U. CHEVALIER, Paris, 1881 (SATF), 1–77 – Le Dit de R. le D., ed. K. BREUL (Fschr. A. TOBLER, 1895), 464–509 – Sir Gowther, ed. K. BREUL, 1886 – K. BORINSKI, Eine ältere dt. Bearb. von R. le D., Germania 37, 1892, 44–62 – R. le D., ed. E. LÖSETH, 1903 – *Lit.:* DLFMA², 1290f. [J. BERLIOZ] – ManualME I. I, 1967, 141f., 297 – K. WAIS, Märchen und Chanson de geste. Themengeschichtliches zu R. le D., Berte aux grans piés, Loher und Maler, ZFSL 87, 1977, 314–334 – J. BERLIOZ, Métaphore, lieux communs et récit exemplaire: les images de la folie simulée dans la Vie du terrible R. le Dyable (1496), Symboles de la Renaissance, Arts et langage, II, 1982, 89–108, 231–236 – DERS., Les versions médiévales de l'hist. de R. le D.: présence du conte et sens des récits, Le Conte, 1988, 149–165.

Robertet. 1. R., Florimont, frz. Staatsmann, * 1459 (?) in Montbrison, † 1527 in Paris, entstammte einer Familie der Gft. →Forez, Sohn von Jean R., Notar und Sekretär der Kg.e Ludwig XI. und Karl VIII., und der Jeanne Chauvet. Zunächst als Châtelain v. Montbrison im Dienst der Hzg.e v. →Bourbon (1486), trat R. später in den Königsdienst ein: 1493 kgl. →Notar und Sekretär, 1495 Finanzsekretär, 1496 kgl. Münzmeister und Meister an der →Chambre des comptes (*maître des comptes*), 1505 kgl. Schatzmeister (→Trésorier de France), 1514 Ritter, wichtiges Mitglied des →Conseil royal. R. lag v. a. die Ausbildung der jungen kgl. Sekretäre für den hohen Staatsdienst am Herzen. Unter Karl VIII. und Ludwig XII. übte er mehrere diplomat. Missionen aus. Eine Zeitlang war er der brillante Helfer des mächtigen Kard.s Georg v. →Amboise: Ausländ. Gesandte mußten zunächst Zugang bei R. finden, um zum Kard. und Kg. vorzudringen; R. wird auch von Macchiavelli erwähnt. Franz I. bestätigte R. in seinen Ämtern. Dieser spielte noch einmal während der Gefangenschaft des Kg.s als Vertrauter der Regentin Luise v. Savoyen eine wichtige Rolle. Der selbstbewußte Renaissancemensch besaß eine Reihe einträgl. Seigneurien, vermählte sich mit Michèle Gaillard (aus reicher Familie der Hochfinanz), ließ sich als Mäzen von Dichtern und Schriftstellern feiern, war namhafter Kunstsammler (er besaß den bronzenen David von Michelangelo und erteilte Leonardo da Vinci den Auftrag zur Spinnwirtelmadonna) und Bauherr (Hôtel d'Alluye in Blois, Schloß Bury, errichtet von it. Architekten).   Ph. Contamine

Q. und Lit.: E. DACIER, F. R. (Positions des thèses École des Chartes, 1898), 35–39 – Clément Marot, Déploration de feu messire F. R. (Ders., Œuvres lyriques, ed. C. A. MAYER, 1964, 140–161) – A. LAPEYRE–R. SCHEURER, Les notaires et secrétaires du roi sous Louis XI et Charles VIII, 1978 – Biogr. in Vorber. [C. A. MAYER–D. BENTLEY-CRANCH].

2. R., Jean, frz. Dichter, * um 1420 in Montbrison, † 1502 (?), Sekretär des Hzg.s v. Bourbon, dann, ab 1470, dreier Kg.e; Italienreise (vor 1463). Neben einigen Rondeaux und Balladen in höf. Manier schrieb R. v. a. Vers- und Prosatexte in antikisierendem Stil, z. T. im Rückgriff auf →Petrarcas »Trionfi«. R. bewunderte George →Chastellain; durch Vermittlung von Jean de Montferrand aus dem Bugey, der im Dienste des Hzg.s v. Burgund stand, erbat er sich 1463 von Chastellain eine Poetik (»Les Douze Dames de Rhétorique«; Hss. ill.). 1467 setzte er dem burg. →Rhétoriqueur ein lit. Monument im →Prosimetrum »Complainte sur la mort de maistre George Chastelain«.   M.-R. Jung

Ed. und Lit.: DLFMA 1992, 841–843 – J. R., Œuvres, ed. M. ZSUPPÁN, 1970 – A. LAPEYRE–E. SCHEURER, Les notaires et secrétaires du roi sous les règnes de Louis XI, Charles XII und Louis XII, 1978, Nr. 591 – M.-R. JUNG, Les »Douze Dames de Rhétorique« (Du mot au texte, hg. P. WUNDERLI, 1982), 229–240 – A. CHAVANNES-MAZEL, The Twelve Ladies of Rhetoric in Cambridge (CUL Ms. Nr.n 3. 2.), Transactions of the Cambridge Bibliographical Society 10, 1992, 139–155.

Roberti, Ercole de', ferrares. Maler, * Ferrara um 1450, † ebd. 1496. Er tritt erstmals im »September« (1469) des Monatszyklus im Palazzo Schifanoia neben den beiden anderen, ihn prägenden Hauptmeistern der Ferrareser Schule, Cosmè →Tura und Francesco del →Cossa, in Erscheinung. Für dessen Polyptychon für die Cappella Griffoni in S. Petronio zu Bologna (vollendet 1473) malte er u. a. die Predella mit den »Wundern des hl. Vinzenz Ferrer« (Pinacoteca Vaticana). Um 1475 griff er in der Pala für San Lazzaro in Ferrara (1945 in Berlin zerstört) den von Giovanni →Bellini vereinheitlichten Bildtyp der thronenden Madonna mit Hl.n auf, den er in der 1481 bezahlten »Pala Portuense« für S. Maria in Porto in Ravenna (Mailand, Brera), dem einzigen für ihn dokumentierten und erhaltenen Werk, vollends seinem Idiom anverwandelte. Sein Hauptwerk ist bis auf ein kleines Fragment und gezeichnete Kopien verloren, die nach dem Tode Cossas 1477/78 übernommene Ausmalung der Cappella Garganelli in S. Pietro in Bologna; gleichzeitig vollendete er dessen Altar in S. Giovanni in Monte mit der Predella (zwei Friese »Gebet am Ölberg« und »Gefangennahme Christi«, »Gang zum Kalvarienberg« in Dresden, »Pietà« in Liverpool): E. de R.s typ. ferrares., letztl. auf →Donatello und →Mantegna zurückgehender, extrem kristallin plastischer und hochexpressiver Stil ist von den übersteigerten Manierismen der früheren Werke zugunsten einer psycholog. Vertiefung befreit. Von 1486 bis zu seinem Lebensende wirkte er als Hofmaler in Ferrara und reiste u. a. mit Alfonso d'Este 1492 nach Rom; es scheinen nur noch kleinere, spannungsärmere Werke entstanden zu sein.   Ch. Klemm

Lit.: M. SALMI, E. de' R., 1960 – R. MOLAIOLI, L'opera completa di Cosmè Tura ..., Francesco Cossa e E. de' R., 1974 – J. SALMONS–W. MORETTI, The Renaissance in Ferrara and its European Horizons, 1984 – La Pittura in Italia. Il Quattrocento, 1987, bes. 487 – R. VARESE, Atlante di Schifanoia, 1989.

Robertiner, moderne Bezeichnung (nach →Robert d. Tapferen) für ein westfrk. Adels- und Kg.shaus, dem man nach Hugo 'Capet' (987–996) den (modernen) Namen »Capétiens« gab (→Kapetinger). Legenden »ungewisser« bzw. sächs. Herkunft der R., um 1000 bei →Richer und →Aimoin auftretend, sind von der Forschung widerlegt. Robert d. Tapfere gehört, als er um 840/843 den Ludwig d. Dt. zugeteilten Raum Worms–Rheingau verläßt, um »palatinus« Karls d. Kahlen zu werden, zum höchsten Reichsadel. Aus dem mit den →Widonen verwandten Geschlecht (gemeinsamer Leitname Robert, Hausheiliger →Lambertus) ging die erste frk. Ksn. Ermengard, Gattin Ludwigs d. Fr., hervor. Sie und ihre Söhne Lothar, Ludwig d. Dt. und Pippin haben zusammen mit dem Haus der Gf.en v. Paris (Bego, Adalhard) 817/818 den von Ks. Karl v. Italien erhobenen (illegitimen) Enkel →Bernhard vernichtet (WERNER, Hludowicus). Adalhard ließ (die Bernhard feindliche) 'Vita Hludowici' für den jungen →Karl d. Kahlen schreiben (E. TREMP), dem er seine Nichte Irmentrud zur Frau gab, und er begünstigte den raschen Aufstieg Roberts d. Tapferen.

Zu den R./Widonen zählt →Chrodegang, über seine Mutter Landrada Enkel Roberts (dux Hasbaniorum [Hesbaye], Schwager Karl Martells) und Neffe »Roberts I.« (GLÖCKNER), dessen Witwe Willisvind mit ihrem Sohn →Cancor die Hausabtei der R., Lorsch, gründete, der Chrodegang, Bf. v. →Metz, Mönche seiner Gründung →Gorze unter seinem Bruder Gundland stellte. Chrodegang war zuvor Referendar →Karl Martells und hat als Berater →Pippins zu dessen Aufstieg zum Kgtm. beigetragen. Der Versuch, autochthone »rhein. Rupertiner«, mit Ausstrahlung von Worms nach Salzburg durch den hl. →Rupert, von »westfrk. Robertinern« zu trennen (GOCKEL, M. WERNER), übersieht die pippinidisch-widonisch/robertinische Verklammerung bei der von Gallien aus geleiteten Expansion in die Germania. Chrodobert/ Rotbert war mehrfach Name von →Referendaren am merow. Hof und von Bf.en in NW-Gallien, dem späteren Machtzentrum der R.

Der Wiederaufstieg der nach Roberts d. Tapferen Tod (866) durch den Welfen →Hugo Abbas abgelösten R. begann durch den Bund →Odos mit dem Rivalen von Hugo, dem Rorgoniden→Gauzlin (OEXLE, WERNER), Abt v. →St-Denis, dann Bf. v. Paris, dessen Abteien an die R. kamen. Odo, Platzhalter Ks. Karls III. im Westreich, erhielt vom Ks. nach dem Tode Hugos die Loiregrafschaften mit der Abtei St-Martin in →Tours (also das »Erbe« Roberts d. Tapferen). Nach Karls Tod zum Kg. gewählt, übertrug Odo den gesamten »Hausbesitz« seinem Bruder →Robert, den er zum Marchio des regnum Neustrien erhob. Ein Erbe, das dieser schon 914 seinem Sohn →Hugo d. Gr. durch Kg. Karl III. 'den Einfältigen' bestätigen ließ (WERNER, Unters.). Die damit »erblich« gewordene Herrschaft über St-Martin, aus dessen Stiftsklerus die R. »ihre« Bf.e in Neustrien rekrutierten, und die Kontrolle über Paris und St-Denis, die Odo sich bei der Anerkennung Karls als Nachfolger (896/897) zusichern ließ (St-Denis wurde Grablege der R. statt der Karolinger), machten die R. zu den mächtigsten Lehnsherrn im Westreich, spirituell verbündet mit zwei der drei westfrk. Reichsheiligen. Ihre zahlreichen Gft.en übertrugen sie an Vicecomites bzw. Vasallengf.en. Die R. nahmen eine Kg.swahl nur an, wenn ein Bruder oder Sohn zur Sicherung des Hausbesitzes zur Verfügung stand, zogen es im übrigen vor, sich vom karol. Kg. (den sie 936 selbst restituierten) immer neue Rechte verleihen zu lassen, so den Rang eines Dux Francorum, durch den sie rivalisierende Häuser (Burgund, Aquitanien) »mediatisierten«. Während die Karolinger ihre Gft.en wieder ausgeben mußten, behielten die R. die ihren, ein Verfahren, das die »Kapetinger« beibehielten und durch Übertragung an Praepositi/Prévôts verfeinerten. Ein Haus hochadliger Laienäbte hat das karol. System ad absurdum geführt, im Bund mit dem Reformmönchtum, das es förderte (Fleury, St-Denis), und mit dem Adel, dessen Verweigerung einer karol. »Universalpolitik« (Lothringen, Italien) es teilte. Den Schlußpunkt setzte der Bund mit den →Ottonen und dem diesen nahestehenden Ebf. →Adalbero v. Reims. Mit der Kirche des Remigius verloren die Karolinger den letzten Reichsheiligen und den westfrk. Episkopat, der Hugo wählte und den letzen karol. Prätendenten→Karl v. Lothringen zurückwies. K. F. Werner

Lit.: Codex Laureshamensis, ed. K. GLÖCKNER, 3 Bde, 1929–36 – K. GLÖCKNER, Lorsch und Lothringen, R. und Kapetinger, ZGO NF 50, 1936, 301–354 – K. F. WERNER, Rotberti et complices. Die Vasallen Roberts d. Tapferen, WaG 19, 1959, 146–193 – O. G. OEXLE, Bf. Ebroin v. Poitiers und seine Verwandten, FMASt 3, 1969, 188–207 – M. GOCKEL, Karol. Kg.shöfe am Mittelrhein, 1970, 298ff.– H. WOLFRAM, Der hl. Rupert und die antikarol. Adelsopposition, MIÖG 80, 1972, 4–34 – M. GOCKEL, Zur Verwandtschaft der Äbt. Emhilt v. Milz (Fschr. W. SCHLESINGER, 2, 1974), 27ff. – K. BRUNNER, Oppositionelle Gruppen im Karolingerreich, 1979, 68 – K. F. WERNER, Gauzlin v. St-Denis, DA 35, 1979, 395–452 – M. WERNER, Der Lütticher Raum in frühkarol. Zeit, 1980, 184ff. – R. HENNEBICQUE, Structures familiales et politiques au IXe s., RH 265, 1981 – Y. SASSIER, Hugues Capet. Naissance d'une dynastie, 1987 [auch zu Hugo d. Gr.] – J.-P. BRUNTERC'H, Le duché du Maine et la marche de la Bretagne (La Neustrie B. 1, hg. H. ATSMA, 1989), 42ff. – O. GUILLOT, Les étapes de l'accession d'Eudes au pouvoir royal (Media in Francia. Fschr. K. F. WERNER, 1989), 207ff. – F. STAAB, Speyer im Frankenreich (Gesch. der Stadt Speyer, 1, 1989), 188–190, 202 [R., Widonen] – C. BRÜHL, Dtl. und Frankreich. Geburt zweier Völker, 1990, 353–705 – K. F. WERNER, Hludowicus Augustus (Charlemagne's Heir, hg. P. GOODMAN–R. COLLINS, 1990), 28–69 – E. TREMP, Die Überlieferung der Vita Hludowici imp. ..., 1991, 128–148 – CH. SETTIPANI, La préhist. des Capétiens, I: Mérovingiens, Carolingiens et Robertiens, 1993, 399–514 [Bibliogr.] – K. F. WERNER, Il y a mille ans, les Carolingiens, Annuaire-Bull. Soc. de l'Hist. de France, 1992/3, 1993, 17–89 – DERS., Les premiers Robertiens et les premiers Anjou (L'Ouest de la France et les premiers Capétiens, hg. O. GUILLOT) [im Dr.].

Robertsbridge Codex, Chronik der engl. Abtei R., um 1320 (heute London BL Add. Ms. 28550), enthält die älteste erhaltene Tasteninstrument-Tabulatur (3 Estampies und 3 Motetten), mit großer Wahrscheinlichkeit für die Orgel gedacht. Charakteristika, die später in dt. Tabulaturen fortgeführt werden, erlauben es, in dieser engl. Hs. eine dt. Tabulatur zu sehen: Die oberste Stimme ist auf einem fünf-Linien-System in Mensuralnotation geschrieben, die unteren Stimmen darunter in Buchstaben-Notation. H. Leuchtmann

Ed.: H. E. WOOLDRIDGE, Early Engl. Harmony, I, 1897, Taf. 42–45 [Faks.] – W. APEL, Corpus of early keyboard music, I, 1963, 1–9 – *Lit.:* MGG s. v. – NEW GROVE s. v.; s. v. Sources of Keyboard Music to 1600, § 2 (VI); XVIII, 507 [Abb.] – RIEMANN Sachteil, s. v. Orgeltabulatur – J. WOLF, Zur Gesch. der Orgelmusik im 14. Jh., Kirchenmusikal. Jb. XIV, 1899, 14ff. – W. APEL, The Notation of Polyphonic Music, 900–1600, 1953³ – C. PARRISH, The Notation of Medieval Music, 1957, 183–186.

Robertus

1. R. de Handlo (1. Hälfte 14. Jh.), engl. Musiktheoretiker, stammte vielleicht aus der in der Gft. Kent bereits im 14. Jh. nachzuweisenden Familie H. Er verfaßte 1326 die »Regule cum maximis magistri Franconis cum additionibus aliorum musicorum«. Der Traktat behandelt die Notationslehre auf der Grundlage der Ars cantus mensurabilis von →Franco v. Köln und reichert sie mit neuerem Material an, das deutl. engl. Einflüsse zeigt, die Lehre der →Ars nova aber noch nicht berücksichtigt. M. Bernhard

Ed.: P. M. LEFFERTS, R. de H., Regule and Johannes Hanboys, Summa (Greek and Lat. Music Theory, 1991) [mit engl. Übers. und Komm.] – *Lit.:* NEW GROVE s.v.

2. R. Monachus (Robert v. Reims), Anfang des 12. Jh., Autor einer Chronik des I. →Kreuzzuges, der »Hist. Hierosolymitana« (auch: »Hierosolymitana expeditio«) in neun Büchern, in Prosa. Der schwer identifizierbare Chronist wird gemeinhin mit Abt Robert v. St-Remi de →Reims († 1122) gleichgesetzt. Dieser wurde 1094 vom Ebf. Manasses verdrängt, 1096–97 exkommuniziert und vertrieben, woraufhin er an Papst →Urban II. in Rom appellierte (1097). Er nahm (wohl Bußwallfahrt) am Kreuzzug teil, soll später das Priorat Semuc, dessen Werk 1112–18 verfaßt haben soll. Nicht in Einklang hiermit steht jedoch, daß der Autor sich als Mönch, nicht als Abt bezeichnet und St-Remi als den Ort der Abfassung nennt. Das Verhältnis zu anderen Geschichtsschreibern des I. Kreuzzugs (Raimund v. Aguilers, →Balderich v. Bourgueil, →Guibert v. Nogent, dem Dichter Gilles de Toucy) ist ebenfalls nicht ganz klar.

Als ausgesprochen gebildeter Autor beherrscht R. die adäquate Anwendung der Reimprosa und versteht es meisterhaft, die wichtigen Passagen durch Einsatz angemessener Stilmittel hervorzuheben; sein Werk ist eine überarbeitete Version der anonymen »Gesta Francorum qui ceperunt Jerusalem« mit Zusätzen, die er wohl von anderen Kreuzzugschronisten übernahm; das lit. anspruchsvolle erbaul. Werk wird von zwei Lobpreisungen auf Jerusalem umrahmt. Die sehr verbreitete Chronik (über 90 erhaltene Hss.) wurde ins It., Dt. und Frz. übersetzt. Eine Versfassung (in leonin. Hexametern) entstand im 12. Jh. in Österreich. Sie wurde von der »Chanson d'Antioche« (→Kreuzzugsdichtung, II) und der »Chronica« des →Magnus v. Reichersberg benutzt. P. Bourgain

Ed. und Übers.: J. BONGARS, Gesta Dei per Francos, 1611, I, 30–81 (MPL 185, 669–758) – RHCOcc III, 1866, 717–882 – S. DE SANDOLI, Itinera Hierosolymitana Crucesignatorum saec. XII–XIII, I, 1980 [mit it. Übers.] – *dt. Übers.*: H. HAUPT, 1972 – *Lit.*: MOLINIER, 2118 – MANITIUS III, 424–426 – H. v. SYBEL, Gesch. des ersten Kreuzzuges, 1881, 43–46 – DERS., Sagen und Gedichte über die Kreuzzüge, Kl. Schr. III, 1881, 117–155 – H. HAGENMEYER, Anonymi Gesta Francorum und Peter d. Eremita, 1890 – G. MARQUARDT, Die Hist. Hierosolimitana des R. M., 1892 – J. E. CRONIN, And the Reapers are Angels. A Study of the Crusade Motivation as described in the H. H. of R. the M. [Diss. New York, Columbia Univ. 1973].

3. R. Pullus (Pulleyen, Pullanus, Pullen), erster engl. Kard., * ca. 1080, † 1146 in Viterbo, studierte wahrscheinl. nach 1103 in Paris unter →Wilhelm v. Champeaux, lehrte 1133–38 in Oxford zumeist die Hl. Schrift, deren Studium er dort eingeführt zu haben scheint; zugleich bemerkenswerte Predigttätigkeit (19 uned. Sermones erhalten); ca. 1134 Archidiakon v. Rochester. Der Kritiker →Abaelards wird 1142 Nachfolger →Gilberts v. Poitiers in Paris, wo ihn →Johannes v. Salisbury hört und Anerkennung äußert (Metal. I, 5; II, 10). Ähnlich urteilen →Bernhard v. Clairvaux (Epp. 205, 362) sowie dessen Schüler →Gottfried v. Clairvaux (Libellus V, 30; ed. N. HÄRING, AnalCist 22, 1966, 67). 1144 Kard., 1145–46 Kanzler der Kirche. Seine Sentenzen sind mit ihrer systemat. Geschlossenheit ein Vorläufer zu →Petrus Lombardus. Die Gotteslehre zeigt R. als gemäßigten Dialektiker. Als einer der ersten führt er das aristotel. Kausaldenken in die Gottesbeweise ein; eigenständige Sünden- und Erbsündenlehre. F. Courth

Lit.: DThC XIII, 2753f. – F. PELSTER, Einige Angaben über Leben und Schr. en des R. P., Schol 12, 1937, 239–247 – F. COURTNEY, Cardinal R. P. (Analecta Gregoriana 64, 1954) – N. M. HÄRING, S. Bernhard and the Litterati of his Day, CCCist 25, 1974, 211f.

Robin Hood, legendärer Balladenheld, Räuberhauptmann, ausgezeichneter Bogenschütze, Wildschütz, Verehrer der Jungfrau Maria, Freund der Armen, lebt mit Little John, Friar Tuck und anderen im Barnsdale (Yorks.) und/oder im Sherwood Forest (Notts.). Einem verschuldeten Ritter beistehend, gerät er in Konflikt mit dem Abt v. St. Mary's in York, sein eigtl. schurk. Gegenspieler ist der Sheriff v. Nottingham, den er schließlich auch tötet. Vom Kg. ('Edward') begnadigt und an den Hof geholt, hält er es dort nur kurze Zeit aus. Zurück im *greenwood*, stirbt er nach mehr als 20 Jahren durch Verrat. Als hist. Person ist R. H. vielleicht im 13. Jh. anzusiedeln, als Freund von Richard I. erst nach 1500 nachweisbar (John Major, 1521). Die früheste lit. Erwähnung der R. H.-Legende in »Piers Plowman« (B, V, 396; →Langland, William) setzt eine voll ausgebildete Tradition voraus. Die ältesten erhaltenen Dichtungen (»R. H. and the Monk«, »R. H. and the Potter«, »The Gest of R. H.«, »R. H.'s Death«, das älteste Dramenfrgm. »R. H. and the Sheriff« [Ende 15./Anfang 16. Jh.]) verarbeiten mehrere Erzähltraditionen (R. H. im Barnsdale, R. H. im Sherwood Forest, R. H. und der Sheriff v. Nottingham). Elemente des Artusromans parodierend, ist die *Gest* wohl für den Adel gedacht und zeigt die R. H.-Legende als ein Beispiel für das 'Absinken' lit. Stoffe. R. Gleißner

Lit.: J. C. HOLT, R. H., 1982 – D. CROOK, The Sheriff of Nottingham and R. H.: The Genesis of the Legend? (P. R. Coss u. a., Thirteenth Cent. England, II, 1988), 59–68 – R. B. DOBSON–J. TAYLOR, Rymes of R. H., 1989 [Ed. und Lit.] – A. AYTON, Military Service and the Development of the R. H. Legend in the Fourteenth Cent., Nottingham Medieval Stud. 36, 1992, 126–147.

Rocabertí, katal. Adelsgeschlecht (Alt Empordà), das sich von Vgf. Dalmatius v. Peralada, einem Mitstreiter des Gf.en →Borell II. v. Barcelona († 992), ableitete. Die erste Linie erlosch mit Raimund Wilhelm v. R. (1085–91). Dalmatius Berengar v. Quermançó (1099–1128), Enkel des Gf.en Pons I. v. →Ampurias, war der Stammvater der zweiten Linie (nach 1109 nicht länger Vgf.en v. Peralada, sondern Vgf.en v. R. gen.), die in den Auseinandersetzungen des 12. Jh. auf seiten der Gf.en v. Barcelona gegen die Gf.en v. Ampurias stand. Die Familie war v. a. in den Gft.en Ampurias, →Besalú und →Roussillon reich begütert. Sie stellte drei Ebf.e v. Tarragona (Raimund [1198–1215], Benedikt [1252–68], Wilhelm [1309–15]) und verschiedene Bf.e (Berengar v. Elne [† 1146], Peter v. Gerona [1318–24]). Gaufred III. v. R. (1229–82) zählte zum Beraterkreis Jakobs I., sein Sohn Dalmatius III. (1282–1304) zog mit Peter III. nach Sizilien. Philipp Dalmatius (1343–92) kämpfte auf seiten Peters IV. gegen Kastilien, wurde 1371 Kämmerer des Infanten Johann und schließlich Generalvikar der der Krone Aragón inkorporierten Hzm.er →Athen und →Neopatras. Gaufred VIII. (1420–79) stand im Bürgerkrieg auf der Seite der Gegner Johanns II., sein Cousin Peter (1415–93), der aus Geldnot eigene Münzen (*rocabertins*) prägte, kämpfte auf seiten des Kg.s. Ein anderer Cousin, Bernhard Hug (1415–79), verfaßte das Versepos »La Gloria d'amor«.
U. Vones-Liebenstein

Lit.: Gran Enciclopèdia Catalana XII, 653–661 – Catalunya romànica IX, 510–515 – S. SOBREQUÉS I VIDAL, Els Barons de Catalunya, 1957 – P. CATALÀ I ROCA u.a., Els Castells Catalans, II, 1969, 435–447.

Rocafort, Name verschiedener katal. Burgen: R. bei Manresa aus dem 10. Jh.; R. de Queralt (Baronie) in der Conca de Barberà; R. de Vallbona in der Gft. Urgell. Einer dieser nicht näher erforschten Familien des niederen Adels entstammte *Bernat de R.*, der, in Sizilien bezeugt und als Lehnsmann Friedrichs III. in Kalabrien, durch den Frieden v. →Caltabellotta (1302) zum Verkauf seiner Burgen an Robert I. v. Neapel gezwungen wurde. Robert verfolgte ihn von da an wegen der geforderten Entschädigung mit Haß. An der Spitze der →Almogávares und der Lanzenreiter ging er in den Orient, schloß sich der →Katal. Kompanie des Roger de →Flor an und übernahm deren Führung nach der Ermordung Rogers und Ferrans d'Aúnes während der Gefangenschaft Berengars d' →Entença (1305). Nach der Rückkehr Berengars zerfiel die Einheit der Kompanie. Die Ankunft →Ferdinands v. Mallorca, den B. de R. nicht als Vertreter Friedrichs III. anerkannte, führte zu neuen Konflikten. B. de R. unterstellte die Kompanie dem Oberbefehl →Karls v. Valois (Titularks. v. Konstantinopel) und seines Stellvertreters Thibaut de →Chepoy. Ein Feldzug gegen Saloniki, wo er sich zum Kg. erheben lassen wollte, wurde B. de R. zum Verhängnis: Thibaut setzte ihn zusammen mit seinem Bruder Asbert gefangen und schickte beide nach Neapel, wo Kg. Robert sie in der Burg Aversa einkerkern und verschmachten ließ (1309).
Carmen Batlle

Lit.: Gran Enciclopèdia Catalana XII, 663 – L. NICOLAU D'OLWER, L'expansió de Catalunya a la Mediterrània Oriental, 1926 [Neudr. 1974] – R. SABLONIER, Krieg und Kriegertum in der Crònica des Ramon Muntaner, 1971.

Rocamadour, berühmter Marienwallfahrtsort in SW-Frankreich, im Herzen des →Quercy (dép. Lot). In wilder Felslandschaft, die als 'locus horribilis' den frommen Schauer weckt, liegt die von einer Burg gekrönte 'Roqua

Major' 120 m über einem tiefeingeschnittenen Cañon im Causse de Granat. Der steile Fels birgt eine Reihe von Andachtsstätten: St-Michel, St-Sauveur und St-Amadour (alle im 19. Jh. überrestauriert) sowie (als zentrales Heiligtum) die Kapelle Notre-Dame, in Verbindung mit einer Grotte, in der eine berühmte Schwarze Madonna, Gnadenbild des 12. Jh., verehrt wird. Unterhalb des Felsens liegt das befestigte 'Dorf', mit seinen Hospizen, Pilgerherbergen und Kaufmannshäusern fast einer Stadt gleich. Die Anfänge der Wallfahrt liegen im dunkeln, vermutet wird die »Christianisierung« des Kultes einer weibl. chthon. Gottheit. Große Blütezeit war das späte 12. und das 13. Jh.; Pilger strömten aus dem ganzen Europa, selbst aus dem fernen Baltikum, dem Heiligtum zu, oft in Verbindung mit der →Santiago-Pilgerfahrt. Der um 1172 redigierte »Liber Miraculorum« umfaßt 127 Berichte, darunter ein Wunder, das die Jungfrau zugunsten eines Ritters der Burg Stollberg (Bm. Würzburg) wirkte. Das Gnadenbild 'Stella maris' wurde als Schützerin der Seeleute in Meeresgefahr angerufen. Im 14. Jh. erfolgten, nicht zuletzt im Bereich des heut. Belgien, Bußwallfahrten nach R., die von den kirchl. Autoritäten auferlegt worden waren. Nachdem der →Hundertjährige Krieg den Zulauf stark reduziert hatte, lebte die Wallfahrt mit dem 'Grand Pardon' von 1428 wieder in voller Stärke auf. – Die Anfänge der Wallfahrt wurden offenbar gezielt gefördert durch konzertierte Aktion der Vizgf.en v. →Turenne (als weltl. Schutzherren), der Benediktiner v. →Tulle (als Inhaber der kirchl. Rechte) und der Zisterzienser v. →Obazine (als Organisatoren der »Logistik«). J. Lartigaut

Q. und Lit.: LThK² I, 414 – E. ALBE, Les Miracles de Notre-Dame de R. au XIIᵉ s., 1907 – J. ROCACHER, R. et son pèlerinage [Thèse Toulouse], 2 Bde, 1979.

Roccabonella-Codex → Rinio-Codex

Roche, la, burg., auf Otto (Othon) v. la R.-sur-Ognon (etwa 1130–70) zurückgehende Adelsfamilie, die im frk. Griechenland eine führende Rolle spielte. Nachdem Otto v. la R., ein Enkel des Ahnherrn, am IV. →Kreuzzug im Gefolge des Mgf.en →Bonifaz I. v. Mon(t)ferrat teilgenommen und von diesem noch 1204 in seinem »regnum Thessalonicae« mit der (Lehens-)Herrschaft über →Athen (samt Megara) betraut worden war, stellte die Familie zunächst dort, wie auch ab 1210 in Theben und ab 1212 in der Argolis samt Nauplion, bis zu ihrem Aussterben mit dem Tod Guys II. (bzw.: Guyots) von la R. 1308 die weltl. Herren (ab 1280: Hzg.e), war aber auch verschiedentl. im Athener Klerus vertreten. Grablege der Athener Hzg.e war das Kl. →Daphni. Ein anderer Zweig der Familie hatte die Baronie v. Damala und Veligosti (→Morea) inne. Heiratsverbindungen, u. a. mit den →Angeloi (v. Thessalien), den →Brienne, den →Ibelin und den →Villehardouin, verstärkten den Einfluß der la R. innerhalb und außerhalb Griechenlands (s. Stammtafel, BON, 704).
G. Prinzing

Lit.: A. BON, La Morée franque, I, 1969 – J. LONGNON, Les premiers ducs d'Athènes et leur famille, Journal des savants, 1973, 61–80 – J. KODER–F. HILD, Hellas und Thessalia, 1976, 69–73, passim – K. M. SETTON, The Papacy and the Levant, I, 1976, bes. 405–440 – M.-D. STURDZA, Dict. hist. et généalogique des grandes familles de Grèce, d'Albanie et de Constantinople, 1983, 534f.

Roche-Derrien, La, Burg und Stadt in der nördl. Bretagne, nahe Tréguier (dép. Côtes-d'Armor, arr. Lannion). Im Bret. Erbfolgekrieg des 14. Jh. (→Bretagne, B. II) nahmen die engl. Heerführer, die das Haus Montfort (unter →Jean [IV.]) unterstützten, im Dez. 1345 La R. ein, das zuvor eine Bastion der konkurrierenden Blois-→Penthièvre gewesen war. Der bereits in einer ersten Schlacht unterlegene →Karl v. Blois eröffnete nochmals eine Belagerung, unterstützt von der örtl. Bevölkerung. Doch der engl. Heerführer Sir Thomas →Dagworth erschien zum Entsatz der engl. Garnison völlig überraschend auf dem bret. Kriegsschauplatz. Nach anfängl. Verwirrung (Gefangennahme Dagworths) veränderte eine engl. Gegenattacke tiefgreifend die Situation: Am 20. Juni 1347 wurde Karl v. Blois seinerseits gefangengenommen und blieb bis 1356 in engl. Gewahrsam. Ph. Contamine

Lit.: F. PLAINE, La journée de La R.-D., Bull. de l'Association bretonne, 1875, 239–259 – M. JONES, Sir Thomas Dagworth et la guerre civile en Bretagne au XIVᵉ s., Annales de Bretagne, 1981, 621–639 – DERS., The Creation of Brittany, 1988 – J.-C. CASSARD, Charles de Blois, 1319/1364, duc de Bretagne et bienheureux, 1994.

Roche-au-Moine, La, Burg in Westfrankreich, Anjou (dép. Maine-et-Loire, arr. Angers), Schlachtort (1214). Im Rahmen einer zu diesem Zeitpunkt gegen →Philipp II. Augustus v. Frankreich gerichteten Koalition landete →Johann, Kg. v. England aus dem Hause Plantagenêt, am 15. Febr. 1214 in →La Rochelle an der Spitze einer Armee, um die an den Kapetinger gefallenen Gft.en →Poitou und Anjou (→Angers) zurückzuerobern, mit Unterstützung eines Großteils der poitevin. →Barone. Philipp Augustus zwang sie zum Rückzug auf La →Réole, brach dann aber nach →Flandern auf und überließ seinem ältesten Sohn, →Ludwig (VIII.), die Kriegführung in Westfrankreich. Johann überschritt die →Loire, bemächtigte sich der Stadt Angers und begann die Belagerung (19. Juni 1214) der mit einer frz. Garnison besetzten Burg La R., die der Seneschall v. Anjou, Guillaume des →Roches, neuerrichtet hatte. Prinz Ludwig rückte auf Anraten des →Maréchal de France, Henri →Clément, von Chinon aus gegen La R. vor, zwang Johann zur vorzeitigen Aufhebung der Belagerung (2. Juli), was wohl auf das Ausbleiben eines Teils der poitevin. Barone zurückzuführen war. Die frz. Streitkräfte erhielten nach dem entscheidenden Sieg v. →Bouvines (27. Juli 1214) Verstärkung durch Kg. Philipp (7. Aug. 1214), so daß die frz. Monarchie fast mühelos das Anjou und die umliegenden Territorien zurückgewinnen konnte. Das Scharmützel von La R. hatte somit trotz seiner begrenzten militär. Bedeutung weitreichende strateg. und polit. Konsequenzen. Ph. Contamine

Lit.: CH. PETIT-DUTAILLIS, Étude sur la vie et le règne de Louis VIII, 1894 – J. W. BALDWIN, The Government of Philip Augustus, 1986.

Rochechouart, bedeutende westfrz. Adelsfamilie, benannt nach der Vicomté R. (dép. Haute-Vienne), die Ende des 10. Jh. zugunsten *Aimeris,* des Sohnes von Géraud, Vicomte v. Limoges, geschaffen wurde und seit dem 13. Jh. zum Verband der Gft. →Poitou gehörte. Die Vicomté kam 1470 durch Heirat an die Familie Pontville (R.-Pontville, erloschen 1832). Die Vicomtes v. R. waren bewährte Diener des frz. Kgtm.s. *Jean I.* fiel in der Schlacht v. →Poitiers (1356). Sein Sohn *Louis* (1356–94) war kgl. *Capitaine* im Limousin; *Foucaud,* Sohn von *Jean II.,* fungierte 1446 als kgl. Gouverneur v. →La Rochelle. Jüngere Söhne der Familie hatten hohe kirchl. Würden inne (*Simon,* Ebf. v. Bordeaux 1275–80; *Foucaud,* Bf./Gf. v. Noyon 1318, Ebf. v. Bourges 1331–43; *Jean,* Bf. v. Couserans 1360, St-Pons de Thomières 1361–86, Ebf. v. Bourges 1386–90, Administrator des Ebm.s Arles 1391–98).

Guillaume, der jüngere Sohn *Aimeris VIII.,* war Stammherr der jüngeren Linie der R.-Mortemart (ab 1260), deren Mitglieder wichtige Ämter in der kgl. Verwaltung Südwestfrankreichs bekleideten. *Aimeri I.* v. R.-M. war Generalkapitän in Limousin und Marche 1349–50, Seneschall v. Toulouse 1352, erneut Generalkapitän in Languedoc 1352, in Limousin, Poitou und Saintonge 1352–54. Sein

Sohn *Aimeri II.* († 1397), bei Poitiers 1356 gefangengenommen, war Seneschall des Limousin (1380–81, 1383–89), 1392 Generalkapitän in Poitou und Saintonge; dessen Sohn *Jean* († vor 1444) ab 1426 Gouverneur v. La Rochelle. *Pierre*, wohl Sohn des *Guillaume* v. R.-M., war Bf. v. Viviers (1322–25) und Auxerre (1326–27) und schließlich Kard. presbyter v. S. Stefano in Coelio Monte (1327). Im 15. Jh. hielten Mitglieder der R.-M. oft den Bf.sstuhl v. →Saintes, vom Onkel auf den Neffen, in Besitz. Die mit den →Amboise verschwägerten R., die mehrere Seitenlinien ausbildeten (Bourdet, Champdeniers), traten im frühen 16. Jh. auch am frz. Königshof hervor (*François*, †1530, →Chambellan Ludwigs XII.).

R. Favreau

Lit.: GChr I, II, VI – P. ANSELME, Hist. généalogique IV, 1726, 649–654, 675–682 – L.-V.-L. DE ROCHECHOUART, Hist. de la maison de R., 2 Bde, 1859 – G. DUPONT-FERRIER, Gallia regia ou État des officiers royaux des bailliages et sénéchaussées de 1328 à 1515, III, 1954; IV, 1954; V, 1958.

Rochefort. 1., R., Guillaume de, burg. und frz. Staatsmann, Kanzler v. Frankreich (→Chancelier) 1483–92, * um 1440, † 12. Aug. 1492, entstammte als Sohn von Jacques, Seigneur de R., und Agnès de Cleron einer Familie aus →Dole (Freigft. Burgund), die nach bescheidenen Anfängen seit Beginn des 15. Jh. ihren Aufstieg erlebte. Nach gründl. Universitätsausbildung (wohl an der 1427 gegr. Univ. Dole, Dr. 'in utroque jure') stand R. in hzgl. burg. Diensten, nahm an der Guerre du Bien public (1465) teil und wirkte als einflußreicher Ratgeber →Philipps des Guten und →Karls des Kühnen (ztw. fakt. Leitung der burg. Diplomatie gegenüber →Mailand, →Venedig, →Savoyen und den →Eidgenossen). Freimütige Kritik an der Politik Karls des Kühnen trug ihm 1476 die Ungnade ein, doch blieb er noch einige Jahre der burg.-habsburg. Sache treu (unter →Maria v. Burgund und →Maximilian). Sein Ziel war es, die Freigft. Burgund vor dem Zugriff Kg. →Ludwigs XI. v. Frankreich zu schützen. Dieser verstand es jedoch, R. 'in extremis' an Frankreich zu binden: Er ernannte ihn kurz vor seinem Tode zum Kanzler (12. Mai 1483). Der Nachfolger, →Karl VIII., und die Beaujeus, bestätigten R., im Bewußtsein seiner Fähigkeiten, im Amte (22. Sept. 1483). R. spielte eine beherrschende Rolle bei den →États généraux v. 1484 und zählte zu den aktivsten Mitgliedern des →Conseil royal. Ungewiß bleibt, ob und wieweit er die ehrgeizige Italienpolitik Karls VIII., die sich bereits während R.s Amtszeit abzeichnete, billigte. Ph. Contamine

Lit.: M. HARSGOR, Recherches sur le personnel du roi sous Charles VIII et Louis XII, Bd. II, 1980, 1164–1184.

2. R., Guy de, Kanzler v. Frankreich (→Chancelier), † Jan. 1508, jüngerer Bruder von 1, machte eine vergleichbare Karriere. Jurist (Dr. jur.) und Ratgeber Hzg. →Karls d. Kühnen v. →Burgund, verband er sich nach dessen Tod (1477) mit Kg. →Ludwig XI. v. Frankreich und wurde zum kgl. Rat (1479) und Ersten Präsidenten (1482) des →Parlements v. Burgund ernannt. Als ein führender Parteigänger Frankreichs in Hzm. und Freigft. Burgund erlitt er heftige Anfeindungen von seiten des Adels der Freigft. (1495 monatelange Gefangenschaft). Am 9. Juli 1497 ernannte ihn der Kg. zum Kanzler v. Frankreich. Eine seiner ersten Amtshandlungen war die Einrichtung des Grand Conseil, des vom Kanzler präsidierten Hofgerichts.

B. Schnerb

Lit.: J. MANGIN, Guillaume de R., étude biogr. suivie d'une notice sur Guy de R. [Positions des Thèses de l'École des Chartes, 1936], 117–123.

Rochen, als abgeplattete Knorpelfische von Aristoteles richtig erkannte Ordnung, u. a. mit den elektr. Schläge austeilenden Zitterr., griech. *narke,* lat. *torpedo.* Thomas v. Cantimpré (7, 82) kannte aus Plinius (bes. n. h. 9, 143; 32, 7 und Isidor, etym. 12, 6, 45) den nach Ps. Aristoteles (h.a. 9, 37 p. 620 b 19–23) dem Beutefang dienenden Stromschlag, der durch Angel- und Netzwerk auf den Menschen übergehen konnte. Unklar ist, wie Alexander Neckam (nat. rer. 2, 44, zit. u. a. bei Vinzenz v. Beauvais, Spec. nat. 17, 75) nach Aristoteles trotz entstelltem Namen in der arab.-lat. Übers. von dessen zoolog. Werken (*barkiz;* vgl. Jorach bei Arnoldus Saxo, 2, 8: *rahas*) ihn »narkos« nennen konnte. Die gute Beschreibung des Aussehens der »raithe, rais« und volkssprachl. »rochen« bei Thomas (7, 68 = Albertus Magnus, animal. 24, 50) nach dem »Liber rerum« zielt wohl eher auf den Stachelr. Volksmed. Verwendung seit Plinius nachweisbar (vgl. HWDA). Ch. Hünemörder

Q.: Albertus Magnus, →Alexander Neckam, →Arnoldus Saxo, →Isidor v. Sevilla, →Thomas Cantimpr., Lib. de nat. rerum, T. 1, ed. H. BOESE, 1973 – Vinc. Bellov., Speculum nat., 1624 [Neudr. 1964] – *Lit.:* HWDA VII, 743f.

Roches, Guillaume des, Seneschall des Anjou (→Angers), † 1222, von kleinadliger Herkunft, stieg durch Heirat mit Marguerite de Sablé zu einem der großen →Barone des →Angevin. Reiches auf und trat in die Entourage von →Richard Löwenherz ein. Nach dessen Tod (1199) ergriff er gegen →Johann die Partei des jungen →Arthur v. Bretagne und erhielt von diesem als erbl. Lehen die Sénéchaussée des Anjou übertragen (Statthalteramt im gesamten westfrz. Herrschaftsbereich der →Plantagenêt). Er bemühte sich um eine Versöhnung zw. Arthur und Johann und überwarf sich mit dem Kapetinger Philipp Augustus, dem Protektor Arthurs. Erbittert über das Fernbleiben Arthurs von einer mit Johann vereinbarten Begegnung, gab er Arthur preis und näherte sich Johann, der ihn im Besitz der Sénéchaussée und aller Lehen bestätigte. Nach dem Sieg bei Mirebeau (1202), der Arthur in Johanns Gewalt brachte, entzog ihm der Plantagenêt jedoch seine Ämter und Lehen. Daraufhin unterstellte sich R. Kg. Philipp Augustus, dem er als zuverlässige Stütze bei der Eroberung des angevin. Herrschaftsbereiches diente und der ihn als Seneschall bestätigte.

G. Devailly

Lit.: G. DUBOIS, Recherches sur la vie de G. d. R. (BEC XX), 1869, 377–424; 1871, 88–146; 1873, 502–541 – J. BOUSSARD, Le comté d'Anjou..., 1938.

Roches, Peter des, Bf. v. →Winchester 1205–38, † 9. Juni 1238; Ritter aus der Touraine. Er empfing die geistl. Weihen und war in den 90er Jahren des 12. Jh. als Kleriker im Hofhalt Kg. Richards I. Bald wurde er ein ausgezeichneter Kenner des →Exchequer und ein zuverlässiger Finanzbeamter unter Johann I. 1205 wählte man ihn auf Druck des Kg.s auf den Bf.ssitz v. Winchester. Während des Interdikts war er der einzige in England verbleibende Bf. 1213 wurde er zum →Justitiar ernannt. Seine stetige Unterstützung von Johanns aggressivem Kgtm. erklärt vielleicht die Entlassung aus seinem Amt nach der Veröffentlichung der →Magna Carta (1215). Nach Johanns Tod wurde er Lehrer und Vormund (1216–21) für Heinrich III. P. des R. hatte einen wesentl. Anteil an der Niederlage der rebellierenden Barone in der Schlacht v. →Lincoln 1217 und war ein Mitglied des Dreierausschusses, der England nach dem Rücktritt (1219) des Regenten William the →Marshall, Earl of Pembroke, regierte. Als Erzfeind Huberts de →Burgh wurde er 1223–24 aus dem Amt entlassen. 1228 begleitete P. des R. Ks. Friedrich II. auf dem Kreuzzug. Schließlich erreichte er die Entlassung Huberts de Burgh und erlangte zusammen mit seinem

Sohn oder Neffen Peter des →Rivaux 1232 die Gunst des engl. Kg.s zurück, doch führte sein selbstherrl. Auftreten 1234 zu seiner Demissionierung. C. H. Knowles

Lit.: F. WEST, The Justiciarship in England, 1066–1232, 1966 – D. A. CARPENTER, The Minority of Henry III, 1990.

Rochester (röm. Durobrivae, ae. Hrofecester, Roffa), Stadt und Bm. in der südengl. Gft. →Kent. [1] *Stadt:* Die röm. Plananlage mit Befestigung in einer Biegung des Medway lag an der Römerstraße von den kent. Häfen nach London, ca. 15 Meilen w. von →Canterbury. Die erste Brücke über den Medway wurde vermutl. bereits in röm. Zeit errichtet; sie blieb bis zum SpätMA von herausragender verkehrstechn. Bedeutung. 604 gründete →Augustinus dort die St. Andrew geweihte Kathedrale und im selben Jahr erhob der ags. Kg. →Æthelberht R. zum Bf.ssitz. Beim Einfall der Dänen nach Kent 842 und 854 wurden Stadt und Kathedrale teilweise zerstört. Die zu diesem Zeitpunkt bestehende wirtschaftl. und auch administrative Bedeutung R.s als zweiter ags. Hauptort in Kent neben Canterbury wird durch die seit dem frühen 9. Jh. nachweisbare Münze belegt. Im →Domesday Book ist R. zwar als civitas bezeichnet, doch fehlen hier die ansonsten üblichen Angaben zum fiskal. Wert der Stadt. Auf Anordnung Kg. Wilhelms I. ließ der zweite norm. Bf. Gundulph (1077–1108), der auch für den Beginn der Erweiterungsarbeiten an der Kathedrale verantwortl. zeichnete, im NW der Stadt eine Burganlage errichten. Gleichzeitig wurde die Ummauerung auf insgesamt ca. 30 ha erweitert und verstärkt. Für die topograph. Entwicklung der Stadt blieb das seit röm. Zeit bestehende Straßennetz maßgebl. Das königstreue R. wurde 1264 im Krieg der →Barone von Simon de →Montfort erfolglos belagert. Bereits Kg. Richard I. hatte die Bürger R.s von Abgaben an durchziehende Kreuzfahrer befreit, doch läßt sich erst für 1227 ein von Kg. Heinrich III. gewährter städt. Freibrief nachweisen. In dieser, dem im gleichen Jahr auch für →London ausgestellten Privileg vergleichbaren Charter wurde die feste Jahresrente *(fee-farm)* auf £ 25 festgeschrieben; die Zollfreiheit im ganzen Land und in allen Seehäfen wurde ebenso gewährt wie eine Gilda Mercatoria. Die Vertretung der Bürger erfolgte durch einen von ihnen gewählten Praepositus; in allen Strafsachen mußten sie sich vor dem städt. Gerichtshof verantworten. Dieser Freibrief wurde 1266 bestätigt. Spätestens 1331 wurde die Jahresrente auf £ 12 verringert. Dies scheint auch die damalige wirtschaftl. Bedeutung der Stadt widerzuspiegeln, denn die Lay Subsidy des folgenden Jahres verzeichnete für das mit dem städt. 10. Teil veranschlagte R. ledigl. 61 zu besteuernde Personen. 1446 wurde R. inkorporiert. Die Leitung des Stadtregiments oblag dem jährl. von der gesamten Bürgerschaft gewählten *bailiff.* 1461 wurde die innerstädt. Administration reformiert; an die Stelle des bailiffs trat ein gleichfalls jährl. zu wählender Bürgermeister (→*mayor*). Ein zahlenmäßig nicht festgeschriebener Rat bestimmte nun die übrigen Amtsträger. Im SpätMA erreichte R. trotz eigtl. günstiger topograph. Voraussetzungen nie eine herausragende wirtschaftl. Bedeutung; auch dürfte die Einwohnerzahl nie über 1000 gestiegen sein. Bis zum frühen 15. Jh. diente die Kathedrale, der seit 1089 ein OSB-Kl. zugeordnet war, zugleich als Pfarrkirche der Stadt, doch führten Konflikte zw. den Benediktinern und den Stadtbewohnern 1421 zum Bau der Stadtkirche St. Nicholas.

[2] *Bistum:* Das Bm. R. umfaßte im MA die Gft. Kent w. des Medway und bestand aus den Dekaneien R., Dartford, Malling und Shoreham. Letztere unterstand jedoch der bes. Jurisdiktion des Ebf.s v. Canterbury. Gleichzeitig erhoben die Ebf.e das Patronatsrecht über das Bm., sie übten während einer Vakanz sowohl die Spiritualien als auch die Temporalien aus. Zu den herausragenden Bf.en R.s zählten neben Gundulph u. a. Laurence v. St-Martin (1251–74), Hamo Hethe (1319–52), Richard Young (1404–18) und John Low (1444–67). B. Brodt

Q. und Lit.: Registers of the Cathedral Church of R., hg. TH. SCHINDLER, 1892 – E. HARRIS, The Bishops of R., AD 604–1897, 1897 – VCH Kent, 3 Bde, 1908–32 – C. H. FIELDING, Records of R., 1910 – F. F. SMITH, A Hist. of R., 1928 – Charters of R., hg. A. CAMPBELL, 1973 – J. BRYANT–D. WILES, Exploring Old R., 1984.

Rochus, hl. (Fest: 16. Aug.), Pilger aus Montpellier (Languedoc), der um die Mitte des 14. Jh. gelebt haben soll. Genauere biograph. Daten sind bis jetzt nicht eruierbar. Den sog. »Acta Breviora« zufolge, einer wahrscheinl. in der Lombardei nach 1430 entstandenen anonymen Vita, schenkte R. nach dem Tode seiner Eltern den Erlös seiner Besitztümer den Armen und pilgerte nach Italien, wo er Pestkranke pflegte und heilte; unter diesen auch einen Kardinal in Anwesenheit des Papstes (was, historisch betrachtet, erst seit 1367 möglich war). Während seiner Heimreise erkrankte R. an der Pest und zog sich in einen Wald zurück. Mit Nahrung versorgte ihn ein Hund, dessen Besitzer, ein Patrizier aus der Gegend, R. entdeckte und pflegte und schließlich zu seiner Lebensform bekehrt wurde. Durch einen Engel auf wunderbare Weise geheilt, setzte R. seine Heimreise fort, wurde jedoch in Angera am Lago Maggiore als Spion gefangengenommen und starb dort nach fünfjähriger Kerkerhaft. Wenig glaubwürdig sind die chronolog. Angaben zu R. und dessen Kult in der »Vita sancti Rochi« des Venezianers Francesco Diedo (1478), der zufolge R. zw. 1295 und 1327 gelebt habe. Die Verehrung des Hl.n als Helfer gegen die Pest ist seit Anfang des 15. Jh. in Südfrankreich und Norditalien belegt, von wo aus sie sich nach Süditalien, Deutschland und Flandern verbreitete. Die Reliquien sollen von Angera nach Voghera und von dort 1485 nach Venedig gebracht worden sein, wo bereits seit 1477 eine R. bruderschaft bestand, wie sie auch andernorts in großer Zahl gegründet wurden. Einer lokalen Tradition in Languedoc zufolge soll R. in Montpellier gestorben und seine Reliquien nach Arles gebracht worden sein. Der hl. R. ersetzt oder begleitet den hl. →Sebastian als Schutzpatron gegen die Pest und wird als solcher unter den vierzehn →Nothelfern verehrt. Dargestellt wird R. in Pilgerkleidung und mit Pestbeule auf dem Schenkel, begleitet von einem Hund, bisweilen mit dem helfenden Engel. F. Scorza Barcellona

Q.: AA. SS. Augusti III, 1737, 380–415 (vgl. BHL 7273–7280, Novum Suppl. 7273) – *Lit.:* Bibl. SS XI, 264–273 – Catholicisme XIII, 32–34 – LCI VIII, 275–278 – LThK² VIII, 1347f. – Vie des Saints VIII, 294–296 – Hist. des Saints et de la sainteté VII, 219–224.

Rock, Bezeichnung für die unterschiedlichsten Formen männl. und weibl. Oberbekleidung; bisweilen unscharf vom Begriff →Mantel abgegrenzt. Der R. variiert in Länge, Weite, Kragen- und Ärmelform und in der Tragweise. Im FrühMA dominiert der knielange, kittelartige R., der für die Unterschichten, Bauern und Handwerker bei der Berufsausübung während des gesamten MA typ. ist. Im 11./12. Jh. finden sich in der Oberschicht Waden-, Knöchel- oder Bodenlänge. Die Verkürzung des Obergewandes um die Mitte des 14. Jh. wirkt sich entscheidend auf den Männerr. aus. Mod. Kleidungsformen des 14. und 15. Jh. zeigen den R. nur mehr als R.ansatz (→Schecke). Er wird abgelöst von der Kombination →Wams und Beinling. Als anlaßbezogene Tracht und als Bekleidungsform

bestimmter Berufsstände bleibt er weiter bestehen. Der Frauenr. ist im Lauf des MA weniger den mod. Veränderungen unterworfen. Die R.länge bleibt je nach Funktion knöchel- bis bodenlang. Variationen ergeben sich in der Schnittführung, in der Ärmelform und in schmückenden Details. Stoffart, Farbe, Verwendung von Pelz zur Verbrämung etc. machen den R. zum repräsentativen Kleidungsstück.
E. Vavra

Lit.: E. BRÜGGEN, Kleidung und Mode in der höf. Epik des 12. und 13. Jh., 1989 – Bildwb. der Kleidung und Rüstung, hg. H. KÜHNEL, 1992.

Roda (de Isábena), Bm. in NO-Spanien, verdankte die Entstehung im 10. Jh. dem Unabhängigkeitsstreben der Gf.en v. →Ribagorza von der Gft. →Pallars und vom Bm. →Urgell. Erster Bf. v. R.-Ribagorza nach der Wiedereroberung der Stadt war Odesind (956–975/976), Sohn Gf. Raimunds II. Die Kathedrale San Vicente wurde am 1. Dez. 957 geweiht und dotiert, die Diözesangrenzen auf dem Konzil v. Jaca 1063 festgelegt. Seit dem Wirken päpstl. Legaten Mitte des 11. Jh. (→Hugo Candidus, →Amatus v. Oloron) suchten die Bf.e v. R. nach rechtl. Absicherung durch die Anbindung an einen westgot. Bf.ssitz, zunächst Ictosa, dann nach der Rückeroberung 1101 →Barbastro, wohin der Bf.ssitz bis zur Wiedererrichtung der Diöz. →Lérida (30. Okt. 1149) verlegt wurde. Bis Ende des 12. Jh. war die Gesch. des Bm.s v. a. von Streitigkeiten mit den Bf.en v. Urgell, die bis 1140 die Approbation und die Konsekration des Elekten v. R. für sich beanspruchten, und den Bf.en v. →Jaca-Huesca bestimmt, die bis zur Entscheidung Innozenz' III. v. 1203 den Besitz der Kirchen Alquézar, Barbastro, Gistain und Bielsa für sich forderten. Das Kathedralkapitel v. R. wurde unter dem ehem. Prior v. St-Sernin in Toulouse, Raimund Dalmatius (1104–26), reguliert. Nach der Verlegung des Sitzes nach Lérida bestand in R. ein zweites gleichberechtigtes Kapitel weiter.
U. Vones-Liebenstein

Lit.: Gran Enciclopèdia Catalana XII, 671–673 – España Sagrada 46, 1836 – J. F. YELA UTRILLA, El Cartulario de R., 1932 – F. BALAGUER, Ramiro II y la diócesis de R., Estudios de Edad Media de la Corona de Aragón 7, 1962, 39–72 – R. D'ABADAL I DE VINYALS, Dels Visigots als Catalans II, 1968, 57–139 – J. DUCOS, R. de Isábena, Ilerda 31, 1971, 275–300 – E. GROS BITRIA, Los límites diocesanos en el Aragón oriental, 1980 [Lit.].

Roda, Sant Pere de, Kl. OSB in →Katalonien (munic. Port de la Selva, Alt Empordà), Bm. →Gerona. Um 780 gründete ein Abt Atala eine Kl.zelle, deren Besitz zw. den Kl. Sant Esteve de Banyoles und St-Polycarpe de Razès bis 878 umstritten war. Der Adlige Tassius (926–955) erwirkte 944 von Kg. Ludwig IV. ein Immunitätsprivileg, löste die Ansprüche von Banyoles ab und tradierte R. in den päpstl. Schutz. Sein Sohn Hildesind (947–991) wurde zum ersten Abt gewählt. Rechtl. ein Kg.skl., wurde R. v. a. von den Gf.en v. →Ampurias-Roussillon gefördert; die erste Kl.kirche wurde 1022 geweiht. 1215 trat R. der Congregació Claustral v. Tarragona (→Claustrales) bei. Das Kl., das sich zu einem bedeutenden Wallfahrtsort entwickelte, erlebte seit dem 14. Jh. durch die Pest, Piratenüberfälle und das Aussterben des Gf.enhauses v. Ampurias einen Niedergang, der ab 1447 durch die Einsetzung von Kommendataräbten noch beschleunigt wurde.
U. Vones-Liebenstein

Lit.: Gran Enciclopèdia Catalana XIII, 269f. – J. SUBIAS I GALTER, El monestir de S. P. de R., 1948 – A. MUNDÓ, Les inscripcions de Tassi i d'Hildesind de Sant P. de R. segons Marca i Pujades (Homenaje J. VICENS VIVES, I, 1965), 293–307 – O. ENGELS, Schutzgedanke und Landesherrschaft im ö. Pyrenäenraum, 1970 – M. T. FERRER I MALLOL, Llançà, senyoriu del monestir de S. P. de R., Scriptorium Populeti 9, 1974 – L. ZAHN, Die Kl.kirche S. P. de R., 1976 – Catalunya romànica IX, 1990, 657–738 [Lit.].

Rode (Ruffus), **Johannes,** Sohn eines lüb. Bürgers, Studium in Orléans, 1307–49 Stadtschreiber in Lübeck. Seine Autorschaft an einer Chronik (1105–1276, nur durch Hs. des 16. Jh. überliefert) und – bis 1347 – an der offiziösen »Stadeschronik« (1315–49, in nd. Sprache und nur teilweise in der Chronik des lüb. Franziskaners →Detmar, Ende des 14. Jh., überliefert) ist fraglich. Während KOPPMANN und BRUNS sie beide R. zuschreiben, ist jedenfalls die Chronik (bis 1347) nach WRIEDT – er hält sie nicht für mit der »Stadeschronik« ident. – im Lübecker Franziskanerkl. entstanden.
A. Graßmann

Ed. und Lit.: Die Chroniken der niedersächs. Städte, Lübeck, I, bearb. K. KOPPMANN (Chr. dt. Städte 19, 1884) [Nachdr. 1967], 3–114; II (ebd. 26, 1899) [Nachdr. 1967], Xf., 281–254 – F. BRUNS, Der Verf. der lüb. Stadeschronik, Zs. des Ver. für Lübeckische Gesch. und Altertumskunde 26, 1932, 247–276 – Verf.-Lex.² VIII, 121f. [K. WRIEDT].

Rodel → Rotulus; →Urbar

Roderich (Rodericus, span. Rodrigo), letzter Kg. der →Westgoten (710–711), † 711, kam nach dem Tode→Witizas, dem ein Interregnum folgte, auf den Thron, unterstützt vom Adel der südl. und westl. Hispania und gewählt vom 'Senatus' der Westgoten.

R., vorher wahrscheinl. 'Dux' der→Baetica, »vielleicht ein Enkel Chindaswinths, gewiß aber Vertreter eines neuen Legitimationsanspruchs« (L. VONES), hatte anstrengige Kämpfe mit den Anhängern des verstorbenen Witiza, die bei den→Arabern in Nordafrika Hilfe suchten, auszutragen. Die gesamte Hispania hat R. wohl nie kontrolliert. Als die Muslime (zumeist Berber unter arab. Oberbefehl), begünstigt durch die innerspan. Machtkämpfe, 711 bei →Gibraltar landeten, kämpfte R. in Nordspanien gegen die Vaskonen und suchte gegen die Invasoren eilends ein Heer aufzubieten. Die von ihm in Córdoba versammelte Streitmacht unterlag am 23. Juli 711 am →Guadalete dem von →Ṭāriq kommandierten muslim. Heer, wobei R. höchstwahrscheinlich den Tod fand. Er soll von den Witiza-Anhängern, die die Flügel des westgot. Heeres befehligten, verraten worden sein. Sein Leichnam wurde in →Viseu bestattet. R.s Witwe Egilo heiratete den Wālī Abd-al-Azīz, Sohn des arab. Oberbefehlshabers Mūsā ibn Nuṣair.
J.-M. Alonso Núñez

Lit.: C. SÁNCHEZ-ALBORNOZ, Dónde y cuándo murió Don R., CHE III, 1945, 5–105 – DERS., El senatus visigodal. Don R., rey legítimo de España, ebd. VI, 1946, 5–99 – D. CLAUDE, Gesch. der Westgoten 1970 – L. A. GARCÍA MORENO, El fin del reino visigodo de Toledo, 1975 – DERS., Hist. de la España Visigoda, 1989 – Hist. de España MENÉNDEZ PIDAL, III, 1, España Visigoda, 1991 – J. ORLANDIS, Egilo, la ambiciosa viuda de Don R. (Semblanzas visigodas, 1992), 187–193 – L. VONES, Gesch. der Iber. Halbinsel im MA, 1993, 24–26.

Rodez, Stadt und Bm. in Mittelfrankreich, am Aveyron (dép. Aveyron), Zentrum der Gft. Rouergue. In der spätröm. Periode war R. (Segodunum, Ruteni) befestigt durch eine enge Mauer, an die sich die Kathedralgruppe anlehnte, während sich, weiter im S, die Grabbasilika des ersten Bf.s, des hl. Amans (Mitte des 4. Jh.), erhob. Das Rouergue, erobert 471 von den →Westgoten, 507 von den →Franken, wurde bei den merow. Reichsteilungen zumeist →Austrien zugewiesen.

Nachdem die Gft. Rouergue in das Gefüge des Regnums →Aquitanien eingereiht worden war, gehörte sie im 10.–11. Jh. dem Verband des Fsm.s v. →Toulouse an und wurde zumeist von einer jüngeren Linie des Tolosaner Gf.enhauses, die auch die Mgf.enwürde von Gothien besaß, regiert. In der 2. Hälfte des 11. Jh. besetzte →Raimund IV. v. St-Gilles nach dem Tode seiner mit dem Gf.en v. →Auvergne (1065–82) verheirateten Base Bertha die Gft. Rouergue, noch bevor er das tolosan. Fsm. wiedervereinigte (um 1093). Doch sein Aufbruch zum I. →Kreuzzug nötigte ihn, einen Teil seiner Besitzungen im Rouergue an ein Mitglied des Vizgf.enhauses v. Millau, Richard, Vizgf.en v. Carlat (um 1096-1100), zu verpfänden. Dieser nahm den Titel eines Gf.en v. R. an; diese Verbindung von R. und Carlat ließ ein feudales Fsm., das Gebiete des Rouergue wie der Auvergne einschloß, entstehen.

Mit der Bildung der Gft. R. wurde die seit frühchr. Zeit eingeleitete Teilung der Stadt in zwei Bereiche vertieft: Die Civitas (Cité), deren Stadtherrschaft der Bf. innehatte, stand dem gfl. Burgus (Bourg), der bei der alten Kirche St-Amans und der Gf.enburg lag, gegenüber. Schiedssprüche sollten der alten Rivalität ein Ende setzen: 1161 leistete der Gf. dem Bf. den Lehnseid, wobei er die Kontrolle über die Befestigung der Cité behielt; eine gemeinsame Abgabe (commun de paix, communia pacis; →Gottesfrieden) sollte dem Unterhalt einer Friedensmiliz dienen (das Rouergue war einer der Schauplätze der heftigen Konflikte zw. den Häusern →Toulouse und →Barcelona). Gegen Ende des 12. Jh. und am Beginn des 13. Jh. erhielten Cité und Bourg jeweils ihre eigenen Befestigungen und empfingen erste Privilegien von ihren jeweiligen Stadtherren.

Aufgrund des Vertrags v. →Meaux-Paris (1229) kam der Teil des Rouergue, der dem Hause Toulouse verblieben war, an das Fsm. des Kapetingers →Alfons v. Poitiers, um schließlich an die →Krondomäne zu fallen (1271-74). Diese Besitzungen bildeten eine →Sénéchaussée mit Sitz in Villefranche; die Zentralisierungstendenzen des kapet. Kgtm.s fanden Nachahmung bei den Gf.en v. R.

Zu Beginn des 14. Jh., als die Gft. R. durch Heirat an die Gf.en v. →Armagnac gefallen war, schlossen die Stadtherren ein →Paréage (1316), das gemeinsame Justizausübung beinhaltete, wobei jede Stadthälfte ihr eigenes →Konsulat behielt. 1317 wurde die Diöz. Vabres vom Bm. R. abgetrennt.

Infolge der ersten frz. Niederlagen des →Hundertjährigen Krieges wurde das R. 1360 an →England abgetreten, doch zwang ein Aufstand die engl. Besatzung bald zum Rückzug. Die Gft. R. wurde nunmehr um die 'Quatre châtellenies du Rouergue', alte Besitzungen der Gf.en v. Toulouse, erweitert. Die Verwüstungen durch Söldnerbanden setzten sich allerdings bis 1390 fort; zahlreiche Dörfer, Landgüter und Kirchen wurden umwehrt (in R. Errichtung einer gemeinsamen Befestigung beider Stadthälften).

Im 15. Jh. verschlechterten sich die Beziehungen zw. dem Kgtm. und den Gf.en v. Armagnac; die kgl. Autorität schaltete sich zunehmend in R. ein (militär. Besetzungen 1443, 1469, 1473). Bei nomineller Aufrechterhaltung einer eher fiktiven Gf.engewalt wurde die Gft. nach dem gewaltsamen Tode →Jeans V. v. Armagnac (1473) an Mitglieder des Kg.shauses, die mit dem Hause Armagnac verschwägert waren, ausgetan. 1549 wurde die Gft., nach dem Tode der Margarete v. Valois, der Krone einverleibt.

G. Fournier

Lit.: H. ENJALBERT, Hist. de R., 1981, 49-118 [J. BOUSQUET] - J. MIQUEL, L'architecture militaire dans le Rouergue au m.-â. et l'organisation de la défense, 1981 - DERS., Châteaux et lieux fortifiés du Rouergue, 1982 - H. ENJALBERT-G. CHOLVY, Hist. du Rouergue, 1987, 73-194 [J. BOUSQUET] - J. BOUSQUET, Le Rouergue au premier m.-â., 1992.

Rodobaldo II. Cipolla, Bf. v. Pavia (1230-1254), ▭ Kathedrale, ebd. R. war vor dem Antritt des Bf.samtes Kanoniker der Kathedrale u. → Pavia. Er förderte die Niederlassung des Dominikanerordens in seiner Stadt sowie der Humiliaten und der Augustiner-Eremiten. 1236 verkaufte er einen Teil des ebfl. Palastes an die Kommune und errichtete mit der Kaufsumme einen neuen Palast. R. ließ ein Verzeichnis aller in Pavia und in den Vorstädten befindl. Heiligenleiber und Reliquien anlegen. 1241 fiel er in der Seeschlacht gegen die Genuesen bei Porto Pisano in die Hände der Pisaner, als er den Bf. v. Palestrina, Kard. Giacomo Pecorara, nach Frankreich begleitete, der gegen Friedrich II. zum Kreuzzug aufrufen wollte. Erst 1243 gewann er seine Freiheit zurück. 1246 wählte ihn Friedrich II. gemeinsam mit anderen Prälaten, um sich vor dem Papst gegen den Häresievorwurf zu rechtfertigen.

E. Salvatori

Lit.: G. BONI-R. MAIOCCHI, Il catalogo Rodobaldino dei Corpi Santi di Pavia, 1901 - F. SAVIO, Gli antichi vescovi d'Italia dalle origini al 1300. La Lombardia, I, II, 1913, 459-466 - G. FORZATI GOLIA, Le istituzioni ecclesiastiche (Storia di Pavia, III, 1992), 251.

Rodrigo (s. a. Roderich)
1. **R.**, Gf. in →Kastilien ca. 850, trug als erster den Titel eines Gf.en, entstammte vielleicht der Kg.sfamilie von →Asturien (Sohn: →Diego Rodríguez). R. kämpfte gegen die Araber, eroberte Amaya und, bei einer Expedition in das Tajotal, Talamanca. 863 wurde er bei Morcuera geschlagen, half 866 Alfons III., den Thron v. Asturien widerzugewinnen, und unterstützte ihn gegen die aufständ. Vaskonen. J. M. Alonso-Núñez

Lit.: J. PÉREZ DE URBEL, Hist. del Condado de Castilla, I, 1945, 181-224 - Hist. de España, VI, begr. R. MENÉNDEZ PIDAL, 1982⁴.

2. **R.** (Ruy) **Díaz de Vivar** → Cid, el

3. **R. Ovéquiz**, Sohn des galic. Gf.en Oveco Vermúdez, mit Besitzschwerpunkt um →Lugo, trat zw. 1075 und 1081 als 'comes Gallecie' (→Galicien) auf. Als einer der Führer einer Adelsopposition unternahm er gemeinsam mit seiner Mutter Elvira Suárez und Bf. Diego Peláez v. →Santiago de Compostela einen Aufstand gegen Kg. →Alfons VI. v. Kastilien-León, der ihn »ut filium nutriera(t)«, wahrscheinlich eine Reaktion auf die Verlobung der Kg.stochter →Urraca mit Gf. →Raimund v. Burgund. Die um die Mitte des Jahres 1087 (während der Abwesenheit des Kg.s auf einem Feldzug) ausgebrochene Revolte wurde im NW durch den mit dem Bf. v. Lugo verfeindete Ovéquiz-Familie entfesselt, vielleicht zugunsten des gefangengehaltenen Kg.s →García v. Galicien und seiner projektierten Eheschließung mit einer Tochter →Wilhelms des Eroberers. Im Gefolge des Aufstandes wurde der Bf. v. Compostela vom Kg. eingekerkert (1088 Absetzung durch das Konzil v. →Husillos), R. nach →Zaragoza verbannt. Rückeroberungsversuche der Gf.en (so im späten Frühjahr 1088) konnten die Konfiskation seines Besitzes, der am 18. Juni 1088 von Alfons VI. der Kirche v. Lugo übertragen wurde, nicht verhindern. L. Vones

Lit.: A. LÓPEZ-FERREIRO, Hist. de la ... Iglesia de Santiago de Compostela, III, 1898-1911, bes. 155-157 - R. MENÉNDEZ PIDAL, La España del Cid, I, 1969¹, 346f. - H. GRASSOTTI, La ira regia en León y Castilla (Miscelánea de estudios sobre instituciones castellano-leonesas, 1978), bes. 25ff. - R. A. FLETCHER, St. James's Catapult. The Life and Times of Diego Gelmírez of Santiago de Compostela, 1984 [datiert den Aufstand auf 1085-87] - B. F. REILLY, The Kingdom of León-Castilla under King Alfonso VI, 1988, bes. 199-201 - J. GARCÍA PELEGRÍN, Stud. zum Hochadel der Kgr.e León und Kastilien im HochMA, 1991, 70f.

4. **R. Jiménez de Rada**, Ebf. v. →Toledo, * um 1170 Puente de la Reina (Navarra), † 10. Juni 1247 Vienne, ▭ Santa María de Huerta (Soria), studierte in Bologna und Paris. Dank der Protektion Alfons' VIII. v. Kastilien zum Bf. v. →Osma (1208), später zum Ebf. v. Toledo (päpstl. Bestätigung: 27. Febr. 1209) erhoben, entfaltete er eine rege kirchl., polit. und historiograph. Aktivität und gab den entscheidenden Anstoß zu den Vorbereitungen, die

zum Sieg v. Las →Navas de Tolosa gegen die →Almohaden führten (1212). Auf dem IV. →Laterankonzil verteidigte er die Primatialgewalt des Ebf.s v. Toledo gegen die Ansprüche von Braga, Compostela, Tarragona und Narbonne (Nov. 1215). Er hielt diesen Anspruch auch aufrecht, indem er als Metropolitanbf. in Angelegenheiten der Suffragansitze eingriff, die exempte Stellung Oviedos einzuschränken trachtete und die Kontrolle über Albarracín und Valencia beanspruchte, wofür ihn 1241 die Provinzialsynode in Tarragona mit der Exkommunikation belegte. R. stand stets in guten Beziehungen zu Rom, wirkte zumindest während des Kreuzzugs als Legat in Spanien und nahm 1245 am I. Konzil v. →Lyon teil. Seine Unterstützung der Eroberungszüge Ferdinands III. verschafften dem Ebm. Toledo zahlreiche kirchl. und herrschaftl. Vorteile. 1226 legte R. in Toledo den Grundstein zum Bau der Kathedrale, förderte das Studium Generale in →Palencia, inkorporierte die neuen Suffraganbm.er →Jaén und →Córdoba seiner Erzdiöz. und erhielt 1231 die Herrschaft über das Adelantamiento v. Cazorla in Andalusien.

R.s historiograph. Werk erlangte entscheidende Bedeutung durch die Erneuerung des →Neogoticismus und die Ausbildung eines hist. Bewußtseins in Spanien. Sein im April 1243 abgeschlossenes Werk »De rebus Hispaniae« (Historia Gothica, Crónica del Toledano) wurde schon früh in die Vulgärsprache übersetzt und diente Alfons X. bei der Abfassung der »Estoria de España« als Vorbild. Neben weiteren Schrr. verfaßte er auch die bemerkenswerte »Historia Arabum« und die »Expositio Catholica« (nicht ed.), die gewisse Ähnlichkeiten mit dem Werk des →Petrus Comestor aufweist. R. »gelang es, das Ideal einer Einheit des neogot. Spanien mit dem Streben Kastiliens nach einer Vormachtstellung im Reich in Einklang zu bringen« (D. CATALÁN), wie auch mit den Bestrebungen des Primatialstuhls v. Toledo, indem er viele der Argumente von →Isidor v. Sevilla bis zu →Lucas v. Túy aufgriff und den Bogen von den myth. Ursprüngen bis ins 13. Jh. spannte, wobei er die zentrale Stellung Kastiliens und die Rolle der Reiche v. Navarra, Aragón und Portugal im Prozeß der →Reconquista aufzeigte.

M. A. Ladero Quesada

Ed.: Hist. de rebus Hispanie sive Hist. Gothica, hg. J. FERNÁNDEZ VALVERDE, CChrCM LXXII, 1987 – Hist. Arabum, hg. J. LOZANO SÁNCHEZ, 1974 – Breviarium historiae catholice, hg. J. FERNÁNDEZ VALVERDE, CChrCM LXXII A–B, 1992–93 – Lit.: J. GOROSTERRATZU, Don R. J. de R., gran estadista, escritor y prelado, 1925 – E. ESTELLA ZALAYA, El fundador de la catedral de Toledo, 1926 – D. W. LOMAX, R. J. de R. como historiador (Actas Quinto Congreso Internacional de Hispanistas, 1977) – P. LINEHAN, Hist. and the Historians of Medieval Spain, 1993.

Rodríguez de la Cámara, Juan → Juan Rodríguez del Padrón

Rodríguez de Fonseca, Juan, * 1451 Toro, † 1524 Burgos, Neffe des Ebf.s v. Santiago de Compostela, Alonso de →Fonseca (2. F.), Bruder des Contador Mayor Antonio de Ulloa, trat unter dem Befehl des Hernando de →Talavera in den Dienst der →Kath. Kg.e. Obwohl er nacheinander Bf. v. →Badajoz (1495), →Córdoba (1499), →Palencia (1504) und →Burgos (1514) wurde, war doch die Politik sein eigtl. Gebiet: Als Generalbevollmächtigter für Kreuzzugsangelegenheiten war er mit der Organisation des Zuges des →Gran Capitán, Gonzalo Fernández de Córdoba, nach Neapel (1501) betraut; 1499–1505 führte er im Zusammenhang mit der Eheschließung →Katharinas v. Aragón und der polit. Stellung der Prinzessin →Johanna (5. J.) diplomat. Missionen nach England und Flandern; 1493–1523 unterstanden ihm als Minister und Mitglied des Kgl. Rates (seit 1503 als Angehöriger der Handelskammer) fakt. alle westind. Angelegenheiten: er organisierte die zweite Reise des →Kolumbus wie auch viele der ersten Forschungsreisen, indem er Kapitulationen mit ihren Führern abschloß, und war an der Umsiedlung der Indios beteiligt, was ihm den Groll des Bartholomé de las →Casas zuzog.

M. A. Ladero Quesada

Lit.: M. ALCOCER, J. R. de F., 1926 – T. TERESA LEÓN, El obispo don J. R. de F., diplomático, mecenas y ministro de Indias, Hispania Sacra 13, 1960, 251–304.

Rodríguez de Leña, Pedro, 15. Jh., protokollierte als Gerichtsschreiber im »Libro del Passo Honroso defendido por el excelente cauallero Suero de Quiñones« (gekürzt hg. Juan de Pineda, Granada 1588), daß der Ritter Suero de Quiñones aus dem Gefolge des Alvaro de Luna zum Zeichen, daß er Gefangener seiner Dame ist, jeden Donnerstag einen eisernen Ring um den Hals trug, von dem er erst befreit wird, wenn 300 Lanzen zerbrochen sind. Mit 9 Gefährten sperrt er vom 10. Juli–9. Aug. 1434 die Brücke bei San Marcos de Órbigo (zw. León und Astorga) und hindert alle Ritter, auf dem Wallfahrtsweg nach Santiago de Compostela weiterzuziehen. In den folgenden, etwa 650 Kämpfen mit aragones., valenc., katal. und ausländ. Rittern verliert ein Aragonese sein Leben, alle Brückensetzer erleiden Verwundungen. Das Gericht entbindet Suero nach den Siegen von dem Gelübde. Das Halseisen wird zum Wappenzeichen der Ritter, die in der Kathedrale v. León Dank abstatten. Ähnliche 'Heldentaten' werden in der zeitgenöss. Chroniklit. wiederholt beschrieben und kennzeichnen den fließenden Übergang zw. ritterl. Lebenskonventionen, Abenteuerlit. und Wirklichkeit.

D. Briesemeister

Q. und Lit.: BLH² III, 6187–6195 – Faks. 1970, 1977 – P. G. EVANS, A Spanish Knight in Flesh and Blood, Hispania (Baltimore) 15, 1932, 141–152 – H. BAADER, Die lit. Geschicke des span. Ritters S. de Q., 1959 – MARTÍN DE RIQUER, Caballeros catalanes y valencianos en el Passo H., 1962 – DERS., Caballeros andantes españoles, 1967 – DERS., Cavalleria fra realtà e letteratura nel Quattrocento, 1970 – A. LABANDEIRA FERNÁNDEZ, En torno al Passo h. de S. de Q., Revista de Archivos, Bibl. y Museos 79, 1976, 851–874.

Rodríguez de Montalvo, Garci, Bearbeiter des span. Ritterromans →»Amadís de Gaula« (4 B.; 1508, frühere Ausg. gilt als sicher), Verf. der ersten Forts. »Las Sergas de Esplandián« (1510), * ca. 1450, † wohl ca. 1505, stammte aus dem kast. Kleinadel, beteiligte sich 1480 am Krieg gegen Granada, seit 1490 Ratsherr in Medina del Campo. 1482 begann er die Bearb. einer verlorenen dreiteiligen Fassung des »Amadís« (seit ca. 1350 belegt; Urfassung 1285 bzw. Anfang des 14. Jh.): Er kürzte die Vorlage, fügte in B. 2 die Episoden der *Peña Pobre* und der *Insula Firme* hinzu und schrieb ca. 1495 einen Prolog. Die radikale stilist. und ideolog. Korrektur wird in B. 4 (ganz aus seiner Feder) vollends deutl. R. gestaltete die ursprgl. folklorist.-myth. Konzeption einer Figur in der artur. Tradition zu einem Helden um, dem er dem höf. Ideal der Renaissance gerecht wurde; er verzichtete auf den ursprgl. trag. Handlungsausgang zugunsten einer Apotheose des Ritterstandes in Harmonie mit dem Kgtm. (B. 4) und eines chr. Rittertums in »Las Sergas de Esplandián«. R. schuf so eine Formenwelt, in die die neue polit.-gesellschaftl. Wirklichkeit Spaniens projiziert werden konnte (1492: Abschluß der →Reconquista).

J. Gómez-Montero

Ed. und Lit.: G. R. de M., Amadís de Gaula, ed. J. M. CACHO BLECUA, 1987 [Lit.] – N. ALONSO CORTÉS, Montalvo, el del Amadís, RHi 81, 1933, 434–442 – B. KÖNIG, Amadís und seine Bibliographen, RJ 14, 1963, 294–309 – J. B. AVALLE-ARCE, Amadís de Gaula: El primitivo y el de Montalvo, 1990.

Rodulfus Glaber (Radulfus G.), burg. Mönch, Gesch.sschreiber und Hagiograph, † wohl 1047. Als Zwölfjähriger wurde er wegen seiner Aufsässigkeit einem Kl. übergeben. Dort betrug er sich so ungebärdig, daß die Mönche ihn davonjagten. Er führte dann ein wechselhaftes Leben und wurde bald in diesem, bald in jenem burg. Kl. aufgenommen. Die Dauer und Reihenfolge der Aufenthalte ist umstritten; jedenfalls finden wir ihn in den Kl. Moutiers-St-Jean, St-Bénigne zu Dijon, Bèze, Cluny, Moutiers sowie in St-Germain zu Auxerre, wo er sein Lebensabend verbrachte. In den zwanziger Jahren begleitete er den Abt von St-Bénigne, →Wilhelm v. Volpiano, nach Italien.

R. arbeitete, einem Wunsch Abt Wilhelms folgend, bis zu seinem Lebensende an den sog. »Historiae« (der Titel ist nicht zeitgenöss. überliefert), einer Darstellung der Ereignisse seit dem frühen 10. Jh. Bes. Aufmerksamkeit widmete er den Jahren um 1000 und um 1033, die er für heilsgeschichtl. bedeutsam hielt. An den Anfang stellte er Betrachtungen über die Vierheit (quaternitas), in der er – mit Berufung auf eine patrist. Tradition – einen Schlüssel zu tieferem Verständnis der ges. Wirklichkeit erblickte (vier Evangelien, vier Kardinaltugenden, vier Elemente usw.; daher auch vier statt sechs →Weltzeitalter; jedes Glied einer Vierergruppe findet seinem Wesen nach in jeder der anderen Gruppen ein entsprechendes Glied). R. zeigt starkes Interesse an Seltsamem und Grauenerregendem, an Ketzerei und Teufelswerk, an Wundern, Visionen, unheilverkündenden Vorzeichen, Hungersnot und Kannibalismus; er beschreibt detailliert die Gestalt eines Dämons, der ihm dreimal erschien. Eindringl. hebt er die Sittenverderbnis in seiner als Endzeit aufgefaßten Epoche hervor. Seine Darstellung ist von heftiger Parteinahme geprägt; er erweist sich als Anhänger Ks. →Heinrichs II. und →Heinrichs III., die in reformorientierten Mönchskreisen sehr beliebt waren, sowie Kg. →Roberts II. v. Frankreich; Ks. →Konrad II. hingegen erscheint bei ihm in einem überaus ungünstigen Licht. Ungeachtet seiner Zugehörigkeit zum Reformmönchtum tritt R. dafür ein, die Rechte der Diözesanbf.e strikt zu wahren; seine Gesinnung ist konservativ. Das →Odilo v. Cluny gewidmete Werk, das sich nur in wenigen Hss. – darunter ein Exemplar des Autors – erhalten hat, ist als Q. von beschränkter Glaubwürdigkeit, jedoch kulturgeschichtl. bedeutsam.

Wohl nicht lange nach dem Tod Wilhelms v. Volpiano (1.1.1031) verfaßte R. in Cluny unter dem Eindruck einer Vision, in der ihm der Verstorbene erschienen war, eine hist. wertvolle Vita des Abtes, die im MA wenig Beachtung fand. J. Prelog

Ed.: Rodulfi Glabri historiarum libri quinque; eiusdem auctoris vita domni Willelmi abbatis, hg. J. FRANCE–N. BULST, 1989 – Rodolfo il Glabro: Cronache dell'anno Mille, hg. G. CAVALLO–G. ORLANDI, 1989 – *Lit.*: BRUNHÖLZL II, 227–234, 588f. [Lit.] – E. ORTIGUES–D. JOGNA-PRAT, Raoul G. et l'historiographie clunisienne, StM 26, 1985, 537–572 – J. FRANCE, R. G. and French Politics in the Early Eleventh Cent., Francia 16/I, 1989, 101–112 – G. M. CANTARELLA, Appunti su Rodolfo il Glabro, Aevum 65, 1991, 279–294.

Rodung. Bevölkerungswachstum, Siedlungsverdichtung und zunehmende Bodenknappheit waren Haupttriebkräfte der ma. R., die auf jene, den →Landesausbau stimulierenden Prozesse zurückwirkte. Wurden vom 7.–9. Jh. zunächst bewaldete Randzonen von Mittelgebirgen gerodet – in Dtl. Odenwald, Spessart, Schwarzwald und →Harz –, so folgte im HochMA »die große Zeit der R.« (M. BLOCH) (→Wald, -nutzung). Sie erfaßte im 11. Jh. Mittel- und Oberitalien, Languedoc und Poitou, um 1050 Aquitanien und das Pariser Becken, um 1100 England sowie die Gebiete ö. des Rheins in Dtl., mündete seit dem 12. Jh. in den Prozeß der →Ostsiedlung und erreichte im 14. und 15. Jh. das nö. Rußland. – Der Umfang der hochma. R., die vielfach regelmäßig geformte Siedlungstypen entstehen ließ – in Dtl. Straßen-, Waldhufen- und Hagendörfer (→Dorf, A. II) –, spiegelt sich auch in der Verbreitung bestimmter Endungen von →Ortsnamen wider (in Dtl. -hagen, -rode oder -reuth). – Die →*villes neuves*, →*bastides, castelnaux* und →*sauvetés* in Frankreich, die *poblaciones* in Spanien (→Repoblación) und *slobody* in Rußland sind vorwiegend durch R. entstanden. – Privilegien motivierten die ländl. Bevölkerung zu intensiver R.stätigkeit: abgabenfreie Jahre, Erbrecht, Freizügigkeit sowie eigene Gerichtsbarkeit (in Frankreich *Loi de Lorris, Loi de Beaumont*, in Dtl. und Polen →Ius Theutonicum, in Ungarn Libertas hospitum [→hospites], in Rußland *Slobody*). – Während in N- und O-Europa bei der Erschließung neuer Kulturflächen vielfach die →Brandwirtschaft angewandt wurde, praktizierte man in Mittel- und W-Europa kein völliges Abbrennen. Der Hochwald wurde mit der Axt gefällt und das Buschwerk verbrannt. Die Asche diente als Dünger. Der zw. den verbliebenen Stubben gelegene Boden wurde mit der Hacke oder dem Hakenpflug (→Pflug) bearbeitet. Mitunter wurde auch das Wurzelwerk beseitigt. So fällten bei den →Zisterziensern – so die schriftl. Überlieferung – die incisores (lat. incidere 'abschneiden') die Bäume, die exstirpatores (lat. exstirpare 'mit der Wurzel ausroden') gruben die Stubben aus, zuletzt verbrannten incensores (lat. incendere 'anzünden') Äste und Buschwerk. Als R.swerkzeuge nennen →Weistümer des 14. Jh. die Axt, die Haue, die Rode- und Stubbenhacke. – Für R. forderten Kl. und Klerus den Neubruch- oder Rottzehnten, der am bäuerl. Ertragsgewinn aus der neu erschlossenen landwirtschaftl. Fläche teilhaben ließ und für Verluste an Waldbeständen entschädigte, die infolge der hochma. R. immer knapper wurden. Ohne herrschaftl. Erlaubnis durfte keine R. vorgenommen werden. (1140–72 Lgf. →Ludwig II. v. Thüringen geht gegen wilde R. vor; 1254 Urteilsspruch des →Pfgf.en bei Rhein gegen unerlaubte R.; 23. Febr. 1291 Reichsweistum→Rudolfs v. Habsburg, das u. a. R. in der →Allmende untersagt [→Forst]). – Das von Bauern vollbrachte, von herrschaftl. Initiativen vielfach stimulierte und gelenkte R.swerk, das auch bildl. dargestellt wurde (11. Jh. Ags. Kalendarium, 14. Jh. Heidelberger Bilderhs. des →Sachsenspiegels, 15. Jh. Wandteppiche), stellte eine der großen Kulturleistungen des MA dar, die das gesamte Landschaftsbild tiefgreifend veränderte und für den kontinuierl. Anbau von →Getreide die unabdingbare Voraussetzung war. Doch können negative Folgeerscheinungen nicht übersehen werden. Durch die Verringerung der Waldflächen wurde die Futtergrundlage für die Schweinemast reduziert, was die Fleischerzeugung zurückgehen ließ. Zunehmende Entwaldung führte auch dazu, daß Regenwasser die fruchtbaren Erdschichten in die Täler schwemmte und der Boden ausgelaugt wurde. Dadurch ging nicht nur die Bodenfruchtbarkeit zurück, sondern es sank auch der Grundwasserspiegel. Bei trockenen Sommern konnten Mißernten eintreten. – Der im SpätMA von →Bergbau – →Hüttenwesen und Salinen (→Salz) betriebene Raubbau an Wäldern verschärfte diese Gefahren und bewirkte eine »vorindustrielle Holzknappheit« (R. J. GLEITSMANN). S. Epperlein

Lit.: AUBIN-ZORN I – Hb. der europ. Wirtschafts- und Sozialgesch., 2, hg. J. A. VAN HOUTTE, 1980 – M. BLOCH, Les caractères originaux de l'hist. rurale française, 1960³ – W. HENSEL, Die Slawen im FrühMA 1965 – H. RUBNER, Unters. zur Forstverfassung des ma. Frankreichs,

1965 – K. Mantel, Die Anfänge der Waldpflege und der Forstkultur im MA unter der Einwirkung der lokalen Waldordnung in Dtl., Forstwiss. Centralbl., 87. Jg., 1968, 75ff. – Die dt. Ostsiedlung des MA als Problem der europ. Gesch. (VuF 18, 1975) – J. Hatcher – E. Miller, Medieval England. Rural Society and Economic Change 1086–1348, 1978 – K. H. Schröder – G. Schwarz, Die ländl. Siedlungsformen in Mitteleuropa (Forsch. zur dt. LK 175, 1978²) – D. Lohrmann, Energieprobleme im MA: Zur Verknappung von Wasserkraft und Holz in Westeuropa bis zum Ende des 12. Jh., VSWG 66, 1979, 306ff. – R.-J. Gleitsmann, Rohstoffmangel und Lösungsstrategien. Das Problem vorindustrieller Holzknappheit (Technologie und Politik, hg. F. Duve, XVI, 1980), 120f. – K. Hasel, Forstgesch., 1985 – Mensch und Umwelt im MA, hg. B. Herrmann, 1986 – W. Rösener, Bauern im MA, 1987³ – S. Epperlein, Waldnutzung, Waldstreitigkeiten und Waldschutz in Dtl. im HochMA (2. Hälfte 11. Jh. bis ausgehendes 14. Jh.), VSWG Beih. 109, 1993.

Rodwald (Rodoald), Kg. der Langobarden, † 653, Sohn Kg. →Rotharis, gehörte zur Sippe der Haruden. Über ihn ist sehr wenig bekannt. Am 4. Nov. 652 stellte er ein Diplom für das Kl. S. Columbanus in →Bobbio aus. R. herrschte wahrscheinl. nur sechs Monate, von 652 bis Anfang 653, als er von einem Langobarden, dessen Frau er vergewaltigt hatte, ermordet wurde. Paulus →Diaconus nennt als seine Gattin Gumperga (Gundeperga), die Tochter des →Agilulf und der →Theodolinde, verwechselt ihn aber mit seinem Vater Rothari oder mit dessen Vorgänger Ariwald (Arioald), die beide mit Gumperga verheiratet waren; auch deren Schicksal, die des Ehebruchs angeklagt wurde, wird von Paulus Diaconus in die Regierungszeit R.s gesetzt, muß jedoch in die Zeit eines seiner Vorgänger datiert werden, wie es der frk. Chronist →Fredegar tut. Dies ist der Beweis dafür, daß in der hist. Tradition die kurze Regierungszeit R.s mit derjenigen seiner beiden Vorgänger Ariwald und Rothari verwechselt wurde, nicht zuletzt da die Regierungszeit dieser drei Kg.e eine zusammenhängende arianische Periode zw. der Regierung der beiden Zweige der bayer. kath. Dynastie darstellte (→Adalwald, →Aripert I.). S. Gasparri

Q.: Paulus Diaconus, Hist. Langobardorum, IV, 47f. – Codice Dipl. Longobardo III, ed. C. Brühl, FISI 64, 1973, n. 5 – Lit.: J. Jarnut, Prosopograph. und sozialgesch. Studien zum Langobardenreich in Italien (568–774), 1973.

Roermond, Stadt in den Niederlanden (Prov. Limburg), an der Mündung der Rur in die →Maas, entwickelte sich in der 2. Hälfte des 12. Jh. aus einer Befestigungsanlage der Gf.en v. →Geldern im NW der heut. Altstadt auf dem 'Buitenop'. Im 1. Jahrzehnt des 13. Jh. breitete sich R. planmäßig nach S und O hin aus und hatte bereits 1230 eigenständige Verwaltung und Gerichtsbarkeit (Richter und neun →Schöffen); noch vor 1279 ummauert. Das 1218 gegr. Münster Unserer Lieben Frau (Frauenstift SOCist; Kirchenbau ca. 1210–60, Stiftergrabmäler ca. 1240) blieb außerhalb dieser Ummauerung, ebenso die Bebauung auf dem Buitenop mit Pfarrkirche St. Christoffel. Zw. Rur und Maas entstand im 13. Jh. die Vorstadt St. Jacob, die bereits zu Beginn des 14. Jh. durch eine feste Brücke mit der ummauerten Stadt verbunden wurde. In der 1. Hälfte des 14. Jh. erfolgte eine starke Erweiterung des Stadtgebietes (von ca. 20 ha auf ca. 50 ha), die auch das Münster mit einschloß; ca. 1370 Gründung eines Kartäuserkl. (Kirche 15.–18. Jh.). Im 13.–14. Jh. besaß R. ein blühendes Tuchgewerbe und Handelsbeziehungen mit Flandern und dem Rheinland; 1441 Mitglied der Dt. Hanse. Um 1400 Abriß der Bebauung auf dem Buitenop; Neuerrichtung der Pfarrkirche St. Christoffel innerhalb der Stadtmauern (Kirchenbau von ca. 1410 mit zwei Erweiterungen aus der 2. Hälfte des 15. Jh., seit 1559 Bfs.sitz). R. war im SpätMA als Zentrum des Geldr. 'Overkwartiers' ein wichtiges Verwaltungszentrum. Zu Beginn des 15. Jh. ca. 6000 Einwohner. J. C. Visser

Lit.: Hist. opstellen over R. om omgeving, 1951 – J. J. F. van Agt, R.s Munsterkerk vóór en na Cuijpers (Opus Musivum, bundel M. D. Ozinga, 1964), 85–113 – J. G. F. M. G. van Hövell tot Westerflier, R. vroeger en nu, 1968.

Roffredus de Epiphanio (Beneventanus), Rechtslehrer und Praktiker, * um 1170 in der päpstl. Enklave →Benevent, † nach 1244 ebd., lehrte nach seinem Studium bei den Legisten →Azo und →Hugolinus längere Zeit als Zivilrechtslehrer in →Bologna, bevor er 1215 nach →Arezzo übersiedelte, wo er für seinen Unterricht die »Quaestiones sabbatinae« verfaßte, aber auch toskan. Kommunen als Rechtsexperte diente. Die Begegnung mit Kg. →Friedrich II. vor der Kaiserkrönung 1220 gab wahrscheinl. den Anstoß zur vermehrten Berufung gelehrter Richter in das siz. Großhofgericht, obwohl R. selbst nur für kurze Zeit in das Gericht eintrat (1221). Als Richter in Benevent lebend, lehrte er seit 1224 ztw. an der Univ. →Neapel. Obwohl für Ks. Friedrich II. mehrfach Unterhändler bei Papst →Gregor IX., wandte er sich nach 1231 der röm. Kurie zu, trat dort als Advokat auf und lehrte vor einem Publikum, das ihn zu stärkerer Beschäftigung mit Fragen der Kanonistik finden ließ. Versuche Friedrichs II., ihn zurückzugewinnen (1241), blieben erfolglos. – Seine in vielen Hss. überlieferten Hauptwerke, aber auch die auf ihn zurückführbaren Glossen bezeugen die große Autorität als Rechtslehrer, der mit prakt. Lebensnähe und gedankl. Schärfe, aber auch mit Witz und Ironie für eine neue Rechtskultur warb, die nicht zuletzt der stark neu organisierenden siz. Monarchie Inhalte und Maßstäbe mitvermittelte. N. Kamp

Ed.: Libelli iuris civilis, Libelli iuris canonici, Quaestiones sabbatinae, Avignon 1500 [Neudr.: CGIC VI, 1968] – Lit.: G. Ferretti, R.o Epifanio da Benevento, StM 3, 1908–11, 230–287 – M. Bellomo, Intorno a R.: professore a Roma? (Scuole, diritto e società nel Mezzogiorno medievale d'Italia 1, 1985), 137–181 – I. Baumgärtner, Was muß ein Legist vom Kirchenrecht wissen? R. Beneventanus und seine Libelli de iure canonico (Proceedings of the 7th Internat. Congress of Medieval Canon Law, 1988), 223–245.

Roga, aus der spätantiken Verwaltung übernommener und in byz. Q. im 6. Jh. (→Johannes Malalas 706, 10) erstmals belegter Terminus für staatl. (ksl.) Rentenzahlungen. Gebunden an eine Hofwürde, kann die r. auch an auswärtige Persönlichkeiten vergeben werden und setzt die Zahlung einer (einmaligen) Gebühr an die Staatskasse voraus. Ihre Höhe richtet sich nach dem Rang der Hofwürde, prozentual dazu steht auch die Gebühr. Sie ist nicht erbl., kann aber mehrfach verändert und vielleicht auch verkauft werden. Für alle r. betreffenden Angelegenheiten war wohl der (nur einmal erwähnte) κατεπάνω τῶν ἀξιωματικῶν in dem ἰδικόν/εἰδικόν (→Finanzwesen, A. II) gen. Finanzbüro zuständig. P. Schreiner

Lit.: Oxford Dict. of Byzantium, 1991, 1801 – P. Lemerle, »R.« et rente d'état au Xe–XIe s. RevByz 25, 1967, 77–100.

Roger

1. R. I. v. Sizilien, Großgf. v. Sizilien, Gf. v. Kalabrien, siebenter Sohn →Tankreds v. Hauteville und der Fredesende, * ca. 1031, † 22. Juni 1101 in Mileto, ⌐ in der Kirche seiner Gründung SS. Trinità, OSB. Sein aus den Ruinen des Erdbebens von 1783 geretteter Sarkophag befindet sich heute im Arch. Mus. v. Neapel. R. I. kam 1056 nach Apulien, als →Robert Guiscard im Krieg gegen die Byzantiner die Macht übernommen hatte. Von Guiscard an die Front in Kalabrien gesandt, konnte er seine militär. Qualitäten entfalten, die er auch bei der Eroberung von →Sizilien (1061 →Messina, 1072 →Palermo, 1091 Noto) bewies. Die Konfiszierungen und Neuverteilungen der Län-

dereien führte R. auf eine Weise durch, daß die überkommene soziale Ordnung (Latifundienwirtschaft) und die rechtl. Bindungen, in denen die ländl. Bevölkerung lebte, erhalten blieben. R. beschränkte sich darauf, einige Ländereien seiner Domäne einzuverleiben und in den meisten anderen Fällen die frühere herrschende Schicht durch seine Gefolgsleute zu ersetzen, wobei er sein feudalist. Konzept der Festigung der Zentralgewalt und persönl. Souveränität zu verwirklichen bestrebt war. Die tiefgreifendsten Veränderungen fanden jedoch im kirchl. Bereich statt. R. förderte die Neugründung und Ausstattung von Kl. des gr. und lat. Mönchtums und schuf durch die Vergabe von Bm.ern an ihm nahestehende Prälaten ein Netz kirchl. Bollwerke an den Grenzen. Hinsichtl. der Wahl und Investitur der Bf.e kam es zw. R. und der Röm. Kurie zu Auseinandersetzungen. Von Urban II. erhielt er in Capua 1098 die apostol. Legation, die ihm eine Sonderstellung innerhalb der siz. Kirche verschaffte. Von seinem Privatleben ist, abgesehen von der Schilderung des →Gaufredus Malaterra, wenig bekannt: seine erste Gemahlin, Judith d'Evreux, folgte ihm aus der Normandie nach Kalabrien. Seine zweite Gemahlin war Eremburga, Tochter Wilhelms v. Mortain; in dritter Ehe war er mit Adelasia (Adelheid) del Vasto vermählt (Mutter von Simon und →Roger II.).
S. Tramontana

Q.: →Amatus v. Montecassino – Wilhelm v. Apulien, Gesta Roberti Wiscardi, SBNE 4, hg. M. Mathieu, 1961 – →Gaufredus Malaterra – Ibn al-Athir (Summe der Geschichten), hg. C. J. Tornberg, 1853–54, X, 185–188 – Lit.: F. Chalandon, Hist. de la domination normande en Italie et en Sicile, 1907 – M. Amari, Storia dei musulmani in Sicilia, hg. C. A. Nallino, 1935 – S. Tramontana, La monarchia normanna e sveva, 1986 [Lit.] – W. Jahn, Unters. zur norm. Herrschaft in Süditalien, 1989 – H. Houben, Adelaide del Vasto nella storia del regno di Sicilia (Itinerari di ricerca storica, IV, 1990), 9–40.

2. R. II., Kg. v. →Sizilien, * 22. Dez. 1095, † 26./27. Febr. 1154; ▢ Palermo, Dom; Eltern: Gf. →Roger I. v. Sizilien und →Adelheid (Adelasia); 1. ∞ vor 1120 Elvira v. Kastilien, 2. 1149 Sibylle, Tochter Hugos v. Burgund, 3. 1151 Beatrix, Tochter des Gf.en v. Rethel; Kinder: von 1: sechs Kinder, darunter R.s Nachfolger →Wilhelm I., 3. →Konstanze, die zukünftige Ksn. R. folgte dem Vater nach dem Tod des älteren Bruders Simon († 1105) unter der Regentschaft (bis 1112) der Mutter nach. Seine ersten Amtshandlungen setzten die väterl. Politik fort: Achtung der verschiedenen Volksgruppen, Ausbau →Messinas zum Zentrum der Mittelmeerschiffahrt, Sorge um die lokalen Belange, Konsolidierung seines Ansehens im Innern wie nach außen. Bald wandte sich R.s Aufmerksamkeit Nordafrika zu, dem gleichsam vorgegebenen Ziel der polit. und ökonom. Expansion Siziliens. Eine erfolglose Schiffsexpedition (1123) schob die Eroberungspläne vorerst um etwa zwanzig Jahre hinaus. Glückl. hingegen verlief eine Intervention zugunsten seines Vetters, Hzg. →Wilhelms v. Apulien, die ihm nach 1121 die Aussicht auf dessen Nachfolge eröffnete. 1127, nach dem Tode Wilhelms, ergriff R. gegen die Opposition des Papstes und der beiden Ksr.e vom hzgl. Gebiet Besitz, empfing im Sept. 1129 den Treueid der Untertanen und erließ Maßnahmen zur inneren Befriedung des Hzm.s. Das Schisma nach dem Tod Papst Honorius' II. geschickt ausnützend, erlangte er vom Gegenpapst →Anaklet II. die Kg.swürde für Sizilien und die festländ. Herrschaftsgebiete der Normannen (Krönung: Weihnachten 1130, Dom v. Palermo). Das neue siz. Kgtm. (→König, C) gründete auf den Vorstellungen des →Gottesgnadentums und des Cäsaropapismus, die absolutist. Handeln im Interesse des Einigungsprozesses als notwendig erscheinen ließen. Wenn auch die Reichsteile v. a. in der Person des Kg.s zusammenfanden, gelang es R. durch das einigende Band gemeinsamen Rechts (→Assisen v. Ariano, 1140) und einen durchorganisierten Verwaltungsapparat (→Beamtenwesen, A. VI; →Curia, III) doch allmähl., das Kgr. zu einer Einheit zu verschmelzen. Die mächtigen Feudalherren wußte R. von sich abhängig zu machen (→Lehen, V); dennoch bedeuteten sie zunächst noch eine ständige Gefahr für Frieden und Bestand des Kgr.es. Neben den Baronen und Prälaten wurde auch das Bürgertum in die kgl. Interessen einbezogen. Hinsichtl. der Thronfolge löste ein Mitkgtm. byz. Prägung das in der norm. Welt übliche Wahlprinzip ab. Gegen diese Veränderung verbündeten sich Papst und die beiden Ks. noch einmal zu einer antinorm. Front. Der 1136 begonnene Feldzug endete jedoch wegen des Todes Ks. Lothars III. mit einer Versöhnung R.s mit dem Papst (San Germano, 1139) und der gewaltsamen Unterdrückung des proksl. Widerstandes unter Führung der Städte Bari und Troia. R. versammelte die besten Kräfte der europ. und mediterranen Welt um sich: Sie kamen aus Frankreich und England, vom it. Festland, aus dem byz. Orient und der islam. Welt, um dem Kg. v. Sizilien zu dienen, und brachten ihre Erfahrung und Kultur mit. Werkzeug der Mittelmeerpolitik R.s war die →Flotte, die siegreich der byz. entgegentreten konnte und die Eroberung der afrikan. Küste (1147–54) ermöglichte. Der Hof R.s zeichnete sich durch sein →Mäzenatentum auf künstler. und kulturellem Gebiet aus. Der Kg. arbeitete z. B. mit →al-Idrīsī an der Abfassung eines großen geogr. Werkes und versammelte arab. Dichter und byz. Homileten an seinem Hof. Der lat. Kultur gehörten die Chronisten →Alexander v. Telese und der sog. →Hugo Falcandus an; auf dem Gebiet der Baukunst sind v. a. der Dom v. Cefalù und die Palastkapelle zu nennen. Bei R.s Tod trauerten seine Untertanen um ihn wegen des Respektes, den er den verschiedenen Völkern seines Reiches erwiesen hatte. Für die anderen war er der »tyrannus« und Usurpator, der unrechtmäßige Inhaber der Macht.
F. Giunta †

Q. und Lit.: R. ii II. regis diplomata lat., ed. C. Brühl, 1987 – Le Assise di Ariano, ed. O. Zecchino, 1984 – E. Caspar, R. II. und die Gründung der norm.-sic. Monarchie, 1904 [Neudr. 1963] – F. Chalandon, Hist. de la domination normande en Italie en en Sicile, 2 Bde, 1904 – Atti del Convegno internaz. di studi ruggieriani, 2 Bde, 1955 – Società, potere e popolo nell'età di Ruggero II, 1979 – F. Giunta, Medioevo normanno, 1982 – C. Brühl, Diplomi e cancelleria di Ruggero II, 1983 – S. Tramontana, La monarchia normanna e sveva, 1986.

3. R. Borsa, Hzg. v. Apulien, † 22. Febr. 1111, Sohn des →Robert Guiscard und seiner zweiten Gemahlin Sikelgaita. R. B. hatte führenden Anteil an dem Feldzug, der Gregor VII. dazu verhalf, 1084 Rom zu verlassen und in Salerno Zuflucht zu finden. Danach begleitete er seinen Vater im Krieg gegen Byzanz. Er befehligte die Truppen, die Kephallenia besetzten. Zur Nachfolge im Hzm. Apulien designiert, kämpfte er lange gegen seinen Halbbruder →Bohemund, gegen den er sich schließlich dank der Unterstützung seines Onkels, des Großgf.en →Roger, durchsetzte. 1089 erwirkte er von Papst Urban II. die Investitur mit dem Hzm. Apulien und verständigte sich mit seinem Bruder über dessen Aufteilung. Bohemund, der die Oberhoheit R.s anerkannte, erhielt die Territorien der ehem. byz. Themen Langobardia und Lukania und machte Tarent zum Sitz seiner Herrschaft. R. beschränkte sich auf die Gebiete des früheren langob. Prinzipats Salerno und wählte →Salerno zur Hauptstadt seines Hzm.s. In die ständigen Kriege, die in Süditalien wüteten, konnte R. nicht entscheidend eingreifen. Mit der Unterstützung des Gf.en v. Sizilien begann seine Macht erst nach 1096 zu

wachsen, als Bohemund und eine große Anzahl von Feudalherren zum Kreuzzug aufgebrochen waren. 1098 unterstellte sich der Fs. v. Capua der Lehnshoheit R.s., ein Ziel, wonach Robert Guiscard vergebl. getrachtet hatte. Als 1105 Bohemund, inzw. Fs. v. Antiochien, nach Süditalien zurückkehrte, wurde die Länderteilung von 1089 wiederaufgenommen.
E. Cuozzo

Lit.: F. Chalandon, Hist. de la domination normande en Italie et en Sicile, I, 1907, 285–313 – E. Cuozzo, L'unificazione normanna e il Regno normanno svevo (Storia del Mezzogiorno, II, 2, 1989), 633–655.

4. R., *Hzg. v. Apulien,* * wahrscheinl. 1118, erster Sohn Kg. →Rogers II. v. Sizilien und Elviras v. Kastilien, † am 2. Mai 1149. Sofort nach der Salbung und Krönung seines Vaters zum Kg. v. Sizilien wurde R. im Winter 1130 zum Hzg. v. Apulien ernannt. R. bewies hervorragende militär. und diplomat. Fähigkeiten bei der Eroberung der festländ. Provinzen des Kgr.es. Im Sommer 1139 unterstützte er seinen Vater nach dem Tod →Rainulfs v. Alife bei der Niederschlagung des Aufstands der Barone und Städte, die im Zusammenhang mit dem Italienzug Ks. Lothars gegen Roger II. rebellierten. Am 22. Juli 1139 besiegte R. an der Spitze des kgl. Heeres am Ufer des →Garigliano bei Galluccio die Truppen, mit denen Innozenz II. das Kgr. Sizilien erobern wollte. Beim Friedensschluß am 25. Juli in Mignano wurde R. von Innozenz II. mit dem Hzm. Apulien investiert. In Benevent und Neapel leistete ihm die Einwohnerschaft den Treueid. 1140 begann er mit seinem Bruder Anfusus die Eroberung der nördlichsten Gebiete des Kgr.es und erregte damit den heftigen Widerstand des Papstes. Im gleichen Jahr heiratete er Elisabeth, Tochter des Gf.en v. Champagne. Im Juni 1144 beschenkte er in Ceprano zusammen mit dem Kg. Papst Lucius II. mit kostbaren Gefäßen und golddurchwirkten Seidenstoffen. Gleich darauf begann er die Eroberung der Marsica bis Rieti und Amiterno. Bei seinem plötzlichen Tod hinterließ R. zwei unehel. Söhne, →Tankred, den künftigen Kg. v. Sizilien, und Wilhelm, beide von einer Tochter des Gf.en Accardus v. Lecce, deren Name nicht überliefert ist.
E. Cuozzo

Lit.: F. Chalandon, Hist. de la domination normande en Italie et en Sicile, II, 1907, 48–117 – E. Cuozzo, L'unificazione normanna e il Regno normanno svevo (Storia del Mezzogiorno, II, 2, 1989), 610f. – Chr. Reisinger, Tankred v. Lecce, 1992.

5. R., Bf. v. →*Salisbury* seit 1102, † Dez. 1139; erregte angebl. als einfacher Priester die Aufmerksamkeit des künftigen Kg.s Heinrich I. durch die Kürze seines Gottesdienstes. Er wurde sein →Steward und nach Heinrichs Krönung 1101 Kanzler mit einer Machtbefugnis, die ihn an die zweite Stelle nach dem Kg. rückte. Obwohl R. tatsächl. niemals den Titel eines →Justitiars führte, hatte er die Befugnisse dieses erst später so gen. Amtes und stand bei Abwesenheit des Kg.s an der Spitze des Kgr.es. Nach seiner Ernennung zum Bf. v. Salisbury verweigerte jedoch Ebf. →Anselm v. Canterbury einige Jahre seine Weihe. Nach Heinrichs Tod 1135 unterstützte R. Stephan v. Blois, obwohl er 1126 Ksn. →Mathilde Treue geschworen hatte. Er und seine Gefolgsleute bildeten die mächtigste polit. Gruppierung in den ersten Regierungsjahren Stephans. R.s gleichnamiger Sohn Roger wurde Kanzler, seine Neffen Nigel und →Alexander (16. A.) Bf. v. Ely bzw. Bf. v. Lincoln. Im Juni 1139 eingekerkert, blieb R. bis zu seinem Tod in Ungnade. Für einige Zeitgenossen war er die typ. Verkörperung eines verweltl. Bf.s, der sich völlig seinen Staatsgeschäften widmete und offen mit seiner Konkubine Matilda de Ramsbury zusammenlebte.
J. S. Critchley

Lit.: E. J. Kealey, R. of S., 1972 – M. Brett, The English Church under Henry I, 1975 – J. A. Green, The Government of England under Henry II, 1986.

6. R. d'Andeli (les Andelys, Dept. Eure), norm. Adliger, von →Johann Ohneland (4. J.) 1201 zum Kastellan v. Lavardin ernannt; die »Chanson de la Croisade albigeoise« (→Prov. Lit.) bezeugt seine Teilnahme am Krieg gegen die →Albigenser. Autor einer in 6 →Chansonniers erhaltenen höf. →Chanson.
M.-R. Jung

Ed. und Lit.: A. Héron, Chansons de R. d'A., 1883 – R. W. Linker, A Bibliogr. of Old French Lyrics, 1979, Nr. 237.

7. R. Bacon, engl. Naturphilosoph und Theologe, * um 1219 (traditionell um 1214) in oder bei Ilchester (Somerset, England), † um 1292. Nach dem Studium der lat. Klassiker wandte er sich in →Oxford der aristotel. Naturphilosophie (→Aristoteles, Aristotelismus) und der →Mathematik zu. Mag. artium um 1240, in Oxford oder →Paris. Wohl zw. 1241 und 1246 las R. in Paris über Aristoteles' Physik und Metaphysik sowie über die pseudoaristotel. Schriften »De plantis« und »De causis«. Bei der Beschäftigung mit dem pseudoaristotel. →»Secretum secretorum« wurde er inspiriert von der Idee, tiefer in die Fragen der Naturwiss. einzudringen, um sie für die Theol. nutzbar zu machen. Wohl um 1247 kehrte er nach Oxford zurück. In den folgenden zwanzig Jahren beschäftigte er sich mit naturwiss. Arbeiten. Als überzeugter Anhänger des Sprachenstudiums erwarb er Kenntnisse des Hebr., Arab. und Griech. (Erstellung von →Grammatiken).

In Oxford stand R. unter dem Einfluß von →Robert Grosseteste (v. a. in den Werken zur →Optik) sowie von Adam →Marsh. Er wandte sich entschieden gegen die Auffassung →Richards v. Cornwall, der die Pluralität der Formen ablehnte; R.s provokativer und nonkonformist. Charakter begann sich zu artikulieren. Zw. 1254 und 1257 wurde er des Joachimitismus (→Joachim v. Fiore) verdächtigt. Nach Eintritt in den Franziskanerorden in den 1250er Jahren wurde er um 1257 in den Pariser Konvent versetzt. Dort geriet er 1260 in Konflikt mit der Weisung →Bonaventuras, nach der vor Veröffentlichung einer Schrift die Zustimmung der Ordensoberen einzuholen war, gewann aber 1263 die Gönnerschaft des Kard.s Gui de Foulques, der ihm nach seiner Papstwahl (1265: →Clemens IV.) Schutz und Förderung angedeihen ließ. Bis 1268 legte er Clemens IV. auf Aufforderung der drei großen Hauptwerke vor: »Opus maius«, »Opus minus« und »Opus tertium«, letztere mit Praefationen, in denen R. für die Reform der Wissenschaft und der Kirche eintrat; zu allen drei Werken verfaßte R. noch Supplemente.

Etwa zur selben Zeit schrieb R. die »Communia naturalium« und »Communia mathematica«, 1272 sein »Compendium studii philosophiae«. Dieses Werk, das uns nur in seinem ersten Teil vorliegt, offenbart die streitbare Persönlichkeit seines Verfassers, der die Gesellschaft einer Kritik unterwirft, nicht zuletzt Franziskaner und Dominikaner (wegen ihres Versagens als Erzieher). Nach Clemens' Tod (1268) kehrte R. wahrscheinl. für eine Zeitlang nach Oxford zurück, war aber in den späten 1270er Jahren wieder in Paris, wo er erneut vom Orden zensiert und schließlich gefangengesetzt wurde. Die Gründe hierfür sind im einzelnen nicht bekannt, naheliegend ist jedoch ein Zusammenhang mit dem →Aristotelesverbot des Bf.s v. Paris, Stephan →Tempier (1277). R.s Ordensgeneral, Girolamo d'Ascoli (späterer Papst →Nikolaus IV.) ließ über R.s Werk verlauten, es enthalte »verdächtige Neuigkeiten«. Die letzte Lebensäußerung R.s ist zu 1292 bekannt, als er an seinem Werk »Compendium studii theologiae« arbeitete. Es blieb unvollendet.

Das »Opus maius« entwirft ein Ausbildungs- und Forschungsprogramm der Naturwissenschaft. Obwohl R. hier einerseits die Bedeutung der 'scientia experimentalis' (→Experimentum) nachdrückl. hervorhebt, erkennt er andererseits die Existenz innerer myst. Inspiration bei der Wahrheitssuche an und ebenso die entscheidende Rolle der →Mathematik bei der Präzisierung von Schlußfolgerungen. Mathematik beinhaltet für R. auch →Astronomie und →Astrologie. Auch wenn R. nicht als hochbegabter Mathematiker gelten kann, so entwickelte er doch eine interessante und einflußreiche geometr. Theorie der physikal. Wirkung (→Physik und Naturphilosophie), die er mit Erfolg auf die theoret. →Optik anwandte. (Neben Grosseteste waren→ Euklid, →Ptolemäus, →al-Kindī und →Ibn al Haitam seine Hauptq.) Der 5. Teil des »Opus maius«, der die Optik behandelt (d.h. die »Perspectiva«), ist in nicht weniger als 27 Hss. erhalten und wurde noch im 17. Jh. abgeschrieben. R.s 'scientia experimentalis' wurde ganz offensichtl. nicht nur zum Wissenserwerb angewandt, sondern galt auch als Grundlage der →Magia naturalis. R. schrieb in diesem Sinne über den Magneteisenstein (natürl. →Magnet), Medizin, Alchemie, Landwirtschaft; durch seine vagen Vorstellungen von Unterseebooten, Flugmaschinen, Hebevorrichtungen, durch Radantrieb funktionierende Wagen und Schiffe gewann er postumen Ruhm als Seher.

Er befürwortete nachdrücklich das Studium der →Geographie, um so die Verbreitung des chr. Glaubens (→Mission) zu fördern. Im »Opus maius« erwähnt er die Möglichkeit, von Spanien nach Indien zu segeln, und er wird (allerdings ohne Namensnennung) von Pierre d'→Ailly zitiert; diese Passage hat offenbar tatsächl. (wie aus einem Brief von Kolumbus an die→Kath. Kg.e von 1498 hervorgeht) die Entdeckungsfahrten des →Kolumbus beeinflußt. R.s Argumentation beruhte hier auf astron. Verzeichnissen der geograph. Breiten. Obwohl R. sich wenig mit den techn. Aspekten der Astronomie befaßte, soll er doch (über →Paul v. Middelburg) Einfluß auf→Kopernikus ausgeübt haben. Seine Schriften zur →Chronologie mit klugen Überlegungen zur Kalenderreform (→Kalender) wurden oft zitiert. Letztlich beruht R.s hist. und wissenschaftshist. Hauptbedeutung aber auf seinen philos. und methodolog. Werken. Er förderte durch seine neuartigen Gedanken die Reform der naturwiss. Forschungsmethoden und trug maßgebl. zu einer Abkehr vom exzessiven Glauben an Autoritäten bei, blieb jedoch in seiner Weltsicht im Kern scholastisch. J. D. North

Ed.: Opus maius, ed. J. H. BRIDGES, 2 Bde, 1897 - Opus minus, Opus tertium u.a., ed. J. S. BREWER, 1859 - Opera hactenus inedita R.i B.i, ed. R. STEELE u.a., 16 Fasc., 1905-40 - Ep. ad papam Clementem IV, ed. E. BETTONI, 1964 - R. B. Compendium of the Study of Theology, hg. TH. S. MALONEY, 1988 - R.i B.is Moralis Philosophia, ed. F. M. DELORME-E. MASSA, 1953 - Les »summulae dialectices« de R. B., ed. A. DE LIBERA, AHD 61, 1986, 171-289; 62, 1987, 191-272 - R. B. Philos. of Nature, ed. D. C. LINDBERG, 1983 [krit. Ed. von »De multiplicatione specierum« und »De speculis comburentibus«] – *Lit.*: DSB I, 377-385 - A. G. LITTLE, R. B. Essays ... on the Seventh Centenary of his Birth, 1914 [Bibliogr.: 375-426]-T. CROWLEY, R. B.: The Problem of the Soul in his Philos. Commentaries, 1950 - A. C. CROMBIE, Robert Grosseteste and the Origins of Experimental Science, 1100-1700, 1953 [Nachdr. 1969] – M. HUBER, Bibliogr. zu R. B., FSt 65, 1983, 98-102 - M. HUBER-LEGNANI, Roger Bacon, Lehrer der Anschaulichkeit: Der franziskan. Gedanke und die Philosophie des Einzelnen, 1984 - J. M. G. HACKETT, Practical Wisdom and Happiness in the Moral Philos. of R. B., Medioevo 12, 1986, 55-109 - J. M. G. HACKETT-TH. S. MALONEY, A R. B. Bibliogr. (1957-85), New Scholastizism 61, 1987, 184-207 - D. C. LINDBERG, Science as Handmaiden: R. B. and the Patristic Tradition, Isis 78, 1987, 518-536 - C. A. LÉRTORA MENDOZA, R. B.: Sus ideas exegéticas, Naturaleza e gracia 36, 1989, 195-372 - Roger Bacon, Three Treatments of Universals, übers. und eingel. von TH. S. MALONEY, 1989 - K. BERGDOLT, Der Sehvorgang als theol. Analogon, SudArch 75, 1991, 1-20.

8. R. de Flor → Flor, Roger de

9. R. Frugardi, lombard. Wundarzt, * vor 1140 in der Po-Ebene, † vor 1195, ausgebildet in der langob.-chirurg. Operationstechnik, vertraut mit der salernitan.-pharmazeut. Lit. (→Antidotarium Nicolai) und deshalb von der Forsch. nach →Salerno lokalisiert; las auf Einladung →Guidos d'Arezzo d. J. in den 70er Jahren in Parma und lehrte dort unter Demonstration innovativer Instrumentars (gebogene Nadeln zur Gefäßumstechung; Frühform des Murphy-Knopfs bei der Darmnaht) eine Chirurgie, die jener von Salerno (»Pantegni«-Chirurgie von →Constantinus Africanus und Afflacius; →Bamberger Chirurgie) weit überlegen war. Seine Operationsverfahren (v. a. schädelchirurg. Verfahren) stehen in der Tradition einer hochentwickelten germ. →Chirurgie.

Dank R. F. ist es gelungen, die mündl. vermittelte, durch demonstrative Unterweisung gelehrte germ. Chirurgie aus dem Bereich handwerkl. Wissensweitergabe auf die Ebene akadem. Fachlit. zu heben: Der Text seiner »cyrurgia« wurde durch Guido d'Arezzo anhand mehrerer Hörermitschriften redigiert, in vier Bücher unterteilt (Kopf, Hals, Ober-, Unterleib). Er setzte sich unmittelbar nach Erscheinen durch, begründete die Tradition des modernen chirurg. Lehrbuchs und wirkt bis heute nach. Die weitere Textgesch. wird maßgebend durch R.s Meisterschüler →Roland v. Parma bestimmt, der an R.s Seite bis zu dessen Tod den chirurg. Unterricht bestritt und unter dem Einfluß der durch Guido d'Arezzo d. J. eingeleiteten →Avicenna-Rezeption vor 1200 mit der Kommentierung begann (→Rogerglosse). Die Wirkungsgesch. der R.-Chirurgie kulminiert um 1250: Roland v. Parma war zu Beginn des 13. Jh. nach Bologna gegangen, wo er die »Rolandina« durch einen gerafften »Libellus de chirurgia« ergänzte und gemeinsam mit den→Borgognoni-Schülern →Bruno v. Longoburgo und →Wilhelm v. Saliceto jene Unterrichtsstrukturen schuf, aus denen Taddeo →Alderotti in der zweiten Jh.-Hälfte die Bologneser Med. Fakultät entwickelte. G. Keil

Lit.: Verf.-Lex.² VIII, 140-153 – Würzb. med. hist. Forsch. 4, 1975; 32, 1984; 33, 1984 – Wissenslit. im MA 10, 1992, 213-227; 11, 1993, 349-401 – H. G. STEFAN, Der Chirurg v. d. Weser (ca. 1200-1265), SudArch 77, 1993, 174-192 – G. KEIL, R. F. und die Tradition langob. Chirurgie (I Langobardernas spår., hg. A. STEDJE, 1995).

10. R. v. Helmarshausen, Künstlermönch, * um 1070 im Maasgebiet, † nach 1125, erhielt seine künstler. Ausbildung wahrscheinl. im Kl. →Stablo. Um 1100 scheint R. in St. Pantaleon (Köln) tätig geworden zu sein und dort die »Schedula diversarum artium« begonnen zu haben, von der Cod. Guelf. Gud. Lat. 2° 69 in Wolfenbüttel als einer der Hauptzeugen des Werkes aus St. Pantaleon stammt. Im Zuge einer Reliquientranslation des hl. Modoald 1107 von Trier nach Helmarshausen, deren Gesandtschaft im verbrüderten Kl. St. Pantaleon Station machte, wird R. nach →Helmarshausen gekommen sein, wo er u. a. das Kreuz des hl. Modoald (Köln, Schnütgen-Mus.), die Tragaltäre im Dom und in der Abtei Abdinghof zu Paderborn sowie den Deckel des Evangeliars Hs. 139 im Trierer Domschatz schuf. Dort wird er auch die »Schedula« in die endgültige Fassung gebracht haben. In dem als persönl. Exemplar zu betrachtenden Wiener Cod. 2527 stehen als Zusatz zur Überschrift des Prologes die Worte »Theophili qui et Rugerus«. Sie enthalten gleichsam die wiss. Konjunktion des Kunsttheoretikers →Theophilus Presbyter mit dem Künstlermönch R. A. v. Euw

Lit.: B. Bischoff, Die Überlieferung des Theophilus-Rugerus nach den ältesten Hss., Ma. Stud. 2, 1967, 175-182 – E. Freise, R. v. H. in seiner monast. Umwelt, FMASt 15, 1981, 180-293 – Ders., Zur Person des Theophilus und seiner monast. Umwelt (Kat. Ornamenta Ecclesiae I, 1985), 357-362 [Goldschmiedearbeiten: Nr. C 20, 33, 34, 44; Theophilushss. Nr. 128, 129].

11. R. v. Hereford, engl. Astronom, Komputist und Naturphilosoph des späten 12. Jh. (um 1170). Über seine Biographie ist wenig bekannt. Sein →»Computus« von 1176 ist Gilbert →Foliot, dem früheren Bf. v. Hereford, gewidmet. Der Autor nennt sich im Computus als 'jung'; seine astron. →Tafeln für die 'latitudo' v. Hereford (»Hereford-Tafeln«, London Brit. Libr., Ms. Arundel 377; Madrid, MS 10016) sind auf 1178 datiert und beruhen auf den wohlbekannten Tafeln v. Toledo und Marseille. R., dessen Tätigkeit sich im Rahmen der lebhaften Rezeption des →Ptolemaios (Übers. des →Almagest) in dieser Periode bewegt, bot mit seiner »Theorica planetarum« eine nützl. lat. Zusammenfassung des Ptolemäischen Lehrgebäudes, bereichert durch wenige Zusätze anderer Provenienz. Ein (behaupteter) unmittelbarer Einfluß der arab. Wissenschaften (durch einen möglichen Spanienaufenthalt R.s) ist nicht nachweisbar, wohl aber Kontakt mit in Spanien tätigen westl. Gelehrten: →Alfredus Anglicus widmete ihm »De vegetabilibus«. Auch hatte R. wohl Kenntnisse arab. astrolog. Werke, die er v. a. im »Liber de divisione astronomie« verwertete. Andere ihm zugeschriebene astrolog. Traktate haben sich zumeist als Exzerpte aus diesem vierteiligen Werk erwiesen.

J.-D. North

Lit.: L. Thorndike, A Hist. of Magic and Experimental Science, II, 1923 – C. W. Haskins, Stud. in the Hist. of Medieval Science, 1927 – J. C. Russell, Hereford and Arabic Science in England, Isis 18, 1932, 14-25 – O. Pedersen, The Origins of the »Theorica Planetarum«, JHA 12, 1981, 175-221.

12. R. of Howden, engl. Chronist, † 1201/02, benannt nach Howden im East Riding von Yorkshire, wo er seinem Vater als Pfarrer 1174 oder bereits vorher nachfolgte. Doch war er wohl häufig von seinem Pfarrsprengel abwesend, da er wahrscheinl. kurz vor 1174 als Geistlicher an den kgl. Hof berufen wurde, wo er bis nach dem Tod Heinrichs II. verblieb. R. beteiligte sich am III. →Kreuzzug und kehrte dann in seine Pfarrgemeinde nach Yorkshire zurück, wo er im Dienst von Hugues du →Puiset, Bf. v. Durham, stand. – R.s »Gesta Regis Henrici Secundi«, häufig irrtüml. Benedict v. Peterborough zugeschrieben, beinhaltet Annalen für die Jahre 1170-92 und wurde auf der Grundlage von Informationen und Dokumenten vom kgl. Hof verfaßt und überarbeitet. Die »Chronica«, für die Zeit zw. 732 und 1201, wurde 1192 oder 1193 begonnen. Sie enthält Annalen bis 1169, die als Einleitung für eine überarbeitete Ausgabe der »Gesta« dienten, welche die Grundlage für die Darstellung der Zeit bis 1192 innerhalb der »Chronica« lieferte. Später fügte R. Einzelheiten von zeitgenöss. Ereignissen an, soweit sie ihm bis zu seinem Tod bekannt waren. Die Ausgabe der »Chronica« (Brit. Library Royal MS 14. C.2; Bodleian Library Laud MS 582, teilweise mit der Hs. des Autors) wurde in den letzten zwei oder drei Jahren seines Lebens erstellt. Es ist oft behauptet worden, daß die Werke R.s einen persönl. Stil vermissen lassen. Doch hat eine sorgfältige Analyse seines Werkes ergeben, daß seine Diskussion von Sachverhalten, an denen Personen beteiligt waren, in deren Dienst er stand, eine gewisse Ausschmückung zeigt.

D. J. Corner

Ed. und Lit.: Gesta Regis Henrici Secundi Benedicti Abbatis, ed. W. Stubbs (RS), 1867 – Chronica Rogeri de Houedene, ed. Ders. (RS), 1868-71 – D. J. Corner, The Gesta Regis Henrici Secundi und Chronica of R..., Bull. of the Inst. of Hist. Research 56, 1983, 126-144.

13. R. de Lauria →Llúria, Roger de

14. R. Marston (Merston, de Anglia) OMin, * um 1245, † um 1303; studierte wohl 1269-72 unter Johannes →Peckham Theol. in Paris, 1275-79 Lektor am OMin-Studium Cambridge, 1282-84 Mag. regens in Oxford, vermutl. 1292-98 der 13. Minister der engl. Provinz. In seiner Kritik an →Thomas v. Aquin und →Aegidius Romanus rezipierte er spätestens seit 1282 intensiv →Heinrich v. Gent, in dessen Gefolge er sich für die Verbreitung eines in avicennisierender Lesart wiedererstarkten Augustinismus einsetzte.

M. Laarmann

Ed.: Q. disp. de emanatione aeterna, de statu naturae lapsae et de anima (verf. 1282-84), ed. V. Doucet, 1932 – Q. tres de Maria, ed. A. Emmen, FSt 39, 1957, 99-217 – Quodl. quattuor (verf. 1282-84), ed. G. F. Etzkorn–I. C. Brady, Bibl. Francisc. Scholast. MA 26, 1968 [Biogr., Werke, Chronol.: 6*-69*] – *Lit.:* LThK² VIII, 1358 – J. B. Schneyer, Rep. der lat. Sermones des MA, BGPhMA 43/5, 1974, 340f. – X. Garrido, Verdad y Vida 26, 1968, 179-225 [Selbsterkenntnis] – R. Hissette, RTh 39, 1972, 205-223 [Hylemorphismus] – Sapientiae doctrina (Fschr. H. Bascour, 1980), 110-118 [Esse–essentia] – Th. Kobusch, Sein und Sprache, 1987, 96-98 – A. Perez-Estevez, Cuad. Salmant. de Filos. 18, 1991, 5-28 [Individuation] – F.-X. Putallaz, La connaissance de soi au XIIIe s., EPhM 67, 1991, 135-190 [Lit.].

15. R. v. Salerno →Roger Frugardi (9. R.)

16. R. Trencavel →Trencavel

17. R. Wendover, OSB, engl. Geschichtsschreiber, * wohl in Wendover (Buckinghamshire), † 6. Mai 1236. Er war Mönch der Abtei →St. Albans und zeitweise Prior der zugehörigen Cella zu Belvoir (Lincolnshire), von wo er jedoch 1219 oder kurz darauf wegen schlechter Verwaltung zurückberufen wurde. R. verfaßte nach 1204 – vielleicht erst in seinen späteren Jahren – eine von der Erschaffung der Welt bis 1234 reichende Chronik (»Flores Historiarum«) – bis 1188 eventuell Kompilation eines älteren Autors, von da an bis 1202 noch auf zahlreichen Vorlagen beruhend, dann – v. a. etwa von 1212 an – selbständig gestaltet. Die zeitgeschichtl. Berichte R.s sind oft parteil. (voreingenommen bes. gegen Kg. Johann Ohneland) und unzuverlässig. Doch stellt seine farbige und nuancenreiche Erzählung eine wichtige Q. zum Umbruch der engl. Gesch. im frühen 13. Jh. dar. Die Chronik wurde von →Matthäus Paris fortgesetzt. →Chronik, B. II, G. II.

K. Schnith

Ed.: Chronica sive Flores Historiarum, hg. H. O. Coxe, 5 Bde, 1841-44 [ab 447 n. Chr.] – Flores Historiarum, hg. H. G. Hewlett, 3 Bde, 1886-89 [RS; ab 1154] – MGH SS XXVIII, 20-73 [Auszüge] – *Lit.:* V. H. Galbraith, R. W. and Matthew Paris, 1944 – R. Kay, W.'s Last Annal, EHR 84, 1969, 779-785 – K. Schnith, England in einer sich wandelnden Welt (1189-1259). Stud. zu R. W. und Matthäus Paris, 1974 – A. Gransden, Historical Writing in England c. 550 to c. 1307, 1974, bes. 320f., 359f.

Roger (Seigneurs de Beaufort), eng mit dem avignones. Papsttum (→Avignon) verbundene Adelsfamilie des Bas Limousin, Vasallen der Ventadour. *Guillaume II.* († 1380) verdankte seinen Aufstieg dem Bruder *Pierre*, der als →Clemens VI. (1342-52) Papst wurde. Vasall des Gf. en v. →Auvergne in der Region v. Ussel, trat Guillaume I. 1342 in den Rat →Philipps v. Évreux, Kg.s v. →Navarra, ein (Onkel der Johanna v. Boulogne, Gfn. v. Auvergne) und empfing von Kg. Johann dem Guten v. Frankreich, dem künftigen Gemahl der Johanna v. Boulogne, die Herrschaft Beaufort im Anjou (1344 Vicomté, 1347 Comté); Kreditgeber Kg. Philipps VI. v. Frankreich, verheiratete Guillaume I. seine Tochter an Aymar, den Gf. en v. →Valentinois, und kaufte 1343 sowie 1345 von →Humbert II., Dauphin des Viennois (→Dauphiné), u. a. mehrere auvergnat. Kastellaneien. Von Kgn. →Johanna I. v. Neapel zum

Vicomte v. Valernes (Provence) erhoben, fungierte Guillaume I. unter →Jean, Duc de Berry, als →Capitaine v. Limoges (1369–71). Sein ältester Sohn *Guillaume II.* (* um 1330, † 1395) wurde durch Heirat Vicomte v. →Turenne (1350); dessen Bruder *Pierre* wurde 1370 zum Papst gewählt (→Gregor XI., 1370–78). Beim Aufbruch nach →Rom (1376) ernannte der Papst seinen Bruder Guillaume II. zum →Rector des →Comtat Venaissin (1376–79). Als Generalkapitän (Capitaine général) in der Sénéchaussée v. →Beaucaire unter Jean de Berry (1382) war Guillaume ein treuer Vasall →Ludwigs II. v. Sizilien (1387). Sein Sohn *Raymond* (* um 1350, † Anfang 1413), der als militär. Begleiter mit Gregor XI. nach Rom gezogen war, geriet schließlich (infolge einer Schädigung durch die Erbfolge seiner Schwester Jeanne, Dame des →Baux, und der Usurpation seiner Besitztümer in Aurille und St-Rémy) in erbitterte Konflikte mit den →Anjou, den Päpsten →Clemens VII. und →Benedikt XIII., sogar mit seinem früheren Waffengefährten Kg. Karl VI. Raymond verwüstete Comtat Venaissin und Valentinois (1389–1400), konnte aber durch Vermählung seiner Tochter Antonia mit Marschall Jean II. →Boucicaut (1393) die Vergeltungsmaßnahmen seiner Gegner durchkreuzen. 1413 versöhnt verstorben, fielen seine Besitzungen an die Familien La Tour d'Auvergne und Canilhac.

M. Hayez

Q. und Lit.: DBF V – L. DUHAMEL, Le Tombeau de Raymond de Beaufort à St-Martial d'Avignon, Mém. Acad. Vaucluse, 2, 1883 – N. VALOIS, La France et le Grand Schisme d'Occident, I–III, 1896–1901 – L. MIROT, La Politique pontificale et le retour du S.-Siège à Rome en 1376, 1899 – P. PANSIER, Les Boucicaut à Avignon, 1933 – E.-G. LEONARD, Hist. de Jeanne Ière, 1932–36 – B. GUILLEMAIN, La Cour pontificale d'Avignon, 1966 – F. LEHOUX, Jean de France, duc de Berri, 1966–68 – Archives nat. Paris, Registres du Trésor des chartes, III: Règne de Philippe de Valois, 3 Bde, 1978–84.

Rogerglosse, Sammelbezeichnung für eine riesige Textgruppe (den seit 1975 sog. Roger-Komplex), die textgesch. durch eine Vielzahl von Textmutationen aus dem Archetypus des chirurg. Lehrbuchs von →Roger Frugardi (dem »Roger-Urtext« bzw. der sog. Rogerina, wie sie →Guido d'Arezzo d. J. 1180 herausgab) sowie aus dessen um 1200 erstellter Zweitauflage (der nach dem Bearbeiter sog. Rolandina) hervorgegangen ist. Die Tradition reicht bis vor 1200 zurück; sie beginnt mit dem »Notulae«-Kommentar→Rolands v. Parma, schließt 1195 einen fortlaufenden Komm. zum Urtext an (»Erste [Salerner] Glosse«), bietet in der »Vier-Meister-Glosse« um 1250 eine Verschränkung von »Erster Glosse« und »Rolandina« unter patholog. Stoffanordnung und verfügt seit 1200 auch über interkalierende Bearb.en, in denen »Rogerina«/»Rolandina«-Textsegmente und zwischengeschobene Kommentarzonen einander abwechseln (»Therapeut. R. v. Montpellier«). Die verwickelte Textverflechtung erreicht gelegentl. hohe Komplexitätsgrade (Jan Bertrand) und bietet sogar Komm. zweiten Grades (Wilhelm Burgensis [de Congenis], →Chirurg v. d. Weser); als traumatolog. Sonderform haben sich nach Waffengattungen gegliederte Versionen herausgeformt (Johannes Jamatus; »Prager Wundarznei«). Landessprachige Rezeption schließt sich gleich nach 1200 an (Raymond Avillers, »Breslauer Arzneibuch«, →Ortolf v. Baierland); die Verarbeitung in Kompendien folgt schon 1250 (→Gilbertus Anglicus); eine ikonograph. Variante hat sich im böhm. Wundenmann um 1350 herausgebildet (→Dreibilderserie).

G. Keil

Lit.: s. →Roger Frugardi – Würzb. med.hist. Forsch. 51, 1991, 244–246 u.ö. – W. CROSSGROVE, Die dt. Sachlit. des MA, 1994, 74–76.

Rogerius. 1. R., Ebf. v. →Split 1249–66, Autor, * 1201/05 Torre Maggiore, Apulien, † 14. April 1266 Split. Seit ca. 1230 im Dienst der Kurie, kam R. im Gefolge des Kard. legaten Jakob v. Pecorari, des Bf. s v. Praeneste, 1232 nach Ungarn. 1241–43 Archidiakon v. Großwardein und 1243–49 v. Ödenburg, wurde R. von Papst Innozenz IV. am 30. April 1249 gegen den Widerstand der Bürger und des Domkapitels zum Ebf. v. Split ernannt und leitete dieses Amt bis zu seinem Tode sehr tatkräftig und umsichtig. 1241/42 in der Gefangenschaft der →Mongolen, hat R. seine Erlebnisse in dem 1243/44 verfaßten »Carmen Miserabile« beschrieben, das neben der Darstellung des →Toma v. Split das eindringlichste und lebendigste Zeugnis für die Mongolenherrschaft in Ungarn bildet. Vermutl. übte R. maßgebl. Einfluß auf die päpstl. Tatarenpolitik aus.

H. Göckenjan

Ed. und Lit.: SSrerHung II, 543–588, ed. L. JUHÁSZ – F. BABINGER, Maestro Ruggiero delle Puglie, relatore prepoliano sui Tartari (VII centenario della nascita di Marco Polo, 1955), 51–61 – H. GÖCKENJAN – J. R. SWEENEY, Der Mongolensturm, Ber. von Augenzeugen und Zeitgenossen 1235–50, 1985, 127–223.

2. R., Bologneser Zivilrechtslehrer, um die Mitte des 12. Jh., † 1163/65, Schüler des →Bulgarus (?). Er vertrat im August 1162 auf dem Reichstag in Turin die Herren v. →Baux in dem Lehensstreit um die →Provence gegen die Gf. en v. Barcelona. Engere Beziehungen zum »Midi« (Montpellier oder Arles? Marseille?) sind nicht unwahrscheinlich. R. schrieb Glossenapparate, über Verjährung und Ersitzung (De praescriptionibus) sowie Lehrdialoge, und sammelte →Dissensiones dominorum. Gegen Ende seines Lebens arbeitete er an einer Summa Codicis (unvollendet, bis C. 4, 58), die →Placentinus vollendete, bevor er es unternahm, sich durch eigene Codex- und Institutionensummen zu verdrängen.

P. Weimar

Ed.: Summa Codicis, ed. G. B. PALMIERI, BIMAE I, 47–223 – *Lit.*: SAVIGNY IV, 194–224 – H. KANTOROWICZ, Studies in the Glossators of the Roman Law, 1938 [Neudr. 1969], 122–144 [mit Ed. der Dialoge »Super Institutis«, 271–281, und »Enodationes quaestionum super C. I, 14«, 281–293] – C. G. MOR, A l'origine de l'École de Montpellier: Rogerius ou Placentin? Recueil de mémoires et travaux 6, 1967, 17–21 – COING, Hdb. I [weitere Edd.] – A. GOURON, R., Quaestiones de iuris subtilitatibus et pratique Arlésienne, Mémoires de la Société pour l'hist. du Droit et des Institutions... bourguignons... 34, 1977, 35–50 – DERS., Sur les traces de R. en Provence (Études offertes à P. JAUBERT, 1992), 313–326.

Roggenburg, Prämonstratenserstift in Ostschwaben. Nach der Kl. tradition 1126 von drei Brüdern aus dem Rittergeschlecht derer v. Biberegg auf Veranlassung →Norberts v. Xanten an ihrem Stammsitz R., tatsächl. aber wohl um 1130 von →Ursberg aus gegr., erhielt es 1144 von Papst Lucius II. die →Libertas Romana; 1160 Weihe der Kirche; ursprgl. Doppelkl., dessen Frauenkonvent urkdl. bis 1178 bestand; 1444 Erhebung zur Abtei. Die Vogtei ging nach dem Aussterben der Stifterfamilie über verschiedene Adelsgeschlechter 1412 an die Reichsstadt →Ulm über; landesh oheitl. Ansprüche der Mgft. →Burgau konkurrierten bis in der 2. Hälfte des 15. Jh. mit der Reichsstandschaft, bis 1544 Karl V. die Reichsfreiheit anerkannte. Der Besitzkomplex im Biber- und Günztal, über den das Stift 1406 das Niedergericht, 1513 das Hochgericht erhielt, wurde in vier Ämtern organisiert. Wirtschaftl. auf Ulm (Währung und Maße, seit 1412 Kl. hof) und →Memmingen (1462 Kl. hof) orientiert, hatte es sich seit ca. 1480 mit einem wachsenden Widerstand seiner Untertanen auseinanderzusetzen.

R. Kießling

Lit.: E. KLEBINGER-GROLL, Das Prämonstratenserstift R. im Beginn der NZ (1450–1600), 1944 – J. HAHN, Krumbach, 1982, 56–71 – N. BACKMUND, Monasticon Praemonstratense, I/1, 1983², 64–69.

Rogier van der Weyden (R. de la Pasture), * 1399 oder 1400 in Tournai, † 18. Juni 1464 in Brüssel. Nach Jan van →Eyck bedeutendster Vertreter der ndl. Tafelmalerei des 15. Jh. Ab 1427 Lehre bei Robert →Campin in Tournai, 1432 Freimeister der dortigen Lukasgilde, ab ca. 1436 in Brüssel, 1450 Romreise. Hauptaufgaben: Altarretabeln, kleine Diptychen und Andachtsbilder sowie Halbfigurenporträts (außerdem: vier, 1436 im Auftrag der Stadt Brüssel gefertigte sog. Gerechtigkeitsbilder, 1695 zerstört, in einem um 1455 gewirkten Teppich des Hist. Mus. Bern überliefert: Szenen aus dem Leben von Trajan und Herkinbald). R. leitete eine florierende Werkstatt und erlangte mit seiner die europ. Kunst nachhaltig beeinflussenden Malerei bereits zu Lebzeiten internat. Ruhm.

Früheste, noch unter dem Einfluß Campins geschaffene Werke sind zwei kleinformat. Marienbilder (1430/32; Lugano, Slg. Thyssen-Bornemisza; Wien, Kunsthist. Mus.). Van Eycks Vorbild, von dessen Rolin-Madonna (ca. 1434; Paris, Louvre) R. die Bildanlage der Lukasmadonna (zahlreiche Repliken, z. B. Boston, Mus. of Fine Arts) entlehnte, zeigt sich u. a. in der Behandlung des Lichtes. Die individuelle Hs. R.s wird erstmals in der »Kreuzabnahme Christi« (um 1435; Madrid, Prado; Mittelbild, Flügel nach 1574 verloren) ablesbar: Es ist eine von tiefer, der →devotio moderna und dem Geist der Kartäuser nahestehenden Spiritualität geprägte Kunst. Der bes. Stil – plast. gestaltete, aber in ihrer räuml. Ausdehnung beschränkte Figuren sowie vereinzelt auch die Raumaufteilung – ist z. T. in der Kenntnis der zeitgenöss. Plastik und v. a. der Grabplastik begründet, auf deren Herstellung sich die Bildhauerschule v. Tournai seit dem 13. Jh. spezialisiert hatte. So wie auch das Material des dort verwendeten weißen und graublauen Kalksteins anstoßgebend für seine Auffassung der Grisaille im Sinne einer gemalten Plastik gewesen sein könnte (L. HADERMANN-MISGUICH [R. v. d. W., Ausst.-Kat., 1979], 85–93; M. GRAMS-THIEME, Lebendige Steine [Diss. Köln 1987], 1988, 47ff., Anm. 24, 103f., 107). Ab 1450 Verarbeitung der Einflüsse der it. Malerei, v. a. Fra →Angelicos (z. B. Grablegung Christi [Florenz, Uffizien], Braque-Altar [Paris, Louvre], sog. Medici-Madonna [Frankfurt, Städel]).

M. Grams-Thieme

Lit.: M. J. FRIEDLÄNDER, Die altndl. Malerei, II, 1924 – H. BEENKEN, R. v. d. W., 1951 – E. PANOFSKY, Early Netherlandish Painting, 1953 – M. DAVIES, R. v. d. W., 1972 – N. VERONEE-VERHAEGEN, L'Hôtel-Dieu de Beaune, 1973 – R. v. d. W., R. de la Pasture, Stadtmaler v. Brüssel, Porträtist des burg. Hofes, Ausst.-Kat. Brüssel Stadtmus., 1979 [Lit.] – R. GROSSHANS, R. v. d. W., Der Marienaltar aus der Kartause Miraflores, Jb. Berliner Museen 23, 1981, 49–112 – O. DELENDA, R. v. d. W., 1988.

Rogvolod (altnord. Ragnvaldr, Fs. v. →Polock, † 980. in der →Povest' vremennych let als erster Herrscher des Fsm.s Polock genannt. R.s skand. Herkunft wird in der Chronik betont (»kam von jenseits des Meeres«), doch gehörte er der waräg. Dynastie der →Rjurikiden nicht an. Als Indiz seiner relativen polit. Bedeutung gilt der Forschung, daß seine Tochter Rogneda (altnord. Ragnheiðr), † 1000, um 980 ihre Hand →Vladimir (d. Hl.n) verweigerte, um den amtierenden Fs.en v. →Kiev, Jaropolk, zu heiraten. Vladimir eroberte daraufhin Polock, tötete R. »und nahm dessen Tochter für sich«. Einer der Söhne Rognedas war der spätere Kiever Herrscher →Jaroslav (d. Weise); Polock blieb unter der Herrschaft ihres älteren Sohnes Izjaslav und dessen Nachkommen das einzige altruss. Fsm., das nicht von einem der Jaroslaviči regiert wurde.

K. Brüggemann

Lit: L. V. ALEKSEEV, Polockaja zemlja v IX–XIII vv., 1966 – Polock.

Istoričeskij očerk, 1987 – E. MÜHLE, Die städt. Handelszentren der nw. Rus', 1991.

Roháč z Dubé, Jan, tschech. Adliger, hussit. Heerführer (v. a. bei den →Taboriten), Verbündeter und Nachfolger des Jan →Žižka, 1420–23 Hauptmann in Lomnitz, 1425 einer der vier Oberhauptleute der radikalen hussit. Union, 1426–34 Stadtherr in Tschaslau. Nach der Schlacht bei →Lipany im Mai 1434 versuchte er als Feldherr der Gemeinde v. Tábor vergebens, die Stadtfestungen der besiegten hussit. Verbände zu vereinen. Im Herbst 1436 leistete R., auf sich alleine gestellt, in seiner Burg Sion Siegmund, dem Ks. und böhm. Kg., militär. Widerstand. Am 6. Sept. 1437 wurde er gefangengenommen und drei Tage später in Prag mit seinen Kriegsgenossen zur Abschreckung hingerichtet.

F. Šmahel

Lit.: A. SEDLÁČEK, Doklady k otázce o Žižkově stáří, ČČH 19, 1913, 466–469 – R. URBÁNEK, J. R. z D., Z husitského věku, 1957, 178–190 – P. ČORNEJ – B. ZILYNSKYJ, J. R. z D. a Praha, Pražský sborník historický 20, 1987, 35–61 – F. ŠMAHEL, Dějiny Tábora, I/1–2, 1988–90.

Rohan, namhafte Adelsfamilie der →Bretagne, führte den Vicomte-Titel, ging aus einer Teilung der Herrschaft Porhoët (östl. Bretagne, dép. Morbihan) zu Beginn des frühen 12. Jh. hervor: Um 1104 übertrug *Geoffroy*, Herr v. Porhoët, seinem jüngeren Sohn *Alain* eine weiträumige Seigneurie westl. des Flusses Oust, wobei etwa ein Dutzend Pfarreien südl. der Burg Josselin ausgenommen waren. Alain und seine Nachkommen etablierten sich zunächst auf Castel-Noé (Castennec) südl. von Pontivy, verlegten ihren Sitz jedoch bald in ihre neuerrichtete Burg R., nahe dem Forst v. La Nouée. Die Befestigung, zunächst nur eine viereckige Turmburg, im Laufe der Jahrhunderte dann ausgebaut, wurde im →Hundertjährigen Krieg 1345 von den Engländern unter dem Gf.en v. Northampton eingenommen, hatten die R. im Bret. Erbfolgekrieg doch die frankreichfreundl. Partei →Karls v. Blois unterstützt. Die mächtige rechteckige Burganlage (sechs Türme, Barbakane) verfiel seit den bret. Unabhängigkeitskriegen des späten 15. Jh. und wurde im 17. Jh. aufgegeben.

Die Seigneurie der R., von komplexem Aufbau, mit eigenem Gewohnheitsrecht ('usances') und einer Reihe von Ämtern (Seneschall, *receveur général*/Einnehmer, *Conseil*), kannte verschiedene Typen von abhängigen Bauern ('mottiers' im Status einer archaischen Hörigkeit; 'convenanciers', Pächter). Die R. traten in der Gesch. der Bretagne stark hervor: Der ehrgeizige Connétable *Olivier de →Clisson* (um 1336–1407) war in 2. Ehe mit Marguerite de R. verheiratet und residierte in der gewaltigen Burg Josselin. Am Ende des 15. Jh. beanspruchte der aus dem Hause R. stammende *Vicomte Jean II.* (∞ Marie de Bretagne, eine jüngere Tochter Hzg. →Franz' I.) eine Zeitlang die Erbfolge Hzg. →Franz' II. († 1488).

Bei der Burg R. bildete sich eine kleine städt. Siedlung. Alain de R. lud bereits 1127 die Mönche v. St-Martin de Josselin, einer von →Marmoutier abhängenden Abtei, zur Gründung eines kleinen →Burgus ein. Abgesetzt von diesem 'Bourg-aux-Moines' entstand im N der Burg eine zweite städt. Siedlung, die 'R.' hieß, eine Befestigung erhielt und die in der Bretagne üblichen städt. Privilegien genoß (Entsendung von Vertretern an die *États*, Befreiung von den *fouages*, der Herdsteuer).

J.-P. Leguay

Lit.: J. M. LE MENÉ, Le château de R., Bull. Soc. Polymathique du Morbihan, 1914 – HERVÉ DU HALGOUËT, La Vicomté de R. et ses seigneurs, 1921.

Rohr, -leitung. R. en aus Holz oder Blei sind schon für die Merowingerzeit verschiedentl. belegt (Vienne, Viviers). Mitte des 7. Jh. bittet Bf. Caesarius v. Clermont Bf.

Desiderius v. Cahors um Handwerker zur Anlage einer Wasserleitung »per tubos ligneos subterraneo«. Im HochMA finden v. a. Druckleitungen aus Blei im klösterl. Bereich (Brunnenhäuser) weite Verbreitung. Der Plan der →Wasserversorgung der Abtei Christ Church in Canterbury (12. Jh.) kann als detaillierte Darstellung eines komplexen Zu- und Ableitungssystems als beispielhaft gelten, ebenso der aquaeductus plumbeus im Kl. St. Emmeran, Regensburg (Ende 12. Jh.). In den hoch- und spätma. Städten bestanden Anlagen zur Wasserführung hingegen anfangs oft nur aus gedeckten hölzernen Rinnen (Stralsund 1250). Druckr.en zur Speisung von städt. →Brunnen (Goslar, Basel) und spätma. Wasserkünsten (Lübeck, Breslau, Bremen) wurden mit Holzröhren – der Länge nach aufgebohrte und mit Muffen verbundene Baumstämme (sog. Röhrenfahrten) – angelegt. Schrauben- und Löffelbohrer, später auch wassergetriebene mechan. Bohrmaschinen (Darstellung in einem anonymen Wiener Cod., um 1420), fanden bei der Herstellung der Pipen, Deichen, Deucheln und Dohlen Verwendung. Im ländl. Bereich bediente man sich zur Wiesenwässerung (Schwarzwald, Alpen) der hölzernen R.en. Die Nachfrage in Städten, Bergwerken und Salinen machte diese zum Handelsprodukt. K. Elmshäuser

Lit.: M. GREVE, Zur Wasserversorgung und Abwasserentsorgung in der Stadt um 1200, ZAMA, Beih. 4, 1986 – K.-H. LUDWIG, Zur Nutzung der Turbinenmühle im MA, Technikgesch. 53, 1986 – K. ELMSHÄUSER, Kanalbau und techn. Wasserführung im frühen MA, ebd. 59, 1992.

Rohr, Reichstag v. (984). Auf dem am 29. Juni 984 an der Stelle eines alten Kg.shofes im Grabfeld am Zusammenfluß von Schwarza und Hasel (ö. Meiningen) unter Beteiligung der Großen des gesamten Reiches einschließl. Italiens abgehaltenen Reichstag mußte der aus der Haft entkommene ehem. Bayernhzg. →Heinrich d. Zänker (31. H.) den jungen Thronfolger Otto III. wieder herausgeben, in dessen Namen er zunächst die Herrschaft ausgeübt hatte, bevor er selbst nach der Krone griff. Daraufhin hatte sich die fsl. Opposition unter Führung des Erzkanzlers →Willigis v. Mainz formiert, der die Rückkehr der Ksn.nen Adelheid und Theophanu aus Italien veranlaßte. Durch den Verzicht Heinrichs d. Zänkers auf die Krone war die otton. Herrschaft im Reich gesichert, wenn sich auch die Auseinandersetzungen um das Hzm. Bayern noch bis 985 hinziehen sollten. T. Struve

Q. und Lit.: RI II, 3, 432f., Nr. 956 q/2 – GEBHARDT[9] I, 265 – HEG I, 701 – R. HOLTZMANN, Gesch. der sächs. Ks.zeit, 1941, 297f. [Neudr. 1961[4]] – M. UHLIRZ, JDG Otto III., 1954, 33–35, 430f. [zur Identifizierung des Ortes] – →Deutschland, B – →Otto III.

Röhrenkassie (Cassia fistula L./Leguminosae). Unter dem sachl. nicht immer eindeutig bestimmbaren Namen *cas(s)ia* (MlatWb II, 326f.) verstand man im MA einmal die (Rinde der) Holz- oder Zimtkassie (→Zimt), zum anderen die nach ihren röhrenartigen Früchten so bezeichnete *cassia fistula* (Circa instans, ed. WÖLFEL, 27) oder *cassenrœr(n)* (Konrad v. Megenberg IV B, 10). Hülsen und Fruchtfleisch des in Indien heim., auch Purgierkassie gen. Baumes dienten in der Heilkunde v. a. als mildes Abführmittel (Albertus Magnus, De veget. VI, 75f.; Gart, Kap. 125) und wurden außerdem zu verschiedenen Composita (etwa zu 'diacassia') verarbeitet (Minner, 92f.). – Von weiteren Cassia-Arten aus Arabien, Afrika und Vorderindien stammen hingegen die über die Araber in den W gelangten Senna- oder Sennes-Blätter (Circa instans, ed. WÖLFEL, 113; Minner, 212–214; Gart, Kap. 375), deren Verwendung als beliebtes Laxativum sich allerdings erst mit Beginn der NZ in größerem Umfang durchsetzte. P. Dilg

Lit.: MARZELL I, 862, 1373 – O. ZEKERT, Zur Kenntnis der Gesch. des Folium Sennae, Scientia pharmaceutica, 1936, 1–38.

Rojas, aus der Bureba stammendes, zur →*nobleza vieja* zählendes kast. Adelsgeschlecht. Erster bedeutender Vertreter war der Majordomo Alfons' VII., Diego Muñoz de R., der San Pedro de Cardeña zur Grablege wählte. Das Geschlecht hatte 1353 in verschiedenen Zweigen Herrschaftsrechte in 50 Orten der sieben Merindades v. Kastilien (→Merino). Der Hauptzweig erlebte seine höchste Blüte unter Juan Rodríguez de R., der am Hof Sanchos IV. und Ferdinands IV. eine wichtige Rolle spielte und zum →*rico hombre* erhoben wurde sowie zum ersten Herrn v. Poza (de la Sal) und→Adelantado Mayor v. Kastilien. Sein gleichnamiger jüngerer Sohn begründete das Geschlecht der Herren v. Villamayor y Layos in Toledo, der Erstgeborene Lope Díaz wurde unter Alfons XI. Prestamero Mayor v. Vizcaya (→Prestamo) und Merino Mayor v. León. Er richtete die Herrschaft Santa Cruz de Campezo für seinen Sohn Ruy Díaz ein und vermachte die Herrschaft Poza an Sancho Sánchez. Letzterer begründete die Linie der Herren v. Monzón und Cavia zugunsten seines Sohnes Juan Martínez (✝ 1384) und hinterließ Poza seiner Tochter Sancha González (⚭ Diego Fernández de Córdoba, Herr v. Baena). Ihr Sohn Juan Rodríguez, Zeitgenosse Kg. Johanns II., behielt die Herrschaft Poza, die Ks. Karl V. wenige Jahre später zum Marquesado erhob. Den mit vielen Familien des kast. Hochadels verschwägerten R. gelangen z. Z. der Trastámara zwar keine großen Herrschaftsbildungen, doch konnten sie, im Gegensatz zu anderen Familien der *nobleza vieja,* ihren Fortbestand sichern. M. A. Ladero Quesada

Lit.: S. DE MOXO, De la nobleza vieja a la nobleza nueva, Cuadernos de Hist. 3, 1969, 169–172.

R., Sancho de, Ebf. v. →Toledo seit 1415, * 1382, ✝ 1432 Alcalá de Henares, Sohn des Juan Martínez de R., des Herrn v. Monzón und –Alcalde de los Hijosdalgo (Richter am kgl. Gerichtshof) am Hofe Johanns I. Zunächst Kanoniker in Burgos, dann Bf. v. Pamplona, war er dem Infanten →Ferdinand (1. F.) eng verbunden und hatte während dessen Regentschaft seit 1406 großen polit. Einfluß bei Hofe. Als der Infant den Thron v. Aragón bestieg, vertrat er dessen Interessen in Kastilien, v. a. indem er die Heirat zw. dessen Sohn Alfons und der Infantin Maria v. Kastilien (1415) und dessen Tochter Maria und dem kast. Kg. Johann II. (1418) arrangierte. Nach der Erhebung zum Ebf. v. Toledo richtete er sich dort in der Kathedrale die Grabkapelle San Pedro ein. Auch als Johann II. 1419 volljährig wurde, übte er weiter großen polit. Einfluß aus, den er v. a. zur Unterstützung der →Infanten v. Aragón, der Kinder Ferdinands, benutzte, dabei jedoch weiterhin gute Beziehungen zu Alvaro de →Luna unterhielt. In der Krise der Jahre 1429–30 wirkte er als Vermittler. M. A. Ladero Quesada

Lit.: J. F. RIVERA RECIO, Los arzobispos de Toledo en la baja edad media, 1969.

Rojas, Fernando de, * ca. 1465 in Puebla de Montalbán (Toledo), ✝ 1541 in Talavera, ⌑ ebd., Humanist, Schriftsteller, studierte Recht in Salamanca. Seine jüd. Verwandten wurden zwangsbekehrt, er mußte nach Talavera ausweichen, wo er 1538 Bürgermeister wurde. Er schrieb etwa 1497/98 wahrscheinl. die Fortsetzung der→»Celestina«, deren erweiterte Ausg. (»Tragicomedia de Calisto y Melibea«, Schlußschrift datiert 1502) mit einem Prolog von R. erschien. Zunächst wurde F. de R. für eine imaginäre Gestalt gehalten, Archivalien und die Forsch. von ST. GILMAN erschlossen jedoch für ihn eines der eindrucksvollsten Beispiele für das Leben eines *converso* (→Konversion). Das krypt. Judentum R.' hat die Celestina-Forsch. ztw. einseitig-biograph. geprägt. Für M. R. LIDA DE MALKIEL reicht das Judentum R.' allein nicht aus, um die anstehenden Probleme der Tragicomedia zu lösen und das Werk zu verstehen. D. Briesemeister

Ed. und Lit.: La Tragicomedia de Calisto y Melibea, ed. M. MARCIALES, 1989 – Documentos referentes a F. de R., ed. F. DEL VALLE LERSUNDI, RFE 12, 1925, 385-396 – Testamento de F. de R., DERS., ebd. 16, 1929, 366-388 – M. R. LIDA DE MALKIEL, La originalidad artística de la Celestina, 1962 – DIES., Dos obras maestras españolas. El Libro de buen amor y La Celestina, 1966 – ST. GILMAN, The Spain of F. de R., 1972 – P. M. CÁTEDRA, Un poema doctrinal de ¿F. de R.?, Dicenda 7, 1988, 289-308 – A. SÁNCHEZ SÁNCHEZ-SERRANO, Prieto de la Iglesia, M. R., F. de R. acabó la Comedia de Calisto y Melibea, Revista de Literatura 51, 101, 1989, 21-54.

Roig, Jaume, Arzt (Leibarzt der Kgn. Maria v. Kastilien [∞ Alfons I. v. Aragon]), Ratsmitglied in Valencia, * 1400/10 in Valencia, † 1. April 1478 in Benimàmet, verfaßte neben Gelegenheitsgedichten zw. 1455/61 die Verserzählung »Spill« (auch »Libre de consells« oder »Libre de les dones« gen.; ca. 16400 paarweise gereimte Viersilber). B. I berichtet in Ich-Form von den Erlebnissen eines jungen Mannes, der nach Wanderschaft und liederl. Leben von Paris nach Valencia zurückkehrt. B. II schildert seine 4 gescheiterten Ehen. Als er zum 5. Mal in den Ehestand treten will, erscheint ihm Kg. Salomo und rät davon ab (B. III). Den Schluß bildet die moral. Belehrung und fromme Betrachtung des fast Hundertjährigen. Das in einer frauenfeindl. lit. Tradition stehende Werk übt heftige Sittenkritik und weist mit der fiktiven autobiogr. Erzählweise voraus auf den Schelmenroman; es bietet eine aufschlußreiche Schilderung der stadtbürgerl. Gesellschaftszustände in Valencia. D. Briesemeister

Ed.: R. CHABÁS, 1905 – R. MIQUEL Y PLANAS, 1936-42 [mit span. Übers.] – F. ALMELA I VIVES, 1980 – V. ESCRIVÀ, 1981 – *Lit.:* V. G. AGÜERA, Un pícaro catalán del siglo XV. El Spill de J. R. y la tradición picaresca, 1975 – M. DE RIQUER, Hist. de la lit. catalana, IV, 1985, 73-104.

Rök, Runenstein v. (Ostergötland, Schweden), längste bekannte Runeninschrift (750 Runenzeichen einschließl. verschiedener Geheimrunen; →Runen). Der in senkrechten und waagrechten Zeilen ohne Trennungszeichen angeordnete Text bedeckt den 2,5 m hohen (ab Bodenkante), 1-1,5 m breiten und 0,2-0,45 m dicken Granitblock auch auf den Schmalseiten vollständig. Die nach allg. Ansicht in der 1. Hälfte des 9. Jh. entstandene Ritzung benutzt die aus 16 Zeichen bestehende kürzere Runenreihe ('Jüngeres Futhark'), allerdings in der vereinfachten Form der sog. schwed.-norw. Runen, die hier erstmals Verwendung fanden und auf weiteren 25 Steinen in Schweden und SO-Norwegen belegt sind (»R.-Runen«). Der Text gibt zunächst an, daß die Runen von einem Vater für seinen verstorbenen (ermordeten? gefallenen?) Sohn geritzt worden waren. Danach folgen aufzählungsartig schwer deutbare, in feierl.-dichter. Kunstsprache gehaltene Anspielungen auf Begebenheiten aus möglicherweise heroischmyth. Überlieferung. Höhepunkt des Textes ist eine vollständige Strophe im eddischen Versmaß →Fornyrðislag, wohl über den Gotenkg. Theoderich (→Dietrich v. Bern). Zum Schluß wird nach der Nennung des Gottes →Thor mitgeteilt, daß ein gewisser Sibbe 90jährig einen Sohn (als Rächer?) gezeugt habe.

Die bislang noch nicht befriedigend geglückte Deutung der Inschrift führte zu wiss. Kontroversen, insbes. im Anschluß an die Arbeiten O. HÖFLERS, der den Text u. a. als Dokument für die Existenz eines germ. Sakralkgtm.s deutete. Dieser Ansatz ist heute weitgehend aufgegeben.

E. WESSÉN sieht in der Inschrift ein Stück Wissensdichtung, wie sie später auch in Teilen der →Edda überliefert ist. Trotz der ungelösten Probleme gilt der R. v. R. als herausragendes Dokument einer frühwikingerzeitl. schwed. Sprach- und Lit. tradition. H. Ehrhardt

Lit.: O. v. FRIESEN, R.stenen, 1920 – O. HÖFLER, Germ. Sakralkgtm., I, 1952 – E. WESSÉN, Runstenen vid R.s Kyrka, 1958 – O. HÖFLER, Der R.stein und die Sage, ANF 78, 1963, 1-121 – K. DÜWEL, Runenkunde, 1983², 52f. [Lit.] – S. B. F. JANSSON, Runinskrifter i Sverige, 1984.

Rokycana, Johannes (Jan), utraquist. Ebf., * um 1397 in Rokycany (bei Pilsen), † 22. Febr. 1471 in Prag; 1415 Bacc., um 1428 Mag. der Univ. →Prag, seit 1426 Prediger an der Teinkirche (Prager Altstadt). R. gehörte zu den engsten Anhängern des Hus-Nachfolgers →Jakobell v. Mies. Seine Autorität wuchs seit Mitte der 20er Jahre, als der zur gemäßigten Gruppe der Prager Theologen zählende R. die verfeindeten Richtungen der hussit. Priesterschaft zu einigen suchte und sich die Beziehungen der Prager zu den →Taboriten lockerten. Diplomat. Fähigkeit bewies er in den Verhandlungen mit den Konzilsgesandten in Eger (1432) und Prag (1433) sowie vor dem Konzil v. →Basel (1433). R. hoffte, auf der Basis der →Basler und Iglauer Kompaktaten eine friedl. Koexistenz zw. der kath. und der geeinten hussit. Kirche erreichen zu können. Zunächst als Verwalter, dann als 1435 vom böhm. Landtag gewählter Ebf. organisierte R. die hussit. Kirche und bemühte sich um ihre Anerkennung. Von →Georg v. Podiebrad unterstützt, schwächte er die radikale Position v. a. der Taboriten und minderte so zugleich den Druck der röm. Kirche. M. Polívka

Lit.: R. URBÁNEK, Věk Poděbradský, I-III, 1915ff. – F. G. HEYMANN, John R. – Church Reformer between Hus and Luther, ChH 28, 1959, 240-280 – F. ŠMAHEL, Husitská revoluce, III, IV, 1993.

Roland (in der Überlieferung)
A. Verehrung, allgemeine Grundzüge in der Literatur, Ikonographie – B. Recht – C. Literarische Gestaltung

A. Verehrung, allgemeine Grundzüge in der Literatur, Ikonographie

Anders als Guillaume d'Orange (→Wilhelmszyklus) wird R. – als zweiter mit →Karls d. Gr. span./südfrz. Kriegen verbundener Held – in historiograph. Q. kaum erwähnt: Fragl. bleibt, ob der 772 als Zeuge in einer Lorscher Urk. gen. Gf. Rotholandus mit jenem Hruodland (→Roland [1. R.]) ident. ist, den die »Vita Karoli Magni« unter den Toten einer Rückzugsschlacht im span. Kreuzzug 778 nennt. Gerade diese von →Einhard hastig entschuldigte Niederlage aber, später erst bei →Roncesvalles lokalisiert, wird zum Kern umfangreicher ep. Bearbeitungen, zu denen v. a. die Leerstellen der Gesch. anregten: der Zwang, die nicht nur ruhmreichen Basken- und Maurenkämpfe Karls zu rechtfertigen, schafft zusammen mit dem Schweigen der Gesch.sschreibung über R.s Taten die Voraussetzung für wachsende Legendenbildung. Früh schon wird R. im Zusammenhang mit der Gottesstreiter- (und später der Kreuzzugs-)idee zur Identifikationsfigur für adlige illiterate Laien, zunächst noch vorliterar. mündl. und im Gebrauchszusammenhang bildl. Darstellungen. In deren frühesten Zeugnissen (Conques, Stefoy, um 1100) werden Motive des Erzählstoffs auf bislang namenlose Symbolfiguren übertragen: die ganz allg. Tugend–Laster–Kämpfe symbolisierenden Ritter der Kapitelle galten den Santiagopilgern als die aus mündl. Überlieferung vertrauten Heidenkämpfer R. und Olivier. Bald jedoch werden Bildprogramme direkt aus dem umlaufenden literar. Stoff abgeleitet. Kurz nach der Eroberung →Zaragozas 1118 ließ Bf. Girart, verantwortl. für von Aquitanien ausgehende Spanienkreuzzüge, auf einem ein

Apostel-Tympanon stützenden Architrav (Angoulême, St-Pierre) Szenen aus der »Chanson de Roland« (→Rolandslied) anbringen: der Verkündigung des Evangeliums durch das Wort ist damit die durch den 'hl. Krieg' zugeordnet. Als Antityp des ungerechten Kg.s Nebukadnezar im Danielzyklus der Nordwand figuriert der von R. in Roncesvalles unterstützte Karl d. Gr. auf den Südwandfresken in S. Maria in Cosmedin (Rom, 1. Hälfte 12. Jh., weitgehend zerstört), vom Auftraggeber, dem Kreuzzugspapst Calixtus II., zum vorbildl. Vollender kirchenpolit. Ziele stilisiert. Aus der Zeit der ersten Erfolge →Saladins, 1179, datiert das Bodenmosaik der Kathedrale des Kreuzfahrerhafens →Brindisi, auf dem Szenen aus der Roncesvallesschlacht das atl. Programm des Mittelteils umgeben (1858 nahezu zerstört). Am Portal des Veroneser Doms (um 1139) wie auf einem Fenster des Straßburger Münsters (um 1200, hier als Begleiter Karls) treten R. und Olivier als ideales, fortitudo und sapientia verkörperndes Paar auf. Die etwa gleichzeitigen, aus derselben Werkstatt stammenden Fassadenreliefs von S. Zeno, Verona, integrieren – antityp. auf die Höllenjagd des Arianers →Theoderich bezogen – R.s Kampf mit dem Heiden Ferragut in eine Folge bibl. Szenen. Diese Konkretisierung des allegor. Tugend–Laster–Kampfs wird, v. a. entlang der Pilgerstraße nach →Santiago de Compostela, zum populärsten Motiv der R.-Ikonographie (u. a. auf Kapitellen in Brioude, St-Julien, um 1140; Estella, Hzg.spalast, um 1160; Salamanca, Catedral Vieja, um 1165). Anfang 13. Jh. werden in Frankreich wie in Dtl. aus dem literar. Stoff um Karl und R. abgeleitete Bilderfolgen gezielt polit. akzentuiert: In neun der 21 Szenen eines Glasfensters in Chartres, das deutl. die Kgl. Philipp II. Augustus einsetzende Renovatio imperii Caroli Magni propagiert, ist R. die zentrale Figur. Auf dem eine vergleichbare Erneuerung der Karlsidee signalisierenden Aachener Karlsschrein spielt R. die Rolle eines Vasallen des hl. Ks.s. Sowohl Auftraggeber – geistl. und adlige Propagandisten des Heidenkampfs – als auch Entstehungsanlaß – Krisensituationen der Kreuzzugsideologie – verweisen auf den eminent polit. Anspruch, den die ikonograph. Zeugnisse des R.-Stoffs vertreten. N. H. Ott

Lit.: →Karl d. Gr. – R. Lejeune–J. Stiennon, Die R.ssage in der ma. Kunst, 1966 – M. Ott-Meimberg, Kreuzzugsepos oder Staatsroman?, 1980, 1–39 – N. H. Ott, Ep. Stoffe in ma. Bildzeugnissen (Ep. Stoffe des MA, hg. V. Mertens–U. Müller, 1984), 450–455 – N. H. Ott, Pictura docet (Grundlagen des Verstehens ma. Lit., hg. G. Hahn–H. Ragotzky, 1992), 187–212.

B. Recht

Ursprung und Bedeutung der R.säulen, die man v. a. in N-Dtl., aber auch im NO sowie in Prag und Ragusa findet, sind lange Zeit unklar gewesen. Man sah sie u. a. als Zeichen der Blutgerichtsbarkeit, des Stadt- oder Marktrechts, von Handels- oder Zollprivilegien, als Richterbilder an, entstanden aus einem mytholog. Götterbild, einem Ahnen- oder Gerichtspfahl. Neuerdings werden sie ohne ausreichende Q.basis auf Karl d. Gr. zurückgeführt (H. Rempel).

Eine Deutung ist nur möglich, wenn man sich mit der R.s-Legende näher befaßt. Hier hat die »Historia«, die Ebf. Turpin v. Reims, dem Zeitgenossen Karls d. Gr., zugeschrieben wird (→Pseudo-Turpin), dahin gewirkt, daß R. und seine gefallenen Mitstreiter als Martyrer und Hl.e angesehen wurden. Die erweiterte »Legenda aurea« spricht von dem 'sanctissimum Rotolandum', der noch in Martyrologien des 15. und 16. Jh. am 16. Juni als Haupthl. erscheint.

Daneben ist aber im MA eine rechtl. Bedeutung R.s und seiner Darstellungen zu bemerken. Wie in den lit. Fassungen des →Kaiserrechts Karl d. Gr. als »Gesetzgeber«, als Hort und Schützer des Rechts angesehen und viele Rechte und Privilegien, selbst in Fälschungen, auf ihn zurückgeführt wurden, so gewann in den R.säulen sein hl. Paladin in plast. Gestalt einen Symbolcharakter, galt er doch nach der »Historia« des Pseudo-Turpin, wie der Frankenks. selbst betont haben sollte, als »brachium dextrum corporis mei«, als »spata iustitiae«, als »defensor Christianorum, baculus orfanorum et viduarum cibus, lingua ignara mendacii in iudiciis omnium«. Seine Darstellung sollte zunächst die Herkunft der Privilegien und Freiheiten eines Orts von Karl d. Gr., dann aber auch von dessen Nachfolgern dokumentieren (vgl. die Inschrift auf dem Schild des R. in Bremen).

Im Mittelpunkt steht meist das Schwert, gezogen als Zeichen des dauernden Schutzes, daher in der Regel ohne Scheide. Es soll das von Gott an Karl d. Gr. der Legende nach übergebene und R. von ihm überlassene Schwert Durendart oder Durendal darstellen. Bes. Symbole, wie die Rose oder Engel, kennzeichnen R. als Martyrer ebenso wie Inschriften, die auf den S. (anctus) Ro(to)landus verweisen. In Abweichung von der ursprgl. Bedeutung sind später auch R.säulen nachzuweisen, welche als Zeichen für Privilegien angesehen wurden, die von Landesherren stammten. Auch Darstellungen auf Prangersäulen und Marktbrunnen können einen rechtl. Symbolcharakter besitzen. W. Trusen

Lit.: HRG IV, 1102–1106 – Th. Goerlitz, Der Ursprung und die Bedeutung der R.sbilder, 1934 – A. D. Gathen, R.e als Rechtssymbole, Neue Kölner rechtswiss. Abh. 14, 1960 – W. Trusen, Der »heilige« R. und das Ks.recht (Fschr. N. Grass, 1986), 395–406 – H. Rempel, Die R.statuen, 1989.

C. Literarische Gestaltung

I. Romanische Literaturen – II. Deutsche Literatur – III. Englische Literatur – IV. Skandinavische Literatur.

I. Romanische Literaturen: Ob R. nun außerhalb der lit. Vorstellungswelt existierte oder nicht (der karol. 'Hruodlandus Britannici limitis praefectus' mag sein hist. Vorbild sein; →Roland/Rotland), so besaß er in jedem Fall einen Ehrenplatz im ma. Kollektivbewußtsein. Bis spätestens zum 11. Jh. hatte er den Status eines populären epischen Helden gewonnen und verkörperte als solcher die vollständige Hingabe an Gott, Kg., Land, Familie und Ehre (honor) und damit die höchsten ethischen Werte des aristokrat. Kriegers. R.s Name und Ruf als Markstein feudaler Tapferkeit und Treue blieben während des MA und darüber hinaus lebendig. →Dante versetzt ihn gemeinsam mit Karl d. Gr. und vier anderen frz. Helden in den 5. Himmel des Paradieses, die Sphäre des Mars (Paradiso XVIII, 43–48). Für die Neuzeit ist u. a. das Gedicht des frz. Romantikers Alfred de Vigny (»Le Cor«, 1826) zu erwähnen, ferner Mermets Oper »Roland à Roncevaux« (1864). Die moderne Kultur hat den Entwicklungsprozeß, der R. zu einem Nationalhelden Frankreichs werden ließ, vollendet.

Frz. Epen wie »Girart de Vienne«, »Aspremont«, »Fierabras« und »Renaut de Montauban«, in denen R. eine eher nebensächl. Rolle spielt, haben wohl wenig zur Verbreitung der R.sverehrung in den roman. Ländern außerhalb Frankreichs beigetragen. Diese beruhte vielmehr weithin auf den verschiedenen Versionen und Adaptationen der frz. Roncevaux-Legende, wenn auch die lat. Chronik des →Ps.-Turpin wohl starken Einfluß auf die Präsenz R.s in der Kunst des MA ausübte und z. T. seine Popularität inner- und außerhalb Frankreichs mitbegründen half. R. feierte sein Debüt in der Lit. der Iber. Halbinsel im 13. Jh. mit der navarro-aragones. Dichtung →»Roncesvalles«. R. wurde auch in den Umkreis der kast. Legende von Bernardo del Carpio einbezogen. Lope de Vega hielt R.s Namen im Spanien des 17. Jh. lebendig. R. erscheint auch in einem okzitan. Epos des 14. Jh., »Rollan a Saragossa«, das in seiner humorist. Gestaltung manche Züge von Ariosts »Orlando furioso« vorwegnimmt und sich der sentimentalen Seite des Helden (wechselvolle Freundschaftbeziehung mit Olivier) zuwendet. In einem zweiten okzitan. Epos, »Ronsavals«, wird R. stärker in der traditionellen heroischen Pose dargestellt; im Zentrum steht die kunstvoll-dramat. Erzählung der Niederlage der Nachhut Karls d. Gr.; es folgt eine bewegende Klage um den Tod von Aude. In diesem Epos wird der Inzest Karls d. Gr., der in anderen Texten nur verschämt angedeutet wird, offen ausgesprochen: R. ist nicht nur der 'Neffe' des Herrschers, sondern sein Sohn.

Es war jedoch Italien, das (bedingt durch den unmittelbaren sprachl. Kommunikationsweg des Franko-Italienischen) zur zweiten lit. Heimat R.s wurde. Im 14. Jh. skizzieren die franko-it. Epen »Berta e Milone« und »Rolandin« R.s Geburt und frühe Jahre. Bereits im 13. Jh. erzählt »Entrée d'Espagne«, gleichfalls in franko-it. Idiom, von R.s zornigem Aufbruch aus Spanien, seinen siegreichen Kämpfen im Orient, seiner Rückkehr zu Karl d. Gr. und seiner Zurückweisung der Kaiserkrone. Die »Prise de Pampelune«, eine franko-it. Kontinuation der »Entrée d'Espagne«, führt die Wiederversöhnung R.s mit Karl herbei. Das it. Epos »La Spagna« (1350–80) erstreckt seine Handlung bis zum Tode R.s und vollendet so das Panorama der Spanienfeldzüge Karls d. Gr. Es wurde seinerseits in die Prosakompilation des 14. Jh., »Li Fatti di Spagna«, eingefügt. Der Prosaroman »I Reali di Francia« lieferte die Grundlage für »Morgante« (1483) von Luigi →Pulci, »Orlando innamorato« (1487–95) von M. →Boiardo und schließlich »Orlando furioso« (1516–1522) von L. Ariosto. Die Neugestaltung durch Ariost, der R. zur fantastisch liebesverstrickten Figur einer späten Romanze umdeutet, markiert die Transformation einer Gestalt, die den kargen Heroismus eines ma. Kriegers ausgestrahlt hatte, in einen neuen lit. Kontext. Dies verlieh R. neue Anziehungskraft, ließ seine Statur aber schrumpfen. Das traditionelle Puppentheater Siziliens und Walloniens feiert bis zum heut. Tage diesen auf das ferne Vorbild Ariost zurückverweisenden R.   I. Short

Lit.: F. T. A. VOIGT, R. Orlando dans l'épopée frç. et it., 1938 – J. HORRENT, La Chanson de R. dans les litt. frç. et espagnole au m.-â., 1951 – R. LEJEUNE–J. STIENNON, La Légende de R. dans l'art du m.-â., 1966 – H. REDMAN, The R. Legend in 19th-cent. French Lit., 1991.

II. DEUTSCHE LITERATUR: Verstanden als urspgl. hist. Ereignisse, werden selbst die fiktiven, mit der Figur →Karls d. Gr. verschränkten, sowohl mündl. als auch in lat. und volkssprachl. Texten immer wieder neu erzählten Geschichten um R. als gesch. Fakten rezipiert. So verweist der Pfaffe →Konrad schon im Prolog der ersten schriftl., die afrz. 'Chanson' aufnehmenden dt. Bearbeitung des Stoffs (»Rolandslied«, nach 1170) auf die 'warheit' und Dignität der 'matteria'; seine Behauptung, die frz. Quelle über eine lat. Zwischenstufe ins Dt. übertragen zu haben, sichert dem Stoff den mit der schriftl. Aura des Lateins verbundenen Wahrheitsanspruch. Auch die für dt. Texte außergewöhnlich frühe Bebilderung der Hss. unterstreicht den Anspruch dieses »Staatsromans« auf Literarizität und Wahrheit. In der Neubearbeitung der frühmhd. Fassung durch den →Stricker (»Karl der Große«, um 1220/30) wird aus dem Adels- und Herrscherheil reflektierenden Kreuzzugsepos eine Reichsgesinnung ausdrückende Legenden-Vita von 'sante Karle' mit dem hl. Ks. statt R. im Zentrum. Bis ins SpätMA hat das Epos des Strickers das populäre Karlsbild entscheidend geprägt und wurde, rezipiert als ein hist. Wahrheit vermittelnder Text, in Auszügen in →Heinrichs v. München »Weltchronik« eingefügt.   N. H. Ott

Ed.: s. Artikel zu den einzelnen Autoren – *Lit.*: K.-E. GEITH, Carolus Magnus, 1977 – Ep. Stoffe des MA, hg. V. MERTENS–U. MÜLLER, 1984, 81–110 [M. OTT-MEIMBERG].

III. ENGLISCHE LITERATUR: Aus der Karlsepik trug wohl Spielmann Taillefer 1066 bei Hastings das R.slied nach England. Im 12. Jh. entstand in der Normandie die Oxforder Hs. des R.sliedes, im 14. Jh. insular die →Auchinleck Hs., im 15. und 16. Jh. weitere Hss. mit R.slied und R.sepen. Vermutl. verfaßten Geistliche die me. »Charlemagne Legends/Romances«. Kurze Vortragsromanzen und lange Leseromane preisen Karls zwölf Paladine. Von Mgf. R. der Bretagne handeln »R. and Otuel«/»Otuel and R.«, »Duke R. and Sir Otuel of Spain«, »Otuel a Knight«, »The Siege of Milan«, »The Tale of Ralf Collier«, die Frgm. e »The Song of R.«, »R. and Vernagu« und »Otuel«, ferner »(Sir) Firumbras« und »The Sowdon (Sultan) of Babylon«. Titelheld R. kämpft für Gott und Abendland. Die einkreisige Erzählstruktur birgt Züge von Lied, Epos, Sage, Chronik, Predigt, Ballade, Exemplum, Fürstenspiegel und Heiligenlegende. Den R.sepen eignet Formenvielfalt und ikt. Verstextur: paarreimende Langverse en bloc oder schweifreimende 12/13zeiler (aabaabccbccb/aabccbddbeeb bzw. abababcddd c). Die Vierheber zu 8–10 Silben wechseln im Schweifreim in Dreiheber zu 6; häufig staben 2 bis 4 Stollen. Die Mischsprache des Norman English weicht in Kampfszenen oft dem Erbwort- und Formelschatz des Saxon English. Der Maure Otuel gilt als Vorbild für Shakespeares Othello. →Karl d. Gr., B. III.   H. Weinstock

Bibliogr.: ManualME I.I., 1967, 80–100, 256–266 – *Ed.*: S. J. H. HERRTAGE, EETS ES 35, 39, 1880, 1882 – M. I. O'SULLIVAN, EETS OS 198, 1935 – D. SPEED, Medieval English Romances, 1989² – *Übers.*: C. H. SISSON, The Song of R., 1983 – *Lit.*: D. D. R. OWEN, The Legend of R.: A Pageant of the MA, 1973 – J. FINLAYSON, Definitions of ME Romance, Chaucer Review 15, 1980, 44–62, 168–181 – W. R. J. BARRON, English Medieval Romance, 1987, 89–108.

IV. SKANDINAVISCHE LITERATUR: Die afrz. Texte über R. wurden in Skandinavien eingegliedert in die umfangreiche Kompilation der vermutlich im 2. Viertel des 13. Jh. in Norwegen entstandenen »Karlamagnús saga« (→Karl d. Gr., B. V. 1), von deren 10 Büchern sich B. 4 bis 8 teilw. oder vorwiegend mit R. befassen. B. 4 (»Af Agulando konungi«) beschäftigt sich mit R.s Taten in Spanien und beruht auf →Ps.-Turpin und der »Chanson d'Aspremont«. Das 5. B., der »Guitalins þáttr Saxa«, behandelt Karls Sachsenfeldzüge nach einer verlorenen Q., welche auch Jean →Bodel in seiner »Chanson des Saxons« verwendet hatte. Das 6. B. (»Otuels þáttr«) ist eine stark kürzende Prosafassung der »Chanson d'Otinel«, welche sich mit Karls Feldzug nach Italien befaßt. Das 7. B., der »Geiplu þáttr«, beruht auf der »Voyage de Charlemagne en Orient«, für die stark abweichende B-Version wurden aber (außerdem) andere Q. verwendet. Erst das 8. B. ist dann eine Übertragung der »Chanson de R.« und wird als »Rúzivals þáttr« bezeichnet. Das Werk erfreute sich trotz seines Umfangs großer Beliebtheit (fast 30 Hss.) und wurde gekürzt ins Dän. (»Karl Magnus Krønike«) und Schwed. (»Karl Magnus«, nur Buch 7 und 8) übertragen, daneben bildete es noch die Grundlage für etliche spätma. island. Rímurzyklen sowie norw., dän. und färing. Balladen.   R. Simek

Lit.: C. R. UNGER, Karlamagnús saga ok kappa hans, 1–2, 1860 – E. KOSCHWITZ, Der anord. Rolant, 1878 – E. F. HALVORSEN, The Norse Version of the Chanson de R., 1959 – C. B. HIEATT, Karlmagnús saga: The Saga of Charlemagne and His Heroes, 1–3, 1975.

Roland

1. R. (Hruodland), Mgf. der →Bretagne, † 15. Aug. 778. Der erste Feldzug →Karls d. Gr. gegen das muslim. Spanien verlief erfolglos; auf dem Rückzug wurde die frk. Nachhut in den Pyrenäen (der späteren Sage nach bei →Roncesvalles) von →Basken überfallen. Dabei wurden Karls Truchseß Eggihard, der Pfgf. Anshelm und R., der Präfekt der bret. Mark (»Brittannici limitis praefectus«, Einhard), getötet. Der Überfall (den die Reichsannalen verschweigen) ist mehrfach bezeugt; die Namen nennt nur →Einhard (wobei der Name R. in den Hss. der Klasse B fehlt). Dennoch scheinen die Helden früh Berühmtheit erlangt zu haben: Der sog. →Astronomus vermerkt zu den Opfern: »Ihre Namen zu nennen kann ich mir sparen, da sie bekannt sind« (MGH SS 2, 608). R.s Todesdatum ergibt sich aus dem überlieferten Epitaph des Eggihard (MGH PP 1, 109f.); das angebl. »Epitaphium Ruthlandi« ist ein Produkt des →Ps.-Turpin (Mitte des 12. Jh.). Spätere Überlieferungen machten R. zum Neffen Karls d. Gr. Zur lit. und Sagenüberlieferung →Roland (in der Überlieferung).   U. Nonn

Q.: Einhard, Vita Karoli M. c. 9 (MGH SRG) – *Lit.:* La bataille de Roncevaux dans l'hist., la légende et l'historiographie, 1979 – R. LEJEUNE, Le héros R., mythe ou personnage hist.?, ABelgBull 65, 1979, no. 5, 145–165.

2. R. Bandinelli → Alexander III. (11. A.)

3. R. v. Cremona OP, * vor 1200, † wahrscheinl. 1259 in Bologna, Mag. art. in Bologna, wo er 1219 in den Dominikanerorden eintrat, wurde 1229 dessen erster Lic. theol. und Mag. theol. in Paris, dann vor 1233 auch in Toulouse, 1233–44 Inquisitor in Italien, 1246 in Cremona nachgewiesen, 1258 Lektor in Bologna. Neben seinem Hauptwerk, einer in Quästionenform abgefaßten theol. »Summa« sind eine »Postilla in Iob« und ein »Sermo in cena Domini« erhalten. R. zeigt in der »Summa« umfangreiche naturwiss. und med. Kenntnisse; er zitiert Aristoteles häufig, einschließl. der »libri naturales«. Die Philos. ist für ihn lediglich die →Ancilla theologiae, eine Hilfswiss., die eklekt. zur Austragung apologet. Kontroversen genutzt wird, wovon das Offenbarungsverständnis als primäre Quelle theol. Erkenntnis nicht berührt wird, auch wenn R. als erster Autor des 13. Jh. den Wiss.scharakter der Theol. reflektiert. Inhaltl. ist R.s Theol. v.a. von →Wilhelm v. Auxerre abhängig. Seine originelle Eucharistielehre, nach der die 'forma essentialis' Subjekt der Akzidentien wird, ist anscheinend – wie seine Theol. überhaupt – nicht stärker rezipiert worden.   W. Senner

Ed.: Summa: W. BREUNING, Die hypostat. Union in der Theol. Wilhelms v. Auxerre, Hugos v. St. Cher und R. v. C.s, 1962 [Auszüge] – A. CORTESI, 1962 [1. III] – G. CREMASCOLI, La »Summa« di R.o di C., StM 3. ser. 16, 1975, 825–876 [Prolog] – *Lit.:* E. FILTHAUT, R. v. C. und die Anfänge der Scholastik im Predigerorden, 1936 – A. DONDAINE, Un commentaire scriptuaire de R. de C., APraed 11, 1941, 109–137 – C. R. HESS, The Tract on Holy Orders in the Summa of R. of Cremone, 1969 – G. CREMASCOLI, Regina omnium scientiarum, DT 79, 1976, 28–66 – T. KAEPPELI, Scriptores OP, III, 1980, 33of.; IV, 1993, 272 – I. BIFFI, Figure medievali della teologia, 1992, 155–193.

4. R. v. Parma (Rolando detto dei Capezzuti), lombard. Wundarzt der Schule v. Parma und von Guido d'Arezzo d. J. in die 'Canon'-Rezeption eingeführt (→Avicenna), versah nach dem Tode →Roger Frugardis († vor 1195) dessen 'Chirurgie' mit einem medizintheoret. ausgerichteten 'notulae'-Komm., der die Kenntnis der 'Ersten (Salerner) Glosse' (um 1195) voraussetzt, und übersiedelte Anfang des 13. Jh. nach Bologna, wo er das Bürgerrecht erwarb (gemeinsam mit Taddeo →Alderotti?), Medizinstudenten unterrichtete und als Konkurrent Hugos v. Lucca (→Borgognoni) auftrat. Eine Zweitausg. des Roger-Urtexts, die sog. 'Rolandina', besorgte er um 1240, wobei er seine 'notulae' von 1300 einarbeitete, weiteres Material aus dem 'Canon' einflocht, sich aber der →Abulkasim-Rezeption, wie →Wolfram v. Eschenbach sie eingeleitet hatte und wie die Borgognoni sie pflegten, konsequent verweigerte. Das tut er auch in seinem 'Libellus de chirurgia', den er der 'Rolandina' an die Seite stellte und mit dem er die Tradition der 'Kleinen Chirurgien' einleitete (→Lanfrank v. Mailand, →Guy de Chauliac). Bahnbrechend wirkte er durch sein patholog. Strukturprinzip, das er neben der anatom. Stoffanordnung Rogers verwendete und das den Salerner Kompilator der 'Vier-Meister-Glosse' veranlaßte, die 'Rolandina' als Kompilationsleittext zu nehmen für jenes Textgefüge, das Anteile der Roger-Zweitausg. mit korrespondierenden Abschnitten der 'Ersten (Salerner) Glosse' verschränkt und nach patholog. Gesichtspunkten ordnet (→Rogerglossen). – Bedeutendes leistete R. als Illustrator; in der Q-Initiale des Casanatensis lat. 1382, 26ra, ist er porträtiert. – Die landessprachige Rezeption seiner Schrr. setzt gegen 1300 ein (Jan→Yperman, Thomas→Schelling).

H. H. Lauer/G. Keil

Ed.: RENZI, II, 426–496 (Roger-Urtext ['Rogerina'] mit R.s 'notulae') und II, 497–724 ('Rolandina' verschränkt mit 'Erster [Salerner] Glosse') – La Chirurgia di Maestro R.o da P. d. dei Capezzuti: Riproduzione del codice lat. N. 1382 della reale Bibl. Casanatense Roma, volgarizamento e note di G. CARBONELLI, 1927 ('Rolandina' mit neuem 'notulae'-Komm. R.s) – M. TABANELLI, La chirurgia it. nell'alto medioevo (Bibl. della 'Rivista di storia delle scienze mediche e naturali' 15), I–II, 1965, hier I, 1–191 (Roger-Urtext mit Abschnitten der 'Rolandina' in it. Übers.) – Chirurgia Rogerii per Rolandum Parmensem: Cod. Ambros. I, 18 rec. A. NALESSO, 1968 – LÖCHEL, 1976, 118–131, 132–151, 150[!]–157 (die stomatolog. Abschnitte des 'notulae'-Komm., der 'Rogerina' und des neuen 'notulae'-Komm., jeweils mit dt. Übers.), 293–308 (Arzneimittel-Glossar) – *Lit.:* Verf.-Lex.² VIII, 143–145 – K. SUDHOFF, Beiträge zur Gesch. der Chirurgie im MA (Studien zur Gesch. der Med. 10–11/12), I–II, 1914–18, hier II, 149, 238f. – A. PAZZINI, Ruggero di Giovanni Frugardo, maestro di chirurgia a Parma, e l'opera sua (Collana di 'Pag. Stor. Med.' 13, 1966), 15–20, 60–66 – A. NALESSO, Una singolare aggiunta nel codice ambrosiano della chirurgia di Ruggero e R.o, Pag. Storia Med. 21, 1968, 141–154 – W. LÖCHEL, Die Zahnmedizin R.s und die Rogerglossen (Würzburger med. hist. Forsch. 4, 1976), 13–18, 27–29, 23f., 285f., 287, 310 u.ö. – A. HIRSCHMANN, Die Leipziger Rogerglosse, I (Würzburger med. hist. Forsch. 33, 1984), 13f. – G. KEIL, Gestaltwandel und Zersetzung: Roger-Urtext und Roger-Glosse vom 12. bis ins 16. Jh. (Medizin im ma. Abendland, hg. G. BAADER-G. KEIL, 1982), 467–494 – N. G. SIRAISI, Avicenna in Renaissance Italy, 1987, 52.

Rolandfigur, -säule → Roland (in der Überlieferung), B

Rolandinus. 1. R. v. Padua (Rolandinus Palavinus), * 1200, † 2. Febr. 1276 in Padua, ◻ S. Daniele, ebd. Sohn eines Notars, studierte unter der Leitung des →Boncompagnus in Bologna Grammatik und wurde 1221 Lizentiat. Von 1229 bis 1262 ist er als Lehrer der Grammatik und Rhetorik in Padua bezeugt. Mindestens seit 1231 war er Notar der Kommune. Im Rahmen der Politik der öffentl. Organe der Kommune Padua nahm R. aktiv am Kampf gegen →Ezzelino da Romano teil; Zeugnisse dafür finden sich in seiner »Cronica in factis et circa facta Marchie Trivixane«. In 12 Büchern beschreibt R. die Periode vom Ende des 12. Jh. bis zum Jahre 1262, die durch den Aufstieg der Tyrannei Ezzelinos, den Gegenschlag Paduas und die endgültige Niederlage des »Antichristen« Ezzelino gekennzeichnet ist. In der auch »Ecerina« oder »Rolandina«

gen. Chronik wird v. a. die Fähigkeit der Stadt Padua hervorgehoben, aus ihrer Drangsal wiederzuerstehen und den allg. Widerstand gegen den Tyrannen anzuführen. Das Werk wurde von den Professoren der med. und der Artistenfakultät Paduas gelesen und am 13. April 1262 approbiert. A. Menniti Ippolito

Lit.: Cronica ..., ed. A. BONARDI, MURATORI² 8/1, 1905–08 – G. ARNALDI–L. CAPO, I cronisti di Venezia e della Marca Trevigiana dalle origini alla fine del sec. XIII (AA.VV., Storia della cultura veneta, I, 1976), 415ff.

2. R. (Rodulphini) **Passagerii,** Bologneser Notar und Staatsmann, * 1215/16 in Bologna, † 1300 ebd., sehenswertes freistehendes →Grab (A.II.2a) bei der Kirche S. Domenico. Sohn eines Herbergswirts und Einnehmers von Straßenabgaben (daher der Beiname). 1234 Notar, Lehrer der Notariatskunst (→Ars notariae), 1284 Praeconsul (»Obervorsteher«) der Zunft. Veröffentlichte seit 1255 eine Summa artis notariae (»Diadema«) mit ergänzenden theoret. Abh., »De notulis« und »Flos ultimarum voluntatum«, sowie einen unvollendeten Komm. dazu (»Aurora«; von dem Notar Petrus de Unzola vollendet: »Meridiana«) und eine Abh. über die Ausübung des Notariats auf dem Lande (»De officio tabellionatus in villis vel castris«). Das Gesamtwerk wurde als »Summa Rolandina bzw. Orlandina« für Jahrhunderte in ganz Europa zum Standard-Hb. der Notariatskunst, von Guilelmus →Durantis um 1275 fast ganz in das »Speculum iudiciale« übernommen, von dem Notar Petrus de Boatteriis erneut kommentiert und noch im 16. Jh. auf Deutsch bearb. – 1274 war R. die führende Persönlichkeit bei der Vertreibung der →Lambertazzi aus →Bologna (A.I). Er beherrschte hinfort die städt. Politik, konnte aber nicht verhindern, daß die Stadt 1278 unter die Herrschaft des Papstes geriet. P. Weimar

Ed.: Summa totius artis notariae Rolandini Rudolphini ... cum additionibus ... Petri de Unzola ..., Venedig 1546 [Neudr. 1977; das ganze Werk mit den Komm.en] – R., Apparatus super summa notariae qui Aurora nuncupatur cum addit. Petri de Unzola, Vicenza 1485 [Neudr., mit Übers. ins Span., 1950] – Summa Rolandina ... v. A. PERNEDER ... verteutscht, Ingolstadt 1544 – R., Contractus, ed. R. FERRARA, 1983 – *Lit.:* Il notariato nella civiltà it. Biogr. notarili dall'VIII al XX secolo, 1961, 436–443 – SAVIGNY V, 539–548 – L. COLINI BALDESCHI, R. P. e Niccolò III, Studi e mem. per la storia dell'Univ. di Bologna 4, 1920, 67–149 – A. PALMIERI, R. P., 1933 – A. FRA, Di R. P. e della sue »Summa artis notariae«, RSDI 7, 1934, 388–407 – G. CENCETTI, R. P. Dal mito alla storia, 1950 [jetzt in: DERS., Lo Studio di Bologna. Aspetti, momenti, problemi, 1989, 211–224] – J. BONO, Hist. del derecho notarial español, I.1, 1979, 216–220.

Rolandslied (Chanson de Roland), berühmtestes und bekanntestes unter den mehr als hundert erhaltenen frz. Epen des MA (→Chanson de geste), markiert künstlerisch den Höhepunkt des Genres. Als gültige Version gilt allg. die in der ältesten Hs., Oxford Bodleian Digby 23, überlieferte Version.

Diese anglonorm. Abschrift, angefertigt zw. 1130 und 1170, fand erstmals wiss. Beachtung durch THOMAS TYRWHITT, 1798. 1837 Ed. pr. (FRANCISQUE MICHEL). Nach der Edition von F. GÉNIN (1850) ging die editor. Initiative rasch an die dt. Schule der roman. Philologie über (TH. MÜLLER, 1851, 1863, 1878; E. BOEHMER, 1872; E. STENGEL, 1900), auf welche die frz. Romanistik mit den Ausg. von L. GAUTIER und L. CLÉDAT (zw. 1872 und 1887) reagierte. Der Dt.-Frz. Krieg von 1870–71 bot Anlaß, das R. von seinen »germanischen Wurzeln im Karolingerreich« zu befreien und es als rein französisches Nationalepos zu reklamieren. 1921 konnte J. BÉDIER die frankophone literar. Welt ohne große Mühe davon überzeugen, daß das R. eine ausschließl. frz. Schöpfung des 11. Jh. sei, das individuelle Meisterwerk eines hochgebildeten Franzosen von seltenem lit. Genie. BÉDIERS definitive Ed. und Übers. des Oxforder »Roland« (1937) sollte eine Tradition textuellen Ultrakonservativismus, mit starken Auswirkungen auf die frz. Mittelalterforschung, begründen. Während der dt. Okkupation Frankreichs im 2. Weltkrieg wurde von R. MORTIER das gesamte frz. Roland-Corpus im Untergrund herausgegeben. Die Ed. der Oxford-Version von C. SEGRE (1971, 1989²) neigte eher zu Texteingriffen als die Ausg. von BÉDIER, da sie die textuelle und lit. Bedeutung der Parallelüberlieferung herausarbeitete.

Die kleine Zahl überkommener Hss. des frz. R.es steht in merkwürdigem Gegensatz zum mächtigen lit. und künstler. Einfluß, den die Rolandsepik während des gesamten MA ausübte. Wie das Fenster Karls d. Gr. in der Kathedrale v. →Chartres und das Karlsreliquiar in →Aachen belegen, wurde die Rolandssage auch verbreitet durch die lat. Prosachronik des →Ps.-Turpin (um 1140), die den Rolandsstoff in die Verehrung des hl. →Jakob v. Compostela einbaind (Buch IV des →Liber S. Jacobi). Diese fiktiven, dem halblegendar. Ebf. Turpin v. Reims zugeschriebenen »Kriegserinnerungen« sind in mehreren hundert Hss. überkommen; der lat. Text wurde in großem Umfang in verschiedene Volkssprachen (rück-)übersetzt. Rolands Heldentaten wurden selbstverständlich auch mündlich verbreitet (→Mündl. Literaturtradition); so soll sie ein Jongleur anläßl. der Schlacht v. →Hastings vor den Normannen gesungen haben.

Als verbindlich innerhalb der frz. Rolandsüberlieferung angesehen, manifestiert das Oxforder R. einen Status der Roncesvalles-Legende, der auf das Ende des 11. Jh. zurückgeht; sein heftiger antiislam. Impetus wird als Reflex des 1. →Kreuzzugs gedeutet. Doch ist aller Wahrscheinlichkeit nach der Kern der Erzählung um Jahrhunderte älter. Als Geschichte von Verrat, Heroismus und Rache, die in Beziehung zu einem fanatisch geführten Religionskrieg gesetzt wird, behandelt das R. die widerstreitenden feudalen Loyalitätsbeziehungen innerhalb einer aristokrat. Kriegergesellschaft. Das Werk beinhaltet ein fernes Echo des Geschehens von 778, der Vernichtung der Nachhut Karls d. Gr. in den Pyrenäen durch bask. (vaskon.) Krieger.

Der siebenjährige Krieg des Frankenherrschers gegen die span. Sarazenen treibt dem Ende entgegen. Die Gutgläubigkeit, mit der die Christen das tück. Friedensangebot der Heiden annehmen – nur der Neffe Charlemagnes, Roland, leistet beharrl. Widerstand –, setzt den Ablauf der Tragödie in Gang. Ganelon wird von Roland, seinem Stiefsohn, mit der Verhandlungsführung beim Sarazenenkg. Marsile betraut; beleidigt schwört er Rache, konspiriert nun mit den Sarazenen, die das Heer Charlemagnes beim Rückzug am Gebirgspaß v. 'Rencesvals' in einen Hinterhalt locken wollen, und arrangiert es, daß Roland den Befehl über die Nachhut erhält. Angesichts der hoffnungslosen Lage der eingeschlossenen Franken drängt Oliver vergebl. seinen Waffengefährten Roland, den →Olifant zu blasen und Charlemagne damit zurückzurufen. Nach heldenhaftem Widerstand der Christen stirbt Roland als letzter Überlebender einen langsamen, übermenschl. Tod. Das Antlitz verachtungsvoll auf den Feind gerichtet, beschwört er »dulce France«, seine Familie, seinen Lehnsherrn und entbietet vor dem Sterben seinem Schwert »Durendal« einen letzten, von Selbstwertgefühl geprägten Gruß. Gott entsendet seine Erzengel →Gabriel und →Michael, um Rolands Seele in den Himmel zu tragen. Der Ks. kehrt zur Stätte des Desasters zurück und nimmt Rache an den Sarazenen. Zurück in der Francia, wird Ganelon zu Aachen des Verrats angeklagt, unterliegt im gerichtl. Zweikampf und wird schmachvoll hingerichtet. Der Erzengel Gabriel ermahnt einen ermatteten Charlemagne, weitere Befreiungskriege gegen die Ungläubigen zu führen.

In formaler Hinsicht trägt das Oxforder R. die Züge der ältesten →Chansons de geste mit assonierenden Zehnsilbern (3998 V.), die in ungleichen Laissen gruppiert sind. Das Werk ist gekennzeichnet durch einen stark oral formalisierten Diskurs und eine elaborierte Narrativstruktur mit sorgfältig gestaltetem Parallelismus und Repetitionen. Durchweg werden starke Bipolaritäten artikuliert: Die Christen sind stets im Recht, die Heiden (Muslime) im Unrecht. Die muslim. Gesellschaft wird als negatives Spiegelbild der christl. vorgeführt. Die Sarazenen beten Götzenbilder an; ihre Götter bilden eine Trinität. Körperl. Stärke und Tapferkeit, auf Familie und Lehnsverband ausgerichtete Treue- und Ehrbegriffe, Hingabe an das Kreuzzugsideal bilden dagegen die Pfeiler des christl. Wertesystems. Die Erzählweise des R.es ist episodisch und einsträngig, wobei Ratsszenen und hoch stilisierte und formalisierte Kampfschilderungen (Schlachten wie Einzelgefechte) einander abwechseln. Einen wichtigen Platz nimmt der Dialog ein. Alles was zählt, ist Aktion, motivierende Charakterschilderungen fehlen dagegen weithin. Obwohl Instanzen göttl. Eingreifens deutlich werden, bleibt die Intervention übernatürl. Mächte ausgespart. Die Metaphorik ist vorrangig visuell und gestisch. Der Ton, der von der Schilderung adliger, sozial hochstehender und frommer Verhaltensweisen bis zur Darstellung brutaler Kämpfe und Massenschlächtereien reicht, zeichnet sich durch »militarist.« und betont antiislam. Grundhaltung aus. Innerhalb der Schilderung einer reinen Männergesellschaft treten zwei »Alibifrauen« auf. Charaktere werden als Figuren bzw. Typen dargeboten; eine durchgängige psycholog. Ausformung fehlt. Allenfalls sind Roland und sein Gegenspieler Ganelon, in geringerem Maße auch Charlemagne, mit einigen persönl. Charakterzügen ausgestattet. Olivier repräsentiert klass. Weisheit; Turpin ist eine »populist.« Verkörperung der 'ecclesia militans'. Roland, der einen extremen Heroismus personifiziert, stirbt gleichwohl einen exemplarisch christl. Tod und wird durch eine Apotheose geheiligt. Er wird gerächt durch einen verjüngten Charlemagne, der aus seiner tiefen Passivität erwacht ist und durch persönl. Engagement über die von Baligant repräsentierten Mächte des Bösen triumphiert. Ganelon empfängt den Lohn für sein sündiges Tun, den Verrat am Lehnsherrn (→Felonie). Moderne Lit.kritik wendet sich nach langer Vorherrschaft einer Betrachtung der literarischen Ursprünge der R.s (schriftl. versus oral, Individualisten versus Traditionalisten) der formalist. und strukturalist. Analyse zu, obwohl das alte Verlangen nach einer moralisierenden Lektüre des Verhaltens R.s nach wie vor Einfluß ausübt.

Die frz. »Chanson de Roland« ist nur mehr in sieben Hss. und zwei Frgmt.en überliefert. Nur die franko-it. Version des 14. Jh. ist wie der Oxforder Text in Assonanzen abgefaßt, während die andern Hss. gereimte Redaktionen umfassen. Es hat viele krit. Diskussionen um die Frage gegeben, ob die Textüberlieferung des R.es eine exklusiv schriftl. ist oder (wie die Neotraditionalisten annehmen) die erhaltenen Texte lediglich Gelegenheitsaufzeichnungen der zahllosen halbimprovisierten mündl. Rezitationen (→Vortragsformen), von denen sie ausgehen, darstellen. Anhänger der älteren Theorie teilen das Handschriftenstemma in zwei große Zweige: die 'Alpha-Familie', die lediglich vom Oxforder R. repräsentiert wird, und die 'Beta-Familie', die alle Parallelüberlieferungen umfaßt. Diese Texte, die seit BÉDIER stark vernachlässigt wurden, stellen in der Tat Werke von eigener Prägung dar. Ihr Hauptcharakteristikum ist starke Amplifikation; die »Version Châteauroux / Venedig 7« besitzt mehr als 8000 Verse. Sie bietet u. a. eine melodramat. Schilderung des Leides und Todes der schönen Aude, Rolands Braut, die im Oxforder R. nur flüchtig auftaucht. Die erweiterte Fassung führt auch einen neuen Charakter ein, Renier de Chartres, desgleichen eine neue narrative Episode, die Flucht und das dramat. Wiedereinfangen Ganelons. Diese Szene erscheint auch in den Pariser, Cambridger und Lyoner Versionen. Während diese Fassungen sich (in verschiedenem Maße) den Konventionen des →Romans annähern, reduziert der Lyoner Text das Gewicht der narrativen Elemente, indem er Ganelons Verrat und die Baligant-Episode wegläßt, auf daß Rolands heroische Gestalt um so heller und konkurrenzloser strahle, doch ist auch Aude hier nicht vergessen worden. Die ma. Übers. und Adaptationen in lat., norw., mhd., mndl., walis. und mittelengl. Sprache sind Zeugen der breiten Popularität, die ein Werk im MA genoß, dessen Rang als Meisterwerk der Weltlit. heute unbestritten ist. →Roland (in der Überlieferung), C. I. Short

Bibliogr. und Lit.: E. SEELMANN, Bibliogr. des afrz. R.es, 1888 – J. RYCHNER, La Chanson de geste: essai sur l'art épique des jongleurs, 1955 – Bull. bibliogr. de la Société Rencesvals, seit 1958 [jährl. Bibliogr.] – R. MENÉNDEZ-PIDAL, La Chanson de R. et la tradition épique des Francs, 1960 – H. H. CHRISTMANN, Neuere Arbeiten zum R., RJ 16, 1965, 49–60 – J. J. DUGGAN, A Guide to Stud. on the Chanson de R., 1976 – C. SEGRE, La Chanson de R.: éd. crit., 1989.

Rolandus, Kanonist, der entgegen früherer Meinung nicht mit Rolandus Bandinelli, dem späteren Papst →Alexander III., identifiziert werden darf, schrieb in den 1150er Jahren einen mehrfach überarbeiteten Komm. zum Eherecht →Gratians, eine Summe zu den übrigen Causae sowie eine Inhaltsübersicht zum 1. Teil des Dekrets, Glossen zum Dekret und Quaestionen, ferner theol. Sentenzen. Außer in Bologna ist er auch in Frankreich nachweisbar. R. Weigand

Ed.: F. THANER, Die Summa magistri R.i, 1874 [Neudr. 1962] – A. M. GIETL, Die Sentenzen Rolands nachmals Papstes Alexanders III., 1891 [Neudr. 1969] – Lit.: R. WEIGAND, Magister R. und Papst Alexander III., AKKR 149, 1980, 3–44 – DERS., Glossen des Magister R. zum Dekret Gratians (Misc. Rolando Bandinelli: Papa Alessandro III, hg. F. LIOTTA, 1986), 389–423.

Rolduc → Klosterrath

Rolevinck, Werner → Werner Rolevinck

Rolin. 1. R., Jean, Kard., Sohn von 2 und Marie de Landes, * 1408, † 22. Juni 1483, verdankte seinem großen Vater eine glänzende kirchl. Karriere. Dr. leg., Apost. Protonotar, Kanoniker und Archidiakon v. Autun, 1431 Bf. v. →Chalon, 1436 Bf. v. →Autun, am 13. Jan. 1449 zum Kard. v. S. Stefano Rotondo erhoben. Er kumulierte zahlreiche Benefizien: St-Marcel-lès-Chalon, Anzy-le-Duc, St-Martin und St-Symphorien d'Autun, Balerne, Oigny, Flavigny. Seine Lebensführung war keineswegs vorbildlich: Er hatte von drei Mätressen fünf illegitime Kinder und verteidigte rücksichtslos seine Prärogativen gegen den eigenen Bruder und seine Kanoniker. Prachtliebender Prälat und Mäzen, ließ er die Kathedrale v. Autun reich ausschmücken (Lettner, Orgeltribüne, Glocken; Chorneubau, Turmspitze, 1469), die Tumba der Kgn. →Brunichild in St-Martin wiedererrichten und gab die

große Tapisserie von N. D. de Beaune sowie die »Geburt Christi« des Meisters v. Moulins (→Hey, Jean) in Auftrag.
J. Richard

Lit.: J. RÉGNIER, Les évêques d'Autun, 1984.

2. R., Nicolas, →Kanzler v. →Burgund, * um 1376, † 8. Jan. 1461 in →Autun; Sohn von Jean R. († 1391), Bürger in Autun, und Amée Jugnot; ∞ 1. Marie Le Mairet (1398), 2. Marie de Landes (1407), 3. Guigone de Salins; aus diesen Ehen mehrere Kinder, unter ihnen Antoine, Guillaume, Jean (1. R.); R. bemühte sich vergebl., einen Bastard als Kanoniker in Lille zu installieren. – Nach Rechtsstudium wurde R. →Avocat des Hzg.s v. Burgund am →Parlement de Paris (1408) und Ratgeber des Hzg.s Johann (→Jean sans Peur) bei dessen Parlements. Auf den Konferenzen v. Meulan (1419) empfahl er das Bündnis mit dem Kg. v. →England; er klagte vor Kg. →Karl VI. den Dauphin (→Karl [VII.]) als Mörder Hzg. Johanns an. Hzg. →Philipp der Gute erhob ihn zu seinem →Maître des Requêtes, dann zum Chancelier de Bourgogne (3. Dez. 1423) und kürte ihn zum Ritter. R. war der angesehenste und einflußreichste hzgl. Ratgeber mit und mit den wichtigsten diplomat. Missionen betraut; auf dem Friedenskongreß v. →Arras (1435) befürwortete er nachdrückl. die Aussöhnung des Hzg.s mit Karl VII., der den Kanzler mit Geschenken überhäufte. R. wußte die Winkelzüge konkurrierender burg. Räte auszumanövrieren (so den Versuch, ihm einen 'Kanzler v. Flandern' entgegenzustellen); nach einem Entführungsversuch von seiten des kgl. Günstlings Georges de→La Trémoille ließ der Hzg. seinen Kanzler durch eine Leibwache schützen (1432-33). R.s Einfluß auf Philipp den Guten, der nur ihm voll vertraute, bot dem Kanzler breite Möglichkeiten, Gunsterweise für Städte und Fs.en zu erwirken, die er sich seinerseits reich vergüten ließ; als bestbesoldeter unter den hzgl. Bediensteten häufte R. ein ansehnl. Vermögen an. Seit 1422 Seigneur v. Authumes, erwarb er die Lehen Monetoy, Chazeu, Savoisy, den Viztum (*Vidamie*) v. Châlons, die Herrschaft Aymeries (Hennegau), besaß prächtige Stadthäuser (*Hôtels*) in →Dijon, →Beaune und Autun, brachte seine Verwandten und Protégés in wohldotierte Positionen, während er verstand, seine Gegner auszuschalten (Jean de Grandson, 1455). Doch fiel er 1456 beim Hzg. in Ungnade; seine Konkurrenten (→Croy, Neuchâtel) setzten gar eine gerichtl. Untersuchung seiner »Umtriebe« durch ('réformation', 1457). Er behielt dessenungeachtet sein Amt bis zum Tode, und seine Söhne standen beim Nachfolger, →Karl dem Kühnen, wieder in Gnade. – Berühmt ist R. durch seine Stiftungen. Neben karitativen Einrichtungen in Cambrai, Paris und Avignon gelten v. a. das Hôtel-Dieu in →Beaune (1443) und die Kollegiatkirche N. D. du Châtel (1450) als Höhepunkt burg. →Mäzenatentums, wurden sie doch von R. mit Meisterwerken der fläm. →Tafelmalerei (»Jüngstes Gericht« von →Rogier van der Weyden, »Madonna des Kanzlers R.« von van →Eyck) ausgestattet.
J. Richard

Lit.: A. PÉRIER, Un chancelier au XVᵉ s., 1904 – G. VALAT, N. R., chancelier de Bourgogne, Mém. Société Eduenne, 1912-14 – J. LAURENT, Les fiefs des R., 1932 – R. BERGER, N. R., Kanzler der Zeitenwende, 1971 – H. KAMP, Memoria und Selbstdarstellung. Die Stiftungen des burg. Kanzlers R., 1993.

Rollbrüder → Alexianer

Rolle (βιβλίον, βίβλος, κύλινδρος, liber, volumen, rotulus), wichtigste Buchform der Antike, zu der neben Leder (z. B. R.n aus Qumran oder für religiöse Schriften der Juden bis zur Gegenwart) und später →Pergament v. a. →Papyrus (χάρτης, charta) verwendet wurde. Einzelne annähernd quadrat. Bll. wurden zu Bahnen von durchschnittl. 6 bis 10 m Länge und 25 bis 30 cm Breite zusammengeklebt, wobei die Seite mit den horizontal verlaufenden Fasern, die zur Beschriftung vorgesehen war (rekto), nach innen zu liegen kam. Papyrusr.n, deren Text wertlos geworden war, wurden häufig auf der Außenseite (verso) beschrieben (Opistograph). Wie bildl. Darstellungen belegen, hat der Leser, nachdem er mit der linken Hand die zum Verschluß der R. dienende Riemenschnur (lora) gelöst hatte, mit der rechten Hand die bei literar. Texten kolumnenmäßig und parallel zur Längsseite der R. angelegte Beschriftung entrollt und die gelesene Kolumne mit der linken wieder eingerollt, was zum Begriff 'volumen' (volvere) geführt hat. Nach beendigter Lektüre wurde das Papyrusband wieder zurückgerollt. Zum Aufrollen diente möglicherweise ein Holzstab (ὀμφαλός, umbilicus). Zur Vermeidung von Beschädigungen blieben sowohl am Anfang und am Ende der R. als auch ober- und unterhalb der Kolumne breite Streifen unbeschriftet. Die Kolumnen selbst sind in der Regel von gleichmäßiger Breite, wobei als Bewertungseinheit der Normalzeile die Länge eines Vergilverses galt, und weisen möglichst gleiche Zeilenzahl auf, deren Total nicht selten am Schluß angegeben wurde (→Stichometrie). Der Titel des Werkes ist im allg. am Ende der R. vermerkt; bei Aufteilung eines größeren Werkes auf mehrere R.n v. a. durch alexandrin. Philologen und Bibliothekare wurde er jeweils am Anfang wiederholt; ebenfalls findet er sich meist vertikal auf der Außenseite der R. Als man begann, die R.n in den Fächern eines Bücherregals aufzubewahren, wurden die Werktitel mittels Etiketten aus Pergamentstreifen (σίλλυβοι, tituli) an die R.n geheftet. – Bei den Ägyptern seit dem 4. Jt. und den Griechen sicher seit dem 6. Jh. v. Chr. bekannt, ist die Papyrusr. bei den Römern bis zur Ablösung durch den Pergamentcodex im 4. Jh. zum Träger der literar. Produktion sowie des Verwaltungsschriftgutes geworden; letzte Beispiele literar. Inhalts stammen aus dem 6. Jh., urkundl. Inhalts (→Rotulus) gar aus dem 11. Jh. Aus dem lat. Bereich sind nach Ausweis der CLA insgesamt die Reste von rund 30 Papyrusr.n vom 1. bis zum 6. Jh. überliefert, darunter die Frgm.e der paläograph. wichtigen Livius-Epitome (CLA II². 247, CLA S** 208 [S. 8] 3. Jh.), der Rede des Ks.s Claudius (CLA VIII. 1038: wohl Mitte 1. Jh.) sowie der sechs gr.-lat. Briefmuster für Gratulationsschreiben (CLA S 1677, SEIDER II, 1, Nr. 35: 3.–4. Jh.).

Während Pergamentr.n mit gr. Texten schon in der Attaliden-Bibliothek zu Pergamon (2. Jh. v. Chr.) vorhanden gewesen sein dürften und die originale Überlieferung seit dem 3. Jh. n. Chr. beginnt, sind solche mit lat. Texten erst aus ma. Zeit erhalten. Im Unterschied zur antiken Papyrusr. folgt in der ma. Pergamentr. die Beschriftung längs der Schmalseite. Verwendet wurden Pergamentr.n im MA zunächst vorzügl. für liturg. Texte; erhalten sind Orationes aus Ravenna (CLA III. 371; GAMBER, Nr. 660: 7. Jh.), die Lorscher Litanei (BISCHOFF, Lorsch, 53f.; GAMBER, Nr. 777: 9. Jh.) sowie 28 mittel- und südit. →Exsultetr.n aus dem 10. bis 13. Jh. (GAMBER, 254–258); außerdem sind R.n bezeugt für einen Canon Missae, den Papst Zacharias 740/750 an Bonifatius gesandt hat (MGH Epp. Karol . I, 382), den bfl. Ordines in Reims (Hinkmar, MPL 126, 187) und York (Egbert Pontifikale, Paris BN ms. lat. 10575 f. 181v: 10. Jh.) sowie für Gebete usw. in Mailand (Beroldus, Ordo officiorum, ed. MAGISTRETTI, 7f.); die gr. Kirche kennt die liturg. R. (κοντάκιον) bis ins 16. Jh. In R.nform überliefert sind die Murbacher Statuten (CCM I, 437ff.), verschiedene Chroniken (z. B. von →Novalesa oder von →Benediktbeuern

[»Rotulus historicus«: 11. Jh.]), Rom- und Heiliglandführer (→Mirabilia urbis Romae, →Pilgerführer: Manchester, John Rylands Libr. 71; St. Gallen 1093; Stuttgart LB Hist. 459), die gegen Mitte des 14. Jh. verfaßte Historienbibel des Johannes v. Udine (Princeton, Univ. Libr., Fonds Scheide; Venedig, Marciana I. 49 [2282]; London, Brit. Mus., Egerton 1518; St. Gallen, Vadiana 1000; Paris, BN lat. n. a. 2577; Edinburgh, Univ. Libr. 189; Washington, The Holy Name Coll. 1; Kat. 1990 der Galerie Pierre-Yves Gabus, Genf) sowie med.-alchemist. Schrr. (u. a. Cgm 174; Bern 803). Aus dem Bereich des Bühnenwesens sind zu nennen: das →Osterspiel v. Muri (Frgm.: Mitte 13. Jh.), die Frankfurter Dirigierr. (Frankfurt/M., StuUB Ms. Barth 178: 1. Hälfte 14. Jh.) und ein südit. Osterspiel (Frgm., Sulmona, Arch. Capit.: 14. Jh.). Von den öfters in den Händen von Dichtern und Sängern abgebildeten Liederr.n sind nur wenige erhalten geblieben, darunter der »Gereimte Liebesbrief« (Cgm 189, PETZET-GLAUNING, Taf. 54) und Gedichte →Reinmars v. Zweter (Los Angeles, Univ. of California, Research Libr. A 1 T 36 s, BÄUML-ROUSE).

Für Adlige und Herolde sind als Nachschlagewerke Wappenr.n hergestellt worden, deren bedeutendste wohl die von Zürich ist, die um 1340 in der Bodenseegegend entstanden sein dürfte; andere Exemplare stammen aus England. Zu den Zunft- und Totenr.n, Zins- und Güterverzeichnissen sowie zu Urkk. in R.nform →Rotulus.

P. Ladner

Lit.: Verf.-Lex.² II, 180, 809 [Frankfurter Dirigierr.] – W. WATTENBACH, Das Schriftwesen im MA, 1896³ [Neudr. 1958] – M. MAGISTRETTI, Manuale Ambrosianum 1, 1905, 7f. – E. PETZET–O. GLAUNING, Dt. Schrifttafeln des IX. bis XVI. Jh., 1910–30 [Neudr. 1975] – W. MERZ–F. HEGI, Die Wappenr. v. Zürich, 1930 – M. INGUANEZ, Una dramma della passione del sec. XII, Miscellanea Cassinese 18, 1939 – L. SANTIFALLER, Beitr. zur Gesch. der Beschreibstoffe im MA, 1953 – H. HUNGER, Antikes und ma. Buch- und Schriftwesen (Gesch. der Textüberlieferung 1, 1961), 30–34 – CH. WILSDORF, Le ms. et l'auteur des statuts dits de Murbach, Rev. d'Alsace 100, 1961, 102–110 – L. SANTIFALLER, Über späte Papyrusr.n und frühe Pergamentr.n, Speculum historiale, 1965, 117–133 – K. GAMBER, Codices latini liturgici antiquiores, I, II, 1968²; Suppl. 1988 – G. CAVALLO, Rotoli di Exultet dell'Italia Meridionale, 1973 – N. K. RASMUSSEN, Unité et diversité des pontificaux latins au VIIIᵉ, IXᵉ et Xᵉ s. Liturgie de l'Église particulière et liturgie de l'Église universelle, 1976, 392–410, bes. 400 – D. L. GALBREATH–L. JEQUIER, Lehrbuch der Heraldik, 1978, 314 – F. H. BÄUML–R. H. ROUSE, Roll and Codex (Beitr. zur Gesch. der dt. Sprache und Lit. 105, 1983), 92–321, 317–330, Abb. – R. BERGMANN, Kat. der dt.sprachigen geistl. Spiele und Marienklagen des MA, 1986, 37ff., 113ff. – B. BISCHOFF, Paläographie des röm. Altertums und des abendländ. MA, 1986² – O. MAZAL, Lehrbuch der Hss.kunde, 1986 – B. BISCHOFF, Die Abtei Lorsch im Spiegel ihrer Hss., 1989² – Edele frouwen schoene man. Die Maness. Liederhs. in Zürich, Ausst.kat., 1991, 277 – R. FROHNE, Die Historienbibel des Johannes v. Udine, 1992 – →Buch, →Codex.

Rolle, Richard, nach Umfang und Wirkung größter engl. Mystiker, ca. 1300–1349 (Tod durch Pest), entschließt sich bald nach Beginn seines Studiums in Oxford in bewußter Imitatio des hl. →Franziskus zu einem Eremitenleben (in Yorkshire) nach einer persönl. myst. Erfahrung, die von ihm als fervor, canor und dulcor beschrieben wird. Aus ihr leitet er auch seine Legitimation zum Predigen ab. Seiner spirituellen Unterweisung von Laien verdanken wir einige volkssprachl. Texte: affektive Lyrik, eine Prosameditation sowie Prosaunterweisungen, v. a. »The Form of Living«, eine für die ihm in Freundschaft verbundene Inkluse Margaret Kirkeby verfaßte myst. Lebensregel. An Zahl und Bedeutung dominieren jedoch bei weitem die lat. Schr., die v. a. bernhard. Einfluß widerspiegeln. Unter den Texten finden sich bibl. Komm. zum Hld und den Psalmen (lat. und engl.), zu Job, Magnificat, Apokalypse, er verfaßte die Mariendichtung »Canticum Amoris« und eine Anleitung für einen jungen Priester (»Judica me Deus«), v. a. aber detailierte Beschreibungen seiner myst. Erfahrung in den zwei Büchern »Incendium Amoris« und »Melos Amoris«. Die von R. mit einer stark 'sensualist.' Sprache vergegenwärtigte myst. Erfahrung wird in seinen Werken als stufenhafte Progression entfaltet. So steht etwa das entscheidende Erlebnis des myst. fervor im Zentrum des »Incendium Amoris«, während R. im »Melos Amoris« durch die exzessive Verwendung der →Alliteration und anderer Klangmittel den erlebten myst. canor nachzuschaffen und durch einen assoziativen Gedankenfortschritt die Meditation des Lesers zu fördern sich bemüht. R. vermittelt freil. dem Leser einen nicht bes. tiefgreifenden theol. Diskurs, da er allzu häufig um die eigene Erfahrung kreist und sich zu sehr auf die Selbststilisierung konzentriert. Autorität konzentriert. Äußerst einflußreich im MA war seine myst. Lebensregel »Emendatio Vitae«, die in Form und Stil ebenso beeindruckt wie durch die Ausweitung der individuellen Erfahrung zu allg. Gültigkeit. →Pricke of Conscience.

W. Riehle

Bibliogr.: RENWICK-ORTON, 333–337 – NCBEL I, 517–520 – Manual-ME 9. XXIII, 1993, 305Iff., 3411ff. – Ed.: C. HORSTMANN, Yorkshire Writers, 1895–96 – Incendium Amoris, ed. M. DEANESLY, 1915 – Melos Amoris, ed. E. J. F. ARNOULD, 1957 – Contra Amatores Mundi, ed. P. F. THEINER, 1968 – Judica me Deus, ed. J. P. DALY, 1984 – R. R.: Prose and Verse, ed. S. J. OGILVIE-THOMSON, EETS, 293, 1988 – Übers.: M. L. DEL MASTRO, The Fire of Love and the Mending of Life, 1981 – Lit.: H. E. ALLEN, Writings Ascribed to R. R., 1927 – D. KNOWLES, The Engl. Mystical Tradition, 1961 – W. RIEHLE, The ME Mystics, 1981 – ME Prose, ed. A. S. G. EDWARDS, 1984 – N. WATSON, R. R. and the Invention of Authority, 1991 – M. GLASSCOE, English Medieval Mystics, 1993.

Rollo, Gründer der Dynastie der Hzg. e v. →Normandie. Herkunft und genaue zeitl. Abgrenzung seiner Regierung (ca. 911–ca. 925/932) werden angesichts der Quellenarmut kontrovers beurteilt. →Dudo v. St-Quentin (um 960–1026) bietet eine geglättete, panegyr. Version der Ereignisse. Nach den norw. →Sagas, die jedoch erst im 12.–13. Jh. schriftl. abgefaßt wurden, war R. (Göngu Hrólfr, 'Hrólfr der Vagabund') nicht Däne, sondern Norweger aus dem Geschlecht der Jarle v. Møre, wurde verbannt und lebte auf den →Orkney Inseln, wo sein Halbbruder als →Jarl herrschte. Wohl zu Beginn des 10. Jh. erschien er mit seinem aus Dänen bestehenden Heer im Westfrankenreich und erlitt vor →Chartres im Juli 911 eine Niederlage, nach der Kg. →Karl 'der Einfältige' mit ihm einen Vertrag schloß (sog. Vertrag v. →St-Clair-sur-Epte). R. und seine Gefährten erhielten →Rouen und das Gebiet an der unteren →Seine, mußten sich taufen lassen, hatten im lokalen Bereich das 'regnum' zu verteidigen und dem Kg. die Treue zu halten. Der Übertritt zum Christentum gelang; R. förderte die Rückkehr des vertriebenen Ebf.s v. Rouen. Nach Auffassung einiger Historiker ist R. in erster Linie als Nachfolger der Gf.en v. Rouen zu sehen, während andere den skand. Charakter seiner Herrschaft betonen; R. war ein Anführer von →Wikingern, der weiterhin Raubzüge unternahm und gewaltsam gegen konkurrierende Wikingerverbände vorging. Eine weitere Gebietsabtretung durch Kg. →Rudolf v. Westfranken (nach →Flodoard »Le Mans und Bayeux«) blieb wohl theoretisch. Dudo schreibt ihm zwei Heiraten zu: die erste, mit Gisela, einer Tochter Karls 'des Einfältigen', ist fiktiv, die zweite (»more danico«), mit Poppa (v. Bayeux?), noch unbewiesen. Aus der Verbindung R.s mit einer Christin ging der Nachfolger →Wilhelm Langschwert hervor, der

seit 927 an der Regierung beteiligt war. R. ist in der Kathedrale v. Rouen bestattet.
A. Renoux

Lit.: D. C. Douglas, R. of Normandy, EHR 57, 1942 – L. Musset, L'origine de R., Annuaire des Cinq Dép. de la Norm., 1981 – E. Searle, Predatory Kingship and the Creation of Norman Power, 840–1066, 1988.

Rolls, bedeutende →rotuli in England, die für →Register und andere Zwecke benutzt wurden und wegen ihrer umfangreichen Anwendung und der Menge der erhaltenen R. einzigartig in W-Europa sind. Sie wurden der Buchform für Eintragungen oder Abschriften von Rechts-, Verwaltungs- und Finanzurkk. und -akten vorgezogen. Die frühesten erhaltenen Beispiele, die von der kgl. Regierung angefertigt wurden, sind die *Pipe R.* (1129–30, aber nur als fortlaufende Serie seit 1155 erhalten), die Rechnungsprüfungen des →Exchequer enthalten. Die *Plea R.*, die Gerichtsprozesse registrierten, und die *Chancery R.* (*Charter R., Close R., Patent R.* etc.) setzen ein, als Hubert →Walter (Oberjustitiar 1193–98, Kanzler 1199–1205) im Amt war. Die Pipe R. und Plea R. unterscheiden sich in ihrer Ausstattung von den Chancery R., doch sind bei allen R. normalerweise beide Seiten des Pergaments beschrieben. Andere Serien betreffen bes. Themen, wie z. B. die Außenpolitik und das Parliament. Kirchl. und weltl. Institutionen führten R. in ähnl. Weise wie die kgl. Regierung, die sie teilweise auch beeinflußte. Die meisten Niederschriften der boroughs (beginnend mit den *Gild R.* im späten 12. Jh.) sowie seit dem 13. Jh. einige Bf.surkk. und -akten, Haushaltsrechnungen und eine große Anzahl von Gerichtsakten und Rechnungen landwirtschaftl. Güter wurden in dieser Form geführt. R. wurden gelegentl. für →Kartularien, Lehrbücher sowie für literar. und hist. Texte gebraucht, einschließl. herald. Werke (*R. of Arms*). Pergament war der übliche Schreibstoff der R., seit dem 14. Jh. erscheint auch Papier. →Keeper of the R.
P. Zutshi

Lit.: Guide to the Contents of the Public Record Office, I, 1963 [Lit.] – D. M. Smith, The R. of Hugh of Wells, Bull. of the Inst. of Hist. Research 45, 1972, 155–195 – P. D. A. Harvey, Manorial Records, 1984 – R. F. Hunnisett, What is a Plea R.?, Journal of the Society of Archivists 9, 1988, 109–114 – M. T. Clanchy, From Memory to Written Record: England 1066–1307, 1993² [Lit.].

Rolls, Keeper of the → Keeper of the Rolls

Rom, Stadt und Bm. in Mittelitalien
A. Vom 4. bis zum 10. Jahrhundert – B. Vom 11. bis zum 15. Jahrhundert

A. Vom 4. bis zum 10. Jahrhundert
I. Politische Geschichte – II. Die Siedlungsstruktur der Stadt vom 4. bis zum 10. Jahrhundert; allgemeine Entwicklung.

I. Politische Geschichte: In den sieben Jahrhunderten zw. 300 und 1000 änderten sich die Politik und die Institutionen R.s vielfach und in einschneidender Weise. Unverändert blieb jedoch in all diesen Wechselfällen ein fundamentales Element, das sich an der Wende vom 4. zum 5. Jh. etabliert hatte: die feste Verankerung in der städt. Gesellschaft und ständig wachsende Funktion des Bf.samtes. Seine Rolle änderte sich im Lauf der Zeit mehrmals, gewann aber seit dem Ende des 6. Jh. und v. a. seit der Mitte des 8. Jh. deutlich an polit. Bedeutung. In gewissem Sinn läßt sich eine Periodisierung der Gesch. R.s im früheren MA im wesentl. aufgrund der jeweils unterschiedl. polit. Präsenz der Päpste im Leben der Stadt vornehmen. Die jüngsten Forschungen zeigen jedoch immer deutlicher, daß, abgesehen von der starken augenfälligen Prägung durch das Papsttum und seine hist. Rolle, die Gesch. R.s am Ende der Spätantike und im frühen MA auch durch den Beitrag des stadtröm. Adels mitbestimmt wurde, dessen Stärke je nach dem hist. Kontext variierte. Eine Untersuchung dieser Einflüsse ist auch für die Erforschung der Struktur und der funktionalen Polarisationen des röm. Habitat am Ende der Spätantike und im frühen MA erforderlich.

[1] *Die Periode vom Beginn des 4. Jh. bis zu den 40er Jahren des 6. Jh.:* Das Papsttum, das sich als Patriarchat der pars Occidentis des Röm. Reichs definierte, stärkte gleichzeitig in R. den Einfluß des christl. Elements. Der röm. Bf. stand in einer für die Stadt gewinnbringenden Auseinandersetzung mit dem städt. Senatorenadel, der nun anstelle des ksl. Hofes, der R. verlassen hatte und völlig christianisiert war, die Kontrolle über die wichtigen Ämter und die Verwaltung der Stadt ausübte und anfänglich die heidn. Kultur verteidigte. Diese Auseinandersetzung kam Ende des 4. Jh. zum Höhepunkt, als die Niederlage des Stadtpräfekten →Symmachus gegen →Ambrosius im Streit um das Verbleiben des Altars der Victoria in der Curia Senatus den Prozeß der Bekehrung der bedeutendsten städt. Familien zum Christentum beschleunigte. Ende des 5. Jh führten dann die Päpste →Gelasius (492–496) und →Symmachus (498–514) einen erfolgreichen Kampf gegen den Senat, um den Besitz der Kirchen, die von Privatleuten gegründet worden waren, der Kontrolle der Stifter, die zumeist dem Senatorenstand entstammten, zu entziehen. Damit konsolidierten sie die administrative Autonomie der Diözese gegenüber der Kontrolle von Außenstehenden und förderten eine zentralisierte Verwaltung des Patrimoniums der Kirche.

[2] *Die zweite Hälfte des 6. Jh.:* R. wurde nach dem Ende der →Gotenkriege wieder definitiv der Herrschaft des Ks.s unterstellt, hatte jedoch nur noch eine periphere Rolle im Vergleich zu Konstantinopel, dem Sitz der Zentralgewalt. Zu diesem Bedeutungsverlust durch die Randlage trat seit dem achten Jahrzehnt des Jh. auch die ständige militär. Bedrohung durch die →Langobarden. Diese Faktoren sowie die Konsequenzen der Gotenkriege führten zu einem wachsenden Verfall der Infrastrukturen der spätantiken Stadt sowie zur Auflösung ihrer Führungsschicht. Die Kirche, die die Organisationsschwächen der ksl. Zentralmacht nicht ausgleichen konnte oder vielleicht nicht wollte, wurde jedoch allmählich in die Rolle einer polit. und sozialen Bezugsinstanz für die Bedürfnisse der röm. Bevölkerung hineingedrängt und entwickelte sich daher zum festen Verhandlungspartner mit Byzanz in den die Stadt betreffenden Angelegenheiten. In dieser Periode wurde die Kirche während des in vieler Hinsicht außergewöhnlichen Pontifikats →Gregors d. Gr. (590–604) zunehmend zum einzigen funktionierenden, hist. sichtbaren Ordnungsfaktor innerhalb der Stadt.

[3] *Das 7. und das erste Drittel des 8. Jh.:* R. war völlig in den polit.-religiösen Einflußbereich von Byzanz einbezogen und blieb auch in wirtschaftl. Hinsicht in wesentl. Sektoren mit dem zentralen und östl. Mittelmeerraum verbunden. Die chron. Organisationsmängel – oder besser gesagt: das Fehlen der Zentralgewalt auf lokaler Ebene einerseits und der Machtzuwachs des Papsttums andererseits – führten allmähl. zu einem neuen Selbstbewußtsein v. a. der oberen Schichten der röm. Bevölkerung, das sehr schwer zu definieren und spärl. dokumentiert ist, aber die ersten Ansätze zur Entwicklung einer autonomen Identität der Stadt enthielt, deren Grundlage das gemeinsame Erbe einer christl.-it. Romanitas war. In diesem Sinn läßt sich erklären, daß das Papsttum Kontakte mit den Langobarden (v. a. den Dukaten v. Spoleto und →Benevent) anknüpfte und daß die Bevölkerung von R. und Ravenna sich gegen Eingriffe der Politik von Konstantinopel soli-

darisierte, wie es wahrscheinl. bereits 649 gegen →Konstans II. und mit Sicherheit 692 gegen →Justinian II. der Fall war.

[4] *Die Periode zw. 730 und ca. 880:* Nach zögernden Anfängen entwickelte sich die weltl. Herrschaft der Päpste über R. und über →Latium. Der Prozeß begann mit der mühsamen und verschiedenen Wechselfällen unterworfenen Loslösung R.s von Konstantinopel und mit der Ausarbeitung eines auf der Bibel basierenden ideolog. Instrumentars, das die Herrschaft der Päpste über die ehemals byz. Gebiete Mittelitaliens rechtfertigen sollte, die in der ersten Hälfte des 8. Jh. von den Langobarden erobert und von →Pippin und seinen Franken, die die Päpste selbst zu Hilfe gerufen hatten, »zurückgegeben« worden waren. Größere Klarheit über die Formen, in denen die Päpste die polit.-territoriale Kontrolle über das Umland Roms ausübten, ist durch Studien über die Verwaltung des päpstl. Grundbesitzes und die Diözesanorganisation in Latium erreicht worden. Vieles bleibt hingegen noch offen bei der Frage, in welchen konkreten Formen sich die päpstl. Gewalt im Stadtgebiet von R. manifestierte und organisierte. Zweifellos haben die von den Päpsten – von →Leo III. (795–816) bis →Leo IV. (847–855) – durchgeführten großen Bauvorhaben im kirchl. wie öffentl. Bereich (z. B. Restaurierung der Stadtmauern und Wiederherstellung der Aquädukte) der Stadt zum erstenmal ein ausschließlich päpstl. Gepräge verliehen. Der stadtröm. Adel, der seit der 2. Hälfte des 8. Jh. begann, sich feierlich als »senatus« zu bezeichnen, und einen nicht unbeträchtl. Teil seiner ursprüngl. Macht und seines gesellschaftl. Ansehens vom Dienst unter den ksl. Fahnen herleitete, hatte viel zum Machtzuwachs des Papsttums als polit. Angelpunkt der röm. Gesellschaft beigetragen und bestimmte nun viele seiner hochbegabten Söhne für die kirchl. Karriere im Lateranpalast. Im späten 8. und 9. Jh. gingen verschiedene Päpste aus diesem Milieu hervor. Die Adelsverbände (→Consorteria) übten aber auch eine fakt. Macht im Stadtgebiet aus, gestützt auf die Schaffung mehr oder weniger kompakter Siedlungskerne. Vieles ist in diesem Zusammenhang jedoch noch unerforscht. Im Lauf des späten 9. Jh. erleichterte es die äußere Schwächung der päpstl. Macht, die rasch der Krise des Reichs folgte – Ausdruck der allgem. Autoritätskrise im gesamten Abendland –, dem röm. Stadtadel in zunehmendem Maß, das Papsttum »von innen heraus« zu manipulieren und sich nicht nur darauf zu beschränken, die lokalen Angelegenheiten gemeinsam mit ihm zu bestimmen.

[5] *Das Ende des 9. und das 10. Jh.* gelten üblicherweise als das Zeitalter der Vorherrschaft des Adels über das Papsttum (Adelspapsttum) und demzufolge über R., was zu einer Diskreditierung der Einrichtung des Papsttums an sich und zu einer Provinzialisierung des städt. Lebens führte. In Wahrheit betrieb die Familie des →Theophylakt und des →Alberich, die seit dem ersten Jahrzehnt des 10. Jh. bis zum Jahr 954 unangefochten die Zügel der Macht in Händen hielt, eine Politik intensiver und kohärenter Kontakte mit den wichtigsten Machthabern Italiens und mit dem byz. Ks.reich. Zweifellos ist die Auffassung, daß vom Papsttum in dieser Zeit nur schwache Impulse auf religiöser Ebene ausgingen, aufrechtzuerhalten, aber gleichzeitig wurden gerade in der Zeit des Princeps →Alberich – dank seiner Initiative, röm. Kl. zu reformieren – der Röm. Kirche und der beginnenden Cluniazensischen Reform (→Cluny) Verbindungen hergestellt. Über die Formen, in denen Alberich die polit. Gewalt in Rom ausübte und wo sie in der Stadt zu lokalisieren ist, fehlen genauere Nachrichten. In der 2. Hälfte des 10. Jh. (seit 962)

trat die ksl. Macht unter den Ottonen wieder aktiv in Erscheinung und beendete bis auf weiteres die Episode einer nicht-kirchl. städt. Selbstverwaltung. Das Eingreifen der Ottonen zielte darauf, dem päpstl. Verhandlungspartner seine frühere Bedeutung wiederzugeben, stets jedoch im Rahmen einer engen Interaktion mit der ksl. Politik. Dieses Zusammenwirken findet am Ende des Jh. seinen Ausdruck in der →»Renovatio Imperii Romanorum« Ottos III., jenes Ks.s, der nach Jhh. der Abwesenheit des ksl. Hofes seine feste Residenz auf dem Palatin einrichten wollte.

II. Die Siedlungsstruktur der Stadt vom 4. bis zum 10. Jh.; allgemeine Entwicklung: Die Ergebnisse der hist., kunsthist. und archäolog. Forschung ermöglichen es bis heute nicht, ein vollständiges Bild von R. in der Spätantike und im FrühMA zu rekonstruieren. Zum einen ist es schon an sich äußerst kompliziert, eine Vorstellung von einer Stadtlandschaft zu gewinnen, die sich in den Ruinen einer Vorgängerstadt neu formiert hat; zum anderen hat sich die auf schriftl. und archäolog. Q. gestützte Forschung weitgehend darauf konzentriert, die Topographie der Stadt in der klass. Antike zu rekonstruieren und sich viel weniger mit dem MA im allg. und mit dessen ersten Jahrhunderten im besonderen beschäftigt. Unsere erste Fragestellung ist, ob der Niedergang der antiken Stadt in den verschiedenen Stadtteilen in unterschiedl. Etappen und Erscheinungsformen vor sich ging. Es hat im ganzen den Anschein, daß dieser Prozeß nicht homogen verlaufen ist.

Jüngste archäolog. Untersuchungen im Zentrum R.s haben z. B. ergeben, daß in dem Gebiet südl. des Kapitols (das auch das Forum Romanum umfaßt) der Baubestand in gewissem Sinn stabil blieb, wobei es sogar zum Wiederaufbau von Gebäuden kam, das Gebiet im N hingegen in Richtung auf das Marsfeld (Campo Marzio) zeigt bereits an der Wende vom 4. zum 5. Jh. gewisse Einbrüche und schon im Lauf des 5. Jh. bezeichnende Veränderungen im Erhaltungszustand und in der Funktion der zahlreichen öffentl. Gebäude, die sich dort befanden. Eine Untersuchung des Niedergangs der Stadt muß einerseits den objektiven Bevölkerungsschwund und die Unfähigkeit der öffentl. Behörden, die Gebäudesubstanz zu erhalten, in Betracht ziehen, andererseits aber auch einen Wandel der Mentalitäten und Bedürfnisse berücksichtigen. So führte bekanntl. das Eindringen des Christentums in die Stadt weithin zur Aufgabe heidn. Kultgebäude. Ch. Pietri beschrieb die triumphale Ausbreitung des christl. R. im 4. und 5. Jh. mit seinen Kirchen, karitativen Einrichtungen, Kl., Friedhöfen usw. Nach einer Berechnung v. R. Krautheimer befanden sich um das Jahr 500 innerhalb der aurelian. Mauern 32 der direkten Kontrolle des Bf.s unterstehende Kirchen, von denen natürl. keine älter als 180 Jahre alt war.

Vernachlässigte öffentl. Bauten, die ihre eigtl. Bestimmung verloren hatten, wurden bisweilen widerrechtl. für andere Zwecke benutzt, die durch archäolog. Untersuchungen häufig nur schwer zu definieren, aber ganz anders zu bewerten sind als eine komplette Aufgabe von Gebäuden. U. a. darf nicht vergessen werden, daß im 4.–5. Jh. große und reiche »domus« in der Stadt in Erscheinung treten, die manchmal die Stelle von anders gearteten Bauwerken einnahmen. Nach dem kurzen Aufschwung unter →Theoderich führten die katastrophalen Folgen der →Gotenkriege zu einem deutl. Bevölkerungsschwund und dem unwiderrufl. Zerfall des sozialen Gefüges der antiken Stadt. Die Zahl von Neubauten (auch bei den christl. Gotteshäusern) ging fast vollkommen zurück und zeigte erst Mitte des 7. Jh. wieder einen schwachen Anstieg; das bewohnte Gebiet schien sich in einzelne sehr verstreute Siedlungskerne aufzusplittern. V. a. in der 2. Hälfte des 6. und Anfang des 7. Jh. finden sich häufig Grabstätten im Stadtgebiet in verschiedenem Kontext: in öffentl. Gebäuden wie Thermen, Basiliken, Latrinen usw., in Privathäusern sowie am Rande von Straßen; wahrscheinl. ist dies ein Anzeichen für einen Zusammenbruch der städt. Infrastrukturen und gleichzeitig für einen Überfluß an ungenutzten Räumen. Im Lauf des 7. Jh. lassen sich die ersten Ansätze zu einer neuerlichen Verdichtung des Siedlungsgebietes erkennen, wobei nicht mehr ausschließlich die durch Abbruch unbenutzter antiker Gebäude freiwerdenden Flächen verwendet wurden (obgleich diese noch lange eine starke Anziehungskraft ausübten), sondern auch andere Bauflächen entsprechend den jeweiligen Bedürfnissen. Die Siedlungskerne um die Hauptkirchen (Lateran und Vatikan) und das Gebiet am Tiberufer zw. Palatin, Kapitol und Tiber bildeten sich mit Sicherheit bereits seit dieser Zeit heraus; dieses Gebiet wurde wohl von der byz. Regierung gefördert, um die direkten Verbindungen mit dem Meer (Ostia, Porto) auf dem Flußweg zu sichern. Die wichtigsten kirchl. Einrichtungen mit Funktionen der Armenfürsorge und Lebensmittelverteilung (→Diakonien) konzentrierten sich in diesem Areal und entlang der davon ausgehenden Verkehrswege sowie in der Nähe der Endpunkte der noch funktionierenden Aquädukte. Nach dem Ende der byz. Herrschaft über R., wie wir bereits oben ausgeführt haben, treten Familiengruppen, die wir allgemein gesprochen als »Aristokratie« (der sog. senatus) bezeichnen können, in den Vordergrund. Den Q. zufolge gruppierten sich diese Familien in »Domus«, von deren Aussehen wir so gut wie nichts wissen. Der berühmteste dieser Siedlungskerne befand sich in der regio Via Lata, d. h. im östl. Teil des Marsfelds, zw. Kapitol, Quirinal und Pincio; ein anderer befand sich vermutlich auf dem Aventin. In der ersten Hälfte des 9. Jh. läßt sich der erste Versuch des Papsttums feststellen, das Bild der Stadt, über die es die weltl. Herrschaft anstrebte, tiefgreifend nach den eigenen Vorstellungen zu formen. Die mit höchster Intensität angestrebte Renovatio eines R., das von neuem Hauptstadt eines Imperiums war, führte um 850 zur Schaffung einer neuen »Vatikanstadt« zum Schutz der Petersbasilika und des umliegenden Viertels, der Civitas Leoniana Papst Leos IV. Innerhalb R.s müssen sich weiterhin große freie Flächen befunden haben, deren Ausmaße man jedoch nicht eindeutig festlegen kann. Trotz der wachsenden Spannungen und Konflikte innerhalb R.s im Laufe der 2. Hälfte des 9. Jh. ließen sich bis jetzt keine Spuren von Adelsfestungen vor der Mitte des 11. Jh. erkennen. Der seit dem 10. Jh. besser erhaltene Bestand an Q.material zeigt eine durch offensichtl. Bevölkerungsanstieg bedingte Verdichtung des Wohngebiets und die ersten Ansätze einiger Phänomene, die für die spätma. und moderne Topographie der Stadt entscheidend sind, wie z. B. die allmähl. völlige Bebauung des Gebiets im N und NW des Kapitols, in der sog. Tiberschleife, das durch die Peterskirche große Anziehungskraft besaß. Noch bis zum Jahr 1000 bot R. jedoch infolge der gewaltigen Ausdehnung der Fläche innerhalb der aurelian. Mauern den Anblick einer »ville sans centre« (E. HUBERT), die in viele kleine Siedlungskerne zerfiel. Zw. ihnen lagen die noch immer beachtl. Reste der antiken Stadt, wenngleich sie das Wachstum der neuen Stadt nicht mehr in aktiver Weise bestimmen konnten.

G. Arnaldi/F. Marazzi

Lit.: R. KRAUTHEIMER, Corpus Basilicarum Christianarum Urbis Romae, 1937 – CH. PIETRI, Le Sénat, le peuple chrétien et les partis du cirque à Rome sous le pape Symmaque, MEFrR LXXVIII, 1966, 123–139 – O. BERTOLINI, Per la storia delle diaconie romane dalle origini alla fine del secolo VIII (Scritti scelti, hg. O. BANTI, 1967), 311–460 – P. LLEWELLYN, Rome in the Dark Ages, 1971 – CH. PIETRI, Roma Christiana. Recherches sur l'Église de Rome, son organisation, sa politique, son idéologie de Miltiade à Sixte III (311–440), 1976 – H. BRANDENBURG, R. s frühchristl. Basiliken des 4. Jh., 1979 – R. KRAUTHEIMER, Rome, profile of a City, 312–1308, 1981 – G. ARNALDI, Rinascita, fine, reincarnazione e successive metamorfosi del Senato Romano (secoli V–XII), ASRSP 105, 1982, 5–56 – B. WARD PERKINS, From Classical Antiquity to the MA. Urban Public Building in Northern and Central Italy, 1984 – G. ARNALDI, Le origini dello Stato Pontificio, 1987 – CH. PIETRI, Régions ecclésiastiques et paroisses romaines, Actes XIe Congr. Internat. Archéol. Chrét., Lyon-Grenoble–Genève et Aoste 1986, 1989 – J. DURLIAT, De la ville antique à la ville byz., 1990 – E. HUBERT, Espace urbain et habitat à Rome du Xe s. à la fin du XIIIe s., 1990 – G. MAETZKE, La struttura stratigrafica dell'area nordoccidentale del Foro Romano come appare dai recenti interventi di scavo, Archeologia Medievale, XVIII, 1991, 43–201 – L. ERMINI PANI, Renovatio murorum tra programma urbanistico e restauro conservativo: Roma e il ducato romano, Sett. cent. it., XXXIX, 1991, 1992, 485–530 – La storia economica di Roma nell'Alto Medioevo alla luce dei recenti scavi archeologici, Atti del Convegno, Roma 1992, hg. P. DELOGU–L. PAROLI, 1993 – Storia di Roma, hg. A. SCHIAVONE, III/2, 1993 (P. A. FÉVRIER, 41–51; F. GUIDOBALDI, 69–83; D. MANACORDA, 93–104) – D. MANACORDA, E. ZANINI, F. MARAZZI, Sul paesaggio urbano di Roma nell'Alto Medioevo (La storia dell'Alto Medioevo it. (VI-X sec.) alla luce dell'archeologia, Atti del Convegno, hg. R. FRANCOVICH–G. NOYÉ, Pontignano [Siena] 1992), 1994 – F. MARAZZI, Il Patrimonium Sancti Petri, dal IV al IX sec. – DERS., Le città nuove pontificie... (La storia dell' Alto Medioevo..., cit. 1992), 1994.

B. Vom 11. bis zum 15. Jahrhundert

Im 11. Jh. bot R. den Anblick einer Landstadt: innerhalb des überdimensionierten Mauerrings gab es Äcker, Weinberge, Nutzgärten und weite unbesiedelte Grünflächen; das Forum Romanum und das Kapitol wurden zu Viehweiden (Campo Vaccino bzw. Monte Caprino). Die Bevölkerung, die wieder anwuchs, drängte sich in den drei wichtigsten Siedlungskernen der Stadt, Tiberschleife, Borgo und Trastevere, zusammen. Die nicht in Kirchen umgewandelten oder in autonome Befestigungssysteme einbezogenen antiken Bauwerke waren verlassen und zum Teil eingestürzt.

Zentrum der kirchl., wirtschaftl. und polit. Macht war die päpstl. Kurie. Die Gf.en v. →Tusculum, die in der 1. Hälfte des 11. Jh. die Stadt drei Jahrzehnte regierten, besetzten die höchsten städt. Ämter, stellten aber auch drei Päpste (Benedikt VIII., Johannes XIX., Benedikt IX.). In der 2. Hälfte des 11. Jh. endete die Hegemonie der Gf.en v. Tusculum; Adel und Stadtvolk verbündeten sich gegen ksl. Interventionen in »Angelegenheiten der Römer« und gegen die Kirchenreformer, da man die Wahl des Bf.s v R. als innerstädt. Angelegenheit betrachtete. Andererseits verstärkten die Ideale der Kirchenreform die eigene Überzeugung, daß die Macht des heidn. R. den Ruhm des christl. R. ermöglicht habe, der auf dem Martyrium der Apostelfürsten Petrus und Paulus beruhte. In der gleichen Zeit wuchs die wirtschaftl. Bedeutung der »mittleren« und »unteren« Schichten, die gegenüber der Suprematie des Adels und des Papsttums eine gewisse Eigenständigkeit zu gewinnen suchten. Wie in vielen Städten Mittel- und Norditaliens widersetzten sich die neuen städt. Bevölkerungsschichten nicht der Kirchenreform, da sie auf eine Lockerung der engen Bindungen zw. kirchl. Hierarchie und Adel und auf größere städt. Autonomie hofften.

Der unnachgiebigste Reformpapst →Gregor VII. (1073–85) verwickelte die Stadt in eine Reihe von Konflikten und Katastrophen, wie die Invasion des mit dem Papst

»verbündeten« Normannenheeres und die dadurch verursachten Zerstörungen und Brände (→Robert Guiscard).

Im 11. Jh. begann ein Erneuerungsprozeß innerhalb des röm. Adels. Die →Crescentier zogen sich aus der Stadt zurück, die Gf.en v. Tusculum zerfielen in verschiedene Linien, Familien von Grundherren (→Anguillara, →Colonna, Gf.en v. →Segni, da →Vico usw.) und stadtröm. Adelsgeschlechter stiegen auf (in erster Linie →Annibaldi, →Frangipane, →Pierleoni, dann auch Boveschi, →Capocci, Corsi, Normanni, Papareschi, Tebaldi etc.) und bauten ihre Ansitze in den dünnbesiedelten Wohngebiet zu Festungen aus. V. a. die Grundherren strebten nicht nur danach, ihr städt. Umfeld zu kontrollieren, sondern auch die zu ihren Ländereien führenden Ausfallstraßen.

Eine Kontrolle der Brücken und Wege war bes. wichtig, da die drei bedeutendsten städt. Siedlungskerne (das »continuum urbanum« in der Flußschleife, Borgo und Trastevere) eng mit dem →Tiber verbunden waren, der nicht nur für die Wasserversorgung eine Lebensader darstellte, sondern auf dem auch Getreide, sonstige Lebensmittel und Rohstoffe transportiert wurden, und dessen Wasser Mühlen, Hämmer und Walkmühlen antrieb. Auch aus diesem Grunde wuchs die Bedeutung der →Engelsburg (Kontrolle des Zugangs zum Borgo) und der Tiberinsel (Zugang nach Trastevere).

Nach dem Konkordat. v. →Worms und dem Ende des →Investiturstreits setzten sich im päpstl. Schisma von 1130 die heftigen, jahrhundertelangen Auseinandersetzungen zw. Adelsgruppen um die Kontrolle der Kurie fort. Der Konflikt zw. den Anhängern Innozenz' II. (Papareschi) und Anaklet II. (Pierleoni) führte zu einer Schwächung der Vormachtstellung des Adels und des Papsttums im Stadtregiment, während eine lange Phase des Bevölkerungs- und Wirtschaftswachstums die Bedeutung der neu aufgestiegenen Bevölkerungsschichten verstärkte. Wie in den Kommunen Mittel- und Norditaliens verschmolzen diese aufsteigenden Schichten mit den unteren Rängen der Grundherren und des Adels und bildeten eine neue polit. Macht, den *Popolo*. 1143/44 setzte der Popolo den Senat und die »Republik« wieder ein: Neben 56 Senatoren übte ein Patricius die Exekutionsgewalt aus. Ein deutl. Zeichen für die städt. Autonomie ist die Wiederherstellung des südl. Mauerrings (1157). Aus der verwendeten Terminologie wird deutl., daß die Träger der städt. Kultur auf das antike Erbe – im republikan.-bürgerl. Sinne – zurückgreifen. Der Mythos von R. als »Hauptstadt und Herrin der Welt« wird nicht nur von der ks.treuen (R. als rechtmäßige Residenz des Ks.s) oder von der päpstl. Partei (R. als Sitz des hl. Petrus und Mittelpunkt der abendländ. Christenheit) propagiert, sondern auch von den neu aufgestiegenen Schichten (die die kommunale Selbstverwaltung beanspruchen). So bezeichnet der Begriff Senator wieder ein gewähltes Mitglied der größten städt. Versammlung, nicht mehr einen aufgrund seiner Geburt dazugehörigen Adligen. Der Sitz der öffentl. Gewalt, der Senatorenpalast auf dem Kapitol, liegt über dem bevölkerungsstärksten Stadtteil in der Tiberschleife. Die neue städt. Bipolarität Kapitol/Engelsburg – Sitz der städt. Gewalt und Festung der päpstl. Herrschaft – überlagert die alte kirchl. Bipolarität Vatikan/Lateran.

Die Existenz der neuen städt. Schichten darf jedoch nicht vergessen lassen, daß die röm. Wirtschaft im 12. Jh. noch weitgehend auf der Landwirtschaft basierte, auch wenn es Handwerksbetriebe und Handel zur Vermarktung der Erzeugnisse der großen Grundherrschaften gab. Eine Besonderheit der röm. Wirtschaft ist die Zirkulation großer Geldmengen (in der Kurie und im Adel), die von den Pilgerströmen, vom Peterspfennig etc. herrührten.

Im großen und ganzen ähnelte das öffentl. Leben in Rom der Situation in den mittel- und nordit. Kommunen, die Machtbestrebungen des Popolo wurden jedoch durch mehrere Kräfte innerhalb eines einzigartigen polit. Wechselspiels eingedämmt und behindert: Papsttum und Reich, Kurie und stadtrömischer Adel, Kommunen in Latium (→Viterbo, →Velletri, →Tivoli etc.) und Grundherrschaften des Umlands. Im wesentl. gelang es Roms atyp. Kommune nicht, sich von der Vorherrschaft der Päpste zu befreien und einen eigenen »contado« aufzubauen, da dies im Widerspruch zu dem Bestreben der Kurie stand, einen zusammenhängenden »Staat« zu errichten. Dieser Konflikt dauerte Jahrhunderte. Erst im 15. Jh. gewann das Papsttum definitiv die Oberhand.

1188 (das Eingreifen des Ks.s beschränkte sich nunmehr auf die Ernennung des – ehrenamtlichen – Präfekten) gelangten die Römer mit Papst Clemens III. (Scolari) zu einem Kompromiß. Sie erkannten die Oberhoheit des Papstes an, erstatteten der Kirche deren Besitz zurück und leisteten dem Papst einen Treueid. Im Gegenzug erhielten sie Unterstützungen und wirtschaftl. Hilfen und erwirkten die Anerkennung der städt. Autonomie. Kurz danach setzte die neue Führungsschicht die Cestiusbrücke wieder instand (1191–93): die Verbindungen zw. den beiden Tiberufern waren für die expandierende Wirtschaft der Stadt von großer Bedeutung; die Instandsetzung einer Brücke ist aber beinahe eine Usurpierung der institutionellen Aufgaben der »Romani pontifices«. Ende des 12. Jh. ersetzte eine Verfassungsreform Senat und Patricius durch einen einzigen Senator; später wurden jedoch wieder zwei und mehr Senatoren eingeführt.

Da weite Gebiete des Ager Romanus so gut wie unproduktiv geworden waren, machte das Bevölkerungswachstum den Ausbau der Tiberhäfen erforderlich: am linken Tiberufer Ripa Graeca, am rechten Ufer Ripa Romea, wo die Lastkähne und die Schiffe der Pilger anlegten; oberhalb der Tiberinsel wurden an verschiedenen Stellen Schiffsladungen an Wein, Lebensmitteln, Holz, Tuffstein etc. aus dem Hinterland gelöscht.

Der Ausbau des christl. R. schritt weiter fort (Neubau v. a. von Kirchen und Kl., Restaurierungen, Verschönerung durch Malerei oder Skulptur etc.), nach dem Vorbild der großen Konstantin. Basilika und im Sinne der frühchristl. Tradition: auf diese beiden Säulen stützte sich das ununterbrochene kulturelle Wirken der Päpste, die seit dem 5. Jh. die Legitimierung des Primats der Kirche von R. betrieben hatten.

→Innozenz III. (1198–1216) stärkte die absolute päpstl. Monarchie und konsolidierte die feudalen Grundlagen des päpstl. »Staates«. So wurde im 13. Jh. – von Innozenz III. bis Bonifatius VIII. – die gregorian. Idee einer päpstl. Theokratie verwirklicht. Von diesem Zeitpunkt an wurde der Senator (oder die Senatoren) von R. aus den großen röm. Geschlechtern gewählt, mußte aber ein »fidelis« der »Hl. Römischen Kirche« sein.

Im ganzen 13. Jh. setzten sich Bevölkerungswachstum und wirtschaftl. Aufschwung fort. Kapitol und Engelsburg waren weiterhin die Orientierungspunkte der städt. Siedlung, die neuen Gebäude konzentrierten sich aber zumeist auf den vielen unbebauten Flächen R.s, das ca. 35–40000 Einw. hatte. So änderte sich die Topographie der Stadt, während ihre Einteilung in 12 Viertel (»rioni«) auf dem linken Tiberufer feste Gestalt annahm (diese

Einteilung geht wohl mindestens auf das 10./11. Jh. zurück, da der röm. »exercitus« in 12 *bandora* [Fahnen] unterteilt war), dazu Trastevere auf dem rechten Tiberufer.

Auch im 13. Jh. setzte sich der Erneuerungsprozeß des röm. Adels fort: er hing jeweils von dem Stand der Beziehungen zur Kurie ab, die Ämter und Privilegien, Lehen und Reichtümer verteilte, Arbeiten in Auftrag gab und protegierte. Nicht von ungefähr sind in der ersten Hälfte des 13. Jh. die Päpste eng mit der röm. Realität verbunden und die universale Theokratie ist mit den partikularist. Tendenzen der großen Geschlechter verflochten, deren Vertreter die hohen Ränge der kirchl. Hierarchie bis zum Kard.kollegium besetzen. In der gleichen Zeit erbauten diese Familien von Grundherren oder aus dem röm. Stadtadel turmbewehrte Festungen im Stadtgebiet, als sichtbares Zeichen ihrer Vormachtstellung über weite Teile Roms.

In den ersten Jahrzehnten des 13. Jh. schuf der langandauernde Konflikt mit Ks. Friedrich II. die Voraussetzungen für einen Aufschwung der kommunalen Autonomie, der nach der Mitte des Jh. einsetzte. Der von auswärts kommende Senator Brancaleone degli →Andalò importierte die in den mittel- und nordit. Kommunen verbreitete »popolare« Politik; er förderte die Handwerk und Handel treibenden Schichten, ließ 140 Türme der unruhigsten Adelsfamilien niederlegen oder zumindest teilweise abtragen, versuchte, den Klerus unter die kommunale Jurisdiktion zu stellen und ihm Abgaben aufzuerlegen und vergrößerte die röm. Einflußsphäre in Latium.

Die Wirtschaft R.s wurde weiterhin durch die riesigen Geldmengen konditioniert, die aus dem christl. Abendland an die Kurie flossen. Die mächtigsten Geschlechter, die in der Kurie vertreten waren, vermehrten ihr Vermögen in außergewöhnl. Weise. Aber auch die ganze Stadt lebte von diesem Geldstrom.

Päpste, Kard.e und große Geschlechter erneuerten die Stadt durch ihr Mäzenatentum; dabei setzten sie die antike Tradition fort, altes Baumaterial wiederzuverwenden (→Spolien). Im 13. Jh. fanden die großen baul. Eingriffe nicht mehr nur auf dem Sektor des Kirchen- und Klosterbaus statt, sondern es wurden auch Hospitäler und Hospize für die zahlreichen Pilger errichtet. Innozenz III. förderte die Bedeutung des Vatikans durch Ausbau und Befestigung des von Eugen III. 1145-53 errichteten Palatium novum.

In der 2. Hälfte des 13. Jh. begünstigte eine Reihe frz. oder franzosenfreundl. Päpste die Eroberung des unterital. Kgr.es durch die Anjou. Die neue polit. Situation führte zu einer Schwächung der Autonomie der Kommune. Gleichzeitig verstärkte sich die Tendenz der röm. Geschlechter, ihre Mitglieder in die Kurie, in das Kard.kollegium und – wenn möglich – auf den Hl. Stuhl zu bringen. Der Gegensatz zw. den »ghibellinischen« →Colonna und den »guelfischen« →Orsini wurde nun über Jahrhunderte eine Konstante der Stadtgeschichte. Innerhalb der im ganzen gesehen homogenen Adelsschicht bestanden verschiedene Ränge. Sechs »baronale« Geschlechter (→Annibaldi, →Colonna, →Conti, →Orsini, später →Savelli und →Caetani) zeichneten sich aus durch frühentwickeltes Selbstbewußtsein, durch großes Sozialprestige und durch das Verfügen über private Truppen. Neben den »Baronen« gab es ein Dutzend Geschlechter mit großem Grundbesitz, Lehen und Gerichtsrechten, Burgherrschaften, »Villani« und Bewaffneten. Danach kamen die verschiedenen Familien des stadtröm. Adels, die die Tendenz zeigten, mit den ersteren eine einheitl. Gruppe zu bilden.

Nikolaus III. (1277-80) und die anderen Päpste am Ende des 13. Jh. (einschließl. Bonifatius VIII. [1294-1303]) begannen in Ansätzen, das christl. R. in die Stadt der Päpste zu verwandeln. Der Lateran verlor als Residenz des Papstes zugunsten des Vatikan an Bedeutung. Gleichzeitig wurden längere Aufenthalte des Papstes und der gesamten Kurie in den verschiedenen Städten des Kirchenstaats zur Gewohnheit. In den letzten Jahrzehnten des 13. Jh. wurde R. zu einem Kunstzentrum von europ. Rang, gefördert durch das Bestreben der Päpste, ihren Primat »sichtbar« zu dokumentieren. So ließ sich Nikolaus III. in der Kapelle Sancta Sanctorum mit geradezu photograph. Genauigkeit zw. den Apostelfürsten Petrus und Paulus porträtieren.

Der Römer Nikolaus III. (Orsini) wurde Senator v. R., regierte durch einen Vikar und suchte den Konsens seiner Mitbürger. Im Gegensatz dazu pochte Bonifatius VIII. (Caetani) stärker auf die päpstl. Vorrechte. Seine Einführung des ersten Jubeljahres (1300) bezeichnet eine Wende in der Gesch. der Stadt. Jahrhundertelang wurden nun die großen Bauvorhaben (Straßen, Gebäude, Ausschmückung) im Hinblick auf das nächste Jubeljahr in Angriff genommen. Das Heilige Jahr institutionalisierte die Wallfahrt »ad limina S. Petri« und verwandelte sie in ein großes Wirtschaftsunternehmen, das einer Leitung und Verwaltung bedurfte. Die im Zusammenhang mit dem Pilgerwesen stehenden Wirtschaftszweige (Gastgewerbe, geistl.-tourist. Pilgerführer, Handel mit echten und falschen Reliquien, Kuppelei und Prostitution etc.) gewannen zusehends an Bedeutung.

Mit der Einrichtung des ersten Heiligen Jahres erreichte das Papsttum den Zenit seines Ansehens, →Bonifatius VIII. erlebte jedoch sofort danach seine tiefste Demütigung und wurde von den mit Frankreich verbündeten →Colonna, den Feinden seiner Familie, besiegt. Seine Niederlage vernichtete auch die päpstl. Theokratie. Die darauffolgende Verlegung der Kurie nach →Avignon erschütterte den Primat Roms. In der Stadt begann eine lange Phase wirtschaftl. Depression, die von einem Rückgang der Bevölkerungszahl begleitet wurde, so daß es Mitte des 14. Jh. zu einer schweren Krise kam. Kardinäle und hohe Prälaten, Notare und Rechtskundige, Bankiers und Kaufleute, Kriegsleute und Künstler, Literaten und Prostituierte siedelten nach Avignon über. Der von vielen Literaten hochgehaltene Rom-Mythos stand im Gegensatz zu der Realität einer ausschließl. rural bestimmten Wirtschaft. Die Wirtschaftskrise führte zu größeren Einbrüchen als die Pest (1348), nach deren Aufhören die Treppe zu S. Maria in Ara Coeli erbaut wurde. Die Ableitung des Geldstroms aus dem →Peterspfennig nach Avignon führte zum Abbruch der großen kirchl. Bauvorhaben und zum Verfall der Kirchen.

Während der polit. und wirtschaftl. Krise der Mitte des 14. Jh. fanden die beiden ephemeren Versuche des →Cola di Rienzo statt, zur Macht zu gelangen (Mai-Dez. 1347; Aug.-8. Okt. 1354). Bedeutsamer für R. war jedoch die Gewährung eines Jubeljahres für 1350 durch den avignones. Papst: die röm. Wirtschaft, die nur mit äußerster Mühe ohne den Papst und die Kurie lebensfähig war, bedurfte eines Heiligen Jahres, um neue Impulse zu gewinnen. Andererseits hat in der Mitte des 14. Jh. die nun bereits lange andauernde Abwesenheit des Papstes die kommunale Selbständigkeit gestärkt und dem Popolo gegenüber der Gruppe der Barone mehr

Gewicht verliehen. Im Popolo sind die aufsteigenden sozialen Schichten vereinigt, in erster Linie die »*bovattieri*« (reiche Grund- und Immobilienbesitzer, Großbauern, Viehzüchter, Kaufleute und wohlhabende Geldleiher), die Vertreter der Arti, Händler und Bankieri, aber auch die »*cavallerotti*«, d. h. die unteren Ränge des stadtröm. Adels. Einige »popolare« Familien wie die Cenci stiegen zum Adel auf. Seit 1358 erkannten die Römer die Signorie des Papstes und die vom Papst ernannten Senatoren an; die städt. Verwaltung und Rechtsprechung wurde jedoch von röm. Amtsträgern wahrgenommen. 1363 bestätigten die Statuten die »popolare« Ausrichtung der Stadt, und das kommunale Stadtregiment identifizierte sich mit der »Felice Società dei Balestrieri e Pavesati«, der städt. Miliz, von der die Barone und Aristokraten ausgeschlossen waren.

Die Rückkehr der Päpste nach Rom (1377) unter Gregor XI. hätte zwar der wirtschaftl. Krise der Stadt Abhilfe schaffen können, es kam jedoch kurz darauf zum Großen →Abendländ. Schisma, währenddessen R. von neuem in innere Auseinandersetzungen und Kriege verwickelt wurde. In dieser Krisenzeit bedeutete der Pontifikat Bonifaz' IX. (Tomacelli, 1389–1404) einen Wendepunkt in der Gesch. R.s: Der Papst verlegte das Jubeljahr auf 1390 vor, nahm große Restaurierungsarbeiten der Kirchen in Angriff, sorgte für die Instandsetzung und Verbesserung des Straßennetzes und gab der städt. Wirtschaft neue Impulse. Durch die Ausstattung der Engelsburg mit neuen Geschützen und der Befestigung des Senatorenpalastes auf dem Kapitol kontrollierte er von beiden Seiten das »continuum urbanum« in der Tiberschleife. Dieser Papst war es auch, der definitiv die päpstl. Oberherrschaft über R. wiederherstellte. Die späteren Adelsverschwörungen, Volksaufstände, Revolten der Barone und Besetzungen durch fremde Heere konnten diese Herrschaft nicht mehr ernstl. in Gefahr bringen.

Mit der endgültigen Rückkehr der Päpste nach R. (unter Martin V. Colonna, 1417–31) begann eine lange Phase des wirtschaftl. Aufschwungs und des Bevölkerungswachstums. R. wurde wieder zu einem großen Zentrum des Konsums und zu einem wichtigen Knotenpunkt der Finanzgeschäfte. Die in Ansätzen vorhandene städt. Selbständigkeit mußte stets einen Kollisionskurs mit den Päpsten vermeiden, nicht zuletzt weil die Funktionen R.s als Mittelpunkt der abendländ. Christenheit und als Kapitale des »Kirchenstaats« zunehmend wichtiger wurden als die städt.-lokalen Funktionen.

Verschwörungen und Adelsrevolten (wie die →Porcari-Verschwörung 1453), schlecht organisierte Protestbewegungen der Literaten (vgl. →Platina) wurden von den Päpsten mit Härte unterdrückt und fanden auch keine Anhängerschaft mehr in der Bevölkerung.

Die Geldmittel, die wiederum in großer Fülle nach R. strömten, ermöglichten den Päpsten des 15. Jh. eine radikale Wandlung des Stadtbilds. Martin V., Nikolaus V. (1447–55), Sixtus IV. (1471–84) und Alexander VI. (1492–1503) führten eingreifende Veränderungen in der Bausubstanz und im Straßennetz durch. Sie verboten die Adelsfestungen und ließen sie schleifen. Die Straßen wurden erweitert und begradigt. Die Türme verschwanden und machten dem *Palazzo* Platz. Die neue Typologie des Wohnungsbaus trug seit der Mitte des 15. Jh. dazu bei, die städt. Plätze und Straßen nach rationalen Gesichtspunkten zu gestalten. Basiliken und Kirchen wurden restauriert oder neu erbaut. Die Bipolarität Vatikan/Lateran wurde aufgegeben und ersterer wird endgültig die offizielle Residenz der Päpste.

Der neue Geldfluß und der Zustrom von Klienten oder Bittstellern der Kurie verringerte die städt. Autonomiebestrebungen und veränderte die päpstl. Kurie sowie die röm. Gesellschaft und Kultur. Die Kurie rekrutierte sich nun zunehmend aus nicht-röm. Prälaten. Der Adel schloß sich allmähl. nach außen ab (»nobiltà di sangue e di diritto«), ließ jedoch verschiedene Zutrittsmöglichkeiten offen (aus den Gebieten des Kirchenstaats, Wahl eines Familienmitglieds zum Kard. oder zum Papst).

Ende des 15. Jh. hatte sich R.s Bevölkerung im Vergleich zu den Anfangsjahren des Jh. fast verdoppelt. Wie am Ende des 13. Jh. wurde R. im 15. Jh. wieder ein künstler. und kulturelles Zentrum von europ. Rang. Es hat nun den Anschein, als würde alles darauf hinzielen, die christl. Stadt, deren verschiedene Schichten vom 7. zum 14. Jh. gelegt worden waren, verschwinden zu lassen: so ist der Abbruch der frühchristl. Konstantinsbasilika (Alt-St-Peter) am Anfang des nächsten Jh. emblematisch: er bedeutet den endgültigen Bruch mit der Vergangenheit und den Triumph der Stadt der Päpste. M. Sanfilippo

S. a. →Kirchenstaat; →Papsttum; →Patrimonium Sancti Petri; →Titelkirchen; →Romidee; →Rombeschreibungen.

Lit.: A. Esch, Bonifaz IX. und der Kirchenstaat, 1969 – Roma carolingia, 1976 – L. Palermo, Il porto di Roma nel XIV e XV sec., 1979 – R. Krautheimer, Rome. Profile of a City. 312/1308, 1980 – L. Moscati, Alle origini del Comune Romano, 1980 – Roma anno 1300, hg. A. M. Romanini, 1983 – Un pontificato ed una città. Sisto IV (1471/84), hg. M. Miglio et alii, 1986 – Storia d'Italia VII/2, hg. G. Galasso, 1987 – E. Hubert, Espace urbain et habitat à Rome du Xe s. à la fin du XIIIe s., 1990 – Roma nel Duecento. L'arte nella città dei papi da Innocenzo III a Bonifacio VIII, hg. A. M. Romanini, 1991 – Alle origini della nuova Roma, Martino V. (1417–31), hg. M. Chiabò et alii, 1992 – M. Sanfilippo, Le tre città di Roma, 1993 – Roma nei sec. XII e XIV. Cinque saggi, hg. E. Hubert, 1993 – S. Carocci, Baroni di Castella. I lignaggi baronali romani e le loro dominazioni territoriali [im Dr.].

Romagna, oberit. Subregion (→Emilia). In augusteischer Zeit zum Großteil zur Verwaltungseinheit regio VIII Aemilia gehörig, wurde das Gebiet zw. dem 2. und 6. Jh. n. Chr. wiederholt in die Verwaltungsreformen der späten Ks.zeit einbezogen: so traten einige Städte (von →Faenza bis →Cesena) in den Einflußbereich der Kapitale →Ravenna und bildeten mit ihr die Region Flaminia. Noch bedeutsamer für die Gesch. der R. war der Einfall der Langobarden (569), der nach mehr als zwei Jhh. dauernden Kämpfen und wechselnden Besetzungen schließlich zur Teilung der Poebene und der Apenninenhalbinsel in »Langobardia« und »Romania« führte, letztere bezeichnete die unter der Kontrolle von Byzanz, des neuen Rom, verbliebenen Gebiete. Auf Initiative des byz. Ks.s wurde im 6./7. Jh. eine polit. und militär. Neuorganisation der it. Besitzungen vorgenommen und ein →Exarch eingesetzt, der in Ravenna residierte (→Exarchat). Dies bedeutete u. a. eine zeitweise Stabilisierung der Grenze zw. dem langob. Kgr. und dem byz. Ks.reich auf der Linie des Panaro (und Scoltenna) zw. Bologna und Modena. Der Exarch kontrollierte neben der Flaminia auch die Städte Forum Cornelii (Imola), Bologna und jenes Gebiet im Podelta, das nach dem Verschwinden von Voghenza von Comacchio und Ferrara und schließlich nur von Ferrara abhing. Im wechselhaften Verlauf der Kriegsfronten auf der Halbinsel im 7./8. Jh. gewann dieser Komplex von eng mit der Hauptstadt verbundenen Gebieten, der den mittleren und östl. Teil der augusteischen regio bildete und innerhalb der it. Romania als »Exarchat Ravenna« bezeichnet wurde, zunehmend an Bedeutung. Diese Bezeichnung wurde noch jahrhundertelang v. a. in der Publizistik sowie in den Urkk. und offiziellen Q. verwendet, welche die Beziehungen zw. den Ks.reichen und dem

Papsttum betreffen, angefangen von den weltl. Ansprüchen des Hl. Stuhls und den frk.-karol. Schenkungen. Innerhalb der Emilia war jedoch diese Bezeichnung nicht so fest umrissen, wie man aufgrund des langob.-byz. Gegensatzes annehmen würde, da inzwischen die Kirche von Ravenna ihre Metropolitanjurisdiktion auch auf die w. Diözesen der Region, bis Piacenza, ausdehnen und sie dem Einfluß Mailands entziehen konnte und auf diese Weise in der gesamten »Aemilia« zu einer Mobilität von Menschen und Ideen sowie zum internen Warenumlauf beitrug. Dieser Vereinheitlichungsprozeß (der →Rimini und sein Territorium, die zuerst zur Italia suburbicaria und danach zur →Pentapolis gehörten, ausschloß) wurde in frk.-karol. Zeit gefördert und verstärkte sich seit dem Ende des 9. Jh. z. Zt. der →»Nationalkönige« und danach unter den dt. Herrschern (Mitte 10.–Mitte 13. Jh.) durch die Wiedereingliederung der Exarchatsgebiete in das monarch. Staatsgebilde langob. Tradition, das Mittel- und Norditalien umfaßte. Gleichzeitig trugen die nie ganz aufgegebenen Pläne einer byz. Restauration, die erneuten päpstl. Ansprüche auf volle Souveränität und das von der autochthonen Bevölkerung vermehrt empfundene Bedürfnis, sich innerhalb der großen und heterogenen Romania besser gegenüber den Gebieten in Latium (Dukat v. Rom) oder den griech.-balkan. Teilen des byz. Ksr.es abzugrenzen, dazu bei, daß – höchstwahrscheinl. bereits seit der frühen Karolingerherrschaft (Diplom Karls d. Gr. für die Kirche v. Grado vom 13. Aug. 803) – besondere, zumeist volkssprachl. Bezeichnungen für die Region entstanden, wie z. B. »Romandìola«, »Romagna« und »Romagnola«. Diese Namen setzten sich v. a. seit dem 12. Jh. in dem neuen polit. Klima der entstehenden kommunalen Autonomie durch und wurden v. a. während der Auseinandersetzungen zw. den Städten der Po-Ebene und dem stauf. Ksm. vorwiegend in der Kanzlei- und Urk.sprache der 1. und 2. Lombard. Liga verwendet, um den Teil der Poebene zu bezeichnen, dessen Städte und Herrschaftszentren sich mit anderen in »Lombardia« und »Marca Trivixana« zu einem antiimperialen Bund (societas) zusammengeschlossen hatten. Im 12. und 13. Jh. ist die Gesch. der R. durch die Entstehung instabiler Gleichgewichtsverhältnisse geprägt, wobei mehrmals Versuche von adligen Herren und Kommunen sowie der Kg.sgewalt scheiterten, die polit. Landkarte der Region zu vereinfachen. Und so wie es bereits das ebfl. Ravenna nicht vermocht hatte, die Gebiete des Exarchats auf Dauer zu vereinen, so schlug auch der Versuch der Kommune Bologna fehl, in der Krisenzeit nach dem Tode Friedrichs II. (1250–1274) die R. dauernd unter ihre Herrschaft zu bringen. In den Auseinandersetzungen zw. →Guelfen und →Ghibellinen, zw. Adel und Populus überdauerte ein polit. System paratakt. Charakters, das jedoch gegenüber der wachsenden Aggressivität und der wirtschaftl. Expansion auswärtiger Machthaber (Venedig, Florenz, Mailand) zunehmende Fragilität und Verwundbarkeit bewies. Bereits seit den ersten Jahrzehnten des 13. Jh. hatte die Region, im Gefolge einer Territorialreform, ihre Grenzen nach SO ausgedehnt und das Gebiet um Rimini und Montefeltro integriert. Innerhalb dieser Grenzen erhielt 1278 das Papsttum von Kg. Rudolf v. Habsburg die Romandìola als neue Provinz des Kirchenstaates mit eigenen dort residierenden Vertretern (Rektoren, Legaten, Vikare). Unter der päpstl. Herrschaft schien die R. anfängl. eine vielversprechende Entwicklung einzuschlagen; ihre Landesgrenzen wurden eindeutiger definiert: im W durch den Reno-Fluß, im N durch den Po di Primaro, im O durch die Adria, den Foglia-Fluß im SO und den toskan.-romagnol. Apenninenkamm im SW. Sie bot das Bild einer dichtbevölkerten Region, deren Nahrungsmittelversorgung sehr gut gesichert war. Aber sehr bald geriet die von Rom ausgehende zentralist. Steuerpolitik in Konflikt mit dem System der lokalen Autonomien, das sich in den städt. Signorien herausgebildet hatte, und es begannen anarch. Zustände (vgl. Dante, Inf. XXVII, 37–54 und Purg. XIV 88–123).

1371 wurde die R. in ihrer Gesamtheit als päpstl. Provinz, zu der auch noch die Gebiete um Comacchio und Adria getreten waren, vom päpstl. Vikar, Kard. Anglic de Grimoard, in der »Descriptio Romandiole« beschrieben, der wichtigsten erhaltenen fiskal. und demograph. Q. zu einer ma. Region. Obgleich die Auswirkungen der Pest und des Bevölkerungsschwundes vielfach festzustellen sind, erscheint die Vitalität und Wettbewerbsfähigkeit der Städte der R. (unter denen →Forlì einen Aufschwung erlebte) und der ländl. Gebiete ungebrochen (die in der Ebene entvölkert, aber in den Bergen noch dicht besiedelt sind). Der R. wird eine Steuerkapazität von ca. 152 885 *Libre* zugeschrieben, verteilt auf 34 644 Herdstellen (d.h. mehr als 150000 Einw.). Kurz darauf beschleunigte das Große→Abendländ. Schisma den Desintegrationsprozeß der R. im 14./15. Jh. durch die Intervention auswärtiger Machthaber. So entstehen die florent. R. an den Apenninhängen, die venetian. R. (Ravenna und Adriaküste) und die estens. R. (oder Romagnola) im Herzen der Region, mit dem Zentrum Lugo. Erst Anfang des 16. Jh. gelang es Papst →Julius II., diese Zersplitterung durch Ausschaltung der lokalen Signoren (nicht jedoch der fremden Machthaber) teilweise zu beseitigen. A. Vasina

Lit.: J. Larner, The Lords of R., 1964 – A. Vasina, R. medievale, 1970, 297–316 – Ders., Comuni e signorie in Emilia e in R., 1986.

Romainmôtier, Abtei, dann Cluniazenserpriorat (Schweiz, Kt. Waadt, Bm. Lausanne), um die Mitte des 5. Jh. als Niederlassung der Jurakl. unter Romanus und Lupicinius (→Juraväter) gegr., wirkte bei der Errichtung des Kl. →St-Maurice 515 mit, belegt bis ca. 550. Mitte des 7. Jh., als sich von →Luxeuil her das irofrk. Mönchtum ausbreitete, wurde R. unter dem Dux Chramnelenus/ Felix als Abtei wiedererrichtet. Papst Stefan II. hielt sich 753 auf seiner Reise ins Frankenreich in R. auf und weihte die Kirche. R. wurde burg. Kg.skl. und von Adelheid testamentar. 928/929 →Cluny übertragen. Tatsächl. erfolgte die Übertragung erst zw. 966 und 981/990, und erst Rudolf III. schuf durch seine Vergabungen zw. 1002 und 1011 die Grundlage des umfangreichen Besitzes und der Kl.herrschaft, die 1050 beim Besuch Papst Leos IX. in R. unter päpstl. Schutz gestellt wurde. Bis etwa 1100 wurde die Kl.verwaltung von den Äbten v. Cluny kontrolliert, danach ausschließl. durch Prioren v. R. Unter Abt Odilo (994–1049) wurde die Kl.kirche nach dem Vorbild von Cluny II erbaut (im wesentl. bis heute erhalten).

Auf entfernteren Besitztümern entstanden im 12. und 13. Jh. teils nur kurzlebige Unterpriorate: Bevaix, Bursins, Corcelles, Lay-Damvautier, Vallorbe, Vufflens-la-Ville. Über die vier Pfarreien in der eigtl. Kl.herrschaft hatte R. die volle kirchl. Jurisdiktion, in zahlreichen anderen Kirchen gehörten ihm Patronatsrechte. Einen späten Höhepunkt erlebte das Kl. im 14./15. Jh. unter den hervorragenden Prioren Henri de Sévery, Jean de Seyssel und Jean de Juys, verlor aber seine Bedeutung, als es nach 1448 als Kommende an verschiedene Mitglieder der Hzg.sfamilie v. →Savoyen vergeben wurde. Bis ins 15. Jh. zählte der Konvent zw. 20 und 30 Mitgliedern, danach sank diese Zahl auf 10–12 in der Reformationszeit. Als Verbündete des kath. →Freiburg im Üchtland versuchten die Mönche vergebl., Kl. und Herrschaft dem Zugriff →Berns zu entziehen: 1537 erfolgte die Unterwerfung.

E. Gilomen-Schenkel

Lit.: Helvetia Sacra III/1, 1986, 289–301; III/2, 1991, 511–607.

Romains, Faits des → Faits des Romains

Roman (R. Mstislavič), Fs. v. →Halič-Volhynien, † 19. April 1205, Sohn des Gf.en Mstislav Izjaslavič und der poln. Prinzessin Agnes. Vom Vater 1168 zunächst als Fs. nach Novgorod geschickt, trat R. 1170 nach dessen Tod die Nachfolge im Fsm. Vladimir-Volhynien an. R.s Bemühungen um den Thron in Halič, 1188 erfolgreich, scheiterten wenig später an einer ung. Intervention. Nur mit der Hilfe seines Schwiegervaters →Rjurik Rostislavič konnte R. seine Stellung als Fs. v. Vladimir wahren. Nach dem Bruch mit Rjurik 1195 gelang es R., mit poln. Unterstützung 1199 erneut Fs. v. Halič zu werden. Im Verlauf verschärfter Auseinandersetzungen mit Rjurik nahm R. 1200 Kiev ein. Siegreiche Feldzüge gegen die →Kumanen und eine aktive Außenpolitik festigten seine Herrschaft; neben Ungarn und Polen stand R. auch mit Byzanz und den Staufern in Kontakt. Dem auf татiščev zurückgehenden Bericht, Papst Innozenz III. habe R. die Kg.skrone angetragen, fehlt die sichere Bestätigung. Dunkel bleibt auch die Herkunft von R.s zweiter Gattin, der Mutter des bedeutendsten Fs.en v. Halič-Volhynien, Daniil Romanovič. R. fiel bei Zachowist auf einem Feldzug nach Polen.

G. Pickhan

Lit.: M. Hruševs'kyj, Ist. Ukraïny-Rusi, II, III, 1905 – B. Włodarski, Polska i Ruś, 1194–1340, 1966 – HGeschRußl I, 483–533 [G. Stökl, Lit.] – G. Pickhan, Kiewer Rus' und Galizien-Wolhynien (Gesch. der Ukraine, hg. F. Golczewski, 1993), 18–36.

Roman
I. Allgemein. Romanische Literaturen – II. Deutsche Literatur – III. Mittelniederländische Literatur – IV. Skandinavische Literatur – V. Englische Literatur – VI. Lateinische Literatur – VII. Byzantinische Literatur – VIII. Slavische Literaturen.

I. Allgemein. Romanische Literaturen: Der R. ist eine ma. Eigenschöpfung, die Bezeichnung wird abgeleitet vom Adverb 'romanice' ('romanice loqui' im Gegensatz zu 'latine loqui'). 'roman(z)' bezeichnet, v. a. in Frankreich und den Ländern der Iber. Halbinsel, zunächst die neuen, aus dem Lat. hervorgegangenen »Volkssprachen«, die als einfach, ungeschliffen (rustice, d. h. 'sine grammatica') galten und der Verständigung »unter Nachbarn« dienten. Diese Definition hielt sich über das gesamte MA, obgleich sie bereits vor Mitte des 12. Jh. von einer zweiten Bedeutung überlagert wurde. Als 'R.' wurde nun die Bearbeitung eines ursprgl. auf Latein verfaßten Werkes für ein nicht gelehrtes →Publikum bezeichnet, z. B. Sprichwortslg.en, Heiligenviten, theol.-philos. Traktate.

Die engere Verbindung des Begriffs R. mit der 'Historia' entstand im anglonorm. Umkreis des Hofes Kg. →Heinrichs II. Plantagenêt (1154–89). Hier wurde die »Hist. regum Britanniae« des →Geoffrey v. Monmouth (ca. 1138) durch die Versübers. von Robert →Wace zum »Roman de Brut« (1155). Gemäß einer auf →'Nennius' (Historia Brittonum, 8. Jh.) zurückgehenden Legende und unter Zuhilfenahme des Begriffs der →'Translatio imperii' erzählt Geoffrey v. Monmouth die Gesch. der Britenkönige von der Ankunft des Brutus, Abkömmlings von Aeneas (→Troja, Trojaner), bis zum Tode von Kg. Arthur (→Artus). Im Bestreben, die hist.-dynast. Verbindung mit der griech.-röm. Vergangenheit zu untermauern, förderte die Dynastie der →Plantagenêt die Übers. und Adaptation antiker Epen, der »Thebais« des →Statius (»Roman de Thèbes«) und der »Aeneis« des →Vergil (»Roman d'Enéas«; →Aeneas) sowie der Trojakompilationen von →Dares und →Dictys (»Roman de Troie« des →Benoît de Sainte-Maure). Die Beteuerung der Autoren, ihrer Vorlage getreu zu folgen, verhinderte keineswegs die Einfügung neuer Elemente, die den Werken eine ritterl. und höf. Note verliehen.

Mit →Chrétien de Troyes (tätig ca. 1165–ca. 1190) löste sich der R. vom Anspruch auf hist. Wahrheit so wie von seiner Festlegung auf das lat. Muster. Chrétiens Romane »Erec et Enide«, »Cligès«, »Le Chevalier de la Charrette« (Lancelot), »Le Chevalier au Lion« (Yvain) und »Le Conte du Graal« (Perceval, unvoll.) greifen ursprgl. kelt. Stoffe auf. Der Dichter ist von seinem ersten Roman an bestrebt, den 'fables' der Bretonen, die durch Spielleute ('jongleurs') verderbt worden seien, gefällige Darbietung und höf. Bedeutung zu verleihen. Den antiken Stoffen gleichgültig gegenüberstehend, betont Chrétien, daß die 'vive braise' der Griechen und Römer erloschen sei und daß Macht ('la chevalerie') und Wissen ('la clergie') ihren Sitz nun in Frankreich aufgeschlagen hätten. Er macht Arthur zu einem Träger ritterl. →Tugenden. Chrétien führt als Protagonisten die Gestalt des einsamen fahrenden Ritters ('chevalier errant') ein, der sich in einer Welt voller Wunder und Gefahren entfaltet und bewährt.

In der 2. Hälfte des 12. Jh. gewann der R. seine Autonomie als Gattung; jenem individuellen Lebensschicksal zugewandt, ist er eine fiktive Abenteuer- und Liebesgeschichte (→Aventure, →Liebe, →Minne), für die Lektüre und nicht für den rezitierenden oder gesangl. Vortrag (→Vortragsformen) eines berufsmäßigen Darstellungskünstlers bestimmt; er bietet eine geschlossene Erzählung und nicht wie die →Chanson de geste eine Abfolge von Laissen; er wendet sich dem zu, 'was geschehen soll' ('adventura', der Aventure), der Neuheit, dem Überraschenden und Unerhörten, während der Chanson de geste v. a. die Aufgabe zukommt, Heldentaten »wahrheitsgetreu« zu vergegenwärtigen; der R. richtet sich an eine kultivierte höf. Elite, nicht ein breites Publikum; er ist Schöpfung eines individuellen Autors (auch wenn dessen Name nicht immer bekannt ist), der auf Handlungsführung ('sens') und Komposition ('conjointure') bedacht ist, wohingegen die Erzählung ('conte'), die den Stoff ('matière') eines R.s liefert, anonym vermittelt wird und die Chanson de geste ihrerseits dem Allgemeingut angehört. Der plötzl. Erfolg eines Genres, das weder die Weisheit der antiken Lit. noch den angebl. Wahrheitsgehalt der Chansons de geste für sich in Anspruch nehmen konnte, rief immer wieder Kritik der Moralisten und Chronisten auf den Plan.

Die →Tristan-und-Isolde-R.e eines →Béroul und →Thomas d'Angleterre verleihen der leidenschaftl. Liebe (→Minne) den Wert eines absoluten Ideals. Nun wird eine Ehebruchsgeschichte nicht mehr als triviale Affäre geschildert, sondern als Ausbruch eines allmächtigen Gefühls gegenüber moral. und gesellschaftl. Pflichten und der Glücksvorstellung. Die Liebe wird wie der Tod zur Grenzerfahrung. Der Rang, der R. der Liebe zuerkennt, kennzeichnet einen Wendepunkt in der Gesch. des Lebensgefühls im Abendland.

Am Ende des 12. Jh. verknüpft →Robert de Boron die 'matière de Bretagne' mit der christl. Überlieferung: In seinem »R. de l'hist. du Graal« (→Gra[a]l) verbindet er den Gral und die Passion Christi und verlegt die Handlung von Jerusalem auf eine Insel der Bretagne. Damit vollzieht sich eine Verschmelzung von kelt.-heidn. und chr. Vorstellungswelt, die für die weitere Entwicklung des arthurian.

R.s folgenreich sein sollte. Die Prosifizierung seiner R.e führt zur Entstehung einer Trilogie, die Gralsmysterium, Gründung der Tafelrunde durch →Merlin und Ende der arthurian. Welt umspannt.

Während der Versr. zahlreiche folklorist. Motive aufnimmt (→»Partonopeus de Blois«, um 1185; »Le Bel Inconnu« von →Renaut de Beaujeu und »Yder«, um 1200; »Continuations du Graal«, um 1190–1220; »Les merveilles de Rigomer«, um 1250), ermöglicht die Verwendung von Prosa die Entstehung umfangreicher R.zyklen über die »merveilles de Bretagne«. Sowohl von ritterl. als auch christl. Vorstellungen getragen, vereinigt der »Lancelot-Graal« (1225–30) die »Chronik« eines Lebens, nämlich die Lancelot-Vita, mit der Suche nach dem hl. Gral und dem Untergang des arthurian. Reiches. Der »Tristan en prose« (1230–35) pfropft dem Lancelot-R. die Tristan-Legende auf. »Guiron le Courtois« (um 1240) und – im 14. Jh. – →»Perceforest« und »Ysaÿe le Triste« erzählen die Vorgesch. bzw. die Fortsetzung der Aventuren des Tristan- und -Arthur-Kreises. Die Romane sind auf vielfältige Weise kunstvoll miteinander verwoben durch Rückgriffe auf frühere Episoden, Überleitungen zu folgenden Abschnitten, Bezüge auf in anderen R.en erzählte Episoden, Verschlingung von Handlungsfäden, Anspielungen auf unbekannte Aventuren, Verweise auf erfundene Bücher, Verschweigen des Verfassers um der Wahrhaftigkeit der Erzählung willen.

Im Unterschied zu anderen Erzählgattungen wendet der R. eine erstaunl. Vielfalt von diskursiven Strategien an: Er kennt die erbaul. Gesch. (»Guillaume d'Angleterre«, →»Robert le Diable«, »La Manekine«), den hagiograph. Bericht (»Eracle«), die oriental. Erzählung (»Floire et Blancheflor« [→Florisdichtung], →»Apollonius de Tyr«), die Gesch. einer Familie, (»Horn«, »Waldef«, »Gui de Warewic«), das →Fabliau (»Joufroi de Poitiers«), die →Parodie (»Fergus«), die Chronikerzählung (»Lancelot-Graal«), Mystik (»Perlesvaus«), Prophetie (»Merlin«), die Einfügung von lyr. Gedichten (»Guillaume de Dole«, »Tristan en prose«), die genealog. Legende (→»Melusine«) u. a. Er bemächtigt sich auch der alten Epenstoffe in phantast. Ausgestaltung. Schließlich prägt er die Gefühlswelt sowie das moral., soziale und polit. Verhalten des MA und der beginnenden Neuzeit; der Romanheld liefert ein regelrechtes Lebensmodell.

Angesichts des Vorsprungs der Langue d'oïl bei der Entstehung der R.e sahen bereits Ramon →Vidal de Besalù (um 1200) und →Dante am Beginn des 14. Jh. Frankreich als die Wiege des Genres der R.s an. Das Publikum in Italien und Spanien hatte schon vor dem Ende des 12. Jh. Kenntnis von den R.en des Chrétien de Troyes. Es las die großen Prosazyklen auf Frz., bevor diese in andere roman. Sprachen übertragen wurden. Adelige wie Bürger begeisterten sich gleichermaßen für die Abenteuer der fahrenden Ritter. Die R.e der Tafelrunde wurden zu breitgelegten Kompilationen verschmolzen (Tristan in Italien, Merlin und Gral in Spanien).

In Oberitalien verbreiteten Spielleute die Chansons de geste (v. a. die Epen um →Roland/Orlando und →Renaut de Montauban/Rinaldo) unter Verwendung des frankoven. Dialekts. Diese →'cantari' sind Ausgangspunkt sowohl für eigene franko-ven. (»Aquilon de Bavière«) und it. (»La Spagna«) R.e als auch für die umfangreichen Prosakompilationen des →Andrea da Barberino (»I Reali di Francia«, um 1400). Von den Humanisten abschätzig beurteilt, diente diese R.lit. noch den Autoren der in Versform gehaltenen 'romanzi' als Hauptquelle, wobei ein »ritterl. Humanismus« entstand; wichtigste Vertreter sind →Pulci (»Morgante maggiore«, 1460[?]–79), →Boiardo (»Orlando innamorato«, 1476–94) und Ariost (»Orlando furioso«, 1520).

In anderen roman. Sprachen bevorzugten die R. autoren die Prosa. Der unbekannte katal. Verfasser des »Curial e Guëlfa« (1435[?]–62 [?]) verzichtet völlig auf die chevalereske Wunderwelt, ebenso wie der Franzose →Antoine de la Sale in »Le Petit Jehan de Saintré« (1456). Der katal. Roman »Tirant lo Blanch« des Joanot →Martorell (1490) zeichnet sich durch sein Bemühen um Realitätsnähe und Einbeziehung der zeitgenöss. Gesch. aus.

Das Bild des spätma. »Ritterromans« wird bestimmt vom →Amadis de Gaule. Die früheste Fassung entstand im 14. Jh., überliefert ist lediglich die spätere Überarbeitung von Garcí→Rodríguez de Montalvo (1508). Dieser »Libro de caballerías« (→Rittertum, III) – der Begriff 'Romanze' war in Spanien einer kürzeren erzählenden Gedichtform vorbehalten – wurde in zahlreichen span., dt. und frz. Fortsetzungen erweitert und nachgeahmt, und erfreute sich europaweit größter Beliebtheit. M. Stanesco

Lit. [übergreifende W.]: D. Branca del Corno, Il romanzo cavalleresco medievale, 1974 – J.-Ch. Payen u. a., Le roman, 1975 (TS 12) – Il Romanzo, hg. M. L. Meneghetti, 1988 – M. Stanesco-M. Zink, Hist. européenne du r. médiéval, 1992.

II. Deutsche Literatur: Die Anwendung des Terminus 'R.' auf die ma. Erzählkunst stellt ein poetolog. Problem dar (→Epos), das mit der Anwendung dichotom. Kategorien nicht zu lösen ist. Die für das Epos (nach Hegel) charakterist. feste Ordnung von Werten im Rahmen einer »Lebenstotalität« bildet den Hintergrund sowohl für die Problematisierung der Werte und ihrer Aneignung im →Artusroman z. B. wie auch für die »anarchische« Entfaltung der Narrativität im späteren Prosaroman. Die für den R. angenommene Individualität der Figuren wird im MA am ehesten als »kollektive Individualität« faßbar. Der ma. 'R.' ist ein Übergangsphänomen, das in verschiedenen Situationen ohne spezif. Gattungstheorie auftritt.

Der Artusr. thematisiert die Suche des Helden nach sich selbst und seinem Ort in der Gesellschaft im erzähler. Prozeß und zielt auf die Aneignung der kollektiven Werte durch einen (nicht notwendig kognitiven) Mitvollzug des Publikums (Haug). Die Spannung zw. dem Anspruch auf Sinnvermittlung und Unterhaltung wird von Beginn an reflektiert und prägt in unterschiedl. Bewußtheit die Entfaltung der Gattung. Die R.e Hartmanns v. Aue und →Wolframs v. Eschenbach nach den Modellen →Chrétiens v. Troyes verwenden als Medium der Sinnvermittlung v. a. eine symbolisch besetzte Doppelweg-Struktur. In den späteren arthur. R.en des →Stricker und →Heinrichs v. d. Türlin werden die Gattungsvorhaben mit neuen erzähler. Elementen aufgefüllt u. die Möglichkeiten des Darstellbaren bewußt erweitert, wodurch die Gattungspoetik selbst zum literarisch entfalteten Thema wird (Meyer), und die Vermittlung kollektiver Sinnvorgaben zurücktritt und in zentralen Punkten fraglich wird (»Crône«).

Als Legendenr.e hat man heilsgeschichtlich dominierte Erzählungen wie den »Gregorius« →Hartmanns v. Aue, aber auch →Wolframs v. Eschenbach »Willehalm« und →Reinbots v. Durne »Hl. Georg« bezeichnet. Die religiöse Sinngebung wird zwar unbezweifelt vorausgesetzt, ihre persönl. Aneignung ist jedoch von (unterschiedl.) Problem- und Krisenbewußtsein gekennzeichnet. In der poetolog. Spannung von Legende und R. spiegelt sich die theol. von vorgegebenem allgemeinem Heil und individuellem Heilsweg.

Der *Tristanr.* →Eilharts v. Oberg und →Gottfrieds v. Straßburg thematisiert die Geschlechterliebe als zentrales Selbstfindungsmuster vor dem Horizont einer exklusiven Adelsmentalität. In dem hohen Grad von Selbstreflexivität bei Gottfried hat die Forschung immer wieder Momente einer modernen Individualität gefunden. Erzählerisch sind bret., antike und oriental. Traditionen in verschiedene epische Schemata (Brautwerbung/→Brautwerberepos, hellenist. Reise- und Liebesr., Mahrtenehe) integriert, wobei die Schemainterferenzen die Problematik der Sinnfindung signalisieren (→Tristan).

Die sog. *Minne- und Abenteuerr.e* bilden keinen einheitl. Gattungstyp aus. Im Rahmen des (aus dem spätantiken R. übernommenen) Modells von Liebesgewinn – Trennung – Wiedervereinigung (→Minne) werden sowohl heroischgenealog. Sinngebung wie legendenhaft-transzendentale aktualisiert. Die Struktur hat ein hohes Integrationspotential, die einzelnen R.e entziehen sich daher einer eindeutigen literarhist. Kategorisierung. Polit.-heldische Dimensionen sind in der sog. →Spielmannsepik realisiert, das Brautwerbungsschema (mit Ausnahme des →»Herzog Ernst«) erweist sich als Kristallisationspunkt dafür. Legendenhaftes spielt eine unterschiedl. starke Rolle (→»Orendel«, →»Oswald«, →»Salman und Morolf/ →Salomo«). Die Liebe als sentimentale Erzähldominante prägt Texte wie Konrad Flecks »Flore und Blanscheflur«/ →Floris, »Mai und Beaflor«, →Johanns v. Würzburg »Wilhelm v. Österreich«, →»Friedrich v. Schwaben« (beide letztere mit pessimist. Grundton). Die Nähe zur →Legende mit ihren transzendentalen Sinngebungsmustern ist bei der »Guten Frau« und Ulrichs v. Etzenbach »Wilhelm von Wenden« deutlich.

Als *Schwanker.* gilt wegen ihrer lebensgeschichtl. Ordnung die Reihe satir. Schwänke. »Der Pfaffe Amis« des →Stricker, auch die Bauern- und Weltsatire »Der Ring« des Heinrich →Wittenwiler ist trotz ihrer stereotypen Figuren als solcher angesprochen worden: die narrative Entfaltung sprengt eine vordergründige Moraldidaxe und enthüllt die Problematik von vorgegebenen Ordnungen (→Schwank).

Der spätma. *Prosar.* bildet keine eigene Gattung, es finden sich unterschiedl. stoffl. und erzähler. Typen, die eine »narrative Unmittelbarkeit« (HAUG) sowohl im Aufbau als auch z. T. sprachlich gemeinsam haben. Am Beginn stehen die R.e →Elisabeths v. Nassau-Saarbrücken auf der Grundlage später frz. →Chansons de geste aus dem Karlskreis (→Karl d. Gr., B), die zwar als historisch konzipiert, jedoch von »Geschichtslosigkeit« (ebd.) gekennzeichnet sind. Versuche, ihnen (wie auch →»Pontus und Sidonia«/→Ponthus et Sidoine) aktuelle polit. und soziale Bezüge abzugewinnen, zielen nur auf »Nebeneffekte« (ebd.). Die Adaptationen höf. Erzählungen, »Tristrant« (nach Eilhart v. Oberge), »Wigalois« (nach →Wirnt v. Grafenberg), »Wilhelm v. Österreich« (nach Johann v. Würzburg) und »Herzog Ernst« (nach einer lat. Version) konzentrieren auf die Fakten und einen z.T. unmittelbaren, auch drast. Erzählstil hin, die Propagierung höf. Normen und Repräsentationsformen tritt zurück. Die »Melusine« des Thüring v. Ringoltingen verzichtet auf die genealog. Perspektivierung der frz. Vorlage und konzentriert sich auf eine märchenhafte sentimental-trag. Liebessemantik. In Veit Warbecks »Magelone« (nach frz. Quelle) wird die Liebe stärker privatisiert und zum Auslöser von Selbstreflexion, aber in den Rahmen einer protestant. Ethik gespannt. Als erster autonomer Prosaroman gilt der →»Fortunatus«, der Elemente des Reise- und Abenteuerr.s und des Schwankes integriert und das moderne Selbstverständnis-Modell des wirtschaftl. Erfolges thematisiert; Momente der Reflexivität treten gegenüber der narrativen Entfaltung weitgehend zurück. Der →»Eulenspiegel« des Hermann →Bote nimmt den Typ der Schwankreihe mit satirisch-didakt. und unterhaltender Zielsetzung auf. Jörg Wickram (um 1505–vor 1562) greift die Traditionen der spätma. Erzähllit. in fünf Werken auf, die in ihrer Durchkomposition und (relativen) Stringenz einer Sinngebung als Beginn des neuzeitl. R.s gewertet werden.

V. Mertens

Lit.: H. KUHN, Gattungsprobleme der mhd. Lit. (Dichtung und Welt im MA, 1959, 1969²), 41–61 – M. WEHRLI, Formen ma. Erzählung, 1969 – C. LUGOWSKI, Die Form der Individualität im R., 1976 – H. R. JAUSS, Theorie der Gattungen und Lit. des MA (Alterität und Modernität ma. Lit., 1977), 327–358 – DERS., Epos und R., ebd., 310–326 – W. RÖCKE, Ulenspiegel. Spätma. Lit. im Übergang zur NZ, 1978 – K. RUH, Epische Lit. des dt. SpätMA (Europ. SpätMA, hg. W. ERZGRÄBER, 1978), 117–188 – K. H. STIERLE, Die Verwilderung des R.s als Ursprung seiner Möglichkeit (Lit. in der Gesellschaft des SpätMA, hg. H. U. GUMBRECHT, Beih. GRLMA I, 1980), 253–313 – H. G. ROLOFF, Anfänge des dt. Prosaromans (Hb. des dt. R.s, hg. H. KOOPMANN, 1983), 54–79 – W. RÖCKE, Höf. und unhöf. Minne- und Abenteuerr.e (Epische Stoffe des MA, hg. V. MERTENS–U. MÜLLER, 1984), 395–423 – W. HAUG, Lit.theorie im dt. MA, 1985 – J. D. MÜLLER, Volksbuch/ Prosar. im 15./16. Jh., IASL, 1. Sonderh., Forschungsreferate, 1985, 1–128 – M. BACHTIN, Epos und R. (Disput über den R., hg. M. WAGNER, B. HILLER, P. KESSLER, G. SCHAUMANN, 1988), 490–532 – X. v. ERTZDORFF, R.e und Novellen des 15. und 16. Jh. in Dtl., 1989 – W. HAUG, Huge Scheppel – der sexbesessene Metzger auf dem Lilienthron, Wolfram-Stud. XI, 1989, 185–205 – DERS., Wandlungen des Fiktionalitätsbewußtseins vom hohen zum späten MA (Entzauberung der Welt, hg. J. F. POAG, 1989), 1–17 – Positionen des R.s im späten MA, hg. DERS.–B. WACHINGER, 1991 – Fiktionalität im Artusroman, hg. V. MERTENS–F. W. WOLFZETTEL, 1993 – M. MEYER, Die Verfügbarkeit der Fiktion, 1994.

III. MITTELNIEDERLÄNDISCHE LITERATUR: Als Gattungsbezeichnung kommt das Wort R. im Mndl. nicht vor; in der früheren Zeit finden sich Wörter wie *yeeste* (geste) und *bediet*, später auch *historie*. Die frühesten mndl. R.e sind (bruchstückhaft überlieferte) Bearbeitungen afrz. R.e (z. B. ndfrk. →Tristan-Bruchstück, Trierer Floyris, Fragm. einer Bearbeitung des →Perceval und der →Vengeance Raguidel). Um die Mitte des 13. Jh. verfaßt der Brabanter Dichter →Segher Diengotgaf einen dreiteiligen Troja-R.; in einer selbstgefundenen Episode beschreibt er, wie die Liebe trojan. Helden zu tapferen Taten inspiriert; die zwei übrigen Episoden sind dem Roman de Troie des →Benoît de Sainte-Maure entnommen. Aus derselben Zeit stammt der fläm., vermutl. eigenständige Roman van Walewein, der einerseits Vertrautheit mit der internat. Artustradition aufweist, andererseits ein eigenes, positives Gawein-Bild zeigt. Intertextuelle Anspielungen verbinden das Werk mit einigen anderen mndl. Artusromanen. Der Prosa-Lancelot kannte in den Niederlanden eine große Verbreitung, wie Reste zweier Übers. in Versen und einer in Prosa bezeugen. Floris ende Blancefloer des Diederic van Assenede (→Florisdichtung, B. IV) und →Parthonopeus van Bloys (letzterer fragmentar. überliefert) vertreten den sog. 'orientalischen' R. Der umfangreiche R. Heinric ende Margriete van Limborch beschreibt eine romantisierte Vorgesch. der limburg. hzgl. Dynastie; der R. verdankt möglicherweise dem brabant. Sieg in der Schlacht bei →Worringen (1288) eine Anregung. Im 14. Jh. läßt die Produktivität der Gattung nach. Am Ende des 15. Jh. erreichen zahlreiche Versromane, in Prosa aufgelöst, ein neues Leserpublikum.

W. P. Gerritsen

Lit.: W. P. GERRITSEN–A. G. VAN MELLE, Van Aiol tot de Zwaanridder, 1993 – B. BESAMUSCA, Walewein, Moriaen en de Ridder metter Mouwen, 1993.

IV. SKANDINAVISCHE LITERATUR: Von R. kann im ma. Skandinavien nur bedingt die Rede sein, da die übliche und einzige Großform der altwestnord. Lit. die →Saga war, wobei die auf dem Kontinent gebräuchl. formalen Kriterien zur Unterscheidung von Epos, R. und Novelle hier nicht greifen, da die Form durchweg Prosa ist, wobei die Einschübe in gebundener Rede einen anderen Textteil meist nicht ersetzen, sondern betonen. Die Saga weist darüber hinaus stilist. Elemente auf, die sie eher zur kontinentalen →Novelle stellen als zum R., etwa die bewußt kunstlose Färbung, das völlige Zurücktreten des Autors oder die realist. Deskription der Umwelt.

Am ehesten entsprechen dem R. die Prosaauflösungen der arthur. R.e (→Artus), die in der 1. Hälfte des 13. Jh. in Norwegen entstanden, die übersetzten →Riddarasögur, sowie deren umfängl. und motivreiche Imitationen, die originalen Riddarasögur sowie die jüngeren →Fornaldarsögur, welche allein in einer mehr oder weniger geschlossenen fiktiven Raum- und Zeithülle handeln.

Tatsächl. Romane sind die allerdings erst ab dem 16. Jh. in Island angefertigten Übersetzungen dt. und dän. »Volksbücher« (z. B. Griseldis saga, Faustus saga, Fortunatus saga). R. Simek

Lit.: H. R. JAUSS, Theorie der Gattungen und Lit. des MA (DERS., Alterität und Modernität der ma. Lit., 1977) – H. SEELOW, Die isländ. Übers.en der dt. Volksbücher, 1987.

V. ENGLISCHE LITERATUR: Bereits unter der ae. Erzähldichtung ist die Gattung des Abenteuerr.s mit der nur fragmentar. erhaltenen Prosabearbeitung der lat. »Historia« von →Apollonius v. Tyrus vertreten. Im Me. sind längere romanhafte Erzähldichtungen vorwiegend in Versform gehalten; sie werden allg. →»Romanzen« genannt und sind im Unterschied zur kontinentalen ma. Narrativik gattungsmäßig nur schwach differenziert. Dem höf. R. der afrz. und mhd. Lit. entspricht die me. Artusepik (→Artus, V) nur z. T. (insbes. →»Sir Gawain and the Green Knight«, »Ywain and Gawain«); stabreimende Romanzen wie der »Alliterative Morte Arthur« (→Alliteration, C. IV; »Morte Arthure) stehen der einheim. Dichtungstradition näher als dem R. courtois, während eine Reihe von arthur. Romanzen im Schweifreimmetrum (z. B. »Sir Tristrem«) in den Bereich des spielmänn.-volkstüml. Erzählens gehört. Für eine gattungsmäßige Differenzierung der me. Romanzen sind deshalb weniger inhaltl. als erzähltechn. Momente von Bedeutung. Abenteuerketten, Mehrsträngigkeit der Handlung und eine gewisse epische Breite, wie sie in der Nachfolge des hellenist. R.s auch für ma. Formen des R.s charakterist. sind, finden sich im Me. in der Regel nur in längeren Romanzen (z. B. »Guy of Warwick«, »Kyng Alisaunder«, »Arthour und Merlin«, »William of Palerne«), für die deshalb auch die Bezeichnung »Versr.« angebracht erscheint. Versr.e sind aus dem 14. und 15. Jh. auch von namhaften Autoren überliefert (z. B. John →Lydgate, »Siege of Thebes«, 1. Hälfte 15. Jh.); Höhepunkt einer nuancierten Erzählkunst ist →Chaucers Bearbeitung des Trojastoffs in seinem »Troilus and Criseyde« (Ende 14. Jh.). Daneben ist im späten MA auch der Prosar. in England vertreten, z. B. →Malorys »Le Morte Darthur« (15. Jh.; Caxton-Red. 1485). K. Reichl

Bibliogr.: ManualME 1. I, 1967; 3. IX, 1972; 6. XVI, 1980 – J. A. RICE, ME Romance: An Annotated Bibliogr., 1955-85, 1987 – J. LEYERLE – A. QUICK, Chaucer: A Bibliogr. Introduction, 1986 – Ed.: The OE 'Apollonius of Tyre', ed. P. GOOLDEN, 1958 – Lit.: M. SCHLAUCH, Antecedents of the Engl. Novel 1400-1600 ..., 1963 – J. STEVENS, Medieval Romance, 1973 – W. R. J. BARRON, Engl. Medieval Romance, 1987 – →Romanzen.

VI. LATEINISCHE LITERATUR: Es gibt keine genuine Tradition einer lat. Novellistik des MA (die Disciplina clericalis des →Petrus Alfonsi, die als »ältestes Novellenbuch des Mittelalters« ediert wurde, ist eine Slg. von ins Lat. übersetzten →Exempla vornehml. für Prediger wie nicht anders der Liber de miraculis des Johannes monachus); es gibt auch nicht einen genuin lat. R. des MA. Die röm. R.e des Petronius (prosimetr. Saturae-Fragmente mit Cena Trimalchionis, auch der Matrone v. Ephesus) und Apuleius (Metamorphosen [in einen Esel] mit Amor und Psyche) bildeten keine Tradition, der sog. höf. R. des hohen MA in Frankreich und Dtl. (mit den matières de Rome, de Bretagne und de France) hat kein lat. Gegenstück.

Das Hör- und Leseinteresse an Fabulösem befriedigten die Gesch.en der ersten Jhh. um die Apostel; überhaupt wohl deckte die hagiograph. »legendäre« Lit. mit Vitae, Miracula, Translationes und Visiones (wie Höllen- und Himmelreise der →Visio Tnugdali) oder der Phantastik einer →Navigatio sancti Brendani die Lust an allem fläch. Erzählten ab. Man wird die Versepik eines →Waltharius oder einer Alexandreis des →Walther v. Chatillon nicht einen R. nennen wollen; mit mehr Recht die Historia Alexandri (röm. seit Q. Curtius Rufus und seinen Epitomisten) in der Neuübers. des griech. Ps.-Kallisthenes durch den Archipresbyter Leo mit folgenreichen Rezensionen (→Alexander d. Gr., B. IV). Griech. (und oriental.) Einzelstoffe und Erzählkreise werden gern aufgegriffen; historia scheint begriffl. solche Erzählformen wiederzugeben (historia Apollonii regis Tyri). Stoffl.-themat. emanzipiert, können am ehesten noch die Versfragmente des →Ruodlieb den Gattungsanspruch erfüllen: keine versifizierte Nach-Erzählung, sondern »der erste frei erfundene Roman des lateinischen Mittelalters« (VOLLMANN) mit einer interessanten welthaftigen Fabel, ebensolchem Personal und mit wechselnden Schicksalen.

→Petrarca übersetzte die Griseldis-Novelle (fabula) des →Boccaccio (X 10), 1444 verfaßte Enea Silvio Piccolomini (→Pius II.) die Novelle Euryalus und Lucretia (historia de duobus amantibus). Die Erfindung des europ. R.s der Moderne vor und nach 1600, der im poetolog. Kanon die Würde des Epos ablöst, zeitigt auch den unzeitigen lat. Barockroman mit den Schlüsselromanen einer polit. Allegorik von J. Barclay (Euphormio 1605/07, Argenis postum 1621) oder eines J. Desjardins (Gaeomemphio 1628). R. Düchting

Lit.: R. SÖDER, Die apokryphen Apostelgesch. und die romanhafte Lit.der Antike, 1923 [Nachdr. 1969] – Le r. jusqu'à la fin du XIIIᵉ s. (GRLMA IV, 1. 2, 1978-84) – W. BERSCHIN, Biographie und Epochenstil im lat. MA, 1, 1986, 33ff.

VII. BYZANTINISCHE LITERATUR: Nachdem der R. (im Sinne eines, laut →Macrobius, »argumentum fictis casibus amatorum repertum«) in der röm. Kaiserzeit v. a. dank Achilleus Tatius (2. Jh.) und Heliodor (4. Jh.) seine formal-techn. Vervollkommnung und inhaltl. Standardisierung erlangt hatte, verschwindet die Gattung in chr. Byzanz vorerst, ist dort zumindest nicht mehr konkret faßbar. Lediglich. das Fortleben der nun als δράματα bezeichneten (spät)antiken Werke in Gelehrtenkreisen der mittel- und spätbyz. Periode (→Photios, Michael →Psellos, Philagathos v. Cerami [12. Jh.], Johannes Eugenikos [15. Jh.]) ist dokumentiert. Die ersatzweise Parallelexistenz einer zeitgenöss. r.haften Lit. im 6.-9. Jh. läßt sich nur über indirekte Spuren in Chronographie und Hagiographie erschließen, doch scheint darin das klass., gattungskonstituierende Paarschema mit seiner dreigliedrigen Makrostruktur (Liebe auf den ersten Blick – Trennung und

Abenteuer – glückl. Wiedervereinigung am Ende) sowie die spezif. Idealisierung ehelicher Liebe verlorengegangen oder verdrängt worden zu sein.

Die plötzl. Wiederkehr des eigentl. Liebesr.s um die Mitte des 12. Jh. am Hof der Komnenen in unmittelbarer inhaltl. Anknüpfung zwar an das spätantike Modell, aber mit veränderter, überwiegend metr. Form (Theodoros →Prodromos, →Niketas Eugenianos, Konstantinos →Manasses) wirft literarhist. Probleme auf. Neben einem allg. klassizist. Trend dieser Epoche, der in der Forsch. häufig als allein für das erneute Interesse an erot. Lit. antiker Prägung verantwortlich betrachtet wurde, ist keineswegs die Schockwirkung der intensiven, durch die Kreuzzüge herbeigeführten Konfrontation mit dem Westen zu unterschätzen, welche für die Byzantiner in der Katastrophe von 1204 gipfelte. Das spätantike R.schema wird also im Ringen um die polit.-kulturelle Führungsrolle nicht zuletzt als bewußte Antwort auf die Herausforderung der westl. »Romania« aufgegriffen und umgesetzt. Bes. ausgeprägt ist die Suggestion der roman. allegor. und r.haften Liebesdichtung (Eros als allmächtiger, von einem Hofstaat umgebener Herrscher und Richter) im einzigen byz. Prosar., verfaßt von Eustathios →Makrembolites, wohl dem letzten Vertreter des klassizist. Romanrevivals in der Hochsprache.

Eine zweite Welle der R.produktion zur Zeit der Palaiologen im 14. Jh. weist trotz aller Kontinuität des rhetor. Apparates – etwa Ekphraseis, Monologe, Briefe, Reden – gewichtige Neuerungen sowohl in der Sprache als auch in der Thematik auf. Durchgängige Anwendung des Fünfzehnsilbers (πολιτικός στίχος), niedrigeres, gemischtes (nur beschränkt der »Volkssprache« angehöriges) Sprachregister, formelhafte poet. Diktion, immanente Intertextualität und späte, schwankende hs. Überlieferung stellen gemeinsame Formalcharakteristika dar. Was Thematik und Struktur der Erzählung anbelangt, sind die überlieferten Texte in »Originalr.e« und Adaptierungen westlicher Vorlagen aus Frankreich und Italien einzuteilen. Zu ersteren gehören außer zwei entfernt »homerischen« Nachdichtungen (→Homer, II) des trojan. Stoffes (die sog. Byz. Ilias [ed. L. NØRGAARD–O. L. SMITH, 1975] und die Achilleis [ed. D. C. HESSELING, 1917], letztere nach dem Vorbild des →Digenes Akrites) v.a. die Trias »Kallimachos und Chrysorrhoe« (ed. M. PICHARD, 1956), »Belthandros und Chrysantza« (ed. E. KRIARAS, 1955), »Libistros und Rhodamne« (ed. J. LAMBERT, 1935), die wahrscheinl. im Konstantinopeler Literaturmilieu des 14. Jh. anzusiedeln ist. Alle drei Werke sind durch eine verdoppelte binäre Gliederung (Abenteuersuche – Gewinnung der vom Kg. Eros bestimmten Geliebten – Trennung des Liebespaares – weitere Abenteuer und Wiedervereinigung) gekennzeichnet, deren Mittelpunkt ein phantastisch mit allegor. Funktion ausgestattetes Schloß bildet. Eine Reihe gemeinsamer Motive (etwa ausgeprägt sinnl. Darstellung körperlicher Liebe, Bruch des traditionellen Keuschheitstopos, Integrierung des Märchenhaften, glanzvolle Ekphraseis, pathet. Monologe, dramat., mündl. performance simulierende Inszenierung des Erzählaktes) sind über eine interne Weiterentwicklung spätantik-byz. Erzähltradition hinaus vielmehr als kreative und gekonnte Übernahme westlicher Anregungen aufzufassen.

Was die zweite Gruppe betrifft, so bearbeiten »Florios und Plaziaflore« (ed. D. C. HESSELING, 1918; →Florisdichtung, B. V), »Imberios und Margarona« (ed. E. KRIARAS, 1955), »Diegesis« des Apollonios v. Tyros (ed. A. JANSSEN, 1954), »Polemos tes Troados« (Krieg um Troja, uned.), das Frgm. »Der alte Ritter« (ed. P. BREILLAT, 1938) und die »Theseis« (ed. teilweise E. FOLLIERI, 1959; B. OLSEN, 1990) mitunter sehr getreu die entsprechenden 'Bestseller' der ma. Lit. Obwohl Wirkungsradius und Relevanz solcher Adaptierungen im späten Byzanz manchmal stark relativiert worden sind, zeigt sich in ihnen eine unübersehbare Konstanz der stilist. und poet. Mittel, die eine gewisse Einheitlichkeit des Trägermilieus andeutet.

Produzenten und Rezipienten des volksspracbl. R.s entziehen sich weitgehend unserer Kenntnis; die allein mögliche werkimmanente Analyse, v.a. der Topik in den Prooimien, läßt aber auf ein eher lit. gebildetes Publikum schließen. →Barlaam und Joasaph, B. II.   C. Cupane

Lit.: BECK, Volksliteratur, 117–147 – C. CUPANE, Ἔρως βασιλεύς. La figura di Eros nel romanzo biz. d'amore, Atti Acc. Palermo 33, 1973/74, 243–297 – DIES., Il motivo del castello nella narrativa tardobizantina. Evoluzione di un' allegoria, JÖB 27, 1978, 229–268 – H. HUNGER, Profane Lit., II, 119–142 – A. ALEKSIDZE, Mir grečeskogo rykarscogo romana (13–14 vv.), 1979 – H.-G. BECK, Byz. Erotikon, 1986 – C. CUPANE, Byz. Erotikon: Ansichten und Einsichten, JÖB 37, 1987, 213–234 – R. BEATON, The Medieval Greek Romance, 1989 – L. GARLAND, Be Amorous but be Chaste, Byz. and Modern Greek Studies 14, 1990, 64–112 – A. P. AGAPITOS, Narrative Structure in the Byz. Vernacular Romances, 1991 – DERS.–O. L. SMITH, The Study of Medieval Greek Romance. A Reassessment of Recent Work, 1992 – C. CUPANE, Il romanzo cavalleresco biz., 1995.

VIII. SLAVISCHE LITERATUREN: Außer dem »Alexanderroman« (→Alexanderdichtung) sind bei den Slaven die didakt. Romane »Varlaam i Ioasaf« (→Barlaam und Josaphat) – eine christianisierte Version der altind. Buddha-Vita, die über arab. Vermittlung ins Griech. und im 11.–13. Jh. in bulg. und russ. Übertragung zu den Slaven gelangte – und »Akir premudryj« (Der weise Akir – ein assyr.-babylon. Text, im 11.–13. Jh. aus dem Syr. ins Russ. und die südslav. Sprachen übers.) sowie der Fürstenspiegel »Stefanit i Ichnilat« (ein unter dem arab. Titel →Kalīla wa Dimna bekannter oriental. R., der nach der byz. Version im 13. Jh. ins Südslav. und im 15. Jh. ins Russ. übertragen wurde) verbreitet. Weite Verbreitung fand auch der im 13.–14. Jh. in Dalmatien ins Kroat. und dann ins Bulg., Serb. und schließlich Russ. übers. →Troja-Roman, während die Erzählung über die Heldentaten des Grenzkämpfers →Digenis Akritas nur in ma. russ. Übers. (Devgenievo dejanie, 12.–13. Jh.) des verlorenen griech. (bzw. möglicherweise syr.) Originals aus dem 10. Jh. vertreten ist.   D. Burkhart

Lit.: N. K. GUDZIJ, Istorija drevnej russkoj literatury, 1956 – D. TSCHIŽEWSKIJ, Vergleichende Gesch. der slav. Lit.en, I, 1968 – I. KÖHLER, Der neubulg. Alexanderr., 1973 – D. CHRISTIANS, Die serb. Alexandreis, 1991 – Starobŭlgarskata literatura. Enciklopedičen rečnik, hg. D. PETKANOVA, 1992 [Lit.] – Gattungen und Genologie der slav.-orth. Lit.en des MA, hg. K.-D. SEEMANN, 1992.

Roman d'Eneas →Aeneasroman, →Heinrich v. Veldeke (148. H.)

Roman de la Poire, teils allegor., teils narrativer frz. Liebesroman des 13. Jh. in Versen, einem nicht näher identifizierbaren Thibaut zugeschrieben (Überlieferung: zeitgenöss. Prachths.; vollständiger in einer späteren nicht ill. Hs.; z.T. in einer dritten Hs.; Pergamentblattfrgm.). Der Text feiert die als reales Erlebnis dargebotene Liebe des Autors zu einer adligen Dame der Pariser Gesellschaft namens Agnès. Gesellschaftsspiele, ein Turnierbericht, Buchstabensymbole, Rätsel, Anagramme, Palindrome und Allegorien, auch eine allegor. Parabel vom Herzentausch der Liebenden, unterstreichen die Schicksalshaftigkeit der Verbindung zw. Autor und Geliebten. Der reale Moment des Verliebens beim Birnenessen kann auch metaphor. als erlösende Antwort auf den Sündenfall verstanden werden: Der sechsflügelige Gott Amor in der Krone des Birnbaums stellt ein galantes Gegengewicht zur Schlange im Paradies dar. Die Gestalt des den Ich-Erzähler ständig begleitenden Mitsprechers, der die Erzählung kommentiert, läßt vermuten, daß der Roman höf. dramat. Spiel- und Vortragsinszenierungen diente. Der R. de la P. ist, trotz oberflächl. Nähe zum →Roman de la Rose und anderen höf. Versromanen der Zeit, der isolierte Vertreter einer Mischgattung, die mehrere Genres der höf. Lit. zusammenfügt. Ohne nennenswerte Nachahmung, wirft er noch heute zahlreiche Fragen auf.

M. Grünberg-Dröge

Ed.: Ch. Marchello-Nizia, 1984 – *Lit.*: DFLMA, 1992, 1422f. – M.-R. Jung, Études sur le Poème Allégorique en France au MA, 1971, 310-317 – A. Serper, Thèmes et allégorie dans le R. de la P. de Thibaut (Atti del 14 Congr. Int. de linguistica e filologia romanza, 1981), 397-403 – R. O'Gorman, Un feuillet inconnu du R. de la P., Romania 103, 1982, 362-371 – S. Huot, From Roman de la Rose to R. de la P., Medievalia et Humanistica 13, 1985, 95-111.

Roman de Renart → Renart

Roman des romans, satir.-didakt. Dichtung (ca. 1200, anglonorm.; 252 vierzeilige Zehnsilber-Strophen mit gleichem Reim), eine Art Reimpredigt: Der in sieben, z. T. unvollständigen Hss. überlieferte Text handelt von der Sündhaftigkeit der Welt und v. a. von der Verderbtheit des Klerus (Simonie) und warnt vor der ewigen Verdammnis als Strafe der Schuldigen. Der anonyme (möglicherweise aus der Normandie stammende) Autor war offensichtl. ein gebildeter Kleriker, der für ein theol. weniger versiertes (Laien-?)Publikum schrieb. Der Titel meint etwa »Das Gedicht aller Gedichte« (*roman* 'Dichtung in der Volkssprache').

A. Gier

Ed.: F. J. Tanquerey, 1922 – I. C. Lecompte, Le R. de r. an old French poem, 1923 – *Lit.*: DFLMA 1992, 1317 – GRLMA VI/2, n° 7216.

Roman de la Rose (Rosenroman)

I. Französisches Original – II. Ikonographie – III. Übersetzungen und Einflüsse.

I. Französisches Original: R. de la R., allegor. Versroman (21700 V.), von zwei verschiedenen Verfassern: Guillaume de Lorris (1225/30), Jean de Meun (1270/80). Guillaume de Lorris soll die ersten 4000 V. geschrieben haben, ist jedoch nur durch eine (fiktive?) Erwähnung von seinem Nachfolger bekannt; der Pariser Gelehrte Jean de Meun, dessen übriges Werk aus Übers. lat. Autoren besteht, ergänzt das unvollendete Gedicht, gibt ihm aber eine radikale Neuorientierung. Nur eine einzige Hs. (300 sind erhalten) enthält den ersten Teil ohne Fortsetzung. Die iron.-satir. Umdeutung der höf. Minneallegorie, die bei Guillaume de Lorris ihre volle Blüte erreichte, macht Jean de Meuns Roman zum ständig zitierten Klassiker bis in die Mitte des 16. Jh. Die häufigen Anspielungen auf Frauenunsitten verursachen um 1400 einen lit. Streit (→Christine de Pisan, →Johannes Carlerius de Gerson). Die beiden Teile unterscheiden sich wesentl. in Geist und Auffassung. Das Werk von Guillaume de Lorris gilt als Musterbild höf. Lyrik. Den Rahmen des Gedichts bildet eine Traumvision in Form der Ich-Erzählung, die nach eigenen Angaben des Dichters »mindestens fünf Jahre später« für eine Dame, schön wie eine Rose, als »romanz de la rose« niedergeschrieben wurde. Der Traum wird öfters als Vorsagung nachher erlebter Ereignisse angegeben: mehrmals wird ein tieferer Sinn (»senefiance«) angedeutet, der jedoch nie zutage kommt. Das Ich des Erzählers ist eher ein abstraktes und universelles Wesen (jeder Zwanzigjährige) als Zeichen für autobiograph. Erlebnis. Der Träumende berichtet über seinen Besuch im Minnegarten: zuerst geht er an der Mauer vorbei, wo die ausgewiesenen Laster dargestellt sind. Dank der schönen »Oiseuse« (Müßiggang) tritt er in eine vornehme Gesellschaft von höf. Tugenden ein, die er beim Tanzen betrachtet. Am Brunnen des Narziß entdeckt er Rosengebüsch; da treffen ihn die Pfeile Amors, und bald, nach feudaler Unterwerfung, erhält er die Liebesgebote, eine »ars amandi«. Der nun als Liebhaber bezeichnete Erzähler versucht, sich einer bes. schönen Rose anzunähern: die Handlung ist von jetzt ab als Einführung in die Stufen der →»fin' amor« zu verstehen. Die Rose ist weniger Symbol für das Liebesobjekt als Knotenpunkt allegor. Vorgänge, in denen Personifizierungen erscheinen, womit die Gefühle des Liebhabers und der Dame versinnbildlicht werden, aber auch die inneren und äußeren Kräfte, die als Hilfe oder Hindernis der Umwerbung auftauchen: Bel Accueil/Dangier (Freundlicher Empfang, Zustimmung/Zurückhaltung); Raison/Venus; Franchise, Pitié/Peur, Honte, Malebouche. Ohne Zögern werden die Ratschläge der Vernunft zurückgewiesen und die Unterstützung des Freundes Ami angenommen. Die Erzählung nimmt eine trag. Wende, als die Rose nach einem unangebrachten, ungeduldigen Anspruch des Liebhabers von Jalousie in ein rasch gebautes Schloß eingesperrt wird. Es bleiben nur noch die Klagen, die inmitten eines Satzes vom Erzähler unterbrochen werden.

Jean de Meuns Fortsetzung bewahrt den log. Ablauf der Handlung: der von den Feinden des Liebhabers mit der Rose im Schloß gefangene Bel Accueil wird von Amor und seinen Truppen befreit; der Sturmangriff der Venus, mit ihren glühenden Pfeilen, überrennt schließlich die Festung. Goliard. Scherz bringt den Roman zu Ende: ein burleskes Gleichnis – eine Pilgerfahrt mit Stock und doppeltem Bettelsack – umschreibt das Pflücken der Blume, ohne Ausschweife als Entjungferung dargestellt. Weit entfernt in Ton und Stil von Guillaume de Lorris' höf. Euphemismen und Raffinessen, bevorzugt Jean de Meun den oft provozierenden Ausdruck des reinen Instinkts. Der Krieg Amors und der Tugenden gegen die Gefängniswärter ist nach der Psychomachiatradition gestaltet, wird aber regelmäßig durch lange Reden unterbrochen: Raison, Ami, Faus Semblant, Nature und Genius halten lange Monologe, die anscheinend weit vom Hauptthema abschweifen. In dieser diskursiven Ausarbeitung des allegor. Schemas kann man jedoch eine Auseinandersetzung mit den verschiedenen Theorien und Auffassungen über Liebe, Handeln und Wissen sehen. Raison bietet eine Ersatzlösung und empfiehlt sich als Weg zur Weisheit gegen die Herrschaft der Fortuna; Ami als Fürsprecher des Mannes, Vieille als Frauenanwalt schlagen eine zyn. Realpolitik vor, nach ovidian. Überlieferung. Von einer Rede zur anderen entwickelt sich die Dialektik, die durch Gegensätze bis zur »diffinitive sentence« führt. Enzyklopäd. Wissen über die Natur, die Philos. und Theol. erfüllt die Exkurse. Mit seinen zahlreichen Bezügen auf die antike Mythologie (Venus/Adonis, Pygmalion, Deukalion und Pyrrha) und seinen 80 Exempla bildet der R. de la R. eine Art Kulturdenkmal, ein unersetzl. Zeugnis über die Kenntnisse eines Klerikers des 13. Jh. Auch die polit.-religiösen Probleme dieser Zeit spiegeln sich wider in der dämon. Figur des Faus Semblant, der als Vertreter der Bettelorden an den Streit an der Pariser Univ. erinnert. Oft bieten diese Reden einen satir. Blick auf menschl. Verderbnis nach dem Ausklang des Goldenen Zeitalters und Jupiters Verbrechen gegen Saturn – ein Leitmotiv: Tücke und List der Frauen, Kampf um Geld und Macht bestimmen diese Welt, wo Fortuna die Fäden in ihren Händen hält. Bes. Aufmerksamkeit wird der Heuchelei gewidmet, welche von Faus Semblant als Machtstrategie skrupellos enthüllt wird; das religiöse Gewand deckt alle Laster. Als Höhepunkt kann man die Rede der Natur bezeichnen, die in 3000 V. eine ausführl. Kosmologie bringt. In ihrer Schmiede klagt sie über die Menschheit, deren Sexualverhalten eine verhängnisvolle Störung der Universalharmonie darstellt: der Einfluß der Schule v. Chartres, bes. von Alanus ab Insulis' »De Planctu Naturae«, ist hier spürbar. Naturs Kaplan Genius bringt dem versammelten Heer die rettende Botschaft: sich vermehren und damit zur Fortdauer der Welt beitragen. Iron. Distanzierung und gründl. Umdeutung des Inhalts des ersten Gedichtes sind die unübersehbaren Merkmale dieser originellen Fortsetzung. Gegenüber dem Minnegarten des Deduit erdenkt sich Genius ein anderes, nach dem Evangelium gestaltetes Paradies: im Garten des weißen Lammes werden die Menschen selig, sofern sie den Gesetzen der Natur folgen. A. Strubel

Ed.: E. LANGLOIS, 1924, 5 Bde – F. LECOY, 3 Bde, 1965–70 (CFMA) – D. POIRION, 1974 – A. STRUBEL, 1992 (Lettres Gothiques) – Übers.: Deutsch: K. A. OTT, 1976–79; Engl.: C. DAHLBERG, 1984 – Lit.: G. PARÉ, Le R. de la R. et la scolastique courtoise, 1941 – F. W. MUELLER, Der R. de la R. und der lat. Averroismus des 13. Jh., 1947 – A. F. GUNN, The Mirror of Love. A Reinterpr. of the R. de la R., 1952 – N. COHN, The World-view of a 13th Cent. Parisian Intellectual. Jean de Meun and the R. de la R., 1961 – J. W. FLEMING, The R. de la R., a Study in Allegory and Iconography, 1969 – J. BATANY, Approches du R. de la R., 1974 – P. LOUIS, Le R. de la R. Essai d'interprétation de l'allegorie erotique, 1974 – J. CH. PAYEN, La Rose et l'Utopie. Revolution sexuelle et communisme nostalgique chez Jean de Meun, 1976 – P. Y. BADEL, Le R. de la R. au 14ᵉ s. Ét. de la réception de l'oeuvre, 1980 – A. STRUBEL, Le R. de la R., 1984 – D. HULT, Self-fulfilling Prophecies. Readership and Authority in the First R. de la R., 1986 – P. NYKROG, L'amour et la rose. Le grand dessein de Jean de Meun, Harvard Studies in Romance Languages 41, 1986 – A. STRUBEL, La rose, Renart et le graal, 1989 – K. BROWNLEE-S. HUOT, Rethinking the R. de la R., 1992 – H. M. ARDEN, The R. de la R.: An Annotated Bibliography, 1993 – S. HUOT, The R. de la R. and its Medieval Readers, 1993.

II. IKONOGRAPHIE: Kein Werk der frz. Lit. ist so häufig und ikonograph. erfindungsreich illustriert worden wie der R. de la R. Erhalten sind mehr als 100 zw. dem Ende des 13. Jh. (z.B. Paris, B. N., fr. 378, fr. 1559; Vatikan, Urb. 376) und dem frühen 16. Jh. (New York, Pierpont Morgan Libr., M. 948, für Franz I., um 1519) entstandene Bilderhss. ausschließlich die Doppelromans, doch scheint ein Miniaturenzyklus (in Nordfrankreich und/oder Paris) bereits vor der Fortsetzung entwickelt worden zu sein: Noch bis um 1330 wurde Jean de Meuns Teil meist nur mit einem Autorenbild eingeleitet und ist auch in jüngeren Hss. (z.B. Wien, Cod. 2592, um 1360/70; Cod. 2568, um 1430) weit sparsamer illustriert als der Text Guillaumes de Lorris. Neben Hss., die dem Werk nur eine Titel- oder Kopfminiatur meist des träumenden *amant* voranstellen (z.B. London, B. L., Add. 12042; Wien, Cod. 2630), existieren Prachthss. mit z.T. über 100 Miniaturen (z.B. Paris, B. N., fr. 24392), die die gelehrten Reden des 2. Teils oft für die Darstellung antiker Themen nutzen (z.B. Paris, B. N., fr. 380, fr. 1570, fr. 12595; Oxford, Bodl. Libr., Douce 195; Malibu, Getty Mus., Ms. Ludwig XV 7). – Außer in Hss.-Miniaturen wurde der Stoff auch auf Wirkteppichen (z.B. New York, Metropolitan Museum, Tournai, 14. Jh.) ikonograph. realisiert. N. H. Ott

Lit.: A. KUHN, Die Illustrationen des Rosenromans, JKS 31, 1913/14, 1–66 – J. V. FLEMING, The R. de la R. A Study in Allegory and Iconography, 1969 – E. KÖNIG, Der Rosenroman des Berthaud D' Achy. Cod. Urbinatus Lat. 376, 1986 – Rethinking the 'Romance of the Rose': Text, Image, Reception, hg. K. BROWNLEE-S. HUOT, 1992.

III. ÜBERSETZUNGEN UND EINFLÜSSE: [1] *Mittelniederländische Literatur:* Das Mndl. kennt zwei voneinander unabhängige Bearb. des afrz. R. de la R. In Brabant entstand vor ca. 1325 »Die Rose«, eine weitgehend wörtl. Übers., die v. a. Jean de Meuns Anteil stark kürzt. Als Verf. des 14412 V. umfassenden Textes wird Heinric genannt. Um 1290 entstand in Flandern eine freie Bearb., die anonym überliefert ist; von ihr sind nur ca. 3000 V. in 9 Bruchstücken erhalten. Das Geschehen wird nicht mehr als Traum dargestellt. Hier ist es Jolijs, der erfolgreiche Liebhaber, der seine Erlebnisse in dem ummauerten Garten erzählt. Dabei wird Jolijs dem Dichter als dem unglückl. Liebenden gegenübergestellt. Die Rolle des Bel Acueil wird zum großen Teil von einer Dame übernommen: Florentine. Die Ausführungen der allegor. Figuren dagegen werden fast wörtl. übertragen. D. E. van der Poel

Ed.: Heinric van Aken, Die Rose, ed. E. VERWIJS, 1868 [unv. Nachdr. 1976] – De fragmenten van de tweede Rose, ed. K. HEEROMA, 1958 – Lit.: D. E. VAN DER POEL, De Vlaamse Rose en Die Rose van Heinric, 1989 – DERS., A Romance of a Rose and Florentine. The Flemish Adaptation of the Romance of the Rose (Rethinking ..., hg. K. BROWNLEE-S. HUOT, 1992), 304–315.

[2] *Deutsche Literatur:* Verglichen mit seiner breiten Wirkung auf die ndl., engl. und it. Lit. bleibt es erstaunlich, daß der R. in Deutschland allenfalls am Rande rezipiert wurde, am ehesten noch von Autoren von →Minnereden. Direkter Quellenbezug aber ist auch bei Werken, die mit dem R. gewisse – doch eher topische – Grundsituationen und Motivkomplexe (Traumvision, Ich-Erzählung, Liebesparadies, Pfeilschuß, Ratschläge von Cupido oder Frau Minne) gemeinsam haben (Ps.-Zilies v. Sayn, »Minnehof« und »Ritterfahrt«, Ende 13. Jh.; Johann v. Konstanz, »Minnelehre«, 1. Hälfte 14. Jh.; »Traum von der Liebe«, anonym, Ende 13./Anfang 14. Jh.), nicht nachzuweisen. N. H. Ott

Lit.: K. MERTENS, Die Konstanzer Minnelehre, 1935 – I. GLIER, Artes amandi, 1971.

[3] *Englische Literatur:* Eine me. Teilübers. des R. de la R. existiert in einer Hs. (Glasgow, Hunterian Mus., V. 3. 7). Die Frgm. e A (V. 1–1705) und B (1706–5810) umfassen das Werk des G. de Lorris sowie den Anfang von J. de Meungs Fortsetzung, C (5811–7696) gibt einen späteren Teil davon (die Faus-Semblant Episode). Da im Prolog von →Chaucers »Legend of Good Women« der Liebesgott Chaucer beschuldigt, den R. de la R. übersetzt zu haben (F 328–331), lag es nahe, die erhaltene me. Übers. Chaucer zuzuschreiben. Dies wird heute aber allenfalls für A akzeptiert, für B dagegen abgelehnt und auch für C eher skept. beurteilt. Unzweifelhaft ist dagegen, daß Chaucer in seinen eigenen Werken tiefgreifend vom R. de la R. beeinflußt wurde. Das reicht von strukturellen Parallelen (z.B. der Form der Traumvision in Chaucers frühen Dichtungen, wie dem »Book of the Duchess« [BD]) über die Nachbildung bestimmter Gestalten (so beruht in den »Canterbury Tales« die Frau v. Bath z.T. auf La Vieille und der Pardoner auf dem Faus-Semblant) bis zur Übernahme einzelner Passagen (im BD z.B. die Beschreibung des Mai, 291–343, sowie die Schachallegorie, 652–671). →Gower hat eine der Hauptfiguren seiner »Confessio Amantis« (CA), nämlich Genius, den Priester der Venus, aus dem R. de la R. übernommen (wo Genius Priester der Natur ist) und damit womögl. auch die Idee für den Rahmen der CA. In der »Tale of Florent« (CA I, 1407–1861) ist die Beschreibung der häßl. Alten wohl vom R. de la R. geprägt. Die Debatte um den R. de la R. spiegelt sich ebenfalls in der me. Lit. In »Cleanness« (= »Purity«, 1057–1066) lobt der →Pearl-Dichter ausdrückl. Clopinel (d.h. J. de Meung); in »Pearl« hat er das Motiv der Rose (269–272) und den schönen Garten wohl in Anlehnung an den R. de la R.

gestaltet. Die Ablehnung durch →Christine de Pisan dagegen wird in →Hoccleves me. Übertragung tradiert (»Letter of Cupid«, 281ff.). Auch →Lydgate kritisiert den R. de la R. in seiner »Pilgrimage of the Life of Man«, 2084, vgl. 13200 (einer Übers. nach →Guillaume de Degulleville [8. G.]); trotzdem ist er vom R. de la R. beeinflußt, z. B. auch im »Temple of Glass«. Die Wirkung des R. de la R. zeigen ferner »The Pistel of Swete Susan« (= »Susannah«), Thomas →Usks »Testament of Love« sowie die mittelschott. Dichter (→Chaucernachfolger) wie Gavin →Douglas (»King Hart«, eine Allegorie des menschl. Lebens) und →Dunbar (»The Tretys of the Twa Mariit Wemen and the Wedo«). H. Sauer

Bibliogr.: NCBEL I, 557-559 [R. de la R.], 506f. [Usk], usw. – ManualME 2. II, IV, 1970; 4. X, XI, 1973; 6. XVI, 1980; 7. XVII, 1986 [s. jeweils im Ind.] – *Ed.:* A. MISKIMIN, Susannah, 1969 – L. D. BENSON, The Riverside Chaucer, 1987 – *Lit.:* D. S. FANSLER, Chaucer and the R. de la R., 1914 – H. PILCH, The ME Pearl: Its Relation to the R. de la R., Neuphilolog. Mitt. 65, 1964, 163–184 – P. M. KEAN, Chaucer and the Making of English Poetry, 1972, 1982² – R. F. YEAGER, John Gower's Poetic, 1990.

Roman de Sidrac(h) (auch »Fontaine de toutes sciences« u. a.), frz. Laienenzyklopädie (Ende 13. Jh.; der anonyme Autor lebte möglicherweise im ö. Mittelmeerraum), wie der →Lucidarius und ähnl. Texte in Dialogform abgefaßt: Der chr. Astronom Sidrac bekehrt den heidn. Kg. Boctus, indem er dessen Fragen (ihre Zahl schwankt in den über 60 Hss. zw. 613 und 1225) beantwortet; dabei werden unterschiedlichste Gegenstände in gewollt unsystemat. Folge berührt. Der vulgarisierenden Absicht entsprechend werden weitverbreitete Q. benutzt (u. a. →Secretum secretorum, Gossuin de Metz, Image du monde). Der große Erfolg des Werkes (Ed. pr. 1486, acht weitere Edd. bis 1537) ist auch an Übers.en ins Okzitanische (13. Jh.), Italienische (mindestens vier verschiedene Fassungen), Katalanische (14. Jh.) und Englische (vier verschiedene Fassungen) ablesbar; s. a. →Sidrak und Boctus. A. Gier

Ed.: Frz.: S. M. STEINER [in Vorber.] – *It.:* A. BARTOLI, Il libro di S. Testo inedito del s. XIV, 1868 – V. DE BARTHOLOMEIS, Archivio Glottologico It. 16, 1902–05, 28–68 – *Katal.:* V. Minervini, Il »Libro di S.«, Versione catalana, 1982 – *Lit.:* DLFMA 1992, 1385–1387 – GRLMA VI/2, n° 3692 – ManualME 3. VII, 1972, 744f., 900f. [Nr. 75].

Roman de toute chevalerie →Alexander d. Gr., B. VII, →Thomas v. Kent

Roman de la Violette → Gerbert de Montreuil

Romancero. Das von mlat. romanice ('auf romanisch') abgeleitete span. Wort *romance* bezeichnete im 13. Jh. die roman. Volkssprache im Unterschied zum Lat. und wurde unterschiedslos auf jedes volksprachl. Werk, v. a. auf Verserzählungen, angewandt, während sich in Frankreich die Bezeichnung *Romanz* schon seit →Chrétien de Troyes auf die lit. Gattung des Romans bezog. Obwohl die Ursprünge einiger Romanzen, wie aus zeitgesch. Anspielungen hervorgeht, in die 2. Hälfte des 13. Jh. zurückreichen, findet sich der älteste datierte Romanzentext erst in einer Hs. v. 1421. Die Bezeichnung R. für eine Slg. von Romanzen wurde um die Mitte des 16. Jh. geprägt. Die Romanze ist eine erzählend-lyr. Dichtung von beliebiger Länge im achtsilbigen Versmaß. Die geraden Verse sind durch eine gleichbleibende Assonanz verbunden. Nach MENÉNDEZ PIDAL sind die ältesten Romanzen Frgm.e zersungener Heldengedichte, die jene Gestalten und Begebenheiten herausgreifen und abgewandelt selbständig im Volk tradieren, welche den Zuhörern der *juglares* bes. eingeprägt hatten. Sie treten in Kastilien in einem Zeitraum auf, da das Repertoire der Spielmannsdichtung (*juglaría*), das Heldengedicht (→*cantar de gesta*), in Verfall

gerät und verbreiten sich nach Katalonien, Portugal, über die gesamte Iber. Halbinsel, später nach Spanisch-Amerika sowie unter den Judenspaniern. Entsprechend ihrem Inhalt werden die alten, vor 1550 entstandenen Romanzen unterschieden: *romances históricos* handeln von Gestalten der nationalen Gesch. (Kg. →Roderich, Bernardo del Carpio, Gf. →Fernán González, →Siete Infantes de Lara, →Cid, Kg. →Peter I. v. Kastilien); *romances fronterizos* berichten v. a. im 15. Jh. von krieger. Ereignissen an der Grenze zw. muslim. Herrschaftsgebiet und chr. Kgr.en; *romances moriscos* stellen, obgleich von Christen gedichtet, die Sache der Muslime einfühlsam dar. Nach frz. Q. vorlagen entstand im Laufe des 15. Jh. eine Reihe von Romanzen aus dem karol. und bret. Sagenkreis (Schlacht v. →Roncesvalles, Gaiferos, Conde Claros). Episoden aus dem →Amadis de Gaule leben ebenfalls in Romanzen fort. Seit der Mitte des 15. Jh. erscheinen die anonymen Romanzen in Anthologien höf. Dichtung (→*cancioneros*), sie wurden am Hofe Heinrichs IV. mit Musikbegleitung vorgetragen. Der Buchdruck markiert einen tiefen Einschnitt in der Überlieferung der Romanzen. Das von Improvisation und festen sprachl. Formeln bestimmte Wechselspiel zw. der Vielfalt mündl. Überlieferung, hs. Versionen, *pliegos sueltos* (fliegende Blätter in billigen Einzeldrucken), Cancioneros und gedruckten R.s ist schwer zu erforschen.

Die Darstellungsweise der alten Romanzen besteht darin, eine dramat. Situation ausschnitthaft in ihrer letzten Zuspitzung zu zeigen und der Lösung zuzuführen oder die Erzählung zum Höhepunkt zu bringen, um dann unvermittelt abzubrechen, so daß der Hörer/Leser in Spannung oder Ungewißheit über den Ausgang gehalten wird. Form und Stil sind nur scheinbar schmucklos: Der knappe, stets den Eindruck von Unmittelbarkeit und Natürlichkeit vermittelnde Ausdruck ist das Ergebnis einer steten Verdichtung der poet. Ausdruckskraft.

D. Briesemeister

Ed.: R. general, ed. A. GONZÁLEZ PALENCIA, 1947 – R. tradicional de las lenguas hispánicas, 1957–86 – *Lit.:* GRLMA IX, 1. 4; IX, 2 – K. SCHINDLER, Folk Music and Poetry of Spain and Portugal, 1941 – R. MENÉNDEZ PIDAL, El R. nuevo, 1949 – DERS., De primitiva lírica española y antigua épica, 1951 – D. CATALÁN–A. GALMÉS DE FUENTES, Cómo vive un romance, 1954 – E. ASENSIO, Poética y realidad en el cancionero peninsular de la edad media, 1957 – A. RODRÍGUEZ-MOÑINO, Las fuentes del R. general, 1957 – A. B. LORD, The Singer of Tales, 1960 – J. M. ALIN, El cancionero español de tipo tradicional, 1968 – R. MENÉNDEZ PIDAL, El R. hispánico, 1968² – D. CATALÁN, Siete siglos de r.s, 1969 – M. ALVAR, El R., 1970 – A. RODRÍGUEZ-MOÑINO, Dicc. bibliográfico de pliegos sueltos poéticos, 1970 – S. W. FOSTER, The Early Spanish Ballad, 1972 – R. MENÉNDEZ PIDAL, Estudios sobre el R., 1973 – A. RODRÍGUEZ-MOÑINO, Manual bibliográfico de Cancioneros y R.s, 1973–78 – O. DEUTSCHMANN, Ungeschriebene Dichtung in Spanien, 1988.

Romances → Romanzen

Romania (gr. 'Ρωμανία, seltener 'Ρωμανεία), aus der Umgangssprache in die Schriftsprache übernommener, ursprgl. lat. Begriff, der schon im 5. und 6. Jh. auch in gr. Texten erscheint. Bei den gr. Autoren steht R. für orbis Romanus, bei den lat. ist auch der Souveränitätsgedanke miterfaßt (Imperium Romanum). Nach dem Ende des Weström. Reiches bindet sich die Bezeichnung R. in wechselnder Bedeutung immer enger an den Raum von Byzanz: Zunächst, bis zum IV. Kreuzzug, verstand man unter R. entweder das ganze byz. Reich im räuml., nicht rechtl. Sinn, oder dessen europ., kleinasiat., sogar gr. Teil. Danach nahmen die Herrscher des →Lat. Ksr.es den Titel 'Imperator Romaniae' an; auch der ven. Doge und sein Gesandter in Konstantinopel führten in ihrem Titel

'R.'. Die Genuesen verstanden unter R. alle Gebiete des einstigen byz. Reiches, unabhängig von ihrer aktuellen polit. Zugehörigkeit; in streng polit. Sinn bezeichneten sie damit das Ksr. v. →Nikaia. Schließlich, nach der Restauration des Byz. Reiches 1261, 'parzellierte' man in der westl. Welt die Bezeichnung häufig und verband sie fallweise mit einzelnen Gebieten des byz. Raumes, wohingegen dort die Selbstbezeichnung als R. unüblich wurde. In den Unterschriften des serb. Zaren trat R. an die Stelle des typ. byz. Begriffs Romäer (→Rhomaioi). R. bezeichnete also die Gesamtheit des Byz. Reiches, aber auch einzelne Teile desselben wie auch Gebiete, die traditionell als byz. galten, obwohl sie nicht unbedingt unter unmittelbarer Herrschaft von Konstantinopel standen; hier war das geogr. und das kulturelle Element, manchmal auch das ethn., stärker als das politische. Lj. Maksimović

Lit.: L. Brehier, Byzance et empire byz., BZ 30, 1929/30, 360–364 – J. Zeiller, L'apparition du mot Romanie chez les écrivains lat., Rev. des Études Lat. 7, 1929, 194ff. – K. Amantos, Ῥωμανία, Ἑλληνικά 6, 1933, 231–236 [= Ders., Γλωσσικά Μελετήματα, 1964, 386–391] – F. Dölger, Rom in der Gedankenwelt der Byzantiner, ZKG 56, 1937, 1–42 [= Ders., Byzanz und die europ. Staatenwelt, 1964, 70–115] – R. Lee Wolff, R.: The Lat. Empire of Constantinople, Speculum 23, 1948, 1–34 – F. Thiriet, La Romanie vénitienne au MA, 1959 – Lj. Maksimović, Grci i Romanija u srpskoj vladarskoj tituli, ZRVI 12, 1970, 61–78 – A. Carile, Impero romano e R. (La nozione die 'Romano' tra cittadinanza e universalità, 1984), 247–261.

Romania, Assisen v., Sammlung des Feudalrechts, in frz. Sprache zw. 1333 und 1346 redigiert von einem anonymen Autor im frk. Fsm. →Morea (Peloponnes). Die Kompilation spiegelt Rechtsvorstellungen und Mentalität der aus der →Champagne und benachbarten Regionen stammenden frk. Ritter wider; das Rechtskonzept orientiert sich stark an der Feudalisierung der von ihnen besetzten Territorien und den Beziehungen zw. dem Fs.en und seinen Vasallen, ebenso aber auch an der Begegnung der Eroberer mit der griech. Bevölkerung und dem sozialen und rechtl. System des Byz. Reiches, an das sich die A. v. R. teilw. anschließen. Die Originalität der Rechtssammlung beruht auf der Verschmelzung von verschiedenartigen Q. und Rechtstraditionen: Das von den Eroberern mitgebrachte Gewohnheitsrecht (→Coutume) verbindet sich mit Einflüssen der Rechte der Kgr.e →Jerusalem und →Zypern, des →Lat. Ksr.es v. Konstantinopel und des angevin. Kgr.es →Sizilien, weiterhin mit den Rechtsregeln der Morea, die sich seit 1205 durch die Gesetzgebung des fsl. Gerichtshofes und die Gerichtspraxis zunehmend herausgebildet hatten, sowie mit dem →Byz. Recht in bezug auf die Grundbesitzrechte der Griechen, wobei einerseits die Stellung der →Archonten, der sozialen Elite, andererseits der persönl. Rechtsstatus der 'vilains', der abhängigen Bevölkerung, ausführlich behandelt wird. Die A. v. R. erfuhren große Verbreitung außerhalb der Morea, v. a. infolge der engen vasallit. Beziehungen der Herren der Inseln des Ägäischen und Ion. Meeres zum Fs.enhof v. Morea. →Venedig, das seit dem Ende des 14. Jh. die meisten dieser Inseln besetzt hielt, ließ die in den A. v. R. festgelegten Rechte bestehen, um so seine Autorität zu festigen. Die in ven. Mundart gehaltene, auf der Insel Negroponte (→Euboia) auf Weisung Venedigs abgefaßte Version der A. v. R. ist in zwölf Hss., deren älteste 1423 entstand, erhalten. 1453 wurde ihre Geltung durch einen offiziellen Rechtstext sanktioniert. Dessenungeachtet wurde die Anwendung der A. v. R. in den ven. Kolonien (außer auf →Kreta, wo sie nicht bekannt waren) seit dem 15. Jh. zunehmend eingeschränkt, erhielt sich aber auf →Korfu bis 1796. D. Jacoby

Ed. und Lit.: Les Assises de Romanie, ed. G. Recoura, 1930 [fehlerhaft] – D. Jacoby, Social Evolution in Latin Greece (A Hist. of the Crusades, hg. K. M. Setton, 1969–89, VI), 175–221 – Ders., La féodalité en Grèce médiévale. Les »Assises de Romanie«: sources, application et diffusion, 1971.

Romanik, um 1820 von frz. Gelehrten eingeführte Bezeichnung (romanesque) für den Rundbogenstil, der in der 1. Hälfte des 19. Jh. byz. oder auch griech. Stil genannt wurde. Der Begriff wurde gewählt unter Hinweis auf die Verwandtschaft zur röm. Architektur, von der Rundbogen, Pfeiler, Säule und Gewölbebau übernommen waren. Heute wird der Übergang von der Vorromanik in Frankreich um 1000, in Dtl. um 1020/30 (St. Michael in Hildesheim ab 1010, Dom zu Speyer ab 1025, Kl.kirche Limburg a. d. Haardt ab 1025) angenommen. Die R. wird in Frankreich um 1140 (St-Denis), in England 1175 (Canterbury) und in Dtl. um 1235 (Elisabethkirche in Marburg, Liebfrauenkirche in Trier) von der →Gotik abgelöst. Der roman. Kirchenbau wird bestimmt durch die Einführung der Überwölbung großer Raumweiten: zunächst die Seitenschiffe des Speyerer Domes um 1040 und von St. Maria im Kapitol in Köln um 1050, dann Mittelschiff und Querschiff v. Speyer um 1090/1130, Wormser Dom ab 1130, Einführung des gebundenen Systems: ein quadrat. Mittelschiffjoch entspricht je zwei quadrat. Seitenschiffjochen (→Baukunst, →Kirchenbau). Aus der R. sind auch die ältesten Profanbauten erhalten (Wohnhäuser in Cluny, Rheingasse 8 in Köln, Dreikönigenhaus in Trier), ebenso →Pfalzen und →Burgen. G. Binding

Lit.: →Baukunst.

Romano (da), Familie in Norditalien; bekannter Spitzenahn ist *Ezelo di Arpo*, der sal. Recht unterstand und vielleicht im Gefolge →Konrads II. nach Italien gekommen ist. 1076 wird er mit den Titeln »da Onara« und »da Romano«, Orte an den Grenzen der Komitate Vicenza, Treviso und Padua, bezeichnet: diese Gebiete sollten auch in Zukunft das strateg. wichtige Kernland des Grundbesitzes und der Herrschaft der Familie bilden. Der Machtgewinn der Familie d. R. im 11.–12. Jh. (unter *Alberico* und *Ezelo*, den Söhnen Ezelos di Arpo) erfolgte auf die übliche Weise durch Verbindungen zu örtl. Kl. (wie S. Eufemia in Villanova) und zum Ksm. (Heinrich IV., 1090; Heinrich V., 1116). Entscheidend für den polit. Aufstieg der Familie in der nächsten Generation unter *Ezzelino* »il Balbo«, Sohn Albericos, waren die Verbindungen zu den städt. Kommunen, v. a. zu →Treviso, das er 1147 bei einem wichtigen Friedensschluß zw. verschiedenen Städten vertrat. In den Auseinandersetzungen zw. dem Ks. und den Kommunen unterstützte Ezzelino il Balbo die letzteren (→Montebello 1175); in den gleichen Jahren konsolidierte sich die Signorie der d. R. über das Gebiet von →Bassano, an einer der Verbindungsstraßen zw. Italien und Dtl. Sein Sohn *Ezzelino II*. nahm aktiv an den polit. Kämpfen der venet. Städte teil und war der Anführer der im Mgf.en →Este feindl. gegenüberstehenden Parteien in Vicenza, Verona und Ferrara. Ezzelino II. zog sich 1223 aus dem aktiven polit. Leben zurück und teilte sein beachtl. Vermögen unter seine Söhne →*Ezzelino III*. und *Alberico* auf. Die beiden Brüder spielten weiterhin eine wichtige Rolle in den innerstädt. Parteikämpfen in Vicenza, Verona und Treviso; erst 1232 verbündeten sich mit Ks. Friedrich II. Als sich der Kampf zw. Ks. und Papst verschärfte, ging Alberico 1239 in das guelf. Lager über und beherrschte Treviso, während Ezzelino III. Verona, Vicenza und Padua dominierte. Die Versöhnung zw. den beiden Brüdern (1257) führte nicht zu einer Festigung der Macht der Dynastie, die nach Friedrichs II. Tod in der Form einer »Tyrannei« ausgeübt wurde: nach der Niederlage und dem Tod Ezzelinos III. wurde Alberico im Kastell S. Zenone 1260 belagert und zusammen mit seiner ganzen Familie getötet. Nach dem Erlöschen der Familie d. R. wurden ihre Besitzungen von den Kommunen Padua, Vicenza und Treviso beschlagnahmt. G. M. Varanini

Lit.: Studi ezzeliniani, 1963² – Nuovi studi ezzeliniani, hg. G. CRACCO, 1992 (bes. A. CASTAGNETTI, I da R. e la loro ascesa, I, 15–39).

Romano, Ezzelino da → Ezzelino III.

Romanos

1. R. I. Lakapenos, byz. Ks. 17. Dez. 920–20. Dez. 944, * um 870, † 15. Juni 948, Sohn des Theophylaktos Abaktistos, arm. Herkunft (→Lakapenoi). Hohe Funktionen in der byz. Flotte verschafften ihm in den unruhigen Jahren der Regentschaft der Zoe Karbonopsina (913–920) Einfluß bei Hofe, und durch die Heirat seiner Tochter Helene mit →Konstantin VII. (Mai 919), die ihm die Würde eines Basileopator einbrachte, trat er in Verbindung mit der regierenden →Makedon. Dynastie. Am 17. Dez. 920 zum Hauptks. ausgerufen, ließ er seine Söhne Christophoros und Stephan zu Mitks.n krönen und verdrängte den legitimen Ks. Konstantin. Ein weiterer Sohn, Theophylaktos, war von 933–956 Patrikios; eine Tochter des Christophoros heiratete Zar →Peter I. v. Bulgarien. Von seinen beiden Söhnen am 20. Dez. 944 abgesetzt, wurde er auf die Insel Prote verbannt, wo er starb. In der Innenpolitik ergriff er in einer Reihe von Novellen Maßnahmen zugunsten des Kleingrundbesitzes gegen die →'Mächtigen' (in Wirklichkeit eher zum Schutz der Staatsfinanzen). Die Außenpolitik war nur bis zum Tode →Symeons (927) vom Krieg mit den Bulgaren beherrscht, an den sich in der Folge Kämpfe im O (Armenien, Mesopotamien) gegen das Kalifat anschlossen, unterbrochen von einer Auseinandersetzung gegen die Russen (941). In den von Johannes Kurkuas geführten Araberkriegen, bes. der Eroberung Edessas (944) und damit der Gewinnung des →Mandilion, erwies sich R. als bes. erfolgreich, während im W Sizilien und Unteritalien weiterhin wenig geschützt arab. Angriffen ausgesetzt waren. Seine Regierungszeit schuf finanziell und polit. die Grundlagen für die großen Erfolge in der 2. Hälfte des Jahrhunderts und war im Bereich von Kunst und Lit. Nährboden für die bedeutendste und fruchtbarste Epoche des Byz. Reiches. P. Schreiner

Lit.: BLGS IV, 54f. – Oxford Dict. of Byzantium, 1991, 1203f., 1806 – ST. RUNCIMAN, The Emperor Romanus Lacapenus and His Reign. A Study of 10th Cent. Byzantium, 1929 [Nachdr. 1988] – A. TOYNBEE, Constantine Porphyrogenitus and his World, 1973.

2. R. II., byz. Ks. 959–963, * wohl 937 (vielleicht auch 938/939) in Konstantinopel, † 15. März 963, Sohn →Konstantins VII. und der Helene →Lakapene, auf den Namen des regierenden Ks.s und Großvaters mütterlicherseits getauft, wurde aus polit. Gründen bereits 944 mit Bertha (Eudokia), Tochter →Hugos v. Arles und Vienne, des Kg.s v. Italien, verheiratet und 945 zum Mitks. gekrönt. Nach dem Tode Berthas heiratete er 956 die Schankwirtin Anastaso, die den Hofnamen Theophano (d. Ä.) erhielt, und übernahm am 9. Nov. 959 die Herrschaft. Er starb, so →Skylitzes, an den Folgen eines ausschweifenden Lebens oder durch Gift. Er hat sich, den Chroniken zufolge, nicht um Staatsangelegenheiten gekümmert, sondern das angenehme Leben am Hofe genossen. Sicher ohne sein bes. Zutun sind in seiner Regierungszeit zahlreiche höchst qualitätvolle Werke der Hofkunst entstanden. In seine Jahre fällt die Rückeroberung Kretas (960) durch den späteren Ks. →Nikephoros Phokas; dank der tatkräftigen Staatsführung des Parakoimomenos Joseph Bringas hat das Reich die Herrschaft dieses Ks.s ohne Schaden überstanden. P. Schreiner

Lit.: Oxford Dict. of Byzantium, 1991, 1806f. – P. SCHREINER, Die byz. Kleinchroniken, II, 1977, 129f. [Chronologie] – Der Schatz v. San Marco in Venedig, 1984 [Ind.].

3. R. III. Argyros, byz. Ks. 1028–34, * ca. 968, † 11./ 12. April 1034, entstammte der kleinasiat. Magnatenfamilie der →Argyroi. Die negative Darstellung seines Charakters und seiner Fähigkeiten basieren auf Michael →Psellos. Nach einer steilen Beamtenkarriere (Quaestor im Range eines Protospatharios, Krites mit dem Patrikiostitel, Oikonomos an der Hagia Sophia, schließlich 1028 → Eparch v. Konstantinopel) heiratete er am 8. Nov. 1028 die (50jährige) Tochter Konstantinos' VIII., →Zoe, und wurde nach dem Tod Konstantinos' (10./11. Nov.) Ks. Eine seiner ersten Amtshandlungen war die Abschaffung des →Allelengyon. Der Versuch, an die militär. Erfolge seiner Vorgänger an der Ostgrenze anzuknüpfen, scheiterte während zweier Feldzüge nach Syrien (1030, 1032). Mißerfolge gegen die Fatimiden in Ägypten und die Araber in Unteritalien kamen hinzu. R. bemühte sich um Popularität und um ein gutes Verhältnis zur Kirche (Spenden, Bautätigkeit: Bau des Peribleptos-Kl., wo er auch bestattet wurde; Ausschmückung der Hagia Sophia und der Blachernenkirche). 1028 erhöhte er die Zahlungen an die Kirche von 100 auf 180 Goldpfund (DÖLGER, Reg. 831). Seine Gattin Zoe favorisierte den zukünftigen Ks. Michael IV.; eine Verschwörung führte schließlich zu R.' Ermordung. W. Brandes

Lit.: OSTROGORSKY, Geschichte³, 266–268 – M. CANARD, Les sources arabes de l'hist. byz. aux confins des Xe et XIe s., RevByz 19, 1961, 304f. – R. JANIN, La géographique ecclésiastique de l'empire byz., I, 3, 1969, 218–222 – A. P. KAŽDAN, Social'nyi sostav gospodstvujuščego klassa Vizantii XI–XII vv., 1974, passim – J. F. VANNIER, Familles byz.: Les Argyroi, 1975, 36–39 – W. FELIX, Byzanz und die islam. Welt im frühen 11. Jh., 1981, 82–104 – M. ANGOLD, The Byz. Empire 1025–1204, 1984, 8f.

4. R. IV. Diogenes, byz. Ks. 1068–71, † 4. Aug. 1072, stammte aus einer kleinasiat. Magnatenfamilie, hatte unter Ks. →Konstantinos X. Dukas (1059–67) verschiedene militär. Kommandos inne und erwarb sich u. a. Verdienste im Kampf gegen die →Pečenegen. Das Vorrücken der →Selǧuqen in Kleinasien erforderte einen kraftvollen und militär. erfahrenen Herrscher. Als solcher wurde R. erwählt. Nach seiner Heirat (1. Jan. 1068) mit →Eudokia Makrembolitissa, der Witwe Konstantinos' X., regierte er gemeinsam mit den Söhnen Konstantinos' X., den Mitks.n →Michael (VII. Dukas), Andronikos und Konstantinos. Seine Herrschaft war durch einen Gegensatz zur Familie der →Dukas überschattet, bes. zum Kaisar Johannes Dukas, der vor R.' Regierungsantritt mit Eudokia Makrembolitissa geherrscht und gemeinsam mit Michael →Psellos versucht hatte, die Ehe zu verhindern. 1068/69 unternahm R. zwei erfolgreiche Feldzüge gegen die Selǧuqen, doch ein dritter i. J. 1071 führte am 26. Aug. zur byz. Niederlage in der Schlacht v. →Mantzikert. Von Sultan Alp Arslan gefangengenommen, erlangte R. erst gegen ein erhebl. Lösegeld, jährl. Tributzahlungen, Auslieferung der türk. Gefangenen und das Versprechen, Hilfstruppen zu stellen (DÖLGER, Reg. 972), wieder die Freiheit. Da die byz. Streitkräfte im O gebunden waren, konnten die →Normannen nach dreijähriger Belagerung →Bari erobern (1071). Während der Abwesenheit R.' wurde in Konstantinopel Michael VII. zum Alleinherrscher ausgerufen (24. Okt. 1071). Der nach der Freilassung R.' entbrannte Bürgerkrieg endete am 29. Juni 1072 mit der Blendung R.', der wenig später in einem Kl. starb. Eine

Elfenbeintafel (Paris, Cabinet des Médailles) stellt Romanos II., nicht R. IV. dar (falsche Zuschreibung: u. a. I. KALAVREZOU-MAXEINER, DOP 31, 1977, 305–325).

W. Brandes

Lit.: OSTROGORSKY, Geschichte³, 284 – D. POLEMIS, Notes on the Eleventh-Cent. Chronology, BZ 58, 1965, 60–76, bes. 65f., 76 – V. v. FALKENHAUSEN, Unters. über die byz. Herrschaft in Süditalien, 1967, 62 – J. C. CHEYNET, Mantzikert: un désastre militaire?, Byzantion 30, 1980, 410–438 – M. ANGOLD, The Byz. Empire 1025–1204, 1984, 20f., 55f.

5. R.-Symeon, Zar v. →Bulgarien 977–991 (doch wird seine Regierung nicht durch byz. Q. bestätigt), * 929 in Veliki Preslav, † 997 in Konstantinopel, 2. Sohn des Zaren →Peter I. (6. P.) und der byz. Prinzessin Maria-Irene →Lakapene, genannt nach dem byz. Ks. Romanos I. Lakapenos und seinem Großvater, dem bulg. Zaren →Symeon; 963 zusammen mit seinem Bruder →Boris II. als Geisel nach Konstantinopel geschickt. 969 nach Bulgarien zurückgekehrt, wurde R.-S. zwei Jahre später von den Byzantinern gefangengenommen und erneut nach Konstantinopel gebracht. Nach einer syr. Q. floh er 977 aus der byz. Gefangenschaft und wurde zum Zaren ernannt. Während seiner Regierungszeit lag die Verwaltung des Staates in den Händen seines ersten Feldherrn, →Samuel, der von ihm den Thron erbte. 991 wurde R.-S. in einer Schlacht von den Byzantinern gefangengenommen und nach Konstantinopel gebracht, wo er im Kerker starb.

V. Gjuzelev

Lit.: S. RUNCIMAN, A Hist. of the First Bulgarian Empire, 1930, 221 – ZLATARSKI, Istorija I/2, 690–695.

6. R. Melodos, bekanntester Hymnograph der gr. Kirche, * Ende 5. Jh. in Emesa (Syrien), zunächst in Berytos Diakon an der Auferstehungskirche, dann z. Z. Ks. →Anastasios' I. (491–518) in Konstantinopel an der Marienkirche im Viertel des Kyros, wo er in Anlehnung an Ez 3, 1 die »Gabe (χάρισμα) der Komposition von Kontakia« empfing. Die Frage nach den Lebensdaten wurde im wesentlichen dadurch gelöst, daß die ältesten Zeugnissse der Kontakia-Überlieferung auf Papyrus dem ausgehenden 6. Jh. (Pap. Vind. 29430) entstammen. Sein umfangreiches Werk (der Legende nach ca. 1000 Kontakia; etwa 100 können ihm zugeschrieben werden), das Hymnen zu den Hauptfesten des unbewegl. Kirchenjahres (u. a. Weihnachtskontakion »Ἡ παρθένος σήμερον«) sowie zu vielen Tagen der Fasten- und Osterzeit umfaßt, war vermutl. noch im 10. Jh. als Autograph in der Kirche τὰ Κύρου erhalten, wo R. angebl. begraben liegt. Er wird unter dem 1. Okt. als Hl. verehrt. Neben Synaxarnotizen liefern Frgm. e einer Kurzbiogr. durch Akakios Sabaites (Beginn des 13. Jh.) die einzigen biograph. Daten (BHG 2380–2382).

Ch. Hannick

Ed.: DSAM XIII, 898–908 – N. B. TOMADAKES, Ῥωμανοῦ τοῦ Μελῳδοῦ ὕμνοι, I-IV, 1952–61 – P. MAAS–C. A. TRYPANIS, Sancti Romani melodi cantica genuina, 1963; Cantica dubia, 1970 – J. GROSDIDIER DE MATONS, R. le Mélode, Hymnes, I-V, 1964–81 – C. A. TRYPANIS, Fourteen Early Byz. Cantica, 1968 – Lit.: BECK, Kirche, 425–428 [ältere Lit., Ed.] – N. A. LIBADARAS, Τὸ πρόβλημα τῆς γνησιότητος τῶν ἁγιολογικῶν ὕμνων τοῦ Ῥωμανοῦ, 1959 – K. MITSAKIS, The Language of R. the Melodist, 1967 – O. LAMPSIDES, Über R. den Meloden. Ein unveröffentl. hagiograph. Text, BZ 61, 1968, 36–39 – L. GROSDIDIER DE MATONS, R. le Mélode et les origines de la poésie religieuse à Byzance, 1977 – CH. HANNICK, Zur Metrik des Kontakion (Fschr. H. HUNGER, 1984), 107–119 – W. L. PETERSEN, The Diatessaron and Ephrem Syrus as Sources of R. the Melodist, 1985 – A. BERGER, Unters. en zu den Patria Konstantinopels, 1988, 480f.

Romans, Humbert de → Humbert v. Romans (6. H.)

Romans-sur-Isère, Stadt in Südostfrankreich, →Dauphiné (dép. Drôme). [1] *Abtei St-Barnard:* Die 838 vom hl. Barnard (Barnardus), Ebf. v. Vienne, gegr. Abtei war den Zwölf Aposteln und den hll. Märtyrern Severinus, Expeditus und Felicianus geweiht und folgte zunächst (wie →Ambronay) der →Regula Benedicti. Seit dem 10. Jh. war es jedoch Augustinerchorherrenstift (Säkular-, dann Regularkapitel). Die Abtswürde lag durchgängig in der Hand des Ebf.s v. →Vienne; St-Barnard hatte 30 Kanoniker (aus lokalem Adel) sowie einen Klerusverband von 72 Priestern und war reich mit Besitz ausgestattet (Verleihung der 'libertas romana' durch Papst Leo IX., 3. Mai 1050). Dennoch traten wiederholt innere Streitigkeiten auf (Exkommunikation der Kleriker v. St-Barnard durch Gregor VII.), aber auch Auseinandersetzungen mit den feudalen Gewalten (1034 mit Guigo I. v. →Albon) und später mit der Stadt R. 1344 schloß Papst Clemens VI. mit dem Dauphin →Humbert II. ein Abkommen über ein →*paréage* zw. Dauphin und Stift, bei gemeinsamer Jurisdiktion.

[2] *Stadt:* Unweit der befestigten Abtei siedelte sich Bevölkerung aus der näheren Umgebung an. Der 'Burgus' ist 1057 in einer Vereinbarung zw. dem Ebf. Léger (Ligerius) und den Kanonikern erwähnt; 1134 wird das befestigte R. als 'oppidum' genannt. Die Bürger erwirkten bei ihrem geistl. Stadtherrn eine Reihe von Privilegien (1208, 1233, 1274); heftige Spannungen entluden sich Anfang 1282 in einem blutigen städt. Aufstand gegen die Kanoniker. Die munizipalen Institutionen erhielten 1342–48 (Privilegien/*chartes* Humberts II.) ihre definitive Gestalt durch Konstituierung des →Konsulats. Weitere Privilegien wurden am 25. Jan. 1366 von Ks. →Karl IV. verliehen.

Die an einem wichtigen Isère-Übergang (Brücke) gelegene Stadt war führendes wirtschaftl. Zentrum des Dauphiné (um 1212 bereits Handelsgesellschaften, eine 'passcarte' von 1240 belegt vielfältigen Warenumschlag) und Münzstätte der Dauphins; seit ca. 1342 Entrichtung der *grande* →*gabelle* für alle ein- und ausgeführten Lebensmittel, 1355 Tuchmacherstatut. Nach den Registern der städt. →*tailles* waren steuerpflichtig: 932 Einw. (1366), 554 (1430), 405 (1471), 712 (1488).

V. Chomel

Lit.: *zu* [1]: DHGE VI, 858f. – GChr XVI – P. E. GIRAUD, Essai hist. sur l'abbaye de St-Barnard et la ville de R., 1856–69 – DERS., Cart. de St-Barnard de R., 1856–59 – U. CHEVALIER, Les statuts de l'église de St-Barnard, Bull. Soc. Archéol. Drôme 14, 1880, 278–309, 337–374 – R. H. BAUTIER – J. SORNAY, Les sources de l'hist. économique et sociale du MA, II, 1968, 759–762 – J. THIRION, Congr. archéol. de la France, Dauphiné 1972, 1974, 361–410 – *zu* [2]: P.-E. GIRAUD – U. CHEVALIER, Le mystère des Trois Doms joué à R. en MDIX, 1887 – TH. DE MAISONNEUVE, Hist. de R., 2 Bde, 1937–42 – B. GALLAND, Mouvements urbains dans la vallée du Rhône (Actes du 114ᵉ Congr. Nat. des Soc. Sav., 1989 [1990]).

Romanus. 1. R., Papst (Aug.–Nov. 897), * Gallese; Sohn des Konstantin; röm. Presbyter (von S. Pietro in Vincoli). Nach der Gefangennahme und Ermordung →Stephans VI. wurde R. wohl von Parteigängern des postum geschändeten Papstes →Formosus erhoben. Über die kurze Amtszeit ist fast nichts bekannt. Nach einer revidierten Fassung des LP aus dem 11. Jh. sei R. nach vier Monaten Mönch geworden und →Theodor II. zum Papst erhoben worden, der die Ehre des Formosus wiederherstellte. Das Ende des R. ist unbekannt.

G. Schwaiger

Q.: JAFFÉ I, 441; II, 705 – LP II, 230; III, 128, 365 – E. DÜMMLER, Auxilius und Vulgarius, 1866 – Lit.: →Formosus – →Stephan VI. – Dict. hist. de la papauté, 1994 – H. ZIMMERMANN, Das dunkle Jahrhundert, 1971 – G. SCHWAIGER, Das Papsttum im »Dunklen Jahrhundert« (M. WEITLAUFF, Bf. Ulrich v. Augsburg, 1993), 53–68.

2. R. de Roma OP, Theologe aus der röm. Familie →Orsini, * um 1230, † vor 28. Mai 1273 in Paris, wirkte in

Paris unter →Thomas v. Aquin 1270–72 als Sentenziar und war anschließend 1272–73 dessen Nachfolger als Magister. Von seinem Sentenzenkomm. sind B. I und II erhalten, dazu eine kurze »Sententia Sententiarum« und lat. Predigten. R.' Theol. entspricht weitgehend dem zeitgenöss. traditionellen Augustinismus, nimmt jedoch, z. B. in der theol. Erkenntnislehre, den neuen Ansatz Thomas' v. Aquin zögernd auf, wobei eine eigene Aristoteles-Rezeption nicht zu erkennen ist. Sein Sentenzenkomm. findet sich gelegentl. benutzt von →Aegidius Romanus und →Johannes v. Paris. W. Senner

Ed.: M. GRABMANN, R. de R. OP und der Prolog seines Sentenzenkomm, DT 19, 1941, 190–194 [In I Sent., Prol.] – J. BEUMER, R. de R. OP und seine theol. Einleitungslehre, Rth 25, 1958, 329–351 [In I Sent., Quaestio de causa efficiente theologiae] – B. BEATTIE, A Later 13th-Cent. Paschal Sermon and Collatio from the Univ. of Paris, Scintilla 6, 1989, 30–64 [Sermo in festo Paschae] – *Lit.:* J. QUETIF–J. ECHARD, Scriptores OP, I, 1719, 263f. – F. EHRLE, L'Agostinismo e l'Aristotelismo nella scolastica del s. XIII, Xenia tomistica III, 1925, 566–570 – GRABMANN, Geistesleben I, 340–346; III, 280–305 [Neudr. des obengen. Artikels v. 1941] – DERS., Die theol. Erkenntnis- und Einleitungslehre des hl. Thomas v. Aquin, 1948, 264–273 – T. KAEPPELI, Scriptores OP, III, 1980, 332f.; IV, 1993, 272.

Romanusbuchstaben, sog. litterae significativae, sind Zusatzzeichen in der →Neumenschrift zur Verdeutlichung des Melodieverlaufs und der Vortragsweise: a = altius, c = cito vel celeriter, d = deprimatur, e = equaliter, i = iusum vel inferius, l = levare, m = mediocriter, s = sursum, t = trahere vel tenere, x = expectare. Sie treten im wesentl. in den Hss. des 9.–11. Jh. im Bereich von St. Gallen, Metz und Chartres auf. →Ekkehard IV. v. St. Gallen schreibt die Einführung Romanus zu, der auf Bitten Karls d. Gr. im Frankenreich um 790 den röm. Choral verbreiten sollte. Heute wird eher byz. statt röm. Herkunft angenommen. B. Schmid

Lit.: RIEMANN–S. CORBIN, Die Neumen (Paläographie der Musik, I, hg. W. ARLT, 1977, 3. 186) – K. FLOROS, Universale Neumenkunde, 1970, II, 134ff. [Lit.] – M.-C. BILLECOCQ, Lettres ajoutées à la notation neumatique du Cod. 239 de Laon, Études Grégoriennes 17, 1978, 7–144.

Romanzen
I. Altfranzösische und okzitanische Literatur – II. Englische Literatur.

I. ALTFRANZÖSISCHE UND OKZITANISCHE LITERATUR: Mit dem Begriff R. bezeichnete KARL BARTSCH 1870 eine eher heterogene Reihe lyr.-narrativer Dichtungen (im allg. »de femmes«) wie →Chansons de toile oder d'histoire, chansons à personnages u. a., die als Gemeinsamkeit die anonyme Verfasserschaft und das Überwiegen »volkstümlicher« Elemente besitzen. Zum Unterschied von den →Pastourellen, deren Protagonist stets eine junge Hirtin ist, tritt in den R. eine umfangreiche Reihe junger Frauen auf, die in der Liebe Enttäuschungen erlebt haben (*malmariées*, vom Geliebten Verlassene etc.). Nicht von ungefähr wurde die Slg. mit »Bele Erembors« eröffnet, einer der ältesten Chansons d'histoire. Es handelt sich bei dem Begriff R. also um eine Bezeichnung, die nicht auf die ma. Terminologie zurückgeht, sondern im wesentl. einem »romantischen« Zugang zu der Lit. des MA entspricht; es ist wohl kein Zufall, daß der Begriff nur in der dt. Forsch. weiterverwendet wird. Ist es schon schwierig, bei den altfrz. R. verbindl. Gemeinsamkeiten zu finden, so ist dies bei den okzitan. R. so gut wie unmöglich. Mit der Bezeichnung R. wurden die verschiedenartigsten Dichtungen bekannter Autoren versehen, in denen eine Frau die Protagonistin ist, von →Marcabrus »A la fontana del vergier« über »Rossinhol el seu repaire« des →Peire d'Alvernhe zu »Lo dous chanz d'un auzel« des →Guiraut de Borneil. Zur span. Lit. →Romancero. L. Rossi

Ed.: Altfrz. R. und Pastourellen, hg. K. BARTSCH, 1870 – Le »Chansons de Toile« o »Chansons d'Histoire«, hg. G. SABA, 1955 – P. BEC, La Lyrique frc. au MA (XIIe–XIIIe s.), 2 Bde, 1977, II, 7–46 – *Lit.:* GRLMA I/5, 55–66 [E. KÖHLER] – R. JOLY, Les chansons d'histoire, RJb 12, 1961, 51–66 – M. ZINK, Les Chansons de Toile, 1978 – P. BEC, Le problème des genres chez les premiers troubadours (Écrits sur les troubadours et la lyrique médiévale [1961–1991]), 1992 [Bibliogr.].

II. ENGLISCHE LITERATUR: Die Bezeichnung R. wird für eine große Zahl (über 100) sehr verschiedener erzählender Werke des engl. MA zw. dem 13. und 15. Jh. gebraucht, wobei über die genauere Definition bisher wenig Einigkeit erreicht worden ist. Stoffe, Umfang und metr. Formen sind von unübersichtl. Vielfalt und stehen einer klaren Definition entgegen. Ein großer Teil der Charaktere und Motive stammt aus den europ. Stoffkreisen um →Karl d. Gr. (B. III) und seine Ritter, die Belagerung Trojas, um →Alexander d. Gr. (B. VIII) sowie bes. um Kg. Arthur (→Artus, V) und seine Tafelrunde; viele jedoch, bes. die *non-cyclic romances*, sind ganz unterschiedl. Herkunft. Nach dem Umfang reichen die R. von kurzen, in einem Zuge vorzutragenden exemplar. Erzählungen bis zum kompilierenden Versroman (→Roman) von mehreren tausend Zeilen. Die Mehrzahl der frühen R. weist deutl. Merkmale mündl. Dichtung auf, namentl. eine stark formelhafte Sprache und kaum individualisierte Charakterisierung. Die Tradition setzt sich in zahlreichen späteren Werken fort, die sich deutl. an ein populäres, des Frz. unkundiges Publikum wenden, während andere eine hoch entwickelte Erzähltechnik und Vertrautheit mit der literar. Tradition zeigen. Bevorzugte Versmaße sind das vierhebige Reimpaar, die zwölf- oder sechzehnzeilige Schweifreimstrophe und – für eine wichtige Gruppe aus dem W und NW Englands – die alliterierende Langzeile (→Alliteration, C. IV). Viele der engl. Werke folgen frz. oder anglonorm. Modellen; doch nur in den seltensten Fällen handelt es sich um unmittelbare Übers.en. Als einzige me. R. folgt »Ywain and Gawain« (c. 1325–50), eine freie Nachdichtung von →Chrétiens »Yvain«, einem der klass. frz. Versromane (→Gawain, III). Häufiger sind lose Adaptionen bekannter Stoffe, oft unter einseitiger Betonung des Sensationellen und Erbaulichen. Ein Sonderfall sind die in →Chaucers »Canterbury Tales« eingestreuten R. mit ihrer hochentwickelten Rhetorik, unkonventionellen Mischung von Gattungselementen und deutl. Kritik an abgenutzten Konventionen. In der dem Erzähler selbst in den Mund gelegten Parodie »Sir Thopas« werden Klischees populärer R. persifliert.

Ein wesentl. Teil der me. R. ist in Sammelhss., meist didakt. und religiösen Inhalts, überliefert, meist für wohlhabende Bürger und Auftraggeber bestimmt; nur wenige finden sich in aufwendigeren Mss. Eine größere Zahl ist in unterschiedl. Versionen überliefert; viele, wie auch das bes. eigenständige →»Sir Gawain and the Green Knight«, nur in einer einzigen Abschrift. Die Verfasser der me. R. sind fast durchweg anonym. Ältere Theorien, nach denen es sich um fahrende Spielleute handelt, werden heute angezweifelt; doch sind die Bezüge zu ursprgl. mündl. tradierten Texten in vielen Fällen noch sehr deutlich. Häufig wird ein Hörerkreis angesprochen und ein geselliger Anlaß suggeriert.

Definition und Klassifizierung der me. R. sind ein vieldiskutiertes, bis heute nicht gelöstes Problem. Für die zeitgenöss. Dichter verband sich R. in erster Linie mit der Vorstellung eines herausragenden Helden, mit Bewährung in ritterl. Kampf, Liebe und oft exot. Abenteuer. Die Vorbildlichkeit der Zentralfigur nimmt häufig exemplar. oder hagiograph. Züge an. Das höf. Milieu der klass. frz.

Versromane wird oft durch bürgerl. Züge und um schlichten Realismus bemühte Darstellung ersetzt. Es geht den meisten Verfassern nicht um die Darstellung aristokrat. Etikette, sondern um simplere Modelle moral. und religiösen Verhaltens. Die Grenzen zur Historiographie, Heiligenlegende, Beispielerzählung, zum Schwank oder zur Wundergesch. sind dabei oft durchlässig.

Die formale und inhaltl. Vielfalt der me. R. steht im Zusammenhang mit der zeitl. Verzögerung der Rezeption: die engl.sprachigen Gedichte entstanden zu einer Zeit, als sich die klarer umrissenen Gattungen der frz. Vorbilder weithin aufgelöst hatten und R.stoffe in den verschiedensten Formen tradiert wurden.

Die noch immer häufigste Einteilung der me. R. folgt den traditionellen Stoffkreisen (matter of England, m. of Britain, m. of France, m. of Rome); doch dies überdeckt deren formale und stilist. Heterogenität, wie sich z. B. an den Artuserzählungen zeigt. Zu ihnen gehören kurze schwankhafte Gedichte, populäre Kurzr. um Einzelhelden (z. B. »Sir Perceval of Gales«; →Parzival, III) und umfangreichere, gedankl. anspruchsvolle Werke wie der stroph. »Le Morte Arthur« (c. 1400) und v. a. der alliterierende »Morte Arthure« (c. 1360; →Alliteration, C. IV; →Morte Arthure). Ebenfalls problemat. sind Gruppierungen nach Länge, metr. Form oder geogr. Herkunft, da sie nur partielle Merkmale berücksichtigen.

Zu den frühesten Texten gehören →»King Horn« und →»Havelok« (1. Hälfte 13. Jh.), die den Aufstieg zweier Volkshelden durch soziale Erniedrigung, Verkleidung und mirakelhafte Bewährung schildern. Sie gehen ebenso auf anglonorm. Vorlagen zurück wie die umfangreichen R.biographien legendärer Gründer von Adelsgeschlechtern, »Guy of Warwick« und »Bevis of Hamtoun« (1. Hälfte 14. Jh.), die sich besonderer Verbreitung, z. T. bis ins 19. Jh., erfreuten. Formal gehören in diese Gruppe die Versromane über →Richard Löwenherz, Kg. Alexander sowie Arthur und Merlin aus der 1. Hälfte des 14. Jh. Ihnen steht eine größere Zahl kürzerer R. um Einzelritter oder heiligenähnl. Gestalten gegenüber (z. B. »Sir Eglamour«, »Sir Ysumbras«, »The Erl of Tolous«, »Athelston«, »Octovian«), teils aus dem Artuskreis (»Sir Perceval of Gales«, »Libeaus Desconus«), teils in Anlehnung an die breton. →Lais di →Marie de France (»Sir Launfal«, »Sir Orfeo«); auch die geduldig ertragenen oder als Martyrium erduldeten Leiden exemplar. Frauen werden in solchen homilet. Kurzr. beschrieben (z. B. »Emaré«, »Le Bone Florence of Rome«, Chaucers »Man of Law's Tale«; →Griseldis, II), ebenso Heidenkämpfe aus dem Umkreis um Karl d. Gr. (»The Sege of Melayne«, »Otuel and Roland«, »Firumbras«; →Roland). Die Stoffe um Troja und Alexander werden in umfangreichen Kompilationen einem engl. Publikum vermittelt, dem die lat. und frz. Vorlagen nicht zugängl. waren. Die »Gest Historiale of the Destruction of Troy« (ca. 1400) übersetzt in über 14000 alliterierenden Langzeilen Guido delle →Colonnes »Historia Destructionis Trojae«; in freierer Form adaptiert das »Laud Troy Book« (ca. 1400) den Stoff in über 18000 paarweise gereimten Vierhebern, während die kürzere »Seege of Troye« (ca. 1300–25) den Stoff in 2000 Zeilen als Kurzr. zusammenfaßt und →Lydgates »Troy Book« (1412–20) ihn gelehrt und moralisierend ausweitet. Ähnlich werden auch die Legenden um Alexander d. Gr. zw. 1300 und 1440 sowohl in alliterierenden Langzeilen als auch in vierhebigen Reimpaaren kompiliert.

Die Entwicklung im 15. Jh. zeigt einerseits ein Absinken von R.stoffen in populäre →Balladen, andererseits einen Zug zu Kompendien in Prosa, wie →Malorys »Le Morte Darthur« (Ende 15. Jh.) und →Caxtons gedruckte Kompilationen für ein dem Hofe nahestehendes Publikum.
D. Mehl

Bibliogr.: ManualME 1. I, 1967 – *Lit.*: L. A. HIBBARD, Medieval Romance in England. A Study of the Sources and Analogues of the Non-Cyclic Romances, 1924 – H. SCHELP, Exemplar. R. im Me., 1967 – D. MEHL, The ME Romances of the 13th and 14th Centuries, 1968 – V. B. RICHMOND, The Popularity of ME Romance, 1975 – G. GUDDAT-FIGGE, Catalogue of Manuscripts Containing ME Romances, 1976 – S. WITTIG, Stylistic and Narrative Structures in the ME Romances, 1978 – W. R. J. BARRON, English Medieval Romance, 1987 – C. FEWSTER, Traditionality and Genre in ME Romance, 1987 – A Concordance to ME Metrical Romances, ed. T. SAITO–M. IMAI, 1988 – Stud. in Medieval English Romances. Some New Approaches, hg. D. BREWER, 1988 – Romance in Medieval England, ed. M. MILLS, J. FELLOWS, C. MEALE, 1991 – K. REICHL–W. SAUER, A Concordance to Six ME Tail-Rhyme Romances, 1993.

Rombeschreibungen. Bereits aus der Antike sind R. erhalten: so widmen etwa Plinius M. oder Ammianus Marcellinus Teile ihrer Werke der Urbs, während Fachschriftsteller wie Frontin bes. Aspekte hervorheben. Obgleich sich das narrative Q.material im FrühMA drast. verringert, bleibt Rom weiterhin ein Gegenstand von Beschreibungen, diesmal unter christl. Blickwinkel: Verzeichnisse der außerhalb der Mauern gelegenen Friedhöfe, der Märtyrergräber und der stadtröm. Kirchen sind bereits im 6.–8. Jh. belegt (Notitia ecclesiarum urbis Romae, De locis sanctis martyrum etc.). Nicht von ungefähr läßt die Hss. überlieferung eine Provenienz der Texte aus den Gebieten nördl. der Alpen erkennen (heut. Österreich und Süddtl.), in denen die Christianisierung und der Aufbau der kirchl. Strukturen noch nicht lange zurücklagen und von woher viele der ersten Pilger kamen. Bereits im Itinerar von Einsiedeln (Entstehungszeit unsicher, in einer Hs. aus karol. Zeit überliefert) werden neben den christl. Altertümern auch »touristische Sehenswürdigkeiten« (Tore, Tempel, Triumphbögen) erwähnt, die offenbar auf den Reisenden nicht weniger Anziehung ausübten als die heiligen Stätten. Hingegen fehlen im gesamten Früh- und HochMA Beschreibungen der Stadt durch Augenzeugenberichte von Reisenden, d. h. von Autoren, von denen wir aufgrund ihrer Werke wissen, daß sie Rom besucht haben, bzw. sind auf knappe Bemerkungen ohne jedes ästhet. Werturteil beschränkt. Die Vermischung der Interessen für die christl. und heidn. Altertümer und der Versuch, zwei augenscheinl. gegensätzl. Traditionen zu verbinden, lassen sich bereits in der ersten Fassung der →Mirabilia erkennen (Mitte des 12. Jh.), v. a. aber jedoch in den späteren Redaktionen dieses sehr verbreiteten Textes (Mirabilia Magistri Gregorii, →Graphia). Kennzeichnend für das SpätMA ist hingegen – verbunden mit der Wiederentdeckung des Individuums und daher auch der Autobiographie –, daß die Texte, die uns Kenntnisse über die Stadt vermitteln, zunehmend persönl. gefärbt sind. Bleiben die alten »Pilgerführer« eine für das Verständnis jedes Reiseberichts unersetzl. Grundlage, so gewinnen diese Texte durch Erlebnisberichte, ästhet. Bemerkungen und individuelle Werturteile größere Farbigkeit. Das Rom der Reisenden des 15. Jh. (Rucellai, Muffel u. a.) erscheint nicht mehr unter einem einheitl. Gesichtspunkt, sondern wird aus verschiedenen Blickwinkeln geschildert: so beschreiben ideolog. Motivationen Rom als die faszinierende Metropole der Cäsaren oder sehen in ihr ein infernal. Babylon. Mitte des 15. Jh. läßt die Blüte des Humanismus die Werke des Flavio →Biondo entstehen (Roma instaurata, Roma triumphans), Abhandlungen über die röm. Altertümer oder die Inschriftensammlungen des Signorili (um 1430), eines städt. scribasenatus, der eine »Descriptio Urbis Romae eiusque excellentiae« verfaßte. Leon Battista →Alberti versuchte als erster, einen Plan der Stadt zu erstellen, in dem die Monumente mit math. Genauigkeit im Stadtgebiet verzeichnet waren.

G. Barone

Q.: R. VALENTINI-G. ZUCCHETTI, Codice Topografico della città di Roma, FISI 81, 1940; 83, 1942; 90, 1946; 91, 1953 – *Lit*.: G. TELLENBACH, Die Stadt Rom in der Sicht ausländ. Zeitgenossen (800–1200), Saeculum, 1973, 1–39 – DERS., Glauben und Sehen im Romerlebnis dreier Deutscher des fünfzehnten Jh. (Fschr. H. HOBERG, II, 1979), 883–912 – M. MIGLIO, Immagini di Roma: Babilonia, Gerusalemme, »cadaver miserabilis urbis« (Cultura e società nell'Italia medievale [Fschr. P. BREZZI, II, 1988]), 509–518 – G. BUCCILLI, Viaggiatori a Roma nella seconda metà del quatrocento, La cultura 6, 1988, 39–62.

Romidee

I. Westliches Abendland – II. Byzanz – III. Moskau – IV. Arabisch-islamische Kultur.

I. WESTLICHES ABENDLAND: R. ist die zusammenfassende Bezeichnung für Überlegungen, Konzepte und Formeln, die sich auf einen universellen und unvergängl. Primat der Stadt →Rom im polit., kirchl. und kulturellen Leben beziehen. Die ma. R. hat wesentl. begriffl. und gedankl. Elemente aus der Antike übernommen, darunter den an Rom gebundenen Weltherrschaftsgedanken, die Vorstellung vom Ewigkeitscharakter und von der Erneuerungsfähigkeit der Stadt und ihrer Funktionen sowie die Fülle der ehrenden und Roms Sonderstellung definierenden Epitheta (z.B. Urbs aeterna, regia, aurea, caput orbis, domina mundi usw.). Im Gefolge der tiefgreifenden Umwälzungen, die das imperium Romanum seit dem 3. Jh. erlebte, war die auf ein einheitl. Weltreich bezogene R. des Altertums erhebl. Wandlungen unterworfen, so daß im MA drei mehr oder weniger selbständige Formen der R. in Erscheinung treten: eine städt., eine imperiale und eine kirchl.

[1] Die *städt*. R. geht letztl. von der Fiktion aus, daß die verfassungsrechtl. Führungsrolle, die der populus Romanus im Imperium der Antike innehatte, auch den Bewohnern der ma. Urbs zukomme. Wirksam wird dieser Anspruch insbes. in bezug auf die Ks.erhebung. Im Anschluß an die Ks.krönung Karls d. Gr. haben die Römer auch bei der Mehrzahl der späteren Ks.weihen eine bestätigende Mitbeteiligung beansprucht und durchsetzen können. Seit dem 12. Jh. wurde die Vorstellung, die Ks.würde verdanke ihre Legitimität den Römern, schriftl. formuliert (Brief an Kg. Lothar III., 1130) und unter Berufung auf die antike Lex regia zu dem Anspruch erweitert, Ks.erhebungen aus eigenem Recht ohne Beteiligung des Papstes vornehmen zu können (Briefe der röm. Senatoren an Kg. Konrad III., 1149; Brief Wezels an Kg. Friedrich I., 1152). Die von dt. Seite bekämpften Forderungen (→Translatio imperii) sind nur in Ausnahmesituationen von einzelnen Ks.kandidaten akzeptiert worden, so theoret. 1265 durch Friedrichs II. Sohn Manfred v. Sizilien, 1328 durch Ludwig d. Bayern (der anschließend aber die päpstl. Weihe empfing). Auf der Lex regia beruhte auch der Plan des röm. Tribunen →Cola di Rienzo, 1347 in Rom eine von der bisherigen Verfassungstradition unabhängige nat.-it. Ks.wahl durchführen zu lassen. Auswirkungen der ma. Renovatiobewegung (→Renovatio) auf die städt. R. werden in den Versuchen des 12.–14. Jh. greifbar, die röm. Kommune zum Träger einer auf die einstige Vorrangstellung der Urbs bezogenen papst- und ks. unabhängigen Selbstregierung mit antiken Titulaturen und Institutionen (Senatus populusque Romanus u. a.) zu machen. Literar. Ausdruck solcher Bestrebungen um die Mitte des 12. Jh. sind Teile der unter dem Namen →»Graphia aureae urbis Romae« zusammengefaßten Schr.en (Romgesch. von Noah bis Romulus, »Libellus de cerimoniis aule imperatoris«), die von der älteren Forsch. (P. E. SCHRAMM) den 30er Jahren des 11. Jh. zugewiesen wurden, neuerdings im wesentl. jedoch als Werk des Montecassineser Mönchs →Petrus Diaconus gelten.

[2] Die *ksl*. R. kreist um den Gedanken, daß Rom »caput et sedes« des durch Karl d. Gr. bzw. Otto d. Gr. erneuerten imperium Romanum sei. Die seit dem 9. Jh. nicht mehr angefochtene örtl. Bindung der Ks.erhebung an Rom ist frühzeitig ins dt. Staatsrecht integriert (Verpflichtung zum Romzug) und vom polit. Denken der Stauferzeit mit der Kg.serhebung in →Aachen in ein festes Stufenverhältnis der Herrschersitze diesseits und jenseits der Alpen gebracht worden. Den Versuch, Rom wirkl. zur Residenz zu machen, hat nur Otto III. unternommen, dessen polit. Konzept stark an die R. gebunden war. Die Vorstellung, daß Ks.herrschaft notwendig und unverzichtbar die Hoheit über die Stadt Rom einschließe und hierauf zugleich der universelle Charakter des Imperiums beruhe, hat auch seine Nachfolger in sal. und stauf. Zeit bestimmt. Bekundungen dessen sind u. a. die Beischr. des Rombildes der ksl. und kgl. Metallbullen seit Konrad II. (1033): »Roma caput mundi regit orbis frena rotundi« (→Bulle, III, 2) sowie die grundsätzl. Äußerungen Friedrichs I. über sein Verhältnis zur Stadt Rom. Eine von solchen Vorstellungen gelenkte Politik führte freilich zu Konflikten nicht nur mit der röm. Kommune, sondern v. a. mit dem nachgregorian. Papsttum, für das die Folgerungen, die Barbarossa aus der Formel »pontifex alme nostre urbis Rome« (DFI Nr. 155, 413) ableitete, unannehmbar waren. Friedrich II. hat in den 30er Jahren des 13. Jh. in einer Reihe von Manifesten das bes. Verhältnis des Ks.s zu Rom propagandist. herausgestellt, den Römern jedoch keinen Anteil an seiner Politik zugestanden. Das spätma. Ksm. hat nicht mehr den Versuch gemacht, die Ks.hoheit über Rom zu erneuern.

[3] Die *kirchl*. R. ist im wesentl. eine Neubildung des MA. Das Christentum stand der antiken R. mit ihren paganen Elementen (Kult der Roma, Ewigkeitsqualität der Stadt) mit Distanz gegenüber. Augustin hat sie kompromißlos entmythologisiert: »Roma enim, quid est, nisi Romani« (Sermo 81, 9). Erst Papst Leo d. Gr. legte das Fundament einer zugleich chr. wie päpstl. R., indem er im Anschluß an die Protektorrolle der Apostel Petrus und Paulus über Rom in seiner Predigt am Tag der Apostelfs.en i. J. 441 erklärte, Rom, als »civitas sacerdotalis et regia« durch den Sitz des hl. Petrus zum Haupt der Welt geworden, beherrsche durch die göttl. Religion weitere Gebiete als durch weltl. Macht (Tract. 82, ed. A. CHAVASSE, CCL 138 A, 508). Roms universelle Mission war damit für die Kirche an das Papsttum und dessen röm. Verankerung gebunden. Papst Innozenz III. verstand den Weg Roms vom »dominium super omnes gentiles« zum Lehrprimat über alle Gläubigen als Teil der Welt- und Heilsgesch., hielt aber am Doppelcharakter Roms als ksl. und apostol. Stadt fest (Sermo 22). Hat die verchristlichte R. somit positiv zur Lehre vom Papstprimat (→Primat) beigetragen, so drohte dieser umgekehrt im Gefolge der häufigen Abwesenheiten der Kurie von Rom mit dem Rechtssatz »ubi papa, ibi Roma« (→Henricus de Segusio), den Romgedanken zu entleeren. Demgegenüber haben am Ende der avign. Periode die religiösen Reformer unter den Befürwortern der Rückkehr des Papsttums an seinen angestammten Sitz (→Birgitta v. Schweden, →Katharina v. Siena) die röm. Verankerung der petrin. Tradition nachdrückl. vertreten. Wirkungen der →Konstantin.

Schenkung auf das päpstl. Romverständnis werden eher sekundär und spät, etwa bei der Auseinandersetzung der Päpste mit den stadtröm. Autonomiebestrebungen, spürbar.　　　　　　　　　　　　　　　J. Petersohn

Q.: E. Dupré Theseider, L'idea imperiale di Roma nella tradizione del medioevo, 1942 – »Graphia Aureae Urbis Romae«, ed. P. E. Schramm (Ders., Ks., Kg.e und Päpste III, 1969), 313–359 – *Lit.*: A. Graf, Roma nella memoria e nelle immaginazioni del medio evo, 1882–83 – P. E. Schramm, Ks., Rom und Renovatio, 1929 [Nachdr. 1957] – E. Dupré Theseider, I papi di Avignone e la questione Romana, 1939 – R. Folz, L'idée d'empire en occident du Ve au XIVe s., 1953 – M. Seidlmayer, Rom und Romgedanke im MA (Ders., Wege und Wandlungen des Humanismus, 1965), 11–32 – M. Fuhrmann, Die R. der Spätantike, HZ 207, 1968, 529–561 – H. M. Schaller, Die Ks.idee Friedrichs II. (VuF 16, 1974), 109–134 [Wiederabdruck: Ders., Stauferzeit (MGH Schr. 38, 1993), 53–83] – R. L. Benson, Political Renovatio: Two Models from Roman Antiquity (Renaissance and Renewal in the Twelfth Cent., ed. R. L. Benson–G. Constable, 1982), 339–386 – H. Bloch, Der Autor der »Graphia aureae urbis Romae«, DA 40, 1984, 55–175 – M. Maccarrone, Romana ecclesia – cathedra Petri, 1991.

II. Byzanz: Die byz. R. ist äußerl. markiert durch die Gründung →Konstantinopels (324), der 'Neuen Mitte' des spätröm. bzw. frühbyz. Staates. Ihre Ausformung ist das Ergebnis einer Vielfalt schon in der Antike vorhandener Vorstellungen einer Weltordnung, so des Gedankens über die Vier Weltreiche (Dan 2; 7) und bes. des durch Vergil entwickelten Mythos von der röm. Macht und Weltherrschaft, die keine Grenzen kennt und in der Pax Romana Vollendung der Weltgesch. darstellt (Aen. 1, 280–283). Verbunden mit dem Gedanken des notgedrungenen Verfalls aller Dinge bzw. des Staats als Organismus, erfuhren diese Vorstellungen durch die Verchristlichung der röm. Tradition eine Erneuerung, in deren Zentrum weiterhin Rom steht, zunächst als Metapher, dann losgelöst von realen Ort am Tiber als selbständiger Begriff von Hauptstadt im eigtl. Sinn, der auf das neue Zentrum Konstantinopel, mit diesem schließlich synonym (Rom = Konstantinopel), angewendet wurde. Daß jedoch mit der chr. Vereinnahmung antiker Tradition auch machtpolit. Tatsachen Rechnung getragen wurde, zeigt die bis zum Ende des Reiches betonte Bezugnahme auf die Stadt am Tiber, was sich bes. rhetor. ausgeschmückt und lit. verarbeitet durch alle Jahrhunderte in den Gegenüberstellungen von »alt, würdig, schwach« (Rom 'Mutter') und »jung, neu, lebenskräftig« (Rom = Konstantinopel 'Tochter') zeigt. Bei der Ausformung der chr.-byz. R. kommt →Eusebios v. Kaisareia die wohl bedeutendste Rolle zu. Durch das Christentum als universalist. Religion erfährt dieser Gedanke eines einzigen Reiches noch seine Vertiefung. Der Heilsplan ist durch Konstantin und das Christentum erfüllt; die Weltgesch. als Kontinuität von Adam und Eva über das heidn. röm. Reich hat ihre Vollendung in Konstantinopel, dem neuen Rom (→Rhomaioi), erfahren. Für die Christen des MA war diese Deutung der Gesch. und des Reichsgedankens selbst bei Eroberungsplänen Konstantinopels maßgebend (z.B. Symeon v. Bulgarien, Ivan II. Asen). Bis zur Entwicklung der westl. R. wurde auch in den dem röm. Reich verlorengegangenen Gebieten, bes. nach dem Fall Roms, der Anspruch, der sich aus der durch Konstantinopel erneuerten R. ergab, anerkannt, was auch in der Bezeichnung Röm. Reich (anstelle der erst modernen Bezeichnung Byzanz) zum Ausdruck kommt. Nach dem Ende des Rhomäerreiches durch die Eroberung der Stadt Rom/Konstantinopel durch Nichtchristen wurde dieses Gesch.skonzept des Heilsplanes einer verchristlichten R. im orth. Rußland aufgenommen.　　G. Schmalzbauer

Lit.: TRE XIX, 503–518 – F. Dölger, Rom in der Gedankenwelt der Byzantiner, ZKG 56, 1937, 1–42 [= Ders., Byzanz und die europ. Staatenwelt, 1964^2, 70–115] – H.-G. Beck, Konstantinopel, das neue Rom, Gymnasium 71, 1964, 166–174 – H. Hunger, Das Reich der neuen Mitte, 1965 – E. Fenster, Laudes Constantinopolitanae, 1968 – G. Podskalsky, Byz. Reichseschatologie, 1972 – G. Dagron, Naissance d'une capitale, 1974 – M. Salamon, Rozwój idei Rzymu-Konstantynopola od IV do pierwszej połowy VI wieku, 1975 – J. Irmscher, 'Neurom' oder 'zweites Rom«, Klio 65, 1983, 431–439 – A. Demandt, Die Spätantike, 1989, 470ff.

III. Moskau: Nach verbreiteter Auffassung habe →Moskau nach dem Fall von →Konstantinopel das Erbe des »zweiten Rom« angetreten und sei damit zum »dritten Rom« geworden. Eine wesentl. Rolle dabei habe die 1472 geschlossene Ehe des Gfs.en →Ivan III. (1462–1505) mit →Sophia Palaiologa, der Nichte des letzten byz. Ks.s, gespielt. Die neue Staatsideologie habe u. a. in der Übernahme des Doppeladlers sowie des Hofzeremoniells (→Zeremoniell) aus Byzanz Ausdruck gefunden. Schließlich habe der Pskover Mönch →Filofej diesem Gedanken schriftl. Form gegeben, als er nach 1510 schrieb: »Denn zwei Rome sind gefallen, aber das dritte steht, und ein viertes wird es nicht geben.«

Eine genauere Analyse ergibt jedoch einen wesentl. anderen Befund: Zwar war man im Moskau des ausgehenden 15. Jh. in Zusammenhang mit der damals einsetzenden verstärkten Anknüpfung von Kontakten zum westl. Europa nachdrückl. bestrebt, die eigene Gleichrangigkeit zu dokumentieren. Die Mittel aber, derer man sich dazu bediente, stammten keineswegs ausschließl. oder auch nur überwiegend aus Byzanz (Einführung des Doppeladlers z. B. nicht nach byz., sondern nach habsbg. Vorbild [G. Alef, 1966]). Auch das zitierte Diktum Filofejs verliert, im Zusammenhang mit seinem Kontext gelesen, seinen triumphalist. Unterton. Der Mönch spricht zunächst davon, daß das erste und das zweite Rom von Gott als Strafe für ihren Abfall vom wahren Glauben dem Untergang preisgegeben worden seien. Nun sei Moskau an ihre Stelle getreten und zum dritten Rom geworden. Ein viertes Rom aber kann es nicht deshalb geben, weil es im 16. Jh. außer dem Gfs.en v. Moskau keinen rechtgläubigen Souverän mehr gibt. Fällt nun auch Moskau vom wahren Glauben ab, dann hat das katastrophale Folgen: Das röm. Reich ist nach verbreiteter Überzeugung des MA (→Eschatologie, B) das vierte und letzte Reich des Traumes Nebukadnezars (Dan 2), sein Ende bedeutet das Ende der Welt. So folgt in dem Sendschreiben, dem das obige Zitat entnommen ist, folgerichtig die eindringl. Bitte, der Gfs. möge alles ihm Mögliche tun, damit nicht auch sein Reich in Sünde falle. Somit enthält Filofejs Wort und damit die Lehre von Moskau als drittem Rom für die Zeit ihres Entstehens nicht die triumphalist. Zusage ewiger Dauer, sondern den Hinweis auf die furchtbare Last der Verantwortung für den Fortbestand der Welt.

Der Gedanke eines »byz. Erbes« Moskaus im polit. Sinne scheint im Abendland, wo man Verbündete gegen die →Osmanen suchte, entstanden und von dort zu einem späteren Zeitpunkt nach Moskau gelangt zu sein.

　　　　　　　　　　　　　　　　　P. Nitsche

Lit.: H. Schaeder, Moskau das dritte Rom. Stud. zur Gesch. der polit. Theorien in der slaw. Welt, 1957^2 – G. Alef, The Adoption of the Muscovite Two-Headed Eagle: A Discordant View, Speculum 41, 1966, 1–21 – M. Hellmann, Moskau und Byzanz, JbGO NF 17, 1969, 321–344 – V. Glötzner, Das Moskauer Cartum und die Byz. Ks.idee, Saeculum 21, 1970, 393–416 – P. Nitsche, Moskau – das Dritte Rom?, Gesch. in Wiss. und Unterr. 42, 1991, 341–354 – Ders., Nicht an die Griechen glaube ich, sondern an Christus. Russen und Griechen im

Selbstverständnis des Moskauer Staates an der Schwelle zur Neuzeit, 1991.

IV. ARABISCH-ISLAMISCHE KULTUR: Die an Europa nur wenig interessierten Muslime betrachteten Rom (arab. Rūmiyya) als die Stadt des mit dem Kalifen verglichenen Papstes. Wie im Falle →Konstantinopels träumten sie von ihrer Eroberung am Weltende. Sie wußten v. a. Phantastisches über eine Stadt zu berichten, die voller Säulen, Statuen und prächtiger Kirchen sei und die Gräber von Petrus und Paulus beherberge. Alle bedeutenden Gebäude erstrahlten in Gold und Kupfer, während der Tiber durch Kupferplatten abgedeckt und mit Bronzeplatten ausgelegt sei. Nirgends sahen die Muslime Zeichen von Zerstörung und Verfall. Das Motiv der 'Roma aurea, Roma aeterna' scheint ganz wörtlich genommen. Allerdings trug Rom durch diese Charakterisierung auch die Züge der nach muslim. Überlieferung von →Salomon im äußersten W oder O erbauten Stadt aus Kupfer oder Messing. Erst in der frühen Neuzeit entstand die osman. Legende von dem zu erobernden Goldenen bzw. Roten Apfel, mit dem u. a. auch Rom gleichgesetzt wurde – vielleicht wegen des bis 1586 eine goldene Kugel tragenden Vatikanischen Obelisken.   H. Möhring

Lit.: H. MÖHRING, Konstantinopel und Rom im ma. Weltbild der Muslime (Das geogr. Weltbild um 1300, hg. P. MORAW, ZHF, Beih. 6, 1989), 59–95 [Lit.].

Römische Buchschriften. Unter diesem Begriff lassen sich im Prinzip drei vom röm. Buchhandel zweifellos favorisierte Buchschriften zusammenfassen, deren Buchstaben im Gegensatz zu den mehr oder weniger kursiven Bedarfsschriften aus ihren Bausteinen mit Haar- und Druck-(Schatten-)strichen schreibgerecht zusammengebaut, d.h. 'kalligraph.' geschrieben sind, wobei die Reihenfolge der Striche organ. und techn. bedingt ist. Sie stellen das Ergebnis der Anpassung eines bestimmten Zustandes der →Kursive an die Erfordernisse einer Buchschrift (BISCHOFF, Paläographie, 74) dar, indem die schweifenden Formen verdichtet und zu Einzelstrichen umgeformt wurden. – Die älteste der drei ist die →Capitalis (rustica), geschaffen in Anlehnung an die scriptura actuaria der Inschriften durch Kalligraphisierung einer Majuskelkursive. Sie wurde nicht nur für Bücher mit lit. Texten (z. B. Vergil, jedoch kaum für Bibelhss. und gar nicht für chr. Prosatexte), sondern auch für Briefe und urkundenartige Dokumente verwendet, z. B. im Berliner Papyrus 13956 mit dem Brief eines Sklaven aus der Mitte des 1. Jh. (SEIDER I, Nr. 1), oder ein Frgm. einer Vermögenseinschätzung von 47/48 n. Chr. (SEIDER I, Nr. 6a, vgl. auch Nr. 6b in Kursive). Als Ausdrucksform höchsten Luxus gilt die →Capitalis quadrata, von welcher die Bruchstücke von zwei Vergilhss. (Augusteus: CLA I, 13, 6. Jh.; Sangallensis: CLA VII, 977, 5. Jh.) zeugen. – Ebenfalls aus der Verdichtung einer Majuskelkursive ist die →Unziale entstanden, eine Majuskelschrift, die nach dem Auftreten vereinzelter Formen schon im 1. und 2. Jh. (z. B. Aberdeen-Papyrus: CLA II², 120; SEIDER II, 2, Nr. 1; Frgm. von »De bellis Macedonicis«: CLA II², 207) – vom 4. Jh. an in etwa 500 Hss. überliefert ist. Hervorzuheben sind die Hss. St. Petersburg mit Augustinuswerken vom Ende des 4. Jh. (CLA XI, 1613), der Florentiner Digestencod. vor etwa 533 (CLA III, 295) sowie der spätestens 536/537 hergestellte Cod. Bonifatianus I in Fulda mit u. a. einer Evangelienharmonie nach Tatian (CLA VIII, 1196). Als eine zusammen mit der Halbunziale offensichtl. für chr. Prosatexte bevorzugte Schrift ist die Unziale auch für die klass. lat. Lit. verwendet worden, ein unzialer Vergilcod. ist freilich nicht überliefert. – Aus der Kalligraphisierung der röm. Minuskelkursive sind schließlich seit dem 3. Jh. die beiden Formen der älteren (östl.) und der jüngeren (westl.) →Halbunziale hervorgegangen. Während die ältere Halbunziale von verhältnismäßig wenigen Denkmälern repräsentiert wird (u. a. Livius-Epitome, CLA II², 208; BISCHOFF, Paläographie, 99), ist die seit dem 4. Jh. belegte, über eine kursive Vorstufe ('kursive Halbunziale'; zu vermeiden ist die von LOWE in CLA IV verwendete Bezeichnung »quarter-uncial«) entstandene jüngere Halbunziale zur bedeutenden, wenn auch im Vergleich zur Unziale viel weniger verbreiteten Buchschrift der Spätantike und des FrühMA aufgestiegen. Der alte Name »litterae Africanae« deutet zweifellos auf die Herkunft dieser Schrift. Zu den ältesten Halbunzialhss. gehören die St. Galler Evangelienfrgm. e vom Anfang des 4. Jh. (CLA VII, 984). – Am Rande sei vermerkt, daß sowohl Majuskel- als auch Minuskelkursive für lit. Texte in →Rollen oder →Codices verwendet worden sind. →Röm. Kursive.   P. Ladner

Lit.: B. BISCHOFF, Die alten Namen der lat. Schrr., Ma. Stud. I, 1966, 1–5 – A. PETRUCCI, Scrittura e libro nell'Italia altomedievale (Fschr. G. ERMINI, II, 1969 [= StM 10/2]), 177ff. – J. KIRCHNER, Scriptura lat. libraria, 1970² – R. SEIDER, Paläographie der lat. Papyri, I–II, 1972–82 – J.-O. TJÄDER, Der Ursprung der Unziale, Basler Zs. für Gesch. und Altertumskunde 74, 1974, 9–40 – B. BREVEGLIERI, Materiali per lo studio della scrittura minuscola lat. i papiri letterari, Scrittura e civiltà 7, 1983, 5–49 – B. BISCHOFF, Paläographie des röm. Altertums und des abendländ. MA, 1986².

Römische Kaiserkursive, Bezeichnung für die nach der im 3. Jh. erfolgten Ablösung durch die jüngere röm. →Kursive in hohen Verwaltungsstellen weiter verwendete ältere Kursive, die in der ksl. Kanzlei mit ihren schmalen, schrägen 'litterae caelestes' ihre ausgeprägte Form erhalten hat (vgl. ChLA XVII. 657). Ihre Nachahmung in Prov. kanzleien wurde 367 von den Ks. n Valentinian und Valens verboten (CTh 9, 19, 3). →Röm. Kursive.
     P. Ladner

Lit.: J. MALLON, L'Écriture de la chancellerie impériale romaine, Acta Salamanticensia, Filosofia y Letras 4/2, 1948 – DERS., Paléographie romaine, 1952, 114–122 – R. MARICHAL, L'Écriture de la chancellerie impériale, Aegyptus 32, 1952, 336–350 – J.-O. TJÄDER, Die nichtlit. lat. Papyri Italiens aus der Zeit 445–700, I, 1955, 119 – B. BISCHOFF, Paläographie des röm. Altertums und des abendländ. MA, 1986², 89.

Römische Kursive. Als Schrift des Alltags, die seit augusteischer Zeit unter verschiedenen Erscheinungsformen faßbar ist (älteste Denkmäler liegen etwa in der Mitte des 1. Jh. z. B. SEIDER I, Nr. 4, 6; ChLA V, 280; STEFFENS, Taf. 5; CLA VIII, 1201; CLA VIII, 1038); durchläuft die R. K. (→Kursive) zwei große Stufen:

Die *ältere R. K.* (Majuskel-[Capitalis-]K.), die bis ins 3. Jh. herrscht, wurde nicht nur für Geschäftsdokumente, deren Kenntnis durch die Veröffentlichung der Papyri aus Dura-Europos wesentl. bereichert wurde (heute in New Haven, New York und Princeton: ChLA VI–IX), sondern auch für lit. Werke verwendet, was manche Textkorruptelen erklären kann (BRUNHÖLZL, ZELZER). Hervorzuheben sind folgende Charakteristika: die A- und R-Form sind ähnlich; B mit Bogen nach links und langem geschwungenem Hals darüber (»B à panse à gauche«); D mit Bogen nach links und einer nach links oder oben gerichteten Haste; rundes oder aus einer senkrechten Haste mit unten angesetztem Aufstrich bestehendes E; h-förmiges H (BISCHOFF, 88; ChLA IX, 17f.). Die ältere R. K. bildet die Grundlage für die →Unziale und beiden →Halbunzialen. Nach der allmähl. Ablösung durch die jüngere R. K. lebte sie weiter als Schrift gewisser Prov. kanzleien bis zum Verbot v. 367 als →Röm. Kaiserkursive und als Einleitungsschrift in den Gestaprotokollen bis ins 7. Jh. (TJÄDER, 124ff.).

Die *jüngere R. K.* (Minuskel-K.), deren Ausbildung in der 1. Hälfte des 3. Jh. erschlossen werden kann, ist seit der Wende zum 4. Jh. belegt (ChLA V, 298; SEIDER I, Nr. 51, 56; ChLA IV, 253). Als neue Formen, die sich durchaus aus der älteren R. K. herleiten lassen, sind entstanden: oben meist offenes a; b mit Bogen nach rechts (»b à panse à droite«); e und f mit geschlauftem Kopf; g mit großem Bogen unter der Zeile, seit dem 4. Jh. meist mit flachem Deckstrich; m und n (TJÄDER, 95–120; BISCHOFF, 88); gleichzeitig haben sich die für die →Minuskel typ. Ober- und Unterlängen ausgebildet; ausgenutzt wurde überdies die Möglichkeit der Bildung von →Ligaturen. Die jüngere R. K. bildet den Mutterboden nicht nur für die →Halbunzialen (zusammen mit der älteren R. K.), sondern auch für die frühma. Buch- und Urkk.-Kursiven, Halbkursiven sowie für die an der päpstl. Kanzlei verwendete Schrift (Kuriale). P. Ladner

Lit.: F. STEFFENS, Lat. Paläographie, 1929² – J.-O. TJÄDER, Die nichtlit. lat. Papyri Italiens aus der Zeit 445–700, 2 Bde, 1954, 1982 – P. RABIKAUSKAS, Die röm. Kuriale in der päpstl. Kanzlei, 1958 – F. BRUNHÖLZL, Zu den sog. codices archetypi der röm. Lit. (Fschr. B. BISCHOFF, 1971), 16–31 – R. SEIDER, Paläographie der lat. Papyri, I-II, 1972–82 – M. ZELZER, Palaeograph. Bemerkungen zur Vorlage der Wiener Liviushs. (Fschr. W. KRAUS, 1972), 487f. – E. CASAMASSIMA–E. STARAZ, Varianti e cambio grafico nella scrittura dei papiri lat., Scrittura e civiltà 1, 1977, 9–110 – M. ZELZER, Die Umschrift lat. Texte am Ende der Antike und ihre Bedeutung für die Textkritik, Wiener Stud., NF 15, 1981, 211–231 – B. BISCHOFF, Paläographie des röm. Altertums und des abendländ. MA, 1982² – P. RÜCK, Ligatur und Isolierung: Bemerkungen zum kursiven Schreiben im MA, Germanist. Linguistik (Marburg) 93/94, 1988, 111–138.

Römischer König → König; →Rex Romanorum

Römischer Ritus. Der (seit der NZ gebrauchte) Begriff bezeichnet im engeren Sinn die gottesdienstl. Tradition der Stadt Rom (»stadtr.« oder »altr.«, im Unterschied etwa zu it., gall., altspan., kelt. oder Riten der Ostkirchen), die sich in einem jahrhundertelangen Verschmelzungs- und Verdrängungsprozeß im ganzen W ausbreitete; im weiteren Sinn meint der Begriff dann – unbeschadet teilweise erhebl. lokaler Unterschiede der einzelnen Ortskirchen und Kl.gemeinschaften – den vorherrschenden Ritus der lat. Kirche.

[1] *Geschichte:* Der zunächst griechischsprachige, wohl unter Papst Damasus († 384) endgültig den Übergang zum Lat. vollziehende R. der Stadt Rom übt sehr früh eine starke Vorbildfunktion aus (vgl. z. B. Ambrosius, De Sacr. 3, 5f.; Innozenz I., Epist. ad Decentium). Bis zum 7. Jh., traditionell mit den Namen der großen Päpste Leo († 461) und Gelasius († 604) verknüpft, erhält er seine charakterist. Gestalt, die u. a. durch die Eigenart der päpstl. →Stationsgottesdienste bestimmt ist, und gewinnt Einfluß über Italien hinaus auch im transalpinen und insularen Bereich. Einen ersten Höhepunkt erreicht diese bis dahin freie und freiwillige Rezeption unter Pippin und Karl d. Gr., die, nicht zuletzt unter polit. Rücksichten, die Übernahme des stadtr. R. als Ideal obrigkeitl. forcieren. Es kommt dabei zu einer Verschmelzung mit gall. Traditionen (Benedikt v. Aniane, Chrodegang v. Metz), die im 11. Jh. als 'r.-fränk.' nach Rom zurückströmt (bedeutender Zeuge das Pontificale Romano-Germanicum; →Pontificale) und von da aus als r. R. in der lat. Kirche Verbreitung findet, militant vorangetrieben im 11. Jh. durch Gregor VII. (bes. in Spanien), absichtslos, aber nicht weniger erfolgreich im 13. Jh. durch die Franziskaner, die das für ihre Bedürfnisse zweckmäßige Missale und Brevier der r. Kurie übernehmen. Gefördert durch die Verbreitung des Buchdrucks und verstärkt im Gefolge des Konzils von Trient (Schaffung der Ritenkongregation) wird der r. R. – von wenigen Ausnahmen (Mailand, Toledo) abgesehen – zum alleinigen R. der lat. Kirche und durch Missionsarbeit auch in außereurop. Länder getragen. – Die seit Ausgang der Antike zu verzeichnenden Wellen der Romanisierung führen aber nicht zu einer restlos uniformen und starren Einheitsliturgie; während die Meßfeier (hier bes. das Eucharistiegebet und die Orationen; weniger die Perikopenordnungen und das Ritual der Gabenbereitung) relativ stark normiert ist – bis hin zu einer das System der päpstl. Stationsgottesdienste in nuce nachahmenden Anlage des Kirchenraums –, bleiben erhebl. Verschiedenheiten der teilkirchl. »liturg. Familien« im Bereich der Sakramentenspendung und des Stundengebetes bestehen; bei letztgenanntem kommt speziell die Differenz zw. der r. Ordnung der Kanoniker und der – sich auf die Benediktregel berufenden – monast. Ordnung der Mönche zum Tragen.

[2] *Charakteristik:* Die Eigenart des stadtr. R. und Wandlungen bei dessen Übernahme im fränk.-german. Bereich lassen sich im Spiegel der liturg. Bücher beschreiben. Die rituellen, kalendar. und eucholog. Ordnungen (greifbar z. B. im Ordo Romanus I., dem r. Chronographen und den – in unserem Jh. durch eine minutiöse Forsch. erschlossenen – stadtr. Schichten der Sakramentare) zeichnen das Bild einer stark ortsgebundenen, zwar mit ksl. Hofzeremoniell angereicherten, in ihrer Struktur aber klaren und nüchternen Liturgie; typ. ist die sprachl. (cursus romanus) und theolog. Prägnanz der Orationen. Das gall. Erbe dagegen ist eher durch eine Vorliebe für symbol. und dramat. Ausgestaltung charakterisiert (beispielhaft seien Kirchweihe und Palmsonntag genannt). Die bis dahin durch fast ausschließl. bibl. Material geprägten Gesangbücher für Messe und Stundengebet werden nun durch poet. Dichtungen ergänzt (Sequenziar, Tropar, Hymnar). Die Zunahme von Privatgebeten des Zelebranten zeigt ebenso wie die Schaffung eines Missale die Tendenz zu einer dem altr. R. fremden Individualisierung liturg. Vollzüge. – Aufs ganze gesehen wird man urteilen können, daß die Begegnung des stadtr. R. mit gall. Traditionen zu einer der größten Kulturschöpfungen des Abendlandes geführt hat. A. Franz

Lit.: Liturg. Woordenboek, 2430–2446 – LThK² VI, 1092f. – H. GRISAR, Das Missale im Lichte r. Stadtgesch., 1925 – T. KLAUSER, Kl. abendländ. Liturgiegesch., 1965 – K. GAMBER, Codices Liturgici Latini Antiquiores, 1968 – C. VOGEL, Introduction aux sources de l'hist. du culte chrétien au MA, 1975 – J. DESHUSSES, Les sacramentaires. État actuel de la recherche, ALW 24, 1982, 19–46 – H. B. MEYER, Eucharistie (Gottesdienst der Kirche, 4, 1989), 165–273 – A. ANGENENDT, Das FrühMA, 1990 (§§ 11. 36. 41. 57).

Römisches Recht, Rezeption. Unter Rezeption des r. R.s (→Gemeines Recht, →Bologna, B; →Glossatoren, →Kommentatoren) versteht man denjenigen kultur- und sozialhist. Vorgang, im Rahmen dessen die wissenschaftl. Beherrschung und die prakt. Anwendung der Q. des röm.-kanon. Rechts in Dtl. sowie in West- und Nordeuropa Eingang fanden. Von den Anfängen bis zum endgültigen Abschluß umfaßt er einen Abschnitt der europ. Rechtsgesch. von vierhundert Jahren. Er begann im 13. Jh. und zeitigte Auswirkungen, wenigstens in einigen nordeurop. Territorien, bis zum Ende des 16. Jh. Das Studium des r. R.s in den spätma. →Universitäten und die damit verbundene Herausbildung einer professionell geschulten Schicht von gelehrten →Juristen spielten im Rahmen dieser Kultur- und Sozialentwicklung eine zentrale Rolle.

Es wäre daher mißverständl., die Rezeption des r. R.s nur in dem engeren Sinne zu verstehen, daß dadurch primär die materiell-rechtl. Regeln aus dem →Corpus iuris civilis in der territorialen Gerichtspraxis unmittelbar Anwendung gefunden hätten. Diese Sicht des Problems, charakterist. eher für die rechtshist. Forschung des 19. Jh., ist in den letzten Jahrzehnten (WIEACKER) durch die Einsicht abgelöst worden, daß unter Rezeption v. a. eine am method. Vorbild und an der begriffl. Denkweise der röm.-kanon. Q. orientierte Verwissenschaftlichung des Rechtsdenkens und der Rechtspraxis zu verstehen ist. In enger Verbindung damit ist der zunehmende polit. und soziale Einfluß der an den Q. des röm.-kanon. Rechts geschulten Juristen zu sehen. Das Studium des röm. und kanon. Rechts an den ma. Universitäten schuf die Basis einer über Italien und Südfrankreich hinausgehenden gesamteurop. Tradition, welche den Kern der oben genannten Verwissenschaftlichung von Rechtspraxis und Rechtsdenken ausmacht.

In zeitl. und territorialer Hinsicht vollzog sich die Rezeption ganz unterschiedlich. Am Rande oder ganz ausgenommen blieben die osteurop. Territorien (etwa Ungarn und Polen); dasselbe gilt für die skand. Länder, in welchen erst Ende des 17./Anfang des 18. Jh. ein Einfluß des kontinentalen gemeinen Rechts sichtbar wird. Sehr früh, noch im 12. Jh., kam England unter den Einfluß des r. R.s (→Accursius; →Vacarius), doch nahm das engl. Common Law (→Engl. Recht, II, 2) eine Sonderentwicklung, die ihre Erklärung im wesentl. darin findet, daß schon im 14. Jh. eine an den kgl. Gerichten ausgebildete Schicht von Praktikern den gelehrten Juristen den berufl. Aufstieg versperrte. Anderes gilt für das Kgr. Schottland, wo die im r. R. geschulten Juristen bis ins 18. Jh. eine zentrale Stellung einnahmen. Auch auf dem Kontinent war der Bedarf der Praxis an wissenschaftl. geschulten Juristen der wesentl. Grund für die Ausbreitung des Studiums des r. R.s an den neugegründeten Universitäten. Diese Entwicklung verlief in den einzelnen europ. Territorien zeitl. unterschiedl.: In Spanien, in Nordfrankreich und in Teilen Oberdeutschlands begann sie schon im 13. Jh., und man kann sie bereits Ende des 15. Jh. als abgeschlossen ansehen. In den norddt. Landschaften und in den Niederlanden vollzog sich dieselbe Entwicklung im wesentl. erst in den letzten Jahrzehnten des 15. bis zum Ende des 16. Jh. Gerade die Einrichtung des →Reichskammergerichts und das Wirken der dort tätigen Juristen bildeten im Alten Reich zugleich einen ersten Kulminationspunkt und einen zentralen Beschleunigungsfaktor bei dieser Strukturveränderung im Rechtsleben (DIESTELKAMP; RANIERI). Der Einfluß des Reichskammergerichts und seiner Rechtsprechung vollzog sich dabei auf drei Ebenen: über das vor dieser Reichsinstanz angewandte Verfahrensrecht, über das am Gericht tätige gelehrte Personal und, im Hinblick auf die institutionelle Wirkung des Gerichts und seiner Judikatur, in der Gesetzgebung und Gerichtsorganisation des Alten Reiches.

Nur in zweiter Linie kommt im Rahmen der Rezeption des r. R.s die Übernahme in der prakt. Rechtsanwendung in den einzelnen europ. Territorien von materiell-rechtl. Sätzen aus den Q. des r. R.s in Betracht. Sie spielte v. a. in den dt. Territorien eine bedeutsame Rolle. Das Eindringen der Begrifflichkeit und der Rechtssätze aus den röm.-kanon. Q. vollzog sich hier v. a. in der Rechtsprechung des Reichskammergerichts, und zwar insbes. aufgrund der techn. Eigenarten des am Gericht entwickelten Verfahrensrechts. Hier ist daran zu erinnern, daß nach dem am Ende des 15. Jh. vorherrschenden Verständnis das röm.-kanon. Recht als Rechtsquelle nur subsidiär in Betracht kam. Vorrang als primäre Rechtsquelle hatte das lokale Recht, d. h. die Rechtsregeln aus städt. →Statuten, aus der beginnenden landständ. Gesetzgebung sowie aus den lehnsrechtl. und bäuerl. Gewohnheiten. Dies entsprach der in den it. Universitäten bereits früher entwickelten Statutentheorie. Die Eigenart des schriftl. Verfahrens am Reichskammergericht in Verbindung mit dem Grundsatz der subsidiären Geltung des r. R.s führte zu dessen Privilegierung bei der prakt. Rechtsverfolgung. Es galt näml. die Regel, daß die lokale Rechtsnorm, welche als geltende Rechtsgrundlage von einer Prozeßpartei angeführt wurde, dem Gericht gegenüber zu beweisen sei. Rechtssätze des röm.-kanon. Rechts hatten dagegen nach damaliger Rechtsauffassung eine »fundata intentio« für sich. Das heißt, sie galten unabhängig von einer Beweiserbringung, da man davon ausging, daß sie dem Gericht bekannt seien (»jus novit curia«). Dadurch wurde die Rechtsprechung des Reichskammergerichts (in ersten gedruckten Slg.en von Urteilen und Gutachten bereits Ende des 16. Jh. veröffentlicht) zu einer wichtigen Einbruchstelle bei der weiteren Romanisierung der Rechtspraxis in den Territorien des Alten Reiches. F. Ranieri

Lit.: COING, Hdb. I, 849–856 [G. DOLEZALEK–K.-W. NÖRR], 261–364 [N. HORN], 365–382 [K. W. NÖRR], 129–260 [P. WEIMAR] – K. KROESCHELL, Dt. Rechtsgesch. I, 1992¹⁰, 239ff.; II, 1980⁸, 44ff., 231 – H. MITTEIS–H. LIEBERICH, Dt. Rechtsgesch., 1992¹⁹, 325–342 – HRG IV, 970–984 [Rezeption, privatrechtl.; Lit.], 984–995 [Rezeption, öffentlichrechtl.; Lit.] – G. v. BELOW, Die Ursachen der Rezeption des R. R.s in Dtl., 1905 [Nachdr. 1964] – W. ENGELMANN, Die Wiedergeburt der Rechtskultur in Italien durch die wissenschaftl. Lehre, 1938 – G. DAHM, Die Rezeption des röm.-it. Rechts, 1943 [Nachdr. 1960] – H. KRAUSE, Ks.recht und Rezeption, 1952 – E. E. HIRSCH, Die Rezeption fremden Rechts als sozialer Prozeß (Festg. F. BÜLOW, 1960), 121–137 – W. TRUSEN, Anfänge des gelehrten Rechts in Dtl., 1962 – H. COING, R. R. in Dtl., IRMAE V 6, 1964 – P. KOSCHAKER, Europa und das r. R., 1966⁴ – K. W. NÖRR, Zur Stellung des Richters im gelehrten Prozeß der Frühzeit: Iudex secundum allegata non secundum conscientiam iudicat, 1967 – F. WIEACKER, Privatrechtsgesch. der NZ, 1967², s.v. – H. J. BUDISCHIN, Der gelehrte Zivilprozeß in der Praxis geistl. Gerichte des 13. und 14. Jh. in dt. Raum, 1974 – K. H. BURMEISTER, Das Studium der Rechte im Zeitalter des Humanismus in dt. Rechtsbereich, 1974 – B. DIESTELKAMP, Das Reichskammergericht im Rechtsleben des 16. Jh. (Rechtsgesch. als Kulturgesch., Fschr. A. ERLER, 1976), 435ff. – W. LEISER, Beitr. zur Rezeption des gelehrten Prozesses in Franken (Fschr. H. THIEME, 1977), 96–118 – W. WIEGAND, Stud. zur Rechtsanwendungslehre der Rezeptionszeit, 1977 – K. WRIEDT, Das gelehrte Personal in der Verwaltung und Diplomatie der Hansestädte, HGBll 96, 1978, 15–37 – P. BENDER, Die Rezeption der R. R.s im Urteil der dt. Rechtswiss., 1979 – W. STELZER, Gelehrtes Recht in Österreich, 1982 – K. KROESCHELL, Die Rezeption des Gelehrten Rechts und ihre Bedeutung für die Bildung des Territorialstaates (Dt. Verwaltungsgesch. I, 1983), 279–288 – U. EISENHARDT, Dt. Rechtsgesch., 1984, 72–93, 142–159 – Strafrecht, Strafprozeß und Rezeption, hg. P. LANDAU – CHR. SCHROEDER, 1984 – Engl. und kontinentale Rechtsgesch., ein Forsch.sprojekt, hg. H. COING–K.-W. NÖRR, 1985 – F. RANIERI, Recht und Ges. im Zeitalter der Rezeption. Eine rechts- und sozialgeschichtl. Analyse der Tätigkeit des Reichskammergerichts im 16. Jh., I–II, 1985 – G. WESENBERG–G. WESENER, Neuere dt. Privatrechtsgesch. im Rahmen der europ. Rechtsentwicklung, 1985⁴, s.v. – P. MORAW, Gelehrte Juristen im Dienst der dt. Kg.e im späten MA (1273–1493) (Die Rolle der Juristen bei der Entstehung des modernen Staates, hg. R. SCHNUR, 1986), 77–147 – I. MÄNNL, Die gelehrten Juristen im Dienst der dt. Fs.en im späten MA (1250–1440) [Diss. Gießen 1986] – E. J. H. SCHRAGE, Das r. R. im MA, 1987 – D. WILLOWEIT, Rezeption und Staatsbildung im MA (Akten des 26. Dt. Rechtshistorikertages, 1987), 19ff. – F. ELSENER, Stud. zur Rezeption des gelehrten Rechts, 1989 – J. FRIED, Die Rezeption Bologneser Wiss. in Dtl. während des 12. Jh., Viator 21, 1990, 103ff. – F. DE ZULUETA–P. STEIN, The Teaching of Roman Law in England Around 1200, 1990 – A. LAUFS, Rechtsentwicklungen in Dtl., 1991⁴, 42–72 [Lit.] – H. SCHLOSSER, Grundzüge der Neueren Privatrechtsgesch., 1993⁷, 3f., 50ff., 182f., 197.

Römisches Reich. Anfangs nichts als eine kleine Stadt am Tiber, welche der staatl. Gemeinschaft der Bewohner des Ortes und des umliegenden Landes den Namen 'Romani' gab, errang → Rom in der ital. Phase seiner Gesch. (bis 264 v. Chr.) die Vorherrschaft über die Apenninenhalbinsel (außer Oberitalien, das Anfang des 2. Jh. v. Chr. hinzukam). Das dabei etablierte System bilateraler Defensivbündnisse mit den einzelnen Stämmen/Städten (sog. ital. Bund) war aufgrund der weiteren Entwicklung bald nur noch für Rom selbst befriedigend. Dieses trat, als sich 264 v. Chr. ein regionaler Konflikt in Sizilien zur Auseinandersetzung mit dem nordafrikan. Karthago weitete, in seine mediterrane Periode und entwickelte, zur stärksten Kraft des westl., dann auch des östl. Mittelmeerraumes geworden, seit dem 1. Jh. v. Chr. Interessen in Zentraleuropa und dem Mittleren Osten. Der Erwerb Siziliens brachte 227 v. Chr. erstmals die neue Organisationsform der Provinz (→Provincia) als eines Gebietes direkter röm. Herrschaft über Nichtrömer hervor. In seiner größten Ausdehnung unter Traian (98–117 n. Chr.) reichte das Provinzialland von Britannien bis Nordafrika, Spanien bis Mesopotamien, doch konnten verbündete oder befreundete Staaten ebenfalls als Teile des →Imperium dargestellt werden (Nutzung dieses Konzepts noch bei den Germanenreichen [→Germanen] der Völkerwanderungszeit).

Durch Roms Aufstieg zur Großmacht erhielt auch sein Bürgerrecht (→Civis) einen anderen Stellenwert: Seit ca. dem 2. Jh. v. Chr. war es für seinen Träger wertvoller Besitz, für Nichtrömer erstrebenswert. Zukunftsträchtig war a) das Modell, Nichtrömern den Erwerb des begehrten Status als Belohnung für polit. Tätigkeit in der Heimatstadt (Bürgermeister/Stadtrat; →Decurio) zu eröffnen. In Italien vorübergehend in Gebrauch (generelle Verleihung röm. Bürgerrechts an Italiker im 1. Jh. v. Chr.), trug es in der Kaiserzeit in den Provinzen wesentl. dazu bei, die lokale Führungsschicht zu gewinnen. Die Erteilung röm. Bürgerrechts an (nahezu) alle Provinzialen (212 n. Chr.) brachte u. a. deshalb nur noch eine graduelle Veränderung. Ebenfalls im Italien des 2./1. Jh. v. Chr. entwickelt, dann im außerital. Bereich wirksam, war b) das Faktum, daß durch konzeptionelle Trennung einer kommunalen und gesamtstaatl. (weiterhin an Rom gebundenen) Ebene der Politik Römerstädte außerhalb der 'urbs' vorstellbar wurden (→Stadt). Während v. a. die zivilisator. weniger fortgeschrittenen Regionen des Westens dabei auch eine kulturelle Angleichung an Rom erstrebten, bewahrte der Osten die eigene Tradition (samt der griech. Sprache).

Daß sich (anders als zu Beginn der Kaiserzeit) Italien nicht mehr fundamental von den Provinzen unterschied, schuf eine Voraussetzung für die administrative Neuordnung unter →Diokletian/→Konstantin, welche das gesamte Gebiet (Sonderstatus: Stadt Rom) in 3–4 Präfekturen (Untereinheit:→Diözese) einteilte. Ihre zweite Hauptwurzel lag in modifizierten Vorstellungen vom →Kaiser: War dieser anfangs Inhaber eines Konglomerats verschiedener Kompetenzen, so vereinheitlichten sich seine Befugnisse allmähl. zum ksl. →Imperium, neben dem in der Spätantike keine Träger eigenständiger Befehlsgewalt mehr existierten. Erhalten blieb jedoch das Konzept, das Ksm. werde vom populus Romanus (→Volk) verliehen, die Römer seien Staatsbürger, der →'Staat' prinzipiell ihre Angelegenheit (res publica). Folgenreich ist die Verbindung des Begriffs Imperium mit dem →Imperator auch darin, daß sie gestattete, das 'Reich' als 'Kaiserreich' zu definieren und etwa seine Existenz von der eines Ks.s abhängig zu machen.

Trotz gelegentl. Versuche von Ks. n, ihren Aufenthaltsort als 'sedes imperii' zu mehr als einer Residenz zu erheben und ihn nicht als 'Sitz des Imperiumsträgers', sondern als 'Heimstatt des Reiches' zu interpretieren, war für ein Römisches (!) Reich Rom ebenso natürl. Hauptstadt wie unverzichtbar und einzig durch eine 'urbs Roma' vollgültig zu ersetzen. Daß exakt eine solche ca. 326 n. Chr. von →Konstantin auf dem Boden der Griechenstadt Byzanz gegr. wurde (→Konstantinopel), hatte deshalb, unabhängig von der Intention ihres Schöpfers, erhebl. Konsequenzen. Das am Ende des 4. Jh. zum permanenten Ostreich ('imperium orientale' oder 'orientis'; →Byz. Reich) verfestigte Herrschaftsgebiet der Ostks. ('imperatores orientis'; →Basileus) war damit nämlich nicht genötigt, sich allein über einen röm. Ks. als R. R. zu legitimieren. Es verfügte vielmehr auch über ein Rom und die Verfassungsorgane eines →Senats und röm. →Volkes, das traditionell mit der Versammlung der Bürger in der Hauptstadt gleichgesetzt wurde. Unterschiedl. Möglichkeiten, die Idee von Konstantinopel als Rom zu akzentuieren, spiegelten die Prädikate (z. B. zweites/neues/östliches Rom), die es von der Tiberstadt unterscheiden sollten (dazu PABST, 210 ff.). Dabei konnte der Gedanke eines neuen Rom dazu ausgeweitet werden, Konstantinopel (statt zur Kollegin und Rivalin) zur Erbin und Nachfolgerin eines verblichenen Altrom zu erklären (Idee der →Translatio, seit 6. Jh.; s. a. →Rhomaioi). Das fakt. Fortbestehen der 'vetus Roma' (und die wachsende Bedeutung, die Rom als Sitz der Reichsgewalt wie der auf →Petrus fußenden Papstkirche im Selbstverständnis des Westens einnahm) trug freilich wesentl. dazu bei, daß die Vorstellung zweier röm. »Teilreiche« das Ende des weström. Ksm.s (476/480) überdauerte und, nachdem sie bereits im Staat der →Ostgoten in Italien nicht ohne Einfluß gewesen war, im MA reaktiviert werden konnte (→Kaiser, I; →Heiliges [Röm.] Reich).

Durch die schon frühzeitig vorgenommene Identifizierung des R. R.es mit dem letzten Stadium der Welt in verschiedenen christl. Endzeitvorstellungen (z. B. →Apokalypse) hat die (in der Spätantike sowohl bejahte wie verneinte) Frage nach seinem Untergang zugleich eine eschatolog. Komponente (→Eschatologie; →Orosius). – S. a. →Kontinuität; →Papst, -tum; →Corpus iuris civilis, →Röm. Recht, Rezeption; →Renovatio, →Romidee.

A. Pabst

Lit.: W. GOEZ, Translatio imperii, 1958 – G. DAGRON, Naissance d'une capitale, 1974 – JONES, LRE – A. PABST, Divisio regni, 1986 [Lit.] – J. BLEICKEN, Gesch. der Röm. Republik, 1988[3] – W. DAHLHEIM, Gesch. der Röm. Kaiserzeit, 1989[2] – A. DEMANDT, Die Spätantike (HAW 3, 6, 1989).

Romny und Borševo, Kultur v., frühslav. (8.–10. Jh.) Kultur, benannt nach der ostukrain. Stadt Romny und dem Fundplatz Borševo, Oblast' Voronež. Das Verbreitungsgebiet der eigtl. Romny-Kultur lag zw. Desna, Sejm, Sula, Psel, Vorskla und Nördl. Donec, im Bereich von Waldsteppe und südl. Waldgebieten, das der Borševo-Variante im oberen und mittleren Don-Bassin. Ackerbau und Viehzucht (Rind, Schwein, Schaf/Ziege, Pferd) waren kennzeichnend. Die befestigten Ansiedlungen lagen bevorzugt auf Steilufern, ihre Holz-Erde-Konstruktionen waren häufig mit Steinquadern verstärkt. Mehrfach wurden Komplexe aus befestigter Anlage und anschließender weit größerer Offensiedlung (10–12 ha) festgestellt. Typ. sind kettenartige Anlagen von 2–7 Ansiedlungen in 2–5 km Abstand mit Grubenhäusern (9–25 m² Fläche), daneben auch Blockbauten. Neben Brandbestattung, v. a. im oberen Teil kleiner Grabhügel oder in

Flachgräbern, kommt Körperbestattung vor. Handgefertigte Keramik, später auch scheibengedrehte ornamentierte Ware, Geräte, Silber- und Bronzeschmuck aus Horten sind charakteristisch. Die Chronologie ist durch Münzfunde gesichert. Bis heute sind Herkunft, typolog. und genet. Verbindungen sowie die Zusammenfassung zu einer einheitl. Kultur umstritten. Als Träger kommen die in den Q. erwähnten, dem chazar. Khaganat tributpflichtigen und von Pečenegen-Einfällen betroffenen → Severjanen und → Vjatičen in Frage. R. Rolle

Lit.: V. V. SEDOV, Vostočnye slavjane v VI–XIII vv., Archeologija SSSR, 1982, 133–143 – Archeologija Ukrainskoj SSR III, 1986, 191–212 – O. A. SUCHOBOKOV, Dniprovs'ke lisostepove livoberežžja v VIII–XIII st., 1992, 36–60.

Romuald. 1. R. v. Salerno, * um 1115 in → Salerno, stammte aus der adligen Familie Guarna, † 1. April 1181. Studierte an der Schule von → Salerno Medizin. Seit Dez. 1154 war er Ebf. v. Salerno. Als einflußreicher Ratgeber Kg. → Wilhelms I. v. Sizilien gehörte er zu der Kommission von kgl. Unterhändlern, die mit Kard. Bandinelli (→ Alexander III.) als Vertreter Papst Hadrians IV. das Konkordat v. → Benevent (1156) aushandelte. Im Mai 1166 krönte er Wilhelm II. Von R.s lit. Werk ist nur das »Chronicon« erhalten, das erste Beispiel einer Weltchronik in Italien, von der Erschaffung der Welt bis 1178, nach dem Vorbild des → Orosius, → Bedas, des → Paulus Diaconus, → Einhards und der von → Boso verfaßten Teile des → »Liber Pontificalis«. Sie gilt als wichtige Q. für das 12. Jh., bes. für den Frieden von → Venedig zw. Friedrich I. Barbarossa, den lombard. Kommunen, Alexander III. und Wilhelm II. (1177). R. war Unterhändler des Normannenkg.s und ist bestrebt, die Übereinstimmung zw. dem Kgr. Sizilien und dem Papsttum so darzustellen, als wäre sie immer schon vorhanden gewesen; sie wurde jedoch erst 1156, nicht zuletzt durch den polit. Einsatz R.s selbst, ermöglicht. V. D'Alessandro

Ed. und Lit.: Chronicon, ed. C. A. GARUFI (RI² 7, 1), 1935 – H. HOFFMANN, Hugo Falcandus und R. v. S., DA 23, 1967, 116–170 – D. J. A. MATTHEW, The Chronicle of R. of S. (The Writing of Hist. in the MA [Fschr. R. W. SOUTHERN, ed. R. H. C. DAVIS–J. M. WALLACE-HADRILL, 1981]), 239–274.

2. R. v. Camaldoli, hl., Eremit, * um die Mitte des 10. Jh. in Ravenna als Sohn des Hzg.s Sergius, † 19. Juni (1027). R. war gemeinsam mit seinem Vater in eine heftige private Fehde verwickelt, in deren Verlauf ein Verwandter ums Leben kam. Dieser Vorfall bewog R., als Mönch in S. Apollinare in Classe einzutreten. Unzufrieden mit der moral. Laschheit seiner Mitbrüder, suchte sich R. einen Lehrmeister in dem Eremiten Marinus, der in der ven. Lagune lebte und für seine Strenge berühmt war, in seinen asket. Übungen jedoch keine Regel befolgte. R.s Unzufriedenheit übertrug sich auf seinen Lehrmeister, beide suchten nun gemeinsam nach einer Lösung ihrer spirituellen Probleme. In Venedig begegneten sie dem Abt des Pyrenäenkl. Cuxa, Guarinus, der sich auf einer Pilgerfahrt dort aufhielt. Gemeinsam mit dem Dogen Pietro Orseolo I. und dessen Gefährten Giovanni Morosini und Giovanni Gradenigo begleiteten sie Guarinus in sein fernes Kl. Dort fand R. in der Bibliothek in den »Vitae patrum« und Cassians »Collationes« die Anleitung zu einem Leben, das seinen Idealvorstellungen von strenger Askese eher nahekam. Nach dem Tod des Dogen. Venedig kehrte R. nach Italien zurück, wo er im Sumpfland um Ravenna und in der Einsamkeit des Apennins der Romagna, Umbriens und der Marken ein Eremitenleben führte. Als er sich auf der Pereo-Insel (heute Isola di S. Alberto) im S von Comacchio befand, berief ihn Ks. Otto III. zur Reform des Kl. S. Apollinare in Classe. Da ihn die Mönche enttäuschten, verließ er das Kl. wieder, blieb jedoch weiter mit dem Ks. in Verbindung. In der Nähe von Rom gründete und leitete er eine Gruppe von Eremiten, zu denen auch einige Freunde Ottos III. stießen, unter ihnen → Brun v. Querfurt. Anfang 1001 begab sich der ksl. Hof nach Ravenna, und R. kehrte mit seinen Eremiten zum Pereo zurück, wo er viele Büßer anzog. Unter ihnen wählte R. diejenigen aus, die eine Berufung zum Eremitenleben hatten, und schied sie von den anderen, die eher für ein zönobit. Leben geeignet waren. Am Pereo wurde ein Coenobium errichtet, das dem engen Freund Ottos III., dem hl. → Adalbert Vojtěch, geweiht wurde. In den engen Beziehungen R.s zum Ks. trat jedoch eine Krise ein, da dieser zögerte, sein Versprechen, Mönch zu werden, einzulösen. R. zog nach Istrien, wo er einige Jahre in der Einsamkeit lebte. Schließlich kehrte er jedoch in den Apennin zurück und gewann eine große Anhängerschar, für die er Einsiedeleien und kleine Kl. gründete. 1021 bestellte ihn Ks. Heinrich II. zum Abt v. → Monte Amiata. In der Folge gründete er eine kleine Einsiedelei in → Camaldoli und schloß sich in eine Eremitenzelle bei einem Kl. in Val di Castro (Marken) ein, wo er vermutl. 1027 (oder kurz davor) starb. R.s Leben war reich an Auseinandersetzungen und Polemiken – gegen die Gewalttätigkeit seiner Zeit und die Korruption des Klerus – und voll Ungeduld über die Mittelmäßigkeit so vieler Benediktinermönche. Er brach mit der im Abendland vorherrschenden Tradition, daß die Einsiedler sich dem Abt eines Coenobiums unterstellen und zuerst in einer Mönchsgemeinschaft leben mußten, bevor sie ein Eremitenleben führen durften. R. nahm die Starkmütigen, die nach heroischen Formen des spirituellen Lebens strebten, ohne Umwege in den Eremus auf. Er stand stets mit angesehenen und hochrangigen Persönlichkeiten in ganz Europa in Beziehung und beeinflußte auch nach seinem Tod die Führungsschicht und den Geistesadel, v. a. → Petrus Damiani, dem wir eine detailreiche »Vita Romualdi« verdanken. Über diese Schiene bereitete R. den geistigen Nährboden für die europ. kirchl. Reformbewegung des 11. Jh. G. Tabacco

Q. und Lit.: Bruno Querfurtensis, Vita quinque fratrum, MPH NS, IV, 3 – Petri Damiani Vita b. Romualdi, Fonti 94, 1957 – J. MITTARELLI–A. COSTADONI, Annales Camaldulenses, I–II, 1755–56 – W. FRANKE, R. v. C. und seine Reformtätigkeit zur Zeit Ottos III., Hist. Studien 107, 1913 – G. TABACCO, Privilegium amoris, aspetti della spiritualità romualdina, Il Saggiatore, IV, 1954 – J. LECLERCQ, Saint R. et le monachisme missionaire, Rev Bén 72, 1962 – G. TABACCO, R. di Ravenna e gli inizi dell'eremitismo camaldolese (L'eremitismo in Occidente nei sec. XI–XII, 1965) – J. N. SANSTERRE, Otton III et les saints ascètes de son temps, RSCI 43, 1989.

Romulus Augustus, letzter weström. Ks. 475–476, von seinem Vater, dem Patrizier Orestes, in Ravenna zum Ks. ausgerufen, wegen seiner Jugend 'Augustulus' gen. → Odoaker entthronte R. A. nach der Tötung des Orestes, ließ ihn aber nicht hinrichten, sondern gestattete ihm, mit einer Rente bei seinen Verwandten in Kampanien zu leben. J. M. Alonso-Nuñez

Lit.: M. A. WES, Das Ende des Ksm.s im W des Röm. Reiches, 1967 – A. MOMIGLIANO, La caduta senza rumore di un impero nel 476 d. C., Sesto Contributo alla storia degli studi classici, 1980, 159–179 – B. CROKE, A. D. 476. The Manufacture of a Turning Point, Chiron 13, 1983, 81–119 – S. KRAUTSCHICK, Zwei Aspekte des Jahres 476, Historia 35, 1986, 344–371.

Romylos v. Vidin (weltl. Name: Rusko), hl., bulg. Anachoret (Fest 16. Jan.), * Anfang 14. Jh. in → Vidin, † 1381 im Kl. → Ravanica (Serbien), ⌑ ebd., Sohn wohlhabender Eltern, wurde mit 16 Jahren Mönch in einem Kl. in → Tărnovo. In den 30er Jahren des 14. Jh. trat er in das

Kl. des →Gregorios Sinaites in Paroria ein und wurde Anhänger des →Hesychasmus. Mit einer Unterbrechung blieb er dort bis zum Tode seines Lehrers (1346). Wegen türk. Überfälle zog er sich in das Kl. Kilifarevo des →Theodossij v. Tărnovo zurück. Nach dem gescheiterten Versuch, zusammen mit anderen Mönchen das Hesychastenkl. in Paroria wiederherzustellen (1350–56), kehrte er wieder in das Kl. Kilifarevo zurück, führte ein strenges Einsiedlerleben nach den Normen der Hesychasten und beteiligte sich aktiv an der Bekämpfung von Häresien. Gegen 1360 ließ er sich in der Großen Laura Hl. Athanasios auf dem →Athos nieder, baute sich eine Zelle in ihrer Nähe und scharte hier seine Schüler und Anhänger um sich. Nach der Niederlage des chr. Heeres an der →Marica (1371) verließ er zusammen mit sechs Schülern den Athos und ließ sich für den Rest seines Lebens im Kl. Ravanica nieder. V. Gjuzelev

Lit.: Bibl. SS XI, 312–316 [I. Dujčev] – P. Dévos, La version slave de la Vie de saint R., Byzantion 31, 1961, 149–187 – F. Halkin, Un ermite des Balkans au XIVe s. La vie grecque inédite de saint R., ebd., 111–147.

Roncaglia, Reichstag v. (11.–26. Nov. 1158, R. und S. Pietro di Cotrebbia). Anliegen des Reichstages auf dem zweiten Italienzug →Friedrich I. Barbarossas war die Schaffung von Recht und Frieden; er diente v. a. der Wiederherstellung und Durchsetzung des ksl. Herrschaftsanspruchs über →Italien (II. 3) unter Einbeziehung der Städte. Anwesend waren die höchsten geistl. und weltl. Würdenträger des Reiches sowie die Vertreter der it. Städte. Als Berater fungierten die Bologneser Juristen →Bulgarus, →Martinus Gosia, →Iacobus und →Hugo de Porta Ravennate. Zentrale Bedeutung kommt dem Weistum über die →Regalien zu ('Regalia sunt hec'), die durch die »quattuor legis doctores« und 28 'judices' aus 14 Städten definiert wurden. Hierzu zählen die finanziell nutzbaren Rechte (Zoll, Münze, Wegerechte usw.) und Herrschaftsämter, die als nur delegiert verstanden wurden. Alle Regalien wurden dem Ks. zugestanden und nur die wieder ausgegeben (→Lehen, II), deren rechtmäßiger Besitz nachgewiesen wurde. Die bisher fallweise Bestimmung der Regalien (z. B. Kapitulationsbestimmungen Mailands vom 1. Sept. 1158) wird durch die 'sententia' abgelöst. R. stellt den Abschluß einer Entwicklung dar, die als jurist. Fundierung älterer Vorstellungen anzusehen ist. In der Praxis ist jedoch eine Modifikation nach örtl. Gegebenheiten festzustellen. Drei weitere Gesetze über die ksl. Gerichtsbarkeit und die hoheitl. Zwangsgewalt ('Omnis iurisdictio et omnis districtus'), die uneingeschränkte Errichtung von Pfalzen ('Palacia et pretoria') und die Steuerarten und deren Erhebung ('Tributum dabatur') wurde durch die Bologneser Juristen in Anlehnung an das röm. Kg.srecht bzw. Steuersystem formuliert. Diese Gesetze legitimierten die ksl. Herrschaft unabhängig von der Herrschaftswirklichkeit. Der Durchsetzung des Roncagl. Gesetzeswerkes diente ein allg. Landfrieden, der u. a. die Rechte und Pflichten der ksl. Amtsträger bekräftigte, 'coniurationes in civitatibus et extra' und die Veräußerung von →Allod mit den darauf liegenden Hoheitsrechten untersagte. In Verbindung mit den anderen Gesetzen bedeutete dies die Zurückdrängung autonomer Herrschaften und Herrschaftsausübung. Ebenfalls wurde das Lehnsgesetz von 1154 (DF. I. 91) erneuert – Bestimmungen gegen die Entfremdung von Lehngut, Regelung der Heerfahrtpflicht bzw. deren Ablösung – und erweitert um ein Verbot der Teilung von hohen Reichslehen; für Aftervasallen günstige Bestimmungen über die Regelung von Lehnsstreitigkeiten und ein genereller Treuevorbehalt für den Ks. schließen sich an. Ferner bestätigte und erweiterte Friedrich I. (der Umfang ist undeutl.) das Privileg für die fahrenden Scholaren von 1155 (Authentica 'Habita'). Sie erhielten Rechtssicherheit auf der Reise, an ihren Studienorten, Befreiung von der Haftung für die Schulden ihrer Landsleute; Friedrich unterstellte sie der Gerichtsbarkeit ihrer Lehrer bzw. des Ortsbf.s.

Die Beschlüsse von R. wurden sofort durch Legaten umgesetzt, die die Eide der Konsuln und Podestà entgegennehmen, überall die Regalien und die Erträge festsetzen und das →Fodrum eintreiben sollten. Die hiermit eingeleitete konsequente Finanzpolitik war Voraussetzung für die weitere Italienpolitik. Erst der Aufbau einer stauf. Reichsverwaltung und die militär. Präsenz des Ks.s erlaubten die Durchsetzung, die in Italien zunehmend als Bedrückung empfunden wurde. In den Auseinandersetzungen mit dem Lombardenbund (→Lombardische Liga) scheitern die Roncagl. Forderungen, doch im Frieden von →Konstanz (1183) gelang dem Ks. die Anerkennung seiner Hoheitsrechte. Er überließ die Regalien den lombard. Städten gegen Zinszahlungen.

Nicht nur in der abschließenden Formulierung des Herrschaftsprogramms ist die Bedeutung des Reichstages von R. zu erkennen, die bereits in der zeitgenöss. Historiographie (→Rahewin, →Otto Morena u. a.) ein deutl. Echo fand, sondern auch in den zahlreichen hier ausgestellten Privilegien für geistl. Empfänger. Die Aufnahme der Gesetze in die →Libri feudorum führte im Geltungsbereich des langob. Lehnsrechts zum Eingang in das ius commune (→Gemeines Recht). W. Georgi

Q.: MGH DDFI. 237–243 – RI IV.2, 606–621 – Lit.: HRG IV, 1137–1140 – P. W. Finsterwalder, Die Gesetze des R.s v. R. vom 11. Nov. 1158, ZRGGermAbt 51, 1931, 1–69 – A. Erler, Die R. Gesetze d. Jahres 1158 und die oberit. Städtefreiheit, ZRGGermAbt 61, 1941, 127–149 – H. Appelt, Friedrich Barbarossa und das röm. Recht [1962] (Friedrich Barbarossa, WdF 390, 1975), 58–82 – V. Colorni, Die drei verschollenen Gesetze des R.s bei R., Unters. zur dt. Staats- und Rechtsgesch., NF 12, 1969 [it. 1967] – A. Haverkamp, Herrschaftsformen der Frühstaufer in Reichsitalien (Monogr. zur Gesch. des MA 1, 1–2, 1970/71) – C. Brühl, Die Finanzpolitik Friedrich Barbarossas in Italien, HZ 213, 1971, 13–37 – J. Fried, Der Regalienbegriff im 11. und 12. Jh., DA 29, 1973, 450–528, bes. 453–465 – D. v. d. Nahmer, Zur Herrschaft Friedrich Barbarossas in Italien, StM 15. 2, 1974, 587–703 – K. Zeillinger, Das erste R. Lehnsgesetz Friedrich Barbarossas, das Scholarenprivileg (Authentica 'Habita') und Gottfried v. Viterbo, RHMitt 26, 1984, 191–217 – F. Opll, Stadt und Reich im 12. Jh., 1987 – O. Engels, Die Staufer, 1994⁶, 96–103.

Roncesvalles (Roncevaux), Paßort in den westl. →Pyrenäen (Navarra). [1] *Schlacht:* Am 15. Aug. 778 wurde die Nachhut →Karls d. Gr., dessen Heer sich auf dem Rückzug vom fehlgeschlagenen Feldzug gegen das muslim. →Zaragoza befand und den bask.-navarres. Vorort →Pamplona niedergebrannt hatte, an einem der Pyrenäenpässe von →Basken angegriffen, der Präfekt der Bret. Mark, Hruodland (→Roland), getötet. Genauere Nachrichten über den Ort des Ereignisses liegen nicht vor. Das um 1100 entstandene Rolandslied (→Roland, -slied) fixiert das Geschehen auf den Paßort R. Obwohl im Rolandslied und der weiteren (von Reconquista und Kreuzzugsgedanken getragenen) Sagenüberlieferung stets Muslime (Mauren bzw. Sarazenen) als Gegner Rolands auftreten, waren es in der hist. Realität Basken, die, geländekundig und leichtbewaffnet (Bögen, Streitäxte), über die schwere, mit Gepäck beladene frk. Reiterei aus dem Hinterhalt triumphierten.

[2] *Paßhospiz und Wallfahrt:* Bald nachdem der Todesort Rolands durch das Rolandslied seine Fixierung erhalten hatte, entstand das Hospiz R. 1127 setzte der Bf. v. Pamplona, Sancho de Larrosa, in dieser Neugründung

augustin. Regularkanoniker ein, denen die Betreuung der Kranken und Pilger oblag. In ca. 900 m Meereshöhe am Fuße des Passes von Ibañeta gelegen, wurde R. im 12. Jh. zum wichtigsten Gebirgsübergang und überflügelte den höhergelegenen und länger verschneiten Somport. R. war Etappe der →Santiago-Wallfahrt (die frz. Pilgerrouten vereinigten sich unweit von R. bei Ostabat und St-Jean-Pied-de-Port), zugleich aber zunehmend auch eigener Wallfahrtsort, an dem chr. Heiligenverehrung und Mythos des →Rittertums verschmolzen (Kultstätten und -objekte: aus Rosen entsprungene hl. Quelle mit Bezug zum Namen 'R.', wundertätige Marienstatue, Reste des Schwertes 'Durandal', die 'Rolandsbresche' und die Walstatt, 'charnier', der gefallenen Helden). Ein lat. Gedicht des 13. Jh., »la Preciosa«, preist den guten Empfang, der die Pilger in R. erwartete: Sie erhielten drei Tage lang Herberge und Speise, wurden gebadet und bekamen selbst die Schuhe neu besohlt. Eine Bruderschaft von männl. und weibl. 'Donati' half den Kanonikern bei der Pilgerbetreuung im Hospiz sowie in den entlang der Pilgerstraßen unterhaltenen Herbergen (*commanderies*). Seit dem 12. Jh. empfing R. reiche Schenkungen (im gesamten Navarra, auch im übrigen Spanien und sogar in England und Montpellier. Der Prior v. R. zählte zu den führenden Prälaten v. →Navarra, dessen Kg. beim Krönungsakt in Pamplona den Eid auf das in R. aufbewahrte Evangeliar ablegte. In R. ist Kg. →Sancho VII. († 1234), führender Teilnehmer der siegreichen Schlacht v. Las →Navas de Tolosa, bestattet.
B. Leroy

Q. und Lit.: M.-J. Ostolaza, Colección Dipl. de Sta. Maria de R. (1127-1300), Institución Príncipe de Viana, 1978 – La bataille de Roncevaux dans l'hist., la légende et l'historiographie, 1979 – C. Urrutibehety, Casas Ospitalia. Diez siglos de Hist. en Ultrapuertos, Institución Príncipe de Viana, 1982 – E. Cazayus-Audinot, Un couvent et une seigneurie sur le chemin de St-Jacques, l'Hôpital N.-D. de Roncevaux, 1988 – A. Linage Conde, Una sucesión institucional en los origines de R., la »confraternitas« y el »oro canonicus«, Príncipe de Viana, 1988, 79–84 – E. Rámirez Vaquero, La comunidad regular de Sta. Maria de R., siglos XII–XIX, ebd., 1993, 357–402 – M. García Fermín, R. – trayectoria patrimonial, 1993.

Roncesvalles-Fragment, hundertzeiliges Frgm. eines von mehreren nicht erhaltenen epischen Gedichten, die in Spanien unter dem Einfluß des afrz. →Rolandsliedes entstanden. Das Bruchstück in unregelmäßiger metr. Form enthält die bewegte Totenklage Karls d. Gr. vor den Leichen seiner Getreuen Turpin, Oliveros und Roland. Die Hs. stammt aus dem frühen 14. Jh., das Gedicht entstand jedoch schon im späten 13. Jh. In der Darstellung weicht es vom Rolandslied ab. Die Sprache ist navarro-aragones. gefärbt.
D. Briesemeister

Lit.: GRLMA III, 1/2. 9, 212f. – R. Menéndez Pidal, Tres poetas primitivos, 1948 – J. Horrent, La Chanson de Roland dans les litt. française et espagnole au MA, 1951 – R. H. Webber, The Diction of the R. Fragment (Homenaje a Rodríguez-Moñino, II, 1966), 311–321 – M. de Riquer, La leyenda del Graal y temas épicos medievales, 1968, 205–220 – J. Horrent, L'allusion à la chanson de Mainet contenue dans le R., Marche Romane 20, 1970, 85–92 – E. Rossi-Ross, Style and Pathos in the Spanish Epic Planctus, Revista Canadiense de Estudios Hispánicos 12, 1988, 429–445 – L. N. Uriarte Rebaudí, Un planto español por Roldán, Letras (Buenos Aires) 19/20, 1989, 111–116.

Ronda (röm. Arunda), Stadt in Südspanien, Hauptort der gebirgigen Serranía, diente dank seiner uneinnehmbaren Lage der strateg. Überwachung der Küste und der an die Meerenge v. →Gibraltar angrenzenden Gebieten. Bis zum 10. Jh. bildeten v. a. chr. hispan. →Mozaraber und muslim. Muladíes den Kern der Bevölkerung. Mit ihrer Unterstützung erhob sich der aus R. stammende ʿUmar b. Ḥafṣūn gegen das Emirat v. →Córdoba (880–915). Im 10. Jh. löste sich R. aus dem Bezirk v. →Écija und wurde zum Mittelpunkt eines eigenen Bezirks, des *iqlīm* oder *kūra* v. Ṭākurunnā. Nach der Auflösung des Kalifats v. Córdoba bildete sich dort das unabhängige Taifenreich (→*mulūk aṭ-ṭawā' if*) der berb. Familie der Yafraniden (Banū Ifran), das 1065 ins Reich v. →Sevilla eingegliedert wurde. R. wurde als einer der ersten Orte sowohl von den →Almoraviden (1090) als auch von den →Almohaden (1146) eingenommen, da es für die Absicherung der Landung in Spanien unentbehrl. war. Deshalb übertrugen sie das naṣrid. Emire v. →Granada von 1275 bis 1361/74 die Herrschaft über R. häufig den verbündeten →Meriniden in Fez, und R. und seine Serranía wurden als Grenzmark (*ṭaġr*) einer bes. zivilen und militär. Verwaltung unterstellt. Als die →Kath. Kg.e Granada eroberten, fiel R. im Mai 1485 nach kurzer Belagerung in ihre Hand. Die Stadt und ihre unmittelbare Umgebung wurden mit Christen bevölkert, in den Dörfern der Serranía hielt sich die muslim. Landbevölkerung der →Mudéjares.
M. A. Ladero Quesada

Lit.: L. Torres Balbás, La acrópolis musulmana de R., Al Andalus 1944, 449–481 – M. Acién Almansa, R. y su Serranía en época de los Reyes Católicos, 3 Bde, 1979 – Estudios de R. y su Serranía, 1988.

Rondeau, frz. Liedform, ursprgl. zur Begleitung des Reigentanzes (*rondet de carole*), im Wechsel von Vorsänger(in) und Chor vorgetragen; der vom Chor gesungene zweizeilige →Refrain erscheint zu Anfang, in der Mitte (nur ein Vers) und am Ende des R. (Grundform ABaAabAB). Inhalt sind die konventionellen Topoi der höf. Liebe; R. x-Zyklen (z. B. von *Bele Aeliz*) haben narrativen Charakter. Die frühen R. x sind nur bruchstückhaft, v. a. in Romanen des 13. Jh., überliefert.

Mit →Adam de la Halle und →Guillaume de Machaut geht die Verbindung zum Tanz verloren, das R. wird zu einer polyphonen (zwei- bis vierstimmigen) musikal. Form; im 15. Jh. ist das auf 11 oder 13 Verse erweiterte R. bes. beliebt und dominiert etwa im lyr. Werk von →Charles d'Orléans.
A. Gier

Ed.: F. Gennrich, R. x, Virelais und Balladen aus dem Ende des XII., dem XIII. und dem ersten Drittel des XIV. Jh., 3 Bde, 1921–62 – *Lit.*: DLFMA 1992, 1320 – GRLMA VIII/1, 45–58 – F. Gennrich, Das afrz. R. und Virelai im 12. und 13. Jh., 1963 – P. Bec, La Lyrique française au MA (XIIe–XIIIe s.), I, 1977, 220ff.

Rondellus, v. a. in England verbreitete musikal. Komposition, die – nicht unbedingt an einen präexistenten Cantus firmus gebunden – das Verfahren des Stimmtausches anwendet. Erstmals ist der R. beschrieben bei Walter Odington (»De speculatione musices«, ca. 1320), die Technik selbst geht bis ins 12. Jh. zurück. Bei Stimmtausch in dreistimmigen Kompositionen können einerseits nur die beiden Oberstimmen über einem zweimal vorgetragenen Pes (Tenor) gegeneinander ausgewechselt werden:

ab   abc
ba, oder bca, wenn alle
cc   cab

Stimmen gleichermaßen beteiligt sind.

Da die Stimmen gleichzeitig einsetzen, sind beim R. cum littera die Textabschnitte jeweils simultan zu hören. Für den musikal. Satz sind dabei Terzen, Quinten und Oktaven als konstituierende Intervalle notwendig. Zahlreiche R. finden sich in der Slg. der sog. Worcester-Fragmente (um 1300). Auf dem Kontinent sind R. kaum anzutreffen.
F. Körndle

Ed.: L. A. Dittmer, The Worcester Fragments, MSD II, 1957 – *Lit.*: Grove – MGG – Riemann – Hwb. der musikal. Terminologie – R. Falck, »R.«, Canon, and Related Types before 1300, JAMS 25, 1972, 38 – F. Büttner, Klang und Konstruktion in der engl. Mehrstimmigkeit des 13. Jh, 1990.

Ronkalische Felder → Roncaglia, Reichstag v.

Ro(o)s, Sir Richard, engl. Dichter, der zu den →Chaucernachfolgern gerechnet wird, * 1429. Von verschiedenen apokryphen Werken kann ledigl. das erstmals 1526 gedr. Gedicht »La Belle Dame sans Mercy« relativ zweifelsfrei ihm zugeordnet werden. Dabei handelt es sich um eine im mittelländ. Dialekt abgefaßte engl. Übers. eines von Alain →Chartier um 1424 verfaßten frz. Gedichtes, zu der R. eine Einleitung und einen Schluß hinzufügte (überliefert in sieben Hss., darunter Harley 372). Das in achtzeiligen Strophen im →Rhyme royal verfaßte Gedicht behandelt die höf. Minne. In einem Zwiegespräch bietet ein Ritter seiner angebeteten Dame seine Dienste an. Die Dame weist jedoch sein Liebeswerben selbstbewußt ab und betont ihr Recht, ihren Ritter selbst zu wählen. Der verschmähte Ritter stirbt aus Gram. – Das Gedicht wird in der literaturwiss. Forsch. wenig beachtet. M. L. Thein

Bibliogr.: Manual ME 4. X, 1973, 1093, 1301f. [46] – NCBEL I, 652 – C. Brown – R. H. Robbins, Ind. of ME Verse, 1943, Nr. 1086 – *Ed.*: F. J. Furnivall, EETS OS 15, 1866, 80–111 – W. W. Skeat, The Complete Works of Geoffrey Chaucer, VII, 1897, 299–326 – *Lit.*: E. Seaton, Sir R. R., 1961.

Roovere, Anthonis de, berühmtester fläm. →Rederijker des 15. Jh., * um 1430, † 16. Mai 1482 in Brügge. Vor allem religiöser Dichter, der in höchst kunstvollen Versen (»Refreinen«) die Dreifaltigkeit, Maria, die Sakramente besang. Er schrieb auch weltl. Poesie, meistens von moralisierender und satir. Art, unter ein Bühnenstück, »Quiconque vult salvus esse«, ein Streitgespräch zw. einem Christen, einem Juden und einem »Heiden« (Muslim) über das Symbol Athanasium. An der 1531 in Antwerpen gedr. Chronik »Die Chronijcke van Vlænderen« soll er mitgearbeitet haben. Als Handwerker (er gehörte der Zunft der Maurer an) wurde er vom Magistrat herangezogen für die Dekorierung fsl. Einzüge in Brügge. Seit 1466 bekam er eine jährl. Zuwendung vom Brügger Stadtrat. Seine »Rethoricale wercken« wurden erst herausgegeben von seinem Mitbürger Eduard de Dene (Antwerpen 1562).

W. Waterschoot

Ed. und Lit.: De gedichten, ed. J. J. Mak, 1955 – Ntg 59, 321–326 – Jaarboek De Fonteine 17, 3–26 – Ntg 61, 315–321 – Verslagen en Mededelingen v. d. Kon. Vlaamse Academie voor Taal- en Letterkunde, 1967, 557–573 – Jaarboek De Fonteine 18, 109–124 – Vlaanderen 31, 129–173.

Rorgoniden. Als R. bezeichnet die Forschung einen adligen Verwandtenkreis v. a. in →Neustrien, Aquitanien und Burgund, der im 9. Jh. die Geschicke des entstehenden →westfrk. Reichs entscheidend mitbestimmte. Namengebender »Stammvater« war der vermutl. aus der älteren Gf.enfamilie v. Maine stammende Rorico (I.), 819/820 als Gf. in Porhoët (w. Rennes) und 832 in Maine bezeugt († um 840/841), dem Karls d. Gr. Tochter →Rotrud († 810) einen Sohn →Ludwig (50. L.), den späteren Abt v. St-Denis und Kanzler Karls d. K., gebar. Eine geistl. Mitte schuf sich der Verwandtenkreis im Kl. St-Maur-de-→Glanfeuil, dessen Leitung und Zuordnung als Familienstiftung Roricos »consanguineus« Bf. →Ebroin v. Poitiers sicherte. Roricos Kinder aus legitimer Ehe mit Bilechild fanden ihren polit. Aufstieg durch die dominierende Rolle solch hoher geistl. Würdenträger wie Ebroin und Ludwig befördert, die ihrer Familie Leitungsfunktionen in bedeutenden Abteien wie St-Denis, St-Amand und St-Germain-des-Prés verschafften. Sie vermittelten auch die Nähe zu den karol. Kg.en, in deren Diensten v. a. Roricos Sohn →Gauzlin (2. G.) aufstieg.

Die Bindung der R. an die ostfrk. Karolinger in den großen Krisen des westfrk. Reichs 853/854 und 877/879 unterstreicht den Rang in der über die Reichsgrenzen hinweg noch vielfältig verknüpften frk. Adelsgesellschaft und darf nicht nach nationalstaatl. Kategorien als »Verrat« beurteilt werden. Die rorgonid. Frontstellung gegen den westfrk. Welfen →Hugo Abbas (5. H.) seit 866 ließ im westfrk. Reich zwei adlige Einflußzonen (880 Reichsteilung v. Amiens) enstehen und beförderte schließlich den Aufstieg →Odos zum Kgtm., der nach Gauzlins Tod (886) in wichtige Positionen der R. einrückte.

B. Schneidmüller

Lit.: J. Dhondt, Études sur la naissance des principautés territoriales en France, 1948, 315ff. – K. F. Werner, Bedeutende Adelsfamilien im Reich Karls d. Gr. (Karl d. Gr., I, 1965), 137ff. – O. G. Oexle, Bf. Ebroin v. Poitiers und seine Verwandten, FMASt 3, 1969, 138–210 – K. F. Werner, Gauzlin v. St-Denis und die westfrk. Reichsteilung v. Amiens (März 880), DA 35, 1979, 395–462 – La Neustrie, I, 1989, 49ff.

Rorik (Roric), Bruder des von den Söhnen Kg. →Gudfreds exilierten, 826 in der Pfalz →Ingelheim im Beisein →Ludwigs d. Fr. getauften dän. Kg.s →Harald Klak. Zusammen mit Harald unterstützte R. in den Jahren nach 830 →Lothar I. bei den großen Auseinandersetzungen innerhalb der Karolingerdynastie sowie bei der Abwehr feindl. Wikingerverbände und erhielt →Dorestad, dem er nach Haralds Tod (um 843) noch dessen Lehen Walcheren (mit dem ebenfalls wichtigen Handelsort →Domburg) hinzufügen konnte (850 Belehnung mit Gft.en in →Friesland). 857 fiel R. mit einer Flotte in Dänemark ein und gewann für kurze Zeit die Herrschaft über die südl. Grenzregion (Eider-Schlei-Gebiet), die aber schon vor 865 unter kgl. Herrschaft zurückkehrte. Eine (manchmal behauptete) Identität R.s mit →Rjurik ist nicht anzunehmen. →Dänemark, C, I.

Th. Riis

Lit.: A. E. Christensen, Vikingetidens Danmark paa oldhistorisk baggrund, 1969, 140f. – HEG I, s.v. Register [Lit.].

Roritzer (Roriczer), Baumeister- und Bildhauerfamilie des 15. und beginnenden 16. Jh., v. a. am Regensburger Dom St. Peter tätig.

Wenzla, † spätestens 1419, ist nach Ausbildung vermutl. im Parler-Kreis in Regensburg 1415/16 als »Tummaister« archival. bezeugt. Er arbeitete an der Westfassade des Domes und erneuerte 1416 die Befestigung der Burg Ehrenfels/Opf. Sein Sohn *Conrad* ist 1446 als Steinmetz für die Stadt Regensburg tätig. Nach dem Frühjahr 1455 übernahm er Konrad →Heinzelmanns Position des Werkmeisters am Chorbau von St. Lorenz in Nürnberg. 1456 Dombaumeister in Regensburg (Nordturm, Mittelteil der Westfassade und evtl. Wölbungen der beiden w. Joche des n. Seitenschiffes). Zahlreiche Bildhauerarbeiten werden ihm zugeschrieben. 1461 Turmentwurf für St. Georg in Nördlingen. 1462 Berater an St. Stephan in Wien, 1474 an der Münchner Frauenkirche. Zugewiesen werden ihm Tätigkeiten in Eichstätt, Weißenburg/Bayern und Ingolstadt. Sein Sohn *Matthäus* (Mathes, Matthias u. a.) arbeitete 1462 als Parlier und 1463 als Meister am Chor von St. Lorenz in Nürnberg. 1466 wird er dort entlassen. Anschließend wohl in Eßlingen und Eichstätt tätig, 1473 Gutachter an der Frauenkirche in München. 1476 Bürgerrecht in Regensburg, als Dombaumeister ist er hier 1485–92 in ed. Q. bezeugt (Mittelteil der Domfassade, das bekrönende Eichelürmchen ist »1488« datiert). Die Kanzel (dat. 1482) und das Sakramentshäuschen (dat. 1493), letzteres zumindest im Unterbau, werden ihm zugewiesen. M. veröffentlichte drei Lehrschriften für Baumeister: 1486 »Büchlein von der Fialen Gerechtigkeit« (unter Berufung auf das Wissen der Parler); Wimperg-Traktat, 1487/88 »Geometria Deutsch«, eine Slg. von Anwendungsbeispielen aus der Geometrie. 1486 Verleger im

Dienst der Stadt. Matthäus' Bruder *Wolfgang*, † 29. Mai 1514 (hingerichtet) in Regensburg, ist 1495 ebd. als Bürger- und Dombaumeister archival. bezeugt (Nordturm, Domkapitelhaus, Maßwerkaufsatz des Ziehbrunnens im Dom). Wolfgangs Sohn *Dionys* war möglicherweise bildhauerisch im Unterelsaß tätig. D. Gerstl

Q.: L. R. SHELBY, Gothic Design Techniques. The Fifteenth-cent. Design Booklets of Mathes Roriczer and Hanns Schmuttermayer, 1977 – *Lit.*: THIEME-BECKER XXVIII, 591–595 – Verf.-Lex.² VIII, 168–171 [G. KEIL] – O. SCHULZ, Der Chorbau von St. Lorenz zu Nürnberg und seine Baumeister, ZDVKW 10, 1943, 55–80 – G. STOLZ (500 Jahre Hallenchor St. Lorenz zu Nürnberg 1477–1977, 1977), 1–21 – F. DIETHEUER, Das frk. Geschlecht der R., Beitr. zur Gesch. des Bm.s Regensburg 23/24, 1. T., 1989, 216–255 – F. FUCHS, Das Hauptportal des Regensburger Domes, 1990.

Rory O' Connor (Ruairí ua Conchobair), † 1198 im Kl. →Cong, ir. Kg. aus der Dynastie der O' Connor/→Uí Conchobair (→Connacht), einer der Söhne des →Toirrdelbach ua Conchobair. R. bewarb sich, unter Ausnutzung des Todes von Kg. Muirchertach Mac Lochlainn, mit Erfolg um die Würde des →Hochkg.s; doch leisteten →Dermot mac Murrough, Kg. v. →Leinster, und die →O' Brien v. →Munster weiterhin Widerstand. Der abgeschlagene Prätendent Dermot warb im südl. →Wales anglonorm. Söldner an (ab 1166), entscheidender Ansatzpunkt für die engl. Kolonisation von Teilen Irlands seit 1169. Auf den Irlandzug Kg. →Heinrichs II. v. →England (1171–72), dessen Ansprüche auf die *Lordship* über Irland von der Kirche (→Laudabiliter) und zahlreichen ir. Kg.en anerkannt wurden, reagierte R. mit Angriffen auf die anglonorm. Stellungen über den Shannon hinweg und zerstörte dabei eine Reihe von Burgen. Der Vertrag v. Windsor (6. Okt. 1175) beinhaltete einerseits den Lehnseid R.s an Heinrich II., andererseits erklärte er R. zum Oberherrn der ir. Herren Irlands, die über ihn an Heinrich II. ihre Tribute zu leisten hatten. Diese Vereinbarung hatte nur kurzen Bestand, denn nicht alle ir. Herren erkannten R.s Oberhoheit an; schon 1177 hatte die anglonorm. Expansion wieder begonnen (Designation des Prinzen →Johann zum 'Lord of Ireland'). 1183 trat R. das Kgtm. an seinen Sohn Conchobar Maenmaighe ab und zog sich ins Augustinerkl. Cong zurück, kehrte 1185 aber wieder in die Welt zurück, um die Herrschaft zurückzuerobern. Der Machtkampf hielt über den Tod des Kg.s hinaus an.

G. MacNiocaill

Lit.: A. J. OTWAY-RUTHVEN, A Hist. of Medieval Ireland, 1968 – A New Hist. of Ireland, II, hg. A. COSGROVE, 1987.

Rosa v. Viterbo, hl., * um 1233–34, † vor 25. Nov. 1252, ◻ Viterbo (Latium). Über ihre Kindheit und Jugendjahre ist so gut wie nichts bekannt; den hagiograph. Zeugnissen zufolge, deren Glaubwürdigkeit nicht völlig gesichert ist, wurde sie nach einer Vision der hl. Jungfrau am Vorabend des Festes des hl. Johannes d. T.s Tertiarin, wahrscheinl. i. J. 1250. In den folgenden Monaten soll R. nach einer Passionsvision die Gewohnheit angenommen haben, mit einem Kreuz oder mit einem kleinen Maestà-Diptychon in der Hand durch Viterbo zu gehen und die Mitbürger aufzufordern, Christus, Maria (und damit indirekt der Kirche) treu zu bleiben. Diese in der Vita II (die als Basis für ihren Kanonisationsprozeß d. J. 1457 abgefaßt wurde) als »Predigt gegen die Häretiker« bezeichnete Aktion soll den florent. Podestà Mainetto di Bovolo veranlaßt haben, R. und ihre Familie Anfang Dez. 1250 zu verbannen. Vielleicht wollte der Podestà mit dieser nur schwer verständl. Verurteilung verhindern, daß sich die Gegensätze zw. den viterbes. Guelfen und den Ghibellinen, die mehr oder weniger mit den noch zahlreichen Katharern in gemeinsamem Haß gegen die Röm. Kirche verbunden waren, verschärften. R.s Wirken, ihre marian. Frömmigkeit und ihr Status als Tertiarin wurden in der neueren Forsch. als Teil eines allg. Programms der Kirche interpretiert, die Frauen durch die Mendikantenorden in eine die Kirche unterstützende polit. Aktion einzubinden. Da wenige Tage nach R.s Verbannung der Tod Friedrichs II. erfolgte, konnte sie in die Stadt zurückkehren, wo sie vergebl. versuchte, bei den Klarissen Aufnahme zu finden. Kurze Zeit später – der genaue Zeitpunkt ist unbekannt – starb R. Am 25. Nov. 1252 befahl →Innozenz IV., Zeugnisse für ihr heiligmäßiges Leben zu sammeln. Der Versuch, ein nach R. benanntes Kl. zu errichten, wurde auf Betreiben der Klarissen von Viterbo von →Alexander IV. 1255 abschlägig beschieden. Wenige Jahre später wurde jedoch R.s Leichnam in die Kirche der Klarissen übertragen. Nachdem dieser erste Versuch der Kanonisierung gescheitert war, wurde mit Unterstützung →Alfons' V. v. Aragón im März 1457 ein Kanonisationsprozeß eröffnet, verlief aber, vielleicht infolge des Todes Calixtus' III. (1458) im Sande. Im Martyrolog. Rom. (1583) erwähnt, ist R. seit 1922 Patronin der Kath. Weibl. Jugend Italiens. Ihr Kult ist bes. in Viterbo verbreitet, wo am Vorabend ihres Festes (3. Sept.) ein grandioser Umzug stattfindet. Dargestellt wird R. mit einem Rosennimbus oder mit einer Rose und dem Kreuz in der Hand oder der Maestà (bzw. einem Regelbuch). G. Barone

Lit.: AA. SS., Sept II, 414–432 – LCI VIII, 287f. – LThK² IX, 42 – G. ABATE, S. R. de V., Fonti stor. della vita e loro revisione crit., Misc. francisc. 52, 1952, 113–278 – A. M. VACCA, La menta e la rosa. S. R. di V., 1982.

Rosarium (corona, sertum, capelletum, crinale, →Konrad v. Haimburg), urspgl. im Sinne von florilegium, Gebetssammlung. In der byz. Liturgie als mariolog. Prädikat bezeugt (Ps.-Damascenus: MPG 96, 691 CD), im W Reimgebete und Leselieder für private Frömmigket, und zwar als preisende, bittende oder betrachtende Gebetsformen. Themen sind neben der Vita und Passion Jesu v. a. →Maria und andere Hll. Charakteristisch sind Zusammenstellungen von meist 50 Strophen marian. Elogien, die zu ebensoviel Ave Maria gebetet wurden. Solche Quinquagenen entsprechen (ohne Bezug zum Text) dem dritten Teil des →Psalters; Verbindungen zum (gereimten) Marienpsalter und zum →Rosenkranz sind gegeben. Von Ulrich Stöckl(in) OSB v. Wessobrunn († 1443) stammen drei R. ohne Bezug auf Psalmen; das R. »Gaude, caelum et mirare« des Jakobus Merlo Horstius († 1644), bestehend aus 50 Stabat-Mater-Strophen, greift ältere Traditionen auf und wird bis ins 19. Jh. verbreitet.

K. Küppers

Lit.: Anal Hym 6; 35; 36; 38 – Marienlex. V, 1993, 357–364 [Lit.] – ST. BEISSEL, Gesch. der Verehrung Marias in Dtl. während des MA, 1909, 246–248 – G. G. MEERSSEMAN, Der Hymnos Akathistos im Abendland, II, 1960, 22–25 – K. J. KLINKHAMMER, Adolf v. Essen und seine Werke, 1972, 79f.

Rosarium philosophorum, lat. Florilegium alchem. Inhalts, mit dem altdt. Bildgedicht »Sol und Luna«, 14. Jh. Es setzt sich aus unverbundenen Exzerpten zusammen, die, nach den 'Gesetzen des Großen Werks' geordnet, zunächst den allg. Grundlagen der Transmutationsalchemie und der Materia prima, dann bestimmten Stationen eines mit dem Tinkturgewinn endenden Laborprozesses (→Alchemie) gelten. Die Spannweite der Exzerpte reicht von Texten des Zosimos v. Panopolis (4. Jh.) bis hin zu Auszügen aus Alchemica des 14. Jh.; arab. Erbe (→»Turba philosophorum«, →»Tabula smaragdina«, →Senior Zadith, →Alphidius, →Morienus-Calid-Dialog usw.) vermischt sich mit im lat. W entstandenen Texten (Alanus, →Albertus Magnus, →Arnald v. Villanova, →Geber lat., Ricardus Anglicus, »Rosarius minor« usw.). Die Kompilation zeugt einerseits vom spätma. Sog zur »Summa«, andererseits vom Vordringen einer transmutationsalchem. Doktrin, nach der man die 'unvollkommenen' Körper in 'Vollkommenheit' wandelnde Tinktur auf der Basis von →Gold/Silber und →Mercurius zu erlangen suchte. Seit 1550 erfolgte Abdrucke einer Schwellredaktion verhalfen dem R. ph. zu allg. Bekanntheit. Ausweislich seiner Aufnahme in frühnz. Standardwerke und dt., frz., engl., tschech. Übers.en gehörte es bis in das 18. Jh. zu den Hauptschrr. europ. Alchemiker. Erneutes Ansehen erlangte das Werk aufgrund des Bildgedichts »Sol und Luna« in der »Psychologie der Übertragung« von C. G. Jung (1946). J. Telle

Lit.: Verf.-Lex.² VIII, 172–176 [J. Telle] – R. Ph. Ein alchem. Florilegium des SpätMA, hg. J. Telle, dt. Übers. L. Claren–J. Huber, 1992 [mit Faks. der Ed. pr. Frankfurt 1550].

Roscelin v. Compiègne, * um 1050 in der Diöz. Soissons. Nach dem Studium bei einem »sophista Johannes«, der die »dialectica« nicht mehr als »ars realis«, sondern »vocalis« begriff, Kanoniker und Magister (u. a. in Loches als Abaelards erster Lehrer und in Compiègne) zu einer Zeit, da die Theologen an den Kathedralschulen den ersten Sinn ihrer Wiss. nicht mehr in der persönl. Verinnerlichung der gewonnenen Erkenntnisse, sondern in der Herstellung der universalen Glaubwürdigkeit der Glaubenslehre durch konsequente Anwendung der »dialectica« auf deren zentrale Aussagen sahen. Nach →Anselm v. Canterbury führte hierbei die kirchl. Fassung der →Trinität als »una substantia in tribus personis« R. zum →Tritheismus, von dem er sich auf einer Synode in Soissons (um 1092) distanzierte, ihn laut →Ivo v. Chartres insgeheim aber weiter vertrat. Hiergegen verfaßte Anselm die »Epistola de incarnatione verbi« und →Abaelard die »Theologia Summi boni«. Nach R.s einzigem authent. Text, einem Brief an Abaelard (um 1120), war für ihn die Trinitätslehre jedoch v. a. ein semant. Problem. Daß die in der Trinitätslehre mit der lat. Kirche in Glaubenseinheit stehende gr. Kirche von »una essentia in tribus substantiis« spreche, zeige, daß hier auf Entscheidungen beruhende Sprechgewohnheiten vorlägen. Mit der Rede von drei Personen wolle die lat. Kirche das Sabellian. Mißverständnis des Patripassianismus und mit der Rede von der »singularis s. trinitatis substantia« das Arian. Mißverständnis der Wesenunterschiede zw. Vater, Sohn und Hl. Geist verhindern. Gott widerspruchsfrei sowohl im Singular als auch im Plural aussagen zu sollen, etwa als drei Substanzen von sonst nicht begegnender Einheit, sei die affirmativ nicht eindeutig zu behebende Aussagenot (inopia loquendi). In der theol. Sprachnot (Dicat melius qui potest. Ego melius non valeo ...) also dürfte die modist. Linguistik des MA eher ihren Ursprung haben als in den aristotel. Analysen der Bezeichnungsfunktion von Nomina und Verben. Folgerichtig hat R. auch in der »dialectica« die semant. Seite der Bezeichnungen bes. betont und zw. solchen für Einzeldinge (singulares res) und solchen für Gesichtspunkte, unter denen diese analysiert werden (universales res; die Wand als *Teil* des Hauses; dieses als Gebäude*art*) unterschieden. Anselm wie Abaelard mit seinen Schülern →Otto v. Freising und →Johannes v. Salisbury haben R.s semant. Ansatz mißverstanden; R. selbst spricht weder von »vox« noch von »flatus vocis«, hebt aber das Wortfeld um »significare« hervor. Doch kritisierten sie ihn zu Recht darin, nicht den Begriff als Vermittlung zw. »nomen« und »res« beachtet zu haben. Nach Johannes v. Salisbury wirkte R.s semant. Ansatz weiter; nach →Hermann v. Tournay z. B. bei Rainbert v. Lille. Vielleicht kam wegen R.s Tod der um 1120 von Abaelard gewünschte Disput vor einem kirchl. einberufenen Gremium von Gelehrten über R.s Kritik an seiner Trinitätslehre nicht zustande. G. Schrimpf

Q. und Lit.: HWP VI, 68–72 [J. Pinborg] – B. F. Adlhoch, R. und Sanct Anselm, Philos. Jb. 20, 1907, 442–456 – J. Reiners, Der Nominalismus in der Frühscholastik, 1910 (63–80: Ep. R. ad Abaelardum) – F. Picavet, R., 1911 (112–143: alle 25 Q. zu R.) – E. Werner, Stadt und Geistesleben im HochMA. 11. bis 13. Jh., 1980, 74–82 – J. Jolivet, Revue de Métaphysique et de Morale 97, 1992, 111–155 – C. J. Mews, Vivarium 30, 1992, 4–33.

Roscommon (Ros Comáin), Kl., Stadt und Gft. in Irland (östl. →Connacht), tritt zuerst als Kl. auf, gegr. vom hl. Comán im späten 6. Jh., wird fallweise in den air. Annalen erwähnt. Im 12. Jh. wurde R. wie viele andere ir. Kl. den Augustinerchorherren übertragen, unter der Schutzherrschaft des →Toirrdelbach ua Conchobair, Kg.s v. Connacht (nach 1140). Für kurze Zeit war R. nun Diözesansitz des östl. Connacht (1152–ca. 1168); danach wurde der Bf.ssitz nach →Elphin verlegt. Die Siedlung um das Kl. R. war bedeutend genug, um 1253 einen von Felim O'Connor (→Uí Conchobair), Kg. v. Connacht, gestifteten Dominikanerkonvent anzuziehen. (An Felim O'Connor waren 1235 die südl. Bereiche der Gft., die »King's cantreds«, abgetreten worden.) Aus strateg. Gründen ließ der Justitiar v. Irland, Robert de Ufford, eine Burg errichten; sie lag auf Land, das den Augustinern ohne ihre Zustimmung abspenstig gemacht worden war, und wurde von den einheim. Iren mehrmals zerstört. Mit der Burg wurde auch die Gft. wiedererrichtet. Im 14. Jh. waren Burg und Stadt oft zw. Iren und Engländern umkämpft (häufige Zerstörung der Stadt). G. MacNiocaill

Q. und Lit.: Calendar of Papal Reg., I–XVII, passim – Annála Connacht, ed. A. M. Freeman, 1944 – A. J. Otway-Ruthven, A Hist. of Medieval Ireland, 1968 – A. Gwynn–R. N. Hadcock, Medieval Religious Houses, Ireland, 1970 – A New Hist. of Ireland, II, hg. A. Cosgrove, 1987.

Roscrea (Ros Cré 'Felsvorsprung' v. [Lough] Cré'), Kl. im südl. Irland (Gft. Tipperary), im 6./7. Jh. gegr. von Crónán, dem hl. Patron der Éile (später Éile Uí Chearbnaill, Ely O' Carroll), am Ufer des Flusses Moneen, unweit einer der großen Altstraßen Irlands, Slige Dála ('Straße der Versammlung'). Schon unter Crónán dürfte das ursprgl. etwas weiter östl. errichtete Kl. an den neuen Platz verlegt worden sein. Die frühma. Bauten sind verschwunden, erhalten blieben: das 'Book of Dimma', ein Evangeliar des 8. Jh. (Dublin, Trinity Coll, ms. 58), sowie die R.-Fibel und die Rechtabra-Grabplatte (Dublin, Nat. Mus.). Von der roman. Kirche des 12. Jh. sind nur der Westgiebel, der Rundturm (innen mit einer Schiffsdarstellung in erhabenem Relief) und das →Hochkreuz überkommen. R. stand im 8.–9. Jh. in Verbindung mit der religiösen Bewegung der →Céli Dé, die sich auf der Insel eines Moorsees ca. 2 km sö. von R., bekannt als Monaincha ('Inselsumpf'), niederließen. Diese Stätte der Pilger und Asketen war berühmt unter dem Namen 'Inis na mBeo' ('Insel der lebenden Seelen', →Giraldus Cambrensis: 'Insula Viventium'), war doch der Glaube verbreitet, daß die Verstorbenen hier unverweslich ruhten. Der Ort wird daher im »Book of Ballymote als 31. Weltwunder gepriesen. Erhalten sind die Ruinen einer kleinen roman. Kirche, mit reich dekoriertem Westportal und roman. Hochchor sowie das Bruchstück eines Hochkreuzes (12. Jh., auf Basis des 5. Jh.). D. Ó Cróinín

Lit.: J. F. KENNEY, Sources for the Early Hist. of Ireland, 1929, 460, 469f.

Rosen (Rosa-Arten/Rosaceae). [1] *Botanik und Medizin:* Welche R. im MA bekannt waren, läßt sich nur selten näher bestimmen, zumal es sich bei der 'Königin der Blumen' um eine überaus arten-, hybriden- und sortenreiche Gattung handelt. Da die meisten der vorwiegend aus dem Orient stammenden und schon als Kulturformen (z. T. wohl durch die Kreuzfahrer) nach W- und N-Europa gelangten Garten- oder Edel-R. dort relativ spät in Erscheinung traten, kommen in erster Linie die einheim. und bereits in mitteleurop. Pfahlbauten nachweisbaren wildwachsenden Arten in Betracht, die im ma. Schrifttum u. a. als *rosa agrestis/campestris/canina/silvestris* begegnen. Diese Bezeichnungen betreffen hauptsächl. die vielen Formen der Hunds-, Gemeinen Hecken- oder Wild-R. (Rosa canina L.), die – oft mit dem Weißdorn verwechselt – etwa Hildegard v. Bingen (Phys. III, 52 und 63) unter den Namen *hyffa* und *tribulus* als Heilmittel empfiehlt. Neben den roten Scheinfrüchten: (den ahd. *hiufa*/mhd. *hiefe* gen. Hagebutten wurden in der Volksmed. auch die R.-Gallen (moosartige rundl. Auswüchse an den Zweigen der Hunds-R.) als sog. Schlafapfel oder R.schwamm genutzt. Der dafür bisweilen gebrauchte Ausdruck *bedegar* (Alphita, ed. MOWAT, 22) meint hingegen bei Albertus Magnus (De veget. VI, 42–44) und anderen Autoren die Wein-R. (Rosa rubiginosa L.), deren Samen, Saft und Wurzel v. a. bei Zahnschmerzen, Blutspeien, Magenschwäche, Verstopfung und Fieber zur Anwendung kamen (so auch Konrad v. Megenberg IVA, 8). – Ist indes lediglich von *rosa* (SIGERIST, passim; Alphita, ed. MOWAT, 154), von *rosarius, rosenpaum* u. ä. die Rede, so dürfte es sich dabei im allg. um die im Mittelmeergebiet heim. Essig-R. (Rosa gallica L.) bzw. deren Kreuzungen handeln, die vermutl. schon den meisten antiken Beschreibungen zugrunde lag und als Stammpflanze vieler Garten-R. gilt: bes. der formenreichen Damaszener R. (Rosa damascena Mill.), der Zentifolie oder Kohl-R. (Rosa centifolia L.), evtl. auch der Weißen R. (Rosa alba L.), die wahrscheinl. erst nach 1500 zusammen mit weiteren Kultur-R. größere Verbreitung in W- und N-Europa fanden. Auf diese Art und ihre Verwandten sind denn wohl auch die bereits im 'Capitulare de villis' (70) und im St. Galler Kl. plan erwähnten *rosae* wie die von Walahfrid Strabo (Hortulus, ed. STOFFLER, 392–428) als »florum flos« besungene und religiös-gleichnishaft (→Lilie) gedeutete *rosa* zu beziehen; ferner die Angaben bei Hildegard v. Bingen (Phys. I, 22) oder bei Albertus Magnus (De veget. VI, 212–217), der in seiner ausführl. botan. Schilderung noch eine *rosa campestris* (Rosa arvensis Huds.?) und eine *rosa foetida* nennt. Andere Autoren betonen dagegen die arzneil. Verwendung der R., wobei das bes. Interesse den zahlreichen, z. T. durch die arab. Heilkunde vermittelten Zubereitungen gilt: dem R. honig, -zucker, -sirup, -öl und -wasser sowie einer Reihe von R.-Composita, die je nachdem (herz-)stärkend, belebend, reinigend oder zusammenziehend wirken und etwa bei Dysenterie, Milz- und Leberbeschwerden, Schwindel, Ohnmacht und Erbrechen, Kopfschmerzen und Zahnfleischschwund helfen sollten (Circa instans, ed. WÖLFEL, 99–101; Konrad v. Megenberg IVA, 44; Minner, 194–196; Gart, Kap. 337). Selbst die mitunter als 'Samen' mißdeuteten und *ant(h)era* gen. Staubbeutel verschiedener R.-Arten wurden med. genutzt (Alphita, ed. MOWAT, 9; Minner, 58; Gart, Kap. 27), während die Blütenblätter auch der Parfümierung und zur Dekoration, z. B. von Gerichten, dienten. Wegen ihrer vielfältigen Farben, Formen und Düfte spielten die – nicht zuletzt in der →Heraldik begegnenden – strauchartigen und meist bestachelten R. schließlich in Sagen und Legenden, im Orakelwesen und Sympathieglauben eine bedeutende Rolle.   P. Dilg

Lit.: MARZELL III, 1393–1441 – HWDA IV, 491–495; VII, 776–781, 1088–1091; IX, 337 – CH. JORET, La rose dans l'antiquité et au moyenâge, 1892 – R. v. FISCHER-BENZON, Altdt. Gartenflora, 1894 [Neudr. 1972], 34–37 – H. E. SIGERIST, Stud. und Texte zur frühma. Rezeptlit., StGM 13, 1923 [Neudr. 1977] – K. BÖHNER, Gesch. der Cecidologie I, 1933, 388f. – R. E. SHEPARD, Hist. of the R., 1954 – A. GOOR, Die Gesch. der R. im Hl. Land, 1970 [dt. 1983].

[2] *Symbolik und Ikonographie:* Aufgrund von Schönheit, Vergänglichkeit und Duft in der Antike den drei Bereichen Liebe, Grab und Elysion zugeordnet, ist die R. im MA – obwohl aus paganer in die christl. Sepulkralkunst übernommen und auch als Zierde des Paradieses gedacht – v. a. Inbegriff der →Minne und der (geistl. wie weltl.) Schönheit; sie wird damit zum bevorzugten Symbol Mariens, für deren Sittsamkeit sie steht, wobei die weiße R. »ir reine magetum«, die rote – zudem Symbol der Märtyrer – »ir vollenkumene minne« bedeutet (dt. Predigt des 14. Jh.). In Dantes 'Paradiso' thront Maria, umgeben von Hl. n auf Blütenblättern, im Kelch der weißen Himmels-R. Die Bildkunst realisiert diese Symbolik auf vielfältige Weise: als stehende Madonna mit R. nstock (zuerst 13. Jh., Oberrhein) oder mit R. nzepter; im rosenbewachsenen Hortus conclusus oder in dem von R. n umhegten Paradiesgarten sitzend – woraus im 15. Jh. am Oberrhein der Bildtypus der vor einem R. nspalier auf der Rasenbank sitzenden Maria (Madonna im R.nhag) erwächst (→Garten). Motive wie R.npflücken, -darreichen und -kränzewinden erweitern den Bildtyp narrativ und werden auch auf profane Zusammenhänge (Liebesgarten) übertragen. Ähnlich wie das Einhornmotiv oszilliert auch die R. im MA zw. sublimiert-geistl. und höf.-erot. Symbolik: Im →Minnesang wie im höf. Roman fungiert sie als Minnesymbol (R.npflücken als Umschreibung des Sexualakts), der frz. Rosenroman (→Roman de la rose) weitet diese Symbolik zu einer umfassenden Allegorie aus. Auf frz. Elfenbeinkästchen und Spiegelkapseln des 14. Jh. beschießen Damen die die Minneburg bestürmenden Ritter mit R.nblüten; auf Miniaturen der Manesse-Hs. (→Liederbücher, Liederhandschriften [1]) wird der Minnesänger von der Dame mit R.n bekränzt; auf oberrhein. und frz. Teppichen vorwiegend des 15. Jh. ergehen sich höf. Paare in rosenbewachsenen Minnegärten.   N. H. Ott

Lit.: M. J. SCHLEIDEN, Die R. Gesch. und Symbolik..., 1873 [Neudr. 1978] – C. JORET, La rose dans l'antiquité et au MA, 1892 – M. VLOBERG, La madonna aux r. Symbolisme, art, légende, 1930 – O. MÜLLER, Maria im R.nhag, 1959 – R. KOECHLIN, Les ivoires gothiques franç., 1968[2] – A. RAPP-BURI – M. STUCKY-SCHÜRER, Zahm und wild. Basler und Straßburger Bildteppiche des 15. Jh., 1990.

Rosell, Nikolaus OP, Kard. presbyter v. S. Sisto, * 3. Nov. 1314 in Palma de Mallorca, † 28. März 1362 ebd., trat 1326 in den Dominikanerkonvent v. Palma ein und erlebte nach gründl. Ausbildung einen raschen Aufstieg: 1340 kgl. Kapellan Peters IV. v. Aragón, 1349 Lektor der Theologie in Barcelona, Lic. und Mag. theol., 1350 Regens des Barcelones. Ordensstudiums, Provinzial und Generalinquisitor für Aragón, Beichtvater des Kg.s, am 23. Dez. 1356 durch Papst Innozenz VI. zum ersten aragon. Landeskardinal promoviert, residierte seitdem in Avignon. Seine rege Tätigkeit für den Orden und als Inquisitor schlug sich in zahlreichen Schriften, Kommentaren und aus der Praxis erwachsenen Sammlungen nieder (fast alle unediert). Er gründete den Dominikanerinnenkonvent v. Montesion. Seine reichsten Pfründen in der Krone Aragón waren das Priorat S. Miguel del Fay, die

Sakristie der Kathedrale v. Mallorca, das regulierte Priorat Arguedas in Valdonsella und die Pfarrkirche v. Abella.

L. Vones

Lit.: DHEE III, 2111 – Th. Kaeppeli, Scriptores OP, III, 1980, 184f., Nr. 3126–3127 – R. de Alós, El Card. de Aragón, fray N. R., Escuela española de Arqueologia e Hist. en Roma. Cuadernos de Trabajo, I, 1912, 15–60 – J. Vincke, Zur Vorgesch. der span. Inquisition, 1941, bes. 81ff. – Th. Kaeppeli, Cronache domenicane di G. Domenech OP in una raccolta miscellanea del card. N. R., APraed 14, 1944, 5–42 – J. Vincke, N. R. OP, Kard. v. Aragon, ebd., 116–197 – D. Emeis, Peter IV., Johann I. und Martin v. Aragon und ihre Kard.e, SFGG. GAKGS 17, 1961, 72–232.

Roselli, Antonio, Jurist (utriusque iuris monarcha), * Arezzo 1380/81, † Padua 1466, ⊏ ebd., S. Antonio; ab 1406 Prof. in Bologna, Florenz und Siena, um 1430 Konsistorialadvokat an der Kurie, Vorlesungen am neubegr. Studium generalis urbis, Verf. der umstrittenen Bulle 'Deus novit' gegen das Konzil v. →Basel (IX 1433), die der Papst revozieren mußte, von 1438 bis zum Tod Prof. in Padua. Mit seinem Hauptwerk, der »Monarchia sive de potestate imperatoris et papae« (ed. Goldast, I, 252–556), trug R. entscheidend zur Neuformierung des monarch. Gedankens bei. Seine wesentl. pro-papale Ekklesiologie versucht gleichwohl – mit Sympathien für das Konzil v. →Konstanz –, der synodalen Tradition der Kirche gerecht zu werden. Th. Prügl

Q. und Lit.: K. Eckermann, Stud. zur Gesch. des monarch. Gedankens im 15. Jh., 1933 – J. A. F. Thomson, Papalism and Conciliarism in A. R.'s Monarchia, MSt 37, 1975, 445–458 – E. Meuthen, A. R.s Gutachten für Heinrich Schlick im Freisinger Bm.sstreit (1444) (Aus Kirche und Reich. [Fschr. F. Kempf, 1983]), 461–472 – A. Belloni, Professori giuristi a Padova nel sec. XV, 1986, 143–149 [Werkverz.] – J. H. Burns, The Monarchia of A. R., MIC C 9, 1992, 321–351.

Rosenberg, böhm. Hochadelsfamilie, die auf Vitek v. Prčice (Witiko, † 1194) zurückgeht, der als Gefolgsmann der →Přemysliden die Grundlagen für einen raschen polit. und wirtschaftl. Aufstieg der Familie legte. Vor 1250 errichtete Vitek III. die Burg »R.« an der Moldau, nach der sich die Familie nannte. Die Nachfolger erwarben bedeutende Landes- und Kirchenämter sowie große Besitzungen v. a. in Süd- und Westböhmen. Nicht nur ihre polit. Absichten, sondern auch ihre verwandtschaftl. Verbindungen zu österr. und dt. Adelsgeschlechtern verbanden die R.er mit der Reichspolitik. Zum polit. und kulturellen Zentrum ihres Besitzes wurde seit dem 14. Jh. Krummau (Krumlov). Im 14. und 15. Jh. standen die R.er häufig an der Spitze der Adelsopposition gegen die herrschende Dynastie der Luxemburger; bis ins 16. Jh. bewahrten die R.er ihre bedeutende Stellung, 1611 starben sie aus.

M. Polívka

Q.: V. Březan, Životy posledních Rožmberků, hg. J. Pánek, 1985 – Lit.: M. Pangerl, Die Witigonen, ihre Herkunft, Sitze und älteste Genealogie, AÖG 51, 1873, 501ff. – A. Míka, Osud slavného domu, 1970 – J. Pánek, Poslední Rožmberkové, 1989.

R., Ulrich v. (Oldřich), * 13. Jan. 1403, † 28. April 1462, Mitglied der böhm. Hochadelsfamilie R., stand ursprgl. den →Hussiten nahe, zu deren entschiedensten Gegnern er aber seit 1419 zählte. Er bekämpfte v. a. die →Taboriten und unterstützte die Politik Siegmunds und Albrechts II. in Böhmen. Nach der Schlacht bei →Lipany wurde er zum führenden Repräsentanten der Katholiken und gründete den sog. Strakonitzer Verein (1449), der gegen die durch →Georg v. Podiebrad utraquist. orientierte Gruppierung auftrat. Der bis 1452 dauernde Krieg schwächte U. v. R.s polit. Stellung, doch gelang es ihm, den Familienbesitz in Böhmen zu stärken. M. Polívka

Q.: B. Rynešová, Listář a listinář Oldřicha z Rožmberka, I–IV, 1922–54 – Lit.: R. Urbánek, České dějiny, II, 1, 1915, 174–186.

Rosendo, hl., Abt, Bf. v. →Mondoñedo, * 907, † 1. März 977, Sohn des Gutierre Menéndez und der Ilduara Eriz, die zum galiz.-ptg. Hochadel am Kg.shof v. →León zählten. Zunächst für ein hohes Amt in der kgl. Verwaltung bestimmt, wurde er von Bf. Sabarico in die kirchl. Laufbahn eingeführt und wurde 925 dessen Nachfolger als Bf. v. Dumio-Mondoñedo. Vom monast. Leben angezogen, förderte er verschiedene Kl.gründungen (u. a. San Salvador v. Portomarín). Größte Bedeutung erlangte die Gründung des Kl. →Celanova, an der R.s Familie durch Schenkungen beteiligt war, und die dg kg.e v. León durch Privilegien förderten. Als der Bau des Kl. um 942 abgeschlossen war, mußte R. auf den Bf.sstuhl v. Mondoñedo verzichten und widmete sich ganz dem monast. Leben. Für kurze Zeit Bf. v. →Iria, hatte er später bedeutende weltl. Ämter inne und führte Feldzüge gegen muslim. und norm. Einfälle. Dank seiner moral. Integrität galt er als Ratgeber des leones. Hofes. Ab 1172 ist seine kult. Verehrung bezeugt. J. García Oro

Lit.: DHGE XII, 48–50 – E. Sáez, Los ascendientes de San R., Hispania 8, 1946, 3–76 – M. C. Díaz y Díaz, Ordoño de Celanova: Vida y milagros de San R., 1990.

Rosenfelder Annalen (Annales Rosenveldenses) sind nur in einem Frgm. aus dem 14. Jh. überliefert, das Jahresberichte zu 1057–1130 enthält. Nach den Ableitungen ersten und zweiten Grades (→Albert v. Stade, Annales Magdeburgenses, Annalista Saxo [→Arnold, Abt v. Berge], →Honorius Augustodunensis) handelt es sich dabei um die fehler- und lückenhafte Abschrift eines umfangreicheren Textes, dessen Berichtsende unsicher ist. Das Interesse für die Gf.en v. →Stade und einige Lokalnachrichten deuten darauf hin, daß die R. A. vor 1101 gegr. Kl. OSB Harsefeld (ma. Rossevelde u. ä.) bei Stade stammen. Als Q. dienten das sog. Chronicon Wirzibergense (bis 1099) und eine verlorene sächs. Parteischrift gegen Heinrich IV. Die Rezeption des Chronicon über Annalen aus dem Würzburger Burkhardskl. ist abwegig, das Verhältnis zu vermuteten Annalen aus dem Kl. →Ilsenburg umstritten. Die meist kurzen Berichte sind bis 1106 nach Herrschafts-, darauf nach Inkarnationsjahren datiert. Die selbständigen Nachrichten betreffen v. a. Sachsen. Der Verf. steht auf der Seite der Reformpäpste.

K. Naß

Ed.: A. R., hg. G. H. Pertz, MGH SS XVI, 1859, 99–104 – Lit.: Repfont II, 324f. [Lit.] – H. Herre, Ilsenburger Annalen als Q. der Pöhlder Chronik, 1890, 9–19, 100–103 – Wattenbach-Holtzmann II, 597–599 – H. Wagner, Die Äbte v. St. Burkhard in Würzburg im MA, Würzburger Diözesan-Gesch.sbl. 50, 1988, 24f.

Rosengarten (»R. zu Worms«), mhd. Heldendichtung im sog. Hildebrandston aus dem Kreis der aventiurehaften Dietrichepik (→Dietrich v. Bern), vielleicht noch vor der Mitte des 13. Jh. von einem unbekannten Dichter verfaßt, in mehreren Fassungen breit überliefert (20 Hss. ca. 1300 – ca. 1500 und 6 Drucke 1479–1590); neben den ep. Texten steht eine Dramatisierung (wohl aus dem 15. Jh.); zu den dt. Fassungen kommt eine tschech. Übers. des 14. Jh. Erzählt wird, wie Dietrich v. Bern mit seinen Gesellen nach Worms zieht, wo sie sich in einer Serie von zwölf Zweikämpfen erfolgreich mit den Wormser Helden im Rosengarten der Prinzessin Kriemhild messen; Höhepunkt ist der Kampf zw. Dietrich und Siegfried. Es ist möglich, aber nicht beweisbar, daß der R. auf einer älteren Reihenkampfdichtung aufbaut, aus der auch die →»Thidrekssaga« schöpfte. Entscheidend für das Verständnis des Textes ist sein Bezug zum →»Nibelungenlied«: offenbar in ständiger Assoziation mit diesem entwickelt, bietet er ein Deutungsmuster für die Katastrophe des Burgundenuntergangs, indem in den verschiedenen Fassungen ein negatives Bild von Kriemhild als blutrünstiger Mörderin auf- und ausgebaut wird. J. Heinzle

Ed.: G. Holz, Die Gedichte vom R. zu Worms, 1893 [Nachdr. 1982] – *Lit.:* Verf.-Lex.² VIII, 187-192 [J. Heinzle].

Rosenhag-Madonna → Maria, hl., B. III

Rosenkranz, eine am Vorbild der bibl. 150 Psalmen orientierte marian. Gebetsform, bei der in Dekaden (Gesätz) gegliederte Reihen von 150 Ave Maria mit Betrachtungen aus dem Leben Jesu verbunden sind. Teilung in drei Quinquagenen: freudenreicher (Menschwerdung, Kindheit Jesu), schmerzhafter (Passion) und glorreicher (Erhöhung) R. – Am Anfang steht als Wiederholungsgebet (u. a. zur Buße) für leseunkundige Laien das Paternoster (auch ursprgl. Name des R.es als Zählschnur; →Paternostermacher), das im 12./13. Jh. vom Ave Maria als Volksgebet abgelöst wurde. Eine Vorform des R.es, die 100 Ave Maria mit Betrachtungen des Lebens Jesu verbindet, ist um 1300 in der Zisterzienserinnenabtei St. Thomas b. Trier bezeugt. Erfolgreich wurde der Leben-Jesu-R. des Kartäuser-Novizen Dominikus v. Preußen († 1460). Er verband 1409 in Trier den Namen Jesu am (damaligen) Schluß des Ave Maria mit einer Clausula, die einen Aspekt aus dem Leben Jesu betonte. Seine ursprgl. 50 Betrachtungspunkte (Clausulae vitae Jesu) von der Verkündigung des Herrn bis zu seiner Wiederkunft wurden u. a. von Adolf v. Essen († 1439) verbreitet. Die fälschl. Zuschreibung des R.es an den Ordensstifter Dominikus geht auf Alanus de Rupe OP († 1475) zurück. Die Reduzierung der 50 bzw. schließlich 150 Geheimnisse auf die leicht einzuprägenden 15 (so schon 1483 nachweisbar bei Stephan v. Sallay) ließ den R. zum Volksgebet werden, das u. a. durch R.-Bruderschaften (zuerst Köln 1475) gefördert wurde. K. Küppers

Lit.: DSAM XII, 937-980 – Marienlex. V, 1993, 553-555 [Lit.] – K. J. Klinkhammer, Adolf v. Essen und Werke, 1972 – A. Heinz, Die Zisterzienser und die Anfänge des R.es, AnalCist 33, 1977, 262-304 – R. Scherschel, Der R. – Das Jesusgebet des W.s, 1979, 1982² – A. Heinz, Eine Variante des »Trierer Kartäuserr.es« aus d. J. 1482, Kurtrier. Jb. 30, 1990, 33-53.

Rosenkranzbilder entstehen ab der 2. Hälfte des 15. Jh. mit neuen allegor. Bildmotiven: z. B. Maria und Jesuskind, den →Rosenkranz tragend. Die Madonna, oft als Immaculata, oder der Gekreuzigte eingerahmt von einer Gebetschnur. Rosenkranzspende durch Maria und Jesuskind an den hl. →Dominikus oder andere Hl.e, Mitglieder diverser Orden oder Rosenkranzbruderschaften, oder Betende, oft nach Ständen angeordnet. Betende überreichen Maria ihre Gebete in Form von Rosenkränzen. Ferner finden sich Darstellungen der 15 Geheimnisse des Rosenkranzes (→Freuden und Schmerzen Mariens, →Passionsbilder Christi) und Szenen aus Rosenkranzlegenden und -wundern. Bildträger sind u. a. Rosenkranzaltäre und Druckgraphik. A. Seebohm

Lit.: 500 Jahre Rosenkranz, 1975 – E. Wilkins, The Rose-Garden Game; the Symbolic Background to the European Prayer-Beads, 1969.

Rosenkriege (*Wars of the Roses*). Der Name bezeichnet eine Reihe von adligen Kämpfen zw. den beiden rivalisierenden engl. Kg.shäusern →Lancaster (»rote Rose«) und →York (»weiße Rose«); vgl. →England, E. Ihre Ursachen lagen in der strukturellen Schwäche und den polit. Mißerfolgen der Regierung, die von rebellierenden Adligen für konkurrierende Thronansprüche ausgenutzt wurden. In der Zeit von 1450-60 initiierten Gruppierungen der führenden kgl. Verwandten (bes. →Richard, Duke of York, und seine Verbündeten aus der →Neville-Familie), die nicht in der kgl. Gunst standen, mehrere bewaffnete Proteste in herkömml. Weise, indem sie die schlechte Regierung und die »teufl. Ratgeber« anklagten. Sie erhielten wegen der Parteilichkeit der Regierung bei der Rechtsprechung und wegen der Verluste in Frankreich Unterstützung von verschiedenen Bevölkerungsschichten. Als aber 1460 Richard, Duke of York, den Thron beanspruchte, schuf er damit einen Präzedenzfall. Die dynast. Rebellen in den R.n verließen sich auf unsichere Formen einer Teilunterstützung, einer Mischung aus Cliquenwesen, Ausschreitungen und Unzufriedenheit des Volkes, sowie der Hilfe durch auswärtige Mächte (bes. durch Schottland, Frankreich und Burgund). Die Rebellion wurde ermutigt, als sich die der Herrschaft bemächtigenden Kg.e (1461 Eduard IV., 1483 Richard III., 1485 Heinrich VII.) unfähig erwiesen, ihre anfängl. Machtbasis auszuweiten und Vertrauen zu gewinnen.

Während der entscheidenden Periode der R. (1455-85) fanden insgesamt mehr als 60 Wochen große Feldzüge in England statt, mit bedeutenden Gefechten in Wales und Irland, in der Mark v. Calais und auf dem Meer. Einige der Schlachten waren nur militär. Plänkeleien (so z. B. →St. Albans, 1455), andere dagegen große Gefechte mit schweren Verlusten (bes. →Towton, 1461). Bedeutende strateg. Ziele bildeten →London, →York und →Calais. Während diese Orte über gute Befestigungen verfügten, waren die meisten städt. Befestigungen und Burgen in England und Wales lange vernachlässigt worden. Es gab jedoch wenige Belagerungen: die Anhänger der Lancaster hielten 1462-64 die Burgen von Northumberland und bis 1468 das Harlech Castle in N-Wales.

Der Unterhalt von ständigen Streitkräften und die Investition für Befestigungen bei nur gelegentl. inneren Konflikten galten bei den Kg.en und dem Hochadel als nicht erstrebenswert. In den R.n verließen sie sich auf die unbeständige Unterstützung durch Verwandte, Amtsinhaber, Untergebene und ländl. Lehnsleute. Sie vertrauten auch auf die alte Verpflichtung der Städte, boroughs und Gft.en, für die Verteidigung des Kgr.es Truppen aufzustellen. Diese standen aber nur begrenzt zur Verfügung, da die Dienstzeiten gesetzl. limitiert, die ausgehobenen Truppen oft schlecht ausgerüstet und umfangreiche Rekrutierungen unpopulär waren. Aber es wurden auch Truppen mit fremden Söldnern angeworben, so z. B. die dt. Söldner unter Martin Schwarz aus Augsburg für die York-Partei in Stoke 1487. Die Rahmenbedingungen der Kriegführung veranlaßten die meisten Befehlshaber, kurze, bewegl. Feldzüge zu planen, mit dem Ziel, den Feind zu überraschen und schnell seine Hauptstreitmacht in den Kampf zu verwickeln. Kg.e sowie Führer der oppositionellen Rebellen, die auf eine weitgestreute Unterstützung hofften, versuchten im allg., die Zivilbevölkerung zu schonen. Handwerkl. Produktion und Handelsgüter waren nur gefährdet, wenn internat. Handelsembargos Teil des Kampfes wurden. Die verwundbarsten Gruppen waren die führenden Hochadligen und ihre engsten Gefolgsleute bzw. diejenigen der Kg.e, die v. a. ihr Leben in der Schlacht, die Hinrichtung wegen Verrats und die lange Einziehung des Familienbesitzes riskierten. Solche Ereignisse und das Fehlen von Erben (bes. in der kgl. Familie) schwächten das Interesse an einer Rebellion. Schließlich schränkte die kgl. Politik (Reform der kgl. Finanzen etc.) die Motivationen für eine Rebellion und deren Erfolgsaussichten ein. A. Goodman

Lit.: R. L. Storey, The End of the House of Lancaster, 1966 – A. Goodman, The Wars of the Roses, 1981 – R. A. Griffiths, The Reign of King Henry VI, 1981 – A. J. Pollard, The Wars of the Roses, 1988.

Rosenoble (Ryal), 1465 in der Nachfolge des 1344 eingeführten →Noble geschaffene engl. Goldmünze im Gewicht von 7,78 g mit einer Rose auf der Schiffswand der Vorderseite und einer von gekrönten Leoparden umgebenen und mit einer Rose belegten Sonne auf der Rückseite. Der R. wurde zu 10 Schillingen gerechnet. Er geriet auch in den Geldumlauf auf dem Kontinent und wurde im 16. Jh. in den n. Niederlanden nachgeahmt. Zu dem vollen R. wurden auch halbe und viertel R. ausgegeben.

P. Berghaus

Lit.: F. v. SCHROETTER, Wb. der Münzkunde, 1930, 573f. – C. H. V. SUTHERLAND, English Coinage 600–1900, 1973, 101 – J. WESCHKE, Ma. Goldmünzen, 1982, Taf. 52 – P. GRIERSON, Coins of Medieval Europe, 1991, 200f.

Rosenplüt, Hans, Nürnberger Handwerkerdichter, *um 1400, † 1460 in Nürnberg. Der nach Nürnberg zugewanderte R. übte ursprgl. das Handwerk eines Panzerhemdmachers, später das eines Messinggießers aus; ab 1444 bekleidete er das städt. Amt eines Geschützfachmanns (Büchsenmeister). Neben seinem Geburtsnamen verwendete er den Namen Schnepper/Schnepperer ('Schwätzer'). R.s populäres lit. Werk umfaßte →Fastnachtspiele (nur ein überliefertes Stück ist mit seiner Autorsignatur versehen, jedoch werden ihm zahlreiche weitere zugeschrieben); 33 Reimpaarsprüche, darunter 11 Schwankmären, sowie geistl., didakt. und polit. Dichtungen (mit dem »Lobspruch auf Nürnberg« führte R. das Städtelob in die dt. Lit. ein); 3 Lieder; schließlich zahlreiche Kleinstformen wie Wein- und Biergrüße, zum Neujahrsbrauchtum gehörende Klopfansprüche und →Priameln. Anders als sein Nürnberger Nachfolger Hans →Folz hielt R. sich offenbar von den →Meistersingern fern.

H. Brunner

Ed.: A. v. KELLER, Fastnachtspiele aus dem 15. Jh., 4 Bde, 1853–58 – H. FISCHER, Die dt. Märendichtung des 15. Jh. (MTU 12, 1966) – J. REICHEL, H. R. Reimpaarsprüche und Lieder (ATB 105, 1990) – *Lit.:* Verf.-Lex.² VIII, 195–232 [I. GLIER] – W. KILLY, Literaturlex., X, 1991, 18f. [J. REICHEL].

Rosenroman → Roman de la Rose

Rositten (lett. Rēzekne), Burg des →Dt. Ordens im gleichnamigen Kreis in Lettgallen, Lettland, am rechten Ufer des R.schen Baches. Dort befand sich vielleicht früher eine Lettenburg. Das Gebiet (mit der Wolkenburg am Lubahnschen See) war dem Orden nach der Schlacht bei →Durben (1260) verlorengegangen, kam 1264 durch Schenkung des Fs.en Konstantin v. Polock wieder in seinen Besitz und diente ihm zur Sicherung der linken Flanke gegen die Litauer. Bald danach wurde die 1324 erwähnte Burg erbaut, die durch den Bach und einen Graben, durch Höhenschutz und einen Rundturm gut befestigt war. Sie war Sitz eines Ordensvogtes, dem auch das Beischloß Ludsen weiter ö. unterstand. 1345–1555 sind 17 Vögte nachweisbar. Nach Kämpfen mit den Moskowitern wurde die Burg 1560 den Polen übertragen.

H. von zur Mühlen

Q.: Liv-, Est- und Kurländ. UB, 1852ff. – *Lit.:* K. v. LÖWIS OF MENAR, Burgenlex. für Alt-Livland, 1922 – A. TUULSE, Die Burgen in Estland und Lettland, 1942 – M. HELLMANN, Das Lettenland, 1954 – F. BENNINGHOVEN, Der Orden der Schwertbrüder, 1965, 315ff.

Roskilde, Stadt und Bm. in →Dänemark, im östl. Teil der Insel Seeland, an der R.er Förde; präurbane Vorgängersiedlung wohl →Lejre. Die Lage R.s in einer dichtbesiedelten Agrarlandschaft und die günstige Verkehrssituation (u. a. Landwege: Verbindung mit den Hafenplätzen am Øresund und Großen Belt) begünstigten die städt. Entwicklung von R. seit etwa 990. R. wurde in der Christianisierungsperiode unter Kg. →Harald Blauzahn († 987) als kirchl. Zentrum von Seeland vorgesehen und besaß wohl bereits damals einen (archäolog. nicht nachgewiesenen) Kg.ssitz. 1022 erfolgte die Bm.sgründung; die ersten steinernen Kirchenbauten entstanden noch im 11. Jh. (St. Clemens um 1080 [Vorgängerbau bereits 1030–35], Dom in den 1070er/80er Jahren). Die Stadt entwickelte sich dank der Förderung durch die Kg.sfamilie (Münzstätte seit 1020er Jahren, Landbesitzschenkungen an das Domkapitel, Ummauerung des Doms und des Kanonikerkl. unter Bf. Arnold, 1088–1124); dennoch wurde nicht R., sondern →Lund in Schonen zum Sitz des neugeschaffenen skand. Ebm.s erhoben (1102/03).

Die Einführung des Zehntwesens beschleunigte die Ausbildung von Pfarreien (u. a. St. Clemens, St. Martin, St. Petri, Allerheiligen; im SpätMA 14 Pfarrgemeinden). Das von Kg. →Svend III. (1146–57) mit einem Erdwall befestigte städt. Areal umfaßte 73 ha; die Viertel Vindeboder (alte 'wend.' Siedlung) und St. Jørgensbjerg, beide am Fuße des Stadthügels, wurden nicht in diese Umwallung einbezogen.

In R., der um die Mitte des 12. Jh. wohl größten Stadt Dänemarks, lebten neben wend. (slav.) Bewohnern auch dt. Handwerker (spätestens ab 1133) und Kaufleute; gelegentl. sind auch russ. Händler belegt. Der große Bf. →Absalon (1158–91) sicherte seinem Bm. die neubekehrte Insel →Rügen sowie Burg und Siedlung 'Hafn' (→Kopenhagen); auch begann er um 1170 mit dem Bau des neuen R.er Backsteindomes. Zu Beginn des 13. Jh. wurde (nach Abbruch des Kanonikerkl. nördl. des alten Domes) die 'vita communis' der Domherren aufgegeben (Entstehung von Domherrenhäusern in der Stadt). Östl. des neuen Domes wurde im 13. Jh. die neue Bf.sresidenz errichtet; der kgl. Hof verlor dagegen bald nach 1400 seine Residenzfunktion.

Mit Ausnahme eines Zisterzienserinnenkl.s (vor 1178, bei St. Marien) gehörten die wichtigsten Kl. in R. den beiden großen Bettelorden an (Dominikaner 1231, Dominikanerinnen St. Agnes, 1263; Franziskaner 1237, Klarissen 1256). Das stark kirchlich geprägte R. war im 13. Jh. ein Brennpunkt der Auseinandersetzungen zw. Kgtm. und Kirche. Das Domkapitel (um 1100: 15 Mitglieder, um 1300: 30) hatte vier Prälaten (Dekan, Propst, Archidiakon, seit 1315 Kantor). Nach dem bfl. Urbar besaß das Bm. R. um 1370 auf Seeland über 2600 Höfe (etwa 25% der Gesamtzahl). Zur Herausbildung ländl. Residenzen der Bf.e v. R. im SpätMA →Pfalz, G.

In R. bestanden eine Domschule (spätestens seit 1158), ein Leprosorium auf dem St. Jørgensbjerg (wohl 12. Jh., 1570 aufgegeben), ein Hl.-Geist-Spital (1253 in die Stadt verlegt, Stiftung für 12 Kranke) sowie ein Armenspital im 1429 genannten Duebrødre-Kl.

1268 bestätigte der Kg. das von den Bürgern abgefaßte Stadtrecht. 1441 wurde dem Rat die Kooptation von neuen Ratsherren genehmigt (der Kg. behielt sich aber die Bürgermeisterwahl vor). Ein Kämmerer ist seit dem 15. Jh. belegt; die Stadt war in vier Viertel geteilt (die Einkünfte aus dem nordöstl. Viertel gehörten dem Bf., die aus den übrigen Vierteln dem Kg.).

Neben der in Landbau und Viehzucht tätigen Bevölkerung spielten Handwerker in R. eine wichtige Rolle (Schmiede, seit dem 11. Jh. archäol. belegt, 1491 Zunftordnung; Kammacher seit ca. 1100; ein Petschaftstecher, 2. Hälfte des 13. Jh.; Bäckerzunft, 1268; Schusterzunft, um 1450; Schneiderzunft, Ende des 15. Jh.; ein Buchdrucker, 1534). Die sechs Wassermühlen (Ende des 13. Jh.) gingen rasch in kirchl. Besitz über. An →Gilden sind zu erwähnen: Kanutigilde (1335, für Kaufleute; →Knud Laward, hl.), Dreifaltigkeitsgilde (1499, für Geistliche) sowie Kalentegilde (→Kaland) und Luciusgilde (spätestens 1389 bzw. 1483, für Geistliche, Adlige und Bürger).

Im 15. Jh. ging der überregionale Handel R.s zugunsten der Häfen Kopenhagen und Køge zurück (mit Ausnahme des Holzhandels der Norweger); R. war nun v. a. kirchl. Verwaltungszentrum. Die Reformation (1531 und 1534 Plünderung von kirchl. Einrichtungen) beschleunigte den wirtschaftl. Niedergang. Th. Riis

Q.: Danmarks Gilde – og Lavsskraaer fra Middelalderen, I–II, hg. C. NYROP, 1895-1904 – Danmarks Kirker, III: Københavns Amt 1, 1944, 1–165; 3–4, 1951 – Danmarks gamle Købstadlovgivning, III, hg. E. KROMAN, 1955, 163-194 – *Lit.*: J. O. ARHNUNG, R. Domkapitels Historie, I–II, 1937-70 – N. SKYUM-NIELSEN, Das dän. Ebm. vor 1250, Acta Visbyensia, III, 1969 – R. Bys Historie-tiden indtil 1536, hg. F. A. BIRKEBÆK, E. VERWOHLT, M. HØJ, 1992 [Lit.].

Rosmarin (Rosmarinus officinalis L./Labiatae). Der Name dieses im Mittelmeerraum heim., immergrünen Kleinstrauches wird entweder als Hinweis auf dessen Herkunft verstanden und von lat. ros marinus ('Meertau') abgeleitet oder mit Bezug auf dessen aromat., durch das äther. Öl bedingten Duft als Umdeutung aus gr. rhops myrinos ('wohlriechender Strauch') interpretiert. Die von Dioskurides (Mat. med. III, 75) *libanotis* (zu libanos 'Weihrauch') gen. und bei Ps.-Apuleius (Herbarius, ed. HOWALD–SIGERIST, 144–146) als *herba rosmarinum* aufgeführte Pflanze war im MA außerdem unter den Bezeichnungen *dendrolibanum* und v. a. *anthos* bekannt (Alphita, ed. MOWAT, 9 [s. v. anchios!], 49, 106 [s. v. lothos], 155). Obzwar bereits im 'Capitulare de villis' (70) und im St. Galler Kl.plan verzeichnet, scheint der im n. Europa meist nur als Topfpflanze gedeihende *rosmarinus* erst relativ spät breitere Beachtung gefunden zu haben, weshalb ihn z. B. auch Hildegard v. Bingen und Albertus Magnus nicht erwähnen; gleichwohl läßt sich seine Verwendung als Heilpflanze durchaus belegen (Circa instans, ed. WÖLFEL, 103f.; altit. 'R.traktat' des 13. Jh. [→Wunderdrogentraktate]), wobei der Umfang der angegebenen Zubereitungen (u. a. mit Wein und als Latwerge) wie bes. der Indikationen bisweilen sehr unterschiedl. ist (Minner, 61f. und 196; Gart, Kap. 23): Demnach galten v. a. die Blüten und Blätter des R. als (herz- und gedächtnis-)stärkendes, verjüngendes und appetitanregendes, schweiß- und harntreibendes, die Gebärmutter reinigendes und die Empfängnis förderndes Mittel, wurden aber auch bei Schwindel und Ohnmacht, Leibschmerzen und Verdauungsschwäche, Gicht und Geschwüren, zu Mundspülungen, Räucherungen u. a. m. eingesetzt. Die Hauptbedeutung kommt dem nicht zuletzt als Ziergewächs geschätzten R. jedoch im Rahmen des Kultes bzw. des Volksbrauchtums zu, in dem er seit alters als Symbol der Liebe und Fruchtbarkeit (bes. als [vor der →Myrte häufig verwendeter] Hochzeitsschmuck) sowie als Totenpflanze eine große Rolle spielte.

P. Dilg

Lit.: MARZELL III, 1441–1445 – DERS., Heilpflanzen, 188–194 – HWDA VII, 787–790 – Verf.-Lex.² VIII, 236–239 ['R.traktat'] – V. ZIMMERMANN, Der R. als Heilpflanze und Wunderdroge, SudArch 64, 1980, 351–370.

Rosnay, Gft. in Ostfrankreich (östl. →Champagne, dép. Aube, arr. Bar-sur-Aube), die im 10. Jh. vom Briennois (→Brienne) abgetrennt wurde. Die Inhaber der Gft. waren: Adso, 968 belegt; Isembard I., wahrscheinl. identisch mit dem Herrn v. Broyes und Nogent-l'Erembert, der sich (bereits als Witwer) mit der Erbin der Gft. R. vermählte; diese heiratete, ihrerseits verwitwet, Manasses v. Dammartin-en-Goële, der 1035 als Vormund seines Schwiegersohnes Isembard II. belegt ist; Guérin (Warinus), der seine Domäne Margerie (dép. Marne) an →Cluny tradierte und 1080 als Mönch in →Montier-en-Der eintrat. Die Gft. fiel an den Enkel von Manasses v. Dammartin, Hugo, dann an dessen Sohn Peter († 1104 in R.), wurde wegen Erbenlosigkeit vom Gf.en v. Champagne eingezogen und von →Prévôts verwaltet (Hugues de Montrampon, 1139). Als Apanage Gf. →Heinrichs III. (1263–71) wurde die Gft. R. der Gft. →Vertus inkorporiert. Unter kgl. frz. Herrschaft übertrug Johann II., Kg. v. Frankreich, sie 1361 seiner Tochter Isabella anläßl. ihrer Heirat mit Giangaleazzo →Visconti. Beider Tochter, Valentina Visconti, brachte sie in die Ehe mit Hzg. →Ludwig v. Orléans ein (1389). Durch deren Tochter Margarete kam sie an Richard v. Bretagne, Gf. v. →Étampes, der sie seinen Nachkommen vererbte.

Um 1027–33 tritt ein Vicecomes namens Tecelinus (Técelin) auf, 1147 ein Vicecomes Ruric, dessen Nachkommen im 13. Jh. den Titel von Sires de Rances (dép. Aube) annahmen. R., das ca. 1035-1140 Sitz eines Kastralstifts und seit 1035 eines Priorats v. Montier-en-Der war, hatte eine Johanniterkomturei (gegr. um 1230), die dem Ort den heut. Namen gab: R.-l'Hôpital. M. Bur

Lit.: A. ROSEROT, Dict. de la Champagne méridionale, 1948.

Ross. 1. R., schott. Earldom und Diöz., erscheint zuerst in Zusammenhang mit der Tätigkeit eines Bf.s Curitan (um 716), aber eine quellenmäßig belegte Gesch. setzt erst am Beginn des 12. Jh. ein. Eine Linie der Earls kann seit ca. 1120 nachgewiesen werden, wobei es sich wahrscheinl. um Nachfolger der *mormaers* (→Earl, II) aus scot.-pikt. Zeit handelt. Durch Einziehung im späten 12. Jh. vakant, wurde das Earldom um 1225 erneuert und verblieb nun bis 1395 in der Hand einer Familie. Durch eine Erbin gelangte es in den Besitz der Lords of the Isles (→Hebriden), denen es 1475 entzogen wurde. 1481 erhielt es ein Sohn von Kg. Jakob III., der 1504 unverheiratet starb. Bf.e lassen sich bis 1128 zurückverfolgen. Bedeutende Überreste der Kathedrale erhielten sich in Fortrose, etwa 2 km von Rosemarkie entfernt, das offenbar der Bf.ssitz in scot.-pikt. Zeit war. Kgl. Burgen wurden 1179 in R. errichtet, und sheriffs v. Cromarty und Dingwall sind seit 1264 nachweisbar. Obwohl der Name R. sich ursprgl. nur auf den ö. Teil der modernen Gft. v. R. und Cromarty bezog, kann man davon ausgehen, daß die Diöz. und das spätma. Earldom auch Wester R. einschlossen, das im MA als »Argyll of Moray« oder »North Argyll« bekannt war.

G. W. S. Barrow

Lit.: W. F. SKENE, Celtic Scotland, 1886–90 – P. MCNEILL–R. NICHOLSON, An Hist. Atlas of Scotland c. 400–c. 1600, 1975.

2. R. (Ros Ailithir, 'Vorgebirge des Pilgers'), Kl. und Bm. im sw. →Irland (Gft. →Cork). [1] *Kloster:* Ein (schlecht bezeugtes) Kl. wurde von einem hl. Fachtna im späten 6. Jh. gegr. Für die Zeit von 824 bis 1096 ist eine Reihe von Äbten und Superioren belegt; R. war offenbar bedeutend genug, um bis 1085 einen eigenen Bf. (*Nechtain*) zu haben. Um die Mitte des 12. Jh. erscheint die Benediktinerabtei, doch bleibt eine Kontinuität zum älteren Kl. unsicher. Die Abtei unterstand dem →'Schottenkl.' St. Jakob in →Würzburg, sie hatte im 15. Jh. ebenso Beziehungen zu St. Jakob in →Regensburg; doch war das Kl. nur dürftig ausgestattet und verfiel 1541 der Aufhebung.

[2] *Bistum:* Das Bm. R. gehörte nicht zu den Diöz., die durch die Synode v. →Ráith Bresail (1111) neuerrichtet oder reformiert wurden, doch war es zur Zeit der Synode v. →Kells (1152) existent. Als armes Bm. erscheint es nur selten in kirchl. Verzeichnissen; im 15. Jh. wurde R. als

zusätzl. Pfründe für engl. Suffraganbf. e verwendet, einige Bf. e kumulierten seinen Besitz mit einer zweiten Diöz.
G. MacNiocaill

Lit.: A. GWYNN, Herbipolis Jubilans, 1952 – A. GWYNN–R. N. HADCOCK, Medieval Religious Houses: Ireland, 1970 – E. B. FRYDE u. a., Handbook of British Chronology, 1986.

Rossano, Stadt und Ebm. in Unteritalien (Kalabrien), unweit des röm. Copia Thurii. Seine starke Prägung durch die byz. Herrschaft bezeugen zahlreiche Gotteshäuser und der berühmte →Codex Purpureus Rossanensis. R.s Aufstieg begann im 8. Jh. und verwandelte den kleinen Ort (»Ruscianum« im Itinerarium Antonini) in eine der bedeutendsten Städte im Thema Kalabria, die in den →Gotenkriegen umkämpft wurde. Ende des 9./Anfang 10. Jh. wurde R. ein von Konstantinopel abhängiges Bm. Gegen den Angriff der Normannen, die die strateg. Bedeutung R.s erkannt hatten, setzten sich der autokephale Ebf. v. R. und seine Getreuen vergeblich zur Wehr. R., das zahlreiche syr., bulg. und griech. Einwohner sowie eine blühende Judengemeinde besaß, bewahrte lange seine Selbstverwaltung und ging dann in die direkte Kontrolle der Krone über, nachdem es bereits zuvor der Jurisdiktion des Papstes unterstellt worden war. Der weitblickende →Roger II. erbaute das Kl. →Patir, das zu einer wechselseitigen Durchdringung der lat. und griech. Kultur beitrug. Der Niedergang R.s begann unter den Anjou und verstärkte sich im Krieg nach der →Sizilian. Vesper. Auch die kirchl. Institutionen erlebten während des →Abendländ. Schismas und als Folge der allg. Krise des italogriech. Mönchtums einen Niedergang. 1417 wurde R. Feudum der Polissena Ruffo, Gattin des Francesco Sforza, Gf. v. Ariano, der in Kalabrien die von den →Sanseverino angeführten Revolten der Feudalherren niedergeschlagen hatte, und fiel dann an ihren Schwager, den Hzg. v. Sessa. 1464 wurde R. unter Kg. →Ferdinand I. (Ferrante) wieder Krongut und erhielt bes. Privilegien. In diesen Jahren führten die lat. Ebf. e die Latinisierung der Stadt zu Ende und hoben 1461 den griech. Ritus der Liturgie auf. Nach der Verschwörung der →Barone verlehnte 1487 Ferrante R. an →Ludovico il Moro. P. De Leo

Lit.: IP, X, 99–108 – KAMP, Kirche, I, 2, 872–880 – F. BURGARELLA, Le terre bizantine (Storia del Mezzogiorno, II), 415–517 – F. RUSSO, Cronotassi dei vescovi di R., ebd. [1989].

Rosscarbery (Ros Ailithir, 'Kap des Pilgers'), Kl. an der SW-Küste von →Irland (Gft. Cork), zw. Clonakilty und Glandore, an einem seichten Arm der Rosscarbery Bay, gilt als Gründung eines Mönches namens Colmán Ailithir ('C. der Pilger'). Die enge Verbindung des Kl. mit dem Verband der →Corco Loígde, dessen wichtigste kirchl. Stätte R. war, geht wohl zurück auf die Zeit des Fachtna mac Moénaig (Mongaich), der im 7. Jh. (?) hier ein Haus errichtete. R. genoß wegen seiner Schule hohes Ansehen; die »Triaden v. Irland« (9./10. Jh.) rühmen es als »Légend hÉrenn Ross Ailithre« ('die Gelehrsamkeit Irlands: R.'). 991 wurde R. durch die Norweger v. →Waterford zerstört, die den →*fer léigind* des Kl., →Airbertach mac Cosse Dobráin, verschleppten, doch wurde er von Kg. →Brian Bóruma freigekauft. Im 12. Jh. wurde R. , nun benediktin. Priorat, dem Schottenkl. St. Jakob in →Regensburg affiliert. Die Synode v. →Kells (1152) erklärte R. zum Bf.ssitz, dessen Diözesangebiet sich mit dem Territorium der Corco Loígde deckte (heut. kath. Bm. Ross). Es sind nur geringe Reste des alten Kl. erhalten. D. Ó Cróinín

Lit.: J. F. KENNEY, Sources for the Early Hist. of Ireland, 1929, 681–683.

Roßdecke, im Orient entstandene, frei hängende Bedeckung des Pferdes von den Nüstern bis zum Schwanz, als Schutz gegen die Sonne und Pfeilschüsse. Im Abendland seit dem späten 12. Jh. in Gebrauch, meist prunkvoll in den Wappenfarben des Ritters gehalten bzw. mit dessen Wappen verziert. Die R. verschwand nach der Mitte des 14. Jh. aus dem Feldgebrauch, erhielt sich aber bei →Turnier, Stechen und →Rennen. O. Gamber

Lit.: SAN MARTE, Zur Waffenkunde des älteren dt. MA, 1867.

Rosselino. 1. R., Bernardo, florent. Bildhauer und Architekt, * 1407/10 in Settignano als Sohn eines Steinmetzen, † 1464 in Florenz, war als Bildhauer stark von →Donatello beeinflußt, als Architekt v. a. im Umkreis →Albertis tätig. Erstmals erwähnt wird B. R. 1433, im Zusammenhang mit den von ihm geleiteten Arbeiten an der Fassade des Oratorio della Misericordia in Arezzo. Sein bildhauer. Hauptwerk ist das Grabmal des Leonardo Bruni in S. Croce in Florenz (um 1448–50). In den 50er Jahren leitete er die Bauarbeiten am Pal. Rucellai, für den Alberti die Fassade entworfen hatte. 1451–55 stand er in Rom in Diensten Papst Nikolaus' V. (Neubauprojekt für den Chor v. St. Peter), 1460–63 war er für Pius II. als leitender Architekt in Pienza tätig (Dom, Pal. Piccolomini, Neugestaltung des Stadtzentrums), 1461 wurde er in Florenz zum Dombaumeister ernannt. J. Poeschke

2. R., Antonio, jüngerer Bruder von 1, * 1427/28 in Settignano, † um 1479 in Florenz. A. R., 1449 erstmals erwähnt, war in den 60er und 70er Jahren des 15. Jh. der führende Marmorbildhauer in Florenz, berühmt v. a. wegen der exquisiten Feinheit seiner Marmorbehandlung. 1456 entstand als seine früheste erhaltene Arbeit die Marmorbüste des Giovanni Chellini (London, Victoria & Albert Mus.), 1468 diejenige des Matteo Palmieri (Florenz, Bargello). A.s Hauptwerk ist das prachtvolle Grabmal des Kard.s v. Portugal in S. Miniato al Monte in Florenz (1461–66). A. R. zugeschriebene Madonnenreliefs befinden sich v. a. in New York (Metropolitan Mus.; Pierpont Morgan Library) und Wien (Kunsthist. Mus.). Die von ihm in den 70er Jahren begonnenen bildhauer. Arbeiten für die Piccolomini-Kapelle in S. Anna dei Lombardi in Neapel wurden nach seinem Tod von Benedetto da Maiano zum Abschluß geführt. Weitere gesicherte Werke: drei Reliefs für die Kanzel des Domes v. Prato (1473), die Statue eines hl. Sebastian in Empoli und das Nori-Epitaph in S. Croce in Florenz (um 1475) sowie die Statue eines jugendl. Johannes d. T. (Florenz, Bargello; 1477). J. Poeschke

Lit.: L. PLANISCIG, B. und A. R., 1942 – J. POPE-HENNESSY, It. Renaiss. Sculpture, 1958 (1985³) – C. R. MACK, Studies in the Architectural Career of B. R., 1972 – A. MARKHAM SCHULZ, The Sculpture of B. R. and his Workshop, 1977 – J. POESCHKE, Skulptur der Renaiss. in Italien, I: Donatello und seine Zeit, 1990.

Roßharnisch, gleichzeitig mit dem →Plattenharnisch in der 2. Hälfte des 14. Jh. entstehender Plattenschutz des Pferdes, bestehend aus →Roßstirn oder →Roßkopf, »Kanz« (Mähnenpanzer), »Fürbug« (Brustschutz), Sattelblechen und »Geliegler« (Kruppteil). Maximilian I. besaß 1480 sogar einen R. von Lorenz →Helmschmid mit bis zu den Hufen hinunterreichenden Beinzeugen des Pferdes. Leichte R.e des späteren 15. Jh. waren oft aus beschuppten Riemen zusammengesetzt. O. Gamber

Lit.: W. BOEHEIM, Hb. der Waffenkunde, 1890 – O. GAMBER, Der Turnierharnisch zur Zeit Kg. Maximilians I., JKS 53, 1957.

Rossi di San Secondo, Adelsfamilie aus →Parma (Emilia-Romagna), Anfang des 19. Jh. ausgestorben. Die von früheren Gelehrten und Genealogen vertretene Herleitung von Gf.enfamilien des 10. Jh. ist völlig ungesichert.

Der früheste Beleg ist hingegen eine Urk. aus Parma des J. 1147 (»signa manuum Rolandi filii quondam Rolandi Rubei«). Als 1180 dessen gleichnamiger Enkel erster Podestà in Parma wurde, ist der Prozeß des sozialen und polit. Aufstiegs der Familie größtenteils vollendet, sein eigtl. Höhepunkt erfolgte jedoch erst im Laufe des 13. Jh. Nachdem die R. wie die ganze Stadt Parma anfängl. die Ansprüche des Ks.s unterstützt hatten, traten sie nach einem Heiratsbündnis mit den →Fieschi (der Familie Papst Innozenz' IV.) auf die Gegenseite über und beteiligten sich am Aufstand Parmas gegen Friedrich II. Von da an vertraten die R. beständig die guelf. Linie, waren Parteigänger der Anjou, nahmen an der Vertreibung der →Sanvitale teil und wurden ihrerseits von Giberto da Correggio aus Parma vertrieben. Zur Zeit der Blüte der Signorien in der Emilia unter Ks. Ludwig d. Bayern und Johann v. Luxemburg herrschten die R. als Vikare über Parma, bis sie die Stadt an die →Della Scala abtreten und in Venedig Zuflucht suchen mußten, in dessen Dienst sie gegen diese kämpften. Zehn Jahre danach unterstützten sie den Einzug der Visconti in Parma; nach der Auflösung von deren Hzm. (1404) wurde *Pier Maria R.* gemeinsam mit Ottobono Terzi Signore. Bald entstand ein heftiger Kampf zw. den beiden, der sich zugunsten P. M. R.s entschied, der von den Este unterstützt wurde. Als Parma jedoch wieder an die Visconti fiel, wurden die R. verbannt und traten erneut in die Dienste Venedigs. Nach dem Fall Ludovicos il Moro (1500) gewannen die R. zwar ihre Güter wieder zurück, nicht jedoch ihre Herrschaft über die Stadt, die an die →Farnese fiel. P. M. Conti

Lit.: I. AFFO, Storia di Parma, 1793 – P. LITTA, Famiglie celebri it., 1819ff.

Roßkopf, eiserner Schutz für den Kopf des Pferdes, diesen gänzl. oder zumindest Stirn und Backen bedeckend, mit Augenschutz und »Ohrenbechern« versehen. Teil des schweren →Roßharnisches. O. Gamber

Rößlin (Rhodion), **Eucharius d. Ä.,** alem. Pharmazeut und Mediziner, * um 1470, † Sept. 1526, 1493 und 1498 als Apotheker zu Freiburg im Brsg. nachweisbar, wo er mit der Univ. in Verbindung stand, ein Haus besaß und 1504 wegen eines Raufhandels mit dem Stadtschreiber verurteilt wurde. 1506 Stadtarzt in Frankfurt a. M., 1508 behandelte er Katharina, Hzgn. v. Braunschweig-Lüneburg; 1511 schied er vorzeitig aus seinem Dienstverhältnis aus; 1513 Stadtarzt in Worms, unter dem Doktortitel führt, 1517 wiederum im Dienste der Reichsstadt Frankfurt. R.s Ruhm gründet sich auf das Redigieren eines gynäkolog.-obstetr.-pädiatr. Fachprosa-Traktats, der aus Apothekerkreisen stammt, von einem oberdt. (vielleicht weibl.) Verf. geschrieben wurde, über Mustios 'Gynaecia' auf →Soran zurückgeht und in ma. Hss. den Titel 'Von Krankheiten, Siechtagen und Zufall der schwangeren und gebärenden Frauen und ihrer neugeborenen Kinder' trägt; R. hat diesen zum Schwangeren- und Hebammen-Lehrbuch umgestaltet; er bietet Anleihen aus dem 'Kinderbüchlein' Bartholomäus Mettlingers und dem 'Frauenbüchlein' Ps.-→Ortolfs und fügt ein pharmakognost. Fachglossar an. Das Ganze stellt er unter seinen Namen, der zusammen mit dem Titel des →'Gart' in die Titelphrase einging ('Rosen-Garten' unter Verwechslung von *roeselîn* und *rösselîn*; vgl. das irrige ῥόδιον); als Anlaß täuscht R. den Wunsch seiner fsl. Patientin vor.

In dieser dreiteiligen Aufmachung (Frauenheilkunde und Geburtshilfe, Kinderbüchlein, lat.-dt. Arzneidrogen-Glossar) wurde der altdt. 'Siechtagen/Zufall'-Traktat zum maßgebl. Hebammen-Lehrbuch für zweieinhalb Jhh. (1513–1766) mit über 100 Drucken in 8 Sprachen und mit zahlreichen Drucknachschriften, Ergänzungen ('addicien') und Redaktionen ('Ehestands-Arzneibuch'). Einer der eifrigsten Bearbeiter war R.s gleichnamiger Sohn und Amtsnachfolger. G. Keil

Lit.: Verf.-Lex.² VIII, 244–248 – G. KEIL, »gelêrter der arzenîe, ouch apotêker« (Fschr. W. F. DAEMS, hg. G. KEIL, 1982), 589–636 – B.-J. KRUSE, Verborgene Heilkünste: Frauenheilkunde und Geburtshilfe in Hss. und Drucken des 15. und 16. Jh. [Diss. masch. FU Berlin 1994, 16f.] – DIES., Neufunde hs. Vorstufen v. E. R.s Hebammenlehrbuch Der schwangeren Frauen und Hebammen Rosengarten, SudArch 78, 1994.

Roßschweif (türk. *tuð*), ein, der Tradition nach uraltes, aus Zentralasien mitgebrachtes Würdezeichen. Aus der Anzahl der beim Inhaber aufgezogenen bzw. beim Aufzug vor dem Würdenträger mitgeführten R.e ersah man den Rang des Betreffenden. Sie wurden zu Roß von eigens ausgewählten Kriegern getragen und beim Lagern zeremoniell vor dem Zelt des Würdenträgers aufgepflanzt, d. h. in die Erde gesteckt. Der türk. R. besteht aus einer vergoldeten Kupferkugel, von der teilweise geflochtene Zöpfe aus Roßhaar herunterhängen. Der heute in europ. Museen daran als Bekrönung zu erblickende Halbmond ist eine barocke Zutat. Kugel und Roßhaare sind ein deutl. zu erkennendes Sonnensymbol. Mit den nach 1826 einsetzenden Reformen verschwindet der R. im osman. Reich. Er war als Würdezeichen auch bei den ägypt. →Mamlūken bekannt.
P. Jaeckel

Roßstirn, schmale Stirnplatte des Pferdes mit Augenausschnitten und Ohrenschutz. Schon von der griech. und röm. Kavallerie verwendet, erhielt sich die R. im Vorderen Orient bis in die frühe NZ. Im frühma. Abendland völlig verschwunden, tauchte die R. erst im 14. Jh. wieder auf. Sie wurde allein oder als Teil des →Roßharnisches verwendet. O. Gamber

Roßzeug → Roßharnisch

Rostislav. 1. R., Fs. im Großmähr. Reich 846–870 (→Mähren, I), Vetter →Mojmírs I., † nach Nov. 870, in den Q. als rex, regulus oder *knjaz* bezeichnet. Die Herrschaft errang R. dank der Förderung Ludwigs d. Dt., doch suchte er bald, sich seinem Einfluß zu entziehen. Daher unterstützte er die innere Opposition gegen Ludwig und nahm ihre Repräsentanten bei sich auf. Zu den Kg.ssöhnen →Karlmann (861) und →Ludwig (866) stand er in Verbindung. Ebenso strebte er nach Unabhängigkeit von der bayer. Kirche. Als seine Verhandlungen mit dem Papst scheiterten, wandte er sich an den byz. Ks. Nicht nur aus kirchl., sondern auch aus polit. Gründen sandte dieser i. J. 863 die Brüder →Konstantin und Method nach Mähren, wodurch die Spannungen zum Ostfrk. Reich und bes. zu Bayern noch verstärkt wurden. 864, nach einem Kriegszug Ludwigs ins Großmähr. Reich, mußte R. dem Kg. den Schwureid leisten. Dennoch wollte er nicht auf seine polit. Selbständigkeit verzichten. Ein neuer Feldzug gegen R. i. J. 869 scheiterte zwar, doch führte die Rivalität zu seinem Vetter →Svatopluk I. zu seinem Sturz. R. wurde an Bayern ausgeliefert und in Regensburg zum Tode verurteilt, von Kg. Ludwig begnadigt und nur geblendet. Wahrscheinl. ist R. bald darauf gestorben. J. Žemlička

Lit.: V. NOVOTNÝ, České dějiny, I. 1, 1912, 294–350 – R. NOVÝ, Die Anfänge des böhm. Staates, I, 1969, 173–184 – F. DVORNÍK, Byz. Missions among the Slavs, 1970 – H. ŁOWMIAŃSKI, Początki Polski, IV, 1970, 336–350 – L. E. HAVLÍK, Morava v 9.–10. století, 1978, 23–30 – M. KUČERA, Postavy veľkomoravskej histórie, 1986.

2. R. Mstislavič, Fs. v. →Smolensk, Gfs. v. →Kiev, † 1167, Sohn des Gfs.en →Mstislav Vladimirovič und der schwed. Prinzessin Christine. Um 1127 wurde R. das Fsm. Smolensk zugeteilt, das er schon bald zu einem eigenständigen polit. und kirchl. Zentrum der Kiever Rus' ausbauen konnte (1134–36 erfolgreiche Bemühungen um Bm.gründung in Smolensk). In den 1140er Jahren war R. an den innerruss. Fürstenfehden beteiligt; im Bündnis mit seinem Bruder →Izjaslav (1146 Gfs.) kämpfte er gegen →Jurij Dolgorukij und die Černigover Ol'goviči. 1154 gelangte R., der kurz zuvor Fs. v. →Novgorod geworden war, auf den Thron des Gfs.en in Kiev, den er jedoch, ebenso wie das Fürstenamt in Novgorod, 1155 nach einer Niederlage gegen die Polovcer (→Kumanen) wieder verlor. Mit Hilfe seines Neffen Mstislav Izjaslavič, Fs. v. Volhynien, kehrte R. 1159 nach Kiev zurück; erneut hatten ihn zuvor auch die Novgoroder zu ihrem Fs.en ausgerufen. Auch als Gfs. war R. mit kirchenpolit. Fragen beschäftigt. So überwand er die durch die Einsetzung des zweiten Metropoliten russischer Herkunft, Klim Smoljatič (→Kliment v. Smolensk), entstandene Kirchenspaltung. Nach Abwehr weiterer Angriffe aus →Černigov regierte R. in den 1160er Jahren unangefochten in Kiev. In Smolensk und Novgorod herrschten seine Nachkommen noch weit über R.s Tod (1167) hinaus, seine Tochter Helene war mit dem poln. Hzg. →Kasimir II. 'Sprawiedliwy' vermählt. Nachfolger R.s in Kiev wurde sein Neffe Mstislav Izjaslavič. G. Pickhan

Q.: PSRL I, II, s.v. – NPL, s.v. – *Lit.*: A. Poppe, Fundacja biskupstwa smolenskligo, PrzgHist 57, 1966, 338–557 – L. V. Alekseev, Smolenskaja zemlja v IX–XIII vv., 1980.

Rostock, Stadt mit Univ. in →Mecklenburg. [1] *Entstehung, Topographie:* R. liegt im Küstengebiet der Ostsee, am Übergang der von Lübeck nach Stralsund führenden West-Ost-Magistrale über die in die Grundmoränenplatte einschneidende Warnow. Grabungsfunde bezeugen, daß die →Kessiner (→Elb- und Ostseeslaven) seit dem 7. Jh. zw. Warnow und Recknitz ein reges Wirtschaftsleben entfalteten. Die auf dem ö. Flußufer errichtete slav. Burg Roztoc ('Auseinanderfließen') wurde 1161 durch ein chr. Heer unter Waldemar I. v. Dänemark zerstört. Auf zisterziens. Missionstätigkeit verweist ein Zollprivileg Niklots II. für die Abtei →Doberan v. 1189. Die frühe Gemeinde (»Wendisch-Wiek«) siedelte um Burg, Hafen und Kirche (ŏ hl. Clemens). Der Clemensdamm (später: Petridamm) schuf die Anbindung an das w. Ufer der Warnow, auf dem sich ab ca. 1200 weitere Zuzügler niederließen. Am 24. Juni 1218 verlieh Heinrich Borwin I. (1179–1227) diesem opidum Roztok, d.h. der Altstadt, Zollfreiheit und lüb. Ratswahlrecht; belegt werden bereits 10 consules und ein Priester. Auf dem n. Hochufer wurde die Petrikirche erbaut (Erstbeleg 1252); in der s. Altstadt, nahe dem in Richtung Güstrow abzweigenden Mühlendamm, entstand die Nikolaigemeinde. Den w. Abschluß der Altstadt bildete ein von der Ober- in die Unterwarnow geleiteter Wasserlauf. Während die Clemenssiedlung verfiel, wurde die deutschrechtl. Stadt durch w. anschließende regelmäßige Straßengitter erweitert: Bis 1252 wurden die Mittelstadt mit St. Marien und Hauptmarkt sowie die Neustadt mit St. Jacobi und Hopfenmarkt ausgeführt. Die topograph. Trennung beider wird durch die »Faule Grube« markiert. Am 29. Juni 1265 verkündeten consules et universitas civitatis Roztok den Zusammenschluß zu einer einheitl. Rechtsgemeinde und die Verlagerung von Rats- und Gerichtsgremien auf die Mittelstadt. Im späten MA umschloß die von 22 Toren durchbrochene Mauer ca. 80 ha mit ca. 11000 Einw.

[2] *Verfassung, Gesellschaft, Wirtschaft:* Der Aufschwung der jungen Gemeinde wurde begünstigt durch die Verleihung der Zollfreiheit (1218), des Strand- und Fischereirechts für die Unterwarnow (1252) und des Mühlenbanns (1264). Die volle Münzhoheit konnte R. 1323, die Ablösung des hzgl. Vogts erst 1358 erlangen. Durch den Kauf von Dorf Warnemünde erhielt R. 1323 direkten Zugang zur See. Die intensive Umlandpolitik von Rat und führenden Familien erstreckte sich auf die R.er Heide sowie auf ca. 40 umliegende Dörfer und Höfe. Ungeklärte Rechtsfragen in bezug auf das Verhältnis der Stadt zum Landesherren führten im späten MA zu langwierigen Konflikten um Landzoll und Sonderbede, Strandrecht und Jagdhoheit. – Die ratsfähigen Familien – v. a. Fernhändler und Kaufleute – wiesen eine hohe polit. Fluktuation auf: Zw. 1250 und 1300 können mehr als 200 verschiedene Familien in Rats- und Bürgermeisterfunktion nachgewiesen werden; zw. 1350 und 1400 noch etwa 70. Erst danach trat eine Verfestigung zugunsten weniger Führungsfamilien auf. Nur 23 der mehr als 70 nachgewiesenen Gewerbebranchen wurden mit Zunftrecht begabt. An führender Stelle befand sich die Siebenergruppe der Wandschneider, Bäcker, Schneider, Schmiede, Schuhmacher, Wollschläger und Böttcher. Im 15. Jh. nahm die Zahl der »Buden- und Kellerbewohner« in den Steuerlisten zu. Die chron. sozialen Spannungen schlugen sich in zahlreichen Unruhen nieder, die vielfach durch aktuelle Auseinandersetzungen zw. R. und auswärtigen Herrschern (v. a. Dänemark) ausgelöst wurden (1286/87; 1288–1300; 1312–14; 1408–16; 1428–39; 1489–91). Die Erfolge der z. T. zünft. ausgerichteten Insurgenten waren nur vorübergehender Natur. – Die Stärke der städt. Wirtschaft beruhte auf dem →Fernhandel. Seit dem 13. Jh. besuchten die R.er die Heringsgründe in Schonen sowie die Märkte in Skanör und Falsterbo, im Oslofjord und in →Bergen. R. gehörte zu der sich im 13. Jh. verfestigenden Gruppe der »wendischen Hansestädte« (→Hanse, →Lübeck) und nahm – abgesehen von krisenbedingten Intervallen – an den wichtigsten Hansetagen, Tohopesaten und Aufgeboten der (wend.) Hanse teil. Der bruderschaftl. organisierte Fernhandel (Riga- und Wikerfahrer) dehnte sich seit dem 14. Jh. auf das gesamte Netz der hans. Verkehrswege aus. Den heim. Exportprodukten, u.a. Getreide, Bier, Hopfen und Malz, standen Importgüter wie Baiensalz, Flanderntuch, Rauchwaren und Klippfisch gegenüber. Im Nahbereich überwogen Fischfang, Vieh- und Pferdehandel.

[3] *Kirche:* In kirchenrechtl. Hinsicht war R. dem Ebf. v. →Hamburg-Bremen, dem Bf. v. →Schwerin und dem Archidiakon v. Bützow bzw. dessen Vertreter, dem Pfarrer v. St. Marien, unterstellt. Die Patronatshoheit über die vier Parochien lag in den Händen des Hzg.s v. Mecklenburg; der Stadt verblieb lediglich das Nominationsrecht. Noch während der Siedelphase hatten sich der Franziskanerkonvent St. Katharinen und der Dominikanerkonvent St. Johannes Ev. in R. niedergelassen. Das Zisterzienserinnenkl. Zum Hl. Kreuz ging den gefälschten Stiftungsurk. v. 1270 zufolge auf Kgn. Margaretha v. Dänemark (Gattin →Christophs I.) zurück. Das im späten 15. Jh. erbaute Fraterhaus St. Michael entwickelte sich zu einem Zentrum der Buchkultur und der 'Neuen Frömmigkeit' (→Devotio moderna). Das Beginenhaus v. Koesfeld ist auf eine Privatstiftung v. 1279 zurückzuführen. Neben dem begüterten Hl.-Geist-Spital (→Bürgerspital) sind das Leprosorium St. Georg (vor dem Steintor), die Pestkapelle St. Gertrud (vor dem Kröpeliner Tor) sowie das Pockenhaus St. Lazarus (neben den Franziskanern) zu nennen. An der Spitze der 15, meist im 15. Jh. entstandenen →Bruderschaften standen der exklu-

sive »Herrenkaland Unserer Lieben Frau« sowie der Hl.-Leichnams-Kaland.

[4] *Universität und Domfehde:* Aufgrund landesherrl. Initiative und päpstl. Privilegien wurde 1419 das R.er 'studium generale', die erste Hochschule im Ostseeraum, eröffnet. Die Bestimmungen, zwölf Professoren aus den Fakultäten der Artes liberales, der Theologie, Medizin und Jurisprudenz durch städt. Rentenzahlungen in Höhe von 800 fl. zu finanzieren, stießen auf große prakt. Schwierigkeiten. Zw. 1437 und 1443 mieden die Lehrer die in Acht und Bann gelegte Stadt; einige von ihnen beteiligten sich 1456 am Aufbau der Univ. →Greifswald. Am 27. Nov. 1484 verfügten die Hzg.e Magnus und Balthasar im Einklang mit Papst Innozenz VIII. die Umwandlung der Pfarrei St. Jacobi in ein Kollegiatstift, das die Alma mater materiell fundieren sollte. Dies rief den Protest zahlreicher R.er hervor, die am 14. Jan. 1487 unter Führung des Schiffers Hans Grote und des Steinhauers Hans Runge gegen die Festgesellschaft Sturm liefen und den neugewählten Propst Thomas Rode erschlugen. Der alte Rat wurde 1489 durch die aus Kaufleuten und Handwerkern gebildeten Sechziger vollständig aufgelöst. Nachdem die sich zunehmend radikalisierenden Anführer in die Isolation gedrängt und hingerichtet worden waren (April 1491), schloß sich eine kompromißbereite Gruppe aus alten und neuen Ratmannen am 20. Mai 1491 dem durch Kg. Johann v. Dänemark erarbeiteten Wismarer Vergleich an. Dieser bürdete der Stadt neben einer Strafe von 21000 fl. die Gesamtlast für den Erhalt der Univ. auf. Trotz dieser Ereignisse erfreute sich die Hochschule im späten 15. und frühen 16. Jh. eines guten Rufes unter Humanisten und reformwilligen Theologen. Zu den Lehrern gehörten u. a. C. →Celtis und H. von dem →Busche sowie die durch Ulrich v. Hutten gerühmten Joachim Nigemann (»philosophus«) und Rektor Johannes Berchmann. Hervorzuheben sind ferner die Mediziner Thomas Wert und Albert Goyer, der Humanist Nikolaus Marschalk, der OP-Theologe Joh. Hoppe sowie der Chronist Albert →Krantz, der in R. 1480–90 die freien Künste lehrte.   B.-U. Hergemöller

Lit.: *zu [1]*: R. im Jahrzehnt 1780/90. Stadtkarte des Hospitalmeisters J. M. Tarnow, hg. G. Kohfeldt, 1918 – L. Krause, Zur R.er Topographie, Beitr. zur Gesch. der Stadt R. 13, 1924, 12–82 – Das älteste R.er Stadtbuch, hg. H. Thierfelder, 1967 – K.-F. Olechnowitz, R., 1968 – H. Witt, R.s Straßennamen, 1981 – *zu [2]:* R. Ahrens, Die Wohlfahrtspolitik des R.er Rates bis zum Ende des 15. Jh., 1927 – C. Leps, Das Zunftwesen der Stadt R. bis um die Mitte des 15. Jh., 1934 – K. Kollath, Bürgerl. Landbesitz der Stadt R. im 13. und 14. Jh., 1939 – J. Schildhauer, Die Sozialstruktur der Hansestadt R. von 1378–1569 (Forsch. zur ma. Gesch. 8, 1961), 341–353 – R. Wiegand, Die sozialökonom. Struktur R.s im 14. und 15. Jh. (ebd.), 393–421 – K. Fritze, Am Wendepunkt der Hanse, 1967 – U. Hauschild, Stud. zu Löhnen und Preisen in R. im SpätMA, 1973 – G. Moehlmann, Geschlechter der Hansestadt R., 1975 – *zu [3]:* H. Mann, Verz. der geistl. Lehen in R. (Beitr. zur Gesch. der Stadt R., 1, 1890), 25–36 – G. Crull, Geistl. Bruderschaften in R. (ebd. 15, 1927), 62–67 – *zu [4]:* O. Krabbe, Die Univ. R. im 15. und 16. Jh., 2 Bde, 1854 [Neudr. 1970] – H. Sauer, Hansestädte und Landesfs.en, 1971 – E. Schnitzler, Die Gründung der Univ. R., 1974 – B.-U. Hergemöller, 'Pfaffenkriege' im spätma. Hanseraum, 2 Bde, 1988 – E. Schnitzler, Stud. zur Archiv- und Bildungsgesch. der Hansestadt R., 1992.

Rostov Velikij, Stadt im nördl. Mittelrußland, aruss. Fsm. und Bm.

[1] *Stadt:* R., Stadt am Nerosee, im Zentrum einer fruchtbaren Ebene (*opole*), besiedelt von 'Čuden' (Finnougriern) des Stammes der Merja, die urspgl. in R. wohnten (Čudenviertel) und an der Erhebung von 1071 teilnahmen. Das früh hervortretende Bojarentum (→Bojaren) spielte in R. eine große Rolle. Zu Anfang des 13. Jh. besaß R. 15 Steinbauten (die Kathedrale Mariä Himmelfahrt, 992: Holzbau, 1213: Steinbau, 1411: Wiederherstellung, 1473: Umbau, Ausmalung durch →Dionisij; die Kirche der hll. Boris und Gleb und die Kirche des Johannes Prodromos, nicht erhalten). Seit Beginn des 12. Jh. verlor die alte Stadt R. gegenüber den neuen Zentren →Vladimir und →Suzdal' an Bedeutung. 1238 wurde R. von →Mongolen erobert und zerstört. 1262 nahm es am antimongol. Aufstand teil. 1408 wurde die Stadt von Ediğŭ, dem Fs. en der →Goldenen Horde, erobert und niedergebrannt.

[2] *Fürstentum:* Das R.er Land gehörte zunächst dem Novgoroder Land (→Novgorod) und dem Kiever Reichsverband (→Kiev) an. Die Stadt war bis 1125 Vorort des R.-Suzdal'er Landes. Seit 1207 war R. selbständiges Fsm. unter →Konstantin, dem Sohn von →Vsevolod ('das große Nest'). Dieses Fsm. umfaßte auch →Jaroslavl', →Uglič (beide nur bis 1216), Mologa, →Beloozero (bis 1238). 1285 zerfiel das Fsm. R. in die Sretensker und Borisoglebsker Hälfte. →Ivan I. Kalitá, Fs. v. →Moskau, gewann die Sretensker Hälfte 1332; sie war um die Mitte des 15. Jh. Teilfsm. der Großfsn. Mar'ja und des Fs. en Jurij Vasil'evič (bis 1472). Die Borisoglebsker Hälfte wurde 1474 dem Fsm. Moskau einverleibt.

[3] *Bistum:* Das drittälteste Bm. Altrußlands, seit 1390 Ebm., entsprach territorial dem Gebiet des Fsm.s R. zur Zeit des beginnenden 13. Jh. Die Christianisierung erfolgte im 11. Jh. nur schleppend und unter Rückschlägen. Eine Blütezeit der geistl. Lit. markiert die Zeit Kirills I. (1216–29). Vassian Rylo (1468–81), der in Moskau residierte, unterstützte den Gfs.en →Ivan III.
                                              A. L. Choroškevič

Lit.: A. E. Leont'ev, Archeologičeskije ... rostovskoj meri, 1988 – I. V. Dubov, Goroda, veličestvom sijajuščie, 1985 – V. A. Kuckin, Formirovanie gosudarstvennoj territorii Severo-Vostočnoj Rusi v X–XIV v., 1984.

Rot an der Rot, ehem. Prämonstratenserstift bei →Memmingen (Baden-Württ., Diöz. Konstanz). Nach Überlieferung im Stift Osterhofen (spätes 13. Jh.) 1126 von der in Graubünden begüterten Hemma v. Wildenberg (entstammte wohl aus Kl. Ochsenhausen gründenden Familie der Herren v. Wolfertswenden) und ihrem Sohn Heinrich gestiftet. Die angebl. Beteiligung →Norberts v. Xanten an der Stiftung ist unhaltbar. Der Frauenkonvent, der neben R. entstand, wurde mit 40 Schwestern um 1140 in das heutige Friedhofsgelände verlegt. Um 1360 wird er als leer bezeichnet (Folge der Pest 1349/50?). R.s Gründungsdotation in der unmittelbaren Umgebung, in Graubünden und im Illertal erweiterte sich durch umfangreiche Schenkungen welf. Ministerialen rasch. Das Stift wurde 1140 Abtei und hatte unter seinem ersten Abt Otteno († 1182) 200 Konventualen und Laienbrüder. Gründungskonvente wurden nach Adelberg, Kaiserslautern, Marchtal, Steingaden, Weißenau und Wilten entsandt, Friedrich I. bestätigte 1179 die Vogtfreiheit des Stifts, dessen Abt 1272 Generalvikar des Ordens war. Der nach 1382 einsetzende Niedergang endete erst 1417. Abt Martin Hesser (1420–57) wird als zweiter Gründer bezeichnet. Der Konvent verbürgerlichte nach der Pest im 14. Jh., 1381 wurde der erste Abt bürgerl. Abkunft gewählt. Bauernunruhen im Kl. gebiet sind 1441, 1449 und 1525 überliefert. Baumaßnahmen sind nach dem Brand v. 1182, ferner 1338 und ab 1435 bis zum Abschluß der Kl.kirche 1506 nachgewiesen.   I. Eberl

Lit.: W. Nuber, Stud. zur Besitz- und Rechtsgesch. des Kl. R. [Diss. Tübingen 1960] – H. Tüchle – A. Schahl, 850 Jahre R. a. d. R. Gesch. und Gestalt, 1976 – N. Backmund, Monasticon Praemonstratense, I, 1983, 69–72 [Lit.].

Rota, Urkundenzeichen. Um die Mitte des 11. Jh. erfuhr das päpstl. Urkk.wesen unter Papst Leo IX. starke Veränderungen. Neu eingeführt wurde im Rahmen der Unterfertigungen im →Eschatokoll die R. Das Urkk.zeichen erhielt nach anfängl. Schwankungen in der Ausgestaltung unter Papst Paschalis II. seine endgültige Form. Die R. besteht aus zwei konzentr. Kreisen. Im Inneren ist sie durch ein Kreuz in vier Quadranten aufgeteilt, die die Namen der beiden Apostelf.en und denjenigen des Papstes samt Ordnungszahl aufnehmen. Der von den Kreisen gebildete Kreisring enthält, mit einem Kreuz beginnend, die Devise des ausstellenden Papstes. Die R. gehört, neben →Monogramm, großer →Datierung und →Unterschriften, zu den bestimmenden Merkmalen des feierl. →Privilegs der Papstkanzlei und, seit dem 15. Jh., der Konsistorialbullen. In der Zeit Kg. Rogers II. fand die R. unter Anlehnung an das päpstl. Vorbild Eingang in die lat. abgefaßten siz. Kg.surkk. (BRÜHL, Typ I). Dieser erste R.-Typ wurde noch unter Roger II. umgestaltet und mit roter Tinte ausgeführt, was auf Capuaner Einfluß hindeutet (BRÜHL, Typ II). Bereits in der Spätzeit Kg. Wilhelms II. kam die R. wieder außer Gebrauch. Häufiger erscheinen R.ae auch in den südit. Fs.enurkk. In dt. Ks.- und Kg.surkk. sowie in dt. Privaturkk. treten sie nur vereinzelt auf und können denn auch mit der Nachahmung einer päpstl. Vorlage erklärt werden.   J. Spiegel

Lit.: BRESSLAU I, 78–80, 84; II, 189, 191, 506f. – H. ENZENSBERGER, Beitr. zu Kanzlei- und Urkk.wesen der norm. Herrscher Unteritaliens, 1971 – C. BRÜHL, Urkk. und Kanzlei Kg. Rogers II. v. Sizilien, 1978 – TH. FRENZ, Papsturkk., 1986, §§ 2, 12–13, 16–19, 25.

Rota Sacra Romana → Audientia sacri palatii

Rotgießer, -schmied → Apengeter

Rothad II., Bf. v. →Soissons ca. 832–862 und 865–869, weihte mit anderen Suffraganen 845 den neuen Metropoliten →Hinkmar v. Reims, zu dem er zunächst ein gutes Verhältnis hatte (Flodoard, Historia III 21, 517), bis es nach 854 zu Streitigkeiten kam, bei denen es letztl. um die Autonomie der Suffragane gegenüber den Metropolitanbestrebungen Hinkmars ging, der 862 die Deposition R.s erreichte. Der Ebf., der von Nikolaus I. die Bestätigung seiner Entscheidung forderte, verfaßte eine Denkschrift und R., der erfolgreich in Rom appellierte, einen »Libellus proclamationis« (überliefert in der Hs. Paris, BN lat. 1458). R. gilt als derjenige, der die →Pseudoisidor. Fälschungen nach Rom brachte.   M. Stratmann

Q. und Lit.: MPL 119, 747ff. – LThK, 1013 – Annales Bertiniani, ed. GRAT u.a., 1964 – Briefe Nikolaus' I. und Hinkmars (MGH Epp. Karol. VI, 353ff.; VIII 1, 112ff.) – Hinkmar, Collectio de ecclesiis et capellis (MGH Fontes 14, 1990) – H. FUHRMANN, Einfluß und Verbreitung der pseudoisidor. Fälschungen (MGH Schr. XXIV 2, 1973), 254ff. – W. HARTMANN, Die Synoden der Karolingerzeit im Frankenreich und in Italien, 1989, 313ff. – M. STRATMANN, Wer weihte Hinkmar v. Reims?, DA 46, 1990, 164ff.

Rothari, Hzg. v. Brescia, † 652, harudischer Abstammung, wurde 636 nach dem Tode →Ariwalds (Arioald) Kg. der →Langobarden. Nach der fränk. Chronik des Ps.-Fredegar wurde er von der Kgn.witwe Gundeperga an die Macht berufen, die ihn mit Zustimmung der Langobarden zum Manne nahm, was einer auch in anderen Fällen bezeugten Regelung der Königsnachfolge entsprach. Dennoch standen einige Adlige wider ihn auf und wurden deshalb hingerichtet. Über R.s Regierungszeit gibt es nur spärl. Nachrichten. Obgleich er selbst Arianer war, gestattete er dem kath. Klerus die Verbindung zum Papsttum und förderte das Kl. →Bobbio. Seine Gemahlin war Katholikin. In seiner Regierungszeit wurde in Siena und vielleicht auch in Mailand wiederum ein Bf. eingesetzt. Ende 643 führte er einen Feldzug gegen den Exarchat Ravenna, wobei er sich die Schwächung des byz. Reiches durch die Invasion der Araber in Syrien und in Palästina zunutze machte. Nach der Besetzung Modenas wurde sein Vormarsch jedoch von den Ravennaten in einer Schlacht am Fluß Scultenna (h. Panaro) gestoppt, der fortan die Grenze zw. dem Langobardenreich und dem Exarchat bilden sollte. In anderen Feldzügen, die vielleicht zur gleichen Zeit stattfanden, eroberte er Oderzo im Veneto und die gesamte ligur. Küste von Luni bis Ventimiglia. Im Zusammenhang mit den Kriegen gegen die Byzantiner erließ er am 22. Nov. 643 das Edikt (→Edictus Rothari), in dem die Rechtsgewohnheiten des Kgr.es gesammelt und schriftl. niedergelegt wurden. Seine Absicht war, dadurch die Rechtssicherheit zu garantieren und Motive für Streit und Rache zu beseitigen, um so den entschlossenen Zusammenhalt der Langobarden gegen die Feinde zu stärken. Die Nachfolge seines – wenige Monate später ermordeten – Sohnes →Rodwald kann als Indiz für R.s starke und anerkannte Autorität gelten, da die Langobarden im allg. kein Erbkönigtum kannten.   P. Delogu

Lit.: P. DELOGU, Il regno longobardo, 1980 – J. JARNUT, Gesch. der Langobarden, 1982.

Rothe, Johannes, Ratsschreiber, Schulleiter und landgfl. Kaplan, * um 1360 in Creuzburg/Werra, † 5. Mai 1434 in →Eisenach. Als städt. Ratsschreiber (um 1384–97) verfaßte er u.a. »Ratsgedichte« und das →Eisenacher Rechtsbuch, während seines Wirkens an der Eisenacher Liebfrauen- und St. Georgenkirche und als Leiter der Stiftsschule v. St. Marien entstanden erbaul. Schrr. (u.a. »Ritterspiegel« [um 1415], »Geistliche Brustspange«, »Leben der hl. Elisabeth«). Bes. Bedeutung erlangte R. als Verf. dreier Chroniken zur Eisenacher und thür. Gesch.: »Eisenacher Chronik« (bald nach 1414), »Thür. Landeschronik« (um 1418), »Thür. Weltchronik« (1421 abgeschlossen, Lgfn. Anna gewidmet; →Eisenacher Chroniken). Auf zeitgenöss. lat. Chroniken des Eisenacher Dominikaner- und Franziskanerkl. und zahlreiche ältere Vorlagen und Traditionen zurückgehend, verband R. namentl. in seinem Hauptwerk »Thür. Weltchronik« in bislang nicht erreichter Breite Weltchronistik, Lgf.en- und Landesgesch. und schuf damit erstmals eine volkssprachl. Landeschronistik in Thüringen. Seine Chroniken dienten als zentrale Grundlage der Landesgesch.sschreibung des 15. Jh. in Thüringen und Hessen.   M. Werner

Ed.: Ratsgedichte, hg. H. WOLF, 1971 – Eisenacher Rechtsbuch, hg. P. BONDI, 1950 – Ritterspiegel, hg. H. NEUMANN, 1936 – Elisabethleben, hg. J. B. MENCKEN (Scriptores rer. Germanicarum, II, 1728), 2022–2102 – Thür. Weltchronik, hg. R. v. LILIENCRON, 1859 – *Lit.:* Verf.-Lex.² VIII, 277–286 – V. HONEMANN, J. R. und seine »Thür. Weltchronik« (Gesch.sschreibung und Gesch.sbewußtsein im späten MA, hg. H. PATZE, 1987), 497–522 – DERS., J. R. in Eisenach (Fortuna vitrea 6, hg. W. HAUG–B. WACHINGER, 1991), 69–88.

Rothenburg ob der Tauber, Stadt in Mittelfranken. [1] *Stadtgeschichte und Topographie:* Auf einem Bergvorsprung, den die Tauber umfließt, errichteten die Gf.en v. →Komburg, die sich dann auch nach R. benannten, eine Burg, die nach ihrem Aussterben (1116) stauf. Hausgut und Herrschaftszentrum wurde. Die Siedlung bei der Burg entwickelte sich zur Stadt (1241 civitas) und kam 1273 im Zuge der Revindikationspolitik Kg. Rudolfs v. Habsburg an das Reich. 1274 nahm der Kg. sie in Schutz und erweiterte ihre Privilegien. Doch bedrohten Verpfändungen an fsl. Nachbarn, bes. an die →Hohenlohe, ihre Selbständigkeit; erst ein Unpfändbarkeitsprivileg Ks. Karls IV. von 1355 schuf hier Wandel. Das Interesse der Stadt am frk. Landfrieden blieb wegen des durch ihre

Randlage bedingten geringen Nutzens begrenzt. Sie fand dafür ihren Platz im dynamischeren →Schwäb. Städtebund, der mehrfach in R. tagte. Treibende Kraft bei ihrem Eintritt 1378 war Bürgermeister Heinrich →Toppler († 1408), unter welchem die Stadt ihren stärksten polit. Einfluß und ihre größte wirtschaftl. Bedeutung erreichte und der sie auch über ihren alten Kern hinaus erweiterte.

Polit. bestimmende Gruppe war das aus der stauf. →Ministerialität hervorgegangene Patriziat, aus welchem der Rat sich bis zur Zunftrevolution von 1450 ausschließl. rekrutierte. Nur während der kurzen Zeit nach dem Sieg der Zünfte 1450/55 setzte er sich aus acht Patriziern und acht Handwerkern zusammen. Neben dem alten Zwölfer-, seit 1455 Sechzehnerkollegium bestand seit 1336 ein »äußerer« Rat ohne polit. Kompetenz von 40 Mitgliedern. Auch sonst war R.s Verfassung jener der Stadt →Nürnberg ähnlich. R.s Einw.zahl wird für das 15. Jh. auf ca. 6000 geschätzt, die Stadtmauern umschlossen eine Fläche von 37,5 ha.

Urpfarrei der R.er Gegend war das (heute eingemeindete) Detwang, dessen Kirche zusammen mit der Filial-, seit 1286 Pfarrkirche St. Jakob in R. 1258 dem →Dt. Orden inkorporiert wurde, der seit ca. 1290 in R. eine eigene Kommende errichtete. Im Westchor der Kirche befindet sich d. Hl.-Blut-Altar Tilman →Riemenschneiders (1499/1505). Mit der Stadt zusammen wirkte v. a. der benachbarte Niederadel bei der Gründung der Johanniterkommende (mit Spital) zu Beginn des 13. Jh., des Dominikanerinnenkl., das 1258 von Neusitz in die Stadt übersiedelte, und des Franziskanerkl. (1281). Die Bürgerschaft errichtete um 1280 außerhalb der Mauern das »Neue Spital« zum Hl. Geist. Die günstige Lage R.s an der Fernhandelsstraße von Augsburg nach Würzburg wurde wirtschaftl. kaum genutzt. Stabile Wirtschaftsverhältnisse garantierten die z. T. von Nürnberger Technik abhängigen Handwerke (bes. Tuchmacher, Seiler, Gerber, Schuhmacher, Schmiede) und der Handel mit land- und waldwirtschaftl. Erzeugnissen (Getreide, Holz, Vieh, seit dem 15. Jh. Wolle). Die Jahrmärkte konnten kaum regionale Bedeutung gewinnen. Die Judengemeinde, deren Anfänge ins 12. Jh. zurückreichen, leitete zeitweise Rabbi →Meir Ben Baruch. In der sog. →Rintfleischverfolgung (1298) wurde sie vernichtet, beim Pogrom von 1349 dezimiert. Unter dem Einfluß des Predigers Johannes Teuschlin wurden die Juden, deren wirtschaftl. Funktionen auf die Geldleihe beschränkt geblieben waren, 1519/20 endgültig aus der Stadt vertrieben.

[2] *Landgebiet:* Die R.er »Landhege«, entstanden seit 1430 durch planmäßigen Erwerb von Grundbesitz und Burgen, schließlich des ksl. →Landgerichtes, entwickelte sich zu einem der größten reichsstädt. Territorien. Sie umfaßte 180 Ortschaften auf einer Fläche von 370 m². Das Gebiet war von drei Seiten eingezäunt und z.T. befestigt. A. Wendehorst

Bibliogr.: Frk. Bibliogr. 3/I, hg. G. PFEIFFER, 1973, Nr. 38804–39376; 4, 1978, Nr. 54677–54684 – *Lit.*: DtStb V, 1, 460–473 – GJ I, 311f.; II, 707–718 – Alt-R., Jber., seit 1900/01; seit 1910 Jber., seit 1960 Jb. des Vereins Alt-R. – H. BRESSLAU, Zur Gesch. der Juden in R. a. d. T., Zs. für die Gesch. der Juden in Dtl. 3, 1889, 301–336; 4, 1890, 1–17 – Bavaria Franciscana Antiqua 3, 1957, 517–636 – Die Kunstdenkmäler v. Bayern und Mittelfranken, bearb. A. RESS, 1959 – L. SCHNURRER, R. im Schwäb. Städtebund, Jb. für die Gesch. der oberdt. Reichsstädte 15, 1969, 9–48 – D. LUTZ, Die Inschriften der Stadt R. o. T. (Die dt. Inschriften 15, 1976) – Frk. Reichsstädte, hg. W. BUHL, 1987, 187–215 – (W. STAUDACHER)–K. BORCHARDT, Die geistl. Institutionen der Reichsstadt R. ... bis zur Reformation, 2 Bde, 1988 – D. J. WEISS, Die Gesch. der Deutsch-Ordens-Ballei Franken im MA, 1991.

Rothenburg, Gf.en v., andere Benennung für die Gf.en v. →Komburg. Nach ihrem Aussterben verlieh Ks. Heinrich V. 1116 ihre Besitzrechte an seinen Neffen Konrad zugleich mit dem Bf. v. →Würzburg entzogenen hzgl. Gewalt in →Franken. Dabei vermutet man einen Erbgang der Komburg-rothenburg. Güter über eine Erbtochter (Gertrud) an den späteren Kg. Konrad III., dem sie in erster Ehe vermählt gewesen sei. Dem Bf. gegenüber konnte sich dieser nicht behaupten, doch seinen Besitz in Ostfranken hat er, nach dem Aussterben der Salier, zielstrebig erweitert und ihn seinen eigenen Söhnen zugedacht; während der Minderjährigkeit →Friedrichs (38. F.) hat sie der Kg., Friedrich Barbarossa, verwaltet. Infolgedessen führte Hzg. Friedrich IV. v. Schwaben auch den Titel eines 'dux de Rotenburg', der am Ende seines Lebens immer mehr an die Stelle des schwäb. Hzg.stitels trat. Man kann darin eine Konkurrenzsituation des 'Rothenburgers' zu dem die Erbfolge seiner eigenen Söhne regelnden Ks. erblicken. Nach Friedrichs Tod (1167) gingen die frk. Besitzungen an Barbarossas jüngeren Sohn →Konrad (17. K.) über, der sich zunächst ebenfalls 'Hzg. v. R', nach dem Tod seines älteren Bruders (1191) jedoch Hzg. v. Schwaben nannte.

Umstritten ist, ob es ein 'Hzm. R.' gegeben hat, das, in Konkurrenz zur Hzg.sgewalt des Bf.s v. Würzburg, auf einen Sonderbereich in Ostfranken bezogen war. Doch sieht man dies mehr im Sinne der stauf. Hauspolitik. In dem Hzg.stitel, mit einem Burgnamen gekoppelt (vgl. Andechs-Meranien, Brabant, Limburg, Ravensburg, Zähringen), kennzeichne sich eine von der frk. Hzg.sgewalt abgelöste Sonderherrschaft, allenfalls verbunden mit dem Anspruch auf den Dukat des Bf.s v. Würzburg in Ostfranken (BOSL). Titel und Herrschaft seien in stauf. Haus an die jüngeren und nicht zum Kgtm. gelangenden Söhne vererbt worden, die Vorstufe einer 'Sekundogenitur'. Nach dem Tod Konrads v. R. (1196) läßt sich dies nicht weiterverfolgen; in der Burg R. amtierten Reichsministerialen, die den umfangreichen Reichs- und Hausbesitz der Staufer als Verwaltungssprengel zusammenfaßten. Überrest dieses Reichsgutskomplexes ist die Reichsstadt →Rothenburg o. d. T. H. Schwarzmaier

Lit.: →Friedrich v. R. – →Herzog, Herzogtum – →Konrad v. R. – K. BOSL, R. im Staufferstaat, 1947 – H. SCHREIBMÜLLER, Hzg. Friedrich IV. v. Schwaben und R., ZBLG 18, 1955, 241f. – H. WERLE, Titelhzm. und Hzg.sherrschaft, ZRGGermAbt 73, 1956, 287–298 – G. ZIMMERMANN, Vergebl. Ansätze zu Stammes- und Territorialhzm. in Franken, JbffL 23, 1963, 396–402 – H. MAURER, Der Hzg. v. Schwaben, 1978, 272f. [Lit. in Anm. 295] – R. JOOSS, Kl. Komburg im MA, 1987, 15–32 [zu den Gf.en v. R.] – G. ALTHOFF, Friedrich v. R. Überlegungen zu einem übergangenen Kg.ssohn (Fschr. E. HLAWITSCHKA, 1993), 307–316.

Rothenburg, Landfriede v. Kg. Wenzel errichtete am 27. Mai 1377 im Zusammenwirken mit Ks. Karl IV. auf dem Tag in R. für Franken und Bayern einen Landfrieden in Form einer regionalen Einung. Der L. v. R. trug wesentl. zur Beendigung des Städtekrieges bei und richtete sich hauptsächl. gegen den →Schwäb. Städtebund. Er stellte den Versuch dar, durch die Übertragung der Friedensexekution und Friedenskontrolle unmittelbar an die Reichsgewalt die kgl. Friedensgewalt in ungewöhnl. Maße zu stärken. Dies dürfte auch der wichtigste Grund dafür gewesen sein, daß der Landfriede nicht wie beabsichtigt drei Jahre Bestand hatte, sondern bereits im Sept. 1378 durch eine neue Landfriedenseinung ersetzt worden ist. P. Schmid

Q.: Dt. Reichstagsakten (Ältere Reihe), Bd. 1, 1956², Nrr. 112, 113 – *Lit.*: H. ANGERMEIER, Kgtm. und Landfriede im dt. SpätMA, 1966 – G. PFEIFFER, Die kgl. Landfriedenseinungen in Franken (Der dt. Territorialstaat im 14. Jh., hg. H. PATZE, II, 1971), 229–253 – DERS., Die polit.

Voraussetzungen der frk. Landfriedenseinungen im Zeitalter der Luxemburger, JbffL 33, 1973, 119–166 – L. SCHNURRER, Kg. Wenzel und die Reichsstadt R., ebd. 34/35, 1975, 681–720 – E. HOLTZ, Reichsstädte und Zentralgewalt unter Kg. Wenzel 1376–1400, 1993.

Rothenfels, Burg, 1148 erbaut vom Vogt des Kl. Neustadt/Main, Markward II. v. Grumbach, auf vom Kl. für den Bau eines Jagdhauses erbetenem Land. Gegen diese bereits von Markward I. praktizierte extensive Nutzung der Rechte als Vogt protestierte Abt Richard bei Kg. Konrad III., der offensichtl. den Bf. v. →Würzburg, Siegfried v. Truhendingen, mit der Konfliktregelung betraute. Markward II. stimmte 1150 vertragl. zu, die Burg als Mannlehen des Kl. zu nehmen. Seit dem späteren 12. Jh. nannten sich die mit den Staufern verbündeten Grumbacher häufig auch »v. R.«. 1243 starb die Familie mit Albert II. im Mannesstamm aus; damit hätte die Burg an das Kl. zurückfallen sollen, aber der mit der Tochter Alberts verheiratete Ludwig v. →Rieneck setzte sich über den Vertrag v. 1150 hinweg und beanspruchte Vogtei und Burg. Die Ansprüche des Kl. blieben unberücksichtigt; der Würzburger Bf. hatte sich mit den Rieneckern arrangiert und belehnte die Linie Rieneck-R. mit Burg R. Der Plan der Rienecker von einem geschlossenen Territorium zw. den Fs.bm.ern Mainz und Würzburg ging nicht auf; bereits in der nächsten Generation starb die R.er Linie 1333 mit Ludwig V. d. J. aus. Die Besitzverhältnisse der Folgezeit sind schwer zu klären; erst unter Rudolf II. v. Scherenberg bekam Würzburg 1474 das gesamte Amt R. fest in die Hand. G. Ruppert

Lit.: F. HAUSMANN, Die Edelfreien v. Grumbach und R. (Innsbrucker Beitr. zur Kulturwiss. 12, 1966 [= Fschr. K. PIVEC]), 167–199 – G. ZIMMERMANN, Ecclesia – Franconia – Heraldica, 1989 – P. KOLB, R.er Chronik, 1992.

Rother → König Rother

Rotherham, Thomas, Kanzler v. England seit 27. Mai 1475, Ebf. v. York seit 7. Juli 1480, * 24. Aug. 1423, † 29. Mai 1500 im Palace of Cawood, ☐ Minster, York; Sohn von Sir John R. aus R. (Yorkshire) und Alice; seit 1443 Studium in Eton, dann am King's College, Cambridge, 1457 Pfarrer im Pfarrbezirk v. Kingston-upon-Thames, 1462 Dr. theol. an der Univ. v. Oxford und Pfarrer in Ripple (Worcestershire), Inhaber von Präbenden v. Welton Brinkhall an der Kathedrale v. Lincoln und 1465 von Präbenden v. Netherhaven an der Kathedrale v. Salisbury sowie Pfarrer v. St. Vedast's, London, seit 1467 Archidiakon v. Canterbury. Er machte rasch Karriere, als er 1461 Kaplan des Earl of Oxford wurde, in dessen Hofhalt er →Elisabeth Wydeville, die spätere Kgn. v. England, traf. Seit 1467 →Keeper of the Privy Seal, wurde er 1468 Bf. v. Rochester, Vorsteher des Beverley College und Gesandter am Hof Ludwigs XI. v. Frankreich; 1471 Mitglied der Gesandtschaft zu Karl d. Kühnen. Er unterstützte Eduard IV. und wurde am 10. März 1472 zum Bf. v. Lincoln geweiht. Sein Kanzleramt konnte er zeitweilig nicht ausüben, da er den Kg. nach Frankreich begleitete. Nach dem Vertrag v. Pecquigny übernahm er wieder das Gr. Siegel und blieb Kanzler bis Juni 1483; 1469–83 Kanzler der Univ. Cambridge, als Ebf. auch päpstl. Legat. Im Juni 1483 wurde Th. R. zusammen mit dem Bf. v. Ely von Richard v. Gloucester im Tower eingekerkert, weil er das Gr. Siegel der Kgn.witwe Elisabeth übergeben hatte. Nach seiner Entlassung aus der Gefangenschaft zog er sich nach York zurück und war nach der Schlacht v. →Bosworth unter Heinrich VII. noch einmal Kanzler (23. Aug.–18. Sept. 1485). Er förderte die Univ.en Oxford und Cambridge, war zweiter Gründer des Lincoln College in Oxford und gründete 1489 das Jesus College an der Pfarrkirche in R. A. Cameron

Lit.: DNB VI, 301f. – A. B. EMDEN, Biogr. Register of the Univ. of Cambridge to 1500, Testamenta Eboracensia 4, 1963, 138.

Rotlandus, Ebf. v. →Arles, † 19. Sept. 869, erhielt vor 852 das Ebm., dessen Besitz er erweitern konnte: Ks. Lothar I. schenkte ihm das kleine Kl. Cruas in der Gft. →Viviers, Ks. Ludwig II. die Caesarius-Abtei (→Caesarius, hl.). Er nahm an den Konzilien v. Valence (855) und Pîtres (864) teil. Bei der Vermittlungsaktion des päpstl. Gesandten →Arsenius im Ehestreit Lothars II. bezeugte er mit anderen Bf.en den von der Partei Lothars für →Theutberga geleisteten Eid in Vendresse (Aug. 865). Das ausführliche Echo in zeitgenöss. Q. fanden die makabren Umstände seines Todes: Auf der Insel Camargue (dép. Bouches-du-Rhône) ließ er eine Burg erbauen, in die er sich vor den andrängenden Sarazenen zurückzog; diese töteten 300 von seinen Leuten, nahmen ihn gefangen und verbrachten ihn auf ihre Schiffe. Zu seiner Auslösung wurden viel Silbergeld und Naturalien geboten; derweilen starb R. Die Sarazenen verschwiegen seinen Tod, empfingen das Lösegeld und trugen den mit den Priestergewändern bekleideten Leichnam »wie zur Ehrenbezeugung vom Schiff aufs Land«. In tiefer Trauer bestatteten ihn die Arleser am 22. Sept. U. Nonn

Q.: Ann. Bertiniani ad an. 865 und 869 (MGH SRG) – *Lit.:* DUCHESNE, FE I, 261f. – R. POUPARDIN, Le royaume de Provence sous les Carolingiens, 1901 [Nachdr. 1974].

Rotrud (Hrotrud; Pseudonym am Hof 'Columba'), Tochter Karls d. Großen und der Hildegard, * ca. 775, † 6. Juni 810; 781 auf Anregung der byz. Ksn. →Irene mit →Konstantin VI. verlobt, vom Eunuchen Elissaios im Gr. unterrichtet. Das Eheversprechen wurde 787 gelöst, wobei unklar bleibt, ob auf Betreiben Karls oder Irenes. →Alkuin widmete seinen Komm. zum Johannesevangelium der gebildeten R. (Angilbert, carm. II, 33: »Rotthrud carmen amat, mentis clarissima virgo«) und ihrer Tante →Gisela. R.s Verbindung mit Gf. Rorico (→Rorgoniden) entstammte →Ludwig (50. L.; * um 800), der spätere Abt v. St-Denis. Ch. Gschwind

Lit.: G. TESSIER, Recueil des actes de Charles II le Chauve, III, 1955, 39f. – G. MUSCA, Le trattative matrimoniali fra Carlo Magno ed Irene di Bisanzio, Annali della Facoltà di Lettere e Filosofia dell'Univ. di Bari 7, 1961, 83–127 – W. OHNESORGE, Abendland und Byzanz, 1963, 11, 65–67 – J. FLECKENSTEIN, Karl der Gr. und sein Hof (BRAUNFELS, KdG I, 1965), 24–50 – W. BERSCHIN, Gr.-Lat. MA, 1980, 136f. – P. CLASSEN, Karl d. Gr., das Papsttum und Byzanz 1988[2] – R. SCHIEFFER, Die Karolinger, 1992.

Rotruenge (auch Retrouange, Retrouenge u. a., Etymologie unklar), afrz. Liedform, die nur über ihre musikal. Struktur definiert werden kann: Konstitutiv ist der Gegensatz von Strophe und Refrain. Versform (häufig Zehnsilber) und Zahl der Verse pro Strophe sind von Gedicht zu Gedicht unterschiedlich, aber die Verse werden stets auf dieselbe melod. Phrase gesungen, von der sich die Melodie des Refrains unterscheidet. Wie die meisten Gedichtformen mit →Refrain ist die R. offenbar vorhöf. Ursprungs; dennoch sind unter den 34 R.s, die GENNRICH verzeichnet, neun höf. Liebeslieder, daneben zwei →Chansons de toile, fünf →Pastourelles, drei Kreuzzugslieder, vier geistl. Lieder, eine →Reverdie u. a.; zu den Autoren zählen Gontier de Soignies, Thibaut de Champagne, Jacques de Cambrai, →Guiot de Dijon u. a. R.s entstanden v. a. im 12. Jh., aber auch noch im 13. Jh. Die nordfrz. R. ist auch von den okzitan. Trobadors übernommen worden. A. Gier

Lit.: F. GENNRICH, Die afrz. Rotruenge, 1925 – P. BEC, Note sur la rotruenge médiévale (Fschr. C. TH. GOSSEN, 1976), 127–135.

Rott a. Inn, eines der frühesten bayer. OSB Kl. der Reformphase, wurde von der bedeutenden Pfgf. en-Familie v. Rott-Vohburg, Anhängern Kg. Heinrichs IV., nach dem Schlachtentod Kunos II. v. R. (1081) zw. 1081 und 1085 gegr. und mit reichem Besitz ausgestattet. Laut verfälschter Gründungsurk. hatte das Kl. von Anfang an die heim. Patrone Marinus und Anianus. Nach dem Aussterben der Stifterfamilie, die dem Kl. u. a. die wichtigen Außenposten um Kötzting im Bayer. Wald und St. Ulrich am Pillersee/Tirol geschenkt hatte, übernahmen die verwandten Gf.en v. Lechsgmünd die Kl.vogtei bis 1226. Gegen diese Vögte erreichte das Kl. im 12. Jh. eine Reihe von Schutzbriefen, deren Effizienz freilich unbekannt ist. 1226–59 waren die Gf.en v. Wasserburg Vögte, dann die Wittelsbacher. Die Melker Reform (→Melk), die in R. 1452 eingeführt wurde, bewirkte ein blühendes Ordensleben. In der 2. Hälfte des 15. Jh. verfügte das Kl. über eine respektable Bibliothek. W. Störmer

Lit.: A. MITTERWIESER, Gesch. der Benediktinerabtei R. a. I., Inn-IsengauJg. 6, H. 3, 1928, 81–99 – DERS., Gesch. der Benediktinerabteien R. und Attel a. Inn (Südostbayer. Heimatstud. 1, 1929) – R. a. I., hg. W. BIRKMAIER, 1983, 7–62 – Germania Benedict. II, 1979, 266ff. [Lit.].

Rotta → Musikinstrumente, B. II

Rottenbuch, Augustiner-Chorherrenstift im Ammergau, s. der Welfenburg Peiting (Diöz. Freising), an der Stelle einer Eremitensiedlung (um 1070) durch Schenkungen Hzg. Welfs IV. v. Bayern und seiner Gemahlin Judith vom 27. Dez. 1073 zu einem Klerikerstift ausgestaltet. Die Beteiligung Bf. →Altmanns v. Passau legt es nahe, daß R. von Beginn an vom Geist der Kanonikerreform geprägt war. 1090 dem hl. Petrus in Rom übereignet, erlangte R. 1092 von Papst Urban II. ein grundlegendes Privileg, in dem die Lebensweise nach dem Vorbild der Urkirche mit Eigentumsverzicht und vita communis für Kanoniker Anerkennung fand. R., das dem »ordo antiquus« (gemäßigte Reformrichtung) verhaftet blieb, entwickelte sich zu einem bedeutenden Zentrum der Kirchenreform und strahlte auf zahlreiche weitere Reformstifte aus. Über die stauf. Vogtei seit 1191/92 gelangte R. nach dem Tod des Staufers Konradin 1268 in die Reichsvogtei, bevor es unter Ludwig d. Bayern landsässig wurde. St. Weinfurter

Lit.: J. MOIS, Das Stift R. in der Kirchenreform des XI.–XII. Jh., 1953 – R., hg. H. PÖRNBACHER, 1980 – DIP VII, 2045ff.

Rottweil, Stadt am linken Neckarufer in Württemberg. Sö. entstanden römerzeitl. mehrere Kastelle und eine größere um 90 n. Chr. wohl städt. Zivilsiedlung (Arae Flaviae), in deren Bereich ein frk., 771 gen. und ca. 35 umwallte ha umfassender Kg.shof errichtet wurde und rechtsneckarisch im 7. Jh. eine Kirche (ō Pelagius im 11. Jh.) begründet war, deren Pfarrechte erst um 1300 auf die Hl. Kreuz-Kirche übergingen. Um 1140 wurde mittels Verlegung von »rotuvila« die stauf. (?) Plananlage R. auf einem 1 km nw. gelegenen Bergsporn angelegt, deren um 1250 vollendeter Steinbering ohne die ansehnl. Vorstädte ca. 20 ha einschloß. Um 1450 sind ca. 4500 Einw. anzusetzen. Bis um 1400 erfolgte die Emanzipation der Bürgermeinde (1230 cives, 1234 viri honorati, 1251 sigillum, 1265 consules) vom kgl. Stadtherrn und mündete im 15./16. Jh. in die Bildung eines ansehnl. Territoriums. R.s wirtschaftl. Bedeutung beruhte auf exportorientierter Metall- und Tuchproduktion und einem nennenswerten Getreidehandel mit der Eidgenossenschaft, der man als »zugewandter Ort« seit 1463 (bis 1802) auch bünd. verpflichtet war. Reformator. Versuche scheiterten.

F. B. Fahlbusch

Bibliogr.: Bibliogr. zur dt. hist. Städteforsch., Bd. 1, T. 2, 1994.

Rotulus. Während die Rollenform für literar. Texte seit der Spätantike durch den →Codex verdrängt und im MA nur für bestimmte liturg. Texte der Ost- und Westkirche herangezogen wurde, blieb sie auf dem Gebiet des Urkk.-wesens in etlichen Bereichen weiter in Gebrauch. Die byz. Ks.urkk. wurden ausgestellt entweder in der Form einer →Rolle (εἰλητάριον) oder in der Form loser, gefalteter Blätter. Sehr lange Urkk. wie die feierl. Chrysobulloi logoi (→Chrysobull) wurden als εἰλητάρια ausgestellt. Ab dem 4./5. Jh. wurden auch die Urkk. parallel zur Schmalseite der Rolle beschrieben. Die päpstl. Kanzlei schloß sich zunächst dem antiken Usus an und verwendete für Urkk. – abgesehen von den für Aufzeichnungen geringeren Umfanges gebrauchten Wachstafeln und Einzelbll. – die Rollenform. Erhalten sind →Papsturkk. auf Papyrus ab dem endenden 8. Jh. bis Mitte des 11. Jh. in Rollenform. Die seit Beginn des 11. Jh. in Gebrauch kommenden Pergamenturkk. besitzen zunächst noch die Gestalt der »charta transversa« nach dem Modell der Papyrusurk., d.h. die Beschriftung parallel zur Schmalseite. Diese Urkk. konnten entweder gerollt oder gefaltet werden. Erst allmähl. kam für die Papsturk. das Breitformat auf, wobei die Urkk. in der Regel gefaltet wurden. Innozenz IV. ließ 1245 in Lyon →Transumpte wichtiger päpstl. und ksl. Urkk. in Rollenform anfertigen. Die röm. Urkk., die kirchl. und weltl. Privaturkk., von denen Originale ab dem 7. Jh. erhalten sind, weisen wie die Privaturkk. Italiens überhaupt Rollenform auf. Mögen amtl. Bücher der Päpste in ältester Zeit gleichfalls in Rollenform angelegt gewesen sein, wurde sicherl. seit der Spätantike dafür die Codexform gewählt. Die termini technici 'liber', 'volumen' und 'tomus', die urspgl. für die Rollenform verwendet worden waren, gingen später zur Bezeichnung der Codexform über. Die Rollenform wurde in Italien und S-Frankreich für Urkk. übernommen, so daß die Hauptmasse der ma. Pergamenturkk. in diesen Ländern die Rollenform aufweist. In anderen Ländern Europas wird die Rollenform gelegentl. auch für Pergamenturkk. angewendet, v. a. für Abschriften und urkundl. Bücher wie Urbare, Zinsverzeichnisse und Register (vgl. auch die →Rolls in England). Vereinzelt sind auch Papierrollen für urkundl. Aufzeichnungen gebraucht worden.

→Necrologien wurden fallweise in Rollenform gehalten. Einmal im Jahr oder nach einem Todesfall wurde durch eigene Boten, die rotularii oder rolligeri, mittels eines Totenr. Mitteilung vom Ableben von Mitgliedern eines Kl. an verbrüderte Kl. gemacht. Die Sitte der Totenr.i ist v. a. aus Frankreich, Deutschland und Österreich bekannt. Der Name »Rottel« ging in der NZ sogar auf Totenbücher in Codexform über. Bezeugt sind Rollen für die Abbildung von Heiligtümern von Kirchen, die zu bestimmten Zeiten vorgezeigt wurden. Eine Hs. der Stiftsbibliothek St. Gallen (Cod. 1093) bildet eine Rolle mit der Beschreibung von Rom und den dort zu gewinnenden Ablässen aus dem 14. Jh. Gelegentl. kamen ma. Chroniken in Rollenform vor; der Übergang zur Archivalie konnte fließend sein (→Benediktbeuern [»R. historicus«]). Landkarten in Rollenform waren nicht selten. Das berühmteste Beispiel ist wohl die →»Tabula Peutingeriana« (Wien, Österr. Nat. Bibl., Cod. 324). Man hat an die Reichenau gedacht, wo im 9. Jh. eine »mappa mundi in duobus rotulis« belegt ist. Notariatsinstrumente und Prozeßprotokolle in Rollenform sind aus dem MA erhalten. Man konnte Abschriften von Urkk. in Rollenform anfertigen; Beispiele sind etwa für Polling, St. Gallen, Braunweiler, Zürich, Corbie, Populonia, Camaldoli bekannt.

Auch nichturkundl. Aufzeichnungen konnten als R. i gehalten sein; man denke an Güterverzeichnisse oder Zinsroteln. O. Mazal

Lit.: W. WATTENBACH, Das Schriftwesen des MA, 1896³ – L. SANTIFALLER, Beitrr. zur Gesch. der Beschreibstoffe im MA, T. 1 (MIÖG Ergbd. 16, 1, 1953) – F. DÖLGER–J. KARAYANNOPULOS, Byz. Urkk.lehre, Abschnitt 1: Die Ks.urkk., 1968 [= ByzHb III, 1, 1].

Rotunda, geformte got. Buchschr., deren Verbreitungsgebiet sich im Zeitalter der Hss. von Italien über S-Frankreich bis Spanien erstreckte. Nach einer Entwicklungsphase im Rahmen der frühgot. →Minuskel des 13. Jh. setzte sich die R. in ihrer reifen Form im 14. Jh. durch und gelangte in bestimmten Gattungen it. Hss. sogar zu kanon. Geltung. Der Konservativismus liturg. Gebrauches trug dazu bei, daß die R. in liturg. Hss. noch verwendet wurde, als die Humanistica (→Humanistenschrift) längst ihren Siegeszug angetreten hatte. Ähnlich kanon. war die Anwendung der R. in Codices des röm. und kanon. Rechts. Gemeinsam mit der →Textura war der R. die fette Zeichnung und die kurze Ausbildung der Schäfte der Buchstaben b, h, l, p, q. Ein Unterschied bestand in den breiten Proportionen des Schr.bildes und der ledigl. gemäßigten Brechung der Bögen. Die meisten Schäfte setzen breit auf der Zeile auf; neben i und u waren nur die letzten Schäfte von m und n nach rechts umgebogen. Verbreitet waren unziales a und rundes s; regelmäßig wurde rundes r nach o; das z erhielt eine c-cédille-artige Gestalt. Die Morphologie der Schr. blieb relativ einfach, da sich die R. nicht wie die Textura zu verschiedenartigen Spielformen verzweigte. Die Verwendung der R. als Druckschr. reicht bereits in die Anfänge des →Buchdrucks zurück; sie wurde 1466 von Ulrich →Han in Rom verwendet. In Deutschland tauchte eine Druckr. annähernd venetian. Schnittes erstmals 1471 bei Johann →Koelhoff in Köln auf. Bis zum Ende des 15. Jh. konnte sich die R. als allg. anerkannte Type durchsetzen. Sie spielte eine bedeutende Rolle in Spanien, Portugal und Frankreich, wurde nach Böhmen, Dänemark und Polen eingeführt, ist aber in den Niederlanden und in England nie heim. geworden und blieb Ausnahme. O. Mazal

Lit.: J. KIRCHNER, Scriptura gothica libraria a s. XII usque ad finem medii aevi, 1966 – B. PAGNIN, La lettera bononiensis. Studio paleografico, Ricerche medievali 10–12, 1975–77, 93–168 – O. MAZAL, Buchkunst der Gotik, 1975 – DERS., Paläographie und Paläotypie, 1984 – B. BISCHOFF, Paläographie des röm. Altertums und des abendländ. MA, 1986².

Rotunde → Zentralbau

Rotwelsch, Bezeichnung für eine unverständl. Sprache, die der Geheimhaltung dient, seit 1250 quellenmäßig belegt. Näheres über den Charakter dieser seltsamen Sprache, der sich Bettler, Vaganten und Gauner gleichermaßen bedienten, erfahren wir durch ein spätma. Gedicht, in dem es heißt: »so habent etliche knaben gefunden / ein neuwe sprach bei diesen stunden / und heyßet mans die rotwelsch / die treibt man yetz mit mangem falsch / der sy nit wol verluntzen kan / doch sicht man mangen ein torheit began« (Vintlers »Blume der Tugend«, 1411, KLUGE, R., V, 4). Es handelt sich also um eine künstl., für illegale Machenschaften bestens geeignete Sprache, die v. a. der Geheimhaltung dient und deswegen neben sprachl. Eigenschöpfungen auch einen erhebl. Anteil an Entlehnungen aus dem Hebr. aufweist. In der älteren sprachwiss. Lit. wird das R. zu den Geheimsprachen gezählt, während man heute den Terminus→»Sondersprachen« bevorzugt, denn dieser verweist darauf, daß dem Gebrauch des R. neben der Geheimhaltung noch ein anderes Motiv zugrunde liegt, nämlich die Identitätsbildung in den→Randgruppen der Gesellschaft zu fördern. So heißt es z. B. in einer Lübecker Chronik von 1425 über einen Kaufmann, der unter die Räuber fiel, daß er sich, um sein Leben zu retten, der Verbrecherbande anschließen mußte und so auch deren R. erlernte: »Do lerede he eme er bisproke, dat ene den anderen bi kennet« (KLUGE, R., Nr. VII, 5). In einigen spätma. Q. wird das R. auch als »keimisch« (metonym. Bildung zu dem jüd. Vornamen Chaim) bezeichnet. Das R. hat seine Entsprechungen auch in anderen Ländern, wo man die Sprache der Gauner und Bettler unter der Bezeichnungen »gergo«, »argot«, »cant« oder »bargoensch« kennt.

Die wichtigsten Zeugnisse für das spätma. R. sind neben den bereits zitierten Q. das »Augsburger Achtbuch« (1342–43), das Notatenbuch Dithmars v. Meckebach aus Breslau (um 1350), die »Basler Betrügnisse der Gyler« (1433/40), das rotwelsche Glossar des Zürcher Ratsherrn Gerold Edlibach (um 1490), der lat. Traktat »De multiplici genere mendicantium« (um 1509) und der berühmte »Liber vagatorum« (1509/10). R. Jütte

Lit.: F. KLUGE, R., 1901 [Nachdr. 1987] – S. A. WOLFF, Wb. des R., 1956 – A. STEIN, L'Ecologie de l'argot ancien, 1979 – Enciclopedia Einaudi, VI, 1979, 724ff. s.v. gergo [B. GEREMEK] – R. JÜTTE, Abbild und soziale Wirklichkeit des Bettler- und Gaunertums zu Beginn der NZ, 1988 – P. WEXLER, Three Heirs to a Judeo-Latin Legacy, 1988.

Rotwild, Bezeichnung für den in Europa verbreiteten jagdbaren und wegen seiner Schnelligkeit und Vorsicht bekannten Edel- oder Rothirsch (Cervus elaphus), dessen Rivalenkämpfe am Balzplatz im Herbst (vgl. Thomas v. Cantimpré 4, 22 = Albertus Magnus, animal. 22, 43, z. T. nach antiken Q.) mit seinem zurückgezogenen Leben z. Z. der Geweihlosigkeit und dem der »beschlagenen« Hirschkühe kontrastieren. Einem Sprichwort gemäß, erfolge nach Ps.-Aristoteles (h. a. 9, 5 p. 611 a 22–27) der Abwurf der alten Geweihstangen in der Einsamkeit (nach Thomas im Wasser), damit v. a. die linke (rechte, seit Plinius, n. h. 8, 115) volksmed. wirksame Stange nicht gefunden werde. Ein Ende der Zunahme der Geweihsprossen nach dem 6. Lebensjahr (Solin 19, 13 nach Ps.-Aristoteles, 1. c.) widerlegt Albert (22, 42) mit Hinweis auf seine Beobachtung eines geraden Elfenders. In den naturkundl. Enzyklopädien des HochMA (u. a. bei Alexander Neckam, nat. rer. 2, 135f.; Bartholomaeus Anglicus 18, 29 und 57; Vinzenz v. Beauvais 18, 34–43) sind die meisten antiken Beobachtungen gesammelt wie z. B. das »Fegen« der frischen Geweihe und das Verhalten bei der Jagd gegenüber Jägern und Hunden. Anlocken durch Panflötenspiel oder Gesang (durch »Blatten«?) kennt z. B. schon Ps.-Aristoteles (1. c., p. 611 b 26–29). Starker Parasitenbefall durch »Würmer« und angebl. im Kopf entstehende Wespen wird ebenso häufig betont wie seine Selbstmedikation bei Krankheiten, u. a. durch Diptam. Das Fleisch (außer vom Kalb) stuften die med. Autoritäten als schwerverdaulich und melancholisch, aber als wirksam gegen Fieber ein. Fast alle Körperteile wurden organotherapeut. genutzt (s. bes. Albertus Magnus 22, 45; vgl. MARZELL und HWDA).

Ch. Hünemörder

Q.: →Albertus Magnus, →Alexander Neckam, →Bartholomaeus Anglicus – Thomas Cantimpr., Lib. de nat. rerum, T. 1, ed. H. BOESE, 1973 – Vinc. Bellov., Speculum nat., 1624 [Neudr. 1964]. – Lit.: HWDA IV, 104–110 – H. MARZELL, Der Hirsch in der antiken und in der dt. Volksmedizin (Fschr. R. ZAUNICK, 1963), 55–63.

Roucy, Gft. in Nordfrankreich (dép. Aisne, cant. Laon), zunächst Teil eines →Fiscus, der von →Pippin II. zugunsten der Kirche v. →Reims aufgegliedert wurde. Die Domäne wurde von →Karl d. K., der hier 851 ein Placitum generale (Reichsversammlung) abhielt, wieder in Königsbesitz zurückgeführt. →Ludwig IV. Transmarinus ließ seinen Waffengefährten Rainald, einen aus dem Anjou stammenden Gf.en, hier eine Burg errichten (948). Von Rainald und seiner Gemahlin Alberada, einer Tochter aus der 1. Ehe der Liudolfingerin →Gerberga mit →Giselbert v. Lothringien, stammte das erste Gf.enhaus v. R. ab; ihm gehörten in der ersten Generation folgende Geschwister an: Giselbert v. R.; Ermentrude, Gemahlin des Gf.en Alberich v. →Mâcon, dann des Gf.en →Ott-Wilhelm v. →Burgund; →Bruno, Bf. v. →Langres; in der folgenden Generation ist zu nennen Ebulus, Sohn von Giselbert und 1022–33 Ebf. v. Reims, mit dem das Haus im Mannesstamm erlosch.

Ebulus hatte, bevor er in den Klerus eintrat, Beatrix v. Hennegau, Enkelin von →Hugo Capet, geheiratet, die ihm zwei Töchter gebar. Die ältere, Adela, vermählte sich mit Gf. Hilduin III. v. Ramerupt, der 1060 in R. ein der Abtei →Marmoutier unterstehendes Priorat gründete. Hilduin III. war Ahnherr eines Hauses, dessen namhaftestes Mitglied sein Sohn Ebulus II. war; er nahm 1073 in Spanien an der →Reconquista teil und heiratete in Italien eine Tochter von →Robert Guiscard, Sibylle. Eine Schwester von Ebulus II., Felicia, wurde als 2. Gattin von →Sancho I. Ramírez 1070 Kgn. v. →Aragón. Das zweite Gf.enhaus v. R. erlosch im Mannesstamm mit dem Tode Johanns I. (1200).

Von Eustachia, der Schwester Johanns I., und ihrem Gemahl Robert v. Pierrepont-Montaigu stammte das dritte Gf.enhaus ab, das durch Heirat Johanns IV. die Gft. Braine erwarb. Johann V. fiel 1346 bei →Crécy, Johann VI., der letzte Gf., 1415 bei Azincourt (→Agincourt).

Am Beginn des vierten Gf.enhauses standen Johanna (Jeanne), die Tochter von Johann VI., und ihr Gemahl Robert I. v. →Saarbrücken, Herr (*Damoiseau*) v. →Commercy. Diese Familie erlosch 1525 im Mannesstamm mit Amey I., dessen drei Schwestern das Erbe zerstückelten. M. Bur

Lit.: H. MORANVILLÉ, Origine de la maison de R., BEC, 1922 – DERS., Origine de la maison de R.-Ramerupt, ebd., 1925 – M. DE SARS, Le Laonnois féodal, 1926–34 – J. A. PÉRIÈRE, Essai généalogique sur les comtes et le comté de R., 1957 – K. F. WERNER, Unters. zur Frühzeit des frz. Fsm.s, WaG, 1958–60 – M. BUR, La formation du comté de Champagne (v. 950–v. 1150), 1977 – B. GUENÉE, Les généalogies entre l'hist. et la politique: la fierté d'être capétien en France au MA, Annales, 1978.

Rouen, Stadt und Ebm. in der Haute-Normandie (dép. Seine maritime), auf einer Terrasse über dem rechten Ufer der unteren →Seine, am Fuße steiler Talflanken.

I. Im 5.–9. Jahrhundert – II. Von 911 bis 1204 – III. Im 13. Jahrhundert – IV. Im ausgehenden Mittelalter.

I. IM 5.–9. JAHRHUNDERT: Die röm. Stadt (Rotomagus) war mit einer rechteckigen Befestigung des 4. Jh. umwehrt (umschlossenes Areal: 24 ha). Der erste Bf. v. R. ist für 314 erwähnt. Bf. →Victricius vollendete um 395/396 die Kathedralgruppe, indem er eine zweite Kirche, geweiht dem hl. Stephanus (St-Étienne), neben der 'ecclesia prima' (ô Maria, Notre-Dame) errichten ließ. Als eine der wichtigsten Städte →Neustriens erfuhr das verkehrsgünstig gelegene R. im 6.–7. Jh. unter den Merowingern einen starken Aufschwung. Kgn. →Brunichild lebte hier im Exil (576). 641 kam das Bm. an den hl. →Audoenus (Ouen), der als →Referendar Kg. →Dagoberts eine erstrangige kirchl. und polit. Rolle spielte. Neben der Doppelkathedrale sind zwei weitere Kirchen belegt: St. Martin (St-Martin-du-Pont), die sich an die Befestigungsmauer anlehnte; St-Pierre (die spätere Abteikirche St-Ouen), die im NO der Stadt 'extra muros' wohl im 6. Jh. durch Bf. Flavius, ohne Zusammenhang mit einem antiken Friedhof, errichtet wurde. In dieser Kirche wurde 684 der hl. Audoenus, dessen Kult sich rasch verbreitete, bestattet (frühzeitige Patroziniumsänderung). Mönche lebten hier seit der 2. Hälfte des 8. Jh. Die späte Erwähnung einer anderen Begräbniskirche, St-Godard im N der Stadt, ist fragwürdig.

Nach den Rückschlägen, die der Sieg der austras. Hausmeier bei →Tertry (687) für Neustrien brachte, war es im 8. Jh. Ebf. Remigius/Remi (755–nach 762), ein Bruder Kg. →Pippins III., der in R. die geistl. Reform durchführte und in der Kathedrale eine Kanonikergemeinschaft einrichtete. Parallel hierzu entwickelten sich die Münzstätte (seit dem Ende des 6. Jh.) und der →Hafen (→Portus), der enge Handelsverbindungen mit dem ags. →England unterhielt. R. war Sitz eines →Grafen ('comes' schon 583 belegt) und Zentrum eines karol. Missaticum (→Missus). Karl d. Gr. feierte hier 769 das Osterfest und hielt sich 800 auf der Durchreise auf; Ludwig d. Fr. weilte hier 818 und 824. Die Lage der Stadt ließ sie im 9. Jh. zur leichten Beute der →Wikinger werden (Verwüstung 841 u. ö.). Obwohl seineabwärts von Pont-de-l'Arche gelegen, blieb R. bis ins beginnende 10. Jh. Bf.ssitz, vielleicht auch Gf.ensitz, was aber unsicher bleibt.

II. VON 911 BIS 1204: R. erlebte unter der Herrschaft der →Normannen ein außergewöhnl. Wachstum, das insbes. der günstigen Lage der Stadt zu verdanken war. Sie lag im Kern der dem Wikingerfürsten →Rollo 911 verliehenen Besitzungen (→Normandie). Die frühen Normannenfürsten fungierten in erster Linie als Gf.en v. R., ihrer bevorzugten Residenz; →Richard I. (942–996) ließ hier eine →Pfalz errichten, deren Turm im SO-Winkel der Civitas lag. Bereits Rollo rief den Ebf. zurück; die Mönche kehrten zurück nach St-Ouen, das bis 996 mit dem Ebm. verbunden blieb. Die Stadt, die (nach einer Theorie) in der frühen Normannenzeit gar eine tiefgreifende topograph. Restrukturierung (in Diskontinuität zur westfrk. Periode) erfahren haben soll, war ein kosmopolit., von Wikingern lebhaft besuchtes Handelszentrum. Der Hzg. empfing hier bis 1013–14 zahlreiche Skandinavier. Ein Sklavenmarkt (→Sklaven) ist bis zum Ende des 10. Jh. belegt.

Die Gesch. von R. ist erst für das 11. und 12. Jh. näher bekannt. Auch wenn R., das »caput Normanniae totius« (Rigord), in seiner Rolle als »Hauptstadt« bisweilen auf Konkurrenz stieß (→Caen, die wichtigste Stadt der Basse-Normandie, war seit 1175 Sitz des →Échiquier), so blieb es doch unbestritten die größte und polit. bedeutendste Stadt des Hzm.s. Hzg. →Wilhelm (der spätere Eroberer) empfing hier 1064 Kg. →Harald. →Heinrich I. besuchte die Stadt oft. →Heinrich II. hielt sich hier zwar seltener auf, doch zeigt u. a. die Errichtung eines neuen Mauerzuges, der die Cité und die vorstädt. Siedlungen (Burgus/*Bourg* v. St-Ouen) einschloß, das Interesse der →Plantagenêt an R. Die Hzg.e/Kg.e residierten oft in der alten Pfalz, die im 12. Jh. wiederhergestellt wurde. Ein hzgl. Vicomte tritt seit dem frühen 11. Jh. auf.

Zugleich verstärkte die Cité ihre Rolle als geistl. Metropole. Die Kathedrale Notre-Dame wurde neuerrichtet. Ab 1055 fungierten als Ebf.e nicht mehr Verwandte des Hzg.s, sondern ausgebildete Kleriker von Rang, die sich um die Kirchenreform verdient machten (Maurilius, 1055–67). Das 'intra muros' gelegene städt. Gebiet war reich an Stiftskirchen (St-Lô, ältere Eigenkirche des Bf.s v. →Coutances; St-Cande le Vieux, Pfalzkirche; Notre-Dame la Ronde, belegt im 13. Jh.). Die zweite kirchl. Gewalt in R. war die bis ins 12. Jh. 'extra muros' gelegene Benediktinerabtei St-Ouen, die mit der Kathedrale oft in Streit lag. Bildete das 11. Jh. einen Höhepunkt in der Gesch. der Abtei (Neuerrichtung der Kirche), so trat bereits im 12. Jh. Stagnation ein. Die anderen geistl. Gemeinschaften entstammten zumeist dem 11. Jh. und lagen ursprgl. außerhalb der Stadtbefestigung. Der Vicomte Goscelin und seine Gemahlin gründeten um 1035/40 zwei Benediktinerabteien: eine Männerabtei (St-Amand) und eine Frauenabtei (La Trinité du Mont). Zahlreicher waren die Priorate: St-Gervais (abhängig von St-Père de →Chartres, dann von →Fécamp), St-Paul (verbunden mit →Montivilliers) und St-Michel (angeschlossen an St-Ouen). Das Priorat der Abtei Le →Bec, das den Namen Notre-Dame du Pré, dann Bonne-Nouvelle trug, wurde um 1063 vom Herzogspaar Wilhelm und Mathilde am linken Seineufer gestiftet. Im 12. Jh. folgte dann hauptsächl. die Gründung von karitativen Einrichtungen und Spitälern, teils innerhalb der Stadt (Templerhaus, um 1160; Spital La Madeleine), teils außerhalb (zwei Leprosorien: Mont-aux-Malades und Spital im Parc de Quevilly; ein Hospiz im Parc d'Henri II jenseits der Seine). Im 12. Jh. wurde eine steinerne Seinebrücke errichtet.

Im sozioökonom. Bereich spielte R. eine äußerst aktive Rolle: Die Stadtbewohner schalteten sich im 11. Jh. in die Konflikte des Hzm.s ein (1090: Aufstand des Conan). Sie empfingen von Heinrich II. 1150/51 die →Établissements de R., die als führendes Stadtrecht im westfrz. Herrschaftsgebiet der Plantagenêt weiteste Verbreitung fanden; dieses Statut bestätigte den Bürgern v. R. die polit. und wirtschaftl. Privilegien, v. a. die Kontrolle des unteren Seinebereichs und die Vorrechte im Englandhandel, dem wirtschaftl. Standbein der Stadt. Die →Kommune bildete sich heraus (Bürgermeister/*maire*, hundert Ratmannen/*cent pairs*, zwölf Räte/*douze conseillers*, zwölf Schöffen/*douze échevins*). Der Hafen war v. a. auf den Weinhandel, daneben auch auf die Ausfuhr von Salz und Fisch, ausgerichtet. Eine blühende Judengemeinde (→Frankreich, D) ist seit dem 11. Jh. belegt.

III. IM 13. JAHRHUNDERT: R. ergab sich am 24. Juni 1204 dem Heer des Kg.s →Philipp Augustus v. Frankreich. Mit dem Übergang an die Kapetinger verlor die Stadt ihren beherrschenden polit. Einfluß. Philipp Augustus gab die 'tour ducale' auf und ließ zur Überwachung der Stadt eine neue Burg in Höhenlage errichten; hier residierte der kgl. →Bailli. Der Kg. bestätigte 1207 die bestehenden Privilegien der Stadt in vollem Umfang. R. verstärkte seine Kontakte mit dem Pariser Becken. Trotz des Verlustes der privilegierten Stellung in England blieben die Handelsverbindungen mit den Brit. Inseln für das Wirtschaftsleben von R. grundlegend. R. exportierte frz. →Wein nach England und bezog von dort die →Wolle, die es für sein expandierendes Tuchgewerbe (→Textilien) benötigte. Die 'Vicomté de l'Eau' nahm ihre Tätigkeit auf (Hafenverwaltung, Gerichtsbarkeit über Zölle und Abgaben an der unteren Seine). Die Stadt erfuhr eine lebhafte Entwicklung; ihre Einw.zahl wird für die 2. Hälfte des 13. Jh. auf 30–40000 geschätzt. Ein weiträumigerer Mauerzug wurde errichtet. Auch die Ansiedlung der Bettelorden weist auf starkes demograph. Wachstum hin. 1221 oder 1223 ließen sich die Dominikaner in R. nieder. →Ludwig IX. d. Hl. verlegte ihren Konvent von der Peripherie ins Innere der Stadt (im S der Porte Cauchoise). Die Minoriten waren in R. seit 1228 ansässig und hatten ihren Konvent seit 1249 im südwestl. Viertel der alten Cité. Die Kathedrale wurde im got. Stil ausgebaut.

IV. IM AUSGEHENDEN MITTELALTER: R. wurde von den Krisenerscheinungen der Epoche nicht verschont. Die städt. Macht war zunehmend in die Hand einer immer kleineren Zahl von Familienclans der reichgewordenen Handelsbourgoisie geraten (→Patriziat, III). Die Last einer durch schlechte Finanzverwaltung verschärften Fiskalität und der Druck der aufsteigenden »Mittelschichten« lösten Unruhen aus (u. a. 1281), die zur ztw. Aufhebung der Kommune führten (1292–94). Um die Spannungen zu mildern, erließ Kg. →Philipp V. 1321 eine neue 'constitutio', die den wohlhabenden Zünften den Zutritt zur Stadtverwaltung ebnete, die Macht des Maire beschränkte und strengere Richtlinien der Fiskalverwaltung anordnete. Die Bourgeoisie sperrte sich jedoch gegen diese Reform, woraufhin neue Auseinandersetzungen mit dem 'commun', dem 'Gemeinen Mann', ausbrachen (Krise von 1345). Weitere Verstärkung des Fiskaldrucks, Schwarze Pest, Arbeitslosigkeit und Erbitterung über geistl. Immunitätsprivilegien (St-Ouen) schufen eine konfliktgeladene Atmosphäre, die sich im Febr. 1382 (und erneut im Juli dieses Jahres) in der großen →Revolte der 'Harelle', konkret ausgelöst durch eine Steuererhöhung, entlud. Der Niederwerfung folgten schwere Bußzahlungen und die Aufhebung der Kommunalinstitutionen. Das wahre Oberhaupt der Stadt war von nun an der kgl. Bailli. Dessenungeachtet wurde der Stadtrat 1391 wiederhergestellt.

Philipp V. ließ seit 1346 den Bau neuer Stadtbefestigungen vorantreiben, doch wurde R. erst im 15. Jh. stärker von den großen militär. und polit. Auseinandersetzungen im Zeichen des →Hundertjährigen Krieges getroffen. Im Zuge der Bürgerkriegswirren der →Armagnacs et Bourguignons kam die Stadt 1418 an die Burgunder. Sie fiel nach sechsmonatiger harter Belagerung in die Hand der Engländer (1418–19), in der sie bis zum 16. Okt. 1449 verblieb; 1431 war R. Schauplatz des Prozesses und der Verbrennung von →Jeanne d'Arc. Kg. →Heinrich V. v. England ließ einen neuen Palast errichten; die Stadt begann mit der Wiedererrichtung ihrer Kirchen (St-Maclou).

Der Handel durchlief im 14. Jh. eine Periode allmähl. Verfalls, die bis ca. 1475 andauerte. R. wahrte jedoch seine Rolle als Hafen des Pariser Beckens und behielt die Kontrolle über die untere Seine bis zum Einbruch der Harelle, nach der es sich→Paris unterordnen mußte. Der Handelsverkehr war hauptsächl. auf England, Flandern/Niederlande (→Brügge) und die →Bretagne ausgerichtet. Dem Export von Wein, Tuchen und →Getreide stand die Einfuhr von Wolle, Fisch und Salz gegenüber. Die zunächst meist über Brügge abgewickelten indirekten Handelsbeziehungen mit der Dt. →Hanse, den Ländern der Iber. Halbinsel und dem Mittelmeerraum setzten im 14. Jh. ein und festigten sich seit dem 15. Jh. R. besaß eine Kolonie von Spaniern. Das Tuchgewerbe und die Beziehungen zum Hinterland belebten die Handels- und Gewerbetätigkeit, die durch das von Kg. →Philipp IV. um 1290 errichtete große →Arsenal, →Clos des Galées, starke Impulse empfing. Die Jahre 1475–80 markieren eine Wende, geprägt durch die Intensivierung der traditionellen Handelsbeziehungen und beginnende Erschließung neuer Märkte (Baltikum, Spanien, Mittelmeerraum, dann: Neue Welt, nordatlant. Bereich). Mit diesen neuen Handelsströmen traten auf dem Markt von R. neue Produkte auf: span. Wolle, aquitan. →Waid, →Alaun aus Tolfa u. a. Diese Ouvertüre der Neuzeit beeinflußte die städt. Gesellschaft und artikulierte sich nicht zuletzt in einer neuen Blüte der Architektur (St-Maclou: Flamboyantstil, Justizpalast ab 1499 u. a.), die im Zeichen der vordringenden Renaissance stand. A. Renoux

Q. *und Lit.:* P. LE CACHEUX, R. au temps de Jeanne d'Arc et pendant l'occupation anglaise (1419–49), 1931 – A. MERLIN-CHAZELAS, Documents relatifs au Clos des galées de R., 2 Bde, 1977-78 - Hist. de R., hg. M. MOLLAT, 1979 - N. GAUTHIER, R. pendant le haut MA (650-850) (La Neustrie et les Pays au Nord de la Loire de 650 à 850, hg. H. ATSMA, 1989), II, 1-19 - Med. Art, Architecture and Archaeology at R., hg. J. STRAFORD, 1993.

Rouen, Établissements de → Établissements de Rouen

Rouergue → Rodez

Rougiers, Ausgrabungsstätte in der →Provence (dép. Var). Die im Rahmen der Wüstungsforschung (→Wüstung) durchgeführte archäol. Unters. im Bereich der ma. Burg und Siedlung ('castrum') v. R. und ihrer Umgebung ('oppidum' v. Piégu), die erste dieses Umfangs in Südfrankreich, erbrachte (unter Berücksichtigung der Ergebnisse vergleichender Regionalforschungen) wichtige Resultate auf drei Ebenen: a) Phasen der Wandlung ländlicher Siedlung vom 5. Jh. bis zum frühen 16. Jh., v. a. zum Umfang des Wiederbesiedlungsprozesses, der die Provence in der 2. Hälfte des 12. Jh. erfaßte (im Zuge des →Incastellamentum verhältnismäßig spät errichtete steinerne Burg, die im Laufe des 13. Jh., dann des 15. Jh. zunächst partiell, schließlich vollständig aufgegeben wurde); b) Anlage und innere Organisation der Burg, des Hofes ('curtis') und der befestigten Dorfsiedlung, die geschickt an das bewegte Relief angepaßt waren (Verkehrslage, Zugangswege), wobei die Häuser (über 20 erforscht, Höhe: 1-3 Stockwerke, Ziegeldächer, Küchenherde, z. T. Höfe, Nebengebäude) mediterranen Haustypen des MA, an der Schwelle der Neuzeit, angehören; c) Aufschlüsse zur materiellen Kultur, Ernährung sowie zur Pflanzenbedeckung (v. a. auch in Hinblick auf eine schlüssigere chronolog. Abfolge), infolge eingehender Analyse des quantitativ wie qualitativ äußerst ergiebigen, stratigraph. erfaßten Fundmaterials des 12.-15. Jh. (Münzen, Keramik, Glaswaren [Glasmacherwerkstatt des 14. Jh.], Werkzeuge u. a.). →Dorf, A. II. 2. G. Démians d'Archimbaud

Lit.: G. DÉMIANS D'ARCHIMBAUD, Les fouilles de R., 1980.

Roussel v. Bailleul, Söldnerführer norm. Herkunft in byz. Diensten und Rebell, † 1078 in Herakleia (Thrakien), stand zunächst in S-Italien im Dienst →Robert Guiscards bzw. dessen Bruders Roger, ging 1069/70 nach Byzanz, kämpfte gegen die →Pečenegen und nahm 1071 mit seinen Truppen nur passiv an der Schlacht v. →Mantzikert teil. 1073, unter Ks. →Michael VII., zerstritt er sich mit dem General Isaak Komnenos, zog nach Galatien und Lykaonien und schuf sich dort einen eigenen Machtbereich. Diesen dehnte R. noch bis nach Bithynien aus, nachdem ihm bei einem Gefecht an der Zompu-Brücke am Sangarios die Gefangennahme des Kaisars Ioannes Dukas geglückt war. In Nikomedia ließ R., der die ihm vom Ks. angebotene Kuropalates-Würde ausschlug und über ca. 3000 Mann verfügte, Ioannes Dukas zum Ks. ausrufen, um auch die Hauptstadt für sich zu gewinnen. Michael VII. verband sich aber mit dem Emir Artuch, der R. in Bithynien schlug und zusammen mit Ioannes Dukas gefangennahm. Von seiner Frau ausgelöst, zog sich R. ins Thema Armeniakon und in seinen alten Machtbereich in Galatien/Lykaonien zurück. 1075 führte ein Abkommen zw. Alexios Komnenos und dem Türken Tutuch zur Festnahme R.s in Amaseia. 1077 kam der in Konstantinopel eingekerkerte R. frei, um die Gegner Michaels VII., Bryennios und →Nikephoros Botaneiates, bekämpfen zu können. Auf die Seite des Botaneiates getreten, starb er überraschend nach der Verhaftung des Logotheten →Nikephoritzes, vielleicht von diesem vergiftet. G. Prinzing

Lit.: DHGE VI, 258-261 - Oxford Dict. of Byzantium, 1991, 1814f. - D. POLEMIS, Notes on Eleventh-Cent. Chronology: The Revolt of R. and the Adventures of the Caesar, BZ 53, 1965, 66-68 - J. HOFFMANN, Rudimente von Territorialstaaten im byz. Reich (1071-1210), 1974, 13-20, passim - K. BELKE, Galatien und Lykaonien, 1984, 76f. - J.-C. CHEYNET, Pouvoir et contestations à Byzance (963-1210), 1990, 78f., passim - J. SHEPPARD, The Uses of the Franks in Eleventh-Cent. Byzantium, Anglo-Norman Stud. 15, 1993, 275-305.

Roussillon, Gft. in Südfrankreich (heut. dép. Pyrénées-Orientales, Region Languedoc-R.). Durch frk. Eroberung erfolgte die Konstituierung der Gft. R.; erster Gf. Gauzhelm 801, seit 816 auch Gf. des südlich benachbarten →Ampurias. Seit 834 in der Hand einer aus →Carcassonne stammenden got. Grafenfamilie, stets zusammen mit Ampurias, zuweilen auch zusammen mit →Barcelona und →Narbonne; der Bf.ssitz →Elne lag ebenfalls in der Hand dieser Familie. Wie überall in →Katalonien trennten sich 991 R. und Ampurias in fortan zwei selbständige Zweige der gfl. Familie mit gegenseitigem Erbanspuch bei Kinderlosigkeit. Gleichzeitig königsgleiche Herrschaft, 1019 auch gerichtl. anerkannt. Die Dominanz des westgot. Rechts erhielt sich bis ins 12. Jh., 1173 wurde röm. Recht als verbindl. wiedereingeführt. R. fiel erst 1172 an das Gf.enhaus v. Barcelona. Doch machte sich schon gegen Ende des 11. Jh. die Hoffnung auf eine Wiederherstellung der Kirchenprov. →Tarragona bemerkbar (Elne blieb Suffragan v. Narbonne); in der Datierung orientierte sich R. am südfrz. Vorbild. Deshalb fiel R. 1172 (zusammen mit →Cerdaña) auch an die jüngere Seitenlinie v. Barcelona, die die Gft. →Provence innehatte, und wurde nach dem Testament →Jakobs I. († 1276) der Krone →Mallorca zugeschlagen; allerdings waren in R. und Cerdaña ausschließlich die »Constitucions« und die Münze v. Barcelona verbindlich. Der Vorwurf, gegen diese Vorschrift verstoßen zu haben, führte 1343 zum Lehnsentzug der Krone Mallorca und 1344 zum gewaltsamen Anschluß an den Prinzipat Katalonien unter einem Generalprokurator des Kg.s. Im 14./15. Jh. war →Perpignan vorübergehend bevorzugter Aufenthaltsort des kgl. Hofes. Während des katal. Bürgerkrieges wurde R. (zusammen mit Cerdaña und →Conflent) 1462 als Pfand für hohe Schulden von der frz. Krone verlangt und 1463 besetzt, im Pyrenäenfrieden v. 1659 endgültig an Frankreich abgetreten. O. Engels

Lit.: B. ALART, Cart. roussillonnais, 1880 - A. ROVIRA VIRGILI, Hist. nacional de Catalunya IV, 1926, 499 - S. SOBREQUES VIDAL, Els barons de Catalunya, 1957 - R. D'ABADAL I DE VINYALS, Els primers comtes catalans, 1958 - O. ENGELS, Schutzgedanke und Landesherrschaft im östl. Pyrenäenraum, 1970 - DERS., Reconquista und Landesherrschaft, 1989 - L. VONES, Krone und Inquisition. Das aragones. Kgtm. und die Anfänge der kirchl. Ketzerverfolgung... (Die Anfänge der Inquisition im MA, 1993), 195-233 - DERS., Geschichte der Iber. Halbinsel im MA, 1993 [Lit.].

Rovine, Schlacht v. (17. Mai 1395, nach irriger älterer Datierung: 10. Okt. 1394). Nach der Schlacht auf dem →Kosovo polje (1389) und der Unterwerfung →Bulgariens (1393) griff Sultan →Bāyezīd I. (→Osmanen) 1395 gemeinsam mit zahlreichen Vasallen aus →Serbien Grenzgebiete Ungarns an. Das türk. Heer wandte sich dann unerwartet gegen die →Valachei, deren Fs., →Mircea d. A., der Vasall des Kg.s v. →Ungarn war. Bei R., in einer nicht näher lokalisierbaren Gebirgsregion, kam es zur Entscheidungsschlacht, in der Mircea den Sieg errang. Zwei der drei serb. Magnaten im türk. Dienst, →Konstantin →Dragaš und →Marko Kraljević, fielen. Bāyezīd zog sich zurück; doch bedeutete die Schlacht keine spürbare Verschiebung der Kräfteverhältnisse. Mircea übernahm sogar selbst Vasallenpflichten gegenüber dem Sultan und überließ ihm die erst 1390 erworbene →Dobrudža. Die von Kg. →Siegmund v. Ungarn in ganz Europa verbreitete Nachricht vom Sieg der christl. Waffen (Dankgottesdienst in Paris) beflügelte die Kreuzzugsvorbereitungen (1396). Lj. Maksimović

Lit.: DJ. S. RADOJIČIĆ, La chronologie de la bataille de R., RHSE 5, 1928, 136–189 – M. DINIĆ, Hronika sen-deniskog kaludjera kao izvor za bojeve na Kosovu i Rovinama, Prilozi KJIF, 17, 1937, 51–66 – F. BABINGER, Beitr. zur Frühgesch. der Türkenherrschaft in Rumelien (14.–15. Jh.), Südosteurop. Arbeiten 34, 1944, 3ff. – H. INALCIK, An Ottoman Document on Bayazid I. Expedition into Hungary and Wallachia, Actes du Xe congr. Int. d'Études Byz., 1957, 220–222 – Istoria Romîniei, II, 1962, 368–370 – Istorija srpskog naroda, II, 1981, 54f.

Rovinj (it. Rovigno), auf einer (seit 1763 mit dem Festland verbundenen) Insel gelegene Stadt an der Westküste Istriens, erstmals erwähnt beim →Geographus Ravennas (um 700). Bewohner der seit der Frühgesch. besiedelten Umgebung und Zentralistriens errichteten im 5. Jh. das castrum Rubini als Fluchtort vor den Barbaren. An der Stelle der im 5. und 6. Jh. erbauten Georgskirche entstand seit dem Ende des 10. Jh. die der Stadtpatronin geweihte Pfarrkirche St. Euphemia (crkva sv. Fume). Wie die anderen Städte →Istriens seit 788 unter frk. Herrschaft, war auch R. auf dem Placitum v. Rižan (Risano) um 804 durch Gesandte vertreten. Im 9. und 10. Jh. von Kroaten, Sarazenen und Venezianern angegriffen und dem Druck der Patriarchen v. →Aquileia ausgesetzt, die R. 966 der Diöz. v. →Poreč zuordneten, behauptete die Stadt ihre Autonomie. 1156 gelobte R. Venedig 'fidelitas' und schloß 1188 ein Friedensabkommen mit →Ragusa. Im 12. Jh. wurden die Befestigungen ausgebaut. Gleichzeitig mit Piran unterstellte sich R. 1283 der ven. Herrschaft. Das 'Statutum communis Rubini' stammt von 1531. D. Munić

Lit.: B. BENUSSI, Storia documentata di Rovigno, 1888 [Neudr. 1962] – B. TADIĆ, R. Razvoj naselja, 1982.

Royaumont, Abtei SOCist in Nordfrankreich, Île-de-France, alte Diöz. Beauvais (heute com. Asnières, dép. Val-d'Oise), beruht als kgl. Gründung auf einem Gelübde im Testament →Ludwigs VIII. (1223–26). Die Witwe →Blanca v. Kastilien und der Sohn →Ludwig IX. d. Hl. gründeten 'Sancta Maria Regalis Montis' im Bereich der Domäne Cuimont nahe der kgl. Burg Asnières, doch setzten sie hier (statt der vom Verstorbenen gewünschten Kanoniker v. St-Victor) zwanzig Mönche aus →Cîteaux ein. Die Weihe der Kirche fand am 19. Okt. 1235 statt. Ludwig d. Hl. stiftete seiner Lieblingsgründung bedeutende →Reliquien (Kreuzpartikel, Fragment der Dornenkrone, Reliquien des hl. Thomas Becket und der hl. Agnes) und teilte bei seinen häufigen Aufenthalten das Leben der Mönche (Besuche bei erkrankten Brüdern, insbes. einem Aussätzigen). Er ließ hier eine Reihe seiner nächsten Angehörigen bestatten (→Grablege). Der Abt v. R. figurierte unter den Testamentsvollstreckern des Kg.s, der an R. 600 livres und einen Teil seiner Bibliothek vermachte.

Die auch von den Nachfolgern noch aufgesuchte Abtei geriet während des →Hundertjährigen Krieges in Schwierigkeiten, entging aber der Plünderung (1358 hohe Kontribution des Abtes an die Truppen →Eduards, Prince of Wales, des Schwarzen Prinzen). Abt Jean de Merré ließ 1500 noch Reparaturen an der verwahrlosten und verarmten Abtei ausführen. 1791 Verkauf als Nationalgut, 1792 Zerstörung der herrlichen Kirche (Länge: 101 m, Höhe: 28 m), Kreuzgang und Refektorium als Ruine erhalten.
E. Lalou

Q.: Cart. du XVIIIe s., Archives dép. de l'Oise und BN Paris – Lit.: H. GOÜIN, L'abbaye de R., 1932 – A. DIMIER, La place de R. dans l'architecture du XIIIe s. (Coll. de R. et Paris, 1970, Saint-Louis), 115–119.

Roye, pikard. Adelsfamilie des Vermandois (R., dép. Somme), stellte Bf.e v. Noyon und Laon und Amtsträger der frz. Monarchie seit Philipp II. Augustus.

1. R., Barthélemy de, kgl. Ratgeber, † 19. Febr. 1237, ▭ Abtei OPraem Joyenval, von ihm 1211 gegr. (Bm. Chartres, nahe St-Germain-en-Laye); ∞ Perronelle de Montfort, Tochter Simons III. v. →Montfort, Gf. en v. →Évreux, und der Gfn. Amicia v. →Leicester; keine Söhne, dafür mehrere Töchter, die er reich verheiratete (Gf. enhaus →Alençon, Adelsfamilien →Nesle und →Crispin). – R., seit 1194 am Königshof bezeugt, gilt neben Marschall Henri →Clément und Frater →Guérin als wichtigster Helfer →Philipps II. Augustus, war Erster Brotmeister (1196, →Paneterie), Familiar (→Familia), kgl. Miles (→Chevalier le roi, 1194–1208) und schließlich Kämmerer (Grand →Chambrier). 1202 bereitete er den Rückeroberungsfeldzug in die →Normandie mit vor, war 1204 anwesend bei der Kapitulation v. →Rouen, kämpfte in der Schlacht v. →Bouvines (1214) an der Seite des Kg.s und erhielt die Aufsicht über den gefangenen Gf. v. →Flandern, →Ferrand v. Portugal. Noch bedeutender waren seine polit. und diplomat. Missionen, so bei Kg. →Johann v. England (1194) und Hzg. →Odo III. v. Burgund (1198), dem er die Verpflichtung, keine Allianz mit den Plantagenêt einzugehen, abnahm. R. war u. a. Gewährsmann des Kg.s v. Frankreich beim Vertrag v. →Le Goulet (1200), verhandelte 1206 in Kortrijk mit Philipp v. Namur über die Zukunft der Gft. →Flandern nach dem Ende des auf dem Kreuzzug verschollenen Gf. en Balduin (→Balduin I., Ks. v. Konstantinopel), fungierte als Zeuge u. a. beim Homagium des Gf. en v. →Eu (1208). 1218–23 assistierte er Frère Guérin bei den Sitzungen des →Échiquier de Normandie. Er führte eine Reihe von Untersuchungen (inquisitiones) durch, z. B. vor 1205 im →Vermandois über die Lehen v. Hersin und den wichtigen Zoll v. Bapaume. Mit Frater Guérin und dem Schatzmeister Frater Hainard fungierte R. als Testamentsvollstrecker des Kg.s. Auch nach dem Tode von Philipp Augustus setzte er als kgl. Chambrier seine Tätigkeit fort (u. a. Ausstellung von Königsdiplomen Ludwigs VIII.), 1226 Ratgeber der Regentin →Blanca v. Kastilien). Seine Dienste wurden reich belohnt (neben seinen Allodialgütern in R. und Montdidier z. B. Übertragung von Lehen in der wiedereroberten Normandie: Mantes, Montchauvat, Acquigny).
E. Lalou

Lit.: GChr VIII, 1333 – J. BALDWIN, Philippe Auguste et son gouvernement, 1991, 152.

2. R., Guy de, frz. Prälat, Ebf. v. →Reims, * um 1345 in Muret (dép. Aisne), † Juni 1409 in Voltri, Sohn von Matthieu, dem kgl. Armbrustschützenmeister (maître des →arbalétriers) unter Philipp VI. Nach Studium des kanon. und zivilen Rechts in Paris, Orléans und Bologna hatte R. Kanonikate in Noyon, Amiens, St-Quentin (Dekan) und Lüttich inne. Papst →Gregor XI., als dessen Auditor (Audientia causarum apostolicarum) er amtierte, ernannte R. zum Bf. v. Verdun (1375), doch verzichtete er angesichts des Widerstands des Domkapitels auf das Bm. und begleitete den Papst bei seiner Übersiedlung nach Rom (1376). Er war Familiar (→Familia) des künftigen Papstes →Clemens VII., der ihn nach der Papstwahl zum Bf. v. Dol (1381), Ebf. v. Tours (1382), Bf. v. Castres (1383), Ebf. v. Sens (1380) und schließlich Ebf. v. Reims (1390) erhob. Das Gedächtnis R.s als eines bedeutenden Prälaten wird durch Habgier und Bestechlichkeit verdunkelt. Er verlor in der Schlacht v. →Nikopolis (1396) drei seiner Brüder (Rittergrabmal in →Longpont/Aisne). Im

→Abendländ. Schisma wurde seine Ablehnung einer radikalen Obödienzentziehung gegenüber →Benedikt XIII. von den Onkeln →Karls VI., die die Regentschaft des Kgr. es Frankreich (→Frankreich, B. V) führten, ungnädig aufgenommen (Versammlungen von Paris, 1398 und 1406). R. verfaßte ein »Doctrinal de sapience« (lat. Hs. verloren, frz. Übers. im Dr.: Genf 1478, London 1489), hielt ein Reimser Provinzialkonzil ab (1408), stiftete in Paris das Collège de Reims und vermachte seiner Kirche 178 Codices. Er brach, ohne geladen zu sein, zum Konzil v. →Pisa auf, unter Begleitung seines Suffragans Pierre d'→Ailly. In Voltri fand er den Tod, wohl als Opfer eines gedungenen Meuchelmörders. M. Hayez

Q.: Éc. fr. de Rome, Lettres somm. d'Urbain V, n° 22742; de Grégoire XI, n° 2670 – Testament: BN Paris, coll. Moreau, ms. 1161 – Arch. dép. Marne, Inv. somm. sér. G, II/1, 1931 [art. G 318f.] – L. Le Grand, Le codicille de G. de R., Travaux de l'Académie de Reims, 1894–96 – H. Millet – E. Poulle, Le vote de la soustraction d'obédience en 1398, I, 1988 – Lit.: N. Valois, La France et le Grand Schisme d'Occident, IV, 1896–1904 – J. Le Braz, La bibliothèque de G. de R., Bull. d'information de l'Inst. de recherche et d'hist. des textes 6, 1957 – J. Favier, Finances pontificales, 1966 – Ders., Dict. de la France méd., 1993.

Rua (Ruga, *Ρούγας*, *Ρωΐλας*), Herrscher der →Hunnen 432–434, Oheim des →Attila. Nach Uldin faßte R. die bisher kaum organisierten hunn. Gruppen in Europa zusammen und konnte mit seinem Bruder Octar ein Reich mit dem Zentrum wohl östl. von →Pannonien leiten, das ethn. heterogene Elemente enthielt. Mit →Theodosius II. handelte R. einen Tribut von jährl. 350 Pfd. Gold aus; die Abtretung Pannoniens durch →Aëtius 433/434 bedeutet hunn. Besiedlung kaum, sondern lediglich Oberhoheit mit rechtl. unklaren Folgen, lieferte aber hunn. Krieger für die Kämpfe Roms in Gallien. Umfang und Struktur des hunn. Reiches ist unbekannt, doch war R.s Herrschaft der Anfang hunn. Großmachtbestrebungen und der Erpressungspolitik gegen Byzanz. Sein plötzl. Tod (Ermordung durch Neffen?) gab zu Fabeln Anlaß. G. Wirth

Lit.: E. A. Thompson, Attila and the Huns, 1948, 64ff. – G. Wirth, BZ 60, 1967, 41ff. – O. Maenchen Helfen, The World of the Huns, 1973, 81ff.

Ruadán, hl., † 584 (?), Gründer des bedeutenden air. Kl. →Lorrha im Kgr. →Munster, soll der mächtigen Dynastie der Eóganacht Caisil (→Eóganachta, →Cashel) angehört haben. Nach einer hagiographisch ausgeschmückten Erzählung verfluchte R. den vermessenen und kirchenschändenden Hochkg. →Diarmait mac Cerbaill und versammelte die »Zwölf Apostel v. Irland« (d. h. die angesehensten Kirchenmänner seiner Zeit) zum Fasten gegen den Kg., dessen Sitz →Tara daraufhin zugrundeging. Nach späteren lit. Zeugnissen soll R. als weiser Ratgeber der Eóganachta-Kg.e fungiert haben. Die lat. Viten des hl. R. sind zwar von geringem Quellenwert, enthalten aber ein interessantes Verzeichnis der angebl. von R. gegründeten, mit Lorrha verbundenen Kirchen. D. O'Cróinín

Lit.: J. J. Kenney, Sources for the Early Hist. of Ireland, 1929, 391f.

Ruaidrí ua Canannáin, Name von vier Kg.en der ir. Dynastie der →Cenél Conaill. Der früheste dieser Kg.e wurde, nach Bemühungen um die Führungsposition innerhalb der →Uí Néill (943–947), von norw. →Wikingern getötet (950). Der zweite starb 997. Der dritte fiel 1030 im Kampf mit den →Cenél Eógain. Der vierte Kg. R. fand den Tod 1072 in einem dynast. Konflikt. G. MacNiocaill

Q. und Lit.: Chronicon Scotorum, ed. M. Hennessy, 1866 – The Annals of Ulster, ed. S. MacAirt – G. MacNiocaill, 1983.

Ruairí ua Conchobair → Rory O'Connor

Rübe → Obst und Gemüse

Rublëv, Andrej, * 1360/70, † vor 1427, Mönch im Andronikov-Kl. in →Moskau, bedeutender Monumental-, Miniatur- und Ikonenmaler. Chronikale und hagiograph. Q. vermelden 1405 seine Mitarbeit an der Ausmalung der Verkündigungskathedrale im Moskauer Kreml hinter →Feofan Grek und Prochor, 1408 mit Danilo der Uspenie-Kathedrale in →Vladimir (s. auch →Kirchenbau, III) sowie des Andronikov-Kl., wobei zur Ausmalung auch die der →Bilderwand gehörte, um dem maler. Ensemble einen einheitl. Stil zu geben. Dasselbe gilt auch für seine mit Danilo u. a. vollendete Arbeit in der Dreifaltigkeitskathedrale des gleichnamigen und nach seinem Gründer, dem hl. →Sergij, gen. Kl. In diesem Zusammenhang (und ohne in den Q. erwähnt zu werden) entstand sehr wahrscheinl. vor 1427 die →Ikone der →Dreieinigkeit (II, 4, 1). Die Hundertkapitelsynode (Stoglav) von 1551 verweist auf sie und R. Von wenigen Ausnahmen abgesehen (1 Spas, 1 Erzengel, 1 Kopie der Vladimirskaja [→Maria II, IV]) bleibt die Autorschaft R.s bei anderen Denkmälern umstritten oder wird seiner Schule zugeschrieben. Die Kunst R.s wurde vorbereitet durch Moskauer Maler Mitte des 14. Jh. (s. →Ivan, 11). Sie ist ein wesentl. Teil der Identitätsfindung nach dem Sieg über die Mongolen 1380 (s. →Kulikovo). Zugleich spiegelt sie die allen Übertreibungen abholde Spiritualität der asket. Schule des hl. Sergij wider, mit ihren Unterschieden zum gleichzeitigen byz. →Hesychasmus. K. Onasch

Lit.: V. N. Lazarev, A. R. i ego škola, 1966 – J. A. Lebedewa, A. R. und seine Zeitgenossen – L. Müller, Die Dreifaltigkeitsikone des A. R., 1990 [Lit.; vgl. Rez.: ZSl 37, 1992, 307–309].

Rubrikator (von rubricare 'rotfärben', 'mit Rubriken versehen'), schrieb bzw. malte in Rot (gelegentl. alternierend mit Blau oder Grün) im Zuge der Hss. herstellung in vom Kopisten freigelassene Räume die vorgesehenen →'Rubriken' wie (Gesetzes-)Titel, liturg. Anweisungen, dazu Überschriften, Kapitelzählungen, Seitentitel, Lemmata, Subskriptionen bzw. Paragraphzeichen, Strichelungen, Anfangsbuchstaben, einfache Lombarden u. ä. Die gen. Gliederungs- und Ordnungselemente fügte er oft nach marginalen Vorgaben ein, die einfachen Schmuckelemente nach Repräsentanten, die der →Schreiber (mit diesem war der R. oft ident., selten mit dem →Miniator) auf oder neben dem vorgesehenen Raum vermerkt hatte. Tätigkeiten des R.s sind belegt im alten Ägypten (vgl. Papyrus Ebers, Univ. bibl. Leipzig, ca. 1550 v. Chr.) und bis in die Inkunabelzeit. G. Karpp

Lit.: F. Geldner, Inkunabelkunde, 1978, 129–131.

Rubriken, Begriff, der im 14. Jh. aus der Rechtssprache in die Liturgie übernommen wurde. Rubrica ist hier zunächst gleichbedeutend mit →Ordo, →Caeremoniale, in dem Vollzug liturg. Feiern geregelt ist. R. wurden im Altertum mündl. überliefert, kommen aber vereinzelt schon in den frühesten liturg. Büchern (→Sakramentar) als Anweisungen für die Auswahl von Texten bzw. den Vollzug vor. Seit dem frühen MA werden sie in eigenen Büchern (→Ordines) gesammelt, und gegen Ende mehren sich, begünstigt durch den Buchdruck, die Einzelr. in den liturg. Büchern selbst. Nach dem Trienter Konzil ist es üblich geworden, die früheren Ordines als Generalr. den liturg. Büchern einzugliedern. Von ihnen sind die in den Formularen der einzelnen Feiern stehenden rubricae speciales zu unterscheiden. H. B. Meyer

Lit.: DDC VII, 771–778 – Liturg. Woordenboek II, 1968, 2456–2459 – LThK² IX, 82f. – C. Braga, Introduzione agli studi liturgici, 1962, 13–39 – M. Righetti, Manuale di storia liturgica, I, 1964³, 27–29.

Rucellai, Giovanni, * 1475 in Florenz, † 1525 in Rom, Mitglied der florent. Adelsfamilie R. (sein Vater war der Historiker und Humanist Bernardo). G. R. verbrachte einen Großteil seiner kirchl. Laufbahn in Rom, zuerst an der Kurie Leos X. (seit 1513), danach Hadrians VI. und Clemens' VII., und reiste im diplomat. Auftrag mehrmals nach Frankreich. Er war mit Trissino befreundet (der ihn im Dialog »Il Castellano« zum Sprachrohr seiner Ideen macht) und verfaßte zwei Tragödien in reimlosen Versen (deren Technik er wohl von seinem Freund übernommen hatte), die mit lyr. Metren abwechseln: »Rosmunda« (1515), der Versuch, einen ma. Stoff in ein klass. Gewand zu kleiden und »Oreste« (unvollendet), eine Imitation der »Iphigenie in Tauris« des Euripides. Sein berühmtestes Werk ist das Lehrgedicht »Le Api« (1523–24) in 1034 reimlosen Elfsilblern von vollendeter stilist. Eleganz, das nicht nur dem vierten Buch der Georgica des Vergil verpflichtet ist, sondern auch griech. Vorbildern folgt. M. Picone

Ed. und Lit.: Opere, hg. G. MAZZONI, 1887 – Lettere della nunziatura di Francia, hg. G. FALASCHI, 1983 – Teatro del Cinquecento, hg. R. CREMANTE, I, 1988, 183–257 [Lit.].

Rudel, Jaufre, Troubadour, * ca. 1100, † ca. 1147, aus der Familie der Herren de Blaya. Sein Name ist mit zwei Motiven verbunden, in denen sich das »Paradox« der →Fin'Amor konkretisiert: »Fernliebe« und Leidenschaft für eine niegesehene Dame. Von den acht Dichtungen, die ihm in den Hss. zugeschrieben werden (P-C 262) sind nur sechs als echt anzusehen: »Bel m'es l'estius e.l temps floritz; Pro ai del chan ensenhadors; No sap chantar qui.l so no di; Lanquan li jorn son lonc en mai; Quan li rius de la fontana; Quan li rossinhols el folhos«. Der kulturelle Hintergrund der Verse des Troubadours de Blaya ist offenbar v.a. von der Mystik geprägt, vielleicht ist gerade deshalb die Töne, in denen er die vergebl. Sehnsucht schildert, von starker und raffinierter Sensualität erfüllt. R.s wichtigstes Vorbild ist→Wilhelm IX. v. Aquitanien, sein »Pate in der Dichtkunst« und zugleich sein »Stiefvater«, mit dem der Schüler unweigerl. in bisweilen harte Polemik gerät. Erst in neuerer Zeit hat die Forsch. erkannt, daß R. seinerseits mit Vorliebe von vielen seiner Zeitgenossen angegriffen wurde: so von →Marcabru (der die »profane« Verwendung myst. Elemente anprangert, die traditionell der religiösen Lyrik vorbehalten sind), →Peire d'Alvernhe, der die entsagungsvolle Haltung R.s verlacht, und →Raimbaut d'Aurenga, der den von R. geschilderten Liebhaber aufs Korn nimmt und Anspielungen macht, er sei wahrscheinl. entmannt. L. Rossi

Ed.: A. STIMMING, Der Troubadour J. R., sein Leben und seine Werke, 18 – Les Chansons de J.R., hg. A. JEANROY, 1915 (1924) – R. T. PICKENS, The Songs of J.R., 1978 – The Poetry of Cercamon and J. R., hg. G. WOLF-R. ROSENSTEIN, 1983 – G. CHIARINI, Il Canzoniere di J. R., 1985 – J. R., Liriche, hg. R. LAFONT, 1992 – *Lit.*: DLFMA, 1992, 741f. – P. CRAVAYAT, Les origines du troubadour J. R., Romania LXXIX, 1950, 166–178 – L. SPITZER, L'amour lointain de J. R. et le sens de la poésie des troubadours, Roman. Lit.stud., 1959, 363–417 – R. ROSENSTEIN, Retour aux origines du troubadour J. R.: »L'Escola n'Eblo« (Studia ... M. RIQUER, 1987), 603–618 – DERS., Les années d'apprentissage du troubadour J. R.: de l'»escola n'Eblo« à la »segura escola«, AM 100, 1988, 7–15 – DERS., New Perspectives on Distant Love: J. R., Uc Bru and Sarrazina, Modern Philology LXXXVII 1989–90, 225–238 – C. BOLOGNA–A. FASSÒ, Da Poitiers a Blaia: prima giornata del pellegrinaggio d'amore, 1991 [Lit.].

Rüdiger v. Bergheim, Bf. v. →Chiemsee 1216–33, Bf. v. →Passau 1233–50, * um 1175, † 14. April 1258; stammte aus dem Salzburger Ministerialengeschlecht der Itzling-Fischach-Zaisberg-Bergheim-Radeck. 1215 ist R., der in enger Beziehung zu dem staufertreuen Ebf. →Eberhard II. v. Salzburg stand, als Propst des Augustinerchorherrenstiftes Zell am See sowie als Kanoniker des Passauer Domkapitels nachgewiesen. Nach der Resignation Bf. Gebhards v. Passau 1232 wurde R. im Juni 1233 von Papst Gregor IX. ernannt, nachdem das Passauer Domkapitel sich nicht auf einen Kandidaten hatte einigen können. Während seines Pontifikates förderte R. die Kirchen und Kl. des Bm.s, das 1245 durch die österr. Pläne zur Errichtung eines eigenen Landesbm.s gefährdet war. Im Kampf Friedrichs II. gegen seinen Sohn Kg. Heinrich (VII.) (1234/35) und Hzg. Friedrich II. v. Österreich (1236–39) sowie gegen das Papsttum stand R. beharrl. auf ksl. Seite und wurde 1240 durch den Passauer Domherrn →Albert Behaim (11. A.), der als Gesandter der Kurie seit 1238 tätig war, exkommuniziert. 1245, als die staufertreue Koalition der geistl. und weltl. Fs.en im SO des Reiches auseinanderfiel, war R. gegenüber Albert Behaim, den das Passauer Domkapitel zum Dekan wählte, zu Zugeständnissen bereit, um die Lösung vom Bann zu erreichen, und suchte zur Sicherung der Passauer Interessen in Österreich nach dem Tod des Hzg.s Friedrich II. 1246 kurzfristig die Annäherung an die kuriale Partei. 1249 wurde vermutl. auf Betreiben Albert Behaims Konrad, Sohn des Hzg.s Heinrich v. Schlesien, zum Passauer Gegenbf. gewählt, allerdings nicht von der Kurie anerkannt. Die erneute Exkommunikation R.s 1249 führte nach seiner Weigerung, freiwillig abzudanken, im Febr. 1250 zu seiner Absetzung, gegen die die Ebf.e v. Mainz und Köln zunächst protestierten, und zu seiner Vertreibung aus Passau. A. Zurstraßen

Q. und Lit.: G. RATZINGER, Bf. R., Passauer theol.-prakt. Monatsschr. 7, 1897, 94 – J. LENZENWEGER, Kultanerkennung für Berthold v. Garsten, SMBO 82, 1971, 411 – Die Reg. der Bf.e. v. Passau, II: 1206–1254, bearb. E. BOSHOF (Reg. zur Bayer. Gesch., hg. Komm. für bayer. Landesgesch. bei der Bayer. Akad. der Wiss., II) [in Vorb.].

Rudolf

1. R. v. Rheinfelden, Hzg. v. →Schwaben, *dt. Gegenkg.* seit 1077, * ca. 1020/30, ✕ 15. Okt. 1080 in der Schlacht a. d. →Elster, ▭ Merseburg, Dom; stammte aus der sich von einer Nebenlinie des burg. Kg.shauses herleitenden Familie der →Rheinfeldener, Sohn Gf. Kunos v. R.; ⚭ 1. 1059 mit Mathilde († 1060), Tochter Ks. Heinrichs III. und der Agnes v. Poitou, 2. 1062 mit →Adelheid v. Turin († 1079), Tochter Gf. Ottos v. Savoyen und der Mgfn. Adelheid v. Turin. Kinder von 2.: Berthold († 1090), seit 1079 Gegenhzg. v. Schwaben; Otto († im Kindesalter); Agnes, ⚭ Hzg. →Berthold II. v. Zähringen; Adelheid, ⚭ Kg. →Ladislaus I. v. Ungarn; Bertha, ⚭ Gf. Ulrich X. v. Bregenz.

Aufgrund familien- wie besitzmäßiger Beziehungen in den burg.-alem. Raum schien R. für die Übernahme des Hzm.s Schwaben bestens ausgewiesen, das ihm die Ksn. →Agnes im Herbst 1057 zusammen mit der Verwaltung Burgunds übertrug. Durch die gleichzeitig erfolgte Verlobung mit der Ks.tochter Mathilde sollte er noch enger an das sal. Haus gebunden werden. Auch nach deren frühem Tod blieb die Kg.snähe durch die Verbindung mit Adelheid v. Turin, der Schwester von Heinrichs IV. Gemahlin Bertha, gewahrt. Während der bfl. Regentschaftsregierung gehörte R., dem 1063 die Abtei Kempten übertragen wurde, zum Kreise der auf Kosten des Reiches begünstigten Großen. An der Seite Ebf. →Annos v. Köln betrieb er jedoch 1066 die Entmachtung →Adalberts v. Bremen. Seit Beginn der 70er Jahre wird er mehrfach mit Anschlägen gegen Heinrich IV. in Verbindung gebracht, ohne daß sich die Hintergründe ganz aufklären ließen. Durch Vermittlung der Ksn. Agnes kam es jedoch 1072 und 1074 zu einer Aussöhnung mit dem Kg. In der ersten Phase des Sachsenkrieges kämpfte R. loyal auf der Seite Heinrichs IV. und trug als Anführer des schwäb. Aufgebots zu dessen Sieg bei →Homburg a. d. Unstrut (9. Juni 1075) bei. Aufgrund seiner Ergebenheit gegenüber der röm. Kirche wurde R. von Gregor VII. als Vermittler in der Auseinandersetzung mit dem dt. Kgtm. ausersehen (Reg. I, 19). Nach der Verurteilung Heinrichs IV. auf der Fastensynode 1076 gehörte er zu jener Gruppe oppositioneller Fs.en, die auf eine Neuwahl hinarbeiteten und durch Sperrung der Alpenübergänge dem gebannten Kg. den Weg nach Italien abzuschneiden suchten. Es unterliegt keinem Zweifel, daß er nun auch selbst nach der Krone gestrebt hat, auf die er kraft seiner Abstammung und seiner engen Beziehung zum sal. Hause einen Anspruch erheben konnte. Von einer Gruppe sächs. und schwäb. Fs.en wurde R. am 15. März 1077 auf dem sog. Pilatushof zu →Forchheim in Anwesenheit päpstl. Legaten zum Kg. gewählt und am 26. März von Ebf. →Siegfried I. in Mainz gekrönt. Durch seinen Verzicht auf jegl. Erbanspruch erfuhr der freilich niemals völlig in Vergessenheit geratene Gedanke der freien Wahl eine Stärkung. Vor dem aus Italien zurückkehrenden Heinrich IV. mußte R., der die Verwaltung Burgunds seiner Gemahlin Adelheid anvertraut hatte, nach Sachsen fliehen. Auf einem Hoftag zu Ulm (Ende Mai 1077) wurde über R. und die ihn unterstützenden oberdt. Großen die Todesstrafe verhängt und der Verlust ihrer Ämter und Lehen verfügt. Das Gegenkgtm. blieb fortan, abgetrennt von der schwäb. Machtgrundlage, auf Sachsen beschränkt. Infolge der abwartenden Haltung Gregors VII., der eine Schiedsrichterrolle im dt. Thronstreit beanspruchte, blieb R.s Position im Reich jedoch schwach. Mehrere Versuche, auf dem Verhandlungsweg den Bürgerkrieg zu beenden, scheiterten an der Unvereinbarkeit der Standpunkte. Aber auch die militär. Begegnungen (→Mellrichstadt, 7. Aug. 1078; →Flarchheim, 27. Jan. 1080), aus denen R. zumeist siegreich hervorging, führten zu keiner Entscheidung. Einen Umschwung brachte erst die Fastensynode 1080, auf der Gregor VII. nach der Erneuerung des Bannes gegen Heinrich IV. das Kgtm. R.s anerkannte; inzwischen hatte jedoch der Abfall unter R.s sächs. Anhängern begonnen. Zwar vermochte sich R. auch in der Schlacht an der Elster (15. Okt. 1080) zu behaupten; sein Tod aufgrund einer schweren Verletzung, bei der er die Schwurhand verlor, wurde im Lager Heinrichs IV. als →Gottesurteil gewertet. – R. war ein Repräsentant des der Kirchenreform aufgeschlossen gegenüberstehenden Dynastenadels. In →St. Blasien, das er zur Grablege seines Hauses bestimmte, förderte er die Übernahme der Gewohnheiten des jungcluniazens. Reformzentrums →Fruttuaria. Im Lager der dt. Gregorianer wurde er als Verteidiger sächs. Stammesinteressen wie als Verkörperung des chr. Herrscherideals gefeiert. T. Struve

Q. und Lit.: ADB XXIX, 557–561 – GEBHARDT⁹ I, 341–344 – JDG, unter Heinrich IV. und Heinrich V., Bd. 3, 1900, passim – H. BRUNS, Das Gegenkgtm. R.s und seine zeitpolit. Voraussetzungen [Diss. Berlin 1939] – H. JAKOBS, Der Adel in der Kl.reform v. St. Blasien (Kölner hist. Abh. 16, 1968), bes. 159ff., 263ff. – DERS., R. und die Kirchenreform (VuF 17, 1973), 87–115 – W. SCHLESINGER, Die Wahl R.s v. Schwaben zum Gegenkg. 1077 in Forchheim (ebd.), 61–85 – H. KELLER, Schwäb. Hzg.e als Thronbewerber: Hermann II. (1002), R. (1077), Friedrich v. Staufen (1125), ZGO 131, 1983, 123–162 – P. E. SCHRAMM–F. MÜTHERICH, Die dt. Ks. und Kg.e in Bildern ihrer Zeit, 1983, 245f., 176f. [Abb.] – J. VOGEL, R. v. Schwaben, die Fs.enopposition gegen Heinrich IV. im Jahr 1072 und die Reform des Kl. St. Blasien, ZGO 132, 1984, 1–30 – E. HLAWITSCHKA, Zur Herkunft und zu den Seitenverwandten des Gegenkg.s R. (Die Salier und das Reich, I, 1991), 175–220 – T. STRUVE, Das Bild des Gegenkg.s R. v. Schwaben in der zeitgenöss. Historiographie (Ex ipsis rerum documentis, Fschr. H. ZIMMERMANN, 1991), 459–475 [Lit.] – →Rheinfelderner.

2. R. I. (v. →Habsburg), dt. Kg., * 1. Mai 1218, † 15. Juli 1291, ▭ Speyer, Dom; Eltern: Gf. Albrecht IV. v. Habsburg und Hedwig v. Kiburg; ∞ 1. Gertrud (seit 1273 Anna gen.) v. Hohenberg († 16. Febr. 1281), 2. Isabella/Elisabeth († 1323), Tochter →Hugos IV. v. Burgund; Kinder: →Stammtafeln Habsburger.

Die Wahl des schwäb. Gf.en R. v. H. zum dt. Kg. am 1. Okt. 1273 in Frankfurt am Main beendete das sog. →Interregnum und markiert nach verbreiteter Auffassung den Beginn der spätma. Epoche des dt. Kgtm.s, das die Grundlagen seiner Herrschaft nach der stauf. Katastrophe und einer Schwächephase der Monarchie nur mühsam zu konsolidieren vermochte und schließlich v. a. auf die eigene »Hausmacht« als entscheidender Basis für die Ausübung der herrscherl. Gewalt zurückgreifen mußte. Die Kfs.en, auf deren Kreis sich im Verlauf des 13. Jh. das aktive Kg.swahlrecht verengt hatte, versuchten ihre Entscheidung zugunsten R.s zwar als einmütig darzustellen, konnten dabei aber nicht die Tatsache verbergen, daß der glanzvolle und selbst auf den dt. Thron ambitionierte Kg. →Otakar II. Přemysl v. Böhmen gegen die Mißachtung seines Votums an den Papst appellierte und in Opposition zu dem neuen Kg. trat, der vom Kölner Ebf. →Engelbert II. am 24. Okt. 1273 im Aachener Münster gekrönt und gesalbt worden war. Neben die Revindikation entfremdeten Reichsgutes (für welche die Absetzung Friedrichs II. 1245 als Stichjahr festgesetzt wurde), die Wiederaufrichtung und Festigung von Frieden und Recht im Reich und die Verständigungsbemühungen mit dem Papsttum (die v. a. die Ks.krönung und Sicherung der Thronfolge eines Sohnes zum Ziele haben mußten) trat aber als vordringl. Aufgabe die Unterwerfung Otakars, die auch als Teil der Revindikationspolitik begriffen werden konnte, da der Böhme ohne zugkräftigen Rechtstitel das Erbe der →Babenberger in den Hzm.ern Österreich und Steiermark sowie die Nachfolge der →Spanheimer in Kärnten angetreten hatte.

Einen ersten wichtigen Erfolg bedeutete am 26. Sept. 1274 die Anerkennung durch Gregor X., der die Kfs.en einst zur Wahl gedrängt hatte, da er für den von ihm geplanten (dann aber nicht auf den Weg gekommenen) Kreuzzug den dt.-röm. Kg. als künftigen Ks. benötigte. Auf den Hoftagen von Nürnberg, Würzburg und Augsburg (Nov. 1274, Jan. und Mai 1275) schuf der Habsburger den rechtl. Voraussetzungen für seine Revindikationspolitik und ließ dem Böhmenkg. gleichzeitig den Prozeß machen, da dieser es versäumte, seine Reichslehen zu muten, und sich außerdem die südostdt. Hzm.er unrechterweise angeeignet hatte. Aber nicht nur rechtl., sondern auch militär. bereitete R. seinen Schlag gegen Otakar sorgfältig vor u. marschierte, nachdem über den Böhmen am 24. Juni 1275 die Reichsacht verhängt worden war, im Herbst 1276 in die ehemals babenberg. Hzm.er ein, wo sich schon längst eine beachtl. Opposition gegen das straffe Regiment des Přemysliden gebildet hatte. Dieser mußte sich am 25. Nov. 1276 unterwerfen, nachdem es ihm vier Tage zuvor (am 21. Nov.) im →Wiener Frieden immerhin gelungen war, die traditionelle Herrschaft seiner Familie über Böhmen und Mähren zu sichern; auf seine übrigen Erwerbungen jedoch mußte er verzichten. Der Versuch, diese Entscheidung mit militär. Mitteln zu revidieren, scheiterte am 26. Aug. 1278 bei →Dürnkrut und kostete dem Böhmen das Leben. R., dessen Interesse sich nun auch auf Böhmen und bes. auf Mähren richtete, willigte schließlich trotzdem in einen Ausgleich mit den Přemysliden und die schon 1276 vereinbarte Doppelhochzeit ein: Mitte Nov. 1278 oder im Jan. des folgenden Jahres gab er seine Tochter Guta dem jungen →Wenzel II., dem Sohn und Nachfolger Otakars, zur Frau, während sein Sohn→Rudolf d. J. gleichzeitig mit Agnes, der Schwester Wenzels, vermählt wurde. Die dem böhm. Einfluß entzogenen südostdt. Hzm.er jedoch hat er an sein Haus gebracht; diesen Erwerb (und nicht eine Vereinigung der erledigten Lehen mit dem Reichsgut) scheint er von Anfang an ins Auge gefaßt und konsequent angestrebt zu haben.

Schon der österr. Landfriede vom 3. Dez. 1276 sollte offenkundig auch dazu dienen, eine günstige Stimmung für diesen Plan zu erzeugen; die Übertragung der durch Otakars Vertreibung freigewordenen Kirchenlehen an R.s Söhne und die 1281 vollzogene Ernennung des Erstgeborenen →Albrecht (I.) zum Reichsverweser in Österreich und Steiermark waren weitere wichtige Etappen auf dem Wege zu dem ersehnten Ziel, das im Dez. 1282 mit Zustimmung der Kfs.en erreicht wurde. Die Übertragung der südostdt. Hzm.er an die Söhne Albrecht und Rudolf d. J. zur gesamten Hand verbreitete aber nicht nur die Machtbasis des Hauses Habsburg, sondern bewirkte gleichzeitig den Aufstieg des gesamten Geschlechtes aus dem Gf.en- in den Fs.enstand, weswegen Rudolf d. J. auch nicht die Würde eines Reichsfs.en verlor, als er 1283 auf sein Recht aus der Reichsbelehnung verzichtete.

Als der Kg. im Juni 1281 den ehemals babenberg. Hzm.ern den Rücken kehrte, hatte er sich zwar fast fünf Jahre lang intensiv um deren innere Verhältnisse gekümmert, die übrigen Regionen des Reiches jedoch nur aus der Ferne regieren können. Das sollte sich nun ändern. Schon seit seiner Wahl hatte sich der Habsburger um die Sicherung des Landfriedens bemüht, 1281 griff er schließlich auf den Reichslandfrieden Friedrichs II. v. 1235 (→Mainzer Landfriede) zurück und erneuerte diesen mehrfach. Geschah dies zunächst mit räuml. und zeitl. Beschränkung, so besaß die Erneuerung 1287 und 1291 doch Geltung für das gesamte Reich: Das Kgtm. hatte damit seine Friedenshoheit prinzipiell behauptet, die Durchsetzung des Friedens allerdings mußte es in vielen Regionen des Reiches den lokalen Gewalthabern überlassen.

Wenn es R. auch gelang, seine Herrschaftssphäre im Reich allmähl. auszudehnen und v. a. den mitteldt. Raum in sie einzubeziehen (auf Weihnachten 1289 berief er einen großen Hoftag nach Erfurt und sorgte persönl. mit strenger Hand für Ruhe und Sicherheit in Thüringen), so bildeten doch zweifellos die traditionell kg.snahen und kg.soffenen Landschaften an Ober- und Mittelrhein, in Schwaben und in Franken die eigtl. Basis seines Kgtm.s, jene Regionen, in denen mühelos an stauf. Traditionen angeknüpft werden konnte: In diesen Kernräumen der Kg.sherrschaft konzentrierte sich noch immer das meiste Reichsgut, hier war die Revindikationspolitik daher am erfolgreichsten und nur hier konnten unter Anlehnung an stauf. Prokuraturen eingerichtete Reichslandvogteien (→Landvogt, -vogtei) als eine vom Kg. dominierte Organisation zu Schutz und Wiedererwerb des Reichsbesitzes aufgebaut werden, während in den kg.sfernen Gebieten des Nordens Fs.en mit diesen Aufgaben betraut werden mußten.

Man kann nicht sagen, R.s Politik sei ohne Erfolg geblieben, aber dieser hielt sich insgesamt doch in den Grenzen, die seinem Kgtm. durch die allg. Entwicklung nach dem Sturz der Staufer gesetzt waren. Glanzvoll war R.s Monarchie keinesfalls, seine Hoftage wurden nur selten und – wenn überhaupt – dann aus bes. Anlässen von zahlreichen Fs.en besucht; im Vergleich etwa zum frz. Kg. standen seiner Herrschaft weder institutionelle Hilfen noch finanzielle Ressourcen in ausreichendem Maße zur Verfügung (obwohl R. gegenüber den Kg.sstädten das Recht auf Steuererhebung virtuos einzusetzen wußte, ohne daß es ihm allerdings gelungen ist, die traditionale Gesamtbesteuerung durch eine Kopfsteuer zu ersetzen). Nicht zu Unrecht ist er daher als »kleiner Kg.« apostrophiert worden (P. Moraw) – als »klein« nicht im Sinne von unbedeutend oder gar erfolglos in seinen Bestrebungen, sondern im Sinne von eingeschränkt in seinem Herrschaftsraum und ohne die Möglichkeiten staatl.-monarch. Verwaltung, die in anderen Kgr.en schon praktiziert wurden und dem rückschauenden Betrachter als »modern« erscheinen können.

Nicht nur im »regnum Alamannie« konnte R. Erfolge erringen, sondern auch im →Arelat. Ausgehend von den habsbg. Hausinteressen in diesem Raume vermochte er hier zugleich, die Einflußsphäre des Reiches zu wahren, indem er den nach Frankreich orientierten burg. Pfgf.en →Otto IV. 1289 zur Lehnshuldigung zwang, die dieser mit dem Hinweis unterlassen hatte, daß der Kg. noch nicht zum Ks. gekrönt worden sei. In der Tat ist der Habsburger nie zum Ks. geweiht worden. Das war kein Verzicht aus freiem Entschluß, wie eine bekannte Anekdote nahelegen will, sondern das Ergebnis der Verkettung von unglückl. Umständen – denn R. hat während seiner gesamten Regierungszeit die Ks.krönung angestrebt. Unter Gregor X., Nikolaus III., dem für sein Entgegenkommen sogar die Romagna abgetreten wurde, und Honorius IV. konnte er sich dem Ziele mehrmals nahe wähnen, doch erreichte er es nie, weil er selbst entweder verhindert war oder die Päpste zur Unzeit starben und ihre unmittelbaren Nachfolger an einer Erhöhung des habsbg. Kgtm.s nicht mehr interessiert waren. Dem Habsburger wurde damit auch die Möglichkeit eines Ks.s genommen, noch bei Lebzeiten einen Sohn zum Nachfolger (→rex Romanorum) wählen zu lassen. Zwar bemühte sich R. schließlich auch ohne Ks.krone darum, die Sohnesfolge zu sichern, doch konnte er die Kfs.en nicht für seine Pläne gewinnen. So scheiterte er (nicht aus eigenem Verschulden) bei dem Versuch einer dynast. Nachfolgeregelung am fsl. Widerstand. Das war sicherl. eine schwere Hypothek für das Kgtm., denn R.s Nachfolger →Adolf v. Nassau konnte nicht bruchlos an die habsbg. Tradition anknüpfen, sondern mußte manche Wege von neuem beschreiten, die der Vorgänger schon gegangen war. R.s Regierungszeit aber bedeutete unabhängig von dieser Entwicklung eine Phase der Konsolidierung nach dem Sturz der Staufer und dem Niedergang der Reichsgewalt sowie das Bemühen um Wiederaufnahme und Fortentwicklung traditioneller Herrschaftselemente. In ihr ist es gelungen, die weitere Entwicklung der Reichsgewalt offen zu halten. R.s Kgtm. stellt daher weniger die große Zäsur im Ablauf der ma. Reichsgesch. dar als vielmehr das Verbindungsglied zw. stauf. Monarchie und spätma. Hausmachtkgtm., das er keinesfalls begründet hat, auch wenn der Erwerb der südostdt. Hzm.er für das eigene Haus einen großen Erfolg darstellte und einen wichtigen Grundstein legte für den weiteren Aufstieg des habsbg. Geschlechtes.   F.-R. Erkens

Q. und Lit.: MGH Const. III, 1904–06, Nr. 1–467 sowie die Appendices und Suppl. – RI VI 1, 1898 [ergänzter Neudr. 1969] – O. Redlich, R. v. H., 1903 – A. Gerlich, Stud. zur Landfriedenspolitik Kg. R.s v. H., 1963 – H. Angermeier, Kgtm. und Landfriede im dt. SpätMA 1966, 55–79 – K. Hampe, Herrschergestalten des dt. MA, 1967[7], 216–247 – W. Treichler, Ma. Erzählungen und Anekdoten um R. v. H., 1971 – T. M. Martin, Die Städtepolitik R.s v. H., 1976 – H. Thomas, Dt. Gesch. des SpätMA. 1250–1500, 1983, 29–85 – P. Moraw, Von offener Verfassung zu gestalteter Verdichtung..., 1985, 211–218 – E. Engel, R. v. H. (Dt. Kg.e und Ks. des MA, 1989),

240-250 – G. BAAKEN, Ius Imperii ad regnum..., 1993 – R. v. H. Eine Kg.sherrschaft zw. Tradition und Wandel, hg. E. BOSHOF-F.-R. ERKENS, 1993 – K.-F. KRIEGER, Die Habsburger im MA, 1994.

3. R. I., *Kg. v. Böhmen und Polen* (1306–07), seit 1298 Hzg. v. Österreich und Steiermark als R. III., * wohl 1281, † 3. oder 4. Juli 1307 in Horažd'ovice, ⌑ Prag, Veitsdom; Eltern: Kg. Albrecht I. und →Elisabeth v. Görz-Tirol (1. E.); ∞ 1. 1300 Blanche, Schwester Kg. →Philipps IV. v. Frankreich, 2. 1306 – Elisabeth (4. E.), Witwe Kg. Wenzels II. v. Böhmen. 1298 wurde er gemeinsam mit seinen Brüdern →Leopold (7. L.) und →Friedrich (3. F.) zur gesamten Hand mit Österreich und Steiermark belehnt. Er blieb zeit seines Lebens stark unter dem Einfluß seines Vaters, der ihn für seine Pläne einsetzte, allerdings hat er die Wirtschaft und Verwaltung seiner Länder erfolgreich selbst in die Hand genommen. Ein Einfluß der Brüder auf die Regierung ist nicht nachweisbar, auch war die frz. Heirat an die Bedingung geknüpft, daß R. allein regieren und ein mögl. Sohn aus der Ehe Alleinerbe sein sollte. Nach dem Tod Wenzels II. und der Ermordung Wenzels III. verlieh Albrecht 1305 Böhmen seinem Sohn als heimgefallenes Reichslehen gegen die Konkurrenz von Hzg. →Heinrich VI. v. Kärnten (54. H.). R. mußte auf Österreich verzichten. Ein Reichsheer und ein Heer unter R. rückten von W und S nach Prag vor. Heinrich verließ daraufhin das Land. Durch seine Heirat mit der Piastin Elisabeth konnte R. auch den poln. Kg.stitel beanspruchen. 1307 wurden R. und seine Brüder mit den böhm. Ländern zur gesamten Hand belehnt. Die Böhmen mußten sich verpflichten, nur mehr →Habsburger als Kg.e anzuerkennen. R. versuchte zunächst, die hohe Verschuldung Böhmens mit Hilfe des reichen Silbervorkommens in →Kuttenberg zu tilgen. Einen Aufstand der westböhm. Adligen unter der Führung von Bavor Strakonitz konnte er im Keim ersticken. Seit längerer Zeit kränkl., erlag R. bei diesem Feldzug vermutl. der Ruhr. Nach seinem Tod wurden die Ansprüche seines Bruders Friedrich von den Böhmen nicht anerkannt, Heinrich v. Kärnten wurde zum Kg. gewählt.   Ch. E. Janotta

Lit.: →Albrecht I. – W. DIESENREITER, R. III. (I.). Hzg. v. Österreich – Kg. v. Böhmen [Diss. Wien 1935] – J. ŠUSTA, Soukrak Přemyslovců a jejich dědictví, České dějiny, II-1, 1935 – G. HÖDL, Habsburg und Österreich. 1273–1493, 1988.

4. R. I., *Kg. v. Hochburgund* (→Burgund), † wohl 25. Okt. 912, Sohn von →Konrad, Dux in Transjuranien, aus dem Geschlecht der sog. westfrk. →Welfen (→Rudolfinger), und einer Waldrada. Er folgte dem Vater vor 878 in Herzogswürde und Laienabbatiat v. →St-Maurice d' Agaune nach. Nach dem Tode →Karls d. Dicken ließ sich R. in Agaune zum Kg. krönen (Jan. 888), kurz darauf in →Toul (Frühjahr 888), wodurch er seinen Anspruch auf →Lotharingien manifestierte. Der ostfrk. Karolinger →Arnulf nötigte ihn jedoch, Lotharingien und Elsaß abzutreten und sich als 'fidelis' Arnulfs zu erklären (Regensburg, Okt. 888). R. behielt seine transjuran. Länder sowie die Gft.en jenseits der Saône (Outre Saône: Portois, Ecuens, Varais) und zog den Ebf. Theoderich v. Besançon als →Erzkanzler heran. Seine Schwester hatte sich mit dem Hzg. v. Burgund, →Richard d. Justitiar, vermählt. Doch verlieh Arnulf, der den Kg.stitel des in der →Provence herrschenden →Ludwigs 'd. Blinden' anerkannt hatte, Lotharingien und Burgund an seinen Sohn →Zwentibold (895); R. sah damit seinen Herrschaftsbereich reduziert auf die transjuran. Gebiete. (→Wallis, Bm.er →Genf und →Lausanne), was sich im Übergang des Erzkanzleramtes an den Bf. v. →Sion (Sitten) dokumentierte. Der Tod Zwentibolds und dann Arnulfs ermöglichte R. die Rückeroberung des Gebiets v. →Besançon, und er griff kurz vor seinem Tode nach →Basel. R. war anerkannter Kg. v. Burgund und hinterließ sein Kgr. dem Sohn Rudolf II., aus der Verbindung mit seiner Frau Wila (von umstrittener Herkunft; die Ansicht von M. CHAUME, daß sie eine Tochter →Bosos gewesen sei, bleibt unsicher). Wenn R. auch nur einen Teil seiner Herrschaftsziele erreichte, so war er doch Begründer der ersten dauerhaften nichtkarol. Dynastie; noch artikulierte er keine Ansprüche auf Italien, sondern beschränkte sich hier auf ein Paktieren mit →Wido v. Spoleto und →Lambert.   J. Richard

Q.: Die Urkk. der burg. Rudolfinger, ed. TH. SCHIEFFER, 1977 – *Lit.*: R. POUPARDIN, Le royaume de Bourgogne, 1907 – H. E. MAYER, Die Politik der Kg.e v. Hochburgund im Doubsgebiet, DA 18, 1962 – →Rudolfinger.

5. R. II., *Kg. v. Hochburgund* (→Burgund) 912–937, * um 880/885, † 11. (13.) Juli 937, ⌑ St-Maurice; Eltern: Kg. →Rudolf I. v. Hochburgund und Wila; ∞ Berta, Tochter Hzg. →Burchards I. v. →Schwaben; Kinder: Kg. →Konrad v. Burgund, Rudolfus dux, Ebf. Burchard I. v. Lyon, →Adelheid (∞ Ks. →Otto I.). – Wie sein Vater scheint R. zunächst eine Reichserweiterung im NO erstrebt zu haben, erlitt aber 919 bei Winterthur eine Niederlage gegen Hzg. Burchard I. v. Schwaben; →Zürich und Umgebung gingen ihm dabei verloren. Frieden suchend, heiratete er Ende 921/Anfang 922 Burchards Tochter Berta, folgte noch im Jan. 922 einer Einladung Großer aus Italien, wo seine Schwester mit Gf. Bonifaz v. Modena/Bologna verheiratet war, gegen Ks. →Berengar I. und besiegte diesen, nachdem er seit Febr. 922 im westl. Oberitalien als Kg. anerkannt war, im blutigen Treffen von Fiorenzuola (b. Piacenza). Nach Berengars Ermordung (7. April 924) war er Kg. im gesamten →Regnum Italiae. Gegen eine it. Adelsopposition rief er seinen Schwiegervater Burchard zu Hilfe, der jedoch am 29. April 926 vor Novara den Tod fand, während der von der Opposition eingeladene Mgf. →Hugo v. d. Provence (2. H.) sein it. Kgtm. aufzubauen begann. R. zog sich aus Italien zurück und lieferte auch im Nov. 926 in Worms die ihm 921 von it. Großen als Herrschaftssymbol übergebene →Hl. Lanze persönlich an Kg. →Heinrich I. aus. Er erneuerte dabei offenbar ein älteres Lehnsverhältnis Hochburgunds gegenüber dem Ostfrk. Reich →Arnulfs 'v. Kärnten' und erhielt dafür südschwäb. Gebiete. Die damit angebahnten guten Beziehungen zu den →Ottonen führten Ende 929 zur Ehe von R.s Bruder Ludwig mit der Schwester von Ottos I. Gemahlin →Edgith. Durch den Tod Ks. →Ludwigs d. Blinden (9. L.) 928, dessen Söhne als illegitim und daher nicht nachfolgeberechtigt galten, erhielt R. (über seine Mutter, Halbschwester Ludwigs) Erbansprüche auf Niederburgund, die aber durch Kg. →Rudolf v. Westfranken/Frankreich mittels Inbesitznahme des Lyonnais (→Lyon) und Viennois (→Vienne) weitgehend blockiert wurden. Indem R. einer neuen Einladung nach Italien nicht folgte (931/932) und dafür Kg. Hugos Verzicht auf Ansprüche in Niederburgund erhielt, verbesserte er seine Position, doch erst beim →Dreikönigstreffen mit Heinrich I. und Rudolf a. d. Chiers 935 scheint der Weg zum Erbantritt grundsätzlich geebnet worden zu sein. Erlebt hat R. ihn nicht mehr. Sein Sohn Konrad erreichte ihn mit Unterstützung Ottos I. ab 942.
                                                E. Hlawitschka

Q.: MGH DD Rudolfinger [mit Einl. von TH. SCHIEFFER], 1977 – Fonti 37, 1910 – *Lit.*: →Burgund, IV [bes. POUPARDIN, FOURNIAL, BÜTTNER, MAYER, HEG I, BOEHM] – R. POKORNY, Eine bfl. Promissio aus Belley und die Datierung des Vereinigungsvertrages von Hoch- und Niederburgund (933?), DA 43, 1987, 46ff. – E. HLAWITSCHKA, Die verwandtschaftl. Verbindungen zw. dem hochburg. und dem niederburg. Kg.shaus (DERS., Stirps regia, 1988), 269ff. – DERS., Die Kg.sherrschaft der burg. Rudolfinger, ebd., 299ff.

6. R. III., *Kg. v.* →*Burgund* 993–1032, * um 970, † 5./6. Sept. 1032, ▭ Lausanne. Eltern: Kg. →Konrad v. Burgund und Mathilde v. Frankreich. ∞ 1. vor 994 Agiltrud († 17. Febr. 1011), 2. vor 28. Juli 1011 Irmingard (ihre 2. Ehe, † 27. Aug. nach 1057). Illegitimer Sohn: Bf. Hugo v. Lausanne. Nach formeller Wahl und Salbung in →Lausanne versuchte R. mit Konfiskationen, die indes zu Auflehnungen führten, vergeblich, das seit den 970er Jahren erkennbare Erstarken der regionalen Feudalgewalten (Komplexe: →Arles [marchio Wilhelm v. d. Provence], Grenoble–Vienne [→Wigonen, →Albon], Belley-Maurienne–Savoyen–Aosta [→Humbert Weißhand], Mâcon-Besançon [→Ott-Wilhelm v. Burgund]) aufzuhalten. Effektiv handelte er bald nur noch im hochburg. Stammland um →St-Maurice und Lausanne. Sein Kgtm. stabilisierte er über eine an der ottonischen Reichskirchenherrschaft (→Reichskirche) orientierte stärkere Heranziehung der burg. Bm.er zum Kg.sdienst, Einsetzung von Verwandten als Bf.e und Ausstattung der Bm.er mit Gft.srechten. Dazu suchte er offen Anlehnung an Ks. →Otto III. und dessen Großmutter, seine Tante →Adelheid, die 999 nach Burgund kam und Spannungen im Lande abbauen half; 1000 besuchte R. den Ks. in Bruchsal. Auch zu Ks. →Heinrich II., der R.s älteste (Halb)-Schwester Gisela zur Mutter hatte und beim früh konstatierbaren Ausbleiben legitimer Kinder einen vorrangigen Erbanspruch erheben, zudem auf ältere Akte lehnrechtl. Unterordnung Burgunds unter das Reich (seit →Heinrich I.) verweisen konnte, gestalteten sich die Beziehungen gut (1006 Inbesitznahme →Basels durch Heinrich als Pfand für künftiges Erbe und Zusicherung oberlehnsherrl. Letztentscheidung an ihn; 1007 fünf burg. Bf.e bei Synode in →Frankfurt). Innerburgund. Streit verquickte sich 1016 mit der Nachfolgefrage, wobei R. gegen den renitenten Großgf.en Ott-Wilhelm nichts ausrichtete, in Straßburg darauf die Erbfolge Heinrichs II. bestätigte und letzterer – vergeblich – selbst gegen Ott-Wilhelm vorzugehen versuchte. 1018 erneuerte R. in Mainz eidlich die Abmachungen mit Heinrich, der nochmals – erfolglos – bis zur →Rhône vorrückte. Nach Heinrichs Tod 1024 mußte →Konrad II., dessen Gemahlin →Gisela eine – im Erbrecht freilich R.s Neffen Gf. v. Blois nachstehende – Nichte R.s war, seine Ansprüche auf die staats- und lehnrechtl. Kontinuität in der Nachfolge Heinrichs II. begründen. R. wollte seine Absprachen zwar als erloschen betrachten, doch besetzte Konrad 1025 Basel, was R., der 1026 einen Ausgleich mit Ott-Wilhelm fand, zu Verhandlungen zwang. Zu Ostern 1027 nahm er dann an Konrads II. Ks.krönung in Rom teil. Bei einem Kg.streffen in Basel im Sommer 1027 wurde der Friede bekräftigt, und Konrad trat formell in alle Vertragsrechte Heinrichs II. von 1006/16/18 ein. Sterbend ordnete R. durch Übersendung seiner Reichsinsignien an Konrad auch den Übergang Burgunds an das Imperium an.

E. Hlawitschka

Q. und Lit.: →Rudolf II. – H.-D. KAHL, Die Angliederung Burgunds an das ma. Imperium, Schweizer. Numismat. Rundschau 48, 1969, 13–105.

7. R. (Raoul), *Kg. v.* →*Westfranken*, † 14./15. Jan. 936 in →Auxerre, ▭ →Ste-Colombe lès Sens, Sohn von →Richard d. Justitiar und Adelais, Schwester von →Rudolf I. R. tritt seit 890/894 in Erscheinung. 916/918 entriß er →Bourges dem Hzg. Wilhelm II. v. Aquitanien. Er folgte seinem Vater als Hzg. und Laienabt v. St-Germain d'Auxerre und Ste-Colombe nach. Verbündet mit Kg. →Robert I., dessen Schwester →Emma († 934) er heiratete, wurde er als dessen Nachfolger am 13. Juli 923 in →Soissons gekrönt, unter Beibehaltung seines Hzm.s. Er mußte gegen die Normannen (→Normandie), die →Karl d. Einfältigen loyal unterstützten, kämpfen, entriß →Rollo die Burg →Bayeux, plünderte →Eu (925) und wurde bei Fauquembergues verwundet (929); er trat den Ort →Nantes an die Loirenormannen ab, konnte diese aber schließlich bei Estresses im Limousin vernichten (929); der Normannenfs. →Wilhelm Langschwert unterwarf sich 933 gegen Abtretung von →Avranches und →Coutances. R. griff auch in →Lothringien ein (923 Belagerung von Zabern/Saverne), mußte es aber 926 an Kg. →Heinrich I. abtreten. Die Freilassung →Karls d. Einfältigen (927) erlaubte R. die Wiederversöhnung mit dem Karolinger, dem er den Fiscus v. →Attigny überließ. Karls Tod in Attigny (928) erleichterte die Anerkennung von R.s Kgtm. im Süden des Westfrankenreichs; er erlangte die Anerkennung von seiten Wilhelms v. Aquitanien (dem er 927 Bourges zurückerstattete) sowie der Gf.en v. Toulouse und Rouergue. Nachdem →Heribert v. Vermandois zunächst sein Verbündeter (gegen Karl d. Einfältigen) gewesen war, kam es schließlich zum Konflikt: Heribert brachte →Laon, →Reims und →Soissons in seine Hand. R. seinerseits nahm im Gegenzug die Orte Denain, Laon, Reims und →Château-Thierry ein, mußte seinem Gegenspieler aber →Péronne und →St-Quentin überlassen. Im Kampf gegen Heribert war R. auf die Unterstützung des Hzg.s v. →Neustrien, →Hugos d. Gr., angewiesen, der sich mit der Abtretung von →Le Mans (924) entschädigen ließ.

In seinem Hzm. Burgund, das 935 von den →Ungarn geplündert wurde, entzog R. dem Vizgf.en v. Auxerre, Rainald, die Burg Mont-St-Jean (924) und unterdrückte den Aufstand des Gf.en v. →Chalon, →Giselbert v. Vergy (932); 935 entzog er →Dijon dem Gf.en →Boso. Offenbar leitete er den Übergang der burg. Besitzungen an seinen Bruder →Hugo bo. Schwarzen ein, der bereits im Gebiet jenseits der Saône begütert war. Er veranlaßte auch →Karl Konstantin zum Treueid (Vienne, 930).

J. Richard

Q. und Lit.: PH. LAUER, Robert Ier et Raoul de Bourgogne, rois de France, 1910 – M. CHAUME, Les origines du duché de Bourgogne, I, 1925 – Rec. des actes de Robert Ier et de Raoul, ed. J. DUFOUR, 1978.

8. R. (Raoul), *Gf. v.* →*Clermont* (C.-en-Beauvaisis), →Connétable de France, † Juli 1191 in →Akkon; ∞ Alix, Dame de →Breteuil (B.-sur-Noye), zwei Töchter: Catherine, ∞ Louis I., Gf. v. →Blois; Mahaud, ∞ Hervé, Seigneur de Vierzon. R. war schon unter Ludwig VII. Connétable (zwei Unterschriften in kgl. Urkk. belegt: 1174, 1179). Er fungierte unter →Philipp II. Augustus nach dem Zeugnis von →Giselbert v. Mons als »überaus mächtiges Mitglied des kgl. Rates« und »vertrauter Ratgeber« des Kg.s (→Conseil royal). Er unterzeichnete zwei kgl. Urkk. (1183, 1187; DELABORDE, 80, 209). R. war zugegen beim Abkommen v. Gisors von Margarete, der Schwester von Philipp Augustus, und →Heinrich II. Plantagenêt. Als Begleiter des Kg.s starb R. auf dem III. Kreuzzug an einer Krankheit. Der Kg. ließ den Letzten Willen seines Ratgebers kundmachen (u. a. Stiftung eines Altars in der Kirche St-Arnoul zu Clermont).

E. Lalou

Q. und Lit.: PÈRE ANSELME, Hist. généalogique, 1726–39, I, 296; VI–V. DE LÉPINOIS, Recherches hist. et critiques sur l'Ancien comté et les comtes de Clermont-en-Beauvaisis, 1877 – L. DELISLE, Cat. des actes de Philippe Auguste, 1886 (Nr. 72, 124, 176, 195, 341) – J. BALDWIN, Philippe Auguste et son gouvernement, 1981 – Recueil des actes de Philippe Auguste, roi de France, ed. H. F. DELABORDE, hg. E. BERGER,

I, 1916 (Nr. 80, 209, 190, 389) – Autour du donjon de Clermont, témoin de l'hist. Coll. de Clermont-en-Beauvaisis, 1989.

9. R. II., *Hzg. v.* →*Österreich,* * ca. 1270, † 10. Mai 1290 in Prag, ▭ ebd., St. Veitsdom, seit 1373; Eltern: Kg. Rudolf I. und Gertrud, Gfn. v. Hohenberg; ⚭ 1278 Agnes, Tochter Kg. Otakars II. Přemysl v. Böhmen. 1282 wurde R. von seinem Vater gemeinsam mit seinem Bruder, dem späteren Kg. →Albrecht I., zu gesamter Hand mit Österreich, Steiermark, →Krain und der Wind. Mark belehnt, verzichtete jedoch auf Betreiben bes. der österr. und steir. Adligen 1283 gegen das Versprechen, ihn mit einem Kgr. oder einem Fsm. – gedacht war wohl an das →Arelat oder das Hzm. →Schwaben – bzw. durch eine Geldzahlung zu entschädigen. Nach dem Tod Albrechts I. und seiner männl. Nachkommen sollten die gen. Fsm.er wiederum an R. II. und dessen Erben fallen. 1284–87 verwaltete er die schwäb. habsbg. Hausgüter, 1288/89 nahm er an einem Krieg seines Bruders gegen →Bern teil. Kg. Rudolf I. hatte ihn als seinen Nachfolger im Reich vorgesehen. R.s Sohn →Johann Parricida (33. J.) ermordete 1308 Kg. Albrecht I. wegen der verweigerten Entschädigung.   O. Hageneder
Lit.: ADB XXIX, 542ff. – A. LHOTSKY, Gesch. Österreichs, 1967.

10. R. IV., *Hzg. v.* →*Österreich,* * 1. Nov. 1339 in Wien, † 27. Juli 1365 in Mailand, ▭ Wien, St. Stephan; Eltern: Hzg. →Albrecht II. und Gfn. Johanna v. Pfirt; ⚭ 1353 Katharina, Tochter Kg. Karls IV. Er war wohl der bedeutendste österr. Landesfs. des SpätMA. Vielleicht als Antwort auf die →Goldene Bulle v. 1356 ließ er 1358/59 die sog. österr. Freiheitsbriefe mit dem →Privilegium maius fälschen, um für sein Haus und seine Länder eine den Kfs.ern gleiche Stellung zu gewinnen. Mit den Titeln Pfalz(erz)herzog und Erzjägermeister v. →Kärnten untermauerte er seinen Anspruch auf ein Reichsvikariat in seinen österr. Ländern sowie in Schwaben und im Elsaß, das auch eine vom Reich exemte Verfügungsgewalt über das positive Recht einschloß. Demselben Zweck dienten einige von ihm erdachte kg.sähnl. Insignien. 1361/62 veranlaßte ihn Ks. Karl IV. teilweise zum Verzicht darauf. Im Inneren suchte R. IV. die Landesherrschaft auszubauen, indem er u. a. die Lehensabhängigkeit aller Gerichtsbarkeit in seinen Ländern postulierte und z. B. gegenüber den Herren v. Auffenstein in Kärnten und den Gf.en v. →Schaunberg in Oberösterreich auch durchsetzte. 1363 gelangen R. IV. die Erwerbung →Tirols und die Errichtung einer Vogteiherrschaft über das Hochstift →Trient. Mit dem Kg. v. Ungarn und den Luxemburgern in Böhmen und Mähren wurden Erbverbrüderungen geschlossen. Die Gründung der Univ. →Wien (1365) und der got. Ausbau von St. Stephan (auch Einrichtung eines eigenen Kapitels mit von R. gefürstetem Propst) sollten gleichfalls die Würde von Haus und Land erhöhen. Zugunsten von landesfsl. Städten ordnete er u. a. eine Beschränkung des kirchl. Besitzes, die Aufhebung von Steuerfreiheiten, Gerichtsrechten, Handwerkszechen, Gewerbefreiheit sowie die Ablösung der Burgrechtsrenten an. 1354 verzichtete er gegen das Zugeständnis einer Getränkesteuer (Ungeld) auf die jährl. →Münzverrufung.   O. Hageneder
Lit.: ADB XXIX, 544–547 – U. BEGRICH, Die fsl. »Majestät« Hzg. R.s IV. v. Österreich, 1965 – A. LHOTSKY, Aufsätze und Vortr., II, 1971, 106–118; V, 1976, 127–156 – H. APPELT, Ksm., Kgtm., Landesherrschaft, MIÖG Ergbd. 28, 1988, 180–205 – Die Habsburger. Ein biogr. Lex., hg. B. HAMANN, 1988³, 407–410 [W. STELZER; Lit.].

11. R. I., *der Stammler, Pfgf. bei Rhein* (→Pfalzgft. bei Rhein), Hzg. v. →Bayern, * 4. Okt. 1274, † 12. Aug. 1319; Eltern: Pfgf. →Ludwig II. und Mechtild, Tochter Kg. Rudolfs I. Unmittelbar nach dem Tod des Vaters brach R. mit dessen habsburgfreundl. Politik und heiratete am 1. Sept. 1294 (Nürnberg) Mechtild v. Nassau, eine Tochter Kg. Adolfs. Im Ehevertrag überließ er dem Schwiegervater prakt. die Entscheidung in der pfälz. Politik, öffnete ihm alle seine Burgen und verpflichtete sich, im Falle der Landesteilung mit seinem jüngeren Bruder →Ludwig (10. L.) die Pfalz zu übernehmen. 1298 unterlag R. mit dem Kg. in der Schlacht bei →Göllheim und wechselte kurz darauf ins Lager Kg. Albrechts I., jedoch führte dessen Hausmachtpolitik alsbald zu neuerl. Entfremdung. Nach Albrechts Ermordung ergriff R. Partei für Heinrich v. Luxemburg. Die Zulassung des Bruders Ludwig zur Mitherrschaft in Oberbayern und der Pfalz (1301) zog tiefgreifende Spannungen nach sich; eine 1310 durch Ludwig erzwungene Teilung der bayer. Lande wurde 1313 rückgängig gemacht. In der Kg.swahl v. 1314 stimmte R. für →Friedrich d. Schönen. 1315/18 kam es zw. den Brüdern zu wiederholten Versöhnungen und Entzweiungen; im Ergebnis entsagte R. fakt. der Herrschaft und blieb bis zu seinem Tod ohne Einfluß.
K. Andermann
Q. und Lit.: ADB XXIX, 548–551 – Reg. der Pfgf.en bei Rhein, I, hg. A. KOCH–J. WILLE, 1894, 77–108 – A. SPRINKART, Kanzlei, Rat und Urkk.wesen der Pfgf.en bei Rhein und Hzg.e v. Bayern 1294–1314 (1317), 1986 – M. SCHAAB, Gesch. der Kurpfalz, I, 1988, 78ff. – H.-D. HEIMANN, Hausordnung und Staatsbildung, 1993.

12. R. II., *Pfgf. bei Rhein* (→Pfalzgft. bei Rhein), Hzg. v. →Bayern, * 8. Aug. 1306 Wolfratshausen, † 4. Okt. 1353 Neustadt a. d. H., ▭ ebd.; Eltern: Pfgf. →Rudolf I. und Mechtild v. Nassau (Tochter Kg. Adolfs). Nach dem Tod der Mutter wandte R. sich seinem Onkel Kg. Ludwig d. Bayern zu und erreichte bei ihm 1328 eine Landesteilung, die 1329 im Vertrag v. →Pavia bestätigt wurde. Die Regierung in der Pfalz führte er zunächst gemeinsam mit seinem jüngeren Bruder →Ruprecht I. Durch Teilung mit diesem und seinem Neffen →Ruprecht II. fielen ihm 1338 u. a. Neustadt und Winzingen zu; in einem Bündnis mit Ks. Ludwig stellte er dessen Söhnen die Erbfolge in seinem Landesteil in Aussicht. 1349 wählte R. mit seinem Bruder →Günt(h)er v. Schwarzburg, verlobte jedoch kurz darauf seine Tochter Anna mit Kg. Karl IV. und räumte diesem weitreichende Kompetenzen und Anwartschaften in der Oberpfalz ein. Erblindet zog er sich nach Neustadt zurück und gründete dort 1353 für sein Begräbnis ein Kollegiatstift.   K. Andermann
Q. und Lit.: ADB XXIX, 551–554 – Reg. der Pfgf.en bei Rhein, I, hg. A. KOCH–J. WILLE, 1894, 123–145 – M. SCHAAB, Gesch. der Kurpfalz, I, 1988, 91ff. – H.-D. HEIMANN, Hausordnung..., 1993.

13. R. I., *Hzg., Kfs. v.* →*Sachsen-Wittenberg,* † 21. März 1356, Sohn Hzg. Albrechts II., war beim Tod des Vaters noch nicht mündig, so daß die Mutter Agnes v. Habsburg die Vormundschaft führte. In die Anfangsjahre seiner Regierungszeit fiel der Streit mit den verwandten Hzg.en v. →Sachsen-Lauenburg um die sächs. Kurstimme, den R. durch Teilnahme an der Wahl Kg. Heinrichs VII. 1308 für sich entschied. Seine Beteiligung an der Kg.swahl Friedrichs v. Österreich 1314 brachte ihn in Spannungen zu Ludwig d. Bayern, vor dem er aus der eigentuml. besetzten Alt- und Mittelmark weichen mußte. Den 1329 erworbenen Pfandbesitz der Niederlausitz konnte er nicht auf Dauer halten. 1338 nahm er am Kurverein v. →Rhense teil, 1348 anerkannte er den 'falschen' →Woldemar in der Mark Brandenburg. Ks. Karl IV. bestätigte ihm 1355 den Besitz der sächs. Kurstimme (in der →Goldenen Bulle v. 1356 erneut festgelegt). Mit den benachbarten Fs.en v. →Anhalt und dem Mgf.en →Friedrich II. v. Meißen schloß er 1326 ein Bündnis zum Schutz des Landfriedens.

1330 stiftete er das Kollegiatstift Allerheiligen an der Schloßkapelle zu Wittenberg. K. Blaschke

Lit.: G. v. HIRSCHFELD, Gesch. der Sächs.-Askan. Kfs.en (1180–1422), VjsHSG, 1884, 39–50.

14. R. II., *Hzg., Kfs. v.* →*Sachsen-Wittenberg*, † 6. Dez. 1370, Sohn Kfs. Rudolfs I., begleitete Ks. Karl IV., bei dem er in hoher Gunst stand, nach Frankreich, wo er in der Schlacht bei →Crécy an der Seite des frz. Kg.s die dt. Hilfstruppen gegen die Engländer anführte. Im Jahr seines Regierungsantritts 1356 behauptete er die der Wittenberger Linie des askan. Hauses zugefallene sächs. Kurstimme gegen erneute Ansprüche der Lauenburger Verwandten. Seine bes. Sorge galt der Bewahrung des Landfriedens. K. Blaschke

Lit.: G. v. HIRSCHFELD, Gesch. der Sächs.-Askan. Kfs.en (1180–1422), VjsHSG, 1884, 55–58.

15. R. III., *Hzg., Kfs. v.* →*Sachsen-Wittenberg*, † 11. Juni 1419, gelangte nach dem Tod des Vaters (1388 oder 1402?), des Kfs.en Wenzel, an die Regierung. Er sicherte sein Territorium in Kämpfen mit dem Ebf.en v. →Magdeburg. 1410 trat er für die Wahl Sigmunds zum Ks. ein, was mit der Bestätigung des Reichsschwertträgeramtes gegen die Ansprüche der Hzg.e v. →Brabant belohnt wurde. 1419 zog er nach Böhmen, um im kgl. Auftrag Ruhe und Ordnung wiederherzustellen. Sein dabei eingetretener plötzl. Tod gab zur Vermutung eines Giftmordes Anlaß. Seine drei Söhne waren vor ihm gestorben, so daß ihm sein Bruder Albrecht folgte. K. Blaschke

Lit.: G. v. HIRSCHFELD, Gesch. der Sächs.-Askan. Kfs.en (1180–1422), VjsHSG, 1884, 67–69.

16. R. v. Rüdesheim, *Bf. v.* →*Lavant* (1463–68) *und* →*Breslau* (1468–82), * 1402 in Rüdesheim am Rhein, † 17. Jan. 1482 in Breslau, □ ebd., Dom; bürgerl. Herkunft, Studium in Heidelberg und Rom (Dr. decr.), Stiftskanoniker in Mainz, Worms und Freising, 1434 Domherr, 1446 Domdekan in Worms. Er war seit 1433 Vertreter des Bm.s Worms auf dem Konzil v. →Basel, in dessen Auftrag er Gesandtschaftsreisen nach Trier 1435, Avignon 1437, zum Dt. Orden 1438 und zu Papst Felix V. nach Lausanne 1439 unternahm. 1438 Konzilsrichter, wurde er 1444 Präses der Dt. Nation. Kg. Albrecht II. machte den gewandten Juristen und Diplomaten zu seinem Berater, Papst Pius II. zum »Referendar für dt. Angelegenheiten« (1458) und päpstl. Legaten in Dtl. (1461). Als erfolgreicher Vermittler war R. maßgebl. am Abschluß des Ödenburger Vertrags (1463) zw. Ks. Friedrich III. und Kg. Matthias Corvinus sowie des Friedens v. →Thorn (1466) zw. dem Dt. Orden und dem Kg. v. Polen beteiligt. In Schlesien organisierte er in päpstl. Auftrag den Widerstand gegen den »Ketzerkg.« →Georg v. Podiebrad. Seit 1463 Bf. v. Lavant, wurde er 1468 nach Breslau transferiert, wo er den polit. Kampf gegen Böhmen fortsetzte, als Humanist wirkte und sich pastoral um seine Diöz. bemühte. U. a. fanden 1473 und 1475 Synoden statt, deren Statuten im Druck – dem ersten in Breslau entstandenen – verbreitet wurden. J. J. Menzel

Lit.: W. MARSCHALL, R. v. R. (Schles. Lebensbilder VI, 1990), 9–19 [Q., Lit.].

17. R. v. Zähringen, *Bf. v.* →*Lüttich* seit 1167, * zw. 1130 und 1135, † 5. Aug. 1191 in Herdern bei Freiburg, □ →St. Peter im Schwarzwald; Sohn Hzg. →Konrads v. Zähringen (20. K.) und Clementias v. Namur, Schwester Gf. →Heinrichs v. Namur und Luxemburg (61. H.). Für die geistl. Laufbahn bestimmt, besuchte er die Mainzer Kathedralschule. Nach dem gewaltsamen Tod Ebf. →Arnolds (11. A.) 1160 erhoben die Mainzer Bürger R. zu dessen Nachfolger, doch erkannte Ks. Friedrich I. die Wahl nicht an; auf dem Konzil v. →Lodi 1161 wurde R. exkommuniziert. Hierauf sandte ihn sein Bruder, Hzg. →Berthold IV. v. Zähringen (8. B.), zum frz. Kg. Ludwig VII. mit der Bitte um Unterstützung seines Anliegens bei Papst Alexander III. Damals befanden sich die stauf.-zähring. Beziehungen an einem Tiefpunkt, so daß ein Mainzer Pontifikat R.s, der den zähring. Einfluß im Reich erhebl. verstärkt hätte, für Friedrich I. nicht in Frage kam. Nachdem sich das Verhältnis der beiden Häuser um die Mitte der 60er Jahre entspannt hatte, stand der Erhebung R.s zum Bf. v. Lüttich nichts im Wege; sie kann als Entschädigung für die in Mainz erfahrene Kränkung gelten. Zudem kam die zähring. Position in Lüttich Hzg. Berthold IV. gelegen, der im Raum zw. Mosel und Nordsee territorialpolit. Ziele verfolgte; 1171 wurde der Übergang Trierer Kirchenlehen von R.s Onkel, Gf. Heinrich v. Namur, auf Berthold IV. und seinen Sohn vertragl. geregelt. Während sich infolge der Begünstigung Gf. →Balduins V. v. Hennegau (11. B.) durch Friedrich I. in den 80er Jahren die Position der Zähringer in Niederlothringen verschlechterte, nahm R. weiter das Interesse seiner Familie am Bm. Lüttich wahr, indem sein Großneffe Konrad v. Urach 1184 ein Kanonikat an der Kathedrale St. Lambert erhielt, vermutl. mit dem Ziel seiner Nachfolge auf dem Bf.sstuhl. Mit der Anniversarstiftung für seine Familie 1187 in der Lütticher Kirche St. Jakob sicherte R. die dortige zähring. Memoria. Als Kirchenfs. versuchte R., die Besitzungen des Hochstifts, z. T. mit militär. Erfolg (Feldzug gegen den Gf.en v. Loon [→Looz] 1179), zusammenzuhalten, andererseits wurde gegen ihn der Vorwurf der →Simonie erhoben. Dies mag der Grund dafür gewesen sein, daß sich R. 1188 von dem in Lüttich predigenden Kard. Heinrich v. Albano zur Teilnahme am Kreuzzug Friedrichs I. bewegen ließ. Am 11. Mai 1189 brach R. mit seinem Heer von Regensburg auf und zog bis zur Belagerung →Akkons mit. Auf dem Rückweg vom Hl. Land im Sommer 1191 starb R. auf seiner Besitzung Herdern und wurde im zähring. Hauskl. St. Peter beigesetzt. Von R. stammt wahrscheinl. die Freiburger Reliquie des hl. Lambert, der zum Patron der Stadt wurde. Auch das sog. Krönungsrelief im bertholdin. Freiburger Münster ist neuerdings R. zugeordnet und als Memorialbild gedeutet worden. Th. Zotz

Lit.: J.-L. KUPPER, Raoul de Zähringen, évêque de Liège 1167–91 (Acad. Royal de Belgique, Mém. de la classe des lettres, 2. ser., Bd. 62, 2, 1974) – DERS., R., Bf. v. Lüttich (1167–91): Ein Zähringer im Maasraum (Die Zähringer in der Kirche des 11. und 12. Jh., hg. K. S. FRANK, 1987) – Die Zähringer. Anstoß und Wirkung, hg. H. SCHADEK–K. SCHMID, 1986 – A. REINLE, Zur Deutung des roman. Krönungsreliefs im Münster zu Freiburg i. Br. (Die Zähringer. Schweizer Vorträge und neue Forsch.en, hg. K. SCHMID, 1990).

18. R., *Abt v. St-Bertin und St-Vaast* 883–892, * nach 835 (?), † 5. Jan. 892, □ Arras, St-Pierre, aus der frk. Familie der →Unruochinger, Sohn Mgf. →Eberhards v. Friaul und →Giselas, der Tochter Ks. →Ludwigs d. Fr., Bruder Ks. →Berengars I. Wurde 883 Abt v. St-Bertin (→St-Omer) und St-Vaast (→Arras), die er wohl beide befestigen ließ; vielleicht erhielt er 864/866 auch die Abtei →Cysoing. Falsch ist die Annahme, er habe St. Peter in Gent vorgestanden, sei Laienabt und Gf. gewesen. Nach der Absetzung Ks. →Karls III. wandte er sich 888 gemeinsam mit Ebf. →Fulco v. Reims dem ostfrk. Kg. →Arnulf zu. 890 organisierte er die Verteidigung von St-Vaast gegen die →Normannen. R. Große

Lit.: H. SPROEMBERG, Die Entstehung der Gft. Flandern, I, 1935, 45–53 [Neudr.: DERS., MA und demokrat. Geschichtsschreibung, 1971,

184–190] – PH. GRIERSON, La maison d'Evrard de Frioul et les origines du comté de Flandre, Rev. du Nord 24, 1938, 241–266 – A. D'HAENENS, Les invasions normandes en Belgique au IXe s., 1967, 54f., 109f. – Alg. Geschiedenis der Nederlanden, I, 1981, 356, 360–362 [A. C. F. KOCH].

19. R. I., Bf. v. →Schwerin 1249–62, Magister, seit 1228 Domherr, 1229–45 Scholast und 1248–49 Propst in Schwerin. Außerdem besaß er die Propstei von St. Blasien in →Braunschweig. Als R. das Schweriner Stiftsgebiet sicherte, indem er die Stadt Bützow befestigte und dort eine neue Burg zu bauen begann sowie rückständige Zehnten aus dem Land Parchim einforderte, kam er in Konflikt mit Pribislaw I. v. Parchim-Richenberg. In wechselvollen Kämpfen behauptete er sich, während das Land Parchim 1256 unter den Nachbarn aufgeteilt wurde. Es gelang R. nicht, seine Diözese Circipanien und Vorpommern vom Bm. →Kammin wiederzuerlangen. Dagegen verlieh Hzgn. Helene v. →Sachsen-Lauenburg 1261 R. das rügensche Festland (Land Tribsees), indem sie es dem Reich zugunsten der Schweriner Kirche übertrug.
H. Bei der Wieden

Lit.: ADB XXIX, s.v. – K. SCHMALTZ, Mecklenburg. Kirchengesch., I, 1935 – J. PETERSOHN, Der südl. Ostseeraum im kirchl.-polit. Kräftespiel des Reichs, Polens und Dänemarks vom 10.–13. Jh., 1979 – J. TRAEGER, Die Bf.e des ma. Bm.s Schwerin, 1984 – M. KALUZA-BAUMRUKER, Das Schweriner Domkapitel (1171–1400), 1987.

20. R. II. v. Scherenberg, Bf. v. →Würzburg seit 1466 (30. April), * wohl 1401, † 29. April 1495, ▭ Würzburg, Dom (Grabdenkmal von Tilman →Riemenschneider), entstammte einem ritterschaftl. Geschlecht, das mit ihm erlosch. Er wurde 1427 in das Würzburger Domkapitel aufgenommen und hatte verschiedene Ämter inne. Als Bf. gelangen ihm in 30jähriger Regierung eine weitgehende Konsolidierung der Hochstiftsfinanzen sowie Erfolge bei der Reform der Kl. und des Weltklerus. Er nutzte auch den Buchdruck für die Verbesserung kirchl. Verhältnisse. Wegen des Pfaffensteuerstreites, überhaupt wegen der Dominanz in →Franken, war seine äußere Regierung weitgehend durch sein Verhältnis zu Mgf. →Albrecht Achilles bestimmt. 1476 schlug er die vom »Pfeifer v. Niklashausen« (→Böhm, Hans) entfesselte, von eschatolog. und sozialkrit. Vorstellungen geprägte Bewegung nieder.
A. Wendehorst

Lit.: S. ZEISSNER, R. II. v. Sch., Fs.bf. v. Würzburg, 1952[2] – Frk. Lebensbilder, 2, 1968, 133–158 [E. SCHUBERT] – A. WENDEHORST, Das Bm. Würzburg 3 (GS NF 13, 1978), 20–51.

21. R. v. Biberach OFM, Autor myst. Schriften, † nach 1326, wird als Lektor am Studium generale in Straßburg geführt und schrieb neben De septem donis Spiritus Sancti (ed. A. C. PELTIER, S. Bonaventurae ... opera, Bd. 7, 1866, 583–652), die sermones super Canticum Canticorum (uned., 4 Hss.) und De excellenti praerogativa benedictae Virginis, das in 109 Hss. verbreitete Werk De septem itineribus aeternitatis (ed. A. C. PELTIER, S. Bonaventurae ... opera, 1866, 393–482, 1985). Dieses auch ins Alaman. übersetzte Werk weist eine breite Wirkungsgeschichte auf und führt zu den unbekannteren Q. der Dt. Mystik.
M. Gerwing

Lit.: DSAM XIII, 846–850 – Verf.-Lex[2] VII, 1977 – M. SCHMIDT, R. v. B. De septem itineribus aeternitatis, 1985 – DIES., R. v. B. di sieben strassen zu got. Einsideln. Die hochalaman. Übertragung, 1985 – DIES., Nikolaus v. Kues im Gespräch mit den Tegernseer Mönchen über Wesen und Sinn der Mystik (Das Sehen Gottes nach Nikolaus v. Kues, 1989), 25–49.

22. R. v. Ems, mhd. Autor, urkdl. nicht bezeugt, bezeichnet sich im »Wilhelm von Orlens« als Ministeriale der Gf.en v. →Montfort; seine Herkunft 'von Ense' (Hohenems, Vorarlberg) nennt der Fortsetzer der »Weltchronik«. Biographie und Chronologie der zw. ca. 1220 und 1255 entstandenen Werke sind nur aus Gönner-Nennungen zu erschließen: Am Anfang steht der im Auftrag Rudolfs v. Steinach (Ministeriale des Bf.s v. Konstanz, urkdl. 1209–21) entstandene »Guote Gêrhart« (2 Hss.), der erste Roman mit einem Kaufmann als Helden, an dessen ethischer Vollkommenheit der werkgerechte Ks. (Otto I.) gemessen wird; es folgt der Legendenroman »Barlaam und Josaphat« (46 Hss. und Frgm.), eine volkssprachl. Version der zahlreichen christl. Adaptationen vom Leben Buddhas (→Barlaam und Joasaph B. VI), deren lat. Vorlage der Zisterzienserabt Wido aus Kappel am Albis (Kt. Zürich) vermittelte. Den Frgm. gebliebenen »Alexander« (3 Hss.) – ohne Auftraggeber-Nennung, wohl aber, wie ein heilsgesch. Exkurs nahelegt, als Fs.enunterweisung für die Söhne Ks. Friedrichs II. intendiert – schrieb R. in zwei auch durch einen Wechsel der Quelle (I: »Historia de preliis«; II: →Curtius Rufus, »Historia Alexandri Magni«) markierten Phasen (→Alexander B. VI), um in der Pause im Auftrag des Reichsschenken Konrad v. Winterstetten († 1243) den Minneroman »Wilhelm von Orlens« (19 Hss., 14. Frgm.) zu verfassen. Die (verlorene) frz. Textvorlage vermittelte der schwäb. Ministeriale Johann v. Ravensburg, der mit dem Auftraggeber zu einem Kreis von Lit.liebhabern gehörte, die als Berater am Kg.shof die imperialen Ansprüche der Staufer unterstützten, woraufhin lit. Verschlüsselung auch der Romanschluß mit dem am Hoftag propagierten Programm der Friedenswahrung für Wilhelms Reich anspielt. Die »Weltchronik« (über 100 Hss.; meist mit anderen Chroniken [→» Christherre-Chronik«, Jans →Enikel, →Heinrich v. München] kompiliert), R.s letztes Werk, dient dezidiert stauf. Legitimationsinteresse: Als 'ewiclih memorial' für den Auftraggeber Konrad IV. integriert das bei Salomo abbrechende Frgm. profanes und naturkundl. Wissen in das systemat. Heils- und Weltreichsgeschichte aufeinander beziehende Konzept. Mit dem souverän über die lit. Funktionen unterschiedl. Stoffe verfügenden R. tritt in der stauf. Spätzeit ein neuer Literaturtyp gelehrt-artist. Kompetenz auf.
N. H. Ott

Ed.: Der guote Gêrhart, hg. J. A. ASHER, 1989[3] (ATB 56) – Barlaam und Josaphat, hg. F. PFEIFFER, 1843 [Neudr. 1965] – Alexander, hg. V. JUNK, 1928–29 (BLV 272, 274) [Neudr. 1970] – Wilhelm v. Orlens, hg. V. JUNK, 1905 [Neudr. 1967] – Weltchronik, hg. G. EHRISMANN, 1915 [Neudr. 1967] – Lit.: Verf.-Lex.[2] VIII, 322–345 [W. WALLICZEK] – H. BRACKERT, R. v. E., 1968 – H. HERKOMMER, Der St. Galler Codex als lit.hist. Monument (R. v. E., Weltchronik; Der Stricker, Karl d.Gr.; Komm. zu Ms. 302 Vad.), 1987, 127–273 – A. ODENTHAL, R. v. E. Eine Bibliogr., 1988.

23. R. v. Fenis, mhd. Minnelyriker, wohl identisch mit dem hochadligen Herrn (Gf.en) Rudolf II. v. →Neuenburg (Westschweiz), 1158–1192 urkundl. bezeugt, † vor dem 30. Aug. 1196 (Stiftung eines 'anniversariums' durch seinen Bruder Ulrich). Die Namensformen 'v. Niuwenburg' und 'v. Fenis', nach dem Burgsitz Vinelz bei Erbach/Cerlier, werden nebeneinander und in zwei der fünf Liederhss. synonym gebraucht. Mit seinem breit überlieferten Werk (insgesamt 27 Strr./8 Töne) kommt R. eine Vermittlerrolle zw. dt. und prov. →Minnesang zu. Voraussetzung hierfür bieten die Grenzlage seines Herrschaftsgebiets zum roman. Sprachraum und seine familiär bedingte Zweisprachigkeit (prov. Mutter und Ehefrau); persönl. Kontakt mit dem Trobador →Folquet de Marseille ist anzunehmen. Neben Kontrafakturen romanischer Vorlagen (Lied I–IV, VII) kennzeichnen R.s Corpus auch die Einzelübernahmen metr. Techniken (daktyl. Verse, Zehnsilbler, Durchreimung) sowie die Verarbeitung von Motiv- und Gedankenmaterial der prov. Lyrik; literaturgesch. gehört er damit in die Nähe →Heinrichs v. Veldeke und v. a. →Friedrichs v. Hausen. R.s Dichten beschränkt sich jedoch nicht auf die reine Adaptation, sondern er setzt stets eigene Akzente, z. B. durch individuelle Gestaltung von →Natureingängen (Lied V, VI), und er verfaßt auch von roman. Vorlagen völlig unabhängige Texte. Alle Lieder R.s gehören dem Typ der Minneklage an, die meisten kreisen um das Motiv des Trostes (auch »Singen als Trost«; Lied II, III), ohne einen eigenen Zyklus zu bilden. Das lyr. Ich akzeptiert seine Abhängigkeit von der Dame und steht dadurch in kunstvoller Spannung zur gesellschaftl. Position des Autors; die 'vrouwe' der Lieder bleibt eher abstrakt, sie wird z. T. an die personifizierte →'minne' herangerückt. Insgesamt steht R.s Œuvre im Rahmen des hohen Minnesangs, für den er mit als Wegbereiter gilt. R. Bauschke

Bibliogr.: H. TERVOOREN, Bibliogr. zum Minnesang, 1969, Nr. 550–555 [Lit.] – *Ed.:* Des Minnesangs Frühling, bearb. H. MOSER–H. TERVOOREN, 1988[38] – *Lit.:* Verf.-Lex.[2] VIII, 343–351 [Lit.] – S. PFAFF, R. v. F., ZDA 18, 1875, 44–58 – H. STADLER, R. v. F. and his Sources, Oxford German Studies 8, 1973, 5–19 – I. KASTEN, Frauendienst bei Trobadors und Minnesängern im 12. Jh., 1986 – H.-H. S. RÄKEL, Der dt. Minnesang, 1986, 82–91.

24. R. v. Fulda, Mönch, † 8. März 865 (Eintrag in den Fuldaer Ann., die seine Verdienste rühmen); Schüler des →Hrabanus Maurus und dessen Nachfolger in der Leitung der Kl.schule; sein Aufenthalt in Mainz ist nicht sicher nachweisbar; R. verunechtete einige Urkk. für das Kl. Fulda (seit 812 offensichtl. cancellarius des Kl.). – Auf Veranlassung Hrabans verfaßte R. eine Vita Leobae (→Lioba) und die in kulturhist. Hinsicht wertvollen Miracula sanctorum in ecclesias Fuldenses translatorum (in älteren Ausgaben oft als vita Rhabani). – Als ältestes niedersächs. Geschichtsdenkmal gilt R.s Translatio s. Alexandri, die unter Benutzung der Germania des Tacitus mit einer Stammesgeschichte der Sachsen beginnt. – Daß der sog. zweite Teil der Fuldaer Ann. (in denen z. J. 852 auch des Tacitus Annalen herangezogen sind) von R. stammt, kann trotz gewichtiger Einwände nicht ausgeschlossen werden. – Eine Spur von R.s Tätigkeit als Dichter vielleicht Annal. Fuld. II a. 859. – Zu R.s Schülern zählen →Meginhart und →Ermenrich v. Ellwangen.
E. Heyse

Ed.: G. WAITZ, MGH SS XV, 1887, 118–131 (vita Leobae); 328–341 (miracula sanctorum) – B. KRUSCH, Die Übertragung des H. Alexander, NGG II, 13, 1933, 405–427 – *Lit.:* Verf.-Lex.[2] VIII, 351–356 – P. LEHMANN, Erforsch. des MA, I, 1959, 229f.; III, 1960, 161f. (zu Tacitus) – BRUNHÖLZL I, 343ff., 557 – WATTENBACH-LEVISON-LÖWE VI [Register].

25. R. v. Langen (Rolef van Langhen, Rudolphus Langius), Humanist, * um 1438 in Everswinkel b. Münster, † 25. Dez. 1519. Seine Schulbildung erhielt er vermutl. in Münster, wo sein Onkel Domscholaster war. 1456–1460 studierte er in Erfurt die Artes, lehrte danach als Magister kurze Zeit an der neuen Univ. Basel, kehrte aber spätestens 1462 nach Münster zurück. Dort lebte er bis zu seinem Tode als wohlhabender Domherr. In seinem kirchl. Amt wirkte er für die Wahl Heinrichs v. Schwarzburg zum Bf. v. Münster und holte 1466 in Rom deren Bestätigung ein. 1475 war er im Heerlager des Bf.s vor dem von Karl d. Kühnen belagerten Neuß. Herausragende Bedeutung hatte R. v. L. für den frühen Humanismus im dt. NW. Er war einer seiner einflußreichsten Förderer, war hier der gesuchte Berater und Korrespondent aller, die für eine humanist. Erneuerung der Bildung arbeiteten; mit R. →Agricola war er schon seit den Erfurter Studienjahren eng verbunden. Als sein wichtigstes Verdienst gilt die Reform der Münsterer Domschule, die allerdings erst um 1500 in den Händen neu gewonnener Lehrer wie J. Murmellius zum Zuge kam. Ihr programmt. Kern ist indes bereits Briefen d. J. 1469 zu entnehmen. Mit dem humanist. Interesse vereinbarten sich bei ihm kirchl. Frömmigkeit und prakt. Christentum ohne Konflikt. Die 1486 veröffentlichte Slg. seiner »Carmina« (Zeitgeschichtliches, Freundschaftsgedichte, Epigrammatisches, religiöse Themen) war das erste humanist. Gedichtbuch, das in Dtl. gedruckt wurde. Es folgten 1493 ein marian. 'Rosarium', 1496 die 'Horae de s. cruce'. Die kleinen hist. Arbeiten (Geschichte Jerusalems, Vita Heinrichs v. Schwarzburg) sind von geringem Gewicht.
F. J. Worstbrock

Lit.: Verf.-Lex.[2] V, 590–598 [F. J. WORSTBROCK; Lit.] – A. PARMET, R. v. L., 1869 [mit Texten] – W. CRECELIUS, Epistulae Rudolfi Langii sex, Progr. Elberfeld 1876 – K. LÖFFLER, R. v. L., Westfäl. Lebensbilder, 1930, 344–357.

26. R. (Rodulf) v. St-Trond, Gesch.sschreiber, † 6. März 1138 im Kl. →St-Trond, stammte aus Moustier-sur-Sambre (Prov. Namur). Er erhielt seine Schulbildung in Lüttich und wurde dann in →Burtscheid Mönch. Um die Jahrhundertwende trat er ins Kl. St-Trond ein, wo die Schule – insbesondere den Gesangsunterricht – reformierte. 1108 erlangte er die Abtswürde. R. setzte sich nachdrückl. für die Kl.reform ein. Als Parteigänger des Papstes mußte er im Frühjahr 1121 Anhängern Heinrichs V. weichen und sein Kl. verlassen; am 6. Sept. 1121 wurde er Abt v. St. Pantaleon zu Köln, konnte aber 1123 nach St-Trond zurückkehren. – R.s Hauptwerk, die Bücher I–VII und IX der »Gesta abbatum Trudonensium«, zeugt von seinem Fleiß, seiner Sorgfalt und seinem Streben nach Sachlichkeit. Ferner stammen von ihm u. a. Gedichte, Briefe und liturg. Gesänge.
J. Prelog

Ed.: MGH SS X, 1852, 213ff. [R. KÖPKE] – *Lit.:* G. BOES, L'abbaye de St-Trond, 1970, 149–228 – Monasticon belge VI, 1976, 40–43 – Index Scriptorum Operumque Latino-Belgicorum Medii Aevi, hg. L. GENICOT-P. TOMBEUR, III/2, 1979, 222–234 [Lit.].

Rudolfinger, frk. Adelsgeschlecht, Kg.shaus im Kgr. →Burgund, nach dem Leitnamen benannt.

[1] *Anfänge:* Die R. bildeten die westfrk.-burg. Linie der →Welfen. Zu ihren Vorfahren gehörte der austras. Große →Ruthard. An seine Positionen in Alemannien knüpfte →Welf an, der Vater →Judiths, der zweiten Gemahlin →Ludwigs d. Frommen. Die Verbindung mit dem Kg.shaus begünstigte den Aufstieg ihrer beiden Brüder Konrad und Rudolf. Konrads Söhne, →Hugo »Abbas« (5. H.) und →Konrad d. J. (19. K.), gingen um 858/859 von Ludwig d. Dt. zu Karl d. Kahlen über, wodurch sich allmähl. in Westfranken/Burgund und in Süddeutschland zwei eigenständige Zweige der Welfen entwickelten. Konrad d. J. erhielt die Gft. Auxerre, 859 bzw. 864 auch den transjuran. Dukat, den Raum ö. des Jura um Genf, Lausanne und Sitten. Sein Sohn →*Rudolf I.* folgte ihm (vor 878) in der Würde des Gf.en bzw. Mgf.en und Laienabts von →St-Maurice.

[2] *Aufstieg zum Königtum; Königsherrschaft:* Nach dem Tode Karls III. (13. Jan. 888) ließ sich Rudolf in St-Maurice von weltl. und geistl. Großen zum Kg. ausrufen; seine Salbung in Toul (März 888) erweist die Erneuerung des Reiches Lothars II. als sein Ziel. Die Stoßrichtung der hochburg. Politik zielte wechselweise auf Schwaben, Italien, Niederburgund-Provence, den mittleren Rhôneraum und auf das westl. des Jura gelegene Doubsgebiet (→Burgund, Kgr.). Ihr bestimmendes Element war die Heirats- und Familienpolitik: den Frieden mit Hzg.

→Burchard I. v. Schwaben (3. B.) festigte Rudolfs Ehe mit Berta, Burchards Tochter; der Anfall von Niederburgund-Provence war – abgesehen von dem Vertrag mit →Hugo v. Arles (2. H.) von ca. 933 – erbrechtl. begründet durch die Vermählung Rudolfs I. mit Wila, einer Tochter Kg. →Bosos (v. Vienne); die seit 929 bestehende »Verschwägerung« mit Otto I. erklärt das »Protektorat« über den minderjährigen →Konrad (seit 937/938 [6. K.]); verstärkt wurden die Bindungen Burgunds an das ostfrk. Reich durch Ottos d. Gr. Vermählung mit Konrads Schwester →Adelheid (951); Konrads Ehe mit Mathilde, einer Tochter des westfrk. Kg.s Ludwig IV. und der Schwester Ottos I., →Gerberga, zeigt die R. in einem engen verwandtschaftl. Netz zw. West- und Ostfranken; das Fehlen eines legitimen Erben beim Tode →Rudolfs III. (1032) machte das burg. Reich zum Zankapfel der Nächstberechtigten, d. h. der Nachkommen von Rudolfs Schwestern Gisela (Ks. Heinrich II.), Gerberga bzw. deren Tochter Gisela (Gf. Liudolf v. Braunschweig, Hzg. →Ernst v. Schwaben, Heinrich III.) und Bertha (Gf. →Odo v. Blois-Champagne). Im engeren Herrschaftsbereich der R. befanden sich die rudolfing. Eigenkl. Lüders (→Lure), Münstergranfelden, Peterlingen (→Payerne), →Romainmôtier, die alte Kg.s- und Hausabtei St-Maurice und das Familienkl. St-André-le-Bas in →Vienne. Von den illegitimen R.n übernahmen manche wichtige kirchl. Positionen des Kernraumes, so z. B. Rudolfs III. Halbbruder Burchard (II.), Ebf. v. Lyon (979–1031) und zugleich Propst bzw. Abt v. St-Maurice. Als Krönungsort der R. trat neben St-Maurice nur →Lausanne hervor. Bestatten ließen sich die R. in St-Maurice (Rudolf I., →Rudolf II.), in St-André-le-Bas in Vienne (Konrad) und in der Kathedrale von Lausanne (Rudolf III.).

[3] *Bedeutung:* Die R. waren das einzige mehrkarol. Geschlecht, dem 888 auf Anhieb die Dynastiebildung gelang, doch blieb ihr Kgtm. schwach und ohne eigene traditionsbildende Kraft. Immerhin erlangte unter ihrer Herrschaft das regnum Burgundiae eine staatsrechtl. Konsistenz, die dem Zwischenreich auch nach der Einbindung in die Trias des »Röm. Reiches« auf Jahrhunderte Bestand verlieh.
R. Kaiser

Q.: TH. SCHIEFFER, MGH DD Rudolf., 1977 – *Lit.:* J. FLECKENSTEIN, Über die Herkunft der Welfen und ihre Anfänge in Süddtl. (Stud. und Vorarbeiten zur Gesch. des großfrk. und frühdt. Adels, hg. G. TELLENBACH, 1957) – E. HLAWITSCHKA, Die verwandtschaftl. Verbindungen zw. dem hochburg. und dem niederburg. Kg.shaus (Fschr. P. ACHT, 1976) – DERS., Die Kg.sherrschaft der burg. R., HJb 100, 1980 – M. BORGOLTE, Die Gf.en Alemanniens in merow. und karol. Zeit, 1986 – R. POKORNY, Eine bfl. Promissio aus Belley und die Datierung des Vereinigungs-Vertrages von Hoch- und Niederburgund (933?), DA 43, 1987 – G. SERGI, Genesi di un regno effimero: la Borgogna di Rodolfo I., Boll. storico-bibliografico subalpino, 1989 – P. CORBET, L'autel portatif de la comtesse Gertrude de Brunswick (vers 1040), CCM 34, 1991 – G. SERGI, Istituzioni politiche e società nel regno di Borgogna, Sett. cent. it. 38, 1991 – →Burgund, Kgr.

Rüeggisberg, ehem. cluniazens. Priorat (Schweiz, Kt. Bern), um 1075 von Lütold v. Rümlingen gegr., der Abtei →Cluny übergeben und von Ulrich v. Zell in Besitz genommen; erste cluniazens. Gründung in dt.sprachigem Gebiet. Von Ks. Heinrich IV. mit dem Rodungsgebiet von Guggisberg ausgestattet (nach 1100 verunechtetes Diplom); Unterpriorate in Altersswil und Röthenbach. Die Kl.kirche (heute Ruine) soll noch aus dem 11. Jh. stammen (nach dem Vorbild von Cluny II). Das Priorat zählte nie mehr als vier Mönche. Die Kl.vogtei (mit Hochgerichtsbarkeit in der Herrschaft R.), bis ins 14. Jh. in den Händen der Gründerfamilie v. Rümlingen, seit dem 15. Jh. in denjenigen der bern. Familie v. Erlach, gab Ende des 14. Jh. Anlaß zur Fälschertätigkeit des Priors Peter v. Bussy. Kartular v. 1425 (heute Kantons- und Univ.sbibl. Freiburg). 1484/85 Inkorporation des Priorats in das neugegr. St. Vinzenzstift in der Stadt Bern (1528 aufgehoben).
K. Utz Tremp

Lit.: Helvetia Sacra III/2, 1991, 643–687 [Lit.].

Ruffo, norm. Familie, deren Vertreter im 11./12. Jh. sowohl in England als auch in Süditalien, wo sie in der Stauferzeit ehrenvolle Positionen bekleiden, begegnen. Der aus Tropea gebürtige *Pietro* R. wurde von Friedrich II. zuerst zum Justitiar, später zum Marschall des Kgr.s Sizilien ernannt. 1253 erhielt er von dessen Sohn Konrad IV. den Titel eines Gf.en v. Catanzaro und Vikars in Kalabrien und Sizilien. Er versuchte aus der polit. Krise nach dem Tod Konrads IV. (1254) Gewinn zu ziehen und seinen Vikariat in eine selbständige Herrschaft zu verwandeln, wurde jedoch von →Manfred geschlagen, der ihm die Gft. entzog und ihn 1257 töten ließ. Die Mitglieder der Familie mußten das Kgr. verlassen, kehrten jedoch im Gefolge Karls v. Anjou zurück und wurden von diesem wieder mit der Gft. Catanzaro belehnt. Wesentlich trug zum neuen Aufstieg der Familie ein anderer *Pietro* bei († nach 1309), Neffe des Vorhergehenden, der in Kalabrien ruhmvoll gegen die Anhänger →Konradins (1269) und danach zur Zeit der →Sizilianischen Vesper gegen die Aragonesen kämpfte. Ihre Treue gegenüber der Anjou-Dynastie ließ ihn und seine Nachkommen, die sich in die beiden Linien Catanzaro und Sinopoli teilten, zu machtvollen Positionen aufsteigen. Zur Zeit Kg. →Ladislaus' (1386–1414) rebellierte jedoch *Niccolò* gegen den Herrscher, verlor deshalb seine Besitzungen und mußte nach Frankreich ins Exil gehen, von wo er im Gefolge Ludwigs III. v. Anjou zurückkehrte. Um die Mitte des 15. Jh. erlosch die Hauptlinie der Familie; die Sinopoli-Linien existierten jedoch weiter und erhielten in der span. Zeit die Fsm.er Scilla sowie Bagnara. Zu letzterem Zweig der Familie gehörte Kard. *Fabrizio* R., der 1799 die Restauration des Hauses Bourbon auf dem Thron v. Neapel ins Werk setzte.
G. Vitolo

Lit.: E. PONTIERI, La rivolta di Antonio Centelles, 1924 – DERS., Ricerche sulla crisi della monarchia siciliana nel secolo XIII, 1958[3] – G. VITOLO, Il Regno angioino (Storia del Mezzogiorno, IV, 1984), 18.

Rufinus

1. **R. v. Aquileia** (Turranius R.), Kirchenschriftsteller, * um 345 in Iulia Concordia (nahe Aquileia), † 411/412 in Messina. Nach Studien in Rom (ca. 359–ca. 368), wo er sich mit →Hieronymus anfreundete, schloß sich R. der monast. Gemeinschaft um den Bf. v. →Aquileia an. 371 oder 372 empfing er die Taufe. Um 380 trat R. an die Spitze des Ölbergkl. zu →Jerusalem und wurde spiritueller »Gefährte« der hl. →Melania. Die Verurteilung der Lehren des Origenes durch Hieronymus (393) entzweite die einstigen Freunde. R. kehrte 397 nach Italien zurück und lebte bei Rom, in Aquileia und zuletzt in Sizilien. Ein wesentl. Teil seines Werkes umfaßt die Übertragung griech. Schriften ins Latein (wobei R. nicht zögerte, Texte durch Umschreiben lesbarer zu gestalten und dogmat. zu glätten): u. a. »De principiis« des Origenes (CPG, 1482); »Instituta monachorum« = sog. »kleines Asketikon« (hg. K. ZELZER, CSEL 86) und Homilien des →Basileios (CPG, 2876 und 2836–2859; »De ieiunio«, hg. H. MARTIN, 1989); die Predigten →Gregors v. Nazianz (CPG, 3010); die Sentenzen des →Sextus (hg. H. CHADWICK, 1959); die Kirchengesch. des →Eusebios v. Kaisareia, die er fortsetzte (CPG, 3495); die »Hist. monachorum in Aegypto« (hg. E. SCHULZ-FLÜGEL, 1990). R. hat als Verteidiger chr. Moral

und →Askese starken Einfluß auf seine Zeit und das gesamte MA ausgeübt; das abendländ. Mönchtum hat sich stets der von ihm gelieferten Modelle bedient.

E. Bodart

Lit.: DSAM XIII, 1107–1117 – F. X. Murphy, R. of A. His Life and Works, 1945 – H. Martin, Übersetzer der Augustinuszeit, 1964 – S. S. Lundström, Die Überlieferung der lat. Basiliusregel, 1989.

2. R., Kanonist, Bf. v. Assisi, Ebf. v. Sorrent († spätestens 1192), studierte und lehrte in Bologna kanon. Recht, schrieb Glossen (→Glossatoren, II) und eine bedeutende Summe zum →Decretum Gratiani (vollendet ca. 1164), in der er sich noch als Theologe versteht und die Kopulatheorie Gratians von der Ehe vehement vertritt. Später Bf. v. Assisi, als solcher hielt er die Eröffnungsrede des III. →Laterankonzils, danach Ebf. v. Sorrent; erhalten sind auch ungedruckte Predigten und ein Traktat »De bono pacis«.

R. Weigand

Lit.: DDC VII, 779–784 – H. Singer, R. v. Bologna, Summa Decretorum, 1902 [Nachdr. 1963] – D. G. Morin, Le discours d'ouverture du concile général de Latran (1179) et l'œuvre littéraire de Maître Rufin..., Atti della Pont. Accad. Rom. di Archeologia, Memorie II, 1928, 113–133 – A. Gouron, Sur les sources civilistes et la datation des Sommes de Rufin..., BMCL 16, 1986, 55–70 – R. Weigand, Die Glossen zum Dekret Gratians, SG 25/26, 1991, 425–442, 583f.

3. R., Abt des Kl. Tyro, * vor 1250, hatte die Artes an den Univ. Neapel und Bologna studiert und in Theol. promoviert. Sein nach 1287 beendetes →Kräuterbuch ('Liber de virtutibus herbarum et de compositionibus earum') war anscheinend →Simon v. Genua bekannt. Das Werk geht von neuplaton. Konzeptionen aus (→Nikolaus v. Polen) und ist bestrebt, die Wissenschaft von den Kräutern (»de herbis scientia«) erschöpfend darzustellen: Mit 628 (meist pharmakograph.) Kapiteln das umfangreichste Kräuterbuch des MA, ist es vollalphabet. geordnet, mit Querverweisen bzw. Synonymen versehen und inhaltl. durch ein Indikationenregister erschlossen (→'Promptuarium medicinae'). R. kompiliert die wichtigsten pharmakolog. Q. nach meist guten Vorlagen (→'Circa instans', →'Liber iste', 'Macer' [→Odo v. Meung], 'Dyascorides alphabeticus' [→Dioskurides], 'Liber graduum' [→Constantinus Africanus], →Isaac Judaeus' 'De diaetis particularibus'), schöpft aus der Arzneibuch- und Rezeptlit. (→Antidotarium Nicolai, →Roger Frugardi, →Roland v. Parma, →Wilhelm v. Saliceto) und fügt selbstverfaßte Drogenmonographien sowie astrolog. Versatzstücke ein. Von Benedetto Rinio (→Rinio-Codex) benutzt, hatte das Werk ansonsten nur geringe Wirkung.

G. Keil

Ed.: L. Thorndike, The herbal of R., 1945 [Neudr. 1946 und 1949].

4. R., Flavius, unter →Theodosius I. einflußreicher Hofbeamter in Konstantinopel, 388 Magister officiorum, versöhnte in diesem Amt 390 den Ks. mit Bf. →Ambrosius v. Mailand; 392 Konsul, im gleichen Jahr nach dem Sturz des bisherigen heidn. Amtsinhabers Tatian Praefectus praetorio orientis. Ab 394 führte er für →Arcadius die Regierung, wobei er sich nach dem Tode des Ks. s auch in der Gesetzgebung als eifriger orth. Christ zeigte. Gerüchte über sein Streben nach der Ks. würde und seine Verbindungen zu den Goten (Alarich I. E.), seine Habgier und seine Intrigen sowie sein Gegensatz zu →Stilicho führten dazu, daß die nach dem Sieg über →Eugenius (1. E.) aus dem W zurückgekehrten Truppen ihn am 27. Nov. 395 vor den Toren Konstantinopels in Stücke schlugen. →Claudianus richtete gegen ihn eine Invektive.

J. Gruber

Lit.: Kl. Pauly IV, 1465 – PLRE I, 778–780 – RE I A, 1189–1193 – H.-G. Nesselrath, Hermes 119, 1991, 217–231 [Claud. in Rufin.; Lit.].

5. R. (Ruffino) **v. Assisi** OFM, † ca. 14. Nov. 1278, Sohn des adligen Scipione di Offreduccio, Verwandter →Claras v. Assisi, schloß sich ca. 1210 →Franziskus an, dessen Vertrauen er wegen seiner Demut erlangte. Mit →Leo v. Assisi einer der wichtigsten Socii des Hl. n, besaß R. tiefe existenzielle Erfahrung der vita minorum, um deren weitgehend unveränderte Wahrung er bemüht war. Hierzu verfaßte er mit Leo und Angelus die Gefährtenlegende, deren Überlieferung strittig ist (»Questione Francescana«).

D. Berg

Lit.: S. Clasen, Legenda antiqua S. Francisci, 1967 – La »questione francescana« dal Sabatier ad oggi, 1974 – D. Berg, Vita Minorum, WuW 45, 1982, 164–168 – »Compilatio Assisiensis«, ed. trad. M. Bigaroni, 1992 – Die Dreigefährtenlegende des hl. Franziskus v. Assisi ..., übers. E. Grau, 1993, bes. 32ff.

Rüge, -gericht, -verfahren. Das ma. R. verfahren war ein Verfahren zur Verfolgung verdächtiger Leute von »amts wegen«. Aus dem Gerichtsbezirk wurden angesehene Männer als R. geschworene bestellt. Sie rügten vor dem Richter oder dem Gericht Vergehen, die sich gegen die gemeinschaftl. Ordnung richteten. Die von ihnen angebrachte R. (mhd. *ruege,* mnd. *wrôge*) fungiert als Klageersatz in Durchbrechung des das ältere Verfahrensrecht beherrschenden Grundsatzes, daß die Erhebung einer Klage ausschließl. Sache des Verletzten ist (»Wo kein Kläger, da kein Richter«). Der Gerügte kann entweder bekennen oder leugnen. Letzterenfalls muß er seine Unschuld durch einen Reinigungseid (mit Eidhelfern, bei geringeren Vergehen als Eineid [→Eid]) nachweisen oder sich einem →Gottesurteil unterwerfen. Anschließend findet das Gericht das Urteil. Von den verhängten Geldstrafen erhielten die R. geschworenen einen Anteil. Falschaussagen oder Anzeigenunterdrückungen seitens der R. geschworenen wurden als Meineid und Treubruch verfolgt. – Das R. verfahren begegnet zeitl. und landschaftl. in verschiedenen Formen: Seinen Ursprung hat es im karol. R. wesen des 8. und 9. Jh. (Cap. Pippini, 782–786: MGH Cap. I Nr. 91, 191ff., c. 8). In der 2. Hälfte des 9. Jh. wurde bei den bfl. Visitationsreisen das kirchl. R. verfahren in Form der →Sendgerichte eingeführt. Bei Verstößen gegen die seit dem 12. Jh. errichteten →Landfrieden war die Landfriedensr. gegen →landschädl. Leute möglich. In den Städten bestand eine R. pflicht der Bürger, die sich aus dem Bürgereid ergab und Bürgerpflicht war. Ländl. R. verfahren gab es z. B. in Sachsen (Gogerichte [→Go]), in der Pfalz (Zentgerichte [→Zent]) und in Bayern (Landfrage). Eine eigenartige spätma. Erscheinungsform der R. gerichte sind die westfäl. Frei- oder Femegerichte (→Feme). Das R. verfahren ist auch dem altdän. und dem ags. Recht (*jury;* →Engl. Recht) bekannt.

K.-M. Hingst

Lit.: Grimm, DWB VIII, 1409–1417 – HRG IV, 1201–1205 [ältere Lit.] – K. Haff, Beweisjury und R. verfahren im frk. und altdän. Rechte, ZRGGermAbt 38, 1917, 130–145 – W. Ebel, Der Bürgereid, 1958, 99–106 – G. Landwehr, Die althannoverschen Landgerichte, 1964, 38–48, 161–165, 178–180 – Ders., Gogericht und R. gericht, ZRG GermAbt 83, 1966, 127–143 – G. Dickel, Zur Gesch. des strafrechtl. R. verfahrens in der Pfalz, Jb. zur Gesch. von Stadt und Lkrs. Kaiserslautern 12/13, 1974/75, 195–204 – P. Spiess, R. und Einung, 1988.

Rügebräuche, gemeinschaftl. oder gemeinschaftsbezogene Strafhandlungen, die gegen einzelne oder mehrere Gruppenmitglieder bei Verstößen gegen die soziale Norm vorgenommen werden (vgl. HRG s.v.). Sie stehen in der Regel nicht im Zusammenhang mit der obrigkeitl. Rechtspflege, können aber von deren Strafformen abgeleitet oder übernommen sein. In der nachma. Zeit bis in die Gegenwart verbreitet, sind Nachweise aus dem MA nur selten zu erbringen, bedingt einerseits durch Interpretationsprobleme älterer Q., v. a. aber durch die Vielfalt sich überlagernder Rechtsstrukturen (Land-, Stadt-, Dorfrecht, Recht einzelner sozialer Gruppen etc.).

Einige Belege, v. a. aus dem Bereich der Wüstung oder Hauszerstörung, können jedoch als Beispiele dienen: Am Aschermittwoch d. J. 1430 erlangten 'junge Gesellen' in Essenheim die Erlaubnis, einen »aschenfaut« (-vogt, 'Feuerschauer'?) einzusetzen, vor das Haus eines Mitbürgers zu ziehen und ihm die Zerstörung des Dachfirstes anzudrohen. Offenbar eine Art Fasnachtsgericht (→Fastnacht, III), das an ähnliche Fasnachtsgerichte erinnert, z. B. an das Pfreimder, das vom Hzg. durch den Erlaß v. 1497 nach Stadtrechtsverleihung neu genehmigt wurde. Ähnlich könnte der Hintergrund eines Vorfalls im Roman de →Fauvel (um 1324) sein: Dort ziehen vermummte 'Harlekins' mit Lärminstrumenten vors Haus, zerstören ein Vordach, zerschlagen Tür und Fenster und werfen Salz in den Brunnen. Möglicherweise ist hier eine mißbilligte Heirat des Titelhelden die Ursache. Als 'Charivari' bezeichnet, entspricht der Ablauf nach Anlaß und Form einem in Westeuropa weit verbreiteten Muster. Auch reine Lärmaufzüge ('Katzenmusik') trugen diesen Namen. MEULI deutet 'Charivari' als Jagdruf und vergleicht es mit »Austreiben« und »Hetzen«. Auch die Einzelelemente wie das Beschädigen oder Beschmutzen der Tür sind spätma. vertreten. Das Nördlinger Urfehdebuch berichtet 1494, drei Frauen hätten einem Nachbarn eine Narrenkappe an die Tür gehängt, »daneben ain schantlichen briefe und dabi ain gölt oder schaff mit vnsewberkait gefunden worden«. Auch Ofen einschlagen und Hauen in die 'Haussäule' und 'Hochmut ans Dach legen' finden sich in dieser Q. (1493, 1490, 1494). Möglicherweise sind auch aus dem 14. Jh. überlieferte Fälle von Heimsuchung oder 'Hauslaufen', wobei eine Gruppe mit »gewaffneter Hand« ins Haus läuft, als R. zu werten.

Hinzuzurechnen sind auch andere Formen der Ehrenminderung durch Schandzeichen oder ehrenrührige Aufzüge, wobei anzumerken ist, daß z. B. das oberbayer. Haberfeldtreiben mit Wahrscheinlichkeit eine späte Kompilation älterer Elemente darstellt. K.-S. Kramer

Q. und Lit.: HRG IV, 1198–1201 – K. MEULI, Charivari (Fschr. F. DORNSEIFF, 1953), 231ff. – K.-S. KRAMER, Das Herausfordern aus dem Haus, Bayer. Jb. für VK, 1956, 121ff. – E. FISCHER, Die Hauszerstörung als strafrechtl. Maßnahme im dt. MA, 1957 – A. ERLER, Burschenbrauchtum vor den Schranken des Ingelheimer Obergerichts, ZRGGermAbt 79, 1962, 254ff. – K.-S. KRAMER, Grdr. einer Rechtl. VK, 1974 – Le Charivari. Actes de la table ronde à Paris, hg. J. LE GOFF–J. CL. SCHMITT, 1981 – H. MOSER, Volksbräuche im gesch. Wandel, 1985, 317f. [Pfreimder Fasnachtsgericht] – W. KALTENSTADLER, Soziale und rechtl. VK (E. HARVOLK, Wege der VK in Bayern, 1987), 486–495 [Rügeformen; Haberfeldtreiben] – E. HINRICHS, 'Charivari' und Rügebrauchtum in Dtl. (Brauchforsch., hg. M. SCHARFE, 1991), 430–463.

Rügen (Rana, Ruja), Ostseeinsel. Die Ethymologie des Namens ist unklar, seine Herkunft von den ostgerm. Rugiern fraglich. Im 7.–8. Jh. wurde R. durch die slav. →Ranen besiedelt. Die naturräuml. Bedingungen (Moränen- und Kreidelandschaft, stark gegliederte Küstenlinie) haben die Siedlungsstruktur wesentl. beeinflußt. In den fruchtbaren, durch bewaldete Sandstreifen und Gewässer voneinander getrennten Geschiebelehm- und Mergelgebieten entwickelten sich im 9.–10. Jh. Siedlungskammern mit einer Burg als Vorort. Diese Siedlungsstruktur hat sich bis zum Landesausbau im 12.–13. Jh. erhalten. Im s. Teil der Insel entstand die Burg von Garz – im 12. Jh. eine der bedeutendsten Befestigungen auf R. –, Fs.ensitz und Kultstätte des Gottes Rujewit. Dem Namen nach zu urteilen war Rugard bei Bergen (slav. Gora) Zentralort R.s, mit dem Handelsort→Ralswiek in der Nähe. Die religiöse und polit. Führung übernahm jedoch, mindestens seit dem 11. Jh., die Kultstätte des Svantevit in →Arkona auf Wittow. Wie bei anderen slav. Völkern bildeten Ackerbau und Viehzucht, ergänzt durch Fischfang (v. a. Hering), Jagd und Sammeltätigkeit, die wirtschaftl. Grundlage der Bewohner R.s. Bereits im 8. Jh. fand R. Anschluß an den Fernhandel, womit die Entwicklung Ralswieks im Zusammenhang stand. Kontakte nach Skandinavien, Osteuropa und in die islam. Welt sind ebenso nachweisbar wie die Tätigkeit von Handwerkern (Metall-, Geweih-, Bernstein-, Glasbearbeitung u. a.). Anders als auf dem angrenzenden Festland ist jedoch auf R. für das 10.–12. Jh. nur geringer Silberzufluß sichtbar, was sich vielleicht aus der Abneigung der Bewohner gegen den Sklavenhandel (so →Adam v. Bremen) erklärt.

Späterer Überlieferung zufolge war R. im 11. Jh. vorübergehend von den Dänenkg.en abhängig. Im folgenden Jahrhundert überfielen die Ranen die angrenzenden slav. und dän. Küstenzonen solange, bis 1159–68 Kg. →Waldemar I., unterstützt durch →Heinrich d. Löwen, ihre Macht brach. 1168 erfolgte die Zerstörung der Kultstätte Arkona, die örtl. Fs.en Tezlaw und →Jaromar I. wurden tributpflichtig, die Bevölkerung wurde christianisiert und R. zur Kirchenprovinz des Bm.s →Roskilde. 1193 entstand in Bergen ein Nonnenkl. (seit 1215 OCist), erste Backsteinkirchen (Altenkirchen, Schaprode, Sagard) wurden um 1200 erbaut. Bis 1325 regierten die Nachkommen Jaromars auf R., danach die Hzg.e v. →Pommern. Im 13. Jh. erhielten Ackerland und Verwaltung neue Strukturen. R. teilte man in Vogteibezirke ein; die Ackerfluren wurden vermessen und die Bevölkerung zur jährl., auf der Hakenhufe beruhenden Landessteuer verpflichtet. Es entstanden Dorfgemeinden, deren Bewohner ihr Land auf der Basis des Erbzinsrechts bewirtschafteten. Bis zum 14. Jh. war der Anteil der dt. Siedler an diesem Prozeß noch gering; erst im folgenden Jahrhundert begann der ethn. Wandel der Bevölkerung. L. Leciejewicz

Lit.: SłowStarSłow IV [Lit.] – J. OSIĘGŁOWSKI, Polityka zewnętrzna Księstwa Rugii (1168–1325), 1975 – Corpus archäol. Q. zur Frühgesch., II, hg. J. HERRMANN–P. DONAT, 1979 – J. PETERSOHN, Der s. Ostseeraum im kirchenpolit. Kräftespiel des Reiches, Polens und Dänemarks vom 10. bis 13. Jh., 1979 – W. H. FRITZE, Die Agrar- und Verwaltungsreform auf der Insel R. um 1300, Germania Slavica, II, 1981 – HERRMANN, Slawen, 1985² – Ralswiek auf R., I, hg. DERS., 1986.

Rugier, den →Goten verwandter ostgerm. Stamm, in hist. Zeit an der Weichselmündung und in den angrenzenden pommerschen Gebieten siedelnd (Tac. Germ. 44). Im 5. Jh. erschienen sie an der mittleren Donau, zuerst in Abhängigkeit von den Hunnen →Attilas, mit dem sie bis nach Gallien zogen. Nach der Abwanderung eines Teils in oström. Dienste gründeten sie ein selbständiges Reich von d. Enns bis in die Gegend v. Wien mit dem Zentrum Stein/Krems. Mit den südl. der Donau lebenden Romanen unter der Fürsorge →Severinus' lebten sie in einem erträgl. Verhältnis, das auch nicht durch ihr Bekenntnis zum Arianismus getrübt wurde. Die Vita Severini des →Eugippius schildert die R. als krieger. Volk mit ausgeprägtem Stammesbewußtsein, das von Viehzucht, primitivem Ackerbau und Raubzügen lebte. Nach dem Abzug der letzten Romanen aus der Prov. Noricum Ripense wurden sie von →Odoaker besiegt, die Reste des Volkes zogen mit →Theoderich nach Italien, wo sie nach Jahren einer gewissen Selbständigkeit den Untergang durch die byz. Eroberer zusammen mit den Ostgoten fanden.

R. Klein

Lit.: RE IA, 1213–1223 – L. SCHMITT, Die Ostgermanen, 1969, 117ff. – J. REITINGER, Die Völker im oberösterr. Raum am Ende der Antike

(Severin zw. Römerzeit und Völkerwanderung, Ausstellungskat. 1982), 361-363.

Ruhe auf der Flucht → Kindheitsgeschichte Jesu

Rūhī, Edrenelü, Mevlānā, osman. Geschichtsschreiber. Der bis auf seinen von den seine Chronik nutzenden Muṣṭāfā ʿĀlī und Müneǧǧimbašī überlieferten Namen unbekannte R. dürfte ausweislich dieses Namens ein aus Edirne (→Adrianopel) stammender Rechtsgelehrter gewesen sein. Das Interesse, das er in seiner Chronik an staatl. Architektur zeigt, verbindet ihn vielleicht mit dem osman. Palast in Edirne. R.s Chronik »Tarīḫ-i Āl-i ʿOs̱mān« besteht aus einer Einleitung (mebādī), die die Herkunft der osman. Dynastie behandelt und acht Kapiteln (maṭālib), deren jedes einen osman. Sultan v. →ʿOs̱mān bis →Bāyezīd II. betrifft, und reicht ins Jahr 1511 (Streit um die Thronfolge zw. dem späteren Selīm I. und dem Prinzen Aḥmed). Die von R. benutzten Q. sind für die Zeit bis 1484 eine anonyme osman. Chronik (Oxford Bodl., Marsh. 313), die ihm früher selbst zugeschrieben wurde, und die spätere Fassung Oruǧs, als Ergänzung für die Periode bis 1484, als Hauptquelle danach. Die Passagen, die die Zeit von 1507 bis 1511 betreffen, beruhen auf Informationen, die R. in Edirne sammelte.

Ch. K. Neumann

Lit.: IA IX, 764f. – V. L. MÉNAGE, Edirne'li Rûhî'ye atfedilen Osmanlı Tarihinden iki parça, Ismail Hakkı Uzunçarşılı'ya Armağan, 1976, 311-333 – VOHD 13, 1, 103f. [B. Flemming] – S. YERASIMOS, La fondation de Constantinople et de Sainte Sophie dans les traditions turques, 1990.

Rui de Pina, ptg. Gesch.sschreiber, * um 1440 in Guarda, † 1522 (?) in Lissabon, adliger Herkunft, führte als Archivar der Torre do Tombo (1497) die Reichschronik. Als Mann des Hofes übernahm er im Auftrag von Kg. Johann II. und Manuel v. Portugal mehrere diplomat. Missionen und schrieb neun Kg.schroniken unter Verwendung früherer Kompilationen. V. a. die Chroniken von Alfons V. und Johann II. sind lebendige Zeugnisse für die ptg. Gesch. des 15. Jh.

D. Briesemeister

Ed.: Crónicas, hg. M. LOPES DE ALMEIDA, 1977 – *Lit.*: Dic. de hist. de Portugal, V, 1975, 81-83 – J. VERÍSSIMO SERRÃO, A historiografia portuguesa, I, 1972, 101-123 – M. DE FERDINANDY, Die hispan. Kg.sgesta, 1984, 52-57.

Ruin, The → Elegie, V

Ruiz, Juan, Erzpriester v. Hita, wird in den Hss. des Libro de buen amor (frühe Fassung 1330; erweitert 1343) als dessen Verf. bezeichnet. Der Text dieser nach dem anonymen Poema de mio Cid bedeutendsten Versdichtung in →cuaderna vía der ma. span. Lit. (7173 Verse) erwähnt Alcalá de Henares als Geburtsort. Über Identität und Existenz des Dichters des »Buchs von der guten Liebe« herrscht Unklarheit. Er war jedenfalls ein mit der lat. und volkssprachl. lit. Tradition des HochMA vertrauter und lebenserfahrener Kleriker, der sich meisterhaft auf die poet.-rhetor. Technik verstand und mit Sprache, Themen und Formen spielte. Das Buch ist in der Anlage vielgestaltig und in seiner Sinnintention mehrdeutig. Der Autor fügt heterogene, zu verschiedener Zeit entstandene Teilstücke zusammen. Die einleitende invocatio spielt in Gebetsform auf eine spirituelle Notlage (»Gefängnis«) an. Der folgende Prosaprolog über die Lesarten des Werkes als Slg. von →exempla für »loco amor« (sündige Liebe) parodiert den Kleriker-sermo. Die Gesch. vom Streit zw. einem Griechen und Römer in Zeichensprache führt hintergründig die Gefahr des Mißverständnisses, die Mehrdeutigkeit der Botschaft vor. Der Erzpriester berichtet von einer Reihe zumeist mißlungener Liebesabenteuer, die mit Exempeln, Tierfabeln und moral. Betrachtungen kommentiert werden. In der Begegnung zw. Don Amor und »Autor« – dem erzählenden Ich – wird eine Ars amandi entwickelt. Die Episode der durch die Kupplerin Trotaconventos vermittelten Hochzeit von Doña Endrina mit Don Melón de la Huerta geht auf die →Elegienkomödie Pamphilus und das Gedicht De vetula zurück (→Ovid). Auf dem Weg nach Segovia begegnet der Erzpriester im Gebirge vier wilden Frauen (»serranas«). In die Beschreibung einer Wallfahrt sind zwei Passionsgedichte in *zejel*-Form eingeschoben. In dem allegor.-burlesken Kleinepos über die Schlacht zw. Doña Cuaresma (Frau Fastenzeit) und Don Carnal (Herr Fleischeslust) – nach der »Bataille de caresme et de charnage« (spätes 13. Jh.) – wird der Sieg über die Fleischeslust dargestellt (katechet. Erörterungen über das Bußsakrament), doch alsbald treten Don Carnal und Don Amor im österl. Triumphzug wieder in Begleitung von Nonnen und Mönchen auf. Der Erzpriester sucht neue Liebschaften, u. a. mit der Nonne Garoza, die stirbt, und mit einer Maurin, die sich ihm verweigert. Der Tod der Trotaconventos gibt Anlaß zu einer Totenklage und katechet. Abhandlung wider die Hauptfeinde der Seele (Mundus, Teufel und Fleisch). Hierauf folgen ein Loblied auf die »kleinwüchsigen Frauen«, die Beschreibung des Zuhälters Don Furón und Ermahnung über das wahre Verständnis des Buches mit seiner Lehre zu »loco« oder »buen amor«. Der späteren Fassung sind noch mehrere Mariengedichte, ein Lied gegen Fortuna sowie der Gesang der Kleriker von Talavera gegen das Verbot des Konkubinats angefügt. Das Buch von der guten Liebe gewährt zweifellos nicht als Beichtbekenntnis einen Einblick in das ausschweifende Leben eines Geistlichen. Die »autobiogr.« Fiktion verleiht der lockeren episod. Reihung von Motiven und Stoffen rahmenartig Zusammenhalt und beglaubigt die moral. Unterweisung.

Der Dichter verbindet →mester de clerecía mit Tönen der Spielmannskunst; er behauptet, Lieder für juglares, blinde Bettler und Goliarden geschrieben zu haben. →Pastourelle, aube (→Tagelied), Frühlingslied werden kunstvoll parodiert. Ironie, Satire, Parodie, Witz und Menschenkenntnis inszenieren ebenso kühn wie wirkungsvoll ein lehrreiches und unterhaltsames Verwirrspiel, das als comédie humaine die Spannungen und Widersprüche im Lebensgefühl und in der gesellschaftl.-kulturellen Verfassung Kastiliens im 14. Jh. im Zusammenleben von Christen, Mauren und Juden spiegelt. Das Buch, in dem sich Heiliges und Profanes, Ernst und Scherz, freizügige Derbheit und lyr. Empfinden, erbaul. Katechese, Weltfreude und Obszönes, gläubiges Gefühl und kurzweilige Unterhaltung in ständigem Schwebezustand vermischen, fand im SpätMA weite (auch mündl.) Verbreitung, sogar →Chaucer dürfte es gekannt haben. Aus dem 14. Jh. sind Fragmente einer ptg. Fassung erhalten.

D. Briesemeister

Ed.: Faks. der Hss., ed. C. REAL DE LA RIVA, 1975; ed. G. B. GYBBON-MONYPENNY, 1987; ed. sinóptica A. ZAHAREAS–TH. MCCALLUM, 1989; ed. H. U. GUMBRECHT, 1972 [mit Übers. und Einl.] – A Concordance to J. R., ed. R. MIGNANI, M. A. DI CESARE, G. F. JONES, 1977 – *Lit.*: L. SPITZER, Zur Auffassung der Kunst des Arcipreste de Hita, ZfrPh 54, 1934, 237–270 – F. LECOY, Recherches sur le Libro de buen amor de J. R. ..., 1938 – U. LEO, Zur dichter. Originalität des Arcipreste de Hita, 1958 – M. R. LIDA, Two Spanish Masterpieces. The Book of Good Love and the Celestina, 1961 – A. N. ZAHAREAS, The Art of J. R. ..., 1965 – Libro de buen amor. Studies, ed. G. B. GYBBON-MONYPENNY, 1970 – El Arcipreste de Hita, ed. M. CRIADO DE VAL, 1973 – M. CRIADO DE VAL, Historia de Hita y su Arcipreste, 1976 – V. MARO, Dalle fonti alle forme, 1983 – G. PHILIPPS, The Imagery of the Libro de buen amor, 1983 – H. A. KELLY, Canon Law and the

Archpriest of Hita, 1984 – M. SCORDILIS BROWNLEE, The Status of the Reading Subject in the Libro de buen amor, 1985 – A. N. ZAHAREAS-O. PEREIRA, Itinerario del Libro del Arcipreste, 1990.

Rülein v. Calw, Ulrich, bedeutender montanist. Schriftsteller, * 1465/69 (?), † 1523, studierte Artes und Med. in Leipzig, seit 1492 Stadtarzt v. Freiberg, mehrfach Bürgermeister. Sein um 1500 anonym erschienenes, bald schon u. a. von G. →Agricola ihm zugeschriebenes Werk »Ein nützlich Bergbüchlein« ist eine der ersten dt. prakt. Anweisungen zum →Bergbau (Abschnitt II, 2; V) und zur Lagerstättenkunde, verbunden mit einer Diskussion zur ma. Theorie der Metallogenese und somit auch der →Alchemie. Das »Bergbüchlein« bietet erstmals eine Verknüpfung der meist schriftlosen bergmänn. Überlieferung mit der schriftl. tradierten Theorie, wie dies später in weit größerem Umfang von V. →Biringuccio und G. Agricola aufgegriffen wurde. R. dokumentierte so einerseits das bergmänn. Wissen (vgl. P. →Niavis) des ausgehenden MA, hat aber auch die Wiss. der Montanistik, u. a. für die geolog. Vorbedingungen der Suche nach neuen Lagerstätten, begründet. Zur Med. hat er sich in einer nur im Auszug (1521) erhaltenen Pestschrift geäußert.

G. Jüttner

Ed.: W. PIEPERT, U. R. v. C. und sein Bergbüchlein (Freiberger Forsch.shefte D 7, 1955) [mit Biogr. und Komm.] – *Lit.:* DSB XI, 607–609 [Lit.]. – L. SUHLING, »Philosophisches« in der frühnz. Berg- und Hüttenkunde (Die Alchemie in der europ. Kultur- und Wiss.s-gesch., hg. CHR. MEINEL, 1986 [Wolfenbütteler Forsch.en, 32]), 293–313.

Rūmeli ('Rumelien'), wörtl. 'röm. (d. h. griech.-byz.) Land', türk. Bezeichnung für das Territorium des →Osman. Reiches auf europ. Boden und im engeren Sinne für das dem →*beglerbegi* v. R. unterstehende Gebiet (*eyālet* oder *beglerbegilik* R.): Die osman. Expansion des 14. und 15. Jh. führte zur Teilung der Verwaltungsorganisation mit jeweils einem eigenen *beglerbegi*, →*defterdār* und *qāḍī asker* von R. und Anatolien. In der Hierarchie blieben die Amtsträger v. R. den anderen stets vorangestellt. Bis zur Abtrennung des beglerbegiliks der Dgäischen Inseln 1533 und der Bildung der beglerbegiliks Bosna und Budin 1541 nach der Eroberung →Ungarns gehörten alle europ. Teile des Osman. Reiches zum beglerbegilik R., während in Anatolien schon seit Ende des 14. Jh. mehrere Provinzen geschaffen worden waren. Bis ins 18. Jh. umfaßte R. das Gebiet des heutigen türk. Thrakien, Bulgariens, Makedoniens, Griechenlands und Albaniens, wurde dann aber in kleinere Einheiten geteilt und schließlich 1864 aufgelöst.

Ch. K. Neumann

Lit.: EI²II, 721–724 – IA IX, 766–773 – H. INALCIK, The Ottoman Empire, 1973, 104–120 – I. M. KUNT, The Sultan's Servants, 1983.

Rūmelihiṣārī (wörtl. 'europ. Burg', auch: Boğazkesen 'Halsabschneider', Yeñi Ḥiṣār 'Neue Burg'), am Westufer des →Bosporus gegenüber der kleineren Festung Anāṭōlī Ḥiṣārī (→Anadolu H., erbaut 1394/95) an der engsten Stelle der Wasserstraße liegende Burg. Auf Befehl des sich angeblich auch an der Planung persönlich beteiligenden →Meḥmed II. 1452 innerhalb von vier Monaten um den unmittelbar davor entstandenen Südwestturm errichtet, weist sie zwei Rundtürme an der Landseite und zwei Türme polygonalen Grundrisses am Ufer auf, die von verschiedenen Wesiren Meḥmeds finanziert wurden. Die auf einem dem Gelände angepaßten, unregelmäßigen Grundriß errichtete Anlage ist etwa 250 m lang und höchstens 120 m breit. R. diente der Sperrung des Bosporus unmittelbar vor und während der Belagerung →Konstantinopels 1453. Nach Einnahme der Stadt verlor R. seinen militär. Wert, wurde aber bis ins 19. Jh. instandgehalten und als Gefängnis auch für ausländ. Gefangene und Hinrichtungsort (bes. für →Janitscharen) genutzt.

Ch. K. Neumann

Lit.: IA IX, 766–777 – A. GABRIEL, Châteaux turcs du Bosphore, 1943 – H. DAĞTEKİN, R. Hisar Beççe'sinde yaptığım kazı«, VI. Türk Tarih Kongresi, Ankara 1967, 329–342 – W. MÜLLER-WIENER, Bildlex. zur Topographie Istanbuls, 1977, 335–337.

Rūmī, Ǧalāladdīn (Ehrenname: Mevlānā, 'unser Herr'), islam. Mystiker und Dichter, geb. 1207, gest. 1273, stammte aus Balḫ, das sein Vater Bahāʾaddīn, ein einflußreicher Theologe, wahrscheinl. nach einem Konflikt mit ʿAlāʾaddīn Ḫwarizmšāh verließ. Die Familie siedelte sich im anatol. →Konya an (der Beiname R. verweist vielleicht auf den Staat der Rūmselǧūqen). Dort wirkte R. als hochangesehener Gottesgelehrter und Mystiker, bis er 1244 dem pneumat. Wanderderwisch Šamsaddīn Tabrīzī begegnete und ihn bei sich aufnahm. Aus dieser wechselvollen Beziehung ergaben sich schwere Konflikte mit den übrigen Jüngern Mevlānās, der unter dem Eindruck dieser erschütternden Erlebnisse (die Ermordung Šamsaddīn [1247] wurde ihm aber offenbar verschwiegen) zum Dichter wurde; neben einer Gedichtsammlung (»Dīvān-i kabīr«) verfaßte er das große Lehrgedicht »Matnawī«; auch Sinnsprüche (»Fīhi mā fīh«) und Briefe sind von ihm überliefert. Seine auf Persisch abgefaßten Werke gehören zu den Höhepunkten der Lit. des Nahen Ostens. Der große Derwischorden der →Mevleviye, der sich bereits in den späten Lebensjahren Mevlānāš herausbildete und bes. durch seinen Sohn →Sulṭān Veled ('der Herr Sohn') eine feste Organisation erhielt, trug die Werke seines Gründers in regelmäßigen Rezitationen vor und pflegte Musik und zeremoniellen Tanz als religiöse Übung. R. unterhielt Kontakte mit christl. Mönchen des außerhalb Konyas gelegenen Efṭūtun-Kl. und wirkte für die Bekehrung von Christen, die zuweilen seine Jünger wurden. →Mystik, C; →Orden, myst.

S. Faroqhi

Lit.: EI², s.v. Djalāl al-Dīn R. – A. GÖLPINARLI, Mevlânâ Celâleddin, Hayatı, Felsefesi, Eserleri, Eserlerinden Seçmeler, 1959 – SP. VRYONIS, The Decline of Medieval Hellenism in Asia Minor and the Process of Islamization ..., 1971, 382–391 – A. EFLÂKÎ, Âriflerin Menkıbeleri, 2 Bde, übers. T. YAZICI, 1973.

Rūmselǧūqen (Sultanat v. Rum), Bezeichnung für den wichtigsten Zweig der türk. muslim. Dynastie der →Selǧūqen, errichteten nach der Schlacht v. →Mantzikert (1071) unter →Qı̄lič Arslan I. ihre Herrschaft in Kleinasien, mit Sitz zunächst in →Nikaia, dann in →Konya (Ikonion), auf ehem. Gebiet des →Byz. Reiches (daher die Bezeichnung 'Rum', zu 'Romaioi' = Byzantiner).

Lit.: →Selǧūqen.

Rundbau → Zentralbau

Rundburg, eine fast zirkelrund vermessene →Burg. Mit Mittelpflock und Meßschnur war der Kreis leicht herzustellen, doch wurden bei der Anlage von Achsenkreuzen im Innern Vermessungskenntnisse verlangt. Runde Trockenmauern und Erdwälle waren standfester und ließen sich an »Ecken« nicht ausbrechen. Die Verteidiger hatten die Gunst der inneren Operationslinie. Ein Nachteil war die schlechte Flankierung der eigenen Front. R. en treten bei den Kleinkastellen der späten Römerzeit auf (z. B. Kastell →Echternach), andere rundl. Burgi finden sich an Straßen der Germania Inferior. Runde Erdsodenwälle aus der jüngeren röm. Ks.zeit (RKZ) erscheinen auf den nordfries. Inseln Föhr (Tinnumburg) und Sylt (Archsumburg: Kultburg mit einem Kranz radial gegen den Wall gesetzter, nicht bewohnter Pfostenbauten). – Aus der jüngeren RKZ/Völkerwanderungszeit stammen R. en auf der schwed. Insel Öland; am besten untersucht: →Eketorp. Im ndl. Küstengebiet erscheinen in karol. Zeit Rundwälle, von denen →Middelburg und →Souburg sich zu Städten entwickelt haben. Zeitl. folgen die sog. Niedersächs. Rundwälle in NW-Dtl. (z. B. →Pipinsburg) aus dem 9.-10. Jh. Sie werden auch zu den Heinrichsburgen (→Burgenbauordnung Heinrichs I.) gezählt, was möglich, aber nicht gesichert ist. – Auf den brit. Inseln im Atlantik wurden vor Christi Geburt schwere runde Turmburgen (*Broch*; abgeleitet von →*bur[g]h*) mit gedoppelten Trockenmauern v. a. in der RKZ von den →Pikten errichtet, die sich aus älteren, ebenerdigen Bauten entwickelten, mit nach außen nur einem bodennahen Zugang, sonst nur Öffnungen zum durchgehenden Innenhof (z. B. Burg v. Mousa, Shettlands, noch über 24 m Höhe). Vor der Wikingerzeit erlosch die Funktion dieser für den N singulären Bauten. Ein runder Erdwall liegt in East-Anglia (Warham Camp). – Erst mit den runden *shell-keeps* des hohen MA treten den Motten (→Donjon) verwandte R.en auf. Sie haben keinen zentralen Turm, sondern eine starke Ringmauer, gegen die radial Bauten angesetzt sind (z. B. Restormel Castle und Totnes [Cornwall]). Mit der Burg von →Leiden (Niederlande) gibt es ein Beispiel auf dem Festland. Vielleicht sind die »Beringburgen« bei H. P. SCHAD'N vom Typ Mörs mit den shell-keeps verwandt. – Eine Sonderform sind die streng geometr. geordneten norddän. R.en vom Typ →Trelleborg/→Fyrkat. Innerhalb des kreisförm. Ringwalles standen in Karrees zu vieren zusammengefaßt die »genormten« schiffsförmigen Häuser. Sie sind archäolog. und dendrochronolog. in die Regierungszeit →Harald Blauzahns (Bauherr?) datiert, alles ist nach röm. Fuß vermessen. →Aggersborg war vielleicht auch Basis für Englandfahrten. Diese Burgen können von Bauhütten errichtet worden sein, die ihre »Trelleborghäuser« auch außerhalb bei reichen Bauern bauten. Die Hallen stehen in der Tradition spätantiker dreiteiliger Hallen. Die Burgen verraten die Traditionen der rom. agrimensores. H. Hinz

Lit.: H.-P. SCHAD'N, Hausberge und verwandte Wehranlagen in Niederösterreich, 1953 – H. HINZ, Über frühe Burgen am Niederrhein, Niederrhein. Jb. 4, 1959, 7-21 – F. T. WAINWRIGHT, The Northern Isles, 1964 – D. F. RENN, Norman Castles in Britain, 1968 – L. LAING, Orkney and Shetland, 1974 – H. HINZ, Motte und Donjon, 1981, 48-50 [shell-keep]; 147ff. [round tower] – DERS., Ländl. Hausbau in Skandinavien vom 6.-14. Jh., 1989, 205-219 [Trelleborg-Haus] – I. ARMIT, Beyond the Brochs, 1990.

Rundling. Der R. wird als Dorf(grundriß)form von Bauernstellen gebildet, die auf rechteckigen bis keilförmigen Hofplätzen um einen sackgassenartig engen oder rundl. offenen Dorfinnenraum angeordnet sind (Flurkarten 18./19. Jh.). In ihrer Mitte, d. h. meist gegenüber dem auf das Ackerland hin orientierten Dorfzugang, liegt der mit mehr Ackerland dotierte Hof des Schulzen (→Schultheiß). An die Hofplätze schließt rückwärtig Grünland an, nicht das Ackerland! Dieses, gegenüber dem R. gelegen, unterliegt der Hufenverfassung (Riegenschläge) in streifig gegliederten Langstreifen- und Gewannfluren. Die ursprgl. Vollhufnerzahl bleibt im allg. unter zehn; Übergänge zum großen Rundangerdorf sind fließend. Die Verbreitung der R.e schließt o. an das germ. Altsiedelland zw. Ostsee und Erzgebirge an, überwiegend in noch im 12. Jh. bäuerl. kolonisiertem Gebiet; sie erscheinen aber nicht im altslav. Siedelgebiet (daher keine slav.-ethnotyp. Siedlungsform).

R.e enthalten in aller Regel Hinweise auf slav. Ansiedler: slav. Orts- und/oder Flurnamen, Freiheit vom Kirchenzehnt als Indiz für nichtmissionierte Bewohner sowie urkundl. Benennung als villae slavicae o. ä. Jedoch wurde in keinem Fall bisher in den R.en vorkolonisationszeitl. slav. Keramik angetroffen.

Alter und Entstehung der R.e ergeben sich aus dem archäol. Fundbild, der Ersterwähnung, der Flurverfassung sowie der Territorial- und Kolonisationsgesch. als nicht vor das 12. Jh. zurückreichend. Die kleine hufeisenförmige, zum Feldland hin offene Dorfanlage erscheint weit verbreitet bei Beginn der dt. Ostkolonisation als »zeitgebundene Modeform« (F. ENGEL; →Landesausbau und Kolonisation), bes. im Bereich der Landesherrschaft →Heinrichs d. Löwen. Eine primäre konkrete Zweckbestimmung verbindet sich mit der Form nicht; erst sekundär umgebildet, sind die geschlossenen Rundformen z. B. im Hannoverschen Wendland. Fehlende ältere Siedlungskeramik erweist die R.e als Neugründungen gelenkter Kolonisation durch dt., zumeist ministerialadlige →Lokatoren. Die dabei angesetzten slav. Ansiedler müssen dazu erst herbeigeführt worden sein, mutmaßl. als Umsiedler nach den transelb. Kriegen (dravänopolab. Sprachbeziehungen z. B. im Hannoverschen Wendland). Im weiteren Verlauf der Ostkolonisation wird der R. durch andere Dorfformen ersetzt. →Dorf, A. II.
W. Meibeyer

Lit.: W. MEIBEYER, Die R.sdörfer im ö. Niedersachsen, Braunschw. Geogr. Stud. 1, 1964.

Rundschild, alteurop. Schildform der Bronzezeit, von den Griechen übernommen und durch zentrale Armmanschette und Handgriff am Schildrand verbessert (*hoplon*). Der R. aus Holz mit Lederüberzug, Buckel, Beschlägen und zentralem Handgriff war die charakterist. Schutzwaffe der Germanen bis zum HochMA. Im 11. Jh. wurde er vom byz. Dreieckschild abgelöst. In Spanien blieb der R. jedoch weiterhin in Gebrauch und kam über Sizilien und Neapel im 15. Jh. zum it. Fußvolk. O. Gamber

Rundstab, stabförmiges, halb- oder dreiviertelrund aus dem Grund ausgearbeitetes oder der Mauerfläche aufgelegtes Zierglied zur Wand-, Gewände- oder Rippengliederung oder an abgefasten Gewände- und Pfeilerecken, bes. in der roman. Architektur, in der Gotik zumeist begleitet von Kehlen, auch mit der Kehle zusammenwachsend als verschliffenes Wulst-Kehle-Profil.
G. Binding

Rundturm → Irland, A. II, 1

Rundvisier → Visier

Runen, -stein, -schrift. Die R. sind die älteste germ. Schrift, entstanden auf der Grundlage mediterraner →Alphabete (griech., etrur., röm.) sowie vielleicht auch einheim. vorrunischer Sinnzeichen, bald nachdem die Germanen in Kontakt mit dem röm. Imperium gekommen waren. Die älteste R.inschrift, eine Speerspitze von Øvre Stabu (Norwegen), stammt aus der Mitte des 2. Jh.; ob es sich dagegen bei den Zeichen auf der Fibel v. Meldorf (1. Jh.) wirkl. um R. handelt, ist umstritten. Schon zw. 2. und dem 5. Jh. hatte sich ein weitgehend vereinheitlichtes R.alphabet von 24 Zeichen entwickelt, das nach den ersten 6 Zeichen dieser R.reihe als (älteres) Futhark bezeichnet wird. Am Anfang des 8. Jh. begann sich das R.alphabet plötzlich merkl. zu verändern, und für den Rest des MA stand das aus nur 16 Zeichen bestehende sog. jüngere Futhark in Verwendung, obwohl man bis zum HochMA die wenigen und unpräzisen Zeichen des jüngeren Futhark vereinzelt durch Zusatzzeichen erweiterte. Alle R.zeichen hatten neben dem Lautwert auch noch einen Symbolwert, der in ihrem Namen z. T. umschrieben wurde, ob sie dagegen auch bestimmte Zahlenwerte besaßen (KLINGENBERG), ist umstritten. Die R.meister des älteren Futhark scheinen sich selbst als *erilaR* (verwandt mit an. →*Jarl*, engl. →*earl*, ebenso wie mit dem Stammesnamen der Heruler) bezeichnet zu haben, was dazu führte, daß man die Ausbreitung der R. mit einer bestimmten sozialen Schicht von runenkundigen →Herulern verbunden hat (HÖFLER).

Mehr noch als bei dem System der R. zeigte sich in den über 1000 Jahren ihrer genuinen Verwendung bei der Funktion der R.schrift eine grundlegende Wandlung. Anfangs noch eher dem Symbolcharakter der einzelnen Zeichen unterworfen, wobei der religiöse (besser: mag.) Aspekt von R.ritzungen die wesentl. Rolle spielte, nahm die Bedeutung der R.schrift in allen normalen Kommunikationssituationen zu und erfüllte ab dem 11. bis ins 14. Jh. die Funktion einer Gebrauchsschrift, häufig auch für lat. Texte. Mit der Funktion änderte sich z.T. auch das Beschreibmaterial: Während im älteren Futhark neben den ca. 75 verschiedenen Brakteatinschriften die Ritzungen auf Waffen und Schmuckstücken, seltener schon auf Steinen (ca. 50), dominieren (insgesamt 150 Inschriften ohne die der Brakteaten), verlagert sich der Schwerpunkt in der Frühzeit des jüngeren Futhark und der für die Wikingerzeit typ. R.steine, während ab dem 11. Jh. Mitteilungen und Briefe, Notizen und Gebete auf Holzstäben in den Vordergrund treten; der um 1300 entstandene Cod. Runicus des Schonischen Gesetzes (Skåne-lagen) stellt einen späten Versuch dar, die R. zu einer Buchschrift zu machen, blieb aber außer der Übers. des lat. Planctus Mariae ohne Nachfolger.

Der Symbolgehalt der R. ergibt sich einerseits aus dem Namen, der sicherl. auch mnemotechn. Bedeutung hatte, andererseits wurden die R. in einer Reihe ma. Gedichte erklärt (Abecedarium Normannicum [9. Jh.], Ags. Runengedicht der Salzburg-Wiener Alcuin-Hs. [10. Jh.], norw. und isländ. R.gedicht [13. und 15. Jh.]; Rúnatal in der Sigrdrífomál 6–19, Rúnatals þáttr Óðins in den Hávamál 138–141). Die multiplizierende Wirkung bestimmter Begriffzk. konnte bes. im mag. Kontext – etwa auf Waffen – einfach durch Aneinanderreihung mehrerer gleicher R. bewirkt werden, daneben stehen aus mehreren Zeichen geformte Wunsch- und Zauberworte, z.B. das häufige, noch immer nicht völlig geklärte Zauberwort *alu*, außerdem Namen, die wohl meist die des Erzeugers, Besitzers oder Empfängers von Artefakten sind. So konnte die Wiederholung einer t-Rune (Týr-Rune; Sieg-Rune) für die doppelte Invokation des Kriegsgottes stehen (Sigrdrífomál 6), die dreimalige f-Rune (Fe-Rune) für den wiederholten Wunsch nach Glück und Besitz (auf dem R.stein v. Gummarp in Blekinge). Auch der Aspekt der Schadensmagie ist hierher zu stellen (z.B. Androhung einer dreifachen þ-Rune [Thurs-Rune] in Skírnismál 6), selbst wenn die lit. Belege dafür erst aus dem HochMA stammen. – Die R.meister des älteren Futhark betrachteten die R. als Gottesgabe, wie der schwed. R.stein v. Noleby (ca. 600) ebenso wie der v. Sparlösa bestätigen, der von *rūnaR raginu-kundu* ('gottgesandten R.') spricht. Gott des R.wissens und der R.magie ist →Odin, von dem die eddischen Hávamál berichten, daß er die R.kenntnis durch ein Selbstopfer erlangte, als er neun Nächte ohne Nahrung an einem windumtosten Baum hing – ein deutl. Anklang an schaman. Initiationsriten, wenn nicht auch an chr. Vorstellungen.

R.steine, also Ritzungen von R. auf bes. plazierten Findlingen, nur selten auf Platten in gewachsenem Fels, sind für den Gebrauch der R. in der Wikingerzeit typ., obwohl es schon wesentl. ältere Beispiele gibt (z.B. Inschrift auf der Steinplatte v. Eggja in SW-Norwegen: 192 R., längste Inschrift im älteren Futhark). Die längste Ritzung ist die auf dem R.stein v. →Rök (Schweden, 1. Hälfte 9. Jh.). Viele R.steine sind, wie der Rökstein zweifellos auch, Gedenksteine an Gefallene; eine Sonderstellung unter ihnen nehmen die 30 sog. Yngvarsteine in Schweden ein, welche Yngvar und seine Gefährten erwähnen, die auf einer Expedition nach »Serkland« um 1041 den Tod gefunden haben. Bei den Gedenksteinen ist zu berücksichtigen, daß v.a. jene, die von Frauen dem Andenken ihrer verstorbenen Männer errichtet wurden, u.a. auch Rechtsdokumente sein könnten, welche die Erbfolge klarstellen und festhalten sollen (B. SAWYER). Zahlreiche R.steine tragen auch bildl. Darstellungen, wobei ornamentale Verzierungen am häufigsten sind (in Schweden oft Erweiterung der Zeilenlinie zu einer Schlange); inhaltl. relevante Ikonographie weist etwa der große R.stein v. →Jelling aus der Mitte des 10. Jh. auf, der eine R.inschrift über die Christianisierung Dänemarks durch Harald Blauzahn auf einer Seite, einen ornamentalen Drachen auf der zweiten und den gekreuzigten Christus auf der dritten Seite des massiven dreikantigen Blocks aufweist. Eine Verknüpfung von Text und Bild tragen auch die vier heidn. Grab- oder Gedenksteine, die das Symbol des Thorshammers mit der R.inschrift »Thor weihe diese Runen« zeigen; sechs Steine tragen nur das Hammersymbol ohne Text. Entsprechend dem Alter und dem Anlaß konnten Bildinhalte heidn.-weltl. (z.B. Sigurdsszenen auf der Felsplatte v. Ramsund in Södermanland [Schweden]) bis chr.-religiös sein (z.B. Darstellung der Hl. Drei Könige auf dem Dynnastein bei Oslo).

Im HochMA überwiegt wieder die Verwendung von R. auf losen Gegenständen, aber nun oft im chr. Kontext, wie die in R. geritzten Vaterunser auf der Rückseite von Holzkreuzchen aus Norwegen, oder aber auf Objekten des tägl. Gebrauchs (z.B. Funde v. Bergen Brygge und Drontheim); von diesen sind simple Namensanhänger am häufigsten, daneben finden sich aber auch Geschäftsbriefe, Empfehlungen und einfache Mitteilungen. Über 30 der Neufunde v. Bergen Brygge enthalten teils fragmentar. Gedichte verschiedensten Genres, selbst aus den Carmina Burana in lat. Sprache. Auf Lat. sind auch Gebete, Segen und Zaubersprüche, selbst klass. Zitate überliefert. Einen Sonderfall des völlig profanisierten Gebrauchs von R. sind die ca. 30 Graffiti von der Mitte des 12. Jh. im Megalithgrab v. Maeshowe auf Mainland (Orkney), in welchen sich einer der Ritzer als »Runenkundigster westl. des Meeres« bezeichnet, was die teils recht banalen Aussagen der Ritzungen keineswegs bestätigen; allerdings ist auch die schon aus der Wikingerzeit stammende Inschrift auf dem Löwen v. Piräus (jetzt in Venedig) und ehemals südlichste R.inschrift ein Graffiti.

Die Zahl der R.steine wie die der R.inschriften überhaupt ist sehr ungleich auf die skand. Länder verteilt: In Norwegen finden sich von über 1600 R.inschriften (davon allein 600 aus Bergen Brygge) nur 95 eigtl. R.steine (dazu 40 ma. Grabplatten und zahlreiche Petroglyphen), in Dänemark sind von über 700 R.inschriften etwa 200 wikingerzeitl. R.steine, in Schweden entfällt von insges. 3600 R.inschriften die Mehrheit auf wikingerzeitl. R.steine; Island kennen wir 70 und aus Grönland ca. 75 Inschriften, alle auf losen Gegenständen, während von den ca. 45 R.inschriften auf den Orkneys etwa 30 zu den erwähnten Graffiti v. Maeshowe gehören. Aus Amerika sind keine echten R.inschriften bekannt. Während in Skandinavien und auf den nordatlant. Inseln über 80% der Inschriften in die Wikingerzeit oder später zu datieren sind, überwiegen im süd- und westgerm. Bereich R.inschriften im älteren Futhark, wenn die Zuordnung auch nicht immer klar ist: die 70 ags., 20 fries., 30 südgerm. ('dt.') und ganz wenigen ostgerm. (got.) R.inschriften sind fast durchweg vor dem 9. Jh. entstanden, wovon mit Ausnahme einiger Grabsteine und Steinkreuze in England (→Ruthwell Cross) fast alle auf bewegl. Objekten zu finden sind. Zu den engl. R. s. a. →Runengedicht.

Neben den 'gewöhnl. nord. R.', die in Dänemark durchweg verwendet wurden, sind im wikingerzeitl. Norwegen und Schweden auch noch sog. Stutzr. belegt, die keine prinzipiellen Unterschiede, aber teils nur auf einer Seite des Stabs verlaufende Zweige, teils auch nur halbe Stäbe aufweisen; eine weitere Verkürzung bedeutet eine Weiterentwicklung der Stutzr., die seltenen sog. stablosen R. Die Unvollständigkeit des jüngeren Futhark, die auch zu Zusatzzeichen führte, bedingte im MA eine punktierte R.reihe, in der die Punktierung den genauen Lautwert angibt.

Daneben gab es auch noch verschiedene Arten von Geheimr., die alle auf dem Prinzip einer Dreiteilung der R.reihe in drei ættir beruhen, für die nun nur die ætt und die Position der Rune innerhalb dieser ætt angezeigt wurde. Bei den sog. Zweigr. geschah dies durch Angabe der ætt durch die Zahl der (parallelen) Zweige links des Stabs, der Position durch Zweige rechts des Stabs oder durch die Zahl von regelmäßig positionierten R., die der Eiben-Rune ähneln (beide Systeme auf dem Rökstein); Is-R. verwenden zur Unterscheidung von ætt und Position kurze und lange Stäbe, die Hahal-R. tragen nach unten geneigte Zweige an beiden Seiten des Stabs. Keine Funktion als Geheimschrift hatten dagegen wohl Binder. (zwei R. an einem Stab), die seltenen Sturzr. (auf dem Kopf stehende R.) sowie Wender. (gegen die Schriftrichtung gedrehte R.). – Worttrennungen bestehen v. a. aus kleinen senkrechten Strichen oder bis zu fünf in senkrechter Reihe stehenden Punkten oder aber auch aus verschiedenen Formen von Kreuzchen. R. Simek

Lit.: H. LINDROTH, Studier över de nordiske dikterna om runornas namn, ANF 29, 1913, 256–259 – H. ARNTZ, Bibliogr. der R.kunde, 1937 – R. W. V. ELLIOT, Runes, Yews and Magic, Speculum 32, 1957, 250–261 – DERS., Runes, 1959 [Reprint 1971], 1989² – H. MARQUARDT, Die R.inschriften der Inseln, 1961 [Bibliogr. der R.inschriften nach Fundorten, 1] – W. KRAUSE, R.inschriften im älteren Futhark, 1966 – DERS., R., 1970 – O. HÖFLER, Herkunft und Ausbreitung der R., Die Sprache 17, 1971, 134–156 – U. SCHNALL, Die R.inschriften des europ. Kontinents, 1973 [Bibliogr. der R.inschriften nach Fundorten, 2] – H. KLINGENBERG, R.schrift – Schriftdenken – R.inschriften, 1972 – E. MAROLD, »Thor weihe diese R.«, FMASt 8, 1974, 195–222 – E. H. ANTONSEN, A Concise Grammar of the Older Runic Inscriptions, 1975 – E. MOLTKE, The Origins of the Runes, Michigan Germanic Stud. 7, 1981, 3–7 – K. DÜWEL, R.kunde, 1983² – S. E. FLOWERS, Runes and Magic: Magical Formulaic Elements in the Older Runic Tradition, 1986 – J. E. KNIRK, Runebibliographi, 1985ff. (Nytt om Runer 1ff., 1986ff.) – Runor och runinskrifter. Föredrag vid Riksantikvarieämbetets och Vitterhetsakademiens symposium, 1987 – C. CUCINA, Il Tema del Viaggio nelle Iscrizioni Runiche, 1989 – B. SAWYER, Property and Inheritance in Viking Scandinavia: The Runic Evidence, 1988 – J. E. KNIRK, M. STOKLUND, E. SVÄRDSTRÖM, Runes and Runic Inscriptions (Medieval Scandinavia, 1993), 545–555 – →Runengedicht.

Runengedicht, ae. Gedicht, das nur über die Ed. pr. von G. HICKES (1705) greifbar ist; der entsprechende Teil der Hs. Cotton Otho B. x verbrannte 1731, eine Abschrift durch H. WANLEY ging verloren. Die urspgl. Form des ae. R.s muß hypothet. bleiben, weil die Ed. von HICKES Ergebnis einer Konflation ist. Als originär gelten: 29 bei HICKES je zweizeilig wie fortlaufende Prosa angeordnete Texteinheiten, die gleichwohl eine stroph. Gliederung erkennen lassen, und die links neben dem Text in einer vertikalen Kolumne den einzelnen Strophen jeweils separat zugeordneten 29 Runenzeichen.

In seiner rekonstruierbaren Form umfaßt das ae. R. 94 alliterierende Langzeilen. Jede der insgesamt 29 zwei- bis fünfzeiligen Strophen bietet die begriffl. Ausdeutung eines Runennamens, dessen Anlaut jeweils den Stab der ersten Langzeile bildet (→Alliteration, C. I). Dabei stimmt die den einzelnen Runennamen gewidmete Strophensequenz überein mit der Abfolge der hier um ein Zeichen erweiterten 28er-Reihe des als *futhorc* bekannten engl. Runenalphabets (→Runen). In erster Linie der Mnemotechnik dienend, stellt die der Weisheitslit. (→Merkverse) zuzuordnende Kompilation den Versuch dar, Phänomene der belebten und unbelebten Welt in ihrem Wirken auf den Menschen lehrhaft-unterhaltsam zu veranschaulichen. Der Kompilationscharakter des ae. R.s äußert sich in der Verknüpfung unterschiedl. Traditionsstränge. Am deutlichsten ist die Verwandtschaft mit der volkstüml. ae. Gnomendichtung. Einzelne Strophen und Verse erinnern stilist. an ae. →Rätsel. Mytholog.-stammesgesch. Stoff findet sich in Str. 22 (zur *ing*-Rune), chr. Vorstellungen in Str. 1, 12, 20, 24. Aufgrund inhaltl., z. T. wörtl. Übereinstimmungen einzelner Textpassagen des ae. R.s mit denen in den beiden ihrer Überlieferung nach jeweils jüngeren Runenliedern aus Island (13. Jh.) und Norwegen (15. Jh.) hat man an die Existenz eines in heidn. Zeit zurückreichenden Urliedes als gemeinsame Grundlage aller drei R.e gedacht. Die Übereinstimmungen können jedoch ebensogut mit der voneinander unabhängigen Verarbeitung volkstüml. Traditionen erklärt werden. Das Alter des Originals ist ungewiß; die Datierungsansätze reichen vom 7. bis ins 11. Jh. (→Altengl. Lit.). C.-D. Wetzel

Bibliogr.: RENWICK-ORTON, 216f. – NCBEL I, 300 – S. B. GREENFIELD–F. C. ROBINSON, A Bibliogr. of Publ. on OE Lit., 1980, 264 – Ed.: G. HICKES, Linguarum Vett. Septentrionalium Thesaurus, 1705, I, 134f. – ASPR VI, xlvi–i, clxii, 28–30, 153–160 – T. A. SHIPPEY, Poems of Wisdom and Learning in OE, 1976, 19f., 80–85, 135f., 145f. – M. HALSALL, The OE Rune Poem, 1981 – J. M. KEMBLE, Anglo-Saxon Runes. Additional Notes and Translations by B. GRIFFITHS, 1991, 28–39 – Lit.: R. DEROLEZ, Runica Manuscripta, 1954, 16–26 – K. SCHNEIDER, Die germ. Runennamen, 1956, 11f., 17f. – L. MUSSET, Introduction à la Runologie, 1965, 118–122 – R. I. PAGE, Anglo-Saxon Texts in Early Modern Transcripts, Transactions of the Cambridge Bibliogr. Soc. 6, 1972–76, 69–75 – DERS., An Introduction to Engl. Runes, 1973, 4, 71–74, 76–85, 87, 200 – M. C. ROSS, The Anglo-Saxon and Norse Rune Poems: a Comparative Study, ASE 19, 1990, 23–39 – →Runen.

Runkarier → Pauperes Lumbardi

Runtinger, Handels- und Patriziergeschlecht in →Regensburg. Die aus dem oberpfälz. Ministerialensitz Runding zugewanderte Familie ist erstmals 1347 im Besitz des Bürgerrechtes nachweisbar, 1407 im Mannesstamm ausgestorben. Durch Grunderwerb, erfolgreiche Handelstätigkeit und planvolle Heiraten stieg sie rasch ins Stadtpatriziat auf. Ihr Rang fand den baulichen Ausdruck in einer prächtigen Stadtburg. Während der zwei Generationen des Wilhelm und Matthäus R. ist sie in zahlreichen städt. Funktionen nachzuweisen. Genauen Einblick in die Wirtschaftsführung eröffnet das Hauptbuch des Unternehmens der Jahre 1383–1407, das aussagekräftigste Geschäftsbuch eines Kaufmannsgeschlechts des dt. MA. Es belegt, daß der Schwerpunkt auf dem Fernhandel mit Luxusgütern, v. a. dem Vertrieb der Venedigerware n. der Alpen, lag, während Kapitalgeschäfte und das Gewerbe keine nennenswerte Rolle spielten, zugleich aber auch den hohen Stand der Buchhaltungstechnik (→Buchhaltung) des späten MA. A. Schmid

Q.: F. BASTIAN, Das R.buch 1383–1407 und verwandtes Material zum Regensburger-südostdt. Handel und Münzwesen, 3 Bde, 1935–44 – *Lit.:* L. F. MORRÉ, Ratsverfassung und Patriziat in Regensburg bis 1400 (VHVO 85), 1935, 95f. – W. EIKENBERG, Das Handelshaus der R. zu Regensburg, 1976 – K. FISCHER, Der Regensburger Fernhandel und Kaufmannsstand im 15. Jh. [Diss. Erlangen, 1990].

Ruodlieb. Die in leonin. Hexametern abgefaßte fiktionale Erzählung von Tugend und Glück des jungen Adligen R. ist nur in Bruchstücken auf uns gekommen: 21 z. T. stark verstümmelte Doppelblätter von der Hand des Dichters aus der Bibl. der Abtei →Tegernsee (heute: Bayer. Staatsbibl. München, Clm 19486, letztes Drittel des 11. Jh.) und 1 Doppelblatt der einzigen bekannt gewordenen Abschrift (heute: Stiftsbibl. St. Florian, Port. 22, Ende 11. Jh.) überliefern 2320 vollständig oder teilweise erhaltene Verse des ursprgl. ca. 3850 Verse umfassenden Gedichts. Mindestens 8 Doppelblätter des Autographs sind verloren; was erhalten ist, wurde aus Tegernseer Codices ausgelöst, in die Blätter – z. T. rigoros beschnitten – im 15. Jh. als Bindematerial eingearbeitet worden waren. Trotz der erhebl. Textverluste lasssen sich Handlungsverlauf und Gliederung deutl. erkennen: 1. R. als Dienender: erfolgloser Dienst in der Heimat – erfolgreicher Dienst im Exil als Jäger, Feldherr und Diplomat – Belohnung (Weisheitslehren und Schatz im Brot) – Abschied (Frgm. I–V 558). 2. R. auf der Heimreise: in der Gesellschaft des Rotkopfs (Bewährung von 3 Weisheitslehren) – in der Gesellschaft des Neffen (Einkehr auf einem Adelssitz, Verlobung des Neffen mit der Tochter des Hauses) – Heimkehr (Frgm. V 559–XIII). 3. R. als Herr: Hochzeit Neffe-Edelfräulein – R.s Brautsuche (Abweisung der falschen Braut, Gewinnung einer Kg.stochter) (Frgm XIV–XVIII). Der Roman bricht mit dem Beginn der Schlußphase (kgl. Erhöhung) ab.

Die literarhist. Bedeutung des »R.« liegt darin, daß er der erste fiktionale Roman des MA überhaupt ist, fast 100 Jahre älter als die schriftlit. →Chansons de geste des »Aufrührerzyklus«, zu denen (speziell zu →»Gormont et Isembart«) motivl. Verbindungen bestehen (Exilthematik, Dienst beim fremden Kg., Schachspiel). Doch zeigt die Analyse der Stoffe und Motive (VOLLMANN 1993), daß der Dichter aus vielen, vorwiegend mündl. Q. geschöpft hat, um daraus seinen 'Ritterspiegel' zu gestalten. Geltend gemacht wurden Entsprechungen zu den an. →Sagas (NEUMANN), zum antiken →Roman (GAMER), zur →Legende (BRAUN), zur Heldensage (GAMER), zum →Schwank (BRAUN), v.a. aber zum sog. Ratschlagmärchen, das den Kern der erteilten und erprobten Weisheitslehren bildet (SEILER, LIESTÖL). Den Rahmen lieferte wohl der antike Roman, in dem der Held den Schlägen der →Fortuna trotzt und zuletzt triumphiert, doch erzählt der »R. « – im Gegensatz zum antiken Fortuna-Roman – die Geschichte eines kontinuierl. Aufstiegs. Diesem Erzählziel werden die narrativen Einzelelemente so geschickt untergeordnet, daß aus Entlehntem, Geschautem und Erdachtem ein einheitl., jedoch außerordentl. facettenreiches und zugleich teilnehmend-warmes Bild menschl. Lebens. entsteht.

Das unklass., bisweilen hölzerne Lat. des Autors ist kontrovers diskutiert worden (BRUNHÖLZL, LANGOSCH, VOLLMANN, 1993). Es ist zuzugeben, daß es hinter der Kraft des erzähler. Impetus zurückbleibt, doch kommt eben in ihm die gleiche Eigenwilligkeit zum Ausdruck, die den Autor befähigte, der Lit. neue Wege zu eröffnen.

B. K. Vollmann

Ed.: F. SEILER, R., 1882 – E. H. ZEYDEL, R., 1969[3] [mit engl. Übers.] – G. B. FORD, The R., 1966 – W. HAUG, R. Faks., 1974 [mit Einl.] – F. P.
KNAPP, R., 1977 [mit dt. Übers.] – B. K. VOLLMANN, R. Krit. Text, 1985 – DERS., R. (W. HAUG–B. K. VOLLMANN, Frühe dt. Lit. und lat. Lit. in Dtl., 1991), 388–551 [mit dt. Übers.] – *Lit.:* Verf.-Lex.[2] VIII, 395–400 – K. LIESTÖL, Die guten Ratschläge in der Hervararsaga (Fschr. E. MOGK, 1924), 84–98 – H. NAUMANN, Die an. Verwandten des R.-Romans (Fschr. F. GENZMER, 1952), 307–324 – W. BRAUN, Stud. zum R., 1962 – F. BRUNHÖLZL, Zum R., DVjs 39, 1965, 506–522 – H. M. GAMER, Der R. und die Tradition (Mlat. Dichtung, hg. K. LANGOSCH, 1969), 284–329 – K. LANGOSCH, Zum Stil des R. (Fschr. F. TSCHIRCH, 1972), 17–41 – CH. GÖTTE, Das Menschen- und Herrscherbild des rex maior im R., 1981 – P. KLOPSCH, Der Name des Helden: Überlegungen zum R. (Fschr. F. BRUNHÖLZL, 1989), 147–154 – B. K. VOLLMANN, R., 1993.

Ruotbert, Ebf. v. →Trier seit 931, † 19. Mai 956, ⊐ Trier, wahrscheinl. Liebfrauenkirche. Daß R. aus sächs. Adel stamme und Bruder →Mathildes (∞ Heinrich I.) sei, wird in der jüngeren Forsch. bezweifelt. HLAWITSCHKA vermutet eher lothr. Herkunft. Bereits Erzkanzler für Lothringen unter Heinrich I., erscheint er 937–953 als Erzkanzler/Erzkapellan Ottos I. Dominant war seine Rolle im Streit um das Ebm. Reims (946–948) zugunsten Ebf.s →Artoldus (vertrieben 940). In diesem Kontext stehen die Restitution von St. Servatius/Maastricht (946) und die Bestätigung der Herrschaftsrechte (947) durch Otto I., mit dem er 951 nach Italien zog. R.s zielstrebige Politik im W stand in Konkurrenz zu →Konrad d. Roten, der ihn 944 beim Kg. verleumdete, und zu →Brun, der ihn ab 940 de facto aus der Kanzlei verdrängte. Auf beider Betreiben verwehrte ihm Otto I. 953 den herrschaftl. Zugriff auf das Kl. St. Maximin vor Trier. 952 urkundet er für einen sachkundig organisierten Neubruch (Weinbau). R. vollendete die Reformansätze →Ruotgers in St. Maximin; er pflegte Kontakte mit →Rather v. Verona und →Flodoard v. Reims. Auf dem Kölner Hoftag 956 wurde er Opfer einer Pestwelle. A. Heit

Lit.: ADB XXIX, 294–296 – E.-D. HEHL, Ebf. R. v. Trier (Fschr. A. BECKER, 1987), 55–68 – E. HLAWITSCHKA, Kontroverses aus dem Umfeld von Kg. Heinrichs I. Gemahlin Mathilde (ebd.), 33–54 – A. FINCK v. FINCKENSTEIN, Bf. und Reich, 1989 [Q. und Lit.] – E. GIERLICH, Die Grabstätten der rhein. Bf.e vor 1200, 1990.

Ruotger. 1. R., Ebf. v. →Trier seit 915, † 27. Jan. 931, ⊐ Trier, Kapelle bei St. Paulin (zerstört), vermutl. aus lothring. Familie stammend, erscheint 916–922 fortgesetzt in Urkk. des westfrk. Kg.s Karl (III.) 'd. Einfältigen', als dessen Erzkanzler er wirkte. Nach Karls Sturz 923 schlug er sich im Zweckbündnis mit Hzg. →Giselbert zum dt. Kg. Heinrich I. An dessen Erwerbung Lothringens für das Dt. Reich (endgültig 925) hatte er maßgebl. Anteil. Ab 927 taucht er als Heinrichs I. Erzkanzler für Lothringen auf. Die im Zuge seiner Reformbestrebungen auf der Provinzialsynode in Trier 927 (929?) vorgelegten »Canones« fanden das Interesse der jüngeren Forsch. R. wußte die Besitzungen und Rechte seiner auch durch Normannenstürme und Ungarneinfälle schwer geschädigten Kirche zu wahren und zu mehren. Gegen 930 bemühte er sich mit Unterstützung Heinrichs I. um die Beseitigung des Laienabbatiats im Kl. St. Maximin vor Trier. A. Heit

Q. und Lit.: MGH Cap. episc., I, 1984 [Q. und Lit.] – ADB XXX, 39–41 – LThK[2] IX, 104 [Lit.] – T. SCHIEFFER, Die lothring. Kanzlei um 900, 1958 – P. BROMMER, Die Kanonesslg., Archiv für mittelrhein. Kirchengesch. 27, 1975, 35–48 [Q. und Lit.] – R. POKORNY, Die Kanones, DA 38, 1982, 1–30 – H. H. ANTON, Trier im frühen MA 1987 – E. GIERLICH, Die Grabstätten der rhein. Bf.e vor 1200, 1990.

2. R. v. Köln, Mönch v. St. Pantaleon, 10. Jh., lothring. oder rheinfrk. Herkunft, verfaßte um 968/969 im Auftrag des Ebf.s Folkmar die Vita des Ebf.s →Brun(o) v. Köln (953–965), des jüngsten Sohnes Kg. Heinrichs I. und wohl bedeutendsten Förderers der Gorzer (Lothringer)

Reform (→Gorze). R.s früher vertretene Herkunft aus Corvey (SCHRÖRS) ist heute widerlegt, offen bleibt jedoch, ob R. zu den Mönchen aus St. Maximin (Trier) gehörte, die unter Abt Christian zw. 955 und 964 die Reform in St. Pantaleon einführten. R. ist Brun wiederholt begegnet, ohne jedoch zu seinem engeren Umkreis zu gehören. Die Vita folgt dem herkömml. biograph. Muster, spiegelt jedoch mit umfassender Kenntnis nicht nur der Bibel, sondern v. a. christl. und klass. Autoren den gehobenen Bildungsstand des Reformmönchtums wider. Im Rahmen der gängigen Bescheidenheitstopik bekennt sich R. ausdrückl. zu anspruchsvollerem Stil und verwendet Reimprosa und rhythm. Satzschluß. In der Darstellung treten Wunder weitgehend zurück, die Heiligkeit Bruns wird aus der Verinnerlichung religiöser Vollkommenheit und der äußeren Tätigkeit zum Wohl der Bedürftigen sowie in der Reform von Kl. und Stiftern abgeleitet. Indem R. die Interessenbereiche geistl. Betreuung und polit.-militär. Befriedigung des Amtsbereichs bei der Durchsetzung von Anliegen der Reichsgewalt im übergeordneten Ziel der Friedenswahrung verbindet und gegenüber schwerwiegenden Einwänden rechtfertigt, verleiht er dem Werk apologet. Züge. Dabei wird die augustin. Pax-Idee sozusagen zum Leitmotiv, Brun selbst in der Wahrnehmung polit. Funktionen als Ebf. und »Ehzg.« v. Lothringen geradezu zum Prototyp des neuen otton. Episkopats. Die Reichsgewalt wird im Kg. als »christus Domini« vergeistigt, Aufruhr gegen sie als Gottlosigkeit gebrandmarkt. So vollendet sich gewissermaßen programmat. in der Vita die Verbindung von regnum und sacerdotium im sog. »otton. Reichskirchensystem« (→Reichskirche). Die Verbreitung der Vita blieb auf den niederlothring. Raum (u. a. durch →Folcuin v. Lobbes und →Sigebert v. Gembloux) beschränkt. Auf ihr fußt auch die im Auftrag des Ebf.s →Arnold II. in der Absicht der Heiligung Bruns um 1151/56 verfaßte 2. Vita.   F. Lotter

Ed.: Ruotgeri Vita Brunonis, ed. I. OTT, MGH SRG NS 10, 1951 – H. KALLFELZ, Lebensbeschreibungen einiger Bf.e (Ausgew. Q. zur dt. Gesch. des MA 12, 1973), 169–261 [mit dt. Übers.]. – *Lit.:* MANITIUS II, 175–179 – WATTENBACH-HOLTZMANN(-SCHMALE) II, 89–91; III, 34*ff. – Verf.-Lex.² VIII, 400ff. – H. HOFFMANN, Politik und Kultur, RhVjbll 22, 1957, 31–55 – F. LOTTER, Vita Brunonis, 1958 – E. KARPF, Herrscherlegitimation und Reichsbegriff (Hist. Forsch. X, 1985), 61–83 – P. CORBET, Saints Ottoniens (Beih. Francia 15, 1986), 51–80 – O. ENGELS, R.s Vita Brunonis (Ksn. Theophanu, hg. A. v. EUW-P. SCHREINER, I, 1991), 33–46.

Rupelmonde, Stadt und Herrschaft in der Gft. →Flandern (Belgien, Prov. Ostflandern), an der Einmündung der Rupel in die →Schelde gelegen, 1150 erstmals erwähnt. Strateg. Vorposten des →Waaslandes, das von ca. 1082 bis 1166 den Herren/Gf.en v. →Aalst, danach unmittelbar den Gf.en v. Flandern unterstand. Die Burg R. (erstmals 1193 genannt) beherbergte 1242/72–1586 das zentrale Archiv der Gf.en. v. Flandern, war Staatsgefängnis für Flandern und Gefängnis für das Waasland bis 1647. Eine wichtige Zollstätte an der Schelde, erlitt die Stadt durch Kriege und Aufstände im 14.–15. Jh. schwere Schäden (1315, 1381, 1452: Schlacht v. R., 1484–85). Zum Ausgleich wurde R. 1455 das →Stapelrecht für alle Handelswaren im Waasland im Umkreis von 2 Meilen verliehen. 1495–1503 besaß →Margarete v. York, die Witwe Hzg. →Karls d. Kühnen, das Nutzungsrecht des Gebiets v. R.   P. Avonds

Lit.: F. DE POTTER-J. BROECKAERT, Geschiedenis van de gemeenten der provincie Oost-Vlaanderen. 3. R., III, 1879 – M. VANDERMAESEN, Het slot van R. als centraal archiefdepot van het graafschap Vlaanderen, HKCG 136, 1970, 273–316 – J.-B. WINDEY, R., Driemaandelijks Tijdschrift van het Gemeentekrediet van België 115, 1976, 1–20.

Rupeniden → Armenien, II

Rupert

1. R., hl., Bf. v. Salzburg, † 27. März nach 716 in Worms. Bevor R. um 696 mit beachtl. Gefolge nach Bayern und schließlich nach Salzburg kam, war er Bf. v. Worms gewesen. Hier mußte er offenkundig vor Pippin II. (687–714) weichen und ging zu dem bayer. Agilolfingerhzg. Theodo, der ihn für die kirchenpolit. Reorganisation Ostbayerns einsetzte. Theodo ließ R. freie Hand bei der Standortwahl. Der Bf. sah den »geeigneten Platz« im altnorischen Gebiet, zunächst in Lorch, wo auch der hl. →Severin am Ende der Römerzeit gewirkt hatte, danach über eine mögliche Zwischenreise Seekirchen im röm. →Salzburg. An der Salzach entfaltete er eine Tätigkeit, die in den Q. die Zeitwörter »wiederherstellen, erneuern, roden und reinigen« ankündigen. R. dürfte daher in Salzburg eher eine bereits vorhandene geistl. Gemeinschaft als Kl. St. Peter wiederbelebt als sie von Grund auf neu gebildet haben. Die Erbauung und Weihe einer Peterskirche, die R. zugeschrieben wird, steht dazu nicht im Widerspruch. R. kam an die Salzach in ein Land, dessen Infrastruktur nach frühma. Maßstäben gut entwickelt war, und erhielt vom bayer. Hzg. außerordentl. reiche Schenkungen an Grund und Boden wie Anteile an der Reichenhaller Salzproduktion (Salzfaß: Attribut der R.-Ikonographie). Mag die »Stadt« Salzburg auch röm. Ruinen und Gräberfelder umfaßt haben, sie existierte doch als Rechtsbegriff, gleichsam als Voraussetzung zur kanon. Errichtung eines Bm.s, und als wohldotierte grundherrschaftl. Einheit. Von hier aus gründete R. 711/712 die Bischofshofener Maximilianszelle und kehrte zw. 712 und 715 kurzfristig in sein Bm. Worms zurück, um weitere Helfer zu holen. Unter den Neuankömmlingen wird bloß R.s Nichte Erintrudis namentl. hervorgehoben. Mit ihr als erster Äbtissin gründete R. das bis heute blühende Frauenstift Nonnberg. Er wirkte in Bayern aber weder als Landesbf. noch als Salzburger Abtbf., sondern reformierte das Christentum an der Grenze zu Slaven und Avaren. Dazu diente auch R.s Heranziehung der lokalen roman. Oberschicht. Gestorben ist R. nicht in Salzburg, sondern in Worms, wohin er am Ende seines Lebens gegen 715 zurückkehrte, nachdem er für sein Salzburger Wirken – entsprechend seiner monast. Tradition – einen Nachfolger bestimmt hatte. Verehrung als Hl. meist am 27. Sept. (Translation).

H. Wolfram

Lit.: Bibl. SS XI, 506–508 – H. WOLFRAM, Die Geburt Mitteleuropas, 1987, 118ff. – K. FORSTNER, Neue quellenkrit. Erkenntnisse zur R. frage, MIÖG 99, 1991, 317–346 – J. JAHN, Ducatus Baiuvariorum (Monographien zur Gesch. des MA 35, 1991), 48ff.

2. R. v. Bingen, hl., Mitte 9. Jh.; Fest 15. Mai (Diöz. Mainz). Einzige Q. zu seinem Leben ist die »Vita R.i« (BHL 7388), die →Hildegard v. Bingen in einer Offenbarung mitgeteilt wurde, deren hist. Angaben aber nur gelegentl. anhand anderer Q. verifizierbar sind. R. war Sohn des ungetauften Roboldus, eines Vasallen Karls d. Gr., und der frommen Bertha. Der Vater starb sehr früh. Als 15jähriger pilgerte R. nach Rom, führte nach der Rückkehr mit seiner Mutter ein gottgeweihtes, den Armen gewidmetes Leben im Laienstand und starb im Alter von 20 Jahren. Sein Leib wurde im Oratorium des Frauenkl., das Bertha und er bei Bingen errichtet hatten, beigesetzt. Der Ort wurde nach Normannenüberfällen verlassen. Die verfallene Kirche wurde 1147/50 von Bf. Hermann v. Hildesheim an Hildegard v. Bingen übertragen, die dort das Kl. →Rupertsberg gründete.   E. A. Overgaauw

Q.: AASS Mai III, 503–509 [= MPL 197, 1081–1092] – *Lit.:* LThK² IX, 104, 107 – Bibl. SS XI, 504 [Bibliogr.].

3. R. v. Deutz, * 1075/80 bei Lüttich, † 4. März 1129/30 in →Deutz, Benediktiner in Lüttich, St. Laurentius, 1116 in Siegburg unter seinem Förderer Abt Cuno, 1120 Abt v. St. Heribert, Deutz. Gregorianer, Anhänger der spätcluniazens. (Siegburger) Reform, Hauptvertreter des monast. Theol. in Dtl. mit unmittelbarem Einfluß auf →Gerho(c)h v. Reichersberg und →Honorius Augustodunensis. In krit. Rezeption der Vätertheol. sucht er »eadem via, sed non iisdem omnino vestigiis« (CChrCM 9, 7) im Blick auf die Hl. Schrift den Glauben für seine Zeit fruchtbar zu machen. Dabei gerät er in Konflikt mit →Norbert v. Xanten, →Wilhelm v. Champeaux, →Anselm v. Laon, →Anselm v. Havelberg. Theologiegesch. wirken nach seine heilsgesch. Eucharistielehre, die mariolog. Interpretation des Hld, eine stark christozentr. Gesch.stheologie, die Theorie von der unbedingten Inkarnation; bedeutungsvoll ist sein Einfluß auf die spätroman.-frühgot. Kunst (u.a. Doppelkirche in Schwarzrheindorf, Klosterneuburger Altar, Fresken Allerheiligenkapelle Regensburg). W. Beinert
Ed.: MPL 167-170 – CChrCM 7, 9, 21-24, 26, 29 – MGH SS 12, 624-638 – MGH L. d. L. 3, 624-641 – MGH QG 5, 1-126 – *Lit.:* M. MAGRASSI, Teologia e storia nel pensiero di R.o di D., 1959 – W. BEINERT, Die Kirche – Gottes Heil in der Welt, 1973 [Lit.] – J. H. VAN ENGEN, R. of D., 1983 [Lit.] – M. L. ARDUINI, R. v. D. (1076-1129) und der »status christianitatis« seiner Zeit, 1987.

Rupertiner → Robertiner

Rupertsberg, ehem. Abtei OSB bei Bingen (Rheinland-Pfalz). Die wachsende Zahl der Schwestern und der Wunsch nach rechtl. und besitzmäßiger Eigenständigkeit bewogen die hl. →Hildegard um 1150 zur Verlegung des Frauenkonvents vom →Disibodenberg in ihr 1147 gegr. Kl. auf dem R. 1151 weihte der Ebf. v. →Mainz die von Normannen zerstörte, wiedererrichtete (Kl.-)Kirche mit den Gräbern des hl. →Rupert und seiner Mutter Berta aus dem 8./9. Jh. Erst 1155/58 endete der Streit mit Disibodenberg um den Auszug der Nonnen durch Verzicht und Tausch von Besitz; doch blieb R. ihm geistl. unterstellt. Der Adel stattete R. mit Gütern aus; wichtige Rechte und Besitzbestätigungen verliehen die Bf.e v. Mainz (1158: Schutz, Äbtissinnenwahl), Kg. (1163: Schutz, Vogtfreiheit) und Papst (1184: Schutz). Das bes. im n. Rheinhessen begüterte R. bot bis zu 50 hochadligen Nonnen Platz; der große Zustrom führte schon um 1165 zur Gründung des Tochterkl. Eibingen bei Rüdesheim. H. Seibert
Q.: GP IV, 1978, 239-245 – *Lit.:* M. L. BREDE, Die Kl. der hl. Hildegard R. und Eibingen (Hildegard v. Bingen 1179-1979, 1979), 77-94 – F. J. FELTEN, Frauenkl. und -stifte im Rheinland im 12. Jh. (Reformidee und Reformpolitik im spätsal.-frühstauf. Reich, 1992), 271-275.

Ruppel, Berthold, aus Hanau stammender Druckerverleger und Buchhändler, † 1494/95 in Basel. Als Geselle →Gutenbergs wird R. (»Bechtolff v. Hanauwe«) 1455 in einem Mainzer Notariatsinstrument erwähnt. Spätestens 1468 machte er den Buchdruck in Basel heimisch, wo als erstes größeres Buch eine lat. Bibel (GW 4207) seine Presse verließ. Er gab auch weiterhin v.a. theol. Werke heraus und brachte es mit einer zahlenmäßig wenig bedeutenden Produktion zu Wohlhabenheit. Gelegentl. arbeitete er mit B. →Richel und M. →Wenssler zusammen, erst 1477 erwarb er das Basler Bürgerrecht. Nach finanziellen Rückschlägen widmete er sich seit 1480 nur noch dem Buch- und Papierhandel, möglicherweise hat er zuweilen noch mit Material gedruckt, das ihm J. →Amerbach zur Verfügung stellte. Seine eigenen Typen verraten den Einfluß von P. →Schöffer (Mainz). S. Corsten
Lit.: GELDNER, I, 111f. – F. R. GOFF, Variations in B. R.'s Bible, Gutenberg-Jb. 1972, 68-78 – H. M. WINTEROLL, Summae innumerae, 1987, 261-294.

Ruppin, Land in Brandenburg. Äußere Grenzen, Landesverfassung, Siedlung und Verkehrsnetz entstanden im wesentl. während des 13. und 14. Jh. unter der Herrschaft der mit den Askaniern verschwägerten Gf.en v. →Arnstein-Lindow-R. (= Lindau Anhalt), die hier seit etwa 1214 Fuß gefaßt hatten (Dynasten-Burg Altruppin, 4 km n. von Neuruppin). Das Gebiet zw. Temnitz (später Dosse) und oberer Havel ist von W nach O und von S nach N besiedelt worden, wobei Siedler aus dem ducatus Transalbinus (→Magdeburg), dem nö. Harzvorland und in geringerer Zahl vom Niederrhein angesetzt worden sind. Eine rudimentäre Landesstruktur hatte sich bereits in spätslav. Zeit herausgebildet. Gebhard v. Arnstein († 1256) und dessen Nachkommen errichteten und erweiterten Burgen, gründeten Städte (Neuruppin, Altruppin, Rheinsberg, Wildberg) und fundierten die Kl. in Neuruppin und Lindow. Sie drangen im N bis in die Waldgebiete bei Fürstenberg, Mirow und Wittstock vor. Nach 1319 wurden die Lande Wusterhausen und Gransee als brandenburg. Lehen inkorporiert. Um 1330 war die Herrschaft in ihren späteren Grenzen soweit konsolidiert, daß die als reichsunmittelbar anerkannten Landesherren die mecklenburg.-brandenburg. Differenzen und Ambitionen in diesem Raum wiederholt zu neutralisieren vermochten. Die Lage zw. den größeren Territorien erleichterte es den Gf.en, die unabhängige Sonderstellung des Landes R. (im obersächs. Reichskreis) zu bewahren, zumal sie als erster Stand hinter den Mgf.en vielfältig mit der brandenburg. Politik der Mgf.en aus den Häusern Wittelsbach, Luxemburg und (Hohen)Zollern verbunden waren. 1524, nach dem Aussterben des Gf.enhauses, wurde R. von Kfs. Joachim I. eingezogen. G. Heinrich
Bibliogr.: H.-J. SCHRECKENBACH, Bibliogr. zur Gesch. der Mark Brandenburg, T. 2, 1971, Nr. 7515-7589 – *Q. und Lit.:* (Novus) Codex diplomaticus Brandenburgensis, ed. A. F. RIEDEL, R. A, Bd. IV – G. HEINRICH, Die Gf.en v. Arnstein, 1961 – L. ENDERS, R. (= Hist. Ortslex. v. Brandenburg, T. 2, 1970).

Ruprecht

1. R., *dt. Kg.* seit 1400, als R. III. Pfgf. b. Rhein seit Jan. 1398, * 5. Mai 1352, † 18. Mai 1410 Burg Landskron über Oppenheim, ⊡ Heidelberg, Heiliggeistkirche; ∞ Elisabeth, Tochter des Nürnberger Burggf.en, Söhne: →Pfalzgrafschaft b. Rhein. Ob R. auf die Neuwahl am 20. Aug. 1400, in der er von den vier rhein. Kfs.en gegen Wenzel erhoben wurde, langfristig hingearbeitet hat, ist nicht ganz sicher; wohl aber ist gewiß, daß er im Konsens mit seinen rhein. Mitelektoren aus der Einsicht heraus handeln mußte, daß →Wenzel das Reich sträfl. vernachlässigte. Den Zeitgenossen erschien er immer als »der neue König«, unbestrittene Geltung erlangte seine Herrschaft v. a. ö. der Elbe nicht. Im wesentl. blieb sein Wirkungsbereich auf die traditionellen kg.snahen Landschaften beschränkt. Das erwies sich v.a. am Erfolg und Mißerfolg seiner »Ersten Bitten«, dem Kg.srecht, von dem er aus materiellen Erwägungen heraus ausgedehnten Gebrauch machen mußte. Dem Auftrag seiner Wahl, in der Kirchenfrage aktiv zu werden, diente sein eher improvisierter Italienzug 1401, der im Frühjahr 1402 im Venezian. erfolglos abgebrochen werden mußte und für den Kg. letztl. ein finanzielles Desaster bedeutete. Dafür war nicht etwa das Ausbleiben der versprochenen Florentiner Subsidien, deren zweite Rate R. in Venedig zugesichert worden war, ausschlaggebend, sondern die innere Unmöglichkeit, in einer veränderten Herrschaftswelt stauf. Traditionen beleben zu wollen; dennoch hielt er bis 1406 an dem Gedanken eines neuen Italienzuges fest.

R. war, wie seine Förderung der Benediktinerreform v.

→Kastl zeigt, die Reform der Kirche ein inneres Anliegen. Deshalb war er, der sowohl aus Gewissensgründen als auch aus polit. Kalkül an der röm. Obödienz festhielt, während seiner gesamten Regierungszeit um die Lösung des Schismas bemüht. Dem lassen sich auch die Forderungen nach einer Kirchenreform zuordnen, die an seinem Hof formuliert wurden. Alle Initiativen R.s in der Kirchenfrage erwiesen sich als erfolglos; Verhandlungen mit Karl VI. v. Frankreich waren ergebnislos; die territorialen Spannungen mit dem Mainzer Erzstift unter →Johann II. (v. Nassau) führten auch zu kirchenpolit. Gegensätzen. Im wesentl. konnte der Kg. nur auf die Entwicklungen reagieren. Auf das →Pisaner Konzil v. 1409 antwortete er mit der Heidelberger Appellation vom 23. März 1409. Auch wenn R. ein kgl. Berufungsrecht des Konzils nicht in den Mittelpunkt seiner Argumentation stellte, sah er doch in einem von den Kard.en einberufenen Konzil ein Unrecht und einen Irrweg, eine Monopolisierung des Konzilsgedankens durch die Kard.e. Die Appellation suchte den Weg zu einem wahren Konzil offenzuhalten.

Bei seiner Reichsherrschaft stützte sich R. auf seine pfälz. Kanzlei, die zielbewußt zur kgl. →Kanzlei ausgebaut wurde. Mehr Kg.surkk. als unter seinem Vorgänger und unter seinem Nachfolger wurden alljährl. hier ausgefertigt. R., der den Zeitgenossen als Freund der Wiss. und Gelehrten galt, nutzte dafür die →Heidelberger Univ. Im Gegensatz zum intellektuellen Glanz seiner Kanzlei steht die triste Realität seiner Reichspolitik. Neue kühne Gedanken über eine einheitl. Goldmünze im Reich, auf eine Reform des Zollwesens zielend, konnten nicht durchgesetzt werden. Die Schutzbriefe für die Juden, die R. noch als Pfgf. aus seinen pfälz. Landen hatte vertreiben lassen, dienten ebenso der fiskal. Nutzung des Judenregals wie der (durchaus nicht folgenlose) Versuch, eine organisator. Zusammenfassung der Judengemeinden im Reich durch Schaffung eines sog. Hochmeister-Amtes zu erreichen. Obwohl der Kg. kaum die ganze Tragweite erkannt haben dürfte, war seine Förderung der →Feme ein Versuch, die kgl. Gerichtsbarkeit im Reich zu stärken. Die sog. »Rupertinischen Fragen« wurden künftig von den Femerichtern als die legitimierende Ausgangspunkt ihrer überterritorialen Gerichtsbarkeit verstanden. Alle Bemühungen, die alten Kg.srechte wieder zu aktivieren und eine direkte Reichsherrschaft auszuüben, waren nur bedingt erfolgreich. Sie standen unter dem dauernden finanziellen Druck der materiell überhaupt nicht abgesicherten und weitgehend nur von den pfälz. Einnahmen lebenden kgl. Herrschaft. Ein Vergleich mit den Verhältnissen hundert Jahre zuvor, als drei Gf.en, deren Eigenbesitz geringer war als der R.s, zu Kg.en erhoben werden konnten, zeigt, daß die immense Verschleuderung von Reichsgut unter Karl IV. für das Scheitern von R.s Kgtm., für eine Herrschaft, die nicht mehr aus den Einkünften des Reiches leben konnte, verantwortl. zu machen ist.

Erfolgreicher als seine Politik im Reich war die für seine pfälz. Herrschaft. Sie lief auf einen Ausbau der Territorialverwaltung, auf größere Effizienz bei der Erhebung der Einnahmen hinaus. Durch Erhöhung der Pfandsummen machte er die Wiedereinlösung der pfälz. Reichspfandschaften nahezu unmöglich. Dabei muß bedacht werden, daß die Pfgft. große Belastungen durch die kgl. Verpflichtungen zu tragen hatte. Die 1402 ausgeschriebene außerordentl. Steuer des zwanzigsten Pfennigs, eine der frühesten allg. Steuern in dt. Landen, hing unmittelbar mit dem Scheitern des Italienzuges zusammen. Erfolgreich war R. auch in seiner »Hauspolitik«. Erst durch ihn wurde der Grundgedanke der Erbfolgeregelung, die sein Vater getroffen hatte, Wirklichkeit: die Einheit eines sog. »Kurpräzipuums« in einer Hand bei Ausstattung der Nachgeborenen mit Nebenländern.

R.s Reichsherrschaft mußte sich in zahlreichen Territorialreibereien verzetteln, unter denen v.a. die Auseinandersetzungen bis 1406 mit Kurmainz als gewissermaßen pfälz. Hauserbe nunmehr eine reichspolit. Dimension gewannen. Erfolglos protestierte der Kg. gegen den 1405 geschlossenen →Marbacher Bund von Fs.en und Städten unter Führung des Ebf.s v. Mainz: Nur ihm als Kg. stehe die Friedenswahrung im Reiche zu. Am Einfluß des Marbacher Bundes zerbrach die Landfriedenspolitik R.s, dem es erst seit 1408 gelang, diesen Bund zu überwinden. Trotz aller Rückschläge ist seine Herrschaft doch bei weitem nicht so ungünstig zu beurteilen, wie das lange nach Maßgabe des Machtstaatsgedankens der Fall war.

Nur die Fassade monarch. Autorität hatte R. zu wahren vermocht; aber das allein stellte in ihm eine große persönl. Leistung dar. Er hat weiterhin wichtige Anstöße für die spätere Reichsreform gegeben, hat den Weg, der zum →Konstanzer Konzil führte, offengehalten. In der Förderung geistiger Strömungen und nicht in der Demonstration polit. Macht liegt seine Leistung. →Deutschland, E. II, 2.

E. Schubert

Lit.: →Pfalzgrafschaft b. Rhein – A. GERLICH, Habsburg – Luxemburg – Wittelsbach im Kampf um die dt. Kg.skrone, 1960 – P. MORAW, Kanzlei und Kanzleipersonal Kg. R.s, ADipl 15, 1969, 428–531 – H. HEIMPEL, Die Vener v. Gmünd und Straßburg 1162–1447, 3 Bde, 1982 – A. GERLICH, Kg. R. v. d. Pfalz (Pfälzer Lebensbilder, 4, 1987), 9–60 – E. SCHUBERT, Probleme der Kg.sherrschaft im spätma. Reich. Das Beispiel R.s v. d. Pfalz (VuF 32, 1987), 135–184 – M. SCHAAB, Gesch. der Kurpfalz, I: MA, 1988, 123–144.

2. R. I., *Pfgf. bei Rhein* (→Pfalzgft. bei Rhein), Hzg. v. →Bayern, Kfs. v. d. Pfalz, * 9. Juni 1309 Wolfratshausen, † 16. Febr. 1390 Neustadt a.d.H., ▢ ebd.; Eltern: Pfgf. →Rudolf I. und Mechtild v. Nassau, Tochter Kg. Adolfs. Anders als sein älterer Bruder →Rudolf II. versöhnte R. sich wegen des zurückbehaltenen väterl. Erbes nur zögernd mit Onkel Ludwig d. Bayern und gewann so wohl maßgebl. Einfluß auf die Gestaltung des Vertrags v. →Pavia (1329), von dem eine eigenständige, von Bayern losgelöste Entwicklung der Pfalz ihren Ausgang nahm. Das fortan gute Einvernehmen mit dem Ks. begünstigte die Expansion des Pfälzer Territoriums, ermöglichte den Erwerb zahlreicher →Reichspfandschaften und wurde nur 1344 nochmals gestört. Nach Ludwigs Tod ergriffen R., sein Bruder Rudolf II. und sein Neffe →Ruprecht II. Partei für →Günt(h)er v. Schwarzburg (die Kurstimme führte Rudolf), entwickelten aber nach dessen Thronverzicht rasch ein enges, den pfälz. Belangen sehr vorteilhaftes Verhältnis zu Karl IV. Die →Goldene Bulle v. 1356 sicherte der Pfalz das Kurrecht unter Ausschluß aller bayer. Ansprüche sowie das Reichsvikariat, das R. bereits 1354/55 während Karls Romzug ausgeübt hatte. Zwar führte die Hausmachtpolitik des Luxemburgers 1363/73 zu einer vorübergehenden Entfremdung, indes ließ der Pfälzer Kfs. sich durch die Überlassung neuer und die Erhöhung der Summen auf bereits bestehenden Reichspfandschaften wieder gewinnen und gab bei der Kg.swahl 1376 seine Stimme dem Sohn des Ks.s. Im Schisma trat R. entschieden für den röm. Papst ein. Mit Tatkraft verfolgte er die Interessen seines Territoriums gegen Württemberg (1360, 1381), im Elsaß (1361/65), gegen Kurmainz und bei den Landfriedensbestrebungen am Oberrhein. Durch seine Vermittlung kam 1384 die →Heidelberger Stallung zustande; 1388/89 beteiligte er sich an der Niederwerfung der Städte. In der 1338 mit seinem Bruder vorgenommenen Landesteilung war es R. gelungen, den Neffen bezügl. dessen Erbansprüchen zu vertrösten; auch nach der Teilung mit Ruprecht II. (1353) regierte R. prakt. allein weiter, räumte aber dem Neffen 1357 die sichere Anwartschaft auf das Gesamterbe ein. 1368 bestimmten beide Ruprechte gemeinsam jene Landesteile, die ewig bei der Pfalz bleiben sollten, das spätere sog. Kurpräzipuum. R. darf als der eigtl. Begründer der Kurpfalz und ihrer machtvollen Stellung im Reich gelten. Selbst illiterat, setzte er sich 1386 mit der Gründung der Univ. →Heidelberg ein die Jahrhunderte überdauerndes Denkmal.

K. Andermann

Q. und Lit.: ADB XXIX, 731–737 – Reg. der Pfgf.en bei Rhein, I, hg. A. Koch–J. Wille, 1894, 145–295 – E. Bock, Kfs. R. v. d. Pfalz, Saarpfälz. Lebensbilder, I, 1938, 27–44 – M. Schaab, Gesch. der Kurpfalz, I, 1988, 91–102 – H.-D. Heimann, Hausordnung und Staatsbildung, 1993.

3. R. II., *Pfgf. bei Rhein* (→Pfalzgft. bei Rhein), Hzg. v. →Bayern, Kfs. v. d. Pfalz, * 12. Mai 1325 Amberg, † 6. Jan. 1398 ebd., ⌷ Schönau; Eltern: Pfgf. Adolf und Irmgard v. Oettingen. Bis zum Tod Rudolfs II. (1353) regierte R. gemeinsam mit seinem Onkel→Ruprecht I.; danach erhielt er einen eigenen Landesteil, schloß sich aber territorial-, reichs- und kirchenpolit. weiterhin ganz dem Onkel an. Im Kampf gegen die Städte (1388/89) erwarb R. den Beinamen 'der Harte', den er hernach auch in der Verfolgung von Ketzern und Juden bestätigte. 1390 zum Hauptmann des Reichslandfriedens v. →Eger bestellt, erklärte er sich 1394 im Einvernehmen mit den Kfs.en für die Dauer der Gefangenschaft Kg. Wenzels zum →Reichsvikar; seit 1395 entfremdeten sich der Pfälzer und der Kg. zunehmend. Im Bemühen um die Unteilbarkeit des Pfälzer Territoriums initiierte R. 1395 die sog. Rupertin. Konstitution, die aber keine Rechtskraft erlangte.

K. Andermann

Q. und Lit.: ADB XXIX, 737–740 – Reg. der Pfgf.en bei Rhein, I, hg. A. Koch–J. Wille, 1894, 296–348 – M. Schaab, Gesch. der Kurpfalz, I, 1988, 91–104 – H.-D. Heimann, Hausordnung und Staatsbildung, 1993.

4. R. v. d. Pfalz, *Ebf. v.* →Köln, * 27. Febr. 1427, † 26. Juli 1480, ⌷ Bonn, Münster; dritter Sohn des Pfgf.en →Ludwig III. (32. L.), wurde am 31. März 1463 vom Kölner Domkapitel zum Ebf. gewählt in der Hoffnung, daß er als Angehöriger der Dynastie der →Wittelsbacher dem durch die Regierung Ebf. →Dietrichs II. v. Moers darniederliegenden Kfsm. Köln polit. und finanziell wieder aufhelfe und als wenig profilierte Persönlichkeit sich den Mitbestimmungsansprüchen des Domkapitels nicht widersetze. Die zunächst erfolgreiche Zusammenarbeit endete, als R., militär. unterstützt von seinem Bruder, Pfgf. →Friedrich I. d. Siegreichen, bei der gewaltsamen Rückgewinnung des verpfändeten Stiftsbesitzes die Interessen des Domkapitels verletzte. Domkapitel und Teile der köln. Landstände kündigten R. den Gehorsam auf und wählten den Domkanoniker Hermann v. Hessen zum Stiftsadministrator (1473). In der anschließenden 'Kölner Stiftsfehde' rief R. Hzg. Karl d. Kühnen v. Burgund zu Hilfe. Der burg. Einfall in das Kölner Erzstift provozierte einen Reichskrieg und scheiterte an der erfolglosen Belagerung v. →Neuss (1474/75). Die Stiftsfehde endete 1478 mit der Gefangennahme R.s durch die Hessen. Während der langwierigen Verhandlungen über seine Resignation ist R. als Gefangener gestorben.

W. Janssen

Lit.: ADB XXIX, 729f. – W. Janssen, Der Verzicht des Ebf.s R. v. d. P. auf das Ebm. Köln um die Jahreswende 1478/79 (Köln. Stadt und Bm. ... [Fschr. O. Engels, hg. H. Vollrath–St. Weinfurter, 1993]), 699f.

Ruricius (I.), Bf. v. →Limoges 485–ca. 507, senator. Herkunft aus Aquitanien (Auvergne?), mit den größten Familien der weström. Welt verwandt, bes. mit der des gall. Ks.s →Avitus, den Pontii Paulini v. Bordeaux und den röm. Aniziern. Sein Sohn Ommatius wurde 522 Bf. v. →Tours, sein Enkel Ruricius (II.) sein Nachfolger in Limoges, wo ihre Vorfahren seit Generationen das Bf.samt innehatten. * ca. 440, heiratete vor 468 die hochadlige Hiberia (→Sidonius Apollinaris, Carm. 10 und 11), Kinder: mindestens 5 Söhne und eine Tochter. 477 trat R. in den Klerus ein und wurde nach längerer Vakanz des Bf.samtes in Limoges nach dem Tod des arian. Westgotenkg.s →Eurich 485 Bf. Stark unter dem Einfluß der asket.-monast. Vorstellungen des →Faustus v. Riez stehend (Briefwechsel), scheint er durch die Gründung einer Augustinuskirche in Limoges an den Kompromißbestrebungen des gall. Episkopats mit der Gnadenlehre des Kirchenvaters beteiligt gewesen zu sein, auch wenn er am Konzil v. Agde (506) unter Leitung des →Caesarius v. Arles (und am Konzil v. Toulouse 507) wegen Krankheit nicht teilnehmen konnte. Starke Bautätigkeit in Limoges; 82 seiner Briefe, die er in zwei Büchern im Stil spätröm. Epistolographie herausgab, bezeugen darüber hinaus enge Beziehungen zu den gall. Bf.en südl. der Loire. →Venantius Fortunatus schrieb für ihn wie für seinen gleichnamigen Enkel ein metr. Epitaph (Carm. IV 5).

M. Heinzelmann

Lit.: Schanz-Hosius IV/2, 550f. – H. Hagendahl, La correspondance de R., 1952 – M. Aubrun, L'ancien diocèse de Limoges des origines au milieu du XIe s., 1980, 93–101 – M. Heinzelmann, Gall. Prosopographie 260–527, Francia 10, 1982, 683 [R. 1] – C. Settipani, R. 1er évêque de Limoges et ses relations familiales, ebd. 18/1, 1991, 195–222 [Bibliogr.].

Rurik → Rjurik

Rus'. Das vieldiskutierte Problem, was unter der Bezeichnung R., bevor sie seit der 2. Hälfte des 10. Jh. allmähl. Benennung des gesamten Kiever Reiches und dessen Bevölkerung wurde, zu verstehen sei, ist der wiss. Restbestand der sog. Warägerfrage, deren traditionelle und ideolog. belastete Antwort (Waräger als 'Gründer' des ostslav. R.-Reiches) heute als endgültig überwunden gilt. Angesichts der Q.zeugnisse steht die skand.-waräg. Herkunft der ersten Träger des Namens 'R.' fest (u. a. →Annalen v. St.-Bertin s.a. 839: Rhos–Sueones; →Konstantin VII. Porphyrogenetos: 'russ.' Dnepr-Stromschnellen; skand. Namen der 'russ.' Gesandten in den Verträgen mit Byzanz in der ersten Hälfte des 10. Jh.; Sage von →Rjurik). Wahrscheinl., doch nicht unbestritten, ist skand. Ursprung des Wortes selbst, doch bleibt die gängige Etymologie < nordgerm. *rōþR-[karlaR] o.ä. 'Ruderleute' sprachwiss. angreifbar. Diesem Befund entspricht jedoch nicht der aruss. Gebrauch des Begriffes 'R.', wie er sich v. a. aus den chronikal. Texten des 12. Jh. rekonstruieren läßt, wo sich neben der gewöhnl. allg. Bedeutung auch eine spezif. findet, die auf ein engeres Territorium um →Kiev, →Černigov und →Perejaslavl' bezogen ist, mit dem eindeutigen Ausschluß von Randgebieten wie →Novgorod, →Rostov-Suzdal' oder →Volhynien. Diese geogr. Einheit entspricht in keiner Weise den polit. Gegebenheiten des 11.–12. Jh., vielmehr gehört die Entstehung jenes Begriffs in die Zeit vor der Herausbildung eines alle ostslav. Gebiete umfassenden R.-Reiches, wohl noch vor den Zusammenschluß von Kiev und Novgorod unter Fs. →Oleg Ende des 9. Jh. Obwohl die Waräger archäolog. in Kiev und Černigov belegt sind, liegen ihre bedeutendsten Niederlassungen im 9.–10. Jh. (z. B. →Alt-(Staraja) Ladoga, Gnezdovo bei →Smolensk, Timerevo bei →Jaroslavl') an Knotenpunkten der wichtigsten Wasserwege von der

Ostsee bis zum oberen Dnepr und der oberen Wolga, d. h. weit außerhalb der R. im engeren Sinn des Wortes. Dieses Auseinanderklaffen stellt das Denkmodell, daß sich 'R.' als Volks- und Landname, mit der Zwischenstufe der vorübergehenden Verwendung als Bezeichnung der vorwiegend skand. Oberschicht des frühen Kiever Reiches, aus einer möglichen Benennung von 'Ruderschiffgesellschaften' der Ostseevikinger entwickelt habe, in Frage. Andererseits sind Versuche, das R.-Problem aus ethn. Verhältnissen des mittleren Dnepr-Raumes (z. B. aus einer slav.-iran. Symbiose des 5.–8. Jh.) zu lösen, weder method. noch quellenkundl. befriedigend (→Ostslaven, →Waräger, →Kiever Rus'). A. Nazarenko

Lit.: E. KUNIK, Die Berufung der schwed. Rodsen, 1-2, 1844-45 – S. GEDEONOV, Varjagi i R., 1-2, 1876 – W. THOMSEN, The Relations between Ancient Russia and Scandinavia, 1877 [Neudr. 1965] – V. A. MOŠIN, Varjago-russkij vopros, Slavia 10, 1931, 109-136, 343-379, 501-537 – DERS., Byzslav 3, 1931, 37-58, 285-307 – A. L. POGODIN, Varjagi i R., Zapiski Russ. naučn. inst. v Belgrade 7, 1932, 93-135 – A. N. NASONOV, »Russkaja Zemlja« i obrazovanie territorii Drevnerusskogo gosudarstva, 1951, bes. 28-50 – A. STENDER-PETERSEN, Varangica, 1953 – I Normanni e la loro espansione in Europa nell' alto medioevo, 1963 (Sett. cent. it., 16) – A. G. KUZ'MIN, Dve koncepcii načala Rusi v Povesti vremennych let, Istorija SSSR 1969, 6, 81-105 – Varangian Problems, 1970 (Scando-Slavica, Suppl. 1) – H. RÜSS, Die Varägerfrage. Neue Tendenzen in der sowjet. archäolog. Forsch. (Fschr. M. HELLMANN, 1977), 3-16 – A. N. KIRPIČNIKOV, G. S. LEBEDEV, V. A. BULKIN, I. V. DUBOV, V. A. NAZARENKO, Russkoskand. svjazi, Scando-Slavica 24, 1978, 63-89 – HGeschRußlands 1/I, 267-282 [H. RÜSS; Lit.] – B. A. RYBAKOV, Novaja koncepcija predistorii Kievskoj Rusi, Istorija SSSR 1981, 1, 55-75; 2, 40-59 – G. SCHRAMM, Die Herkunft des Namens R.: Kritik des Forsch.sstandes, FOG 30, 1982, 7-49 [grundlegend] – DERS., Norm. Stützpunkte in Nordwestrußland, BN 17, 1982, 273-290, 381 – CH. LOVMJAN'SKIJ, R. i normanny, 1985 [poln. 1957; russ. Übers. mit wichtigen Komm. und Nachw. v. E. A. MEL'NIKOVA–V. JA. PETRUCHIN] – TH. S. NOONAN, Why the Vikings First Came to Russia?, JbGO 34, 1986, 321-348 [vgl. auch Beitr. O. FALK, S. EKBO, J. CALLMER, ebd.] – O. PRITSAK, The Origin of the Name Rūs/R. (Fschr. A. BENNIGSEN, 1986), 45-65 [stark hypothet.] – E. A. MEL'NIKOVA–V. JA. PETRUCHIN, The Origin and Evolution of the Name R. The Skandinavians in Eastern-European Ethnopolitical Processes before the 11th Cent., Tor 23, 1990/91, 203-234 – C. GOEHRKE, Frühzeit des Ostslaventums, 1992, bes. 157-164.

Rusca, ghibellin. Familie aus →Como, die im Zuge der Expansionsbestrebungen der Kommune Como (wo die R. gegen die guelf. Vitani um die Signorie kämpften) auf das Sottoceneri ein Machtzentrum im Gebiet von Lugano gewann. Im Frieden von 1286 anerkannte Ottone Visconti die Signorie des *Loterio R.* über Como und dessen Territorium bis →Bellinzona, während →Lugano sich mit den Pfarren Agno und Capriesca als selbständiges Capitaneat konstituierte, dessen Podestà Loterios Sohn *Corrado R.* wurde. Der Machtausbau der Familie im Luganese setzte sich unter *Franchino I. R.* fort (unter dem Como 1335 sich Azzone Visconti unterstellte), v. a. aber unter *Franchino II.*, der sich in das Luganese zurückzog, um die Rückgewinnung Comos vorzubereiten und sein Herrschaftsgebiet als »Comunitas burgi Lugani et vallis ac ripperie« organisierte (1405), die später mit der »Comunitas Mendrisii« (Mendrisio und Balerna) den Kern einer von Como losgelösten Region Sottoceneri bildete. Franchino († 1412) eroberte Como 1408 zurück, sein Sohn *Loterio* unterlag Filippo Maria →Visconti, verzichtete im Vertrag vom 11. Sept. 1416 endgültig auf Como und wurde dafür unter dem Titel eines »conte di Val Lugano« mit dem Lugano-Tal, den Pieven Riva San Vitale und Balerna, dem Chiavennatal und einigen Kastellen belehnt. Nach seinem Tod wurde die Gft. zur Hälfte auf seinen Bruder *Giovanni* und zur Hälfte auf seine Vettern *Antonio* und *Franchino* (III.) aufgeteilt; Antonio trat in den Franziskanerorden ein (und wurde Generalminister), Giovanni starb 1433. Der Visconti wies die Gft. nun dem Kondottiere Aloisio →Sanseverino zu, ließ Franchino nur den Titel eines Gf.en v. Lugano, stattete ihn 1438 mit Arona und dem Travagliatal aus, verlieh ihm jedoch 1439 stattdessen die Pieve Locarno und das Maggia- und Verzascatal. 1447 schloß sich Lugano der →Ambrosianischen Republik an und vertrieb die Sanseverino. Im Nov. 1448 fiel Franchino (der am 5. Okt. von Ks. Friedrich III. die Bestätigung der Lehen im Locarnese und im Sottoceneri als Reichslehen erhalten hatte) mit den Truppen des Kondottiere Simone Albricci gen. Campanella und der Waffenhilfe der Urani im Sottoceneri ein, wurde jedoch Anfang 1449 von den Mailänder Truppen unter Giovanni della Noce in Chiasso aufgehalten und gezwungen, sich in das Kastell von Locarno zurückzuziehen. 1451 bestätigte Francesco →Sforza Franchino († 1465) die Lehen Locarno, Brissago, Travagliatal und einen Teil des Intelvitals. Lugano fiel wieder an die Sanseverino. In dem Streit der Söhne Franchinos, *Giovanni* und *Pietro*, um das Erbe griff Hzg. Galeazzo Maria →Sforza schlichtend ein. 1483 wurde Pietros Sohn *Franchino* mit Locarno belehnt, 1484 *Giovanni* (nach dem plötzl. Tod des Neffen) und 1508 dessen Sohn *Eleuterio*. 1513 ergriffen die zwölf Schweizer Kantone (→Eidgenossenschaft) endgültig Besitz von diesem Gebiet. Die R. behielten in der Folge nur die Lehen Luino und Travagliatal. P. Margaroli

Lit.: A. RUSCONI, Memorie storiche del casato R. o Rusconi, 1877 – E. MOTTA, I R. signori di Locarno, di Luino, di Val Intelvi, ecc., Boll. Stor. d. Svizzera It., XVII–XXII, 1895-1900 – P. SCHAEFER, Das Sottoceneri im MA, 1931 – G. VISMARA, A. CAVANNA, P. VISMARA, Ticino medievale, 1990.

Rusch, Adolf, aus Ingweiler (Elsaß) stammender Drukkerverleger, Buch- und Papierhändler, † 1489 in Straßburg. R., der seine Drucke niemals firmierte, ist mit dem anonymen »Drucker mit dem bizarren R« ident., er arbeitete zunächst in der Werkstatt von J. →Mentelin, heiratete dann dessen Tochter und wurde Teilhaber seines Prinzipals. Er verwendete als erster dt. Drucker eine Antiqua-Letter (seit 1467) und brachte v. a. antike Klassiker und humanist. Autoren heraus, u. a. Plutarchs »Vitae illustrium virorum« (H 13124), aber auch umfangreiche ma. Werke wie zwei Ausg.en des »Catholicon« von Johannes Balbus (GW 3184, 3185). S. Corsten

Lit.: GELDNER, I, 62f. – K. DZIATZKO, Der Drucker mit dem bizarren R, Beitr. zur Kenntnis des Schrift-, Buch- und Bibl.swesens 8, 1904, 13-24.

Russische Kunst. Eine periodisierende Übersicht der altruss. K. wird von ihrer Zugehörigkeit zur byz.-slav. Kulturgemeinschaft auszugehen haben. Der Reichtum ihrer Erscheinungen wiederum ist begründet in der »Kulturhoheit« eines zunächst dem Patriarchat von →Konstantinopel unterstellten Ebm.s, das sich indessen im Zustand einer »stillen Autokephalisierung« befand, bis 1448 die selbsternannte →Autokephalie erfolgte. Der Fall von Konstantinopel 1453 steigerte das religiös-polit. Selbstbewußtsein bis zur Stilisierung der Ideologie von »Moskau dem dritten Rom«, die zwar in der Politik der Gfs.en keine Rolle spielte, um so mehr in den Emotionen des Kirchenvolkes. Mit der Zeit Ivans IV. Groznyj (1530-84), die nicht mehr zu unserem Berichtszeitraum gehört, endet sowohl die Epoche der altruss. K. wie sich gleichzeitig die ersten Anzeichen einer Neuorientierung bemerkbar machen.

Annahme und Auseinandersetzung: Auch über dem Anfang der r. K. liegt jenes eigenartige »Flair«, das PH. SCHWEINFURTH s. Z. auf die Formel der »Byz. Form« gebracht hat. Sie wird für →Kiev und seine Kultur prägend, nachdem der Gfs. →Vladimir um 980 das Christentum des byz. Ritus angenommen hatte. Kiev und seine Rus' besaßen trotz (oder gerade wegen) ihrer weiten Entfernung von Byzanz sehr alte und nicht zu unterschätzende Handels- und Kulturverbindungen mit Kleinasien, dem Kaukasus, dem nahen und fernen Orient. Die so kurz beschriebene Kulturautonomie ist, wie es scheint, der Hierarchie der Kirche und ihren Baumeistern durchaus bekannt gewesen und entsprechend »kalkuliert« worden. Was den Bereich des Sakralbaus anbetrifft, so fanden sie den alten vorchr. Holzbau vor. Noch im 11./12. Jh. finden sich nach altruss. Q. im Stadtbild von Kiev und anderen Orten auch Holzkirchen. Die berühmteste unter ihnen war die aus Eichen erbaute »hölzerne Sophie« in →Novgorod. Sie brannte 1045 ab. An ihrer Stelle wurde die mächtige Steinkathedrale errichtet (1045–50) nach dem byz. Baukanon der Kreuzkuppelkirche (s. a. →Holzkirche). Das Schicksal dieser Kirche ist ein exemplar. Beispiel für den epochalen Neuanfang des Kirchenbaus in der Rus' und seine Auseinandersetzung mit paganen Traditionen. Auf Grund der Vielfalt kirchl.-hierarch. und gesellschaftspolit. (vgl. →Feudalismus, B. III) Verhältnisse unterschieden sich sehr bald die Kirchenbautypen etwa von →Kiev und →Černigov von denen in den Handels- und Bürgerstädten Novgorod und →Pskov, oder gar dem fernen →Alt-Ladoga. V. a. in Nordrußland ist eine starke Konzentration auf den Innenraum festzustellen, wobei sich klimat. Notwendigkeiten mit den Vorstellungen vom Kirchenraum als »Erkenntnis- und Erlebnishöhle« optimal verbanden. Wie denn die Liturgie der Orthodoxie als der eigtl. Bauherr anzusehen ist.

Ob, wie die Q. berichten, sofort mit der Taufe der Rus' auch →Ikonen dorthin kamen, bleibt zu bezweifeln. Für die Missionsarbeit der Kirche diente zunächst die →Liturgie mit ihren Perikopen aus der Bibel, danach das Bildprogramm der Kirche, wobei →Mosaiken aus Kostengründen sehr bald durch das Fresko (→Wandmalereitechnik) ersetzt wurden, dem damit eine bedeutende Zukunft in der Gesch. der r. K. offenstand. In die religiöse Intimsphäre dagegen und zugleich von gesellschaftspolit. Breite führten ein und erwiesen sich als →Buchmalerei (V) und die →Ikone (II). Die Semantik von Bibel-, liturg. und hagiograph. Text auf der einen und ihren Entsprechungen auf der Ikone auf der anderen Seite (K. ONASCH, Recht und Grenzen einer Ikonensemiotik, ThLZ 111, 1986, 241–258) haben die Effektivität von Bild und Text/Text und Bild gerade auf dem Missionsfeld der byz. Kirche deutl. machen können. Was die Völkerstürme auf russ. Boden an Denkmälern dieser überaus empfindl. »Materie« übriggelassen haben, zeigt respektvolle Akzeptanz byz. Vorbilder (Ostromir-Evangelium v. 1056/57) und Bemühen um Eigenleistungen (z. B. Bobrilovo-Evangeliar, 1167). Ebenso schwierig verhält es sich mit der Periodisierung der erhaltenen Ikonen, deren konstante kontroverse Diskussion auch positive Seiten hat. Der Epoche der Kiever Rus' gehören mit hoher Wahrscheinlichkeit an signifikante Herrschaftsrepräsentationen wie Ikonen des hl. Dmitrij (→Demetrios), die Große Panhagia (»Mütterchen Stadtmauer«) und v. a. die Ikonen der um die »Einheit des Reiches« (»edinstvo zemli«) sich verdient gemacht habenden Brüder →Boris und Gleb. Zu den hinsichtl. ihrer Datierung und Lokalisierung umstrittenen Ikonen gehört der herrl. »Erlöser mit den goldenen Haaren« (»Spas Zlatye Vlasy«), der auf jeden Fall der byz. Lichtmystik mit ihrer »Vision face à face« in monast. Frömmigkeit des 12.–13. Jh. nahesteht. Das Gegenstück, der Erzengel Gabriel (Novgorod, 12./13. Jh.), und die Verkündigung von Ustjug (1. Hälfte 12. Jh.) zeigen die Ikonenmalerei der Rus' stilist. und ästhet. bereits auf dem Wege zur Selbstfindung. Mongolensturm und Tatarenherrschaft seit dem 13. Jh. haben zwar diese Entwicklung unterbrochen, aber nicht aufhalten können. Sie haben den Prozeß der kulturellen Selbstfindung eher noch intensiviert.

Das Modell Vladimir-Suzdal': Am Anfang dieses Weges steht ein kühnes staats- und kirchenpolit. Experiment, das mit dem Namen des Gfs.en →Andrej »Bogoljubskij« († 1174) verbunden ist. Im Gegensatz zu den polit. Vorstellungen seines Vaters →Jurij Dolgorukij sah er die Zukunft Rußlands nicht im S, sondern im Zentrum des Landes. Sein Beiname »Bogoljubskij«, 'der Gottgeliebte', charakterisiert sein religiös-polit. Selbstverständnis, das sich in den Sakralbauten seines Reiches widerspiegelt. Anregungen für sie empfingen seine Baumeister sowohl von der w. Romanik als auch vom Kaukasus, Kleinasien und dem Orient, Beziehungen, wie sie die alte Rus' auch besessen hat. Wenn auch seine Bemühungen um einen eigenen Metropoliten von Konstantinopel abgelehnt wurden, in seinen Kirchen wird auch diese geplante Hierarchen-Repräsentanz deutl. (Uspenie-Kathedrale, Dmitrij-Kathedrale u. a.). Mit der Kirche des →Pokrov an der Nerl' und entsprechenden Ikonen verbanden sich Vorstellungen von dem speziellen Patronat der Gottesmutter über das Reich Andrejs. Neben der →Buchmalerei erlebte auch die Ikonenmalerei eine neue Blüte, die zugleich die Brücke schlug zur Ikonenkunst Moskaus, aber auch zu durchaus selbständigen Kulturregionen wie dem Fsm. Rostov.

Moskau und die russische Identität: Mongoleneinfall und Tatarenherrschaft (→Mongolen, →Tataren) seit dem 13. Jh. bedeuteten zwar zunächst eine Katastrophe für den einzelnen und für die russ. Fsm.er, zugleich aber auch die Möglichkeit, mit Hilfe geistiger und geistl. (Predigten →Serapions v. Vladimir, † 1275, Kl.gründungen, z. B. →Sergij Radonežskij) Traditionswerte einen Anfang zu wagen. Wie denn ein deutl. Zug der »Verinnerlichung« (im psycholog. wie im soziokulturellen Sinne) der r. K. dieser Zeit auszeichnet. Dieses sind die Wurzeln, aus denen etwa die Dreieinigkeitskathedrale im Dreieinigkeits-Sergij-Kl. entstand, oder die vielfältige, Kirchen-, Ikonen- und Buchmalerei umfassende Tätigkeit eines →Feofan Grek und Andrej →Rublev, wobei freilich der erstere noch starke Einflüsse und »Aufgeregtheiten« der spätbyz. Kunst (→Byz. Kunst, A. V) verrät. Die Spiritualität dieser Kunst vermittelt, nicht zuletzt durch Überwindung extremer Formen des byz. →Hesychasmus, eine innere Ruhe (»bezmolvie«, »hesychia«), die noch heute zu beeindrucken vermag. Dem Gfs.en v. →Moskau war es gelungen, mit geschickter Politik sowohl die Tatarenherrschaft erträglicher zu machen als auch die anderen Fsm.er unter seine Kontrolle zu bringen. In diesem, im einzelnen komplizierten Prozeß wurden die Kreml-Kirchen Repräsentanten eines »Doppelprinzipates« von Staat und Kirche, wie er für den Bereich der byz.-slav. Orthodoxie charakterist. ist. Gleichzeitig macht sich ein latent vorhandener, jetzt aber immer deutlicher werdender Zug bemerkbar: Das »auf-Distanz-Gehen« gegenüber Staat und Kirche in Gestalt des Einsiedler- oder Kl.lebens. Diese »Weltflucht« erreichte über die nordruss. Urwälder schließlich die Meere des hohen N. In ihrem Gefolge entstanden eine Reihe von einfachen Holzkirchen, später prachtvolle Steinkathedralen (Ferapont- und Kirill Beloozerskij-Kl. in der Nähe von Vologda). Von dem Gründer des Kirill-Kl. besitzen wir eine Ikone von der Hand des →Dionisij Gluŝickij von außerordentl. Lebensnähe, mit der zugleich ein traditionelles, aber stark formalisiertes

Genre neue, in die Zukunft weisende Anregungen erhielt. Von anderer Art ist die Kunst →Dionisijs gewesen († Anfang 16. Jh.). Dionisij war kein »demütiger Mönch« wie Andrej Rublev oder Dionisij Glušickij, sondern ein (wie wir aus den wenigen Nachrichten über ihn wissen) selbstbewußter Weltmensch. Seine Entwicklung vom Maler russ.-orth. Hierarchen bis zu den herrl. marian. Fresken der Kirche »Geburt der Gottesmutter« im einsamen Ferapont-Kl. zu verfolgen, gehört mit zu den interessantesten Studien der r. K. Einzelheiten der Fresken in Ferapont zeigen den Willen des Künstlers, die Enge dogmat. Vorgaben hinsichtl. Ausdruck und Motivschatz zu erweitern, was indessen nur im Ansatz gelang. Vielleicht ist hier die Ursache für den schwermütigen Lyrismus der späten Arbeiten Dionisij's zu finden, jene »Melancholia«, die er mit seinem Zeitgenossen →Dürer gemeinsam hatte. Man wird nicht fehlgehen, wenn man Dionisij als den ersten Maler der Renaissance in Rußland bezeichnet – geistesverwandt einem seiner bedeutendsten Zeitgenossen und Auftraggeber, →Ivan III. K. Onasch

Lit.: →Buchmalerei, →Ikone, →Kirchenbau – K. ONASCH, Die Ikone und die Identität der slav.-orth. Völker, ZSl 37, 1992, 1, 139–151 – Laufende Informationen in Russia Mediaevalis 1ff., 1973ff.

Russische Literatur. [1] *Einleitung:* Die Spezifität der r. L. des MA besteht darin, daß hier im Vergleich etwa zu den westeurop. Literaturen oder zur byz. Lit. Texte als Literaturzeugnisse erfaßt werden, denen anderswo kaum lit. Wert beigemessen wird. Als altruss. L. gilt das gesamte altruss. Schrifttum, abgesehen von dem Gebrauchsschrifttum (*delovaja pis'mennost'*), d.h. Privatbriefe, privatrechtl. Urkk. und Notizen, Bittschriften (*čelobitnaja*) sowie Urkk. (*gramota*) von zivilen oder kirchl. Behörden. Dies ist insofern fragwürdig, als offizielle Urkk. in der Regel auf einem höheren lit. Niveau stehen als etwa Chroniken, die oft nicht mehr sind als knappe Einträge unter den jeweiligen Jahren (Chronograf, solche kompilativen Werke stehen im Zusammenhang mit der Überlieferung aus dem Griech. übersetzter Chroniken, wie z. B. der des →Georgios Hamartolos (→4. G.) oder des Ioannes →Malalas, und tauchen in Altrußland ab dem 11.Jh. auf). . Andererseits gilt die Bittschrift (*molenie*) d. →Daniil Zatočnik als ein lit. Werk, während spätere Bittschriften dem Gebrauchsschrifttum zugewiesen werden. Eine zweite Schwierigkeit besteht darin, daß eine Periodisierung – wieder nach westeurop. oder byz. Vorbild – nicht zutrifft, da die altruss. Epoche in literarhist. Hinsicht bis zur Mitte des 17. Jh. reicht, d.h. bis zum Anbruch des Barock unter poln. und ukrain. Vermittlung. Umstritten ist ebenfalls der Begriff »altrussische Literatur« in seiner Abgrenzung zur ukrain. Kultur. Streng genommen hat die lit. Kultur der Kiever Epoche bis zu den Tatareneinfällen ab 1237 mit Rußland nur insofern zu tun, als diese lit. Kultur im späteren Moskauer Staat zum Teil weitertradiert wurde. Daher nimmt es nicht wunder, daß einige Werke aus der Kiever Epoche erst in Hss. aus der Moskauer Zeit erhalten sind. Von einer altukrain. Lit. kann aber vor der Zergliederung der ostslav. Spracheinheit kaum die Rede sein. Für gewöhnl. versteht man unter altruss. Lit. lediglich dasjenige altslav. Schrifttum russ. Provenienz, das nicht aus dem Griech. übersetzt wurde. Dabei wird eine Trennung vorgenommen, die weder der Überlieferung der behandelten Texte noch der damaligen Auffassung entspricht, sind doch die genuin altruss. Texte in den gleichen Sammelhss. (*sborniki*) überliefert wie die übersetzten Schriften. Darüber hinaus bleiben dann wichtige Literaturdenkmäler, etwa wie »Der Jüdische Krieg« des Flavius Josephus, die über eine reiche Überlieferung in der altruss. Übers.

verfügen, literarhist. »heimatlos«. Geht man bei dem Begriff »altrussische Literatur« vom Rezipienten, also vom Leser aus, ist eine solche Trennung zw. Originallit. und übersetztem Schrifttum nicht nur ungerechtfertigt, sondern schlichtweg falsch. Für unsere Betrachtung muß jedoch diese Trennung aufrechterhalten bleiben, da das aus dem Griech. übersetzte Schrifttum, das in Rußland abgeschrieben und gelesen wurde, in einem beträchtl. Umfang auf altbulg. Vorlagen zurückgeht, ein Unterschied nach Kategorien der Nationsbildung daher unangebracht ist. Darüber hinaus gilt der richtungsweisende Beitrag von A. I. SOBOLEVSKIJ, Perevodnaja literatura Moskovskoj Rusi XIV–XVII vekov, Bibliografičeskie materialy (Sbornik otdelenija russkogo jazyka i slovesnosti 74/1, 1903), bisher ohne entsprechende Fortsetzung.

[2] *Gattungen des altrussischen Schrifttums:* Am Beginn des Schrifttums in der Kiever Rus' steht die Chronistik, die im Kiever Höhlenkloster (→Kiev, C) im 11. Jh., also kurze Zeit nach der Einführung des Christentums im Kiever Staat durch Fs. Vladimir 988, entstand und mit dem Namen des Mönches Nestor verbunden ist (→Povest' vremennych let). Die älteste erhaltene Abschrift dieser Kiever Chronik, die Laurentius-Chronik, stammt aus d. J. 1377. Die erste Pergamentabschrift der Ersten Novgoroder Chronik, die z. T. Elemente aus der Kiever Chronik übernimmt, stammt aus dem 13.–14. Jh. (dt. Übers. von J. DIETZE, 1971). Auf das 11. Jh. geht eine weitere Gattung des altruss. Schrifttums zurück, die Hl.nviten und die mit dem Hl.nkult in der Liturgie verbundenen Texte, Synaxarnotiz und Hymnen. Hier sei auf die russ. Erstmärtyrer →Boris und Gleb († 1015) hingewiesen; der Beginn des lit. Zyklus zu ihrer Ehre setzt in der Zeit ihrer Heiligsprechung, 1072, ein. Mit der Hagiographie sind auch Slg.en von Mönchsviten verbunden, unabhängig davon, ob der eine oder andere als Hl. verehrt wird. So fand die Vita des Abtes des Kiever Höhlenklosters, →Feodosij († 1074), ein Werk des Nestor, Eingang in das →Paterikon v. Kiev sowie auch in den Uspenskij-Sbornik, ein Homiliar aus dem 12./13. Jh. für die Sommermonate. Andere, dem Griech. übersetzten Pateriki (Sinajskij, Rimskij, Egipetskij, Azbučno-Ierusalimskij), die in Altrußland sehr verbreitet waren, gehen vermutl. auf altbulg. Vorlagen zurück. Im 15. Jh. erlebte die Gattung der Hagiographie in Rußland eine Blüte infolge des Zweiten Südslav. Einflusses, als Literaten aus dem Balkanraum nach Rußland kamen, u. a. →Pachomij Logofet (Serb) und →Epifanij Premudryj, und lit. hochstehende, im byz. Stil verfaßte Viten schrieben.

Mit der byz. Homiletik haben die altruss. Predigten und *Poučenija* (Ermahnungen) stilist. einiges gemeinsam, ein Unterschied im rhetor. Niveau läßt sich nicht leugnen. Hier sei auf die »Rede über das Gesetz und die Gnade« des Kiever Metropoliten →Ilarion aus der Mitte des 11. Jh., auf die Ermahnung des Fs.en →Vladimir Monomach (1053–1125) an seinen Sohn oder auf die Predigten des →Feodosij Pečerskij bzw. des Bf.s →Kirill v. Turov (12. Jh.) hingewiesen. Inhaltl. bestehen kaum Unterschiede zw. Ermahnungen bzw. Predigten und Sendschreiben (*poslanie*), außer daß letztere einen bestimmten Adressaten, wenn auch manchmal fiktiv, aufweisen. Hier sind wieder Briefe des Feodosij Pečerskij zu nennen sowie verschiedener Kiever Metropoliten, Ioann II. Prodromos (2. Hälfte des 11. Jh.), Nikifor I. († 1121), Kliment Smoljatič (Mitte des 12. Jh.) bzw. Bf.e wie Daniil v. Jur'ev († 1121) oder Simon v. Vladimir und Suzdal' († 1226). Da die Kiever Metropoliten bis auf zwei Ausnahmen Griechen waren, handelt es sich hier um altruss. Übers. von griech. Originalen.

Zu den ep. Denkmälern, die dann später zu den →Bylinen ausgebaut wurden, gehört neben dem – was die Entstehungszeit anbelangt – fragwürdigen →Igorlied, das sich auf Ereignisse aus dem letzten Viertel des 12. Jh. bezieht, die Zadonščina (Schlacht am Kulikovo Pole 1380 zw. Dmitrij Donskoj und Chan Mamaj). Unter den ältesten Zyklen nimmt die altruss. Umarbeitung des Epos »Digenis Akritas« (»Devgenievo dejanie«) einen bes. Platz ein, zumal die altruss. Fassung, die um die Mitte des 11. Jh. entstand, sich von den erhaltenen griech. Versionen deutl. unterscheidet. In Verbindung mit den Tatareneinfällen ab der Mitte des 13. Jh. stehen die Kriegserzählungen (*voinskie povesti*), die parallel zur Hagiographie und zu den chronikalen Berichten, in denen sie überliefert sind, entstanden sind. Als Beispiel sei die »Erzählung über den Untergang des russischen Landes« (»Slovo o pogibeli russkoj zemli«) angeführt, die als Einleitung zur Vita des Aleksandr Nevskij (1220–1263) ein Lob auf das russ. Land vor den Eroberungszügen der Tataren darstellt.

Viel gelesen wurden in Altrußland romanhafte Erzählungen aus der Antike, →Alexander-Roman, →Trojasage, →Barlaamroman sowie →Apokryphen, deren Entstehungszeit sich schwer feststellen läßt. Anhaltspunkte dafür liefern die zahlreichen Listen von verbotenen Büchern (*otrečennye knigi*), die oft als Literaturführer gelten können. Antike Elemente begegnen auch in Spruchslg.en (Menander), Florilegien sowie in der »Biene« (pčela).

Mit den Pilgerberichten (*choženie*) haben wir eine echt russ. Gattung vor uns, die mit dem Bericht des Igumen →Daniil aus dem Beginn des 12. Jh. einsetzt und bis ins 17. Jh. (z. B. Vasilij Jakovlevič Gagara) fortgeführt wird. Russ. Pilger (*palomniki*), in der Regel Kleriker, beschreiben die Heiligen Stätten, Konstantinopel, Jerusalem, Ägypten, Sinai und widmen den Reliquien und Heiligtümern große Aufmerksamkeit. Nicht religiöse Zwecke verfolgte →Afanasij Nikitin, ein Händler aus Tver', der in den Jahren 1466–72 Persien und Indien bereiste (»Choženie za tri morja«).

Um die Mitte des 15. Jh. vollzieht sich im altruss. Schrifttum ein deutl. Wandel: Autorennamen tauchen aus der Anonymität der früheren Verfasser auf; lokale Züge werden zugunsten einer allruss. Perspektive aufgegeben; das neue Machtzentrum →Moskau beansprucht die Nachfolge des Zweiten Rom/Konstantinopel; der südslav. Einfluß in Stil und Sprache verstärkt sich; Häresie und religiöse Auseinandersetzungen, z. B. zw. Anhängern und Ablehnern des Klosterbesitzes (*stjažateli, nestjažateli*), finden im Schrifttum, das dann publizist. Züge annimmt, einen Ausdruck. Es sei hier auf Namen wie →Nil Sorskij († nach 1508) und →Iosif Volockij († 1515) hingewiesen. Aus all dem wird ersichtl., daß dichter. Formen in Altrußland nicht gepflegt wurden. Älteste Zeugnisse der ostslav. Kunstdichtung treten erst in der zweiten Hälfte des 16. Jh. auf. Als gesungene Dichtung galten die liturg. Hymnen (→Byzantinische, altslavische, armenische, georgische Musik).

[3] *Überlieferung:* Bei einer Durchsicht der altruss. Hss. überlieferung nach dem Alter der Mss. fällt sofort auf, daß die oben angeführten lit. Werke im Vergleich zum religiösen Schrifttum kaum ins Gewicht fallen. Für die Zeit vom 11. bis zum 14. Jh. sind rund 1500 altruss. bzw. kirchenslav. Hss. in Bibliotheken der ehemaligen Sowjetunion aufbewahrt; die überwiegende Masse verteilt sich auf Evangelien, Psalteria, Apostel, liturg. Hymnen- und Gebetsslg.en, Synaxarien (Prolog), dann auf aus dem Griech. übersetztes patrist. Schrifttum, Johannes Chrysostomos (Zlatoust, Zlatostruj), Johannes Klimax, Gregorios v. Nazianz (mit Komm. des Niketas v. Herakleia), Basileios v. Kaisareia, Ephraem Syrus sowie seltener auf kanonist. Slg. en. Freilich bergen solche Textzeugnisse des übersetzten Schrifttums manche Stücke, nicht selten pseudepigraph, russ. Herkunft. Eine tiefgehende Sichtung dieses Materials bleibt Aufgabe der Zukunft. Um die Mitte des 16. Jh. unternahm der Moskauer Metropolit Makarij (1482–1563) eine groß angelegte Slg. des gesamten damals in Rußland bekannten Schrifttums und teilte es entsprechend dem Kalender in zwölf Monate ein. Dieses bis heute nur im Ansatz edierte »kolossale« Werk, Velikie Minei-Čet'i (1868–1915), ist in drei Kollektionen erhalten, die in Inhalt und Aufbau nicht ident. sind. Dabei handelt es sich wahrl. um ein altruss. Corpus Christianorum mit all den Texten, wie sie damals den Russen zugängl. waren. Naturgemäß nimmt in dieser Slg. das übersetzte Schrifttum den größten Platz ein. Neben dem hagiograph. Schrifttum, das kalendar. angeordnet ist, findet man am Ende der jeweiligen Monatsbände umfangreiche Schriften, die dem kalendar. Prinzip nicht zuzuordnen waren. Mit der großen Zahl von Heiligsprechungen auf den Moskauer Synoden 1547 und 1549 war eine intensive hagiograph. Tätigkeit verbunden. Was die original-russ. Werke anbelangt, so sind sie in der Regel in Miscellanea (Sborniki) erhalten, deren Aufbau nicht immer uns nachvollziehbaren Kriterien entspricht. Um das überlieferungsmäßige Umfeld einzelner Werke zu definieren, prägte der russ. Literaturhistoriker D. S. LICHAČEV den Begriff »konvoj« (aus frz. *convoi*). Auf der Gattungstheorie aufbauend, wird nunmehr durch Berliner Slavisten ein »Lexikon der ma. Literaturgattungen der Slavia Orthodoxa« vorbereitet. Ch. Hannick

Ed.: N. TICHONRAVOV, Pamijatniki otrečennoj russkoj literatury, I–II, 1863 – Voinskie povesti Drevnej Rusi, ed. V. P. ADRIANOVA-PERETC (Literaturnye pamjatniki), 1949 – »Izbornik«. Sbornik proizvedenij literatury Drevnej Rusi, 1969 [Übers.]. – Pamjatniki Literatury Drevnej Rusi, 11 Bde, 1978–89 [altruss. Text und neuruss. Übers.] – Kniga Choženij – Zapiski russkich putešestvennikov XI–XIV vv., ed. N. I. PROKOF'EV, 1984 [altruss. Text und neuruss. Übers.] – N. V. PONYRKO, Epistoljarnoe nasledie Drevnej Rusi XI–XIII, 1992 – *Übers.:* O Bojan, du Nachtigall der alten Zeit – Sieben Jhh. altruss. Lit., hg. H. GRASSHOFF, K. MÜLLER, G. STURZ, 1965 – *Lit.:* FILARET (Gumilevskij), Obzor russkoj duchovnoj literatury 862–1863, 1884 – A. S. ARCHANGEL'SKIJ, Tvorenija otcov cerkvi v drevne-russkoj pis'mennosti. Izvlečenija iz rukopisej i opyty istoriko-literaturnych izučenij, I–IV, 1889–90 – N. S. TICHONRAVOV, Otrečennaja literatura Drevnej Rossii (Sočinenija I, 1898), 127–255 – A. I. SOBOLEVSKIJ, Perevodnaja literatura Moskovskoj Rusi XIV–XVII vekov. Bibliografičeskie materialy (SORJaS 74/1, 1903) – D. V. PETUCHOV, Russkaja literatura – Istoričeskij obzor glavnejšich literaturnych javlenij drevnego i novogo perioda, 1911 – N. K. GUDZIJ, Gesch. der russ. Lit. 11.–17. Jh., 1959 – Ukrajins'kij pys'mennyky. Biobibliohrafičnyj slovnyk, hg. L. E. MACHNOVEĆ, I, 1960 – N. F. DROBLENKOVA, Bibliografija sovetskich russkich rabot po literature XI–XVII vv. za 1917–1957, 1961 – I. U. BUDOVNIC, Slovar' russkoj, ukrainskoj, belorusskoj pis'mennosti i literatury do XVIII veka, 1962 – D. S. LICHAČEV, Tekstologija na materialy russkoj literatury X–XVII vv., 1962 – Predvaritel'nyj spisok slavjano-russkich rukopisej XI–XIV vv., chranjaščichsja v SSSR (dlja »Svodnogo kataloga rukopisej, chranjaščichsja v SSSR, do konca XIV v. vključitel'no«), sost. N. B. ŠELAMANOVA, Archeografičeskij Ežegodnik za 1965 god, 1966, 177–272 – D. TSCHIŽEWSKIJ, Abriß der altruss. Lit., 1968 – L. P. ŽUKOVSKAJA, Pamjatniki russkoj i slavjanskoj pis'mennosti XI–XIV vv. v knigochraniliščachSSSR, Sovetskoe slavjanovedenie 1969, 1, 57–71 – N. K. GUDZIJ, Chrestomatija po drevnej russkoj literature, 1973 – J. FENNELL–A. STOKES, Early Russian Lit., 1974 – O. V. TVOROGOV, Drevne-russkie chronografy, 1975 – K.-D. SEEMANN, Die altruss. Wallfahrtslit. – Theorie und Gesch. eines lit. Genres, 1976 – N. F. DROBLENKOVA, Bibliografija rabot po drevnerusskoj literature, opublikovannych v SSSR 1958–1967 gg., I–II, 1978–79 – D. S. LICHAČEV, Poétika drevnerusskoj literatury, 1979 – A. N. ROBINSON, Literatura drevnej Rusi v literaturnom processe srednevekov'ja XI–XIII vv.

Očerki literaturno-istoričeskoj tipologii, 1980 – G. PODSKALSKY, Christentum und theol. Lit. in der Kiever Rus' (988–1237), 1982 – G. LENHOFF, Toward a Theory of Protogenres in Medieval Russian Letters, The Russian Review 43, 1984, 31–54 – Gattungsprobleme der älteren slav. Lit. (Berliner Fachtagung 1981), 1984 – A. A. TURILOV, Predvaritel'nyj spisok slavjano-russkich rukopisnych knig XV v., chranjaščichsja v SSSR (Dlja Svodnogo kataloga rukopisnych knig, chranjaščichsja v SSSR), 1986 – Gattung und Narration in den älteren slav. Lit. (2. Berliner Fachtagung 1984), 1987 – Issledovatel'skie Materialy dlja »Slovarja knižnikov i knižnosti Drevnej Rusi« TODRL 39, 1985, 18–274; 40, 1985, 31–189; 41, 1988, 3–153 – G. LENHOFF, Categories of Medieval Russian Writing, Slavic and East European Journal 31, 1987, 259–271 – Slovar' knižnikov i knižnosti Drevnej Rusi I (XI–pervaja polovina XIV v.); II/1–2 (vtoraja polovina XIV–XVI) 1987–88 – R. MARTI, Hs. – Text – Textgruppe – Lit. Unters. zur inneren Gliederung der frühen Lit. aus dem ostslav. Sprachbereich in den Hss. des 11. bis 14. Jh., 1989 – Germenevtika drevnerusskoj literatury I: XI–XVI v., 1989 – D. M. BULANIN, Antičnye tradicii v drevnerusskoj literature XI–XVI v., 1991 – Gattungen und Genologie der slav.-orthodoxen Lit. des MA (3. Berliner Fachtagung 1988), 1992 – T. V. ČERTORICKAJA, Vorläufiger Katalog kirchenslav. Homilien des bewegl. Jahreszyklus aus Hss. des 11. bis 16. Jh. vorwiegend ostslav. Provenienz (Patristica Slavica I, 1994).

Russkaja Pravda (d. h. Rechtssatzung für die →Rus'; hier 'pravda' in der Bedeutung von lat. iustitia, gr. δικαίομα, aruss. Rechtsslg., erhalten erst in Abschriften des 14., 15. Jh. und späterer Jh. (älteste Hs. aus den 1280er Jahren), deren Normen stufenweise von den Kiever Herrschern (→Kiev) kodifiziert wurden, unter Einbeziehung mündl. Stammesrechte, skand. und byz. Momente sowie kirchl. Einflüsse. Die R. P., die v. a. Straf-, Erb-, Handels- und Prozeßrecht behandelt, ist eine Hauptquelle für die rechtl., sozialen und wirtschaftl. Verhältnisse der Ostslaven und hat spätere Rechtsdenkmäler ('Gerichtsurkunden' v. Novgorod und Pskov, Moskauer 'Gerichtsbuch' v. 1497, litauische Satzung Kasimirs IV. von 1468, litauische Statuten des 16. Jh.) beeinflußt. Nach strittigen Forschungsmeinungen geht die in mehreren Varianten erhaltene R. P. auf zwei Grundfassungen zurück, die in der Forsch. traditionell als 'Kurzes Recht' (6 Hss.) und 'Ausführliches Recht' (über 100 Hss.) bezeichnet werden. Ein 'Verkürztes Recht' (2 Hss.), das manchmal als Zwischenglied galt, wurde erst im 15. Jh. von der ausführl. Redaktion abgeleitet. Das Kurze Recht besteht aus folgenden Rechtstexten: 1. Satzungen →Jaroslavs des Weisen, um 1036 (§§ 1–18); 2. seiner Söhne (→Izjaslav, →Svjatoslav, →Vsevolod), um 1072 (§§ 19–41); dazu 3. Vorschriften über →Wergeld (§ 42); 4. über Brückenwerk (§ 43). Das Ausführl. Recht, das eine allmähl. Erweiterung auf der Basis des Kurzen Rechts darstellt, erlangte seine überlieferte Gestalt in der 2. Hälfte des 12. oder erst am Anfang des 13. Jh. Es bestand 1. aus der um die Wende des 11. Jh. entstandenen Gerichtssatzung (§§ 1–52), die dem Fs. en Jaroslav zugeschrieben wurde; 2. aus den 1113 zusammengestellten Rechtsregeln des →Vladimir Monomach (§§ 53–109). Der angeschlossene 3. Teil, ein Statut über →Sklaven (§§ 110–121), wird manchmal der Rechtstätigkeit desselben Fs. en zugeschrieben, oder seine Entstehung wird in das letzte Drittel des 12. Jh. verlegt. Das Kurze Recht wacht als aus dem Gewohnheitsrecht entstandene fsl. Rechtssatzung über die Leute und das Eigentum des Fs. en. Das Ausführl. Recht baut dagegen den Personen- und Besitzschutz der Fs. en weiter aus, schafft die Blutrache ab und grenzt das Kopfgeld als private Buße deutl. vom Wergeld als staatl. Strafe ab. Bei Vergehen wird, wenn der Täter unbekannt bleibt, die Verantwortung der Landgemeinde verschärft. Als Beweismittel kennt das Ausführl. Recht Formen des →Gottesurteils, neben Augenzeugen auch Ohrenzeugen. Die Haftung des Täters umfaßt seinen gesamten Besitz und wird auch auf seine Familie, deren Mitglieder versklavt werden können, ausgedehnt. Handelsrechtl., z. T. gegen den Wucher gerichtete Bestimmungen bezeugen Marktverkehr. An den Ausführungen zum Erbrecht ist eine Stärkung des individuellen Eigentumsrechts abzulesen. Zahlreiche Rechtsvorschriften befassen sich mit unfreien und abhängigen Leuten. →Recht, B. I (Altrußland).
A. Poppe

Q. und Lit.: SłowStarSłow 4, 1970, 582–587 [J. BARDACH; Lit.] – L. K. GOETZ, Das russ. Recht, I–IV, 1910–13 – P. R., I–III, 1940, 1947, 1963 [Ed., Übers.en und Komm.e, Faks. von 15 Hss.; grundlegend] – Zakonodatel'stvo drevnej Rusi, 1, 1984 [dazu: M. SZEFTEL, Russia Mediaevalis, VI, 1, 1987, 272–279] – M. SVERDLOV, Ot Zakona russkogo k russkoj Pravde, 1988 [dazu: J. BARDACH, À propos de recherches récentes sur la P. R., Russia Mediaevalis, VIII, 1, 1992, 161–173].

Rußland → Rus'; →Kiev; →Novgorod; →Moskau

Rustamiden, Dynastie pers. Herkunft, die das ibāḍitische Imamat v. Tāhart (761–909) gründete. ʿAbdarraḥmān I., Gouverneur v. Kairuan, floh von dort und erbaute 761 ca. 12 km von (Alt-)Tāhart (heute Tiāret) eine Residenzstadt (16 km Umfang) an der Stelle des heutigen Tagdemt. Von der Mehrzahl der →Berberstämme, v. a. Kutāma, Hawwāra und Nafūsa unterstützt, reichte der Staat von Tripolis bis Siğilmāssa, für die i. J. 761 ebenfalls Gouverneure von Tāhart aus ernannt wurden. Allmähl. Nachlassen der Anhänglichkeit seitens der Stämme, Zwistigkeiten bei Nachfolgeregelungen, Festigung der Reiche der →Idrīsiden in Marokko und →Aġlabiden in Ifrīqiya führten zu Machtverfall, der mit der Beseitigung des Imamats durch die →Fāṭimiden 909 endete. H.-R. Singer
Lit.: →Ibāḍiten – EI² III, 648–660 – Muḥammad b. Tāwīt, Daulat ar-Rustumiyyīn, RIEIM V, 1957, 105–128 – B. ZEROUKI, L'Imamat de Tahart. Premier état musulman du Maghreb, I, 1987.

Rüstärmel. Der R. (cheir) der spätgriech. Kavallerie bestand aus Lamellen in einer Leinenumkleidung. Ebensolche R. verwendeten unter dem Namen »manica« die röm. schwere Reiterei und die Gladiatoren. Es gab auch »manicae« mit Schuppenbelag oder aus Ringelpanzer. Wohl aus Ostrom stammende R. mit aufgesetzter Armschiene erschienen im 7. Jh. in Schweden. R. tauchten in Europa erst im SpätMA als Unterlage für das →Armzeug unter dem Namen Flankhart wieder auf.
O. Gamber
Lit.: O. GAMBER, Kataphrakten, Clibanarier, Normannenreiter, JKS 64, 1968.

Rüsthaken, um 1370 erscheinende Auflage für den Spieß an der rechten Brustseite des Reiterharnisches, für den der R. kennzeichnend wird. Im 15. Jh. ist der R. in Italien gerade und angesplintet, in Dtl. gekrümmt und angeschraubt, außerdem mittels Gelenk umklappbar, um beim Schwertkampf nicht zu behindern.
O. Gamber
Lit.: O. GAMBER, Stilgesch. des Plattenharnisches von den Anfängen bis um 1440, JKS 50, 1953.

Rustichello da Pisa → Rusticiano da Pisa

Rusticiano da Pisa verfaßte zw. 1272 und 1298 im für den höf. Roman charakterist. »gotischen« Französisch eine arturische »Compilation«, die Kg. Eduard I. v. England (1272–1300) gewidmet ist. Im wesentl. dem »Tristan en Prose« und »Guiron le Courtois« verpflichtet (einer späteren Summa, die die Eltern der wichtigsten Helden des Artussagenkreises auftreten läßt, vom Vater Tristans bis zum Vater des Kg.s Artus selbst), erscheint die »Compilation« R.s in erster Linie als epigonale Nachdichtung. Bis jetzt fehlt die vollständige Erforschung der komplizierten hs. Überlieferung. Mit aller Wahrscheinlichkeit ist R. identisch mit jenem *Rustichello da Pisa*, der 1298 mit Marco

→Polo bei der Abfassung des »Milione« zusammenarbeitete. L. Rossi

Ed. und Lit.: E. LÖSETH, Le Roman en prose de Tristan, le Roman de Palamède et la Compilation de Rusticien de Pise, 1890 – A. A. MICHELLI, Chi fu e che cosa fece R. da Pisa, Atti Reale Accad. di Napoli 84, 1924–25, 321–337 – M. J. BAKER, France's First Sentimental Novel and Novels of Chivalry, Bibl. d'Humanisme et Renaissance 36, 1974, 33–45 [Bibliogr.] – DLFMA², 1323–1324 – Marco Polo, Milione, hg. V. BERTOLUCCI PIZZORUSSO, 1994 [Bibliogr.].

Rusticus. 1. R., Metropolit v. Narbonne, * 427, † 461?, hl. (Verehrung 26. Okt.). Um 409 (oder 410/411) erhielt der bei seiner Mutter in Marseille wohnende R. Anweisungen des →Hieronymus (Ep. 125) zur asket. Lebensweise. Als wohlhabender Sohn und Neffe von zwei Bf.en (CIL 12, 5336) hatte er seine Studien in Rom abgebrochen und wurde Mönch und Priester in einem Marseiller Kl. Seit dem 9. Okt. 427 (Metropolitan-)Bf. v. Narbonne, unternahm er mit dem sgl. Präfekten 441–445 den Wiederaufbau seiner Kathedrale; weitere Inschriften, in denen er stets nach den Jahren seines Episkopats datiert, bezeugen ebenfalls sein Engagement beim (Aus)Bau von Kirchen (CIL 12, 5335–5338: St-Félix, Ste-Marie, Minerve). Gegner der Ausweitung des Arler Vorrangs in Gallien unter Bf. →Hilarius v. Arles (HEINZELMANN), hat er mit dessen Nachfolger eng zusammengearbeitet (JAFFÉ 434, 479, 480; CCL 148, 107–110 und 132–134); nach einem Schreiben Leos I. (458/459?, JAFFÉ 544) trug er sich mit Abdankungsabsichten. Als Hl. wurde er nur von Usuard um 875 in dessen Martyrolog aufgenommen.
M. Heinzelmann

Lit.: Vies des Saints, 10, 890–893 – H. ATSMA, Die christl. Gallliens als Q. für Kl. und Kl.bewohner, Francia 4, 1976, 10–17 – M. HEINZELMANN, The »affair« of Hilary of Arles (445) (Fifth century Gaul: a Crisis of Identity?, ed. J. DRINKWATER–H. ELTON, 1992), 250f. – S. REBENICH, Hieronymus und sein Kreis, 1992, 289–292.

2. R., röm. Diakon, seit 547 mit seinem Onkel, Papst →Vigilius (537–555), in Konstantinopel. Wegen seines Protests gegen die Verurteilung der Drei Kapitel (→Dreikapitelstreit) wurde er 550 exkommuniziert und nach dem Konzil v. Konstantinopel (553) in die Thebais verbannt, konnte aber nach dem Tod Ks. Justinians (565) zurückkehren. Im Akoimetenkl. revidierte und ergänzte er die lat. Übersetzungen der Synodaltexte v. Ephesus (431) und Chalcedon (451) im sog. Synodikon. Während oder nach seinem Exil verfaßte er die Disputatio contra Acephalos, eines der wichtigsten Werke der lat. Christologie des 6. Jh. In Auseinandersetzung mit dem Personbegriff des Boethius argumentierte er nicht nur mit Bibel und Vätern, sondern mit genauen Begriffsdefinitionen und bereitete so die ma. Schultheologie mit vor. Eine ältere Schrift gegen die Monophysiten und die Abhandlung De definitionibus sind verloren. E. Grünbeck

Ed.: ACO I 3–4, ed. E. SCHWARTZ, 1922–29 – ACO II 3, ed. E. SCHWARTZ, 1935–37 – MPL 67, 1167–1254 – Lit.: DThC XIV, 371–372 [G. BARDY] – A. GRILLMEIER (Das Konzil v. Chalkedon II, 1962), 816–822 – M. SIMONETTI, La Disputatio contra Acephalos del diacono Rustico, Augustinianum 21, 1981, 259–289.

Rüstkammer, Aufbewahrungsraum für Harnische und Waffen. Die adlige R. befand sich zumeist in trockenen Obergeschossen von Türmen und Wohnbauten der →Burg. Die älteste erhaltene adlige R. mit Beständen ab dem 14. Jh. befindet sich in der Churburg in Südtirol. Die fsl. R. oder »Leibr.« im Residenzschloß zeichnete sich durch eine größere Menge an Waffen mit z.T. künstler. Qualität aus. Aus ihr entstanden im 16. Jh. z.T. erste Museen, z. B. im Schloß Ambras bei Innsbruck. Die städt. R. mit dem Verteidigungsbedarf der Stadt befand sich in Toren oder Mauertürmen, bisweilen auch im Rathaus selbst. O. Gamber

Lit.: O. GF. TRAPP, Die Churburger R., 1929 – O. GAMBER u. a., Slg. en Schloß Ambras, R.n, 1981.

Rüstringen, Gft. im O →Frieslands w. der Unterweser. 826 verlieh Ludwig d. Fr. dem dän. Kg. →Harald Klak die Gft., »qui Hriustri vocatur«, 841 wurde sie von Ks. Lothar durch Walcheren ersetzt. Die Namen des im Jadebusen untergegangenen Hauptortes von R., »Aldessen« ('Haraldeshëm'?), sowie der Heimat des Hôrant v. Dänemark in der Kudrunsage, »givers ûf dem sant« (= Jever, im w. angrenzenden Östringen), erinnern wahrscheinl. an diese Episode. Im späten 10. und im 11. Jh. hatten die →Billunger (Östringen) und anscheinend die Gf.en v. →Stade(-R.) die gfl. Rechte inne, die danach die Gf.en v. →Oldenburg in ihrer Hand (wieder?) vereinigten. Seit dem 12./13. Jh. waren die fries. Gft.en nur noch nominelle Gebilde: R. sowie Östringen u. a. waren autonome Landesgemeinden geworden (→Fries. Freiheit). H. van Lengen

Lit.: H. SCHMIDT, Polit. Gesch. Ostfrieslands, 1975, 12ff. – Gesch. Niedersachsens, I, hg. H. PATZE, 1977, 615–619 – Gesch. des Landes Oldenburg, hg. A. ECKARDT–H. SCHMIDT, 1987, 101f., 111f., 115ff.

Rüstung, ma. Bezeichnung für die gesamte Ausrüstung von Mann und Roß. Im modernen Sprachgebrauch versteht man unter diesem Wort fälschl. den →Plattenharnisch. O. Gamber

Rute, Bezeichnung für den Schleuderarm einer →Blide. Die R. bestand je nach Größe der Blide meist aus drei bis 25 m langen und entsprechend starken, gerade gewachsenen Baumstämmen, die mit eisernen Bolzen und Klammern miteinander verbunden und zur Steigerung der Spannkraft und Sicherung vor Bruch in ihrer gesamten Länge mit mittelstarken Tauen umwunden waren. Die Durchbohrung für die eiserne Achse war ebenso wie die Achslager im Blidengestell mit Eisen gefüttert. E. Gabriel

Lit.: B. RATHGEN, Das Geschütz im MA, 1928.

Rutebeuf, frz. Autor, † ca. 1285 in Paris. Sein (Über)name verweist auf den ungeschliffenen Stil des *jongleur* sowie auf seine harsche (konservative) Kritik am Einfluß der →Bettelorden auf Ludwig IX. und an der Sparpolitik des Kg.s, der jedoch in R.s Kreuzzugsgedicht zum Vorbild wird. Im Pariser Univ.sstreit (1252ff.; →Paris, D) ergriff R. Partei gegen die Bettelorden und verteidigte →Wilhelm v. St-Amour. R.s *poésies 'personnelles'* sind Ausdruck einer neuen Subjektivität, die der höf. Lyrik bricht, doch ist der biogr. Gehalt dieser »Geständnisse« gering: von der städt. Kultur geprägt, stehen sie in Verbindung mit den →Karnevalsdichtungen. In R.s über 50 Gedichten, darunter viele →Dits, finden sich auch Hl.nlegenden und Mirakel sowie derbe →*fabliaux*. In der Hofsatire »Renart le Bestourné« wird der Fuchs aus dem Roman de →Renart zur Allegorie des Bösen auf Erden. Das »Miracle de Théophile«, eine dramat. Bearbeitung der auch von →Gautier de Coinci behandelten Teufelspakt-Legende, steht am Beginn des vulgärsprachl. religiösen Theaters in Frankreich. Der Autor des Roman de →Fauvel kannte wahrscheinl. den »Dit d'Hypocrisie« (1261). J.-Cl. Mühlethaler

Ed.: E. FARAL–J. BASTIN, 1959–60 – M. ZINK, 1990 [mit Übers.] – Lit.: DLFMA, 1992, 1324–1327 – J. CERQUIGLINI, Le clerc et le louche, Poetics Today 5, 1984 – J.-CH. PAYEN, Le 'je' chez R. (Ma. Stud. E. KÖHLER zum Ged., 1984) – D. M. GONZALEZ DORESTE, Le lexique social, Revista de filologia romanica 5, 1987/88 – L. BORGHI CEDRINI, La cosmologia del villano, 1989 – J.-P. BORDIER, Réflexions sur le 'voir dire' (Farai chansoneta novele, 1990) – J.-C. MÜHLETHALER, Leo cecatus, Reinardus 3, 1990 – S. GUIDA, La Paiz de R., Messana 6, 1991 – C. TESTA, Desire and Devil, 1991 – L. L. DUNTON-DOWNER, The 'obscene' poetic self in R. and Chaucer [Diss. Harvard Univ. 1992].

Ruth. Nach Rut 1, 1–4, 33 wandert die Familie des Elimelech wegen einer Hungersnot von Bethlehem nach Moab aus, wo der Vater stirbt, die Söhne Machlon und Kiljon die moabit. Mädchen Orpa und R. heiraten und später auch sterben. Die Witwe Noëmi kehrt mit ihren Schwiegertöchtern ins Land Juda zurück. R. bleibt treu bei der Schwiegermutter, Orpa kehrt nach Moab zurück. Beim Ährenlesen findet R. Gnade in den Augen des Judäers Boas, der nach jüd. Gesetz eine Leviratsehe mit ihr eingeht. R. gebiert Obed, den Großvater Davids. Das NT nennt den Namen R.s unter den atl. Ahnen Christi (Mt 1, 5). In den Komm.en zu Rut von →Walahfried Strabo und →Rupert v. Deutz erscheinen Boas als Typus Christi und R. als Typus der Kirche, ihre ehel. Vereinigung als Vorbild für die Vermählung Christi mit der Kirche.

Ikonograph. stellen frühma. Hss. R. meist als Einzelfigur oder zusammen mit Boas und Noëmi dar (z. B. Viviansbibel, Par. lat. 1 fol. 88^v, Tours 846 [Paris, Bibl. Nat.]; Admonter Bibel, Cod. ser. n. 2701, fol. 107^v, Salzburg, um 1140 [Wien, Österr. Nat. Bibl.]; Stablo-Bibel, Ms. 28105 fol. 92, Stavelot-Malmedy, 1097 [London, Brit. Mus.]. Die Bibel v. Heisterbach um 1240 zeigt die stehende R. mit Ähren und gekrönt als Typus Ecclesiae (Berlin, Staatsbibl. Preuss. Kulturbesitz). Die Darstellung der Gesch. R.s in Szenenfolgen ist seit dem 12. Jh. nachweisbar (z. B. Bibel-Illustration Ms. 5211 fol. 364^v, 12. Jh. [Paris, Bibl. de L'Arsenal]; Lambeth-Bibel, um 1150, fol. 129^v [London, Lambeth-Palace]; Glasmalerei, z. B. in der Ste-Chapelle, Paris, um 1250). Für die chr. Ikonographie ist die Darstellung R.s auch in typolog. Bildzusammenhängen von Bedeutung: So stellen z. B. die ma. Hss. der Bible moralisée und der Concordantia caritatis die Szene »R. fällt vor Boas nieder« der Szene »Maria Magdalena salbt die Füße Jesu« und die Szene »Boas heiratet R.« der Parabel über die Tür (Joh 10, 9) gegenüber.   G. Jászai

Lit.: LCI III, 574–576 – LThK² IX, 124f.

Ruthard, Gf. in Alemannien (→Alamannen), † vor 31. Aug. 790. Im Zuge der administrativen Neuordnung nach der Zerschlagung des alem. Hzm.s durch die Karolinger 746 (→Cannstatt) drangen frk. »Reichsaristokraten« (TELLENBACH) nach Alemannien vor; die bedeutendsten waren die Gf.en R. und →Warin. R., der wohl zu den Vorfahren der →Welfen zählte (FLECKENSTEIN), ist in zahlreichen urkdl. und historiograph. Q. bezeugt, wobei die Identität in manchen Fällen unsicher bleibt. Neben →Fulrad v. St-Denis begegnet er seit 752 im Kg.sdienst, übte Gf.enrechte n. des Bodensees aus und erwarb Besitz im Breisgau und im Elsaß. Ca. 749 gründete er das Kl. Arnulfsau am Oberrhein; auch andere oberrhein. Kl. wie Schwarzach, →Gengenbach und →Schuttern führten später ihre Gründung auf R. zurück. Zusammen mit Warin schuf er Gft.en und grafschaftsfreie Fiskalbezirke.

U. Nonn

Lit.: J. FLECKENSTEIN, Über die Herkunft der Welfen... (Stud. und Vorarb. zur Gesch. des frk. und frühdt. Adels, hg. G. TELLENBACH, 1957), 71–136 – M. BORGOLTE, Gesch. der Gft.en Alemanniens, 1984 – DERS., Die Gf.en Alemanniens in merow. und karol. Zeit, 1986, 229–236 [Lit.].

Ruthweil Cross, ein aus dem frühen 8. Jh. stammendes, mit Skulpturen und Inschriften verziertes Steinkreuz (ca. 5, 3 m hoch) in der Kirche von R., in der Nähe des schott. →Dumfries. Um 1642 wurde das Kreuz mutwillig zerbrochen und lag für 150 Jahre in der Kirche und auf dem Kirchhof verstreut. Bei seiner erneuten Aufstellung bekam es einen modernen Kreuzbalken, und der originale obere Teil des Kreuzstammes wurde irrtümlicherweise kopfüber angebracht. Auf den beiden Breitseiten des Kreuzes befinden sich Tafeln figürl. Skulpturen, von denen die meisten durch die in ags. Capitalis geschriebenen lat. Texte zugeordnet werden können. Die Südseite stellt Bibelszenen dar (z. B.: Jesus heilt den Blinden [Johannes IX], Jesus und Maria Magdalena [Lukas VII: 36–50]). Die Nordseite zeigt weitere ntl. und religiöse Szenen. Die beiden Schmalseiten beinhalten mit Lebewesen geschmückte Weinranken, umgeben von einem ae., in ags. →Runenschrift geschriebenen Gedicht, dessen längere Fassung, das sog. →»Dream of the Rood«, in dem aus dem späten 10. Jh. stammenden →Vercelli-Buch erhalten ist.

E. Okasha

Bibliogr.: N. C. – J. G. R. MARTINEZ, Guide to British Poetry Explication, I, 1991, 20–24 – →»Dream of the Rood« – *Lit.:* E. G. STANLEY, The R. C. Inscription (DERS., A Collection of Papers, 1987), 384–399 – The R. C., Ind. of Christian Art Occasional Papers, I, hg. B. CASSIDY, 1992 [Bibliogr.].

Rutilius Claudius Namatianus, lat. Dichter aus Südgallien (vermutl. Toulouse), magister officiorum 412, praefectus urbi 414, kehrte im Herbst 417 in seine von den Goten verheerte Heimat zurück. Die Reise schildert er in einem nur teilweise erhaltenen, an der klass. Dichtersprache (nicht ohne rhetor. Manierismus) orientierten, zahlreiche Motive der Epik (Odyssee, Aeneis) und anderer Lit.gattungen spiegelnden Gedicht (eleg. Distichen), in dessen Rompreis der spätantike, bes. in der heidn. Aristokratie lebendige Glaube an eine sich trotz aller Gefährdung des Reiches stets erneuernde Roma aeterna seinen sublimsten Ausdruck gefunden hat. Das erst 1493 in einer Hs. aus Bobbio (heute verloren, dazu ein Neufund von 1973 mit 39 sehr verstümmelten Versen) entdeckte Gedicht war dem MA unbekannt, wirkte aber auf die neulat. Reiselit. Ed. pr. Bologna 1520.   J. Gruber

Ed.: R. HELM, 1933 [mit Komm.] – J. W. DUFF–A. M. DUFF, Minor Latin Poets, 1934, 751–829 – P. VAN DE WOESTIJNE, 1936 – J. VESSEREAU–F. PRÉCHAC, 1961² [mit frz. Übers.] – E. CASTORINA, 1967 [mit it. Übers. und Komm.] – I. BARTOLI, 1971 – E. DOBLHOFER, 2 Bde, 1972/77 [mit dt. Übers. und Komm.] – *Lit.:* HLL § 624–PLRE II, 770f. – RE IA, 1249–1254 – H. WIEGAND, Hodoeporica, 1984 – I. LANA, La coscienza religiosa del letterato pagano, 1987, 101–123 – W. MAAZ [Festschr. I. OPELT, 1988], 235–256 – A. FO, Materiali e discussioni per l'analisi dei testi classici 22, 1989, 49–74 [Lit.].

Rutland, Gft. in Mittelengland, erscheint im →Domesday Book 1086 als 'Roteland' und war bis Mitte des 12. Jh. keine eigtl. Gft. mit eigenem →*sheriff*. Sie wurde zum kgl. Grundbesitz gezählt und häufig den engl. Kgn.nen als Teil ihres Wittums übertragen. Im MA stark aufgeforstet, wurde der s. Teil der Gft. oft als kgl. Jagdgebiet genutzt und unterstand deshalb dem Forstrecht (→Forst, II). Später erfolgte eine intensive Besiedlung.   C. T. Allmand

Lit.: VCH I, 1908; II, 1935 – W. G. HOSKINS, R., 1963.

Rutland, Earls of. Der 1. Earl (1390 ernannt) war →Eduard, Hzg. v. York (15. E.). Zum 2. Earl of R. wurde 1445 Edmund erhoben, 2. überlebender Sohn von →Richard, Duke of York (10. R.), und Cecily Neville; *17. Mai 1443 in Rouen, ✕ 29. Dez. 1460 Schlacht v. →Wakefield (vielleicht von Lord Clifford ermordet), ⌐seit Juli 1476 Kirche von Fotheringay Castle. Er sollte die Besitzungen seines Vaters in Frankreich erben, wo dieser als →*lieutenant général* für Heinrich VI. tätig war. Edmund unterstützte 1459 seinen Vater bei den Versuch, die Krone zu erringen. Als kgl. lieutenant in Irland ernannte Richard seinen Sohn zum Kanzler v. Irland. Zusammen mit seinem Vater und seinem älteren Bruder Eduard wurde Edmund im Nov. 1459 vom Parliament verurteilt. Als er unverheiratet starb, erlosch das Earldom. 1460 erfolgte die Widerrufung der Verurteilung des Parliaments. Zwei seiner Brüder wurden Kg.e v. England (Eduard IV., Richard III.), seine Schwester →Margarete (16. M.) Hzgn. v. Burgund.

C. T. Allmand

Lit.: Peerage XI, 252f. - P. A. JOHNSON, Duke Richard of York, 1411-1460, 1988.

Ruusbroec (Ruysbroeck), **Jan van**, bedeutendster fläm. Mystiker, * 1293 Ruisbroek bei Brüssel, † 2. Dez. 1381 Groenendaal, Verf. von 11 (durch die jüngere Forsch. als authentisch gesicherten) theol.-myst. Schrr. und 7 erhaltenen Briefen in mndl. Sprache. Die nicht von R. stammenden, daher teilweise variierenden Titel lauten in chronolog. Folge (mit der Übers. des L. Surius von 1552 [s.u.]): 1. Dat rijcke der ghelieven (Regnum amantium Deum). 2. Die geestelike brulocht (De ornatu spiritalium nuptiarum). 3. Vandeen blinkenden steen (De perfectione filiorum Dei). 4. Vandeen vier becoringhen (De quatuor tentationibus). 5. Vandeen kerstenen ghelove (De fide et judicio). 6. Vandeen geestelijken tabernakel (In tabernaculum foederis commentaria). 7. Vandeen seven sloten (De septem custodiis). 8. Een spieghel der eeuwigher salicheit (Speculum aeternae salutis). 9. Van seven trappen (De septem amoris gradibus). 10. Boecksen der verclaringhe (Samuel vel de alta contemplatione). 11. Vandeen XII beghinen (De vera contemplatione). (Zu Inhalt und hs. Verbreitung: Verf.-Lex.² VIII, 441-450). R. verf. seine Schrr. unterschiedl. Umfangs teilweise als Chorvikar (seit 1317 Priester) der Stiftskirche St. Gudula in Brüssel, teilweise in Groenendaal, einem abgelegenen Ort sö. von Brüssel, wo er seit 1343 in einer geistl. Gemeinschaft ohne Regel lebte; seit 1350 bildete sie eine CanR-Gemeinschaft, deren Prior R. bis zu seinem Tode war. - Durch sein Gedankengut [→Mystik I, 5], insbes. mit der am klarsten gestalteten und bekanntesten Schr. »Die geistl. Hochzeit«, hat R. die spätma. Frömmigkeit tief beeinflußt und v. a. eine breite Wirkung auf die Spiritualität vieler spätma. geistl. Gemeinschaften, bes. der →Devotio moderna, ausgeübt, deren Gründer Gerhard →Gro(o)te ihn 1378 in Groenendaal aufsuchte. Über →Dionysius d. Kartäuser erfolgte auch eine Vermittlung an die span. und frz. Mystik. Die lat. Übers. der Schrr. R.s durch den Kölner Kartäuser Laurentius Surius (Erstdr. Köln 1552) bewirkte eine Rezeption R.s bis zum Pietismus. M. Ditsche

Ed.: J. v. R, Werken, naar het standardhs. van Groenendaal uitg. door het R.-Genootschap te Antwerpen, 4 Bde, 1932, 1944-48² - J. v. R., Opera omnia, 1981 ff. (auf breiter hs. Grundlage, mndl. Text, Surius-Übers. und moderne engl. Übers.), 10 Bde geplant, gleichzeitig in CChrCM, bis 1994 4 Bde ersch. (= CChrCM vol. CI, CII, CIII, CX) – D. J. Rusbrochii ... opera omnia ... red. latine per L. Surium ... Köln 1552 [Nachdr. 1967] – *Übers.:* Verf.-Lex.² VIII, 441 – *Lit.:* TRE XVI, 497-502 [P. VERDEYEN] – Verf.-Lex.² VIII, 436-457 [A. AMPE, ausführl. Lit.] – ST. AXTERS, Geschiedenis van de vroomheid in de Nederlanden, II: De eeuw van R., 1953 – A. AMPE, R. Traditie en Werkelijkheid, 1975 – P. VERDEYEN, R. en zijn mystiek, 1981 – J. v. R. 1293-1381. Tentoonstellingscatalogus van de Koninkl. Bibl. Albert I, Brüssel, 1981 – J. v. R. The Sources, Content and Sequels of his Mysticism, ed. P. MOMMAERS-N. DE PAPE, Mediaev. Lovan. I, Studia XII, 1984.

Ruwa(a)rd (*reward*, 'Verwalter, Regent'), hoher Amtsträger in den alten Niederlanden. Der aus dem Frz. (von '(re)garder') hergeleitete Begriff trat zunächst als *reward* in den südl., dann (meist in der Form *ruwaard*) auch in den nördl. Niederlanden auf und bezeichnete in spezif. Bedeutung den Vertreter des Landesherrn (oder einer anderen hochgestellten Persönlichkeit) bei Abwesenheit oder in Fällen von Regierungsunfähigkeit (etwa bei Geistesschwäche des Fs.en; so fungierte →Albrecht v. Bayern 1358-89 in Hennegau und Holland-Seeland als R. seines Bruders Wilhelm V.)

Während der burg. Periode (→Burgund, Hzm.), d.h. in Flandern seit 1384, später auch in den anderen Fsm.ern, wurde der Begriff R. synonym mit 'Statthalter' (bzw. →Lieutenant) gebraucht. Das Amt des R. diente der burg. Staatsgewalt als erprobtes polit. Instrument, wobei die Einsetzung von R.en aus dem Hzg.shaus oder seinen Seitenlinien über das dynast. Moment die Integration der durch vielfältige Personalunionen mit Burgund verbundenen Einzelterritorien vorantrieb. So wurde z.B. 1387 Wilhelm II. v. Namur als R. in Flandern installiert; der Sohn und künftige Nachfolger von Hzg. Johann Ohnefurcht, →Philipp (der Gute), Gf. v. →Charolais, fungierte seit 1411 als R. seines Vaters; die Hzgn. →Isabella v. Portugal hatte das Amt während des Aufenthalts ihres Gemahls Philipps des Guten im Hzm. Burgund inne (1432, 1441-43); Mitglieder hoher Adelsfamilien des burg. Hofes wurden mit R.-Ämtern betraut (in Holland-Seeland häufig große Geschlechter aus Hennegau und Flandern wie die →Lannoy, →Lalaing und →Gruuthuse). Während der zahlreichen Aufstände gegen die Zentralgewalt wurden auch von den Städten R.e eingesetzt; sie sollten z.T. ein dynast. Vakuum füllen (z.B. →Robert v. Cassel 1325-26 während der Gefangenschaft des Gf.en v. Flandern, →Ludwigs II. v. Nevers; der Finanzmann Simon de Mirabello 1340 nach der Flucht desselben Gf.en nach Frankreich; Philipp v. →Artevelde 1382).

M. Boone

Lit.: M. DE VRIES, De afleiding en beteekenis van het woord R., Verspreide taalkundige opstellen, 1894, 116-135 – Algemene Geschiedenis der Nederlanden, 4, 1980, 136f. [J. VAN ROMPAEY] – D. NICHOLAS, Medieval Flanders, 1992, 214.

Ruysbroeck, Jan van → Ruusbroec

Ruza, [1] Städtchen an der R. (Nebenfluß der Moskva). Ein Burgwall (Ende 14.-Anfang 15. Jh., 20-24 m Höhe) umgibt die Siedlung des 13.-17. Jh. mit 3 Kirchen. Im 14. Jh. ist R. unter den Zvenigoroder volosti gen. Töpferei und Metallbearbeitung sind archäolog. bezeugt.

[2] Teilfsm. der Fs.en v. Zvenigorod (u.a. Jurij Dmitrievič, 1390-1433), Stützpunkt während des innerdynast. Krieges des 2. Viertels des 15. Jh. Das Städtchen R. und sein Gebiet (volosti) wie auch die Zolleinnahmen gelangten Anfang der 50er Jahre wieder an das Gfsm. →Moskau. R. wurde Teilfsm. des Bruders Ivans III., Boris (1472-77), und von dessen Söhnen Fedor und Ivan (einziger Fs. v. R.; † 1503) sowie von Jurij Ivanovič (1504-33).

A. L. Choroškevič

Lit.: L. A. GOLUBEVA, Raskopki v g. Ruze, Trudy Gos. ist. muzeja 22, 1953 – A. A. JUŠKO, Formirovanie udela moskovskich zvenigorodskich knjazej v 14-15. vv., Rossijskaja archeologija, 1994.

Rye, St. Søren (Severinus), Wallfahrtsort in →Dänemark, Bez. Skanderborg. Der Kult des hl. →Severinus dürfte direkt von →Köln aus durch Norddeutschland nach Dänemark gelangt sein. Den ersten Erwähnungen – 1368 eines Pilgers nach Kiel 'ad S. Severinum in Jülland', 1405 aus Dänemark – steht die von Kgn. Margarete 1411 angeordnete Reise eines Pilgers nach St. Severin in Köln gegenüber. Um 1450 folgten der Neubau einer großen Pilgerkirche mit Querschiff und die Entstehung eines Marktes, später wird eine Heilquelle erwähnt. Mirakelberichte sind nicht bekannt. Neben R. gab es im 15. Jh. dem hl. Severinus/Søren geweihte Kirchen in Testrup (Diöz. Viborg), Holmstrup (Diöz. Roskilde) und Rønninge (Diöz. Odense); liturg. Verehrung des Hl.n ist in allen dän. Diöz.en, ausgenommen Schleswig, belegt. T. Nyberg

Lit.: KL XVIII, 21-24 – CH. DAXELMÜLLER-M.-L. THOMSEN, Ma. Wallfahrtswesen in Dänemark, JbV 1978, 155-204.

Ryman, Jacob (James) OFM, lebte Ende des 15. Jh. in Canterbury, Verf. einer der größten Slg.en von me. →Carols, die den Hauptinhalt der Hs. Cambridge, Univ. Libr. Ee. I. 12, bildet (nach dem Kolophon 1492 geschrieben; von 166 Stücken sind 119 Carols); zwei weitere Carols sind in einem Hs.-Frgm. enthalten. Die Gedichte besingen Maria, Christus und den hl. Franziskus; viele sind für Kirchenfeste (u. a. Weihnachten, Epiphanie) bestimmt; 20 Carols sind Paraphrasen des →»Te Deum«. Daneben gibt es Übers.en von lat. Gebeten und Hymnen, die – wie die Carols – zum (außerliturg.) Gesang bestimmt sind. Wiederholung gleicher Motive und Wendungen ist häufig, die Lieder sind in gleich gebaute 4–8zeilige Strophen gegliedert, häufig mit →Refrain. Ein Teil der Gedichte gehört zur →macaronischen Poesie, wobei lat. Zeilen (oft Hymnenverse) mit Rücksicht auf Reim und Kehrreim geschickt eingeschaltet sind. Die Hs. enthält auch ein Lied zum Tod Heinrichs VI. und ein →Fabliau (»The fals fox«), deren Zuschreibung an R. zweifelhaft ist.   P. Lendinara

Bibliogr.: C. Brown–R. H. Robbins, An Index of ME Verse, 1943 – *Ed.*: J. Zupitza, ASNSL 89, 1892, 167–338 – *Lit.*: A. G. Little, J. R. A Forgotten Kentish Poet, Arch. Cantiana 54, 1942, 1–4 – E. K. Chambers, Engl. Lit. at the Close of the MA, 1947² – J. Stevens, Music and Poetry in the Early Tudor Court, 1961 – R. H. Robbins, The Bradshaw Carols, PMLA 81, 1966, 308–310 – H. Gneuss, Hymnar und Hymnen im engl. MA, 1968 – R. L. Greene, The Early Engl. Carols, 1977² – D. L. Jeffrey, James R. and the XVth Cent. Carols (Fifteenth-Cent. Stud.: Recent Essays, ed. R. F. Yeager, 1984), 303–320.

S

(Orts-, Personen- und Sachstichwörter in Zusammensetzungen mit Sankt, Saint [-e, -es], Sint, San, Santa, Santo, Sant [-es] usw. sind den S-Stichwörtern vorangestellt. Die Alphabetisierung innerhalb dieser Stichwortgruppe richtet sich nach dem Hauptbestandteil des Namens.)

Saint Albans, ehem. OSB Abtei nw. von London (Hertfordshire). Ihr Ansehen als führende christl. Abtei Englands erklärt sich aus der Bedeutung, die sie als Zentrum der Verehrung des hl. →Alban genoß. Der Zeitpunkt seines Märtyrertodes ist ungewiß, doch war sein Grab 429 so bekannt, daß es von Bf. →Germanus v. Auxerre besucht wurde. Alban ist der einzige Hl. in England, von dem eine kontinuierl. Verehrung seit der Römerzeit überliefert ist. Zur Zeit →Bedas wurde eine Kirche an der Stelle seines Martyriums errichtet. Doch entscheidend war, daß Kg. →Offa v. Mercien 793 ein Kl. an diesem Ort gründete. Im folgenden Jahrhundert wurde St. A. eine der berühmtesten Abteien in England, und nach ca. 969, als Kg. Edgar und der hl. →Oswald dort eine strenge Fassung der Regula Benedicti einführten, entwickelte sich das Kl. rasch zu einem der reichsten Ordenshäuser im Kgr. Obwohl die norm. Eroberung Englands 1066 bedeutende Erschütterungen innerhalb und außerhalb des Kl. bewirkte, beruhte das im Domesday Book 1086 verzeichnete Vermögen des Mönche auf einer der reichsten Landbesitzungen in England. Die neuen, durch die norm. Eroberung geschaffenen Möglichkeiten wurden von Abt Paulus (1077–93), einem Neffen des Ebf.s →Lanfranc v. Canterbury und ehem. Mönch aus Caen, genutzt. Er errichtete an der Stelle von Offas Gotteshaus eine neue Kirche (Verwendung von röm. Ziegelsteinen aus Verulamium, sieben große Apsidien, Weihe: 1116); die Translation der Gebeine des hl. Alban 1129 förderte dessen Kult. Mitte des 12. Jh. war die Abtei das wohl am häufigsten besuchte Kl. in England, v. a. wegen der günstigen Lage in der Nähe der Hauptstraßen n. von London. Papst Hadrian IV. räumte der Abtei die Vorrangstellung über alle anderen engl. Kl. ein und befreite sie von der bfl. Jurisdiktion. Der Konvent umfaßte um 1200 ca. 100 Mönche. War das Kl. im frühen 13. Jh. wegen seiner Hss.-Schule und der Buchmalerei berühmt, entwickelte es sich nun zu einem bedeutenden Wirkungsort von Gelehrten und Chronisten (u. a. →Matthaeus Paris, →Thomas Walsingham). Während des SpätMA stand eine Reihe von wichtigen Äbten an der Spitze des Kl., unter denen bes. Thomas de la Mare (1349–96) hervorragte. Trotz ihres Rufs und des Besitzes von vielen Tochterhäusern (u. a. Beadlow, Belvoir, Binham, Hertford, Tynemouth und Wallingford) blieb die Abtei von finanziellen Schwierigkeiten in der Zeit nach der Pest nicht verschont. Auch waren heftige Auseinandersetzungen zw. dem Konvent und den lokalen Stadtherren (so z. B. 1381) häufig, und so gab es im 15. Jh. nur noch ca. 50 Mönche in St. A. Der Abt und 39 Mönche erhielten Renten, als die Abtei im Dez. 1539 an die Krone überging. Gleich darauf folgten die Zerstörung der Kl.gebäude und der Verkauf der Abteikirche an die Pfarrei (seit 1877 Kathedrale einer neuen Diöz.).   R. B. Dobson

Ed.: Gesta Abbatum Monasterii S. Albani A Thoma Walsingham, ed. H. T. Riley, 3 Bde, RS, 1867–169 – Matthaei Parisiensis Chronica Maiora, ed. H. R. Luard, 7 Bde, RS, 1872–83 – The St. A. Chronicle, ed. V. H. Galbraith, 1937 – *Lit.*: Ders., The Abbey of St. A. from 1200 to the Dissolution of the Monasteries, 1911 – W. Levison, St. Alban and St. A., Antiquity 15, 1941 – R. Vaughan, Matthew Paris, 1958 – D. Knowles, C. N. L. Brooke, V. London, The Heads of Religious Houses: England and Wales, 940–1216, 1972 – A. Gransden, Hist. Writing in England, 2 Bde, 1974–82.

Saint Albans, Schlachten v. 1. St. A., Schlacht der →Rosenkriege (22. Mai 1455). Der engl. Kg. Heinrich VI. und seine Anhänger verließen London, um einen Great →Council in Leicester abzuhalten. →Richard, Duke of York (10. R.), sowie die Earls of Salisbury und Warwick (→Neville) mißtrauten der Absicht des Rates und fingen die kgl. Partei mit umfangreichen Streitkräften (vielleicht 3000 Mann) ab. Nach langen Verhandlungen griffen sie an und überwältigten die Anhänger des Kg.s in einem kurzen Gefecht mit wenigen Verlusten. Sie schlossen den Feind Richards, Edmund →Beaufort, Duke of Somerset, ein, der den Tod fand, und bemächtigten sich des Kg.s, was ihnen die Ausübung der Regierung bis Anfang 1456 ermöglichte.

2. St. A., Schlacht (17. Febr. 1461), aus der die Lancaster-Partei siegreich hervorging. Nachdem Richard, Du-

ke of York, in →Wakefield dem großen, von der Kgn. →Margarete (6. M.) im n. England aufgestellten Heer unterlegen war und den Tod gefunden hatte, rückte es auf London vor und besiegte Richard Neville, Earl of Warwick, der versucht hatte, den Vormarsch aufzuhalten. Dieser zog sich nach London zurück. Obwohl Margarete ihren Gatten auf dem Schlachtfeld gerettet hatte, verwehrten die Londoner ihr wegen des schlechten Rufs ihrer Anhänger den Zutritt zur Stadt. Nun erkannten Richard Neville und seine Verbündeten Eduard IV. aus dem Hause York als Kg. an.
R. L. Storey

Lit.: C. A. J. ARMSTRONG, Politics and the Battle of St. A., 1455, Bull. of the Inst. of Hist. Research 33, 1960, 1–72 – R. A. GRIFFITHS, The Reign of Henry VI, 1981, 741–746, 872–875.

Saint-Amand (Elnone), Abtei OSB in der alten Gft. →Flandern (heute Frankreich, dép. Nord), gegr. zw. 630 und 639 vom Missionsbf. →Amandus auf einer von Kg. →Dagobert I. zur Verfügung gestellten Domäne. Die Tumba des hl. Gründers († um 676) wurde rasch zum Zentrum eines Kultes; die urspgl. dem hl. Petrus geweihte Abtei Elnone nahm rasch den Namen ihres Gründers an. Die →Regula Benedicti wurde 821 eingeführt. Die Abtei hatte ihre erste wirtschaftl. und intellektuelle Blüte in der Karolingerzeit. Als Königsabtei unterstand sie unmittelbar den Karolingern; →Karl d. K. hat sie offenbar mit großem Interesse gefördert. Die Äbte, die dank königl. Gnade hier eingesetzt wurden, waren fast ausnahmslos bedeutende Persönlichkeiten des Frankenreiches (u. a. →Arn, Ebf. v. Salzburg; Karlmann, Sohn Karls d. K.; →Gauzlin, Erzkanzler und Bf. v. Paris). Ein →Skriptorium entfaltete sich seit dem Ende des 8. Jh. und war in der Zeit Karls d. K. wichtigster Träger des 'franko-sächs. Stils' (bedeutende Sakramentare; →Buchmalerei, A. V). In dieser Epoche mehrten die Dichter →Milo und →Hucbald das Ansehen der Schulen der Abtei. Während der Normanneninvasion (→Normannen) suchten die Mönche v. St-A. zeitweilig Zuflucht in St.-Germain-des-Prés.

Um die Mitte des 10. Jh. bemächtigte sich Gf. →Arnulf I. v. Flandern der Abtei. Mit Hilfe des Klosterreformers →Gerhard v. Brogne restaurierte er sie und setzte einen Regularabt ein (952). Diese Reform hatte aber nur kurzzeitigen Bestand; Gf. Balduin IV. vertraute St-A. daher 1013–18 der Obhut →Richards v. St-Vanne als neuem Reformabt an. Zu Beginn des 12. Jh. setzte eine zweite Periode der wirtschaftl. und kulturellen Prosperität ein: Das wieder aktive Skriptorium erreichte den Höhepunkt seiner künstler. Tätigkeit im 3. Viertel dieses Jahrhunderts; die in St-A. entstandenen Hss. zeichnen sich durch bes. reiche Illuminationen aus. Um 1150/59 umfaßte die Klosterbibl. an die 400 Codices. Seit ca. 1270 geriet St-A. jedoch in eine finanzielle Krise, die um 1321 kulminierte. Hatte die Abtei bereits 1297 unter kgl. 'Sauvegarde' gestanden, so nahm seit 1322 das frz. Kgtm. die Verwaltung in die Hand, um so die finanzielle Situation zu sanieren (→Garde). Im SpätMA wurde St-A. mehrmals niedergebrannt (1302, 1340, 1477). Die Aufhebung erfolgte 1790.
G. Declercq

Lit.: DACL XV, 462–482 [H. LECLERCQ] – A. BOUTEMY, Le scriptorium et la bibl. de St-A., Scriptorium 1, 1946, 6–16 – DERS., Le style franco-saxon, style de St-A., ebd. 3, 1949, 260–264 – H. PLATELLE, Le temporel de l'abbaye de St-A. des origines à 1340, 1962 [Lit.] – DERS., La justice seigneuriale de l'abbaye de St-A., 1965 – J. DESHUSSES, Chronologie des grands sacramentaires de St-A., RevBén 87, 1977, 230–237 – F. SIMERAY, Le scriptorium et la bibl. de l'abbaye de St-A. [École des Chartes. Positions des thèses, 1990], 151–159 – D. HÄGERMANN – A. HEDWIG, Das Polyptychon und die 'Notitia de areis' von St. Maur-des-Fossés, 1990, 78–105.

Saint Andrews, Stadt an der Küste der Gft. →Fife in →Schottland; Bm. (seit 1472 Ebm.), seit 1412 Univ.

[1] *Kathedrale und Bistum:* Im 8. Jh. errichtete →Óengus I. (oder möglicherweise →Óengus II.) ein Kl. in St. A., dessen Gründung die Überlieferung mit der Translation einiger Reliquienteile des Apostels →Andreas wahrscheinl. aus →Hexham in Northumbria in Verbindung bringt. Wohl seit 1124 teilte sich dieses Kl. in zwei unterschiedl. Gemeinschaften: 1. einen Konvent von verheirateten Klerikern, die für den Unterhalt des wichtigen Pilgerzentrums zuständig waren, dessen Bedeutung im 10. oder 11. Jh. durch die Errichtung der Kirche des hl. Regulus (St. Rule) für die Andreas-Reliquien noch zunahm; sowie 2. einen Konvent von →Céli Dé-Mönchen, dessen Mitglieder erbl. Präbenden an der Kathedrale von St. A. besaßen. 1144 gründete →David I. ein Priorat der Augustiner-Chorherren in St. A., das vermutl. die Rechte und Besitzungen des Céli Dé-Konvents übernahm, der jedoch weiterhin bestand und im 13. Jh. ein separates Kollegium von Säkularkanonikern bildete. Durch diese herausragende kirchl. Stellung wurde St. A. am Ende des 10. Jh. zum Sitz eines Bf.s, der wahrscheinl. eine Art Primat über das schott. Episkopat zugestanden bekam. Spätere Inhaber des Bf.sstuhls vermehrten das Ansehen von St. A. sowohl durch die Errichtung einer neuen Kathedrale, die 1162 begonnen und 1318 geweiht wurde, als auch durch ihren erfolgreichen Kampf im 12. Jh. gegen den Anspruch des Ebf.s v. →York auf die Oberhoheit über die schott. Bf.e, und ebenso durch ihre führende Rolle bei der Einsetzung sowie nach 1331 bei der Krönung und Salbung der schott. Kg.e. Zum Ebm. wurde St. A. jedoch erst 1472 erhoben, zu einer Zeit, als Häretiker wie John Risby und Paul Craw hingerichtet wurden – bereits Vorläufer der Unruhen des 16. Jh., die schließlich zur Aufgabe und Zerstörung der Kathedrale führten. Bedeutende Teile der Ost- und Westfront blieben erhalten.

[2] *Stadt:* Wahrscheinl. gab es bereits eine kleine Siedlung in unmittelbarer Nähe des ersten Kl. In der Mitte des 12. Jh. beauftragte David I. Bf. Robert mit der Errichtung eines neuen *burgh*, der vielleicht unter seinem ersten →*provost*, einem Flamen aus Berwick, in der Nähe der heutigen Burg entstand, deren frühesten Belege aus der Zeit um 1200 stammen, als sie Bf. Roger de Beaumont als Bf.ssitz neu errichtete. Der burgh, der im General Council von 1357 in →Scone vertreten war und 1456 ins Parliament geladen wurde, hatte eine bedeutende wirtschaftl. Entwicklung, die durch die Beiträge an kgl. Zöllen und die Erweiterung um 1560 bis zum erhaltenen West Port dokumentiert wird. Die Stadt wurde erst Anfang des 17. Jh. zu einem kgl. burgh erhoben, als die wirtschaftl. und polit. Bedeutung bereits einen Niedergang zeigte.

[3] *Universität:* Die älteste schott. Univ., 1412 von Bf. Henry Wardlaw gegr., bestand zunächst aus einer Scholarengemeinschaft und erhielt 1413 von Papst Benedikt XIII. die Anerkennung als →Studium generale. Es entstanden drei Kollegien: 1450 St. Salvator's College, 1512 St. Leonhard's College und 1538–39 St. Mary's College. Im 15. und 16. Jh. studierten die meisten kirchl. und weltl. Persönlichkeiten Schottlands an dieser Univ.
D. J. Corner

Lit.: R. G. CANT, The Univ. of St. A., 1970 – D. MCROBERTS, The Medieval Church of St. A., 1976.

Sant' Angelo in Formis (Kampanien). Eine über den Resten des antiken Tempels der Diana Tifatina errichtete Kirche, die schon 925/938 von Bf. Petrus I. v. Capua den Mönchen von →Montecassino übergeben, später aber an den Bf. bzw. Fs. v. Capua verlorengegangen war, wurde 1072 von dem norm. Fs. en Richard v. Capua mit zugehörigem »cenobio« an Abt →Desiderius v. Montecassino geschenkt, der die Kirche (und ein Kl.) vermutl. neu erbaute: dreischiffige Basilika mit je 8 Säulenarkaden (Spolien) und drei Apsiden sowie einer (im 12. Jh. z. T. erneuerten) Vorhalle und freistehendem Glockenturm. Die Kirche wurde wohl noch unter Abt Desiderius († 16. Sept. 1087) mit umfangreichen Freskenzyklen ausgemalt; nur die Vorhallenfresken entstammen dem späten 12. Jh. Die großenteils gut erhaltenen Malereien gehören zum bedeutendsten, das an Monumentalmalerei aus dieser Epoche überliefert ist und zeugen von der künstler. Blüte Montecassinos unter Desiderius. – *Bildprogramm:* In der Mittelapsis Christus thronend mit den 4 Evangelistensymbolen, darunter der Kirchenpatron Michael und zwei weitere Erzengel in byz. Hoftracht sowie Abt Desiderius und der hl. Benedikt (übermalt). Im Mittelschiff in drei Registern vielszeniger Zyklus des Lebens Jesu von der Kindheit bis zur Himmelfahrt, in den Arkadenzwickeln stehende Propheten sowie links beim Eingang eine Sibylle; an der Eingangswand großes Jüngstes Gericht. An den Seitenschiffswänden ursprgl. ein AT-Zyklus mit Darstellungen aus Gen im oberen Register, großenteils zerstört; im unteren Register nur auf der Eingangswand zwei Gideon-Szenen (Ri) und eine Darstellung des Martyriums des hl. Pantaleon (von Toubert auf den Sieg von Mahdia 1087 über die Sarazenen gedeutet) erhalten; in den Arkadenzwickeln rechts weibl. Hl. e, bezogen auf die Halbfigur der Muttergottes zw. Engeln und mit weiteren hl. Jungfrauen in der rechten Apsis; links in den Zwickeln hl. Mönche und Einsiedler, bezogen auf die Halbfigur Christi zw. Petrus und Paulus und mit Kleriker-Hl. n in der linken Apsis (erst jüngst freigelegt). – Für die Datierung ist vom (teilweise übermalten) Stifterbild in der Hauptapsis auszugehen, wo Desiderius als Lebender (Rechtecknimbus) und in Dalmatik und Purpurkasel, aber doch wohl ohne Pallium dargestellt ist, also vielleicht schon als gewählter (24. Mai 1086), aber noch nicht konsekrierter (9. Mai 1087) Papst Victor III., doch könnte die Ausmalung früher begonnen und die Kleidung des Stifters nachträgl. dem neuesten Stand angepaßt worden sein. – In den im Stil, trotz individueller Varianten der beteiligten Maler, sehr einheitl. Malereien kommen byz. wie auch röm. und otton. Einflüsse zum Tragen, die von der Forschung kontrovers gewichtet werden. U. Nilgen

Lit.: O. Demus, Roman. Wandmalerei, 1968, 114–117 – L'art dans l'Italie méridionale. Aggiornamento dell'opera di É. Bertaux, IV, 1978, 478–486 [A. Thiery] – M. D'Onofrio–V. Pace, La Campania, 1981, 143–169–H. Toubert, Le cycle de l'Ancien Testament à S. A. in F., I–III (Dies., Un art dirigé, 1990), 93–192.

Sant' Antimo in Val Starcia,

Reichsabtei im Starciatal (Bm. Chiusi, Toskana), ca. 10–15 km nw. von der Via Francigena (heute Via Cassia) entfernt, an einem ehem. Verbindungsweg durchs Orciatal nach Roselle. Älteste bekannte Privilegierung durch Karl d. Gr. Die Gründung durch Abt Tao im Reichsforst von Ceciliano war wohl noch von den Langobardenkg. en geplant. Teile der Kirche aus dem 9. Jh. sind erhalten. Im 10. Jh. ist S. A. mit 1000 Hufen etwa doppelt so groß wie die benachbarte Abtei S. Salvatore am →Monte Amiata. Streubesitz vom Pistoiesischen (S. Tomato) bis nach Tarquinia und Castiglione della Pescaia. 1007 hielt sich Abt Boso am Kg. shof in Neuenburg auf. Abt und Konvent sind im Verbrüderungsbuch der Reichenau (fol. 154) genannt. Das reiche Testament des Gf. en Bernhard (Inschrift auf den Altarstufen) ermöglichte es noch nach 1118 eine der bedeutendsten roman. Kirchen der Toskana zu erbauten. Das hohe Niveau ihrer Architektur und Skulptur, wohl frz. beeinflußt, wurde in der südl. Toskana aber kaum weitergegeben. In der 2. Hälfte des 12. Jh. begann der Niedergang. 1291 Übertragung an die →Wilhelmiten. Von Pius II. wurde S. A. dem neu gegr. Bm. Montalcino übergeben, der Bf. blieb Abt von S. A. W. Kurze

Lit.: IP III, 1908, 246ff. – A. Canestrelli, L'abbazia di S. A., Siena Monumentale 1910–12 – F. Schneider, Die Reichsverwaltung in Toscana, 1914 – W. Kurze, Zur Gesch. der toskan. Reichsabtei S. A. in Starciatal (Adel und Kirche [Fschr. G. Tellenbach, 1968]) – I. Moretti–R. Stopani, Romanico Senese, 1981 – I. Moretti, Il riflesso di S. A. nell'architettura romanica della Valdorcia, La Val d'Orcia nel medioevo e nei primi sec. dell'età moderna, 1990 – W. Kurze, Novità per la storia di S. A., AS I 53, 1995.

Saint-Antoine (-en-Viennois),

Abtei (seit 1297) und Mutterhaus der Antoniter (→Antoniusorden) im Dauphiné, 8 km nw. von St-Marcellin (dép. Isère). Um die Mitte des 11. Jh. gelangten die (angebl.) Gebeine von →Antonius d. Eremiten in das bald St-A. gen. Dörfchen La-Motte-aux-Bois. 1083 schenkte das Ebm. Vienne die Kirche dem Kl. →Montmajour, das hier ein Priorat einrichtete. Als um 1095 eine Massenerkrankung (später Antoniusfeuer gen.) auftrat, bildete sich eine Laienbruderschaft zur Versorgung der hier um Hilfe betenden gesunden und kranken Pilger. Schon nach wenigen Jahren erbaute sie eine eigene Domus elemosinaria, und noch vor 1130 wurde der erste eigtl. Spitalbau, das spätere Hospitale maius, errichtet. Nachdem die Bruderschaft schon längst im Besitz von Hospitälern in Italien, Dtl. und Spanien war, wurde sie unter dem Druck des Apostol. Stuhles zu einem Orden nach der →Augustinusregel umgewandelt (1232–47). Nach der Vertreibung der Benediktiner kam es zu einer grundlegenden Neuordnung. Am 10. Juni 1297 löste →Bonifatius VIII. das Priorat aus seinem Ordensverband, erhob es zur Abtei und unierte das Hospital mit allen Außenstellen; die Antoniter wurden Chorherren. Das an Stelle der 1119 geweihten Priorakirche Mitte 14. bis Mitte des 15. Jh. errichtete Gotteshaus und die Kl. anlagen erlitten in den Religionskriegen (seit 1562) schwere Schäden. A. Mischlewski

Lit.: H. Dijon, L'Église abbatiale de St-A. en Dauphiné, 1902 – G. Maillet-Guy, Les origines de St-A. (Isère), Bull. de la Soc. dép. d'Arch. et de Statistique de la Drôme 41, 1907, 91ff., 176ff., 319ff., 378ff.; 42, 1908, 66ff., 182ff. – P. Quarré, L'Église abbatiale de St-en-V. (Congr. arch. de France, 130ᵉ sess., 1972, Dauphiné, 1974), 411–427 – A. Mischlewski, Grundzüge der Gesch. des Antoniterordens bis zum Ausgang des 15. Jh., 1976 – M. Laclotte–D. Thiébaut, L'École d'Avignon, 1983, 211–213 – J.-L. Arnaud, St.-A. … de la fin du MA à la suppression des Antonins (Thèse Grenoble II, 1994) – A. Mischlewski, Un ordre hospitalier au MA: Les chanoines réguliers de St-A.-en-V., 1994.

Saint-Arnoul

(St. Arnulf vor Metz), Abtei OSB in →Metz. Unsicher sind die Anfänge der Kirche Saints-Apôtres (Hl. Aposteln), 641 Bestattungsort der Gebeine des hl. Bf. s →Arnulf v. Metz, Ahnherrn der →'Arnulffinger'/Pippiniden/→Karolinger. Ebenso unklar bleibt, warum der Bf. nicht in einer der beiden vor den Mauern der Stadt gelegenen Basiliken beigesetzt wurde. Am Grabe des Hl. en versah zunächst eine Klerikergemeinschaft den Gottesdienst. Seit dem frühen 8. Jh. diente die Kirche, nun unter dem Arnulf-Patrozinium, als »Grablege der Nachkommen →Pippins II., der Karolingerdynastie (Grabstätte u. a. von: Hildegard, der 2. Gemahlin →Karls d. Gr.; Töchtern Karls d. Gr.; →Ludwig d. Fr.; Bf. →Drogo v. Metz). Immense Schenkungen aus Königsgut bildeten die Grundlage des reichen Patrimoniums der Abtei. 942 wurden im Zuge der von Bf. →Adalbero I. unterstützten Gorzer Reform (→Gorze) Mönche anstelle der Kanoniker in St-A. eingesetzt; Ks. →Otto I. förderte diese Maßnahme. Im 10. und 11. Jh. war St-A. neben Gorze eine der blühendsten Abteien der Metzer Diöz. (reichhaltige Bibliothek). Die Mönche wurden im frühen 11. Jh. dem Reformabt v. St-Bénigne, →Wilhelm v. Volpiano († 1031), unterstellt. Um 1100 gründete St-A. kleinere →Priorate (Chiny, Lay-St-Christophe, Faux, Olley). Im SpätMA wurden die Äbte oft vom Metzer Patriziat gestellt. 1552 wurde die Abtei aus fortifikator. Gründen in Stadtinnere verlegt. St-A. suchte durch zahlreiche →Fälschungen (Kartular des 13. Jh.) den eigenen Rang über Gebühr zu erhöhen. M. Parisse

Q.: Petit cart., Abb. Clervaux (Lux.), ms 107 – Nekrologe (Kop.), Arch. dép. Metz 19 J 344 – *Lit.*: G. WOLFRAM, Krit. Bem. zu den Urkk. des Arnulfskl., Jb. der Ges. für lothr. Gesch. und Altertumskunde 1, 1888–89, 40–80 – A. HOCH, Abt Walo v. Metz und Ebf. Manasses v. Reims, Straßburger Diözesanblatt 19, 1900, 222–231 – E. MÜSEBECK, Die Benediktinerabtei St-A. in der ersten Hälfte des MA, Jb. der Ges. für lothr. Gesch. und Altertumskunde 13, 1901, 164–244 – R. S. BOUR, Die Benediktinerabtei St-A. Eine archäolog. Unters., ebd. 19, 1907, 1–136; 20, 1908, 20–120 – O. G. OEXLE, Die Karolinger und die Stadt des hl. Arnulfs, FMASt 1, 1967, 250–364 – N. BULST, Unters. zu den Klosterreformen Wilhelms v. Dijon, 1973 – E. EWIG, Der Fernbesitz von St-A. in den alten Diöz. Trier und Köln, RhVjbll 50, 1986, 16–31 – Gorze au X{e} s., 1993 – M. MÜLLER, Am Schnittpunkt von Stadt und Land. Die Benediktinerabtei St-A. im hohen und späten MA, 1993.

Saint Asaph, Diöz. im nö. Wales, führte diesen Namen seit dem 12. Jh., mit dem alten Kirchensitz Llanelwy als Zentrum, der nach der Überlieferung vom hl. Kentigern (Cyndeyrn, →Mungo, † 612), einem Priester und Missionar aus dem w. Schottland, gegründet worden war. Als dieser in den N zurückkehrte, übertrug er die Kirche seinem Schüler, dem hl. A., dessen Name und Kult dort bald in hohem Ansehen standen. Möglicherweise gelangte aber auch der Kult von Cyndeyrn und seinem Nachfolger durch die Einwanderung aus →Strathclyde 872–878 nach N-Wales. Die frühe Gesch. des Bf.ssitzes liegt im dunkeln, aber mindestens ein Bf., Melanus, wurde vor 1073 geweiht. Im frühen 12. Jh. war Daniel, Sohn des Bf.s v. →St. David's, Archidiakon in →Powys und hatte anscheinend die Aufsicht über das ganze Gebiet. Der Bf.ssitz wurde in den 20er Jahren des 12. Jh. erwähnt, seit 1143 war der Bf.sstuhl regelmäßig besetzt. Mit seiner Kathedralkirche befand sich der Bf. in einem Gebiet, das zw. den Fs.en v. Powys und →Gwynedd umstritten war, und der Bf. gelangte zunehmend unter den Einfluß von Gwynedd und nach 1284 des engl. Kg.s. D. Walker

Lit.: G. WILLIAMS, The Welsh Church from Conquest to Reformation, 1976 – C. N. L. BROOKE, The Church and the Welsh Border in the Central MA, 1986 – D. WALKER, Medieval Wales, 1990.

Saint-Aubin-du-Cormier, Stadt und Schlachtort in der östl. →Bretagne (dép. Ille-et-Villaine). [1] *Stadt:* St-A. wurde 1223 vom Hzg. →Peter Mauclerc im Forst v. Rennes als Burgort errichtet. Es hatte eine dreifache Funktion: 1. Schutz der Residenzstadt →Rennes; 2. Überwachung der nahegelegenen feudalen Seigneurie →Vitré; 3. Besiedlung und Erschließung eines weiten Forstgebiets. Das Areal des nach rechteckigem Grundriß angelegten Ortes kann durch ein Urbar (*livre rentier*) des 15. Jh. rekonstruiert werden. St-A. erhielt 1225 ein Privileg (*charte de franchise*), das den Zuzüglern persönl. Freiheit, umfassende Steuerbefreiungen und Nutzungsrechte am grundherrl. Forst gewährte. Der stark befestigte Ort (Spuren des zylindr. Donjons der Burg erhalten) erhielt im 15. Jh. eine Stadtmauer.

[2] *Schlacht:* Nach zwanzigjährigem Ringen mit dem übermächtigen Kgr. →Frankreich läutete die Schlacht (28. Juli 1488) das Ende der Unabhängigkeit des Hzm.s Bretagne ein. Im Konflikt zw. Hzg. →Franz II. und Kg. →Karl VIII. rückte das bedrängte bret. Heer, eilends verstärkt durch frisch angeworbene Söldner (dt. Landsknechte, span. und gascogn. Reisige, engl. Bogenschützen), auf St-A. vor und wurde dort von der zahlenmäßig überlegenen, von dem jungen und fähigen Heerführer Louis de →La Trémoille befehligten frz. Armee, die über eine schlagkräftige Artillerie und erprobte schweizer. Truppenverbände (→Eidgenossenschaft) verfügte, vernichtend geschlagen. Die Schlacht entfaltete sich in einer knapp vierstündigen Kanonade und einer Reihe unübersichtl. Kavalleriegefechte. Die bret. Armee, von ihren unentschlossenen Befehlshabern (Fs. v. Orange, Marschall v. Rieux, Alain d'Albret) auf einer von Wasserflächen, Wald und Hügeln eingeschnürten Heide höchst ungünstig plaziert, verlor 5000 Gefallene, die frz. Seite dagegen nur 1500. Der Vertrag v. →Verger (Le) besiegelte die Unterwerfung des Hzm.s Bretagne. J.-P. Leguay

Lit.: J.-P. LEGUAY–H. MARTIN, Fastes et malheurs de la Bretagne ducale 1213-1532, 1982 – R. CINTRÉ, Les Marches de Bretagne au MA, 1992.

Sankt Bavo → Gent, III, 2

Saint-Bénigne → Dijon, II, 2

Saint-Benoît-sur-Loire → Fleury-Saint-Benoît-sur-Loire

Sankt Bernhard, Großer → Großer Sankt Bernhard

Saint-Bertin (Sithiu), bedeutende Abtei in Nordfrankreich (dép. Nord), gegr. 649 (oder 651) vom hl. →Audomarus. →Saint-Omer.

Saint-Bertrand de Comminges → Comminges, I

Sankt Blasien, Abtei OSB und Zentrum monast. Reform im Südschwarzwald (Landkrs. Waldshut). Anfänge und Frühzeit sind ungeklärt; sehr wahrschein. sind Identität und Kontinuität im institutionellen wie im patrozinienrechtl. Sinne zw. der von →Rheinau im 9. Jh. gegründeten 'Cella Alba' und dem zu Beginn des 11. Jh. von Rheinau emanzipierten Kl. Festeren Boden gibt ein Privileg Heinrichs IV. v. 1065, worin das Kl., das dynast. bei den →Rheinfeldenern stand, auf das aber auch der Bf. v. →Basel eigenkirchenrechtl. Ansprüche erhob, eine negativ formulierte Immunität für einen engeren Bezirk erlangte, ohne in den sal. Reichskirchenverband zu kommen. Kgl. Nähe und dynast. Zugriff ergaben ein Spannungsverhältnis, das v. a. im →Investiturstreit problemat. wurde. St. B. verdankt seine Bedeutung in der Reformbewegung des 11. Jh. in Verbindung mit →Fruttuaria (1068–77) der Förderung durch Ksn. →Agnes und →Rudolf v. Rheinfelden. Als Reformzentrum, neben →Hirsau und Allerheiligen in →Schaffhausen, wirkte das Kl. über wichtige Verbrüderungsverträge, die Entsendung von Mönchen in andere Kl. (z. B. →Wiblingen, Alpirsbach, Donauwörth, Fultenbach und v. a. →Göttweig) und über die Prioratsverfassung, unter die v. a. →Muri und Ochsenhausen fielen.

Parallel erfolgte die Errichtung mehrerer Priorate und abhängiger Frauenkonvente im engeren Umkreis, von denen wiederum Reformimpulse ausgingen. Nach der Mitte des 12. Jh. flachte der Reformeifer merkl. ab. Die Aktivitäten verlagerten sich auf den wirtschaftl. und rechtl. Ausbau der weitgefächerten und reichen Grundherrschaft, wozu ein bedeutender Niederkirchenbesitz zählte. 1125 war das Kl., zuvor unter bfl. baselscher Vogtei, durch kgl. Spruch frei geworden, dem kgl. Schutz unterstellt mit dem Recht der freien Vogtwahl, die indes nur auf die →Zähringer als Schutzvögte sich erstreckte. Diese Verbindung bestimmte im 12. und frühen 13. Jh. die weitere Entwicklung und den Ausbau der Grundherrschaft, zumal im Züricher Raum. Nach dem Aussterben der Zähringer zog Friedrich II. die Vogtei als Reichslehen ein. Nach der Mitte des 13. Jh. kam es zu der wohl noch nicht geklärten Verbindung mit den Gf.en v. →Habsburg, die als Schutz- und →Kastvögte bis zum Ende der klösterl. Existenz fungierten. Sehr wahrscheinl. erfolgte unter Kg. Rudolf I. eine Amalgamierung von reichsrechtl. und landesherrl. Komponenten der Vogtei. Bemühungen des Kl. um eine reichsrechtl. Position (Immediatstellung) scheiterten. Unter habsbg. Einfluß entfaltete das Kl. seit dem 14. Jh eine groß angelegte Organisation der Grundherrschaft (Urbare, Ämterverfassung), wobei die Erschließung des Silberbergbaus wichtig wurde. H. Ott

Lit.: DIP VIII, 409f. – GP II, 1, 165–183 – J. WOLLASCH, Muri und St. B., DA 17, 1961 – H. OTT, Stud. zur Gesch. des Kl. St. B. im hohen und späten MA, 1963 – H. JAKOBS, Der Adel in der Kl. reform v. St. B., 1968 – H. OTT, Die Kl. grundherrschaft St. B. im MA, 1969 – DERS., St. B., Germania Benedictina 5, 1975 – H. HOUBEN, St. Blasianer Hss. des 11. und 12. Jh., 1979 – Das Tausendjährige St. B. 200jähriges Domjubiläum. Hist. Ausstellung, 2 Bde, 1983.

Saint-Brieuc, Stadt und Bm. an der Nordküste der →Bretagne (dép. Côtes-du-Nord) im Innern einer Meeresbucht gelegen, benannt nach dem hl. →Briocus, einem walis. Missionar, der nach unsicherer Überlieferung als Gründer gilt. Die ungefähr seit Mitte des 6. Jh. faßbare, zunächst offenbar als Klosterbm. kelt. Typs verfaßte Kirche (Bf.sliste im FrühMA lückenhaft) gewinnt erst in der Zeit nach den Normanneneinfällen des 9. und 10. Jh. (Übertragung der Briocus-Reliquien nach St-Serge d' →Angers) deutlichere Konturen. Der Bf. und das Kathedralkapitel übten umfassende Herrschaftsrechte über die Bf.sstadt und ihr Umland aus; die Diöz. hatte 113 ländl. Pfarreien. Die weltl. Jurisdiktion (Hochgerichtsbarkeit, Steuereinziehung) über die als 'régaire' bezeichnete 'mensa episcopalis' (das Gebiet »zw. den Flüssen Urne und Gouët« sowie Hénanbihan) und das Lehen des Kapitels lagen in den Händen von Amtsträgern (*Sénéchal, Alloué*) oder erbl. Lehnsleuten (*Voyer, Sergent*), wobei im MA noch mancherorts archaische Feudalrechte wie das *grenouillage* (Froschzins) fortlebten. Als markante Bischofspersönlichkeiten (in der älteren Zeit zumeist fromme Geistliche, später eher machtbewußte Politiker) können gelten: der hl. Guillaume Pichon (1220–47), Gegenspieler von Hzg. →Peter Mauclerc; Jean d' →Avaugour (1320–29); Hugues de →Montrelais (1358–73), Kanzler Hzg. →Jeans IV.; Geoffroy de →Rohan (1372–75); Jean de Malestroit (1404–19), Kanzler →Jeans V.

Die erst im SpätMA häufiger belegte, offene Stadt mit ca. 2500 Einw. (1430) besaß als einzigen Schutz ihre festungsartige Kathedrale und dem 13. Jh., die »Froissart als »malement forte« charakterisiert. St-B. wurde 1346 von den Engländern, 1375 von →Jean IV. v. Montfort, 1394 von Olivier de →Clisson angegriffen. Die städt. Topographie umfaßte die Pfarrkirche St-Michel, etwa zehn Kapellen, den Bischofspalast, die Viertel der Handwerker (Tuchweber, Leineweber, Gerber, Schuster, Nagelschmiede). Die Notabeln (Kaufleute, Beamte, Steuerpächter) bewohnten stattl. Fachwerkhäuser. Vier Jahrmärkte und zwei Wochenmärkte, eine Halle (*cohue*) mit Marktgericht sowie ein kleiner Hafen förderten den Regional- und Seehandel, v. a. mit den Erzeugnissen des dichtbesiedelten agrar. Umlandes (Getreide, Gemüse, Fleisch, Milchprodukte, Salz). Blütezeit war das frühe 15. Jh. (große Fiskalenquête Hzg. Jeans V. von 1426–30). J.-P. Leguay

Lit.: J.-P. LEGUAY, Un réseau urbain au MA, les villes du duché de Bretagne aux XIVe et XVe s., 1981 – Hist. de St-B. et du pays briochin, hg. C. NIÈRES, 1991 (Ed. Privat, Toulouse, 1991).

Saint-Calais, Abtei in Westfrankreich, Maine (dép. Sarthe, Diöz. →Le Mans), am Ufer der Anille (alter Name der Abtei: Anisolense), soll am Ende des 5. Jh. von Turibius gegr. worden sein, wurde von Kg. →Childebert, dem Sohne →Chlodwigs, an einen Wandermönch namens Karilephus (frz. 'Calais') übertragen; die Weihe durch Innocentius, Bf. v. Le Mans, erfolgte 530. Die Mönche nahmen rasch die →Regula Benedicti an. Das Kl. wurde von →Pippin III. unter Königsschutz gestellt und mit Schenkungen bedacht. Zu Beginn des 9. Jh. fochten die Äbte einen heftigen Konflikt mit den Bf.en v. Le Mans, Franco und Aldricus, aus. Im Zuge einer Krise wurde Abt Sigismund abgesetzt und von 838 bis 841 exiliert. 850 bestätigte Ks. →Karl d. K. die Privilegien der Abtei, die kurz darauf von den →Normannen verwüstet wurde. Für die Zeit des 10. und 11. Jh. liegt die Gesch. der Abtei weithin im dunkeln. Sie besaß nur mehr sekundäre Bedeutung und war am Ende des →Hundertjährigen Krieges verfallen. Im benachbarten Anilletal bildete sich eine kleine Stadt; auf dem östl. Höhenzug entstand eine feudale →Motte, an deren Stelle später eine steinerne Burg trat.
G. Devailly

Q. und Lit.: L. FROGER, Le cart. de l'abbaye de St-C., 1888 – L. FINOT, L'abbaye de St-C. aux VIIIe et IXe s., Revue de l'hist. du Maine, 1899 – A. BOUTON, Le Maine: hist. économique et sociale des origines au XVIe s., 1962.

Saint-Chaffre-du-Monastier, Abtei in Mittelfrankreich, Velay (dép. Hte.-Loire, Diöz. →Le Puy). Die Gründung wird dem hl. Carmery (Calminius), einem Auvergnaten, zugeschrieben; der erste Abt, Odo, soll Mönch in →Lérins gewesen sein, sein Neffe und Nachfolger, Theofred, im 7. oder frühen 8. Jh. als Märtyrer gestorben sein (St-Chaffre). Ludwig d. Fr. ließ bereits als Kg. v. Aquitanien die Abtei restaurieren und verlieh ihr als Ks. Immunitätsprivilegien, die von Pippin v. Aquitanien und Karl d. K. bestätigt wurden.

939–940 berief Abt Gotescalc, Bf. v. Le Puy, Mönche aus →Aurillac zur Reform der Abtei St-Ch. Abt Vulfade (951–982) veranlaßte die Translation der Reliquien aus der Kirche St-Pierre in die (vergrößerte) Kirche St-Martin. Eine neue Reform unternahm Abt Wilhelm III. (1074–86), der St-Ch. von der Usurpation des Vizgf.en v. Polignac befreite und den Neubau der Martinskirche einleitete (Bauarbeiten bis ins 12. Jh.).

Die u. a. durch Söldnereinfälle (1360–63) geschädigte Abtei erfuhr in der 2. Hälfte des 15. Jh. und erneut zu Beginn des 16. Jh. einen Wiederaufbau (Neubau des Chors und Kirchengewölbes sowie des Abtsschlosses). Zw. der Abtei und der Pfarrkirche St-Jean-Baptiste entstand ein Burgus, in dem seit dem 9. Jh. ein Jahrmarkt stattfand.
G. Fournier

Q. und Lit.: G. ARSAC, Notes hist. sur l'abbaye, la ville et les châteaux du M., 1875 – U. CHEVALIER, Cart. de l'abbaye de St-Ch., 1888 – R. GOUNOT, L'église abbatiale du M., 1962 [Kat.] – J. BOUSQUET, Le M. en Velay, Congr. archéol. 133, 1975, 439–472 – Église St-Jean-Baptiste. Le Monastère-sur-Gazeille, 1992 [B. SANIAL] – R. THOMAS, Châteaux de Hte.-Loire, 1993, 200f. [J.-L. GUÉNOUN].

Sainte-Chapelle, usprgl. volkstüml. Bezeichnung für einen Typ der Pfalzkapelle, der (mit der eigtl. S. beim 'Palais de la Cité' in →Paris als Prototyp) die Gründungen →Ludwigs d. Hl.n v. Frankreich und seiner Nachkommen von 1248 bis 1505 umfaßt. Als ausgeprägte Reliquienkapellen besaßen alle S. Teile von zwei der berühmtesten →Reliquien, nämlich Partikel des Wahren Kreuzes und der Dornenkrone, angekauft in Byzanz bzw. im Mittleren Osten (zw. 1235 und 1247) und an die Pariser S. übertragen. In der Kontinuität der Passionsreliquien, die die byz. Ks. im Bukoleonpalast hüteten, fungierten diese Reliquien als schützendes Heiligtum der frz. Monarchie, mit deren sakralen Vorstellungen (→Sakralität) sie eng verbunden waren. Die vier kgl. Gründungen von S. waren: Paris (1248, Ludwig d. Hl.), Le Gué de Maulny bei Le Mans (1329, →Philipp VI. v. Valois, der zuvor Gf. v. Maine gewesen war), Le Vivier-en-Brie (1352) und →Vincennes (1379, beide →Karl V.). Diejenigen S., die von Prinzen und Verwandten des frz. Königshauses der →Kapetinger/→Valois gegr. wurden, lagen an den Residenzorten (→Residenz) der jeweiligen →Apanagen bzw. Fsm.er: →Bourbon-l'Archambault I (1315, Ludwig I. v. →Bourbon), →Riom (1382) und →Bourges (1405, beide Hzg. →Jean de Berry), →Chambéry (außerhalb des Kgr.es Frankreich, →Amadeus VIII., Hzg. v. →Savoyen, Enkel von Jean de Berry), →Châteaudun (1451, →Dunois, der »Bastard v. Orléans«), →Aigueperse (1475, Linie Bourbon→Montpensier), Bourbon-l'Archambault II (1483, →Jean II. v. Bourbon), Champigny-sur-Veude (1498, durch die Linie →Bourbon-Vendôme) und Vic-le-Comte (um 1505, Jean Stuart [Stewart] und seine Gemahlin, die Gfn. v. →Auvergne und →Boulogne). Alle diese S. wurden errichtet, um die kapet. Dynastie und ihre Einheit zu überhöhen. Die Liturgie wurde hier nach dem Brauch der S. zu Paris gefeiert.

Architekton. Vorbild aller S. war das Pariser Meisterwerk, das die am Königshof ausgebildete hohe →Gotik des mittleren 13. Jh. in reifer Vollendung verkörpert: einschiffige, zweistöckige S., Oberkapelle im Inneren geprägt von hohen Maßwerkfenstern mit überreicher polychromer →Glasmalerei und den Statuen der Zwölf Apostel an den Chorpfeilern, Außenbau mit Strebepfeilern, Schieferdach, überragt von einem spitzen, feingliedrigen Dachreiter. Alle S. besaßen bedeutende Kirchenschätze, Kunstwerke, Fenster oft mit Wappenscheiben, fsl. Sepulturen (→Grablege) für Leichname oder Herzen (bei den jüngern Linien). Der dynast. Totenkult (Gebete, Seelenmessen) wurde durch ein Kolleg von Kanonikern, denen Kapellane und Kleriker unterstanden, gewährleistet (etwa vierzig Religiose in Paris, acht in Le Gué de Maulny). – Nach der Etablierung des Hofes in Versailles (ab 1661) schwand das Interesse der frz. Monarchie am Schicksal der S., die vielfach der Zerstörung (Bourges 1757, Bourbon-l'Archambault 1793) oder Aufhebung verfielen (Dekret Ludwigs XVI., 1787). Die Revolution zog 1791 den Schlußstrich.
C. Billot

Lit.: I. HACKER-SÜCK, La S. de Paris et les chapelles palatines du MA en France, CahArch 13, 1962, 217-257 – C. BILLOT, Les S., approche comparée de fondations dynastiques, RHEF 73 (2), 1987, 225-248 – J.-M. LENIAUD-F. PERROT, La S., 1991.

Saint-Chef (ehem. St-Theudère), Abtei OSB in Südostfrankreich, →Dauphiné (dép. Isère). Unter den in und bei →Vienne, Metropole von starker geistl. Ausstrahlungskraft, entstandenen frühen Abteien ist S. die älteste und namhafteste. Der Gründer, der hl. Theudarius (* zu Beginn des 6. Jh., † 575), entstammte nach seiner Vita, verfaßt v. →Ado v. Vienne (vor 870), einer reichen Familie der lokalen Aristokratie. Nach seiner Formung in →Lérins unter →Caesarius, dem späteren Ebf. v. →Arles, kehrte er zurück nach Vienne, in eine monast. Gemeinschaft, um dann sein eigenes Kl. zu gründen. 893 fanden die von →Normannen vertriebenen Mönche v. →Montier-en-Der Zuflucht in St-Theudère, das damals nur mehr ein winziges 'Coenobiolum' an der Grabstätte seines hl. Gründers darstellte. Die große Blütezeit war das 12. Jh.: die Kirche wurde neuerrichtet; die Abtei besaß etwa zwölf Priorate sowie das Patronat über zahlreiche Landkirchen. Infolge innerer Streitigkeiten unterstellte Papst Johannes XXII. zu Beginn des 14. Jh. die Abtei der Autorität des Ebf.s v. Vienne, der fortan als Abt fungierte. Im Laufe des 15. Jh. verdrängte der Name 'St-Chef' die alte Bezeichnung 'St-Theudère'; unklar bleibt, ob das hochverehrte, in einem (heute verlorenen) Kopfreliquiar aufbewahrte Haupt (frz. *chef*) dasjenige des Gründers Theudarius oder aber eines der Ebf.e v. Vienne war, die sich um die Restauration der Abtei verdient gemacht hatten (Ebf. Theobald im 10., Ebf. Ligerius im 11. Jh.). – Bedeutendster Schatz der erhaltenen roman. Kirche ist der Freskenzyklus (Chapelle St-Clément, Chapelle des Archanges), ein Meisterwerk der roman. Wandmalerei, dessen Datierung zw. dem späten 11. und späten 12. Jh. schwankt.
V. Chomel

Lit.: LThK² X, 111, s. v. Theudarius – M. VARILLE-E. LOISON, L'abbaye de S., 1929 – P. DESCHAMPS-M. THIBOUT, La peinture murale en France, Le haut MA et l'époque romane, 1951 – R. OURSEL, L'architecture de l'abbatiale de S., BullMon 120, 1962, 49-70 – E. CHATEL, Les scènes marines des fresques de S. (Synthronon. Art et archéologie de l'Antiquité et du MA, 1968), 176-187 – G. BARRUOL, Dauphiné roman (Zodiaque), 1992, 163-175.

Saint-Clair-sur-Epte, Vertrag v. Durch dieses Abkommen, das wohl 911 in S. (Vexin) zw. dem Kg. v. →Westfranken, →Karl 'd. Einfältigen', und den 'Seinenormannen' (Diplom von 918) geschlossen wurde, erhielten →Rollo und seine Schar das Gebiet an der unteren →Seine (heut. dép. Eure und Seine-Maritime?), mit der Verpflichtung, die Taufe zu empfangen und als Getreue des westfrk. Kg.s den Schutz des →'regnum' im lokalen Bereich zu übernehmen. Der Vertrag kann somit als »Geburtsurkunde« der →Normandie gelten. Angesichts des Fehlens zeitgenöss. Q. sind eine nähere Lokalisierung und Datierung jedoch nicht möglich, auch der Titel, unter dem Rollo seine Herrschaft empfing, bleibt unklar (als Gf. v. →Rouen?, auf keinen Fall als Hzg.!). Der Geschichtsschreiber →Dudo v. St-Quentin, dessen Werk um 996-1015 entstand, reichert seine Erzählung des Vorganges durch teils fabulöse (Heirat der Königstochter Gisela mit Rollo, der die Herzogswürde erhält), teils unbewiesene (Übertragung zu vollem Eigen, Abtretung der Bretagne, Begegnung in St-C.) Sachverhalte an. Zwei Diplomata erlauben eine Datierung zw. 905 (kgl. Präsenz in →Pîtres) und 918 (Rekapitulation der Besitzübertragung, mit näheren Hinweisen auf den Inhalt der Vereinbarung). Aufgrund des Zeugnisses der Annalen →Flodoards müssen die übrigen Gebiete des späteren Hzm.s Normandie vom Vertrag ausgeschlossen gewesen sein. Das von den Historikern üblicherweise angenommene Datum 911 hat insofern Wahrscheinlichkeit, als Kg. Karl vor seiner Intervention in →Lotharingien sich den Rücken freimachen mußte.
A. Renoux

Lit.: L. MUSSET, Naissance de la Normandie (Hist. de la Normandie) [Neued. 1987] – E. SEARLE, Predatory Kingship and the Creation of Norman Power, 840-1066, 1988.

Saint-Claude, ehem. Abtei OSB (Condadisco/Condat; Monasterium S. Eugendi Jurensis/St-Oyend-de-Joux), geweiht ursprgl. den hll. Petrus, Paulus und Andreas, in der Freigft. →Burgund (Ostfrankreich, dép. Jura), gelegen im Hochjura an der Einmündung des Tacon in die Bienne, ursprgl. Einsiedelei (um 435), nahm vor 515 den Charakter einer Koinobitengemeinschaft an, wurde zum führenden 'Jurakloster', geprägt durch die hll. →'Juraväter' Romanus und Lupicinus sowie bes. Eugendus, die sich am östl. →Mönchtum, vermittelt über →Lérins, orientierten. Von den Kg.en der →Burgunder gefördert, beeinflußte Condat die großen Kl. der Westschweiz (→Romainmôtier, →St-Maurice d'Agaune) sowie insbes. die monast. Vorstellungen der →Regula Benedicti. In der Merowinger- und Karolingerzeit blieb Condat, dessen Abgeschiedenheit offenbar den Rückgriff auf Klaustralbf.e im späten 7. und frühen 8. Jh. erforderlich machte (Claudius/Claude, um 700), lange auf Südgallien orientiert: Es gehörte zur Diöz. →Lyon, besaß Güter im Nivernais (→Nevers) und Viennois (→Vienne), hatte als Äbte mehrfach Bf.e v. Vienne (Agilmar, um 840–848) und Lyon (Remigius, 854–875; Aurelianus, 875–895), ließ sich seine Besitzungen von den Kg.en v. Provence bestätigen (Ludwig der Blinde, 900; Hugo, 928).

In der Feudalepoche des 11. und 12. Jh. erlebte S. seine große Blütezeit (neue Kirchenbauten unter Abt Gaucerand, um 1015–1033: St-Oyend, St-Romain), gewann weiträumigere Ausstrahlung (1077 Rückzugsort des Gf.en Simon v. Valois) und erwarb Besitz im nördlicheren Bereich (Champagne, 11. Jh.; Bm. Besançon, 12. Jh.). S. erwirkte bei Friedrich Barbarossa Reichsunmittelbarkeit und Münzrecht sowie territoriale Abschließung seines Besitzkomplexes im Hochjura ('Terre de S.'); der Kult des hl. Claude verbreitete sich in der 2. Hälfte des 12. Jh. Es kam jedoch bald zu Konflikten mit benachbarten Abteien und zu inneren Auseinandersetzungen (unter Abt Adon II., 1149–75), was päpstl. Eingriffe nach sich zog (Interventionen →Bernhards v. Clairvaux, 1141 und 1145–47, sowie Peters v. Tarentaise 1155–57). Die reiche Abtei besaß im späten 12. Jh. (Bestätigung Urbans III., 1187) 29 Priorate, 56 Kirchen und 32 Kapellen in den Diöz. Besançon, Châlons, Genf, Langres, Lyon, Mâcon und Vienne. S. verlieh im 13. und 14. Jh. seiner Kongregation feste Strukturen und nahm am Landesausbau des Hochjura teil (Besitzverträge/→*pariages* mit großen Adelsfamilien wie →Chalon-Arlay und Thoire-→Villars). Doch führten seit dem 14. Jh. die Trennung der Mensen, das Pfründensystem und die adlig-exklusive Besetzung den Verfall der Klosterzucht herbei.

Zu Beginn des 15. Jh. gebot die Abtei, die auch als Wallfahrtsstätte reiche Einkünfte besaß (Besuche der Hzg.e v. Burgund, →Philipps des Kühnen und →Philipps des Guten, sowie des Dauphins/Kg.s →Ludwig XI.), über ein echtes geistl. Fsm. (34 Priorate, 108 Kirchen, 27 Kapellen), das die Hzg.e v. →Burgund (in Konkurrenz mit den Gf.en/Hzg.en v. →Savoyen) jedoch ihrer Kontrolle zu unterwerfen trachteten. Philipp der Gute unterstellte S. 1436 der Jurisdiktion seines Parlements zu →Dole und setzte, gestützt auf das Papsttum und mit Hilfe des Abtes, seines Familiars Étienne Fauquier (1445–72), eine Reform der Observanz und Güterverwaltung durch (1447–62). In dieser Epoche wurde auch der am Ende des 14. Jh. begonnene Kirchenneubau vollendet (reiches Chorgestühl des Genfer Meisters Jean de Vitry). 1742 wurde die Abtei säkularisiert, ihr Territorium in ein Suffraganbm. v. Lyon umgewandelt. G. Moyse

Q. und Lit.: Vie des Pères du Jura, ed. F. MARTINE, 1968 (SC 142) – DOM P. BENOÎT, Hist. de l'abbaye et de la Terre de S., 1890–92 – B. DE VREGILLE, Les Vies et la vie de S. (S. Vie et présence, 1960), 23–71 – G. MOYSE, Les origines du monachisme dans le dioc. de Besançon, BEC 131, 1973, passim – R. LOCATELLI, Sur les chemins de la perfection. Moines et chanoines dans le dioc. de Besançon vers 1060–1220, 1992, passim – Pensée, image et communication en Europe médiévale. À propos des stalles de S., 1993.

Saint-Cloud, Schlacht bei (9. Nov. 1411), Episode im Bürgerkrieg zw. →Armagnacs und Bourguignons, verdeutlicht die Anstrengungen beider Seiten, sich der Kontrolle über →Paris zu bemächtigen. Nach dem Scheitern des Friedens v. Bicêtre (2. Nov. 1410) versuchten die Fs.en der Orléans-Partei, im Herbst 1411 durch Einnahme der Burgenlinie des Seinetals (oberhalb von Paris: →Melun, unterhalb: →St-Denis und St-Cloud) die Lebensmittelversorgung der Hauptstadt zu blockieren. Hzg. Johann v. →Burgund (→Jean sans Peur) marschierte gegen sie mit vereinigter Truppenmacht vom →Artois aus nach Paris, in das er am 22. Okt. 1411 einzog. Am 9. Nov. stürmte er mit 7000 Mann die Burg S., die er (samt der Seinebrücke) einnahm. Nach diesem Erfolg des Burgunders mußten seine Gegner St-Denis räumen. Doch war die Eroberung von S. kein kriegsentscheidender Sieg; vielmehr mußte Hzg. Johann nach zehnmonatigen Kämpfen im Aug. 1412 den Frieden v. Auxerre schließen. B. Schnerb

Lit.: B. SCHNERB, La bataille rangée dans la tactique des armées bourguignonnes au XVᵉ s., Annales de Bourgogne 61, 1989, 5–32.

Sainte-Colombe, Abtei in Nordfrankreich, 4 km von →Sens entfernt, wurde errichtet über dem mutmaßl. Grab der hl. Jungfrau Colomba, martyrisiert angeblich unter Ks. Aurelian. Diese Tumba war bereits Wallfahrtsstätte vor der Gründung der Abtei durch Kg. →Chlothar II. (620). S. erlebte vom Ende des 7. Jh. bis zum frühen 9. Jh. (Privilegien Karls d. Gr. und Ludwigs d. Fr.) ihre Blütezeit. Um die Mitte des 9. Jh. geriet die Abtei durch einen Konflikt mit Ebf. Wenilo in Schwierigkeiten. 886 wurde sie von den →Normannen geplündert. In der Folgezeit erlebte S. die Härten des Laienabbatiats, das in den Händen der Hzg.e v. →Burgund lag (→Richard der Justitiar und sein Sohn →Rudolf, Kg. v. Westfranken, wurden hier bestattet), dann bei den Vizgf.en v. Sens. Um die Mitte des 11. Jh. führten hier die Mönche v. La→Charité-sur-Loire cluniazens. Gewohnheiten ein (→Cluny). Eine neue Kirche wurde errichtet und 1164 von Alexander III. geweiht. Im 13. Jh. durchlebte S. eine Periode der Stabilität, doch traten im 14. und 15. Jh. neue Krisenerscheinungen auf; 1496 wurde die Abtei zur →Kommende erklärt. Ein »Chronicon Sanctae Colombae Senonense« sowie Annalen wurden zu Beginn des 13. Jh. abgefaßt. G. Devailly

Q. und Lit.: Annalen v. S., ed. G. H. PERTZ (MGH SS, I) – Chronicon, Recueil des Historiens des Gaules (T 9, 10, II, 12) – G. CHASTEL, S., 1829 – QUANTIN, Cart. général de l'Yonne, 2 Bde, 1854, 1860 – BRULLÉE, Hist. de l'abbaye royale S., 1852.

Santes Creus, Abtei SOCist im südl. →Katalonien (Alt Camp); die ursprgl. 1150 von den →Montcada aus La →Grandselve nach Valldaura gerufenen Mönche übersiedelten zunächst nach Espluga d'Ancosa (1160) und schließlich 1168 nach S., um hier in Abgeschiedenheit leben zu können. Die Gemeinschaft fand starken Zulauf, u. a. trat Wilhelm V. v. →Montpellier als →Konverse ein. Im 13./14. Jh., als das Kl. zur →Grablege der Kg.e v. →Aragón wurde, die dort auch befestigte Wohngebäude errichteten, zählte S. u. a. 20 Burgen, 29 Dörfer, →Grangien und verschiedene Rechte zu seinen reichen Besitzungen. Seit Kg. Jakob II. (1297) war der jeweilige Abt zugleich kgl. Kapellan. Einer der bedeutendsten war der spätere Bf. v. Vich, Bernat →Calvó (1226–33). Abt Pere Alegre (1309–35) gründete 1319 den Ritterorden v. →Montesa. Kg. Peter III. v. Aragón, Kg. Jakob II. und seine Gattin Blanche v. Anjou wie auch Margareta v. Prades fanden in der Zisterze ebenso ihre letzte Ruhestätte wie Roger de →Lluria. Unter Peter IV. wurde S. von →Poblet als Grablege abgelöst. U. Vones-Liebenstein

Q.: El libre Blanch de Santas Creus, ed. F. UDINA MARTORELL, 1947 – E. JUNYENT, Diplomatari de Sant Bernart Calvó, 1956 – E. FORT I COGUL, Los pergaminos de Valldaura-S. en el Archivo Hist. Nac. de

Madrid, Studia Monastica 8, 1966, 295-312 – *Lit.*: Dicc. d'hist. de Catalunya, 1992, 972 – C. MARTINELL, El Monestir de S., 1929 – J. MUTGÉ VIVES, Relaciones entre Alfonso II y le Monasterio de Santas Creus (VII Congreso de Hist. de la Corona de Aragón II, 1962), 235-246 – E. FORT I COGUL, El senyoriu de S., 1972 – A. PLADEVALL, Els Monestirs catalans, 1974³, 338-345 – A. PLADEVALL, El Monestir de S., 1976 – P. CATALÀ I ROCA – M. BRASÓ, Noticia Castellivola referent al Monestir de S., Els Castells Catalans III, 1992², 502-515.

Santa Cruz de Coimbra, Regularkanonikerstift, gegr. 1131 bei der damaligen Hauptstadt →Portugals vom Erzdiakon Tello, der nach dem Scheitern seiner Wahl zum Bf. v. →Coimbra im Aufbau des großen Stifts S. eine neue Lebensaufgabe fand. Ihm zur Seite stand →Johannes Peculiaris, der als späterer Bf. v. →Porto (1136) und Ebf. v. →Braga (1138) zum kirchenpolit. Vorkämpfer der ptg. Selbständigkeit wurde. Gemeinsam erreichten sie in Pisa, daß Innozenz II. das Stift S. (als erstes Schutzkl. des Röm. Stuhls in Portugal) gegen einen jährl. Zins von zwei Byzantinern »salua nimirum dyocesani episcopi reverencia« in den päpstl. Schutz nahm ('Desiderium quod', 26. Mai 1135). Ebf. Johannes, der auf seinen Reisen an die Kurie stets die Belange von S. aktiv förderte, präsentierte 1163, auf seiner siebenten und letzten Romreise, Papst Alexander III. ein Empfehlungsschreiben Alfons' I., in dem dieser als bes. verdienstvoller Sohn der Kirche für das einzigartige Kl. S. nachdrücklich um Privilegienbestätigung bat. Erst 1162 hatte nämlich Bf. Michael v. Coimbra dem Kl. die »integra libertas« verliehen, es »ab omni episcopali iure et exactione omnino« befreit und auf »quamlibet potestatem imperandi vel prohibendi, vel aliquam ordinationem quamuis iuissimam faciendi« verzichtet. Und tatsächlich bestätigte Alexander den Kanonikern v. S., »in ea libertate« zu sein und zu bleiben, »quam colimbriensis episcopus eis noscitur contulisse« – und zwar »salua sedis apostolice auctoritate« und nicht mehr – wie bisher – »saluo iure diocesani episcopi«. Urban III. und Cölestin III. bestätigten nach Alexanders Vorbild dem Stift seine Rechte und eben auch die →Exemtion, während die Kirche v. Coimbra sie immer lauter für erschlichen und Alexanders Privileg für gefälscht erklärte. In der großen Bulle »Cum olim« von 1203 hat →Innozenz III. gegen sie entschieden und dem Stift die Exemtion bestätigt. Alfons I. und →Sancho I. haben in S. das wichtigste Kl. ihres Reiches gesehen und sind nach ihrem testamentar. Willen dort auch beigesetzt worden.

P. Feige

Lit.: A. GOMES DA ROCHA MADAHIL, O Privilégio do Isento de S., 1940 – P. MERÊA, Sôbre o isento de S., Brotéria 31, 1940, 596-600 – A. O'MALLEY, Tello and Theotonio, the Twelfth-Century Founders of the Monastery of S., 1954 – A. CRUZ, S. na Cultura Portuguesa da Idade Média, I, 1964 – Anais, Crónicas e Memórias avulsas de S., ed. A. CRUZ, 1968 – S. do Século XII ao Século XX. Estudos no IX Centenário do Nascimento de S. Teotónio, 1984 – H. GUERREIRO, S. y el S. Antonio de Padua de Mateo Alemán, Criticón 26, 1984, 41-79 – S. A. GOMES, Documentos medievais de S., I, Estudos Medievais 9, 1988, 3-199 – L. VENTURA, Livro Santo de S., 1990 – Bullarium Monasterii Sanctae Crucis Conimbrigensis, 1991 [Ed. facs.].

Sant Cugat del Vallès, Abtei OSB in →Katalonien (Vallès occidental), nördl. v. Barcelona. S. wurde am Ort des Martyriums des hl. →Cucufas (4. Jh. n. Chr.) im röm. Castrum Octavianum errichtet und ist schon in der Westgotenzeit bezeugt. 878 wird die rechtl. Unterstellung unter den Bf.ssitz v. →Barcelona erstmals erwähnt, die bis zur Bestätigung durch Innozenz IV. (1251) immer wieder zu Konflikten zw. Kl. und Bf.en führte. 985 von al-Manṣūr zerstört, konnte sich S. im 11. Jh. durch reiche Schenkungen des Adels, v. a. der Vizgf.en v. Barcelona (u. a. sieben Burgen und fünf Wehrtürme), zu einem bedeutenden monast. Zentrum entwickeln, wovon auch die Bedeutung seines →Skriptoriums, das denen von →Ripoll und →Vic gleichkam, zeugt. Der Versuch Gf. Berengar Raimunds II. v. Barcelona, das Kl. 1089 dem südfrz. Kl. →St-Pons de Thomières zu unterstellen, scheiterte am Widerstand des Konvents und des Bf.s v. Barcelona, Bertrand v. St-Ruf. Gf. Raimund Berengar III. v. Barcelona unterstellte S. die Kl. S. Cecilia de Montserrat, S. Llorenç del Munt, S. Salvador de Breda, S. Pau del Camp und S. Maria del Coll de Font-Rúbia. Nachdem S. durch den Einfall der →Almoraviden (1114) Schäden erlitten hatte, wurde 1145 mit dem Bau der roman. Kirche und des berühmten Kreuzgangs (144 Kapitelle) begonnen. 1229 schloß sich S. der Kongregation der →Claustrales v. Tarragona an, in der es einen hervorragenden Platz einnahm. 1408 und 1419 wurden hier Ständeversammlungen (*Corts generals;* →Cortes, III) abgehalten.

U. Vones-Liebenstein

Q.: Cartulario de S., 3 Bde, ed. J. RIUS SERRA; Registerbd., bearb. P. ROCA I GARRIGA, 1945-47; 1981 – El necrologio de S., ed. J. RIUS SERRA, AST 20, 1947, 175-213 – F. X. MIQUEL I ROSELL, Catàleg dels llibres manuscrits de la biblioteca del Monestir de S. existens à l'Arxíu de la Corona d'Aragó, Butlletí de la Biblioteca de Catalunya 1937, 143-149 – *Lit.*: Dicc. d'Hist. de Catalunya, 1992, 965 – J. DE PERAY Y MARCH, S., 1931 – J. J. BAUER, Rechtsverhältnisse der katal. Kl. von der Mitte des 10. Jh. bis zur Einführung der Kirchenreform, SFGG GAKGS 22, 1965, 37-42, 113-115 – DERS., Rechtsverhältnisse der katal. Kl. in ihren Kl.verbänden (9.-12. Jh.), ebd. 23, 1967, 46-60, 119-127 – A. PLADEVALL, Els Monestirs catalans, 1974³, 218-224 – J. AMBRÓS I MONSONÍS, El monestir de S., 1984 – P. CATALÀ I ROCA – M. BRASÓ, Noticia Castellívola referent al Monestir de S. (Els Castells Catalans II, 1991²), 120-127 – J. A. ADELL I GISBERT u. a., S. (Catalunya románica XVIII, 1991), 159-199.

Saint Cuthbert's Land (sonst Haliweresfolc: 'das Volk des Hl.'), Bezeichnung für die ausgedehnten Besitzungen, mit denen zw. dem 7. und 12. Jh. die Klerikergemeinschaft, in deren Obhut sich die Reliquien des hl. →Cuthbert († 687) befanden, ausgestattet worden war. Ursprgl. in →Lindisfarne (Holy Island) ansässig, ließ sich die Gemeinschaft nach häufigen Wanderungen schließlich 995 in →Durham nieder. Das Hauptgebiet des St. C.'s L. umfaßte die spätere Gft. Durham, zw. den Flüssen Tees und Tyne, aber es gab auch umfangreiche, weit entfernte Besitzungen, bes. in →Northumberland (z. B. Islandshire und Norhamshire). Die Bf.e erfreuten sich einer fast königlichen Oberhoheit über das St. C.'s L., das das einzige Pfalzbm. in England war, mit eigener Jurisdiktion und keinen Abgeordneten im Parliament.

G. W. S. Barrow

Lit.: H. H. E. CRASTER, The Patrimony of St. Cuthbert, EHR 69, 1954, 177-191.

Saint David's, große Diöz. im sw. Wales, älterer Name: Mynwy. Der Kathedralsitz war das Zentrum der Verehrung des hl. →David († 588/589 oder 601) und dessen Reliquienschrein Gegenstand einer populären Wallfahrt. →Giraldus Cambrensis verzeichnet 44 Nachfolger des hl. David auf dem Bf.sstuhl (vor 1115), von denen ein Drittel auch in anderen Q. erwähnt wird, als erster bekannter Bf. erscheint 831 Sadynfyw. Die Diöz. genoß eine gewisse Vorrangstellung in Wales: Man hielt den hl. David für einen Ebf.; zw. 944 und ca. 1080 weihten Bf.e v. St. D.'s gelegentl. andere walis. Bf.e. Sulien (1072-78, 1080-85) förderte eine gelehrte Tradition. Bernard, der erste Bf., der 1115 unter norm. Einfluß ernannt wurde, erkannte die metropolitane Oberhoheit von →Canterbury an und reorganisierte die Diöz. Versuche, die Anerkennung der Metropolitanstellung für St. D.'s zu sichern, so durch Bf. Bernard († 1148), Giraldus Cambrensis (1198-1203) und

Bf. Thomas Bek (1284), wurden abgewiesen. Den Bf.sstuhl hatten später bemerkenswerte kuriale Bf.e inne.

D. Walker

Lit.: J. C. Davies, Episcopal Acts and Cognate Documents Relating to Welsh Dioceses, I, 1946 – R. Bartlett, Gerald of Wales, 1982 – D. Walker, Medieval Wales, 1990.

Saint-Denis, Abtei in →Frankreich, nördl. von →Paris (dép. Seine-Saint-Denis, arr. Bobigny, chef-lieu de canton).
I. Zeit der Merowinger und Karolinger – II. Zeit der Kapetinger und Valois.

I. Zeit der Merowinger und Karolinger: Entgegen einer alten Überlieferung, nach der das älteste Grab des hl. →Dionysius (Denis) an der von →Beauvais zum Ort 'L'Estrée' führenden Römerstraße gelegen habe, muß angenommen werden, daß sich die urspgl. Begräbnisstätte des im 3. Jh. martyrisierten Bf.s v. Paris an jenem Ort befand, an der die hl. →Genovefa v. Paris um 475 eine →Basilika errichten ließ; diese wurde um 550 mit einem rechteckigen →Narthex ausgestattet und diente bald als Nekropole der →Merowinger. Kgn. →Arnegundis, in deren Grab bedeutende Schmuckbeigaben gefunden wurden, erhielt ihre Bestattung hier um 570, Kg. →Dagobert, der große Wohltäter, wurde in S. 639 beigesetzt. Um die Mitte 7. Jh. trat auf Initiative von Kgn. →Balthild an die Stelle der bisherigen Kleriker eine monast. Gemeinschaft, die ein Immunitätsprivileg (654) genoß (→Immunität) und damit vom Temporalbesitz der Kirche v. Paris unabhängig war.

Unter →Pippin III., der in S. erzogen worden war, intensivierten sich die Beziehungen zu den →Karolingern, bes. als →Fulrad die Ämter des Abtes (750) und des kgl. →Kapellans (→Hofkapelle) kumulierte. 754 fand in S. die Königsweihe Pippins und seiner Söhne durch Papst →Stephan II. statt (→Frankenreich, B. II). Fulrad, der seiner Abtei große Güter im späteren →Lothringen zuwandte, unternahm es 757, S. von der bfl. Jurisdiktion zu lösen (→Exemtion). Im Zuge des von ihm eingeleiteten karol. Neubaus ließ Fulrad im O eine Ringkrypta (→Krypta) 'more romano' anbauen (zur Aufstellung der Sarkophage des hl. Gründers Dionysius und seiner Begleiter Rusticus und Eleutherius), im W eine Gegenapsis (sie wurde zur Grabstätte Kg. Pippins bestimmt). Die neue Kirche wurde 775 geweiht.

829 unterstellte Abt →Hilduin die Gemeinschaft von der →Regula Benedicti. Er ließ 832 der unter Fulrad errichteten Apsis eine Außenkrypta anfügen. Nachdem →Ludwig d. Fromme die ihm vom byz. Ks. →Michael II. feierlich übersandten Werke des (Ps.-)Dionysios Areopagites der Abtei S. übereignet hatte, ließ sie Hilduin aus dem Griech. ins Lat. übersetzen. Er propagierte mittels einer neuen (der dritten) Vita und Passio des Dionysius nachdrücklich die Gleichsetzung des hl. Denis mit dem Paulus-Schüler Dionysios Areopagites (s. dazu im einzelnen →Dionysius, B). Zur selben Zeit bot →Hinkmar, der Schützling Hilduins und spätere Ebf. v. →Reims, seine Hand zur Mitarbeit an den →»Gesta Dagoberti«, in denen der gefeierte Kg. Dagobert als Gründer der Abtei S. präsentiert wird. Von 867 an reservierte Ks. →Karl d. Kahle sich die 'mensa abbatialis' v. S., dessen erster →Laienabt er wurde. Er bereicherte die Domäne (Rueil) und den Reliquienschatz (Arm des hl. Symeon, Passionsreliquien), ließ den Burgus der Abtei mit Palisade und Graben befestigen (869) und wurde auf seinen Wunsch im Mönchschor beigesetzt. Am Ende des 9. Jh. trat →Karl 'd. Einfältige' die Abtei an →Robert I. ab; dieser vererbte sie seinem Haus, den →Robertinern/→Kapetingern. →Hugo Capet ließ S. durch Abt →Maiolus v. Cluny reformieren und die Benediktinerregel wiederherstellen.

II. Zeit der Kapetinger und Valois: Als Königsabtei bewahrte S. im 11. Jh. nur mühsam sein Patrimonium und seine exemte Stellung; das spirituelle Leben erschlaffte. Ein anonymer Mönch erzählt in der »Descriptio qualiter Karolus«, wie Karl d. Gr. während seiner (fiktiven) Jerusalemfahrt aus Konstantinopel die hl. →Reliquien (Arm des hl. Symeon, Kreuznagel und Dornenkrone) mitgebracht habe (sie wurden dann von Karl d. Kahlen an S. geschenkt). Abt Adam, der seinem großen Nachfolger Suger ein schweres Erbe hinterließ, stellte die Feier des →Anniversariums Kg. Dagoberts wieder her. – In den Jahren um 1120 fand →Abaelard, nach seiner Trennung von →Heloise, eine Zeitlang Zuflucht in der Abtei (doch führten wohl seine Zweifel an der Glaubwürdigkeit der dionysian. Traditionen zu Streitigkeiten mit den Mönchen).

In der Zeit um 1100 besaß S. bereits zwei →Messen: die eine (im Okt.) ging bereits auf die Zeit Kg. Dagoberts zurück, die andere (im Juni) war sehr jungen Datums. Kg. Ludwig VI. richtete in der Ebene zw. S. und Paris, ebenfalls mit Junitermin, eine konkurrierende Messe ein; Adam (um 1112) und Suger (1124) bemühten sich um Übertragung dieser Messe an ihre Abtei. Damit waren die Grundlagen der großen *Lendit-Messe* gelegt; sie ließ als wichtiger Treffpunkt des Handels S. im 13. Jh. zur ersten Satellitenstadt von Paris werden.

1122 wurde →Suger (1122–51) vom Kapitel zum Abt gewählt, ohne Autorisation des Kg.s, aber gemäß der Regula Benedicti und nach dem Willen der gregorian. Reformer. Die Wahl entsprach dem Bedürfnis nach innerer Erneuerung der Gemeinschaft: 1127 stellte Suger die monast. Regel und Disziplin wieder her. Eine seiner wichtigsten und schwierigsten Aufgaben war die Reorganisation und Mehrung des verstreuten Besitzes, der sich über die Umgebung von Paris, die →Beauce und das →Gâtinais bis weit in die →Normandie erstreckte und zahlreiche →Priorate (Ste-Gauburge/Normandie, Marnay/Champagne, Vaux/Poitou, Deerhurst/England, La Chapelle-Aude/Berry, Lièpvre/Vogesen) umfaßte. Suger richtete weitere Priorate ein (Celles/Lothringen, 1125; L'Estrée-Saint-Denis; Chaumont/Vexin, 1146) und rekuperierte das im frühen 9. Jh. entfremdete →Argenteuil (1127). Dank seiner brillanten Leistungen als Administrator legte Suger große Reserven an Geld und Edelmetall an, mit deren Hilfe er sein ehrgeiziges Programm als Bauherr und Kirchenpolitiker in Angriff nahm: Er ließ seine neue Kirche im kühnen und neuartigen Stil der 'moderni', der →Gotik, errichten; der neue Narthex wurde am 9. Juni 1140, der Chor am 11. Juni 1144 geweiht. Suger sorgte für Ausschmückung der Altäre, bereicherte den Kirchenschatz, legte das ikonograph. Programm der Portale und Fenster (→Glasmalerei) fest und stellte die Feier des Anniversariums Karls d. K. wieder her, begründete dasjenige Ludwigs VI. Mit diesen Initiativen verfolgte Suger beharrlich sein großes Ziel, der Abtei, die nunmehr über 150 Mönche zählte, eine dauerhafte Vorrangstellung unter den geistl. Institutionen der frz. Monarchie zu sichern (Status als führende 'sedes' des Papstes in Frankreich, unter Verweis auf die Entsendung des hl. Dionysius durch Papst →Clemens [I.] zur Gallienmission; →Grablege für die Kg.e Frankreichs; Aufbewahrungsort der kgl. →Regalia; Stätte, an welcher der Kg. v. Frankreich, auf dem Thron Dagoberts sitzend, die Treueide aller Lehnsträger entgegennehmen solle).

Suger erwarb als auf die Beziehungen zum Hl. Stuhl

spezialisierter Rat und Familiar Ludwigs VI. und dann als Regent des Kgr.es (1147–49, auf Wunsch →Eugens III. während der Abwesenheit Ludwigs VII. infolge des II. →Kreuzzugs) reiche polit. Erfahrung, die in seiner Biographie Ludwigs VI. (»Gesta Ludovici«) ihren Niederschlag fand; in ihr bildet der Besuch Ludwigs VI. in S. (1124) eine berühmte und für die Beziehungen zw. dem kapet. Kgtm. und der Abtei aufschlußreiche Episode.

In der 2. Hälfte des 12. Jh. blieb die von Suger geprägte Grundorientierung auf das Kgtm. für die Nachfolger (unter ihnen →Odo v. Deuil) verbindlich; doch wurde nun anstelle Karls d. Kahlen die in den →Chansons de geste gefeierte Gestalt →Karls d. Gr. als beherrschende Traditionsfigur in den Mittelpunkt der Propaganda gerückt. Diese Tendenz kulminierte im gefälschten Diplom von 813, nach dem Ks. Karl anerkannt habe, daß er seine Macht Gott, durch Vermittlung des hl. Denis, verdanke, er daher seine Krone auf dem Altar des Märtyrers niederlege und (der Abtei) S. einen Zins (*chevage*) von vier Goldbesant zahle, seinen Baronen ein Gleiches anempfahl. Im übrigen forderte S., das in seinem Schatz zwar die Regalia (Krone, Zepter, →Oriflamme) hütete, die Ausübung der Königsweihe (→Sacre royal) aber nach wie vor dem Ebf. v. →Reims überlassen mußte, immerhin das Privileg, die Königinnen v. Frankreich zu weihen.

Die enge Bindung zur kapet. Monarchie festigte sich deutlich im 13. Jh. Unter dem Abbatiat von Eudes →Clément wurden die seit Sugers Tod unterbrochenen Bauarbeiten 1231 wieder aufgenommen. Der große Baumeister →Pierre de Montreuil erhöhte den Chor der Kirche, gestaltete das Querschiff um (Ausstattung des südl. Querarms mit einem herrlichen Portal) und schuf anstelle des karol. Basilikabaus ein neues Kirchenschiff im Stil der reifen Hochgotik. Im 14. Jh. wurden dann nur noch einige Kapellen angebaut, das Bauwerk hatte seine definitive Gestalt gefunden (mit Ausnahme der 1719 abgebrochenen Valois-Rotunde). Seine zwei hohen Glockentürme, deren einer im frühen 19. Jh. abgerissen wurde, beherrschten das Land ringsum.

Nicht zuletzt um den Besuchern die (schwierige) Identifikation der Königsgräber im Kircheninneren zu erleichtern, verfaßte der Mönch →Rigord, Biograph von Kg. →Philipp Augustus, um 1196 seine kleine »Histoire des Francs«. 1267 wurden mit Erlaubnis →Ludwigs d. Hl.n zwei Reihen von Monumenten im Querschiff errichtet, die eine den Merowingern und Karolingern, die andere den Kapetingern gewidmet. Der zentrale Raum des Querarms war Philipp Augustus, seinem Sohn →Ludwig VIII. und seinem Enkel Ludwig IX. d. Hl.n vorbehalten. Am Eingang des Kirchenschiffs wurde der Karl d. Kahlen geweihte Platz mit einem bronzenen Kenotaph überbaut, wohingegen Dagobert und seine Gemahlin →Nanthild mit einem steinernen Monument an der rechten Seite des Sanktuariums kommemoriert wurden. Dieser Ausbau wird erwähnt im Vorwort der kurzen Chronik des Wilhelm v. →Nangis (um 1285), galt es doch die Neugier der zahlreichen Besucher jener Kirche, »où la plupart des rois étaient enterrés«, zu befriedigen. Es fehlten in S. tatsächlich nur die Gebeine zweier Kapetinger: →Philipp I. (→Fleury-St-Benoit-sur-Loire) und →Ludwig VII. (Barbeaux bei Melun); in der späteren Zeit war es dann →Ludwig XI., der es vorzog, sich in seiner Lieblingskirche, dem Marienheiligtum Cléry, beisetzen zu lassen.

Diese neue Struktur einer dynast. →Grablege (deren wohl wichtigsten Prototyp S. bildete) hatte als Ziel, die Abfolge der 'races' (Königsgeschlechter), die Frankreich regierten, zu demonstrieren, ebenso aber auch die engen Verbindungen, die sie vereinten (Lehre des →'Reditus regni Francorum ad stirpem Karoli', aufgrund der Heirat →Philipps II. Augustus mit →Elisabeth v. Hennegau). Ab 1306 wurde auf Initiative →Philipps d. Schönen eine erneute Umgestaltung vorgenommen; sie zielte ab auf eine »Vermischung« der drei Königsdynastien, die nun als eine einzige, untrennbare Herrscherfamilie gesehen wurden. →Karl V. schließlich öffnete die Grablege den Königinnen, den Prinzen ('enfants de France') und den großen Dienern der frz. Monarchie (so dem Kriegshelden →Du Guesclin).

Im Gefolge Sugers verstanden sich die Mönche v. S. zunehmend als offizielle Historiographen der frz. Krone (→Chronik, E). Im Zentrum ihrer sich über Jahrhunderte erstreckenden Geschichtsschreibung stand die immense Kompilation der »Grandes →Chroniques de France«, deren Entstehung sich in mehreren Etappen vollzog (vom Mönch →Primat, frz. Fassung seiner Chronik 1274, bis zum Abschluß der Sammlung, um 1461). Mit diesem umfassenden Textcorpus, durch welches das 'nationale' Geschichtsbild Frankreichs im Sinne einer Kontinuität der frk./ frz. Monarchie (von den sagenhaften trojan. Ursprüngen bis ins ausgehende MA und darüber hinaus) tiefgreifend geprägt wurde, fand die ma. Gesch. der Abtei S. ihren Abschluß.   M. Bur

Lit.: M. Félibien, Hist. de l'abbaye royale de St-Denys en France, 1706 – L. Levillain, Essai sur les origines du Lendit, RH 157, 1927 – G. Lebel, Hist. administrative, économique et financière de S., 1934 – B. de Montesquiou-Fézensac – D. Gaborit-Chopin, Le trésor de S., 1973–77 – A. Erlande-Brandenburg, Le roi est mort, 1975 – Ders., L'église abbatiale de S., 1976 – G. Spiegel, The Chronicle Tradition of S., 1978 – L. Theis, Dagobert, S. et la royauté française (Le métier d'historien au MA, 1978) – J. Bony, French Gothic Architecture, 1983 – M. Fleury – A. France-Lanord, Les sépultures mérovingiennes de la basilique de S., Cahiers de la Rotonde 7, 1984 – O. Meyer – M. Wyss, S. Recherches urbaines. Bilan des fouilles, 1985 – D. Nebbia della Garda, La bibl. de l'abbaye de St-Denis du IXᵉ au XVIIIᵉ s., 1985 – Abbot Suger and S.: a Symposium, hg. P.-L. Gerson, 1986 – C. Beaune, Les sanctuaires royaux (Les lieux de mémoire, 2: La Nation, hg. P. Nora, 1986) – J. Semmler, S.: von der bfl. Coemeterialbasilika zur kgl. Benediktinerabtei (La Neustrie: Les pays du nord de la Loire de 650 à 850, 1989) – E. Brown, Burying and Unburying the Kings of France (The Monarchy of Capetian Kings and Royal Ceremonial, 1991) – M. Bur, Suger, abbé de S. et régent de France, 1991 – A. W. Robertson, The Service Books of the Roy. Abb. of S., 1991 – R. Peters, Die Entwicklg. d. Grundbes. d. Abt. S. in merow. u. karol. Zeit, 1993.

Saint-Dié (St. Deodatus), Abtei und Stadt in →Lothringen, Vogesen (dép. Vosges). Der hl. Deodatus, wohl ein wandernder 'Scotus' (Ire) und angebl. 'episcopus Nivernensis' (eher: 'Hibernensis'?), soll sich im späten 7. Jh. an der Meurthe, im 'Val de Galilée', an einem Ort namens 'Jointures', niedergelassen haben. Das um 670 gegr. Kl. erhielt Schenkungen aus Königsgut und wurde von Karl d. Gr. an →Fulrad und dessen Abtei →St-Denis übertragen (769). Es kam später an den Kg. v. →Lotharingien zurück, dann an den Bf. v. →Toul (Ende des 10. Jh.). Nachdem eine Reform von seiten →Gorzes und des Vogtes v. S., Hzg. →Friedrich I., gescheitert war, wurden anstelle der Mönche Kanoniker eingesetzt. Propst (*Prévôt*) des Kanonikerstifts (*Chapitre*) war ein Kanoniker der Kathedrale v. Toul. Das besitzmäßig gut ausgestattete Stift gewann allmähl. Unabhängigkeit vom Bf. v. Toul, entfaltete einige intellektuelle Ausstrahlung und fand die Förderung des Hzg.s (Pfründenvergabe an Leute seines Vertrauens). S. pflegte Beziehungen zum elsäss. Humanismus (um 1500 »Gymnasium Vosagiense«, ein Humanistenkreis, der den →Buchdruck förderte; u.a. Druck des ersten Buches, das den Namen 'Amerika' erwähnt).

Die Stadt (→Abteistadt) ging hervor aus einer bei der

Abtei gelegenen Siedlung von Handwerkern und Bauern, die seit dem 12. Jh. durch spärliche Quellennachrichten belegt ist und 1267 befestigt wurde. Stift und Hzg. stritten um die Ausübung der Herrenrechte. Der Hzg. ließ hier Münzen prägen und förderte die Errichtung eines Kaufhauses sowie die Ansiedlung von Juden. Die Pfarrkirche Notre-Dame lag der Kollegiatkirche St-Maurice benachbart. M. Parisse

Lit.: J. C. SOMMIER, Hist. de l'église de S., 1726 – N. GRAVIER, Hist. de S., 1836 – C. PFISTER, Les revenus de la collégiale de S. au Xe s., Annales de l'Est, 1888, 514–542 – P. BOUDET, Le chapitre de S. en Lorraine des origines au XVIe s., Bull. Soc. Philomatique Vosgienne, 1914–25 – G. BAUMONT, S.-des-Vosges, 1961 – A. RONSIN, S. des Vosges, 669–1969, 1969.

Santo Domingo de Silos, Kl. OSB in Kastilien, Bm. Burgos (ursprgl. Name: S. Sebastián), erstmals 954 in einer Schenkung des Gf. en →Fernán González und seiner Gattin Sancha genannt. Der hl. →Domingo (2. D.), Prior in →S. Millán de la Cogolla, wurde 1041 von Kg. Ferdinand I. v. León mit der Leitung der Abtei betraut und machte sie zu einem der bedeutendsten kulturellen und religiösen Zentren Kastiliens. Die rasch einsetzende Wallfahrt zum Grabe des Hl. n († 1073) begründete den Reichtum der Abtei. Das Kl. erhielt Schenkungen der kast. Kg. e von Alfons VI. (Priorat S. Frutós [1076], Immunität [1097], mit →Fuero verbundenes Recht zur Aufnahme von Siedlern) über Kgn. Urraca (Priorat S. Ramón de Morosa [1119]), ihren Sohn Alfons VII. (Garantie für den →coto des Kl., Ausstellung eines neuen Fuero für die villa v. S.) bis Alfons VIII. (Aufnahme in den Kg.sschutz, Befreiung von →portazgo und Weideabgaben, Übertragung des Fuero v. Sahagún). Gelasius II. nahm am 7. Nov. 1118 auf Bitten Bf. →Bernhards v. Toledo S. in den Papstschutz (erneuert durch Honorius II., Innozenz II. und Eugen III.). Der umfangreiche Fernbesitz v. S. wurde durch die Priorate S. María de Duero im Westen, S. Román de Morosa im Gebiet von Santander, S. Martín de Madrid im Süden, S. Frutós del Duratón in der Gegend v. Segovia und S. Benito de Sevilla für Besitzungen in Andalusien abgesichert. 1218 wurde dank der Stiftung einer Rekluse ein Hospital beim Kl. errichtet. Die Existenz des bedeutenden Skriptoriums ist bereits 1025 bezeugt; der berühmte Beatus-Codex von 1091 und 1109 (heute in London, Brit. Libr., Add. 11695) zählt zu den Spitzenleistungen der →Buchmalerei Spaniens. Ein Hauptwerk der roman. Baukunst und Skulptur (Reliefplatten: ntl. Szenen, z. B. Thomas und der auferstandene Christus) ist der zweigeschossige Kreuzgang von 1087–1158.

Ab dem 13. Jh. sind nur noch vereinzelt Schenkungen zu verzeichnen, obwohl Ferdinand III. das Kl. wiederholt besuchte. Das Kl., das seit dem frühen 14. Jh. große Teile seines Besitzes verpfändete, verfügte 1338 (nach einem Visitationsprotokoll) noch über ein Einkommen von 39000 Maravedís. 1384 durch Brand zerstört, schloß sich S. 1512 der Kongregation v. →Valladolid an.

U. Vones-Liebenstein

Q.: M. FÉROTIN, Recueil des chartes de l'Abbaye de Silos, 1897 – M. V. VIVANCOS GÓMEZ, Documentación del Monasterio de S., 1988 – Lit.: DHEE III, 1674–1676 – M. FÉROTIN, Hist. de l'Abbaye de Silos, 1897 – L. SERRANO, El real monasterio de S., 1926 – A. LINAGE CONDE, Los orígenes del monacato benedictino en la Península ibérica, II, 1973, 617–621 – Homenaje J. PÉREZ DE URBEL, I, 1976, 271–303, 309–322 [Beitr. von A. REPRESA, W. M. WHITEHILL] – The Art of Med. Spain, Kat. New York Metropolitan Mus., 1994, s.v. Silos, Silos Beatus.

Sankt Emmeram → Emmeram; →Regensburg II, 4

Saint Eustache, Vie de, Legendenvita, deren älteste griech. Prosaredaktion (8. Jh.) in lat. Übertragung (10. Jh.) weite Verbreitung fand. Sie blieb in 11 afrz. versifizierten Bearbeitungen erhalten, wovon 3 den Autoren Benoît (Fragment von 360 V.), Pierre de Beauvais (zw. 1212 und 1217 entstanden) und Guillaume de Ferrières (spätes 13. Jh.) zuzuschreiben sind. Weiter sind 4 afrz. Prosaversionen bekannt. Die »Vie de s. E.« verwendet wie der →Chrétien de Troyes zugewiesene »Guillaume d'Angleterre« Elemente des antiken griech. Abenteuerromans. Sie berichtet in 3 Erzähleinheiten von der Bekehrung des Protagonisten zum Christentum (Motiv des wunderbaren Hirschs), von der Glaubensprüfung (Motiv des Verlusts von Frau und Kindern, ihr Wiederfinden und Wiedererkennen), vom Martyrium (Passio) der wiedervereinten Familie in Rom. S. a. →Eustachius, hl. L. Gnädinger

Ed.: La Vie de s. E. Poème frç. du XIIIe s., ed. H. PETERSEN, 1928 [mit Verweis auf andere Ed. p. XIII–XIV] – La Vie de s. E. Version en prose frç. du XIIIe s., ed. J. MURRAY, 1929 – Lit.: H. PETERSEN, Les origines de la légende de s. E., NM XXVI, 1925, 65–86 – A. H. KRAPPE, La leggenda di S. Eustachio, Nuovi Studi Mediev. III, 1926–27, 223–258 – S. BUZZETTI GALLARATI, Sulla genesi di una redazione in versi francesi della Vita di S. Eustachio, MR VI, 1979, 320–339.

Saint-Evroult (Saint-Evroul), Abtei OSB in der Basse-→Normandie (dép. Orne), gegr. im 6. oder 7. Jh. (ursprgl. Name 'Ouche'), bestand bis zur Mitte des 10. Jh., als die Mönche wegen eines frz.-norm. Krieges die Abtei verließen. Ein Kleriker aus dem Beauvaisis besiedelte um 1030 die Stätte neu. Um 1045–49 bemühten sich die Mönche von →Le Bec um Errichtung eines →Priorats. Die von der Jurisdiktion v. Le Bec befreite monast. Gemeinschaft wurde 1050 auf Initiative des norm. Adligen Wilhelm (Guillaume Giroie) und seiner Neffen Robert und Hugo v. Grandmesnil unter Einfluß von →Jumièges wiederhergestellt. S. erwarb Güter in der Normandie und in England und errichtete etwa zehn Priorate. Es stand im Zentrum der feudalen Konflikte, die die Normandie im 11.–12. Jh. erschütterten; seine ersten Äbte hatten äußerst gespannte Beziehungen mit Hzg. →Wilhelm (dem Eroberer). An der Schule der Abtei wurden Musik, Illuminationskunst, Kalligraphie und Medizin gepflegt. →Ordericus Vitalis trat 1085 in S. ein und verfaßte hier seine »Hist. ecclesiastica«. Die Abtei litt unter dem →Hundertjährigen Krieg, doch überlebte ihr geistl. Leben. 1484 wurde sie in eine →Kommende umgewandelt. V. Gazeau

Lit.: The Ecclesiastical Hist. of Orderic Vitalis, ed. und übers. M. CHIBNALL, 6 Bde, 1969–80.

Saint-Félix-de-Caraman, Konzil v. Im Mai 1167 fand im südfrz. St-F. de C. (h. Saint-Félix-Lauraguais) eine Versammlung der →Katharer statt, die aufgrund der behandelten Fragen, der Anzahl und des Ranges der Teilnehmer als Konzil von St-F. de C. bekannt ist. Mit ihrem Gefolge nahmen teil die Katharerbf.e der Kirchen von Frankreich (Robert d'Epernon), von Albi (Sicard Cellerier), der Lombardei (Marco) und Vertreter der Kirchen von Toulouse, Carcassonne und Val d'Aran. Acht gemeinsam gewählte definitores nahmen bis zum 14. Aug. desselben Jahres die Definition der Grenzen der Diözesen Toulouse und Carcassonne vor. Den Vorsitz hatte der »Papst« →Niceta oder Niquinta, der die Konzilsteilnehmer zur Annahme der Lehre vom absoluten Dualismus aufrief.

Das Schweigen der zeitgenöss. Q. über dieses Ereignis hat in der Forsch. zu Kontroversen geführt, zumal das im Aug. 1167 abgefaßte Protokoll nur in der Ausgabe von 1660 einer – verschollenen – Kopie erhalten ist, die in der 1. Hälfte des 13. Jh. im Auftrag des Katharerbf.s Pierre Isarn angefertigt worden war, von der der Herausgeber versichert, er habe sie von einem inzwischen verstorbenen

Priester erhalten. Mag auch die Hypothese, eine so ungewöhnl. Versammlung habe in den zeitgenöss. Q. keine Spuren hinterlassen, nur schwer zu akzeptieren sein, so steht doch unzweifelhaft fest, daß der Übergang der okzitan. Katharerkirche von einem gemäßigten, vorwiegend ethisch geprägten zu jenem absoluten, ideolog. und theol. strukturierten Dualismus, der von da an das südfrz. Katharertum kennzeichnen und durch das Apostolat des Niceta und des Bf.s Marco die Ursache für die Spaltungen im it. Katharertum der 2. Hälfte des 12. Jh. bilden sollte, in jene Zeit fällt.   R. Orioli

Q.: G. BESSE, Hist. des ducs, marquis et comtes de Narbonne, 1660, 483–486 – *Ed. und Lit.*: C. DOUAIS, Les albigeois, leur origines et action de l'Église au XIIe s., 1880, XXIX–XXXI – A. DONDAINE, Les actes du concile albigeois de St.-F. de C. (Misc. G. MERCATI, 1946), 326–327 – Y. DOSSAT, A propos du concile cathare de St.-F. (Cathares en Languedoc, Cah. Fanjeaux 3, 1968), 201–214 – M. ROQUEBERT, L'épopée cathare. 1198–1212: L'invasion, 1970, 74–77 – F. SANJEK, Le rassemblement hérétique de St.-F.-d.-C. (1167) et les églises cathares au XIIe s., RHE 67, 1972, 771–779 – G. G. MERLO, Eretici ed eresie medievali, 1989, 41–42 – L. PAOLINI, Eretici del Medioevo, 1989, 122–127.

Saint-Florent-le-Vieil (St-F. du Mont-Glonne), Abtei OSB in Westfrankreich, Anjou (dép. Maine-et-Loire), am linken Ufer der →Loire. Am Beginn stand eine Wallfahrt zum angebl. Grab eines hl. Eremiten, Florentius († angebl. 390), einer wohl legendar. Persönlichkeit. (Ein Eremit namens Florentius ist zwar für das 4. Jh. bezeugt, doch lebte er an der poitevin. Atlantikküste und kann nicht auf dem Mont-Glonne lokalisiert werden.) Am Grabe ließen sich Einsiedler nieder, die im 7. Jh. von Maurontius zur 'vita communis' geführt wurden. 794 erlegte Albaldus der Gemeinschaft die →Regula Benedicti auf. Karl d. Gr. bestätigte den Bestand des Kl. Die Abtei wurde 849 von den Bretonen unter →Nominoë niedergebrannt, etwas später dann von den →Normannen. Die Mönche zogen sich an den Ort Nobiliacum (heute St-Gondon, im Grenzbereich der Diöz. Bourges und Orléans) zurück, den ihnen Karl d. K. geschenkt hatte. Hierhin übertrugen sie auch die Reliquien des hl. Florentius. Als sie im 10. Jh. auf Wunsch Tedbalds, des Gf.en v. →Blois, →Chartres und →Tours, zurückkehrten, errichteten sie nahe der Burg v. →Saumur ein neues Kl. mit Basilika (Verehrung des Leichnams des hl. Florentius); das alte Kl. auf dem Mont-Glonne bestand als bloßes Priorat der Abtei 'St-Florent-le-Jeune' zu Saumur fort.   G. Devailly

Q. und Lit.: Cart. du prieuré bénédictin de St-Gondon-sur-Loire, ed. P. MARCHEGAY, 1867 – Chronique des églises d'Anjou, ed. P. MARCHEGAY–M. MABILLE, 1869 – Chroniques des comtes d'Anjou et des seigneurs d'Amboise, ed. L. HALPHEN–R. POUPARDIN, 1913 – M. HAMON, La vie de St. Florent et les origines de l'abbaye de Mont-Glonne (BEC 109, 1972), 215–238.

Sankt Florian, Augustiner-Chorherrenstift in Oberösterreich (BH Linz-Land), über röm. Mauerresten der Tradition nach am urspgl. Begräbnisort des hl. →Florian gelegen. Der wahrscheinl. in karol. Zeit vom Bm. →Passau im O des bayer. Traungaus gegr. klösterl. Stützpunkt ist Ende des 9. Jh. als Kanonikerstift bezeugt. 901 erhielt es von Kg. Ludwig IV. d. Kind die zur Abwehr der Ungarn errichtete Ennsburg (→Enns). Von den Schäden der Ungarnzeit scheint sich das Stift lange nicht erholt zu haben. Bf. →Altmann v. Passau leitete mit der Umwandlung in ein Augustiner-Chorherrenstift 1070/71 einen allg. Aufschwung ein. Nach Propst →Altmann (1212–21/23) erreichte St. F. unter den Pröpsten Einwik (1295–1313) und Heinrich v. Marbach (1313–21) mit seiner Schreib- und Malerschule den ersten kulturellen Höhepunkt, dem am Ende des MA ein zweiter folgte. Zu den urspgl. Besitzungen des bfl.-passauischen Eigenstiftes im Traungau und östl. der Enns waren im HochMA Schenkungen im Mühlviertel, um Vöcklabruck und Wallern sowie in der Wachau gekommen. Die Hauptvogtei über das auch mit Urkk.-fälschungen um seine Rechte kämpfende Stift übten nach den Herren v. Perg die Hzg.e v. Österreich aus. In den Krisenzeiten des 15. Jh. spielte der Florianer Dekan Wolfgang Kerspeck eine führende Rolle bei der Durchsetzung der Reform v. →Raudnitz in Österreich und Bayern.
S. Haider

Lit.: Hist. Stätten Österr. I, 101–103 – DIP VIII, 429f. [Lit.] – LThK² IX, 143f. – J. STÜLZ, Gesch. des regulirten Chorherrn-Stiftes St. F., 1835 – I. ZIBERMAYR, Die Legation des Kard.s Nikolaus Cusanus ..., Reformationsgesch. Stud. und Texte 29, 1914, 26–29, 58–62 – F. LINNINGER, Reichsgottesarbeit in der Heimat, 1954 – G. SCHMIDT, Die Malerschule v. St. F., Forsch. zur Gesch. Oberösterreichs 7, 1962 – Der hl. Altmann (Fschr. zur 900-Jahr-Feier, 1965), 23–33 [K. REHBERGER] – St. F. – Erbe und Vermächtnis, Fschr. zur 900-Jahr-Feier, Mitt. des Oberösterr. Landesarchivs 10, 1971 – K. REHBERGER, Zur Verehrung des hl. Florian im Stift St. F., ebd. 11, 1974, 85–98 – W. STELZER, Altmann v. St. F., MIÖG 84, 1976, 60–104 – F. REICHERT, Landesherrschaft, Adel und Vogtei, Beih. AK 23, 1985, 186–189 – H. WOLFRAM, Die Geburt Mitteleuropas, 1987, 163, 226f. – Österr. Kunsttopographie 48, 1988.

Saint-Flour, Stadt und Bm. in Mittelfrankreich, →Auvergne (dép. Cantal), zw. den Monts du Cantal und Monts de la Margeride auf felsigem Bergsporn in 900 m Meereshöhe gelegen. Bis zum 13. Jh. entwickelte sich die Stadt im Schatten des Kl., das auf dem Mont Indiciac vor dem 10. Jh. entstanden war. Zunächst ein bescheidenes Oratorium, das den Leichnam des hl. Florus barg, wurde es bereits von seinem Gründer, Eustorgius, der Abtei →Cluny übertragen und zw. 996 und 999 dem Schutz des Hl. Stuhles anvertraut. Um 1025 wurde die Abtei Cluny von Stadtherrn und installierte im Kl. Mönche aus der Abtei Sauxillanges unter einem von Cluny eingesetzten Prior.

Die einem weitentfernten Herrn unterstehende 'villa Sancti Flori' entwickelte sich rasch, doch ist ihre Ausdehnung zur städt. Siedlung erst seit dem 14. Jh. genuin erfaßbar. Von nun an ist eine ausgeprägte topograph. Gestalt klar erkennbar: Sie beruht auf einer Anzahl parallel verlaufender Straßen, die vom großen Platz um die (spätere) Kathedrale ausgehen und das Stadtgebiet in kleine Viertel von stark geometr. Form gliedern. Dieser älteste Stadtkern, der vollständig mit Mauern befestigt war, wurde seit dem 14. Jh. von vorstädt. Siedlungen (*faubourgs*) ergänzt.

In günstiger Lage an der großen Straße von Frankreich ins Languedoc, war S. stets eine wichtige Durchgangsstadt und ein Handelsort, dessen Kaufleute im gesamten Europa Erzeugnisse aus S. und seinem Umland (Tuche, Stoffe, Häute, Leder) vertrieben. Fünf große Jahrmärkte dienten v. a. dem Handel mit Getreide, Käse und Vieh aus der Landschaft Planèze. Noch 1380 (nach dem demograph. Einbruch der Schwarzen Pest) zählte S. ca. 3000 Einw.

1317 wurde S. von Papst →Johannes XXII. zum Bm. erhoben, das Diözesangebiet aus dem Bm. →Clermont herausgelöst. Der Prior wurde zum ersten Würdenträger des Kathedralkapitels ernannt, mußte aber dafür seine Rechte (v. a. die stadtherrl. Befugnisse) an den Bf. abtreten. Als Sitz der →Prévôté v. S. innerhalb des →Bailliage der Montagnes d'Auvergne gelang es S. während der Epoche des MA nicht, zum zentralen Verwaltungssitz der Region aufzusteigen; seine administrative und gerichtl. Funktion blieb bescheiden, ledigl. die Verteilung der direkten Steuer (→Taille) wurde hier für die gesamte Provinz durchgeführt. Dank seiner beherrschenden strateg. Situation erfreute sich S. während des →Hundertjährigen

Krieges jedoch der Gunst des frz. Kgtm.s, das der Stadt u. a. das Privileg eines →Konsulats, dessen Einführung sich allerdings nicht näher datieren läßt, gewährte. Drei jährl. gewählte Konsuln, denen ein Rat und weitere konsulare Amtsträger zur Seite standen, führten die Verwaltung und das Finanzwesen eigenverantwortlich, jedoch unter Oberhoheit des bfl. Stadtherrn. A. Rigaudière

Q. und Lit.: M. BOUDET, Cart. du prieuré de S., 1910 – A. RIGAUDIÈRE, S. ville d'Auvergne au bas MA. Étude d'hist. administrative et financière, 1982.

Sankt Gallen, ehem. Kl. OSB, Stadt (Kt. St. Gallen, Schweiz). [1] *Kloster:* Das Kl. der Hl.n →Gallus und →Otmar geht zurück auf die Gründung einer Zelle des irischen Wandermönchs Gallus, eines Schülers des →Columban, im Hochtal der Steinach (612). Die auf den drei Versionen der Vita fußende Auffassung von der irischen Herkunft des Gallus ist in letzter Zeit bestritten worden: H. LIEB und M. HELBLING wollen in Gallus einen alem. Einsiedler, G. HILTY einen aus den lothring. Vogesen stammenden Mönchen sehen. Gallus versammelte Jünger um sich, doch nach seinem Tod (um 650) zerfiel die Zelle wieder. 719 erfolgte durch den im roman. →Chur erzogenen Alemannen Otmar eine Neugründung. Auf Veranlassung Kg. Pippins soll um 747 die →Regula S. Benedicti eingeführt worden sein. Bereits unter Otmars Abbatiat erfuhr das Kl. wirtschaftl. einen starken Aufschwung. Davon zeugen die zahlreichen erhaltenen frühen Traditionsurkk., die zusammen mit einem reichen Schatz an weiteren Originalurkk. und Hss. des ersten Jahrtausends bis heute im Stiftsarchiv St. G. bewahrt werden. Unter Otmars Nachfolgern entstand ein Skriptorium, dessen erster namentl. bekannter Leiter Winithar mit einer Anzahl Schreibern in spezieller alem.-sanktgall. Schrift eine Reihe von bibl. und wiss. Hss. für den klösterl. Bedarf anfertigte. Vom St. Galler Mönch Theodor wurde die Abtei →Kempten, von →Magnus →Füssen gegründet.

Die Frühzeit war überschattet von polit. und wirtschaftl. bedingten Konflikten mit dem Bm. →Konstanz, die u. a. zum Sturz des ersten Abtes Otmar führten, der auf der Rheininsel Werd bei Eschenz in Haft am 16. Nov. 759 starb. Das Kl., dessen Abhängigkeit von Konstanz durch Karl d. Gr. 780 in einem Diplom festgehalten wurde, konnte erst 854 die endgültige Befreiung von der Zinszahlung an Konstanz erreichen. Indes verlieh ihm bereits 818 Ks. Ludwig d. Fromme die →Immunität. In der Historiographie werden die Jahre von etwa 816 (Beginn des Abbatiats Gozberts [816–837]) bis zum Ungarneinfall (926) unter den Begriff des 'Goldenen Zeitalters' gestellt, dem das bis 1076 dauernde 'Silberne' folgte. Charakterist. für diese erste Epoche ist die enge Zusammenarbeit mit dem ksl. und kgl. Hof. Abt →Grimald (841–872), der gleichzeitig die Abtei→Weißenburg und wohl auch →Ellwangen verwaltete, wirkte als Erzkanzler und Kaplan am ostfrk. Kg.shof. In St. G. wurde er vertreten durch den Pro-Abbas Hartmut, seinen Nachfolger im Abtsamt bis 883. In den Jahren 830–837 wurde unter Abt Gozbert die karol. Münsterkirche erbaut, die Anregungen aus dem sog. →St. Galler Kl.plan aufnahm. Seit 820 begann eine neue Blüte des Skriptoriums und der Buchmalerei, zunächst unter Wolfcoz, dann unter weiteren Schreibern und Buchmalern wie Folchart (evtl. nur der Leiter), Tuotilo, Sintram und sogar unter Abtbf. →Salomo III. Im Vergleich zur →Reichenau entwickelte sich die lit. Schule v. St. G. eher zögerl., so daß die Viten der Haushl.n Gallus und Otmar durch die Reichenauer →Wetti und →Walahfrid Strabo überarbeitet wurden. Als Werke aus St. G. sind u. a. die liturg. Dichtungen →Ratperts, →Tuotilos und →Notkers I. Balbulus zu erwähnen. Eine Reihe von Lehrern des 9. bis 11. Jh. war in der inneren und äußeren Schule tätig, die sowohl in der Gesch.sschreibung (Casus sancti Galli) als auch in erhaltenen Schulbüchern des Quadriviums und Triviums in der Stiftsbibl. dokumentiert ist. 890–920 wirkte Bf. Salomo III., der in Personalunion die Abtei St. G. und das Bm. Konstanz lenkte. In den letzten drei Jahrzehnten des 9. Jh. entstanden die hervorragendsten Werke sanktgall. →Buchmalerei, der Folchart-Psalter, der Goldene Psalter und das Evangelium Longum. Durch den Einfall der →Ungarn (926) und →Sarazenen (um 935) sowie durch einen Brand (937) erlitt das Kl. schwere Rückschläge, von denen es sich erst allmähl. wieder erholte. Nachdem bereits 883 (evtl. auch 887) Ks. Karl III. und 911 Kg. Konrad I. das Kl. besucht hatten, weilte 972 auch Ks. Otto d. Gr. mit seiner Gemahlin Adelheid, seinem Sohn Otto II. und seiner Schwiegertochter Theophanu in St. G. Um 1000 entstanden neue liturg. Hss. mit einer zukunftsweisenden →Neumennotation. Im 11. Jh. setzte eine neue, teils unter byz. Einfluß stehende Phase der Buchmalerei ein, in deren Gefolge verschiedene liturg. Hss. erneut kopiert und kalligraphiert wurden, und →Notker III. Labeo übersetzte (und kommentierte) antike philos. Texte und den Psalter ins Althochdeutsche.

Das sog. 'Eherne Zeitalter' setzte mit Abt Ulrich v. →Eppenstein († 1121) ein, der im →Investiturstreit auf ksl. Seite stand und in den 80er Jahren des 11. Jh. zusätzl. den Stuhl des Patriarchen v. →Aquileia besetzte; es entstand 1191 die Tochtergründung San Gallo di Moggio im Friaul. Die Zahl der Mönche nahm ab, der Besitz des Kl., das von den feudalen und krieger. Auseinandersetzungen nicht unberührt blieb, verringerte sich. Doch auch im SpätMA standen immer wieder hervorragende Äbte an der Spitze des Kl., etwa Konrad v. Bussnang (1226–39) und Wilhelm v. Montfort (1281–1301). Zu Beginn des 15. Jh. geriet die Abtei in eine krit. Situation: Die Untertanen in →Appenzell befreiten sich 1411 von der polit. Herrschaft der Abtei. Z. Z. des Konzils v. →Konstanz wurden nacheinander ein Mönch aus dem sächs. Pegau, dann ein Propst v. Schkölen (Diöz. Naumburg) als Äbte eingesetzt. Innere Schwierigkeiten führten dazu, daß Abt Eglolf Blarer 1429 Mönche aus dem hess. →Hersfeld, das der →Bursfelder Kongregation angehörte, zur Reform nach St. G. holte. Fortgeführt wurde die Reform ab 1439 durch Mönche aus dem bayer. →Kastl, die 1442–51 von die Reform v. Subiaco befolgenden Mönchen aus →Wiblingen abgelöst wurden. 1437 schloß Abt Eglolf Blarer für zwanzig Jahre ein Landrecht mit →Schwyz und am 17. Aug. 1451 Abt Kaspar v. Breitenlandenberg ein Burg- und Landrecht mit →Zürich, →Luzern, Schwyz und →Glarus. Sie traten in der Folge als Schirmherren des Kl. auf. St. G. war nun Zugewandter Ort der Schweizer. →Eidgenossenschaft. Abt Ulrich Rösch, Bäckerssohn aus Wangen, führte 1463–91 eine entscheidende Wende herbei, indem er den modernen Kl.staat schuf, den seine Nachfolger weiter ausbauten. Die polit. Herrschaft der Abtei umfaßte seit Abt Ulrich die Alte Landschaft zw. Wil und Rorschach, die 1468 angekaufte Gft. Toggenburg sowie weitere Rechte im sanktgall. Rheintal. Ebenso mißlang Abt Ulrichs Versuch – trotz päpstl. und ksl. Erlaubnis –, das Kl. an den Bodensee, nach Mariaberg am Rorschacherberg, zu verlegen: 1489 zerstörten die Appenzeller und Rheintaler zusammen mit Bewohnern der Stadt St. G. den unvollendeten Bau mit Gewalt (sog. Rorschacher Kl.bruch). Nach einer kurzen Aufhebung des Kl. 1531 im Zuge der Reformation gelang es allmähl., eine verbesserte

Verwaltung einzuführen und die inneren Zustände zu festigen. Nach 1750 wurden Stiftskirche, Bibl. und Neue Pfalz (Regierungssitz des Abtes) neu erbaut. Am 3. Mai 1805 löste ein Beschluß des Großen Rates des 1803 geschaffenen Kt. St. G. die Abtei auf.

[2] *Stadt:* Aufgrund der geogr. und verkehrsmäßig ungünstigen Lage konnte die Stadt St. G. nur im Schatten des Kl. entstehen und stand unter der Herrschaft des Kl. abtes. Seit dem 10. Jh. entwickelte sich beim Kl. eine städt. Siedlung, die von dessen Anziehungskraft profitierte und in der neben Gewerbe und Handel v. a. die Leinwandproduktion betrieben wurde. Abt Notker (971–975) vollendete die von Abt Anno 953/954 wohl unter dem Eindruck der Ungarneinfälle begonnene Ummauerung von Kl. und städt. Wohngebiet. Am 31. Juli 1291 stellte Abt Wilhelm v. Montfort der Stadt eine →Handfeste aus und gewährte den Bürgern u. a. freies Erbrecht und freie Verfügung über den Grundbesitz. Die zunehmend prosperierende Stadt entwickelte sich in der Folge vom Kl. weg. Sie schloß 1454 einen eigenen Bund mit den Eidgenossen und nahm nach der Abtei St. G. den zweiten Rang unter den Zugewandten Orten der Eidgenossenschaft ein. 1457 verzichtete die Abtei gegen eine Entschädigung von 7000 Gulden weitgehend auf ihre polit. Rechte gegenüber der Stadt (Berner oder Speichinger Spruch). St. G. wurde freie →Reichsstadt und stand mit den Städten rund um den Bodensee in wechselnden Verträgen und Beziehungen. 1415 erhielt sie durch Kg. Siegmund den Blutbann und ein beschränktes Münzrecht. Die Stadtgrenze gegenüber dem Abteigebiet wurde 1460 urkdl. festgelegt. 1490 wurde die Stadt im Gefolge des Rorschacher Kl. bruchs durch die Eidgenossen besetzt und mußte den Forderungen der Abtei in verschiedenen Punkten nachgeben. An den Burgunder und lombard. Kriegen waren Stadtbewohner gleich wie Untertanen des Abts immer wieder unter den eidgenöss. Kontingenten vertreten. Seit 1527 setzte, gefördert durch den Stadtarzt, Bürgermeister und Humanisten Johannes v. Watt (Vadianus), zuvor Rektor der Univ. Wien, die Reformation ein. W. Vogler

Q.: UB der Abtei St. G., 6 Bde, ed. E. WARTMANN u. a., 1863–1955 – Chartularium Sangallense, ed. O. P. CLAVADETSCHER, 1983ff. [bisher 5 Bde] – *Lit.:* I. v. ARX, Geschichten des Kt. St. G., 3 Bde, 1810–13; Berichtigungen und Zusätze, 1830 [Neudr. 1987] – L. HARTMANN, Gesch. der Stadt St. G., 1818 – H. THÜRER, St. Galler Gesch. Kultur, Staatsleben und Wirtschaft in Kt. und Stadt St. G. von der Urzeit bis zur Gegenwart, 2 Bde, 1953–72 – W. BERSCHIN, »Gallus abbas vindicatus«, HJb 95, 1975, 257–277 – Helvetia Sacra III/1, 1986, 1180–1369 [Lit.] – W. BERSCHIN, Eremus und Insula. St. G. und die Reichenau im MA, Modell einer lat. Lit.landschaft, 1987 [Lit.] – Ulrich Rösch, St. Galler Fs. abt und Landesherr, hg. W. VOGLER, 1987 [Lit.] – E. EHRENZELLER, Gesch. der Stadt St. G., 1988 – J. DUFT, Die Abtei St. G., 3 Bde, 1990–94 [Lit.] – Die Kultur der Abtei St. G., hg. W. VOGLER, 1993 [Lit.].

Sankt Galler Klosterplan, Grundrißzeichnung einer Kl.anlage in der Stiftsbibliothek St. Gallen (Ms. 1092). Rote Tusche auf Pergamentrolle, zusammengenäht aus 5 Stücken (ca. 77×112 cm), die Rückseite im 12. Jh. nach Faltung auf Buchformat mit des Sulpicius Severus Vita s. Martini beschrieben, der auch ein Teil der Planzeichnung zum Opfer fiel. Auf die Funktion der dargestellten Gebäude und Einrichtungen verweisen rund 350 Beischrr., z. T. in Versform, von zwei Händen (bislang nicht krit. ed.). Die Lokalisierung der Schreiber in Reichenau durch B. BISCHOFF deutet darauf, daß der Kl.plan dort angefertigt (und wohl auch entworfen) worden ist. Bestimmt war er laut Widmungsschreiben am Rand für Abt→Gozbert von St. Gallen (812–835/37). Gozbert ließ in St. Gallen seit 830 eine neue Abteikirche errichten, deren Maße Bezug nehmen auf die Maßbeischriften der Plankirche (archäol. Ausgrabungen 1964). Dies und andere Indizien deuten darauf hin, daß der Kl. plan in der Zeitspanne zw. ca. 825 und 830 entstand und in engem Zusammenhang mit Gozberts Bauvorhaben steht. Dem entsprechen die Angaben der Widmung, wo es heißt, der Kl.plan sei zum persönl. Studium des Abtes angefertigt worden. Da Reichenau in dieser Periode ein einflußreiches Kg.skl. war, das über beste Beziehungen zum Hofe verfügte, St. Gallen jedoch ein vom Konstanzer Bf. abhängiges Kl., das einen solchen Status anstrebte, wird der Kl.plan in den Rahmen dieser Bemühungen zu stellen sein: er sollte dem Abt Gozbert im Sinne eines Exempels vor Augen führen, wie eine Abtei ausgestaltet sein mußte, um in den Kreis der Kg.skl. aufsteigen zu können. Der verbreiteten Annahme, der Kl.plan sei Kopie eines offiziellen Dokuments der Kl.reform Ludwigs d. Fr., begegnet die jüngere Forsch. mit zunehmender Skepsis. Dennoch ist der Plan als singuläres Zeugnis seiner Art aus dem frühen MA eine Q. ersten Ranges für die Gesch. des benediktin. Mönchtums, aber auch der Architektur-, d. Kultur- u. d. Wirtschaftsgesch. des Frankenreichs. Abb. s. Sp. 1157–1158.   A. Zettler

Lit.: Lex. der Kunst, VI, 1994, 385ff. [G. BINDING] – A. REINHARDT, Der S.G. Kl.plan, 1952 [mit Faksimile] – E. REISSER, Die frühe Baugesch. des Münsters zu Reichenau, 1960 – Studien zum S.G. Kl.plan, hg. J. DUFT, 1962 – W. BRAUNFELS, Abendländ. Kl.baukunst, 1969 – W. HORN–E. BORN, The Plan of St. Gall, 1979 – K. HECHT, Der S.G. Kl.plan, 1983 – W. JACOBSEN, Ältere und neuere Forsch. zum S.G. Kl.plan (Unsere Kunstdenkmäler 34, 1983), 134–151 – F. SCHWIND, Zu karolingerzeitl. Kl. als Wirtschaftsorganismen und Stätten handwerkl. Tätigkeit (Institutionen, Kultur und Gesellschaft im MA, 1984), 101–123 – G. BINDING–M. UNTERMANN, Ordensbaukunst in Dtl., 1985 – A. ZETTLER, Die frühen Kl.bauten der Reichenau, 1988 – DERS., Der S.G. Kl.plan (Charlemagne's Heir: New Perspectives on the Reign of Louis the Pious, 1990), 655–687 – Die Kultur der Abtei St. Gallen, hg. W. VOGLER, 1990 – W. JACOBSEN, Der Kl.plan von St. Gallen und seine Stellung in der karol. Architektur, 1992.

Saint-Gelais. 1. S., Jean de, Seigneur de Monlieu, frz. Geschichtsschreiber, * 1457, † nach 1510; Bruder von 2. – Jean de S. war *capitaine de guerre* in Diensten Karls v. Angoulême, Vetter des Hzg.s Ludwig v. Orléans (des späteren Kg.s →Ludwig XII.), und unternahm es, dessen Apologie zu schreiben, im Rahmen einer »Hist. de France de 1270 à 1510« (verfaßt vor 1514), die nur in ihren zeitgeschichtl. Teilen selbständigen historiograph. Wert beanspruchen kann. Trotz starker panegyr. und rhetor. Momente und unverblümter Parteilichkeit (durchweg günstige Beurteilung der Aktionen und Optionen Ludwigs: dessen Revolten gegen den jungen Kg. →Karl VIII., Opposition gegen die Regentin →Anna v. Beaujeu, Regierung als Kg.) bietet S. ein interessantes, z. T. auf aktiver Teilnahme an den geschilderten Ereignissen beruhendes Quellenzeugnis für die Verhandlungen während der →Guerre folle, die Italienkriege, die Einverleibung der →Bretagne in das Kgr. Frankreich sowie die Beziehungen Ludwigs XII. zum Hause Angoulême. S. benutzte das Werk von Claude de Seyssel in lat. Version (Paris 1506).

P. Bourgain

Ed.: Hist. de Charles VIII par G. de Jaligny ..., ed. Th. Godefroy, 1617, 1619², 1684³ – Th. Godefroy, Hist. de Louis XII, 1622, 1–230 – *Lit.:* MOLINIER V, 5393 – E. CASTAIGNE, Notice hist. sur les S., 1836 – P. PÉLICIER, Essai sur le gouvernement de la Dame de Beaujeu, 1882, 17f.

2. S., Octovien de, frz. Autor und Übersetzer, * 1468 in der Saintonge, † 1502, studierte in Paris und fand Aufnahme am kgl. Hof; 1494 wurde S. Bf. von Angoulême. Außer zahlreichen, z. T. vertonten Rondeaux und Balladen verfaßte er mehrere Prosimetren, die ganz der Poetik der →Rhétoriqueurs verpflichtet sind, und deren

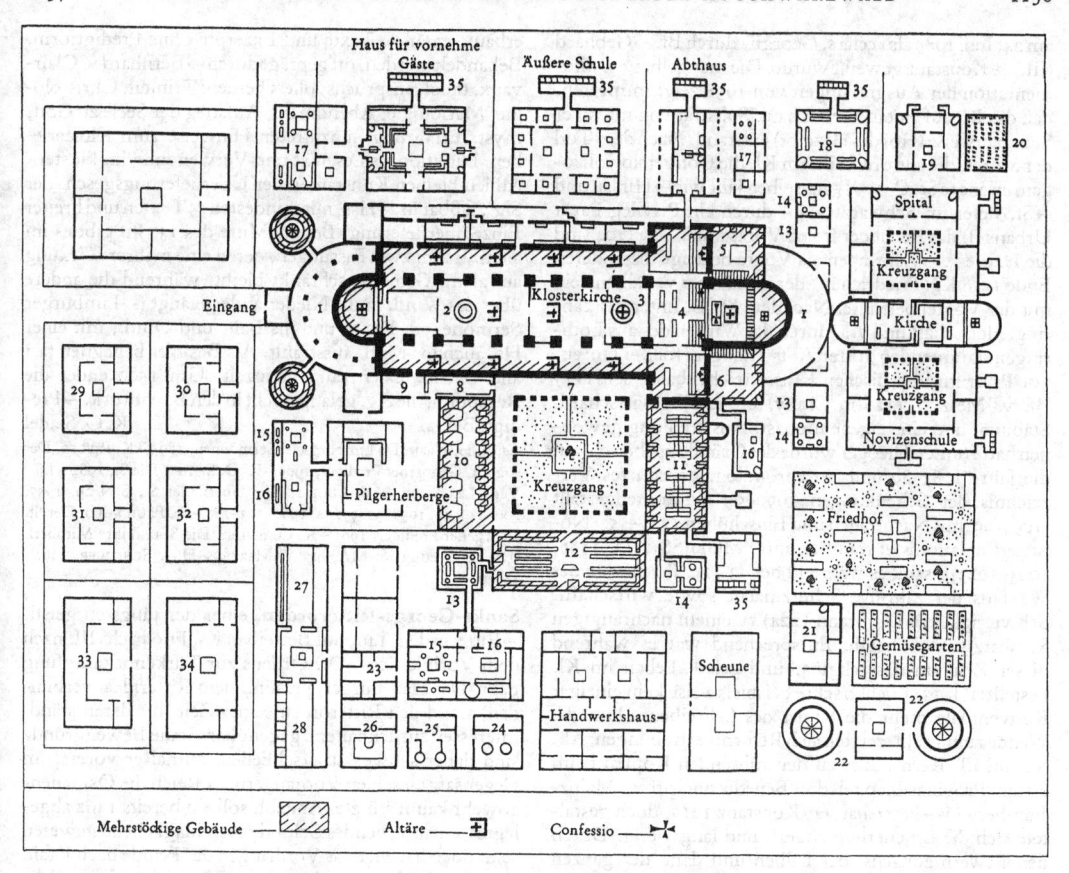

Fig. 1: Sankt Galler Klosterplan. 1. Paradies – 2. Taufkessel – 3. Ambo – 4. Chor – 5. Schreibstube u. Bibliothek – 6. Sakristei u. Paramente – 7. Kapitelsaal – 8. Besuchsraum – 9. Armenpfleger – 10. Keller – 11. Wärmeraum u. Schlafsaal – 12. Eßsaal (Refectorium) u. Kleiderkammer – 13. Mönchsküche – 14. Badehaus – 15. Brauerei – 16. Bäckerei – 17. Wirtschaftshaus – 18. Haus für Aderlässe – 19. Arzthaus, Apotheke – 20. Heilkräutergarten – 21. Gärtner – 22. Geflügelzüchter – 23. Speicher – 24. Mühlen – 25. Stampfmörser – 26. Malzdarre – 27. Pferdeknechte – 28. Rinderhirten – 29. Gesinde – 30. Schafe – 31. Schweine – 32. Ziegen – 33. Pferde – 34. Kühe – 35. Aborte.

bedeutendstes der allegor.-autobiograph. »Séjour d'Honneur« ist (1489–94). Versübers. en: Heroiden von Ovid (vor 1494, 14 z. T. ill. Hss., über 30 Drucke); »Eurialus et Lucresse« von A. S. Piccolomini (6 Drucke); »Livre des persecutions des Crestiens« von B. Simonetta (ein Druck); Vergils Aeneis (4 Hss.; 4 Drucke). M.-R. Jung

Ed. und Lit.: DLFMA², 1080–1081 – H.-J. Molinier, Essai biogr. et litt. sur O., 1910 [Neudr. 1972] – Aeneas Sylvius Eurialus und Lukrezia, übers. von O., hg. E. Richter, 1914 – Le Séjour d'Honneur, hg. J. A. James, 1977 – Complainte sur le départ de Marguerite, hg. M. B. Winn mit Vertonung von drei Rondeaux, hg. M. Picker, Le moyen français 5, 1979, 65–101 – T. Brückner, Die erste frz. Aeneis. Untersuchung zu O. Übers., 1987 (Ed. des 6. Buches).

Sankt Georgen am Längsee, ehem. Abtei OSB in Kärnten (1783 aufgehoben). Wichburg, Tochter des Pfgf.en Hartwig I. v. Bayern, erneuerte vor 1002 mit ihrem Gatten, Gf. Otwin v. Pustertal, die verfallene Georgskirche am Längsee und gründete dort zw. 1002 und 1023 das erste hochma. Kl. in Kärnten. Die mit Gütern im Jauntal, um St. Veit und im Pustertal dotierte Abtei unterstellte sie ihrem Bruder, Ebf. →Hartwig v. Salzburg, der 1018 die Kirche weihte und Wichburgs älteste Tochter Hiltiburg aus dem Konvent von Nonnberg in →Salzburg als erste Äbt. einsetzte. Da St. G. ein »adliges Damenstift« bildete, setzte im Auftrag von Ebf. →Konrad I. Abt Wolfhold v. Admont 1122 teils gewaltsam die Reform durch. Dafür wurde er von Mgf. Gunther v. Sanntal, einem Verwandten der Stifterfamilie, schwer mißhandelt. Eine Urkk. fälschung sicherte 1172/74 das Recht der freien Wahl von Äbt. und Vogt; die Exemtion von der Jurisdiktion des Salzburger Ebf.s ging 1183 wieder verloren. Die Abtei verfügte seit 1162 über die Pfarre St. Peter bei Taggenbrunn samt Filialkirchen und führte eine Kl.schule für Mädchen. Hzg. Ulrich II. v. Kärnten übertrug als Vogt dem Kl. 1199 das Niedergericht mit Burgfried.

H. Dopsch

Q.: Monumenta historica ducatus Carinthiae III, 80ff., Nr. 204, 205 – GP I, 113–116 – *Lit.:* M. Wetter, Gesch. des Benediktinerinnenkl. St. G. [Diss. masch. Wien 1954] – C. Fräss-Ehrfeld, Gesch. Kärntens, I, 1984, 148f. – H. Dopsch, Die Anfänge der Kärntner Kl. (Sympos. zur Gesch. von Millstatt und Kärnten 1992), 1993, 2–30.

Sankt Georgen im Schwarzwald, ehem. Kl. OSB (Baden-Württ., Krs. Schwarzwald-Baar), 1083 im Rahmen der Reformbewegung von den schwäb. Dynasten Hezelo, Vogt des Kl. →Reichenau, Hesso und Konrad an einem bestehenden Oratorium des hl. Georg in Königseggwald bei Ravensburg gegr. Der von den Gründern um Mitwirkung gebetene Abt →Wilhelm v. Hirsau verlangte die Verlegung des Kl., das daraufhin 1084 auf einem Hügel im Quellgebiet der Brigach im Schwarzwald erbaut und am 24. Juni 1085 als »cella s. Georgii« durch Bf. →Gebhard (III.) v. Konstanz geweiht wurde. Die mangelhafte Dokumentation der Ausgrabungen von 1958 zeigt immerhin, daß das Kl. auf einem älteren baul. Substrat von massiver Steinbauweise (Hof des Hezelo?) entstand. Nach dem Tod der Stifter, die alle drei in ihrem Kl. die Conversio vollzogen, erlangte St. G. 1095 – im selben Jahr wie →Hirsau und →St. Peter im Schwarzwald – durch ein Privileg Papst Urbans II. das Recht der freien Vogtswahl. Seit 1104 sind die Hzg. e v. →Zähringen als Vögte bezeugt, nach deren Ende 1218 Kg. Friedrich II., der die Herren v. Falkenstein mit der Vogtei belehnte. Nachdem St. G. unter der zähring. Herrschaft und v. a. durch das Wirken des aus Lothringen stammenden dritten Abts Theoger (1088–1119; zuvor Prior im hirsauischen Klosterreichenbach, seit 1117 Bf. v. Metz, † 1120 in Cluny) im 12. Jh. wirtschaftl. Stabilität und eine eigene monast. Ausstrahlung gewonnen hatte (unter Theoger wurde der Gründungsbericht auf die Jahre 1083–89 und ein chronolog. geordnetes Verzeichnis der Schenkungen 1090–95 zusammengestellt [1094/99, mit Nachträgen und Einschüben 1121–55: »Notitiae fundationis et traditionum«, MGH SS 15/2, 1888, 1005–1023]), sank es während des 13./14. Jh. infolge des Wegfalls der zähring. Schutzmacht sowie wirtschaftl. Schwierigkeiten (Kl. brand 1224) zu einem nachrangigen Schwarzwaldkl. herab. Entsprechend war es während dieser Zeit um das religiöse und geistl. Leben im Kl. bestellt: i. J. 1313 beherrschte beispielsweise kein einziger Konventuale mehr die Kunst des Schreibens. Um die Wende zum 15. Jh. zeigten sich Reformbestrebungen; Abt Johann III. Kern zählte zu den führenden Köpfen beim ersten Provinzialkapitel der Benediktinerprov. Mainz-Bamberg in →Petershausen/Konstanz 1417, doch gestaltete sich die Erneuerung zögerl. und langwierig. Durch den Erwerb zunächst der halben und dann der ganzen Vogtei seitens des Hauses Württemberg ging das Kl. der (noch 1521 von Karl V. bestätigten) Reichsunmittelbarkeit verlustig, und Hzg. Ulrich führte 1536 die Reformation ein. 1633 völlig zerstört, kam es im Westfäl. Frieden 1648 endgültig unter württ. Herrschaft, wurde aber nicht mehr aufgebaut. A. Zettler

Q. und Lit.: GP II, 1, 198–206 – H. J. WOLLASCH, Die Anfänge des Kl. St. G. im Schwarzwald (Forsch. zur oberrhein. Landesgesch. 14, 1964) – DERS., St. G., Germania Benedictina 5, 1975, 242–253 – A. ZETTLER, Bilder von der Kl.grabung St. G. 1958 (900 Jahre Stadt St. G. im Schwarzwald, 1984), 103–114 – Die Zähringer (Veröff. zur Zähringer-Ausstellung 2, 1986), 158–161 – ST. WESTPHALEN, Zur Auswertung der Kl.grabung von 1958 in St. G. im Schwarzwald, Schwarzwald-Baar-Krs. Archäolog. Ausgrabungen in Baden-Württ. 1993 (1994), 265–268.

Sankt Georgener Predigten, Slg. v. 39 Predigten, Nr. 36–66, 68–75 in der Ausgabe von RIEDER nach der isolierten, durch zusätzl. Texte (Schweizer Predigten) erweiterten Freiburger Hs.; der Name nach der ältesten Hs. (um 1300, im 17. Jh. im Kl. OSB →St. Georgen im Schwarzwald) bezeichnet weder die urspgl. Herkunft dieser Hs. noch die der Slg. Zusammengestellt wurden die Predigten zu Beginn des 2. Viertels des 13. Jh. im alem. Oberrheingebiet, wohl in einem Zisterzienserkl.; sie sind, ohne erkennbare Ordnung, von einem Redaktor kompiliert und vielleicht vereinheitlichend überarbeitet; Rückgriff auf älteres Material ist möglich, doch ist keine von der Corpus-Überlieferung unabhängige Überlieferung nachweisbar. Die Slg. erwächst aus der 'cura monialium' und bietet für die Lesung im Nonnenkl. geistl.-erbaul. Texte unterschiedl. Formung: scholast. disponierte themat. Predigten, kurze Predigten mit knapper Auslegung, Traktate, erbaul.-paränet. Texte und Exzerpte ohne Predigtform. Behandelt werden, oft geprägt durch →Bernhard v. Clairvaux, theol. anspruchsvolle Themen: Trinität, Christologie, Mariologie, Abendmahl, Aufstieg der Seele zu Gott, myst. Erfahrung; hinzutreten Hinweise zum Klosterleben. Funktion als Lesetext und Verwendung im klösterl. Milieu bleiben Konstanten der Überlieferungsgesch. der Slg., faßbar in 28 Hss. mit mindestens 5 Texten und breiter Einzelüberlieferung. Bereits Mitte des 13. Jh. gibt es im alem. Raum zwei Fassungen, deren eine in ihrer Wirkung auf alem. Gebiet beschränkt bleibt, während die andere über das Wmd. in die Niederlande gelangt (→Limburger Sermone, ed. KERN) und ins Bair. und Omd., mit einer Hs. auch ins Mnd. ausstrahlt. Als Besitzer begegnen fast alle Orden, Laien nur vereinzelt. Um 1500 endet die Rezeption, die Slg. gelangt nicht in den Buchdruck. →Predigt, B. I. 2. K. O. Seidel

Ed.: J. H. KERN, De Limburgsche Sermoenen, 1895 – K. RIEDER, Der sog. St. Georgener Prediger, 1908 – K. O. SEIDEL, Die S., 1982 – Lit.: Verf.-Lex.², s.v. – E. LÜDERS, Zur Überl. der S., StN 29, 1957, 200–249; 30, 1958, 30–77; 32, 1960, 123–187 – W. FRÜHWALD, Der St. Georgener Prediger, 1963 – K. O. SEIDEL, Die S. und ihre Mitüberl. (Die dt. Predigt im MA, hg. V. MERTENS–H.-J. SCHIEWER, 1992), 18–30.

Sankt-Georgs-Ritterorden, einer der jüngsten geistl. →Ritterorden, 1469 auf Betreiben Ks. Friedrichs III. nach dem Vorbild des →Dt. Ordens zur Türkenbekämpfung gegr. Der Habsburger, persönl. dem Ritterideal verbunden, stand den Ritterorden seiner Zeit mit deren ständ. Interessen zurückhaltend gegenüber. Seine Beweggründe sind daher schwer zu erschließen, zumal er vornehmlich im Gegensatz zu seinen Vorgängern im Reich die Osmanenabwehr kaum stützte. Angebl. soll ein bereits 1462 abgelegtes, entsprechendes Gelübde ausschlaggebend gewesen sein, doch hat eher das Vordringen der Feinde nach Krain Gegenmaßnahmen erzwungen. Friedrich erreichte die Aufhebung des herabgekommenen Kl. →Millstatt, dessen Gebäude und Besitz dem Orden zugeschlagen wurden. Da der Ks. in der Folge im W wegen Burgund gebunden war, überließ er alle Aktivitäten dem Hochmeister Hans Siebenhirter, der wenig glückl. agierte und sogar unnötige Gegensätze zum Bm. Wiener Neustadt heraufbeschwor. Unter diesen Voraussetzungen gedieh der Orden kaum. So sah sich Kg. Maximilian I. nach dem Tode des Vaters genötigt, eine St. Georgsbruderschaft zu gründen, deren Verhältnis zum Orden unklar blieb, doch diesem Mitglieder zuführen sollte. So war vorgesehen, daß im Kampf gegen Heiden Verbrechen gesühnt werden konnten. Doch hatten auch diese Zusagen kaum Erfolg. Der Orden blieb unbedeutend und wurde 1598 aufgelöst, seine Güter kamen an die Jesuiten. H. Koller

Lit.: H. KOLLER, Der St.-G. Ks. Friedrichs III. (Die geistl. Ritterorden Europas, hg. J. FLECKENSTEIN–M. HELLMANN, VuF 26, 1980), 417–429 – F. STUBENVOLL, Die Wappen des Hanns Siebenhirter, Carinthia I, 175, 1985, 167–180 – I. WIESFLECKER-FRIEDHUBER, Maximilian I. und der St. G. (Symposium zur Gesch. von Millstatt und Kärnten 1989, hg. F. NIKOLASCH, 1989), 87–108.

Saint-Germain d'Auxerre, große Abtei im nördl. Burgund, 422 durch den hl. →Germanus, Bf. v. Auxerre, gegr. →Basilika zur Aufnahme der →Reliquien des hl. →Mauritius, lag außerhalb der Civitas v. →Auxerre, wurde von Germanus der seelsorgl. Obhut des hl. Presbyters Saturninus übergeben; 450 empfing die Basilika die Gebeine des hl. Germanus. Kgn. →Chrodechild sorgte für die Neuerrichtung der Kirche, die einer Gemeinschaft von Kanonikern, dann Mönchen anvertraut wurde. Mehrere Äbte v. S. wurden Bf. e v. Auxerre (Palladius, →Aunacharius, Tetricus, Quintilianus u.a.); die sehr reich mit Grundbesitz dotierte Abtei litt unter den Säkularisierungen des Hausmeiers →Karl Martell.

Unter den →Karolingern erlebte S. neuen Aufstieg. →Ludwig d. Fr. verlieh der Abtei 816 ein Privileg. S. erhielt das Recht der freien Abtwahl (835). →Karl d. K. fand hier 858 Asyl. Gf. Konrad ließ 959 die →Krypta mit dem Sarkophag des Hl.n neuerrichten. S., das über eine reiche Bibliothek verfügte, war Sitz der berühmten →Klosterschule, an der →Heiric, Verfasser einer Germanus-Vita, und sein Schüler →Remigius wirkten. Bedeutende Zöglinge waren der hl. →Odo v. Cluny und der Chronist →Rodulfus Glaber.

Die von den →Normannen niedergebrannte Abtei wurde 887 neuerbaut und war ein wichtiger machtpolit. Stützpunkt der westfrk. Großen, die hier das Laienabbatiat ausübten: Mitglieder des Hauses der →Welfen (Gf. Konrad, sein Sohn Hugo), →Boso, →Richard d. Justitiar und die Hzg.e v. →Burgund im 10. Jh. Hzg. →Heinrich I. gab der Abtei das Recht der freien Abtwahl zurück, nachdem er sie dem hl. →Maiolus v. →Cluny zur Reform anvertraut hatte (985). Die Abtswürde erhielt einer der Schüler des hl. Maiolus, Heldricus, der die cluniazens. Reform propagierte und verstand, S. vor den negativen Auswirkungen der Belagerung Auxerres durch Kg. →Robert d. Fr. zu bewahren und den Schutz des Bf.s Hugo v. Chalon und des Gf.en →Landricus zu erlangen. Dessenungeachtet fiel die Abtei unter die Schutzherrschaft der Gf.en v. →Champagne, die sie als Lehen der Hzg.e v. Burgund hielten (noch 1190 beharrte Gf. Heinrich d. J. v. Champagne auf seinen Prärogativen als Schirmherr der Abtei). Damit war eine Oberhoheit der Gf.en v. Auxerre ausgeschlossen. Nach einer neuen Feuersbrunst (1064) entstand ein Neubau, der das heut. Erscheinungsbild großenteils bestimmt. Die Absetzung des Abtes Guibert (1096) hatte eine erneute ztw. Unterstellung unter Cluny zur Folge. J. Richard

Lit.: R. LOUIS, Autessiodurum christianum, 1952 – Y. SASSIER, Le pouvoir comtal en Auxerrois, 1980 – L'École carolingienne d'Auxerre (Actes du coll., 1991) – Auxerre V^e–XIe s.: l'abbaye St-Germain et la cathédrale St-Étienne, 1993.

Saint-Germain des Prés → Paris, C.I, 2

San Germano, Vertrag v. Am 23. Juli 1230 von Friedrich II. und Papst Gregor IX. nach achtmonatigen, in S. G. und Ceprano mit Beteiligung Kard. →Thomas' v. Capua und →Hermanns v. Salza geführten Verhandlungen unterzeichnet. Obgleich der Staufer in den vorausgegangenen militär. Auseinandersetzungen gesiegt hatte, lag ihm an einem friedl. Modus vivendi. Daher akzeptierte er die Forderungen des Papstes: Straflosigkeit für alle Anhänger des Papstes; Beachtung der Normen des Lateranskonzils (1215) für die Bf.swahl im Kgr. Sizilien; Beschränkung der kgl. Eingriffe in die Bf.swahlen auf die licentia eligendi und den assensus; Exemtion des siz. Klerus von allen Abgaben und von weltl. Gerichten; Restitution aller Güter und Ländereien des Patrimonium Petri sowie des Besitzes der Templer und Johanniter; Abtretung einiger Festungen an der Grenze zum Kirchenstaat. Im Gegenzug hob Gregor IX. am 28. Aug. die Exkommunikation Friedrichs auf. E. Cuozzo

Lit.: Acta pacis ad S. Germanum anno MCCXXX initae. Die Aktenstücke zum Frieden v. S. G. 1230, ed. K. HAMPE, MGH, Epp. sel., 4, 1926.

Saint-Germer-de-Fly (dép. Oise, arr. Beauvais, cant. Le Coudray-Saint-Germer). Geremarus, * um 610, † 660, ursprgl. Amtsträger am Hofe Kg. Dagoberts I. und Chlodwigs II. in Paris, wurde von Ebf. Audoin v. Rouen (→Audoenus) als Förderer des irofrk.-columban. Mönchtums gewonnen, gründete auf dessen Anraten das Kl. St-Pierre-aux-Bois (Insula), trennte sich bald danach von Gattin und Tochter, trat als Mönch in das Kl. St-Samson-sur-Risle-Pentale (dép. Eure) ein, wurde dessen Abt und zog sich nach seiner allerdings erst im 9. Jh. entstandenen Vita als Einsiedler zurück. 655 gründete Geremar das Kl. Flaviacum-St-G.-de-F., als dessen Abt er starb. Seit Karl Martell kam das Kl. als beneficium unter karol. Schutz, Karls des Gr. Sohn →Drogo, Bf. v. Metz, erneuerte es; 850 und 902 verwüsteten Normannen das Kl.: Geremars Gebeine wurden 906 nach Beauvais gebracht. Im 11. Jh. wiedererrichtet und durch reiche kgl. Schenkungen gefördert, entwickelte sich der Konvent zu einer bedeutenden theol. Ausbildungsstätte, aus der u.a. der berühmte Geschichtsschreiber und Theologe →Guibert v. Nogent (1055–1125) hervorging. 1644 erneut reformiert, bestand das Kl. bis zur Frz. Revolution. Bedeutende Architektur blieb erhalten, so die hochma. Kl.kirche und die an ihre Apsis anschließende Sainte-Chapelle, ein Werk des 13. Jh., das starke Parallelen zur →Sainte-Chapelle in Paris aufweist. F. Prinz

Q. und Lit.: MGH SRM IV, 626–633 – DHGE XX, 974f. – La Grande Encyclopédie XXIX, 1901, 169f. – F. PRINZ, Frühes Mönchtum im Frankenreich, 1965 [1988²], 131 – J. SEMMLER, Episcopi potestas und karol. Kl.politik (Mönchtum, Episkopat und Adel zur Gründungszeit des Kl. Reichenau, hg. A. BORST, 1974 [VuF XX]), 309.

Saint-Ghislain, Abtei OSB (heut. Belgien, Prov. Hennegau/Hainaut, Arr. Mons), im ehem. Bereich der Diöz. →Cambrai. Die Abtei ist benannt nach ihrem rätselhaften Gründer, dem hl. Gislenus (7. Jh.), doch ist über ihre Gesch. erst seit dem 10. Jh. Näheres bekannt: Damals reorganisierte hier der Klosterreformer →Gerhard v. Brogne auf Wunsch des Hzg.s v. →Lotharingien, →Giselbert, das monast. Leben. In der 1. Hälfte des 11. Jh. verfaßte der Mönch Rainerus die »Miracula s. Gisleni«. S. hatte sich immer wieder mit den Übergriffen der Gf.en v. →Hennegau auseinanderzusetzen. Am Ende des 15. Jh. übernahm S. die Gewohnheiten der →Bursfelder Kongregation, deren Reformansätze sie in der Region verbreitete.

Infolge der Wallfahrt bildete sich bei der Abtei ein Burgus (→Abteistadt), der sich zum regionalen Handelszentrum (Jahrmärkte, Handwerker und Kaufleute, städt. Halle, Fleischhaus, etc.) entwickelte und im 14. Jh. den Status einer 'bonne ville' der Gft. Hennegau erlangte (Stadtmauer 1365 errichtet). Während der Frz. Revolution erfolgte die Aufhebung der Abtei und die Zerstörung ihrer Gebäude. Ph. George

Q. und Lit.: Vitae et Miracula S. Gisleni, BHL 3552–3561 – Annales S. Gisleni, éd. F. DE REIFFENBERG, Monuments pour servir à l'hist. des provinces de Namur, de Hainaut et de Luxembourg, VIII, 1848, 199–838 – Monasticon belge, I, 1897, 244–270 – Communes de Belgique, Dict. d'Hist. et de Géographie, II, 1980, 1305–1308 – LThK² IV, 902f. – Bibl. SS VI, 1965, 1149f. – DHGE XX, 1984, 1180f. – H. NÉLIS, Examen critique des chartes et bulles apocryphes de S. (965–1145), Analectes pour servir à l'Hist. Ecclésiastique de la Belgique 33, 1907, 260f. – A. D'HAENENS, Gérard de Brogne à l'abbaye de S., RB 70, 1960, 101–118 – D. VAN OVERSTRAETEN, Les noms successifs de S., Archives et Bibliothèques de Belgique 38, 1967, 215–227 – Annales du cercle d'Hist. et d'Archéologie de S. et de la région, 1972ff. – J. NAZET, Crises et réformes dans les abbayes hainuyères du IXe au début du XIIe s. (Mél. M.-A. ARNOULD, I, 1983), 468–470 – D. VAN OVERSTRAETEN, Du hameau à la ville: S. du Xe au XIVe s., Études et Documents du Cercle Royal d'Hist. et d'Archéologie d'Ath, VII, 1986, 175–183 – D. MISONE, Monastères bénédictins et cisterciens dans les albums de Croÿ (1596–1611), RB, t. C, 1990.

Saint-Gildas-de-Rhuys, ehem. Abtei in der sw. →Bretagne (dép. Morbihan, Bm. →Vannes), am sw. Ende der

Halbinsel Rhuys nahe dem Atlantik gelegen, galt nach ungesicherter hagiograph. Tradition als Gründung des hl. →Gildas (6. Jh.). Der Platz, von einem örtl. Grundherrn zur Verfügung gestellt, entsprach in seiner isolierten Lage dem Bedürfnis nach mönch. Abgeschiedenheit. Die Abtei wurde 919 von Wikingern geplündert; später folgte auf Betreiben Hzg. Gottfrieds v. Bretagne eine Wiederherstellung durch Felix († 1038), einen Einsiedler von der Insel Ouessant. Die Abtei erfuhr wohl im 12. Jh. erneuten Niedergang. Auf Initiative Hzg. Conans IV. wirkte Pierre →Abaelard hier 1125-32 als Reformabt. Der »Fürst der Wissenschaften«, für den die Entsendung in diesen abgelegenen Winkel einer Strafversetzung gleichkam, suchte hier seine phys., spirituellen und emotionalen Verletzungen zu überwinden. Er stieß bei seinen Reformbemühungen rasch auf hartnäckigen Widerstand der Mönche, mit denen er keine gemeinsame Verständigungsbasis fand. In einem Brief an →Héloise geißelt er daher (übertreibend) die Trunksucht und Tücke dieser Nachkommen der barbar. »Veneter«.

In der Realität hat die Abtei S. mit ihrem reichen Grundbesitz aber durch Tochtergründungen, Bautätigkeit (roman. Kirche) und Kunstschaffen (Schatz: Armreliquiar des hl. Gildas) für die Bretagne eine nicht unwichtige kulturelle und zivilisator. Rolle gespielt. Unweit der Abtei liegt die mächtige hzgl. Burg Suscinio. J.-P. Leguay

Lit.: G. Devailly, Hist. religieuse de la Bretagne, 1980 – A. Chèdeville – H. Guillotel, La Bretagne des saints et des rois V^e-Xe s., 1984 – G. Devailly, Tentatives de réforme de l'abbaye de S., Mém. Soc. d'Hist. et d'Arch. de Bretagne 63, 1986, 129-137.

Saint-Gilles du Gard, ehem. Abtei OSB und Stadt in Südfrankreich, Languedoc, im Rhônedelta (dép. Gard). Die Abtei wurde wahrscheinl. im 7. Jh., unter dem Patrozinium von St. Petrus und Paulus, gegr. Sie barg das Grab des hl. Eremiten →Aegidius († 721 [?]), erfuhr im Zuge der mächtigen Kultverbreitung dieses Hl.n raschen Aufschwung und nahm im 9. Jh. das Aegidius-Patrozinium an; eine Vita des 10. Jh. erklärte den Hl.n gar zum Gründer der Abtei. Papst Benedikt VII. gewährte S. die →Exemtion. Von den Gf.en v. →Nîmes 1066 an →Cluny tradiert, wurde die Abtei von Papst Gregor VII. 1077 dem 'Ordo Cluniacensis' eingegliedert. Das Grab des hl. Aegidius zog →Pilger aus ganz Europa an, zumal S. eine Etappe des Jakobwegs (→Santiago de Compostela) bildete.

Bei der Abtei entstand eine bedeutende Stadt, deren Lebenskraft durch die Zahl ihrer Pfarreien (sieben) und das frühe Auftreten eines →Konsulates (spätestens 1143) unterstrichen wird. Die →Messe (am 1. Sept., dem Tag des Hl.n) hatte große internationale Ausstrahlung; für 1178 sind nicht weniger als 109 Wechsler bezeugt. Die Seeschiffe fuhren die Kleine Rhône aufwärts bis zum Hafen v. S., der von Genuesen und Pisanern besucht wurde, während andererseits Kaufleute aus S. das Mittelmeer bis in den Nahen Osten befuhren. S. war Ausgangspunkt des Flußverkehrs (Holz- und Getreidehandel) und mit →Arles durch einen Landweg, mit →Montpellier und →Narbonne durch schiffbare Lagunen (*Étangs*) verbunden. Die Stadt profitierte im 12. Jh. vom Aufschwung der Salinenwesens (→Salz) und der agrar. Erschließung der Camargue. Der dem Gf.enhaus v. →Toulouse entstammende →Raimund IV. (12. R.), der zunächst Gf. v. S. war und an diesem Titel auch nach Erwerb der Gft.en Toulouse und Rouergue festhielt, verfügte in S. über einen Palast und Gerichtshof. Vor seinem Aufbruch zum →Kreuzzug (1095/96) übertrug Raimund IV. dem Abt seine gesamten stadtherrl. Rechte. Raimunds Sohn Bertrand, der diese Herrschaftsrechte zurückgewinnen wollte, führte 1105-09 Krieg gegen die Abtei. Der Konflikt lebte unter dem Nachfolger Alphonse Jourdain wieder auf und fand im gesamten 12. Jh. periodisch seine Fortsetzung (bes. unter Raimund V. und Raimund VI.)

Die militär. Auseinandersetzungen störten mehrfach den Weiterbau an der monumentalen roman. Abteikirche, die im letzten Viertel des 11. Jh. begonnen worden war und deren Altar 1096 von Papst →Urban II. geweiht wurde. Das ikonograph. Programm der Fassade wurde wohl um 1145 überarbeitet, im Sinne einer Betonung des Erlösungsgedankens – eine Reaktion auf die häret. Doktrin des →Petrus v. Bruis, der 1143 in S. verbrannt worden war. Die Gegend v. S. war am Vorabend des Albigenserkrieges (→Albigenser, II) Schauplatz des Assassinats am päpstl. Legaten Peter v. →Castelnau (15. Jan. 1208) und der Kirchenbuße, die der Gf. Raimund VI. als mutmaßl. Anstifter in der Krypta zu S., am Grabe des erschlagenen Legaten, zu leisten hatte.

In den ersten Jahren des 12. Jh. gründeten die →Johanniter in S. ein Hospital ('ptochium'). 1157 erlaubte ihnen der Abt v. S. die Errichtung einer Kirche und eines Friedhofs. Seit 1158 baute das Ordenshaus eine ausgedehnte Domäne auf, v. a. mit Besitzungen in der Camargue. Die Gf.en v. Toulouse verliehen dem Johanniterpriorat große Privilegien. Der Prior v. S. war zunächst der einzige Repräsentant des Johanniterordens in Europa, doch entzog ihm die Gründung der Priorate v. Frankreich (1178), Auvergne (Mitte des 13. Jh.) und Toulouse (1317) einen Teil seiner Obödienz im südöstl. Frankreich.

Die Bedeutung der Stadt ging seit dem 13. Jh. zurück. 1214 hob der Abt das Konsulat auf. Als gfl., dann kgl. Gerichts- und Verwaltungszentrum wurde S. abgelöst von →Beaucaire, das bereits unter Simon de →Montfort als Sitz eines →Seneschalls fungierte. Auch der Aufstieg der neuen Hafenstadt →Aigues-Mortes (seit 1240) vollzog sich auf Kosten von S. N. Coulet

Q. und Lit.: Goffon, Bullaire de l'abbaye de S., 1882 – Les coutumes de S. (XIIe-XIVe s.), hg. E. Bligny-Bondurand, 1912 – R. Hamann, Die Abteikirche v. S. und ihre künstler. Nachfolge, 1955 – H. Ammann, Die Dt. in S. im 12. Jh. (Fschr. H. Aubin, 1965) – W. S. Stoddard, The façade of S. Its Influence on French Sculpture, 1973 – Languedoc roman (Zodiaque), 1975, 298-345 [R. Saint-Jean] – P. Santoni, Les deux premiers s.s du prieuré de S. de l'ordre des Hospitaliers (Des Hospitaliers de Saint-Jean de Jérusalem ... aux chevaliers de Malte, 1985), 114-183 – U. Winzer, S. Stud. zum Rechtsstatus und Beziehungsnetz einer Abtei im Spiegel ihrer Memorialüberlieferung, 1986.

Saint-Gilles, Vie de → Guillaume de Berneville

San Gimignano, Stadt in d. Mitteltoskana (Valdelsa). Nicht weit von der Via Francigena gelegen, die von Lucca in Richtung Rom die Valdelsa durchquerte, ist S. G. – bereits eine etrusk. und röm. Siedlung – im 10. Jh. als Besitztum der Bf.e von Volterra bezeugt. Von diesen befreite sich die Stadt im Laufe des 12. Jh., wobei sie sich als freie Kommune konstituierte und um ihre Unabhängigkeit zuerst gegen →Volterra, dann gegen →Siena kämpfte. Hierin fand S. G. einen starken Verbündeten in Florenz und in der guelf. Partei, deren Anführer in der Stadt die Mitglieder der Familie Ardinghelli waren, Gegner des ghibellin. Salvucci. 1349 kam es endgültig unter die Herrschaft von Florenz.

S. G. war im MA wegen der Herstellung von Safran und erlesenem Wein bekannt; ab der zweiten Hälfte des 13. Jh. etablierten sich hier auch Wollmanufakturen. Dadurch erlangte die Stadt beträchtl. Wohlstand, der ihr die Errichtung von großartigen Gebäuden und Denkmälern ermöglichte. Der ausgeprägt ma. Charakter des Stadtbildes geht jedoch zum größten Teil auf Restaurierungen des 19. Jh. zurück. F. Cardini

Lit.: E. Fiumi, Storia economica e sociale di S. G., 1961.

San Giulio d'Orta, Siedlung (in einigen frühma. Q. auch »S. Giuliano« genannt) auf einer befestigten Insel im Ortasee (ca 50 km nö. von →Novara, Piemont) und auf dem gegenüberliegenden Seeufer. Ende des 6. Jh. war S. Residenz des langob. Hzg.s Mimulf und vielleicht auch Zentrum eines Dukats, der den nö. Teil von →Piemont umfaßte. Das Gebiet wurde in frk. Zeit von den Gf.en v. →Pombia verwaltet. Im 10. Jh. war das Castrum auf der S. Giulio-Insel abwechselnd im Besitz der Familie eines Vasallen des Kg.s von Italien, →Berengar I., Leo, sowie der Kanoniker der Kirche S. Giulio und des Bf.s von Novara. Zw. 956 und 962 diente die Insel zweimal als Zufluchtsort des Hofes von Kg. →Berengar II., der dort zweimal belagert und schließlich endgültig von →Otto I. besiegt wurde. 1025 wurde S. durch ein Diplom Ks. Konrads II. in den Immunitätsbereich und Districtus des Bf.s von Novara eingegliedert; daneben bestanden weiterhin die Patrimonialrechte der Kanoniker der Kirche S. Giulio, die sich aus den großen Familien von Novara rekrutierten. Im 13. Jh. verblieb die »Riviera« des Ortasees eines der wenigen Gebiete, die der Herrschaft des Bf.s, der von einem Kastellan vertreten wurde, unterstanden. G. Sergi

Lit.: G. Fornasari, Le pergamene di S. dell'Arch. di Stato di Torino, 1958 – M. G. Virgili, Le pergamene di S. della bibl. com. di Novara, 1962 – G. Andenna, Andar per castelli. Da Novara tutto intorno, 1982, 624–626 – G. Sergi, Un'area del Novarese dall'inquadramento pubblico alla signoria vescovile: Orta fino al principio del XIII sec., BSBS, LXXXVI, 1988, 171–193.

Santa Giustina (S. Justina) **v. Padua,** Abtei OSB und Kongregation. Infolge der kontroversen Forschungslage zur Echtheit der ältesten Urkk. (9.–10. Jh.) ist das Gründungsdatum ungewiß. 970 wurde das Kl. unter Abt Ingelbertus auf Initiative des Bf.s Gauslinus wiederaufgebaut. Der Bf. übertrug dabei die der Märtyrerin Justina († 304) geweihte, im 6. Jh. von Opilio errichtete Coemeterialbasilika den Benediktinern. Die Charta des Gauslinus begründete die Jurisdiktion von S. über der Abtei zugesprochenen Kirchen und das mindestens seit 1165 bis zum Anfang des 15. Jh. ausgeübte Vorrecht des Abtes, am bfl. Wahlkollegium teilzunehmen. Der bereits durch bfl. Schenkungen beachtl. Grundbesitz des Kl. wuchs 1129 durch den Erwerb der Curtis Concadalbero. In einer Zeit wirtschaftl. Wohlstands am Ende des 12. Jh., in der die vom Erdbeben d. J. 1117 zerstörte Kirche wiederaufgebaut wurde, führten eremit. Tendenzen zur Gründung einer Einsiedelei auf dem Monte Venda in den Euganeischen Hügeln. Während der Amtszeit des Arnaldo da Limena (1209–55) genoß das Kl. hohes Ansehen (Beherbergung des Hofs Friedrichs II. Jan.–April 1239), doch wurde er so stark in die Stadtpolitik verwickelt, daß er den Zorn →Ezzelinos III. da Romano auf sich zog und bis zu seinem Tode im Kastell v. Asolo (Treviso) gefangengehalten wurde. Nach dem Tode Abt Oldericos (1289) zog die röm. Kurie die Ernennung des Abtes an sich, da die Einkünfte des Kl. so groß waren wie diejenigen der Diözese. Damit wurde das Kl. prakt. zur →Kommende. Unter Gualpertino Mussato (1300–37), der von der Kurie eingesetzt worden war, erlebte das Kl. einen Niedergang. Die da →Carrara bemächtigten sich der Kl.güter und kontrollierten die Abtwahlen. Ludovico →Barbos (Abternennung 20. Dez. 1408) gelang es nach schwierigen Anfängen, durch Reformen des Kl.lebens zahlreiche Novizen – zum Großteil aus dem universitären Bereich – zu gewinnen. Der ans Wunderbare grenzende Zuwachs veranlaßte ihn zunächst, nach cluniazens. Vorbild Priorate zu gründen, und später, zusammen mit anderen Äbten, eine eigene, am 1. Jan. 1419 von Martin V. approbierte Kongregation ins Leben zu rufen. Die Kongregation »de Unitate« hatte mit Schwierigkeiten zu kämpfen, die im wesentl. die Interpretation der päpstl. Urk. betrafen: das Generalkapitel war näml. seit 1425 bestrebt, entgegen der früheren monast. Tradition, die Abtwürde zeitl. zu begrenzen, um das Übel der Kommende zu bekämpfen und die Prälatur weniger erstrebenswert zu machen. Damit orientierte man sich an der gängigen Praxis der Bettelorden und an den weit verbreiteten konziliarist. Vorstellungen. Die neue Verfassung wurde durch die Bulle Eugens IV. vom 23. Nov. 1432 sanktioniert. Die daraus hervorgehende Kongregation »de Observantia« wurde zum Vorbild für die von der päpstl. Kurie ausgehenden Reformbestrebungen der Mönchsorden sowie für andere zeitgenöss. Reformbewegungen (u.a. Kongregation v. →Valladolid, →Bursfelder Kongregation, →Vallombrosaner v. S. Salvi). Sie beruhte auf der Rückkehr zur wörtl. Befolgung der Regel sowie auf einer weitgehend der →Devotio moderna verpflichteten Spiritualität und umfaßte bis 1505, als →Montecassino angeschlossen wurde, 50 Kl.

F. G. B. Trolese

Q. und Lit.: DIP I, 1044–1047; VIII, 693–702 – T. Leccisotti, Congregationis S. Iustinae de Padua OSB ordinationes capitul. general.: I (1424–1474), II (1475–1504), 1939–70 – La Basilica di S. G. Arte e storia, 1970 – I benedettini a Padova e nel territorio padovano attraverso i sec., hg. A. de Nicolò Salmazo–F. Trolese, 1980 [Lit.] – S. Benedetto e otto sec. (XII–XIX) di vita monastica nel padovano, 1980 – G. Cantoni Alzati, La biblioteca di S. G. di Padova, 1982 – A. Bossi, Matricula monachorum congreg. casinensis OSB, I, 1409–1699, ed. L. Novelli–G. Spinelli, 1983 – G. B. F. Trolese, Ludovico Barbo e S. G., 1983 [Lit.] – Riforma della Chiesa, cultura e spiritualità nel Quattrocento veneto, hg. Ders., 1984 – S. Collodo, Una società in trasformazione. Padova tra XI e XV sec., 1990.

Saint-Guilhem du Désert (Gellone), Kl. OSB im östl. Languedoc (Bm. →Lodève), um 806 vom Gf.en →Wilhelm v. Toulouse gegr.; →Benedikt v. Aniane setzte auf seine Bitten Juliofred als ersten Abt ein. 807 bestätigte Ludwig d. Fromme als Kg. v. Aquitanien dem Kl. auf Bitten des Gründers alle Schenkungen und nahm es in seinen Schutz. 1066 zerstörte ein Brand die Abtei. Dem Kl. kam von Anfang an der Auftrag zu, das umliegende Land zu kolonisieren; es hatte neben Besitzungen, Mühlen, Fischereirechten und Kirchen im weiteren Umkreis (1029 St-Pierre de Sauve, 1097 St-Martin d'Adisson, 1098 St-Martin de Caux, 1110 St-Martin de Londres) auch Fernbesitz im Rouergue (→Rodez) und bei den Gorges du Tarn, die v.a. als Sommerweiden für das Vieh wichtig waren. Urban II. wies die Ansprüche →Aniane s auf eine Unterstellung von St-G. zurück und nahm es in den Papstschutz (bestätigt von Calixtus II. [1124], Eugen III. [1146] und Alexander III. [1164]). Kg. Ludwig VII. v. Frankreich gewährte dem Kl. 1162 alle Rechte über St-G., die dortige Burg Verdun, sowie die hohe und niedere Gerichtsbarkeit. 1284 erreichte der Abt in einem Streit mit dem Bf. v. Lodève sogar für das ganze Tal die Gerechtsame und die Exemtion von der bfl. Gewalt. U. Vones-Liebenstein

Q. und Lit.: L. Cassan–E. Meynial, Cartulaires des abbayes d'Aniane et de Gellone, 1900–05 – J. Deshusses, Le Sacramentaire de Gellone dans son contexte hist., Ephemerides liturgicae 75, 1961, 193–210 – J. Semmler, Karl d. Gr. und das frk. Mönchtum (Braunfels, KdG, II, 1967³), 255–289 – E. Magnou-Nortier, La Société laïque et l'église dans la prov. ecclésiastique de Narbonne, 1974, 150f. [Karte der Besitzungen 9.–11. Jh.] – J.-Cl. Richard, Les stèles discoïdales de St-G.-le-D. (Les stèles discoïdales. Journée d'Étude de Lodève, 1980), 55–58 – P. Tisset, L'abbaye de Gellone des origines au XIIIᵉ s., 1933 [Neudr. bearb. J. Ch. Richard–J. Latscha, 1992].

Saint-Hubert, Abtei in den Ardennen (Belgien, Prov. Luxemburg), Diöz. Lüttich, wurde um 700 unter dem Namen 'Andagium' (Andage) von →Pippin II. in den Ardennenwäldern gegr. Es ist umstritten, ob es sich hierbei ursprgl. um ein Kanonikerkapitel oder eine monast. Gemeinschaft handelte; die Forschung hat auch versucht, die Grenzen der pippinid. Domäne zu rekonstruieren. 817 setzte der Bf. v. →Lüttich definitiv Benediktinermönche ein und übertrug – ein durchaus ungewöhnl. Vorgang – hierher 825 die Reliquien des hl. →Hubertus (Bf. v. Lüttich 703/705–727); die Abtei führte seit dem 11. Jh. den Namen 'St-Hubert'. Der Kult des Hl.n, der als Jagdpatron und Schützer gegen Tollwut hohe Verehrung genoß, verbreitete sich rasch. Hauptproblem der Abtei waren durchgängig die spannungsreichen Beziehungen zu den Bf.en v. Lüttich, die den Besitz der Abtei ('Terre de S.') ihrem geistl. Fsm. einzuverleiben trachteten. Ein heftiger Konflikt brach unter Bf. →Otbert (1091–1119) aus, in dessen Verlauf in S. das berühmte »Cantatorium«, eine in ihrer Schilderung der Bf.e v. Lüttich wie der Hzg.e v. →Niederlothringen recht tendenziöse Chronik aus der Zeit des →Investiturstreites, entstand. Das geistige Leben der Abtei (Skriptorium, erzählende Q. des 10.–13. Jh.) ist noch weithin unerforscht. S. besaß seit dem 11. Jh. etwa zehn →Priorate, die aber bezeichnenderweise fast alle außerhalb der Diöz. Lüttich und des Hzm.s Niederlothringen lagen.

Mangels älterer Q. ist über die Besitzgesch. der Abtei wenig bekannt, weder unter kirchl. (Pfarrkirchen, Zehnten) noch grundherrschaftl. Gesichtspunkt (keine Q. aus der Zeit vor dem 14. Jh.). Der Grundbesitz dürfte aber ertragreich gewesen sein, denn schon seit dem 9. Jh. wurde in S. ein ländl. Jahrmarkt abgehalten, und seit dem 11. Jh. bildete sich ein kleiner Klosterflecken.   G. Despy

Lit.: Monasticon belge V, 1975, 9–61 [Bibliogr.] – Repfont III, 267f. [zum Cantatorium/Chronicon] – S. en Ardenne. Art-Hist.-Folklore, I, 1990 – G. Despy, Questions sur les origines de l'abbaye de S. (Mél. L. Hannecart, 1991), 242–256 – S. Tange, Un centre économique du Haut MA: S. dans sa région (Mél. G. Despy, 1991), 677–691 – A. Dierkens, Note sur la vie de saint Bérégise (Mél. P. Margue, 1993), 101–111.

Sankt Jakob a. d. Birs, Schlacht v. Im Frühjahr 1444 rief Ks. Friedrich III. zuerst erfolglos Hzg. Philipp v. Burgund und dann Kg. Karl VII. v. Frankreich um Hilfe an. Letzterer entsandte unter Führung seines Sohnes Ludwig (XI.) das etwa 40000 Mann starke Heer der →Armagnaken. Auf die Nachricht vom Anmarsch dieses Heeres trennten sich in der Nacht zum 26. Aug. 1444 ca. 1000–1300 Krieger vom Heer der →Eidgenossen, das Zürich und die Farnsburg belagerte. Ihnen schlossen sich noch weitere 200 Mann an. Nach erfolgreichen Geplänkeln ließ sich diese Truppe in die Ebene jenseits der Birs locken, wo sie auf das zehnfach überlegene und noch durch österr. Ritter verstärkte Heer der Armagnaken stieß, während der von den Eidgenossen aus dem benachbarten Basel erwartete Zuzug ausblieb. Nach mehrstündigem Kampf wurden die Eidgenossen aufgerieben, von denen nur ca. 200 überlebten, während ca. 3000 Armagnaken fielen. Die Eidgenossen hoben die Belagerung von Zürich und der Farnsburg auf, während der Dauphin kurz darauf in seine Heimat →Ensisheim mit ihnen schloß.   I. Eberl

Lit.: Hb. der Schweiz. Gesch., I, 1972, 300f. [Lit.] – Ereignis–Mythos–Deutung 1444–1994 St. J. a. d. B., hg. W. Geiser, 1994.

Saint-Jean d'Angély, Abtei und Stadt in Westfrankreich, →Saintonge (dép. Charente-Maritime), seit röm. Zeit (Angeriacum) besiedelter Ort. →Pippin I., Kg. v. →Aquitanien, gründete hier eine Abtei zur Aufnahme der kostbaren Kopfreliquie des hl. Johannes d. T., die der Mönch Felix aus Alexandrien mitgebracht hatte. Von den Normannen zerstört, wurde die Abtei im 10. Jh. restauriert; sie gewann Ausstrahlung mit der Auffindung der Kopfreliquie (um 1010). Eine umfangreiche Charta regelte um die Mitte des 11. Jh., anläßl. der Weihe der Abteikirche, die Beziehungen zw. der Abtei und dem Gf. en v. →Poitou, der hier einen Palast hatte und einen →Prévôt unterhielt. Im 11. Jh. und bis 1131 unter Jurisdiktion v. →Cluny, war S. die bedeutendste Abtei des Bm.s →Saintes.

Die Stadt nahm im Zuge der Erschließung des atlant. Küstengebietes ihren wirtschaftl. Aufschwung, der zunächst auf dem Handel mit →Salz, dann mit →Wein (im 13. und frühen 14. Jh. rege Ausfuhr des 'vin de St-Jean' ins nördl. Europa) beruhte. Neue Hallen und ein Hafen wurden errichtet, die Boutonne planmäßig als Schiffahrtsweg ausgebaut. S. war Etappenort am Pilgerweg nach →Santiago de Compostela. Kg. Johann 'Ohneland' verlieh der Stadt 1199 ein Kommunalprivileg (→Kommune) nach dem Vorbild der →Établissements de Rouen. Von der Mitte des 13. Jh. bis zur Mitte des 15. Jh. war S. Sitz des →Seneschalls v. Saintonge. Der →Hundertjährige Krieg führte zur Verarmung. Erhalten blieben ma. Bürgerhäuser und Teile der Abteigebäude.   R. Favreau

Q.: Cart. de l'abbaye royale de S., ed. M. Musset, 1901 – Registres de l'échevinage de S., ed. D. d'Aussy–L.-Cl. Saudau, 3 Bde, 1895/1902 – *Lit.*: L.-Cl. Saudau, S. d'après les archives de l'échevinage et les sources directes de son hist., 1886 – J. Texier, Inventaire archéologique de l'arrondissement de S., 1. Teil: S., 1963 – C. van de Kieft, La seigneurie de l'abbaye de S. au milieu du XIe s. (Misc. Mediaevalia J. F. Niermeyer, 1967), 167–175 – P. Heliot, L'abbatiale de S. et l'architecture gothique de l'Ouest, Annales du Midi 75, 1973, 1–28.

Saint-Jean de Losne, Stadt im südl. Burgund, an der Saône (dép. Côte d'Or). 1153 noch ein einfaches Dorf, dessen Besitz zw. dem Bf. v. →Langres und dem Hzg. v. →Burgund umstritten war, wurde S. nach dem Erwerb der Herrschaft →Salins vom Hzg. zu einer befestigten Stadt ausgebaut (Kontrollstelle am Schnittpunkt des Saônetals mit der Straße zu den Salinen und Pässen des Jura, Erhebung eines Zolls auf Waren aus Frankreich, insbes. auf für Italien bestimmte Wolle). 1227 verlieh ihr Hzg. Hugo IV. städt. Privilegien.

Am anderen Ufer der Saône, auf Gebiet des Imperiums ('terre d'Empire'), lag der seit dem 7. Jh. belegte Fährort Losne (Latona). Seine Kirche Notre-Dame war in der Merowingerzeit wohl Bf.ssitz; die Bf.e v. →Chalon machten sie zur 'secunda sedes' ihrer Diöz. (1027). In der nachfolgenden Zeit war die Abtei Losne vom Bm. →Besançon abhängig und wurde über St-Vivant de Vergy dem Ordensverband v. →Cluny eingegliedert (1136).

Losne wurde als nahe bei →Dole gelegener Grenzort zw. den Kgr. Frankreich und dem Imperium 1162 für ein Treffen zw. Kg. →Ludwig VII. und Ks. →Friedrich Barbarossa gewählt, im Zusammenhang mit dem Konzil, welches das Papstschisma zw. →Alexander III. und →Victor IV. beenden sollte. Gf. →Heinrich I. v. Champagne hatte sich im Namen des Kg.s verpflichtet, daß dieser Victor als Papst anerkennen werde, falls Alexander nicht erschiene. Alexander lehnte es in der Tat ab, Ludwig zu begleiten, woraufhin Ludwig sich ohne den Papst am 29. Aug. 1162 auf der Brücke v. L. einfand; doch erschien Barbarossa erst am Abend, als Ludwig bereits wieder abgereist war. Der Ks. war der Meinung, daß der Kg. v. Frankreich und seine Großen lediglich die Entscheidung des Konzils, zu dem er alle Großen des Imperiums berufen hatte, anzunehmen hätten. Eine neue Begegnung wurde für den 19. Sept. festgesetzt. Wieder blieb Barbarossa fern und ließ Ludwig VII. durch →Rainald v. Dassel ausrichten, daß die Entscheidung über die Rechtmäßigkeit der Papstwahl allein Sache des Imperiums sei. Ludwig erklärte sich damit als von seinem Versprechen entbunden und fuhr fort, Alexander zu unterstützen. Wenn auch die vom Ks. einberufene Versammlung zugunsten Victors IV. entschied, so hatte dieser doch die 'reges provinciales' nicht für seine Sache gewinnen können. J. Richard

Lit.: J. RICHARD, Passages de Saône, Ann. de Bourgogne 22, 1951 – J. MARILIER, Les privilèges épiscopaux de l'église de Losne, Mém. Soc. hist. droit bourguignon 24, 1963 – W. HEINEMEYER, Die Verhandlungen an der Saône i. J. 1162, DA 20, 1964.

Sant Joan de les Abadesses, Regularkanonikerabtei in Katalonien (Bm. Vic), 887 von Gf. →Wifred 'el Pelós' v. Barcelona gegr., der seine Tochter Emma als Äbt. einsetzte, erhielt 899 Kg.sschutz, 1017 Papstschutz, kam seit der Vertreibung der Äbt. Ingelberga und des Nonnenkonvents wegen angebl. skandalösen Lebenswandels und der Gründung des Bm.s →Besalú ganz unter die Herrschaft des dortigen Gf.enhauses. Der Versuch Gf. Bernhards II. v. Besalú, S. an St-Victor de →Marseille zu übertragen, gelang erst 1098. Die Nonnen aus La Celle bei Brignoles wurden jedoch bereits 1114 durch Augustinerchorherren abgelöst, die nach den Consuetudines v. →St-Ruf lebten. Pons de Monells (1140–93), einer der wichtigsten Äbte des 12. Jh., ließ 1150 die Kl.kirche weihen, schuf neue Kapitelämter und behielt auch nach seiner Wahl zum Bf. v. Tortosa (1165) die Leitung der Abtei bei. Peter III. befestigte Ende des 14. Jh. Kl. und Ort. 1428/29 wurde das Kl. durch ein Erdbeben schwer beschädigt, 1442–45 der noch bestehende got. Kreuzgang des Stiftes errichtet. Johann v. Aragón, Kard. v. S. Sabina (1484–85), war der erste Kommendatarabt. U. Vones-Liebenstein

Q.: M. GROS PUJOL, L'Arxiu del Monestir de S., Scriptorium Populeti 9, 1974, 87–128 – El necrologio del monasterio de S., ed. E. JUNYENT, AST 23, 1950, 131–185 – Lit.: O. ENGELS, Episkopat und Kanonie im ma. Katalonien, SFGG GAKGS 21, 1963, 99–102 – E. ALBERT I CORP, Les Abadesses de S., 1964 – A. PLADEVALL, Els Monestirs catalans, 1974², 108–114 – E. JUNYENT, El Monestir de S., 1976 – A. VADILLO PIUILLA, El dominio de S. J. (En la España Medieval IV/2, 1984), 1023–1045 - Catalunya Romànica X, 1987, 354–402 [Lit.] – U. VONES-LIEBENSTEIN, St-Ruf und Spanien, 1995.

Sant Jordi → Jordi de Sant Jordi

San Jorge de Alfama, Ritterorden (domus hospitalis de Alfama Ordinis Sancti Georgii), Bm. →Tortosa, 1201 von Kg. Peter II. v. Aragón als Hospital mit Heidenkampfauftrag unter dem Patronat des kgl. Haushl.n Georg gestiftet. Die dürftige Grundausstattung nördl. der Ebromündung wurde durch Wirtschaftsprivilegien und Güterwerb in den Kgr.en Valencia und Mallorca im 13. Jh. nicht wesentl. erweitert. Der militär. Einsatz gegen Kastilien, Frankreich und Genua war wenig effizient. Erst ab Betreiben Kg. Peters IV. wurde S. 1373 von Papst Gregor XI. nach dem Vorbild des →Johanniterordens approbiert. Pest, innere Zwistigkeiten und Verweltlichung beschleunigten den Niedergang des Instituts, das auf Veranlassung Kg. Martins I. am 24. Jan. 1400 in den →Montesa-Orden inkorporiert wurde. Die katal. Laien (auch wenige Frauen) und Kleriker lebten nach der Augustinus-Regel. Die oberste weltl. Leitung oblag zunächst einem questor elemosinarum (bis 1213) und einem Prior (1229), dann Komturen (bis 1312), Großkomturen (bis 1355) und Meistern (bis 1400), die seit 1387 vom Kg. ernannt wurden. Rechtskundige Laien unterstützten als Procuradores die Ordensführung. Haupthaus war das Castillo de Alfama, wo auch die Generalkapitel abgehalten wurden. B. Schwenk

Lit.: R. SÁINZ DE LA MAZA LASOLI, La Orden de S., 1990.

Sankt Jörgenschild. Gesellschaften mit St. J. nannten sich jeweils zeitl. befristete Zusammenschlüsse, Einungen von hohen und niederen Adligen, die v. a. in den Gebieten des alten Hzm.s Schwaben auftraten, wo sich im späten MA keine neuen Landesherrschaften wie in der Gft. Württemberg gebildet hatten. Der Schwerpunkt der Gesellschaften lag deshalb auch eher im n. Bodenseegebiet und an der oberen Donau, weniger im Neckarraum. Anlaß des ersten Zusammenschlusses 1406 war der Appenzeller Krieg (→Appenzell, →St. Gallen), der von den schwäb. Adligen als Angriff auf ihre grundherrl. Rechte verstanden wurde. In den folgenden Zusammenschlüssen trat die Sicherung des →Landfriedens und der eigenen Rechte in den Vordergrund. Diese Rechtswahrung bezog sich sowohl auf das Innenverhältnis der Mitglieder untereinander als auch auf das Außenverhältnis. Hauptmittel der rechtl. Auseinandersetzung war das Schiedsgericht, doch sahen die Einungsstatuten auch die →Fehde gegen den Rechtsgegner vor. Aus dem Prinzip der Rechtswahrung, im Krisenfall mit Fehdehilfe, entstand das Bedürfnis nach nachbarschaftl. Nähe und Unterstützung, ein Bedürfnis, dem der St. J. durch Regionalisierung gerecht zu werden versuchte. Die Teilgesellschaften traten dann immer wieder zu einer Gemeinen Gesellschaft, einer »Dachorganisation«, zusammen. Die Regionalgesellschaften, die der St. J. 1488 in die Gründung des →Schwäb. Bundes einbrachte, glichen bereits dem Aufbau des Schwäb. Ritterkreises der unmittelbaren freien →Reichsritterschaft des 16. Jh., mit der ein enger Traditionszusammenhang bestand. Der St. J. hat während des 15. Jh. bei Kg.en, Fs.en und Städten immer wieder Ambitionen aufkommen lassen, sein polit. Potential zu nutzen. Bes. Kg. Siegmund hat versucht, auf der Basis von Bündnissen zw. den schwäb. Reichsstädten und dem St. J. die kgl. Machtposition im SW zu stabilisieren. Darüber hinaus entstanden während des 15. Jh. zahlreiche Bündnisse des St. J. mit anderen Reichsständen, die für seine Mitglieder v. a. die Wahrung des Status quo bewirken sollten. H. Obenaus

Lit.: H. MAU, Die Rittergesellschaften mit St. J. in Schwaben, 1. Polit. Gesch. 1406–37, 1941 – H. OBENAUS, Recht und Verfassung der Ges. mit St. J. in Schwaben, 1961 – Ritterorden und Adelsgesellschaften im spätma. Dtl. Ein systemat. Verzeichnis, hg. H. KRUSE–W. PARAVICINI–A. RANFT, 1991, 202–217.

Saint-Jouin-de-Marnes, Abtei in Westfrankreich, →Poitou (dép. Deux-Sèvres), als altes monast. Zentrum archäolog. belegt (Ende des 4. Jh./Anfang des 5. Jh.), gegr. von hl. Iovinus in Ension, unterhalb den heut. Standortes. Im 6. Jh. war der hl. Paternus (um 480–um 565), der spätere Bf. v. →Avranches, hier Mönch; der hl. Generosus war Abt v. S., wohl auch der hl. Martin v. Vertou, der im späten 6. Jh. die →Regula Benedicti eingeführt haben soll. 844 stellten die Mönche v. St-Martin-de-Vertou in S. die benediktin. Lebensform wieder her. Die Abtei profitierte vom 11.–12. Jh. von der Förderung durch die Vicecomites v. →Thouars (Grablege). Die Kirche wurde 1095 vom Mönch Raoul begonnen (Weihe des Hauptaltars 1130). Besitzstandbestätigung erfolgte durch Bulle von 1179 (die Güter korrespondierten dem Einflußbereich des Hauses Thouars). Die Kirche wurde im 15. Jh. befestigt. Die Rekonstruktion des Kreuzgangs und anderer Gebäudeteile erfolgte durch Abt Pierre d'→Amboise, seit 1481 Bf. v. →Poitiers. R. Favreau

Q.: Cartularium Sancti Jovini, ed. CH. L. GRANDMAISON, 1854 – Lit.: B. LEDAIN, Notice archéol. et hist. de l'abbaye de S., Mém. Soc. Antiquaires Ouest 46, 1883–84, 49–136 – Y. LABANDE, Poitou roman (Zodiaque), 1962, 174–203 – A. TCHERIKOVER, S. and the Development of Romanesque Sculpture in Poitou, 1982 [Diss. Univ. London].

San Isidoro de León. Das seit 1028 urkdl. nachweisbare Kl. San Juan Bautista in der röm. Altstadt →Leóns, wo bereits Kg. Alfons V. eine kgl. →Grablege (Pantheon) errichtet hatte, gewann an Bedeutung, als 1063 Bf. Alvito die Reliquien des hl. →Isidor v. Sevilla hierhin transferierte und eine Neugründung veranlaßte. Kg. →Ferdinand I. und seine Gattin Sancha beschenkten das Kl. großzügig, Ferdinand errichtete sein palatium unmittelbar neben dem Kl.; 1065 starb er in S. und wurde dort bestattet. Das benachbarte Nonnenkl. San Pelayo war Amtssitz des →Infantazgo, d. h. der Titelgüter für die Kg. stöchter. 1148 wurden die Nonnen nach Carbajal bei León verlegt, und S. wurde zu einem Kanonikerstift mit Augustinusregel, das 1163 von Papst Alexander III. Immunität und unmittelbare Unterstellung unter den Hl. Stuhl erlangte. Zu seinen bedeutenden Mitgliedern gehört →Lucas, Bf. v. Tuy, der im 13. Jh. in kgl. Auftrag eine Forts. der Chronik Isidors v. Sevilla verfaßte. Die Grundherrschaft von S. (Urbar v. 1313) umfaßte Besitzungen, Hintersassen und kirchl. Rechte in ca. 100 Orten, v. a. im Kgr. León. Die in rein roman. Stil erbaute Kirche entspricht dem Baustil des 11. und 12. Jh.; weltberühmt sind die Freskomalereien im »Panteón Real« mit Monatsbildern des ländl. Lebens.

C. Estepa Diéz

Lit.: J. Pérez Llamazares, Hist. de la Real Colegiata de S., 1927 – C. Estepa Diéz, El dominio de S. según el Becerro de 1313 (León y su Hist., III, 1975), 77–163 – Ders., Estructura social de la ciudad de León (ss. XI–XIII), 1977.

San Isidro de Dueñas, Kl. OSB in Kastilien (Bm. Palencia), bereits in westgot. Zeit belegt, 883 von Mönchen aus Córdoba wiederbesiedelt, erhielt 911 eine bedeutende Schenkung von Kg. García und wurde 1043 von Ferdinand I. v. Kastilien reich ausgestattet. 1073 übertrug es Kg. Alfons VI. als erstes seiner Kl. an →Cluny. Gleichzeitig begann man mit dem Bau der roman. Kl. kirche. Dank der Schenkungen von Angehörigen des Kg. shauses wurde S. zum bedeutendsten Cluniazenserpriorat Kastiliens und hatte im 12. Jh. 17 abhängige Priorate (u. a. S. Millán de Villa Soto, S. Juan de Baños, S. Boal de Pinar [Segovia], Santiago del Val, S. María de Remolino und S. Lucía de Bobadilla). Ab Mitte des 13. Jh. setzte ein wirtschaftl. Niedergang ein, zu Beginn des 14. Jh. waren fast alle Besitzungen in weltl. Hand übergegangen und 1377 lebten keine Mönche mehr im Kl. Erst 1478 verfügte Sixtus IV. auf Bitten des letzten cluniazens. Priors, Pedro de Vilforado, den Anschluß an die Kongregation v. →Valladolid.

U. Vones-Liebenstein

Lit.: DHEE III, 1558f. – M. D. Yañez Neira, Hist. del Real Monasterio de S. I. de D., 1969 – A. Linage Conde, Los orígenes del monacato benedictino en la Península ibérica, III, 1973, nr. 502 – P. Segl, Kgtm. und Kl. reform in Spanien, 1974, 50–53, 84–87, 120f. – J. González, Hist. de Palencia, I, 1984.

San Juan de la Peña, Kl. OSB (Aragón, Bm. Huesca), 928 erstmals erwähnt. 1028 wurde die Benediktinerregel durch den von Kg. →Sancho III. v. Navarra eingesetzten Cluniazenser Paternus eingeführt, allerdings ohne Unterstellung unter →Cluny. Der →röm. Ritus wurde erst 1071 übernommen. Das Kl. erhielt daraufhin bedeutende Schenkungen von Bf. Sancho v. Aragón und wurde von Alexander II. in den Papstschutz genommen. 1078 wurden die Reliquien der Hl. n Indalecius und Jakob aus Almería nach S. gebracht. Der 1088 ausgebrochene Streit mit dem Kapitel v. St-Sernin de Toulouse um den Besitz der Kirche Artajona (Navarra) endete mit einem Kompromiß. 1094 wurde die Kl. kirche von Bf. Peter v. Jaca geweiht. Die Abtei mit ausgedehnten Besitzungen in den Diöz. Jaca, Huesca und Pamplona und zahlreichen abhängigen Prioraten (S. Juan de Tiermas, S. Martín de Cillas, S. Urbez de Basarán, Cercito, S. María de Fuenfría, S. Juan de Matidero, S. Torcuato, Martes, S. Cipriano de Huesca, Luesia, Estella und Santiago de Aibar in Navarra) diente →Sancho Ramírez v. Aragón als →Grablege für sich und seine Eltern.

Im →Skriptorium v. S. entstanden historiograph. Werke, u. a. Annalen (frühes 12. Jh.), Gründungslegenden (13. Jh.), die »Vita sanctorum Voti et Felicis«, die »Donación de Abetito« und die sog. »Chronik v. S.« (im Auftrag Peters IV. v. Aragón verfaßte allg. Gesch. der Krone Aragón; 14. Jh.).

U. Vones-Liebenstein

Q.: M. Magallón, Colección diplomática de S., 1903–04 – A. Ubieto Arteta, Cronica de S. (Textos Medievales 4, 1961) – Ders., Cartulario de S. (Textos Medievales 6, 9, 1962–63) – *Lit.*: DHEE III, 1646 [A. Durán] – R. del Arco, El real monasterio de S., 1919 – J. M. Ramos Loscertales, La formación del dominio y los privilegios del Monasterio de S. entre 1035 y 1094, AHDE 6, 1929, 5–107 – A. Durán Gudiol, La iglesia de Aragón durante los reinados des Sancho Ramírez y Pedro I, 1962 – F. Oliván Baile, El real monasterio de S. y S. Cruz de la Serós, 1969 – A. Linage Conde, Los Orígenes del monacato benedictino en la Península ibérica, 1973, II, 543–551; III, nr. 1089 – P. Segl, Kgtm. und Kl. reform in Spanien, 1974 – D. J. Buesa Conde, El monasterio de S., 1975 – J. Lacoste, Le maître de S. – XIIe s., Les Cah. de S. Michel de Cuxà 10, 1979, 175–189 – A. Ubieto Arteta, Hist. de Aragón, Lit. Medieval, I, 1981, 43–46, 51–55 – Ders., Orígenes de Aragón, 1989, 350–354.

Saint Ives (Slepe, villa Sancti Ivonis), engl. Marktort in Huntingdonshire (seit 1974 Cambridgeshire), im *hundred* Hurstingstone, an der n. Seite der Ouse. Im 10. Jh. wurde der *manor* Slepe an die OSB Abtei v. →Ramsey überschrieben (Bestätigung durch Kg. Edgar 974). Das →Domesday Book verzeichnet für die villa Slepe 41 steuerpflichtige Einw. und erwähnt die Kirche All Saints. Die seit spätestens 1107 existierende Holzbrücke über die Ouse (seit 1384 Steinbrücke, mit Kapelle St. Lawrence über dem Mittelpfeiler, Weihe 1426) erhöhte die wirtschaftl. Bedeutung des Fleckens, dem Kg. Heinrich I. 1110 das Markt- und Messerecht verlieh. Im Privileg wird das Priorat St. Ivo de Slepe erwähnt, das dem Ort seinen heutigen Namen gab; alleiniger Messeherr war jedoch der Abt v. Ramsey. Bis zur Mitte des 15. Jh. zählte St. I. neben →Boston, →Northampton, →Stamford und →Winchester zu den bedeutenden Messen Englands; der wirtschaftl. Niedergang des Ortes, der im MA nie Stadtrecht erhielt, begann mit der Pest, resultierte aber auch aus der steigenden Bedeutung der Messe in →Stourbridge.

B. Brodt

Lit.: VCH Huntingdonshire, II, 1932.

Sankt Katharinental (Kt. Thurgau, Schweiz), 1242 mit bfl. Erlaubnis von →Beg(h)inen aus Diessenhofen, die von Willeburg v. Humlikon geleitet wurden, errichtetes Kl. am Rhein bei Diessenhofen, das 1245 in den Dominikanerorden inkorporiert wurde. Seelsorger. betreut vom Dominikanerkl. Konstanz, trat es im 13./14. Jh. in enge Beziehung zur rhein. Mystik (→Eckhart, Heinrich →Seuse); aus dieser Zeit sind Schwesternviten und hervorragende Werke der bildenden Kunst überliefert (Graduale v. 1312, Christus-Johannes-Gruppe). Nach kurzem Exil in der Reformationszeit kehrten die Nonnen 1532 in ihr Kl. zurück, das erst 1869 aufgehoben wurde.

P. Zimmer

Lit.: Das Graduale v. St. K. um 1312, ed. J. Duft u. a., Faks., 1980 [A. A. Schmid u. a., Komm., 1983] – A. Knoepfli, Die Kunstdenkmäler des Kt. Thurgau, IV: Das Kl. St. K., 1989 [Lit.] – E. Eugster, Adlige Territorialpolitik in der Ostschweiz, 1991.

Sankt Lambrecht, OSB Abtei in der Steiermark, 1096 von den →Eppensteinern Markwart und Hzg. Heinrich III. v. Kärnten gegr., bis 1103 in der Ober- und Weststeiermark reich dotiert und von St. →Blasien i. Schwarzwald

(?) aus besiedelt. 1109 stand das Kl. unter päpstl. Schutz; Vogt war der Mgf. v. Steier. Der Exemtionsstreit (1222–24) mit dem Ebm. →Salzburg wurde zugunsten des Kl. beigelegt. Die Besitzschwerpunkte (Gesamturbar 1390) lagen um St. L.-Neumarkt, Mariazell, im Mürztal und um Piber; 1170 erhielt das Kl. ksl. Erlaubnis zur Gründung des Marktes Köflach, 1174 Schürfrechte auf Kupfer, Eisen und Salz. Von St. L. aus wurde 1144 das Kl. Altenburg (Niederösterreich) besiedelt; Priorate/Propsteien bestanden in Aflenz und Piber, Zellen in Mariahof und Mariazell (seit 1157 Wallfahrtsort). Bes. um 1400 und in den ersten Jahrzehnten des 15. Jh. war das Kl. überregionales Kunstzentrum. Die Stiftskirche St. Peter, eine dreischiffige Basilika (1148/60 und 1265 geweiht), stürzte 1327 ein und wurde als got. Hallenkirche bis 1421 neu erbaut. Großbrände 1262 und 1471 schädigten Kunstwerke und Architektur, doch blieben reiche Slg.en erhalten (z.B. Votivtafel des Hans v. Tübingen, Maria im Strahlenkranz [um 1420] vom Meister des Londoner Gnadenstuhls). Ab 1400 wurde das nahe Schloß zur Abtwohnung ausgebaut, das Kl. 1404 und 1479–81 gegen Türken und Ungarn befestigt. H. Ebner

Lit.: P. WEIXLER, Chronik des Stiftes St. L., auszugsweise veröff. J. ZAHN, Steiermärk. Gesch.sbll. VI, 1885 – GP I, 101–105 – Österr. Kunsttopographie 31, 1951 – H. J. MEZLER-ANDELBERG, Zur älteren Gesch. der Abtei St. L., Carinthia I, 151, 1961.

Sankt-Lazarus-Orden → Lazariten

Saint Léger (Sant Lethgier), **Vie de**, afrz. Dichtung (240 Achtsilbler in 40 Strophen mit paarweisen Assonanzen), die einzig in der Hs. Clermont-Ferrand 240, fol. 159ᵛ–160ᵛ, als Interpolation (Anfang 11. Jh.) im Liber Glossarum Ansileubi mit unvollständiger Neumennotation erhalten ist. Leben, Leiden und Tod des um 616 geb., aus frk. Familie stammenden und polit. engagierten Bf.s →Leodegar v. Autun wird nach dem Schema der lat. Hagiographie berichtet, als Vita (v. 13–150) und Passio (v. 151–243) mit Prolog und Epilog. In St. L. (St. Leodegar) und seinem polit. Gegner →Ebroin stehen sich Gut und Böse gegenüber. St. L. erweist sich durch Standhaftigkeit und Geduld im Maryrium und im Tod durch Enthauptung (679?) als Hl., dessen Kult (2. Okt.) v.a. im Merowingerreich Verbreitung fand. L. Gnädinger

Ed. und Lit.: S. D'ARCO AVALLE, Monumenti prefranciani. Il Sermone di Valenciennes e il Sant Lethgier, 1967, 117–122 [Ed. und Lit. bis 1965] – G. BIANCHI, La fonte latina del St. L., StM XII, 1972, 729–745 – G. BIANCHI, La funzione agiografica nel Saint Lethgier (Testi e intepretazioni, 1978), 147–167 – J. RYCHNER, Observations sur le style des deux poèmes de Clermont: la Passion du Christ et la Vie de St. L. (Orbis Mediaevalis [Fschr. R. R. BEZZOLA, 1978]), 353–371.

Saint-Léonard-de-Noblat, ehem. Stift und Wallfahrtsort in Westfrankreich, Limousin (dép. Haute-Vienne). Zu Anfang des 6. Jh. wählte der hl. Eremit →Leonhard, nach den hagiograph. Texten angeblich ein Patenkind des Kg.s →Chlodwig, 'Nobiliacum' zu seinem Aufenthaltsort und errichtete ein der hl. Maria geweihtes Oratorium. Der Leichnam des Hl.n wurde in die Krypta der neuen Stiftskirche des 10. Jh. übertragen, Zentrum einer großen Wallfahrt und Schauplatz zahlreicher Wunder (1094 Heilung des Brandes, Befreiung von Gefangenen). Die Leonhardverehrung erfaßte ganz Europa (außerhalb Frankreichs 400 Kultstätten des hl. Leonhard in 16 Ländern belegt). Die Klerikergemeinschaft von S. war seit 1105 als Augustinerchorherrenstift verfaßt. Kirche und Grabkapelle des Hl.n entstammen dem 11. und 12. Jh. Das Stift unterhielt vier Pfarrkirchen. Die Burg Noblat, erwähnt um 1045, und der Burgus unterstanden dem Bf. v. →Limoges. Die Bürger der im späten 12. Jh. ummauerten Stadt (→Abteistadt) errichteten am Ende des 12. Jh. eine →Kommune (mit acht →Konsuln), die von Kg. Ludwig VIII. 1224 bestätigt wurde. Ein →Paréage von 1307 zw. Bf. und Kg. setzte jedoch der städt. Autonomie ein Ende. Der Ort bewahrt Häuser aus dem 14. Jh. Zwei ven. Pilger gründeten 1106 in der Nähe das Kl. Artige. R. Favreau

Lit.: L. GUIBERT, La commune de S. au XIIIᵉ s., Bull Soc. archéol. et hist. Limousin 37, 1890, 1–115; 38, 1891, 249–349 [Abdruck von Q.] – ARBELLOT, Notice hist. et archéol. sur l'église de S., 1897 – R. FAGE, L'église de S. et la chapelle du Sépulcre, BullMon 1913, 41–72 – DERS., S. Congrès archéol. Limoges, 1921, 86–116 – J. MAURY, Limousin roman (Zodiaque), 1960, 114–125 – Un culte, une ville, un canton, 1988 (Cahiers de l'Inventaire, 13).

San Lorenzo di Padula (Kampanien), Kartause, 1306 von Tommaso →Sanseverino, Gf. v. Marsico und Herr über einen großen Teil des Vallo di Diano, gegr. Sie erhielt ihren Namen von einer älteren Kirche S. Lorenzo, die der Abtei →Montevergine unterstand, die sie dem Gf.en im Tausch für Güter in der Nähe von Sanseverino abtrat. Die Bauarbeiten begannen Anfang 1306, nachdem am 28. Jan. die Schenkungsurk. ausgefertigt worden war, mit der die Kirche sowie ein ausgedehntes Gebiet um sie herum und verschiedene andere Besitzungen dem Kartäuserorden in der Person des P. Michael, Prior v. Trisulti, mit der Vollmacht des Pater General v. Grenoble, übertragen wurde. Der Tod des Gründers (1321) verlangsamte die Entwicklung der Neugründung keineswegs, die nach wenigen Jahrzehnten zu beachtl. Blüte gelangte und sich zu einem der großartigsten Gebäudekomplexe in Süditalien entwickelte. Die Kartause genoß den Schutz der Päpste und Herrscher und erhielt auch von der lokalen Bevölkerung und verschiedenen Städten des S, darunter Neapel und Tarent, zahlreiche Schenkungen. Im Nov. 1535 erhielt sie den Besuch Ks. Karls V. auf seiner Rückkehr von Tunesien. Sie überstand ohne Schaden die verschiedenen polit. Umwälzungen der NZ, fiel jedoch der Aufhebung der religiösen Orden des Jahres 1806 und v.a. 1866 zum Opfer, als die Mönche sie endgültig verlassen mußten. G. Vitolo

Lit.: A. SACCO, La certosa di Padula, 1916–30 – G. VITOLO, Dalla pieve rurale alla chiesa ricettizia (Storia del Vallo di Diano, II, 1982), 148 – Certose e certosini in Europa, 1990, 207–227.

Saint-Maixent-l'École, Abtei und Stadt in Westfrankreich, →Poitou (dép. Deux-Sèvres), ging hervor aus einer Gemeinschaft um den hl. Agapetus (Ende des 5. Jh.), an deren Spitze zu Beginn des 6. Jh. der hl. Maxentius stand. Nahe der Abtei lag die Kirche St-Saturnin (neue Ausgrabungen durch G. HESS). Zu Beginn des 7. Jh. bestand eine Kirche St-Léger, Begräbnisstätte des hl. →Leodegar, Bf. v. →Autun. Die Mönche flohen im 9. Jh. vor den →Normannen, unter Mitnahme der Leichname des hl. Leodegar, der nach Ebreuil geflüchtet wurde, und des hl. Maxentius, der zu Beginn des 11. Jh. wieder hierher zurückkam. Der Ort wurde von Abt →Ebulus (Eble), aus dem Hause der Gf.en v. →Poitou, mit einer Mauer befestigt. S. war die reichste Abtei der Diöz. Die Abteikirche wurde im 12. Jh. neuerrichtet, doch erst im 14. Jh. vollendet. Der Abt teilte die Stadtherrschaft mit dem Kg. v. →Frankreich, der eine Burg errichten ließ (Ludwig VIII., um 1224) und einen →Prévôt einsetzte. Karl VII. verlieh der königstreuen Stadt, deren Bürgerschaft den Adelsaufstand der →'Praguerie' bekämpft hatte, ein Kommunalstatut (April 1440). Die Stadt profitierte von der günstigen Verkehrslage an der Straße von →Poitiers nach →Niort und →La Rochelle. R. Favreau

Q.: Chartes et documents pour servir à l'hist. de l'abbaye de S., hg. A. RICHARD, 1886 (Archives hist. du Poitou 16 und 18) – *Lit.*: A. RICHARD,

Recherches sur l'organisation communale de la ville de S. jusqu'en 1790, Mém. Soc. Antiquaires Ouest 34, 1869, 267–507 – DERS., S. (Paysages et monuments du Poitou, hg. J. ROBUCHON, 1882) – P. HELIOT, Les églises abbatiales de S., de Celles-sur-Belle, et l'architecture poitevine, 1955 – J. FOUCHIER, L'abbaye S. et son destin, 1983 – J. FOUCHIER u.a., S. au fil de ses rues, de ses monuments et de son hist., 1994.

Saint-Malo, Stadt und Bm. in der nö. →Bretagne (dép. Ille-et-Vilaine), in eindrucksvoller Insellage am Eingang zur Mündungsbucht der Rance, mit dem Festland nur durch eine Landenge ('Sillon') verbunden. Der galloröm. und frühma. Vorort und Bf.ssitz, Alet, wurde im wesentl. durch archäolog. Grabungen (Reste der alten Kathedrale), nicht so sehr durch (seltene) schriftl. Erwähnungen mit St-Servan, der unmittelbar südl. von S. gelegenen Siedlung, identifiziert. Am Ende des 6. Jh. ließ sich ein Waliser aus Gwent, der hl. Maclow (Maclou; Maclovius), auf der Suche nach der 'perfectio' auf dem unwirtlichen, wasserlosen Granitfelsen nieder, in Nachfolge eines früheren Eremiten namens Aaron. Diese 'cella', die Schiffbrüchigen, Gesetzlosen und Koinobiten als Stätte des →Asyls diente, war Ausgangspunkt einer religiösen Gemeinschaft, bei der sich im Laufe der Jahrhunderte eine aufblühende Siedlung entwickelte. Hierhin verlegte 1146 der bedeutende Bf. Jean de Châtillon (Jean de la Grille) den Bf.ssitz unter Aufgabe des verfallenen Alet. Er organisierte 1152 das geistl. Leben neu (Einführung der Augustinusregel für die Kanoniker, Aufbau einer wohldotierten 'mensa canonialis'). Das Bm. S. empfing Güter, die über das ganze Hinterland verstreut waren; es entstand die Kathedrale, ein Meisterwerk bret. Gotik; der Besitz wurde dreigeteilt: 1. bfl. Patrimonium ('régaire') mit der Burg Château-Malo in St-Servan; 2. Benefizien des Kapitels, das im 'pourprins', dem geschlossenen Kurienbezirk, residierte; 3. eigentüml. Coseniorat des 'Fief Commun', das (bei ständigen Rechtsstreitigkeiten) den größten Teil des städt. Areals, die benachbarten kleinen Felseninseln und Strände umfaßte. Die Bf.e konnten ihre Rechte und Privilegien gegenüber der Hzg.sgewalt erfolgreich behaupten und gingen energisch gegen die immer selbstbewußtere, wohlhabende Bürgerschaft vor. Die städt. Bewegung, die sich gegen die bfl. 'Signourie' richtete, gipfelte 1308–11 in der Ausrufung einer (bald wieder zerschlagenen) →Kommune mit Bürgermeister, Geschworenen, Bürgerversammlung, Rathaus und Stadtsiegel.

S. war im SpätMA zum Handelshafen der aufstrebenden Armorica geworden. Der Handel vollzog sich auf drei Ebenen: 1. aktive Küstenschiffahrt (Steine, Salz, Fisch); 2. Vertrieb der Agrarprodukte des Hinterlandes, dessen ertragreiche Landwirtschaft durch grundherrl. Rechnungen belegt ist (Weizen, Leinen, Wein aus dem Rancetal, Holz, Vieh); 3. Seehandel großen Stils im Bereich des Kanals und Atlantiks bis nach Madeira, dessen Träger die kühnen Seefahrer und Korsaren aus S. auf ihren flinken Karavellen waren (ein engl. Dichter schmäht sie als »hinterhältige Plünderer«). Das extrem enge Areal (16 ha) der 'ville close', ein gewaltiger fünfeckiger Befestigungskomplex (Bastionen und Türme mit charakterist. Namen wie »Quiquengrogne«), beherbergte eine kosmopolit. Bevölkerung (wohl ca. 3000 Einw.), die in reichen Fachwerkbauten, mehrgeschossigen Häusern oder aber in ärml. Buden lebte. Dem Handelsgeschäft diente u.a. ein städt. Kaufhaus ('cohue').

Die Hzg.e v. Bretagne (seit →Peter Mauclerc 1230) waren ebenso wie die Kg.e v. Frankreich immer wieder bestrebt, die blühende Handelsstadt unter ihre Kontrolle zu bringen. Hzg. →Jean IV. verstand es, die Bf.e mattzusetzen (1384, 1387); diese unterstellten sich daraufhin dem Schutz Kg. Karls VI. (1387–1415). →Jean V. ließ 1424 den 'Grand Donjon' an der Nahtstelle von Stadt und 'Sillon' errichten (mehr polit. Machtdemonstration als militär. Befestigungsmaßnahme), während er am andern Ufer der Rance die 'Tour Solidor', die den Hafen zu sperren vermochte, erbauen ließ. Hzg. →Franz II. und seine Tochter →Anna v. Bretagne erweiterten den Grand Donjon zur Festung ('Chariot'). Die frz. Armee unter Louis de →La Trémoïlle nahm nach ihrem Sieg bei →St-Aubin du Cormier die Stadt nach kurzer Beschießung am 14. Aug. 1488 ein und machte sie zum Vorposten der frz. Macht in der Armorica. J.-P. Leguay

Lit.: Hist. de S., hg. A. LESPAGNOL, L. LANGOUËT, J.-P. LEGUAY, 1984 [Ed. Privat].

Saint-Marcel, Abtei im südl. Burgund, nahe →Chalon-sur-Saône (dép. Saône-et-Loire), Ort 'Ubiliacus', an dem der hl. Glaubensbote Marcellus unter Ks. Mark Aurel (177 n.Chr.) das Martyrium erlitt, indem er geviertelt, gegeißelt und bis zur Leibesmitte eingegraben wurde (AASS, sept. II, 197–200). Kg. →Guntram (561–592) errichtete nach der →Fredegar-Chronik dem Hl.n über der galloröm. Nekropole eine »großartige und vollkommene« →Basilika, in der er sich bestatten ließ; eine unabhängige Gemeinschaft, die von Kg. Guntram ausgestattet worden war, sang hier die 'laus perennis'. Im Laufe des 8. Jh. kam das Kl. unter die Schirmherrschaft der Bf. e v. Chalon. Um 835 (Diplom Ludwigs d. Fr.) wurde es vom Gf.en v. →Mâcon, Warinus (Guérin), usurpiert. Gf. Gottfried (Geoffroy) tradierte S. um 979/988 zur Reform an →Cluny; es blieb bis zur Frz. Revolution cluniazens. →Priorat. Eine neue Kirche wurde im 11. Jh. errichtet (heute Pfarrkirche). 1142 verbrachte hier →Abaelard seine letzten Lebenstage (†21. April 1142). M. Chauney-Bouillot

Q.: Cart. du prieuré de S., ed. P. CANAT DE CHIZY, 1894 – Lit.: K. JORDAN, Zu den älteren Ks.- und Papsturkk. von S., SMGB 54, 1936, 222–237 – M. CHAUNEY, Le temporel du prieuré de S. au XIe s. et au début du XIIe s., Mém. Soc. hist. et archéol. Chalon 42, 1970–71, 45–88 – DIES., Les origines du prieuré clunisien de S. (Mél. K. J. CONANT, 1977), 81–96.

San Marco Argentano, Bm. im nördl. Kalabrien (Prov. Cosenza). Die Siedlung entwickelte sich um das von →Robert Guiscard Mitte des 11. Jh. zur Kontrolle des Cratitals errichtete Castrum an einem strateg. Knotenpunkt, der den Zugang nach Apulien und zum Prinzipat v. →Salerno beherrschte. Anfangs Teil der Diöz. v. Malvito, eines früheren langob. Gastaldats, und danach Zentrum einer direkt dem Hl. Stuhl unterstehenden Diöz., inkorporierte schließlich S. M. A., dessen erster Bf. 1157 urkundl. belegt ist, den Districtus der Diöz. Malvito, in der neben einigen bedeutenden italo-griech. Kl. als norm. Gründung die Abtei OSB S. Maria della Matina entstanden war. In den 20er Jahren des 13. Jh., als S. M. A. unter der Feudalherrschaft des Rainaldo del Guasto (1205–21) stand, wurde diese mit dem →Sambucina-Kl. vereinigt. Die Stadt beherbergte eine blühende jüd. Gemeinde bis zu deren Vertreibung aus dem Kgr. Sizilien. Durch das Erdbeben vom 5. April 1230 schwer beschädigt, litt S. M. A. danach unter den Folgen des Kampfes zw. →Friedrich II. und dem Papsttum und des Vesperkrieges (→Sizilian. Vesper). Die Anjou-Herrscher, die die Stadt den Sangineto übertragen, bestätigten ihre Privilegien und städt. Gewohnheiten. Seit Mitte des 15. Jh. (Antonio Sanseverino, Hzg. v. S. Marco, Gf. v. Altomonte, Chiaramonte und Tricarico) bis 1642 war sie Feudum der →Sanseverino.
P. De Leo

Lit.: IP X, 87–92 – N. KAMP, Kirche u. Mon., 1–2, 1973–82, 823, 827.

Santa María, Pablo de (Selomó ha-Levi; Paulus v. Burgos), * um 1353 in Burgos, † 30. Aug. 1435 in Cuevas de San Clemente (Burgos), Oberrabbiner der jüd. Gemeinden in Burgos und 'Großmeister' (bis 1380), einer der bedeutendsten jüd. Gelehrten seiner Zeit in Spanien. Seine Taufe (→Konversion) im Juli 1390 bewegte die Juden Kastiliens sehr stark, zumal er ein eifriger Verfechter seines neuen Glaubens war. Beim Theologiestudium in Paris lernte er Pedro de Luna, den späteren Papst→Benedikt XIII., und Vincent(e) →Ferrer kennen. Nach längerem Aufenthalt in Avignon als Geistlicher nach Spanien zurückgekehrt, trat er, seit 1399 oberster Kapellan Heinrichs III., für eine Rückkehr zur Avignoneser Oboedienz ein. Dies trat 1403 ein; im gleichen Jahr wurde er zum Bf. v. Cartagena sowie zum Erzieher und Kanzler des Erbprinzen Johann ernannt. Er unterstützte die Politik der Jahre 1407-15, die Juden mit Druck zur Taufe zu bewegen. Seit 1415 Bf. v. →Burgos, leistete er Hervorragendes auf dem Gebiet der Seelsorge und der Bm.sorganisation, nahm verschiedene Kl. (u. a. San Juan de Ortega, San Pablo) in seinen Schutz und verfaßte bemerkenswerte theol.-exeget. und hist. Schrr. (u. a. »Las siete edades del mundo o Edades trovadas«). Sein Einfluß als Gesandter und Berater des Kg.s ging nach 1418 zurück, ohne jedoch ganz zu schwinden. M. A. Ladero Quesada

Lit.: L. SERRANO, Los conversos D. P. de S. M. y D. Alonso de Cartagena, 1942 – F. CANTERA BURGOS, Alvar García de S. M. Hist. de la judería de Burgos, 1952 – A. DEYERMOND, Hist. universal e ideología nacional en P. de S. M. (Homenaje A. GALMÉS DE FUENTES, II, 1985), 313-324 – M. J. SCONZA, A Reevaluation of the Siete edades del mundo, La Corónica 16, 1987/88, 94-112.

Santa María de España, →Ritterorden, gegr. 1272 von →Alfons X. v. →Kastilien und→León, »a servicio de Dios e a loor de la Virgen Sancta María«, hatte die Bekämpfung der Muslime (bes. zur See; →Flotte VII. 2) durchzuführen. Vorbild war der Orden v. →Calatrava, doch unterstand S. nicht der Abtei SOCist →Morimond, sondern vielmehr →Grandselve. Die bedeutendsten Zentren des Ordens waren Cartagena (im Kgr. →Murcia) und Puerto de S. María (in der Bucht v. →Cádiz). Ordenswappen war der achtzackige Stern mit der sitzenden Madonna mit Kind und Zweig. Als Ordensmeister fungierte Pedro Núñez, ehem. Komtur des →Jacobusordens. Nach der fehlgeschlagenen Belagerung v. Algeciras (1279) und der Vernichtung der kast. →Flotte übernahm S. territoriale Verteidigungsaufgaben im Grenzgebiet zum muslim. Kgr. →Granada und erhielt den →Señorío v. Medina Sidonia übertragen. Nach dem Tode zahlreicher Jacobusritter, einschließl. ihres Meisters Don Gonzalo Ruiz y Girón, in der Schlacht v. Moclín (1280) wurde die Integration der Ritter des S.-Ordens unter Meister Pedro Núñez in den Jacobusorden eingeleitet. M.-A. Ladero Quesada

Lit.: DIP VIII, 717ff. – J. MENÉNDEZ PIDAL, Notícias acerca de la Orden de S., RABM 17, 1917, 161-180 – J. TORRES FONTES, La Orden de S. y el maestre de Cartagena, Murgetana 10, 1977, 19-26 – DERS., La Orden de S., Anuario de Estudios Medievales 11, 1981, 795-821 – J. L. DE PANDO VILLARROYA, Orden Militar de S., 1984 – C. SEGURA – A. FERNÁNDEZ ARRIBA, Alfonso X y las Ordenes Militares (Alfonso X el Sabio, I, 1989), 213-224 – C. DE AYALA MARTÍNEZ, La monarquía y las Órdenes Militares durante el reinado de Alfonso X, Hispania 51, 1991, 452ff.

Saintes-Maries, Wallfahrtsort in Südfrankreich, →Provence (dép. Bouches-du-Rhône), alte Namen: Sancta Maria de Ratis, Villa de Mari; heut. Bezeichnung 'Stes-Maries-de-la-Mer' erst seit 19. Jh. gebräuchlich. Der von der Lagunenfischerei lebende, dichtbesiedelte Ort (Ende des 13. Jh.: über 300 Herdstellen) besaß 1233-51 ein →Konsulat. Am äußersten Ende der Camargue gelegen, war S. durch Piratenüberfälle gefährdet (Wehrkirche). 1078 übernahm die Abtei→Montmajour die Kontrolle des anfängl. dem Kl. St-Césaire in →Arles unterstehenden Heiligtums und errichtete hier ein Priorat. S. war Schauplatz einer Legende, nach der die hl. →Maria Magdalena und die Jünger Jesu hier zur Bekehrung der Provence gelandet seien; S. galt auch als Sterbeort der Maria Salome sowie der Maria Jakobäa und ihrer Dienerin Sarah (Drei-Marien-Verehrung). Im Aug. 1448 ließ Kg. →René v. Anjou unter der Kirche graben (Auffindung der Reliquien) und später den Kirchenbau als Wallfahrtszentrum erweitern. N. Coulet

Lit.: M. CHAILLAN, Les S. de la Mer, 1926 – J. M. ROUQUETTE, Provence romane (Zodiaque), 1974, 52f. – P. AMARGIER, Les S. de la Mer au MA, 1985 – Deux voyageurs allemands en Provence au XVe s., hg. N. COULET, PH, 1991, 536f.

San Marino, Republik zw. den it. Regionen Marken und Emilia-Romagna mit gleichnamiger Hauptstadt. Die hist. Entwicklung von S. M. wurde von Anfang an durch seine geostrateg. Felslage bestimmt. Nach einer alten hagiograph. Tradition soll es nach dem dalmatin. Einsiedler Marinus benannt sein, der auf dem Hügel eine Mönchssiedlung gegr. haben soll, vielleicht nicht vor dem 6. Jh. Während der Kämpfe zw. den Byzantinern und den Langobarden trugen kirchenpolit. wie militär.-strateg. Gründe zu einer Aufwertung des Ortes bei, der in das Montefeltro (später Gft. und Bm.) inseriert wurde und ein beachtl. Bevölkerungswachstum erlebte. Um 754 wurde S. M. im Liber Pontificalis als *castellum* genannt, das Pippin dem Hl. Stuhl übertrug. 885 ist S. M. als Kl., ausgestattet mit beachtl. Grundbesitz, um den sich der Abt und der Bf. des benachbarten →Rimini streitig machten, dokumentar. bezeugt, 951 erscheint es auch als Mittelpunkt eines Taufsprengels (plebatus), der später dem Bf. v. S. Leo di Montefeltro unterstand. Die entscheidende Aufschwungphase im Hinblick auf Bevölkerungswachstum, Siedlungsausbau, polit. und wirtschaftl. Bedeutung fand seit dem 13. Jh. statt, als die oligarch. strukturierten lokalen Gewalten sich im Amt der Konsuln (erstmals 1244 erwähnt) verbanden und mit großem Geschick die Autonomiebestrebungen der Kastell-Kommune vertraten, die sich auf den drei Felsmassiven von Mte Titano, Guaita, Cesta und Montale ausbreitete. Die Etappen dieses Wachstumsprozesses werden von einer Anzahl von Statutarrechten geprägt (erste bekannte Fassung mindestens Ende des 13. Jh.). Vom 13. bis 15. Jh. gewann S. M. eine immer umfänglichere Autonomie, bis es nach Kämpfen in der NZ den Status eines unabhängigen »Pufferstaates« erhielt, anfangs auf Kosten der Herrschaften der Bf.e v. Rimini, Ravenna und Montefeltro, später der Gf.en v. Montefeltro, der Malatesti v. Rimini und der Hzg.e v. Urbino. Auf diese Weise entstand ein kleiner Territorialstaat, der die Orte Domagnano, Villa, später Fiorentino, Montegiardino, Faetano und Serravalle umfaßte. In der »Descriptio Romandiole« des Kard.s Anglic (1371) erscheint S. M. im Vikariat v. Montefeltro mit mehr als 1000 Einwohnern. A. Vasina

Lit.: La tradizione politica di S. M. ..., hg. E. RIGHI JWANEIJKO, 1988.

Saint-Martial → Limoges, II

Saint-Martin, Bertrand de, prov. Prälat, Kard. v. S. Sabina, † 28. März 1275 in Lyon. S. ist 1238 als Dekan der Benediktinerabtei St-André de Villeneuve-lès-Avignon genannt, war 1248-64 Bf. v. →Fréjus und fungierte als Koadjutor des Ebf.s Aix (bis zur Abdankung 1251). Urban IV. nötigte ihn zur Übernahme des Bm.s →Avignon (1264) und betraute ihn mit diversen Missionen. Familiar des Gf.en v. →Provence, →Karl v. Anjou, wurde S. von Clemens IV. nach Italien berufen, um günstige Bedingungen für die bevorstehende Übernahme des Kgr.es →Sizilien durch Karl zu schaffen (Mai–Juni 1265); auch fungierte er als einer der Testamentsvollstrecker der Gfn. Beatrix. Papst Clemens IV. ermutigte seinen Protégé zur Reform des Kathedralkapitels v. Avignon. Der Papst, der bei Karl v. Anjou die Restitution der Rechte an der Kirche v. →Arles anmahnte, übertrug dieses Ebm. an S. (Okt. 1266) und räumte ihm das bis dahin unerhörte Privileg ein, sich in seiner Provinz das Kreuz vorantragen zu lassen. S. hielt um 1267 ein Provinzialkonzil ab und stand mit den großen Vasallen der Kirche v. Arles, den →Baux und Porcelet, offenbar in ungetrübten Beziehungen. Kaum daß er zum 2. Konzil v. →Lyon eingeladen worden war, wurde er von Gregor X. zum Kard.bf. v. S. Sabina ernannt (Juni 1273). Kg. →Rudolf v. Habsburg bat den Kard. im Namen ihrer alten Freundschaft, gemeinsam mit dem Papst die – nicht zustandegekommene – Kaiserkrönung durchzuführen.

M. Hayez

Lit.: L. Duchesne, Hist. de tous les card. françois, I, 271–272 [Heraldik] – GChrNov, Arles 1901, Avignon 1920 – E. Baratier, Cah. de Fanjeaux 7, 1972, 130.

San Martín de Albelda, Kl. OSB in Nordspanien, Rioja (Bm. Calahorra), dessen Ruinen sich 10 km südl. v. Logroño, nahe beim Ort Albelda de Iregua, befinden. Die Gründung des Kl., allg. in die zwanziger Jahre des 10. Jh. datiert, erfolgte durch den Zusammenschluß in der Umgebung lebender Eremiten, die die Benediktinerregel annahmen. →Ordoño II. v. León entsandte 921 an die hundert Mönche in das neue Kl., und im Jan. 925 gab →Sancho I. Garcés v. Navarra Ländereien an S. Dank zahlreicher Schenkungen der Kg.e v. Navarra brachte es die neue Abtei bald zu beachtl. Wohlstand; 951 bestand der Konvent aus 200 Mönchen. Im 11. Jh. waren die Äbte zugleich Bf.e v. →Nájera, ein Prior versah die Herrschaft im Kl. Im 10. und 11. Jh. waren das Skriptorium und die Bibliothek v. S. ein Zentrum wiss. und theol. Studien. Im 12. Jh., nach dem Anschluß der →Rioja an →Kastilien (1176) und der Verlegung des Bf.sitzes nach Nájera oder →Calahorra, wurde S. zu einem Kollegiatsstift, dessen Sitz 1435 von Papst Eugen IV. nach S. María la Redonda in Logroño verlegt wurde.

I. Falcón

Q.: P. Kehr, Papsturkk. in Navarra und Aragón, 1926, 64f. – A. Ubieto Arteta, Cartulario de Albelda, 1966 – *Lit.*: DHGE XI, 327–333 – Ch. J. Bishko, Salvus of Albelda and Frontier Monasticism in Tenth-Century Navarra, Cuadernos de trabajo de la Escuela Española de Hist. y Arqueología en Roma 23, 1948, 559–590 – J. Cantera Orive, El primer siglo del monasterio de Albelda, Berceo 5, 1950; 6, 1951; 7, 1952 – A. Linage Conde, Los orígenes del monacato benedictino en la Península ibérica, 1973, II, 662–669; III, nr. 40 – M. C. Díaz y Díaz, Libro y librerías en la Rioja altomedieval, 1979, 53–85, Anhänge.

Saint-Martin du Canigou, Kl. OSB in der Hochgebirgslandschaft des Roussilon (Bm. Elne, dép. Pyrénées-Orientales), 1007 von Gf. Wifred v. →Cerdaña gegr., der das Kl. reich ausstattete und Mönche aus →Cuxa berief, die mit Selva den ersten Abt stellten, der bereits 1014/15 die Translation der Reliquien des hl. Gauderich erreichte. Bf. Oliba v. →Elne weihte 1009 die Kl.kirche, Papst Sergius IV. bestätigte 1011 die Privilegien des Kl. Aber erst 1031 auf der Synode v. Narbonne wurde S. auf Bitten Gf. Wifreds († 1050), der kurz darauf selbst ins Kl. eintrat (1036/43), als päpstl. Schutzkl. bezeichnet. 1114 unterstellte Gf. Bernhard Wilhelm v. Cerdaña S. an La Grasse. Erst Abt Raimund (1159–68) gelang es, unterstützt von den Gf.en v. →Barcelona, die Eigenständigkeit des Kl. wiederherzustellen (10. Okt. 1162, Privileg Alexanders III.). Das Kl. wurde nach einer Periode der Konsolidierung und des Ausbaus im 13. Jh. im Krieg geplündert (1374) und 1428 durch ein Erdbeben schwer zerstört. Unter Abt Jean II. de Millars erfolgte die Vereinigung mit St-Michel de Cuxa (1442–71). Ab 1506 wurde das Kl. Kommendataräbten anvertraut. – Kirche und Kreuzgang (beide allerdings ab 1902 stark restauriert) gelten als markante Zeugnisse der Romanik des Roussillon.

U. Vones-Liebenstein

Lit.: DHGE XI, 741–745 – F. Monsalvatje y Fossas, El monasterio de S. M. del Canigo, Noticias hist. IX, 1899 – A. Mundó, Moissac, Cluny et les mouvements monastiques de l'Est des Pyrénées du Xe au XIIe s. (Moissac et l'Occident, 1964), 247 [= AM 75, 1963, 570] – J. Stiennon, Routes et courants de culture, AM 76, 1964, 305–314 – A. Cazès, S., 1966 – O. Engels, Schutzgedanke und Landesherrschaft im ö. Pyrenäenraum, 1970, 224–228 – M. Delcor, Les origines de S., Cah. de St-Michel de Cuxa 2, 1972, 103–114 – Ders., Roussillon Roman (Zodiaque), 1976, 61–89 – Ders., Quelques grandes étapes de l'hist. de S. au XIe et XIIe s., Cah. de St-Michel de Cuxa 12, 1981, 49–77 – P. Stirnemann, L'illustration du cartulaire de S. (Les cartulaires [Mém. et documents de l'École des Chartes], 1993), 171–178.

San Martín de Dumio, suebisches Klosterbm. in →Galicien, nahe →Braga. In der von konvertierten Kg. der →Sueben, Chararich, errichteten und dem hl. →Martin v. Tours geweihten Kirche (550) gründete →Martin v. Braga das Kl., wurde dessen Abt-Bf. ('monasterii Dumiensis episcopus', 556; Kirchweihe 558) und unterzeichnete die Konzilsakten von Braga I (561) mit 'Martinus episcopus'. Für Spanien ist die (im inselkelt.-brit. Bereich des Früh-MA verbreitete) Institution eines Klosterbm.s (=Klosterbf.) ungewöhnlich; vielleicht kann sie mit Einflüssen von im 5. und 6. Jh. nach Galicien und Asturien eingewanderten Bretonen in Verbindung gebracht werden (Bm. 'Britonia', →Mondoñedo). Auch nachdem Martin Bischof v. Braga geworden war, hat er das Amt d. Abtbf.s v. Dumio offensichtl. weitergeführt (Beisetzung seines Leichnams in S., nicht in der Metropolitankirche v. Braga). Die Unterschriftenlisten mehrerer westgot. Konzilien v. →Toledo (III, 589; IV, 633; VII, 646; VIII, 653) belegen für Braga und S. dann wieder verschiedene Bf.e. Der für Toledo VII und VIII nachgewiesene »Riccimirus episcopus ecclesie Dumiensis« machte so umfangreiche, den Besitzstand von S. schädigende Armenschenkungen, daß sein Nachfolger →Fructuosus auf dem X. Konzil v. Toledo (656) die Annullierung des Testaments durchsetzte. Fructuosus übte wohl – wie schon Martin – gemeinsam mit dem Metropolitenamt v. Braga, das er auf dem X. Konzil v. Toledo (656) erhielt, das Amt des Abtbf.s v. S. (bereits seit 654/656) aus. Liuva unterschrieb die Konzilsakten v. Toledo XIII (683) als »Bracarensis et Dumiensis episcopus«, für Toledo XV (688) ist neben dem Bracarenser wieder ein »Dumiensis sedis episcopus« belegt, für Toledo XVI (693) die Unterschrift von Felix als »Bracarensis atque Dumiensis sedium episcopus« bezeugt. Trotz der räuml. und personellen Nähe zu Braga hat S. als kirchl. Institution sogar über die Wirren der muslim. Invasion hinaus die Eigenständigkeit gegenüber der Metropole bewahrt: Während →Lugo Exilsort der Bf.e v. Braga seit dem 8. Jh. war, vereinigte das Martinskl. v. →Mondoñedo in sich sowohl die Kirche des Abtbf.s v. Dumio als auch die Kirche v. 'Britonia' (Maximus-Kl.), wobei die Etappen dieser Entwicklung bis ins 9. Jh. weithin im dunkeln liegen. Das alte Dumio selbst überlebte die Zeit der Maureneinfälle allerdings nur notdürftig. Kg. →Alfons III. v. Asturien bestätigte nach der Rückeroberung des Gebietes dem in Lugo residierenden Bf. Flavius v. Braga den Besitz v. Braga und dem in Mondoñedo residierenden Bf. Rudesindus v. Dumio die »civitatem vel villam quam dicunt Dumio ubi ipsa sedes antiquitus noscitur esse fundata« (877). Diese Situation wird auch durch das →Chronicon Albeldense bestätigt. Doch während Braga 1070 als Bf.skirche und 1100 als Metropole restauriert wurde, residierte der Bf. v. Dumio weiterhin in Mondoñedo. Beide stritten um die als Pfarrkirche weiterbestehende Martinskirche v. Dumio, bis 1103 Paschalis II. den Bf. v. Mondoñedo anwies, das »Dumiense monasterium« der Kirche v. Braga zu überlassen. P. Feige

Lit.: P. David, Études hist. sur la Galice et le Portugal du VIe au XIIe s., 1947, 1–82, 119–184 – A. de Jesús da Costa, S. Martinho de Dume, 1950 – Ders., O Bispo D. Pedro e a Organização da Dioc. de Braga, Biblos 33, 34, 1957–58, passim – L. A. García Moreno, Prosopografía del reino visigodo de Toledo, 1974, 158–160, Nr. 404–408 – J. Orlandis–D. Ramos Lissón, Die Synoden auf der Iber. Halbinsel bis zum Einbruch des Islam (711), 1981.

Saint-Martin de Tours → Martin, hl.; →Tours

Saint Mary's, ehem. OSB Abtei in York, war zw. dem späten 11. und dem frühen 16. Jh. immer das reichste Kl. in N-England. Doch ist die genaue Entstehungsgesch. dieser großen Abtei nicht bekannt. 1086 siedelte der ursprgl. benediktin. Mönchskonvent, der vorher in →Whitby und dann in Lastingham ansässig war, zu seinem endgültigen Sitz unmittelbar n. der Stadtmauern von York über. Unter Stephen († um 1112), Gründer und erster Abt v. St. M.'s, erhielt das Kl. rasch zahlreiche Stiftungen überall im n. England und besaß bald Tochterhäuser in Lincoln, Richmond, Rumburgh, St. Bees, Wetheral und Nendrum (Irland). 13 Mönche verließen den Konvent, um 1132 das Zisterzienserkl. →Fountains Abbey zu gründen. In der Kl.gesch. v. St. M.'s ist in der Folgezeit nur die Errichtung einiger bedeutender Bauten bemerkenswert, von denen das Abtshaus (heute: The King's Manor) erhalten geblieben ist. Bei der Übergabe der Abtei an Heinrich VIII. im Nov. 1539 gab es noch 51 Mönche. R. B. Dobson

Q.: The Chronicle of St. Mary's Abbey, hg. H. H. E. Craster–M. E. Thornton, Surtees Soc. 148, 1934 – *Lit.*: D. Knowles, The Monastic Order in England, 1940 – VCH Yorkshire: The City of York, hg. P. M. Tillott, 1961.

Saint-Maur-des-Fossés, Abtei OSB in Nordfrankreich, an der Marne, nahe Paris (dép. Val-de-Marne), gegr. 670 vom Archidiakon Blidegisilus und Abt Babolenus, ursprgl. der Jungfrau Maria und den Aposteln Petrus und Paulus geweiht (St-Pierre-des-Fossés), nahm das Patrozinium des hl. Benedikt-Schülers →Maurus erst um 860/870 an, als die Mönche von St-Maur-de-→Glanfeuil die Reliquien ihres Hl.n hierher übertrugen. Waren die ersten Mönche aus →Luxeuil gekommen, so ging die Abtei rasch zur Beachtung der →Regula Benedicti über. Nach einer schweren Krise am Ende des 8. Jh. erfolgte unter →Ludwig d. Fr. eine Periode der Reform und des Wiederaufbaus. Während der 2. Hälfte des 9. Jh. und im 10. Jh. erlitt S. mehrfach Zerstörungen durch plündernde →Normannen, wurde aber bald wiederaufgebaut und erfreute sich fortan der Protektion des Kgtm.s, sowohl der späten →Karolinger als auch der →Robertiner bzw. frühen →Kapetinger. Im späten 10. Jh. war die Klosterzucht verfallen; Gf. →Burchard v. Paris (6. B.) setzte daraufhin den Abt ab und wandte sich hilfesuchend an →Maiolus v. Cluny. Dieser etablierte sich 988 in S., begleitet von Mönchen aus →Cluny, und reorganisierte die Abtei als cluniazens. →Priorat unter dem Prior Teuto. Doch stellte →Robert d. Fr. rasch den Status einer selbständigen Abtei wieder her. Im beginnenden 11. Jh. wurde die Abtei neuerrichtet. Eine neue Krise brach am Ende des 11. Jh. aus; Abt Gautier trat wegen der mangelnden Klosterzucht seiner Mönche zurück. Die Äbte Thibaud II. und Ascelin richteten die monast. Disziplin wieder auf; S. erhielt mehrere päpstl. Privilegien (1136, 1168, 1183, 1196). Um die Mitte des 13. Jh. kam es jedoch erneut zu einer Krise, in deren Verlauf eine Untersuchungskommission die Abtei visitierte, woraufhin der Abt und mehrere Würdenträger von ihren Ämtern zurücktraten. Die von Abt Pierre reorganisierte Abtei wurde im späten 15. Jh. zur →Kommendatarabtei herabgestuft. G. Devailly

Lit.: Z. Pierard, Hist. de S. ..., 2 Bde, 1876 – E. Galtier, Hist. des paroisses de S., 1923 – A. Terroine, Un abbé de S. au XIIIe s.: Pierre de Chevry (1265–85), 1968.

Saint-Maurice d'Agaune (St. Moritz), bedeutende Abtei und Stadt in der Westschweiz (Suisse romande, Rhônetal, Kt. →Wallis); Name Acaunus ('Fels') wohl nach dem das Kl. überragenden Gebirge; 762: Sanctus Mauricius, 765: Sanctus Mauritius Agauni.

I. Abtei – II. Stadt.

I. Abtei: Im Anschluß an das Martyrium der →Thebaischen Legion und ihres Anführers, des hl. →Mauritius (Ende des 3. Jh. n. Chr.), und die Auffindung der Gebeine durch Theodorus, Bf. v. Octodurus (Martigny), die vielleicht nach 386 erfolgte, entwickelte sich im 5. Jh. ein Kult, getragen von einer monast. Gemeinschaft. Der erste schriftl. Bericht über das Martyrium, verf. von →Eucherius v. Lyon, stammt aus der Zeit vor 450. Am 22. Sept. 515 gründete der hl. →Sigismund, Kg. der →Burgunder, eine neue Abtei, deren Mönche die bis dahin im Westen unbekannte 'laus perennis' zu singen hatten. Die geograph. Lage an einem der meistbegangenen→Alpenpässe, dem →Großen St. Bernhard, und das hohe Ansehen der Abtei als spirituelles, kulturelles und administratives Zentrum trugen S. die Besuche und Gunsterweise von Päpsten und Kg.en ein. S. genoß seit der Merowingerzeit außergewöhnl. Immunitätsprivilegien (→Immunität), die der Abtei die freie Abtswahl (→Abt) garantierten und sie vor Jurisdiktionsansprüchen des Bf.s v. →Sitten (Sion) schützten. Von 760 bis 856 wurden Abtswürde v. S. und Bischofsamt v. Sitten von denselben Personen ausgeübt. Danach wurde S. zum Objekt der Schenkungspolitik der →Karolinger, dann der Kg. e v. →Burgund, schließlich der Gf.en v. →Savoyen, die ihnen nahestehende Große mit der Abtswürde belohnten. Erst 1128 wurden anstelle der 'canonici', die aufgrund der Reform Ludwigs d. Fr. 824 installiert worden waren, Regularkanoniker eingesetzt, was der Abtei die Wiedergewinnung einer gewissen Unabhängigkeit ermöglichte. Seit Ende des 13. Jh. entwikkelte sich S. zu einem Kollegiatstift; diese Verfassungsform blieb bis ins 17. Jh. bestehen.

Von Kg. Sigismund reich dotiert, besaß S. weiträumige Besitzungen entlang der Nord-Süd-Route (Roman. Schweiz, Aostatal, Savoyen und Freigft. Burgund). Die spirituelle Gewalt der Abtei erstreckte sich über zahlreiche Pfarreien in Unterwallis, Roman. Schweiz und Ostfrankreich. Durch das Anwachsen der Gebiete der 'Zehnden' des Wallis, der Kantone Bern und Freiburg wurde die weltl. Macht von S. erstmals 1475, dann 1536 empfindlich eingeschränkt.

Die immense kulturelle Rolle der Abtei wird bezeugt durch zahlreiche epigraph. Zeugnisse (seit dem 8. Jh.) sowie den erstrangigen Kirchenschatz mit Werken der merow. Kunst; Ambo des 8. Jh.; Teile des Schatzes (Kanne) sollen angebl. auf den 777 von Karl d. Gr. erbeuteten →Avarenschatz zurückgehen. Im 7., erneut im 10. Jh. und bis zur Mitte des 14. Jh. war S. Münzstätte. Es stellte die →Kanzlei der →Rudolfinger. Eine Goldschmiedewerkstatt bestand hier ca. 1150–90. S. übte das →Notariat bis ins 18. Jh. aus und genoß während des gesamten MA ein Ausbildungsmonopol im Chablais. Die Abtei erfuhr seit dem 5. Jh. zahlreiche Umbauten, unter Abänderung ihres Grundrisses; zunächst am Fuß des Felsens gelegen (Stätte 'Le Martolet'), rückte sie durch den Neubau 1613–27 perpendikular in eine Nord-Süd-Achse. Um 940 wurde S. durch eine Razzia der →Sarazenen zerstört. Seit 1156 bildete die Abtei eine Kongregation mit Abondance, Sixt und Entremont, von der die Priorate Senlins, Moutiers en Tarantaise und Semur-en-Auxois abhingen. S., das von der gesamteurop. Verbreitung des Mauritius-Kultes profitierte, war das führende geistl. Zentrum der Rudolfinger, dann der Gf.en v. Savoyen.

II. STADT: Der seit der Bronzezeit besiedelte Platz hatte stets die Funktion eines Durchgangsortes bzw. einer Sperre des Rhônetals. In der frühen Römerzeit war der Ort, der in Verbindung mit der benachbarten Siedlung Tarnaiae (Massongex) stand, Militärposten und wichtige Zollstelle. Im Gefolge der Abteigründung entwickelte sich hier wohl eine präurbane Siedlung, die seit dem 6. Jh. manche Kennzeichen einer 'ville sainte' hatte (Kirche und Kapellen um das Kl.). 1003 ist die Stadt als von der Abtei abhängiger →Burgus erwähnt. 1170 sind erstmals 'burgenses' genannt, seit 1275 erscheint eine kommunale Verwaltung mit zwei →Syndici; die städt. Freiheiten wurden von den Gf.en v. Savoyen 1317 bestätigt. Die Stadt war Sitz einer →Kastellanei des Bailliage v. →Chillon; mit ca. 1400–1800 Einw. war S. die wichtigste Stadt unterhalb der Morge de Conthey. Im späten MA besaß S. das Privileg zur Abhaltung von sieben Jahrmärkten und einem Wochenmarkt, die mehr der städt. Verproviantierung als dem Handel mit lokalen Produkten dienten. Im März 1476 wurde die Stadt dem →Wallis eingegliedert. G. Coutaz

Lit.: zu [I]: DIP VIII, 373–378 – GP II, 2, 135–147 – D. THURRE, L'atelier roman d'orfèvrerie de l'AASM, 1992 [umfassende Lit.] – Helvetia Sacra III/1, 304–320; IV/1 [im Dr.] – zu [II]: G. COUTAZ, La ville de S. avant la Grande Peste, Vallesia 34, 1979, 175–278.

Sankt Maximin → Trier

Saint-Médard → Medardus, hl.; →Soissons

San Michele della Chiusa, oberit. Abtei OSB (Piemont), zw. 983 und 987 von dem auvergnat. Adligen Hugo v. Montboissier auf dem Mte Pirchiriano im mittleren Susatal nahe einer der Routen der →Via Francigena zum Mont Cenis-Paß gegründet. Die Lokalität entspricht den antiken Clusae Langobardorum. Möglicherweise entstand eine kleine Vorgängerkirche durch den hl. Johannes Confessor, ein Mitglied der Eremitensiedlung auf dem gegenüberliegenden Mte. Caprasio. Der erste Abt des neuen Kl., Atvertus, war vorher Abt in Lézat und stand in Verbindung zu der Cluniazenserbewegung (→Cluny). Die Mönche rekrutierten sich auch in der Folgezeit vorwiegend aus Westfrankreich. Die Kl.chroniken beanspruchten seit dem 11. Jh. die Immunität von den Mgf.en wie von den Bf.en v. →Turin. Abt Benedict II. (1066–1091) aus Toulouse war einer der Hauptvertreter der zentralist. röm. Kirchenreform in Piemont; gegen ihn führte Bf. Cunibert v. Turin einen Feldzug. →Paschalis II. bestätigte 1114 die völlige Exemtion der Abtei von der bfl. Kontrolle und behielt dem Papst die Weihe der von den Mönchen gewählten Äbte vor. Im 12. Jh. konsolidierte sich ein riesiger Besitz, der Ländereien, Kirchen und Zehnten in fast ganz Europa umfaßte; sein Zentrum war ein kleiner polit. »dominatus«, der sich auf die Dörfer Giaveno, S. Ambrogio, Chiusa und z.T. Avigliana erstreckte. Die Äbte von S. – deren Einfluß auch durch die »societas« mit Cluny, Mont St-Michel und Vézelay gestiegen war – kontrollierten im 12. und 13. Jh. in mehr oder weniger stabiler Form andere Kl. wie →Pinerolo, Caramagna, Cavour, Savigliano, S. Cristoforo in Asti und S. Solutore in Turin, spielten eine wichtige Rolle am Hof der Hzg.e v. →Savoyen (diplomat. Missionen zum Kg. v. England) und ließen die Kl.gebäude durch bedeutende Architekten, Bildhauer (Nicolaus/→Niccolò) und Maler (Defendente Ferrari) ausbauen und verschönern. Im 13. und 14. Jh. ging der internat. Charakter der Abtei zurück, und sie band sich enger an die Herrschaft der Savoyer. Gleichzeitig geriet sie in Schulden und ließ einen Verfall der klösterl. Disziplin erkennen: 1375 wurden Abt Petrus v. Fongeret und seine Mönche von Gregor IX. exkommuniziert. 1381 wurde S. als →Kommende→Amadeus VI. v. Savoyen übertragen. Ende des 15. Jh. waren die Kl. gebäude größtenteils verfallen und wurden erst im 19. Jh. restauriert. G. Sergi

Lit.: G. SCHWARTZ–E. ABEGG, Das Kl. S. und seine Gesch.sschreibung, NA 45, 1924, 235–255 – G. TABACCO, Dalla Novalesa a S. (AA. VV., Monasteri in Alta Italia dopo le invasioni saracene e magiare, 1966), 481–526 – G. SERGI, La produzione storiografica di S., BISI 81, 1969, 115–172; 82, 1970, 173–242 – G. BELTRUTTI, La Sacra di S., 1984 – AA. VV., Dal Piemonte all'Europa: esperienze monastiche nella società medievale. Nel millenario di S., 1988 – La Sacra di S. Storia, arte, restauri, hg. G. ROMANO, 1990 – G. CASIRAGHI–P. CANCIAN, Vicende, dipendenze e documenti dell'abbazia di S., 1993 – G. SERGI, L'aristocrazia della preghiera, 1994.

Saint-Mihiel, Abtei und Stadt in →Lothringen (dép. Meuse). [1] *Abtei:* 755 übertrug →Pippin III. der Abtei →St-Denis die Kirche und die Religiosen am Orte 'Chatillon', am linken Ufer der →Maas. (Die Überlieferung, daß hier bereits durch Gf. Wulfoald um 710 eine monast. Gemeinschaft begründet wurde, ist nicht belegt durch Q. belegt.) Die dem hl. Erzengel →Michael geweihte und durch St-Denis errichtete Abtei wurde von →Karl d. Gr. dem Hofgelehrten →Smaragdus als Abt übertragen; dieser ließ das Kl. unmittelbar an das Flußufer verlegen, wo es zum Ausgangspunkt einer stadt. Siedlung wurde (um 810–830). In der Folgezeit konnte St-Denis die Abtei rekuperieren; →Hugo d. Gr. übertrug S. als Laienabt v. St-Denis seiner Tochter Beatrix, Hzgn. v. Lotharingien. Die wieder unabhängige Abtei unterstand der →Vogtei der Gf.en v. →Bar; S. übernahm die Oberhoheit über die Abtei Salonnes, ein anderes lothr. Besitztum von St-Denis. Im 11. Jh. wurde S. von St-Airy de Verdun reformiert und war anschließend bestrebt, die Kontrolle des Bf.s v. →Verdun wieder abzuschütteln. Im späten MA spielte die Abtei mit ihren drei Lehensämtern (*Maréchal, Chambellan, Hôtelier*) im regionalen und städt. Bereich noch eine wichtige Rolle (1403: 30 Mönche).

[2] *Stadt:* Es gibt für das späte 10. Jh. Belege für einen Burgus nahe der Abtei; er hatte eine Pfarrkirche (St-Cyr, ab 12. Jh.: St-Étienne). Erst für das Ende des 11. Jh. sind Handelsfunktionen belegt. Die werdende Stadt profitierte von der günstigen Verkehrslage der Abtei am Kreuzungspunkt der Straße durch das Maastal (Verdun–Neufchâteau) mit der Route, die Bar und →Mousson, die beiden wichtigsten Zentren der Gft. Bar, verband. 1050 wurde zum Schutz der Abtei, oberhalb des Marktes und des Kl., eine Burg errichtet; sie unterstand einem Kastellan des Gf.en v. Bar. 1099 verlieh der Bf. v. Verdun den Mönchen das Münzrecht. Am Ende des 12. Jh. hatte sich aber die Präsenz des Gf.en, gegenüber den alten Rechten der Abtei, merklich verstärkt. Der Gf./Vogt hielt Brücke und Burg, den Wegzoll (*péage*) und einen Teil des Flußzolls (*tonlieu*). In der Stadt S. bestanden Jahrmarkt (29. Sept.), Salzmarkt, Spital und Mühlen. Der Aufstieg der Stadt hielt im 13. Jh.

im Verband der Gft. Bar an. 1251 legte ein →Pariage die wechselseitigen Rechte des Abts und des Gf.en fest. Der Abt blieb Grundherr und hatte die Banngewalt inne, der Gf., der S. zum Verwaltungszentrum gemacht hatte, etablierte hier einen →Prévôt, dann einen →Bailli und ließ die Bewohner der Stadt zunehmend seine Macht spüren (Kopfsteuer/*tailles*, militär. Aufgebot). S. und Mousson wurden gemeinsam von einem Kastellan verwaltet; die Stadt hatte sowohl Zuzug von Tuchhändlern aus Verdun als auch von Amtsträgern und Leuten aus Bar. Die Gf.en residierten manchmal in S., hatten hier eine Kanzlei und hielten später Gerichtssitzungen ('Grands Jours') ab. Ein zweiter Stadtkern bildete sich um ein Kaufhaus (*Halle*), am Flußufer und bei der Brücke (nach 1251). Während der Burgus (*Bourg*) an den alten handwerkl. Betätigungen festhielt (Fleischerei, Bäckerei, Kurzwarenherstellung, Gewürzkrämerei), blühten bei der *Halle* neue Gewerbe auf (Tuchmacherei). Beide Stadtkerne, zw. denen die Abtei lag, blieben bis ins 16. Jh. getrennte Gemeinwesen. Ein →Patriziat, oft eng mit dem Barer Patriziat verbunden, entwickelte sich langsam (Geschlecht der Gronet, vor 1300). Der Prévôt, ein Mönch der Abtei, schaltete sich in die Wahl des städt. Magistrats ein (Großschöffe/*grand-échevin* und mehrere *bourgeois*). M. Parisse

Q.: A. LESORT, Chronique et chartes de l'abbaye de S., 1909-12 – CH. AIMOND, Les nécrologes de l'abbaye de S., 1922-23 – *Lit.*: HENNEZON, Hist. de S., 1684 – C. E. DUMONT, Hist. de la ville de S., 4 Bde, 1860-62 – CH. AIMOND, Études sur les Grands-Jours de S., 1926 – St-Mihiel, 1974 [Beitr. v. M. PARISSE, 23-33; A. GIRARDOT, 2, 35-55] – O. G. OEXLE, Das Kl. S. in der Karolingerzeit, ZGO 131, 1983, 55-69 – s. a. Lit. zu →Smaragdus.

San Millán de la Cogolla, Kl. OSB, im gleichnamigen Ort in der →Rioja (Nordspanien) gelegen, in einem Gebiet konkurrierender Einflüsse der Kgr.e →Kastilien und →Navarra. Eine Gründungsurk. ist nicht erhalten, doch vermutet GARCÍA DE CORTÁZAR eine kleine Mönchsgemeinschaft, die am Ort von Leben und Tod des hl. Aemilianus (Millán; Vita von →Braulio v. Zaragoza [† um 651]) lebte und sich während der arab. Besetzung in eine der zahlreichen Höhlen der Gegend flüchtete. Nach der →Reconquista führte die Entscheidung der Kg.e v. →Pamplona, verstreut lebende Eremiten dieser 'Gedenkstätte' zu unterstellen, zu Beginn des 10. Jh. zur Gründung des Kl. Eine Schenkung des kast. Gf.en →Fernán González zugunsten des Kl. wurde auf 934 datiert; sie erwies sich jedoch als eine zw. 1140 und 1143 angefertigte Fälschung, belegt aber die tatsächl. Existenz der Abtei in dieser frühen Zeit. Die Lage im Spannungsfeld zw. den Kg.en in Pamplona und den Gf.en in Kastilien und die Überzeugung, daß sich an dieser Stätte das Grab des hl. Aemilianus befand, begünstigte den Zustrom von Mönchen und die Errichtung des Kl. S. M. de Suso; 984 wurde eine neue Kirche geweiht. Im 11. Jh. gewährte →Sancho 'el Mayor' dem Kl. bedeutende Privilegien, zumal der Abt v. S. ztw. sowohl Bf. v. →Pamplona als auch v. →Nájera war. Bald wurde das Kl. zu klein, der Bau eines neuen, Yuso gen. Kl. wurde in Angriff genommen, in das nach der Fertigstellung 1053 die Gebeine des Aemilianus überführt wurden und das von →García (Sánchez) III. v. Navarra bedeutende Privilegien erlangte. Auch als nach dem Tod Sanchos IV. v. Navarra-Pamplona die Rioja ganz an Kastilien fiel, wahrte S. seine bedeutende Stellung (1137 Weihe einer neuen Kl.kirche). Das Grab des hl. Aemilianus war im 11. und 12. Jh. für Kastilien, die Rioja, Navarra und Teile der Bask. Provinzen gleichsam ein Nationalheiligtum. Das Kl. verfügte über ein bedeutendes Skriptorium (berühmte Hss. des Apokalypsenkomm. des →Beatus v. Liébana; →Buchmalerei, A. VII) und war mit mehr als hundert abhängigen Prioraten ein kulturelles und polit. Zentrum. Die Äbte v. S., die häufig auf Bf.ssitze in Kastilien berufen wurden, nahmen bis 1322 an den Kapiteln des Benediktinerordens der Prov. Tarragona teil, später an denen der kast. Kirchenprov. Papst Clemens VII. legte 1393 die bis zum Konkordat v. 1851 gültigen Grenzen der Kl.herrschaft fest. I. Falcón

Q. und Lit.: Cartulario de S., I, hg. A. UBIETO ARTETA, 1976; II, hg. M. L. LEDESMA RÚBIO, 1989 – J. A. GARCÍA DE CORTÁZAR, El dominio del monasterio S. (siglos X a XIII), 1969 – A. LINAGE CONDE, Los orígenes del monacato benedictino en la Península ibérica, 1973, II, 646-653; III, nr. 444 – M. C. DÍAZ Y DÍAZ, Libro y librerias en la Rioja altomedieval, 1979, 97-274, Anhänge.

San Miniato »al Tedesco«, Stadt und Bm. in Mittelitalien (Toskana), gegr. als »Kastell« (befestigte Siedlung) zw. dem 8. und 10. Jh. in der Nähe der Pieve San Genesio am Zusammenfluß von Elsa und Arno am linken Arnoufer. S. M. gewann Bedeutung durch seine geringe Entfernung von der Via Francigena und wurde vielleicht bereits in der 1. Hälfte des 12. Jh. Sitz eines Reichsvikars (daher sein Beiname »al Tedesco«). Friedrich II. errichtete dort eine mächtige Festung und installierte als erster mit Sicherheit einen Kastellan. Lange Zeit zw. Pisa und Florenz strittig, trat der Ort S. M. Anfang des 14. Jh. in die Einflußzone der Kommune Florenz, die dort einen Vikar einsetzte. Seit dieser Zeit blieb die Stadt unter der Kontrolle von Florenz und wurde im 16. Jh. Teil des Großhzm.s der Medici.

Die Hauptkirche von S. M. war eine Propstei des Bm.s Lucca, die Florentiner drängten seit 1408 darauf, daß S. M. zu einem Bm. erhoben werde, damit nicht eine Stadt ihres Herrschaftsbereiches einem nicht-florent. Bf. unterstehe. Die Erhebung zum Bm. erfolgte jedoch erst 1622 durch Gregor XV. F. Cardini

Lit.: E. REPETTI, Diz. geogr. fisico storico della Toscana, V, 1843, 79-105.

San Nicola di Casole, Kl. OBas südl. Otranto (Apulien). Die Frühzeit ist dunkel, da bei der Zerstörung durch die Türken (1480) die meisten Q. untergingen. 1098/99 von dem griech. Mönch Joseph gegr. (oder erneuert?), von den Normannen, Staufern und Anjou gefördert, aber offenbar nicht Zentrum eines eigenen Archimandrats. Berühmtester Abt ist →Nikolaos/Nektarios (1219-35), unter dem sich C. zu einem geistigen Zentrum des griech. Mönchtums in Unteritalien entwickelte. Im Liber censuum als Nachtrag geführt, unterstand das Kl. tatsächl. spätestens seit Abt Nektarios bis zum Ende dem (lat.) Ebf. v. →Otranto. Die Abtei galt im SpätMA als relativ wohlhabend und besaß zahlreiche unterstellte Kl. auch außerhalb der Terra d'Otranto. Nach der Zerstörung von 1480 unterstand die wiedererrichtete Kirche bis 1804 lat. Säkularäbten. Th. Kölzer

Q. und Lit.: IP IX, 412f. – Monasticon Italiae III, 1986, 90, Nr. 255 – TH. KÖLZER, Zur Gesch. des Kl. S. N. di C., QFIAB 65, 1985, 418-426.

Saint-Nicolas-de-Port, Stadt in →Lothringen (dép. Meurthe-et-Moselle). Die Abtei →Gorze besaß seit dem 9. Jh. ein Priorat in Varangéville, am linken Ufer der Meurthe. Am gegenüberliegenden Ufer entwickelte sich ein 'portus', der durch eine am Ende des 11. Jh. von einem Pilger gestiftete, aus →Bari mitgebrachte →Reliquie des hl. →Nikolaus zur Wallfahrtsstätte wurde. Die Bewohner forderten die Erhebung ihrer Kirche zur von Varangéville losgelösten Pfarrkirche (1101). Es entstand ein Priorat, das sich der wirtschaftl. Seite der Wallfahrt annahm. Die reichen Einkünfte des 'Port', eines lebhaften Burgus, wurden 1243 zw. dem Hzg. v. Lothringen und dem Abt v. Gorze geteilt (Urkunde mit detaillierten Bestimmungen,

Schutz insbes. der Rechte des Abts). Die beiden Herren einigten sich 1250 auf den Erlaß eines städt. Statuts (*charte de franchises*). Port gehörte (wie →Nancy und Lunéville) zum Kern einer Gruppe von lothr. Städten, die mit der hzgl. Gewalt verbunden waren, in einer Region der Salzgewinnung lagen und von Kaufleuten aus Dtl. und der Champagne rege besucht wurden (Ste-Croix-Messe). Hauptgewerbe der Stadt, die vom 15. Jh. an die Herzogsstadt Nancy überflügelte, deren Wirtschaftsblüte im 17. Jh. jedoch ebenso abrupt endete, waren Tuchmacherei und Fernhandel. M. Parisse

Lit.: P. MAROT, S., 1963 – S., Actes du symposium (8–9 juin 1985), 1988 [Beitr. A. WAGNER und A. GIRARDOT].

Saint-Omer, Stadt und nahegelegene Abtei (St-Bertin) im frz. →Flandern (dép. Pas-de-Calais). [1] *Abtei Sithiu/ St-Bertin:* 649 (oder 651) erhielt der hl. →Audomarus (Omer), der 1. Bf. v. →Thérouanne, von dem reichen Grundbesitzer Adroald die Domäne 'Sithiu' am linken Ufer des Flusses Aa und gründete hier ein Kl., geweiht den hll. Petrus und Paulus, für Bertinus, Mommelinus und Ebertramnus, die vorher wohl im 'Vetus Monasterium' (heute St-Momelin) gelebt hatten. 663 schenkte Audomarus den neuen Kl. die Kirche Notre-Dame und gewährte ihm umfangreiche Privilegien, welche die von Kg. Chlodwig II. verliehene Immunität ergänzten. 820 teilte ein Abt namens Fridugisus die Gemeinschaft in zwei: Die Mönche blieben in Sithiu (St-Bertin); die Kirche Notre-Dame, in welcher der Leichnam des hl. Audomarus ruhte, wurde Klerikern anvertraut (Stift Notre-Dame). S. wurde 860 und 879 von →Normannen geplündert. 944 wurde die dem Gf. en v. →Flandern unterstehende Abtei von →Gerhard v. Brogne reformiert; die zu Beginn des 12. Jh. eingeleitete Affiliation an →Cluny scheiterte und wurde nach vierzig Jahren wieder rückgängig gemacht. St-Bertin war die wohlhabendste Abtei im flandrisch-niederländ. Raum und im 10.–12. Jh. ein bedeutendes Zentrum von Bildung und Literatur. Der reiche Besitz umfaßte Güter in Flandern, Artois, Picardie, England (Kent) und Rheinland (nahe Köln). Von der Abteikirche sind eindrucksvolle Ruinen erhalten.

[2] *Stadt St-Omer:* Ausgangspunkt für die Bildung der Stadt S. war im späten 9. Jh. die Befestigung der Kirche Notre-Dame ('castellum sancti Audomari'), die der Normannenabwehr diente (891). Ein Markt entstand und zog neue Einwohner an; um 1000 war das 'Castellum' zum Zentrum einer der neuen Kastellaneien der Gft. Flandern geworden. Die Stadt erfuhr bis ins 14. Jh. kontinuierl. demograph. Aufschwung: Innerhalb der Stadtmauern, die ein Areal von 100–110 ha umschlossen, lebten ca. 30–35000 Einwohner, daneben bestanden sieben Vorstädte (*faubourgs*); S. hatte sechs städt. Pfarreien: Ste-Aldegonde, St-Denis, St-Sepulcre, St-Jean, Ste-Marguerite, St-Martin-en-l'Ile, außerdem drei suburbane Pfarrsprengel, aber nur zwei Bettelordenskonvente (Franziskaner, um 1224; Dominikaner, 1324).

Dank der Kanalisierung der Aa, die Seeschiffen das Anlaufen von S. ermöglichte (→Kanal), erlebte die Stadt im 12. Jh. starken wirtschaftl. Auftrieb; die Kaufleute aus S. trieben ertragreichen Handel mit →Getreide aus Artois, →Wein aus Frankreich, →Fisch aus der Nordsee und in S. (mit engl. Wolle) verarbeiteten Tuchen (→Textilien); v. a. in England hatten die Kaufleute der Stadt eine mächtige Position. Aus der Kaufmannsgilde des 11.–12. Jh. entwikkelte sich ab 1215 die machtvolle, exklusive Hanse v. S. Die Charta des Gf.en von 1127 gestand der von *jurés* (Geschworenen) geleiteten →Kommune weitreichende Freiheiten zu; nach der Einverleibung von S. in die kgl. frz. →Krondomäne (1191, 1212) ging die polit. Macht über an die *échevins* (→Schöffen), die sich durch Kooptation aus den großen Kaufmannsgeschlechtern (→Patriziat) rekrutierten. Soziale Unruhen, die seit 1280 immer wieder aufflammten, gipfelten im Aufstand der Zünfte von 1306 (→Revolte), der zwar unterdrückt wurde, dennoch aber eine Zeitlang für eine gewisse Verbreiterung der sozialen Basis des Schöffenamtes sorgte. Die Bevölkerung erlitt infolge der Schwarzen →Pest (1349) und des →Hundertjährigen Krieges (engl. Besetzung von →Calais seit 1347) starke Verluste; das Tuchgewerbe verfiel, doch blieb die Bedeutung als Handelsplatz erhalten. Die Stiftskirche Notre-Dame, die einzige erhaltene große got. Kirche im äußersten Norden Frankreichs, wurde 1559 zur Kathedrale des neugegr. Bm.s erhoben.

[3] *Vertrag:* Am 9. Mai 1469 schlossen Hzg. →Karl der Kühne v. →Burgund und Hzg. →Sigmund v. Österreich, Gf. v. →Tirol, der in seinem glücklosen Kampf gegen die →Eidgenossenschaft die burg. Unterstützung suchte, den Vertrag v. S., in dem der Habsburger dem Hzg. v. Burgund gegen ein Darlehen von 80 000 fl. seine Besitzungen und Rechte im →Elsaß verpfändete: u. a. Landgft. im Oberelsaß (→Sundgau) und →Breisgau, Gft. →Pfirt, Gft. Hauenstein, Stadt →Breisach. Die burg. Pfandschaft endete 1474 mit Sturz und Hinrichtung des burg. Landvogts Peter v. →Hagenbach. B. Delmaire

Q.: B. GUÉRARD, Cart. de l'abbaye de St-Bertin, 1842 – F. MORAND, Appendice au cart. de l'abbaye de St-B., 1867 – D. HAIGNERÉ – O. BLED, Les chartes de St-B. d'après le grand cart. de dom Ch.-J. Dewitte, 4 Bde, 1896–99 – F.-L. GANSHOF, Le polyptyque de l'abbaye de St-B., 844–859, 1975 – *Lit.: zu* [1]: H. DE LAPLANE, Les abbés de St-B., 2 Bde, 1854–55 – G. COOPLAND, The Abbey of St-B. and its Neighbourhood, 900–1350, 1914 – E. EWIG, Das Privileg des Bf.s Audomar v. Thérouanne von 663 und die Anfänge der Abtei Sithiu (Fschr. M. ZENDER, 1972), 1019–1046 [abgedr. in: E. EWIG, Spätantikes und frk. Gallien, II, Francia Beih. 3/2, 1979, 507–537] – *zu* [2]: A. GIRY, Hist. de la ville de S. et de ses institutions, 1877 – J. DE PAS, Le bourgeois de S., 1930 – A. DERVILLE u. a., Hist. de S., 1981 – M. J. SORTOR, S. and its Regions. Changes in Market Structures and the Regional Economy in Northern France and Flanders in the Late MA, 1993.

Saint-Ouen → Audoenus, hl.; →Rouen

Saint-Papoul, Kl. OSB in Südfrankreich, Languedoc (ehem. Gft. Lauraguais, dép. Aude), Bm. (seit 1318; Kirchenprov. →Toulouse). Von der unter dem Patrozinium des hl. Papulus, Märtyrers und Schülers des hl. →Saturninus, errichteten Abtei sind außer einer Erwähnung im 819 auf dem Aachener Konzil erstellten Notitia nur wenige Nachrichten überliefert. 1317 wurde sie im Rahmen der Aufteilung der Diöz. →Toulouse von Johannes XXII. zum Bm. erhoben. Nach dem Tod des Bf.s und Kard.s Pierre II. de →Cros (1375–1412) wurde S. von den Bourguignons (→Armagnacs et Bourguignons) geplündert und die Archive zerstört. Erst Bf. Pierre III. Soybert (1427–43) besorgte den Wiederaufbau und die Sammlung der verstreuten Urkk. in einem Chartular. Das Kathedralkapitel lebte weiter nach der Benediktinerregel, 1317 wurde im nahegelegenen Castelnaudary das Kollegiatstift St-Michel errichtet. Zum Bm. zählte auch der Dominikanerinnenkonvent v. →Prouille. U. Vones-Liebenstein

Lit.: J. M. VIDAL, Documents sur les origines de la prov. ecclésiastique de Toulouse, 1901 – DERS., Les origines de la prov. ecclésiastique de Toulouse (1295–1318), AM 1903, 289–328, 469–492; 1904, 5–30 – M. DURLIAT, S. (Centre d'archéologie médiévale, Carcassonne V [suppl.], 1987).

Saint-Pathus, Guillaume de, Biograph Kg. →Ludwigs d. Hl.n, wohl Franziskaner (er hinterlegte bei den Pariser Franziskanern eine Abschrift der 'Inquisitio' über die

Kanonisation Ludwigs d. Hl.n), 1277–85 Beichtvater (→Confesseur) der Kgn. v. Frankreich, →Margarete v. Provence, nach deren Tod Beichtvater von Margaretes Tochter Blanche, Witwe des Infanten v. Kastilien (→Blanca de Francia). Er verfaßte 1302–03 eine Vita Ludwigs d. Hl.n unter Benutzung der Zeugenaussagen der 1282 für die Kanonisation des Kg.s erstellten Inquisitio, der Unterweisungen des Kg.s für seine Kinder und der Biographie des Geoffroy de Beaulieu. S. legte die Biographie nach einem method. Plan an, der zeigen wollte, welche Tugenden Ludwig d. Hl. praktiziert hatte; die Biographie folgt somit nicht einer chronolog. Ereignisabfolge. Der Biograph fügte noch einen zweiten Teil an, die »Miracles de monseigneur saint Louis«, gleichfalls auf der Inquisitio aufgebaut. Diese Werke, die in lat. Sprache abgefaßt waren, sind in zwei frz. Übers. überliefert, sie werden von den Historikern seit dem 18. Jh. benutzt. J. Richard

Ed. und Lit.: G. de S., La Vie de S. Louis, ed. H. F. Delaborde, 1899 – Les miracles de S. Louis, ed. P. B. Fay, 1932 – DLFMA², 1993, 644.

Sankt Paul im Lavanttal, Abtei OSB in Kärnten (1787 aufgehoben, 1809 von →St. Blasien aus wiederbesiedelt). Richgard »v. Lavant« aus der Sippe der →Sighardinger errichtete in ihrer Burg am Ufer der Lavant gemeinsam mit ihrem Gatten, Gf. Siegfried I. v. →Spanheim, eine St. Pauls-Kirche, ihr Sohn, Gf. Engelbert I., dort eine OSB Abtei, die mit Mönchen aus →Hirsau unter Abt Wezilo besiedelt und 1091 mit Grundbesitz ausgestattet wurde. Nach dem Tode Engelberts als Mönch in St. P. 1096 wurde auf Betreiben seines Bruders, Ebf. →Hartwig v. Magdeburg, das Kl. dem päpstl. Schutz unterstellt und von Urban II. privilegiert. Die Spanheimer, seit 1122 Hzg.e v. Kärnten, blieben Erbvögte und betrachteten St. P. als Hauskl. und Erbgrablege. Obwohl Ks. Friedrich I. 1170 St. P. in seinen Schutz nahm und dabei Belehnungen mit Kl.besitz verbot, wurden die kleinen Güter häufig verlehnt; eine geschlossene Grundherrschaft entstand erst in der frühen NZ. Im SpätMA setzte ein wirtschaftl. Niedergang ein. H. Dopsch

Q.: UB des Benediktinerstiftes St. P., ed. B. Schroll, 1876 – GP I, 117–122 – W. Fresacher, Die ma. Urbare des Benediktinerstifts St. P. 1289/90 und 1371/72 (Die ma. Stiftsurbare Kärntens, II, 1968) – *Lit.*: W. Fresacher, Gesch. des Marktes St. P. (Archiv für vaterländ. Gesch. und Topographie 57, 1961) – K. Ginhart, Das Stift St. P., 1965⁵ – Schatzhaus Kärntens. Landesausstellung St. P. – 900 Jahre Benediktinerstift, 2 Bde, 1991 [Bibliogr.].

Saint-Paul-Trois-Châteaux, Stadt (dép. Drôme) und Bm. in Südostfrankreich, links der →Rhône, im Grenzbereich zw. →Dauphiné und →Provence. Als erster Bf. gilt der hl. Paulus († 412). S. erlitt im FrühMA Zerstörungen durch Vandalen, Sarazenen und Ungarn, sein Gebiet war Teil der Gft. →Orange, das Bm. zwei Jahrhunderte lang mit dem Bm. Orange vereinigt. Nach Wiedergewinnung der Selbständigkeit (1113) hatte die Diöz. S., die Suffraganbm. v. →Arles war, nur ca. 30 Pfarreien, mit Bollène, Pierrelatte und Donzère als wichtigsten Orten. Die Bischofsstadt S. zählte am Anfang des 13. Jh. nur ca. 650 Einwohner. Der Bf. v. S. war konfrontiert mit der Macht der Gf.en v. →Valentinois, deren Zweig die große Adelsfamilie der →Adhémare bildete, sowie dem Herrschaftsanspruch →Raimunds VI. v. Toulouse, der durch die Belagerung von 1202 dem Bf. den Treueid abpreßte. Bf. Geoffroy de Voguë ließ sich demgegenüber von Ks. Friedrich II. 1214 die Lehnsrechte und Privilegien seiner Kirche bestätigen. Er vollendete die (bereits ein Jahrhundert zuvor begonnene) bedeutende roman. Kathedrale. Schließlich zwang Verschuldung den Bf. Geoffroy jedoch zum Rücktritt (1233). Die nur begrenzte, auf dem Besitz dreier benachbarter Lehen, großer Steinbrüche, Eisenminen und einiger Zehnten beruhende Machtposition der Bf.e geriet gegenüber der Konkurrenz der Adhémare sowie der Templer und Johanniter, aber auch des eigenen Kathedralkapitels ins Wanken. Durch einen Schiedsspruch von 1222 beschnitt der Ebf. v. Arles die Rechte des jungen Konsulats der Bf.sstadt, doch mußte der Bf. in der folgenden Zeit →Syndici als städt. Repräsentanten an der Machtausübung beteiligen. Die Bf.e des 14. Jh. unterstellten sich der Schutzherrschaft der avignones. Päpste und schlossen (nach deren Abzug) ein →Paréage mit dem Kg. v. →Frankreich in seiner Eigenschaft als →Dauphin (Sept. 1408), das zur kgl. Schirmherrschaft (1416) erweitert wurde und die Bf.e vor den Angriffen der städt. Gemeinschaft schützte. Die zumeist langen Amtszeiten der Bf.e, von denen einige in S. verstarben, deuten auf ein recht enges pastorales Verhältnis zu ihrer Diöz. hin; einige Bf.e entstammten dem örtl. Adel (Étienne Genevès, Bf./Gf. 1450–73; Guillaume Adhémar, 1482–1516). Die Anwesenheit von Juden ist in S. während des gesamten MA belegt. M. Hayez

Q. und Lit.: GChrNov, S. 1909 – J. de Font-Reaulx, Cart. de l'évêché de S., 1946 – J.-M. Rouquette, Provence romane, I (Zodiaque), 1974.

San Pedro, Diego de, span. Dichter, 2. Hälfte 15. Jh., möglicherweise jüd. Herkunft, Bacc. der Rechte und eng mit höf. Kreisen verbunden, gehört zu den bedeutendsten Gestalten spätma. Lit. Seine Liebesgedichte sind im Cancionero general enthalten. Zu den geistl. Gedichten gehören »Las siete angustias de nuestra señora« und die weit verbreitete, dialog.-betrachtende »Passion trobada« (248 Str.), die Elemente ma. Passionsspiele aufweist und auch szen. dargestellt wurde. Das didakt.-moral. Gedicht »Desprecio de la fortuna«, eine Palinodie auf die weltl. Dichtung (im Druck gelegentl. zusammen mit →Juan de Menas »Las trezientas«). Seinem ersten Roman »Tractado de amores de Arnalte e Lucenda« (um 1480, erschienen 1491 [Faks. 1952]) folgte 1492 das Hauptwerk der höf. novela sentimental in Spanien »La cárcel da amor« (zahlreiche Aufl., Forts. von Nicolás Núñez, Übers.en [katal. 1493; im 16. Jh. it., frz., engl.; dt. 1624]). U.a. frz. und it. Erzählwerke (Boccaccio, Enea Silvio Piccolominis »Hist. de duobus amantibus« in span. Fassung) aufnehmend, behandelt es in Brieform die unglückl. Liebe zw. Leriano und Laureola. Bemerkenswert ist die Einbeziehung des Ich-Erzählers als Beteiligter in die Handlung und als Beobachter des Geschehens unmittelbar nach dessen Rückkehr vom Feldzug gegen Granada (1483). D. Briesemeister

Ed.: Obras completas, ed. K. Whinnom – D. S. Severin, 1979–85 – Tractado de amores de A. y L., ed. I. A. Corfis, 1985 – Càrcer d'amor. Carcer d'amore, ed. V. Minervini – M. L. Indini, 1986 – Carcel de a., ed. I. A. Corfis, 1987 – *Lit.*: A. Krause, El tractado novelistico de D. de S. P., Bull. hispanique 54, 1952, 245–275 – A. Pérez Gómez, La Pasión t., Revista de Lit. 1, 1952, 147–183 – B. W. Wardropper, Allegory and the Role of »el Autor« in the C. de A., PQ 31, 1952, 39–44 – Ders., El mundo sentimental de la C. de A., RFE 37, 1953, 168–193 – K. Whinnom, The Religious Poems of D. de S. P., Hispanic Review 28, 1960, 1–15 – D. S. Severin, La P. t., de D. de S. P., y sus relaciones con el drama medieval de la Pasión, Anuario des estudios medievales 1, 1964, 451–470 – Dies., The Earliest Version of D. de S. P.s La P. t., RF 81, 1969, 176–192 – R. Langbehn-Rohland, Zur Interpretation der Romane des D. de S. P., 1970 – K. Whinnom, De D. de S. P., 1974 – A. Redondo, A. de Guevara y D. de S. P. Las Cartas de amores del Marco Aurelio, Bull. hispanique 78, 1976, 226–239 – J. Fernández-Jiménez, La trayectoria lit. de D. de S. P., Cuadernos Hispanoamericanos 129, 1982, 647–657 – E. Kurtz, The Castle Motiv and the Medieval Allegory, Fifteenth Cent. Stud. 11, 1985, 37–49 – R. Langbehn-Rohland, El problema de los conversos y la novela sentimental (Lit. Stud. in Mem. K. Whinnom, 1989), 134–143 – S. Miguel Prendes, Las cartas de la C. de A., Hispanófila 34/3, 1991, 1–22 – S.-M. Yoo, La continuación de N. Núñez a C. de a., Dicenda 10, 1991/92, 327-329 - J. F. Ruiz Casanova, El tema del matrimonio en las novelas sent. de D. de S. P., Boletín de la Bibl. Menéndez Pelayo 69, 1993, 23-44.

San Pedro de Arlanza, Kl. OSB in Kastilien (Bm. Burgos, Villanueva de Duero), im Flußtal des Arlanza gelegen, 912 erstmals erwähnt. Dank zahlreicher Schenkungen der frühen kast. Gf.en und Kg.e (937 S. María de Cárdaba in Sacramenia, 1038 S. María de Lara, 1041 S. Juan de Tabladillo, 1046 Rueda, 1048 Retortillo, 1069 S. Andrés de Boada) trug es viel zur →Repoblación bei. Gf. →Fernán González wählte S. zur →Grablege für sich und seine Gattin; Ferdinand I. förderte das Kl. durch die Translation der Reliquien der Märtyrer v. Avila, Vinzenz, Sabina und Christina (1049), die Verleihung der Immunität für viele Besitzungen sowie die Befreiung vom →*portazgo*, v. a. auf Salz. Gleichzeitig begann man mit dem Bau der roman. Kl.kirche. Ein Versuch Alfons' VI., S. →Cluny zu unterstellen, scheiterte offenbar. Nach dem Regierungsantritt Alfons' VII. erlebte S. dank großzügiger Privilegien des Kg.s einen neuen Aufschwung (1170 S. Juan de Cela, 1193 Kirche und Hospiz v. S. Leonardo). Ende des 12. Jh. lebten im Kl. 180 Mönche; 1217 erhielt es sein erstes großes Exemptionsprivileg. Die folgenden Jahrzehnte bestimmte das Bestreben, durch eine Konzentrierung des Grundbesitzes um Lara und die Ausweitung der Viehwirtschaft (Privileg für Weiderechte im ganzen Kgr.) den wirtschaftl. Niedergang des Kl. aufzuhalten. Aus einem Visitationsprotokoll v. 1338 geht hervor, daß Anfang des 14. Jh. die Ressourcen soweit erschöpft waren, daß nur noch 20 Mönche dort lebten und 70% des Besitzes verpfändet waren. Auch weltl. Adlige versuchten, davon zu profitieren, so daß Johann I. 1380 seinem Großkämmerer Pedro Fernández de Velasco befehlen mußte, die von ihm zu Unrecht zurückgehaltenen Güter des Kl. zu restituieren. 1518 trat das Kl. der Kongregation v. →Valladolid bei. *U. Vones-Liebenstein*

Q.: L. Serrano, Cartulario de S., 1925 - *Lit.:* DHEE III, 1518 [Abstsliste] - A. Linage Conde, Los orígenes del monacato benedictino en la Península ibérica, 1973, II, 634-646; III, nr. 115 - M. del C. de León-Sotelo Casado, El dominio monástico de S. (En la España Medieval, I, 1980, 223-236; II, 1982, 573-582; IV/1, 1984, 499-512).

San Pedro de Montes, Kl. OSB in León (Bierzo, Bm. Astorga), um 646 gegr. von →Fructuosus v. Braga, bestand in westgot. Zeit bis zum Arabereinfall fort. 890 errichtete der hl. Genadius mit 12 Gefährten aus dem Kl. Ageo (Bm. Zamora) ein neues Kl. und blieb auch nach seiner Erhebung zum Bf. v. →Astorga dessen Abt. 1082 kam es zu einem erst 1097 beigelegten Schisma, da ein Teil der Mönche die von Alfons VI. v. Kastilien-León gewünschte Übernahme der cluniazens. Consuetudines ablehnte. 1162 bestätigte Ferdinand II. v. León alle Privilegien und die Aufnahme des Kl. in den Kg.sschutz unter Vorbehalt seiner Zustimmung zur Abtswahl. Im 13. Jh. erhielt das Kl. erstmals eine Besitzbestätigung durch die Kurie sowie viele Privilegien und Schenkungen der kast.-leones. Kg.e von Ferdinand III. bis Sancho IV. 1506 schloß sich S. der Kongregation v. →Valladolid an. *U. Vones-Liebenstein*

Q.: A. Quintana Prieto, Tumbo viejo de S. P. de M., 1971 - *Lit.:* DHEE III, 1654f. - A. Quintana Prieto, El privilegio de Ordoño II a S. P. de M., Archivos Leoneses 21, 1957, 77-134 - A. Linage Conde, Los orígenes del monacato benedictino en la Península ibérica, III, 1973, nr. 22, nr. 927 - J. Gautier-Dalché, La monnaie dans le domaine de S. P. de M. (fin IXe-fin XIIIe s.), Annales de la Fac. des Lettres ... de Nice 37, 1979, 25-35 - M. Durán y Castrilla-M. Rodríguez González, El señorío de un monasterio berciano (Semana de hist. del monacato cántabro-astur-leonés. XV° centenario del nacimiento de S. Benito, 1982), 235-259 - E. Zaragoza Pascual, Abadología del monasterio de S. P. de M. (siglos VII-XIX), Archivos Leoneses 37, 1983, 313-337.

Sankt Peter (Gent) → Gent, III. 1

Sankt Peter (Rom) → Petrus, hl.; →Rom

Sankt Peter im Schwarzwald, ehem. Abtei OSB (1806 säkularisiert), um 1093 vom schwäb. Hzg. →Berthold II. gegr. Hauskl. der →Zähringer. Im Zuge der Schwerpunktverlagerung der Herrschaft von Innerschwaben an den Oberrhein in den 80er Jahren des 11. Jh. gab Hzg. Berthold II. um 1090 den Plan auf, das von →Hirsau zurückerworbene Priorat St. Peter in Weilheim auszubauen, und richtete stattdessen ein Kl. in der Nähe der namengebenden Burg Zähringen und der Siedlung →Freiburg ein. Unter Beteiligung der Reformkl. Hirsau und →Schaffhausen wurde St. P. 1093 von Bertholds Bruder, Bf. →Gebhard III. v. Konstanz, eingeweiht. 1095 nahm Papst Urban II. das Kl. unter röm. Schutz; 1115 verbrüderte sich St. P. mit →Cluny. Als Vögte fungierten die Hzg.e v. Zähringen, von →Berthold III. bis →Berthold V. Bis auf diesen fanden alle ebenso wie der Stifter Berthold II. ihre letzte Ruhe im Kl.; auch Adlige aus der zähring. Gefolgschaft wurden hier bestattet. Die zahlreichen, im Rotulus Sanpetrinus aufgezeichneten Schenkungen der hzgl. Vasallen und Ministerialen v. a. des Breisgaus ließen ebenso wie die hzgl. Förderung das Kl. unter seinen Äbten Eppo (1108-32) und Gozmann (1137-54) in der 1. Hälfte des 12. Jh. aufblühen. Nachdem bereits Berthold V. v. Zähringen seine Aufmerksamkeit stärker der Freiburger Stadtkirche zugewandt hatte, verlor St. P. unter seinen späteren Vögten, den Gf.en v. Freiburg, weiter an Bedeutung, pflegte aber umso mehr seine Tradition als zähring. Hauskl. Den ausgedehnten Grundbesitz, über dessen Rechtsverhältnisse und Organisation ein Weistum und ein Dingrodel des 15. Jh. eingehend unterrichten, vermochte das Kl. erfolgreich zu verwalten bzw. auszubauen. Auch im ausgehenden 15. Jh., dessen Kl.reformansätze an St. P. spurlos vorübergingen, war St. P. auf die Zähringerzeit orientiert: Abt Peter Gremmelsbach (1496-1512) erneuerte 1497 die liturg. und geschichtl. Memoria des Kl. mit dem Nekrolog der Konventualen und Wohltäter, mit annalist. Aufzeichnungen und mit einem Verzeichnis der zähring. Fundatoren und ihrer Genealogie. *Th. Zotz*

Q. und *Lit.:* GP II, 1, 190-193 - Germania Benedictina 5, 1975, 475-483 - E. Fleig, Hs., wirtschafts- und verfassungsgeschichtl. Stud. zur Gesch. des Kl. St. P. auf dem Sch., 1908 - Die Zähringer, hg. H. Schadek-K. Schmid, 1986 - K. Weber, St. P. im Wandel der Zeit, 1992 - Das Vermächtnis der Abtei. 900 Jahre St. P. auf dem Sch., hg. H.-O. Mühleisen, 1993.

Saint-Pierre-le-Vif, Abtei in Nordfrankreich, bei →Sens, wurde nach der Überlieferung im 6. Jh. gegr., angebl. durch eine (schwer identifizierbare) Merowingerkgn. 'Theodichildis', war in der Frühzeit dem hl. Savinian geweiht. Abt Achilenus führte 695 die →Regula S. Benedicti ein. Im 8. Jh. wurde die Abtei durch eine Invasion (der Sarazenen?) zerstört. Zu Beginn des 9. Jh. wurde das monast. Leben wiederhergestellt. Die Abtei erwarb zahlreiche →Reliquien und war ein besuchtes Wallfahrtsziel. Doch wurde die Abtei 937 von den Ungarn niedergebrannt. →Odo v. Cluny, sodann der Mönch Arigaudus aus →Fleury bemühten sich als Äbte v. S., das klösterl. Leben wiederzubeleben. Am Ende des 10. Jh. fiel S. jedoch in die Hand des Abtes Natrannus mit dem sprechenden Beinamen 'Destructor'. Im frühen 11. Jh. nahm →Odorannus dann eine Restauration in Angriff. Die Äbte gerieten jedoch in Konflikt mit den Ebf.en v. Sens, gegen deren Einfluß sie päpstl. (Eugen III., Alexander III.) und kgl. (Ludwig VII.) Privilegien erwirkten. In dieser Zeit wurde die bedeutende Chronik v. S. verfaßt, deren Anreger (und wohl teilweise auch Verfasser) Abt Arnaldus war, nicht (wie lange angenommen wurde) der Mönch Clarius. Neue Streitigkeiten brachen 1283 aus; Papst Martin IV. designierte daraufhin selbst einen Abt. Der →Hundertjährige Krieg schädigte S. aufs schwerste; der Wiederaufbau (seit 1460) fand erst im 16. Jh. seinen Abschluß. G. Devailly

Q. und Lit.: QUANTIN, Cart. gén. de l'Yonne, 2 Bde, 1854, 1860 – JULLIOT-PROU, Le livre des reliques de l'abbaye S., 1888 – H. BOUVIER, Hist. de l'abbaye S., 1892 – Chronique de S., ed. R.-H. BAUTIER, 1979.

Saint-Pol (heute Saint-Pol-sur-Ternoise), Stadt und ehem. Gft. in Nordfrankreich (Artois, dép. Pas-de-Calais). Die Gft. erscheint 1023 mit dem Gf.en Roger, dem Herrn des 'castrum' v. S., in dem er ein Kanonikerstift gründete. Die Gft. ging zurück auf die wesentl. weiträumigere karol. Gft. v. →Thérouanne (pagus Tarvannensis, Ternois), abgeteilt wohl von der Gft. →Boulogne, wobei das Ternois an die Gf.en v. →Flandern die Gebiete v. →Aire und →St-Omer im N, Hesdin im S verlor. Die Gft. durchlebte unter dem Gf.enhaus der Candavène (Champ d'Avesne) im 12. Jh. eine Phase territorialer Expansion nach S und O, auf Kosten der Gf.en v. Flandern; die Candavène besetzten ztw. Hesdin (um 1129–um 1151) und Encre (heute Albert), schmälerten dauerhaft den Territorialbestand der Gft. en →Amiens und →Ponthieu. Die Gf.en aus dem Hause →Châtillon (1205-1360) bauten im 13. Jh. die effiziente Verwaltung weiter aus, schufen eine wohlorganisierte →Kanzlei, führten die Neuerrichtung der Burgen S. und Lucheux durch und übten weiterhin Druck auf die Gf.en v. →Artois aus, denen sie aber die Region v. Aubigny-en-Artois abtreten mußten und deren Vasallen sie wurden (zuvor hatten sie dem Lehnsverband der Gf.en v. →Boulogne angehört). Unter dem Hause →Luxemburg (ab 1360) wurde S. dagegen als Nebenland behandelt. 1415 kam die Gft. S., durch Heirat der Erbtochter Walrams v. Luxemburg, zunächst de facto, schließlich de jure an das Haus →Burgund, nachfolgend an die →Habsburger; vom Rechnungshof in →Lille verwaltet, hatte die Gft. ihre alte Autonomie verloren. Sie umfaßte etwa 200 Dörfer und Streusiedlungen und nur eine Stadt, St-Pol. – Dem lux. Hause gehörte der als 'Connétable de St-Pol' bekannte Gf. Ludwig v. Luxemburg-S. (1418-75) an; er fungierte als →Connétable de France (seit 5. Okt. 1465) sowie kgl. →Gouverneur und →Lieutenant in Normandie (1466-73) und Picardie (1473), fiel aber wegen seiner Versuche, eine eigene Machtposition (u. a. durch Paktieren mit →Karl dem Kühnen) im Grenzraum zw. dem frz. und burg. Machtblock (→Sommestädte) aufzubauen, bei →Ludwig XI. in Ungnade, der ihn am 19. Dez. 1475 wegen Hochverrats in Paris enthaupten ließ.

B. Delmaire

Lit.: Ferry de Locre, Hist. chronologique des comtes, pays et ville de S.-en-Ternois, 1613 – A. Duchesne, Hist. généalogique de la maison de Chastillon sur Marne, 1621 – T. Turpin, Comitum Tervanensium ... Annales, 1731 – G. SAUVAGE, Hist. de S., 1834 – P. FEUCHÈRE, Les origines du comté de S. (Xᵉ s.-1205), Revue du Nord, 1953, 125-149 – DERS., Regeste des comtes de S. (1023-1205). Première partie (1023-1145), Revue du Nord, 1957, 43-48 – B. DELMAIRE, Le comté de S. Géographie administrative, Albums de Croÿ 20, 1989, 15-27 – DERS., Esquisse de la géographie hist. du comté de S. au MA, ebd. 21, 1990, 15-30.

Saint-Pol de Léon, Stadt und Bm. in der Landschaft →Léon (nw. →Bretagne), dép. Finistère, ging hervor aus der um 530 auf einer leichten Anhöhe errichteten Einsiedelei 'Castel-Roc' des walis. Klosterbf.s →Paulus Aurelianus (6. P.), die zum Bf.ssitz und Wallfahrtsort an der großen bret. Pilgerroute ('Tro-Breiz') wurde. Die got. Kathedrale wurde unter Bf. Derrien (1227-38) errichtet. Im 15. Jh. entstand die Kapelle Notre-Dame-du-Kreisker, deren berühmter Glockenturm (Kreisker) zum Wahrzeichen der Landschaft Léon wurde.

Das wenig angesehene Bm. war nur mäßig dotiert (geringer Grundbesitz, Einkünfte aus Dörrfisch und bescheidene seigneuriale Rechte in der Stadt, etwa zehn Pfarrdörfer); die Bf.e wurden oft von Abkömmlingen des niederbret. Landadels gestellt. Von geringer Herkunft waren die Bf.e Jean Validire, Beichtvater Hzg. Jeans V., und Jean Prégent, Kanzler v. Bretagne, der aber 1450 bald das einträglichere Bm. →St-Brieuc erhielt.

Das städt. Archiv v. S. gibt wertvolle Hinweise auf die Stadt (unter 2000 Einw.), die (neben dem Kanonikerviertel) bürgerl. Wohnquartiere (Grand' Rue) hatte, seit 1353 ein Karmeliterkl. beherbergte, über Hospital und städt. Halle verfügte. Die Notabeln stellten einen Rat (unter Vorsitz eines 'procureur'), der auf den États de Bretagne vertreten war. Die Wirtschaft blieb dem ländl. Umland verhaftet (Leinwand, Häute, Salz- und Dörrfisch, Butter und Fette, Gemüse), doch betrieben die Vorhäfen Pempoul und insbes. Roscoff seit dem 15. Jh. einen Fernhandel, von Portugal bis Flandern (Sluis), der u. a. Bordeauxweine, Madeirazucker, kast. Eisen und Waren anglo-ir. Herkunft umfaßte. J.-P. Leguay

Lit.: →Léon [J.-P. LEGUAY, 1978-80].

Sankt Pölten, ehem. Augustiner-Chorherrenstift (1784 aufgehoben) und Stadt (seit 1986 Landeshauptstadt) in Niederösterreich. Das röm. municipium Aelium Cetium (seit der 1. Hälfte 2. Jh., seit dem 4. Jh. nicht mehr erwähnt) erstreckte sich über den Bereich der ma. Stadt. Deren Ursprung war ein von →Tegernsee durch die Gf.en Adalbert und Autkar im 3. Viertel des 8. Jh. (um 800?) gegr., mit Hippolytreliquien versehenes (OSB) Kl., im 11. Jh. Kollegiatstift (1065 jetziges Langhaus der Kirche geweiht). Es besaß Pfarrechte und erhielt um 1050 das Marktrecht. Um 1081 wurde das Kl. →Augustinerherren übergeben. Die Kirche (Teile 1150 geweiht) baute man 1220-28 zweitürmig mit Trichterportal aus, nach 1267 neu gewölbt. Das um 1220 begonnene Kl.gebäude wurde nach Brand v. 1267 erneuert. Das passauische Eigenkl. reduzierte 1365/67 durch Tausch mit dem Bf. seinen Herrschaftsbereich auf das »Klosterviertel« mit ca. 30 Häusern. Vögte waren die Herren v. Perg, seit ca. 1120 die →Babenberger. Das Kl. besaß vor 1140 ein Spital, die Kl.schule wurde vor 1200 gegr., um 1260 gab es eine Schreibschule, die Bibl. wurde um 1440 ausgestaltet.

Neben dem Kl. entstand um eine passauische Burg (später Fronhof) die Siedlung (gen. 799), 823 wurde dem Bf. v. →Passau der Besitz bestätigt. Ende 11./Anfang 12. Jh. erweitert, gewährte Bf. Konrad ihm am 3. Mai 1159 ein Stadtrecht. 1243 civitas, 1253 oppidum gen., erhielt sie am 9. Sept. 1338 ein neues Stadtrecht (Vorlage: Stadtrecht v. Passau 1299). Um 1230 planmäßig nach W erweitert, 1247-86 ummauert (3 Tore), umfaßte die Stadt 29 ha und hatte 303 Häuser (Urbar v. 1367). Das 1277 gewährte Landgericht (von →Tulln abgetrennt) wurde durch den erstmals 1192 gen. Stadtrichter ausgeübt. Eine Vertretung der Bürgerschaft ist 1159 bezeugt, der Rat wird im Stadtrecht v. 1338 umschrieben, 1470 äußerer Rat, Stadtsiegel 1290/99, Wappenbrief 1487. 1455 wird ein Franziskanerkl. gegr., 1324 ein 'Sundersiechenhaus' vor dem Linzertor und um 1440 ein →Bürgerspital. Eine Ledererzeche bestand 1260, mehrere Zechen sind im Stadtbuch des 15.

Jh. erwähnt. Der Marktplatz wurde 1367 dem Bf. übergeben, um 1260 Jahrmarkt zu St. Hippolyt (13. Aug.), 1451 zweiter Jahrmarkt zur Fastenzeit. 1192 Zollstätte für Regensburger Kaufleute, 1220–40 St. P.er Maß. Juden sind 1292 bezeugt (Pogrome 1306, 1338). Die 1367 ausgebaute Herrschaft der Passauer Bf.e wurde seit Ende des 14. Jh. ztw. verkauft oder verpfändet, seit 1494 galt St. P. als landesfsl. Stadt. K. Gutkas

Lit.: Österr. Städtebuch, 4/3, 1982 – H. FASCHING, Domkirche St. P., Hippolytus NF 4, 1984 – Dom und Stift St. P., hg. H. FASCHING, 1985 – Österr. Städteatlas, 3. Lief., 1988 – K. GUTKAS, St. P., Werden und Wesen, 1989⁶ – Landeshauptstadt St. P., hg. P. SCHERRER, Archäolog. Bausteine, Österr. Arch. Inst., Sonderh. 22, 1991 – K. GUTKAS, Ein wiedergefundenes Stadtbuch v. St. P., Jb. für LK von Niederösterr., NF 59, 1993.

Saint-Pons de Thomières, Kl. OSB (Bm. Narbonne), Bm. (seit 1318). Das Kl. wurde 936 von Gf. Raimund Pons v. Toulouse und seiner Gattin, Garsendis v. Narbonne, gegr., reich dotiert und mit Mönchen aus →Aurillac besiedelt. Beziehungen zu →Cluny lassen sich zunächst nicht nachweisen, doch stellte S. mit →Pontius (1109–22) einen Abt v. Cluny. Durch den engen Anschluß Abt Frotards (1061–99) an die Träger der gregorian. Reformbewegung erlebte S. einen ersten Aufschwung. Kontakte zur Kurie führten u. a. zur Bestellung Frotards zum päpstl. Legaten in Katalonien (1077) und später in Aragón, schließlich zur Aufnahme des Kl. in den Papstschutz durch Urban III. (1089). Die Verbandsbildung in Katalonien, getragen durch die Schenkungen der Gf.en Bernhard II. v. →Besalú (1070, St-Martin du Lez) und →Berengar Raimund II. v. Barcelona (1090, →S. Cugat), scheiterte am Widerstand des Bf.s v. Barcelona und des Gf.en Raimund Berengar III. Abt Frotard, Berater des Kg.e Sancho Ramírez (seit 1083) und Peter I., erlangte die Aufsicht über die Regelobservanz aller Kl. in Aragón, die Unterstellung des Kgr.es Aragón unter den Papstschutz (1088/89), den Eintritt des späteren Kg.s →Ramiro 'el Monje' als Oblaten in S. (1093) und die Übertragung bedeutender Besitzungen. Zu seiner Zeit begann man auch mit dem Bau der roman. Kl.kirche (im 13. Jh. befestigt). Der nach seinem Tod einsetzende Niedergang des Kl. endete 1172 mit der Zerstörung der zum Kl. gehörigen *villa* und der Schaffung einer von den Vgf.en v. →Béziers abhängigen *salvetat*. Am 18. Febr. 1318 wurde das Kl. von Papst Johannes XXII. zum Sitz eines Bm.s (Suffragan v. →Narbonne) erhoben. Das sich aus dem ehem. Konvent zusammensetzende Kathedralkapitel behielt die Benediktinerregel bei. Das Kl. OSB St-Chinian und das Mitte des 12. Jh. gegr. OPraem Stift Fontcaude zählten zu den bedeutendsten religiösen Einrichtungen des Bm.s. U. Vones-Liebenstein

Lit.: Gran Enc. Catalana XIII, 1979, 303 – M. GARNIER, L'abbaye de St-P. de T., 1937 – A. MUNDÓ, Moissac, Cluny et les mouvements monastiques de l'Est des Pyrénées du Xᵉ au XIIᵉ s. (Moissac et l'Occident, 1964), 255–246 [= AM 75, 1963, 567–569] – J. BOUSQUET, La sculpture romane à St-P. de T. ..., Cah. de S. Michel de Cuxà 4, 1973, 77–95 – A. MÜSSIGBROD, Das Necrolog v. St-P. de T. (Vinculum Societatis [Fschr. J. WOLLASCH, 1991]), 83–117.

Saint-Pourçain-sur-Sioule, Abtei und Stadt in Mittelfrankreich, Bourbonnais (dép. Allier). Der hl. Porcianus (Pourçain), der – wie sein Name sagt – zunächst Schweinehirt gewesen war, wurde am Ende des 5. Jh. (oder Anfang des 6. Jh.) zum Abt einer monast. Gemeinschaft, die bereits am Ende des 3. Jh. vom hl. →Austremonius, Bf. v. →Clermont, gegr. worden sein soll. Nach Zerstörungen durch Sarazenen und Ungarn sank die Abtei zu einem →Priorat unter Jurisdiktion der burg. Abtei →Tournus herab (10. Jh.). Um 1230/40 wurden die Religiosen genötigt, die Stadtherrschaft mit den mächtigen Herren v. →Bourbon zu teilen, doch gehörte die Stadt S. ansonsten im MA durchgängig zur →Auvergne. An der bis S. schiffbaren Sioule gelegen, entwickelte die Stadt im 13.–14. Jh. regen Handel mit ihrem beliebten →Wein. Die Bürger erwirkten 1248 beim Prior eine →Charta (137 Artikel); drei 'élus' (Electi), die der Bestätigung durch den Prior bedurften, verwalteten die Stadt, die um die Mitte des 14. Jh. befestigt wurde und von Ludwig XI. 1480 mit →Konsulat bewidmet wurde. 1335–1532 bestand eine Münzstätte. S. ist Heimatort des großen Dominikanertheologen →Durandus de S. Porciano. R. Favreau

Lit.: Chanoine MOITRON, S. et son temps, 1908 – O. DELAUNNAY, Le vignoble et les vins de S., Revue d'Auvergne 52, 1938, 81–124 – A. LAFORET, S. Cité hist. et carrefour du Bourbonnais. Étude locale bourbonnaise, 1961 – A. PRACHE, L'église Sainte-Croix de S., Congrès archéol. de France. 146ᵉ sess., 1988, Bourbonnais, 367–378.

Saint-Quentin, Stadt in Nordfrankreich (Picardie, →Vermandois, dép. Aisne), an der Somme. Die Römer, die das kelt. Oppidum v. Vermand, das an einer ost-westl. Straße lag, aufgaben, gründeten weiter im O an einer Nord-Süd-Achse die Stadt Augusta Viromanduorum als neuen Civitas-Vorort der Viromandui. Nach Verfall im 3. Jh. gewann die Stadt im 4. Jh. ihre Stellung als Zentralort zurück. Sie hatte 511 einen Bf., doch wurde der Bf.ssitz bald nach →Noyon verlegt (vielleicht um 531, jedenfalls vor 614). Die Stadt verdankt ihren Aufschwung dem Kult des hl. Märtyrers →Quintinus (um 285). Die sterbl. Überreste des Hl.n, die im 4. Jh. exhumiert worden waren, wurden in eine Kapelle, auf einem Plateau nahe der Stadt, überführt; der hl. →Eligius, Bf. v. Noyon, vergrößerte den Kapellenbau und ließ um 641 ein reiches Reliquiengrab errichten, über das bald (seit dem 8. Jh.) eine Mönchsgemeinschaft wachte. Eine neue Basilika, errichtet vom Abt Fulrad, wurde 823 geweiht, dann mit einer Krypta ausgestattet (vor 835, Translation der Quintinus-Reliquien). Nach der Verwüstung durch →Normannen (883) erfolgte 942 ein Neubau; zu diesem Zeitpunkt war die Abtei von Kanonikern bewohnt. 886/893 hatte der Gf. v. →Vermandois, Thierry (Theodericus), der zugleich Laienabt v. S. war, die Abtei und ihre Annexe mit einer Befestigung umgeben, wodurch der Aufstieg des 'Vicus Sancti Quintini', auf Kosten der alten Römerstadt ('quartier d'Aouste'), eingeleitet wurde. Die Stadt (castrum, oppidum, castellum) nahm nun den Namen ihres Hl.n an und wurde zum Hauptsitz der Gf.en v. Vermandois (Her[i]berte), beginnend mit →Heribert I. († 900/906); diese auch als 'Gf.en v. S.' bezeichnete mächtige westfrk. Fs.endynastie (→Fürst, -entum, C. II) hatte das Laienabbatiat inne. Nach dem Tode Heriberts IV. († 1081) kamen Stadt und Gft. an eine jüngere Linie der →Kapetinger (Hugo, Bruder Kg. Philipps I.; Raoul I.; Raoul II.), seit 1163/1167 dann unter die Herrschaft des Gf.en v. →Flandern, →Philipp v. Elsaß († 1191); nach dem Tode seiner →Eleonore v. Vermandois, Gfn. seit 1191, wurden S. und die Gft. Vermandois der →Krondomäne einverleibt.

Gf. Heribert IV. verlieh den Bürgern v. S. die →Kommune. 1112 muß eine →Charte bestanden haben; ihr Inhalt kann nur erschlossen werden anhand der 'Établissements de S.', eines von der Überlieferung auf 1151 datierten, doch erst durch eine Rev. Redaktion des 14. Jh. belegten Stadtrechts; dieser Text, der von den städt. Autoritäten auf Anfrage der Stadt →Eu (Normandie) ausgefertigt wurde, zeigt eine entwickelte städt. Verfassung und eine auffällige Aggressivität gegenüber der Gf.engewalt. Die Kommune, deren Rechte von Philipp v. Elsaß, der 1179 die Stadt belagerte, abgeschwächt (oder aufgehoben) wurden, erfuhr unter Eleonore ihre Wiederherstellung und wurde von Kg. Philipp II. Augustus bestätigt (1195). Die Gewohnheitsrechte (*usages*) v. S. waren von anderen Statuten (Eu, Ham, Ancre) inspiriert, doch übertraf die nominelle Befugnis der Kommune als Vorort der Gft. (sie war 'chef de sens'/Oberhof für →Abbeville) ihre reale Machtposition bei weitem. Im 13. Jh. stand die Stadt in zahlreichen Kompetenzstreitigkeiten mit den Kanonikern, ebenso mit den kgl. Amtsträgern, den →Prévôts und →Baillis. Die von →Philipp dem Schönen erhobenen drückenden Steuern (→Aides für den Flandernkrieg) fachten die Spannungen an; die Kommune wurde 1317 aufgehoben, 1322 dann gegen eine hohe Zinsleistung wiedereingeführt. Die zunächst getrennten Gremien der →Jurés (städt. Geschworene) und der Échevinage (→Schöffen, die im Namen des Kg.s die Rechtsprechung ausübten) wurden 1362 vereinigt, nachdem sie schon mehrfach vorher gemeinsame Sache gemacht hatten.

Ein Zeichen kontinuierl. städt. Wachstums war die Pfarreinteilung (1213: neun Pfarrbezirke, Ende des 13. Jh.: vierzehn). Tuchherstellung und insbes. Wollfärberei (→Waid) waren die führenden Gewerbe, die mehrfach heftige Krisen erlitten (1293, 1311, 1317). Während des →Hundertjährigen Krieges bedrohten engl. Heere seit 1339 ('chevauchée' Kg. →Eduards III.) S. und sein Umland. Im 15. Jh. wurde S. als eine der →'Sommestädte' zum Objekt der frz.-burg. Konfrontation; es kam durch den Vertrag v. →Arras 1435 an →Burgund, wurde 1463 kurzzeitig zurückgekauft, 1465 (Vertrag v. Conflans) dann an Hzg. →Karl d. Kühnen abgetreten, vom Connétable de →St-Pol, Ludwig, im Jan. 1471 für den Kg. zurückgewonnen, doch durch Verrat des Connétable (1473) nicht an Kg. →Ludwig XI. ausgeliefert, der erst 1475 von S. Besitz ergriff (Bestätigung im Vertrag v. Arras, 1482).

Neben der mächtigen Basilika St-Quentin (neuerrichtet im 12.-15. Jh., Chor um 1250 vollendet) besaß S. zwei bedeutende Benediktinerabteien aus dem 10. Jh.: St-Quentin-en-l'Isle (besiedelt mit Mönchen aus Hombllères) und St-Prix. Dominikaner und Franziskaner begründeten ihre Konvente 1221 bzw. 1222. Im Dominikanerkonvent wurden seit dem 14. Jh. die Versammlungen der Kathedralkapitel der Kirchenprovinz →Reims abgehalten.　　　　　　　　　　　　　　　　L. Morelle

Bibliogr.: BHL 6099–7021 [Quintinus)] – P. Dollinger, Ph. Wolff, S. Guenée, Bibliogr. d'hist. des villes de France, 1967, 66–68 – J. Becquet, Abbayes et prieurés de l'Ancienne France XVII: dioc. actuel de Soissons, 1985, 91–97, 165–168 – Q. *und Lit.*: BNB XVIII, s. v. Quentin, 451–453 [L. van der Essen]; XLI, s. v. Fulrad, 315–318 [J. Pycke] – Q.: Dollinger, Bibl.SS X, 1313–1316 [G. Mathon] – H. Bouchot–E. Lemaire, Le Livre rouge de l'hôtel-de-ville de S. ..., 1881 – E. Lemaire, Archives anciennes de la ville de S., 3 Bde, 1888–1910 – C. Petit-Dutaillis, Les communes françaises, 1947, 1970², 54–70 – P. Héliot, Quelques éléments de la topographie de S., Bull. Soc. nat. des Antiq. de france, 1958, 106–113 – A. Vermeesch, Essai sur les origines et la signification de la commune dans le nord de la France (XIᵉ–XIIᵉ s.), 1966, 98–103 – P. Héliot, La basilique de S., 1967 – Les Chartes et le mouvement communal. Colloque régional (neuvième cent. de la Comm. de S.), 1982.

Saint-Raphaël, Stadt in Südfrankreich, →Provence, am Mittelmeer, nahe Fréjus (dép. Var), hervorgegangen aus einem Fischerdorf, das im 11. Jh. der Abtei →Lérins gehörte, dann dem Bf. v. →Fréjus, der hier einen Palast hatte. Eine befestigte Kirche des 13. Jh. (Église des Templiers) blieb erhalten. Der kleine Ort (1371: 30 Herdstellen) wurde von einigen Historikern irrtümlich als Messeplatz angesehen, infolge der Fehlinterpretation einer (in ihrer Echtheit zudem umstrittenen) Urk. des 13. Jh., die eine Messe zu Fréjus, welche am Tag des hl. Raphael stattfand, erwähnt.　　　　　　　　　　　N. Coulet

Lit.: P.-A. Fevrier, L'église de S., PH, 1951, 182–189 – Ders., Fréjus (Forum Julii), 1977, 159–165.

Saint-Riquier (Centula), Abtei in Nordfrankreich, →Picardie (dép. Somme). Die Abtei, seit dem MA St-Riquier genannt, wurde im 8. Jh. unter dem Patrozinium des Erlösers und des hl. →Richarius am Orte 'Centula' über dem Grab dieses Hl.n aus dem 7. Jh. gegr. Am Ende des 8. Jh. beauftragte →Karl d. Gr. seinen Hofkapellan →Angilbert als Laienabt v. Centula mit der Errichtung des prachtvollen, durch Zuwendungen des Kg.s ermöglichten Neubaus des Abteikomplexes, der drei Kirchen (St.-Riquier, Sainte-Marie, Saint-Benoît) umfaßte, verbunden durch einen →Portikus, der den Kreuzgang bildete. 300 Mönche feierten hier die Messe als →Stationsgottesdienst eigener Prägung; 800 beging hier Karl d. Gr. das Osterfest. Die Gestalt dieses großen karol. Klosterensembles ist gut bekannt durch die Beschreibung Angilberts, die Chronik →Hariulfs v. S. (Ende des 11. Jh.) sowie neue Ausgrabungen. Die Abtei wurde 881 von →Normannen geplündert, unterlag dann eine Zeitlang der Säkularisation und wurde um 1000 den Mönchen zurückgegeben. Die (erhaltene) got. Kirche wurde im 13.–16. Jh. errichtet (Weihe 1274). S. besaß neben seinen Gütern in der Picardie ein Priorat in Flandern (Bredene), eines in England (Palgrave). Bei der Abtei (→Abteistadt) entstand das Städtchen S., das 1126 ein Kommunalstatut (→Kommune) des Gf.en v. →Ponthieu erhielt; es wurde 1131 erobert von Hugo III. Candavène, Gf.en v. →St-Pol, der die Kirche mitsamt den Einwohnern, die hier Schutz suchten, niederbrennen ließ (ihm wurde als Sühne für diese Freveltat die Errichtung der Abtei Cercamp auferlegt).　　　　B. Delmaire

Q.: →Angilbert – →Hariulf – *Lit.*: Abbé Hénocque, Hist. de l'abbaye et de la ville de S., 3 Bde, 1880–88 – G. Durand, L'église de S. (La Picardie hist. et monumentale, IV/2, 1907–11), 133ff. – W. Effmann, Centula – S. Eine Unters. zur Gesch. der kirchl. Baukunst in der Karolingerzeit, 1912 – J. Laporte, Étude chronologique sur les listes abbatiales de S., RevMab, 1959, 101–136 – S.-Riquier, I, 1962; II, 1971 – H. Bernard, L'abbatiale de S.: évolution des bâtiments monast. du IXᵉ au XVIIIᵉ s. (Sous la règle de saint Benoît, 1982), 499–526 – Ders., S.: une restitution nouvelle de la basilique d'Angilbert, Revue du Nord, 1989, 307–361.

Saint-Ruf, Regularkanonikerabtei in →Avignon (1039–1158) und →Valence (1158–1774), 1039 von vier Klerikern mit Unterstützung Bf. Benedikts v. Avignon in der verfallenen Wahlfahrtskirche des hl. Rufus vor den Toren der Stadt gegr. Die dort unter dem Doppelpatrozinium von St-Ruf und St-Just lebende eremit. Kanonikergemeinschaft stand in enger Verbindung zum Kathedralkapitel Notre-Dame-des-Doms in Avignon, dessen Propst, Pons Balde, auch Vorsteher v. St-R. war. Das Konzil v. Avignon 1080 markierte den ersten Wendepunkt. Durch den Kontakt mit Vertretern der Kirchenreform wie →Hugo v. Die, Bf. Hugo v. Grenoble und Ebf. Gibelin v. Arles erfolgte zum einen die Strukturierung der Gemeinschaft (Übernahme von →Augustinusregel und Consuetudines aus dem Raum um Narbonne), zum anderen durch die Wahl Arberts zum ersten Abt des Kl. (1084–96) die von Urban II. durch Privilegien gestützte Emanzipation vom Kathedralkapitel in Avignon. Anhänger der Reformbewegung schenkten dem Kl. Priorate außerhalb der Diöz. Avignon (u. a. S. Maria in Besalú, St-Pierre in Die, Notre-Dame de la Platière in Lyon, St-Rufin Tripolis), und erstmals wurden Kanoniker v. St-R. auf Bf.stühle berufen. Unter Abt Lietbert (1098–1110) erfolgte mit der Abfassung des Liber ordinis eine Kodifizierung der Consuetudines im Sinne größerer Strenge, die jedoch bereits unter seinem Nachfolger Pontius II. (1116–25) durch das Bekenntnis zum 'ordo antiquus' relativiert wurde. Schenkungen reformtreuer Bf.e führten zur Expansion in den Rhôneraum. Mit der Wahl Abt →Ollegars (1111–16) zum Bf. v. →Barcelona begann eine dritte Phase, bestimmt durch die enge Zusammenarbeit des Ordens mit dem Haus Barcelona und seinen Verbündeten. Abt Nikolaus Breakspear (1147–49) förderte nach seiner Wahl zum Kard.-Bf. v. Albano und zum Papst (→Hadrian IV.) den Orden sowohl durch die Verbreitung der Consuetudines im skand. Raum als auch durch die Klärung des Rechtsstands der einzelnen Priorate und der Translation der Mutterabtei nach Valence. Die Verlegung des Sitzes führte nach dem Rückzug des Herrscherhauses v. Barcelona aus der Provence im 13. Jh. zu einer Neuorientierung des Ordens auf den Rhôneraum und den Herrschaftsbereich der Gf.en v. →Valentinois. Der Pontifikat Urbans V., dessen Bruder Anglic Grimoard in St-R. die Profeß abgelegt hatte, brachte einen erneuten Aufschwung, v. a. durch die Angliederung kleinerer →Regularkanoniker-Kongregationen (St-Félix de Valence, St-Vallier, N.-D. de Grès in Carpentras, N. D. de Cassan, N. D. de Montfavet bei Avignon) und die Gründung des Kollegs St-Rufin→Montpellier. Von den Kommendataräbten des 15. Jh. zeichneten sich aus v. a. der Patriarch v. Antiochien, Jean I. Mauroux (1413–24), dem eine bedeutende Rolle auf dem Konzil v. →Basel zukam, Vitalis Janvier (1426–51), der den Zusammenhalt des Ordens durch zahlreiche Visitationen wiederherstellte und Giuliano della Rovere (1478–1503), der spätere Papst→Julius II., der 1482 Reformstatuten herausgeben ließ.

Strukturell weist der Verband Ähnlichkeiten mit →Cluny auf: Auch hier finden sich zwei Kreise, ein innerer Kreis rechtlich voll abhängiger Priorate oder 'obedientiae', und ein äußerer Kreis unabhängiger Kl. und Kathedralkapitel, den nur das gemeinsame Band der Consuetudines und des Gebetsgedenkens zusammenhält. Der innere Kreis von abhängigen Prioraten, deren Prioren von St-R. aus eingesetzt und die alle zwei Jahre vom Mutterkl. aus visitiert wurden, umfaßte an die 49 Priorate in Frankreich, als deren bedeutendste N. D. de la Platière in Lyon, St-Pierre de Die, N. D. d'Annonay, Bourg-St-Andéol (Bm. Vivier), N. D. de Bédarrides (Bm. Avignon), St-Pierres de Cheffois (Bm. Saintes), N. D. d'Ordonnaz (Bm. Belley), St-Martin de Vienne und N. D. de Peille (Bm. Nizza) anzuführen sind, vier Priorate in Spanien (S. María de Terrassa, S. Maria de Besalú, S. Miguel de →Escalada, S. Ruf in Lérida), drei Priorate in Italien (S. Nicolas de Capodimonte, S. Stefano in Campania, S. Michele in Genua) und im Hl. Land St-Ruf de Tripolis. Der durch das Band der Consuetudines mit St-R. verbundene Kreis reichte von →S. Cruz in Coimbra, über S. →Joan de les Abadesses (Bm. Vich), S. Vicente de Cardona (Bm. Urgel), die Kathedralkapitel v. →Tortosa, →Tarragona, →Mende, →Uzès, →Le Puy und →Maguelone, bis ins bayer. →Rottenbuch, nach Oulx in Piemont, →Marbach im Elsaß, →Chaumousey in Lothringen, →Aureil im Limousin, das Schweizer Interlaken und das lat. →Patras. Daneben erstreckte sich der Einfluß der Consuetudines auch auf andere Orden wie die →Kartäuser. Die Kongregation war zentralistisch ausgerichtet, eine z.Z. Papst Anastasius' IV. beabsichtigte Umstrukturierung im Sinne der zisterziens. Carta caritatis wurde von Hadrian IV. verhindert. Nach der Übersiedlung nach Valence fand eine Teilung der Mensa zw. Abt und Kapitel statt. Die cura animarum wurde zunächst nicht von den Kanonikern aus-geübt, sondern an Weltpriester delegiert. Dem Orden gehörten neben den Kanonikern auch →Konversen und →Kanonissen an. Bes. Förderung erfuhren jurist. und philos. Studien (Ademar v. St-R.). U. Vones-Liebenstein

Bibliogr.: J. TARDIEU, Bibliogr. de l'Abbaye de St-R., Revue Dromoise 87, 1992, 210–233 – Q.: Cod. diplomaticus ordinis S.i R.i, ed. U. CHEVALIER, 1891 – *Lit.*: DIP II, 123f. – A. CARRIER DE BELLEUSE, Le calendrier de St-R., Annuaire pontifical cath. 13, 1910 15–34 – DERS., Liste des abbayes, chapitres, prieurés, églises de l'ordre de St-R. de Valence en Dauphiné, 1936 – CH. DEREINE, St-R. et ses coutumes aux XIᵉ et XIIᵉ s., RevBen 59, 1949, 161–182 – D. MISONNE, La législation canoniale de St-R. d'Avignon à ses origines (Moissac et l'Occident, 1964), 147–166 – J.-P. POLY, Les Maîtres de St-R., Annales de la Fac. de droit de l'Univ. de Bordeaux. Centre d'étude et de recherche d'hist. constitutionelle régionale 2, 1978, 183–203 – R. HIESTAND, St-R. d'Avignon, Raymond de St-Gilles et l'Église lat. du Comté de Tripoli, AM 98, 1986, 327–336 – A. GOURON, Études sur la diffusion des doctrines juridiques médiévales, 1987 – Le monde des chanoines [Cah. de Fanjeaux 24], 1989, 167–179, 181–191, 194–208 [Beitr.: Y. LEBRIGAND, P. M. GY, P. R. ROCHA] – U. VONES-LIEBENSTEIN, Les débuts de l'abbaye de St-R. dans le contexte de la situation politique d'Avignon au XIᵉ s. (Crises et réformes dans l'Église. Actes du 115ᵉ Congrès National des Sociétés Savantes, Avignon 9–15 avril 1990, 1991), 9–25 – M. BOIS – J. TARDIEU, L'abbaye St-R. de Valence, Revue Dromoise 88, 1992, 45–55 – U. VONES-LIEBENSTEIN, St-R. und Spanien, 1995 – L. VONES, Urban V. (1362–70). Kirchenreform zw. Kard.kollegium, Kurie und Klientel [im Dr.].

Sant Salvador de Breda, Kl. OSB in Katalonien (Bm. Gerona), 1038 von Vzgf. Gerald I. v. →Cabrera und seiner Gattin Ermensenda gegr. und reich dotiert. 1068 erfolgte die feierl. Kirchweihe, Ende des 11. Jh. der Versuch einer Unterstellung unter →S. Cugat del Vallès. Papst Lucius III. bestätigte jedoch 1185 dem Kl. seine Unabhängigkeit, seine Privilegien und Besitzungen. Die got. Abteikirche wurde Ende des 13. Jh. errichtet. Die engen Beziehungen des Kl. zu den Vgf.en v. Cabrera zeigten sich 1263, als Vzgf. Gerald die Reliquien der Hl.n Iscle und Viktoria schenkte, und 1364, als S. dem in Ungnade gefallenen Vgf.en Bernhard (1298–1364) einen Rechtsbeistand stellte. 1361 nahm Abt Ramon de Castellvell (1350–63) an der konstituierenden Sitzung der Kongregation v. →Tarragona teil, der S. von da an angehörte. Seit 1455 regierten Kommendataräbte das Kl.   U. Vones-Liebenstein

Lit.: DHEE III, 1533 – J. COLL I CASTANYER, Breda hist. i actual, 1971 – A. LINAGE CONDE, Los orígenes del monacato benedictino en la Península ibérica, III, 1973, Nr. 262 – Catalunya Romànica V, 1991, 274–286 [mit Abtsliste und Karte der Besitzungen].

San Salvador de Leire (Leyre), Königsabtei in →Navarra. S., das über ein ebenso hohes Alter wie das navarres. Kgtm. verfügt, ist seit dem 9. Jh. als Abtei bezeugt. An den südl. Pyrenäenausläufern über dem Ebrobecken gelegen, war die Stätte wohl schon vor dem 9. Jh. von Eremiten bewohnt. 848 hielt sich in S. der hl. →Eulogius v. Córdoba auf der Durchreise nach al-Andalus auf; er erwähnt in einem Brief an den Bf. v. Pamplona die neue Abtei, an die er Hss. verlieh. S. stand als führendes monast. Zentrum des Reiches unter dem Schutz des Kg.s →Iñigo Arista und seiner Nachfolger. Der letzte Herrscher aus dieser Dynastie, Fortún, der, nach zwanzigjähriger Gefangenschaft am Hof v. →Córdoba in sein Kgr. zurückkehrte, fand 900 als abgesetzter Kg. in S. Zuflucht; die Bf.e v. →Pamplona wurden aus der monast. Gemeinschaft v. S. gewählt; die frühen Kg.e v. Navarra-Pamplona, die dem monast. Verband v. S. angehörten, fanden hier (zumindest nach der Überlieferung) ihre Grabstätte. Kg. →Sancho III. 'el Mayor' (1004–35) führte im Zusammenwirken mit dem Abt und im Einklang mit den allg. monast. Reformbestrebungen der Iber. Halbinsel (→Cluny, B. II) die cluniazens. Gewohnheiten ein und ließ ein Reformkonzil in S. abhalten; der Bf.ssitz Pamplona wurde von S. abgetrennt. Aus dieser großen Blütezeit der Abtei stammt die Krypta. Die Äbte v. S. halfen den navarres. Adligen, die bei den Reconquistafeldzügen in Gefangenschaft geraten waren, bei der Aufbringung des Lösegeldes (Verpfändung von Pferden im Austausch gegen Grundbesitz). Die Gemeinschaften und Gruppen in Navarra machten S. reiche Schenkungen an Landbesitz, Einkünften und Hörigen. Die traditionsreiche Benediktinerabtei schloß sich jedoch 1307 dem →Zisterzienserorden an. Sie zählte auch im SpätMA noch zu den vornehmsten geistl. Institutionen des Landes, hatte aber ihre alte beherrschende Rolle verloren. B. Leroy

Lit.: J. Goñi Gaztambide, Cat. del Becerro antiguo y del Becerro Menor de Leyre, Príncipe de Viana 24, 1963, 149–213 – A. Martín Duque, Documentación medieval de Leire, 1983 – S. Guijarro, La terminología que define los grupos sociales a través de la documentación medieval de S., Príncipe de Viana, 1988, 70–96.

Sancta Sanctorum, seit dem 13. Jh. Bezeichnung für die dem hl. →Laurentius geweihte, 768 erstmals als »Oratorium S. Laurentii intra patriarchium Lateranense« bezeugte Kapelle im röm. Lateranpalast. Dort diente sie spätestens seit dem 9. Jh. als päpstl. Hauskapelle. Der heutige Bau ist Ergebnis der Restaurationsarbeit unter Nikolaus III. (1277–80); Sixtus V. (1585–90) ließ in einem Vorbau die »Scala Santa« aufstellen.

Als S. S. wurde urprgl. – seit Anfang des 9. Jh. – ein bes. kostbarer und reichhaltiger Reliquienschatz in der Laurentiuskapelle bezeichnet; dieser bestand allerdings schon früher dort. Auf dem Altar der Kapelle steht ein Bild des Erlösers (5./6. Jh., Cecchelli: 4. Jh.), angebl. ein Acheiropoieton (nicht von Menschenhand gemacht). Es wurde mit weiteren Reliquien der S. auf einer Prozession unter Leitung Stephans II. (752–757) mitgeführt, als die →Langobarden unter →Aistulf Rom bedrohten. Am kostbarsten waren die vielleicht beim Sarazeneneinfall 846 (Grisar) nach S. S. übertragenen, seit Ende des 11. Jh. dort eindeutig nachweisbaren Häupter von Petrus und Paulus, die 1370 unter Urban V. in das Ziborium über den Hochaltar der Lateranbasilika übertragen wurden. Während die Reliquiare anläßlich der Untersuchung Grisars 1905 in den Vatikan kamen, verblieben die Reliquien im Altarschrein der Kapelle S. S. E. Sauser

Lit.: DACL VIII, 1610–1656 [Lit.] – LThK², 308f. – Ph. Lauer, Le trésor du S. S., 1906 – H. Grisar, Die röm. Kapelle S. S. und ihr Schatz, 1908 – C. Cecchelli, Dedalo 7, 1926, 139–166, 231–256, 296–319 – N. Maurice-Denis – R. Boulet, Romée ..., 1948², 303–311, 914 – O. Nußbaum, RQ 54, 1959, 242–246 – Die Kunstsammlungen der Bibl. Apostol. Vat. Rom, 1969, hg. L. v. Matt, 73–102, 170–174.

Saint-Sardos, Krieg v. (1323–25). Dieser Konflikt, der eine Folge der Rivalitäten zw. →Eduard I., Kg. v. →England, und →Philipp IV. dem Schönen, Kg. v. →Frankreich, war und ein Vorspiel des →Hundertjährigen Krieges darstellte, brach aus zw. den Nachfolgern der genannten Kg.e, →Eduard II. (in seiner Eigenschaft als Hzg. v. →Guyenne) und →Karl IV. dem Schönen. Die Errichtung und Befestigung der →Bastide v. St-Sardos (dép. Lot-et-Garonne, arr. Agen, cant. Prayssas), die auf Befehl des Kg.s v. Frankreich erfolgte, provozierte einen Überfall, den am 15. Okt. 1323 Raymond-Bernard, Seigneur v. Montpezat, verübte, sicher im Zusammenspiel mit dem →Seneschall Eduards II. in der Gascogne, Ralph →Basset. Auf frz. Proteste reagierte Eduard II., der die Lehnshuldigung für das Hzm. Guyenne seit längerem verweigerte, mit hinhaltender diplomat. Taktik. Karl IV. entschloß sich daher zur Konfiskation des Hzm.s und der Gft. →Ponthieu. Im Aug. 1324 rückte der Onkel des Kg.s, →Karl v. Valois, mit Heeresmacht in die Guyenne ein und konnte einige militär. Erfolge verzeichnen (Kapitulation der engl. Garnison v. La →Réole, 23. Sept. 1324). Nach mehrmonatigem Waffenstillstand begann im Mai 1325 eine doppelte frz. Offensive, die →Bordeaux unmittelbar bedrohte. Doch wollte Karl IV. seine Machtdemonstration nicht auf die Spitze treiben; die Verhandlungen, die auf engl. Seite von Kgn. →Isabella, einer Schwester Karls IV., geführt wurden, legten fest, daß der Kg. v. Frankreich die von seinen Truppen eroberten Gebiete des Hzm.s als Beute behalten solle. Der schwere Rückschlag hat Eduards II. Position als Kg. in starkem Maße untergraben.

Ph. Contamine

Lit.: P. Chaplais, The War of S., Gascon Correspondence and Diplomatic Documents, 1954 – J. Sumption, The Hundred Years War, I: Trial by Battle, 1990, 91–99.

Saint-Savin-sur-Gartempe, Abtei in Westfrankreich, →Poitou (dép. Vienne), am Übergang über den Fluß Gartempe (ma. Brücke), gegr. zu Beginn des 9. Jh. mit Unterstützung von Karl d. Gr. und Ludwig d. Fr. zur Aufnahme der Leichname der hl. Märtyrerbrüder Savinus und Cyprianus. Erster Abt war →Benedikt v. Aniane; die Abtei spielte eine wichtige Rolle bei der monast. Erneuerung →Aquitaniens. Von einer Befestigung umgeben, entging sie der Zerstörung durch die →Normannen und hatte nach dem Ende der Invasionen bedeutenden Anteil am monast. Wiederaufbau in →Burgund (St-Martin d' Autun, Gigny, Baume-les-Messieurs, Vézelay, Cluny) sowie in Bourg-Dieu, Massay, Limoges, Poitiers, Charroux. Zwei große Äbte standen der Abtei vor: Odo im frühen, Gervasius im späten 11. Jh. Der Ort war Sitz einer Kastellanei, deren Seigneur der Abt war. Schwere Schäden verursachten der →Hundertjährige Krieg sowie v. a. die Religionskriege des 16. Jh. und Bürgerkriege des 17. Jh. Die Kirche des 11. Jh. (die Turmspitze Zutat des 14. Jh.) besitzt sechs roman. Altäre und birgt den größten roman. Freskenzyklus (→Wandmalerei) in Frankreich: Apokalypse im Narthex, Passion, Auferstehung und Hl. e auf der Tribüne, Genesis, Exodus und Propheten im Schiff, Martyrium der hll. Patrone Savinus und Cyprianus in der Krypta, Hl. e im Kreuzgang. R. Favreau

Lit.: Y. Labande-Mailfert, Poitou roman (Zodiaque), 1962, 125–169 – Dies., Nouvelles données sur l'abbatiale de S., CCMéd 14, 1971, 39–68 – Dies., Le cycle de l'Ancien Testament à S., Revue d'hist. de la spiritualité 50, 1974, 369–396 – R. Favreau, Les inscriptions de l'église de S., CCMéd 19, 1976, 9–37 – I. Yoshikawa, Die Fresken v. S., 1982 [japan.] – Y.-J. Riou, L'abbaye de S., 1992.

Saint-Sever, Abtei OSB in Südwestfrankreich, →Gascogne (dép. Landes), am Adour, gegr. vom Gf.en v. Gascogne, Wilhelm Sancho. Die Gründung, die durch einen Komplex apokrypher Texte des 11. Jh. verunklart wird, erfolgte um 988/990, im Kontext intensiver monast. Erneuerung (La →Réole). Mit Jurisdiktionsgewalt ausgestattet, war S. bis ca. 1060 die einzige religiöse Autorität im gesamten Gebiet des Landes und besaß Unabhängigkeit, die 1104 durch päpstl. Exemtionsprivilegien, die denen für →Cluny vergleichbar waren, bestätigt wurde. Den Höhepunkt der Ausstrahlung von S. markiert die Amtszeit des Abtes Gregor v. Montaner (1028–72), eines früheren cluniazens. Mönches; damals entstand die berühmte Hs. des Apokalypsenkomm. des →Beatus v. Liébana, und der Bau der roman. Abteikirche wurde begonnen. S. wurde zu einer der großen Stationen auf dem Pilgerweg nach →Santiago de Compostela, doch kehrte der Grundbesitzerwerb, der um 1130 seinen Abschluß fand, den Pyrenäen den Rücken zu. Der mächtige *seigneur abbé*, der sich 1208 mit einer kurzen, gewalttätigen Revolte der

Bürger v. S. konfrontiert sah, schloß 1270 ein →Paréage, das den Kg.-Hzg.en, den →Plantagenêt, eine Kontrolle über die Gerichtsbarkeit zugestand. B. Cursente

Lit.: St-Sever. Millénaire de l'abbaye. Colloque internat., Mont-de-Marsan 1985, 1986.

Saint-Sever (Notre-Dame-et-S.), Abtei OSB in der Basse-→Normandie (dép. Calvados, Bm. Coutances), gegr. um 1066/70 von Hugo, Vicecomes v. →Avranches (seit 1071 Gf. v. →Chester), an einem Platz, der vielleicht schon in vornormann. Zeit durch eine Eremitengemeinschaft besiedelt gewesen war. Das Patrimonium der Abtei wird nur durch wenige erhaltene Q. (Bulle Papst Hadrians IV., 1158; Urk. Bf. Hugos II. v. Chester, 1165–79) beleuchtet. S. besaß Forstrechte (einzige Benediktinerabtei der Basse-Normandie in unmittelbarer Nähe zu Forst- und Rodungsgebieten), Grundbesitz v. a. in der Diöz. Coutances, im Avranchin, Bessin und Hiémois; Besitzentwicklung an den großen Linien der Lehen der Gf.en v. Chester orientiert (in England reiche Güter in Somerset, Lincolnshire, Oxfordshire, Dorset und Leicestershire; sie fielen im 15. Jh. der Konfiskation anheim). V. Gazeau

Lit.: L. Musset, Les origines et le patrimoine de l'abbaye de S. (La Normandie bénédictine au temps de Guillaume le Conquérant, 1967), 357–367.

Santa Severina, unterit. Stadt und Ebm. (Prov. Crotone, Kalabrien). In strateg. Position auf einem Felsen (326 m) gelegen, wurde S. S. lange Zeit fälschlicherweise mit dem von Stephanos Byzantios gen. Siberene identifiziert. Die ersten gesicherten Nachrichten stammen aus dem 9. Jh.: 840 wurde es zusammen mit Amantea von den Sarazenen eingenommen und erst 886 von →Nikephoros Phokas für Byzanz zurückerobert. Bereits Anfang des 10. Jh. war es eine dem Patriarchen v. Konstantinopel unterstehende Metropolie (vgl. →Diatyposis Leons VI.), von der die Kleindiözesen Umbriatico, Cerenzia, Belcastro und Isola abhingen, zu denen nach der Latinisierung die Suffragane Strongoli (12. Jh.), S. Leone und Cariati (15. Jh.) hinzutraten. 1073/74 wurde die Stadt, die sein aufstand. Neffe Abaelard lange gehalten hatte, von →Robert Guiscard eingenommen und danach befestigt. S. S. blieb geraume Zeit Domanialstadt und wurde nur zeitweise an lokale Notabeln wie Nicola de Grimaldo (1118) und Pietro Guiscardo (Anfang des 13. Jh.) verlehnt. 1402 gelangte S. S. an Nicola Ruffo, Mgf. v. Crotone und Gf. v. Catanzaro. Seine Tochter Enrichetta brachte es Antonio Centelles als Mitgift, der in der Mgft. den Aufstand gegen Kg. Alfons V. v. Neapel anführte. Gewaltsam wieder unterworfen, fiel S. S. 1444 »povera et disfacta« an die Krondomäne, wobei eine neue städt. Verwaltungsordnung eingeführt wurde. 1462–66 kam die Stadt wieder in den Besitz des A. Centelles, der mit Kg. Ferdinand (Ferrante) einen kurzen Waffenstillstand geschlossen hatte. 1482 wurde S. S. von Kg. Ferrante an Ludovico de Rinaldo v. Nocera verlehnt; 1496 wieder zur Gft. erhoben, die auch Roccabernarda, Policastro, Le Castella, Cirò und andere 'Feuda' umfaßte, fiel S. S. an Andrea Carrafa. P. De Leo

Lit.: IP X, 127 – N. Kamp, Kirche und Monarchie im stauf. Kgr. Sizilien, 2 Bde, 1973–82, 883–913.

Santo Stefano del Bosco, südit. Kartause (Diöz. Squillace, heut. Prov. Vibo Valentia, Kalabrien), gegr. 1091/92 von →Bruno v. Köln [9. B.] und Lanuinus aufgrund einer Schenkung Großgf. Rogers I. und mit Approbation Urbans II., des ehemaligen Schülers von Bruno. Die erste Kartause Italiens (kurz nach der Gründung der Grande →Chartreuse) trug zuerst den Namen Santa Maria della Torre, später ging der Name der unweit davon gegr. Kirche S. S. d. B. auf sie über. Nach dem Tod des hl. Bruno (1102) wurde unter den Prioren Lanuinus und Lambertus die kartäus. Form des Ordenslebens weitergeführt, 1193 übertrug Coelestin III. das Kl. S. S. d. B. und seine Dependenzen jedoch den Zisterziensern, was Kg. →Tankred v. Sizilien bestätigte. Als Filialkl. der Abtei →Fossanova gehörte S. S. d. B. zu den zahlreichen Kl. OCist in Kalabrien, die ihre Blüte in der Zeit Friedrichs II. erlebten. Solange es die polit. Situation erlaubte, nahmen seine Äbte am Generalkapitel von Cîteaux teil. Unter der Herrschaft der Anjou und v. a. im Laufe der Kriege nach der →Sizilianischen Vesper begann der Niedergang des Kl., da die anarch. Zustände und Übergriffe lokaler Machthaber den Besitz des Kl. beträchtl. schmälerten. Im 14. Jh. verstärkte sich die Krise nach der Verlegung der Kurie nach Avignon und v.a. während des großen →Abendländischen Schismas. Ende des 15. Jh. wurde die Abtei Kommende. 1497 führte der Generalprior Pietro II. Ruffo mit Billigung des Kommendatarabtes Kard. Ludwig v. Aragón, der mit dem Prior der Kartause S. Martino in Neapel, Jakob v. Aragón, verwandt war, wieder die Kartäuserregel ein. Am 27. Febr. 1514 nahmen die Kartäuser das Kl. S. S. d. B. in Besitz, gestützt auf eine Bulle Leos X. und die Zustimmung der Katholischen Kg. e. Das Kl. ist bis heute Kartause. P. De Leo

Lit.: IP X, 63–75 – P. De Leo, Certosini e Cistercensi nel Regno di Sicilia, 1993.

Sankt Thomas v. Akkon, Ritterorden, hervorgegangen aus einem Haus der Regularkanoniker in →Akkon (Palästina), wurde gegr. während des III. Kreuzzugs und dem hl. Märtyrer →Thomas Becket geweiht; als Gründer galt Kg. →Richard I. 'Löwenherz' v. England (1191–92 im Hl. Land). In den späten 20er Jahren des 13. Jh. bereits verfallen, wurde S. auf Initiative von Peter des →Roches, Bf. v. Winchester, während dessen Aufenthalt im Hl. Land als Sitz eines →Ritterordens wiederhergestellt. S. nahm die Regel des →Deutschen Ordens an. Über militär. Tätigkeit des Ordens v. S. ist jedoch wenig bekannt; S. vermochte nur begrenzte Unterstützung zu gewinnen (seine Besitzungen lagen großenteils in England), und im späten 13. Jh. gab es Bestrebungen, den Orden mit dem →Templerorden zu vereinigen, was aber nicht zur Durchführung kam. Nach dem Fall Akkons (1291) wurde der Hauptsitz nach →Zypern verlegt. Es folgte eine Periode innerer Spaltungen; um die Mitte des 14. Jh. wurde London zum Standort des Haupthauses. Die militär. Aktivität wurde vollends aufgegeben; S. wandte sich teilweise karitativen Aufgaben zu und wurde im frühen 16. Jh. im Zuge der allg. Säkularisierung aufgehoben. A. J. Forey

Lit.: A. J. Forey, The Order of S., EHR 92, 1977.

Sint-Truiden (frz. Saint-Trond; älterer lat. Name: Sarchinium), Stadt und ehem. Abtei in Belgien (Prov. Limburg), hist. Zentrum des Haspengaus (Hesbaye), zw. Tienen (Tirlemont) und Lüttich (Liège). Gegr. zw. 654 und 686 von →Trudo, dem Mitglied einer großen, mit den Pippiniden (→Arnulfinger/→Karolinger) verbundenen frk. Adelsfamilie, wurde die Abtei den hll. →Quintinus und →Remigius geweiht, der Kirche v. →Metz übertragen. Diese besaß die weltl. Hoheit bis 1222; dann ging S., das seit seiner Gründung der geistl. Autorität von →Lüttich unterstand, auch in weltl. Hinsicht an die Fürstbf. e v. Lüttich über. Das Kl. zählte bedeutende Persönlichkeiten wie Adelard, Thierry (1099–1107, hagiograph. Autor), →Rudolf (1108–38, Geschichtsschreiber) sowie Wilhelm I. (1249–72) und Wilhelm II. (1277–97) v. Ryckel zu seinen Äbten. Die wirtschaftl. Organisation von S. ist gut erforscht. Nahe der Abtei entstand am Ufer des Flüßchens 'Cicindria' und am Kreuzungspunkt befahrener ländl. Verkehrswege ein kleiner Marktort, an dem sich Hörige des Kl. ansiedelten. Eine Münzstätte war hier zw. 750 und 781 und erneut um 1000 in Betrieb. Im 11. Jh. begann der eigtl. Aufstieg der städt. Siedlung. Der Kult des hl. Trudo führte zur Verdrängung des alten Namens 'Sarchinium' zugunsten von S. Die erste Befestigung wurde durch den Abt Adelard (1055-82) errichtet; sie wurde (weitgehend in den alten Abmessungen) 1129-30 erneuert, um 1150 in Stein aufgeführt und blieb bis ins 17. Jh. erhalten. In Gestalt eines unregelmäßigen Polygons umschloß sie ein Areal von 51 ha; ihr Perimeter betrug 2,76 km. Die monast. Bauten nahmen einen beträchtl. Teil des Stadtgebietes ein, das in einigen Bereichen nur lockere Bebauung aufwies. S. hatte je drei Pfarreien intra und extra muros. Die Einwohnerzahl läßt sich für 1350 auf ca. 5000 schätzen.

Seit dem 11. Jh. begannen die Bürger an der Verwaltung zu partizipieren. 1065 wurden die Machtbefugnisse des Vogtes zugunsten des Gerichts der Vierzehn →Schöffen, die dem Oberhof zu →Aachen unterstanden, eingeschränkt. Am Ende des 13. Jh. teilten die Schöffen ihre Autorität mit dem Rat der Geschworenen (jurati, jurés), der acht, zwölf oder zwanzig Ratsherren, an ihrer Spitze zwei Magistri (maîtres), dann einen Bürgermeister (bourgmestre), umfaßte.

1384 kontrollierte ein Vierundzwanzigerausschuß das Finanzgebaren der Spitäler und der Tuchgilde. Zentren des Handels waren neben dem Handwerkermarkt (1112) der Jahrmarkt an St. Michael (1245) und die Halle mit Turm und Freitreppe (1364). Die Stadt hatte 30 Brauereien (→Bier und Brauwesen), führender Gewerbezweig war im 12.–15. Jh. jedoch die Tuchmacherei. Die Gilde bestand schon vor 1200, die Handwerker (Färber und Walker, 1237) waren in 12–13 Zünften zusammengeschlossen (1400). Die Tuchkaufleute aus S. traten in großen Teilen Nord- und Mitteleuropas hervor: in England (Wollhandel), Frankreich (einschl. Lothringen und Champagne), v.a. aber in Deutschland bis etwa 1500 (über →Köln bis nach Sachsen und an die Grenze Polens, über →Frankfurt in Süddeutschland). In heikler Grenzlage zw. den mächtigeren Territorialstaaten →Brabant und →Lüttich gelegen, konnte sich S. durch erfolgreiche Schaukelpolitik lange vor einer Vereinnahmung bewahren, bis es um 1400 doch dem Fürstbm. Lüttich einverleibt wurde. A. Joris

Q.: Vita Trudonis confessoris auctore Donato, ed. W. LEVISON, MGH SRM VI, 1913 – Gesta abbatum Trudonensium, ed. R. KÖPKE, MGH SS X, 1852; ed. C. DE BORMAN, 2 Bde, 1872–77 – *Lit.*: LThK² IX, 176 [E. BROUETTE] – J. L. CHARLES, La ville de S. au MA, 1965 [Lit.] – H. AMMAN, St. Trauten, VSWG 154, 1967, 145–186 – A. JORIS, Les villes de la Meuse et leur commerce au MA, Studia Historiae Oeconomicae 6, 1971, 3–20 [Lit.] – P. PIEYNS-RIGO, Abbaye de S., Monasticon Belge 6: Prov. Limbourg, 1976, 13–67 [Lit.] – E. LINK, Stud. zu den familiae v. Gembloux, Stablo-Malmedy und S., 1979, 116–246 – M. WERNER, Der Lütticher Raum in frühkarol. Zeit, 1980, 73–93 [Lit.].

Sankt Ulrich und Afra → Augsburg, IV

Saint-Vaast → Arras, II

Saint-Valéry-sur-Somme, Abtei in Nordfrankreich (dép. Somme), gegr. wohl im 7. Jh.; im Pagus v. Vimeu an Orte 'Leuconaus', an der Sommemündung auf dem südl. Ufer des Flusses, über dem Grab des hl. Valerius, der nach seiner späten Vita (11. Jh.) aus der Auvergne stammte und Mönch in →Luxeuil war. Das Kl. wurde 881 von →Normannen geplündert und um 1000 von Kg. →Hugo Capet zugunsten der Mönche wiederhergestellt. Die Gunst →Wilhelms des Eroberers, der zu seiner England-Expedition am 27. Sept. 1066 in S. in See stach, brachte der Abtei das Priorat Takeley (Essex) zu. Die Abtei, die im 12. Jh. in häufigen Konflikten mit den Bf.en v. →Amiens stand, erwirkte schließlich ihre Exemtion; auch mit der Stadt St-Valéry, die sich allmähl. zu Füßen der Abtei entwickelte, kam es zu heftigen Auseinandersetzungen (städt. Aufstand von 1232). B. Delmaire

Lit.: E. PRAROND, Hist. de S., 1862 – C. BRUNEL, Les actes faux de l'abbaye de S., Le M-A, 1909, 94–116, 179–196 – A. HUGUET, L'abbaye de S., 1923.

Saint-Vannes → Verdun

Sankt Veit an der Glan, landesfsl. Hauptstadt des Hzm.s →Kärnten (um 1200 bis 1518), 1131 als Hof samt Veitskirche erstmals urkdl. erwähnt und vielleicht schon 1007 in der Gründungsdotation Ks. Heinrichs II. an das Bm. →Bamberg übergeben, 1199 als forum, 1224 als civitas bezeugt. St. V. befand sich spätestens seit 1170 im Besitz der →Spanheimer, deren hervorragendster Vertreter →Bernhard (9. B.; Hzg. v. Kärnten 1202–56) es zur Hauptstadt ausbaute (1205 Münze nach Friesacher Gewicht [→Friesacher Pfennig], spätestens ab 1209 landesfsl. Maut, vor 1228 Ummauerung, bis 1252 hzgl. Burganlage, Sitz des Hof- und Landtaidings, Verleihung von Stadtrechten um die Mitte des 13. Jh. samt Judenrechtsartikel) und in der von O nach W angelegten Straßensiedlung mit zwei Plätzen eine glanzvolle Hofhaltung entfaltete. Die Anlage mehrerer Burgen hzgl. Ministerialen in der Umgebung (Oberkraig, Freiberg, Frauenstein, Karlsberg) und ein auffällig prunkvoller Rittertag 1298 unterstrichen die zentrale Funktion der Stadt im 13. Jh., die 1308 eine erste Stadtrechtsurk. (erneuert 1338) und unter habsbg. Herrschaft seit 1335 als erste Kärntner Stadt das Recht der freien Stadtrichterwahl erhielt. Unter Ks. Friedrich III., der in St. V. den ersten Kärntner Landtag abhalten ließ, gelangte die Stadt zur vollen Selbstverwaltung. 1399 wurden ihr das Niederlagsrecht für alles Eisen (v.a. aus Hüttenberg in Kärnten) und 1407 der Straßenzwang dafür verliehen, was dem damals bereits sehr kapitalkräftigen Bürgertum einen 1511 erfolgreich beendeten Handelskampf mit dem bis dahin darüber verfügenden salzburg. Althofen eintrug. Das um 1500 2000 Einw. zählende St. V. verlor 1518 seinen Rang als Landeshauptstadt an →Klagenfurt. G. Hödl

Lit.: Hist. Stätten Österr. II, 1978², 304f. – A. OGRIS, Die Bürgerschaft in den ma. Städten Kärntens, Das Kärntner Landesarchiv 4, 1974 – C. FRÄSS-EHRFELD, Gesch. Kärntens, I, 1984, 282ff., 360ff., 552ff.

Saint-Victor de Marseille → Marseille

Saint-Victor (Paris) → Paris, C. II, 5; →Viktoriner

San Vincenzo al Volturno, Abtei OSB bei Isernia (Molise), gegr. um 703 von drei jungen Adligen aus Benevent, Paldo, Taso und Tato, die auf Anregung des Abtes v. →Farfa, Thomas v. Maurienne, ihren ursprgl. Plan, nach Gallien zu reisen, aufgegeben und sich stattdessen an den Volturno-Quellen niedergelassen hatten. Um eine kleine, dem hl. Vinzenz geweihte Kirche bildete sich dank des päpstl. Schutzes und der Schenkungen der Gläubigen ein großer Klosterkomplex. Nach der Eroberung des Langobardenreiches durch die Franken zeigte Karl d. Gr. Interesse für die Abtei, deren Territorium Gebiete im Molise, in den Abruzzen, in Latium und Kampanien umfaßte und das Gebiet des Fsm.s →Benevent grenzte. 787 verlieh Karl dem Kl. die Immunität und nahm es unter seinen Schutz. Der Eintritt frk. Mönche in die Kommunität führte zu Spannungen mit ihren langob. Mitbrüdern. Zur Immunität trat in der Folge die Exemtion von der Jurisdiktion des

Bf.s, vielleicht bereits 872–882, sicher jedoch im März 944 durch Papst Marinus II.

Nach der Zerstörung der Abtei durch die Sarazenen (881) zogen die Mönche nach Capua, wo sie bis gegen 915 verblieben. Während ihrer Abwesenheit wurden viele ihrer Ländereien usurpiert, so daß sie sich bei ihrer Rückkehr in ihr Stammkloster verschulden mußten, um die Kirche und die Klostergebäude wieder aufbauen zu können. Gleichzeitig zitierten die Äbte öffentl. Amtsträger und Privatleute vor Gericht, um ihre Ländereien zurückzubekommen. In der 2. Hälfte des 10. Jh. befand sich die Abtei durch die Hilfe der Päpste und der langob. Fs.en in vollem Aufschwung. 967 gewährten die Fs.en v. Capua und Benevent, Pandulf I. und Landulf III., der Abtei das Recht, auf ihren Besitzungen Türme und Kastelle zu errichten, und bestätigten die rechtl. Sonderstellung, die sie seit der Zeit Karls d. Gr. genoß. Die Päpste wiederum bestätigten wiederholt das Exemtionsprivileg von 944. V. a. ist die Bulle Nikolaus' II. (1059) zu erwähnen, wonach zu dieser Zeit 2 Kl., 46 Zellen und 17 Kirchen von S. V. al V. abhingen.

Die Aufschwungsphase dauerte bis in die ersten Jahrzehnte des 11. Jh., trotz der Usurpation von Kastellen und Ländereien durch den alten langob. Adel und die neuen norm. Herren. Die größte Blüte des Kl. fällt in das Pontifikat Paschalis' II., der 1115 den von Abt Gerardus erbaute neue Kirche weihte. In diesen Jahren begann der Mönch Johannes das Chronicon Vulturnense, das einen Großteil des früheren Urk.materials überliefert.

Ende des 12. Jh. setzte jedoch der Niedergang ein. Wahrscheinl. 1456 löste sich die Mönchsgemeinschaft auf. Bereits seit dem Beginn des 15. Jh. wurde die Abtei von Kommendataräbten geleitet, deren letzter, Innico Caracciolo, sie 1698 an Montecassino abtrat. Die Vereinigung wurde am 5. Jan. 1699 durch die Bulle Ex debito von Innozenz XII. sanktioniert. G. Vitolo

Lit.: Chronicon Vulturnense del monaco Giovanni, ed. V. FEDERICI (FSI 58–60), 1925–38 – V. FEDERICI, Gli abati di S. V. al V., BISIAM, 1941, 71–78; 1949, 67–123 – M. DEL TREPPO, Longobardi, Franchi e Papato in due sec. di storia vulturnese, ASPN, 1953–54, 37–59 – DERS., »Terra sancti Vincencii«. L'abbazia di S. V. al V. nell'Alto Medioevo, 1968 – A. PANTONI, Le chiese e gli edifici del monastero di S. V. al V., 1980 – G. VITOLO, Caratteri del monachesimo nel Mezzogiorno altomedievale, 1984 – Una grande abbazia altomedievale nel Molise. San V. al V., 1985.

Sankt Walburg, OSB Abtei bei →Hagenau (ō Philipp und Jakob, hl. →Walburga). Die am Rande des sog. Hl. Forstes gelegene Kl.zelle, von Gf. Dietrich v. Mömpelgard (→Montbéliard) 1074 gestiftet und vielleicht mit aus der Diöz. →Eichstätt kommenden Mönchen besiedelt, erhielt bereits 1106, 1117 und 1119 umfangreiche Schenkungen, zuerst von Heinrich V. und dann von →Friedrich II., Hzg. v. Schwaben, der sich dort mit seiner Gemahlin begraben ließ. Dadurch wurde die Abtei Reichskl. Friedrich I. entschied 1159, daß die Vogtei über St. W. nur dem Ks. zustehen solle. Bereits 1117 der röm. Kirche unterstellt, genoß St. W. den besonderen Schutz der Päpste, die dem Kl. Privilegien verliehen. Es verfügte über ein ansehnliches Vermögen. Am Anfang des 12. Jh. schloß sich St. W. der Reformbewegung von →St. Blasien an. Die am Anfang des 14. Jh. auftretenden wirtschaftl. Schwierigkeiten konnten überwunden werden, so daß die Äbte Burkard v. Müllenheim (1430–79) und Peter Schwarz (1479–1519) in der Lage waren, einen neuen Chor (bedeutende Wandmalereien und Glasfenster, spätgot. Hochaltar, Sakramentshaus) zu errichten. Im Gegensatz zur materiellen Lage war der moral. Zustand des Kl. besorgniserregend. Die durch den Straßburger Bf. 1488 erlassene Reformordnung scheint wenig Erfolg gehabt zu haben. 1525 von den Bauern geplündert, wurde die Abtei 1544 bzw. 1546 der Propstei Weißenburg einverleibt. F. Rapp

Lit.: L. PFLEGER, Die Benediktinerabtei St. W. im Hl. Forst, Archiv für elsäss. Kirchengesch., 1931, 1–90 – R. WILL-CH. CZARNOWOKY, Unbekannte Denkmäler in der Abteikirche St. W. (Archives de l'Église d'Alsace, 1947–48), 235–249 – H. DUBLED, L'avouerie des monastères en Alsace au MA (ebd., 1959), 69–77.

Saint-Wandrille → Fontenelle

Sankt Wolfgang, Wallfahrtsort im Salzkammergut, Oberösterreich. Kg. Ludwig d. Dt. schenkte 829 ein Forstgebiet am Abersee an die Abtei →Mondsee, das mit dieser 833 an das Bm. →Regensburg kam. Die 1183 gen. Johanneskirche am Abersee wurde bald mit der Anwesenheit des Bf.s →Wolfgang v. Regensburg in Mondsee 976/977 in Verbindung gebracht und dessen angebl. Wirken am Abersee (Falkenstein) legendenhaft ausgeschmückt (Beilwurf, Beil und Kirche als Attribut des Hl.). 1281 war die Kirche bereits dem hl. Wolfgang geweiht, dessen Name auch auf den Ort St. W. und den Abersee als Wolfgangsee übertragen wurde. Die seit 1306 urkdl. bezeugte, sicher ältere Wallfahrt nach St. W. erreichte im SpätMA ihren Höhepunkt. Dank des enormen Pilgerstroms entwickelte sich St. W. zum Markt (1416). Mondsee errichtete dort einen eigenen Konvent und eine größere Wallfahrtskirche, wo der 1481 vollendete Flügelaltar des Michael →Pacher aus Bruneck (Südtirol) mit Szenen aus der Wolfgangslegende Aufstellung fand. Nach Ks. Friedrich III. kam 1506 auch Maximilian I. als Wallfahrer nach St. W. Im selben Jahr erwarb er durch den bayer. Erbfolgekrieg das Mondsee- und St. W.-Land, aber bald nach dem Beginn der österreich. Herrschaft kam es durch die Reformation zu einem unaufhaltsamen Niedergang der Wallfahrt. H. Dopsch

Lit.: I. ZIBERMAYR, St. W. am Abersee, 1961[2] – F. BARTH, St. W., 1975 – Der hl. Wolfgang in Gesch., Kunst und Kult, Ausst.kat. Oberösterr., 1976 – R. ZINNHOBLER, Der hl. Wolfgang, 1993[2] – Der hl. Wolfgang und Oberösterr. (Schr. d. Oö. Musealver. 5, 1994[2]).

Saadja ben Josef al Fajjûmî Gaon, 882 in Oberägypten geb., gest. 942, wurde nach ztw. Aufenthalt in Palästina zum auf vielen Gebieten richtungsweisenden Gaon v. Sura, dessen Wirken nicht nur der →Halacha, der arab. Übers. der →Bibel (C), der Kommentierung von Bibel und →Sefär Jetzira sowie dem Schaffen des ersten Gebetbuches galt, sondern sich v. a. in seinem Hauptwerk »Kitab al-amanat wa-l-i'tiqadat« niederschlug. Das stark dem Kalam verpflichtete Werk wurde zweimal ins Hebr. übertragen: die paraphrasierende, nur bruchstückhaft erhaltene Übers. wurde für den aschkenas. →Ḥasidismus bedeutsam, während die Übertragung von →Jehuda ben Tibbon (12. Jh.) als »Sefär ha-'ämunot we had-de'ot« (Buch der Glaubenslehren und -überzeugungen) wirkungsgesch. dominierend wurde. In ihm will S. die Übereinstimmung zw. (richtiger) Vernunfterkenntnis, deren Quellen die sinnl. Wahrnehmung, die Erfassung evidenter – selbst Gott bindende – Sachverhalte (die auch die Unterscheidung zw. Gut und Böse betreffen), die log. als notwendig abzuleitenden Einsichten sowie die zuverlässige Tradition umfassen, und (recht verstandenen) Offenbarungsinhalt nachweisen. Auch wenn Erkenntnis- und Offenbarungsinhalte grundsätzl. ident. sind, ist die Tradition (Offenbarung) für die breiten Schichten ebenso wie für die Vernunfterkenntnis der Philosophierenden als stetig korrigierende, leitende und bestätigende Richtschnur unersetzl., da sie den (israelit.) Menschen zur Gottesliebe und Dankbarkeit führt und ihm letztl. die endgültige

Glückseligkeit ermöglicht. Die gegen den spätmanichäischen Dualismus sowie die aristotel. Annahme der Anfanglosigkeit der Welt/Materie unter Berufung auf die Tradition nach S. begründbare Schöpfung ex nihilo in/mit der Zeit erweist Gott als lebendig, mächtig und weise, drei islam. Hauptattribute Gottes, die in Gottes Wesen in eins fallen. Karäische und islam. Polemik zwangen ihn zur Ausräumung bibl. Anthropomorphismen, so daß nach S. die Propheten in ihren Visionen nicht Gott selbst, sondern den erschaffenen Lichtglanz (Kabod) geschaut haben.

R. Schmitz

Lit.: I. Efros, Stud. in Medieval Jewish Philos., 1974, 3–140 – S. Rosenblatt, The Book of Beliefs and Opinions, 1976³ – H. Malter, Saada G., 1979³ – L. E. Goodman, Saadiah's Ethical Pluralism, JAOS 100, 1980, 407–419.

Saale, Fluß in Mitteldeutschland, mißt von seiner Q. im Fichtelgebirge bis zur Mündung in die →Elbe 442 km, sein Einzugsgebiet umfaßt 23 700 km². Er war am Ende der Völkerwanderungszeit die Rückzugslinie der nach W abgewanderten Germanen, denen seit 600 die von O nachrückenden slav. Sorben folgten. Trotz zahlreicher slav. Siedlungsspuren w. der S. bildete diese seitdem die Grenze zw. den Thüringern und den Sachsen im W und den Sorben im O. Auch die im 8.–10. Jh. geschaffene Kirchenorganisation folgte der S. als Grenze zw. den Kirchenprov. en Mainz und (seit 968) Magdeburg im O. Die Liudolfinger hatten im frühen 10. Jh. mit Merseburg eine starke Stellung an der unteren S., Kg. Heinrich I. überschritt mit seinem Slavenzug 929 diese damalige O-Grenze des Reiches und eroberte das Gebiet bis zur mittleren Elbe bei Meißen. Die nach 1100 einsetzende dt. Kolonisation des ostsaal. Raumes machte die trennende Funktion des Flusses gegenstandslos. Seit dem Ende des 10. Jh. bauten die →Wettiner aus dem Raum n. von Halle ihre Stellung flußaufwärts aus, mit der Erwerbung der Lgft. →Thüringen 1247/64 wurde die S. zur Mittellinie des wettin. Territorialstaates, an der sich auch sächs.-thür. Hochadel mit Burgenbau festgesetzt hatte.

K. Blaschke

Lit.: G. Hertzberg, Die hist. Bedeutung des S.tals, 1895 – F. Franke, Ritterburgen und Schlösser über an der S., 1928.

Saalfeld, Kl. (1526–32 aufgegeben) in Thüringen. Ebf. →Anno II. v. Köln errichtete in der ehem. otton. Reichsburg auf dem Petersberg, die er 1056 von Kgn. →Richeza v. Polen erhalten hatte, nach ihrem Tode ein Kanonikerstift, bes. zur Bekehrung des sorb. Orlalandes. Das Stift ersetzte Anno 1071 durch ein Kl. mit Mönchen aus den Reformkl. →Siegburg und St. Pantaleon in →Köln. Vom Gründer u. a. mit großem Besitz im Orlaland und Frankenwald sowie in Coburg dotiert, galt S. als reichste Abtei Thüringens. Dem Kölner ebfl. Eigenkl. übertrug der Ebf. v. Mainz als Diözesan die Seelsorge im Orlagau. Seit dem Übergang der köln. Besitzungen in und um S. an das Reich (wohl 1180) und der Stadt S. an die Gf.en v. →Schwarzburg (1208) ist die Rechtsstellung des Kl. unklar; 1475 und 1497 zählte der Abt zu den Reichsfs.en. Vögte waren seit etwa 1208 die Gf.en v. Schwarzburg, später auch die Gf.en v. →Orlamünde, seit 1344/45 die →Wettiner.

K. Heinemeyer

Q. und Lit.: LThK² IX, 183f. – Patze-Schlesinger, II, 1, 67, 82, 112, 135f. [H.-K. Schulze] – GP IV, 4, 312–317 [Lit.] – H. Eberhardt, Gesch. und Kirchengesch. der thür. Städte Rudolstadt, S. und Arnstadt im MA (Thüringer kirchl. Stud. 7, 1981), 79–120 – M. Gockel, Das Dienstrecht der Kölner Ebf.e aus dem thür. S. (Thür. Forsch. [Fschr. H. Eberhardt, hg. M. Gockel–V. Wahl, 1993]), 43–61 [Lit.].

Saalkirche, zumeist längsgerichteter, geosteter Raum als bescheidene Pfarrkirche, Kapelle oder Memorialbau, in karol. Zeit in der Schweiz (Romainmôtier) und im Rhein-Maas-Gebiet in otton. Zeit auch als monumentaler Saal mit Annexräumen (St. Pantaleon in Köln, St. Patrokli in Soest); zumeist mit offenem Dachwerk oder flacher Holzdecke, seit dem 12. Jh. mit Tonne (Provence, Hérault seit Mitte 11. Jh.) oder Kreuzgratgewölbe, in Aquitanien mit flachen Halbkreiskuppeln über Pendentifs, seit der zweiten Hälfte des 12. Jh. mit Kreuzrippengewölbe. Der Saal kann durch Apsis, Chor, Querhaus oder Turm erweitert sein. Im Verlauf des 12. Jh. wird die S. als Pfarrkirche von der →Basilika und später von der →Hallenkirche verdrängt, aber von reformer. Bewegungen (Bettelorden, Kartäuser) immer wieder aufgenommen als ein Versammlungsraum ohne Hervorhebung sakraler Hierarchie. Als Sonderform gilt der →Dreiapsidensaal.

G. Binding

Lit.: RDK I, 1277–1279 [H. Wentzel] – E. Bachmann, Kunstlandschaften im roman. Kleinkirchenbau Dtl.s, Zs. d. dt. Ver. f. Kw. 8, 1941, 159–172 – E. Rogge, Einschiffige roman. Kirchen in Friesland und ihre Gestaltung [Diss. Stuttgart 1943] – W. Boeckelmann, Grundformen im frühkarol. Kirchenbau des ö. Frankenreichs, Wallraf-Richartz-Jb. 18, 1956, 27–69 – E. Lehmann, Saalraum und Basilika im frühen MA (Formositas Romanica [Fschr. J. Gantner, 1958]), 129–150 – E. Lehmann, Zum Typus von Santo Stefano in Verona (Stucchi e mosaici altomedievali, 1962), 287–299 – H. Sedlmayr, Mailand und die Croisillons Bas (Arte in Europa [Fschr. E. Arslan, 1966]), 113–128 – G. Binding, Bericht über Ausgrabungen in niederrhein. Kirchen, 1964–66, BJ 167, 1967, bes. 380–387 [Lit.] – A. Reinle, Kunstgesch. d. Schweiz, I, 1968 – K. Mertens, Roman. S.n innerhalb ma. Grenzen des Bm.s Meißen [Habil. Dresden 1967], 1973 – A. Demey, Eenbeukige romaanse kerken in Oost-Vlaanderen, 1977.

Saarbrücken, Stadt an der Saar (Saarland), Gft. [1] *Stadt:* Sie entstand ohne erkennbare Kontinuität zu gallo-röm. Siedlungen bei der vermutl. schon um 850 bestehenden, über einen Steilhang auf dem linken Saarufer gelegenen kgl. Burg, die Ks. Otto III. 999 dem Bf. v. Metz schenkte. Nach zeitweiligem Besitz Hzg. →Friedrichs v. Niederlothringen (18. F.) wurde sie 1065 durch Kg. Heinrich IV. den Bf.en v. Metz restituiert. Gegen Ende des 11. Jh. belehnte vermutl. der Metzer Bf. Bruno v. Calw die Saargaufg.en mit der Burg, die sich seit 1123 nach S. nannten. Die älteste Siedlung lag s. der Saar abgewandten Seite der Burg im sog. »Tal«. Nach einer Zerstörung des castrum 1168 auf Geheiß Ks. Friedrichs I. aus nicht bekannten Gründen wurde w. der Burg auf gleichem Niveau mit ihr eine neue Siedlung mit leiterartigem Grundriß angelegt. Bald Hauptort der Gft. S., entwickelte sie sich zur größten Territorialstadt zw. Kaiserslautern, Trier, Metz und Saarburg/Lothringen, begünstigt durch die Lage am Schnittpunkt einer aus der Ile de France über Verdun–Metz zum Oberrhein und weiter ins Rhein-Main-Dreieck ziehenden Straße mit dem seit Ende des 13. Jh. frequentierten Handelsweg von Oberitalien nach Flandern durch das Saartal (»flandr.-lampart. Straße«). Gf. Johann I. v. S. verlieh 1322 der »stat« S. und dem »dorf« St. Johann auf der jenseitigen Saarufer einen Freiheitsbrief. Städt. Funktionen beweist die Erwähnung der Stadtbefestigung 1227, am Orte ansässiger Lombarden 1271, der zünft. Organisation des Handwerks vor 1412 und zunächst eines, dann im frühen 15. Jh. von vier Jahrmärkten. S. war im MA keine eigene Pfarrei, sondern wurde von dem 3 km flußaufwärts gelegenen Kollegiatstift St. Arnual aus versehen; seit 1227 Deutschordenskommende an der Straße nach Metz.

[2] *Grafschaft:* Sie entstand um 1100 aus den Metzer Lehen Burg S., Völklingen und den großen Wäldern beiderseits der mittleren Saar sowie aus der Vogtei über das Kollegiatstift St. Arnual und die Benediktinerinnenabtei Neumünster an der Blies, die den Kern des späteren

Amtes Ottweiler bildete. Weiterer Besitz in Lothringen und im Elsaß sowie Vogteien über oberrhein. Kl., die durch jüngere Söhne auf den Bf.sstühlen Mainz, Speyer und Worms erworben worden waren, wurden schon im 12. und frühen 13. Jh. zur Ausstattung der Linien Werd, →Leiningen und →Zweibrücken verwendet, so daß die Gft. S. auf das Gebiet an der mittleren Saar und der Blies beschränkt blieb und nur durch die Vogtei über die Frauenabtei Herbitzheim geringfügig an der oberen Saar ausgedehnt werden konnte. Nachdem das erste Gf.enhaus, das über den 1080 erwähnten Gf. Sigibert im Saargau genealog. nicht weiter zurückverfolgt werden kann, erloschen war, folgte 1274 der Sohn der Mathilde v. S. aus ihrer ersten Ehe mit Simon v. Commercy an der oberen Maas. Mitglieder der neuen Dynastie begegnen öfter in militär. und diplomat. Diensten der frz. Kg.e. Gf. Johann II. v. S.-Commercy vermählte bald nach 1350 seine Erbtochter mit Gf. Johann v. Nassau. 1381 vereinigte beider Sohn Philipp I. die nassauischen Stammlande zw. Lahn und Main mit den Landen an Saar und Blies, doch erfolgte schon 1442 eine Teilung unter seinen beiden Söhnen in eine links- und eine rechtsrhein. Linie. H.-W. Herrmann

Q. und Lit.: A. RUPPERSBERG, Gesch. der ehem. Gft. S., 1. T., 1908² – DERS., Gesch. der Stadt S., I, 1913² – A. H. JUNGK, Reg. zur Gesch. der ehem. nassau-saarbrück. Lande (bis zum J. 1381), 1914/19 – K. HOPPSTÄDTER, Die Gft. S. (Geschichtl. LK des Saarlandes, II, 1977), 279–315 – H. KLEIN, S. Dt. Städteatlas, Lfg. II, Nr. 13, 1979 – H.-W. HERRMANN, Städte im Einzugsbereich der Saar (Publications Luxembourg 108, 1992), 295–298.

Saarwerden, Gft. Bei einer Teilung im Hause der Gf.en v. →Blieskastel bald nach 1100 erhielt Gf. Friedrich die Reichslehen Kirkel unweit der Blies, S. und Bockenheim als Metzer Lehen und die Vogtei über Herbitzheimer und Weißenburger Kl.gut an der oberen Saar. Namengebend wurde eine Burg auf einer Saarinsel oberhalb von Bockenheim (heut. Stadtteil v. Sarreunion). Den größeren Teil ihres Besitzes an der Blies verwendeten die Gf.en v. S. zur Dotierung der von ihnen gestifteten Zisterze Werschweiler, deren Schirmvogtei sie aber nicht behaupten konnten, und zur Ausstattung der 1386 erloschenen Nebenlinie Kirkel. Die sich aus der Heirat mit Herzlaude v. →Rappoltstein ergebenden Aussichten eines Ausgriffes in das Oberelsaß zerrannen mit dem kinderlosen Tode des Gf.en Heinrich III. (1397). Die Nachfolge in S. regelte sein Bruder →Friedrich III., Ebf. v. Köln, nicht zuletzt aus Überlegungen der kurköln. Politik, zugunsten seiner Neffen aus dem Hause →Moers. Von 1418–1527 bestand eine Linie Moers-S., deren Mitglieder Teile der Herrschaft Lahr-Mahlberg erwarben, aber nicht die Nachfolge in der Herrschaft Finstingen und den niederrhein. Gebieten durchsetzen konnten. Sie wurden 1513/27 in zwei Schüben von den Gf.en v. →Nassau-Saarbrücken in weibl. Nachfolge beerbt. H.-W. Herrmann

Lit.: H.-W. HERRMANN, Gesch. der Gft. S. bis zum Jahre 1527, 2 Bde, 1959–61.

Saaz (tschech. Žatec), Stadt im n. Böhmen. Das ursprgl. Stammeszentrum der slav. Lučanen wurde im 10. Jh. eine wichtige Kastellaneiburg der →Přemysliden (schon 1004 bei →Thietmar v. Merseburg erwähnt) und zum wirtschaftl., polit. und kirchl. Zentrum NW-Böhmens. Die 1235–48 erworbene städt. Privilegien und die Rechtsstellung als kgl. Stadt wurden 1265 durch →Otakar II. Přemysl bekräftigt; Gründung vieler kirchl. Institutionen: Minoriten, Propstei des Benediktinerstiftes Postelberg, mehrere Kirchen. Eine Blütezeit begann im 14. Jh. (zeitweise Sitz des »Ackermann-aus-Böhmen«-Dichters), als der tschech. Anteil (und auch der →Waldenser) an der ursprgl. dt. Bevölkerung wuchs; in den 20er und 30er Jahren des 15. Jh. war die Stadt eine wichtige Stütze der →Hussiten und ein Zentrum eines der hussit. Städtebünde. →Johannes v. Tepl. I. Hlaváček

Q. und Lit.: L. SCHLESINGER, UB der Stadt S. bis z. J. 1526, 1892 – W. WOSTRY, S. zur Zeit des »Ackermann«dichters, 1951 – J. TOMAS, Počátky města Žatce, Historický sborník Ústecka, 1967, 23–47 – (Koll.), Žatec, 1992 [auch dt.; Lit.].

Saba d. J., hl., †990/991, bedeutender Vertreter des italogriech. Wandermönchtums des 10. Jh., stammte aus einer wohlhabenden Familie in Collesano bei Troina (Ostsizilien), trat mit seinen Eltern Christophoros und Kalì und seinem Bruder Makarios in das Kl. S. Filippo in Agira am Südhang des Ätna ein. Vor den Sarazenen floh die Familie über Nicotera (Kalabrien) nach Mercurion, einem Gebiet am mittleren Flußlauf des Lao, in dem viele monast. Niederlassungen bestanden. Dort erbauten sie dem hl. Michael eine Kirche, um die eine Laura entstand. Als die Sarazeneneinfälle nach der Niederlage des byz. Patrikios Malakinos bei Gerace an Häufigkeit zunahmen, flüchteten die Mönche in das Latinianokl. am Sinniufer, wo S. und die Seinen ein Laurentiuskl. gründeten, dessen Leitung er nach dem Tod seines Vaters übernahm. S., der durch sein außergewöhnl. Charisma ebenso großen Einfluß auf die Massen wie auf die Mächtigen ausübte, verließ im Auftrag des Katepan Romanos (vor 982) das Latinianou und begab sich zu Ks. Otto II. nach Rom, um ihn von der Unterstützung der rebell. Untertanen von Byzanz in Apulien abzubringen. Durch eine Blockade der Sarazenen an der Weiterreise gehindert, hielt er sich als Einsiedler eine Zeitlang in Atrani bei Amalfi (Kampanien) auf, ohne die Hauptstadt erreichen zu können. 984 ist sein Aufenthalt in Armento (Basilicata) bezeugt, wo er eigenhändig seinen Landsmann und Mitbruder aus der Zeit in Agiras Lukas begrub. Aus Kampanien in den S zurückgekehrt, gründete S. im Gebiet von Lagonegro ein dem hl. Philippus geweihtes Kl., das bald von 60 Mönchen bevölkert wurde, und reiste häufig zur Kontrolle der Mönchskolonien des Mercurion, Latiniano und Lagonegros, deren Vorsteher er war, hin und her. In seinem letzten Lebensabschnitt gab er die südl. Regionen wegen der Sarazenengefahr auf und siedelte mit den Seinen in das Hinterland von Salerno über. Von dort begab er sich zweimal zu Otto II. nach Rom, um die Befreiung zweier junger Geiseln, des Sohnes des Fs. v. Salerno sowie des Sohnes des Patrikios v. Amalfi, zu erreichen. Geehrt vom Ks. und von der Ksn. Theophanu verstarb er 990/991 während seines zweiten Aufenthalts in Rom in dem griech. Kl. S. Caesarius. Seine Biographie sowie die Viten des Vaters und Bruders von S. verfaßte der Patriarch v. Jerusalem, Orestes, der bei Reisen in das Abendland kennengelernt hatte (Vat. gr. 2072, 11.Jh., aus dem Kl. von →Carbone im Latiniano). F. Luzzati Laganà

Lit.: I. COZZA-LUZI, Historia et laudes ss. Sabae et Macarii iuniorum e Sicilia auctore Oreste patriarcha Hierosolymitano, 1893 – J. GAY, L'Italie méridionale et l'Empire byz. depuis l'avènement de Basile Ier etc., 1904 – G. DA COSTA-LOUILLET, Saints de Sicile et d'Italie méridionale aux VIIIe, IXe et Xe s., Byzantion 29, 1959, 89–173; 30, 1960, 130–142 – S. BORSARI, Il monachesimo biz. nella Sicilia e nell'Italia meridionale prenormanne, 1963 – A. PERTUSI, Aspetti organizzativi e culturali dell' ambiente mon. greco dell' Italia meridionale (L'eremitismo in Occidente nei s. XI e XII, 1965. Atti della seconda settim. intern. di studio, Mendola), 382–434, 396 s. – S. CARUSO, Sulla tradizione ms. della Vita di s. S. il Giov. di Oreste di Gerusalemme, Boll. della Badia greca di Grottaferrata, NS, 28, 1974, 103–107 – E. MORINI, Eremo e cenobio nel monachesimo greco dell'Italia meridionale nei s. IX e X, RSCI 31, 1977, 1–39, 354–390 – A. JACOB, La date, la patrie et le modèle d'un rouleau italo-grec (Messanensis Gr. 177), Helikon, XXII–XXVII, 1982–87, 109–125 – J.-M. SANSTERRE, Le monachisme byz. à

Rome (Bisanzio, Roma e l'Italia nell'alto Medioevo, 1988), 701–746, 714–715 – La Vita di s. Fantino il Giovane, ed. E. Follieri, 1993.

Šaᶜbāniyye, ein Zweig des Derwischordens der →Ḥalvetiyye (→Orden, myst.); Gründer ist Šaᶜbān Velī, der Überlieferung nach ein aus dem mittelanatol. Taşköprü stammender Derwisch, der nach einer Ausbildung zum Gottesgelehrten (ᶜālim) in seinem Geburtsort, Kastamonu und Istanbul auf dem Weg in seine Heimat auf der Suche nach einem geistigen Führer (müršid) nach Bolu kam und sich dort Ḫayr ed-Dīn anschloß, einem Scheich des Ǧemāliyye-Zweigs der Ḫalvetiyye. Nach zwölfjährigem Dienst wurde er nach →Kastamonu entsandt, wo infolge des Zustroms zahlreicher Anhänger ein eigener Ordenszweig entstand. Hauptsitz der Š. waren das Mausoleum des 1568 betagt verstorbenen Gründers und sein Konvent bei der kleinen Moschee, in der er in Kastamonu zuerst gelehrt hatte; zahlreiche weitere Konvente bestanden v. a. im nördl. Zentralanatolien und in Istanbul. Wie beim Ḥalvetiyye-Orden stehen Askese und Versenkung im Mittelpunkt des Ritus; bes. Bedeutung hat die vierzigtägige strenge Isolation (erbaᶜīn), im Konflikt zw. Orthodoxie und undogmat. »Volksislam« nahm die sunnit. Š. einen vermittelnden Standpunkt ein. Ch. K. Neumann

Lit.: H.-J. Kissling, Šaᶜbān Velī und die Šaᶜbānijje [Diss. Orientales et Balcanicae Collectae I, 1986], 99–122 [erstmals 1952] – A. Abdulkadiroğlu, Halvetilik'in Şaᵇbâniyye Kolu, Şeyh Şaᵇbân-ı Velî ve Külliyesi, 1991.

Sabas (Sabbas, Savas [Verwechslungen mit →Sava v. Serbien]), hl., * 439 in Mutalaska bei Caesarea (Kappadokien), † 5. Dez. 532 in Mar Saba, ⌐ Grabkapelle, ebd. (Reliquien bis zur Rückführung 1965 in Venedig); Fest 5. Dez. Nach den Viten von →Kyrillos v. Skythopolis und →Symeon Metaphrastes war S. Schüler des →Euthymios d. Gr. und des Theoktistos. Er lebte als Eremit am Toten Meer bei Ruban und Kutila und gründete sieben Kl., u.a. 491/493 Mar Saba bei Jerusalem in der Kidronschlucht. S. wirkte als Abt und →Archimandrit und war 511/513 als Gegner des Monophysitismus und Origenismus Mitglied von Gesandtschaften zu Ks. Anastasios (491–518) und Justinian (527–565). Häufig dargestellt in byz. Asketenreihen (z. B. Katholikon v. Hosios Lukas [Mosaik, 11. Jh.]; Kl. Asinou/Zypern [Fresko, Anfang 12. Jh.]; H. Nikolaos Orphanos und Apostelkirche [Fresko, Anfang 14. Jh.] in Thessaloniki) als Asket mit längerem zweisträhnigem Bart, vor dem 11. Jh. eher mit kurzem Rundbart mit Schnurrbart (z. B. als Orant vor seiner Laura im Menolog Basileios' II. [Vat. gr. 1613, fol. 225, 976–1025]; älteste Darstellung [757–776] mit Euthymios [Fresko v. S. Maria Antiqua, Rom]). Im W in Rom, Montecassino, Venedig und Neapel verehrt, wird er als bedeutender Inspirator abendländ. Mönchtums als kurzbärtiger Abt mit Stab und Regelbuch dargestellt (Rom, S. Saba, Fresko 9./10. bzw. 14. Jh.). G. M. Lechner

Q. und Lit.: A. Poncelet, Cat. Codicum hagiographicorum lat., Bibl. Romanarum, 1909, 20, Nr. 53, 306f., Nr. 1, 311, Nr. 2; Bibl. Vaticanae, 1910, 50, Nr. 41, 136, Nr. 24, 179, Nr. 53 – BHG II, Nr. 1608–1610; III, Nr. 2177–BHL II, Nr. 7406–LCI VIII, 296–298 [Lit.] – LThK² IX, 186f. – Vies des Saints XII, 169–182 – Bibl. SS XI, 533–535 – A. Ehrhard, Überlieferung und Bestand der hagiograph. und homilet. Lit. der gr. Kirche, 1937, I, 510, 527; II, 471; III, 194, 682 – O. F. A. Meinardus, The Saints of Greece, 1970, 182f. – Cyril of Scythopolis, Lives of the Monks of Palestine, ed. R. M. Price–J. Binns, 1991 – C. Jolivet-Lévy, M. Kaplan, J.-P. Sodini, Les Saints et leur Sanctuaire à Byzance/Byzantina Sorbonensia 11, 1993), 49–64 [Lit.].

Sabbat. In Anlehnung an die bibl. und talmud. Gesetzgebung (→Talmud) galt der S. auch im ma. →Judentum als der Ruhetag schlechthin. Kennzeichnend für die S.ruhe war nicht nur das Verbot jeglicher gewerbl. Tätigkeit (Handel, Handwerk), sondern auch vieler anderer Aktivitäten (z. B. Kochen und Backen, Reiten, Reisen, Schreiben, Tragen und Bewegen von Gegenständen auf öffentl. Straßen; Durchführung von Scheidungen oder Bestattungen). Wer den S. schändete, indem er einer Arbeit nachging und von zwei Zeugen dabei beobachtet wurde, mußte bei funktionierender innerjüd. Disziplinargewalt mit der Verurteilung zu einer Auspeitschungsstrafe rechnen. Bei Gefahr für Leib und Leben eines Glaubensbruders war es jedoch gestattet, die S.heiligung hintanzusetzen und sich um die Rettung des Gefährdeten zu bemühen (z. B. Versorgung eines Schwerverletzten).

Breiten Raum nahm in den →Responsen die Frage ein, ob am S. Nichtjuden zur Erledigung von untersagten Tätigkeiten herangezogen werden durften. Hierbei nahmen die gesetzesgelehrten Autoritäten eine äußerst restriktive Haltung ein. So wurde z.B. bei dt. und frz. Talmudisten des 12. und 13. Jh. die Frage kontrovers beurteilt, ob ein Jude wenigstens an einem bitterkalten S. nichtjüd. Bedienstete mit dem Anzünden eines Feuers zu Heizungszwecken im Hause beauftragen dürfe. Grundsätzlich galt es als erlaubt, Nichtjuden am S. mit der Heilung oder Linderung von (auch weniger ernsten) Krankheiten zu beauftragen (Beispiele aus England, 13. Jh.). Schwierigkeiten bei der Nutzung von Wirtschaftsgütern, die ein Jude und ein Nichtjude gemeinsam besaßen (z. B. Ochsen), werden aus Frankreich schon im 11. Jh. berichtet. Da der Nichtjude mit den gemeinsamen Gütern am S. selbstverständlich arbeitete, der Jude aber von der S.arbeit des Nichtjuden ökonomisch nicht profitieren durfte, überließ er ihm unter komplizierten Vertragskonstruktionen die Wirtschaftsgüter für den S. allein und nutzte sie im Gegenzug an einem anderen Wochentag ohne Beteiligung seines nichtjüd. Partners.
H.-G. v. Mutius

Lit.: The Code of Maimonides, 3: The Book of Seasons, übers. S. Gandz–H. Klein, 1961, 5ff. – J. Katz, The »Shabbes Goy«, 1989.

Sabbatina, um 1430 in Sizilien entstandene angebl. Bulle Johannes' XXII. »Sacratissimo uti culmine« vom 3. März 1322. In ihr bestätigt der Papst, veranlaßt durch eine ihm zuteil gewordene Marienvision, reiche Ablässe für den →Karmeliterorden und seine Bruderschaften, die Christus auf Bitten seiner Mutter selbst gewährt hat, u. a. das »Privilegium Sabbatinum«, das allen Trägern des Skapuliers Unserer Lieben Frau v. Berge Karmel am Samstag nach dem Tode (»sabbato«; nach anderer Lesart »subito« ['umgehend']) die Befreiung aus dem →Fegfeuer verheißt. In der Zeit des Entstehens wurde von der seit 1461 bei Nicolaus Calciuri OCarm lit. greifbaren Fälschung kaum Gebrauch gemacht, doch entfaltete sie ab 1528 (erste Bestätigung des 'Privilegs' durch Clemens VII.; von den Päpsten bis zu Pius XII. 1950 erneuert) eine starke Wirkung in der Verbreitung des Skapuliers. Die Echtheit der Bulle wurde erstmals im 17. Jh., v. a. durch den Bollandisten D. Papebroch SJ, in Zweifel gezogen, was zunächst heftigen Widerstand aus den Reihen der Karmeliter hervorrief, der bis ins 20. Jh. zunehmend, nach den Arbeiten von Saggi endgültig aufgegeben wurde. J. Grohe

Lit.: L. Saggi OCarm, La »Bolla s. «. Ambiente – testo – tempo, 1967 – S. Dorner, Das Skapulier, 1987.

Säbel, einschneidige →Blankwaffe mit gekrümmter Klinge. Säbelartige Blankwaffen hatte es schon in der nord. Bronzezeit gegeben und bei den achaemenid. Persern, aber der wirkl. S. entstand erst im 6. Jh. bei ostasiat. Turkvölkern und in China. Er besaß einen einfachen chin. Handgriff mit glatter Griffkappe, Stichblatt oder eine bisweilen in Knäufchen endende Parierstange. Seit dem 7. Jh. erschienen Parierstangen mit rhomb. verbreitertem Mitteleisen. Nach Europa wurde der S. um 670 durch die zweite Avarenwelle (→Avaren) gebracht und im 9. und 10. Jh. nochmals durch die Magyaren (→Ungarn), wurde hier aber nicht angenommen, ebenso wie die S. der oriental. Türken zur Zeit der Kreuzzüge. Eingeführt wurde er erst im 16. und 17. Jh. durch die Osmanen. Der türk. S. hat ein verbreitertes Ende, der pers. eine scharfe Spitze.

O. Gamber

Lit.: H. Seitz, Blankwaffen, I, 1965.

Sabellianismus, trinitätstheol. Irrlehre, Ausformung des Modalismus; benannt nach Sabellius, der ca. 220 in Rom von Calixtus I. († 222) ausgeschlossen wird, da er Vater, Sohn und Geist identifiziere (Hippolyt, Refut. IX. 12). Die Kenntnis dieser Bewegung fußt allein auf den Schrr. ihrer Kritiker: bes. →Hippolytus, →Epiphanios und →Athanasios. Danach ist der S. eine konsequente Weiterführung des auf Noetus v. Smyrna (2. Jh.) zurückgehenden Patripassianismus, der Vater und Sohn derart verbindet, daß in Wirklichkeit der Vater Mensch wird, leidet und aufersteht. In diese Betrachtungsweise bezieht der S. den Hl. Geist mit ein. So wirkt Gott als Vater durch Schöpfung und Gesetzgebung. Mit der Menschwerdung hört er auf, Vater zu sein. Von dort an bis zur Himmelfahrt wirkt er als Sohn und seitdem als Hl. Geist. Demnach gibt es keine gleichzeitige Dreiheit; sie ist dies nur im Hinblick auf die Abfolge der Gesch. Der S. kennt nur eine göttl. →Hypostase. Hauptgegner dieser Bewegung sind →Tertullian und →Origenes. Fehlende Q. erlauben es nicht, die generellen zeitl. Angaben (Ende 2. bis Anfang 4. Jh.) sowie den Verbreitungsraum (Rom und Mesopotamien) näher zu bestimmen.

Wie die Häresielisten des Altertums (Can. 1 des II. Konzils v. Konstantinopel, 381; Augustinus, De haeresibus, n. 41) nennen auch die des MA den S. (Can. 18 der Lateran-Synode, 649; Jakobiten-Dekret des Konzils v. Florenz, 1441); →Hilarius v. Poitiers setzt sich mit ihm in »De Trinitate« auseinander. Als S. (im Kern berechtigt?) begegnet die Trinitätslehre →Abaelards und begründeter noch die →Wilhelms v. Conches. In der Auseinandersetzung mit Abaelards Theologia »Summi boni« (hg. und übers. U. Niggli, 1988, vgl. CXII) wird die sabellian. Irrlehre vertieft erörtert, v. a. in der Schule →Gilberts v. Poitiers (vgl. Zwettler Summe I n. 116-128). Auch →Petrus Lombardus nimmt diese Diskussion in den »Sententiae« auf und sichert ihr so in den Sentenzenkomm.en während Aufmerksamkeit. Der S. wird dann zur Versuchung der lat. Trinitätslehre, wenn diese ungenügend biblisch verankert ist, und die göttl. Personen Vater, Sohn und Geist nicht real, sondern nur virtuell unterschieden werden.

F. Courth

Lit.: →Trinität.

Sabellicus, Marcus Antonius (Marcantonio Coccio), Humanist und Gesch.sschreiber, * um 1436 in Vicovaro (Rom), † 18. April 1506 in Venedig. In Rom Schüler der Humanisten Gaspare Veronese, Porcellio Pandoni, Pomponius Laetus und Domizio Calderini (1470/71). 1473 öffentl. Lehrer in Udine. 1482 verfaßte er »De vetustate Aquileiae et Foriiulii libri sex«. 1484 erhielt er in Venedig den Lehrstuhl für die Nachmittagsvorlesungen der studia humanitatis an der Schule von S. Marco. Für seine 1484/85 zum Großteil in Verona, wohin er vor der Pest geflüchtet war, verfaßten, 1487 veröffentlichten »Historiarum rerum Venetarum decades« wurde er zum besoldeten Chronisten der Republik ernannt. 1488 veröffentlichte er »De Venetis magistratibus«, 1490 »De praetoris officio« und 1492 »De Venetae urbis situ et vetustate«. Neben seiner Tätigkeit als Geschichtsschreiber und Leiter der Libreria Nicena wirkte er als Philologe (1489 »De Latinae linguae reparatione«; seit 1487 Ed. von Plinius maior, Valerius Maximus, Sueton, Livius, Horaz). 1498 und 1504 erschienen die »Rapsodiae historiarum enneadum ab orbe condito ad annum salutis humanae 1504«. 1500 übernahm er Giorgio Vallas Lehrstuhl an der Schule von S. Marco.

F. Piovan

Lit.: DBI XXVI, 510-515 [Lit.] - R. Chevasse, The Reception of Humanist Historiography in Northern Europe: M. A. S. and John Jewell, Renaiss. studies 2, 1988, 327-338 - R. Fabbri, Cippico, S., Malipiero, AIVSL 147, 1988-89, III, 1-15 - M. Perugini (Letteratura it. Gli autori. Diz. bio-bibliogr. e indici, I, 1990), 570.

Säben → Brixen

Säbenbaum, Sadebaum (Juniperus sabina L./Cupressaceae). Der mit dem →Wacholder verwandte und in den Gebirgen S-Europas heim. Strauch, dessen volksetymolog. vielfach umgedeutete dt. Namen *sevina, sevi(n)boum, seben-/sabenbaum* u. ä. auf lat. *savina/sabina* zurückgehen, findet sich bereits in 'Capitulare de villis' (70) verzeichnet und wird als *sybenbaum* bei →Hildegard v. Bingen (Phys. III, 21) erwähnt. Die tox. Eigenschaften der Pflanze bzw. des darin enthaltenen äther. Öls waren offenbar schon in der Antike bekannt (Dioskurides, Mat. med. I, 76) und bedingten den volkstüml. Gebrauch als →Abortivum. Dessenungeachtet verwendete man in der Heilkunde die Blättchen und Sproßspitzen des S.s – auch in Form verschiedener Zubereitungen – gegen Stuhlzwang, Magen- und Darmschmerzen, sezernierende Wunden und zum Trocknen nässender Geschwüre sowie als harntreibendes und hautreinigendes, v. a. aber als menstruationsförderndes bzw. die Totgeburt austreibendes Mittel (Circa instans, ed. Wölfel, 111; Macer, ed. Choulant, 492-506; Gart, Kap. 353). Wegen seines unangenehmen Geruchs schrieb man dem 'Stinkwacholder' im übrigen teufel- und hexenabwehrende Kräfte zu.

G. Keil

Lit.: Marzell II, 1094-1099 – HWDA VII, 867-870 – H. Lehmann, Beitr. zur Gesch. von Sambucus nigra, Juniperus communis und Juniperus sabina [Diss. Basel 1935] – L. C. MacKinney, Oleum savininum: An Early Medieval Synthesis of Med. Prescriptions, BHM 16, 1944, 276-288 - V. J. Brøndegaard, Der S. als Abortivum, SudArch 48, 1964, 331-351.

Sabina, hist. Landschaft in Mittelitalien (nördl. Latium). Die Bedingungen des Überganges von der Spätantike zum MA sind nur lückenhaft bekannt. Archäolog. Belege weisen auf einen tiefgreifenden wirtschaftl. Rückgang hin, der sich im Wüstfallen (→Wüstung) zahlreicher Siedlungen im Verlauf des 4. und 5. Jh. manifestiert. Während dieser Epoche vollzog sich gleichwohl, bedingt durch die Nähe →Roms, eine starke Christianisierung, die im dichten Netz von Bm.ern ihren Niederschlag fand: Nomentum (Mentana), Cures (wüstgefallen), Forum Novum (Vescovio) und →Rieti sind alle für das 5. Jh. (oder früher) bezeugt. In dieser Periode verfügte die röm. Kirche in der S. über zahlreiche Domänen (domuscultae) und landwirtschaftl. Betriebe (massae) unter der Verwaltung von päpstl. 'defensores'.

Die Folgen der Besetzung durch die →Langobarden waren einschneidend. Die Langobarden verleibten den ganzen NO der S. ihrer Herrschaft ein und inkorporierten die Diöz. Rieti dem Dukat →Spoleto. Rieti selbst wurde zum Vorort eines →Gastaldats. Die lokalen Q. (→Farfa) geben Aufschluß über die Rodungstätigkeit in den Waldzonen der Hochs., die bereits von langob. →Königsfreien (→Arimanni, exercitales) durchgeführt wurde. Das

Papsttum schuf im S der S. eine röm. ('suburbikar.') S., die geprägt war durch die zunehmende Verschmelzung der drei Diöz. Nomentum, Cures und Forum Novum, die schließlich alle drei unter dem Bf.ssitz Forum Novum (Vescovio) vereinigt wurden.

Die karol. Eroberung (774) veränderte diese Situation nicht. Gastaldat und Diöz. v. Rieti wurden zur Gft. Karl d. Gr. festigte 781 die Zweiteilung der S. durch eine neue Grenzziehung, bestätigt von Ludwig d. Fr. (817) und noch vom 'princeps' →Alberich v. Rom (944).

Diese polit. Grenze zw. dem Dukat Spoleto und dem →Kirchenstaat, die mitten durch die S. verlief, blieb bis zum Ende des 12. Jh. erhalten. In der Periode des 'Adelspapsttums' unter den mächtigen Gf.en v. →Tusculum (Mitte 10.–Mitte 11. Jh.) bildete die S. Romana die Einflußzone eines Zweiges des Tuskulanerclans, der sog. 'Crescenzi Ottaviani' (→Crescentier). In der 2. Hälfte des 11. Jh. ging die Ausschaltung dieses Adelsverbandes Hand in Hand mit dem Fortschreiten der Gregorian. Reform. Das Papsttum hatte seinen territorialen Zugriff auf die Diöz. S. durch die Unterwerfung, den Kauf und selbst die Neugründung zahlreicher befestigter Siedlungen ('castelli') verstärkt (→Incastellamento). Außerdem verliehen die Prärogativen, die das →Papstwahldekret von 1059 den Kard.bf.en zuerkannten, der suburbikar. Diöz. S., deren Titel von Kardinälen getragen wurde, gesteigerte Bedeutung. In diesem Sinne sind die Anstrengungen zu verstehen, die das Papsttum bis ins 15. Jh. unternahm, um die liturg. Funktion der »ländl.« Kathedrale der S. in Vescovio zu erhalten, bis schließlich 1495 der Bf.ssitz nach Magliano Sabina verlegt wurde.

Das Bm. Rieti, das stets zur Mark Spoleto gehörte, spielte bis zum Ende des 12. Jh. eine wichtige Rolle als südl. Bastion Reichsitaliens gegenüber Kirchenstaat und norm. Monarchie.

Nach dem Tode Heinrichs VI. (1197) konnte Papst Innozenz III. die territoriale Einheit der S. unter päpstl. Hoheit neu konstituieren; sie wurde der Verwaltung eines päpstl. →Rectors unterstellt. In dieser Zeit nahm auch in Rieti das kommunale Leben Gestalt an. Im Laufe des 13. Jh. festigte Rieti seine Rolle als »Hauptstadt« der S. und Satellitenstadt Roms. Es wurde neben →Viterbo und →Anagni zu einer regulären Sommerresidenz des Papstes und der Kurie.

Im 14. Jh. blieb trotz des avignones. Exils der Päpste die strateg. Bedeutung der S. und ihrer 'castelli' erhalten, dank der energischen Regierung des Kard.legaten und Bf.s v. S., Albornoz. Nach der Rückkehr der Päpste nach Rom zeichnete sich ein spürbarer Verfall ab. Trotz einiger Aufenthalte →Martins V. gewann Rieti die Bedeutung, die es im 13. Jh. besessen hatte, nicht mehr zurück. Die S. wurde zum Schauplatz der heftigen Kämpfe, die sich die konkurrierenden röm. Adelsfamilien (→Orsini, →Colonna, →Savelli u.a.), alle im Besitz von 'castelli' in der S., lieferten.

Für die demograph. und wirtschaftl. Entwicklung Roms spielte die S., die mit ihren kontinuierl. Migrationswellen das hauptsächl. Reservoir an Zuwanderern bildete, eine wichtige Rolle. Die päpstl. Verwaltungsinstitution der 'grascia e annona' förderte stark die landwirtschaftl. Orientierung der S. auf Rom, das ihre agrar. Überschüsse aufnahm. Zur gleichen Zeit sicherte die päpstl. 'dogana pecorum' die Herausbildung eines effizienten und gewinnbringenden Systems des Viehtriebs (→Transhumanz) zw. der Sommerweide in der S. und der Winterweide in den Maremmen v. Latium.

P. Toubert

Lit.: IP II, Latium – G. Tomassetti – G. Biasiotti, La diocesi di S., 1909 – P. Toubert, Les structures du Latium médiéval, 2 Bde, 1973¹, 1994² – M. Righetti Tosti-Croce u. a., La S. medievale, 1985.

Sabinianus, Papst seit 13. Sept. 604, * Volterra (Toskana), † 22. Febr. 606, Rom; unter seinem Vorgänger →Gregor I. Diakon und →Apokrisiar in Konstantinopel, gewählt (wohl März 604) aus der Reaktion der röm. Diakone gegen die Bevorzugung der Mönche unter Gregor I., geweiht nach halbjähriger Sedisvakanz (nach Eingang der Bestätigung von Ks. →Phokas). Die dürftigen Nachrichten lassen auf neue Feindseligkeiten der →Langobarden schließen. Strenge Aufsicht bei Getreideverkauf in der Hungersnot trug S. den Haß des Volkes ein.

G. Schwaiger

Q.: LP I, 315 – Jaffé² I, 220 – Lit.: DThC XIV, 438f. – E. Caspar, Gesch. des Papsttums, II, 1933, 805 [Register] – Seppelt II, 43 – J. Richards, The Popes and the Papacy in the Early MA, 1979, 244, 260f. – J. N. D. Kelly, Reclams Lex. der Päpste, 1988, 82 – M. Borgolte, Petrusnachfolge und K.imitation, 1989, 416 [Register] – Ph. Levillain, Dict. Hist. de la Papauté, 1994.

Sabor → Parlament, Parliament, IX

Sabran, Adelsgeschlecht in Südfrankreich, geht zurück auf eine Familie von Allodialbesitzern im N der Gft. →Uzès, die ein Jahrhundert lang (seit Amiel, um 855) den Bf.ssitz v. Uzès besetzt hielt. Als erstes Mitglied des Hauses nannte sich Ennemon v. S. (1029) nach der Burg S., die unweit von Uzès den Fluß Cèze beherrschte. Die auch in der Gft. →Avignon begüterten S. waren im 12. Jh. enge Gefolgsleute ('fideles') von Alfons und →Raimund II. v. St-Gilles, Gf.en v. →Provence; von der Mitte des 12. Jh. (Wilhelm) bis zum Ende 13. Jh. führten sie den Titel von 'Connétables'. Zwei Heiraten verband das Haus S. mit dem letzten Gf.en v. →Forcalquier, Bertrand IV.: Giraud heiratete die Schwester Bertrands IV., Alix v. →Urgel, worauf sich die Prätentionen des Sohnes, Wilhelm v. S., auf die Gft. Forcalquier gründeten (die aber an den konkurrierenden Ansprüchen des Gf.en →Raimund Berengars V. v. Provence scheiterten); Raine ehelichte Garsende, die Tochter von Bertrand IV., der 1192 zugunsten seines Enkels eine aus fünf Dörfern des Landes v. Aigues gebildete Apanage einrichtete, die Baronie v. Ansouis. Der hl. →Eleazar v. S. (1286–1323), das berühmteste Mitglied der Familie, war Sohn des ersten Barons v. Ansouis, Guillaume Maltortel. Ein Bruder dieses Guillaume, Raine, besaß die Herrschaften Tour d'Aigues und Peipin d'Aigues. Eine andere Linie, die Güter im südl. →Comtat Venaissin (Chateauneuf de Gadagne, Le Thor, Caumont) besaß, ging hervor aus der im 12. Jh. geschlossenen Ehe zw. Rostaing de S. und Constance Amic, die dem Haus der Vicomtes v. Avignon entstammte.

N. Coulet

Lit.: A. du Roure, Notice hist. sur une branche de la famille de S., 1888 – E. Duprat, Testament de Giraud Amic (1216), Annales d'Avignon et du Comtat Venaissin, 1912, 151–167 – J.-P. Poly, La Provence et la société féodale, 1976 – Inventaire général des monuments et des richesses artistiques de la France: Pays d'Aigues, 1981.

Şabungï-oğlï Šeref üd-Dīn ᶜAlī, Mediziner, geb. 1385 in Amasya, gest. nach 1468, stammte aus einer Ärztefamilie und wirkte am Dār üš-Šifā in Amasya. Belegt sind Aufenthalte in Kastamonu bei Čandar-oğlï Isfendiyār Beg und vermutl. in Istanbul am Hofe Meḥmeds II. S. übersetzte und ergänzte 1444 für den Leibarzt des späteren Bāyezīd II. das Agrābādīn, den Schluß des »Ẓaḫīra-i Ḫārazmšāhī« Zayn ud-Dīn al-Ǧurǧānīs (gest. 1136), ein pharmakolog. Werk. Eine Arzneikunde ist auch das 1468 von ihm verfaßte »Mücerrebnāme«. Bekannt ist S. v.a. durch sein Meḥmed II. unterbreitetes »Ǧerrāḥiyyet ül-Ḫāniyye«, ein mit Miniaturen ausgestattetes chirurg.

Handbuch, das auf dem »at-Taṣrīf« Abū'l-Qāsim Ḫalāf az-Zahrāwīs (gest. 1013) aufbaut. Ch. K. Neumann

Lit.: P. Huard–M. Grmek, Le premier ms. chirurgical turc, hg. R. Dacosta, 1960 – İ. Uzel, M. A. Tavas, L. J. Johnston, »Sherefeddin Sabuncuoğlu«, Hamdard 30, 1987, 3–20 – Şerefeddin Sabuncuoğlu. Cerrāḥiyyetü'l-Ḫāniyye, hg. İ. Uzel, 2 Bde, 1992.

Sacchetti, Franco, * um 1332 in Ragusa (Dalmatien, heute Dubrovnik) oder in Florenz, † 1400. S. muß aufgrund seiner familiären Herkunft, seines Lebens und seines kulturellen Hintergrundes als florent. Schriftsteller betrachtet werden. Gläubiger Christ und gleichzeitig Exponent der guelf. Führungsschicht – er bekleidete verschiedene öffentl. Ämter in →Florenz und außerhalb –, spiegelt S. die polit. Stimmung dieser Schicht während der unruhigen zweiten Hälfte des 14. Jh. wider.

Der als Autograph erhaltene »Libro delle Rime«, an dem S. sein ganzes Leben lang arbeitete, ist kein streng aufgebauter Canzoniere, sondern ein »Sammelsurium« von Gedichten, die in metr. Hinsicht, literar. Zuschnitt und Inhalt sehr verschieden sind: Scherzdichtungen wechseln mit Liebesgedichten ab, daneben stehen »Cacce« (→Caccia), Dichtungen hohen Stils (u. a. die Canzonen auf den Tod des →Petrarca und des →Boccaccio), und Dichtungen polit., moral. und hist. Inhalts in bisweilen satir. Ton. Einige Versdichtungen waren für den öffentl. Aushang neben Skulpturen oder Gemälden in florent. Bauwerken (Orsanmichele, Palazzo Vecchio) bestimmt. Etwa auf 1345 datiert man »La battaglia delle belle donne di Firenze con le vecchie«, vier →Cantari in Achtsilbern, in denen sich die Tradition der →Sirventesen, die die schönen Frauen der Stadt aufzählten, mit dem scherzhaften und pseudonarrativen Streitgedicht zw. jungen und alten Frauen verbindet. Antikirchl. Polemik und eine tief religiöse Haltung gehen in den »Sposizioni dei Vangeli« ebenso wie in einigen der »Rime« eine enge Verbindung ein. Am ersteren begann S. nach 1381 zu arbeiten (1377 war er Witwer geworden, 1379 war sein Bruder Giannozzo, der interessante Gedichte verfaßt hatte, wegen Teilnahme an einer Verschwörung hingerichtet worden). In seinen letzten drei Lebensjahren arbeitete S. an der Slg. »Trecentonovelle«, von denen 235 erhalten sind, einige fragmentarisch. Im Prolog zitiert er voll Bewunderung den »Decameron«; seine Geschichten übernehmen jedoch nicht dessen Rahmenhandlung mit den zehn erzählenden Personen, einen Kunstgriff, durch den Boccaccio zw. seiner eigenen Stimme und den erzählten Geschehnissen eine Distanz setzt. Hingegen ist bei S. die Präsenz seines »Ich« ständig vorhanden und immer darauf bedacht, Kommentare zur Moral und zu den Sitten abzugeben, die seine Prosa mit den Gedichten und den »Sposizioni« verbinden. S. ist nicht an Novellen mit romanhafter Handlung interessiert, auch die Liebesgeschichte ist nur wenig vertreten. Seine Erzählungen sind kurz und knapp und knüpfen dadurch sowie durch die moral. Nutzanwendung an das →Exemplum an. Am stärksten vertreten ist in seinem Werk die Schwankerzählung, in zweiter Linie das »Motto«, Anekdoten über eine brillante Antwort. Die Novellen sind miteinander auf verschiedene Weise verbunden (themat. Affinität, gleicher Protagonist usw.). S. hebt neuartige Situationen und Personen hervor, d. h. Seltsames, Einzigartiges und Bizarres; er versucht stets, der Erzählung den Anschein der Wahrheit zu geben und sie damit zu aktualisieren (obgleich mehr als ein Text von den →»Fabliaux« abhängt) und bewegt sich dabei zw. der Suche nach dem vom Gewohnten und Normalen Abweichenden und der moral. Reflexion. Seine Sprache betont die Eigenheit des Florentinischen (vgl. die »Frottola«, in der er den Reichtum des florent. Wortschatzes an der Grenze zum Jargon ausbreitet), so daß S.s Werk die Blüte der kommunalen Lit. von Florenz abzuschließen scheint, in einer Zeit, in der das Latein humanist. Prägung ein neues Ansehen gewinnt. F. Bruni

Ed.: La battaglia delle belle donne. Le lettere. Le Sposizioni di Vangeli, ed. A. Chiari, 1938 – Il libro delle rime, ed. F. Brambilla Ageno, 1990 – Il Trecentonovelle, ed. V. Pernicone, 1946 (ed. E. Faccioli, 1970; ed. A. Lanza, 1984) – *Lit.*: E. Li Gotti, F. S. nomo »discolo e grosso«, 1940 – L. Caretti, Saggio sul S., 1951 – A. Corsaro, Cultura e meccanismi narrativi del »Trecentonovelle« di F. S., Filologia e critica 6, 1981, 22–49 – C. Delcorno, Exemplum e letteratura, 1989, 295–316 – L. Battaglia Ricci, Palazzo Vecchio e dintorni. Studio su F. S. e le fabbriche di Firenze, 1990.

Sacconi, Ranieri, Inquisitor, * Anfang des 13. Jh. anscheinend in Piacenza (Raynerius Placentinus), † nach 21. Juli 1262. Anfängl. Katharer, wurde er durch Petrus v. Verona (→Petrus Martyr) zum Katholizismus bekehrt, trat in den Dominikanerorden ein und arbeitete eng mit Petrus beim Kampf gegen die Häretiker zusammen. 1250 schrieb er die »Summa de Catharis et Leonistis seu Pauperibus de Lugduno«, in der er alle Nachrichten und Daten verwendet, die ihm während der Zeit seines Katharertums bekannt geworden waren. U. a. schöpft er aus der Kenntnis der Person und eines bis jetzt noch unbekannten Werkes des →Giovanni di Lugio (nicht mit dem »Liber de duobus Principiis« gleichzusetzen) und zitiert Passagen daraus. Nach der Ernennung des Petrus v. Verona zum Inquisitor in der Lombardei (1251) unterstützte ihn R. bei seinen Untersuchungen in so bedeutender Weise, daß er nach der Ermordung des Petrus (1252) zu dessen Nachfolger ernannt wurde (1254). Mit seinem harten Vorgehen gegen die Häretiker brachte R. die Stadt Mailand gegen sich auf, so daß er gezwungen wurde, seinen Amtssitz zu verlassen. Am 21. Juli 1262 berief ihn Papst Urban IV. an die Kurie, die damals in Viterbo residierte (Bulle »Cum super quibusdam«, Potthast 18383). Danach sind keine Nachrichten mehr über R. erhalten. E. Pasztor

Ed.: Summa, ed. E. Martène–U. Durand, Thesaurus novus anecdotorum V, Lutetiae Parisiorum 1717, 1759–76 – A. Dondaine, Un traité neo-manichéen du XIIIe s., le Liber de duobus principiis, 1939, 64–78 – *Lit.*: W. L. Wakefield–A. P. Evans, Heresies of the High MA, 1969 (Records of Civilization 71), 329–364, 746–748 – F. Sanjek, Raynerius S., O. P., Summa de Catharis, AFrP 44, 1974, 31–60 – R. Manselli, L'eresia del male, 1980[2], passim – G. Rottenwöhrer, Der Katharismus, Bd. I/1: Q. zum Katharismus, 1982, 64–66.

Sacebarones, frk. kgl. Amtsträger. Die Etymologie des Wortes ist umstritten; am ehesten liegt eine Zusammensetzung aus ahd. *sahhan* 'anklagen', 'streiten' und *baro* 'Mann' vor im Sinne von 'Streit- oder Prozeßmann' (v. Olberg). Die im sal. Volksrecht bezeugten S. sind Helfer des →Gf.en und fungieren als eine Art Verfahrensverwalter, die die ordnungsgemäße Durchführung eines Rechtsstreites überwachen und auch Urteilssprecher sein können. An einer Gerichtsstätte dürfen nicht mehr als drei S. gleichzeitig zugegen sein. Erklären sie einen Rechtsanspruch als erledigt, so ist ein erneutes Vorbringen beim Gf.en nicht möglich. Die S. können sowohl Freie (Wergeld 600 Solidi) als auch 'pueri regis', gehobene Unfreie, sein (Wergeld 300 Solidi). Eine klare Einordnung der S. in die frk. Gerichtsverfassung ist kaum möglich. U. Nonn

Q.: Pactus legis Salicae und Lex Salica (MGH LNG 4, 1–2) – *Lit.*: HRG IV, 1258–1260 [Lit.] – G. v. Olberg, Freie, Nachbarn und Gefolgsleute, 1983.

Sacerdotium. [1] *Begriff*: Der in seiner ursprgl. Bedeutung das 'Priestertum' kennzeichnende Begriff s. bezeichnet im MA die Sphäre der geistl. Gewalt im Gegensatz zum weltl. Herrschaftsbereich (→regnum bzw. →imperium). S. und regnum sind jedoch aufeinander bezogen und stehen in steter Wechselwirkung zueinander.

[2] *Die frühmittelalterliche Einheit von sacerdotium und regnum:* Dem ganzheitl. Denken des FrühMA entsprechend bestand zw. religiöser und polit. Sphäre keine strikte Trennung. S. und regnum waren vielmehr in die übergreifende Ordnung der die gesamte Christenheit umfassenden →Ecclesia einbezogen, welche nach paulin. Lehre als 'Leib Christi' (corpus Christi) vorgestellt wurde. Innerhalb dieses von organolog. Bezügen bestimmten Verbandes kam s. und regnum die Rolle von ihrer Funktion nach unterschiedenen Gliedern (membra) zu. Die für das FrühMA verbindl. Bestimmung des Verhältnisses von s. und regnum erfolgte auf dem Pariser Konzil v. 829 (MGH Conc. 1, 610f. Nr. 50 D c. 3) unter Rückgriff auf die Gelasian. →Zweigewaltenlehre. Bei grundsätzl. Respektierung der unterschiedl. Aufgabenbereiche wurde hier dem Priestertum aufgrund seiner sakramentalen Bedeutung ein Vorrang eingeräumt. Aus der alleinigen Befugnis der Bf.e zur Kg.ssalbung begründete→Hinkmar v. Reims die Höherwertigkeit des s. (»De ordine palatii« c. 1). Dennoch blieb die Vorstellung eines harmon. Zusammenwirkens von s. und regnum im Rahmen der Ecclesia bis in die Mitte des 11. Jh. bestehen. Die Ungeschiedenheit der Bereiche von s. und regnum war nicht zuletzt Voraussetzung für die Kirchenherrschaft der dt. Kg.e seit otton. Zeit (→Reichskirche).

[3] *Das Auseinandertreten von sacerdotium und regnum im 11. Jh.:* Unter dem Einfluß der kirchl. Reformbewegung (→Gregorian. Reform) erfuhr die Vorstellung eines gleichberechtigten Nebeneinander der Gewalten eine Umdeutung in hierokrat. Sinne. Aufgrund einer scharfen Trennung zw. der Sphäre des sakramentalen Priestertums und der Welt der Laien, zu der man auch den Kg. rechnete, wurde die Unterordnung des weltl. Bereichs unter die Vorherrschaft des s. angestrebt. Ein Konflikt zw. s. und regnum, der im →Investiturstreit offen zum Ausbruch kam, war deshalb unvermeidlich. Während von den Repräsentanten des s. offen die Führung innerhalb der Christenheit beansprucht wurde, hielten die Verteidiger des Kgtm.s an der traditionellen Position der Gelasian. Zweigewaltenlehre fest. Erstmals bediente sich→Gottschalk v. Aachen auf kgl. Seite des Symbols der beiden Schwerter (nach Lk 22, 38) zur Kennzeichnung von s. und regnum. Auf der Ebene des s. begann sich nunmehr die ird. Institution der Kirche, verstanden als Gemeinschaft der Kleriker, zu einer eigenständigen, rechtl. abgeschlossenen Körperschaft zu entwickeln, die ihrerseits einem Haupt, dem Papst, unterstellt war.

[4] *Die Ausweitung des päpstlichen Herrschaftsanspruchs:* Das in seinem Selbstbewußtsein erstarkte Papsttum gab sich nach dem Ende des Investiturstreits mit einer Nebenordnung der Gewalten nicht mehr zufrieden; es beanspruchte auch die Kontrolle der staatl. Sphäre. Dem gesteigerten Machtanspruch des s. wurde auf der Ebene des regnum unter dem Einfluß des wiederentdeckten röm. Rechts die Autonomie der staatl. Gemeinschaft entgegengestellt. Dem päpstl. Versuch, eine Subordination des regnum mit Hilfe lehnsrechtl. Argumente zu begründen, begegnete Friedrich I., gestützt auf den dt. Episkopat, mit dem Hinweis auf die Gottesunmittelbarkeit seiner Herrschaft, für die allein der fsl. Wahl konstitutiv sei (MGH Const. 1, 233f. Nr. 167). Mit der seit 1157 in der ksl. Kanzlei verwendeten Bezeichnung sacrum imperium sollte die sakrale Grundlage des Reiches unterstrichen werden. In dem von Innozenz III. begründeten päpstl. Anspruch auf die plenitudo potestatis (→Potestas) erreichten die hierokrat. Tendenzen des s. zweifellos einen Höhepunkt. Doch vermochten sie sich in der Praxis nicht durchzusetzen. T. Struve

Lit.: P. E. SCHRAMM, S. und Regnum im Austausch ihrer Vorrechte, StGreg 2, 1947, 403-457 [erweitert in: DERS., Ks., Kg.e und Päpste IV, 1, 1970, 57-106] – G. B. LADNER, The Concepts of »Ecclesia« and »Christianitas« and their Relation to the Idea of Papal »Plenitudo potestatis« from Gregory VII to Boniface VIII (Sacerdozio e regno da Gregorio VII a Bonifacio VIII [Misc. Hist. Pont. 18], 1954), 49–77 – M. PACAUT, La théocratie, 1957 – K. F. MORRISON, The Two Kingdoms, 1964 – Y. CONGAR, L'écclésiologie du haut MA, 1968 – W. KÖLMEL, Regimen Christianum, 1970 – CH. SCHNEIDER, Prophet. S. und heilsgeschichtl. Regnum im Dialog 1073–1077, MMS 9, 1972 – T. STRUVE, Regnum und S. (Hb. der polit. Ideen, II, 1993), 189–242 [Lit.].

Sachbeschädigung. Der moderne Tatbestand der S., die vorsätzl. Beschädigung oder Zerstörung einer fremden (bewegl.) Sache, entspricht dem röm. Delikt des widerrechtlich zugefügten Schadens ('damnum iniuria datum'): Aufgrund der lex Aquilia (286 v. Chr.; vgl. D. 9, 2; C. 3, 35; Inst. 4, 3) war für die Tötung eines fremden Sklaven oder Herdentieres der höchste Wert während des letzten Jahres vor der Tat, für das Verderben einer anderen Sache der höchste Wert während der letzten 30 Tage als →Buße zu leisten. Der Täter mußte objektiv unrechtmäßig und subjektiv pflichtwidrig gehandelt haben. Vorsatz wurde nicht vorausgesetzt, doch kam nur eine unmittelbare Einwirkung auf das beschädigte Objekt durch eigenes Handeln (nicht Unterlassen) in Betracht; andernfalls wurde die actio legis Aquiliae sinngemäß angewendet (actiones utiles oder in factum), ebenso, wenn nicht der Eigentümer, sondern ein gutgläubiger Besitzer, Nießbraucher, Pfandgläubiger, Entleiher usw. klagen wollte. Auch wegen des Vermögensschadens bei Verletzung eines freien Menschen wurde die Klage vereinzelt gewährt. Für die gelehrten Juristen des MA war das Delikt Anlaß zur allg. Erörterung von Schadens-, Kausalitäts- und Verschuldensproblemen. Die→Buße wurde zunehmend als →Schadensersatz verstanden. Aber erst in der Neuzeit wurde die actio legis Aquiliae zu einer allg. Schadensersatz-Klage wegen unmittelbarer Vermögensschädigung. P. Weimar

Lit.: R. KÖNIG, Das allg. Schadensersatzrecht im MA im Anschluß an die lex Aquilia [Diss. ungedr., 1954] – H. LANGE, Schadensersatz und Privatstrafe in der ma. Rechtstheorie, 1955 – H. KAUFMANN, Rezeption und Usus modernus der Actio legis Aquiliae, 1958 – M. KASER, Das röm. Privatrecht, 1971–75², I, 619–622; II, 437–439.

Sache → Res

Sachlikes, Stephanos, * ca. 1331, † nach 1391, griech. Großgrundbesitzer, Rechtsanwalt und Dichter in Chandax, in ven. Notariatsurkk. belegt. Mitglied des *Maggior Consilio*. Aufgrund sittl. Verfehlungen zu einer Kerkerstrafe verurteilt. Nach längerem Aufenthalt auf einem seiner Landgüter wurde er in Chandax zum Rechtsanwalt bestellt. Neben der Autobiographie »Seltsame Geschichte« verfaßte S. satir.-parodist. Gedichte über seinen Gefängnisaufenthalt und die leichten Damen von Chandax (»Die Freunde«, »Der Kerker«, »Ratsversammlung der Huren« u.a.). Seine »Ratschläge an Franziskis« warnen einen jungen Mann vor den Gefahren eines ausschweifenden Lebens. Seine in Volkssprache verfaßten Werke sind in verschiedenen Versionen erhalten und spiegeln z. T. den Einfluß der zeitgenöss. it. Lit. wider. S. verwendete als erster auch gereimte Fünfzehnsilber. M. Hinterberger

Ed. und Lit.: W. WAGNER, Carmina graeca medii aevi, 1874, 62–105 – BECK, Volksliteratur, 200–202 [Ed., Lit.] – PLP X, Nr. 24975 – Tusculum-Lex., 1982³, 711f. [Ed., Lit.] – A. F. VAN GEMERT, Ho Stephanos Sachlikes kai he epoche tu, Thesaurismata 17, 1980, 36–130 – N. PANAJOTAKIS, Sachlikisstud. (Neograeca Medii Aevi, I, 1986), 219–278 [gr.: Kretika Chronika 27, 1987, 7–58] – A. F. VAN GEMERT,

Literary Antecedents (Lit. and Society in Renaissance Crete, hg. D. HOLTON, 1991), 51–56.

Sachs, messerartige, einschneidige →Blankwaffe. Die antike Urform des S. mit tief ausgenommenem Handgriff dürfte auf das Streitmesser der La-Tène-Kultur zurückgehen (Vimose-Typus). Durch die Hunnen kam der sog. »pannon.« S. (Bezeichnung im →»Beowulf«) aus Asien nach Europa. Er war eine schmale, mehr zum Stich als zum Hieb geeignete Zweitwaffe zum →Schwert (Schmals.). Bei den Germanen wurde er im 6. und 7. Jh. schwerer und breiter (Breits.). Seine Scheide wurde stets an der Schneidenseite geschlossen, dort saßen auch die Schlaufen, mit denen er fast waagrecht oberhalb des Schwertes links am Gürtel hing. Es gab auch große, allein getragene S.e. Seit dem 8. Jh. verschwand er aus der Bewaffnung des Kriegers, erhielt sich aber beim Volk als Bauernwehr und Hirschfänger bis ins 16. Jh.   O. Gamber
Lit.: H. SEITZ, Blankwaffen, I, 1965.

Sachs, Hans, der berühmteste dt. Dichter des 16. Jh., * 5. Nov. 1494 in Nürnberg, † 19. Jan. 1576 ebd. – S. übte das Schumacherhandwerk aus; trotz seiner ausgebreiteten lit. Tätigkeit wird man ihn nicht als Berufsautor bezeichnen können. Bereits als Lehrling war S. in seiner Heimatstadt mit dem Meistergesang (→Meistersinger) vertraut geworden. Frühzeitig schloß er sich der Reformation an. Ersten Ruhm erwarb er durch das 1523 gedr. Gedicht »Die Wittenbergisch Nachtigall«, in dem er eine populäre Zusammenfassung von Luthers Lehren bot. In der Folge stellte er sein lit. Schaffen weitgehend in den Dienst der luther. Sache. Zw. 1513 und 1567 verfaßte S. 4286 geistl. und weltl. Meisterlieder, außerdem komponierte er 13 Meistertöne. Ferner schrieb er in der Tradition seiner Nürnberger Vorgänger H. →Rosenplüt und H. →Folz zahlreiche geistl. und weltl. Dichtungen in Reimpaaren, die Spruchgedichte, von denen viele auch als Flugblätter gedr. wurden. Ebenfalls an eine lange Nürnberger Tradition schloß er sich mit seinen 85 →Fastnachtspielen an. Weitgehend Neuland betrat S. hingegen mit seinen 130 Komödien und Tragödien. Interessante Beiträge zur reformator. Flugschriftenlit. sind seine vier Prosadialoge von 1524. Vielfach basieren die über 6000 Werke des Dichters auf lit. Vorlagen, der Bibel, historiograph. und erzählender Lit. der Antike, des MA und der eigenen Zeit; mit seinen Dichtungen suchte er in erster Linie die Fülle des religiösen und weltl. Wissens an seine lit. nicht oder nur wenig geschulten Mitbürger weiterzugeben.   H. Brunner
Ed.: Werke, hg. A. v. KELLER–E. GOETZE, 1870–1908 – Sämtl. Fabeln und Schwänke, hg. E. GOETZE–C. DRESCHER, 1893–1913 – Meisterlieder des 16. bis 18. Jh., hg. E. KLESATSCHKE–H. BRUNNER, 1993 [Ausw.] – *Lit.:* N. HOLZBERG, H. S. Bibliogr., 1976 – H. BRUNNER–B. WACHINGER, Rep. der Sangsprüche und Meisterlieder, 9–11, 1986/87 – E. BERNSTEIN, H. S., 1993.

Sachsen
I. Frühgeschichte und Ethnogenese – II. Archäologie – III. Herzogtum (9. Jh.–1180) – IV. Herzogtum (Jüngeres: 1180–1500).

I. FRÜHGESCHICHTE UND ETHNOGENESE: [1] *Entstehung und Verfassung:* Als Volk treten die S. erstmals in der »Geogr. Anleitung« des gr. Mathematikers →Ptolemaeus auf, der sie im heutigen Schleswig-Holstein lokalisierte. →Tacitus hat in der »Germania« keine S. erwähnt. Die moderne Forsch. rechnet mit einem spätestens im 3. nachchr. Jh. aktiven Stammesbund, der sich in weitgreifender, krieger. vorgetragener, aber für neue Bundesgenossen stets offener Bewegung südostwärts ausbreitete. Da es für diese frühe Zeit keine unmittelbaren schriftl. Q. gibt, sind wir auf archäol. Zeugnisse angewiesen (vgl. Abschnitt II). Im 10. Jh. erwähnt →Widukind v. Corvey (I. 2–7) eine von ihm noch selbst gehörte, aber krit. beurteilte mündl. Tradition, derzufolge die S. entweder von Dänen und Normannen oder (vgl. die frk. Trojanersage; →Trojaner) von den Resten des makedon. Heeres Alexanders d. Gr. abzuleiten seien. Als sicheres Wissen nennt er die Ankunft der S. auf Schiffen in »Hadolaun«, worunter heute allg. das Land Hadeln links der Elbmündung verstanden wird, und ihre Landnahmekämpfe mit den dort siedelnden →Thüringern. Das Landungsmotiv findet sich schon in den 60er Jahren des 9. Jh. bei →Rudolf v. Fulda, der auch von einem frk.-sächs. Bündnis gegen die Thüringer (Krieg Theuderichs I., 531) weiß; noch früher (um 700) erwähnt der →Geographus Ravennas die S. als Nachbarn der Dänen, aus deren Gebiet sie einst gekommen seien. Von sächs. Seekriegern an den gall. und britann. Küsten berichten röm. Autoren seit 286 mehrfach; Höhepunkt dieser Seewanderung ist im 5. Jh. die Landnahme in Britannien (→Angelsachsen).

[2] *Eingliederung der Sachsen in das Frankenreich:* Frk. Autoren (→Gregor v. Tours; →»Liber historiae Francorum«; →Fredegar) notieren seit 531 andauernde Kontakte und Grenzkämpfe mit den S., deren Verfassung und Siedlungsgebiet aus solchen »Begegnungsmeldungen« (W. LAMMERS) aber nicht erschlossen werden können. Erst die Verdichtung der frk. historiograph. Nachrichten infolge der S.kriege →Karls d. Gr. (Abschnitt A. 3) ergibt einige Anhaltspunkte. Dabei erscheint das zw. Elbe, Saale, Unstrut, Harz, oberer Leine, Diemel, Ruhr und Ijssel in die Heerschaften der Westfalen, Engern und Ostfalen gegliedert siedelnde königslose sächs. Volk mit seinen jährl. Versammlungen der »Satrapae« (Gauvorsteher) und je 12 Gaudelegierten der Edelinge, Frilinge und Laten in Marklo a. d. Weser als Sonderfall frühma. gentiler Verfassung. Schroffe Trennung des mit achtfachem Latenwergeld hoch geschützten Adels von der übrigen Bevölkerung deutet auf Überschichtung durch landnehmende Eroberer (Widukind I. 14) und auf eine rechtl.-soziale Krisenlage, die den sächs. Adel veranlaßte, seine Stellung durch Öffnung gegenüber der frk. Mission zu sichern. Weil die zuvor von Utrecht und Deventer ausgegangene ags. Mission an der engen Beziehung polit. und kult. Lebensformen (Irminsul) der S. gescheitert war, entwickelte Karl d. Gr. seit 772 ein Mission mit Krieg verbindendes Konzept für ihre Integration in das frk. Reich (→Franken, Frankenreich). 775 stieß Karl über die Sigiburg an der Ruhr bis nach Ostfalen vor und erzwang die Anerkennung seiner Oberherrschaft, die aber in den folgenden Jahren von der Basis im Quellgebiet der Lippe (Pfalz →Paderborn) aus immer neu gesichert werden mußte. 777 teilte der Reichstag v. Paderborn S. in Missionssprengel ein, 782 folgte auf dem Reichstag v. →Lippspringe die Einführung der Gft.sverfassung, verbunden einerseits mit Ernennungen sächs. Adliger zu Gf.en, andererseits mit dem Erlaß der für frk. Rechtsverständnis ungewöhnl. harten, massiv Todesstrafen androhenden »Capitulatio de partibus Saxoniae«. Im gleichen Jahr stand der seit 778 gen. westfäl. Adlige →Widukind an der Spitze einer breiten Aufstandsbewegung, die ein frk. Heer am →Süntel schlug, doch von sächs. Großen und frk. Truppen niedergeworfen wurde; Karl ließ die ihm ausgelieferten Gefangenen in →Verden hinrichten, aber noch 783 kam es bei Detmold und an der Haase zu offenen Feldschlachten. 784 schlossen sich die Friesen Widukind an, Karl brach aber den Widerstand mit umfangreichen Zerstörungen sächs. Siedlungen seit dem Winter 784/785 und zwang Widukind zu Unterwerfung und Annahme der Taufe in →Attigny. Dennoch konnten die S. südl. der Elbe trotz wiederholter Verwüstungen und

(wohl nach byz. Vorbild organisierter) Deportationen mit folgendem Zustrom frk. Staatssiedler erst 802 endgültig befriedet werden, 804 unterwarfen sich die Nordalbingier unter dem Druck der mit Karl verbündeten →Abodriten. Schon 797 waren infolge der Kritik →Alkuins die Härten der frk. Gesetzgebung durch das →»Capitulare Saxonicum« gemildert worden, so daß eine Basis für die noch lange Zeit erfordernde innere Christianisierung geschaffen war. Die Eingliederung der bis dahin heidn. S. in das Frankenreich bedeutete für den norddt. Raum das Ende der Wanderzeit; das sächs. Siedlungsgebiet mit schwach ausgebildeter Binnengliederung und fließenden Außengrenzen wurde zur klar strukturierten Reichslandschaft umgestaltet, zum regnum als herrschaftl. organisierter Regierungs- und Verwaltungseinheit mit staatl. Qualität. Genuin sächs. Zentralorte fehlten, denn häufig gen. Befestigungsanlagen wie →Eresburg, →Iburg, Sigiburg (Hohensyburg) und Skidrioburg lagen eher peripher; erst mit den frk. Bm.gründungen in S. (→Osnabrück, Bremen [→Hamburg-Bremen], →Minden, →Münster, Paderborn, →Verden, →Halberstadt, →Hildesheim) und durch die Einführung der →Gft.sverfassung (782) ergab sich durch Vernetzung von Zentrum und Umfeld ein topograph. faßbarer Großraum, der durch Stifts- und Kl. gründungen (→Hameln, →Brunshausen, →Gandersheim, →Corvey, →Herford, →Möllenbeck, Wendhausen, Wunstorf) unter Beteiligung sächs. Adelsfamilien weiter differenziert wurde.
J. Ehlers

Lit.: M. LINTZEL, Ausgew. Schrr., 1: Zur sächs. Stammesgesch., 1961 – Entstehung und Verfassung des S.stammes, hg. W. LAMMERS, 1967 – Die Eingliederung der S. in das Frankenreich, hg. DERS., 1970 – W. SCHLESINGER, Zur polit. Gesch. der frk. Ostbewegung vor Karl d. Gr. (Althessen im Frankenreich, hg. DERS., 1975), 9–61 – R. WENSKUS, Sächs. Stammesadel und frk. Reichsadel, 1976 – Gesch. Niedersachsens, 1, hg. H. PATZE, 1977, 439–712 – R. WENSKUS, Stammesbildung und Verfassung, 1977², 541–551 – E. FREISE, Das FrühMA bis zum Vertrag v. Verdun (843) (Westfäl. Gesch., 1, hg. W. KOHL, 1983), 275–335 – DERS., Die S.mission Karls d. Gr. und die Anfänge des Bm.s Minden (Fschr. W. BREPOHL, 1983), 57–100 – K. HONSELMANN, Die Bm.gründungen in S. unter Karl d. Gr., ADipl 30, 1984, 1–50 – H. BEUMANN, Die Hagiographie »bewältigt« Unterwerfung und Christianisierung der S. durch Karl d. Gr. (DERS., Ausgew. Aufsätze, 1987), 289–323 – K. NASS, Fulda und Brunshausen, NdsJb 59, 1987, 1–62 – R. LANGEN, Die Bedeutung von Befestigungen in den S.kriegen Karls d. Gr., WZ 139, 1989, 181–211 – →Franken, Frankenreich, →Karl d. Gr., →Altsächs. Sprache u. Lit.

II. ARCHÄOLOGIE: [1] *Einführung:* Die frühe Kulturgesch. des sächs. Stammesverbandes muß wegen mangelnder Schriftq. über archäolog. Fundplätze (Gräberfelder, Siedlungen) erschlossen werden, wobei sich die Fundlage in den verschiedenen Regionen des Stammesgebietes unterschiedl. dicht darstellt. Erst seit dem 8./9. Jh. liefern die Schriftq. (vgl. Abschnitt I) wichtige Ergänzungen zu den archäolog. Q.

[2] *Siedlungswesen:* Es gab einzelne oder in kleinen Gruppen stehende Gehöfte, aber auch Dorfgröße erreichende Ansiedlungen. Steinbauten (Burgen, Kirchen) traten erst in spätsächs. Zeit unter christl. Einfluß auf. Ausschlaggebend für den Bau einer Siedlung waren günstige ökolog. Bedingungen für intensiv betriebene Viehhaltung und effektive Feldwirtschaft. Kerngebäude der oft eingezäunten bäuerl. Wirtschaftsbetriebe war das aus drei Pfosten (»dreischiffig«) errichtete »Wohn-Stall-Haus« mit Wohn-, Wirtschafts- und Stallteil. Angegliedert waren auf Ständer stehende Vorratsgebäude, →Grubenhäuser und andere Kleinbauten, in denen z.T. die verschiedenen Handwerke durchgeführt wurden. Die Stallgröße der Wohn-Stall-Häuser erlaubt möglicherweise auch Erkenntnisse über die soziale Bedeutung des Besitzers in der Gemeinschaft. Bes. die im Küstenbereich liegenden Siedlungen der as. Periode (4.–5. Jh.) wie Wijster, Niederlande, die Wurt Feddersen Wierde und die Geestsiedlung Flögeln im Krs. Cuxhaven, Niedersachsen, haben in den vergangenen Jahrzehnten die Kenntnisse der Wirtschafts- und Sozialstruktur erhebl. vergrößert.

[3] *Bestattungswesen:* Die Bestattungssitte der S. auf dem Kontinent wird in der Frühphase (3.–8. Jh.) durch die Leichenverbrennung geprägt. Charakterist. sind große, oft mehrere tausend Brandgräber umfassende Urnenfriedhöfe unter flachem Felde. Bekannte Beispiele dafür sind die Friedhöfe von Issendorf, Ldkrs. Stade, oder Westerwanna, Ldkrs. Cuxhaven in Niedersachsen. Seit dem 4. Jh. wurden auf diesen Brandgräberfriedhöfen gleichzeitig auch W–O oder S–N ausgerichtete Körpergräber angelegt, meist in kleineren Gruppen, die oft am Rande der Brandbestattungen niedergelegt wurden und wahrscheinl. den sozialen und polit. Eliten zuzuordnen sind. Dafür spricht ihre gelegentl. sehr aufwendige Anlage in aus Holz gezimmerten Kammern (Issendorf). Die Sitte, die Friedhöfe »gemischt« zu belegen, hielt sich bis ins späte 8. Jh., in dem unter christl. Einfluß dann die Feuerbestattung aufgegeben wurde. Seitdem wurde ausschließl. körperbestattet, wobei die Toten in W–O ausgerichteten Reihengräbern beigesetzt wurden. Mit beginnendem Kirchenbau verließ man die heidn. Bestattungsplätze und legte die Friedhöfe bei den Gotteshäusern an. Einen anderen Verlauf nahm die Bestattungssitte bei den →Angelsachsen in Britannien. Aufwendige Grabfunde wie auf der brit. Insel (z.B. →Sutton Hoo) fehlen für die festländ. S.

[4] *Tracht und Bewaffnung:* Wie zu jener Zeit auch bei anderen germ. Stämmen (→Germanen) üblich und erst mit der Übernahme des christl. Glaubens weitestgehend abgeschafft, wurden die S. in ihrer Tracht beerdigt oder verbrannt. Während Textilien und aus organ. Materialien gefertigte Gegenstände meist vermodert oder im Scheiterhaufenfeuer vollständig verbrannt sind, blieben Trachtbestandteile aus Metall, Schmuck und Waffen in Körpergräbern häufig vollständig, in Brandgräbern oft als brandreduzierte Reste erhalten. Dabei sind geschlechtsspezif. Unterschiede zu erkennen. Frauen trugen oft Halsketten aus bunten Glas- und Bernsteinperlen, sie verschlossen ihre Kleidung mit Bronze- oder Silberfibeln verschiedenster Ausformung, mit Gürtelschnallen aus Eisen oder Bronze, und sie trugen Messer und Schlüssel. Häufig wurden Kammbeigaben und gelegentl. Amulettschmuck, etwa Donaranhänger, in den Gräbern nachgewiesen. In den Männergräbern hingegen finden sich oft Waffen wie die Spatha (zweischneidiges Schwert), Saxe (einschneidiges Hiebschwert; →Sachs), Lanzen, Äxte, Pfeil und Bogen und als Schutzwaffe der Schild. Auffallend sind darüber hinaus schwere Gürtelgarnituren aus Eisen oder Bronze und als Beigabe das Messer. Auch Möbel, Kisten, Gläser und Tongefäße wurden den Toten mitgegeben. Mit der Christianisierung erlosch diese Beigabensitte fast gänzlich.

[5] *Handwerk:* Bereits seit der Frühphase sind gut entwickelte Handwerke zu verzeichnen, so etwa das Töpfer-, Tischler- und Zimmermannshandwerk (einschließl. Schiffbau) und die Metallhandwerke, die weiter in Edel- und Buntmetall- sowie Schmiedehandwerk zu untergliedern sind. Bei den metallenen Schmuck- und Trachtbestandteilen kam es in der Frühphase (4.–5. Jh.) mit der Herstellung verschiedener Fibelformen (etwa gleicharmige Fibeln, Schalenfibeln) zu eigenständigen, stammesspezif. Formen- und Verzierungselementen, wobei spätröm.

Verzierungsvorlagen adaptiert wurden. Bes. seit der 2. Hälfte des 5. Jh. wurde die Waffenproduktion (Spatha, Sax, Axt, Speer, Pfeil und Schild) von Bedeutung, die im 6./7. Jh. teilweise hervorragende Qualität erreichte und von einem kenntnisreichen Schmiedehandwerk zeugt.

H.-J. Häßler

Lit.: →Germanen – S. und Angels., hg. C. AHRENS, 1978 [Lit.] – W. HAARNAGEL, Die Grabung Feddersen Wierde (Feddersen Wierde 2, 1979) – A. GENRICH, Die Alts., 1981 – H.-J. HÄSSLER, Das sächs. Gräberfeld b. Liebenau, Krs. Nienburg (Weser), T.e 2–4, 1983, 1985, 1990 – Archäolog. und naturwiss. Unters.en an ländl. und frühstädt. Siedlungen im dt. Küstengebiet vom 5. Jh. v. Chr. bis zum 11. Jh. n.Chr., hg. G. KOSSACK, K.-E. BEHRE, P. SCHMID, 1984 – I. V. QUILLFELDT-P. RUGGENBUCK, Westerwanna II, 1985 – T. CAPELLE, Archäologie der Angels., 1990 – H. WESTPHAL, Unters.en an Saxklingen des sächs. Stammesgebietes: Schmiedetechnik, Typologie, Dekoration (Stud. zur S.forsch. 7, 1991) – W. H. ZIMMERMANN, Die Siedlungen des 1. bis 6. Jh. n. Chr. von Flögeln-Eekhöltjen, Niedersachsen: Die Bauformen und ihre Funktion, 1992 – H.-J. HÄSSLER, Neue Ausgrabungen in Issendorf, Landkrs. Stade, Niedersachsen, 1994.

III. HERZOGTUM (9. JH.–1180): [1] *Liudolfinger, Ottonen; Billunger, Gf.en v. Stade, Gf.en v. Northeim:* Bereits für die Karolingerzeit ist erkennbar, daß die Formierung des sächs. Siedlungsgebiets zur polit. Landschaft im wesentl. ein Werk des Kgtm.s gewesen ist. Unter den an diesem Prozeß beteiligten sächs. Adelsfamilien ragten die Liudolfinger hervor, wahrscheinl. thür. Herkunft und von den Franken während der S.kriege im Leinegebiet mit sequestrierten Gütern ausgestattet. Nach dem Ende des karol. Hauses im ostfrk. Reich und dem Zusammenbruch des von Adelsfraktionen blockierten Kgtm.s der Konradiner erreichten sie mit der Kg.serhebung →Heinrichs I. (919) einen ersten Höhepunkt. Fortan blieb S. für mehr als ein Jahrhundert Zentrallandschaft des Kgtm.s, wobei sich eine Schwerpunktverschiebung nach O in die Kerngebiete der liudolfing. Herrschaft ergab, verbunden mit der Begründung neuer Zentren. Karol. Reichsgut und das ö. der Weser, bes. um den Harz, massierte Hausgut ihrer im frk. Kg.sdienst aufgestiegenen Vorfahren bildeten die Herrschaftsgrundlage der →Ottonen: Pfalzen und Kg.shöfe (→Grone, →Magdeburg, →Memleben, →Merseburg, →Nordhausen, →Pöhlde, →Quedlinburg) erhielten die aus der Karolingerzeit bekannte, polit. raumordnende Funktion zentraler Orte und verweisen vielfach schon durch ihre Lage auf Abwehr der Ungarn und Mission der Slaven ö. von Elbe und Saale mit dem Ziel ihrer Eingliederung in das Reich. 936 errichtete Otto I., Initiativen seiner Eltern aufgreifend, bei dem Kg.shof Quedlinburg ein Kanonissenstift, dessen erste Kirche zum Grablegeort Heinrichs I. und seiner Gemahlin →Mathilde bestimmt war, die den Konvent leitete; ihre Nachfolgerinnen waren bis ans Ende des 11. Jh. otton. und sal. Prinzessinnen. Seit seinem Ungarnsieg auf dem →Lechfeld (955) betrieb Otto I. die Erhebung des von ihm in Magdeburg gegründeten Moritzkl. zum Ebm. und erreichte sein Ziel 968. Damals wurden als Magdeburger Suffragane die sorbenländ. Bm.er Merseburg, →Zeitz und →Meißen begründet, so daß die Ausweitung der sächs. Herrschaft in slav. Gebiet von organisator. Maßnahmen begleitet war, die denen der Karolinger in S. vollkommen entsprachen. Hatte Karl d. Gr. durch die S.mission Ottos eigenes Volk in das chr. Frankenreich eingegliedert, so übernahm die sächs. Kg. nun den →Elbeslaven gegenüber die gleiche Aufgabe und machte S. zur Basis für eines der letzten großen europ. Missionsunternehmen. Reichsunmittelbare →Marken ö. der unteren (Mark der Billunger) und mittleren (Nordmark, Marken Lausitz und Meißen) Elbe haben den Wirkungsbereich des sächs. Adels stark erweitert (vgl. die Gründungsumstände der Kanonissenstiftskirche →Gernrode oder die Verlegung des Bm.s Zeitz nach →Naumburg). Sächs. Adelsfamilien übernahmen Ämter und setzten sich in den eroberten Gebieten fest, bis der große →Slavenaufstand 983 das Werk für mehr als ein Jahrhundert zunichte machte. Durch Reichsintegration und -regierung gebunden, haben die otton. Kg.e Teile ihrer Kompetenzen in S. delegieren müssen: an die →Billunger, die im Kg.sdienst aus ihren eigenen Herrschaftsgebieten im Bardengau (Lüneburg) über mgfl. Befugnisse an der Unterelbe und die Kg.sstellvertretung in S. nach 973 zur hzgl. Gewalt aufstiegen; an die zw. Unterelbe und Unterweser begüterten Gf.en v. →Stade; an die Gf.en v. →Northeim im oberen Leine- und Weserraum. Das Nebeneinander solcher Delegationen und eigener Ansprüche der Ottonen in S. verhinderte die Ausbildung einheitl. Hzg.sgewalt; die Billunger waren bestenfalls als repräsentative Vormacht anerkannt. Daneben begannen die sächs. Bf.e, in ihren Diöz.n (Halberstadt, Hildesheim, Magdeburg, Minden, Osnabrück, Paderborn, Verden) Landesherrschaften aufzubauen, ausgehend von ihren seit Otto I. vermehrten weltl. Verwaltungsaufgaben, ihren Militärdiensten und einer diese Pflichten kompensierenden Ausstattung mit Gütern und Rechten. Die Umformung der einstigen Kg.slandschaft der Ottonen zur Adelslandschaft war am Ende des 10. Jh. fortgeschritten. Das zeigte sich 1002 bei der Nachfolgeregelung für Otto III., als neben Hzg. →Heinrich IV. v. Bayern, dem Urenkel Heinrichs I., Mgf. →Ekkehard v. Meißen als Vertreter der sächs. Opposition (zu dieser gehörten u. a. der billung. Hzg. →Bernhard [10. B.], die Bf.e Arnulf v. Halberstadt und →Bernward v. Hildesheim) seine Kandidatur anmelden und damit den Fortbestand der otton. Kg.sdynastie in Frage stellen konnte. Sächs. Anspruch auf Sonderrechte bei der Kg.swahl erkannte der bereits geweihte Kg. Heinrich II. an, indem er sich am 25. Juli 1002 in Merseburg einem zweiten Erhebungsakt mit Investitur (Mauritiuslanze; →Mauritius) unterzog.

[2] *Salier:* Diese Entwicklung eines histor. legitimierten polit. Eigenbewußtseins im sächs. Adel wurde beschleunigt, als das Kgtm. nach dem Tod Heinrichs II. (1024) an den Salier Konrad II. überging und damit an eine mittelrhein. Familie, die in S. als landfremd weithin abgelehnt wurde. Widukind v. Corvey und →Thietmar v. Merseburg zeigen, wie eng das Bewußtsein sächs. Identität an die Herrschaft sächs. Kg.e gebunden war; dieses polit. Integrationsmotiv entsprach in der Tat dem Anteil des Kgtm.s an der Gesch. S.s und an der sächs. Ethnogenese, so daß die Versuche Heinrichs IV., die von den Ottonen hinterlassenen, aber überwiegend durch sächs. Große verwalteten Kg.sgüter und -rechte wieder an sich zu bringen und einen geschlossenen Reichsgutbezirk mit dem Zentrum →Goslar aufzubauen, seit 1073 organisierten Widerstand weckten (→S.aufstand). Dessen Motive ergaben sich primär nicht aus partikularem »Stammesbewußtsein«, sondern aus einem durch die otton. Kg.szeit sächs. geprägten Reichsverständnis ostsächs. Adliger und ihrer durch kgl. Rechtskränkung geförderten weitgehenden Übereinstimmung mit den Zielen der Kirchenreform; als Sprecher trat nicht der Hzg., sondern Gf. →Otto v. Northeim (23. O.) im Zusammenwirken mit Bf. →Burchard II. v. Halberstadt (8. B.) auf. Der Konflikt Heinrichs IV. mit Gregor VII. verschaffte adelsherrschaftl. Positionen eine sehr wirksame spirituelle Legitimation und stärkte die antisal. Kräfte so nachhaltig, daß deren Widerstand sich bis in die Zeit Heinrichs V. fortsetzte, dem ein sächs. Aufgebot unter Hzg. Lothar v. Süpplingenburg 1115 am

Welfesholz bei Mansfeld eine schwere Niederlage beibrachte.

[3] *Lothar v. Süpplingenburg, Welfen, Askanier:* Lothar besaß als Nachfolger der 1106 im Mannesstamm ausgestorbenen Billunger zusammen mit den Eigengütern seiner Gemahlin→Richenza den größten Allodial- und Herrschaftskomplex in S.; als militär. erfolgreicher Führer der Opposition gegen Heinrich V. minderte er die Einwirkungsmöglichkeiten des Kg.s in Sachsen so weit, daß er gegen dessen Willen über wichtige Reichslehen verfügen und 1123 →Konrad v. Wettin (15. K.) zum Mgf.en v. Meißen, den Askanier →Albrecht d. Bären (7. A.) 1124 zum Mgf.en der Lausitz erheben konnte, nachdem er schon 1110 die Gf.en v. →Schauenburg in Holstein eingesetzt hatte. Dieses Anknüpfen an die 983 gescheiterte Slavenpolitik der Ottonen setzte Lothar nach seiner Kg.serhebung (1125) fort, indem er die Zuwanderung bäuerl. Kolonisten aus den w. Gebieten des Reiches steigerte, die Mission wieder aufnahm (Vizelin in Wagrien/Ostholstein), Zisterzienser (→Walkenried, Amelungsborn) und Prämonstratenser (→Cappenberg, Pöhlde) förderte, die Bm.er →Oldenburg, →Havelberg, →Brandenburg, →Ratzeburg und →Mecklenburg/→Schwerin wiederherzustellen suchte. Die alte Konstellation eines Kgtm.s aus sächs. Adel schien wohlvorbereitet, als Lothars Erbtochter →Gertrud Hzg. →Heinrich (»d. Stolzen«; 39. H.) v. Bayern heiratete (1127); die süddt. Welfen hatten schon durch die Ehe von dessen Vater →Heinrich (»d. Schwarzen«; 38. H.) mit Wulfhild Billung in S. Fuß gefaßt und 1106 einen Teil des billung. Erbes übernommen, dem Heinrich d. Stolze nun die reichen süpplingenburg.-northeim.-brunon. Güter anschließen konnte: die größte bis dahin in S. jemals erreichte Konzentration von Besitz- und Herrschaftsrechten. Ihm übergab der sterbende Kg. Lothar 1137 den sächs. Hzg.stitel und die Reichsinsignien. Die Wahl des stauf. Konkurrenten Konrad III. führte zum Konflikt, weil der neue Kg. das bayer. Hzm. einzog und S. an Albrecht d. Bären gab. Nach dem Tod Heinrichs d. Stolzen (1139) heiratete dessen Witwe Gertrud den Babenberger→Heinrich (»Jasomirgott«; 64. H.), doch in S. kämpfte eine den Welfen gegenüber loyale Adels- und Ministerialengruppe unter Führung der Ksn. Richenza für die Ansprüche des Erben →Heinrich (»d. Löwen«; 68. H.) so erfolgreich, daß Albrecht d. Bär sich wieder auf die Nordmark beschränken und Konrad III. beim Frankfurter Hoftag im Mai 1142 Heinrich d. Löwen mit dem sächs. Dukat belehnen mußte. Dieser »ducatus Saxoniae« (Annales S. Disibodi zu 1142; MGH SS 17, S. 26) war keine Institution, sondern ein nicht genau bestimmter Rechtstitel, der auf eigener Macht- und Besitzgrundlage mit prakt. Bedeutung versehen werden mußte: Schon die Billunger waren »Hzg.e in S., aber nicht Hzg.e v. S.« (K. JORDAN) gewesen; neben ihnen und ihren welf. Nachfolgern standen geistl. und weltl. Herren, die ihre Rechte als familieneigenes Erbe oder aus kgl. Übertragung wahrnahmen und eine Zwischengewalt nicht anerkannten. Weder gab es ein allg. Aufgebotsrecht des Hzg.s noch eine über die Gf.enfunktion hinausreichende hzgl. Gerichtsbarkeit, so daß der Aufbau umfassender, territorialer Landeshoheit ohne Konflikte, Rechtsbrüche und Gewalt keine Aussicht hatte. Solche Landeshoheit hat Heinrich d. Löwe von Anfang an erstrebt. 1145 entriß er der Bremer Kirche das zw. Unterweser und Eider gelegene Erbe der Gf.en v. Stade, 1152 übernahm er den Nachlaß der →Winzenburger Gf.en im Leinegau mit Streubesitz w. der Weser und fast allen Gft.s- und Vogteirechten zw. den Oberläufen von Weser und Leine. Vogteien über Eigenkl. und -stifte des Reiches (→Corvey, →Helmarshausen), des Ebf.s v. Mainz (Heiligenstadt, Northeim, Reinhausen) und des welf. Hauses (→St. Blasien, St. Aegidien, St. Cyriacus in Braunschweig, St. Michael/Lüneburg, →Bursfelde, Homburg, →Königslutter) sowie die Hochvogtei über die Bm.er Bremen, Osnabrück und Verden waren bei konsequenter Anwendung der mit ihnen verbundenen personell und materiell nutzbaren Befugnisse wichtige Stützpunkte der Landesherrschaft. Indem er von Holstein aus die Abodriten unterwarf und in Ratzeburg, Schwerin und →Dannenberg Gf.en einsetzte, dehnte Heinrich seinen Einfluß nach Mecklenburg und Vorpommern bis zur Peene aus, mit der Neugründung →Lübecks (1159) legte er den Grund zur wirtschaftl. und rechtl. Erschließung des Ostseegebiets. Der Goslarer Hoftag v. 1154 übertrug Heinrich das Recht zur Investitur von Bf.en im Land n. der Elbe und delegierte damit in einmaliger Weise Kg.srechte an einen Fs.en. Sein später gescheiterter Versuch, die nordelb. Gebiete nicht durch Lehnsträger, sondern durch Ministeriale zu verwalten, wies über die im Reich konstitutive Rechtsüberzeugung von der Partizipation des Adels an der Herrschaft hinaus auf ein Konzept hzgl. Zentralregierung. Auch der Ausbau →Braunschweigs zu einem Goslar vergleichbaren, durch Vorstufen der Residenzbildung sogar höher qualifizierten Herrschaftszentrum zeigte den Willen, S. als Hzm. auf territorialstaatl. Grundlage und damit völlig neu zu organisieren. Adliger (Albrecht d. Bär, Pfgf. Adalbert v. Sommerschenburg, Lgf. →Ludwig II. v. Thüringen [42. L.]) und bfl. (bes. Udo v. Naumburg) Widerstand wurde 1163 durch Friedrich I. im Interesse der ksl. Italienpolitik neutralisiert. Schon 1166 aber schloß sich die Gruppe, diesmal verstärkt u. a. durch die Ebf.e→Wichmann v. Magdeburg und →Rainald v. Köln (5. R.) sowie Mgf. →Otto v. Meißen (22. O.), abermals zusammen, und erst Ende 1168 gelang es dem Ks. auf dem Würzburger Hoftag, die schweren Kämpfe in S. zu beenden, ohne freilich ihre Ursache beseitigen zu können. Sie lag in der auf Dauer auch für das Reich nicht tragbaren, seine Verfassung sprengenden Stellung des Hzg.s v. S. und Bayern, der im N des Reiches eine Gebietsherrschaft errichten wollte, die massiv in hergebrachte Rechte und Rechtsüberzeugungen eingriff. Eine dem Hzg. gegenüber veränderte Haltung des Ks.s zeigt erst der Vertrag v. →Anagni im Nov. 1176 mit seiner Neuregelung des Verhältnisses zw. Reich und Kirche. 1178 gab der Ks. erstmals Klagen sächs. Fs.en gegen Heinrich d. Löwen statt und eröffnete damit den Prozeß, der 1180 mit der Aberkennung aller Reichslehen endete. Die dem Ebf. v. Köln ausgestellte →Gelnhäuser Urk. dokumentiert die Teilung S.s in zwei Hzm.er, deren eines mit der Diöz. Paderborn ident. war und mit allen Rechten der Kölner Kirche geschenkt wurde; das andere Hzm. ging an den Askanier→Bernhard, Gf. v. Aschersleben (12. B.). Heinrich d. Löwe behielt seine Eigengüter zw. Oberweser und Niederelbe, so daß im karol. begründeten sächs. regnum drei territoriale Einheiten entstanden, von denen zwei dynast. ausgerichtet waren. J. Ehlers

Lit.: H.-J. FREYTAG, Die Herrschaft der Billunger in S., 1951 – W. SCHLESINGER, Kirchengesch. S.s im MA, 2 Bde, 1962 – A. K. HÖMBERG, Westfalen und das sächs. Hzm., 1963 – M. ERBE, Stud. zur Entwicklung des Niederkirchenwesens in Osts., 1969 – H. LUDAT, An Elbe und Oder um das Jahr 1000, 1971 – H. STINGL, Die Entstehung der dt. Stammeshzm.er am Anfang des 10. Jh., 1974, 155-161 – L. FENSKE, Adelsopposition und kirchl. Reformbewegung in ö. S., 1977 – W. GIESE, Der Stamm der S. und das Reich in otton. und sal. Zeit, 1979 – B. PÄTZOLD, »Francia et Saxonia« – Vorstufe einer sächs. Reichsauffassung, Jb. für die Gesch. des Feudalismus 3, 1979, 19-49 – K. HEINEMEYER, Der Prozeß Heinrichs d. Löwen, BDLG 117, 1981, 1-60 –

K. LEYSER, Herrschaft und Konflikt. Kg. und Adel im otton. S., 1984 – G. PISCHKE, Herrschaftsbereiche der Billunger, der Gf.en v. Stade, der Gf.en v. Northeim und Lothars v. Süpplingenburg, 1984 – K. F. WERNER, La genèse des duchés en France et en Allemagne (DERS., Vom Frankenreich zur Entfaltung Dtl.s und Frankreichs, 1984), 278–310 – G. ALTHOFF–H. KELLER, Heinrich I. und Otto d. Gr., 1985 – E. KARPF, Herrscherlegitimation und Reichsbegriff in der otton. Gesch.sschreibung des 10. Jh., 1985 – CH. LÜBKE, Reg. zur Gesch. der Slaven an Elbe und Oder, 1985ff. – G. PISCHKE, Der Herrschaftsbereich Heinrichs d. Löwen, 1987 – W. SCHLESINGER, Erbfolge und Wahl bei der Kg.serhebung Heinrichs II. (DERS., Ausgew. Aufsätze, 1987), 221–253 – DERS., Die sog. Nachwahl Heinrichs II. in Merseburg (ebd.), 255–271 – B. SCHNEIDMÜLLER, Billunger–Welfen–Askanier, AK 69, 1987, 30–61 – W. GLOCKER, Die Verwandten der Ottonen, 1989 – W. PETKE, Zur Hzg.serhebung Lothars v. Süpplingenburg i. J. 1106, DA 46, 1990, 60–84 – H. BEUMANN, Die Ottonen, 1991² – K. LEYSER, Von sächs. Freiheiten zur Freiheit S.s (Die abendländ. Freiheit vom 10. Jh. zum 14. Jh., hg. J. FRIED, 1991), 67–83 – J. EHLERS, Heinrich d. Löwe und der sächs. Episkopat (Friedrich Barbarossa, hg. A. HAVERKAMP, 1992), 435–466 – K. GÖRICH, Otto III. Romanus Saxonicus et Italicus, 1993.

IV. HERZOGTUM (JÜNGERES): 1180–1500): [1] *Entwicklung bis 1422:* Bei der Auflösung des alten Hzm.s S. 1180 blieb an dessen Ostrand ein nicht zusammenhängendes Herrschaftsgebilde bestehen, mit dem Gf. Bernhard v. Aschersleben belehnt wurde; es führte den Namen des Hzm.s S. weiter. Die weit voneinander entfernten Besitzungen lagen an der unteren Elbe bei Lauenburg und an der mittleren Elbe bei Wittenberg. Als mäßig begabte Persönlichkeit konnte sich Bernhard nur schwer gegen die großen Vasallen (Gf.en v. →Holstein, v. →Ratzeburg, v. →Schwerin) durchsetzen, die Bf.e v. Lübeck und Ratzeburg erkannten ihn nicht als Erben der unter Heinrich d. Löwen gesicherten Oberhoheit an, die Stadt Lübeck verschloß sich ihm, von N drohte Dänemark. Gegen Ansprüche des 1189 im n. S. schnell wieder fußfassenden Heinrich d. Löwen fand er nur geringe Unterstützung. Als Bernhard 1212 starb, trat sein jüngerer Sohn Albrecht I. die Nachfolge an.

Unter ihm, der an der Schlacht v. →Bornhöved 1227 beteiligt war, wurde die Gefahr einer dän. Expansion endgültig gebannt und die Gft. Ratzeburg gewonnen. In dem nach 1198 sich herausbildenden Kfs.enkollegium saß nach Auskunft des →Sachsenspiegels auch der Hzg. v. S. Der 1261 verstorbene Albrecht I. war als Kfs. anerkannt. Seine Söhne Albrecht II. und Johann I. († 1285) blieben im ungeteilten Besitz des Hzm.s, das sich erst 1296 Albrecht II. mit den Söhnen Johanns teilte, denen das niederelb. Gebiet zufiel. Seitdem bestanden die beiden Hzm.er →S.-Wittenberg und →S.-Lauenburg nebeneinander, wobei beide Linien die Kurwürde beanspruchten, deren Besitz zwar Wittenberg erlangte, Lauenburg aber nie zu beanspruchen aufgab.

[2] *Territorialpolitik 1422–1500:* Als 1422 die Wittenberger Linie der askan. Hzg.e ausstarb, übertrug Ks. Siegmund gegen den erneut geltend gemachten Anspruch Lauenburgs und gegen die Forderungen der gerade erst in die Mark Brandenburg eingezogenen →Hohenzollern das Hzm. an den wettin. Mgf.en Friedrich IV. v. →Meißen. Indem das polit. bedeutungslose, wirtschaftl. schwache Hzm. S.-Wittenberg seinen hohen kfsl. Rang mit der starken wettin. Stellung in der Mgft. Meißen und Lgft. →Thüringen verband, entstand eines der mächtigsten dt. Territorialfsm.er. Es erstreckte sich in einer naturräuml. Einheit, die vom Erzgebirge, dem Thüringer Wald, dem Harz und dem Fläming begrenzt wurde und sich weitgehend mit dem Einzugsgebiet der Saale und mittleren Elbe deckte. Somit gab es dem mitteldt. Raum eine sinnvolle polit. Organisation, die nahezu 400 Jahre lang andauerte. Die ranghöhere Bezeichnung des Kfsm.s S. übertrug sich allmähl. auf das gesamte wettin. Territorium, verdrängte die älteren Territorialbegriffe Meißen und Thüringen und hatte die Wanderung des Namens S. elbaufwärts nach (Ober-)S. zur Folge. Auch die thür. Hzm.er hießen bis 1920 amtlich »S.«.

Innerhalb des wettin. Kfsm.s S. erhielt die Elbe trotz ihrer geogr. Randlage die Stellung einer polit.-strateg. Kraftlinie, an der die Residenz- und Hauptstädte →Dresden, Meißen, →Torgau und →Wittenberg lagen. Daneben wurden Altenburg, Gotha, Grimma, →Coburg, →Leipzig, Rochlitz, →Weimar und Weißenfels bevorzugt. Die Einheit des Territoriums war durch Teilungen beeinträchtigt. Bis 1440 wurde der thür. Teil als Folge der →Chemnitzer Teilung von einer Nebenlinie verwaltet. 1445 wurde er erneut in der Altenburger Teilung zur Ausstattung einer Nebenlinie verwendet, die mit dem Tode Hzg. →Wilhelms III. 1482 endete. Der mit der Teilung unzufriedene gewalttätige Wilhelm verursachte 1446 den →Sächs. Bruderkrieg.

Als Kfs. en v. S. setzten die Wettiner ihre zielstrebige Politik territorialer Erwerbungen fort. 1423 wurde mit der Herrschaft Stollberg im Erzgebirge ein weiteres Stück des ehem. Reichsterritoriums →Pleißenland gewonnen. Nachdem in der Hussitenschlacht v. Aussig der letzte Bgf. v. Meißen gefallen war, gelangten die bgfl. Güter und Rechte um Meißen an den Kfs.en. Aus dem Machtverfall der Vögte v. Weida, Gera und Plauen konnte S. Gewinn ziehen: 1427 fielen Stadt und Herrschaft Weida in Thüringen an die Wettiner, 1466 erwarben sie mit der Herrschaft Plauen den restl. Teil des Vogtlandes. Die Schwäche des böhm. Kgtm.s um die Mitte des 15. Jh. nutzte S. aus, um die Grenze gegen Böhmen vorzuschieben. 1443 und 1451 kaufte S. die Herrschaften Hohnstein und Wildenstein. Die Bewerbung Hzg. Wilhelms III. um die Wenzelskrone 1457 war zwar erfolglos, aber das Verhältnis zu Böhmen konnte mit dem Vertrag v. Eger 1459 auf eine gute Grundlage gestellt werden. S. erkannte die nur noch formalen böhm. Lehnsrechte in seinem Territorium an, die Verlobung des sächs. Prinzen →Albrecht (18. A.) mit der böhm. Prinzessin Zedena knüpfte die Beziehungen noch fester. Für Kfs. →Friedrich II. v. S. (33. F.) wog das Interesse an einem guten Einvernehmen mit Böhmen schwerer als die Rücksicht auf den päpstl. Bann gegen den »Ketzerkg.« →Georg v. Podiebrad und auf die hussitenfeindl. Stimmung im eigenen Lande.

Die sächs. Politik jener Zeit mußte ein waches Auge auf den benachbarten Osten werfen, wo sich um eine Annäherung an den Ungarnkg. →Matthias Corvinus bemühte, der seit 1469 die Herrschaft in den →Lausitzen innehatte. Zu Ks. Friedrich III., dem Schwager des Kfs.en Friedrich II., bestand ein gutes Verhältnis. Mit dem Ankauf von Finsterwalde 1425, Senftenberg 1448 und der wiederkäufl. Erwerbung von Beeskow und Storkow 1477 drang S. in die Niederlausitz vor, 1472 wurde das schles. Fsm. Sagan durch Kauf erworben.

Mit dem Fußfassen der Hohenzollern in der benachbarten Mark Brandenburg begann eine jahrhundertelange Rivalität, die sich zunächst im Ringen um Magdeburg äußerte. 1476 gelang es, den gleichnamigen Sohn des sächs. Kfs.en →Ernst (6. E.) zum Ebf. wählen zu lassen, der dieses Amt bis zu seinem Tode 1513 innehatte; ihm folgte der Hohenzoller Albrecht. Seine Tochter Hedwig konnte der Kfs. 1458 als Äbt. nach Quedlinburg bringen, so daß das dortige Stiftsgebiet 1479 unter kursächs. Vogtei geriet. In einer kurzen Amtszeit des Kfs.ensohns Albrecht (→Albert III., 6. A.) als Ebf. v. Mainz nötigte Kursachsen 1483 der Stadt →Erfurt seine Schutzherrschaft auf. Die

Wahl →Friedrichs (42. F.), Sohn Hzg. Albrechts († 1500), zum Hochmeister des Dt. Ordens 1498 endete 1510 mit dessen Tode ohne Ergebnisse für die kursächs. Politik, auch hier wurde ein Hohenzoller der Nachfolger. Dennoch zeigen alle diese Unternehmungen, daß das Kfsm. S. in jenen Jahrzehnten territorialpolit. Entscheidungen seine Chancen zu nutzen verstand.

[3] *Innere Verhältnisse:* Im Inneren des werdenden Territorialstaates war die Festigung der ständ. Gewalten ein bemerkenswerter Vorgang. Ein seit 1293 festzustellendes Mitspracherecht ständ. Kräfte, die als »des Landes Gemeine« auftraten, wurde im 14. Jh. im Zusammenhang mit dem zunehmenden Bargeldbedarf der Fs.en weiter ausgebaut, bis es im Jahre 1438 auf dem Landtag in Leipzig zum förml. Zusammenschluß der Landstände zu einer Körperschaft kam, in der die Prälaten, Gf.en, Ritter und Städtevertreter aller den Wettinern zustehenden Länder das Recht erlangten, sich zu gemeinsamer Beratung zusammenzufinden. Damit wurde die »monarch.« Gewalt der Fs.en durch ein kollektives Mitspracherecht der Stände eingeschränkt, womit sich Kursachsen in zeitl. Hinsicht mit an die Spitze der Gesch. dt. Ständevertretungen stellte. Einnahme und Verwaltung der Steuer blieben seitdem stets unter parität. Aufsicht durch Fs.en und Stände.

Gleichzeitig vollzog sich der Ausbau des territorialstaatl. Verwaltungssystems, der namentl. durch den Übergang von der Natural- zur Geldwirtschaft nötig wurde und mit einer Zunahme der Schriftlichkeit verbunden war. Das Amt der seit dem 13. Jh. nachweisbaren Vögte (advocati) wurde gefestigt und ihre Befugnis von der Verwaltung der landesherrl. Domänen auch auf adlige Grundherrschaften und Städte ausgedehnt. Der seit dem frühen 15. Jh. als Amtmann auftretende örtl. Vertreter landesherrl. Macht wirkte für den Aufbau moderner Staatlichkeit, indem er Teile des grundherrl. Adels als »Amtssassen« mediatisierte, während die »Schriftsassen« noch unmittelbar der landesherrl. Kanzlei unterstanden.

In der noch einheitl. Zentralverwaltung kündigte sich im 15. Jh. die spätere fachl. Arbeitsteilung an, indem der Kanzler vom bloßen Kanzleileiter zum Träger polit. Verantwortung aufstieg und sich dabei bes. der Rechtspflege widmete. Um die Mitte des Jahrhunderts leitete der Kanzler Georg v. Haugwitz eine Verwaltungsreform ein, die v. a. eine Zentralisierung des Finanzwesens zum Ziel hatte. Zu diesem Zweck wurde dem aus dem landsässigen Adel stammenden Amtmann ein Schösser bürgerl. Herkunft an die Seite gestellt, der als Finanzverwalter zu immer größerer Bedeutung aufstieg. Die ebenfalls angestrebte Festlegung des kfsl. Hoflagers auf nur wenige Residenzorte gelang damals noch nicht. Seit 1469 wirkte der Kanzler Johannes Mergenthal, der als Landrentmeister die oberste Finanzverwaltung des Kfsm.s als selbständige Verwaltungsstelle begründete. Das seit 1483 in Leipzig existierende Oberhofgericht war die erste von der Person des Fs.en getrennte, an einen dauerhaften Standort gebundene Zentralbehörde. Damit waren wesentl. Voraussetzungen für den Übergang von der spätma. Landesherrschaft zum frühnz. Staat geschaffen.

[4] *Wirtschaft und Kultur:* Die wesentl. wirtschaftl. Kräfte des 1423 in neuer, vergrößerter Gestalt entstandenen Kfsm.s S. lagen in den s. Teilen Meißens und Thüringens. Hier befanden sich die großen Fernhandelsstädte an der →Hohen Straße, in denen ein wohlhabendes Bürgertum in freien Formen der Selbstverwaltung lebte. V. a. die Stadt Leipzig entwickelte sich jetzt zum überragenden Ort des Fernhandels. Unter maßgebl. Förderung durch die Kfs.en wurden die ursprgl. zwei, seit 1458 drei jährl. »Jahrmärkte« zu überregional bedeutenden →Messen, die mit den ksl. Privilegien von 1497 und 1507 in den Rang von Reichsmessen erhoben wurden. Leipzig löste als mitteldt. Bankenzentrum das in dieser Hinsicht ältere →Freiberg ab, das zwar die meißn.-sächs. Berghauptstadt blieb, mit dem gewaltigen Aufblühen des Bergbaus im w. →Erzgebirge aber an Bedeutung verlor. Um Schneeberg und Annaberg entstand ein Gebiet des Silberbergbaus (→Silber), womit S. neben →Tirol zum wichtigsten Bergbaugebiet im Dt. Reich wurde. Mit den dabei sich herausbildenden neuen kapitalist. Eigentums- und Organisationsformen und dem Einströmen oberdt. Kapitals war das sächs. Erzgebirge ein Zentrum der frühkapitalist. Wirtschaft. Gleichzeitig entwickelte sich ebenfalls im Gebirgsland die ländl. Leinwandproduktion für den europ. Markt, deren Erzeugnisse über die Messen v. Leipzig und Naumburg abgesetzt wurden. Das hierbei angewandte Verlagssystem, das vielfach mit oberdt. Kapital arbeitete, förderte ebenfalls die geldwirtschaftl. Beziehungen.

Die Städte waren der Nährboden für den Aufbau des Lateinschulwesens, das sich in S. während des 15. Jh. gegenüber dem 14. Jh. nach der Anzahl der Schulen verdoppelte. Die 1409 von den wettin. Mgf.en gegründete Universität Leipzig entwickelte sich innerhalb des Kfsm.s S. immerhin zu einer ansehnl., wenn auch nicht überragenden Hochschule. Seit 1462 auftretende Spuren humanist. Sprachkultur konnten sich trotz des Wirkens von Conrad →Celtis 1486 nicht durchsetzen, Leipzig blieb der Scholastik verhaftet. Andererseits war die Stadt seit 1481 einer der ersten Druckorte in Mitteldtl. Die in mehreren sächs. Städten angefertigten →Rechtsbücher waren ein Beitrag des Bürgertums zur Entfaltung der Kultur, wobei auch an die Ausstrahlung des sächs. Bergbaurechts nach dem O Europas zu erinnern ist. Der →Bergbau gab mit seinen rationalen, auf Zählen, Messen und Rechnen abgestellten Notwendigkeiten viele Anstöße; bergstädt. Lateinschulen beschäftigten namhafte Humanisten, wie Paulus →Niavis in Schneeberg, während Ulrich →Rülein v. Calw als Stadtphysikus in Freiberg die vom Geist der Renaissance geprägten Grundrisse der neuen Bergstädte Annaberg (1496) und Marienberg (1521) schuf.

[5] *Die Landesteilung:* Als mit dem Heimfall des thür. Teils an die wettin. Hauptlinie 1482 das Kfsm. S. seinen größten ma. Territorialstand erreichte, stellte es nach Bevölkerung, Wirtschaftskraft, innerer Geschlossenheit und polit. Bedeutung neben dem damals noch längst nicht vollendeten Hausmacht der →Habsburger den ansehnlichsten Territorialstaat im Dt. Reiche dar. Es beanspruchte mit mehr oder weniger Erfolg die Oberhoheit über kleinere reichsständ. Gebiete des mitteldt. Raumes (→Hohnstein, →Mansfeld, Reuß, →Schönburg, →Schwarzburg, →Stolberg, Wildenfels) und hätte wohl auch die Kraft gehabt, sich diese Gebiete später einzuverleiben, um somit den großen mitteldt. Territorialstaat zu schaffen, der diesem Naturraum seine sinnvolle polit. Organisation verschafft hätte.

Diese Entwicklung wurde durch den Entschluß des Kfs.en Ernst zur Teilung des Landes jäh unterbrochen. Verständliche Gründe für diesen Schritt sind nicht zu erkennen, sie standen auf jeden Fall mit dem allg. Zug zum geschlossenen, modernen Staat in krassem Widerspruch. Das Haus Wettin hat mit dieser →Leipziger Teilung (1485) für alle Zukunft die Chance vertan, zu einer die dt. Politik maßgebl. mitbestimmenden Größe aufzuwachsen. Seitdem bestanden das ernestin. Kfsm. und das albertin. Hzm. S. als selbständige Reichsfsm.er nebeneinander. Der Bestimmung der →Goldenen Bulle (1356) gemäß wurde das

Gebiet des alten Hzm.s S.-Wittenberg als unteilbar behandelt und nicht in die Teilungsmasse einbezogen, es verblieb als territoriale Grundlage der Kurwürde dem Kfs.en Ernst und wurde auch weiterhin als vornehmstes Besitzstück innerhalb des Kfsm.s S. behandelt, später als Kurkreis mit eigenen Regionalbehörden. K. Blaschke

Lit.: M. NAUMANN, Die wettin. Landesteilung v. 1445, NASG 60, 1939, 171–213 – H. BRATHER, Die Verwaltungsreform am kursächs. Hofe im ausgehenden 15. Jh. (Archivar und Historiker [Fschr. H. MEISNER, 1956]), 254–281 – Atlas des Saale- und mittleren Elbegebietes, hg. O. SCHLÜTER–O. AUGUST, 1957ff. – G. HEITZ, Ländl. Leinenproduktion in S. (1470–1555), 1961 – A. LAUBE, Stud. über den erzgebir. Silberbergbau von 1470 bis 1546, 1976 – H. HELBIG, Der wettin. Ständestaat, 1980² – K. BLASCHKE, Kanzleiwesen und Territorialstaatsbildung im Herrschaftsbereich der Wettiner bis 1485, ADipl 30, 1984, 282–302 – DERS., Die Leipziger Teilung der wettin. Länder 1485, Sächs. Heimatbll. 31, 1985, 277–280 – DERS., Gesch. S.s im MA, 1990 – DERS., Der Fs.enzug zu Dresden. Denkmal und Gesch. des Hauses Wettin, 1991.

Sachsen, Pfalzgf.en v. → Sommerschenburg

Sachsen-Lauenburg, Hzm. Bei der Trennung vom ungeteilten Hzm. S. 1296 (→Sachsen, IV) stellte das Hzm. S.-L. einen verstreuten Besitz beiderseits der unteren Elbe dar. Eine beanspruchte Lehnsherrschaft über die Gf.en v. →Holstein und v. →Schwerin ließ sich nicht durchsetzen. 1302/03 wurde das Land in drei Linien aufgespalten (Johann II., Albrecht III., Erich I.). Diese standen sich 100 Jahre lang feindl. gegenüber, so daß der Adel, der sich seit 1404 korporativ zusammenzuschließen begann, eine selbständige Stellung erlangen konnte. Auf die Lage der Hzg.e wirkte sich das ungünstig aus, zumal sie in einem überwiegend landwirtschaftl. Gebiet nur über geringe Einkünfte verfügten. Einen wertvollen Besitz stellten die für den Schiffbau der benachbarten großen Hansestädte wichtigen Eichenwälder dar. Im Bereich von →Hamburg und →Lübeck hatte das kleine Hzm. eine verkehrsgeogr. Schlüsselstellung inne. Für Lübeck war der Transport von Salz aus →Lüneburg über die Stecknitz lebenswichtig, der Bau des →Stecknitzkanals begann am Ende des 14. Jh. So stand S.-L. ständig unter dem Druck einer lüb. Politik der Ausdehnung mit überlegenen wirtschaftl. und finanziellen Mitteln. Stadt und Vogtei Mölln wurden 1359 von Lübeck auf Wiederkauf erworben, 1370 folgte Bergedorf. Mit dem Beginn des 15. Jh. setzte eine lauenburg. Gegenpolitik ein, die Lübeck 1401 zum Verzicht zwang, doch brachte ein Feldzug von Lübeck und Hamburg mit dem Frieden v. Perleberg 1420 die Offensive der Hzg.e zum Stehen; Bergedorf gelangte an beide Städte gemeinsam. Bei der Doppelwahl des dt. Kg.s 1314 stand S.-L. im Wahlbündnis mit Brandenburg und Kurköln, 1329 wurde es bei der Kg.swahl ausgeschaltet. Als die Wittenberger Linie der Askanier 1422 ausstarb, versuchte S.-L., seinen Anspruch auf das Erbe mit Urkk.fälschung und nachfolgender Anrufung des Papstes und des Konzils v. →Basel durchzusetzen, aber trotz der Erbverbrüderung v. 1374 ohne Erfolg. Einen gewissen Einfluß konnten die Hzg.e bei der Besetzung der Bm.er Bremen, Hildesheim, Lübeck, Minden und Verden ausüben, eine Vergrößerung des bescheidenen Territoriums gegen Holstein und die Welfen gelang nicht. K. Blaschke

Lit.: F. LAMMERT, Die älteste Gesch. des Landes L., 1933 – W. PRANGE, Siedlungsgesch. des Landes L. im MA, 1960 – →Sachsen, IV.

Sachsen-Wittenberg, Hzm. Aus der Landesteilung von 1296 (→Sachsen, IV) ging ein Territorium hervor, das mit seiner Lage vor der alten Ostgrenze des Dt. Reiches an Elbe und Saale gewisse Möglichkeiten der Erweiterung in den Raum der hochma. Kolonisation hinein hatte. Das Gebiet um den Burgward →Wittenberg konnte 1290 durch Belehnung Hzg. Albrechts II. mit der heimgefallenen Gft. Brehna in beträchtl. Umfang bis über die Elbe ausgedehnt werden; 1360 ging die ö. anschließende Herrschaft Liebenwerda an S.-W. über. Die alte askan. Burg Belzig wurde 1298 mit ihrem weiten Landgebiet angegliedert. Den Hzg.en gelang es, die sächs. Kurwürde gegen die Ansprüche →S.-Lauenburgs zu behaupten: Hzg. →Rudolf I. nahm 1308 an der Wahl Kg. Heinrichs VII. teil. Bei der Doppelwahl des dt. Kg.s von 1314 stimmte S.-W. für Friedrich d. Schönen, was Spannungen zum siegreichen Ludwig d. Bayern zur Folge hatte, 1346 dann für Karl IV., der das Wahlrecht in der →Goldenen Bulle 1356 anerkannte. Nach dem Aussterben der brandenburg. Askanier 1319 scheiterte der Versuch, die benachbarte Mark durch eigenmächtige Besetzung zu gewinnen, auch der 1329 erworbene Pfandbesitz der Niederlausitz konnte nicht auf Dauer gehalten werden. Um 1400 mußte das Territorium in Kämpfen mit dem Erzstift Magdeburg gesichert werden. Die Verleihung des Fsm.s Lüneburg an den Hzg. v. S.-W. nach dem Aussterben des älteren Hauses Lüneburg 1369 durch Ks. Karl IV. wurde im →Lüneburger Erbfolgekrieg zunichte gemacht. In dem rein landwirtschaftl. Gebiet mit wenig fruchtbaren Böden und starker Waldbedeckung war die wirtschaftl. Bedeutung des Hzm.s sehr gering, Städtewesen und Bürgertum konnten sich nur mäßig entfalten. Lediglich der Burgort Wittenberg erlangte unter landesherrl. Förderung eine herausragende Stellung als Sitz der Hzg.e, die hier um die Mitte des 13. Jh. ein Franziskanerkl. als ihre Grablege stifteten und 1330 an der Schloßkirche ein Kollegiatstift errichteten. Das Hzm. S.-W. war als Kfsm. mit einem hohen Rang ausgestattet, verfügte aber nur über geringe Macht. K. Blaschke

Lit.: G. v. HIRSCHFELD, Gesch. der Sächs.-Askan. Kfs.en (1180–1422), VjsHSG, 1884, 39–50 – →Sachsen, IV.

Sachsen, Siebenbürger. [1] *Name:* Als Siebenbürger S. werden ab Mitte des 12. Jh. in →Siebenbürgen ansässigen Dt. (= Sachsen), ein dt. Neustamm, bezeichnet. Urkundl. 1186 als 'hospites regis de Ultrasylvas' (sic!), auch als 'Theutoni', 'Flandrenses' und seit 1206 erstmals als 'Saxones' in ung. Königsurkk. wie in Papsturkk. belegt; als Selbstbezeichnung der Siebenbürger S. (neben »Deutsche«) schriftlich erst seit Mitte des 16. Jh. (1547 »Kirchenordnung aller Deutschen in Sybembürgen«, 1583 »Der Sachsen in Siebenbürgen Statuta oder Eygen-Landrecht«). Der S.name tritt auch für dt. Siedler (und Bergbautreibende) in anderen Gebieten der Krone →Ungarns auf: →Zips, →Banate in Bosnien ('Sas[s]i').

[2] *Siedlung und Bevölkerung:* Die Siebenbürger S. waren ein wesentl. Teil der ostung. →hospites (Gastsiedler) der Krone, die erstmals Kg. →Géza II. (1141–61) zu Grenzschutz, Landesausbau und Kolonisierung Ungarns berief. 1211–25 kolonisierte der →Dt. Orden das →Burzenland und transkarpat. Gebiete. Nach dem Mongolensturm (1241/42) betrieb Kg. →Béla IV. das Ansiedlungswerk verstärkt. Privilegien der Kg.e aus den Häusern der →Arpaden und →Anjou, →Siegmunds v. Luxemburg und →Matthias' I. Corvinus festigten das Gemeinschaftsbewußtsein der Siebenbürger S. (»unus sit populus«). Ohne daß sich Ursprungsgebiete und Einwanderungswege der S. im einzelnen belegen ließen, ist Herkunft aus Flandern, dem Rhein-, Maas- und Moselland sowie aus Niedersachsen und Bayern vorauszusetzen, was auf die allg. dt. →Ostsiedlung des 12.–14. Jh. verweist.

Die Siedlung in S. hatte vier Kerne: den Süden (→Hermannstadt, Altland-Rechtsgebiet der Sieben Stühle), die Mitte (Mediasch und Schäßburg, Kokelland-Rechtsgebiet der zwei Stühle), den Norden (Bistritz-Distrikt Nösen), den Osten (→Kronstadt-Distrikt Burzenland). Sie enstanden, nach ihren Vororten benannt, teils durch Binnenkolonisation. Der Zusammenschluß der vier Kerne zur 'Universitas Saxonum' (dt. Nationsuniversität) erfolgte zw. 1248 (Unterwinz), 1318 (Zwei Stühle), 1366 (Nösen) und 1413 (Burzenland) und wurde entscheidend durch Privilegien Kg. Matthias' I. (1464, 1477, 1486) gefördert. – Die Zahl der Siebenbürger S. überschritt kaum eine Viertelmillion.

[3] *Politische, Verfassungs- und Institutionsgeschichte:* Die später als Siebenbürger S. bezeichneten Gruppen wurden auf kgl. Territorium (»Königsboden«), zu einem Viertel jedoch auf kirchl. und grundherrl. Land (»Adelsboden«) angesiedelt, auf zumeist wenig erschlossenem Neuland im äußersten SO des Karpatenbogens (→Karpaten). Für ihre Dienste (Landesausbau, Bergbau, Heeresaufgebot, Steuerpflicht, Handwerk, Handel u. a.) erhielten die Dorfgemeinschaften vom Grundherrn umfassende Freibriefe (→Privilegien), am weitreichendsten auf Königsboden (persönl. Freiheit, diese nur auf Königsboden; Pfarrer- und Richterwahl aus den eigenen Reihen, Stadt- und Marktrechte, weitgehend entsprechend dem sonstigen hospites-Recht im Kgr. Ungarn und dem →Magdeburger Recht). Bes. wertvoll war die Territorialautonomie des freien Siedlerverbandes auf Königsboden, an dem durch die kirchl. Verwaltungsorganisation (Dekanate, Kapitel) auch die grundhörigen Siebenbürger S. auf Adelsboden Anteil hatten. Das →»Privilegium Andreanum« (→Andreas II., 1224) bildete als wichtigstes Verfassungsdokument der Siebenbürger S. die Grundlage ihrer städt. Autonomie und Selbstverwaltung (bis 1876). Das Gewohnheitsrecht (kodifiziert 1583 im Eigenlandrecht), die Nationsuniversität als Verwaltungs- und Vertretungsinstanz im siebenbürg. Ständetag und, bis 1526, im ung. Reichstag wie auch die Privilegien- und Stadtrechtsurkk. begründeten Entfaltung und Eigenständigkeit der Siebenbürger S. als einer von drei landsständ. Gruppen in Siebenbürgen, neben dem ung. Adel und den →Szeklern. Die Reformation (evang.-luth.), der sich alle siebenbürgisch-sächs. Gemeinschaften schließlich anschlossen (1547), festigte den Zusammenhalt und bestimmte die Identitätsbildung.

[4] *Wirtschafts- und Sozialgeschichte:* In den freien Siedlungen auf Königsboden, zunächst Dörfern und Bergbauzentren, bestand seit der Ansiedlung eine Oberschicht aus ehem. →Lokatoren, die im Zuge der städt. Entwicklung des 14. Jh. im handeltreibenden →Patriziat der Städte oder (soweit Grundherren) im ung. Adelsstand aufgingen. In den Städten, die sich im 14. Jh. lebhaft am Fernhandel Ungarns beteiligten (Export von begehrten Handwerkserzeugnissen), entwickelte sich eine den dt. Städten ähnl. Sozialstruktur und Verwaltungsorganisation mit Bürgermeister (auch: 'Richter'), Innerem und Äußerem Rat ('Hundertmannschaft'), Stadtschreiber und Notar. Neben den Steuern entrichtenden (dt.) Vollbürgern umfaßte die städt. Bevölkerung ärmere Schichten sowie in (auch sprachlich) getrennten Stadtvierteln (etwa in Kronstadt, Mühlbach, Klausenburg) vielfältige soziale und ethn. Gemeinschaften. Wegen der seit der Antike (Römer) bekannten Gold- und Silbervorkommen hatte der →Bergbau in NW-Siebenbürgen bes. Gewicht. Wirtschaftl. Beziehungen bestanden auch zu den rumän. Fs.enhöfen der →Moldau und der →Valachei (Tätigkeit von Siebenbürger S. als Goldschmiede, Baumeister usw., im 15. Jh. Gewährung von Handelsprivilegien für Kronstadt, Bistritz, Hermannstadt).

[5] *Kirche und Kultur:* Die Siebenbürger S., die ihren Pfarrer frei wählen konnten, unterstanden bis zur Reformation als Verband (»freie Propstei S. Laurentius«) direkt dem Ebf. v. →Gran, die auf Adelsboden ansässigen S. dem siebenbürg. Bf. zu Weißenburg (späterer rumän. Name →Alba Iulia). Für alle galt die Plebanverfassung. Die Reformation, die nach kleinen lokalen Schwankungen unter den Siebenbürger S. einheitlich galt, schloß künftig jene Gemeinden aus, die sich einem anderen als dem luther. Bekenntnis zugewandt hatten, z.B. die Dt. in →Klausenburg, die sich allmähl. den Magyaren assimilierten. – Schriftl. Zeugnisse aus früheren Jahrhunderten sind nur bruchstückhaft überliefert (»Zaubersprüche«, »Marienlied«). Erst mit dem Humanismus kam eine eigene siebenbürg. Lit. auf, die (mit Ausnahme des Liedes) im 16. Jh. noch den Gebrauch der lat. Sprache pflegte.

K. Zach

Q. *und Lit.:* UB zur Gesch. der Dt. in Siebenbürgen, 1–4, Hermannstadt 1892–1937; 5–7, Bukarest 1975 [wird fortgesetzt] – Q. zur Gesch. der Siebenbürger S. 1191–1975, hg. E. WAGNER, 1981² – Das Eigenlandrecht der Siebenbürger S. [Nachdr. 1973] – E. WAGNER, Hist. statist. Ortsnamenbuch von Siebenbürgen, 1977 – K. K. KLEIN, Transsylvanica, 1963 – DERS., Saxonica Septemcastrensia, 1971 – S. SIENERTH, Gesch. der siebenbürg.-dt. Lit. Von den Anfängen bis zum Ausgang des 16. Jh., 1984 – Gruppenautonomie in Siebenbürgen, hg. W. KESSLER, 1990 – K. G. GÜNDISCH, Das Patriziat siebenbürg. Städte im MA, 1993.

Sachsenaufstand (1073). Er markiert den Beginn einer gegen das sal. Kgtm. gerichteten, annähernd 15 Jahre währenden krieger. Auseinandersetzung, die vom ö. Sachsen und n. Thüringen ihren Ausgang nahm. Anlaß waren die von →Heinrich IV. zu Beginn seiner eigenständigen Regierung ergriffenen Maßnahmen zur Schaffung eines durch Burgen gesicherten Kg.sterritoriums im n. und s. Harzvorland. Durch intensive Inanspruchnahme kgl. Rechte sollte hier dem Kgtm. eine solide Grundlage verschafft werden. Die Unzufriedenheit der sich in ihren Stammesinteressen übergangen fühlenden →Sachsen hatte freilich tiefere, bis in die Zeit Heinrichs II. zurückreichende Wurzeln. Wenn es auch nicht zu der von der antikgl. Propaganda unterstellten, ganz Sachsen umfassenden Einheitsfront kam, so fanden sich doch Dynastenadel und Volk zu gemeinsamer Abwehr zusammen: Während sich der Adel in seinen territorialen Bestrebungen durch das Kgtm. eingeschränkt sah, begehrte das Volk gegen die geforderten Abgaben und Dienstleistungen sowie gegen die Übergriffe der vorwiegend aus schwäb. →Ministerialen bestehenden Burgbesatzungen auf. Die Ansicht, der S. sei vornehml. von ehem. →Kg.sfreien getragen worden, hat sich nicht durchsetzen können.

Die Führung der sich im Juli 1073 zu Hoetensleben formierenden Aufstandsbewegung lag bei →Otto v. Northeim (23. O.), dem 1070 das Hzm. Bayern abgesprochen worden war, und bei Bf. →Burchard II. v. Halberstadt (8. B.), während der sächs. Hzg. →Magnus Billung (9. M.) im Hintergrund blieb. Die Aktionen der Sachsen richteten sich v.a. gegen die kgl. Burgen. Von einem sächs. Heer überrascht, mußte Heinrich IV. im Aug. 1073 fluchtartig die Harzburg verlassen und rüstete nun seinerseits zu einem Feldzug gegen die Sachsen. Durch Vermittlung der Fs.en kam es vor Ausbruch der Kampfhandlungen zu einem Friedensschluß zu →Gerstungen (2. Febr. 1074). Die zögerl. Umsetzung der vom Kg. zugesagten Schleifung der Burgen führte dazu, daß sächs. Bauernhaufen eigenmächtig die Harzburg erstürmten und verwüste-

ten. Mit Unterstützung der oberdt. Hzg.e bot Heinrich IV. daraufhin ein Reichsheer auf, dem am 9. Juni 1075 bei →Homburg a. d. Unstrut ein Sieg über die zahlenmäßig stärkeren Sachsen und Thüringer gelang. Mit der bedingungslosen Unterwerfung der Sachsen am 27. Okt. 1075 zu Spier ging die erste Phase des S.s zu Ende. Nach Ausbruch des →Investiturstreites lebte der Widerstand in Sachsen, das dem Gegenkgtm. →Rudolfs v. Rheinfelden und →Hermanns v. Salm Rückhalt bot, jedoch erneut auf. Die von heftigen Kämpfen (Schlachten v. →Mellrichstadt, →Flarchheim, a. d. →Elster) begleiteten Auseinandersetzungen fanden erst 1088 ein Ende, ohne daß das sal. Kgtm. in Sachsen wieder Fuß fassen konnte. →Deutschland, C. III.
T. Struve

Q.: Carmen de bello Saxonico (MGH SRG, 1889) – Lampert v. Hersfeld, Ann. 1073–1075 (MGH SRG, 1894), 140ff. – Bruno, De bello Saxonico (MGH DMA 1, 1937) – *Lit.:* G. Meyer v. Knonau, JDG H. IV. und H. V., Bd. 2, 1894, 225–272, passim, mit Exkurs III, 857–869 – G. Baaken, Kgtm., Burgen und Kg.sfreie (VuF 6, 1961), 9–95 – H. Patze, Die Entstehung der Landesherrschaft in Thüringen (Mitteldt. Forsch. 22/I, 1962), 178–192 – E. Müller-Mertens, Der Sachsenkrieg von 1073 bis 1075 und die Frage nach dem Verbleib freier Bauern in der Feudalges. (Die Rolle der Volksmassen in der Gesch. ... [Veröff. des Zentralinst. für Alte Gesch. und Archäologie 7]), 1975, 237–246 – L. Fenske, Adelsopposition und kirchl. Reformbewegung im ö. Sachsen (Veröff. des Max-Planck-Inst. für Gesch. 47, 1977) – W. Giese, Der Stamm der Sachsen und das Reich in otton. und sal. Zeit, 1979, 148–182 – K. Leyser, The Crisis of Medieval Germany, PBA 69, 1983, 409–443.

Sachsenhausen, Appellation v. Nachdem der am 8. Okt. 1323 von Johannes XXII. u. a. wegen illegitimer Ausübung der Kg.sgewalt eröffnete Prozeß gegen Ludwig IV. ungeachtet der Appellationen v. Nürnberg (18. Dez. 1323) und Frankfurt (5. Jan. 1324) am 23. März mit der Verhängung des Banns und dem Befehl zur Niederlegung des kgl. Amtes fortgeführt worden war, antwortete Ludwig am 22. Mai 1324 in der Kapelle des Deutschordenshauses zu S. bei Frankfurt mit einer dritten Appellation, und zwar an einen künftigen wahren Papst und ein künftiges Konzil; Johann wurde nicht mehr als Papst anerkannt. In der Sache argumentiert die A. v. S. wie die voraufgegangenen: Das Kgtm. beruht auf der Wahl durch eine (unterschiedl. definierte) Mehrheit der →Kurfs.en. Die A. v. S. wurde in Gestalt einer kgl. Siegelurk., eines Libells, ausgestellt. Sie ist in einer längeren und einer kürzeren Version überliefert. Die längere enthält einen Traktat, in dem der Papst wegen der Verurteilung der minorit. Armutslehre selbst der Häresie bezichtigt wird. 1336 erklärte Ludwig d. Bayer, diese Anklage sei von Ulrich Wild († 1328), Ludwigs Protonotar, gegen seinen Willen in den Text eingefügt worden. Ein Exemplar der A. v. S. gelangte zwar später nach Avignon, wurde aber nie als korrekte Prozeßeinrede gewertet. Am 11. Juli 1324 wurden Ludwig alle durch die Wahl erworbenen Rechte aberkannt und weitere Sanktionen angedroht.
H. Thomas

Ed.: MGH Const. 5, 1, Nr. 909/910, 722–754 – *Lit.:* A. Schütz, Die Appellationen Ludwigs d. Bayern, MIÖG 80, 1972, 71–112 – H.-J. Becker, Die Appellation vom Papst an einallg. Konzil, 1988, 87ff. – H. Thomas, Ludwig d. Bayer, 1993, 164ff.

Sachsenheim, Hermann v., spätma. Dichter, * 1366/69, † 5. Juni 1458, ▢ Stuttgart. Angehöriger eines edelfreien Geschlechts, in württ. Dienst u. a. der Henriette v. Mömpelgard, Vogt v. Neuenburg, Lehensrichter, erhielt 1431 das Lehen S. Er gehörte mit →Püterich v. Reichertshausen, →Antonius v. Pforr, →Niklas v. Wyle zum Dichter- und Gelehrtenkreis am Rottenburger Hof der Pfgfn. →Mechthilde. Mit Ausnahme von »Der Goldene Tempel«, »Jesus der Arzt« und der »Grabschrift« sind alle seine Werke der Gattung →Minnerede, →Minneallegorie zuzurechnen. Sowohl »Die Mörin« als auch »Des Spiegels Abenteuer« beginnt mit einem Spaziergang des Ritters (Ich-Erzählers), der vom amoenischen Brunnen weggeführt und vor einem Minnegericht angeklagt wird. Zahlreiche lit. Bezüge (v. a. zu →Wolfram v. Eschenbach, →Hadamar v. Laber) lassen auf ein umfassend gebildetes Publikum schließen. Gegen den Ruf S.s als »Ritterromantiker« und Epigone betonte zuerst D. Huschenbett den Charakter seiner Werke als Gattungsparodien und als lehrhafte *byspil*-Dichtungen (→Bîspel). Durch diverse Anspielungen auf aktuelle Ereignisse wird die »Dichtung für den Hof« zur »Gebrauchsliteratur«. Zu den gesicherten Werken gehören weiterhin: »Die Grasmetze«, »Das Schleiertüchlein«, »Die Unminne«. Die Überlieferung erfolgte in 15 Hss. und 4 Drucken bis ins 16. Jh. Eine 1973 wiederentdeckte 'Autorsammlung' (Berlin, mgq 1899) weist hinsichtl. Lautstand und Textgliederung signifikante Abweichungen zur Haupths. (Wien, cod. 2946) auf.
A. Fiebig

Ed.: Die Mörin. Nach der Wiener Hs. ÖNB 2946, ed. H. D. Schlosser, 1974 – The Schleiertüchlein of H. v. S. A., ed. D. K. Rosenberg, 1980 (GAG 260) – Des Spiegels Abenteuer, ed. T. Kerth, 1986 (GAG 451) – *Lit.:* Verf.-Lex.² III, 200–206 – D. Huschenbett, H. v. S., 1962 – P. Strohschneider, Ritterromant. Versepik im ausgehenden MA, 1986 – M. Backes, Das lit. Leben am kurpfälz. Hof zu Heidelberg im 15. Jh., 1992 – U. D. Opitz, Die 'Dt. Manuskripte des MA' (Zb-Signaturen) der ehem. Stolberg-Wernigerod. Hss.slg. (Fschr. H. Beck, 1993), 187–205 [Lit.].

Sachsenkriege → Karl d. Gr., A. 3, →Sachsen, I

Sachsenpfennig (Wenden-, Randpfennig, poln. *Denary krzyżowe*), Silbermünze des 10./11. Jh., typ. durch ihren stark aufgehämmerten Rand, mit vorwiegend unlesbaren schriftähnl. Legenden. Der ältere größere Typ des 10. Jh. ahmt karol. →Reichsdenare oder Regensburger Pfennige nach. Der jüngere kleinere Typ lehnt sich zunächst an Münzbilder von Magdeburg oder Deventer an, weist dann verschiedene Kreuzdarstellungen, ferner auch Fahne, Waage, Hand oder Krummstab als Bild auf. Der Durchmesser der S.e verkleinert sich von ursprgl. 22 mm (10. Jh.) bis auf 10 mm (spätes 11. Jh.). Als Ursprungsregion der S.e wird das Saalegebiet mit Naumburg, dazu wohl auch Magdeburg, angenommen. Die S.e begegnen in Münzfunden bes. in Mittel- und Norddtl. sowie in Polen (im 11. Jh. bis zu 90 % des Fundinhalts), in Skandinavien nur sporadisch.
P. Berghaus

Lit.: KL XIV, 629–633 – F. v. Schroetter, Wb. der Münzkunde, 1930, 580f. – M. Gumowski, Corpus Nummorum Poloniae I, 1939 – V. Jammer, Die Anfänge der Münzprägung im Hzm. Sachsen, 1952, 58–61 – G. Hatz, Die ersten S.e in Schweden, Nummus et Historia, 1985, 33–42 – B. Kluge, Dt. Münzgesch. von der späten Karolingerzeit bis zum Ende der Salier, 1991, 31, 74, 140.

Sachsenrecht → Lex Saxonum, →Sachsenspiegel

Sachsenspiegel. Der S., die berühmte private Aufzeichnung des sächs. Rechts und zugleich das erste dt. Prosawerk, gehört zu den bedeutendsten ma. Rechtsq. Dieses →Rechtsbuch stellt für die damalige Zeit eine außergewöhnl. geistige Leistung dar. Wer sie vollbrachte, ist den Vorreden zu entnehmen, die in den S. einführen. Es sind die Reimvorrede (praefatio rhytmica), die Vorrede (prologus) und der Text der Vorrede (textus prologi) sowie die Vorrede »von der herren geburt«, von denen der erste Teil der Reimvorrede und die vierte Vorrede von anderer Hand hinzugefügt wurden. Sie geben einen Einblick in die Motivation zur Abfassung des S.s und in die Schwierigkeiten bei der Verwirklichung dieses Vorhabens. Schließlich stellt sich der Verfasser als →Eike v. Repgow vor, der vom Gf. en Hoyer v. Falkenstein veranlaßt wurde, seine vermutl. urspgl. in Lat. gefaßte Rechtsaufzeichnung ins Dt. zu übertragen. Die Echtheit dieser Textstelle kann wissenschaftl. als gesichert gelten, weil sie nicht das einzige Zeugnis für die Existenz einer rechtskundigen Persönlichkeit dieses Namens und des Gf. en Hoyer v. Falkenstein ist. Sechs Urkk. aus der Zeit zw. 1209 und 1233 führen jeweils einen Eike v. Repgow und zwei sogar ihn zusammen mit dem Falkensteiner unter den Zeugen für wichtige Rechtsakte an Gerichtsstätten dieses Raumes an. Der S. enthält sächs. Recht, das Heimatrecht seines Schöpfers. Seine Aufmerksamkeit gilt in erster Linie den bäuerl. Rechtsverhältnissen und denen der Feudalherren untereinander, woraus auch die Einteilung in ein Landrechts- und in ein Lehnrechtsbuch resultiert. Doch der Autor nimmt auch zur Staatspraxis seiner Zeit Stellung. Mit den reichsbezogenen Betrachtungen schuf sich Eike v. Repgow den Rahmen, in den er das durchaus nicht mehr einfache Recht seiner Heimat einfügte. Dabei ist er bemüht, Sonderinteressen, wie etwa die von Angehörigen anderer Stämme, dt. wie wend., oder die der Kleriker, der Juden, der Reisenden, zu berücksichtigen. Im einzelnen geht er auf die Stufen der Familienordnung und, darauf aufbauend, auf ehegüter- und erbrechtl. Vorschriften ein. Viele Bestimmungen regeln das Zusammenleben im Dorf. Es finden sich ferner Vorschriften über das ma. Gerichtsverfahren und über Verbrechen und Strafen. Sogar eine einfache Straßenverkehrsordnung ist im S. enthalten. Aus allem wird deutl., wie vielfältig die rechtl. Regelungen am Anfang des 13. Jh. schon gewesen waren. Nicht zu übersehen sind die Kompliziertheit der ständ. Probleme und die Probleme, die durch die verschiedenartigen Geburtsrechte hervorgerufen wurden, woraus sich erhellt, wie notwendig die Aufzeichnung des bisher mündl. tradierten Rechts geworden war.

Die Andeutung in der Vorrede vom Zustandekommen des dt. S.s aus einer lat. Urfassung ist von der Wiss. mit Skepsis aufgenommen worden, wozu das Fehlen des lat. S.s oder des lat. Entwurfs, aber auch die Unklarheit über das Motiv zur Fixierung des sächs. Rechts in lat. Sprache viel beigetragen haben. Alle Zweifel an einen lat. Urtext schienen behoben, als im »Auctor vetus de beneficiis«, einem in schwerfälligem Lat. abgefaßten Lehnrechtsbuch, ein Rest des lat. S.s vermutet werden konnte. Durch Vergleich mit dem sog. »Görlitzer Rechtsbuch« aus dem Jahre 1300 ist inzwischen der Nachweis gelungen, daß der »Auctor vetus« die lat. Urfassung des S.-Lehnrechts oder zumindest eine unmittelbare Ableitung von ihr gewesen sein dürfte, daß also eine von beiden die Vorlage für das Lehnrecht des dt. S.s gebildet haben muß und daß sich sogar Teile einer lat. Vorfassung des S.-Landrechts erschließen lassen.

Die Entstehungszeit des S.s kann mit Sicherheit auf den Zeitraum zw. 1220 und 1235 eingegrenzt werden. Ein früherer Termin ist auszuschließen, weil die verfassungsrechtl. wichtige →»Confoederatio cum principibus ecclesiasticis« von 1220 inhaltl. schon im S. verwertet wurde. Eine Abfassung nach 1235 kommt ebenfalls nicht in Betracht, weil dann das zu diesem Zeitpunkt errichtete Hzm. →Braunschweig-Lüneburg in das Verzeichnis der sächs. →Fahnlehen hätte aufgenommen werden müssen. Im übrigen bezog sich bereits der von Hzg. Heinrich I. d. Bärtigen v. Schlesien veranlaßte hall. Schöffenbrief an die schles. Stadt Neumarkt v. 1235 auf den S. Eine präzisere Datierung ist trotz allen aufgewandten Scharfsinnes immer noch nicht möglich.

Eike v. Repgow besaß, nach den Lateinkenntnissen zu urteilen, überdurchschnittl. Bildung und hätte seine Arbeitsergebnisse vermutl. selber aufzeichnen können. Dazu könnte er sich aber auch einer Hilfskraft bedient haben. Ob sich das auf die sprachl. Gestaltung des S.s ausgewirkt haben kann, ist ebenso ungewiß, wie der Ort, an welchem der S. abgefaßt wurde. Die erkennbare Benutzung der Bibel und einer Reihe anderer Werke spricht dafür, daß der S. in oder in der Nähe der Stifts- oder Kl. bibliotheken des ö. Harzvorlandes, weniger aber auf der Burg Falkenstein über dem Selketal oder im Stammgut Reppichau entstanden sein dürfte.

Die erste Fassung des S.s war nicht die endgültige. Sie wurde erst nach einer langen Entwicklung erreicht. Die ersten beiden Fassungen gehen auf Eike zurück. Danach setzen die Fremdbearbeitungen ein. Die um 1270 entstandene vierte Fassung bildet den inhaltl. Abschluß des S.s. Von ihr gehen die folgenden Hss. gruppen aus, wie etwa die berühmten Bilderhss. Im 15. Jh. wird mit der Vulgata die abschließende dt. Hss. form erreicht, die der Vorlage für die S. drucke erreicht. Im ersten Drittel des 14. Jh. beginnt mit der Glosse die wissenschaftl. Bearbeitung des S.s.

Innerhalb von 80 Jahren nach seiner Entstehung hat der S. in vollständigen Hss. oder in einzelnen Bestimmungen Gebiete erreicht, die weit von der ostfäl. Heimat entfernt sind: Hamburg und Stade im N, Augsburg im S, Köln im W sowie Breslau und Krakau im O. Zusammen mit dem →Magdeburger Recht wanderte er auf den Handelsstraßen nach Osteuropa. Dort haben beide in Teilen bis ins 19. Jh. hinein Anwendung gefunden. Im dt. Bereich wurde er Vorlage für viele andere Rechtsbücher und lebte im Gemeinen Sachsenrecht fort.   R. Lieberwirth

Lit.: Die Wolfenbüttler Bilderhs. des S.s. Aufsätze und Unters. Komm. bd. zur Faks.-Ausg., hg. R. Schmidt-Wiegand, 1993 [zahlreiche Beitr. zum S.] – →Eike v. Repgow.

Sächsische Weltchronik, erste dt. sprachige, genauer: mnd. Universalchronik, entstanden wohl eher um 1229 (Menzel) als zw. 1260–75 (Herkommer). Das meist als »kronick« bezeichnete Gesch. swerk (gebräuchl. Name von L. Weiland) lebt inhaltl. ganz aus lat. Tradition, wird aber auch von späteren Autoren rezipiert: Zeichen dafür, daß aus dem Gegensatz von Lat. und Volkssprache in gelehrten Kreisen ein Miteinander werden kann. Die breite Überlieferung (36 Hss., darunter vier Ende des 13. Jh. entstandene Bilderhss. [der Rez. B]), die Tatsache, daß die Chronik bis ins 15. Jh. hinein Forts. en (eine sächs. bis 1275, eine thür. bis 1353 und vier bayer. bis 1453) erfahren hat, wie die Forts. en und Hss. in nieder-, mittel- und oberdt. Fassungen bezeugen ein lebhaftes, gesamtdt. Interesse. Nur in der Langfassung blieb die S. W. auf den n.- und mitteldt. Raum beschränkt. Allen Hss. gemeinsam ist ein »gemein Text« als Grundbestand, der in drei großen Rezensionen (A, B, C) variiert wurde, wobei noch offen ist, ob C oder – wahrscheinlicher – A dem Urtext am nächsten kommt. Für die Zeit bis zum Beginn des 12. Jh. bietet die Chronik v. →Frutolf-Ekkehard die Hauptq., die ebenso wie die für den anschließenden Zeitraum herangezogenen Pöhlder Annalen zwar ausgeschrieben, aber durchaus eigenständig behandelt wird. Das traditionelle Vier-Weltreiche-Schema wird mit der jüd. Gesch. des Alten Bundes kombiniert; Alexander d. Gr. wird nicht nur als Vollender des Dritten Weltreiches, sondern auch als Herr jenes Heeres, aus die →Sachsen stammten, gewürdigt. →Petrus Comestor scheint direkt benutzt worden zu sein, ansonsten wurden viele Q. aus zweiter Hand übernommen. Die Romkenntnisse des Chronisten beruhen nicht auf eigener Anschauung, sondern auf der Überlieferung der →Mirabilia urbis Romae.

Die Benutzung der verlorenen Gesta der Ebf. e v. →Magdeburg und eines Martyrologiums Magdeburger Provenienz weist auf dieses Ebm. als Entstehungsraum der S. W. zurück. Auch wenn sie sich an zwei Stellen mit dem Landrecht des →Sachsenspiegels auf das engste berührt, gibt es keine Anhaltspunkte für die früher erwogene Verfasserschaft→Eikes v. Repgow. Umfassende Bibelkenntnis, Homilienzitate, zahlreiche Hinweise zur Liturgiegesch. lassen als Verf. einen Kleriker erschließen, der den Reichtum der Kirche seiner Zeit durchaus krit. sieht. Die Darstellung des Zeitgeschehens, für welches die S. W. einen eigenen Q.wert besitzt, läßt den kirchengesch. Grundzug immer blasser werden, während die etwa drei Viertel des Textes beanspruchende Ks.gesch. ihre festen Konturen behält. Zu den beherrschenden Themen werden jetzt Fehden und Unglücksfälle; die Landesgesch. ist dabei nur der räuml. Bezugspunkt, aber nicht Schauplatz linear verfolgter Fs.engesch. Eine Unters. der verschiedenen Berichtshorizonte der S. W. steht ebenso aus wie eine Würdigung ihrer stilist. Gestaltung und ihre sprachgesch. Einordnung. E. Schubert

Ed.: L. WEILAND, MGH Dt. Chroniken, II, 1877 – Codices illuminati medii aevi 14. S. W. (Staats- und Univ.bibl. Bremen, Ms. a. 33), Farbmikrofiche-Ed., Einf. D. HÄGERMANN, ed. H. LENGENFELDER, 1989 – *Lit.:* Verf.-Lex.² VIII, 473–500 [Lit.] – H. HERKOMMER, Überlieferungsgesch. der »S. W.« (MTU 38, 1972) – M. MENZEL, Die S. W. Q. und Stoffauswahl (VuF Sonderbd. 34, 1985) – R. SCHMIDT, Zu den Bilderhss. der S. W. (Fschr. R. SCHMIDT-WIEGAND, II, 1986), 742–779 – D. HÄGERMANN, Die »dt.« Frühgesch. und zeitgenöss. »Verfassungsfragen« im Verständnis der S. W. (Fschr. H. SCHMIDT, 1993), 55–65.

Sächsischer Bruderkrieg (1446–51). Zw. dem Kfs. en →Friedrich II. v. Sachsen und seinem gerade 20 Jahre alten Bruder Wilhelm III. entstand 1445 ein Streit über dessen Beteiligung an der Herrschaft. Weder die Altenburger Teilung vom 10. Nov. noch der daran anschließende Machtspruch v. Halle am 11. Dez. 1445 konnten den ungestümen Wilhelm befriedigen, der in seiner Unerfahrenheit durch den eigensüchtige Ziele verfolgenden Vasallen Apel Vitzthum verleitet wurde. Nach beiderseitigen Rüstungen begann der s. B. im Okt. 1446, wobei auch Hilfstruppen aus Böhmen und anderen Nachbargebieten herangezogen wurden. Die mit Verwüstungen, Plünderungen und Brandschatzungen verbundenen Kriegshandlungen zogen sich über thür. und meißn. Teile des Kfsm.s →Sachsen hin und setzten sich trotz mehrfacher Verhandlungen und kurzfristiger Friedensschlüsse bis zum abschließenden Frieden v. Naumburg am 27. Jan. 1451 fort. Auch benachbarte Gebiete wurden in das Geschehen einbezogen, 1447 beteiligte sich Hzg. Wilhelm an der →Soester Fehde. An der 1445 beschlossenen Abgrenzung des für Wilhelm bestimmten thür. Teils änderte sich nichts. Zu den an einzelnen Orten sicher verheerenden Auswirkungen, über die wohl übertriebene Vorstellungen herrschen, liegen keine Untersuchungen vor. K. Blaschke

Lit.: H. KOCH, Der s. B. (1446-1451), 1909.

Sächsischer Prinzenraub → Prinzenraub

Sächsischer Städtebund → Städtebünde

Sackala (lat. Saccala, estn. Sakkala), südestn. Stammesgebiet (Landschaft), im O an →Ugaunien, im S an lett. Siedlungsgebiet stoßend; Hauptburg →Fellin. Mit dem Einfall des →Schwertbrüderordens und der →Letten in Ugaunien begann 1208 ein 16jähriger Krieg gegen die →Esten. Der Orden siegte 1211 bei Fellin und gebot 1212 über S. und Ugaunien, die Esten nahmen die Taufe an. 1215 brach der Krieg erneut aus, die Esten wurden von den Russen unterstützt. 1217 siegte der Orden erneut bei Fellin, wobei Lembit, der S.-Fs. von der Burg Leole, fiel. Als Kg. →Waldemar II. v. Dänemark 1220 ganz Estland beanspruchte, ließ der Orden sich von ihm den Besitz v. S. bestätigen. Ein Aufstand der Esten griff 1223 auf S. über. 1224 eroberte der Orden Fellin und behauptete sich endgültig in S., das er als Drittel von Estland behielt, doch mußte der Ordensmeister dem Diözesan, Bf. Hermann v. →Leal/Dorpat, den Obödienzeid leisten. S. bildete später nebst einigen Nachbargauen, jedoch im S und SO um einige Grenzgebiete vermindert, die Komturei Fellin des →Dt. Ordens. H. von zur Mühlen

Q.: Liv-, Est- und Kurländ. UB, 1852ff. – *Lit.:* L. ARBUSOW, Grdr. der Gesch. Liv-, Est- und Kurlands, 1918⁴ [Neudr. 1964] – H. LAAKMANN, Estland und Livland in frühgesch. Zeit (BL I, 1939) – R. WITTRAM, Balt. Gesch. Die Ostseelande Livland, Estland, Kurland 1180–1918, 1954 – P. JOHANSEN, Lippstadt, Freckenhorst und Fellin in Livland, 1955 – F. BENNINGHOVEN, Der Orden der Schwertbrüder, 1965.

Sackbrüder. Der Orden der S. oder Fratres de Poenitentia Jesu Christi geht auf Raimund Attanulfi (Athénoux) zurück, der Ende der 40er Jahre des 13. Jh. unter dem Eindruck der Predigt des →Hugo v. Digne (34. H.) bei Hyères ein an den urspgl. Intentionen des →Franziskus v. Assisi orientierten Ordensleben begann, nachdem er zuvor von den →Franziskanern als Novize abgewiesen worden war. Seine zunächst auf die Provence beschränkte Gemeinschaft zählte Anfang der 70er Jahre über 110 Konvente, was die Kurie veranlaßte, dem aus ihr hervorgegangenen, nach dem Vorbild der →Dominikaner organisierten Orden den 3. Rang unter den »Bettelorden einzuräumen. Dennoch wurde der in der »ketzerverseuchten« Provence entstandene Orden, in dem führende →Spirituale den von →Joachim v. Fiore vorausgesagten 'Ordo novus' sahen, 1274 auf Beschluß des II. Konzils v. →Lyon aufgehoben. K. Elm

Lit.: DIP VI, 1398–1403 [Lit.] – R. W. EMERY, The Friars of the Sack, Speculum 18, 1943, 323–334 – G. M. GIACOMOZZI, L'Ordine della Penitenza di Gesù Cristo, 1962 – A. AMARGIER, Les frères de la pénitence de J.-Chr. ou du Sac, Provence historique 15, 1965, 158–167 – K. ELM, Ausbreitung, Wirksamkeit und Ende der prov. S., Francia 1, 1972, 257–324 – DERS., Die Bedeutung hist. Legitimation für Entstehung, Funktion und Bestand des ma. Ordenswesens (Herkunft und Ursprung. Hist. und myth. Formen der Legitimation, hg. P. WUNDERLI, 1994), 71–109 [Lit.: 80f.].

Säckingen, ehem. Frauenkl. (1806 aufgehoben), auf einer abgegangenen Rheininsel bei Bad S. (Baden-Württ.) gelegen, vermutl. im 7. Jh. von →Poitiers aus (Kreuzreliquie, Hilariuspatrozinium) entstanden und somit älteste monast. Niederlassung in Alemannien. S. wurde entweder noch von dem hier im Rahmen seiner Mission wirkenden hl. →Fridolin selbst initiiert oder ist aus der Verehrung seines Grabes hervorgegangen. Obwohl merow. Einfluß offenkundig ist, gibt sich S. erst im 9. Jh. als Königskl. zu erkennen: Sowohl Bertha, die Tochter Kg. Ludwigs d. Dt., als auch Richgard, die Gemahlin Ks. Karls III., standen dem Konvent als Laienäbt.nen vor; zur Kl.anlage gehörte damals auch ein kgl. palatium. Zu Anfang des 10. Jh. durch die Ungarneinfälle heimgesucht, kam S. wegen seines umfängl. Besitzes in Churrätien und in Glarus im Rahmen der otton. Italienpolitik eine wichtige Brückenfunktion zu. Vermutl. wirkte damals Reginlinde, Gemahlin Hzg. Hermanns I. v. Schwaben, als Äbt. von S. Aus dem 10. Jh. ist eine Konventsliste der mit →Remiremont verbrüderten Abtei erhalten. Nach der Umwandlung des Kl. in ein Kanonissenstift im 11. Jh. übten in der Folgezeit die Gf.en v. →Lenzburg, nach deren Aussterben seit 1173 die Gf.en v. →Habsburg die Vogtei aus; das Stift (1307 gefürstet) und die Stadt S. wurden v. a. im 15. Jh. zu einem wichtigen Element der habsbg. Territorialpolitik in den Vorderen Landen. Th. Zotz

Lit.: Helvetia Sacra III/1, 1, 1986, 324–337 – S. Die Gesch. der Stadt, hg. H. Ott, 1978 – F. Jehle, Die Gesch. des Stiftes S., 1984² – Frühe Kultur in S., hg. W. Berschin, 1991.

Sacra Conversazione (it. 'heilige Unterhaltung'). Die neuere Kunstgeschichtsschreibung bezeichnet mit diesem seit 1797 nachweisbaren Begriff die spätma. und frühnz. Darstellungen der thronenden Muttergottes mit dem Jesuskind zw. Hl.n in Gespräch und Meditation. Die Feststellung, daß erst das 15. Jh. die S. C. ausgebildet hat, »in dem es die Heiligen zu einer einheitlichen Gruppe um Maria zusammenzieht« (W. Braunfels, G. M. Lechner), ist rein formaler Natur. Ikonolog. ist wichtiger zu sehen, daß die S. C. im Zeichen der devotio mariana die früh- und hochma. Personentypen wie *die ganz schöne Braut* des Hld 4, 7, *die geschmückte Königin* von Ps 44 und *die neue Eva* weiter mitträgt, verbunden mit symbol. Anspielungen auf die beiden wichtigsten mariolog. Themen des MA »Unbefleckte Empfängnis« und »Himmelaufnahme Mariens«. Vorstufen dieses Bildtypus sind bereits in der Frühzeit des MA zu finden, z. B. Apsismosaik des Domes in Parenzo/Poreč, 539/550, mit dem ältesten Beispiel der Erhebung Mariens zur Throngestalt der Apsismitte, flankiert von jeweils vier Engeln und Hl.n; Ikone der Nikopoia zw. den Hll. Theodor, Georg und Erzengeln, 6./7. Jh., Sinai, Katharinenkl. Zu den Vorstufen gehören auch die Maestà-Darstellungen des frühen 14. Jh. (→Duccio, Simone →Martini, Pietro →Lorenzetti). Bei den vollentwickelten Bildtypen tritt das Höfisch-Zeremonielle ganz zurück und die Darstellung bekommt den Charakter einer innigen Unterhaltung oder Meditation über die Bedeutung Mariens in der Heilsgesch. Anschauliche Beispiele: Fra →Angelico, Ehem. Hochaltar für S. Marco in Florenz, 1437/41; Filippo →Lippi, Altarbild von 1445, Paris, Louvre; Andrea →Mantegna, Hochaltar von S. Zeno in Verona, 1457/59; Matteo di Giovanni, Altartafel für den Sieneser Dom von 1460, Siena, Opera del Duomo; Domenico di Michelino, Altartafel von 1466, San Gimignano, Mus. Civico; →Piero della Francesca, Altartafel aus Urbino, 1470/77, Mailand, Brera. In der Malerei nördl. der Alpen wurde der Bildtypus der S. C. seltener gestaltet, z. B. beim Berswordt-Meister, Mittelteil des Bielefelder Altares, um 1400, Bielefeld-Neustadt, St. Marien; vornehml. unter it. Einfluß, z. B. bei Rogier van der →Weyden, Medici-Madonna, 1445/50 und Petrus →Christus, thronende Muttergottes mit dem Jesuskind zw. den Hll. Hieronymus und Franziskus, 1457, beide in Frankfurt / M., Städel. In diesen großartigen künstler. Dokumenten der spätma. Marienverehrung lebt die Bildidee der Maiestas Mariae unverkennbar fort. G. Jászai

Lit.: LCI IV, 4f. – K. Kaspar, Die ikonogr. Entwicklung der S. C. [masch. Diss. Tübingen 1954] – R. Goffen, Nostra Conversatio in Caelis est: Observations on the S. C., ArtBull 6/1979, LXI, 2, 198–222.

Sacramenia, Santa María y San Juan, Kl. SOCist in Kastilien (Prov. Segovia), Filiation Escaladieu-Morimond. 1141 berief →Alfons VII. v. León-Kastilien Zisterzienser zur Gründung eines Kl. nach S., wo bereits mit S. María de Cárdaba ein Priorat von →S. Pedro de Arlanza existierte, das später in den Besitz von S. überging. Alfons VII. förderte das Kl. auch in den folgenden Jahren durch reiche Schenkungen und gewährte ihm 1144 alle Rechte und Besitzungen im Umkreis. Die Besitzungen S.s erstreckten sich v. a. auf das Gebiet zw. den Flüssen Aza und Duratón, Nebenflüssen des Duero. 1481 trat S. der reformierten Congregación Castellana de la Observancia des Zisterzienserordens bei. U. Vones-Liebenstein

Q. und Lit.: M. Quintillana, Monasterio de S., Estudios Segovianos 4, 1952, 533–550 – DHEE III, 1633 – L. Torres Balbás, El monasterio bernardo de S., Archivo español de arte 64, 1944, 197–225 – P. Feige, Filiation und Landeshoheit (Zisterzienser-Stud. 1, 1975), 37–76 – V. Alvarez Palenzuela, Monasterios cistercienses en Castilla, siglos XII–XIII, 1978 – E. Cabrera Muñoz, Entorno a la fundación del monasterio de S. (En España Medieval 1, 1980), 31–43 – J. Pérez-Embid Wamba, El Cister en Castilla y León, 1986, 598 [Abtslisten], 781 [Karte der Besitzungen].

Sacrarium, Grube oder Behälter seitlich neben dem Altar oder in der Sakristei zur Aufnahme unbrauchbar gewordener, geweihter Gegenstände (Baumwolle, Kerzen, Asche) sowie des zu liturg. Waschungen (Lavabo, →Sakristei) verwendeten Wassers. Das S. ist häufig mit durchlochter Steinplatte oder kleinem Puteal (Eingußbecken) abgedeckt. Auch neben, ober, unter dem Taufstein soll ein S. sein. Verbreitet im frühen MA, in der weiteren Entwicklung des 13./14. Jh. als →Piscina in der Südwand von Chor oder →Sakristei. G. Binding

Sacre (des rois de France), Weihezeremonie (→Zeremoniell) der Kg.e v. →Frankreich. Das beginnende MA hielt bereits am sakralen Ritus der Herrschereinsetzung nach alttestamentl. Vorbild fest (westgot. Kgtm., erstmals Salbung belegt für Wamba, 672; maßgeblich für die Königseinsetzung im Abendland Salbung →Pippins III., 751; zu den frühma. Weihezeremonien und ihren Grundlagen s. im einzelnen →Sakralität, →Gottesgnadentum, →Salbung, →Krönung, →Ordo, →Hinkmar v. Reims). Im →Frankenreich/→Westfrankenreich festigte der Ebf. v. →Reims seit den →Karolingern (→Ludwig d. Fr., 816) sein Vorrecht, die Königsweihe (in seiner Kathedrale) zu vollziehen, in Abwehr konkurrierender Ansprüche der Bf.e v. →Soissons (923), →Laon (936), →Noyon (987), →Compiègne (877, 888, 979, 1017) und →Orléans (848, 987, 1108) sowie des Ebf.s v. →Sens. Von 1129 bis 1429, unter →Kapetingern und →Valois, war Reims exklusiver Weiheort. 1431 empfing →Heinrich V. v. England, der durch den Vertrag v. →Troyes Kg. v. Frankreich geworden war, das S. jedoch in der Kathedrale v. Paris durch den Bf. v. Winchester, Heinrich →Beaufort; das Unerhörte dieser Weihe eines fremden Herrschers wird selbst in den Reaktionen der entschiedensten 'Bourguignons' unter den Pariser Bürgern spürbar. War Reims unbestrittener Ort des S., so mußte sich →St-Denis mit der Rolle des Hüters der kgl. Insignien (Zepter, Stab/später: Schwurhand, Schwert und Krone) begnügen. Im übrigen verbreitete sich die Legende, daß das bei der kgl. Salbung verwendete Chrisam (Salböl) ein Tröpfchen jenes Öls aus der hl. Ampulle Christi (Sainte Ampoule) enthalte, das eine himml. Taube dem hl. →Remigius v. Reims zur Taufe →Chlodwigs überbracht habe. Diese Legende, die im späten 8. Jh. aufgekommen war, ihre erste Verbreitung im 9. Jh. erfuhr und sich im 11. Jh. festigte, wurde erst seit 1131 zur feststehenden Doktrin und allg. Glaubensüberzeugung. Seit dem 12., verstärkt seit dem 13. Jh., herrschte der Glaube, daß die 'Magie' des S. den Kg. mit der wunderbaren Kraft (*pouvoir thaumaturge*) zur Heilung der →Skrofeln ausstattete; diese Gabe schrieb sich her vom hl. →Marculf (Marcoul), dessen Reliquien sich in →Corbény befanden, einer Filiale von St-Remi de Reims, das die beim S. verwendete hl. Ampulle bewahrte.

Das Ritual des S. ist uns überliefert durch Protokolle (Weihe Philipps I., 1059), durch die 'ordines ad consecrandum regem' (ältester aus der Zeit um 900; →Ordo) sowie durch einschlägige Traktate seit dem SpätMA (z. B. Jean →Golein in der Regierungszeit →Karls V.). Seit dem Ordo des Fulrad (um 980) ist die dreigeteilte Struktur ('tripartitio') des Rituals klar erkennbar: das Versprechen (Eid), die eigtl. Weihehandlung, die Krönung nach byz. Vorbild (erstes bekanntes Beispiel: 816). Seit dem 13. Jh. (Ordo v. Reims, ca. 1220–30; Ordo von 1250, ausgestattet mit einer Serie von Miniaturen; Ordo vom Ende der Regierung Ludwigs d. Hl.n, der wohl dem S. Philipps III. 1273 diente) ist der Ablauf der Zeremonie gut bekannt: Sie fand stets an einem →Sonntag statt und umfaßte: »Ritterwache« des Kg.s; am folgenden Morgen Eintreffen der (aus Corbény eingeholten) hl. Ampulle; Ablegen des Eides, in dem der Kg. die Verteidigung des Glaubens, die Aufrechterhaltung der kirchl. Privilegien, die Wahrung des Friedens unter seinem Volke, die Achtung des Rechts, die Verfolgung der Häretiker (seit Karl V. wohl auch die ungeschmälerte Erhaltung der kgl. Domäne) gelobte; Überreichung der Symbole des →Rittertums an den Kg. (u. a. Sporen, Schwert); siebenfache Salbung (an Haupt, Brust, zw. den Schultern, an den Armgelenken, an den Händen); Singen des Hymnus »Unxerunt in regem Salomonem«, Überreichung des Krönungsgewands an den Kg.; Segnung des →Ringes; Übergabe der kgl. Insignien; Krönung, unter Assistenz der Zwölf →Pairs de France und unter dem vielfach wiederholten Ruf »Vivat rex in aeternum«. Danach begann die Messe, bei der der neue Kg. das →Abendmahl in beiderlei Gestalt empfing. Die etwa vierstündige Zeremonie fand ihren Abschluß in einem Bankett im Bischofspalast (Palais du Tau).

Der Akt des 'S. et couronnement' eines Kg.s v. Frankreich fand stets ungeheures Aufsehen und zog Scharen von Besuchern und Schaulustigen aller sozialen Ränge an; er war für die Stadt Reims zugleich hohe Ehre wie schwere Belastung. Auch wenn die Kirche dem S. niemals den Rang eines →Sakraments eingeräumt hatte, so machte die Weihe den Kg. doch zu einer Art »Laienbischof«. Vom 14. Jh. an war die Rede vom »mystère du s.«, das den zentralen Bestandteil der »religion royale« bildete. Für mächtige frz. Fs.en des SpätMA wie die Hzg. e v. →Bretagne und →Burgund war es ein schwerer Nachteil, nicht geweiht zu sein. Die meisten Königreiche des chr. Abendlandes bildeten ihrerseits Weihe- und Krönungszeremonien aus, die in ihrem Ablauf dem S. der Kg.e v. Frankreich ähnelten. Seit dem Ende des 13. Jh. war es aber in Frankreich nach der strikten polit. Doktrin nicht mehr das S., das den Kg. machte, sondern der Tod des Vorgängers, getreu der um 1500 definitiv fixierten Formel: »Le roi est mort, vive le roi«! Die Königinnen v. Frankreich konnten ihrerseits ein S. empfangen, doch blieb ihnen das Öl der hl. Ampulle verwehrt. Ph. Contamine

Lit.: J. DE PANGE, Le roi très chrétien, 1949 – M. DAVID, Le serment du sacre du IXᵉ au XVᵉ s., 1951 – F. OPPENHEIMER, The Legend of the Sainte Ampoule, 1953 – P. E. SCHRAMM, Der Kg. v. Frankreich, 1960² – H. PINOTEAU, Vingt-cinq ans d'études protocolaires, 1982 – R. A. JACKSON, Vive le Roi!, 1984 – Le sacre des rois, 1985 – J. LE GOFF, Reims, ville du sacre (Les lieux de mémoire, hg. P. NORA, II: La nation, 1986), 89–184 – R.-H. BAUTIER, Sacres et couronnements sous les Carolingiens et les premiers Capétiens, Annuaire-Bulletin de la Société de l'hist. de France, 1987 (1989), 7–56 – P. DESPORTES, Les pairs de France et la couronne, RH, 1989, 305–340 – PH. CONTAMINE, Les pairs de France au XVᵉ s. (DERS., De Jeanne d'Arc aux guerres d'Italie. Figures, images et problèmes du XVᵉ s., 1994), 321–348.

Sacre rappresentazioni. In Italien wurde das geistl. Spiel in der Volkssprache, das aus dem lat. liturg. Spiel hervorgegangen war (→Drama), durch ein neues, um die Mitte des 13. Jh. erscheinendes Genus beeinflußt, die →Lauda. Die »dialogischen« Laude, in denen die wichtigsten Episoden der Evangelien zu Dialogen zw. den verschiedenen Protagonisten verdichtet wurden (→Lauda [2]), entwickelten sich in einem komplexen Prozeß, der

v. a. von DE BARTHOLOMAEIS erforscht wurde, zu den S. r. Diese sind seit dem Beginn des 15. Jh. in allen Regionen Italiens vertreten, in erster Linie jedoch in Rom, in den Abruzzen, in Umbrien und Toskana. In Rom wirkte eine Bruderschaft, die Arciconfraternita del Gonfalone, deren vornehmste Aufgabe es war, im Kolosseum am Karfreitag die Passion sowie in der Lateranbasilika und in St. Peter die Auferstehung szenisch darzustellen. Das Laudar der Compagnia dei Disciplinati di san Tommaso d'Aquino in L'Aquila hat u. a. die »Legenna de Santo Tomascio« überliefert. Im Codex V. E. 361 der Bibl. Naz. in Rom sind die wichtigsten abruzzes. S. r. erhalten, deren berühmteste, »Rosana«, eine Bearbeitung der Gesch. von Fiorio und Biancofiore (→Florisdichtung) bildet. Eine Slg. aus Orvieto d. J. 1405 enthält eine »Creazione del Mondo«. Eine der bekanntesten Disciplinati-Kompagnien in Florenz, die Compagnia del Vangelista, zählte auch die Medici zu ihren Mitgliedern. Die ursprgl. Sestinenform wurde von der Ottava abgelöst, die sich dem Dialogrhythmus besser anpaßte. Der älteste namentl. bekannte Autor scheint in Florenz Feo →Belcari zu sein, von dem »Abramo e Isac«, »L'Annunciazione«, »San Giovanni nel deserto«, »San Pancrazio«, »Guidizio finale« erhalten sind. Es folgen Lorenzo di Pier Francesco de' Medici, Lorenzo il Magnifico (→Medici), Bernardo →Pulci und seine Frau Antonia di Francesco Giannotti, die eine »Rappresentazione di Santa Guglielma« verfaßte. L. Rossi

Ed.: A. D'ANCONA, S. r. dei sec. XIV e XV, 3 Bde, 1891 – Laude drammatiche e rappresentazioni sacre, hg. V. DE BARTHOLOMAEIS, 3 Bde, 1943 – S. r. del Quattrocento, hg. L. BANFI, 1974 – S. r. fiorentine del Quattrocento, hg. G. PONTE, 1974 – Storia della regina Rosana, hg. G. TAVANI, 1970 – Nuovo Corpus di S. R. Fiorentine del Quattrocento, hg. N. NEWBIGIN, 1983 [Bibliogr.]. – Lit.: V. DE BARTHOLOMAEIS, Origini della poesia drammatica italiana, 1952 – L. ALLEGRI, Teatro e spettacolo nel Medioevo, 1988 [Bibliogr.].

Sacrobosco → Johannes de Sacrobosco (169. J.)

Sacrosancta [so erst die Basler Form, in Konstanz »Haec sancta«]. Nach der Flucht Johannes' XXIII. am 20./21. März 1415 erließ das Konzil v. →Konstanz auf seiner 5. Sitzung am 6. April das von →Johannes Gerson und →Franciscus Zabarella wesentl. mitformulierte Dekret (COD 409f.; Synopse der Vorstufen: SCHNEIDER, 1976, Beil. 1; ALBERIGO, 1981, 168–173). Ausdrückl. wurde festgestellt, daß dieses Konzil legitim versammelt und ein Generalkonzil sei, daß es die ecclesia militans repräsentiere und seine Gewalt unmittelbar von Christus herleite. Daher habe ihm jedermann in Sachen Union, Reform und Glauben zu gehorchen. Trotz der vorgebrachten Einwände gegen die allg. Gehorsamsforderung und Superiorität des Konzils in Reformfragen ermöglichte das Dekret die Fortsetzung des Konzils. Die päpstl. Ablehnung einer generellen Konzilssuperiorität läßt sich indirekt aus dem Verbot der Konzilsappellation durch Martin V. (10. Mai 1418) herauslesen. Eine bes. Rolle spielte das Dekret auf dem Konzil v. →Basel, mit seiner Dogmatisierung die Auflösung durch Eugen IV. zurückgewiesen und dieser als Häretiker abgesetzt wurde. »Haec sancta« gilt als Schlüsseldokument des →Konziliarismus. Unterschiedl. sind bis heute die Ansichten bezügl. des rechtl. und ekklesiolog. Charakters (Notstandsdekret, kanon. Gesetz oder dogmat. Festlegung), insbes. mit Blick auf das 1. Vaticanum. Die Annahme eines Bruchs mit der theol. Tradition erübrigt sich allerdings, wenn das Dekret auf die Situation der fakt. Sedisvakanz bezogen wird. A. Frenken

Lit.: H. SCHNEIDER, Der Konziliarismus als Problem der neueren kath. Theologie, 1976 – TH. E. MORRISSEY, The Decree 'Haec Sancta' and Card. Zabarella, AHC 10, 1978, 145–176 – G. ALBERIGO, Chiesa conciliare, 1981 – H. J. SIEBEN, Traktate und Theorien zum Konzil, 1983 – J. HELMRATH, Das Basler Konzil 1431–1449, 1987, 460–477 – W. BRANDMÜLLER, Papst und Konzil im Großen Schisma, 1990, 225–242 – DERS., Das Konzil von Konstanz, I, 1991, 239–261 – A. FRENKEN, Die Erforschung des Konstanzer Konzils, AHC 25, 1993 [= Diss. Köln 1994, 294–313].

Sacrum imperium → Heiliges Reich

Sadebaum → Säbenbaum

Saeborg (Seeburg bei Grobin), in →Rimberts Vita Anskarii (c. 30) erwähnte Burg, skand. Vorgängersiedlung von →Grobin, seit dem späten 6. (oder Anfang des 7. Jh.) gotländ. Niederlassung (Bernsteinhandel) in der kur. Landschaft Bihavelant, mit Zugang zur →Ostsee (Gräberfelder: gotländ. Frauenbestattungen), seit Mitte des 7. Jh. Burg und Herrschaftszentrum (Tributeintreibung) von Kriegern aus Mittelschweden, ab Ende des 8. Jh. in der Hand von →Kuren, die nach der Zerstörung von S. eine eigene Burg errichteten, die den Namen Grobiņa trug.
J. Ozols

Lit.: B. NERMAN, Grobin-Seeburg, 1958 – J. OZOLS, Bernsteinhandel und die skand. Kolonien in Kurland, Bonner Hefte zur Vorgesch. 11, 1976, 153–159.

Sæmundar Edda → Edda

Sæmundr Sigfússon hinn fróði (S. der Weise), * 1056, † 1133, Islands erster namentl. belegter Autor, Sohn eines Priesters, stammte aus der im 12./13. Jh. mächtigen Familie der Oddaverjar, studierte in Frankreich (wahrscheinl. Paris), kehrte 1076 nach Island zurück und wurde zum Priester geweiht. Er lebte als →Gode auf Oddi in Rangárvellir (S-Island), bis ins 13. Jh. ein weltl. intellektuelles Zentrum, ließ dort eine Kirche (St. Nikulás) bauen und führte eine Schule. Dank seiner polit. Macht konnte er 1096 Bf. Gizurr bei der Einführung des →Zehnten und 1123 die Bf.e Ketill und Þorlákr bei der Einführung chr. Gesetze unterstützen. Er heiratete Guðrún, Tochter von Kolbein Flosason, und hatte mit ihr drei Söhne und eine Tochter.

S. verfaßte ein verlorenes (lat.) Werk über die norw. Kg.e, das sowohl in Aris →Íslendingabók als auch in Oddr Snorrasons →Olafssaga und dem Gedicht Nóregs konunga tal (1190 zu Ehren von S.s Enkel Jón Loptsson verfaßt) erwähnt wird; das nicht sehr umfangreiche Werk dürfte etwa die Zeit von Halfdan d. Schwarzen im 9. Jh. bis zum Tode →Magnus d. Guten 1047 umfaßt haben. Auch für das Langfeðgatal Skjöldunga ('Ahnenreihe der Skjöldungen'), einer Genealogie des dän. Kg.shauses von Odin und seinem Sohn Skjöldr bis zu →Gorm d. Alten im 10. Jh., vermutet man S. als Autor. Er wird darüber hinaus in einer ganzen Reihe von historiograph. isländ. Werken als Autorität angeführt, bisweilen sogar wörtl. zitiert. – Mit der fälschl. so gen. Sæmundar Edda (→Edda) hat S. allerdings nur insofern zu tun, als er möglicherweise →Snorri Sturluson mit Q. – die z. T. ident. mit den Liedern der Lieder-Edda waren – zur Abfassung seiner Prosa-Edda versorgte.
R. Simek

Lit.: H. HERMANNSSON, S. S. and the Oddaverjar, 1932 (Islandica 22) – E. 'ÓL. SVEINSSON, Sagnaritun Oddaverjar, 1937 (Studia Islandica 1) – D. E. WHALEY, S. S. i. f., Medieval Scandinavia. An Encyclopedia, 1993.

Saewulf (Sewulf), Jerusalempilger (1102–03), Verfasser eines »Itinerarium«. Über S., der wohl von ags. Herkunft war, liegen sonst keine Nachrichten vor; der Name S. ('Hund des Meeres') könnte als ein 'nom de guerre' (aufgrund seiner häufigen Reisen) gedeutet werden. Auf engl. Herkunft deuten starke Bezüge zu »De locis sanctis« des →Beda Venerabilis hin (der wiederum Informationen aus den Berichten des →Adamnanus v. Hy und des [Ps.-]→Eucherius verarbeitete) sowie die engl. Provenienz der einzigen erhaltenen Hs. des Textes. WRIGHT identifiziert S. mit einem bei →Wilhelm v. Malmesbury (»De Gestis Pontificum Anglorum«) erwähnten Kaufmann namens S., der im Alter als Mönch in →Malmesbury eintrat. S. beginnt seinen Bericht über die Pilgerfahrt, die sich dank genauer Zeitangaben (Landung in →Jaffa: 19. Okt. 1102, Wiedereinschiffung ebd.: 17. Mai 1103) exakt datieren läßt, mit dem Aufenthalt in Barletta und beendet ihn mit der Ankunft in Konstantinopel. Da S. neben den Hl. Stätten (bei deren Beschreibung er auch mündl. Überlieferungen von seiten lokaler oriental. Christen verwertet) auch die phys. Bedingungen der Pilgerfahrt und die Verhältnisse im Hl. Land anspricht, ist sein Bericht auch eine wichtige Q. zur frühen Gesch. des Kgr.es →Jerusalem.
S. Schein

Ed.: M. D'AVEZAC, Relation des voyages de S. ..., 1839 – Relatio de Peregrinatione S. i ..., ed. LORD BISHOP OF CLIFTON, Palestine Pilgrims Text Soc. 4, 1896, 31–52 [ebd., 1–30] – *Lit.:* Early Travels in Palestine, ed. TH. WRIGHT, 1848, XIX–XXII – T. TOBLER, Bibliotheca Geogr. Palaestinae, 1867, 13f. – R. RÖHRICHT, ebd., 1890, n° 68, 28 – J. D. WILKINSON, Jerusalem Pilgrims 1099–1185, 1988, 6f.

Saffenburg, auf einem steilen Felsrücken bei Mayschoß im Ahrtal gelegene großräumige Stammburg der seit 1081 belegten Herren (seit 1094 Gf. en) v. S., um 1080 errichtet, gelangte nach 1170 auf dem Erbwege an die Gf.en v. Sayn. Um 1184 erwarb Ebf. →Philipp I. v. Köln eine Hälfte der Burg, die in der Folgezeit über die →Sponheimer und die Herren v. →Heinsberg an die Gf.en v. →Kleve gelangte, während die andere Hälfte über die Herren v. Arenberg an die Gf.en v. Neuenahr fiel. Gf. Theoderich gen. Luf v. Kleve, der Anspruch auf die ganze Burg erhob, verkaufte sie 1323 dem Kölner Ebf., der sie zunächst den aus der Familie der Gf.en v. Neuenahr stammenden Herren v. S. beließ, bevor sie 1424 an die Gf.en v. →Virneburg, um 1546 an die Gf.en v. Manderscheid-Schleiden und 1593 an die Gf.en v. der Marck-Schleiden fiel. Im 17. Jh. mehrfach umkämpft, wurde die Anlage 1704 geschleift.
H. Wolter

Lit.: Die Kunstdenkmäler der Rheinprov. XVII/1, 1938, 413ff. – G. DROEGE, RhVjbll 26, 1961, 10ff. – Hist. Stätten Dtl. V, 1965², 326.

Safran (Crocus sativus L./Iridaceae). [1] *Botanik:* Der von arab. zaᶜ farān abgeleitete und seit Anfang des 13. Jh. als mhd. saf(f)ran, safferan u. ä. belegte Name meint einmal die (äußerl. an den Frühjahrskrokus und die Herbstzeitlose erinnernde) Pflanze selbst, zum anderen und hauptsächl. die von dieser Krokus-Art gewonnene, schon in der Antike hochgeschätzte Droge, d. h. die dreigeteilten Blütennarben. Das Sammeln der Narben, die an der Sonne oder in einem Sieb über einem schwachen Kohlenfeuer getrocknet und dann gemahlen wurden, war äußerst mühsam, zeit- und arbeitsaufwendig. Sie stellten im MA das teuerste »Gewürz« dar, dienten ferner als Gelbfärbemittel (→Farbe) bes. für Seide und Leinen sowie für Speisen und fanden auch in der Heilkunde Verwendung. Die S.farbe ist gut wasserlösl. und sehr ergiebig; animal. Fasern werden von S. substantiell gefärbt, für vegetabilische sind zusätzl. →Beizmittel nötig. Die seit dem HochMA zur diffamierenden Kennzeichnung der Juden bestimmte Farbe (→Kleidung, III) sollte nach Auskunft mancher Q. safrangelb ('croceus') sein. – Während ahd. kruago, chruogo u. ä. (STEINMEYER–SIEVERS I, 617 und 638; II, 619) soviel wie 'gelbe Farbe/Seide' bedeuten, nehmen die lat. Namen *crocus orientalis* und *crocus ortensis/ortolanus* (Circa instans, ed. WÖLFEL, 36f.; Alphita, ed. MOWAT, 46) auf die oriental. Herkunft bzw. den nun auch in süd- und mitteleurop. Ländern erfolgten Anbau der alten Kulturpflanze Bezug, wobei *crocus* bisweilen auch den Saflor, also die Färberdistel (Carthamus tinctorius L./Compositae) bezeichnet (Albertus Magnus, De veget. VI, 297f.). Med. nutzte man den angebl. aphrodisierenden und eine gesunde Gesichtsfarbe verleihenden, nicht zuletzt in Form eines Pflasters und des sog. crocomagma (SIGERIST, passim) angewendeten S. im wesentl. als herz-, magen- und milzstärkendes, harntreibendes, menstruations- und geburtsförderndes sowie Kopfweh, Schwindel, Atemnot und Podagra behebendes Mittel (Gart, Kap. 121). P. Dilg

Lit.: MARZELL I, 1248-1250 – H. E. SIGERIST, Stud. und Texte zur frühma. Rezeptlit., StGM 13, 1923 [Neudr. 1977] – I. LÖW, Die Flora der Juden, II, 1924 [Neudr. 1967], 7-25 – M. TSCHOLAKOWA, Zur Gesch. der med. Verwendung des S. [Diss. Leipzig 1929] – K. RÜEGG, Beitr. zur Gesch. der offizinellen Drogen Crocus, Acorus Calamus und Colchicum [Diss. Basel 1936] – R. FOLCH ANDREU, Una droga que tiende a desaparecer del tesoro medicinal: el azafran, Farmacognosia 17, 1957, 145-224 – E. E. PLOSS, Ein Buch von alten Farben, 1977⁴, 62f. u.ö. – H. KÜSTER, Wo der Pfeffer wächst. Ein Lex. zur Kulturgesch. der Gewürze, 1987, 220-224.

[2] *Anbau und Handel:* Der Anbau des S.s geschah im allg. feldmäßig und war, wenn er nicht in kleinen Gärten zum Hausgebrauch erfolgte, zehntpflichtig. Er läßt sich in Syrien und Ägypten im 10. Jh. nachweisen, verlor aber gegenüber den it. Importen bald an Bedeutung. Europ. S.anbau ist zuerst in Italien, seit dem 13. Jh. in Spanien und auch in Frankreich zw. Rhône und Atlantikküste belegt. Der toskan. S., in Tarifen und Kaufhausordnungen preisl. meist am höchsten eingestuft und als wertvollster angesehen, wurde mit den anderen it. Sorten v. a. über Mailand, Casalmaggiore und Venedig gehandelt. Kleinere Anbaugebiete mit geringeren Qualitäten bestanden seit dem 15. Jh. in Niederösterreich, in Sachsen um Leipzig, am Oberrhein, in der Slowakei, in Mähren und Böhmen sowie in Ungarn. S.anbau war im spätma. Persien und in der Türkei bekannt. – Der Handel mit südfrz. und it. S. in den Orient und nach N-Afrika, hauptsächl. über Alexandria und Kairo, wurde von Kaufleuten aus Genua, Lucca, Florenz, Pisa, Venedig, aber auch aus kleineren Städten getragen. Katal. S. gelangte seit dem 13. Jh. in den Orient, aber auch verstärkt über die →Champagnemessen und →Lyon in das nw. Europa. Im Handel mit toskan. S. über Venedig sowie mit span. S. nach N- und NO-Europa waren seit dem Beginn des 15. Jh. oberdt. Kaufleute und Handelsgesellschaften (Gr. →Ravensburger Handelsges., →Diesbach-Watt-Ges., →Runtinger) führend. – Da die Ernteergebnisse jährl. quantitativ und qualitativ sehr schwankten, reizte der S.handel zu groß angelegten Spekulationen. Fälschungen oder Vermischungen mit fremden Stoffen (z. B. Saflor, Öl, Zucker, getrocknetes Rindfleisch) waren häufig. Seit dem 14. Jh. richteten viele Städte sog. S.schauen ein oder versuchten, mit Ratsordnungen den S.handel zu steuern, um die vielen, nach Herkunft und Farb- bzw. Gewürzkraft unterschiedenen Qualitäten prüfen zu können. Die im SpätMA aus dem schweiz. Raum bekannten S.zünfte bezeichnen meist Krämerzünfte, die nicht nur im S.handel engagiert waren oder sogar keine Verbindung zu ihm hatten. Chr. Reinicke

Lit.: HEYD, HCL, 668f. – RDK VI, 1478; VII, 26 – L. BARDENHEWER, Der S.handel im MA, 1914 – K. O. MÜLLER, Welthandelsbräuche 1480-1540, DtH 5, 1934, 44ff., 73ff. – A. PETINO, Lo zafferano nell'economia del medioevo, Studi di economia e statistica 1, 1950/51 – H. KELLENBENZ, Nürnberger S.händler in Spanien (Fremde Kaufleute auf der Iber. Halbinsel, hg. DERS. [Kölner Kolloquien zur Wirtschafts- und Sozialgesch. 1], 1970), 197-225.

Saga (Pl. isländ. *Sögur*, von *segia* 'erzählen') bezeichnet schon seit dem 12. Jh. eine längere schriftl. Erzählung, unabhängig von deren Inhalt, demnach also unterschiedslos lit., hist. und hagiograph. Originaltexte und Übers.en; kürzere Texte werden dagegen als *þættir* bezeichnet. Unabhängig von etwaigen mündl. Vorstufen ist festzuhalten, daß die Anfänge der S.-Schreibung ins 12. Jh. fallen, ihre Blütezeit jedoch ins 13. Jh., als die meisten Isländersagas und Hl.nsagas sowie die wichtigsten Konungasögur, aber auch die übersetzten Riddarasögur und die älteren Fornaldarsögur abgefaßt wurden. Im 14. Jh. entstanden noch Isländersagas, vorwiegend aber Fornaldarsögur und die große Zahl der originalen Riddarasögur, von denen auch im 15. Jh. noch neue Werke entstanden. Einzelne lit. Genres als Unterteilung der Gattung S. orientieren sich meist an der Herkunft der Protagonisten sowie am zeitl. und räuml. Abstand der Handlung vom Verfasser des Werkes, wodurch sich folgende Unterteilung ergibt:

→Íslendingasögur (Isländersagas, auch Familien- oder Geschlechtersagas) sind die lit. bedeutendste und stoffl. autochthonste Gruppe von S.s und handeln fast ausschließl. im Island und Norwegen vom Ende des 9. bis zur Mitte des 11. Jh. (im sog. *sagaöld* 'Sagazeitalter'); die Protagonisten sind meist isländ. Häuptlings- oder Bauernsöhne. Prolog und Epilog dieser S.s können jedoch zeitl. wie räuml. einen wesentl. größeren Bereich überspannen. Zu den lit. bedeutendsten Íslendingasögur zählen die →Njáls saga, →Laxdœla saga, Gísla saga, →Grettis saga und Hrafnkels saga.

Samtíðarsögur (Gegenwartssagas) handeln von für die Verfasser mehr oder weniger zeitgenöss. Personen und Ereignissen und decken die Zeitspanne zw. 1117-1264 ab. Schon um 1300 wurden sie zur →Sturlunga saga zusammengefaßt (Titel stammt allerdings erst aus dem 17. Jh.), die Texte recht unterschiedl. Art von verschiedenen Verfassern beinhaltet, wobei die Sturlu saga, die Íslendinga saga (von →Sturla Þórðarson 1214-84 verfaßt), die Prestssaga Guðmundar góða (→Guðmundr Arason inn góði) und die Arons saga die umfangreichsten Teile sind, die durch eine Reihe von þættir und hist. Informationen verbunden und ergänzt werden.

→Biskupasögur (Bf.ssagas) werden die Biographien isländ. Bf.e gen., die ab 1200 von Zeitgenossen und Schülern der Bf.e niedergeschrieben wurden. Die ersten dieser Werke waren Viten und Mirakelslg.en, die sich mit den beiden ältesten isländ. Hl.n befaßten, näml. die Þorláks saga helga mit Bf. →Þorlákr v. Skálholt († 1193) und die Jóns saga helga mit Bf. →Jón Ögmundarson v. Hólar († 1121). Beide der nicht formell kanonisierten Hl.en waren auch Gegenstand lat. Viten. Daneben waren die ersten fünf isländ. Bf.e in der Hungrvaka gemeinsam behandelt, wogegen die →Kristni saga von der Christianisierung Islands Ende des 10. Jh. berichtet. Die erste Saga über Bf. Guðmundr Arason v. Hólar (Prestssaga Guðmundar goða) wurde in die oben erwähnte Sturlunga saga integriert, während eine ausführl. S. über diese herausragende kirchl. Persönlichkeit des frühen 13. Jh. erst Mitte des 14. Jh. vom Abt Arngrímr Jónsson komponiert wurde.

→Konunga sögur (Kg.ssagas) sind S.s über skand. Kg.e oder Fs.en, wobei die ältesten derartigen Werke dem sofort nach seinem Tod als Hl.n verehrten norw. Kg. →Olaf Haraldsson gewidmet waren (Óláfs saga helga; →Olafsagas [2]), während ebenfalls noch im 12. Jh. über Kg. →Olaf Tryggvason eine lat. Vita von Oddr Snorrason verfaßt wurde, von der nur die isländ. Übers. erhalten ist und in deren Gefolge noch drei weitere S.s über diesen Kg. verfaßt wurden (→Olafsagas [1]). Solche historiograph. Werke über alle norw. Herrscher wurden im Zeitraum zw. dem 9. und dem 13. Jh. verfaßt, daneben aber auch über die dän. (→Skjöldunga saga). Die Handlung dieser Werke umspannt aber ohnehin meist ganz Skandinavien, die Orkneys und die brit. Inseln. Werke über Kg.e des 13. Jh. wurden z. T. von Zeitgenossen verfaßt.

→Fornaldarsögur (Vorzeitsagas) sind Abenteuergeschichten, die entweder alte Heldenthemen aufgreifen oder, vage nach deren Muster, phantast. Wikingerromane (→Roman, IV) konstruieren. Ort der Handlung ist Skandinavien (aber nicht Island) oder östl. davon, die Zeit ist nicht näher definiert, jedenfalls aber lange zurückliegend (*fornöld*). Die bekannteste der heroischen Fornaldarsögur ist die →Völsunga saga, deren Text eine Prosaauflösung der Heldenlieder der →Edda bietet, und zwar auch der dort verlorenen Gedichte. Lit. wertvoller sind Texte, die an der Grenze zw. heroischen Stoffen und Abenteuerdichtung stehen, wie etwa die Örvar-Odds saga oder die Gautreks saga.

→Riddarasagas (Rittersagas) sind entweder norw. Übers.en (bzw. Übertragungen, jedenfalls aber Prosaauflösungen) von frz., anglo-norm. und selbst lat. Epen aus dem höf. Stoffkreis (sog. übersetzte Riddarasagas) oder stoff- und motivreiche isländ. Nachahmungen solcher Werke, die sich aber nach Stoff und Ort der Handlung immer weiter von der Artuslit. der Vorlagen entfernten und phantast. Handlungen aufweisen, so daß eine so abenteuerlich wie möglich gestaltete Brautwerbehandlung (→Brautwerberepos, III) meist das einzig verbindende Element ist (sog. originale Riddarasagas).

Märchensagas sind den Volksmärchen nahestehende phantasievolle Erzählungen, deren Kern wohl häufig in Wandermärchen besteht und die sowohl den Fornaldarsögur als auch den originalen Riddarasagas nahestehen können; die isländ. Bezeichnung Lygisögur ('Lügensagas') ist unscharf und abwertend und kann auch für die phantastischeren Produkte der beiden vorgen. Genres verwendet werden.

Heilagra manna sögur (Hl.nsagas) ist die Bezeichnung für die zahlreichen Übertragungen lat. Hl.nviten, welche den Großteil altnord. →Hagiographie (B. IX) ausmachen; genauegenommen wären auch die schon gen. Werke über skand. Hl. hierherzustellen, die aber üblicherweise unter die Konungasögur oder Biskupasögur gereiht werden. Das umfangreichste Material, das aber (trotz einer Ausgabe als Maríu saga) nicht als zusammenhängende S. zu klassifizieren ist, handelt dabei von Leben und Wundern →Marias (Maria, hl., C. VIII)

Zur wiss. Lit. in der Langform der S. sind schließlich weltl. historiograph. Werke als Übers.en lat. Vorlagen zu zählen, wozu die Trójumanna saga, die Alexanders saga und die Gyðingasaga (→Alexander d. Gr., B. IX), die Rómverja saga, Breta sögur und Veraldar saga gehören.

Über Wurzeln, Entstehung und Gebrauch der S.s herrscht weiterhin keine völlige Einigkeit, wenngleich die Ursprünge als mündl. Erzählkernen (→Mündl. Lit. tradition, VI) einerseits und der Übernahme von Großformen in Prosa aus der lat. Hagiographie andererseits heute weitgehend unbestritten sind. Die traditionelle Dichotomie zw. Freiprosatheorie (frühe mündl. Komposition und orale Überlieferung der S.s bei hohem hist. Wahrheitsgehalt) und Buchprosatheorie (schriftl. Gestaltung als erster greifbarer Schritt der Textentstehung eines fiktionalen auktorialen Produkts), welche die Forsch. des 20. Jh. lange bestimmt hat, ist damit (und zwar weitgehend zu Gunsten der Buchprosatheorie) aufzugeben. Auch über die Arten der Rezeption, näml. den mündl. Vortrag (→Vortragsformen) von S.s durch Erzähler in der vorlit. Zeit einerseits und den Brauch des Vorlesens von S.s aus Hss. ab dem 12. Jh. andererseits, gibt es heute kaum mehr größere Meinungsverschiedenheiten. R. Simek

Lit.: A. HEUSLER, Die Anfänge der isländ. S.s, 1914 – P. FOOTE, Sagnaskemtan: Reykjahólar 1119, Saga-Book 14, 1955–56 [= DERS., Aurvandilstá. Norse Stud., 1984, 65–83] – H. PÁLSSON, Sagnaskemmtun Islendinga, 1962 – K. SCHIER, Sagalit., 1970 – W. BAETKE, Die Isländersaga, 1974 (WdF 151) – E. MUNDAL, Sagadebatt, 1977 – K. v. SEE, Das Problem der mündl. Erzählprosa im Altnord., Skandinavistik 11, 1981 [= DERS., Edda, S., Skaldendichtung, 1981] – C. CLOVER, The Medieval S., 1982 – J. KRISTJÁNSSON, The Roots of the S.s, 1986 – DERS., Eddas und S.s, 1994 – Íslensk Bókmenntasaga, I–II, 1992–93.

Sagan, Stadt am Übergang der sog. Niederen Straße über den Bober, den schles. Grenzfluß zur ma. Lausitz. 1202 ist hier auf dem Galgenberge eine bis um 1270 bestehende →Kastellanei bezeugt. Unweit der slav. Siedlung 'Alden-S.'/Altkirch entstand vor 1260 in Gitterform die dt., 1284 nach O um einen zweiten Marktplatz erweiterte Stadt S., zugleich städt. Zentrum einer Gruppe neu angelegter Waldhufendörfer. An die Stadtpfarrkirche St. Marien (12. Jh.) wurde 1284 das Augustiner-Chorherrrenstift aus Naumburg a. Bober verlegt, im SpätMA mit reicher Bibl. ein kultureller Mittelpunkt. Die Stadt lebte wirtschaftl. von Tuchmacherei, Bierbrauerei und Eisenhandel. Seit 1252 zum Hzm. →Glogau gehörend, wurde S. 1413 Residenz eines eigenen, aus dem Hzm. Glogau herausgelösten piastischen Fsm.s, das Hzg. Hanns II. 1472 an die sächs. →Wettiner verkaufte, von denen es im 16. Jh. an die Habsburger gelangte. J. J. Menzel

Lit.: DtStb I, 867ff. – Hist. Stätten, Schlesien, 1977, 462ff. – S. und Sprottau, hg. W. BEIN, 1992.

Sage

I. Begriff – II. Problematik – III. Formen, Träger und Funktionen.

I. BEGRIFF: Der Forschungsbegriff S. kann sich nicht auf die Bedeutung von mhd. *sage* berufen: Aussage (insbes. vor Gericht), mündl. Mitteilung – nicht notwendigerweise: unzuverlässiges Gerücht ('gemeine sage'), lat. fama, rumor. Das Grimmsche Wb. (XIV, 1893) bestimmt den modernen Begriff S. als »kunde von ereignissen der vergangenheit, welche einer hist. beglaubigung entbehrt« und spricht von »naiver geschichtserzählung und überlieferung, die bei ihrer wanderung von geschlecht zu geschlecht durch das dichter. Vermögen des volksgemüthes umgestaltet wurde«. Unverkennbar haben dieser Definition romant. Auffassungen von 'Volkspoesie' Pate gestanden. Paradigmenbildend wirkte v.a. die Slg. »Dt. Sagen« der Brüder Grimm (1816/18), die dämonolog. Erzählungen über Riesen, Zwerge, Geister, Teufel usw. (Bd. I) und meist aus →Chroniken exzerpierte hist. Traditionen (Bd. II) durch den Begriff S. dauerhaft verklammerte. Nicht berücksichtigt wurden von ihnen: Märchen, Heldens.n, schwankhafte Geschichten und religiös geprägtes Traditionsgut (Legende, Mirakel, Exempel) sowie antike, oriental., bibl. und jüd. Überlieferungen.

Abgesehen von allg. Umschreibungen (Erzählung, Geschichte, Stoff) konkurrieren heute im dt. sprachigen wiss. Diskurs mit dem Terminus S. v. a.: Überlieferung/Tradition (s. u.), Fiktion, →Mythos, seltener: Fabel (z. B. Ritualmordfabel) und Legende. In der außerdt., in Dtl. freilich kaum rezipierten Forsch. wird bereits durch die Terminologie (*legends, légendes, leggende*) der Zusammenhang der als S.n bezeichneten Texte mit der für das MA wichtigen hagiograph. Überlieferung (→Legende) stärker gewahrt.

II. PROBLEMATIK: Die zahlreichen, nicht immer ideologiefreien Versuche, ein allgemeingültiges und überzeitl. 'Wesen' der S. in Worte zu fassen, können nicht darüber hinwegtäuschen, daß die Anwendung des Begriffs auf

Überlieferungen des MA ein romant. Klischee zurückprojiziert. Der Begriff S. bündelt allzu Heterogenes und spart wichtige Bereiche aus. Eine interdisziplinär betriebene Erzählforschung kann und sollte auf ihn verzichten. Eine S.nforschung mit einheitl. Problematik existiert nicht. Während sich die ältere Volkskunde mit Vorliebe den für mytholog. Konstruktionen brauchbaren dämonolog. S.n verschrieb, bildete die germanist.-literaturwiss. Beschäftigung mit der Helden-S. eigene Forschungstraditionen aus (→Heldendichtung, →Chanson de geste, →Epos). Als S.n werden von ihr häufig pauschal die mündl. Vorstufen lit. Texte bezeichnet (→Mündl. Literaturtradition). In der Geschichtswiss. kam der krit. Auseinandersetzung mit historiograph. Fiktionen und mündl. Überliefertem im 18. und 19. Jh. bei der Ausbildung der hist. Methode (s. noch BERNHEIM) große Bedeutung zu. Aus neuerer Zeit sind die Arbeiten von F. GRAUS wichtig, der unter 'hist. Traditionen' (bzw. Überlieferungen) jene Erzählungen verstehen wollte, die Vergangenes mitteilen, das für die Gegenwart irgendwie relevant empfunden wird, räuml. und zeitl. fixiert sind, eine gewisse Zeit mündl. oder schriftl. weitergegeben werden und deren Einfluß die Grenzen rein gelehrter Forsch. überschreitet.

Nicht wenige hist. Publikationen waren und sind jedoch an der Frage nach Trägern und Funktionen hist. Traditionsbildung kaum interessiert. Ohne von den Resultaten neuerer volkskundl. Arbeiten Notiz zu nehmen, suchen sie nach dem 'hist. Kern' von S.n, gehen von angebl. 'Gesetzen der Volksüberlieferung' aus und nehmen bedenkenlos mündl. Überlieferung der aus S.nsammlungen des 19. Jh. entnommenen Erzählungen 'im Volk' über Jahrhunderte an. In den Jahren nach 1800 aufgezeichnete sog. 'Volkss.n' sind jedoch keine Q. für das Erzählen im MA, sondern Zeugnisse aufklärerisch oder romantisch akzentuierter MA-Rezeption. In S.n über →Raubritter z. B. kehren die Themen der Rittermane und populärer Geschichtsdarstellungen des 18./19. Jh. wieder. Eine konsequente 'Historisierung' der Erzählforsch., die stärker auf Trägertyp. Motiv- und Themenschwerpunkte zu achten hätte, steht – nicht nur für das MA – noch aus. Einzubeziehen wäre dabei auch der Ertrag jener Arbeiten, die Zeugenverhöre als aufschlußreiche Q. für mündl. Überlieferungen erschlossen haben.

III. FORMEN, TRÄGER UND FUNKTIONEN: Ohne Anspruch auf Vollständigkeit soll eine Auswahl wichtiger Gruppen von Erzählungen, die man als S.n beansprucht hat, vorgestellt werden.

[1] *Exempla:* Die reiche →Exempel-Lit. des MA mit ihren erbaul.-unterhaltsamen Erzählungen ist als Fundort dämonolog. S.n längst bekannt. Beschränkt man sich jedoch nicht auf das Sortieren von Erzählmotiven (bzw. auf Stoffgesch.), so stellt sich das schwierige Problem, 'volkstüml.' Glaubensvorstellungen method. schlüssig aus der kirchl.-intentional geformten Überlieferung herauszudestillieren. Bereits für das MA wird man mit einer intensiven Wechselwirkung zw. schriftl. und mündl. Versionen zu rechnen haben.

[2] Bei *Tendenzerzählungen* wie der →Ritualmordbeschuldigung ist die Grenze zw. tradierten Geschichten, deren Tempus die Vergangenheit ist, und dem aktuellen Gerücht, Bestandteil des öffentl. Diskurses, fließend. Traditionsgut kann aktualisiert, und zu Propagandazwecken verwendete Geschichten können Traditionsgut werden (z. B. Templers.n.).

[3] Unter den sog. hist. S.n sind die *Herrschers.n* am bekanntesten, die sich an Personen wie →Karl d. Gr., →Widukind, →Friedrich I. Barbarossa, →Heinrich d. Löwen, →Rudolf v. Habsburg oder →Margarete Maultasch knüpfen. In der sog. 'Dt. Kaisers.' artikuliert sich der Wunsch nach einem →Friedensks. unter dem Einfluß des prophet. Schrifttums (→Propheten). Nicht nur auf diesem Feld der Traditionsbildung darf die Interdependenz lit. Muster der Herrscherdarstellung bzw. -propaganda und populärer, im öffentl. Diskurs zur Sprache gebrachter Sichtweisen nicht übersehen werden.

[4] Die Antwort auf die Frage nach den eigenen Anfängen, nach *Ursprung, Herkommen, Stiftung*, war für das Selbstverständnis aller sozialer Formationen des MA wichtig. Als Analyseinstrument kann das Begriffspaar Exemplum/Herkommen vorgeschlagen werden: Während die Funktion Exemplum einer Erzählung eine Lehre unterlegt, bezieht die Funktion Herkommen eine Erzählung auf ein Zurechnungssubjekt (Trägergruppe oder Institution). Die Erzählung wird als Herkommen Teil der eigenen Gesch. Zum Funktionstyp Herkommen zählen etwa: Stammess.n, Geschlechters.n bzw. Familienüberlieferungen (→Genealogie), klösterl. Fundationsberichte, Stadtgründungserzählungen (sog. 'Gründungss.n'). Für nicht wenige dieser legitimierenden Überlieferungen gilt, daß sie sich als 'illegitimes Kind der chronikal.-gelehrten Forsch.' (GRAUS, 1975, 12) herausstellen. Dies ist offenkundig z. B. bei den fingierten Gründern und Gründungsdaten der Fall, mit denen sich bis in die Neuzeit die Universitäten Paris, Bologna, Oxford und Cambridge schmückten, wobei sie sich gegenseitig an Altehrwürdigkeit zu übertreffen suchten. Gemeinsames Herkommen sollte Gemeinschaft stiften. Die Autorität einer verbindl. Ursprungsüberlieferung wirkte – der lit. Zyklusbildung (bzw. Ausbildung von 'S.kreisen') vergleichbar – als Magnet für die Anlagerung weiterer Überlieferungen. In ganz Europa am einflußreichsten war sicher die →Trojaner-Abstammung. Als Trojaner galt z. B. auch Brutus, der Gründer Englands (→Geoffrey v. Monmouth). Neben den v. a. im 12. Jh. einflußreichen →Caesar-Traditionen spielten in Dtl. die mit Trebeta, dem fiktiven Heros eponymos Triers, verbundenen Gründungsüberlieferungen eine signifikante Rolle als nationales bzw. städt. Herkommen. An die 'Vorzeitkunde' der dt. Heldensagen schlossen sich die Städte Soest (Thidrekssaga, 13. Jh.), Xanten und Worms (beide im 15. Jh.) an, indem sie heroische Traditionen in ihr eigenes Orts-Herkommen einbauten. Im nd. Raum leiteten sich zahlreiche Adelsfamilien von Widukind als 'Spitzenahn' ab.

[5] Einen wichtigen Sonderfall der Herkommen bilden die *Freiheitsüberlieferungen*, von denen die eidgenöss. Traditionsbildung um Wilhelm Tell am besten erforscht ist. Vergleichbar damit sind die mit der Stifterautorität Karls d. Gr. verbundenen fries. Überlieferungen des HochMA (→Fries. Freiheit). Hierher gehören aber auch jene Erzählungen, die den Ursprung von Privilegien ('Freiheiten') gelten und diese – in der Art einer Stiftungsurk. (B. MALINOWSKI: 'Charter') – legitimieren sollen.

[6] *Ätiologische Erzählungen* erklärten und deuteten Unverständliches oder Deutungsbedürftiges der eigenen Lebenswelt wie Bodendenkmäler, Bildwerke ('ikon. S.n') und Riten. So hat man in ganz Europa vor- und frühgesch. Relikte auf Riesen zurückgeführt. Ehemalige Befestigungen brachte man gern mit →Attila und seinen Hunnen in Verbindung (→Etzelburg). Das Verhältnis zw. Explanans und Explanandum läßt sich oft als symbiotisches beschreiben: die Überlieferung erklärt den Gegenstand (bzw. den Ritus), während dieser umgekehrt als 'Wahrzeichen' die Überlieferung beglaubigt.

Auch 'Überreste' wurden häufig als 'Tradition', als

Erinnerungsbotschaft (*gedechtnus*) interpretiert. Nicht zuletzt dieser reflexive Bezug von Überlieferung legt es nahe, die sog. S.n als Segment der – erst ansatzweise in den Blick genommenen – 'Erinnerungskultur' des MA zu begreifen, in der sich Mündlichkeit und Schriftlichkeit in komplexer Weise durchdringen. →Mündl. Literaturtradition. K. Graf

Lit.: EM, passim – E. BERNHEIM, Lehrbuch der Hist. Methode..., 1908⁵⁻⁶ – Die dt. S.n des MA, I–II, hg. K. WEHRHAN, 1919–20 [Textauswahl] – F. LANZONI, Genesi, svolgimento e tramonto delle leggende storiche, 1925 [Lit.] – E. CHAMPEAUX, Les légendes savantes de la vieille Alsace, 1930 – A. WESSELSKI, Probleme der S.nbildung, SchAV 35, 1936, 131–188 – W. BRÜCKNER, S.nbildung und Tradition, ZVK 57, 1961, 26–74 – H. R. E. DAVIDSON, Folklore and Hist., Folklore 85, 1974, 73–92 – F. GRAUS, Lebendige Vergangenheit, 1975 – M. BAUER, Die »gemain sag« im späteren MA, 1981 – J. CL. SCHMITT, Menschen, Tiere und Dämonen, Saeculum 32, 1981, 334–348 – J. VANSINA, Oral Tradition as Hist., 1985 – Vergangenheit in mündl. Überlieferung, hg. J. VON UNGERN-STERNBERG-H. REINAU, 1988 – K. GRAF, Thesen zur Verabschiedung des Begriffs der 'hist. S.', Fabula 29, 1988, 21–47 – Fälschungen im MA, I, 1988 [Beitr. G. ALTHOFF, W. STÖRMER, T. STRUVE u. a.] – F. GRAUS, Troja und trojan. Herkunftss. im MA (Kontinuität und Transformation der Antike im MA, hg. W. ERZGRÄBER, 1989), 25–43 – H. WEDDIGE, Heldens. und Stammess., 1989 – G. P. MARCHAL, Das Bild der frühen Eidgenossen ... (Innerschweiz und frühe Eidgenossenschaft, II, 1990), 309–406 – W. SEIDENSPINNER, S. und Gesch., Fabula 33, 1992, 14–38 – K. GRAF, Lit. als adelige Hausüberlieferung? (Lit. Interessenbildung im MA, hg. J. HEINZLE, 1993), 126–144 – F. LOTTER, Das Judenbild im volkstüml. Erzählgut dominikan. Exempellit. um 1300 (Herrschaft, Kirche, Kultur, hg. G. JENAL, 1993), 431–445 – Das Bild der Welt in der Volkserzählung, hg. L. PETZOLDT u. a., 1993 [Beitr. L. RÖHRICH, G. KOMPATSCHER, K. GRAF u. a.] – R. SCHENDA, Von Mund zu Ohr, 1993 [Lit.] – Brüder Grimm, Dt. S.n, I–III, hg. H.-J. UTHER-B. KINDERMANN-BIERI, 1993 [Lit.] – P. G. BIETENHOLZ, Historia and Fabula, 1994 – I. HAARI-OBERG, Die Wirkungsgesch. der Trierer Gründungssage vom 10. bis 15. Jh., 1994 – Herkunft und Ursprung, hg. P. WUNDERLI, 1994.

Säge → Werkzeuge

Sägemühle → Mühle, Müller, III, 4

Sagrajas (Zalaca, az-Zallaqa), **Schlacht v.** (23. Okt. [oder Sept.] 1086), entscheidende Niederlage eines ca. 2500 Mann starken chr. Heeres unter Kg. →Alfons VI. v. Kastilien-León bei Zalaca (nördl. v. Badajoz) gegen die rund dreimal zahlreicheren, am 30. Juli in Algeciras gelandeten Eroberungsstreitkräfte der →Almoraviden unter Yūsuf ibn Tāšufīn. Mit diesem Desaster wurden die Weichen für die Politik der nächsten 30 Jahre auf der Iber. Halbinsel gestellt, da die chr. Seite sich fortan in der Defensive gegenüber der sich im Bereich der alten Taifenreiche (→*mulūk aṭ-ṭawā'if*) festigenden Herrschaft der Almoraviden befand und schlimmere Folgen nur wegen der anfangs zögerl. Haltung Yūsufs sowie durch das Eingreifen einer herbeigerufenen frz. Expedition im Winter 1087 vermieden werden konnten. L. Vones

Lit.: E. LEVI PROVENÇAL, E. GARCÍA GÓMEZ, J. OLIVER ASÍN, Novedades sobre la batalla llamada de al-Zallaqa, al-Andalus 15, 1950, 111–155 – A. HUICI MIRANDA, La invasión de los almorávides y la batalla de Zalaca, Hespéris 40, 1956, 17–76 – DERS., Las grandes batallas de la Reconquista durante las invasiones africanas, 1956, 19–82 – B. F. REILLY, The Kingdom of León-Castilla under King Alfons VI, 1988, 180ff., 185ff. – DERS., The Contest of Christian and Muslim Spain 1031–1157, 1992, 88ff.

Sagramental, spätma. katal. Institution, nach dem Eid benannt, den einzelne Personen zur Bildung einer bewaffneten Bruderschaft zum Zweck der Selbstverteidigung leisteten. 1258 gewährte Kg. Jakob I. erstmals Bauern der Gegend um Barcelona, im Baix Llobregat, dieses Recht. Charakterist. war das Zusammenrufen der Schwurbrüder durch Trompeten- oder Hörnerklang bei Tag und Meldefeuer bei Nacht. Auf den *Corts* v. Barcelona 1300 waren die S. bereits als Institution anerkannt, mit dem Recht, sich ihren Führer selbst zu wählen, unterstanden jedoch den →Veguers oder Battles als Vertreter des Kg.s. Häufig kam es zu Konflikten mit dem Adel oder, wie anläßl. des Pogroms v. Barcelona 1391, mit dem städt. Patriziat. Kg. Johann I. verfügte 1395 auf Druck des Adels, daß nur auf kgl. Gütern ansässige Bauern den S. beitreten durften, und verschärfte die Kontrolle der S., u. a. durch Gewährung eines eigenen Notariats, aus dem die sog. 'Llibres del S.' hervorgingen. In den polit. und sozialen Konflikten des 15. Jh. standen die S. auf seiten des Kgtm.s gegen den Adel, so daß 1475 der Remençaführer (→Remensas) Francesc de Ventallat eine Reform der S. fordern konnte, um eine stärkere Beteiligung der Bauernschaft zu garantieren. U. Vones-Liebenstein

Lit.: Dicc. d'Hist. de Catalunya, 1992, 951f. – C. CUADRADA, Els greuges del S. en les Corts catalanes (s. XIV–XV) (Les corts a Catalunya. Actes del Congr. d'Hist. institucional, 1991), 208–215.

Sahagún, Abtei OSB (Bm. León), seit 1079 führendes Cluniazenserkl.; gegr. 904, als →Alfons III. v. →León dem aus →Córdoba geflohenen Abt Alfons und seinen Mönchen das im leon.-kast. Grenzgebiet gelegene, den Märtyrerbrüdern Facundus und Primitivus geweihte, aber seit einem muslim. Überfall von 883 verfallene Heiligtum übertrug. Dank seiner Lage am Jakobsweg (→Santiago) und der Gunst Kg. →Ramiros II. v. León (935 Kirchweihe) wurde S. reich und mächtig; selbst die Verwüstung durch →al-Manṣūr (988) unterbrach den Aufstieg nur kurz. →Alfons VI. beschloß, die von ihm geplante Einführung des →Röm. Ritus und der cluniazens. Reform in seinem Reich mit der monast. Erneuerung von S. zu beginnen (→Cluny, B. II. 2). →Hugo v. Cluny entsandte Mönche aus St-Valérien bei Tours nach S.; der (vorher bereits für Alfons tätige) frz. Cluniazenser Robert wurde neuer Abt, das Kl. erhielt vom Kg. ein großes Exemtions- und Immunitätsprivileg (Mai 1079). Unter Rücksichtnahme auf starke Widerstände betrieb Abt Robert als Spanienkenner eine gemäßigte Reformpolitik, die aber von Gregor VII. als allzu bedächtig abgelehnt wurde. Der Papst befahl Hugo die Absetzung und Bestrafung Roberts, der noch bis Jan. 1080 als Abt v. S. bezeugt ist. Hugo designierte zum neuen Reformabt einen Mönch aus Cluny, →Bernhard (21. B.), der ab Mai 1080 nachgewiesen ist, seiner Abtei 1083 den päpstl. Schutz und die Exemtion erwirkte und für Einheimische und Durchreisende 1085 bei Alfons das Recht der Niederlassung im →'burgus' neben dem Kl. erlangte. 1086 wurde Bernhard vom Ebf. v. →Toledo erhoben.

In seiner cluniazens. Blütezeit besaß S. das Münzprivileg, unterhielt ein großes Pilgerhospital, hatte über hundert als Filiation organisierte Besitzungen, Kirchen und Kl. (darunter z. B. S. Salvador de Nogal am Carrión und das Nonnenkl. S. Pedro de las Dueñas am Pisuerga) und wurde nach dem Willen Alfons', der den Kaisertitel annahm, zur →Grablege für ihn und seine drei Frauen, seine Kinder, seine maurische Nebenfrau Zaida und den mit ihr gezeugten Sohn Sancho bestimmt. Die Revolten der 'burgueses' und der Landbevölkerung gegen die feudalherrl. Machtstellung der Abtei, die noch unter Alfons, dann erneut 1110 und am heftigsten 1115–17 aufflammten, gehören zu den sozialen Konflikten, die damals in mehreren Städten des kast.-leones. Reiches ausbrachen; in S. bewirkten sie u. a. die Abschaffung des kl. Backofenmonopols. Im Zuge der Wirren nach dem Tode Alfons' VI. vertrieben aragon. Truppen 1110 den Abt und besetzten das Kl. Im 14. Jh. wurde S. Kommendataräbten, die vom Kg. und den Avign. Päpsten bestellt wurden, übertragen;

im 15. Jh. folgte unter Prioren eine Reformperiode. Erst 1494 trat S. offiziell der Kongregation v. S. Benito de Valladolid bei. P. Feige

Q. und Lit.: R. ESCALONA, Hist. del Real Monasterio de S., 1782 [Q.anhang in App. III] – V. VIGNÁU, Indice de los documentos del Monasterio de S., 1874 – J. PUYOL Y ALONSO, Las crónicas anónimas de S., BRAH 76, 77, 1920 – P. DAVID, Grégoire VII, Cluny et Alphonse VI (DERS.), Études Hist. sur la Galice et le Portugal, 1947), 341–439 – J. PINTO FERRÉ, El sepulcro de Alfonso VI, Hidalguía 1, 1953, 677–684 – M. GONZÁLES GARCÍA, Aspectos de la vida del monasterio de S. hasta el año 1100, 1968 – A. PRIETO PRIETO, Documentos referentes al orden judicial del monasterio de S., AHDE 45, 1975, 489–541 – Coleccíon diplomática del monasterio de S., ed. J.-H. MÍNGUEZ FERNÁNDEZ (s.s IX–X), 1977; M. HERRERO (2 Bde: 1000–1109), 1988; J. A. FERNÁNDEZ FLÓREZ (2 Bde: 1109–1300), 1991–94 [Fuentes y Estudios de Hist. Leonesa, Bd. 17, 36–39] – R. PASTOR DE TOGNERI, Resistencias y luchas campesinas.... Castilla y León, s.s X–XIII, 1980 – E. ZARAGOZA PASCUAL, Abadología del Monasterio de S. Benido de S. (s.s X–XIX), Archivos Leoneses 39, 1985, 97–132 – M. DE F. CARRERA DE LA RED, Notas de Topomástica Leonesa: Estudio del Coto de S., ebd. 40, 1986, 347–363 – s.a. Lit. zu →Cluny, B. II.

Sahagún, Vertrag v. (23. Mai 1158), geschlossen zw. den Söhnen Alfons' VII. v. Kastilien-León, Kg. →Sancho III. v. Kastilien (und Toledo) und Kg. →Ferdinand II. v. León (und Galicien), die nach dem Tod des Vaters die Reiche untereinander geteilt hatten. Sie vereinbarten wohl auf Vermittlung der Infantin →Sancha nach krieger. Auseinandersetzungen um leones. Gebiete eine »pax« und ein »pactum« gegen jeden Gegner mit Ausnahme ihres Onkels, des Gf.en →Raimund Berengar IV. v. Barcelona. Sancho gab die eroberten Gebiete unter Erhaltung der Rechte seines Adels zurück; die gegenseitige Nachfolge wurde so geregelt, daß bei Fehlen eines legitimen Sohnes jeder der beiden Brüder das Reich des anderen erben und dies auch für die späteren Nachkommen gelten sollte. Mit dem Kg. v. Portugal durfte ohne Zustimmung des anderen kein Freundschaftsvertrag geschlossen werden, vielmehr wurde eine Teilung Portugals (jeweils zur Hälfte) verabredet, wenn es erworben werden sollte. Schließlich wurden noch Zonen für die →Reconquista abgegrenzt, durch die vom Kgr. Sevilla aus gesehen alle westl. Reiche des muslim. Machtbereichs León, die übrigen Kastilien zugeschlagen wurden. Da Sancho schon am 31. Aug. 1158 starb und mit →Alfons (VIII.) einen unmündigen Sohn hinterließ, erlangte der Vertrag rasch polit. Bedeutung.
L. Vones

Ed.: J. GONZÁLEZ, El reino de Castilla en la época de Alfonso VIII, II, 1960, 79–82, Nr. 44 – *Lit.:* J. GONZÁLEZ, Regesta de Fernando II., 1943 – DERS., El reino de Castilla, I, 1969, 667ff.

Sahdona (Mar Turis, daher Martyrios), nestorian. Kirchenschriftsteller, † nach 650 bei Edessa. Von 615/620 bis 635/640 Mönch in Bet 'Abe, dann Bf. v. Mahoze d'Arewan (Bet Garmai). Wegen seiner christolog. Thesen durch die Katholikoi Maremmeh und Iso'yahb III. zw. 640 und 650 verurteilt und exiliert. Seine exilisch verfaßten Werke (»Liber de perfectione«, 5 Briefe, Weisheitssprüche) zeigen eine beachtenswerte Spiritualität und sind wichtig für die Kenntnis der Entwicklung des Nestorianismus.
W. Cramer

Ed. und Lit.: P. BEDJAN, 1902 – A. DE HALLEUX, CSCO 200f., 1960; 214f., 1961; 252f., 254f., 1965 – DERS., OrChrP 23, 1957, 5–32 [Lehre]; 24, 1958, 93–128 [Leben; Lit.] – I. ORTIZ DE URBINA, Patrolog. Syr., 1965², 146 – Diz. Patrist. II, 1983, 215 4f. – DSAM X, 737–742.

Sahl ibn Bišr Abū ᶜUṯmān, im lat. MA Za(h)el gen., jüd. Astrologe, 1. Hälfte des 9. Jh. Mehrere seiner zahlreichen Schriften wurden ins Lat. übersetzt, darunter die »Fatidica« (Prognostica) 1138 von →Hermann v. Carinthia und der »Liber sigillorum«; einige gehören zu den Frühdrucken. S. verweist oft auf →Māšā'allāh und die Griechen →Dorotheos v. Sidon, Hermes und →Ptolemaeus. Er selber beeinflußte ma. Astrologie wie →Leopold v. Österreich. Nach arab. Lexikographen soll S. auch über Mathematik geschrieben haben. J. Sesiano

Lit.: SEZGIN VII, 125–128 – F. CARMODY, Arabic Astronomical and Astrological Science in Lat. Translation, a Critical Bibliogr., 1956, 40–45.

Ṣā'ifa, '(Sommer-)Feldzug' (von *ṣaif* 'Sommer'), 'Armee im Felde', bei militär. Unternehmungen der Muslime gegen die Rūm (Byz. Reich) und andere Andersgläubige, meist in der warmen Jahreszeit unternommen, wiewohl Winterfeldzüge (*šātiya*) nicht unbekannt waren. Eine Kampagne konnte ein einziges Ziel (*mufrada*) oder auch mehrere haben (z. B. *kānat ṣā'ifa ḏāt ṭalāṭ daḵlāt*). Der bloße Raub- oder Verwüstungszug dagegen heißt *ġazw/ġāziya* (→Razzia) bzw. *ġāra*. H.-R. Singer

Lit.: M. B. H. RADHI, El Ejército en la época del califato de al-Andalus, 2 Bde, 1990.

Saifaddaula, Abū l-Ḥasan ᶜAlī, arab. →Ḥamdāniden-Fs. in N-Mesopotamien z. Z. der Desintegration des Kalifates, geb. 913/914 oder 916, gest. 967. Der Kalif verlieh ihm 942 den Ehrentitel 'Saifaddaula' (Schwert der Dynastie). Während sein Bruder und Oberherr Nāṣiraddaula in →Mosul herrschte, eroberte sich S. 944 bis 947 →Aleppo von den ägypt. →Iḫšīdiden. S. unternahm von nun fast alljährl. Kriegszüge in die byz. Grenzregion. Bis 962 waren sie trotz einiger Rückschläge erfolgreich. Danach mußte S. den Verlust Kilikiens an Byzanz, die kurzzeitige Besetzung Aleppos 962 durch den späteren Ks. →Nikephoros II. Phokas hinnehmen sowie sich Rebellionen erwehren. Eine halbseitige Lähmung behinderte ihn seit 963. S.'s Hof in Aleppo war berühmt für seine Dichter und Philosophen. Im Werk →al-Mutanabbīs ist S. die Verkörperung des arab.-islam. Herrscherideals. S. Heidemann

Q. und Lit.: M. CANARD, Sayf al-Dawla, 1934 – DERS., Hist. de la dynastie des H'amdanides, 1951 – R. J. BIKHAZI, The Struggle for Syria and Mesopotamia, ANSMN 28, 1983.

Saigerhütte → Seigerhütte

Saintes, Stadt und Bm. in Westfrankreich, →Saintonge (dép. Charente-Maritime), altbesiedelter Platz am linken Ufer der Charente, Vorort der galloröm. Civitas der Santones (Mediolanum Santonum), vielleicht erste Hauptstadt der röm. Großprovinz Aquitania (1. Jh. n. Chr.), reiche röm. Überreste: Aquaedukt, Bogen (sog. »Germanicusbogen« von 18/19 n. Chr., erst 1843 an heutigen Standort auf dem rechten Ufer verlegt), Amphitheater des 1. Jh. n. Chr. u. a. Als erster Bf. des christl. S. gilt der hl. Eutropius, der nach der Tradition im 3. Jh. (?) gewirkt haben soll, doch liegen archäolog. Belege für christl. Leben erst für das 4. Jh. vor. Bf.e der Frühzeit waren u. a. der hl. Vivianus im 5. Jh., der hl. Palladius im 6. Jh. Das Diözesangebiet reichte im N bis zur Frontenay (vor den Toren von →Niort), umfaßte das heut. dép. Charente-Maritime (ohne →Aulnay) und den Westteil des dép. Charente, von Matha bis Cognac und Chalais. Die Bischofsliste ist für die Zeit von 862 bis 989 unterbrochen. Die Diöz. wurde im 11. Jh. in die beiden Archidiakonate →Aunis und Saintonge gegliedert. S. verlor 1648, anläßl. der Transferierung des Bischofssitzes Maillezais nach →La Rochelle, das Aunis.

Die röm. Stadtbefestigung des 4. Jh. (1,55 km) umschloß ein Areal von 16 ha und erfuhr erst im 13. Jh. (geringfügige) Erweiterung. Außerhalb dieser Civitas (Cité) entstanden im 11. Jh. zwei neue Stadtviertel. Am rechten Ufer bildete sich ein seit dem 11. Jh. belegter Burgus um die Frauenabtei Notre-Dame (roman. Kirche erhalten), einer bedeutenden Stiftung des Gf.en v. →Angers, Geoffroy Martel, und seiner Frau Agnes v. Burgund, 1047 feierlich geweiht. Die Äbt.nen entstammten im allg. den großen Adelsfamilien der Region. Am Ende des 12. Jh. trat an die Stelle der röm. Brücke über die Charente eine neue Brücke, ein Bau des Domscholasters Isembert (1843 abgebrochen). Im W der Cité, am linken Ufer, liegt die mächtige roman. Kirche St-Eutrope, die das Grab des ersten Bf.s birgt. Hier wurden in der 2. Hälfte des 11. Jh. Religiosen installiert (bzw. reinstalliert); St-Eutrope wurde 1081 vom Hzg. v. →Aquitanien an Abt →Hugo v. Cluny tradiert. 1096 weihte Papst →Urban II. den Altar der weiträumigen Unterkirche. Das cluniazens. Priorat war Ziel einer lebhaften Wallfahrt (am Pilgerweg nach →Santiago de Compostela) und wurde zum Ausgangspunkt eines neuen Stadtviertels. Über die nördl. Vorstadt, die sich um die Kirchen St-Vivien und St-Saloine bildete (im Thermenbereich), liegen nur wenige Nachrichten vor. Die ummauerte Cité war in drei kleine Pfarrbezirke gegliedert. Die Franziskaner etablierten sich in S. vor 1240, die Dominikaner 1293. Drei Prälaten aus der Familie →Rochechouart hatten im 15. Jh. das Bm. inne (Tagebuch der Jerusalemreise [1461] des Bf.s Louis de Rochechouart, ed. C. COUDERC, 1896). Die Kathedrale St-Pierre wurde am Ende des 15. Jh., dank erfolgreichen »Ablaßhandels«, neuerrichtet.

Bereits nach dem Tode des letzten Gf.en v. S., Landricus († 866), verlor die Stadt ihre alte Funktion als bedeutender Verwaltungssitz. S. unterstand dem Gf.en v. →Poitou, kurzzeitig (Anfang des 11. Jh. bis 1062) dem Gf.en v. Anjou. Ein gfl. →Prévôt ist seit 1067 belegt; die Stadtherrschaft war zw. Gf. und Bf. geteilt. Bei der 'Tour Mausifrote', auf der Mitte der Brücke v. S., leisteten die Lehnsträger der Saintonge das Homagium. Der 1241 vom Gf.en v. →Angoulême, Hugo X. v. →Lusignan, und seiner Frau Isabella v. Angoulême (Witwe von →Johann 'Ohneland') entfachte, von →Heinrich III. v. England aktiv unterstützte große Adelsaufstand wurde am 22. Juli 1242 durch den Sieg →Ludwigs IX. v. Frankreich vor den Mauern von S. niedergeschlagen. Durch den Vertrag v. →Paris (1258/59) wurde S. nach dem Tode →Alfons' v. Poitiers (1271) zur Grenzstadt (linkes Ufer unter engl., rechtes unter frz. Hoheit). Nach kurzzeitiger frz. Besetzung (1338–60) wurde S. 1372 wieder definitiv der Krone Frankreich angeschlossen. Nach Vertreibung der engl. Macht aus der →Guyenne (1453) wurde der Sitz des →Seneschalls v. Saintonge von →St-Jean d'Angély nach S. verlegt. Dessenungeachtet erlebte S. in dieser Periode einen Niedergang. R. Favreau

Q.: TH. GRASILIER, Cart. de l'abbaye royale de N.-D. de S., 1871 (Cart. inédits de la Saintonge, 2) – *Lit.:* CH. DANGIBEAUD, S. ancienne, le pont, les rues, les enseignes, 1905 – Congrès archéol. de France, 114ᵉ sess., 1956, 97–125 [R. CROZET] – J. MICHEAU, Le développement topographique de S. au M. â., Bull. philol. et hist. Comité des travaux hist. et scientifiques, 1961, 23–36 – L. MAURIN, S. à l'époque romaine et jusqu'à la fin du VIᵉ s., 1978 – CL. HERBAULT-Y. BLOMME, Les campagnes de reconstruction de la cathédrale St-Pierre de S. aux XVᵉ et XVIᵉ s., Revue de la Saintonge et de l'Aunis 6, 1980, 59–82 – M. BILLARD, L'évolution topographique de la ville de S., des origines au XIXᵉ s., 1983 [masch.] – Hist. de S., hg. A. MICHAUD, 1989 – →Saintonge.

Saintonge, Landschaft in Westfrankreich, geht zurück auf die kelt. Völkerschaft der 'Santones'. Die einzige klar identifizierte stadtartige Siedlung der vorröm. S. ist Pons (dép. Charente-Maritime). Mit der Romanisierung der Region wurde →Saintes zum unbestrittenen Vorort der Civitas, deren Kerngebiet das Tal der Charente war und die vielleicht auch das Angoumois (→Angoulême), das seit dem 4. Jh.als eigene Provinz organisiert war, einbezog. Die →Westgoten hielten das Land von 418 bis 508 besetzt. In der Karolingerzeit (791) umfaßte die S. auch die drei Vikariate ('vicariae') v. Bessac (bei →Niort), →St-Jean d'Angély und Châtelaillon. Die S. reichte bis südlich der Grenze des heut. dép. Charente-Maritime und bezog im O einen Teil des heut. dép. Charente ein (Cognac, Jarnac, Bouteville, Barbezieux, Chalais). An ihrer Spitze stand Gf. Landricus (Landri), belegt 839. Die Einfälle der →Normannen, die vielleicht in Taillebourg einen festen Stützpunkt errichteten, führten zu schweren Rückschlägen. Nachdem Landricus 866 vom Gf.en v. Angoulême getötet worden war, blieb die Position des Gf.en v. S. unbesetzt. Das Aunis, das frühzeitig auf die Region um Châtelaillon beschränkt wurde, und die S. unterstanden von nun an den Gf.en v. →Poitou, doch legten die Gf.en v. Angoulême ihre Hand auf Cognac und sein Umland. Zu Beginn des 11. Jh. trat der Gf. v. Poitou/Hzg. v. →Aquitanien Saintes und mehrere Burgen der S. als →Beneficium an den Gf.en v. Anjou (→Angers) ab. Doch wurden die Angevinen bereits 1062 durch Hzg. Wilhelm VIII. wieder verdrängt. In dieser Zeit wurden überall in der S. roman. Kirchen und Kl. begründet: St-Jean d'Angély (einzige Abtei, die bereits vor 1000 entstand), Baignes, Sablonceaux, Vaux, Notre-Dame de Saintes, Bassac, Fontdouce und v.a.

Die Heirat der Gfn. →Eléonore mit →Heinrich II. Plantagenêt machte die S. zum wichtigen Bestandteil des engl. Festlandbesitzes (1154). Kg. →Ludwig VIII. v. →Frankreich eroberte die S. 1224 zurück; Poitou und S. kamen 1241 an die Apanage →Alfons' v. Poitiers. Der Aufstand des regionalen Adels, initiiert v. Hugo v. →Lusignan, scheiterte; der Vertrag v. Pons (1242) sicherte den militär. Sieg →Ludwigs IX. ab. 1255 errichtete Alfons v. Poitiers eine eigene →Sénéchaussée v. S., mit Sitz in St-Jean d'Angély. In Anwendung des Vertrags v. →Paris (1258/59) kam der südl. der Charente gelegene Teil der S. nach dem Tod Alfons' v. Poitiers († 1271 ohne Leibeserben) an den Kg. v. England. Erst 1372 wurde die S. wieder definitiv mit der Krone Frankreich vereinigt; das Aunis wurde von der Sénéchaussée v. S. abgetrennt und bildete das 'Gouvernement' v. →La Rochelle (1373). Seit dem 12. Jh. belebten sich die wirtschaftl. Aktivitäten (Getreidehandel, Keramikproduktion: La Chapelle-des-Pots, Salz, Wein); der Seehandel blühte auf (die berühmten Rôles d'→Oleron sind das erste atlant. →Seerecht), ebenso die Binnenschiffahrt (Boutonne, v.a. Charente bis Cognac und Angoulême). Der →Hundertjährige Krieg führte auch hier zu schweren Rückschlägen. Nach der Vertreibung der Engländer aus der →Guyenne (1453) wurde das Seneschallat v. S. nach Saintes transferiert; die S. wurde jurisdiktionell dem neugeschaffenen →Parlement v. →Bordeaux unterstellt. Doch behielt die Provinz, die in der Grenzzone zum Einflußbereich des Gemeinrechts (→Pays de droit écrit) lag, ihr eigenes Gewohnheitsrecht (→Coutumes). Die Grenzlage der S. zw. Langue d'oïl und Langue d'oc spiegelt sich auch wider in vorherrschenden Einflüssen des okzitan. Sprach- und Literaturbereichs (→Troubadours wie →Rigaut de Barbezieux, Chroniken des →Ps.-Turpin und der »Tote l'histoire de France« aus dem Beginn des 13. Jh., fast ausschließl. okzitan. Toponyme). R. Favreau

Lit.: F. EYGUN, S. romane (Zodiaque), 1970 – R. CROZET, L'art roman en S., 1971 – L. MAURIN, Saintes antique des origines à la fin du VIᵉ s., 1978 – M. ROUCHE, L'Aquitaine des Wisigoths aux Arabes, 1979 – La

Charente-Maritime. L'Aunis et la S. des origines à nos jours, hg. J.-N. LUC, 1981 – A. DEBORD, La société laïque dans les pays de la Charente (X°–XII° s.), 1984 – R. FAVREAU, La commanderie du Breuil-du-Pas et la guerre de Cent Ans dans la S. méridionale, 1986 – Y. BLOMME, L'architecture gothique en S. et en Aunis, 1987.

Saiones. [1] *Westgotischer Saio:* Das Wort *saio* kommt zwar in der Wulfila-Bibel nicht vor, ist aber got. Ursprungs und bezeichnet den Gefolgsmann im eigtl. Sinn. Der S. besitzt volle Freizügigkeit und erhält überdies von seinem Herrn die Waffen als Eigentum. Was er allerdings während seines Dienstverhältnisses erwirbt, gehört dem Herrn, falls sich der S. einen anderen Patron sucht. Es fehlt jede Bestimmung über die wirtschaftl. und soziale Sicherheit des S. Im 6. und 7. Jh. wirken die westgot. S. es auch als Agenten der Richter und Provinzgouverneure, insofern diese die Aufgaben von »patrimonialen Beamten« wahrnehmen. Jedenfalls hielt noch der span. Westgotenkg. →Rekkesvinth die Bestimmungen des →Codex Euricianus für so aktuell, daß er sie, nur wenig verändert, in sein eigenes Gesetzbuch übernahm.

[2] *Ostgotischer Saio:* Im Gegensatz zum westgot. S., der ein Gefolgsmann irgendeines Herrn sein kann, ist der ostgot. S. ausschließl. der Beauftragte des Kg.s zur Erfüllung seiner Befehle. H. Wolfram

Lit.: H. WOLFRAM, Die Goten, 1990³, 243f., vgl. 290–294.

Saisset, Bernard → Bernard Saisset (1. B.)

Sake and Soke → Soke

Sakellarios, Sakellion → Finanzwesen, A. II

Sakkara. In chr. Zeit nistete sich, wie in anderen Grabbezirken Ägyptens, auch in dem seit dem Alten Reich bestehenden, v. a. durch seine monumentale Grabanlage mit Pyramide bekannten Grabbezirk des Pharao Djozer in Mittelägypten ein nach seinem Gründer, Apa Jeremias, benanntes Kl. ein. Die letzten Reste des in der 2. Hälfte des 5. Jh. entstandenen und bereits 960 zerstörten (die Hauptkirche schon um 700 aufgegeben) Bezirkes sind in neuerer Zeit (nach Untersuchungen 1907–09) völlig verloren gegangen. Das Kl. lag sw. der Stufenpyramide von S. Die Anlage umfaßte neben der Hauptkirche und der Grabeskirche des Stifters einen weitläufigen Komplex mit großem Refektorium, Wirtschaftsräumen und vielen Mönchszellen (meist mit Nischen an der O-Seite). Die interessante Bauplastik der Kirchen ist in verschiedene Museen gelangt (Kopt. Mus. Kairo, Louvre Paris). Von den Malereien (auch Mosaikreste sind gefunden worden) des Kl. sind beachtl. Fragmente erhalten, die im allg. in das 6./7. Jh. datiert werden. M. Restle

Lit.: Guide de l'Égypte chrétienne [A. BADAWAY], o. J. [1953] – J. QUIBELL, Excavations at Saqqara, 1908–12 – CHR. IHM, Die Programme der chr. Apsismalerei, 1992², passim.

Sakralität (sakrales Herrschertum). Vorweg müssen einige begriffl. Differenzierungen vorgenommen werden. Zunächst haben wir es mit jenem Sakralkgtm. der Frühzeit im germ. und kelt. Raum zu tun, das aus paganen Wurzeln erwuchs und sich in diesen adäquaten Ausdrucksformen darstellte. Es ist ein klass. Phänotyp in der Religionsgeschichte. Inhaltlich und terminologisch werden mit S. aber auch jene Gestaltungen, Präsentationen und Vorstellungen von Herrschertum verbunden, die unter dem Einfluß fortwirkender autochthon-paganer, pagan-antiker und – bes. wirkmächtig – christl. Elemente das Herrschertum einerseits als mit der Sphäre des Numinosen und des Kultes verknüpft, es andererseits in seinem Wesen durch nichtimmanente Normen geprägt erscheinen lassen. Auch wenn alle diese Formen in religionsgeschichtl. Phänomenologie unter S. gefaßt werden könnten, sollen die bibl.-christl. geprägten wegen wesentl. struktureller Verschiedenheit als sakral-theokrat. bezeichnet werden.

Sakralkgtm. im ersten Sinn begegnet in Zusammenhang mit der Entstehung des →Königtums. Die frühere Forschung sah das Sakralkgtm. als ein germ. Urphänomen und fügte dies in ein oft recht kombinatorisch erstelltes System ein (HÖFLER; HAUCK, Lebensnormen). Hiergegen wurden gewichtige Einwände aus religionshist., skandinavist. und namentl. hist. Sicht vorgetragen (BAETKE; VON SEE; GRAUS). Insbes. durch die verfassungsgeschichtl. (SCHLESINGER; WENSKUS) und die ikonolog.-symbolgeschichtl. Forsch. (HAUCK, Gudme) sowie die Zusammenführungen von deren Befunden mit den lit. Zeugnissen (WOLFRAM, Method. Fragen; KIENAST; ANTON) ist die frühere Hypothese im wesentl. bestätigt, jedoch in den sie weiterführenden Konklusionen korrigiert worden. Es ist danach von einem archaischen Sakralkgtm. als einer allg. europ. Erscheinung auszugehen. Durch die gall.-westgerm. Revolution zur Zeit Cäsars wurde es beseitigt, doch hielt es sich stärker am Rand des Kontinents (Irland; Norwegen; z. T. England).

Von den beiden Hauptformen des Sakralkgtm.s, dem Yngvi-Vegetationskgtm. und dem Wotans- oder Gautkgtm. der wandernden und staatenbildenden gentes (→Goten; →Angelsachsen, →Langobarden), ist der Königstypus der Wanderzeit, der ersten nachchristl. Jahrhunderte, relevant. Unter der Perspektive des sakralen Herrschertums ist die Ergänzung (WENSKUS) des allg. Befundes, daß duces (→dux) ein neues Kgtm. (Heerkgtm.; Gefolgschaftskgtm.) begründeten (SCHLESINGER), entscheidend. Demnach stammten die Gründer von Familien der alten, archaischen Volkskgtm.s. Der beschriebene neue Verfassungstyp kennzeichnet die germ. Reichsbildungen des 5. und 6. Jh. auf dem Boden des früheren Imperiums vor der Entstehung der germ.-lat. Großreiche. Das bei →Ammianus Marcellinus (28, 5) berichtete Beispiel der →Burgunden im 4. Jh. verdeutlicht die Möglichkeit eines Nebeneinanders von sakralem Volkskg. und neuem Heerkg.

Inhaltl. lassen sich drei Aspekte bei dem Herrschertum, das Sakralkgtm. oder doch vorwiegend Sakralkgtm. war, unterscheiden. Es sind dies: 1. Das Motiv der göttl. Abkunft der Königssippe. Es begegnet in zahlreichen Kg.s-genealogien und (damit verbundenen) Herkunftssagen der gentes (→Amaler bei den Goten; dioskur. Kgtm. bei →Vandalen; Herkunftssage der →Franken; ags. Kg.s-genealogien; →Volksgeschichte). Eine differenzierende Forsch. (WOLFRAM, Origo) hat hier den Zusammenhang mit kosmogon. Vorstellungen und ethnogenet. Prozessen (Begründung einer neuen stirps regia als Konstitution oder Konzentration einer neuen gens) erkannt. 2. Die Vorstellung eines Konnexes zw. Kg.stugend–Kg.sheil – Schlachtensieg–Volksglück. Die Wirksamkeit solcher Verknüpfungen ist bei den Burgunden bezeugt, →Avitus v. Vienne konkretisiert das Kg.sheil in Zusammenhang mit →Chlodwigs Taufe im Kontrastpaar felicitas–sanctitas, es steht in Zusammenhang mit der am kgl. Haus orientierten Teilungspraxis der Merowinger. →Beda bezeugt es für den ags. Bereich. Bes. ausgeprägt ist die Vorstellung eines Korrelatverhältnisses bei den frühma. Iren, auch in chr. Zeit noch vom paganen Kolorit geprägt. Diese (charakterist. von kontinentalen Auffassungen abweichenden) insularen Anschauungen sind im europ. Früh- und HochMA in vorhandene Kg.sheilvorstellungen eingeflossen. 3. Die kult. Funktion des Kg.s. Sie erscheint v. a. durch die Erschließung der sakralen Ikonologie der Goldbrakteaten (HAUCK, Gudme) und durch die Bestätigung in der Archäologie (ANDERSEN) für die 2. Hälfte des 1. Jahrtausends in Skandinavien gesichert.

Es ist gut möglich, daß kult. Funktionen in den lat.-germ. Großreichen (→Ostgoten; →Westgoten; →Langobarden; bes. →Franken) die kirchenordnende Tätigkeit des Monarchen mitgeprägt haben. Bes. wichtig für diese Formationen war, daß Wesenszüge des spätantiken Ksm.s, das die Merkmale divinisierter Geltung in ein frühes →Gottesgnadentum transformiert hatte (ANTON, Ksl. Selbstverständnis), auf das germ. Kgtm. abfärbten. Bes. auf dem Weg der imitatio imperii sind sakral-theokrat. Funktionen und Symbole (Titulatur; Synoden) vom Ksm. her übernommen worden (bes. bei den Westgoten). Prägend für innere Norm und Ethos des christl. Herrschertums waren jene Bibelstellen des AT (z. B. Spr 8, 15) und des NT (bes. Röm 13), die eine unmittelbare theokrat. Setzung und Stützung der weltl. Herrschaft bieten konnten und die eine eminente Nachwirkung hatten.

Manifestationen des theokrat. Kgtm.s entstanden v. a. bei der Ersetzung des Kg.sheils und dem Ausfüllen eines Legitimationsdefizits. Hierher gehört die Kreierung der hl. Kg.e und Kgn.en, die von der Merowingerzeit bis zum SpätMA begegnen (Frankenreich; England; Skandinavien). Hierher gehört auch die Herrschersalbung (→Salbung) im westgot., im insularen und ab 751 im frk. Bereich, nachdem in letzterem eine Segensbegleitung der Königserhebung schon seit dem 7. Jh. in Übung war. Die Salbung bringt in Zusammenhang mit der Dei-gratia-Formel ein Gottesgnadentum ansatzhaft zum Ausdruck. Unter →Karl d. Gr. wurde dies zur karol. Theokratie mit ihrer charakterist. Verbindung von Politik und →Mission fortgebildet. In der Herrschaftstheorie wurden die theokrat. Vorlagen der Bibel durch die Rezeption der rex imago-vicarius Dei-Lehre und AT-Herrscherexempla ergänzt. Dazu traten die liturg. Herrscherlaudes. Bei →Ludwig d. Fr. erfolgte die »Korrektur« solcher Sicht, u. a. mit der Konzeption von der Herrschaft als ministerium. Unter der Ägide und Propaganda →Hinkmars v. Reims (Reimser Salböl-Legende) wurde das Kgtm. unter →Karl d. K. sakral-theokrat. erhöht, doch auch den neuen Normen unterstellt.

Gesichtspunkte, die v. a. aus der Salbung, z. T. auch aus älteren Traditionen herzuleiten sind, bestimmen das Erscheinungsbild des hoch- und spätma. Herrschertums. Der christmimet. Zug des vicarius und imitator Christi ist, reflektiert v. a. durch die Krönungsordines (→Ordo), bestimmend für das otton. und sal. Kgtm. (»sal. Kg.sidee«: WEINFURTER) und die Königtümer der Nachbarstaaten. Daneben behauptet sich ein eigenständiger theokrat. Zug, der an →Heinrich I. sichtbar und durch →Widukind v. Corvey tradiert wird. Diese Momente sind im frk. und ostfrk.-frühdt. Reich durch das Ksm. noch gesteigert worden (Politik-Mission). Rasch breitete sich das Herrscherweihezeremoniell mit dem von ihm vermittelten Amtscharisma aus (England; Frankreich: →Sacre royal; Burgund). Daneben begegnen gleichsam pagane Relikte von kgl. Heilkraft und kgl. Wirkung auf den Erntesegen.

Innerhalb der »religion royale« drangen solche Vorstellungen, bes. die der Heilkraft der Kg.e (diese bezeugt ab der Jahrtausendwende), in Frankreich durch. Ein so gewonnenes »Erbcharisma der Dynastie« (STAUBACH) wurde durch den forcierten Karlskult, etwa unter →Ludwig IX., um eine wesentl. Qualität gesteigert. In England war die Vorstellung kgl. Heilkraft ebenfalls lebendig.

Ideologisch ist es hier, etwa beim norm. →Anonymus, zur Heiligung der Königsmacht gekommen.

Im Reich bekämpften im →»Investiturstreit« die Gregorianer mit dem Rekurs auf die Kanones und patrist. Wertungen (→Manegold v. Lautenbach) die Grundlagen des sakral-theokrat. Kgtm.s. In Wendung hiergegen wurde zunächst in Italien eine Unverletzlichkeit des Herrschers aus dem röm. Privat- und Staatsrecht (sog. Petrus Crassus; sog. Ravennater Fälschungen) formuliert. Im 12. Jh. griffen die →Staufer in ihren Auseinandersetzungen mit der Kurie hierauf zurück, dabei aber auf die Wurzeln theokrat. legitimierter Herrschaftsunmittelbarkeit, nicht auf säkulare Verwertbarkeit rekurrierend (Sakralisierung des Reiches; →Heiliges Reich).

Das dt. Kgtm. verzichtete bis zum Ende des MA und bis in die NZ nicht auf die Formen sakral-liturg. Auszeichnung (SCHUBERT). Vom→röm. Recht her war ein Weg zur säkularen Legitimation von Herrschaft und von säkularer Staatlichkeit gegeben.   H. H. Anton

Lit.: HRG II, 999-1023 [E. KAUFMANN] – TRE XIX, 333-345 [N. STAUBACH] – M. BLOCH, Les rois thaumaturges, 1924 [Nachdr. 1961] – K. HAUCK, Geblütsheiligkeit (Fschr. P. LEHMANN, 1950), 187-240 – K. HAUCK, Lebensnormen und Kultmythen in germ. Stammes- und Herrschergenealogien, Saeculum 6, 1955, 186-223 – Das Kgtm., hg. TH. MAYER, 1956 [Nachdr. 1965] – E. H. KANTOROWICZ, The King's two Bodies, 1957 [dt. Übers. 1992] – O. HÖFLER, Der Sakralcharakter des germ. Kgtm.s (La regalità sacra, 1959), 664-701 – R. WENSKUS, Stammesbildung und Verfassung, 1961 – W. BAETKE, Yngvi und die Ynglinger, 1964 (SSA. PH 109, 3) – F. GRAUS, Volk, Herrscher und Hl. im Reich der Merowinger, 1965 – K. LEYSER, The Polemics of the Papal Revolution (Trends in Med. Political Thought, hg. B. SMALLEY, 1965), 42-64 – H. WOLFRAM u. a., Intitulatio, 3 Bde, 1967, 1973, 1988 – L. BORNSCHEUER, Miseriae regum, 1968 – D. A. BINCHY, Celtic and Anglo-Saxon Kingship, 1970 – W. A. CHANEY, The Cult of Kingship in Anglo-Saxon England, 1970 – H. WOLFRAM, The Shaping of the Early Med. Kingdom, Viator 1, 1970, 1-20 – G. KOCH, Auf dem Wege zum Sacrum Imperium, 1972 – R. SCHNEIDER, Kg.swahl und Kg.serhebung im FrühMA, 1972 – K. v. SEE, Kontinuitätstheorie und Sakraltheorie in der Germanenforsch., 1972 – E. HOFFMANN, Die hl. Kg.e bei den Angelsachsen und den skand. Völkern, 1975 – H. H. ANTON, Ksl. Selbstverständnis in der Religionsgesetzgebung der Spätantike und päpstl. Herrschaftsinterpretation im 5. Jh., ZKG 88, 1977, 38-84 – Early Med. Kingship, hg. P. H. SAWYER – I. N. WOOD, 1977 – P. R. MATHÉ, Stud. zum früh- und hochma. Kgtm., 1977 [Diss. Bern 1969] – W. KIENAST, German. Treue und »Königsheil«, HZ 227, 1978, 265-324 – E. SCHUBERT, Kg. und Reich, 1979 – N. STAUBACH, Das Herrscherbild Karls d. K. [Diss. Münster 1981] – H. H. ANTON, Ps.-Cyprian (Die Iren und Europa im frühen MA 2, hg. H. LÖWE, 1982), 568-617 – H. K. SCHULZE, Kg.sherrschaft und Kg.smythos. Herrscher und Volk im polit. Denken des HochMA (Fschr. B. SCHWINEKÖPER, 1982), 177-186 – M. MÜLLER-WILLE, Kg.sgrab und Kg.sgrabkirche (Ber. der Röm.-Germ. Kommission 63, 1983), 349-412 – R. FOLZ, Les saints rois du MA en Occident (VIe-XIIIe s.), 1984 – H. KELLER, Herrscherbild und Herrschaftslegitimation, FMASt 19, 1985, 290-311 – J. L. NELSON, Politics and Ritual in Early Med. Europe, 1986 – P. WORMALD, Celtic and Anglo-Saxon Kingship (Sources of Anglo-Saxon culture, hg. P. E. SZARMACH, 1986), 151-183 – H. H. ANDERSEN, Vorchristl. Kg.sgräber in Dänemark und ihre Hintergründe, Germania 65, 1987, 159-173 – K. HAUCK, Gudme in der Sicht der Brakteatenforsch., FMASt 21, 1987, 147-181 – D. H. MILLER, Sacral Kingship, Biblical Kingship, and the Elevation of Pepin the Short (Fschr. R. E. SULLIVAN, 1987), 131-154 – R. DESHMAN, Benedictus monarcha et monachus, FMASt 22, 1988, 204-240 – Die Salier und das Reich, 3 Bde, hg. S. WEINFURTER, 1991 – R. FOLZ, Les saintes reines du MA en Occident, 1992 – S. WEINFURTER, Idee und Funktion des »Sakralkönigtums« bei den otton. und sal. Herrschern (Legitimation und Funktion des Herrschers, hg. R. GUNDLACH – H. WEBER, 1992), 99-127 – E. BOSHOF, Kgtm. und Kg.sherrschaft im 10. und 11. Jh., 1993 – N. STAUBACH, Rex christianus. Hofkultur und Herrschaftspropaganda im Reich Karls d. K., T. 2: Die Grundlegung der 'religion royale', 1993 – H. WOLFRAM, Origo et religio. Ethnic Traditions and Literature in Early Med. Texts, Early Med. Europe 3, 1994, 19-38.

Sakrament/Sakramentalien
I. Westen – II. Ostkirche.

I. WESTEN: Sacramentum ist in der christl. Latinität Übersetzung von μυστήριον, welches im NT, v. a. im Corpus Paulinum vorkommend, in Aufnahme des Sprachgebrauchs der jüd. Apokalyptik den am Ende der Zeiten offenbar werdenden, in der gegenwärtigen Weltzeit verborgenen Heilsplan Gottes für die Welt bedeutet. Diese eschatolog. Realität, die in der Schrift verborgen angezeigt ist und den Schlüssel zu ihrer Interpretation abgibt, ist für die christl. Deutung Jesus Christus, insbes. sein Kreuzestod und seine Auferstehung. Nach Ostern realisiert sie sich in ihrer Proklamation (Verkündigung): Im Glauben an das angesagte Mysterium wird der Mensch in seine wirkmächtige Gegenwart hineingezogen. Das Mysterium als die letzte Wahrheit, der innerste Sinn der Welt (Christus) hat also Abbildungen, Entsprechungen in der Geschichte: vorausweisend auf die Zukunft im Wort des AT, zurückverweisend auf Christus im Leben der Kirche. Im NT ist dabei nur von der Verkündigung des Mysteriums die Rede (vgl. 1 Kor 2, 1. 7); auf die gottesdienstl. Handlungen (Taufe, Eucharistie) wird der Begriff noch nicht angewandt. Wichtig für die folgende Gesch. des S.sbegriffs ist die typolog. Struktur des Mysteriums: die Wahrheit (das Mysterium, das Christus ist) manifestiert sich im Lebensvollzug der Kirche, wenn ihrer gedacht wird (Anamnese), je neu, in der Predigt und – im Sprachgebrauch der alten Kirche – im Gottesdienst (in den Mysterien[handlungen]). Die Übertragung des μυστήριον-Begriffs auf letzteren geschieht allerdings, v. a. wegen der Konkurrenz der Mysterienreligionen, die für den christl. S.sbegriff eher eine hemmende als fördernde Rolle gespielt haben, nur zögernd; sie wird erst im 4. Jh. allg.

Der lat. Begriff sacramentum ist grundsätzl. synonym mit μυστήριον, hier tritt aber das Moment der Verborgenheit eher zurück; das Wort hat dafür neben sakralen jurid. Konnotationen (Grundbedeutung: Einweihung, auch in den Soldatenstand) und ist von seiner Morphologie (Suffix -mentum) bes. geeignet, um konkrete (gottesdienstl.) Vollzüge zu bezeichnen. Die enge Verbindung mit der typolog. Weltschau und Schriftauslegung (τύπος τοῦ μέλλοντος = sacramentum futuri) bleibt dem Begriff bis in die hochma. S.entheol. erhalten, insbes. in der Sprache der Liturgie, wo die Bedeutung zw. dem geschichtl. einmaligen Heilsereignis (dem Christusmysterium) und dessen gottesdienstl. Feier charakteristisch oszilliert (so bedeutet »dominicae passionis sacramenta peragere«: in der gottesdienstl. – sakramentl. – Feier dem heilstiftenden Ereignis von Christi Heilstod begegnen).

Grundlegend für das ma. Verständnis des Begriffs und die scholast. S.entheol. ist →Augustins auf neuplaton. Hermeneutik und Metaphysik beruhende Deutung von sacramentum als Zeichen (signum) einer heiligen Sache (res), worunter letztlich – gut neutestamentl. – immer Christus zu verstehen ist. Der typolog. Zusammenhang bleibt gewahrt: die ganze Heilsgeschichte (und die ganze Schrift) ist voller sacramenta, in denen das zentrale, eine Mysterium des menschgewordenen Gottes zugänglich wird. Das Osterfest ist nicht nur Rückschau auf vergangene Geschichte, sondern – und genau deshalb ist es sacramentum – bezeichnet den Übergang (Augustinus deutet πάσχα als transitus) der Gläubigen mit Christus vom Tod zum Leben; das Grundsacramentum wird an ihnen Ereignis: sacramentum est autem in aliqua celebratione, cum rei gestae commemoratio ita fit, ut aliquid etiam significare intellegatur, quod sancte accipiendum est: ep. 55, 2. Hier kündigt sich allerdings auch bereits die im MA fortschreitende Psychologisierung der Anamnese an (Gedenken wird aus dem Eintritt in die Gegenwart des Kommemorierten zum »Denken an etwas«). In Augustins neuplaton.-anagog. Konzeption des Zeichens (das signum führt über seine defiziente leibl. Natur hinaus zum Geistigen, Intelligiblen, hat die Funktion der admonitio, instructio zur Interiorisierung) ist überdies ein Ansatz zur Spiritualisierung des S.sbegriffs gegeben, der im Verlauf des MA einerseits zu einer abstrakten Bestimmung der res sacramenti (die Gnade; S.e sind invisibilis gratiae visibilis forma, so →Berengar v. Tours in Anschluß an Augustinus, ep. 105, 12) führt, anderseits aber, auf dem Boden eines signifikationshermeneut. Verständnisses, zu einem Auseinanderfallen von äußerem Zeichen und innerer res und damit zu einem symbolist. S.sverständnis (so wieder Berengar in seiner Eucharistielehre). Auch letzteres hat Ansatzpunkte bei Augustinus (vgl. etwa den vielzitierten Satz: aliud videtur, aliud intelligitur.). Wirkungsgeschichtl. überaus bedeutsam ist Augustins Insistieren auf der Bedeutung des Wortes (des Zeichens schlechthin, das selbst keine res ist) für das S.: accedit verbum ad elementum et fit sacramentum (tract. in Joh. 80, 3, zur Taufe). Eine Grundüberzeugung westl. S.entheol. wird schließlich von Augustinus im Streit mit den →Donatisten ausgesprochen: Gegen deren (altafrikan. [Cyprian]) Auffassung, S.e könnten nur innerhalb der rechtgläubigen Gemeinschaft der Kirche (die eine Gemeinschaft der Hl.n ist) vollzogen werden, vertritt er die Position, daß auch Taufen von häret., schismat., sündigen Amtsträgern ihre Gültigkeit haben, daß auch darin die virtus sacramenti wirksam ist (wenn auch für den häret. Empfänger nicht zum Heil). Damit ist die unverfügbare Gnadenhaftigkeit des S.s unterstrichen, aber schon hier deutet sich ein Problem der ma. S.entheol. an: das Verhältnis von S. und Kirche.

Das augustin. S.sverständnis wird von den frühma. Theologen weiter tradiert; Augustinus wird zur überragenden auctoritas. Bes. einflußreich ist die Definition Isidors v. Sevilla (Etym. 6, 16, 39–42), der der oben zitierten Begriffsbestimmung aus ep. 55 das Moment der Verborgenheit im Sinn des griech. μυστήριον hinzufügt sowie die Wirksamkeit des Hl. Geistes in den S.en, worunter er →Taufe, →Firmung (chrisma) und →Eucharistie (corpus et sanguis) versteht, betont. Letzteres theol. wichtige Moment wird in der scholast. S.entheol. hinter einem rein christolog. Verständnis zurücktreten.

Die zweite bedeutende Voraussetzung für die Entwicklung der scholast. S.entheol. ist das Verständnis des mit dem S.sbegriff gedeuteten Gottesdienstes. Das frühe MA übernimmt die liturg. Handlungen aus den bfl. geleiteten Stadtgemeinden der Spätantike, prägt sie aber im Rahmen seiner ganz anderen Kirchenstruktur (Rückgang der Städte, Klöster als kirchl. Zentren, »heilige Personen« statt des gemeindeleitenden Bf.s als wichtigste Träger geistl. Vollmacht) charakteristisch um. Wichtig ist dabei fakt. Marginalisierung der Taufe durch die Alleinherrschaft der Kindertaufe – Folge der immer mehr schwindenden Grenze zw. Kirche und Welt sowie der augustin. Erbsündenlehre. An die Stelle der Taufe tritt als Ort der Erfahrung von Sündenvergebung und Rechtfertigung die Beichte, die die kanon. Kirchenbuße (→Buße) ablöst, welche wie die Erwachseneninitiation eine Grenze zw. Kirche und Welt vorausgesetzt hatte. Bedeutsam ist: War einst die Eingliederung in die (konkrete Orts-)Kirche die erfahrbare Sinnspitze der Initiation und hatte diese Erfahrung die Gewißheit des Heils ermöglicht, so geht es nun in der Beichte um ein individuelles Geschehen zw. dem Beichtvater und dem einzelnen Christen; der Beichtvater (der im allg. Amtsträger ist) steht stellvertretend für die Kirche: diese und damit ihre sakramentl. Handlungen sind nicht so sehr, wie in der frühen Kirche, der in der Welt sichtbare Beginn des Reiches Gottes, sondern sie treten zw. Gott und die Gläubigen, vermitteln ihnen die Gnade. Die Konzeption der S.e als Gnadenmittel zeichnet sich ab. Die einzelnen gottesdienstl. Feiern behalten zwar im wesentl. ihre spätantike Gestalt (seit karol. Zeit wird die röm. Stadtliturgie langsam zum in der ganzen Westkirche verbindl. röm. Ritus); die Rezeption einer spätantiken (Stadt-)Gemeindeliturgie in der frühma. stadtlosen Gesellschaft führt dennoch zu signifikanten, bis ins 20. Jh. nachwirkenden Akzentverschiebungen: in den Mittelpunkt der Aufmerksamkeit tritt die konsekrator. Handlung des Amtsträgers, der die »konsekrierte Materie« an die Gläubigen austeilt. Dies gilt v. a. für die →Eucharistie, wo sich die theol. Reflexion ganz auf die Frage der Realpräsenz Christi in Brot und Wein konzentriert, wo der Einsetzungsbericht, aus dem Kontext des Hochgebets gelöst, langsam die Bedeutung einer Konsekrationsformel annimmt, wo schließlich die Wandlung als das neue liturg. Zentrum, demgegenüber die →Kommunion in den Hintergrund tritt, seit dem 12./13. Jh. auch rituell durch die Elevation markiert wird. Aber auch in Taufe und →Firmung erhalten die Akte der Konsekration des →Wassers bzw. →Öls gesteigerte Bedeutung. Aus dem bfl. Hirten einer zum Gottesdienst versammelten Ortskirche wird ein Spezialist für die Heilsvermittlung, ein vir Dei, der kraft seines bes. Verdienstes, seiner hl. Lebensführung (Priesterzölibat!) bes. geeignet ist zur Weitergabe der in den S.en enthaltenen Gnade. Aus der gemeinsam Gottesdienst feiernden Gemeinde wird so das Gegenüber von S.enspender und -empfänger.

Rituell konkretisiert sich dies bes. deutlich in den nun aufkommenden sakramentalen Formeln, beginnend mit der Taufformel (Ich taufe dich...), die, im Osten (Syrien) aus einer Namensepiklese entstanden, im Rahmen frühma. Liturgie- und Amtsauffassung die zentrale Rolle des S.enspenders bezeichnet. Ähnlich ist die Entwicklung in der Beichte, wo die Gebete um Wiederversöhnung des Pönitenten mit der Kirche durch Absolutionsformeln zunächst ergänzt, später ganz ersetzt werden, bis sich, nicht zuletzt durch →Thomas v. Aquin gefördert, das Ego te absolvo ... als einzig maßgebl. Wortgestalt des Buß.s durchsetzt. Aus dem bittenden Wir der Kirche wird das deklarator. Ich des Christus repräsentierenden Priesters (der an die Stelle der altkirchl. Bf.s tritt).

Im 12. Jh. entsteht im Rahmen der neuen, in den Stadtschulen und Univ.en von professionellen Theologen betriebenen (scholast.) Theol. eine allg. S.entheol.: Die verschiedenen gottesdienstl. Handlungen werden unter einen einheitl., systematisierten S.sbegriff subsumiert, wobei sich seit der Mitte des 12. Jh. (bes. einflußreich →Petrus Lombardus, dessen Libri IV sententiarum im 13. Jh. zum grundlegenden Lehrbuch avancierten) eine Siebenzahl von Vollzügen herauskristallisiert, die im eigentl. Sinn als S.e (des Neuen Bundes) zu qualifizieren sind: →Taufe, →Firmung, →Eucharistie, →Buße, »Letzte Ölung« (→Krankensalbung), →Ordination, →Ehe. Freilich sind diese auch nach scholast. Auffassung nicht von einem viel weiteren Kontext zeichenhafter Handlungen zu trennen; insbes. bleibt der typolog. Bezug der S.e auf das eine große S. Christus erhalten: S.e gibt es nach gemeinscholast. Lehre schon im Alten Bund (bes. die Beschneidung), welchen aber bloß signifikative, nicht kausative Bedeutung zugeschrieben wird. Die Abgrenzung zu den übrigen kirchl. sakramentl. Vollzügen (Sakramentalien genannt, s. u.) geschieht mit Hilfe des aus der Christologie und der Verdienstlehre in die S.enlehre übernommenen Terminus »opus operatum«: damit ist keineswegs eine Wirksamkeit der S.e am Glauben vorbei gemeint, sondern das »opus operatum« (sc. Christi) stellt die Unverfügbarkeit der allein von Gott, unabhängig von der Würdigkeit des Spenders oder Empfängers, geschenkten Gnadenwirkung der S.e sicher.

In der scholast. (allg.) S.entheol. wird vieles, was im FrühMA aus einer bestimmten Religiosität heraus entstanden war, nunmehr mit Hilfe augustin. Lehre theologisiert. Grundlegend ist die Einordnung der S.e in die Gattung der Zeichen (signa), welche auf eine (heilige) res hinweisen und sie bewirken. Die res sacramenti ist abstrakt gefaßt: die Gnade. Für die Frühscholastik ist das Nebeneinander von augustin. Terminologie und frühma. gottesdienstl. Realität bezeichnend. So lautet die Definition des S.s (im engeren Sinn) beim bedeutendsten S.entheologen des 12. Jh., Hugo v. St. Victor: sacramentum est corporale vel materiale elementum foris sensibiliter propositum ex similitudine repraesentans, et ex institutione significans, et ex sanctificatione continens aliquam invisibilem et spiritalem gratiam (de sacr. 1, 9, 2). Charakteristisch ist hier neben dem in der ganzen weiteren Geschichte der allg. S.enlehre nachwirkenden Moment der »Einsetzung« durch Christus (die aber im Rahmen ma. Theologien auch indirekt durch die Apostel bzw. die Kirche gedacht werden kann) die Aufnahme der »Heiligung« der Materie (Wasser, Brot, Wein etc.) in die Definition, womit die Konsekration gemeint ist (S. ist, wie faktisch im FrühMA, quasi »heilige Materie«), auf Grund derer die S.e sozusagen wie Gefäße (vasa) die Gnade enthalten (continere). Damit rückt der S.enspender (dispensator) auch theol. gegenüber der (nicht maßgebl.) feiernden Gemeinde in den Mittelpunkt: er wird, auf Grund seiner potestas (ordinis), zur Voraussetzung der Gnadenvermittlung durch die S.e, wenngleich er, wie wortreich erklärt werden muß, nur minister Dei ist, denn die Wirkung (der Heiligung) ist allein Gott zuzuschreiben, der sie »durch« (per) den minister hervorbringt. Dieser wird jedenfalls als Austeiler der Gnade Gottes gesehen, nicht als Hirt einer Gottesdienst feiernden Ortskirche. Gegenüber der frühma. Sorge um die Heiligkeit des S.enspenders (Bonifatius!) wird freilich in der ganzen Scholtheol. auf Augustins antidonatist. Lehre der Unabhängigkeit der Wirkung des S.s von der Heiligkeit bzw. Würdigkeit des Amtsträgers zurückgegriffen.

Für die weitere Entwicklung bedeutend ist die S.sdefinition des →Petrus Lombardus, der am Beginn des 4. Buches seiner Sentenzen die S.e als Gnadenmittel (contra peccati originalis et actualis vulnera sacramentorum remedia) einführt, sie dann mit dem augustin. Zeichenbegriff deutet (sacramentum est sacrae rei signum) und schließlich festlegt: sacramentum enim proprie dicitur, quod ita signum est gratiae Dei et invisibilis gratiae forma, ut ipsius imaginem gerat et causa exsistat (sent. IV d. 1 c. 4). Hier wird erstmals die in der Hochscholastik dann so bedeutende Kategorie der Ursächlichkeit ins Spiel gebracht. Das S. besteht, im Anschluß an Augustinus (accedit verbum ad elementum), aus Wort und Element, und nur dieser zentrale Vollzug gehört zur unbedingt notwendigen »substantia sacramenti« (ebd. d. 3 c. 1). Hier offenbart sich die Grundproblematik der scholast. S.entheol.: sie wird ohne Rücksicht auf die konkreten gottesdienstl. Handlungen betrieben. Die (im MA mit großem Eifer und Aufwand begangene) liturg. Feier ist für die Vermittlung der Gnade letztlich überflüssig; es bleibt nur eine Kernhandlung, die der Priester am S.enempfänger vollzieht und die theoret. auch ohne ihren liturg. Kontext Gnade vermitteln würde.

Die hochscholast. S.entheol. ist einerseits konsequente Weiterführung der frühscholast. Ansätze, enthält aber andererseits auch deutlich krit. Elemente gegenüber der frühma. Konzeption des S.s als »geheiligter, konsekrierter Materie«. Die von Augustinus vorgegebenen Komponenten eines S.s, elementum (materia) und verbum, werden nun konsequent als materia und forma bezeichnet und (seit →Hugo v. St. Cher) hylemorphistisch gedeutet: die forma (der Wortvollzug, eine aus dem Gebetskontext gelöste zentrale Formel wie die Einsetzungsworte in der Eucharistie) »informiert«, d.h. determiniert die Materie (worunter nun nicht unbedingt ein materielles Element, sondern, sachgerecht, eine gottesdienstl. Handlung verstanden werden kann; z.B. in der Taufe nicht das Wasser, sondern der Akt des Taufens), gibt ihr die richtige Bedeutung. Die Wirksamkeit der S.e wird mit Kausalitätsbegriffen beschrieben: Nach der (sachl. wie wirkungsgesch. bedeutendsten) Konzeption des →Thomas v. Aquin sind die S.e Instrumentalursache der Gnade, Instrumente, deren sich Gott als der alleinige Urheber (causa principalis) bedient, um die Frucht des allein heilbringenden Leidens Christi dem Menschen zuzueignen (S. th. III 62, 1). Das eigtl. S. ist Christus, dessen menschl. Natur das instrumentum coniunctum des göttl. Heilshandelns ist, die S.e sind dagegen instrumentum separatum, mittels dessen das Christusmysterium in der Gesch. in Erscheinung tritt (III 62, 5; das Verhältnis von instrumentum coniunctum und separatum entspricht dem der Hand des Menschen und der mit ihr geführten Axt). Die atl. S.e sind in Hinblick auf den (zukünftigen) Christus nur Zeichen (signum), die ntl., deren hervorragende (potissima) Taufe und Eucharistie sind, darüber hinaus auch causa der Gnade. Im S. konvergieren also nach Thomas, wie in der altkirchl. Mysterienauffassung, die Zeiten (es ist signum rememorativum, demonstrativum et prognosticum: III 60, 3). Typisch westkirchl.-ma. ist aber der Ausfall der pneumatolog. Vermittlung zw. dem geschichtl. einmaligen Heilswerk Christi und seiner je neuen Epiphanie in der Geschichte. Die S.e werden rein christolog. begründet (die S.enlehre schließt in der Summa theologiae direkt an die Christologie an). Christus handelt im S. durch den als minister verstandenen priesterl. Spender. Damit fehlt auch der ekklesiolog. Kontext der S.e: sie sind nicht Feiern der Gemeinde (als Ortskirche), sondern ein Geschehen zw. Spender und Empfänger, die konkrete Zuteilung der am Kreuz erworbenen Gnade an den einzelnen Christen. Immerhin ist es notwendig, daß der Spender, der ja nicht aus eigener Machtvollkommenheit handelt, die Intention hat »zu tun, was die Kirche tut« (intentio faciendi quod facit ecclesia).

Die Individualisierung der S.e, die ja nicht zuletzt Folge der Entdeckung des Individuums seit der »Renaissance des 12. Jh.« ist, schlägt sich auch auf die kirchl. Rechtsordnung nieder. Die rechtl. Bindung der Gläubigen an die eigene Pfarre, also Ortskirche (so durfte man z.B. nur vor dem proprius sacerdos beichten), wird seit der 2. Hälfte des 13. Jh. prakt. aufgelöst durch die Seelsorgsprivilegien der neuen →Bettelorden, welche in den Städten neben der Pfarre auch die Aufgabe der S.enspendung (insbes. im Bereich des Buß.s) übernehmen. Dem ma. Christen war damit ein reiches Angebot an Gnadenmitteln zugänglich, das gewiß reichl. genutzt wurde, freilich auch im SpätMA durch Quantifizierung (wie Meßhäufung) und Kommerzialisierung zu vielen Mißständen Anlaß bot, welche die Reformation mit verursachten, die nicht zufällig mit der Kritik der ma. S.entheol. und -praxis begann.

Sakramentalien: Der Begriff sacramentale begegnet in theol. prägnantem Sinn zum ersten Mal bei →Petrus Lombardus, der damit eine Abstufung innerhalb einer gottesdienstl. Handlung (der Taufe) vornimmt: nur der eigtl. Taufakt mit der trinitar. Taufformel gehört zum Wesen des S.s, Katechismus (Abschwörung, Taufbekenntnis) und Exorzismus sind eher »sacramentalia« als sacramenta (sent. IV d. 6 c. 7). Als sich ein engerer S.sbegriff und die Siebenzahl der »S.e« herausgebildet hatte, wurden unter dem Terminus »*Sakramentalien*« all die sakramentl. Handlungen wie →Benediktionen, →Kirchweihe, Besprengung mit dem →Weihwasser, Generalabsolutionen etc. zusammengefaßt, die nicht zu den sieben S.en (sacramenta maiora) gehören. Sie wirken nach scholast. Lehre ex opere operantis (ecclesiae), d.h. kraft des Gebets der Kirche. Im Leben der ma. Christenheit spielten sie, v.a. die Sachbenediktionen, die das Verlangen nach »konsekrierter Materie« befriedigen konnten, eine den S.en nahezu gleichrangige Rolle. *R. Meßner*

Lit.: DThC XIV, 465–482, 485–644 – Theol. Wb zum NT IV, 809–834 – A. Franz, Die kirchl. Benediktionen im MA, I–II, 1909 – H. Weisweiler, Die Wirksamkeit der S.e nach Hugo v. St. Viktor, 1932 – D. van den Eynde, Les définitions des sacrements pendant la première période de la théol. scolastique (1050–1235), Antonianum 24, 1949, 183–228, 439–488; 25, 1950, 3–78 – Ders., The Theory of the Composition of the Sacraments in Early Scholasticism (1125–1240), FStud 11, 1951, 1–20, 117–144; 12, 1952, 1–26 – Landgraf, Dogmengeschichte III, 1–2, 1954–55 – P.-Th. Camelot, »Sacramentum«, RevThom 57, 1957, 429–449 – Ch. Mohrmann, Sacramentum dans les plus anciens textes chrétiens (Dies., Ét. sur le latin des chrétiens [1], 1958), 233–244 – M. P. Ellebracht, Remarks on the Vocabulary of the Ancient Orations in the Missale Romanum, 1963, 67–75 – C. P. Mayer, Philos. Voraussetzungen und Implikationen in Augustins Lehre von den Sacramenta, Augustiniana 22, 1972, 53–79 – A. Angenendt, Bonifatius und das Sacramentum initiationis, RQ 72, 1977, 133–183 – J. Ratzinger, Zum Begriff des S.es (Eichstätter Hochschulreden 15, 1979) – J. Finkenzeller, Die Lehre von den S.en im allg. (HDG IV 1a, 1980) [Lit.] – W. Knoch, Die Einsetzung der S.e durch Christus, 1983.

II. Ostkirche: Nach byz.-orth. Verständnis sind die, meist μυστήρια genannten, S.e zeichenhaft-epikletische gottesdienstl. Vollzüge der Kirche, durch welche den ihr zugehörigen Menschen im Hl. Geist Anteil an der durch den Gottessohn Jesus Christus gewirkten Erlösung und damit an der θέωσις, d.h. am ewigen Leben mit Gott, gegeben wird. Im Gegensatz zur lat. Theologie wurden in der griech. und oriental. nie besondere Anstrengungen unternommen, ihre gemeinsamen, sie von anderen Heil erbittenden und vermittelnden Handlungen der Kirche ('Sakramentalien') unterscheidenden, Merkmale herauszuarbeiten oder ihre Anzahl genau zu bestimmen, also eine Lehre »de sacramentis in genere« zu entwickeln. Zwar fand die aus westl. Scholastik stammende Siebenzahl der S.e auch im byz. geprägten Raum seit dem 13. Jh. wachsenden Anklang. Doch geschah dies v.a. ihres Ganzheit und Vollständigkeit signalisierenden Symbolgehaltes wegen, so daß neben Auflistungen der S.e, die mit der lat.-kath. ident. sind, auch weiterhin solche mit sieben oder mehr S.en kursieren konnten, in denen etwa auch Mönchstonsur und Bestattung aufgeführt werden wie schon in der »Kirchl. Hierarchie« des Ps.-Dionysios Areopagites (→Dionysius, C) an der Wende vom 5. zum 6. Jh. (MPG 3, 529–570). Bei alledem standen und stehen bis heute →Taufe und →Eucharistie unbestritten im Mittelpunkt. Dementsprechend beschränkt sich der myst. Höhe erreichende S.en-Kommentar des Nikolaos →Kabasilas auf die Behandlung von Taufe samt →Myronsalbung und Eucharistie, die zusammen und schrittweise in das »Leben in Christus« einführen. P. Plank

Q.: Symeon v. Thessalonike, Περὶ τῶν ἱερῶν τελετῶν, MPG 155, 175–696 – Nicolas Cabasilas, La vie en Christ, ed. M.-H. CONGOURDEAU, 2 Bde (SC 355/361), 1989/90 [dt.: S.smystik der Ostkirche. Das Buch vom Leben in Christus, übers. G. HOCH, 1958] – Lit.: M. JUGIE, Theologia dogmatica Christianorum orientalium, III, 1930 – J. MEYENDORFF, Byz. Theology. Hist. Trends and Doctrinal Themes, 1974, 191–211 – W. VÖLKER, Die S.smystik des Nikolaos Kabasilas, 1977 – R. HOTZ, S.e – im Wechselspiel zw. Ost und West, 1979.

Sakramentar. [1] *Typologie:* Liturg. (Rollen-)Buch, enthält die vom Vorsteher vorgetragenen eucholog. Texte der →Messe, teils auch anderer liturg. Feiern. Als solches setzt das S. eine nach Diensten gegliederte liturg. Versammlung voraus und bedarf in der Feier der Ergänzung insbes. durch →Lektionar/Evangelistar und →Graduale/Antiphonar. Die Begriffe *Sacramentarium/Liber sacramentorum* erscheinen in Buchtiteln und anderen Q. seit der Spätantike (schon im FrühMA alternativ auch →Missale, seit dem HochMA aber für einen anderen Buchtyp gebraucht). Nach Herkunft und Eigenart sind mehrere Typen zu unterscheiden: (stadt)röm., röm.-frk., gallikan. und kelt., mailänd. und altspan. S.e. Trotz des innerhalb einzelner Liturgiefamilien und S.typen weithin gleichen Grundbestands sind alle überlieferten Codd. Unikate, die an das örtl. kirchl. Umfeld und die Gebrauchsbedingungen (z.B. Papst-, Bf.s-, Pfarr-, Klosterliturgie) angepaßt und verschiedenartig vom Wandel der Liturgie, Frömmigkeit und Mentalität geprägt wurden. Da nur ein geringer Teil der S.e erhalten ist, bleibt eine S.gesch., gerade bis zum 9. Jh., in mancher Hinsicht hypothetisch.

[2] *Geschichte und Hauptvertreter der röm.(-frk.) S.e:* Durch den Übergang vom freien Vortrag liturg. Gebete zum Gebrauch schriftl. niedergelegter Formulare entstehen seit der Spätantike Libelli, meist fest(zeiten)- oder anlaßbezogene Zusammenstellungen von Orationen. Bei der ältesten Gestalt des S.s im *S. Veronense* (»Leonianum«, Cod. Verona, Bibl. Capit. 85 [80]; 2. Drittel 6. Jh.) handelt es sich um eine solche Libellisammlung, vermutl. aus dem Lateran mit Anpassungen zum Gebrauch in anderen röm. Kirchen. Die primitive Ordnung der Inhalte nach Monaten (Jan. bis 1. Hälfte April verloren) ohne Beachtung liturg. Zeiten zeigt den »Sammelcharakter« der Hs. – Nach Aufbau und Inhalt deutlich weiterentwickelt ist das um die Mitte des 7. Jh. für eine röm. Titelkirche entstandene *S. Gelasianum vetus* (»Altgelasianum«, Cod. Vat. Reg. lat. 316), das in 3 Bücher gegliedert ist (Temporale, Sanctorale, diverse Orationen und Canon Missae); der einzige, Mitte 8. Jh. in Chelles, Nordfrankreich, geschriebene Zeuge weist schon frk. Bearbeitungen auf. – Die *Gelasiana des 8. Jh.* (»Junggelasiana«, »frk. Gelasiana«) wurden im Frankenreich in monast. Umfeld im Zuge der auf Vereinheitlichung bedachten Pippinischen Liturgiereform fortgeschrieben. Der Urtyp entstand unter Verwertung älterer gregorian. und gelasian. Q. und mit frk. Material angereichert um 760/770. So enthält der wichtigste Cod. dieses Typs, das *S. Gellonense* (790/800), neben dem S.corpus bfl. Segnungen, Zusatzorationen, die Taufliturgie und einen →Pontifikale-Teil. – Der *gregorian. S.-Typ*, vermutl. unter Papst Honorius (625–638) für die Papstliturgie geschaffen, entwickelte sich etwa ab 650 in drei Typen weiter. *Typ I* ist durch das *Hadrianum* bekannt, das Hadrian I. auf Wunsch Karls d. Gr. 784/791 nach Aachen schickte, wo es als Normexemplar für Kopien diente (bester Zeuge Cod. Cambrai 164, um 811/812). Wegen zahlreicher Lücken ergänzte →Benedikt v. Aniane (frühere Auffassung: Alkuin; zuletzt abweichend DÉCRÉAUX) es um mehr als das Doppelte (*Supplementum Anianense*). Das *Paduense* (Typ II; Padua, Bibl. Capit. Cod. D 47; Mitte 9. Jh.) stellt eine um 659/681 für eine Presbyterkirche überarbeitete Fassung dar. *Typ III, Cod. Trient,* Castel del Buon Consiglio (o. Sign.; um 825 für Arn v. Salzburg geschrieben), geht auf eine vorhadrian. Fassung um 685 zurück. – Das gregorian. *Hadrianum* mit *Suppl. Anianense* ist anfangs im Frankenreich der geläufigste S.typ, wird seit Mitte des 9. Jh. aber mit den Gelasiana des 8. Jh. vermischt, so daß überwiegend gregorian.-gelasian. Mischs.e in Umlauf kommen. Ein neues Interesse an komplexen liturg. Sammlungen (vgl. das PRG →Pontifikale) und Wandlungen in Frömmigkeit und Meßverständnis führen seit Mitte des 10. Jh. dazu, daß die Votiv- und Totenmessen erheblich vermehrt und Apologien als neuer Orationstyp eingefügt werden, was sich z. B. in den Fuldaer und St. Galler S.en des 10./11. Jh. niederschlägt. Etwa zeitgleich beginnt der Übergang vom Rollenbuch für die Messe zum →Missale, das die Texte aller benötigten liturg. Bücher vereinigt und sich im 12./13. Jh. durchsetzt, was das Ende des S.s als liturg. Buchtyp bedeutet.

[3] *S.e anderer Liturgiefamilien* erreichten nicht dieselbe Bedeutung und Verbreitung. Ihre Geltung war entweder zeitl. sehr begrenzt (gallikan., kelt. und altspan. S.e) und/oder sie waren nur in einer einzelnen Ortskirche in Gebrauch (Mailand). Die Anordnung des Stoffes und die Gebetsweise unterscheiden sich z.T. stark von der röm.-frk. Tradition (bes. Gallien, Spanien). – Das *Sacramentarium Triplex* (um 1010) stellt einen bemerkenswerten St. Galler Versuch einer »wissenschaftl. S.-Konkordanz« der mailänd., gregorian. und gelasian. Euchologie dar.

S. a. →Buchmalerei M. Klöckener

Q. [ohne hist. Edd.]: »Leonianum«: Sacr. Veronense, ed. L. C. MOHLBERG, 1956, 1978³ [Faks., ed. F. SAUER, 1960] – »Altgelasianum«: Liber sacram. Romanae Aeclesiae ordinis anni circuli, ed. L. C. MOHLBERG, 1960, 1981³ [Faks. 1975] – Gelasiana des 8. Jh.: Das frk. Sacr. Gelasianum in alamann. Überl. (Cod. Sangall. No. 348), ed. K. MOHLBERG, 1918, 1971³ – Das Prager S., ed. A. DOLD–L. EIZENHÖFER, 1949 – Das S. v. Monza, ed. K. GAMBER, 1957 – Sacr. Rhenaugiense, ed. A. HÄNGGI–A. SCHÖNHERR, 1970 – Liber sacram. Gellonensis, ed. A. DUMAS–J. DESHUSSES, 2 Bde, 1981 – Liber sacram. Augustodunensis [Autun], ed. O. HEIMING, 1984 – Liber sacram. Engolismensis [Angoulême], ed. P. SAINT-ROCH, 1987 – Gregorian. S.e: Das Sacr. Gregorianum nach dem Aachener Urexemplar, ed. H. LIETZMANN, 1921 [Hadrianum] – Die älteste erreichbare Gestalt des Liber Sacram. anni circuli der röm. Kirche, ed. K. MOHLBERG, 1927 [Paduense] – Le Sacr. Grégorien, ed. J. DESHUSSES, 3 Bde, 1971–82 [Hadrianum, Suppl. Anianense, Paduense, weitere Titel; Lit.] – Le Sacr. de Marmoutier, ed. J. DÉCRÉAUX, 2 Bde, 1985 – Monumenta liturg. Eccles. Trident. sacc. XIII antiquiora 2A: Fontes liturg. ... Libri Sacram., ed. F. DELL'ORO, 1985 – Gallikan. und kelt. S.e: The Stowe Missal, ed. G. F. WARNER, 2 Bde, 1906–15, 1989 – The Bobbio Missal, ed. E. A. LOWE, 1920 – Missale Francorum, ed. L. C. MOHLBERG, 1957 – Missale Gallicanum vetus, ed. L. C. MOHLBERG, 1958 – Missale Gothicum, ed. L. C. MOHLBERG, 1961 – Ambrosian. (mailänd.) S.e: Il Sacr. di Ariberto, ed. A. PAREDI, 1958 – Sacr. Bergomense, ed. DERS., 1962 – Das ambrosian. S. v. Biasca, ed. O. HEIMING, 1969 – Das ambrosian. S. D 3–3 aus dem mailänd. Metropolitankapitel, ed. J. FREI, 1974 – Altspan. (mozarab.) S.e: El Sacr. de Vich, ed. A. OLIVAR, 1953 – Liber Missarum de Toledo y libros místicos, ed. J. JANINI, 2 Bde, 1982–83 – S. Triplex: Das Sacr. Triplex, ed. O. HEIMING, 1968 – Lit.: LThK² IX, 237–239 – Liturgisch Woordenboek II, 2491–2493 – A. CHAVASSE, Le Sacr. Gélasien (Vatic. Reginensis 316), 1958 – J. DESHUSSES, Les sacr., ALW 24, 1982, 19–46 – J. DESHUSSES–B. DARRAGON, Concordances et tableaux pour l'étude des grands sacr., 6 Bde, 1982–83 – A. CHAVASSE, Le Sacr. dans le groupe dit »Gélasiens du VIIIᵉ s.«, 2 Bde, 1984 [dazu M. KLÖCKENER, S.studien zw. Fortschritt und Sackgasse, ALW 32, 1990, 207–230] – C. VOGEL, Mediev. Liturgy, 1986, 61–134 [Lit.] – B. COPPIETERS T'WALLANT, Corpus orationum, 1992ff. – A. CHAVASSE, La liturgie de la ville de

Rome du Ve au VIIIe s., 1993 – E. Palazzo, Hist. des livres liturg.: Le MA, 1993 [Lit.] – Ders., Les sacr. de Fulda, 1994 – M. Metzger, Les sacramentaires, 1994 [Lit.].

Sakramentenrecht (altkanonisches), ein wesentl. Bestandteil des Kirchenrechts. Soweit es um die Regelung des Spenders, der Spendung und der Verwaltung der →Sakramente geht, spielt es auch heute im Kirchenrecht eine wesentl. Rolle. Der Begriff altkanon. S. findet sich bei Mörsdorf. Besser ist es wohl, von altkath. S. zu sprechen (Sohm). Sohm unterscheidet drei Phasen der Gesch. des Kirchenrechts, die charismat., die des altkath. S.s vom 2. Jh. bis zum →Decretum Gratiani (ca. 1140) und die des korporativen Kirchenrechts (ab →Rufinus und Papst Alexander III.). Das altkath. S. ist »kath.«, weil man zu einer jurist. Organisation übergeht, »alt«, weil man die Kontinuität mit der Idee bewahrt, daß es Gott ist, der die Kirche leitet. Altkath. heißt, daß das ganze Leben der Kirche sakramental ist. Sakramentales Recht ist ein Recht des Handelns Gottes. Es gibt keinen Gesetzgeber, der kraft eigener Autorität einschreitet. Die Kirche ist Leib Christi, sie ist Mysterium, in dem Sinn wahres Sakrament. Das S. ist insofern ius divinum. Alles ist absolut, unveränderbar. Es wird nicht zw. forum internum und forum externum, Gültigkeit und Erlaubtheit unterschieden. »Ratum« meint gemäß der Canones, »irritum« (nichtig) gegen sie gehandelt. Es gibt Gegensakramente (→Exkommunikation und →Deposition). Das Decretum Gratiani ist die Zusammenfassung des altkath. S.s, das noch Teil der Theologie gewesen ist. Diese Thesen Sohms sind in der Fachwelt auf Widerspruch gestoßen (Harnack, Stutz), sie haben aber z. T. heute noch ihre Gültigkeit (Congar). Auch in der Phase des altkath. S.s gibt es rein menschl. Recht. Die Kirche ist nicht nur communio, sie ist auch societas. Die Ansicht Sohms ist verkürzt, die Inkarnation kommt zu kurz (Congar), die Begründung des Kirchenrechts ist nicht nur im Sakrament, sondern auch im Wort zu suchen (Mörsdorf). So kommt es bei Sohm zu einer unzulässigen Spiritualisierung der Kirche, die histor. nicht so gegeben war. Nicht nur dort, wo zwei oder drei in seinem Namen versammelt sind, ist Kirche, Jesus hat auch die Zwölf auserwählt. Der Wechsel vom altkath. S. zum korporativen Kirchenrecht erfolgte schon seit der →Gregorian. Reform. R. Puza

Lit.: R. Sohm, Kirchenrecht, 2 Bde, 1892–1923 – A. Harnack, Entstehung und Entwicklung der Kirchenverfassung und des Kirchenrechts in den zwei ersten Jahrhunderten. Nebst einer Kritik der Abh. R. Sohms, »Wesen und Ursprung des Katholizismus«, 1910, 121–186 – R. Sohm, Das altkath. Kirchenrecht und das Dekret Gratians, 1918 [Neudr. 1967; dazu: U. Stutz, ZRGKanAbt 8, 1918, 238–246] – K. Mörsdorf, Altkanon. »S.«, StGreg, I, 1947, 485–502 – Y. Congar, R. Sohm nous interroge encore, RSPhTh 57, 1973, 263–287 [Lit.].

Sakramentshaus, zur Aufbewahrung und Anbetung der konsekrierten →Hostien bestimmter Ort, meist an der Nordseite des Altarraumes oder dicht davor. Das einfache, mit einer Gittertüre geschützte Wandkästchen konnte im 13. Jh. noch einem hausförmigen Schreinreliquiar gleichen, wie das S. in der Stiftskirche Hameln. Von der zweiten Hälfte des 14. Jh. bis ins 16. Jh. dominierte die mehr und mehr von der Mauer sich lösende Turmgestalt, welche in Wechselwirkung zur Sakramentsmonstranz der Goldschmiedekunst trat, was sowohl kult. wie formal nahe lag. Dabei imitierte die Steinmetzarbeit sowohl die Prozessionsmonstranz wie die v. a. in Spanien gebräuchl. fußlosen Türme der sog. →Custodia. St. Jakob in Rothenburg o. T. bietet einen Typ in breiter Fassadenform, Grenoble/Isère vereint Turm- und Fassadengestalt. St. Peter in Löwen und St. Marien in Lübeck folgen dem Custodienschema. Letzteres ist entgegen den meisten Sakramentshäusern ein gewaltiger Bronzeguß. Die Zisterzienserkirche in Doberan hat schon um 1370 einen überlebensh. hölzernen Turm dicht beim Altar aufgestellt; sicher gab es diese Gattung mehrfach. Den glanzvollen Endpunkt setzten gegen 1500 die bis ins Gewölbe steigenden Steinmonstranzen wie St. Lorenz in Nürnberg und im Münster zu Ulm. Eigenwillig ist 1424 der Versuch in St. Martin zu Landshut, das S. mit dem Altarretabel zu verschmelzen. Trotz gegenreformator. Erlasse zur Vereinigung von →Tabernakel und Altar lebt das S. ins 17. Jh. vereinzelt weiter, so in Überlingen am Bodensee 1611. – Die Bilderwelt der S. behandelt v. a. Abendmahls- und Passionsthemen. A. Reinle

Lit.: E. Baare-Schmidt, Das spätgot. Tabernakel in Dtl., 1937 – H. Koepf, Schwäb. Kunstgesch., III, 1963, 60–64 – A. Reinle, Die Ausstattung dt. Kirchen im MA, 1988, 24–31.

Sakrileg (lat. sacrilegium), Vergehen gegen Stätten und Gegenstände, die religiöse Verehrung genießen.
I. Byzantinisches Recht – II. Westen.

I. Byzantinisches Recht: Das S. (gr. ἱεροσυλία) umfaßte im röm. und frühbyz. Recht (→Byz. Recht) bis einschließl. Justinian nicht nur den Tempelraub, sondern auch Delikte, die sich in anderer Weise gegen die Kirche oder gegen den Staat richteten, wobei man das Rechtsgutverletzung hauptsächl. in der Schädigung des Vermögens erblickte; daher wurde die Strafe (bei einem Kirchendiebstahl) nach dem Wert der gestohlenen Sachen bemessen. Durch Änderung der Tatbestandsmerkmale und Unterscheidung zw. einfacher und qualifizierter Tat entwickelte sich das S. in der isaur. Gesetzgebung (Ecloga, 741) zu einem echten Religionsdelikt. Entscheidend war nicht mehr der materielle Wert des verletzten Rechtsgutes, sondern die Heiligkeit des Raumes, in dem die Tat begangen wurde, sowie diejenige der entwendeten Gegenstände. Demjenigen, der tagsüber oder nachts in einen Altarraum eindrang und geweihte Gegenstände wegnahm, wurde die Blendung angedroht; wer aus den übrigen Räumen der Kirche etwas stahl, sollte gepeitscht, geschoren und verbannt werden (E. 17.15). Diese Regelung fand auch in die Gesetzgebung der makedon. Ks. (Eisagoge 40.69, Basiliken 60.45.12, Prochiron 39.58) Eingang und blieb bis zum Ende des Reiches in Kraft. Im kanon. Recht (cc. 72–73 Apost., 8 Greg. Nyss., 10 Prima-Secunda) werden die Täter mit Absetzung bzw. Exkommunikation bedroht. Sp. Troianos

Lit.: Oxford Dict. of Byz. IV, 1991, 1827 [A. Kazhdan] – Th. Mommsen, Röm. Strafrecht, 1899, 760ff. – B. Sinogowitz, Stud. zum Strafrecht der Ekloge, 1956, 55ff. – Sp. Troianos, Ὁ «Ποινάλιος» τοῦ Ἐκλογαδίον, 1980, 48ff.

II. Westen: Röm. Rechtsgelehrte verstanden unter S. (lat. sacrilegium [Adjektiv sacrilegus], Kompositum aus sacra legere) zunächst Tempelraub oder -diebstahl, auf die Todesstrafe stehen konnte, und gewichteten allenfalls die →Sakralität des entwendeten Gutes oder entweihten Ortes unterschiedl. Doch erstreckte sich die umgangssprachl. Bedeutung schon früh auch auf diverse Religionsfrevel, um in Majestäts- und Christenprozessen mit zum Tragen zu kommen und von Christen, die sacrum als templum breiter verstanden, wieder gegen Heiden, Juden, Apostaten, Abweichler u. a. gekehrt zu werden. Ohne die auf Kirchen (auch Personal) übertragene Grundbedeutung des Tempelraubs je zu verlieren, trat in Spätantike und FrühMA gleichgewichtig der allg. S.begriff als eines Vergehens gegen Gott auf (bes. Götzendienst und Aberglaube, auch Häresie, Blasphemie, Meineid, Eid-

bruch, Hostienfrevel, Sonntagsarbeit u. ä.). Die Konzentration auf den Schutz von Kirchengut und Klerus erfolgte nach Konsolidierung der inneren Mission unter Ludwig d. Fr. und seinen Söhnen, spätestens seit Pseudoisidor (→Pseudoisidor. Dekretalen). In diesem Sinne, evtl. unter Einfluß des hohe Bußgelder fordernden Traktats »De immunitate et sacrilegio«, setzte 922 auch die otton. Gesetzgebung ein. Obwohl Abstraktionen in der Folge immer wieder auflebten und sich eine »sichere Bedeutung des S.ium in der Doktrin (des 7.–14. Jh.) nicht festgestellt hat« (HINSCHIUS), blieb der konkretere S.begriff vorherrschend. Das hoch- und spätma. Kirchenrecht konnte so die S.ien nach Personen, Orten und Sachen klassifizieren.
M. Glatthaar

Lit.: DACL XV, 349–355 – HWDA VII, 890–893 – RE II, 2, 1678–1681 – P. HINSCHIUS, System des kath. Kirchenrechts, V, 1895, 226–228, 758–761 – N. HACHEZ, Essai sur le délit de sacrilège..., 1910 – F. GNOLI, Rem privatam de sacro surripere, SDHI 40, 1974, 151–204 – H. MORDEK, F. Maassen und der Traktat De immunitate et sacrilegio (Fschr. F. KEMPF, 1983), 187–200 – S. KUTTNER – W. HARTMANN, A new version of Pope John VIII's decree on sacrilege, BMCL 17, 1987, 1–32 – H. MORDEK – M. GLATTHAAR, Von Wahrsagerinnen und Zauberern, AK 75, 1993, 33–64.

Sakristei, auch Treskammer, Dresekammer, Almaria, Almer, Gerkammer, Vestiarium, im 11. Jh. in der Regel von →Farfa erstmals sacristia genannt. Die S. ist ein abgesonderter, dem Presbyterium im N oder S, vereinzelt auch im O angefügter Raum, in dem liturg. Geräte, Paramente, Bücher und andere für den Gottesdienst erforderl. Gegenstände aufbewahrt und wo die Vorbereitungen für den Gottesdienst vorgenommen wurden, u. a. Anlegen der Gewänder, auch Ort des Kirchenarchivs. Vom Osten beeinflußt, wo zwei Räume für die verschiedenen Funktionen im N und S angefügt waren (→Pastophorien). In röm. Basiliken lag die S. (secretarium) in der Nähe der Vorhalle vor dem Eingang. Die S. kann auch einen eigenen Altar haben (z. B. Cluny II). An ihrer Südwand kann wie im Chor ein Lavabo, einem Gießgefäß, über einem Auffangbecken in einer Nische angebracht sein (erste Nachrichten aus dem 11. Jh.), oder eine mit Maßwerkbogen verzierte Nische mit einer beckenartigen Vertiefung mit Wasserablauf nach außen (Piscina), auch als →Sacrarium im Boden. In der S. stand das Armarium, der Schrank für die Paramente, und eine sichere Aufbewahrungsmöglichkeit für die kostbaren Geräte und Bücher. In Zisterzienserklöstern lag die S. zwischen Querschiff und Kapitelsaal. Bei Zunahme von Reliquien kann die S. im späteren MA auch groß und reich gestaltet sein (in Köln, Dom, 1277 geweiht und St. Gereon um 1315, in Florenz S. Croce vor 1332). In der Renaissance kann die S. Stiftergräber aufnehmen (S. Lorenzo in Florenz).
G. Binding

Lit.: Lex. d. Kunst IV, 1977, 268f. – LThK² IX, 245f. – G. BANDMANN, Über Pastophorien und verwandte Nebenräume (Kunstgesch. Studien f. H. KAUFFMANN, 1956).

Säkularisation. [1] *Begriff:* S. (von lat. saeculum 'Zeitalter', 'Jahrhundert', 'ird. Welt') ist ein mehrdeutiger Begriff. Im weiteren Sinn wird damit jede »Verweltlichung« geweihter Personen und Sachen bezeichnet, auch das Ausscheiden der Religiosen aus dem Ordensstand, der Kleriker aus dem Klerus, die Aufhebung von Kl., die Profanation von Kirchen und sakralen Geräten. Im engeren Sinn versteht man unter S. die ohne kirchl. Genehmigung vollzogene Enteignung kirchl. Einrichtungen (Bm.er, Stifte, Kl., Pfründen) und ihren Gebrauch zu profanen Zwecken (erstmals S. gen. in den Vorverhandlungen zum Westfäl. Frieden 1646).

[2] *Geschichte:* Konfiskation von Kirchengut traf während der Christenverfolgungen im Röm. Reich sehr viele Gemeinden (Rückerstattung u. a. durch die Mailänder Vereinbarungen 313); doch wird in der Lit., wenn auch zu Unrecht, erst der umfassende Zugriff auf Kirchengut im christl. →Frankenreich als S. bezeichnet. Der Niedergang unter den späten →Merowingern, gerade auch im kirchl. Bereich, brachte empfindl. Einbußen an Kirchengut. Das urspgl. reiche Kg.sgut der Merowinger wurde durch üppige Dotationen an weltl. Große und an die Kirche weitgehend verausgabt. Nach germ. Rechtsauffassung blieben kgl. →Schenkungen – auch an die Kirche – weiterhin den Reichsinteressen verpflichtet. Schon vor →Karl Martell mußte die frk. Kirche auf kgl. Weisung häufig einzelne Besitzungen als precaria verbo regis an weltl. Große zur Leihe geben. Das →Eigenkirchenwesen unterstützte diese Entwicklung. Unter dem karol. Hausmeier Karl Martell wurde kirchl. Grundbesitz erstmals in großem Umfang zu einem bestimmten polit. Zweck »weltl. « eingesetzt, die Praxis von späteren →Karolingern (→Karl d. Gr.) weitergeführt. Wichtigster Anlaß war die notwendige frk. Heeresreform im 8. Jh., bes. zur Abwehr der Araber. Zur Finanzierung der zahlreichen Feldzüge und zur Existenzsicherung des neuen Reiterstandes griff Karl Martell – keineswegs in unkirchl. Gesinnung – auf Kirchengut zurück. Die unter ihm und seinen Nachfolgern »säkularisierten« Güter wurden bei prinzipieller Anerkennung des Eigentums der Kirche zur (lebenslängl.) Leihe vergeben, gegen Entrichtung eines →»Zehnten« an die Kirche. Nach den Beschlüssen der Konzilien v. Les →Estinnes (743/744, in Fortsetzung des →Concilium Germanicum, 742/743) und →Soissons (744) fielen die Güter (→Benefizien) beim Tod des Beliehenen an die Kirche zurück. Doch besaß der Kg. das (regelmäßig geübte). Recht, das heimgefallene Gut erneut an einen Getreuen zu verleihen (→Lehenswesen). Einen Ersatz für die vorläufig undurchführbare Restitution brachte die karol. Zehntgesetzgebung. Karl Martell und Hzg. →Arnulf v. Bayern († 937; in vergleichbarer Lage, zur Abwehr der Ungarn) wurden später als Kirchenräuber geschmäht.

Neben dem kgl. Zugriff gab es ähnl. Ausnutzung und Entfremdung des Kirchengutes durch die weltl. Aristokratie (z. B.: →Vögte) und durch einzelne Bf.e (→Laienabt). Während des gesamten MA gingen aber Bf.sstühlen und Kl. Güter und Gerechtsame tatsächl. völlig verloren, bes. in Notzeiten bei schwachem Kg.sschutz (z. B. im späteren 9. Jh.) und entlegenem Streubesitz. Im einzelnen bestehen hier erhebl., bei der Quellenlage schwer zu schließende Forschungslücken, etwa zum Schicksal des Besitzes untergegangener Kl.

Die höheren Kirchen versuchten, durch Gütertrennung die Entfremdung ihres Besitzes zu verhindern: der aus Bm.s- bzw. Kl.gut zum Unterhalt der Kanoniker bzw. der Mönche ausgeschiedene Besitz war vor Verlehnung geschützt; die Entwicklung förderte die Entstehung der Domkapitel. Die Trennungsaktion ging aus von den bes. hart betroffenen →Reichskl. und griff im 9. Jh. auf die Bm.er in Lothringen, Westfranken und Italien, im 10./11. Jh. auf Dtl. über, als durch Ausweitung des Eigenkirchenrechtes in den höheren Kirchen die Belastung des Kirchengutes bedrohl. stieg. Mit Ausgang des →Investiturstreites war die Gefahr der S. von Kirchengut zwar vorläufig gebannt, aber die jetzt vollendete Feudalisierung der Kirche, bes. im Sacrum Imperium Romanum, rief Kritik der Reformer hervor und verstärkte die stets lauernde Begehrlichkeit nach Kirchengut, die in der Reformation des 16. Jh. offen durchbrach.

Projekte der S. traten im MA öfters zutage, so im Investiturstreit zw. Ks. Heinrich V. und Paschalis II. (Sutri 1111), unter Ks. Heinrich VI. und Coelestin III., unter Ks. Friedrich II. (als Gegenschlag auf die Absetzung durch Innozenz IV.), im Kampf zw. Bonifatius VIII. und Kg. Philipp IV. v. Frankreich (in der Folge Aufhebung des →Templerordens durch Clemens V., Vienne 1312). Religiös, polit. und sozialkrit. begründet waren S.sforderungen und -gedanken im Kampf Ks. Ludwigs IV. mit den Päpsten in Avignon (→Marsilius v. Padua, »Defensor Pacis«) und bei Gegenkirchen und Sekten des 12.–14. Jh., meist in Zusammenhang mit der Armutsfrage (→Pataria, →Arnold v. Brescia, →Albigenser, →Katharer, →Waldenser, sektier. Gemeinschaften der →Apostoliker), bei John →Wyclif (zunächst polit., dann religiös im →Hundertjährigen Krieg zw. England und Frankreich), religiös und polit. bei Johannes→Hus, gemäßigt bei→Nikolaus v. Kues (»Concordantia Catholica«, II 29), gelegentl. (nicht allg.) bei Bauernunruhen des 15./16. Jh. In Dtl. führte v. a. der Ausbau des Landeskirchentums in den Territorialstaaten, auch in Reichsstädten, wiederholt zu kleineren S.en im SpätMA. In Frankreich wurden 1492 durch Parlamentsbeschluß ca. 100 Kl. zugunsten der Krone säkularisiert. G. Schwaiger

Lit.: HRG IV, 1267 – LThK²IX, 248–253 – RGG³ V, 1280–1288 – StL⁷ IV, 990–993 – K. VOIGT, Die karol. Kl.politik und der Niedergang des westfrk. Kgtm.s, 1917 [Neudr. 1965] – J. B. SÄGMÜLLER, Die Idee der S. des Kirchenguts im ausgehenden MA, TQ 99, 1917/18, 255–310 – G. KALLEN, Der S.sgedanke in seiner Auswirkung auf die ma. Kirchenverfassung, HJ 44, 1924, 197–210 – F. DELEKAT, Über den Begriff der S., 1958 – F. PRINZ, Klerus und Krieg im frühen MA, 1971 – J. SEMMLER, Episcopi potestas und karol. Kl.politik (Mönchtum, Episkopat und Adel zur Gründungszeit des Kl. Reichenau, hg. A. BORST, 1974), 305–395 – F. J. FELTEN, Äbte und Laienäbte im Frankenreich, 1980 – F. PRINZ, Frühes Mönchtum im Frankenreich, 1988² , bes. 635–658 – Herrschaft und Kirche, hg. DERS., 1988 – W. KIENAST, Die frk. Vasallität, hg. P. HERDE, 1990 – R. SCHIEFFER, Die Karolinger, 1992.

Säkularkanoniker → Kanoniker

Sal. In der →Alchemie und ihrem Umkreis ist S. als Prinzip der 'Greiflichkeit' (corpus), der 'Schwere' durch →Paracelsus als drittes Prinzip den bisherigen beiden ma. 'philos.' →Elementen →Mercurius (→Quecksilber) und Sulfur (→Schwefel) hinzugefügt worden. So wurde aus der dualist. ma. Theorie der Stoffentstehung (insbes. Erze und Metalle) die 'philos. Trias'. Die vier klass. Elemente wurden meist beigeordnet oder voranstellend integriert und so diesem 'Viereck' die Trias als 'Dreieck' symbol. zugeordnet. Somit bedeutete S. neben dem 'Speise'-→Salz (NaCl) auch den konkreten Rückstand wie Aschen, Schlacken und Destillationsrückstände, die im MA in dem zunächst allg. Rückstand bezeichnenden →Caput mortuum bekannt waren. In den alchem. Verfahren, auch im Hinblick auf die erhoffte →Transmutation, ist damit auch eine terminolog. Neuerung eingetreten. G. Jüttner

Lit.: →Alchemie, →Caput mortuum, →Elemente, I, →Materia prima, →Paracelsus – H. BIEDERMANN, Materia prima, 1973 [Einf.] – H. LÜSCHEN, Die Namen der Steine, 1968, 307f.

Sal ammoniacum (S. armoniacum, seit 16. Jh.: Salmiak; Ammoniumclorid [NH$_4$Cl]). In der Antike (u. a. Plinius) wurde unter dem 'Salz des Ammons' meist Kochsalz (NaCl; →Salz) ägypt. Provenienz verstanden. Seit dem 9./10. Jh. ist über pers. Q. (dort auch vulkan. als Mineral existent) das für die arab. Alchemisten (u. a. →Rhazes, Ps.→Geber latinus) durch die Sublimierfähigkeit interessante Ammoniumclorid genutzt worden, in der Medizin aber (Salmiakgeist, mit dem daraus entstehenden Ammoniak [NH$_3$]) erst in der NZ. Ein Handel mit der auch aus organ. Produkten (Kamelmist, Dünger u. a.) herstellbaren Substanz aus Kleinasien/Asien ist im 15. Jh. nachweisbar, jedoch lange zuvor zu vermuten. Produktionsstätte ist im späteren MA auch Venedig, da Salmiak für die ma. Färberei (→Farbe) und in der Montanistik, dem →Bergbau und damit auch der 'Scheidekunst' (→Alchemie) genutzt worden ist: mit Salmiak und Salpetersäure (bzw. Nitraten) stellte schon Geber latinus 'Königswasser' (Aqua regia; →Salzsäure und Salpetersäure-Mischung mit Chlor-Entwicklung) her, welches, im Unterschied zu 'Scheidewasser' (Salpetersäure), das Silber von Gold trennt, auch letzteres anzugreifen vermag. G. →Agricola beschrieb 1546 die Nutzung des Salmiaks (zuvor des →Alauns) zum Löten. G. Jüttner

Lit.: J. RUSKA, S. ammoniacus, Nushādir und Salmiak, SAH. PH 5, 1923 – D. GOLTZ, Stud. zur Gesch. der Mineralnamen, SudArch Beih. 14, 1972, 274–277.

Sal nitri → Salpeter

Saladin (arab. Ṣalāḥaddīn Yūsuf ibn Ayyūb), geb. 1138 in Takrīt, gest. 1193 in Damaskus, Begründer der kurd. Dynastie der →Ayyūbiden. Sein Aufstieg begann im ungeliebten Ägypten, weshalb er alsbald mit dem Joseph des AT verglichen wurde. Als Befehlshaber der Truppen des Zangiden →Nūraddīn v. Damaskus beendete er 1171 auf dessen Druck hin das Kalifat der schiit. →Fāṭimiden und ließ die Freitagspredigt wieder im Namen des sunnit. →ᶜAbbāsidenkalifen halten. Schnell wuchs er über die Rolle eines Statthalters Nūraddīns hinaus; nur dessen Tod 1174 verhinderte eine militär. Kraftprobe. Noch 1174 konnte S. in Damaskus einziehen und das politisch-religiöse Erbe Nūraddīns übernehmen. 1183 errang er die Herrschaft über →Aleppo, nachdem dort Nūraddīns Sohn gestorben war, und 1186 mußte →Mosul wenigstens seine Oberhoheit anerkennen. Mit wechselndem Erfolg führte S. gegen die Kreuzfahrerstaaten Krieg. Der entscheidende Sieg gelang ihm 1187 bei →Ḥaṭṭīn. Bis auf das durch →Konrad v. Montferrat verteidigte Tyrus eroberte er danach das Kgr. →Jerusalem. Dies löste in Europa den größten aller →Kreuzzüge aus, der S. nicht unerwartet traf. Nach fast zweijähriger Belagerung gelang den Kreuzfahrern 1191 die Rückeroberung →Akkons. →Richard Löwenherz drängte S. völlig in die Defensive, vermochte aber nicht, Jerusalem anzugreifen, und schloß 1192 einen Waffenstillstand auf drei Jahre. Trotz mehrerer Niederlagen konnte S. sich als Sieger fühlen, da Jerusalem in seiner Hand und die Herrschaft der Kreuzfahrer auf die Küste beschränkt blieb. S. starb wenige Monate nach dem von ihm finanziell (v. a. zu Lasten Ägyptens) und persönlich bis zur völligen Erschöpfung geführten Kampf, der andere muslim. Herrscher kalt ließ. Als S.s Nachfolger setzte sich sein kluger Bruder →al-ᶜĀdil durch. Das bei Ḥaṭṭīn erbeutete Hl. →Kreuz schenkte S.s Sohn al-Afḍal dem ᶜAbbāsidenkalifen. – S. trat als Vorkämpfer des Islam auf und versuchte damit seine Usurpation der zangid. Macht zu legitimieren. Er war religiös, verabscheute Luxus, doch trotz aller Propaganda bildete der Hl. →Krieg nicht das treibende Element seiner Politik. S.s Ziel war wohl die Wiederherstellung des islam. Großreiches unter seiner Führung. Infolge fehlender innerer Stabilität wurde aber auch der Zusammenhalt seines Reiches auf ständiger Expansion. Gegen die Schiiten ging S. nicht so scharf vor wie Nūraddīn, obwohl er die Ausbreitung des sunnit. Islam förderte. In bezug auf Andersgläubige beherzigte er Sure 2, 256: »In der Religion gibt es keinen Zwang.« Die Gestalt des 'edlen Heiden' der europ. Lit. wurde maßgebl. durch S. geprägt, dessen Handlungsweise (z. B. 1187 bei der

Einnahme Jerusalems) nicht in das europ. Bild vom Islam als Religion blutiger Gewalt paßte. H. Möhring

Lit.: J. SAUVAGET, Le Cénotaphe de S., Revue des arts asiatiques 6, 1929–30, 168–175 – E. SIVAN, L'Islam et la Croisade, 1968, 93–130 – I. M. LAPIDUS, Ayyūbid Religious Policy and the Development of the Schools of Law in Cairo (Colloque internat. sur l'hist. du Caire, o. J.), 279–286 – H.-A. HEIN, Beitr. zur ayyubid. Diplomatik, 1971 – A. S. EHRENKREUTZ, S., 1972 – E. SIVAN, S. et le calife al-Nasir (Stud. in Hist., hg. D. ASHERI–I. SHATZMAN, 1972), 126–145 – D. S. RICHARDS, The Early Hist. of S., Islamic Quarterly 17, 1973, 140–159 – R. ST. HUMPHREYS, From S. to the Mongols, 1977, 1–88 – H. MÖHRING, S. und der Dritte Kreuzzug, 1980 – M. C. LYONS – D. E. P. JACKSON, S., 1982 – H. MÖHRING, Kreuzzug und Dschihad, Innsbrucker Hist. Stud. 10/11, 1988, 368–381 [zu H. E. MAYER, Gesch. der Kreuzzüge, 1985⁶] – B. Z. KEDAR, The Battle of Ḥaṭṭīn Revisited (The Horns of Ḥaṭṭīn, hg. B. Z. KEDAR, 1992), 190–207 – H. MÖHRING, Der andere Islam (Die Begegnung des W mit dem O, hg. O. ENGELS – P. SCHREINER, 1993), 133–148.

Saladin Ferro v. Ascoli, it. Arzt aus der 1. Hälfte des 15. Jh. Hatte bei Antonio → Cermisone in Padua zehn Jahre lang studiert und war später als Gemeindearzt in Bitonto (lt. Anstellungsvertrag von 1451) sowie als Leibarzt des Giovanni Antonio del Balzo Orsini, Fs. v. Tarent (1419–63), tätig. 1448 schloß er in Monopoli (Apulien) ein – die damaligen Seuchenkenntnisse und Therapiemaßnahmen prägnant zusammenfassendes – Pest-Consilium ab, das (außer in einem heute nicht mehr nachweisbaren Textzeugen der Leipziger Univ. bibl. [Cod. 1227]) offenbar nur in einer Abschrift (Clm 363) des Hartmann → Schedel (Padua 1464) und in einer it., jedoch unvollständigen Übers. des Salustio Viscanti (gedr. Vinegia 1576) erhalten geblieben ist. Große Verbreitung fand dagegen sein wohl um 1450 entstandenes 'Compendium aromatariorum', das 1488 zu Bologna erstmals im Druck erschien und dann (wie der daraus entnommene Abschnitt 'De ponderibus et mensuris medicinalibus') noch mehrfach veröffentlicht bzw. auch übers. wurde. Diesem ebenso gehaltvollen wie einflußreichen Apothekerlehrbuch (→Nicolaus Pr[a]epositus, →Quiricus de Augustis u. a.), das in sieben Teilen – zunächst in Form von Prüfungsfragen (mit den zugehörigen Antworten) – dem angehenden Arzneibereiter das notwendige Fachwissen zu vermitteln suchte, verdankt S. denn auch seine hervorragende Stellung in der Gesch. der →Pharmazie. P. Dilg

Ed. und Lit.: S. i de Asculo Serenitatis principis Tarenti physici principalis compendium aromatariorum. Zum ersten Male ins Dt. übertr., eingel., erklärt und mit dem lat. Text [nach der Ausg. Venedig 1572] neu hg. v. L. ZIMMERMANN, 1919 – S. o di A. (c. 1430). Compendium aromatariorum. The Book of the Pharmacists. First Ed. in Hebrew based on a Hebrew Ms. of the Early XV Cent. Comment. and Introd. by S. MUNTNER, 1953 – R. DILG-FRANK, Das »Consilium De Peste« des S. F. v. A., Krit. Textausg. mit dt. Übers. [Diss. Marburg 1975].

Salado, Schlacht am (30. Okt. 1340). Der →Merinide Abūl-Ḥasan ʿAlī v. Marokko belagerte mit Hilfe von Yūsuf I. v. →Granada die von Alfons XI. v. Kastilien unterstützte Stadt →Tarifa. Alfons erwirkte, daß Papst Benedikt XII. den Krieg zum →Kreuzzug erklärte (→Cruzada). Mit Hilfe von Flottenkontingenten aus Aragón-Katalonien und Portugal errang er einen Sieg, der die Meriniden als wichtigste Verbündete Granadas entscheidend schwächte. J. M. Alonso-Núñez

Lit.: L. SECO DE LUCENA, La fecha de la batalla del S., Al-Andalus 19, 1954, 228–231 – Hist. de España, begr. R. MENÉNDEZ PIDAL, XIII/1, 1990², 400–406 – M. A. MANZANO RODRÍGUEZ, La intervención de los Benimerines en la Península Ibérica, 1992, 254ff.

Salamanca, Stadt, Bm. und Universität in Spanien, westl. →León.

I. Stadt – II. Bistum – III. Universität.

I. STADT: In der Antike bedeutende Stadt der Vaccaer, später röm. 'municipium', griech. Ἑλμαντική, lat. Salamantica (belegt bei Polybios, Livius, Plutarch, Ptolemaeus). S., das 589 (3. Konzil v. Toledo) als Bf. ssitz (unter Jurisdiktion v. →Mérida) bezeugt ist, wurde durch die muslim. Invasion entvölkert. Ein erster Ansatz zur →Repoblación durch Kg. Ramiro II. v. León (931–950) scheiterte an den Feldzügen von →al-Manṣūr (986). Die definitive →Reconquista, die der Einnahme v. →Toledo (1085) folgte, wurde von Gf. →Raimund v. Burgund (7. R.), dem Schwiegersohn →Alfons' VI. v. León und Kastilien, geleitet; 1102 bestätigte der Kg. die ersten Privilegien der Kirche v. S. Bezeugt ist die Herkunft der Bewohner, die sich in den ersten Jahrzehnten nach der Wiedereroberung ansiedelten: *serranos*, wohl aus dem nord- oder zentralspan. Bergland; *francos* ('Franken, Franzosen') aus dem Raum jenseits der Pyrenäen; *castellanos* und *toreses* aus Toro, Zamora und León; *portogaleses* und *bregancianos* aus der Gft. Portugal und Braganza; *mozárabes*, die z. T. aus S. selbst stammten. Neben diesen im →Fuero genannten Geschlechtern (*linajes*) treten auch Gruppen von Gallegos und (später) die Judengemeinde (gefördert von Kg. Ferdinand II., 1157–88) auf.

Die Stadt bewahrte topograph. Kontinuität zur Römerzeit; die erste Mauer (ab 1147) erhob sich über röm. Überresten. Der zweite Mauerring (13. Jh.) umwehrte bereits ein fünfmal größeres Areal, unter Einschluß der durch die Repoblación entstandenen neuen, zumeist nach der regionalen Herkunft ihrer Bewohner unterschiedenen Viertel (*pueblas*). Der Handel konzentrierte sich zunächst auf den *azogue viejo*, den nahe der Kathedrale gelegenen 'Alten Markt', verlagerte sich später aber auf die 'Puerta del Sol' (an der alten Stadtmauer) und die 'Plaza de S. Martín' (heut. Plaza Mayor). S. hatte mindestens 33 Pfarreien, fast alle aus dem 12. Jh.

Der Fuero, die städt. Rechtssammlung, umfaßte kgl. Verordnungen, kirchl. Privilegien, eine Fülle von privatrechtl. Vorschriften, Verträge und Weisungen des Rates (→*concejo*) sowie Gerichtsurteile, bis zur Regierungszeit Alfons' IX. (1188–1230); als Ausdruck der Gewohnheitsrechte der *vecindad*, des örtl. Bürgertums, übte der Fuero auf die Institutions- und Rechtsentwicklung einen starken Einfluß aus. Die Stadt (*ciudad*) und ihr ländl. Bezirk (terminus, *alfoz*) waren als *concejo* organisiert, mit Richtern (*jueces*) und →*alcaldes*, die jährlich von den Bürgern (*vecinos*) gewählt wurden, →*jurados*, →*alguacil*, →*alférez* (der an der Spitze der 'militia' v. S. stehende 'Bannerträger'), →*justicias y sexmeros* für die Verwaltung des ländl. Rechtsbezirks (*alfoz*). In S. amtierte auch, mindestens bis 1218, ein kgl. *alcalde* sowie ein kgl. Burghauptmann (*tenente*) als Kommandant des →*alcázar*, der kgl. Burg. Das Übergewicht der *caballeros* ('Ritter', →*caballería*) bei der Ausübung der städt. Ämter kulminierte 1342, als anstelle der herkömml. Bürgerversammlung ein Zwölferrat der *caballeros* als festetabliertes Verwaltungsorgan eingesetzt wurde. Zur selben Zeit konsolidierten sich die *linajes* (Geschlechterverbände der *caballeros*) und teilten sich in zwei *bandos* (Parteien), Santo Tomé und San Benito, die sich heftige Gefechte lieferten. Folglich legten die Verordnungen (*ordenanzas*) Kg. Johanns I. (1390) fest, daß die städt. Ämter (*oficios*) paritätisch zw. den Angehörigen der beiden *bandos* aufzuteilen seien; dennoch kam es in den unruhigen Zeiten unter Heinrich IV. (1454–74) wieder zu gewalttätigen Machtkämpfen, bis die *capitulaciones* von 1476 mit der definitiven Einsetzung eines →*corregidor* die lokalen Herrschaftsverhältnisse neu regelten.

II. BISTUM: Der erste Bf. des wiedererrichteten Bf. ssitzes v. S. war Gerónimo (Hieronymus), der Herkunft nach ein 'franco', der zuvor Bf. des vom →Cid zurückeroberten

→Valencia gewesen war. S. wurde als Suffraganbm. v. →Santiago de Compostela (seit 1121) konstituiert; die Festlegung der Diözesangrenzen erfolgte nach Auseinandersetzungen mit den konkurrierenden Bm.ern →Zamora (Übereinkunft von 1185) und →Ciudad Rodrigo (gegr. 1161 gegen Widerstand des Bf.s v. S., Einigung über Grenzen 1174). Die roman. Kathedrale wurde seit Mitte des 12. Jh. errichtet (Steuerbefreiung für 25 Werkleute, 1152); in dieser Zeit bauten Bf.e und Kathedralkapitel den Territorialbesitz auf, v. a. aufgrund von Schenkungen des Kg.s und privater Stifter (bes. im Gebiet von La Armuña und im Archipresbyterat Valdobla/Valle del Huebra).

Die Konstitution des Kard.s Gil de Torres (April 1245) reformierte die Struktur des Kathedralkapitels, das nun acht *dignidades* (Dekan, Cantor, Thesaurar, Scholaster, vier Archidiakone), 26 Kanoniker und 29 Präbendare (*porcionarios*) umfaßte. Die Erhebung des Kirchenzehnten wurde 1102, dann 1179 (Fuero de la clerecía) sowie in kgl. Verordnungen (1229, 1250) geregelt. Andererseits errichtete das Kgtm. seine Kapelle (*Capilla Real*) in der Kirche San Marcos (1202); es gewährte ab 1255 den Mitgliedern des Kathedralkapitels die üblichen Befreiungen von direkten Steuern (→moneda, →pedido). Am Ende des 15. Jh. schwankten die Gesamteinkünfte der Kirche v. S. innerhalb der Diöz. zw. 51 500 fl. (1482) und 82 700 fl. (1494); damit lag S. (wie Segovia, Osma, Sigüenza, Cuenca, Córdoba und Oviedo) von seiner finanziellen Ausstattung her im Mittelfeld der kast. und leones. Bm.er.

III. UNIVERSITÄT: Ein Scholaster (*maestrescuela*) der Kathedrale ist mindestens seit 1134 belegt; die Kathedralschule, die in der 2. Hälfte des 12. Jh. starke Aktivität entfaltete, bildete die Grundlage der von Alfons IX. 1218 errichteten →Universität, die durch Privilegien Ferdinands III. (6. April 1243) und insbes. →Alfons' X. (8. Mai 1254) konsolidiert wurde und v. a. als Ausbildungsstätte des juristisch geschulten kgl. Beamtentums große Bedeutung gewann. Das Privileg Alfons' X. umfaßte die kgl. Dotierung (durch Renten) für die ersten elf Lehrstühle (kirchl. und ziviles Recht: Gesetze, Dekrete, Dekretalien; Logik; Grammatik; 'Physik' [Medizin], 'Organon') sowie die Übernahme der Kosten für Bibliothekar und Apotheker; die Gerichtsbarkeit (für Lehrer wie Studenten) oblag der bfl. Gewalt. Papst Alexander IV. (6. April, 15. Juli und 22. Sept. 1255) erkannte S. als päpstl. Univ., mit neuem Siegel, an und sprach der v. S. verliehenen 'licencia docendi' (→Licentia) universelle Gültigkeit zu (außer für →Paris und →Bologna). Johannes XXII. (2. Dez. 1333) verlieh dem Kathedralscholaster v. S. die Rechte des Kanzlers der Univ. und hob die Beschränkung der von S. verliehenen Universitätsgrade in bezug auf Paris und Bologna auf. Die unsichere Finanzlage, bedingt durch den unregelmäßigen Eingang der für die Univ. bestimmten Steueranteile aus den 'tercias reales', führte im 14. Jh. zur Krise, die aber am Ende des Jahrhunderts durch das Eingreifen des Kgtm.s (Johann I., Heinrich III.) und des Papsttums (Benedikt XIII.) überwunden werden konnte. Benedikt XIII. erließ neue Konstitutionen (26. Juli 1411) nach Bologneser Vorbild und gab dem Theologiestudium in S. entscheidende Impulse, bereits als Kard. (1389), als (Gegen-)Papst dann durch die Bulle »Sincerae devotionis affectus« (16. März 1416). Martin V. (20. Febr. 1422) bestätigte die Konstitutionen Benedikts XIII. in bezug auf alle Bereiche der Universitätsverfassung: Rector, Scholaster, 'consiliarii' der →Nationes, Lehrkörper, 'Definitoren', Fakultäten, akadem. Laufbahn, Studien (insbes. Theologiestudium), Erwerb von Graden, Bezüge (→Salarium) der Professoren, Lebensformen und Rechtsstatus der Universitätsangehörigen.

Im späten 15. Jh. trat die Univ. S. in ihre große Blütezeit ein, bezog prachtvolle neue Gebäude, bildete ihre Fakultätsstruktur voll aus ('Facultades mayores': Theologie, Kanonistik, Rechtsgelehrsamkeit, Medizin; 'menores': Artes) und verfügte über zahlreiche namhafte Kollegien (→Collegium, 2); das Theologiestudium wurde v. a. in den Konventen v. San Esteban und San Francisco (nach 1400) gepflegt, Säkularkollegien waren die *colegios* v. Oviedo (1386) und San Bartolomé bzw. Anaya (seit 1401/ 1417). S. war das große Vorbild für die Universitätsgründungen in Hispanoamerika (16.–17. Jh).

M. A. Ladero Quesada

Q. und Lit.: LThK²IX, 256–258 – Fuero de S., ed. J. SÁNCHEZ RUANO, 1870 – M. VILLAR Y MACÍAS, Hist. de S., 3 Bde, 1887, 1973² – A. RIESCO TERRERO, Evolución hist. de la parroquías de S., 1966 – J. ALVAREZ VILLAR – A. RIESCO TERRERO, La iglesia románica y la real clerecía de S. Marcos de S., 1969 – A. RIESCO TERRERO, Proyección hist.-social de la Univ. de S. a través de sus colegios (s.s XV–XVI), 1970 – V. BELTRÁN DE HEREDIA, Cart. de la Univ. de S., 6 Bde, 1970–72 – M. GONZÁLEZ GARCÍA, S.: La repoblación y la ciudad en la Baja Edad Media, 1973 – J. L. MARTÍN MARTÍN, El cabildo de la catedral de S. (s.s XII–XIII), 1975 – M. GONZÁLEZ GARCÍA, S. en la Baja Edad Media, 1982 – C. I. LÓPEZ BENITO, Bandos nobiliarios en S. al iniciarse la Edad Moderna, 1983 – J. L. MARTÍN MARTÍN, El patrimonio de la catedral de S., 1985 – A. M. RODRÍGUEZ CRUZ, Hist. de la Univ. de S., 1990 – L. VONES, Gesch. der Iber. Halbinsel im MA, 1993, Register.

Salamander (gr. salamandra aus pers.), Schwanzmolch, wurde mit dem Gecko, lat. stellio (vgl. →Thomas v. Cantimpré, 8, 32–33), schon früh identifiziert. Die Behauptung des Aristoteles (h. a. 5, 19 p. 552 b 15–17), er lösche beim Durchlaufen Feuer, fehlt der arab.-lat. Übertragung der Tierkunde durch →Michael Scotus, konnte also nur durch Plinius (n. h. 10. 188) an das MA weitergegeben werden. Übereinstimmende Ähnlichkeit mit der Eidechse (lacerta/-us) bei Plinius (n. h. 8, 120) veranlaßte vielleicht →Jakob v. Vitry (Hist. or., c. 89) zur Identifizierung mit dem →Chamaeleon, welche bei Thomas v. Cantimpré 8, 30 (mit 2 unterschiedl. Textfassungen! – Nr. 1 = Vinzenz v. Beauvais, Spec. nat. 20, 63 vgl. 20, 58) bei den Schlangen zu einer Amalgamierung mit vielen Angaben über es (z. B. dem frappierenden Farbenwechsel und dem Bau der Augen) bei den Q. wie Plinius, n. h. 8, 120–122, Aristoteles, h. a. 2, 3 p. 503 a 15–b 28 sowie Solinus, 40, 21–24, führte. Die Schädlichkeit des echten S.s nach Plinius, n. h. 29, 74 (Übernahme bei Isidor, etym. 12, 4, 36), durch Vergiftung von Obst und Brunnenwasser mittels Berührung wurde übertrieben. Deshalb bietet er nicht wenige volksmed. Rezepte. Die angebl. feuerfeste Haut für Gewänder, welche Landstreicher anpriesen, hat Albertus Magnus (animal. 25, 36) als metall. Niederschlag bei der Eisenherstellung entlarvt. Nach Thomas soll ein Papst Alexander ein daraus hergestelltes Gewand im Feuer gereinigt haben, während nach Bartholomaeus Anglicus 18, 90 eine S.gattung einen Pelz wie eine Robbe liefere, woraus Kg.e Gürtel erhielten. Einen solchen will Thomas persönl. erfolgreich der Feuerprobe unterworfen haben. Albert widerlegt auch unter Hinweis auf des S.s (tatsächl. des Chamäleons!) kalte Natur unter Berufung auf Aristoteles (p. a, 11, p. 692 a 20–24, vgl. Michael Scotus) die Angabe des Jorach (bei Arnoldus Saxo 2, 10) vom Leben im Feuer mit einer Spinnenprobe. Seine Kritik an der Ernährung bloß von Tau und Luft und am Farbwechsel erklärt sich aus der Gleichsetzung mit dem Chamäleon. Thomas zitiert 4 Verse aus →Adhelms Enigma 15 über sein Feuerleben. Hrabanus Maurus (de univ. 8, 3) schließt an das Isidorzitat über dieses Tier des gr. Physiologos (c. 31) nur christl. Schlangensymbolik an.

Ch. Hünemörder

Q.: →Albertus Magnus, →Adhelm, →Arnoldus Saxo, →Bartholomaeus Anglicus, →Hrabanus Maurus, →Isidor v. Sevilla, →Jakob v. Vitry – Solinus, Collectanea rer. memorab., ed. Th. Mommsen, 1895² [Neudr. 1964] – Thomas Cantimpr., Lib. de nat. rerum, T. 1, ed. H. Boese, 1973 – Vinc. Bellov., Speculum nat., 1624 [Neudr. 1964] – *Lit.*: O. Keller, Antike Tierwelt, II, 1913 [Neudr. 1963], 318–321 – H. Schöpf, Fabeltiere, 1988, 135–142.

Salamis, Hafenstadt und Bm. an der O-Küste→Zyperns, Ruinen 8 km n. von→Famagusta, im 11. Jh. vor Chr. von Griechen gegr. (monumentales gr. Kg.sgrab, volkstüml. Gefängnis [Kapelle] der hl. Katharina gen.), in der Ptolemäerzeit Hauptstadt, in der Römerzeit abgelöst von Paphos und in der Spätantike wieder Hauptstadt der Insel, nach Erdbeben 332 und 342 von Constantius II. wiederaufgebaut und in Constantia umbenannt. 488 wurde hier das Grab des Apostels Barnabas entdeckt, der gemeinsam mit Paulus Zypern missioniert hatte; zugleich wurde die Insel autokephal mit Sitz des Ebf.s in Constantia. Nach der arab. Eroberung bzw. Zerstörung der Stadt 649 bzw. 654 verlegte der Ebf. seine Residenz nach Famagusta, das S./Constantia nach Versandung des alten Hafens auch als Hafen ablöste. Von den ma. Denkmälern hervorzuheben sind v. a. die Kirche des Epiphanios (367–403 Bf. v. S.) und das Barnabas-Kl. F. Hild

Lit.: DHGE XIII, 586f. – Kl. Pauly, IV, 1505f. – RE IV, 953–957; IA, 1832–1844 – G. Hill, A Hist. of Cyprus, I, 1949, passim.

Salarium ('Gehalt, Besoldung'). An den →Universitäten des MA lebten die Professoren, soweit sie nicht durch kirchl. Einkünfte (→Pfründe, →Beneficium) versorgt wurden, entweder von Honoraren (collectae) der Studenten oder aber von einem s., das ihnen der Träger der jeweiligen Univ. (Fs. oder Stadt) zukommen ließ. Die salaria treten zunächst in Italien auf, zuerst im Bereich der sekundären Studia generalia (→Neapel, 1224; →Vercelli, 1228; →Padua, 1236), um so auswärtigen Professoren einen Anreiz zu bieten; in →Bologna wurden besoldete Lehrstühle um 1280 eingeführt, bald danach verbreitete sich dieses System im gesamten Italien. Die Kommunen, die für die (stark wechselnde) Besoldung sorgten, beanspruchten im Gegenzug die Entscheidung über die Auswahl neuer Professoren. Auch im Spanien des 13. Jh. gab es salaria für Professoren; sie wurden über die kgl. Steuern (*tercias reales*) erhoben. Im Europa nördl. der Alpen hatten die Professoren lange Zeit den Rechtsstatus von Klerikern; erst vom 15. Jh. an wurden manche Professoren allmähl. durch kgl. oder städt. salaria versorgt. Andererseits führte die Einrichtung eines Lehrbetriebs in bestimmten Kollegs (→Collegium) seit dem 14. Jh. zur Versorgung von Professoren (Regentes) aus dem Fonds des betreffenden Kollegs. J. Verger

Lit.: Rashdall, passim – G. Post, Masters' Salaries and Student Fees in the Mediaeval Universities, Speculum 7, 1932, 181–198 – M. Bellomo, Saggio sull'univ. nell'età del diritto comune, 1979, 149–169 – J. Fried, Vermögensbildung der Bologneser Juristen im 12. und 13. Jh. (Univ. e società nei sec. XII–XVI, 1982), 27–55 – O. Weijers, Terminologie des univ. au XIIIᵉ s., 1987, 103–111 – Gesch. der Univ. in Europa, I: MA, hg. W. Rüegg, 1993, passim.

Salat. [1] *Botanik*: S. (Lactuca sativa L./Compositae). Im MA heißt der S. oder (Garten-)Lattich (→Obst und Gemüse) lat. *lactuca*, wovon sich auch dt. *laddich, ladduch, ladeche* u. ä. (Steinmeyer–Sievers III, 199, 279 und 388) ableiten; der Name bezieht sich auf den milchähnlichen Saft ('lac') der Gattung. Laut Columella (De re rustica, 11, 3, 25–27; 12, 9, 1) genossen die Römer die Blätter des Lattichs mit Essig und Kräutern gewürzt und in Salzlake eingemacht; diese bes. Zubereitungsart (sal[l]ire 'salzen') gab der Speise und später auch der Pflanze den Namen 'salat' (Gart, Kap. 223). – Die uralte Kulturpflanze, die viele Varietäten aufweist, wird bereits im 'Capitulare de villis' (70) und im St. Galler Klosterplan genannt. Hildegard v. Bingen (Phys. I, 90–92) unterschied den angebauten Lattich, der nur in Essig eingelegt genießbar sein sollte, von der wilden, schädlichen Art, d. h. dem Gift- bzw. dem Stachel-Lattich (Lactuca virosa L. und Lactuca serriola L.), während Albertus Magnus (De veget. VI, 364) d. Lattich in gekochter Form für nahrhafter hielt und ihn außerdem gegen die Folgen der Trunkenheit sowie als schlafförderndes Mittel empfahl; sein Saft sollte überdies den Geschlechtstrieb unterdrücken. Andernorts wird v. a. die Wirkung seines Samens hervorgehoben (Circa instans, ed. Wölfel, 68). Im übrigen zählten im MA auch die →Endivie und der →Portulak zu den S. pflanzen. I. Müller

Lit.: Marzell II, 1147–1150 – R. v. Fischer-Benzon, Altdt. Gartenflora, 1894 [Neudr. 1972], 104f. – U. Körber-Grohne, Nutzpflanzen in Dtl., 1994³, 269–298.

[2] *Kulturgeschichte*: S. (it. *insalata*) ist sprachl. von →Salz herzuleiten. Vom it. Raum ausgehend, wird der Terminus S. um 1500 weiter nördl. nachweisbar (S-Dtl., Ungarn). Aus mediterraner Sicht resumiert →Platina in seiner Küchenlehre den ma. Wissensstand über S., nennt allerdings diesen Sammelbegriff nicht (De honesta voluptate, lib. II, cap. I–XVII, Venedig 1475): Für die Zubereitung mit Salz, Essig (→Acetum) und →Öl kommen demnach neben →Endivien und verschiedenen Arten von Kopfs. (lactuca) u. a. auch Bibernell, →Sauerampfer, →Hopfen oder Möhren in Frage (roh oder gekocht, auch getrocknet). Derartige S.-Rezepte sind rein oberschichtl. und stark diätet.-prophylakt. motiviert. Sie dienen als saisonbestimmte Surrogate für →Obst und leiten das (Abend-)Essen ein.

H. Hundsbichler

Lit.: Wandel der Alltagskultur seit dem MA, hg. G. Wiegelmann (Beitr. zur Volkskultur in NW-Dtl. 55, 1987), 182f. [E. Kisbán].

Salathiel, Bologneser Jurist, Notar und Lehrer der Notariatskunst, * Bologna, † 1280 im Exil in Cereglio (Gem. Vergato, Prov. Bologna). S. studierte Zivilrecht unter →Odofredus; am 8. Mai 1237 Notar; als Ghibelline und Anhänger der Lambertazzi 1274 aus der Stadt verbannt (→Bologna, A. I). Neben einem Formularbuch (De libellis formandis), das schon in den Hss. oft Odofredus zugeschrieben wurde, verfaßte S. eine Summa artis notariae (1242, 2. Fassung 1247/54), in der er die Ars notariae als Teilgebiet der Zivilrechtswiss. darstellte. Das wichtige Werk wurde aber durch die Summa Rolandina seines Konkurrenten und übermächtigen Feindes →Rolandinus Passagerii bald verdrängt. →Ars notariae. P. Weimar

Ed.: Ars notariae, ed. G. Orlandelli, 2 Bde, 1961 – Ps.-Odofredus, Summa de libellis formandis (Tractatus universi iuris III. 2, Venedig 1584), Bll. 79v–82v – *Lit.:* Il notariato nella civiltà it. Biogr. notarili dall'VIII al XX s., 1961, 505–509 – L. Sighinolfi, S. e la sua »Ars notariae«, Studi e mem. per la storia dell'Univ. di Bologna 4, 1920, 65–149 – G. Orlandelli, Appunti sulla scuola bolognese di notariato nels. XIII. Per una ed. della »Ars notariae« di S., ebd. NS 2, 1959, 3–54 – Ders., 'Studio' e scuola di notariato (Atti del Convegno internaz. di studi accursiani, Bologna 1963, 1968), I, 71–95.

Salbei (Salvia officinalis L. u. a./Labiatae). Von den überaus zahlreichen Arten des (eigtl.: der) S., dessen dt. Name sich unmittelbar von lat. *salvia* (zu salvus 'heil') herleitet, war in Mitteleuropa während des MA hauptsächl. der stark aromat. duftende Echte oder Garten-S. als Arznei- und Gewürzpflanze in Gebrauch; daneben begegnen – soweit identifizierbar – z. B. noch der wildwachsende Wiesen- und der *sclare(i)a* bzw. *scharlach* u. ä. genannte Muskateller-S., auf die sich vornehml. Synonyme wie *gallitric(h)um*, *centrum galli* oder *(h)orminum* beziehen. Der aus S-Europa stammende Halbstrauch wurde schon früh auch nördl. der Alpen sowie in England bekannt und erscheint bereits im →'Capitulare de villis' (70), im St. Galler Klosterplan und bei →Walahfrid Strabo, der sein berühmtes Lehrgedicht mit dem *lelifagus* (nach dem gr. elelisphakon der Antike) als erster Pflanze eröffnet (Hortulus, ed. STOFFLER, 76–82). Außer in der Küche und als Zusatz zu Bier, Met und Wein fanden die filzig behaarten, runzeligen, äther. Öl enthaltenden Blätter der *selba* auch in der Heilkunde Verwendung, und zwar – teils antiker Tradition folgend – v. a. als kräftigendes, harntreibendes und menstruationsförderndes, blut- und juckreizstillendes, Wunden heilendes und die Haare schwarz färbendes Mittel sowie bei Lähmungen und Epilepsie, Krätze, Gicht und Verdauungsbeschwerden (Circa instans, ed. WÖLFEL, 112; Hildegard v. Bingen, Phys. I, 63; Gart, Kap. 347); in der Volksmed. dienten die Blätter ferner zur Zahnreinigung. Darüber hinaus galt der aus dem S. bereitete Trank geradezu als ewige Jugend verheißende →Panacee, wie etwa der sog. S.traktat des 14. Jh. (→Wunderdrogentraktate) bezeugt. Doch auch in der Sympathiemed., im Liebes- und Dämonenzauber spielte die Pflanze eine große Rolle, wobei man sie insbes. in einen abergläub. Zusammenhang mit den Kröten brachte (Albertus Magnus, De veget. VI, 450; Konrad v. Megenberg V, 76). Welch hohes Ansehen sie im MA genoß, belegen nicht zuletzt die bekannten »salvatrix«-Verse aus dem →Regimen sanitatis Salernitanum sowie die Tatsache, daß der S. zu den bevorzugten, vielfach abgebildeten Marienpflanzen (z. B. Frankfurter 'Paradiesgärtlein', um 1410) gehörte. P. Dilg

Lit.: MARZELL IV, 41–47 – DERS., Heilpflanzen, 198–204 – HWDA VII, 893–896 – Verf.-Lex.² VIII, 504–506 ['S.traktat'] – E. HORLBECK, Die S. (Salvia officinalis L.). Ein Beitr. zu der Gesch. ihrer Verwendung in Dtl. vom Jahre 800 ab [Diss. Leipzig 1937] – H. KÜSTER, Wo der Pfeffer wächst. Ein Lex. zur Kulturgesch. der Gewürze, 1987, 224–227 – E. HLAWITSCHKA, »Wazzer der tugent, trank der jugent«: Text- und überlieferungsgeschichtl. Unters. zum S.traktat, Würzburger med. hist. Forsch. 49, 1990.

Salben (lat. *unguenta*) zählen zu den seit alters bekannten, für den äußerl. Gebrauch bestimmten →Arzneiformen und stellten nach der Definition des →Saladin Ferro v. Ascoli (im Gegensatz zu den verwandten →Pflastern) weiche Zubereitungen dar, deren Grundmasse aus Fetten, Ölen und Wachs bestand, in die man gewöhnl. als med. Wirkstoffe pulverisierte, meist pflanzl. →Drogen bzw. deren Extrakte (bisweilen auch Ochsengalle als 'Emulgator') einarbeitete. Ein Mittelding zw. S. und Pflastern bildeten die Wachs-S. (lat. *cerota*), während Salböle (→Myron) in erster Linie liturg. Zwecken dienten. Alle S. – darunter so verbreitete wie 'unguentum Agrippae / fuscum / marciaton / populeon' – mußten trotz vielfältiger Variierung jedenfalls fetthaltig sowie von streichfähiger Konsistenz sein und wurden entweder als solche oder über einen Pflasterverband appliziert; dies konnte sofort nach der Herstellung bzw. auch später geschehen, wobei man für die Haltbarkeit im allg. einen Zeitraum von 6–12 Monaten ansetzte. – Die im MA durch eine auffallende Indikationsbreite gekennzeichneten S. ('unguentum laxativum' u. a.) spielten bes. in der wundärztl. Praxis (→Chirurgie) und Rezeptlit. (→Peter v. Ulm d. Ä., 'Buch von guten Pflastern und S.', →Brunschwig u. v. a.) eine große Rolle und begegnen im Fachschrifttum meist in engem Verbund mit Pflastern, Pulvern, Ölen und Wundtränken. Anleitungen für die S.bereitung finden sich naturgemäß ferner in den →Arzneibüchern, von denen etwa das →Antidotarium Nicolai 111 und das 'Lumen' des →Quiricus de Augustus 23 einschlägige Präparate verzeichnen, deren Anfertigung dem traditionellerweise auch 'seplasiarius' oder 'myropola' gen. →Apotheker anvertraut war. Seit dem 15. Jh. mehrten sich die S.-Vorschriften in zunehmendem Maße, wofür z. B. das auf Dino →Del Garbo und Bartolomeo →Montagnana fußende sog. Münchner S.buch (1487/91) einen signifikanten Beleg bietet.
F.-J. Kuhlen

Lit.: Verf.-Lex.² III, 332–334 ['Von guten Pflastern und S.']; V, 904–906 ['Londoner Wund- und S.buch']; VIII, 560f. ['salven, plaster, pulver, oley, wasser'] – D. ARENDS, E. HICKEL, W. SCHNEIDER, Das Warenlager einer ma. Apotheke (Ratsapotheke Lüneburg 1475), Veröff. aus dem pharmaziegesch. Seminar der TH Braunschweig 4, 1960, 46 u. 85f. – G. BRACHVOGEL, Das 'Münchner S.buch' [Diss. München 1973] – H. M. WOLF, Das Lumen apothecariorum von Quiricus de Augustis, übers. und krit. bearb. [Diss. München 1973], 243–255 – D. GOLTZ, Ma. Pharmazie und Med., VIGGPharm, NF 44, 1976, 188–193 – I. ROHLAND, Das 'Buch von alten Schäden', T. II, Würzburger med. hist. Forsch. 23, 1982 – J. MARTIN, Die 'Ulmer Wundarznei', ebd. 52, 1991, 21–36.

Salbung

I. Kirchlicher Bereich – II. Herrscherlich.

I. KIRCHLICHER BEREICH: Die Kirche nimmt bei mehreren gottesdienstl., v. a. sakramentalen Feiern S.en vor. Entsprechend der im Altertum bekannten heilenden Wirkung des aus den Früchten des Ölbaums gepreßten →Öls (Mk 6, 13; Lk 10, 34) ist die mit Gebet verbundene S. von Anfang an sakramentales Zeichen der Kranken-S. (Jak 5, 14f.) Während das am Ende des Hochgebets vom Bf. gesegnete Öl ursprgl. äußerl. angewandt oder getrunken wurde (TrAp 5: FC 1, 228), wurde im frühen MA das Trinken des Öls unüblich. Für Innozenz I. (402–417) ist es selbstverständl., daß das vom Bf. geweihte Öl »nicht nur von den Priestern, sondern von allen Gläubigen in eigener Not oder in der Not der ihrigen zur S. verwendet werden« darf (DH 216). Die bis ins 8. Jh. bestehende Möglichkeit der Kranken-S. durch Laien wurde im Zug der karol. Reform den Priestern vorbehalten, mußte aber wieder eingeschärft werden, da sie, wohl wegen des bes. im N schwierig zu beschaffenden Öls, vernachlässigt wurde. Gesalbt wurden zunächst wahrscheinl. die kranken Körperstellen bzw. jene, wo der Schmerz am größten war, oder, falls solche nicht zu ermitteln waren, der ganze Körper, später gemäß der in den Begleitworten ausschließl. erwähnten Bitte um Sündenvergebung, die Sinnesorgane. – Neben dieser auf der natürl. Wirkung des Öls beruhenden S. der Kranken wird seit dem Altertum bei der Feier der Initiation aus Gründen der Symbolik gesalbt. Die Praxis war in den verschiedenen Kirchen unterschiedl. In Rom erfolgte vor dem Taufbad eine Ganzkörper-S. mit »Exorzismusöl« (später »Katechumenenöl«), um für den im Taufakt bevorstehenden Kampf gegen den Satan zu wappnen, nach dem Wasserbad eine S. des ganzen Körpers mit »Danksagungsöl« (später »Chrisam«) durch den Presbyter und eine mit einem Kreuzzeichen auf die Stirn verbundene Haupt-S. mit dem gleichen Öl durch den Bf. (TrAp 21: FC 1, 258–266). Die Ganzkörper-S. mit dem aus Olivenöl und Duftstoffen gemischten Chrisam nach der →Taufe läßt sich mit 2 Kor 2, 14f. begründen – der Getaufte ist Christi Wohlgeruch, durch den Duft der Erkenntnis Christi an allen Orten verbreitet wird –, während die Haupt-S. an 2 Kor 1, 21f. – Festigung, d. h. »Firmung«, in der Treue zu Christus durch die S. mit dem Hl. Geist und »Versiegelung« durch den ins Herz gegebenen Geist – denken läßt. Auch wenn es in den ma. Begleitworten zur Chrisam-S. noch nicht gesagt wird, weist diese auf die Zugehörigkeit des Neugetauften zu Christus, dem Gesalbten, hin. Mit der Trennung der seit Innozenz I. nur dem Bf. gestatteten →Firmung (DH 215) von der Taufe im FrühMA wurde die mit einem Kreuzzeichen verbundene S. der Stirn mit Chrisam (consignatio) zum sakramentalen Zeichen des Firmsakraments. Seit dem 9. Jh. ist die präbaptismale S. zu einer S. von Brust und Schultern, die postbaptismale Ganzkörper-S. zu einer Scheitel-S. stilisiert. – Im Bereich der irisch-kelt. Liturgie kam im 6./7. Jh. aufgrund der Vorliebe, atl. Gebräuche in die chr. Liturgie zu übernehmen, die Sitte auf, jene, die zum ntl. Priestertum geweiht werden, Bf. und Presbyter, wie die Priester des Altes Bundes zu salben (Ex 28, 41; 29, 7; 30, 30; 40, 13–15; Lev 8, 12). Den Presbytern werden die Hände (OR 35, 31), dem Bf. Haupt und (nach OR 35, 69 nur, falls er nicht vorher Presbyter war, später grundsätzl.) auch Hände und schließlich eigens der bei der Firmung gebrauchte rechte Daumen (PRG I, 220) gesalbt. Die im 12. Jh. erstmals bezeugte Begleitung der S. en durch den Gesang des Hl.-Geist-Hymnus »Veni Creator Spiritus« hob die S. en über Gebühr hervor und wertete damit das zentrale Zeichen der →Handauflegung ab. – Auf atl. Bräuche (Ex 30, 22–29; 40, 9–11; Lev 8, 10f.; Num 7, 1; 10) geht auch die S. von Gegenständen für den Gottesdienst zurück, die dadurch dem profanen Bereich entzogen und in den Dienst Gottes gestellt werden sollen. Die S. des →Altars deutet zusätzl. darauf hin, daß er Symbol für Christus ist. Zur orth. Liturgie s. →Myron. R. Kaczynski

Lit.: B. KLEINHEYER, Ordinationen und Beauftragungen (Gottesdienst der Kirche, 8, 1984), 40f., 44–46 [Lit.] – R. BERGER, Das Öl (ebd., 3, 1987), 269–273 [Lit.] – B. KLEINHEYER, Die Feier der Eingliederung in die Kirche (ebd., 7/1, 1989), 45–54, 107–121, 131–136 [Lit.] – R. KACZYNSKI, Feier der Krankensalbung (ebd., 7/2, 1992), 258–285 [Lit.].

II. HERRSCHERLICH: Die S. ist in speziellem Sinn ein Teil der Herrscherweihe, deren rituelles Ensemble sie ausformen half und innerhalb dessen sie allmähl. herausragende Bedeutung erhielt. Die Wurzeln des Brauchs, Amtsträger für ihre Funktion zu salben, liegen im alten Orient, in Ägypten. Bes. starken Einfluß auf die europ. Entwicklung gewann die Kg.ss. im AT. Hier wurde sie zur Festigung von (neuer) Herrschaft eingesetzt, ging vorrangig von Gott aus und wurde durch einen Propheten gespendet (1 Sam 9, 16; 10, 1; 15, 1–1 Sam 16, 12f. – 2 Kön 9, 3; 6). Sie setzte den Kg. in ein bes. nahes Verhältnis zu Gott, er wurde dessen Vasall und Beamter für einen speziellen Auftrag. Im Hinblick auf das ma. S. swesen war die innerhalb der AT-Praxis einen Sonderfall darstellende S., die im Auftrag Davids der Priester Zadok (und der Prophet Nathan) an Salomo vollzog (1 Kön 1, 39), hochbedeutsam. Wesentl. Elemente der ma. Verfahrens- und Sichtweise, nach der die weltl. Herrscher beim Herrschaftsantritt eine sakrale Sonderstellung vor Gott und durch das Priestertum erhielten, waren hier angedeutet.

Erstmals sicher bezeugt ist die Kg.ss. im MA bei den Westgoten in Spanien in der 2. Hälfte des 7. Jh. (Kg. Wamba 672), doch geht sie dort anscheinend schon auf die 1. Hälfte des Jh. zurück. In Irland ist um 700, ausgehend von Texten in der »Collectio Canonum →Hibernensis«, vorrangig von →Adamnanus die Vorstellung einer Kg.ss. propagiert worden, doch wurde sie anscheinend nicht praktiziert. In England ist sie entgegen neuester Inanspruchnahme für die früheren Jahrhunderte (NELSON) mit Sicherheit erst für 787 bezeugt (PRELOG). In diesen Fällen hatte die S. eine vorwiegend deklarator. Bedeutung und war wie im AT zur Sanktionierung unsicherer Herrschaft bestimmt. Doch sind im Westgotenreich Züge zu rechtl. und konstitutiver Verfestigung nicht zu verkennen. Maßgebende Norm für die Kg.seinsetzung im Abendland wurde die S. dadurch, daß Pippin d. J. sich 751, um seine Herrschaft zu legitimieren und um auf das merow. Geschlecht applizierte Kg.sheilvorstellungen (die in der Forsch. häufig bestritten [SCHNEIDER; AFFELDT], doch wohl zu Recht wieder betont [ENRIGHT; MILLER] wurden) entkräften zu lassen, von gall.-frk. Bf.en in Soissons salben ließ. Der erste karol. Kg. wurde an den Händen gesalbt, wie dies für frk. Priester nach ir. Vorbild seit der 1. Hälfte des 8. Jh. (Missale Francorum) bezeugt ist. In der Diskussion über das unmittelbare Vorbild werden die insulare Praxis und ihre Rezeption auf dem Kontinent über die Kirchenrechtsslg. (KOTTJE; ENRIGHT), die westgot. Übung (SCHNEIDER), die postbaptismale S. im röm. (Firm)ritus (ANGENENDT) bzw. das Zusammenwirken dieser verschiedenen Momente (ELZE) genannt. Nicht alles hiervon ist a priori auszuschließen, freilich ist der Einfluß der »Hibernensis« nicht zu erweisen, der aus Spanien nicht unbedingt wahrscheinl. V. a. ist der versuchte Nachweis, die röm. Wertung der Taufs./Firmung und ihre Verbindung mit dem Gedanken eines dabei durch den rex et sacerdos Christus vermittelten allg. Priestertums der Gläubigen (1 Petr 2, 9) böten die mentale und fakt. Grundlage, entgegen weiter Akzeptierung als nicht gelungen zu betrachten. Allem Anschein nach ist der angenommene Konnex sogar in Zeugnissen päpstl. Provenienz nur singulär zu belegen, und →Hinkmar v. Reims hat im 9. Jh. explizit zw. der Übertragung von allg. und von spezif. Kgtm. differenziert (ANTON). Demnach ist festzuhalten, daß man sich 751 wohl allg. an der Kg.ss. des AT orientierte. Für den formalen Ablauf konnte die lange gültige Sicht (EICHMANN), die Bf.sweihe habe das Vorbild abgegeben, widerlegt werden. Mit Improvisationen ist zu rechnen; bes. mit Blick auf die frk. Tradition. Seit der Mitte des 7. Jh. kannte man die →Benediktionen von Geistlichen bei der Kg.serhebung, sie mögen schließlich in den wahrscheinl. gemachten merow. Erhebungsordo (SCHNEIDER) integriert worden sein. Wohl in dieser Tradition erblickt die wichtigste Q. zu 751 in der »consecratio« den Anteil der anwesenden Bf.e. Doch ist 751 zweifelsfrei eine S. vollzogen worden, 754 hat sie Papst Stephan II. mit dem Ziel dynast. Sicherung an Kg. Pippin wiederholt und auch seinen Söhnen Karl und Karlmann gespendet. 768 und 771 wurden diese beiden für ihre Reiche erneut gesalbt. In Verbindung mit der Formel »Dei gratia« wurden durch sie Vorstellungen vom →Gottesgnadentum, auch wenn sich die übliche massive Verknüpfung der beiden Elemente verbietet (FICHTENAU), vorgeprägt. Die S. wurde für die Zukunft zum konstitutiven Element der Kg.serhebung bei den Franken. Anfangs erscheint sie ohne Verbindung mit der →Krönung, diese ist zuerst, durch den Papst vorgenommen, bei der Übertragung von Nebenländern an Söhne Karls d. Gr. 781 und 800 bezeugt, und nicht unproblemat. ist der von dort gezogene Schluß (BRÜHL), sie reiche bis 768 oder noch weiter zurück. In jedem Fall war die Krönung bei der Kg.serhebung eine liturg. Handlung sekundären Ranges.

Die entscheidende rechtl. und polit. Bedeutung erhielt die Kg.ss. im westfrk. Reich. Ab 848 ist sie hier regelmäßig geübt worden, herausgehoben aus weiteren Akten der Inauguration (Krönung; Szeptertraditio u. a.). Ebf. Hinkmar v. Reims war ihr bedeutendster Propagator. Er hob die Kg.ss. von anderen S.en ab, leitete sodann einerseits aus ihr ein Kontrollrecht des Episkopats über den Kg. ab und formulierte auf der anderen Seite die Legende von dem wunderbar in einer Ampulle vom Himmel herabgekommenen Himmelsöl. Damit sei Chlodwig nach seiner Taufe in Reims zum Kg. gesalbt worden. Hierbei beobachtete Verbindungen zw. Kg.ss. und Taufchrismation (STAUBACH) sind solche zeitl., nicht kausal verknüpfender Natur in einem Rekurs etwa auf 1 Petr 2, 9. Im wesentl. gehen auf Hinkmar auch die ersten Krönungsordines (→Ordo, III) zurück. Während in einem liturg. Sammelwerk um 800 (Benedictionale v. Freising) die Kg.ss. als der Priesters. angenähert dargestellt worden war und in einem nicht genau lokalisierbaren Ordo (Lotharingien oder England) eine Rohform der Handlung gegeben wurde, bot Hinkmar mit seinen Texten ausgearbeitete Formulare mit Angaben zu dem Ort der S. im Gottesdienst und mit der Regelung des rituellen Ablaufs, aber auch mit den Kernstellen seiner Ideologie. Im Mittelreich/Lotharingien ist die S. mit Sicherheit erst 869 ausgebildet worden. Im Ostfrankenreich wurde im 9. Jh. die Krönung durchgehend geübt, doch die S. wohl frühestens ab 900.

Beim karol. Ksm. war die Krönung entscheidend. Dies ist wohl mit seiner Einführung nach dem Vorbild von Byzanz zu erklären, wo die Ks.krönung seit 457 vorgenommen, die S. aber erst im 13. Jh. vom W übernommen wurde. Bei der Begründung des Ksm.s im W i. J. 800 gab es eine Krönung durch den Papst, doch offenbar keine S. In den Jahren 816 und 823 krönten Päpste die frk. Herrscher Ludwig d. Fr. und Lothar I., nachdem an beiden in weltl. Erhebungsakten die Krönung zum Mitks. vollzogen worden war, erneut. Hinweise in den Q. auf damit verbundene S.en sind nicht eindeutig. Ein Ordo für die Krönung eines karol. Ks.paares (ELZE), wohl für Lothar I. und seine Frau, enthält beachtenswerterweise die S. nicht. Ganz klar ist die Ks.s. ab 850 im Verbund mit der Krönung, der gegenüber die S. bei der Ks.erhebung sekundär blieb, bezeugt. Doch galt sie künftig als konstitutiv, war wie der gesamte Vorgang an Rom gebunden, der Papst galt als der allein legitimierte Spender.

Die schon erwähnten Ordines, die ab dem 10. Jh. immer häufiger wurden, enthielten vielfältige Bestimmungen über den Modus und die inhaltl. Wertung der Kg.s- und Ks.s. Dies führt zu dem Prozeß, in dem die Kg.ss. im 9. und 10. Jh. die Priester- und Bf.ss. beeinflußte, in dem sich aber auch die regionale Sonderausprägung der Kg.ss. im Blick auf die beiden Momente vollzog. Im W fand unter Hinkmars Einfluß die Chrisams. des Kg.s am Haupt, wie bei den Bf., statt. Im O, wo Heinrich I. 919 auf die S. verzichtete, wurde ab Ottos I. Kg.serhebung (936) die S. mit Katechumenenöl vorgenommen und in dieser Form fester Bestandteil der Kg.s- und später der Ks.weihe. – In otton. und sal. Zeit hob die S. ihre Träger in eine bes. Sphäre (»christus Domini«; »vicarius Christi«), doch bald schränkten zwei Strömungen ihre Reichweite ein. Im Kampf um die Reform der Kirche bestritten die Gregorianer die Dignität der Herrschers, überhaupt hatte diese für die konkreten Rechte eher deklarator. als konstitutive Bedeutung, und im 12. Jh. beanspruchten dt. Kg.e (Konrad III.; Friedrich I.) ksl. Rang schon vor der päpstl. S., welche Abfolge das →Licet iuris-Gesetz dann festhielt. In Frankreich wurde die Hinkmarsche Form der S. weiter praktiziert. Die Legende vom himml. Salböl verschaffte Reims den (ab 1129/31) Vorrang im Krönungsanspruch gegenüber Sens. Im Rahmen der *religion royale* unterstrich die S. hier zusammen mit anderen Symbolen den bes. Charakter der frz. →Monarchie und diente zur Sicherung der kapet. Dynastie bis in die NZ.

Ansätze dazu, der S. sakramentalen Charakter zuzusprechen, wurden nach Ausbildung der Lehre von den sieben Sakramenten durch Papst Innozenz III. abgeschnitten. Dies hatte Wirkungen für das Reich und im Reich (Krönung Ottos IV. 1209). Doch in Frankreich hielt man entgegen der kirchl. Lehre daran fest, ebenso in England. In diesen beiden Ländern verband man mit der Herrscherweihe eine übernatürl. Heilkraft des Kg.s. In England begegnet ab dem 14. Jh. im Umkreis der S. auch ein übernatürl. Öl. Der frühen Übung der S. stand die späte Einführung am Rand des Kontinents (skand. und iber. Länder im 12. und 13. Jh., Schottland im 14. Jh.) gegenüber. Auch spielte die S. hier im Ensemble der Symbole nicht eine so hervortretende Rolle. H. H. Anton

Lit.: HRG IV, 1268–1273 – LThK² V, 279–281 – TRE XIX, 327–333, 333–335 – R. POUPARDIN, L'onction impériale, M-A, 2. sér. 9, 1905, 113–126 – E. EICHMANN, Kg.s- und Bf.sweihe (SBA. PPH 1928), 6 – E. MÜLLER, Die Anfänge der Kg.ss. im MA..., HJb 58, 1938, 317–360 – R. KOTTJE, Stud. zum Einfluß des AT auf Recht und Liturgie des frühen MA (6.–8. Jh.), BHF 23, 1970² – R. SCHNEIDER, Kg.swahl und Kg.serhebung im FrühMA (Monogr. zur Gesch. des MA 3, 1972) – J. PRELOG, Sind die Weihes.en insularen Ursprungs?, FMASt 13, 1979, 303–356 – A. ANGENENDT, Rex et sacerdos (Fschr. K. HAUCK, 1982), 100–118 – M. J. ENRIGHT, Iona, Tara and Soissons (Arb. zur FrühMAForsch. 17, 1985) – H. KELLER, Herrscherbild und Herrschaftslegitimation, FMASt 19, 1985, 290–311 – Le sacre des rois (Actes du colloque internat. d'hist. sur les sacres et couronnements royaux Reims 1975, 1985) – J. L. NELSON, Politics and Ritual in Early Medieval Europe, 1986 – R. ELZE, Le consacrazioni regie (Sett. cent. it. 33, 1987), 41–61 – H. FICHTENAU, »Dei gratia« und Kg.ss. (Fschr. F. HAUSMANN, 1987), 25–35 – D. H. MILLER, Sacral Kingship, Biblical Kingship, and the Elevation of Pepin the Short (Fschr. R. E. SULLIVAN, 1987), 131–154 – C. BRÜHL, Frk. Krönungsbrauch und das Problem der »Festkrönungen« (DERS., Aus MA und Diplomatik 1, 1989²), 351–413 – DERS., Kronen und Krönungsbrauch im frühen und hohen MA (ebd., 1989²), 413–444 – R. ELZE, Ein vergessener Ordo für die Trauung und Krönung eines karol. Herrscherpaares (Fschr. H. ZIMMERMANN, 1991), 69–73 – R. A. JACKSON, Manuscripts, Texts, and Enigmas of Medieval French Coronation Ordines, Viator 23, 1992, 35–71 – H. H. ANTON, Verfassungspolitik und Liturgie (Gedenkschr. G. DROEGE, 1994), 65–104 – →Ordo, III; →Sakralität; →Sacre.

Saldaña, wie →Carrión seit der astur. Zeit Zentrum eines Gebietes, das bis Mitte des 12. Jh. die dort reich begüterten →Beni-Gómez beherrschten. Ihnen waren die Ansúrez verwandtschaftl. verbunden, weshalb →Pedro Ansúrez zw. 1081 und 1113 den Titel Gf. v. S. und Carrión trug. Aus der Tatsache, daß die Beni-Gómez und die Ansúrez die Gf.enwürde besaßen, darf jedoch nicht geschlossen werden, daß sie im Besitz der Gft. S. oder Herren v. S. waren, denn S. war vom 11.–13. Jh. eine *tenencia*, eine vom Kgtm. delegierte Herrschaft. Diese hatten im 12. Jh. u. a. Diego Muñoz und sein Sohn Boso inne, die als jüngerer Zweig der Ansúrez angehörend, mit den Téllez verwandt waren. Von letzteren stammen die →Girón ab. Bedeutende Mitglieder dieses Geschlechts, die →Mayordomos Kg. Alfons' VIII. und Ferdinands III. v. Kastilien, Rodrigo Gutiérrez und Gonzalo Ruiz Girón, hatten die tenencia v. Carrión inne. Ihr Verwandter Rodrigo Rodríguez (der diese tenencia ebenfalls ausübte) war bis 1239 *tenente* v. S. und gründete 1215 die Zisterze S. María de la Vega de S. Von ihm stammt vielleicht das Geschlecht der S. ab, eine Familie des Hochadels, die Mitte des 14. Jh. ausstarb. Bes. Bedeutung erlangte der →Adelantado Mayor v. Kastilien →Fernán Ruiz de S. Nicht erwiesen ist jedoch, daß die Familie je die Herrschaft über S. ausübte. Erster urkdl. belegter Herr v. S. und seinem Umland war Juan Alfonso de Alburquerque (1352), der Günstling Peters I. v. Kastilien. C. Estepa Díez

Lit.: J. GONZÁLEZ, El reino de Castilla en la época de Alfonso VIII, 3 Bde, 1960 – J. GARCÍA PELEGRÍN, Stud. zum Hochadel der Kgr.e León und Kastilien im HochMA, 1991 – I. ALVÁREZ BORGE, Monarquía feudal y organización territorial, 1993.

Salem, Kl. SOCist (Bodenseekreis), 1134 von Guntram v. Adelsreute gegr. und durch Mönche aus dem elsäss. Kl. Lützel besiedelt. S. entwickelte sich schon bald zu einer angesehenen Abtei mit einem umfangreichen Grundbesitz, der größtenteils im System von →Grangien organisiert war. Die Regierungszeit des Abtes Eberhard v. Rohrdorf (1191–1240) war die nachhaltigste in der hochma. Gesch. von S. Auch im späteren MA bewahrte S. im Inneren und nach außen einen hohen Standard und verfügte über einen großen Konvent (1311: 130 Mönche, 180 Konversen). Als vogtfreies Kl. SOCist stand S. seit 1142 unter dem Schutz der Kg.e und Ks. des dt. Reiches und behauptete auch im SpätMA seine reichsunmittelbare Stellung. S. besaß viele inkorporierte Pfarreien und war Mutterabtei v. Raitenhaslach, →Wettingen und Königsbronn; ihm unterstanden außerdem mehrere Frauenkl. Vom geistigen und kulturellen Leben der Abtei zeugen neben der im 14. Jh. errichteten got. Kl. kirche verschiedene liturg. Hss., Abschriften von Bibelkomm. en und Ordensschriftstellern sowie mehrere historiograph. Werke. Durch die Säkularisation kam S. 1803 an die Mgf.en v. Baden. W. Rösener

Q. und Lit.: Cod. dipl. Salemitanus, hg. F. v. Weech, 3 Bde, 1883–95 – F. X. Staiger, S. oder Salmansweiler, 1863 – Stud. zur Gesch. des Reichsstiftes S., Freiburger Diözesanarchiv 62, 1934 – H. Ginter, Kl. S., 1937 – W. Rösener, Reichsabtei S., 1974 – S. – 850 Jahre Reichsabtei und Schloß, hg. R. Schneider, 1984.

Salerno

A. Stadt, Fürstentum und Bistum – B. Die Medizinische Schule

A. Stadt, Fürstentum und Bistum

I. Die römische Kolonie und das byzantinische »Castrum« – II. Das langobardische Fürstentum – III. Von der normannischen zur aragonesischen Zeit – IV. Das Bistum.

I. Die römische Kolonie und das byzantinische »Castrum«: Das Gebiet von S. war schon in vorgeschichtl. Zeit besiedelt; die eigtl. Vorgängerstadt des heut. S. war eine 197 v. Chr. gegr., aber erst 194 v. Chr. deduzierte röm. Kolonie. Im gleichen Gebiet oder nicht weit davon entfernt bestand eine frühere Siedlung militär. Charakters (nach Livius wurde die röm. Kolonie »ad castrum Salerni« gegründet), von der man nicht weiß, in welchen Beziehungen sie zu einer noch älteren Siedlung auf dem nahen Hügel Fratte stand, die bis zum 3. Jh. v. Chr. belegt ist. Das röm. S. erreichte seine größte Ausdehnung in konstantin. Zeit (ca. 8000 Einw. auf einem Areal von 27 ha). Aus einer öffentl. Inschrift aus dem Ende des 4. oder Anfang des 5. Jh. geht hervor, daß bei einer katastrophalen Überschwemmung viel zerstört und die Stadt fast entvölkert wurde, mit Hilfe des Senators Arrius Maccius Graechus wurde sie jedoch wiederaufgebaut. In den Gotenkriegen (535–552) wechselte S. wiederholt von einer Herrschaft zur anderen; nach dem endgültigen Sieg der Byzantiner blieben offenbar einige got. Familien weiterhin in der Stadt (Grab eines 566 verstorbenen got. Mädchens Theodenanda unter der Kirche S. Pietro a Corte). Es fehlen jedoch andere Nachrichten über die byz. Epoche, die in der Gesch. S.s die dunkelste bleibt: man weiß nur, daß es als Bf.ssitz weiterbestand und während der ersten Hälfte des 7. Jh. noch nicht von den Langobarden erobert worden war, da es als »castrum« bezeugt ist, das der Gerichtsbarkeit des »magister militum« von Neapel unterstand. Auch das Datum der langob. Eroberung ist nicht genau belegt, ein Beweis dafür, daß die Zeitgenossen dem Ereignis keine große Bedeutung beimaßen.

II. Das langobardische Fürstentum: Die historiograph. Tradition schreibt einhellig den in S. vom Beneventaner Fs. Arichis II. (758–787) durchgeführten Baumaßnahmen die Tragweite einer Neugründung zu, wenn auch der Wiederaufstieg der Stadt auf eine komplexere Weise und in einer längeren Zeitspanne vor sich ging. Diese Baumaßnahmen bestanden hauptsächl. in der Errichtung eines für den Sitz der fsl. Macht bestimmten Palastes und in der Befestigung der Stadtmauern: Palast und Mauern erhielten sofort auch einen bedeutenden Symbolwert, da sie den Willen manifestierten, dem Druck der Franken standzuhalten, die nach der Eroberung des langob. Kgr.es auch die Autonomie des Hzm.s v. Benevent auszulöschen beabsichtigten, das Arichis II. zum Fsm. erhoben hatte.

Die Gründe, die den Fs. en bewogen, auf der Suche nach einem sichereren Sitz als Benevent gerade S. auszuwählen, werden in der Forsch. kontrovers diskutiert; die meisten sind der Ansicht, daß außer der von den Franken ausgehenden Gefahr wohl auch andere Überlegungen eine Rolle gespielt haben: die Lage am Meer und die so ermöglichte intensivere Pflege der Beziehungen mit den Byzantinern, die mit den Langobarden gegen die Franken verbündet waren; gute Straßenverbindungen mit Benevent und Capua, den wichtigsten Städten des Fsm.s; das Fehlen einer starken Aristokratie, die imstande gewesen wäre, die Stabilität der fsl. Macht zu gefährden. Nach Arichis' Absicht hätte S. nur eine seiner Residenzstädte, nicht die Hauptstadt sein sollen; die Entwicklung verlief jedoch anders. Einerseits band sich die fsl. Dynastie immer mehr an den neuen Sitz (Arichis und sein Sohn Grimoald III. wurden in der Kathedrale von S. beigesetzt), andererseits stieg das Prestige der Stadt auch durch den Zuzug von Familien der langob. Aristokratie, die vorher in Benevent von Gewicht gewesen waren: Da diese reichen und polit. erfahrenen Familien eine größere Rolle in der Politik des Fsm.s spielen wollten, entstand ein unheilbarer Zwist zw. S. und Benevent, der in der Folge zu einer Teilung des Fsm.s führte, die 849 nach ca. zehn Jahren Krieg von Ludwig II. v. Italien sanktioniert wurde: Fs. Radelchis v. Benevent erhielt die Gebiete Samnium, Irpinia, Molise, Nordlukanien und den Teil Apuliens, der n. der Linie Acerenza-Tarent liegt; Fs. Sicunulf v. S. erhielt Tarent, Südlukanien und die tyrrhen. Gebiete von der Grenze des Hzm.s Spoleto bis Cosenza (Kalabrien), d. h. Terra di Lavoro, S. mit Umland, Cilento und Vallo di Diano.

Dieses Ereignis bedeutete eine wichtige Wende für S., das der Sitz einer souveränen Macht und der Mittelpunkt eines ausgedehnten Territoriums wurde, nicht zuletzt dank des ständigen Zuzugs aristokrat. Gruppen, die – obwohl sie ihre Macht weiterhin auf große Landgüter stützten – in der Stadt Häuser, Kirchen und Kl. bauten und damit die Urbanisierung des Areals innerhalb der arechian. Mauern vervollständigten. Die Erneuerung der städt. Strukturen und die daraus folgende Erweiterung der Funktionen der Stadt erfuhren einen weiteren, entscheidenden Impuls um die Mitte des 9. Jh. mit der Thronsteigung des Guaiferius (Waifarius) (861–880), des ersten Fs.en der Salernitaner Dynastie, in dessen Gefolge sich eine neue Führungsschicht in S. installierte. Die von ihm erbaute Kirche S. Massimo sollte ein Symbol für die Einigkeit und die Macht seiner Dynastie sein. Zur gleichen Zeit bahnte sich jedoch ein Verkleinerungsprozeß des Territoriums des Fsm.s an, in dessen n. Teil die Gf.en v. Capua seit Bf. Landulfus begannen, die Macht auszuüben, wobei sie zuerst Guaiferius, danach auch formell dessen Sohn Guaimarius (Waimar) entmachteten; in der Regierungszeit des Atenulfus (887–910) eigneten sie sich sogar Benevent an. Innerhalb einiger Jahrzehnte gingen auch Tarent, Matera und viell. Acerenza verloren, die zuerst von den Sarazenen, später von den Byzantinern erobert wurden, während das S. am nächsten gelegene Gebiet von raubenden und mordenden Sarazenenbanden durchstreift wurde, die nicht selten sogar im Dienst der verschiedenen kampan. Machthaber standen und S. mehrmals angriffen (851, 871–872, 879–880, 884–885 und gegen Ende des Jahrhunderts).

Als Guaimarius (→Waimar) I. (880–901) seinem Vater Guaiferius nachfolgte, war die Situation bes. schwierig, weil zu dem Druck der Sarazenen der Druck verschiedener polit. Mächte hinzutrat, angefangen vom byz. Ksr., das damals bestrebt war, seine von den Sarazenen besetzten Territorien zurückzuerobern und seinen Einflußbereich in Süditalien auszuweiten. Bes. skrupellos war die Politik des Bf.s und Hzg.s v. Neapel, Athanasius, der ohne Bedenken sogar die Sarazenen zu Hilfe rief und Capua zu unterjochen und die Fsm.er S. und Benevent durch ständige Attacken zu zermürben suchte. In die komplexe kampan. Politik schaltete sich auch Mgf. Guido (→Wido) II. v. Spoleto ein, der mit den Beneventaner Fs.en verwandt war. Um seine Stellung zu festigen, verbündete sich Waimar mit dem byz. Ks. und erhielt in Konstantinopel den Titel eines ksl. Patrikios. Auch dadurch konnte er nicht vermeiden, daß seine ca. zwanzigjährige Regierung eine negative Bilanz aufwies. Um die Macht der Familie gegenüber einer gefährl. inneren Opposition zu retten, setzte ihn sein Sohn Waimar II. ab. In der langen Regierungszeit Waimars II. (901–946) erfolgte einerseits eine Distanzierung von Byzanz und eine erneute Festigung der polit. Beziehungen mit den Langobarden v. Benevent, andererseits ein, wenn auch langsamer, wirtschaftl. und kultureller Aufschwung, der sich in der zweiten Hälfte des 10. Jh. verstärken sollte. Krisenreicher war die ebenso lange Regierungszeit seines Sohnes Gisulf II. (946–977), der seine Macht verlor und sie nur dank der Hilfe von Pandulf, des Sohnes →Pandulfs »Eisenkopf«, Fs. v. Benevent–Capua, wiedergewinnen konnte. Nach seinem Tod folgte ihm Pandulf nach, der im Mai 978 seinen Vater Pandulf Eisenkopf zum Mitregenten einsetzte, so daß dieser, wenn auch nur für kurze Zeit, alle langob. Gebiete in Süditalien kontrollierte. Als Pandulf Eisenkopf im März 981 starb, konnte Pandulf I. nicht vermeiden, daß S. von Hzg. Manso v. Amalfi erobert wurde, der die Stadt zusammen mit seinem Sohn Johannes bis 983 hielt. In diesem Jahr vertrieben die Bürger von S. die beiden Amalfitaner und riefen den Comes palatinus Johannes, Sohn des Lambert, zum Fs.en aus, mit dem eine neue Dynastie begann, die das Fsm. bis zur norm. Eroberung (1076–77) regieren sollte. In den ersten Jahrzehnten des 11. Jh. erreichten die Stadt und das Fsm. S. den höchsten Glanz: Anstieg der Bevölkerungszahl, Gründung von neuen Kirchen und Kl., städt. Entwicklung (das Stadtareal erreichte mit seinen 23,5 ha fast die Ausdehung, die S. Ende des MA mit 28,8 ha aufwies), Wachstum der Wirtschaft und des Seehandels, Eingliederung in den großen Mittelmeerhandel, Bodenmeliorationen, Vermehrung des kulturellen Ansehens in Italien und im übrigen Europa, v. a. durch das Wirken des Ebf.s →Alfanus und der med. Schulen (s. Abschn. B). Gleichzeitig dehnte sich der polit. Einflußbereich des Fs.en v. S. aus. Dies gilt v. a. für Waimar IV. (1027–52), der sich für seine Expansionspläne norm. Ritter bediente, die nach Süditalien gekommen waren, um ihr Glück zu suchen. Unter diesen stiegen sehr rasch die Brüder →Hauteville auf. Einer von ihnen, →Robert Guiscard, verschwägerte sich mit Fs. Gisulf II. durch Heirat mit dessen Schwester →Sikelgaita und bemächtigte sich am 13. Dez. 1076 S.s Gisulf, der sich in der Burg verschanzt hatte, ergab sich im Mai/Juni des folgenden Jahres und flüchtete zu Papst Gregor VII. nach Rom.

III. Von der normannischen zur aragonesischen Zeit: Durch die norm. Eroberung verlor S. seine Rolle als Hauptstadt. Zwar erbaute Robert Guiscard dort den Terracena-Palast und finanzierte den Bau der neuen Kathedrale, der auf die Initiative des Ebf.s Alfanus zurückging, seine Politik war jedoch auf den mediterranen Raum ausgerichtet und fühlte sich keiner Stadt bes. verbunden. Seine Nachfolger →Roger Borsa und →Wilhelm residierten hingegen fast ständig in S.; als jedoch →Roger II. 1130 das Kgr. →Sizilien begründete, wurde →Palermo die Hauptstadt des neuen Staatsgebildes. Gleichwohl blieb S. eine der bedeutendsten Städte des Kgr.es; sein stolzes Selbstbewußtsein führte nicht selten zu Konflikten mit der Monarchie.

Unter der Anjou-Herrschaft verlor S. weiter an Bedeutung nicht nur gegenüber der neuen Hauptstadt →Neapel, sondern auch gegenüber Nachbarstädten wie Cava, Nocera und Sarno, die es nunmehr weder an Einwohnerzahl (ca. 6000 am Ende des 13. Jh.) noch in der wirtschaftl. Entwicklung übertraf. Von 1272 bis zum Anfang des 14. Jh. bildete S. die Apanage der Thronfolger. 1234 wurde S. Hauptort der Provinz »Principato Citra«, die durch die Teilung des früheren Verwaltungsbezirks »Principato« entstanden war. In angevin. Zeit verstärkte sich in S. wie in anderen Städten des Kgr.es die administrative Autonomie, die von den üblichen Kämpfen zw. Adel und Populus um die Kontrolle der öffentl. Ämter und um die Aufteilung der Steuerlast begleitet war. In der 1. Hälfte des 14. Jh. wurde die Situation bes. angespannt und führte zu wiederholten blutigen Auseinandersetzungen, die das Eingreifen des Kgtm.s erforderten.

1419 vergab Kgn. →Johanna II. das Fsm. S. an Giordano Colonna, von dem S. auf seinen Neffen Antonio überging. 1433 fiel S. an die Krone zurück. 1439 hatte Raimondo Orsini, Gf. v. Nola und Hzg. v. Amalfi, S. inne, danach sein Sohn Felice. Als Ergebnis der langen Kämpfe zw. den Anjou und Aragón Mitte des 15. Jh. gelangte das Fsm. S. an Roberto →Sanseverino, der dank seiner Treue gegenüber Kg. Ferrante (→Ferdinand I. v. Aragón) zu einem der größten Barone des Kgr.es aufstieg; 1474 folgte ihm sein Sohn Antonello nach. Unter den Sanseverino erlebte die Stadt eine kulturelle Blüte und baute ihre Position im Binnenhandel des Kgr.es dank der berühmten Matthäus-Messe aus. Die seit geraumer Zeit im Niedergang begriffene Medizinschule erlebte einen Aufschwung durch berühmte Dozenten. Es handelte sich jedoch um eine nur kurzfristige Aufschwungphase; auch der Glanz des Hofs der Sanseverino währte nicht lange. Antonello war 1485 einer der Protagonisten der Verschwörung der →Barone und verlor deshalb alle seine Besitzungen, wenngleich er sein Leben durch Flucht nach Frankreich retten konnte. Er kehrte 1495 im Gefolge Kg. Karls VIII. v. Frankreich nach S. zurück; da er sich wieder gegen seinen Herrscher Kg. Ferrandino (→Ferdinand II. Vinzenz v. Aragón) erhob, mußte er erneut ins Exil gehen.

IV. Das Bistum: S. war wohl bereits Anfang des 5. Jh. Bf.ssitz, obgleich die ersten mit Sicherheit urkdl. belegten Bf.e Quingesius und Gaudentius im letzten Jahrzehnt des Jh. amtierten. Nach ihnen weisen die Bf.slisten bis zur Mitte des 9. Jh. Lücken auf; wahrscheinl. war jedoch die Reihe der Bf.e nie sehr lange unterbrochen. Das Ansehen der Kirche von S. wuchs in der zweiten Hälfte des 10. Jh. nach der Übertragung der Reliquien des hl. Matthäus in die Stadt (6. Mai 954) und nach der Erhebung zum Ebm. (wohl zw. 974 und 981). Dem ersten bekannten Ebf.

Amatus übertrug Papst Johannes XV. 989 die Jurisdiktion über die Bm.er Paestum–Capaccio, Conza, Acerenza, Nola, Bisignano, Malvito und Cosenza.

Einige von seinen Nachfolgern im 11. und 12. Jh. hatten in polit. und religiöser Hinsicht eine wichtige Rolle und gaben der Stadt ein wenig von der Bedeutung zurück, die sie durch das Ende des langob. Fsm.s verloren hatte: der bereits gen. →Alfanus I. (1058–85), Arzt und Dichter; Alfanus II. (1085–1121), den Urban II. mit dem Primastitel auszeichnete, und der mit der Abtei v. Cava in häufigen Konflikt um die Jurisdiktionsrechte seiner Kirche geriet; →Romuald II. Guarna (1153–81), einer der Unterhändler für den Frieden v. →Venedig von 1177 zw. Friedrich Barbarossa, Papst Alexander III. und Kg. Wilhelm II. v. Sizilien, der auch ein »Chronicon Salernitanum« verfaßte (von der Erschaffung der Welt bis 1178). Die Erzdiözese S. hatte inzwischen im Rahmen der polit.-kirchl. Konsolidierung nach der norm. Eroberung und der Gründung des Kgr.es Sizilien eine Reihe von Umwandlungen erfahren. 1169 unterstanden dem Ebm. S. die Suffragane Policastro, Marsico Nuovo, Nusco, Acerno und Sarno, alles neugeschaffene Bm.er, die zumeist durch Initiative der Ebf.e von S. entstanden waren. Zu ihnen traten in der Folge Nocera und Campagna. 1483–85 wurde die Kirche von S. von Kard. Giovanni d'Aragón, dem Sohn Kg. Ferrantes, als apostol. Administrator geleitet. G. Vitolo

Lit.: C. CARUCCI, Un Comune del nostro Mezzogiorno nel Medioevo. S. (Sec. XIII–XIV), 1945 – G. CRISCI, Il cammino della Chiesa salernitana nell'opera dei suoi vescovi, I, 1976 – P. DELOGU, Mito di una città meridionale, 1977 – R. COLAPIETRA, I Sanseverino di S. Mito e realtà del barone ribelle, 1985 – P. DELOGU, Il principato di S. La prima dinastia (Storia del Mezzogiorno, II, 1987), 239–277 – A. R. AMAROTTA, S. romana e medievale. Dinamica di un insediamento, 1989 – G. VITOLO, Vescovi e diocesi (Storia del Mezzogiorno, III, 1990), 75–151 – DERS., L'età svevo-angioina (Storia e civiltà della Campania, II, 1992), 87–136.

B. Die Medizinische Schule

I. Historische Entwicklung – II. Lehrinhalte und bedeutende Lehrer.

I. HISTORISCHE ENTWICKLUNG: Traditionell wird die M. v. S. als erste Universität des europ. MA betrachtet, ihre Anfänge sind jedoch noch nicht geklärt. Zwar bezeugen frz. und dt. Chroniken des 10./11. Jh. zweifellos das hohe Ansehen, das die Ärzte von S. in Europa genossen, bieten jedoch keinerlei Beweis, daß in dieser Zeit eine echte Univ. mit organisiertem Lehrbetrieb und der Verleihung akadem. Grade existierte; es fehlen auch Nachrichten über Kollegien und Korporationen von Ärzten oder Studenten. Gesichert ist nur, daß im Laufe des 12. Jh. bereits eine enge Verbindung von Medizin und Philos. bestand, wie zahlreiche Traktate bezeugen, die nicht nur auf prakt. Erfahrungen beruhen, sondern auch auf dem Studium der klass. Texte der gr. und arab. Medizin. Die Schriften des Aristoteles wurden in S. aus dem Gr. und dem Arab. ins Lat. übertragen. Da es sich dabei häufig um Werke handelt, die nach Angaben ihrer Verfasser für ihre Studenten geschrieben wurden, sind sie selbst Beweis für die Existenz von Medizinschulen sowie für einen med. Unterricht, der nach einem regulären Lehrprogramm vor sich ging und auf dem Studium von Standardwerken basierte. Über die Verleihung von Doktortiteln ist jedoch vor den Konstitutionen v. Melfi, die Friedrich II. 1231 erließ (→Liber Augustalis), nichts bekannt. Entsprechend den Konstitutionen mußte der Kandidat in S. vor den Lehrern der Schule eine öffentl. Prüfung ablegen, um dann vom Ks. oder einem seiner Repräsentanten die Lizenz zu empfangen. Die Lehrer der Medizin bildeten nur eine Prüfungskommission, kein Collegium, das Studientitel verleihen konnte. Erst Mitte des 15. Jh. wurde ein derartiges Collegium gebildet. Der Schule wurde jedoch das Recht zur Verleihung des Magistertitels zuerkannt, nachdem der Kandidat in Gegenwart eines kgl. Amtsträgers eine öffentl. Prüfung abgelegt hatte – offensichtlich, um zu vermeiden, daß zu junge oder zu wenig qualifizierte Magister zum Lehramt berufen würden. 1252 versuchte Konrad II. die von seinem Vater 1224 gegr. Univ. Neapel mit der Medizinschule zu vereinigen. Ob und bis zu welchem Grade dies durchgeführt wurde, ist nicht bekannt. Es steht hingegen fest, daß 1258 Manfred die frühere Situation wiederherstellte und im Kgr. die Univ. Neapel und die M. v. S. nebeneinander bestehen ließ.

In angevin. Zeit wird das Q.material umfangreicher: 1269 gewährte Karl v. Anjou den in S. wohnenden Studenten Steuerfreiheit; 1277 griff derselbe Herrscher auf die Verfügungen Friedrichs II. zurück und verbot die Verleihung von Doktorgraden ohne kgl. Erlaubnis. Er befahl, dieses Verbot in einer Versammlung aller Studenten publik zu machen, die so erstmals als Universitas scolarium begegnen. 1280 wurde die Steuerfreiheit auf die Professoren ausgedehnt, gleichzeitig wird das erste reguläre Statut der Schule erlassen. Anfang des 14. Jh. wird erstmals die öffentl. Besoldung von Professoren erwähnt, zuerst direkt vom Staat (1307), dann von der Stadt S., jedoch aus staatl. Steuergeldern (1338). So wurde auch in S. das traditionelle System der Bezahlung der Professoren durch ihre Studenten auf der Basis eines privaten Vertrages allmähl. aufgegeben. Kgn. Johanna legalisierte 1359 eine wahrscheinl. seit geraumer Zeit übliche Gewohnheit und hob definitiv die Verfügung Friedrichs II. auf, die zur Ausübung des Arztberufes im Kgr. eine kgl. Lizenz vorschrieb, nach der Ablegung einer Prüfung vor den Professoren von S. Von diesem Zeitpunkt an genügte das von der Schule ausgestellte Zertifikat. Das kgl. Vorrecht der Erteilung des Doktortitels bestand hingegen noch bis 1442, als Alfons v. Aragón auf Bitte der Stadt die Bildung eines Collegium doctorum erlaubte, dem ein Prior vorstand, und das das Recht zur Verleihung des Doktorats in Medizin und Philosophie erhielt. Diese Ordnung blieb im wesentl. bis zur Schließung der M. v. S. durch J. Murat (Dez. 1811) gültig. G. Vitolo

Lit.: P. O. KRISTELLER, Studi sulla Scuola medica salernitana, 1986 – G. VITOLO, Dalle scuole salernitane di medicina alla Scuola medica salernitana (Studi di storia meridionale in mem. di P. LAVEGLIA, 1994), 13–30 – DERS., Origine e sviluppi istituzionali della Scuola (Salerno e la sua scuola medica, hg. I. GALLO, 1994).

II. LEHRINHALTE UND BEDEUTENDE LEHRER: Für die Einordnung der wissensorganisierenden und wissensvermittelnden Strukturen der M. v. S. hat sich die Drei-Phasen-Unterteilung v. K. SUDHOFF als brauchbarer Raster erwiesen:

[1] *Frühsalerno* (995–1087): Beginnend mit freiem korporiertem Lehrbetrieb, der den durch Rîchbôdô (→Lorscher Arzneibuch) für die Medizin geschaffenen Freiraum nutzte und sich aus frühma. Individualunterricht heraus entwickelt hatte, stehen quellensichernde Arbeiten redaktionellen Zuschnitts am Anfang, die vorsalernitan. Corpora für den Lehrbedarf aufzubereiten suchen (→Gariopont, 'Passionarius'). Übers.en byz. Kleintexte schließen sich in Wort-für-Wort-Übertragung an (Theophilos Protospatharios, 'De urinis'; →Philaretos, 'De pulsibus'); den Auftakt zur abstraktionsfähigen Wissenschaftssprache, wie sie bis heute gültig blieb, gab →Alfanus v. S. mit seiner 'De natura hominis'-Übers. nach Nemesios v. Emesa. All diese Rezeptionslit. ist inhaltl. galenist. und textpragmat. auf den ärztl. Alltag bezogen; die Praxisorientierung bleibt erhalten, als →Constantinus Africanus 1063 nach S.

kommt und auf Veranlassung Alfanus' in Montecassino den praxisbezogenen Teil arab. Medizin für die Schule v. S. zugängl. macht: Neben umfangreichen Kompendien galenist. Ausrichtung ('Pantegni' des Ibn al-ʿAbbās; 'Viaticum' des Ibn al-Ǧazzār; 'Diaetae particulares et universales' des →Isaac Judaeus) bearbeitet Constantin die 'Isagoge' von Johannitius, die 'Ars parva' Galens sowie die Hippokrat. 'Aphorismen' und das 'Prognostikon' (jeweils mit dem Komm. Galens), welch letztere dann (zusammen mit 'De diaetis', 'De urinis', 'De pulsibus') den Kern der →'Articella' ausmachen und das maßgebl. Corpus des Medizinunterrichts v. S. darstellen.

[2] *Hochsalerno* (1087–1175): Mit Constantinus Africanus ist die Übers.sphase im wesentl. abgeschlossen. Er leitete aber auch schon die Assimilationsphase ein, indem er das arab. Schriftgut auf die abendländ. Gebrauchssituation hin umgestaltete und durch eigene Texte ergänzte. – Die hochsalernitan. Assimilationsbewegung ist gekennzeichnet durch *Kommentare* und *Kompendien*, wobei die 'Articella'-Kommentierung vor 1100 einsetzt (Bartholomaeus Salernitanus; Maurus; Petrus Musandinus u. a.) und zur gleichen Zeit auch die Auseinandersetzung mit dem frühsalernitan. 'Antidotarius magnus' beginnt, der die komplexen Rezeptformeln vorsalernitan. Tradierung in einem riesigen Arzneimittel-Kompendium zusammenzufassen versuchte (→'Liber iste'; →'Antidotarium Nicolai'). Kompendien für den ärztl. Alltag ('*Practica*') wurden durch Afflacius, Archimatthaeus, Ferrarius, Bartholomaeus, die beiden Platearii, Copho und andere Vertreter der Magistri Salernitani zusammengestellt, unter denen als 'Practica'-Verfasserin auch eine Frau, die berühmte →Trotula, begegnet. In der (Tier-)Anatomie bedeutete die durch Ps.-Copho eingeleitete Folge von sieben Zergliederungs-Traktaten einen Fortschritt für die Unterrichtssektion (→'Sieben-Kammer-Lehre'); in der →*Diagnostik* setzte→Maurus mit der Blutschau und der Harnregionenlehre bei der Krankheitserkennung neue Akzente; in der *Pharmazie* leitete die Reform des Arzneimittelsektors durch Nicolaus Salernitanus (→'Antidotarium Nicolai', →'Circa instans') die Ausgliederung der seit 1100 nachweisbaren Apotheker ein und begründete zugleich ein öffentl. *Medizinalwesen*. Als →Hippokrates-Kommentator erreichte Maurus beispielgebende Resultate. Das Gesamt hochsalernitan. Schrifttums benutzte die von Alfanus und Constantinus geschaffene med. Fachsprache und setzte sie auch in anderen wissensvermittelnden Zentren durch (Parma, Montpellier).

[3] *Spätsalerno* (1175–1250): Die letzte Phase der M. v. S. ist gekennzeichnet durch *Corpusbildung*, die zwei oder mehrere Texte kompilator. miteinander verschränkt ('Vier-Meister-Glosse' [→Roger Frugardi]; 'De aegritudinum curatione' ['Practicae'], 'Dyascorides alphabeticus' sowie A_o/A_s-Klasse des 'Circa instans' [Drogenmonographien]) und dabei nicht selten auch auswärtige Texte zugrunde legt (→'Regimen sanitatis salernitanum'). – Die spekulative Mathematisierung des Medizinierens (→Urso, 'De commixtione elementorum') gab den Auftakt für die *quantifizierende Pharmakologie* Montpelliers, die ab 1170 barsche Kritik auf sich zog (→Guido d'Arezzo d. J.; Nikolaus v. Polen), ungeachtet dessen aber den Umgang mit »okkulten« Kräften einleitete (→Theriak; →Wilhelm v. Brescia) und die substanztheoret. Konzeption des 13. Jh. prägte (→Albertus Magnus). – Nach dem zwar kollektiven, aber frustranen Versuch, in der 'Ersten Salerner Glosse' (1195) die neue lombard. *Chirurgie* (Roger Frugardi, →Roland v. Parma) zu übernehmen, zeichnete sich neben der pharmazeut. Sequestrierung auch die Ausgliederung der →Chirurgie aus dem Ärztestand ab. – Die seit 1100 zu beobachtende Freude an definitor. gesicherter Begrifflichkeit schlug sich in *frühscholast.* Tendenzen nieder und führte unter Wiederbelebung aristotel. 'Problemata' zur Tradition der 'Quaestiones salernitanae', die den hochma. *Lehrdialog* begründeten. An der Toletaner Aristoteles-Rezeption hat sich S. freilich nicht beteiligt, wie auch die ersten Spuren der Toletaner →Avicenna-Übers. (→Gerhard v. Cremona) den Umweg über Parma und Bologna gemacht haben und nicht vor 1195 begegnen. Um diese Zeit hat bereits die *landessprachige* Rezeption eingesetzt (→'Bartholomäus' [um 1190] und 'Deutsches salernitan. Arzneibuch' [um 1240] im 'Breslauer Arzneibuch' [um 1280]; →Ortolf v. Baierland [um 1280]), und gegen 1200 hat sich auch der Salerner *Unterrichtskanon* in Montpellier und Paris durchgesetzt, deren Fachschrifttum gezielt auf Salerner Vorlagen zurückgreift ('Harn-' und 'Medikamentenverse' des →Aegidius Corboliensis).

G. Keil

Lit.: G. BAADER, Die Schule v. S., Med.hist.J. 13, 1978, 124–145 – G. KEIL, »virtus occulta« (Die okkulten Wiss. en in der Renaissance, hg. A. BUCK, 1992), 159–196.

Salier, mittelrhein. Adelsgeschlecht, dt. Kg.s- und Ks.haus. [1] *Herkunft und Anfänge:* Ahnherr des im rheinfrk. Raum begüterten Adelsgeschlechts ist ein Gf. Werner, der Ende des 9. Jh. im Worms-, Nahe- und Speyergau bezeugt ist. Verwandtschaftl. Beziehungen zu den im Moselraum ansässigen Widonen-Lambertinern weisen es als Zweig einer der führenden frk. Adelsfamilien des 7./8. Jh. aus, deren ital. Linie mit →Wido II. v. Spoleto zeitweilig sogar die Ks.würde errang. Der keineswegs geradlinig verlaufende Aufstieg der Familie vollzog sich, wie deren Leitnamen erkennen lassen, in enger Anlehnung an die kgl. Zentralgewalt. War Gf. Werner mit einer Konradinerin, vermutl. einer Schwester Konrads I., vermählt, so heiratete dessen Sohn→Konrad d. Rote († 955), mit dem die sal. Dynastie hist. faßbar wird, →Liutgard, eine Tochter Ottos d. Gr. Die Verleihung des Hzm.s Lothringen (944) eröffnete ihm den Zugang zur Reichspolitik. Infolge seiner Beteiligung am Liudolfing. Aufstand wurde ihm zwar das Hzm. wieder entzogen, doch vermochte er die Dukatstellung um Worms zu behaupten. Durch eine zielstrebig betriebene, sich auf Gft.en und Kirchenvogteien stützende Territorialpolitik konnte unter Konrads Sohn→Otto »v. Worms« († 1004) die sal. Stellung am Mittelrhein weiter ausgebaut werden. Zwar mußte im Zuge des Ausgleichs mit→Heinrich d. Zänker (31. H.) das von Otto II. verliehene Hzm. →Kärnten wieder abgegeben werden, doch wurde dieser Verzicht mit rhein. Besitzungen entschädigt. Obgleich Otto »v. Worms« als Enkel Ottos d. Gr. selbst berechtigte Ansprüche auf den Thron hatte, verzichtete er zugunsten Heinrichs II., der daraufhin Kärnten zurückgab. Nach dem Tode seines ältesten Sohnes Heinrich »v. Worms« wurde die Hauptmasse des sal. Besitzes auf dessen Bruder Konrad »v. Kärnten« († 1011) übertragen. Heinrichs Sohn Konrad d. Ä., der am Hofe Bf. →Burchards I. v. Worms erzogen wurde, war somit vom Erbe weitgehend ausgeschlossen.

[2] *Name:* Die Bezeichnung S. für das dt. Kg.sgeschlecht taucht vereinzelt im 12. Jh. auf und findet erst im späteren MA weitere Verbreitung. Vermutl. wurde sie in Erinnerung an den Hauptstamm der →Franken gewählt. Diese Anknüpfung an einen Volksstamm markiert einen Wendepunkt gegenüber den personenbezogenen Geschlechterbezeichnungen der Frühzeit und den seit dem hohen MA üblichen ortsbezogenen Benennungen. Im Bestreben, eine gemeinsame Abstammung von →Stau-

fern und S.n zu erweisen, sprach →Otto v. Freising mit Blick auf die sal. Herrscher von den 'Heinrichen' v. Waiblingen (Gesta Friderici I. imp. II, 2). Bereits vor ihrer Kg.szeit lassen die S. ein ausgeprägtes dynast. Bewußtsein erkennen. Der ksl. Kapellan und Historiograph →Wipo bezeugt um die Mitte des 11. Jh. die Vorstellung von einem 'Haus' der S. (Gesta Chuonradi c. 2). In den S.medaillions des »Liber aureus« von Prüm (Stadtbibl. Trier, Cod. 1709) und im S.stemma der Chronik (Rez. III) →Ekkehards v. Aura (Staatsbibl. Berlin. Stiftung Preuß. Kulturbesitz, Cod. lat. 295, fol. 81^v) äußerte sich zu Beginn des 12. Jh. ein spezif. S.bewußtsein. Seinen überzeugendsten Ausdruck fand dieses jedoch in der von Heinrich III. veranlaßten Ausgestaltung des Speyerer Doms zur Kg.sgrablege (→Grablege).

[3] *Erwerb und Behauptung der königlichen Würde*: Der kinderlose Tod Heinrichs II. (1024) gab den entscheidenden Anstoß zum Aufstieg der S. zum Kgtm. Erb- und geblütsrechtl. Überlegungen dürften den Ausschlag gegeben haben, daß sich die sal. Vettern Konrad d. Ä. und →Konrad d. J. (10. K.) gegenüber den anderen Thronprätendenten durchzusetzen vermochten. Nach dem Verzicht des jüngeren Konrad wurde Konrad d. Ä. (Konrad II.) mit Unterstützung der von Ebf. →Aribo v. Mainz angeführten Fs.engruppe zu Kamba im Rheingau zum neuen Kg. gewählt. Die Regierung Konrads II. läßt trotz des Bestrebens, die Kontinuität zur liudolfing. Herrschaft zu wahren, eine Tendenz zur Steigerung der herrscherl. Gewalt erkennen. Der Sicherung der sal. Dynastie diente 1028 die Erhebung des Thronfolgers Heinrich zum Mitkönig. Unter Heinrich III. erreichte das sich auf die Einheit von regnum und sacerdotium gründende theokrat. Kgtm. einen Höhepunkt. Gemeinsam mit dem Papsttum förderte er die Kirchenreform. Im Aufbegehren des sich in seinen Herrschaftsrechten übergangen fühlenden Adels kündigten sich gegen Ende seiner Regierungszeit jedoch erste Symptome einer tieferliegenden Krise an. Heinrich IV. vermochte zwar, die während seiner Minderjährigkeit eingetretenen Einbußen der Reichsgewalt nicht mehr wettzumachen. In Auseinandersetzung mit Fs.enopposition und Reformpapsttum versuchte er jedoch beharrl., die Rechte der Krone zu behaupten. Nach dem Sturz seines Vaters setzte Heinrich V. dessen Politik im sächs.-thür. Raum fort, ohne zu einem Ausgleich mit dem aufstrebenden Territorialfs. zu gelangen. Der Kompromiß des →Wormser Konkordats (1122) sicherte dem dt. Kgtm. jedoch auch künftig einen Einfluß auf die Reichskirche. Mit dem Tode Heinrichs V. 1125 war das Haus der S. nach 100jähriger Herrschaft im Mannesstamm erloschen.

[4] *Bedeutung*: Die sich über vier Generationen erstreckende Herrschaft der S. fällt in eine Zeit tiefgreifender, nahezu alle Lebensbereiche erfassender Wandlungen. Mit großer Zielstrebigkeit und der dem Geschlecht eigenen Härte haben die S. ihre Machtposition ausgebaut und gegen innere wie äußere Widerstände zu behaupten versucht. Getragen von einem untrügl. Gefühl für die Würde der kgl. Majestät waren sie bestrebt, dem Kgtm. eine neue Basis zu verschaffen. Bei der Indienstnahme aufstrebender sozialer Schichten wie →Ministerialität und Stadtbürgertum, bei der Förderung der Landfriedensgesetzgebung (→Landfrieden, I) wie beim Rückgriff auf das röm. Recht wurden durchaus neuartige Wege beschritten. Damit wurde zugleich das Vordringen eines transpersonalen Staatsgedankens begünstigt. Durch ihr beharrl. Bemühen um Wahrung der Rechte der Krone haben die S. die Voraussetzungen für die Erneuerung der Kg.smacht unter den Staufern geschaffen. →Deutschland, C.   T. Struve

Lit.: H. Bresslau, JDG K. II., Bd. 2, 1884, 519f. – H. Schreibmüller, Die Ahnen Ks. Konrads II. und Bf. Brunos v. Würzburg (Herbipolis jubilans [= Würzburger Diözesangesch. sbll. 14/15, 1952/53]), 173–233 – O. Engels, Der Dom zu Speyer im Spiegel des sal. und stauf. Selbstverständnisses, Archiv für mittelrhein. Kirchengesch. 32, 1980, 27–40 – W. Metz, Das älteste Nekrolog des Speyerer Domstifts und die Todesdaten sal. Kg.skinder, ADipl 29, 1983, 193–208 – K. Schmid, Die Sorge der S. um ihre Memoria (Memoria, hg. Ders.-J. Wollasch, 1984), 666–726 – E. Boshof, Die S., 1987 [Lit.] – Die S. und das Reich, 3 Bde, hg. St. Weinfurter, 1991.

Ṣāliḥiden, arab. Dynastie in Nordafrika (8.–11. Jh.). Als ihr Begründer gilt Ṣāliḥ b. Manṣūr, der an der Seite von ʿUqba b. Nāfiʿ an der Eroberung Nordafrikas teilnahm (667–671, 680–683) und sich und seinem Anhang das fruchtbare Mündungsgebiet des Nabur zw. Mellila und Tetuan vom Kalifen al-Walīd (705–715) als eine Art erbliches Lehen übertragen ließ. Um die Wende vom 8. zum 9. Jh. erhob sein Nachkomme Saʿīd b. Idrīs den Ort Nabūr zur Residenzstadt. Durch intensiven Handel mit dem muslim. Spanien erlebte das kleine Reich eine Phase wirtschaftl. Prosperität. Nach einem Plünderungszug der →Normannen (858) lehnten sich die Ṣ. stärker an das Emirat v. →Córdoba an, um schließlich unter Ṣāliḥ b. Saʿīd ihr Reich der Schutzherrschaft der span. →Omayyaden zu unterstellen. Als strenggläubige Anhänger des orth. Islam sunnit. Observanz bestanden die Ṣ. heftige Kämpfe gegen →Ḫāriǧiten und →Fāṭimiden (bzw. den Stamm der Miknāsa) und erlagen schließlich im 11. Jh. den →Almoraviden.   P. Thorau

Q.: Ibn Ḫaldūn, Kitāb al-ʿIbar [engl. Übers. F. Rosenthal, The Muqaddimah, 3 Bde, 1967²] – Ibn ʿIḏārī, al-Bayān al-muġrib I, II, 1, 1948/51².

Salimbene (Omne-bonum) de Adam OFM, * 9. Okt. 1221 Parma, † wohl Ende 1288/89, aus reicher Familie der bürgerl. Oberschicht Parmas mit Beziehungen zu Ks. Friedrich II. und Papst Innozenz IV. Gegen den Willen des Vaters trat S. 1238 in den Franziskanerorden ein. Nach dem Noviziat weilte in 1239–47 in der Toskana, kehrte dann nach Parma zurück und ging noch 1247 nach Lyon, wo er Innozenz IV. von der Belagerung der Stadt durch den Ks. informierte. Danach bereiste er die Provence, O-Frankreich und Ligurien, wobei er u. a. dem Ordensgeneral →Johannes v. Parma (154. J.) sowie dem päpstl. Gesandten an die Tataren →Johannes de Plano Carpini (157. J.) begegnete und 1248 in Sens dem Empfang Kg. Ludwigs IX. d. Hl. beiwohnte. 1248 in Genua zum Priester geweiht, mußte S. sich 1249 auf Weisung seiner Oberen in die Ordensprov. Bologna begeben und verbrachte den Rest seines Lebens in der Emilia-Romagna bis auf eine Wallfahrt nach Assisi 1265. S. war kein scharfer Intellekt, aber vielseitig gebildet und musikal. wie lit. begabt. Myst. veranlagt, gehörte er unter dem Einfluß von →Hugo v. Digne (34. H.) lange zu den Joachimiten; 1260 nahm er an der →Flagellantenbewegung teil. Von den Werken S.s ist nur die »Cronica« als verstümmeltes Autograph (272 Bll.) erhalten, die, in den 1280er Jahren in volkssprachl. gefärbtem Latein verfaßt, als annalist. angelegte Summa seiner Lebenserfahrung vom Vanitas-Motiv durchzogen, eine hist. Q. ersten Ranges darstellt.   W. Koller

Ed.: O. Holder-Egger, MGH SS 32, 1905–13 – F. Bernini, 1942 – G. Scalia, Scrittori d'Italia 232/233, 1966 [Neudr. CChrCM 125, 1994] [dazu: Thesaurus fratris S. de Adam, 1992 (Thes. Patrum Lat. CChrCM)] – *Übers.* [*Auswahl*]: A. Doren, GdV, 1914 – B. Rossi, 1987 – *Lit.*: DBI I, 228 – Repertorio della cronachistica emilio-romagnola, hg. B. Andreolli u. a., 1991 [Lit.] – C. Casagrande-S. Vecchio, S. da Parma e Jacopo da Varagine, StM 3ᵃ ser. 30, 1989, 749–788 – J. Paul-M. d'Alatri, S. da Parma, 1992 [Lit.].

Salimbeni, Compagnia, bedeutende Sieneser →Handelsgesellschaft, die anfängl. aus *Salimbene,* Sohn des *Giovanni,* seinen Söhnen und einigen nicht zur Familie gehörenden Mitgliedern bestand und 1220-92 führend am Fernhandel beteiligt war. Sie nahm an den →Champagnemessen teil, dehnte von dort ihren Wirkungskreis auf die Picardie, Lothringen, Burgund sowie Dtl., Flandern, England und Spanien aus und bewahrte dabei enge Verbindungen zu zahlreichen it. Städten. Wie viele Sieneser Kaufleute handelten auch die S. mit flandr. Wolltuch, mit Gewürzen und Produkten aus dem Mittelmeerraum; gleichzeitig waren sie auch Bankiers. Als Kollektoren des päpstl. Zehnten (→Peterspfennig) gingen ungeheure Summen durch ihre Hände, so daß sie Monarchen, Fs.en, Kirchenmännern und Städten Geld leihen konnten. Bereits seit 1220 fungierte die S.-Gesellschaft in →Siena als Bankhaus, arbeitete mit Kundeneinlagen, führte Sorten- und Devisengeschäfte durch und handelte mit beachtl. Mengen von Wertmetallen; in der Folgezeit pachtete sie die kaiserl. Steuern (→Gabellen), während die Compagnia des *Giovanni* S. und des Angelieri Solafica seit 1282 mit der Eintreibung des päpstl. Zehnten beauftragt war. Die Gesellschaft wirkte seit 1268 in Paris. In England war sie unter der Leitung von Goffredo Raineri und Raniero Barbotti (zu denen 1250 Salimbenes Sohn *Alessandro* hinzutrat) tätig und gewährte dem Kg., Bf.en und Kl. Darlehen; auch nach der Exkommunikation, mit der der Papst die Sienesen belegte, behielt die Gesellschaft ihre Vorrangstellung unter dem Schutz des engl. Kg.s. Seit 1226 ist sie als Geldgeber der Stadt Köln bezeugt. In Flandern schuldete ihr der Bf. v. Lüttich (1284) 600 Livres tournois. In ihrer Glanzzeit verfügten die S. über außergewöhnl. finanzielle Möglichkeiten: in der 1. Hälfte des 13. Jh. erbauten sie in Siena einen imponierenden Familienpalast, und Salimbene S. lieh der Kommune vor der Schlacht v. →Montaperti (1260) auf einmal die ungeheure Summe von 118 000 Lire. In der Folgezeit schränkten die S. jedoch ihre Aktivitäten ein. Im 14. Jh. liehen sie nur noch der Kommune größere Summen. Als Herren von über 30 Kastellen und aufgrund ihrer Machtposition in Siena selbst spielten die S. eine führende Rolle bei der Erhebung, die 1355 die Regierung der Neun in Siena stürzte; sie beherbergten bei dieser Gelegenheit Ks. Karl IV. Anfang des 15. Jh. verloren die S. jedoch infolge eines heftigen Konflikts zw. *Cocco* S. und der Kommune rasch ihre Macht. B. Dini

Lit.: A. CARNIANI, I S. quasi una signoria. Tentativi di affermazione di un potere signorile, 1995 [Lit.].

Saline → Salz

Salins, Stadt und Herrschaft in der Freigft. →Burgund (dép. Jura). Der Ort, der die zum Paß v. Jougne führende Straße beherrschte, verdankte seinen Aufstieg den beiden großen Salinen (→Salz) v. Le Bourg-Dessous (Bourg-le-Comte) und Bourg-Dessus (Grande Saunerie). Die →Seigneurie (Herrschaft) v. S. wurde im 10. Jh. vom Gf.en Albericus (Aubry) v. →Mâcon erworben; dessen Bruder Humbert I. begründete eine Dynastie, deren letzte Angehörige, Margarete (Marguerite), die Seigneurie dem Hzg. v. →Burgund, →Hugo IV., abtrat (1224). Dieser übertrug sie im Zuge eines Gebietstausches an Johann (Jean), Gf. v. →Chalon (1237), der die Ausbeutung der Saline v. Bourg-Dessus reorganisierte; Bourg-Dessous unterstand dagegen einer Pfännergenossenschaft, den 'rentiers du Puits à Muire'. Durch die Heirat Hugos v. Chalon mit Alix v. →Andechs-Meranien fiel S. an die Domäne der Gf.en, dann der Hzg.e v. Burgund. Die 'Saunerie' war eine der reichsten Einnahmequellen der Hzg.e v. Burgund, die eine strenge Salinenverwaltung aufbauten. Die Destillation der Sole *(muire)* erforderte immense Holzmengen; der Vertrieb des begehrten Salzes in den Nachbarländern (Schweiz, Italien) wurde durch diplomat. Verträge geregelt. S. war 1479-93, anstelle des zerstörten →Dole, Hauptort der Franche-Comté. J. Richard

Lit.: J. B. GUILLAUME, Hist. généalogique des sires de S., Besançon 1757-58 – M. PRINET, L'industrie du sel en Franche-Comté, 1900 – R. LOCATELLI, D. BRUN, H. DUBOIS, Les salines de S. au XIIIe s., 1991.

Salisbury, Stadt in S-England (Co. Wiltshire) am Avon.
I. Bistum und Kathedrale – II. Stadt.

I. BISTUM UND KATHEDRALE: S., von den Römern Sorviodunum gen., seit dem 6. Jh. von Angelsachsen bewohnt, 1003 als strateg. bedeutender Platz belegt, umschloß im 11. Jh. das Areal eines eisenzeitl. Hügelforts. Auf dieser befestigten Hügelkuppe (später Old Sarum gen.) errichtete Wilhelm I. zw. 1066 und 1070 eine norm. Burg. 1075 konnte Hermann (Hereman), Bf. der 1058 vereinigten Diöz.en →Sherborne und →Ramsbury, seinen Bf.ssitz nach S. verlegen, wo sein Nachfolger Osmund (1078-99) den neuen Kathedralbau auf dem Hügel neben der Burg 1092 vollendete. Osmund gründete ein neues Kathedralkapitel (Gründungsurk. von 1091). Die Kanoniker lebten wohl bis zum frühen 13. Jh. eine religiöse Gemeinschaft, errichteten eine Bibliothek mit Hss., die in umfangreichem Maße von ihnen kopiert wurden, und zeigten eine bes. Vorliebe für patrist. Schriften. Unter Bf. Roger le Poer (1106-39) nahm die Zahl der Kanoniker zu, bis der Konvent schließlich ab 1226 52 Mitglieder umfaßte. Damit besaß S. eines der drei größten Kathedralkapitel in England. Nach dem Umbau der Kathedrale im O erwiesen sich andere Erweiterungen des Baues auf dem Hügel als unmögl., v. a., weil die Burg, die unter Heinrich I. und Heinrich II. ausgebaut worden war, viel Platz beanspruchte. Mit päpstl. Erlaubnis (1218) konnte der Klerus die Verlegung der Kathedrale an einen niedrig gelegenen, geräumigen Platz in unmittelbarer Nähe (New S. oder S.) durchführen. Bildeten Wassermangel und räuml. beengte Verhältnisse die angebl. Gründe für die Verlegung, so war sicher auch der Wunsch der Kanoniker entscheidend, einen den Kathedralen von →Wells und →Winchester vergleichbaren Bau zu errichten. Die neue Kathedrale wurde 1220-66 erbaut (bedeutende Westfassade), Kreuzgang und Kapitelhaus wurden um 1300, Vierungsturm und Turmhelm im frühen 14. Jh. vollendet. Die Domfreiheit mit den Wohnhäusern der Kanoniker erhielt eine 1342 vollendete Ummauerung. Unter den Bf.en des 13. Jh. war die Kathedrale eine bedeutende Bildungsstätte. Theologie wurde während einer Übersiedlung von der Univ. →Oxford gelehrt, 1262 gründete Bf. Giles de Bridport nach Pariser Vorbild das De Vaux College für Hausschüler. S. wies jedoch keine hohen Studentenzahlen auf und büßte im 14. Jh. seine Stellung als Ausbildungszentrum ein. In liturg. Hinsicht bildete die Kathedrale ein Vorbild für andere engl. Kathedralen im frühen 15. Jh.

II. STADT: Die Übersiedlung des Klerus schwächte die wirtschaftl. Bedeutung von Old Sarum, dessen Bürger 1201 von Kg. Johann Ohneland ihre Freiheiten erhalten hatten. Die Einwohnerzahl verringerte sich, obwohl Old Sarum ein →*borough* blieb, erst seit 1424 gab es einen Bürgermeister (→*mayor*), bis 1832 Vertreter im Parliament. Bis zur Mitte des 15. Jh. verblieb die Burg im Besitz der Krone. Gleichzeitig mit der neuen Kathedrale entstand im N ein bfl. borough, mit gitternetzartiger Anlage, einem großen Marktplatz und Wasserkanälen in den Straßen. Bf. Richard Poore erließ 1225 eine →Charter für seine freien Bürger und legte ihre Geltungsdauer fest, 1227 gewährte Heinrich III. Zollbefreiung. Seit 1249 gab es einen Bürgermeister und *aldermen*; seit 1306 konnten die Bürger infolge einer Vereinbarung mit dem Bf. ihren Bürgermeister wählen. Die Bf.e behielten jedoch die Jurisdiktion und das Recht, bestimmte Beamte auszuwählen. J. Barrow

Q.: Vetus registrum Sarisberiense, hg. W. H. R. Jones, 2 Bde, RS, 1883-84 – Charters and Documents, Illustrative of the Hist. of the Cathedral, City and Diocese of S., hg. Ders.-W. D. Macray, RS, 1891 – *Lit.*: VCH Wiltshire, III, 1956; VI, 1962 – Ancient and Historical Monuments in the City of S., I: Royal Commission on Hist. Monuments (England), 1980 – J. Le Neve, Fasti Ecclesiae Anglicanae 1066-1300, IV: S., hg. D. E. Greenway, 1991 – T. Webber, Scribes and Scholars at S., c. 1075-c. 1125, 1992 – T. Cocke-P. Kidson, S. Cathedral: Perspectives on the Architectural Hist. (Royal Commission on Hist. Monuments [England], 1993).

Salisches Gesetz (Loi salique), Erbfolgerecht der frz. →Monarchie seit dem SpätMA (→Frankreich, A), das Frauen von der Thronfolge ausschloß und lediglich Thronerben im Mannesstamm berücksichtigte (→agnatio, →cognatio), unter vermeintl. Berufung auf die →Lex Salica. 1316, nach dem Tode Kg. →Ludwigs X. 'Hutin', der nur Töchter hinterließ, kam es zu lebhaften Erbfolgediskussionen der Prinzen, Großen und führenden Ratgeber, mit dem Ergebnis, daß die älteste Tochter, →Johanna, von der Thronfolge in Frankreich ausgeschlossen wurde (doch behielt sie schließlich den Thron v. →Navarra), was mit ihrer Jugend und einer möglichen unehel. Abstammung begründet wurde; ihr ehrgeiziger Onkel →Philipp V. 'le Long' und dessen Anhängerschaft konnten sich dagegen die weitverbreitete Auffassung, daß das größte Kgr. des Abendlandes bevorzugt von einem Mann regiert werden müsse, zunutze machen. So bildete sich zugunsten männl. Erbfolge eine 'coutume', ein Gewohnheitsrecht, aus, das sich nach dem Tode Philipps V. (1322) erneut durchsetzte (Erbfolge von dessen Bruder →Karl IV. 'le Bel'). Nach dem Tode Karls IV. (1328) wurde, wieder nach informellen Beratungen, die Sukzessionsfrage zugunsten →Philipps VI. v. →Valois (und gegen →Eduard III. v. England) entschieden, da ein Geschwisterkind (*cousin germain*) männlicher Linie einem Neffen weiblicher Linie vorzuziehen sei. Damit konnte keine Frau mehr ihre Rechte an der Krone Frankreich vererben. Doch fand diese frz. Auffassung keine Anerkennung von seiten des engl. Gegners, der sich in seiner Argumentation auf die Thronfolgeregeln der meisten anderen christl. Kgr.e stützen konnte. Seit 1358 (Richard Lescot) und v. a. seit den ersten Jahrzehnten des 15. Jh. glaubten die Befürworter der frz. Auffassung (Jean de →Montreuil, dann Jean →Jouvenel des Ursins), sich auf einen Passus der Lex Salica stützen zu können, nach dem (in der damals geläufigen französischsprachigen Version) »la femme n'ait aucune part d'héritage dans le royaume«. Der öffentl. Meinung im spätma. Frankreich galt die Lex Salica nicht nur als echte Konstitution und authent. →Ordonnanz, der manchmal sogar eine genaue Datierung und ein individueller Urheber zugeschrieben wurden (Pharamond, 422), sondern auch als unumstößliche Rechtsweisung von großer staatsmännischer Klugheit. Noch Shakespeare läßt in »Heinrich V.« das S. durch einen der Protagonisten widerlegen, um so den Krieg, den sein Held gegen die Franzosen entfesselt hat, als →bellum iustum juristisch und moralisch rechtfertigen zu können. Ph. Contamine

Lit.: J. M. Potter, The Development and Significance of the Salic Law of the French, EHR 52, 1937, 235-255 – R. E. Giesey, The Juristic Basis of Dynastic Right to the French Throne, Transactions of the Am. Philos. Society, NS 51, 2, 1961 – H. Scheidgen, Die frz. Thronfolge (987-1500): Der Ausschluß der Frauen und das sal. Gesetz, 1976 – C. Beaune, Hist. et politique: la recherche du texte de la loi salique de 1350 à 1450 (Actes du 104ᵉ congr. nat. des sociétés savantes, 1979, Section de philol. et d'hist. jusqu'à 1610, I, 1981), 25-35 – Ph. Contamine, Le royaume de France ne peut tomber en fille. Une théorie politique à la fin du MA (Information und Gesch., hg. G. Melville, 1992), 187-207 – J. Krynen, L'Empire du roi. Idées et croyances politiques en France, XIIIᵉ-XVᵉ s., 1993, 133-135.

Salland (terra salica), vom Grundherrn mit Hilfe von Knechten und bäuerl. →Frondiensten in eigener Regie bewirtschafteter Bereich innerhalb einer →Grundherrschaft. S. a. →Fronhof (Salhof), →Beunde.

Sallinwerder, Vertrag v. Mit dem zw. dem →Dt. Orden und Gfs. →Witowt am 12. Okt. 1398 geschlossenen Vertrag v. S. ist es dem Orden fakt. gelungen, die poln.-litauische Union v. 1385/86 (→Krewo) zu sprengen. Witowt wurde im Vertragstext als Gfs. v. →Litauen und Rußland tituliert – als existiere die Union nicht. Die lang umstrittene Grenze wurde so festgelegt, daß Westžemaiten an den Orden, dagegen ein Teil der Wildnis, Sudauen, sowie ein Teil Seloniens an Witowt fielen. Als Interessenzone wurde diesem →Novgorod zugesprochen, dem Orden →Pskov. In Erfüllung jahrelanger Forderungen des Ordens verpflichtete sich Witowt zur Ausbreitung des Christentums. Auch daß Witowt sich dem Dt. Reich gegenüber wie andere 'freie' Fs.en verhalten wollte, entsprach den polit. Wünschen des Ordens, deren Erfüllung dieser jedoch nur für kurze Zeit durchsetzen konnte. Nach Witowts Niederlage gegen die →Tataren 1399 und dem Tod der poln. Kgn. →Hedwig kam es 1401 zu einer Erneuerung der poln.-litauischen Union (→Radom und Wilna), die den Vertrag v. S. fakt. gegenstandslos machte. H. Boockmann

Ed. und Lit.: Die Staatsverträge des Dt. Ordens in Preußen im 15. Jh., I, hg. E. Weise, 1939, Nr. 1f. – H.-J. Karp, Grenzen in Ostmitteleuropa während des MA, 1972, 45ff. – H. Boockmann, Johannes Falkenberg, der Dt. Orden und die poln. Politik, 1975, 72ff.

Sallust
I. Im Mittelalter – II. Nachleben im 14. und 15. Jh.

I. Im Mittelalter: Der erste große röm. Geschichtsschreiber, C. Sallustius Crispus, erlangte, nach anfängl. mannigfacher Kritik, seit der röm. Kaiserzeit hohe Wertschätzung; zahlreiche Zitate aus seinen Werken in der Spätantike und namentl. die große Anerkennung, die auch die Kirchenväter, bes. Augustinus, seinen Werken zollten, bereiteten die starke Wirkung vor, welche S. auf die ma. Lit. gewinnen sollte. Gleichwohl ist das sehr verschiedene Schicksal der einzelnen Werke selbst in wichtigen Punkten noch nicht klar erkennbar.

Nur fragmentar. erhalten ist das letzte und, wie man annehmen darf, reifste Werk, die Historiae in 5 Büchern. Wenig wahrscheinl. ist die übliche Vorstellung, diese seien im 7./8. Jh. noch in Frankreich vorhanden gewesen und dann ein Opfer des Palimpsestierens geworden. Alle Anzeichen sprechen vielmehr dafür, daß das letzte nachweisbare Exemplar, ein Capitaliscodex des 5. Jh., in einer der privaten Bibliotheken Italiens, die in den Unruhen der Völkerwanderungszeit von ihren Besitzern aufgegeben wurden und dann zumeist untergingen, verstümmelt und nicht mehr erkennbar, aber noch als Pergament brauchbar, im späten 7. Jh. in das Kl. Fleury gelangte und dort teils zur Herstellung eines neuen Werkes (Hieronymus in Isaiam), teils für Einbände verwendet wurde (Reste in Orléans 192 [169] und Berlin Lat. Qu. 364: 5 bzw. 1 Blatt, Palimpsest; im Vatic. Reg. lat. 1283 B: 3 nicht reskribierte Blätter). Aus dem Altertum erhalten sind sonst nur 1. das Fragment eines Pergamentblattes eines Capitaliscodex des 4. Jh. it. Herkunft, in Ägypten gefunden (Wien, P. Vind. L

117); 2. je ein kleines Fragment einer Papyrusrolle des 2./3. Jh. in Manchester und London (CLA Suppl. 1721). – Zu einer Zeit, da die Historiae noch vollständig bekannt waren, also im späten Altertum, wurden – vermutl. für die Zwecke der Rhetorenschule – aus den Historien und den übrigen Werken Reden und Briefe exzerpiert; die Slg. wurde gesondert, unabhängig von den vollständigen Werken, weitergegeben, und erscheint für uns sichtbar zuerst nach der Mitte des 9. Jh. in Corbie (jetzt Vatic. Lat. 3864 fol. 119^r–133^v); daß sie von einem Exemplar im Besitze Karls d. Gr. abstamme, ist reine Vermutung. Nennenswerte Verbreitung hat die Slg. der Reden aus den Historien offenbar erst in humanist. Zeit gefunden.

Nur scheinbar befindet man sich bezüglich der beiden Monographien, der coniuratio Catilinae und des bellum Iugurthinum, auf festerem Boden. Fünf kleine Papyrus- bzw. Pergamentfragmente teils des Catilina, teils des Iugurtha aus dem 4. und 5. Jh., Reste von ebensovielen Exemplaren, bezeugen die starke Verbreitung der Werke noch im ausgehenden Altertum, lassen jedoch keinen Zusammenhang mit den uns allein erhaltenen ma. Textzeugen erkennen. Völlige Unkenntnis besteht darüber, auf welchen Wegen und in wie vielen Exemplaren der Text ins MA gelangt ist. Die Überlieferung gilt zwar als einheitlich; aber das besagt wenig, solange man nicht weiß, ob die in unseren Hss. zutage tretende Aufspaltung im frühen MA oder schon im ausgehenden Altertum eingetreten ist. Bezeugt ist das Vorhandensein der Monographien für →Murbach und die →Reichenau im 9. Jh.; charakterist. ist für die uns sichtbare Überlieferung derselben, daß beide zunächst vereinigt, und zwar mit lückenhaftem Text (im Iug. fehlen 103, 2–112, 3 infolge Lagenverlustes) auftreten (codices mutili), kurz nach der Mitte des 9. Jh. in Frankreich (in den beiden Parisini 16024 und 17025, aus Soissons bzw. Auxerre?). Erst seit dem 10./11. Jh. erscheinen Vertreter eines vollständigen Textes (codices integri). Unter den Hss. mit vollständigem Text aber befinden sich solche, die von einem von vornherein vollständigen Exemplar abstammen, daneben aber auch andere, die ihrem Grundbestand nach zu den mutili gehören würden, deren Text jedoch zu irgendeiner Zeit aus einem Vertreter der integri ergänzt wurde. – Die Ungewißheit bezügl. der Entstehung der einzelnen Zweige und anderer noch zu klärender Fragen (etwa inwieweit mit einem Eingriff karol. Philologie zu rechnen ist, z. B. durch einen Gelehrten wie →Lupus, der sich mit S. beschäftigt hat, vgl. epist. 101 Dümmler = 104 Levillain, ohne daß wir Näheres wüßten) betrifft sogar die Gestalt des Textes, mindestens die Orthographie insofern, als die vielgenannten Archaismen in der Schreibung in den antiken Resten der Historien weitgehend fehlen, ihr Alter und v. a. die Frage ihrer Authentizität in den Monographien letzten Endes ungeklärt ist. – Im Laufe des 9. Jh. verbreiten sich die Monographien zunächst in Frankreich; über den Ursprung der seit etwa 900 in Süddeutschland zu beobachtenden Verbreitung der Texte ist nichts bekannt. Häufigkeit und Benutzung nehmen nach der Jahrtausendwende sehr stark zu, und im 12. Jh. trifft man S. in der ganzen lat. Welt an, auch in Skandinavien. S.-Zitate finden sich in Werken der verschiedensten Art, wozu die Neigung des Verfassers zum Moralisieren sowie seine Vorliebe für sentenziöse Formulierungen zweifellos beigetragen hat; am stärksten aber ist seine Wirkung in hist. und hagiograph. Lit., wo namentl. die Einfügung fingierter Reden auf ihn zurückzuführen ist. Ein Rückgang seines Einflusses ist erst festzustellen, wenn im Laufe des 13. Jh. sich der Charakter des lat. Schrifttums von Grund auf verändert.

Von den hinsichtl. ihrer Echtheit umstrittenen Schriften waren die epistulae ad Caesarem ausgesprochen selten; nach ihrem vereinzelten Auftreten in Corbie nach der Mitte des 9. Jh. (zusammen mit den Exzerpten der Reden) erscheint der Text erst wieder in den Drucken des 15. Jh., die auf den Corbeiensis zurückgehen. – Über die Herkunft und Geschichte der invectiva in Ciceronem, die seit dem 10. Jh. vornehml. im dt. Sprachraum, bes. Süddeutschland und Rheinland, verbreitet war, vereinzelt nach Italien und Frankreich dringt, ist nichts Näheres bekannt.

F. Brunhölzl

Lit.: Schanz-Hosius – Manitius I–III – L. D. Reynolds, Texts and Transmission, 1983, 341ff. – P. Lehmann, Erforschung des MA, V [Register] – M. v. Albrecht, Gesch. der röm. Lit., I, 1992, 364ff. – praefationes der krit. Edd.

II. Nachleben im 14. und 15. Jh.: Aufgrund des bisherigen Forschungsstandes lassen sich nur für den – für die europ. Kultur der Folgezeit sehr einflußreichen – it. Bereich einige Grundzüge erkennen. Im 14. und v. a. im 15. Jh. (→Humanismus) wächst die Zahl der Hss., die die Monographien enthalten, deren Lektüre bei den Gebildeten allg. verbreitet war. Viel weniger bekannt waren die Reden und die aus den »Historiae« ausgezogenen Briefe (cod. Vat. lat. 3864 [9. Jh.]): Ihre Kenntnis durch Guglielmo di Pastrengo († 1363) in Padua (Sabbadini) ist sehr zweifelhaft. Der Brief des Pompeius an den Senat war Francesco Pizzolpasso (Ebf. v. Mailand 1435–43) sowie P. C. →Decembrio bekannt; →Pomponius Letus benutzte den Vat. lat. 3864.

Von 1470 bis 1500 enstanden 68 Druckausgaben. S.s Schilderung des Catilina inspirierte z. B. D. →Compagni bei der Beschreibung seines Feindes Corso→Donati (Cronica 2, 20). Die Gesch. der Verschwörung und der Niederlage Catilinas wurde aus S. in die it. Chroniken übernommen (z. B. G. →Villani [1, 30–32], der den »großen Lehrer Sallust« zitiert). Reflex einer derartigen Tradition ist auch Dante Inf. 24, 148 (mit der gängigen irrtüml. Verlegung des Ager Picenus nach Pistoia). Im 14. Jh. sind die Monographien →Geremia da Montagnone, A. →Mussato, Giovanni Colonna OP, Giovanni Cavallini (Ebf. v. Palermo 1320–33), Kg. →Robert v. Anjou, Francesco Nelli (Prior v. SS. Apostoli in Florenz) u. a. bekannt. Im Umkreis von S. Maria Novella in Florenz entstand in den ersten Jahrzehnten des 14. Jh. die erste it. Übers. durch Bartholomaeus de San Concordio OP (der auch moral. Maximen sammelte). 1364 folgte eine frz. Übersetzung. →Petrarca bewunderte S. als zuverlässigen Historiker und Meister in der stilist. Technik der Gesch.sschreibung (Rer. xxx. 1, 13, 7; 1, 17; u. a.). Er kannte auch die Invectiva in Ciceronem und die Cicero zugeschriebene Inv. in Sallustium (z. B. fam. 5, 11, 3). Die Wahl des »otium«, das der Lektüre und dem Studium gewidmet ist, als Lebensideal in Petrarcas »De vita solitaria«, zeigt Anklänge an die Prooemien der beiden Monographien. →Boccaccio gibt S. einen Ehrenplatz unter den lat. Schriftstellern in »Amorosa visione« (5, 45–48) und ist der sallustian. Schilderung der Sempronia in »De mulieribus claris« (77) verpflichtet. Im »Trattatello in laude di Dante« (ed. P. G. Ricci, 1985, 587) legt Boccaccio Dante eine Sentenz aus B. Jug. 10, 6 in den Mund. Im florent. Frühhumanismus des 14./15. Jh. schöpft die republikan. Ideologie der Kommune, v. a. im Kampf gegen die Viscontiherrschaft einige Ideen aus S. So stellt z. B. →Salutati einen Zusammenhang her zw. dem popolaren Stadtregiment und der röm. Republik. Stärker ist S.s Einfluß auf L. →Bruni in dessen »Historiae« u. a. kleineren Schrr.: die Befreiung von der Kg.sherrschaft führt in Rom zu einem fruchtbaren Tugendwettstreit unter den Bürgern, läßt Energie und Virtus wachsen und stärkt den Staat (Ansatz zu einem liberalen Republikanertum): Q. sind v. a. C. Cat. cap. 7 und 9. S. inspirierte auch die Polemik der »homines novi« gegen den Geblütsadel: die Rede des Marius im B. Jug. (85) wurde zu einer Art von Manifest gegen Hochmut und Privilegien des Adels.

Obgleich bereits Petrarca S.s »brevitas« imitierte, versuchte man erst im Humanismus, v. a. gegen Ende des 15. Jh., die stilist. Charakteristiken S.s nachzuahmen: so M.→Palmieri (»De captivitate Pisarum«), in Neapel Giovanni Albino »De bello Hetrusco«, »De bello Gallico«, etc.) und G. →Pontano (»De bello Neapolitano«; im Dialog »Actius« gibt Pontano eine Charakteristik des sallustian. Stils), in Florenz Bernardo Rucellai (»De bello Italico«), den Erasmus den wiedergeborenen S. nannte. Mit→Polizians »Coniurationis commentarium« (über die →Pazzi-Verschwörung) wird die C. Cat. - bis in das 18. Jh. - zum Modell für Berichte von Verschwörungen. 1493 wurde in Venedig L. →Vallas Komm. zur C. Cat. veröffentlicht (auch in den »Elegantiae« hatte Valla S. als einen der »magni auctores« benutzt). A. La Penna

Lit.: E. Dant. IV, 1077f. [Lit.] – R. Sabbadini, Le scoperte dei cod. lat. e greci ne sec. XIV e XV, I, 1905; II, Nuove ricerche, 1914 – P. de Nolhac, Pétrarque et l'humanisme, 1907 – E. Bolaffi, S. e la sua fortuna nei sec., 1949 – A. La Penna, S.io e la »rivoluzione romana«, 1973, 409-431 – R. Stein, S. for his Readers, 410-1550 [Diss. Columbia Univ. 1977] – A. La Penna, Aspetti del pensiero storico latino, 1983², 193-230 – De vita solitaria I, ed. und komm. K. A. E. Enenkel, 1990 – P. J. Osmond, S. and Machiavelli, JMRS 33, 1993, 410-420 [Lit.].

Salm, in den Ardennen gelegene Gft.; überwiegend geht die Forsch. davon aus, daß die Gft. erstmals im 11. Jh. belegt sei, als der dem Geschlecht der →Luxemburger entstammende Giselbert († 1059), Vater des späteren Gegenkg.s →Hermann v. S., als comes Gisilbertus de Salmo bezeichnet wurde. Fraglich ist jedoch, ob sich der Zusatz 'de Salmo' tatsächl. auf eine gleichnamige Gft. oder lediglich auf die Herkunft Giselberts bezieht. Eine Gleichsetzung dieser Gft. mit einem älteren, ebenfalls in diesem Raum gelegenen karol. pagus oder comitatus wurde bezweifelt (Vannérus). Nach dem Tod Gf. Heinrichs I. v. S. (1163) spaltete sich das Geschlecht in die Zweige Alt-S. in den Ardennen und Ober-S. in den Vogesen. 1416 starb die Linie der Gf.en v. Alt-S. aus. 1456 fiel die Gft. nach einem Urteilsspruch an Johann VI., Herrn zu Reifferscheidt und Dyck. Eine Hälfte der Gft. Ober-S. gelangte in der 2. Hälfte des 15. Jh. an die Wild- und Raugf.en. R. Mitsch

Lit.: A. Fahne, Gesch. der Gf.en, jetzigen Fs.en zu S., Reifferscheid..., I, 1866; II: Cod. diplomaticus, 1858 – J. Vannérus, Les comtes de S.-en-Ardenne (1029-1415), Annales de l'Inst. archéol. du Luxembourg 50, 1919, 1-112; 52, 1921, 53-222 – L. Schaudel, Les comtes de S. et l'abbaye de Senones aux XIIᵉ et XIIIᵉ s., 1921 – L. Maujean, Hist. des seigneurs et de la ville de Morhange, T. 1: La maison de S. (1100-1475), ASHAL 33, 1924 – H. Renn, Das erste Luxemburger Gf.enhaus (963-1136), 1941 – M. Parisse, La noblesse Lorraine, 2 Bde, 1976, passim – Actes des princes Lorrains, 1ᵉ série II, B: Actes des comtes de S., ed. D. Erpelding, 1979.

Salman und Morolf → Salomo

Salmann (ahd. *saljan* 'übergeben', *sala* 'Übergabe'), Quellenwort, das v. a. in süddt. Urkk. seit dem 12. Jh. vorkommt, als Eigenname schon früher. Mit S.en bezeichneten die Q. Personen, die als Mittler (Zwischenmann) in bestimmten Fällen von Grundstücksübertragungen eingesetzt wurden (per manum S.i), insbes. zur Durchführung letztwilliger Verfügungen. Typisch ist auch ihr Einsatz beim Grundstückserwerb durch Personen, die nach dem Stadtrecht nicht erwerbsfähig waren (Fremde, Juden, Geistliche). Der Sache nach handelt es sich um Anwendungsfälle der schon in älteren Q. nachweisbaren sog. →Treuhand. Die älteste bedeutende Unters., durch die 'S.' als rechtsgermanist. Terminus für eine heterogene Erscheinung eingeführt worden ist, ist die »Commentatio academica de S.is« von J. Heumann (1740). K. O. Scherner

Lit.: du Cange VII, 278f. – J. Heumann, Commentatio de S.is (Heumanni opuscula, 1747), 289ff. – W. E. Albrecht, Die Gewere als Grundlage des älteren dt. Sachenrechts, 1828 [Neudr. 1967] – O. Stobbe, Über die S.en, ZRG 7, 1868, 405-438 – A. Heusler, Institutionen des Dt. Privatrechts, 1885, I, 215ff.; II, 622ff., 652 – O. Stobbe, Hb. des Dt. Privatrechts, V, 1885, 170-172, 178, 260-277 – K. Beyerle, Grundeigentumsverhältnisse und Bürgerrecht im ma. Konstanz, I: Das S.enrecht, 1900 – A. Kober, Das S.enrecht und die Juden, 1907 – K. O. Scherner, S.schaft, Servusgeschäft und venditio iusta, 1971 – C. Schott, Der Träger als Treuhandform, 1975.

Salome. Nach Mt 14, 3-12 par. verlangte S. auf Anstiften ihrer Mutter Herodias von Herodes Antipas als Lohn für ihren Tanz beim Mahle die Enthauptung →Johannes des Täufers, der die Ehe des Herodes mit seiner Schwägerin getadelt hatte. Während im Dittochaeum des →Prudentius die Szenenfolge unklar bleibt und in der Miniatur des Sinope-Evangliars (6. Jh.) nur die Überreichung des Hauptes des Täufers an S. gezeigt wird, wurde in ma. Kunst auch seiner Weitergabe durch S. an Herodias und deren Rachsucht Beachtung geschenkt (Mißhandlung des Hauptes des Johannes; Arndt–Kroos, 301-307). V. a. wurde seit karol. Zeit der Tanz der S. betont, dessen Verwerflichkeit die theol. Lit. schon seit dem 4. Jh. angeprangert hatte. S. tanzt bisweilen betont 'verführerisch', an der Bronzetür von S. Zeno in Verona geradezu akrobatisch (U. Mende, Bronzetüren, 1983, Taf. 75). Hier ist die Enthauptungserzählung auf drei Felder verteilt, als Zyklus mit tanzender S. auch schon zuvor auf der Bronzesäule →Bernwards in Hildesheim dargestellt (frühes 11. Jh.; R. Wesenberg, Bernwardin. Plastik, 1955, Abb. 271-276). Nachma. verselbständigt sich die schöne S. mit der Johannesschüssel als halbfigürl. Einzel-'Porträt'. J. Engemann

Lit.: LCI IV, 14f.; VII, 164-190 – LexKunstLeipzig IV, 271f. – H. Daffner, S., 1912 – E. D. Sdrakas, Johannes d. T. in der Kunst des chr. O., 1943 – H. Arndt–R. Kroos, Zur Ikonographie der Johannes-Schüssel, AaKbll 38, 1969, 243-328 – T. Hausamann, Die tanzende S., 1980 – K. Merkel, S., Ikonographie im Wandel, 1990 – P. Sevrugian, Der Rossano-Codex und die Sinope-Fragmente, 1990.

Salome → Geburt-Christi-Darstellungen, I

Salomo (Salomon)
A. Allgemein – B. Judentum – C. Literatur – D. Ikonographie

A. Allgemein

Salomon (Name wohl von hebr. 'Friede, Wohlergehen'), Kg. des vereinigten Reiches v. Israel und Juda, 10. Jh. v. Chr., Sohn→Davids, wird im AT (1 Kön 1-11) als Ideal des weisen und wissenden Herrschers (vierzigjährige fried- und machtvolle Regierung), als Erbauer des Tempels, gerechter Richter und Gastgeber der Kgn. v. Saba gerühmt (andererseits aber auch bisweilen kritisiert, bes. wegen seiner übersteigerten Prachtentfaltung und Vielweiberei, ztw. 'Abgötterei' und drückenden Frondiensten). Es wurden ihm Sprüche und Weisheitslehren, einige Psalmen und das Hohelied zugeschrieben (atl. Bücher: Spr, Weish, Ps [72, 127], Hld; außerdem mehrere apokryphe Texte). Als eine beherrschende Gestalt der jüd.-bibl. Überlieferung gewann S. hohe Bedeutung für die jüd., chr. und islam. Tradition des MA, die das überlieferte S.-Bild mit z. T. phantastisch-okkulten Zügen ausschmückte. U. Mattejiet

B. Judentum
Aus der Fülle der in rabbinisch-talmud. Überlieferungen S. zugeschriebenen Eigenschaften, die v. a. Weisheit, Einsicht sowie außergewöhnl. Fähigkeiten im Umgang mit Menschen, Tieren und Pflanzen hervorheben, entwickelte sich im MA u. a. das Bild von S. als eines Empfängers und Tradenten der →Adam von Gott gegebenen Geheimnisse der Großen Künste bzw. der →Alchemie (so habe S. die Fähigkeit besessen, künstl. Silber innerhalb von 40 Tagen herzustellen). Seiner Verfasserschaft wurde eine Fülle naturwiss., mag. und okkulter Bücher zugeschrieben (ausführl. Liste s. Jewish Enc. X, 445–447). Jacob ben David Provencali z. B. erwähnt 1490 in einem Schreiben an Judah Messer Leon, S. habe zwei 'naturwiss.' Werke geschrieben: das »Buch der Naturgeheimnisse« sowie das »Buch der Heilmittel«. Begründet wurde seine Autorschaft von Abhandlungen über Pflanzen und Tiere u. a. durch bibl. Aussagen wie bei Schem Tob ben Joseph ibn Falaquera (13. Jh., Sef. Ma'alot, 12) mit 1 Kön 5, 13 – er verstand über Bäume zu reden. Die Einbindung S.s in die Reihe auserwählter Tradenten der geheimen Kenntnisse bewirkte im 16. Jh., daß Alchemisten sich nicht nur als Erben okkulter Wiss. biblischen und göttl. Ursprungs verstanden, sondern sich auch auf eine lückenlose bis zu Adam reichende Genealogie berufen konnten. Mag. Wirkung und bes. Schutz wurde dem Pentagramm bzw. Hexagramm als »Siegel Salomons« (→Davidstern) zugeschrieben. R. Schmitz

Lit.: J. Trachtenberg, Jewish Magic and Superstition, 1970 – R. Patai, The Jewish Alchemists. A Hist. and Source Book, 1994.

C. Literatur
I. Lateinische, deutsche und französische Literatur – II. Englische Literatur – III. Byzanz.

I. Lateinische, deutsche und französische Literatur: In der lat. wie in der volkssprachl. Lit. des MA fungiert S. vorwiegend als Paradigma der Weisheit. Seit dem 12. Jh. wird eine Auswahl aus den bibl. 'Proverbia S.nis' sehr frei in lat. Reimversen bearbeitet; das nur in der frühmhd. Sammelhs. der Vorauer Stiftsbibl. cod. 276 überlieferte 'Lob S.nis', Mitte 12. Jh., schildert den durch eine List ermöglichten Tempelbau (ein Jerusalem bedrohender Drache verrät, trunken gemacht, das Rezept für eine Schnur, mit der sich selbst die härtesten, zum Tempelbau benötigten Steine durchschneiden lassen; lat. auch in München, Clm 14399) und den Besuch der Kgn. v. Saba, die mit Braut des Hld gleichgesetzt wird; S. wird als 'typus Christi' und 'rex pacificus' gerühmt. – Im »Belial« des →Jacobus de Theramo (lat. Ende 14. Jh., Anfang 15. Jh. volkssprachl.) fungiert S. als Richter der ersten Instanz dieses populär-kanonist. ordo justiciarius.

S.s sprichwörtl. Weisheit karikiert der bis in die frühe NZ in zahlreichen Bearbeitungen tradierte S.-und-Marcolf-Stoff: Ausgangspunkt ist das lat. Prosa-Unterhaltungsbuch »Dialogus S.nis et Marcolfi«, das in einem Streitgespräch (T. I) zw. S. und dem mit seiner Frau Politana bei Hof erschienenen, schlagfertigen Bauern Marcolfus die 'höhere' Weisheit von Bibel und Schule mit 'niederer' Gnomik und Lebenserfahrung konfrontiert; eine Reihe schwankhafter Anekdoten aus gemeineurop. Erzählgut (T. II) variiert, die in S. personifizierte Lehrweisheit durch animal.-grobe Verzerrung relativierend, die Auseinandersetzung zw. sapiencia und versucia. Obgleich erst im 15. Jh. in 21 Hss. überliefert, ist diese Kontrafaktur des gelehrten Streitgesprächs wohl schon nachkarolingisch: →Notkers d. Dt. Bemerkung (zu Ps 118, 85) über das *ellenon* des Marcolf *uuider prouerbis* setzt die Kenntnis des Stoffs voraus. Vermutl. steht dahinter eine Tradition ernsthafter Auseinandersetzung, wie die ae. Gespräche S.s mit dem Chaldäer Saturn (10. Jh.) nahelegen. Im 12. Jh. sehen →Guido v. Bazochis und →Wilhelm v. Tyrus den 'Dialogus': Während die lat. und frz. Nachfolge nur Teile daraus rezipiert (→Egbert v. Lüttich, »Fecunda ratis«; »De certamine S.nis et Marcolfi«, 12. Jh.; frz. stroph. Dialoge »Proverbes de Marcoul et de Salemon«, »De Marco et de Salemons«, 13. Jh.), bezieht sich die dt. Rezeption bearbeitend auf den Text als ganzes: Um die Mitte des 15. Jh. entstand der bis ins 18. Jh. nachgedruckte, eng dem lat. 'Dialogus' folgende Prosa-Schwankroman *Frag und antwort salomonis und marcolfij* (»Volksbuch«), wohl in den 70er die bair. Versbearbeitung Gregor Haydens, vermutl. schon im 14. Jh. der moselfränk. Versroman *Markolfs buch* (»Spruchgedicht«, ca. 1900 Verse), der dem Spruchteil und den Schwänken der Vorlage als Schluß eine »Kurzfassung« des Spielmannsepos »Salmann und Morolf« hinzufügt. Dieses entstand, obgleich erst in Hss. des 15. Jh. überliefert, in der 2. Hälfte des 12. Jh. wohl im Rheinland und vereinigt spätjüd., über Byzanz nach Ost- und Westeuropa gelangte Legenden von der heidn. Frau S.s (Tochter des Pharao) mit dem zweimal durchlaufenden Strukturmodell des ma. Brautwerbungsschemas (ca. 800 Strophen): Die heidn. Prinzessin Salme, Frau S.s, des chr. Kg.s Jerusalems, wird zweimal mit ihrem Einverständnis entführt, durch die militär. Macht S.s und die List Morolfs – hier dessen Bruder – gegen ihren Willen zurückgebracht und nach der zweiten Rückführung von Morolf durch Pulsschnitt im Bad getötet. Der Stoff entfaltete sich im Drama (Nürnberger Fastnachtspiel, Hans Folz, Hans Sachs), als episod. Fabuliergut (Johannes Pauli, Luther, Johann Fischart) und in der Druckgraphik (Hans Weiditz) bis in die NZ nachhaltige Wirkung. N. H. Ott

Ed.: W. Benary, S. et Marcolfus, 1914 [lat.] – A. Karnein, S. und M., 1979 [Spielmannsepos] – W. Hartmann, S. und M. Das Spruchgedicht, 1934 – F. H. v. d. Hagen, Narrenbuch, 1811, 215–168 [Volksbuch] – *Lit.*: W. Schröder, Zur Form des 'Lobs S.nis', Abh. der Marburger Gelehrten Ges. 1971, Nr. 2 – M. Curschmann, Der Münchner Oswald und die dt. spielmänn. Epik, 1964 – W. Röcke, Die Freude am Bösen, 1987 – M. Curschmann, Marcolfus dt. (Kleinere Erzählformen des 15. und 16. Jh., hg. W. Haug-B. Wachinger, 1993), 151–256.

II. Englische Literatur: Der bibl. Kg. S. (auf engl. meist Solomon) erscheint in der engl. Lit. ebenfalls als Inbegriff der Weisheit. Im Ae. ist er Gesprächspartner in zwei poet. →Dialogen sowie in einem didakt. Prosadialog. Sie alle tragen den Titel →»Solomon and Saturn«, sollten aber nicht verwechselt werden. Um 1140 übertrug Samson de Nanteuil die »Proverbia Salomonis« in fast 12000 anglonorm. Verse. Später entstanden auch zwei me. Versionen von »Proverbs of Salamon«, die in mehreren Hss. aus dem 15. Jh. überliefert sind. Um 1492 wurde in Antwerpen eine engl. Übers. des Dialogs zw. »S. und Marcolf« gedruckt. Unter den me. Autoren verweist →Chaucer häufig auf S., in den »Canterbury Tales« u. a. im Prolog der Frau v. Bath (im Kontext der Debatte um den Wert der Frau) sowie in dem allegor.-moral. Traktat »The Tale of Melibee«. →Sprichwort. H. Sauer

Bibliogr.: ManualME 2.IV, 1970; 3.VII, 1972 [Nr. 68]; 9.XXII, 1993 [Nr. 45, 46] – *Ed.*: The Riverside Chaucer, hg. L. D. Benson u. a., 1987.

III. Byzanz: S., der in der byz. Kultur nie den Stellenwert seines Vaters →David erreichte, galt auch hier als »exemplum« der von Gott verliehenen Weisheit. Entsprechende Epitheta begegnen in der Lit. bei fast jeder Nennung seines Namens, obwohl Kritik am Nutzen dieser σοφία nicht fehlt (z. B. Romanos Melodos, Kont. 57 ιβ'/κ'). Die auch ikonograph. belegten Hauptmotive sind: S. als gerechter Richter (z. B. Cod. Par. Gr. 510, f. 137), als friedenssichernder Herrscher sowie als Erbauer des jerusalemit. Tempels, des Typos der Kirche (so im Parekklesion des →Chora-Kl.). Für seinen Kirchenbau wurde schon Paulinus v. Tyros als »neuer S.« gewürdigt (Eus., H. E. X 4, 3), während der bekannte »Sieg« →Justinians I. über S. als Triumph der Kirche wie auch als dessen »Sieg« über Anicia Iuliana zu werten ist. Bes. →Leon VI. ließ sich als neuer S. feiern, was im sog. »Thron S.s« (→Automat) wie auch in der »Sänfte S.s« zum Ausdruck kommt, die sich am jeweiligen bibl. Vorbild orientieren. Auf die auch für Leon VI. behaupteten seher. Fähigkeiten des bibl. Kg.s spielt der sog. »Kelch S.s« an (wohl Zusatz zu den »Panon. Legenden« [VC 13]). In der Tradition des »Testamentum S.nis« (2.–3. Jh. n. Chr.) steht zuletzt das der Abwehr von Krankheiten und Dämonen dienende »Siegel S.s«, während es sich bei der »Διδαχὴ Σολομῶντος« (Ermahnungen an seinen Sohn Jerobeam) um einen volkssprachl. Fürstenspiegel handelt. L. M. Hoffmann

Lit.: BECK, Volksliteratur, 108 – P. PERDRIZET, »Σφραγὶς Σολομῶντος«, REG 16, 1903, 42–61 – S. DER NERSESSIAN, Le lit de S., ZRVI 8/1, 1963, 77–82 – The Kariye Djami, IV, ed. P. A. UNDERWOOD, 1975, 338–343 [S. DER NERSESSIAN] – J. KODER, Justinians Sieg über S. (Θυμίαμα. Μνημὴ Λασκαρίνας Μπούρα, 1994), 136–142 – SH. F. TOUGHER, The Wisdom of Leo VIs (New Constantines, hg. P. MAGDALINO, 1994), 171–179.

D. Ikonographie

Aus der in 1 Kön 1–11 erzählten Biographie haben auf die chr. Überlieferung bes. stark eingewirkt: seine Weisheit, die im sprichwörtl. gewordenen 'salomon.' Urteil und der (z. T. legendär) Autorschaft verschiedener atl. Bücher gipfelt; der Tempelbau und seine Kultgeräte; der Besuch der Kgn. v. Saba bei S.; sein Stufenthron. Auf die mag. Anweisungen des legendären 'Testaments S.s' gehen die zahlreichen frühchr. 'S.-Siegel' im Osten zurück: Amulette mit dem Bild S.s als Reiter, der mit kreuzgeschmücktem Speer eine Dämonin als Verkörperung des Bösen ersticht (Lit.: ENGEMANN). – Das S.urteil auf dem Silberreliquiar aus S. Nazaro/Mailand (4. Jh.; BUSCHHAUSEN B 11) ist singulär, dagegen erscheint die Szene im MA häufiger im Gerichtszusammenhang der Kathedralplastik, nachma. auch in weltl. 'Gerechtigkeitsbildern'. Als Vorfahr Christi wurde S. in der östl. und westl. Kunst dargestellt, in letzterer v. a. in Bildern der →Wurzel Jesse. Seinem Bild auf der Reichskrone wohnten über die Weisheitsanspielung des Schriftbands (Spr 3, 7) hinaus konkrete aktuelle Bezüge inne (→Reichsinsignien). S.-Zyklen unter Einschluß des Tempelbaus begegnen v. a. in der östl. und westl. Bibelillustration (Beispiele: KERBER). Typolog. wurde u. a. auch die Kgn. v. Saba verwendet, die S. besucht und beschenkt: als Präfiguration der →Drei Könige (z. B. Glasfenster der Kathedrale Canterbury, Klosterneuburger 'Altar' des →Nikolaus v. Verdun) oder als Braut S.s Typos der Ekklesia und Braut Christi (Darstellung gemeinsam mit S. in Portalskulpturen des 12./13. Jh.). Auch ihre in Mt 12, 42 angeführte Zeugenschaft beim Gericht wurde verbildlicht (z. B. →Speculum humanae salvationis), ihre sogar in die →Legenda aurea eingegangene Beziehung zur Kreuzlegende unter im 15. Jh. In ders. Zeit erscheint die Verführung S.s zum Götzendienst in Bildzyklen der 'Weibermacht'. Die ma. Texte zum Thron S.s, in denen oft alle Details allegor. gedeutet wurden, sind überwiegend mariologisch: vgl. entsprechende Malereien des 13. Jh. in der Burgfriedkapelle Friesach (Kärnten), der Neuwerkskirche in Goslar und im Dom zu Gurk (Kärnten): DEMUS; LEGNER. J. Engemann

Lit.: LCI IV, 2f., 15–24 [B. KERBER], 549–558; VIII, 307 – K. SIMON, Abendländ. Gerechtigkeitsbilder, 1948 – CH. MICHNA, Maria als Thron S.nis [Diss. Wien 1950] – J. SCHNEIDER, Die Weiberlisten, ZsSchweizArchKunstgesch 20, 1960, 147–157 – O. DEMUS, Roman. Wandmalerei, 1968 – R. HAUSHERR, Templum S.nis und Ecclesia Christi, ZK 31, 1968, 101–121 – H. BUSCHHAUSEN, Die spätröm. Metallscrinia und frühchr. Reliquiare, 1971 – Solomon & Sheba, hg. J. B. PRITCHARD, 1974 – J. ENGEMANN, Zur Verbreitung mag. Übelabwehr in der nichtchr. und chr. Spätantike, JbAC 18, 1975, 22–48 – The Temple of Solomon, hg. J. GUTMANN, 1976 – A. LEGNER, Dt. Kunst der Romanik, 1982 – Die Kgn. v. Saba, hg. W. DAUM, 1988.

Salomo. 1. S. I., *Bf. v.* →*Konstanz* 838/839–871, † 5. März 871, stammte aus alem. Hochadel, war zunächst Mönch in →Fulda und wurde vermutl. hier oder in der capella regis zum Lehrer →Otfrids v. Weißenburg. Seit 838/839 Bf. von Konstanz, besuchte S. seit 847 sämtl. nationalen Synoden Ludwigs d. Dt., weilte außerdem häufig an dessen Hof und wurde von ihm 862 zu Karl d. Kahlen nach Reims und 864 an die röm. Kurie gesandt. 854 verzichtete er gegenüber der Abtei →St. Gallen auf alle Rechte des Bm.s Konstanz bezügl. der Abtei St. Gallen. Zugunsten der Gallus-Abtei bewirkte er 864 die Heiligsprechung →Otmars, des eigtl. Gründers v. St. Gallen. Sehr wahrscheinl. geht auf S. die Gründung von Chorherrengemeinschaften in Bischofszell und Salmsach zurück. H. Maurer

Lit.: J. RIEGEL, Bf. S. I. und seine Zeit, Freiburger Diözesan-Archiv 42, 1914, 111–188 – Helvetia Sacra I/2. II/1, 1993, 249f. [Lit.].

2. S. III., *Bf. v.* →*Konstanz*, * um 860, † 5. Jan. 919 oder 920, wurde von seinem Großonkel →Salomo I. schon früh für den geistl. Stand bestimmt. Nachdem er zusammen mit seinem Bruder Waldo die äußere Schule des Kl. →St. Gallen besucht und bereits 879 erstmals am Hofe Karls III. in Italien geweilt hatte, trat er – soeben Diakon geworden – 884 in die →Hofkapelle und in die →Kanzlei Karls III. ein. Auch als →Kapellan Kg. Arnulfs war S. bereits im Okt. 889 tätig. 890 wurden ihm nacheinander die Abtei St. Gallen und der Konstanzer Bf.sstuhl übertragen. Wohl aus Anlaß der Übernahme der Bf.swürde dürfte ihm →Notker I. das von ihm redigierte Formelbuch überreicht haben. Seit 909 amtete S. für Kg. Ludwig d. Kind, anschließend – bis zu dessen Tod – für Kg. Konrad I. als Kanzler. Dreimal empfing S. Herrscherbesuche an seinem Bf.ssitz: 890 und 894 Arnulf und Ende 911/Anfang 912 Konrad I. Wegen seiner 'Kg.snähe' geriet er in die Rolle eines Vertreters der Reichsgewalt in →Schwaben und damit eines Gegners der Prätendenten auf die schwäb. Hzg.swürde, was ihm 914 eine kurzfristige Gefangennahme durch die sog. Kammerboten →Erchanger einbrachte. S. errichtete in Konstanz eine neue Bf.spfalz, prägte dort Denare, überführte aus Rom Reliquien des Martyrers Pelagius nach Konstanz und begründete damit dessen Verehrung als Bm.s- und Stadtpatron. S.s geistige Interessen spiegeln sich in der von ihm in Auftrag gegebenen Anfertigung des »Psalterium quadrupartitum« (Staatl. Bibl. Bamberg, Cod. 44) i. J. 909 sowie in den beiden an Bf. Dado v. Verdun gerichteten Gedichten. H. Maurer

Lit.: Verf.-Lex.² VIII, 526–530 [R. DÜCHTING] – WATTENBACH–LEVISON–LÖWE VI, 755–760 – U. ZELLER, Bf. S. III. v. Konstanz, Abt v. St. Gallen, 1910 – W. VON DEN STEINEN, Notkers d. Dichters Formelbuch, ZSchG 25, 1945, 449–490 – Helvetia Sacra I/2. II/1, 1993, 252–254 [Lit.].

Salomon

1. S., *Fs. und Kg. der* →*Bretagne*, † 28. Juni 874, am besten belegter unter den selbständigen Bretonenfs.en des 9. Jh., wohl Sohn von Riwallon, Gf. v. Poher, Vetter des Kg.s →Erispoë, den S. 857 ermorden ließ, um selbst die Nachfolge zu übernehmen. Er erklärte 863 zu Entrammes gegenüber →Karl d. K. seine Vasallität und Tributpflicht, wurde im Gegenzug in seiner Stellung bestätigt und erhielt, zusammen mit dem Laienabbatiat über St-Aubin d' →Angers, die Herrschaft über das westfrk. Markengebiet zw. Mayenne und Sarthe (als 'Entre-deux-Eaux' bezeichnete Zone). S. setzte anschließend der seit →Nominoë bestehenden Kirchenspaltung ein Ende; auf der Synode v. Coitlouh soll er fünf Bf.e ausgetauscht haben. Andererseits bemühte er sich beim Papst um die Errichtung einer eigenen Metropole für →Dol, um seinen Klerus aus der Jurisdiktion des Ebm.s →Tours zu lösen; dieser Versuch scheiterte aber großenteils, da die Bm.er →Nantes und →Rennes weiterhin die Suprematie v. Tours anerkannten. Karl d. K. war angesichts der wachsenden Bedrohung durch die →Normannen und nach dem Tode →Roberts des Tapferen (866) bestrebt, S. stärker in ein Bündnis einzubinden: 867 übertrug er ihm auf dem Hoftag v. Compiègne das →Cotentin (mit Ausnahme des Bf.ssitzes →Coutances) und sicher auch das sich zw. Rennais und Cotentin schiebende Avranchin (→Avranches). Damit war S. für die Verteidigung eines wichtigen Teils der westfrk. Küstenlinie verantwortlich; zugleich verlagerte sich sein Herrschaftsschwerpunkt stärker auf nichtbret., im O der Bretagne gelegene Gebiete. Im folgenden Jahr erhielt S. vor dem Aufbruch zu einem Zug gegen die Loirenormannen den Königstitel verliehen. S. handelte fortan als loyaler Verbündeter der Karolinger: 873 belagerte er gemeinsam mit ihnen die Normannen in Angers. Doch erlag er am 28. Juni 874 einem Mordkomplott, das von bret. Adligen (unter ihnen sein Schwager Pascweten), aber auch von Franken getragen wurde. Da S. in einer Kirche den Tod fand, wurde er als Märtyrer verehrt. Im 10. Jh. wurden seine Reliquien nach Pithiviers geflüchtet. A. Chédeville

Lit.: A. CHÉDEVILLE–H. GUILLOTEL, La Bretagne des saints et des rois (V^e-Xe s.), 1984, 297–352 – J. M. H. SMITH, Province and Empire - Brittany and the Carolingians, 1992.

2. S., Kg. v. →Ungarn 1063-74, * 1053, † um 1087; Sohn von Kg. →Andreas I. und Anastasia (Tochter →Jaroslavs d. Weisen v. Kiev), ∞ um 1058 Judith, Schwester Kg. →Heinrichs IV., kurz darauf gekrönt. Als sein Oheim →Béla I. 1060 seinen Vater stürzte, mußte S. ins Dt. Reich fliehen, von wo er 1063 mit Unterstützung seines Schwagers zurückkehrte. Der plötzl. Tod Bélas ermöglichte seine Krönung in →Stuhlweißenburg 1063, bei der die Söhne Bélas (→Géza I., →Ladislaus I.) die Worte des Krönungsordo (»esto dominus fratrum tuorum«) als Provokation empfunden haben sollen. Bis 1074 regierten S. bzw. seine Gemahlin und Géza, der über das sog. Hzm. herrschte, nebeneinander und führten erfolgreiche Feldzüge gegen Byzanz und die →Pečenegen. Doch verschärften sich seit der Eroberung v. →Belgrad 1071 die Gegensätze, und nach einer Niederlage am 14. März 1074 mußte sich S. in die westung. Grenzkomitate zurückziehen. Zwar unterstützte ihn Heinrich IV., von dem er sein Land zu Lehen nehmen wollte, mehrfach bei Einfällen ins Landesinnere, doch konnte er den Thron nicht mehr erringen. Bis 1077 war Géza Kg., und ihm folgte Ladislaus I.; schließlich überließ S. diesem 1081 die Krone. Wegen vermeintl. Mordpläne gegen Ladislaus zeitweise eingekerkert, konnte S. 1083 nach Regensburg fliehen; später ging er zu den Pečenegen über in die Moldau. Er starb entweder in einer Schlacht gegen die Byzantiner oder – nach einer späteren Legende – als Mönch in Pula, wo er zeitweilig als Hl. verehrt wurde. J. Bak

Q.: Simonis de Kéza gesta Hung., II/4, hg. A. DOMANOVSKY, SSrer-Hung I, 1937 – Bernoldus monachus S. Blasii: Chronicon, hg. G. H. PERTZ (MGHSS 5, 1844), 446 – Lit.: BLGS IV, 77f. – HÓMAN I, 267–382 – T. WOJCIECHOWSKI, Szkice historyczne XI wieku, 1970^4, 163–166 – GY. MORAVCSIK, Byzantium and the Magyars, 1970, 64f.

3. S., nestorian. Metropolit v. →Basra, * in Aḫlaṭ am Wansee, nahm 1222 an der Wahl des Katholikos Sabrīšō^c IV. teil. Von seinen Werken sind u. a. erhalten Gebete, kleinere Memre (memrōnē), ein Marienhymnus und das Hauptwerk »Buch der Biene« (debbōrīṯā), eine legendar., apokryph. und chronograph. Elemente vermengende Darstellung der ges. Heilsgesch. (ed. E. A. W. BUDGE, The Book of the Bee, 1886 [mit engl. Übers.]; lat. Übers. J. M. SCHÖNFELDER, 1866). Dieses weit verbreitete Sammelwerk wurde, z. T. überarbeitet, ins Arab. übersetzt (kitāb al-naḥla) und auch von den Jakobiten geschätzt. Verloren ist offenbar sein »Buch der Gestalt des Himmels und der Erde«, wohl eine Art kosmograph. Gegenstück zum »Buch der Biene«. Wenigstens hs. erhalten ist sein »Chronikon«, eine kalenderkundl. Arbeit. J. Aßfalg

Lit.: LThK^2 IX, 275 – J. S. ASSEMANI, Bibl. Orientalis Clementino-Vaticana, 1719–28, III/1, 309–325 – A. BAUMSTARK, Gesch. der syr. Lit., 1922, 309 – Zs. für Semitistik 3, 1924, 175f. – J.-B. CHABOT, Lit. syriaque, 1934, 137 – G. GRAF, Gesch. der chr. arab. Lit., II, 1947, 213.

4. S. Ben Adret v. Barcelona, bedeutendste gesetzesgelehrte Autorität des südwesteurop. Judentums im beginnenden SpätMA, geb. ca. 1235, gest. 1310, Schüler des →Nachmanides. Seine zu tausenden erhaltenen →Responsen stellen eine nur ansatzweise ausgewertete Q. für die Rechts-, Wirtschafts- und Sozialgesch. der jüd. Gemeinden in Spanien, S-Frankreich und N-Afrika dar, behandeln aber auch bibelexeget. und religionsphilos. Fragen. Mit Rabbi →Meir Ben Baruch aus Rothenburg stand er im Briefwechsel. Neben seinen Rechtsgutachten verfaßte S. umfangreiche Talmudkomm.e und wenigstens zwei bedeutende monograph. Handbücher zum jüd. Ritualgesetz: das zweiteilige »Torat ha-Bajit« zu Schächtfragen und zur Genußtauglichkeit verschiedener Speisen sowie das Buch »^{c}Abodat ha-Kodesch« über die Fest- und Feiertagsobservanz. H.-G. v. Mutius

Lit.: I. EPSTEIN, The »Responsa of Rabbi Solomon B. A. of B.«, 1925 – M. ELON, Ha-Mischpaṭ ha-^{c}ibri, 1988^3, 1054ff. [Q.] – She'elot u-Teschubot Raschba, trad. Ausg., Neudr. 1989/90.

Salona (heute Solin, Kroatien), archäolog. Fundstätte an der mittleren O-Küste der Adria bei →Split. Seit dem 3. Jh. v. Chr. von Griechen besiedelt, im 2. Jh. auch von Italikern, z. Z. Caesars Colonia Martia Iulia Salona, wurde S., Sitz der Statthalters in Illyricum, mit Mauern umgeben, die 170 n. Chr. wegen der Bedrohung durch Quaden und Markomannen verstärkt und erweitert wurden. Die Blütezeit S.s lag in der Zeit Diokletians (284–305). Eine chr. Gemeinde entstand um die 2. Hälfte des 3. Jh. (erster Bf. Venantius). Die lokalen Märtyrer, Domnius aus Syrien und Anastasius aus Aquileia, erlitten das Martyrium während der diokletian. Verfolgungen 304 und wurden in außerstädt. Friedhöfen bestattet, wo später große Basiliken errichtet wurden. Synoden v. 530 und 533 regelten die kirchl. Beziehungen in der Prov.; S. wurde Metropole für →Dalmatien. Ende des 6. Jh. nahm das städt. Leben wegen der Bedrohung durch Barbaren ab; eine Eroberung wird allg. zu Anfang des 7. Jh. (ab ca. 613) angenommen. Nach neuerer Forsch. wurde S. jedoch allmähl. verlassen, ist polit. und kirchl. Funktionen wurden nach Split verlegt (Q. zum Ende von S.: →Konstantin Porphyrogennetos [De adm. imp., Kap. 29f.], →Toma v. Split).

Das ma. Solin, eines der drei Hauptzentren des frühma. →Kroatien, entwickelte sich v. a. östl. der röm. Stadt am Fluß Salon (Jadro, Iader), nicht weit von Split und von der Burg →Klis. Über den altchr. Kirchen wurden vorroman.

(altkroat.) Kirchen errichtet, z.B. St. Peter und Moses (Šuplja crkva, Krönungskirche von →Dmitar Zvonimir), St. Stefan auf der Insel (Sv. Stjepan na Otoku, Kg.sgräber und Epitaph der Kgn. Helena [† 976]). Mit dem Ende der einheim. kroat. Dynastie und wirtschaftl. Veränderungen dehnten Split und →Trogir ihr Territorium in das Gebiet um Solin aus. Solin wurde zum Dorf, das bis zur türk. Eroberung dieses Gebiets und der Burg Klis wenig Bedeutung hatte.   Ž. Rapanić

Lit.: Kl. Pauly IV, 1521 – LThK² IX, 276f. – RE IA, 2003–2006 – Forsch. in S., I–III, 1917–39 – Recherches à Salone, I–II, 1928–33 – L. Katić, Topografske bilješke solinskog polja, Vjesn. arh. hist. dalm. 52 [1935–49], 1950, 79–96 – E. Dyggve, Hist. of Salonitan Christianity, 1951 – L. Katić, Solin od VII–XX stoljeća, Prilozi povij. umjetn. u Dalmaciji 9, 1955, 17–91 – Ders., Zadužbine hrvatske kraljice Jelene na Otoku u Solinu, RAD JAZU 306, 1955, 187–219 – E. Ceci, I monumenti pagani di S., 1962 – Ders., I monumenti cristiani di S., 1963 – Ž. Rapanić–D. Jelovina, Revizija istraživanja arhitektonskog kompleksa na Otoku u Solinu, Vjesn. arh. hist. dalm. 70/71, 1968–69, 107–135 – B. Gabričević, Questions de la datation du sarcophage de l'abesse Jeanne, Disputationes Salonitanae I, 1975, 96–101 – M. Suić, Antički grad na Jadranu, 1976 – Ž. Rapanić, Prilog proučavanju kontinuiteta naseljenosti u salonitanskom ageru u ranom srednjem vijeku, Vjesn. arh. hist. dalm. 74, 1980, 189–217 – N. Jakšić, Vijesti o padu S. u djelu Konstantina Porfirogeneta. Disputationes Salonitanae II, 1984, 315–326 [= Vjesn. arh. hist. dalm. 77] – I. Marović, Reflexions about the Year of the Destructions of S., ebd., 293–314 – F. Bulić, Po ruševinama stare Salone [opus postumum], 1986 – Antička S., Uredio N. Cambi, 1991.

Saloniki → Thessalonike

Salonius, Bf. v. →Genf, hl. (Fest 28. Sept.), * um 400, † nach 450, Sohn des →Eucherius v. Lyon. Ausgebildet in →Lérins, wurde er vor 441 Bf. und nahm an den Synoden v. Orange (441) und Vaison (442) teil. Ein Brief von S. und anderen Bf.en an Leo I. ist erhalten (MPL 54, 887–890). Eucherius widmete S. seine »Instructiones«, →Salvianus v. Marseille die Epist. 9, ein Buch seiner Briefe (MPL 58, 1099) und »De gubernatione Dei«. Die Komm.e zu Spr und Koh (ed. C. Curti, 1964) und Jun und Mt (ed. Ders., 1968) stammen wohl von einem unbekannten Verf. aus Dtl., nach 800.   E. Grünbeck

Lit.: Diz. Patrist. II, 1983, 3070–3073 [C. Curti] – V. I. J. Flint, The True Author of the S. Commentarii in Parabolas Salomonis et in Ecclesiasten, Rth 37, 1970, 174–186 – J. P. Weiss, L'authenticité de l'œuvre de S. de Genève, Studia Patristica 10, 1970, 161–167 – Ders., Les sources du commentaire sur l'Eccl. du Ps-S., ebd. 12, 1975, 178–183.

Salos, Bezeichnung für einen Mönch, der eine bes. Form der Askese praktiziert, ein 'Narr um Christi willen'. Der Begriff ungeklärter Herkunft (nicht syr. oder gr.; ägypt.?) wird erstmals in der »Hist. Lausiaca« des →Palladios (ca. 420) für eine Nonne eines Kl. in Tabennisi verwendet. Die in der Lit. bekannten Saloi wirkten in Städten bzw. der Öffentlichkeit, wo sie durch oft originelle und groteske Verstöße gegen Brauch und Sitte Ärgernis provozierten, demütig Gelächter und Mißhandlungen ertrugen und so gegen die menschl. Logik für die höhere Weisheit Gottes Zeugnis ablegen wollten. Ob ihres asket. Lebens respektiert oder wegen ihres Sarkasmus bei der Bloßstellung von Menschen und Lebensweisen sogar bisweilen gefürchtet (Kekaumenos 246, 13–23: Litavrin), geben die Saloi häufig Anstoß zur Reflexion über die chr. Botschaft. Die bekanntesten Saloi sind Symeon (6. Jh.; Vita: BHG 1677, auch bei →Evagrios Scholastikos erwähnt) und Andreas (vermutl. fiktive Vita [BHG 116b] in Rußland verbreitet, diente dem *jurodivyj* als Vorbild). Wenn auch einige Äußerlichkeiten dieser Form der Askese Ähnlichkeiten mit dem Kynismus aufweisen (Benz), so wird schon in der ersten Erwähnung auf das NT Bezug genommen (v. a. 1 Cor. 3, 19).   G. Schmalzbauer

Q. und Lit.: E. Benz, Hl. Narrheit, Kyrios 3, 1938, 1–55 – L. Rydén, Das Leben des hl. Narren Symeon v. Leontios v. Neapolis, 1963 – G. P. Feodotov, The Russian Religious Mind, 1966, 316–343 – J. Grosdidier de Matons, Les thèmes d'édification dans la vie d'André S., TM 4, 1970, 277–328 – Léontios de Néapolis, Vie de Syméon le Fou et Vie de Jean de Chypre, ed. A. J. Festugière–L. Rydén, 1974, 1–252 – L. Rydén, The Holy Fool (The Byz. Saint, 1981), 106–113 – K. Vogt, La moniale folle du monastère des Tabennésiotes, Symbolae Osloenses 62, 1987, 65–108 – F. Rizzo Nervo, Percorsi di Santità: σαλή versus σαλός, Boll. della Badia Greca di Grottaferrata 45, 1991, 315–337.

Salpeter, Salze der S. säure, Kalium-, Natrium- und Ammoniumnitrat, ohne klare Unterscheidung in ma. Q. als *Salpeter, Salniter,* lat. *Sal petri, Salpractica* bezeichnet. Nach neueren Forsch. war S. im Altertum unbekannt und auch nicht Bestandteil des →Gr. Feuers. Von →Ibn al-Baiṭār erstmals erwähnt, wird S. im Abendland nach 1250 durch den »Liber ignium« des →Marcus Graecus, durch →Roger Bacon und →Albertus Magnus bekannt. Als Hauptbestandteil des →Pulvers stieg der Bedarf an S. mit der Entdeckung der Feuerwaffen in der 1. Hälfte des 14. Jh. sprunghaft an. S. wurde zunächst in Indien gewonnen und unter ven. Handelsmonopol in Europa verbreitet. Der in den Rechnungsbüchern Frankfurts und anderer Städte zw. 1381 und 1440 zu beobachtende Preisverfall des S.s deutet auf beginnende, stadt- und landesherrl. geförderte Eigenproduktion hin. Dabei wurde an Keller- oder Stallwänden kristallisierter Rohs. systemat. gesammelt oder leicht verwesl. Substanzen, Mist, Urin, Asche, Kalk und kalihaltige Erden gemischt, in denen sich dann S. anreicherte. Eine frühe Beschreibung einer S.plantage liefert um 1405 der »Bellifortis« des Conrad→Kyeser. Die s. haltigen Ablagerungen mußten durch Waschen, Umkristallisieren und Sieden mit salzhaltigen Laugen gereinigt werden, wobei starke Qualitätsschwankungen auftraten. Die auf hohe Qualität des S.s angewiesenen →Büchsenmeister sammelten ihr Wissen in →Feuerwerksbüchern. Vannoccio →Biringuccio widmet ein ganzes Buch seiner »Pirotechnia« dem S. Er nennt als erster die Gewinnung von Kalis. durch Sieden des Rohs.s mit →Pottasche. Nach ihm beschäftigten sich mit S. v. a. →Agricola und Lazarus Ercker.   R. Leng

Lit.: A. R. Williams, The Production of Saltpeter in the MA, Ambix 55, 1975, 125–133 – F. Trimborn, Überblick über die hist. Entwicklung der Explosionsstoffe, Nobel-H. 55, 1989, 107–159.

Saltovo und Majack (Majaki), **Kultur v.,** benannt nach dem Friedhof S. am rechten Ufer des n. Donez und dem Majackoe gorodišče am Don, datiert zw. 7./8. und 10. Jh.; das Verbreitungsgebiet läßt sieben geogr. Varianten zw. Kaukasien, Wolga- und Dongebiet im O, Dnepr- und Donauregion im W erkennen. Die bedeutende Kultur von Steppenkriegern Osteuropas bildet im wesentl. den archäolog. Niederschlag des Khaganats der →Chazaren, dessen Kerngebiete sie einschließt. Die strittige Diskussion um die ethn. Träger rechnet mit alan. und bolgar.-türk. Stämmen, Gemeinsamkeiten bestehen mit Spätavaren und landnehmenden Ungarn. Die enorme Funddichte in einzelnen Gebieten schließt auch planmäßig angelegte Festungen aus charakterist. weißen Steinmaterial mit ein, die eine Sperrung der Flußsysteme ermöglichten. Vielfältige Kombinationen von hochentwickeltem Nomadentum mit Städten, die mobile Bevölkerungsteile im Frühjahr verließen, und Festungen, in denen man in Jurten lebte, sowie ackerbautreibende Schichten sind beobachtet. Neben Gruben- und Katakombenfriedhöfen gibt es zahlreiche Belege für Brandbestattungen und Hügelgräber. R. Rolle

Lit.: Stepi Evrazii v èpochu srednevekov'ja, Archeologija SSSR, 1981, 62–77 – C. Bálint, Die Archäologie der Steppe, 1989, 44–71.

Şaltuqnāme, um 1480 von Ebū'l-Ḫayr Rūmī im Auftrage des osman. Prinzen Ğem zusammengestellte legendäre Lebensgesch. des Şarï Şaltuq (Şaltïḫ). Hintergrund der dreibändigen, epischen Darstellung sind die Taten eines türk. Glaubenskämpfers (ġāzī) und Derwischs, der als Gefolgsmann des exilierten Selğuqen ʿIzz ed-Dīn Keykāʾūs II. in der Dobrudža und der Krim für die Verbreitung des Islams wirkte und 1293 gest. vermutl. in Babadağ bestattet wurde. Das Ş. ist eine Kompilation von Motiven und Geschichten aus der islam. *menāqib-* und *ġāzī-*Lit., mündl. und folklorist. Überlieferung, bektaschit. Elementen und chr. Legenden. Ch. K. Neumann

Ed.: Ş. Tekīn u. a., 1974–80 – Ş. H. Akalın, 1987–90 – *Lit.*: A. Y. Ocak, Sarı Saltuk ve Saltuknâme, Türk Kültürü 197, 1979, 266–275 – F. Iz, Şaltuḳ-nâme (VIII. Türk Tarih Kongresi, 1981), 971–977 – A. Y. Ocak, Kültür tarihi kaynağı olarak menâkıbnâmeler, 1992, 57–59.

Salut, Liebesbrief, gewöhnl. in achtsilbigen Distichen, in der zweiten Hälfte des 12. Jh. vielleicht durch →Arnaut de Maruelh in die prov. Dichtung eingeführt. Es handelt sich dabei um eine nichtlyr. Variante der höf. Canzone, die nach strengeren rhetor. Prinzipien gegliedert ist: in Gestalt eines Appells an die Dame greift der S. inhaltl. weit aus, übernimmt Formen der höf. narrativen Lit. und nähert sich der Didaktik der →ensenhamens. Das Genus gewann im N eine gewisse Beliebtheit, v. a. in der Form der »Complaintes d'amour«, sehr persönl. gehaltener Monologe, in die bisweilen lyr. Passagen eingefügt sind.

S. Asperti

Lit.: P. Meyer, Le s. d'amour dans la litt. prov. et frç, BEC 28, 1867, 124–170 – A. Parducci, La »lettera d'amore« nell'antica lett. prov., StM, NS XV, 1942, 69–110 – P. Bec, Les s. d'amour du troubadour Arnaut de Mareuil, ebd. – E. Ruhe, De amasio ad amasiam. Zur Gattungsgesch. des ma. Liebesbriefes, 1975.

Salutaris poeta, tradierte Überschrift eines anonymen lat. Lehrgedichts von 113 reimlosen Distichen. Die reichhaltige hs. Überlieferung setzt im 15. Jh. ein; für die These einer Entstehung des Werks in früherer Zeit fehlt es gänzlich an Anhaltspunkten. Der Verf. wendet sich mit seinen Morallehren mahnend an die Jugend, die er in herkömml. Weise zur Pflege der Tugenden und zur Meidung der Laster auffordert. Er warnt vor der Unmoral des Hoflebens, beklagt kirchl. Mißstände und bietet allerhand Lebensregeln, darunter Ratschläge zur Bewahrung der Gesundheit. Offenbar wirkte er als Lehrer im dt. sprachigen Raum; daß er Mönch war, hat man ohne überzeugende Begründung vermutet. – Im späten 15. Jh. tauchte eine dt. Übersetzung in Reimpaaren auf. J. Prelog

Ed.: J. Bujnoch, Die Spruchdichtung des S. p., MJb 5, 1968, 199–241 – *Lit.*: Verf.-Lex.² VIII, 547f. [Lit.] – S. Christoph, Zur Spruchdichtung des 'S. p.', MJb 22 (1987), 1989, 230–236.

Salutati, Coluccio, it. Humanist und Staatsmann, * 1331 in Stignano im Valdinievole (Pistoia), † 1406 in Florenz. Nach Studien der Litterae und des Notariatswesens in Bologna war er Notar im Valdinievole, dann Kanzler der Kommune Todi und nach fehlgeschlagenen Versuchen, ein Amt an der römischen Kurie zu erhalten, Kanzler v. Lucca. 1374 siedelte er nach Florenz über, wo er zum Kanzler der Republik ernannt wurde. Er übte dieses Amt in einer für die Stadt sehr konfliktreichen Zeit bis zu seinem Tode aus. Mit Petrarca, in dem er seinen geistigen Lehrmeister sah, befreundet, frequentierte er in Florenz die gelehrte Gesellschaft, die sich häufig im Paradiso degli Alberti und im Konvent S. Spirito versammelte. S. förderte die humanist. Erneuerung der Kultur und gab dem Griechisch-Studium in Italien durch die Berufung des Manuel →Chrysoloras an die Univ. Florenz (1396) einen starken Impuls. Er suchte nach antiken Hss. (Entdeckung von Ciceros Briefen »Ad familiares« im heutigen Codex Laurentianus 49, 9), trug eine beachtl. Bibliothek zusammen und widmete antiken und zeitgenöss. Texten sein philolog. Interesse (bes. wichtig sind seine Anmerkungen zu Petrarcas »Africa«). In Anlehnung an die karol. Minuskel entwickelte er eine für die Buchdruck-Antiqua vorbildl. Schrift (→Humanistenschrift). S. war ein typischer Vertreter des ersten florent. »Bürgerhumanismus«: sein polit. und lit. Wirken waren eng miteinander verbunden. Ein sichtbares Zeichen dieser Verbindung sind die offiziellen Briefe (→Sendschreiben), in denen der typische Kanzleistil durch S. s Klassizismus erneuert erscheint und die ebenso wie seine privaten Briefe, die Petrarca und Cicero verpflichtet sind, vielleicht den interessantesten Aspekt seines lit. Schaffens bilden. Neben den Briefen, den Gedichten und lat. Kurzepen, Reden, Deklamationen und rhetor. Übungen sind S. s Traktate bes. hervorzuheben: Sie zeigen moralische (»De seculo et religione«; »De verecundia«; »De fato et fortuna«), kulturelle (»De nobilitate legum et medicinae«) sowie polit. Thematik (»De tyranno«; »Invectiva in Antonium Luschum«, in der S. die »Invectiva in Florentinos« des →Loschi widerlegt, eine Visconti-Propagandaschrift). Mit »De laboribus Herculis« und mit dem Brief, in dem er die Dichtkunst gegenüber der »Lucula noctis« des Giovanni →Dominici verteidigt, nimmt S. an der Debatte über die klass. Dichtung, die Theologie und die Hierarchie der Künste teil, die in ihren Grundzügen auf Petrarca zurückgeht. D. Coppini

Ed.: Epistolario di C. S., ed. F. Novati, 1891–1911 – Il trattato De tyranno e lettere scelte, ed. F. Ercole, 1942 – De nobilitate legum et medicinae e De verecundia, ed. E. Garin, 1952 – Disputatio de regno (B. L. Ullman, On Monarchy [Studies on the It. Renaissance, 1955, 461–473]) – De saeculo et religione, ed. B. L. Ullman, 1957 – T. Hankey, S.'s Epigrams for the Palazzo Vecchio at Florence, JWarburg 22, 1959, 363–365 – Declamatio Priami (E. Menestò, Nuove testimonianze su C. S., Sandalion 3, 1980, 357–374) – De fato et fortuna, ed. C. Bianca, 1985 – Declamatio Lucretiae (S. H. Jed, Chaste Thinking: the Rape of Lucretia and the Birth of Humanism, 1989) – Vom Vorrang der Jurisprudenz oder der Medizin. De nobilitate legum et medicinae, ed. P. M. Schenkel, E. Grassi, E. Kessler, 1990 – *Lit.*: B. L. Ullman, The Humanism of C. S., 1963 – A. Petrucci, C. S., 1972 – J. Lindhardt, Rhetor, Poeta, Historicus, 1979 – Convegno su C. S. Buggiano Castello, 1981 – R. G. Witt, Hercules at the Crossroads, The Life, Works, and Thoughts of C. S., 1983 – V. Fera, Antichi editori e lettori dell'Africa, 1984, 17–82 – M. Martelli, Schede per C. S., Interpres 9, 1989, 237–252 – D. Di Cesare, La poesia come poiesis politica in C. S. (Historia Philosophiae Medii Aevi… [Fschr. K. Flasch, 1991]) – M. Martelli, C. S. o il terrore dell'esclusione (L'exil et l'exclusion dans la culture it., 1991), 49–66 – C. S., Index, bearb. Cl. Zintzen – U. Ecker, 1992.

Salutatio, Grußformel, die das →Eingangsprotokoll beschließt, in der Regel verbunden mit der →Inscriptio. An die Stelle der S. kann auch eine Verewigungsformel (»in perpetuum«) treten. In →Papsturkk. wurde die S. bis ins 11. Jh. eigenhändig vom Papst eingetragen. Seit den Reformen unter Papst Leo IX. ist sie in den kanzleityp. Form »salutem et apostolicam benedictionem« Bestandteil der einfachen →Privilegien des 12. Jh. sowie der →Litterae cum serico, der Litterae cum filo canapis, der Litterae clausae und der →Breven. In den Diplomen der röm.-dt. Ks. und Kg.e des 9. bis 11. Jh. fehlt die S. ebenso wie die Inscriptio und ist ledigl. Bestandteil der →Mandate, wo sie, verbunden mit der Adresse, zunächst mit dem Ausdruck »salutem«, seit Ks. Heinrich IV. mit der Vokabel »gratiam« gebildet wird. Unter Lothar III., Konrad III.

und Friedrich I. findet sie Eingang in Privilegien und Schenkungsurkk. Die S. wird nach dt. (»gratiam suam et omne bonum«) und it. Empfängern (»gratiam suam et bonam voluntatem«) unterschieden. Die frz.sprachigen Mandate der Valois verwenden die S. in der Form »salut« oder »salut et dilection«. Die dt.sprachigen Litterae der Ks. und Kg.e im SpätMA enthalten die S. meist in der Form »embieten (N.) unser huld und alles gut« bzw. seit Ks. Karl IV. häufig auch »embieten (N.) unser gnade und alles gut«, wie sie auch in den →Privaturkk. Anwendung fand. Urkk. des Kardinalskollegs während der Sedisvakanz enthielten die Grußformel »salutem in domino«, ähnl. wie allg. die Urkk. der Kardinallegaten sowie spätma. Sammelablässe der Kard.e (»salutem in domino sempiternam«). Die S. der spätma. Konzilsurkk., z. B. des Konzils v. →Basel, sind in enger Anlehnung an die Grußformel der Päpste abgefaßt, betonen aber im Gegensatz zur päpstl. die göttl. Benedictio (»salutem et omnipotentis dei benedictionem«). In →Registern wird die S. in der Regel stark gekürzt, häufig ganz weggelassen. Eine bes. Bedeutung kommt der S. in →Briefen zu und nimmt so auch in den verschiedenen →Formelsammlungen einen breiten Raum ein.   J. Spiegel

Lit.: BRESSLAU I, 47, 54, 123; II, 251ff. u.ö. – W. ERBEN, Die Ks.- und Kg.surkk. des MA in Dtl., Frankreich und Italien, 1907, 345f. – TH. FRENZ, Papsturkk. des MA und der NZ (Hist. Grundwiss. in Einzeldarstellungen 2, 1986), §2, 8, 12–14, 21, 35f., 51 u.ö.

Saluzzo, Stadt in Oberitalien (Piemont), entstand im 11. Jh. als Kastell der Mgf.en v. Turin, wobei zwei Siedlungskerne auszumachen sind: das Kastell auf dem Hügel und die Pfarrkirche in der Ebene. Seit dem 12. Jh. förderte die Konsolidierung der Macht der Mgf.en v. →Saluzzo die Entwicklung der Ortschaft, die zum Hauptort der Mgft. aufstieg. Im Laufe des 13. Jh. entstand durch die polit. Entscheidung der Mgf.en und, bedingt durch das Bevölkerungswachstum, auf den Ausläufern des Hügels eine neue befestigte Anlage und eine Burgussiedlung, die sich zum Mittelpunkt der gesamten Siedlung entwickelte. Eine Verdichtung der Besiedlung erfolgte im 14./15. Jh. durch die Zerstörung des oberen Kastells und der Entwicklung des Borgo, der mit dem Gebiet um die Pfarrkirche zusammenwuchs. Anfang des 16. Jh. griffen die Mgf.en verstärkt in die urbanist. Entwicklung von S. ein; die Erhebung zum Bm. und der Bau der neuen Kathedrale kennzeichnen S.s volle Entwicklung zur Stadt. Parallel zum Wachstum der Bevölkerung und der Bedeutung von S. läßt sich seit dem 13. Jh. die Entwicklung der Kommune verfolgen, die eine autonome Verwaltung besaß, jedoch stets zum Herrschaftsbereich der Mgf.en gehörte.   L. Provero

Lit.: D. MULETTI, Memorie storico-diplomatiche appartenenti alla città e ai marchesi di S., 1829–1833 – Misc. Saluzzese, 1902 (Bibl. della Società storica subalpina, XV) – N. GABRIELLI, Arte nell'antico marchesato di S., 1974.

Saluzzo, Mgf.en v., stammen von den Mgf.en del Vasto ab, die im 11./12. Jh. über ein weites Gebiet in Ligurien und dem s. Piemont herrschten. Infolge der Teilung dieses Herrschaftsgebiets um die Mitte des 12. Jh. konzentrierten sich die Besitzungen der Mgf.en v. S. auf ein Gebiet im sw. Teil Piemonts, das zwar nur von bescheidenem Umfang war, aber keine großen konkurrierenden Herrschaften als Nachbarn hatte. Seit den letzten Jahrzehnten des 12. Jh. begannen die Mgf.en, beeinflußt durch die Politik der Stauferks., mit dem Ausbau eines Territorialstaates auf dynast. Grundlage. Ihre Bemühungen trugen in der 2. Hälfte des 13. Jh. Früchte, als die Mgft. die typ. Kennzeichen der größeren Territorialherrschaften annahm: Gründung eines Apparats von Funktionsträgern, Erringung der Lehnshoheit über die kleineren Jurisdiktionen, Ansichziehung der höheren Instanzen der Gerichtsbarkeit. In den ersten Jahrzehnten des 14. Jh. brachten einige dynast. Konflikte das feste Gefüge der Mgft. in Gefahr und erleichterten das Eingreifen äußerer Mächte, wie Anjou und Savoyen, die ihre eigene Herrschaft auf Kosten der S. ausbauten. In den letzten beiden Jh.en (bis zur Auflösung 1548) war die in ihren Dimensionen reduzierte Mgft. ständig dem Haus Savoyen und den Kg.en v. Frankreich unterworfen, deren Konkurrenz den Mgf.en jedoch einen gewissen autonomen Freiraum ermöglichte. Der Niedergang der Macht der Mgf.en wurde jedoch von wichtigen Evolutionen in der Organisation der Mgft. begleitet: seit dem Ende des 14. Jh. wurden gesetzgeber. Maßnahmen innerhalb der Mgft. durchgeführt, deren Ziel es war, die frühere legislative Zersplitterung zu beenden; gleichzeitig wuchs der Apparat der Funktionsträger sowohl im Außendienst wie bei Hof. Trotz der polit. Krise erreichten die Kunst, die Literatur und das Ingenieurwesen in der Mgft. ein beachtl. hohes Niveau.   L. Provero

Lit.: D. MULETTI, Memorie storico-diplomatiche appartenenti alla città e ai marchesi di S., 1829–1833 – A. TALLONE, Tomaso I marchese di S. (1244–1296). Monografia storica con appendice di documenti inediti, 1916 – L. PROVERO, Dai marchesi del Vasto ai primi marchesi di S. Sviluppi signorili entro quadri pubblici (XI–XII sec.), 1992.

Salvationsklausel → Vorbehaltsklausel

Salvator → Jesus Christus

Salvianus v. Marseille, Presbyter, spätantiker Schriftsteller, * zu Beginn des 5. Jh. in der Region Trier–Köln, † nach 470, zog, womögl. wegen der frk. Invasionen, ins südl. Gallien. Überliefert sind neun Briefe, ein Traktat »Ad ecclesiam« (in vier Büchern) und, am berühmtesten, die Schrift »De gubernatione Dei« (in acht Büchern). Schon in »Ad ecclesiam« wird das Hauptthema angeschlagen, die Zeitkritik, hier durch Geißelung der 'avaritia'. »De gubernatione Dei« setzt sich dann mit der Frage auseinander, wie das christl. Römertum von den heidn. bzw. häret. Germanen derart hat überwältigt werden können. S. stellt die These auf, daß hier nicht die moralisch Unterlegenen über die moralisch Höherstehenden gesiegt hätten, sondern daß umgekehrt die christl. Römer in moral. Hinsicht den Barbaren unterlegen seien. »De gubernatione Dei« ist deshalb so berühmt, weil die Schilderung der gesellschaftl. und polit. Verhältnisse in röm. Gallien nicht nur mit äußerster Schärfe, sondern auch mit vielen fakt. Details geschieht (z. B. Steuersystem und seine Mißbräuche, Flucht von Römern in barbar. Obhut), was die Schrift zu einer kostbaren hist. Q. macht. Die theol. Dimension des Werkes des S., auf die es ihm v. a. angekommen war, ist in der Forschung weniger präsent; im MA ist es nicht in nennenswerter Weise rezipiert worden.   W. Schuller

Ed.: Salvien de Marseille, Œuvres, 2 Bde, ed. G. LAGARRIGUE, 1971, 1975 (SC) [ausführl. Einleitungen und Lit.] – *Lit.*: J. BADEWIEN, Geschichtstheologie und Sozialkritik im Werk Salvians v. Marseille, 1980 – J.-U. KRAUSE, Spätantike Patronatsformen im W des Röm. Reiches, 1987, 233–283 – M. FUHRMANN, Rom in der Spätantike, 1994, 288–291.

Salviati, florent. Familie, vielleicht aus →Fiesole stammend, die seit der 2. Hälfte des 13. Jh. polit. Einfluß gewann und eine lange Reihe von Gonfalonieri (angefangen mit *Cambio di Salvi*, 1335), Priori, Gesandten, Verwaltungsbeamten innerhalb der Stadt und im Contado und Districtus, Kriegskommissären und Kirchenmännern (u. a. *Francesco S.*, Ebf. v. Pisa, der 1478 in Florenz gehenkt wurde, da er in die →Pazzi-Verschwörung verwickelt war) stellte. Im Lauf des 15. Jh. gehörten die S. zu den repräsentativsten und einflußreichsten Familien der florent. Oligarchie und waren demzufolge bei allen wichtigen polit. Ereignissen beteiligt. Bes. hervorzuheben sind folgende Mitglieder: der »miles« *Jacopo* S. (1360–1412), sein Sohn *Alamanno* (1389–1456) und die Enkel von letzterem *Jacopo di Giovanni* (1462–1533), der die Tochter Lorenzos il Magnifico (→Medici), Lucrezia, heiratete, und *Alamanno di Averardo* (1461–1510); Jacopo (dessen Tochter *Maria* war durch ihre Ehe mit Giovanni delle Bande Nere die Mutter Cosimos I. Medici, des ersten Hzg.s und späteren Großherzogs der Toskana) und Alamanno waren die Stammväter des röm. und florent. Zweiges der Familie; beide Linien sollten in der Neuzeit wichtige Positionen in der Adelsgesellschaft und in der kirchl. Hierarchie einnehmen und sich durch ihr Mäzenatentum auszeichnen. Die wirtschaftl. Potenz der S. gründete sich anfänglich auf Handel und Unternehmertum (v. a. auf dem Woll- und Tuchsektor), seit etwa 1440 vornehml. auf dem Geldgeschäft: zu dem Bankhaus in Florenz traten in rascher Folge Kompagnien in Pisa, Brügge, London, Lissabon und Konstantinopel, so daß die S. am Ausgang des MA zu den Protagonisten der europ. Hochfinanz zählten. Gleichzeitig mit ihrem Aufstieg in der Politik, im Handel, Unternehmertum und Finanzwesen erwarb die Familie seit dem 14. und 15. Jh. Immobilien v. a. in Florenz und Pisa und Grundbesitz in gewaltigen Dimensionen. Das Privatarchiv der Familie, mit einem reichen Bestand an Urkundenmaterial, befindet sich heute in der Scuola Normale Superiore in Pisa.

M. Luzzati

Lit.: P. HURTUBISE, Une famille-témoin. Les S., 1985.

Salvo Burci (oder Burce), wahrscheinl. aus einer Adelsfamilie in Piacenza, verfaßte 1235, nach den Unruhen, die 1233 in Piacenza durch das Auftreten von Häretikern ausgebrochen waren, den »Liber supra Stella«, eine auf die Bibel, v. a. das auch von den Katharern allg. anerkannte NT, gestützte Polemik gegen die Thesen der –nichterhaltenen– Schrift »Stella« eines Arztes Andreas, die im Milieu des it. →Katharertums der absolut dualist. Richtung, der sog. »setta degli Albanesi«, entstanden war. Die spärl. Nachrichten über S. B. sind hauptsächl. aus seiner Schrift und der anonymen Präfatio zu gewinnen, die in der einzigen erhaltenen Hs. (Florenz, Bibl. Laur., Mugellanus de Nemore XII) überliefert ist. Der Liber S. B.s, eines Laien und wie er selbst erklärt »litterarum inscius«, das heißt ohne qualifizierte Schulbildung, unterscheidet sich durch seinen Mangel an Gliederung und organ. Aufbau von den zeitgenöss. Werken der gleichen Thematik des Bonaccursus und des →Praepositinus v. Cremona, die S. B. anscheinend nicht kennt oder nicht beachtet. Seine Schrift läßt jedoch eine direkte Kenntnis der Häresie erkennen, allerdings nur in ihrer lokalen Erscheinungsform im Bereich von Piacenza. S. B. zeichnet die Gesch. des Katharertums von seinen Ursprüngen (die er auf 1155 ansetzt) bis in seine Zeit nach und unterscheidet die verschiedenen Kirchen. Zielscheibe B.s sind auch die →Waldenser, deren Entstehung er korrekt auf das Jahr 1175 datiert, wobei er sich bes. auf den it. Zweig bezieht, die →Pauperes Lumbardi des Giovanni di Ronco.

R. Orioli

Q.: Eine vollständige Ed. des »Liber« fehlt – I. v. DÖLLINGER, Beitr. zur Sektengesch. des MA, II, 1890, 52–84 – ILARINO DA MILANO, Il »Liber supra Stella« del piacentino S. B. contro i catari e altre correnti ereticali, Aevum 19, 1945, 307–341 – *Lit.*: DBI XV, 398–399 [CH. THOUZELLIER] – ILARINO DA MILANO, Il »Liber supra Stella« cit., Aevum 16, 1942, 272–319; 17, 1943, 90–146; 19, 1945, 281–307 – A. DONDAINE, La hiérarchie cathare en Italie, APraed 19, 1949, 288ff. – CH. THOUZELLIER, Rituel cathare, 1977.

Salvus Cassetta OP, * 1413 in Palermo, wo er um 1430 in den Orden eintrat, † 15. Sept. 1483 in Rom, ▭ in S. Maria sopra Minerva. In Florenz erwarb er 1445 das Baccalaureat und wurde 1448 Mag. Theol. Seit 1450 lehrte er am Studium des Konvents S. Domenico in Palermo. Neben der Theol. und der Philos. besaß er umfassende Kenntnisse in Mathematik und Architektur (Zuschreibung von Studien über Euklid und Archimedes, »Elementa mathesis«, wahrscheinl. Projekt für die Erweiterung der Kl. kirche S. Domenico, 1457). 1460 wurde er Provinzial, 1462 Generalprokurator seines Ordens, im gleichen Jahr beim Kapitel Siena Definitor für die Prov. Sizilien, 1466–76 Inquisitor für Sizilien. 1474 von Sixtus IV. zum Magister sacri palatii ernannt, prüfte und verurteilte er 1479 die Lehren des span. Theologen Petrus v. Osma und gewann die Freundschaft des Papstes (Begrüßung »Salve, Salve«). Dank Sixtus' IV. wurde S. C. 1481 Generalmagister OP. Wichtige Handlungen seines Generalats waren die Propagierung des Festes der Unbefleckten Empfängnis durch den Orden und die Errichtung der Ordensprov. Schottland. 1482 sandte Sixtus IV. S. C. als päpstl. Legaten nach Dtl., um die Stadt Basel zum Gehorsam zurückzuführen, die Andreas →Jamometić (Zamometić) unterstützt hatte. Nach dem positiven Ausgang der Legation ließ S. C. im Jan. 1483 in Köln die Reliquien des →Albertus Magnus erheben, wobei er einen Arm als Geschenk für den Papst entnahm. Seiner Ernennung zum Kard. kam der Tod zuvor. Sein Epitaph erwähnt eine verlorene »Vita s. Vincentii Ferrerii confessoris« und »quamplures Epistolas«.

L. Gaffuri

Q.: Registrum litterarum S.i C.ae, hg. B. M. REICHERT, 1912 – *Lit.*: DBI XXI, 460–462 – D. A. MORTIER, Hist. des Maîtres généraux de l'Ordre des frères prêcheurs, IV, 1909, 542–569 – M. A. CONIGLIONE, La provincia domenicana di Sicilia, 1937 – V. LA MANTIA, Origine e vicende dell'Inquisizione in Sicilia, 1977, 21–23.

Salz

I. Allgemein und Westen – II. Byzantinisches Reich – III. Altrußland – IV. Osmanisches Reich.

I. ALLGEMEIN UND WESTEN: [1] *Allgemeine Produktion*: S., ein unentbehrl. Lebensmittel (→Ernährung) für alle Lebewesen, Menschen wie Säugetiere, gibt der Nahrung Geschmack und ist wichtig für die Verdauung, den Blutkreislauf, das Nervensystem und das Gleichgewicht des Organismus. Es verhindert die Austrocknung der Nahrungsmittel sowie den Bakterienbefall und war daher lange das vorherrschende Mittel zur →Konservierung ('Pökelung', 'Sülze') von →Fisch, →Fleisch, Gemüse (→Obst und Gemüse), Eiern und Milchprodukten (→Milch) wie →Butter und →Käse, aber auch von Viehfutter.

a) Die *S. vorkommen* Europas an den Küsten und im Landesinneren wurden in drei verschiedenen Techniken genutzt: 1. Gewinnung von Meers.; 2. Abbau von Steins. in Bergwerken (Bochnia und Wieliczka bei Krakau, →Cardona in Katalonien, S. minen in Siebenbürgen); 3. Ergraben von S. quellen in der Ebene (Lothringen, →Lüneburg, →Halle, Droitwich) oder in Bergtälern (→Salins, Añana) bzw. Einleiten von Wasser in S. stöcke, wodurch flüssige S. lösung ('Sole') entstand, die über (hölzerne) Rohrleitungen bis zu einer Saline ('S. hütte') geführt wurde (→Berchtesgaden, →Hallein, →Hall i. Tirol), in der man durch Erhitzen in metallenen Pfannen das Wasser wieder entzog. S. bergbau betrieben in prähist. Zeiten die Kelten im 1. Jt. v. Chr. in den Ostalpen (Hallstatt, Dürnberg, Hallein). Spätestens im 7. Jh. n. Chr. wurden an den

Küsten S.gärten (frz. *marais salants*), die wohl eine Neuerung des MA darstellen, angelegt (am Atlantik: Baie de Bourgneuf, Brouage, Setúbal u. a.; am Mittelmeer: Peccais, Ibiza, →Chioggia u. a.). Viele Salinenbetriebe waren von geringer Größe; sie verarbeiteten im Landesinnern oft nur schwach salzhaltige Lösungen, wohingegen an vielen Küsten der Platz zur Anlage umfassender S. gärten fehlte. Die größten Salinen konnten ca. 20 000 t pro Jahr liefern.

b) *S.gewinnung* ist ein langwieriges Verfahren, das auf Verdunstung beruht und zwei Phasen umfaßt: 1. Konzentration, die zur Bildung der Sole führt; 2. Kristallisation, durch die das Feins., das S. oder Kochs. im eigtl. Sinne, entsteht. Die Verdunstung erfolgt durch natürl. Faktoren (Sonne, Wind), in Klimazonen mit kühlen und feuchten Sommern aber unter Zuhilfenahme von Brennstoffen (Holz, Torf, Ried). Während sich die Salinen zunächst geschlossen in herrschaftl. Hand befanden, ließen sich bald immer mehr Benediktiner-, dann Zisterzienserabteien Salinenanteile bzw. Pfannstätten übertragen. Qualifizierte Sieder (operatores) lösen sich aber schon vor 1000 aus grundherrschaftl. Bindungen, so in Vic-sur-Seille nach Ausweis des →Prümer Urbars und der Mettlacher Güterrolle, so daß sich zw. frühma. Hörigkeit und kapitalist. Lohnarbeit im SpätMA eine Phase früher »Erbarbeit« techn. Spezialisten schiebt, die sich bis zum tatsächl. Besitz im Dauerpachtverhältnis verdichten kann, das beträchtl. Aufstiegschancen eröffnet und demzufolge dann wiederum den Besitz von der realen Arbeit trennt. Im allg. dominierte die handwerkl. Produktionsform, mit Ausnahme des Alpengebiets, wo eine stärkere Investitionstätigkeit seit Ende des 12. Jh. eine innovative (Laugwerksverfahren zur S.lösung im Gebirge) S.produktion vorindustriellen Zuschnitts entstehen ließ (Hallein, Hall i. Tirol). Das Salinenwesen förderte auch die Ausbildung großer Betriebe der Zulieferung und Weiterverarbeitung: Schmieden zur Herstellung und Reparatur der S.pfannen, Ziegelbrennereien, Böttchereien, Zimmermannswerkstätten, Betriebe zum S.trocknen, Lager für das Salinenholz, das zumeist durch →Flößerei (so im Ostalpenraum, auch in →Schwäbisch Hall), manchmal auch durch Fuhrwerke (Lothringen) herangeschafft wurde. Die maritimen Salinen wurden von Pächtern bewirtschaftet, die ihr Land in der Regel in →Emphyteuse innehatten; ein solcher Pächter besaß üblicherweise zwei S. gärten und entrichtete einen Zins, der ihm die Ausübung aller Besitzrechte ermöglichte; seit dem Ende des 13. Jh. verliehen die Pächter die Ausbeutung der S.gärten an Halbpächter (*métayers*), die im Rahmen des →Teilbaus ein Drittel des Salinenertrags abzuführen hatten. In derselben Epoche kauften die großen Grundherren bzw. später die Landesherren die Salinenrenten von den Abteien zurück, um ihre alten S.rechte als Monopol wiederzugewinnen (Hzg.e v. →Burgund in Salins; alpenländ. Salinen, →Salzkammer).

[2] *Handel:* Die S.gewinnung beschränkte sich auf bestimmte Regionen Europas und konzentrierte sich in manchen Ländern an der Küste (Kgr. Frankreich). Der Bedarf an S. war, bezogen auf den Jahreskonsum eines ganzen Landes, sehr beträchtl. Die hohen Transportkosten, nicht so sehr die eher niedrigen Produktionskosten trieben seinen Preis in die Höhe. Das v. a. an den Küsten gewonnene und deshalb am leichtesten und billigsten über See transportierbare S. füllte den Frachtraum der Schiffe →Venedigs und →Genuas seit dem 13. Jh. (→Mittelmeerhandel), während die →Hanse seit dem 14. Jh. (→Baienfahrt) das n. Europa zur See mit S. versorgte. Der S.vertrieb im Binnenland wurde mit großer Mühe durch stromaufwärts getreidelte Lastschiffe, dann über Land durch Lastträger und →Saumtiere durchgeführt. Der infolge der Transportkosten hohe S.preis führte zur Ausbeutung aller bekannten, auch der wenig ergiebigen Lagerstätten: Gewinnung von S. aus Torf und Sand im n. Europa (Schottland, Friesland, Dänemark, Gebiete an der Kanalküste), schwach salzhaltige Q. in Dtl., Polen, Altrußland, England und Spanien. Die kontinentalen Salinenbetriebe trugen stark zur Entwaldung und 'Verheidung' bei (z. B. Lüneburger Heide); die Holzknappheit erzwang die Entwicklung neuer techn. Lösungen.

Der aufstrebende S.handel erwies sich seit dem 12. Jh. als Motor innovativer wirtschaftl. Dynamik; er trug wesentl. bei zur Vervollkommnung der Infrastruktur: neue →Schiffstypen (*nef*, →Kogge, *cocca*, *Hourque*/Hulk); Ausbau von →Häfen und →Straßen; Errichtung von →Brücken und →Gasthäusern; Herausbildung von bevorzugten Land- und Wasserwegen (sog. 'S.straßen', z. B.: Lüneburg–Mölln–Lübeck [um 1400 Bau des →Stecknitzkanals], Salzburg/Reichenhall–Traunstein–Wasserburg/Rosenheim–München und weiter nach W oder Hallein/Salzburg–Laufen–Passau) und, im Zusammenhang damit, Aufstieg wichtiger Etappenstädte (→München) mit →Stapelrecht; Zusammenschlüsse von S.händlern zu →Gilden (Pariser →Hanse/*hanse des marchands de l'eau*, *salters* v. London). Das S. machte die Kaufleute, nicht so sehr die Produzenten reich; es führte maßgebl. zur Vermögenskonzentration beim →Patriziat großer Städte wie Venedig, Lübeck, Krakau oder München, aber auch in kleinen Marktflecken. Die Inhaber von Salinenrechten strebten danach, den von ihnen kontrollierten Städten oder Landgebieten ihr →Monopol bei der S.versorgung aufzuzwingen. Seit dem 13. Jh. war das S. zu einer ökonom. Waffe geworden, bes. im städtereichen, aber salzarmen Oberitalien, wo es ständig zu S.boykotten (→Blokkade, →Boykott) und krieger. Auseinandersetzungen kam. Doch verlor dieses Kampfmittel im 14. Jh. an Wirksamkeit.

[3] *Fiskalität:* Der Handel mit S., das als öffentl. Gut (→Regal) angesehen wurde, erfuhr seit dem 13. Jh. seine Organisation als staatl. Monopol, dessen Inhaber die Kg., Fs.en, Grundherren, Kommunen sein konnten und dessen Trägerschaft die Verpflichtung zum Kampf gegen Wucher (→Fürkauf, Spekulation) einschloß. Die Träger des Monopols waren aber oft nicht in der Lage, die notwendigen wirtschaftl. Maßnahmen der S.gewinnung und des S.handels, die hohen Kapitaleinsatz, Aufwand an Arbeitskräften und eine funktionsfähige Verwaltung erforderten, durchzuhalten, und beschränkten sich daher auf ihre Einschaltung an bestimmten strateg. Knotenpunkten des wirtschaftl. Kreislaufes, zu denen v. a. der von öffentl. Beamten kontrollierte S.stapel gehörte, von dem aus das in S.speichern gelagerte S. an →Handelsgesellschaften weiterverkauft wurde. Der Staat ließ sich diese Dienste vergüten, indem er eine →Steuer einführte und sie auf Kredit an Steuerpächter verlieh; auf diese Weise wurde die S.steuer (→Gabelle) im Frankreich des →Hundertjährigen Krieges zu einer immer schwereren Fiskallast. Von der S.steuer blieben nur wenige Länder verschont, ihre Höhe ließ einen ausgeprägten →Schmuggel und Schleichhandel entstehen; der drückende Charakter der S.steuer führte schließlich zum Ausbruch städt. →Revolten ('Cabochiens' in →Paris, 1413; →Armagnacs et Bourguignons). Der Staat bekämpfte den S.schmuggel und verordnete den Zwangskauf (*sal di boccha* in Italien; der von →Alfons V. im Kgr. Neapel eingeführte *focatico*); auch wurde der obligator. S.kauf zur Hälfte in die im voraus erhobene →Herdsteuer (*fouage*) integriert. In Spanien (Aragón, Kastilien)

wurde ein fester Abnehmerkreis geschaffen, indem sich die Bevölkerung im Umland einer Saline bei dieser einzuschreiben hatte und von ihr bevorzugt mit S. beliefert wurde, wohingegen die großen Salinen an der Küste exportorientiert arbeiteten (Ibiza, La Mata und Tortosa lieferten S. nach Italien, Cádiz an die Häfen der Bask. Provinzen).

Große Salinen verschwanden (Chioggia), andere erlebten dank der Verkürzung der Schiffahrtswege ihren Aufstieg (so verdrängte das S. aus Trapani das rote S. von Ibiza auf dem it. Markt). Die Flotten der Hanse drangen auf abenteuerl. Wegen immer weiter nach S vor, von der 'Baie' (Baie de Bourgneuf) bis Brouage, bald gar bis →Setúbal in Portugal und nach Andalusien. England, Holland und Seeland vermochten, eine lokale S.gewinnung aufrechtzuerhalten, und Holland verdankte seinen Wohlstand seit dem SpätMA nicht zuletzt Flotten, die einen regen S.handel trieben. Das S. spielte eine fundamentale Rolle; es begünstigte die Konservierung, die nach Zeit (Periode des Mangels nach einer Teuerungsphase) und Raum (unterversorgte Regionen) eine Verbrauchsform darstellte, die den Austausch von Gütern förderte, zugleich der Bevölkerung neue tier. Proteine zugängl. machte. S.handel und -konsum zählten damit zu den wichtigsten Trägern des wirtschaftl. Wachstums im MA.

J. C. Hocquet

Lit.: zu [1]: H. WITTHÖFT, Struktur und Kapazität der Lüneburger Saline seit dem 12. Jh., VSWG 63, 1976 – R. PALME, Rechts-, Wirtschafts- und Sozialgesch. der inneralpinen S.werke bis zu deren Monopolisierung, 1983 – D. HÄGERMANN–K.-H. LUDWIG, Ma. Salinenbetriebe, Technikgesch. 51, 1984, 155–189 – J. C. HOCQUET, Chioggia, capitale del sale nel Medioevo, 1991 – DERS., Weißes Gold, 1993 – *zu [2]:* V. RAU, A exploraçao e o comercio do sal da Setúbal, 1951 – A. R. BRIDBURY, England and the Salt Trade in the later MA, 1955 – J. C. HOCQUET, Le sel et la fortune de Venise, I–II, 1978–79 – Stadt und S., hg. W. RAUSCH, 1988 – *zu [3]:* J. C. HOCQUET, Le roi, le marchand et le sel, 1987 – DERS.–R. PALME, Das S. in der Rechts- und Handelsgesch., 1991.

II. BYZANTINISCHES REICH: Den geograph. Gegebenheiten entsprechend erfolgte die Gewinnung von S. (ἅλας) im Byz. Reich v.a. aus Meerwasser, durch die Anlage von Salzgärten an vielen bes. geeigneten Küsten, Strandseen und versumpften Flußmündungen. Überregionale Bedeutung hatten die Salinen (ἁλυκαί) von Ainos und Thessalonike und vielleicht auch schon die Salinen auf der Krim, bei Perekop im N und bei Kerč im O der Halbinsel. Dazu kam vermutl. auch in byz. Zeit die Salzgewinnung aus verschiedenen Salzseen in Zentralanatolien und auf der Insel Zypern. Salzbrunnen und -gruben im Landesinneren spielten dagegen kaum eine Rolle.

Die Salinen befanden sich v. a. in staatl. Besitz, aber auch in privatem von Klöstern, Grundherren, auch bäuerl. Gemeinschaften. Sie wurden von staatl. Beamten verwaltet oder an private Betreiber und Betreibergruppen verpachtet, die auch den Salzhandel übernehmen konnten, wie die *mancipes salinarum* im frühen Byzanz. Spätbyz. Q. machen jedoch einen Unterschied zw. ἁλικάροι, die S. kaufen und verkaufen, und gleichnamigen Halloren, die bei der S.gewinnung tätig sind. Im S.geschäft konnten große Gewinne gemacht werden.

Die Reichsuntertanen durften ihren Salzbedarf nur aus einer ihnen vorgeschriebenen Saline bzw. in einem vom Staat eingerichteten Salzdepot decken. Die Einhaltung dieser Bestimmungen wurde durch spezielle Beauftragte kontrolliert, Zuwiderhandlungen wurden mit der Auferlegung einer Strafgebühr für fremdes S. geahndet. Manche Kl., Magnaten, Intellektuelle und andere einfluß- oder wortreiche Personen und Institutionen konnten sich den finanziellen Belastungen aber durch staatliche Zuteilungen oder private Schenkungen von S. entziehen. Nach außen wurde das fiskal. Monopol des Staates lange Zeit durch Aus- und Einfuhrverbote bzw. -beschränkungen erfolgreich abgesichert. In der Endphase des Reiches verminderten sich die staatl. Einnahmen aus dem S. aber erhebl. durch territoriale Verluste, durch die »freiwillige« Abtretung wichtiger Salinen an fremde Herren und durch die erzwungene Abführung der Gewinne aus verbliebenen Salinen an die Osmanenherrscher. K.-P. Matschke

Lit.: The Oxford Dict. of Byzantium, 3, 1991, 1832f. – A. A. VASILIEV, An Edict of the Emperor Justinian II, September, 688, Speculum 18, 1943, 1–13 – H. GRÉGOIRE, Un édit de l'empereur Justinien II daté de sept. 688, Byzantion 17, 1944/45, 119–124 – K.-P. MATSCHKE, Bemerkungen zum spätbyz. S.monopol (Studia Byzantina, II, hg. J. IRMSCHER–P. NAGEL, 1973), 37–60 – DERS., Die Schlacht bei Ankara und das Schicksal von Byzanz, 1981, 144–159.

III. ALTRUSSLAND: Die Hauptzentren der S.gewinnung bildeten in der südl. Rus' die Stadt Rusa (heute Staraja Rusa) und im NO die Gebiete von Sol Galičskaja und Vologda, des Nero-Sees (Rostover Land), von Nerechta, Una und Nenoska. Die S.quellen waren überall sehr gehaltsarm (in Rusa 7, 4–7, 6%). An der S.siederei beteiligten sich Fs.en, der Metropolit, Kl. und das Novgoroder Bojarentum (→Novgorod). Eine führende Rolle beim Großhandel mit S. kam den nördl. Kl. zu. Ein großer Teil der Nachfrage wurde durch importiertes S. gedeckt, anfängl. durch das qualitätsvolle und feine Lüneburger (Trave-) S. (→Lüneburg), seit dem Ende des 14. Jh. durch das grobe und graue S. von der Baie de Bourgneuf (→Baienfahrt, -salz) und von Brouage. Da die livländ. Hansestädte (→Hanse, →Livland) beim S.handel mit der Rus' als Vermittler fungierten, waren Verbote des S.exports beliebte Zwangsmaßnahmen der Politik der livländ. Landesherren. Genaue Informationen über den Umfang des S.imports in die Rus' gibt es nicht, bekannt sind nur ungefähre Angaben über die Zufuhr in die livländ. Städte →Riga und →Reval. Das S. wurde in die Rus' in Säcken eingeführt, deren Gewicht schwankte, weshalb es über die Art des Handels mit dieser Ware seit dem frühen 15. Jh. fortwährend hans.-russ. Konflikte gab. Erst 1488 führte der Großfs. v. →Moskau, Ivan III., den S.kauf lediglich nach Gewicht ein. A. L. Choroškevič

Lit.: L. K. GOETZ, Dt.-russ. Handelsgesch. des MA, 1922 – A. L. CHOROŠKEVIČ, Torgovlja Velikogo Novgoroda s Pribaltikoj i Zapadnoj Evropoj v XIV-XV vv., 1963 – E. I. ZAOZERSKAJA, Soljanye promysly na Rusi XIV–XV vv., Istorija SSSR 1970, Nr. 6, 95–109 – N. A. KAZAKOVA, Russko-livonskie i russko-ganzejskie otnošenija. Konec XIV – načalo XVI vv., 1975.

IV. OSMANISCHES REICH: Salinen galten als Eigentum des Sultans, der sie durch Pächter bewirtschaften ließ. Nur kleine und wenig ertragreiche Salinen wurden manchmal Einzelpersonen zur Bewirtschaftung überlassen; gelegentlich sind auch Salinen in Stiftungsbesitz (→Stiftung) bezeugt, wie etwa in Tavşanlı bei Kütahya. Bei Salinen in Privatbesitz wurde die Ablieferung eines bedeutenden Anteils an den Fiskus verlangt. Investitionen wie die Anlage v. S.gärten oder der Ersatz beschädigter Rohre wurde aus staatl. Geldern bezahlt.

Arbeiter in den Salinen waren Bauern, die für ihren Dienst von bestimmten Steuern, bes. den ʿawārız-ı dīwāniye und tekālif-i ʿörfiye, freigestellt wurden, für andere Nachlässe erhielten. Infolge der oft relativ großen Zahl der Bediensteten einer Saline konnte die Arbeit umschichtig geleistet werden; häufig wurden alle Söhne der Salinenarbeiter (tuzğu) ihrerseits als tuzğu anerkannt. Die Kontrolle über je 30–80 Teiche (oğaq, gölek) übte eine als reʿis bekannte Person aus. Die re‛is, die unter der Kontrolle des Pächters als Kleinunternehmer fungierten, wurden auf Vorschlag des Pächters vom Sultan ernannt.

In erster Linie wurde Meers. gewonnen; bedeutende Salinen bestanden z. B. in Ahyolu (Rechnungsheft für 1492–95 erhalten), Thessalonike, in der Nähe des heutigen Milas (Varol ṭuzlası), Qızılǧa ṭuzla unweit Bursa, in der Provinz Saruḫan, in Tavşanlı bei Kütahya sowie an den Seen der Dobrudža. Schon im 15. Jh. wurde S. aus den vom Osman. Reich abhängigen Fsm.ern Moldau und Valachei importiert.

Um den Absatz des produzierten S.es zu garantieren, war jeder Saline ein festes Gebiet (örü) zugeordnet, in dessen Bereich der Salinenpächter ein Monopol besaß, durch das es den Bewohnern verboten war, sich anderweitig zu versorgen; Meḥmed II. verbot sogar den Konsum 'alten' S.es, das vermutl. aus früheren Pachtzeiten übriggeblieben war. Als Strafen für den Konsum verbotenen S.es wurden Abschneiden des Bartes, Anlegen eines Nasenrings und ggf. Stehen am Pranger (mit geschwärztem Gesicht) angedroht. Arab. Kamelbesitzer hatten bei unerlaubtem S.transport mit dem Einzug ihrer Tiere und Vernichtung des S.es zu rechnen. S. Faroqhi

Q. und Lit.: Ḳānūnnāme-i sulṭānī ber mūceb-i ʿörf-i ʿosmānī, hg. R. ANHEGGER–H. INALCIK, 1956 – Actes de Mehmed II et Bayezid II du fonds turc ancien 39, hg. N. BELDICEANU, 1960 – L. GÜÇER, »XV–XVII. asırlarda Osmanlı Imparatorluğunda Tuz İnhisarı ve Tuzlaların İşletme Nizamı«, Ist. Üniv. Iktisat Fakültesi Mecmuası, 23, 1–2, 1962–63, 81–143.

Salz, Gemeinde in Unterfranken, Krs. Rhön-Grabfeld. Der Hausmeier Karlmann dotierte das Bm. →Würzburg (742) mit Abgaben aus Fiskalgut u. a. in S., das in der älteren Lit. oft mit der nahegelegenen Salzburg an der Frk. Saale konfundiert wurde. Karl d. Gr. weilte seit 790 mehrfach in der von ihm angelegten Kg.spfalz, die sich mit ihrer Marienkapelle wohl auf der Anhöhe sö. der heutigen Pfarrkirche befand. Häufiger noch suchte Ludwig d. Fromme S. auf, der von hier aus auch seinen Sohn Ludwig d. Dt. bekämpfte und 841 eine Reichsversammlung abhielt. Kg. (Ks.) Arnulf empfing 895 in S. Gesandte der →Abodriten, 897 der →Sorben. Als letzter Herrscher weilte Otto d. Gr. 948 in S. Wohl wenig später wurde die Kg.spfalz aufgegeben. 974 schenkte Kg. Otto II. die (nicht mit der Pfalzkapelle ident.) Kirche in S. dem Stift →Aschaffenburg, 1000 Ks. Otto III. und 1002 Kg. Heinrich II. den Ort S. mit der Salzburg und dem Salzgau der Würzburger Kirche, die 1057 auch die S.er Güter der Kgn. →Richeza v. Polen erwarb. Der ganze Besitzkomplex bildete den Kern des späteren Würzburger Amtes Neustadt a. d. Saale. A. Wendehorst

Lit.: JDG K. d. Gr., Bd. 2, 1883, 590–593 [Exkurs III] – A. WENDEHORST, Der Archidiakonat Münnerstadt am Ende des MA, Würzburger Diözesangeschichtsbll. 23, 1961, 5–52, bes. 18f. – K. BOSL, Franken um 800, 1969², bes. 146–149 – H. WAGNER, Neustadt a. d. Saale (HAB Franken I, 27, 1982), 327 [Register].

Salza, Hermann v., Hochmeister des →Dt. Ordens, * vor 1179, wohl Nähe Langensalza, aus einem Ministerialengeschlecht der Lgf.en v. →Thüringen, † 20. März 1239 in Salerno, ▢ Barletta, St. Thomas. 1201 erstmals erwähnt, Zeitpunkt des Eintritts in den Dt. Orden unbekannt, frühestens 1209 zum Hochmeister gewählt. S. hielt sich zumeist im Mittelmeerraum auf, nur vier Jahre ist er insgesamt in Dtl. nachweisbar. Im polit. Willen S.s lag die Berufung des Dt. Ordens in das →Burzenland (→Siebenbürgen) 1211 durch Kg. →Andreas II. v. →Ungarn, um dem Orden Pflicht und Rückhalt in Europa zu schaffen. S. bemühte sich 1231 nach der Vertreibung (1225) des Ordens aus Ungarn, den burzenländ. Ordensbesitz zu retten. 1215 dürfte S. am IV. →Laterankonzil teilgenommen haben. Ende 1216 hielt er sich erstmals im Umkreis →Friedrichs II. in Nürnberg auf. 1218 und 1221 nahm er am Kampf um →Damietta teil. Seit 1220 verdichteten sich die Beziehungen zu Friedrich II. (u. a. Teilnahme an Gesandtschaft zu Papst Honorius III. und an Ks.krönung). Seit 1222 spielte er eine bedeutende Rolle zw. Ks. und Papst (polit. Angelegenheiten in Italien, Verhandlungen über Friedrichs seit 1215 ausstehenden →Kreuzzug). Als ksl. Vertrauter unterstützte er die Beziehungen zw. der Reichsgewalt und dem »Zweiten Lombardenbund« (→Lombard. Liga) von 1226. Seine diplomat. Tätigkeit kulminierte in den Jahren 1226, 1231/32 und 1236/37. 1227 vermittelte S. zw. Friedrich II. und Papst Gregor IX. im Zeichen der Exkommunikation des Ks.s, der trotz des Bannes (1228/29 erneuert) den 1227 abgebrochenen Kreuzzug wieder aufnahm. S., mittlerweile enger Berater Friedrichs, begleitete diesen bis Hl. Land, um dort den Dt. Orden zu stärken und nach Friedrichs Kg.skrönung (→Jerusalem, B. I) Besitz in Jerusalem entgegenzunehmen. Durch seine entscheidende Mitwirkung an der Vorbereitung des Vertrages v. →San Germano/Ceprano (1230) wollte er auch die drohende Unterstellung des Dt. Ordens in Palästina unter einen der älteren Ritterorden vermeiden; daß S. als einziger Zeuge am Ausgleichsgespräch von Ks. und Papst teilnahm, zeigt das hohe Vertrauen, das er genoß. S.s Rolle als →Vermittler bewährte sich auch zw. der Kirche und den →Stedingern (1230), zw. ksl. und päpstl. Partei in Palästina (1234) sowie schließlich (1235) zw. Friedrich II. und dessen aufbegehrendem Sohn →Heinrich (VII.). Nicht ohne den Einfluß S.s wurde →Lübeck, dessen Bürger mit dem Dt. Orden in enger Beziehung standen, zur →Reichsstadt erhoben. Das Interesse des Ks.s an der dän. Politik Kg. →Waldemars II. erforderte mehrfach S.s Dienste (so 1224: Baltenmission). S. verstand es, die Entwicklung des Ordens durch die Nähe zu den Päpsten, dem Ks. und Fs.en durch bedeutende Privilegien zu fördern.

So erklärt sich auch die Entstehung des Manifestes vom März 1224, in welchem Friedrich II. dem Dt. Orden den Schutz des Reiches für die →Mission des Ostbaltikums zusicherte. In der Berufung des Dt. Ordens nach →Preußen durch Herzog →Konrad v. Masowien (1225/26) erkannte S. die Möglichkeiten für den Dt. Orden, die in der →Goldenen Bulle v. Rimini (März 1226) in programmat. Weise Ausdruck fanden, wobei allerdings die einzelnen Formulierungen hinsichtl. der Deutung z. T. weit auseinandergehen. Durch die Bulle v. →Rieti (1234) wurde das preuß. Missionsgebiet unter päpstl. Schutz gestellt. 1237 wurde durch die päpstl. gebilligte Eingliederung des →Schwertbrüderordens das Ordensland →Livland hinzugewonnen. Trotz der großen Bedeutung S.s für den seit 1231 entstehenden Staat des Dt. Ordens in Preußen und trotz der Nennung in der grundlegenden →Kulmer Handfeste (28. Dez. 1232) läßt sich ein Aufenthalt im Ordensland nicht belegen. Im Orden selbst war S.s weitgespannte Diplomatie nicht unumstritten; so wandte sich wohl aus Sorge um die Geschehnisse an der Ostsee das Ordenskapitel zu Marburg 1237 ausdrücklich gegen die Vermittlung S.s in der Lombardenfrage. 1239 kehrte S. krank aus Dtl. nach Italien zurück, um in Salerno Genesung zu suchen, wo er am 20. März verstarb.

S. ist in seiner Wirkung für den Dt. Orden nicht nur einer der bedeutendsten Hochmeister, sondern auch ein großer Diplomat der späten Stauferzeit gewesen, dem als Parteigänger der →Staufer der polit. Balanceakt zw. dem

Ks. und den Päpsten zum Nutzen des Dt. Ordens gelang. Die Forschung hat S.s Bedeutung dahingehend neu akzentuiert, daß es ihm insbes. um die Stärkung seines Ordens im mediterranen Raum, von Palästina bis zur Provence, ging. C. A. Lückerath

Q.: Codex Dipl. Ordinis S. Mariae Theut., ed. J. H. Hennes, I–II, 1845–61 – Reg. hist. dipl. Ord. S. Mariae Theut., ed. E. Joachim-W. Hubatsch, I–III, 1948–73 – SSrerPruss, I–VI, 1861–68 – MGH Epp. sel. IV, ed. K. Hampe, 1926 – Reg. Regni Hierosolymitani (1097–1291), I und Add., 1893–1904 – Lit.: ADB XXX, 287–289 – Altpr. Biograph. II, 1963, 585f. – NDB VIII, 638–640 – TRE XV, 97–100 – A. Lorck, H. v. S. Sein Itinerar, 1880 – E. Caspar, H. v. S. und die Gründung des Dt.-Ordensstaats in Preußen, 1924 – W. Cohn, H. v. S. (= Abh. d. Schles. Ges. f. vaterländ. Cultur, Geisteswiss. Reihe 4), 1930 – E. Maschke, Der dt. Ordensstaat. Gestalten seiner großen Meister, 1936, 23–47 – Ders., Die Herkunft H. v. S.s, Zs. des Vereins f. Thüring. Gesch., NF 34, 1940, 372ff. – M. Tumler, Der Dt. Orden, 1955, 33–42 – H. Heimpel, H. v. S. (Die Großen Dt., I, 1956), 171–186 – K. Forstreuter, Der Dt. Orden am Mittelmeer, 1967 – H. Kluger, Hochmeister H. v. S. und Ks. Friedrich II., 1987.

Salzburg, Stadt, Land, Ebm., heute österr. Bundesland.
A. Antike/Frühmittelalter (Iuvavum) – B. Mittelalter

A. Antike/Frühmittelalter (Iuvavum)
Bei der Eingliederung des kelt. Kgr.es →Noricum in das Röm. Reich 15 v. Chr. leisteten nur die im Pinzgau ansässigen Ambisonten bewaffneten Widerstand. Die kelt. Höhensiedlungen auf dem Rainberg, dem Festungsberg und dem Kapuzinerberg (im Stadtgebiet von S.) wurden von einer Talsiedlung am linken Salzachufer abgelöst, deren kelt. Name Iuvavum nicht sicher gedeutet werden kann. Erste Wohnviertel entstanden in der Spätzeit des Augustus, unter Ks. Claudius erhielt Iuvavum um 45 n. Chr. Municipalrecht. Der Stadtbezirk, der die NW-Ecke der Provinz Noricum bildete, war größer als das heutige Land und umfaßte auch den gesamten Chiemgau bis zum Innbogen. Von der Blüte im 1. und 2. Jh. n. Chr. zeugen großzügige Wohnhäuser mit prachtvollen Mosaiken aus heim. Werkstätten, ein mächtiger (Asklepios?-)Tempel und wahrscheinl. ein Kapitol auf dem Festungsberg. Die Verbindung von Iuvavum über den Radstädter Tauernpaß und →Kärnten nach →Aquileia zählte zu den bedeutensten röm. Alpenstraßen. Die Bevölkerung bildeten romanisierte Kelten, nur die leitenden Positionen in Verwaltung und Militär waren mit röm. Bürgern besetzt. Auf die Zerstörung im Markomannenkrieg um 170 n. Chr. erfolgte der Wiederaufbau in verkleinertem Umfang. Im 3. und 4. Jh. führte die permanente Bedrohung durch die →Alamannen zum Bevölkerungsrückgang und zur Aufgabe der zahlreichen röm. Gutshöfe auf dem Land. In der Vita des hl. →Severinus, der um 470 nach Cucullis (Kuchl) und Iuvavum kam, wird neben der frühchristl. Gemeindekirche auch ein Kl. erwähnt. Im 4. und 5. Jh. zog sich die Bevölkerung in Kuchl auf den Georgenberg und in Iuvavum auf die befestigte Nonnbergterrasse (einschließl. Festungsberg) zurück, während die Talsiedlungen aufgegeben und zerstört wurden. In der 2. Hälfte des 6. Jh. besiedelten die Baiern das Alpenvorland (Flachgau) und das fruchtbare inneralpine Becken von Saalfelden. Während sich im Lungau und in einigen Salzachnebentälern Slaven niederließen, hielten sich im südl. S.er Becken bis zum Paß Lueg geschlossene roman. Bevölkerungsgruppen, deren Sprache über die Jahrtausendwende lebendig blieb. Um 700 ließ sich der aus frk. Hochadel stammende Bf. →Rupert v. Worms nach einem gescheiterten Missionsversuch bei den Avaren in Seekirchen am Wallersee nieder. Von Hzg. →Theodo erhielt er das zerstörte Iuvavum, das als Municipium die rechtl. Voraussetzung für einen Bf.ssitz bot. Rupert errichtete ein Peterskl. und eine stattl. Kirche an der Stelle der späteren Dombauten. In der befestigten Hochsiedlung auf der Nonnbergterrasse (castrum superius) gründete Rupert um 712/715 das Frauenkl. der hl. Maria unter der Leitung seiner Nichte Erintrudis. Das »adlige Damenstift« Nonnberg war zunächst ein Hzg.skl. der →Agilolfinger. Von den Hzg.en Theodo und Theodbert erhielt Rupert reichen Besitz, darunter den Großteil der Quellsalinen von →Reichenhall. Nach dem dort gewonnenen Salz erhielt Iuvavum den dt. Namen S., der in der Vita Bonifatii um 755 erstmals genannt wird. Auch die Agilolfinger hatten sich Positionen in S. vorbehalten: Theodbert und sein Sohn Hucbert residierten wohl im castrum superius auf der Nonnbergterrasse, unter →Tassilo III. wird 788 eine Pfalz (curtis publica) genannt.

B. Mittelalter
I. Erzbistum – II. Land – III. Stadt – IV. Gesellschaft und Wirtschaft – V. Kunst und Kultur.

I. Erzbistum: [1] *Erzbistum und Missionszentrum:* Hzg. Theodo hatte 716 mit Papst Gregor II. die Errichtung von Bm.ern in Bayern vereinbart, wobei →Regensburg als Metropolitansitz ausersehen war. In päpstl. Auftrag errichtete →Bonifatius 739 die Diöz.en S., wo er Johannes als Bf. einsetzte, Regensburg, →Passau und →Freising. Der hochgebildete ir. Missionar →Virgil machte seit 746/747 als Abt und seit 749 als Bf. S. zu einem Zentrum der Bildung, Kunst und Kultur. Der von ihm erbaute Dom war vielleicht als Krönungskirche der Agilolfinger konzipiert. Zur Domweihe 774 überführte man die Gebeine Ruperts aus Worms, der zunächst zum zweiten Schutzheiligen des Doms, im SpätMA zum Landespatron von S. wurde. Virgil konnte das bfl. Eigenkirchenrecht (→Eigenkirche) bei allen S.er Kl. und auch bei zahlreichen Kirchen durchsetzen. Dank der Schenkungen der Agilolfinger wurde S. zum reichsten bayer. Bm. Die erfolgreiche Mission im slav. Karantanien (→Kärnten) führte zu dessen Eingliederung in die Diöz. S. Im Streit zw. S. und dem Patriarchat Aquileia, das ältere Ansprüche auf Karantanien geltend machte, legte Karl. d. Gr. 811 die Drau als Grenze zw. den beiden Kirchenprovinzen fest. Virgils Nachfolger →Arn(o) hat nach vergebl. Vermittlungsversuchen zw. Tassilo III. und Karl d. Gr. mit dem Frankenkg. eng zusammengearbeitet und als Kg.sbote (→Missus dominicus) wichtige diplomat. Aufgaben erfüllt. Zur Sicherung des Kirchenbesitzes ließ er die ältesten S.er Güterverzeichnisse (Notitia Arnonis 788/790, Breves Notitiae ab 798) anlegen, auf deren Grundlage Karl d. Gr. 790 den Kirchenbesitz bestätigte. Die gleichzeitig verliehene Immunität führte zur Bestellung von Vögten, unter denen sich seit dem 10. Jh. die →Sighardinger als Haupt- und Erbvögte durchsetzten. Auf Anordnung des Kg.s erhob Papst Leo III. Arn 798 zum Ebf. und Metropoliten der bayer. Kirchenprovinz. Regensburg, Passau, Freising, Säben (→Brixen) und kurzzeitig Neuburg a. d. Donau wurden S. als Suffraganbm.er unterstellt. Die Erzdiöz. S. umfaßte den bayer. Chiemgau, Tirol bis zum Zillertal, S., Kärnten, Steiermark und das südl. Niederösterreich. Der Raum von Wien wurde 829 an Passau abgetreten. Zu Beginn des siegreichen Avarenkriege 796 erhielt S. im Missionsgebiet in →Pannonien um den Plattensee von der Raab im W und der Drau im S bis an die Donau im N und O. Die Ebf.e übernahmen dort selbst die Leitung der Mission, die seit der Einsetzung des Slavenfs.en →Privina um 840 sehr erfolgreich verlief. Das Auftreten der byz. Missionare →Konstantin und Method unterbrach 866–870 die S.er Missionstätigkeit. Als Dokumentation für den Prozeß gegen Ebf. Method 870 in Regensburg wurde die →»Conversio Bagoariorum et Carantanorum« verfaßt. Mit den Einfällen der Ungarn ging das pannon. Missionsgebiet verloren.

[2] *Geistliches Fürstentum:* Hzg. →Arnulf v. Bayern erhielt 920 von Kg. Heinrich I. das Recht, die bayer. Bm.er, darunter auch S., zu besetzen. Ebf. Herold wurde 955 wegen Teilnahme am Aufstand gegen Kg. Otto I. geblendet und verbannt. Damit ging den S.er Ebf.en die Stellung als Erzkapellan des Ostfrk. Reiches verloren. Ebf. Friedrich I. trennte im Rahmen der Reichskirchenreform 987 die Abtei St. Peter vom Ebm., gab ihr eine eigene Ausstattung und einen eigenen Abt. Von S. aus hat die Reform v. a. die Kl. in Kärnten und Steiermark erfaßt. Die strengere Reform von →Cluny fand über →Hirsau und →Admont erst im 12. Jh. Eingang in die Erzdiöz. Ebf. →Hartwig hat den Dom umgebaut (Hartwig-Dom). Ebf. Thietmar II. erhielt 1026 von Papst Johannes XIX. das Recht auf Benutzung eines Vortragekreuzes, eines rotgezierten Pferdes und die Vollmacht, in dringenden Fällen anstelle des Papstes zu entscheiden. Darauf gehen Legatenwürde und Legatenpurpur der S.er Ebf.e zurück. Seit Konrad III. 1179 sind die Ebf.e ständige →Legaten (Legati nati) für ihre Kirchenprovinz. Ebf. →Gebhard errichtete 1072 in →Gurk (Kärnten) das erste S.er »Eigenbm.«, an dem er den Bf. ohne Mitwirkung von Papst und Ks. bestimmen, einsetzen und mit den Regalien investieren konnte. Unter Ebf. →Eberhard II. kamen drei weitere Eigenbm.er in →Chiemsee (1216), →Seckau (1218) und →Lavant (1226) hinzu. Die Würde eines Primas Germaniae, die den S.er Ebf.en bis heute zukommt, geht auf den Rangstreit mit →Magdeburg zurück und konnte erst nach der Säkularisation dieses Ebm.s 1648 gesichert werden. Im →Investiturstreit zählten die S.er Ebf.e zu den Führern der päpstl. Partei. Gebhard und →Konrad I. mußten nach Sachsen ins Exil. Nach seiner Rückkehr 1121 sicherte Konrad I. den weitgestreuten Kirchenbesitz durch den Bau starker Burgen und besetzte die führenden Positionen in Militär, Verwaltung und Gerichtsbarkeit mit verläßl. →Ministerialen. Im Verlauf der S.er Augustiner-Chorherrenreform wurden 17 Stifte mit dem Domkapitel an der Spitze reformiert bzw. neu gegründet. Im Alexandrin. Schisma ergriffen die Ebf.e →Eberhard I., Konrad II. und →Adalbert II. (III.) für Papst Alexander III. Partei, worauf Ks. Friedrich I. 1166 über seinen Onkel, Konrad II., und das Erzstift S. die Reichsacht verhängte. 1169 übernahm der Ks. S. in die Verwaltung des Reiches und setzte 1174 seinen Neffen Adalbert II. als Ebf. ab. Im Frieden v. →Venedig 1177 wurde Kard. Konrad v. Wittelsbach für den Verzicht auf das Ebm. Mainz mit S. entschädigt. Er ließ den roman. Dom errichten (1198 vollendet) und führte den Wiederaufbau von S. durch. Ebf. Adalbert II. vollzog in seiner zweiten Amtszeit (1183–1200) den Übergang ins ksl. Lager. Ebf. Eberhard II. war als geistl. Reichsfs. (der princeps-Titel wurde erstmals von Friedrich I. 1160 verwendet) ein entschiedener Parteigänger der Staufer, mit deren Hilfe er aus Gft.en, Gerichten und Vogteien ein geschlossenes ebfl. Herrschaftsgebiet als geistl. Fsm. aufbaute. Durch gezielte wirtschaftspolit. Maßnahmen verschaffte er der um 1185 eröffneten Saline →Hallein die führende Position im Südostalpenraum. Mit der Einziehung der Vogteirechte sicherte er den Fortbestand der geistl. Herrschaft. Als treuer Helfer Ks. Friedrichs II. starb er im Kirchenbann. In den folgenden Wirren unter dem Elekten →Philipp v. Spanheim, der den Übergang ins päpstl. Lager vollzog, wurde →Otakar II. Přemysl vom Papst mehrfach mit dem Schutz des Erzstiftes betraut. Ebf. Friedrich II. v. Walchen hatte als Parteigänger Rudolfs v. Habsburg entscheidenden Anteil an dessen Sieg über Otakar II. Přemysl. Nach jahrelangen Kämpfen gegen Hzg. Albrecht I. v. Österreich, die 1297 beigelegt wurden, nahmen die Ebf.e wieder für die Habsburger Partei und unterstützten Friedrich d. Schönen im Kampf um die dt. Kg.skrone. Die schwere Niederlage gegen Ludwig d. Bayern bei →Mühldorf 1322 führte zur endgültigen Lösung S.s vom Hzm. Bayern.

II. Land: Im FrühMA war den Ebf.en nur im Waldgebiet des Pongaus durch Rodung und Besiedlung der Aufbau eines geschlossenen Herrschaftsgebietes gelungen. Auch das von Ebf. Eberhard II. geschaffene Territorium galt bis ins 14. Jh. als Teil des Landes und Hzm.s Bayern. Ebf. Friedrich III. erließ nach der Niederlage von Mühldorf auf Drängen des Adels 1328 ein umfassendes Gesetz als »Landesordnung« und vollzog mit der Lösung aus dem Rechtsbereich der bayer. →Landfrieden die Trennung von Bayern. 1342 wird erstmals das Land S. genannt, das unter Ebf. →Pilgrim II. v. Puchheim seine größte Ausdehnung erreichte, der während des →Abendländ. Schismas eine eigenständige Politik verfolgte und 1387 in die Gefangenschaft der bayer. Hzg.e geriet. Doch scheiterten diese am entschlossenen Auftreten der Landstände und dem bereits stark entwickelten Landesbewußtsein. In der damals verwendeten Bezeichnung »Land des Gottshauses S.« trat neben den ma. Personenverband (→familia, Erzstift, Gottesaus) das Land als territoriale Komponente. Als »Erzstift« werden das Land und die »auswärtigen Besitzungen« bezeichnet. Die Verwaltung erfolgte durch die drei Vizedomämter S. (für das Land und die Besitzungen nördl. der Alpen in Bayern und Niederösterreich), →Friesach (für die Güter in Kärnten einschließl. des Lungaus) und Leibnitz (für die Besitzungen in der Mittel- und Untersteiermark). Bes. in Kärnten mit den Städten Friesach, Gmünd und St. Leonhard und in der Steiermark mit den Städten →Pettau und Rann a. d. Save (Brežice) verfügte S. über wichtige Positionen und Hoheitsrechte. Im »Ung. Krieg« (1479–90), den Ebf. Bernhard v. Rohr im Bündnis mit Matthias Corvinus gegen Ks. Friedrich III. führte, gingen mit Pettau, Rann und Gmünd die wichtigsten Stützpunkte verloren; 1535 mußte auf jede Sonderstellung der S.er Besitzungen in Kärnten, der Steiermark und Österreich verzichtet werden. Nach einer Periode des inneren Niedergangs und langwieriger Fehden gelang Ebf. Leonhard v. Keutschach (1495–1519) die wirtschaftl. Konsolidierung.

III. Stadt: Vor dem Haupttor der Bischofsburg (Porta) ließen sich im 10. Jh. Kaufleute im Bereich des Waagplatzes nieder. Die Schranne, die Michaelskirche als erste Pfarrkirche und zugleich Pfalzkapelle sowie die jüd. Synagoge markieren die Zentren dieser Bürgerstadt, deren Einw. sich v. a. aus Eigenleuten der Ebf.e, des Domkapitels und der Abtei St. Peter rekrutierten. Ks. Otto III. verlieh 996 Ebf. Hartwig einen tägl. Markt mit Marktzoll und das Münzrecht nach Regensburger Gewicht. Die Stadtwerdung war im frühen 12. Jh. abgeschlossen, als Bürger, darunter v. a. Kaufleute und Handwerker, ein (Stadt-)Richter und eine Bürgerzeche (mit karitativer Zielsetzung) genannt werden. Die Bürgerstadt hat sich auf dem relativ schmalen, hochwassergefährdeten Areal zw. Bischofsburg und Salzach flußabwärts ausgedehnt. Konrad I. errichtete nach 1121 die steinerne Burganlage von Hohens. und machte durch bedeutende Schenkungen das Domkapitel und die Abtei St. Peter zu den größten Grundherren in der Stadt, wobei die alleinige Stadtherrschaft dem Ebf. vorbehalten war. Auch die Bayernhzg.e und die röm.-dt. Kg.e, die bis 1195 Münzen prägten, blieben in S. präsent. Ks. Friedrich I. erneuerte um 1170 die Pfalz, die mit ihrem Turm bis 1291 erhalten blieb. Im Kampf gegen den Ks. fiel S. 1167 einem von den Gf.en v. →Plain gelegten Brand zum Opfer. Das älteste erhaltene Stadtsiegel stammt aus dem Jahre 1249. Anläßl. der Schlichtung von Streitigkeiten zw. alteingesessenen und neuzugezogenen Bürgern verlieh Ebf. Rudolf v. Hoheneck 1287 S. ein schriftl. Stadtrecht, das auch für die anderen S.er Städte (Hallein, Laufen, Tittmoning, Mühldorf, Radstadt) Geltung hatte. Ein umfangreiches Stadtrecht aus dem 14. Jh. nennt nur einen Stadtrat (12 Mitglieder), erst 1374 erscheint ein Bürgermeister. Beide wurden mit Ausnahme der Jahre 1481–1511 vom Ebf. ernannt und nicht gewählt, die größten Machtbefugnisse besaß der ebfl. Stadtrichter. 1407 wurde der Keutzlturm als neues Gerichts- und Rathaus eingerichtet (heute »Altes Rathaus«). Die Pläne des Kard.s Burkhart v. Weißpriach für den Ausbau der Stadt auf dem noch landwirtschaftl. genutzten »Frauengarten« der Abtei St. Peter und zur Gründung einer Univ. scheiterten. Ks. Friedrich III. verlieh 1481 den Bürgern die freie Wahl von Bürgermeister und Stadtrat. Ebf. Leonhard v. Keutschach beendete 1511 die langen Streitigkeiten mit der Bürgerschaft durch die Gefangennahme des Stadtrats und die erzwungene Auslieferung aller städt. Privilegien. Das verbaute Stadtgebiet umfaßte am Ende des MA einschließl. der Rechtsstadt, Stein, Nonntal und Mülln ca. 80 ha, S. hatte ca. 6000 Einw.

IV. Gesellschaft und Wirtschaft: Die im FrühMA dominierende Vasallität, die Gf.en und Edelfreie samt ihrem militär. Aufgebot an den Ebf. band, wurde im 10. Jh. vom Personenverband der familia abgelöst. Daraus gingen zunächst die Ministerialen als wichtigste Helfer der Ebf.e (Meier, Richter, Verwalter, Hofbeamte, militär. Führer) hervor. Da die Macht dieser »Herren« seit dem 13. Jh. in langen Fehden von den Ebf.en gebrochen wurde, gab es im SpätMA nur mehr einen Ritterstand. Die Städte und Märkte unterstanden mit Ausnahme des domkapitl. Mauterndorf im Lungau alle der unmittelbaren ebfl. Herrschaft. Vertreter der Bauern wurden 1456 bis 1543 in Fragen der Landesverteidigung (Aufgebot des 10. Mannes) zu den Landtagen geladen, eine Landstandschaft wie in Tirol blieb ihnen aber versagt. Da auch die Prälaten mit dem Bf. v. Chiemsee an der Spitze keinen polit. Einfluß besaßen, leiteten die im »Igelbund« 1403 erhobenen Forderungen den völligen Niedergang der Landstände ein. Nur das Domkapitel, das nach dem Tod eines Ebf.s die Zwischenregierung führte und seit 1427 →Wahlkapitulationen aufstellte, bildete ein Gegengewicht gegen den Ebf., dem als wesentl. Element der Landeshoheit die Hohe Gerichtsbarkeit vorbehalten war. Den größten Wirtschaftsfaktor bildete der Salzbergbau Dürrnberg mit der Saline Hallein, deren Salz v. a. auf dem Wasserweg nach Österreich und Bayern sowie über den Goldenen Steig nach Böhmen und Mähren exportiert wurde. Mit dem Rückkauf der Sudrechte von Kl. und Ministerialen wurde im SpätMA die »Verstaatlichung« der Salzproduktion durchgesetzt. →Gewerken als Privatunternehmer betrieben den Gold- und Silberbergbau in Gastein und Rauris (erste Bergordnung 1342), der gegen Ende des 15. Jh. stark an Bedeutung gewann (Münzprägung). In den intensiven Fernhandel zw. Venedig und den süddt. Reichsstädten vermochten sich v. a. Bürger der Stadt S. als Unternehmer und →Faktoren großer Handelshäuser einzuschalten.

V. Kunst und Kultur: Die Meisterwerke der S.er Buchmalerei reichen vom →Cutbercht-Codex (8. Jh.) über das Perikopenbuch des Kustos Perhtolt (11. Jh.), das Antiphonar v. St. Peter und die Walterbibel v. Michaelbeuern (12. Jh.) bis zu den Prachtcodices des Ulrich Schreier im 15. Jh. Zu den Spitzenleistungen der Goldschmiedekunst zählen der →Tassilo-Kelch v. Kremsmünster (8. Jh.) und der Ministerialenkelch v. St. Peter (12. Jh.). In der Architektur sind die Dombauten, die Stiftskirchen v. St. Peter, →Berchtesgaden und Laufen, die Wallfahrtskirche St. Leonhard ob Tamsweg, die Prunkräume der Festung Hohens. und im SpätMA die Franziskanerkirche in S. hervorzuheben. Im Bereich von Musik und Lit. sind der →Mönch v. S. (14. Jh.) und Paul Hofhaymer, der Organist Ks. Maximilians I., zu nennen. H. Dopsch

Q.: S.er UB, Bd. I–IV, bearb. W. Hauthaler–F. Martin, 1910–33 – F. Martin, Die Reg. der Ebf.e und des Domkapitels v. S., I–III, 1928–34 – Lit.: G. A. Pichler, S.s Landesgesch., I–II, 1861–65 – F. v. Zillner, Gesch. der Stadt S., I–II, 1885, 1890 – H. Widmann, Gesch. S.s, I–III, 1907–14 – H. Klein, Beitr. zur Siedlungs-, Verfassungs- und Wirtschaftsgesch. von S. (Fschr. H. Klein, 1965) – F. Gruber–K. H. Ludwig, S.er Bergbaugesch., 1982 – H. Dopsch, Legatenwürde und Primat der Ebf.e v. S. (Fschr. J. Fleckenstein, 1984), 265–284 – Virgil v. S., hg. H. Dopsch–R. Juffinger, 1985 – Vom Stadtrecht zur Bürgerbeteiligung. Fschr. 700 Jahre Stadtrecht v. S., hg. H. Dopsch, 1987 – Gesch. S.-Stadt und Land, hg. H. Dopsch–H. Spatzenegger, 2 Bde in 8 T.en, 1984–94² [Q., Lit.] – H. Wolfram, S., Bayern und Österreich (MIÖG Ergbd. 31, 1995).

Salzkammer, in Österreich im MA städt., später auch staatl., in Ungarn stets kgl. Salzdepot. Den Salzhandel im Ostalpenraum organisierten zunächst Bürger. Zuerst neben, später anstelle dieses genossenschaftl. Handels trat seit Beginn des 15. Jh. vornehml. in Österreich ob und unter der Enns die vom Landesfs.en zumeist mit festem Absatzgebiet privilegierte, von der Stadt als Rechtsperson getragene Institution der S. (z. B. Korneuburg 1429). Gründe für ihre rasche Verbreitung waren die engere Verbindung der städt. Handelsrechte (z. B. →Stapel) mit dem Salzhandel, größere Kapitalkraft, besser fundierte Vorratshaltung sowie das Interesse des Fs.en an der Ablösung des gewachsenen genossenschaftl. Rechts durch privilegiertes (= widerrufbares) Recht, an Stärkung der durch Rezession und Krieg ruinierten Stadtfinanzen und an besserer Kontrolle des Salzhandels. Privilegierungen betrafen nur österr. →Salz und schlossen das fremde Salzburger Salz aus. Damit wurden die S.n zu einem wichtigen Instrument bei der Durchsetzung des Salzhandelsmonopols in den Donauländern und in Böhmen. Ungarns Salzhandel kannte aufgr. der Zusammengehörigkeit von Produktion und Absatzgebiet schon während des 14. Jh. ein kgl. Monopol. Abgesehen von den Bergbauzentren in →Siebenbürgen, die man gleichfalls als »S.n« bezeichnete, bestanden vornehml. im N (Slowakei), W und S (Slawonien) grenznahe S.n unter der Leitung von kgl. camerarii mit umfangreichen Rechten zur Durchsetzung des Monopols, v. a. zur Abwehr fremden Salzes. F. Koller

Lit.: H. Knittler, Der Salzhandel in den ö. Alpenländern (Salz und Stadt, hg. W. Rausch, 1988), 1–18 – A. Kubinyi, Kgl. Salzmonopol und die Städte des Kgr.s Ungarn im MA (ebd.), 213–232 – I. Draskóczy, Zur Frage des ung. Salzwesens unter Kg. Sigismund (Sigismund v. Luxemburg..., hg. J. Macek u.a., 1994), 184–191.

Salzsäure (Acidum hydrochloricum, A. muriaticum, Aqua fortis, Spiritus salis [HCl]) wurde als eigenständige Mineralsäure erst im 16. Jh. erkannt. Im späteren MA, als andere Mineralsäuren (→Oleum vitrioli [Schwefelsäure], 'Scheidewasser' [Salpetersäure]) als 'Aquae solventes' in →Alchemie (III. 1), Färbetechnik (→Farbe) und Montanistik (→Bergbau) schon genutzt wurden, hat man S. als Beimischung zur Salpetersäure, und dieses Produkt dann als 'Königswasser' (Aqua regia), das auch Gold anzugreifen vermag, eingesetzt, dieses aber noch als eigenständige, einheitl. Substanz (bedingt durch den Herstellungsprozeß) begriffen. G. Jüttner

Lit.: H. Kopp, Gesch. der Chemie, III, 1845, 346–353 [Repr. 1966].

Salzsteuer → Gabelle

Salzwedel, Stadt in der Altmark an der Jeetze; Mitte des 14. Jh. ca. 3500 Einw., um 1500 ca. 6000. Eine wahrscheinl. schon im 10. Jh. bestehende, aber erst 1112 nachweisbare Burg schützte die Jeetzefurt von S. im Verlauf des Fernweges von Lüneburg nach Magdeburg. Südl. der Burg entstand vor 1000 eine Marktsiedlung. S. profitierte vom Landesausbau →Albrechts d. Bären, wurde aber noch 1196 deutl. von den »civitates« →Stendal und →Brandenburg unterschieden. Spätestens ab 1233 (Erwähnung von »burgenses« im Zusammenhang mit der Errichtung eines Kaufhauses und der Gewandschneidergilde) ist ein städt. Gemeinwesen anzunehmen. Das Stadtrechtsprivileg für die →Neustadt (1247) verweist auf die »iura et constitutiones« der Altstadt; 1273 wurden die Stadtrechte der Altstadt aufgezeichnet. Altstadt und Neustadt bestanden bis zu ihrer Vereinigung 1713 als Teilstädte fort. Den Beginn einer rückläufigen Entwicklung markiert der gescheiterte Aufstand der altmärk. Städte gegen die Erhebung einer indirekten landesherrl. Biersteuer, der S. 1488 den Verlust von freier Ratswahl und städt. Gericht brachte. 1510 wurden die Juden der Stadt verwiesen. 1518 wurde S. von der →Hanse ausgeschlossen, der es seit 1358 angehört hatte. S. Kreiker

Q. und Lit.: J. F. Danneil, Kirchengesch. der Stadt S. Mit einem UB, 1842 – Cod. diplomaticus Brandenburgensis, ed. A. F. Riedel, I. Hauptt., XIV, 1857; XVI, 1859, 256–312 – Dt. Städteatlas, Lief. III, Nr. 8, 1984 [Lit.].

Samariter, barmherziger. Das für die ma. Lebenswirklichkeit vorbildhafte Gleichnis vom b. S. (Lk 10, 30–37) wurde in der patrist. und ma. Exegese mehrmals als eine die Einheit von AT und NT exemplifizierende Allegorie von Sündenfall und Erlösung interpretiert. Die älteste bekannte zweiszenige Darstellung identifiziert den b. S. durch den Kreuznimbus mit Christus (→Cod. purpureus Rossanensis, Mitte 6. Jh., fol. 8ᵛ). In abendländ., byz. und slav. Hss. wird das Gleichnis wiederholt mit den Szenen des Überfalls und des Vorbeigehens von Priester und Levit zur Bildfolge erweitert wiedergegeben (z. B. Homilien Gregors v. Nazianz, Paris, BN Cod. par. gr. 510, fol. 143ᵛ; Evangeliar Ottos III., München, Bayer. Staatsbibl. clm 4453, fol. 167ᵛ; Cod. aureus escorialensis, Escorial, Real. Bibl. ms. Vit 17, fol. 109ʳ; Evangeliar Heinrichs d. Löwen, Wolfenbüttel, Hzg. Aug.-Bibl., fol. 112ʳ; Herrad v. Landsberg, Hortus deliciarum, fol. 108ᵛ, 111ʳ [Rekonstruktion Green, 1979, 148f.]; Tomič Psalter, Moskau, Hist. Mus. 2752 [de' Maffei, Abb. 21]). In der monumentalen Ausstattung roman. Kl.kirchen erhielt sich das Thema an einem Kapitell (Moissac, St-Pierre, Kreuzgang, 1100) und als Wandmalerei (u. a. S. Angelo in Formis, vor 1087; Burgfelden, St. Michael, spätes 11. Jh. [Rekonstruktion Hecht]). Glasfensterprogramme got. Kathedralen kombinieren um 1200 die Schilderung des Gleichnisses vom b. S. in typolog. Deutung mit Darstellungen aus der Genesis, dem Wirken Moses' und der Passion Christi (Canterbury [Rekonstruktion Caviness], Chartres, Bourges und Sens; die umfangreichste in Rouen).

D. Gerstl

Lit.: LCI IV, 24f. [ältere Lit.] – RByzK II, 856–860 – M. H. Caviness, The Early Stained Glass of Canterbury Cathedral, 1977, 135–137, 172 – R. Green u. a., Herrad of Hohenbourg, Hortus deliciarum, 1979, 148f. – J. und K. Hecht, Die frühma. Wandmalerei des Bodenseegebietes, 1979 – F. de' Maffei, Di alcune miniature del Salterio Tomic con particolare riguardo alla parabola del Buon Samaritano (8. IntKongr-

FrühMA 1981, 1983), 91–125 – G. S. Gasparro, Variazioni esegetiche sulla parabola del Buon Samaritano, Studia patristica XV, 1984, 177–184 – C. Manhes–J.-P. Deremble, Le vitrail du Bon Samaritain, 1986 – C. Manhes–Deremble, Les vitraux narratifs de la Cathédrale de Chartres, 1993, 154–159.

Samariterin am Jakobsbrunnen. Unter den Szenen des →Lebens Christi fällt die in Joh 4, 1–42 erzählte Begegnung Jesu mit der S. auf, weil in ihr ganz versch. Aspekte vereinigt sind, die in der frühchr. und ma. Lit. interpretiert werden konnten: das Hinwegsetzen über die jüd. Ablehnung der Samariter; die (wie fast alle bibl. Wasserszenen) oft als Hinweis auf die Taufe gedeutete Brunnenszene und Verheißung des Wassers des ewigen Lebens (Stellen des 2./3. Jh.: Dassmann); die übermenschl. Kenntnis Jesu von der Biographie der S., die Anlaß zu einer Messias-Selbstoffenbarung wird; die Verheißung der Anbetung Gottes im Geist und in der Wahrheit, die zu einer Retardierung chr. Kultbauten führte (vgl. Deichmann 68/4, etwas übertrieben) und zur Ablehnung der Lokalisierung von Gnadengaben an bestimmten Orten im Wallfahrtswesen Verwendung fand (z. B. Hieronymus, ep. 58, 2f.). An welchem bestimmten Aspekt bei Darstellungen der bildenden Kunst jeweils gedacht war, bleibt unklar; sie setzen schon in der Katakombenmalerei des 3. Jh. ein. Im 6. Jh. finden sie sich in Elfenbeinkunst (W. F. Volbach, Elfenbeinarbeiten, 1976³, Nr. 140, 145, 152), Mosaik (Ravenna, S. Apollinare nuovo: F. W. Deichmann, Ravenna, 1958, Abb. 166) und Buchmalerei (→Rabbula Codex). Im MA erscheint die Szene in ö. und w. Buchmalerei, auf Elfenbeinen (Lyon: A. Goldschmidt, Elfenbeinskulpturen 1, 1914, Nr. 110; Salerno: ebd. 4, 1926, Nr. 126, 35), in der Plastik (z. B. Bernwardssäule: R. Wesenberg, Bernwardin. Plastik, 1955, Abb. 269f.; Domtür Benevent: U. Mende, Bronzetüren, 1983, Taf. 209), in Malerei (z. B. S. Angelo in Formis: O. Morisani, Gli affreschi..., 1962, Abb. 19; Decke in Zillis: E. Poeschel, 1941, Taf. 58, 2) und in Mosaiken (z. B. unter ö. Einfluß in Monreale: E. Kitzinger, The Mosaics of M., 1960, Abb. 44; Venedig, S. Marco: O. Demus, The Mosaics... 1, 1984, Taf. 147).

J. Engemann

Lit.: LCI IV, 26–30 – G. Schiller, Ikonographie der chr. Kunst, 1, 1966, 168f. – E. Dassmann, Sündenvergebung durch Taufe, Buße und Martyrerfürbitte..., 1973 – F. W. Deichmann, Einführung in die chr. Archäologie, 1983.

Samarqand, Stadt am Südufer des Flusses Sogd (Zarafšān) in Transoxanien, erstmals in den Berichten über die Feldzüge Alexanders d. Gr. als 'Marakanda' erwähnt. Das alte S. lag bis zum Mongolensturm v. 1220 im N der heutigen Stadt in Afrāsiyāb. Erst →Tīmūr errichtete seit 1370 eine neue Stadt auf dem Boden des modernen S. Die Kg.sresidenz der iran. Sogdier gehörte seit dem 3. Jh. v. Chr. zum Gräko-Baktr. Reich, nach dessen Untergang sie den Angriffen der Nomaden aus dem N ausgesetzt war. Der Islam hielt Einzug, als 712 der arab. Feldherr Qutaiba b. Muslim S. eroberte. Unter den Sāmāniden erfuhr S. im 10. Jh. einen großen wirtschaftl. und kulturellen Aufschwung. Frühe chines. und arab. Berichte preisen übereinstimmend Größe und Reichtum der Stadt, deren Bevölkerung im 10. Jh. auf über eine halbe Million geschätzt wurde. S. verfügte über beträchtl. Kolonien von Christen, Buddhisten und Zarathustriern. →Benjamin v. Tudela weist um 1170 auf eine Gemeinde von ca. 50000 (!?) Juden hin. S. verdankte seine Bedeutung v. a. der günstigen Lage am Schnittpunkt der Fernhandelsrouten von China, Persien und Indien. Begehrt waren Handwerkserzeugnisse aus S., unter ihnen bes. das →Papier, dessen Herstellung aus China übernommen worden war.

Den Sāmāniden folgten die Qara-Khāniden und Qara-Khitai, die 1209 vom Ḫwārazmsāh Muḥammad II. gestürzt wurden. Dessen Herrschaft blieb Episode, da →Dschingis Khān während seines Feldzuges gegen den Ḫwārazmsāh S. 1220 zur Übergabe zwang und einen Teil der Einw. deportieren ließ. Die Stadt verödete so sehr, daß Ibn Baṭṭūṭa um 1350 nur mehr wenige Häuser sah. Erst unter Tīmūr und seinem Enkel →Uluġ Beg (1409–49) fand S. zu neuer, bislang nicht erreichter Größe, die u. a. in einer glanzvollen Bautätigkeit zum Ausdruck kam und sich im Bericht des kast. Gesandten Ruy Gonzáles de →Clavijo und in der Autobiographie des ersten Mogulherrschers Bābur (Bāburnāma) niederschlägt. Die Übernahme S.s durch die Uzbekenkhāne 1511 leitete jedoch den kulturellen Niedergang der Stadt ein, die fortan auch polit. hinter Buchara zurückfiel. H. Göckenjan

Lit.: EI¹ III, 138–140 – Istorija Samarkanda – s drevnjėich vremen do vel. okt. soc. revoljucii, I, 1969 – D. BRANDENBURG, S., 1972.

Sambonifacio (da), Familie aus Norditalien, die erstmals durch *Milo*, Sohn des Franken *Manfred*, zu Macht und Ansehen gelangte. Milo, der seit 906 im Veroneser Gebiet bezeugt ist, war *vassus* Kg. Berengars I., bewahrte geschickt die Gunst der Kg.e Hugo (von dem er 930–931 den Titel eines Gf.en v. Verona erhielt) und Berengar II. sowie Ks. Ottos I. (der ihn zum Mgf.en erhob). Die Verwurzelung im Territorium, die bei den Familien öffentl. Amtsträger im 10. Jh. typ. war, zeichnete sich schon bei Milos Tod (ca. 955) ab: die Familie nahm den Namen eines Kastells an, das sie im Veroneser Gebiet besaß. Mitte des 11. Jh. wurde der Gf.entitel in der Familie erbl.; in den folgenden Jahrzehnten ragt die Gestalt des Gf.en *Albertus* heraus (1106–1135), des bedeutendsten unter den Vasallen der →Mathilde v. Canossa. In der kommunalen Zeit beteiligten sich seine Nachkommen *Malregolatus, Bonifacius* und *Saurus* (die beiden letzteren öfters als Podestà) aktiv an dem polit. Geschehen in Verona. Ende des 12. Jh. führten die S. eine der beiden Faktionen (die pars Comitum) an, in die sich die Führungsschicht gespalten hatte. Bis zur Verbannung durch Friedrich II. und →Ezzelino III. da Romano (1239) nahmen die S., die noch zahlreiche Burgherrschaften besaßen, als Verbündete der →Este an den Parteikämpfen in Verona und in Venetien teil. Auch nach der Machtergreifung Ezzelinos in Verona und unter den →Della Scala (seit 1259) blieben die S. verbannt; *Ludovico S.* ist nach →Salimbene der Prototyp des »guelfischen« Adligen. Nicht einmal unter Heinrich VII. (1310) gelang es den S., nach Verona zurückzukehren, was ihnen erst im 15. Jh., unter der Herrschaft Venedigs, möglich war. In der Folge spielten sie keine polit. Rolle mehr.
G. M. Varanini

Lit.: A. CASTAGNETTI, Le due famiglie comitali veronesi: i San Bonifacio e i Gandolfingi – di Palazzo (sec. X–inizio XIII) (G. CRACCO, S. COLLODO, A. CASTAGNETTI, Studi sul medioevo veneto, 1981), 43–93.

Sambucina, erstes Kl. OCist Kalabriens, um 1140 mit Zustimmung →Rogers II. von Goffredo di Loritello, Gf. v. Catanzaro, auf einem Ausläufer des Silagebirges bei Luzzi (Prov. Cosenza) gegründet. Reich ausgestattet, genoß das Kl. die Gunst der Normannen- und Stauferherrscher und den Schutz der röm. Päpste. →Joachim v. Fiore lebte als Novize und später Professe in S., bevor er in Corazzo Abt wurde. Infolge schwerer Schäden durch Erdbeben (1184) und Erdrutsche (1220/21) übersiedelte die Kommunität mit Erlaubnis Honorius' III. und Friedrichs II. in das Kl. OSB S. Maria della Matina bei →S. Marco Argentano, das zum Hauptsitz wurde, wobei das Bergkl. als Grangie weiterbestand und die Besitzungen der beiden Kl. vereinigt wurden. Dies wurde auch durch das Eingreifen der Abtei v. →Casamari ermöglicht, die deshalb jene Kommunität als Filialkl. betrachtete. Bereits seit seiner Frühzeit begründete das Kl. einige kalabres. (S. Angelo del Frigilo bei Mesoraca, S. Maria di Acquaformosa) und siz. Filiationen (S. Maria di Novara bei Messina, S. Maria di Roccadia bei Lentini und S. Spirito in Palermo). S. war zugleich ein wichtiges Skriptorium, das u. a. die Werke Joachims v. Fiore bereits seit der Zeit des Abtes Luca Campano (1193–1202; 1202 Ebf. v. Cosenza) verbreitete. Nach dem Untergang der Staufer und dem Vesperkrieg (→Sizilianische Vesper) begann ein langsamer Niedergang, der sich im 14. Jh. verstärkte. 1421 wurde die Abtei zur Kommende. Nach dem Konzil v. Trient führte man die monast. Observanz wieder ein, die im Bergkl. von S. bis zum Ende des 18. Jh. bestand. P. De Leo

Lit.: A. PRATESI, Carte Latine di abbazie Calabresi provenienti dall' Arch. Aldobrandini, 1958 – IP, X, 94–98 – G. MARCHESE, La Badia di S., 1932 [Nachdr. 1987] – P. DE LEO, Certosini e cisterciensi nel Regno di Sicilia, 1993.

Samen (Lappen), Volk in Nordeuropa. [1] *Allgemein, Materielle Kultur:* Das weite ma. Verbreitungsgebiet der S. (samisch *sem*, nord. *finn*, ost-nord./finnisch *lapp*) erstreckte sich in Nordeuropa bis ins südöstl. →Norwegen und bis zum Mälartal in →Schweden, über weite Teile →Finnlands und in Rußland mindestens bis zum Ladoga-und Onegasee. Das Samische gehört zu den uralischen Sprachen. Es läßt sich eine deutl. Verbindung zw. den S. und den zirkumpolaren Jägerkulturen herstellen. Aus dem MA sind Siedelplätze, Gräber, Opferstätten, Bärengräber, Fanggruben für Großwild, Skier u. a. erhalten geblieben.

Wichtigste Ernährungsgrundlage war der Fischfang, auch in Binnenseen. Im Waldland wurde der →Elch, in den Gebirgszonen das Rentier gejagt. Das gezähmte Rentier wurde als Zugtier und als Locktier zur Jagd auf wilde Rentiere genutzt, in Skandinavien vielleicht auch schon als Milchtier. Die S., bekannt als Skiläufer (→Ski) und gute Bogenschützen, erwarben (im Tausch gegen Pelze) Metallgeräte unterschiedlichster Herkunft, praktizierten Zinn- und Bleiguß, wohl auch das Schmieden von Eisen.

Das Gebiet der S. war seit alters her in sog. *sijdda*-Bezirken fest organisiert. Die feste *Kohte* mit aus Steinen geschichtetem Feuerplatz war der wichtigste Typ der Wohnstätte. Die Lebensweise war mobil (→Nomaden), ein bestimmtes Gebiet wurde in einem jährlich wiederkehrenden Rhythmus genutzt. Kosmolog. Vorstellungen und →Schamanismus verbanden die S. mit den uralischen Völkern.

Die Toten wurden (bei variierenden Begräbnissitten) in Hüllen aus Birkenrinde bestattet, entweder dicht unter der Bodenoberfläche oder zwischen Steinbrocken. In Randgebieten wurden Begräbnisformen der Nachbarvölker übernommen (etwa Brandbestattung unter Steinsetzungen oder Grabhügeln).

Die S. waren starken Einflüssen seitens der Nachbarkulturen ausgesetzt. S. und Skandinavier lebten symbiotisch miteinander. Teile der S. wurden seßhaft. Im Zuge fortschreitender Assimilation verkleinerte sich ihr Siedlungsgebiet immer mehr, ein heute noch anhaltender Prozeß. I. Zachrisson

[2] *Beziehungen zum skandinavischen Königtum:* Der rege Warenaustausch zw. S. und skand. Bevölkerung nahm, wohl seit der Wikingerzeit, spätestens aber seit dem 10. Jh. den Charakter jährl. Tributleistungen seitens der S. an; die S. hatten an nordnorw. Häuptlingsgeschlechter in den Küstengebieten (Hålogaland) Abgaben (sog. *finnskatt*, S.-

oder Lappensteuer) zu leisten (Felle, Häute, Federn, Walroßzähne usw.). Diese wurden jährlich durch bewaffnete 'Lappenfahrten' (*finnferd*), bisweilen reine Plünderungszüge, eingetrieben. Hierbei kam es im Bereich der Finnmark und der Halbinsel Kola (anorw. 'Bjarmland') zu Konflikten mit konkurrierenden, von →Novgorod abhängigen→Kareliern. Wohl schon seit Kg. Harald Schönhaar (860–930) gerieten die Lappenfahrten in die Interessensphäre des norw. Kgtm.s. In einem Prozeß mit dem nordnorw. Häuptling Sigurd Ranesson setzte Kg. Sigurd (1123–30) die grundsätzl. Oberhoheit des Kgtm.s über die Lappenfahrt durch; ein →Réttarbót ('Rechtsbesserung'; →Frostaþingslög, XVI, 2) spricht ausschließlich dem Kg. das Recht zu, nördl. des Vennesund mit →Pelzen zu handeln. Die Lappenfahrt galt somit seit spätestens der Mitte des 12. Jh. als →Monopol des Kg.s, das er auch als Lehen austun konnte. Eine echte kgl. Verwaltung des nördl. Hålogalandes (Troms) und der Finnmark wurde aber erst unter Håkon V. Magnússon (1299–1319) errichtet (Grenzbefestigungen: Vardøhus, Missionskirchen: Tromsøya).

Die Besteuerung der S. von schwed.-finn. Seite, weniger kriegerisch geprägt, trug eher den Charakter eines wohlorganisierten Abgabe-, Tausch- und Versorgungssystems; tragendes Element waren die sog. *Birkarlar* (finn. Pirkkaleiset), eine ursprgl. wohl finnischstämmige, an der Nordküste des Bottn. Meerbusens siedelnde Bevölkerungsgruppe, die unter schwed. Oberhoheit stand (daher auch Auftreten von Schweden als Birkarlar). Das den Birkarlar verliehene Monopol für die Besteuerung der S. (wohl seit dem 13. Jh.) war noch im 16. Jh. wirksam, unterlag aber staatl. Kontrolle, um willkürl. Schatzungen zu vermeiden (Festlegung bestimmter jährl. Abgabenhöhen, u.a. Felle, Häute, Federn, Fische; weitergehende Lieferungen der S. wurden mit Versorgungsgütern wie Mehl, Butter, Salz, Tuchen, Hanf und Leinen vergolten). Das System des Birkarlarhandels, das (wegen der kostspieligen Versorgungsaufwendungen) in der späteren Zeit nur noch von wohlhabenden Birkarlargeschlechtern getragen werden konnte, bildete – trotz des zunächst geringen Nutzens für das schwed. Kgtm. – einen wichtigen Ansatzpunkt für die Besiedlung Norrlands und der nordbottn. Gebiete. H. Ehrhardt

Lit.: KL I, 594–600; IV, 281–287 – P. SVEAAS-ANDERSEN, Samlingen av Norge og kristningen av landet 800–1130, 1977, 182f. – I. ZACHRISSON, Die südl. S.-Archäologie und schriftl. Q. (Symposium Lapponica et Uralica, Univ. Uppsala) [im Dr.; Bibliogr.].

Samit, Bezeichnung für ein aus dem Orient bzw. Ostrom stammendes Seidengewebe, abgeleitet aus dem gr. ἑξάμιτος, lat. exametum, examitum, xamitum, sciamitum, samita, samitum. Der Ausdruck bezieht sich auf die Vielfädigkeit des Gewebes (ἑξάμιτος = sechsfädig) bzw. auf die Verwendung einer Köper-Schuß-Kompositbindung. Die Bindung erfolgt mit einer Hauptkette, einer Bindekette und einer Schußfolge aus zwei oder mehreren Schüssen. Der Schuß wird durch die Bindekette in Köperbindung abgebunden. Ursprgl. wurde S. in Griechenland (Insel Andros) erzeugt, außerdem in Akkon, Beirut, Damaskus und Alexandria. Die Araber exportierten S. über Famagusta. Nach dem 12. Jh. wurde S. in Spanien und Italien hergestellt. S. wurde für profane und liturg. Kleidung verwendet, ebenso für Zelte, Kissen oder Bucheinbände. Er war ein beliebtes Geschenk: 1151 sandte Ks. Manuel I. Komnenos ein Stück S. dem Abt der Kl. →Corvey und →Stablo. Eine Urk. Kg. Konrads IV. vom 17. Sept. 1246 zählt Teile des ksl. Ornates auf, die sich mit erhaltenen in der Wiener Schatzkammer identifizieren lassen (siz. Albe mit Perlbesatz von 1181 und siz. Tunicella). Die erste bekannte Erwähnung in deutschsprachigen Q. findet S. im » Armen Heinrich« →Hartmanns v. Aue (um 1195). Im 14. Jh. wird in dt. Q. zw. S. und »gerauhtem« S. unterschieden. Zu diesem Zeitpunkt findet wohl der Bedeutungswandel von S. als Bezeichnung für ein glattes Seidengewebe zu →Samt im heutigen Sprachgebrauch statt.
E. Vavra

Lit.: L. C. EISENBART, Kleiderordnungen der dt. Städte zw. 1350 und 1700 (Göttinger Bausteine zur Gesch.swiss. 32, 1962), 127 – KLUGE, 1975²¹, 623 – B. MARKOWSKY, Europ. Seidengewebe des 13.–18. Jh. (Kunstgewerbemus. der Stadt Köln, 1976), 108, 117ff. – G. TAUBERT, Erwähnung von Textilien in mhd. Epen (Fschr. S. MÜLLER-CHRISTENSEN, 1981), 15 – L. v. WILCKENS, Terminologie und Typologie spätma. Kleidung (Terminologie und Typologie ma. Sachgüter: Das Beispiel der Kleidung. Veröff. des Inst. für ma. Realienkunde Österreichs 10, 1988), 47f.

Samland, am Frischen und Kurischen Haff gelegene altpreuß. Landschaft, ein Kerngebiet der →Prußen. →Adam v. Bremen gebrauchte die Volksnamen Sembi und Pruzzi synonym. Sicher mit Rücksicht auf den Handel mit →Bernstein besaßen Wikinger bei Wiskiauten eine Niederlassung. Nach einem ersten Versuch 1246 eroberte der →Dt. Orden das S. seit 1252, endgültig nach dem zweiten →Preußenaufstand wohl bis 1265. Da das S., bes. in seinem westl. Teil, dicht besiedelt war, wurde es weniger als die anderen Gebiete Preußens durch die ordenszeitl. Besiedlung umgeformt. Der größere Teil des Landes war in Kammerämter gegliedert, an deren Spitze – zunächst meist pruß. – Kämmerer standen, die eine ähnl. Stellung hatten wie die Schulzen (→Schultheiß) in den deutschrechtl. Dörfern. Mit Ausnahme der Gebiete von Bf. und Domkapitel gehörte das S. zur Komturei →Königsberg.

Wie die drei anderen preuß. Bm.er war auch das Bm. S. 1243 durch den päpstl. Legaten →Wilhelm v. Modena begründet worden, doch gelang die dauerhafte Etablierung von Bf.en und Domkapitel erst gegen Ende des Jahrhunderts, die dauerhafte Abgrenzung der Territorien des Bf.s (ein Drittel der Diöz.) und des Domkapitels (ein Drittel des bfl. Gebietes) erst 1322. Das bfl. Territorium bestand aus einem westl. Teil mit der Bf.sresidenz Fischhausen, einem mittleren, der sich nördl. von Königsberg hinzog, und einem östl. Teil, nördl. von Insterburg. Ihm und dem mittleren Teil waren die Gebiete des dem Dt. Orden inkorporierten Domkapitels benachbart. Der samländ. Dom und die Kurien der Domherren lagen auf der Kneiphof-Insel im Pregel, unmittelbar neben Königsberg. Das Bm. wurde von Bf. Georg v. Polenz 1525 säkularisiert. H. Boockmann

Q.: UB des Bm.s S., 1891–1905 – *Lit.:* B. POSCHMANN, Bm.er und Dt. Orden in Preußen 1243 bis 1525, Zs. für Gesch. und Altertumskunde Ermlands 30, 1962 – R. WENSKUS, Kleinverbände und Kleinräume bei den Prußen des S.es (Die Anfänge der Landgemeinde und ihr Wesen, II, 1964 [= VuF 7]).

Samo, Slavenfs. des 7. Jh., gest. um 660, von dem ausschließl. die zeitgenöss. →Fredegar-Chronik (4, 48; 68) bzw. von ihr abgeleitete Q. berichten. Nach Fredegar war S. Franke aus dem nicht sicher lokalisierbaren pagus Senonago und ging im 40. Regierungsjahr →Chlothars II. (623/624) als 'negucians' mit einer Gruppe von Kaufleuten zu den Slaven/Wenden. Dort setzte er sich an die Spitze einer erfolgreichen Aufstandsbewegung gegen die Avarenherrschaft, woraufhin ihn die Slaven zu ihrem Kg. wählten. Das neue Slavenreich behauptete sich nicht nur gegen Angriffe der →Avaren, deren Macht allerdings nach dem Scheitern der Belagerung v. Konstantinopel (626) verfiel. Wie Fredegar erzählt, forderten Gesandte des Frankenkg.s →Dagobert I. 630/631 nicht nur Genugtuung für ermordete Kaufleute, sondern auch das geschuldete 'servicium', das S. »in heidn. Stolz« verweigerte. Dagobert hatte auf eine Gelegenheit zu offensiver Ostpolitik anscheinend gewartet. Mehrere Heere fielen in das Gebiet der Slaven ein; verbündete friulan. →Langobarden besetzten die 'regio Zellia', wohl im heutigen Gailtal (Kärnten), und auch ein alem. Aufgebot unter Chrodobert blieb siegreich. Dagoberts Haupttheer wurde hingegen nach dreitägiger vergebl. Belagerung der →Wogastisburg geschlagen, worauf sich →Derwan, Dux der Sorben, S. anschloß; Thüringen und das ö. Frankenreich wurden zum Ziel slav. Plünderungen. Aus diesen Nachrichten können Lage und Ausdehnung des S.-Reiches nur ungefähr rekonstruiert werden. Trotz aller Versuche, das Zentrum seiner Herrschaft im Wiener Raum (FRITZE), in Kärnten (BALTL) oder in Ostfranken (KUNSTMANN) zu suchen, bleiben Böhmen und/oder Mähren am wahrscheinlichsten. Südl. der Donau ist nur eine lockere Oberherrschaft vorstellbar. Spekulativ sind genauere Deutungen von S.s Herkunft (teils wird er gegen Fredegar als Slave gesehen) und seiner institutionellen Stellung ('Samo' als altslav. Rangtitel). S.s Herrschaft blieb bis zu seinem Tod unangefochten bestehen, zerfiel jedoch danach und wurde auch nicht traditionsbildend. W. Pohl

Q. und Lit.: Fredegar, Chronik, ed. B. KRUSCH, MGH SRM II, 1888 – W. FRITZE, Unters. zur frühslav. und frühfrk. Gesch. bis ins 7. Jh., [1951], 1993 – H. KUNSTMANN, WSl 24, 1979; 25, 1980 – W. POHL, Die Awaren, 1988, 256–261 [Lit.]

Samobor, Stadt in →Kroatien, 20 km w. von →Zagreb. An archäolog. erschlossene ältere Besiedlung anschließende Stadtgründung im Zuge der Kolonisation des ma. →Slavoniens, wichtig wegen ihrer Grenzlage am Weg in die →Steiermark; bei der Stadt befand sich eine Station für den Dreißigstenzoll. Das von Hzg. Koloman verliehene, von Béla IV. 1242 bestätigte Privileg über das Recht auf Wahl eines maior und eines Pfarrers entsprach dem Privileg für Petrinja 1240 und diente dem für Jastrebarsko 1257 als Vorbild. Die später mehrfach erweiterte Burg oberhalb der Stadt wurde wahrscheinl. 1270 von Leuten →Otakars II. Přemysl errichtet; Ladislaus IV. überließ villa und Burg 1274 dem Besitzer der benachbarten Burg Okić; in der Folgezeit wechselten Burg und Stadt mehrfach den Herren. 1277 ist die Zisterzienser-Präpositur St. Helena erstmals erwähnt. Seit dem Ende des 15. Jh. wurde nahe der Stadt in Rude Kupfer abgebaut. L. Steindorff

Q.: T. SMIČIKLAS, Cod. diplomaticus CDS IV, 164 [Privileg]; V, 639; VI, 99 [Burg] – Lit.: EncJugosl. VII, 128 – V. NORŠIĆ, S.-grad, 1942 [Neudr. 1992] – O. PICKL, S. und seine Kupferproduktion im 16. Jh., Südostdt. Archiv 32/33, 1989–90, 122–128 – N. BUDAK, Rudnik bakra u Rudama kraj Samobora u 16. i 17. st., Radovi Zavoda za hrvatsku povijest 27 [im Dr.].

Samos (Griechenland), gebirgige Ägäis-Insel (491 km²) vor der Westküste Lydiens. In frühbyz. Zeit zur Prov. Insulae (Nesoi) der Diöz. Asiane gehörig und kirchl. Suffragan v. →Rhodos, litt es nach Erdbeben (614, 654) seit der Mitte des 7. Jh. unter arab. Flottenangriffen (vielleicht ztw. Besetzung vor 678), was allerdings keine gänzl. Entvölkerung bewirkte (Verlegung des Siedlungszentrums auf den Festungsberg Lazaros, Erneuerung des 'Kl.gutes' im antiken Stadtgebiet). In mittelbyz. Zeit wurde unter Leon III. (717–741) ein Drungariat S. (→Drungarios) eingerichtet; seit 899 als Thema belegt (Hauptstadt Smyrna) umfaßte es, fortan in zwei Drungariate gegliedert, große Teile der kleinasiat. Westküste. Arab. Plünderungen (892/893 Leon v. Tripolis, um 1090 Emir Tzachas v. Smyrna) bewirkten wiederholte Befestigungen der Logothetes-Burg auf Kap Tigani (Inschrift a. 969). Nach dem IV. Kreuzzug gehörte S. zum Territorium des lat. Ks.s v. Konstantinopel, wurde jedoch bald nach 1222 von →Johannes III. Dukas Vatatzes zurückerobert (ab 1296 Herrschaft der byz. Familie →Melissenoi). 1304 wurde S. den Genuesen übergeben (seit 1363 Herrschaft der Familie Giustiniani), die es (mit der Unterbrechung 1329–46) bis zur türk. Machtübernahme (1475/79, Flucht aller Einw. nach Chios) hielten. J. Koder

Lit.: Oxford Dict. of Byzantium, 1991, 1836 – RE IA/2, 2162–2218 – A. M. SCHNEIDER, S. in frühchr. und byz. Zeit, ArchAnz 54, 1929, 96–141 – A. PHILIPPSON–E. KIRSTEN, Die gr. Landschaften, I, 1959, 260–268 – R. TÖLLE-KASTENBEIN, Das Kastro Tigani, 1974 – K. TSAKOS, Συμβολή στη παλαιοχριστιανική και πρώιμη βυζαντινή μνημειογραφία της Σάμου, Archaiol. Eph. 1979, Chron. 11–25 – W. MARTINI, Das Gymnasion von S., 1984 – E. MALAMUT, Les îles de l'Empire byz., 1988, 237–239, 279f., passim – W. MARTINI–C. STRECKER, Das Gymnasium v. S., Das frühbyz. Kl.gut, 1993.

Samosata, Stadt und Bm. in der SO-Türkei, heute im Atatürk-Stausee versunkene Ruinen v. Samsat am ehemals rechten (nördl.) Ufer des Euphrat, der hier im Sommer in einer Furt passierbar war. Die Hauptstadt des hellenist. Kgr.es Kommagene wurde bei der Eingliederung in die röm. Prov. Syria 72 n. Chr. mit der Legio XVI Flavia belegt und wie →Melitene im Kampf gegen Sāsāniden und Araber eine wichtige Festung an der O-Grenze des röm./byz. Reiches. In der Spätantike zur Prov. Euphratesia (Metropolis Hierapolis/Menbiğ) gehörig. 638 von den Arabern erobert, wurde S. (arab. Sumaisāṭ) ein Glied der Festungskette gegen das byz. Reich. Nach mehreren Angriffen und kurzfristigen Besetzungen im 9. und 10. Jh. eroberten die Byzantiner 958 S. zurück und machten es zum Sitz eines militär. Kommandanten (Katepano) der 'Euphrat-Städte'. Um 1070 gehörte S. zum Herrschaftsgebiet des Armeniers Philaretos Brachamios v. Germanikeia (Maraş), kam dann an die Gft. →Edessa und blieb bis 1150 in frk. Besitz. 1188 von →Saladin erobert. F. Hild

Lit.: Oxford Dict. of Byzantium, 1991, 1836 – RE IA, 2220–2224 – E. HONIGMANN, Die Ostgrenze des Byz. Reiches, 1935, passim – H. HELLENKEMPER, Burgen der Kreuzritterzeit in der Gft. Edessa und im Kgr. Kleinarmenien, 1976, 73–77.

Sampirus (Sampiro), Bf. v. →Astorga 1034/35–41, * ca. 960 in Zamora oder El Bierzo, † 1042, wurde von →Vermudo II. zum kgl. notarius, von Alfons V. zum kgl. Hofmeister ernannt. Vor Antritt seines Bf.samtes verfaßte S. eine →Chronik (K. I), eine Forts. der Chronik →Alfons' III. v. Asturien, die den Zeitraum 866–999 († Vermudo II.) behandelt. Das biograph. angelegte Werk, das im 12. Jh. von →Pelayo v. Oviedo verwendet wurde, zeigt bes. Interesse für krieger. Auseinandersetzungen; der Standpunkt des Autors ist unparteiisch, betont jedoch die Bedeutung des Kgtm.s v. Asturien und León. J. M. Alonso-Núñez

Ed.: J. PÉREZ DE URBEL, Sampiro, su Crónica y la monarquía leonesa en el siglo X, 1952 – Lit.: DHEE IV, 2158 – Hist. de España, begr. R. MENÉNDEZ PIDAL, VII/1, 1980, 693–700 – A. QUINTANA PRIETO, El obispado de Astorga en el siglo XI, 1977, 57–162.

Samson

I. Allgemein – II. Westen – III. Byzanz.

I. ALLGEMEIN: S., jüd. Heros und 'Richter' des AT (Ri 13–16), trägt mit gewaltiger Körperkraft unerschrockene, z. T. mit schwankhaften Zügen ausgestattete Kämpfe gegen die übermächtigen Philister aus, gewinnt trotz verhängnisvoller charakterl. Schwächen (Abhängigkeit von weibl. Verführung: Dalilah) als von Gott erwählter Vorläufer der großen bibl. Richter- und Herrschergestalten

(Samuel, Saul, David) heilsgeschichtl. Bedeutung und nimmt daher in der ikonograph. Überlieferung des MA einen wichtigen Platz ein. U. Mattejiet

II. WESTEN: S.s ikonographisch aus Herkulesdarstellungen abgeleiteter Löwenkampf findet sich auf Portaltympana, Türstürzen und Kapitellen roman. Kirchen, aber auch auf Metallgeräten (Leuchter, Aquamanile), und ist Typus des Teufel und Tod im →Descensus überwindenden Christus (Einzeldarstellungen z. B. in Gurk, Dom: Tympanon, um 1200; Saint-Gilles: Portalgewände, Mitte 12. Jh.; Moissac, Saint-Pierre; Andlau, Vorhalle; Anzy-le-Duc, Sainte-Trinité; Vienne, Saint-André-le-Bas: Kapitelle des 12. Jh.); auf dem Klosterneuburger Altar werden S.s Verkündigung, Geburt, Beschneidung und Löwenkampf sowie S. mit den Toren Gazas den entsprechenden Szenen der Gesch. Christi, seiner Höllenfahrt und Auferstehung typologisch gegenübergestellt. Die Löwenkämpfer S. und Herkules, schon von →Eusebius und →Otto v. Freising miteinander verglichen, fungieren in der Fassadenskulptur als Trägerlöwen (u. a. Arles, Saint-Trophime, Mitte 12. Jh.; Genua, San Lorenzo, um 1200; Pesaro, San Agostino, 1413) und werden in der Textilkunst (z. B. Gerona, Kathedrale, Genesisbehang, um 1100) nebeneinandergestellt. Zusammen mit →Konstantin als überwindendem Reiter tritt der Löwenkämpfer S. an Fassaden auf (z. B. Parthenay-le-Vieux, um 1120; Foggia, um 1225).

Die aus der Bibel- und Weltchronik-Illustration bekannte Szene, in der Dalilah S. das Haupthaar schert und ihn damit seiner Kraft beraubt, ist neben anderen Minnesklaven-Exempla wie Vergil im Korb, David und Bathseba und Salomons Götzendienst auf Misericordien engl. Kirchen und dt. Chorgestühlen (z. B. Köln, Dom, um 1330) sowie in der Textilkunst, auf Tafelbildern (z. B. Lucas Cranach) und Druckgraphiken (u. a. Meister E. S.) des 15. und 16. Jh. häufiges Motiv in Weibermacht-Zyklen, zuweilen mit dem Löwenkampf korrespondierend (so z. B. Perugia, Fontana Maggiore, um 1278; Caen, Saint-Pierre, Kapitelle, Mitte 14. Jh.; »Malterer-Teppich«, Freiburg, Augustinermuseum, um 1320). N. H. Ott

Lit.: LCI IV, 30–38 – K.-A. WIRTH, Ein neugefundenes Steinbildwerk in Regensburg, Kunstchronik 12, 1959, 33–40 – J. POPE-HENNESSY, S. and the Philistine, 1964 – N. H. OTT, Minne oder amor carnalis? (Liebe in der dt. Lit. des MA, 1987), 107–125.

III. BYZANZ: Textgrundlage: AT, Ri 13–16. Charakterisierung von S. anfangs bärtig, kurzhaarig, mit Tunika und Pallium bekleidet, im MA bartlos, mit langen Locken, kurzer Tunika und flatterndem Mantel. Früheste Darstellung: Neue Katakombe an der Via Latina, Rom, 1. Hälfte 4. Jh., S.s Kampf mit dem Löwen, die dem Kadaver entschwärmenden Bienen (Raum L sowie Kammer B, nur Fragmente), S. jagt die Füchse in die Felder der Philister (Kammer B) und S. erschlägt die Philister mit dem Eselskinnbacken (Kammer F). Umfangreicher Zyklus mit 9 bzw. 11 Szenen: Fußbodenmosik der Kirche/-Synagoge, Mopsuestia (Misis), 2. Hälfte 4.–6. Jh., Zyklus entwickelt sich von rechts nach links und wird durch lange Inschriften begleitet in der Art ill. Rotuli. Zyklen mit bis zu 21 Szenen in den byz. Oktateuchen: Vat. gr. 747 (ca. 1075); Vat. gr. 746 (1125–55) und Athos, Vatopedi 602 (1275–1300). Diese Illustrationen werden nun auf ein erst im 11. Jh. konzipiertes Modell zurückgeführt, womit fraglich wird, ob Illustrationen dieser Art als Vorlage für die Fresken in der o. g. Katakombe dienten. Kürzere Zyklen in den Homilien des Gregor v. Nazianz (Paris. gr. 510, 880–883) mit Analogien zu den späteren Oktateuchen sowie in den Sacra Parallela (Paris. gr. 923, 9. Jh.), deren Bilder auffallend von den anderen differieren. Zwei Einzelbilder (S. im Kampf mit dem Löwen, S. trägt die Tore von Gaza) im opus sectile-Boden, Südkirche, Pantokratorkl. (1118–36), Konstantinopel; Kirche des hl. Kreuzes, Aght'amar (915–922), Kampf mit dem Löwen und S. tötet die Philister. Nicht eindeutig als S. identifizierbar ist die paarweise Darstellung von Löwenbändigern auf Seidenstoffen des 9. Jh. in waagerechter Anordnung (Fragmente in Chur, Lyon, Ottobeuren u. a.), Provenienz: Syrien oder Konstantinopel. B. Schellewald

Lit.: S. DER NERSESSIAN, The Illustrations of the Homilies of Gregor Nazianzus: Paris. gr. 510, DOP 16, 1962, 195–228 – A. S. MEGAW, Notes on the Recent Work of the Byz. Institute in Istanbul, DOP 17, 1963, 333–371 – S. DER NERSESSIAN, Church of the Holy Cross, Aght'amar, 1965 – L. BUDDE, Antike Mosaiken in Kilikien, I; Frühchr. Mosaiken in Misis-Mopsuestia, 1969 – E. KITZINGER, Observations on the S. Floor at Mopsuestia, DOP 27, 1973, 133–144 – L. KÖTZSCHE-BREITENBRUCH, Die neue Katakombe an der Via Latina in Rom, JbAC, Ergbd. 4, 1976 – R. STICHEL, Die Inschrr. des S.-Mosaiks in Mopsuestia und ihre Beziehung zum bibl. Text, BZ 71, 1978, 50–61 – K. WEITZMANN, The Miniatures of the Sacra Parallela, Paris. gr. 923 (Studies in Ms. Illumination, Nr. 8, 1979) – Byzance. L'art byz. dans les collections publiques frç., Louvre 1992, Katalog Nr. 134 [Lit.] – J. LOWDEN, The Octateuchs, 1992.

Samson. 1. S. v. Dol, hl., Abt und Bf. v. →Dol (→Bretagne), † ca. 565; biograph. Nachrichten nur bekannt durch eine Vita von umstrittener Datierung (BHL 7478–7479; zw. Anfang des 7. Jh. und Anfang des 9. Jh.). Nach ihr entstammte S. einer hohen Adelsfamilie in →Wales und wurde in der berühmten Schule des hl. →Illtud zu →Llantwit geformt, von Bf. Dubricius zum Diakon, Presbyter, schließlich zum Bf. geweiht. Nach einer Zeit als Eremit des Kl. Pirus und einer Reise nach Irland gründete S. auf dem Kontinent das Kl. Dol. Er soll zugunsten des bret. Fs. en Judual, der durch Conomor abgesetzt und von Kg. →Childebert gefangengesetzt worden war, intervenieren haben. Möglicherweise ist ein Unterzeichner der Akten eines Konzils v. Paris (um 560) mit S. v. Dol identisch.

Der Verf. der Vita I^a wurde stark inspiriert von der Vita des hl. →Martin von →Sulpicius Severus; eine Umarbeitung aus der Mitte des 9. Jh. (BHL 7481, 7483) betont einen eigenen Metropolitanspruch Dols gegenüber →Tours und damit einen zentralen Bestandteil der vom bret. Fs. en →Nominoë vertretenen Kirchenpolitik; zu Beginn des 10. Jh. entstand eine versifizierte Fassung (BHL 7480, 7482, 7484); eine neue Redaktion schuf →Balderich v. Bourgueil, Bf. v. Dol (BHL 7486).

Um 920/930 wurden die Reliquien des hl. S. wegen der Normanneninvasion nach →Orléans geflüchtet. Kultverbreitung seit dem 8. Jh. im heut. Großbritannien; eigene Messe in einem Sakramentar v. →Corbie (Ende des 10. Jh.). Erwähnung als Abt (nicht als Bf.) in einer Hs. des →Martyrologium Hieronymianum (Wolfenbüttel), die aus →Fontenelle stammt und von 772 datiert. Fest: 28. Juli. J.-C. Poulin

Lit.: Catholicisme XIII, 781f. – J.-C. POULIN, Le dossier de saint S. de Dol, Francia 15, 1987, 715–731 – P. FLOBERT, Le témoignage du rédacteur de la Vie ancienne de s. S. sur sa date relative, Bretagne et pays celtiques (Mél. L. FLEURIOT, 1992), 161–166 – B. MERDRIGNAC, Henoc, les philosophi et Pental: remarques sur la Vita I^a Samsonis (ebd., 167–180).

2. S., Abt in →Córdoba, † 890 (Epitaph von →Cyprianus v. Córdoba), engagierte sich in den religiösen Auseinandersetzungen seiner Zeit. Er verfaßte den »Liber apologeticus«, der sich gegen eine Zusammenarbeit mit den muslim. Machthabern wendets (→Mozaraber), Carmina und das Werk »De gradibus consanguinitatis«.

J. M. Alonso-Núñez

Ed.: J. GIL, Corpus Scriptorum Muzarabicorum, I, 1973, 505-665 – Apologético, ed. J. PALACIOS ROYAN, 1987 – *Lit.:* DHEE IV, 2179 – M. C. DÍAZ Y DÍAZ, Index Scriptorum Latinorum Medii Aevi Hispanorum, I, 1958, Nr. 508-510 – E. P. COLBERT, The Martyrs of Córdoba (850-859), 1962, 357-381 – F. J. SIMONET, Hist. de los mozárabes de España, I, 1983, 487-502 – Hist. de España, begr. R. MENÉNDEZ PIDAL, IV, 1982⁵; V, 1982⁴.

Samsun, Hafenstadt an der anatol. Küste des →Schwarzen Meeres. Das von Milesiern oder Phokaiern gegr. Amisos gehörte seit der Regierungszeit Justinians I. zum Thema Armeniakon und war trotz wiederholter Einnahme durch arab. Heere (z. B. 863 unter ᶜUmar b. ᶜAbdullāh al-Aqtaᶜ) ein wichtiges byz. Handelszentrum, das die Krim mit SO-Anatolien und dem fruchtbaren Halbmond verband. Amisos blieb auch nach dem Eindringen türk. Stämme nach Anatolien unter byz. Herrschaft, mußte aber eine türk. Gegengründung nahebei hinnehmen. Die von nun an als S. belegte Doppelstadt fiel um 1190 an den selǧuqischen Prinzen Rükn ad-Dīn Süleymān Šāh, konnte aber in den polit. Wirren nach dem IV. Kreuzzug 1204 ihre Unabhängigkeit im großen und ganzen wahren. Anfang des 14. Jh. übernahm die starke genues. Kaufmannskolonie die Kontrolle über die chr. Stadthälfte. Der ständige Wechsel von Herrschaftsansprüchen türk. *begs* fand mit der allmähl. Integration in das Osman. Reich (1393 Oberherrschaft Bāyezīds I. über Isfendiyār Beg, 1398 Einsetzung des konvertierten Bulgarenprinzen Šišmān als Statthalter) zunächst ein Ende, das auch durch die Restauration des *begliks* Isfendiyār-oǧlu nach der Schlacht v. Ankara 1402 nur kurz unterbrochen wurde. Die Genuesen verließen 1420 die Stadt nach einer Feuersbrunst, auch die muslim. Stadthälfte wurde nun osman. Als Zentrum des →*sanǧaqs* Ǧanik blieb S. zu osman. Zeit eine Handelsstadt geringerer Bedeutung. Ihre Burg diente v. a. gegen Seeräuber, der Hafen dem Handel mit landwirtschaftl. Produkten (u. a. Hanf für das Arsenal in Istanbul) und Sklaven von der Krim. Ch. K. Neumann

Lit.: EI² [S. FAROQHI; erscheint demnächst] – IA X, 172-178 [B. DARKOT] – Yurt Ansiklopedisi, IX, 1982-83, 6540-6664 – R. VADALA, Samsoun, 1934.

Samt, Bezeichnung für ein Gewebe, bei dem mit Hilfe von zusätzl. Ketten oder Schüssen Flor erzeugt wird. Zumeist handelt es sich dabei um Ketts., bei dem ein oder mehrere Kettfäden für die Florbildung eingesetzt werden. Die Florkette läuft während des Webens über Ruten und bildet so Schlingen, die aufgeschnitten werden können. Man unterscheidet zw. unaufgeschnittenem und aufgeschnittenem (gerissenem) S. Wird der Flor unterschiedl. hoch ausgebildet, spricht man von Stufen- bzw. Reliefs. Zentrum der S.weberei in Europa war zunächst →Lucca. Die Geschäftsurkk. des 14. Jh. belegen, daß alle Arten von S. (S. mit unterschiedl. Noppenhöhe, geschnittener und ungeschnittener S., einfarbiger S. mit feinem Rankenmuster, mehrfarbiger S., mit Gold und Silber durchwobener S.) bereits zu diesem frühen Zeitpunkt in Lucca erzeugt wurden. Weitere Zentren bildeten sich z. B. in Venedig, Florenz, Genua und Mailand heraus. Ursprgl. gehörten die S.weber zur Zunft der Seidenweber. Die rasche Zunahme an Meistern führte bald zu einer Trennung und zu der Einsetzung einer S.weberzunft (z. B. Venedig 1347). Die oft komplizierten Muster des S. es des 15. Jh. entwarfen Künstler (z. B. Vertrag mit dem Maler Baldo Franceschi über die jährl. Lieferung von 60 Musterentwürfen, Lucca 1424). S. wurde für repräsentative Kleidungsstücke und als Dekorationsstoff eingesetzt. E. Vavra

Lit.: I. BRENNI, I velluti di seta italiani, 1927 – F. EDLER DE ROOVER, Die Seidenstadt Lucca, Ciba-Rundschau 92, 1950, 3384-3411, bes. 3403f. –

A. LATOUR, Zur Technik der Seidenweberei, ebd. 104, 1952, 3799-3806 – DERS., Zur Gesch. der europ. S.weberei, ebd. 104, 1952, 3813-3815 – KLUGE, 1975²¹, 623 – B. MARKOWSKY, Europ. Seidengewebe des 13.-18. Jh. (Kunstgewerbemus. der Stadt Köln, 1976), 107, 125ff.

Samuel. 1. S., Zar v. →Bulgarien 997-1014, *954, † 6. Okt. 1014, jüngster Sohn des Comitus Nikola († 993) und der Ripsimija; ∞ Agata; Söhne: Gavril Radomir (Zar 1014-15), einer unbekannten Namens; Töchter: Theodora-Kosara, Miroslava, zwei unbekannten Namens; Hauptstadt: →Ohrid; Hauptresidenz →Prespa. S. hatte als Erster Heerführer während der Regierungszeit von →Romanos-Symeon (977-991) die Herrschaft des Reiches prakt. in seinen Händen und wurde nach dessen Tod (997) zum Zaren gekrönt. S. vermochte während über 40 Jahren den byz. Bemühungen um die Eroberung des Bulg. Reiches standzuhalten und errang Siege in den Schlachten an der Trajanspforte (986) und bei Thessalonike (996). Nach einem erfolgreichen Feldzug in serb. Gebiet eroberte er →Zeta und nahm den Prinzen Jovan Vladimir gefangen (998; später ∞ Theodora-Kosara, S.s Tochter). Dank seiner Eroberungen beherrschte das Bulg. Reich Ende des 10. Jh. den größeren Teil der Balkanhalbinsel. Erst Ks. →Basileios II. anfangs des 11. Jh. zwang S. zur Abwehr. In der Schlacht bei der Festung Ključ (29. Juni 1014) wurde das bulg. Heer von den Byzantinern umzingelt und gefangengenommen, S. gelang die Flucht. Basileios II. ließ die gefangenen 15000 Bulgaren grausam blenden, wobei jedem hundertsten ein heiles Auge gelassen wurde, damit er die anderen führen konnte. Die Mißhandelten wurden zu S.s Residenz in Prespa geschickt; ihr Anblick ließ S. an einem Herzschlag sterben. Sein Grab wurde 1969 in der Kirche Hl. Achileus auf der gleichnamigen Insel im Prespa-See entdeckt. V. Gjuzelev

Lit.: ZLATARSKI, Istorija, I/2, 633-743 – N. MOUTSOPOULOS, Le tombeau du tsar Samouil dans la basilique du St. Achilles à Prespa, EBalk 1974, Nr. 4, 114-126.

2. S. ben Samson (Simson), Mitglied einer großen Gruppe jüd. Einwanderer aus England und Frankreich nach Eretz Israel, berichtet von seiner Reise, die er 1211 begleitet von dem prov. Gelehrten Jonathan ben David Hak-Kohen aus Lunel unternahm, und die ihn von Frankreich über Ägypten nach Eretz Israel bis Jerusalem führte. Mit R. Saadia und R. Tobia sowie dem Rosch hag-Golah (Exilarch) aus Mosul bereiste er das Hl. Land. Abgesehen über Jerusalem mit seinen Hl. Stätten, Bethel, Silo, Sichem, Bet Schean, Tiberias und Safed, aber auch Damaskus und Naveh (Transjordanien) gibt ein unvollständig erhaltener Brief S.s. Das Schreiben zählt nicht zu jenen ma. jüd. →Reisebeschreibungen, die Gesehenes und Erfahrenes möglichst genau mitteilen möchten, sondern ist zu jenen 'Reisebüchern' zu rechnen, die für fromme Pilger Orte und Gräber auflisten, an denen aufgrund der Fürsprache der dort ruhenden (bibl.) Gerechten Gebete bes. wirksam sind. Am Briefende fügt er hinzu, daß seine Aufzeichnungen durch den Kg. v. Jerusalem beglaubigt seien. Hist. sind seine Beobachtungen interessant, da sie größere (jüd.) landwirtschaftl. Siedlungen in Obergaliäa bezeugen und archäolog. bestätigte Bauwerke verzeichnen. R. Schmitz

Lit.: A. JAARI, Iggerot Äratz Jisrael, 1943, 75-83, 450-541 – E. N. ADLER, Jewish Travellers, 1966², 103-110.

Sancerre, Gft. und kleine Stadt in Mittelfrankreich, nö. →Berry (dép. Cher), nahe der →Loire, entstanden aus der kleinen →Seigneurie v. Châteaugordon, die vom Ebf. v. →Bourges lehensabhängig war und auf eine 957 erwähnte 'vicaria' zurückging. 1030 kam die Herrschaft durch Heirat an →Odo II. v. →Blois-Champagne und seine Nachkommen. 1152, nach dem Tode →Tedbalds IV., erbte sie dessen 3. Sohn *Stephan* (Étienne). Statt nach Châteaugordon hieß die Herrschaft nun nach 'S.' (Sancerum, Sincerum); dieses Toponym war eine volkstüml. Doublette für St-Satur, das am Fuß des Burghügels v. S. befindliche Sanktuarium, das mittlerweile von der erhöht gelegenen Stadt und Burg und Stadt S., die seit 1157 manchmal auch willkürlich 'Sacrum Cesaris' hieß, unterschieden wurde. Wegen der Zugehörigkeit Stephans zum großen Gf.enhaus der Blois-Champagne galt die Seigneurie S. von nun an als Gft. Stephan brach 1171 zum →Kreuzzug auf, verweigerte sich im Hl. Land einer Heirat mit Sibylle v. Anjou, der Erbin des Kgr.es →Jerusalem, nahm nach seiner Rückkehr an allen Koalitionen gegen den jungen Kg. →Philipp Augustus teil und starb 1190 in Akkon. Sein Sohn *Wilhelm I.* (Guillaume) verstarb nach der verlustreichen Schlacht v. Adrianopel 1218 in byz. Gefangenschaft. Die Kg.e v. →Frankreich, die sich bereits fest in der Region um S. etabliert hatten (Burgen Léré und Aubigny, Abbatiat/Schirmherrschaft über St-Martin de →Tours, enge Verbindungen zum Hause →Sully, den wichtigsten Vasallen der Gf.en v. S.), nutzten die Abwesenheiten der Gf.en sowie mehrere Minderjährigkeiten, um ihre Kontrolle über die Gft. S. zu verstärken (kgl. Garnison in Congressault, ab 1152 kgl. →Garde über das Regularkanonikerstift St-Satur). 1194 wurde der kgl. →Prévôt v. Bourges mit der Wahrung der Königsrechte beauftragt. 1234 kaufte der Kg. v. Frankreich die Rechte des Gf.en v. Champagne über seinen Vasallen, den Gf.en v. S., zurück. In der 2. Hälfte des 13. Jh. schaltete sich das →Parlement de Paris ständig in die inneren Streitigkeiten der Gft. ein (Auseinandersetzungen der Gf.en einerseits mit geistl. Institutionen wie dem Kathedralkapitel v. Bourges, St-Martin de Tours, St-Satur, der Grammontenserabtei Bois de Charnes, andererseits mit weltl. Adligen wie dem händelsüchtigen Geoffroy de Vailly). Trotz ihres Gf.entitels waren die Herren v. S. nur kleine Vasallen des Kg.s; der berühmteste Vertreter der Familie, der Connétable Louis de →Sancerre (um 1340–1403), war nicht regierender Gf., sondern nachgeborener Sohn. Das champagn. Gf.enhaus v. S. erlosch mit Jean III. (1398); durch Heirat fiel die Gft. an die Dauphins d' Auvergne (→Dauphiné d' Auvergne), Béraud II. und Béraud III., der 1423 alle festen Plätze an den Kg. abtrat. Nach dem Tode Bérauds III. fiel die Gft., nach langem Prozeß vor dem Parlement, 1451 an den kgl. Heerführer Jean de →Bueil (1405/06–77), Autor des Romans »Le Jouvencel«. G. Devailly

Lit.: R. Boudet, Note sur l'hist. des noms de S. et de St-Satur, Mém. soc. antiquaires du Centre IX, 1962 – G. Devailly, Le Berry du Xᵉ au milieu du XIIIᵉ s., 1973 – J. Faugeras, S., un millénaire d'hist., 1987.

S., Louis de, →Connétable de France, * um 1340, † 6. Febr. 1403 (nach mehrmonatiger Krankheit), jüngerer Sohn von Louis, Gf. v. →Sancerre (⚔ 1346 bei →Crécy), und Béatrice de →Roucy. Aus einer Seitenlinie des Gf.enhauses v. →Champagne (dessen Wappen er führte) stammend, wurde S. gemeinsam mit seinen Brüdern am frz. Hof erzogen und nahm an der Verteidigung von La →Charité-sur-Loire gegen die Engländer teil (1363–64), schlug diese in einer Schlacht bei Olivet (1365) und wurde von →Karl V. mit den militärischen Vorgehen gegen die Kompagnien in Bourbonnais und Auvergne beauftragt (1367–68). Nachdem er den Stab des →Maréchal de France empfangen hatte, beteiligte er sich an der Rückeroberung von Poitou und Limousin (Einzug in Limoges, 1372). In den folgenden Jahren operierte er unter dem Oberkommando Bertrands →Du Guesclin (Saintonge, Périgord, Grenzgebiete der Guyenne). 1379 nahm er teil am Bretagnefeldzug Karls V., fungierte dann erneut als Truppenführer unter Du Guesclin, bei dessen Tod (1380, während der Belagerung von Châteauneuf-de-Randon) S. zugegen war (1380). 1381 kämpfte er gegen die Kompagnien in der Auvergne, nahm teil an der Schlacht v. →West-Rozebeke (1382) und am 'Ost de Bourbourg' (1383). Neue Feldzüge führten ihn v. a. auf den südwestfrz. Kriegsschauplatz, den er am besten kannte (Belagerungen von Bouteville/Saintonge: 1386, 1388). 1391 zum Generalkapitän des Languedoc ernannt, konnte er in zehnjähriger Amtszeit (bis 1401) mehrere Konflikte in dieser Region beenden. Er empfing das Schwert des Connétable de France am 26. Juli 1397. – Wie Du Guesclin wurde auch S. in →St-Denis begraben, auf eigenen Wunsch und durch Vermittlung des Hzg.s →Ludwig v. Orléans, der diese große Gunst bei Kg. Karl VI. erwirkte; S.s Grabmal (ausdrucksvolle Liegefigur: charakterist. Schielen) ist erhalten. S.s Ruhm war geringer als derjenige von Bertrand Du Guesclin, aber gleichwohl beachtlich. Der Chronist Michel Pintoin aus St-Denis preist ihn als von Grund auf kriegserfahrenen, jedem Prunk abholden und bedingungslos königstreuen Ritter, »ce plus bel ornement de la chevalerie française«. Das Testament, in dem S. seinen Neffen Guichard Dauphin zum Universalerben einsetzt, zeugt von der lebendigen Frömmigkeit des Connétable. Ph. Contamine

Lit.: M. de Bengy-Puyvallée, L. de S. [Positions des Thèses de l'Éc. nat. des Chartes, 1904], 5–9.

Sancha, Infantin v. Kastilien-León, * vor 1095, † 28. Febr. 1159, ⌂ S. Isidoro de León, Tochter Gf. →Raimunds v. Burgund und Kgn. →Urracas v. Kastilien-León, wurde nach dem Tod der Mutter (1126) alleinige Besitzerin des →Infantazgo und baute in der Folge den Infantado v. León mit dem Regularkanonikerstift S. Isidoro zum Mittelpunkt ihrer Herrschaft aus. Sie übertrug S. Isidoro in den Papstschutz und begünstigte es durch Schenkungen und Privilegierungen. Nach dem Regierungsantritt ihres Bruders Alfons VII. nahm sie aktiv Anteil an polit. Entscheidungen, besaß eine eigene Hofhaltung, erschien ztw. als Mitregentin und häufig als Intervenientin in kgl. Urkk. Als es nach Alfons' Tod 1157 zum Steit zw. seinen Söhnen, Ferdinand II. v. León und Sancho III. v. Kastilien, kam, vermittelte sie im Vertrag v. →Sahagún (1158) einen Ausgleich. Sie reorganisierte den Infantazgo, förderte den Landesausbau der Kl. →Eslonza und →Escalada und von →Covarrubias u. a. durch die Gewährung eigener →Fueros. Durch die Übertragung an frz. Orden band sie die Kl. stärker an ihre Person. Dies zeigte sich bei der Gründung der Zisterze La Espina ebenso wie bei der Schenkung von Monasterio de Vega an →Fontevrault und der Berufung der Regularkanoniker v. →St-Ruf nach S. Miguel de Escalada. U. Vones-Liebenstein

Lit.: L. García Calles, Doña S., Hermana del Emperador, 1972 [Urkk.anhang, Itinerar] – H. Grassotti, Dos infantas de León, Archivos Leoneses 32, 1978, 35–52 – U. Vones-Liebenstein, St-Ruf und Spanien, 1995.

Sanches, Afonso, außerehel. Sohn →Dinis' I. v. Portugal, * 1288, † 1329 in Vila do Conde (nördl. v. Porto), ⌂ ebd., Klarissinnenkl. Sta. Clara, von ihm gegr. (7. Mai 1318); ⚭ 1308 Teresa Martins, Tochter des Gf.en v. Barcelos, João Afonso Telo de Alburquerque. – Kg. Dinis, der S. mehr liebte als den ehel. Sohn →Alfons (IV.), hat seinen Bastard sogar zum Reichsverweser (*mordomo-mor*) bestellt (21. Juni 1314) und an ihm im Bürgerkrieg, den der Thronfolger 1320 gegen den Vater entfacht hatte, eine verläßl. Stütze gehabt. 1322 konnte Dinis noch S. neben Kgn. →Isabella zum weltl. Vollstrecker seines zu Alfons'

Gunsten ausgestellten Testaments bestimmen, 1324 aber war er gezwungen, ihn vom Hofe zu entfernen. Als neuer Kg. hat dann Alfons IV. seinen Halbbruder verbannt und enteignet (Cortes v. Évora, April 1325). S. führte von seiner Burg Alburquerque aus einen Verwüstungskrieg, dem erst kurz vor seinem Tod ein von Isabella mitvermittelter Friedensschluß ein Ende setzte. Von S. sind Troubadourdichtungen überliefert. Mit seinem Sohn João Afonso begann das Geschlecht der Herren v. Alburquerque.
P. Feige

Lit.: B. DACIANO, R. S. GUIMARÃES, E. A. CUNHA E FREITAS, Subsídios para uma Monografia de Vila do Conde, 1953 – A. H. DE OLIVEIRA MARQUES, Portugal na Crise dos Séculos XIV e XV, 1986, passim.

Sánchez de Arévalo, Rodrigo, Bf. v. →Oviedo, →Zamora, →Calahorra und →Palencia, Kirchenrechtler, Diplomat, * 1404 in S. María de Nieva (Segovia), † 1470 in Rom, studierte 1418–29 die Rechte in Salamanca; bacc. theol. et artium. Er nahm 1433–39 als Mitglied der kast. Delegation an der Seite seines Lehrers →Alfonso v. Cartagena, Bf. v. Burgos, am Konzil v. →Basel teil und entwikkelte seine Ansichten über den →Konziliarismus sowie die päpstl. Gewalt. 1438 Mitglied einer Konzilsgesandtschaft an Ks. Albrecht II. und in den folgenden Jahren noch bei anderen Legationen an zahlreichen europ. Höfen, kehrte er nach Burgos zurück, erhielt dort die Priesterweihe sowie das Dekanat und führte die Verwaltung unter Alfonso v. Cartagena (1443–47, 1450–54). Zwischenzeitl. trat er als Gesandter des kast. Kg.s am päpstl. Hof, am Hof des Hzg.s v. Burgund und des frz. Kg.s auf, bevor er 1457 zum Bf. v. Oviedo, 1465 zum Bf. v. Zamora, 1467 zum Bf. v. Calahorra, 1470 zum Bf. v. Palencia ernannt wurde, ohne jemals zu residieren. Er lebte, abgesehen von einem kurzen Aufenthalt in Spanien (1463/64), von 1460 bis zu seinem Tod in Rom, wo der 'Champion of the Papacy' (TRAME) als Kastellan der Engelsburg in engem Kontakt mit vielen Humanisten zahlreiche, meist polem. und kaum originelle Schrr. zur Stützung der für ihn fraglos alles überragenden päpstl. Macht verfaßte. Seinen größten Einfluß übte er unter den Pontifikaten Pius II., Calixt III. und Paul II. aus.
L. Vones

Lit.: DHEE IV, 1269f. [Werkverz., Ed.] – T. TONI RUIZ, Don R. S. Su personalidad y actividades, el tratado »De pace et bello«, AHDE 12, 1935, 97–360 – DERS., El tratado »De pace et bello« de Don R. S., Razón y Fe 111, 1936, 37–50 – A. GARCÍA Y GARCÍA, Un opusculo inédito de R. S.: De libera et irrefragibili auctoritate Romani Pontificis, Salmanticensis 4, 1957, 474–502 – R. H. TRAME, R. S. 1404–70. Spanish Diplomat and Champion of the Papacy, 1958 – J. M. LABOA, R. S., alcaide de Sant'Angelo, 1973 – J. HELMRATH, Das Basler Konzil 1431–49, 1987.

Sánchez Ferrant de Talavera, span. Dichter, † nach 1443, Comendador von Villarrubia. Der Konvertit stand zeitweise in der Gunst Kg. Heinrichs III. v. Kastilien, bei dem er entweder in Ungnade fiel oder von dem er sich enttäuscht abwandte. Daraufhin trat er in den →Calatravaorden ein. Seine ernsten Gedichte, die sich mit philos.-theol. Problemen wie der Willensfreiheit, der Vorherbestimmung oder der Vergänglichkeit befassen, sind im Cancionero de →Baena überliefert. Der ihm zugeschriebene »Decir a la muerte del Almirante Ruy Díaz de Mendoza« weist voraus auf die berühmten Coplas von Jorge →Manrique.
D. Briesemeister

Ed.: Cancionero de Juan Alfonso de Baena, ed. J. M. AZÁCETA, 1966; ed. B. DUTTON–J. GONZÁLEZ CUENCA, 1993 – Lit.: P. LE GENTIL, La poésie lyrique espagnole et portugaise à la fin du MA, 1949-53 – C. FRAKER, Studies on the Cancionero de Baena, 1966 – W.-D. LANGE, El Fraile Trobador. Zeit, Leben und Werk des Diego de Valencia de León, 1971, 204–208.

Sánchez de Vercial, Clemente, Erzdiakon v. Valderas (León), * ca. 1370, † 1426/34, trug zw. 1400 und 1421 den »Libro de los exemplos por ABC« zusammen, eine umfangreiche Kompilation von →Exempla mit vorangestellten lat. Sentenzen für Prediger, die u. a. aus der »Disciplina clericalis« des →Petrus Alfonsi, den →Vitae patrum, →Barlaam und Josaphat sowie den →Gesta Romanorum entnommen sind. Das »Sacramental« (1424), ein Hb. für Seelsorger, enthält Darlegungen über die Glaubensartikel, das Vaterunser und Ave Maria, die Kardinaltugenden und Sieben Werke der Barmherzigkeit sowie über die sieben Sakramente. Es gehört zu den frühesten span. Inkunabeldrucken; häufige Aufl. bis in das 16. Jh., eine katal. Fass. erschien 1495, die ptg. Übers. 1502.
D. Briesemeister

Ed.: J. E. KELLER, 1961 – Lit.: H. G. PFANDER, The Mediaeval Friars and Some Alphabetical Reference-Books for Sermons, MAe 3, 1934, 19–29 – A. H. KRAPPE, Les sources du L. de los e., Bull. hispanique 39, 1937, 5–54 – F. VINDEL, El arcediano S. de V. y su libro el Sacramental, Artículos bibliológicos, 1948, 113–130 – P. GROULT, S. de V. y su libro de los e. por ABC, Cuadernos del Sur, 10, 1968/69, 1–33 – B. DARBORD, La tradition de l'Exemplum en Espagne, Crisol 13, 1991, 1–12.

Sancho

1. S. I. Ramírez, Kg. v. →Aragón (†1064–94) und v. →Pamplona (seit 1076), † 4. Juni 1094 in Huesca, Sohn Kg. →Ramiros I. v. Aragón und der Gisberga-Ermensinde; ⚭ 1. um 1064 Isabella v. Urgell († 1068), Tochter Gf. Ermengols III., 2. Felicia v. Roucy; Söhne: von 1: →Peter I. v. Aragón; von 2: →Alfons I. und →Ramiro II. v. Aragón. Seit 1061/62 von seinem Vater an der Regierung des Gft.s-gebietes (Titel: regius filius) beteiligt, trat er dessen Nachfolge nach der Schlacht v. Graus (8. März 1064) an. Wahrscheinl. durch die Legationsreise des Kard.s →Hugo Candidus (1063–67) beeinflußt, unterstützte er den Anschluß der aragon. Kirche an die röm. Kirchenverfassung, kommendierte sich und sein Reich anläßl. einer Romreise 1068 Gott und dem hl. Petrus, wohl auch, um seine Herrschaft im Innern gegen eine Adelsopposition zu stärken. 1071 leitete er endgültig, ausgehend vom Kl.zentrum →S. Juan de la Peña, den Übergang der aragon. Kirche zum →röm. Ritus ein. 1088/89 vertraute er das Kgr. vollgültig dem päpstl. Schutz an, wohl ohne lehnrechtl. Bindung einzugehen, aber mit der Absicht, den Bestand seines Reiches abzusichern. Es gelang S., 1076 nach der Ermordung →Sanchos IV. v. Navarra-Pamplona die Regionen des Kgr.es Pamplona westl. des Aragón zu inkorporieren (unter Ausgliederung der Gft. Navarra mit Pamplona selbst, Estella, Albar, Tafalla, für die S. Alfons VI. einen Lehnseid leisten mußte), woraufhin er nun auch den pamplon. Kg.stitel führte, während er u. a. die Rioja, Vizcaya, Álava an →Alfons VI. v. León-Kastilien als Kompensation abtrat (1087). Erfolgreich trieb S. die →Reconquista in Richtung des Ebrotales voran, traf jedoch beim Kampf um das Reich v. →Zaragoza auf die Konkurrenz Alfons' VI., obwohl er bis vor →Huesca gelangte, so daß erst seine Nachfolger dieses Gebiet erobern konnten.
L. Vones

Q.: Documentos correspondientes al reinado de S. R., I, ed. J. SALARRULLANA DE DIOS, 1907; II, ed. E. IBARRA RODRÍGUEZ, 1913 – Crónica de S. Juan de la Peña, ed. A. UBIETO ARTETA, 1961 – Lit.: Gran Enc. Catalana XIII, 1979, 122 – A. DURÁN GUDIOL, La Iglesia de Aragón durante los reinados de S. R. y Pedro I, 1962 – DERS., De la Marca Superior de al-Andalus al reino de Aragón, 1975 – D. J. BUESA CONDE, El Rey S. R., 1978 – J. FRIED, Der päpstl. Schutz für Laienfs.en, 1980, bes. 63ff. – A. UBIETO ARTETA, Hist. de Aragón. La formación territorial, 1981, bes. 77ff. – DERS., Hist. de Aragón. Divisiones administrativas, 1983 – L. VONES, Gesch. der Iber. Halbinsel im MA, 711–1480, 1993, bes. 75ff.

2. S. II., Kg. v. →Kastilien 1065–72, * ca. 1038, Sohn →Ferdinands I. (5. F.). Im Bestreben, die Herrschaft seines

Vaters wiederaufzurichten, griff S., dem der →Cid als 'armiger regis' diente, das von seinem Bruder →Alfons VI. (13. A.) regierte León an. Dem Abkommen, wonach der Sieger das Kgr. des jeweiligen Bruders erhalten sollte, kam der bei der Schlacht v. →Llantadilla (1068) geschlagene Alfons VI. nicht nach. 1071 griff S. seinen Bruder →García (1. G.) an, dem er das Kgr. Galicien entriß. Ein erneuter Angriff S.s gegen Alfons VI. führte zu dessen Niederlage in der Schlacht bei Golpejera (1072); Alfons wurde gefangengenommen und nach Toledo verbannt, S. gliederte sein Kgr. seiner Herrschaft ein. Die Schwester der beiden, Urraca, suchte von →Zamora aus zugunsten Alfons' den Widerstand zu organisieren. Bei der Belagerung v. Zamora wurde S. von Vellido Adolfo ermordet.

J. M. Alonso-Núñez

Q.: G. CIROT, Une chronique léonnaise inédite, Bull. Hispanique 11, 1909, 259-282; 13, 1911, 135-156, 381-439 [Crónica Najarense] – M. GÓMEZ MORENO, Anales Castellanos, 1917, 25-28 [Anales Castellanos Segundos] – G. CIROT, Une chronique latine inédite des Rois de Castille, Bull. Hispanique 14, 1912, 30ff., 109ff., 244ff., 353ff.; 15, 1913, 18ff., 170ff., 268ff., 411ff. [Crónica latina de los Reyes de Castilla] – Lit.: L. GARCÍA DE VALDEAVELLANO, Hist. de España antigua y medieval, II, 1980 [Nachdr. 1988] – L. VONES, Gesch. der Iber. Halbinsel, 1993, 68, 70-73.

3. S. III. 'el Deseado', *Kg. v.* →*Kastilien* 1157-58, Kg. v. →Nájera, † 21. Aug. 1158 in Toledo, Sohn→Alfons' VII., respektierte die Teilung des Kgr.es durch seinen Vater und unterzeichnete mit seinem Bruder→Ferdinand II. v. León den Vertrag v. →Sahagún (23. Mai 1158). Unter seiner Regierung entstand der Orden v. →Calatrava. S.s Nachfolger war sein erst dreijähriger Sohn→Alfons VIII.

J. M. Alonso-Núñez

Q.: M. GÓMEZ MORENO, Anales Castellanos, 1917, 25-28 [Anales Castellanos Segundos] – G. CIROT, Une chronique latine inédite des Rois de Castille, Bul. Hispanique 14, 1912, 30ff., 109ff., 244ff., 353ff.; 15, 1913, 18ff., 170ff., 268ff., 411ff. [Crónica latina de los Reyes de Castilla] – Lit.: J. GONZÁLEZ, El reino de Castilla en la época de Alfonso VIII, 1960, I, passim; II, 9-91 [Colección diplomatica] – L. GARCÍA DE VALDEAVELLANO, Hist. de España antigua y medieval, II, 1980 [Nachdr. 1988] – L. VONES, Gesch. der Iber. Halbinsel, 1993, 91, 94f., 97.

4. S. IV. 'el Bravo', *Kg. v.* →*Kastilien* 1284-95, * 12. Mai 1258, † 25. April 1295 in Toledo, jüngerer Sohn Kg. →Alfons' X. v. Kastilien und der Yolante v. Aragón, ⚭ Juli 1282→Maria de Molina. Durch den unerwarteten Tod des älteren Bruders Fernando de la →Cerda (2. C.) wurde er unter Beiseiteschiebung der Rechte von dessen Söhnen, den von →Lara unterstützten Infanten de la Cerda, von einer Adelspartei unter Führung des →Haro zum Thronerben proklamiert und 1278 auf den Cortes v. Segovia anerkannt, wodurch sich ein Bürgerkrieg entwickelte, der offen ausbrach, als er 1282 mit Hilfe verschiedener →Hermandades des Adels, der Kirche, der Ritterorden und der Städte seinem Vater wegen Unfähigkeit die Regierungsgewalt nahm und sich selbst zum Reichsverweser bestellen ließ (Titel 'Gobernador General del Reino'). Obwohl der Vater ihn offiziell enterbte, konnte S. 1284 nach dessen Tod in Toledo den Thron besteigen, den er allerdings immer wieder gegen die Ansprüche der Infanten verteidigen mußte, zumal seine Herrschaft seit 1285 durch die Invasion der nordafrikan. →Meriniden geschwächt wurde. Außenpolit. verfolgte er einen gegen Frankreich gerichteten Kurs, da von dort eigene Ansprüche erhoben und zudem die Infanten unterstützt wurden, während er Aragón als Bündnispartner zu gewinnen trachtete. Als er jedoch seinen bisherigen Vertrauten →Lope Díaz de Haro III. 1288 ermorden ließ und so die Unterstützung des Haro-Anhangs verlor, verschoben sich die außenpolit. Gewichte. Durch die Übereinkunft v. Lyon verbündete sich S. mit Frankreich, das die Infanten fallen ließ, gegen Aragón, während Alfons III. v. Aragón Alfons de la →Cerda (1. C.) in Jaca zum Kg. v. Kastilien proklamierte. Der Krieg wurde erst 1291 durch den Vertrag v. →Monteagudo beendet, wodurch S. die Möglichkeit erhielt, →Tarifa zurückzuerobern (1292), bevor er vor einem Unternehmen gegen Algeciras erst 36jährig starb. Für seine Bildung zeugen der ihm bereits als Infant gewidmete »Liber de preconiis Hispanie« des →Juan Gil de Zamora sowie der von ihm 1292/93 zur Unterrichtung seines unmündigen Sohnes Ferdinand (IV.) in Auftrag gegebene →Fürstenspiegel »Castigos y documentos para bien vivir« (ed. A. REY, 1952).

L. Vones

Q.: Documentos de la época de D. S. el Bravo [= Memorial Hist. Español 3, 1852, 423-468] – M. GAÏBROIS RIAÑO DE BALLESTEROS, S. IV de Castilla, III (Col. diplomática), 1922 – Crónica de S., ed. C. ROSELL (Crónicas de los reyes de Castilla, I, 1953²), 67-90 – J. TORRES FONTES, Documentos de S., 1977 – Jofré de Loaysa, Crónica de los Reyes de Castilla, ed. A. GARCÍA MARTÍNEZ, 1982 – A. LÓPEZ DAPENA, Cuentas y gastos (1292-94) del Rey D. S. IV el Bravo, 1984 – *Lit.:* M. GAÏBROIS RIAÑO DE BALLESTEROS, S. IV de Castilla, 3 Bde, 1922 – L. SÁNCHEZ BELDA, La cancillería castellana durante el reinado de S., AHDE 21-22, 1951-52, 171-223 – J. GIMENO CASALDUERO, La imagen del monarca en la Castilla del siglo XIV, 1972 – E. S. PROCTER, Curia and Cortes in León and Castile 1072-1295, 1980 – J. F. O'CALLAGHAN, The Cortes of Castile-León 1188-1350, 1989 – M. I. OSTOLAZA, La Cancillería del Infante don S. durante la rebelión contra su padre Alfonso X el Sabio, Historia. Instituciones. Documentos 16, 1989, 305-317 – L. VONES, Historiographie et politique (L'historiographie médiévale en Europe, 1991), 177-188 – DERS., Gesch. der Iber. Halbinsel im MA, 1993 – DERS., *Cortes et Hermandades* en Castille à la fin du XIIIe s. (Les Philosophies morales et politiques au MÂ. Actes du 9e Congrès internat. de Philos. médiévale, 1995) [im Druck].

5. S. v. Kastilien, Infant, *Gf. v. Alburquerque,* *1343, † 19. Febr. 1374, Sohn Kg. Alfons' XI. v. Kastilien und der →Leonor de Guzmán, Bruder Kg. Heinrichs II. Trastámara, ⚭ 9. April 1373 Beatrix, Tochter Peters I. v. Portugal. S. erhielt 1366 nach dem Sieg der Trastámara im Bürgerkrieg jene Territorien, die Juan Alfonso de Alburquerque und seiner Gattin Isabella gehört hatten, d. h. hauptsächl. den alten Besitz des Hauses →Meneses mit seinen Linien Téllez und Molina sowie des Infanten Afonso Sanches, des illegitimen Sohnes Kg. Dinis' I. v. Portugal, als Gft. Alburquerque, und die Herrschaften v. →Haro (Rioja) und Ledesma (Salamanca). Seine postume Tochter Leonor 'la Ricahembra', zunächst mit →Enriquez Fadrique, dem Hzg. v. Benavente, verlobt, heiratete als reichste Erbin Kastiliens 1393 den Infanten→Ferdinand v. Antequera (1. F.).

L. Vones

Lit.: L. SUÁREZ FERNÁNDEZ, Capitulaciones matrimoniales entre Castilla y Portugal en el siglo XIV, Hispania 8, 1948, 531-561 – DERS., Política internacional de Enrique II, Hispania 16, 1956, 41ff. – J. VALDEÓN BARUQUE, Enrique II de Castilla: la guerra civil y la consolidación del régimen, 1966, bes. 277f. – L. SUÁREZ FERNÁNDEZ, Nobleza y Monarquía, 1975², bes. 24 – F. DE MOXÓ Y MONTOLIU, La política aragonesa de Alfonso XI (En la España Medieval V/2, 1986), 697-708.

6. S. I., 'El Craso', *Kg. v.* →*León* 956-965, Sohn →Ramiros II. und der Urraca aus kgl. Familie v. Pamplona, versuchte erfolglos, →Ordoño III. den Thron zu entreißen. Bei seinem Herrschaftsantritt 25jährig, verweigerte er die von Ordoño III. mit den Muslimen vereinbarte Rückgabe von Festungen, worauf diese ihn 957 angriffen und schlugen. Nach der Niederlage wurde er von→Ordoño IV. mit Hilfe des Gf.en →Fernán González v. Kastilien entthront und Ordoño IV. als Kg. eingesetzt. S. floh zunächst nach Pamplona, dann nach Córdoba. Mit der Hilfe seiner Großmutter Toda und der Muslime gelangte er 960 erneut auf den Thron. Al-Hakam v. Córdoba unterstützte nun Ordoño IV. Nach dessen Tode (962) verband sich S. mit Kastilien, Navarra und Katalonien. Al-Hakam eroberte 963 San Esteban de Gormaz, und 965 mußte S. in einen Frieden mit den Muslimen einwilligen, um einen Aufstand in Galicien niederzuschlagen. Er starb an Gift, sein noch unmündiger Sohn →Ramiro III. folgte ihm in der Herrschaft.   J. M. Alonso-Núñez

Q.: – Hist. Silense – →Sampirus – Lit.: M. RECUERO ASTRAY, Los reyes de León en la »Crónica de los Veinte Reyes«, León y su hist. 4, 1977, 413–530 – Hist. de España, begr. R. MENÉNDEZ PIDAL, VI, 1982[4]; VII/1, 1980 – J. RODRÍGUEZ FERNÁNDEZ, S. I y Ordoño IV, Reyes de León, 1987 – L. VONES, Gesch. der Iber. Halbinsel, 1993, 43f., 292–294 [Lit.]

7. S. I., *Kg. v.* →*Mallorca* 1311–24, Gf. v. →Roussillon und→Cerdanya, Vgf. v. Carladès, Herr v. →Montpellier, † 4. Sept. 1324 in Formiguera (Capcir), ⌐ Perpignan, zweiter Sohn Kg. Jakobs II. v. Mallorca und der Esclaramunda v. Foix, ⚭ 1304 Maria v. Sizilien, Tochter Karls II. v. Neapel. Nach einer Jugend in den Kerkern v. Perpignan, Torroella de Montgrí und Barcelona, in die ihn Peter III. v. Aragón mit seinen Brüdern gesteckt hatte, wurde er nach gelungener Flucht am frz. Hof erzogen und trat 1311 nach dem Tod des Vaters die Thronfolge an, da sein älterer Bruder Jakob 1302 in den Franziskanerorden eingetreten war. Außenpolit. lehnte er sich an Jakob II. v. Aragón an, dem er 1312 das Homagium leistete und dessen Unterstützung er gegen die frz. Bemühungen benötigte, Montpellier seiner Macht zu entreißen. Innenpolit. versuchte er, die sozialen Spannungen zw. den Stadtbewohnern und den →Forans auszugleichen und die Sicherheit der Küsten und des Handels vor →Seeraub zu gewährleisten. Um angesichts seiner nur illegitimen Kinder Thronansprüche Aragóns auf das Kgr. zu vermeiden, setzte er seinen unmündigen Neffen →Jakob (III.) zum Erben ein (Testament v. 24. Dez. 1322; bestätigt 29. Aug. 1324), für den 1324–29 der Infant →Philipp v. Mallorca die Regentschaft führte.   L. Vones

Lit.: Gran Enc. Catalana XIII, 123 – G. MOLLAT, Jean XXII et la succession de Sanche de Majorque, Revue d'hist. et d'archéol. de Roussillon 6, 1905, 65ff., 97ff. – J. E. MARTÍNEZ FERRANDO, La tràgica hist. dels reis de Mallorca, 1960 – Hist. de Mallorca, ed. J. MASCARÓ PASARIUS, II–III, 1970–72 – A. SANTAMARÍA, Mallorca en el siglo XIV, AEM 7, 1970–71, 165–238 – F. SEVILLANO COLOM, De la Cancilleria de los Reyes de Mallorca, AHDE 42, 1972, 217–289 – R. PIÑA HOMS, Els reis de la Casa de Mallorca, 1982 – A. SANTAMARÍA, Tensión Corona de Aragón – Corona de Mallorca, En la España Medieval III, 1982, 423–496 – R. URGELL HERNÁNDEZ, Proceso entre S. de Mallorca y la iglesia de Tarragona por derechos de jurisdicción en Ibiza y Formentera (XIII Congrés d'Hist. de la Corona d'Aragó. Comunicacions I, 1989), 15–31 – A. SANTAMARÍA, Ejecutoria del Reino de Mallorca, 1990 – D. ABULAFIA, A Mediterranean Emporium. The Catalan Kingdom of Majorca, 1994.

8. S. I. Garcés, *Kg. v.* →*Navarra* (Pamplona) 905–925, † 11. Okt. 925. Mit ihm begann 905 die Herrschaft der Dynastie Sánchez. S. stürzte den letzten Kg. aus der konkurrierenden Dynastie der Iñiguez, Fortún, für den S. während dessen langjähriger Gefangenschaft am Hof v. →Córdoba bereits die Regierung geführt hatte. Als Sohn des Gf.en García Jiménez und der Dadildis v. →Pallars, war S. mit den Iñiguez eng verwandt und heiratete Toda, die Enkelin von Kg. Fortún. – S.s Regierungszeit fällt in die Periode der höchsten Machtentfaltung des Kalifats v. Córdoba (Kalif ʿAbdarraḥmān III., 912–961; 920 muslim. Siegbei La Junquera, 924 →Razzia bis vor Pamplona) und der territorialen Expansion der Herschaften des Ebrotals (→Banū Qāsim v. →Tudela und Banū Tawīl v. →Huesca). In den oft verlustreichen Kämpfen mit den starken muslim. Mächten, bei denen sich der Navarrese mit dem

Kg. v. →León und dem Gf. en v. Pallars verbündete, erwies sich S. als erster Kg. v. Navarra, bei dem ein bewußter polit. Wille zur →Reconquista und zur territorialen Vergrößerung seines Machtbereichs erkennbar ist (Besetzung der →Rioja: 923 Absicherung durch Gründung der Abtei →S. Martín de Albelda bei →Logroño; Eroberung der Burg →Viguera; Einverleibung aragones. Gft.en). Er hinterließ die Regierung seinem erst sechsjährigen Sohn García, für den dessen Mutter Toda die Regentschaft führte.   B. Leroy

Lit.: J. M. LACARRA, Hist. del reino de Navarra, I, 1972 – B. ABADIE, Étude des cartulaires riojans de S. Martín de Albelda et Sta. María de Valvanera, 1994.

9. S. II. Garcés, *Kg. v.* →*Navarra* (Pamplona) 970–994, * 938, † 994 (erhielt später, ab ca. 1200 [?], den Beinamen 'Abarca', nach einem navarres. Flechtschuh); Enkel des Gründers der Sánchez-Dynastie, Sohn von Kg. →García Sánchez I. (931–970) und Andregoto, Tochter des Gf. en →Galindo Aznár II. v. →Aragón; ⚭ Urraca Fernández, Tochter des Gf. en →Fernán González v. →Kastilien. Die Familienverbindungen mit den aragones. und kast. Dynastien erklären S.s Beteiligung an den Kriegszügen und polit.-diplomat. Aktionen der beiden größeren Nachbarn. Auch S. reiste mehrfach an den Hof des Kalifen v. →Córdoba, um sein Bündnis trotz des Kriegszustandes zu erneuern. Er übertrug seinem Bruder →Ramiro Garcés die Herrschaft über das Grenzgebiet um →Viguera, verbunden mit dem Königstitel, der eine Art Unterkgtm. darstellte. Doch wurde Ramiro 975 bei einer siegreichen →Razzia des Qāʾid Ḥalīb getötet.

Nach dem Tode des Kalifen al-Ḥakam (976) führte der fakt. Herrscher über Córdoba, der mächtige →al-Manṣūr, fast ständige Razzien gegen die chr. Reiche; 992 eroberte er die Burg Uncastillo (im Valdonsella, damit im Machtbereich Navarras) und führte navarres. Ritter gefangen nach Córdoba. S. stellte den Frieden wieder her und verheiratete eine seiner Töchter mit al-Manṣūr, dem sie einen Sohn, ʿAbdarraḥmān 'Sanchuelo', gebar. Das Kgr. Pamplona-Navarra beherrschte nun die späteren →Bask. Provinzen (Álava, Guipúzcoa), die obere →Rioja (um →Nájera, die eigtl. Hauptstadt, Viguera, Albelda) und westl. Teile von Aragón. Nach S.s Tod erbte sein Sohn García Sánchez II. 'el Temblón' (994–1000) den Thron.   B. Leroy

Lit.: J. M. LACARRA, s.o. – A. CAÑADA JUSTE, De Sancho Garcés I° a Sancho Garcés III el Mayor (926–1004), 1987.

10. S. III. Garcés 'el Mayor' ('der Gr.'), *Kg. v.* →*Navarra* (Pamplona) 1004–35, * 990, † 18. Okt. 1035, erbte 1000, erst zehnjährig, nach dem Tode seines Vaters García Sánchez II. das Kgr., das zunächst unter der Vormundschaftsregierung seines Onkels von väterl. Seite, →Sancho Ramírez, stand. Der frühzeitig als 'el Mayor' gerühmte Kg. führte seit ca. 1004 selbständig die Regierung, ⚭ 1011 Mumadona (Doña Munia) v. →Kastilien. Als Schwager und Enkel der Gf. en v. Kastilien und (über seine Schwester Urraca) Schwager des Kg.s →Alfons V. v. →León nahm er an der Seite der kast. und leones. Herrscher an zahlreichen Kriegszügen gegen →al-Andalus teil. Doch kamen infolge des Zerfalls des Kalifats v. →Córdoba (1031) die muslim. →Razzien fast völlig zum Erliegen, andererseits war die Zeit der großen chr. →Reconquista noch nicht gekommen – S.s Regierung stand daher stärker im Zeichen der inneren Herrschaftsorganisation und der Bemühungen um Frieden zw. den einzelnen Reichen der Iber. Halbinsel und des Pyrenäenraumes.

Um 1018 befreite S. die Gft. →Ribagorza, östl. von Aragón, von den letzten muslim. Garnisonen und gliederte sie seiner Herrschaft an; 1025 setzte er hier seinen Sohn Gonzalo ein. S. unterstützte als Verbündeter des Gf.en v. →Barcelona, →Berengar Raimund I. (1017–35), diesen bei der Vereinigung der Gft.en →Kataloniens unter barcelones. Herrschaft. Im W griff S. in die Politik Kastiliens ein, dessen Gf. →García Sánchez 1029 ermordet worden war und dessen hoher Adel den Kg. v. Navarra als unmittelbaren Oberherrn anerkannte. Als enger Verbündeter des Kg.s v. León setzte S. die Vermählung der leones. Erbtochter Sancha mit dem eigenen Sohn Ferdinand durch (1032). Hzg. Wilhelm Sancho v. →Gascogne (1009–32), ein enger Verwandter des navarres. Königshauses, besuchte häufig den Hof S.s zu →Nájera (Unterzeichnung v. Urkk.). Nach dem Tode Wilhelm Sanchos, ohne direkte Nachkommen, mußte Navarra zwar den Anfall des Großteils des Hzm.s Gascogne an Hzg. →Eudo aus dem Hause v. →Aquitanien hinnehmen, behielt aber die Kastellanei St-Jean-Pied-de-Port. Die Machtstellung S.s wurde als 'regnando' in Pamplona, Aragón, Sobrarbe, Ribagorza, Gascogne und Kastilien, als 'imperando' in León und Asturien anerkannt.

Der Hof des Kg.s, zentriert auf die Pfalz Nájera, umfaßte mehrere Hofämter (Majordomus, Buticular, Seneschall, Pincerna, Kanzler). Die geistl. Herren (Bf.e v. Nájera und →Pamplona, Äbte v. →S. Juan de la Peña, →S. Salvador de Leire, Irache und S. Martín de Albelda) waren eng an der Regierung beteiligt. Als Zeitgenosse der großen Äbte →Oliba v. →Ripoll und →Odilo v. →Cluny förderte S. in seinen Herrschaftsgebieten bewußt die Ablösung der Liturgieformen und monast. Regeln traditionell westgotischer Prägung durch die röm.-westeuropäischen Gebräuche (→Regula Benedicti, cluniazens. Gewohnheiten: →Cluny, B. II). Diese Reform wurde, mit aktiver Unterstützung des Abtes Paterno, auf den Konzilien v. S. Juan de la Peña und S. Salvador de Leire vorangetrieben. Der Kg. schützte auch im Kgr. Navarra wie in seinem übrigen Machtbereich die Pilgerfahrt nach → Santiago de Compostela.

S. forderte von allen Rittern, die von ihm Burgen und Grundbesitz zu Lehen hatten, den Treueid. Die Eigenklöster ('monasteriolos') der großen Grundherrenfamilien in den durch agro-pastorale Wirtschaftsformen geprägten Ländern Navarra und Aragón wurden von S. der Kontrolle der großen, von ihm geförderten Abteien unterstellt.

Nach dem Tode S.s wurde sein ältester Sohn →García (III.) Kg. v. Navarra, →Ferdinand (I.) Kg. v. León und Gf. v. Kastilien, →Gonzalo Gf. (Kg.) v. Sobrarbe-Ribagorza und →Ramiro (I.), wohl ein illegitimer Sohn, Gf. v. Aragón und Begründer des aragones. Kgtm.s.   B. Leroy

Lit.: I. Pérez de Úrbel, S. el Mayor de Navarra, 1950–J. M. Lacarra, 'Honores' et 'Tenencías' en Aragón au XIᵉ s. (Les Structures sociales de l'Aquitaine, du Languedoc et de l'Espagne au premier âge féodal, Annales du Midi, 1968, 143–186) – R. Mussot-Goulard, Les princes de Gascogne, 1982 – A. Martín Duque, Documentacion medieval de Leire (s. IX a XII), 1983 – C. Orcastegui Gros – E. Sarasa Sánchez, S. Garcés III el Mayor, 1991.

11. S. IV. Garcés 'el de Peñalén', *Kg. v.* →*Navarra* (Pamplona) 1054–76, * 1040 in Peñalén, † 4. Juni 1076 ebd., Sohn des Kg.s →García III., wurde nach dem Schlachtentod des Vaters (1. Sept. 1054) mit 14 Jahren zum Kg. gekrönt. S. regierte in einer Periode heftiger Machtkämpfe zw. den chr. Reichen des nördl. Spanien, die nach dem Tode →Sanchos III. 'el Mayor' unter dessen Söhne aufgeteilt worden waren. Die Situation war andererseits geprägt durch die Zersplitterung des muslim. Herrschaftsgebietes in 25 Taifenreiche (→Mulūk aṭ-ṭawāif), die gegen die Zahlung von Tributen (→Parias) sich des Schutzes und der Waffenhilfe der chr. Kgr.e versicherten. So versprach S. 1069 dem Emir v. →Zaragoza, ihm gegen einen monatl. Tribut von 1000 Goldstücken gegen das feindl. →Kastilien beizustehen und keine frz. Kreuzfahrer gegen ihn aufzubieten.

Als Gegner des Kg.s v. Kastilien unterstützte S. den Gf.en Gonzalo de →Lara. Um 1065/67 wurde um den Besitz der Burg Pazuengos (bei→S. Millán de la Cogolla) von den beiden →Alféreces (Bannerträgern) der rivalisierenden Kg.e v. Navarra und Kastilien ein →Zweikampf ausgetragen: Der siegreiche Alférez v. Kastilien, Rodrigo Díaz de Vivar, der den Ehrentitel 'el Campeador' erhielt, war niemand anderer als der →Cid.

Innerhalb der Atmosphäre anarchischer Kämpfe und adliger Revolten erhoben sich die machthungrigen Brüder und Schwestern des Kg.s und ermordeten S. in seiner Lieblingspfalz Peñalén. →Alfons VI. v. Kastilien nutzte rasch die Wirren in Navarra zur Besetzung der bask.-kantabr. Gebiete (→Bask. Provinzen), wohingegen der Kg. v. →Aragón das gesamte Kgr. v. Pamplona annektierte und zur Gft. degradierte, in deren Burgen er allerdings navarres. Ritter als Kastellane einsetzte.   B. Leroy

Lit.: J. M. Lacarra, Hist. .., s.o.

12. S. V., *Kg. v. Navarra* →Sancho I. Ramírez (1. S.)

13. S. VI. 'el Sabio' ('der Weise, Gelehrte'), *Kg. v.* →*Navarra* 1150–94, † 27. Juni 1194, Sohn und Nachfolger von →García Ramírez IV., der 1134 die Unabhängigkeit Navarras von →Aragón wiederhergestellt hatte. S. heiratete Sancha, die Tochter Kg. →Alfons' VII. v. →Kastilien, der sich als 'imperator' verstand und als dessen Vasall sich S. 1151 erklären mußte. Trotz dieser Oberhoheit Kastiliens bewahrte S. die territoriale Integrität seines Herrschaftsgebietes, das auch das Ebrotal von →Logroño an (mit Ausnahme des 1119 von →Alfons I. 'el Batallador' zurückeroberten →Tudela) umfaßte, im W die Gebiete von Álava und Guipúzcoa (spätere →Bask. Provinzen), die vor den kast. Ansprüchen gesichert werden mußten. S. hatte die schwierige Aufgabe zu bewältigen, den Bestand seines kleinen Kgr.es, das zw. den Territorien nördl. der →Pyrenäen (→Aquitanien, →Béarn) und den durch die →Reconquista stark expandierenden Kgr.en Aragón und Kastilien eingeklemmt war, zu sichern. Er bemühte sich, mit seinen Nachbarn Frieden zu schließen (1177 Vertrag mit Kastilien, ratifiziert zu London, unter Vermittlung →Heinrichs II. Plantagenêt), und war bestrebt, durch eine umfangreiche Gesetzgebungstätigkeit die innere Organisation seines monarch. Staates auszubauen. Er erließ →Fueros, insbes. den 'Fuero General', der im 13. und 14. Jh. weitere Redaktionen erfuhr, außerdem die Fueros v. Jaca-Pamplona-S. Sebastián und Estella, verlieh mehreren Landgemeinden Privilegien. Während seiner Regierung erlebte die Pilgerfahrt nach →Santiago de Compostela ihren vollen Aufschwung, was in Navarra (dann im gesamten nördl. Spanien) zur Ansiedlung von 'Francos', freien frz. Stadtbürgern, führte; diese wurden v. a. in →Pamplona zur tragenden Bürgerschicht. – Nach S.s Tod erbte sein Sohn Sancho VII. den Thron; die Tochter →Berenguela war mit→Richard Löwenherz, Kg. v. England und Hzg. v. Aquitanien, die Tochter Blanca mit dem Gf.en Tedbald III. v. →Champagne verheiratet (1234 erbrechtl. Grundlage für den Anfall Navarras an das Haus Blois-Champagne).   B. Leroy

Lit.: J. M. Lacarra, Hist. del reino de Navarra, II, 1972 – B. Leroy, La Navarre au MA, 1984 – J. F. Elizari Huarte, S. VI el Sabio, rey de Navarra, 1991.

14. S. VII. 'el Fuerte' ('der Starke'), *Kg. v. →Navarra* 1194–1234, † 1234, ☐→Roncesvalles, Sohn (und Mitregent) von Sancho VI. und Sancha v. Kastilien, wurde nach dem Tode des Vaters vom Adel Navarras als unumstrittener Thronerbe akzeptiert, war aber mit Invasionen der Kg.e v. →Aragón und →Kastilien (1195–99) konfrontiert (Finanzierung der navarres. Verteidigungsanstrengungen z. T. durch den Bf. v. →Pamplona). Álava und Guipúzcoa (spätere→Bask. Provinzen) gingen 1201 an Kastilien verloren, so daß Navarra fortan als von der Küste abgedrängter Binnenstaat seinen Seehandel über S. Sebastián (Kastilien) und →Bayonne (Aquitanien) abwickeln mußte. Unter S. gewann Navarra die Kastellanei St-Jean im nw. Pyrenäenraum (→Pyrenäen) zurück, besaß somit die Kontrolle über den Paß v. Roncesvalles und die Gebirgsregionen zw. Aragón und Kastilien (von Roncal bis Los Arcos) und beherrschte das Becken v. Pamplona und La Ribera. Zu einem Zentralraum Navarras wurde das Ebrotal, mit →Tudela als wichtigster Residenz, wohingegen die mit 'Francos' (privilegierten frz. Bürgern) besiedelte alte Hauptstadt Pamplona unter bfl. Stadtherrschaft ein autonomes Eigenleben führte.

S. war mit den →Almohaden gegen seinen Hauptgegner Kastilien verbündet (1199 Reise an den marokkan. Hof zur Aushandlung einer Allianz). Dies hinderte ihn aber nicht, bei Las →Navas de Tolosa (13. Juli 1212) gemeinsam mit →Alfons VIII. v. Kastilien und →Peter II. v. Aragón den Befehl über die chr. Streitmacht zu führen und so zum Helden der →Reconquista zu werden (Stiftung erbeuteter Ketten der Kriegszelte des Emirs als Votivgabe an die Kirchen v. Roncesvalles, Irache und Tudela). Weitere Kreuzzugsunternehmungen führte S. in →Portugal (1217) und →Valencia (1219) durch.

Von Tudela aus nahm S. die administrative und finanzielle Reorganisation seines Kgr.es in Angriff. Er schützte umsichtig sein Territorium, indem er Grenzburgen kaufte (Javier und Sadaba in Aragón) und Festungen im Osten (um Morella) erwarb, um dort gegen Aragón gerichtete Vasallitätsbeziehungen aufzulauern. Während S.s Regierung traten die großen Adelsfamilien Navarras hervor (Rada, Montagut, Medrano, Aibar, in der nördl. Kastellanei St-Jean die Gramont und Luxe), die der Kg. durch Lehnseide (Gewährung von Burglehen: 'honores') an sich zu binden verstand.

Da S. nur illegitime Söhne hatte, hoffte →Jakob I. v. Aragón auf das Erbe und kam 1231 nach Tudela, um einen Vertrag auszuhandeln. Doch fiel das Kgr. an den Sohn seiner Schwester Blanca v. Navarra, Gf. →Tedbald (Thibaut) IV. v. Champagne, der seinen Oheim 1225 in Tudela aufsuchte und nach dessen Tode 1234 als Kg. Thibaut (Theobald) I. v. Navarra die Dynastie der →Blois-Champagne begründete.   B. Leroy

Lit.: J. M. LACARRA, s.o. – B. LEROY, s.o.

15. S. I., *Kg. v. →Portugal,* Sohn →Alfons' I. v. Portugal, * 11. Nov. 1154 in →Coimbra, † 26. März 1211 ebd., ☐ →S. Cruz de Coimbra. – 1170 Ritterschlag; 1174 ∞ Dulce, Schwester Alfons' II. v. Aragón; 1185 in Coimbra zum Kg. ausgerufen. S., der von seinem Vater bereits jahrelang in die Regierungstätigkeit einbezogen worden war (seit 1169 mit Königstitel), konnte als zweiter Herrscher des jungen Kgr.es Portugal drei Tage nach dem Tod des Vaters dessen Erbe antreten, ohne daß sich interner oder externer Widerspruch geregt hätte. Der Kontinuität diente auch die Beibehaltung des seit 1183 belegten kgl. Kanzlers Julião Pais. Gefahr drohte erst durch den Rachefeldzug des marokkan. Emirs Abū Yūsuf al-Manṣūr (→Almohaden), der – als Reaktion auf die ptg. →Reconquista von →Silves (Sept. 1189) – bis über den Tajo vordrang (1190), bei einem weiteren Kriegszug dann Silves zurückeroberte (Juli 1191) und Portugals Südgrenze wieder fast bis zum Tajo zurückdrängte, aber ohne den entscheidenden Schlag gegen Portugal zu führen. Auch S. hat seinerseits einen neuen Waffengang mit den Almohaden nicht mehr gesucht.

Wie S.s eigene Ehe war auch die im Febr. 1191 geschlossene Heirat zw. seiner Tocher Teresa und Alfons IX. v. León ein Teil der antikast. Allianz der Kg.e v. Portugal, →León und →Aragón (Vertrag v. Huesca, Mai 1191). Doch die Kurie verbot die Ehe der beiden Ururenkel Alfons' VI. und belegte Portugal und León mit dem Interdikt (1195). 1197 verbündeten sich S., Peter II. v. Aragón und Alfons VIII. v. Kastilien gegen Alfons IX., der sich seinerseits mit den Almohaden verschwor. Doch bekriegt – bis 1199 – haben sich nur Alfons IX. und S., der seinen Erben Alfons (II.) dann 1208 mit Alfons' VIII. Tochter Urraca verheiratet hat. Im Innern gerieten S.s Auseinandersetzungen mit den Bf.en v. →Porto und →Coimbra zu den ersten großen Konflikten zw. kgl. (weltl.) und bfl. (kirchl.) Gewalt in Portugal. Die Siedlungsrechte (→Fueros), die S. fast 50 Ortschaften verlieh, trugen ihm in der ptg. Geschichtsschreibung den Beinamen 'o Povoador' (der Siedler) ein.   P. Feige

Q.: Documentos de D. S., ed. R. DE AZEVEDO, A. DE JESUS DA COSTA, M. RODRIGUES PEREIRA, Bd. 1, 1979 – *Lit.:* A. HUICI MIRANDA, Los Almohades en Portugal; Las Campañas de Ya'qub al-Mansur, Anais, 2ᵉ sér., 5, 1954, 9–51, 53–74 – Hist. de Portugal, hg. J. H. SARAIVA, 1983, 507–530 [J. MATTOSO] – T. DE SOUSA SOARES, Algumas Considerações sobre a Crise da Sucessão de D. S., Boletim da Faculdade de Direito de Coimbra, 1983.

16. S. II., *Kg. v. →Portugal,* * 1209 in →Coimbra, † nach dem 3. Jan. 1248 (Testament) in →Toledo, ☐ Toledo, Kathedrale; ältester Sohn Alfons' II.; März 1223 Kg.; ∞ 1240/42 seine Verwandte Mécia (Mencia) aus dem kast. Geschlecht →Haro (ihre Mutter war als unehel. Tochter Alfons' IX. v. León eine Urenkelin seines Urgroßvaters Alfons' I. v. Portugal). S. trat die Nachfolge seines im →Exkommunikation verstorbenen Vaters an; das Kgr. lag unter→Interdikt und wurde vom Kampf zw. bfl. und kgl. Gewalt erschüttert. Im Juni 1223 gelang in Coimbra ein Ausgleich, zum einen mit dem Klerus (v. a. mit dem Ebf. v. →Braga: starke finanzielle Entschädigung), zum anderen mit dem von Sancho I. reich ausgestatteten »Kgn.-nen« Teresa und Sancha, die – ebenfalls gegen aufwendige Entschädigungen – einem weitgehenden Verzicht auf ihre Besitzungen (nach langfristigem Zeitplan) zustimmten, was die Unveräußerlichkeit der kgl. Rechte und Güter wiederherstellte. Die erfolgreiche →Reconquista fast des gesamten Algarve war nicht eigtl. die persönl. Leistung des Kg.s (Niederlage bei Elves [1226], Sieg bei Aiamonte [1239/40]), sondern stärker das Verdienst der Ritterorden und Adligen; letztere bildeten im übrigen durch ihre Umtriebe und Fehden ein Element der sozialen Anarchie, das den kgl. Richter S. überforderte. Destabilisierung ging auch wieder von den Bf.en aus (bes. →Lissabon und →Porto: heftige Konflikte mit Kathedralkapiteln, Bischofsstädten, Kgtm.), die darüberhinaus bei Papst Gregor IX. Unterstützung fanden: 1231 wurde Portugal interdiziert, 1238 S. durch den Bf. v. →Salamanca exkommuniziert, gegen Opposition des Ebf.s v. Braga, des Bf.s v. Coimbra sowie der Franziskaner und Dominikaner. Angesichts der Verschlechterung der Zustände arbeiteten Mitglieder des Klerus und des Adels sowie die Kurie auf eine Ablösung S.s als Kg. durch dessen jüngeren Bruder

→Alfons (III.) hin. Am 12. Febr. 1245 befahl →Innozenz IV. dem Ebf. v. →Santiago de Compostela, die Ehe des Kg.s, die ohne päpstl. Dispens geschlossen worden sei, zu trennen; S. sollte keine ehel. Nachkommen haben können. Im März 1245 klagte der Papst in der Bulle »Inter alia desiderabilia« den Kg. schlimmster Vergehen an, am 24. Juli erklärte er ihn in »Grandi non immerito« zum »rex inutilis« und Alfons zum »Verwalter und Verteidiger« des Kgr.es, das in einen schweren Bürgerkrieg gestürzt wurde. Bis ins Jahr 1247 hielt sich S. mit seinen Anhängern, dann zog er nach Toledo. Da er kinderlos starb, fiel das Reich nach auch im Sinne des Testamentes seines Vaters dem jüngeren Bruder Alfons III. Der vielleicht wirklich den ihm gestellten Aufgaben nicht gewachsene S. soll zu Lebzeiten (und/oder als Leichnam) eine Art Ordensgewand getragen haben – ein Hinweis auf sein gutes Verhältnis zu den Franziskanern. Er ist daher in die von seinen Gegnern geprägte ptg. Geschichtsschreibung als 'Rei Capelo' (Mönchskaponzenkg.) eingegangen. P. Feige

Lit.: C. Michaëlis de Vasconcelos, Em volta de S., Lusitania 2, 1924, 7–25 – A. E. Reuter, Kgtm. und Episkopat in Portugal im 13. Jh., 1928 – E. Peters, The Shadow King, »Rex inutilis« (Medieval Law and Lit., 751–1327), 1970 – E. Brasão, Reflexões em torno de uma página de Herculano: a deposição de D. S. (A Herculano à Luz do Nosso Tempo, 1977) – Hist. de Portugal, hg. J. H. Saraiva, 1983, 553–572 [J. Mattoso].

17. S. García, Gf. v. →Kastilien 995–1017, erhob sich gegen seinen Vater →García Fernández und übernahm die Herrschaft in einer Periode des Friedens mit →al-Manṣūr, unterlag aber i. J. 1000 diesem bei Cervera. Al-Manṣūr eroberte →Burgos, was zu einer allg. Demoralisierung Kastiliens führte. Nach al-Manṣūrs Tod 1002 gelang es S., auf die inneren Angelegenheiten des Kalifats v. →Córdoba Einfluß zu nehmen und am Fluß Duero eine Verteidigungslinie zu errichten. Er reorganisierte sein Territorium, erließ Stadtrechte (→Fueros) und bildete eine Armee. 1011 gründete er das Kl. →Oña. Seine Beziehungen zu León waren angespannt, doch die Ehen seiner Tochter Sancha mit Gf. →Berengar Raimund I. v. Barcelona sowie einer zweiten Tochter mit dem Kg. v. Navarra waren Zeichen seiner Anerkennung auf der Iber. Halbinsel.

J. M. Alonso-Núñez

Lit.: J. Pérez de Urbel, Hist. del Condado de Castilla, II, 1945, 771–916 – Hist. de España, begr. R. Menéndez Pidal, VI, 1982⁴; VII/1, 1980.

18. S. I., Gf. v. →Provence, Gf. v. Millau (1181–85), Gf. v. →Roussillon-Cerdanya (1185–1223), * 1161, † 1223, dritter Sohn Gf. →Raimund Berengars IV. v. Barcelona und der →Petronilla v. Aragón, ∞ 1. Ermessinde v. →Rocabertí, 2. Sancha Núñez de →Lara; Sohn von 2: →Nunyo Sanç. Er wurde 1181 nach dem Tod seines Bruders →Raimund Berengars IV. v. Provence durch Alfons II. v. Aragón zum Gf.en eingesetzt, um die Gft. gegen die Angriffe Gf. Raimunds V. v. Toulouse zu verteidigen. Nachdem Alfons II. 1185 die Gft. seiner direkten Leitung unterstellt hatte, wurde S. mit der Gft. Roussillon-Cerdanya abgefunden, ohne den Titel eines Gf.en v. Provence abzulegen. 1209 wurde S. durch Peter II. v. Aragón wieder zum Regenten der Provence und zum Herrn des Languedoc anstelle des minderjährigen →Raimund Berengar V. bestellt. Nach dem Tod des Kg.s gehörte er seit 1214 auf Geheiß des päpstl. Legaten Peter v. Benevent an führender Stelle dem Regentschaftsrat für den unmündigen Jakob (I.) an und versuchte, die okzitan. Politik Peters II. fortzusetzen, was ihn wegen seiner gegen die →Montcada gerichteten Bestrebungen in Gegensatz zur Kurie brachte. Schließlich wurde er von einer Adelsgruppe unter Führung seines Neffen Ferdinand, Abt v. →Montearagón, auf Betreiben Roms zum Rücktritt von seiner Funktion als Prokurator für die Kronländer gezwungen (Sept. 1218), nachdem sein prov. Engagement schon 1216 geendet hatte. L. Vones

Lit.: Gran Enc. Catalana XIII, 124f. – Dic. d'Hist. de Catalunya, 1992, 962 – F. Soldevila, Els primers temps de Jaume I, 1968 – J. C. Shideler, A Medieval catalan Noble Family: The Montcadas, 1983, 138ff. – M. Aurell, La vielle et l'épée, 1989, 31–94.

Sanchuelo → ᶜAbdarraḥmān ibn abī ᶜĀmir

Sanctio (minatio, comminatio, Poenformel) gehört in der ma. Urk. zu den Formeln des →Kontexts; sie enthält allg. eine Strafandrohung für den Fall der Verletzung des in der Urk. beinhalteten Rechtsgeschäfts, eventuell auch verknüpft mit der Verheißung einer Belohnung für die Förderung der Willenserklärung. Wahrscheinl. nach langob. Vorbild gelangte die S. in die Urkk. der it. Karolinger und weiter, unter dem Einfluß it. Schreiber, in die Urkk. der Ottonen. Noch unter den Saliern wurde die S. aber regelmäßig nur in Diplomen für it. Empfänger benutzt, während sie für dt. Empfänger nur selten Anwendung fand. Erst seit Ks. Lothar III. ist sie allg. Bestandteil der →Ks.- und Kg.surkk. Die S. besteht meist aus zwei Teilen: In einem Nebensatz (Bedingungssatz oder relativer Satzanschluß) wird der Fall der Verletzung der ksl. Verfügung beleuchtet, im nachfolgenden Hauptsatz die zu gewärtigende Strafe festgelegt. Die zweigeteilte S. ist auch allg. Bestandteil der päpstl. →Litterae cum serico und Litterae cum filo canapis. In den Ks.- und Kg.surkk. ist am verbreitetsten die Androhung einer Geldstrafe, meist in Pfund reinen Goldes festgelegt; die Bemessung in Solidi, Talenten oder Pfund Silber erfolgte dagegen seltener. Die Geldstrafe, deren Umfang in den Urkk. der Ottonen und Salier gelegentl. noch nicht spezifiziert ist, beträgt häufig 100 Pfund Gold, kann jedoch in der Höhe beliebig festgesetzt werden und schwankt zw. 3 und 1000 Pfund, in Ausnahmefällen kann sie durchaus auch höher sein. Üblicherweise ist die Aufteilung zu gleichen Teilen zw. →Fiscus und Geschädigtem vorgesehen. Daneben, häufig aber mit der Geldstrafe verbunden, steht die Androhung geistl. Strafen oder ewiger Verdammnis. Schon in den Mandaten Ks. Karls d. Gr. tritt die Androhung der ksl. Ungnade auf. Sie dringt von hier auch in die Diplome ein und wird im SpätMA zur vorherrschenden Form. In dieser Gestalt ist sie auch weit verbreitet in den →Mandaten der geistl. und weltl. Fs.en. J. Spiegel

Lit.: Bresslau I, 48 – W. Erben, Die Ks.- und Kg.surkk. des MA in Dtl., Frankreich und Italien, 1907, 357ff. – H. Voltelini, Über Fluch- und Strafklauseln, MIÖG Ergbd. 11, 1929, 64ff. – J. Studtmann, Pönformel, AU 12, 1932, 251ff. – Th. Frenz, Papsturkk. des MA und der NZ (Hist. Grundwiss. in Einzeldarstellungen 2, 1986), §2, 21.

Sanctio pragmatica → Pragmatica sanctio

Sanctus, Teil des eucharist. Hochgebets, in der syr.-byz. Tradition Höhepunkt der Namensanrufung Gottes (Anaklese), in Ägypten ursprgl. in der Funktion einer feierl. (Schluß-)Doxologie. Im Zitat von Jes 6, 3 beteiligen sich die Gläubigen am Lobpreis der Thronengel (Seraphim). Dahinter stehen frühjüd. Vorstellungen, wohl auch jüd. gottesdienstl. Brauch. Seit dem 4./5. Jh. wird das S. vom O aus in dem lat. Liturgien übernommen. Es bildet in der röm. Messe den Abschluß der Präfation, ist hier jedoch, anders als im O, unorganisch eingefügt und trägt zur Aufteilung des Hochgebets in die als Vorrede verstandene Präfation und den erst nach dem S. beginnenden Kanon bei (seit Isidor v. Sevilla). Im 6. Jh. ist in Syrien (Severus v. Antiocheia) und Gallien (Caesarius v. Arles) die Ergänzung des S. durch die Christus-Akklamation des Benedictus (Mt 21, 9) bezeugt. Das S. ist in der Spätantike allgemein Volksgesang, in Rom bis zum 7. Jh. (älteste Melodie die heutige Choralmelodie XVIII), in der röm.-frk. Liturgie noch bis ins hohe MA. Seit dem 12. Jh. sind mehrstimmige Kompositionen (mit →Tropen) überliefert, seit dem 14. Jh. wird das S., nunmehr Chor- bzw. Klerikergesang, in die Zyklen des Meßordinariums aufgenommen.

R. Meßner

Lit.: MGG XI, 1348–1355 – G. KRETSCHMAR, Die Einführung des S. in die lat. Meßliturgie, JLH 7, 1962, 79–86 – B. D. SPINKS, The s. in the eucharistic prayer, 1991 – R. F. TAFT, The Interpolation of the S. into the Anaphora, OrChrP 57, 1991, 281–308; 58, 1992, 83–121.

Sandarach → Arsen

Sandelholz(baum) (Pterocarpus santalinus L.f./Leguminosae und Santalum album L./Santalaceae). Weder das rote Färbe- noch das weiße bzw. gelbe Duftholz, die beide aus Indien stammen, werden von griech. oder röm. Autoren der Antike genannt. Vielmehr ist das Holz ('sandal') erst durch arab. Vermittlung (Constantinus Africanus, De grad., 369) im MA bekannt geworden, wobei man zwischen *sandalus albus/citrinus/rubeus* unterschied (Albertus Magnus, De veget. VI, 222; Alphita, ed. MOWAT, 161). Eine Zubereitung aus diesen drei 'Arten', gen. triasandali (→Antidotarium Nicolai), galt als Mittel gegen Erkrankungen der Leber und des Magens, während andere Autoren das *sandalum* auch bei Kopfschmerzen und Herzbeschwerden empfahlen (Gart, Kap. 374).

I. Müller

Lit.: MARZELL III, 1174; IV, 103 – W. GÖPFERT, Drogen auf alten Landkarten und das zeitgenöss. Wissen über ihre Herkunft [Diss. Düsseldorf 1985], 683–723.

Sandomir (Sandomierz), Burg, Stadt und Fsm. in Kleinpolen an der →Weichsel, 10 km sw. der Mündung des San. Die Mitte des 10. Jh. errichtete Burg S. entwickelte sich zum Prov.hauptort und zu einer der bedeutendsten fsl. Residenzen Polens (um 1116: »sedes regni principalis«). Als Teilfsm. gehörte S. 1146/48–66 Heinrich v. S., 1173–77 →Kasimir II. d. Gerechten, 1194–1202 →Leszek Biały, 1227–43 Bolesław V. d. Schamhaften, dann wurde es mit dem Fsm. →Krakau vereinigt und war seit dem 14. Jh. Hauptstadt einer →Wojewodschaft. Neben der Burg entstand im 12. Jh. eine frühstädt. Siedlung mit Kollegiatstift (Weihe der Kirche 1161) und Dominikanerkl. (1226), die 1241 und 1260 Mongoleneinfällen zum Opfer fiel. 1286 gründete Leszek II. der Schwarze, Fs. v. Krakau-S., die Stadt S. formell zu →Magdeburger Recht. Nach 1350 erweiterte Kg. →Kasimir III. das Stadtgebiet und vereinigte die Burg mit der neu errichteten Stadtmauer; zu dieser Zeit (vor 1359) übersetzte Stadtschreiber Konrad das Landrecht des →Sachsenspiegels ins Lat. (sog. Versio Sandomiriensis). An der Kreuzung der Handelswege zw. →Thorn, Krakau und Ruthenien gelegen, entwickelte sich S. im 14. und 15. Jh. zum – nach Krakau – wichtigsten Zentrum des Handwerks in Kleinpolen.

S. Gawlas

Lit.: SłowStarSłow V, 43–48 – Studia Sandomierskie, I, hg. T. WĄSOWICZ, 1967 – Z. RYMASZEWSKI, Łacińskie teksty Landrechtu Zwierciadła Saskiego w Polsce, 1975, 69f. – S. TABACZYŃSKI–A. BUKO, Sandomierz. Starożytność i wczesne średniowiecze, 1981 – Dzieje Sandomierza. Średniowiecze, I, hg. S. TRAWKOWSKI, 1993 – F. KIRYK, Urbanizacja Małopolski. Województwo sandomierskie XIII–XVI wiek, 1994, 120f.

Sandoval, Kl. SOCist in León, Filiation La Espina-Clairvaux; 1142 übertrug →Alfons VII. v. Kastilien-León S. an Ponce de Minerva, mit dem Auftrag, dort ein Kl. OSB zu gründen. Ponce gab 1167 den Ort mit allen Gerechtsamen an eine Gruppe von Rittern, die jedoch bereits ein Jahr später durch Mönche aus La Espina ersetzt wurde. Ferdinand II. förderte das Kl. durch Schenkung des Ortes Fuentes de Carvajal (1185) sowie vieler →Grangien und befreite die Häuser von S. in León und Mansilla von allen Abgaben. Reiche Zuwendung erhielt das Kl. während des ganzen MA von der Familie des Gründers, der es zu seiner →Grablege wählte. Schwierigkeiten ergaben sich v. a. im 13./14. Jh. bezügl. der Weiderechte und der Abgabenforderungen der →Concejos. Ende des 15. Jh., nach einer Zeit der Kommendataräbte, trat S. der Congregación Castellana des Zisterzienserordens bei.

U. Vones-Liebenstein

Q.: J. RODRÍGUEZ, Algunos documentos del monasterio de S., Archivos Leoneses 12, 1958, 153–182 – G. CASTÁN LANASPA, Documentos del monasterio de Villaverde de S. Siglos XII–XV, 1981 – Lit.: M.COCHERIL, L'implantation des abbayes cisterciennes dans la Péninsule ibérique, AEM I, 1964, 217–218 – G. CASTÁN LANASPA, La fomación y la explotación del dominio del monasterio de Villaverde de S. (siglos XII–XIII) (León y su hist., IV, 1977), 213–317 – J. PÉREZ-EMBID WAMBA, El Cister en Castilla y León, 1986, 228f., 495 [Abtslisten], 782 [Karte der Besitzungen] – S. BARTON, Two Catalan Magnates in the Courts of the Kings of León-Castile, Journal of Medieval Hist. 18, 1992, 233–266.

Sandwich, Hafen und →*borough* in S-England (Gft. Kent), an der Mündung des Watsun in den Stour am Kanal. Die Siedlung, vermutl. im 7. Jh. gegr., wurde zuerst 664–665 erwähnt; Landungsort des hl. →Wilfrid. Bereits in der Mitte des 9. Jh. ein bedeutendes Handelszentrum, unterstand der Ort seit dem 10. Jh. der Jurisdiktion von Holy Trinity →Canterbury; Mitglied der →Cinque Ports. Das →Domesday Book erwähnt 1086 383 *burgages*, was auf eine Einwohnerzahl von ca. 1000 hindeutet, und den Besitz derselben Privilegien wie →Dover (Privilegienbestätigungen 1155, 1205, 1313, 1343, 1381, 1421). Nach einer Seeschlacht (24. Aug. 1217) vor S. mit den Franzosen errichteten die siegreichen Engländer in S. das Hospital St. Bartholomew (weitere Hospitäler: St. John, vor 1287, St. Thomas, 1392). Seit 1272 waren →Karmeliter in S. ansässig, der Ort hatte drei Pfarrkirchen (St. Clement, St. Peter, St. Mary). Im Verlauf des 14. und 15. Jh. wegen ständiger frz. Bedrohung stark befestigt (Anlage mit fünf Toren), wurde S. dennoch 1457 fast vollständig niedergebrannt.

B. Brodt

Lit.: D. GARDINER, Hist. of S., 1954 – H. C. BENTWICH, Hist. of S. in Kent, 1972.

Sänfte (lectica, lettiga, *portechaise*), von Menschen oder Lasttieren fortbewegtes Traggestell für Personen oder Lasten. Das aus dem Orient stammende Beförderungsmittel war bei Babyloniern und Ägyptern ebenso gebräuchl. wie in Indien, China und Japan. Die Griechen verwendeten als erste in Europa die S. zur Beförderung von Götterbildern, Toten und Personen. Vor Cicero gab es in Rom keine S.n als Verkehrsmittel. Die Römer kannten die von Maultieren getragene basterna, ein ausschließl. für Frauen bestimmter, gedeckter Tragstuhl. Die lectica war an langen Stangen befestigt und wurde von sechs bis acht Sklaven getragen, während das feretrum und der capulus als Totens.n dienten. Unter Ks. Alexander Severus (208–235) wurde die S. im Privatverkehr durch die →Wagen verdrängt. Im europ. MA wurde sie nach den →Kreuzzügen wiederentdeckt, wobei das byz. Vorbild prägend gewirkt haben könnte. Galt diese Art der Fortbewegung bis dahin als unmännl., ließen sich jetzt Lit. in Europa auch gesunde und kräftige Herrscher wieder in S.n tragen. Vornehme Frauen bedienten sich auf Reisen der S.

P. Moser

Lit.: H. DALLHAMMER, Die Portechaise, Jb. des Hist. Vereins für Mittelfranken 78, 1959, 113–124 – F. BRAUDEL, Der Alltag, 1985 – N. OHLER, Reisen im MA, 1986.

Sanǧaq ('Banner'), Bezeichnung für osman. Flaggen und Prov.en. Die Osmanen verwendeten Flaggen in Fortführung zentralasiat. und islam. Tradition seit →ᶜOsmān I. Bes. Bedeutung trug das schwarze *sanǧaq-t šerīf*, das angebl. Prophetenbanner (in osman. Besitz seit 1517). Drei Typen osman. Flaggen sind belegt: Tragbare Flaggen (Länge 2–3 m) mit dem Zweiklingen-Schwert Mohammeds und ᶜAlīs als zentralem Motiv (wohl Truppenfahnen), ähnl. Flaggen ohne Schwert (Funktion ungeklärt) und meist sehr große Flaggen mit religiösen Inschriften, wobei die größten dem Herrscher zugeordnet waren, kleinere vermutl. Prov.gouverneuren bei der Amtseinführung übergeben wurden. Ein S. (arab. *livā*) im Sinne eines berittenen Truppenbanners unter einem *sanǧaqbegi* war zugleich die Prov., aus deren Pfründen (→*tīmār*) die Reiter (*sipāhī*) und ihr Gefolge finanziert wurden (an der Peripherie des Reiches existierte das zentralverwaltete *tīmār*-System nicht). Um 1500 waren solche osman. Distrikte mehrere 1000 km² groß und hatten durchschnittl. 100000 Einw. Die Kontrolle von Steuereinziehung und Grundbesitz oblagen dem *sanǧaqbegi*, die Rechtsprechung dem →*qāẓī*. Ch. K. Neumann

Lit.: K. Röhrborn, Unters. zur osman. Verwaltungsgesch., 1973 – N. Beldiceanu, Le timâr dans l'État ottoman (début XIVᵉ-début XVIᵉ s.), 1980 – I. M. Kunt, The Sultan's Servants, 1983 – Z. Żygulski, Ottoman Art in the Service of the Empire, 1992, 1–67.

Sanikel (Sanicula europaea L./Umbelliferae). Schon der mlat. wie der daraus entlehnte dt. Name *sanicula, senicula* (von *sanare* 'heilen') bzw. *sanekel, sanikel* u. ä. (Alphita, ed. Mowat, 166; Steinmeyer–Sievers III, 531 und 566) weisen auf die bes. Wertschätzung dieser Pflanze als – v. a. in der Volksmed. genutztes – Wundkraut hin. Daneben verwendete man den S. auch als Magen- und mildes Abführmittel (Hildegard v. Bingen, Phys. I, 45; Gart, Kap. 148). I. Müller

Lit.: Marzell IV, 99–103 – Ders., Heilpflanzen, 140–144.

Sanktuarium → Chor

Sanlurí, Schlacht v. (30. Juni 1409), fand in der Nähe von Caller auf →Sardinien zw. dem katal.-aragones. Aufgebot unter dem Thronerben →Martin I. d. J. v. Sizilien und dem sard. Aufständischen unter Führung des Vgf. en Wilhelm II. v. Narbonne aus dem Hause →Arborea statt. Der in erbittertem Kampf errungene Sieg der Aragonesen führte nicht zur völligen Unterwerfung der Insel, da Martin schon kurze Zeit darauf der Malaria erlag (25. Juli 1409). Ein Friedensvertrag im folgenden Jahr brachte aber einen Teil der sard. Aufständischen zur Ruhe; der bis dahin selbständige 'Judikat' v. →Arborea wurde dem zur aragones. Partei übergewechselten sard. Adligen Leonardo Cubello (Cubells), der als Lehnsmann Kg. →Martins I. v. Aragón den Titel eines Mgf.en v. Oristan (→Oristano) und Gf.en v. Gozze erhielt, übertragen; die verbliebenen Parteigänger des Vgf.en v. Narbonne setzten ihren Widerstand jedoch noch bis 1415 fort. Die Mgft. Oristan wurde 1478 der Krone Aragón inkorporiert. L. Vones

Lit.: Dic. d'Hist. de Catalunya, 1992, 962f. – A. Boscolo, Medioevo Aragonese, 1958 – Ders., La politica italiana di Martino el Vecchio, 1962 – J. Lalinde Abadía, La Corona de Aragón en el Mediterráneo Medieval, 1979 – Genealogie med. di Sardegna, hg. L. L. Brook–F.C. Casula u. a., 1983, 395.

Sanlurí, Vertrag v. (11. Juli 1355), geschlossen zw. Kg. Peter IV. v. Aragón und Mariano IV. v. →Arborea, dem Führer der aufständ. Sarden, der durch seinen Widerstand gegen die katal. Okkupation der Insel einen mit ven. Hilfe errungenen Seesieg des aragones. Admirals Bernhard II. de →Cabrera (27. Aug. 1353) wertlos gemacht hatte. Die Expedition unter Führung des Kg.s konnte zwar mit Alghero eine wichtige Stadt einnehmen, doch mußte Peter IV., dessen Heer durch die Malaria dezimiert wurde und der die ven. Unterstützung gegen Genua eingebüßt hatte, letztl. einen wenig günstigen Frieden abschließen, ohne dadurch trotz eines von Mariano geleisteten Homagiums den sard. Adel auf seine Seite ziehen zu können. L. Vones

Lit.: A. Boscolo, Problemi mediterranei dell'epoca di Pietro il Cerimonioso (VIII Congreso de Hist. de la Corona de Aragón, II: La Corona de Aragón en el siglo XIV, III, 1973), 65–99 – G. Meloni, Genova e Aragona all'epoca di Pietro il Ceremonioso, II, 1976.

Sannazaro, Jacopo, it. Dichter, * 1457 in Neapel, † 1530 ebd. Stammte aus einer adligen Familie von San Nazzaro dei Burgundi in Lomellina (Pavia) und verbrachte seine Jugend in Neapel und auf dem Feudalbesitz seiner Mutter San Cipriano Piacentino bei Salerno. Bei dem Grammatiker Lucio Crasso und dem Rhetor Iuniano Maio erhielt er eine solide humanist. Bildung, pflegte jedoch auch das Studium der Lit. in toskan. Volgare, v. a. der Lyrik (→Petrarca) und Bukolik (Francesco Arzocchi, Filenio Gallo und Girolamo Benivieni). Er war Mitglied der Accademia Pontaniana und eine angesehene Persönlichkeit am Hof von Neapel. Nach der Eroberung durch die Franzosen (→Ludwig XII.) folgte S. Kg. Friedrich v. Aragón in das Exil nach Frankreich (1501–1504). Nach seiner Heimkehr nach Neapel (Anfang 1505) zog sich S. auf sein Gut Mergellina zurück, das ihm Friedrich geschenkt hatte, und verbrachte dort den Rest seines Lebens. S. begann seine lit. Aktivität 1480 mit einigen Eklogen, dem Kernstück seines Prosimetrum »Arcadia« (1483), das zehn Gedichte (Eklogen, Canzonen, Sestinen) und ebenso viele deskriptivnarrative Prosastücke umfaßt. Erzählt wird, wie sich Sincero (hinter dem sich der Autor selbst verbirgt) nach Enttäuschungen in der Liebe und in der Politik zu den Hirten zurückzieht. 1496 wurde der Schäferroman sprachlich und stilistisch überarbeitet und durch zwei Prosastücke, zwei Dichtungen und einen Epilog erweitert. Von der ersten Fassung der »Arcadia« erschien ein nicht autorisierter, fehlerhafter Nachdr. (Venedig 1502), der Druck der zweiten Fassung hingegen wurde von S. selbst approbiert (Neapel, Summonte, 1504). Das Werk wurde zum Gattungsmodell für die Folgezeit. In Volgare verfaßte S. ferner »Farse« und »Gliommeri« sowie eine Sammlung von »Rime«, von denen der zweite Teil einen Canzoniere nach dem Vorbild Petrarcas bildet. Nach seiner Rückkehr aus dem frz. Exil widmete sich S. nur noch der Dichtung in elegantem Latein: er schrieb 24 Elegiae, 152 Epigrammata, 5 Eclogae piscatoriae und das Kleinepos »De partu Virginis« in klassisch-christl. Tradition. M. Picone

Ed. und Lit.: I. S., Opere volgari, hg. A. Mauro, 1961 – I. S., Arcadia, hg. F. Erspamer, 1990 [Lit.] – M. Corti, Metodi e fantasmi, 1969, 281–367 – M. Santagata, La lirica aragonese, 1979, 342–374 – G. Velli, Tra lettura e creazione, 1983, 1–56 – G. Villani, Per l'edizione dell'Arcadia di S., 1989.

Sanseverino, Adelsfamilie im Kgr. Neapel. Sie leitet sich von dem Normannen *Troisius* oder *Turgisius* ab, der im N von Salerno mit →Robert Guiscard operierte und sich 1066 des Ortes Rota (heute Mercato Sanseverino) und anderer Gebiete der Kirche v. Salerno bemächtigte, was ihm die Exkommunikation durch Papst Alexander II. eintrug. Seine Söhne *Roger* und *Henricus* dehnten ihre Besitzungen in verschiedenen Richtungen aus (Cilento, Gebiet von Nola und am Vesuv, Caserta), führten aber, ebensowenig wie ihr Vater Troisius den Gf. entitel. Diesen erhielt hingegen 1239 *Tommaso S.*, der von Friedrich II. zum Gf.en v. Marsico ernannt wurde. 1246 nahm er an der

Revolte gegen den Stauferks. teil und wurde deshalb zusammen mit seinem Sohn *Guglielmo* zum Tode verurteilt. Die Familie wurde dadurch an den Rand des Untergangs gebracht. Nach der Eroberung Süditaliens durch die Anjou erlebten die S. einen neuen Aufstieg: *Roger* (Ruggero) II. war Vikar Karls v. Anjou in Rom und im Kgr. Jerusalem; *Tommaso II.* gehörte zu den Protagonisten im Verteidigungskampf des Kgr.es gegen die Angriffe der aragonesisch-siz. Truppen während des Krieges nach dem Vesperaufstand (→Sizilianische Vesper) und gründete i. J. 1306 die Kartause →S. Lorenzo di Padula; *Tommaso III.* wurde 1326 Großkonnetabel des Kgr.es, 1333–37 operierte er in der Toskana mit dem Titel eines Generalkapitäns; 1345 leitete Tommaso einen Feldzug gegen das aragones. Sizilien, 1348 wurde er durch Kgn. →Johanna I. zum Vikar des Kgr.es ernannt.

Eine weitere schwierige Phase für die S. war der Kampf zw. den Anjou und den Durazzo: sie traten auf die Seite der Anjou, zuerst gegen Karl III. und danach gegen dessen Sohn Ladislaus, und teilten das wechselnde Kriegsglück der beiden Gruppierungen, wobei *Tommaso S.*, Gf. v. Montescaglioso, sogar Vizekönig Ludwigs II. v. Anjou wurde. Die Lage der Familie normalisierte sich erst unter Kgn. →Johanna II. (1414–35), die *Tommaso V.* v. Marsico zum Großkanzler ernannte. Die S. hatten sich inzwischen in verschiedene Zweige geteilt (Caiazzo, Saponara, Tricarico, Mileto, Marcellinara, Terlizzi, Montescaglioso, Bisignano). Ein Teil der Familie ließ sich in Norditalien nieder, wo Vertreter des Zweiges von Caiazzo als Söldnerführer Macht und Gebiete gewonnen hatten (→Sanseverino [Lugano]). In aragones. Zeit bauten die S. ihre Vorrangstellung unter den adligen Familien des Kgr.es weiter aus, v.a. dank *Roberto*, dem Großadmiral des Kgr.es, der 1463 Fs. v. Salerno wurde. Sein Sohn *Antonello*, der außer den Gütern des Vaters auch den Titel und die Funktionen eines Großadmirals geerbt hatte, stand an der Spitze der neapolitanischen Flotte, die 1481 an der Befreiung→Otrantos von den Türken beteiligt war. 1485 nahm er jedoch an der Verschwörung der →Barone gegen Kg. Ferrante (→Ferdinand I. v. Aragón) teil, wurde gezwungen, das Kgr. zu verlassen und kehrte erst 1495 mit den frz. Truppen Karls VIII. zurück, den er zum Italienzug gegen die Aragonesen bewogen hatte. Letzter Fs. v. Salerno war *Ferrante*, nach dessen Tod 1568 der Hauptzweig der S. ausstarb; die Nebenlinien überdauerten jedoch.

G. Vitolo

Lit.: B. Candida Gonzaga, Memorie delle famiglie nobili delle province meridionali d'Italia, II, 1875, 110–127 – P. Natella, I S. di Marsico. Una terra, un regno, 1980 – R. Colapietra, I S. di Salerno. Mito e realtà del barone ribelle, 1985 – S. Pollastri, Une famille de l'aristocratie napolitaine sous les souverains angevins: les S. (1270–1420), MEFRMA 103, 1991, 237–260.

Sanseverino (Lugano). Die Signorie der Familie S. über das Luganotal begann 1434: Hzg. Filippo Maria→Visconti v. Mailand reichte nach dem Tode des Giovanni →Rusca die Hälfte der Gft. seinem Condottiere *Aloisio* S. aus dem Zweig der Gf.en v. Caiazzo. Am 22. Mai 1438 folgte die Investitur mit dem gesamten Territorium unter dem Titel eines *dominus Lugani et vallis*, einschließlich Mendrisio und der Pieve Balerna, wobei dem entmachteten Franchino Rusca nur der Gf.entitel verblieb. Aloisio erwies sich als fähiger Regent und promulgierte Statuten zur Zivil- und Strafgesetzgebung (1433–41). Nach seinem Tod (1437) erhob sich die Talschaft der Val di Lugano und schloß sich der →Ambrosian. Republik an. Nach der kurzfristigen Rückkehr des Franchino Rusca (1448) fiel die Signorie 1450 wieder an die drei Söhne des Aloisio: *Amerigo, Bernabò* und *Francesco*, welche die mit den Rusca verbundene ghibellin. Opposition gewaltsam unterdrückten. In der Folge wurde das Feudum unter *Ugo*, dem Sohn des Amerigo, den Söhnen Bernabòs *Francesco, Luigi* und *Antonio* sowie der Witwe Francescos, *Aloisia*, aufgeteilt. 1467 verloren sie es jedoch und flüchteten nach Venedig. Region Sottoceneri wurde einige Jahre lang von hzgl. Kommissaren verwaltet, 1475 erneut an Ugo S. verlehnt, der sie jedoch nur ein Jahr hielt. In welchem Verwandtschaftsverhältnis der Condottiere *Roberto* S., der die Lehen im Sottoceneri von 1479 bis 1482 und von 1484 bis 1485 hielt, ohne jedoch die ständigen Faktionskämpfe beenden zu können, zu den vorgenannten stand, ist ungeklärt.

P. Margaroli

Lit.: Ticino ducale, I/1, 1993 – Niccolò Laghi, Cronaca luganese, Periodico d. Soc. Stor. Comense, II, 1881 – E. Motta, I S. feudatari di Lugano e Balerna 1434–1484, ebd. – P. Schaefer, Das Sottoceneri im MA, 1931 – G. Vismara, A. Cavanna, P. Vismara, Ticino medievale, 1990.

Sansone, Francesco OFM Conv., * 1414 in Brescia als Sohn des Giovanni (Nanni) »de Senis«, † 1499 in Florenz, ▭ S. Croce, ebd. Im Alter von acht Jahren kam er in das Kl. OFM Conv. seiner Stadt. S. lehrte Theol. in Pavia, Bologna, Siena, wo er auch Regens war und großes Ansehen genoß. Vikar und Kommissar des Generalministers seines Ordens Francesco della Rovere (1464–69), des späteren Papstes Sixtus IV., 1470 Provinzial der Toskana, wurde er 1475 im Kapitel zu Urbino zum Generalminister seines Ordens gewählt, den er mit Klugheit und Willenskraft in einer Zeit, die von den Spannungen zw. den Konventualen und den Förderern der Reform gekennzeichnet war, leitete. S. bemühte sich um den Abschluß des Kanonisationsprozesses →Bonaventuras; er setzte durch, daß ledigl. der hl. Franziskus mit den Wundmalen dargestellt werden dürfe und sorgte für Ausbau und Ausschmückung von Kirchen des Ordens (Kl. bei SS. Apostoli, Rom; Intarsienchor und Portalvorbau von S. Francesco in Assisi, Padua, Siena und v. a. Brescia). Er förderte den Kult der Unbefleckten Empfängnis Mariens. Sein Beiname »Sansone« ist in einer Urk. d. J. 1475 belegt. 1496 veröffentlichte er Quaestionen über die acht Bücher der »Physik« und einen Komm. zu der Ethik des Aristoteles. D. Ciccarelli

Lit.: N. Papini, L'Etruria francescana, 1797, 18–20 – L. F. Fé d'Ostiani – A. Zannelli, Maestro F. S. Notizie e documenti (1414–99), BSSP 4, 1897, 83–100 – L. Wadding, Scriptores Ord. Min., 1906, 93 – J. H. Sbaralea, Supplementum, I, 1908, 299–300 – Regesta ord. fr. Min. Conv., 1 (1488–94), hg. G. Parisciani, 1989.

Santander, Stadt (Bm. Burgos), entstanden aus einem Ortskern um die Abtei S. Emeterio, 1187 erstmals als villa bezeugt, als Kg. Alfons VIII. v. Kastilien dem Ort einen →Fuero gewährte. An der Küste von Asturias de Santillana gelegen, entwickelte S. bald eine rege Fischerei- und Handelstätigkeit und erhielt Mitte des 13. Jh. Steuerprivilegien. Die rechtl. Unterstellung unter die Abtei wurde 1255 von Kg. Alfons X. v. Kastilien bestätigt. Abgeführte Zehnten und Zolltarife Ende des 13. Jh. belegen einen regen Atlantikhandel S.s. Der 1296 in Castro Urdiales gegr. →Hermandad der kast. Kauffahrteifahrer traten mehrere Orte der kantabr. Küste bei. Während des Bruderkrieges zw. Peter I. v. Kastilien und Heinrich II. Trastámara im 14. Jh. erlebte der Schiffbau in S. einen Aufschwung. Als im 15. Jh. die Bedeutung der bask. Stadt Bilbao als Ausfuhrhafen für bask. Eisen und den kast. Wollhandel wuchs, geriet S. ins Hintertreffen. Der Plan, durch den Bau einer Straße den Weg von Burgos nach Bilbao über S. zu führen (1453), scheiterte, da S. nicht mit den bask. Seehäfen konkurrieren konnte. C. Estepa Díez

Lit.: L. SUÁREZ FERNÁNDEZ, Navegación y comercio en el golfo de Vizcaya, 1959 – G. MARTÍNEZ DÍEZ, Fueros locales en el territorio de la provincia de S., AHDE 46, 1976, 527–608 – El Fuero de S. y su época, 1989.

Santarém, Stadt im südl. →Portugal, in röm. Zeit als Scalabis Castrum wichtige Stadt der →Lusitania, in günstiger Lage auf fast uneinnehmbarem Bergvorsprung am rechten Tajo-Ufer inmitten einer fruchtbaren Agrarregion und auf halbem Weg zw. →Lissabon und →Coimbra an der nach →Braga führenden Römerstraße. Der Name S. geht zurück auf die Schutzpatronin der Stadt, die hl. Irene (Iria) v. Portugal (Fest: 20. Okt.), die (ursprgl. wohl identisch mit der hl. Eirene v. Thessalonike, martyrisiert 304) nach verbreiteter Legende wegen der Bewahrung ihres Jungfräulichkeitsgelübdes 653 ermordet worden sei; ihr Leichnam sei in den Tajo geworfen und bei S. an Land gespült worden. Nachdem die muslim. Conquista 715 auch S. überrollt hatte, erreichte die chr. →Reconquista die Stadt erst seit dem Ende des 11. Jh.: →Alfons VI. v. León und Kastilien gab ihr im Nov. 1095 Fueros; in einer leones. Urkunde v. 9. Aug. 1095 heißt sein Schwiegersohn Gf. →Raimund v. Burgund »regnante in Galecie et in S.«. 1111 ging S. jedoch mit den ganzen südl. Besitzungen des Gf.en v. 'Portugal', →Heinrich v. Burgund (65. H.), an die →Almoraviden verloren, bis es 1147 →Alfons I. gelang, S. endgültig für sein Kgr. Portugal zurückzuerobern: Nachdem er durch einen mozarab. Vertrauten die Befestigungen der Stadt hatte auskundschaften lassen, kündigte er dem ihm tributpflichtigen 'Alcaiden' v. S. am 11. März das Stillhalteabkommen und nahm nach vier Tagen mit vergleichsweise wenigen Rittern die Stadt ein. Der Kg. übertrug im April die Kirchen v. S. dem →Templerorden, aus dessen Reihen einige Ritter an der Einnahme mitgewirkt hatten. Als die Templer später mit dem Bf. v. →Lissabon um diese Kirchen in Streit gerieten, vermittelte Alfons eine Einigung, die Papst Hadrian IV. am 15. Juni 1159 bestätigte. Im Mai 1179 verlieh der Kg. der Stadt S. Fueros, die auch seine Nachfolger bestätigten. Eine starke Bedrohung stellte nochmals die Belagerung der vom Sohn Kg. Alfons', →Sancho (I.), verteidigten Stadt durch das mächtige Invasionsheer der →Almohaden dar (ab 27. Juni 1184). Der zunächst abwartende, von beiden Seiten als Verbündeter umworbene →Ferdinand II. v. León eilte schließlich den Portugiesen zu Hilfe und nötigte so die Almohaden, denen der Feldzug damit zur Katastrophe geriet, zum Abbruch der Belagerung (29. Juli: Tod des Almohadenherrschers Abū Yaʿqūb Yūsuf an seinen vor S. empfangenen Wunden). Eine letzte almohad. Belagerung durch den Sohn Abū Yūsuf al-Manṣūr (1190) blieb ebenfalls vergeblich. Als seit dem 13. Jh. infolge der Ausdehnung Portugals nach Süden Coimbra seine dominierende Rolle als zentrale Königsstadt verlor, diente S. (vor und neben Lissabon) den Kg.en Alfons II. und Alfons III. häufiger als Aufenthaltsort. Alfons III. ließ sich in S. eine neue Pfalz errichten; die Stadt war wiederholt Tagungsort der →Cortes. P. Feige

Q.: De Expugatione Scalabis, Portugaliae Mon. Hist. SS I, 1866, 93–95 – *Lit.*: LThK² V, 748, s.v. Irene [M. DE OLIVEIRA] – J. VERÍSSIMO SERRÃO, S. Hist. e arte, 1959² – V. ARRUDA, S. no tempo, 1971 – M. A. V. DE R. BEIRANTE, S. Medieval, 1980 – R. DURAND, Les campagnes portugaises entre Douro et Tage aux XIIᵉ et XIIIᵉ s., 1982 – FR. A. DO ROSÁRIO, De S., pelo Tempo de S. António (Colóquio Antoniano na Comemoração do 750. Aniv. da Morte de S. António de Lisboa, 1982), 73–91.

Santarém, Friede v. (24. März 1373), geschlossen zw. →Kastilien (verbündet mit →Frankreich) und →Portugal (verbündet mit →England), beendete gleichsam ein Nebenkapitel des →Hundertjährigen Krieges. Vorausgegangen waren heftige militär. Auseinandersetzungen beider Monarchien, nachdem Kg. →Ferdinand I. v. Portugal in den kast. Thronstreit mit eigenen Ansprüchen (als ein Urenkel →Sanchos IV. v. Kastilien) eingegriffen hatte (1369–71), sich auf dem Schlachtfeld aber gegen →Heinrich II. Trastámara nicht durchsetzen konnte (Sept. 1370). Ferdinand wollte den verfahrenen Krieg durch einen Beistandspakt mit dem England →Eduards III. wiederaufnehmen, wobei er sich verpflichtete, die kast. Thronansprüche des Prinzen →John of Gaunt (∞ 1371 Konstanze, Tochter des 1369 von Heinrich II. ermordeten kast. Kg.s →Peter I.) militär. zu unterstützen. Der Trastámara kam den Dingen zuvor, fiel in Portugal ein (Dez. 1372) und plünderte →Lissabon (23. Febr. 1373), während sich Ferdinand in →Santarém verschanzt hielt. Einen Ausweg aus dem Desaster erreichte die ptg. Monarchie durch Vermittlung des päpstl. Kardinallegaten Gui de →Boulogne: Im Vertrag v. S., den nach M. CAETANO die →Cortes bestätigt haben sollen, konnte die staatl. Selbständigkeit des Landes um einen hohen Preis gerettet werden; Ferdinand verpflichtete sich zur Aufkündigung des Vertrags mit Eduard III. (für das wirtschaftlich auf England hin orientierte Portugal eine Katastrophe!), schloß sich Heinrich II. als Verbündeter an (Fortdauer der kast. Besetzung Lissabons für zwei Monate, Unterstellung der ptg. →Flotte [auf drei Jahre] und der wichtigsten Festungen des Landes unter kast. Oberbefehl) und wechselte gar von der röm. zur avignones. Oboedienz. Der Frieden hielt nicht lange; Ferdinand kehrte zur röm. Oboedienz und zum engl. Bündnis zurück (bereits am 16. Juni 1373 Abschluß des Vertrags v. →London, Vorläufer des Vertrags v. →Windsor, 1386) und führte 1381–82 seinen nächsten Krieg gegen Heinrich v. Kastilien. P. Feige

Lit.: P. E. RUSSEL, Fernão Lopes e o tratado de S., Revista portuguesa de hist. 5, II, 1951 – DERS. The English Intervention in Spain and Portugal in the Time of Edward III and Richard II, 1955.

Santiago de Compostela, Pilgerort, Stadt und Bm. (später Ebm.) in →Galicien.
I. Das Heiligtum des Apostels Jacobus d. Ä. – II. Stadt – III. Kirche – IV. Pilgerfahrt.

I. DAS HEILIGTUM DES APOSTELS JACOBUS D. Ä.: Die vage kirchl. Überlieferung von der Predigttätigkeit des →Jacobus d. Ä. in Spanien und der Translation seines Körpers an einen 'Arca Marmarica' bezeichneten Ort im W Spaniens tauchte seit dem 7. Jh. in lat. Texten auf, seit dem 9. Jh. mit konkreterem Bezug auf die Comarca von Amaia, dem heutigen Compostela (De ortu et obitu Patrum, Breviarum Apostolorum, Martyrolog des Florus v. Lyon). Die vermeintl. Entdeckung des Grabes, die in der Gesch.sschreibung immer wieder dargestellt wurde, aber vornehml. kirchenpolit. Bedeutung hatte (ENGELS), führte zum Bau verschiedener aufeinanderfolgender Basiliken, zur Ansiedlung einer Mönchsgemeinschaft, zur Verlegung des Wohnsitzes des Bf.s, schließlich des Bf.ssitzes selbst, von Iria nach Compostela (11. Jh.), zur Ausbildung eines Stadtkerns im Schatten des Heiligtums, wie auch zur eifrigen Förderung der Heiligtumsstadt durch die Kg.e v. Asturien und León.

II. STADT: Die Lokalisierung des Apostelgrabes in Amaia führte zur Gründung eines Dorfes, dem sich benachbarte Orte (Lovio, Vilar, Compo) anschlossen. Dieses nahm ab 915 den Charakter einer villa burgensis an, bedingt zum einen durch den Zuzug privilegierter Siedler, zum andern durch den Bau von Kirchen und Verteidigungsanlagen durch die Bf.e Sisnando I. (880–920), Sisnando II. (951–968) und Payo Rodríguez (971–985) und die Ausbildung eines besonderen, von Kg. Alfons V. v. León (999–1028) um 1019 bestätigten →Fuero, der dem Bf. die Stadtherrschaft und einer Vertretung der Stadtgemeinde die Gerichtsbarkeit im Namen des Kg.s zusprach. Die Aufteilung der Stadtherrschaft zw. Adel, Bürgertum, dem kirchl. Stadtherrn und dem Kg., die Tatsache, daß die Bürger und Bewohner vom Stand her Freie waren, und die Gunst, die der Kg. den Compostelaner Kaufleuten erwies, führten zur Ausbildung eines einzigartig weitläufigen Stadtkerns (ca. 30 ha). In diesem Bereich kam es das ganze 11. und 12. Jh. hindurch zu einer regen Bautätigkeit: die roman. Kathedrale als Mittelpunkt der Pilgerfahrt; Stadtmauern als Abgrenzung des privilegierten städt. Raums von der Vorstadt, die ihrerseits als Gültigkeitsbereich der städt. Gerichtsbarkeit durch Meilensteine oder Feldmarken umfriedet wurde; Bf.spaläste; für die vita communis erforderl. Wohnräume der Kanoniker; Kirchen und Kl.; Schaffung der notwendigsten Infrastruktur (Wasserversorgung, Straßen); Errichtung großer kirchl., adliger oder bürgerl. Wohnsitze. Zu dieser inneren Stärke kam noch das handelspolit. Ausgreifen der Stadt und der Ebf.e als Stadtherrn, die in diesen zwei Jahrhunderten zur Gründung verschiedener nahegelegener Orte führte (z. B. Padrón-Puentecesures an der Mündung des Arosa, Noys an der Mündung des Muros). Insgesamt stellte die seit dem 10. Jh. Compostela gen. Stadt des Apostels ein dynam. und einzigartiges städt. Zentrum im primär ländl. Umfeld Galiciens dar, wo Bf.städte sonst nur ein geringes Wachstum erreichten. Es gab dort zudem eine Gruppe Kaufleute mit Unternehmungsgeist, die vom Zustrom der Pilger profitierten und auf Grund von kgl. und bfl. Schutzprivilegien innerhalb Galiciens frei und ohne Abgaben Handel treiben konnten. Nach 1095 konnte sich der Bf. als Stadtherr durchsetzen, wobei er nicht nur die Stadt selbst kontrollierte, sondern auch die 'Tierra de Santiago', einen ausgedehnten, von den Kg.en geschenkten Jurisdiktionsbezirk. Seit der Regierungszeit des →Diego Gelmírez (1100–40) festigte Compostela seine Stellung als bedeutende Bf.sstadt, in der die Geistlichkeit einer Bürgerschaft, die für die Anerkennung ihrer Stellung als freie Kg.sstadt (→realengo) kämpfte, ihre Herrschaft aufzwang, von den Einkünften profitierte, die der Zustrom von Pilgern in die Stadt und ihr Umfeld mit sich brachte, und die im Kgr. Kastilien eine der stärksten polit. Kräfte darstellte, auf die sich die von der polit. Anarchie bedrohte Monarchie stützen konnte.

III. KIRCHE: Der Bf.ssitz v. →Iria, in dessen Bereich Compostela lag, wurde 1095 auf Anordnung Urbans II. nach S. verlegt, als exemte, einzig vom Hl. Stuhl abhängige Kirche. Die Erhebung S.s an Stelle des noch von den Muslimen besetzten alten →Mérida zum Metropolitansitz und Haupt einer neuen Kirchenprov. (1124) war das Werk des →Diego Gelmírez (1100–40), der bei der Durchsetzung seiner kirchenpolit. Ziele auch nicht vor der Fälschung von Papsturkk. zurückschreckte (VONES). Doch war dies eine provisor. Lösung, da sowohl der Metropolitansitz v. →Braga als auch die Bf.e des 1230 zurückeroberten Mérida dagegen opponierten und es sich zudem als schwierig erwies, die alten Suffragane v. Mérida wiederzuerrichten. Nach lange währenden Streitigkeiten erhielt S. in 13. Jh. die Kirchen →Salamanca, →Ávila, →Zamora, →Ciudad Rodrigo, →Plasencia, →Badajoz, Faro, →Lamego, Idanha (→Guarda), →Lissabon und →Evora als Suffragane zugewiesen. Die Kirche v. S. zeichnete sich im ganzen MA v. a. durch das hohe Ansehen ihrer Ebf.e in Kirchenkreisen aus, wie auch durch ein mächtiges und großes Domkapitel, das 1240 fünfundacht-zig Pfründen zählte. Die Pflege kirchl. Kultur war während des gesamten MA durch die vorzügl. Kathedralschule und eine sehr reiche ebfl. Bibl. gesichert. Begünstigt durch Ebf. und Kapitel siedelten sich im Umkreis von S. Mönchs- und Bettelorden an, die dort ihre bedeutendsten Ordenshäuser unterhielten. J. García Oro

Q. und Lit.: M. DÍAZ Y DÍAZ, El Códice Calixtino de la Catedral de S., 1988 – Hist. Compostelana, ed. E. FALQUE, 1988 – A. LÓPEZ FERREIRO, Fueros municipales de S. y su tierra, 1895 – DERS., Hist. de la S. A. Metropolitana Iglesia de S. de C., 9 Bde, 1898–1911 – L. DUCHESNE, St-Jacques en Galice, AM 12, 1900, 145–179 – O. ENGELS, Die Anfänge des span. Jakobusgrabes in kirchenpolit. Sicht, RQ 75, 1980, 146–170 – J. VAN HERWAARDEN, The Origins of the Cult of St. James of Compostela, JMH 6, 1980, 1–35 – L. VONES, Die 'Hist. Compostellana' und die Kirchenpolitik des nordwestspan. Raumes. 1980 – J. BARREIRO SOMOZA, El señorío de la iglesia de S. de C., 1987 – K. HERBERS, S. de C. zur Zeit von Bf. und Ebf. Diego Gelmírez, ZKG 98, 1987, 89–102 – F. LÓPEZ ALSINA, La ciudad de S. de C. en la Alta Edad Media, 1988.

IV. PILGERFAHRT: Pilgerfahrten an den vermeintl. Grabesort →Jacobus' d. Ä. begannen frühestens im 9. Jh., nachdem die span. Tradition einer angebl. Missionierung der Iber. Halbinsel durch den Apostel Jacobus durch die Entdeckung des Jacobusgrabes unter Kg. Alfons II. (798–842) in der Nähe von S. de C. sowie durch einen Bericht über die Translation des Jacobusleichnams nach NW-Spanien ergänzt worden war. Die span. Jacobus-Traditionen förderten im 8. und 9. Jh. u. a. das Bewußtsein der chr. Kg.e Asturiens, Nachfolger des durch die arab. Eroberung 711 untergegangenen →Westgotenreiches zu sein (→Neogoticismus, →Adoptianismus).

Der zunächst nur lokale Grabkult wurde spätestens seit der 1. Hälfte des 10. Jh. auch diesseits der Pyrenäen bekannt, und erste 'ausländ.' Pilger sind belegt. Die Entwicklung der großen, den Zielen →Jerusalem und →Rom vergleichbaren Pilgerfahrt hing mit einer allg. zunehmenden Mobilität und der Öffnung Spaniens nach Europa hin zusammen, aber auch mit einer verstärkten Apostelfrömmigkeit seit dem 11. Jh. Die Pilgerfahrt nach S. de C. wurde durch eine bedeutende Kultpropaganda gefördert, die im →Liber Sancti Jacobi (bedingt auch in der →Historia Compostelana, beide Mitte 12. Jh.) ihren deutlichsten Ausdruck fand. Der Liber enthält den ältesten →Pilgerführer nach S. de C., der die von Frankreich ausgehenden Wege samt den dort gelegenen Zentren der Compostelaner Pilgerfahrt unterordnete. Die ebenfalls in diesem Sammelwerk thematisierte Verbindung der Pilgerfahrt nach S. de C. mit Karl d. Gr. (Karl d. Gr. als angebl. erster Pilger, →Pseudo-Turpin) sowie die dort aufgezeichneten Wundergeschichten förderten durch eine große Verbreitung den Ruf S. de C.s in Mittel- und Westeuropa. Die Kultausstrahlung reichte im Osten von Skandinavien, dem Baltikum und Polen bis nach Ungarn, vereinzelt sogar bis nach Armenien; ihr entsprach der Einzugsbereich der aus ganz Europa, zuweilen auch aus dem Orient stammenden Pilger. Quantitative Hinweise erlauben nur die Zahlen einiger aus England im 15. Jh. aufgebrochener Pilgerschiffe. Gefördert wurde der anwachsende Pilgerverkehr auch durch die zunehmend ausgebaute und verbesserte Infrastruktur an den sog. (nicht immer zu Recht so bezeichneten) 'Jakobswegen' in der Form von befestigten Straßen, Brücken, Hospizen, Spitälern, Herbergen, z. T. auch von Jakobsbruderschaften usw.

Ein deutl. Höhepunkt der Pilgerfahrt nach S. de C. lag, nach dem 12., wohl im 15. Jh.: Aus dieser Zeit stammen verschiedene Pilgerberichte, aus Deutschland ist sogar ein als Inkunabel wohl 1495 erstmals gedruckter, mehrfach aufgelegter Pilgerführer von Hermann Künig v. Vach überliefert, der u. a. die große Beliebtheit und Resonanz der Pilgerfahrten bei allen Bevölkerungsschichten bezeugt. Die Praxis der Compostelaner→'Hl. Jahre' und der damit verbundenen →Ablässe, die sich wohl an anderen Vorbildern in S-Frankreich und an den röm. Jubeljahren orientierten, förderte den Zustrom an Pilgern im 15. Jh. Bes. die Q. aus dieser Zeit verdeutlichen neben Wundergläubigkeit und Selbstheiligung weitere (auch 'weltl.') Motive der Pilger, um deren Systematisierung die Forsch. noch ringt. Erst zunehmende Unsicherheit auf den Wegen sowie Schwierigkeiten des konfessionell gespaltenen Europas ließen die Pilgerfahrten zurückgehen. Die Wirkung der Pilgerfahrt nach S. haben verschiedene Disziplinen seit langem beschäftigt und zu großen Debatten um das Konzept der Pilgerstraßen nach S. de C. in Kunstgesch. und (roman.) Philologie geführt; die neueren Forsch.en thematisieren nicht nur Fragen zur Mobilität, zur ma. Frömmigkeit, zum Sozialprestige, zu Kulturkontakten, zu Raum-Zeit-Konzeptionen usw., sondern auch zu den noch unzureichend erforschten konkreten Kultspuren in den verschiedenen Ländern Europas. K. Herbers

Lit.: →Jacobus d. Ä., →Liber Sancti Jacobi, →Pilger, Pilgerfahrt, →Pilgerführer, →Reisen, Reisebeschreibung – L. VÁZQUEZ DE PARGA u. a., Las peregrinaciones a S. de C., 3 Bde, 1948–49 – I. MIECK, Zur Wallfahrt nach S. de C. zw. 1400 und 1650 (SFGG GAKGS 29, 1978), 483–534 – O. ENGELS, Die Anfänge des span. Jakobusgrabes in kirchenpolit. Sicht, RQ 75, 1980, 146–170 [= DERS., Reconquista und Landesherrschaft, 1989, 301–325] – L. SCHMUGGE, Die Anfänge des organisierten Pilgerverkehrs im MA, QFIAB 64, 1983, 1–83 – K. HERBERS, Der Jakobsweg, 1986 [1995⁵] – F. LÓPEZ ALSINA, La ciudad de S. de C. en la alta Edad Media, 1988 – Dt. Jakobspilger und ihre Berichte, hg. K. HERBERS, 1988 – Europ. Wege der S.-Pilgerfahrt, hg. R. PLÖTZ, 1990 [1993²] – U. GANZ-BLÄTTLER, Andacht und Abenteuer. Berichte europ. Jerusalem- und S.-Pilger (1320–1520), 1991² – B. GRAF, Oberdt. Jakobist. Eine Stud. über den Jakobuskult in Bayern, Österreich und Südtirol, 1991 – K. HERBERS, El primer peregrino ultrapirenaico a Compostela a comienzos del siglo X y las relaciones de la monarquía asturiana con Alemania del Norte, Compostellanum 36, 1991, 255–264 – B. SCHIMMELPFENNIG, Die Regelmäßigkeit ma. Wallfahrt (Wallfahrt und Alltag in MA und früher NZ, 1992), 81–94 [vgl. auch die weiteren Beitr. in diesem Bd.] – J. VAN HERWAARDEN, Op weg naar Jacobus, 1992 – The Cod. Calixtinus and the Shrine of St. James, hg. J. WILLIAMS–A. STONES, 1992 – S. de C. Pilgerwege, hg. P. CAUCCI v. SAUCKEN, 1993 – F. HASSAUER, S.: Schrift, Körper, Raum, Reise, eine medienhist. Rekonstruktion, 1993 – Spiritualität des Pilgerns. Kontinuität und Wandel, hg. K. HERBERS–R. PLÖTZ, 1993 – El camino de S., Camino de Europa, 1993 – S., Camino de Europa. Culto y cultura en la peregrinación a Compostela [Ausst.kat. S. de C.], 1993 [Lit.] – K. HERBERS, Politik und Hl.nverehrung auf der Iber. Halbinsel (Politik und Hl.nverehrung, hg. J. PETERSOHN, 1994), 177–275 – Europ. Reiseberichte des späten MA, hg. W. PARAVICINI–CH. HALM, 1995.

Santiago, Orden v. → Jacobusorden

Santillana, Marqués de → Mendoza, Iñigo López de

Sanudo. 1. S., Marin d. Ä., gen. Torsello wie sein Vater, * um 1270 in Venedig, † 1343 oder kurz danach. Aus einer alten Adelsfamilie stammend, unternahm S. in seiner Jugend viele Levantereisen, wahrscheinl. zu Handelszwecken. 1300 war er am Hof in Palermo, 1304, nach einem Aufenthalt in Rom, wieder in Venedig. 1312 hielt er sich in Achaia auf, später in Zypern, in Armenien, in Alexandria, Rhodos, Brügge, Hamburg, Lübeck, Rostock, schließlich in Avignon. Alle diese Reisen standen in Zusammenhang mit seinem Plan, einen neuen Kreuzzug zum Schutz der von den Ungläubigen bedrohten Christenheit zustandezubringen. 1332 verhandelte er deswegen in Neapel mit Kg. Robert, 1334 trug er in Konstantinopel seine Idee eines Heiligen Krieges vor, die er auch in zahlreichen Briefen an den Papst, an Herrscher und Kirchenfs.en mit Eifer vertrat. Er verfaßte eine Gesch. des Byz. Reiches, sein Hauptwerk ist jedoch der Liber Secretorum Fidelium Crucis, von dem eine beachtl. Zahl von Hss. und ein früher Druck (von I. Bongars in: Gesta Dei per Francos, Hannover 1611, II) vorliegen. An eine erste Fassung mit dem Titel »Conditiones Terrae Sanctae« (1306) fügte S. zwei Bücher an und präsentierte das Werk unter dem Titel »Opus Terrae Sanctae« 1321 Johannes XXII. in Avignon, wo er in den beiden folgenden Jahren den Text überarbeitete und ihm seine endgültige Form gab. Im Mittelpunkt steht ein Kreuzzugsprojekt, das die wirtschaftl. Isolierung Ägyptens als Vorbedingung für dessen Eroberung vorsah, die von einem Expeditionskorps von 50000 Mann auf ven. Schiffen ausgeführt werden sollte; von dieser Basis aus sollten die Operationen im Heiligen Land geführt werden, das nach der Befreiung mit kath. Siedlern bevölkert werden sollte. Das Unternehmen wurde mit realist. Einschätzung der geeigneten Mittel geplant. Die Beschreibung der betroffenen Länder gehört zu den besten ihrer Zeit und wird durch zahlreiche Karten, die Pietro Vesconte und Domenico Pizigani zugeschrieben werden, ergänzt. Das unzeitgemäße Kreuzzugsprojekt, das S. unablässig betrieb, wurde nicht verwirklicht.

U. Tucci

Lit.: F. STEFANI, Della vita e delle opere di M. S. T., Atti Ist. Veneto, V, 8, 1881–82, 931–949 – A. MAGNOCAVALLO, M. S. il v. e il suo progetto di crociata, 1901.

2. S., Marin d. Jg., * 1466 in Venedig, † 1536 ebd., aus einem anderen Zweig der Familie des Torsello (→Sanudo, 1.). Seine Neigung für wiss. Arbeit zeigte sich früh. 1483 verfaßte er eine hist.-geogr. Beschreibung der Terraferma nach dem Vorbild Flavio →Biondos, 1484 widmete er Zaccaria Barbaro die »Commentari della guerra di Ferrara«, das Kernstück der späteren »Vite dei Dogi«, an denen er bis 1530 arbeitete. Die Einleitung formte er zu einer lebendig geschriebenen »Cronachetta« um (1493). 1495 glaubte er seinen Traum einer großen Geschichte seiner Heimat mit dem Werk »La spedizione di Carlo VIII in Italia« verwirklicht zu haben, das, wie seine anderen Schriften, in ven. Kanzleisprache abgefaßt ist und ebenfalls eine Masse von Fakten und Notizen darstellt, die mit wenig Sinn für organ. Geschichtsdarstellung zusammengetragen ist. S. fand wenig Anerkennung und erreichte sein Ziel, zum offiziellen Chronisten der Republik ernannt zu werden, nicht. Wenig Erfolg hatte er auch in seiner polit. Laufbahn, die er 1498 begann. Seine Auffassung einer minutiösen Geschichtsdarstellung und seine Grenzen werden v. a. in seinen »Diarii« deutlich, die er seit 1496 als Fortsetzung des Berichts über den Feldzug des Kg.s v. Frankreich führte. Bis zum J. 1533 umfassen sie 58 Bände. Als Materialsammlung für eine Zeitgeschichte Venedigs konzipiert, bieten sie in chronolog. Ordnung Nachrichten aus verschiedenen Q., kopieren oder resümieren öffentl. und private Urkk., Briefe unterschiedlichster Provenienz und Berichte von Ereignissen der Politik und des tägl. Lebens der Stadt, häufig in farbiger Darstellung mit scharfen und amüsanten Bemerkungen und manchmal strengen Urteilen, immer aber mit großer Detailtreue. Für die Erforschung der Gesch. Venedigs sind sie unentbehrlich, wie S. selbst es sich gewünscht hatte. U. Tucci

Ed. und Lit.: Diarii, 1879–1902 – G. BERCHET, Prefazione ai Diarii di M. S., 1903 – G. COZZI, M. S. il G. (La storiografia ven. fino al sec. XVI, 1970), 333–358.

Sanvitale, Adelsfamilie in →Parma, die bereits in der 2. Hälfte des 11. Jh. aufstieg. 1122 ist Ugo urkundl. belegt. In der kommunalen Zeit erlebte die Familie einen Machtzuwachs. Mehrere Mitglieder wirkten als →Podestà in verschiedenen Städten der Region. Anfang des 13. Jh. wurden die S. durch Papst→Innozenz IV. (Fieschi) stark gefördert,

dessen Schwester mit *Guarino,* Sohn des Anselmo, verheiratet war. Von der Mitte des 13. Jh. bis in die Mitte des 14. Jh. waren die S. in Machtkämpfe mit anderen lokalen Adelsfamilien wie den →Rossi und den da →Correggio verwickelt. *Ugo* S. besiegte 1248 als einer der Führer der exilierten Guelfen die Truppen Friedrichs II. *Gianquirico* konnte Anfang des 14. Jh. für kurze Zeit die Herrschaft über Parma erringen (1316-22). Ende des 14. Jh. teilte sich die Familie in die Hauptlinien Parma, Fontanellato und Sala e Colorno, weitere Teilungen folgten. Im 15. Jh. zeichnete sich *Pier Brunoro* († 1468) als Kriegsmann aus. Mit Niccolò Piccinino eroberte er für Filippo Maria →Visconti, Hzg. v. Mailand, die Valtellina, stand dann im Dienst von dessen Nachfolger, Francesco →Sforza, ging zu Kg. →Alfons v. Neapel über, fiel bei diesem in Ungnade und fand schließlich in →Morea beim Kampf gegen die Türken im Dienste Venedigs sein Ende. Als Förderer der Künste erwies sich *Galeazzo,* der um 1523 einen Raum der Rocca in Fontanellato von Parmigianino freskieren ließ.
G. Avella-Widhalm

Lit.: →Parma - P. Litta, Famiglie celebri it., 1819ff. - G. Drei, Le carte degli archivi parmensi dei s. X-XI, 1924-28 - Ders., Le carte degli archivi parmensi del s. XII, 1950 - R. Greci, P. medievale, 1992.

Saphea, astron. Meßinstrument, dessen Erfindung dem in Spanien lebenden arab. Astronomen →Ibrāhīm b. Yaḥyā az-Zarqālī zugeschrieben wird; andere Autoren berichten, daß az-Zarqālī nur als erster das Gerät beschrieben habe. Mit der S. werden die wichtigsten Himmelskreise auf eine Ebene projiziert, so daß mit Hilfe einer Alhidade astron. Rechenaufgaben erläutert und gelöst werden können. Das Instrument, das Ähnlichkeit mit dem →Astrolab hat und daher manchmal als vereinfachtes Astrolab bezeichnet wird, wurde im MA mehrfach umgestaltet und verbessert.
F. Schmeidler

Lit.: E. Zinner, Dt. und nld. astron. Instrumente des 11. bis 18. Jh., 1967 [1972²] - J. A. Repsold, Zur Gesch. der astron. Messwerkzeuge, I, 1908 - E. Poulle, Un instrument astronomique dans l'occident lat., la 's.', StM 10/1, 1969, 491-510 - D. Wattenberg, Johannes Regiomontanus und die astron. Instrumente seiner Zeit (Regiomontanus-Stud., Veröff. der Komm. für Gesch. der Math., Naturwiss.en und Med., H. 28-30, 1980).

Saphir → Edelsteine

Sapientia → Tugenden und Laster

Šāpūr II., pers. Kg. 309-379 (→Sāsāniden). Seine Regierung war v. a. von einer fast 40 Jahre dauernden Christenverfolgung und Kriegen gegen die Römer bestimmt. Die Kämpfe gegen →Constantius II. blieben zunächst ohne greifbares Ergebnis: Die Perser wurden 343 oder 344 bei Singara geschlagen, das röm. →Nisibis mehrmals vergebl. belagert (338, 346). Ein dritter Anlauf, die Stadt einzunehmen (350), wurde wegen eines Angriffs der Chioniten abgebrochen, doch konnte nach deren Besiegung Amida erobert werden (359). Die Offensive →Julianus' endete in einer Katastrophe: Nach dem Tod des Ks.s 363 sah sich sein Nachfolger →Jovianus gezwungen, Š.s harte Bedingungen für einen Friedensschluß zu akzeptieren, der den Persern bedeutende Gebietsgewinne brachte. Š.s Versuche, in den folgenden Jahren Armenien zu gewinnen, führten kurz vor seinem Tod zur Einsetzung zweier armen. Herrscher von pers. Gnaden, die vier Fünftel des Landes regierten. →Persien.
M. Schottky

Q.: Ausgew. Akten pers. Märtyrer, übers. O. Braun, 1915, 1-138 - The Roman Eastern Frontier and the Persian Wars AD 226-363, übers. M. H. Dodgeon - S. N. C. Lieu, 1991, 143-295, 403-419 [Lit.] - *Lit.:* RE IA, 2334-2354 - G. Wiessner, Zur Märtyrerüberlieferung aus der Christenverfolgung Schapurs II., 1967 (AAG. PH 3/67) - T. D. Barnes, Constantine and the Christians of Persia, Journal of Roman Studies 75, 1985, 126-136 - M. Azarnoush, Š. II, Ardašîr II, and Šâpûr III: Another Perspective, Archäolog. Mitt. aus Iran 19, 1986, 219-247 - M. Papatheophanes, The Alleged Death of S.'s Heir at the Battle of Singara. A Western Consideration, ebd., 249-261 - M. R. Vivian, A Letter to Shapur [Diss. Univ. of California, 1987] - J. Wiesehöfer, Das antike Persien, 1994, Register s.v. Šābuhr II.

Saragossa → Zaragoza

Sarāi (kuman.: 'Schloß'). Zwei Städte der →Goldenen Horde, die am Unterlauf der →Wolga lagen, sind unter diesem Namen bekannt: 1. Alt-S. beim heutigen Selitrennoe, das (nach Rubruk) vor 1254 von Khan →Bātū gegr. wurde und ursprgl. das Zentrum des Reiches bildete. Nach →Ibn Baṭṭūṭa, der die Stadt 1333 besuchte, war S. eine der schönsten Städte der Welt und ein bedeutendes Handelszentrum, das angebl. über 200000 Einw. zählte. Die Bevölkerung bestand aus Mongolen, Muslimen, Alanen, Čerkessen, Russen und Byzantinern, die in eigenen Stadtvierteln wohnten. Mit der Zerfall der Goldenen Horde führte nach 1480 zur Verödung der Stadt. - 2. Neu-S. wurde um 1330 unter Özbeg-Khan (1313-41) stromaufwärts beim heutigen Carev gegr. Seit 1330 als Residenz und seit 1342 als Münzstätte von Bedeutung, wurde Neu-S. 1395 von →Timur zerstört.
H. Göckenjan

Lit.: G. A. Fedorov-Davydov, Städte der Goldenen Horde an der unteren Wolga, 1984.

Sarazenen, im MA ethn. Sammelbezeichnung für →Araber und synonym für Muslime (→Islam). Der griech. Begriff Σαρακηνοί, ohne eindeutig geklärte Etymologie, fand als 'Saraceni' Eingang ins Lat. und ist seit dem 1. Jh. n. Chr. belegt, zunächst als Bezeichnung der in der Nachbarschaft der Nabatäer siedelnden Araber. Auch wenn die Araber in frühen lat. Bibelübersetzungen noch als 'Arabes' genannt werden, setzte sich seit dem 4. Jh. bei kirchl. und profanen Autoren die Bezeichnung S. für die zeitgenöss. Araber insgesamt durch.

Um die Herkunft der S. zu erklären, wurden im christl. FrühMA das AT und die Schriften der Kirchenväter als einzige verbindl. Autoritäten herangezogen sowie etymolog. Überlegungen angestellt. Ohne Nachwirkung blieb die von →Isidor v. Sevilla in einer Einzelstelle angeführte Herleitung der S. von den Syrern. Allg. Anerkennung fand dagegen die Annahme der Abstammung von →Abraham und die Gleichsetzung der S. mit den Ismaeliten, da das AT von Ismael und dessen Geburt ausführl. berichtet. In Anlehnung an Eusebius/Hieronymus heißt es bereits in der sog. →Fredegarchronik, daß Abraham von der Magd Agar (Hagar) einen/den Sohn Ismael hatte, wonach die Ismaeliten später auch Agarenen und schließlich S. genannt wurden; damit war auch der Versuch unternommen, die unterschiedl. Bezeichnungen für ein und dasselbe Volk zu erklären. Zu einer Herleitung des Namens der S. von Abrahams Frau Sarai (Sara) wurde erneut das AT (Gen 16) bemüht: Sara habe ihrem Gemahl aus Sorge um einen Erben die Magd Agar zugeführt, die dann den Ismael gebar. Diese biblisch begründete etymolog. Herleitung der S. von Sara ließ jedoch offen, wie es zu der von Eusebius/Hieronymus genannten Gleichsetzung von Agarenen und S. kommen konnte, da Ismael ja ein Sohn der Agar und nicht der Sara war. Eine Lösung des Rätsels bot abermals Isidor v. Sevilla. Er meinte, die S. selbst würden ihre Abstammung von Sara herleiten (Etym. IX 2, 57: »Ipse Agareni ab Agar; qui ut diximus, perverso nomine Saraceni vocantur, quia ex Sarrae se genitos gloriantur.«). Diese in der angebl. Hoffart der S. gründende Erklärung blieb fortan herrschende Meinung und trug maßgebl. zu dem negativen Bild bei, das man sich im weiteren Verlauf des MA in Europa unter Einfluß der

Heidenabwehr (→Heiden) und der →Kreuzzüge von den S. als Anhängern einer nichtchristl. Religionsgemeinschaft machte, die →Joachim v. Fiore als Handlanger des →Antichrist bezeichnete. Nur vereinzelt begegnet der edle und duldsame Sarazene als literar. Idealgestalt (z. B. →Saladin als gerechter und ritterl. Herrscher der S.; →Religionsgespräche, →Toleranz). P. Thorau

Lit.: EI¹ IV, 172ff. – E. ROTTER, Abendland und S., 1986.

Sardes, Stadt und Bm. in W-Kleinasien, heute Sart im Tal des Hermos (Gediz Çayı), durch das eine wichtige alte Straße von der türk. W-Küste nach Anatolien führte, die sich bei S. mit einer Straße von Konstantinopel/Pergamon an die S-Küste (Attaleia) kreuzte. In der Antike berühmt als Residenz des Kroisos am goldreichen Paktolos, wurde S. in der Spätantike weltl. und kirchl. Metropolis der Prov. Lydia mit dem hohen 6. Rang im Patriarchat Konstantinopel. Die starke jüd. Gemeinde der reichen Handelsstadt baute in das röm. Gymnasium die größte bekannte Synagoge der Alten Welt, →Eunapios wirkte um 400 als Philosoph in seiner Heimatstadt S., neben anderen Kirchen entstand eine im Artemis-Tempel. Nach einer Zerstörung (durch die →Sāsāniden?) i. J. 616 wurde die Akropolis als Festung ausgebaut; 716 folgte eine Eroberung durch die Araber. S., nun nur noch ein →Kastron mit zugehöriger Dorf-Siedlung, gehörte seit dem 8. Jh. zum byz. Thema Thrakesion mit der Hauptstadt →Ephesos, blieb aber Metropolis der Kirchenprov. Lydia. Nach →Mantzikert (1071) in den Händen des türk. Emirs Tzachas, wurde S. 1098 von den Byzantinern zurückerobert. Zur Zeit der →Laskariden gewann S. wieder an Bedeutung, bevor es, seit dem ausgehenden 13. Jh. immer mehr von den Türken bedrängt, 1304 die Zitadelle mit den Türken teilen mußte und um 1315 an das Emirat Şaruḫan fiel. 1369 verlor es die Metropolis-Würde an →Philadelph(e)ia. Einen Angriff Tīmūrs konnte S. abwehren, nach 1415 wurde jedoch die Zitadelle aufgegeben und S. zu einem unbedeutenden Dorf. F. Hild

Lit.: KL. PAULY IV, 1551f. – LThK² IX, 327 – Oxford Dict. of Byzantium III, 1991, 1843 – RE IA/2, 2475-2478 – C. FOSS, Byz. and Turkish Sardis, 1976 – H. BOTTERMANN, Die Synagoge v. S.: Eine Synagoge aus dem 4. Jh.?, Zs. für ntl. Wiss. und die Kunde des Urchristentums 81, 1990, 103-121.

Sardika, Synode v. Ks. →Constans I., der den Anhängern des nicän. Glaubens günstig gesinnt war, veranlaßte als Alleinherrscher im W seinen Bruder →Constantius II. im O, der den Arianern zuneigte, zur Einberufung einer großen Synode in S. (richtiger Serdica, heute Sofia), die den arian. Streit (→Arius) beilegen sollte. Dort trafen im Herbst 342 (bzw. 343) ca. 170 Bf.e ein, denen es aber nicht gelang, die Kluft zu überbrücken. Die Orientalen (Eusebianer), die die Gemeinschaft mit →Athanasios d. Gr. und den anderen rechtgläubigen Bf.en der Ostkirche ablehnten, verließen die Synode, nachdem sie in einer getrennten Beratung ihre origenist. geprägten Thesen bekräftigt und die orth. Bf.e verurteilt hatten. Die 94 nikaia-treuen Synodalen dagegen versammelten sich unter dem Vorsitz →Hosius' v. Córdoba, anathematisierten die Anführer der Eusebianer, stellten die Haltlosigkeit der gegen die rechtgläubigen Bf.e vorgebrachten Beschuldigungen fest und erließen einige (21 gemäß der am meisten verbreiteten Zählung nach Dionysius Exiguus und der Prisca) sowohl lat. (vermutl. Originalfassung) als auch gr. überlieferte und im einzelnen beträchtl. Varianten aufweisende Kanones, die fast ausschließl. Fragen des Bf.samtes (Bf.swahl und -translation, Appellationsrecht, bfl. Petitionsreisen an den Hof) betreffen. S. Troianos

Ed.: C. H. TURNER, Ecclesiae occidentalis mon. iuris antiquissima canonum et conciliorum interpretationes lat., I/2, 1930, 442–560 – P. P. JOANNOU, Discipline générale antique, I/2, 1962, 156–169 – *Lit.:* E. CASPAR, Gesch. des Papsttums, I, 1930, 131–165 – E. SCHWARTZ, Die Kanonesslg. en der alten Reichskirche, ZRGKanAbt 56, 1936, 1–114 – H. HESS, The Canons of the Council of S., 1958 – BECK, Kirche, 51 – K. M. GIRARDET, Appellatio, Historia 23, 1974, 98–127 – DERS., Ks. gerichtund Bf. sgericht, 1975 – M. WOJTOWYTSCH, Papsttum und Konzile von den Anfängen bis zu Leo I., 1981 – L. W. BARNARD, The Council of Serdica 343 A. D., 1983 – H. CH. BRENNECKE, Rom und der dritte Kanon v. Serdica, ZRGKanAbt 100, 1983, 15–45 – DERS., Hilarius v. Poitiers und die Bf. sopposition gegen Konstantius II., 1984 – S. TROIANOS, Der Apostol. Stuhl im früh- und mittelbyz. kanon. Recht, Il primato del vescovo di Roma nel primo millenio, 1991, 245–259.

Sardiniae et Corsicae regnum/Sardinien und Korsika, Kgr., wurde am 4. April 1297 nominell von Bonifatius VIII. begründet und an Jakob II. v. Aragón als Ersatz für Sizilien verlehnt, um damit den langen Vesperkrieg (→Sizilianische Vesper) zu beenden. Diese Gründung wurde erst am 19. Juni 1324 nach einem Feldzug, der mehr als ein Jahr gedauert hatte, teilw. realisiert. Sie hatte alle Charakteristika eines ma. Staates, der jedoch insofern unvollkommen war, als er keine internat. Verträge abschließen konnte, da er Teil der Krone →Aragón war. In Abwesenheit des Souveräns regierte ein Generalgouverneur das Kgr., der sich seit 1418 Vizekg. nannte und ebenfalls in der Hauptstadt →Cagliari residierte. 1355 wurde ihm die legislative Autonomie zugestanden, wobei ein Parlament, das drei Sektionen (*bracci* oder *stamenti*) umfaßte, die den Adel und die Vasallen der verlehnten Ländereien, den Welt- und Regularklerus und die Königsstädte repräsentierten, die Gesetze vorschlug. Die volle Judizialgewalt wurde 1564 durch die Umwandlung des »Regio Consiglio di Giustizia« in »Reale Udienza« erreicht.

Das Kgr. »S. und K.« umfaßte bei seiner Gründung zwei nicht angrenzende Teile →Sardiniens: den Cagliaritano und die Gallura sowie die Kommune →Sassari und ihr Umland. Seit 1353 führten die Kriege mit dem benachbarten Judikat-Kgr. →Arborea zum Verlust von Gebieten, bis es schließlich von 1391 bis 1409 nur aus den Festungen Cagliari und Alghero bestand. Nach der siegreichen Schlacht v. →Sanlurí am 30. Juni 1409 dehnte sich das Kgr. S. und K. fast auf die ganze Insel aus, die schließlich am 17. Aug. 1420 völlig eingegliedert wurde. Da →Korsika nie erobert wurde, hieß das Kgr. seit 1479 – nach der Personalkonstitution der span. Krone – nur »Kgr. Sardinien«. Nach dem Span. Erbfolgekrieg ging das Kgr. 1720 mit voller Souveränität an das Haus Savoyen-Piemont über und wurde 1861 zum Kgr. Italien umgewandelt. F. C. Casula

Lit.: A. ARRIBAS PALAU, La conquista de Cerdeña por Jaime II de Aragón, 1952 – V. SALAVERT Y ROCA, Cerdeña y la expansión mediterránea de la Corona de Aragón, 1956 – A. BOSCOLO, La politica it. di Martino il Vecchio re di Aragona, 1962 – AA. VV., Genealogie medioevali di Sardegna, 1984 – F. C. CASULA, La Sardegna aragonese, 2 Bde, 1990 – DERS., La storia di Sardegna, 1992.

Sardinien, it. Mittelmeerinsel. Mit dem Sieg →Konstantins d. Gr. über Maxentius an der Milv. Brücke (12. Okt. 312) begann für S. eine lange Friedenszeit. 325 wurde die Insel der Präfektur Italia unter der Leitung eines Praefectus praetorio eingegliedert und bildete mit →Sizilien eine Verwaltungseinheit. Um 456 von den →Vandalen erobert, wurde S. nach der Rückeroberung durch die Byzantiner (534) der neueingerichteten Präfektur Africa angeschlossen. Die Zivil- und Militärverwaltung oblag jeweils einem praeses, auch iudex provinciae genannt, und einem dux, der im Forum Traiani (Fordongianus) residierte. Während der Frühzeit der byz. Herrschaft, die eher durch starken Steuerdruck als durch einschneidende gesellschaftl. und wirtschaftl. Veränderungen gekennzeichnet war, wurden wichtige öffentl. Bauten durchgeführt wie der Aquädukt von Torres. In dieser Zeit hatte die Insel wahrscheinl. 300000 Einw., verteilt auf villae (kleine ländl. Zentren) und curtes (Höfe, die von einer oder mehreren Familien bewohnt wurden), die sich häufig auf den Latifundien reicher Grundherren oder der Kirche befanden. Neben den Latifundien gab es Grundbesitz von kleineren oder mittleren Ausmaßen und Ländereien, die im Besitz von Gemeinden waren. Die Bergbevölkerung betrieb Viehzucht und in geringem Umfang Getreidebau. Zur Zeit Gregors d. Gr. setzten fähige Funktionäre, Mönche und Kirchenmänner, die aus Byzanz entsandt worden waren, einen langsamen Umwandlungsprozeß der Insel in Gang. Auch die vom legendären Hospito angeführten »Barbaricini«, die Bewohner der bergigen Gebiete im Inneren, wurden zum Christentum bekehrt. Der Angriff der Langobarden (599) wurde abgewehrt. Seit Anfang des 8. Jh. (703–704) fielen die Araber bis 1014 regelmäßig in S. ein. Dies führte zu einer Isolierung S.s, die Koordinierungsschwierigkeiten bewirkten die Konzentration der zivilen und militär. Gewalt in den Händen eines einzigen Funktionsträgers, des iudex provinciae, wodurch im 8./9. Jh. Unabhängigkeitsbestrebungen gegenüber Byzanz gefördert wurden. Um die Verteidigungsmaßnahmen gegen die arab. Einfälle besser zu organisieren, übertrug der Archon v. S., der in Karalis (h. Cagliari) residierte, einen Teil seiner Machtbefugnisse an Statthalter (lociservator), die unter dem Namen »iudex« die volle zivile und militär. Gewalt übernahmen und schließlich in ihrem jeweiligen Gebiet («parte») die völlige Autonomie und Souveränität erreichten. Aus diesem Dezentralisierungsprozeß gingen im 9./10. Jh. die vier sard. Kleinkgr.e oder Judikate v. →Cagliari, Torres, Logudoro und →Arborea hervor.

An der Spitze der in Klassen geteilten Gesellschaft der Judikate stand der Judex, der Monarch, der zusammen mit der »corona de logu« gen. Versammlung das Reich regierte. Das Territorium jedes dieser Kleinkgr.e war in Curatorien oder »partes« geteilt, die von einem Curator verwaltet wurden und eine verschiedene Anzahl von Villae, kleine ländl. Siedlungen, umfaßten. Die Villae wurden durch »maiores« geleitet, die zusammen mit den Curatoren das Land und die Gerichtsbarkeit verwalteten. Dem Judex unterstand in direkter Abhängigkeit eine Reihe von Funktionsträgern, darunter der Verwalter des Privatvermögens des Judex (»de pegugiare«), das von dem Latifundienbesitz des Staates (»de rennu«) unterschieden war.

Die Wirtschaft der sard. Reiche erlebte eine Aufschwungsphase, als im 11. Jh. die Seerepubliken →Pisa und →Genua im westl. Mittelmeer die arab. Gefahr beseitigten. Infolge ihres Eingreifens erhielten die Seerepubliken in S. umfassende Privilegien und Konzessionen, welche die lokale Wirtschaft entscheidend prägten. Die starke Zuwanderung von Ligurern und Toskanern führte zu einer neuen Nutzung der Bergwerke und Abbaugebiete und brachte Arbeitskräfte und techn. Innovationen in der Landwirtschaft, zusätzl. zu den bereits von den Mönchen erbrachten Leistungen auf diesem Gebiet. Der Handelsverkehr verstärkte sich und einige Küstenorte entwickelten sich zu bedeutenden Umschlagplätzen und Handelshäfen, aus denen Rohstoffe (Wolle, Salz, Getreide, Silber, Blei) auf den Kontinent verschifft wurden. Zwar hatte der Einfluß der beiden Seerepubliken auf Wirtschaft und Handel äußerst günstige Wirkung, zeitigte jedoch negative Folgen durch einen fortschreitenden Verfall der judikalen Gesellschaft. Die Auseinandersetzungen zw. Pisa und Genua um die Vormacht im westl. Mittelmeer betrafen auch die sard. Regna. Nach einer Reihe komplexer Geschehnisse und verwickelter Kämpfe hatten am Ende des 13. Jh. die Judikate Torres (1259–72), Cagliari (1258) und Gallura (1288) aufgehört zu bestehen, aufgeteilt zw. den Signorenfamilien der genues. →Doria, der →Malaspina und →Donoratico, der Kommune Pisa und der freien Kommune→Sassari. Als einziges der vier Reiche hielt sich noch →Arborea. Das problemat. Nebeneinander dieser unterschiedlichen und zersplitterten polit. Gebilde führte schließlich zum Ausbruch offener Feindseligkeiten, die sich die Katalanen und Aragonesen zunutze machten: ihnen hatte Papst →Bonifatius VIII. 1297 nominell durch Investitur Jakobs II. v. Aragón das Regnum →Sardiniae et Corsicae verliehen. Die formale Realisierung der Investitur des neuen Kgr.es seit 1323 bot den katalan. Kaufleuten einen Stützpunkt für die Handelsrouten in den Nahen Osten. Zu diesen Vorteilen kamen die wirtschaftl. Interessen an Bergbau, Getreidebau und den Salinen (nach zeitgenöss. Berichten 40% der Gesamteinkünfte Pisas). Die von den Katalanen und Aragonesen eroberten Territorien wurden an Ritter und Adlige verlehnt, die den Feldzug mitgetragen hatten. In den Städten, die als autonome Gemeinden (Cagliari, Sassari, Iglesias, in der Folge Alghero) organisiert waren, und im gesamten Kgr. wirkte ein dichtes Netz kgl. Amtsträger. Diese Verwaltungsorganisation sollte ohne belastenden wirtschaftl. Aufwand das Territorium kontrollieren und mittels der Kanalisierung der Produkte in die Städte zur Vermarktung und zum Export einen konstanten Einnahmenstrom garantieren. In Wahrheit klaffte zw. den erwarteten sard. Renditen und der Realität eine breite Schere. Bedingt war dies durch den Zusammenbruch der Produktionsmethoden und des früheren Gleichgewichts zw. Stadt und Land, herbeigeführt durch die neue feudale Struktur sowie durch innere Konflikte infolge des Widerstands bedeutender Signorenfamilien (Doria, Malaspina) und von Arborea, das, gestützt auf seine lange Selbständigkeit, Mitte des 14. Jh. den Krieg gegen die Krone entfesselte; die Auswirkungen der Bevölkerungsdezimierung durch die seit 1348 auftretenden Pestwellen, Hungersnöte und Kriegsfolgen vollendeten den Destabilisierungsprozeß und rückten die anfängl. prosperierenden Perspektiven in weite Ferne. Nach Schätzungen kam es zu einem Bevölkerungsrückgang um 40%. Die Folge war ein Rückgang der Produktion und des Absatzmarktes. Um die mangelnde Versorgung für das Hinterland auszugleichen, brachten die Städte vielfach die vorbeifahrenden Handelsschiffe auf, so daß die Kaufleute die Häfen des Kgr.es zu meiden begannen. Erst nach der Eroberung von →Arborea (1409/1420) stabilisierten sich die Verhältnisse im Inneren, und die Wirtschaft erholte sich allmählich. Die Bilanz nach einem Jahrhundert voller Kriege und der durch die Einberufung des Parlamentum 1421 bezeichnete Befriedung war eher matisch. S. bildete nun nicht mehr eine erstrangige Rohstoffquelle: ausgeblutet durch den fast ein Jahrhundert dauernden Konflikt und dezimiert durch die Pestepidemien, spielte S. auf der veränderten polit. Bühne nunmehr eine zweitrangige Rolle. Der Aufstand des letzten Mgf.en v. Oristano, Leonardo Alagòn, der in der Schlacht v. Macomer gipfelte (1478), bezeichnete die endgültige, anachronist. Schlußphase der internen Rebellionen. S. wurde Teil des nz. Spanien, das nun auf die Atlantikrouten hin orientiert war, durch die das Mittelmeer an Bedeutung verlor.

P. S. Simbula

Lit.: C. Manca, Aspetti dell'espansione economica catalano-aragonese nel Mediterraneo occidentale: il commercio del sale, 1965 – G.

MELONI, Genova e Aragona all'epoca di Pietro il Cerimonioso, 3 Bde, 1971 – A. BOSCOLO, La Sardegna bizantina e alto-giudicale, 1978 – M. TANGHERONI, Aspetti del commercio dei cereali nei paesi della Corona d'Aragona. La Sardegna, 1981 – F. C. CASULA, La Storia di Sardegna, 1982 – B. ANATRA, Dall'unificazione aragonese ai Savoia (Storia d'Italia X: La Sardegna medievale e moderna, 1984) – AAVV, Storia dei sardi e della Sardegna, I–III, 1987 – J. DAY, Uomini e terre nella Sardegna coloniale, XII–XVIII s., 1987 – C. LIVI, La popolazione della Sardegna nel periodo aragonese, Arch. Stor. Sardo XXXIV, 1987, II – F. C. CASULA, La Sardegna catalano-aragonese, 1990 – M. TANGHERONI, Medioevo Tirrenico, 1993 – G. MELONI–P. F. SIMBULA, Demografia e fiscalità nel regno di Sardegna al principio del XV s., Actas del XV Congreso di Hist. de la Corona di Aragón, 1995.

Sardonyx → Edelsteine

Sargans (Schweiz, Kt. St. Gallen). Nach der ersten nachweisbaren Besiedlung durch kelt. Venoneter (ca. 50 v. Chr.) wurde das S.erland mit der Eroberung Rhätiens (→Raetia) 15 v. Chr. romanisiert. Die roman. Sprache hielt sich bis ins 13. Jh. Das Gebiet wurde in der Spätantike christianisiert; um 850 entstand die Pfarrei S. Von 982 bis Mitte des 12. Jh. wurde S. von den Gf.en v. →Bregenz verwaltet, gelangte dann an die Gf.en v. Werdenberg-S. (Angehörige der→Montforter), die die Hochgerichtsbarkeit erwarben; niedergerichtl. Rechte übten auch der Bf. v. →Chur, das Kl. →Pfäfers, das Damenstift →Schänis und die Herren v. Windegg und Werdenberg aus. S. wurde 1396 bzw. 1406 z. T., 1436 ganz an Österreich verpfändet. Die Einwohner des S.erlandes verweigerten den Treueid und schlossen 1440 mit →Schwyz und →Glarus ein Landrecht. Im weiteren Verlauf des Alten →Zürichkrieges drangen die Österreicher 1444 wieder ein, wurden aber 1446 bei Ragaz geschlagen. 1483 wurde S. zur Gemeinen Herrschaft der sieben alten Orte (→Eidgenossenschaft, Schweizer.). S. war immer Transitland. Bis 1966 wurde im Gonzen Eisenerz abgebaut. Das erstmals 1282 erwähnte Schloß S. stürzte 1459 ein, wurde aber als Sitz der Landvögte wieder aufgebaut.   H. Bischofberger

Q. und Lit.: UB der südl. Teile des Kt.s St. Gallen, bearb. F. PERRET, 1961 – DERS., 1100 Jahre Pfarrei S., 1950 – A. STUCKY, Schloßführer, 1984 [Lit.].

Sarhaed, Begriff des ma. →Walisischen Rechts (Substantiv *sarhaed* 'Beleidigung', Verb *sarhau* 'beleidigen'). Der in lat.-walis. Rechtsquellen mit 'iniuria' wiedergegebene Begriff bezeichnet primär eine Beleidigung, im weiteren Sinne jede Verletzung des Rechts eines anderen in einer Weise, die als Beleidigung oder Ehrverletzung zu werten ist. In diesem Sinne begegnet der Begriff (ir. *sárugud*) auch im →Ir. Recht. In sekundärer Wortbedeutung bezeichnet s. den Schadensersatz bzw. die Genugtuung für eine erlittene Ehrenbeleidigung; die Höhe der betreffenden Leistung variierte entsprechend dem Status der beleidigten Person. In den Rechtsquellen erscheint s. oft gemeinsam mit dem Rechtswort *galanas* ('Fehde, Blutrache', oder 'Wergeld'); galanas wird entrichtet, wenn jemand getötet worden ist, in diesem Falle ist auch s. zu leisten. Bei Ehrverletzungen, die keinen Totschlag beinhalten, ist nur s. fällig; bestimmte Beleidigungen innerhalb der →Ehe erheischen s. des Ehemanns an die Ehefrau (oder umgekehrt). Wird eine Frau erschlagen, so haben ihre Verwandten Anspruch auf galanas, der Ehemann aber auf s.   T. M. Charles-Edwards

Lit.: The Welsh Law of Women, hg. D. JENKINS–M. E. OWEN, 1980, 40–69 – D. JENKINS, The Law of Hywel Dda, 1986 – T. M. CHARLES-EDWARDS, Early Irish and Welsh Kinship, 1993, 181–186 – H. PRYCE, Native Law and the Church in Medieval Wales, 1993, 139–145.

Sarkel (čuvaš, 'Weißes Haus', 'Weiße Stadt'), chazar. Festung am unteren Don, die auf Bitten des →Chazarenkhagans und im Auftrag des byz. Ks.s →Theophilos (829–842) vom byz. Baumeister Petronas →Kamateros 838 errichtet wurde. S. gehörte zu einer Kette von chazar. Festungen, die den Fernhandelsweg längs des Don sicherten. Umstritten ist, gegen wen die Burgen angelegt wurden (Rus'?, Ungarn?). Unsicher ist auch, ob die Stadt Bela veža (aruss. 'Weißer Turm'), die der Fs. →Svjatoslav v. Kiev nach seinem Sieg über die Chazaren 965 erobert hatte, mit S. gleichgesetzt werden kann. S. wurde von Archäologen mit den Ruinen einer Festung identifiziert, die auf dem linken Donufer in der Umgebung des heutigen Cimljansk 1934–36 und 1949–51 freigelegt wurden.
   H. Göckenjan

Lit.: K. CZEGLÉDY, S., Magyar Nyelv 48, 1952, 79–86 – M. I. ARTAMONOV, Istorija Chazar, 1962, 288–323 – I. BOBA, Nomads, Northmen and Slavs, 1967, 70–74 – P. B. GOLDEN, Khazar Stud., I, 1980, 239–243 – Cs. BÁLINT, Die Archäologie der Steppe, 1989, 62–64.

Sarkophag
I. Westen – II. Byzanz.

I. WESTEN: Die Bezeichnung für einen legendären, angebl. bei Assos anstehenden lapis sarcophagus (gr.: 'fleischfressender Stein'; Plin. nat. hist. 2, 36, 131) wurde seit Juvenal (10, 171) auf Kästen zur Körperbestattung (→Begräbnis) angewandt. Das Auslaufen der Brandbestattung führte seit dem 2. Jh. n. Chr. zu einer bes. Blüte röm. S.produktion, die bis in die Spätantike andauerte. Die mit flachem oder giebelförmigem Deckel versehenen, gewöhnl. rechteckigen, seltener in Anlehnung an Weinkeltern (dionys. Symbolik) ovalen S.e konnten sich wegen Materialkosten (meist Marmor) und des Aufwands für die Aushöhlung des Kastens und die Herstellung der→Reliefs nur Bessergestellte leisten. Die Menge erhielt ein Erd-→Grab auf einem →Friedhof oder einen Wand-Loculus in den →Katakomben. S.e wurden in Grabbauten oder Katakomben aufgestellt, bisweilen trotz des Reliefschmucks vergraben. Dieser enthielt auf nichtchr. S.en neben den Porträts und Inschriften der Verstorbenen Darstellungen aus deren Leben, aus gr.-röm. Mythen und der →Bukolik (s. auch →Guter Hirt), außerdem Seewesen, →Mahldarstellungen und Bilder von →Orans, Philosoph und Fischer. Die Darstellungen können die ganze Vorderseite bedecken oder mit unfigürl. Feldern abwechseln (Riefel-S.e). Auf chr. S.en (seit dem letzten Drittel des 3. Jh.) treten zu den traditionellen Bildern unter Fortfall der Mythen atl. und ntl. Szenen. Diese werden seit dem frühen 4. Jh. beherrschend, verbunden mit Szenen aus dem Leben des →Petrus und →Repräsentationsbildern Christi (vgl. auch →Gesetzübergabe). Neben dem Export frühchr. röm. S.e nach Spanien im 4. Jh. (SOTOMAYOR) gab es dort lokale Werkstätten, die auch nach Nordafrika ausstrahlten (SCHLUNCK). – Die röm. Werkstätten schlossen gegen Ende des 4. Jh. Die chr. S.-Produktion in Ravenna nach Verlegung der Kaiserresidenz dorthin im frühen 5. Jh. wurde von Konstantinopel angeregt, beschränkte ihren Dekor aber bald auf die Darstellung symbol. Motive in flacher werdendem Relief, ebenso wie die wenigen S.e des 5./6. Jh. im Osten. – Ähnl. Beschränkung zeigen die S.e einer südwestgall. Werkstattgruppe (sog. aquitan. S.e: SIVAN; mehrere Beiträge in: Antiquité tardive 1, 1993). – Aus syr.-palästinens. Produktion von Blei-S.en stammen z. T. werkstattgleiche Exemplare mit heidn., jüd. oder chr. Bildmotiven (zuletzt: RAHMANI). – Im spätantiken Gallien und Germanien wurden viele undekorierte S.e oder als Ersatz Steinplattengräber verwendet. Mit Zunahme der Beisetzung unter dem Fußboden des Kirchenraumes verlor der S. im frühen MA (von Ausnahmen abgesehen) die bisherige Bedeutung (zum folgenden: PANOFSKY). In Sonderfällen wurden antike S.e wiederverwendet, doch im allgemeinen waren die Grabplatte und die daraus entwickelte → Tumba über dem Grab Kennzeichen des vornehmen Begräbnisses. Auch wenn die Tumba in Höhe, Form und Ausstattung dem S. angeglichen wurde, war sie ebenso wie die in Grabdenkmäler der Renaissance eingefügten S.e in der Regel Kenotaph. J. Engemann

Lit.: G. WILPERT, I sarcofagi cristiani antichi, 1/3, 1929/36 – E. PANOFSKY, Grabplastik, 1964 – Repertorium der chr.-antiken S.e, 1, hg. F. W. DEICHMANN, 1967 – H. SCHLUNCK, MM 8, 1967, 230–258 – J. ENGEMANN, Untersuchungen zur Sepulkralsymbolik der späteren röm. Ks.zeit, 1973 – M. SOTOMAYOR, Sarcofagos romano-cristianos de España, 1975 – J. KOLLWITZ – H. HERDEJÜRGEN, Die ravennat. S.e, 1979 – G. KOCH – H. SICHTERMANN, Römische S.e, 1982 – H. S. SIVAN, OxfordJournArcheol 5, 1986, 339–353 – L. Y. RAHMANI, Israel ExplorationJourn 37, 1987, 123–146.

II. BYZANZ: Zumindest in Konstantinopel und seiner näheren Umgebung, vermutl. auch in Kleinasien, ist die S.-Tradition der Spätantike auch in byz. Zeit weitergeführt worden. Auf hoher Ebene stehen dabei die monumentalen Ks.-S.e aus auszeichnendem Steinmaterial (Porphyr, verde antico u. ä.), die nach reichen und figürl. Anfängen (Bruchstück eines Porphyr-S.s in der Art des sog. Helena-S.s in Rom, Fragmente von Säulen-S.en in der Nachfolge der Sidamara-S.e [Berlin, aus Konstantinopel-Psammatia] und als Ausgangspunkt der ravennat. S.e [Istanbul, Archäolog. Mus.], sog. Prinzen-S.) sich mit schlichtem, nur aus Symbolen bestehendem Dekor begnügen. Selbst in mittelbyz. Zeit ist noch ein monumentaler S. aus schwarzem Stein für Manuel Komnenos belegt (DOP 16, 1962, 397–402). Daneben sind seit dem 4. Jh. entsprechend dekorative S.-Platten, die mit anderen Platten und Mauerwerk (in Hypogäen) zu Schein-S.en zusammengesetzt wurden, bekannt geworden, teils aus Konstantinopel (Stadtmauer) selbst, teils aus der unmittelbaren Umgebung (Taşkasap). In mittel- und spätbyz. Zeit sind neben solchen Platten und als deren Nachfolger auch mehr oder weniger flache Kenotaphe bzw. Grabplatten belegt, die v. a. mit Grabinschriften, geometr. und zoomorphen, seltener auch mit figürl. Reliefdekor versehen sind. M. Restle

Lit.: RByzK IV, 712–717 [M. RESTLE] – J. KOLLWITZ, Oström. Plastik der theodosian. Zeit, 1941 – A. VASILIEV, Imperial Porphyri Sarcophagi in Constantinople, DOP 4, 1948, 1–26 [Dazu weiter DOP 16, 1962, 1–63 und 397–402] – A. GRABAR, Sculptures byz. de Constantinople, 1963 und 1976 – TH. PAZARAS, Ἀνάγλυφες Σαρκόφαγοι κὰ ἐπιτάφιες πλάκες τῆς μέσης καὶ ὑστέρης βυζαντινῆς περιόδου στὴν Ἑλλάδα,, 1988.

Sarlat, Stadt in Südwestfrankreich (dép. Dordogne). Im 'Schwarzen Périgord' gelegen, bildete S. mit → Périgueux und Bergerac die alte Trias der Städte in der Gft. → Périgord. Ohne galloröm. Vorgängersiedlung, entstand die Stadt um eine wohl im 10. Jh. gegr. Benediktinerabtei, bei der sich frühzeitig ländl. Bevölkerung aus der Umgebung sowie Handwerker und Kaufleute ansiedelten. Die Ausdehnung der Stadt wurde durch die beengte Tallage (ovaler Grundriß!) behindert. Mindestens seit Beginn des 13. Jh. wurde die Stadt von vier → Konsuln verwaltet, die das aufstrebende Bürgertum repräsentierten. 1223 leisteten die Bürger dem Kg. v. → Frankreich, Ludwig VIII., den Treueid, als Gegengewicht gegen die Bevormundung durch die Abtei, mit der es wiederholt zu Konflikten kam. 1317 erhob Papst Johannes XXII. S. zum Sitz eines der neugeschaffenen Bm.er in Südfrankreich (Kathedrale: Abteikirche St-Sacerdos) und trug damit der demograph. Entwicklung der Stadt Rechnung. Das Bm., das bis 1790 bestand, erhielt die südl. Teile des Bm.s Périgueux als Diözesangebiet zugewiesen. 1365, nach dem demograph. Einbruch der Schwarzen → Pest, hatte die Stadt 847 Herdstellen, d.h. ca. 3000–3500 Einwohner. Der → Hundertjährige Krieg führte auch für S. zur Erschöpfung der Ressourcen durch fortifikator. und militär. Anstrengungen. Nach Kriegsende ist seit der 2. Hälfte des 15. Jh. ein spektakulärer, in seiner Sprunghaftigkeit nicht recht erklärbarer Wiederaufschwung zu beobachten. S. schmückte sich mit prachtvollen steinernen Patrizierhäusern (Hôtels Plamon, Maleville, La Boétie: Geburtshaus des polit. Denkers Étienne de la Boétie, 1530–63). Trotz Zerschneidens des gewachsenen Stadtkörpers durch eine neue Durchgangsstraße (1837: 'la Traverse', Rue de la Républ.) zeichnet sich S. durch eines der kostbarsten hist. Architekturensembles des Périgord aus. A. Higounet-Nadal

Lit.: J. MAUBOURGUET, Le Périgord méridional, 2 Bde [Neudr. 1988-89].

Sarmaten. Die S., an der Spitze die Stammesverbände der Jazygen, Roxolanen, später Aorsen und → Alanen, bildeten eine große, der nordiran. Sprachgruppe zugehörige Völkerschaft in den euras. Steppen. Zahlreiche Schriftzeugnisse antiker Autoren zu ihrer polit.-kulturellen Entwicklung, zu Militärgesch., geschickter Heirats- und Bündnispolitik liegen vor. Bilddarstellungen spiegeln die Auseinandersetzungen bzw. Verbindungen mit dem Röm. Reich. Als röm. Hilfstruppen, später im Bestand des → Hunnenreiches beteiligten sie sich an ausgedehnten Feldzügen. Archäologisch sind die Etappen ihrer Kultur vom 4. Jh. v. Chr. bis zum 4. Jh. n. Chr. zw. den Wolga-Uralsteppen und Westkazachstan bis in das Nordschwarzmeergebiet und in die ung. Tiefebene zu verfolgen (früh-, mittel- und spätsarmat.). Die S. drangen in mehreren Wellen von O nach W vor, wobei sie maßgebl. an der Vernichtung des nordpont. → Skythenreiches beteiligt waren und die restl. Bevölkerung assimilierten bzw. auf die Krim zurückdrängten. Die materielle Kultur spiegelt deutlich die nomad. Lebensweise. Wesentl. Element bildete der Wohn- und Reisewagen. Effektive Angriffswaffnung und Schutzrüstung für Mensch und Pferd wurden für die Belange der Panzerreiterei kombiniert. Das umfangreiche Gräbermaterial zeigt neben Bestattungen männl. Krieger auch vielfach die von bewaffneten Frauen (»Amazonengräber«). Das Kunstschaffen wird von einem gold-türkisenen und einem polychromen Stil geprägt, mit eigenwilligen Darstellungen von (Fabel-)Tieren, kombiniert mit menschl. Figuren. Eine Besonderheit bildet die Verwendung von Tamga-Zeichen zur Markierung innerhalb des sozialen Systems. Die anthropolog. Bestimmungen zeigen ein klares Übergewicht europider (brachykephaler) Typen. Mongolide sind nur mit ca. 2%, gemischte Typen mit ca. 10% vertreten. 80% der Schädel aus der Wolga-Don- und Aralregion weisen intentionelle Schädeldeformationen auf. Im Grabritual sind Hinweise auf einen Feuerkult zu belegen. Die Gräber der sarmat. Oberschicht, mehrfach nur als Sekundärbestattungen in ältere Grabhügel eingebracht, zeichnen sich durch sehr reiche Beigaben aus, die die außerordentl. weit gespannten internat. Beziehungen der sarmat. Kultur widerspiegeln. Dazu gehören Luxusgüter wie kostbare Seiden und Tafelgeschirr aus Gold, Silber und Bronze, edelsteinbesetztes Pferdegeschirr, Prunkwaffen und chines. Spiegel. Sie stammen aus den verschiedenen Prov.en des Röm. Reiches, aus Kaukasien, Iran, Zentral- und Ostasien und sind der Niederschlag eines intensiven kulturellen Zustroms.
R. Rolle

Lit.: Stepi evropejskoj časti SSSR v skifo-sarmatskoe vremja, Archeologija SSSR, 1989, 148–214 – A. HÄUSLER, Beitr. zum Stand der S.forsch., ZA 17, 1983, 159–194.

Sarmiento, Adelsgeschlecht in → Galicien, eigtl. kast. Ursprungs, verdankte als Parteigänger der → Trastámara seine Machtstellung Kg. Heinrich II. v. Kastilien, der 1370 neben Pedro →Manrique auch *Pedro Ruiz* S. mit der Befriedung Galiciens beauftragte. Pedro, vom Kg. nach erfolgreichem Abschluß zum →Adelantado Mayor de Galicia (1371–85) ernannt und mit der Übertragung von Ribadavía belohnt, erwarb weitere wichtige Besitzrechte und Einkünfte (u. a. Gebiet v. Sobroso, →Portazgo in Orense). Mit Pedros Sohn *Diego Pérez* S. (1385–1406), der seinem Besitz die Bailía des Burgo v. Faro und weitere Burgen hinzufügte und außerhalb Galiciens das reiche Erbe seiner Mutter Leonor v. Kastilien, der Tochter von Fadrique, dem Bruder Heinrichs II., antreten konnte (v. a. Herrschaft Salinas de Añana), wurde der Titel des Adelantado Mayor in der Familie erbl. Den S. wurde 1442 noch der Gf. entitel v. Santa Marta de Ortigueira (*Diego Pérez* S. II.), 1478 der v. Ribadavía (*Bernardino* S.) verliehen; sie standen in einem ztw. latenten, ztw. offenen Gegensatz zur Stadt →Orense und zum Adelshaus der →Sotomayor. Unter den →Kath. Kg.en waren die S. als Gf.en v. Ribadavía seit Juni 1483 Gobernadores v. Galicien. Der kast.-bask. Zweig der S. mit dem Besitzschwerpunkt in Salinas de Añana (Alava), das zur Gft. erhoben wurde, stellte mit *Diego Gómez* S., dem Bruder des Pedro Ruiz S., den →Repostero Mayor Johanns I. und Marschall v. Kastilien, aber auch *Pero* S., den Repostero Mayor Johanns II. und Verantwortlichen für den Aufruhr v. Toledo (1449), und erbte in Galicien die Besitzungen der Villandrando-Familie, Gf.en v. Ribadeo. L. Vones

Lit.: E. BENITO RUANO, Don Pero S., repostero mayor de Juan II de Castilla, Hispania 17, 1957, 483–504 – DERS., El orígen del condado de Salinas, Hidalguía 5, 1957, 41–48 – J. R. L. HIGHFIELD, The Catholic Kings and the Titled Nobility of Castile (Europe in the Late MA, 1965), 358–385 – R. PÉREZ-BUSTAMANTE, El gobernación y la administración territorial de Castilla, 2 Bde, 1976 – J. GARCÍA ORO, Galicia en la baja Edad Media, 1977 – DERS., La nobleza gallega en la baja Edad Media, 1981, 73ff. – DERS., Galicia en los siglos XIV y XV, 2 Bde, 1987.

Şaruḫan, anatol. Fsm. mit Hauptstadt →Manisa; nach der endgültigen osman. Eroberung (etwa 1405–10) gleichnamige Provinz (→Sanǧaq). Der Gründer Şaruḫan Bey stammte vielleicht aus Ḫwarizm und besaß Anhänger unter Yürüken und Türkmenen; er gehörte zu den Gefolgsleuten des Selǧuqensultans Masʿūd II. und ist seit 1302 in der Ägais nachweisbar. 1313 eroberte er Manisa; die in →Phokaia (Foça) ansässigen Genuesen (→Alaun, →Mahona) zahlten ihm Tribut. Die Fs.en v. S. waren bis zur Eroberung von →Smyrna (Izmir) durch die Lateiner (1348) bes. zur See aktiv (mißlungene Belagerung von Phokaia, Angriffe auf die Gegend von →Gallipoli). 1390 nahm der osman. Sultan Yıldırım Bāyezīd das Fsm. ein, beließ aber den Fs.en Ḫıḍr Šāh als Untergebenen in einem reduzierten Territorium. Ein anderes Mitglied der Familie rief →Timur zu Hilfe; nach der Schlacht v. →Ankara (1402) wurde das Fsm. zunächst wiederhergestellt, aber schon 1405–10 vom Osmanensultan →Meḥmed I. zurückerobert, der letzte Fs. Ḫıḍr Šāh umgebracht. Bis zum Ende des 16. Jh. diente Manisa häufig als Prinzenresidenz (u. a. →Meḥmed II.). Die osmanischen Prinzen führten die Tradition der S. als aktive Bauherren fort. Mehrere Mitglieder der Dynastie waren Anhänger des →Mevlevī-Ordens, den sie mit Stiftungen bedachten. S. Faroqhi

Lit.: İA, s.v. [Ç. ULUÇAY] – DERS., S.-oğulları ve eserlerine dair vesikalar, 1940–46.

Sāsāniden, pers. Dynastie, die ihren Ursprung auf Sāsān zurückführte, der um 200 Oberpriester des Feuertempels der Anahita bei Iṣṭaḫr (Fārs) gewesen war. Sāsāns mutmaßl. Enkel Ardašīr I. besiegte 224 seinen Oberherrn, den Partherkg. Artaban IV., errang dadurch die Herrschaft über Iran und begann mit dem Aufbau einer starken Zentralgewalt. Sein Sohn Šāpūr I. (ca. 240–272) triumphierte über drei röm. Ks., ein Erfolg, der unter dessen Urenkel →Šāpūr II. wiederholt wurde, der 363 den Angriff Ks. →Julianus' abwehren konnte. Nach der Regierung von Šāpūrs Urenkel Wahrām V. Gōr (421–439), der v. a. als Held von Jagd- und Liebesgeschichten in die Überlieferung eingegangen ist, wurde der Staat durch äußere und innere Krisen erschüttert: Wahrāms Enkel Pērōz fiel 484 gegen die Hephthaliten; dessen Sohn Kāwād I. hatte sich seit 494 mit der sozial-religiösen Bewegung der Mazdakiten auseinanderzusetzen, bis diese auf Veranlassung seines Sohnes Chosroes ausgeschaltet wurden. →Chosroes I. Anūširwān (531–578) führte dann einen neuen Höhepunkt des Reiches herbei: Wechselhafte Kämpfe gegen Byzanz, erfolgreiche Kriege gegen die Hephthaliten und im Jemen kennzeichneten seine Herrschaft. Unter seinem Enkel →Chosroes II. Parwēz schien vorübergehend der Traum von der Wiedererrichtung eines iran. Großreiches Wirklichkeit zu werden: Pers. Truppen besetzten Syrien, Palästina und Ägypten. Die byz. Gegenoffensive unter →Herakleios brachte das Reich jedoch an den Rand des Abgrunds. Nach der Ermordung Chosroes' (628) herrschte einige Jahre dynast. Chaos, bis mit der Krönung seines Enkels Yazdgird III. in Iṣṭaḫr (632) noch einmal versucht wurde, an die Anfänge des Herrscherhauses anzuknüpfen. Der neue Kg. fiel jedoch der Expansion der →Araber zum Opfer, die 642 bei Nihāwand die Perser vernichtend schlugen und damit das Ende des S.-Reiches herbeiführten. Yazdgird wurde 651 in seinem Zufluchtsort Merw ermordet; der Versuch seines Sohnes Pērōz, als chines. Vasall Nordostiran zurückzugewinnen, blieb Episode. Die Erinnerung an die glanzvolle Zeit der 'Chosroen' dagegen hat im Orient für Jahrhunderte überlebt. →Persien. M. Schottky

Q.: Gesch. der Perser und Araber z. Z. der S., übers. TH. NÖLDEKE, 1879 [Nachdr. 1973] – Die sassanid. Staatsinschriften, hg. und übers. M. BACK, 1978 – W. FELIX, Antike lit. Q. zur Außenpolitik des S.staates, I, 1985 [Q.komm., Lit.] – W. FELIX, Antike lit. Q. zur Außenpolitik des S.staates I, 1985 – The Roman Eastern Frontier and the Persian Wars, übers. M. H. DODGEON-S. N. C. LIEU, 1991 [Lit.] – *Lit.*: C. F. RICHTER, Hist.-krit. Versuch über die Arsaciden- und S.-Dynastie, 1804 – The Cambridge Hist. of Iran, III/1–2, hg. E. YARSHATER, 1983 [Lit] – O. KLÍMA, Ruhm und Untergang des alten Iran, 1988, 119–211 – K. SCHIPPMANN, Grundzüge der Gesch. des sasanid. Reiches, 1990 – J. WIESEHÖFER, Das antike Persien, 1994, bes. 205–295, 365–386 [Lit.] – M. SCHOTTKY, Dunkle Punkte in der armen. Königsliste, Archäol. Mitt. aus Iran 27, 1994 [im Dr.].

Sasavé, San Adrián de, Kl. und Bm. in Aragón (heute Bm. Huesca). Im Zuge der Reconquista der →Rioja durch Kg. →Sancho Garcés I. v. Pamplona wurde 922 das Bm. S. von →Pamplona abgetrennt. Aus der Zeit seines Bestehens bis 1004 sind sechs Bf.e bezeugt: Ferriolo (922), Fortun (933–947), Aton (958), Oriol (971–984), Aton II. (991–992), Blas (996–1004). Zum Bm. zählten die Kl. →Siresa und S. Julián de Navasal. Ab 1011 führte der Bf. den Titel 'episcopus in Aragone', eine Folge der Bemühungen von Kg. →Sancho 'el Major' v. Navarra, Aragón und Sobrarbe kirchl. und polit. zu einigen. S., das wie in westgot. Zeit als Kl. fortbestand, wurde um 1050 von Kg. Ramiro I. Bf. García I. v. Aragón unterstellt. Im Rahmen der Reform des Kathedralkapitels v. Jaca (1076–79) wurde S. als Kanonikerstift eine Dependenz desselben. Um 1100 weihte Bf. Stephan v. Huesca die Stiftskirche.

U. Vones-Liebenstein

Lit.: A. DURÁN GUDIOL, La Iglesia de Aragón durante los reinados de Sancho Ramírez y Pedro I, 1962 – J. M. VALENZUELA MUÑOZ, S. Adrián de Sasabe, Argensola 15, 1965, 71–91 – A. UBIETO ARTETA, Hist. de

Aragón. Divisiones administrativas, 1983, 16–22 – DERS., Orígines de Aragón, 1989, 338f. – D. L. SIMON, S. A. de S. and Sculpture in Altoaragón (Romanesque et Gothic. Essays for G. ZARNECKI, hg. N. STRATFORD, I, 1987), 179–184.

Šašek z Bířkova, Václav, Ritter aus Westböhmen, als Knappe in der Gesandtschaft Kg. →Georgs v. Podiebrad, die seit 1465 bei den Herrschern des Abendlandes um Verständnis für das als ketzer. geltende Böhmen warb. Die zweijährige Reise durch Dtl., die Niederlande, England, Frankreich, Spanien, Portugal, N-Italien und Österreich wurde von zwei Teilnehmern, auf tschech. von Š. und auf dt. von Gabriel Tetzel, ausführl. beschrieben. Š.s Schilderung ist bereits vom humanist.-nz. Geist geprägt und unterscheidet sich von den z. T. phantast. →Reisebeschreibungen des MA. Erhalten nur in der lat. Übers. des Bf.s v. Olmütz und Humanisten Stanislaus Pavlovský (Commentarius brevis ..., Olmütz 1577), wurde sie von A. JIRÁSEK im Jugendbuch »Z Čech až na konec světa« ('Von Böhmen bis an das Ende der Welt', 1890) paraphrasiert.
J. Vintr
Q.: Commentarius brevis..., ed. K. HRDINA, 1951 – Lit.: V. BOK–V. VIKTORA, Gestaltungsprinzipien in den Reiseberichten von Gabriel Tetzel und V. Š. v. B. (Stud. zum Humanismus in den böhm. Ländern, III, 1993), 183–198 [Lit.].

Sasi ('Sachsen'), slav. Bezeichnung für die dt. Bergleute (→Bergbau) in den Balkanländern des 13.–15. Jh. Auch türkisch heißen sie *Sas*, werden in den lat. und it. Q. aber meist 'Theotonici' oder 'Todeschi' genannt. In Serbien erstmals 1254 belegt, sind sie wohl aus Ungarn (→Sachsen, Siebenbürger) zur Zeit des Einfalls der →Mongolen (1241–42) eingewandert. Älteste Nachrichten über die S. beziehen sich auf den Bergort Brskovo (Brescoa) bei Mojkovac im heut. Montenegro (Crna Gora). In den folgenden Jahrzehnten erscheinen die S. in Rudnik, Trepča, Janjevo, Rogozna, →Novo Brdo und den Bergorten in Bosnien und Bulgarien. Ihre Spuren in der Toponymik finden sich auch in einem wesentlich ausgedehnteren Bereich, nahezu in allen Bergbaugebieten des MA.

Die (als Q. nicht erhaltenen) Privilegien der S. umfaßten u. a. Schürffreiheit, freie Religionsausübung, eigenes Gericht ('curia Teotonicorum'). Bei Rechtsstreitigkeiten mit Einheimischen und dalmat. Kaufleuten wurde üblicherweise ein gemeinsames Gericht, in dem beide Parteien mit gleicher Richterzahl vertreten waren, gebildet. Im Laufe der Zeit wurden die S. slavisiert, die Bezeichnung 'S.' ging auf die gesamte Berggemeinde über. In der Zeit der Türkenherrschaft wurden Bergleute allgemein als 'Sachsen' bezeichnet.

Die Terminologie der serb. und türk. Bergordnungen zeigt, daß Bergbautechnik, Betriebsformen und Bergrecht von den S. übernommen worden waren. Sie übten aber auch prägenden Einfluß auf das Handwerk (*snaidar* und *suster* erscheinen in Serbien bereits im 15. Jh.) und die Ausbildung von städt. Institutionen aus (z. B. der Rat der *purgari*, der 'geschworenen Bürger', der nicht auf die Bergstädte beschränkt blieb).
S. Ćirković
Lit.: M. DINIĆ, Za istoriju rudarstva u srednjovekovnoj Srbiji i Bosni, I, 1955 – Zakon o rudnicima despota Stefana Lazarevića, ed. N. RADOJČIĆ, 1962 – W. STEININGER, Die Hs. des »Zakon o rudnicima despota Stefana Lazarevića«, AslPhilol 7, 1975, 29–111.

Sassari, Stadt im NW von →Sardinien. In der späten Ks.zeit und im frühen MA befanden sich im Territorium von S. vereinzelte Villen, wie Bodenfunde bezeugen, im 12. und 13. Jh. läßt sich aufgrund urkundl. Belege und archäolog. Zeugnisse die Entwicklung von S. (Thathari in einer Urk. von 1118) von einer Curtis zu einem städt. Zentrum verfolgen, das durch Gerbereien, Getreide- und Weinhandel Bedeutung gewann. Die günstige Bodenbeschaffenheit, die Verfügbarkeit von Wasserressourcen (Getreidemühlen im Rosellotal) und die Nähe zu Verkehrsadern förderten die Entwicklung von S., dessen Bevölkerung durch Zuwanderung aus dem Landesinneren und Zuzug von Kaufleuten aus Pisa und Genua sowie durch die Niederlassung verschiedener religiöser Orden anwuchs.

1235 revoltierten die Sassaresen gegen die drückende Judikatsverwaltung: Sie töteten den Judex Barisone III., konstituierten sich als Kommune und errichteten Stadtmauern, die eine Fläche von 33 ha umschlossen.

Die nach dem Vorbild der lokalen *Usi* und *Consuetudini* (Gewohnheitsrechte) 1272 (?) verfaßten Statuten (*Statuti Sassaresi*) regelten das soziale Leben und die Außenpolitik. Das Stadtregiment wurde von einem Podestà geleitet, der genau festgelegte Verpflichtungen hatte und dem Konsens der Bürgerschaft, repräsentiert durch Consiglio Maggiore und Consiglio Minore, Rechnung tragen mußte. Erster bekannter Podestà ist 1272 Arrigo da Caprona.

Die Entwicklung von S. wurde durch die Aragonesen gebremst, die das Lehnssystem einführten, die städt. Freiheiten beschnitten und die ursprgl. Bevölkerung vertrieben. Dadurch gerieten sie mit den Sarden in erbitterte Konflikte, in denen S. sich als Bannerträger der Freiheitsbestrebungen der Insel erwies. Folgen des Krieges und der Seuchen im 14. und 15. Jh. waren ein allgemeiner wirtschaftl. Niedergang und ein Stagnieren der Bevölkerungszahl: ca. 15 000 Einw. Anfang des 14. Jh., Ende des 15. Jh. 4000 Herdstellen (ca. 16 000 Einw.).
A. Castellaccio
Lit.: G. CASALIS, Diz. geografico storico statistico commerciale degli Stati di S. M. il re di Sardegna, XIX, 1849, 49ff. [V. ANGIUS] – Condaghe di S. Pietro di Silki, ed. G. BONAZZI, 1900 [scheda 83, erste Erwähnung von Thathari] – Statuti Sassaresi, ed. P. TOLA (Codex Diplomaticus Sardiniae, »Monumenta Hist. Patriae«, X–XI, 1861) – E. COSTA, S., 6 Bde, 1976–77 – G. F. ORLANDI, Thathari pietra su pietra, 1985 – Gli Statuti Sassaresi. Economia, Società, Istituzioni a S. nel Medioevo e nell'Età Moderna, hg. A. MATTONE–M. TANGHERONI, 1986 – AA. VV., S. Le origini, 1989 – A. CASTELLACCIO, S. Medioevale, I, 1992.

Sassenage. 1. S., Guillaume de, Bf. v. →Grenoble Juli 1266–1301, † vor 1. Sept. 1301, entstammte einer mächtigen Familie der Feudalaristokratie des →Dauphiné, die schon vor ihm mehrere Bf.e v. Grenoble gestellt hatte. S. verstand es, die bfl. Jurisdiktionsrechte im Grésivaudan durch Vereinbarungen zu sichern; ein mit dem Dauphin geschlossener Coseniorat-Vertrag (Sept. 1293) über Grenoble ermöglichte die Einrichtung eines gemeinsamen Gerichtshofes. Am 15. Mai 1298 ließ er Statuten zur Reform des Kapitels v. Notre-Dame de Grenoble promulgieren. Zwar erwirkte er bei Papst Nikolaus IV. die Erlaubnis, sich bei der pastoralen →Visitation der Diöz. vertreten zu lassen, doch verband ihn ein enges Verhältnis mit seinem Regularklerus. Generalkonservator der Privilegien der →Kartäuser, gründete er in seiner Bischofsstadt einen Dominikanerkonvent, dem er einen Standort 'extra muros' zuwies und die Kirche St-Pierre übertrug (5. Febr. 1290). Nach S.s Tod designierte Bonifatius VIII. den Dekan des Kapitels v. Notre-Dame, Guillaume de Royn (21. Nov. 1301), zum Nachfolger.
V. Chomel
Q. und Lit.: N. CHORIER, Hist. généalogique de la maison de S., 1672, 27f. – GChr XVI, 244–246 – E. MAIGNIEN, Notes hist. sur l'évêché de Grenoble de 1237 à 1338, 1877 – U. CHEVALIER, Reg. dauphinois, 1912–26, III, passim – P. VAILLANT, Les libertés des communautés dauphinoises, 1951, 96–98, n°s 215, 217, 221, 222 – J.-D. LEVESQUE, L'ancien couvent des Frères Prêcheurs de Grenoble (1288–1789), 1975.

2. S., Henri III. de, →Gouverneur des →Dauphiné 1416–20, ✕ 17. Aug. 1424 bei →Verneuil; Neffe von François II., Baron de S. († 1. Juli 1399 ohne direkten männl. Erben), heiratete H. III., Baron de S., am 10. Aug. 1411 zu Romans Antoinette v. →Saluzzo. Am 25. Nov. 1416 vom Dauphin Jean III., Hzg. v. Touraine, zum Gouverneur des Dauphiné ernannt, leistete er am 5. Juni 1417 den Treueid auf das Statut delphinal. Zum ztw. Verlassen des Fsm.s Dauphiné genötigt, übertrug er die 'lieutenance générale' kollektiv dem fsl. Rat (Conseil delphinal), was später für die Ersten Präsidenten des →Parlement de →Grenoble den Ansatzpunkt bildete, bei Abwesenheit des Gouverneurs die Verwaltung der Provinz zu führen. Als Reaktion auf Beschwerden (→Doléances) der →États provinciaux erließ S. am 5. April 1419 eine →Ordonnance über das Gerichtswesen (Besoldung von Richtern, Kastellanen, Notaren usw., Prozeßverfahren, seigneuriale Gerichtsbarkeit). Am 27. Mai 1420 als Gouverneur entlassen, nahm S. 1424 an d. Spitze d. Adelsaufgebotes des Dauphinés an der Schlacht v. Verneuil teil, in der er fiel. V. Chomel

Q. und Lit.: N. Chorier (s. unter 1), 56–59 – Ordonnances des rois de France, XI, 31 – J. ROMAN, Documents dauphinois, VII, 1888, 90 – A. DUSSERT, Les États du Dauphiné aux XIVᵉ et XVᵉ s., 1915, 169 sowie Anm. 4, 341, Anm. 3 – G. DUPONT-FERRIER, Gallia regia, II, 306f., n° 7833.

Sassetta, eigtl. Stefano di Giovanni, toskan. Maler, * 1392 Siena (?), † 1450 Siena. Wohl Schüler Paolos di Giovanni Fei, wurzelt er durchaus in der von →Duccio, den →Lorenzetti und Simone →Martini bestimmten lokalen Tradition und ihrer spezif. Geistigkeit. Sein erstes dokumentiertes Werk, ein Polyptychon für die Arte della Lana in Siena, entstand 1423–26 (zerstreut, Predellentafeln in Budapest, Barnard Castle, Vatikan), aber selbst im 1430–32 für den Sieneser Dom gemalten Altar der Madonna delle Nevi (Florenz, Slg. Contini-Bonacossi im Palazzo Pitti) dominieren noch die Erinnerungen an Ambrogio Lorenzetti über die sich bes. in der Predella bemerkbar machenden Einwirkungen der Florentiner Malerei, insbes. des →Domenico Veneziano und Fra →Angelico. Sein Hauptwerk malte S. 1437–44 für den Hochaltar von S. Francesco in Borgo S. Sepolcro; es zeigte vorn die thronende Madonna mit Engeln zw. zwei Franziskaner-Hl.n und den beiden Johannes (Paris, Settignano), auf der Rückseite zu Seiten des myst. Triumphes des hl. Franziskus (Settignano) acht Szenen aus seinem Leben (London, die 'Mystische Vermählung' in Chantilly; ferner weitere, überwiegend verschollene kleine Tafeln seitlich, oben und unten), die in ihrer Indienstnahme neuerer realist. Mittel für die ältere religiöse Gestimmtheit einen märchenhaften Zauber ausstrahlen. Sein letztes Werk, ein Fresko der Krönung Mariae an der Porta Romana (1447ff., fragmentiert), wurde von seinem Schüler Sano di Pietro vollendet. Ch. Klemm

Lit.: J. POPE-HENNESSY, S., 1939 – B. BERENSON, S., 1946 – E. CARLI, S. e il Maestro dell'Osservanza, 1957 – A. MONFERINI, S., 1965 – S. e i pittori toscani tra XIII e XV, Ausst. kat. Siena 1986 – H. W. VAN OS, Sienese Altarpieces 1215–1460, 2, 1990, 89ff.

Sasso, Panfilo, * um 1455 in Modena, † 1527 in Longiano (Forlì). In der Nachfolge des →Serafino Aquilano war S. einer der hervorragendsten Vertreter der höf. Lyrik in der Tradition →Petrarcas (→Petrarkismus). Er widmete sich auch der humanist. Dichtung (von ihm sind ein Buch Elegien und vier Bücher Epigramme erhalten); sein Interesse für philos. und theol. Studien, bes. für die Theorie der Willensfreiheit, trug ihm 1523 einen Häresieprozeß ein. Seine letzten Lebensjahre verbrachte er als Gouverneur von Longiano in der Romagna. Sehr umfangreich ist S.s Œuvre in der Volkssprache: seine erste Slg. von Gedichten, die in Brescia 1500 gedruckt wurde, umfaßte 250 Sonette, die ven. Ausgabe des nächsten Jahres (»Opera del preclarissimo poeta P. S.«) 307, dazu kamen 38 Capitoli und verschiedene Eklogen. Ebenfalls 1501 erschien in Rom die nicht autorisierte Slg. seiner →Strambotti.
M. Picone

Ed. und Lit.: LUZIO-RENIER, GSLI, 41–70 – Strambotti, Bibl. di lett. popolare it., hg. S. FERRARI, 1882, 275ff. – M. MALINVERNI, I sonetti di P. S. dall'editio princeps di Brescia [Diss. Pisa 1990].

Sassovivo, mittelit. Kl. OSB bei Foligno (Umbrien), in einer Urk. v. 1087 als »aedificato in Sasovivo« genannt; geht auf die kleine Kirche S. Maria in Vecli zurück, wo der Mönch Mainardus ein Eremitenleben führte. Eine Mönchsgemeinschaft mit dem Abt Mainardus ist bereits 1083 belegt, 1085 wird ein »monasterium de Vecli noviter aedificatum« erwähnt. Anfang des 12. Jh. wird das Patronat der Kirche und des darauffolgenden Kl. genannt: S. Croce di S., von der die gleichnamige Kongregation ausging. Infolge des heiligmäßigen Rufs des Eremiten Mainardus und v. a. durch den Schutz der Gf.en v. Foligno, später Gf.en v. Uppello, die versuchten, mit dem Kl. ein Gegengewicht gegen die aufsteigende Kommune →Foligno zu schaffen, erhielt S. Croce reiche Stiftungen und Schenkungen. In kurzer Zeit kam das Kl. in den Besitz umfangreicher Ländereien sowie von Kirchen mit Pertinenzen und Herrschaftsrechten. Durch seinen Beitritt zur Cluniazens. Reform – ohne jedoch rechtl. von →Cluny abzuhängen – wurde S. Croce di S. zu einem wichtigen Zentrum der Spiritualität. Beide Faktoren ließen S. Croce di S. zum wichtigsten Kl. Umbriens und zu einem der berühmtesten in Mittelitalien werden, Besitzstreitigkeiten und Machtkämpfe mit Laien oder Kirchenleuten waren jedoch unvermeidbar. Die Kontroverse des Jahres 1112 mit dem Bf. v. Spoleto betraf die Pieve S. Pietro Foris Portam, blieb jedoch nicht die einzige, zumal das Kl. (Privileg Innozenz' II.) i. J. 1138 seine Jurisdiktion bereits auf Kirchen und Kl. in den Diöz. Foligno, Assisi, Perugia, Todi, Amelia, Camerino, Bagnorea, Orvieto, Orte und schließlich Rom (u. a. SS. Quattro Coronati) ausgedehnt hatte. Im folgenden Jh. umfaßte der Besitz von S. 140 Kirchen und 21 Kl., davon 20 Abteien und 2 Priorate in der Diöz. Rom. Vom Reichtum des Kl. zeugt der prachtvolle Kreuzgang (1229). Nicht im gleichen Umfang behauptet sich die cluniazens. Strenge und Spiritualität, die die Abtei anfangs gepflegt hatte. Versuche, die Zisterzienserregel und -äbte einzuführen, scheiterten. 1467 wandelte Paul II. das Kl. zur Kommende um, 1486 erklärte Innozenz VIII. die Kongregation für erloschen. An ihre Stelle trat die Congregatio S. Mariae Montis Oliveti OSB, die das Kl. bis 1803 innehatte. E. Saracco Previdi

Lit.: DIP, s.v. S. [G. PICASSO] – Le carte dell'abbazia di S. Croce di S., 1–7 (1023–1231), 1973–83 – R. CAPASSO, Libro dei censi del sec. XIII dell'abbazia di S. Croce di S., 1967 – M. SENSI, Vita quotidiana a S. nei frammenti notarili (sec. XIV–XV), Boll. stor. della città di Foligno, V. IX, 1985, 7–58.

Satan. Als Belial, Mastema und Samael wird S., der personifizierte Widerpart Gottes, im nachbibl. Judentum, bes. in der apokalypt. Lit. bezeichnet und als Anführer aller →Dämonen, bösen Engel und Geister gesehen. Im rabbin. Judentum kristallisiert sich aus diesem Dualismus von göttl. Macht und dämon. Gegenmacht (Gott – Gegengott) gewisse Funktionen und Gegebenheiten, mit denen er identifiziert wird. In gleicher Weise gilt er als selbständiger bzw. von Gott beauftragter Verführer zur →Sünde – er ist verantwortlich für alle in der Bibel erwähnten Sünden – wie als Ankläger der Sünden des einzelnen oder Israels vor Gott. So klagt er z. B. →Abraham vor Gott wegen Undankbarkeit an und bewirkt dessen Prüfung in der Aqedat Jizchaq. Außerdem wird er identiziert mit dem Jezer ha-Ra, dem Bösen Trieb. Jedoch an Rosh ha-shanah, Jahresbeginn und Tag des himml. Gerichts, wird er durch das Blasen des Schofars verwirrt und am Jom Kippur (Versöhnungstag) entmachtet. An diesem Tag ist ihm das Recht zur Anklage entzogen, worauf sein Name mit dem Zahlenwert 364 hinweist. Als Todesengel wird er von Gott ausgesandt, den Tod anzukündigen oder herbeizuführen. In der spekulativen →Kabbala mit ihrem Interesse für Ursprung und Natur des Bösen wurde dies einerseits nicht als objektive Realität betrachtet, sondern in der Inadäquatheit von menschl. Natur und göttl. Emanation begründet, andererseits hat S. als Repräsentant des Bösen in der 5. Sefirah (Gericht, Schrecken, Macht), der absoluten Strenge Gottes, seinen Ursprung. Wenn auch von den meisten Kabbalisten das Böse als existierend betrachtet wurde, so waren die Vorstellungen über dessen Ende in der Welt und im Menschen recht unterschiedlich. Sie reichten von der Auffassung, daß alles Geschaffene in der künftigen Welt zu seinem Ursprung zurückkehre (und somit kein Raum mehr für Macht und Herrschaft des Bösen in Welt und Mensch sei) oder der Zerstörung dieser Macht bis zu der weiteren Existenz des Bösen als Ort ewiger Strafe für die Sünder. Dies bedeutet auch, daß Samael als Verkörperung des Bösen, der nach Ansicht der späten Kabbalisten als Haupt aller Dämonen mit der Dämonin Lilit das Kgr. des Bösen und der Unreinheit regiert, bereut und in einen gottesfürchtigen Engel verwandelt wird, was durch seinen geänderten Namen Sa'el (einer der 72 heiligen Namens Gottes) symbolisiert wird (der Buchstabe »M« – Zeichen für den Tod [Mavet] – verschwindet).

R. Schmitz

Lit.: J. TRACHTENBERG, The Devil and the Jews, 1943 – G. SCHOLEM, Von der myst. Gestalt der Gottheit, 1962 – L. JUNG, Fallen Angels in Jewish, Christian and Mohammedan Lit., 1974 – S. ROSENBERG, Good and Evil in Jewish Thougt, 1989.

Satansprozesse. Angeregt durch die der ma. →Soteriologie immanenten jurid. Kategorien entstand seit dem 14. Jh. eine Reihe von Texten, die die Erlösung in der Form eines prozessualen Streitgesprächs diskutieren. In dem in mehreren – darunter einer fälschlich →Bartolus de Saxoferrato zugeschriebenen – Fassungen tradierten »Processus Sathanae procuratoris infernalis contra genus humanum coram deo nostro Jesu Christo« weist Christus als Richter die Klage Satans (bzw. Mascarons) auf Wiedereinsetzung der Hölle in das Besitzrecht an dem durch die 'advocata' Maria vertretenen Menschengeschlecht und dessen Verurteilung ab. Stehen diese S. mit ihrer juristisch inkorrekten Figurenkonstellation noch in einer vorwiegend theol. Tradition, so begründet die 1382 verfaßte »Litigatio Christi cum Belial sive consolatio peccatorum« (→Belial) des →Jacobus de Theramo, in der Salomon bzw. Joseph v. Ägypten als Richter und Christus als Beklagter auftreten, nicht nur ein juristisch garantiertes »Recht« des Sünders auf Erlösung, sondern fungiert v. a. als rechtspragmat. 'ordo judiciarius': bes. die volkssprachl. Fassungen (allein über 100 dt. Hss. und Drucke) dienten der Vermittlung des röm.-kanon. Prozeßrechts an »halbgelehrte« Rechtspraktiker (Gerichtsschreiber, Notare). Nur unikal überliefert (New Haven, Beineke Libr., MS 653) ist die fragmentar. »Anspruch des Teuffels gegen unseren Herren« des Brixener Domherrn Otto der Rasp († vor 1370), in der neben Gott (als Richter) Gabriel (als Gegenkläger) auftritt. Noch bis ins 16. Jh. (Ulrich Tengler, »Laienspiegel«; Jakob Ayrer, »Processus juris«) wurden S. rezipiert und bearbeitet. →Teufel.

N. H. Ott

Ed.: →Belial – Lit.: R. STINTZING, Gesch. der populären Lit. des röm.-kanon. Rechts in Dtl., 1867 – A. E. SCHÖNBACH, Miscellen aus Grazer Hss., Mitt. des hist. Vereins f. Steiermark 46, 1898, 3–70 – N. H. OTT, Rechtspraxis und Heilsgesch., 1983.

Sate (nd.) bedeutet neben 'Ruhe', 'Stille' auch 'Vertrag', 'Vergleich', 'Frieden', auch 'Festsetzung', 'Tarif', 'Verzeichnis' (von Dienstpflichtigen), auch 'Verpfändung' und konkret 'Pfand'. *Satebrêf* ist die Urk. über eine S. Das Wort ist auch Bestandteil des Begriffs *tohopesate* ('Bündnis'), der v.a. bekannt ist als Bezeichnung der bünd. Zusammenschlüsse von Teilen des hans. Verbandes. Es ist, korrespondierend zu lat. statutum, als jurist. Begriff häufig belegt. In nd. Q. bezeichnet S. zumeist Verträge unterschiedl. Natur, so z. B. die Osnabrücker S. von 1348 (→Osnabrück, II).

Im engeren Sinne wird unter der S. das aus vier Urkk. bestehende Vertragswerk verstanden, das 1392 zw. den Hzg.en Bernhard und Heinrich v. →Braunschweig-Lüneburg, die seit dem Ende des →Lüneburger Erbfolgekrieges 1388 gemeinsam das Hzm. Lüneburg regierten, und den Lüneburger Landständen geschlossen wurde. Drei Grundlagenurkk., nach den Empfängergruppen Prälaten-, Städte- und Gemeinebrief gen., garantierten den ständ. organisierten Gruppen bei gleichzeitiger weiterer Privilegierung ihre Rechte. Der S.brief sollte dann auf dieser Grundlage das Herrschaftsverhältnis zw. Landesherren und Landständen regeln. Streitigkeiten über das Vertragswerk und seine Verletzung sollten auf dem Rechtswege von einem aus Bürgern und Niederadel besetzten Ausschuß erfolgen. Die Stände, geführt von →Lüneburg, auf dessen Rat im wesentl. die S. zurückgeht, die der Stadt eine wirtschaftl. Monopolstellung im Hzm. sichern sollte, nutzten mit diesem Vertragswerk – der S.brief ist formal ein Pfandvertrag – die finanziell zerrüttete Stellung der Hzg.e aus, um auf vertragl. Wege in unerhört weitgehendem Maße die landständ. Rechte zu sichern. Das Versagen der S.leute gen. Ausschußmitglieder in der Praxis führte schon 1396 zum S.krieg, aufgrund des Eingreifens von Hamburg und Lübeck zwar zu einer Niederlage der Hzg.e, im Ergebnis aber zu einer Nichtbeachtung dieses Versuchs einer herrschaftsvertragl. Regelung führte (formale Auflösung 1519), auch wenn die Grundlagenbriefe noch länger in Rechtskraft blieben.

F. B. Fahlbusch

Lit.: H. PATZE, Die welf. Territorien im 14. Jh. (Der dt. Territorialstaat im 14. Jh. [= VuF 14, 1971]), 7ff., bes. 82–99 – M. REINBOLD, Die Lüneburger S., 1987.

Satire

I. Allgemein. Lateinische Literatur – II. Byzantinische Literatur – III. Romanische Literaturen – IV. Deutsche Literatur – V. Englische Literatur – VI. Skandinavische Literatur.

I. ALLGEMEIN. LATEINISCHE LITERATUR: Die S. enthüllt und betrachtet Schwäche und Fehlverhalten, bes. moralisches, mit Tadel, Rüge, Spott bis zur Verunglimpfung – darin im MA von der Invektive kaum geschieden – oder mit Belustigung (die Texte sprechen gelegentl. von 'comedia', 'comicus'). Sie gilt dem Menschen schlechthin, aber auch Gruppen (Ständen, Orden, Frauen) und Einzelpersonen. Als Zweck der S. wird Besserung angesehen, sie wird deshalb zur moral. Lit. gezählt, der Satiriker als 'ethicus' angesehen, dem man vieles sonst Anstößige nachsieht. Die S. reicht in die Lit. des →Contemptus mundi (→Bernhard v. Morlas) und bedient sich u. a. der Tierfabel (→Fabel); zu ihren Mitteln gehören Übertreibung, →Parodie und Ironie. Als antike Vorbilder wirken Horaz, Persius,

Juvenal (sie waren z. T. Schullektüre), doch bleibt die ma. S. nicht mit dem Hexameter verbunden, auch eleg. Distichen, Prosa und v. a. Rhythmen dienen als Form, auch sonst zeigt die Entwicklung beträchtl. Unabhängigkeit. Die antike Wortdeutung als 'bunte Mischung' (→Prosimetrum) wird u. a. von →Isidor v. Sevilla weitergegeben (KINDERMANN, 178ff.). Daneben wird das Wort mit dem 'Satyr', seinen Sprüngen und seiner Nacktheit (Unverhülltes und Obszönes), in Verbindung gebracht (ebd. 84ff.). – In ihren versch. Formen erfreute sich die S. während des MA großer Beliebtheit. Der moral. Ernst der frühma. Lit. war der S. allerdings weniger geneigt (vgl. allenfalls MGH PP I 81, IV 582, 1082, 1088, die Bearbeitung der Cena →Cypriani durch Iohannes, ebd. 870, bezeichnet ihre Scherze als 'satira'). Einige Werke →Theodulfs v. Orléans tragen satir. Züge (BRUNHÖLZL I, 293ff.). Das 11. Jh. dagegen bringt deutlichste Satiren (und Verunglimpfungen) hervor (Warnerius v. Rouen [BRUNHÖLZL II, 256ff.], Adalbert v. Laon [ebd. 268ff.], 'Rhythmus satiricus' [ebd. 273], 'Satira in Mettenses' [MGH LdL III, 619]); die 'Satyra de amicicia' (F. RÄDLE, Lat. Dichtungen des X. und XI. Jh., hg. W. BERSCHIN–R. DÜCHTING, 1981, 162ff.) trifft den Charakter der röm. S.; in deutl. Horaznachfolge stehen die sermones des →Amarcius und die →Ecbasis captivi (10. Jh.?, vgl. BRUNHÖLZL II, 317). Schwankhaft und humorvoll sind die Rhythmen Carmina Cantabr. 35 und 42. Die große Zeit der S. ist das 12. Jh. Die oft als 'moral.-satir.' bezeichnete Dichtung, eine der beliebtesten Gattungen der Zeit, verbindet Zeitklage und S.; zu ihren bevorzugten Mitteln gehört das iron.-parodist. Bibelzitat. Gegenstand sind bes. häufig die Mißbräuche an der röm. Kurie und der geistl. Obrigkeit schlechthin, Simonie und Habgier; nicht wenige dieser Dichtungen waren für →Klerikerfeste bestimmt. Ihre Meister sind →Walter v. Châtillon und Petrus v. Blois (z. B. ZRPh 50, 1930, 76ff., bes. Nr. 3). Deren Vagantenstrophen mit häufigen 'Auctoritates' aus den röm. Satirikern zeigen die bewußte Verbindung zur S. Viele weitere Beispiele bieten die →Carmina Burana (Teil I, sowie 123, 131f., 187–189, 211, 219, 220a, 226, vielleicht 19, 9*, 10*). Der letzte große Vertreter dieser Dichtung ist →Philipp der Kanzler. In Metren dichten z. B. →Hugo Primas (über die Dirne u. a.), →Nigellus de Longo Campo, →Johannes de Hauvilla. Mit dem →Planctus Naturae stellt →Alanus ab Insulis die Verbindung zur Satura Menippea her. Im 13. Jh. verfaßt →Nikolaus v. Bibra, ausgehend von Erfurter Zuständen, eine umfangreiche metr. S. (vgl. VL² VI, 1041ff.), Heinrich v. Würzburg schreibt 'de statu curie Romane', ein nicht immer durchschautes iron. Lob (VL² III, 924ff.); eher lehrhaft gibt sich die S. des →Johannes de Garlandia, 'Morale scolarium'. Hofleben und Höflinge sind Gegenstand des Palponista (→Bernhard von der Geist). In Prosa ist die scharfe S. des →Garsias verfaßt, auch Nigellus, →Johannes v. Salisbury und →Walter Map bieten satir. Züge; vgl. ferner Carmina Burana 44. Im 14. Jh. schrieb →Frowin v. Krakau seinen vielgelesenen Antigameratus. Eine typ. ma. Ausprägung fand die S., v. a. seit dem 15. Jh., in der →Narrenliteratur. G. Bernt

Ed.: T. WRIGHT, The Anglo-Latin Satirical Poets and Epigrammatists, 2 Bde, 1872 (RS) – *Lit.*: U. KINDERMANN, Satyra, 1978 – R. E. PEPIN, Lit. of S. in the 12th Cent., 1988 [dazu Speculum 65, 1990, 1034ff.] – J. MANN, La poesia satirica e goliardica (Lo spazio letterario del medioevo, 1: Il medioevo lat., hg. G. CAVALLO u. a., I, 2, 1993), 73–109.

II. BYZANTINISCHE LITERATUR: »Die Spottsucht sitzt dem griech. Volke im Blut seit den Tagen eines Thersites und Archilochos« (DÖLGER, 1939). Dieses in der Tat allseits bekannte Phänomen hat jedoch nur in den seltensten Fällen Schriftlichkeit oder gar Literaturfähigkeit erlangt. S. als lit. Genus ist in der byz. Lit. ebenso ungebräuchlich wie in der vorausgegangenen Zeit. S. tritt vielmehr auf als z. T. durchaus dominierendes Element in hergebrachten lit. Formen, greifbar etwa in iambischen Spottgedichten (σκώμματα), von denen Bruchstücke, meist in der Form von Akklamationen der Demen im Hippodrom v. Konstantinopel, erhalten sind. Auf in der byz. Gelehrtensprache abgefaßte S.n stoßen wir erst im 12. bzw. 15. Jh.: die →Hadesfahrten des →Timarion und des →Mazaris in der Nachfolge und Nachahmung Lukians. Satir. Elemente sind greifbar sowohl hin und wieder in Übungstexten der Rhetorikausbildung (Σχέδη τοῦ μυός – Maushumoreske) als auch in einer Parodie auf die klass. Tragödie der Antike (Κατομυομαχία – Katz-Mäuse-Krieg) oder in der – verunglückten – Nachahmung von sokrat. Dialogen (Charidemos und Philopatris). So ist auch des großen →Psellos' S. gegen einen Mönch Jakob zwar eine S.; was aber die Aufmerksamkeit der Literaten weckt, ist deren Einkleidung in einen liturg. Messekanon. Die Domäne der S. sind aber natürlich die Dichtungen in der Volkssprache. Auch hier bestimmt die Form das Genus: die Betteldichtung »Ptochoprodromos« (→Ptochoprodromika) hat u. a. deshalb so hohen Unterhaltungswert, weil das Ätbtegespann Vater und Sohn in einem Kl. in Konstantinopel aus der Sicht des leidenden Untermönchs angegriffen wird. Die Mißstände im eigenen Eheleben und Haushalt oder die Chancenlosigkeit des Akademikers in Konkurrenz zum Handwerker mögen dagegen byz. Gesellschaftspraktiken geißeln, über plast. Beiwerk als »satir. Elemente« kommen diese Schilderungen nicht hinaus. Selbst die einfallsreiche derbe S. auf einen Bartlosen (→Spanos, 15. Jh.) tritt hinter die Form der Parodie von byz. Formularien der hl. Messe u. a. zurück. Auch Werke wie der →Pulologos (Vogelbuch) oder die Vierfüßlergeschichte als Streitgedichte, der →Porikologos (Obstbuch) und in dessen Gefolge der Opsarologos (Fischbuch) als Parodien von Gerichtsverhandlungen, die Eselgeschichte oder der Krasopateras (Weinvater) laufen in Byzanz unter dem Begriff Diegesis ('Erzählung'), wobei die vielen satir. Elemente natürl. nicht zu leugnen sind. Über die S., aber auch über das eigtl. Byzanz hinaus, schießen die »Hurenversammlung« des Stephanos →Sachlikes (14. Jh.), das »Synaxarion der edlen Weiber« und das »Weiberlob« (16. Jh.). Auch die S. auf Dimitrios Kataballttas von Johannes →Argyropulos (15. Jh.) ist eher eine Invektive in Briefform aus der Humanistenzeit. H. Eideneier

Lit.: G. SOYTER, Humor und S. in der byz. Lit., Bayer. Bll. für das Gymn.-Schulwesen 64, 1929, 147–162, 224–239 – F. DÖLGER, Byz. S. und byz. Kultur, Geistige Arbeit 6, 1939, Nr. 12, 5f. – BECK, Volkslit., 25f., 193ff. – T. M. SOKOLOVA, Vizantijskaja Satira (Vizantijskaja Lit., 1974), 122–158 – HUNGER, Profane Lit., 149–158.

III. ROMANISCHE LITERATUREN: In Frankreich verbindet der »Roman de Renart« (ca. 1170–1250) →Parodie höf. Lit. mit v. a. gegen den Adel gerichteter S.; spätere Fortsetzungen (z. B. »Le Couronnement de Renart«, 1263–1270; »Renart le Contrefait«, ca. 1320) attackieren v. a. die Bettelorden und den Klerus allgemein.

In Texten des späten 12. und 13. Jh. wie dem »Livre des manières« des Etienne (→Stephan) de Fougères (ca. 1175) oder den »Vers de la mort« des →Hélinand de Froidmont sind Stände-S. und Sittenkritik unmittelbar vom Stil der Predigt inspiriert; hier wie auch im →Dit sind frauenfeindl. Tendenzen sehr häufig. In Städten wie →Arras richtet sich die S. im 13. Jh. gegen die Bürger, denen (z. B. im »Jeu de la feuillée« von →Adam de la Halle) Habgier und Freßsucht vorgeworfen wird; die →Fabliaux enthalten je nach Zielgruppe satir. Ausfälle gegen Adlige oder Bürger, die aber auch gemeinsam über die als tölpelhaft dargestellten Bauern lachen können. In Paris nimmt →Rutebeuf († ca. 1285) zu religiösen und polit. Problemen Stellung (er unterstützt die Univ. in ihrem Streit mit den Bettelorden, ruft zum Kreuzzug auf etc.); seine Dits, Complaintes u. a. Dichtungsformen lassen auch allegor. Figuren (z. B. Hypocrisie) auftreten und leiten damit eine Entwicklung ein, die die satir. Dichtung im 14. und 15. Jh. entscheidend prägen wird (vgl. auch den »Roman de →Fauvel«).

Bei Autoren wie Eustache→Deschamps, Alain→Chartier bis hin zu den →Rhétoriqueurs spiegelt die polit. und moral. S. die Auflösung der staatl. und gesellschaftl. Ordnung infolge von Krieg und Bürgerkrieg. Einen letzten Höhepunkt ma. S. stellt das Werk von François →Villon dar.

In der okzitan. Dichtung ist neben →Tenzone und →Planh (die Klage um einen Toten verbindet sich mit Kritik an den Lebenden) v. a. das →Sirventés der Ort der S.; neben persönl. Angriffen auf Dichter-Kollegen und Stände-S. bzw. moral. Kritik (Peire →Cardenal) finden sich viele Gedichte zu polit. Themen, etwa Kreuzzugspropaganda (→Marcabru), die gegen Richard Löwenherz oder Alfons II. v. Aragón gerichteten Gedichte→Bertrans de Born oder Reaktionen auf den Krieg gegen die Albigenser (Peire Cardenal).

In Italien nahmen →Guittone d'Arezzo und andere in von okzitan. Vorbildern geprägten Canzonen zu den Auseinandersetzungen zw. Guelfen und Ghibellinen Stellung; →Jacopone da Todi artikulierte in satir. Gedichten der franziskan. Kritik am Papsttum und den kirchl. Institutionen. Die komisch-realist. Dichtung von Rustico→Filippi, Cecco→Angiolieri, →Folgóre de S. Gimignano u. a. wendet sich parodierend gegen die Liebesdichtung des →Dolce stil novo, dessen hohen Stil sie systemat. durch Alltagssprache ersetzt; Cecco Angiolieri macht (ähnl. wie Rutebeuf in einigen seiner Gedichte) den eigenen, nur aus peinl. Mißerfolgen bestehenden Lebenslauf zum Thema, aber es wäre verfehlt, hier von Autobiographie zu sprechen: Ceccos Selbstportrait ist das Ergebnis einer bewußten Stilisierung. Im Lebensraum der it. Städte richtet sich die S. häufig gegen einzelne, namentl. genannte Bürger; die Tradition der kom.-realist. Dichtung setzt sich bis ins 15. Jh. fort (→Burchiello).

Im 14. Jh. entsteht die →frottola als Tanzlied mit didakt.-satir. Inhalt. Satirische Elemente (v. a. Spott über Schwächen stadtbekannter Bürger) lassen sich auch in →Novellen des 14. und 15. Jh. (z. B. bei Franco→Sacchetti) nachweisen. Zu Beginn des 16. Jh. knüpft Ludovico Ariosto mit seinen »Satire« an die horaz. Tradition der S. an.

Auf der Pyrenäenhalbinsel drückt sich in den galegoptg. »cantigas d'escarnho« (13./14. Jh., ca. 400 Gedichte, →Cantiga) lit. wie polit. S. aus. Neben persönl. Angriffen auf Dichterkollegen (oder Spielleute) werden auch poet. Klischees kritisiert: Pero Garcia Burgalês spottet über Roi Queimado, der in jedem Gedicht aus Liebe stirbt, aber immer noch am Leben ist. Die polit. Gedichte (zu deren Autoren u. a. →Alfonso X. gehört) sind wegen der Anspielungen auf die Tagesaktualität schwer zu entschlüsseln.

Die S. in kast. Sprache beginnt mit dem gattungsmäßig kaum zu klassifizierenden »Libro de buen amor« des Juan →Ruiz, in dem das Satir. freilich nur ein Element unter vielen ist. Von zentraler Bedeutung ist die S. in der Lit. des 15. Jh; neben polit. S.n (→Coplas de Mingo Revulgo, →Coplas del Provincial) stehen Werke, die Sozialkritik mit religiöser Lehre und Ermahnung verbinden, so die »Danza general de la muerte« (→Totentanz) und der »Rimado de Palacio« des Pedro →López de Ayala.   A. Gier

Lit.: GRLMA VI/1, 245–314; VI/2, 281–424; VIII/1, 128–134 [Frankreich]; X/2, 179–200 [Italien] – H. SCHNEEGANS, Gesch. der grotesken S., 1894 – A. JEANROY – A. LÅNGFORS, Chansons satiriques et bachiques du XIIIe s., 1921 [Ed.] – F. FIGURELLI, La poesia comico-giocosa dei primi due secoli, 1960 – M. RODRIGUES LAPA, Cantigas de escarnho e de maldizer dos cancioneiros medievais galego-portugueses, 1965 [Ed.] – J. V. ALTER, Les origines de la s. anti-bourgeoise en France, 1966 – K. SCHOLBERG, Sátira y invectiva en la España medieval, 1971 – S. THIOLIER-MÉJEAN, Les poésies satiriques et morales des troubadours du XIIe s. à la fin du XIIIe s., 1978 – M. MARTINS, A Sátira na literatura medieval portuguesa, 1979 – F. SUITNER, La poesia satirica e giocosa nell'età dei Comuni, 1983 – Comique, s. et parodie dans la tradition renardienne et les fabliaux, hg. D. BUSCHINGER, 1983 – G. TAVANI, A poesía lírica galego-portuguesa, 1986 – M.-R. JUNG, Satir., kom. und realist. Lit. in der Romania, Neues Hb. der Lit.wiss., VII, 1991 – J.-C. MÜHLETHALER, Fauvel au pouvoir. Lire la satire médiévale, 1994.

IV. DEUTSCHE LITERATUR: Drei mhd. Autoren bzw. Werke sind durch die große Monographie von U. GAIER (1967) als bes. typ. Vertreter satir. Dichtung charakterisiert worden: 1. die Lieder →Neidharts (1. Drittel 13. Jh.), in denen ursprünglich nicht der Bauernstand oder dessen Ordo-Widrigkeiten Ziel des Angriffs waren, sondern mit deren Dörper-Figuren offensichtlich unhöf. Verhalten der Oberschicht angeprangert wurde (G. SCHWEIKLE); 2. das didakt. Epos »Der Ring« des Konstanzer Juristen Heinrich →Wittenwiler (um 1400), das an die Neidhart-Tradition anknüpft, in einem Bauernmilieu spielt, in der satir. 'Maske' des Dorfes Lappenhausen aber den gesamten 'Ring' der Welt mit seinen Entartungen meint – aus einer schlichten Hochzeits-Rauferei entsteht eine Art 'Weltkrieg', welcher alle Beteiligten vernichtet und die fast zwanghafte Dummheit von Menschen vorführt; schließlich 3. Sebastian →Brants »Narrenschiff« (Druck 1494), den größten lit. Erfolg der dt. Lit. des 15./16. Jh., das in den größeren Kontext der damals beliebten →Narrenlit. gehört; mit seiner anschaul., oft plakativen Verbindung von Bild und Text, von Allegorie und satir. Didaxe traf dieses Werk in einer heute nur schwer nachvollziehbaren Weise den Geschmack des Publikums. Satirisches war insgesamt sichtlich erfolgreich, wie schon die Überlieferung und Nachwirkung der Neidhart-Lieder zeigt: Der Autor begründete mit seiner Dörper-Thematik eine dichter. Tradition; seine 'Machart' wurde zu einer Art Gattung ('Ein Neidhart'); und die Figur des nunmehr zum Bauernfeind gewordenen Neidhart wurde ihrerseits eine lit. Gestalt, nämlich in den 'Neidhart-Spielen' des späten MA und in der Schwank-Kette um »Neithart Fuchs« (drei Drucke). – Satir. Elemente gibt es im dt. MA ansonsten in ähnl. Gattungen wie im Frz.: in den in der frz. Renart-Tradition (→Renart) stehenden Dichtungen um »Fuchs Reinhart« (Heinrich des Glîchesaere, um 1180/1190) und »Reynke de Vos« (nd., 1498 in Lübeck gedruckt); in Ständesatiren wie »Des →Teufels Netz« (frühes 15. Jh., vier Fassungen erhalten); in den verschiedenen Formen der Kleinepik sowie in der Sangspruch-Lyrik. Die mhd. Kleinepik kennt seit dem →Stricker (Anfang 13. Jh.) verschiedene Techniken der S. (→»Bîspel«, d. h. Erzählung mit anschließender Ausdeutung; →Fabel; Traktat; satir. Zuspitzung in den Erzählungen selbst); dies setzt sich in den späteren →Schwänken und im →Fastnachtspiel fort. Die auch im dt. MA beliebten Gattungen der Didaxe (→Ständedidaxe, -satire) griffen insgesamt, aber mit unterschiedl. Intensität, zu Elementen der Satire. →Walther v. der Vogelweide (Anfang 13. Jh.) verwendete als erster das wirksame Mittel der S. für polit. Zwecke, wobei einzelne Strophen Meisterstücke agitator. →Schmähdichtung sind. Wirkungsvolle S. gegen Ideologie und Praxis der Kreuzzüge (→Kreuzzugsdichtung, III) findet sich wenig später (1. Hälfte 13. Jh.) – neben Neidhart – bei →Tannhäuser (Lied XIII) und in den »Akkon-Sprüchen« des →Freidank; vielen Autoren der mhd. polit. Lyrik (→Polit. Dichtung) wie etwa →Reimar v. Zweter oder Bruder →Wernher im 13. Jh. oder später →Oswald v. Wolkenstein sind eindrucksvolle Beispiele polit. S. gelungen, so etwa Wernhers polit. Fabel-Strophe (63), Reimars Lügen-Strophe über den 'Kürschner' von Venedig (145) oder Oswalds Lieder über das Konstanzer Konzil bzw. eine Südfrankreich-Mission (45, 123; 19). Eine zusammenfassende Darstellung der satir. Dichtung im dt. MA fehlt noch. U. Müller

Lit.: K. LAZAROWICZ, Verkehrte Welt. Vorstudien zu einer Gesch. der dt. S., 1963 – U. GAIER, S. Studien zu Neidhart, Wittenweiler, Brant und zur satir. Schreibart, 1967 – L. OKKEN–H. D. MÜCK, Die satir. Lieder Oswalds v. Wolkenstein wider die Bauern, 1981 – G. SCHWEIKLE, Neidhart, 1990.

V. ENGLISCHE LITERATUR: S.n auf die Geistlichkeit allg. oder auf einzelne Gruppen, insbes. auf Bettelmönche (Ind. 871, 2663, 2777 etc.) und später auf →Lollarden (Ind. 1926; →Hoccleves »Address to Sir John Oldcastle«; die Dreierkette des in Vers und Prosa gehaltenen Streits zw. →»Jack Upland« und »Friar Daw« [c. 1390–c. 1450]), sind seit frühme. Zeit vorhanden. In →»Pierce the Plowman's Crede« (Ind. 663) sind sie in einen narrativen Rahmen gestellt. Dabei bedient man sich häufig des Wortspiels oder, wie im Gedicht gegen die Karmeliter von Cambridge (Ind. 808; vgl. 871), makkaron. Formen. Goliardenhafte Züge weist u. a. die sog. »S. on the People of Kildare« (Ind. 1078) auf. Kurze Gedichte wie »Against Lazy Clerics« (Ind. 1935; vgl. auch »Tutivillus«, Ind. 3812) zeigen Verbindung zur Exempellit. (hier zum →»Fasciculus Morum«; →Exempel, III). Die S. wird auch in die Tierfabel gekleidet (»Fox and the Wolf«; »A Song on the Times«, Ind. 4144; →Fabel, V; →Henryson). Das Thema der →Simonie (bereits früh in Ind. 4085 behandelt) kulminiert in →Langlands »Piers Plowman« in der Figur der Lady Meed. Die Gelds. im engeren Sinn findet sich in den Gedichten auf »Sir Penny« (Ind. 1480, 2747) sowie, verbunden mit Angriffen auf die Juristen, in dem früher →Lydgate (vgl. dessen simple S.n) zugeschriebenen »London Lickpenny« (Ind. 3759) und in der »S. on the Consistory Courts« (Ind. 2287). In »On the Evil Times of Edward II« aus dem frühen 14. Jh. (Ind. 4165; spätere Red.: Ind. 1992) ist sie in den Rahmen der Ständes. gesetzt, die auch →Chaucers »General Prologue« der »Canterbury Tales« zugrundeliegt (vgl. Langland, →Gower). Die Bauerns. geht dabei in den →Schwank über. Einer der Vorläufer der Ständes. ist die früh verbreitete religiös-moral. S. (die wie →Mannyngs »Handlyng Synne« oder Langlands »Piers Plowman« der →Predigtlit. [B. V] und der Todsündenlit. verpflichtet ist). Dabei wird oftmals die Grenze zur Zeitklage (der duodecim abusiva saeculi und dgl.) überschritten (vgl. auch die polit. aktualisierten »Sayings of the Four Philosophers«, Ind. 1857). Die mit der Ständes. verwandte Frauens. ist durch Chaucers »Prolog« der Frau v. Bath und →Dunbars »Tretys« bekannt, sie versucht aber auch als →Streitgedicht (»Merle and Nichtingall«) oder →carol. Mode (Ind. 1974, 4255) und Verschwendung (Ind. 2649) werden auch separat angeprangert. Die (in der anglonorm. und anglolat. Lit.) schon früh heim. polit. S., oftmals mit sozialer S. gekoppelt, hat ihre Höhepunkte in der Alliterationsdichtung (→Alliteration, C. IV): →»Winner and Waster« (Eduard III.), Prolog von »Piers Plowman« (B; Krönung Richards II.), →»Mum and the Sothsegger« (Heinrich IV.; →Fürstenspiegel, B. II) und G. →Douglas' Prolog zum 8. Buch seiner »Eneydos«. →Schmähdichtung. K. Bitterling

Bibliogr.: ManualME 5. XIII, 1975; 6. XIV, 1980, 382–397 – C. BROWN–R. H. ROBBINS, The Ind. of ME Verse, 1943 [Suppl., 1954] – Lit.: S. M. TUCKER, Verse-S. in England before the Renaissance, 1908 – G. R. OWST, Lit. and Pulpit in Medieval England, 1933, 1961² – F. L. UTLEY, The Crooked Rib, 1944 – J. A. YUNCK, The Lineage of Lady Meed, 1963 – J. MANN, Chaucer and Medieval Estate S., 1973 – Die engl. S., ed. W. WEISS, 1982 – P. MILLER, J. Gower, Satiric Poet (G.'s Confessio Amantis..., ed. A. J. MINNIS, 1983), 79–105 – P. R. SZITTYA, The Antifraternal Tradition in Medieval Lit., 1986 – J. A. YUNCK, S. (A Companion to 'Piers Plowman', ed. J. A. ALFORD, 1988), 135–154.

VI. SKANDINAVISCHE LITERATUR: Die altwestnord. Lit. kennt die S. als Gattung nicht, dennoch weisen etliche Werke satirische Züge auf. So sind die Eddalieder →»Thrýmskviða«, →»Lokasenna« und »Harbarðsljóð« ihrer Anlage nach satirisch, wenn auch mangels sicherer Altersbestimmung der Lieder keineswegs klar ist, wie die (hier gegen germ. Götter gerichtete) S. religionsphänomenologisch einzuordnen ist. Gerade die »Lokasenna« zeigt auch die Überschneidungen mit der einheimischen Spott- und →Schmähdichtung (Nið), die allerdings weiter geht als die Satire. Eine späte Ausformung altnord. S. in gebundener Sprache findet sich in »Heimsósómar« ('Welt-Schanden'; der Titel folgt der island. Übersetzung der lat. →»De duodecim abusivis saeculi«), einem Gedicht des ansonsten unbekannten Dichters Skáld-Sveinn vom Ende des 15. Jh. In Prosa bilden sowohl die »Bandamanna saga« als auch der »Qlkofra Þáttr« satir. Gegenstücke zu anderen mehr heroischen Darstellungen des island. Godentums (→Gode) und sind schon damit als Specula auf die Zustände im Island des 13. Jh. interpretierbar. Daß dagegen die »Fóstbrœðra saga« als Satire auf heldische Ideale angelegt ist, wird zwar bestritten, doch hat sich Halldór Laxness im darauf beruhenden Roman »Gerpla« (1952) dieser Lesart angeschlossen. Erst im 14. Jh. entstand die »Tristrams saga ok Isoddar«, eine island. Bearbeitung der älteren »Tristram saga ok Isöndar« (→Tristan), die mit ihrer Vorlage satirisch umzugehen scheint. – Echte S.n, und dann bes. solche mit deutlich antikatholischer Tendenz, setzen erst im nachreformator. Skandinavien ein. R. Simek

Lit.: KL XV, 43–46 [H. A. DOCTOR, H. H. RONGE] – P. SCHACH, The Saga af Tristram ok Ísodd: Summary or S.?, MLQ 21, 1960, 336–352 – H. M. HEINRICHS, Die Satirisch-parodist. Züge in der Thrymskviða (Fschr. H. EGGERS, 1972), 501–510 – M. E. KALINKE, The Saga of Tristram ok Isodd: A Parody of Arthurian Romance, Bull. bibl. Soc. intern. arturienne 31, 1979, 280 – H. KRESS, Bróklindi Falgeirs. Fóstbrœðrasaga og hlárnmenning miðalda, Skíturir 161, 1987, 271–286 – R. SIMEK, Ein Saga-Anti-Held (Fschr. O. GSCHWANTLER, 1990), 395–409.

Satisfactio → Genugtuung

Satisfaktionstheorie, die von →Anselm v. Canterbury in »Cur deus homo« (1098 vollendet) entwickelte Lehre, mit der Anselm die Menschwerdung Gottes und die Erlösung des Menschen durch den fleischgewordenen und sterbenden Gott als heilsnotwendig (im Sinne des theol. Programms Anselms) zu erweisen sucht: Durch die Sünde hat der Mensch Gottes Ehre geschändet und ihm damit das einzige verweigert, wozu er Gott gegenüber verpflichtet ist, die freie Unterordnung und Hingabe des Willens. »Nichts aber ist in der Schöpfungsordnung unerträglicher, als wenn das Geschöpf dem Schöpfer die schuldige Ehre verweigert, nicht erstattet, was es raubt« (Cur deus homo 1, 13; Op. omnia II, 71, 7f., hg. F. S. SCHMITT, 1970³). Angesichts der Gerechtigkeit Gottes können nur unendl. Genugtuung (satisfactio) oder ewige Verwerfung (poena) die unendliche Schuld tilgen und den ordo wiederherstellen (I, 15). Da poena angesichts der Barmherzigkeit Gottes ausscheidet, vermag nur die frei geleistete Genugtuung von unendl. Wert die Schöpfung wieder in Ordnung zu bringen und die verletzte Ehre Gottes wiederherzustellen. Diese satisfactio kann aber der Sünder-Mensch nicht leisten. Was er leisten müßte, aber nur Gott zu leisten vermag, hat tatsächl. der Gott-Mensch-Jesus Christus geleistet (ebd. 2, 7). Durch die S. wird die »Loskauftheorie« (Gott habe durch den Tod Jesu den Menschen vom Teufel »losgekauft«) abgelehnt und die Ehre Gottes im damaligen sozio-kulturellen Kontext als Garant gesellschaftl. Gerechtigkeits-, Freiheits- und Friedensordnung verstanden. Theol. darf nicht übersehen werden, daß für das Verständnis der S. der 'bibl.' Konnex von Gottes Wahrheit (Gerechtigkeit) und Barmherzigkeit (Liebe) konstitutiv ist (Proslogion c. 9) und die Auseinandersetzung mit der S. durchaus krit. rezipiert wurde (bei den Viktorinern, Alexander v. Hales, Bonaventura, Thomas v. Aquin, Martin Luther). M. Gerwing

Lit.: H. KESSLER, Die theol. Bedeutung des Todes Jesu, 1970 – R. HAUBST, Anselms S. einst und heute, ThZ 80, 1971, 88–109 – G. GRESHAKE, Erlösung und Freiheit, ThQ 153, 1973, 323–345 – H. W. v. BALTHASAR, Herrlichkeit, 1982 – G. GÄDE, Eine andere Barmherzigkeit. Zum Verständnis der Erlösungslehre Anselms v. Canterbury, 1989 – G. PLASGER, Die Not-Wendigkeit der Gerechtigkeit. Eine Interpretation zu »Cur deus homo« von Anselm v. Canterbury, BGThMA 38, 1993.

Satorformel, bekanntester Vertreter für das aus Buchstaben oder Zahlen bestehende →»magische Quadrat«. Die in fünf mal fünf Felder eingeteilte Formel »SATOR AREPO TENET OPERA ROTAS« begegnet vor 79 n. Chr. in Pompeji sowie in der 1. Hälfte des 3. Jh. in Dura Europos. Die weite Verbreitung wird aus ägypt. und kopt. Zauberpapyri, ferner aus frühchr.-byz. und kleinasiat. Bronzeamuletten des 3. bis 6. Jh. deutlich, auf denen die Buchstabenreihe bereits mit Kreuz, Chrismon und Fischsymbol verbunden ist. Die nachweisl. in vorchr. Zeit enstandene Kombination, die mit griech. und lat. Buchstaben, im ma. Skandinavien auch mit Runen geschrieben werden kann, entzieht sich bis heute einer befriedigenden Deutung. Daß das »Teufelslatein« überhaupt einen Sinn besaß, verneinte etwa Athanasius Kircher in seiner »Arithmologia« (Rom 1665). Als Palindrom ist die S. in ident. Form vor- und rückwärts zu lesen, als Anagramm ergibt sie z. B. den Satz »Pater, oro te, pereat Satan roso«. Die abendländ. Tradition stellte sie in einen christolog. Bezug u. a. durch Anordnung der Buchstaben in lat. Kreuzform und Betonung von A und Ω in Anfang- und Endstellung (A PATER NOSTER O). Man sah in ihr auch die Namen der fünf Nägel des Kreuzes Christi. Übersetzungsversuche wie »Der Sämann Arepo leitet mit seiner Hand den Pflug«, »[...] hält mit Mühe die Räder« oder – in theosoph. Auslegung – »Der Schöpfer (Sämann) hält seine Werke (fest)« bereiten erhebliche philolog. Schwierigkeiten, bewegen sich wie Herleitungen aus Ciceros Schrift »De natura deorum« (II, 34: »Omnium autem rerum, quae natura administrantur seminator et sator«), aus dem Kelt. (»saothar araba ten neath o bear o rod dea«), dem Hebr. (»seter rosh pinna nahash«) oder der (kabbalist.) Zahlensymbolik auf unsicherem Boden und erweisen sich meist als nachträgl. theol., magiolog. oder esoter. Spekulationen. Obwohl mag. Quadrate in der Kunst des MA nur eine untergeordnete Rolle spielen (z. B. Zahlenquadrat in Dürers »Melancholie I«, 1517), taucht die S. gelegentl. in christolog. Zusammenhang auf (z. B. Mosaikfußboden in Pieve Terzagni bei Cremona, 11. Jh.). Seit dem 15. Jh. findet sie mehr und mehr als Amulett in mag.-apotropäischer Funktion (Brandlöschung, Behexung, Tollwut) Anwendung. Ch. Daxelmüller

Lit.: s. a. →Amulett – LCI III, 485 – LThK² IX, 343f. – S. SELIGMANN, Hess. Bll. für VK 20, 1921, 1–14 – V. ZATZMANN, ebd. 24, 1925, 98–105 – C. BONNER, Studies in Magical Amulets, 1950 – F. C. ENDRES, Mystik und Magie der Zahlen, 1951 – S. EURINGER, HJb 71, 1952, 334–353 – H. HOMMEL, »Schöpfer und Erhalter«, 1956 – R. FONCKE, ZVK 53, 1956/57, 196–203 – D. FISHWICK, The Harvard Theol. Rev. 57, 1964, 39–53 – D. HARMENING, JbV 1, 1978, 67–80 – J. MASSENKEIL, ÖZVK 82, 1979, 145–150.

Sattel. Die Völker des Alten Orients und die Griechen verwendeten nur S. decken, die Römer S. decken mit vier eingearbeiteten Stützhörnern für einen besseren Sitz. Der eigtl. S. wurde in vorchr. Zeit von Steppenvölkern erfunden. Er bestand aus zwei zusammenhängenden Kissen, allenfalls versteift durch einen vorderen und einen hinteren hölzernen S. bogen. Vom 4.–6. Jh. n. Chr. entstand in Ostasien ein neuer S. mit hohem Vorder- und Hintersteg. Dieser »Krippen-S.« aus Sitzkissen, Vorder- und Hintersteg sowie S. blättern kam im 6. Jh. durch die →Avaren nach Europa und hat sich im weiteren MA nur wenig verändert. Oriental. S. hatten bisweilen einen mehr liegenden, schalenförmigen Hintersteg. O. Gamber

Lit.: W. BOEHEIM, Hb. der Waffenkunde, 1890 – C. URAY-KÖHALMI, Le Périodisation de l'Hist. des Armements des Nomades du Steppes, Études Mongoles 5, 1974.

Sattelbleche, eiserne Verstärkung des spätma. Kriegssattels (Kürißsattel), in der Regel aus drei überlappenden Blechen für den Vordersteg und zwei für den Hintersteg bestehend. O. Gamber

Sattler. Seit den Karolingern gehörte die S. (lat. ephippiarius, sellarius, sellator, sellifex, stratarius) zum Hofhandwerk, er verfertigte Reit-, Trag- und Packsättel sowie Geschirre. V. a. bei Turniersätteln wurden die hölzernen Sattelbäume mit aufwendigen Lederarbeiten und -polsterungen überzogen. Ähnlich arbeiteten die zunftverwandten Schild(er)macher, die sich nach dem Aufkommen der Feuerwaffen ganz auf die S. arbeit verlegten, mit →Leder und Holz. Etwa zeitgleich bildete sich der Beruf der →Riemenschneider heraus, die sich auf das Riemenwerk spezialisierten, während die S. weiterhin →Sattel und →Kummet herstellten. S. waren meist in der Lage, auch Riemerarbeit zu betreiben, nicht jedoch umgekehrt. 1397 erhielten die S. und *Kumt-* oder *Hamenmacher* in Köln jeweils eigene Amtsbriefe, in Frankfurt a. M. wurden 1463 *seddeler und kommeder,* in Nürnberg im 16. Jh. S. und Zaummacher als eigene Berufe genannt. Ein neues Arbeitsgebiet ergab sich für die S. beim Bau von →Wagen: seit dem 14. Jh. wurden in Ungarn, später auch in W-Europa, Kutschen mit einem an Gurten aufgehängten Kasten gebaut. Diese Aufhängung sowie lederne Abdeckungen und Polsterungen besorgten S. Durch weitere Differenzierung der Sattlerei entwickelten sich neue Berufe: die Nestler, die u. a. Lederschnüre herstellten, die Taschner, Beutler und Säckler, die Tapezierer und Polsterer, deren Werkstoff ebenfalls das Leder war. S. gerbten selbst (→Gerber), wobei sie eine große Vielfalt von Lederarten verwandten. Charakterist. Werkzeuge waren der S. mond, ein gestieltes halbmondförmiges Messer, das S. roß, ein Nähkloben als Unterlage, Kummetstöcke als Modelle für den Pferdehals, Ahlen, Locheisen und Prägestöcke für Verzierungen und Punzierungen. R. S. Elkar

Lit.: →Handwerk – H. BARTENSTEIN, Das Ledergewerbe im MA in Köln, Lübeck und Frankfurt, 1920 – W. WEWENZER, Gesch. des S. gewerbes, 1926 – E. ELSTERMANN, Die Lederarbeiten in Bremen,

1941 – P. BROUCEK, Gesch. des Wiener Riemergewerbes, 1961 – L. TARR, Karren, Kutsche, Karosse, 1978 – Lex. des alten Handwerks, hg. R. REITH, 1990.

Saturei (Satureja hortensis L./Labiatae). Der Name *satureia* bezeichnete im MA v. a. das Bohnen- oder Pfefferkraut, das man allerdings gelegentl. mit anderen aromat. Lippenblütlern, wie z. B. dem →Thymian bzw. Quendel, verwechselte. Die S. wurde in Italien schon in der Antike zu Würzzwecken genutzt und findet sich bereits in der Karolingerzeit in ma. Gärten ('Capitulare de villis' [70]). Die Ableitung des Namens von lat. satyrus ist unsicher, wenngleich die *saturegia* (Albertus Magnus, De veget. VI, 449), die auch *veltisp* (Feldysop) hieß (Konrad v. Megenberg V, 73), als Aphrodisiacum galt. Schwangere sollten die Pflanze meiden, die med. etwa gegen Gicht (Hildegard v. Bingen, Phys. I, 155) oder Ohnmachtsanfälle (Gart, Kap. 384) verwendet wurde. U. Stoll

Lit.: MARZELL IV, 124–132 – H. KÜSTER, Wo der Pfeffer wächst. Ein Lex. zur Kulturgesch. der Gewürze, 1987, 42–44.

Saturn → Planeten

Saturninus, hl. (frz. Saturnin, Sernin), 1. Bf. und Patron v. →Toulouse, † um 250 als Märtyrer der Christenverfolgung des Ks.s Decius (auf den Stufen des Kapitols seiner Heimatstadt von einem Stier zu Tode geschleift), ⊐ in der vorstädt. Nekropole an der Straße nach Cahors. Einer seiner Nachfolger, Bf. Hilarius, ließ über seinem Grab ein Oratorium aus Holz errichten (2. Hälfte des 4. Jh.), das später unter dem Namen St-Saturnin-du-Taur (ab 16. Jh.: N.-D.-du-Taur) bekannt war. Am Ende des 4. Jh. unternahm Bf. Silvius die Errichtung einer Basilika, vollendet von seinem Nachfolger Exuperius, der hierhin um 400 die Reliquien des Hl.n transferierte (heute die mächtige roman. Kirche St-Sernin). – Eine ursprgl. 'Passio' in rhythmisierter Prosa wurde im 5. Jh. verfaßt und im ganzen →Westgotenreich verbreitet (BHL 7495–7496), ein wichtiges Zeugnis der Anfänge des Christentums in Gallien. Erwähnungen bei Caesarius v. Arles und Gregor v. Tours (BHL 7501) trugen zur Stilisierung des S. als Apostel bei. Zahlreiche legendar. Ausweitungen wurden seit der Karolingerzeit seiner Vita hinzugefügt: interpolierte 'Passio' (uned.) der 2. Hälfte des 9. Jh., 'Gesta' um 900 (BHL 7507–7507 c), gereimte 'Passio' 912/926 (BHL 7503–7504).

Verbreitet war der Kult des hl. S. bereits im Spanien des 5. Jh. (zwei eigene Messen im westgot. Missale) und im Gallien des 6. Jh. (BHL 7501–7502); die Lage von Toulouse im Schnittpunkt der großen Pilgerwege förderte die weitere starke Kultverbreitung bes. in Frankreich und Spanien, konnte aber einen gewissen Rückgang seit dem 11. Jh. nicht verhindern. 1258 erfolgte eine zweite Inventio der Reliquien, 1283 ihre Translation. Reliquiar aus vergoldetem Silber (13. Jh.). Feste im Mart. Hieron. am 29. Nov. (Tod) und 30. Okt. (Translatio). J.-C. Poulin

Lit.: Bibl. SS XI, 673–681 – E. GRIFFE, La Gaule chrétienne à l'époque romaine, 1: Des origines chrétiennes à la fin du IVe s. [1964[2]], 395–402 – M. LABROUSSE, Toulouse antique, des origines à l'établissement des Wisigoths, 1968, 417–429, 546–566 – A.-V. GILLES, L'évolution de l'hagiographie de saint S. de Toulouse et son influence sur la liturgie, Liturgie et musique (IXe–XIVe s.), 1982, 359–379 (Cahiers de Fanjeaux 17).

Satzung, im Ahd. noch nicht belegt, tritt erst mhd. (13. Jh.) auf; mhd. *setzunge* bedeutet in erster Linie 'das Setzen', aber auch 'Setzung', 'Festsetzung', 'gesetzl. Bestimmung', 'Vertrag', 'Testament', 'Verhaftung', 'Übergabe eines Pfandes', 'Pfand'. Soweit es in Übersetzungsgleichungen erscheint, gibt es hauptsächl. lat. constitutio wieder, daneben auch positio und verhältnismäßig spät plebiscitum. – In der rechtsgeschichtl. Lit. wird S. zunächst als eine Art Regel, welche sich eine Gemeinschaft selbst gegeben hat, verstanden und dementsprechend vom göttl. und natürl. Recht als ungesetztem Recht einerseits und vom einseitigen Herrscherbefehl andererseits geschieden. Hiervon vermag die Abtrennung der ledigl. einseitig durch Herrscherbefehl zur Geltung gebrachten Regel angesichts der engen, auffälligen Verbindung zu lat. constitutio nicht zu überzeugen. Dem entspricht es, daß die S. keineswegs nur die an ihrem Erlaß unmittelbar Beteiligten selbst bindet, sondern über diese hinausreichend allgemeiner ordnet. Im SpätMA begegnet die S. in Stadt und Land häufig. Z. T. überführt sie dabei das bestehende Recht nur in eine neue Erscheinungsform bzw. in einen anderen Geltungsgrund. In weitem Umfang setzt die S. aber auch ganz bewußt neues Recht fest. – In einem eingeschränkteren Sinn wird unter S. auch das vertragl. begründete Liegenschaftspfandrecht verstanden (→Pfand, II). Dabei ist die sog. ältere S. ein Geschäft, bei welchem der Pfandgegenstand in die leibl. →Gewere des Pfandgläubigers gegeben (gesetzt) wurde. Dagegen behielt bei der sog. jüngeren S. der Schuldner den Pfandgegenstand in seiner leibl. Gewere, und der Gläubiger erhielt ledigl. eine anwartschaftl. Gewere. G. Köbler

Lit.: KLUGE[22], 619 – LEXER, Mhd. Hwb., II, 1876, 616 – R. HÜBNER, Grundzüge des dt. Privatrechts, 1930[5], 402ff., 469ff. – W. EBEL, Gesch. der Gesetzgebung in Dtl., 1958[2] – R. SCHULZE, Gesch. der neueren vorkonstitutionellen Gesetzgebung, ZRGGermAbt 98, 1981, 157ff. – B. DIESTELKAMP, Einige Beobachtungen zur Gesch. des Gesetzes in vorkonstitutioneller Zeit, ZHF 10, 1983, 385ff. – G. KÖBLER, Dt. etymolog. Rechtswb., s.v. S. [im Dr.].

Sauchieburn, Schlacht v., fand am 11. Juni 1488 zw. einem kgl. Heer unter der Führung des schott. Kg.s Jakob III. und einer aufständ. Streitmacht unter der Befehlsgewalt des ältesten Kg.ssohnes statt, der nach der Schlacht als Jakob IV. den Thron bestieg. Eine bedeutende Adelsgruppe, die sich unter der Führung der Earls v. →Oengus (Angus) und Argyll in den späten 80er Jahren des 15. Jh. gegen die willkürl. Herrschaft des Kg.s erhoben hatte, nahm den 1473 geborenen Thronerben in ihre Obhut und brachte ihn nach →Stirling Castle. Der Kg., der sich weder der Unterstützung der n. Earls vergewisserte noch versuchte, sich seines Sohnes zu bemächtigen, trat der größeren Streitmacht der Rebellen mit einem kleinen Heer entgegen und erlitt eine entscheidende Niederlage. Er wurde – wahrscheinl. bei einem Fluchtversuch – getötet. Einzelheiten über den Verlauf der Schlacht sind nicht bekannt. G. W. S. Barrow

Lit.: N. MACDOUGALL, James III: a Political Study, 1982.

Saucourt-en-Vimeu, Ort in der Picardie (dép. Somme), unweit der Sommemündung, am 3. Aug. 881 Schauplatz der siegreichen Schlacht des jungen westfrk. Kg.s →Ludwig III. gegen einen Verband des großen Normannenheeres (→Normannen), das seit 879 die nördl. Gebiete der →Francia verwüstete und seine Raubzüge bis →Beauvais ausdehnte. Nach den Annalen v. St-Vaast (Arras) begann die Schlacht mit einem Ausfall der in der 'villa Sathulcurtis' eingeschlossenen Normannen, welche die verängstigten Franken in die Flucht trieben, bis Kg. Ludwig mit kühner Tapferkeit das Steuer herumriß und seine Truppen wieder in den Kampf führte. Nur um die hundert Franken sollen gefallen sein, wohingegen nach den (übertreibenden) Angaben der Fuldaer Annalen 8–9000 Normannen getötet worden seien. →Hinkmar v. Reims schmälert dagegen in den →Annalen v. St-Bertin infolge seiner oppositionellen Haltung die Leistung Ludwigs. Ein ahd. Epos, das →Ludwigslied, feiert den Sieg des jungen Karolingers und gibt den auf eine Regeneration des Reiches gerichteten Hoffnungen der aristokrat. Gruppierung um Erzkanzler →Gauzlin Ausdruck. Ludwig, der nach seinem Sieg die Befestigung v. Etrun errichten ließ, konnte die Normannen zu einem leichten Rückzug zwingen. Weiterreichende polit. Folgen hat S. aber nicht gehabt, zumal Ludwig schon ein Jahr darauf (5. Aug. 882) verstarb. A. Renoux

Lit.: D. YEANDLE, The Ludwigslied: King, Church and Context, 1989 – →Ludwig III. (6. L.), →Ludwigslied.

Saul, erster Kg. Israels, Biographie in 1 Sam 9–31. Wegen seines Ungehorsams von Gott verworfen, so daß Samuel, der ihn gesalbt hatte, nunmehr →David als seinen Nachfolger salbte. Von Kap. 16 an ist 1 Sam durch die Feindschaft S.s gegen David geprägt, die mit S.s Selbstmord endet (31, 4; in 2 Sam 1, 6–10 als Tötung auf Verlangen berichtet). Der verworfene S. und der erwählte David wurden in der Lit. seit Isidor v. Sevilla (MPL 83, 112) als Bilder für die Verwerfung der Juden und für Christus verwendet, Ungehorsam und Selbstmord S.s als Exempla des Hochmuts (z. B. KATZENELLENBOGEN, 57). Darstellungen aus der Gesch. S.s finden sich, meist verbunden mit Davidszenen, überwiegend in der Buchmalerei; frühester Beleg: Quedlinburger Itala (→Buchmalerei). Dasselbe gilt auch für die typolog. Verwendung von S.szenen: →Bible moralisée, →Biblia Pauperum, →Concordantia caritatis, →Speculum humanae salvationis. Beispiele in anderen Kunstgattungen sind seltener (z. B. Malerei der Synagoge in →Dura-Europos, 3. Jh.; karol. Fresken in →Müstair; Glasmalerei Ste-Chapelle, Paris). Denkmälerverzeichnis: PAUL–BUSCH. J. Engemann

Lit.: →David–LCI IV, 50–54 [J. PAUL–W. BUSCH] – A. KATZENELLENBOGEN, Allegories of the Virtues and Vices in Medieval Art, 1964².

Säule

I. Westen – II. Byzanz.

I. WESTEN: S. (lat. columna), ein selbständiges, rundplast. Bauelement, das der Mauer als Stütze dient. Die S. besteht aus einer →Basis, die auf einem Sockel stehen kann, einem zumeist monolithen und sich häufig verjüngenden Schaft und einem →Kapitell. Basis und Kapitell haben die Aufgabe, von dem Fundament über eine Unterlagsplatte (Plinthe) bzw. von der entsprechenden Obermauer über den →Kämpfer auf den runden Querschnitt des Schaftes überzuleiten; der Kämpfer dient zumeist zur Verbreiterung des Auflagers für eine darüberliegende dicker dimensionierte Mauer; die S.n können hierfür auch verdoppelt sein (gekuppelt). Auch werden vier (St. Maria im Kapitol in Köln um 1040), seltener drei (Knechtsteden um 1150) oder auch mehrere S.n zu einer engen Gruppe verbunden (Bündels.). Der S. können in der frühen Gotik in Frankreich auch Halb- oder Dreiviertels.n vorgestellt werden (Laon, Reims, Amiens; fälschl. kantonierter Pfeiler genannt), die ab 1220 durch Verschmelzen der Kapitelle zu Rundpfeilern mit Vorlagen (Gliederpfeiler) werden (Reims), auch mit achteckigem Querschnitt (Chartres). In der Vita Hugos I., Bf.s v. Lincoln, werden im Chor der 1186–1220 erbauten Kathedrale v. Lincoln die S.n, die wie ein Rundpfeiler mit gewirtelten Säulchen umstellt sind, beschrieben: »Inde columnellae, quae sic cinxere columnas, ut videantur ibi quandam celebrare choream« ('Säulchen, die so die S.n umgeben, daß sie dort eine Art Reigentanz zu feiern scheinen').

Die S. kann, wie der Pfeiler, auch als Halb- oder Dreiviertels. der Mauer vorgelegt werden (Wands., S.nvorlage); bei rechteckigem Schaft spricht man von Pilaster (bei Alberti columna quadrangula genannt), bei großer Länge und geringem Querschnitt von Dienst. Das Interkolumnium bezeichnen den Abstand von S.nachse zu S.nachse (nach Vitruv jedoch der lichte Abstand zw. zwei S.n).

Der Schaft, auch Rumpf genannt, ist normalerweise monolith, vereinzelt sogar mit Basis und Kapitell aus einem Stein gearbeitet; seltener ist der Schaft aus zylindr. Einzelstücken (S.ntrommeln) zusammengesetzt. Der Schaft verjüngt sich nach oben zum Hals mehr oder weniger. In halber Höhe, seltener auch mehrfach, kann eine ringförmige Unterbrechung eingesetzt sein (Bund, Schaftring, Wirtel). Eine Verdickung in Drittelhöhe (Entasis) ist sehr selten. Der Schaft ist normalerweise rund und glatt, bisweilen auch achteckig oder aus vier dünnen, wulstartigen Schäften gedreht oder geknotet (Knotens.). Darüber hinaus kann er mit reliefartigen oder aufgemalten Ornamenten verziert sein, in der Romanik häufig mit Rauten und Zickzack, ferner mit Kanneluren bei roman. Bauten in Südfrankreich, bes. in Burgund. Die Verwendung der S.n als Stützenreihe ist in der antiken Architektur im Innenraum wie am Außenbau weit verbreitet und bleibt bis in sal. Zeit (11. Jh.) im Kirchenbau neben Pfeilern üblich. In Italien, bei den Cluniazensern und Hirsauern am Oberrhein und in Sachsen bleiben sie bis ins 11. und 12. Jh. beliebt. Im 11. Jh. bildet sich ein regelmäßiger Wechsel von Pfeiler und S. heraus (Stützenwechsel), in Sachsen auch von Pfeiler und zwei S.n (sächs. Stützenwechsel). In Chorumgängen werden bis in die Gotik vornehml. S.n verwendet.

In der zeitgenöss. Architekturikonologie werden die S.n als Apostel und Propheten interpretiert, die die ecclesia tragen, entsprechend dem Paulus-Brief an die Epheser, z. B. in dem »Libellus de consecratione« des Abtes Suger v. St-Denis (1145–51) auf den Chor von St-Denis bezogen: »Medium quippe duodecim collumpne duodenarium Apostolorum exponentes numerum, secundario vero totidem alarum columpne Prophetarum numerum significantes ...« (In der Mitte nämlich erhoben sich 12 S.n, die Zahl der 12 Apostel vorstellend, in zweiter Linie aber ebenso viele S.n der Seitenschiffe, die Zahl der Propheten bezeichnend). Entsprechend wurden Reliquien in die S.nkapitelle eingeschlossen (St. Michael und St. Godehard in Hildesheim, Magdeburger Dom). G. Binding

Lit.: Lex d. Kunst IV, 1977, 314–318 – E. FORSSMAN, S. und Ornament, 1956 – R. STROBEL, Die S. in der otton.-roman. Baukunst Regensburgs [Diss. Erlangen 1959] – H. KELLER, Reliquien in Architekturteilen beigesetzt (Beitr. zur Kunst des MA [Fschr. H. WENTZEL, hg. R. BECKSMANN–U. D. KORN, 1975]), 105–114 – G. BINDING, Architekton. Formenlehre, 1987² – →Kapitell.

II. BYZANZ: In der Sakral- (v. a. Basilika) wie Profanarchitektur (z. B. S.nstraßen) führt die frühchristl. und byz. Architektur des Ostens nahtlos die hellenist. und spätantike Tradition in der Verwendung von S.n weiter. Dabei trifft man in beiden Bereichen sowohl Spolien wie neu gearbeitete Schäfte, zunehmend ohne Entasis wie unabhängig von den alten Ordnungen, an. Im weiteren Verlauf der byz. Zeit nimmt die Spolienverwendung zu. Die Zusammenfassung der Kolonnadenreihen durch Architrave geht im 6. Jh. zu Ende; Arkaden werden zur Regel. Beliebt werden (gewissermaßen als Teile der alten Kolonnadenreihen) Zweier- und Dreierarkaden (Dibela bzw. Tribela gen.) mit S.n, die häufig durch »übergreifende« Arkaden oder Bögen gruppiert sind als in sich gliederte wie gliedernde Elemente, die für Ein- und Durchgänge wie Fenster bzw. Fenstergruppen verwendet werden. In denselben Zusammenhang gehört die Integration von S.n- und Pfeilerstellungen (sog. Stützenwechsel) bei Atrien (H. Sophia und H. Eirene in Konstantinopel) oder auch in basilikalen Innenräumen (H. Demetrios in Thessalonike). Von bes. Gewicht ist die Wiedergewinnung der tragenden Funktion der S. bei der sog. Kreuzkuppelkirche, wo vier freigestellte S.n die Vierungsbögen und damit die aufliegende Kuppel tragen. Die beliebte Verwendung von verschiedenfarbigen S.n zur Verdeutlichung von Struktur oder Rhythmus der Architektur bleibt erhalten. M. Restle

Saule (Schaulen), **Schlacht v.** (22. Sept. 1236). Die leichtbewaffneten →Litauer und →Semgallen stießen im nordwestl. →Schemaiten am 22. Sept. auf die gepanzerten Ritter des →Schwertbrüderordens, deren Aktionsfähigkeit auf dem nassen Moorboden reduziert war. Wenn auch der Schwertbrüderorden und die ihn unterstützenden →Livländer nicht völlig aufgerieben wurden, so dürfte die noch verbleibende knappe Hälfte der Streitmacht den Fortbestand des Ordens nicht mehr garantiert haben, obwohl er zunächst noch in der Lage war, die Düna-Linie, die Stadt→Riga und die Landesburgen zu verteidigen. Für den gefallenen Meister Volkwin übernahm Rudolf v. Kassel die Leitung des Ordens. Die Niederlage lud die Litauer zu weiteren Angriffen ein, um den Sieg gegen die eingeleitete Christianisierung zu nutzen, und beendete die Vorherrschaft des Schwertbrüderordens in Livland. Dessen unausweichl. Abhängigkeit, die sich durch die Vereinigung mit dem →Dt. Orden aufdrängte, um die Landbrücke nach →Preußen herzustellen, war nun vorgegeben. C. A. Lückerath

Lit.: Z. IVINSKIS, Saulės – Šiauliu kautynės 1236 m. ir. jų reikšme, Karo Archyvas VII, 1936, 1–56 – R. WITTRAM, Balt. Gesch., 1954 – Balt. Kirchengesch., hg. R. WITTRAM, 1956 – F. BENNINGHOVEN, Der Orden der Schwertbrüder, 1965, 340ff.

Säulenheilige → Styliten

Saumtiere. In Europa wurden Esel, Maulesel und Packpferde, in Nordafrika, in Südwest- und Zentralasien Kamele als S. gebraucht. Die Herkunft des Wortstamms 'Saum' (von gr. σάγμα – 'Packsattel', 'Traglast') und seine Verbreitung in den europ. Sprachen (spätlat. sagma, vulgärlat. sauma, it. *salma*, ags. *seam*, frz. *somme*, mhd. *soum*) weist nicht nur auf die bes. Nutzung der Tiere, sondern läßt auch bestimmte Packtechniken und deren Tradierung annehmen. In Spanien, Mittel- und Süditalien und dem Balkan waren Esel bzw. Maulesel das gewöhnl. Transportmittel, mit denen nur um die größeren Städte und in den Ebenen der Wagentransport konkurrierte; im Verkehr zw. Norditalien und Frankreich wurden sie, neben Pferden, z. T. nur für den Transport über den Alpenabschnitt verwendet. Nördl. der Alpen war der Gebrauch von S.n – gewöhnl. von Pferden – weniger verbreitet. Die Tragfähigkeit der Maultiere betrug – je nach ihrem Wuchs und den jahreszeitl. bedingten Schwierigkeiten des Geländes – zw. 98 kg und 163 kg, die Packpferde bis zu 195 kg, wobei die Last auf langen Strecken gewöhnl. vermindert wurde. Th. Szabó

Lit.: A. C. LEIGHTON, Transport and Communication in Early Medieval Europe a. d. 500–1100, 1972 – G. SOLDI RONDININI, Le vie transalpine del commercio milanese dal sec. XIII al XV (Felix olim Lombardia. Studi ... dedicati a G. MARTINI, 1978), 442–446 – H. DUBOIS, Techniques et coûts des transports terrestres en France aux XIVe et XVe s. (Trasporti e sviluppo economico sec. XIII–XVIII, ed. A. VANNINI MARX, 1986), 280f. – L. FRANGIONI, Milano fine Trecento. Il carteggio milanese dell' Archivio Datini in Prato, 1994, 138–142.

Saumur, Stadt in Westfrankreich, Anjou (dép. Maine-et-Loire), am linken Ufer der →Loire, bei der Einmündung des Thouet. Bereits in der Antike besiedelt (Loirebrücke, die aber während der Völkerwanderungszeit verfiel), gewann S. seit dem 10. Jh. Bedeutung als Sitz einer Burg der Gf.en v. →Blois, gelegen auf dreieckigem Bergsporn östl. des Thouet. 968 bewog Gf. Tedbald v. Blois die (exilierten) Mönche des infolge der Normanneninvasion verlassenen Kl. Mont-Glonne zur Ansiedlung am Fuße des Burghügels (→St-Florent 'le Vieil'). 1026 bemächtigte sich→Fulco Nerra v. Anjou (→Angers), der große Gegenspieler des Hauses Blois, gewaltsam der an einen Vasallen →Odos II. namens Gilduinus verlehnten Burg. Fulco siedelte die Mönche flußaufwärts an, bei den Höhlen v. St-Hilaire, und ließ dort eine neue Abtei errichten (St-Florent 'le Jeune' oder 'Mont-Glonne'), wohingegen St-Florent-le-Vieil zum bloßen →Priorat absank. Der aus S. verdrängte Gilduinus erhielt von Odo II. das neue Lehen Chaumont-sur-Loire. S. wurde dagegen dem Patrimonium der Gf.en v. Anjou einverleibt. Insgesamt profitierte S., auch wenn es 1068 einen verheerenden Angriff des Gf.en v. →Poitou erlitt, vom glanzvollen Aufstieg des Hauses Anjou. St-Florent, neben →Marmoutiers bei Tours die bedeutendste Abtei der Region, baute ein weitgespanntes Netz von Prioraten und Pfarrkirchen auf (im gesamten westfrz. Raum, nach der Übernahme des engl. Throns durch→Heinrich II. Plantagenêt auch in England) und war im späten 11. Jh. (unter Abt Sigo) eine wichtige Bildungsstätte. S. erfuhr lebhaften wirtschaftl. Aufschwung (Flußhandel, Fährverkehr, Zollrecht der Abtei; Straße durch das Loiretal und Nord-Süd-Verbindung von →Le Mans nach →Poitiers). 1162 errichtete die Stadt, auf Betreiben der Bürger und Ritter, eine hölzerne →Brücke über die Loire. Der Abt protestierte und erwirkte bei Kg. Heinrich II. das Recht, seinen Zoll als Brückenabgabe weiterhin zu erheben, doch mit der Auflage, eine Steinbrücke zu bauen. Diese wurde aber erst in der 2. Hälfte des 13. Jh. errichtet. 1203 wurde S. mit dem übrigen Anjou von →Philipp II. Augustus v. →Frankreich besetzt. Der frz. Kg. nahm hier 1214 die Lehnshuldigung der angevin. Herren entgegen. Die Stadt teilte im SpätMA das Geschick des Anjou und gehörte ztw. zur Krondomäne, ztw. zu den →Apanagen der frz. Prinzen. Das von →Ludwig I. v. Anjou um 1360 zur prunkvollen Residenz ausgebaute Schloß ist auf einer der berühmten Miniaturen der Brüder →Limburg (»Les Très riches Heures du duc de Berry«, 1413–16) dargestellt. S. geriet infolge des →Hundertjährigen Krieges in eine wirtschaftl. Krise, von der es sich erst im späten 15. Jh. allmählich erholte. G. Devailly

Lit.: BODIN, Recherches hist. sur la ville de S., 2 Bde, 1812 – J. BOUSSARD, Le gouvernement d'Henri II Plantagenêt, 1950 – O. GUILLOT, Le comte d'Anjou et son entourage au XIe s., 2 Bde, 1972 – M. LE MENÉ, Les campagnes angevines à la fin du MA, 1982.

Sauveté (lat. salvitas, salvatio; okzitan. *Salvetat*), charakterist. Siedelform in Südwestfrankreich, entstand einerseits auf der Grundlage ländl. Bevölkerungswachstums, andererseits als Fernwirkung der →Gottesfriedensbewegung. Die ältesten S.s sind seit 1020–40 belegt; die Gründungsphase großen Stils war aber die Zeit von der Mitte des 11. Jh. bis ins 1. Drittel des 12. Jh. Es handelte sich um Dorfsiedlungen von 'hospites' (*hôtes*), angelegt nach einem regelmäßigen Grundriß bei einer Abtei oder Kirche, unter dem Schutz (*sauvegarde*) des →Kreuzes (»infra cruces«). Die geistl. Institution, die als Gründer einer S. fungierte, hatte häufig einen lokalen weltl. Herrn als Partner. Jeder Grundbesitzer (*colon*) erhielt eine Hofstelle (→*casal*) von einheitl. Ausdehnung, für die ein Grundzins zu entrichten war. Manche dieser 'villages neufs' entstanden durch Rodung von Forstbezirken (ca. 40 Dörfer, gegr. zw. 1100 und 1120 im Forst v. Bouconne, Gft. →Comminges); etliche blühten als Etappenstationen an der Pilgerroute nach →Santiago de Compostela auf. Die meisten S.s blieben aber auf der Stufe bescheidener Dorfsiedlungen stehen und verloren seit dem 13. Jh. (manchmal schon früher) ihre Sonderrolle. Die Geschichtsforschung untersucht die Frage eines Zusammenhanges der S.s mit der kirchl. →Immunität und dem Phänomen geschlossener geistl. Bezirke (*enclos*), die, unter dem Schutz des kanon. Rechts stehend, vielfach im frühen 11. Jh. besiedelt wurden. Der Nachweis von 's.s castrales' (bei denen die Schirmherrschaft des Kreuzes durch den Schutz einer →Burg verdoppelt wurde) und die erneute Hinwendung zu städt. S.s bilden weitere Forschungsschwerpunkte. S. a. →Dorf; →Minderformen, städt.; →Bastide, →Burgus.

B. Cursente

Lit.: P. Ourliac, Les s.s du Comminges, Rec. Acad. Lég. 18, 1947, 23–147 – Ch. Higounet, Paysages et villages neufs du MA, 1975, passim – E. Magnou-Nortier, A l'origine de l'essor urbain et villageois (Les origines des libertés urbaines, 1990), 144–157 – G. Pradalie, Les s.s castrales, Annales du Midi 102, 1990, 29–34.

Sauxillanges, Abtei in Mittelfrankreich, Auvergne, Bm. →Clermont (dép. Puy-de-Dôme), alter gfl. Herrenhof (*curtis*), auf dem →Wilhelm d. Fr., Hzg. v. →Aquitanien und Gf. v. →Auvergne, 910 eine Kirche gründete. 927 setzte hier sein Neffe Acfred ein Dutzend Mönche ein, die von Anfang an →Cluny unterstanden; die (um die Mitte des 10. Jh. bestätigte) Abhängigkeit von Cluny wurde später bestritten (gefälschte Gründungsurkunde). Die häufig von den Äbten v. Cluny mitverwaltete Abtei wurde 1062 zu einem der vier großen cluniazens. →Priorate. Zw. der Mitte des 10. Jh. und dem Ende des 11. Jh. wurde die überkommene religiöse Topographie, die auf die gfl. Domäne zurückging, den Bedürfnissen der monast. Gemeinschaft angepaßt. Papst →Urban II. bestätigte 1095 anläßlich seines Aufenthaltes die Privilegien der Abtei und weihte eine Kirche.

Seit dem 11. Jh. entwickelte sich eine frühstädt. Siedlung, auf die Urban II. seinen Schutz ausdehnte; sie bestand aus zwei *faubourgs*, der eine bei der im 10. Jh. entstandenen Pfarrkirche Notre-Dame (im 14.–15. Jh. neuerrichtet), ausgestattet mit einem Markt, der andere bei der (heute abgebrochenen) Kirche St-Martin. Nur der Faubourg Notre-Dame war befestigt; im Grundriß der Stadt sind zwei Mauerzüge erkennbar, die aber nicht exakt datierbar sind. – Die Pfarrei war Sitz eines der 15 Archipresbyterate des Bm.s Clermont. Seit 1588 rangiert S. unter den 13 'bonnes villes' der Auvergne.

G. Fournier

Q. und Lit.: H. Doniol, Cart. de S., Mémoires de l'Académie de Clermont, 1861, 3 – A. Achard, Extraits du Moniteur d'Issoire, 1936–39 – G. Fournier, Le peuplement rural en Basse Auvergne durant le haut MA, 1962 – M. Toulemont, S., Bull. hist. et scientifique de l'Auvergne, 1971, 3–68 – E. Magnou-Nortier, Contribution à l'étude des documents falsifiés, CCMéd, 1978, 313–338.

Sava I., Ebf. v. →Serbien, Nationalhl., * um 1175, † 14. Jan. 1236 in →Tŭrnovo; ursprgl. Name *Rastko*, jüngster Sohn des Großžupans →Stefan Nemanja, erhielt um 1190 die Verwaltung des Gebiets v. →Hum. Um 1192 entfloh er mit einem russ. Mönch dem weltl. Leben und empfing im Pandeleimonos-Kl. auf dem →Athos die Mönchsweihe. Unter dem Mönchsnamen S. (Sabbas) trat er in das griech. Athos-Kl. →Vatopedi ein, wo sich ihm 1197 sein (1195 abgedankter) Vater zugesellte, der als Mönch Simeon in seiner Stiftung →Studenica lebte. Mit Hilfe aus Serbien erneuerten S. und Simeon das zerstörte Athos-Kl. →Hilandar, das weiterhin dem »Empfang der serb. Mönche« diente. Nach dem Tod seines Vaters (13. Febr. 1199) blieb S. →Hegumenos v. Hilandar, wurde 1201 zum Hierodiakon und Priester geweiht und erhielt 1205 in Thessalonike die Würde eines →Archimandriten. Neben Kapellen in Vatopedi ließ S. ein eigenes Hesychasterion in Karyäs errichten und verfaßte zwei →Typika, für Hilandar und die 'Skitie' in Karyäs. S. war beteiligt an der Grundlegung des Kultes des hl. Simeon Myroblites.

Die erste athonit. Periode im Leben S.s endete i. J. 1207, als ihn seine Brüder Stefan (→Stefan der Erstgekrönte) und Vukan aufforderten, die Gebeine ihres Vaters nach Serbien zu überführen. Gemäß dem Wunsch Stefans blieb S. in Serbien als Archimandrit v. Studenica (1207–14), adaptierte nochmals das Euergetis-Typikon und fügte als Einleitung eine Vita (*žitije*) des hl. Simeon hinzu.

Über die zweite athonit. Periode (1214–19) ist wenig bekannt. In der Forschung wird vermutet, S. habe sich aus Protest gegen die lateinerfreundl. Haltung seines Bruders ins Kl. Hilandar zurückgezogen; andererseits wirkte S. aber, nach dem Zeugnis seines ersten Biographen →Domentijan, durchaus an der (erfolgreichen) Initiative Stefans mit, beim Papst die Königskrone zu erlangen (1217). S. führte mehrere diplomat. Missionen für seinen Bruder durch, am bedeutendsten sein Auftreten am byz. Kaiser- und Patriarchensitz →Nikaia (1219). S. setzte hier das Ziel der Errichtung eines eigenen, autokephalen Ebm.s (→Autokephalie) für das neue serb. Kgr. durch; statt der (von S. zunächst angestrebten) Ernennung eines seiner Schüler wurde er auf Wunsch des Ks.s und des Patriarchen selbst zum Ebf. geweiht. Auf dem Rückweg soll S. auf dem Athos und in Thessalonike Mönche rekrutiert und Bücher gesammelt haben (u. a. neue Übersetzung des →Nomokanons, →Kormčaja Kniga, sog. 'Svetosavska krmčija').

Neben den drei bestehenden, der Jurisdiktion des Ebm.s →Ohrid (trotz heftiger Proteste des Ebf.s Demetrios →Chomatenos) entrissenen Bm.ern wurden acht neue gegründet. S., der das Kl. →Žiča zu seinem Sitz machte, bemühte sich gründlich um die Vertiefung des Christentums und die Festigung der Kirchenorganisation. I. J. 1229 unternahm er eine Pilgerfahrt ins Hl. Land und besuchte auf der Rückreise die Höfe in Nikaia und →Thessalonike sowie einige Athosklöster. 1233 legte er sein ebfl. Amt nieder und begab sich von neuem auf Pilgerfahrt (Jerusalem, Alexandrien, Thebais und Sinai, Antiochien, Armenien, Anatolien, Konstantinopel), erkrankte und starb auf der Rückreise in Tŭrnovo, wo er als Gast des bulg. Zaren →Ivan II. Asen II. weilte. Die Translation seiner zuerst in Tŭrnovo (Kirche der Vierzig Märtyrer) beigesetzten Gebeine in das serb. Kl. →Mileševa erfolgte 1237. Wurden schon für sein Grab in Tŭrnovo Wunder berichtet, so war seine Ruhestätte in Mileševa ein bedeutender Wallfahrtsort, bis zur Vernichtung seiner Gebeine (1595). Bereits im MA wurde S. neben seinem Vater als Hl. und Landespatron der Serben verehrt.

S. Ćirković

Lit.: BLGS IV, 84–87 [F. Kämpfer] – S. Stanojević, Sv. S., 1935 – Svetosavski zbornik, I–II, 1936–38 – A. Gavrilović, Sveti S. Pregled života i rada. Biografski pokušaj, 1960 – Serb. MA. Altserb. Herrscherbiographien, I, hg. und übers. S. Hafner, 1962 – Ders., Stud. zur altserb. dynast. Historiographie, 1964 – S. Nemanjić – Sv. S. Istorija i predanje. Medunarodni naučni skup, dec. 1976, 1979 – D. Obolensky, Six Byz. Portraits, 1988.

Savaric de Mauléon, poitevin. Adliger und Troubadour, † um 1230, Herr v. Mauléon (heute Châtillon-sur-Sèvre), nahm aktiven Anteil an den Kriegen, die in seiner Region zur Zeit Johanns ohne Land geführt wurden. Er war zwar vorwiegend Anhänger der Plantagenêt, wechselte aber häufig die Partei. Selbst ein höf. Dichter – er beteiligte sich an zwei Tenzonen, eine →*cobla esparsa* wird ihm zugeschrieben –, war S. v. a. als Gönner von Troubadouren bedeutend, insbes. des Gausbert de Poicibot und des →Uc de Saint-Circ. Letzterer verfaßte eine razo zu dem partimen zw. S. und dem Prebost de Valensa. Der sich um S. bildende Kreis scheint in jenen Jahren eine Zeitlang das Erbe der vom Albigenserkreuzzug betroffenen Höfe des Limousin übernommen zu haben. Die prov. Vida, die von den häufigen polit. Frontwechseln S.s schweigt, zeichnet ein geradezu panegyr. Bild von ihm und unterstreicht sein Wirken als höf. Mäzen. St. Asperti

Ed. und Lit.: DFLMA², 1365 – H. J. CHAYTOR, S. d. M., Baron and Troubadour, 1939 – M. DE RIQUER, Los trovadores, 1975, 941–950.

Savaricus, Bf. v. →Auxerre im frühen 8. Jh., entstammte der regionalen Aristokratie (nobilissimus) und soll nach den »Gesta episcoporum« v. Auxerre das Bf.samt fünf Jahre lang ausgeübt haben (gewöhnlich auf die Jahre 710–715 datiert). Einige Historiker (bereits B. KRUSCH) neigen zu der Identifizierung mit einem gleichnamigen Bf. v. →Orléans (693/694). In diesem Fall kann S. den Bf.ssitz v. Auxerre erst nach mehreren Episkopatsjahren in Orléans und unter Beibehaltung dieses Bf.samtes (in dem ihm sein Neffe Eucherius nachfolgen sollte) übernommen haben. Sein Episkopat in Auxerre hätte dann um 714 begonnen; zugleich errichtete S., offenbar »mit Waffengewalt«, eine Herrschaft, die außer Orléans und Auxerre auch Troyes, Nevers, Tonnerre und Avallon umfaßte. Er soll durch Blitzschlag zum Zeitpunkt der Einnahme v. Lyon gestorben sein (wohl 719) und wurde in Auxerre begraben. →Karl Martell setzte im Machtbereich ('quasiducatus') des S. als Nachfolger einen Hainmarus ein, der die bfl. Herrschaft ausübte, die kirchl.-liturg. Funktionen aber →Chorbf.en überließ, worin er wohl dem Vorbild des S. folgte.　　　　　　　　　　　　　　　　J. Richard

Lit.: E. EWIG, Milo et ejusmodi similes (St. Bonifatius, 1954), 426–428.

Savelli, stadtröm. Adelsgeschlecht mit Blütezeit im 13. und 14. Jh. Der Aufstieg der S. ist eng verbunden mit dem Machtverlust der ksl. gesinnten Gf. en v. →Tusculum, der sich in der Zerstörung von Albano und der Übergabe von Tusculum an den Papst manifestierte. Namengebend war vermutl. der mit einer Domusculta ausgestattete Ort Sabellum nahe bei Albano, an dem das Castel Savello als Hauptsitz entstand. Eine germ. Abstammung wird mit den häufigen Taufnamen Haimerich und Pandulf begründet. Traditionell galt *Aimericus*, eine Gestalt des 12. Jh., als Familienahne und Vater von *Cencius*, dem späteren Papst Honorius III. (1216–27). Die gängig angenommene, in letzter Zeit aber begründet abgelehnte Zuordnung des Cencius zur Familie basiert auf einer nicht belegbaren Behauptung von Onofrio Panvinio, der 1557 im Auftrag des Kard.s *Giacomo S.* eine Familiengesch. schrieb. Erste erwiesene Protagonisten der S. sind *Petrus Ioannis S.*, der 1226 Besitz in Valmontone an Pietro Conti verkaufte, und *Luca S.*, Podestà v. Todi (1233) und röm. Senator (1234), dessen Identität mit *Luca S.* († 1266 im Senatorenamt), dem Stammvater aller weiteren S., zu vermuten ist. Luca heizte 1234 die antipäpstl. Stimmung in Rom an, erklärte Tuszien und die Campagna zum Eigentum der röm. Bevölkerung und versuchte, unter Aufgebot aller militär. Kräfte die kommunale Selbständigkeit gegenüber →Gregor IX. durchzusetzen. Das Aufbegehren endete in Lucas Exkommunikation und der Unterwerfung der Stadt unter päpstl. Oberhoheit. Lucas Grabmal überdauerte in S. Maria in Aracoeli, der Kirche des Senats auf dem Kapitol, in deren Kapelle S. Francesco sich nach 1285 die Familiengruft formierte.

Die im 13. Jh. zunehmende Konsolidierung als einflußreiches Geschlecht der röm. Aristokratie zeigt sich an der gesellschaftl. Stellung von Lucas Kindern aus der Ehe mit Giovanna Aldobrandesca: Tochter *Marsilia* heiratete Napoleone, Sohn von Matteo Rosso Orsini; die Söhne *Giovanni* († 1278/79) und *Pandolfo* († 1306), die im Gegensatz zur Mehrheit der röm. Aristokratie während der Auseinandersetzungen zw. Karl v. Anjou und Konradin hartnäckig für die päpstl. Anjou kämpften, amtierten mehrmals als röm. Senatoren (1260, 1279, 1284, 1286, 1297). Der seit 1261 als Kard. diakon von S. Maria in Cosmedin eingesetzte Sohn *Giacomo*, der spätere Papst →Honorius IV. (1285–87), erweiterte den Familienbesitz, dessen wichtige Teile er 1279 in seinem Testament erwähnt. Röm. Hauptsitz war das Castello S. auf dem Aventin, das er zur Residenz ausbauen ließ und das nach seinem Tode das Konklave aufnahm. Das Areal neben seinem Wohnsitz übergab er den Dominikanern zum Klosterbau von S. Sabina; ein Plan zur Besiedlung des Aventins mißlang wegen Wassermangels. Im 13. Jh. besaßen die S. zudem Gebäude in der Zone des Foro Boario sowie Türme und Häuser auf dem Mons Fabii (später umbenannt in Mons Sabellorum), darunter das Marcellus-Theater, das sie zur Festung ausbauen und später – wahrscheinl. von Baldassarre Peruzzi (1481–1536) – zu einem Renaissancepalast umgestalten ließen. Gegen Ende des 13. Jh. erstreckten sich ihre Besitzungen außerhalb Roms im S entlang der Via Appia (Castelli di Albano, Tor dei Gandolfi, Castel di Leva, Faiola, Castel Gandolfo, Castel Savello), im O über die untere Sabina (Castra di Palombara, Monte Verde und ab 1285 Castiglione) und im N entlang des rechten Tiberufers (Rignano, Torrita, Versano, zw. 1279 und 1285 Sacrofano). Separat lagen das Castrum Ferrarie (längstens bis 1285 besessen) und die Terra di Venafro (erworben um 1285/86).

Zwei klar voneinander getrennte Familienzweige lassen sich erstmals bei der dokumentierten Güterteilung von 1309 erkennen. *Pandolfo* erhielt die Güter in der Sabina und am Tiber. Sein Neffe *Luca* († 1309), Sohn des Giovanni und mehrmaliger röm. Senator (1290, 1304), an dessen Gattin Perna († 1315) eine Grabplatte in S. Sabina erinnert, erhielt die Kastelle entlang der Via Appia; als »Maresciallo di Santa Chiesa« und »Custode del Conclave« übernahm er ein wichtiges kirchl. Amt, das 1430 ganz an die S. überging (bis 1712). Nach dem Kriegsdienst bei Karl v. Anjou, der ihn 1272 mit Venafro investierte, und einem Einsatz als Podestà v. Foligno und Todi (1276, 1277) fungierte Luca als Rektor mehrerer Gebiete im Kirchenstaat (Patrimonio di S. Pietro in Tuscia und Rieti). Die Nachkommen seines zweiten Sohnes *Giovanni* (Senator 1322), die 1337 die Besitzungen des Zweiges noch hielten (außer Tor dei Gandolfi), sanken auf lokalen Rang ab. Innerfamiliäre Streitigkeiten wurden im Friedensvertrag von 1355 unter der Oberhoheit von Velletri vorläufig beigelegt. Eine größere machtpolit. Bedeutung erlangte der Zweig von *Pandolfo* († 1306), dessen Sohn *Giacomo* (Senator 1325, 1328) in der ersten Hälfte des 14. Jh. bei den Aufständen der röm. Barone gegen die päpstl. Gewalt in vorderster Front kämpfte und sich gegen andere röm. Familien energ. zur Wehr setzte. Die Folge war eine beträchtl. Besitzausweitung in der Zone von Palombara sowie an beiden Tiberufern, die sein Sohn *Luca* († nach 1370) nach der Jahrhundertmitte fortsetzte. Große polit. und militär. Macht zeigten Mitglieder der Linie als Signoren v. Civita Castellana sowie durch die Eroberungen von zahlreichen Kastellen, darunter um 1360 ein großer Teil der Kastelle der Sant'Eustachio (Cantalupo, Poggio Catino, Forano, Collenero, Montefiolo). I. J. 1430 konnte der Zweig von Rignano mit *Battista* endgültig das Amt des »Maresciallo della Curia Romana« mit der Verwaltung der Zivil- und Kriminalgerichtsbarkeit inclusive der Vereidigung von Richtern und Notaren übernehmen. Die S.

errichteten an der heut. Via di Monserrato einen Gerichtshof mit Turm und Kerker (Curia S.), der seine Aufgaben als Spezialtribunal allmähl. verlor, als die Kompetenzen der einzelnen Gerichtsorgane der Stadt 1473 unter Sixtus IV. (1471–84) genau fixiert wurden. Der Niedergang der S. begann mit der Zerstörung des Castel Savello durch den kirchl. Gouverneur von Rom im 15. Jh.   I. Baumgärtner

Lit.: E. CELANI, »De gente Sabella«. Ms. ined. di Onofrio Panvinio, Studi e documenti di storia del diritto 12, 1891, 271–309; 13, 1892, 187–206 – G. DEL PINTO, Per la Storia del Castel Savello, ASRSP 30, 1907, 169–187 – N. DEL RE, La Curia Savella, SR 1957, 390–400 – DERS., Il Maresciallo di S. R. C. custode del Conclave, 1962 – H. TILLMAN, Ricerche sull'origine dei membri del collegio cardinalizio nel XII sec., RSCI 29, 1975, 391–393 – M. T. RUSSO BONADONNA, Le gesta medievali dei S. (Fatti e figure del Lazio medievale, hg. R. LEFEVRE, 1978), 23–49 – I. HERKLOTZ, I S. e le loro capelle di famiglia (Roma anno 1300, 1983), 567–583 – S. CAROCCI, Baroni di Roma, 1993, 415–422 – M. THUMSER, Rom und der röm. Adel in der späten Stauferzeit [im Dr.].

Savi, sapientes ('Weise'), Beratungs- und Exekutivorgan in →Venedig, bestehend aus 16 vom Senat gewählten Männern in drei Kommissionen. Im Laufe des 14. Jh. entwickelten sich aus zunächst für bes. Aufgaben und begrenzte Zeit eingesetzten Gremien die drei Ordini der S. zu ständigen Organen, die im Senat zu verhandelnde Vorlagen vorbereiteten, formulierten und einbrachten. Die 6 S. *Grandi* (oder *del Consiglio*) waren dabei zuständig für Außen- und Innenpolitik, die 5 S. *agli Ordini* (oder *del Mare*) für Handel und Seefahrt, die 5 S. *di Terraferma* (oder *della Guerra*) für die Besitzungen zu Lande und damit verbundene, auch militär. Belange; einer von ihnen, der *Savio Cassiere*, entwickelte sich zu einer Art Finanz-, ein anderer, der *Savio alla Scrittura*, zu einer Art Kriegsminister. Alle S. unterlagen der contumacia in Länge ihrer Amtszeit (1 Jahr bei den S. Grandi, sonst 6 Monate). Berieten die drei Ordini der S. gemeinsam, bildeten sie die *Consulta*; nahm auch die Signoria teil, tagte man im *Pien Collegio*, in dem einer der S. Grandi in wöchentl. Wechsel als *Savio della Settimana* den Vorsitz führte.   I. Fees

Lit.: E. BESTA, Il Senato veneziano, 1899 – KRETSCHMAYR, Venedig II, 93–100, 127 – G. MARANINI, La costituzione di Venezia, 2 Bde, 1927–31 [Neudr. 1974], 325–383 – F. C. LANE, Venice, 1973, 252–265, 472f.

Savigny, Abtei in der Basse-Normandie (dép. Manche), Oberhaupt einer Kongregation, wichtiges Zentrum der monast. Erneuerung des frühen 12. Jh., gegr. 1112/13 von dem Eremiten und Prediger →Vitalis (Vital) aufgrund der Schenkung des Forsts v. S. durch den Gf. en Raoul I. v. →Fougères. S. lag im Grenzraum von →Normandie, →Bretagne und →Maine sowie der drei Diöz. →Avranches, →Le Mans und →Rennes. Der Aufbau der Kongregation wurde erst durch den 2. Abt, Geoffroy (1122–38), in Angriff genommen. Bereits 1147 zählte der Verband 31 Abteien (*Normandie*: S., Abbaye Blanche, Aunay, Villers-Canivet, St-André-en-Gouffern, La Trappe, Breuil-Benoît, Bival, Beaubec, Foucarmont; *Bretagne*: La Vieuville; *Anjou*: Chaloché, La Boissière; *Touraine*: Fontaine-les-Blanches; *Pariser Becken/Nordfrankreich*: →Vaux-de-Cernay, Lannoy, Longvilliers; *Brit. Inseln*: Dublin, Rushen, Calder, Furness, Byland, Basingwerk, Cumbermer, Bildewas, Swinshead, Neath, Buckfast, Stradford, Coggeshall, →Quarr). Anläßl. des Generalkapitels von 1147 schloß sich die Kongregation v. S. als Verband dem →Zisterzienserorden an, infolge der Ausstrahlung des von Abt Serlo (1140–53) bewunderten hl. →Bernhard, aber auch wohl als Reaktion auf innere Schwierigkeiten (zu rasches Wachstum bei unzureichenden wirtschaftl. Grundlagen, Unabhängigkeitsstreben der engl. Tochterkl.). S. brachte in den Orden v. Cîteaux eigene, doch mit dem Zisterziensertum vielfach deckungsgleiche monast. Erfahrungen und Gebräuche ein (strenge Befolgung der →Regula Benedicti, Streben nach Armut und Weltflucht, Tochterkl., jährl. Generalkapitel), kannte ebenfalls die Institution der →Grangie, nutzte aber, weniger rigoros als →Cîteaux, neben der Eigenbewirtschaftung des Grundbesitzes von Anfang an auch andere Einnahmequellen wie Kirchenpatronate, Zehnten, Abgaben auf Backöfen, Mühlen oder Keltern. Beim Anschluß an Cîteaux bedang sich S. die Wahrung dieser Besonderheiten aus und beeinflußte damit den Zisterzienserorden im Sinne einer Milderung der strengen Grundsätze. Innerhalb der ordensinternen Hierarchie rangierte S. gleich nach den vier ältesten Töchtern von Cîteaux.

Unter dem Abbatiat des Richard v. Courcy (1153–58) konnte dank der Autorität des Generalkapitels und des großen Zisterziensertheologen →Ælred v. Rievaulx der alte Konflikt zw. S. und dem Kl. Furness (strittige Jurisdiktion über die Filiation Byland) beigelegt werden. 1172 fungierte die Abtei als Begegnungsort zw. den päpstl. Legaten und den Gesandten Kg. →Heinrichs II. v. England, der sich nach dem Mord an →Thomas Becket um Versöhnung mit der Kirche bemühte. Bereits vorher hatte S. zahlreiche kgl. Schenkungen erhalten, und nach hagiograph. Q. war der hl. Hamon, ein Mönch v. S., mehrerer Visionen gewürdigt worden, wodurch er Heinrich II. guten Rat zu erteilen vermochte.

Über die Gesch. der Abtei im ausgehenden MA schweigen die Q. weithin. Von 1517 bis zum Ende des Ancien Régime unterstand S. Kommendataräbten (→Kommende). Der hl. Vitalis soll 140 Schüler gehabt haben. 1238 zählte die Abtei etwa 40 Mönche, im 15. Jh.: 43, 1510: 36, 1548: 34, 1562: 24, 1676 (vor Einführung der strengen Observanz): immer noch 6, bei der Aufhebung 1790: 14.

Die erste Abteikirche, mit Vitalis begonnen und von Geoffroy vollendet, wurde 1124 geweiht. 1173 ließ Abt Jocelin an ihrer Stelle einen großartigen, am Vorbild von →Clairvaux orientierten Neubau von 80 m Gesamtlänge errichten (1200 bezogen, aber erst 1220 geweiht). 1243 erfolgte die feierl. Rückführung der Reliquien der verehrten Persönlichkeiten des Kl. (Äbte Vitalis und Geoffroy, Mönche Hamon und Peter v. Avranches, Eremit und Novize Wilhelm v. Niobé; zahlreiche Mirakelberichte).   B. Poulle

Lit.: C. AUVRY, Hist. de la congrégation de S., 3 Bde, hg. A. LAVEILLE, 1896 – B. POULLE, Le chartrier de l'abbaye de S. ... [Thèse École nat. des Chartes, 1989].

Savoie, Jacques de (Jakob v. Savoyen), Gf. v. Romont, Baron v. →Vaud (Waadt), burg. Heerführer unter →Karl dem Kühnen und →Maximilian, * 1447/52 in Chambéry, † 30. Jan. 1485 in Ham (Picardie), Sohn Hzg. →Ludwigs v. →Savoyen und Annas v. Zypern (→Lusignan). Gehörte seit 1468 zu den engen Vertrauten Hzg. Karls; 1473 burg. →Gouverneur v. →Artois und Generalstatthalter (→*lieutenant-général*) der Marken der →Picardie. 1474 befehligte S. einen Teil des hzgl. *État-Major* bei der Belagerung v. →Neuss. Nach dem Abschluß der →Ewigen Richtung (1474) erklärte ihm →Bern den Krieg, nahm alle von S. gehaltenen Festungen ein und rückte (vorübergehend) in die Fgft. →Burgund ein. Nach dem Tode des Hzg.s (→Nancy, 1477) erhob Maximilian 1478 S. zum Ritter des →Goldenen Vlieses und übertrug ihm den Befehl im Krieg gegen →Frankreich. S. besetzte Städte und Territorien in →Hennegau und Nordfrankreich (Cambrai, Bouchain, Crèvecoeur, Malannoy u. a.), wurde 1479 zum *capitaine* der fläm. Truppen ernannt und half Maximilian bei →Guinegatte (7. Aug. 1479) siegen. Im Zeichen wachsender Opposition wurde S. 1482 von den Generalständen, anstelle von Maximilian, mit der Generalstatthalterschaft der Niederlande betraut. Seit 1483 fungierte S. als Herr der Kastellanei →Lille, dann als Generalkapitän der fläm. Milizen. Aus Unzufriedenheit mit der Politik Maximilians zog er sich in den letzten Lebensjahren ganz vom militär. Schauplatz zurück.　　　　　　　　B. Bauchau

Lit.: BNB XIX, 928–937 – H. WIESFLECKER, Ks. Maximilian I., 1971, Register, s.v. Jakob v. Savoyen – L. COLOT, J. de S., Publications du centre européen d'études burgondo-médianes 20, 1980, 89–102 – B. BAUCHAU, J. de S., Handelingen van de Koninklijke Kring voor Oudheidkunde, Letteren en Kunst van Mechelen 95, 1991, 117–146.

Savona, Hafenstadt in Norditalien (Ligurien); ursprgl. eine kleine röm. Siedlung, erlebte S. eine erste Aufschwungsphase in der Spätantike, die durch die langob. Invasion (643) unterbrochen wurde. In den folgenden Jahrhunderten stand S. im Schatten der demograph. und wirtschaftl. bedeutenderen Nachbarstadt→Vado, die seit dem 9. Jh. Bf.ssitz und seit dem 10. Jh. Zentrum einer Gft. war. Erst im 11. Jh. gewann S. den Vorrang: es wurde Sitz des Bf.s, die ersten kommunalen Einrichtungen bildeten sich, und die Siedlung rund um das Kastell auf dem Priamar wuchs an, wobei burgus und civitas entstanden. Die Kommune konnte die territoriale Kontrolle über einen Teil des Contado gewinnen, unterstand jedoch immer der die Region beherrschenden Macht→Genua, die S. allerdings gewisse autonome Freiräume ließ. Grundlegend für die wirtschaftl. Entwicklung der Stadt war ihr Hafen und die damit verbundenen Aktivitäten, immer in enger Verbindung mit Genua: im Gefolge der ligur. Metropole expandierte S.s Handel v. a. im östl. Mittelmeer, wozu auch die beachtl. Kapazitäten der Hafenanlagen zw. S. und der Bucht v. Vado beitrugen. Da sich die Entwicklung von Albenga und →Ventimiglia weniger günstig gestaltete, wurde S. zum Hafen des ganzen westl. →Piemont und daher obligator. Etappe an den großen Handelswegen und wichtiger Umschlagplatz, was v. a. für das 13. und 15. Jh. galt. Diese blühende Periode fand jedoch ein jähes Ende, als Genua seinen Druck verschärfte und 1528 das Hafenbecken von S. zuschütten ließ, was den raschen wirtschaftl. Niedergang der Stadt zur Folge hatte.
　　　　　　　　　　　　　　　　　　　　L. Provero

Lit.: I. SCOVAZZI – F. NOBERASCO, Storia di S., 1926 – C. VARALDO, La topografia urbana di S. nel tardo medioevo, 1975 – R. PAVONI, Liguria medievale, 1992.

Savonarola. 1. S., Giovanni Michele, it. Arzt, Gelehrter, * ca. 1384 in Padua, † 1468 in Ferrara, Großvater von Gerolamo S. (→2. S.). S. studierte in Padua Medizin (u. a. als Schüler von →Jacopo da Forlì) und erwarb dort 1413 das Doktorat, 1415 städt. Arzt in Bassano, seit 1433 Lehrstühle in Padua. 1440 wurde er von Niccolò III. d'→Este zum Leibarzt berufen und lehrte am Studium in Ferrara. Die wichtigste Frucht seiner hochangesehenen ärztl. und didakt. Tätigkeit ist ein sechsteiliges Kompendium der prakt. Medizin, »Practica de egritudinibus a capite usque ad pedes« (ed. pr. Colle 1479, mehrere Auflagen bis in das 16. Jh.), auch als »Practica maior« bekannt, das in der paduan. Periode entstand. Es behandelt alle Aspekte der zeitgenöss. Medizin; im Rahmen der Tradition stehend und Avicenna verpflichtet, ist das Kompendium jedoch keine bloße Kompilation, sondern eher eine Neubewertung bewährter Schemata auf der Basis neuerer med. Erkenntnisse und der eigenen prakt. Erfahrung. Außerdem verfaßte S. mehrere kleinere Schriften, u. a. Fieber-, Puls-, Harn- und koproskop. Traktate, eine balneolog. Abhandlung (»De balneis et thermis naturalibus omnibus Italiae sicque totius orbis proprietatibusque earum«, Ferrara 1485) und eine divulgativ gehaltene diätet. Schrift »Libreto de tutte le cose che se manzano comunemente«, heute sein bekanntestes Werk (Venedig 1508). Sein weitgespanntes Interessenfeld beweisen einige (uned.) moral. Abhandlungen und eine Beschreibung seiner Heimatstadt.　　　　　　　　　M. Rippa Bonati

Ed.: Libellus de magnificis ornamentis regie civitatis Padue, ed. A. SEGARIZZI, Muratori² XXIV, 1902 – Il trattato ginecologico-pediatrico in volgare »Ad mulieres ferrarienses de regimine pregnantium et noviter natorumsque ad septennium« di M. S., ed. L. BELLONI, 1952 – M. S., I trattati in volgare della peste e dell'acqua ardente, ed. L. BELLONI, 1953 – De cura languoris animi ex morbo venientis, ed. C. MENINI, 1954 – Libreto de tutte le cose che se manzano, ed. J. NYSTEDT, 1982 – Lit.: E. GURLT, Gesch. der Chirurgie, 1898, 871–879 – A. SEGARIZZI, Della vita e delle opere di M. S. ..., 1900 – F. PIERRO, M. S. autore di opere scientifiche in volgare ... (Atti XXII Congr. Naz. d. Storia della Medicina, 1967), 708–719 – Y. V. O'NEILL, M. S. and the »fera« or Blighted Twin Phenomenom, Med. Hist. 18, 1974, 222–239 – DERS., G. M. S.: An Atypical Renaissance Practictioner, Clio Medica 10, 1975, 77–93 – P. SAMBIN, M. S. medico condotto a Bassano (1415), Quaderni Storia d'Univ. Padova, VIII, 1975, 97–99 – T. PESENTI MARANGON, M. S. a Padova ..., IX–X, 1976–77, 45–102 – A. SAMARITANI, M. S. riformatore cattolico nella corte estense a metà del sec. XV, 1976.

2. S., Girolamo, OP, it. Prediger und Schriftsteller, * 1452 in Ferrara, † 1498 in Florenz (hingerichtet). Aus einer ursprgl. in Padua ansässigen Familie stammend, erhielt er seine Grundausbildung von seinem Großvater Michele S. (→2. S.). Ein wachsendes Interesse für Mystik und Askese, gepaart mit einem stark entwickelten Moralgefühl, dem die weltl. Sittenverderbnis verhaßt war, und vielleicht auch die Enttäuschung über das gescheiterte Eheprojekt mit Laudomia Strozzi veranlaßten S. dazu, den religiösen Weg einzuschlagen. 1475 trat er in Bologna in den OP ein, studierte 1476–82 zuerst an der Univ. Bologna, dann in Ferrara und fand einen einflußreichen Gönner in →Pico della Mirandola. 1482 vom lombard. Ordenskapitel zum Lektor am Konvent S. Marco in Florenz ernannt, errang er großen Ruhm als Bibeltheologe, widmete sich jedoch stärker der Predigttätigkeit, in der er der verderbten Kirche – auch aufgrund von Visionen – die Strafe Gottes prophezeite und zur Reform aufrief. 1487 aus Florenz entfernt, setzte er in Norditalien die Predigt fort. Die Vermittlung Lorenzos de'→Medici erlaubte ihm die Rückkehr nach Florenz, wo er in S. Marco und im Dom seine Predigt aufnahm und Prophezeiungen u. Unheilsandrohungen artikulierte. 1491 wurde er zum Prior d. Konvents S. Marco gewählt, dessen Fratres damit die von ihm angestrebte Sittenreform beschleunigen wollten. Entgegen der Legende spielte er keineswegs die Hauptrolle bei der Vertreibung der Medici aus Florenz i. J. 1494. Danach fühlte er sich allerdings dazu getrieben, den Einfluß, den er durch seine sich anscheinend bewahrheitenden Prophezeiungen gewonnen hatte, auch für eine Reform des öffentl. und privaten Lebens der Stadt zu nutzen, die er zum »Neuen Jerusalem« erhob. Die durch ihn geprägte florent. Verfassung verband nach ven. Vorbild aristokrat. und demokrat. Prinzipien. Mit der Zeit nahm seine Herrschaft über die Stadt jedoch nahezu diktator. Züge an: Seine Anhänger (→Piagnoni) erzeugten durch überfallsartige Razzien, Verbrennung von Gegenständen und Hausrat und andere Formen der Einschüchterung ein Klima des Schreckens. Die Exkommunikation durch den von ihm heftig angegriffenen →Alexander VI. (25. Juni 1497) ließen S.s Popularität rasch sinken. Schließlich wurde er vor Gericht gestellt, am 23. Mai 1498 zusammen mit zwei Mitbrüdern gehenkt und danach verbrannt. Von ihm sind zahlreiche Werke scholast.-philos. Inhalts sowie Gedichte (frühe Liebeslyrik, Lauden) und Predigten erhalten.

F. Cardini

Ed.: Prediche, hg. F. Cognasso–R. Palmarocchi, 3 Bde, 1930–35 – Le Poesie, hg. V. Piccoli, 1926 – Lettere, hg. R. Ridolfi, 1933 – *Lit.*: G. Schnitzer, Gerolamo S., 2, 1931 – D. Weinstein, S. e Firenze, 1970 – R. Ridolfi, Vita di G. S., 1974⁵.

Savoyen (frz. Savoie, it. Savoia), Gft. (später Hzm.) im Westalpenraum und Jura (Südostfrankreich), umfaßte auch die großen Westalpenpässe und weiträumige Gebiete, u. a. in der heut. Westschweiz (→Wallis, →Genf, Pays de →Vaud/Waadtland) und im westl. Oberitalien (→Piemont).

I. Frühmittelalter – II. Die Begründung des Fürstentums im 11.–12. Jahrhundert – III. Der Territorialstaat des 13.–15. Jahrhunderts.

I. Frühmittelalter: [1] *Landesname. Die Frühzeit:* Die Bezeichnung S. geht auf den (in seinem Begriffsinhalt schwankenden) spätantiken und frühma. Landschaftsnamen 'Sapaudia' zurück; dieser bezeichnete in der späten Kaiserzeit (bei →Ammianus Marcellinus, um 390; in der →Notitia dignitatum, um 400) ein Gebiet im Bereich des südl. Jura, nahe der Civitas Genf. Hier siedelten sich 443 →Burgunder an. Doch breitete sich die burg. Besiedlung und Landnahme nach dem Zeugnis des →Marius v. Avenches seit ca. 456 in westl. und südl. Richtung aus; dieser Vorgang könnte zur Ausdehnung des Sapaudia-Namens bis zur Cluse de Chambéry und Combe de Savoie geführt haben. Der spätlat. Gebietsname, wohl vom frühma. Klerus in der Form 'Sabaudia' bewahrt, tritt in der Karolingerzeit dann als 'Saboia' auf (in der →Divisio regnorum, 806). Er bezeichnete einen (nicht exakt lokalisierbaren) Komitat zw. den Gft.en Lyonnais, Graisivaudan, Maurienne, Tarentaise und Genevois.

Das Gebiet, das zum eigtl. S. und zum Kernbereich der Gft. wurde, breitete sich mit fächerförmigen Tälern nördl. von Montmélian aus und lag als wichtiger Teil des Kgr.es →Burgund im Herzen einer weiträumigen Region, geprägt durch burg. Recht (→Lex Burgundionum), entstehende franco-provenzal. Dialekte (→Altprov. Sprache) und alte Gemeinschaftsrechte an dem von den Karolingern geförderten Paßweg des Mont Cenis (→Alpenpässe). Der Name S. konnte sowohl den bloßen karol. Komitat als auch das weiträumige Gebiet, das sich seit dem 11. Jh. als Fürstentum entwickelte, bezeichnen.

[2] *Frühe Kirchenorganisation:* In diesem Landschaftsraum, der z. T. schon von den kelt. Allobrogern und den Römern erschlossen worden war, vollzog sich im Früh-MA die Christianisierung des ländl. Bereichs, die im Unterschied zur kirchl. Entwicklung der spätestens im 5. Jh. belegten →Bischofsstädte (nur St-Jean de →Maurienne wurde erst 574 gegr.) weithin im dunkeln liegt. Es ist von einer langsamen Ausbildung der ländl. Pfarreien auszugehen, mit einem ersten Aufschwung im 6. Jh. und weiteren Intensivierungsphasen im 8. und 11. Jh. An der Ausschaltung der Reste des Paganismus waren die großen Kl. mit ihrer weiträumigen Ausstrahlung stark beteiligt: die burg. Königsabtei →Saint-Maurice d'Agaune im oberen Rhônetal (gegr. 515), →Novalesa in Piemont (gegr. 726), →Nantua (wohl 8. Jh.) im Bugey. Seit dem 11. Jh. entstanden zahlreiche weitere monast. Gemeinschaften.

II. Die Begründung des Fürstentums im 11.–12. Jahrhundert: [1] *Die Anfänge unter den burgundischen Rudolfingern und den Saliern:* Die Gf.en v. S. nahmen im frühen 11. Jh. als bedeutendes Fürstenhaus (→Fürst, Fürstentum) die polit.-administrative Organisation des Landes in Angriff, ein Prozeß, der erst im frühen 15. Jh. seinen Abschluß fand. Unter Übergehung unsicherer Herkunftstheorien muß →Humbert I. 'Weißhand' (belegt 1003–48) als Begründer des regierenden Hauses S. gelten. Humbert I. sowie seine Söhne Amadeus I. und Odo und seine Enkel Peter I. und Amadeus II. haben zw. 1010 und 1080 die Grundlagen des Fsm.s geschaffen. Der Familie wurde von →Rudolf III., Kg. v. Burgund, der Besitz einer Reihe von Komitaten übertragen bzw. bestätigt (Gft.en S., →Belley, →Aosta, Sermorens, Viennois [→Vienne] und Chablais). Auch die Kg.e und Ks. (aus dem Haus der →Salier), die seit 1032 das Kgr. Burgund beherrschten, führten diese Politik weiter; hierdurch konnten die Savoyer die Gft. →Maurienne ihrer Herrschaft unterstellen und sich ihre Rechte in →Tarentaise, Novalesa, Bugey und Valromey bestätigen lassen. Ihre Politik des Territorialaufbaus wurde vervollständigt durch enge Beziehungen zu den Bf.en der Region, die zumeist Verwandte waren, und durch Heiratsverbindungen, die den Savoyern ein Ausgreifen ins →Wallis und ins Tal v. →Susa ermöglichten.

[2] *Investiturstreit und Stauferzeit:* Die Wandlungen in den Grundlinien der ksl. Politik, die Auswirkungen der →Gregorian. Reform und des →Investiturstreites sowie die rasche Ausbildung des Feudalwesens nötigten die Gf.en, ihre polit. Orientierung im 12. Jh. zu ändern. Humbert II. (1080–1103) trieb den Aufbau einer Art von »feudaler Monarchie« voran, gestützt auf die Vasallität der in allen größeren →Talschaften eingesetzten Vicecomites und auf die großen Adligen, die in den einzelnen 'terrae' des Fsm.s die Herrschaft über Land und Leute ausübten. Auch schloß Humbert Bündnisse mit den großen geistl. Grundherren, insbes. der Abtei →S. Michele della Chiusa.

Gf. Amadeus III. (1103–48), der zumeist die Unterstützung der Bf.e genoß, förderte kraftvoll Klostergründungen wie Abondance (Chablais), St-Sulpice (Bugey) und Arvières (Valromey). Er erwarb anstelle des Laienabbatiates (→Laienabt) in St-Maurice d'Agaune, das er 1128 aufgab, die Vogteirechte (→Vogtei) an dieser vornehmsten burg. Abtei; mit der Gründung der Abtei →Hautecombe schuf er sich als Ausgleich ein neues Hauskloster. Die von Amadeus geförderten Abteien bildeten zum einen wichtige Fixpunkte des savoy. Territorialerwerbs, zum anderen waren sie Ausdruck der persönl. Frömmigkeit des Fs.en.

Amadeus III. wandte sich auch verstärkt der Errichtung bzw. dem Ausbau von →Burgen an strategisch wichtigen Punkten zu (Avigliana am Eingang des Tals von Susa, Stützpunkt für das Ausgreifen nach →Turin; Montmélian, seit 1142 Bastion gegen den Vorstoß des Dauphin [→Dauphiné] vom Graisivaudan aus; Pierre-Châtel am Rhôneübergang [→Rhône], zur Kontrolle der großen Handelsroute vom Mittelmeerraum über die Poebene ins Saônetal und zu den Champagnemessen). Auch vollzog der Gf. einen Bündniswechsel, nämlich einerseits durch die Heirat seiner Schwester Adelaïde mit →Ludwig VI., Kg. v. Frankreich (1115), andererseits durch den Eintritt der Herren v. →Beaujolais in die Vasallität des Savoyers, der so den Einfluß der großen Adelsfamilie →Thoire und →Villars in →Bresse und Bugey, in der Übergangszone zw. savoy. und burg. Machtbereich, zurückdrängte. Der weniger bedeutende Nachfolger Humbert III. schloß sich noch stärker dem Papsttum an und plante eine Allianz mit den →Plantagenêt, doch geriet er in Konflikt mit →Friedrich Barbarossa und dem hl. Anthelmus, dem einflußreichen Kartäuserbf. v. →Belley (1163–1178). Eine militär. Initiative gegen Heinrich VI. mißlang.

III. Der Territorialstaat des 13.–15. Jahrhunderts: [1] *Der Aufbau:* Nach dem Tode des wenig erfolgreichen Humbert III. (1189), der ohne Erben verstorben war, hielten die großen Lehnsadligen (Miolans, Villette, Briançon, La Chambre) einen polit. Wechsel für dringend geboten. Diesen vollzog →Thomas I. (1189-1233) mit seiner weitsichtigen Politik, die für die nachfolgenden Gf.en des 13. und 14. Jh. in den Grundzügen verbindlich bleiben sollte. Sie zielte auf die Errichtung eines mächtigen alpinen Territorialstaates ab, der sich im Raum des Kgr.es Burgund entfalten sollte, aber auch bereits das Ausgreifen in den piemontes. Bereich einschloß. Die Verwirklichung dieser polit. Konzeption stieß auf Widerstand der Bf.e, die z.T. schon von Rudolf III. eigene Komitatsrechte empfangen hatten (Tarentaise, →Sitten, →Lausanne) und als geistl. →Reichsfs.en unter Friedrich Barbarossa in unmittelbare Lehnsbeziehungen zum Imperium eingetreten waren (Genf, Belley, Maurienne), ebenso auf die Konkurrenz der großen Laienadligen, die als eigenständige Allodialherren und unter Ausnutzung der oft ungeklärten Besitzverhältnisse im Markengebiet zw. Dauphiné und der Gft. →Burgund eigene Fsm.er zu errichten trachteten (Gf.en v. Genf, Herren v. →Faucigny, Herren v. Thoire-Villars). Die aufstrebenden Städte und großen Talschaften (in Wallis, Chablais, Faucigny, Tarentaise, Maurienne und Bugey) bemühten sich nachdrücklich um Privilegierungen und Selbstverwaltungsrechte. Gespannt, oft feindselig waren die Beziehungen der Savoyer zu den Nachbarmächten (Dauphin des Viennois und Mgf. v. →Montferrat, später dann →Habsburger und →Visconti). Die Expansion des Kg.s v. Frankreich in den Rhône- und Westalpenraum (Einflußnahme auf die →Provence seit →Ludwig d. Hl.n durch die kapet. Seitenlinie der →Anjou, auf Gft. Burgund und →Lyon seit →Philipp d. Schönen) wurde von ca. 1290 an als beunruhigender Störfaktor der savoy. Territorialpolitik empfunden.

[2] *Regierung, Verwaltung und Verkehrswesen:* Die Gf.en v. S. beherrschten die Kunst, verschiedene Bevölkerungsgruppen des alpinen und voralpinen Raums unter ihrer Herrschaft zusammenzufassen. Dies erforderte eine Politik ständiger Präsenz, die durch ausgedehnte Reisetätigkeit wahrgenommen wurde (Empfänge von Ks.n und Kg.en, Abhaltung von Gerichtstagen [→Audiences], Begegnungen mit Prälaten, Wallfahrten nach St-Maurice d'Agaune, Hofjagden in Chablais und Bugey, Turniere in Chambéry oder Bourg-en-Bresse, diplomat. Verhandlungen an den Grenzen, Kriegszüge). Hiermit wie mit lebhaften fiskal. Interessen hängt die aktive Förderung des Verkehrswesens eng zusammen, die S. als typ. »Paßstaat« kennzeichnet; diese seit dem 13. Jh. stark hervortretende Politik umfaßte u.a. Zollkontrolle und Festsetzung von Zolltarifen (→*péages*), Einrichtung von Fährstellen (→Fähre) und →Brücken, Ausbau der Paßzugänge, Errichtung von Hospizen (→Alpenpässe, →Gasthaus).

Die Reisetätigkeit der Fs.en hinderte nicht die Herausbildung von bevorzugten →Residenzen: Im 11.-12. Jh. lagen diese v.a. in der Maurienne (Charbonnières sur Aiguebelle, Hermillon bzw. St-Julien bei St-Jean), aber auch im piemontes. Susa, wohingegen im 13.-14. Jh. das eigtl. S. (Montmélian, Le Bourget) stärker besucht wurde, doch auch das für die polit. Aufgaben in den nördl. Territorien günstig gelegene Chablais (Évian, →Chillon); seit dem Ende des 14. Jh. erscheint dann →Ripaille am Genfer See als führendes Residenzschloß. Die dynam. Territorialpolitik der Savoyer war nur realisierbar dank einer festen dynast. Erbfolgeregelung (feudale Oberherrschaft des ältesten Bruders, lehnspflichtige →Apanagen für die jüngeren Brüder, Anerkennung von Schiedssprüchen bei Streitigkeiten); in Leben und Ordnung der Dynastie spielten auch die Gräfinnen, die vom alten Gf.en sorgsam ausgewählten Vormünder und die Zisterzienserabtei Hautecombe als Hauskl.eine gewichtige Rolle.

[3] *Reichsvikariat und dynastische Politik:* Für eine Vormachtpolitik im Rahmen des alten Kgr.es Burgund erwies sich die bloße Anhäufung von Einzelterritorien und -titeln als unzureichend. Dies erklärt die Anstrengungen der Savoyer, von der altehrwürdigen Abtei St-Maurice den Ring des hl. →Mauritius zu erlangen; er war wohl schon seit dem 11. Jh., spätestens aber seit Mitte des 13. Jh. das wichtigste Herrschaftszeichen des Savoyer Gf.enhauses, das sich dadurch mit einer sakralen Aura umgab, die es in gewisser Weise der Sphäre des Ks.s, der in seiner Eigenschaft als Kg. v. Burgund die Hl. Lanze des hl. Mauritius innehatte, annäherte. Dem lebhaften Streben nach Rangerhöhung entsprangen auch die Bemühungen der Gf.en seit Thomas I. (1226), sich das →Reichsvikariat verleihen zu lassen; es war seit ca. 1260 (→Peter II.) das wohl wichtigste Instrument der Oberhoheit in den »Nebenländern«. Schließlich wurde der Titel des Reichsvikars mit →Amadeus VI. 1365 erblich. Damit war v.a. den Prälaten der Region die Möglichkeit genommen, sich unter Berufung auf ihre ksl. Privilegien einer Kontrolle durch das Haus S. zu entziehen. Mittels des Reichsvikariats konnten die Gf.en den Wünschen von Bevölkerungsgruppen in entfernter gelegenen Gebieten, sich der Schutzherrschaft des mächtigen S. zu unterstellen, wesentl. leichter nachkommen (östl. →Provence, 1385-88). Dem Haus S. war eine Berufung auf die →Souveränität (über die lehnsherrl. →Suzeränität hinaus) möglich geworden.

Mit der Territorialexpansion hatte Thomas I. den Aufbau einer modernen fsl. Verwaltung in Angriff genommen. Peter II. baute die Ansätze des Vaters kraftvoll aus und schuf mit den Statuen v. Savoyen (um 1264) die Grundlagen einer fsl. Gesetzgebung. Bei ihren Initiativen zur Schaffung eines souveränen Staatswesens blieben die Savoyer jedoch sorgsam auf die Wahrung der Loyalität gegenüber den Ks. bedacht.

[4] *Militärwesen:* Einer der wichtigsten Bereiche der savoy. Staatsordnung war das schlagkräftige und disziplinierte Heer, das den diensttuenden Adligen (*bannerets*, *chevaliers*, *écuyers*) attraktive Karrieren und Einkünfte bot (Lehen, Entschädigung für im Dienst verlorene Pferde, aber auch regulären Sold, Beuteanteil und fakultative fsl. Gunsterweise). Auch Nichtadlige traten (als Klienten ihrer Herren) in das Heer ein, so als Armbrustschützen (*arbalétriers*), und gehörten vielfach den stets einsatzbereiten gfl. Haus- und Garnisontruppen an, die den Kern eines stehenden Heeres bildeten. Vom savoy. Militärwesen profitierte in bes. Maße die wachsende Zahl der Heereslieferanten (Harnisch- und Waffenmacher, Roßhändler, Viehbauern, Fleischer u.a. Lebensmittelgewerbe, Zimmerleute, Maurer usw.). Das einer kompetenten Führung und regelmäßigen Inspektion unterstehende Heer konnte sich auf ein dichtes Netz von →Burgen und Befestigungen (u.a. Wacht- und Wehrtürme in dichter Folge an Straßen und strateg. wichtigen Punkten) stützen. Dieses wohlorganisierte Verteidigungssystem hinderte Angreifer (etwa die große antisavoy. Koalition der Genfer, Habsburger und Anjou im späten 13. Jh.) an einem leichten Eindringen ins Land; im Sinne des Schutzgedankens gebot das savoy. Heer etwa auch den Einfällen der marodierenden →Kompagnien (*routiers*) des 14. Jh. und dem Räuberunwesen energisch Einhalt. Die mit starker Artillerie und Belagerungsmaschinen hochgerüstete savoy. Militärmacht beteiligte sich erfolgreich an Kriegszügen verbündeter Herrscher in entfernten Ländern: So öffnete →Amadeus V.

(1285-1323) mit seiner schlagkräftigen Streitmacht 1310 Kg. →Heinrich VII. v. Luxemburg den Weg nach Rom. Als Verbündeter des byz. Ks.s →Johannes V. Palaiologos kämpfte →Amadeus VI. (1343-83) gegen →Bulgaren und →Osmanen in den Meerengen und im westl. →Schwarzen Meer (1366-67). Unter →Heinrich III. und →Eduard I. operierten savoy. Verbände im gesamten →England. Gf. →Aymon (1329-43) und seine Nachfolger unterstützten →Frankreich seit 1337 im →Hundertjährigen Krieg, wobei die territorialen Interessengegensätze zum Kg. v. Frankreich angesichts der einträgl. Gewinne und der intensivierten Beziehungen zum avignones. Papsttum hintangestellt wurden.

[5] *Territoriale Expansion und institutioneller Ausbau im 14. und frühen 15. Jh.*: Neben gewinnbringenden militär. Interventionen, bei denen sich die großen Mächte Europas auf die Savoyer als »Türhüter der Alpen« angewiesen sahen, waren es v. a. die Domänen des Hauses, die dank einer straffen, effizienten Verwaltung reiche Erträge abwarfen. Die Besitzungen waren gegliedert in →Kastellaneien, die sich zu Beginn des 15. Jh. auf mehr als 170 beliefen, verteilt über 13 →Bailliages (bzw. entsprechende Verwaltungssprengel). Beträchtlich waren auch die Einkünfte aus den fsl. Münzstätten, die sich seit dem 11. Jh. entwickelten und im 14. Jh. zum Bimetallismus übergingen. Die Zollrechte, die das Haus S. entlang der großen Straßen erwarb und durch die Gründung neuer Städte wie durch Privilegienverleihung an auswärtige Kaufleute förderte, waren vor 1300 wenig zahlreich, dafür recht gewinnbringend, während für die Zeit danach eher das Gegenteil gilt. Die Einnahmen aus außerordentl. Steuern (Subsidien/Beden, Sondersteuern, Staatsanleihen) ergänzten seit dem 14. Jh. die genannten Einnahmen und erhöhten die polit. Spannkraft des Gf.en.

Die Gf.en schufen im 13. und 14. Jh. eine festgegründete, alle Bereiche abdeckende Verwaltung, ohne je die Anwendung des eigtl. Feudalrechtes zu vernachlässigen. Die Zentralverwaltung trug klass. Züge. Es bestand ein gfl. Rat (*Conseil du comte*), von dem sich der in Chambéry etablierte *Conseil Résident* als Gerichtsbehörde, sodann die Kanzlei (*Chancellerie*) und der zivile wie militär. Hofhalt (*Hôtel civil et militaire*) ablösten; Kontrollinstanzen wie Rechnungshof (*Chambre des comptes*), Oberster Gerichtshof (*Audiences Générales*) und Militärinspektion (*Inspection Militaire*) hatten eigenständigen Charakter. Die regionale (*Baillis*) und lokale (*Châtelains*) Verwaltung war gekennzeichnet durch eine Konzentration der Gewalten (mit Ausnahme der den Richtern übertragenen Rechtsprechung) und geograph. und soziale Diversifikation der Beamten, die als ernannte, besoldete und abberufbare Funktionsträger sowohl mit fsl. Gunsterweisen als auch (bei Versäumnissen) mit Sanktionen rechnen konnten.

Eine weitere territoriale Ausdehnung wurde zu Beginn des 15. Jh. nochmals begünstigt durch das Aussterben großer Adelsfamilien (Gf.en v. Genf, Thoire-Villars), kam dann aber im Bereich des alten Kgr.es Burgund zum Stehen, wobei im N noch Waadtland und Gft. →Greyerz (Gruyère), im NW Bresse und →Dombes erfaßt wurden, während im SO zwar eine Festsetzung im Faucigny und Pays de Gex erreicht wurde, diese aber mit dem Verlust der savoy. Position im Viennois einherging. Im S verleibten die Savoyer die östl. Provence ihrem Machtbereich ein; Voraussetzung war der erfolgreiche Herrschaftsausbau in Piemont (von Biella bis Cuneo), mit dem Ossolatal als nördl. Außenposten, im S der Vorstoß auf →Genua. Über die Pässe der prov. Seealpen wurden →Nizza (mit seinem 'Comté') sowie das von →Amadeus VIII. zum Kriegshafen ausgebaute →Villefranche erreicht. Das lange Zeit auf das Europa nördl. der Alpen hin orientierte S. wandte sich damit den Ländern des östl. Mittelmeermes (→Zypern) zu, bewahrte aber dennoch seine militär. und polit. Präsenz als Hüter der Alpenpässe vom Simplon bis zum Mittelmeer.

[6] *Kirchenpolitik*: Dem dynam. Ausbau der polit., institutionellen und militär. Position korrespondierten die charakterist. religiösen Aktivitäten. Hatten die Gf.en im 11. Jh. die Ausbreitung →Clunys nachhaltig gefördert (Errichtung zahlreicher cluniazens. →Priorate), so unterstützten sie im folgenden Jahrhundert frühzeitig die →Zisterzienser und gaben den mit dem Ausbau der Alpenpässe verbundenen religiös-karitativen Initiativen (Hospize) kraftvolle Impulse. Ausgehend von der Grande →Chartreuse, die in einem Grenzgebiet S.s zum Dauphiné lag, entstanden in der savoy. Territorien Kartausen; der →Kartäuserorden trug durch seine hohe Spiritualität, verbunden mit aktiver Erschließung des Gebirgslandes (Weide- und Forstwirtschaft, Bergbau und Hüttenwesen), trotz der geringen Zahl seiner Mönche beispielhaft zur Entwicklung der savoy. Alpenregionen bei. Die augustin. →Regularkanoniker (St-Maurice d'Agaune) gründeten ihrerseits zahlreiche Priorate, die im regionalen Umkreis Seelsorge, Schulwesen und wirtschaftl. Leben förderten. Auch die Hospitäler der Antoniter in Chambéry (gegr. Anfang des 12. Jh.) und Ranverso bei Turin (gegr. 1188) erfreuten sich des bes. Wohlwollens der Fs.en. Als Bf.e wirkten unter päpstl. Einfluß z.T. bedeutende Persönlichkeiten der großen Orden, v. a. Kartäuser und Zisterzienser (Anthelmus v. Chignin, Petrus v. Tarentaise/→Innozenz V.).

Die savoy. Länder hatten reichen Anteil am Aufschwung der roman. Baukunst und Skulptur im 12. Jh. (→Romainmôtier und →Payerne im Waadtland, Aosta und Aostatal, Aime und Cléry im Bereich v. Tarentaise, Nantua, S. Michele della Chiusa u. a.; Fresken der Burgkapelle v. Allinges, Kapitellplastik v. Yenne). Das spirituelle und geistige Leben wird durch den in Aosta geborenen hl. →Anselm v. Canterbury symbolisiert. In der Zeit des 13. Jh. prägten die großen städt. Orden (→Bettelorden) das intellektuelle Leben, oft schon vor der Begründung eigener Konvente. Aus S. stammte eine Reihe von Päpsten (wohl schon →Nikolaus II. im 11. Jh., →Innozenz V. im 13. Jh., →Clemens VII. im 14. Jh., →Felix V. im 15. Jh.). Im SpätMA spiegelt die Gründung von →Ritterorden (→Annuntiaten, die auf den savoy. Halsbandorden von 1364 zurückgehen; →Mauritius, Orden vom hl., 1434) die dynast. Frömmigkeitshaltung (*pietas*) des Hauses S. wider.

[7] *Landesausbau, Paßverkehr, Wirtschafts- und Bevölkerungsentwicklung*: Vom 2. Drittel des 11. Jh. an, beim Beginn des 14. Jh. vollzog sich ein tiefgreifender Prozeß systemat. Landesausbaus, der die Hochebenen und die Täler bis an die Grenzen der Felsregion erfaßte. Die Bauern, beraten von kundigen Mönchen und geschützt von ihren Grundherren, rodeten Wälder, legten Sumpfgebiete in den Dombes trocken, bewässerten das Aostatal und seine Nebentäler, organisierten die Almwirtschaft (*alpage*, →Alm) und zähmten sogar Bergbäche durch Dämme. Der Landesausbau wurde begünstigt durch die vorteilhafte Klimaentwicklung (→Klima) und die sprunghafte Ausbreitung vorindustrieller techn. Betriebe auf hydraul. Grundlage (→Energie) wie →Mühlen, Hammerwerke (Schmieden, Schmelzen), Hanfschlägereien (→Hanf), Gerbereien, Sägen usw. Der lebhafte →Bergbau in den Gebirgsregionen (bes. Maurienne und angrenzendes Pays

de Gex) lieferte reiche Erträge an→Eisen, das den Rohstoff für die metallverarbeitenden Gewerbe (Werkzeug- und Waffenherstellung) bildeten. Der Aufschwung des internat. Handelsverkehrs (zw. Oberitalien und den Champagnemessen) belebte die Alpen- und Jurapässe; die Savoyer förderten bes. Mont Cenis und Mont Joux (→Großer St. Bernhard) und verliehen dem im SpätMA kontinuierlich wachsenden Reiseverkehr eine verbesserte Infrastruktur (Einsatz professioneller Führer, Geleitmänner, Säumer und Fuhrleute; Aufstellung von Wegzeichen an Straßen und Pässen; Ausbau von Hospizen und Lagerhäusern/ *soustes*; Errichtung von Rhônebrücken, so bei Genf, Seyssel, Chanaz, Pierre-Châtel; Einrichtung neuer Routen: Achse Lanslebourg-Seehospiz am Mont Cenis), was der stark zunehmenden Bevölkerung der savoy. Länder vielfältige Beschäftigung im Transport- und Beherbergungswesen bot, wohingegen Fernhandel und Geldgeschäft zumeist in der Hand von Lombarden und Genuesen verblieben.

Die städt. Siedlungen, teilweise röm. Ursprungs (Civitates/Bischofsstädte wie Aosta, Sitten, Genf, Susa, Seyssel), einige wohl auf Großdomänen der Karolingerzeit zurückgehend (Ugine auf die 'Curtis de Ulgina'), verdankten ihre Entstehung vielfach feudalen →Burgen des 11. und 12. Jh. (Chambéry le Neuf, Mitte des 11. Jh.; Annecy le Neuf, spätestens Ende des 11. Jh.; Montmélian und Pont de Beauvoisin, frühes 12. Jh.), doch wurde im 13. Jh. nochmals eine ganze Generation von neuen Städten, nach regelmäßigem Grundriß, errichtet (Bonneville im Faucigny; L'Hôpital sous Conflans, das heut. Albertville; Rolle im Wallis noch 1318). Starken Aufschwung erfuhren u. a. Genf (→Messen), Lausanne und Sitten als Handelsstädte, Chambéry als Residenz und Verwaltungszentrum der Gft., Turin als Vorort des Piemont (anstelle des älteren Zentrums Pinerolo). Im allg. überschritten die Städte in S. aber nicht die Größenordnung von 4000 Einw. Städte und ländl. Gemeinden erhielten umfassende Privilegien (Statuten), die insgesamt stärker die Rechte des Individuums als diejenigen der Allgemeinheit betonten. Die gezielte gfl. Privilegienpolitik wurden von Thomas I. begonnen (Aosta, 1195) und setzte sich bis zum Tode Amadeus' V. (1323) fort. Spätere Privilegierungen waren vielfach nur mehr Bestätigungen älterer Rechte.

Diese dynam. Entwicklung wurde getragen vom starken demograph. Anstieg, der von ca. 1030 bis 1347 anhielt. Die Gesamtbevölkerung des savoy. Staates überschritt die Millionengrenze. Die Pesteinbrüche von 1347 und 1373 reduzierten die Zahl der Einw. wohl um fast die Hälfte, doch ließen territoriale Zugewinne die absolute Bevölkerungszahl danach wieder steigen. Bevölkerungsrückgang und →Wüstungen trafen in bes. starkem Maße die Hochgebirgszonen, deren Bewohner oft in das savoy. Alpenvorland und weiter in das dichtbesiedelte untere Rhônetal (Lyon, Avignon) abwanderten. S. erlebte einen raschen Wiederaufschwung mit verstärkter Bewirtschaftung der besseren Böden und Nutzung der Handelsaktivitäten (Genf, Chambéry, Turin, Nizza). Doch hemmten weitere Pestepidemien in der 1. Hälfte des 15. Jh. erneut die wirtschaftl. Regeneration.

[8] *Der Ausgang des Mittelalters:* →Amadeus VIII. (1391-1439, † 1451) verstand es als Gf. u. dann als Hzg., sein Land zu einer Hochblüte zu führen. Von 1398 bis 1416 betrieb er mit Ausdauer den territorialen Zusammenschluß (Konsolidierung der fsl. Autorität über die neuen Besitzungen in der Provence, Rekuperation der Apanage v. Piemont nach dem Erlöschen der Linie S.–Achaia, 1418) und erreichte die Anerkennung seiner Souveränität über die Mgft. →Saluzzo. Am 16. Febr. 1416 erhob Ks. →Siegmund die Gft. S. zum →Herzogtum. Amadeus VIII. entfaltete rege diplomat. Aktivitäten in Frankreich (Ausgleich zw. Frankreich und Burgund), Italien (Unterstützung der gegen die →Visconti gerichteten Liga, dadurch Einverleibung von →Vercelli) und im östl. Mittelmeerraum (Bündnis mit den →Lusignan in →Zypern). Die auf seine Initiative ausgearbeiteten »Statuts de Savoie« (1430) stärkten nachhaltig die Staatsgewalt. Auch als Eremit in Ripaille, als Papst (Felix V.) und als Kard.bf. v. Genf wachte dieser machtbewußte, zeremonielle und dem geistl. Leben zugewandte Fs., der dem 15. Jh. in S. seinen Stempel aufgeprägt hat, stets über die Interessen seines Landes.

Im 15. Jh. vollzog sich eine erneute Intensivierung der wirtschaftl. Initiativen, v. a. des Erzbergbaus und Hüttenwesens (→Annecy, Faverges) und der Lederverarbeitung (Chambéry), sowie des Verkehrs zu Lande (Errichtung von neuartigen, in den Kurven stark verbreiterten Gebirgsstraßen) wie zu Wasser. Im Finanzgeschäft wurden die oft wenig zuverlässigen Lombarden allmähl. von den Toskanern mit ihren entwickelteren Formen des Bankwesens verdrängt. S., das auf nur wenige Importgüter angewiesen war (Salz, Luxustextilien, Rassepferde), betrieb v. a. die gewinnbringende Ausfuhr von Holz, Vieh, Käse und Metallwaren. Als Führungsschicht trat zum einen der burgsässige Adel, zum anderen zunehmend das städt. Patriziat (mit seiner jurist. Ausbildung) hervor. Im übrigen umfaßte die Gesellschaft in S. eine zumeist spezialisierte Handwerkerschaft, bäuerl. Gruppen in uneinheitl. Sozial- und Besitzverhältnissen und zahlreiche Randständige. Die sich verbreitende Religiosität wird durch zahlreiche Kapellen, Bruderschaften (*confréries*), Wallfahrten und nicht zuletzt durch die Heiltumsweisung des Hl. Schweißtuches (Suarium) in Chambéry dokumentiert.

Die savoy. Kultur und Zivilisation des 15. Jh. manifestiert sich in prachtvollen Schlössern (Annecy, Chambéry; Aostatal: →Challant, Fenis; Roman. Schweiz: Chillon, Ravon u. v. a.), Schöpfungen der späten Flamboyant-Gotik (→Sainte-Chapelle in Chambéry, →Brou bei Bourg-en-Bresse, mit burg.-habsburg. Einfluß), Werken der Wandmalerei (Haute-Maurienne) und Buchmalerei, v. a. aber in der Musikpflege, die durch Guillaume →Dufay (1435-55 Leiter der savoy. Hofkapelle) europ. Bedeutung errang. Mehrere savoy. Fürstinnen traten als kunstsinnige Gönnerinnen hervor (Beatrix v. S. im 13. Jh., Bonne de Bourbon im 15. Jh.).

Nach dem Tode Amadeus' VIII. (1451) machte sich in S. das Fehlen einer fähigen Fürstenpersönlichkeit ungünstig bemerkbar. Die von Hofintrigen vergiftete Atmosphäre bot einen günstigen Nährboden für zentrifugale Tendenzen (Piemont, Genf). Die äußeren Mächte, v. a. die →Eidgenossenschaft und das Kgr. Frankreich, schickten sich zur Besetzung savoy. Territorien an. Der Glanz des Hoflebens und die ertragreiche Wirtschaft konnten den Verfall der hzgl. Autorität kaum mehr verdecken. Die frz. Invasion von 1536 markiert das Ende des ma. Staates Savoyen. B. Demotz

Lit.: S. GUICHENON, Hist. généal. de la Royale Maison de Savoie, Lyon 1660 – C. W. PRÉVITÉ-ORTON, The Early Hist. of the House of Savoy (1000-1233), 1912 – MARIE-JOSÉ (S. M. R.), La Maison de Savoie: les origines, 1956 – DIES., Amédée VIII, 1962 – Hist. de Savoie, hg. P. GUICHONNET, 1973 [H. BAUD, Kap. 4-7] – R.-H. BAUTIER, Atlas hist. français: Savoie, 1979 – R. BRONDY, B. DEMOTZ, J.-P. LEGUAY u. a., La Savoie de l'an Mil à la Réforme, 1984.

Sawles Warde → Katharine-Gruppe

Saxo Grammaticus (dän. Sakse), bedeutendster lat. Geschichtsschreiber des dän. MA, * um 1150 auf Seeland,

† ca. 1220, entstammte einer adligen Familie. Nach einem Studium in Frankreich (Reims?) schloß sich S. →Absalon, Ebf. v. Lund, als clericus (Sekretär) an. In dessen Auftrag verfaßte er die »Gesta Danorum« (16 B.), in denen die dän. Nationalgesch. vom sagenhaften Kg. Dan bis in die Zeit S.s (Knud VI., 1182-1202) geführt wird. Das Werk ist Absalons Nachfolger Anders Sunesen (→Andreas filius Sunonis [10. A.]) gewidmet, die ed. princeps des dän. Humanisten Christiern Pedersen (Paris 1514) bietet den vollständigen Text, von vier älteren hs. Bruchstücken ist das um 1200 entstandene Angers-Frgm. von bes. Bedeutung.

S. begann 1185 mit der Darstellung des hist. Teils der »Gesta Danorum«, B. 10 behandelt die Zeit von Harald Blauzahn bis zu Magnus d. Guten, B. 11-13 enthalten die Epoche von Svend Estridsen bis Kg. Niels, B. 14 (mehr als ein Viertel des Gesamtwerks) schildert die Zeit Kg. Erik Emunes bis zur Wahl Absalons zum Ebf. (1177). B. 15 und 16 stellen die Herrschaft Waldemars d. Gr. und Knuds VI. bis zur Unterwerfung der 'Wenden' (1185) dar. Nach 1202 schildert S. in den B. 1-9 die sagenhafte Vorzeit vom Reichsgründer Dan bis zu Gorm d. Alten, es finden sich hier die Gestalten der Volks- und Heldensage wie Amlethus (Hamlet), Hrolf Krake oder Starkad, außerdem bewahrt S.s→Prosimetrum Beispiele altnord. mündl. Dichtung (Rekonstruktionsversuch bei OLRIK) und lit. Motive, die auf die wenig später entstandenen →Fornaldasögur vorausdeuten. Drei große Bereiche lassen sich als Q. der lit. Gestaltung oder der hist. Zeugnisse erkennen: die antiken Autoren Sallust, Livius, Vergil, Valerius Maximus, Boethius u. a., dann die Werke ma. Geschichtsschreiber wie →Beda Venerabilis, →Paulus Diaconus, →Dudo v. St-Quentin und →Adam v. Bremen oder der neuen frz. Lit. wie »Alexandreis« von →Walter v. Châtillon, und schließlich die nicht immer deutl. faßbare Fülle von Chroniken, Gesetzsslg.en, annalist. Berichten und Lokalsagen. Hinter der Vielzahl myth. und hist. Gestalten ist die antike exemplum-Technik mit den ethischen Leitbegriffen der fortitudo, temperantia, iustitia und prudentia zu erkennen. Trotz mancher sprachl. Überladenheit und beschränkter hist. Glaubwürdigkeit verstand es S., antike Formen- und Gedankenwelt mit dän. Nationalgefühl zu verschmelzen. Sein erster dän. Übersetzer, Andreas Vedel (1575), verglich ihn als »Vater aller nordländ. Geschichtsschreiber« mit Homer. →Chronik, J. I.

R. Volz

Ed.: S.nis Gesta Danorum, I–II, ed. J. OLRIK–H. RÆDER, 1931–57 – Corpus codicum Danicorum medii aevi, 4, 1962 [Faks. der Frgm.e] – *Dän. Übers.*: N. F. S. GRUNDTVIG, 1818–J. OLRIK, 1925² – *Dt. Übers.*: W. JANTZEN, 1900 [B. 1–9] – P. HERRMANN, 1901–22 [B. 1–9] – *Lit.*: KL XV, 49–57 – R. SIMEK–H. PÁLSSON, Lex. der altnord. Lit., 1987, 103f. – C. WEIBULL, S. Kritiska undersökningar i Danmarks historia, 1915–16 – H. BRIX, Om Angersfragmentet af S., 1927 – S. LARSEN, S.problemer, 1928 – J. OLRIK, Tekstkritiske bemærkninger til Sakses »Gesta Danorum«, 1932 – DERS., Studier over Sakses historiske kilder, 1933 – E. GÖTZ, S. G. und die dt. Heldensage 1934 – G. DUMÉZIL, La saga de Hadingus, 1953 – J. SKOVGAARD-PETERSEN, S. historian of the patria (Mediaeval Scandinavia 2, 1969) – A. T. LAUGESEN, Introduktion til S., 1972 – K. FRIIS-JENSEN, S. og Vergil, 1975 – S.studier, hg. K. I. BOSERUP, 1975 – K. JOHANNESSON, S. G., Komposition och världsbild i Gesta Danorum, 1978 – K. FRIIS-JENSEN, S. G. as lat. Poet, 1987.

Sayn, mittelrhein. Adelsgeschlecht, mit gleichnamigem Stammsitz (in 10./11. Jh. erbaut) bei Bendorf, das erstmals 1139 mit den Gf.en Eberhard I. und Heinrich I., deren Titel auf Rechte als Untergf.en im →Auelgau zurückgeht, belegt ist und bereits in der 2. Hälfte des 12. Jh. Münzen prägte (Münzrechtsverleihung erst 1329). Die königsnahe Familie, Inhaberin zahlreicher Besitzungen und Rechte (spätestens 1174 Vogtei Bonn) links und rechts des Rheins, die mit →Bruno 1205–08 auch einen Ebf. v. Köln stellte, erreichte ihre größte Bedeutung unter Heinrich III. († 1246), dem letzten Gf. en des älteren Hauses S. Über dessen Schwester Adelheid kam der meiste Besitz an die Gf.en v. →Sponheim, die ihn aufteilten. Die mit Gottfried I. († 1283) beginnende jüngere Linie S., hauptsächl. auf Westerwald und Bergisches Land (Homburg) beschränkt, wurde 1294 unter seinen Söhnen in eine Johann- und in eine Engelbertlinie geteilt. Während Engelberts I. Enkel Salentin durch Heirat die Gf.en v. Wittgenstein beerbte und die Linie S.-Wittgenstein begründete, regierten Johanns I. Nachkommen in der Gft. S. nebst dazugehörigen Herrschaften und erreichten unter Gerhard II. († 1493) noch einmal annähernd so große Bedeutung wie unter Heinrich III. 1606 starb die Johannlinie des Hauses S. aus und wurde zunächst von der Engelbertlinie S.-Wittgenstein beerbt.

H.-B. Spies

Lit.: H. GENSICKE, Landesgesch. des Westerwaldes, 1958, 1987² – H.-B. SPIES, Die Mediatisierung der Herrschaft Homburg an der Mark (1806), Bonner Univ. Bll., 1976, 65–67 – A. FÜRST ZU SAYN-WITTGENSTEIN-SAYN, S. – Ort und Fs.enhaus, 1979 – DERS., Burg S., 1984 – J. MÖTSCH, Genealogie der Gf.en v. Sponheim, Jb. für westdt. Landesgesch. 13, 1987, 62–179.

Sayón (mlat. sagio; katal. *saig*), ähnlich wie der villicus und der →Alguacil Amtsträger der Territorialverwaltung in Kastilien und León, aber auch in Katalonien-Aragón, eingesetzt zur Unterstützung der Exekutivgewalt der Kg.e, Gf.en, Grundherrn, Richter und →Merinos. Daneben gab es jedoch auch städt. S.es mit dem Stadtgebiet und dem angrenzenden 'Terminus' als Amtsbereich. Der Aufgabenbereich des S. waren u. a. die Funktionen der niederen Gerichtsbarkeit, ohne dabei ein eigenes Recht auszuüben, formale Einberufung von Heerbann, Aufgeboten und Gerichtsversammlungen, Ergreifung der Täter, Ausführung bzw. Einzug der Strafen, Eintreiben der Abgaben. Da die S.es ursprgl. niederen Standes waren, wurden sie im Rahmen der Kompositionsgerichtsbarkeit bei Mord oder Totschlag durch ein 'Wergeld' von 500 Solidi wie ein Adliger geschützt. Bis ins HochMA führte der kgl. S. den Titel eines *S. del Rey*, der jedoch bald durch den Titel *Portero del Palacio* ersetzt wurde; das Amt des Portero erfuhr durch den Ausbau der Hofämter seit Alfons X. v. Kastilien eine weitgehende Differenzierung (u. a. Porteros Mayores und Menores, de Galicia, de Castilla, de León, de Andalucía, de Toledo) und wurde in den Exekutivbereich der kgl. →Kanzlei integriert.

L. Vones

Lit.: N. GUGLIELMI, Le »s.« (León, Castille. XIᵉ–XIIIᵉ s.), CCMéd 17, 1974, 109–124 [zahlr. Belege] – L. GARCÍA DE VALDEAVELLANO, Curso de Hist. de las Instituciones españolas, 1975⁴, bes. 504f. – D. TORRES SANZ, La administración central castellana en la baja Edad Media, 1982, 269ff.

Sázava, ehem. Kl. in Böhmen, 1032 an der Straße zw. →Kouřim und dem böhm. Süden von →Prokop mit Unterstützung →Břetislavs I. gegr. Prokop wurde erster Abt v. S., wo zwar die Liturgie nach →röm. Ritus, jedoch in altslav. Sprache gefeiert wurde. Nach dem Tod Prokops vertrieb →Spytihněv II. 1056 die Mönche aus S.; sie flohen nach Ungarn, konnten jedoch unter →Vratislav II. 1061 zurückkehren. Ende 1096 mußten die Anhänger der slav. Liturgie das Kl. endgültig (lat.) Mönchen aus →Břevnov überlassen. Die slav. Periode des Kl. war lit. fruchtbar, der kulturelle Austausch mit der Kiever Rus' intensiv; von den in S. entstandenen Werken ist aber nur die Herkunft der altslav. Prokoplegende (nur lat. Fassung erhalten) nachzuweisen. Die erste Kl.kirche aus der Zeit Prokops wurde noch im 11. Jh. durch einen Neubau ersetzt (Vollendung des Kl. unter Abt Božetěch). Zur Blüte von S. unter den Břevnover Mönchen trug die Hl. sprechung seines Gründers (1204 auf Betreiben →Otakars I. Přemysl) bei: S. wurde zu einem vielbesuchten Wallfahrtsort. Ende April 1421 besetzten →Hussiten der Prager Partei das Kl. und vertrieben die Mönche, die 1433 zurückkehrten; das inzwischen säkularisierte Kl.gut erhielten sie aber nicht zurück. J. Kadlec

Lit.: Z tradic slovanské kultury v Čechách. S. a Emauzy v dějinách české kultury, hg. J. Petr–S. Šabouk, 1975 – S. Památník staroslověnské kultury c Čechách, 1988 – J. Kadlec, Das Kl. des hl. Prokop an der Sasau (Tausend Jahre Benediktiner in den Kl. Břevnov, Braunau und Rohr, 1993 [= SMGB, Ergbd. 33]), 297-307 [Lit.].

Sbigneus → Oleśnicki, Zbigniew

Scabinus → Schöffe

Scala, Scaliger → Della Scala

Scala Dei (Santa Maria d'Escaladei), Kl. OCart (Katalonien, Ebm. Tarragona), am Fuße des Montsant gelegen, 1194 nach Verhandlungen zw. Kg. Alfons II. v. Aragón und dem Prior der Grande →Chartreuse gegr. Einige unter Leitung von Prior Gerald nach Katalonien entsandte Mönche schlossen sich dort mit der eremit. Gemeinschaft des Peter de Montsant zusammen. Durch Schenkungen der Kg.e Peter II. und Jakob II. v. Aragón gefördert, konnten 1215 Kirche und Kreuzgang mit 12 Zellen für die Brüder eingeweiht werden. →Johann v. Aragón (43. J.), apostol. Administrator v. →Tarragona (1328-32), ließ einen zweiten Kreuzgang mit 12 weiteren Zellen errichten und schenkte dem Kl. eine Bibelhs. mit wertvollen Miniaturen. Von S. aus wurden die Kartausen Sant Pol de Mar (Barcelona, 1269), Porta Coeli (Valencia, 1271), Sant Jaume de Vallparadis (Terrassa, 1344) und Valldemossa (Mallorca, 1399) gegr. U. Vones-Liebenstein

Lit.: DHEE III, 1670f. – Gran Enciclopèdia Catalana VI, 72 – Dic. d'Hist. de Catalunya, 1992, 979 – J. Lladonosa i Pujol, El Montsant i els ermitans, Anal Montserratensia 9, 1962, 325-385 – J. Trenchs Odena, La proprietat territorial de S. D. dels inicis a 1300 (I colloqui d'Hist. del Monaquisme Català, II, 1969), 263-270 – A. Pladevall, Els Monestirs Catalans, 1974³, 352-355 – W. B. Wahl–F. Zubillaga, La cartuja de S. D. (The Charterhouse of S. D.), 1980.

Scali, florent. Familie aus dem Sesto di Borgo, die seit Anfang des 13. Jh. eine wirtschaftl. Blüte erlebte, eines der ältesten Bankhäuser der Stadt besaß und bald eine wichtige polit. Rolle errang. Mitglieder der Arte di →Calimala und ursprgl. Popolanen (später jedoch als Magnaten eingestuft), Guelfen und nach der Schlacht von →Montaperti verbannt, gehörten die S. in der 2. Hälfte des 13. Jh. zu den reichsten Familien von Florenz. Die S. führten mit den →Mozzi und den →Spini, von denen sie sich ca. 1270 trennten, eines der wichtigsten Handels- und Bankhäuser der Stadt, das bes. seit der Mitte des Jahrhunderts in England und Frankreich aktiv war. In der Folge waren die S. in Süditalien und in der Provence für die Anjou tätig. Anfang des 14. Jh. verbanden sie sich mit den Bianchi und gründeten dann wieder mit den Mozzi eine Gesellschaft, als diese sich von den Spini trennten, die Anhänger der »Neri« waren. Im ersten Viertel des 14. Jh. nahmen die S. weiterhin eine wichtige Stellung unter den florent. und europ. Handels- und Bankkompagnien ein, aber ein plötzl. Konkurs beendete das mehr als hundertjährige Florieren ihrer Firma. M. Luzzati

Lit.: S. Raveggi, M. Tarassi, D. Medici, P. Parenti, Ghibellini, Guelfi e Popolo Grasso, 1978.

Scarampo, Lodovico, Kard., * um 1401 in Padua, † 22. März 1465 in Rom; Arzt, dann Kriegsmann unter dem Kard.-Legaten Giovanni →Vitelleschi. Nach Vitelleschis Tod (2. April 1440) wurde S. dessen Nachfolger in Rom, 1435 Bf. v. Trogir/Dalmat., 1437 Ebf. v. Florenz, 1439 Patriarch v. Aquileia, 1440 Kard. (zugleich mit Pietro Barbo [→Paulus II.], fortan sein Rivale in allen Konklaven), 1443/44 Administrator v. Bologna, 1465 Kard.-Bf. v. Albano. Der hochbegabte, weltl. gesinnte S. ('Kard. Lucullus') hatte unter Eugen IV., Nikolaus V., Calixtus III. und Pius II. wechselnden, auch gefürchteten Einfluß in höchsten Ämtern (seit 1440 u. a. Kanzler der Kurie), festigte das restaurierte Papsttum durch geordnete Verwaltung in Rom und verhandelte erfolgreich an it. Fs. enhöfen (14. Juni 1443 Vertrag v. Terracina mit Kg. →Alfons I. v. Aragón-Neapel [17. A.]: Anerkennung Eugens IV. im Schisma des Konzils v. →Basel). Auf Drängen Calixtus' III. leitete S. 1455/56 den röm. Flottenbau, übernahm als Legat, Generalkapitän und Admiral die Expedition in die Ägäis, wo er, unterstützt von einem Kontingent Alfons' I., im Aug. 1457 bei Metelino einen Seesieg über die Türken errang, 25 Schiffe erbeutete und Piraterie trieb.

G. Schwaiger

Lit.: L. Rizzoli, Il card. L. S., 1901 – P. Paschini, La flotta di Callisto III, ASRSP 53/55, 1930/32, 177-253 – A. A. Strnad, Papsttum, Kirchenstaat und Europa in der Renaissance (H. Lutz u. a., Rom in der NZ, 1976), 19-52 – G. Valentini, La sospensione della Crociata nei primi anni di Paolo II, AHP 14, 1976, 71-101 – M. Firpo, Der Kard. (E. Garin, Der Mensch der Renaissance, 1990), 79-142 – A. Ryder, Alfonso the Magnanimous King of Aragon, Naples and Sicily, 1396-1458, 1990 – G. Lolini, I conclavi dal 1447 al 1644 (Libri e Documenti 17, 1992), 68-75.

Scarle, John, Kanzler (→*Chancellor*) v. England seit 5. Sept. 1399, † April 1403, seit mindestens 1369 ständig in der kgl. →Kanzlei (A. VIII) tätig: seit 1378 als oberer Schreiber, Okt. 1382-Febr. 1397 als Empfänger von Petitionen im Parliament, Nov. 1384-Febr. 1397 als Schreiber des Parliaments, verfaßte, 24. Juli 1394-11. Sept. 1397 als →*Keeper of the Rolls* und Vorsteher der erfahrenen Schreiber; Nov. 1382-94/95 war er auch Kanzler der Pfgft. v. →Lancaster unter →John, Duke of Lancaster. Diese Verbindung zu den Lancaster und seine Unterstützung des ehem. Kanzlers Thomas →Arundel veränderten S.s Laufbahn. Sein Ausscheiden aus dem Amt des Keeper of the Rolls könnte mit Arundels Exil zwei Wochen später in Verbindung stehen, doch behielt S. das Wohlwollen Kg. Richards II. Als Arundel und →Heinrich (IV.) 1399 nach England zurückkehrten und den Kg. gefangennahmen, wurde S. zum Kanzler ernannt, eine sehr ungewöhnl. Beförderung für einen Kanzleischreiber. Unter Heinrichs Regierung blieb S. bis zum 9. März 1401 Kanzler, doch erhielt er nie den üblicherweise mit dem Kanzleramt verbundenen Bf.sstuhl. A. L. Brown

Q. und Lit.: Testamenta Eboracensia (Surtees Soc. 45), 22-25 [S.s Testament] – →Kanzlei, A. VIII.

Sceatta, ae. Bezeichnung, allg. für Geldstück, Münze, übertragen auf eine von England ausgehende, in Frankreich, den Niederlanden, West- und Norddtl. verbreitete, z. T. bis nach Dänemark und Schweden gewanderte Silbermünze aus dem späten 7. und 1. Hälfte des 8. Jh., gleichermaßen Angelsachsen wie Friesen, auch Dänen zugeschrieben und als →Penny zu verstehen. Die umfangreiche Prägung schließt sich an die Thrymsas an, entwikkelt im Lauf der Zeit jedoch eigene Typen, von denen 109 zu unterscheiden sind, die sich auf drei Phasen verteilen. Wenige S.s weisen lat. oder Runenlegenden (→Runen) auf, die Namen von Kg.en und Münzbeamten, selten auch Münzorte nennen. Die Bilder der S.s leiten sich großenteils von spätröm. Vorbildern ab und abstrahieren sich im

Lauf der Zeit zunehmend (z. B. bei den »Porcupine«-S.s). Von ursprgl. ca. 1,30 g fällt das Gewicht der S.s allmähl. auf etwa 1,0 g ab; die Silberlegierung, anfangs noch mit einem Goldanteil, wird im 8. Jh. stark kupfrig.

P. Berghaus

Lit.: S. in England and on the Continent, hg. D. HILL–D. M. METCALF, 1984 – P. GRIERSON–M. BLACKBURN, Medieval European Coinage, I, 1986, 149-154, 164-189 – S. ENGELER, An. Geldwörter, 1991, 158f. – D. M. METCALF, Thrymsas and S.s in the Ashmolean Mus. Oxford, I, 1993.

Schachspiel

I. Geschichte – II. Das Schachspiel in der Literatur; Schachbücher, Schachallegorien – III. Schachfiguren, Brettsteine, Spielbretter.

I. GESCHICHTE: Das S. läßt sich hist. zurückverfolgen bis Anfang des 7. Jh. (im n. Indien). Dort wurde ein Kriegsspiel ('čaturanga', »aus vier Gliedern bestehend«) gespielt, das in seinem Aufbau dem ind. Heer mit Fußsoldaten, Kavallerie, Streitwagen und Elefanten entsprach. Dazu kommen im S. der Kg. und der Minister als Figuren. Von Indien gelangte das Spiel nach Persien, wo es die Araber um 650 kennenlernten. Durch sie und die Vermittlung jüd. Gelehrter und Handelsleute gelangte das Spiel über Nordafrika nach Spanien und Süditalien. Die Verbreitung nach Nordeuropa erfolgte durch die Wikinger und die Waräger. Bedeutende Figurenfunde in Afrāsīyāb (bei Samarqand), vermutl. aus dem 7. Jh., belegen die frühe Verbreitung des Spiels entlang der Seidenstraße bis nach Rußland und Zentraleuropa. Die Zugweise des ind. S.s blieb für das europ. bis gegen Ende des 15. Jh. gültig. Gegenüber dem modernen Spiel sind nur die Züge des ma. Läufers (»Alfil«: springt diagonal vom ersten ins dritte Feld) und der ma. Dame (»Fers«: zieht ein Feld diagonal) unterschiedlich. Keine Partien im eigtl. Sinn, sondern hauptsächl. Aufgabenslg. en mit Problemstellungen (arab. Mansūben) sind quellenmäßig belegt (Bonus Socius, Civis Bononiae). Gegen Ende des 15. Jh. mehren sich Anstrengungen zu einer Dynamisierung des Spiels, die schließlich in der Erweiterung der Züge des Läufers (über die ganze Diagonale) und der Dame (max. Aktionsradius gerade und schräg) ihren Ausdruck findet. Das erste gedr. Buch mit den neuen Regeln stammt von Luis de Lucena: »Repetición de amores y arte de Acedrex« (Salamanca: Leonhard Hutz und Lope Sanz 1496/1497).

Entscheidend für die gesellschaftl. Bedeutung des S.s im MA war die Transformation des Kriegsspiels in eine Darstellung der höf. und seit dem 13. Jh. der ma. Gesellschaft insgesamt. Frühe Q. für das S. im chr. Westeuropa sind das 1008 verfaßte Testament des Gf.en Ermengaud v. Urgel (Katalonien), der seine Schachsteine dem Kl. des Hl. Aegidius stiftete, das Gedicht »Versus de scacchis«, das wahrscheinl. im Kl. Einsiedeln um 1000 entstand, sowie ein Brief des Petrus Damiani an Papst Alexander II. (1061/1062), wo er einen Florentiner Bf. beschuldigt, die Nacht in einer Herberge beim S. verbracht zu haben. Kostbare Schachfiguren aus Elfenbein und Bergkristall finden Aufnahme (u. a. aufgrund der ihnen zugesprochenen mag. und sakralen Kräfte als gemmae spiritales) in den Schatz von Kirchen, Adligen und Regenten. Zu den bedeutendsten dieser Art zählen die sog. »Charlemagne«-Figuren aus dem Schatz v. St-Denis (Salerno/Amalfi um 1080 bis 1085). Die Darstellung zweier Kgn.nen erweist die frühe europ. Transformation des Kriegsspiels in eine Darstellung des Hofes. Details in der Darstellung der Ritter und eines Fußsoldaten bezeugen norm. und byz. Einfluß, die einen konkreten Bezug zur Eroberung Salernos durch die Normannen (und eventuell sogar Robert Guiscard als Auftraggeber) vermuten lassen. Sehr viel einfacher gehalten als die kaum zum Spiel bestimmten repräsentativen Figuren waren die aus Holz, Knochen, Hirschgeweih oder Walroßzahn gefertigten Gebrauchsfiguren. Dabei wurden einzelne Erkennungsmerkmale (Thron für den Kg., Stoßzähne des Elefanten für den ma. Läufer) hervorgehoben. Die Transformation des Ministers (pers.-arab. *farzāne*, firzan) in die europ. Kgn. u. Dame im Spiel ist nur das markanteste Beispiel einer Reihe von Veränderungen in den Interpretationen der arab. Figuren im europ. MA: der Streitwagen wird zur »Festung« bzw. zum »Turm« (»rochus«), die in den arab. Schachfiguren am Spielstein des Elefanten vorspringenden Stoßzähne des Elefanten werden in Frankreich als Narrenkappe, in England als Bf. smitra interpretiert. In den Schachzabelbüchern taucht die Figur als Richter oder Weltweiser auf. Mit der allg. Verbreitung des Spiels in Europa seit dem 11. Jh. einher geht die Aufnahme des S.s als Motiv und als allegor. Darstellung der ma. Gesellschaft in der Lit. und der Ikonographie.

H. Petschar

Lit.: H. J. R. MURRAY, A Hist. of Chess, 1913 [Lit., Hss., Übers., Drucke] – J. MEHL, Les jeux au royaume de France du XIIIe au début du XVIe s., 1990 – M. PASTOUREAU, L'échiquier de Charlemagne. Un jeu pour ne pas jouer, 1990 – H. HOLLÄNDER, Ein Spiel aus dem Osten (Die Begegnung des Westens mit dem Osten, hg. O. ENGELS–P. SCHREINER, 1993), 389-416 – P. THIEME, Zur Frühgesch. des Schachs, 1994.

II. DAS SCHACHSPIEL IN DER LITERATUR; SCHACHBÜCHER, SCHACHALLEGORIEN: Die lit. Auseinandersetzung mit dem Spiel beginnt in Europa im 11. Jh. Anfangs mit den Spielen des Zufalls (den Würfeln) gleichgesetzt, wird es von den Klerikern zunächst bei den Laien geduldet und seit dem 13. Jh. verstärkt für didakt. und moralisierende Zwecke genutzt. Die engl. »Moralitas de scaccario« (vor der Mitte des 13. Jh.), in der das Schachbrett die Welt darstellt, mit weißen Feldern für Leben und Gnade und schwarzen für Tod und Schuld, wurde noch im 13. Jh. im satir. »Li jus des esqués« von Engreban d'Arras verwendet (298 V.). Weiter enthält das »Breviloquium de virtutibus antiquorum principum« des Johannes v. Wales (um 1260-70) eine Schachstelle, die →Jacobus de Cessolis OP gegen Ende des 13. Jh. zum Vorbild nahm, um die ma. Gesellschaft mittels des S.s in seinem »Libellus de moribus hominum et de officiis nobilium super ludo scaccorum« zu beschreiben. Mit der Kopie und der Übers. von Jacobus' Buch in die Volkssprachen beginnt der Siegeszug des S.s als zentralem Motiv zur Darstellung der ma. Gesellschaft. Die rezeptionsgeschichtl. bedeutendste dt. Bearbeitung stammt von →Konrad v. Ammenhausen (1337, 19336 V.), weitere Bearbeitungen von Heinrich v. Beringen (107772 V.), dem Pfarrer zu Hechte (ca. 8000 V.) und Stephan v. Dorpat (5886 V.). Eigenständigen Wert besitzt eine tschech. Bearbeitung des Stoffes durch Tomáš Štitný (→Thomas v. Stitne) in seinem »Büchlein vom Schachspiel« (Knížky o hře šachové), in welchem sich hinter dem als friedlichen, als idealen christl. Herrscher stilisierten Weißen Kg. Karl IV. v. Böhmen verbirgt, während mit dem Schwarzen Kg., der alles verspielt, dessen ältester Sohn Václav (Wenzel I.) gemeint ist. In ihrem formalen Aufbau folgen die Schachbücher der antiken Technik der ars memorativa: Figuren werden mit Kennzeichen versehen und auf Plätze gesetzt, damit sie in Erinnerung bleiben. Mittels der Züge der Figuren gibt der Prediger den Leuten Verhaltensregeln an, die Positionierung der Figuren zeigt den gesellschaftl. Rang und die Aufteilung der Gesellschaft in zwei Klassen, populares und nobiles, an. Die Aufstellung der nobiles beginnt mit den Landvögten (»rochen« = Türme) an den Eckfeldern des Schachbrettes, an die der Kg. seine Macht delegiert. Neben ihnen stehen die Ritter und die Richter, im Zentrum der Kg. und die Kgn. Die Aufgabe der populares besteht darin, die nobiles zu versorgen: die Bauern und die Spieler bzw. Boten (1. und 8. Vende = Bauer) stehen vor den Landvögten, die Handwerker und die Stadthüter (2. und 7. Vende) vor den Rittern, die Schreiber und die Wirte vor den Richtern (3. und 6. Vende), die Kaufleute (4. Vende) vor dem Kg. und die Ärzte (5. Vende) vor der Kgn. Die Absenz der Kleriker erklärt sich aus ihrer belehrenden Funktion: Sie sind es, die die Welt erklären und mit Hilfe der strengen Ordnung auf dem Schachbrett die Gefahren der sozialen Mobilität einzudämmen suchen.

Um die Mitte des 14. Jh. entstehen unabhängig voneinander drei frz. Übers. des Traktats von Jacobus de Cessolis; diejenige von Jean Ferron (1347), diejenige von Jean de Vignay (zw. 1332 und 1350, Ed. 1504, 1505), mit Zugaben zahlreicher Exemplare, sowie diejenige eines lothring. Anonymus. Eine weitere frz. Übers. findet sich gegen Ende des 14. Jh. als Anhang zur Verschronik »Livre du bon Jehan de Bretagne« von Guillaume de Saint-André (Hzg. →Jean IV. [10. J.]).

1283 entsteht das »Buch der Spiele« Kg. →Alfons' X. v. Kastilien (Libros de Acedrex, Dados e Tablas). Auf 64 Blättern werden Frauen und Männer, Mauren, Christen und Juden friedlich vereint beim S. dargestellt. Die Spielbretter zeigen Problemstellungen, die Spielszenen das Idealbild eines friedl. Zusammenlebens dreier Kulturen im Spanien des 13. Jh.

Am konsequentesten durchgeführt und auch theoret. begründet wird der allegor. Gebrauch des S.s von dem frz. Hofmediziner Evrart de Conty im »Livre des Echecs amoureux« (um 1396–98), der auf die um 1370 geschriebene anonyme Verserzählung →»Echecs amoureux« zurückgeht. Evrart de Conty benutzt die Ausgangssituation und die Personifikationen des Roman de la Rose, die zu Figuren auf dem Schachbrett werden und mittels derer die Dame im Liebeskampf über den Helden triumphiert.

In der 2. Hälfte des 15. Jh. beschreibt die katal. Versdichtung Scachs d'Amor des Francí de Castellví, Narcís Vinyoles und Bernat Fenollar eine S.partie zw. Vinyoles und Castellví: für jeden Zug eine Strophe, es folgen eine symbol. Deutung (Liebesbeziehungen) sowie (von Fenollar) jeweils die moral. Auslegung. Den 64 Feldern des S.bretts entsprechen 64 Strophen. Ein dichter. Spiel, jedoch wohl die älteste bekannte Beschreibung der heute noch gebräuchl. Form des S.s.

Seit dem 12. Jh. wird die Erwähnung des S.s zum feststehenden Topos in der Lit. In mehreren Erzählungen der Chansons de geste fungiert eine Schachszene als Paradigma einer Konfliktsituation. Dem feudalen Thema von Spielwut und des Streites mit tödl. Ausgang (Les quatre fils Aymon) steht die höf.-amouröse Interpretation der Spielsituation (Chrétien de Troyes: »Erec«, »Perceval«, Ulrich von dem Türlin: »Arabel«) entgegen, die das Spiel als Verbindung von Gegensätzen, als »rite de passage« deutet. Ein weiterer Topos ist das Spiel gegen den Tod, bzw. das Spiel des Menschen um seine Seele (Gesta Romanorum, »De ludo scacorum«), in welchem sich die Individualisierung des Menschen im SpätMA ankündigt. Aufgrund seiner inhärenten dualen Qualitäten vermag das S. wie kein anderes Spiel die Grundstrukturen ma. Denkens zum Ausdruck zu bringen: Position und Züge der Figuren dienen zur allegor. Darstellung und zur moral.-religiösen Kritik der Gesellschaft, die Spielsituation erlaubt paradigmat. die »großen Gegner« des männl. ma. Subjektes zu benennen: der Orientale, die Frau, der Tod.

H. Petschar

Ed und Lit.: HLF 35 – DLFMA², 1992, 728–731 – R. Miquel i Planas, Escacs d'Amor, poema inèdit del XVᵉ s., Bibliofilia 1, 1911-14, 413-440 – A. Steiger, Libros de Acedrex, Dados e tablas. Das Schachzabelbuch Kg. Alfons' d. Weisen, 1941 [Ed.] – L. Ramírez de Lucena, Arte de ajedrez, 1953 [Faks. Ausg.] – Dechado de la vida humana (span. Übers. von Jacobus de Cessolis), 1925 [Faks. der Ausg. 1549] – Tomáše Štítného Knižky o hře šachové a jiné, ed. F. Šimek, 1956 – H.-J. Kliewer, Die ma. Schachallegorie und die dt. Schachzabelbücher in der Nachfolge des Jacobus de Cessolis, 1966 – P. Jonin, La partie d'échecs dans l'épopée médiévale (Mél. J. Frappier 112, 1970), 483-497 – R. Di Lorenzo, The Collection Form and the Art of Memory in the Libellus super ludo schachorum of Jacobus de Cessolis, MSt 35, 1973, 205-221 – A. Vidmanová, Die ma. Gesellschaft im Lichte des S.s, Misc. Mediaevalia 12, I, 1979, 323-335 – F. Lecoy, Critique et philologie, 1984 – A. M. Legaré, Le Livre des Échecs amoureux, 1991 – H. Petschar, Vorbilder für Weltbilder. Semiot. Überlegungen zur Metaphorik der ma. Schachzabelbücher (Symbole des Alltags. Alltag der Symbole, 1992), 617-640 – Evrart de Conty, Le livre des échecs amoureux moralisés, ed. F. Guichard-Tesson – B. Roy, 1993.

III. Schachfiguren, Brettsteine, Spielbretter: Im S. ist die Spielfigur Träger und Verkörperung des anschaulich-gegenständl. Elements für Kg. und Kgn., Läufer, Springer, Turm/Wächter (Offiziere) und Bauern (Soldaten). Die kunstvolle Herstellung des S.s gehörte im MA zu den vornehmsten Aufgaben der Drechsler, aber auch Bildschnitzer, Goldschmiede und Steinschneider haben sich mit der Anfertigung von Schachfiguren (S. figur) und Brettspielsteinen befaßt. Die frühesten erhaltenen S. figuren islam. Ursprungs aus dem 8./9. Jh. sind geometrisierende figürl. Gestaltungen. Das Eindringen des S.s in das Abendland des frühen MA und die langsame Angleichung an die eigene Vorstellungswelt werden an der S. figur deutl. ablesbar. Zahlreiche S. figuren befinden sich in Kirchenbesitz oder wurden früher einmal in kirchl. Schatzkammern aufbewahrt. Die erhaltenen S. figuren des abendländ. MA sind meist Preziosen aus erlesenen Materialien wie Elfenbein, Bergkristall und Halbedelstein. Zu den bedeutendsten gehören die S. figuren aus dem Schatz v. St-Denis (Cabinet des Médailles, Paris, Bibl. Nat., wohl in Unteritalien in den Zentren Salerno/Amalfi im 11. Jh. entstanden). Dazu gehören Kg.e, Damen, Streitelefanten als Läufer, Springer als Ritter, Türme als Streitwagen und Bauern als Fußsoldaten. Der wertvollste Fund von 78 ma. S. figuren stammt von der Küste der Hebrideninsel Lewis (1831), heute in Edinburgh, Nat. Mus. of Antiquities und London, Brit. Mus. Die Lewis-S. figuren zeigen eine teilw. neue Besetzung der Schachpositionen, die für das späte MA bestimmend wurde: Die Kg.e sitzen (ihr Schwert auf den Knien) ebenso wie die Kgn.nen auf reich verzierten Thronen; auf der Läuferposition stehen Bf. sfiguren; auf der Position des Springers steht unverändert der berittene Krieger; die Fußsoldaten sind zeittypisch ähnl. gerüstet wie die Ritter (in NW Europa um 1150). Zw. 1250 und 1450 erreichte das S. seine eigtl. Blüte. Die S. figuren erhielten seit dem 12. Jh. zuerst eine Reliefummantelung. Frühe Beispiele: Kg.sform der islam. S. figur mit dem Relief »Kg. zw. zwei Leibwächtern«, Salerno (?), um 1100 (Paris, Louvre, Inv.-Nr. 6269); Grundform des islam. Turmtypus mit dem Relief »Sündenfall«, Frankreich, 12. Jh. (ebd., Inv.-Nr. 3297); S.figur mit christolog. Szenen aus dem Schatz der Kathedrale v. Reims, 11./12. Jh. (Paris, Mus. de Cluny, Inv.-Nr. 1045). Im späten MA erfolgte die vollplast. Freistellung der Einzelfigur, z. B. Läufer als Bf. in Pontifikalornat zu Pferde, umgeben von fünf Klerikern und im Sockelbereich von vierzehn Armbrustschützen, Dtl., 14. Jh. (München, Bayer. Nat. Mus., Inv.-Nr. MA 179). Von bes. künstler. Rang ist der burg. Figurensatz mit Brett aus Bergkristall und Rauchtopas in vergoldeten

Silberfassungen, um 1400 (Paris, Mus. de Cluny, Leihg. im Louvre). Die Gestaltungen dieser S.figuren weisen bereits die Typen der nz. Spielfiguren auf.

Zahlreiche figürl. verzierte Brettspielsteine des Trictracspieles aus Elfenbein, Walroßzahn, Hirschgeweih, Knochen, Holz und Speckstein sind aus ganz Europa nördl. der Alpen bekannt. Sie zeigen im Hochrelief geschnitzte Verzierungen in runden, eingetieften Zierfeldern und stammen meist aus dem 11./12. Jh. Der Motivschatz dieser Brettspielsteine reicht von den mythol. und bibl. Motiven bis zu den Szenen des tägl. Lebens und Bereichen der Natur, bes. reich vertreten sind sie im Brit. Mus. in London.

Die Mehrzahl der erhaltenen S.bretter tritt in Verbindung mit anderen Spielbrettern auf, vorwiegend zusammen mit dem Mühle- und Trictrac-Plan. Seit dem späten MA bediente man sich zum Spielen auch eigener Tische, z. B. Spieltisch des Domkapitels in Münster mit drei Spielbrettern für S., Trictrac und Dame-Spiel, um 1500/20 (Münster, Domkammer). G. Jászai

Lit.: H. WICHMANN-S. WICHMANN, S., Ursprung und Verwandlung der Spielfigur in zwölf Jh., 1960, 9–62 – G. HIMMELHEBER-U. SCHNEIDER, Schönes S., 1988 – A. KLUGE-PINSKER, S. und Trictrac, Zeugnisse ma. Spielfreude in sal. Zeit, 1991 – W. KOEPPE, Spielbretter, Weltkunst, H. 22, 1992, 3366–3368 – CHR. ZANGS-H. HOLLÄNDER, Mit Glück und Verstand. Zur Kunst- und Kulturgesch. der Brett- und Kartenspiele, 15. bis 17. Jh., 1994.

Schachtelhalm (Equisetum arvense L. u.a. / Equisetaceae). Wie griech. hippuris und lat. equis(a)etum für die im MA terminolog. nicht unterschiedenen S.-Arten weisen die mlat. und mhd. Bezeichnungen *cauda equi(na), cauda caballina* bzw. *pherdes zail, roszzagel* (daneben auch *chazzenzagel*) auf die einem buschigen Pferdeschwanz ähnl., unfruchtbaren Triebe der Pflanze hin, während Namen wie *schaffthaw* u. ä. wohl an die ineinander 'geschachtelten' Stengelglieder erinnern (STEINMEYER-SIEVERS III, 107, 537 u.ö.; Gart, Kap. 221). Der als Unkraut gefürchtete S. wurde med. als blutstillendes und zusammenziehendes (Albertus Magnus, De veget. VI, 325), aber auch als fliegentötendes Mittel (Hildegard v. Bingen, Phys. I, 216) empfohlen sowie zum Scheuern von Küchengeschirr verwendet (Alphita, ed. MOWAT, 82). I. Müller

Lit.: U. WILLERDING, Zur Gesch. der Unkräuter Mitteleuropas (Göttinger Schrr. zur Vor- und Frühgesch. 22), 1986 – MARZELL II, 233ff. – DERS., Heilpfl., 41ff.

Schachzabelbuch → Schachspiel, II

Schadenersatz, der – in natura oder in Geld – zu leistende Ausgleich des Nachteils, der jemandem aus der Verletzung eines seiner Rechtsgüter, wie Leben, körperl. Integrität, Eigentum, Vermögen etc., entstanden ist. Kannte das frühe Recht als Sanktion nur die →Buße, der zugleich Straf- wie Entschädigungsfunktion zukam, so sind nach gängiger Lehrmeinung im hohen und späten MA mit der Entwicklung des peinl. Strafrechts →Strafe und S., d.h. Strafrecht und Privatrecht, auseinandergetreten. Jedoch ist dieser Prozeß weder geradlinig verlaufen noch ist er im MA an sein Ende gelangt. Bereits in den Bußsystemen der frühma. Leges finden sich differenzierte S.regelungen (Edictus Rothari 137, 303, 304, 339). Andererseits zeigen sich im SpätMA zumindest regional starke Pönalisierungstendenzen des S.es, etwa im Ingelheimer Recht oder im sächs. Recht im Zuge der Rezeption der röm. actio iniuriarum aestimatoria.

Nach einhelliger Ansicht der Lehrbuchlit. des Dt. Privatrechts ist dem ma. dt. Recht der Grundsatz eigen, daß jeder einem anderen widerrechtl. zugefügte Schaden eine ersatzpflichtige Rechtsverletzung darstellt. Diese deliktr. Generalklausel stellt indessen eine Abstraktion dar, die im wesentl. aus Tatbeständen unabsichtl. Tötung oder Verletzung (Ungefährwerk) gezogen wurde. Die dort festgesetzte →Wergeld- oder Bußzahlung wird ihres Ausgleichszwecks wegen als der Höhe nach fixierter S. betrachtet, obwohl etwa die Q. des sächs. Rechts deutl. zw. S. und Buße unterscheiden.

Die Bestimmung der S.summe erfolgte teils durch Schätzung von Nachbarn oder angesehenen Leuten (Sachsenspiegel Ldr. II 47 §2; Edictus Rothari 146), richterl. Schätzung (Edictus Rothari 137), Eid des Geschädigten (Ingelheimer Recht). Im sächs. und lüb. Recht benannte grundsätzl. der Geschädigte die S.summe, die der Beklagte durch seinen Eid mindern konnte (z.B. Sachsenspiegel Ldr. III 47 §1, 51 §2).

Was die S.pflicht bei Verletzung von Vertragspflichten betrifft, so löste Vertragsbruch ebenfalls Bußzahlung aus. Insbes. erhielten sich Verzugsbußen bis ins späte MA. Große Bedeutung kam hier jedoch der Parteivereinbarung zu, wonach dem Gläubiger die Befugnis eingeräumt wurde, bei Verzug seinen Schaden ohne Eid und Zeugen zu bestimmen. Andere Vertragsverletzungen, wie die Nichtrückgabe entliehener, in Verwahrung oder zu Pfand genommener Sachen, führten dagegen zur S.pflicht, wobei teilweise Verschulden vorausgesetzt wurde (Leges Vis. 5, 5, 5; Lex Liutpr. 131; Sachsenspiegel Ldr. III 5 §3, 5). →Sachbeschädigung. K. Nehlsen-von Stryk

Lit.: A. B. SCHMIDT, Die Grundsätze über den S. in den Volksrechten (GIERKES Unters. 18, 1885) – O. HAMMER, Die Lehre vom S. e nach dem Sachsenspiegel und den verwandten Rechtsq. (ebd. 19, 1885) – O. STOBBE-H. O. LEHMANN, Hb. des Dt. Privatrechts, III, 1898³, §259 – R. HÜBNER, Grundzüge des dt. Privatrechts, 1930, 552ff., 608ff. – H. KAUFMANN, Rezeption und Usus modernus der actio legis Aquiliae, 1958 – E. KAUFMANN, Das spätma. dt. S.recht und die Rezeption der actio iniuriarum aestimatoria, ZRGGermAbt 78, 1961, 93ff. – H. CONRAD, Dt. Rechtsgesch., I, 1962, 163, 425.

Schaf

I. Gelehrte Tradition – II. Wirtschaft.

I. GELEHRTE TRADITION: S., lat. ovis bzw. agnus oder vervex (Hammel), nach Thomas v. Cantimpré u.a. Q. bes. behandelt von Vinzenz v. Beauvais (18, 3–4; 69–77 und 95). Seine durch die Zucht bekannten Produkte (Milch, Fleisch, Wolle, Haut als Beschreibstoff, Mist als Dünger) werden im Ps.-Hugo v. St-Victor (4, 13, MPL 177, 155), dem »Experimentator« (vgl. Wolfenbüttel, HAB, cod. Aug. 8.8 4°, f. 45 [rb]) und Thomas v. Cantimpré (4, 85) gelobt. Von den Berichten über die Zucht bei Aristoteles (h. a. 6, 19 p. 573 b 17–574 a 15; 9, 3 p. 610b 33–611 a 2) übernehmen Bartholomaeus Anglicus (18, 2–3 und 79) und Thomas manches, auch (8, 10 p. 596 a 30–b 2) die Prüfung der Wintertauglichkeit durch die Eiswasserprobe auf den Schwanz. Nach Isidor (etym. 12, 1, 10) hat Thomas der Bock einen Wurm im Kopf, der ihn aggressiv gegen andere S.e macht, und nach dem »Experimentator« (MS s. o., f. 43 [ra]) kreisförmig gebogene Hörner zur Verteidigung der Herde. Die unterschiedl. Qualität des Fleisches von Bock und Lamm sowie von Käse wird von Thomas eingehend besprochen. Die natürl. Furcht vor dem Wolf übernimmt er (ohne Q.) von Jakob v. Vitry (hist. orient., c. 92), verschiedene Angaben zur Fortpflanzung von Plinius (B. 8) bzw. zur Auswahl der weißen und weichwolligen Böcke im Juli von Palladius (8, 4, 2; gefleckte Zunge verspricht gescheckte Nachkommen!). Die reichl. organotherapeut. Verwendung bei Albertus Magnus (animal. 22, 130) stammt aus dem lat. »Liber sexaginta animalium« des Ps.-Rasis (c. 4, 569f.). Allegor. Deutung

u. a. von Hrabanus Maurus (de univ. 7, 8, MPL 111, 1864, 201–203). Ch. Hünemörder

Q.: →Albertus Magnus, →Hrabanus Maurus, →Isidor v. Sevilla, →Jakob v. Vitry, →Palladius – Ps.-Hugo v. St-Victor, de bestiis et aliis rebus, MPL 177, 1879 – Ps.-Rasis, de facultatibus animalium, Abubetri Rhazae Maomethi ... opera exquisitiora, 1544, 566–590 – Thomas Cantimpr., Lib. de nat. rerum, T. 1, ed. H. BOESE, 1973 – Vinc. Bellov., Speculum nat., 1624 [Neudr. 1964] – Lit.: HWDA VII, 974–985.

II. WIRTSCHAFT: S.e, in ihrer anspruchslosen Haltung insbes. auf kargen Böden (Heiden), in Bergregionen und Weidegründen in Meeresnähe verbreitet, sind im MA bedeutende Fleisch- und Milchproduzenten, v.a. ist ihr Haarkleid als →Wolle neben →Flachs bzw. →Leinen wichtigster Rohstoff zur Herstellung von Bekleidung. Die →Lex Salica des 6. Jh. stellt unter Bezug auf die altfrk. Gerichtssprache (→Malberg. Glossen) den Diebstahl von Lämmern, ein- oder zweijährigen S.en (Hämmeln) und Herden (Gesamtheit von 50 Tieren) unter abgestufte Geldstrafen.

S.haltung und -zucht sind allg. verbreitet, wie Abgaben von Lämmern und S.en, Wolle und Tuch bzw. Wollverarbeitung für den Herrenhof und in dessen Gynäzeen (→Gynäceum) in grundherrschaftl. Texten seit dem 9. Jh. bezeugen. Das →Capitulare de villis verlangt entsprechenden S.besatz auf den Kg.shöfen; Inventare, so auch dasjenige v. →Staffelsee (um 810), lassen beachtl. Stückzahlen auf einzelnen curtes erkennen. Die alljährl. S.schur im Juni ist Gegenstand des entsprechenden Monatsbildes illustrierter Kalender seit der Karolingerzeit (in Anlehnung an spätantike Vorbilder auch auf Sarkophagen).

Neben der Standschäferei zur Milcherzeugung insbes. auf den →Schwaighöfen der Gebirgszonen, oft in Verbindung mit Rinderhaltung, gewinnt die Wanderschäferei, die sog. →Transhumanz, in Bergregionen seit dem 13. und 14. Jh. zunehmend an Gewicht, so in den Alpen, in den Pyrenäen und in den Apennin mit dem Wechsel von Winterweiden zu höhergelegenen Sommerweiden, wobei, wie das Beispiel des okzitan. Dorfes Montaillou lehrt, mit diesen S.herden zugleich kathar. Gedankengut das Grenzgebirge nach S-Frankreich überquerte. Von herausragender ökonom. Bedeutung wurde die S.zucht im Hoch- und SpätMA in Verbindung mit dem enormen Anwachsen des Textilgewerbes, namentl. in England, Flandern und am Niederrhein; insbes. Zisterzienserkl., etwa die →Dünenabtei, hielten riesige S.herden zur Wollproduktion; die Stadt Köln verband sich durch Weideverträge mit S.haltern; die berüchtigten →*enclosures* des SpätMA in England, früher fälschlicherweise ausschließl. als gewaltsame Aneignung von →Allmende zugunsten forcierter S.zucht (Wollexport) durch die →*gentry* interpretiert, belegen den Ertrag dieser Tierhaltung. Daß es wegen der Überweidung von Allmenden zu zahlreichen Auseinandersetzungen zw. Grundherren und Dorfbevölkerung allerorten kam, belegen allerdings Q. bis hin zu den Bauernaufständen des 16. Jh. in Dtl.

S.häute dienten seit dem frühen MA, v.a. nördl. der Alpen, noch vor Kalbs- und Ziegenhäuten, als wichtigster Beschreibstoff, als →Pergament nach entsprechender Bearbeitung. Neuere Unters.en des Urkk.fonds von →St. Gallen etwa weisen S.häute im 8. Jh. als nahezu ausschließl. Beschreibstoff nach, der noch bis ins 10. Jh. dominierte. – →Mesta. D. Hägermann

Lit.: W. ABEL, Gesch. der dt. Landwirtschaft, 1978³, 23ff., 95, 127f., 242f. – W. RÖSENER, Bauern im MA, 1985, 149 – M. L. RYDER, Sheep and Man, 1983 – Pergament, hg. P. RÜCK, 1991, insbes. 63ff.

Schäfer → Schaf, II

Schäferdichtung → Hirtendichtung

Schäffer, -ei, Amt im →Dt. Orden, dem Handelsangelegenheiten oblagen. Der erste nachweisbare S. (procurator) eines Ordenshauses war Eberhard, S. des →Komturs v. Christburg (1324–33), für Königsberg ist der erste S. 1329 belegt. Die Pflichten des S.s wurden durch die Gesetze der Hochmeister →Werner v. Orseln, der die jährl. Abrechnung der Ämter mit wirtschaftl. Aufgaben festlegte, und Dietrich v. Altenburg, der die Sonderstellung der durch Handelsaufgaben außerhalb des Konventes tätigen S. regelte, näher bestimmt. Von der Ordensorganisation her sollte jeder Konvent über einen S. verfügen, doch deuten die quellenmäßig nur wenig belegten S.eien (ein in Marienburg, Königsberg, Christburg, Balga, Brandenburg und Ragnit) darauf hin, daß nicht überall ein solches Amt eingerichtet wurde. Die Bedeutung der S.eien ergibt sich aus den Inventaren bei der Amtsübergabe, die Ende des 14. und Anfang des 15. Jh. ein erhebl. Kapital ausweisen. Seit der Mitte des 14. Jh. traten die S. zurück hinter denen im Haupthaus →Marienburg (Getreideexport, Import von Tuchen) und beim Obersten Marschall in →Königsberg (aufgrund des Bernsteinmonopols), die den Titel 'Großs.' (magnus procurator) führten.

C. A. Lückerath

Q.: Die Handelsrechnungen des Dt. Ordens, hg. C. SATTLER, 1887 – Die Statuten des Dt. Ordens, hg. M. PERLBACH, 1890 [Neudr. 1975] – Das große Ämterbuch des Dt. Ordens, hg. W. ZIESEMER, 1921 [Neudr. 1968] – Lit.: F. RENKEN, Der Handel der Königsberger Großs.ei des Dt. Ordens mit Flandern um 1400, 1937 – E. MASCHKE, Die S. und Lieger des Dt. Ordens in Preußen, 1960 – J. SARNOWSKY, Die Wirtschaftsführung des Dt. Ordens in Preußen (1382–1454), 1993, 86ff. 93f., 305f.

Schaffhausen, Mönchskl. und Stadt am Hochrhein (Kt. S., Schweiz). An einem verkehrsgeogr. günstigen Platz, für den Kg. Heinrich III. 1045 das Münzrecht verliehen hatte, gründete →Eberhard v. Nellenburg (6. E.), Gf. im Zürichgau, auf seinem Eigengut in S. um 1049/50 ein Mönchskl. zu Ehren des Salvator und aller Hl.n; dieses Patrozinium wurde später namengebend. Die erste Altarweihe nahm Papst Leo IX. 1049 vor, 1064 wurde die Kl.-kirche von Bf. Rumold v. Konstanz geweiht. In dieser Phase war Allerheiligen das Hauskl. der →Nellenburger, und Gf. Eberhard ließ sich von Papst Alexander II. die erbl. Vogtei für das Kl. bestätigen. Eberhard, zuletzt Mönch geworden und vor 1080 gestorben, fand hier seine letzte Ruhe. Auf Initiative Gf. Burkhards, Sohn des Stifters, gestaltete Abt →Wilhelm v. Hirsau das Kl. im Sinne der cluniazens. Reform; Papst Gregor VII. bestätigte dem Kl. 1080 freie Abts- und Vogtswahl sowie päpstl. Schutz. Nach dem Chronisten Bernold zählte damals S. zusammen mit →Hirsau und →St. Blasien zu den drei bedeutendsten Reformkl. im Reich. Das Kl., dem zahlreiche Adlige Zuwendungen machten, wurde auch polit. Zentrum der Gregorianer, geriet aber in den 90er Jahren so unter Druck, daß Abt Siegfried zeitweise eine Verlegung nach S-Frankreich erwog. Nach dem Aussterben der Nellenburger kam S. erneut in Bedrängnis, erlangte aber seit Heinrich V., zuletzt von Maximilian, zahlreiche kgl. Schutzbriefe und damit den Status eines Reichskl. Allerdings waren Kl. und die im späten 11. Jh. gewachsene Siedlung urbanen Charakters mehrfachen Angriffen der Zähringer ausgesetzt, und 1198 trat Kg. Philipp v. Schwaben Vogtei und Herrschaft S. an Hzg. →Berthold V. v. Zähringen (9. B.) ab. Mit dessen Tod fiel S. wieder an das Reich.

Wichtigster Besitz des Kl. war die ihm von Gf. Burkhard 1080 übereignete villa S. mit Münze, Zoll und Markt, Fähr- und Stapelrecht. Sie wuchs von 112 Hofstätten um

1100 auf das Dreifache um 1250. Durch das inzwischen erstarkte Bürgertum wurde die Stadtherrschaft des Abtes zunehmend unterminiert, und im 14. und 15. Jh. geriet das Kl., auch wirtschaftl. in der Krise, immer stärker in die Abhängigkeit der Stadt. Diese hat durch das Leinengewerbe, den Salzhandel und durch den weiten Geltungsbereich des Schaffhauser Getreidemaßes und der Münze eine große Wirtschaftskraft erlangt. S., seit Ks. Heinrich VI. als Reichsstadt bezeugt und seit Kg. Rudolf I. treuer Anhänger der Habsburger, gelangte 1330 als Reichspfandschaft an das Haus Österreich. Daher wurde die Stadt mit schweren Verlusten in den Sempacherkrieg (→Sempach, Schlacht bei) verwickelt. Nach der Bannung Hzg. →Friedrichs IV. v. Österreich (30. F.) durch das Konzil v. →Konstanz unterwarf sich S. 1415 Kg. Siegmund und gehörte seitdem wieder zum Reich. Allerdings versuchten die habsbg. Kg.e, die Stadt ihrer Hausmacht zuzuschlagen. Daher schloß S. 1454 einen Bund mit den Eidgenossen, den es nach Abschluß der →Schwabenkriege im Ewigen Bund v. 1501 bekräftigte. Außer durch den polit.-militär. Konflikt war die Gesch. von S. im 15. Jh. durch den Aufbau des Stadtstaates geprägt. Th. Zotz

Q.: Das Kl. Allerheiligen in S., hg. F. L. BAUMANN (Q. zur Schweizer Gesch. 3/1, 1883) – Urkk. register für den Kt. S., 2 Bde, 987–1530, 1906 – Lit.: H. AMMANN, Schaffhauser Wirtschaft im MA, 1948 – K. SCHIB, Gesch. der Stadt und Landschaft S., 1972 – Helvetia Sacra III/1, 3, 1986, 1490–1535.

Schafgarbe (Achillea millefolium L./Compositae). Die bis in die nördl. gemäßigten Zonen verbreitete 'tausendblättrige' Wiesenpflanze wird schon von Dioskurides (Mat. med. IV, 102) als blutstillendes Wundkraut gerühmt. Auf diese med. Anwendung nehmen vermutl. die *ambrosia*-Verse bei →Walahfrid Strabo (Hortulus, ed. STOFFLER, 369–374) Bezug, während Hildegard v. Bingen (u. a. Phys. I, 113) die *garwa* außerdem bei inneren Verletzungen, Augenentzündungen, Fieber sowie Schlaflosigkeit empfiehlt und versch. Rezepttexte (JÖRIMANN, passim) noch weitere Indikationen des *millefolium* verzeichnen. Albertus Magnus (De veget. VI, 318) verwechselte hingegen die aromat. duftende (laut Plinius nach Achilles benannte) *achillea* mit dem →Kümmel und führt sie daher als verdauungsstärkendes, blähungstreibendes und appetitanregendes Speisegewürz auf. Als Wundheilmittel und bei Blutungen, aber auch zu anderen Zwecken fand die *(schaff)garbe* (Gart, Kap. 254) nicht zuletzt in der Volksmed. vielfache Verwendung. P. Dilg

Lit.: MARZELL I, 81–93 – DERS., Heilpflanzen, 264–272 – J. JÖRIMANN, Frühma. Rezeptarien, BGM 1, 1925 [Neudr. 1977] – H. MARZELL, Die S., eine alte Bauernheilpflanze, Bayer.-Südostdt. H. für VK 16, 1943, 6–8 – HWDA VII, 987–990.

Schäftlarn, Kl. OSB (Diöz. Freising), 760/764 (1. Nov.) vom Priester Waltrich mit Konsens seiner Angehörigen zu Ehren des hl. →Dionysius (B) gegr. und der Domkirche →Freising übertragen. Die Familie Waltrichs hatte jedoch noch bis 828 erhebl. Einfluß auf S. Der Gründer wurde bald darauf Bf. v. →Langres, der 2. Abt S.s Petto ebenfalls. Abt Icho (790/800–806) war der erste Abt S.s, der offensichtl. keine Beziehungen mehr zu Langres hatte. Die grundherrschaftl. Besitzballung des frühen Kl. im Umland war erstaunlich. Seit 828 sank es allmähl. zu einem bfl. Chorherrenstift (spätestens 2. Hälfte des 10. Jh.) und Wirtschaftsgut herab, zu Beginn des 12. Jh. bestand lediglich noch ein kleines Stift. An dessen Stelle gründete Bf. →Otto I. v. Freising 1140 ein Prämonstratenserstift, das bereits im ersten Jahrhundert des Bestehens rege lit. Tätigkeit aufweist. Bis ins 14. Jh. waren mit ihm ein Frauenkl. und Reklusen (→Inklusen) verbunden. W. Störmer

Q. und Lit.: GP I, 378ff. – Hist. Stätten Dtl. VII², 659f. – A. WEISTHANNER, Die Traditionen des Kl. S., 1953 – DERS., Die Urkk. und Urbare des Kl. S., 1957 – 1200 Jahre Kl. S. 762/1962, hg. S. MITTERER, 1962 – W. STÖRMER, S., Murrhardt und die Waltriche des 8. und 9. Jh., ZBLG 28, 1965, 47–81 – G. DIEPOLDER, S. (Früh- und hochma. Adel in Schwaben und Bayern, hg. J. EBERL, W. HARTUNG, J. JAHN, 1988 [Regio I]), 161–188.

Schala, Gf.en v., Zweig der bayer.-österr. Adelsfamilie der →Sighardinger, die sich ab dem 11. Jh. nach ihren Burgen Tengling, →Burghausen, →Peilstein und S. (südl. von →Melk, Niederösterreich) nannten. Erste Nennung ca. 1112 für Sigehard v. S. († 19. April 1142), Sohn des 1104 ermordeten Sigehard v. Burghausen, der seit frühestens 1123 mit einer Tochter Mgf. →Leopolds II. v. Österreich (2. L.) verheiratet war. Mit den Söhnen aus dieser Ehe, Sigehard und Heinrich († 1191/92), die als Gefolgsleute der ('jüngeren') →Babenberger ztw. eine wichtige Rolle spielten, erlosch die Linie. Das Erbe, Besitzungen zw. Melk, Pielach und Traisen, aber auch im nördl. Niederösterreich, fiel an die Gf.en v. Peilstein bzw. an die Babenberger. L. Auer

Lit.: →Peilstein.

Schaller, um 1400 aus Kesselhaube und →Eisenhut hervorgegangener Helm mit spitzem Nackenschutz, Gesichtsausschnitt oder Sehschlitz oder Visier. Dazu gehörte ein →Bart zum Schutz von Kinn und Hals. Mit Ausnahme Italiens von etwa 1450–1500 der übl. Helm des →Plattenharnisches. Die anfängl. noch kurze S. erhielt in Dtl. um 1470 einen längeren Nackenschirm, der um 1490 auch geschoben wurde. Die frz. S. hatte einen spitzen Scheitel, die it. S. war kürzer, runder und häufig visierlos. Um 1500 erschienen Übergangsformen zum Visierhelm. O. Gamber

Lit.: O. GAMBER, Harnischstudien VI, JKS 51, 1955.

Schaltjahr → Chronologie, C. I, 1

Schaltung. Schalttage kommen in verschiedenen →Kalendern vor. a) *Julianischer Kalender*: Caesar verlegte bei seiner Kalenderreform die vier Schalttage in den Febr. zw. 'Terminalia' (VII. Kal. Mart.) und 'Regifugium' (VI. Kal. Mart.), der Schalttag hieß intercalaris oder später dies bissextus, bissextum. Die röm. Kirche hat an der Besonderheit des Schalttages (24. Febr.) festgehalten. Die gr. Kirche fügte als Schalttag den 29. Febr. ein und hatte dafür einen eigenen Hl.n. Die Schaltjahre hießen annus bissextus, annus bisextilis. In den chronolog. Werken wurden Schaltjahre durch ein vorgesetztes B, b gekennzeichnet. b) *Mondjahr*: Um den Zyklus der 19 gebundenen Mondjahre mit dem der 19 Sonnenjahre auszugleichen, wurde von Zeit zu Zeit ein voller Mondmonat von 30 Tagen eingeschaltet, so daß das betreffende Mondjahr 384 Tage zählte. Als Mondschaltjahre nahm man im MA das 3., 6., 8., 11., 14., 17. und 19. Jahr des Zyklus. Um den Mondjahrzyklus mit dem julian. Kalender in Übereinstimmung zu bringen, verkürzte man in jedem Mondzirkel einen Monat um einen Tag (sog. saltus lunae), immer im letzten Jahr des Zyklus. c) *Sonntagsbuchstabe*: Beim Schaltjahr wurde die Reihenfolge der Buchstaben gestört, deswegen gab man dem Schalttag denselben Buchstaben wie dem nachfolgenden Tag, wodurch die Zählweise zw. dem 25. und 28. Febr. gestört wurde und erst mit dem 1. März wieder in die Reihe kam. →Chronologie. P.-J. Schuler

Lit.: F. RÜHL, Chronologie des MA und der NZ, 1897 – GINZEL, III.

Scham (lat. pudor, verecundia, erubescentia) wird in den unterschiedl., sich stets wandelnden sozio-kulturellen und mentalitätsspezif. Kontexten des MA in differenzierter Intensität als Schamgefühl erlebt, (moral-)theol. v. a. im Blick auf ihre Werthaftigkeit für den gottgebunden

Menschen reflektiert und so als Schamhaftigkeit der den Menschen in seiner leib-(geist)seel. Struktur in Anspruch nehmenden →Tugend der Keuschheit zugeordnet. Im Kontext der Paradieses- und →Erbsünde-Lehre (Gn 3, 7) führten in der Patristik die starken enkratit. (gnost.) Strömungen sowie die schon atl. Unterscheidung zw. echter und falscher S. und die im NT religiös gewendete Rede von 'Sich-schämen' und 'Sich-nicht-schämen', S., Schamhaftigkeit und – als Verstoß gegen die Sittlichkeit – 'Unschamhaftigkeit' zu einem theol. begründeten Lob der S. und der Schamhaftigkeit. Neben Tertullian (De pudicitia, ed. C. MICHAELI–CH. MÜLLER, 1993, SC 394/395), Kyrillos v. Jerusalem und Johannes Chrysostomos sind es v. a. Ambrosius (De officiis; De virginibus; De virginitate) und Augustinus (De civ. Dei XIII 13; XIV 16–23), deren theol. Deutung der S. für das MA maßgebl. blieben. Nach Augustin schämt sich der Geist, daß ihm der Körper aufgrund der Konkupiszenz (Begierde) nicht in allem gehorcht, obwohl dieser jenem doch »wegen seiner niederen Natur unterworfen ist« (a.a.O. 23). Auf dieser Gedankenspur bewegen sich in der Frühscholastik die Schule des Anselm v. Laon, Wilhelms v. Champeaux, des Hugo v. St. Viktor, Walter v. Mortagne und Petrus Lombardus. Im Zuge der 'Verdinglichung des Ethischen' werden die Genitalien als sinnenhafter Ausdruck der Konkupiszenz als Schamteile bezeichnet, als etwas, dessen sich der Mensch schämen muß. Die negative Bewertung des Geschlechtlichen hat die Ehelehre und →Sexuallehre (→Ehe, A, →Liebe, →Paradiesesehe) bis zu Albertus Magnus und Bonaventura beeinflußt. Der nackte Mensch ist im MA stets der S. und Schande preisgegeben. Er verletzte das private wie soziale Schamgefühl, das entsprechend ritterl. Tugendsystem wie chr. Barmherzigkeit (Mt 25, 36) dazu animierte, den Nackten wieder zu bekleiden und in den gesellschaftl. ordo zu reintegrieren. Stoischer Denktradition folgend, differenziert Thomas v. Aquin zw. der S. vor (verecundia) und der nach (erubescentia) einer schimpfl. Tat. Beide begreift er als Formen der Furcht (STh I–II, 41, 4) angesichts eines vermeintl. oder tatsächl. Mangels, letztl. aber als Ertrag eigener kreatürl., menschl. Unvollkommenheit angesichts des Vollkommenen, angesichts Gottes. Die auf Aristoteles rekurrierende Frage, ob S. eine Tugend sei, bejaht er nur insofern, als Tugend in einem allg. Sinn verstanden wird, denn S. trägt nicht die für virtus notwendige Dynamik auf ein Gut in sich, ist mehr passio als actio (Sth II–II, 144). Insofern sie aber dem Menschen Furcht vor dem Schändlichen einjagt, unterstreicht Thomas die seit Platon geläufige und in der Patristik (Hieronymus) betonte Hinordnung der S. auf die Kardinaltugend der Mäßigung (temperantia). →Christine de Pisan empfand die misogynen Schrr. der Zeit, v. a. des Jean de Meun (→Roman de la Rose), als Unverschämtheit (»Epistre au dieu d'amours«, 1399) und widerlegte 1405 im »Le Livre de la Cité des Dames« die Rede von der moral. Minderwertigkeit, speziell auch der Schamlosigkeit der Frau und ordnet im »Livre de trois vertus« die Schamhaftigkeit der Klugheit zu. Klagen über Verletzungen des Schamgefühls auf längeren Seefahrten, bei Pilgerreisen oder unter beengten städt. Wohnverhältnissen finden sich gegen Ende des MA. M. Gerwing

Lit.: HWP VIII, 1208–1215 – P. BROWE, Beitr. zur Sexualethik des MA, 1932 – M. A. KLOPFENSTEIN, S. und Schande nach dem AT, 1972 – R. STARK, Die Bedeutung der aidos in der aristotel. Ethik (Aristotelesstud., hg. DERS.–P. STEINMETZ, 1972²), 119–133 – J. LECLERCQ, Monks and Love in 12ᵗʰ Cent. France, 1979 – R. JEHL, Melancholie und Acedia. Ein Beitr. zur Anthropologie und Ethik Bonaventuras, 1984 – A. G. MARTIN, Shame and Disgrace at King Arthur's Court: A Study in the Meaning of Ignominy in German Arthurian Lit. to 1300, 1984 – N. OHLER, Reisen im MA, 1986 – J. BRUNDAGE, Law, Sex and Christian Society in Mediaeval Europe, 1987 – H. P. DUERR, Der Mythos vom Zivilisationsprozeß, I: Nacktheit und S., 1988³ – M. PILOSU, La donna, la lussuria e la chiesa nel medioevo, 1989 – Gesch. des privaten Lebens, II, hg. PH. ARIÈS–G. DUBY, 1990 – N. ELIAS, Über den Prozeß der Zivilisation, 1990¹⁵ – E. H. HER, A Phenomenological Explication of Shame in a Shame Culture: A Cross-Cultural Perspective [Univ. microfilms Internat. Ann Arbor (Mich.) 1992] – Europ. Mentalitätsgesch., hg. P. DINZELBACHER, 1993.

Schamanismus, vielschichtiger Komplex von mag.-religiösen Vorstellungen, Erfahrungen und Praktiken, über die der Schamane (von tungus. šaman 'der Wissende'; alttürk.: qam 'Zauberer', 'Weiser', 'Arzt') bzw. die Schamanin verfügen. Der Schamane gilt als Vermittler und Interpret zw. der Welt der Menschen und höheren Mächten (Götter, gute und böse Geister) und wird daher hoch geachtet und nicht selten gefürchtet. Die Befähigung zum Schamanen kann ererbt sein, muß aber in der Regel durch eine – zumeist unfreiwillige – Berufung erworben werden, die dem Adepten in einer Zeit psych. Krisen ('Schamanenkrankheit') durch Träume oder Visionen zuteil wird. Im Verlauf einer oft jahrelangen Initiationszeit lernt er unter Anleitung eines erfahrenen Lehrers sich mit Hilfe von rituellen Ekstasetechniken (Trommeln, Musik, Tanz, Drogen) unter Herbeirufung von Schutzgeistern in einen veränderten Bewußtseinszustand zu versetzen und Verbindung zur Über- und Unterwelt aufzunehmen ('Seelenreise'). Im Zustand der Besessenheit verkörpert er oft zugleich die Geister, denen er als Medium dient. Von ihnen glaubt er die Kenntnisse und Fähigkeiten zu erlangen, um Heilungen vorzunehmen, die Seelen Verstorbener ins Jenseits zu geleiten, Prophezeiungen zu machen, Jagd- und Wetterzauber auszuüben sowie Opferhandlungen durchzuführen.

Die geogr. Verbreitung des S. ist bis heute umstritten. Einige Gelehrte (A. LOMMEL, M. ELIADE) meinen das Phänomen weltweit beobachten zu können. Einig ist man sich jedoch nur darin, daß die Heimat des klass. S. in Nordeurasien liegt und sich von Skandinavien bis Alaska und vom Polarmeer bis Tibet erstreckt. Ungeklärt bleibt vorerst auch das Alter des S. Sichere Hinweise für dessen frühe Existenz lassen sich durch archäolog. Funde seit dem 2. Jt. v. Chr. geben. Praktiken, die denen des S. sehr nahe kommen, kannten die →Skythen (Herodot) und wohl auch die Nordgermanen (z. B. Hávamál und Ynglinga saga über Odins Runenmagie).

Frühe Zeugnisse über den S. finden sich in chines., islam. und byz. Q. (Menandros Protektor, Theophylaktos Simokattes). In der abendländ. Welt erhielt man Kenntnisse vom S. durch erste Kontakte mit ural. und altaischen Völkern. →Gregor v. Tours berichtet über mag. Rituale der→Avaren, während in den →»Responsa« Papst Nikolaus' I. an die neubekehrten Bulgaren von protobulg. Schamanen die Rede ist. Die →»Historia Norvegiae« verzeichnet schon im 11. Jh. die Tätigkeit von Schamanen (gand) bei den →Samen. Auch weist die ältere finn. und ung. Volksüberlieferung der Gestalt des Schamanen eine zentrale Position zu. Ausführl. Nachrichten über den S. bei den →Mongolen finden sich bei →Johannes de Plano Carpini, →Wilhelm v. Rubruk und Marco →Polo. H. Göckenjan

Lit.: G. NIORADZE, Der S. bei den sibir. Völkern, 1925 – U. HARVA, Die religiösen Vorstellungen der altaischen Völker, 1938 – H. FINDEISEN, Schamanentum, 1957 – L. VAJDA, Zur phaseolog. Stellung des S., UralAltJbb 1959, 456–485 – M. ELIADE, S. und archaische Ekstasetechnik, 1975 – H. MOTZKI S., 1977 – E. S. NOVIK, Obrjad i fol'klor v sibirskom šamanizme, 1984 – Shamanism in Eurasia, I–II, hg. M.

HOPPÁL, 1984 – U. JOHANSEN, Zur Gesch. des S. (Synkretismus..., hg. W. HEISSIG – H.-J. KLIMKEIT, 1987), 8–22 – A. STOLZ, Schamanen, 1988 – Shamanism: Past and Present, hg. M. HOPPÁL – O. SADOVSZKY, 1990.

Schamkapsel → Braguette

Schandpfahl → Pranger

Schandstrafgeräte waren die Werkzeuge, mit denen die Ehrenstrafen (→Strafe) vollstreckt wurden. Sie mußten daher so beschaffen sein, daß sie als solche oder im Zusammenhang mit bestimmten Inszenierungen die äußere soziale Stellung des Betroffenen und die Wertschätzung in den Augen der anderen beeinträchtigen konnten: durch Verspottung, Lächerlichmachen, Beschimpfen, Demütigung. Deshalb mußten die Verurteilten – oft am →Pranger stehend – Gegenstände des Alltags halten oder im »schimpflichen Aufzug« umhertragen, denen aber eine verzerrte und übertriebene Form gegeben war, unterstützt durch erläuternde Schrifttafeln oder Bilder oder Schmähgesänge. S. waren z. B. Schandkleid (oder -laken) für Marktdiebe, Warenfälscher, Ehebrecherinnen oder bei Verstößen gegen die städt. →Kleiderordnungen; Strohkranz für gefallene Mädchen; Ehrbeleidiger oder auffällige Frauen (und Männer) mußten den Lasterstein (Bagstein) um den Marktplatz tragen oder eine phantasievoll ausgeführte Schandmaske oder einen hölzernen Schandkragen aufsetzen oder Hals und Hände in einer Schandgeige (-fidel, Halsgeige) fixieren lassen, so auch bei sexuellen Vergehen: Warenfälscher wurden in der Wippe (oder Schupfe) unter Wasser getaucht; Falschspieler mußten eine riesige Holzkette mit Würfeln um den Hals tragen, schlechte Musikanten ein Schandinstrument, dem Laster der Völlerei Verfallene zwei Schandflaschen; betrogene Ehemänner mußten einen Esel durch die Stadt führen, auf dem ihre Gattin verkehrt zu sitzen hatte. Das Publikum sollte zu einem den Betroffenen herabsetzenden und entwürdigenden Auslachen gereizt werden, was in schärfster Form zu seiner Ausstoßung aus der Gemeinschaft führen konnte (weshalb diese Bestrafung oft gemeinsam mit der Stadtverweisung durchgeführt wurde). W. Schild

Lit.: HRG II, 1629–1631; IV, 1350–1355, 1950f. – H. MOSER, Jungfernkranz und Strohkranz (Fschr. K.-S. KRAMER, 1976), 140–161 – W. SCHILD, Alte Gerichtsbarkeit, 1985², 212–216 – K. SCHREINER, Gregor VIII., nackt auf einem Esel (Fschr. F.-J. SCHMALE, 1989), 155–202 – B. SCHWENK, Das Hundetragen, HJb 110, 1990, 289–308 – G. SCHWERHOFF, Verordnete Schande? (Mit den Waffen der Justiz, hg. A. BLAUERT – DERS., 1993), 159–188 – H. STEININGER, S. im niederösterr. Donauraum (Forsch.en zur Rechtsarchäologie und Rechtl. VK 15, 1993), 359–368.

Schänis (Skenninis, Skennines), ehem. adliges Damenstift (Schweiz, Kt. St. Gallen), zw. 814 und 823 von Gf. Hunfrid (→Hunfridinger) in →Churrätien neben der Pfarrkirche St. Gallus gegr. Die Kirche birgt eine Heiligkreuzreliquie, die nach Reichenauer Überlieferung des 10. Jh. von Azan, dem Präfekten v. Huesca in Spanien und Gesandten Karls d. Gr., stammt. Im Verbrüderungsbuch v. →St. Gallen, das 27 Schwestern v. S. aus dem 9. Jh. erwähnt, erscheint der Konvent neben demjenigen v. St. Stephan in Straßburg. Ulrich v. →Lenzburg war 1045 Schirmvogt der Abtei. Unter ihm erhielt das Kl. freie Äbtissinnenwahl und →Immunität. 1438 kam S. zusammen mit Gaster unter die Schutzvogtei von →Schwyz und →Glarus. Seit 1803 im Kt. St. Gallen gelegen, wurde es 1811 aufgehoben. Die z. T. noch erhaltene Kirche stammt aus dem 12., die Krypta mit Flechtbandplatten aus dem 9. Jh. W. Vogler

Q. und Lit.: GP II, 2, 115ff. – HBLS VI, 115f. – UB der südl. Teile des Kt. St. Gallen, hg. F. PERRET, 2 Bde, 1961–82 – A. FRÄFEL, Kreuz und Löwe. Gesch. des Stiftes v. Schennis und der Landschaft Gaster, 1903 – J. SEITZ, Gesch. des hochfsl. freiweltl. adelichen Reichsstifts S., 1941 (81. Neujahrsbl. des Hist. Vereins St. Gallen) – E. MEYER-MARTHALER, Zur Frühgesch. der Frauenkl. im Bm. Chur (Festgabe H. NABHOLZ, 1944), 1–35 – E. SIEGWART, Die Chorherren- und Chorfrauengemeinschaften in der dt. sprachigen Schweiz vom 6. Jh. bis 1160, 1962 – B. ANDERES, Die Kunstdenkmäler des Kt. St. Gallen, V, 1970, 154–252.

Schap(p)el (aus afrz. *chapel*, das auf mlat. capellus [seit dem 9. Jh. belegt] zurückgeht), Bezeichnung für einen Kopfschmuck, der von Männern und Frauen gleichermaßen getragen wurde. Dabei handelte es sich um einen Kranz von Laub, von natürl. oder künstl. Blumen oder um Haarbänder aus Stoff oder Gold, die mit Edelsteinen, Federn etc. verziert waren und wie ein Kronreif aufgesetzt wurden. Bisweilen erscheinen in den literar. Q., die Belege ab dem 12. Jh. liefern, S. und Kränze gemeinsam. Das S. wurde von Unverheirateten über dem offenen Haar, von Ehefrauen über dem Gebende getragen. E. Vavra

Lit.: V. GAY, Glossaire archéol. du MA et de la Renaissance, 1887, I, 325 – GRIMM, DWB XIV, 2169f. [Neudr. 1984] – L. C. EISENBART, Kleiderordnungen der dt. Städte zw. 1350 und 1700 (Göttinger Bausteine zur Gesch. swiss. 32, 1962), 157 – H.-F. FOLTIN, Die Kopfbedeckungen und ihre Bezeichnungen im Dt. (Beitr. zur dt. Philol. 26, 1963), 251 – G. KROGERUS, Bezeichnungen für Frauenkopfbedeckungen und Kopfschmuck im Mnd. (Commentationes Humanarum Litterarum 72, 1982), 13f., 26 – E. BRÜGGEN, Kleidung und Mode in der höf. Epik des 12. und 13. Jh. (Beih. zum Euphorion 23, 1989), 95, 102f.

Scharfrichter (auch: Nachrichter, Faustrichter, Henker, Freimann, Carnifex), Organ der Strafrechtspflege, das – erstmals 1276 in Augsburg erwähnt – an die Stelle des obsiegenden Klägers trat: anfangs auch bzgl. der Klageerhebung, dann wenigstens bzgl. der Bestimmung der →Strafe, zuletzt beschränkt auf die Vollstreckung der im Urteil vom Gericht bestimmten Strafe. Dementsprechend veränderte sich seine soziale Stellung. So war der →Fronbote des →Sachsenspiegels (um 1225) noch ein geachtetes Gerichtsorgan; mit der zunehmenden Beschränkung auf die Tötungshandlung war der S. anfangs ein Knecht oder Lohnkempe des Klägers, dann ein vom Gericht beauftragter Bürger oder ein für seine Dienste bezahlter Freier, schließlich ein vom Gerichtsherrn bestellter und besoldeter Amtsträger. Sein Geschäft gehörte rechtl. zu den unehrl. Berufen (→Unehrlichkeit, →Randgruppen). Doch war seine soziale Einschätzung durchaus unterschiedl.: von manchen als Rechtsorgan geachtet und mit Ehrfurcht behandelt, von anderen als »bezahlter Killer« verachtet und tabuisiert. Im letzteren Fall erhielt er eine ambivalente Stellung: einerseits distanziert aus Berührungsscheu, andererseits gesucht wegen seiner geheimnisvollen Kraft. Aber überhaupt war der S. häufig ein anerkannter Arzt, der über anatom. Kenntnisse verfügte: nicht nur von den Hinrichtungen her, sondern auch von seiner zweiten Haupttätigkeit als Folterer (→Folter). Trotzdem waren viele S. gezwungen, ihren Lebensunterhalt durch Übernahme anderer Aufgaben zu bestreiten: als →Schinder, Abdecker, Hundefänger, Bordellwirte. Die Mitwirkung bei den theatral. inszenierten Hinrichtungen erhöhte zudem die Anforderungen an den S., v. a. bei den Enthauptungen; bei Mißlingen der Tötung (»Putzen«) richtete sich häufig die Aggressivität des Publikums gegen ihn, manchmal sogar mit tödl. Folgen. Zugleich verschärfte sich durch diese Theatralik die genannte Ambivalenz seiner Stellung, was auch zur Herausbildung zahlreicher abergläub. Vorstellungen führte. Die moderne Forsch. spricht insgesamt von einem dadurch erzeugten, heute lebendigen Bild vom S., das seiner Realität v. a. im MA nicht entspricht. W. Schild

Lit.: HRG II, 75–77 – H. SCHUHMANN, Der S., 1964 – CH. HELFER, Henker-Stud., AK 46, 1964, 334–359; 47, 1965, 96–117 – W. OPPELT,

Über die »Unehrlichkeit« des S.s [Diss. Würzburg 1976] – W. SCHILD, Alte Gerichtsbarkeit, 1985², 177–196 – M. HERZOG, Hingerichtete Verbrecher als Gegenstand der Heiligenverehrung, Geist und Leben 65, 1992, 367–386 – W. OPPELT, Der Henker (Anzeiger des Germ. Nationalmus., 1993), 75–86 – J. NOWOSADTKO, S. und Abdecker, 1994 – →Schwert.

Scharia → Recht, islamisches

Scharlach. In Europa wird der Begriff S. zum ersten Mal in einer Glosse des Wormser →Summarium Heinrici (zw. 1007 und 1032) gen. Wie zahlreiche Tuch- und Färberordnungen flandr. Städte seit dem Ende des 13. Jh. zeigen, bezeichnet er ein sehr teures, geschorenes Tuch, das mit dem aus einer Schildlausart in S-Europa und im Orient seit der Antike gewonnenen Kermes gefärbt sein mußte. Unter 'weißem' S. verstand man ungefärbte, für die Färbung mit Kermes vorbereitete Tuche. Etymolog. ist die Herkunft des Terminus S. umstritten. Ein arab.-pers. Ursprung kann nicht nachgewiesen werden. Im MA hatten scharlachfarbene Textilien dieselbe qualitative Bedeutung wie →Seide oder die aus der Antike oder aus Byzanz bekannten, mit →Purpur gefärbten Tuche. Ch. Reinicke

Lit.: J. H. MUNRO, The Medieval Scarlet and the Economics of Sartorial Splendour (Cloth and Clothing in Medieval Europe. Essays in Mem. E. M. CARUS-WILSON, 1983 [= Pasold Stud. in Textile Hist. 2]), 13–70 [Lit.].

Scharnitz-Schlehdorf, ehem. Kl. OSB, später Augustiner-Chorherrenstift in Oberbayern (Diöz. Freising). 763 übergab Reginperht, Oberhaupt einer bedeutenden Adelssippe, die von ihm gegr. und von der Sippe ungewöhnlich reich ausgestattete Peterskirche in der Scharnitz (Klais oder Mittenwald?) dem Bf. v. →Freising. Erster Abt des adligen Hauskl. war →Arbeo, der spätere Bf. v. Freising. 769 übertrug Hzg. →Tassilo III. dem zweiten Abt Atto das neue Kl. →Innichen und damit die Slavenmission im Pustertal. 772 erwarben der Hauptgründer und Abt Atto in Rom die Reliquien des hl. Tertullin, die bereits nach Schlehdorf am Kochelsee überführt wurden, wohin das Kl. verlegt worden war, wohl nicht nur wegen der Abgelegenheit der Scharnitz, sondern auch, um den Einfluß →Augsburgs im Raum zurückzudrängen. Letztmalig erscheint S. 836 als reguläres Kl., wurde dann freising. Eigenkl., verarmte und wurde in ein Stift umgewandelt. 1140 erneuerte Bf. →Otto v. Freising S. als Augustiner-Chorherrenstift, wohl auch unter dem Einfluß →Rottenbuchs. Sein Einfluß blieb aber angesichts der Nähe →Benediktbeuerns gering. Im SpätMA entwickelte sich S. als Wallfahrtsort. Im 15. Jh. wurde es über Indersdorf reformiert (bescheidener wirtschaftl. Aufstieg).
W. Störmer

Lit.: J. STURM, Schlehdorfs Urgesch., Jb für altbayer. Kirchengesch. 23, 1964, 11–26 – N. BACKMUND, Der Chorherrenorden und seine Stifte in Bayern, 1966, 137–139 – J. JAHN, Ducatus Baiuvarorum, 1991, 408–448.

Schatz, -meister → Steuer; →Treasurer; →Trésor

Schatzfund (besser neutral: Hort oder Depotfund, da er nicht nur aus Edelmetall besteht). Er kann aus verschiedenen Gründen verborgen worden sein. Entweder wollte der Besitzer die Wertsachen (z. B. in Kriegszeiten) verstecken, um sie später wieder zu verwenden, oder es waren Gaben an eine Gottheit, die man nicht wieder in Besitz nahm (Opferfunde). Während Verstecke an beliebigen Plätzen angelegt wurden, findet man Opferfunde in der Nähe von Heiligtümern, wie etwa die großen Moorfunde →Dänemarks. Schätze, die der Besitzer verbarg, um sie als »Selbstausstattung« – auch nach seinem Tode – zu nutzen (Odins Gesetz), wurden an verborgenen Orten versteckt. Diese Sitte ist durch →Sagas überliefert. Die großen Moorfunde können auch Opfer nach siegreichen Kämpfen sein. Durch die vielfach in unruhigen Zeiten oder Kriegen verborgenen Schätze können sogar einzelne, sonst nicht nachgewiesene Einfälle gekennzeichnet werden, so z. B. durch einen in →Xanten vergrabenen Schatz mit vielen röm. Silbermünzen, Silberschale und -löffeln in einem Bronzekessel, der einen nicht näher bekannten frk. Einfall am Niederrhein an der Römerstadt CUT im 3. Jh. bezeugt. Die reichen Goldschätze im Karpatenbecken bis nach Wien (Szilágo-Somlió und Untersiebenbrunn) werden auf die Hunneneinfälle unter →Attila zurückgeführt, durch die ein Strom von spätantiken und hunn. Altsachen nach W einfloß (»Attila-Horizont«). Das Edelmetall stammt von röm. Goldsolidi der Subsidien und Soldzahlungen und wohl auch aus Beutezügen. Neben den Edelmetallen stehen an zweiter Stelle Schmuckstücke aus Bronze (Fibeln) und Teile des Pferdegeschirrs (Ringe, Nasenplatten aus Bronze); S.e von Sösdala und Sjörup an Schonen (5. Jh.). Neben den Edelmetallfunden einer Oberschicht hat es schon eher Depotfunde aus dem bäuerl. Bereich gegeben, so Moorgefäße mit Speiseresten. Ein später Nachfahre dieser bäuerl. Opfer sind hölzerne Teile des Pferdegeschirrs – als »Rückenriemen« benutzte »Selkrogs« und Wagenteile aus einem Moor am Flußufer bei Almdorf (um 400 n. Chr.). Im Gegensatz dazu stehen die großen Moorfunde Dänemarks wie Nydam, Thorsberg oder Kragehul, die man schwerl. als »Schätze« ansprechen kann. Als der Goldstrom nachließ, trat das Silber an seine Stelle. Es gibt häufiger Horte aus Silberbarren, z. B. Rantrum (N-Friesland). – Das Erz, später auch aus Gruben am Gebirge (→Harz), wurde v. a. aus arab. →Dirhams, später auch aus dt. Silbermünzen gewonnen; das Silber wurde zerstückelt, da man nach Gewicht zahlte. Die Silberschätze sammeln sich an der Odermündung und im Havelgebiet (Karten bei HERRMANN), bes. im Umkreis der Burgwälle. Man hortete aber auch Eisen (Hortfund v. →Haithabu).
H. Hinz

Lit.: H. HINZ, Vorgesch. des nordfries. Festlandes, 1954, Taf. 81–84 – H. GEISSLINGER, Horte als Geschichtsq. ... (Offa-Bücher, 1967), bes. 10ff. – R. NOLL, Vom Altertum zum MA (Führer des Kunsthist. Mus. Wien, 1974) – M. MÜLLER-WILLE, Der Barrenhort von Haithabu, Offa 37, 1980, 129–145 – M. STENBERGER, Die S.e Gotlands der Wikingerzeit, 1985 – J. HERRMANN, Handelsgüter, Handelswege und S.e (Archäologie in der DDR 1, 1989), 207–286.

Schatzung, Schatz (vermutl. von 'schätzen' im Sinne einer Wertbestimmung, Bezeichnung für die Erhebung einer →Abgabe (→Steuer) und für die Abgabe selbst, synonym zu →Bede (petitio), Steuer (stiura), →Schoß, exactio. Als Begriff ist S. unspezif. und kann – als eine auf dem Land und in der Stadt erhobene Abgabe – sowohl die außerordentl. Not- und Landessteuer als auch eine ordentl., period. Abgabe aufgrund einer besonderen Untertänigkeit meinen. Steuerobjekte sind v. a. Grund- oder Gebäudebesitz und Vermögen. Die S. kann als direkte Steuer erhoben werden oder als Gemeindelast und Repartitionssteuer, die nach Maßgabe von Steuerobjekten und Bemessungsgrundlage umgelegt wird.
E. Isenmann

Lit.: →Bede, →Finanzwesen, →Schoß.

Schatzwurf (lat. denariatio), im frk. Recht (bes. Lex Salica 26, 1, Lex Ribuaria 57, 1) bezeugte Form der →Freilassung von →Liten. Sie fand vor dem Kg. statt, wobei der Lite seinem Herrn einen →Denar anbot, den dieser ihm aus der Hand schlug, so daß die Münze zu Boden fiel. Man deutet dies als Ablehnung des Kopfzinses durch den Herrn. Hieran schloß sich der Befehl des Kg.s, den Freigelassenen fortan als vollfreien Franken zu behandeln. Über den ganzen Vorgang wurde sodann eine kgl. Urk. ausge-

stellt. Der Zusammenhang mit der spätröm. Freilassung »in praesentia principis« ist umstritten. K. Kroeschell
Lit.: BRUNNER, DRG I², 366ff. – DERS., Die Freilassung durch S. (DERS., Abh. zur Rechtsgesch., I, 1931), 240–261.

Schaube (aus dem arab. *ǧubba*, über roman. *giubba, giuppa*, frz. *jupe* abgeleitet), seit der 2. Hälfte des 15. Jh. bis über die Mitte des 16. Jh. die gebräuchlichste männl. Ober- und Überkleidung, entwickelt sich aus dem Tappert; im Gegensatz zu diesem ist die S. vorne offen, besitzt einen Kragen, meist auch breite Aufschläge. Die Ärmelformen sind vielfältig ausgebildet. Die Schriftq. nennen als Materialien u. a. Scharlach, Samt, Atlas, Damast, Schamlott, Settyn, Karteck. Als Futter verwendete man Marder, Zobel, Hermelin, Feh und Nerz. Als Frauenkleidung findet die S. seit dem 4. Viertel des 15. Jh. Erwähnung, als Amts- u. Standestracht existiert sie bis in d. NZ. E. Vavra
Lit.: P. POST, Herkunft und Wesen der S., ZHW, NF 1, 1923–25, 42–47 – S. F. CHRISTENSEN, Die männl. Kleidung in der südtl. Renaissance, 1934, 43–50 – L. C. EISENBART, Kleiderordnungen der dt. Städte zw. 1350 und 1700 (Göttinger Bausteine zur Gesch. swiss. 32, 1962), 138 – M. BRINGEMEIER, Priester- und Gelehrtenkleidung. Tunika/Sutane. S./Talar, 1974.

Schaumburg, Schauenburg, Gf. en, Gft. Den an der Mittelweser ansässigen Edlen Adolf 'de Scowenburg' belehnte 1111 Hzg. →Lothar v. Sachsen (3. L.) mit der Gft. →Holstein, wo Adolf I. und seine Nachfolger im 12./13. Jh. die Landesherrschaft durch die Kolonisierung →Wagriens begründeten. Die dän. Besetzung Holsteins (1201–25/27) und die Vertreibung Adolfs III. führten zu einer Herrschaftsintensivierung in den Stammlanden. Vom Zentrum, der am Südhang des Süntels gelegenen Burg S., aus wurden die Städte Rinteln (1239), Stadthagen und Hessisch Oldendorf gegr., und gemeinsam mit den im 13. Jh. noch dominierenden – Bf. en v. →Minden kultivierten die S. er den Dülwald durch Anlage von →Hagensiedlungen. Nach den Erbteilungen v. 1273 (Linien Kiel-Itzehoe) und 1295/97 (Plön-Pinneberg-Itzehoe/Rendsburg), bei denen die S. er Linie in Holstein mit der Herrschaft Pinneberg abgefunden wurde, verstärkte sich die Territorialisierung an der Weser. Der Einflußbereich der in S. ansässigen Seitenlinie beschränkte sich auf die Diöz. en Minden und →Hildesheim, deren Domkapiteln häufig Gf. ensöhne angehörten; aus ihr gingen einige Bf. e hervor. Unter Gf. Otto I. (1366–1404) erstreckte sich die in acht Ämter gegliederte Gft. vom Weserbergland (1376 Kauf der Gft. Sternberg, ab 1400/05 an →Lippe verpfändet) bis zum Steinhuder Meer und von der Weser bis zum Deister (Amt Lauenau vom Hzm. →Braunschweig 1331 angepfändet). Ansprüche auf das Erbe der 1390 ausgestorbenen Plöner Linie wurden übergangen bzw. durch Geldzahlungen abgefunden; gleiches geschah 1459 beim Tod Hzg. →Adolfs VIII. v. Schleswig-Holstein. Einen Landzuwachs brachte 1400/05 die Erbschaft der westfäl. Herrschaft Gemen. Ende des 14. Jh. (1389/97) gewann der aus der schon in der 2. Hälfte des 13. Jh. starken Dienstmannschaft hervorgegangene Adel Mitsprache in Landesangelegenheiten; seit dem 15. Jh. bildete er mit Städten, Flecken und Kl. die Landstände. Größere wirtschaftl. Bedeutung gewann seit dem 16. Jh. der Abbau von Sandsteinen bei Stadthagen und von Steinkohle bei Obernkirchen. F.-W. Hemann
Lit.: G. SCHMIDT, Die alte Gft. S. (Stud. und Vorarbeiten zum Hist. Atlas v. Niedersachsen, H. 5, 1920) – T. DISSMANN, Die Landstände der alten Gft. S., 1938 – W. MAACK, Gft. S., 1964² – H. BEI DER WIEDEN, S. Genealogie, 1966.

Schaumünze, medaillenähnl. Prägungen (→Medaille) nach dem →Münzfuß von Münzen, bes. von →Talern,

von hoher künstler. Qualität, vorwiegend aus Österreich (spätes 15. und 16. Jh.). Eine bes. Bedeutung haben die S. n auf Ks. Maximilian I. mit seinem Porträt und Wappendarstellungen. P. Berghaus
Lit.: G. PROBSZT-OHSTORFF, Die geprägten S.n Innerösterreichs, 1928 – F. v. SCHROETTER, Wb. der Münzkunde, 1930, 591 [s.v. Schaugroschen] – R. VOGLHUBER, Taler und Schautaler des Erzhauses Habsburg, 1973.

Schaunberg, Adelsgeschlecht, Gft. Die bayer. Herren v. Julbach (am Inn) verlegten um 1150 ihren Sitz in das Eferdinger Becken, wo sie um die Burgen S. und Stauf (OG. Hartkirchen, Oberösterreich) einen Herrschaftskomplex aufbauten, der durch weitverzweigte Heiratspolitik über Ober- und Niederösterreich, Steiermark und Kärnten hinaus ausgeweitet wurde. Obwohl sie die österr. Landeshoheit seit der 2. Hälfte des 12. Jh. anerkannten, strebten sie bald nach Selbständigkeit ihres seit ca. 1300 als Gft. bezeichneten Kernlandes zw. Donau und Traun. Die Spannungen dieses vornehmsten österr. Adelsgeschlechtes, das Ebf. Friedrich V. v. Salzburg (1489–94) stellte und 1559 im Mannesstamm erlosch, mit den habsbg. Landesfs. en führten 1380/81 zur S. er Fehde, nach der die Gf. en bis in das 16. Jh. eine Sonderstellung in dem sich ausformenden Land ob der Enns behaupteten. S. Haider
Lit.: Hist. Stätten Österr. I, 108 – O. HAGENEDER, Die Gft. S., Mitt. des Oberösterr. Landesarchivs 5, 1957, 189–264 – Kat. Die S. er in Oberösterreich, 1978 – G. MARCKHGOTT, Zur Datierung des gefälschten S. er Reichslehenbriefes v. 1331, Mitt. des Oberösterr. Landesarchivs 13, 1981, 343–348 – S. HAIDER, Gesch. Oberösterreichs, 1987, 68f., 84–88, 112 [Lit.].

Schauspiel, -kunst, Schauspieler → Drama; →Fastnachtspiel; →Geistliches Spiel; →Spielmann; →Tanz

Schecke, entweder ein gesteppter Leibrock, der bis ins frühe 15. Jh. als Waffenrock über der Rüstung getragen wurde, oder ein modisches männl. Oberwand in der 2. Hälfte des 14. Jh. und im 15. Jh. Die S. ist extrem kurz, oft nur gesäßbedeckend und tailliert. Zum leichteren Anlegen wird sie vorne geknöpft; seitl. kann sie geschnürt sein, um einen möglichst körperbetonten Sitz zu erreichen. Um eine ideale Körperform zu erzielen, werden Brust und Schultern in der 2. Hälfte des 14. Jh. wattiert. Die S. besitzt im Gegensatz zum →Wams einen angesetzten Schoßteil, dessen Länge abhängig von der jeweiligen Mode variiert. Ebenso modeabhängig ist die Ärmelform von eng bis beutel- oder tütenförmig. Die S. wird gemeinsam mit den Beinlingen (→Beinkleider) getragen. Über der S. wird ein Gürtel angelegt. E. Vavra
Lit.: H. KÜHNEL, Bildwb. der Kleidung und Rüstung, 1992.

Schedel. 1. S., Hartmann, Arzt, Humanist, Chronist, * 13. Febr. 1440 Nürnberg, † 28. Nov. 1514 ebd., entstammte einer begüterten Kaufmannsfamilie der Reichsstadt; ∞ 1. 1475 Anna Heugel († 1485), 2. 1487 Magdalena Haller, beide Nürnbergerinnen. Der früh Verwaiste begann, gefördert von seinem erhebl. älteren Vetter Hermann S., 1456 an der Univ. Leipzig mit dem Studium der Artes liberales, wurde 1460 Mag. art., wandte sich dann dem kanon. Recht zu. Schon in Leipzig fand er Anschluß an Humanistenkreise und begann mit der Anlage eines Liederbuches (Bayer. Staatsbibl. München, Cod. mus. 3232). Ende 1463 folgte er seinem Lehrer Peter →Luder nach Padua, um dort auch Medizin zu studieren und die Anfänge des Griech. zu erlernen. Teils in Drucken, teils durch eigene Abschriften beschaffte er sich die Werke der it. Humanisten, röm. Klassiker und med. Fachliteratur. Als Dr. med. kehrte er 1466 nach Nürnberg zurück. Nach einer größeren Reise, die ihn u. a. zur Heiltumsweisung nach Aachen (1468) führte (→Aachenfahrt), wurde er 1470 Stadtarzt in Nördlingen, 1477-81 in Amberg und danach in Nürnberg, wo er sich auf Dauer niederließ. Er stand in Gedankenaustausch mit den bekannten Humanisten der Stadt. Teile der Bibl. Hermann S.s konnte er mit der seinen zu einer der bedeutendsten Privatbibl.en seiner Zeit vereinigen, von der er 1498 einen Kat. anlegte, den er 1507 ergänzte. Zu seinen Sammelgebieten gehörten auch Graphik, Globen, astronom. Geräte und Abschriften von Inschriften. Sein Hauptwerk, eine Weltchronik, die 1493 in lat. Originalfassung, dann in dt. Übersetzung bei Anton →Koberger erschien und früh sehr hohe Auflagen erreichte, ist mit über 1800 Holzschnitten nach Zeichnungen Hans →Pleydenwurffs und Michael →Wolgemuts ausgestattet (Facs. der dt. Ausg.: 1933, 1965, 1967/70). Diese Chronik ist eine Kompilation nach herkömml. Einteilung in sechs Weltalter und inhaltl. stark von it. Vorlagen abhängig (→Biondo, →Platina u.v.a. G. F. Foresta v. Bergamo), in der Gesch. des 15. Jh. bes. von Enea Silvio de' Piccolomini (→Pius II.), dessen geistigem Anstoß wohl auch die Städtebeschreibungen zu verdanken sind.

A. Wendehorst

2. S., Hermann, Arzt, Humanist, * 1410 Nürnberg, † 4. Dez. 1485 ebd., aus städt. Kaufmannsfamilie, älterer Vetter Hartmann S.s. Sein Studium der Artes liberales seit 1433 an der Univ. Leipzig, wo er Bücher zu sammeln begann, schloß er 1438 mit dem Magister ab; seit 1439 studierte er in Padua Medizin und kehrte 1444 als Doktor nach Nürnberg zurück. 1446-52 war er Leibarzt Kfs. →Friedrichs II. v. Brandenburg (13. F.), 1452 Arzt beim Domkapitel in Eichstätt, wo er dem Bf. →Johann III. v. Eich (38. J.) einen Pesttraktat widmete. 1456 ging er als Stadtarzt nach Augsburg und schloß sich hier dem Humanistenkreis an. Von 1467 bis zu seinem Tod wirkte er in Nürnberg als Stadtarzt. Zu seinem Patientenkreis gehörten Nürnberger Patrizierfamilien, Kl.vorsteher und Adlige aus ganz Franken. Sein ausgedehnter, größtenteils von Augsburg, dann auch von Nürnberg aus geführter Briefwechsel ist eine wichtige Q. für den dt. Frühhumanismus, auch ein frühes Zeugnis humanist. Briefstellerei in Dtl. →Humanismus, B.

A. Wendehorst

Q. und Lit.: Hermann S.s Briefwechsel (1452-1478), hg. P. JOACHIMSOHN (BLV 196, 1893) - BLA, Ergbd., 1935, 415f. [Neudr. 1962] – Ma. Bibl.skat. Dtl.s und der Schweiz, III/3, 1939, 798–844 – MGG XI, 1609–1612 – Verf.-Lex.² VIII, 609–625 – A. WILSON, The Making of the Nuremberg Chronicle, 1978² – O. MEYER, Varia Franconiae Historica, 2, 1981, 788–806 – B. HERNARD, Die Graphikslg. des Humanisten Hartmann S. (Bayer. Staatsbibl. – Ausstellungskat. 52, 1990) – Nürnberg und Italien, hg. V. KAPP–F.-R. HAUSMANN, 1991, 236 [Register] – J. LASCHINGER, Dr. Hartmann S. als Stadtarzt in Amberg (Mitt. des Vereins für Gesch. der Stadt Nürnberg 80, 1993), 137–145.

Schedula diversarum artium → Theophilus Presbyter

Scheerre, Hermann, Buchmaler, wirkte in den ersten beiden Jahrzehnten des 15. Jh. in England und beeinflußte dort nachhaltig die Arbeit seiner Zeitgenossen. Aus seinem Namen ist zu schließen, daß er vom Kontinent stammte und wahrscheinl. aus dem niederrhein. Gebiet kam, vielleicht aus der Gegend um Köln, doch wird neuerdings angenommen, daß er seine Ausbildung in den Niederlanden erhalten hat. Er signierte mit vollem Namen auf einer Miniatur in einem einfachen Missale (Brit. Library, London, Add. MS 16998), das zum Prüfobjekt für den Nachweis seiner Buchmalerei in anderen Hss. wurde. Einige dieser Arbeiten, so das Bedford-Psalter-Stundenbuch sowie die Verkündigung im Beaufort-Stundenbuch (beide Brit. Library), gehören zu den größten Meisterwerken dieser Zeit. →Buchmalerei, A. XVII.

J. Backhouse

Lit.: M. J. RICKERT, The Reconstructed Carmelite Missal, 1952, App. B – D. H. TURNER, The Wyndham Payne Crucifixion, Brit. Library Journal 2, 1976, 8–26 – J. HAMBURGER, The Casanatense and the Carmelite Missals: Continental Sources for English Manuscript Illumination of the Early 15th Cent. (Masters and Miniatures, hg. K. VAN DER HORST–J.-C. KLAMT, 1991), 161–173.

Scheibenkreuz, von kreisrunder Platte hinterlegtes Kreuz mit bzw. ohne Kruzifixus, aus sakraler Zierkunst des 12. Jh. gut bekannt, mit Gruppe von drei S.en in Hildesheim (Domschatz), aus Umkreis →Rogers v. Helmarshausen: zentrale Kreuze auf Rankengrund bzw. von Strahlen und symbol. Steinbesatz (Kristalle, Perlen) begleitet. Weitere Beispiele in New York (The Cloisters), St. Petersburg (Eremitage) und Stift Kremsmünster, Oberösterreich. Verwendung von S.en am Altar anstelle des erst seit dem 11. Jh. üblichen Altarkreuzes, ferner als prozessionale Zeichen ist wohlbezeugt (Honorius August., De Cruce, MPL 172, 587). Entsprechung in Form und liturg. Verwendung mit dem Flabellum (→Fächer) ist unverkennbar, Verwechslung häufig. Immerhin sind S.e ins vorkarol. MA zurückzuverfolgen (vgl. Ursusrelief von Ferentillo, Mitte 8. Jh.). Motivisch ist das S. zurückzuführen auf Zierate im frühchr. und byz. Bereich und aus der Symbolbeziehung von Kreuz und Kreis (vgl. Ravenna, Apsismosaik S. Apollinare in Classe). Über kopt. Kunst vermittelt, begegnet das Kreuz im Kreis in den insularen high crosses, ferner im hohen MA mit den skand. Ringkreuzen. Als monumentales Beispiel in Dtl. ist das S. mit hinterlegten Reliefs der Passion in St. Maria zur Höhe in Soest (2. Viertel 13. Jh.) zu nennen.

V. H. Elbern

Lit.: →Fächer–H. DEUS, Zur Problematik des S.es, Soester Zs., 1962 – V. H. ELBERN–H. REUTHER, Der Hildesheimer Domschatz, 1969, Nr. 27 – Kat. Ornamenta Ecclesiae 1, 1985, 407f., Nr. C 47–50 – M. WERNER, On the Origin of the Form of the Irish High Cross, Gesta XXIX, 1990, 98ff.

Scheich, šaiḫ 'würdiger älterer Mann'; von dieser Bedeutung aus zur Bezeichnung einer Fülle von Würden geworden: 'Stammesältester', '-oberhaupt' (der stets nur aus bestimmten Familien gewählt wird), 'geistl. Würdenträger', 'Professor geistl. Lehranstalten', 'Herrscher eines S.tums', 'Patriarch', 'Zunft-, Ordensmeister'. Bes. hervorzuheben ist der Titel šaiḫ al-Islām als der des Großmuftis, zuerst und bes. im ma. Ägypten, dann immer ausschließlicher der des Mufti v. Konstantinopel im Osman. Reich. Der Gouverneur v. Medina trug den Titel šaiḫ al-Ḥaram. Šaiḫ al-balad (heute 'Bürgermeister') bezeichnete einst im Maghrib eine Art Âdil, der für den Erhalt öffentl. Gebäude und Straßen verantwortl. war. Zuweilen ergeben sich Überschneidungen mit der Bezeichnung ustāḏ (aus dem Pers.) 'Professor'; 'Meister'; 'Chef'.

H.-R. Singer

Lit.: EI¹ VII [Nachdr. 1993], 275 – M. FREIHERR V. OPPENHEIM, Die Beduinen, I–IV, 1939–68 [S.familien].

Scheidebrief. Der ma. jüd. S. war ein aramäischsprachiges, nur vom Mann für seine bisherige Ehefrau ausstellbares Dokument. Darin erklärte er sie für gewaltfrei, entließ sie aus der bestehenden Bindung und erlaubte ihr eine Neuheirat mit jedem beliebigen jüd. Mann. Erstellung wie Überreichung des von Zeugen zu unterzeichnenden S.s waren an komplizierte Formvorschriften gebunden, deren Nichteinhaltung die Scheidung ungültig machen konnte. Ein ungültig überreichter S. konnte für die Frau fatale Folgen haben: Heiratete sie neu, ohne von ihrem früheren Gatten formgerecht geschieden worden zu sein, mußte sie sich von diesem noch einmal und zusätzl. auch von ihrem neuen Mann scheiden lassen, wobei sie ihrer güterrechtl. Ansprüche aus beiden Ehen verlustig ging. Obwohl im Normalfall der Mann den S. persönl. seiner Frau überreichte, konnten sich entweder der Mann oder die Frau bei der Überreichung des S.s durch einen bevollmächtigten Boten vertreten lassen, doch mußte mindestens einer der Ehegatten bei der auch hier von Zeugen begleiteten Zeremonie persönl. zugegen sein. Um eine kinderlose Witwe nicht den Zwängen der Leviratsehegesetzgebung (→Ehe, E) auszusetzen, konnte der Ehemann, der sein Ende nahen sah, das Wirksamwerden eines von ihm zu Lebzeiten übergebenen S.s an die Bedingung knüpfen, daß er sterbe. Starb er, galt die Frau rückwirkend vom Überreichungszeitpunkt an gerechnet als geschieden und benötigte als Geschiedene keine *Chalitza* des Schwagers für eine neue Ehe. Manche Schwäger ließen sich nämlich die Chalitza von der Witwe teuer bezahlen, so daß dieses Vorgehen für die Frau v. a. vermögensmäßig vorteilhaft war. In Anbetracht der komplizierten Materie entwarfen namhafte ma. jüd. Gesetzesgelehrte S.-Ordnungen für die Beteiligten, insbes. für das die S. zeremonie beaufsichtigende Gemeindegericht. In West- und Mitteleuropa diente v. a. die S.-Ordnung Isaak Ben Samuels v. Dampierre (2. Hälfte 12. Jh.) als Grundlage für spätere Verordnungen. H.-G. v. Mutius

Lit.: Encyclopedia Talmudit V, 1992⁶, 567ff. [Geṭ], 742ff. [Geṭ Schekib Meraᶜ].

Scheidekunst →Alchemie; →Chemie

Scheidung →Ehe

Scheitelkapelle, in der Kirchenachse im Scheitel des Chores nach O angebrachte Kapelle, in England Lady Chapel genannt, bes. an roman. und got. →Chorumgängen mit Kapellenkranz durch Größe und reichere Gliederung hervorgehobene Kapelle. G. Binding

Lit.: →Chor.

Schelde (lat. Scaldis, frz. Escaut, engl. Scheldt), mit 350 km Gesamtlänge neben der →Maas wichtigster Strom in Belgien, entspringt in Nordfrankreich, am Mont-St-Martin (dép. Oise, arr. St-Quentin), und mündet in den Niederlanden. Nebenflüsse: Haine (rechts, Nordfrankreich), Leie (links, mündet in →Gent) und Durme, Dender (rechts, bei →Dendermonde), Rupel (rechts, bei →Rupelmonde). Unterhalb von →Antwerpen bildete bis ins 14. Jh. die *Oosterschelde*, die über →Bergen op Zoom und nördlich der früheren Insel Zuid-Beveland und Walcheren in die →Nordsee fließt, den wichtigsten Mündungsarm. Die *Westerschelde* entstand erst im 12. Jh. (infolge einer Transgression: Ausbildung des Meerbusens →Zwin/Sincfal). - In röm. Zeit war die S. die Grenze zw. den Civitates der Menapii und Nervii, aus deren Civitates im 6. Jh. die Bm.er →Tournai und →Cambrai entstanden (die S. bildete bis ins 16. Jh. die Diözesangrenze). Als wichtige Verkehrsachse tritt die S. schon im 7. Jh. hervor (Missionsreisen des hl. →Amandus nach Gent und Antwerpen). →Einhard fuhr (als Laienabt v. St. Bavo und St. Peter) im 9. Jh. von →Valenciennes auf der S. stromabwärts nach Gent. Entlang der S. entstanden vor der Mitte des 9. Jh. Handelsplätze (→portus) in Valenciennes, Tournai, Gent und Antwerpen, die aber stark unter den Raubzügen der →Normannen im S.tal zu leiden hatten. Im Vertrag v. →Verdun (843) wurde die S. zur Grenze zw. →Westfrankenreich und →Lotharingien, ab 925 (nach der Einverleibung Lotharingiens ins Reich) zw. →Frankreich und →Deutschland. Ks. →Otto II. ließ um 973 das rechte Ufer durch Markgft.en (→Mark) sichern, als deren Zentren die neuen Burgen Antwerpen, →Ename und Valenciennes fungierten. Die beiden letztgenannten Burgen wurden von den Gf.en v. →Flandern, →Balduin IV. und V., zw. 1012 und 1047 erobert, wodurch am rechten Ufer, als anerkanntes ksl. Lehen, das sog. 'Reichsflandern' entstand. Die Herrschaft der Gf.en v. Flandern über beide S.ufer stromaufwärts von Antwerpen förderte den wirtschaftl. Aufstieg der S. und ihrer seit den 11. Jh. aufblühenden Städte wie Valenciennes, Tournai, →Oudenaarde (Nachfolger von Ename), Gent und Dendermonde. Getreide aus Nordfrankreich sowie Wolle und Naturstein aus der Gegend von Tournai wurden stromabwärts nach Gent geführt (im 14. Jh. ertragreicher städt. Kornstapel). Von Tournai aus verbreitete sich stromabwärts im 12.–13. Jh. der kirchl. Baustil der 'Scheldegotik'. A. Verhulst

Lit.: A. VAN WERVEKE, Étude sur le cours de l'Escaut ... au m. â., Bull. Soc. roy. belge de Geogr. 5, 1892, 453-485; 6, 1892, 588-611 - F. L. GANSHOF, Les origines de la Flandre impériale, Ann. Soc. Roy. Archéologie de Bruxelles 46, 1942-43 - A. C. F. KOCH, Grenzverhandlungen an der Nieders. vornehml. im 10. Jh., RhVjbll 21, 1956, 182-218 - G. ASAERT, De Antwerpse scheepvaart in de XV eeuw, 1973 - D. NICHOLAS, The Scheldt Trade and the Ghent War of 1379-85, Bull. Comm. royale d'hist. 144, 1978, 189-359 - De merovingische beschaving in de S.vallei, hg. A. VAN DOORSELAER, 1981 - L. MILIS-D. CALLEBAUT, Le castrum de Petegem et le système défensif le long de l'Escaut au haut m. â., Château Gaillard, 1982, 971-982 - A. DERVILLE, Rivières et canaux du Nord/Pas-de-Calais aux époques médiévale et moderne, Rev. du Nord 71, 1990, 5-22 - s.a. →Ename (H. FRANZ-REINHOLD, 1940).

Schelling (Schellig), **Konrad,** * Mitte des 15. Jh. in Heidelberg, † 1503 ebd., »famossisimus et expertissimus physicus«, Studium der Med. in Padua, um 1495 Leibarzt des Kfs.en Philipp v. der Pfalz. Neben einer Pestschr. publizierte er einen →Syphilis-Traktat, der zu den frühesten Arbeiten über die Lustseuche zählt. Da er in dt. Sprache schrieb, fanden seine Veröffentlichungen weite Verbreitung. Ein kurzes Pest-Consilium aus dem Cod. Pal. germ. 244 wurde erstmals 1957 von G. EIS ediert.

H. Schipperges

Ed.: In pustulas malas consilium, morbum quem malum de Francia vulgus appellat, ca. 1495 - Eyn kurtz Regiment von dem Hochgelerten Meister Konradt S. v. Heidelberg, Doctor der Artzny ... Wie man sich vor der Pestilentz enthalten und ouch ob der mensch damit begriffen ward jm helffen sol, Heidelberg 1501 - *Lit.:* C. H. FUCHS, Die ältesten Schriftsteller über die Lustseuche in Dtl. von 1495-1510, 1853, 71-94 - I. K. PROKSCH, Die Gesch. der vener. Krankheiten, II, 1895, 27f. - P. RICHTER, Über Conrad S. und sein »consilium in pustulas malas«, Arch. Gesch. Med., 3, 1910, 135-140 - K. SUDHOFF, Graph. und typograph. Erstlinge der Syphilislit. aus den Jahren 1495 und 1496, 1912 - G. EIS, Zur Beurteilung K. S.s, Med. Mschr. 11, 1957, 679-681.

Schelling, Thomas, Brabanter Wundarzt des 14. Jh. aus Thiemen. Sein »Boec van surgien« (1343) steht ebenbürtig neben der »Chirurgie« des Jan →Yperman. Er beruft sich u. a. auf →Galen, →Avicenna, Abulcasis, →Rhazes, →Bruno v. Longoburgo, →Lanfranc v. Mailand und aus dem »Roger Frugardi-Komplex auf Roger (= Urtext), die »Rolandiana« und die »Vier Meister-Glosse«, also auf etwa denselben Quellhorizont wie Jan Yperman und →Ortolf v. Baierland. B. D. Haage

Ed. und Lit.: Het 'Boec van surgien', hg. E. C. VAN LEERSUM, 1928 - K. SUDHOFF, Beitr. zur Gesch. der Chirurgie, II, 1918, 506 - M. TABANELLI, Gli albori della chirurgia nelle Fiandre: il libro del maestro T. Scellinck, 1974 - W. LÖCHEL, Die Zahnmed. Rogers und der Rogerglossen, 1976, 40-41 - R. JANSEN-SIEBEN, De heelkunde in Vlaanderen (R. VAN HEE, Heelkunde in Vlaanderen door de eeuwen hen, 1990), 67-77.

Scheltworte → Beleidigung, II

Schemaiten (lat. Samogitia, litauisch Žemaitija). Das auch Niederlitauen gen. Land schließt nw. an →Aukštaiten, das litauische Kerngebiet, an. Nachdem der →Dt. Orden →Preußen erobert und in →Livland die Nachfolge des →Schwertbrüderordens angetreten hatte, zielten seine Heidenkriege (→Preußenreisen) v. a. auf das zw. seinen preuß. und livländ. Gebieten gelegene S. 1253 trat der litauische Kg. →Mindowe S. zur Hälfte an den Orden ab, der das Land aber nicht behaupten konnte. Als sich der Orden nach der Begründung der poln.-litauischen Union (→Krewo) im Bündnis mit Gfs. →Witowt um deren Sprengung bemühte, trat ihm dieser 1398 im Frieden v. →Sallinswerder S. ab. Doch gelang es dem Orden auch jetzt nicht, das Land zu behaupten. Im ersten Frieden v. →Thorn 1411 mußte er auf Lebenszeit Witowts und des poln. Kg.s →Jagiełło auf S. verzichten. Endgültig verlor er das Land im Frieden v. →Melnosee 1422.

Der Kampf um S. wurde auch als Auseinandersetzung um die Stiftungsaufgabe des Ordens geführt, dem v. a. auf dem Konzil v. →Konstanz 1416 von seiten Polens und Litauens vorgeworfen wurde, die Mission der S. zu verhindern. 1417 gründete Witowt das schemait. Bm. mit Sitz in Medininkai. H. Boockmann

Lit.: W. HOLTZMANN, Die Gründung des Bm.s S., ZGO NF 32, 1917 – H. BOOCKMANN, Johannes Falkenberg, der Dt. Orden und die poln. Politik, 1975 – M. HELLMANN, Das Gfsm. Litauen bis 1569, HGesch Rußlands I, I, 1989, 717–851.

Schemnitz (slow. Banska Stiavnica, ung. Selmecbánya, lat. Argentifodina), →Bergstadt im w. slow. Erzgebirge, ältestes niederung. Silberbergwerk (Abbau seit dem 10. Jh.), Prägestätte der meisten ung. Silbermünzen seit Kg. Stephan I. Die älteste Siedlung der Bergleute und das kgl. Kammerhaus lagen weiter nordöstl. auf den Gruben vom Glanzenberg. Um 1240 ließ Kg. Béla IV. im Tal eine Burg mit einer Pfarrei (ő Maria) erbauen und gab den →hospites kgl. Freiheiten, aufgrund derer das »Perckrecht der Stadt Schebnitz« verfaßt wurde. Der Pfarrer war zugleich Kanoniker des Domkapitels v. →Gran. Die Bürger erwarben umliegende Güter sowie die Bergstadt Pukanz (Bakabánya, Pranndorf, Pukanec). Die erste gesiegelte Urk. des Stadtrats (1270) betraf eine Schenkung der Nikolauskapelle an die Dominikaner. Kg. Ludwig I. restituierte 1352 von benachbarten Adligen eroberte Vororte und bestätigte die Freiheiten; jedoch gingen die Einkünfte der Bergstädte an die Kgn.nen. Die durch die Hussiten verwüstete Stadt wurde im 15. Jh. weiter südl. im Tal wiedererrichtet.
G. Györffy

Q.: Cod. Dipl. Arpad. cont., ed. G. WENZEL, 1860ff., III, 206–228 [Perckrecht] – *Lit.:* O. PAULINYI, Eigentum und Gesellschaft in den niederung. Bergstädten (Der Außenhandel Ostmitteleuropas, hg. I. BOG, 1971), 456ff. – G. GYÖRFFY, Geogr. Hist., III, 1984, 243–247 – E. FÜGEDI, Die Städte im ma. Ungarn. Versuch einer Forsch.sbilanz (Städte im Donauraum, hg. R. MARSINA, 1993), 48.

Schenk → Mundschenk

Schenke → Gasthaus

Schenkung. In der germ. Frühzeit gab es noch keine Möglichkeit, Landbesitz aus dem Gemeinschaftseigentum einer Familie zu lösen und in die Hände Dritter zu geben (→Eigentum). Dies war allenfalls bei →Fahrhabe möglich. Die Vorstellung von einer ursprgl. germ. Form der S. führt daher in die Irre (→leges). Mit der Entstehung von Individualbesitz entwickelte sich in frk. Zeit die S. auch von Land, die insofern der älteren Vorstellung verhaftet blieb, als sie den Empfänger nicht notwendig mit allen Rechten am geschenkten Gut ausstattete. So konnte die S. nur dann vererbt werden, wenn dies ausdrückl. vermerkt war (»sibi et heredibus suis«), wobei dies im ausschließenden Sinne gemeint war: dadurch wurde das Recht des Empfängers auf freie Veräußerung ausgeschlossen. Sollte das volle Eigentumsrecht bestehen, wurde dies in einer von der eigtl. S. gesonderten Rechtshandlung bestimmt, so bei den S.en der →Agilolfinger oder in den Formulae Marculfi I 14 (MGH Formulae, 52f.; →Formel, -sammlungen, A. III). Auch in diesem Fall ist der Schenker im Fall echter Not berechtigt, die S. zurückzufordern (Edictus Rothari 173), ebenso bei mangelndem Dank und Untreue. – Die S. ohne Gegenleistung ist zunächst unbekannt; vielmehr ist eine Gegengabe erforderlich. Genaueres zu dieser Gabe findet sich nur im langob. Recht, indem es die Zahlung eines 'Lohngeldes' (*launegild*) als Voraussetzung für die unwiderrufl. Gültigkeit der S. nennt (Liutpr. 73). Strittig ist, ob das launegild immer symbol. Wert oder in Einzelfällen auch realen Wert hatte, ob also die S. klar von Kauf und Tausch getrennt wurde. Hinweise auf die Auffassung der S. als gegenseitige Handlung finden sich, anders als im röm. Recht, auch im westgot. Recht sowie in einigen Texten des nord. Rechtskreises. – Der bes. Charakter der S. ist auch bei der sich im Zuge der Christianisierung entwickelnden S. an die Kirche zur Sicherung des Seelenheiles (»donatio pro remedio animae«) erkennbar. Hier wurde an die Stelle der materiellen Gegengabe der Gewinn für die Seele des Schenkers gesetzt. Die Meinung BRUNNERs, es handele sich bei diesem Seelgerät um eine Neufassung des germ. Totenteils, das jedem Toten mitgegeben wurde, kann als überholt gelten. Vielmehr wurde dem Eigentümer unter dem Einfluß der Kirche die Möglichkeit eingeräumt, einen Teil seines Eigentums dauerhaft und mit allen Rechten an die Kirche zu verschenken, allerdings mit der Auflage, den größten Teil des Vermögens den Nachkommen zu hinterlassen. Formen dieser S. von Todes wegen (»donatio mortis causa«) sind die sofort gültige S. mit Nutzungsvorbehalt (»donatio usufructu reservato«) und die erst nach dem Tod des Schenkers ausgeführte S. (»donatio post obitum«); →Gabe.

In diesen rechtl. Zusammenhang sind auch die S. en der frk. Herrscherhäuser einzuordnen. Durch die S.en der Merowinger an ihre Gefolgsleute erwarben die Beschenkten oft kein volles Eigentum, sondern nur ein auf die Lebens- bzw. Dienstzeit befristetes Recht. An die Stelle der Gegengabe trat dann die Dienstpflicht. Seit den Karolingern sind kgl. S.en teilweise lehnsrechtl. Natur.
D. Hellmuth

Lit.: BRUNNER, DRG I, 2, 1906, 108f., 190ff., 292ff.; II, 2, 1928, 328ff. – HRG II, 1559ff.; IV, 1382ff. – M. PAPPENHEIM, Über die Rechtsnatur der altgerm. S., ZRGGermAbt 53, 1933, 35ff. – B. KASTEN, Erbrechtl. Verfügungen des 8. und 9. Jh., ebd. 107, 1990, 236ff. – F. DORN, Die Landschenkungen der frk. Kg.e, 1991.

Schenute v. Atripe (Sinuthios), † 451/452 oder später (466?), nach dem Tod seines Onkels seit etwa 388 2. Abt des Weißen Kl. in Atripe beim heutigen Sohâg, Oberägypten, das er ausbaute (erhaltene Kirche) und zur Blüte brachte (Filialen, darunter Frauenklöster). 431 Teilnahme am Konzil v. Ephesus. Sein reiches sahid. Schrifttum (monast. Regelungen, Predigten, Abhandlungen u. a. zur Christologie, Korrespondenz) war in seinem Kl. in Pergament-Codices gesammelt. Meist zerteilt gelangten Teile, Blätter oder Fragmente unter Verlusten in zahlreiche moderne Slg.en. Eine Gesamtausg. setzt die wiss. Rekonstruktion der Codices voraus. Th. Baumeister

Lit.: DSAM XIV, 797–804 [T. ORLANDI] – The Coptic Encyclopedia III, 761–770; VII, 2131–2133 – J. LEIPOLDT, Sch. v. A., 1903 – P. J.

FRANDSEN–E. RICHTER-AERØE, Sh.: A Bibliography (Fschr. H. J. POLOTSKY, hg. D. W. YOUNG, 1981), 147–176 [Ed., Übers. und Studien] – J. TIMBIE, The State of Research on the Career of Sh. of A. (The Roots of Egyptian Christianity, hg. B. A. PEARSON–J. E. GOEHRING, 1986), 258–270 – ST. EMMEL, Sh.s Literary Corpus: A Codicological Reconstruction (Acts of the 5th Internat. Congress of Coptic Studies 2, 1 hg. D. W. JOHNSON, 1993), 153–162 – DERS., Sh.s Lit. Corpus [Diss. Yale Univ. 1993] – D. W. YOUNG, Coptic Mss. from the White Monastery: Works of Sh., 1993.

Scherf (*Scerpf, skerf*, skand. *skerfr*, lat. obolus), aus dem lat. scripulum abgeleitete Bezeichnung für eine kleine Münze, seit 1100 (minutum scerpf) für das Halbstück des →Pfennigs (»obolus hellinc quem Teutonici quidam scerphum vocant«). Im 16. Jh. sinkt der S. bes. in Niedersachsen zur Kupfermünze geringen Wertes ab.   P. Berghaus

Lit.: F. v. SCHROETTER, Wb. d. Münzkunde, 1930, 594 – S. ENGELER, An. Geldwörter, 1991, 175–178.

Schernberg, Dietrich. Das vom ersten Editor, dem protestant. Mühlhauser Superintendenten Hieronymus Tilesius (1529–66) dem 1483–1502 in Mühlhausen (Thüringen) bezeugten ksl. Notar und Vikar an der Johanneskapelle D. S. zugeschriebene Teufelsbündlerspiel »Von Frau Jutten« (1724 Verse) behandelt einen in der thür. Chronistik seit der Erfurter »Chronica minor« (1261/62) bekannten Stoff: Jutta, von *Lucifer* verführt, begibt sich als Mann verkleidet mit ihrem Geliebten an die Hohe Schule zu Paris, erwirbt den Doktorgrad und steigt in Rom zum Kard. und dann zum Papst auf. Sie stirbt, während eines Exorzismus vom ausfahrenden Teufel entlarvt und ihr sündiges Leben bereuend, bei der öffentl. Geburt ihres Kindes. Trotz aller Höllenqualen beweist sie Festigkeit im Glauben und v. a. Marienfrömmigkeit, wird durch die Fürbitten Marias und des hl. Nikolaus der Hölle entrissen und von Christus in den Himmel geleitet. Während S. sein Spiel als Exempel der Gnade Gottes selbst gegenüber dem extremsten, aber rechtzeitig reuigen Sünder intendierte, diente es dem Reformator Tilesius, wie Vorrede und *Beschlus* des Erstdrucks (Andreas Petri, Eisleben 1565) unterstreichen, als Demonstrationsobjekt der moral. Verkommenheit des Papsttums. →Johanna, 'Päpstin' (15. J.).
   N. H. Ott

Ed. und Lit.: D. Sch., Ein schön Spiel von Frau Jutten, ed. M. LEMMER, 1971 – Verf.-Lex.² VIII, 647–651 [H. LINKE] – E. UKENA, Die dt. Mirakelspiele des SpätMA. Stud., 1975, 150–220 – B. NEUMANN, Geistl. Schauspiel im Zeugnis der Zeit, 1987, Nr. 2304, 3760.

Scherrenmüller, Bartholomäus, *Mitte des 15. Jh. in Aalen, † nach 1493. Seit 1469 Studium an der Univ. Erfurt, 1476 Magister artium. 1477 erscheint S. unter den Hochschullehrern der Artistenfakultät der neugegr. Univ. Tübingen, studierte dann Medizin und wird 1492 als einer der ersten Professoren der Medizin in Tübingen genannt. Nach 1493 ist er nicht mehr bezeugt. S. gehörte zum Gelehrten- und Übersetzerkreis des schwäb. Frühhumanismus um Gf. →Eberhard im Bart v. Württemberg (1445–96). Hierin trat er als Verfasser dt. sprachiger med. Schriften hervor, deren Übers. aus dem Lat. von Gf. Eberhard angeregt wurde und die ihm und seiner Gemahlin Barbara (1455–1503) gewidmet sind. Hsl. überliefert sind ein Gesundheitsregimen ('Regimen und uffenthalt der gesunthait'), übersetzt 1493 aus der 'Summa conservationis et curationis' des →Wilhelm v. Saliceto, und das 'Buch der wundartzny' (Ende 15. Jh.), eine Teilübers. der 'Chirurgia' des →Pietro d'Argelata. Ferner hat S. ein Schwangerenregimen verfaßt, dem wahrscheinl. der geburtshilfl. Teil der 'Chirurgia' des Abulcasis zugrundeliegt, das jedoch nicht erhalten ist.   W. Schmitt

Lit.: W. SCHMITT, B. S.s Gesundheitsregimen (1493) für Gf. Eberhard im Bart [Diss. Heidelberg 1970] – DERS., Ein dt. Gesundheitsregimen des ausgehenden 15. Jh., Heidelberger Jb. 16, 1972, 106–141.

Scheyern, Kl. OSB in Bayern. Die Entwicklung des Kl. in der ehem. scheyern-wittelsbach. Burg setzte 1119 ein, nach anderweitigen Anfängen um 1077 in Bayerischzell, Fischbachau (vor 1087; →Hirsauer Einfluß) und Petersberg b. Dachau (1104). Stifter, Gründer und Vögte all dieser Kl. waren die Gf.en v. S.→Wittelsbach, eine seit Mitte des 11. Jh. greifbare Familie, die in der 2. Hälfte des 11. Jh. die Freisinger Hochstiftsvogtei erhielt. Um 1180 schenkte Gf. Konrad v. Dachau dem Kl., das Hauskl. und →Grablege der frühen Wittelsbacher war, ein wertvolles Heiltum (Kreuzpartikel), großzügige Förderung erfuhr S. dann erst wieder durch Ks. Ludwig d. Bayern. Im 13. Jh. blühten Kl.chronistik und Buchmalerei, in der 2. Hälfte des 15. Jh. verfügte das Kl. über eine Buchkunstschule. Einem ersten wirtschaftl. Niedergang kurz vor 1300 folgte Mitte des 14. Jh. ein zweiter; seit 1426 Einführung der →Melker Reform.   W. Störmer

Q. und Lit.: Chronicon Schirense, MGH SS XVII, 1861, 615–623 – M. KNITL, S. als Burg und Kl., 1880 – Wittelsbach und Bayern, I/1, hg. H. GLASER, 1980, 29–151 – M. STEPHAN, Die Traditionen des Kl. S., 1986 – DERS., Die Urkk. und ältesten Urbare des Kl. S., 1988 – G. FLOHRSCHÜTZ, Zur Genealogie der Gf.en v. S. (Augsburger Beitr. zur Gesch. Bayer.-Schwabens 4, 1991), 37–60 – F. KRAMER, Gesch.sschreibung zw. Rückbesinnung auf Hirsauer Tradition und adeligem Machtanspruch, ZBLG 57, 1994, 351–381.

Schia, Schiiten (arab. šīʿa 'Partei'; eigtl. šīʿat ʿAlī 'Partei ʿAlīs'), Sammelbezeichnung für diejenigen Muslime, die als einzigen legitimen Nachfolger des Propheten →Mohammed dessen Vetter und Schwiegersohn →ʿAlī ibn Abī Ṭālib (4. Kalif, 656–661) ansehen; nur ʿAlī und seine leibl. Nachkommen haben daher Anspruch auf das Amt des Oberhauptes (*imām*) aller Muslime. Als polit. Partei entstanden, wurde die S. zur religiösen Bewegung, als ʿAlīs Sohn al-Ḥusain bei dem gescheiterten Versuch, seine Ansprüche im Irak durchzusetzen, am 10. Okt. 680 bei Kerbelāʾ am mittleren Euphrat mit mehreren Angehörigen und Anhängern von Regierungstruppen der →Omayyaden getötet wurde. In ʿAlīs ehemaliger Residenz al-Kūfa am Euphrat bildete sich unter den Anhängern, die sich am Tod al-Ḥusains mitschuldig fühlten, eine Büßerbewegung, die als Ursprung der religiösen S. anzusehen ist. Die Erinnerung an das Martyrium al-Ḥusains bei Kerbelāʾ am 10. des Monats Muḥarram wird bis heute mit der Rezitation von Elegien, Geißelprozessionen und szen. Passionsspielen (*taʿziya*) gefeiert; in diesen Riten scheinen ältere vor- und außerislam. mesopotam. Traditionen fortzuleben. Ursprungsort der S. war das irak. Kūfa (beim heutigen an-Naǧaf); bald kamen als Zentren der S. die arab. Kolonie Qom (Ghom) in Westiran und die Metropole →Bagdad hinzu, dessen Vorort al-Karḫ zur Hochburg der Schiiten wurde. Die S. ist ein arab., urspgl. irak. Phänomen; Iran wurde erst in der frühen NZ überwiegend schiitisch. Über der Frage, in welcher Linie der Aliden sich das Imamat forterbe, spaltete sich die S. schon im 9. Jh. in verschiedene 'Bekenntnisse', die sich weniger durch dogmat.-theol. Differenzen als durch die Reihen der von ihnen anerkannten Imame unterscheiden. Die größte Gruppe bilden die Imamiten oder Zwölfer-Schiiten, deren Imam-Reihe mit dem zwölften abbricht; dieser, Muḥammad al-Mahdī, sei als Kind versteckt worden und lebe seit dem Tod des 11. Imams (873 oder 874) in der 'Verborgenheit' (*ġaiba*) irgendwo auf der Erde; die Wiederkehr dieses 'Verborgenen Imams' als eine Art Messias (*al-Mahdī* 'der Rechtgeleitete') wird von den Schiiten erwartet. Die →Ismailiten führen ihre Imam-Reihe über Ismāʿīl, den Sohn des 6. Imams, fort; ihr heutiges Oberhaupt, der Agha Khan, ist der 49. Imam dieser Linie. Die Zaiditen (heute v. a. im nördl. Jemen) halten alle Nachkommen ʿAlīs für imamatswürdig; der beste muß sich sein Amt mit dem Schwert in der Hand erkämpfen. Im MA blieben die Schiiten eine oppositionelle Minderheit; polit. Einfluß gewannen sie, als die schiit. iran. Familie der →Būyiden in Bagdad die Macht ergriff und das (weiterhin sunnit.) Kalifat der →Abbasiden unter Kuratel stellte (945–1055). Zaidit. Herrschaften entstanden im Jemen und an der Südküste des Kasp. Meeres. 909 errichteten die ismailit. →Fāṭimiden in Nordafrika ein schiit. Gegenkalifat, das 969 ins neugegr. →Kairo übersiedelte und 1171 von →Saladin beseitigt wurde.   H. Halm

Lit.: M. Momen, An Introduction to Shīʿī Islam, 1985 – H. Halm, Die S., 1988 – Ders., Der schiit. Islam, 1994.

Schicksal, -sglaube. Zu den Konstanten des Germanenbilds der älteren Forsch. gehört die Vorstellung, daß es eines der wesentlichsten Merkmale altgerm. Religiosität gewesen sei, den Glauben an ein unabwendbares S. selbst über den an die Götter zu stellen. →Beda Venerabilis berichtet in der »Historia ecclesiastica gentis Anglorum« (II, 13), daß einer der (noch heidn.) Berater Kg. Edwins i. J. 627 im Rahmen der Diskussion über die Annahme des Christentums das menschl. Leben mit dem Flug eines Sperlings vergleicht, der aus Kälte und Sturm bei einer Türe in die kgl. Halle fliegt und am anderen Ende wieder hinaus: so zufällig und unergründl. seien Ursprung und Ende menschl. Geschicks.

Dieses Konzept sah man als Gegenpol zur chr. →Willensfreiheit und wollte daher noch die (chr.) Prädestinationslehre →Gottschalks v. Orbais als Folge eines germ. S.sglaubens sehen, der damit den bis in die Reformation wirksamen Streit um die →Prädestination in der Gnadenlehre ausgelöst und somit das Christentum mit germ. Gedankengut unterwandert hätte; allerdings steht Gottschalk mit dieser in Predigten, Dichtungen und theol. Prosaschrr. entwickelten Prädestinationslehre auch auf germ. Boden allein, wurde wiederholt verurteilt und blieb schließlich ab 849 bis zu seinem Tod etwa 20 Jahre später in Klosterhaft. Seine Lehre war weniger germ. als vielmehr ein extremer Zweig innerhalb der Augustinusrezeption (Schäferdiek), beeinflußt auch von antik-heidn. Gedankengut (G. W. Weber). – Das im →Beowulf häufige ae. *wyrd* (ahd. *wurt*, an. *urðr*) hat man ebenfalls versucht, als »ein blindes, unberechenbares und unbeittl., dem Menschen fremd und kalt gegenüberstehendes, fast wesenloses Wesen« (Ehrismann) zu interpretieren, wogegen es aber viel häufiger →Fortuna glossiert und damit nur bedingt als typ. germ. Vorstellung gelten kann. Wyrd kann aber daneben auch lat. Parca glossieren und ist somit neben Urðr, den Namen einer der →Nornen im Altnord., zu stellen (der Urðar brunnr ist wohl eher eine späte Ableitung vom Namen der Norne als ein ursprgl. 'S.sbrunnen'). Die Nornen dachte man sich offenbar als S.sfrauen, die das Leben des Menschen vor oder bei der Geburt beeinflussen konnten, und sie gehören somit als Triade zu den röm. Matronen, für die ebenfalls geburtshelfende Funktionen belegt sind, den Disen (→Dís) und den →Walküren, deren Rolle als Schlachtenlenkerinnen in Skandinavien bis in die Zeit nach der Christianisierung belegt ist. Für die Walküren hat man aus dem →Darraðarljóð auch das Motiv vom Weben des S.s ableiten wollen, eher ist hier aber eine Schlachtenbeeinflussung durch direktes Eingreifen in den Kampf zu sehen.

Jedenfalls kann keine Rede davon sein, daß »das Leben als ganzes [...] nicht als ein von Göttern gelenktes Los gedacht« wurde (de Vries), auch wenn die Rolle von Halbgöttinnen und Wesen der niederen Mythologie für das persönl. Schicksal wohl größer war als die der Hauptgötter; die Zugänglichkeit derartiger persönl. Schutzgottheiten ist aber für das private Leben von hoher Bedeutung, so daß gerade im Bereich des persönl. S.s die Vorstellung eines kalten und blinden S.s nicht das Primäre ist. – Im Zusammenhang mit dem S.glauben steht die *máttr ok megin*-Formel der hochma. Sagalit. – der Glaube an die eigene Macht und Fähigkeit des Menschen –, die man die längste Zeit als emanzipator. Bestreben des Einzelmenschen in einem undeterminierbaren S.sfluß interpretiert hat, bis Weber zeigte, daß dieses Motiv der Sagalit. erst ab dem 13. Jh. auftritt und durchwegs den Sagahelden den -lit. – Übergang vom Heidentum zum Christentum erleichterte. Zusammenfassend kann gesagt werden, daß ein spezif. germ. Glaube an ein unpersönl. S. nicht ausreichend zu belegen ist und alle Aspekte des germ. S.sglaubens sich von antikem oder chr. Gedankengut beeinflußt zeigen.   R. Simek

Lit.: G. Ehrismann, Religionsgesch. Beitr. zum germ. Frühchristentum, PBB 35, 1909, 209–239 – F. Kauffmann, Über den S.sglauben der Germanen, ZDPh 50, 1926, 361–408 – A. G. v. Hamel, The Conception of Fate, Saga-Book 11, 1928–36, 202–214 – W. Baetke, Germ. S.sglaube, Neue Jbb. für Wiss. und Jugendbildung 10, 1934, 226–236 – H. Naumann, Germ. S.sglaube, 1934 – W. Wirth, Der S.sglaube in der Isländersaga, 1940 – B. Timmer, Wyrd in Anglo-Saxon Prose and Poetry, Neophilologus 26, 1941, 24–33, 213–228 – L. Mittner, Wurd, 1955 – E. Neumann, Das S. in der Edda, I, 1955 – H. Krahe, Altgerm. Kleinigkeiten 4, Indogerm. Forsch. 66, 1961, 39–43 – C. L. Wrenn, Some Earliest Anglo-Saxon Cult Symbols (Franciplegus. Stud. F. P. Magoun, 1965), 40–55 – Å. V. Ström, Scandinavian Belief in Fate (Fatalistic Beliefs, 1967), 63–88 – G. W. Weber, Wyrd, 1969 – J. de Vries, Altgerm. Religionsgesch., 1970³ – Å. V. Ström – H. Biezais, Germ. und balt. Religion, 1975 – G. W. Weber, Irreligiosität und Heldenzeitalter (Speculum Norroenum. Stud. G. Turville-Petre, 1981), 474–505.

Schicksal (christlich) → Notwendigkeit; →Prädestination/Reprobation

Schiedsgericht, ein durch Vertrag (compromissum) vereinbartes →Gericht, das Streitigkeiten anstelle der auf öffentl. Jurisdiktionsgewalt beruhenden Gerichte entscheiden soll. S.e konnten in privaten wie in öffentl. Angelegenheiten Platz greifen. Sie drangen im 13. Jh. aus der kirchl. Praxis und begleitet von vorwiegend kanonist. Lit. in das dt. Recht ein. Die frk. Gerichtsbarkeit war selbst zu unfertig, zu sehr noch Sühneverfahren, als daß sich schon gerichtl. Alternativen hätten ausbilden können. In Schwaben finden sich S.e ab 1160 als rein kirchl., bald auch als solche zw. Klerus und Laien, erst ab 1250 als solche zw. Laien. Gegen 1300 bereicherten S.e überall das dt. Gerichtswesen. Das Versprechen, den Spruch des S.s anzuerkennen, war meist durch Eid und Vertragsstrafe gesichert. Der Schiedsvertrag regelte zudem die Bestellung des oder der Schiedsrichter(s) und das zu beachtende Verfahren. Als Schiedsrichter (arbiter, im Gegensatz zum iudex) wurden angesehene Personen, häufig Standesgenossen, ganze Gerichte sowie einzelne →Richter, →Schöffen und Ratsherren von den Parteien erwählt. Das Verfahren strebte nach Möglichkeit einen gütl. Ausgleich an. Das S. konnte nach strengem Recht (mit/nach *rechte*) oder Billigkeit (mit/nach *sune*) verfahren und entscheiden, sofern die Parteien dazu ermächtigt hatten, was meist der Fall war. Nimmt man die ordentl. Gerichtsbarkeit und die außergerichtl. Vergleichs- und Vermittlungsverfahren hinzu, so zeigt das SpätMA eine beachtl. Breite in den Formen der Streiterledigung, die es grundsätzl. für einen Streitfall auch im Wechsel zuließ. Viele rechtstechn. Aspekte, wie z. B. Anfechtbarkeit und Rechtskraft des Urteils, waren in der Lehre strittig, wurden unterschiedl. praktiziert und sind heute wissenschaftl. nicht aufgearbeitet. Den S.en kommt große Bedeutung im Prozeß der Durchsetzung des gelehrten Richtertums gegen die dinggenossenschaftl. Rechtsprechung zu. Sie förderten den Gedanken, der Richter sei selbst zum Urteil befugt. Vornehml. führte der Spruch des Kg.s als Schiedsrichter (verbreitet erst ab 1273) die Vorstellung von einer auf Prorogation beruhenden ordentl. einzelrichterl. Jurisdiktionsgewalt herauf. Neben dem ad hoc vereinbarten S. standen institutionalisierte Formen, die nicht immer leicht von genossenschaftl. begründeter Verbandsgerichtsbarkeit abzugrenzen sind. Große Bedeutung haben seit dem 13. Jh. institutionalisierte S.e in Streitigkeiten mit und zw. Herrschaftsträgern sowie in deren Bünden erlangt. Die Reichskammergerichtsordnung v. 1495 erkannte sie als »sonderlich gewilkurte rechtlich Außtreg« an. J. Weitzel

Lit.: HRG IV, 1386–1393 – J. WEITZEL, Dinggenossenschaft und Recht, 1985 – K. NEHLSEN-V. STRYK, Der röm.-kanon. Zivlprozeß in der gesellschaftl. Realität des 13. Jh. (Fschr. S. GAGNÉR, hg. M. STOLLEIS, 1991), 313–326 – W. LITEWSKI, S.sbarkeit nach den ältesten ordines iudiciarii (Vom ma. Recht zur nz. Rechtswiss., hg. N. BRIESKORN u.a., 1994), 193–206.

Schierling (Conium maculatum L. und Cicuta virosa L./ Umbelliferae). Mit der schon in der Antike als äußerst giftig (S.sbecher; →Sokrates) bekannten und im MA meist *cicuta* gen. Pflanze ist im allg. der Echte oder Flecken-S. gemeint; Albertus Magnus (De veget. VI, 317) nennt zudem eine noch stärker wirkende *cicuta aquatica* und damit offenbar den Wasser-S. Trotz seiner Gefährlichkeit auch in der Heilkunde verwendet, empfahl etwa Hildegard v. Bingen (Phys. I, 39) den *scherling* zur äußerl. Behandlung von Quetschungen und Schwellungen; ferner sollte der *wontzerling* ('Wut-S.') u.a. bei Milzleiden und Gicht helfen sowie – antiker Indikation folgend – als Antaphrodisiacum wirken (Circa instans, ed. WÖLFEL, 36; Gart, Kap. 87). Nicht zuletzt diente die Pflanze, die wohl auch Bestandteil der sog. Hexensalbe war, im MA als →Betäubungsmittel v.a. bei chirurg. Eingriffen, und zwar in Form der Schlafschwämme, die neben Opium mit dem Preßsaft aus Alraune, Bilsenkraut und S. getränkt waren. U. Stoll

Lit.: MARZELL I, 999–1004; 1118–1124 – DERS., Heilpflanzen, 145–147 – HWDA VII, 1057f.

Schießjagd, Schießpferd → Weidwerk

Schießpulver, →Büchse, →Feuerwerksbücher, →Griechisches Feuer, →Kyeser, Conrad, →Marcus Graecus, →Nitrum, →Pulver, →Pulverwaffe, →Pyrotechnik, →Salpeter, →Schwarz, Berthold.

Lit.: S. J. v. ROMOCKI, Gesch. der Explosivstoffe, 2 Bde, 1895–96 [Nachdr. Bd. I: 1976, 1983] – SARTON, II, 1036–1040 [Lit.]; III, 1581f.

Schießwasser, in mehreren →Feuerwerksbüchern als Alternative zum Schwarzpulver beschrieben. Nach der im »Feuerwerkbuch v. 1420« enthaltenen Angabe war S. ein Gemisch aus Teeröl (Benzol), Salpetersäure, Salpetersalzsäure (Königswasser) und Schwefelsäure und muß ein Sprengstoff von gewaltiger Explosionskraft gewesen sein. Schon der zehnte Teil einer Pulverladung durch das Zündloch in eine Büchse gegossen soll ausgereicht haben, eine gleich große Schußweite zu erzielen. S. sollte jedoch nur bei Büchsen mit bes. massiver Pulverkammer verwendet werden, und der Schütze mußte auch stets darauf achten, sich nach dem Zünden möglichst rasch in Sicherheit zu bringen. E. Gabriel

Lit.: W. HASSENSTEIN, Das Feuerwerkbuch v. 1420, 1941.

Schiff, -bau, -stypen
I. Westlicher Bereich – II. Byzanz, östliches Mittelmeer.

I. WESTLICHER BEREICH: [1] *Allgemein/Grundtypen:* Unter 'S.' verstehen wir heute allg. ein (größeres) Wasserfahrzeug, wobei im germ. Sprachgebiet einzelsprachl. Formen von germ. *skipa verwendet werden, im roman. hingegen Ableitungen von gr. *ναῦς* bzw. lat. navis. Die Verwendung als Sammelbegriff ist jüngeren Datums. Noch im MA lagen die Verhältnisse größtenteils anders. Die Wasserfahrzeuge haben sich in ganz Europa aus vier Grundtypen entwickelt, dem Fellboot, dem Baumrindenboot, dem →Einbaum und dem jüngeren geplankten →Boot. Die Benennungssysteme dieser Fahrzeuge sind unterschiedl. Ursprungs und Alters; sie beziehen sich auf Material, Herstellungsart, Zweck, Aussehen usw. 'S.' z.B. geht auf idg. **skei-b-* 'schneiden', 'hauen' zurück, also auf die Bearbeitung eines Baumstamms, und bezeichnet so urprgl. einen Einbaum – so auch noch im Ahd. und Mhd. –, bevor es übertragene Bedeutung gewann. Da bis zum Beginn des MA überall an den europ. Küsten – wenn auch zu unterschiedl. Zeiten – seegehende Fahrzeuge aus den vier Grundtypen entwickelt worden waren (mit z.T. älteren Bezeichnungen), ist es nicht möglich, aus den Einzelbezeichnungen jeweils schlüssige Erkenntnisse über die verschiedenen S.e der einzelnen Regionen zu erhalten. Die vier genannten Grundtypen haben sich zudem regional bis ins 19./20. Jh. erhalten, v.a. auf Binnengewässern, so z.B. das Leder-(Fell-)Boot als 'Coracle' in Irland, das Rindenboot in Skandinavien, der Einbaum auf österr. Alpenseen.

[2] *Quellengruppen:* Als Q. gruppen für nähere Erkenntnisse über S.bau und -stypen im ma. Europa stehen zur Verfügung: Texte, bildl. Darstellungen, archäol. Funde. Schriftq. geben eine Fülle von Einzelhinweisen, Typnamen usw. bis hin zu längeren Beschreibungen wie der eines mediterranen größeren Frachts.s mit drei durchlaufenden Decks, Bewaffnung, Kastellen und Mastkorb um 1400 von Philippe de →Mézières. Da sie häufig jedoch von s.baul. Laien verfaßt sind und zur bekannten Übertreibung neigen mögen, ist ihr Q.wert unterschiedl. Dasselbe gilt für bildl. Darstellungen: Zwar finden wir in ganz Europa eine Fülle von S.sabbildungen des MA, doch wie korrekt die vielerlei Wasserfahrzeuge wiedergegeben worden sind, ist im Einzelfall schwer zu entscheiden; mangelnde s.stechn. Kenntnis, künstler. Freiheit oder auch nur die Begrenzung der Bildfläche können Einfluß haben. Die Qualität der Normannens.e auf dem Bildtepich v. →Bayeux (kurz nach 1066) z.B. hat denn auch erst erkannt werden können, als ab 1863 – durch die Ausgrabungen der →Wikingers.e und ihrer Vorgänger (vgl. auch: →Gokstads., →Osebergs.) – als dritte Q.gruppe die archäolog. hinzutrat. Die Unters. echter ma. S.e und ihrer Vorläufer erlaubte nun erstmals korrekte Einblicke in die S.baUtechnik, und als 1961/62 in London, Bremen und Yassı Ada S.e geborgen wurden, die sich nicht nur von den bis dahin bekannten nord. unterschieden, sondern die auch jeweils eine eigene spezif. Bauart aufwiesen, konnten aufgrund schiffbaul. Merkmale verschiedene sog. »S.bautraditionen« definiert werden.

[3] *Schiffbautraditionen:* Nach D. ELLMERS sind drei große S.bautraditionen zu unterscheiden: 1. die der anglo-skand. Kielboote; 2. die kontinentale mit vielen Ausfächerungen; 3. die mediterrane. Die bisher unterschiedl. Funddichte – im Mittelmeer sind z.B. die Erhaltungsbedingungen für gesunkene S.e extrem schlecht – hat allerdings dazu geführt, daß die anglo-skand. Tradition am genauesten beschrieben ist. Traditionsdefinierend sind die Art

der Plankenverbindung und die Verbindung zw. S.s-außenhaut und den innen liegenden Querversteifungen (Spanten und Wrangen).

Die anglo-skand. Kielboote, die seit der Völkerwanderungszeit nachweisbar sind, haben sich aus den Rindenbooten entwickelt. Am Ende des 12. Jh. beherrschten sie den gesamten nord- und nordwesteurop. Seeraum. Hauptkonstruktionselement ist ein starker Kiel, aus dem an beiden Enden gleichartige Steven sich elegant emporschwingen. Gebaut wurden diese Boote, deren bekannteste Vertreter die Wikingers.e sind, in Schalenbauweise, d. h. nach der Kiellegung wurde die aus dünnen Planken bestehende Außenhaut hochgezogen. Die Planken wurden geklinkert, sie überlappen sich also dachziegelartig, und dann mit Nieten aneinander befestigt. Erst danach wurden die Spanten (aus natürl. gewachsenem Krummholz) als Querversteifung eingesetzt. Aus dem vollen Holz der Planken hatte man kleine Erhebungen stehen lassen, um nun die Spanten an ihnen festzuzurren. Auf diese Weise entstand ein sehr elast. S., das »auf den Wellen ritt« statt in sie hineinzustampfen. Zusammen mit den schon im 8./9. Jh. zur Perfektion gebrachten Linien dieser S.e erbrachte das bei besegelten Fahrzeugen Geschwindigkeiten bis zu 20 kn, ein Mehrfaches höher als bei allen anderen Fahrzeugen der Zeit. Seit dem 8. Jh. lassen sich eindeutig Kriegs- und Handelss.e unterscheiden. Zu dieser Zeit – das viereckige Rahsegel an einem Mast war längst eingeführt – kann man die Kriegss.e als »Ruders.e mit Hilfsbesegelung«, die Handelss.e als »Segels.e mit Hilfsrudern« bezeichnen. Die Kriegss.e erreichten ihre für die Überraschungstaktik notwendige Geschwindigkeit durch die durchgehend von vorn bis achtern verteilten Ruderer, die im Gegensatz zu den mittelmeer. Gepflogenheiten gleichzeitig Kämpfer waren, sowie durch das extreme Länge-Breite-Verhältnis des Rumpfes. Der Haupt-Kriegsschiffstyp Nordeuropas erhielt von diesem Charakteristikum seinen Namen: *langskip* (Langs.), war aber noch erhebl. schlanker als die mittelmeer. navis longa des Altertums. Zu diesem Typ gehören u.a. die Wikingers.e vom Oslofjord und die Kriegsschiffe auf dem Teppich von Bayeux.

Seit den Funden vom Roskildefjord ist auch das Handelss. der Wikingerzeit deutl. greifbar. Obwohl vom Konstruktionsprinzip her gleichartig gebaut, unterscheidet es sich doch vom Kriegss. in wesentl. Details: Das Länge-Breite-Verhältnis ist viel geringer, dadurch vergrößerte sich die Ladefähigkeit; die Festigkeit des Rumpfes ist größer; Hauptantrieb ist das Segel – es gibt nur vorn und achtern Platz für Ruderer, die S.smitte füllt der Laderaum aus. Vermutl. haben wir in zweien dieser sog. Skuldelev-S.e Vertreter des größten Handelsschiffstyps der Wikingerzeit vor uns, des Knorr. Der größere, 16,5 m lange Knorr war vermutl. für die Fahrt auf Nordsee und Atlantik (bis Island, Grönland und Amerika) bestimmt, ein kleineres Exemplar wohl für die Handelsschiffahrt auf der Ostsee. An den s. Ostseeküsten ist eine weitere Besonderheit innerhalb der anglo-skand. S.bautradition zu finden: Als Slaven in der Völkerwanderungszeit in diesem Gebiet siedelten, übernahmen sie zwar von den vorher dort Ansässigen die skand. Klinkertechnik, verbanden die Planken untereinander aber nicht mit eisernen Nieten, sondern mit Holzdübeln bzw. -nägeln.

Alle Sees.e der Wikingerzeit waren mit einem nahezu mittschiffs stehenden Mast versehen, der ein großes viereckiges Rahsegel trug. Die Formgebung des Segels konnte etwas variieren (vgl. die Normannens.e auf dem Teppich v. Bayeux). Gesteuert wurden diese S.e mit einem Seitenruder, das an nur einer Stelle befestigt war, so daß es gut gedreht werden konnte.

Sehr viel weniger faßbar als Langs. und Knorr ist der in England beheimatete, zur selben Tradition gehörende »Kiel«. Es gibt nicht genügend aussagekräftige archäolog. Q., und die zahlreichen schriftl. widersprechen einander teilweise. Die Angeln, Sachsen und Jüten haben bei ihrer Invasion Englands die heim. Bautradition mitgenommen, die sich dann aber etwas anders als in Skandinavien entwickelte. Bis ins 10. Jh. hinein ist der »Kiel« jedenfalls ein auf der Grundlage des Nydam-Bootes entwickeltes Kriegss. mit hohen Steven gewesen.

Die kontinentalen S.bautraditionen sind in weit größerem Maße aufgefächert als die anglo-skand., außer in Hinsicht auf die →Kogge allerdings auch weitaus weniger dokumentiert und erforscht. Wichtige regionale Einflüsse waren prägend, z. B. die schon von Caesar beschriebenen Typmerkmale kelt. besegelter S.e, aber auch die der stark fries. bestimmten hans. Traditionen an Nord- und Ostsee. Hinzu kamen Ausprägungen aus den Bereichen der großen Binnenwasserstraßen. Trotz aller Unterschiede im Detail gibt es eine Reihe definierender Gemeinsamkeiten: Die S.e sind starr, mit schweren Verbänden und dicken Planken, die *kraweel* verbaut, also mit den Flachseiten aneinanderstoßend, oder geklinkert wurden. Geklinkerte Planken wurden in charakterist. Weise genagelt, nicht genietet, und die Planken wurden an die schweren Spanten gedübelt oder genagelt. Die Steven setzten häufig steil an und verliefen gerade, Vor- und Achters. wurden unterschiedl. gestaltet. Die S.e waren meist zum Rudern nicht mehr geeignet; sie fuhren mit einem Rahsegel an einem Mast. Erst am Ende des MA änderte sich das. Gesteuert wurde mit einem herkömml. Seitenruder; mit den steigenden S.sgrößen geriet diese an sich sehr effektive Art der Steuerung an die Grenzen ihrer Möglichkeit. Noch vor 1200 wurde deshalb bei den Koggen der →Hanse, die nach ihrer Gründung nach und nach den ganzen Nord- und Ostseeraum beherrschte, das Heckruder eingeführt. Der Typ der Kogge ist in seiner Entwicklung bes. gut dokumentiert. Ursprgl. ein kleineres fries. Fahrzeug mit flachem Boden, das S. ermöglicht, in den Wattengebieten bei Ebbe trockenzufallen und bei Flut wieder aufzuschwimmen, wird es durch den Transportboom der Hanse ab dem 12. Jh. zum bedeutendsten Frachts. Nordeuropas. Fund, Bergung und Wiederaufbau der nahezu vollständigen Kogge von 1380, gefunden in Bremen, ließen Bautechnik und Arbeitsabläufe fast lückenlos rekonstruieren. Im 15. Jh. wird im hans. Raum die Kogge durch den Holk ersetzt. Dies offenbar bauchigere und rundere S. war im fries.-engl. Handel entwickelt worden. Statt der bis dahin übl. Koggen führte Danzig auf seinem Siegel von 1400 einen Holk als Stadtsymbol. 1470 versuchte sich Danzig erstmals mit einem großen, mehrmastigen, nun ganz kraweel gebauten S., der »Peter von Danzig«, einem Beutestück aus La Rochelle. Die Briefe Peter Pawests über seine Erfahrungen mit dem neuartigen Fahrzeug zeigen, daß offenbar die konstruktionstechn. Schwierigkeiten noch nicht zu meistern waren. Die Kraweeltechnik war übrigens aus dem Mittelmeerraum durch Vermittlung der frz. Staatswerften dort und in Rouen (ab 1293 →Clos des Galées) nach Nordwesteuropa gekommen.

Die mittelmeer. Bautraditionen sind fast nur aus Bild- und Schriftq. zu ermitteln, mit Ausnahme des Schlüsselfundes von Yassı Ada. Aus diesem ergibt sich als kennzeichnende Verbindung der Planken eine Befestigung der kraweelen Hölzer mit Zapfen oder Stiften. Recht gut zu definieren sind die größeren Kriegss.e der byz. →Flotten.

Ob die verschiedenen Galeeren der Seerepubliken Amalfi, Genua und Venedig – trotz teilweise gleicher Typnamen – ebenso aussahen, ist noch nicht bekannt. Faßbar ist allerdings die sog. Große Galeere, die Ende des 13. Jh. im →Arsenal von Venedig entwickelt wurde: Sie erwies sich durch ihre verbesserten See-Eigenschaften sogar als geeignet, Handelsfahrten an der Atlantikküste bis nach Flandern zu unternehmen.

Zur Bewältigung eines der größten Transportunternehmen der Weltgesch., der Verschiffung riesiger Mengen von Menschen, Tieren und Ladungsgütern im Zusammenhang mit Kreuzzügen und Pilgerreisen ins Hl. Land, baute man bis zu etwa 25 m lange Frachts.e (sog. Runds.e), einfache Konstruktionen mit einem Mast, der zunächst ein Lateiner-, ab dem 14. Jh. auch ein nordeurop. Rahsegel trug. Erst gegen Ende des MA wurde die Segelfläche auf mehrere Masten verteilt, teilweise als gemischte Rah- und Lateinerbesegelung. Etwa um die gleiche Zeit wurde das Seitenruder durch das aus dem N importierte Heckruder ersetzt. Kriegs- und Handelss.e waren wegen ihrer Abmessungen nicht mehr in Schalenbauweise herzustellen. Sie wurden sämtl. in Skelettbauweise zusammengefügt, bei der zuerst Kiel und Spanten verbunden werden, bevor man aufplankt (→carraca).

Die Iber. Halbinsel nahm eine Sonderentwicklung. Die meisten Ruders.e waren für die Atlantikküste nicht seetüchtig genug. Nachdem selbst die ersten Entdeckungsreisen noch mit der kleinen, 30 t tragenden *barca* gemacht worden waren, selbst die des Gil →Eanes um das Kap Bojador herum (1434), gelangen innerhalb von wenigen Jahrzehnten Neuentwicklungen bis zur mehrmastigen »Karavelle der Entdeckungen« mit 60–80 t Tragfähigkeit.

Die Arbeitstechnik im S. bau war im ma. Europa überall vergleichbar. Die zur Verfügung stehenden Werkzeuge ähnelten sich. Von der Betriebsorganisation her waren die Unterschiede jedoch gewaltig. Bau und Unterhalt der Kriegsflotten ließen im Mittelmeerraum große Staatswerften entstehen. In Nordeuropa gab es solch große Flotten nicht. Hier arbeiteten kleine S.baubetriebe, oft nur bei Bedarf. Selbst Kg. Olaf Tryggvason v. Norwegen richtete mit Hilfe von Stapeln, Böcken und Walzen nur einen zeitweiligen Bauplatz vor seiner Hoftür ein, als er um das Jahr 1000 den »Langen Wurm« bauen ließ, das berühmteste Wikingers. überhaupt.   U. Schnall

Bibliogr.: S.fahrt und S. bau, jährl. in HGBll – The Development of the Boat. A Select Bibliogr., hg. Nat. Maritime Mus. Greenwich, 1972 – *Lit.*: KL II, 467–481; XV, 482–494 – HJ. FALK, An. Seewesen (Wörter und Sachen 4, 1912), 1–122 – A. W. BRØGGER–H. SHETELIG, The Viking Ships, 1951 – H. WINTER, Die katal. Nao von 1450, 1956 – J. HEERS, Types de navires en Méditerranée à la fin du MA, Le navire et l'économie maritime de MA au XVIIIe s., principalement en Méditerranée, hg. M. MOLLAT (Deuxième Colloque d'Hist. Maritime, 1958), 107–137 – H. WINTER, Das Hanses. im ausgehenden 15. Jh., 1961 – L. CASSON, Ill. Hist. of Ships and Boats, 1964 – E. EICKHOFF, Seekrieg und Seepolitik zw. Islam und Abendland, 1966 – O. OLSEN–O. CRUMLIN-PEDERSEN, Fem vikingeskibe fra Roskilde Fjord, 1969 – D. ELLMERS, Frühma. Handelsschiffahrt in Mittel- und Nordeuropa (Schr. des Dt. Schiffahrtsmus. 3, 1972) – A. C. LEIGHTON, Transport and Communication in Early Medieval Europe AD 500–1100, 1972 – D. ELLMERS, Kogge, Kahn und Kunststoffboot (Führer des Dt. Schiffahrtsmus. 7, 1976) – Q. DA FONSECA, A Caravela Portuguesa, 1978 – G. TIMMERMANN, Die Suche nach den günstigsten S.sform (Schr. des Dt. Schiffahrtsmus. 11, 1979) – R. W. UNGER, The Ship in the Medieval Economy 600–1600, 1980 – DERS., Warships and Cargo Ships in Medieval Europe (Technology and Culture 22, 1981), 233–252 – A. E. CHRISTENSEN, Viking Age Boatbuilding Tools, Woodworking Techniques before A. D. 1500, hg. S. MCGRAIL (National Maritime Mus. Greenwich, Archaeol. Ser. 7/BAR Internat. Ser. 129, 1982), 327–337 –

PH. WALKER, The Tools Available to the Medieval Woodworker (ebd.), 349–356 – D. ELLMERS, Vor- und frühgesch. Boots- und S.bau in Europa n. der Alpen (Das Handwerk in vor- und frühgesch. Zeit, II: Archäolog. und philolog. Beitr., hg. H. JANKUHN, 1983), 471–534 – A. E. CHRISTENSEN, Boat finds from Bryggen, The Bryggen Papers, Main Ser. 1, 1985, 47–278 – A. R. LEWIS–T. J. RUNYAN, European Naval and Maritime Hist. 300–1500, 1985 – E. RIETH, La question de la construction navale à franc-bord au Ponant, Neptunia 160, 1985, 8–21 – CH. WESTERDAHL, Holznägel und Gesch. Eine s.sarchäolog. Hypothese (Dt. Schiffahrtsarchiv 8, 1985), 7–42 – Medieval Ships and the Birth of Technological Societies, hg. CHR. VILLAIN-GANDOSSI u. a., I: Northern Europe, 1989; II: The Mediterranean Area and European Integration, 1991 – E. RIETH, Quelques remarques sur la conception des bâtiments de mer du MA en Méditerranée (Chroniques d'Hist. Maritime 19, 1989), 1–15 – R. W. UNGER, The Art of Medieval Technology. Images of Noah the Shipbuilder, 1991 – R. BARKER, Shipshape for Discoveries, and Return, The Mariner's Mirror 78, 1992, 433–447 – Die Kogge von Bremen, I: W. LAHN, Bauteile und Bauablauf (Schr. des Dt. Schiffahrtsmus. 30, 1992) – U. SCHNALL, S.bau und Navigation vom SpätMA bis zum Beginn des 19. Jh., Focus Behaim Globus, 1992, 321–330 – E. BERCKENHAGEN, Mediterrane Schiffahrt im MA (Dt. Schiffahrtsarchiv 17, 1994), 23–50 – D. ELLMERS–U. SCHNALL, S.bau und S.stypen im ma. Europa (Europ. Technik im MA 800–1400. Tradition – Innovation, hg. U. LINDGREN) [im Dr.].

II. BYZANZ, ÖSTLICHES MITTELMEER: Die byz. S.e unterschieden sich zunächst nicht von jenen der Römerzeit. Mit dem Zerfall des Weström. Reiches und der Einschränkung der transmediterranen S.fahrt z. Z. der Germaneninvasionen (Vandalen, Goten) und der arab. Expansion verschwanden die gewaltigen Schwergutfrachter (für Obelisken nach Konstantinopel) und Getreidetransporter der Spätantike (→Getreidehandel) zugunsten neuer S.stypen bei Handels- wie Kriegsmarine (→Flotte, A. II). Definitive Aussagen hierüber können aber erst nach breiterer archäonaut. Auswertung byz. S.swracks auf dem Boden des Mittelmeeres erfolgen (bisher erst systemat. Untersuchung eines Wracks, des vor der sw.-anatolischen Küste gefundenen S.s von Yassı Ada, Anfang 7. Jh.).

Eine genuin byz. Entwicklung unter den Kriegss.en war der *Dromon*, der zunächst über eine Ruderreihe und Hilfsbesegelung verfügte; er setzte sich ab dem 6. Jh. dank seiner relativen Wendigkeit gegen die größere griech.-röm. Galea durch. Im 9. Jh. (erwähnt bei →Leon VI., »Tacticae constitutiones«) hatte sich der Dromon zu einem S.styp mit zwei Ruderreihen entwickelt, im 10. Jh. (erwähnt bei →Konstantin VII., »De ceremoniis«) verfügte der Dromon über Deckkastelle und hatte bis zu 300 Mann Besatzung (darunter 230 Ruderer in zwei Ruderebenen). Unter dem Vorkastell befand sich der Syphon (Anlage zum Schleudern des →Griech. Feuers). Länge des Dromons: bis 50 m, Breite: ca. 5,5 m, Länge der Riemen: untere Reihe bis 4,50 m, obere Reihe: bis 7 m, Geschwindigkeit (im Gefecht): bis zu 7 Seemeilen. Navigatorisch muß der lange, flachbodige Dromon empfindlich, der Einsatz von günstigem Wetter abhängig gewesen sein. Von den weiteren Schlacht- und Hilfss.en der Kriegsflotte (*Pamphilen, Chelandien*; Frachter, Truppen- und Pferdetransporter) kennen wir konkret nur die Nomenklatur, bei oft inkonsequenter Verwendung von S.sbezeichnungen in den gelehrten Texten (irreführend für Byzanz etwa der Terminus 'Trireme'). Die Q. machen aber deutlich, daß schiffbautechn. Entwicklungen in allg. von der Kriegsmarine auf die Handelsschiffahrt übergingen.

Die byz. Schiffe hatten einen Mast oder zwei Masten sowie zwei Steuerruder an den Heckseiten. Einen dritten kleineren Mast besaßen möglicherweise die Großdromone; erst in nachbyz. Zeit kam die Technik auf, das S. durch ein einziges Heckruder zu steuern.

Bei der Vielfalt von Handelss.en kleiner und mittlerer

Größe läßt sich eher Kontinuität feststellen. Eine schiffbautechn. Neuerung war die Konstruktion des S.es vom Gerippe (Kiel und Spanten) aus, woran man dann die Planken annagelte. Im Gegensatz zum antiken Montagevorgang vom Kiel und von der gedübelten bzw. mit Holznägeln gefestigten Beplankung aus, die als tragendes Element fungierte, ermöglichte diese Änderung, die im Zuge gesamtmediterraner Entwicklungen erfolgte, den ökonomischeren Bau sicherer Einheiten; vorteilhaft wirkte auch die Einführung des Lateinersegels (→Seefahrt). Den Bau kleinerer, jedoch nicht weniger effektiver Transporte ermöglichte der Einsatz von Holzfässern anstelle von Amphoren für den Transport von Flüssigkeiten (etwa 30% Gewichtsreduzierung bei gleicher Nettofracht).

Nautisch-techn. Wissen floß bis hin zum 10. Jh. hauptsächlich von den Griechen zu den Arabern und in den Westen, wie zahlreiche Lehnwörter auf diesem Gebiet zeigen. In der Zeit der byz. Seeherrschaft wurde für Übermittlung schiffbautechn. Kenntnisse an Fremde die Todesstrafe angedroht (Synopsis minor N, 17). Seit dem 11. Jh. gewann jedoch die it., insbes. die ven. maritime Terminologie die Oberhand und bildete die Grundlage der nautischen Lingua Franca des Mittelmeeres bis zum Ende der Segelschiffahrt in der Neuzeit.

Der Verfall der byz. Seeherrschaft kündigte sich seit der 2. Hälfte des 10. Jh. an (einen Wendepunkt bildete die byz. Rückeroberung des muslimisch beherrschten →Kreta, 961) und war begleitet von einem Rückgang des schiffs- und seekriegstechn. Know-how (so kamen 1203–04 im Kampf gegen die Kreuzfahrer die byz. Großdromone und das Griech. Feuer nicht mehr zum Einsatz). Simultan vollzog sich der Aufstieg der it. Seerepubliken, die (als erste →Venedig, bereits unter →Alexios I.) weitreichende Handelsprivilegien im Byzantinischen Reich durchsetzten und sich in spätbyz. Zeit durch ihre Flottenhilfe unentbehrlich machten (→Genua; Vertrag v. →Nymphaion, 1261). Die groteske Sparpolitik →Andronikos' II. führte um 1280 zur Auflösung der (ohnehin kleinen) byz. Kriegsflotte und zu noch tieferer Abhängigkeit von den Genuesen.

Holz unterstand noch in mittelbyz. Zeit als strategisch wichtiges Produkt der staatl. Kontrolle (→Holzhandel), die Byzanz durch →Embargos gegenüber den →Fatimiden zu wahren suchte. Mit dem Schrumpfen des Reichsgebiets büßte Byzanz jedoch die maritimen →Themen mit den dazugehörigen →Arsenalen sowie die für den S.bau wichtigen Wälder Kleinasiens ein. Die Werften der Hauptstadt, durch →Johannes Kantakuzenos vom Goldenen Horn an den Hafen Kontoskalion verlegt, verfügten in der Spätzeit noch über beachtl. Kapazität, die Konstruktion von hervorragenden S.stypen war jedoch nicht mehr möglich. Ein Teil der griech. S.bautradition kam Italienern und Osmanen zugute (seit 1400 Wegzug führender Galeerenbauer aus Rhodos nach Venedig; 1453 bei der Eroberung v. Konstantinopel Schonung der S.sbauer durch →Mehmed II.). Ein wesentl. Teil der naut. Terminologie italienischen Ursprungs fand den Weg ins Türk. über das Griechische. G. Makris

Lit.: EI² (frz.), s.v. Milāḥa, 41–46 [V. Christides] – RByz I, s.v. Abendland und Byzanz, B. Sprache, 345–640 [H. Kahane-Kahane] – H. Kahane, R. Kahane, A. Tietze, The Lingua Franca in the Levant, 1958 – F. van Doorninck, Byzantium, Mistress of the Sea (G. Bass, A Hist. of Seafaring Based on Underwater Archaeology [dt. Ausg.: Taucher in der Vergangenheit], 1972), 133–158 – G. F. Bass-F. H. van Doorninck jr., Yassi Ada, I, 1982 – G. Makris, Stud. zur spätbyz. Schiffahrt, 1988, 155f. [Lit.] – J. H. Pryor, Geography, Technology and War. Stud. in the Maritime Hist. of the Mediterranean 649–1571, 1988 (1992²) – A. J. Parker, Ancient Shipwrecks of the Mediterranean & the Roman Provinces, 1992 – O. Tůma, The Puzzle of a Decline and a Rise: the Byzantines and the Italians on the Sea, Byzslav 54, 1993, 53–57 – s.a. Lit. zu →Flotte, A. II [H. Ahrweiler, 1966; E. Eickhoff, 1966]; →Kreta [V. Christides, 1984].

Schiffahrt → Seefahrt

Schiffsgrab → Grab, A. I

Schiftbrust, aus Oberteil und überlappendem Unterteil, der →»Schiftung«, bewegl. zusammengesetztes Bruststück (mit entsprechendem Rückenstück). Um 1410–20 in Italien entstanden, war die Schiftung zunächst ein niedriges Magenblech mit anhängenden Bauchreifen. Ab 1430 reichte die zugespitzte Schiftung immer höher hinauf und erreichte um 1470 das obere Brustdrittel. In Italien bedeckte die Schiftung um 1400 die obere Brusthälfte bis zum Hals hinauf und entwickelte sich um 1500 zur getrennten Überbrust. – In Dtl. und in den Niederlanden gab es anstelle der S. auch im Unterteil geschobene Bruststücke.
O. Gamber

Lit.: O. Gamber, Harnischstud. V, VI, JKS, 1953, 1955.

Schiftung, mhd. Wort für Verstärkungs- bzw. Verdoppelungsstücke am →Plattenharnisch. O. Gamber

Schild. In der vorderoriental. Bronzezeit waren der ägypt. Tors., der mesopotam. Rechtecks. und der kret. Achters. in Gebrauch. Durch die Wanderung der »Seevölker« kam um 1200 der anscheinend in Nordeuropa entstandene Runds. in den Orient. Die Kelten erfanden den oben und unten abgerundeten Langs. und den Ovals. (die spätere röm. »Parma«). Vom Langs. war das rechteckige röm. →Scutum mit rundem →Schildbuckel abgeleitet, welches im 3. Jh. der Ovals., im 4. Jh. der Runds. verdrängte. Bei den Germanen folgte in den ersten vorchristl. Jahrhunderten auf den kelt. Langs. der nord. Runds. Wohl in Byzanz entstand im 11. Jh. ein halbhoher, unten zugespitzter Mandels., den man in bes. hoher Form nach dem I. Kreuzzug in Europa übernahm (sog. »Norm. S.«). In der Folge schnitt man die runde Oberkante gerade ab und verkürzte um 1200 den S. um die Hälfte. Bis um 1300 entwickelte sich dieser Dreiecks. in die Breite und erhielt sich in Westeuropa unter dem Namen *Petit Ecu* bis ins 15. Jh. Um 1330 kam anscheinend aus Spanien die annähernd rechteckige, nach vorne gewölbte →Tartsche (von arab. *Adarga*) mit Ausschnitt für den Speer. Sie hatte im 15. Jh. häufig Längsrippen. Das Fußvolk schützte sich durch hohe S.e wie →Sturmwände und →Pavesen, in Italien im 14. Jh. durch unten abgerundete Langs.e oder hohe Mandels.e, um die im 15. Jh. zum schmalen, mehreckigen Kartuschens. wurden (vgl. St. Georg v. →Donatello). Beim span. Fußvolk blieb der Runds. bis ins 16. Jh. in Gebrauch. O. Gamber

Lit.: H. Nickel, Der ma. Reiters. des Abendlandes, 1958 – Ders., Ullstein Waffenbuch, 1974 – O. Gamber, Rüstung und Waffe Eurasiens, 1978.

Schild, Bezeichnung für frz. Goldmünzen (frz. →*Écu*, lat. *aureus scudatus*, ndl. *gouden schild*), bes. für den 1337 eingeführten Typ, der auf der Vorderseite den thronenden Kg. mit Schild, auf der Rückseite ein Lilienkreuz zeigt. Der Münztyp wurde in großer Menge ausgebracht und von anderen Münzherren (Ludwig d. Bayer, Karl IV., Rheinland, Niederlande), z. T. unter stetiger Verschlechterung, bis zur 1. Hälfte des 15. Jh. nachgeahmt, zuletzt in den Niederlanden als *Klinkaert* bezeichnet. Der S. begegnet in zahlreichen Münzfunden des 14. Jh. in West- und NW-Dtl. Häufig wird er in zeitgenöss. Q. als Geld vorgeschrieben. P. Berghaus

Lit.: F. v. Schroetter, Wb. d. Münzkunde, 1930, 170 – J. J. Groelle, Numismat. Lingustiek, 1984, 12, 29 – Encyclopedie van Munten en

Bankbiljetten 1, 1986, E7–E8 – P. GRIERSON, Coins of Medieval Europe, 1991, 142f.

Schild → Heraldik; →Wappen

Schild, das → Firma; →Gasthaus; →Hausmarken

Schildbuckel, zentraler, gewölbter Schildbeschlag zur Deckung des Handgriffs im Schildinnern. Im Gegensatz zu den röm. runden S.n waren die germ. S. der ersten Jahrhunderte n. Chr. spitz oder mit einer Stoßstange ausgestattet. Die S. der Völkerwanderungszeit waren horizontal abgekantet und trugen im Zentrum eine Stielscheibe. In karol. Zeit wurden die S. hoch und endeten in einer geschweiften Spitze. Spätere S. hatten wieder eine einfachere Rundform. Beim sog. »Norm.« Mandelschild verschwand der S. im 12. Jh., beim Rundschild erhielt er sich über das MA hinaus. O. Gamber

Lit.: →Schild.

Schilderhebung
I. Westen – II. Byzanz.

I. WESTEN: Die S. ist Brauch west- und ostgerm. Stämme bei der Herrschererhebung (Tac. hist. 4, 15, 2; Cassiod. var. 10, 31, 1), geht aber wohl auf indogerm. kosm. Symbolik von Weltherrschaft (L'ORANGE, 50) zurück; zur röm. Deutung s. etwa Verg. Aen. 10, 506. Als Ritual von Unterordnung und Anerkennung ist die S. in der Spätantike erstmals bei Erhebung Julians nachweisbar (Amm. 20, 4, 17 u. a.), kommt auch später vor (zu Valentinian I. s. Philostorg. 8, 8, des weiteren Konst. Porph. cearim. 1, 92), doch läßt die Terminologie (ἐπήρθη 'levatur', vgl. Chron. Pasch. zu 457) weder Funktion noch Platz im Rahmen des Krönungsrituals erkennen. G. Wirth

Lit.: GRIMM, RA, IV, 323 – BRUNNER, DRG, I², I 2 – O. TREITINGER, Die oström. Ks.- und Reichsidee, 1938, 17ff. – J. STRAUB, Vom Herrscherideal in der Spätantike, 1939, 61, 231 – W. ENSSLIN, Zu Torqueskrönung und S. bei der Kaiserwahl, Klio 35, 1942, 268–298 – H. P. L'ORANGE, Stud. on the Iconography of Cosmic Kingship in the Ancient World, 1953 – J. SZIDAT, Hist. Komm. zu Amm. XX–XXI, 1977, 152.

II. BYZANZ: Die S. ist zw. →Phokas (Theoph. Simok. 296, 13, ed. DE BOOR, z. J. 602) und →Theodor II. Laskaris (Georgios Akropol. 105, 21, ed. HEISENBERG, z. J. 1254) nur selten und nicht immer eindeutig belegt, doch ist schwer anzunehmen, daß sie in mittelbyz. Zeit tatsächl. verschwand. 1040 wurde der bulg. Usurpator Peter →(O)deljan (Psellos I, 77, 22, ed. RENAULD) und 1047 der byz. Gegenks. Leo Tornikes (ebd. II, 18, 5) auf den Schild gehoben. Die Erhebung des ersteren in der Madrider Skylitzeshs. (f. 215) zeigt keinen Schild, doch ist auch in der Spätantike die Erhebung mit bloßen Händen belegt (TREITINGER, 23 Anm. 63). In dieser Form wurde auch →Nikephoros Phokas 963 ausgerufen (De ceremoniis I, 96 = 434, 12 ed. REISKE). Sie begegnet auch in Theodoros →Prodromos' Roman »Rhodanthe und Dosikles« (V, 107–114) aus dem 12. Jh. In spätbyz. Zeit ist die S. losgelöst von der militär. Umgebung und erfolgt vor Eintritt in die H. Sophia zur Krönung, wobei auch der Patriarch auf den Schild greift (Ps.-Kodinos 255, 20–156, 13, ed. VERPEAUX). P. Schreiner

Lit.: Oxford Dict. of Byzantium, 1991, 1988 – O. TREITINGER, Die oström. Ks.- und Reichsidee, 1938, 22–24 – C. WALTER, Raising on a Shield in Byz. Iconography, RevByz 33, 1975, 133–175.

Schildgedicht, skald. Bildgedicht, das die auf einem bemalten Schild dargestellten Szenen beschreibt. Trotz altgr. und altir. Parallelen weist das altnord. S. kaum ausländ. Einfluß auf. Beispiele für S.e sind →Bragis Ragnarsdrápa (9./10. Jh.) mit je zwei Szenen aus der Mythologie (Thors Fischzug; Gefjon) und der Heldensage (Kampf von Hamðir und Sörli in Ermanerichs Halle; Ursprung des Hjaðningavíg) und Þjóðólfs Haustlöng (9. Jh.) mit den mytholog. Szenen von Lokis Rolle beim Raub der Göttin Idun durch den Riesen Thjazi sowie Thors Kampf mit dem Riesen Hrungnir. Von zwei S.en des →Egill Skallagrímson (Berudrápa und Skjáldardrápa) sind nur eine Strophe und von einem des Skalden Hofgarða-Refr nur zwei Strophen enthalten, die sich jedoch auf den Schenker des Schilds, nicht auf die bildl. Darstellungen beziehen. Hauptthema der S.e dürften dennoch mytholog. Themen gewesen sein; mangels erhaltener Schilde mit derartigen Darstellungen wird man aber bei der Rekonstruktion des Verhältnisses von bildl. Darstellung und – wie in der Haustlöng durch die Breite der Ausführung ersichtl. ist, interpretierender – Umsetzung in der Dichtung andere Formen mytholog. Abbildungen, etwa auf den →gotländ. Bildsteinen, heranzuziehen haben. R. Simek

Lit.: KL I, 542–545 – W. H. VOGT, Bragis Schild, Acta Philologica Scandinavica 5, 1930/31, 1–28 – E. MAROLD, Ragnarsdrápa und Ragnarssage, 1986, 427–457.

Schildkröte, im Altertum gut bekannt und in mehrere Land- und Wassers.n unterschieden, von den naturkundl. Enzyklopädikern kaum erwähnt. Thomas v. Cantimpré (9, 46 = Albertus Magnus, animal. 26, 34) mißdeutet 'testudo' als Schnecke und bezieht die Selbstheilung durch Aufnahme von Origanum nach Verzehr von Schlangenfleisch (Ambrosius, exam. 6, 4, 19) darauf. Als 'tortuca' erwähnt er sie jedoch auch (8, 40, vgl. Albertus Magnus, animal. 25, 41 mit guter eigener Beschreibung, Thomas zit. von Vinzenz v. Beauvais 20, 44 mit Hinweis auf gleichen Namen 'testudo', die Wassers. 17, 131 und den Verzehr) nach der arab.-lat. Version der Tierkunde des Aristoteles (h. a. 5, 5 p. 541 a 10) als Tier mit Blase, aber trotzdem nur einer Exkretionsöffnung beim Weibchen sowie mit einer rindsähnl. fleischigen Lunge (part. animal. 3, 8 p. 671 a 12–18). Diese Stelle (mit falscher Q. Plinius!) wird von Thomas (5, 33 = Albertus Magnus, animal. 23, 38) auf einen federlosen angebl. Vogel des Orients 'cornica' bezogen. Aus unbekannter Q. erwähnt Thomas die (von Albert 25, 41 korrigierte) Zweibeinigkeit, den schwer zerstörbaren Panzer, krötenartigen Kopf, skorpionsähnl. Schwanz, die schwache Stimme sowie die Schädlichkeit des Eiergenusses. Angebl. Vergiftung durch Treten mit nacktem Fuß auf seine 'Nieren' nach Ambrosius (exam. 5, 10, 31) beruht auf Verwechslung mit dem Rochen (turtur). Ch. Hünemörder

Q.: →Albertus Magnus, →Ambrosius – Thomas Cantimpr., Lib. de nat. rerum, T. 1, ed. H. BOESE, 1973 – Vinc. Bellov., Speculum nat., 1624 [Neudr. 1964] – *Lit.*: HWDA VII, 1071–1075.

Schildzapfen, bei Geschützen im Bereich des Schwerpunkts links und rechts angebrachte zylindr. oder leicht kon. Zapfen zum Lagern des Rohres in einer →Lafette oder in einer Drehbasse, einer auf einem drehbaren Bolzen befindl. Gabel. Bei geschmiedeten Geschützen sind die S. am Rohr entweder angeschmiedet oder in Verbindung mit einem Ring aufgeschoben, bei gegossenen Rohren sind sie mitgegossen. Die S. ermöglichen in einer Wandlafette das Richten des Geschützes mittels →Richtkeil in der Vertikalen und übertragen den Rückstoß auf die Lafette, in auf Mauern und Schiffen verwendeten Drehbassen ist sowohl das seitl. Schwenken als auch das Heben und Senken des Rohres möglich. E. Gabriel

Lit.: B. RATHGEN, Das Geschütz im MA, 1928.

Schilf (Phragmites australis [Cav.] Trin. ex Steud./Gramineae). Die weltweit verbreitete, bis zu 4 m hohe Ufer-

bzw. Sumpfpflanze, deren ahd. Namen *scilaf, sc(h)iluf, schelpf* u. ä. (STEINMEYER–SIEVERS II, 322; III, 566; IV, 274) wohl aus dem lat. scirpus ('Binse') entlehnt sind, erscheinen im ma. Fachschrifttum meist unter der Bezeichnung *(h)arundo* (MlatWb I, 1007f.); diese gilt indes auch für andere hochwüchsige, am Wasser angesiedelte Gräser und Riedgräser, z. B. für das in S-Europa heim. Pfahlrohr (Arundo donax L.), das schon in der Antike zu Umzäunungen, zur Befestigung der Rebstöcke, zur Herstellung von Angelruten u. a. m. diente. Hauptsächl. techn. Verwendung fand das S. oder Rohr desgleichen im MA, etwa als →Dachbedeckung, als Pfeilschaft (→Bogen, IV), als Rohrblatt für bestimmte →Musikinstrumente oder als →Schreibgerät, wurde aber auch – wie schon in der Antike (Dioskurides, Mat. med. I, 85) – bisweilen med. genutzt: So sollten Wurzel, Rinde und Blätter u. a. blutstillend und hautreinigend, harntreibend und menstruationsfördernd wirken sowie bei Skorpionstichen helfen (Albertus Magnus, De veget. VI, 79f.).

U. Stoll

Lit.: MARZELL I, 457, 1345; III, 694–702.

Schilling (got. *skilligs*, ahd., as., afries. *skilling*, ae. *scilling*, an. *skillingr*, lat. *solidus*). Die Herkunft des Namens S. wird unterschiedl. gedeutet, u. a. von lat. →siliqua und von an. *skilja* ('abhacken'). Der S. war zunächst die Bezeichnung für eine Goldmünze (im 6. Jh. dem byz. →Solidus). Seit dem 8. Jh. wird der S. zur Bezeichnung für das Vielfache einer Silbermünze, zunächst für 40, seit der Mitte des 8. Jh. für 12 →Pfennige (→Denar). S.e wurden im 6./7. Jh. in Nachahmung spätröm./byz. Vorbilder im Merowingerreich und in England (Thrymsa) geprägt, vorübergehend auch von Karl d. Gr. in →Dorestad und von Ludwig d. Frommen in Aachen (?), von hier wiederum von den Friesen nachgeahmt. – Neben die Rechnungsmünze S. trat im 14./15. Jh. der als Münze geprägte S. zu 12 Pfennigen. Die Reihe der S.e des →Dt. Ordens setzte um 1380 ein. Ein Versuch der Stadt Lübeck, um 1365 einen S. in Umlauf zu bringen, scheiterte; erst 1432 einigten sich norddt. Städte (Lübeck u. a.) auf eine S.prägung, der um 1468 die Ausgabe eines →Doppels.s angeschlossen wurde. In den süddt. →Münzvereinen wurde der S. seit dem Ausgang des 14. Jh. in Franken und Schwaben zur Vereinsmünze. Der Münzvertrag v. Basel 1387 führte den S. als Münze in der Schweiz ein. In Westfalen wurde der S. erst in der Mitte des 15. Jh. heimisch. In Dänemark begegnet der S. erstmals um 1440/48. In England und Norwegen wurden S.e erst seit dem Beginn des 16. Jh. geprägt.

P. Berghaus

Lit.: F. v. SCHROETTER, Wb. der Münzkunde, 1930, 597–602 – W. JESSE, Noch einmal der Denar der Lex Salica, HBNum 3, 1958, 11–21 – KL XV, 1970, 503–505 [s. v. Skilling] – H. SIEMS, Stud. zur Lex Frisionum, 1980, 222–265 – P. GRIERSON–M. BLACKBURN, Medieval European Coinage, I, 1986, 15 – S. ENGELER, An. Geldwörter, 1991, 167–175.

Schiltberger, Johann, durch sein »reisbuch« bekannter Münchener Gefolgsmann, * 1381, † nach 1427, begleitete seinen Herrn Leonhard Reichartinger auf dem Kreuzzug Siegmunds gegen die →Osmanen. In der Schlacht v. →Nikopolis 1396, in der Reichartinger fiel, geriet S. in osman. Gefangenschaft. Seit 1397 im Heer →Bāyezīds I., nahm S. erst als Fußsoldat, dann als Kavallerist an den osman. Feldzügen teil. Er geriet 1402 bei der Schlacht v. Ankara in die Gefangenschaft →Tīmūrs, in dessen Troß er bis zu dessen Tode 1405 blieb, wurde dann in das Gefolge von Tīmūrs Sohn Šāh Ruḫ übernommen, nachher dessen Bruder Mīrān Šāh übergeben. Anschließend diente er dessen Sohn Abū Bakr und einem seiner Gefolgsleute. Abū Bakr gab ihn ca. 1417 in den Dienst des Qïpčaq-Prinzen Čegre, der für kurze Zeit Chan der →Goldenen Horde war. Nach dessen Tod gehörte S. zum Gefolge eines Prinzen Muhammad, floh 1426 nach Konstantinopel und kehrte 1427 nach Bayern zurück. Nach Aventinus diente er dem späteren Hzg. →Albrecht III. v. Bayern als Kammerherr. Laut »reisbuch« sah S. alle Länder um das Schwarze Meer, Ägypten, Persien und Bagdad, Herat und Vorderindien bis Delhi, den Kaukasus und Teile Mittelasiens bis nach Samarqand und Sibirien. Der autobiogr. Bericht gibt gedrängt polit. und militär. Ereignisse wieder, vereinzelt ethnolog. Beobachtungen und (ungenaue) Angaben zum Islam, zur griech. Orthodoxie und zur armen. Kirche.

Ch. K. Neumann

Lit.: Reisen des J. S. aus München in Europa, Asia und Afrika von 1394 bis 1427, hg. K. F. NEUMANN, 1859 [Nachdr. 1976] [Ms. Heidelberg] – Hans S. reisbuch nach der Nürnberger Hs., hg. V. LANGMANTEL, 1885 – S. YERASIMOS, Les voyageurs dans l'Empire Ottoman, 1991, 100f.

Schinder (ahd. *scintan* = 'enthäuten'; u. a. auch: Abdecker, Feldmeister, Halbmeister, Racker, Wasenmeister), beauftragt damit, tote und nicht verwertbare Tiere abzuhäuten und zu »entsorgen«. Als amtl. Bezeichnung im MA selten, im Volksmund häufiger mit abwertender Bedeutung (»schinden« = 'mißhandeln'). In den Städten wurde die Entsorgung toten Viehs eher als auf dem Lande zu einer öffentl. Aufgabe, da sie hier von den Tierbesitzern nicht oder nur unzulängl. besorgt wurde. Mit vielen regionalen Unterschieden wurde die Abdeckerei im späten MA häufig zu einem der Obrigkeit an S. oder →Scharfrichter vergebenen, z. T. erbeigentüml. werdenden Privileg. Sie galt als wesentl. Einkommenszweig der Scharfrichter, auch wenn diese die Arbeit selbst u. a. von S.n ausführen ließen. Seitdem werden S. auch in Verbindung mit der Reinigung von Straßen, Plätzen, Kloaken und Gefängnissen, dem Einfangen und Töten herrenloser Hunde (»Hundeschlagen«), der Bestattung von Hingerichteten und Selbstmördern, der Assistenz im Strafvollzug (Hinrichtung/→Folter) usw. erwähnt. Tierbesitzer, die ihr »gefallenes« Vieh selbst beseitigten, wurden durch das S.messer im Türbalken oder den Karren vor dem Haus öffentl. gebrandmarkt. – S. galten ausnahmslos als unehrl. (→Unehrlichkeit); die soziale Ächtung war ausgeprägter als bei →Büttel oder Henker. Als lebende Zeugnisse institutionalisierter Normverletzung (HERGEMÜLLER, 29) waren sie oft Teil einer städt. Subkultur (→Randgruppen).

H. D. Homann

Lit.: HRG I, 855–858; IV, 1409f. – J. GLENZDORF–F. TREICHEL, Henker, S. und arme Sünder, 1970 – G. WILBERTZ, Scharfrichter und Abdecker im Hochstift Osnabrück, 1979 – B. U. HERGEMÜLLER, Randgruppen der spätma. Ges. – Einheit und Vielfalt (Randgruppen der spätma. Ges. ..., hg. DERS., 1990), 1–51 [1994²] – J. NOWOSADTKO, Scharfrichter und Abdecker. Der Alltag zweier unehrl. Berufe in der frühen NZ, 1994.

Schinderling, volkstüml. Bezeichnung für bes. minderwertig ausgeprägte österr. →Pfennige, verursacht durch die Verpachtung der Münzstätten in der Zeit um 1457–60. Vor dem Hintergrund des Todes von Kg. →Ladislaus V. Postumus 1457 entwickelte sich in den folgenden drei Jahren eine rasante Inflation. Der →Feingehalt in Wiener Neustadt, Graz, St. Veit, Laibach, Linz und Enns sank bis 1460 auf fast reines Kupfer, das Feingewicht von 0,256 auf 0,0121 ab. Der Kredit der österr. Silbermünzen wurde durch die S.-Zeit vernichtet.

P. Berghaus

Lit.: W. JESSE, Q.buch zur Münz- und Geldgesch. des MA, 1924, 115–118 – A. LUSCHIN V. EBENGREUTH, Volkswirtschaftl. Maßregeln in Österreich zur Beseitigung der Folgen der S.e, MÖNumG 16, 1927, 51ff. – F. v. SCHROETTER, Wb. der Münzkunde, 1930, 602f. – O. BÜRBÖCK, Münz- und Geldgesch. der Steiermark (Menschen, Münzen, Märkte, Ausst. kat., 1989), 231f.

Schinelier → Genualia

Schiner, Matthäus, Kard., * um 1465 in Mühlebach (Wallis), † 1522 in Rom, humanist. Studien in Como, 1489 Priesterweihe in Rom, 1496–99 Pfarrer in Ernen, 1496 Domherr v. →Sitten, 1497 Dekan v. Valeria, am 13. Okt. 1499 Bf.sweihe in Rom, 1499–1522 Bf. v. Sitten und weltl. Landesherr im →Wallis, entwickelte eine eifrige Reformtätigkeit, förderte Wiss., Bildung und Kunst. 1511 Kard., 1512 Bf. v. Novara, 1512 päpstl. Legat, wurde S. 1513 von Hzg. Maximilian Sforza mit der Mgft. Vigevano, 1519 von Karl V. mit dem Bm. Catania belehnt. Habsburg- und sforza-freundl., aktiv in eidgenöss. und europ. Politik, versuchte er die Franzosen aus Italien hinauszumanövrieren. S. war Vertrauter Ks. Maximilians I.; er setzte sich für die Wahl Karls V. zum Ks. sowie Leos X. und Hadrians VI. zum Papst ein. S. erreichte bei der Papstwahl 1522 in zehn Wahlgängen ansehnl. Stimmenzahlen, wurde aber von der Franzosenpartei bekämpft. Bis zum Amtsantritt Hadrians VI. in einem Dreierausschuß zur Regierung des Kirchenstaates, machte S. Vorschläge zur Reform von Kirche und Kurie. L. Carlen

Lit.: A. Büchi, Korrespondenzen und Akten zur Gesch. des Kard.s M. S., 1920–25 – Ders., Kard. M. S. als Staatsmann und Kirchenfs., 1923–37 – Kard. M. S. und seine Zeit, 1967–68 – C. J. Burckhardt, Kard. M. S. (A. A. Schmid, Raron. Burg und Kirche, 1972), 139–175 – L. Carlen, Ks. Maximilian I. und Kard. M. S., AÖAW phil.-hist. Kl., 1980, 230–248 – Ders., Kard. S. in Rom, Walliser Jb., 1987, 19–26.

Schirm. Der ma. S. ist – ähnl. wie im Orient, von wo Beeinflussungen in den W kommen – Herrschafts-, Würde- und Rangzeichen, während er in der Antike als für viele verwendbares »Alltagsobjekt« v.a. zum Sonnenschutz herangezogen wurde. Die Schutzfunktion tritt im MA zurück. Die funktionelle Verwandtschaft des S.s zum →Baldachin ist offensichtl. Zu seiner Herstellung konnten vielfarbige, kostbare Gewebe (Wappenfarben!) verwendet werden; die Anbringung von Fransen oder Glöckchen war üblich. Eine Illustration zu Ps 27, 4 im →Utrecht-Psalter des 9. Jh. zeigt einen Engel, der einen S. über Kg. David hält, und ist als frühes, isoliertes karol. Einzelbeispiel zu sehen, dessen Herkunft noch ungeklärt ist. V. a. ab dem späten 12. Jh. tritt der S. als flaches, halbkugel- oder glockenförmiges, von S.trägern gehaltenes Würdezeichen von Päpsten und Herrschern auf. Der S. wird deutl. Objekt päpstl. Zeremoniells. Sehr bekannt ist die aus dem 15. Jh. stammende Darstellung und Beschreibung des Einzuges von Papst →Johannes XXIII. zum Konzil v. →Konstanz in der Chronik des →Ulrich v. Richenthal. Dies geschah unter einem baldachinartigen S., den der Chronist als »Hut« bezeichnet. S.e stehen auch den röm. Basiliken zu. Sie werden bei den Prozessionen des röm. Klerus mitgeführt. Im SpätMA verleiht der Papst das Recht, unter einem S. zu gehen als Rangzeichen für exemte Bf.e und Äbte. Im Italien des 15. Jh. wird der S. auch im weltl. Bereich, v. a. in den »trionfi« der Renaissance, verwendet. Auf den mit Triumphbildern versehenen it. Hochzeitstruhen (→Cassone) des Zeitraums findet sich seine Abbildung. G. Jaritz

Lit.: P. E. Schramm, Der S. Herrschafts-, Würde- und Rangzeichen in drei Erdteilen (Fschr. H. Heimpel, Veröff. des Max-Planck-Inst. für Gesch. 36/III, 1972), 567–593.

Schirrung, Anspannung von Zugtieren (Rind, Pferd, Esel) vor Karren, →Wagen und →Pflug im Einer- oder Doppelgespann bzw. Vorspann mittels geeigneter Vorrichtungen (Riemen, Stangen, Geschirr), bei zumeist paarweise angespannten Rindern durch Widerrist-, Genickdoppel- und Stirnjoch, das die Kraft von Widerrist, Genick und Stirn bzw. von den Hörnern abnimmt, während für das Pferd (auch Esel) zunächst die Hals-Brustanspannung verbreitet war, die aber wegen ihrer negativen Auswirkungen auf Atmung und Kreislauf der Tiere nur das Ziehen von leichteren Lasten bzw. von Karren, auch Eggen, zuließ. Erst die Einführung des →Kum(m)ets, des gepolsterten Kragens, gestattete die optimale Abnahme der Zugkraft der Brustmuskeln, zumal das Pferdegespann, mittels Stangen oder Zugriemen an Kummet und bewegl. Ortscheid statt an der starren Deichsel angeschirrt, wesentl. größere Beweglichkeit erlangte bzw. paarweise als Vorspann eingesetzt werden konnte, um Wagen oder schwere Beetpflüge zu ziehen.

D. Hägermann

Lit.: W. Rösener, Bauern im MA, 1985, 123ff. – D. Hägermann, Propyläen Technik Gesch., hg. W. König, I, 397ff. [mit Bibliogr.].

Schischak, türk. Wort für den aus der hellenist. Sturmhaube entstandenen Kegelhelm der →Mamlūken und Osmanen, mit Sonnenschirm, verstellbarem Naseneisen, mehrteiligen Wangenklappen und angehängtem Nackenschirm. O. Gamber

Lit.: H. R. Robinson, Oriental Armour, 1967.

Schisma. [1] *Begriff, Elemente, frühe Entwicklung:* Abgeleitet vom gr. σχίσμα (= lat. scissura, 'Absonderung', 'Trennung', 'Spaltung'), ist das Wort terminus technicus der kirchl. Rechtsgesch. und des Kirchenrechts, um die Aufhebung bzw. Aufkündigung kirchl. Gemeinschaft zu bezeichnen. Im Unterschied zur →Häresie, bei der gegensätzl. Auffassungen in dogmat. Fragen der wesentl. Grund für den Dissens sind, bedeutet S. Bestreitung der Einheit der Gesamtkirche und Negierung der Disziplinargewalt der Hierarchie. Eine solche (hist. seltene) Beendigung bzw. Aufkündigung kirchl. Gemeinschaft ohne Abweichung in der Lehre heißt s. purum. Zum S. gehört als wesentl. Element die pertinacia, die – im Unterschied zum Ungehorsam – hartnäckig und im vollen Bewußtsein des Gewichts der Sache auf der Ablehnung der Kircheneinheit besteht. – Bereits die apostol. und nachapostol. Zeit kannte Spannungen und Spaltungen innerhalb einzelner Gemeinden, wie Vorgänge in Korinth (1 Kor 1, 10ff.; 11, 18f.) und Rom (Didache 4, 2; Ps.-Barnabas ep. 19, 12) deutl. machen. →Cyprianus v. Karthago († 258) fand im Ketzertaufstreit entscheidende Formulierungen, wenn er – haeretici und schismatici in einem Atemzug nennend und damit die innere Nähe beider Gruppierungen andeutend – die schismatici als extra ecclesiam consistentes und als rebelles et hostes bezeichnete und ex negativo eine Begriffsbestimmung versuchte (Ep. 69,1; 70,1, ed. L. Bayard, Saint Cyprien, Correspondance II, 1925, S. 239f., 252f.); danach gehören Negierung von Friede und Einheit, Ablehnung der bestehenden Hierarchie und (Versuch der) Aufrichtung einer eigenen Kirchenorganisation zu den konstituierenden Elementen eines S.s. Mit der Festigung der Verfassungsstruktur im nachkonstantin. Kirche, der Ausbildung der patriarchalen Pentarchie und dem Aufstieg des röm. Bf.s zum episcopus universalis tritt die Verbindung der einzelnen Ortskirchen zum jeweiligen Patriarchen bzw. zum Papst als einheitsstiftendes Element hervor, dessen Fehlen S. bedeutet. Von großer Wirkung wurden die durch Papst Pelagius († 561) gebrauchten Umschreibungen des S.s und die Vorschriften zur Behandlung von Schismatikern, weil sie ins Corpus iuris canonici eingingen (Decretum Gratiani, C. 23, 5, 43f., ed. Friedberg I, 943f.; C. 23, 6, 1, ed. Ders. I, 947f.; C. 24, 1, 34, ed. Ders. I, 979f.). Dort wird im Rückgriff auf augustin. Formulierungen und Gedanken die Rolle der apostolicae →sedes betont, die die Disziplinargewalt auch der saeculares potestates gegenüber Schismatikern übernehmen; damit wird die kirchl. Hierarchie die ausschließl. Instanz, der die Feststellung des S.s (und die Festsetzung der Sanktionen) obliegt. Die mit dem →Dictatus papae Gregors VII. eingeschlagene Linie, derzufolge S. fehlende Übereinstimmung mit der röm. Kirche bedeutet (Reg. Greg. VII, lib. II, 55a, ed. CASPAR, MGH Epp. sel. II, 1, S. 207), führt hin zu →Thomas v. Aquin (Summa Theol. II, 2, 39, 1–4 [ed. Leonina vol. VIII, 306–311]), nach dem dem Papsttum vorrangige, in der Praxis letztgültige Kompetenz für die Feststellung des S.s zukommt.

Häufigste Ursachen von S. ta waren zwiespältige Wahl oder Absetzung eines Amtsinhabers in der Leitung einer Ortskirche bes. höherer Dignität mit der hist. bedeutsamsten Kategorie des Papsts.s. – S. wurde seit dem hohen MA erklärt durch Kirchenbann (→Anathem, →Bann, →Exkommunikation) als Feststellung des Endes der Kircheneinheit, wie umgekehrt die liturg. commemoratio Manifestation der bestehenden Kircheneinheit bzw. Union (nach überwundener Kirchenspaltung) war.

[2] *Geschichte:* Mit Abstand folgenreichstes S. der Kirchengesch. war die Spaltung von 1054, die den endgültigen Bruch zw. der griech. beherrschten Orthodoxie und der röm. dominierten lat. Kirche bedeutete. Am Ende eines jahrhundertelangen Entfremdungsprozesses zweier Kulturkreise, deren wichtigste Etappen das →'akakianische' und das 'photianische' Schisma (→Photios) waren, kulminierten die Spannungen gelegentl. in Gesprächen, die polit. und kirchl. Einigung zw. Ost und West herbeiführen sollten, aber fehlschlugen, in wechselseitiger Verdammung: Patriarch →Michael I. Kerullarios v. Konstantinopel (17. M.) und Kard.legat →Humbert v. Silva Candida sprachen das Anathem gegeneinander aus, die Deponierung der röm. Bannbulle auf dem Altar der Hagia Sophia am 16. Juli 1054 bezeichnete das Ende der (trotz zahlreicher Versuche zur Überwindung des S.s [vgl. →Lyon, Konzil v.; →Ferrara-Florenz, Konzil v.] nicht wiedererlangten) Einheit zw. Rom und Konstantinopel, zumal auch die anderen Ostkirchen in das S. hineingezogen wurden (→Morgenländ. S.).

Der sog. →Dreikapitelstreit hatte seine Wurzeln im byz. Osten, führte aber auch im Westen seit Mitte des 6. Jh. zu einem jahrzehntelangen S. innerhalb der lat. Kirche kam es bes. in den »dunklen Jahrhunderten« wiederholt zu umstrittenen Wahlen des Bf.s v. Rom und zu dadurch hervorgerufenen Spaltungen, so bei Formosus, Benedikt VI., Benedikt VIII. Sie standen wie das Papsts. von 1046 (→Sutri) z. Zt. Ks. Heinrichs III. unter polit. Vorzeichen (→Papstwahlen). Im wesentl. polit. Ursachen hatten auch die S.ta von 1084 (Clemens III.) und 1159 (Alexander III., Viktor IV.). Als das – neben dem →Abendländ. S. – folgenreichste Papsts. gilt jenes von 1130, anders als die vorausgegangenen »nicht von außen aufgezwungen, sondern im Schoß der Kirche selbst aufbrechend« (H. WOLTER): Nach zwei Doppelwahlen 1118 und 1124, die geringere Auswirkungen hatten, begründete die Wahl Anaklets II. gegen die kurz zuvor erfolgte Erhebung Innozenz' II. ein bis 1138 anhaltendes S., das erstmals die gesamte lat. Christenheit in Mitleidenschaft zog.

Waren bei diesen und anderen Konflikten die Bf.e v. Rom bzw. die auf den röm. Stuhl Anspruch Erhebenden zugleich Auslöser und Opfer der Spaltung, so handhabten andererseits die Päpste das Verdikt des S.s gegen papstkrit. oder -feindl. Gruppen als geläufiges Verfahren gegenüber zahlreichen Gegnern, die, weil häufig auch andere dogmat. Positionen vertretend, zugleich als Häretiker deklariert wurden, bes. dann, wenn sie kirchenähnl. Organisationsformen ausbildeten wie die →Katharer und damit ihre pertinacia ebenso unter Beweis stellten wie die Aufkündigung der communio mit Rom. Als (Häresien und) S.ta wurden ausdrückl. oder implicite auch die durch →Hus und die späteren Reformatoren initiierten Bewegungen eingeschätzt.

Daß im späteren MA die Erklärung zum Schismatiker auch als (kirchen)polit. Waffe eingesetzt wurde, zeigt das Beispiel Bonifatius' VIII., der die →Colonna-Kard.e als Schismatiker verurteilte – eine Sentenz, die Benedikt XI. wieder aufhob; beide Akte wurden unter dem Titel »De schismaticis« Teil des Corpus iuris canonici (VI° 5, 3 cap. un., ed. FRIEDBERG 2, 1078f.; Extravagantes communes 5, 4 cap. un., ed. DERS. 2, 1293f.). • B. Roberg

Q. und Lit.: DDC VII, 886f. – LThK² IX, 404ff. – V. GRUMEL–J. DARROUZÈS, Regestes I, 2, 3, 1989, Nr. 855a, 866 – A. MICHEL, Humbert und Kerullarios, I–II, 1924–30 – BECK, Kirche, 533f. – FR.-J. SCHMALE, Stud. zum S. des Jahres 1130, 1961 – H.-G. BECK, Gesch. der orth. Kirche im byz. Reich, 1980, 142–147 – J. M. HUSSEY, The Orthodox Church in the Byz. Empire, 1986, 129–138 – M. STROLL, The Jewish Pope. Ideology and Politics in the Papal S. of 1130, 1987.

Schlachtgeißel, Schlagwaffe aus kurzem Stock und mittels Riemen oder Ketten angehängten Gewichten oder Stachelkugeln; beliebte Waffe der Steppenreiter, im übrigen Europa eher seltene Behelfswaffe.   O. Gamber
Lit.: W. BOEHEIM, Hb. der Waffenkunde, 1890.

Schlaf, ahd. mhd. *slâf*, gr. ὕπνος, lat. somnus. Als Brücke zu →Traum und Geisterreich hat der S. im *Volksglauben* eine bes. Bedeutung, zeigt sich doch die →Seele, wenn sie im S. vorübergehend den Körper verläßt, mannigfach gefährdet; deshalb mag. Schutzmittel um die S.stätte, Gebete, S.segen etc. Gewarnt wird vor den Mittagsgeistern bei S. im Freien, vor S. im Mondschein (Mondsucht als Form der Besessenheit, Matth 4, 24; 17, 14ff.), vor dem S.zauber der Diebe. Andererseits bringt S. an geheiligten Stätten (Inkubation) Verbindung mit übernatürl. Helfern, so, in Anknüpfung an den Heilschlaf der Antike, im frühchr. Kult von →Kosmas und Damian. Der S. Adams (1. Mos 2, 21) hat ein Gegenstück im Zauber-S. in Sage und Märchen: Ein bergentrückter Herrscher schläft zeitlos seiner Wiederkehr entgegen (→Kyffhäuser). Als S.- und Schutzmittel beliebt ist der S.apfel (Rosenschwamm), der durch den Stich der Gallwespe verursachte Auswuchs an den Zweigen der Hundsrose (→Rosen).

In *chr. Deutung* ist das natürl. Bedürfnis nach S. eine Folge des Sündenfalls. Nur für die Hl.n, so →Herveus v. Déols, ist S. nicht Erschöpfung, sondern kontemplative Erfahrung göttl. Majestät (Homilia IV, in S. Anselmi Opera MPL 158, 614). →Hildegard v. Bingen entwirft eine umfassende Kosmologie des S.s, der das geschwächte Mark des adamit. Menschen ständig erfrischen und erneuern muß (SCHIPPERGES, 1992, 152–161).

Psychologie und Physiologie: Von den antiken Autoren haben →Aristoteles und →Galen die wiss. Vorstellungen des MA vom S. am nachhaltigsten geprägt. Aristoteles gibt eine zusammenhängende Erklärung von S. und Traum in seinen im MA den sog. Parva naturalia zugerechneten Schrr. zur Seelenlehre De somno et vigilia, De insomniis und De divinatione per somnum (PN 453b 11–464b 15). S. und Wachen sind hier gegensätzl. Zustände des Wahrnehmungsvermögens: S. ist Gebundenheit, Wachen dessen freie Wirksamkeit. Gesunder S. dient der Erholung und ist so im Sinne der Zweckursache auf das Wachsein ausgerichtet, das allein Wahrnehmung und Denken als höchsten Daseinszweck des Menschen erlaubt. Das Bewußtsein als Einheit aller Sinnesempfindungen ist im →Herzen, dem Zentralorgan der inneren Wärme und somit aller Lebensfunktionen, lokalisiert. Das erklärt auch seine Bedeutung für die physiolog. Erklärung des S.s: Die aufgenommene Nahrung wird in das Blut überführt, Ort des Blutes sind die Gefäße, deren Ausgangspunkt das Herz ist. Die Lebenswärme treibt die Verdauungsdämpfe in den Kopf, die Schläfrigkeit erzeugen. Am Gehirn, dem kältesten Organ des Körpers sich abkühlend, fluten sie wieder abwärts, entziehen dem Herzen Wärme und hemmen so seine Wirksamkeit als Zentrum der Wahrnehmung. Auch Galen sieht einen physiolog. Zusammenhang zw. Nahrungsaufnahme und S.: Für ihn jedoch ist Sitz des Bewußtseins das Gehirn, wo auch der Grad der Feuchtigkeit eine wichtige Rolle spielt, deren Vermehrung hier, verbunden mit mäßiger Erwärmung, S. verursacht. Die Araber knüpften an diese Traditionen an. Wahrscheinl. war ihnen der Inhalt der »Parva naturalia« bekannt. Das bezeugen neben →Averroës, der eine Epitome dazu verfaßte, u. a. →al-Kindī und →Qusṭā b. Lūqā. →Rhazes behandelt im Continens unter Berufung auf →Johannitius, →Galen, →Paulos v. Aegina u. a. ausführl. die Ursachen des S.s (Cont. XXV, 3), →Avicenna deutet den S. allg. als Rückzug des spiritus animalis von den Sinnes- und Bewegungsorganen ins Innere des Körpers (Canon III, 1, 4, 1). Dabei macht er sich die humorale Deutung des Galen zu eigen: S. bewirkt ein gesundes Gleichgewicht in Menge und Qualität der Säfte (Canon I, 2, 2, 13). Galenisch erklärt findet sich (in der Übers. des →Constantinus Africanus) auch bei →Haly Abbas die Funktion des Gehirns bei der S.entstehung (Pantegni, Theor. V, 106), →Averroës vertritt mehr die aristotel. Version (Colliget II, 21). In diesem Sinne kann sich im lat. W auch →Alfredus Anglicus auf eine frühe gr.-lat. Übers. von De somno et vigilia berufen, um den Primat des Herzens hervorzuheben (De motu cordis 16, 16), während →Albertus Magnus hierin zu vermitteln sucht (De somno et vigilia, ed. JAMMY, V, 64–109). Spätere Enzyklopädisten haben zur Theorie des S.s nichts Neues beizutragen: →Bartholomaeus Anglicus faßt die Ansichten des →Aristoteles, →Augustinus und →Constantinus Africanus zusammen (De rer. propr. VI, 24), ebenso →Thomas v. Cantimpré (De nat. rer. I, 5), der sich, wie →Konrad v. Megenberg (Buch der Natur, I, 4), auf →Plinius (Hist. nat. X, 211) bezieht, der S. sei Rückzug der Seele in sich selbst. Zahlreiche Belegstellen zur antiken S.theorie in den Concordanciae des →Johannes de S. Amando (ed. PAGEL, 313–316) und deren Ergänzung durch Petrus de S. Floro (ed. PAGEL, 98f.).

Diätetik: Als fester Bestandteil der →res non naturales haben S. und Wachen in der ma. →Diätetik ihre bes. Bedeutung. In den →Regimina finden sich überall Anweisungen für gesundheitsgemäßes S.verhalten in Hinsicht auf Beruf, Lebensalter, Zeitpunkt, Dauer und äußere Umstände. In ihrer Erklärung der Benediktinerregel gibt →Hildegard v. Bingen auch eine dem Rhythmus der monast. Lebensordnung angepaßte Diätetik des S.s (MPL 197, 1056 B/C). Arab. und jüd. Autoren widmen der S.ordnung große Aufmerksamkeit, so Rhazes in seinem Liber ad Almansorem (Lib. IV, 4, 3) oder →Maimonides, der seinem Fs.en u. a. rät, leise Musik zu hören (MUNTNER, 152). Im →Tacuinum sanitatis nach Ibn Buṭlān kann auch ein Gespräch einschläfern (Cod. Vindob. s. n. 2644, fol. 100ᵛ). Das ps.-aristotel. →Secretum secretorum regelt die Morgentoilette auf dem S.hintergrund (SCHMITT, 1973, 109f.). Der physiolog. Zusammenhang von S. und Verdauung steht bei allen Abh. im Vordergrund. Nach Avicenna ist der beste S. der Tief-S. nach Nahrungsaufnahme. Ein leerer Magen hält wach. Für das Einschlafen ist die rechte Seite die beste (Canon I, 3, 2, 9), so auch im →Regimen sanitatis Salernitanum (RENZI, V, 7f.), das für einen kurzen S. nach dem Essen auch die sitzende Haltung erlaubt. Der richtigen S.haltung widmet→Petrus v. Abano, unter Berufung auf B. VI der ps.-aristotel. Problemata physica einen ganzen Streitpunkt seines »Conciliator« (Diff. 123). Solche Anweisungen gelangen bis in die dt. Gesundheitsregimina des 15. und 16. Jh. (HIRTH, 1969; HAGENMEYER, 1973), so auch, über →Wilhelm v. Saliceto, bei B. Scherrenmüller (SCHMITT, 1970).

Pathologie: Schon Aristoteles unterscheidet Bewußtlosigkeit, Ohnmacht und Geistesverwirrung vom physiolog. S. und stellt Verbindungen zur →Epilepsie her. Er nennt →Rauschmittel wie →Opium, Mandragora, →Wein und Lolium. →Galen stellt dem komatösen oder letharg. S. die S.losigkeit gegenüber, Extreme, die nach Isḥāq b. 'Imrān und →Constantinus Africanus (ed. GARBERS, 1977, 31, 127f.) den Melancholie-Kranken gleichermaßen heimsuchen. Die ma. Autoren empfehlen zahlreiche Hypnotika: Rauschdrogen wie →Bilsenkraut sind auch in den narkotisierenden Schlafschwämmen enthalten (KUHLEN, 1983, 212–221). H. H. Lauer

Q. und Lit.: HWDA I, 1056–1071, 1184–1188; II, 202f.; IV, 693f.; VI, 544f.; VII, 1088–1091 – HWP VIII, 1296–1299 – RGG III, 755; V, 1418f. – J. L. PAGEL, Die Concordanciae des Johannes de Sancto Amando, 1894 – DERS., Neue litterar. Beitr. zur ma. Medicin, 1896 – H. ENDERS, S. und Traum bei Aristoteles [Diss. Würzburg 1924] – Maimonides, Regimen Sanitatis, Übers. und Einl. S. MUNTNER, 1966 – Tacuinum Sanitatis in Medicina: Cod. Vindob. s. n. 2644, hg. F. UNTERKIRCHER, 1967 – W. HIRTH, Stud. zu den Gesundheitslehren des sog. »Secretum secretorum« [Diss. Heidelberg 1969] – W. SCHMITT, Bartolomäus Scherrenmüllers Gesundheitsregimen (1493) für Gf. Eberhard im Bart [Diss. Heidelberg 1970] – H. GÄTJE, Stud. z. Überlieferung der aristotel. Psychologie im Islam, 1971 – CH. HAGENMEYER, Die »Ordnung der Gesundheit« für Rudolf v. Hohenberg [Diss. Heidelberg 1972] – W. SCHMITT, Theorie der Gesundheit und »Regimen sanitatis« im MA [Habil.schr. Heidelberg 1973; mit Lit.] – R. E. SIEGEL, Galen on Psychology, ..., 1973 – Isḥāq b. 'Imrān: Maqāla fī l-Mālīḥūliyā und Constantini Africani libri duo de melancholia, hg. K. GARBERS, 1977 – Aristotle on Mind and the Senses (Proc. 7th Sympos. Aristotelicum, hg. G. E. R. LLOYD–G. E. L. OWEN), 1978 – H. WIJSENBEEK-WIJLER, Aristotle's Concept of Soul, Sleep and Dreams, 1978 – N. H. STENECK, Albert on the Psychology of Sense Perception (Albertus Magnus and the Sciences, hg. A. WEISHEIPL, 1980), 263–290 – F. SCHILLER, Semantics of Sleep, BHM 56, 1982, 378–397 – F. J. KUHLEN, Zur Gesch. der Schmerz-, S.- und Betäubungsmittel in MA und früher NZ (QStud. Gesch. Pharmazie 19, 1983) [Lit.] – H. H. LAUER, Lebenswelt und Gesundheit bei Hildegard v. Bingen, 1986 – M. J. WOODS, Aristotle on Sleep and Dreams, Apeiron 25, 1992, 179–188 – Hildegard v. Bingen, Heilkunde. Übers. und erl. H. SCHIPPERGES, 1992 – Aristoteles, De insomniis. De divinatione per somnum, Übers. und erl. PH. J. VAN DER EIJK (W. in dt. Übers., hg. H. FLASHAR, 14, 3, 1994) [Lit.].

Schlafmittel. Gegen die in der ma. Fachlit. (→Antidotarium Nicolai u. a.) relativ häufig erwähnten Schlafstörungen wurden zahlreiche S. ('hypnotica') in mannigfaltigen →Arzneiformen angewendet: Schlafschwämme, Umschläge, Pflaster, Öle (einschließl. des in die Nase applizierten 'caputpurgium'), Salben, Räucherungen, Suppositorien, Tränke, Pillen, Trochisci, Pulver, Elektuarien u. a. Die Hauptingredienzien dieser auch halluzinogenen Zubereitungen, deren Gebrauch um 1600 rapide abnimmt, waren im allg. die →Nachtschattengewächse und →Mohn bzw. →Opium, ferner Lattich (→Salat) und →Seerose sowie →Schierling. Daß starker Schmerz nicht schlafen läßt bzw. umgekehrt Schlaf und Betäubung die Schmerzempfindung aufheben, ist schon immer empir. bekannt gewesen und hat zu einer Verbindung der ma. Theorien über den Mechanismus starkwirkender →Schmerz-, Schlaf- und →Betäubungsmittel beigetragen.

Bereits →Galen warnte vor leichtfertiger Anwendung

narkot. Arzneien: Komme man mit die jeweilige Krankheit ursächl. heilenden Mitteln zum Ziel, sei auf deren Gebrauch, den nur andauernde Schlaflosigkeit und Kräfteverfall des Patienten sowie daraus resultierende Todesgefahr erlaubten, zu verzichten. Auch →Guy de Chauliac gibt Vorsichtsmaßregeln bei der Anwendung starkwirkender S. an und rät, die »sedantia« und »stupefactiva« mit →Safran und →Bibergeil zu mildern. Johannes v. St. Paul (Ende des 12. Jh. [→Codex Salernitanus]) führt u. a. »provocantia somnum« auf, wobei er zw. den durch ihre große 'Kälte' das Gehirn betäubenden (Opium, Mandragora [→Alraune], →Bilsenkraut) und solchen, die diesem 'Kälte' und 'Feuchtigkeit' zuführen (Seerose, Mohnsamen, Lattich u. a.), sowie schmerzlindernden und daher schlaffördernden Mitteln (→Dill und Amomum) differenziert. →Johannes v. St-Amand unterscheidet die »medicinae stupefactivae«, bei denen die Toxizität von der Dosierung abhänge, von den schon an sich gefährl. »mortifera« (→Gift) sowie der »medicina sedans dolorem« und kombiniert zur Wirkungsabschwächung Arzneimittel 'kalter' (z. B. Mandragora, Bilsenkraut, Lattich, Mohn, Schierling, →Tollkirsche) mit solchen 'warmer' Qualität (z. B. Bibergeil, Safran, →Zimt).

Um die Gefahren peroraler Applikation (Überdosierung!) zu vermeiden und nach Art heutiger Transdermaler Therapeut. Systeme (TTS) eine system. und gewisse Wirkungsverzögerung zu erreichen, bediente man sich – wie bei den Schmerz- und Betäubungsmitteln – bes. perkutaner Arzneiformen. Sehr verbreitet war deshalb das bei akuten Fiebern und als S. indizierte (aber auch als sog. Hexensalbe mißbrauchte und im übrigen bis in das 19. Jh. benutzte) 'unguentum populeon', d.h. die Pappelsalbe (u.a. aus den frischen Blättern von Mohn, Tollkirsche, Bilsenkraut und Schwarzem Nachtschatten). Desgleichen sollte etwa das 'oleum mandragoratum' tiefen Schlaf hervorrufen, wenn man es den 'male dormientibus' auf bestimmte Körperstellen strich. Zu den S.n zählten aber auch innerl. anzuwendende Präparate wie die sog. requies magna ('Große Ruhe'), die u. a. Opium, Bilsenkraut und Mandragora enthielt.

In den Bereich der →Chirurgie gehört schließlich der Schlafschwamm ('spongia somnifera'), der – wie erste Erwähnungen in einem Cod. v. Montecassino und einem Bamberger Antidotar aus dem 9./10. Jh. zeigen – im Abendland schon vor der Rezeption der arab. Medizin, v.a. aber seit den Bologneser Chirurgen des 13. Jh. (→Borgognoni) benutzt worden ist: Die Säfte starkwirkender Frischdrogen (Bilsenkraut, Mandragora, Tollkirsche, Schierling, Mohn u.a.) und Opium wurden zusammen mit Efeusaft von einem frischen Meeresschwamm aufgenommen und an der Sonne getrocknet. Zwar mit den verschiedenen Schlaftüchern und -umschlägen, die man z.T. ebenfalls auf Nase und Mund applizierte, vergleichbar, stellte der Schlafschwamm andererseits ein Präparat dar, das gut aufzubewahren war und im Bedarfsfall durch Anfeuchten mit warmem Wasser zur Anwendung kam. Die Resorption durch die Nasenschleimhaut führte zu schneller, wiewohl schwer steuerbarer Narkose. Viele Angaben über Reanimation (u. a. mittels essig- oder fenchelsaftgetränkter Schwämme) lassen eher auf eine zu starke als eine zu schwache Wirksamkeit dieser Narkoseform schließen. Zudem mag die Gefahr, durch die Anwendung von Schlafschwämmen und anderer derartiger Mittel ähnl. wie bei den sog. Hexensalben und -tränken (→Rauschmittel) Halluzinationen hervorzurufen, um dann als Arzt möglicherweise denunziert zu werden, dazu beigetragen haben, daß man mit Beginn des 17. Jh. all diese Zubereitungen durch reine, indes als S. weniger wirksame →Opiumpräparate ersetzte. F.-J. Kuhlen

Lit.: M. Pantaleoni, La spongia somnifera al vaglio della critica moderna, PSM 10/4, 1966, 46–51 – D. Goltz, Ma. Pharmazie und Med., VIGGPharm, NF 44, 1976 – F.-J. Kuhlen, Zur Gesch. der Schmerz-, Schlaf- und Betäubungsmittel in MA und früher NZ, QStG Pharm 19, 1983 – G. Keil, Spongia somnifera, Anaesthesist 38, 1989, 643–648.

Schlafschwämme → Schlafmittel

Schlag (mnd. *slach*, nd. und ndl. *slag*), seit dem späten MA in Norddtl. und in den östl. Niederlanden auftretende Bezeichnung für Acker-, seltener Grünlandparzellen unterschiedl. Lage, Gestalt und Anzahl, oft mit einem Bestimmungswort für Lage oder Nutzungsart verbunden: Binnens. (im Innenfeld), Butens. (im Außenfeld); Winters. (mit Wintergetreide), Sommers. (mit Sommergetreide), Brach- oder Dreechs. In den Marschländern war S. oder Deichs. auch der einem zur Instandhaltung des Deichs zugewiesene Teil eines Deichs. Die mecklenburg. S.wirtschaft führte die Gliederung einer Dorfflur in S.e herbei, oft 4–6. Ein S. war dabei ein Verband gleichlaufender Parzellenstreifen, von denen jeder Hüfner im Ort einen besaß; bei einer Gutsflur kam es zu ihrer Gliederung in große S.e = Betriebsblöcke. Diese S.wirtschaft läßt sich in Anfängen bis ins 16. Jh. zurückverfolgen, ist jedoch erst im 17./18. Jh. voll entwickelt worden. Aus damaligem Sprachgebrauch sind die wiss. Termini 'S.wirtschaft', 'Hufenschlagland' (jeder Hüfner besitzt eine Parzelle in jedem S.) u.ä. abgeleitet worden. Aus Indizien läßt sich erschließen, daß im südöstl. Holstein seit dem 12. Jh. Hufenschlagland im heutigen Wortsinn bestanden hat.
H. Jäger

Lit.: B. Benthien, Die hist. Flurformen des südwestl. Mecklenburg, 1960, bes. 104ff. – W. Prange, Siedlungsgesch. des Landes Lauenburg im MA, 1960, bes. 188ff. – Flur und Flurformen. Materialien zur Terminologie der Agrarlandschaft, I, hg. H. Uhlig–C. Lienau, 1960– s. a. die einschlägigen Wörterbücher.

Schlagschatten. In der Malerei tritt der S., den Körper, verursacht durch das vermeintl. von außen kommende Licht, auf eine Fläche werfen, seit dem 15. Jh. auf. Versuche in der Antike, Schatten und S. darzustellen, bleiben ohne eindeutige Beziehung zu einem beleuchtenden Licht. Umbildung zu rein »dekorativ« wirkenden dunklen Farbflecken in den ravennat. Mosaiken des 4.–6. Jh. Im Laufe der Jahrhunderte wird die Licht/Schattengebung immer »abstrakter«, und das fiktive Licht wandert allmähl. von der Seite nach vorn. Die ma. Malerei, in der die dargestellten heilsgesch. Tatsachen selbst als Q. des Lichtes erscheinen, die als außerird. Licht entgegenstrahlen, kennt keinen S. In der it. Malerei des 14. Jh. erscheinen die lichten und schattigen Teile dann vermehrt seitlich, was auf eine »richtige« Lichtführung hindeutet, die sich nach dem Lichtgang der jeweiligen Standorts richtet (Giotto, S. Croce, Florenz, um 1325). Ab etwa 1420 wird der Schatten konsequent als S. – auf Boden und Wand erkennbar – ausgeprägt u.a. bei: Masaccio (Brancacci-Kapelle, 1424–28, Florenz, S. Maria del Carmine), Robert Campin (Mittelbild des Mérode-Altars [ca. 1428], New York, The Cloisters; Grisaille der Dreifaltigkeit [um 1430], Frankfurt, Städel), Rogier v. d. Weyden (Maria mit Kind, um 1432, Madrid, Slg. Thyssen; Grisaillen des Weltgerichtsaltars, 1443–45, Beaune, Hôtel-Dieu), Konrad Witz (Heilsspiegel-Altar, um 1435, Basel, Kunstmus.).
M. Grams-Thieme

Lit.: Über Farbe, Licht und Dunkel, hg. H. Sedlmayr, 1959 – W. Schöne, Über das Licht in der Malerei, 1989[7].

Schlagschatz, nach dem Sprachgebrauch der wichtigsten Urkk. des dt. Münzwesens des MA der ganze Unterschied zw. Nennwert und Metallwert einer Münze abzügl. der Prägekosten. Um 1385 betrug der S. in Nürnberg 1,45%, im 15. Jh. in Wien 13% vom Metallwert der Münzen. Der S. ging in der Regel an den Münzherrn. Auch bei städt. Münzprägung wurde ein S. abgeführt. P. Berghaus

Lit.: W. Jesse, Q.buch zur Münz- und Geldgesch. des MA, 1924, 169– A. Luschin v. Ebengreuth, Allg. Münzkunde und Geldgesch. des MA und der neueren Zeit, 1926[2], 258ff. – F. v. Schroetter, Wb. d. Münzkunde, 1930, 602f.

Schlagwaffe, kurzschäftige Waffe mit zerschmetternder oder schneidender Wirkung. Zur ersten Gruppe gehören Keule, Kolben, Streithammer, Schlachtgeißel, zur zweiten Streitbeil und Streitaxt. O. Gamber

Schlan (tschech. Slaný), Stadt in Mittelböhmen, 30 km nw. von →Prag. In der unter dem S.er Berg (Slánská hora, 326 m) gelegenen Siedlung wurde um die Mitte des 12. Jh. von Benediktinern aus →Ostrov eine Gotthardskirche errichtet; ein Marktplatz profitierte hier von der Lage an der Straße von Prag nach →Sachsen. Vor 1305 gründete Wenzel II. in S. eine kgl. Stadt in der Form eines gestreckten Fünfecks mit einem längl. Marktplatz. Die alte, in der sö. Ecke des befestigten Stadtareals gelegene Gotthardskirche wurde Mitte des 14. Jh. zu einer dreischiffigen Basilika umgebaut. Die mit einer Reihe von Privilegien (u.a. 1336, 1372) dotierte, zunächst dt. geprägte Stadtgemeinde entwickelte noch in vorhussit. Zeit tschech. Charakter. Nach 1419 gehörte S. zu den wichtigsten Stützpunkten der →Hussiten, später der →Utraquisten und Lutheraner. J. Žemlička

Lit.: J. Lacina, Paměti královského města Slaného, I, 1885 – K. Kazda, Slaný po stránce historické (Město a jeho kraj), 1920 – K. Křesadlo, K dějinám města Slaného do porážky husitské revoluce, Středočeský sborník historický 8, 1973, 55–69 – V. Moucha u.a., Kniha o Slaném, 1994.

Schlange

I. Gelehrte Tradition – II. Symbolik und Ikonographie.

I. Gelehrte Tradition: S.en waren in der Antike in zahlreichen Arten aus Europa, Afrika und Asien bekannt, gut untersucht und meist gefürchtet. Die naturkundl. Enzyklopädiker haben das gelehrte Material, aber nicht aus der Speziallit. zur Abwehr der Gifte, weitergegeben. Isidors Behandlung (etym. 12, 4) umfaßt 48 Abschnitte, Hrabanus Maurus (de univ. 8, 3, MPL 111, 228–235) fügt das reiche bibl. Material hinzu und ruft am Schluß zur geistl. Deutung der Bibelstellen auf. Thomas v. Cantimpré behandelt sie mit Einschluß anderer Reptilien wie der →Schildkröte im B. 8 in 45 Kap., Thomas III in 42 und Konrad v. Megenberg (III, E) in 37. Hauptq. sind außer Adelinus, Alexander Neckam, Ambrosius, Aristoteles, Augustinus, Basilius, Beda Venerabilis, Hieronymus, Hrabanus Maurus, Jakob v. Vitry, Jorach (bei Arnoldus Saxo), Lukan (S. katalog von B. 9, zitiert nach Isidor), der Physiologus, Plinius und Solinus sowie die anonymen Q. »Liber rerum« und der »Experimentator«. Vinzenz v. Beauvais bespricht sie zusammen mit 'Reptilien' und 'Würmern' im 20. B., Albertus Magnus widmet ihnen, ausgehend von einer zoolog. Beschreibung und einer Erörterung des Giftes, im 25. B. von »De animalibus« insges. 61 Abschnitte. Neue Q. für die z. T. sehr entstellten ehemals gr. Namen hat er dem Kanon des Avicenna (4, 6, 3, 21ff.) entnommen. In der med. Lit. spielt der auch gegen S. gifte verordnete →Theriak ein große Rolle.
Ch. Hünemörder

Q.: – gen. Autoren – Thomas Cantimpr., Lib. de nat. rerum, T. 1, ed. H. Boese, 1973 – Vinc. Bellov., Speculum nat., 1624 [Neudr. 1964].

II. Symbolik und Ikonographie: [1] *Quellen:* In der Bibel wird die S. v.a. wegen ihrer Listigkeit (Gen 3, 1) und Giftigkeit (Ps 140, 4) gefürchtet und als Symbol der Unehrlichkeit (Gen 49, 17), Tücke (Ps 58, 5), Verleumdung (Ps 140, 4; Is 59, 5; Röm 3, 13), der tödl. Gefahr (Spr 23, 32; Sir 21, 2), der schlauen Bosheit (Mt 12, 34), Heuchelei (Mt 3, 7 und 23, 33), aber auch der Klugheit (Mt 10, 16) dargestellt. In der Sündenfallerzählung ist die S. Widersacher Jahwes: sie spendet nicht Leben, wie sie verspricht, sondern bringt Tod (Gen 3, 1–15). Neben dem Sündenfall wurde auch die Verfluchung der S. durch Jahwe oft vergegenwärtigt (Gen 3, 14f.), bes. in den Armenbibeln des 14. Jh., z.B. München, clm 19414, fol. 153v (→Adam und Eva). Die Eherne S., ursprgl. wohl mit der Vorstellung der mag. Wirkung verknüpft, ist lebensrettendes Tier (4 Mos 21, 8). Im NT wird die Eherne S. des Moses als Vorausdeutung des Heilandes am Kreuze gedeutet (Joh 3, 14f.), z.B. Verona, San Zeno, Bronzetür, um 1150. In der Offb ist die S. der große Widersacher Gottes, der Anführer der von Gott abgefallenen →Engel, sie wird schlechthin mit dem Satan oder Teufel identifiziert (Lk 10, 19; Offb 12, 9), →Apokalypse, →Hölle. Von den vier eigentüml. Fähigkeiten der S., über die der Physiologus berichtet: 1. Erneuerung durch Häutung = das alte Kleid der Sünde abzuwerfen (Buße); 2. freiwillige Aufgabe ihres Gifts (Taufgnade; Versöhnung; Friedfertigkeit); 3. das Böse auszuziehen = Bannen des Bösen (Rettung); 4. Bewahren des Hauptes in Todesgefahr = Bewahren des Glaubens, Christus, das Haupt nicht zu verleugnen (Treue), wurden nur selten bildwirksam, bisweilen in →Bestiarien. Die symbol. Äquivalenz der S. mit dem →Drachen reicht bis zur motiv. Austauschbarkeit.

[2] *Die S. des irdischen Paradieses* am Fuß des Kreuzes Christi versinnbildlicht den Tod, den der auf dem Kreuz erhöhte Erlöser besiegt, z.B. Elfenbeinrelief, Palastschule Karls des Kahlen, um 870 (Perikopenbuch Heinrichs II.), München clm 4452.

[3] *Die S. als Symbol des Todes* nach Ps 91, 13: Sieg des auferstandenen Christus über Tod und Sünde, z.B. Majestas Domini, Elfenbeinrelief eines Buchdeckels aus Genoels-Elderen, Maasgebiet, um 790, Brüssel, Musées Royaux d'Art et d'Histoire.

[4] *Die S. als Symbol der Erbsünde:* Die S. des Paradieses, die durch Maria, die Neue Eva, in der Menschwerdung Christi überwunden wird, überwiegend in antithet. Darstellungen von Eva und Maria, z.B. Miniatur, Bible moralisé, um 1240, Oxford, Bodleian Libr., ms 270b, fol. 208r; Maria und Eva unter dem Baum des Lebens und des Todes, z.B. Miniatur des Johannes v. Zwittau, um 1420, Breslau, Stadtbibl., Cod. M 1006, fol. 3v. Bisweilen auch bei Darstellungen der Verkündigung der Geburt Christi an Maria, z.B. Krümme des Stabes des hl. Otto, Limoges, 1230/40, Bamberg, Diözesanmus.; Veit Stoß, Der Engelsgruß, 1517/18, Nürnberg, St. Lorenz. Die Bf.s- oder Abtsstäbe mit S.nkrümmen, ohne bibl. Szenen, versinnbildlichen ähnlicherweise die Überwindung des Bösen, des Teufels, z.B. Krümme des Stabes des hl. Anno, Köln, vor 1075, Siegburg, St. Servatius, Schatzkammer.

[5] *Die S. in Gegenüberstellung mit anderen Tieren:* Kampf des Lichtes gegen die Finsternis, z.B. Adler als S.ntöter, Arras, Bibl. Mun. ms 559 I, fol. 53v, Abtei Saint-Vaast, 1030/40; Hirsch als S.ntöter, z.B. Taufstein zu Freudenstadt, 11. Jh.; Gewölbemosaik von 1115/25, Rom, S. Clemente. Greif als S.ntöter, z.B. Kapitellplastik der Krypta der Kathedrale v. Canterbury, 1100/20; Löwe als S.ntöter, z.B. Bad Reichenhall, Portalplastik, 1210/20.

[6] *Die S. in kosmolog. Darstellungen,* überwiegend in

astronom. Hss., z. B. »Beseelter Sternenhimmel«, Salzburg, 818, München, clm 210, fol. 113v; Sternenmantel Ks. Heinrichs II., Süddtl., 1010/20, Bamberg, Diözesanmus., nach der Weisheit Salomos 18, 24 als eine Angleichung an das Gewand des Hohenpriesters gedeutet, da auf ihm ebenfalls der ganze Erdkreis dargestellt war.

[7] Die S. *als Attribut allegor. Personifikationen:* Adam (unter den Tieren nach Gen 2, 19f.); Aeternus (Ewigkeit), mit der S., die sich selbst in den Schwanz beißt; Annus (Jahr); Antichrist, z. B. Initiale Q(uid) zu Beginn des 51. Psalms, Psalter von Corbier, 810/820, Amiens, Bibl. Mun. Ms 18, fol. 46r; Chronos (Zeit); Dialektik, z. B. Laon, Kathedrale, Westfassade, 1190/1200; Inobedientia (Ungehorsam); Invidia (Neid); Luxuria (Schwelgerei), z. B. Wandmalerei in Tavant, S. Nicolas, 1010/20; Prudentia (Klugheit), z. B. Emailplatte mit Jakobsszenen, Köln, um 1170, Wien, Ebfl. Dom- und Diözesanmus.; Terra (Erde), z. B. Evangeliar Bf. Bernwards v. Hildesheim, um 1015, Hildesheim, Domschatz, Cod. 18, fol. 174v, und Gewölbemalerei von 1235/36, Limburg/Lahn, Dom St. Georg.

[8] Die S. *als Attribut bibl. und hl. Gestalten,* symbol. stets ein Zeichen des Bösen: Amandus v. Maastricht, Barlaam, Benedikt v. Nursia, Christina, Eduard, Eva, Johannes Ev., Moses, Notburga v. Hochhausen, Philippus, Silvester. – Zu narrativen Darstellungen von S. nwundern s. v. a. →Aaron (Exodus 7, 8–12), →Moses (Num 21, 4–9), →Paulus (Apg 28, 1–9). G. Jászai

Lit.: LCI I, 583–568; IV, 75–81 – LThK² IX, 408f. – H. LEISEGANG, Das Mysterium der S., Eranos-Jb., 1939, 151–250 – R. WITTKOWER, Eagle and Serpent, JWarburg II, 1939, 293–325 – W. v. BLANKENBURG, Hl. e und dämon. Tiere, 1943 – U. DIEHL, Die Darstellung der Ehernen S. von ihren Anfängen bis zum Ende des MA [Diss. München, 1956] – E. GULDAN, Eva und Maria, Eine Antithese als Bildmotiv, 1966.

Schlange (Feldschlange), im 15., 16., 17. Jh. Bezeichnung für eine Geschützgattung, die im Verhältnis zum Kaliber bes. lange Rohre hatte und als Flachbahngeschütz mit großer Durchschlagskraft von der →Feldartillerie (Felds.n) verwendet wurde. Die kleinsten Felds.n ('Schlänglein') waren oft nur 50 bis 100 kg schwer, verschossen Blei- oder Eisenkugeln von 2,5 bis 5 cm Durchmesser und wurden von einem Pferd gezogen, die schwersten Geschütze dieser Art, die »Not- oder Quartiers.n«, wogen bis zu 3000 kg, waren bis zu 4 m lang, verschossen Eisenkugeln bis zu einem Durchmesser von 15 cm und benötigten zum Transport bis zu 12 Pferde. E. Gabriel

Lit.: Q. zur Gesch. der Feuerwaffen, hg. Germ. Mus., 1877 – W. HASSENSTEIN, Das Feuerwerksbuch v. 1420, 1941.

Schlaraffenland

I. Allgemein – II. Englische Literatur.

I. ALLGEMEIN: Die schwachen Maskulina 'slûraffe', 'schluderaffe' (Schlaraffe: üppig lebender Müßiggänger, als Familienname 'Slûraffe' schon 1347 bezeugt) und 'slûraffen lant', 'Schlaraffenlant' sind erst seit dem SpätMA (Sebastian →Brant, »Narrenschiff«, 1494) und der Frühen NZ (→Zimmernsche Chronik, Anfang 16. Jh.) im Gebrauch. Schon im 13. (→Ulrich v. Türheim, »Willehalm«) und häufiger noch im 14. Jh. (→Hugo v. Trimberg, »Renner«; Ulrich →Boner, »Edelstein«) ist das starke mhd. Maskulinum 'slûr' (Herumstreifen, Faulenzen, Schlendrian; faule, leichtsinnige Person) belegt. Die →Utopie eines ird. Paradieses mühelos zu erreichender sinnl. Genüsse, in dem der Faule belohnt und der Fleißige bestraft wird, tradiert schon aus der Antike (griech. Komödie, Lukian, Herodots und Strabos Beschreibungen ferner Länder oder der Insel der Seligen) und ist als Motiv der Verkehrten →Welt, in Opposition zur bibl. Vorstellung in Gen 3, 19 (»In sudore vultus tui vesceris pane«) und 2 Thess 3, 10 (»quoniam, si quis non vult operari, nec manducet«), gemeineuropäisch bis in die NZ vertraut.

Frühester lit. Beleg des S.-Themas ist das um 1250 entstandene frz. »Fabliau de Coquaigne« ('Honigkuchenland'), das Anfang des 14. Jh. in England (»Land of Cokaygne«) und im 15. Jh. im Ndl. (»Dat edele lant van Cockaengen«) rezipiert wurde und ein Land schildert, in dem niemand arbeitet, die Häuser aus Pfefferkuchen errichtet und mit Fladen gedeckt sind. Auch die it. Lit. kennt das Motiv: Durch das Land 'bengodi' (= ubi bene gaudetur), das →Boccaccio im »Decameron« (3. Novelle des 8. Tages, zw. 1349 und 1351) beschreibt, fließt ein Fluß aus Wein; die Weinstöcke sind mit Würsten angebunden, auf einem Gebirge aus geriebenem Parmesan werden Makkaroni und Ravioli in Kapaunenbrühe gekocht.

In der dt. Lit., in der die Figur des 'schluraffen', nicht aber das S.-Motiv selbst, seit dem 15. Jh. im →Fastnachtspiel auftaucht, spielt als erster Sebastian Brant im 108. Kap. des »Narrenschiffs« (1494) auf das als negative Utopie bewertete S. an. Die Fahrt mit dem »schluraffen schiff« ins »Schluraffen land«, wo »die heuser (...) gedeckt mit eyren fladen« sind, ist ein Exempel närr. Unvernunft (→Narrenlit.) und Ziellosigkeit; wie alle anderen Narrenschiffe wird auch dieses »zu boden gon«. Anfang des 16. Jh. übernimmt Johannes →Geiler v. Kaisersberg die moralisierende Tendenz Brants und setzt in einer der in den »Nauicula siue speculum fatuorum« (erstmals 1510) gesammelten Predigten gegen das lasterhafte »schluraffen land« das positive Exempel eines »verheizen und gelobt landt(s)«, in dem ebenfalls »kesz uff bergen wachsen« und »milchbrunnen« fließen. Auch der 54 Verspaare umfassende, auf 1530 dat. Schwank »Das Schlauraffen Landt« des Hans →Sachs, der zwei anonyme dt. Vorbilder benutzt, intendiert eine misogyn-moral. Sittenlehre: Das »drey meyl hinder Weyhnachten« liegende, nur durch einen Berg aus Hirsebrei zu erreichende S. wurde »zu straff der Jugend zugericht.«. Doch wird die moralisierende Tendenz der Dichtung, die die verkommene Jugend dazu anhalten will, »das sie habe auff arbeit acht / Weil faule weiß nie gutes bracht«, durch die drastisch geschilderten Genüsse dieser gastronom. Utopie selbst aufgehoben. Auch die ndl. Prosafassung von Sachs' Schwank (»Van t'Luye-leckerlandt«, Antwerpen 1546) faßt den lehrhaften Schlußappell in acht Reimpaarverse.

Bis weit in die NZ bleibt die Utopie des S. es vornehml. in der satir. und grobian. Lit. (Fischart, Murner, Rabelais) bis hin zur Märchenfassung der Brüder Grimm lebendig und wird auch in der bildenden Kunst tradiert. V. a. die dt. und ndl. Druckgraphik und die ndl. Malerei der Frühen NZ nehmen, meist unter moralisch-satir. Tendenz, Motive aus der S.-Vorstellung als Beispiele der Sünden Luxuria und Gula (→Tugenden und Laster) auf (z. B. Erhard Schön, 'Schlauraffenlandt', Holzschnitt, nach 1530; Hieronymus →Bosch, 'Das Narrenschiff', Tafelbild, vor 1500). Dabei werden ältere Vorstellungen (Paradiesgarten, →Locus amoenus, Jungbrunnen, Garten der Hesperiden, Goldenes Zeitalter) zwar als ikonograph. Modelle benutzt, zugleich aber kontrastierend in einen neuen Bedeutungszusammenhang als Sinnbilder der Verkehrten Welt überführt, so bei Hieronymus Bosch (z. B. 'Garten der Lüste', Tafelbild, Madrid, Prado) und v. a. im Werk Pieter Breughels d. Ä. ('Schlauraffenland', Tafelbild, 1566, München, Pinakothek; 'Niederländ. Sprichwörter', Tafelbild, 1559, Berlin, Preuß. Kulturbesitz; 'Die Sieben Todsünden', Zeichnungen, 1556/57, Brüssel, Bibl. Royale u. a.). N. H. Ott

Ed.: 'Luye-leckerlandt', ed. Maatschappij Nederlandsche Letterkunde Leiden, 1899, 142-150; weitere Ed. s. unter den Autoren – *Lit.:* E. M. ACKERMANN, 'Das S.' in German Lit. and Folksongs [Diss. Chicago 1944] – H. HINRICHS, The Glutton's Paradise. Being a pleasant dissertation on Hans Sachs 'S.' and some similar utopias, 1955 – L. LEBEER, Le Pays de Cocagne (Het Luilekkerland), Bull. Musées Royaux des Beaux-Arts 4, 1955, 199f. – P. DE KEYSER, De nieuwe reis naar Luilekkerland, Ars Folklorica Belgica, 1956, 7ff. – H. PLEIJ, Het gilde van de Blauwe Schuit. Literatuur, volksfeest en burgermoraal in de late middeleeuwen, 1979, 1983² – M. MÜLLER, Das S. Der Traum von Faulheit und Müßiggang, 1984.

II. ENGLISCHE LITERATUR: In der engl. Lit. wird das Motiv des S.es durch »The Land of Cokaygne« (C.) vertreten, ein anonymes, ca. 95 Paarreime umfassendes me. Gedicht (British Libr., MS Harley 913), das wahrscheinl. um 1320 im ir. Kildare entstand. Es ist eine →Satire mönch. Lebens, welche die lockeren und unmoral. Zustände in bestimmten religiösen Orden der Lächerlichkeit preisgibt: Das Paradies sei zwar schön, es gebe dort aber nur Früchte zu essen und Blumen zu sehen; C. dagegen biete viel mehr Freuden wie gutes Essen und Trinken in Abteien, in denen sich die Mönche mit den benachbarten Nonnen vergnügen. Mit der Darstellung einer →Parodie des himml. Paradieses zeichnet der Autor eine Satire des Mönchskl., das als Spiegel des Neuen Jerusalems ein Abglanz des Paradieses sein sollte. – Die engl. Version des S.es weicht von den afrz. und mndl. Dichtungen ab. Im me. Gedicht werden die Freuden des Schlafs und der Faulheit, der Völlerei und der sexuellen Freiheit auf das mönch. Leben übertragen und mit den traditionellen ma. Vorstellungen vom Paradies kontrastiert. Das in einem spieler. Ton gehaltene Gedicht belustigt durch bewußte Übertreibung. Man hat angenommen, daß sein Autor eher ein Vagantenpriester als ein scharfer Kritiker monast. Mißstände war. Diese Ansicht stützt sich auf die Erwähnung eines abbas Cucaniensis in einem der Trinklieder der →Carmina Burana. Die stilist. gehobene Bildersprache und die bibl. Anklänge an das Paradies (Flüsse von Milch und Honig) stehen im Kontrast zum Lächerlichen, wie Kl. wänden aus Pastete, Schindeln aus Kuchen, Nägeln aus fetten Puddings, herbeifliegenden gebratenen Gänsen. Das Gedicht endet mit der Behauptung, daß man sieben Jahre Buße tun und durch Schweinemist waten müsse, um dieses Land zu erreichen. →Kildare-Gedichte. G. D. Caie

Bibliogr.: NCBEL I, 456f. – ManualME 5.XIII, 1975 [Nr. 34] – *Ed.:* J. A. W. BENNETT-G. V. SMITHERS, Early ME Verse and Prose, 1968², 138-144 – *Lit.:* P. L. HENRY, The Land of C.: Cultures in Contact in Medieval Ireland, Studia Hibernica 12, 1972, 120-141 – P. KUCZYNSKI, Utopie und Satire in The Land of C., ZAA 28, 1980, 45-55 – M. SWANTON, English Lit. before Chaucer, 1987, 246f. – W. TIGGES, The Land of C.: Sophisticated Mirth (A Companion to Early ME Lit., hg. N. H. G. E. VELDHOEN-H. AERTSEN, 1988), 97-104.

Schlehdorf → Scharnitz-Schlehdorf

Schlehe (Prunus spinosa L./Rosaceae). Der schon durch Kernfunde in neolith. Pfahlbauten als Nahrungsmittel belegte Schleh- oder Schwarzdorn spielte in der Antike offenbar keine große Rolle. Seit dem frühen MA scheint jedoch bes. der Saft aus unreifen S.n Bedeutung erlangt zu haben, der etwa im →Lorscher Arzneibuch (IV, 78) als *agatia* (MlatWb I, 71f.: acacia) aufgeführt wird, was ursprgl. die echte nordafrikan. Akazie (Dioskurides, Mat. med. I, 101) bezeichnete. Der *schleensafft* (Gart, Kap. 26) aus den auch *prunella(e)* gen. Früchten (Circa instans, ed. WÖLFEL, 10) sollte u.a. Durchfall, Erbrechen und die Menstruation hemmen, während die Asche des *sledorns* bei Gicht zum Einsatz kam und gebratene *slehen* gegen Magenschwäche angezeigt waren (Hildegard v. Bingen,

Phys. III, 53). Albertus Magnus (De veget. VI, 131) erwähnt dagegen die *acacia* nur flüchtig als 'pomum' (Obst) der *spina nigra*. Außerdem diente die S. wie andere Dornsträucher auch zur Hexenabwehr. U. Stoll

Lit.: MARZELL III, 1152-1161 – DERS., Heilpflanzen, 112-115 – HWDA VII, 1201-1206.

Schleier, mhd. *sleier* mit vielen Nebenformen (*slogier, slogir, sloger, slojir, slojer, slowir, sloiger, schloer* etc.), wohl aus einer germ. Wurzel (*slod* 'etwas Schleppendes') und nicht oriental. Ursprungs, wie früher angenommen; ursprgl. Bezeichnung für ein dünnes, leichtes, durchscheinendes Gewebe, dann für ein eckiges oder oblonges Kopftuch, das frei herabhängend über dem Kopf getragen wird. Im frühen und hohen MA ist der S. die wichtigste weibl. →Kopfbedeckung. Von Gebende und Schappel seit etwa dem 1. Viertel des 13. Jh. verdrängt, wird der S. weiterhin als Überwurf über diesen getragen. Das 14. Jh. erlebt eine Renaissance der S.mode. Der S. nimmt wieder an Größe und Faltenreichtum zu. In →Kleiderordnungen werden Material (Göttingen 1340: Verbot von golddurchwirkten S.n mit gekrausten Kanten; Ulm, Ende 14. Jh.: Verbot von angenähten Schmuckborten Prager Herkunft) und Anzahl der Fachen (Anzahl der Falten, in die der S. über den Scheitel gelegt wird: vier bis sechs Fachen sind in den meisten Städten Dtl.s das Höchstmaß; in Ulm werden Ende des 14. Jh. S. mit 20 Fachen verboten, ebenso in Ravensburg) festgelegt. S. werden vielfältig getragen; im 14. Jh. werden sie durch die das Gesicht von unten rahmende Rise (oder Wimpel) ergänzt, die der frz. Guimpe entspricht. Gegen die Mitte des 14. Jh. entwickelt sich aus dem S. der haubenähnl. Kruseler: ein Kopftuch von halbkreisförmigem Schnitt, das an der das Gesicht rahmenden Kante mit mehreren Reihen von Rüschen besetzt ist. Der Kruseler wird etwa bis in das 1. Drittel des 15. Jh. getragen. Der S. wird im 15. Jh. als mod. Element von den in zahlreichen Varianten getragenen Hauben verdrängt, bleibt aber in der bürgerl. und v.a. in der bäuerl. Tracht ein wichtiger Bestandteil der weibl. Bekleidung. Bevorzugte Materialien sind Seide, Baumwolle oder Leinen. E. Vavra

Lit.: G. F. BENECKE, W. MÜLLER, F. ZARNCKE, Mhd. Wb., II, 2, 1854-66, 396, 415 – M. VIOLLET-LE-DUC, Dict. raisonné du mobilier français..., III, 1874, 178-253 – LEXER, II, 1876, 985 – GRIMM, DWB XV, 1893 [Nachdr. 1984], 576-582 – L. C. EISENBART, Kleiderordnungen der dt. Städte zw. 1350 und 1700 (Göttinger Bausteine zur Gesch.s-wiss. 32, 1962), 157f. – H.-F. FOLTIN, Die Kopfbedeckungen und ihre Bezeichnungen im Dt. (Beitr. zur dt. Philol. 26, 1963), 256f. – KLUGE, 1975²¹, 655 – G. KROGERUS, Bezeichnungen für Frauenkopfbedeckungen und Kopfschmuck im Mnd. (Commentationes Humanarum Litterarum 72, 1982), 30f., 38 – E. BRÜGGEN, Kleidung und Mode in der höf. Epik des 12. und 13. Jh. (Beih. zum Euphorion 23, 1989), 98.

Schleppe (mhd. *swenzelin, swanz*), Bezeichnung für den hinten nachschleppenden Teil des Ober- oder Übergewandes. S.n kommen auch bei Ärmeln und in abgewandelter Form bei →Kopfbedeckungen (Sendelbinde, geschwänzte Gugel, →Schleier) vor. Bild- und Schriftq. belegen ab dem 12. Jh. ausgeprägte S.n in der Frauenmode. Bes. auffällige S.nformen entwickelt die burg. Mode (z.B. bei der von beiden Geschlechtern getragenen Houppelande). S.n sind aufgrund der benötigten Stoffmengen Ausdruck von Repräsentation und werden daher in →Kleiderordnungen einer Reglementierung unterworfen bzw. in christl. moralisierenden Schriften und Predigten angegriffen. E. Vavra

Lit.: E. BRÜGGEN, Kleidung und Mode in der höf. Epik des 12. und 13. Jh. (Beih. zum Euphorion 23, 1989), 89f.

Schlesien (lat. Silesia, poln. Śląsk, tschech. Slezsko), naturräuml.-histor. Beckenlandschaft an der oberen und mittleren Oder zw. Sudeten, Beskiden, Poln. Jura und Lausitz, zu der die Flüsse Bober und Queis die ma. Grenze bilden.

[1] *Frühzeit und Christianisierung:* Nach Abzug der für das Land namengebenden germ. Silingen in der Völkerwanderung ließen sich hier aus dem O einwandernde slav. Stämme nieder, von denen (beim →Geographus Bavarus) die Namen der Golensizen, Opolanen, Slensanen, Dedosizen sowie (urkundl.) die der Trebowanen und Boboranen überliefert sind. Zu Beginn des 10. Jh. stand S. unter der Oberherrschaft der böhm. Fs.en, und Fs. →Vratislav I. (905–921) legte an der Kreuzung wichtiger Handelswege auf einer Insel in der Oder die Burg →Breslau (Vratislavia) an, die sich zum beherrschenden Mittelpunkt des Landes entwickelte (Fs.en- und Bf.ssitz, Rechtsstadt). Um 990 eroberte der poln. Fs. →Mieszko I. den größten Teil des Oderlandes, das fortan zw. Polen und Böhmen umstritten blieb und zeitweise den Besitzer wechselte (bis zum Glatzer Pfingstfrieden 1137: Teilung entlang des Sudetenhauptkammes sowie der Flüsse Zinna–Oder–Ostrawitza).

Das zunächst von Böhmen her christianisierte S. war seit dem Jahr 1000 überwiegend Bestandteil des mit der poln. Kirchenprov. →Gnesen gegründeten Bm.s Breslau. Im SO gelangten die späteren Dekanate Beuthen und Pleß an das kleinpoln. Bm. →Krakau, während das přemyslid. Gebiet im SW an das mähr. Bm. →Olmütz kam. Mit der heidn. Reaktion in Polen in den 30er Jahren des 11. Jh. war der zeitweise Verfall der Kirchenorganisation verbunden. Die ersten großen Kl. wurden in der 1. Hälfte des 12. Jh. gegründet: St. Vinzenz auf dem Elbing bei Breslau (vor 1139, Benediktiner, 1193 durch Prämonstratenser ersetzt) und St. Marien der Augustiner-Chorherren (1149/50 vom Zobten auf die Sandinsel in Breslau verlegt). Zu ihnen gesellte sich 1175 das von →Pforta beschickte Zisterzienserstift →Leubus, mit dem die dt. Siedlung einsetzte. Die Kl. hatten ebenso wie das Bm. Breslau intensive Beziehungen nach W.

[2] *Schlesien als Teilfürstentum der Piasten:* Mit der Erbteilung beim Tode Fs. →Bolesławs III. v. Polen (1138) begann sich S. polit. zu verselbständigen: Im Rahmen der poln. →Senioratsverfassung bildete S. ein Teilfsm. unter Bolesławs ältestem Sohn →Władysław II., der, vermählt mit Agnes v. Babenberg, einer Enkelin Ks. Heinrichs IV., den schles. Zweig der →Piasten begründete. Im Streit mit seinen Brüdern floh er 1146 mit seiner Familie nach Dtl., wo er starb und in →Pegau begraben wurde. Seinen Söhnen gelang 1163 mit Hilfe ihres Vetters Ks. Friedrich I. die Rückkehr, und sie teilten sich das väterl. Erbe. Der ältere →Bolesław († 1201) erhielt Mittel- und Nieder-S. als Hzm. S. (ducatus Slesiae) mit Breslau als Hauptort, der jüngere →Mieszko († 1211) die oderaufwärts gelegenen Gebiete →Ratibor und →Teschen, die sich, 1201 um →Oppeln erweitert und zum Hzm. Oppeln (ducatus Opoliensis) zusammengefaßt, dynast.-polit. unter einem Oppelner Zweig der Piasten verselbständigten.

Mit dem Erlöschen der poln. Senioratsverfassung 1202 wurden beide Hzm.er in ihrer Zwischenlage zw. dem Reich und Polen unabhängig. Sie betrieben eigenständige Politik und öffneten sich seit dem Beginn des 13. Jh. verstärkt der dt. Siedelbewegung. Diese bewirkte einen durchgreifenden →Landesausbau mit weitflächiger Wald- und Ödlandrodung, Anlage von neuen Städten (insgesamt mehr als 100) im planmäßigen Gitterschema bei regelmäßiger Verteilung über das Land, Gründung von (mehr als 1200) Dörfern zu dt. Recht (→Ius Teutonicum), zumeist in Form großer Waldhufen-, Anger- und Straßendörfer mit Hufenverfassung. Hinzu kam eine Vielzahl von neu errichteten Kirchen, Kl. und Hospitälern. Die dt. Siedler entstammten überwiegend dem unmittelbar benachbarten thür.-sächs.-meißn. Raum. Auch die vorhandenen altländ.-poln. Siedlungen wurden zum größten Teil durch Rechtsumsetzungen organisator., wirtschaftl. und sozial umgestaltet und den dt. Siedlungen angeglichen. Die Bevölkerung wuchs auf mindestens das Fünffache. Treibende Kraft bei alldem waren die piast. Landesherren, die eine Modernisierung ihrer Länder nach westl. Vorbild zum Zwecke der Leistungs- und Nutzungssteigerung anstrebten und bei Adel und Kirche auf gleichgerichtete Interessen stießen. Das überkommene →Ius Polonicum mit seinen altertüml. Einrichtungen, Belastungen und Dienstpflichten wich dem modernen, freiheitl. Ius Teutonicum, wovon auch die unteren Schichten der Bevölkerung profitierten. Im wesentl. nur auf den rechten, weniger fruchtbaren Oderseite im östl. Teil des waldreichen Ober-S. blieben über das MA hinaus mancherorts vorkoloniale Strukturen, Lebens- und Sprachverhältnisse bestehen. Ansonsten erhielt S. durch den Siedlungsprozeß und die mit ihm einhergehenden Veränderungen, insbes. während des 13. Jh., seine bleibende kulturlandschaftl. Prägung. Es wurde zu einer Brücke zw. W und O, N und S.

Energ. Initiator des Siedelgeschehens war Hzg. Heinrich I. v. S. (1201–38; ⚭ →Hedwig v. Andechs [† 1243], spätere schles. Landeshl.). Von seinem im Innern reformierten und gestärkten schles. Territorium aus griff er nach den benachbarten Hzm.ern Oppeln, nach →Groß- und →Kleinpolen und der →Lausitz. Sein Versuch einer weiträumigen ostmitteleurop. Herrschaftsbildung brach jedoch mit dem Tode seines Sohnes →Heinrich II. in der Schlacht gegen die Mongolen auf der Wahlstatt b. →Liegnitz 1241 zusammen und schlug ins Gegenteil um. Im Hzm. S. seit 1249, im Hzm. Oppeln seit 1281 setzten dynast. Landesteilungen ein, die zur Zersplitterung in zeitweilig mehr als ein Dutzend kleiner, miteinander rivalisierender, ja nicht selten sich bekämpfender piast. Fsm.er führten. Neben ihnen gewann der Bf. v. Breslau im Neiße-Ottmachauer Bm.sland, das er 1344 durch den Kauf von Grottkau erweiterte, die Territorialhoheit und fsl. Rang.

[3] *Spätmittelalter:* In das so entstehende Machtvakuum versuchte zunächst Böhmen, dann auch das 1320 wiedererrichtete Kgr. Polen einzudringen. Von beiden Nachbarn in die Zange genommen, unterstellten sich die schles. und Oppelner Piasten einzeln oder in Gruppen als fsl. Vasallen mit ihren Ländern der Lehnshoheit des Kg.s v. Böhmen: 1327 die Hzg.e v. Teschen, Falkenberg, Cosel-Beuthen, Auschwitz, Ratibor, Oppeln und Breslau, 1329 die Hzg.e v. →Sagan, →Öls, Steinau und →Liegnitz-Brieg. 1331 folgten Glogau, 1336 →Münsterberg und 1342 das Bm.sland Neiße-Ottmachau. Die Hzm.er →Schweidnitz und →Jauer wurden schließl. durch die Heirat Karls IV. mit der schweidnitz.-jauerschen Erbin Anna 1353 für Böhmen gewonnen. Im Ausgleichsvertrag v. Trentschin 1335, bestätigt 1339, ließ Kg. Kasimir III. v. Polen seine zuvor erhobenen Ansprüche auf S. fallen und erkannte dessen Übergang an Böhmen an. Karl IV. inkorporierte S. 1348 als dt. Kg., 1355 als röm. Ks. feierlich in die Krone des reichszugehörigen Böhmen. Beim Aussterben der Piasten in den Fsm.ern Breslau, →Glogau, Schweidnitz und Jauer gingen diese in unmittelbaren böhm. Kronbesitz über und wurden als sog. Erbfsm.er von kgl. Landeshauptleuten verwaltet, während in den

sog. Lehnfsm.ern schles. Piasten, aufgesplittert in mehrere Linien, regierten. Der seit 1137 zu Böhmen/Mähren gehörende südl. Teil S.s., das Troppauer Land, wurde 1318 unter einer Nebenlinie der Prager Přemysliden zum Hzm. →Troppau erhoben. Es trat schon wenig später (1336) durch eine entsprechende fsl. Heirat in Personalunion mit dem benachbarten piast. Ratibor und wuchs dadurch in den polit.-rechtl. Verband S.s hinein. Als in der 1. Hälfte des 15. Jh. die Begriffe Ober- und Nieder-S. aufkamen, umfaßte Ober-S. neben den Fsm.ern auf dem Boden des alten Hzm.s Oppeln auch das přemyslid. Troppau, Nieder-S. entsprechend die Fsm.er des ungeteilten Hzm.s S. einschließl. des Breslau-Ottmachauer Bm.slandes. Unter böhm.-lux. Oberherrschaft konnte S. im 14. und beginnenden 15. Jh. seine mit der Siedlungsbewegung in Gang gekommene innere Entwicklung auf allen Gebieten ungestört fortsetzen. Das Bm. Breslau wurde als »goldenes« bezeichnet, die Stadt Breslau trat der →Hanse bei (1387), das kirchl. und städt. Schulwesen weitete sich allenthalben aus, Schlesier studierten und lehrten an den benachbarten Univ.en →Prag, →Krakau, →Wien und →Leipzig; neben der lat. gewann die dt. Lit. an Rang und Umfang.

Ein spürbarer Rückschlag setzte mit den Hussitenkriegen im 3. und 4. Jahrzehnt des 15. Jh. ein. Sie trafen S. als kg.streues, kath. und dt. geprägtes Nebenland Böhmens bes. hart. Am Anfang stand der von Kg. Siegmund 1420 in Breslau abgehaltene Reichstag, der S. in seiner Rolle als antihussit. Widerstandszentrum bestärkte. Während der den Hussitenkriegen folgenden Prager Thronwirren hielten Unruhe und Unsicherheit im Oderland an: erhebl. Menschen- und Siedlungsverluste, wirtschaftl. Niedergang und eine von den →Hussiten ausgelöste Slavisierungswelle. Auch der »Ketzerkönig« →Georg v. Podiebrad wurde nachdrückl. abgelehnt. Die Situation änderte sich erst, als Kg. Matthias Corvinus v. Ungarn 1469 Mähren, S. und die Lausitz eroberte, im Olmützer Frieden 1479 in ihrem Besitz bestätigt wurde und sie bis zu seinem Tode 1490 als ung. Nebenländer behauptete. Matthias setzte nicht nur einen allg. →Landfrieden für ganz S. durch, er reorganisierte und zentralisierte die Landesverwaltung, schuf das Amt eines kgl. Oberlandeshauptmannes und Fs.entage als bleibende Einrichtung. Sein Versuch, in Glogau für seinen unehel. Sohn Johann Corvin eine ung. Sekundogenitur zu errichten, scheiterte jedoch. Nach seinem Tod fiel S. an Böhmen zurück, wobei kleinere Randgebiete bereits ausgeschieden waren, so Auschwitz 1457 und Zator 1494 an den Kg. v. Polen, Sagan 1472 an die Wettiner, →Krossen 1482 an Brandenburg. Auf der anderen Seite gelang es den Söhnen Georg v. Podiebrads, sich in den schles. Fsm.ern Münsterberg und Frankenstein (seit 1459) sowie Öls (seit 1495) zu behaupten und Eingang in die Fs.enstand zu finden. Zur gleichen Zeit entstanden die ersten Freien Standesherrschaften in nichtfsl.-adliger Hand, 1489 Groß Wartenberg, 1492 Trachenberg und 1494 Militsch. Durch den Erbfall von 1526 ging S. schließlich mit dem Kgr. Böhmen für Jahrhunderte in den Besitz der von Wien aus regierenden österr. Habsburger über.
J. J. Menzel

Bibliogr.: V. Loewe, Bibliogr. zur schles. Gesch., 1927 – H. Rister, Schles. Bibliogr. 1928-1985, 16 Bde, 1954-92 – Q. *[Auswahl]:* Scriptores rerum Silesiacarum, hg. G. A. Stenzel u.a., 17 Bde, 1857-1902 – Codex diplomaticus Silesiae, 36 Bde, 1857-1933 – Reg. zur schles. Gesch., hg. C. Grünhagen u.a., 8 Bde, 1884-1930 – Ders., Wegweiser durch die schles. Gesch.sq. bis zum Jahre 1550, 1889² – Schles. UB, bearb. H. Appelt-W. Irgang, 5 Bde, 1971-93 [Bd. 6 in Vorber.] – Regesty śląski 1343-57, hg. K. Bobowski u.a., 3 Bde, 1975-90 – *Lit.:* ZVGSchl, 77 Bde, 1855-1943 – Darstellungen und Q. zur schles. Gesch., 39 Bde, 1906-41 – K. Wutke, Stamm- und Übersichtstaf. der schles. Fs.en, nebst einem Verz. der Breslauer Bf.e, 1911 – Historia Śląska od najdawniejszych czasów do r. 1400, hg. W. Semkowicz u.a., 3 Bde, 1933-39 – Archiv für schles. Kirchengesch., 51 Bde, 1936-93 – DtStb I, 1939, 689-911 [S.] – Śląski Kwartalnik historyczny Sobótka, 48 Bde, 1946-93 – Q. und Darstellungen zur schles. Gesch., 27 Bde, 1951-94 – Jb. der Schles. Friedrich-Wilhelms-Univ. zu Breslau, 35 Bde, 1955-94 – Historia Śląska, hg. K. Maleczyński u.a., 1960ff. – W. Kuhn, Beitr. zur schles. Siedlungsgesch., 1971 – G. v. Grawert-May, Das staatsrechtl. Verhältnis S.s zu Polen, Böhmen und dem Reich während des MA, 1971 – K. Jasiński, Rodowód Piastów śląskich, 3 Bde, 1973-77 – B. Zientara, Henryk Brodaty i jego czasy, 1975 – HistStätten: S., hg. H. Weczerka, 1977 – J. J. Menzel, Die schles. Lokationsurkk. des 13. Jh., 1977 – B. Zientara, S. in Piastenstaat bis zur Wende des 13. Jh. (Die Rolle S.s und Pommerns..., 1980), 44-56 – J. J. Menzel, Die Entstehung der ma. Städtelandschaft S.s (Stadt und Landschaft, hg. F. B. Kaiser, 1982), 45-65 – R. Grieger, Die Pläne des Ungarnkg.s Matthias Corvinus mit S., Jb. der Schles. Friedr.-Wilh.-Univ. 24, 1983, 163-185 – W. Kuhn, Neue Beitr. zur schles. Siedlungsgesch., 1984 – Ch. Higounet, Die dt. Ostsiedlung im MA, 1986 – Gesch. S.s, hg. L. Petry u.a., Bd. 1, 1988⁵ [Q., Lit.] – Od plemienia do państwa, hg. L. Leciejewicz, 1991 – P. Moraw, Das MA (bis 1469) (S., hg. N. Conrads, 1994), 38-176 [Lit.: 706-719].

Schlesisches Landrecht (auch Breslauer →Landrecht), Bearbeitung des →Sachsenspiegels, 1356 aus der Arbeit der kgl. (böhm.) »Sechser« hervorgegangen. Diese waren drei vom Weichbild →Breslau und Neumarkt (später kam noch das Weichbild Namslau dazu) gewählte Breslauer Ratmannen und drei vom Rat gewählte Mannen des Weichbilds, sie bildeten Gericht und Oberhof für Streitigkeiten aus dem Fsm. Breslau, auf das der Breslauer Rat in der Folgezeit maßgebl. Einfluß gewann. Das S. L. ist in die Reihe der von Karl IV. unternommenen Kodifikationsversuche für das Reich und die nur mittelbaren Nebenländer →Böhmen und →Schlesien einzuordnen. Inhaltl. handelt es sich bei den Abweichungen vom Sachsenspiegel-Ldr. teilweise um Anpassungen an Sonderregelungen des →Magdeburger Rechts, teilweise um Bestimmungen über die ehel. Gütergemeinschaft, die noch Reste des fläm. Rechts in Schlesien zum Ursprung haben, sowie um die Berücksichtigung von kgl. Privilegien. Vornehml. sind Texte des Sachsenspiegels gestrichen worden, dazu wurden v.a. 13 Zusatzartikel angefügt und dem Ganzen eine durchgehende Artikelfolge von 365 Artikeln gegeben. Eine Rezeption auch im Hzm. →Teschen ist wahrscheinl. Die Textentwicklung dürfte zeitl. gestreckt sein und jedenfalls bis zum Ende des 15. Jh. reichen. Man unterscheidet drei Entwicklungsstufen von der Mitte des 14. Jh. bis ca. 1495. Die hs. Überlieferung ist schmal (bekannt 4 Hss.).
F. Ebel

Ed.: E. Th. Gaupp, Das s. L., 1828 [Neudr. 1966] – *Lit.:* HRG IV, 1426-1429 – Th. Goerlitz, Die Breslauer Rechtsbücher des 14. Jh., ZRGGermAbt 59, 1939, 155-157 – U.-D. Oppitz, Dt. Rechtsbücher des MA, I, 1990, 30f.

Schleswig, Stadt an der Schlei (Schleswig-Holstein); Hzm., Bm.
I. Stadt – II. Herzogtum und Bistum.

I. STADT: [1] *Archäologie:* Im Mittelpunkt der Forsch.sgrabungen (1969-84) standen die Fragen nach Zeitpunkt und Umständen der Ablösung des frühma. Handelsplatzes →Haithabu durch S. und nach den Strukturen dieser ältesten ma. Stadt Nordeuropas. Die Annahme einer mehr als 1000 Jahre währenden Siedlungskontinuität an der inneren Schlei bestätigte sich. Die ältesten Baureste in S. datieren in die 2. Hälfte des 11. Jh., ein Teil des Fundmaterials setzt aber schon früher an. Archäolog. vielfach belegt ist die Ablösung der ältesten Siedlungsstruktur (11.-frühes 13. Jh.) durch eine jüngere, die eine weitreichende

Neuüberplanung weiter Teile des Stadtgrundes bedeutete. Die prägenden Elemente der älteren Phase sind: ein ausgedehnter Hafen mit großen, dicht gestaffelten Landebrücken (ab 1086); die Pfalz der dän. Kg.e mit festem Turm und Palas (2. Hälfte des 12. Jh. mit Spuren älterer Vorgängerbauten); eine Reihe von Kirchen mit Gräberfeldern des 11.–13. Jh., für die neben Holzsarggräbern solche aus Tuffstein und aus Backstein typ. sind; unterschiedl. Siedelweise mit hofartiger Bebauung im Stadtinneren und enger Reihung von Hausgrundstücken in Hafennähe. Typ. ist der einräumige Pfostenbau mit Stabwand in einer Schwellbohle.

Die jüngere Phase begann in der 1. Hälfte des 13. Jh. mit einer offenbar großflächigen Neuparzellierung des Stadtgrundes. Gleichzeitig wurde der Hafen bis auf eine Landebrücke aufgelassen, das Gelände 1239 mit dem Dominikanerkl. überbaut; in den vormaligen Pfalzbauten gründeten 1234 die Franziskaner ein Kl. Von ursprgl. sieben Kirchspielen überlebten nur zwei den Wandel. Eine der Kirchen wurde abgebrochen, über dem zugehörigen Gräberfeld der spätma. zentrale Marktplatz angelegt. Grabungen im Dom St. Petri legten Teile der spätroman. Granitbasilika frei. Auf der südl. S.s in der Schlei gelegenen »Möveninsel« wurden schon 1950 Baureste des hzgl. castellum (1134–1268) entdeckt. Untersuchungen auf der an die ma. Stadt grenzenden ehem. Insel Holm legten auch hier Siedlungsspuren des 11. Jh. frei.

Ein reiches und vielfältiges Fundspektrum, darunter bes. viele Objekte und Produktionsabfälle aus organ. Material (Leder, Holz, Textilien, Knochen und Geweih), bezeugt den Fernhandelscharakter der Stadt in der Frühphase und die weitgefächerte handwerkl. Produktion während des gesamten MA. Zusammen mit dem älteren archäol. Fundgut aus der Vorgängersiedlung Haithabu spiegelt es fast 800 Jahre materielle Kultur aus einem sich wandelnden städt. Milieu. V. Vogel

[2] *Geschichte:* Im 11. Jh. trat S. auf dem Nordufer der Schlei die Nachfolge des auf dem s. Gegenufer gelegenen wikingerzeitl. Siedlungsplatzes Haithabu an. Die Modalitäten der Siedlungsverlagerung sind hist. kaum zu klären, die Kontinuität von Kg.s- und Bf.ssitz (ab 1026) sowie des Fernhandels ist jedoch für das gesamte 11. Jh. gesichert. Die Stadt lebte vom Interesse des rhein.-westfäl. Wirtschaftsraumes am Ostseehandel. Der Handel zw. →Gotland und →Köln an den Endpunkten der über S. führenden Verkehrsachse wurde wechselseitig durch kgl. Privilegien gefördert (1134/37). Das S.er Stadtrecht von ca. 1150 – das älteste im Ostseeraum, kodifiziert um 1200 – kennt Handelsgäste aus Sachsen, Friesland, Island und Bornholm. Andere Q. beziehen England, Schonen, das Baltikum bis Novgorod ein. In der Stadtverfassung, im Erb- und Güterrecht sowie im Schiffahrtsrecht sind Rechtseinflüsse aus dem Niederrheingebiet (Flandern, Friesland, Köln bis Dortmund), aus Norwegen und Gotland faßbar. S. war nach seiner inneren Struktur und seiner funktionalen Bedeutung im 12. und beginnenden 13. Jh. eine der am weitesten urbanisierten Städte Skandinaviens.

Der mit Befestigungswall und zwei Toren gesicherte Stadtgrund war in vier Quartiere und sieben Kirchspiele gegliedert (1196). Die Patrozinien (Dom St. Peter und Laurentius, Nikolaus, Trinitatis, Maria, Jacobus, Michael, Olaf, Clemens) weisen auf die Anteile der Stadt an den sozialen und sakralen Beziehungen zw. West- und Nordeuropa hin. Kg.spfalz und Bf.sdom bildeten die Schauplätze für Krönungsfeiern, Reichstreffen und dynast. Hochzeiten. Bürgerl. Siedlung und Hafenufer waren geprägt von differenziertem Handwerk, Gewerbe und Fernhandelsmarktbetrieb. Die Inselburg vor dem Hafen diente auch als Zollstation und Gefängnis. Die Bürgerschaft entwickelte sich in einem Prozeß der Rebellion gegen die Reichsgewalt (1131/34/38) zu einer eidgenöss. verschworenen Stadtgemeinde (convivium/»Hezlagh«). Diese Anfänge der kommunalen Bewegung mündeten um 1250 in die Ratsverfassung. Demgegenüber trat die Fernhändlergilde (St. Knutsgilde) in ihrer polit. Wirkung zurück. Mit der Gründung →Lübecks (1143) erwuchs S. eine schwere Handelskonkurrenz, der es nach einem langgezogenen Prozeß (ca. 1160–1230) schließlich erlag. 1268 zog sich der Hzg. aus der Stadt auf die Burg Gottorf zurück. Von der Entwicklung der Hzg.sresidenz blieb S. abgekoppelt und stagnierte in der Siedlungsentwicklung über Jahrhunderte hinweg. In den Kämpfen zw. Hzg., Kg. und den Gf.en v. Holstein um das Hzm. S. wurde die Stadt verschiedentl. belagert und erobert. Chr. Radtke

Lit.: *zu [1]*: Ausgrabungen in S. Ber. und Stud. 1–11, hg. V. VOGEL, 1983–95 – DERS., S. – ein stadtarchäol. Forsch.sprojekt, HGBll 101, 1983 – *zu [2]*: CHR. RADTKE, Die Entstehung der Stadt S.: Funktionen, Strukturen und die Anfänge der Gemeindebildung (Kieler Werkstücke A 11, 1995), 61–105 [Lit.].

II. HERZOGTUM UND BISTUM: [1] *Herzogtum:* Etwa seit Beginn des 12. Jh. wurde die Stellung eines Grenzjarls für den Raum nördl. der →Eider wohl in den drei südlichsten jüt. →Sysseln häufig mit einem Mitglied des dän. Kg.shauses besetzt. Knut Laward († 1131) und sein Sohn Waldemar (I.) führten dabei den Titel »dux«. Seit Kg. Waldemar I. wurde diese Stellung geradezu zu einer Sekundogenitur des regierenden Kg.shauses. In seinem Bestreben, Kg.smacht und Staatlichkeit zu festigen, errichtete Kg. Waldemar I. eine »Hausordnung« zur Sicherung des jeweils ältesten, ehel. Sohnes in der Thronfolge nach west-/mitteleurop. Vorbild. Zur Abfindung der übrigen Söhne schuf Waldemar »Fürstenlehen«, von denen nur »Sunderiucia«, d. h. S. (die drei südlichsten Syssel Jütlands), andauernden Bestand hatte. Begründer des dortigen Hzg.shauses war Abel, der Sohn Waldemars I. Sein und seiner Nachkommen Ziel war es, wie bei dt. Landesfsm.ern die volle Landesherrschaft und Erblichkeit im Hzm. zu gewinnen, was dann unter Hzg. Erich II. († 1325) erreicht wurde. Letztl. scheiterten demgegenüber alle Versuche des Kgtm.s, das Hzm. aufzulösen und alle staatl. Gewalt auf das Kgtm. zu konzentrieren. Die dem Abelgeschlecht verwandten Holstengf.en unterstützten die schleswigschen Hzg.e, um auf diese Weise einen »Pufferstaat« zw. Dänemark und dem an Bedeutung zunehmenden →Holstein durchzusetzen. V. a. seit 1261 und der Zeit →Gerhards III. († 1340) erwarben die →Schauenburger in S. umfangreichen Pfandbesitz und erreichten 1386 ihre Nachfolge (bei Aussterben des Abelgeschlechts) sowie ihre Belehnung zu erbl. Besitz des Hzm.s. Diese Machterweiterung mußte in einem langen Krieg (1410–35) behauptet werden. Auch der holstein. Adel faßte seit dem 14. Jh. im Hzm. Fuß. S. und Holstein wuchsen seitdem zu einem Territorium zusammen, das seit 1460 durch Wahl und Vertrag zu →Ripen (Ribe) in Personalunion mit →Dänemark zusammengeschlossen wurde, wodurch die →Oldenburger mit Christian I. das Erbe der Schauenburger antraten.

[2] *Bistum:* Der Aufstieg des Ostfrk./Dt. Reiches unter Heinrich I. und v. a. Otto I. führte zu einer deutl. Präsenz dieses Reiches nördl. der Elbe. Wenn auch eine »Dän. Mark« zw. Eider und Schlei wohl nie bestand, so war Mgf. →Hermann Billung, dessen Einflußbereich sich über →Wagrien und das übrige Abodritenland in Mecklenburg

erstreckte, imstande, auch nach N die Interessen der mächtigen Liudolfinger zu wahren. Als christl. Kg., der bei Wahl und Krönung bewußt an die Tradition Karls d. Gr. anknüpfte, fühlte sich Otto I. zur Förderung der christl. Mission bei den Heiden berufen. Hierbei ging es zunächst um die tributpflichtigen oder bereits dem Reiche eingegliederten →Elbslaven. In Dänemark boten sich nördl. der Grenze ebenfalls Möglichkeiten, da im Gegensatz zum christenfeindl. Gorm d. Ä. dessen Sohn Harald Blauzahn (belegt 936–ca. 987) dem Christentum gegenüber Sympathien zu zeigen schien. Die Kg.sgewalt konnte durch das »Gottesgnadentum« an Stärke gewinnen, eine →Reichskirche nach Art des »Ottonischen Reichskirchensystems« die werdende Staatlichkeit stärken. Ein Interesse an der Nordmission lag auch beim Bremer Ebm. (→Hamburg-Bremen), das auf diese Weise bisher fehlende Suffraganbm.er gewinnen wollte. So konnte Ebf. →Adaldag auf der Synode zu →Ingelheim (948) Bf.e für S. (Hored), Ribe und Aarhus weihen.

Wohl kurz nach Kg. Haralds offenem Übertritt zum Christentum stellte Otto I. 965 den drei Bm.ern eine Immunitätsurk. nach üblichem Vorbild aus. Die Klauseln über Befreiung von Eingriffen etwa »gfl.« Gewalt auf bfl. Besitz sind fiktiv. Nördl. der Eider besaß Otto keine Hoheitsgewalt, und es gab keine Gf.en. Fakt. sollten wohl durch die Urk. die neuen Bf.e und Reichsbf.en im Rang gleichgestellt und Harald angeregt werden, seine Bf.e gleich den übrigen Bf.en der Westkirche zu behandeln. Die Bf.e verfügten zunächst über keine klar begrenzten Sprengel. Die drei Orte bildeten wohl nur Missionsstützpunkte für das Umland. In S. mußten die Bf.e einige Jahrzehnte seit 983 (→Slavenaufstand) ihren Sitz verlassen, da der Ort im Bannkreis krieger. Auseinandersetzungen lag; erst Rodulf (1026–45) konnte zurückkehren. Zur Zeit des dän. Kg.s Svend Estridsen (1047–74) und Ebf.s →Adalberts v. Hamburg-Bremen wurde vermutl. die Pfarrorganisation wesentl. vorangetrieben. Während des HochMA gehörten die S.er Bf.e zu den angesehensten der dän. Reichskirche. Die Kg.e waren um die Besetzung des Bm.s mit »zuverlässigen« Geistlichen bemüht. Eine Ausnahme bildete Bf. Waldemar aus einer Seitenlinie des Kg.shauses, der 1192 sich gegen Knut VI. erhob und die Kg.swürde bis zum Tod (1236) beanspruchte. Geogr. umfaßte der S.er Sprengel wie das Hzm. zunächst die drei südlichsten jüt. Syssel. Zu Beginn des 11. Jh. wurden das westl. Nords. sowie die Insel Alsen abgetrennt und das erstere dem Bm. Ribe, das letztere dem Bm. →Odense zugeordnet.

Im SpätMA begann die päpstl. Kurie, durch Provisionen und Reservationen Einfluß auf die Besetzung des Bf.samtes in S. zu nehmen. Andererseits versuchten die schauenburg. Hzg.e seit dem 14. Jh., nd. Geistliche ihres Vertrauens auf den Bf.sstuhl zu befördern. Nur zeitweise gelang es dän. Anhänger Johann Skondeleff als Bf. durchzusetzen. Bf. Nikolaus Wulf war einer der vertrautesten Räte →Adolfs VIII. († 1459) und wichtiger Beförderer der Wahl Christians I. (1460 zu Ripen).

Das schleswigsche Domkapitel wahrte im Bm. seine einflußreiche, kollegiale Mitregierung. Für die Verwaltung und die kirchenjurist. Aufgaben war der Sprengel in mehrere »Propsteien« unter die wichtigsten Amtsträger des Domkapitels verteilt. Das Bf.s- und Kapitelsgut war über den Sprengel verstreut, jedoch v. a. um Schwabstedt im südl. S. konzentriert. Gegenüber dem Dekan nahm der Propst im Domkapitel des Bm.s S. die erste Rangstellung ein. Der letzte altgläubige Bf. Gottschalk v. Ahlefeldt (1507–41) war um gute Finanzwirtschaft bemüht, wobei jedoch Bm. und Domkapitel z. Zt. Friedrichs I. nach Landtagsbeschlüssen bes. hohe Beträge zur Landesverteidigung zu leisten hatten. Gegenüber den Bestrebungen von Kg./Hzg. Christian III., die Reformation einzuführen, leistete Gottschalk geschickt hinhaltenden Widerstand. Nach seinem Tod hielt die Reformation (1542) im Bm. Einzug. Schließlich setzte sich der Teilhzg. Adolf v. S.-Holstein-Gottorf in den Besitz des Bm.s und seines Bf.sgutes um Schwabstedt (1556) und zwang das nunmehr luther. Domkapitel dazu, seine Wahl zum Fs.bf. v. S. vorzunehmen. E. Hoffmann

Lit.: zu [1]: H. Windmann, S. als Territorium, 1954 – E. Hoffmann, SpätMA und Reformation (Gesch. S.-Holsteins, IV, 2, 1990), 115–125, 332–344 – zu [2]: Chr. Radtke, Anfänge und erste Entwicklung des Bm.s S. im 10. und 11. Jh. (850 Jahre St. Petri-Dom zu S. 1134–1984, hg. Chr. Radtke–W. Körber, 1984), 133–160 – E. Hoffmann, Beitr. zur Gesch. der Beziehungen zw. dem dt. und dem dän. Reich für die Zeit von 934 bis 1035 (ebd.), 105–132 – Ders., SpätMA und Reformation (Gesch. S.-Holsteins, IV, 2, 1990), 130–136, 371–374, 424ff., passim.

Schlettstadt (Sélestat), Stadt an der Ill im Unterelsaß (dép. Bas Rhin). 735 erstmals erwähnt, besaß S. 775 einen Hof, in dem Karl d. Gr. Weihnachten feierte. Hildegard v. Büren, Mutter →Friedrichs v. Hohenstaufen (36. F.), erbaute in S. eine Heiliggrabkirche (1087), die später Mönchen der Abtei →Conques anvertraut wurde; es entstand das reichsbegüterte Priorat St. Fides, das 1217 der neuen städt. Gemeinde einen bedeutenden Teil seiner Rechte abtreten mußte. Die sich entwickelnde Reichsstadt erhielt 1292 Stadtrecht, Wahrzeichen wurde die reich ausgestattete St. Georgkirche. Die Lage S.s an der für die elsäss. Wirtschaft bedeutenden Ill sorgte für einen bemerkenswerten Wohlstand. Der größte Teil der 5000 bis 6000 Einw. lebte von der Landwirtschaft. Der →Dekapolis gehörte S. seit ihrer Gründung an. In der 2. Hälfte des 15. Jh. wurde die Lateinschule zur Pflanzstätte des Humanismus; einer der berühmtesten Gelehrten war Jakob →Wimpfeling. F. Rapp

Lit.: J. Gény, Die Reichsstadt S. und ihr Anteil an den sozialpolit. und religiösen Bewegungen der Jahre 1490–1580, 1900 – M. Kubler u. a., S. 12 s. d'hist., Saisons d'Alsace, 1975 – P. Adam, L'humanisme à Sélestat, 1978 – F. Rapp, Die Lateinschule von S. ... (Stud. zum städt. Bildungswesen, AAG, 1983).

Schleuder, von Hirten erfundene, als Band- oder Stocks. verwendete Fernwaffe. Hauptstück ist ein ovaler Lederfleck als Lager für das Wurfgeschoß (Stein, Tonkugel, zweispitziges Bleistück) mit zwei angeknüpften Enden aus Band oder mehrfach verflochtenen Schnüren. Bei der Bands. wurde das eine Ende um die Finger gewickelt, das andere nur gehalten und beim Schwingen losgelassen, worauf sich der Lederfleck öffnete und das Geschoß freigab. Bei der Stocks. war das eine Band nahe dem Stockende befestigt, das andere Band geschlitzt und über das Stockende geschoben oder dort in einen Haken eingehängt, von dem es sich beim Schwingen löste.

Schleuderer gab es als Plänkler in fast allen Heeren der Antike. Im MA wurden sie bes. in den Heeren Süd- und Westeuropas verwendet. Berühmt für ihre Treffsicherheit waren Schleuderer von den Balearen.
E. Harmuth (†)/O. Gamber

Lit.: K. G. Lindblom, The Sling (Statens Etnografiska Mus., Smärre Meddelanden 17, 1940), 5–41 – H. Mahr, Die Steins., Zs. für Waffen- und Kostümkunde 6, 1964, 118–129.

Schleusen, Anlagen zum Niveauausgleich zw. unterschiedl. Wasserständen für die Schiffahrt. Die sclusae der frühma. Q. meinen zumeist noch Wehre oder einfache Wasserdurchlässe in Deichen und Dämmen. Auch der bedeutendste Kanalbau des FrühMA, die unvollendete →Fossa Carolina Karls d. Gr., verfügte noch über keine S.anlagen zum Niveauausgleich und sollte wohl als Teilstreckenfahrt betrieben werden. Früheste Belege für s.artige Anlagen bieten die in Q. des 12. und 13. Jh. v.a. für Mittelgebirgsflüsse erwähnten Wasserbauten, die als Staus. oder Laufs. in Mühldämmen und Staustufen Laufrinnen und Umgehungen für talwärts fahrende Schiffe boten (canale, *flutrinne*, Colbe/Saale 1150/1366; canale fluvium quod vulgari nomine flutrenne appelatur, Spandau 1232). Andere Staus. machten der Schiffahrt die erhöhten Wasserstand bei Ablaß des Mühlwassers direkt nutzbar: »Fahrt auf Schwellung« (Alster Hamburg, Wakenitz Lübeck, 14. Jh.), doch ermöglichte erst die Anordnung mehrerer Staustufen hintereinander »Fahrt auf Stauwasser«, den Schritt zur eigtl. Schiffss. (Kastens.). Dieses Verfahren wird in Dtl. erstmals 1480 auf dem 1390–98 eingerichteten →Stecknitzkanal zw. Lübeck (Trave) und Lauenburg (Elbe) faßbar. Daneben bieten auch die Siele der Deichbauten (→Deich- und Dammbau) in den Küstengebieten, die Binnenwasser ableiten und Flutwasser fernhalten sollten, techn. Vorstufen zur S. Hier ist jedoch unklar, ab wann in doppeltorigen Deichdurchlässen Kammers. den Niveauausgleich der Wasserstände ermöglichten, da die Terminologie der frühen Belege (*sluse*, 1243 Ardenburg; *spoya*, 1253 Spaandam; *kulck*, 1413 Gouda) mehrdeutig ist. Die auf den →Kanälen Oberitaliens ab dem 15. Jh. (1388/1439 Mailand, 1481 Padua) übliche Form der Muschels. (*conca*) verfügte über eine nur einseitig (unterhäuptig) geschlossene Kammer, ermöglichte aber schon Berg- und Talfahrt. Der erstmals 1452 von L. B. Alberti beschriebenen Kammers. gab Leonardo da Vinci 1497 mit Torschützen, Stemmtoren und Torangeln die techn. und hydrostat. ausgereifte Form.

K. Elmshäuser

Lit.: R. WREDEN, Vorläufer und Entstehen der Kammers., Beitr. zur Gesch. der Industrie und Technik 9, 1919 – M. ECKOLDT, Die Entwicklung der Kammers., Die Wasserwirtschaft 40, 1949/50, 255–260, 290–295.

Schlick, Arnolt, dt. blinder Organist und Komponist, * ca. 1460 Heidelberg?, † nach 1521 Heidelberg? Geburts- und Sterbeort werden nach sprachl. Kriterien seiner Schriften vermutet. S. war berühmt als Orgelbaufachmann, Organist, Orgelkomponist und Musiktheoretiker. So beziehen sich die überlieferten Lebensdaten fast ausschließl. auf Orgelspiel und Orgelprüfungen. Sein Traktat »Spiegel der Orgelmacher und Organisten« (Speyer 1511) ist das erste dt.sprachige Werk für Orgelbau und -spiel; nicht minder wichtig sind seine gedruckten Tabulaturen. Durch die Einbeziehung der kontrapunkt.-imitierenden Satztechnik der Vokalmusik in seine Orgelkompositionen war S. für seine Zeit bahnbrechend und für das 16. Jh. vorbildlich.

H. Leuchtmann

Ed.: Tabulaturen etlicher lobgesang und lidlein uff die orgeln un luten, hg. G. HARMS, 1924 – Spiegel der Orgelmacher und Organisten, hg. E. FLADE, 1931 [engl. Übers. mit Faks. E. B. BARBER, 1978] – Lit.: MGG – RIEMANN – THE NEW GROVE, s.v. – G. PIETZSCH, Q. und Forsch. zur Gesch. der Musik am kurpfälz. Hof zu Heidelberg bis 1622, 1963 – G. FROTSCHER, Gesch. des Orgel-Spiels und der Orgel-Komposition, I, 1966 – W. APEL, Gesch. der Orgel- und Klaviermusik bis 1700, 1967.

Schlick, Kaspar, →Kanzler, * um 1395/96 Eger, † 13. Juli 1449, zweitältestes von acht Kindern des im Tuchhandel erfolgreichen Ratsherrn (ca. 1407–23) Heinrich S. († 1431) und der einer nicht bekannten Bürgerfamilie angehörenden Barbara († ca. 1426). Er schloß sich nach Artes-Studium in Leipzig (1413/14) am Konzilsort Konstanz dem Hof Kg. Siegmunds an. Auf dessen Reise nach Spanien, Frankreich und England trat S. 1416 als Schreiber in die kgl. Kanzlei ein, wurde 1418 kgl. Familiar, 1424 notarius (specialis) bzw. secretarius (1422–27) und 1427 →Protonotar. Schon als Vizekanzler (1429) war er die einflußreichste Person am Hof. Nach der Ks.krönung Siegmunds, die S. als Rat v.a. gegenüber der Kurie und Venedig diplomat. vorbereitet hatte, würdigte Siegmund seine Verdienste am 31. Mai 1433 in Rom durch den Ritterschlag und die Ernennung zum (ersten Laien-)Kanzler eines röm.-dt. Herrschers. S. verhalf sowohl Siegmund durch die →Basler Kompaktaten (1435/36) als auch dessen Erben →Albrecht (2. A.) zur Anerkennung als Kg. v. Böhmen (1437) und wurde erneut Kanzler, als Albrecht röm.-dt. Kg. wurde. Bis dahin hatte S. seit 1430 die Bgft. v. →Eger und die benachbarten Besitzungen →Elbogen und Seeberg sowie weitere Güterschenkungen und Privilegien erlangt. Den Gipfel des sozialen Aufstiegs erreichte er als Freiherr ins. Weißkirchen sowie durch die Heirat (1437) mit Agnes, einer Tochter des schles. Hzg.s Konrad 'Kantner' v. →Öls-Cosel. Die Herrscherurkk. bzgl. seiner Erhebung zum Gf.en des ven. Bassano (del Grappa) dürften hingegen Kanzleifälschungen sein, mit denen er eine entsprechende Existenz seiner Söhne und Verwandten mittelfristig erfolgreich fundierte, die er aber als Kanzler (1442–49) Kg. Friedrichs III. persönl. nicht genutzt hat. Als Führer der in dessen »röm.« Kanzlei zentrierten, bes. in Enea Silvio Piccolomini (→Pius II.) personifizierten Fraktion humanist. beeinflußter Intellektueller wurde S. von einer um den Kammermeister Johann Ungnad gescharten, mit den →Wittelsbachern sympathisierenden Gruppe erbländ. Freiherren und Ritter (»steir. Weisheit«) angefeindet. Der gescheiterte Versuch, seinem Bruder Heinrich das Bm. →Freising zu verschaffen, sowie polit. Ränke und Mißerfolge gegenüber Mailand, Böhmen und Luxemburg–Burgund belasteten sein Verhältnis zum Kg., so daß er sich – noch im Amt – vom Hof nach Wien zurückzog, wo er starb und neben seiner Gemahlin († Dez. 1448) bei den Karmelitern beigesetzt wurde.

P.-J. Heinig

Lit.: A. ZECHEL, Stud. über K. S.: Anfänge, erstes Kanzleramt, Fälschungsfrage, 1939 – F.-R. ERKENS, Über Kanzlei und Kanzler Kg. Sigismunds, ADipl 33, 1987, 429–458 – P.-J. HEINIG, War K. S. ein Fälscher? (Fälschungen im MA, III, 1988), 247–281 – P.-J. HEINIG, Friedrich III. – Hof, Regierung, Politik [Habil. masch. Gießen, 1993].

Schlinge, ein gemeingerm. Element der Jagdtechnik. Die S.n spielen – wie schon in der Antike – eine große Rolle beim Fang von Vögeln und kleinerem Wild, aber auch von Reh-, Rot- und Schwarzwild. Sie werden in den Volksrechten mehrfach erwähnt, v.a. im Zusammenhang mit Bußbestimmungen für durch S.n zu Schaden gekommene Menschen und Nutztiere. Einfache S.n kommen als liegende, stehende oder hängende S.n, je nach dem zu fangenden Wild, in verschiedenen Größen vor. Bei den Schwerkrafts.n löst das zu fangende Wild einen Mechanismus aus, der durch Ausnutzung der Schwerkraft die S. schnell zuzieht und das gefangene Tier entweder tötet oder am Entkommen hindert. Bei den Schwippgalgens.n wird beim entsprechenden Mechanismus nicht die Schwerkraft, sondern die Spannkraft des Bogens, meist die Schnellkraft eines elast. Holzes (eines Asts oder Baumstammes), eingesetzt. Für Vögel und Federwild erscheinen die Schwippgalgens.n in feiner Ausführung als Sprenkel, doch werden sie in entsprechender Größe auch für Dachs, Fuchs und Hochwild verwendet.

S. Schwenk

Schlitpacher, Johannes v. Weilheim OSB, Verf. theol. Werke, Vertreter der Reformbewegung von →Melk;

* 4. Juli 1403 in Schongau am Lech, † 24. Okt. 1482 in Melk. Nach Studium in Ulm und an der Univ. Wien seit 1434 Mag. der Scholaren in Melk, 1436 Profeß, anschließend dort mehrfach Prior, Subprior und Vikar; Visitator mehrerer Kl. im Sinne des Reformgedankens, war 1451/52 unter Kard.legat →Nikolaus v. Kues an der Reform der Salzburger Kirchenprov. beteiligt. Von 1465–72 unterstützte er vergebl. Pläne zur Vereinheitlichung der Melker, →Kastler und →Bursfelder Observanz und vertrat die österr. Kl. auf Ordenskapiteln und Konferenzen. S.s größtenteils uneditiertes Œuvre umfaßt neben Komm.en zur Benediktsregel und zur Bibel zahlreiche Briefe, theol. Werke sowie geistl. Dichtungen, die v. a. die Erneuerung von Ordensregel und Kl.disziplin sowie theol. Bildung, aber auch die Verteidigung des →Konziliarismus thematisieren. S. verschaffte dem von →Petrus Wiechs v. Rosenheim (76. P.) vermittelten it. →Humanismus und dem Wiener Gelehrtentum vollends Eingang in die Kl. der Melker Reform. St. Freund

Lit.: DSAM VIII, 724f. – LThK[2] IX, 419f. – Verf.-Lex.[2] VIII, 727–748 [Ed., Lit.] – I. Zibermayer, MIÖG 30, 1909, 258–279 [Ed.] – B. Ellegast, Anfänge einer Textkritik zur Regel des hl. Benedikt (Stift Melk, Gesch. und Gegenwart 3, 1983), 8–91 – M. Bruck, Profeßbuch des Kl. Melk (ebd. 5, 1985), 161–177.

Schloß (Türschloß). Aus dem einfachen hölzernen Schieberiegel entwickelte sich die Sperrung des Riegels durch blockierende Sperrklötzchen, die beim »Ägypt. S.« (Fallriegels.) durch einen seitl. eingeschobenen Holzschlüssel gehoben wurden, beim »Hethit. S.« (Balanos.) durch einen T- oder L-förmigen →Schlüssel, der durch einen Türschlitz geschoben wurde. Diese Sperrstiftkonstruktionen wurden verdrängt durch das Drehs., das techn. auf das gr. »Lakon. S.« zurückgriff, bei dem der Schieberiegel mit Zahnung durch einen abgekröpften langen Schlüssel oder Sichelschlüssel entsperrt wurde. Beim eisernen Drehs. (Schnappfalle, altdt. Schnapps.), das seit dem 11./12. Jh. kunstvolle Ausgestaltung fand, mußte ein abgeschrägter Riegel mit Drehschlüssel entsperrt werden; durch Federdruck schnellte er in seine Verschlußlage zurück. Vorhänges.er folgten dem gleichen Konstruktionsprinzip. Teile des S.es sind: 1. Drehschlüssel mit Bart, 2. Riegel und Falle, 3. Zuhaltungen (Federn). Der Abweisung fremder Schlüssel diente die Besatzung, die um das Schlüsselloch gruppiert und befestigt wurde. Der einfachen Reifbesatzung (Blechstreifen kreisförmig gebogen, denen ein entsprechender Einschnitt im Schlüsselbart entsprach) folgten kompliziertere Eingerichte (Gewirre) bis hin zu den Kapelleneingerichten der Renaissance. Neben der Grundplatte hatte der S.kasten schmückende Bedeutung. Das außen auf der Tür angebrachte S.blech (im Hausbuch der Mendelschen Zwölfbrüderstiftung zu Nürnberg sind geschweifte, mit aufgelegtem Rankenwerk verzierte Abdeckplatten zu sehen) zeigt bis in die Barockzeit den V-förmigen Schlüsselfang. R. Reith

Lit.: F. W. Schlegel, Türs. und Beschlag, 1952 – Das Hausbuch der Mendelschen Zwölfbrüderstiftung zu Nürnberg, 2 Bde, hg. W. Treue u. a., 1964 – D. Prochnow, Schönheit von S., Schlüssel, Beschlag, 1966 – F. Nüssel, Schlüssel und S., 1984[4] – R. Kahsnitz, Meisterwerke Nürnberger Schlosserkunst im Germ. Nat.mus. (Das Nürnberger Schlosserhandwerk von den Anfängen bis 1985, 1985) – G. Mandel, Der Schlüssel. Gesch. und Symbolik der Schlüssel und S.er, 1993.

Schlosser (seratores, serifices), auch als Klein- oder Kunstschmiede bezeichnet, lösten sich als metallverarbeitendes Handwerk seit dem 14. Jh. aus der Gruppe der (Grob-) →Schmiede und bildeten mehrfach auch eigene →Zünfte (z. T. mit den Windenmachern, Sporern und Uhrmachern). Das Arbeitsgebiet der S. umfaßte insbes. die Anfertigung von →Schlössern (Vorhänge-, Tür- und Truhenschlösser), Haushaltsgegenständen und Geräten sowie die Verkleidung von →Türen und →Möbeln (Beschläge). Als Feuerarbeiter verwandten sie Esse und Amboß, Gesenke, Hämmer, Meißel, Zangen, Feilen und Bohrer. Die erste Abb. eines Schraubstockes, der die sog. Auflage ablöste, datiert von 1505 (Nürnberger Löffelholz-Hs.). In Köln wird 1313 erstmals ein faber gleichzeitig factor serarum gen., in Zürich wird erst 1357 ein Rüdi Slosser erwähnt, der erste sichere S. erhielt 1389 Bürgerrecht. Nürnberg zählte 1363 bereits 41 S., wobei die *Frumwerker* und *Reuzzenslozzer* (Flickschlosser) im 15. Jh. im Handwerk der S. aufgingen, das sich dann aufgliederte in die Platts., die Tür- und Truhenschlösser fertigten, in die Glots. (auch Lotmacher), die Vorhängeschlösser machten, und die Mahel- oder Maliens., die Kombinationsschlösser herstellten. Seit dem 15. Jh. sind im Zusammenhang mit der Herausbildung eines überregionalen Arbeitsmarktes (Gesellenmigration) in größeren Städten wie Frankfurt (1402), Basel (1417), Wien (Mitte 15. Jh.), Zürich und Ulm (1467), Nürnberg (1479) und Straßburg (vor 1484) auch Vereinigungen der S.gesellen belegt.
R. Reith

Lit.: F. Hegi, Gesch. der Zunft zur Schmiden in Zürich 1336–1912, 1912 – R. Stahlschmidt, Die Gesch. die eisenverarbeitenden Gewerbes in Nürnberg von den 1. Nachrichten im 12.–13. Jh. bis 1630, 1971 – W. Reininghaus, Die Entstehung der Gesellengilden im SpätMA 1981 – Das Nürnberger S.handwerk von den Anfängen bis 1985, 1985 – Lex. des alten Handwerks, hg. R. Reith, 1990[2], 202–207 [A. Bartelmess].

Schlüssel

I. Technik – II. Ikonographie, Symbolik.

I. TECHNIK: Als funktionaler Bestandteil des →Schlosses dient der S. dem Entsperren. Röm., bronzene S. (meist Schiebe- und Hebes.) wurden bereits im Gießverfahren hergestellt. Mit der Ausbildung des Drehschlosses (auch Schloßfalle oder altdt. Schnappschloß gen.) entwickelte sich die Form des eisernen, geschmiedeten Barts.s, wie ihn z. B. der →Sachsenspiegel zeigt. Der Barts. muß den unter Federdruck stehenden angeschrägten Schieberiegel durch seine Drehbewegung aus der Verschlußstellung bringen. Elemente des S.s sind Reide, Gesenk, Halm und Bart: Die Reide dient als S.ring und Griff; frühgot. S.griffe sind (im Gegensatz zu ringförmigen roman.) rautenförmig. An sie schließt das Gesenke, ein verdicktes Verbindungsstück (Anschlag, Kugelgesenk) zum Halm an, das ein Durchfallen des S.s verhindert. Der Halm (Schaft, Rohr) konnte massiv (frühgot. S. meist Volldorn), hohl (im Dorn geführt) oder durchschnitten sein, rund, drei- oder vierkantig, oder im Querschnitt drei- oder vielpaßförmig ausgebildet werden. Der Bart (meist hart angelötet) wurde zur Abweisung fremder S. oder Dietriche mit Einschnitten und Durchbrüchen versehen. Frühroman., roman. und frühgot. S. zeigen häufig schon kompliziert ausgebildete Bärte. Filigranartige Durchbrechungen des Bartes in Kreuz-, Stern- oder Mäanderform und ihre verschiedenartigen Kombinationen bildeten das Pendant der Aufsperr-Erschwernisse im Drehbereich des S.s, der Reifen, Besatzungen, Eingerichte (Wirrnisse) sowie der komplizierten Kapelleneingerichte der Renaissance. Kammbarts. (Bohr-, Schneide- und Drehtechnik) setzen im 15. Jh. ein. Die Ordnungen der Schmiede und Schlosser stellten die Herstellung falscher (Haken-)S. und Dietriche unter Strafe. R. Reith

Lit.: V. J. M. Eras, Locks and Keys throughout the Ages, 1957 – F. W. Schlegel, Kulturgesch. der Türschlösser, 1963 – D. Prochnow, Schönheit von Schloß, S., Beschlag, 1966 – F. Nüssel, S. und Schloß,

1984⁴ – G. MANDEL, Der S. Gesch. und Symbolik der S. und Schlösser, 1993.

II. IKONOGRAPHIE, SYMBOLIK: Symbol der Zugangs- und Verfügungsgewalt und als solches in vielfältigen Zusammenhängen in Text, Bild und Brauch auftretend. Zeichen der Gewalt über jenseitige Bereiche z. B. in Offb 1, 18, der »Menschensohn« der Leuchter-Vision mit den »S.n des Todes und der Unterwelt«; entsprechende Darstellungen in vielen Apokalypse-Ill., so in der nordspan. Roda-Bibel (Paris BN lat. 6), Mitte 11. Jh., in der Koblenzer Bibel (Pommersfelden, Hs. 334), 1067/77, im Bildzyklus aus Offb im Querhaus der Kirche von Castel Sant'Elia bei Nepi, frühes 12. Jh. (HOEGGER, Abb. 17f., 20) und in engl. Apokalypse-Hss. des 13. Jh. (KLEIN, Taf. Sp. 80 und Abb. 47f.), sowie im Liber Floridus des 12. Jh. in Wolfenbüttel (KLEIN, Abb. 42). Auch der Engel aus Offb 20, 1–3, der mit der »clavis abyssi« den Satan im Abgrund verschließt, ist in den engl. Apokalypsen sowie in engl. Bildern des Jüngsten Gerichts (Liber Vitae, London BL Ms Stowe 944, 1031?; Winchester-Psalter, London BL Ms Cotton Nero C. IV, Mitte 12. Jh.) dargestellt. – Bes. Bedeutung erlangen die nach Mt 16, 19 von Jesus dem Petrus verliehenen »S. des Himmelreichs«, da die Textstelle in Bezug auf den Primat Petri und die ihm und seinen Nachfolgern verliehene »plenitudo potestatis« ausgelegt wird. Die S. bilden daher schon in der Spätantike öfter (Sarkophag in Classe, 4. Jh.; Ikone des Sinai-Kl., 6. Jh.) und seit dem frühen MA durchgehend das typische Attribut des Apostelfürsten. Sie können in der Ein- und Mehrzahl auftreten und damit auf unterschiedl. Deutungen anspielen, die z. T. im ma. Kirchenrecht ihren Niederschlag finden: Ein S. bedeutet die eine Binde- und Lösegewalt; diese enthält jedoch unterschiedliche, durch die zwei zusammengebundenen S. repräsentierte Aspekte, die »scientia discernendi« und die »potentia judicandi« (Gratian, Decr. I dist. XX 2; Petrus Lombardus, Sent. IV dist. 18, 2); die Bedeutung von drei S.n, die selten, aber schon auf der Sinai-Ikone vorkommen, ist bisher nicht geklärt. – Der Papst als Nachfolger Petri beansprucht die S. auch für sich: Petrus reicht sie ihm im Sachsenspiegel, ebenso den Päpsten Urban VI. († 1389; Sarkophagrelief) und Eugen IV. (Mittelfür von St. Peter, 1445). Fahne und Wappen der Kirche zeigen die nebeneinander hängenden bzw. gekreuzten S. Bei Dante führt der Engel an der Pforte des Purgatorio (IX 73ff.) die päpstl. S. und das bloße →Schwert, wobei die Kombination der Symbole ebenfalls der päpstl. Doktrin und Ikonographie (z. B. Sachsenspiegel) entspricht. – Im weltl. Bereich kommt dem S. als Symbol v. a. im Rechtswesen Bedeutung zu, so z. B. im Sachsenspiegel Belehnung durch Überreichen des Kirchen-S.s. Durch Überreichung der S. auf der Lanzenspitze wird auf dem Bildteppich v. →Bayeux die Übergabe der Burg Dinan an den norm. Hzg. Wilhelm vollzogen. Seit dem SpätMA ist der S. auch Attribut des Kämmerers.

U. Nilgen

Lit.: DACL III/2, 1859–1867 – LThK IX, 422 – LCI IV, 81–85 [J. POESCHKE] – HRG IV, 1443–1451 – K. V. AMIRA, Die Dresdener Bilderhs. des Sachsenspiegels, 1902 – P. HOEGGER, Die Fresken von S. Elia bei Nepi, 1975 – P. KLEIN, Endzeiterwartung und Ritterideologie, 1983 – P. RÉFICE, Le chiavi del Regno, Arte medievale, 2. ser. 4/2, 1990, 59–64.

Schlüsselberg, Herren v., Edelfreiengeschlecht, in seiner Frühzeit auf die Burgen Adelsdorf, Creußen und Greifenstein ausgerichtet, benannte sich zw. 1219 und 1347 nach dem Stammsitz S. (Alt-Lkrs. Ebermannstadt), obwohl der Herrschaftsschwerpunkt bald nach 1216 nach Waischenfeld weiterverlegt wurde. Die S.er bauten in der Berührungszone der Bgft. →Nürnberg sowie der Hochstifte →Würzburg und →Bamberg v. a. auf der Grundlage von Rodungstätigkeit und des rigoros gehandhabten →Geleitrechts ein mit zahlreichen Burgen durchsetztes Territorium auf, das sie durch konsequente Anlehnung an Ks. Ludwig d. Bayern gegen die Nachbarn zu behaupten suchten. Mit Konrad v. S., der 1347 im Kampf um seine Burg Neideck fiel, endete das Geschlecht, dessen Herrschaftsraum von den Siegern aufgeteilt wurde.

A. Schmid

Lit.: H. H. HOFMANN, Territorienbildung in Franken im 14. Jh., ZBLG 31, 1968, 380, 393 – SPINDLER III/1, 171, 310, 314.

Schlüsselfelder, Heinrich. Der Name H. S. ist im Nürnberg des 15. Jh. viermal belegt: 1. Heincz (Heinrich) S. († 1442), ⚭ 2. Barbara Stromer († 1449); er hatte sechs Kinder, von denen zwei den Namen Heinrich trugen (in den Totengeläutbüchern »der elt« und »der jung« gen.). 2. Heinrich »der elt«, wohnhaft »an der ledergassen« († 1483); bereits 1420 Genannter des großen Rats, ⚭ 1. Anna v. Weiden, 2. Elsbett († 1476); sechs Kinder. 3. Heinrich »der jung« († 1491); 1476 und 1485 Siegler, seit 1476 Genannter der großen Rats, ⚭ Anna Ebner († 1475); drei Kinder. 4. Heinrich († 1518), der Sohn des 2. Heinrich, wohnte ebenfalls in der »ledergassen«, ⚭ Othila Imhof († 1490).

Der Name H. S. steht literarhist. mit zwei Übers.en aus dem Italienischen in Zusammenhang: mit einer dt. 'Fiore di Virtù'-Prosa und der ersten dt. 'Dekameron'-Übers. Der dt. 'Fiore di Virtù' behandelt nach der it. Vorlage des 14. Jh. didaktisierend →Tugenden und Laster. Er ist in den Hss. H (Hamburg, Cod. 106 in scrino, S. 1–158; dat. 28. Aug. 1468) und S (St. Gallen Vadiana, Ms. 484, Bl. 1–127; dat. 24. Nov. 1468) überliefert. In S nennt sich am Ende ein »armer elender« H. S. mit dem Hinweis auf »mein werkke«. Daraus läßt sich auf Entfernung von Nürnberg sowie Übersetzerschaft (evt. auch nur Schreibertätigkeit) schließen. In H steht am Schluß lediglich die it. Vornamensform »Arigo«. Ob überhaupt und welch ein ursprgl. Nürnberger H. S. damit gemeint ist, bleibt offen. Seit BAESECKE wollte man aus der Namensgleichheit mit dem Bearb. der ersten dt. 'Dekameron'-Übers. (»Arigo« im Erstdr. ca. 1476) Identität der Person ableiten. Neuere Forsch. (BERTELSMEIER-KIERST) sprechen aus dialektgeogr., stilkrit., lit. soziolog. und inhaltl. Gründen gegen diese Identität.

J. Knape

Lit.: Verf.-Lex.² VIII, 752–758 [J.-D. MÜLLER] – F. VOGT, Arigos Blumen der Tugend [mit Textauszügen], ZDPh 28, 1896, 448–482 – G. BAESECKE, Arigo, ZDA 47, 1904, 191 – C. BERTELSMEIER-KIERST, 'Griseldis' in Dtl. Stud. zu Steinhöwel und Arigo, 1988.

Schlüsselgewalt. [1] Die Metapher vom Schlüssel hat in der ntl. Botschaft komplexe Bedeutung; der Schlüsselbesitz besagt Vollmacht (nicht einfach »Pförtnerdienst«). Jesus Christus, der erhöhte Herr, hat die Schlüssel der Unterwelt (Offb 1, 18); er allein erschließt (und verschließt) den Eingang in die Gottesherrschaft (Mt 7, 21–23). Die Vollmacht »zu binden und zu lösen« – singular. Petrus verliehen (Mt 16, 19; vgl. Joh 21, 15–17) und im Plural der Jüngergemeinde (Mt 18, 18; vgl. Joh 20, 23) – geschieht ebenso in der Verkündigung des Evangeliums von der Gottesherrschaft wie im Bußgericht, das unterschiedl. Formen hat: Zurechtweisung, Ausweisung (→Exkommunikation, →Bann), Verdammung (→Anathem). Der Ausschluß aus der Gemeinschaft (der Eucharistie) in der altkirchl. Bußpraxis 'bannt' (bindet) den Sünder in seiner Schuld, damit sich dieser in einer heilsamen Buße der Vergebung würdig erweise (Ambrosius, De paenitentia I, 2, 7, CSEL 73, 122f.). Die Wahrnehmung der S. ist nicht Sache der Charismatiker (so Tertullian, De pudicitia c. 21), sondern Aufgabe der Episkopen. Ein Gegensatz zw. der singulären petrin. und gemein-apostol. S. des Papstes und der Bf. e konnte in der Väterzeit um so weniger aufkommen, als auch die petrin. S. in der doppelten Begrenzung verstanden wurde: sie gründet im Felsen, der Christus ist, und sie ist dem einen (Petrus), um der Einheit (der Kirche) willen, verliehen (Augustinus, In Joan. tr. 124, n. 5, CCL 36, 684f.)

Im komplexen Kontext der Überlieferung legten die karol. Theologen, Hrabanus Maurus (Comm. in Mt, MPL 107, 992) und – für die ma. Tradition entscheidend – →Beda, Homil. Evang., I hom. 20 (CCL 122, 145) den Plural als Schlüssel des (Unterscheidungs)wissens und der Gewalt aus. Grammatikal. Überlegungen und der bibl. Sprachgebrauch von der »clavis scientiae« (vgl. Lk 11, 52) waren maßgebend. Manche Theologen des 12. Jh. (z. B. →Odo v. Ourscamp, →Robert de Courson) und viele Kanonisten auch im 13. Jh. (z. B. Raimund v. Peñafort, Summa de penitentia III c. 34 § 1) hielten dafür, daß es nur einen Schlüssel gäbe. Petrus Lombardus (Sent. IV d. 18 c. 3, ed. 1981, 356), Wilhelm v. Auxerre, Praepositinus u. a. verschaffen der Lehre von den zwei Schlüsseln allg. Geltung, und begründeten, daß und wie der Wissensschlüssel im Weihesakrament verliehen werde. In der Auseinandersetzung um die letztgültige Lehrentscheidung des Papstes in strittigen Glaubensfragen gewann die »clavis scientiae« noch im 14. Jh. große Bedeutung (vgl. TIERNEY, 171–186).

Die dreifache Funktion der S. im Bußsakrament stand in der scholast. Theol. unter dem unbestrittenen Vorbehalt, daß die Gnade der Sündenvergebung schöpfer. Tat Gottes sei, zu der kein Geschöpf – auch nicht die Kirche – mitwirken könne. Kraft der S. zeigt der (Buß)priester die Lösung von den Banden der Sünde an; er legt die heilsame Buße auf bzw. gewährt deren Nachlaß und spricht den Bann bzw. dessen Lösung aus (Petrus Lombardus Sent. IV d. 18 c. 6, ed. 1981, 361f.). Diese Ausführungen haben alle scholast. Theologen bei der Sentenzenlesung oft in scharfen Kontroversen diskutiert (vgl. Richard v. St. Victor, Tract. de potestate ligandi et solvendi, MPL 196, 1159–1178). Die Einbindung des sakramental. S. in das Ganze der kirchl. Heilsvollmacht und deren Zuordnung zur Konsekrationsgewalt bedachte Thomas v. Aquin (S. th. suppl. q. 20 a. 1 ad 1) mit der Unterscheidung von »corpus Christi mysticum« und »corpus Christi verum«.

[2] Die apostol. S. ist Teilhabe am (dreifachen) →Amt Jesu Christi; sie wurde Petrus und in kollegialer Gemeinschaft den Aposteln verliehen (Ps.-Isidor, Ep. II Anacleti c. 24; Gratian, Decret I d. 21 c. 2, ed. FRIEDBERG I, 69). Nach einem aus derselben Q. stammenden Brief des Ps.-Clemens hat →Petrus die S. seinem Nachfolger als universale pastorale Vollmacht verliehen. Und was vom Ersten in einer heilsökonom. Reihe gilt, gilt von jedem einzelnen in der Reihe. Diese vorrangige petrin. S. mußte in der ma. Theol. nach innen und nach außen gesichert werden. Im Univ. s- und Mendikantenstreit und v. a. in den Auseinandersetzungen um das (durch päpstl. Privilegien) den Mendikanten eingeräumte Pastoralstatut (freie Predigt, Verwaltung des Bußsakramentes) wurde auf die Grenzen der päpstl. S. hingewiesen. Unter Berufung auf das Prinzip einer presbyteral verfaßten S. machte der Weltklerus die in der Aussendung der 72 Jünger (Lk 10, 1) ihm überkommene S. vor Ort geltend. Die höchst engagierten Theologen und Prälaten versäumten es aber weithin, die episkopale Grundordnung der kirchl. S. herauszuarbeiten. Heinrich v. Gent erging sich im »Tractatus super facto praelatorum et fratrum« (ed. Opera omnia XVII, 1989) in endlosen Diskussionen über die z. T. gegensätzl. Canones und Vätersentenzen. →Johannes de Polliaco († nach 1321) erkannte, daß diese Methode nicht zum Ziel führen konnte und konzentrierte sich in seiner 2. Verteidigungsschr. (uned. Cod. lat. B VII 9, Univ. Bibl. Basel) auf die bibl. Textgrundlagen der apostol. S. Deren »fundamentalistische« Auslegung brachte ihn auch in Gegensatz zum kirchl. Lehramt.

Auch nach außen mußten Wesensform und Gestalten der päpstl. S. krit. geklärt werden. In den scholast. Traktaten »De potestate papae« (bzw. »Ecclesiae«), die ein eigenes lit. Genus bilden, wurde das Schlüsselwort ebenso zur Begründung der universalen geistl. Vollmacht des Papstes ausgelegt (z. B. Johannes v. Paris OP, Tract. de potestate regia et papali, c. 14, ed. J. LECLERCQ, 1942, 217–221), wie auch für die Idee des päpstl. »Weltmonarchen« in Anspruch genommen (vgl. Franciscus de Meyronnes OFM). Am Ende des 14. Jh. waren sich aber nicht einmal alle Theologen einig, daß aus dem Schlüsselwort Mt 16, 19 der →Primat des Papstes unter den Bf.en gefolgert werden könnte. Der Pariser Mag. Jean Courtecuisse († 1423) hält zwar diese Auslegung für begründet, aber er muß gestehen, »daß sie nicht evident aus der Hl. Schrift folgt« (Tract. De fide et Ecclesia, ed. L.-E. Dupin, 1706, 882).

L. Hödl

Lit.: J. RATZINGER, Der Einfluß des Bettelordensstreites auf die Entwicklung der Lehre vom päpstl. Universalprimat (Fschr. M. SCHMAUS, 1857), 697–724 – L. HÖDL, Die scholast. Lit. und die Theol. der S. von ihren Anfängen an bis zur Summa Aurea des Wilhelm v. Auxerre, 1960 – U. HORST, Münchener Theol. Zs 11, 1960, 191–201 – H. ROSSMANN, Die Hierarchie der Welt. Gestalt und System des Franz v. Meyronnes OFM., Franziskan. Forsch. 23, 1972 – H. VORGRIMLER, Buße und Krankensalbung, HDG IV/3, 1978 – B. TIERNEY, Origins of Papal Infallibility 1150–1350, 1988.

Schlußmodi. Im 10. Jh. gewann das Studium der →Logik im abendländ. Bereich zusehends an Bedeutung. Bis zum 12. Jh. wurden die Erörterungen der log. S. bes. von den folgenden Werken des →Boethius (ca. 480–524) beeinflußt: Introductio ad syllogismos categoricos (erster Teil der Neufassung seiner Schrift De syllogismis categoricis), De hypotheticis syllogismis und De topicis differentiis. Obwohl Boethius das aristotel. Organon (ohne die Zweiten Analytiken) übersetzt hatte, war es nur unvollständig bekannt. Die darin enthaltenen Werke über die Folgerungen, die Ersten Analytiken, die Topik und die Sophistischen Widerlegungen, wurden erst im 12. Jh. wiedergefunden. Die zwei Abhandlungen von Boethius über die kategor. Syllogismen zeigen, wie die aristotel. Syllogistik in der Spätantike gelehrt wurde. Das Werk über die hypothet. Syllogismen behandelt zusammengesetzte Aussagen, bes. konditionale Sätze, und entsprechende S. Es enthält auch einige Ideen der stoischen Aussagelogik, z. B. die Schluß-Schemata modus ponens und modus tollens, die Elemente der kategor. und hypothet. Syllogismen waren auch im vierten Buch des später einflußreichen Werks De nuptiis Philologiae et Mercurii von →Martianus Capella (5. Jh.) dargestellt. Die Abhandlung über die Topik, De topicis differentiis, ist eine Theorie von der Erfindung der dialekt. Argumente durch die loci (gr. topoi), die aus argumentationstheoret. Schlüsselbegriffen (differentiae, z. B. 'Gattung', 'Art') und aus den an sie anschließenden Regeln (maximae propositiones) bestehen. Die Regeln zeigen, wie man ein top. Argument bilden kann, z. B. 'Die Eigenschaften, die zu einer Gattung gehören, gehören auch der Art an'.

Neben diesen Hauptgebieten der mittelbaren Folgerungen kannten die Logiker des FrühMA die traditionellen

Lehren von den unmittelbaren Schlüssen durch Umkehrung der Terme der Aussagen und die log. Zusammenhänge zw. den Eigenschaften der allg. bejahenden und verneinenden und partikulär bejahenden und verneinenden Aussagen. Schon Apuleius hatte einige von ihnen, De interpretatione von Aristoteles folgend, durch das sog. log. Quadrat dargestellt.

Carlandus Compotista betrachtet in seiner Dialectica (11. Jh.) die kategor. Syllogismen, die hypothet. Syllogismen und die Topik, die er als eine Lehre von der Erfindung und Konfirmation der wahren konditionalen Prämissen von hypothet. Syllogismen interpretiert. Einige Logiker des 12. Jh. haben die Topik ähnlich mit der Theorie von hypothet. Schlußformen verbunden, doch wurde es dann gewöhnlicher, die Topik auf die kategor. Syllogismen zu beziehen, wie zum Beispiel in den aus der Mitte des 13. Jh. stammenden Logikkompendien von →Wilhelm v. Shyreswood, →Petrus Hispanus und →Lambert v. Auxerre. Die Neuentdeckung der Ersten Analytiken, wo die aristotel. Theorie von den Syllogismen in der ursprgl. Form zu lesen war, hatte einen Einfluß auf die Stärkung der Rolle der kategor. Syllogistik. In den eben gen. Lehrbüchern sind die syllogist. Modi nach den damals im Unterricht gebrauchten und immer noch benutzten mnemotechn. Ausdrücken benannt (Barbara Celarent usw.). Die Buchstaben zeigen die Form des Modus und wie man die Gültigkeit der Modi der zweiten und dritten Figur zeigen kann. Die aristotel. Lehre von der Erfindung der syllogist. Prämissen für einen gegebenen Schlußsatz (inventio medii) wurde weiterentwickelt und graph. dargestellt. Diese Figuren, die mit mnemotechn. Ausdrücken versehen sein konnten, wurden später Eselsbrücken genannt. Obwohl die Logiker die von Aristoteles nicht systemat. entwickelten indirekten Modi der ersten Figur (mit Termen des Schlußsatzes in umgekehrter Ordnung) behandelten und sie in die Liste der Syllogismen eintrugen, haben sie die vierte syllogist. Figur, dem arab. Philosophen Averroes folgend, nicht akzeptiert. Sie wurde von Gersonides (1288–1344) und von einigen anderen jüd. Logikern verteidigt. Die erste arab. Übers. der Ersten Analytiken stammt aus dem 9. Jh. Manche auf arab. schreibende Logiker behandelten die aristotel. Syllogistik, und einige von ihnen, z. B. Avicenna (11. Jh.), waren auch an den hypothet. Schlüssen interessiert.

In der Logik des 14. Jh. (z. B. →Wilhelm v. Ockham, →Johannes Buridan, →Walter Burleigh, →Albert v. Sachsen) nahm die sich rasch entwickelnde Konsequenzlehre eine maßgebende Stellung ein. Die Folgerungsbeziehungen zw. Aussagen wurden in die formalen und materialen Konsequenzen geteilt (consequentia formalis, consequentia materialis). Die letzteren sind Konsequenzen, die durch verschiedene Ergänzungen auf die ersteren zurückgeführt werden müssen, um gültig zu sein (consequentia bona). Die formalen Konsequenzen wurden als notwendig und kraft ihrer Form gültig betrachtet. In ihrer Theorie der Konsequenzen haben die Scholastiker die Resultate der ma. Sprachlogik berücksichtigt und eine große Zahl der aussagenlog. und prädikatenlog. Schlußregeln dargestellt. Die kategor. Syllogismen wurden als formale Konsequenzen betrachtet, und die gültigen top. Argumente mit materialen Folgerungen identifiziert.

Manche der Einzelfragen der spätma. Konsequenzlehre waren schon früher diskutiert worden. Im 12. Jh. eröffnete Petrus →Abaelard eine große Debatte über die Wahrheitsbedingungen des Konditionalsatzes. Wenn es für die Wahrheit genügt, es sei unmöglich, daß der Vordersatz wahr und der Nachsatz falsch ist, dann folgen die sog. Paradoxen der strengen Implikation: ex impossibilis quidlibet und necessarium a quolibet. Die Diskussion über diese Prinzipien und über die mögliche Qualifikation der gen. Wahrheitsbedingung, die ein allg. angenommener Ausgangspunkt war, begann im 12. Jh. und wurde dann ein feststehender Teil der ma. Logik. Im 13. Jh. wurde die Konsequenzlehre durch die von der aristotel. Topik beeinflußt und durch die in Logikübungen praktizierte neue Disputationslogik (De obligationibus) und durch das Studium der Sophismen, Trugschlüsse und synkategoremat. Ausdrücke entwickelt.

Eine der wichtigsten Leistungen der spätma. Logik war die Theorie von Modalschlüssen, die mit einer neuen Modalsemantik verbunden war. Die verschiedenen Interpretationen der Modalaussagen (z. B. de dicto, de re) und ihrer Zusammenhänge wurden systemat. studiert. Wilhelm v. Ockham, Johannes Buridan und einige andere zeigten, daß es keine einheitl. Interpretation der Modalaussagen gibt, die die Modi der aristotel. Modalsyllogistik retten könnte. Die ma. Diskussionen über die assertor. und modalen Konsequenzen hatten eine beträchtl. Nachwirkung bis zum 17. Jh.   S. Knuuttila

Lit.: J. Ashworth, Logic and Language in the Post-Medieval Period, 1974 – The Cambridge Hist. of Later Medieval Logic, hg. N. Kretzmann, A. Kenny, J. Pinborg, 1982 – N. J. Green-Pedersen, The Trad. of the Topics in the MA, 1984 – E. Stump, Dialectic and its Place in the Development of Medieval Logic, 1989 – Argumentationstheorie, hg. K. Jacobi, 1993 – A. Broadie, Introduction to Medieval Logik, 1993 – S. Knuuttila, Modalities in Medieval Philos., 1993 – M. Yrjönsuuri, Obligationes. 14th Century Logic of Disputational Duties, 1994.

Schlußstein → Gewölbe

Schmähdichtung
I. Romanische Literaturen – II. Deutsche Literatur – III. Englische Literatur – IV. Altirische Literatur – V. Skandinavien.

I. Romanische Literaturen: Das altprov. Rüge- und Scheltlied des 12.–13. Jh. ist formal der →Canzone nachgebildet und trägt die Gattungsbezeichnung →sirventes (sirvent 'Diener') = »Dienstlied«, ursprgl. im Dienst eines Herren und zu seinen Ehren verfaßtes Gedicht. Das sirventes greift Sittenzustände (Peire →Cardenal), einzelne Personen oder Standesvertreter (Adlige, Geistliche, Troubadourdichter) sowie zeitgenöss. Geschehnisse (Kriege, Kreuzzüge) satir.-krit. an.

Die *galegoptg. Dichtung* weist eine bes. reiche, nach prov. Vorbild überformte Überlieferung von *cantigas d'escarnho e maldizer* auf. Die dem Cancioneiro da Biblioteca Nacional vorangestellte Poetik unterscheidet cantigas d'escarnho von cantigas de maldizer. Jene sprechen »mit doppelsinnigen Worten..., die die Kleriker equivocatio nennen« (aequivocatio, geschickt und scharfsinnig ausgedrückter Doppelsinn, der absichtl. Mißverständnisse hervorruft und damit die gemeinte Sache oder Person der Lächerlichkeit preisgibt). In den cantigas de maldizer haben die Wörter dagegen keinen Nebensinn und sprechen die Verunglimpfung eindeutig aus. »Schlecht über jemanden reden« ist mit einem dichten Wortfeld im Galego-Ptg. belegt (escarnecer, escarnir, fazer jogo, travar, apoer, chufar, desdizer; porfazamento). Nicht von ungefähr tragen manche Dichter Spottbeinamen (Airas Corpancho, Nuno Porco, Fernand'Esquyo, Joan Zorro, Aires Peres Vuituron, Esgaravunha). In den »Siete Partidas« Kg. →Alfons' X. v. Kastilien finden sich Anspielungen auf »malas cantigas« (VII, 31, 3), die als Rufschädigung und Ehrabschneidung einen Strafbestand darstellen. Durch »cantigas o por rimas (rhythm., satir. Kompositionen) o por famoso libelo« (carmen famosum, Schmähschrift, bissige Satire auf jemanden) kann man eine Person entehren (deshonrar), was einen strafbaren Tatbestand darstellt (VII, 9. 3). Klerikern ist es verboten »ser hacedores de juegos por escarnio«, daran teilzunehmen oder sie aufführen zu lassen. Juegos de escarnio waren wahrscheinlich dramat.-burleske Farcen, mim.-parod. Dialogsketche (I, 6, 34).

Viele der Cancioneiro-Dichter, die die Liebeslyrik pflegten, verfaßten auch cantigas d'escarnho e maldizer, nicht selten beleidigende, grobe und obszöne Verssatiren, deren Opfer mit Namen genannt werden. Inwieweit anekdot.-biograph. Anspielungen tatsächlich zutreffen, läßt sich schwer ausmachen. Spott, groteske Übertreibung, Scherz, Ironie, Beschimpfung, Parodie und Sarkasmus gehören zur Lästerrede mit ihren spieler.-kom. und unterhaltsamen Elementen. Zum Zweck des Lachens und Lächerlichmachens sind den Spielleuten und Troubadours alle Mittel gelegen. Die →cantigas inszenieren den Alltag humoristisch, spöttisch und spitz in deftiger, volkstüml. familiärer Sprache. Das reiche Vokabular, Anspielungen, Metaphern, Wortspiele, Zweideutigkeiten sind nicht ohne weiteres verständlich. Kg. Alfons X. v. Kastilien lästert in seinen Spott- und Schmähliedern über zeitgesch. Ereignisse und Gestalten (z. B. über den Dichter Pero da Ponte oder feige Ritter im Kampf gegen die »Wüstenreiter«, die maur. Eindringlinge). Die escarnio-Technik setzt sich fort bis in die Cancionero-Lyrik des 15. Jh. (Alfonso Alvarez de Villasandino im →Cancionero de Baena, Obras de burla provocantes a risa im →Cancionero General).

D. Briesemeister

Zu den anderen roman. Literaturen→Satire, III, →Tenzone.

Ed.: T. Cantigas d'escarnho e de maldizer dos cancioneiros medievais galegoport, ed. M. RODRIGUES LAPA, 1970² – *Lit.*: GRLM VI, 1, 309–313, 272–274 – W. METTMANN, Zu Text und Inhalt der altptg. Cantigas d'escarnho e de mal dizer, ZRPh 82, 1966, 308–319 – K. R. SCHOLBERG, Sátira e invectiva en la España medieval, 1971 – W. ZILTENER, ZRPh 90, 1974, 289–306 – F. NODAR MANSO, El caracter dramático-narrativo del escarnio y maldecir de Alfonso X, Revista Canadiense de Estudios Hispánicos 9, 1985, 405–421 – DERS. La Parodia de la literatura heroica y hagiográfica en las Cantigas de escarnio y mal decir, Dicenda 9, 1990, 151–161.

II. DEUTSCHE LITERATUR: Wie in der vorwiegend lat. →Publizistik des MA ist das Mittel der Schmähung eines Gegners oder einer gegner. Partei ein beliebtes und wirkungsvolles Mittel der mhd. →polit. Dichtung. Erster und auch später nie mehr übertroffener Meister war hierin →Walther von der Vogelweide (Anfang 13. Jh.), der offenbar sowohl persönl. als auch insbes. polit. Gegner (und diese mit größter Wahrscheinlichkeit jeweils im Auftrag) mit geradezu perfider Treffsicherheit diffamierte, so etwa Papst Innozenz III. (34, 4/34, 14), den er in einer Art 'Sketch' als intriganten und geldgierigen Ausländer (!) auftreten ließ und damit, gemäß einer Gegenpolemik des →Thomasin v. Zerklaere (»Der Wälsche Gast«, v. 11091ff.), großen publizist. Erfolg hatte; oder den Eisenacher Ministerialen Gerhard Atze (82, 11; 104, 7), den er wegen eines erschossenen Pferdes attackierte. Aber auch sonst in der polit. Lyrik werden Schmähungen verwendet, so etwa in den polit. Erzähl- und Kampfliedern des späten MA, bei der damals häufigen Polemik gegen Papst und Kirche sowie insbes. bei →Oswald v. Wolkenstein (ca. 1377–1445). Ziel von S.en sind im späten MA dann Juden, Häretiker ('Ketzer') und Hexen.   U. Müller

Lit.: →Satire, →Polit. Dichtung.

III. ENGLISCHE LITERATUR: Schmähreden sind bereits aus der ae. Lit. bekannt (→»Beowulf«: Unferth-Episode). In me. Zeit tauchen sie, wie gegen →Richard v. Cornwall im »Song of Lewes« (1264/65; Ind. 3155), v.a. im Rahmen polit. Auseinandersetzungen auf. In den Kontext der engl.-schott. Kriege gehören »The Execution of Simon Fraser« (1306; Ind. 1889) und drei Gedichte →Minots, andere, wie »The Flemish Insurrection« (1302; Ind. 1894), »Scorn of the Duke of Burgundy« (1436; Ind. 3682), →Lydgates [?] »Song against the Flemings« (Ind. 2657), sind vor dem Hintergrund von Englands Interessen auf dem Kontinent zu sehen. Vorläufer sind aus sprachl., gattungs- und überlieferungsgeschichtl. Gründen selten und nur bruchstückhaft z. B. in den →Chroniken (G. II) von →Matthäus Paris (Lied der Flamen gegen den Duke of Leicester, 1173), Langtoft (und →Mannyng; gegen die Schotten) und Wyntoun (gegen die sog. 'Black Agnes', 1337; s. auch Ind. 1934, gegen die Engländer) erhalten (vgl. auch die Verse gegen die Ratgeber Richards III. bei Fabyan). Beispiele für den Angriff auf unbeliebte Einzelpersonen geben die beiden Gedichte gegen den Duke of Suffolk (1450; Ind. 2338, 1555). Hinweise auf weitere Verbreitung von S.n liefern die Verse gegen den Mayor of Cambridge (1418; Suppl. 1941.8) und das →*carol* gegen einen sonst unbekannten Jon Clerk of Torrington (Suppl. 1793.6). – Verunglimpfung des Gegners ist auch ein Element des →Streitgedichts (→»Owl and Nightingale«). Sie ist gattungsbestimmend in der speziellen Form des Dichterwettkampfes (vgl. bereits →Michaels v. Cornwall [lat.] Verse gegen →Heinrich v. Avranches), dem 'Flyting', dessen Hauptvertreter das »Flyting of →Dunbar and Kennedy« ist. Spott auf einzelne Städte etc. hat ein frühes Beispiel in →Laʒamons Bemerkung über die Einwohner v. Dorchester (»Brut«, 14744–80). Beispiel für ein Spottepitaph vor Dunbars »Epetaphe for Donald Oure« ist Ind. 1207. →Satire.   K. Bitterling

Bibliogr.: ManualME, bes. 3.VII und 5.XIII – C. BROWN–R. H. ROBBINS, The Ind. of ME Verse, 1943 [Suppl., 1954] – *Lit.*: R. M. WILSON, The Lost Lit. of Medieval England, 1952, 1970² – V. J. SCATTERGOOD, Politics and Poetry in the 15th Cent., 1971 – P. BAWCUTT, The Art of Flyting, Scott. Lit. Journal, 11/2, 1983, 5–24 – D. GRAY, Rough Music: Some Early Invectives and Flytings (The Yearbook of English Stud. 14, 1984), 21–43 – P. BAWCUTT, Dunbar the Makar, 1992.

IV. ALTIRISCHE LITERATUR: Die wichtige Rolle der S. (Rügedichtung, in der englischsprachigen Lit. meist unscharf als 'satire' bezeichnet) für die air. Gesellschaft beruhte auf der (archaischen) Vorstellung von der magischen Kraft des (Segens- oder Fluch-)Wortes. Es war Aufgabe des →*fili*, des gelehrten →Berufsdichters, der die Gönnerschaft eines Kg.s (*rí túaithe* 'Stammeskg.') genoß, die Ruhmestaten seines Schützers zu preisen, andererseits unehrenhafte Handlungen des Kg.s oder eines sonstigen Adligen/Freien (z. B. Wortbruch, Ungerechtigkeit, Feigheit, Heimtücke, vermessene Lästerung, mangelnde Freigebigkeit) der allg. Mißachtung preiszugeben (Ehrenzucht). Die berechtigte Schmähung durch einen *fili* hatte nach air. Rechtsverständnis den Verlust der Ehre (→*enech*) zur Folge; nach den Erzählungen air. Annalen und Geschichtskompilationen (→*Senchas*) verfiel ein dermaßen gerügter Kg. dem Tod oder Exil.   U. Mattejiet

Lit.: →Fili, →Irische Sprache und Lit.

V. SKANDINAVIEN: Das ma. Skandinavien kennt zwei Formen der S., die *senna* und den *nið*. Die senna nimmt üblicherweise die Form gegenseitiger Schmähungen zw. zwei oder mehr Beteiligten an, die in den Formen skald. Dichtung (Lokasenna, Hárbarðsljóð, Hrímgerðarmál, Helgakviða Hundingsbana I), aber auch in Prosa (Qlkofra Páttr) auftreten können. Der nið dagegen ist eine einseitige Schmähung eines Gegners und konnte einerseits

konkrete phys. Form annehmen, etwa die von geschnitzten (mit run. Deutung?) Stangen (*tréniđ*, *niđstöng* = *skáldstöng*), oder Stangen mit Tierkadavern, andererseits eine verbale, in den Gesetzestexten als *tunguniđ* bezeichnete. Diese Form des nið ist eine stark formalisierte, fast ritualisierte Verhöhnung in Stabreimformeln oder Strophen (*niđvísur*), deren Effizienz durch das hohe Strafmaß bei der Ahndung belegt wird. Die Belege in der Prosalit. deuten darauf hin, daß zumindest im HochMA der nið die Unterstellung homosexueller Praktiken involvierte und deswegen als bes. ehrenrührig betrachtet wurde.
R. Simek

Lit.: KL XII, s.v. Nid – E. Ó. Sveinsson, Bitit hefir niðit ríkari menn, 1965 – B. Almqvist, Norrön Niddiktning, 1–2, 1965–74 – T. L. Markey, Nordic Niðvísur (MSc 5, 1972) – P. Meulengracht-Sørensen, Norrønt Nid, 1980 [engl.: The Unmanly Man, 1983].

Schmalkalden, Stadt in →Thüringen, auf frk. Boden verkehrsgünstig gelegen am Aufstieg vom Werratal zum Thüringer Wald. In der villa S. im Grabfeld erhielt das Kl. →Fulda 874 adliges Eigengut. Vielleicht aus Kg.sgut stammte der Würzburger Besitz, dessen Nießbrauch Bf. →Adalbero (8. A.) 1057 Kgn. →Richeza v. Polen überließ. Wohl seit Anfang des 12. Jh. besaßen die →Ludowinger S. an der Straße von ihrer thür. Herrschaft um Friedrichroda nach Franken und entwickelten es zur Stadt (1250 cives, 1272 civitatis consules). Der Kern der Stadt ist um den Alten Markt und die Pfarrkirche St. Georg (erster Bau um 1200) zu vermuten, im Schutz der Burg »Waltaffin« (am Platz der heutigen Wilhelmsburg). Vermutl. vor 1250 entstand mit dem Neuen Markt eine Erweiterung nach N; der dortige Hessenhof, wohl das 1246 gen. hospitium domini regis (→Heinrich Raspes [72. H.]), enthält in den um 1200–50 geschaffenen Bildern zum Iwein-Epos (→Gawain) die ältesten weltl. Wandmalereien Dtl.s. Nach dem Aussterben der Ludowinger (1247) kam S. als Abfindung von Erbansprüchen auf die Lgft. Thüringen an Gf. Hermann I. v. →Henneberg und bildete künftig mit →Coburg die henneberg-schleusing. »Neue Herrschaft«. Mit ihr gelangte S. 1291 an die Mgf.en v. →Brandenburg, von denen es 1311/17 Gf. Berthold VII. v. Henneberg zurückerwarb. Unter ihm wurden nach 1315 Alt- und Neustadt einheitl. neu befestigt (äußere Befestigung im 15. Jh.), er stiftete 1320 ein Kollegiatstift und verlieh 1335 der Stadt das Recht v. →Gelnhausen. In dieser Zeit begann der wirtschaftl. Aufstieg, gestützt auf →Bergbau und Eisenverarbeitung. 1353 gelangte S. durch Heirat an den Bgf.en v. →Nürnberg, dem es 1360 Gfn. Elisabeth v. Henneberg und Lgf. Heinrich II. v. Hessen je zur Hälfte abkauften; 1583 erbte Hessen-Kassel auch die henneberg. Hälfte. 1531 schlossen hier protestant. Fs.en und Städte als Defensivbündnis den »Schmalkald. Bund«, der im »Schmalkald. Krieg« 1547 dem Ks. unterlag.
K. Heinemeyer

Bibliogr.: H. Patze, Bibliogr. zur thür. Gesch., 1965 – Lit.: Hist. Stätten Dtl. 9, 1989², 387–391 [Lit.] – H. Lohse, 600 Jahre S.er Eisengewinnung und Eisenverarbeitung vom 14.–20. Jh. (Südthüringer Forsch. 1/65, 1965) – V. Wahl, Ursprung und Entwicklung der Stadt S. im MA, Beitr. zur Gesch. S.s [1974], 13–34 – R. Ziessler, Die Iweinfresken im Hessenhof zu S., Wiss. Zs. der Friedrich-Schiller-Univ. Jena, Ges.- und Sprachwiss. Reihe 35, 1986, 249–260 – N. Klüssendorf, S.s Stellung in der Münz- und Geldgesch. (Aspekte thür.-hess. Gesch., hg. M. Gockel, 1992), 167–212.

Schmalz (lat. *arvina* bzw. *sagimen*, *ungentum*, mhd. *smalz*, mnd. *smer*). Die sprachl. Verwendung des Begriffs in der ma. Q. ist nicht eindeutig: er wird als Oberbegriff für die aus tier. Fettgeweben ausgelassenen, weichen, leicht körnigen Speisefette (v.a. Schweines., weniger Gänse- und Rinders. oder Heringss.) bzw. für Butters. (alem. *Anken*) gebraucht, einem in Oberdtl. wie im s. Mitteleuropa zu Konservierungszwecken aus gesotten er →Butter hergestellten Lebensmittel, vereinzelt auch in Niederdtl. als »geläutertes« S. verwendet. Große Mengen von S. waren für die recht fettreiche Küche des MA eine Notwendigkeit und wurden bevorratet. Der Verbrauch von S., Butter und →Ölen kann nicht exakt bemessen werden; Kostenrelationen von 2–6% wurden ermittelt. Reiche Haushaltungen bevorzugten das teure Butters. (in ärmeren Küchen: Mischungen aus Schweines. bzw. Rüböl und Talg), die Masse der Verbraucher sah sich auf Schweines. verwiesen, das entweder als Nebenprodukt bei der Lohn- oder Hausschlachtung anfiel oder auf dem Markt zugekauft werden mußte. Selbst als Fernhandelsgut ist das haltbare S. belegt, das z.B. zu den hans. Ostwaren gehörte. Verwendung fand S. zur Bereitung v.a. von Mus, Gebäcken, Kuchen, Fischen und Gemüse. (Abfall-)S. diente als Schmiermittel.
G. Fouquet

Q. und Lit.: U. Dirlmeier, Unters. zu Einkommensverhältnissen und Lebenshaltungskosten in oberdt. Städten des SpätMA, 1978 – J. J. Flandrin, Le goût et la nécessité: sur l'usage des graisses dans les cuisines d'Europe occidentale (XIVᵉ–XVIIIᵉ s.), Annales 38, 1983, 369–401.

Schmerz. [1] *Philosophie und Medizin:* Für den antiken und ma. Menschen ist der S. eine Form des →Leidens der Seele (*Passiones animae*), nicht des Leibes, also eine unlustvolle Selbstwahrnehmung der Seele aufgrund einer Einwirkung des Leibes (*dolor*) oder der Seele selbst (*tristitia*). Die ma. Philos. griff unter Einbezug theol. Traditionen (Augustinus, Civ. Dei XIV, 15; Johannes Damascenus, De fide orth. II, 23) die Analysen antiker (Referat bei Cicero, Tusc. disp. III–IV) und arab. S.-Theorien auf und erörterte v.a. dessen sensuale Bedingungen (Heinrich v. Gent, Qdl. XI, 8f. ed. Paris 1518, 459vZ–464vE; Aegidius Romanus, Qdl. II, 9 ed. Louvain 1646, 71a–74b; Johannes Duns Scotus, In III Sent. 15, q. un., ed. L. Wadding VII/1, 321–361; Wilhelm v. Ockham, Qdl. III, 17, Op. Theol. IX, 268–272). Im Anschluß an Aristoteles, Galen und Avicenna, der zahlreiche S.-Arten unterschied (Liber Canonis I, Venedig 1507 [Neudr. 1964], 38rb–39rb, 80ra–vb), unternahm die Med. seit dem 13. Jh. den Schritt von einer diagnost. Betrachtung hin zu einem integralen med.-philos. Begriff der Natur des sinnl. S.es.

[2] *Theologie:* Der chr. Glaube stellt den S. in einen notwendigen Zusammenhang mit →Sünde und →Schuld, denn der Schöpfungsplan Gottes kennt keinen Ort für den S. Erst durch die uranfängl., selbstverschuldete, strafwürdige Sündentat des Menschen wurde der S. zum unvermeidl., passiven Pendant des Bösen. Doch durch die Überwindung der Sünde der Welt in Christi Leiden, Sterben und Auferstehen ist er besiegt, ist den Auferstandenen aufgrund ihrer befreiten und verherrlichten Leiblichkeit sogar die Möglichkeit des S.es genommen (Offb 7, 16f.; 21, 4; Thomas v. Aquin, S. th. Suppl. 82, 1f.). Der individuell erlittene S., der dem Menschen auch immer das Moment der Unverstehbarkeit liegt, wird dabei erst durch das Bekenntnis zu einem wesenhaft gütigen Gott zum Problem (→Theodizee). Dabei kann dem S. durch den Bezug auf eine universale, durch Gottes gütigen Heilswillen zu erläuternde Sinnhaftigkeit der Weltordnung ein relativer, d.h. pädagog., satisfaktor. und meritor. Wert abgerungen werden. Das Ertragen von S. und Trauer gilt auch als Einübung in den heilsamen Trost Gottes (Thomas, S. th. I–II, 35–39). Vorbilder dafür sind nicht nur Christus (z.B. als Schmerzensmann; Jes 53), sondern auch →Hiob, chr. Märtyrergestalten und bes. Maria (Ps.-Bernhard v. Clairvaux, Liber de passione

Christi, MPL 182, 1134–1142; Konrad v. Sachsen, Speculum BMV III, 1, ed. P. de Alcantara Martinez, 175–183; Jacopone v. Todi [?], Sequ. 'Stabat mater dolorosa', Anal Hym 54, n. 201). In der Leidensmystik lebt man die Liebes- und Leidensgemeinschaft mit Gott als eine bis ins Leibliche nachvollzogene, schmerzhafte Absage an die Welt, d. h. als ein Mitgekreuzigtsein. – Als spezielles Problem der →Christologie mußte der unermeßl. S. der Seele Christi in der →Passion, v. a. ihre 'tristitia' und 'compassio', sowohl hinsichtl. der Bedeutsamkeit und Wirksamkeit für das menschl. Heil als auch im Hinblick auf die Impassibilität der Gottheit Jesu erklärt werden (Sentenzenkomm. zu III, d. 15f.; Thomas v. Aquin, S. th. III, 46, 6–8; Heinrich v. Gent, Qdl. VIII, 7; Matthaeus v. Acquasparta, Qdl. VI, 3, Bibl. Franc. Schol. MA 2, 1957², 210–213). M. Laarmann

Lit.: HWP VIII, 1314f. – LCI IV, 85–87 [S. en Mariens], 87–95 [S. ensmann] – H. Scholler, Stud. im Bereich des S. es. Darst. der semant. Situation altfrz. Wörter für S., Kölner Romanist. Arbeiten NF 17, 1959 – B. Strack, Christusleid und Christenleben, Franziskan. Forsch. 13, 1960 – K. D. Keele, Some Hist. Concepts of Pain (The Assessment of Pain in Man and Animals, hg. C. A. Keele–R. Smith, 1962) 12–27 [bes. Aristoteles] – R. Toellner, Die Umbewertung des S. es im 17. Jh., MedJourn 6, 1971, 36–44 – H. Cancik, Grundzüge franziskan. Leidensmystik (Rausch–Ekstase–Mystik, hg. Ders., 1978), 95–119 – P.-G. Ottosson, Scholastic Med. and Philos., 1984, 239–246 – O. Langer, Liebe und Leiden (Zu dir hin, hg. W. Böhme, 1987), 107–124 – Th. R. Krenski, Passio Trinitatis 1990 – D. v. Engelhardt, Kulturgesch. des S. es, Focus. Med. Hochschule Lübeck 7, 1990, 165–171 – D. B. Morris, The Culture of Pain, 1991 [dt. 1994] – J. Miro, Evolución del concepto de dolor: un analisis hist., Revista de Hist. de la Psicología 13, 1992, 39–64.

Schmerzensmann, →Andachtsbild. Als Ursprung des Bildtyps ist wegen der vor dem Leib übereinander gelegten Arme die byz. Darstellung Christi im Grabe anzunehmen. Andererseits geht der orantenhaft die Handwunden weisende S. auf einen entsprechenden Typ des Christus im Weltgericht zurück, der speziell die Seitenwunde zeigende S. hingegen ist aus der Szene des Ungläubigen Thomas entnommen. Zur höchsten Würde steigt der S. am Portal des Ulmer Münsters – 1429 von Hans →Multscher –, wo er an die Stelle des Beau Dieu der Kathedralen tritt. Als Kultbild des Meßopfers erscheint der S. an Monstranzen und Sakramentshäusern, Predellen und Gesprengen von Altären. Tröstendes Andachtsbild ist er an Grabmälern. Immer wieder wird klar, daß der S. nicht ein Ereignisbild aus der Passion ist, sondern ein symbol. Bild ist. So wenn er im Sarkophag stehend von Maria und Johannes gestützt oder von Engeln präsentiert wird. Ein S., der in der Größe eines Kindes auf dem Schoß Marias ruht, ist mehr als nur eine Variante des Themas Pietà oder Vesperbild. Vollends wird dies deutl., wenn er wie ein Kind auf den Armen der stehenden Muttergottes erscheint, die zugleich als Schutzmantelmadonna gestaltet ist (vgl. Wandbild um 1360 in Maria Pfarr, Salzburg). Gewohnter wirkt der S. als Brunnenstatue, die aus ihren fünf Wunden Wasserstrahlen spendet, als ein Fons pietatis, die Idee des sein Erlöserblut vergießenden Christus abwandelnd.

Lit.: →Andachtsbild. A. Reinle

Schmerzmittel. Der verbreiteten Ansicht, der ma. Mensch habe im Glauben an eine transzendentale Welt und die göttl. Gerechtigkeit den Schmerz mit Gleichmut ertragen oder sei schmerzunempfindlicher gewesen, widerspricht die Tatsache, daß von den 142 Präparaten des →Antidotarium Nicolai sich mehr als die Hälfte auf S. ('anodyna') beziehen: Nicht weniger als 20% der Zubereitungen enthalten →Opium, 13% das →Bilsenkraut und 9% Mandragora (→Alraune); in 6% sind alle drei dieser narkot. Drogen verarbeitet. Bei den Indikationen steht Kopfschmerz an der Spitze, gefolgt von Magen-, Seiten-, Zahn-, Nieren- und Brustschmerzen. Auffallend ist generell – wie bei den →Schlaf- und den →Betäubungsmitteln – die große Vielfalt der S., die ebenfalls v. a. äußerl. appliziert wurden (→Salben). Mit jenen teilen die S. aber auch die Hauptinhaltsstoffe (→Nachtschattengewächse, →Mohn bzw. →Opium, Lattich [→Salat], →Seerose, →Schierling), deren halluzinogene Nebenwirkungen wohl dazu beitrugen, daß diese Zubereitungen um 1600 (also zur Zeit der großen Hexenverfolgungen!) außer Gebrauch kamen und durch – als S. allerdings weniger effektive – reine Opiumpräparate ersetzt wurden.

Galen, der das Nervensystem als Zentralorgan für die Sinneswahrnehmung ansah, und in seiner Nachfolge die meisten med. Autoren des MA (→Avicenna, →Johannes v. St-Amand u. a.) kennen zwei Hauptursachen für Schmerzen: 1. eine (plötzl.) Veränderung des Gleichgewichts der vier Körpersäfte (→Humoralpathologie) bzw. deren Verderbnis (»complexionis subita mutatio« und »malitia complexionis«); 2. eine Auflösung des natürl. Zusammenhangs (»solutio continuitatis«). Andere Autoren (z. B. →Averroes und Petrus v. St-Flour) sehen unter Ablehnung dieser Theorie die Schmerzursache allein in der Veränderung der rechten Säftemischung und nicht in der Kontinuitätsauflösung, obwohl sie diese für die Behinderung der Säftebewegung und die daraus resultierende »mala complexio« verantwortl. machen. Unter 'direkten' S.n versteht Galen daher solche, die ursächl. die Säfteveränderung bzw. die Kontinuitätsauflösung beseitigen; die 'indirekten' hingegen kühlen aufgrund ihrer 'kalt-trockenen' Qualität den Körper ab und lindern die Empfindung in solchem Maße, daß sie bei Überdosierung letal wirken. Vor den 'kalt-feuchten' Mitteln, wie Schierling, Mandragora (außer der Wurzel) und Bilsenkraut (außer dem Samen) wird indes gewarnt. Gegen alle Arten von Schmerz diente Galen ein Gemisch aus Lattichsaft und Wasser. – Nach →Guy de Chauliac, der ebenso zur Vorsicht im Umgang mit starkwirkenden S.n mahnt, läßt sich Schmerz zunächst durch Beseitigung der Ursache oder – wenn dies nicht möglich ist – notfalls symptomat. durch Aufhebung des Schmerzgefühls im betreffenden Körperteil stillen. – Avicenna nennt dagegen drei Möglichkeiten der Schmerzbekämpfung: 1. Ausschaltung der Ursache; 2. Anwendung von »inebriantia«, die den Schmerz 'erweichten', schläfrig machten und die »sensibilis virtus« ins Innere dringen ließen, so daß sie ihre Tätigkeit aufgebe; 3. Applikation abkühlender und betäubender »narcotica«. – Für Johannes v. St-Amand bewährte sich bei den größten Schmerzen kein Heilmittel besser als die völlige 'Entleerung bis zur Entkräftigung'. – Der 'Liber de simplicium medicinarum virtutibus' eines Johannes v. St. Paul (Ende des 12. Jh. [→Codex Salernitanus]) unterscheidet: 1. Mittel, die Adern und das Nerven nicht zusammenziehen und so den starken Säftezufluß zurückhalten (Bilsenkraut, Mohn, Nachtschatten u. a.); 2. Mittel, die Gefühllosigkeit erzeugen (z. B. Schwarzer Mohn, Opium, Mandragora); 3. Mittel, die den aus 'Hitze' entstandenen Schmerz lindern (→Rose, Weide, Seerose, Lattich, Eiweiß u. a.); 4. Mittel, die Schlaf hervorrufen (→Schlafmittel). F.-J. Kuhlen

Lit.: D. Goltz, Ma. Pharmazie und Med., VIGGPharm, NF 44, 1976 – F.-J. Kuhlen, Zur Gesch. der S.-, Schlaf- und Betäubungsmittel in MA und früher NZ, QStGPharm 19, 1983 – R. Schmitz–F.-J. Kuhlen, S.- und Betäubungsmittel vor 1600, Pharmazie in unserer Zeit 18, 1989, 10–19.

Schmetterling, lat. papilio, nach Plinius n. h. 11, 112, Aristoteles (h. a. 5, 19 p. 551 a 1–2 und 14–24) folgend, aus

Tau auf Pflanzen wie Rettich in Hirsekorngröße entstehend, dann über eine Raupe (uruca, als pflanzenfressende schädl. eruca bei Thomas v. Cantimpré 9, 19 nach dem »Liber rerum« gesondert behandelt bis zur Beflügelung Anfang Sept.) und hartschalige Puppe (chrysallis) zum S. heranwachsend. Ebenfalls nach dem »Liber rerum« bei Thomas (9, 31) leben diese 'fliegenden Würmer' auf Blüten. Nach der Begattung nach dem August stirbt das Männchen, das Weibchen nach Eiablage; aus d. Eiern werden im Frühling 'Würmer', die sich durch Sonnenwärme und nächtl. Tau in S. e verwandeln. Albertus Magnus, animal. 26, 20, kennt ihre langen Rüssel, mit denen sie Tau aus Blüten saugen, und auf den Flügeln purpurn, weiß und hyazinthfarbig gezeichnete Arten. Vinzenz v. Beauvais (spec. nat. 20, 150) erwähnt aus dem im MA bekannten landwirtschaftl. Werk des Palladius (5, 7, 7) ein Fanggerät mit einer Kerze zu Anlockung der angebl. den →Bienen schädl. S.e. Auf Hss. sind oft zusammen mit Vögeln identifizierbare S.e abgebildet. Unbeliebt war die Kleidermotte (tinea, Thomas 9, 47). Für die Gewinnung der →Seide wurde der Seidenspinner (bombax, Thomas 9, 9, und seine Raupe lanificus, Thomas 9, 26) gezüchtet.

Ch. Hünemörder

Q.: Thomas Cantimpr., Lib. de nat. rerum, T. 1, ed. H. Boese, 1973 – Vinc. Bellov., Speculum nat., 1624 [Neudr. 1964] – *Lit.:* F. S. Bodenheimer, Materialien zur Gesch. der Entomologie, I, 1928.

Schmied, Schmiede
A. Westen – B. Byzanz

A. Westen
I. Technik und wirtschaftliche Bedeutung – II. Kulturgeschichte.

I. Technik und wirtschaftliche Bedeutung: [1] *Früh- und Hochmittelalter:* S. und S.e, von →Isidor v. Sevilla als Inbegriff des Handwerks und der Werkstatt (faber, fabrica) bezeichnet, innovatives Zentrum der Metallverarbeitung, zunächst insbes. des →Eisens, dann auch der Edel- und Buntmetalle, gab es nicht nur in spezialisierten Ortschaften vom Typus Ferrières (ferrum) oder Eisenach, sondern im gesamten ländl. Raum schon im 2. Jh. (vgl. z. B. Grabungsfunde in der Wurt Feddersen Wierde oder im sächs. Warendorf [7./8. Jh.]). Die S.e bearbeiteten abseits von Eisengewinnungs- und Eisenproduktionszentren auch Eisenbarren. Dem jeweilig erreichten Zivilisationsniveau entsprechend unterscheidet man im S.ehandwerk, etwa das Recht der Burgunder aus dem 5. Jh., bereits Grob- sowie Gold- und Silbers.e. Mit der allg. Hebung des kulturellen Standards vom 6. bis 8. Jh. zw. Loire und Rhein verlangt die Herstellung von Sakralgegenständen, Schmuck und Münzen einerseits von Werkzeugen aller Art (Messer, Sicheln), auch von Pflugscharen und Mühleisen andererseits, aber auch von Waffen (Schwert, Brünne, Schild) nach jeweils spezif. S.ewerkstätten. Die frühe Spezialisierung der S.e wird weiterhin durch Schwertfeger und (Klingen-)Polierer im alem. Recht des 8. Jh. und in Q. aus St. Gallen dokumentiert. In England finden sich zur gleichen Zeit Messers.e. Dem hohen Niveau der Waffengüter entspricht die Fertigung von Werkzeugen für Bedürfnisse der Landwirtschaft, der Zimmermanns- und Bauberufe sowie der Schiffbauer. S. und S.e gehören in der Mitte des 8. Jh. zum wesentl. Strukturmerkmal des →»Dorfes«. S. und S.en (auch Walds.en) finden sich im grundherrschaftl. Kontext, ausweisl. von Pachtleistungen (St-Germain-des-Prés, Weißenburg) bzw. Abgaben von Waffen, Pflugscharen oder Hufeisen (St. Gallen, Fulda, Kitzingen). Neben der allg. verbreiteten Gewinnung von Raseneisenstein (→Raseneisenerze) erfolgt seit dem 9. Jh. der professionelle Abbau von Eisenerz in der Alpenregion und in den Brescianer Bergen samt spezialisierter Aufbereitung und Verarbeitung in größeren S. ebetrieben (vgl. Inventare aus Chur [Pfäfers] und S. Giulia di Brescia, im 10. Jh. Urkk. aus der Region des römerzeitl. norischen Eisens). In Nordeuropa ist die S. auch als Wanderhandwerker nachgewiesen. Anfang des 12. Jh. beschreibt →Theophilus Presbyter im 3. Buch seiner »Schedula« die fabrica eines Golds.s samt Geräten wie Werkofen und Blasebalg sowie zahlreichen ferramenta (Hämmer, Zangen, Drahtzieheisen usw.). Die Mechanisierung der S.ewerkstatt, zunächst wohl durch wasserradgetriebene Schleifsteine, dann durch Eisenhämmer und Blasebälge ist erst im 13. und v. a. im 14. Jh. besser nachzuweisen. Die Mechanisierung wird das entscheidende Merkmal der zuerst in Katalonien, in der Champagne, der Normandie und in England, in der Oberpfalz, in Kärnten und der Steiermark, im Siegerland, im Lahn-Dill-Gebiet usw. entstehenden Eisengewerbelandschaften mit zahlreichen fabricae oder forgiae zur Erzeugung von Halbfertigprodukten.

Der Beruf des S.es differenziert sich immer deutlicher aus, und zwar vertikal von der Erzgewinnung über die Verhüttung bis zum Ausschmieden von Stang-, Stab- und Schieneisen (konkret auch »Sensenknütteln« oder »-zainen« usw.) sowie horizontal v. a. bei der Herstellung von Endprodukten wie Messern, Sensen, Waffen und speziellem Gerät. Allein Schlacken als Überreste erlauben mit einiger Sicherheit Aussagen darüber, ob sich die Trennung von Hütten- und S.ebetrieb vollzogen hatte. Die horizontale Differenzierung steht allg. mit dem zunehmenden Burgenbau (Burgs.e), dem Montanbetrieb (Bergs.e), mehr noch mit der Stadtentwicklung in Zusammenhang.

[2] *Spätmittelalter:* Erst im SpätMA gibt sich eine stärkere Gebrauchsbeschränkung der Bezeichnung »S.« auf den Grobs. für gröbere Eisenarbeiten, v. a. für das Verfertigen von Hufeisen und das Beschlagen von Pferden, zu erkennen, dazu auf den Kleins. oder →Schlosser. 1419 vereinbaren die »Meister und Ratsherren der S.einnung« in Magdeburg folgende Arbeitsteilung: Grobs.e (Hufeisen, Pflugeisen, Handbeile) und Kleins.e (Schlösser, Bügel, Sporen), dazu Messers.e, Holzschuhmacher (Verwendung von Eisennägeln sowie -stiften) und Nagels.e. In der techn.-industriell entwickelten Stadt Nürnberg, in deren Territorium auch wegen der nahegelegenen Eisenerzvorkommen der Oberpfalz im 14. und 15. Jh. zahlreiche mechanisierte »S.en« arbeiteten, neben Eisen- auch Kupfer- und Messinghämmer sowie →Drahtziehmühlen, ist aus dem Jahre 1363 ein Verzeichnis überliefert, das u. a. aufweist: Messings.e, Gürtler, Zinngießer und Spengler – als eine Gruppe –, ferner Nadler und Drahts.e, Blechhandschuhmacher, Kannengießer, Plattner (Harnischmacher), Flachs.e, Kupfers.e, Klingens.e (neben Messerern), Haubens.e, Pfannens.e und Panzerhemdenmacher. Weitere Differenzierungen sind Feilenhauer, Weißnägels.e (verzinnte Nägel), Büchsens.e, Goldschläger und als Werkzeugmacher Zeug- und Zirkels.e sowie die Sensens.e.

D. Hägermann/K.-H. Ludwig

Lit.: →Handwerk, Handwerker – D. Johannsen, Gesch. des Eisens, 1953³ – R. Sprandel, Das Eisengewerbe im MA, 1968 – R. Pleiner, Eisen.en im frühma. Zentraleuropa, FMASt 9, 1975, 75ff. – H. Roth, Kunst und Handwerk im frühen MA, 1986 – D. Hägermann–K.-H. Ludwig, Propyläen-Technikgesch., I, 1991, 419ff.; II, 1992, 85ff., 184f. – R. Holbach, Frühformen von Verlag und Großbetrieb in der gewerbl. Produktion (13.–16. Jh.), 1994.

II. Kulturgeschichte: Die Bedeutung des S.egewerbes für fast alle Bereiche des menschl. Lebens und der weit über das MA hinaus belegte hohe Wert geschmiedeten

Eisens verliehen dem S. eine exponierte Stellung. Hagiographie und Ikonographie belegen, daß v.a. die iroschott. Mönche des Schmiedens kundig waren. Der hl. →Dunstan trägt als Attribut die S.ezange. Als Huf- oder Goldschmied. wird der hl. →Eligius v. Noyon dargestellt. Pilgerzeichen aus der Zeit um 1300 bilden ihn als Hufs. ab (Pilgerzeichenkatalog, Slg. Köster, Germ. Nationalmus. Nürnberg). In Verbindung zu den Legenden um den hl. Eligius stehen Erzählungen, in denen Christus als S.egehilfe einem Pferd ein Bein abtrennt, den Huf beschlägt und das Bein wieder anfügt bzw. einen Menschen über dem S.efeuer verjüngt oder wieder zum Leben erweckt.

Die Wertschätzung der frühen Waffens.e und ihrer Produkte zeigt sich nicht nur in namentl. Signaturen auf Schwertern des 11. und 12. Jh., sondern auch in der ep. Dichtung des 12. Jh. Die MA-Rezeption der Antike ließ Hephaistos, den hinkenden Gott der S.ekunst aus Homers Ilias, ebenso wie die Daidalos-Fabel Eingang finden in die ma. Erzähltradition bis hin nach England und Skandinavien. Am bekanntesten wurde die Gestalt des S.es →Wieland, der, ebenso wie Daidalos, seiner Kunstfertigkeit wegen gelähmt und in Gefangenschaft gehalten wurde, nach grausamer Rache entfloh. Die Erzählung ist durch Bildquellen bereits für die Zeit um 700 belegt, lit. in der ae. »Deors Klage« im Exeter Book Ende des 10. Jh., in der edd. Volundarkvida und der westnord. Thidrekssaga (beide im 13. Jh. schriftl. niedergelegt). Gemein ist den S.en und den der S.ekunst kundigen Zwergen in den Erzählungen meist die Behinderung durch eine körperl. Deformation.

Die Ambivalenz von Eisen und S.egewerbe, der Gebrauch von eisernen Gegenständen zu mag. Praktiken und die Vorstellung über ihre apotropäische Wirkung für nachma. Zeit belegen die Ethnologie und Volkskunde. Hufs.en schreibt die Erzähltradition die Begegnung mit übernatürl. Wesen oder dem Teufel selbst zu. Hinweise auf die später weitverbreitete Sage vom Hufbeschlag der sich in der Gewalt des Teufels befindl. und in ein Pferd o. ä. verwandelten Pfaffenkellerin finden sich bereits bei →Caesarius v. Heisterbach.

Zu den Aufgaben der Hufs.e zählte gewöhnl. auch die tiermed. Behandlung. Als Marstaller und S. Friedrichs II. in Neapel bezeichnete sich Meister Albrant, der Verfasser eines häufig kopierten, später gedruckten und weit verbreiteten Roßarzneibuches. Die Person des S.es, seine Werkstatt als öffentl. Gebäude sowie der Weg zur S.e genossen bes. rechtl. Schutz. Als »faber« erscheint der S. als einer der meistgen. Handwerker in dokumentar. Q.; Hufeisen und Hufbeschlag waren häufig geforderte Abgaben und Fronleistungen. Hufeisen als Weihegaben finden sich an ma. Kirchentüren, z. B. zu St. Wolfgang in Ochsenfurt und St. Gangolf in Neudenau.

Auf dem Land konnte die S.ewerkstatt im Besitz weltl. bzw. geistl. Herrschaft oder des S.es selbst sein; seit dem SpätMA entstanden häufig gemeindeeigene Werkstätten, bisweilen eng verbunden oder identisch mit dem gemeindl. Versammlungsplatz bzw. Rathaus. Verträge legten die gegenseitigen Rechte und Pflichten zw. Gemeinde und S. fest. Oft unterlag der S. einer Anwesenheitspflicht, war in seiner Arbeit preislich gebunden, zur Bevorzugung der Dorfgenossen und auch zu berufsfremden Arbeiten verpflichtet. Dafür wurden ihm zusätzl. Naturallohn (Dengelkorn), die Benutzung von Werkstatt und Inventar sowie das Betreiben von Landwirtschaft gewährt. Verträge dieser Art gab es bis zum Ende des 19. Jh.

B. Jauernig-Hofmann

Bildq.: v. a. im Hausbuch der Mendelschen Zwölfbruderstiftung zu Nürnberg, hg. W. Treue, 1965 – *Lit.*: EM II, 1440–1444 [H. Lixfeld] – Kl. Pauly I, 1360f.; II, 1024–1028 – J. Neubner, Die hl. Handwerker in der Darstellung der Acta SS., 1923 – K. Grüninger, Das ältere dt. S.ehandwerk auf dem Lande, 1924 – G. Eis, Meister Albrants Roßarzneibuch im dt. Osten, 1939 – R. Froehner, Kulturgesch. der Tierheilkunde, II, 1954 – M. Eliade, S.e und Alchemisten, 1956 – K. Bader, Das ma. Dorf als Friedens- und Rechtsbezirk, 1957 – L. Röhrich, Die dt. Volkssage (Vergleichende Sagenforsch., hg. L. Petzoldt, 1969), 217–286 – L. Hofmann, Gemeindes.en (H. Heidrich, Feuer und Eisen, 1990) – Ch. Daxelmüller, Zw. Mythos und Realität (A. Stolte, Vom heißen Eisen, 1993).

B. Byzanz

Über das Handwerk des im →Eparchenbuch nicht erwähnten S.es liegen nur sporadisch schriftl. Q.nachrichten vor. Der als σιδηρεύς, σιδηρουργός, σιδηροκόπος, aber auch als χαλκεύς, χαλκέας oder χαλκοματάς bezeichnete S. hatte dessenungeachtet für die byz. Gesellschaft große Bedeutung (Herstellung und Reparatur von Waffen und anderen Gegenständen der Kriegsausrüstung, Pferdegeschirr und Hufeisen, Nägeln, landwirtschaftl. Geräten, Handwerkszeug). Sein Handwerk wurde als hart und sozial niedrig eingestuft, war aber gut bezahlt (bereits Preisedikt Diokletians, 7, 11, ed. S. Lauffer, 1971).

Die Waffens.e genossen eine Sonderstellung (Befreiung von den munera; →Munus, →Leiturgia). Während der frühbyz. Zeit oblag die Herstellung von Waffen den staatl. fabricae, die dem →magister officiorum unterstanden. Waffens.e begleiteten bei Feldzügen stets das Heer.

Auf frühbyz. Inschriften sind S.e oft genannt; auch in amtl. Q. der Palaiologenzeit findet das Handwerk häufig Erwähnung. Jeder größere Ort hatte seinen S., nicht aber jedes Dorf. Wandernde S.e, die κωμοδρόμοι, deckten vielfach die Bedürfnisse der Landbevölkerung.

Die S.ewerkstätten sollten wegen der Brandgefahr nach (nicht immer streng befolgten) gesetzl. Verordnungen möglichst außerhalb der Städte oder zumindest in Randbezirken liegen. Für Konstantinopel ist bekannt, daß sich die S.ewerkstätten zur Herstellung von Hufeisen und Nägeln in der Nähe eines der Stadttore befanden.

T. G. Kolias

Lit.: Ph. Kukules, Βυζαντινῶν βίος καὶ πολιτισμός, II, 1, 1948 – E. Kislinger, Gewerbe im späten Byzanz (Handwerk und Sachkultur im SpätMA, Veröff. des Inst. für ma. Realienkunde Österreichs 11, SAW. PH 513, 1988), 103–126 – Oxford Dict. of Byzantium, 1991, 1918f.

Schmuck

I. Westen – II. Byzanz – III. Islamischer Bereich.

I. Westen: S. wurde im MA alltägl. oder zu Festen getragen. S. konnte zweckfrei sein, aber auch auszeichnendes Symbol oder mag. Zeichen. Als letzteres kamen ihm und den verwendeten Materialien Funktionen, wie Schutz, Abwehr etc. zu (→Amulett, →Bisamapfel, →Edelstein). S. betonte die Persönlichkeit des Trägers, zeichnete dessen soziale Zugehörigkeit aus, differenzierte und hob ab. Daher griffen sehr rasch →Luxus- und →Kleiderordnungen reglementierend ein, aus moral. Gründen, aber auch zur Festschreibung der sozialen Ordnung. So verfügte eine frz. kgl. Ordnung 1283, daß es keinem Bürger, keiner Bürgerin erlaubt sei, Gold oder kostbare Steine, Goldgürtel oder mit Perlen besetzte Gold- oder Silberkränze zu tragen. Stand hier der Gedanke des Schutzes der Privilegien des Adels im Vordergrund der Gesetzgebung, so waren es in den Ordnungen der it. Städte Versuche, übermäßigen Aufwand aus volkswirtschaftl. Gründen einzudämmen. Die it. Luxusordnungen, die auch S. und die kostbare Ausstattung von Kleidung mit aufgenähten Gold-, Silber- und Edelsteinapplikationen betreffen, setzten in den 70er Jahren des 13. Jh. in Süditalien bzw. Sizilien (Messina, 1273) und der Toskana ein (Siena, 1277 und 1282). Diesen folgten rasch die anderen wichtigen Handelszentren in Italien. Die→Luxusordnungen der dt. Städte betrafen ab dem 14. Jh. das Tragen von S. bzw. die Ausstattung der Kleidung mit Edelmetallen, S. steinen und Perlen (z. B. Speyer und Frankfurt 1356). Erhaltene Originale (z. B. Brosche mit der Inschrift: »a b c d cest ma lecon«, London, Victoria und Albert Mus.), Bildquellen sowie einzelne Abschnitte in Luxusordnungen belegen, daß S. auch von Kindern getragen wurde. Die Vorliebe, S. zu tragen, wurde vom Klerus mit den Laien geteilt. So verboten z. B. die Statuten des Hôtel-Dieu in Troyes den Nonnen das Tragen von kostbaren Steinen, ausgenommen, wenn dem Stein eine heilende Funktion zukam. Synoden und Konzilien verboten das S. tragen der Geistlichkeit, zumeist mit wenig Erfolg, wie Verlassenschaftsaufstellungen zeigen.

Die erste Erwähnung des S. im frühen MA erfolgte in der 802 von Karl d. Gr. kodifizierten Lex Thuringorum, in der verfügt wird, daß die Tochter den S. der Mutter erbt (Fibel, Halsketten, Ohrringe und Armreifen). Wenig ist für den Zeitraum von 800 bis 1200 überliefert. Zumeist sind es schriftl. Quellen zu S., der vom Hochadel und Herrschern getragen wurde. Die wichtigsten S. stücke der otton. Zeit und der Romanik waren →Fibeln. Halsketten, mit Edelsteinen, Email und Kameen als Anhänger, wurden ebenso wie Ohrringe in Anlehnung an byz. S. formen ausgebildet. →Ringe wurden, auf Ketten aufgefädelt, als Halss. getragen. Daneben wurde die Tradition des röm. Arms. s in Form der →armilla weiter gepflegt, wobei sehr bald zw. Armreifen und Armband unterschieden wurde.

Kopfs. zählte im SpätMA zu den wichtigsten Accessoires bei Feiern und Festen. Er wurde von beiden Geschlechtern getragen. Am meisten verbreitet waren Kranz und →Schapel, Stirnreif, -band und Diadem. Unverheiratete Mädchen trugen einfache Kränze bzw. Schapel. Reicherer Kopfs. zeichnete die Verheiratete aus. Inventare des Adels führen mit Edelsteinen und Perlen besetzte Kränze an. Im ausgehenden 13. Jh. wurde in Frankreich Mode, Kränze mit Emails zu tragen, die die Wappen der Träger bzw. ihre Devise zierten. Die das Dekolleté und den Hals verhüllende Damenmode des 14. und 15. Jh. konnte Halss. in Form von Halsketten und -reifen entbehren. Männer trugen Ehrenketten (z. B. Ketten diverser Ritterorden, Amts-, Zunft-, Schützenketten etc.). Die freizügige Damenmode des ausgehenden 15. Jh. ließ Halss. wieder modern werden. Um 1500 trug man zarte Ketten oder Bänder mit →Anhängern. Daneben entstanden in Deutschland die sog. Hobelspanketten. Zum Brusts. zählt neben Mantelschließen und Tasseln (zur Befestigung der Schnur bei Tasselmänteln), der aus der Fibel entwickelte Fürspan, eine Ringbrosche, die zum Schließen des Gewandschlitzes auf der Brust diente. Zarter als die Fibel gearbeitet, zeichnet er sich durch einen bes. Formenreichtum aus: neben den runden Grundformen existieren herz- und buchstabenförmige, dicht mit Edelsteinen besetzte, vegetabile, figürl. oder architekton. Verzierungen, oft auch mit eingravierten Inschriften. Um 1400 entstand aus dem Fürspan das Heftlein, ein beliebtes Verlobungs- und Hochzeitsgeschenk, dessen symbol. Figurens. sehr oft in der Technik des émail en ronde bosse ausgeführt wurde. Ebenfalls zum S. kann man die aus Edelmetall angefertigten oder mit diesem geschmückten →Gürtel zählen. Sie ergänzen den prächtigen Eindruck ma. Kleidung der Oberschichten, der durch Aufnähs. in Form von mit gefaßten Edelsteinen bestickten Säumen oder Borten noch gesteigert werden konnte. Ohrringe, Armreifen und Armbänder, die in der Völkerwanderungszeit und im frühen MA eine bedeutende Rolle in der Mode gespielt hatten, fehlten im SpätMA fast vollständig als S. gegenstände.
E. Vavra

Lit.: →Ring – V. Gay, Glossaire archéol. du MA et de la Renaiss., 2 Bde, 1887 – T. Kielland, Norsk guldsmedkunst i middelalderen, 1927 – E. Steingräber, Alter S., 1956 – K. Benda, Ma. S. Slaw. Funde aus tschechoslowak. Slg.en und der Leningrader Eremitage, 1966 – J. Thuile, L'orfèvrerie en Languedoc du XIIe au XIIIe s., 3 Bde, 1966–69 – K. Benda, Ornament and Jewellery, 1967 – J. Evans, A Hist. of Jewellery 1100–1870, 1970^2 – W. Fleischhauer, Der Silberschatz des Gf. en Eberhard im Bart v. Württemberg, Zs. f. Württemberg. Landesgesch., 1970, 15–52 – Ders., Der Kleinodien- und Silberbesitz der Württemberg. Gf. en im frühen 15. Jh., ZBLG 35, 1971f., 54–68 – F. Falk, Edelsteinschliff und Fassungsformen im späten MA und im 16. Jh., Studien zur Gesch. der Edelsteine und des S. es, 1975 – R. W. Lightbown, Secular Goldsmith's Work in Medieval France, 1978 – Ausst. Kat. Jewellery, Baltimore, Walters Art Gallery, 1979 – J. M. Fritz, Goldschmiedekunst der Gotik in Mitteleuropa, 1982 – A. B. Chadour – R. Joppien, S., 2 Bde (Kat. e Kunstgewerbemus. Köln, X, 1985) – I. Vrtovec, Croatian Nat. Jewellery, 1985 – Ausst. Kat. L'orfèvrerie gothique, Paris, Mus. de Cluny, 1989 – R. W. Lightbown, Medieval European Jewellery with a Cat. of the Collection in the Victoria & Albert Mus., 1992.

II. Byzanz: Formen und Techniken byz. S. gestaltung stehen in der Tradition antiker gr. bzw. röm. Vorbilder; vereinzelt wurden auch pers. Modelle aufgenommen. *Fingerringe* wurden aus Gold, Silber oder Bronze gearbeitet. Ringe mit einfacher, reifförmiger Schiene und aufgesetzter flacher, runder Platte gehören zumeist dem 6.–7. Jh. an; später wurde der Ringkopf aus einer Verbreiterung der Schiene zur (ovalen) Platte entwickelt. Beide Formen tragen, in der Art von Siegelringen, in die Platte gravierte oder punzierte Ornamente, figürl. Darstellungen, Monogramme oder Inschriften. In den Ringkopf eingelassene Gemmen wurden jedoch nur selten gefunden; hier ist mit der Wiederverwendung von älteren (v. a. röm.) Steinen zu rechnen. Vom 6.–7. Jh. an fügte man Edelsteine in hohe kon., pyramidenstumpf- oder kastenförmige Fassungen über bandförmiger, bei aufwendig gearbeiteten Ringen auch mit Reliefschmuck versehener Schiene. Hochzeitsringe, die nahezu ausschließl. frühbyz. Zeit angehören, zeigen (graviert, manchmal auch nielliert) Büsten des Hochzeitspaares zu Seiten eines Kreuzes oder einer Christusbüste; nicht selten mit den Namen des Paares bzw. Segenswünschen. *Ohrringe* sind zumeist aus kreisrunden, aus glattem, tordiertem oder mit Granulierung versehenem (Gold-)Draht gearbeiteten Bügeln entwickelt. Der häufigste, schon in röm. Zeit entwickelte Typ zeigt die untere Hälfte des Bügels zu einer halbmondförmigen Fläche erweitert: Durchbrochen, graviert und punziert sind hierin Tiere und Pflanzen in spiegelsymmetr. Anordnung dargestellt; der äußere Rand des Halbmondes ist oft mit kleinen Goldkugeln besetzt. Ein anderer Ohrringtyp trägt in der unteren Bügelmitte punktförmig angelötete Zierformen, häufig aus Granalien aufgebaut. Schließlich konnten Goldkugeln und Perlen aus Glas oder (Halb-) Edelsteinen auf die untere Bügelhälfte aufgereiht oder, durch Drahtschlingen verbunden, daran angehängt sein. *Armreifen*, in geringerer Zahl erhalten, können aus Metallbändern (mit getriebenem Relief) gefügt oder als offene Reifen gebildet sein, die letzteren nicht selten in Form von Tierkörpern oder in Tierköpfen endigend. An beiden Formen finden sich Scharniere mit eingeschobenem Stab. Verschlußstücke wurden als bes. Zier ausgearbeitet. *Halsketten* und Colliers sind aus Haken und Ösen mit eingefügten Glas- oder Edelsteinperlen oder gefaßten Steinen oder als sog. Fuchsschwanzketten gebildet. Bei einer Vielzahl erhaltener Anhänger ist jedoch die Form der ursprgl. zugehörigen Kette nicht zu bestimmen. An Ketten angehängt wurden v. a. getriebene oder gegossene Medaillons, seltener vollplast. Zierat. Als Sonderformen des Brusts.s müssen →Kreuzanhänger und →Amulettbehältnisse gelten. *Gürtel* und Gürtelschließen wurden aus getriebenen Reliefs (Medaillons) aneinandergefügt. Hochzeitsgürtel, in derselben Weise gearbeitet, stellen eine symbol. Vermählung (vgl. die entsprechenden Ringe) dar. *Münzen* und geprägte oder getriebene Medaillons wurden, bes. in frühbyz. Zeit, in S. stücke (Verschlußstücke von Armreifen, Kettenglieder und -anhänger, Gürtel und -schließen) eingearbeitet. Selten ist (Zellenschmelz-)Email auf S.-stücken; erhalten sind wenige Beispiele von Armreifen, Ohr- und Fingerringen und Brusts.anhängern.

B. Borkopp

Lit.: O. M. Dalton, Cat. of the Finger Rings, Brit. Mus., 1912 – M. C. Ross, Dumbarton Oaks Cat. II, 1965 – M. Chatzidakis, Byz. Mus. Athen, 1981 – A. B. Chadour–R. Joppien, S. Kat. Kunstgewerbemus. Köln, 1985.

III. Islamischer Bereich: S. (arab. ǧauhar von mitteliran. gōhr) meint hier die von Personen getragenen Pretiosen, nicht dagegen die oftmals überaus kostbaren solitären Edelsteine, Kästchen, Flaschen, Schalen, Spiegel und Tierfiguren oder die zahlreichen Beispiele auf Waffen und für Tiere. Außer Edelsteinen, Halbedelsteinen, Bergkristall, Bernstein, Jade, Korallen und Glas waren ganz selten Eisen, Zinn und Blei die Materialien, v. a. aber Gold, Silber und Kupfer; deren Verfügbarkeit erforderte schon für das Münzwesen stetige Umsicht und wurde durch Bergbau und Import (Gold auch aus Afrika) gesichert. Silber war vom 11. bis zum 13. Jh. v. a. in den ostislam. Ländern knapp. Perlen, vorwiegend aus dem Ind. Ozean und dem benachbarten Golf, waren überaus geschätzt, auch in exot. Formen und Farben; schwarze Rubine, Smaragde und Diamanten, diese lange nur aus Indien stammend, waren wohl die beliebtesten Edelsteine. S. wurde beim Wechsel der Mode oder als Beute bei Unruhen häufig eingeschmolzen; die erhaltenen Beispiele sind sicher nur ein winziger Bruchteil der früher vorhandenen. Von den besten Kategorien bieten nur noch die späten Slg. en im Topkapı Palast in Istanbul und die Kronjuwelen in Teheran eine, allerdings sehr eindrucksvolle Vorstellung. – Der Koran läßt Gold, v. a. aber Silber, auch für S. zu, bedroht aber deren Hortung mit schreckl. Strafen in der Hölle (9:34–35). Als Metaphern werden Armreifen aus Gold mit Perlen und Korallen erwähnt (55:23; 55:58), als S. für die Seligen im Paradies dreimal die gleichen S. stücke aus Gold mit Perlen verziert (18:31; 22:23; 35:33), einmal aus Silber (76:21); Ausnahme ist eine hist. Erwähnung (18:31). – Oftmals wurden Edelmetallen und Steinen mag. Eigenschaften zugeschrieben, vorwiegend apotropäische. – Die S.arten ähneln denen in Europa; allerdings scheinen Reife um Fußgelenk und Oberarm von Frauen und Mädchen sehr häufig gewesen zu sein, Armreife und Ohrringe kommen auch bei Männern vor; Haars., v. a. mit Perlen, war bei Frauen als Tiaren sehr beliebt und zur Rahmung des Gesichts am Haaransatz. Zur Aussteuer der Bräute gehörte S. in Relation zum Wohlstand des Bräutigams, auch als eine Art Versicherung. Bei Frauen und Männern war die Fülle der gleichzeitig getragenen Juwelen Abzeichen ihrer Wohlhabenheit. Der Turban und somit sein S. wurde nur von Männern getragen. Belegt ist S. als Geschenk zw. Herrschern und zw. reichen Familien. Sehr verbreitet waren Siegel ohne Ring oder, nach dem Vorbild des Propheten, mit Ring zum Siegeln oder Stempeln (→Siegel). – Juweliere arbeiteten vorwiegend in den Städten der islam. Länder, bald wohl in Gilden und unter amtl. Aufsicht; Bagdad war lange berühmt. Perlen und die verschiedenen Arten von Steinen waren natürl. bevorzugt, je nach ihrer Verarbeitung zum Fundort erfolgte; auch deren Fernhandel sowie der von S. stücken und ganzen Slg.en durch Perlenhändler und Juweliere über weite Strecken ist belegt. – Die Juweliere der islam. Länder waren nicht selten Juden oder Christen, weil sie gleichzeitig als Geldverleiher tätig waren, die im Gegensatz zu Muslimen Zins fordern konnten. Wie den europ. waren ihnen alle Techniken der Spätantike bekannt, einschließl. von →Niello und →Emaille im Zellenschmelz. Neu ist seit dem frühen MA das Tauschieren, das Einhämmern von Gold- oder Silberdrähten oder Blechen in vorbereitete Vertiefungen. Sehr viel häufiger als massive S. stücke sind durchbrochene sphär. Körper, auch amphorenartige oder kästchenförmige; die Grundform, gegossen oder aus Blechen getrieben, wurde bearbeitet und mit gedrehten Filigrandrähten, mit Granulationen oder Steinen verziert; die Grundform konnte auch nur aus Filigran mit Blechen bestehen. Auch Tierformen sind bekannt. So entstehen häufig höchstkomplizierte, sehr kostbare Gebilde bei geringem Materialaufwand. Auch Ringe bestanden oftmals aus Blechen. Möglich ist allerdings, daß solche Juwelen seltener eingeschmolzen worden sind als die massiven. Eine gewisse Vorliebe bei Ohrringen und Anhängern scheint für die Form der Mondsichel zu bestehen.

K. Brisch

Lit.: EI² V, 963–993 [s.v. Maʿdin]; Suppl. 3–4, 5–6, 250–262 [s.v. Djawhar; M. Jenkins–M. Keene] – V. B. Meen–A. D. Tushingham, Crown Jewels of Iran, 1968 – L. Kalus, Cat. des Cachets, Bulles et Talismans Islamiques [Bibl. Nat.], 1981 – M. Jenkins–M. Keene, Islamic Jewellery in the Metropolitan Mus. of Art, 1982 – A. A. Ivanov, V. G. Lukonin, L. S. Smesova, Jevelirnye Izdelija Vostoka, 1984 – D. J. Content, Glyptic Arts – Ancient Jewellery, An annotated Bibliogr., 1985 – R. Hasson, Early Islamic Jewellery, L. A. Mayer Memorial Inst. for Islamic Art, 1987 – Islamic Rings and Gems, The Benjamin Zukker Collection, hg. D. J. Content, 1987 [H. Shy, A Glossary of Goldsmithing Terms in Medieval Judeo-Arabic (mit Belegen)] – Topkapı Saray-Museum, Kleinodien, hg. J. M. Rogers, 1987 – M. Wenzel, Ornament and Amulet, Rings in the Islamic Lands, The Nasser D. Khalili Collection of Islamic Art, XVI, 1993 [mit Zeichnungen auch der Inschriften].

Schmuckbrakteaten (→Brakteaten). In Nachfolge der karol. Münzmedaillons und der →Schmuckmünzen kommen im 9. Jh. einseitige S. in Bronze, den goldenen →Solidi Ludwigs d. Fr. (→Schilling) nachgeahmt, vor. Im 10./11. Jh. ist die Mehrzahl der S. in Silber gefertigt; häufig sind die S. in Schmuckrahmen gefaßt und als Spangen montiert. Die Mehrzahl der S. zeigt Köpfe oder Brustbilder im Profil, in der Regel von spätröm. oder karol. Vorbildern entlehnt. Die Legenden nennen röm. Ks. (Konstantin II., Fund Ekeskogs, Gotland; Fund Halsarve, Gotland) oder dt. Kg.e (Kg. Otto III., Fund Lilla Valla, Gotland; Kg. Heinrich II., Fund Kl. Roscharden, Krs. Cloppenburg). Vereinzelt begegnen auf den S. auch Tierdarstellungen oder abstrakte Formen. Die S. dürften vornehml. im Grenzgebiet NW-Dtl./Niederlande, gelegentl. (bis um 1150) auch auf Gotland entstanden sein; sie weisen eine weite Fundverbreitung auf: Vom Mittelrheingebiet über NW-Dtl. bis nach Holstein, dann im Zug des Münzexports der Wikingerzeit Schweden (Schonen, Gotland, Ångermanland) und Baltikum.

P. Berghaus

Lit.: KL XVI, 273–275 – M. Stenberger, Die Schatzfunde Gotlands der Wikingerzeit, I, 1958, 53–64 – G. Hatz, Zwei münzartige Schmuckstücke des 9. Jh. aus dem Krs. Lüneburg, Lüneburger Bll. 17, 1966, 93–101 – P. Berghaus, Münzfibeln (E. Wamers, Die frühma. Lesefunde aus der Löhrstr. in Mainz, 1994), 106–115.

Schmuckmünzen, eigens für Schmuckzwecke (z. T. durch Guß) hergestellte wie zu →Schmuck umgearbeitete Münzen, begegnen seit der röm. Ks.zeit. Neben einfachen, doppelten und dreifachen Lochungen (z.B. zur Applikation an Gewändern oder Mützen, zum Besatz auf Kästen oder Pferdegeschirr) gibt es Verarbeitungen zu Ketten, Hängern, Broschen (Spangen) und Fingerringen. Häufig wurden S. zusätzl. mit einem Schmuckrahmen versehen, im SpätMA auch mit Filigranverzierung besetzt. Spätma. →Groschen sind gelegentl. in der Mitte rund ausgeschnitten, der Reif als Spange verarbeitet. Manche S. weisen offensichtl. Amulettcharakter (→Amulett) auf wie das byz. →Nomisma um 1030 mit der nachträgl. Gravur AGLA. Typ. ma. →Schatzfunde mit S.: Wieuwerd, Prov. Friesland, um 630; Hon, Norwegen, um 858; Johannishus, Schweden, nach 1120; Leitzkau, Krs. Zerbst, 14. Jh. (→Schmuckbrakteaten). P. Berghaus

Lit.: T. Bertelé, Costantino il Grande e S. Elena su alcune monete bizantine, Numismatica 14, 1948, 90–106 – J. Lafaurie, B. Jansen, A. N. Zadoks-Josephus Jitta, Le trésor de Wieuwerd, Oudheidkundige Mededelingen uit het Rijksmuseum van Oudheden te Leiden 42, 1961, 78–107 – G. Hatz, Handel und Verkehr zw. dem dt. Reich und Schweden in der späten Wikingerzeit, 1974, Nr. 373 – Münzen in Brauch und Aberglauben, Ausst.skat., 1982, 106–141 – K. Skaare, Der Schatzfund von Hon und seine Münzen, Commentationes Numismaticae, 1988, 54–61 – P. Berghaus, Münzfibeln (E. Wamers, Die frühma. Lesefunde aus der Löhrstr. in Mainz, 1994), 106–115.

Schmuggel bezeichnet die heiml. Umgehung von Handelsschranken, die als Ein- oder Ausfuhrverbote bzw. als →Abgaben und →Zölle errichtet wurden und damit Ausdruck einer staatl. Wirtschaftspolitik sind. Entsprechend taucht das Wort 'S.' erst in der NZ auf; seit dem 17. Jh. ist es in England, seit dem 18. in Dtl. belegt. Der Tatbestand des S.s, der die unterschiedlichsten Produkte betrifft, ist älter – so alt wie die obrigkeitl. verfügten Ge- und Verbote bzw. die geforderten Handelsabgaben. Der Verstoß dagegen wird gewöhnl. umschrieben – in der →Raffelstettener Zollordnung (um 903/905) etwa durch den Hinweis auf die legitima strata, in Italien auf das devetum (1260) oder divieto (1309–10; Exportverbot), im Hanseraum auf der stede bot (1427) oder auf ähnliches. Dabei verfestigt sich die seit 1280 in Venedig nachweisbare Umschreibung contrabannum – '(Verstoß) gegen das verkündete Gebot' – in Italien zu einem Terminus (contrabbando, 1503) und verbreitet sich von dort nach Frankreich (contrebande, 16. Jh.) und Spanien (contrabando, 17. Jh.). Th. Szabó

Lit.: R. Delort, Le commerce des fourrures en Occident à la fin du MA, 1978, 1133–1135, 1138 – D. Menjot, La contrebande dans la marche frontière murcienne au bas MA (Homenaje a J. Torres Fontes, II, 1987), 1073–1088 – F. Braudel, La Méditerranée et le monde méditerranéen à l'époque de Philipp II, 1987[8].

Schmuttermayer, Hanns, Goldschmied, 1487–1518 in Nürnberg nachweisbar, hat nach 1484 und vor 1489 ein acht Seiten und zwei Kupferstiche umfassendes »Fialenbüchlein« im Druck veröffentlicht, von dem nur ein Exemplar im Germ. Nat.-Museum in Nürnberg (Inc. 8° 36045) erhalten ist. Es beschäftigt sich wie das gleichzeitige »Büchlein von der Fialen Gerechtigkeit« des Regensburger Dombaumeisters Matthäus →Roritzer (Roriczer) mit der Entwurfslehre für Fialen und Wimperge und gehört zu der Gruppe der spätgot. Steinmetzmusterbücher, die sich, wie S. ausdrückl. bemerkt, an die Werkmeister wenden. G. Binding

Lit.: Thieme–Becker XXX, 180 – A. Essenwein, H. S.s Fialenbüchlein, AKDV 28, 1881, 65–78 – L. R. Shelby, Gothic Design Techniques. The Fifteenth-Cent. Design Booklets of Mathes Roriczer and H. S., 1977 – U. Coenen, Die spätgot. Werkmeisterbücher in Dtl. als Beitrag zur ma. Architekturtheorie [Diss. Aachen 1989].

Schnecken → Weichtiere

Schneider, Gewandschneider. Das Zuschneiden von Tuch (→Textilien) gehörte zum Beruf zweier Handwerke, des S.s (lat. sartor, s. vestium, mhd. *sneider, schnider,* nd. *snidere, schrader*) und des Gewands.s (lat. sartor pannorum). Beide arbeiteten mit der Schere, seit dem 14. Jh. mit der Scharnierschere. Gehörte die Anfertigung von →Kleidung im frühen MA häufig noch zur hauswirtschaftl. oder klösterl. Arbeit, so setzte sich die handwerkl. Herstellung seit dem 12. Jh. europaweit durch. 1135 und 1138 wurden S. in den Kölner Bürgerlisten aufgezeichnet. 1260 erhielten die Basler S. vom bfl. Stadtherrn einen Zunftbrief. 1355 sind in Frankfurt a. M. *gewantmechir* und *snyder,* 1377 *snydere, gewantsnydere* und *gewantscherer* (Tuchscherer) jeweils als eigene Zunft nachweisbar. In Köln – wie in Hildesheim – lag der Tuchhandel während des 14. Jh. in den Händen der Gewands.; *watmenger* (Gewands.) und *schröder* (S.) gehörten dort unterschiedl. Handwerkskorporationen an, allerdings hatten die S. Zugang zur Bruderschaft der Gewands. S. betrieben meist keinen Tuchhandel, sie bearbeiteten Stoffe aus Wolle, Leinen, Baumwolle, Seide und Mischgeweben. Der Zuschnitt nach Maß und nicht das Nähen war die qualifiziertere Arbeit, die dem Meister oblag, der sich am teuren Tuch nicht verschneiden durfte. Das Maß (→Elle) wurde mit Papierstreifen oder Schnüren genommen. Schnittmuster und Rißbücher nach Körpermaß oder Proportion verbreiteten sich erst seit der Renaissance. Die Nähtechnik wurde seit dem 14. Jh. durch die Einführung der Metallnadel (→Draht, Nadel) erhebl. verbessert, wobei v. a. Gesellen, Lehrlinge und Frauen (Näherinnen, Wäscheschneiderinnen) nähten. Auch Flicks., die nicht zuschneiden durften, arbeiteten für andere S., besserten Kleidung aus, fügten Tuchreste zusammen. Oft wurden sie zu einer außerzünftigen Konkurrenz der S. Fingerhüte waren seit der Antike, Bügeleisen als Voll- oder Hohleisen waren seit dem späten MA bekannt. Das S.handwerk differenzierte sich stark, nicht nur was die Aufteilung in Herren- und Damens. anbelangte, sondern auch was das Einkommen anbetraf: Während der Pariser »couturier« Colin du Lormoye um die Mitte des 15. Jh. ein ansehnl. Einkommen hatte, gehörte die Masse der S. eher zu den ärmeren Handwerkern, die zur Niederlassung eine geringe Werkstattausstattung und wenig Betriebskapital benötigten. R. S. Elkar

Q.: →Handwerk, Handwerker – C. Couderc, Les comptes d'un grand couturier parisien, 1911 – Lit.: A. Diestelkamp, Die Entwicklung des S.gewerbes, 1911 – E. Müllerleile, Die Gewands.gilde in Hildesheim, 1913 – Wiener Gesch.sbll. 31, 1976, Sonderh. 2 – R. Reith, Lex. des alten Handwerks, 1990 – J. Zander-Seidel, Textiler Hausrat, 1990 – R. Holbach, Frühformen von Verlag und Großbetrieb in der gewerbl. Produktion (13.–16. Jh.), 1994, 47–208.

Schnitzaltar → Retabel

Schöffe, -ngericht, -nbank
I. Rechtsgeschichte – II. Stadtgeschichte.

I. Rechtsgeschichte: S., 'beisitzender Urteiler', von germ. *skapjan 'schaffen', im Rechtssinn '(ver-)ordnen', 'zw. Parteien durch Urteil Recht schaffen', davon mlat. scabinus. Wort und Sache sind frk.-karol. Ursprungs. Sie verbreiten sich nach 770 im frk. Reich. Die Recht-Schaffenden sind eine neue, die merow. →Rachinburgen ablösende Urteilergeneration. Die Funktion des S.n als eines die (Eigen-) Entscheidung der Parteien nicht mehr nur anleitenden, sondern ersetzenden (Dritt-) Urteilers ist Frucht der wachsenden Autorität gerichtl. Streitbeilegung. Den sich vollziehenden Wandel im Urteilverständnis festigte und nutzte die sog. Gerichtsreform Karls d. Gr. im Interesse der Zentralgewalt und zur Entlastung der armen →Freien von übermäßiger Dingpflicht. Kern der Reform war die Einführung des S.ntums als einer der Zentrale verpflichteten Amtsträgerschaft. Dem dienten die Auswahl der S.n möglichst durch Kg.sboten ([→missi] im Benehmen mit der Gerichtsgemeinde), der S.neid, die Bestellung der S.n auf Lebenszeit und die (geplante) Registrierung der S.n. Bislang hatte sich die Pflicht zum Ersturteil nur im je konkreten Termin und kraft genossenschaftl. Bindung realisiert. Die Stärkung der volksgerichtl. Urteiler sollte zugleich den Einfluß übermächtiger Gf.en eindämmen. Nicht erwiesen ist, daß die Einführung des S.namtes (auch) der Verpflichtung der Urteiler auf Schriftrecht hätte dienen sollen. Zu S.n wurden angesehene, Land besitzende Freie, die zum Urteil taugl. (idoneus) waren, bestellt. Bei Pflichtverletzung konnten sie (von Kg.sboten) abgesetzt werden. Da die S.n Amtsträger waren, zogen sie die Bezeichnung →iudices auf sich. Über diese Brücke sind wohl auch it. und südfrz. iudices als scabini bezeichnet worden, ohne deshalb S.n im frk. Sinne gewesen zu sein. Aufgabe der sieben bis zwölf S.n war es, im Gericht des Gf.en bzw. Zentenars (→Vikar; →Centenarius) als Ersturteiler vor dem sein Folgeurteil abgebenden →Umstand Recht zu sprechen. Der Unterschied zw. echtem und gebotenem →Ding kann dabei dahinstehen, da keinem Freien der Zutritt zum Gericht und Folgeurteil untersagt war. Das S.ngericht befand unter dem Gf.enbann von 15 oder 30 Schillingen, das sächs. S.ngericht unter dem Kg.sbann von 60 Schillingen, vornehml. über sog. causae maiores wie Eigentum, Erbe, Status (Freiheit) und gravierende Strafen (z.B. Konfiskation). In jeder Gft. gab es mehrere Dingstätten. Die Bündelung der Urteilskompetenz in einem ständigen Ersturteilergremium zeitigte reformüberschießende Folgen: der zuvor miturteilende frk. Richter schied aus dem Urteil aus; der Kg. mit dem Tode Karls d. Gr. Es verschwand die kgl. Gerichtsurk., das →placitum. Auch die Nennung von scabini palatii in den Jahren unmittelbar nach 800 trotz des am Kg.sgericht offenen Urteilerkreises zeigt, welchen Eindruck die Neuerung machte.

Die karol. S.nverfassung konnte sich schon in frk. Zeit nicht allg. durchsetzen. Den Friesen blieb sie unbekannt. An Nord- und Ostsee gab es auch späterhin keine S.n. Nur punktuell durchbrach sächs.-magdeburg. Recht das lüb. Recht. Den Sachsen wurden S.n für das Gf.engericht vorgeschrieben. Ihre Untergerichte folgten jedoch dem Prinzip des offenen Urteilerkreises. Bei Alamannen und Bayern ist das S.ngericht im 9. Jh. nur punktuell unter unmittelbarem frk. Einfluß bezeugt, späterhin in Abgang gekommen. Entsprechendes muß für Kärnten und die Ostmark gelten. Durchgesetzt hat sich die S.nverfassung also nur bei den Franken und partiell bei den Sachsen. Der hoch- und spätma. Befund eines weiter verbreiteten S.ntums steht nicht in einer unmittelbaren Tradition der frk. Institution. Selbst für Flandern und Brabant konnte Kontinuität nicht eindeutig nachgewiesen werden. Durchgesetzt hat sich die materielle S.nfunktion im verbindl. Dritturteil, Verbreitung fanden auch die Einrichtung eines engeren Urteilerkreises und das Wort 'S'. Dies jedoch im Sinne einer vielgestaltigen Neubildung von S.ntum: ohne zwingende Beziehung zu Kgtm. und Gf.engericht, ohne das Erfordernis einer Bestellung auf Lebenszeit, ohne Beschränkung auf die Siebener- oder Zwölferzahl. Die S.n des hohen und späten MA saßen in Dorf-, Land- und Stadtgerichten. In den Städten stellten sie nicht selten die frühe Führungsschicht. Nach dem →Sachsenspiegel neigten die S.n zur Standesbildung (S.nbarfreie). Stets blieb jedoch nach Sachsenrecht der gemeine Freie als Ersatzs. anerkannt (Grundsatz des allg. S.ntums). →Gericht, →Gerichtsverfahren. J. Weitzel

Lit.: HRG IV, 1463–1478 – H. HILLMANN, Das Gericht als Ausdruck dt. Kulturentwicklung im MA, 1930.

II. STADTGESCHICHTE: S. (lat. scabinus, ndl. *schepen*, nd. *schöppe*, frz. *échevin*) zählt (in Entsprechung zu anderen charakterist. Leitwörtern der Stadtgeschichte wie →Konsul und →Rat oder dem stärker neuzeitl. geprägten Terminus →Magistrat) zu den Schlüsselbegriffen der jurisdiktionellen und institutionellen Entwicklung der europ. →Stadt, insbes. für das nördl. →Frankreich und die großen Städteregionen der südl. Niederlande (→Flandern, →Brabant, →Lüttich u.a.), aber z.T. auch für Lothringen und das westl. Deutschland (z.B. →Bischofsstädte wie →Metz und →Köln). Der S. ist als Amtsträger in Städten seit der 1. Hälfte des 12. Jh. faßbar; in den meisten nordfrz. und allmählich auch in den südniederländ. Städten entstanden in dieser Zeit eigene *Schöffenbänke* (*Schöffenstühle*, -*ämter*, -*kollegien*), die im Namen des Stadt- bzw. Landesherrn die Rechtsprechung wahrnahmen und oft in unmittelbarem Zusammenhang mit dem Herauswachsen der werdenden Stadt aus dem domanialen/grundherrl. Verband (→Grundherrschaft, →Seigneurie) gebildet wurden. Die Rechtsprechungsbefugnis der S.n erstreckte sich auf alle →Bürger ihrer Stadt (mitunter auch auf die außerhalb lebenden sog. →Ausbürger) und betraf im allg. alle rechtl. Angelegenheiten, die im Gesamtbereich des städt. Rechtsbezirks und Territoriums anfielen (nach Ausweis der *Keuren*). Die S.n erteilten auch den Gerichten derjenigen Orte, die das Recht der betreffenden Stadt angenommen hatten, Rechtsbelehrung (*hoofdvaart, chef de sens;* →Oberhof). Die städtischen S.n hatten allgemein die Aufgabe, in Kriminal- und Zivilsachen zu urteilen, und bildeten für nachrangige Gerichte (Gerichtsbarkeit der Gilden und Zünfte, Friedensrichter) die übergeordnete Instanz. Ihr Ansehen war so groß, daß sie vielerorts ein Monopol der freiwilligen Gerichtsbarkeit (→Grundbuch, →Schreinswesen, →Amandellerie usw.), oft auch außerhalb der eigenen Stadt, wahrnahmen. Sie traten auch gesetzgeberisch hervor (Erlaß von Satzungen, z.B. sog. *Hallegeboden* in Brügge, *Voorgeboden* in Gent) und übten die städtische Verwaltung und Regierung aus. In den Städten des 'Lütticher Typs' hatten (nach H. PIRENNE) die S.n seit altersher die städt. Verwaltung in der Hand, verloren ihre Kompetenzen aber allmählich an die 'Ratsherren' (consules). Im allg. sind aber vielerorts Ratsherren (→Rat, II) als zweite, nachgeordnete S.nbank belegt.

In vielen Rechtsquellen (und nachfolgend in Werken der Sekundärlit.) werden die S.n mit den städt. →Geschworenen (→*jurés*, jurati) vermengt. Die 'jurati' weisen aber hin auf die →Kommune (den freien Schwurverband bzw. die städt. Einung=*coniuratio*), wie sie im 12. Jh. v.a. in Bf.sstädten und z.T. in →Abteistädten hervortrat. Als Träger des Strebens nach städt. Selbstverwaltung und Selbstregierung verteidigten die Geschworenen die →Freiheit der Stadt gegen unangemessene Behandlung und Übergriffe von seiten des fsl. Stadtherrn und seiner Richter und Amtleute, eben der Sn.; als Wahrer der städt. Friedensordnung (→Friede) hatten die Geschworenen spezif. rechtl. Vollmacht und Geltung. Erst im Zuge einer sozialen »Osmose« und infolge polit. Einflußnahme der landesherrl. Gewalten verschmolzen 'jurati' und 'scabini' allmählich zu einem einheitl. städt. Verwaltungsgremium. Dort, wo die jurati nicht auf Kommunebildung zurückgehen, handelt es sich bei ihnen gewöhnlich um Ex-S.n, die als Kollegium von 'Ratsherren' den eigtl., amtierenden S.n beratend zur Seite standen.

Die Zahl der S.n einer Stadt schwankte im Laufe der Zeit; die üblichen Größen von S.nbänken belaufen sich auf sieben oder zwölf S.n (mitunter auch auf neun oder dreizehn). Ein Mitglied einer S.nbank mußte Bürger der Stadt sein, unbescholtenen Leumund, ehel. Geburt und Besitz zu freiem Eigen vorweisen können. Im Laufe des 12. Jh. verbreitete sich, von den Städten der →Picardie aus in nordöstl. Richtung, die period. Neubesetzung der S.nbänke (Rotationsprinzip), oft in jährl. Turnus. In einigen Städten wurde aber jeweils nur ein Teil der S.n ausgewechselt. Es vollzog sich im Verlauf des 12. und 13. Jh. eine Oligarchiebildung, aufgrund derer die S.n nur mehr aus den Kreisen der besitzenden städt. Führungsschicht (→Patriziat) durch Kooptation bestellt wurden.

Die Emanzipationsbewegung der Korporationen (→Zünfte, Ämter, *ambachten*, *métiers*) führte im 14. Jh. zur Aufnahme von Zunftvertretern in die S.nbänke. In den meisten Städten bildeten sich (oft ausgeklügelte) Systeme abgestufter Vertretungen des Patriziates und der Zünfte heraus, in denen sich 'paritätisch' die jeweiligen Kräfteverhältnisse widerspiegeln sollten. Das alte fsl. Nominationsrecht für die S.n wurde dabei stark ausgehöhlt.

Während des korporativen Zeitalters (14.–15. Jh.) bedeutete Mitgliedschaft im S.nkolleg durchweg Partizipation an den repräsentativen städt. Organen und der Volksvertretung einer Stadt. In einigen Fällen knüpften städt. landständ. Bewegungen an alte Traditionen des S.nwesens an: So verstanden sich im 15. Jh. die S.nbänke der großen fläm. Städte (bes. →Gent) im Anschluß an das Vorbild der 'scabini Flandriae' des 12./13. Jh. als Vertreter des gesamten Landes →Flandern (s. a. →*Leden van Vlaanderen*). Der burg. Landesherr (→Burgund, C. II) strebte im 15. Jh. demgegenüber nach Beschneidung der jurisdiktionellen und institutionellen Autonomie der städt. S.bänke (etwa durch Errichtung übergeordneter fsl. Appellationsgerichte: *Ratkammer*); im 16. Jh. setzte sich dann unter landesherrl. Impuls und als Gegenbewegung zur schwindenden städt. und ständ. Autonomie eine stärkere 'Verbürgerlichung' und 'Verbeamtung' des S.namtes durch.

Hinsichtlich der bedeutenden Rolle der S.n in Nord- und Westfrankreich (*échevins*, vielfach begegnen auch Bezeichnungen wie *pairs* oder *jurés*, so in den weitverbreiteten →*Établissements de Rouen*) sei exemplarisch genannt das aus der Pariser →Hanse hervorgegangene Kollegium der Vier S.n, das unter Vorsitz des →*Prévôt des marchands* im →Paris des 13. und 14. Jh., bis zur Niederschlagung der großen Aufstände (Étienne →Marcel, 1356–58), faktisch die städt. Verwaltung und Gerichtsbarkeit, oft als Gegengewicht zur kgl. Stadtherrschaft, ausübte.

M. Boone

Lit.: R. van Uytven, Het stedelijk leven 11de–14de eeuw (Algemene Geschiedenis der Nederlanden, II, 1982) – K. Schulz, »Denn sie lieben die Freiheit so sehr …«. Kommunale Aufstände und Entstehung des europ. Bürgertums im HochMA, 1992 – Verwaltung und Politik in Städten Mitteleuropas. Beitr. zu Verfassungsnorm und Verfassungswirklichkeit in altständ. Zeit, hg. W. Ehbrecht, 1994.

Schöffer, Peter, Druckerverleger, * 1420/30 in Gernsheim (bei Darmstadt), † zw. 20. Dez. 1502 und 8. April 1503 in Mainz, seit 1449 Kleriker und Kalligraph an der Univ. Paris, kam 1452 nach Mainz, wo er zusammen mit J. →Gutenberg und J. →Fust den ersten Bibeldruck besorgte. Aus seinen späteren Leistungen wird geschlossen, daß S. an der Vervollkommnung der Buchdruckerkunst wesentl. Anteil gehabt hat. Nach 1455 begründete er zusammen mit Fust ein Gemeinschaftsunternehmen, das seit 1457 zahlreiche liturg., theol. und jurist. Werke in hervorragender Qualität herausbrachte. Dazu gehören u. a. der »Mainzer Psalter« (1457; mit mehrfarbig gedr. Initialen), eine 48zeilige Bibel (1462), Justinians »Institutiones« (1468; in Komm.satz). S.s Druckschriften fanden ebenso wie sein Allianzsignet (nach dem Tod Fusts weiter verwendet) in aller Welt Nachahmung.

S. Corsten

Bibliogr.: Der Buchdruck im 15. Jh., hg. S. Corsten–R. W. Fuchs, 1988–93, 308–312, 750f. – *Lit.*: Geldner, I, 30–38 – A. Kapr, Joh. Gutenberg, 1986, 195–208.

Schola (Korporation, Genossenschaft). Der aus dem gr. σχόλη stammende Begriff bezeichnete bei den Römern ein Gebäude, in dem Personen, die ein gemeinsames Interesse verband, zusammenkamen. In der späten Ks.zeit erweiterte sich das Bedeutungsfeld von »Versammlungsort« auf »Assoziation von Personen mit gemeinsamen Interessen«. Damit wurde S. zum Synonym für »collegium« und diente in einigen Gebieten Italiens, die in der byz. Tradition standen, zur Bezeichnung der Korporationen.

Eindeutig belegte Beispiele sind jedoch sehr selten und betreffen erst die Zeit ab dem 10. Jh. Der älteste und berühmteste Beleg betrifft die »S. piscatorum« in Ravenna, 943. In der Urk., einem Ansuchen um Erneuerung der →Emphyteusis, wenden sich einzelne namentl. gen. Personen an den Ebf. v. Ravenna, Petrus, auch im Namen aller ihrer »fratres et consortes scole piscatorum Patoreno« mit der Bitte, im Fluß Padoreno von dem Ort Pensalurdo bis zum Meer Fischfang betreiben zu dürfen. Dafür verpflichten sie sich, an die Kirche von Ravenna den 40. Teil jedes Fangs (ca. 2,5%) und für den Tisch des Ebf.s alle über 4 Fuß großen Störe abzuliefern.

Es ist allerdings nicht auszuschließen, daß es sich bei der in der Urk. des Jahres 943 gen. »S. piscatorum« nicht um eine echte Korporation handelt, sondern einfach um eine »Gesellschaft« oder ein »Konsortium« von Fischern. Hingegen ist bewiesen, daß die im Jahr 1081 in Ravenna belegte S. piscatorum alle Charakteristiken einer Korporation wie hierarch. Strukturierung, bindende Satzungen, bei Aufnahme zu entrichtende Gebühr etc. aufwies. Aus ihr ging in der 1. Hälfte des 13. Jh. die – noch heute bestehende – Korporation der Fischhändler, »Casa Matha«, hervor. Sehr spärlich sind die Nachrichten über die anderen S.e in Ravenna (954 »s. negotiatorum«; 980 »s. callicariorum«, 1001 »s. macellatorum«).

Die gleiche Unsicherheit besteht auch im Hinblick auf die S.e, die im 11. Jh. in Rom bezeugt sind. Am berühmtesten ist die S. der Gärtner, die 1030 begründet wurde (vgl. Hartmann). Echte »Korporationen« sind hingegen die S.e, die im Ordo romanus des Camerarius Cencius (12. Jh.) genannt werden (fiolarii, ferrari, calderarii, muratores, carbonarii etc). Andere S.e sind in Ferrara (die s. callegariorum des Jahres 1112 ist jedoch sicher ursprgl. eine Bruderschaft) und in Venedig belegt, wo allerdings die S.e nicht die Korporationen bezeichnen (die »artes« genannt werden), sondern die entsprechenden →Bruderschaften, bei denen sozial-karitative und religiöse Ziele im Vordergrund stehen.

A. J. Pini

Lit.: L. M. Hartmann, Urk. einer röm. Gärtnergenossenschaft vom Jahre 1030, 1892 – E. Rodocanachi, Les corporations ouvrières à Rome depuis la chute de l'Empire Romain, 2 Bde, 1894 – G. Monticolo, I capitolari delle arti veneziane, 3 Bde, 1896–1914 – L. Simeoni, Il documento ferrarese del 1112 della fondazione dell'arte dei callegari, Rendiconti d. R. Accad. d. scienze dell'Ist. di Bologna. Classe di sc. morali, s. III, VII, 1932–33, 58–71 – P. S. Leicht, Corporazioni romane e arti medievali, 1937 – F. CROSARA, Le 'scole' ravennati dell'alto medioevo e la carta piscatoria del 943, Archivio, 1949, fasc. I, 33–65; II, 9–42 – S. GRAMIGNA–A. PERISSA, Scuole di arti e mestieri e devozione a Venezia, 1981 – R. GRECI, Corporazioni e mondo del lavoro nell'Italia padana medievale, 1988 – A. I. PINI, In tema di corporazioni medievali: la »S. Piscatorum« e la »Casa Matha« di Ravenna, NRS, LXXVI, 1992, 729–776.

Schola cantorum, röm. Institution, deren Aufgabe die (musikal.) Gestaltung der missae publicae an den Stationskirchen war. Nach →Johannes Diaconus (um 870) soll Papst Gregor d. Gr. die S. c. als Sängerschule gegr. und mit einer Stiftung zu ihrem Unterhalt ausgestattet haben. Wahrscheinl. existierte die Einrichtung aber schon früher im Orphanotrophium (Waisenhaus). Um 700 erscheint erstmals die Bezeichnung ordo cantorum, in den Ordines Romani (→Ordo, II) taucht im frühen 8. Jh. der Begriff scola auf, der wenig später mit scola c. präzisiert wird. Eine herausragende Stellung kam dem Leiter (primicerius) zu, dem seit dem 10. Jh. die niederen Geistlichen der Stadt unterstanden. Die Bedeutung der S. c. liegt in der Pflege, Erweiterung und Verbreitung der liturg. Gesänge, nicht nur in Rom. In weiten Teilen Europas entstanden seit der Mitte des 8. Jh. v. a. im Karolingerreich, aber auch in England Kathedral- und Kl. schulen nach dem Vorbild der S. c. Eine zentrale Stellung hatte →Metz inne. Im Austausch mit Rom versuchte man eine Vereinheitlichung der Melodien des →Chorals zu erreichen, dennoch bildete sich in der Vermischung mit der gallikan. Überlieferung eine zum altröm. Gesang gegensätzl. röm.-frk. Tradition heraus. F. Körndle

Lit.: MGG XI, 688ff. – RIEMANN s.v. – J. SMITS VAN WAESBERGHE, Musikerziehung (Musikgesch. in Bildern, III/3, 1969) – K. G. FELLERER, Die röm. S. c. und die Verbreitung des liturg. Gesangs (Gesch. der kath. Kirchenmusik, I, 1972), 182–184 – E. DE BENEDICTIS, The »S. C.« in Rome during the High MA [Diss. Bryan Mawr Coll. 1983].

Scholares (häufiger: scolares). Im klass. Latein war 'scholaris' ein (selten belegtes) Adjektiv. Erst im 12. Jh. wurde es im Zeichen des Aufschwungs der städt. →Schulen zum häufig gebrauchten Substantiv. Seit dem 13. Jh. begegnet es als völlig geläufiges Wort des Universitätslebens (→Universität). Es besaß aber zwei Bedeutungsvarianten, die sich nur durch den jeweiligen Kontext erschließen lassen: 1. S. konnte in allg. Weise die 'Leute der Schulen' (scholae), die mit dem Unterricht und der intellektuellen bzw. wiss. Arbeit befaßt waren, bezeichnen, d. h. sowohl Professoren als auch Studenten (vgl. noch 'scholar' im heut. Englischen). – 2. S. hießen (und dies war der häufigere Wortgebrauch) die 'Schüler' oder 'Studenten', d. h. die 'Lernenden' im Gegensatz zu den 'Lehrenden' (vgl. den Begriff »universitas magistrorum et scolarium«); das Wort 'scholaris' korrespondierte somit dem afrz. 'escholier' und bezeichnete häufig in engerem Sinne diejenigen Studenten, die noch keinen →Grad erworben hatten und grenzte sie damit von Baccalaren und Lizentiaten ab. Die S. waren Mitglieder der Univ.; sie konnten der Autorität der Magister unterworfen sein (Pariser System; →Paris, D) oder aber allein die Univ. konstituieren und leiten (Bologneser System; →Bologna, C [hier Ausschluß der Magister von der 'universitas scholarium']). Vom Zeitpunkt an, da die Universitäten sich konstituiert hatten, genossen die S. privilegierten Rechtsstatus und Rechtsschutz (einschl. fiskal. Befreiungen), der aber an eine ordnungsgemäße Immatrikulation geknüpft war. Im Gegenzug hatten die S. die Statuten ihrer Univ. und die Autorität der universitären Amtsträger zu respektieren und zum Zeichen ihres Standes Tonsur und langen Habit zu tragen; Erscheinungsbild und Sozialstatus der S. waren somit denjenigen des →Klerus angenähert. Auch nach dem Ende des Studiums konnten die ehem. S. immer noch einige universitäre Privilegien in Anspruch nehmen, was aber von den öffentl. Gewalten zunehmend als Mißbrauch bekämpft wurde. J. Verger

Lit.: RASHDALL, passim – P. KIBRE, Scholarly Privileges in the MA, 1961 – O. WEIJERS, Terminologie des univ. au XIIIe s., 1987, 167–173.

Scholastica, hl., * um 480 in Norcia (Umbrien), † um 547 in Montecassino, Schwester des hl. →Benedikt. Die spärl. Nachrichten über ihr Leben gehen praktisch alle auf →Gregor d. Gr. zurück, der in Dialogi II berichtet, sie habe als geweihte Jungfrau ein asket. Leben in der Nähe von Montecassino geführt. Späteren Texten zufolge soll sie bereits in Subiaco ihr religiöses Leben begonnen haben. Nach Gregor d. Gr. trafen sich die Geschwister jährl. zu einem geistl. Gespräch. Einmal soll S. den Bruder gebeten haben, die Nacht über zu bleiben, damit sie länger zusammensein könnten. Als Benedikt dies ablehnte, wurde er durch ein heftiges Gewitter zum Bleiben gezwungen. Gregor d. Gr. zufolge habe Gott S.s Wunsch erfüllen wollen, da sie »mehr liebte«. Die schöne Episode wurde auf verschiedene Weise interpretiert: Einige glauben nicht an S.s Existenz, andere sprechen hingegen von Magie. Es ist wohl vorzuziehen, sich an die Worte des Biographen zu halten, der den Triumph der Caritas verherrlichen wollte. Drei Tage nach der Zusammenkunft sei S. gestorben, und Benedikt habe ihre Seele in Gestalt einer Taube zum Himmel aufsteigen gesehen. Im Grab, das Benedikt für sich selbst vorgesehen hatte, beigesetzt, sollen S.s Reliquien mit denen ihres Bruders im 8. Jh. nach Frankreich gebracht worden sein (Fleury, Le Mans, später Juvigny). Die Auffindung des vermutl. Grabes des hl. Benedikt nach dem 2. Weltkrieg läßt wohl an eine nur sehr partielle Translation denken. Die Vita des →Alberich v. Montecassino (11. Jh.) erweitert die Erzählung der Dialogi unter Hinzufügung einiger Wunder (Benedictina 3, 1949, 217–238). Dargestellt wird S. fast immer mit dem Regelbuch und bisweilen mit einer Taube. G. Barone

Lit.: Bibl. SS XI, 742–750 – DIP VIII, 1115–1117 – LCI VIII, 313–315 – LThK²IX, 445–446.

Scholasticus. Im klass. Latein wurde 'scholasticus' sowohl adjektivisch (im Sinne von: 'auf die Schule bezogen') als auch substantivisch (für denjenigen, der eine Schulbildung empfangen hatte, insbes. aber den Lehrer der Grammatik und Rhetorik) gebraucht. Im ma. Latein blieb zwar der adjektiv. Gebrauch erhalten ('viri scholastici', 'libertas scholastica'), doch trat, mindestens seit dem 12. Jh., ein engerer Wortsinn, verbunden mit substantiv. Anwendung, in den Vordergrund. Der S. (Scholastes) war an den Kathedralkapiteln (→Kapitel, I) derjenige Kleriker (in der Regel ein Kanoniker), der den Schulbetrieb (→Domschule) verantwortlich leitete und häufig auch selbst unterrichtete. Der S. erteilte die 'licentia docendi', ernannte und kontrollierte die →Magister und übte Jurisdiktion über die Schüler aus. Er wurde auch als 'magister scholarum' oder 'caput scholae' bezeichnet. In einigen Fällen vermischte sich die Funktion des S. mit derjenigen des Kanzlers und Praecantors.

Die Funktion des S. erhielt sich bis ins ausgehende MA, oft auf eine bloße Sinekure reduziert. Dort wo sich →Universitäten gebildet hatten, geriet die Machtposition des S. durch den Anspruch der Professoren und Studenten auf Lehrfreiheit ins Wanken. Der S. nahm an vielen Universitäten (z. B. →Toulouse, dt. Univ.) den Titel des Kanzlers an, sofern er ihn nicht (wie in →Paris) schon vorher getragen hatte; doch zog auch mancherorts der Bf. selbst das Kanzleramt an sich. Der Titel des S. bestand dessenungeachtet an den Univ. des Loiregebiets (→Orléans, →Angers) und Kastiliens (→Salamanca) fort; hier verfügte der S. auch weiterhin über sehr weitreichende Kompetenzen. Oft selbst Mitglied des →Collegium doctorum, manchmal durch dieses gewählt (Statuten v. Salamanca, 1422), blieb er das eigtl. Oberhaupt der Univ. und präsidierte als solches nicht nur den Examenskommissionen, sondern wahrte auch bestimmte Jurisdiktionsrechte. Allmählich aber schwanden (bes. in Orléans und Angers) die Kompetenzen des S. zugunsten der Rechte des →Rectors und verschmolzen mit den üblichen Befugnissen des Kanzlers. J. Verger

Lit.: RASHDALL I, II, passim – E. LESNE, Les écoles de la fin du VIIIe s. à la fin du XIIe, 1940 – P. DELHAYE, L'organisation scolaire au XIIe s., Traditio 5, 1947, 211-268 – O. WEIJERS, Terminologie des univ. au XIIIe s., 1987, 194-199.

Scholastik

I. Begriff und historische Charaktere – II. Entwicklungslinien.

I. BEGRIFF UND HISTORISCHE CHARAKTERE: S. wird vielfach im Sinne eines Titels für die Theol. und Philos. des MA verwendet, doch handelt es sich streng genommen nicht um einen Begriff einer Denkepoche, sondern primär einer Denkform. Eine »scholastische« Weise zu denken findet sich nicht bloß im MA, sondern in durchaus vergleichbarer Weise auch in der Spätantike (Proklos) oder in der Barockzeit (»Barockscholastik«). Zudem ist S. keine Methode bloß der Theol. des MA, sondern – jedenfalls im MA – jegl. Wissenschaft. S. im engeren Sinn ist die ma. Form von Wissenschaft überhaupt. Die sprachl. Verbindung mit dem gr. Wort σχολαστικός besagt die Schulmäßigkeit des Umgangs mit Problemen; diese ist primär von einem theoret. Interesse bestimmt. Das Wort findet sich in den ma. Texten selbst nur extrem selten. Da eher die Kritiker der ma. Philos. und Theol. zur Verbreitung des Terminus beigetragen haben, haften dem Begriff immer noch negative Konnotationen an: sophistisch, unhistorisch, schematisch, etc.

Auch wenn die Einheitlichkeit der denkerischen Medien ungleich größer war als in Antike und NZ, darf der Begriff der S. keinesfalls dazu verführen, die ma. Denkform für eine völlig uniforme zu halten. Es gab an den jeweiligen Univ.en nicht nur eine unterschiedl. Vorherrschaft der Disziplinen (z. B. der Logik und Mathematik in Oxford), sondern auch innerhalb ihrer eine vielfach wechselnde Interessenrichtung (etwa in den Schulen der Mendikanten). Die Vereinheitlichung liegt jedoch in der gemeinsamen Wissenschaftssprache des Lateinischen, in der Gemeinsamkeit der autoritativen Quellentexte sowie in der Ähnlichkeit der Argumentationsformen. Die Theol. war nur in dem Sinne einheitlich, als sie keine Trennung in Disziplinen kannte. Ihre Präsentation ist gleichwohl vielfältig: Diese reicht in einem weiten Spektrum von Axiomatisierungsversuchen bis zu einer bewußt heilsgesch. Gestalt.

Die ma. S. bildet sich im Zuge des ungeheuren Rationalitätsschubes im 12. Jh. heraus, durch welchen die humanist.-lit. Interessen und damit eine primär traditional bestimmte Weltauslegung zurückgedrängt werden. So tritt an die Stelle unmittelbarer Bibelorientierung die lehrbuchartige Aufbereitung der Theol. Themen – am erfolgreichsten die Sentenzensammlung des →Petrus Lombardus, seit →Alexander v. Hales bis in das 16. Jh. neben den Hl. Schriften Basistext des universitären Unterrichts. An die Stelle der Kloster- und →Domschule tritt die Universität, zugleich *die* Verkörperung der ma. Wissenschaft wie durch deren universalen Anspruch zugleich eine bis heute bestehende Institution. Daß die S. neben der klass. Philos. Griechenlands, den Jahrhunderten der klass. Physik und der Periode der klass. dt. Philos. zu den Gipfelpunkten der Denkgeschichte gehört, liegt u. a. daran, daß durch die neue Institution der Univ.en einerseits und die dortige Präsenz der ebenfalls neuen Bettelorden andererseits eine europaweite Konkurrenzsituation geschaffen worden ist. Zumindest für kurze Zeit mußten sich die besten Köpfe in der theol. Fakultät von Paris bewähren; dies gehört zur Erklärung der denker. Stärke der ma. Theologie. Die Ausbildung in den →artes liberales geht als studium generale den höheren Fakultäten (Theol.; Medizin; Jurisprudenz) voraus.

Zwar geht auch die S. von *Texten* aus (Bibel; Augustinus; Aristoteles), doch werden diese nicht nur mit Fragen der inneren Kohärenz konfrontiert, sondern immer stärker zum Anlaß für weitausgreifende Sachfragen genommen. Die Texterklärung geschah in der Form von Glossen, Paraphrasen, an denen der Aufbau der Texte transparent gemacht wurde, und v. a. in Kommentaren, die zum Anlaß genommen wurden, Sachfragen zu erörtern. Im Zentrum des Denkens steht daher der Kommentar. Die Auslegung von Texten variiert von der bloß erläuternden Paraphrase über die sorgfältige Analyse der kleinsten Sinneinheiten bis zur Strukturierung der gedankl. Schritte. Die Scholastiker bemühen sich insbes., den inneren Aufbau der Texte transparent zu machen. Der freie Umgang mit den Texten kann aber auch so weit gehen, daß der Text lediglich noch zum Anlaß genommen wird, sachl. Fragen zu erörtern. Diese Form beherrscht im 14. Jh. zunehmend die Aristoteles-Kommentare. Auch in den theol. Vorlesungen über die Sentenzen geht der Kommentarstil über in extrem unterschiedl. Inanspruchnahme der sachl. Gehalte des Basistextes. Charakterist. ist generell die enge Zuordnung der lit. Gattungen der S. zum Schulbetrieb. Die Vorlesung (lectio) findet sich in den Kommentaren, die disputatio in den →quaestiones disputatae und ihre zusammenfassenden Darstellungen in den →Summen. Theoriebildung, universitäre Vermittlung und dabei unmittelbar ausgetragene Konkurrenz der Theorien untereinander bilden eine innige und produktive Einheit.

Die für die S. spezif. Artikulationsform der *Quaestio* bringt zu einer einzelnen Frage sowohl Pro- als auch Contra-Argumente vor. Da nach Aristoteles eine Einsicht die Lösung einer ausweglosen argumentativen Diskussionslage darstellt, muß eine solche Konfrontation voraufgehen. Erst diese ergibt den ganzen Reichtum an relevanten Gesichtspunkten. Häufig ergibt sich erst im Zuge der Beantwortung eine präzisere Sinnbestimmung der Fragestellung. Dieses Verfahren entsteht im Zusammenhang der Textauslegung, v. a. der Auslegung jurist. Texte, die auf ihre concordantia hin untersucht werden. Nur wenn Konsistenz besteht und als bestehend eingesehen werden kann, ist es rational vertretbar, jenen Texten weiterhin die unterstellte Verbindlichkeit zuzuschreiben. Dies macht verständlich, in welch hohem Maße scholast. Diskussionen von semant. und log. Gesichtspunkten bestimmt sind. Erst die genaue Analyse der jeweils verwendeten Begriffe macht den Erweis der Übereinstimmung möglich. Die Fragen sind inhaltlich in unterschiedl. Maße vorgegeben, erlangen aber in der Entwicklung des ma. Denkens eine universelle Reichweite (vgl. →Gottesbeweise). – Die Begründungsinstanzen zur Entscheidung dieser Fragen sind *ratio* und *auctoritas*. Die Autorität steht in einem eigentüml. Verhältnis zur Vernunft: Beides sind Instanzen für die Begründung von Geltungen. Die Vernunft gilt dabei ihrerseits als von universellem Anspruch, nicht aber von unbeschränkter Anwendbarkeit. Gerade die Theol. als Wissenschaft von Offenbarung und Glaube macht eine krit. Untersuchung der Möglichkeiten der Vernunft unvermeidlich. Zum einen ist der Glaube nicht Resultat der für ihn sprechenden guten Gründe, zum anderen übersteigt Gott unendlich die Möglichkeiten menschl. Einsicht. Der autoritative Text, dessen Wahrheit unterstellt wird, ist immer auch der Auslegung bedürftig; der Magister hat allererst zu determinieren, *in welchem Sinne* er wahr ist. Durch die theol. Unterscheidung von göttl. und menschl. Autorität vollzieht sich zudem eine weitere Relativierung der menschl. Autorität: Aristoteles kann irren! – Die Berufung auf die ratio geschieht in sehr unterschiedl. Weise – unterschiedlicher, als den Autoren selbst bewußt zu sein scheint. Doch gehen alle davon aus, daß es allg. Prinzipien gibt, welche für als Wissen gelten. Behauptungen werden im Rekurs auf solche Prinzipien oder anerkannte Sätze begründet. In der Theol. kommt es zur ausgedehntesten Diskussion über die Reichweite vernünftiger Argumente: Können Gehalte des Glaubens auch eine vollständig rationale Form annehmen, sind sie durch Analogien verständl. zu machen oder ist lediglich ihre innere Widerspruchsfreiheit zu erweisen? Im 14. Jh. tritt zu dieser Dualität noch die Erfahrung (experientia) als drittes Element. – Nicht das eigtl. Movens, aber ein bestimmender Faktor der S. ist die Wiederentdeckung der aristotel. Schriften (auf Grund der alten boethian. (→Boethius) und neuen lat. Übersetzungen und deren Kommentare (→Averroes; →Aristoteles). Der Einbruch der aristotel. Schriften stellt dem MA eine durchgeführte Philos. vor Augen, die allein auf den Prinzipien der Vernunft, der Erfahrung und der Natur gründet und diese auf eine ungeheure Fülle von Phänomenen und Sachverhalten anwendet. Gleichzeitig wird damit aber auch eine entwickelte Theorie des Wissens vorgeführt. Gegenüber beidem hatte sich die Theol. zu bewähren. Eine verschiedene Disziplinen begründende *methodische* Trennung von Glauben und Wissen, welche die augustin. Tradition nicht in der Weise gekannt hat, wird allererst jetzt möglich – wenngleich die Zuordnung einzelner Lehrstücke stets umstritten blieb. Angesichts der mitunter als bedrohl. empfundenen Gefahr der Verfremdung wird bes. von Franziskanern ein bewußter Rückgriff auf →Augustinus als dem Garanten einer unverfälschten Theol. zum Programm gemacht. Ein begrifflich ausgebildeter Augustinismus (→Bonaventura-Schule, →Franziskanerschule; →Heinrich v. Gent) beginnt sich allererst in Reaktion auf Verfremdungsbefürchtungen herauszubilden, insofern in Augustins Denken eine authent. christl. Weltauslegung vorliegt.

Das Feld der Auseinandersetzung bestimmt aber nicht etwa eine einzelne Alternative, sondern eine Vielzahl von Spannungslinien: der Aristotelismus, seine Kommentierungen und Transformationen aus dem islam. Kulturraum (bei →Avicenna und Averroes), Denker, die wie →Maimonides die jüd. Religion selbst zum Gegenstand der Philos. gemacht haben; gleichzeitig wird bei wichtigen Gestalten die Kommentierung des →Dionysius Areopagita, jenes in gewisser Weise im abendländ. Tradition fremdartigen Elements einer radikal apophat. Theol. fortgesetzt. →Thomas v. Aquin hat darüber hinaus auch Übersetzungen der griech. Väter initiiert.

In dieser Zeit macht sich im Zuge der →Aristoteles-Rezeption ohnehin eine Tendenz bemerkbar, die wiss. Texte anderer Kulturen aufzugreifen. Die Ausweitung des Horizontes wird auch durch die missionar. Tätigkeit der neuen Orden ermöglicht. Mit nirgends diskutierter Selbstverständlichkeit benutzen die Theologen ebenso wie die Lehrer der Artes-Fakultät die Kommentare und Abhandlungen aus dem muslim. Kulturraum (v. a.: Avicenna; Averroes, der »commentator«). Diese boten zugleich Verständnishilfe, waren aber ebenso Gegenstand der Kritik.

II. ENTWICKLUNGSLINIEN: Wenn auch das Werk des →Anselm v. Canterbury nicht für die »Methode« der S. typisch ist, so gehört doch sein Versuch, die Gehalte des Glaubens einer rationalen Durchdringung zu unterwerfen, in die gen. Rationalisierungstendenz. So wie sein Inkarnationstraktat methodisch (!) von der Autorität der Schrift absehen möchte, so abstrahiert auch sein berühmtes, erst viel später »ontologisch« gen. Argument von allen religiösen oder kosmolog. Überzeugungen. Die keinen Anlaß zum Zweifel gebende Identifizierung Gottes als desjenigen, »über das hinaus nichts Größeres gedacht werden kann«, führt dazu, die Bestreitung der Existenz Gottes als ein Verfehlen dessen zu diagnostizieren, was gedacht werden soll: Gott.

Die gewichtigste Phase der ma. S., in der in wenigen Jahrzehnten eine Fülle sehr unterschiedl. philos. und theol. Ansätze entwickelt werden, ist ungefähr zw. 1250 und 1350 anzusetzen. Aristoteles hatte zugleich die Möglichkeiten menschl. Wissens gezeigt wie auch ein neues Verständnis der Natur befördert (→Physik und Naturphilosophie; →Mechanik, →Astronomie). Hatte man die Natur im frühen MA vorwiegend unter dem Gesichtspunkt ihres Symbolcharakters für die göttl. Wirklichkeit betrachtet (vgl. Symbolismus des →Bonaventura), so werden jetzt einzelne Phänomene durch ihren Bezug auf spezif. Gründe verständlich. Das Eigenrecht der Wirklichkeit erhält durch den Aristotelismus zwar substantiellen Gehalt, wird aber auch schöpfungstheol. begründet. Der Schöpfungsgedanke – in allen markanten Transformationen antiken Denkens der bestimmende Faktor – führt aber auch über die 'Physis' als letzter Verständigungsinstanz hinaus. Gott zeigt sich darin, daß Gott nicht mehr ausschließl. als erster →Beweger, sondern als Grund des Seins (Thomas v. Aquin: causa essendi), nicht mehr als factor, sondern als creator (Bonaventura) gedacht wird. Die folgenreichste Abtrennung der Gotteslehre aus der Naturphilos. geschieht bei →Johannes Duns Scotus, der sie in eine Metaphysik des Seiendseins einbaut und damit die Fundamentalcharakter dieser Disziplin mit der Universalität ihrer Grundbegriffe begründet.

Ungeachtet ihrer Orientierung an Aristoteles geht die S. in den verschiedenen Formen der Metaphysik, in der Ausdifferenzierung der Ethik und der Psychologie über ihn hinaus. →Thomas v. Aquin nimmt den Impuls seines Lehrers →Albertus Magnus auf, der durch die Kommentierung des gesamten Aristoteles diesen der lat. Welt erschließen wollte. Weit stärker als Albert sucht Thomas jedoch, zum einen die unterschiedl. Traditionen (Platonismus – Aristotelismus; Augustinus – Dionysius; etc.) auseinanderzuhalten, sie aber andererseits in einen produktiven Bezug zum Anliegen der Theol. zu setzen. Solches kann nicht ohne tiefgreifende Verwandlung geschehen. Thomas nimmt in seiner Theol. die Möglichkeiten der Vernunft in Anspruch, zieht ihr jedoch in der Trinitäts- und Schöpfungslehre und in der Christologie deutl. Grenzen. Trotz der Präsenz des Aristoteles ist bei Thomas doch ebensosehr seine transformierende Kraft spürbar, die nicht nur theol. motivierte Korrekturen vornimmt, sondern ins Zentrum des Denkens dringt: So bekommt etwa das aristotel. Prinzip für die wesentl. Bestimmungen der

Dinge, ihre spezif. Wirkungen und ihre Erkennbarkeit, die (innere) Form, selbst noch ein passives Moment – und zwar im Verhältnis zum Sein, das als schöpfer. Wirkung Gottes allem Endlichen voraufgeht.

Von bes. Bedeutung war im Spannungsfeld von Augustinismus und radikalem Aristotelismus die anthropolog. Auseinandersetzung um den Status der menschl. →Seele: substanziale Form oder differenzierte Form-Wirklichkeit des Leibes? Während der Substanzbegriff leichter die Unsterblichkeit verständl. zu machen imstande ist, größere Schwierigkeiten jedoch mit der Individualität der Seele hat, verhält es sich mit der zweiten Variante umgekehrt. Thomas versucht beides zusammenzudenken in einer als selbst substantiell gedachten Form, die als einzige (anima forma corporis) den menschl. Leib nicht erst prägt, sondern ihn überhaupt als einen solchen konstituiert.

Weit stärker als Thomas bringt →Johannes Duns Scotus den gesch. Aspekt in die Vernunftkritik. Er verbindet dies aber nicht – wie viele andere Franziskaner vor und nach ihm – mit einer Aristoteles-Polemik. Was die Philosophen hinsichtl. der Verfaßtheit des Menschen als Natur genommen haben, ist in Wahrheit nur ein Zustand neben anderen und damit Zeichen der Kontingenz des Kosmos, die nur konsistent zu behaupten ist, wenn der sich nach außen richtende göttl. Wille keinen Grund außerhalb seiner selbst für dieses Wirken hat. Damit hängt auch die scot. Reduzierung der invariablen sittl. Gebote zusammen.

In einer anderen Traditionslinie wird diese zum Zweck präziserer Zuordnung erfolgende Trennung von Theol. und Philos. wieder rückgängig zu machen versucht. Wie schon →Roger Bacon und die Augustinisten verfolgt auch →Raimundus Lullus einen die Wissensdisziplinen zusammenfügenden, also integralist. Ansatz. Das alte Ideal der christl. Weisheit soll unter den Bedingungen des neuen enzyklopäd. Wissens realisiert werden.

Die sog. Mystik eines Meister →Eckhart, die in ihrem theoret. Kern durchaus auf überkommene Konzepte zurückgreift (etwa die neuplaton. Intellektspekulation), bedeutet eine gewisse Relativierung eines ontolog. Gottesbegriffs. Zwar wird gesagt, daß das Sein Gott sei, dies wird jedoch explizit als das Verhältnis eines Allgemeinen zu einem Besonderen. Der Ort, an dem das Allgemeine zugänglich wird, ist selbst ein Allgemeines: der Intellekt. Dies relativiert auch die Relevanz der äußeren Erfahrung. Der Intellekt ist schon selbst Bild des Absoluten. Nicht eine psycholog. interessierte Erfahrung des Inneren steht im Mittelpunkt, sondern die appellative Beschreibung von Einheitsformen – Form und Materie; Bild und Urbild; Tätiges und Leidendes etc. –, die als Analogien die Einheit der menschl. Seele mit Gott zugleich theoret. verständlich machen wie auch deren Innewerdung initiieren sollen.

Der ontolog. gefaßte Begriff Gottes wird auch in der – im übrigen stark differenzierten – Strömung des →»Nominalismus« verlassen. Alle Dinge gelten zugleich als »absolute Dinge« in dem Sinne, daß ihre (Fort-) Existenz ohne die Existenz anderer Dinge gedacht werden kann. Grundzug dieser Bewegung ist weniger eine bloß »kritische« Wendung oder höhere Wissensansprüche, hinsichtl. der Wirkungsstärke der spätscholast. Naturphilosophie schon gar kein »Verfall«, sondern eher eine »analytische« Einstellung. Dies zeigt sich sowohl in den ausgedehnten sprachl. und semant. Analysen, welche auf die überkommenen Sätze der Theol. und Philos. angewendet werden. Dabei haben eine ganze Reihe von Theologen das log. und semant. Instrumentarium solcher Analysen in bedeutsamer – und von Logikhistorikern anerkannter – Weise erweitert. Die Möglichkeiten, Gehalte des Glaubens oder auch Behauptungen der Theol. rational auszuweisen, werden radikal eingeschränkt. Die meisten der traditionellen Attribute Gottes verdanken ihre Zuschreibung einem Akt des Glaubens, nicht der Vernunft – insbes. nicht das folgenreiche Prädikat der Allmacht! Ähnlich wie die Mystik verlagern auch die dem Nominalismus zugerechneten Autoren das sittl. Gute ausschließlich in die Intention, welche etwa bei Thomas nur einer der Gesichtspunkte der sittl. Beurteilung war.

Der Versuch, die Konsistenz des Aristotelismus zu wahren, hat in der Artes-Fakultät zu einer Reihe naturalist. und determinist. Thesen geführt. Glaube wird zu etwas, das sich jeder Form rationaler Legitimation entzieht (→Boethius v. Dacien). Wie aber erst jüngere Forschungen gezeigt haben, stammen einige der Thesen des sog. »Averroismus« aus den entsprechenden Kritiken der Theologen und wurden erst nachträglich von Artes-Lehrern affirmiert. R. Schönberger

Lit.: Hb. theol. Grundbegriffe, II, 1963, 478–494 [M. D. Chenu] – HWP VIII, 1332–1342 [H. M. Schmidinger] – RGG³ V, 1494–1498 [J. Koch] – Grabmann, Scholastische Methode, 1909 [Neudr. 1988] – A. Landgraf, Zum Begriff der S., CF 11, 1941, 487–490 – L. Oeing-Hanhoff, Die Methoden der Metaphysik im MA, Misc. Mediev. II, 1963, 71–91 – W. Kluxen, Thomas v. Aquin (Grundprobleme der großen Philosophen, hg. J. Speck, 1972), 177ff. – F. C. Copleston, Gesch. der Philos. im MA, 1976 – F. van Steenberghen, Die Philos. im 13. Jh., 1977 – Die Renaissance der Wiss. en im 12. Jh., hg. P. Weimar, 1981 – The Cambridge Hist. of Later Mediev. Philos., ed. N. Kretzmann et al., 1982 – C. Vasoli, La filosofia medioevale, 1982⁶ – L. M. de Rijk, La philos. au MA, 1985 – K. Flasch, Das philos. Denken im MA, 1986 – J. LeGoff, Die Intellektuellen im MA, 1986 – J. Pieper, S., 1986² – J. Marenbon, Later Medieval Philos. (1150–1350), 1987 – O. Weijers, Terminologie des universités au XIIIᵉ s., 1987 – Ch. Lohr, Commentateurs d'Aristote au MA lat., 1988 – H. M. Schmidinger, »S.« und »NeuS.« – Gesch. zweier Begriffe (Chr. Philos. im kath. Denken des 19. und 20. Jh., hg. E. Coreth SJ, W. M. Neidl, G. Pfligersdorfer, II, 1988), 23–53 – R. Schönberger, Was ist S.?, 1991.

Scholastikoi (σχολαστικοί) bezeichnet gelegentl. nur die Studierenden der Rhetorenschule, überwiegend aber die ausgebildeten Redner (→Rhetorik, II), gewissermaßen im Sinne von 'Gebildete', 'Akademiker'. Als Ehrentitel erscheinen bes. λογιώτατος, ἐλλογιμώτατος, σοφώτατος, eloquentissimus und disertissimus. Da viele aktive Rhetoren bei Gericht, bes. als Parteianwälte (advocati) tätig waren, findet sich S. nicht selten als Bezeichnung für diesen Beruf. Daneben sind S. aber auch als Richter, ἔκδικοι, censitores, defensores und assessores hoher und höchster Beamter belegt, bisweilen auch in der kirchl. Hierarchie; manche mögen ferner Rhetorikprofessoren gewesen sein. Im 6. und 7. Jh. dürfte eine gewisse Institutionalisierung eingetreten sein, wobei S. als Amtsträger (bes. assessores) auftreten; darauf weisen auch die – bisher unberücksichtigten – Siegel. Mit der abnehmenden Wertschätzung der Bildung verlor im Laufe des 8. Jh. der Terminus S. seine Bedeutung. →Scholasticus. W. Seibt

Lit.: A. Claus, Ὁ σχολαστικός [Diss. Köln 1965; vgl. dazu: D. Simon, BZ 59, 1966, 158–161] – J. O'Callaghan, Σχολαστικός en la correspondencia cristiana del siglo VI (Studi E. Volterra, I, 1971), 83–86 – P. J. Sijpesteijn, Ὁ σοφώτατος σχολαστικὸς Ὠριγένης τῆς μεγίστης ἀγορᾶς, Zs. für Papyrologie und Epigraphik 70, 1987, 143–146.

Scholastische Methode. Für das Verständnis der →Scholastik ist die Methodenfrage entscheidend, die kontrovers bewertet wird. Während M. Grabmann die systemat. Darstellung der Glaubenslehre betonte, legte M. de Wulf den Akzent auf die doktrinäre Synthese. Andere Autoren haben auf die Subalternation der Philosophie unter die Theologie verwiesen. Die Gemeinsamkeit der

Lehrinhalte hat B. GEYER unterstrichen, während L. DE RIJK in der s. M. ein Verfahren sieht, das mit Begriffen, Distinktionen und Definitionen arbeitet, die dem aristotel. Organon und später der terminist. Logik entnommen sind.

Grundlage der s. M. ist die Wissenschaftslehre des →Aristoteles, die über →Boethius und später über die Logica nova vermittelt wurde. In Übers., Kommentaren und in eigenen theol. Traktaten hat Boethius für das frühe MA das Modell wiss. Arbeit geliefert. →Anselm v. Canterbury entwickelte eine argumentierende Theol., während sein Schüler →Anselm v. Laon eine erste Sentenzensammlung zusammenstellte. Nach →Abaelard, der einen systemat. Überblick über die Glaubenslehre plante, trägt die bereits den Kanonisten (vgl. die Digesta des Justinian und die Schule v. Bologna) bekannte Argumentation sic et non dazu bei, die tradierten Schwierigkeiten kontroverser Lehrmeinungen zu lösen. Es entwickelte sich die quaestio, die darauf abzielte, mit Mitteln der Dialektik und durch begriffl. Analyse den Sinn eines Textes festzustellen. →Petrus Lombardus griff auf einige Verfahren Abaelards zurück. Im Metalogicon betont →Johannes v. Salisbury die Bedeutung der →Logik für die Philos. (B. LAWN), während →Alanus ab Insulis in den Regulae die Theol. als Wiss. darstellt. Um 1190 hielt →Simon v. Tournai öffentl. Disputationen ab (opponens, respondens, determinatio). Nach →Petrus Cantor umfaßt die wiss. Beschäftigung mit der Schrift die lectio, disputatio und praedicatio (Verbum abbreviatum, MPL 205, 25). Im 12. Jh. legte →Hugo v. St. Victor eine umfassende Einteilung der Wiss. vor (Didaskalion, II, c. 1ff.). In den Schulen wurden Logik und Philos. den →artes liberales hinzugefügt (J. A. WEISHEIPL). →Wilhelm v. Auvergne und →Wilhelm v. Auxerre forderten die Entwicklung einer systemat. Darstellung der Glaubenslehre. →Albertus Magnus entwickelte den Kommentar (mit Disgressionen und Ergänzungen) und verteidigte die Eigenständigkeit der Philosophie. Dagegen kritisiert →Roger Bacon die Unkenntnis der Theologen in den empir. Wiss., den Mißbrauch des sensus spiritualis und die Bevorzugung der Sentenzen gegenüber der Schrift.

Die log.-wiss. M., die sich in der Hochscholastik entwickelte, geht davon aus, daß in jedem Sachbereich zunächst die Natur der betreffenden Wiss. bestimmt werden muß, weil Methode und Gewißheit der Konklusionen davon abhängen. Die divisio des Inhalts, die bis in die letzten Unterteilungen durchgeführt wurde, ermöglichte eine systemat. Darstellung. Es wurden Definitionen als Ausgangspunkte vorgelegt und die Beweisführungen untersucht. Die ma. Gelehrsamkeit war abhängig vom tradierten Wissen der auctoritates, die reverenter ausgelegt wurden. Zeitgenöss. Autoren wurden höchstens als quidam genannt. Schwierige Texte wurden vor den Hintergrund des Gesamtwerkes oder secundum intentionem des Autors gedeutet. Eine lat. Kommentarsprache entwickelte sich im 13. Jh. (etwa »postquam Philosophus exclusit«, »hic exponit«, »circa hoc tria facit«). Metaphor. Wendungen wurden vermieden.

Die meisten Scholastiker waren Theologen. Grundlage der sacra doctrina ist die Bibel, die im Licht der Schriften der Väter und der kirchl. Lehre gelesen wurde. Der theol. Unterricht war wesentl. Bibelauslegung. Die Theol. wurde nach der Rezeption der »logica nova« zunehmend systematisiert: die Glaubenssätze weisen eine Ordnung auf, weil was Gott tut, geordnet ist (arg. ex convenientia). Die Artikel des Glaubensbekenntnisses übernehmen die Rolle, die in den Wiss. die Axiome haben.

Der Unterricht, der sich auf autorisierte Texte stützte, bestand aus lectio, quaestio und disputatio. In der lectio wurden die Texte der Autoritäten nach littera, sensus und sententia erklärt: Unterrichten heißt »lesen« (Hugo v. St. Victor, Didasc. III, 8). Die quaestio, die auf die Patristik zurückgeht (vgl. Augustinus, De doctr. christ. II, 31), entwickelte sich zunächst am Rand der Kommentare, bevor sie sich als M. verselbständigte, gewisse Themen untersuchte, durch Erwähnung auseinandergehender Meinungen das Interesse wachrief und eine Lösung vorlegte. In der disputatio wurde ein Thema vom magister zur öffentl. Diskussion vorgegeben; ein baccalaureus mußte auf Argumente und Gegenargumente antworten, bevor – häufig am folgenden Tag – der magister die Lösung (determinatio) gab. Die Disputationen wurden wahrscheinl. wöchentl. abgehalten, während die disputationes quodlibetales, deren Themenstellung beliebig war, nur gelegentl. stattfanden.

Die Schriften der Scholastiker sind a) Glossen, tabulae und Florilegien (aus denen die ma. Autoren oft die Zitate der Väter und des Aristoteles übernahmen), und b) Kommentare zur Bibel, zu Aristoteles, Boethius, Dionysius und zum Liber de causis wie Sentenzenkommentare. Sie wurden manchmal vom magister selbst geschrieben (expositio, ordinatio) oder waren Hörernachschriften (lectura, reportatio), vom Lehrer meistens durchgesehen. Dagegen geben die veröffentl. quaestiones disputatae nicht unbedingt den Verlauf einer Disputation wieder. Dazu kommen andere Werke der magistri, etwa wie die Summen, Abhandlungen und Opuskeln.   L. J. Elders

Lit.: M. GRABMANN, Die Gesch. der s. M., 2 Bde, 1909/10 – M. DE WULF, Hist. de la philos. médiévale, 1925 – J. A. WEISHEIPL, Medieval Classification of the Sciences, MSt 27, 1965, 54–91 – L. DE RIJK, Middeleeuwse wijsbegeerte, 1977 – B. LAWN, The Rise and Decline of the Scholastic quaestio disputata, 1993.

Scholia Sinaitica, wichtigstes Zeugnis des vorjustinian. oström. →Rechtsunterrichts. Ihr Verf. hat wohl Komm. e der Professoren v. →Beirut (Berytos) zu Ulpians »Libri ad Sabinum« nach dem Unterricht protokolliert. Das Werk bezieht sich auf den Ulpiantext, der freilich in getrennter Edition vorlag. Die S. S. geben inhaltl. Passagen des Ulpiantextes in Form von indices wieder, wozu Einzelerläuterungen als Paragraphai hinzutreten; sie zeigen somit schon die wesentl. Merkmale des Rechtsunterrichts der Epoche Justinians. Da einzelne Passagen des bloß bruchstückhaft überlieferten Werkes mit der Sigle SAB gekennzeichnet sind, darf man vermuten, daß damit der betreffende Text einem bestimmten Lehrer zugewiesen wird. Da die S. S. den →Cod. Theodosianus, nicht aber den Cod. Iustinianus zitieren, müssen sie zw. 429 und 534 entstanden sein. Neben den Q. des vorjustinian. Ks.rechts berufen sie sich auch auf Schrr. der Juristen des Zitiergesetzes sowie auf Florentins Institutionen.   P. E. Pieler

Lit.: H. KRÜGER, Gesch. der Q. und Lit. des röm. Rechts, 1912², 362f. – P. E. PIELER, Byz. Rechtslit. (HUNGER, Profane Lit., II), 391.

Scholien

I. Antike – II. Lateinische Literatur des Mittelalters – III. Byzantinische Literatur.

I. ANTIKE: Texterklärung durch Erläuterungen hat ihre Wurzeln in der athen. Schule des 5. Jh. Mit der Entwicklung philolog. Methoden in →Alexandria, wo zu den Textausgaben fortlaufende Kommentare (ὑπομνήματα) entstanden, wurden die Voraussetzungen für die späteren S. corpora geschaffen. In der frühen Kaiserzeit wurden Auszüge aus den alexandrin. Kommentaren zu Erklärungen zusammengestellt, die in der Regel an den Rand der zu erläuternden Textstelle, häufig auch darüber oder darunter geschrieben wurden. So besteht ein S. (σχόλιον, zuerst Cic. Att. 16, 7, 3, als t.t. seit Galen) normalerweise aus dem erklärungsbedürftigen Textabschnitt (Lemma) und der Erklärung selbst (Interpretament). Erhalten sind griech. S. zu fast allen klass., aber auch zu kaiserzeitl. Autoren, lat. S. v. a. zu Vergil, Horaz und Terenz und einigen kaiserzeitl. Dichtern, in Prosa nur zu Cicero (Asconius). Auch die Bibelerklärung bedient sich der S. form. J. Gruber

Lit.: Kl. Pauly V, 24f. –LAW 2723-2726 – LThK² IX, 448f. – RE IIA, 625-705 – N. G. Wilson, Scoliasti e commentatori, Stud. class. e orient. 33, 1983, 83–112 – L. D. Reynolds–N. G. Wilson, Scribes and scholars, 1991³ – E. Pöhlmann, Einf. in die Überlieferungsgesch. und in die Textkritik der antiken Lit., I, 1994.

II. Lateinische Literatur des Mittelalters: Isidor, Etym. 6, 8, 1 definiert scholia als excerpta, in denen das, was dunkel oder schwierig erscheine, summar. und kurz behandelt werde. Davon scheidet er (1, 30) die glossa, die Erklärung eines Wortes durch ein einzelnes anderes. Entsprechend lassen sich in den Hss. meist interlinear gesetzte, oft durch id est eingeführte synonyme Glossen (→Glossen, →Glossare), und oft durch scilicet eingefügte zu ergänzende Bezugswörter von den sachl. erklärenden S. unterscheiden; diese werden bei größerem Umfang am Rande aufgeführt und durch wechselnde Verweiszeichen oder in antiker Tradition durch Lemmata der jeweiligen Textstelle zugeordnet. Die S. können älteren (antiken) Komm. en entnommen sein u. ihrerseits wieder vom Text gelöst zu lemmatisierten Komm.en vereinigt werden. In kalligraph. Hss. verdichten sich übernommene S. zum 11. Jh. hin auf den Rändern zu einem geschlossenen Textblock, der den erklärten Text umrahmt; bei →Papias oder →Johannes Balbus sind S. alphabet. lexikonartig zusammengefaßt. Durch Exzerpieren, Erweitern oder Kompilation entstanden oft in ihrer Herkunft undurchschaubare S.massen, bes. zu Texten des Unterrichts, zu klass. Autoren (Horaz, Terenz, Vergil, Satiriker), Grammatikern (Donat, Priscian) und auch ma. Autoren (→Walter v. Chatillon, →Alanus von Lille, →Bernhard von der Geist, →Auctores). Sie erklären Grammatik, rhetor. Figuren, Etymologien, Mythologie, Gesch. oder paraphrasieren knapp den Text; vielfach transportieren sie Elementarwissen. Terminolog. werden Glossen und S. im MA anscheinend kaum geschieden; S.sammlungen heißen ebenfalls glose, glosule. P. Ch. Jacobsen

Lit.: KL. Pauly V, 24f. – LAW, 2723-2726 – Cat. translationum et commentariorum: Mediaeval and Renaissance Latin Translations and Commentaries, ed. P. O. Kristeller u. a., 6 Bde, 1960–86 – B. Munk Olsen, L'étude des auteurs classiques latins aux XIᵉ et XIIᵉ s., 3 Bde, 1984–89.

III. Byzantinische Literatur: Als byz. Kompilatoren bzw. Verfasser von S. zu klass. Texten, die aber auch auf das Corpus der sog. 'scholia vetera' aus hellenist. Zeit zurückgriffen, sind bes. →Arethas v. Kaisareia, Johannes →Tzetzes, Maximos→Planudes, Manuel→Moschopulos und Demetrios →Triklinios zu nennen. Mit S. versah →Gregorios Pardos im 12. Jh. die Rhetorica des Hermogenes. Bei den Theologen ist bes. →Gregor v. Nazianz zu erwähnen, dessen Werk extensiv mit S. kommentiert ist, u. a. von →Maximos Homologetes (CPG 3042), dessen Schriften auch auf diese Weise erläutert wurden. Als Beispiel einer jurist. Sammlung sei auf die →Basilikens. verwiesen. L. Hoffmann

Lit.: Hunger, Profane Lit. II, 55–77, 463f. [bibliogr. Hinweise] – J. Mossay, Le singe héliaque (Hommages C. Delvoye, 1982), 273–284 – N. G. Wilson, Scholars of Byzantium, 1983.

Schollenpflichtigkeit → Adscriptio glebae

Schöllkraut (Chelidonium majus L./Papaveraceae). Die dt. Bezeichnung der seit alters geschätzten Arzneipflanze geht wohl auf das griech.-lat. chelidonium (Dioskurides, Mat. med. II, 180) zurück, das angebl. deshalb so benannt wurde, weil es bei Ankunft der Schwalbe (griech. chelidon) erblüht und nach deren Abzug verwelkt bzw. weil diese damit ihre blinden Jungen heilt. Die meisten ma. Autoren übernahmen aus der Antike nicht nur diese Fabel, sondern auch die med. Anwendung der c(h)elidonia (Mlat Wb II, 531): So sollte das *schellkr(a)ut* v. a. die Augen schärfen (Ps.-Apuleius, ed. Howald und Sigerist, 133f.; Macer, ed. Choulant, 1690–1708; →Regimen sanitatis Salernitanum; Konrad v. Megenberg V, 19; Gart, Kap. 85) sowie – aufgrund seiner goldgelben Blüten und bes. des in der Pflanze enthaltenen gelben Milchsaftes – die Gelbsucht (→Signaturenlehre) beheben, aber auch bei versch. Hautkrankheiten hilfreich sein (Minner, 83), worauf der Name *grintwurtz* (Hildegard v. Bingen, Phys. I, 138) Bezug nimmt. Alle diese Indikationen weist desgleichen die Volksheilkunde auf, in der das S. darüber hinaus v. a. zur Beseitigung von Warzen diente. P. Dilg

Lit.: Marzell I, 923–932 – Ders., Heilpflanzen, 89–95 – HWDA VII, 1028–1033 – K. Daniel–D. Schmaltz, Das S., 1939 – L. Behling, Betrachtungen zu einigen Dürerpflanzen, Pantheon 23, 1965, 279–291 – F. Ficker, Vom S. – eine hist. Betrachtung, Zs. für Naturheilkunde 24, 1972, 126–130.

Schönau, ehem. Kl. OCist bei →Heidelberg (Rhein-Neckar-Kreis), 1142 von Bf. Burchard II. v. Worms im Steinachtal auf Eigenbesitz der Wormser Kirche gegr. und zwei Jahre später mit Mönchen aus dem Kl. →Eberbach besetzt. Bereits im 12. Jh. erlangte S. durch Schenkungen und gezielte Erwerbspolitik ansehnl. Besitz v. a. in der mittleren Rheinebene. Aufsehenerregend war 1188 der Tod der Hildegunde in S., die als Mönch verkleidet unter dem Namen Josef das Noviziat absolviert hatte, und deren merkwürdige Vita unmittelbar nach ihrem Tod aufgezeichnet wurde. Als einzige Tochtergründung wurde Bebenhausen bei Tübingen 1190 mit Mönchen aus S. besiedelt. Ein bes. Förderer des Kl. war der stauf. Pfgf. →Konrad (16. K.), der 1195 in S. bestattet wurde. Auch im SpätMA blieb S. pfälz. Hauskl. und diente wiederholt als →Grablege für Angehörige der welf. und wittelsbach. Pfgf.enfamilie. Kurz nach der Gründung der Univ. wurde in Heidelberg das S. unterstellte Studienkolleg St. Jakob gegr., wodurch die pfälz. Hochschule für den Zisterzienserorden bes. Anziehungskraft gewann. Im Zuge der Reformation wurde S. 1558 aufgehoben; von den Kl.gebäuden ist v. a. das Refektorium erhalten geblieben; Reste der ma. Bibliothek gelangten in die Palatina. F. Fuchs

Lit.: Hist. Stätten Dtl. VI², 708–710 – Verf.-Lex.² IV, 4–8 – L. H. Cottineau, Rép. Topo-Bibliographique des Abbayes et Prieurés, II, 2, 1937, 2982f. [Lit.] – M. Schaab, Die Zisterzienserabtei S. im Odenwald, 1963 – J. Sydow, Die Zisterzienserabtei Bebenhausen (Germania sacra, NF 16, 1984) – D. Jakobs, Ev. Stadtkirche S.: ehem. Herrenrefektorium der Zisterzienserabtei, 1988 – S. Krämer, Hss.erbe des dt. MA, 1989, 715 – V. R. Hotchkiss, Disguise and Despair: the Life of Hildegund v. S. (Women as Protagonists and Poets in the German MA, hg. A. Classen, 1991), 29–41.

Schönau, ehem. →Doppelkl. OSB (Gem. Strüth, Rhein-Lahn-Krs.). Gf. Dudo v. Laurenburg übergab 1117 sein Erbgut Lipporn mit einer Florinskirche auf den Einrich in der Erzdiöz. →Trier dem Reformkl. Allerheiligen in →Schaffhausen zur Gründung einer Propstei, unter Vorbehalt der erbl. Vogtei. Dudos Sohn Ruprecht löste wahrscheinl. 1126 die Propstei von Schaffhausen, erhob sie zur Abtei und tradierte sie 1132 – unter dem neuen Namen S. – dem Mainzer Erzstift. Ebf. →Adalbert I. verlieh dem Kl.

freie Abtwahl, den Gf.en v. Laurenburg-→Nassau die Erbvogtei. Unter dem 1. Abt Hildelin († 1167) wurde ein Nonnenkonvent angegliedert, in dem seit 1141/42 die Mystikerin→Elisabeth v. S. lebte; ihr Bruder Egbert war 2. Abt des Kl. Aufgrund der Vogtei konnten die Gf.en v. Nassau S. ihrer Landesherrschaft einfügen. Die kurze Zugehörigkeit zum Allerheiligenkl. spiegeln noch 1407 und 1487 Weistümer des Hubengerichts S., wonach sein Oberhof zu Schaffhausen sei. 1459 trat S. der →Bursfelder Kongregation bei. In der Reformation verhinderte Trier die Säkularisierung, 1607 wurde das Nonnenkl. aufgehoben, 1803 das Mönchskl. K. Heinemeyer

Lit.: LThK² IX, 450f. – Hist. Stätten Dtl. V², 337 – P. WAGNER, Unters. zur älteren Gesch. Nassaus und des nassauischen Gf.enhauses, NassA 46, 1925, 112–188 – M. SPONHEIMER, Landesgesch. der Niedergft. Katzenelnbogen und der angrenzenden Ämter auf dem Einrich (Schrr. des Inst. für gesch. LK v. Hessen und Nassau 11, 1932), bes. 30f., 33, 59–61, 251f. – H. JÄNICHEN, Die schwäb. Verwandtschaft des Abtes Adalbert v. Schaffhausen (1099–1124), Schaffhauser Beitr. zur vaterländ. Gesch. 35, 1958, 5–84 – K. H. MAY, Verwandtschaftl. Voraussetzungen der Schenkung Lipporns an das Kl. Allerheiligen in Schaffhausen durch Tuto v. Laurenburg um 1117, NassA 72, 1961, 1–17.

Schönburg, Familie und Herrschaftsgebiet in →Sachsen. Aller Wahrscheinlichkeit nach stammten die Herren v. S. aus dem gleichnamigen Ort bei Naumburg an der Saale, von wo sie als Reichsministeriale vielleicht edelfreier Abkunft um die Mitte des 12. Jh. im Zuge der dt. →Ostsiedlung im →Pleißenland, in der Mgft. →Meißen und in der Oberlausitz (→Lausitz) Fuß faßten. Sie gewannen Herrschaft durch Rodung um Geringswalde (Sachsen), wo sie 1233 ihr Hauskl. stifteten, und errichteten um 1170 in Glauchau ihren Hauptsitz. In der Oberlausitz erscheinen sie um Bernstadt, in Böhmen entlang der Eger. Im Gebiet der Zwickauer Mulde bauten sie ihre Stellung in der Rodungsherrschaft Lichtenstein und mit Erwerb der Herrschaften Meerane um 1300, Waldenburg 1375/78 und der Gft. Hartenstein 1406/39 aus. Im 14. Jh. schützten sie sich vor dem Druck der →Wettiner durch Lehnsauftragung ihrer reichsunmittelbaren Herrschaften Glauchau und Lichtenstein an Böhmen als Reichsafterlehen, Hartenstein wurde 1456 den Wettinern als Zwischenlehnsträgern aufgetragen. Mit diesen komplizierten Lehnsverhältnissen gelang es den S.ern, eine Landesherrschaft aufzubauen und bis zum Ende des MA ihre reichsunmittelbare Stellung zu erhalten. Sie verfügten über eigene ritterl. Vasallen, verwalteten jedoch den größten Teil ihrer Besitzungen durch Amtleute in den Ämtern Glauchau, Hartenstein, Lichtenstein und Waldenburg. K. Blaschke

Lit.: W. SCHLESINGER, Die S.ischen Lande bis zum Ausgang des MA, 1935 – DERS., Die Landesherrschaft der Herren v. S., 1954.

Schöne, das. »Spät« habe er, so schreibt →Augustinus, »die Schönheit geliebt«. Das Bekenntnis zum Lieben dieser Schönheit, so alt und so neu, der »pulchritudo tam antiqua et tam nova« (Conf. X, 27, 28) – Resultat der Analyse der Erinnerung (memoria) –, bildet ein wichtiges Denkmotiv seiner Lehre vom Erkennen Gottes, die eine der maßgebl. Q. für die Lehre des S.n im MA darstellt. Augustins Interesse am S.n und an der im S.n erscheinenden Schönheit richtet sich auf die schöpfer. Ewigkeit in allem, was in der Zeit vorübergeht, und damit auf das Erkennen Gottes selbst. Im Augenblick der Erinnerung werden wir in den erinnerten »pulchra« ihres schöpfer. Grundes ansichtig (De trin. XIII, 1, 4). Schönheit (pulchritudo) ist aber kein bloßes Innerlichkeitsprinzip (Conf. X, 6, 9–10), sondern auch die wunderbare Schönheit der Welt draußen (De trin. XIII, 1, 4), das Eine in der Zeit (En. in Ps 33, 9). »Schön« oder »Schönheit« ist demnach eine universale Grundstruktur des Seins. Als Implikat oder gar als Wesen von Gestalt oder Form wird Schönheit bestimmt durch die Kategorien der Ähnlichkeit (similitudo), Übereinkunft (convenientia), Entsprechung (congruentia), Harmonie (correspondentia, harmonia) und Gleichheit (aequalitas [De div. qu. LXXXIII, 18]). Zum Modell dieses Gestalt-Werdens nach Maß der Schönheit werden die zahlhaften Proportionen und Harmonien (De lib. arb. II, 16, 42–44). Die Schönheit der Dinge beruht auf einer »aequalitas numerosa«, einer zahlhaften, d.h. durch rationale Struktur der Zahl bedingten Gleichheit und Ähnlichkeit: »pulchra numero placent« (De mus. VI, 13, 38). Das einzelne S. ist damit aber zugleich auf die Schönheit des ganzen nach Zahl, Maß und Gewicht (Weish 11, 21) geordneten Universums bezogen. Das Studium dieser Weltharmonie ist Aufgabe der Musica, denn diese ist, wie Boethius schreibt, die Wiss. der »consonantia«, d.h. »des zur Einheit gebrachten Zusammenklangs von untereinander unähnlichen Tönen« (De mus. I, 3). Die Schönheit der Welt, Abbild der Schönheit Gottes, der das »schöne Weltall in seinem Geiste tragend zu ähnl. Abbild formt«, beruht auf ihrer math. Ordnung (Cons. III, metr. 9).

Während diese kosmolog. orientierte platon.-pythagoreische Schönheitsauffassung v. a. über die einflußreichen Traktate des Boethius zur Arithmetik und Musik auf das MA einwirkte und im Bild des »Deus Geometra« (cf. Bible moralisée) seinen Ausdruck fand, gewinnt eine andere, v. a. mit den Schr.en des Ps.-Dionysius Areopagita verbundene Konzeption des S.n, die die Einheit des S.n mit dem Guten betont und die Kategorie der Klarheit (claritas) als wesentl. Merkmal des S.n betrachtet, durch die Vermittlung des →Joh. Scotus Eriugena für das ma. Denken an Bedeutung. Eriugena begreift das Seiende insgesamt als Theophanie, als Erscheinung (apparitio, manifestatio) Gottes, die den Charakter eines aktiven Rückverweises hat, in dessen Bewegung sich das Denken einfügt (Div. nat. III, 4). Dieser reduktive wie anagog. Verweisungscharakter des Seienden findet seinen Ausdruck in einem symbol. Weltverständnis, das Eriugena mit Hilfe des Schönheitsmotivs expliziert. Alles Geschaffene nämlich ist durch die absolute und höchste Schönheit gesetzt und nur dadurch auch selbst schön (Div. nat. IV, 16). Als Abbild (imago) Gottes macht das Seiende die Gutheit und Schönheit des Schöpfers offenbar (declaratio, claritas). »Allein durch die Kraft der Schönheit« ruft Gott das geschaffene Seiende zu sich als dessen schöpfer. Ursprung zurück (Div. nat. I, 212). Die dionys. Schönheitskonzeption, die etwa in der Schule v. St. Viktor weiterwirkt, betont also die Transzendenz des S.n als des göttl. Überschönen, das zusammen mit dem Guten den absoluten Seinsgrund bezeichnet, und legt die Teilhabe alles kreatürl. Seienden am S.n und Guten als ontolog. Ursächlichkeitsverhältnis aus.

Diese von Ps.-Dionysius behauptete universale Erstreckung des S.n zusammen mit dem Guten auf alles Seiende führt im Gefolge der Aristoteles-Rezeption zu Beginn des 13. Jh. zur Frage nach dem Ort des S.n innerhalb der transzendentalen Bestimmungen des Seienden. Allerdings ändert sich die Perspektive grundlegend: Die Lehre von den »transcendentia« nämlich zielt auf die allgemeinsten Seinseigenschaften (»modi essendi«; Albertus M., S. th. I, 6, 28). Die Frage nach der Transzendentalität des S.n muß daher untersuchen, ob Schönheit eine universale Weise des Seins ausdrückt, die noch nicht durch andere Transzendentalien bezeichnet wird, und muß den möglichen Ort des S.n in der Ordnung der allgemeinsten Seinsbestimmungen angeben. Die erstmalige Behandlung des S.n im Rahmen der →Transzendentalien in der dem →Alexander v. Hales zugeschriebenen theol. Summe legt bereits den Rahmen der nachfolgenden Diskussion fest: Die Verhältnisbestimmung des S.n erfolgt gemäß der dionys. Perspektive in Hinblick auf das Gute, das mit dem S.n ident. ist. Gleichwohl unterscheidet sich das S. vom Guten »secundum intentionem« insoweit es eine Bestimmtheit des Guten besagt, derzufolge es der Wahrnehmung gefällt (Summa I, n. 103). Auf diese Weise wird das S. dem Wahren angenähert, insofern Schönheit eine Bestimmtheit der Form, bezogen auf das Äußere, besagt (Summa II, n. 75). Auch →Albertus M. betrachtet das S. nicht als ein eigenständ. Transzendentales, sondern sieht seinen Ort im Zusammenhang der Erweiterung (extensio) des Wahren zum Guten, sofern der Erkenntnis des Wahren »secundum rationem boni« der Hervorgang des S.n entspricht (Super De div. nom. c. 4. n. 71).

Diese Extension des Guten in Hinblick auf das Wahre liegt auch der sog. Schönheitsdefinition des →Thomas v. Aquin zugrunde, schön werde genannt, was im Angeschautwerden gefalle (S. th. I q 5 a 4 ad 1). Ausgehend von der Auffassung des Ps.-Dionysius, daß das Gute aufgrund seiner Verwandtschaft mit dem S.n den Charakter der Formursache habe, ordnet Thomas das Gute im eigtl. Sinne dem Strebevermögen zu, das S. jedoch in bes. Weise dem Erkenntnisvermögen, insofern dieses von einem Erkenntnisgegenstand angezogen wird. Die Sinne aber werden durch die Wohlproportioniertheit (debita proportio) des jeweiligen Erkenntnisgegenstandes beeindruckt; denn darin wird ein Moment der Ähnlichkeit (similitudo) erkannt (S. th. I q 5 a 4 ad 1). Thomas spricht also vom S.n und seinen Ausdrucksqualitäten auf der Ebene der sinnenhaften Erkenntnis. Hingegen fehlt das S. in der Reihe der Transzendentalien (De ver. 1, 1). Ledigl. als primärer Gottesname wird das S. zusammen mit dem Guten genannt (S. th. I q 5 a 4). Denn obwohl das S. dem Guten (und nicht dem Seienden) eine Hinordnung auf das Erkenntnisvermögen hinzufügt, so sind das Gute und das S. gleichwohl real ident., weil beide auf der Form als dem gemeinsamen Subjekt gegr. sind (In de div. nom. c. 4 lect. 5). In diesem Punkt hält Thomas an der dionys. Identitätsformel »bonum laudatur ut pulchrum« fest (S. th. I q 5 a 4 arg.), wenngleich er sie im gen. Sinn modifiziert.

Anders als bei Thomas v. Aquin findet sich bei →Ulrich v. Straßburg, einem Schüler Albertus' M., im 2. Buch von »De summo bono« eine systemat. Erörterung des S.n. Deren Ausgangspunkt ist die Form als die Gutheit eines jeden Dinges, sofern sie dessen Vollkommenheit darstellt, und als seine Schönheit, insofern sie »wie ein Licht über das Geformte hinstrahlt« (De summo bono II, 3, 4). Dabei ist das S. wie das Gute mit dem Seienden vertauschbar; es fügt dem Seienden die »ratio formalitatis« hinzu, d.h. den Aspekt der über den Stoff Glanz und Licht ausstrahlenden Form. In diesem Sinne nennt Ulrich die Seinsweise, die das S. nach Art der Form zum Seienden hinzufügt, »species«; für schön gebraucht er statt »pulchrum« auch »speciosum« (l.c.).

Als »Wohlgefallen (placentia) der Seele«, das einem einfachen Begreifen der sichtbaren Formen durch den Gesichtssinn (visus) entspringt, begreift hingegen →Witelo in seinem opt. Traktat die Schönheit. Das S. verfügt demgemäß nicht über einen eigenen Empfindungsinhalt, sondern erscheint als etwas, das, bezogen auf die visibilia per accidens, aus den unmittelbaren Empfindungsinhalten und deren akzidentellen Bestimmungen – Witelo nennt deren 22 – sowie als Verhältnis dieser Bestimmungen untereinander folgt (Perspectiva, 172–175). Auf das Äußere des Seienden bezieht auch →Dionysius d. Kartäuser das S., während Wahrheit auf das Innere des Seienden bezogen ist (De venustate mundi 3). Diese Hinordnung auf das Erkenntnisvermögen, worin allg. ein eigenständiger Beitrag des lat. MA erblickt werden kann, kommt auch in der Definition des S.n als das, »was alle anschauen und erkennen«, zum Ausdruck (De venustate mundi 1). Für Dionysius ist gleichwohl die äußere Schönheit (venustas) der Welt nur der Ausgangspunkt, um von dort zur rein geistigen Schönheit und letztl. zur Schönheit (pulchritudo) Gottes aufzusteigen.

Diese Grundtypen einer ma. Schönheitsauffassung lassen insgesamt eine große Differenz zu dem erkennen, was neuzeitl. allg. Ästhetik genannt wird, erst recht, wenn Schönheit als ein homologer Begriff verstanden wird oder wenn gar versucht wird, Schönheit mit Kunst zu verbinden und im Schnittfeld von »ars« und »pulchrum« den originären Gegenstand einer ma. Ästhetik zu finden. Weder von dem anagog. noch von dem restringierten Schönheitsbegriff führt jedoch ein direkter Weg zu einem Schema oder System der Schönen Künste, das sich hist. erst im Verlauf der Renaissance herausgebildet hat. Alle Deutungen künstler. Tätigkeit von einer bestimmten Schönheitsauffassung her müssen somit für das MA unter diesen generellen hermeneut. Vorbehalt gestellt werden. A. Speer

Lit.: HWP VIII, 1351–1364 – C. Baeumker, Witelo, BGPhMA III, 2, 1908 – E. de Bruyne, Ét. d'esthétique médiév., 3 Bde, 1946 – W. Beierwaltes, Aequalitas numerosa, Zu Augustinus Begriff des S.n, WuW 38, 1975, 140–157 – Ders., Negati affirmatio, PhJb 83, 1976, 237–265 – W. Perpeet, Ästhetik im MA, 1977 – W. Tatarkiewicz, Gesch. der Ästhetik, 2, 1987² – A. Speer, Thomas v. Aquin und die Kunst, AK 72, 2, 1990, 323–345 – J. A. Aertsen, Beauty in the MA, Medieval Philos. & Theol. 1, 1991, 68–97 –Ders., Die Frage nach der Transzendentalität der Schönheit im MA (Historia Philos. MA, hg. B. Mojsisch–O. Pluta, 1991), 1–22 – U. Eco, Kunst und Schönheit im MA, 1991 – Ma. Kunsterleben nach Q. des 11. und 13. Jh., hg. G. Binding–A. Speer, 1993 – A. Speer, Kunst und Schönheit, Misc. Mediaevalia 22, 1994, 945–966 – J. Kreuzer, Pulchritudo – vom Erkennen Gottes bei Augustin, 1995.

Schöne Madonnen, kunsthist. Fachausdruck (W. Pinder, 1923). Der Begriff ist aus dem allgemeineren Begriff des »Schönen Stils« herausgewachsen und ist eine typ. dt. Erscheinung innerhalb der internat. Gotik um 1400. Schöne Frauengestalten und Figuren allgemein gab es als Ideal immer wieder, so um 1220 in Straßburg und Bamberg, um 1310/20 im Bodenseeraum, z. B. in St. Katharinentaler Plastik und Buchmalerei. – Pinder hat in seiner Charakteristik von 1923 Madonnen um 1400 treffend definiert als die höchst verfeinerte Kunst für eine gesellschaftl. Oberschicht, die auch für ihre Andacht plast. Bildwerke verlangte, die sie neben burg. Buchmalerei und Tafelbildern von der Art des Paradiesgärtleins um sich wünschte. Ihre Körperlichkeit ist in mehr oder weniger ausgeprägter S-förmiger Ponderation durch füllige Gewandmassen in weichem Faltenwerk verborgen. Zierl. Jungmädchenköpfe wenden sich zärtlich dem meist völlig nackten Kind zu. Die Hauptbeispiele gehören der feinsten Stein- und Steingußtechnik an, deuten auf Herleitung aus der Bauplastik. Die ringsumgeführte Durchformung und köstl. Polychromie weist auf freie Aufstellung hin, wie sie ja durch Bilddokumente für Altarfiguren des 15. Jh. belegt ist. A. Reinle

Lit.: W. Pinder, Zum Problem der »S. M.« um 1400, JPKS 1923, 147–171 – A. Feulner, Der Meister der S. M., ZDVK 10, 1943 – K. H. Clasen, Die S. M., 1951 – Ausst. kat. S. M. 1350–1450 [Salzburg], 1965.

Schonen, Landschaft im heutigen S-Schweden, bis 1658 dän. Die ersten Hinweise auf die Zugehörigkeit zum dän. Reich stammen aus dem 9. Jh. S., das im N eine gemeinsame Grenze mit Halland (dän.) und Småland (schwed.) sowie im O mit Blekinge (dän.) besaß, war rechtl. eigenständig, verfügte über ein eigenes Landsding (Ding, II) in →Lund (dort erstmals belegt 1180) und ein eigenes →Landschaftsrecht, das →Schon. Recht (»Skånske Lov«), das Anfang des 13. Jh. aufgezeichnet wurde. Einem dän. Kg. mußte außer auf dem jüt. Landsding in Viborg und dem seeländ. in Ringsted auch in Lund gehuldigt werden. Kgl. Repräsentant war in S. der kgl. Statthalter (praefectus/gældker) mit Sitz in Lund. Zusammen mit den kleineren Landschaften Halland und Blekinge unterstand S. dem Bm. Lund, seit 1103/04 Ebm., wobei Blekinges Zugehörigkeit zur Lunder Diöz. erst für das 13. Jh. nachgewiesen werden kann.

Die rechtl.-administrative Eigenständigkeit schlug zuweilen in eine polit. um: Gegen den regierenden Kg. Erich Lam wurde 1139 in S. Oluf zum Kg. ausgerufen; mit S. als Machtbasis konnte er sich bis 1141/43 halten. 1180 erhoben sich die Schoninger gegen den von Seeland stammenden Ebf. →Absalon, den engsten Berater der Kg.e Waldemar I. und Knut VI., und wählten 1182 Harald Skreng zum schon. Kg., der aber Absalon bei Lommeå unterlag. Im 13. Jh. scheiterten die Versuche der Ebf.e, ihre Territorialmacht in S. zu einer Art geistl. Fsm. auszubauen, am kgl. Widerstand. Während des dän. Interregnums riefen 1332 die Schoninger unter der Führung des Ebf.s Karl den schwed. Kg. Magnus Eriksson ins Land und wählten ihn zum Kg. von S., Halland und Blekinge. Erst 1360 wurden die Gebiete durch Kg. Waldemar IV. v. Dänemark zurückerobert.

Die *Schonischen Messen* (S. M.) sind bedeutende internat. Märkte (→Messe), die seit der Mitte des 12. Jh. in Skanör am Öresund und seit ca. 1250 außerdem in Falsterbo (3 km s. Skanörs) jährl. von Aug. bis Okt. abgehalten wurden. Wichtigstes Handelsgut war der im Öresund gefangene Hering (→Fisch, -fang, -handel, B). Die Märkte, eventuell von den Lunder Ebf.en gegr., standen spätestens seit der Mitte des 13. Jh. unter dem Schutz des dän. Kg.s, dessen *môtbôk*, eine Art Polizeiordnung für die Fischerei und den Handel, erließ und dessen Gældker alljährl. zu Beginn der Messen den Marktfrieden verkündete. Dem Gældker standen die Burgen in Skanör (um 1225 angelegt) und Falsterbohus (ca. 1250 errichtet) zur Verfügung. Die Fischer kamen fast ausschließl. aus Dänemark und durften nur für den Eigenbedarf Hering salzen. Ansonsten oblag die Konservieren/Salzen des Fisches und sein Vertrieb Kaufleuten. Die schon Ende des 12. Jh. in Skanör vertretenen Lübecker Kaufleute, die das Marktgeschehen beherrschten, verfügten über genügend →Salz aus Oldesloe und Lüneburg, um große Mengen Hering konservieren und nach W- und Zentraleuropa exportieren zu können. Im Gefolge →Lübecks gelangten im 13. Jh. auch Kaufleute aus den wend., pommerschen und preuß. Städten der sich herausbildenden →Hanse nach S. Spätestens in den 1240er Jahren erschienen noch die »Umlandsfarer« aus den Nordseestädten (Niederlande, England) auf den Märkten, die um die Nordspitze Jütlands in die Ostsee segelten und v. a. dafür verantwortl. waren, daß auf den Messen nicht nur mit Hering gehandelt wurde, sondern diese sich zu einem allg. Warenumschlagplatz entwickelten. Der Höhepunkt der S. M. lag im 14. Jh.: Auf der Basis der Pfundzollbücher v. 1368/69 und 1398–1400 schätzt man, daß damals ca. 200000–300000 t Hering jährl. umgesetzt wurden, von denen ein Viertel bis ein Drittel nach Lübeck ging. Seit den 1320er Jahren hatten auch Malmö und Dragör am Heringsfang und -handel Anteil, so daß man sie zu den S. M. im weiteren Sinne rechnen kann.

Die Interessen der Kaufleute nahmen die Heimatstädte wahr, denen Vitten (6–10 ha große Plätze) zugewiesen wurden, wo ihre Kaufleute Buden errichten durften. Schon seit dem 13. Jh. bemühten sich die Städte nach dem Vorbild Lübecks um Privilegien, die auf den Vitten eine eigene Gerichtsbarkeit unter einem städtischen Vogt erlaubten. In der 1. Hälfte des 14. Jh. entwickelten sich zudem die Buden auf den Vitten zu frei veräußerbarem Eigentum der Kaufleute. Mit dem Frieden v. →Stralsund (1370) erlangten die in der →Kölner Konföderation zusammengeschlossenen hansischen und niederländ. Städte für ihre Vitten endgültig eigene Verwaltung und Jurisdiktion, während dem dän. Kg. nur noch die Ausübung der Blutgerichtsbarkeit blieb. Nach dem Stralsunder Frieden schlossen Lübeck und die wend. Städte die »Umlandsfarer« von den S. M. aus, die im 15. Jh. reine Heringsmärkte wurden. Die ndl. Städte verdrängten in der Folge mit Nordseehering zunehmend den schon. Hering von den europ. Märkten. Da außerdem Malmö schon um 1400 Skanör und Falsterbo überflügelt hatte, verwaisten die Märkte in Skanör Ende des 15. Jh. nahezu vollständig, während sie sich in Falsterbo bis zum Anfang des 17. Jh. hielten.

Th. Hill

Lit.: KL XVI, 68–77 [S. M.], 77–81 – D. SCHÄFER, Das Buch des lübeck. Vogts auf S., 1927² [Q.] – I. ANDERSSON, Skånes Historia, 2 Bde, 1947/ 74 – A. E. CHRISTENSEN, La Foire de Scanie, La Foire, RecJean Bodin 5, 1953 [Nachdr.: DERS., Danmark, Norden og Østersøen, 1976] – C. WEIBULL, Lübecks Schiffahrt und Handel nach den nord. Reichen 1368–69 und 1398–1400, Zs. des Ver. für Lübeckische Gesch. und Altertumskunde 47, 1967 – E. HOFFMANN, Die Einladung des Kg.s bei den skand. Völkern im MA, MSc 8, 1975 – H. S. ERIKSSON, Skånemarkedet, 1980 [Q.] – L. ERSGARD, »Vår marknad i Skåne«, 1988 – O. VENTEGODT, Skånemarkedets sild, Maritim Kontakt 14, 1990.

Schongauer, Martin, Maler und Kupferstecher, * um 1450 Colmar, † 2. Febr. (?) 1491 Breisach. S. entstammte einer um 1440 in Colmar eingewanderten Augsburger Goldschmiedefamilie. Er hat vermutl. die Technik der Metallgravierung in der väterl. Werkstatt erlernt. Im Wintersemester 1465 an der Univ. Leipzig immatrikuliert, trat er bald darauf eine Lehre als Maler an. Seine Wanderschaft, die im Frühjahr 1469 begann, führte ihn in die Niederlande und vermutl. nach Spanien. 1470 ließ er sich zur selbständigen Tätigkeit in Colmar nieder. 1473 ist sein Gemälde »Madonna im Rosenhag« (Colmar, Dominikanerkirche) datiert. In die Anfangsjahre seines Schaffens gehören die beiden Altarflügel, die er im Auftrag des Generalpräzeptors Jean Orlier für das Antoniterkl. Isenheim malte (Colmar, Mus. Unterlinden). Außer diesen beiden Werken sind nur noch Bilder in kleinem Format in Berlin, München und Wien sowie in Privatbesitz erhalten. Urkdl. sind Arbeiten für verschiedene schwäb. Kl. überliefert. Um 1489 übersiedelte S. nach Breisach, wo er bis zu seinem Tode an dem riesigen Wandbild des »Jüngsten Gerichts« arbeitete, das den Westteil des Münsters vom Boden bis zum Gewölbe einnimmt.

Das Urteil über die Kunst S.s beruht v. a. auf den 116 Kupferstichen und den 52 bekannten Zeichnungen. Die Stiche behandeln in der Mehrzahl religiöse Themen, nur wenige Blätter zeigen weltl. Szenen, 19 sind hervorragende Ornamententwürfe. Die Graphiken sind nicht nur von techn. Perfektion, sondern auch stets von ausgesprochener Schönheit. Die Lieblichkeit seiner Figuren und die Ausgeglichenheit der Kompositionen haben ihm schon zu Lebzeiten den Beinamen »Hübsch Martin« eingetragen.

F. Anzelewsky

Lit.: J. BAUM, M. S., 1948 – E. FLECHSIG, M. S., 1951 – F. WINZINGER, Die Zeichnungen M. S.s, 1962 – Der hübsche Martin. Ausst.kat. Colmar 1991.

Schönheitspflege. Die S. spielte im Alltag höf., adliger und bürgerl. Kreise des MA. eine wichtige Rolle. Entsprechende Ratschläge wurden v. a. mündl. unter den Frauen weitergegeben, doch gaben – in alter hippokrat. Tradition – auch die Ärzte Tips zur Körperpflege, Hautbehandlung und allg. 'Verjüngung'. In »De passionibus mulierum« der salernitan. Ärztin →Trotula (11. Jh.) fand sich ein Kapitel über die Hautpflege. →Wilhelm v. Saliceto verschrieb Mittel gegen Krampfadern und Fettsucht (13. Jh.). Sein Zeitgenosse →Gilbertus Anglicus (2. G.) verfaßte eine zwölfteilige Kosmetik des Gesichts und der Haare. Michele →Savonarola († 1468) gab u. a. Ratschläge zur Brustverkleinerung (Bandagieren, Diät) und -vergrößerung (mechan. Zug im Jungmädchenalter). Im Abschnitt »De decoratione omnium membrorum« seiner »Chirurgia« rät →Pietro d'Argelata († 1523), wie man Haare färbt bzw. blondiert sowie ihr Ergrauen und Ausfallen hinauszögert. Der Tübinger Leonhard Fuchs versuchte Glatzenbildungen einzudämmen, während der Paduaner Gabriele Faloppio eine spezielle Schönheitsdiät zusammenstellte. Franz Joel (ebenfalls 16. Jh.) glaubte, ein effektives Mittel gegen den Sonnenbrand entdeckt zu haben. Ratschläge zur S. gab auch der Dichter Francesco da Barberino (um 1320), der über die Zahnpflege, die Verkleinerung der Füße, das Haarefärben sowie die Beseitigung entstellender Narben schrieb. Obgleich Lit. und Kunst des MA beweisen, daß Schönheitsideale durchaus variierten (Boccaccio, Sacchetti, Giotto, Simone Martini), galten blondes Haar und helle Haut über Jahrhunderte als Inbegriff weibl. Vollkommenheit. Wie vor ihm viele geistl. Autoren hielt der Humanist L. B. →Alberti (»De familia«, 1443) Schminken und Haarefärben unvereinbar mit dem Status einer verheirateten Frau und zudem für die Haut schädlich. (Tatsächl. wurden zur Herbeiführung der hellen Hautfarbe Bleiweiß- und Quecksilberverbindungen benutzt!)

Zähneputzen mit Zahnpulver war bereits im 13. Jh. in Mitteleuropa üblich, der Zahnstocher weit verbreitet (Wolfram v. Eschenbach, Sacchetti, Hans Sachs). Als schädlich für die Zähne galten u. a. Zitrusfrüchte sowie heiße und sehr kalte Speisen. Man nahm auch an, daß grobe Leib- und Bettwäsche die Haut beeinträchtige. Bettruhe und Schlaf (in Rückenlage) dagegen galten als schönheitsfördernd. Baden in warmem Wasser wurde bis ins 16. Jh. als schädlich für Gesundheit und Aussehen betrachtet. Es förderte, wie manche Ärzte glaubten, nicht nur die Öffnung der Poren der Haut (und so die Empfänglichkeit für Miasmen), sondern zerstörte auch deren Struktur. Tatsächl. wurden im Alltag meist nur Hände und Gesicht gewaschen. Vivès sah im regelmäßigen Wechsel der Leibwäsche (ohne Waschung) die optimale Hautpflege. Der Adel war für mod. Tendenzen (Haartracht, Schönheitstrunk, Hautpflege usw.) stets empfänglicher als die niederen Stände, auch z. B. als Ärzte, Juristen und Gelehrte (und deren Frauen). S. galt als eng mit der Gesundheitspflege verwandt. Auch aus diesem Grund wurde sie von den seit dem 13. Jh. nachweisbaren →Luxusordnungen bzw. kirchl. Verboten (vgl. Gregor X. auf dem Konzil v. Lyon 1274) kaum berührt. Allerdings verurteilten Bußprediger wie Bernardinus v. Siena (»De vita christiana«, um 1420) oder Moralisten wie →Petrarca sie mit dem Hinweis auf die vanitas des menschl. Körpers. K. Bergdolt

Lit.: Gesch. der Dermatologie, hg. J. v. Fick, P. Richter, R. Spitzer, 1928 – G. Vigarello, Le propre et le sale, 1985 – Frauen der it. Renaissance, hg. S. Heissler–P. Blastenbrei, 1990.

Schöningen, Stift und Stadt s. von Helmstedt (Niedersachsen). Die seit 1121 bezeugte Saline des 748 von Pippin, 784 von Karl d. Gr. sowie 994 und 995 von Otto III. aufgesuchten Ortes dürfte bereits für den dort vorauszusetzenden Kg.shof von Bedeutung gewesen sein. Das Zönobium St. Laurentius in S., zuletzt offenbar Kanonissenstift, wird anläßl. seiner Reform durch Bf. Reinhard v. →Halberstadt 1120/21 zuerst greifbar; Reinhard ersetzte die Insassinnen durch Augustiner-Chorherren und siedelte das Kl. in einen bfl. Hof, möglicherweise den ehem. Kg.shof, an die jetzige Stelle (oberhalb und w. des Stadtteils Westendorf) um. Die Güter des aufgelösten Konvents wurden den Chorherren übertragen, darunter Kalbe, wo die Gfn. Oda eine wiederholt zerstörte klösterl. Gemeinschaft versammelt hatte. Es handelt sich um das von der gleichnamigen Tochter Mgf. →Dietrichs v. d. Nordmark (8. D. [vgl. Mgf.en v. →Haldensleben]) vor ihrer Ehe mit dem Piasten→Mieszko I. gegr. Laurentius-Kl. in Kalbe an der Milde (Altmark), das, Opfer des →Slavenaufstandes v. 983 und seiner Folgen, schließlich offenbar nach S. zurückverlegt worden ist. Das Stift S. erhielt 1121 das Recht der Propst- und Vogtwahl, zudem durch Inkorporation die Schöninger Pfarrkirche St. Stephan. Die wohl von dieser dismembrierte Marktkirche St. Vinzenz, 1312 erstmals gen., war 1399 dem Stift ebenfalls inkorporiert.
W. Petke

Q.: G. Schmidt, UB des Hochstifts Halberstadt und seiner Bf.e, 1–4, 1883–89 – Lit.: Niedersächs. Städteatlas, Abt. 1. Die braunschweig. Städte, bearb. P. J. Meier, 1926², Taf. XIV – H. Kleinau, Geschichtl. Ortsverzeichnis des Landes Braunschweig, 1–2, 1967–68, 547–553 – K. Bogumil, Das Bm. Halberstadt im 12. Jh., 1972, 123–128 – G. Streich, Kl., Stifte und Kommenden in Niedersachsen vor der Reformation, 1986, 118.

Schonische Messen → Schonen

Schonisches Recht (dän. Skånske lov, schwed. Skånelagen), dän. →Landschaftsrecht in 241 Kapiteln für die dän. Gebiete östl. des Öresunds (→Schonen, Halland, Blekinge, →Bornholm), die im Frieden v. Roskilde 1658 an Schweden fielen. Die Abfassung des S. R.s, die wohl auf die Zeit zw. 1202 und 1216 zurückgeht, erfolgte in wesentl. durch Vertreter des schon. Landesdings (→Ding, II), doch war vermutl. auch das Domkapitel v. →Lund beteiligt. Im Gegensatz zum Jütschen Recht (→Jyske Lov) hat das S. R. jedoch (wie die Seeländ. Rechtsbücher) nie eine kgl. Bestätigung erhalten.

Die hs. Überlieferung beginnt mit zwei etwa gleich alten Hss.: (1) in der lat. (Recht-)Lit. singulärer »Codex Runicus« (AM 28, 80) von ca. 1275/1300, ein vollständig in →Runen abgefaßter Text, die gelehrt-antiquar. Transkription einer lat. geschriebenen Vorlage; (2) »Hadorph'sche Hs.« (B 76) von ca. 1300, älteste altdänisch verfaßte Hs. in lat. Buchschrift, von Johan Hadorph 1676 für seine Druckausg. des S. R.s verwendet. Beide Hss. gehen wohl auf eine gemeinsame Vorlage zurück und waren Grundlage einer Vielzahl von Abschriften bis ins 16. und 17. Jh., 35 Hss. allein aus dem 14. und 15. Jh.; Erstdruck bei Gotfrid v. Ghemen, Kopenhagen 1505. – Inhaltl. behandelt das S. R. zumeist dieselben Rechtsbereiche wie die übrigen dän. und skand. Landschaftsrechte (u. a. Erbsachen, Totschlag, Verwundungen u. a. Gewalttaten, Eigentumssachen, Diebstahl, Sklaven, Pachtwesen, Dorfrecht, bäuerl. Wirtschaft), doch fehlen Bestimmungen über Ding und Rechtsgang.

Das S. R. liegt auch vor in einer zw. 1202 und 1216 abgefaßten lat. Bearbeitung des Ebf.s v. Lund, Anders Sunesen (→Andreas filius Sunonis [10. A.]), bekannt als »Liber legis Scanie«. Diese früher als 'Paraphrase' bezeichnete Version folgt zwar weitgehend dem dän. Text, erscheint jedoch u. a. wegen ihres systematischeren Aufbaus eher als eine nach scholast. Methode, unter Einfluß des röm. und kanon. Rechts, angelegte Summe (STRAUCH) und war möglicherweise als (weltl.) Rechtslehrbuch für die Domschule v. Lund bestimmt.

Zusammen mit dem S. R. ist in den Hss. fast durchgängig das »Schon. Kirchenrecht« überliefert. Es stimmt wörtlich mit dem »Seeländ. Kirchenrecht« überein und entstand wohl 1171 aufgrund einer gemeinsamen Initiative von Bf. →Absalon v. Roskilde, Ebf. →Eskil v. Lund und den jeweiligen Dinggemeinden. Trotz der Erwähnung eines Bischofszinses räumt das »Schon. Kirchenrecht«, im Unterschied zum älteren Kirchenrecht, den Bauern wichtige Vergünstigungen ein. Der Text spielte im dän. Kirchenkampf der Mitte des 13. Jh. (→Dänemark, E) eine wichtige Rolle. – Ebenso zählt das »Schon. Stadtrecht« zum Überlieferungscorpus des S. R.s. Da es die in der 2. Hälfte des 13. Jh. gängigen städt. Verfassungsorgane wie Rat und Bürgermeister nicht kennt, ist es wohl etwa gleichzeitig mit dem S. R. am Anf. des 13. Jh. entstanden (älteste Hs. 2. Hälfte 14. Jh.) und galt zunächst in Lund, im 14. u. 15. Jh. in allen schon. Städten. H. Ehrhardt

Ed.: Samling af Sweriges Gamla Lagar IX, ed. C. J. SCHLYTER, 1859 – Danmarks gamle Landskabslove 1, ed. J. BRØNDUM-NIELSEN u.a., 1993 – *Übers.: (dän.):* E. KROMAN–S. IUUL, Danmarks gamle Love paa Nutidsdansk, I, 1945 – *(schwed.):* D. HOLMBACK–E. WESSEN, Svenska Landskapslagar, IV, 1943 – *Lit.:* HRG IV, 1481ff. [D. STRAUCH] – KL XVI, 81ff. [J. U. JØRGENSEN] – AMIRA–ECKHARDT, 1, 1960⁴, 88ff. – G. HAFSTROM, De svenska rättskällornas hist., 1978, 64ff.

Schönsperger, Johann, Druckerverleger in Augsburg (seit 1481), † 1520 ebd. Er verlegte sich v.a. auf den Nachdruck gut verkäufl. bebilderter dt. Werke, so z.B. des 'Narrenschiffs' (1495) und der beiden Ausg. der 'Schedelschen Weltchronik' (1496). Diese Nachdrucke waren durch minderwertige Abb. und mitunter auch durch Verkleinerung des Formats billiger und behinderten den Absatz der Originalausg. empfindl. Als Meister seines Fachs erwies sich S., als ihn Ks. Maximilian I. in seine Dienste nahm (17. Dez. 1508) und ihm den Druck der von ihm veranlaßten Veröff. anvertraute: das in kleiner Aufl. hergestellte Gebetbuch des St. Georgs-Ritterordens (1513) und den von Melchior Pfinzing nach Entwürfen des Ks.s in Verse gesetzten »Theuerdank« (1517 und 1519). Die reiche Bebilderung stammt von Hans Burgkmair, Hans Schäufelein und Leonhard Beck. Für den Text wurde eine neue Schrift geschaffen ('Theuerdankschrift'), eine Vorstufe der →Fraktur. S. Corsten

Lit: GELDNER, I, 146–148 – Lex. des gesamten Buchwesens, III, 1991², 109f. – H. HORNINGER, Zwei neue Exemplare des »Maximilian-Gebetbuches«, Gutenberg-Jb. 1976, 207–212 – Theuerdank [Faks.-Ausg.], Nachw. H. APPUHN, 1979 – J. BENZING, Die Buchdrucker des 16. und 17. Jh. im dt. Sprachgebiet, 1982², 13, 354.

Schöntal, ehem. Kl. OCist (heute Kl. S., Gem. S., Hohenlohekreis; bis 1803 Bm. →Würzburg), vor 1157 vom Ritter Wolfram v. Bebenburg auf seinem Allod *Nuwesaze* (heute Neusaß) gegr., 1157 durch Ks. Friedrich Barbarossa und den Bf. v. Würzburg bestätigt. Wegen Streitigkeiten in der Stifterfamilie wurde das Kl. erst später durch Mönche aus →Maulbronn besiedelt und dabei an seine heutige Stelle verlegt, wo bislang der Weiler Hoefelden bestanden hatte. 1176 und 1177 erhielt S. von Papst Alexander III. Schutzprivilegien. Abt →Richalm (1216–19, † 1220) verfaßte den u.a. für den Kl.alltag des 13. Jh. aufschlußreichen »Liber revelationum«. Im Späten 13. Jh. geriet das Kl. in eine schwere Krise, die 1283 dazu führte, daß die Paternitätsrechte von Maulbronn an Kaisheim übergingen. Im 14. Jh. erlebte das Kl. wieder einen Aufschwung. Abt Heinrich Rosenkraim (1407–25) führte

auf dem Konzil v. →Konstanz die Zisterzienseräbte an und erlangte als Beichtvater der Kgn. →Barbara (v. Cilli) 1418 von Kg. Siegmund die →Reichsunmittelbarkeit seines Kl. Seinem Nachfolger verlieh das Konzil v. →Basel 1439 die bfl. Insignien. Die Vogtei über S. trat Ks. Maximilian I. 1495 an den Ebf. v. →Mainz ab, doch blieb sie in Zukunft bedeutungslos. 1802/03 wurde S. durch Württemberg säkularisiert. I. Eberl

Lit.: GP III/3, 203ff. – P. MITZSCHKE, Sigebots vita Paulinae, 1889, 123 – P. WEISSENBERGER, Die wirtschaftl. Lage der Cist. Abtei S., Zs. für württ. Landesgesch. 10, 1951, 39ff. – E. MELLENTHIN, Kl. S., 1964–825 Jahre Kl. S. (1157–1982), 1982 – J. BRÜMMER, Kunst und Herrschaftsanspruch. Abt Benedikt Knittel, 1993.

Schonzeit, ein im Regelfall jährl. wiederkehrender Zeitraum, in dem das Verfolgen und Fangen bzw. Erlegen einer oder mehrerer Wildarten verboten ist. Die Einrichtung derartiger Jagdruhezeiten oder Jagdverbotsphasen läßt sich seit dem 6. Jh. nachweisen und dient v.a. dazu, das betreffende Wild zu schützen (Verbot der Verfolgung oder Beunruhigung in der Fortpflanzungsperiode; vgl. Vorschriften in den →Weistümern, etwa das Trierer Weistum um 1220 oder das Weistum des Büdinger Reichswaldes v. 1380), die Nutzung in ungünstigen Perioden zu vermeiden (so wegen der Qualität des zu verwendenden Pelzwerks für Eichhörnchen im →Westgötalagh, Gotlandslagh, →Södermannalagh, →Upplandslagh, für Eichhörnchen, Marder und Hermelin im →Magnús Erikssons Landslag, um 1350) oder aber das Ackerland vor durch die Jagdausübung entstehenden Schäden zu bewahren (vgl. →Lex Salica). S. Schwenk

Schöpfung. Die Vorscholastik tradierte die patrist. Gedanken auf dem Wege der Schrifterklärung (→Beda), aber auch schon unter Einsatz der Dialektik (→Fridugisus), wobei nur der Systementwurf des →Johannes Scotus Eriugena (De divisione naturae) herausragt, in dem die S. unter pseudodionysian. Einfluß als Theophanie verstanden wird.

In der geistig regen Frühscholastik nahm die S.swahrheit eine formal strengere Fassung an (unter Anhalt an →Boethius) im Rückgang auf die (neu)platon. Kosmologie (Timaios) in augustin. Ausformung. Hier übernahm die Schule v. →Chartres eine gewisse Führung, in der →Thierry v. Chartres in seinem Komm. zur Genesis De sex dierum operibus (ed. N. H. HÄRING, AHD 30, 1955, 184–216) die S. am Schema der vier Ursachen auslegt mit dem Sohn als causa formalis, was eine Neigung zum Immanentismus verrät. In Anlehnung an Augustinus rückt →Bernardus Silvestris die Ideenlehre in den Vordergrund mit dem Geist als Weltseele und als Ausfluß des Logos (De mundi universitate: ed. BARACH I, 2). Auch →Wilhelm v. Conches identifiziert die Weltseele mit dem Hl. Geist, was danach, in vergröberter Form aufgenommen, dem Pantheismus bei Amalrich v. Bena und →David v. Dinant Auftrieb gab. Dagegen weicht bei dem bedeutendsten Vertreter der Schule v. Chartres, →Gilbert v. Poitiers, das kosmolog.-naturphilos. Interesse zugunsten einer Dialektik zurück, in der Gott als prima forma die Urbilder der körperl. Dinge mit der Materie verbindet (In Boethium De Trinitate: ed. N. H. HÄRING, Studies and Texts, I, 1955, 50ff.). In den aus der Schule hervorgegangenen Sententiae divinitatis wird mit dem Beginn der Gesamttheologie bei der S. ein gewisser heilsgesch. Zug erkennbar. Eine Verschärfung der Dialektik, gepaart mit einem metaphys. Optimismus, findet sich bei →Abaelard, der seinen rationalen Gottesbegriff auch auf die S. überträgt (Theologia christ., V, MPL 187, 1321).

Auf der Grundlage Augustins und eines nach Verstehen suchenden Glaubens entwickelt →Anselm v. Canterbury in einem Neuansatz eine rationale Begründung der S. slehre, welche um die Idee des einen, durch sich selbst notwendig existierenden Seins zentriert ist (Monolog., 4), dabei gegen Dualismus und Pantheismus gerichtet ist und auch die Relation zw. Schöpfung und Erlösung hervortreten läßt (Cur Deus homo). Die in der Frühscholastik v. a. in der mönch. Theologie vorhandene heilsgesch. Schau entwickelte am entschiedensten →Rupert v. Deutz, der die S. als erste Offenbarung Gottes trinitarisch begründet (De trinitate et operibus eius, MPL 167). Die Einheit von dialekt. und heilsgesch. Betrachtung findet sich bei →Hugo v. St. Viktor am glücklichsten durchgeführt, der die S. in einen heilsgesch. Spannungsbogen einfügt, welcher in der Inkarnation seinen Zenit findet (De sacramentis, MPL 176). Dagegen drängt in dem für die Folgezeit maßgebenden Sentenzenwerk des →Petrus Lombardus wiederum das rationale Systemdenken vor, in dem die S. zu den philos. Erkenntnissen gerechnet wird, woraus sich auch erklärt, daß in der Vorsehungs- und Erhaltungslehre noch stoische Formeln nachklingen. Der Einfluß der präzisen Formeln des Lombarden zeigte sich im caput Firmiter des IV. →Laterankonzils v. 1215 (DENZINGER–SCHÖNMETZER, 800).

Im Übergang zur Hochscholastik verfaßt →Wilhelm v. Auvergne in seinem Magisterium divinale im 2. Buch die sechsteilige Abhandlung De universo creaturarum, in der er sich, noch vom neuplaton.-augustin. Erbe ausgehend, gegen die neu aufgekommenen Irrtümer des Aristotelismus wie der arab. und jüd. Philos. wendet, aber doch bereits aristotel. Einfluß aufnimmt. Dagegen nimmt →Alexander v. Hales, der erste Vertreter der älteren Franziskanerschule, vom summum bonum ausgehend, augustin. Elemente in seinen Sentenzenkommentar (ed. QUARACCHI, 1951–57) stärker auf unter Hervorhebung des Teilhabegedankens. Ein nochmaliges Hervordringen des Neuplatonismus zeichnet sich in der Schule von Oxford ab, wo →Robert Grosseteste die Idee des ausstrahlenden Guten Gottes in seinem Hexameronkommentar (vgl. J. T. MUCKLE, Med. Studies, VI, 1944, 151–174) mit einer Lichtmetaphysik verbindet. Eine tiefergehende theol. Auswertung des platon.-augustin. Erbes findet sich bei →Bonaventura, der in Kenntnis des Aristoteles doch bes. in der Ideenlehre in Distanz zu ihm steht. So werden die geschaffenen Dinge Ausdrucksgestalten des göttl. Seins und, entsprechend dem größeren oder geringeren Abstand zum dreifaltigen Gott, Schatten, Spuren oder Bilder Gottes (I Sent. d. 3 p. 1 a. 1 q. 2), die in der Kraft ihrer Symbolik den Menschen auch wieder zu Gott führen. Nimmt die S. dieser Art in kontemplativer Schau den Charakter eines »pulcherrimum carmen« an (Brevil., Prolog. 2), so stellt sie →Albertus Magnus entschiedener auf den Boden einer Metaphysik, in der eine Synthese von aristotel. und platon. Elementen erstrebt wird, wozu auch der Teleologiegedanke bezüglich der Vorsehungslehre herangezogen wird (I Sent. d. 2 a. 11). Aufgrund einer ausgewogenen Verhältnisbestimmung zw. Wissen und Glauben gelingt →Thomas v. Aquin eine überzeugende Synthese, in der die S. als Vernunftwahrheit angesehen wird (II Sent. d. 1 a. 2), wobei allerdings der zeitl. Anfang der Welt »sola fide« anzunehmen sei (S. th. I q. 46 a. 2). Auf den aristotel. Prinzipien des ens a se und der universalen Ursächlichkeit Gottes begründet der Aquinate die Einzigartigkeit des S. saktes wie auch die unmittelbare Erhaltung der Dinge durch den Schöpfer. Gerade in diesem Punkt zeigt sich bald danach die Aufhebung der Synthese von Philos. und Theol. bei →Heinrich v. Gent, der die S. und Erhaltung sachlich und in ihren Wirkungen voneinander unterscheidet (Quodl. I q. 7).

Der Abstand zw. metaphys. und theol. Erkenntnis wird bei →Johannes Duns Scotus noch vergrößert mit der Annahme, daß das dem S. sbegriff zentrale Moment der Allmacht Gottes aus der Erkenntnis der S. nicht gewonnen werden könne und daß die S. sideen auf eine bes. göttl. »Ideenerzeugung« zurückzuführen seien, woran sich eine einseitige Dominanz des göttl. Willens abzeichnet (Op. Oxoniense III d. 32 q. un. n. 2). Diese Auffassung wurde im Einflußbereich des →Nominalismus von →Durandus de S. Porciano verschärft, insofern die Zurückführung der Ideen auf die göttl. Wesenheit gänzlich verneint wurde (I Sent. d. 36 q. 3). Dem schloß sich auch →Wilhelm v. Ockham an, der das Allmachtsprinzip und die Auffassung von der Kontingenz der S. sdinge so verschärft, daß es nahezu zu einer Trennung des Schöpfers von den Geschöpfen kommt, weshalb auch die sittl. Ordnung nicht mehr ontolog. im Wesen der Dinge verankert gedacht werden kann (IV Sent. q. 14).

Im Gefolge dieser nominal. Grundsätze konnte →Johannes v. Mirecourt die Verursachung der Sünde durch Gott behaupten und →Nikolaus v. Autrecourt eine nötigende Ursächlichkeit Gottes vertreten, in deren Konsequenz die Unterscheidung von göttl. und geschöpfl. Wirksamkeit fallen mußte. Im Gegensatz zum dialekt. Nominalismus entwickelte die dt. →Mystik mit Meister →Eckhart eine zum Immanentismus neigende S. sauffassung, die im Sinne Plotins die S. als Ausgang der Dinge von Gott und als Seinsmitteilung auffaßte, was damals pantheistisch mißverstanden werden konnte. Eine Mitte zw. dem krit. Empirismus der Nominalisten und einem myst. Realismus versuchte →Nikolaus v. Kues mit den Mitteln des spekulativen Denkens bei Hinzunahme kosmolog. Vorstellungen vom unendl. Universum zu finden unter Vorwalten der Idee einer Entsprechung zw. Unendlichem und Endlichem (De docta ignorantia II, 2). Aber wirkungsgesch. wurde die Abkehr vom der nominal. Diastase im S. sdenken mehr von der Restauration der Thomistenschule (→Johannes Capreolus) bestimmt, deren Einfluß sich lehramtlich im Decretum pro Jacobitis des Konzils v. Florenz (1442) geltend machte (DENZINGER–SCHÖNMETZER, 1333).
L. Scheffczyk

Lit.: HWP VIII, 1399–1405 [F. B. STAMMKÖTTER, Lit.] – BRUNHÖLZL I – Hb. der Dogmen- und Theologiegesch., I, hg. C. ANDRESEN, 1982 – A. ROHNER, Das S. sproblem bei Moses, Maimon., Albertus Magnus und Thomas v. Aquin, 1913 – L. SCHEFFCZYK, S. und Vorsehung (HDG II/2, 1963) – Z. HAYES, The Gen. Doctr. of Creation in the 13th Cent., 1964 – Platonismus in der Philos. des MA, hg. W. BEIERWALTES, 1969 – G. MAY, S. aus dem Nichts. Die Entstehung der Lehre von der creatio ex nihilo, 1978 – The Eternity of the World in the Thought of Thomas Aqu. and His Contemporaries, hg. J. B. M. WISSINK, 1990.

Schöpfungsgeschichte → Genesis; →Schöpfung

Schöppenchronik → Magdeburger Schöppenchronik

Schornstein → Heizung; →Kamin

Schoß, nd. und md. Bezeichnung für direkte →Steuern, insbes. Vermögensteuern; mhd. *schoz*, mnd., mndl. *schot*, von germ. **sceutan* ('schießen'). Im Sinne von →Abgaben ist der S. »das, was der einzelne zur Bestreitung gemeinsamer Ausgaben zuwirft« (GRIMM, DWB), in der Vorstellung entsprechend dem obdt. Synonym *gewerf*. Einige Städte (Lübeck, Stendal) unterscheiden den 'Vorschoß' als fixe Abgabe vom 'Hauptschoß', einer proportionalen Vermögensteuer.
E. Isenmann

Lit.: GRIMM, DWB IX, 1899, 1596 [XV, Neudr. 1984] – HRG IV, 1484f. – A. ERLER, Bürgerrecht und Steuerpflicht im ma. Städtewesen, 1962².

Schöße, von Steppenvölkern erfundener Schutz der Oberschenkel des Reiters, gewöhnl. aus Schuppen- oder Lamellenpanzer hergestellt. Von den Parthern an Griechen, Römer und Chinesen vermittelt. – Der →Plattenharnisch hatte bisweilen ebenfalls S. aus Reifen (→Folgen).
O. Gamber

Lit.: W. BOEHEIM, Hb. der Waffenkunde, 1890 – E. V. CERNENKO, The Skythians, 1983.

Schoter (*Scot, Skot, Schot,* von russ. *skot* 'Vieh'), ursprgl. wohl ein Silbergewicht, dann Rechnungsmünze, um 900 in Bayern 1 scot = 1 1/2 frk. →Pfennige; in Preußen, Polen und Schlesien im 13.–15. Jh. gebräuchl., in Preußen 1/24 Mark = 30 Pfennige. Skot in Rußland bis zum 12. Jh. allg. Bezeichnung für Geld. Der →Halbs. des Dt. Ordens, 1370 erstmals geprägt, im Wert von 16 Pfennigen = 1 1/3 →Schilling, ahmt im Bild den →Gigliato nach.
P. Berghaus

Lit.: W. JESSE, Q. buch zur Münz- und Geldgesch. des MA, 1924, 6 – F. v. SCHROETTER, Wb. der Münzkunde, 1930, 251, 619.

Schottenklöster, ein Verband ir. Benediktinerkl., die allesamt im 11./12. Jh. entstanden sind und die die letzte Welle ir. Mönchtums auf dem Kontinent repräsentieren. Die Initiative ging von Marianus (nicht zu verwechseln mit →Marianus Scotus) aus, der sich mit zwei Begleitern auf einer Romwallfahrt befand; sie ließen sich um 1070 in →Regensburg in Form einer Inklusengemeinschaft an der Kirche Weih Sankt Peter nieder. 1089 nahm Ks. Heinrich IV. die Fremden in seinen Schutz. Der Zuzug weiterer Iren machte bald die Gründung eines neuen Kl., St. Jakob, nötig, wo die ir. Gemeinschaft nunmehr nach der →Regula Benedicti lebte. Mit finanzieller Hilfe aus Irland selbst (Kgr. →Munster) konnten Kirche und Kl. erbaut werden. St. Jakob – die erste bürgerl. Gründung – wurde 1112 von Heinrich V. unter kgl. Schutz gestellt.

Aufgrund des breiten Zuzugs weiterer Iren konnte St. Jakob mehrere Kl.gründungen unterschiedlichster Stifter besiedeln: ca. 1136 Erfurt (thür. Reichsministeriale Walther v. Glisberg), 1138 Würzburg (Bf. →Embricho), 1140 Nürnberg (Kg. Konrad III.), 1142 Konstanz (Bf. Heinrich), 1148 Eichstätt (Dompropst Walbrun), 1155/61 Wien (Hzg. Heinrich II. Jasomirgott), 1178/81 Memmingen (Hzg. Welf VI.), 1231 Kelheim (Hzg. Otto II. v. Bayern), ferner 2. Hälfte 12. Jh. Kiev (Regensburger Kaufleute?) sowie zwei Priorate, →Cashel bzw. →Rosscarbery, in Südirland. Soweit die jeweilige Motivlage bekannt ist, handelte es sich um Seelenheil (Memmingen, Kelheim), Verwaltung kgl. Besitzes (Nürnberg), Kanzleitätigkeit (Würzburg), geistl. Zentrum für neue Residenz (Wien), Pilgerhospiz (Würzburg, Eichstätt, Memmingen).

Diese Monasteria bildeten ab 1185 (Papst Lucius III.) bzw. 1215 (IV. Laterankonzil) einen exklusiv ir. Verband benediktin. Kl. mit dem Regensburger Abt an der Spitze. Er besaß umfassende Visitations- und Korrektionsgewalten; ein kontinuierl. einberufenes Generalkapitel stand ihm zur Seite. Die päpstl. Praxis, den Einzelkl. ihre Unabhängigkeit zu garantieren, ohne den »Matrikularverband« (HAMMERMAYER) zu erwähnen, eröffnete bei einigen Konventen den Weg zu Abfalltendenzen (Erfurt 1226, Wien 1230, Würzburg 1269). Ab dem ausgehenden 13. Jh. bildete Würzburg mit Konstanz, Memmingen und Rosscarbery einen Verband im Verband.

Die Attraktivität der Iren für ihre fremde Umgebung lag in ihrer Askese (lebenslange Wallfahrt; Gebetsverbrüderung u.a. mit dem Böhmenkg. 1087, 1090/91), ihrer Schreibfähigkeit (Codices in Regensburg; Urkk. in Wien und Würzburg; Annalistik in Wien), im Dienst für Fremde in der Fremde (Kaufleuteseelsorge in Kiev) sowie im Informationstransfer von ir. Ereignissen, der allerdings von den Gastgebern nur sporad. aufgenommen wurde. Immerhin wirkte das Lob der Stadt Regensburg des »Libellus de fundacione Consecrati Petri« (1250–61) bis in das 19. Jh. hinein. Die Instrumentalisierung der Regensburger Iren für polit.-religiöse Ziele von Kg., Bf. und Bürgerschaft während des sog. →Investiturstreites zeigt die bes. Abhängigkeit der Fremden von ihrer neuen Umgebung.

Die in die S. gelegten Erwartungen der Stifter konnten diese nicht erfüllen. Ir. Mönche wurden sowohl aus den Kanzleien (Würzburg, Wien) wie aus karitativen Arbeitsfeldern (Eichstätt) verdrängt. Immerhin fungierten – wegen ihres Reichsschutzes – die Kl. in Nürnberg und Regensburg im SpätMA noch als Notariatsstellen, bei denen sich die Stadt ihre wichtigsten Urkk. vidimieren ließ. Bes. die Konkurrenz der später in die Städte gezogenen Bettelorden erwies sich als zu stark. Die Hauptursache für diese Entwicklung lag im permanenten Nachwuchsmangel: Es gab keine Benediktiner mehr in Irland; Cashel mußte aufgegeben werden. So standen im 14. Jh. die kleineren Niederlassungen in Memmingen, Konstanz und Eichstätt leer; Nürnberg und Wien gingen 1418 an dt. Benediktiner über, wogegen bes. Wien erhebl. Widerstand leistete. Schließlich konnten sich nur Regensburg, Erfurt und – nach zwischenzeitl. dt. Übernahme – Würzburg halten, allerdings gerieten sie nach 1515 in die Hände schott. Konventualen.
H. Flachenecker

Lit.: DIP VIII, 1124–1128 – C. R. RAPF, Das Schottenstift Wien, 1974 – L. HAMMERMAYER, Die ir. Benediktiner-»S.« in Dtl., SMGB 87, 1976, 249–339 – P. A. BREATNACH, Die Regensburger Schottenlegende, 1977 – E. HOCHHOLZER, Iren und »Schottenkloster« in Würzburg (Kilian. Mönch aus Irland, hg. J. ERICHSEN, 1989), 329–345 – D. O'RIAIN-RAEDEL, Das Nekrolog der ir. S. (Beitr. zur Gesch. des Bm.s Regensburg 26, 1992), 8–119 – H. FLACHENECKER, Verstädterung und Reichsunmittelbarkeit (Regensburg/Nürnberg), SMGB 103, 1992, 233–268 – DERS., Heiligkreuz in Eichstätt, SMGB 105, 1994, 65–95 – DERS., S., 1995.

Schottische Literatur. In der s. L. vor 1500 sind Texte in Gael., Lat., Frz. und (Nord-)Engl. zu unterscheiden: bes. die Prosa war weitgehend nicht auf »Inglis«, während die gael. Dichtung noch weit unvollständiger überliefert ist als die schon bedauerl. lückenhafte Textüberlieferung des nordengl./schott. Dialekts. Für die frühe s. L. ist die Abgrenzung zum Engl. problemat. – so kann »Das Traumgesicht vom Kreuz« (→»Dream of the Rood«) des 8. Jh. nicht schon deshalb als schott. bezeichnet werden, weil das früheste Textzeugnis auf dem →Ruthwell Cross zu finden ist. Die Zuordnung der großen 'Weltgesch.' des Nordens (→Cursor Mundi, um 1300) zu Schottland oder N-England ist ungesichert. Deshalb wird üblicherweise John →Barbour († 1395) als der Begründer der eigtl. s. L. angesehen, dessen patriot. Gedicht »The Bruce« die Befreiung →Schottlands von der engl. Herrschaft durch Robert the Bruce (→Robert I. [5. R.]) verherrlicht (»A! Fredome is a noble thing!«). Dagegen sind die zur selben Zeit in Aberdeen entstandene schott. Legendenslg. und die Frgm.e des »Trojanerkriegs« sowie der schott. »Alexanderroman« (→Alexander d. Gr., B. VIII) nicht von Barbour. Der von diesem begründete nationale Schwung erlahmte dann allerdings schon in der Reimchronik des Andrew of Wyntoun († 1422), erlebte aber mit dem Epos über den Nationalhelden →Wallace (um 1461) durch Blind Harry († 1492) einen neuen Höhepunkt (→Chronik, H). Heimischen Traditionen verpflichtet bleiben die satir.-

burleske Dichtung (»Freiris of Berwick«, »Cockelbie's Sow«) und die alliterierende Form, die im W Englands überlebt hatte und in Schottland von S her aufgenommen wurde.

Die höfische Lit. wurde begründet von Jakob I. (1394-1437 [6. J.]), der in 18 Jahren der Gefangenschaft in Oxford um 1423 unter dem Einfluß →Chaucers und der →Chaucernachfolger sein allegor. Gedicht »The Kingis Quair« verfaßte. Nach der Rückkehr des Kg.s 1428 entstand die Schule der schott. Hofdichter (»Makaris«) mit ihren Hauptvertretern →Henryson († ca. 1500), →Dunbar († um 1513), Gavin →Douglas († 1522) und →Lindsay († 1555). Obwohl weitgehend Chaucer und →Lydgate verpflichtet, schufen diese eine Dichtung, die die zeitgenöss. Lit. Englands in den Schatten stellte. Nach Themen und Formen stellt sie andererseits den Übergang zur Renaissance dar.

Robert Henryson schrieb mit »The Testament of Cresseid« eine 'Fortsetzung' zu Chaucers »Troilus and Criseyde«; Henrysons moral. Umdeutung und realistischerer Stil stellen – bei Übernahme des Versschemas und des Stoffes – den Abstand zu seinem Meister her. Seine »Morall Fabillis« zeigen Henryson als einen bedeutenden Vertreter der äsop. →Fabel; daneben schrieb er 14 weitere Gedichte. Henrysons Gelehrsamkeit und Bindung zur Antike machen ihn zu einem Vorläufer der Renaissance; er ist in der Folge einer der einflußreichsten schott. Dichter geblieben.

William Dunbar schrieb als Hofdichter ca. 100 Gedichte, die von höf. Allegorie in hochgradig rhetor. Diktion (»The Goldyn Targe«, »The Thrissil and the Rois«) zu vielfältigen →Satiren über Schmeichelei, Korruption und soziale Mißstände reichen; darunter ragen seine Satire gegen Frauen und die Ehe (»The Tua Mariit Wemen«) und das Streitgespräch (»The Flyting of Dunbar and Kennedy«) heraus. Am Ende seines Lebens stehen religiöse und besinnl. Gedichte (»Lament for the Makaris«). Die Breite seiner Themen, seine Wortfülle und stilist. Gewandtheit heben Dunbar aus seinen Zeitgenossen hervor; mit dem Schlachtruf »Back to Dunbar« versuchte die schott. Renaissance des 20. Jh. an ihn anzuknüpfen.

Die Hauptwerke von Gavin Douglas sind das allegor. Gedicht »The Palice of Honour« (1501), das heimische mit it. und lat. Traditionen der höf. Dichtung verschmilzt (unsicher ist die Zuschreibung einer zweiten Allegorie, »King Hart«), und bes. seine »Aeneis«-Übers. Diese erste auf Vergil (und dem Buch XIII des it. Humanisten Maphaeus →Vegius) basierende Fassung im engl.-schott. Sprachbereich ist als das überzeugendste Werk der frühen s. L. bezeichnet worden. Douglas gibt eine einheitl. Übers. in teils volkstüml. Sprache, die die Grenzen des Schott. bewußt zu erweitern sucht, mit längeren Vorworten zu den einzelnen Büchern, die u. a. neben literaturkrit. Reflexionen eigenständige Naturbeschreibungen enthalten.

Sir David Lindsay schrieb Traumallegorien, andere belehrende Gedichte und satir. Texte – und das einzige Drama im frühen Schottland; seine Schaffenszeit (1528-53) liegt eindeutig in der Renaissance; er unterstützte auch schon früh den schott. Reformator John Knox. Sein Drama »Ane Pleasant Satyre of the Thrie Estaitis« (1540 im Palast von Linlithgow aufgeführt) wendet sich gegen Machtmißbrauch durch Krone und Kirche und die Unterdrückung des Volkes in einer Mischung aus Komödie und moral(ist)ischem Nachdruck. Das Nebeneinander von wirkl. und allegor. Gestalten und die Nutzung verschiedenster Stilebenen gibt seinem Drama eine sonst nicht belegte Breite der schott. Sprache.

In den Gattungen der allegor. Dichtung (→Allegorie), der Fabel, der Verssatire, des →Epos (in Douglas' Übers.) und des →Dramas bietet die s. L. in der Übergangszeit zw. MA und Renaissance von 1450-1550 eine Breite und Qualität, die der zeitgenöss. engl. eindeutig überlegen ist. Sie kam lange vor dem Ende des unabhängigen schott. Kgr.es (1603) zum Erliegen, auch wenn mit Alexander Scott († 1583), Alexander Montgomerie († 1598) und Sir Richard Maitland († 1586) beachtenswerte Dichter zu nennen sind. Wie weit dieses Nachlassen mit dem presbyter. Geist der schott. Reformation in Verbindung zu bringen ist (M. LINDSAY, 111), bleibt unklar. Die für die s. L. so bes. wichtige →Ballade ist für die Frühzeit nicht eindeutig bezeugt; nur wenige Texte scheinen ins MA zurückzureichen. M. Görlach

Bibliogr.: NCBEL I, 651-664 – ManualME 4.X, 1973 [F. H. RIDLEY] – Lit.: F. BRIE, Die nationale Lit. Schottlands bis zur Renaissance, 1937 – D. FOX, The Scottish Chaucerians (Chaucer and Chaucerians, ed. D. S. BREWER, 1966), 164-200 – M. LINDSAY, Hist. of Scottish Lit., 1977 – K. WITTIG, The Scottish Tradition in Lit., 1978 – T. ROYLE, The Macmillan Companion to Scottish Lit., 1983 – The Hist. of Scottish Lit., ed. R. D. S. JACK, I: Origins to 1660, 1988.

Schottland. [1] *Historische Entwicklung:* Das Kgr. v. S. entstand aus der Vereinigung (um 850) des Kgr.es der →Pikten mit dem Kgr. →Dál Riada und umfaßte die Q-kelt. sprechenden gäl. Bevölkerungsgruppen oder Schotten, die seit ca. 500 im sw. S. ansässig waren. Geogr. bestand S. bis ca. 1018 aus dem Gebiet Britanniens n. der Clyde-Forth-Landenge, einschließl. der Northern und Western Isles. Die kgl. Dynastie wurde begründet von Kenneth I. Mac Alpin, die bis 1034 vom Bruder auf den Bruder sowie auf Neffen oder Vettern des letzten Herrschers überging, infolge von Herrschaftsformen, die noch nicht völlig geklärt sind. Nach 1018 wurde das Kgr. Cumbria (oder →Strathclyde) an S. angeschlossen, so daß sich die s. Grenzen bis zum engl. Lake District erweiterten. Um ca. 950 wurde außerdem die Provinz v. →Lothian von den Schotten eingegliedert, so daß die ö. Grenze S.s zu England nun am River Tweed lag. Malcolm II. (1005-34) war der erste Herrscher des Landes, das wir heute unter S. verstehen, während sein Enkel Malcolm III. Canmore das Gebiet s. der Solway Firth 1092 an die engl. Herrschaft abtreten mußte. Die zweite Frau von Malcolm III. war die hl. →Margarete (10. M.), Tochter von Eduard the Ætheling, Halbbruder von Eduard d. Bekenner. Die Heirat traf zusammen mit der norm. Eroberung Englands und bekräftigte die Bindungen zw. S. und England. Sowohl Malcolm II. als auch Malcolm III. hatten versucht, die schott. Thronfolgeordnung in Einklang mit jener von Frankreich und auch – allerdings unregelmäßig – mit der von England zu bringen. Als bei dem Tod Malcolms III. (1093) konservative schott. Adlige zu der älteren Nachfolgeordnung der Seitenverwandten zurückkehren wollten, zwang der sich daraus ergebende Konflikt drei Söhne Malcolms, Edgar, Alexander I. und David I., Gefolgsleute der norm. Kg.e, Wilhelm II. Rufus und Heinrich I., zu werden, aber als Heinrich 1135 starb, schüttelte David I. die letzten Spuren der engl. Oberherrschaft ab und gewann die s. Teile von Cumbria zurück, die von Wilhelm Rufus annektiert worden waren.

Während der Regierung Davids I. wurde der militär. Feudalismus, der sich, allerdings mit einigen bedeutenden Unterschieden, eng an anglo-norm. Vorbildern orientierte, vor allen Dingen im südl. S. eingeführt, er hielt das

Gleichgewicht zu der älteren Organisationsform der →*Earldoms* und *thanages* im n. S. Das neue System wurde unter den Enkeln Davids I. auf den größten Teil S.s ausgedehnt, ausgenommen blieben die n. und w. Highlands. Zw. ca. 1130 und ca. 1230 wurden 26 →*sheriffdoms* oder *counties* (Gft.en) eingerichtet, um der Krone Kontaktbereiche zu den Lokalgewalten einzuräumen und die Eintreibung der kgl. Abgaben zu vereinheitlichen. Es gab keine eigtl. »Hauptstadt«, aber →Edinburgh, Roxburgh, →Stirling, →Perth und →Aberdeen standen an erster Stelle innerhalb einer Gruppe von 12 oder 15 kgl. *burghs*, die Stützpunkte der kgl. Macht waren.

Zw. 1135 und 1237 wurden die anglo-schott. Beziehungen von den schott. Ansprüchen beherrscht, das Gebiet zu kontrollieren, in dem die engl. Gft.en v. →Northumberland, →Cumberland und →Westmorland entstanden. Kg. Wilhelm I. d. Löwe wurde 1174 gefangengenommen, als er versuchte, sich Northumberlands zu bemächtigen, infolge seiner Unterstützung der Rebellion des ältesten Sohns Heinrichs II. Man zwang ihn zu einer demütigenden Unterwerfung in Falaise, die besagte, daß er Heinrich als Lehnsherrn ausdrückl. in S. anerkennen mußte. 1189 wurde diese Unterwerfung gegen eine Zahlung von 10000 Mark widerrufen, doch wurde der schott. Anspruch auf die n. Gft.en bis 1237 erhoben, als der Vertrag v. →York die anglo-schott. Grenze ungefähr auf die bis heute bestehende festlegte, mit Ausnahme von Berwick-upon-Tweed, das noch bis 1482 zu S. gehörte.

Seit dem 9. Jh. gelangten Siedler aus Norwegen auf die Northern Isles und die Western Isles (→Hebriden), die jedoch (ausdrückl. seit 1098) keinen Teil des schott. Kgr.s bildeten. Die aggressive Politik, welche die schott. Kg.e Alexander II. und Alexander III. gegenüber den Western Isles vertraten, war eine Folge ihrer Eingliederung in S. durch den Vertrag v. Perth (1266), in dem der Kg. v. Norwegen die Oberherrschaft gegen eine jährl. Zahlung abtrat. Die Erwerbung der Inseln (einschließl. von →Man) verlieh S. Macht genug, um der engl. Monarchie Furcht einzuflößen. Beim Tod Alexanders III., der keine Söhne hinterließ, ging 1286 mit Zustimmung der Stände die Nachfolge auf seine Enkelin Margarete über, dem einzigen Kind Kg. Eriks II. v. Norwegen und Alexanders Tochter Margarete. Die schott. Magnaten schlossen mit Eduard I. v. England den Vertrag v. Birgham, der die Heirat des engl. Thronerben, Eduard (II.), mit der »Maid of Norway« vorsah. Doch starb Margarete bald nach der Bestätigung des Vertrags (1290). Eduard I. kehrte nun zu den alten Ansprüchen auf die engl. Oberherrschaft über S. zurück und berief einen Hoftag ein, der die schott. Krone John →Balliol zuerkannte. Eduards bedrückendes Verhalten gegenüber dem neuen Kg. trieb die Schotten in einen Vertrag mit Kg. Philipp IV. v. Frankreich (Beginn der →»Auld Alliance«), worauf Eduard in S. einfiel und Kg. John zur Abdankung zwang. Während des ersten →War of Independence (»Unabhängigkeitskrieg«) erlebte S. dreimal (1296, 1298, 1303–04) eine engl. Invasion, aber eine völlige Eroberung konnte dank eines bedeutenden Widerstands unter der Führung von William →Wallace und Robert Bruce (Robert I.) nicht erreicht werden. Nach dem Tod Eduards I. 1307 wurde der engl. Druck auf S. unter seinem Sohn Eduard II. fortgesetzt und fand 1314 seinen Höhepunkt in einem größeren engl. Feldzug, der →Stirling Castle entsetzen sollte. Roberts Heer besiegte die Engländer entscheidend in →Bannockburn, und er erreichte die umfassende Anerkennung S.s als unabhängiges Kgr. Der Vertrag v. →Edinburgh (1328, ein Jahr vor Roberts Tod) sollte die anglo-schott. Beziehungen wiederherstellen, wie sie vor 1286 gewesen waren, doch wurde er 1332 durch die Invasion von Eduard Balliol gebrochen, der den schott. Thron als Erbe seines Vaters John beanspruchte. Als Eduard bald vertrieben wurde, nutzte Eduard III. 1333 diese Möglichkeit, um erneut Krieg gegen die Schotten zu führen, und besetzte einen großen Teil des s. S. nach seinem Sieg in →Halidon Hill.

Die Wiederbelebung der Monarchie durch Robert I. ermöglichte es jedoch dem schott. Kgr., die Zeit der Minderjährigkeit von Roberts Sohn David (II.) zu überstehen, der aus Sicherheitsgründen zeitweise nach Frankreich gesandt wurde. Fünf Jahre nach seiner Rückkehr ließ er sich auf eine Invasion Englands (1346) ein, die mit seiner Gefangennahme bei der Schlacht v. →Neville's Cross endete. Die Versuche Eduards III., diese Situation auszunutzen, um die Kontrolle über S. zu gewinnen, scheiterten am nationalen Widerstand. Der Interimsvertrag v. Berwick (1357) ermöglichte David II. nach 11 Jahren die Rückkehr nach S., unter der Auflage einer Zahlung von 100000 Mark. Die letzten 14 Jahre seiner Regierung waren nicht erfolglos. Als er 1371 ohne Erben starb, ging der Thron auf den Träger des erbl. →*Steward*-Titels in S., Robert II., Sohn von Roberts I. ältester Tochter Marjorie und von Walter the Steward, über. Die →Stewart-Dynastie bestand bis 1702, wobei der Thron bis 1542 immer vom Vater auf den Sohn vererbt wurde. Die ersten Stewarts, Robert II. und Robert III., regierten eher wie hohe Adlige denn als Kg.e, doch nach seiner 18jährigen Gefangenschaft in England (1406–24) schuf Jakob I. ein starkes Kgtm., das trotz langer Minderjährigkeitsregierungen auch von seinem Sohn und seinem Enkel (Jakob II., Jakob III.) entfaltet wurde. Doch erhielt es die eigtl. Ausprägung erst durch seinen Urenkel Jakob IV., der infolge einer Adelsrevolte auf den Thron berufen wurde. Zw. S. und England herrschte formal von 1357–1502 kein Frieden, doch gab es längere Waffenstillstandsperioden. S. konnte sich auf das Bündnis mit Frankreich verlassen, was dazu führte, daß 1385 erstmals ein frz. Expeditionsheer auf schott. Boden operierte. Doch mußten häufiger schott. Truppen aufgrund der »Auld Alliance« in Frankreich kämpfen, wo während der Gefangenschaft Jakobs I. viele Schotten Berühmtheit erlangten. Das Kriegsglück schwankte zw. S. und England: Die Schotten errangen einen bemerkenswerten Sieg in →Otterburn (1388), doch erlitten sie eine schwere Niederlage bei Homildon Hill (1402). Während n. des engl. Kanals zw. 1402 und 1513 (Schlacht bei Flodden) keine größere Schlacht zw. Schotten und Engländern gefochten wurde, waren viele Schotten vor dem Ende des →Hundertjährigen Kriegs in Schlachten auf frz. Boden (Baugé, →Verneuil) verwickelt. Die relativ friedvolle Zeit in S. selbst führte zu einem allg. Aufschwung, außer in den Grenzbereichen, wo Gesetzlosigkeit an der Tagesordnung war. Jakob III. und Jakob IV. konnten vollenden, was die früheren Kg.e angestrebt hatten, der erste erwarb die Northern Isles (1468–69) durch seine Heirat mit Margarete, Tochter Kg. Christians I. v. Dänemark (und Kg. v. Norwegen), der zweite konnte die Herrschaft über die Western Isles (»Lordship of the Isles«) 1493 für die schott. Krone erringen, die seit dem frühen 14. Jh. unter der MacDonalds-Familie erstaunl. unabhängig geblieben waren. Jakob IV. heiratete Margarete Tudor (1503), Tochter Heinrichs VII. v. England. Diese Heirat trug zu einem beständigen anglo-schott. Frieden bei.

[2] *Kirchengeschichte:* Der erste Nachweis des Christentums in S. stammt von ca. 400, doch nach weiteren anderthalb Jahrhunderten, für die wir nur aus der Überlie-

ferung und aus archäolog. Funden unser Wissen schöpfen können, beginnt die kontinuierl. Gesch. einer organisierten Kirche mit der Mission bei den n. Pikten durch den ir. Mönch →Columba (Colum Cille, 563) und mit der Nachricht von Missionspredigern und christl. Siedelgemeinschaften im Süden im 6. und 7. Jh. (→Galloway, Cumbria und Lothian). 710 übernahm der pikt. Kg. Nechtan die reformierte Form der →Osterfestberechnung, die in der northumbr. Kirche auf der Synode v. →Whitby (664) eingeführt worden war. 716 wurde sie auch in dem columban. Zentrum →Iona übernommen. Während des 8. Jh. herrschten northumbr. und kontinentale Einflüsse in der pikt. Kirche vor, sie führten zur Gründung eines bedeutenden Kl., das dem Apostel →Andreas geweiht wurde und einen Schrein mit angebl. Reliquienteilen des Apostels beherbergte, an einem Ort an der Küste der Gft. Fife, der Kinrimund und später →St. Andrews genannt wurde. Nach der Vereinigung des Piktenlandes mit Dál Riada wurden die columban. Einflüsse unter Kenneth Mac Alpin und seinen Nachfolgern wiederhergestellt, und →Dunkeld entwickelte sich zu einem wichtigen religiösen Zentrum, das Reliquien des hl. Columba beherbergte. Obwohl der ir. Einfluß wiederbelebt wurde und die Einführung vieler charakterist. Merkmale der ir. Kirche erfolgte, erhielt sich die dominierende Stellung von St. Andrews. Die Anfänge eines Diözesansystems sind vor dem Ende des 11. Jh. erkennbar. Die hl. Margarete, Gemahlin Malcolms III., betrachtete es nach ca. 1070 als ihre Aufgabe, in die schott. Kirche die Gewohnheiten des kontinentalen Christentums einzuführen, wie sie bereits in England nach der norm. Eroberung Einzug gehalten hatten. Mit Hilfe des Ebf.s →Lanfranc v. Canterbury berief sie Benediktiner nach →Dunfermline, wo sie und ihr Gemahl eine Kirche gegründet hatten, die 1128 Abtei wurde. Margarete beeinflußte nachhaltig ihre Söhne Edgar, Alexander I. und bes. David I. Unter der Regierung Davids (1124–53) wurde vor allen Dingen auf Initiative des Kg.s eine umfangreiche Neuordnung der schott. Kirche durchgeführt. Neue Diöz.n auf dem Festland wurden bestätigt oder neu gegründet, wobei St. Andrews an erster Stelle fungierte, gefolgt von Glasgow, Dunkeld, →Aberdeen, →Moray, Brechin, Dunblane, →Ross und →Caithness. Argyll wurde um 1190 hinzugefügt, während Galloway (Whithorn), das seit dem 8. Jh. bestand, von der Kirchenprovinz v. York um 1355 übertragen wurde. Die Insel-Diöz.n der Isles und v. →Orkney wurden um 1350 bzw. 1472 Teil der schott. Kirchenprovinz. Innerhalb jeder Diöz. ließ David I. den *tithe* (schott. *teind*) erheben, der die Errichtung zahlreicher Pfarrkirchen ermöglichte (fast 1000 um 1500). Die Kg.e des 12. Jh. versuchten an der päpstl. Kurie, die Erhebung von St. Andrews zum Metropolitansitz zu erreichen, doch wurde dieses Privileg erst 1472 gewährt. Dafür erklärte Papst Coelestin III. (»Cum universi«, 1192) die »Ecclesia Scoticana« für unmittelbar dem röm. Stuhl unterstellt und wies so Ansprüche Canterburys und bes. Yorks auf die Oberherrschaft über die schott. Kirche ab. Viele der neueren Mönchsorden wurden im 12. Jh. in S. eingeführt, bes. unter der Regierung Davids I. Erfolgreich waren die Benediktiner v. →Tiron (z. B. →Kelso, Kilwinning, Arbroath, Lindores), die Zisterzienser (z. B. →Melrose, Newbattle) und die Augustiner-Chorherrn (z. B. →Holyrood, Cambuskenneth, Inchcolm, →Scone; Kathedralpriorat v. St. Andrews). Die seltene burg. Kongregation v. →Val-des-Choux kam in den 30er Jahren des 13. Jh. nach S., ebenso die ersten Vertreter der Bettelorden, die Dominikaner und Franziskaner. Es gab zahlreiche Hospitäler, die vorwiegend Alte und Kranke beherbergten. Eine enge Verbindung bestand zw. der Kirche und dem →Erziehungs- und Bildungswesen, seitdem man die ersten Schulen den wichtigsten Kl., die vor 1100 bestanden, angliederte. Seit dem 12. Jh. wurde es üblich, Schulen in Verbindung mit Pfarrkirchen der bedeutendsten burghs zu gründen. Für weiterführende Studien mußten Schotten bis 1410 auf Universitäten in anderen Ländern ausweichen; am häufigsten wurden aufgesucht: Oxford, Paris, Bologna (Rechtsstudium), Montpellier (Medizinstudium) und in späterer Zeit Köln, Orléans und Löwen. →Johannes Duns Scotus (99. J.), der in Oxford, Paris und Köln lehrte, war mit ziemlicher Sicherheit in S. geboren. 1410 kehrte eine Gruppe von Schotten, die in Paris gelehrt hatte, nach S. zurück und gründete unter dem Schutz von Bf. Henry Wardlaw die erste schott. Universität in St. Andrews, ihrem Beispiel folgte man in Glasgow (1451) und Aberdeen (1495).

Da die »Ecclesia Scoticana« als die »bes. Tochter« des röm. Stuhls angesehen wurde, waren ihre Beziehungen zum Papsttum eng. Jeder schott. Bf. mußte entweder für seine Weihe oder zur Bestätigung in seinem Amt zum Papst reisen. Am ausdrucksvollsten zeigt sich der Standpunkt der schott. Unabhängigkeit in einem Brief an Papst Johannes XXII. (1320), bekannt als »Declaration of Arbroath«. Beim Ausbruch des →Abendländ. Schismas 1378 war es für die Schotten selbstverständl., sich – wie ihre frz. Verbündeten – für die avign. Päpste zu erklären, denen sie bis 1418 anhingen, als nur noch S. und Portugal Papst Benedikt XIII. anerkannten. Häufig wandten sich Schotten an die päpstl. Gerichtshöfe, bes. an die Rota (→Audientia sacri palatii).

[3] *Wirtschaft:* Am Ende des 11. Jh. herrschte in S. die Weidewirtschaft vor, die von Viehzucht und -nutzung (Rinder, Schafe, Schweine, Ziegen) abhängig war. Getreidearten wie Gerste und Hafer wurden angebaut, bes. im ö. Teil S.s, wo das Land flacher war und intensiver entwässert wurde. Die Fischerei spielte eine bedeutende Rolle, sowohl auf den Süßwasserseen und in den Flüssen als auch in den Flußmündungen und auf dem Meer. Es gab wenig Industrie: Eisenverarbeitung, Erzgewinnung und Töpferei bewegten sich auf einem relativ niedrigen Niveau. Erst im 12. Jh. erfolgte ein großer Wandel: Die Kl. sorgten für einen Aufschwung der Landwirtschaft durch eine Verbesserung der landwirtschaftl. Methoden (Entwässerung, größere Pflüge, größere Vielfalt der Getreidesorten, auch Anbau von Erbsen und Bohnen, effektivere Getreidemühlen), während die größeren weltl. Lords diesem Beispiel folgten. Es entwickelte sich ein umfangreicher Exporthandel mit →Wolle, v. a. mit Flandern. Im heim. Handel wurden Salzgewinnung und Kohleabbau im Tagebau entlang der Meeresküste und von Halden im Binnenland, die von Abteien in Fife und Lothian betrieben wurden, bedeutend. Die entscheidendste Veränderung erfolgte mit der Gründung von burghs, städt. Gemeinden, denen Handelsprivilegien von Kg.en, Adligen und Bf.en erteilt wurden. Im 12. Jh. stellten wahrscheinl. den größten Teil der Stadtbevölkerung Einwanderer aus England, Flandern und dem n. Frankreich, die Gewerbezweige nach S. brachten, die bisher dort kaum entwickelt oder unbekannt waren, z. B. Tuchherstellung, Färberei, Gerberei und Lederverarbeitung, Steinmetzhandwerk, Metallverarbeitung, einschließl. von Goldschmiedehandwerk und Münzprägung. David I. errichtete die ersten schott. Münzstätten, die Silberpfennige (→*sterlings*) prägten, die bis in die 50er Jahre des 14. Jh. den engl. sterlings gleichwertig waren (→Münze, Münzwesen, B. III, 4). Auf der Grundlage der erhaltenen Zeugnisse können keine

genauen quantitativen Aussagen über das Vermögen S.s gemacht werden, doch muß es aufgrund von Einzelbelegen (Lösegeld für Wilhelm d. Löwen, Auszahlung von £ 20000 an England innerhalb von drei Jahren nach dem Vertrag v. Edinburgh [1328], Lösegeld für David II. etc.) relativ hoch gewesen sein. Die jährl. Einnahmen der Krone im späten 14. Jh. und im frühen 15. Jh. schwankten schätzungsweise zw. £4000 und £10000. G. W. S. Barrow

Lit.: R. NICHOLSON, Scotland: the Later MA, 1974 – A. A. M. DUNCAN, Scotland: The Making of the Kingdom, 1975 [= Edinburgh Hist. of Scotland, I, II] – G. W. S. BARROW, Kingship and Unity: Scotland 1000-1306, 1981 [Neudr.: 1989] – A. SMYTH, Warlords and Holy Men: Scotland A. D. 80-1000, 1984 – A. GRANT, Independence and Nationhood: Scotland 1306-1461, 1984 [Neudr.: 1991; = New Hist. of Scotland, I, II, III].

Schra, nd. Bezeichnung von Rechtssatzungen, aus an. *skrá* ('trockenes Stück Haut, Urk., Gesetzbuch'). Ableitungen dieses Wortes fanden in Skandinavien als Bezeichnungen von →Rechtsbüchern und →Statuten sehr starke Verbreitung. Der Ausdruck S., auch Schrae, und seine verlängerte Form Schragen bezeichneten daneben im dt. Sprachraum, speziell in N-Dtl. und Livland, öfter Statuten von →Zünften, →Gilden und sonstigen Vereinigungen, selten städt. Rechtssammlungen (Soest) und Verordnungen. Insbes. haftet der Begriff an den Statuten des Kontors der Hanse in →Novgorod. Die Novgoroder S. beinhaltet das für die Kontorbewohner geltende Recht, regelt die Selbstverwaltung der Niederlassung und schreibt Modalitäten des dortigen Handels vor. Die sieben erhaltenen Fassungen dieser S., von denen die älteste wahrscheinl. aus den 1260er Jahren, die jüngste von 1603 stammt, lassen die Entwicklung des dt. Handels in der russ. Stadt erkennen. Der älteste Text bezeichnet sich als Recht, welches seit Beginn der Existenz des im späten 12. oder früheren 13. Jh. gegründeten Dt. Hofes in Novgorod galt. Anfangs gab sich der frühhans. Gemeine Kaufmann die in der S. enthaltenen Bestimmungen selbst, mit der schrittweisen Entwicklung der Städtehanse gewannen die Räte der für den Rußlandhandel wichtigsten Städte Lübeck, Visby, Riga, Dorpat und Reval in dieser Hinsicht großen Einfluß. N. Angermann

Q.: Die Nowgoroder S. in sieben Fassungen vom XIII. bis XVII. Jh., hg. W. SCHLÜTER, 1911 – Lit.: KL XV, 365-368 – F. FRENSDORFF, Das statutar. Recht der dt. Kaufleute in Nowgorod, I-II, 1887 – W. SCHLÜTER, Die Nowgoroder S. in ihrer gesch. Entwicklung vom 13. bis zum 17. Jh., 1911 – L. K. GOETZ, Dt.-russ. Handelsgesch. des MA, 1922 – E. A. RYBINA, Inozemnye dvory v Novgorode XII-XVII vv., 1986.

Schraffierung, graph. Wiedergabe der herald. Tinkturen auf nicht farbigen Wappendarstellungen in der →Heraldik. Sie soll sich aus der Damaszierung entwickelt haben. Die Notwendigkeit, Farben graph. darzustellen, ergab sich bes. nach dem Aufkommen des Buchdrucks. Anfangs schrieb man einfach Worte, die die Farben bezeichneten, in die Wappenzeichnungen ein (z. B. Martin Schrot, →Wappenbuch v. 1576). Gleichzeitig versuchte man, durch Angaben von großen oder kleinen Buchstaben die Farbgebung zu verdeutlichen (großes A für Gold - aurum, kleines a für Silber – argentum etc.; so z. B. bei V. Solis, Wappenbuch v. 1555; Ch. Urstis aus Basel, 1580; Alphonsus Ciacconius; aber auch bei Siebmacher in der zweiten Ausgabe seines Wappenbuches v. 1609). In England werden Buchstabenkürzel (»Trick«) bis heute beim Blasonieren gebraucht. Die heute noch gebräuchl. und internat. anerkannte S. wurde im 17. Jh. in die Heraldik eingeführt. Den ersten Versuch machte Jac Franquarts 1623, doch die endgültige Form wurde gleichzeitig von zwei Heraldikern, Marcus Vulson de la Colombière (1639) und Silvester à Petra Sancta (1638), angewendet. In der Zeit des sog. Zerfalls der Heraldik wurden auch die S.en für Eisen- und Naturfarbe neben anderen Farbtönen eingeführt, die sich nicht durchsetzen konnten. Die Natur- oder auch Fleischfarbe bleibt ohne S. Die Linien der S. richten sich stets nach der Achse des Schilds, die der Helmzier und der Helmdecken nach der Achse des Helmes. V. Filip

Lit.: F. WARNECKE, Herald. Hb., 1880 [Repr. 1971] – W. LEONHARD, Das große Buch des Wappenkunst, 1984³ – S. FRIAR, A New Dict. of Heraldry, 1987.

Schrange, Schranne. Der Begriff findet sich in der Bedeutung 'Bank', 'Tisch' in der Rechts- und Marktsphäre. Im weiteren Sinn als mit Schranken eingefriedeter Raum (Gerichtss.) aufzufassen, wird er zumeist in der Form Brot- oder Fleischschranne benutzt (auch *schirn, scharne, schern*) und bezeichnet einen abgegrenzten Verkaufsraum des Marktes für bestimmte Produkte. Dabei kann sowohl die einzelne Verkaufsbank als auch die Gesamtheit solcher S.n, häufig in einer (offenen Lager-) Halle (z. B. Kornhalle, Kornhaus, auch weitere Bezeichnungen möglich) zusammengefaßt, gemeint sein. Die Schrannen dienten dem Kleinhandel; sie waren bewegl. Stände oder immobile, oft freistehende Holz- oder Steinlauben, auch Budenreihen in Verbindung mit dem →Kaufhaus. Bau und Betrieb wurden von der städt. Obrigkeit, häufig aber auch von Handwerkskorporationen betrieben. F. B. Fahlbusch

Lit.: HRG IV, 1488 – G. NAGEL, Das ma. Kaufhaus und seine Stellung in der Stadt, 1971.

Schrank → Armarium; →Möbel

Schranken → Chorschranken

Schreckenberger (Engelgroschen). Auf Grund einer 1498 erlassenen kursächs. Münzordnung in Massen geprägter →Groschen im Wert von drei →Zinsgroschen oder 1/7 →Gulden, so genannt nach den Silbergruben des Schreckenbergs bei St. Annaberg. Nach dem Münzbild (Vorderseite: Engel mit Kurschild, Rückseite: Quadrierter Wappenschild) wurde der S. auch Engelgroschen genannt. Das Gewicht des S.s, der in Kursachsen und Thüringen bis 1571 geprägt wurde, betrug anfangs 4,5 g, seit 1558 5,0 g. Münzpolit. dürfte die Einführung des S.s eine Vorstufe zur Einführung des Guldiners (→Taler) in Sachsen gewesen sein. Der S. fand eine weite Verbreitung bis nach NW-Dtl. und in die Niederlande, wo er zu vier →Stübern gerechnet wurde. In der Kipperzeit (1619-22) lebte die Prägung von S.n, freilich in geringwertiger Legierung, kurzfristig wieder auf. P. Berghaus

Lit.: F. v. SCHROETTER, Wb. der Münzkunde, 1930, 607f. – G. KRUG, Die Meißn.-Sächs. Groschen 1338-1500, 1974, 103, 197.

Schreiber. Die Voraussetzung für die Verbreitung eines Textes war in Antike und MA die Abschrift, die unter verschiedenen Umständen geschehen konnte: Ein Privatmann konnte sie für den eigenen Gebrauch anfertigen, ein Gelehrter einen Text zur Ergänzung seiner Bibliothek kopieren, ein S. berufsmäßig einen Text nach Diktat oder Vorlage abschreiben. Im MA war die Tätigkeit des Schreibens lange Zeit Angelegenheit von S.mönchen, die nach den Grundsätzen Cassiodors in ihrer Arbeit eine Art von Gottesdienst erblicken konnten. Die Terminologie für den S. war bereits in der Antike vielfältig, bei den Griechen γραμματεύς, ὀξυγράφος, σημειογράφος, ταχυγράφος und νοτάριος, im Westen scriba, scriptor, librarius, antiquarius, notarius und tabellio. Sprachl. am fruchtbarsten wurde der Begriff scriba, an den sich die meisten Weiterbildungen in den verschiedenen Sprachen knüpften. Im Altertum war wohl auch der librarius in erster Linie Büchers., neben dem notarius, dem der Schnellschrift Kundigen, bzw. dem jurid. S. Isidor berichtet von librarii als S. und Buchhändler und von antiquarii als Abschreiber alter Bücher. Da im MA lange Zeit hindurch nur Geistliche als S. in Frage kamen, finden sich auch Termini wie clericus, *clerc, clerk*. Der Lektor Ursicinus v. Verona, der 517 die Hs. des Sulpicius Severus für die Veroneser Kapitelbibliothek anfertigte, ist der erste bezeugte Weltgeistliche als S. Waren später Weltgeistliche vielfach auch als Kanzleibeamte tätig und kennen wir Lohns., so waren doch die eigtl. Büchers. des MA auf weite Strecken hin Mönche. Bei den →Brüdern vom gemeinsamen Leben hatte bereits im Gegensatz zu den klösterl. →Skriptorien die Buchproduktion die Form eines Gewerbes angenommen. In Italien mag sich der Stand der Lohns. das gesamte MA hindurch gehalten haben, nördl. der Alpen ist erst im Gefolge der aufblühenden Stadtkultur eine verbreitete →Schriftlichkeit auch unter Laien festzustellen. Neben Mönchen waren als Lohns. Weltgeistliche, Studenten und Schulmeister tätig; der eigtl. Kunsts. war im dt. Sprachgebiet der Kathedrals. An den Univ.en wurde das System der →Pecia entwickelt: Eine sorgfältige Abschrift des Textes wurde in ungebundenen Lagen beim Stationarius hinterlegt; sie konnten von ihm entlehnt und kopiert werden. Das Peciensystem ermöglichte die Herstellung vieler Abschriften in kurzer Zeit und verlangte von der Univ. nur die Kontrolle eines einzigen Exemplars.

Die Individualität der S. kam oft in S.sprüchen zum Ausdruck. Oft enthalten sie Gebete oder fromme Wünsche; nicht selten sind Ausdruck der Freude über die Vollendung des Werkes und Dank für das Gelingen, aber auch Klagen über Ermüdung und Unzufriedenheit.

Der S. hatte die Aufgabe, eine bestimmte Vorlage getreu wiederzugeben. Dennoch bemerkte er immer wieder nicht nur Beeinträchtigungen des Vorlagetextes, sondern auch Praktiken der Orthographie, der Akzentuierung und Interpunktion, die nicht mehr die seinen waren; bewußt oder unbewußt 'verjüngt' dergestalt jeder S. seine Vorlage. Beim Kopieren einer Hs. entstanden zwangsläufig Fehler; auch Korrekturen des S.s konnten unter Umständen falsch sein. Beim Kollationieren von Hss. war die Hinzufügung von Varianten als Interlinear- oder Marginalglossen möglich, die bei späterer Kopierung in den Text einfließen konnten. Das Zusammenfließen von Lesarten aus mehreren Exemplaren ist als Kontamination bekannt. Übergroße Freizügigkeit von Kopisten konnte sogar zu verschiedenen Rezensionen eines Werkes führen. Neben bewußten Veränderungen eines Textes gab es halb- und unbewußte. Gleiche Aussprache verschieden geschriebener Wörter bedingte etwa den Austausch der Schreibungen. Nicht selten sind legasthenieartige Vertauschungen von Buchstaben (z. B. suscipit für suspicit). Assoziationen und Reminiszenzen konnten neue Lesarten bedingen. Ein Instinkt zur Vereinfachung schwieriger Stellen konnte im Spiel sein. Beliebte Fehler sind Haplographie, Dittographie und einfache Auslassung. Gleiche Wörter an benachbarten Stellen konnten ein Springen beim Kopieren bewirken. Fehler sind auf falsche Lesung von Buchstaben zurückzuführen. Bekannt sind die Fehler der Kopien von Unzialhss.; aber auch Minuskeln konnten verwechselt werden. Die scriptura continua antiker Hss. konnte falsche Lesungen bedingen. Eine gewöhnl. Q. von Fehlern sind falsch aufgelöste oder übersehene →Abkürzungen; aber auch Worte, die keine Abkürzung darstellten, konnten vom S. als solche aufgefaßt und falsch kopiert werden.

Das Diktat eines Textes an den S. ist in manchen Fällen nicht auszuschließen. Von der Existenz von Sekretären um einen Autor gibt es Q.berichte. Jedoch ist das Bibliotheksexemplar eines Textes in der Regel ein abgeschriebenes Buch, nicht ein diktiertes. Auch die Erwähnung, daß Texte ἀπὸ φωνῆς eines Autors geschrieben sind, bezieht sich auf die Redaktion eines Textes, nicht auf den Akt der Kopie.

In den zahlreichen Abb. von S.n wird auch die Haltung derselben veranschaulicht. Es fällt auf, daß die S. vielfach auf den Knien schreiben, Pult und Schreibtisch setzten sich erst in der 2. Hälfte des MA durch. Der Akt des Schreibens wurde nicht selten in seiner ermüdenden Art vorgestellt: während drei Finger schreiben, partizipiert der ganze Körper an der Mühe. Eine aufgerollte Papyrusrolle (→Rolle) bot schon aus ihrer Stellung Schwierigkeiten der Beschriftung, wenn die Linke den beschriebenen Teil hielt, während der noch unbeschriebene Teil vom rechten Bein herabhing. Der Gebrauch des Blattes machte das Schreiben leichter, weil der S. das Blatt orientieren konnte. Die Duktusformen der →Schrift resultierten aus Lage und Neigung von Blatt und →Schreibgerät; sie waren für die Entwicklung der Buchstabenformen von Bedeutung. Der S. eines →Codex schrieb auf den losen Blättern, die erst nachträgl. zu Lagen zusammengestellt wurden (→Buch).

Die Aufgabe des S.s war in der Regel nur die Wiedergabe des Textes. →Rubrikatoren und Illuminatoren vollendeten ihr Werk zu einem späteren Zeitpunkt. Der S. hatte deren Arbeit zu berücksichtigen, indem er Platz für Titel, Initialen und Miniaturen freizulassen hatte. Als Hilfe für den Maler der →Initialen konnte der S. an die künftige Stelle der Zierbuchstaben kleine Buchstaben (Repräsentanten) setzen. Nicht selten arbeiteten mehrere S. am gleichen Text; Stilbrüche und Handwechsel können daher nicht selten vom Paläographen festgestellt werden.

O. Mazal

Lit.: W. WATTENBACH, Das Schriftwesen im MA, 1896³ [Nachdr. 1958] – A. DAIN, Les manuscrits [Nachdr. 1964] – B. BISCHOFF, Paläographie des röm. Altertums und des abendländ. MA, 1986² – O. MAZAL, Lehrbuch der Hss.kunde, 1986.

Schreiberbild → Bildnis, A. II

Schreibgeräte. Unsere Kenntnis der antiken und ma. S. beruht hauptsächl. auf archäol. Funden, schriftl. Q. und bildl. Darstellungen. Alle diese Zeugnisse bestätigen, daß sich ihre Gestalt während des MA nur geringfügig verändert hat.

Der Schreibgriffel (stilus, graphium) wurde in erster Linie zum Schreiben auf Wachstafeln, dann aber auch zum Einritzen von Blindlinien sowie von Bemerkungen (nekrolog. Einträge, →Glossen und dgl.), Erläuterungen (→Synonyme, z. T. in →Tiron. Noten, →Akzente usw.) und Skizzen in ma. Pergamenthss. gebraucht. Zur Herstellung verwendete man Bronze und seit Anfang des 12. Jh. weichere Metalle wie Blei, Silber oder Zinn, aber auch Knochen und Holz. Oft ist der obere Teil als Spachtel zum Glätten des Wachses bzw. zum Tilgen der Schrift (stilum vertere) gestaltet. – Zum Schreiben mit →Tinte ging man in Ägypten im 3. Jh. v. Chr. von einem dünnen Binsenhalm zu dem aus hohlschäftigen Pflanzen hergestellten gespitzten Schreibrohr (κάλαμος, calamus) über, das sich zum üblichen Schreibinstrument der Antike entwickelte und im FrühMA zumindest im Mittelmeerraum benutzt wurde; zur Aufbewahrung diente ein Kästchen oder ein Futteral (calamarium, theca calamaria). – Im abendländ. MA bis weit in die NZ wurde zum Schreiben eine Vogelfeder (penna, pennula, gelegentl. auch calamus), meist von

Gänsen (»Gänsekiel«) verwendet; ihre Spitze wurde entsprechend zugeschnitten und in zwei Zungen gespalten (acuere, temperare), nachdem der Inhalt des Kieles entfernt war. Das Spalten bezweckte, die Tinte an der Spitze länger zurückzuhalten und ein weicheres Gleiten auf dem Beschreibstoff zu ermöglichen; der Federschnitt wurde nach meist anonymen spätma. Anweisungen (»Regulae de modo scindendi pennarum«) in drei Arten durchgeführt: symmetr. (Schrift mit starken senkrechten, ziemlich starken schrägen und feinen waagrechten Strichen), schräg nach rechts (Schrift mit ungefähr gleich feinen Strichen) und schräg nach links (Schrift mit regelmäßig abwechselnden starken und feinen Strichen).

Zur Ausrüstung eines →Schreibers gehörte namentl. auch das Messer (scalprum, scalpellum, rasorium, novacula), das häufig mit kurzer, nicht biegsamer Klinge und gerader Schneide zum Federschnitt (»Federmesser«) und Ausmerzen von Schreibfehlern, mit langer Klinge jedoch eher zum Glätten von Unebenheiten im →Pergament sowie zum Festhalten der Lagen von Pergament-Doppelbll.n während des Schreibens diente. Wie Abb. zeigen, sind die Schneiden gerade oder geschwungen, und die Klingen können auf dem Rücken eine Einbuchtung aufweisen und in einer flachen Spirale enden. – Bei größeren Rasuren hatte der Schreiber zur Bearbeitung der aufgerauhten Stelle oft Bimsstein (pumex) oder Eberzahn zur Hand, und auch Kreide (creta) gehörte nach Ausweis der Q. zu seinen Utensilien. Außerdem verfügte er normalerweise über zwei Tintenfässer (atramentaria) oder Tintenhörner (cornua) für dunkle und rote Tinte. – Der Schreiber verrichtete seine Arbeit sitzend an einem auf dem Boden stehenden Schreibpult mit leicht geneigter Platte (cathedra) oder auf einem Schoßpult (pluteus, asser), die Füße meist auf einen Schemel gestellt.

Im Hinblick auf das Schreiben mußten die Pergamentbögen vorbereitet werden; dazu benötigte der Schreiber ein Instrument zum Einstechen der Markierungen für Zeilenabstände und Schriftbegrenzungslinien (punctorium), wozu ein Zirkel (circinus), eine Ahle (subula) und später auch ein Rädchen mit Zähnen dienen konnte, ein Lineal (regula, postis ad regulandum) sowie einen Griffel.

Auf →Papyrus, Pergament und →Papier wurde in der Regel mit Tinte geschrieben. Eine größere Zahl überlieferter Rezepte gibt Auskunft über die Herstellung der verschiedenen Arten. Dunkle Tinten (atramenta) wurden vorwiegend mit Ruß bzw. Galläpfeln und Gummi oder mit Galläpfeln und Eisenvitriol zubereitet; andere Grundstoffe waren Weißdorn- oder Schlehenzweige unter Zusatz von Wein, gelegentl. auch Ruß oder Eisenvitriol (vgl. etwa →Theophilus, Schedula I, 45). Rote Tinte, zur Auszeichnung von →Initialen, Überschriften, hervorzuhebenden Wörtern, Explicit und in Komm.en auch zur Hervorhebung des zu erklärenden Textes, wurde aus dem Pigment Mennige (minium) oder aus Zinnober (cinnatrium) hergestellt. Daneben kommen blaue, grüne und seltener gelbe Auszeichnungstinten vor. In der Antike für Luxushss., im MA fast ausschließl. für liturg. Hss. sind öfters Gold- und Silbertinten gebraucht worden (→Goldschrift).
P. Ladner

Lit.: W. WATTENBACH, Das Schriftwesen im MA, 1896[2], 207–261, Register – B. BISCHOFF, Über Einritzungen in Hss. des frühen MA, Ma. Stud. 1, 1966, 88–92 – J. STIENNON, Paléographie du MA, 1973, 159ff. – V. TROST, Die Metalltintenrezepte aus Hs. Aa 20 der Hess. Landesbibl. Fulda (Diversarum artium studia [Fschr. H. ROSSEN-RUNGE, 1982]), 185–197 – A. LEGNER, Ornamenta Ecclesiae (Kunst und Künstler der Romanik, 1, Ausst.kat. Köln 1985), 194–205, 285–287 [Lit.] – O. MAZAL, Lehrbuch der Hss.kunde, 1986, 75ff. – B. BISCHOFF, Paläographie des röm. Altertums und des abendländ. MA, 1986[2], 32ff. – V. TROST, Gold- und Silbertinten, 1991 – DIES., Skriptorium, 1991 – K. und M. WEIDEMANN, Das Reich der Salier 1024–1125 (Ausst.kat. des Landes Rheinland-Pfalz, 1992), 191–196 – C. LIST-W. BLUM, Buchkunst des MA, 1994, 32.

Schreibmeister, -schule. Die Ausbildung von →Schreibern und die Entwicklung neuer Schriftstile fand zur Zeit hs. Buchproduktion in Schreibstuben und →Skriptorien statt. Eine neue Situation ergab sich, als in der 2. Hälfte des 15. Jh. der →Buchdruck als neues Medium auf den Plan trat und die Schreiber allmähl. aus der Buchproduktion ausgeschlossen wurden. Die immer weiter um sich greifende →Schriftlichkeit, die wachsende Zahl der Kanzleien, der steigende Bedarf an schriftl. Verkehr in Verwaltung, Wirtschaft und Unterricht und die zunehmende Bedeutung der Schulerziehung eröffneten den Weg für eine neue Blüte der Kalligraphie auf einem neuen Betätigungsfeld. Aus Kopisten wurden Kalligraphielehrer und S., die Slg.en von Beispielen ihrer Kunst als Lehrbehelfe herausbrachten, bald gedruckt. Die Notwendigkeit war um so mehr gegeben, als sich am Ende des MA und zu Beginn der NZ die abendländ. Schriftlichkeit sehr differenziert hatte und sowohl die got. Schriftfamilie (→got. Buchschrift) als auch die →Humanistenschrift viele Spielarten aufwiesen. So erschienen ab dem Beginn des 16. Jh. in steigender Anzahl Schriftmusterbücher und Hb.er. Die S. waren bestrebt, nicht nur zeitgenöss. Lokalformen wiederzugeben, sondern meist auch eine größtmögl. Zahl von Schriften verschiedener Epochen und Regionen Europas zu reproduzieren und eigene Varianten hinzuzufügen. Die Vorliebe der Renaissance für Mathematik und Konstruktion kam in der Schaffung konstruierter Schriften zum Tragen. Nachhaltigen Einfluß hatte das Buch »Divina Proportione« des Luca Pacioli (Venedig 1509), in dem u. a. konstruierte Renaissanceschriften vorkommen. Textur- und Antiquaalphabete konstruierte Sigismondo de Fanti (»Theoria et pratica ... de modo scribendi fabricandique omnes litterarum species«, Venedig 1514). Francesco Torniello aus Novara publizierte in »Opera del modo de fare le littere maiuscole antique con mesura de circino et resone de penna« (Milano 1517) prakt. verwertbare Renaissanceschriften. In den folgenden it. Schriftmusterbüchern überwogen bereits die Urk.- und Buchschriften; auch die Cancelleresca trat auf den Plan. Zu nennen sind insbes. die Slg.en von Ludovico Vicentino (»La Operina da imparare di scrivere littere cancellerescha«, Rom 1522) und Giovanni Antonio Tagliente (»La vera arte de lo excellente scrivere diverse varie sorti de litere«, Venedig 1524). Selbständig beschäftigte sich Gian Battista Verini mit der Konstruktion und den Proportionen von Schriften (Florenz 1527), während sich Giambattista Palatino im »Libro nel qual s'insegna a scrivere« (1540) mit der Schaffung einfacher Versalien für →Rotunda und Antiqua begnügte. Beispiele für Schriftschöpfungen der Hochrenaissance bieten noch Vespasiano Amphiareo (»Opera ... nella quale si insegna a scrivere varie sorti di lettere«, Venedig 1544) und Ferdinando Ruano (»Sette alphabeti di varie lettere formati con ragion geometrica«, Rom 1554). Inzwischen war auch außerhalb Italiens eine rege S.tätigkeit erwacht, die ihre Wurzeln ebenfalls noch im 15. Jh. hatte. So zeigt das S.blatt des dt. Kalligraphen Johann v. Hagen aus Badenwerder (1. Hälfte 15. Jh.) zahlreiche Varianten der →Textura und →Bastarda. Die »Proba centum scripturarum« des Leonhard Wagner (Augsburg, vor 1522) bietet ein frühes Beispiel vielfältiger Kunst. Albrecht Dürer war mit seiner »Underweysung der Messung« (Nürnberg 1525) um got. und Renaissancemajuskeln bemüht.

Die damals im →Buchdruck gepflegte →Fraktur beschäftigte auch die S.; man denke etwa an Johann Neudörffer d. Ä. (»Anweysung einer gemeinen Hs.«, Nürnberg 1538). Eine große Bedeutung erlangte das die gesamte Bandbreite lat., gr. und hebr. Schrift abdeckende Hb. des Wolfgang Fugger (»Ein nutzlich und wolgegründt Formular manncherley schöner schrifften ...«, Nürnberg 1553). Auch der Schweizer Urban Wyss hatte im »Libellus valde doctus« (Zürich 1549) erstmals neben dt. in größerem Umfang lat. Schriften berücksichtigt. Natürl. spielte bei dt. S.n die got. Tradition eine wichtige Rolle, zumal die Ausläufer der Gotica wie Kurrent, Dt. Kanzleischrift, Bastardschriften berücksichtigt werden mußten (z. B. Caspar Neff, »Schatzkammer der Schreibkunst«, Köln 1543; Kleiner, »Cantzleysch Fundamentbüchlein«, 1553). Den Höhepunkt span. S.kunst brachte Juan de Yciar (»Recopilación subtilissima«, Zaragoza 1548), der die nationale Rotunda und Kursive pflegte. In Frankreich hatte die got. Schrifttradition ein langes Nachleben, bis spät auch Elemente der Humanistica eindrangen. Als bedeutsame S. des 16. Jh. sind hier Geoffroy Tory (»Champfleury«, Paris 1529), P. Hamon (»Alphabet d'invention des lettres«, Paris 1561 [1580²]), Jacques de La Rue (»Alphabet de dissemblables sortes de lettres en vers d'Alexandrin«, 1565) und Le Gagneur (»La Technographie«, Paris 1599) zu nennen. O. Mazal

Lit.: F. Day Lewis, Penmanship of the 16ᵗʰ, 17ᵗʰ and 18ᵗʰ Cent., 1913 – P. Jessen, Meister der Schreibkunst aus drei Jahrhunderten, 1923 – R. Bertieri, It. Kalligraphen und Schriftkünstler im 16. Jh., 1929 – A. Lotz, Die dt. S.bücher, 1938 – F. Funke, Die S.bücher des Dt. Buch- und Schriftmus.s der Dt. Bücherei, Zentralbl. für Bibl.wesen 69, 1955, 257–283 – Ders., Schrift mit Zirkel und Richtscheit, 1955 – A. Kapr, Johann Neudörffer d. Ä., der große S. der dt. Renaissance, 1956 – W. Doede, Bibliogr. der dt. S.bücher von Neudörffer bis 1800, 1958 – F. Mužíka, Die schöne Schrift in der Entwicklung des lat. Alphabets, 1965 – S.bätter. Kurrent, Kanzlei, Fraktur, 1968 – S.blätter. Lat. Schriften, 1970 – B. Röhrl, Nürnberger S.bücher, Gutenberg-Jb. 1992, 146–160.

Schrein → Möbel; →Reliquiar

Schreiner → Tischler

Schreinswesen, -buch, -karte. Schreine (S.e) nannte man im MA allg. Truhen, in denen Wertgegenstände aufbewahrt wurden. Namengebend wurde der S. aber auch für einen bestimmten Typ an Schriftgut, die sog. S.surkk., S.skarten und S.sbücher, in die man vornehml. Liegenschaftsgeschäfte eintrug. Diese Form der S.eintragung tritt zuerst in der 1. Hälfte des 12. Jh. in →Köln auf, dann auch gegen Ende des Jh. in →Metz (→Amandellerie) und in →Andernach.

Das vorbildhafte Kölner S.swesen nahm nach neueren Forsch.en nicht in der von Kaufleuten bewohnten →Sondergemeinde Klein St. Martin in der Rheinvorstadt um 1135 seinen Ausgang, sondern begann um 1130 in der Altstadtgemeinde St. Laurenz mit sporad. Aufzeichnungen von Rechtsgeschäften. Um 1136/37 nutzten die Bürger von Klein St. Martin die Abwesenheit des ebfl. Stadtherrn und fingen in größerem Stil an, S.skarten anzulegen. Nach der Neuordnung des S.swesens in St. Martin im Einvernehmen mit dem Ebf. setzte dann seit 1138/39 die Kartenführung in allen Sondergemeinden (= Parochien, Kirchspiele, Vorstadtgemeinden) ein. Erst im Herbst 1798 wurde die mittlerweile veraltete S.spraxis durch die frz. Behörden aufgehoben.

Die ältesten S.eintragungen geschahen auf großen Pergamentkarten, seit dem 2. Viertel des 13. Jh. ging man dann zu Büchern über. Insgesamt sind 86 – teilweise gedruckte – S.skarten und 514 S.sbücher, davon allein 294, die vor 1500 angelegt wurden, erhalten. Bis 1400 liegen weniger als 2% der S.sbücher im Druck vor.

Die S.skarte galt im 12. Jh. nur als →notitia zur Beweiserleichterung; ihr kam noch keine selbständige Bedeutung als Beweismittel zu. Beweisgrundlage war allein das mündl. Zeugnis der Amtleute und Parochianen. Seit der Jahrhundertwende trat jedoch im steigenden Maße die S.seintragung neben das mündl. Zeugnis, und um die Jahrhundertmitte hatte sie als Beweismittel den höheren Rang. Ab dem 14. Jh. wurde dann in einem langgestreckten Prozeß die Eintragung in den S. zu einem rechtsetzenden Akt. Eine Anfechtung der Eintragung konnte nach Jahr und Tag nicht mehr erfolgen. Das Rechtsgeschäft war dann verbindl. Ihren endgültigen Abschluß fand diese Entwicklung in der S.sordnung von 1473. Die Anschreinung geschah auf freiwilliger Basis; sie wurde zwar rasch zur Regel, aber es gab in Köln auch s.sfreie Grundstücke, die siegelfähige Parteien vermittels Privaturkk. veräußern konnten.

Die Verwaltung der S.e war seit dem ausgehenden 12. Jh. von den Meistern und Geburen der Kölner Sondergemeinden an deren sich genossenschaftl. organisierende Amtleute übergegangen. Von den Amtleuten wurde – um die Mitte des 13. Jh. nachweisbar – ein S.saussschuß gewählt, dessen vornehmste Aufgabe die Verwaltung der S.e war, doch ging dieses Kernstück ihrer Amtstätigkeit seit der 1. Hälfte des 14. Jh. an die mit ihnen konkurrierenden S.smeister über. Außer den S.skarten und -büchern haben die Amtleutegremien weiteres reichhaltiges Urkk.-material produziert und in ihrem Archiv aufbewahrt. Davon sind aber nur die Urkk. von St. Columba erhalten. Neben den S.en der Sondergemeinden gab es noch eine Reihe kleinerer selbständiger S.bezirke. Der Versuch einer Zentralisierung des S.swesens durch das städt. Schöffengremium schlug fehl. Der Schöffenschrein blieb ein Konkurrenzunternehmen zu den anderen S.en; er stand aber neben, nie über ihnen und unterschied sich ledigl. durch seine räuml. ausgedehntere Kompetenz, die jedoch im 14. Jh. auf den Bereich der alten Stadtmauern beschränkt blieb. Dem Bürger stand es frei, ob er sich im Schöffens. oder in einem der lokalen S.e anschreinen ließ.

Der Andernacher Rotulus von 1190, eine Sammelurk., in der als Gedächtnisstütze die getätigten Rechtsakte im Grundstücksverkehr eingetragen wurden, war wohl mit Duldung, aber nicht auf Anordnung des ebfl. Stadtherrn durch die Initiative der Schöffen entstanden. Das Metzer S.swesen ging auf eine Verordnung des dortigen Bf.s vom Jahre 1197 zurück. Metz übernahm nicht das Kölner Vorbild der Sammelurk. für Grundstücksgeschäfte auf Karten, sondern begann mit der Einlegung von Einzelurkk. in einen für jeden Pfarrbezirk eingerichteten S. Erst 10 bis 20 Jahre später folgten dann Sammelkarten in Form der Bannrollen, in das Grundstücksgeschäft eingetragen wurde. Das Kölner Beispiel hat im SpätMA direkt auf die erzstift. Städte, indirekt aber auch auf die vom Kölner Recht beeinflußten Handelsstädte, v. a. auf die des norddt. Raumes, seine Wirkung gehabt. W. Herborn

Q.: Kölner S.surkk. des zwölften Jh., hg. R. Hoeniger, 2 Bde (Publ. der Ges. für Rhein. Gesch.skunde 1, 1884–94) – H. Keussen, Verz. der S.skarten und S.sbücher (Mitt. aus dem Stadtarchiv von Köln 32, 1904), 1–148 – Die Amtleutebücher der Köln. Sondergemeinden, hg. Th. Buyken–H. Conrad (Publ. der Ges. für Rhein. Gesch.skunde 45, 1936) – Die Kölner S.sbücher des 13. und 14. Jh., hg. H. Planitz–Th. Buyken (ebd. 46, 1937) – *Lit.:* J. Planitz, Konstitutivakt und Eintragung in den Kölner S.surkk. des 12. und 13. Jh. (Fschr. A. Schultze, hg. W. Merk, 1934), 175–205 – Ders., Das Grundpfandrecht in den Kölner S.skarten, ZRGGermAbt 53, 1934, 1–88 – Ders., Das Kölner Recht und seine Verbreitung in der späteren Ks.zeit, ebd. 55, 1935,

131–168 – H. CONRAD, Liegenschaftsübereignung und Grundbucheintragung in Köln während des MA (Forsch. zum dt. Recht, I, 3, 1935) – M. GROTEN, Die Anfänge des Kölner S.swesens, JbKGV 56, 1985, 1–21.

Schrift

I. Abendland – II. Byzanz – III. Judentum – IV. Arabisch.

I. ABENDLAND: [1] *Allgemein:* Unter S. als graph. Darstellung der Sprache werden verschiedenartige Zeichensysteme verstanden, deren Entwicklung bei vereinfachten Bildern, die ganze Sachverhalte nicht wörtl. lesbar, sondern nur deutbar darstellen (Ideens., Piktographie), beginnt und im wesentl. über Wortbild-, Wortlaut- und Silbens.en bis zur Buchstabens. reicht. Im folgenden ist nur die Buchstabens. berücksichtigt. Dabei sind grundsätzl. Inschriftens.en (→Inschriften) von Schreibs.en und innerhalb dieser unverbundene ('kalligraph.', 'gesetzte', *écritures posées*) von verbundenen ('kursiven', *écritures courantes, utilitaires,* →Kursive) S.en zu unterscheiden; erstere, deren Buchstaben aus einzelnen Elementen, meist Haar- und Schattenstrichen, zusammengesetzt sind, wurden vorwiegend für Bücher, letztere, welche ein möglichst flüssiges Schreiben unter Verwendung von →Ligaturen zum Ziel haben, für den Bedarf im tägl. Leben (Bedarfss.en) verwendet; gewissermaßen als Sonderfall sind die →Urkundens.en zu betrachten. Außerdem läßt sich eine Gliederung in →Majuskel- und →Minuskels.en vornehmen.

[2] *Entwicklung:* Die lat. S., welche die Grundlage für den Großteil der abendländ. S.en bildet, hat ihre Wurzeln in einer offenbar von den Etruskern vermittelten, der lat. Sprache angepaßten westgr. S.; sie wurde in der Frühzeit linksläufig oder zeilenweise mit wechselnder Richtung geschrieben, bis sich die Rechtsläufigkeit durchsetzte; ihrem Alphabet (A bis X) wurden im 1. Jh. v. Chr. Y und Z beigefügt. Unter den →röm. Buchs.en sind zu nennen: die →Capitalis (rustica), die auch für Briefe und urkundenartige Dokumente verwendet wurde, die →Capitalis quadrata für Luxushss., die in Denkmälern seit dem 4. Jh. n. Chr. überlieferte →Unziale sowie die etwa gleichzeitig oder wenig später entstandene →Halbunziale. Diese S.en sind in nachröm. Zeit v. a. als →Auszeichnungss.en verwendet worden. Sowohl für Geschäftsdokumente als auch für literar. Texte wurden ebenfalls →röm. Kursiven in ihrer älteren (Majuskel-) und jüngeren (Minuskel-) Form verwendet. Während die ältere Form in der →röm. Ks.kursive bis ins 7. Jh. weiterlebte, bildete die jüngere zusammen mit der Halbunziale die Grundlage für die frühma. Buch- und Urkundens.en.

Bis zur Schaffung und Verbreitung der →karol. Minuskel haben sich in den germ. Reichen innerhalb der Grenzen des röm. Imperiums halbunziale, halbkursive und kursive S.en eigener Prägung ausgebildet; in den außerhalb des Imperiums gelegenen kelt.-ir. sowie ags. Bereichen entstand die in verschiedenen Ausformungen überlieferte →Insulare, in dem von den Westgoten beherrschten span. Bereich die →westgot. S. (Wisigotica); in Süditalien hat bis ins 13. Jh. die →Beneventana Verbreitung gefunden; im Frankenreich schließlich sind in einzelnen Skriptorien gut differenzierbare S.en geschaffen worden, etwa die Luxeuil-S., der Laon-az-Typ, in Corbie der Leutchar-, der eN- und der ab-Typ, ferner die frühe St. Galler Minuskel oder die →Rät. S.

Seit etwa Mitte des 8. Jh. zeigen sich im Frankenreich Tendenzen zur Stilisierung dieser meist ligaturenreichen S.en bzw. zu ihrer Auflösung in Einzelbuchstaben. Unter diesen sog. Frühminuskeln stellt der in →Corbie unter Abt Maurdramnus um oder vor 780 entwickelte Typ die älteste karol. Minuskel dar, welche – bei einer durchaus erkennbaren eigenen Entwicklung von verhältnismäßig freier Gestaltung bis zum Verlust der Lebendigkeit – im abendl. S.wesen bis zu der im 12. Jh. beginnenden allmähl. Ablösung durch die got. S.en (→Got. Buchs.) erscheint.

Hauptformen, die sich aus der frühgot. Minuskel entwickelt haben, sind die hochstilisierte →Textura (seit 13. Jh., Schaftbrechungen, Spitzbogen, Bogenverbindungen), die in Italien, Südfrankreich und Spanien verbreitete →Rotunda (nur gemäßigte Brechungen), die →Perls., die mit den Urkundens.en und der →Notula verwandten got. Buchkursiven (mit Schlaufenbildungen) sowie die →Bastarda (seit 14. Jh., Verbindung von Textura und Kursive, spitze Unterlängen), deren bekannteste Ausformung im 15. Jh. die 'Bourguignonne' ist; zu den Bastarden gehört ebenfalls die in der spätma. ksl. und böhm. Kanzlei, aber auch von südd. Schreibmeistern verwendete →Fraktur, eine die Buchstaben nicht verbindende, längl. Kanzleis. mit leicht geflammten Quadrangeln, spindelförmigen s und f sowie Majuskeln, die mit dem 'Elefantenrüssel' verziert sind (BISCHOFF, 187); seit dem beginnenden 16. Jh. ist die Fraktur als Drucks. belegt; als Schreibs. wurde sie v. a. als Auszeichnungss. benutzt. Von ihr zu unterscheiden sind einerseits die sog. Kanzleis., eine Schreibs. von halbkurrenter Form mit gelegentl. Verbindung der Buchstaben untereinander und gerundeten Brechungen (DÜLFER-KORN, 8), und andererseits die dt. Kurrents., eine got. Kursive, die sich zur sog. »dt. S.« entwickelt hat. – Allen Typen der spätma. got. S.en ist gemeinsam, daß sowohl der Formenschatz für die einzelnen Buchstaben außerordentl. variiert als auch ein Ausgleich in den Proportionen zw. Majuskel- (Versalien) und Minuskelbuchstaben angestrebt wird.

Als eine Reaktion gegen got. Schreibgepflogenheiten hat um 1400 der Florentiner Kreis um Coluccio →Salutati den Gebrauch der karol. Minuskel nach Vorbildern des 9.–12. Jh. wieder aufgenommen; diese Nachahmung, von den Zeitgenossen als 'littera antiqua' bezeichnet, wird von der modernen Forsch. →Humanistens. genannt. Neu ist, daß Niccolò →Niccoli wahrscheinl. kurz nach 1420 die humanist. Kursive geschaffen hat, daneben entwickelte sich als Behördens. die 'cancelleresca italica' unter dem Einfluß der humanist. Buchminuskel und der Kursive. Die Humanistens. hat als Antiqua Eingang in den Buchdruck gefunden.

[3] *Schreibunterricht, Schreibtechnik:* Während in der röm. Spätantike die öffentl. Elementarschule (→Elementarunterricht) mit dem magister ludi litterarii (primus magister, litterator) den meisten Kindern den Lese- und Schreibunterricht vermittelte (MARROU, 390, 395ff.), erfüllten im MA v. a. kirchl. Bildungsinstitutionen diese Aufgabe (→Klosterschule, →Domschule, →Skriptorien etc.; →Erziehungs- und Bildungswesen). Wohl in Anlehnung an antike Methoden wurden zunächst die Bezeichnungen der Buchstaben von A bis X (Y und Z galten als Fremdkörper) auswendig gelernt, dann erst ihre Formen und das Schreiben von Buchstabenverbindungen sowie schließlich von Wörtern bzw. Merkversen geübt. Gelegentl. läßt sich feststellen, daß der Lehrer einige Zeilen vorgeschrieben und der Schüler nach dem vorgegebenen Muster die Fortsetzung der Arbeit übernommen hat. Die Haltung des →Schreibers zeigen zahlreiche Abb.

Die ungeheure Verbreitung der →Schriftlichkeit über alle Lebensbereiche im späteren MA ließ neben den geistl. Ausbildungsstätten Laienschulen in den Städten entstehen (→Schule, Schulwesen). Die Unterweisung erfolgte häufig durch Wanderlehrer, die sich in Anlehnung an den zu vermittelnden 'modus scribendi' →Modisten oder

→Schreibmeister genannt haben. Neben Werbebll. (Schreibmeisterbll.), mit welchen u. a. auf die verschiedenen, im Lehrangebot enthaltenen S.arten hingewiesen wird, haben einige Lehrer auch Slg.en von Buchstabenmodellen und Schreibanweisungen hinterlassen.

An Musterslg.en, deren früheste aus dem 15. Jh. stammen und bei denen meist unter jedem Beispiel für den Schüler ein Raum für die Kopie freigelassen wurde, sind zu nennen: Würzburg, UB Ms.; Paris, BN lat. 8685 (Robert de T. v. Nantes); Paris, BN fr. 17001 (Jean Miélot v. Lilles); Besançon, Bibl. mun. Ms. 834; Chartres, Bibl. mun. Ms. 612; Montpellier, Bibl. mun. Ms. 512. Hingewiesen sei auch auf das im Codex Bern, Burgerbibl. 250 (etwa 836, aus Fulda? oder Seligenstadt?), erhaltene Musteralphabet für inschriftl. Capitalis (Karl d. Gr., Katalog, 1965, Nr. 385 a, Abb. 36).

Anleitungen zur Gestaltung der Buchstaben finden sich schon bei antiken Grammatikern (→Grammatik), dann in karol. Texten (z. B. GLK 8, 302ff.) bis hin zu den spätma. 'modi scribendi', die im Hinblick auf das Auswendiglernen oft in Versen abgefaßt sind. Einer der ältesten dieser Gattung ist der »Tractatus orthographie de summa scribendi« (1346) des Hugo →Spechtshart v. Reutlingen; etwas jünger ist ein anonymer 'modus scribendi' in einer Hs. in Prag (ed. PALM); andere, aus dem 15. Jh. stammend, scheinen unter dem Einfluß der Kl. refom v. →Melk entstanden zu sein, so der »Tractatus in omnem modum scribendi« (um 1420, ed. GASPARRI) oder der Melker 'modus scribendi' (um 1440, ed. BISCHOFF). - In Italien wurden S.- und Schreibabhandlungen abgefaßt, darunter das »Alphabetum romanum« von Felice Feliciano (1463), das »Alphabetum« von Damiano da Moyle (gedr. zw. 1477 und 1483) oder die »Theoretica et practica ... de modo scribendi fabricandi omnes litterarum species« des Sigismundo de Fantis (1514). - Von hohem prakt. Wert waren schließlich einfache Einführungen in den Gebrauch von →Abkürzungen. Erhalten sind außerdem Ratschläge für gleichmäßiges Schreiben (14./15. Jh., ed. BISCHOFF, Anecdota, 237), Regeln für die Seiteneinteilung (ebd., 239f.) sowie v. a. eine große Zahl von Rezepten für die Herstellung von Tinten und Farben, letztere nicht nur für →Buchmalerei, sondern auch für Rubrizierungen und Auszeichnungss.en. Zu den bekanntesten solcher Rezeptbücher zählen die »Compositiones Lucenses« (→»Compositiones ad tingenda musiva«), die →»Mappae clavicula«, der →Heracliustraktat »De coloribus et artibus Romanorum« und die »Schedula diversarum artium« des →Theophilus Presbyter. Verschiedene Abhandlungen enthalten allg. Anweisungen für Schreiber, so z.B. der »Libellus de naturis animalium« (Vers 409–622) →Konrads v. Mure (48. K.) oder die beiden Werke »De laude scriptorum« von →Johannes Gerson (79. J.) bzw. von →Johannes Trithemius (183. J.).

[4] *Schriftfiguren:* Abgesehen von der S.anordnung in Langzeilen bzw. in Kolonnen, wobei die S.größe in den einzelnen Spalten der gleichen Seite etwa für einen den Text begleitenden Komm. variieren kann, oder - so bei Univ.shss. des röm. und kanon. Rechts - in einer den Text rahmenförmig umgebenden Glosse, sind mit Buchstaben auch geometr. und figürl. Darstellungen wie Dreiecke, Quadrate, Palmen, Trauben, Kreuze usw. gebildet worden (vgl. CLA V. 76; VIII. 1195; BISCHOFF, Kalligraphie, Abb. 28). Zur Anwendung ist diese Methode nicht zuletzt in den →Figurengedichten gekommen, deren Höhepunkt wohl →Hrabanus Maurus in seinem Frühwerk »De laudibus s. crucis« erreicht hat.

[5] *Schreibstätten:* In der Antike lag die Buchherstellung in den Händen berufsmäßiger Schreiber (scriptores, librarii, antiquarii, notarii, tabelliones), meist Sklaven (scribae mercennarii), die in Gruppen nach Diktat schrieben und einen im Höchstpreisedikt →Diokletians (301) geregelten Erwerbszweig bildeten. Doch auch das spätantike lat. Mönchtum betrachtete das Kopieren von Büchern als eine wichtige Aufgabe (vgl. etwa Cassiodor, Inst. I, 30). Hier liegt der Ursprung der ma. Skriptorien der Kl., die bis zum 12. Jh. den größten Teil der damaligen Buchproduktion hervorbrachten, gefolgt von Skriptorien an Dom- und Kathedralschulen. In gut organisierten Werkstätten arbeiteten Schreiber mit Buchmalern und Handwerkern zusammen. Die klösterl. Skriptorientradition setzten im späteren MA insbes. die →Kartäuser (vgl. Guigo, Consuetudines 27, MPL 153, 694) und die →Brüder vom gemeinsamen Leben fort, letztere freilich mit dem Unterschied, daß sie das Kopieren als Gewerbe für ihren Unterhalt betrieben (deshalb 'Broeders van de penne').

Im SpätMA verlagerte sich allmähl. die Hss. produktion in großem Umfang von den Kl.-Skriptorien auf städt. Ateliers, wo Lohnschreiber aus dem Kleriker- und Laienstand arbeiteten; es bildete sich der bürgerl. Beruf des Schreibers aus, der - wie das Beispiel der Clara Hätzlerin in Augsburg zeigt - auch von Frauen ergriffen wurde. Ein verhältnismäßig gut faßbares Beispiel ist die Werkstatt von →Diebold Lauber im elsäss. Hagenau, wo zw. 1427 und 1469 mit vielen Hilfskräften zahlreiche, bis heute 69 bekannt gewordene, meist illuminierte Papierhss. hergestellt wurden. - Die Herstellung vieler Abschriften ermöglichte in den älteren Univ.sstädten Paris, Oxford, Bologna und Neapel das Peciensystem (→pecia).

P. Ladner

Lit.: H. PALM, Eine Anweisung zur Kalligraphie aus dem 15. Jh., AKDV NF 12, 1865, 49–53, 89–91 – W. WATTENBACH, Das S.wesen im MA, 1896[3] – P. LEHMANN, Slg.en und Erörterungen lat. Abkürzungen im Altertum und MA, AAM NF 3, 1929 – HBLS Suppl., 1934, 156–159 – E. LESNE, Les livres, »scriptoria« et bibl. ..., 1938 – B. BISCHOFF, Ein neuentdeckter Modus scribendi des 15. Jh. aus der Abtei Melk, 1939 [andere Ed.: S. MORISON, B. BISCHOFF, S. H. STEINBERG, 1940] – S. H. STEINBERG, The Forma scribendi of Hugo Spechtshart (Transactions of the Bibliogr. Society 21/1, 1940/41), 264–278 – H. FICHTENAU, Mensch und S., 1946 – P. LEHMANN, Figurale S.flächen (Erforsch. des MA, 3, 1960), 60–66 – H. HUNGER, Gesch. der Textüberlieferung, I, 1961, 59–71 – H. FOERSTER, Abriß der lat. Paläographie, 1963[2] – R. W. SCHELLER, A Survey of Medieval Model Books, 1963 – H.-I. MARROU, Hist. de l'éducation dans l'antiquité, 1965[6] – B. BISCHOFF, Elementarunterricht und Probationes Pennae in der ersten Hälfte des MA, Ma. Stud. 1, 1966, 74–87 – E. CASAMASSIMA, Tratti di scrittura del cinquecento it., 1966 – K. DÜLFER–F. E. KORN, Schrift kunde zur dt. Paläographie des 16.–20. Jh., 1967[2] – P. HERDE, Die S. der Florentiner Behörden in der Frührenaissance, ADipl 17, 1971, 302–335 – CH. E. EDER, Die Schule des Kl. Tegernsee im frühen MA im Spiegel der Tegernseer Hss., 1972, 67ff. – H.-G. MÜLLER, Hrabanus Maurus. De laudibus s. crucis, 1973 – F. FUNKE, Buchkunde, 1978[4] [1992[5]] – F. GASPARRI, Note sur l'enseignement de l'écriture aux XVe–XVIe s., Scrittura e civiltà 2, 1978, 245–261 – DIES., L'enseignement de l'écriture à la fin du MA: à propos du Tractatus in omnem modum scribendi, ebd. 3, 1979, 243–265 – B. BISCHOFF, Kalligraphie in Bayern, 1981 – G. POZZI, La parola dipinta, 1981 – F. GASPARRI, Enseignement et technique de l'écriture du MA à la fin du XVIe s., Scrittura e civiltà 7, 1983, 201–222 – B. BISCHOFF, Anecdota novissima, 1984 – DERS., Paläographie des röm. Altertums und des abendländ. MA, 1986[2] – V. TROST, Skriptorium. Die Buchherstellung im MA, 1991 – C. LIST–W. BLUM, Buchkunst des MA, 1994, 42–45 – →Inschriften.

II. BYZANZ: Entsprechend der großen Bedeutung der →Schriftlichkeit in der byz. Kultur ist von der Spätantike bis zum ausgehenden MA die kontinuierl. Verwendung der S. in verschiedenen Formen und auf verschiedenen Schriftträgern zu beobachten. Der Großteil der erhaltenen Dokumente ist griech. geschrieben.

[1] *Schriftarten:* Durch die große Anzahl erhaltener Hss. kann die Entwicklung der Buchs. seit dem 4. Jh. bis zur Mitte des 15. Jh. an Hand vieler Beispiele studiert werden: Der Weg führt von der in zwei Linien einzuschreibenden →Majuskel zur →Minuskel, deren Entwicklung aus der Papyruskursive abgeleitet werden kann. Im 4. Jh. erfahren wir durch die »Vita Constantini« des →Eusebios (4. E.) von dem Auftrag Ks. Konstantins, für die neue Hauptstadt Abschriften der Bibel herzustellen. Diese Manuskripte waren in der Majuskel geschrieben.

Die älteste datierte Minuskelhs. aus dem Jahre 835 (Codex Sankt Petersburg 219) setzt in der Verwendung des Schriftkanons bereits eine Entwicklung voraus. Zur Verbreitung der Minuskel beigetragen haben die Schreiber des Kl. →Studiu in Konstantinopel, wo auch die Arbeitseinteilung des Skriptoriums in den Schriften des →Theodoros Studites überliefert ist. Die Minuskel weist Ober- und Unterlängen auf und kann als Vierliniens. definiert werden. Für die Textgesch. der griech. Lit. wesentl. ist die Umschrift der Majuskelvorlagen in die Minuskel (μεταχαρακτηρισμός), wobei die Verlesung bestimmter Buchstaben festgestellt werden kann (etwa A, Δ, Λ). Ein Beispiel für Codices aus dieser Epoche sind die für →Arethas v. Kaisareia hergestellten Hss., in denen der Auftraggeber Preisangaben für Material- und Arbeitskosten vermerkt hat. Die Majuskel bleibt aber auch nach dem Auftreten der Minuskel als Buchs. in Verwendung, und zwar für hervorzuhebende Textabschnitte (Titel, Pinax, Widmungsgedichte, Bibeltext in Kommentarhss., Unterschriften). In der Funktion der →Auszeichnungss. tritt die Majuskel in verschiedenen Stilisierungen auf.

Eine größere Anzahl subskribierter und lokalisierter Codices erlaubt seit dem 10. Jh. das Studium der Minuskel, wie sie in verschiedenen Regionen verwendet wurde. Fortgeschritten sind die Forsch.en für Unteritalien oder Zypern, z. B. durch die Beschreibung des *style de Reggio* in Kalabrien) im 12. Jh. oder der *minuscule chypriote bouclée* bzw. *carrée* im 14. Jh. Nach morpholog. Kriterien konnten etwa die →Perls. oder die *minuscule bouletée* definiert werden. Im 14. Jh. erlebt die Schriftkultur eine Blüte: Im Umkreis des Theodoros →Metochites werden von Mitarbeitern der ksl. Kanzlei Manuskripte in einer kalligraph. Stilisierung angefertigt (Metochites-Stil), und im Kl. Τῶν Ὁδηγῶν in Konstantinopel entwickelt sich eine eigene Tradition, die auch noch im 15. und 16. Jh. nachwirkt. Auffällig ist der hohe Anteil an Pergamenthss. aus diesem Zentrum, was mit der Förderung durch die Ks. erklärt werden kann. Durch Berufskopisten wie Johannes Rhosos, der in der 2. Hälfte des 15. Jh. in Italien wirkte, übt diese Variante der Minuskel auch einen Einfluß auf die Buchkultur der Renaissance aus.

Neben der von Berufsschreibern (Καλλιγράφοι) verwendeten Form der Buchs. bestehen kursiver Formen, wie sie etwa in Urkk., aber auch in den von byz. Gelehrten für den eigenen Gebrauch hergestellten Manuskripte zu finden sind. Dieser Dualismus der formellen und der geläufigen S. (Digraphie) kann auch bei einer Person festgestellt werden, wenn der Kopist Johannes, der im späten 10. Jh. für die →Megiste Laura (Athos) belegt ist, in Dokumenten und in den Subskriptionen eine wesentl. kursive Minuskel verwendet, die sich deutl. von der kalligraph. Variante unterscheidet. Seit dem 13. Jh. ist das Phänomen der graph. Differenzierung von Text und Unterschrift v. a. in jenen Manuskripten zu beobachten, in denen für die Abschrift selbst ältere Stufen der Minuskel imitiert wurden.

[2] *Schreibtechnik:* Über die Technik des Schreibens bzw. über die Verwendung der Schreibgeräte werden wir durch Epigramme der Anthologia Palatina (aus dem 6. Jh.) sowie durch die in den Evangelienhss. enthaltenen Porträts der Evangelisten informiert. Der Kopist verwendete den Kalamos, ein schräg zugeschnittenes Rohr, das die Gestaltung von Haar- und Schattenstrichen ermöglichte. Vor der Abschrift des Textes mußte die Seite liniert werden, um den Zeilenfall einzuhalten; dazu diente der Zirkel (zum Einstechen der Abstände am Rand der Seite) und ein Bleirad. Korrigiert werden konnte mit einem Messer. Eine bes. Technik entwickelten die Stenographen (ταχυγράφοι), deren Existenz in literar. Zeugnissen der Spätantike belegt ist. Ohne sie wäre die Niederschrift vieler Werke der Patristik nicht möglich gewesen.

[3] *Inschriften, Siegel, Münzen:* Die Inschriften sowie die Beschriften von →Siegeln und →Münzen stammen aus Epochen, aus denen wenige Hss. erhalten sind, und unterstreichen die Bedeutung des Lat. in frühbyz. Zeit. Damals wurden die Münzen mit lat. Legenden versehen, lediglich die Zahlzeichen und die Angabe der Münzstätte waren griech.; erst im 7. Jh. ist in diesem Bereich der Gebrauch der griech. Sprache zu beobachten. Eine Parallele zur Verwendung lat. Elemente in der Münzprägung ist in den Urkk. festzustellen: Der Gebrauch des 'legimus' findet sich noch im ausgehenden 12. Jh.; außerdem tritt die lat. und griech. Buchstaben gemischte Zeile im Protokoll von Privilegurkk.

Die Legenden zahlreicher Bleisiegel können unter paläograph. Aspekten studiert werden. Es ist allerdings beim Vergleich mit der Buchs. die Eigenheit des Schriftträgers zu berücksichtigen. Eine Besonderheit ist die Verwendung von →Monogrammen, die sich für die Familie der Palaiologen auch in Hss. bzw. deren Einbänden finden.
E. Gamillscheg

Lit.: H. Hunger, Antikes und ma. Buch- und Schriftwesen (Die Textüberlieferung der antiken Lit. und der Bibel, 1961) – La Paléographie Grecque et Byzantine, 1977 – E. Gamillscheg, D. Harlfinger, H. Hunger, Repertorium der griech. Kopisten 800–1600, I: Hss. aus Bibl. Großbritanniens; II: Hss. aus Bibl. Frankreichs, 1981–89 – H. Hunger, Schreiben und Lesen in Byzanz. Die byz. Buchkultur, 1989 – Paleografia e codicologia greca (Atti del II Coll. internaz., hg. D. Harlfinger–G. Prato, I–II, 1991) – Scritture, libri e testi nelle aree provinciali di Bisanzio, hg. G. Cavallo u. a., I–II, 1991 – P. Canart, Paleografia e codicologia greca. Una rassegna bibliografica, 1991.

III. Judentum: Die ma. jüd. S. ist eine 22-buchstabige Konsonantens., die mit Ausnahme der Bibeltexte grundsätzlich unvokalisiert geschrieben wird. Vokale werden durch graph. Zeichen oberhalb oder unterhalb des Buchstabens dargestellt, aber in der Regel nur dann verwendet, wenn ein vokalloses Wort im Kontext mehrdeutig ist. Neben der standardisierten Quadrats. entwickelten sich im MA zahlreiche lokal unterschiedl. Kursiven mit zum Teil komplizierten Ligaturen, die dennoch als einigermaßen erforscht gelten dürfen. Selbst Hss. ohne Schreibervermerke lassen sich bis auf das Vierteljahrhundert genau datieren. Es ist darauf hinzuweisen, daß die jüd. Minderheit auch die von ihnen gesprochenen Sprachen wie Arab., Judenspan. oder Jüdisch-Dt. (→Jüd. Sprachen, →Ladino) mit hebr. Buchstaben verschriftete. H.-G. von Mutius

Lit.: La paléographie hébraique médiévale, 1972 – M. Beit-Arié, Hebrew Codicology, 1981.

IV. Arabisch: Nur die lat. S. dürfte im europ. und vorderasiat. Raum weiter verbreitet gewesen sein als die arab. (*ḫaṭṭ*, ursprgl. 'die Linie'). Arab. wie Hebr., beide vom →Aramäischen abstammend, werden von rechts nach links geschrieben. Aus vorislam. Zeit sind Zehntausende von Inschriften mit hist., religiösen und privaten Texten in Vorformen des Arab. erhalten, darunter auch monumentale: altsüdarab. von der 2. Hälfte des 1. Jt. vor bis zum 6. Jh. n. Chr. Hieraus entstanden die altnordarab. Alphabete wie das nabatäische, aus dem sich wohl das *arab. Alphabet* entwickelte. Allmählich wurden in frühislam. Zeit mehrere diakrit. Zeichen in dieses Alphabet eingeführt, Punkte über oder unter den bisher benutzten Buchstaben. Schließlich kam es zur (bis heute geltenden) Unterscheidung von 28 Konsonanten, von denen drei auch zur Bezeichnung langer Vokale benutzt werden. Drei kurze Vokale dagegen werden mit je einem Strich geschrieben; diese können ebenso wie die diakrit. Zeichen ungeschrieben bleiben (bes. häufig bei Inschriften). Am Ende des komplizierten Vorgangs der Einigung über eine verbindl. schriftl. Fassung des →Korans am Anfang des 8. Jh. wurden diakrit. Punkte und kurze Vokale dort immer mitgeschrieben, um Häresien auszuschließen. Aus vorislam. Zeit sind mindestens fünf kursive arab. Inschriften bekannt (ab 512 n. Chr.). In islam. Zeit, nach 626, nahm die S. geographisch wie zeitlich eine rasche Entwicklung (erhaltene Zeugnisse auf Stein, Metall und Holz, ebenso auf →Papyri mit koranischen, aber auch anderen Texten; außergewöhnlich jedoch das monumentale, auf 691 datierte Mosaikschriftband im Felsendom zu →Jerusalem; s. dazu →Kalligraphie, islam. Bereich). Ein kontinuierl. Überblick über die Entwicklung der kursiven arab. S. in den verschiedenen Epochen und Ländern steht noch aus.

Neben den älteren kursiven Schriftarten sind mehrere lapidare bekannt, die nach der Schriftart der in Kūfa (Irak) tätigen Koranschreibschulen als *kufisch* bezeichnet werden. Die genannte Inschrift in Jerusalem, in *Kūfī*, war auch Vorbild für die spätere Entwicklung. Durch die Auffindung einer Sammlung tausender Koranfragmente aus den ersten Jahrhunderten des Islams, die wohl bis etwa 1970 unter dem Dach der Gr. Moschee von Ṣanʿāʾ (Jemen) verborgen waren und nach ihrer Restaurierung 1985 im Nationalmuseum Kuwait teilweise ausgestellt wurden, sind unsere Kenntnisse der frühen S.arten vermehrt worden. Die wichtigsten späteren S.arten neben Kūfī, das sich wegen seines archaischen Charakters für monumentale Zwecke bis heute erhalten hat, sind *Nashī, Ṯuluṯ* und *Nastaʿlīq*. Die nordafrikan. S. blieb mit einigen bes. Kennzeichen immer eine Ausnahme.

Persisch und Türkisch wurden nach der Einführung des Islams in Iran (→Persien) und in den Ländern des späteren →Osman. Reiches mit arab. Alphabet geschrieben, wenn doch der Koran nach islam. Glaubensvorstellung gültig nur in Arabisch gebetet werden. K. Brisch

Lit.: EI² IV, s.v. Khaṭṭ – E. COMBE, J. SAUVAGET, G. WIET u. a., Rép. chronologique d'Épigraphie arabe, Bd. 1, 1931 – Bd. 18, 1991 – A. GROHMANN, Einf. und Chrestomathie zur arab. Papyruskunde, 1955 – DERS., Arabien, 1963 – DERS., Arab. Paläographie, 1967, 1971 – Maṣāḥif Ṣanʿāʾ [engl. und arab.], 1985 – E. KÜHNEL, Islam. S.kunst, 1986³.

Schrift, Hl. → Bibel

Schriftguß. Der von J. →Gutenberg erfundene →Buchdruck 'mit bewegl. Lettern' fußt auf dem S., der mit Hilfe des Gießgerätes vorgenommen wurde. Dieses stellt den »Kern der Erfindung« dar und kann als einer »der frühesten Automaten« der Technikgesch. angesehen werden (SCHMIDT-KÜNSEMÜLLER). Es ermöglichte die schnelle und präzise Herstellung beliebig vieler Lettern mit gleicher Kegelhöhe und variabler Kegelbreite ('Dickte') und bestand aus zwei gegeneinander verschiebbaren Winkeleisen, die zusammen den Gießkanal bildeten. Eine der Stirnseiten wurde mit einer Matrize verschlossen, welche das Schriftbild vertieft und positiv zeigte und mit einer Feder gegen den Kanal gedrückt wurde. Von der anderen, offenen Seite wurde flüssiges Schriftmetall, eine Blei-, Zinn- und Antimonlegierung, hineingegeben. Durch Lösen der Winkeleisen, die wegen der Erhitzung mit Holz ummantelt waren, wurde die Roh-Type entfernt. Nach Beseitigung des Aufgusses und der Grate an den Kanten wurden die geglätteten Lettern in den Setzkasten abgelegt. Wie alte Abb. verraten, wurde der S. in der Druckwerkstatt vorgenommen, spezialisierte Schriftgießereien gehören erst der frühen NZ an. S. Corsten

Lit.: F. A. SCHMIDT-KÜNSEMÜLLER, Gutenbergs Schritt in die Technik (Der gegenwärtige Stand der Gutenberg-Forsch., hg. H. WIDMANN, 1972), 122–147 – F. GELDNER, Inkunabelkunde, 1978, 45–47 – A. KAPR, Johannes Gutenberg, 1986, 121–128.

Schriftlichkeit, Schriftkultur
I. Westen – II. Byzanz – III. Judentum.

I. WESTEN: Entstehung, Entwicklung und Konsequenzen von S. bzw. Verschriftung (medialer Wechsel von Mündlichkeit zu S. und seine Techniken) und Verschriftlichung (umfassende Konsequenzen dieses Wechsels für die Kulturgesch.) sind seit etwa zwei Jahrzehnten ein außerordentl. expandierendes interdisziplinäres Forschungsfeld der Kultur-, Sprach- und Sozialwiss. Prinzipiell geht die neuere Forsch. (u. a. F. H. BÄUML, D. H. GREEN, U. SCHAEFER) davon aus, daß in Kulturen wie dem MA, die noch nicht vom →Buchdruck und von allg. Schulpflicht geprägt sind, Mündlichkeit (→mündl. Literaturtradition) und S. in vielfältiger Weise eng miteinander verknüpft und aufeinander bezogen sind.

Grundlage für die Entwicklung der S. im westl. MA ist die Verbindung und Überlagerung der auf →Schrift gegr. chr. Religion und Kultur der Spätantike mit der oralen Kultur germ. Völker. Dabei gewann die Orientierung an der Hl. Schrift (→Bibel) sowie an den für ihre Auslegung und Umsetzung in Lebenspraxis kanon. Texten eine Bedeutung und Funktion, die das Verhältnis zu Schrift und Text auch dann noch prägten, als sich die Techniken und Methoden der S. von der engen Bindung an die Hl. Bücher gelöst hatten. So ist die Hl. Schrift auch in der Sicht des MA selbst, etwa bei Isidor v. Sevilla (Etymologiae, ed. W. M. LINDSAY, I, 3, 4f.; V, 39, 9), Ausgangspunkt von Schrift und S. Im frühen MA ist S. beinahe ausschließl. mit der lat. Sprache verbunden sowie – v. a. außerhalb der roman. Welt – »auf wenige durch Tradition vorgegebene, der Sphäre von Religion und Herrschaft zugeordnete Felder« (H. KELLER) beschränkt. Träger der S. ist bis zum 12. Jh. gewöhnl. der →Klerus, wenngleich neuere Forsch. (R. MCKITTERICK) die bes. Rolle adliger Laien für die S. der Karolingerzeit betonen. Beginnend mit dem 11. Jh. nimmt S. sowohl hinsichtl. der Zahl der Texte als auch hinsichtl. der Vielfalt ihrer Formen (u. a. Verschriftung der Volkssprachen) kontinuierl. zu, eine Ausweitung und Differenzierung, die mit geistes- und sozialgesch. Veränderungen korrespondiert (u. a. →Erziehungs- und Bildungswesen, →Universität, →Scholastik, →Bevölkerung, →Stadt, →Buchhaltung). Damit zusammenhängend ändert sich auch die soziale Zusammensetzung derjenigen, die lesen und schreiben können (→Lit(t)eratus), sowie die Kulturtechniken des →Lesens und Schreibens.

Doch ist der Prozeß der Verschriftlichung nicht als bloßer Zuwachs an Texten und als Differenzierung von Techniken und Methoden des Gebrauchs von Schrift zu verstehen. Die S. hatte umfassende Auswirkungen auf die Formen menschl. Kommunikation sowie der Organisation von Wissen und Herrschaft, für die die Potentiale der S. in unterschiedl. Art und Weise aktualisiert werden konnten. Im Zusammenhang mit der Ausdehnung der

Bereiche 'verschrifteter Wirklichkeit' entsteht ein neuer standardisierter, situationsungebundener und abstrakter 'Denkstil', der die Wahrnehmung von Wirklichkeit und auch die Aufzeichnung mündl., situationsgebundenen Wissens prägt und dadurch dieses Wissen verändert (L. KUCHENBUCH). In diesem Kontext läßt sich etwa die Verschriftlichung des →Rechts nicht mehr als einfache Aufzeichnung vorhandenen Rechts verstehen, sondern sie ist als Hervorbringung eines neuartigen Rechtscharakters zu interpretieren (G. DILCHER). S. wurde ganz generell zu einem zentralen Instrument zur Durchsetzung von Normen und Praktiken, so etwa im Bereich der Kirchen- und Kl.reform sowie des kommunalen und territorialstaatl. Handelns und Planens im hohen und späten MA.

Die sich während des MA ausweitende und differenzierende S. hatte jedoch keineswegs eine Abwertung der Mündlichkeit zur Konsequenz, wie sie sich etwa im modernen Begriff des Analphabeten ausdrückt. Darauf verweisen schon die fortdauernde Funktion und Wirkung unterschiedl. Formen der Sprech- und Gedächtniskultur (→Mnemotechnik). Deshalb lassen sich Mündlichkeit und S. im MA auch nicht als einfache zeitl. Abfolge zweier Kulturstufen unterscheiden. Charakterist. für das MA ist vielmehr die Koexistenz von Mündlichkeit und S., deren jeweiliges Verhältnis nach funktionalen und sozialen Kriterien für die verschiedenen Epochen unterschieden werden muß. Schrift und S. zeigen sich der modernen Forsch. als ein zentrales Problem der menschl. Zivilisationsgesch.: Unumstritten ist dabei die große Bedeutung des MA innerhalb des Verschriftlichungsprozesses abendländ. Kultur und Gesellschaft, wenngleich der Verschriftlichungsschub seit dem 12. Jh. im Kontext des Übergangs zu den nz. Formen literaler Kultur und Gesellschaft - etwa in der Auseinandersetzung um den Einfluß bzw. die Bewertung des Buchdrucks - kontrovers diskutiert wird.

H. Zedelmaier

Lit.: HWP VIII, 1417-1429 - F. H. BÄUML, Speculum 55, 1980 - H. VOLLRATH, HZ 233, 1981 - W. J. ONG, Orality and Literacy, 1982 [dt. 1987] - B. STOCK, The Implications of Literacy, 1983 - J. GOODY, The Logic of Writing and the Organization of Society, 1986 [dt. 1990] - H. J. GRAFF, The Legacies of Literacy, 1987 - H.-J. MARTIN, Hist. et pouvoirs de l'écrit, 1988 - D. H. GREEN, Speculum 65, 1990 - M. J. CARRUTHERS, The Book of Memory, 1992 - H. KELLER, FMASt 26, 1992 - U. SCHAEFER, Vokalität, 1992 - The Uses of Literacy in Early Mediaeval Europe, hg. R. MCKITTERICK, 1992 - Pragmat. S. im MA, hg. H. KELLER, K. GRUBMÜLLER, N. STAUBACH, MMS 65, 1992 [u.a. Beitr. H. KELLER, G. DILCHER, K. SCHREINER, M. GIESECKE] - M. T. CLANCHY, From Memory to Written Record: England 1066-1307, 1993² - S. im frühen MA, hg. U. SCHAEFER, 1993 [u.a. Beitr. I. ILLICH, W. HARTUNG, L. KUCHENBUCH, E. WIRBELAUER, H.-W. GOETZ, W. OESTERREICHER] - D. H. GREEN, Mediaeval Listening and Reading, 1994 - H. WENZEL, Hören und Sehen, Schrift und Bild. Kultur und Gedächtnis im MA, 1995.

II. BYZANZ: In Byzanz bedeutet S. die aktive und passive Beherrschung der Hochsprache oder wenigstens einer lit. Umgangssprache, im bes. der durch die Divergenz von Schrift und Aussprache schwierigen Orthographie, nicht dagegen den Ausdruck in der tatsächl. gesprochenen Sprache ('Volkssprache'). Die zahlreichen Phänomene der S. haben noch keine umfassende Unters. gefunden.

Generell war die Verbreitung der S. in Byzanz größer als im ma. Westen, doch ist sie zeitl. und örtl. recht unterschiedl. Die Abtrennung der oriental. Prov.en durch das arab. Vordringen, der Niedergang der Städte und die starken ethn. Verschiebungen in Kleinasien und Europa führten zu einem Niedergang, der sich in der geringen Zahl an Hss. und lit. Werken vom 7. bis zur Mitte des 9. Jh. äußert. Die Hl.nviten berichten vom Schulunterricht im Lesen und Schreiben, der das Verständnis von einfachen Texten und die Leistung von Unterschriften ermöglichte. Die volle S. war eng an die von Konstantinopel allein ausgehende Hofkultur gebunden und in spätbyz. Zeit dank der Dependancen des Hofes und einer Wiederbelebung der Städte wenigstens im europ. Teil weiter verbreitet als früher. Kaiser (nur →Justin I. und →Basileios I. gelten als illiterati), Reichsbeamte (oft ident. mit Literaten), aber auch Kaufleute waren Hauptträger der S., weit weniger Kleriker oder gar Mönche. Nur wer sich einer klass. oder dieser angenäherten Ausdrucksweise sicher war, äußerte sich (über Unterschriftsformeln hinaus) schriftlich, und die Orthographie, die im Gegensatz zu den westeurop. Volkssprachen festen Regeln unterworfen war, bereitete selbst großen Gelehrten Schwierigkeiten. Die weitgehend zentrale Regelung von Finanzen, Wirtschaft und Verteidigung und das damit verbundene Kanzleiwesen (als Ausdruck einer stets präsenten Ks.herrschaft) förderte in bes. Maße die S., trug aber auch bei zu einer weit verbreiteten Angst vor der S. als etwas Unheimlichem und Gewalttätigem, zum Ausdruck gebracht im Sprichwort »Der eine macht's ehrlich, der andere schriftlich«.

Die Mündlichkeit hat demgegenüber einen weit geringeren Stellenwert, auch wenn die Mehrheit des Volkes allein über diese Ausdrucksweise verfügte. Äußerungen, die nicht nach den Regeln der hochsprachl. S. niedergelegt werden konnten oder sollten, waren (wie nahezu die gesamte 'volkssprachl. Lit.') für die Nachwelt verloren (→Mündl. Literaturtradition, VII).

P. Schreiner

Lit.: Oxford Dict. of Byzantium, 1991, 1234 - R. BROWNING, Literacy in the Byz. World, Byz. and Modern Greek Stud. 4, 1978, 39-54 - H. HUNGER, Die Herrschaft des Buchstabens, Δελτίον τῆς Χριστ. Ἀρχ. Ἑταιρείας 12, 1984, 17-38 - N. OIKONOMIDÈS, Mount Athos: Levels of Literacy, DOP 42, 1988, 169-178 - H. HUNGER, Schreiben und Lesen in Byzanz, 1989, 9-16.

III. JUDENTUM: Inwieweit innerhalb der ma. jüd. Gemeinschaft die Fähigkeit verbreitet war, Hebräisch-Aramäisch zu lesen oder gar zu schreiben, ist unklar. Sie war im aschkenas. Bereich wohl im wesentl. auf die gesetzesgelehrte Schicht beschränkt. Allgemein gesagt konnten - wenn überhaupt - deutlich mehr Männer als Frauen Texte in den beiden Sprachen lesen oder gar auch schreiben.

Im innerjüd. Rechts- und Geschäftsverkehr spielte die S. dessenungeachtet eine große Rolle. Verträge oder einseitige Willenserklärungen waren zwar meistens schon gültig, wenn sie nur mündlich vor Zeugen ausgesprochen wurden; doch die schriftl. Fixierung in Hebräisch und/ oder Aramäisch ermöglichte dem Forderungsberechtigten eine mühelosere Durchsetzung vor dem jüd. Gemeindegericht (→Urkunden). Ganz bestimmte Rechtsakte bedurften zwingend der Schriftform, um Gültigkeit zu erlangen. So durfte ein Mann mit einer Frau nur nach Ausstellung und Überreichung der Ketubba, also des Ehevertrags, ehelich zusammenleben. Er konnte die →Ehe nur beenden, indem er ihr einen →Scheidebrief überreichte. Schenkungen oder Verkäufe von Immobilien zw. jüd. Glaubensbrüdern bedurften unabdingbar der Schriftform, um rechtswirksam zu werden.

H.-G. v. Mutius

Lit.: A. GULAK, Yesode ha-Mischpaṭ ha-ʿibri, 1967².

Schriftsinne. Das MA übernahm von den Vätern die Grundsätze der allegor. Auslegung bibl. Texte. Dabei unterschied man zw. drei oder vier S.n: neben dem hist. (Litteral-)Sinn den moral. (tropolog.) und den allegor., wozu noch der anagog. (eschatolog.) hinzutreten konnte (so schon Cassian, ferner Beda, Hrabanus, Honorius

Augustodunensis, Summa Halensis, Bonaventura, Albertus Magnus, Ulrich v. Straßburg, Thomas v. Aquin; vgl. den Merkvers Augustins v. Dänemark ([† 1285] »Littera gesta docet; quid credas, allegoria; moralis, quid agas; quid speres, anagogia«). Er wird (nach →Nikolaus v. Lyra) noch von M. Luther angeführt (WA 57, 98 zu Gal 4, 31), ebenso die seit →Cassian übliche vierfache Deutung von 'Jerusalem' als jüd. Stadt, menschl. Seele, Kirche und himml. Jerusalem (LUBAC, I, 2, 645ff.). Das auf →Origenes zurückgehende Dreierschema findet sich bei Rufinus, Hieronymus, Gregor d. Gr., Isidor, Beda (neben dem Viererschema), in der Schule v. Laon, bei Abaelard, Robert v. Melun (der das Viererschema kannte, aber ablehnte: Sent. I, 1, 6), Hugo und Richard v. St. Victor. So schreibt Abaelard (Expos. Hexaem., MPL 178, 770, BCI): »Da wir ja das Vorausgegangene nach seiner gesch. Wurzel und hist. Wahrheit nach bestem Vermögen verfolgt haben, gefällt es nun, dasselbe auch in einer moral. und später einer myst. Auslegung durchzugehen. Moral. nennt man eine Auslegung, sooft das, was gesagt wird, derart zur Erbauung der Sitten angewandt wird, wie in uns oder von uns das Gute geschehen muß, das zum Heil notwendig ist, z. B.: wenn wir in unserer Auslegung den Leser über Glaube, Hoffnung, Liebe oder gute Werke unterrichten. Myst. aber heißt die Auslegung, wenn wir lehren, daß das vorgebildet ist, was seit Anbruch der Gnadenzeit durch Christus erfüllt werden sollte oder was, wie sich durch die Gesch. erweist, als künftig vorherbezeichnet wird.« Hier zeigt sich deutl., daß – wie häufig – nicht zw. allegor. (myst.; »mystisch« kann auch ganz allg. als Gegensatz zu »historisch« gebraucht werden, z. B. bei Robert v. Melun [Quaest. epp. Pauli, ed. MARTIN, 1938, 288] und noch Wyclif [Text bei BENRATH, 371]) und typolog. Auslegung unterschieden wird: Während bei der Allegorie Worte gedeutet werden, werden bei der Typologie Personen, Fakten oder Handlungen des AT (und darüber hinaus auch der antiken Mythologie und Gesch.) als Vorbilder (typi, figurae) für ihnen entsprechende und sie überbietende Antitypen des NT und der Heilszeit gedeutet.

Nicht jede Bibelstelle wurde nach dem mehrfachen Schriftsinn ausgelegt. Grundsätzl. eignete sich das NT hierfür weniger als das AT, da es unverhüllt redet und oft schon selbst Auslegung des AT ist. Neben Autoren, für die die S. gleichwertig nebeneinander standen, gab es solche, die sich auf die allegor. oder moral. Auslegung beschränkten (z. B. →Gregor d. Gr., Moralia in Hiob). Für andere stand der Litteralsinn im Vordergrund (z. B. →Andreas v. St. Victor, →Nikolaus v. Lyra) oder galt doch als unabdingbare Voraussetzung für jede weitere Auslegung (→Thomas v. Aquin).

Die allegor. Auslegung beschränkte sich nicht auf die Bibel: Auch bei profanen Texten, v. a. Dichtungen, wurde sie von bestimmten Autoren angewandt, während andere dies Verfahren ablehnten. Allegor. wurde schon früh →Vergils 4. Ekloge christolog. gedeutet, →Ovid wurde bes. häufig moral. interpretiert, wobei die Theorie vom mehrfachen S. n in Anwendung gelangen konnte. →Bibel, B. I. 2, →Allegorie. R. Peppermüller

Lit.: Kl. PAULY I, 274 [Allegor. Dichtererklärung] – LThK² IX, 491–493 – RAC I, 283–293 [Allegorese]; VI, 1174–1194 [Exegese I]; XIV, 722–771 [Hermeneutik] – TRE III, 276–290 [Allegorese außerchr. Texte I, II] – L. GOPPELT, Typos, 1939 [Nachdr. 1990] – C. SPICQ, Esquisse d'une hist. de l'exégèse lat. au MA, 1944 – H. DE LUBAC, Vom geistigen Sinn der Schrift, 1952 – DERS., Exégèse médiévale, 4 Bde, 1959–64 – F. CHATILLON, Vocabulaire et prosodie du distique attribué à Augustin de Dacie sur les quatre sens de l'écriture (Mél. H. DE LUBAC, II, 1964), 17–28 – E. AUERBACH, Figura, 1967 – E. R. CURTIUS, Europ. Lit. und lat. MA, 1969⁷ – H. HOEFER, Typologie im MA. Zur Übertragbarkeit typol. Interpretationen auf weltl. Dichtung, 1971 – H. J. SPITZ, Die Metaphorik des geistigen Schriftsinns, 1972 – H. FREYTAG, Quae sunt per allegoriam dicta, Das theol. Verständnis der Allegorie in der frühchr. und ma. Exegese von Gal 4, 21–31 (Fschr. F. OHLY, I, 1975), 27–43 – F. OHLY, Schrr. zur ma. Bedeutungsforsch., 1977 – Formen und Funktionen der Allegorie, hg. W. HAUG, 1979 – H. BRINKMANN, Ma. Hermeneutik, 1980 – H. FREYTAG, Die Theorien der allegor. Schriftauslegung und die Allegorien in dt. Texten, bes. des 11. und 12. Jh., 1982 – B. SMALLEY, The Study of the Bible in the MA, 1984³ – Le MA et la bible, ed. P. RICHÉ – G. LOBRICHON, 1984 – Typologie, hg. V. BOHN, 1988 [Beitr. F. OHLY, J. PÉPIN, J. DANIÉLOU, H. BLUMENBERG, H. DE LUBAC] – J. B. MARTIN, The Four Senses of Scripture; Lessons from the 13th Cent., Pacifica 2, 1989, 89–106 – J. GRONDIN, Einf. in die philos. Hermeneutik, 1991, 191–196, 231–259 – H. KARPP, Schrift, Geist und Wort Gottes, 1992 – H. GRAF REVENTLOW, Epochen der Bibelauslegung, II, 1994.

Schriftstellerkataloge
I. Allgemein – II. Orden.

I. ALLGEMEIN: Die meist monograph. abgefaßten ma. S. erwuchsen aus der antik-patrist. Tradition historiograph. Sammelwerke mit bibliogr. Aufriß. Sie beabsichtigten noch keine vornehml. an werkgenet. Umständen interessierte Lit. geschichte, sondern boten eine sammelnd-klassifizierende Lit. kunde, d.h. schemat. Kurzvita (Name, Herkunft, Stand; →Biographie) und Werkverzeichnis eines Autors, z. T. mit Doxographie und stilkrit. bzw. inhaltl. Wertung der Œuvre (→Accessus ad auctores). Anknüpfend an Sueton, De vir. ill., verfaßten gleichnamige Werke zuerst →Hieronymus, dann →Gennadius v. Marseille, →Isidor v. Sevilla und →Ildefons v. Toledo, im gr. Osten →Photios. Die Lit. gattung setzte neu ein bei →Sigebert v. Gembloux († 1112; Catalogus de vir. ill.), ihm folgten u. a. →Honorius Augustodunensis (De vir. ill., um 1122), →Konrad v. Hirsau (Dialogus super auctores), →Vinzenz v. Beauvais (Speculum historiale), →Hugo v. Trimberg (Registrum multorum auctorum) und →Walter Burleigh (De vita et moribus philosophorum). Bes. Bedeutung für die frühe NZ erlangte mit 963 Nennungen der »Liber de scriptoribus ecclesiasticis« des →Johannes Trithemius († 1516), der von Johannes →Butzbach auf 1155 Einträge erweitert wurde. Seit dem 14. Jh. entwickelten sich zudem die ersten Bibliotheksgeneralkataloge zu Funktionsäquivalenten des S. s.   M. Laarmann

Lit.: H. HURTER, Nomenclator literarius theol. cath., II, 1906², Index rer. s. v. hist. lit. – P. LEHMANN, Erforschung des MA, 1941–61, I, 82–113 [Q.]; IV, 172–183, 216–236 [Lit.] – K. ARNOLD, De viris illustribus. Aus den Anfängen der humanist. Literaturgeschichtsschreibung: Johannes Trithemius und andere S. des 15. Jh., Humanistica Lovaniensia 42, 1993, 52–70.

II. ORDEN: [1] OFM: Bartolomeo da Pisa, Scriptores … (um 1385), Anal Franciscana IV, 1906, 336–341; Nicolaus de Ulm, Catalogus script. francisc. (1438/49), ed. O. BONMANN, Franziskan. Stud. 23, 1936, 113–149; Giacomo della Marca, De excellentia Ordinis S. Francisci (um 1449), ed. N. DAL GAL, AFrH 4, 1911, 305–307; Bonifazio da Cerva und Mariano da Firenze, De praecipuis antiquis Ordinis doctoribus, Paris 1512; Petrus Ribolsi de Tossiniano, Historiographia Seraph. Religionis libr. III, Venedig 1586.

[2] OP: Bes. bedeutsam der älteste Stamser-Katalog (um 1350) sowie der des Pignon und der von Prag, cf. G.-G. MEERSSEMAN, Laurentii Pignon catalogi et chronica, accedunt catalogi Stamsensis et Upsalensis scriptorum OP, 1936; ferner Ludwig v. Valladolid († 1436), Tabula doctorum (QUÉTIF–ECHARD, I, 789); Johannes Meyer (15. Jh.), Liber de vir. ill. OP, ed. P. v. LOË, 1918; Georg Epp (15. Jh.), De vir. ill. OP, Basel 1506 (QUÉTIF–ECHARD, I,

900), Leander Alberti, De vir. ill., Bologna 1517; A. Senensis, Bibliotheca OP, Paris 1585 (QUÉTIF–ECHARD, II, 272).

[3] *Andere Orden:* Namhafte Verf. waren im SpätMA u. a. Arnold Bostius (de Vaernewick, † 1499), De vir. ill. OCarm, ed. Speculi carmelitani, Antwerpen 1680, II, 886ff.; De vir. ill. OCart, ed. Th. Petrejus, Köln 1609, sowie J. Trithemius, De vir. ill. OSB, Köln 1575, und Bernhard Wittius († nach 1520), Hist. ill. vir. OSB (allg.: B. V), ed. P. Cuer, 1778. H. Stirnimann

Lit.: *zu [1]:* L. WADDING, Scriptores OMin, 1906 – Misc. Francescana 44, 1944, 167ff. – Bibliogr. degli Scrittori Franciscani, AFrH 57, 1964, 434–482 – Bibliogr. Franciscana, CF, 1972 [Forts. 1992] – *zu [2]:* J. QUÉTIF–J. ECHARD, Scriptores OP, 1719–23 – TH. KAEPPELI, Scriptores OP medii aevi, I–IV, 1970–94.

Schriftvergleich, seit MABILLON eine der diplomat. Methoden, um zunächst den zeitgemäßen Charakter einer Schrift festzustellen. Seit SICKEL wird er zusammen mit dem Diktatvergleich (→Diktat) angewandt, um nachzuweisen, daß Urkk. eines Ausstellers für verschiedene Empfänger in einer →Kanzlei erstellt wurden, sog. Kanzleiausfertigungen. Für solche Urkk., bei denen Schrift und Diktat, d. h. die inneren und äußeren Merkmale, übereinstimmen, darf man, von bes. Ausnahmen abgesehen, die →Echtheit annehmen. Außerhalb der kgl. Kanzlei stimmen bis zur Ausbildung der weltl. Kanzleien die beiden Kriterien in vielen Urkk. nur teilweise oder gar nicht überein. Hier hatte der Empfänger mehr oder minder mitgewirkt (Empfängerausstellung), oder Gelegenheitsschreiber waren tätig geworden. Um die meist unbekannten Urkk.schreiber voneinander zu unterscheiden, bedient man sich eines Chiffrensystems von Buchstaben (SICKEL). – Bereits in karol. Zeit war es nach dem Tod des Schreibers und der Zeugen möglich, die Echtheit einer Urk. durch S. zu beweisen. Dies wurde von Anfang an nicht ohne Mißtrauen betrachtet. Mit dem zunehmenden Einfluß des röm. Rechts auf das Urkk.wesen schwand diese Möglichkeit des Echtheitsbeweises. P.-J. Schuler

Q. und Lit.: BRESSLAU I, bes. 610–613, 649 – G. v. BUCHWALD, Bf.s- und Fs.enurkk. des 12. und 13. Jh., 1882 – P. KEHR, UB des Hochstifts Merseburg, 1, 1899, bes. LIXff. – O. REDLICH, Die Privaturk. des MA, 1911, bes. 124–136 [Neudr. 1967].

Schröpfen, Methode der örtl. Blutableitung, neben →Aderlaß, Setzen von →Blutegeln, Schwitzen und Wildbaden das geläufigste von insges. acht Verfahren der →Humoralpathologie, die alle überschüssigen bzw. entarteten Säfte transkutan aus dem Leibe herauszuziehen trachteten. Unterschieden wurden zwei Varianten: a) das Naß-S.: Es skarifiziert die zu behandelnde Stelle mit dorniger Schröpfgeißel, Hauhechel oder dem (erst spät eingeführten) Schnäpper, setzt über das entsprechend vorbereitete Areal einen napfartigen Schröpf-Kopf, der, warm appliziert, beim Abkühlen durch Unterdruck etwas Blut aus den Skarifikationsverletzungen heraussaugt. – b) Das Trocken-S. ohne Skarifizierung läßt durch den Unterdruck die Haut leicht in den Schröpfkopf-Mund hineinziehen und führt so, ohne daß Blut austräte, zu kreisrunden, roten, stark hyperämisierten Arealen. Bes. Bedeutung erlangte das S. bei der Behandlung der →Pest (A. II): Nachdem der Prager 'Brief an die Frau v. Plauen' um 1350 die entsprechende Empfehlung gegeben hatte, wurde versucht, durch Naß-S. über den Lymphknoten-Paketen des Primärkomplexes den Inhalt eitrig eingeschmolzener Bubonen abzusaugen.

Ikonograph. war der gedoppelte Schröpfkopf berufsbezeichnendes Attribut auf Grabreliefs von Ärzten seit dem 5. Jh. v. Chr., spätestens im FrühMA aber, wo die →Harnschau sich gegenüber der Blutschau und dem Pulsgreifen durchsetzte (→Diagnostik), verlor er diese Bedeutung und wurde allmähl. durch das Harnglas ersetzt. Ledigl. für →Bader und →Barbiere behielt das Schröpfkopf-Setzen bis in die NZ berufskennzeichnende Relevanz. G. Keil

Lit.: J. BAUER, Gesch. der Aderlässe, 1870 [Neudr. 1966] – E. BERGER, Das Basler Arztrelief: Stud. zum gr. Grab- und Votivrelief um 500 v. Chr. und zur vorhippokrat. Med., 1970, 63–85 – G. SNYDER, Instrumentum medici: Der Arzt und sein Gerät im Wandel der Zeiten, 1972, 29–41 – H.-P. FRANKE, Der Pest-'Brief an die Frau v. Plauen', Würzb. med.hist. Forsch. 9, 1977.

Schröpfstellentexte, Gattung therapeut. med. Kurztraktate, textpragmat. ausgerichtet, vielfach bildunterstützt, topograph. aufgebaut (Anordnung der Paragraphen 'a capite ad calcem'). Die Überlieferung setzt bald nach 1300 ein, ist für Persien und Europa bezeugt, vielfach landessprachig belegt und zeigt textl. Einfluß der →Aderlaß-Traktate. Die graph. Schemata des Trocken-→Schröpfens lassen ihre Abhängigkeit von den Brennstellen-Schemata (→Brennen) erkennen. Beim Naß-Schröpfen indessen haben die Laßmännlein Pate gestanden, wobei allerdings das nackte Schröpfweib von vorne, das Schröpfmännlein dagegen von hinten gezeigt wird. Beim Trockenschröpfen waren Bilderserien in Gebrauch mit einer 16teiligen Figurenfolge, aus der das schröpfkopfgespickte »Stachelschwein«-Männlein am bekanntesten geworden ist; es reicht mit seiner Tradition bis in Roman Polańskis »Tanz der Vampire« (am Rücken schröpfkopfgespickter Professor).

Ursprgl. für →Bader (und →Barbiere) gedacht, haben sich die S. gegen 1400 auch im laienärztl. Schrifttum durchgesetzt, wo sie in astromed. Kompendien wie dem 'Iatromath. Hausbuch' oder dem 'Iatromath. Korpus' (Schürstab-Kodex) ihren festen Platz behaupteten. G. Keil

Ed.: Altteutscher astromed. Rathgeber: Das 'Iatromath. Hausbuch', dargestellt am Nürnberger Kodex Schürstab, hg. G. KEIL, F. LENHARDT, CH. WEISZER, 1981–83, I, Bl. 51^{rv}; II, 111f., 133 – Lit.: K. SUDHOFF, Beitr. zur Gesch. der Chirurgie im MA, 1914–18, I, 125–143, Abb. 18–19; Taf. XLVI–XLIX [grundlegend].

Schrötling (von 'schroten'), heute Platte oder Rundling, ma. Bezeichnung für die rohen Metallstücke, aus denen durch Aufdrücken oder Gepräge die Münzen entstehen. Bei gegossenen Stücken ist die Gußform in der Regel rund; viereckige S.e begegnen weitaus seltener. Seit dem 10. Jh. begegnet der Vierschlag (Aufhämmern eines viereckigen S.s zu runder Gestalt) mit dickerer, kantenförmig aufgebauter S.mitte. Vor dem Prägevorgang wurde der S. im MA dem Weißsud unterzogen, einem Beizverfahren, das den Kupfergehalt angreift und bei Münzen minderwertiger Legierung einen hohen Silberanteil vortäuscht. P. Berghaus

Lit.: F. SCHLÖSSER, Die Münztechnik, 1884, 135 – A. LUSCHIN V. EBENGREUTH, Allg. Münzkunde und Geldgesch. des MA und der neueren Zeit, 1926², 47 – F. v. SCHROETTER, Wb. der Münzkunde, 1930, 522.

Schubkarren, geniale Erfindung oder Wiedererfindung – mit Archetypen in der Antike und in China –, die erst im w. Europa seit der 2. Hälfte des 12. Jh. durchzusetzen beginnt. Dem Transportmittel Trage, dessen Nutzung zwei Arbeitende erforderte, wird auf der einen Schmalseite anstelle der Griffstangen eine Radscheibe vorgesetzt oder auch ein Speichenrad, während die Griffe der anderen Seite als Hebel dienen, mittels derer der entstandene S. oder Kastenkarren, engl. *wheelbarrow*, obdt. *Scheibtruhe*, von einem einzelnen angehoben und durch Druck auf die

Radscheibe bzw. deren Achse vorangeschoben werden kann. Die für das Tragen erforderl. Arbeitskraft wurde halbiert, der ebenerdige Transport von Schüttgut, Sand, Erde, Steinen, usw. erleichtert. Erste europ. Schriftbelege betreffen die Landwirtschaft; erste Bildbelege den Hochbau: Eine Vita des hl. →Alban aus der Zeit um 1250 (Trinity College, Dublin) enthält die Federzeichnung eines Kirchenbaus mit einem hölzernen S. in der bis heute üblichen Form. Wohl später kam der sog. Bockkarren auf, und zwar mit tiefer liegender Ladefläche für schwere Lasten wie Brennholz, aber auch Säcke, Fässer usw., die ihrerseits kein weiteres festes Behältnis erforderten.

K.-H. Ludwig

Lit.: M. J. T. LEWIS, The Origins of the Wheelbarrow, Technology and Culture 35, 1994, 3, 5, 453-475.

Schuh. N. der Alpen trug man seit der Bronzezeit den Bunds., einen aus einem Stück Leder gefertigten S. mit angeschnittener Sohle, der mit Riemen über den Fuß gebunden wurde. Funde in →Haithabu aus der Wikingerzeit dokumentieren als zweiten Typus neben dem Bunds., dessen Sohle entweder in der Mitte oder seitl. angeschnitten ist, bereits Exemplare mit gesondert gearbeiteten Sohlen. Die Sohlen besitzen eine runde oder spitz zulaufende Fersenform. Die für die Knöchelverschnürung notwendigen Bänder wurden aus aneinander geknoteten Lederresten gearbeitet. Einige Originale der karol. Periode unterscheiden zw. rechts und links. Sie stellen eine Zwischenform dar: Sie verfügen über eine getrennte Sohle, behalten aber die Befestigungsweise des Bunds.s bei. Die erhaltenen Originale zeichnen sich bis zum 12. Jh. durch eine große Gleichförmigkeit im gesamten europ. Raum aus. Zu Anfang des 12. Jh. und im 13. Jh. setzte sich eine größere Typenvielfalt durch. Neben niedrigen S.en, die unterschiedl. geschlossen wurden (vorne auf dem Rist oder seitl. mit Senkeln, Riemen oder Schnallen), gab es nun Stiefel und hohe S.e, die mittels durch Schlaufen geführte Bänder um das Bein geschnürt wurden.

S.werk des 14. Jh., soweit es von den Oberschichten getragen wurde, war laut Aussage der bildl. Q. häufig reich verziert und tief ausgeschnitten. Das Oberleder setzte sich zumeist aus mehreren Stücken zusammen, z.B. Vorderblatt, Fersenstück und Seiteneinsatzstück. Als Verschluß dienten u.a. Schnürsenkelverschlüsse, Knöchel- oder Ristband, Schnallen etc. Der häufigste im archäolog. Fundmaterial (z.B. Amsterdam) vertretene S.typ ist der Knöpfstiefel, der bevorzugt von Bürgern und Handwerkern getragen wurde. Der Schnabels. (auch *soulier à la poulaines*, *kranich* oder *krakowers*) entwickelte sich ab der Mitte des 14. Jh. In →Kleiderordnungen verboten, prägte er das äußere Erscheinungsbild der Adligen. Die Spitze wurde ausgestopft, mit Schellen versehen und bei übermäßiger Länge oft mit einem Kettchen am Bein befestigt, um das Gehen zu ermöglichen. Über den S.en wurden Trippen getragen, die vermutl. im Lauf der Kreuzzüge aus dem Orient nach Europa gebracht wurden. Diese Holzs.e mit zumeist hohen Absätzen oder Klötzen unter der Sohle dienten zum Schutz der kostbaren S.e auf den unbefestigten Straßen. Auch machten sie den Träger größer. In der Form paßten sie sich als Übers.e den eigtl. S.en an. Sie wurden auch über den mit einer angenähten Sohle versehenen Beinlingen getragen, die ab der 2. Hälfte des 14. Jh. in Mode kamen. Reiter hatten lederne Beinlinge (*ledersen*).

Im 15. Jh. verlor zunächst der Schnabels. seine übermäßige Länge, um in der 2. Hälfte des 15. Jh. eine neue Blüte zu erleben. Er wurde nun auch von Bürgern und Handwerkern getragen, seine Länge in Kleiderordnungen festgelegt. Eine Art Stulpenstiefel entwickelte sich aus den Leders.en und diente Berittenen als Fußbekleidung. Daneben gab es weiter die bekannten S.formen, wie geknöpfte, geschnürte oder mit Riemen und Schnallen geschlossene Halbstiefel, die von den unteren Schichten getragen wurden. Der Bunds. blieb das S.werk des armen Mannes, des Bauern. In den Bauernkriegen wurde er zum Symbol des Aufstandes. Gegen Ende des Jh. löste der Entenschnabel den Schnabels. ab. Entenschnabel war eine spätma. verwendete Spottbezeichnung für einen um die Zehen abgerundeten und breiter geformten S., der zu Beginn des 16. Jh. vom Kuhmauls. verdrängt wurde. Das Oberleder dieser extrem breiten, vorne abgeflachten S.form war stark ausgeschnitten und mit zahlreichen Schlitzen versehen, durch die bunte Strümpfe oder andersfarbiges Futter zu sehen waren. Der S. paßte sich somit der herrschenden Mode an. Während des gesamten MA wiesen S.e keine geschlechtsspezif. Merkmale auf.

E. Vavra

Lit.: L.-C. EISENBART, Kleiderordnungen der dt. Städte zw. 1350-1700 (Göttinger Bausteine zur Gesch.swiss. 32, 1962) – G. GALL, Die Entwicklung des Absatzes in der S.mode (Waffen- und Kostümkunde 13, 1971), 13-25 – DERS., Albrecht Dürer: »also sol der schuch ausgeschnitten werden« (Fschr. P. W. MEISTER, 1975), 173-186 – W. GROENMAN-VAN WAATERINGE-L. M. VELT, S.mode im späten MA. Funde und Abb., ZAMA 3, 1975, 95-119 – W. GROENMAN-VAN WAATERINGE, Die Stellung der Lübecker Lederfunde im Rahmen der Entwicklung der ma. S.mode, Lübecker Schrr. zur Archäologie und Kulturgesch. 4, 1980), 169-174 – M. ANDRITZKY, G. KÄMPF, V. LINK, z.B. S.e Vom bloßen Fuß zum Stöckels. Eine Kulturgesch. der Fußbekleidung, 1988.

Schuhmacher. Der in den Städten sich entwickelnde Beruf des S.s (lat. sutor, ahd. *sûtari*, mhd. *schuochmacher*, nd. *scho[e]maker*; →Schuh) war eng mit den übrigen Ledergewerben (→Gerber, →Leder) verbunden, da die S. die Rohhäute ursprgl. selbst gerbten. S. gehörten zu den ältesten ma. Handwerken: 1128 bestätigte der Würzburger Bf. den S.n ihre bereits von seinen Vorgängern zugestandenen Rechte. Ebenfalls ins 12. Jh. weisen die Erwähnungen von S.n im Straßburger und Trierer Stadtrecht. 1239 wurde den S.n zu Perleberg vom Rat gestattet, eine eigene Einung (*innige*) zu errichten. Im 14. Jh. häufen sich die Zunftbelege. Das hoch- und spätma. Handwerk kannte den Rindsfell verarbeitenden Schwarz-S. (sutor i. e. S., calcifex, calciparius, alutifex, allutarius) und den Ziegen-, Schaf- oder Kalbfell verarbeitenden Korduan-S. Die Unterscheidung begegnet in schriftl. Überlieferung in Köln während des 12. Jh., ein Beleg dafür, daß die aus Spanien kommende Lederbereitung hier sehr früh verbreitet war. Bedeutend war die Korporation der London Cordwainers, eine Vereinigung von Gerbern, Lederzurichtern und S.n, die erstmals 1272 gen. wird. Die lat. Bezeichnung corduanus umfaßte in der Regel das gesamte Berufsfeld. 1240 schlossen die Bremer Korduan-S. mit dem →Dt. Orden einen Vertrag über die Aufnahme erkrankter Berufsgenossen in das Ordenskrankenhaus, zu dessen Stiftern sie gehörten. 1263 wurde in Straßburg eine Zunft der »rintsuter unde kurdewener« gen., 1360 vereinigten sich in Osnabrück, 1387 in Bremen beide Berufe in einer Gilde. Als 1397 die Kölner S. gemeinsam mit den Kinder-S.n und den Holz-S.n einen neuen Amtsbrief erhielten, war von der alten Unterscheidung nicht mehr die Rede, wohl aber wurde bestimmt, daß Pferdehaut und das Leder der Antwerpener St. Bavo-Messe wegen mangelnder Güte nicht verarbeitet werden durften. Nach dem Verlust eigener Gerbereirechte gerieten die S. in eine belastende Abhängigkeit vom Lederhandel der Gerber, die – so eine Nürnberger S. ordnung des 16. Jh. – zum Nachteil des lokalen Marktes und der S. ihr Leder überregional verkauften. Das Überstrecken des Leders mit Hilfe der Hände und Zähne war ein qualitätsmindernder Versuch der S., mit knappem Material auszukommen. Als Meisterstücke wurden – wie in Nürnberg (16. Jh.) – meist ein Paar Männer- und Frauenschuhe, Pantoffel und Stiefel verlangt. In Ungarn waren die Stiefelmacher, im osman. Bereich die Pantoffelmacher eigene Berufe. Handwerksordnungen des Spät-MA verzeichnen starke Betriebsgrößenbeschränkungen: Ausdruck einer Überbesetzung des Handwerks. In ähnl. Richtung weisen die scharfen Abgrenzungen der Neu-S. von den Alt-S.n, die nur getragenes Leder bei der Herstellung von minderwertigem Schuhwerk verwenden und mit Lederlappen ausbessern durften, daher auch die Bezeichnungen Altmacher (Nürnberg), Altbüßer (Zürich), Augsburg, Danzig, Alt- oder Schuhlepper (Lübeck, Hildesheim, Münster, Frankfurt a. M.). Eine Konkurrenz für Neu- wie Alt-S. war das ausgedehnte Landhandwerk und die unzünftige Pfuscherei. S. gehörten zu jenen dt. Handwerkern, die auswanderten und z. B. in Rom (MAAS) und Bergen (BENDIXEN) eigene Bruderschaften bildeten.

R. S. Elkar

Q. und Lit.: →Handwerk, Handwerker – H. v. LOESCH, Kölner Zunfturkk., 1907 – B. E. BENDIXEN, De Tyske haandverkere paa norsk grund i middelalderen, 1912 – H. BOCK, Die Entwicklung des dt. S.gewerbes bis zum 16. Jh., 1922 – B. HERBERGER, Die Organisation des S.handwerks in Frankfurt, 1931 – A. JEGEL, Alt-Nürnberger Handwerksrecht, 1965 – C. W. MAAS, The German Community in Renaissance Rom 1378–1523, 1981 – P. WEBER, Der S., 1988 – R. HOLBACH, Frühformen von Verlag und Großbetrieb in der gewerbl. Produktion (13.–16. Jh.), 1994, 448–458.

Schuld
I. Allgemein und Deutsches Recht – II. Kanonisches Recht – III. Ethik und Theologie.

I. ALLGEMEIN UND DEUTSCHES RECHT: S. (ahd. *skuld*, mhd. *schulde, schuld*, mnd. *schult*, lat. *debitum*) ist Leistungspflicht des Schuldners dem Gläubiger gegenüber aus einem Rechtsverhältnis (S. verhältnis, z. B. Kauf oder Darlehen). Davon zu unterscheiden ist die Haftung als Unterworfensein unter die Zugriffsgewalt des Gläubigers (»Haltensollen« im Gegensatz zum »Leistensollen«). Die auf die Rechtswiss. des 19. Jh. zurückgehende Unterscheidung von »S. und Haftung« hat bei aller strukturellen Gültigkeit auch und gerade das rechtsgeschichtl. Bild der ma. S. beeinflußt, aber auch beeinträchtigt. Gegenüber der in der Rechtsgermanistik v. a. von O. v. GIERKE verfochtenen schemat. Behandlung betont die jüngere Forsch. die Vielfalt der einschlägigen Geschäfte und Maßnahmen, die im Einzelfall nicht immer eine präzise Bestimmung im Sinne von S. einerseits und Haftung andererseits erlaubt.

Das Bild der S. im frühma. Recht wird durch die unterschiedl. Wurzeln und Perspektiven der Q. geprägt (H. SIEMS). Als frühes Beispiel einer förml. S.begründung wird das sog. Treuegelöbnis, die frk. fides facta (sog. Formalvertrag), angeführt. In Titel 50 des →»Pactus legis Salicae« wird derjenige, »qui fidem fecit« mit dem »qui debitum debet« gleichgesetzt. Dies kann freilich auch heißen, daß die S. schon bestanden hat: Innerhalb des Prozesses, insbes. in Bußfällen, war die fides facta ein Urteilserfüllungsgelöbnis. Es trat an die Stelle der »gesetzl.« Buß. (→Buße), war darüber hinaus aber auch außergerichtl. möglich und konnte auf unterschiedl. Leistungen bezogen sein. Während die spätantike Herkunft des Q. ausdrucks »fidem facere« nicht ausgeschlossen werden kann (Pauli Sent. 2, 3), war der Symbolismus sicher ursprgl.: in frk. Q. die Hingabe einer *festuca*, eines gemarkten Stabs als »Persönlichkeitszeichen« (F. BEYERLE) durch den Schuldner an den Gläubiger, im sächs. Recht als Handritus oder Eidschwur. Eine verwandte Erscheinung ist die langob., burg. und bayer. *wadiatio* (langob., frk. *wadia, wadium, guadius*, ae. *wedd*, nhd. Wette, Einsatz, Pfand), einerseits im Prozeß als vom Richter angeordnete Urteilserfüllungswette, andererseits als Begründung einer anderen S. Die wadia, gelegentl. als festuca bezeichnet (auch hier als Persönlichkeitszeichen), wird bes. im Zusammenhang der →Bürgschaft im Sinne einer bedingten Selbstunterwerfung unter die Zugriffsmacht des Empfängers verwendet. Der Gläubiger gibt die vom Schuldner erhaltene wadia an den von diesem gestellten Bürgen weiter; der Bürge hat dann das Recht, den Schuldner im Fall der Säumigkeit für den Gläubiger zu pfänden. Ähnl. wie die fides facta ist die wadiatio also nicht ausschließl. ein S.- oder Haftungsgeschäft. Mit zunehmender Romanisierung des Prozeßrechts wurde sie im HochMA aus ihrer Rolle als Urteilserfüllungswette verdrängt.

Eine andere altertüml. Art der S. begründung läßt sich mit dem weitverbreiteten eth. Postulat erklären, daß jeder, der von einem anderen etwas erhält, diesem verpflichtet ist (sog. Realvertrag). Als ein Beispiel gilt »Pactus legis Salicae« 30 (res praestita): Nimmt jemand eine Leistung als Entleiher an, dann ist er verpflichtet, sie zurückzugeben. Tut er das nicht, so kann er vor Gericht gezogen werden und wird u. U. bußfällig. Bei Austauschverträgen wie dem Kauf ist erst der die Leistung Annehmende zur Gegenleistung verpflichtet. Das frühe Auftauchen der →*arra* oder *arrha* erklärt man sich als eine Entwicklung aus dem Realvertrag, wobei der Vorleistung (Angeld, Handgeld) zu einer Teil- oder Scheinleistung zusammengeschrumpft sei. Allerdings ist die arra schon dem spätantiken Kaufrecht geläufig. Übernimmt sie die Aufgabe der wadia, wird auch der Geber verpflichtet.

Wo Verträge Bargeschäfte (sog. »Simultanakte«, E. LEVY) waren, also S. vertrag und Eigentumsübertragung zusammen vorgenommen wurden, war die Vorstellung eines eigenständigen verbindl. S. vertrags nicht erkennbar. Anders ist es mit der Beurkundung wichtiger Geschäfte wie Kauf und Schenkung v. a. von Grundstücken. Hier hat sich eine spätantike Übung nicht nur in den frühma. Formelslg.en sowie in der Urkk. praxis fortgesetzt, sondern die Beurkundung ist auch von einzelnen germ. Stammesrechten vorgeschrieben worden (Lex Visig. 2, 5, 2). Selbst wenn die Beteiligten dabei nicht in der Übergabe der Urk. eine schuldbegründende wadiatio gesehen haben, enthielt diese meist bes. Pflichten, die durch Strafklauseln u. a. auf Leistung des duplum gesichert waren; manche Urkk. berufen sich auf die »firmitas« der Aquilana oder Arcadiana stipulatio (R. LOENING). Auch sind spätantike Geschäftsformen, wie in Gestalt des S. scheins (cautio), als kaufmänn. Gewohnheitsrecht zumindest einige Zeit lebendig geblieben.

Hat sich der Schuldner nicht im Sinne einer Haftung zur Abtragung der S. selbst verknechtet (Lex Baiuv. 2, 1) – dies wäre eindeutig ein »Haftungsgeschäft« –, dann beging er durch Nichtleistung strafbares Unrecht und setzte sich der Verurteilung und Friedloserklärung aus. Die so ermöglichte Selbsthilfe des Gläubigers ist schon in frk. Zeit durch die staatl. Vollstreckung zurückgedrängt worden; der Schuldner wurde dann vom Richter in die S. knechtschaft des Gläubigers überantwortet.

Auch für die spätere Zeit kann die Trennung von S.- und Haftungsgeschäft problemat. sein. So umschrieb das hoch- und spätma. Rechtswort →»Willkür« nicht nur das

Rechtsgeschäft selbst, sondern auch die Festsetzung seiner Realisierung (W. EBEL). Durch die Verbesserung der Vollstreckungsmöglichkeiten und die Herausbildung einer schlichten Klage auf Erfüllung einer Gelds. verlor die Unterscheidung zw. S.- und Haftungsgeschäften an prakt. Bedeutung. Im SpätMA trat der Zugriff auf das Vermögen des Schuldners in den Vordergrund, während die persönl. Haftung in Gestalt der S.knechtschaft oder S.haft, letztere noch im Sachsenspiegel, Ldr. 3, 39, 2 erhalten, an Gewicht verlor: Da die Haftung des Schuldners zum festen Bestandteil der Rechtsordnung geworden war, erübrigten sich bes. Haftungsgeschäfte. Älteren Formalverträgen wie dem Treueglöbnis kam dann nur noch haftungsbestärkende Funktion zu. Bürgschaft und Pfandsatzung bedeuteten dann nur noch zusätzl. Sicherheiten für den Gläubiger.

Von dieser Entwicklung zu unterscheiden ist die im HochMA einsetzende Herausbildung der formlosen vertragl. S.begründung. Ob Sachsenspiegel, Ldr. 1, 7 schon so zu verstehen ist, ist zweifelhaft. Denn die Vorstellung der schuldbegründenden Wirkung der Annahme einer Sachleistung im Sinne des sog. Realvertrags war noch weitverbreitet und tritt auch im Sachsenspiegel zutage. Dies gilt ebenso für das Handelsrecht der Kreuzfahrerstaaten, wo es auch noch den gerichtl. Vertragsschluß gab, oder für die Rechtsprechung des Parlement de Paris, die daneben auch das eidl. Versprechen kennt. Im Recht des Ingelheimer →Oberhofs wird S. auf verschiedene Weise begründet: durch Bürgensetzung, Vorempfang der Gegenleistung, Weinkauf und Gottespfennig sowie Urkk.-begebung. Allerdings ist nicht nachweisbar, daß die Einhaltung dieser Riten zwingend war. Die Verbindlichkeit des schlichten Gelöbnisses setzte sich erst im städt. Handel und Verkehr seit dem 13. Jh. durch. Die Beibehaltung älterer Formen wie die des Angeldes oder des Weinkaufs war dann nur noch äußerl. Dem kam entgegen, daß mit der Entstehung der Rechtswiss. das Prinzip des Konsensualvertrags im röm.-gemeinen Recht sowie der theol. begründete Grundsatz der Klagbarkeit aller Verträge des kanon. Rechts rezipiert wurden (→Kauf). K. O. Scherner

Lit.: HRG I, 1901ff.; IV, 1505ff. [Lit.] – Nov. Dig. It. XI, 570ff. – R. LOENING, Der Vertragsbruch im dt. Recht, 1876 – H. PLANITZ, Die Entwicklung der Vermögensvollstreckung im salfrk. Recht, 1909 – O. v. GIERKE, S. und Haftung im älteren dt. Recht, 1910 [Neudr. 1969] – W. EBEL, Die Willkür, 1953 – E. LEVY, Weström. Vulgarrecht. Das Obligationenrecht, 1956 – K. P. ROTTHAUS, Redde und Schult in den Urteilen des Ingelheimer Oberhofes, 1959 – H. R. HAGEMANN, Fides facta und wadiatio, ZRG 83, 1966 – P. OURLIAC-J. DE MALAFOSSE, Hist. du Droit privé, I: Les Obligations, 1969² – P. C. TIMBAL, Les obligations contractuelles dans le droit français des 13ᵉ et 14ᵉ s., 1973-77 – B. DIESTELKAMP, Die Lehre von S. und Haftung (Wiss. und Kodifikation des Privatrechts im 19. Jh., VI, 1982), 21ff. – H. SIEMS, Handel und Wucher im Spiegel frühma. Rechtsq., 1992.

II. KANONISCHES RECHT: S. setzt sittl. oder theol. S., d. h. →Sünde, voraus. Jedoch hatte bereits die frühe Kirche trotz der engen Verknüpfung von →Exkommunikation und →Buße rechtl. S. von der Sünde unterschieden, weil und insofern sie nicht S. vor Gott und dem Gewissen, sondern S. vor der kirchl. Gemeinschaft und ihrer Rechtsordnung ist. In Fortführung des von →Augustinus aufgestellten Axioms: »crimen enim est grave peccatum, accusatione et damnatione dignissimum« (D. 81 c. 1) wurde unter dem Einfluß →Abaelards von den →Dekretisten der Begriff Straftat (crimen) vom Begriff der schweren Sünde getrennt (vgl. auch→Thomas v. Aquin, S. th. I 2 q. 46 a. 6 ad 2). Seit →Gratian rückte das Verhältnis von Wille und Handlung in den Vordergrund und führte zur Abgrenzung des Vorsatzbegriffes (dolus) als der schwersten S.form (D. 10 cc. 37-48, bes. cc. 42 und 44). Die Frage der Zurechenbarkeit einer Straftat und der Umstände, die die S. ausschlossen, milderten oder verschärften, fand eingehende Behandlung. Der Begriff 'culpa' war einerseits als S. oder Verschulden zu verstehen, andererseits wurde 'culpa' terminolog. mit 'negligentia' (Fahrlässigkeit) gleichgesetzt. In der Behandlung des Zufalls (casus) wurde der Willensmangel erkannt und daher das S.moment ausgeschlossen. Allerdings kam der Grundsatz »Keine Strafe ohne S.« (reg. iur. 23 in VI: »sine culpa, nisi subsit causa, non est aliquis puniendus«) nicht gänzl. zum Durchbruch, das da Lokalinterdikt und in bes. Fällen die Bestrafung der Nachkommen eines Täters (VI, 5, 9, 5) auch persönl. Unschuldige traf. Die ma. kanonist. S.lehre und die kirchl. Gesetzgebung dieser Zeit haben einen nachhaltigen Einfluß nicht nur auf die Entwicklung des weltl., sondern auch des heute geltenden kirchl. Strafrechts ausgeübt. W. Rees

Lit.: S. KUTTNER, Kanonist. S.lehre von Gratian bis auf die Dekretalen Gregors IX. Systemat. auf Grund der hs. Q. dargestellt (=StT 64), 1935 [Neudr. 1961] – M. ZUROWSKI, Die Erstreckung der Strafsanktion auf nicht schuldige Personen, die zum Straffälligen in Beziehung stehen, nach der Lehre der Dekretisten und Dekretalisten, ZRGKanAbt 59, 1973, 175–190 – W. REES, Die Strafgewalt der Kirche (Kanonist. Stud. und Texte 41, 1993).

III. ETHIK UND THEOLOGIE: Das Phänomen der S. galt auch der ma. Ethik als eine unheilvolle, für eine terminolog. und inhaltl. Festlegung nur schwer faßbare Wirklichkeit, wie die Vielzahl der Benennungsmöglichkeiten (malum, peccatum, culpa, reatus, vitium, facinus u. a. m.) und Definitionsversuche anzeigt (Bonaventura, In II Sent. 35, dub. 6 Op. omn. II, 838f. zwanzig 'peccatum'-Definitionen). S., die zusammen mit der belastenden Tat und der folgenden Strafe ein einziges komplexes Übel ausmacht, besitzt ihren ermöglichenden Grund in einer vom personal gedachten Gott gewollten, anrechnungsfähigen Selbstmächtigkeit des Menschen, deretwegen die geschichtl. vollzogenen Taten des Menschen ausgezeichnet sind durch Unumkehrbarkeit und letzte Ernsthaftigkeit sowie durch die moral. Verwiesenheit des Einzelnen auf die einfordernden Instanzen Gott, Mitwelt und wahres eigenes Selbst. Daher geht die Ausbildung eines solchen S.-Begriffs im Christentum einher mit der Kritik an Reinkarnationslehren und Zirkulartheorien der Gesch., an Schicksals-, Gestirns- und Dämonengläubigkeit, an metaphys. Dualismen, die eine Gleichursprünglichkeit und -mächtigkeit eines guten und eines bösen Prinzips (→Teufel) annehmen, und überhaupt an determinist. Kosmologien, die die Zurechenbarkeit menschl. Akte abmindern oder aufheben.

Die S.-Lehre Augustins, der die paganen und chr. (Tertullian, Origenes, Ambrosius) Traditionen der Antike verwertete und zudem in seinen 'Confessiones' eine Psychologie der S. ausarbeitete, wurde ein bestimmender Faktor in allen folgenden Diskussionen des MA. Täter und Träger von S. ist das eigene, von Gott mit Freiheit begabte und in der Sünde sich hochmütig erweisende Selbst (Conf. V, 10, 18). Gemäß dieser radikalen Verinnerlichung des S.-Begriffs straft durch ihren freien Abfall vom höchsten Gut die Seele selbst ihre S. mit einer damit verbundenen Verminderung (Privation) ihres Seins (De mus. VI, 13, 40; Civ. Dei XIV, 13) und mit einer von ihr selbst nicht mehr aufhebbaren Desorientierung und Entfremdung von Gott, die einer Entfremdung von ihrem innersten wahren Selbst entspricht (Conf. I, 12, 19; II, 6, 11). Die S. eines Vergehens empfängt ihr Maß aus ihrem Gewolltsein, zu dem die äußere Ausführung nicht hinzukommen muß

(Enarr. in Ps. 109, 1), und der Intention des Willens (In ep. Ioa. ad Parth. VII, 7). Im Akt der →Reue wird die Wahrheit über die eigene S. zu erkennen gegeben (C. Felic. II, 8). Augustins in metaphernreicher Sprache vorgelegte Lehre von Stufen der Versündigung wie auch seine neuplaton. Ansicht, den Seelenteilen käme in unterschiedl. Weise Anteil an der S. zu, sind im MA variantenreich systematisiert worden. Die Lehre, Gott habe aus Treue zu seinen Verheißungen sich selbst zum Schuldner (debitor) der Menschen gemacht (Enarr. in Ps. 83, 16; Conf. V, 9, 7) fand in der scholast. Gnadenlehre Beachtung. In den antipelagian. Schrr. erörterte er zur Erläuterung seiner in sich hochkontroversen →Erbsündenlehre Modi des Schuldigseins. S. ist in formaler Hinsicht ein 'habere peccatum' und 'reum esse peccati'; die Sünden vergehen zwar hinsichtl. ihres Vollzugs, bleiben aber als S. bestehen (De nupt. et concup. I, 26, 29: praeterierunt actu, manent reatu). Der 'reatus' beinhaltet nicht eine aktuelle innere Tätigkeit oder Gemütslage, noch muß er im Gedächtnis des mit S. Beladenen fortdauern. Er ist etwas rein Ideales, das bei Gott als etwas Aktuell-Reales fortbesteht (C. Iulian. VI, 19, 62). Augustins Erbsündenlehre deutete an dieser Kollektiventfremdung der Menschheit von Gott in großen Zügen die soziale Reichweite von S. aus.

In der →Bußtheol. des FrühMA traten der patrist. Lehre vor- und nichtchr. Formen der Erfolgshaftung entgegen, bei denen der objektive Tatbestand Eigenwert erhielt und nicht der Wille und Vorsatz des Täters galten. Kelt. Recht und eine rejudaisierende Neubewertung atl. Weisungen, die sich mit einem Rigorismus griech. Mönchsbuße verband, gewannen Einfluß auf die insularen Bußbücher, die nun gesetzwidrige Tatbestände als solche schon als schuldhaft ansahen (Poenitentiale Cummeani, ed. L. BIELER, The Irish Penitentials, 1963, 108ff.). 895 restituierte die Synode zu Tribur (MGH Cap. reg. Franc. 2, 234) die eth. Imputation im Sinne Augustins. Gleichwohl hielten sich in der Kanonistik und Beichtsummenlit. des 13. Jh. sowie bei den Postglossatoren Reste der Erfolgshaftung.

Die frühscholast. Theol. rang intensiv um die Bestimmung des S.-Charakters der Erbsünde. →Anselm v. Canterbury bekräftigte mit augustin. Prämissen einen die S. entnaturalisierenden Begriff des 'debitum iustitiae et satisfaciendi' (Cur Deus homo I, 24), bei dem die Konkupiszenz nicht als Realgrund der Sünde erscheint. Als nicht erfülltes 'debitum' (De concord. praesc. 3, 7) ist die S., die allein im Willen liegt, der selbstgewollte Mangel der Gerechtigkeit, des freien Gehorsams und der Rechtheit des Willens gegenüber dem Willen Gottes, die Ordnung seines Reiches der Gerechtigkeit zu errichten. →Abaelard ist der mächtigste Fürsprecher einer radikal-individualeth. S.-Imputation. S. meint keinesfalls ein äußeres Tun, auch nicht einen bösen Willen, sondern nur die Einwilligung in einen bösen Willen, also das, was die Seele selbst tut, ihr bewußt-reflexives Wollen, bei dem Gott allein auf die Intention achtet (Nosce teipsum 3. 7. 11f.). Die Ausführung der Handlung fügt zur S. des tatfertigen Willens nichts hinzu. Die darauf reagierende Kritik zog stärker das Wachsen der S. im Vollzug der äußeren Tat in Betracht (z. B. Thomas, S. th. I–II, 20, 4).

Nezessitarist. Theoreme der griech.-arab. Philos. nötigten im Laufe des 13. Jh. die chr. Denker, nicht nur in der Buß- und Moral-, sondern auch in der Schöpfungstheol. den Aspekt des freien Willensentscheids im schuldhaften Akt hervorzukehren. Ohne sich auf den Dualismus der Katharer einzulassen, hob →Bonaventura dabei die Eigenwirklichkeit des sittl. Bösen und der S. als wahre gegengöttl. Macht in der Schöpfung hervor, indem er das 'Privatio boni debiti'-Axiom aufbrach und ein 'substanciari malum' (In II Sent. 34, 2, 2 concl. Op. omn. II, 813) bei dieser die Gottebenbildlichkeit des Menschen verzeichnenden Selbstverderbnis geltend machte. Diese Absetzung des Seinsbereichs des dem Willen verantwortl. zuschreibbaren, imputablen Seins und Tuns des Menschen von dem 'esse naturae' des bloß phys. Daseins der Dinge und Vollzugs ihrer Tätigkeiten dokumentierte sich am deutlichsten in der im 13. Jh. aufbrechenden Lehre vom 'esse morale'. →Thomas v. Aquin stellte ebenfalls seine Überlegungen zur S. in den Kontext einer versch. Seinsbereiche beachtenden Metaphysik des Handelns und ordnete die Terminologie (De Malo 2, 2): 'Malum', 'peccatum' und 'culpa' unterscheiden sich im Grad ihrer Verallgemeinerbarkeit. Meint 'malum' (Übel) eine Privation der Form, der Ordnung oder des Maßes im jeweiligen Subjekt oder Akt, so bezeichnet 'peccatum' (Fehler) einen 'actus vel naturae vel artis vel moris', der einer geschuldeten Ordnung, Form oder Maßes entbehrt (carens), wie es bei einem körperl. Gebrechen, handwerkl. Fehler oder sittl. Verfehlen der Fall ist. Bei der 'culpa' (S. im prägnanten Sinne) handelt es sich um ein 'peccatum', nur insoweit es in der Macht des Handelnden steht, also das Willentliche formal konstitutiv ist. S. raubt die Selbstidentität des Menschen in der Aktuierung seines moral. Seins, denn sie bringt ihn in Widerspruch zu dem von ihm allg. und eigtl. Gewollten, Gott, dem ungeschaffenen und unendl. Gut. Der Mensch vollzieht einen realen Widerspruch zw. der wesensgemäßen Willensausrichtung und seiner partikulären freiheitl. Entscheidung. →Joh. Duns Scotus begriff S. pointiert als einen einzelnen, selbstursächl. freien und kontingenten Akt der Willensvermögens, dem es an der geschuldeten Rechtheit und Gerechtigkeit fehlt. Anders als der Intellekt ist der Wille, der in reiner, vernunftbegleiteter Freiheit des Wollens selbst ohne jede äußere Veranlassung tätig ist (Op. Oxon. II, 43, 2, 2), Herr seiner Tätigkeiten, und gerade so ist sein Verfehlen S. Nicht eine Beschaffenheit des Sünders, sondern nur die kontingente sündhafte Tat macht ihn schuldig (ebd. IV, 14, 1, 6f.). →Wilhelm v. Ockham führte die von Scotus gesetzten voluntarist. Impulse weiter. Die S. ist ein 'quid nominis', kein 'quid rei', ihr entspricht nichts Positives am Menschen, sondern allein die Imputation durch den Willen Gottes (Qu. in IV Sent. 10–11. Op. Theol. VII, 195, 223ff.). Einzig die frei vom stets gerechten Willen Gottes festgesetzte und unter Strafe verpflichtende Verfügung macht jemanden zum Sünder oder nicht (ebd. 198). Zu Neubewertungen in der prakt. Philos. führten auch die metaphys. und sprachphilos. Innovationen des →Nominalismus. →Gregor v. Rimini, In II Sent. 34–37, 1, ed. D. TRAPP–V. MARCOLINO, VI, 272, zeigt im Rahmen seiner auf die Praxis ausgeweiteten 'complexe significabile'-Lehre, daß S. sich am Sachverhalt prakt. Natur mit dem aristotel. Kategorienschema nicht getroffen ist, insofern letzteres eine schuldhafte Tat ledigl. als naturbezogene Entität bzw. deren Privation zu erfassen vermag und so den Charakter des Sittlichen verkürzend darstellt.

M. Laarmann

Lit.: →Buße, →Sünde – HWP V, 665–681 [Malum]; VIII, 1448–1456 [Schuld] [Lit.] – Das Böse, hg. C. COLPE–W. SCHMIDT-BIGGEMANN, 1993 [P. SCHÄFER; A. M. HAAS; L. HÖDL] – TH. KOBUSCH, Die Entdeckung der Person, 1993, 37–51 [esse morale].

Schuldbuch (liber debitorum u. ä.), eine →Stadtbuch-Art, vornehml. verbreitet in norddt. Hansestädten, die einer auch zeitl. befristeten Struktur der Handelsgeschäfte entspricht. Es enthält Eintragungen von Kreditbeziehungen zw. Handelspartnern, die durch diese Eintragungen einen gewissen öffentl. Schutz ihrer Kreditbeziehungen anstrebten. Neben gesonderten S.ern gibt es die entsprechenden Eintragungen in gemischten Stadtbüchern. Wenigstens in Lübeck wurden die Eintragungen eines bestimmten Kredittyps, näml. solche, die mit →Handelsgesellschaften zu tun hatten, aus dem allg. S. (in Lübeck Niederstadtbuch genannt) ausgegliedert und in einem eigenen Buch, einer Art Gesellschaftsregister (1311–61), zusammengefaßt. In Editionen zugängl. sind das Hamburger und das Rigische S. Das erstere ist chronolog. geführt, das zweite nach Schuldner- und Gläubigerkonten gegliedert. Beide Bücher laufen in der 1. Hälfte des 14. Jh. mit seltener werdenden Einträgen aus. Das S. wird durch das auch gerichtl. angesehene Kaufmannsbuch (→Buchhaltung) in seiner Funktion ersetzt.

In anderen Gegenden Europas ist die Sicherung von Kreditbeziehungen von vornherein durch andere Buchtypen erfolgt, in Südeuropa durch Notariatsregister, in Süd- und Westeuropa (Brügge!) durch Wechslerbücher u. a. In England gibt es neben städt. S.ern und gemischten Stadtbüchern mit Schuldgeschäftseintragungen aufgrund des »Statute of Acton Burnell« v. 1283 →Rolls verschiedener kgl. Zentralbehörden und Reiserichter mit derselben Funktion der Anerkennung kaufmänn. Kreditbeziehungen. Auch in England werden im 14. Jh. diese Arten von Büchern und Rolls seltener, um vornehml. von individuellen Dokumenten, wie Schuldurkk. und →Wechseln, abgelöst zu werden. Diese Dokumente dürften auch im Hanseraum eine wachsende Bedeutung gehabt haben. Im übrigen läßt sich heute noch nicht deutl. absehen, in welchen Stadtarchiven innerhalb und außerhalb der dt. Grenzen ungedruckte Stadtbücher mit Kreditsicherungs-Funktion aufbewahrt werden. Begriffl. abzutrennen sind diese Bücher jedenfalls von allen Gerichtsbüchern, die anläßl. von Prozessen auch von Kreditbeziehungen berichteten. Das gleiche gilt von allen Stadtbüchern mit fiskal. Zielsetzung wie den Antwerpener Schöffenregistern, in denen wegen der Stadtsteuer private Rechtshandlungen anerkannt werden mußten und die im 15. Jh. eine ansteigende Bedeutung hatten.

Aus Hamburg kennen wir am besten die Entstehung von S.einträgen. Die Parteien erschienen auf dem Rathaus und legten das Schuldbekenntnis vor mindestens zwei Ratsherrn ab. Dabei wurde ein Zettel übergeben oder von einem Schreiber angefertigt, dessen Inhalt in einem gewissen zeitl. Abstand mit anderen Zetteln zusammen in das S. übertragen wurde. Die einzelne Eintragung ist nach folgendem Schema aufgebaut: An erster Stelle wird der Schuldner genannt, dann die Verpflichtung (debet, tenetur), der Gläubiger, die Schuldsumme und der Zahlungstermin, unterschiedl. Abreden. Den Abschluß bildet die Datierung. Eine ausdrückl. Anerkennung der Begleichung der Schuld sehen diese Bücher in der Regel nicht vor. Im Hamburger S. sind zahlreiche Eintragungen durchgestrichen worden, was wohl die Begleichung andeuten soll. Lediglich aus Lübeck ist für 1305–52 ein Heft mit Quittungen über die vom Schuldner geleisteten Zahlungen erhalten. R. Sprandel

Lit.: H. HILDEBRAND, Das Rigische S. (1286–1352), 1872 – J. REETZ, Über das Lübecker Niederstadtbuch, Zs. des Ver. für Lüb. Gesch. und Altertumskunde 35, 1955, 34–56 – E. v. LEHE, Das Hamburger S. v. 1288, 1956 – M. M. POSTAN, Medieval Trade und Finance, 1973, 3ff., 37ff. – J. BOHMBACH (Q. zur Hanse-Gesch., hg. R. SPRANDEL, 1982), 449ff.

Schuldhaft → Schuld, I

Schuldkapitel (lat. capitulum culparum) bezeichnet im Kl.leben die Anklage äußerer Verfehlungen gegen die Ordensdisziplin mit anschließender Mahnung und Auferlegung einer Strafe durch den Oberen. Schon in den Mönchsgemeinschaften, die sich an die Regel des →Pachomius (vgl. hier insbes. Kap. 8) orientierten, war es Brauch, den Verstoß gegen die Disziplin vor einer Versammlung anzuklagen und zu bestrafen (Stehen während der Mahlzeiten, Fasten bei Brot und Wasser, ztw. Ausschluß aus der Gemeinschaft). Augustinus verweist im Zusammenhang mit der Praxis des S.s auf die »brüderl. Zurechtweisung« (correctio fraterna; vgl. Röm 15, 14; 2 Kor 13, 11; Kol 3, 16; Mt 18, 15ff.). In der →Regula s. Benedicti wird – ohne das Wort zu verwenden – das S. mehrfach (Kap. 23, Kap. 46) sinngemäß angesprochen. Seit dem 8. Jh. wird das S. tägl. oder wöchentl. im Kapitelsaal (→Kapitel, II) vorgenommen. Das Schuldbekenntnis wurde vom fehlbaren Bruder häufig ausgestreckt auf dem Boden liegend in einer Art von prostratio gesprochen, um die Bußfertigkeit zum Ausdruck zu bringen. H.-J. Becker

Lit.: DDC III, 606–608 – DIP II, 176–179 [Lit.] – LThK² IX, 504 – T. HALUSA, Die Ordensperson und das S., SMBG 31, 1910, 217–239, 552–584 – U. JACOBS, Die Regula Benedicti als Rechtsbuch (Forsch. z. kirchl. Rechtsgesch. und Kirchenrecht 16, 1987), 112ff. – H. HOLZE, Erfahrung und Theol. im frühen Mönchtum (Forsch. z. Kirchen- und Dogmengesch. 48, 1992), 219ff., 241ff., 251f.

Schule
A. Abendland – B. Byzanz – C. Judentum

A. Abendland
I. Spätantike und frühes Mittelalter – II. Karolinger- und Ottonenzeit – III. Die Neuerungen des hohen Mittelalters – IV. Spätes Mittelalter.

I. SPÄTANTIKE UND FRÜHES MITTELALTER: [1] *Spätrömische Zeit:* In der späten röm. Kaiserzeit hatte sich ein kohärentes S.system, das von Laien getragen wurde und im städt. Bereich angesiedelt war, herausgebildet. Es beruhte auf einem Netz von Grammatik- und Rhetorikschulen (→Grammatik, →Rhetorik), deren Lehrer von den öffentl. Autoritäten eingesetzt, bezahlt und beaufsichtigt wurden. Die Kirche strebte zunächst nicht nach dem Aufbau eines eigenen S.wesens. Trotz der pauschalen Kritik einiger Vertreter des →Mönchtums an der antiken rhetor. Bildung sahen die patrist. Denker (vgl. »De doctrina christiana« des →Augustinus) in den an öffentl. S.n gelehrten →Artes liberales eine äußerst schätzenswerte Vorbereitung auf das Studium der Hl. Schrift (→Bibel).

Dieses antike S.wesen zerfiel mit dem Niedergang der polit.-sozialen Strukturen der Spätantike (Ruralisierung, Barbarisierung) und der Transformation der Führungsschichten, die seine Hauptnutznießer gewesen waren. (Im Ostteil des Reiches, in Byzanz, blieb es dagegen in breitem Umfang erhalten, s. Abschn. B.) Die letzten städt. S.n sind in Gallien am Ende des 5. Jh., in Italien und Spanien am Ende des 6. Jh. bezeugt. Zwar konnten die Familien der Senatorenaristokratie noch auf private Hauslehrer (Praezeptoren) zurückgreifen, ansonsten aber nahm großenteils die Kirche die Ausbildung in ihre Hand.

[2] *Wandlungen im Frühmittelalter:* Die ersten expliziten Belege für kirchl. S.n finden sich in den Kanones des Konzils v. →Toledo (527) für bfl. S.n, in denen des Konzils v. →Vaison/Provence (529) für S.n der Pfarreien. Theoret. standen diese S.n, die u. a. Grammatik, Komputistik und liturg. Gesang unterrichteten, Laien und Klerikern offen, doch gewannen letztere mehr und mehr das Übergewicht. Die Söhne der Laienaristokratie begnügten sich in ihrer Mehrheit mit einer gewissen häusl. Ausbildung innerhalb der eigenen Familie oder im Haushalt eines Großen, unter Betonung der krieger. Elemente. Die große Masse der Laienbevölkerung, auch die Aristokratie,

wurde zunehmend illiterat. Die Klöster mußten von dem Moment an, da sie jugendl. Zöglinge (→Novizen) aufnahmen, auch für deren Ausbildung sorgen, das führte aber längst nicht in allen Fällen zum Aufbau eines echten S. wesens; die Formung der Novizen erfolgte oft individuell durch ältere Mönche als Lehrmeister, z. T. unter Zuhilfenahme von Texten, die in den monast. →Skriptorien und →Bibliotheken verfügbar waren.

II. KAROLINGER- UND OTTONENZEIT: [1] *Karolingische Bildungsreform:* Die religiös-kulturelle →Bildungsreform, die bes. von insularen Ansätzen des 8. Jh. ausging (→Irland, →England; →Angelsächs. Mission), fand im →Frankenreich der →Karolinger zielbewußte Förderung durch →Karl d. Gr. und seinen gelehrten Hofkreis (→Alkuin u.a.) sowie die nachfolgenden großen Karolinger des 9. Jh. Ergebnis dieser Reformbemühungen war ein zahlenmäßiges Anwachsen der S.n und eine Hebung ihres Bildungsniveaus; eine genauere Kenntnis der klass. Autoren, die durch die zahlreichere Verbreitung von Codices und die Reform der →Schrift (→Karol. Minuskel) ermöglicht wurde, führte zu einer besseren Beherrschung der →Lateinischen Sprache, die nunmehr als von der volkssprachl. Entwicklung getrennte Gelehrtensprache behandelt wurde.

[2] *Kathedralschulen:* Im 9. Jh. schärften zahlreiche →Kapitularien und Kanones der →Konzilien den →Bischöfen die Verpflichtung zur Unterhaltung von S.n in ihren Diöz.n ein (Kathedral- bzw. →Domschule); sie sollten Klerikern und Laien offenstehen. Ks. Karl unternahm darüber hinaus den Versuch, durch Gründung von 'scholae publicae' die Ausbildung der Lehrer an den Domschulen (→Scholasticus) auf eine zentrale Grundlage zu stellen; unter Ludwig d. Fr. sah das Kapitular v. Corteolona (825) die Einrichtung von neun S.n dieses Typs in Italien vor (Pavia, Ivrea, Turin, Cremona, Florenz, Fermo, Verona, Vicenza, Cividale del Friuli). Das Lehrprogramm dieser S.n blieb auf Grammatik und Bibelstudium konzentriert; ihre Aufgabe bestand in erster Linie in der Heranbildung von Klerikern und qualifizierten Beamten für den Hof- und Reichsdienst (→Hofkapelle, →Missus). Bestimmte Domschulen, etwa →Laon mit durchgängiger Abfolge von Magistern, oft von insularer Herkunft ('Scoti'), erwiesen sich im 9. Jh. als aktive Lehranstalten, andere dagegen blieben ephemer, vielfach aus Mangel an geeignetem Lehrpersonal. Dafür entwickelten sich manche der großen Abteien zu bedeutenden Bildungszentren.

[3] *Spätkarolingische und ottonische Zeit. Klosterschulen:* Die Entwicklung setzte sich, trotz zunehmender polit. Zersplitterung des Karolingerreiches, noch im 10. Jh. fort. Die →Klosterschulen, in denen nun oft eine 'externe' oder 'äußere S.' (für nicht im Kl. lebende Schüler) faßbar wird, nahmen jetzt den ersten Rang im S. wesen ein, dank ihrer Bibliotheken und Skriptorien, die Bücher für den Unterricht produzierten; zu nennen sind etwa das westfrk. →Fleury sowie die großen Abteien im Reich der →Ottonen (→Corvey, →Fulda, St. Emmeram/→Regensburg, →St. Gallen u.a.). Auch entfalteten einige der (weniger zahlreichen) Domschulen aktive Bildungstätigkeit, bes. im Gebiet zw. Loire und Rhein (→Auxerre, →Reims unter →Gerbert v. Aurillac, →Lüttich, →Köln u.a.). Die Lehrinhalte bewegten sich zwar meist noch auf der Linie überkommener karol. Bildung des 9. Jh., doch ist zunehmendes Interesse einerseits an Problemen der →Logik, andererseits an frühen 'naturphilosoph.' Ansätzen des →Quadriviums erkennbar. In Italien lebte um das Jahr 1000 die Beschäftigung mit stärker praxisorientierten Wissenschaften auf (Recht in →Pavia, Medizin in →Salerno), doch stand hier noch eher der individuelle Unterricht für einzelne Schüler denn ein echter S. betrieb im Vordergrund.

III. DIE NEUERUNGEN DES HOHEN MITTELALTERS: [1] *Der Neuanfang des 12. Jh.:* Am Ende des 11. Jh. setzte im Abendland jene Neuentwicklung ein, die man als 'révolution scolaire' bezeichnet hat. Die monast. S.n verschwanden zwar nicht, traten aber ins zweite Glied zurück, während die neuen Orden (Zisterzienser, Kartäuser), die nur Erwachsene aufnahmen, auf den Unterhalt von S.n verzichteten. Die entscheidende Rolle spielten somit die im städt. Bereich ansässigen S.n. Am Anfang dieser Aufschwungsphase standen die Kathedralschulen (→Domschulen). Die großen →Laterankonzilien (III. Lat., 1179: c. 18; IV. Lat., 1215: c. 11) schärften ebenso wie zahlreiche Provinzialsynoden den Bf.en die Verpflichtung zum Unterhalt einer S. ein, deren →Scholasticus durch eine Präbende zu besolden war, auf daß er armen →Scholaren kostenlosen Unterricht erteilen könne. Im 12. Jh. hatten die meisten Bischofssitze eine (zumindest period. arbeitende) S. Doch nur die wenigen Domschulen, die einen wirklich kontinuierlichen und (durch die Tätigkeit angesehener Gelehrter) attraktiven Unterricht boten, konnten einen nennenswerten Zustrom von auswärtigen Scholaren verzeichnen. Die Gebiete zw. Loire und Rhein blieben die Zone der großen Domschulen, doch gerieten →Angers, →Chartres, →Laon, →Reims, →Lüttich und →Köln nach einer kurzen Periode der Blüte seit der 2. Hälfte des 12. Jh. vielfach in Verfall. Hingegen erfuhr die Kathedralschule v. →Paris, die seit dem späten 11. Jh. bezeugt ist, einen unaufhaltsamen Aufschwung, v. a. auf den Gebieten der →Artes liberales (mit Schwergewicht auf →Dialektik) und →Theologie.

[2] *Neue Lehrinhalte und Schultypen:* Mehrere Kongregationen der →Regularkanoniker bauten wichtige S.n auf; namentlich die S.n der Pariser →Viktoriner (St. Victor de →Paris) bildeten über ein halbes Jahrhundert einen der großen Brennpunkte des Theologieunterrichts, v. a. für die hier studierende Weltgeistlichkeit.

Die wichtigste Neuerung des S. betriebs war aber das Aufkommen und die starke Häufung 'privater' S.n, insbes. in einigen großen Bildungszentren; diese S.n wurden von Magistern auf eigene Rechnung und auf der Basis von Schülerhonoraren betrieben. Durch das System der →'licentia docendi' wahrte die Kirche in Frankreich allerdings eine gewisse Lehraufsicht über diese S.n, die v.a. Grammatik (mancherorts, z. B. in →Orléans, ergänzt durch das 'dictamen'; →ars dictaminis) und Logik pflegten. In Italien, dann auch in Provence und Languedoc traten v.a. Schulen des röm. Rechts (→Gemeines Recht) hervor (seit Beginn des 12. Jh. insbes. in →Bologna), desgleichen S.n der →Medizin (Salerno, →Montpellier). Diese von Laienmagistern, die zugleich praktizierende Juristen oder Ärzte waren, gegr. S.n entzogen sich fast vollständig der offiziellen kirchl. oder weltl. Kontrolle; sie verliehen keine →Grade und verdankten ihren Erfolg lediglich dem Ruhm ihrer Magister und dem unübersehbaren sozialen Nutzen der an ihnen gelehrten Fächer.

[3] *Die Entstehung der Universitäten:* Das Anwachsen des S. betriebes im 12. Jh. war ein beachtl. Faktor, wenn sich auch von der Zahl von S.n oder den Größenordnungen ihrer Schüler/Studenten keine genaue Vorstellung gewinnen läßt. Seit dem 13. Jh. wurde ein Teil dieser S.n transformiert in →Universitäten (Paris, Bologna, Montpellier, →Oxford), die sich von den älteren S.n durch ihre autonome korporative Organisation, den Erwerb päpstl. sowie ksl. (bzw. kgl.) Privilegien, exzeptionelle Qualität

des Unterrichts und Verleihung von allseits anerkannten Graden abhoben.

IV. SPÄTES MITTELALTER: [1] *Allgemein. Typologisches:* Das Aufkommen der Univ.en ('Hohen S.n') brachte die nichtuniversitären S.n keineswegs zum Verschwinden, allerdings genossen sie nur mehr inferiores Ansehen, beschränkten sich auf einen vorwiegend lokalen Zustrom von Schülern und trugen auch in institutioneller Hinsicht einen einfacheren Charakter. Sie verliehen keine Titel und hinterließen nur wenige Archiv- und Urkundenbestände; u. a. wegen dieser dürftigen Quellenlage steht ihre Erforschung (außer für England) gegenwärtig weithin noch aus. Die Typologie der S.n des SpätMA ist vielfältig. Die alten Kloster- und Domschulen lebten weiter, manche sogar auf hohem Niveau, mit Lehrprogrammen und -methoden, die sich am Vorbild der Univ.en orientierten. Hinzu traten die →Studia der →Bettelorden, die auch einigen externen Hörern offenstanden; die Durchführung des S.betriebs wurde, auf der Grundlage der Ordensprovinz, von den entsprechenden Ordensautoritäten koordiniert und überwacht; Magister und Schüler wechselten zw. den einzelnen, auf bestimmte Disziplinen (Grammatik, Logik, Naturphilosophie, 'Sentenzen', Hl. Schrift) spezialisierten Studia.

[2] *Grammatikschulen:* Im ausgehenden MA vollzog sich eine schier unübersehbare Zunahme von 'Grammatikschulen' vielfältigster Ausprägung und ganz unterschiedl. Niveaus, v. a. in den Städten, aber auch in manchen Marktflecken und Dörfern. Für England liegen Zahlen vor: Sind für 1066-1200 an 32 Orten S.n belegt, so für 1200-1299 bereits 67, 1300-1399 105, 1400-1499 114. Manche dieser S.n arbeiteten auf rein privater Basis und boten z. T. den Schülern Kost und Logis. Andere waren Stiftungen von Privatpersonen oder aber munizipale S.n. Diese Gründungen waren mit einem Haus und den Mitteln zur Besoldung des Schulmeisters (oder auch mehrerer Lehrkräfte) dotiert, doch wurde in der Regel auch ein Schulgeld erhoben. Die Zahl der Schüler (Kinder und Erwachsene) war sehr variabel. Der Lohn der Lehrer, von denen längst nicht alle ein Universitätsstudium absolviert hatten, war meist bescheiden; viele führten ein unstetes Wanderleben. Der Unterricht war stark auf Grammatik ausgerichtet, von der Vermittlung elementarer Schreib- und Lesekenntnisse bis zur Lektüre der →'auctores' und des Komm. des →Priscian. Manche Schüler erlangten durch die schul. Ausbildung den Zugang zur Universität, waren doch einige S.n förml. Annexe von Universitäten (*Grammar Schools* in Oxford und →Cambridge) oder →Collegia (Winchester School als Annex des New College). Der Großteil der Schüler hatte sich aber mit den an der Grammatikschule erworbenen Fertigkeiten (Schreiben, [oft geringe] Lesekenntnisse in Lat. oder der Volkssprache) zu begnügen (→Lesen, Lesegewohnheiten; →Schriftlichkeit). Manche der Absolventen von Grammatikschulen traten in den →Klerus ein, die große Mehrzahl verblieb im Laienstand. Mädchenschulen sind selten belegt (Paris, um 1360). Bei der männl. Bevölkerung stieg (trotz eines weiterhin verbreiteten Analphabetismus) am Ende des MA die Zahl der Schreibkundigen infolge der starken Zunahme der S.n sprunghaft an; dies gilt nicht nur für aristokrat. und stadtbürgerl. Familien (die auch auf Hauslehrer/Praezeptoren zurückgreifen konnten), sondern auch für sozial tieferstehende Schichten. Auch bestanden im ausgehenden MA bereits einige S.n mit prakt. und techn. Ausrichtung (→artes mechanicae), zumeist für Wissenszweige, die von der Univ. nicht abgedeckt wurden. Im Umfeld der it. Univ.en fanden sich S.n zur Ausbildung von →Notaren (ars notariae, ars dictaminis); in manchen Städten besuchten Kaufmannssöhne S.n, in denen →Rechenkunst ('abacus') und lebende Sprachen gelehrt wurden; in London wurde die Ausbildung der →Juristen des Common Law (→Engl. Recht), das an der Univ. nicht gelehrt wurde, von den angesehenen →Inns of Court geleistet. Im Regelfall beruhte die Berufsausbildung jedoch nach wie vor auf individueller Grundlage (→Lehrling), nicht auf S.unterricht.

[3] *Reformansätze des 15. Jh.:* Als Reaktion auf die Unzulänglichkeit des Universitätsstudiums (v. a. im Bereich der Artistenfakultät) begannen Reformkräfte seit dem späten 14. Jh. sich der S.bildung anzunehmen. In den Niederlanden begründeten die →Brüder vom Gemeinsamen Leben (unter dem Einfluß der →Devotio moderna) große Grammatikschulen (bes. in Deventer), in denen (neben strikter Disziplin und strengen religiösen Übungen) eine neue Pädagogik, die u. a. den direkten Rekurs auf die Kirchenvätertexte sowie eine Einteilung der Zöglinge nach Altersklassen beinhaltete, wirksam wurde. In Italien entwickelten um 1420-30 mit Unterstützung der Fs.en und Stadtrepubliken einige Lehrerpersönlichkeiten wie →Guarino Guarini (in Verona und Ferrara) und →Vittorino da Feltre (in Mantua) für ihre überwiegend aristokrat. Klientel ein pädagog. Reformprogramm, das in Internaten (*contubernia*) das Studium der antiken Klassiker, der →Griech. Sprache und der klass. →Rhetorik zur Grundlage nahm und durch moral.-religiöse Formung (→Ethik) die Persönlichkeit des Zöglings ausbilden wollte. Für England sind Gründungen der frühen Tudorzeit wie →Eton zu nennen. Derartige Neuansätze, die zumeist im Zeichen des →Humanismus standen, waren Vorläufer der großen Kollegien (*Collèges*) und der Gymnasien, die als Elitelehranstalten das Erziehungswesen der europ. Frühmoderne prägen sollten. →Erziehungs- und Bildungswesen.

J. Verger

Lit.: G. MANACORDA, Storia della scuola in Italia. Il Medio Evo, 1914 – G. PARÉ, A. BRUNET, P. TREMBLAY, La Renaissance du XIIe s. Les écoles et l'enseignement, 1933 – E. LESNE, Les écoles de la fin du VIIIe s. à la fin du XIIe, 1940 – P. DELHAYE, L'organisation scolaire au XIIe s., Traditio 5, 1947, 211–268 – G. C. BOYCE, Erfurt Schools and Scholars in the Thirteenth Century, Speculum 24, 1949, 1–18 – P. RICHÉ, Éducation et culture dans l'Occident barbare, 1962 – R. R. POST, The Modern Devotion, 1968 – La scuola nell'occidente latino dell'alto Medioevo (Sett. cent. it. 19, 1972) – N. ORME, English Schools in the MA, 1973 – Enseignement et vie intellectuelle (IXe–XVIe s.) (95e Congrès nat. des Soc. savantes, 1975) – N. ORME, Education in the West of England, 1066-1548, 1976 – Le scuole degli ordini mendicanti (sec. XIII–XIV), 1978 – J. J. CONTRENI, The Cathedral School of Laon from 850 to 930, 1978 – G. PETTI BALBI, L'insegnamento nella Liguria medievale, 1979 – P. CLASSEN, Stud. und Gesellschaft im MA, 1982 – N. ORME, From Childhood to Chivalry: the Education of the English Kings and Aristocracy, 1066-1530, 1984 – P. CLASSEN, Die hohen S.n und die Gesellschaft im 12. Jh., AK 48, 1986, 155–180 – S.n und Stud. im sozialen Wandel des hohen und späten MA, hg. J. FRIED, 1986 – J. N. MINER, Change and Continuity in the Schools of later Medieval Nuremberg, CathHR 72, 1987, 1–22 – P. E. GRENDLER, Schooling in Renaissance Italy. Literacy and Learning, 1300–1600, 1989 – N. ORME, Education and Society in Medieval and Renaissance England, 1989 – P. RICHÉ, Écoles et enseignement dans le Haut MA, 1989 – M. M. HILDEBRANDT, The External School in Carolingian Society, 1992 – G. ORTALLI, Scuole, maestri e istruzione di base tra Medioevo e Rinascimento. Il caso veneziano, 1993.

B. Byzanz
Waren die aus der antiken Kultur ererbten Bildungsstrukturen und -inhalte im abendländ. Bereich seit dem 5. und 6. Jh. weitgehend zum Erliegen gekommen, so überlebten sie in der byz. Welt mit vergleichsweise geringen Wandlungen bis ins 15. Jh. Der Schulmeister für den »Elemen-

tarunterricht« (γραμματικῆς) unterwies Knaben (gelegentl. auch Mädchen) im Alter von sechs bis neun oder zehn Jahren in Lesen, Schreiben und einfacher Arithmetik (→Rechenkunst). Der »Sekundarlehrer« (γραμματικός), der Grammatiker bzw. Philologe unterrichtete die Neun- bis Fünfzehnjährigen im Lesen, Schreiben und Verstehen des klass. Griech. (→Griechische Sprache), das sich von der gesprochenen sog. »Volkssprache« immer stärker unterschied. Der Rhetoriklehrer (→Rhetorik, II) lehrte die älteren Studenten den eleganten und wirkungsvollen Gebrauch des klass. Griech.

Der Elementarlehrer war ein Mann von niederem Sozialstatus, der in den hist. Q. selten erwähnt wird. Er hielt die Schulstunden allein, oft im eigenen Hause. Seine Schüler erlernten zunächst Namen und Formen der Buchstaben, danach übten sie sich im Lesen und Abschreiben von Silben, später von ganzen Wörtern, schließl. von kurzen Übungssätzen. Zugleich wurden ihnen einige Grundregeln der griech. Grammatik vermittelt. Es gab keine Schulbücher, das Auswendiglernen spielte eine große Rolle, den psycholog. Bedingungen und der Persönlichkeitsentwicklung des →Kindes wurde kaum Beachtung geschenkt. Schulmeister waren in allen byz. Städten und in größeren Dörfern und Marktflecken tätig. Manche Kl. richteten für die künftigen Mönche eigene Schulen ein, von denen junge Laien ausgeschlossen waren.

Die Sekundarlehrer, die Grammatikoi, genossen höheres Sozialprestige als die Elementarlehrer. In der Spätantike waren viele von ihnen vom Staat oder von städt. Magistraten besoldet worden, und auch in der byz. Epoche wurde das Grammatikschulwesen vom Ksm. oder den kirchl. Autoritäten zeitweise finanziell gefördert. Die meisten Grammatiklehrer lebten jedoch von Honoraren. Sie unterrichteten allein oder mit ein bis zwei Gehilfen, wobei ältere Schüler oft beim Unterricht der jüngeren mitwirkten. Die institutionelle Kontinuität der S.n war gering. Nur in Konstantinopel und einigen anderen größeren Städten bestanden Grammatiks.n. Der Unterricht basierte auf der »Τέχνη γραμματική« Dionysios' des Thrakers (2. Jh. v. Chr.) sowie den zahlreichen Komm. zu diesem hellenist. Standardwerk; auch war die eingehendere Darstellung der griech. Formenlehre (Morphologie) in den »Kanones« des Theodosios v. Alexandreia (4. Jh. n. Chr.) ein verbreitetes Lehrbuch. Aufgabe des Lehrers war es, diese Texte zu erklären und zu kommentieren, zugleich aber auch den Schülern eine kleine Anzahl klass. Dichter, allen voran →Homer, nahezubringen. Auch wurden (wenige) christl. Autoren, so →Gregor v. Nazianz und →Johannes Damaskenos (die Hymnen), gelesen. Üblicherweise erhielten die Schüler keine Abschriften der behandelten Texte; diese wurden ihnen vielmehr vom Lehrer passagenweise diktiert, wobei 30–50 Zeilen ein normales Tagespensum bildeten. Das Augenmerk richtete sich stärker auf grammatikal. Einzelprobleme als auf spezif. lit. Qualität. Seit dem 11. Jh. bildeten auch eigene schul. Gebrauchstexte, die Schede (Schedule), die grammatikal. und orthograph. Problemen gewidmet waren, den Lehrstoff.

Der Rhetoriklehrer begann seinen Unterricht mit Lektüre und Erklärung einführender Übungstexte (Progymnasmata), welche die einzelnen lit. Genera (Fabel, Erzählung, Beschreibung, Enkomion usw.) zum Thema hatten. Die meistbenutzte Slg. von Progymnasmata war das Corpus des Aphthonios v. Antiocheia (4. Jh. n. Chr.), das in byz. Zeit zum Gegenstand zahlreicher Komm. wurde. Die nächste Stufe bildete das Studium von vier Abhandlungen des Hermogenes v. Tarsos (2. Jh. v. Chr.), die eine subtile Analyse der diversen lit. Stilformen boten. Parallel hierzu wurden ausgewählte Reden klass. und nachklass. Rhetoriker gelesen und kommentiert. Der Student hatte als Abschluß seiner Ausbildung kurze eigene epideikt. und forens. Reden auszuarbeiten und vorzutragen.

Von den Schülern, die eine Elementarausbildung genossen, absolvierten nur wenige den weiterführenden Grammatikunterricht und noch weniger das Rhetorikstudium. Die Beherrschung der klassisch griech. »Hochsprache« und der rhetor. Techniken bildeten ein Kennzeichen der sozialen Elite und eine Qualifikation für höhere Posten in der staatl. und kirchl. Bürokratie. Aus diesem Grunde erfreuten sich Lehrer der Rhetorik und anderer angesehener Fachdisziplinen oft der ksl. oder kirchl. Gönnerschaft; von Zeit zu Zeit wurde auch die Errichtung von kaiserlich geförderten höheren Lehranstalten in Angriff genommen, so von →Theodosios II., dem Caesar Bardas, →Konstantin VII., doch überlebten diese Gründungen ihre Initiatoren meist nicht lang. Die meisten Lehrer der Rhetorik und anderer Wiss. arbeiteten auf privater Honorarbasis. Ein erfolgreicher Rhetoriklehrer gab in öffentl. oder privatem Rahmen vor Publikum öfter Proben seiner Kunst ab und konnte öffentl. Meinung artikulieren, sie auch bisweilen beeinflussen (→Publizistik, B). Aus fast allen Perioden der byz. Gesch. sind Beispiele aktueller Redekunst überliefert.

In Konstantinopel und wohl auch in Thessalonike bestanden mehrere Grammatik- und Rhetorikschulen zugleich. Die Korrespondenz eines Grammatiklehrers im Konstantinopel des 10. Jh. wirft ein Schlaglicht auf Unterrichtsmethoden, die (nicht durchweg freundl.) Beziehungen der Lehrer untereinander, ihre Einnahmequellen und die Berufsaussichten ihrer Schüler. Im 11. Jh. erfahren wir von öffentl. Wettkämpfen zw. den Zöglingen verschiedener Schulen, die einander oft die Schüler abzuwerben suchten.

Künftige Juristen (→Byz. Recht) empfingen ihre Ausbildung in einer Schule, die von der Gilde der Notare in Konstantinopel getragen wurde (entsprechende Schulen gab es vielleicht auch in anderen Städten). Um die Mitte des 11. Jh. richtete →Konstantin IX. eine kaiserlich geförderte Rechtsschule ein, die erfolgreichen Absolventen gar Diplome ausstellte, doch bleibt unbekannt, wie lange sie bestand. →Medizin wurde in Alexandrien bis zum frühen 7. Jh. systematisch gelehrt. In der Zeit danach erlernten die künftigen Mediziner die Heilkunde als Lehrlinge älterer Ärzte. Entsprechend gestaltete sich auch die Ausbildung von Baumeistern, Feldmessern und Veterinären. →Erziehungs- und Bildungswesen   B. R. Browning

Lit.: G. Buckler, Byz. Education (N. H. Baynes–H. St. L. B. Moss, Byzantium. An Introduction to East Roman Civilization, 1948), 200–220–L. Bréhier, La civilisation byz., 1950, 456–503–P. Lemerle, Le premier humanisme byz., 1971, 97–104, 242–266–A. Guillou, La civilisation byz., 1974, 327–334–P. Speck, Die ksl. Univ. v. Konstantinopel, 1974, 29–50–R. Browning, L'insegnante (L'uomo biz., hg. G. Caralho, 1992), 129–164–M. Fuhrmann, Rom in der Spätantike, 1994, 81–107.

C. Judentum

Ausgehend von der Erziehung durch den Vater, dessen Pflicht die Ausbildung des Sohnes in Beruf und zur Torafrömmigkeit war, entwickelte sich über Privatunterricht (der Begüterten), Kinders.n (als Desiderat der Doppelpflicht der Väter), höhere S.n (unter Leitung hervorragender Rabbinen- und Gelehrtenfamilien) und Hochs.n (Akademien in Palästina und v.a. in Babylonien) ein jüd. S.wesen, das, in der Zeit des 2. Tempels wurzelnd, dem rabbin. Ideal der Verbreitung und Vertiefung der →Tora entsprach und gemäß den polit., kulturellen und wirtschaftl. Gegebenheiten im MA fortgeführt wurde. Rabbin. Kinders.n, deren Unterhalt den Gemeinden oblag, erreichten ein (bescheidenes) Lernniveau, das sozial Schwachen ohne kostspieligen Privatunterricht weiterführenden Unterricht in höheren S.n und Hochs.n (und somit den Aufstieg zum anerkannten Toragelehrten) ermöglichte und eine beachtenswerte Bildungsinstitution im Vergleich zur nichtjüd. Umwelt war. Garantiert wurde der Lehrbetrieb in Palästina durch das Patriarchat und in Babylonien v. a. durch eigene Einkünfte, die nicht nur ein hierarch. organisiertes Schulsystem, sondern auch in den Monaten Febr./März sowie Aug./Sept. Gelehrten und Schülern Sitzungsperioden ermöglichte, in denen talmud. Traktate und Anfragen diskutiert und entschieden wurden. Wenn auch unter anderen polit. und ökonom. Voraussetzungen wurden diese in talmud. Zeit entstandenen Institutionen im MA in Form der Kinders. (Chädär) und Jeschiba weitergeführt (→Erziehungs- und Bildungswesen, D). Der Kinderlehrer (Melammed), dessen Sozialprestige aufgrund des Fehlens begüteter (gebildeter) Kinder gering war, unterrichtete versweise den bibl. Text (Tora) mit einfachen Erklärungen sowie den →Targum Onkelos und lehrte so Hebräisch. Nach dem Erlernen der Tora, des Lesens und Schreibens folgte für den Zehnjährigen das Lernen der autoritativen Traditionsliteratur – nach der Mischna lernte der 12–13jährige →Talmudtraktate. Das Niveau der von rabbin. Gelehrten teils wie Familienbetriebe geführten Jeschibot, höhere Talmuds.n, war abhängig von der Gelehrsamkeit der jeweiligen Rabbiner (→Rabbinat). Zu deren Prestige und Selbstverständnis zählte, eine Elite heranzubilden, so daß man häufig nur auf Empfehlung in Jeschibot berühmter Gelehrter gelangte, die nicht zuletzt durch gezielte Heirat Gelehrtendynastien bildeten. Die Bildungsinhalte wurden nicht unwesentlich von geogr. Lage, (gemeinsamer) Umgangs- bzw. Kultursprache sowie vom torabestimmten Verhältnis zur Umwelt beeinflußt. Die bereits im mediterranen Bereich vorhandene größere Offenheit für Bildungsinhalte aus der Umwelt führte erst recht bei gemeinsamer arab. Umgangs- und Kultursprache zur intensiven Teilhabe an rezipierten Bildungsinhalten der Antike, die v. a. durch die halach. Beurteilung (→Halacha) der Muslime ermöglicht wurde. Sie galten für Juden nicht wie die Christen als Götzendiener bzw. Polytheisten, was im islam. und mediterranen Bereich nicht nur zu einer besseren S.organisation und Didaktik, sondern auch zu einer sämtl. Wissensbereiche umfassenden Bildung führte. Im aschkenas. Bereich (→Judentum, A. I) hingegen konzentrierte sich die Ausbildung aufgrund unvermeidl. Abgrenzungsbestrebungen gegenüber der christl. Umwelt auf die eigene rabbin. Tradition. R. Schmitz

Lit.: N. Morris, The Jewish School, 1937 – S. K. Mirski, Types of Lectures in the Babylonian Academies (Fschr. S. W. Baron, 1959), 375-402 – S. D. Goitein, Jewish Education in Muslim Countries, 1962 – I. M. Goldman, Lifelong Learning, 1975 – D. M. Goodblatt, Rabbinic Instruction in Sasanian Babylonia, 1975.

Schullektüre. Im Anschluß an den →Elementarunterricht erfolgte als Einstieg in das Studium der →Artes liberales die Unterweisung in der →Grammatik. Zur prakt. Anwendung der hier erworbenen Kenntnisse wurde ergänzend die Lektüre gewisser Schriftsteller empfohlen. So schöpfte →Beda die Versbeispiele in seinem Traktat »De metrica ratione« überwiegend aus den chr. Dichtern →Sedulius, →Iuvencus, →Arator, →Prosper, →Prudentius und →Paulinus v. Nola. Dieselbe Gruppierung, dazu→Venantius Fortunatus und Alcimus→Avitus, zeigt Alkuins Aufzählung der Bücher in der Kathedrale v. York und gekürzt eine wohl von ihm kompilierte Blütenlese (Bamberg, Patr. 17). Die Tendenz setzte sich in der Karolingerzeit verstärkt fort, was außer den spärl. lit. Zeugnissen, »De institutione clericorum« des →Hrabanus Maurus und der »Notatio de viris illustribus« →Notkers I. Balbulus, v. a. handbuchartig angelegte Codices (Mailand, Ambros. C 74 sup. aus St-Denis, durch →Dungal nach Bobbio gelangt; Paris, BN lat. 9347 aus Reims; Vatikan, Reg. lat. 333 und Leiden, Voss. lat. Q. 86 aus Fleury, später in Cluny ?, alle 9. Jh.) und Einträge in Bibl.katalogen (Reichenau 821/822; St. Gallen mit eigenen Abteilungen »De metris« und »De libris grammaticae artis«) beweisen. Von antiker Lit. wurden →Disticha Catonis und die Fabeln →Avians häufiger gelesen. Die auf dem Festland tätigen ir. Lehrer →Johannes Scottus, →Martin v. Laon und →Dunchad v. Reims (?) weckten das Interesse für →Martianus Capella und förderten dessen schulmäßige Behandlung durch Komm. und →Accessus ad auctores. Die Erklärung des →Remigius v. Auxerre übertraf die seiner Vorgänger an Popularität; ihre Überlieferung neben den mit reichen Scholien versehenen röm. Klassikern Terenz, Horaz, Lukan und Juvenal (Paris, BN, lat. 7900 A um 900 aus Mailand) kündigt einen Wandel im Lehrprogramm an.

→Gerbert v. Aurillac las nach Angabe seines Schülers →Richer v. Reims die Epen des Vergil, Lukan, Statius, die Satiren des Horaz, Juvenal, Persius und die Komödien des Terenz. Seinen Unterricht nahm mancher Lehrer zum Vorbild, wie die ident. Listen im »Libellus scolasticus« →Walthers v. Speyer und der »Ars lectoria« des →Aimericus belegen, der zusätzl. Ovid und Sallust erwähnt, für Anfänger außer Disticha Catonis und Avian nun auch →Ilias latina, die Elegien des →Maximian und die →Fabeln des Äsop. Aus Echternach z. B. sind Hss. (um 1000) fast aller von Richer genannten Autoren, dazu Sallust, erhalten. →Ekkehard IV. v. St. Gallen bittet in einem Vakanzlied um Unterbrechung der Lektüre der klass. Dichter; statt Terenz erscheint frühzeitig Ovid. Daneben ist die chr. Poesie, am Ende des 9. Jh. um »De consolatione philosophiae« des →Boethius erweitert, so in St. Gallen (Notiz Ekkehards in Cod. 264, p. 237), Echternach (Trier StB 1093/1694 mit lat. und ahd. Glossen) und anderswo gemäß den Bücherverz. (Gorze, St-Evre in Toul »Libri divinorum poetarum«; »Anchin« [unbestimmt]) und Sammelbänden des 11. Jh. (Cambridge, UL Gg. 5.35/I, einzelne ae. Glossen; London, BL Harl. 3093 südfrz., neuer Lesestoff →Ecloga Theoduli und Theobalds »Physiologus«) keineswegs in Vergessenheit geraten. Dafür sprechen auch die Exempla in dem früher Paulus v. Camaldoli zugewiesenen, doch eher in Montecassino entstandenen prosod. Florileg (ed. D. C. Anderson, Ph. D. Duke Univ., 1986), dank seiner Verbreitung ein glaubwürdiges Zeugnis für die aktuelle Zusammensetzung des Kanons.

Im 12. Jh. gewähren der »Dialogus super auctores« →Konrads v. Hirsau und die Slg.en der accessus erstmals zuverlässig Einblick in den genauen Ablauf des Lehrplans und geben Auskunft darüber, welche Dichtungen Ovids gelesen wurden. In einem Bündel moral. Weisheiten, dessen Nähe zum Unterricht Exzerpte aus →Gunzos Brief an die Reichenauer Mönche bestätigen, sind die ausgewählten Verse seinem Gesamtwerk entnommen (Douai 749, fol. 23^v-60^r); nicht wenige glossierte Stellen daraus sind in den Bursarii Ovidianorum Wilhelms v. Orléans vereint. In der Folgezeit bildet sich ein neuer Typ von Schulbuch heraus, der Disticha Catonis, Ecloga Theoduli,

Avian, Maximian, die »Achilleus« des Statius und Claudians »De raptu Proserpinae« umfaßt und später von den auctores octo abgelöst wird (vgl. →Auctores).

G. Glauche

Lit.: G. GLAUCHE, S. im MA (Münchener Beitr. zur Mediävistik und Renaissance-Forsch. 5, 1970) – J. SCHROEDER, Bibl. und Schule der Abtei Echternach um die Jahrtausendwende, Publ. de la section hist. de l'Inst. gr.-d. de Luxembourg 91, 1977, 201–327 – B. MUNK OLSEN, L'étude des auteurs classiques lat. aux XIe et XIIe s., 1982–89 – G. R. WIELAND, The Glossed Ms.: Classbook or Library Book?, ASE 14, 1985, 153–173 – R. KÖHN, Schulbildung und Trivium im lat. Hoch-MA... (Schulen und Studium im sozialen Wandel des hohen und späten MA, hg. J. FRIED, 1986), 203–284 – N. HENKEL, Dt. Übers.en lat. Schultexte, MTU 90, 1988 – P. RICHÉ, Écoles et enseignement dans le haut MA, 1989^2 – B. MUNK OLSEN, I classici nel canone scolastico altomedievale, 1991 – DERS., L'étude des textes litt. classiques lat. dans les écoles pendant le haut MA (Itinerari dei testi antichi, hg. O. PECERE, 1991), 105–114.

Schulmeister v. Esslingen. Die Identität des Spruch- und Liederdichters aus der 2. Hälfte des 13. Jh. mit einem 1279–81 und 1289 urkdl. belegten Schulleiter/Lehrer in Esslingen kann nicht als gesichert gelten. Sein überliefertes Corpus, bestehend aus 10 Sprüchen (5 Tönen) und zwei Liedern (dreistrophig), ist in der Heidelberger Liederhs. C (Cod. Manesse, fol. 292^v–294^r, Nachtragshd. Es) überliefert. Scharfe Kritik gegen Kg. Rudolf v. Habsburg prägt sein Werk (9 Strophen), das formal und inhaltl. deutl. Beeinflussung durch Walther zeigt. Vergleichbare Polemik fehlt in der zeitgenöss. →Spruchdichtung: Rudolfs Machtstreben (II, 1 und 3: Vorherrschaft im Himmel) sowie seine Habgier und sein Geiz (I, 1 und V) werden ebenso getadelt wie seine Bevorzugung des eigenen Hauses (I, 1) und mangelnder Mut im Streit um das Kgr. Sizilien (I, 2). Neben der dominanten antihabsbg. Polemik spielen die sprachl. und formal gelungenen Mailieder nur eine geringe Rolle. Einen möglichen Hinweis auf die ursprgl. Breite seines Œuvre gibt die bisher nicht polit. interpretierte Spruchstrophe I, 3, in der das Verstummen des Sängers mit seiner Impotenz (Phallus = *friunt*) und das erneute Singen mit seiner Orientierung auf leibl. Genüsse als Lohn begründet wird.

H.-J. Schiewer

Ed.: Dt. Liederdichter des 13. Jh., hg. C. v. KRAUS, 1978^2, Nr. 10 – Lit.: Verf.-Lex.^{2} VIII, 869–872 [G. KORNRUMPF; Lit.] – E. KLEINSCHMIDT, Herrscherdarstellung, 1974, 139–149 – U. MÜLLER, Unters. zur polit. Lyrik der dt. MA, 1974, 142–146, 351–353 u. ö. – Rep. der Sangsprüche und Meisterlieder, V, hg. H. BRUNNER–B. WACHINGER, 1991, 364–366, 477.

Schultheiß, in vielen westgerm. Rechten auftretender Gerichtsbeamter ('der Schuld heischt', d. i. 'Verpflichtungen auferlegt'; ags. *scyldhæta*, as. *sculthêtio*, ahd. *sculdheizo* und *sculdsuua*, langob. *sculdahis* und *sculdhais*, afries. *skeltata* und *skelta*, mlat. scultetus, causidicus, exactor publicus), jünger *Schulze, Scholz* u. ä. Im langob. Recht, das nur den alleinurteilenden →Richter kennt, erscheint der S. als Niederrichter, kann Streitsachen zum höheren Richter verweisen (Liutprand 25) und hat Befugnisse bei der Vollstreckung im Bereich des Privat- und Strafrechts (Liutprand 44, 85, Rothari 221, 251). Im fries. Recht ist er Richter, der eine bedeutende Rolle spielt, er ist dem Gf.en unterstellt – bes. ausführl. geregelt im älteren und jüngeren Skeltarecht aus dem 11. und 12. Jh. Im frk. Recht ist der S. zunächst Hilfsbeamter des Gf.en, betraut mit der Einziehung von Geldern und mit der Urteilsvollstreckung, meist zugleich Hundertschaftsführer (→Hundert). Im Gf.engericht ist er als Richter Verhandlungsleiter. Das Amt scheint sich aus einem solchen des Grundherrn entwickelt zu haben, wandert aber auch in Gegenden, in denen es Gerichtsbarkeit nur über Freie gibt. Im Lauf der Zeit vermischt sich das Amt mit anderen (→Vikar, Zentenar [→centenarius]). Im Rahmen der dt. Ostsiedlung (→Landesausbau und Kolonisation) erhält der Siedlungsunternehmer (→Lokator) regelmäßig unter anderen Gerechtigkeiten der S.-Amt, wobei sich insbes. im dörfl. Bereich neben richterl. Befugnissen allg. die Funktion der Dorfobrigkeit auch außerhalb der Gerichtsverfassung findet. Dabei gibt es alle Wahlmodalitäten von der freien Wahl durch die Dorfgemeinde bis zur einseitigen Einsetzung durch den Dorfherren. Sachlich gleichbedeutend werden Bezeichnungen wie →Meier, →Vogt, →Ammann u. a. benutzt. Eine Sonderstellung nimmt der S. im →Sachsenspiegel ein, wo er an der Spitze der →Schöffen gegenüber dem Richter steht, wohl eine ostfäl. Sonderentwicklung. Teilweise sondert sich das Amt des →Fronboten aus dem des S.en aus. In vielen Städten des SpätMA und der frühen NZ fungiert der S. als Richter mit Schöffen neben sich, vornehml. in den häufigen S.gerichten.

F. Ebel

Lit.: J. W. PLANCK, Das dt. Gerichtsverfahren im MA, I, 1879, § 16 – A. v. WROCHEM, Der S. in der Gerichtsbarkeit des Sachsenspiegels usw. (Deutschrechtl. Beitr., II, 4, 1908) – K. S. BADER, Stud. zur Rechtsgesch. des ma. Dorfes, II, 1962, 296ff. – H. CONRAD, Dt. Rechtsgesch., I, 1962^2, 104, 142 – K. H. KORZ, Das S.- und Kämmereigericht in Speyer usw. [Diss. Mainz 1962] – W. J. BUMA–W. EBEL, Westerlauwerssches Recht I (Altfries. Rechtsq. 6/1, 1977), 12ff.

Schüpfheimer Kodex, hs. Vertreter eines 'Iatromath. Corpus' gen., astrolog.-heilkundl. Kompendiums aus der 1. Hälfte des 15. Jh., das zur selben Gattung wie das 'Iatromath. Hausbuch' oder das 'Astromed. Hausbuch' gehört und wie diese aus SW-Dtl. stammt. Der laienärztl. Verf. übernahm seine Versatzstücke aus →Ortolfs 'Arzneibuch', der →Pest-, →Rezept- und →Aderlaßlit. und integrierte in sein Kompilat eine Vielzahl laienastrolog. Kleinschrr.; nur Meister Richards →'Pelzbuch' nimmt in dem Ensemble als agrarwiss. Traktat eine Sonderstellung ein. Im Zuge der Textgesch. wurde das Kompilat erweitert: zunächst um einen Anhang, in dem →'Bartholomäus'-Exzerpte dominieren und vereinzelt auch das 'Wässer-Büchlein' Michael →Puffs erscheint; dann um einen Kalender-Vorspann, der den Druckausg.en des 16. Jh. charakterist. Gepräge gibt.

G. Keil

Ed. und Lit.: L. WELKER, Das 'Iatromath. Corpus', Zürcher med.gesch. Abh. 196, 1988 – I. ROHLAND–G. KEIL, Randnotizen zum 'S. K.', I, Gesnerus 40, 1983, 257–274 – B. SCHNELL, Das Hausbuch als Überlieferungsträger (Würzburger Fachprosa-Stud. Fschr. M. HOLLER, hg. G. KEIL u. a., 1994 [Würzburger med.hist. Forsch. 38]), 118–133.

Schuppenpanzer, im Alten Ägypten wohl in Nachahmung von Reptilienschuppen entstandener Panzer in Hemdform. Die gelochten Horn- oder Metallschuppen wurden auf ein Unterkleid aufgenäht, bisweilen auch durch Draht verbunden. Der S. wurde von Persern, Griechen und Römern übernommen. Beschuppte Kürasse waren bes. beim spätröm. und byz. Offizierskorps beliebt. Im Abendland erhielten sich Schuppenhemden bis ins 12. Jh., aber noch im 14. Jh. kamen einzelne beschuppte Rüstungsteile, wie Kragen, Handschuhe und Schuhe, vor.

O. Gamber

Lit.: W. ALFS, Der bewegl. Metallpanzer im röm. Heer, ZHW, NF 7, 1941 – Y. YADIM, The Art of Warfare in Biblical Lands, 1963.

Schuppose (scoposa, *schupusse* u. ä., Schreibung sehr variabel), kleinbäuerl. Betrieb von ursprgl. ca. 7–15 Juchert (etwa 1/4–1/2 Hufe), der seit Anfang des 12. Jh. als Schöpfung der →Grundherrschaft im alem. Raum (außeralpine Schweiz außer Jura; Württemberg; Südbaden; Elsaß) nachweisbar ist und weitgehend auf bis dahin besiedelte Gebiete beschränkt bleibt. Die Etymologie ist ungeklärt, naheliegend eine Beziehung zu mlat. schoppa (casa). In der Regel verfügte der Inhaber einer S. (Schupposser, Schuepismeier u. ä.) über Haus, Hofstätte und zugehörige Wirtschaftsflächen (Äcker, Wiesen, örtl. Rebparzellen, Allmendnutzungsrecht), die in der →Flur im Gemenge lagen. In älterer Zeit waren sehr große wie sehr kleine Parzellen selten. Die Entstehung der S.n, die grundherrl. Leihgüter waren, oft mit lebenslängl. Nutzungsrecht, ist in der Auflösung größerer grundherrl. Einheiten und in der Bevölkerungszunahme zu sehen. Die Einheit von Haus und Wirtschaftsflächen ging seit dem 14. Jh. verloren, so daß S. auch zum bloßen Maß für kleinere Liegenschaften wurde; dazu beigetragen hat regional die Bildung von S.nteilgenossenschaften, bei denen mehrere Bauern an einer S. und einer an mehreren S.n beteiligt sein konnte. Die im 17. und 18. Jh. in Q. gen. S.n sind nur noch Überreste der ursprgl. Kleinbetriebe. H. Jäger

Lit.: H. FISCHER, Schwäb. Wb., V, 1920 – L. P. MÜNGER, Über die S. [Diss. Zürich 1967] – H. JÄNICHEN, Beitr. zur Wirtschaftsgesch. des schwäb. Dorfes, 1970 – H. OTT, Stud. zur spätma. Agrarverfassung im Oberrheingebiet, 1970, 12ff., 38ff., 113ff., 167ff. – W. RÖSENER, Grundherrschaft im Wandel, 1991, 502ff.

Schürstab, Nürnberger Fernhandelsfamilie, 1299 erstmals urkundl. dort erwähnt. Seit 1350 ratsfähig, gehörten die S. bis ca. 1450 mit ihrem Vermögen wie der Zahl ihrer Hintersassen zur Spitzenschicht in →Nürnberg. Ihre Fernhandelsaktivitäten, die über das gesamte 15. Jh. hin anhielten, lassen bereits Frgm.e eines Handelsbuches *Leupolt S.s d. Ä.* von 1353/64-83 erkennen, die Geschäfte v. a. nach Ungarn sowie Flandern und Venedig dokumentieren. Das Handelsbuch führt Personen- und Sachkonten und verzeichnet Wechselgeschäfte. Der oberste Ratsherr *Erhard S. d. J.* († 1461) ließ Aufzeichnungen des Ersten →Mgf.enkrieg (1449/50) sammeln. Die Stilisierung eines für die Nürnberger Tradition wichtigen Schlachtberichtes geht hierbei wohl auf ihn selbst zurück. *Erasmus S. d. J.* († 1473) verfaßte u. a. eine Genealogie der S. J. Schneider

Q.: Erasmus S.s Geschlechtsbuch, hg. F. v. WEECH (31. Jahresber. des hist. Ver. in Mittelfranken, 1863) – Lit.: Verf.-Lex. VIII², 881–885 [Lit.] – W. v. STROMER, Das Schriftwesen der Nürnberger Wirtschaft vom 14. bis zum 16. Jh. (Beitr. zur Wirtschaftsgesch. Nürnbergs, II, 1967), 776–780 – H. AMMANN, Die wirtschaftl. Stellung der Reichsstadt Nürnberg im SpätMA, 1970 – W. v. STROMER, Obdt. Hochfinanz 1350–1450, 1970.

Schüssel → Gefäß

Schüsselpfennig (gehulchter Pfennig), leicht konkaver (schüsselförmiger), einseitiger →Pfennig vorwiegend des 15. und 16. Jh. aus W- und S-Dtl. sowie der Schweiz, geprägt mit dem Prägestößel und einem glatten Unterstempel. In der Regel zeigen die S.e den Wappenschild der Münzherrn, umgeben von einem Perlrand. Erste S.e gehen auf den Aschaffenburger Münzvertrag (1424) zw. Kurpfalz und Kurmainz zurück; der S. wurde später in den →rhein. Münzverein als Vertragsmünze aufgenommen. Münzfunde bezeugen den Umlauf des S.s bis nach Thüringen. P. Berghaus

Lit.: F. v. SCHROETTER, Wb. der Münzkunde, 1930, 915f. – J. WESCHKE, Der S.fund v. Mühlhausen, HBNum 11, 1957, 453–460 – H. EHREND, S.e, 1982 – W. KÜHN, Die Prägekappe, ein bisher unbekanntes Werkzeug zur Herstellung von Hohlmünzen, Geldgeschichtl. Nachrichten, 1990, 182–191.

Schuttern, ehem. Abtei OSB (Diöz. Straßburg) in der →Ortenau, wurde nach einer ma. Legende Anfang des 7. Jh. durch iroschott. Mönche unter einem Offo, dessen Reliquien man in S. verehrte, gegr. Den frühesten Beleg für die Existenz des Kl. (ð Maria) bietet die Vita des hl. →Pirmin (Ende 9. Jh.), die berichtet, Pirmin habe angebl. zw. 746 und 753 die →Regula s. Benedicti in S. eingeführt. Die ältesten überlieferten Urkk. sind Fälschungen. Verbrüderungen mit namhaften Abteien OSB erweisen das bereits z. Zt. der späteren Karolinger wohlhabende S. für das 11. Jh. als eines der bedeutendsten Kl. am Oberrhein. Ks. Otto II. verlieh dem Konvent 975 das Recht der freien Abtwahl, Heinrich II. übergab die Abtei 1009 an das neu gegr. Bm. →Bamberg. Als älteste Vögte gelten die →Zähringer und die v. Nimburg, sicher bezeugt sind 1235 die v. Tiersburg-Geroldseck und nach 1377 die v. (Hohen-)Geroldseck. 1486/95 gelangte die Vogtei in den Besitz der →Pfgf.en b. Rhein, auf deren Betreiben das Kl. 1489/90 reformiert und der →Bursfelder Kongregation zugeführt wurde. Der in einer päpstl. Bulle von 1136 beschriebene Kl.besitz reichte bis in den Breisgau (Kl.hof in Freiburg) und ins Elsaß, darüber hinaus bis nach Schwaben und Lothringen. K. Andermann

Lit.: GP III, 79–82 – H. SCHWARZMAIER, Die Konvente der Ortenaukl. zur Karolingerzeit, ZGO 199, 1971, 1–35 – G. KALLER, Kl. S. (Die Kl. der Ortenau, hg. W. MÜLLER, 1978), 116–149 – Die Benediktinerkl. in Baden-Württemberg, bearb. F. QUARTHAL u. a., 1987², 562–572 [Lit.] – Vorroman. Kichenbauten, Nachtragsbd. bearb. W. JACOBSEN, L. SCHAEFER, H. R. SENNHAUSER, 1991, 376ff.

Schutz, -herrschaft. [1] *Wort und Begriff:* S., mit mhd. *schützen* 'eindämmen', 'beschützen', das zu mhd. *schütte* für 'Erdaufschüttung' gehört, ist wie das semant. verwandte *schirm* ('Schutzwehr', 'Schild') ursprgl. ein Wort des Kriegs- und Heerwesens. Über die Verbformen *schützen* und *schirmen* 'als S.wehr dienen, verteidigen' hat S. seine abstrakte Bedeutung und Begrifflichkeit erlangt. Das Substantiv ist erst im Mhd. belegt. Im Ahd. wird der Begriff durch →*munt* ('Hand' bzw. 'Schutz') abgedeckt. Dies entspricht der archaischen Vorstellung, wonach man sich durch eine rechtsrituelle Handlung (z. B. Halsstreich, Handschlag, Handreichung) in den S. eines Mächtigen begeben kann, indem man seine Person gleichsam in seine Hand gibt. Hausgenossen, Gefolgsleute, Lehnsleute, Grundholden u. a. m. lebten so während des MA in unterschiedl. S.verhältnissen, mit denen weder ein Untertanennoch ein Lehensverhältnis zwangsläufig begründet wurde. Die *Holden*, auch *Muntlinge* genannt, schuldeten dem S.herrn je nach sozialer Stellung (militär.) Dienste und finanzielle Abgaben. Der Patron schützte sie vor Gewalt und vertrat sie vor Gericht. Der S.gedanke hatte auch christl.-antike Wurzeln, indem seit der Spätantike der S. der Schwachen und Rechtlosen zu den Pflichten des Herrschers zählte. Der S. von Witwen und Waisen, Armen und Bedrückten gehörte aber auch zu den Amtspflichten des Bf.s. Der Universalanspruch des Bf.s v. Rom führte zur Anwendung des päpstl. S.es auf die gesamte Christenheit.

[2] *Formen der Schutzherrschaft:* Sichtbarer Ausdruck der S.herrschaft waren S.privilegien und S.verträge. Der päpstl. S., dem sich romverbundene Kl., aber auch Einzelpersonen schon früh unterstellten, sicherte ihnen das Eigentum der röm. Kirche bzw. dem Stuhl Petri übertragen, verschaffte ihnen Freiheit von jeder Art weltl. Herrschaft (→Herr, Herrschaft; →Libertas Romana; →Immunität). Ähnl. konnten Kg.e und Landesherren, welche die Rechts- und Friedensordnung im Reich und in den Territorien zu wahren hatten, Institutionen wie Kirchen, Kl. und Städte, Einzelpersonen wie Geistliche, Kaufleute und Juden unter ihren bes. S. stellen, der urkundl. verbrieft wurde und durch Vorweisen des Siegels nachgewiesen werden konnte. Eine bes. Form institutionalisierten S.es war die →Vogtei über Kl. und Kirchen. Der S.zins, den die Vogtholden zu entrichten hatten, die sog. Vogtbede, war

für die Ausbildung des spätma. Steuerwesens von Bedeutung. Eine bes. vielgestaltige Form des S.es war das →Geleit ('Begleitung', 'S.') mit dem Heeres-, Beförderungs- und Paßgeleit, dem Zoll- und Marktgeleit, dem Prozeßgeleit, dem Übeltäter- und Arrestgeleit u. a. m. Geleitbriefe des Kg.s, später auch der Landesherren, sollten den Reisenden, bes. den Kaufmann, gegen Überfall, Raub und sonstige Bedrängnis schützen. Die Kaufleute hatten Abgaben an die kgl. Kammer zu entrichten. Ähnl. die Juden, die deshalb auch als →Kammerknechte bezeichnet wurden. Schon Heinrich IV. hatte den jüd. Gemeinden von Worms (1074) und Speyer (1084 und 1090) S.privilegien ausgestellt. Friedrich II. dehnte die den Wormser Juden gewährten Rechte 1236 auf alle Juden aus, die auf Reichsgut oder ksl. Hausgut lebten. Sie hatten dafür eine Judensteuer zu zahlen.

Städte und Kl. konnten von sich aus 'S. und Schirm'-Verträge mit Territorialherren der Nachbarschaft abschließen, ohne ihre grundherrl. Bindungen aufzugeben.

[3] *Formeln:* Auffällig sind die vielen festen Wortverbindungen mit S., die sich in der dt. Sprache bis heute gehalten haben: 'sich in jemandes S. begeben', 'jemandes S. genießen', etc.; ferner sind die zahlreichen Paarformeln, die seit dem 14. Jh. bes. häufig belegt sind, zu nennen: 'S. und Hilfe', 'S. und Schirm', etc. Das aus dem Schweiz. kommende 'S. und Trutz' zielt auf Verteidigung und Angriff und steht damit dem Ausgangspunkt des S.begriffs bes. nahe. R. Schmidt-Wiegand

Lit.: GRIMM, DWB IX, 2120-2122 – HRG IV, 1525-1528; 1528f. [S. und Schirm] – H. APPELT, Die Anfänge des päpstl. S.es, MIÖG 62, 1954, 101-111 – O. BRUNNER, Land und Herrschaft, 1965⁵, 263ff. – H. KRAUSE, Kgtm. und Rechtsordnung in der Zeit der sächs. und sal. Herrscher, ZRGGermAbt 82, 1965, 1-98 – D. WILLOWEIT, Rechtsgrundlagen der Territorialgewalt, 1975, 63ff., 213ff. – J. FRIED, Der päpstl. S. für Laienfs.en. Die polit. Gesch. des päpstl. S.privilegs für Laun (11.-13. Jh.), AAH, Phil.-Hist. Kl. 1, 1980.

Schutz und Schirm → Schutz, -herrschaft

Schutzengel → Engel

Schützengilden, eine Erscheinungsform der →Gilde. Sie entstanden seit dem ausgehenden 13. Jh. zunächst in den Städten Flanderns und des Artois und verbreiteten sich von dort aus, vor allem Dingen in Brabant, im Hennegau, in den Niederlanden und im rhein. Raum. Es handelte sich um Vereinigungen rein privaten Charakters, v. a. zum Zweck gemeinsamer Schießübungen mit der →Armbrust. Im Kriegsfall übernahmen die S. Aufgaben im Wachdienst und bei der Verteidigung der Stadt. Sie genossen deshalb die Unterstützung und Förderung der städt. Obrigkeit. O. G. Oexle

Lit.: TH. REINTGES, Ursprung und Wesen der spätma. S., 1963.

Schutzgeister. Die Vorstellung von göttl., dämon. oder medialen Wesen, die dem Menschen zugeordnet sind, ihn schützen und ihm helfen, findet sich bereits in den mesopotam. Religionen und in der gr. und röm. Antike (tutela, lares, penates; z. B. Apuleius, De deo Socratis); in schamanist. Kulturen begleiten S. den Schamanen bei der Jenseitsreise.

Die frühchr. Auseinandersetzung insbes. mit der neuplaton. Kosmologie führte zur Dämonisierung der spätantiken Götterwelt; an die Stelle persönl. Gottheiten und der Schutzdämonen traten die unmittelbare Hilfe durch Gott, die Fürbitte der Märtyrer und Hl.n sowie durch die →Engel. Als Folge einer hochdifferenzierten Angelologie läßt sich seit dem 9. Jh. die Verehrung des Schutzengels, hier v. a. des Erzengels →Michael, nachweisen; im Spät-MA bildete sich der Brauch des Namenspatronates heraus; es stellte den Menschen unter die Obhut des Hl.n, dessen Namen er trug.

Obwohl der (spät)antike S.glaube folglich keine direkte chr. Anpassung erfuhr, fand er durch die elitäre Rezeption Eingang in die ma. wie nachma., nachhaltig vom astrolog. Denken geprägte Naturphilos., die in Forts. des Neuplatonismus die Dämonen als kosm. Potenzen und vermittelnde Instanzen zw. Makro- und Mikrokosmos, Gott und Mensch, Gestirn und ird. Welt betrachtete. Antike und gnost. Spekulationen wie die Vorstellung vom Eigendämon des Menschen, dem Astralleib (hebr.: *zelem*) oder dem persönl. Engel lassen sich innerhalb des frühma. Okkultismus in mehreren arab. Texten wie dem »Ghājat al-ḥakīm« (lat. als →»Picatrix«) nachweisen, der u. a. die Beschwörung eines pneumat. Wesens, nämlich die »vollkommene Natur« des Beschwörers selbst enthält. Das Motiv vom persönl. S. wurde von →Eleasar v. Worms im »Chokhmat hanefesh« um 1200 mit der Vorstellung eines persönl. Sterns des Menschen und eines Archonten dieses Sterns als des persönl. Schutzengels wieder aufgegriffen: Dieser stelle das himml. Urbild (*demuth*), einen himml. Doppelgänger des Menschen dar; wird der Archont in die untere Welt entsandt, nimmt er die Gestalt des Menschen an, über den er gesetzt ist (fol. 17d-18a).

Der populäre S.glaube speiste sich im MA hingegen aus anderen Q. Die sich zwar auf die Kirchenväter, z. B. Augustinus (De civ. dei XXI, 13) zurückführende, jedoch erst, von Frankreich ausgehend, im 13. Jh. ausbildende →Fegfeuerlehre definierte das Verhältnis zw. Lebenden und Toten neu: Die des Gebetes bedürfenden →Armen Seelen erweisen sich als dankbar und schützen die Lebenden. Die neuen Lehren fanden in narrativer Umsetzung als Exempel über das Purgatorium und die dankbaren Toten Eingang in die Unterweisungslit. (z. B. Caesarius v. Heisterbach, Dial. mirac., v. a. dist. XII), in die Predigten (z. B. Stephan [Etienne] v. Bourbon, Tractatus de diversis materiis praedicabilibus, zw. 1250 und 1261) oder in Exempel-Slg. (Arnold v. Lüttich, Alphabetum narrationum, Anf. 14. Jh.).

Solcher Verkehr mit helfenden Toten konnte jedoch in gefährl. Nähe zur verbotenen Praktik der Nekromantie geraten; ein Dekalogtraktat aus der 2. Hälfte des 15. Jh. erlaubte zwar die Anrufung der Armen Seelen zu helfenden Zwecken, warnte jedoch davor, daß sich der »engel der vinsternus« nur zu oft in »dy gestalt dez engels dez liechts« verwandeln und »gelogen ding sagen« würde (Cgm 476, fol. 37v, 95v-96r). Im Glauben an schützende Geistwesen spiegelt sich folglich auch die Unsicherheit der ma. und nachma. Aberglaubenskritik bei der Systematisierung der Dämonengruppen wider. Denn die frühnzl. Magietheorie wies den Elementardämonen in Anlehnung an die neuplaton. Dämonologie auch die Funktion als Hilfs- und S. zu, die u. a. den Magier bei seinen Beschwörungen schützen und leiten sollten. – Haus- und Familiengeister (spiritus familiaris, Kobold) begegnen in unterschiedl. Erscheinungsformen (z. B. Tiere, Lichtphänomene) und Bezeichnungen (Jean Bodin: petit maistre; Paulus Grillandus: parvus dominus), zu ihnen zählen auch die →Alraunen, von denen spätma. Exemplare im Nonnenchor von Wienhausen gefunden wurden. Es fällt auf, daß der Glaube an solche Hilfsgeister nicht direkt mit dem Zabereivorwurf (crimen magiae) verbunden war. Als Sagenstoff blieben die »Hintzelmänner« oder »Heinzelmännchen« bis in die Gegenwart hinein lebendig. Ch. Daxelmüller

Lit.: s.a. →Arme Seelen – Der vielförmige Hintzelmann, 1704 – Eleasar v. Worms, Chokhmat ha-nefesh, Ed. Lemberg 1876 – J. A. HERBERT, Cat. of Romances in the Department of Mss. in the Brit. Mus., III, 1910 – H. WIESER, Die dankbaren Toten, Ferdinandeum 27/29, 1947/49, 491–501 – H. DENECKE, Unters. zur Erzählung vom Geistergottesdienst, 1958 – M. HAIN, Arme Seelen und helfende Tote, Rhein. Jb. für VK 9, 1958, 54–64 – W. RÖTZLER, Die Begegnung der drei Lebenden und der drei Toten, 1961 – F. C. TUBACH, Index Exemplorum, 1969, 345-346, num. 4541 – L. KRISS-RETTENBECK, Bilder und Zeichen religiösen Volksglaubens, 1971², 55–56 – H. APPUHN, Der Fund vom Nonnenchor (Kl. Wienhausen), 1973 – G. SCHOLEM, Von der myst. Gestalt der Gottheit, 1973 – W.-E. PEUCKERT, Pansophie, 1976³, 473 – O. WIEBEL-FANDERL, Der Fegfeuer- und Armenseelenkult (Die letzte Reise, hg. S. METKEN, 1984), 243–249 – K. BAUMANN, Aberglaube für Laien, I, 1989, 454 – J. LE GOFF, Die Geburt des Fegefeuers, 1990.

Schutzmantel. Spezif. Mariendarstellung, auf der Maria selbst oder Engel eventuell mit Hl. nassistenz den S. über Hilfesuchende zu ihren Füßen ausgebreitet hält. Der Typus – ab dem 13. Jh. geläufig, Höhepunkt im 14./15. Jh. – basiert auf dem sog. Mantelschutz, einer ma. Rechtsgepflogenheit, wonach Hochgestellte oder Frauen Schutzbedürftigen und Rechtlosen Zuflucht und Beistand gewährten, so in der »Mantel-Kindschaft« bei vorehel. Kindern und »Mantel-Flucht« bei Verfolgung. Die Mystik überträgt den Mantelschutz ins Geistl., z. B. →Birgitta v. Schweden. Das Thema findet sich neben Maria auch bei Hl.n und Personifikationen: Odilie, Sebastian (S. Agostino in S. Gimignano), Ursula, Ekklesia, Justitia und Sapientia mit den sieben Tugenden, Philosophie mit den sieben Freien Künsten. Seltene Beispiele sind die »Heilstreppe« und der Gnadenstuhl bei Gottvater und dem Schmerzensmann. Die Bevorzugung Mariens als »Mater omnium« dürfte auf den Zisterzienser- und Dominikanerorden basieren. Cäsarius v. Heisterbach (Dial. miracul. VII 59) schildert OCist-Mönche im Jenseits unter Mariens S.; ab dem 14. Jh. auf zisterziens. Siegelprägungen verbreitet. Frühe Zeugen des S.-Motivs: Fahnenbild 1267 einer röm. Marienbruderschaft in S. Maria Maggiore; Duccio, thronende Madonna mit Franziskanern, Siena, Accademia. – Häufig erscheinen unter Mariens S. turmähnl. bis zu ihren Armen hinaufwachsend kirchl. und weltl. Stände, z. B. Tafelbild eines oberösterr. Meisters (um 1490), Kremsmünster; schutzflehende Bürger ohne hierarch. Gliederung, z. B. bei der Ravensburger Maria (um 1480) in Berlin (Preuß. Kulturbesitz), nach Geschlecht gegliedert im Fresko der südl. Chorwand in Terlan, Pfarrkirche ULF (um 1380).

Zwei S.-Typen sind unterscheidbar, a) Maria mit Jesuskind: hierbei überwiegt der Gedanke der Erlösung und Erbarmung bei ird. Unglück und die Fürbitte vor dem göttl. Gericht und b) ohne Jesusknaben: da schützt Mariens Mantel die Menschheit vornehml. vor dem mittels Pfeilhagel ausgedrückten Zorn des göttl. Richters, z. B. in sog. Pestbildern mit brustweisender Gottesmutter (z. B. 1400, St. Prokulus bei Naturns mit Kombination des Schmerzensmannes).

Das Veneto vertritt einen eigenen Typus, die *Madonna della Misericordia*. Häufig auf Bruderschaftsbildern, erscheint das thronende und segnende Jesuskind in überdimensionierter Mandorlenagraffe vor Mariens Brust, während die Mutter ihren Mantel breitet: Statuten von 1329, Ms. 52, Archiginnasio Fondo Osped. Bologna, Hauptbild ist das Tympanonrelief 1451 der Abbazia della Misericordia von Bartolomeo di G. Buon (London, Victoria & Albert Mus.) mit Vorläufern in der Tafelmalerei (z. B. Paolo Veneziano [1330/40], Venedig Galleria dell'Accademia). Späte Zeugen wie A. Vivarini (1473) in Venedig, S. Maria Formosa oder Piero della Francesca (1445/48) in Sansepolcro (Mus. del Sepolcro) negieren das Agraffmotiv. Venedig scheint Umschlagplatz des Misericordia-Typus gewesen zu sein durch importierte konstantinopolitan. Blacherniotissa-Reliefs in S. Marco, vielleicht im Zusammenhang mit der Translation (1204) des Maphorion-Partikels aus dem Blachernenpalast nach S. Marco. Das S.-Motiv dürfte demnach im W zwar entwikkelt, aber auf eine östl. »Mutterform« zurückbezogen sein, was in früher Verwendung als Palladium bestätigt ist. Diese östl. Mutterform ist gleicherweise verantwortl. für den russ. und später balkan. Marienbildtypus der →Pokrov.   G. M. Lechner

Lit.: LCI IV, 128–133; V, 157f. – Lex. d. Kunst VI, 1994, 547f. [Lit.] – Marienlex. VI, 1994, 82–87 [Lit.] – L. SILVY, L'origine de la »Vierge de Miséricorde«, Gazette des Beaux-Arts 3, 1905, 401–410 – P. PERDRIZET, La Vierge de la Miséricorde, 1908 – V. SUSSMANN, Maria mit dem S., MJbK 5, 1929 – V. JENSH-SUSSMANN, Vorläufer und Varianten des ma. S.bildes (Fschr. R. HAMANN, Ms., Marburg/L. 1954) – G. LLOMPART, El tema medieval de la Virgen del Manto en el siglo de las reformas, ELul 6, 1962, 299–310 – E. GULDAN, Eva-Maria, 1966, 340 [Lit.] – J. MYSLIVEC, Bemerkungen zu einem Ikonenwerk, OKS 17, 1968, 328 [Lit.] – A. THOMAS, S.maria (Die Gottesmutter, hg. L. KÜPPERS, I, 1974), 227–242 [Lit.] – H. SACHS, E. BADSTÜBNER, H. NEUMANN, Christl. Ikonographie in Stichworten, 1975, 300 [Lit.] – C. BELTING-IHM, Sub matris tutela, 1976 – H. BELTING, Bild und Publikum im MA, 1981, 69–104 – H. und M. SCHMIDT, Die vergessene Bildersprache christl. Kunst, 1981, 255f. – A. MOHR, S.madonnen in Oberösterreich, 1987 – K. SCHREINER, Maria, 1994, 260–262, 310–314.

Schutzzauber → Amulett, →Magie, →Phylakterion, →Zauberei

Schwaben, Hzm.
I. Der Dukat in ottonisch-salischer Zeit – II. Schwaben auf dem Weg zum staufischen Territorium – III. Schwaben in nachstaufischer Zeit.
I. DER DUKAT IN OTTONISCH-SALISCHER ZEIT: Im Rahmen des in karol. Tradition vorgezeichneten polit. Raumes, der den ducatus Alamanniae (→Alamannen), →Churrätien und das →Elsaß umfaßte, bildete sich zu Beginn des 10. Jh. das regnum Sueviae als eine der großen das ma. Reich konstituierenden Provinzen. In dem komplizierten Entstehungsprozeß strebten anders als in →Sachsen oder →Bayern mehrere einheim. Adlige nach der Vorherrschaft im SW des ostfrk. Reiches, dessen Leitung in den Händen der schwachen Kg.e Ludwig d. Kind und Konrad I. lag. Von den durch hohe Funktionen qualifizierten Konkurrenten schied zunächst Pfgf. Gozbert aus der Rheinauer Stiftersippe aus, als er 910 im Kampf gegen die Alemannien heimsuchenden →Ungarn den Tod fand. Beim Versuch, zum princeps Alamannorum aufzusteigen, scheiterte der →Hunfridinger →Burchard, Mgf. v. Rätien, 911 am Widerstand Bf. →Salomos III. v. Konstanz als Sachwalter des Kgtm.s. In der Folgezeit bemühten sich der alaholfing. Pfgf. →Erchanger (→Alaholfinger) und Burchards gleichnamiger Sohn (→Burchard II.) um eine führende Stellung in S.; der Sieg bei Wahlwies nahe der Kg.spfalz →Bodman über die kgl. Partei 915 verschaffte Erchanger die Anerkennung als dux, doch wurde er ein Jahr später getötet, so daß nun der jüngere Burchard in S. zum Zuge kam. Der Thronwechsel von Konrad I. zu Heinrich I. begünstigte in S. ähnl. wie in Bayern die Ausbildung einer fsl. Position provinzweiten Anspruchs gegenüber dem neuen Kg., und im Land selbst dürfte Hzg. Burchard I. durch die siegreiche Abwehr von Gebietsansprüchen Kg. →Rudolfs II. v. Hochburgund 919 bei Winterthur seine Autorität befestigt haben. Der Hzg. erkannte die Oberhoheit Kg. Heinrichs an, beanspruchte aber die Verfügung über das Reichsgut in S. und waltete über die traditionellen kgl. Zentren wie →Zürich, die Reichsab-

teien →Reichenau und →St. Gallen ebenso wie über die Bf.skirchen von →Konstanz, →Chur und →Augsburg, während das Elsaß mit →Straßburg damals noch in der Verfügung des westfrk. Kg.s war. Doch läßt die Gründung des Nonnenkl. St. Margarethen in →Waldkirch im n. →Breisgau erkennen, daß der Hzg. v. S. auch am Oberrhein seine Herrschaft zur Geltung bringen wollte.

Mit dem nach dem Tod Burchards I. 926 eingesetzten Konradiner →Hermann begann die lange, kaum unterbrochene Reihe landfremder Hzg.e in S. Hermann I., durch die Heirat mit Burchards Witwe Reginlind in S. verankert, zeichnete sich v. a. durch die Förderung des in den 30er Jahren gegr. Kl. →Einsiedeln aus, das für die otton. und frühsal. Zeit zum wichtigen schwäb. Hzg.skl. wurde. In derselben Zeit verdichteten sich durch den Anfall Lotharingiens an das ostfrk.-dt. Reich die Beziehungen zw. S. und dem Elsaß. Als wirtschaftl. bedeutsame Zentren in S. erscheinen im 10. Jh. die kgl.-hzgl. Münzstätten Zürich und →Breisach, und unter Hermanns Nachfolger →Liudolf († 957), Sohn Kg. Ottos I., kam noch →Esslingen hinzu. Damit rückte erstmals in otton. Zeit der innerschwäb. Raum wieder ins Blickfeld. In die wegen Liudolfs Rebellion nur kurze Phase der unmittelbaren Bindung S.s an das Kg.shaus fiel der Augsburger Gerichtstag gegen Gf. →Guntram v. Oberrhein (952), durch den das Kgtm. die Verfügung über umfangreiche Rechte im SW des Reiches zurückgewann. Von 954 bis 973 hatte der Hunfridinger Burchard II. den schwäb. Dukat inne; zusammen mit seiner Frau Hadwig, Schwester Hzg. Heinrichs II. v. Bayern, gründete er auf dem →Hohentwiel, dem seit Beginn des 10. Jh. für den schwäb. Dukat bedeutsamen Burgberg in der Nähe von Bodman, ein Georgskl.

Nach 973 gab es für zwei Jahrzehnte zwei hzgl. Gewalten in S. nebeneinander, einerseits die auf den Hohentwiel, St. Gallen, die Reichenau und auf den n. Breisgau gestützte Herrschaft der »dux« →Hadwig († 994), andererseits den Dukat von Liudolfs Sohn →Otto (bis 982) und des Konradiners Konrad (982–997). Dieser hat sich ebenso wie sein ihm nachfolgender Sohn →Hermann II. († 1003) auf das auch in der hzgl. Titulatur neben S. genannte Elsaß gestützt; Straßburg ist damals als »Hauptstadt« des Hzm.s bezeugt. Unter Kg. Heinrich II., gegen den Hermann II. für den Thron kandidiert hatte, geriet S. dank der Minderjährigkeit von Hermanns gleichnamigem Sohn (1003–12) in starke Abhängigkeit von der Zentralgewalt, und dies gilt ebenso für die Zeit des kurz amtierenden Babenbergers →Ernst I. und dessen unter die Kuratel Ebf. →Poppos v. Trier gestellten Sohn →Ernst II. Mit dem Regierungsbeginn Kg. Konrads II. ergab sich eine durch den gemeinsamen Anspruch auf →Burgund hervorgerufene Konfliktsituation zw. Kg. und schwäb. Hzg., die erst mit dem Schlachtentod des rebellierenden Ernst 1030 endete. In dieser Auseinandersetzung trat →Ulm als Platz des schwäb. Hzm.s zum ersten Mal in den Vordergrund, womit eine bis in die späte Stauferzeit wirksame Tradition begründet wurde.

Nach der Amtszeit von Ernsts II. Bruder →Hermann IV. (1030–38) wurde S. bis 1045 von Kg. Heinrich III. verwaltet; unter ihm verdichtete sich die bereits seit der Jahrtausendwende zu beobachtende stärkere Einbeziehung S.s in die Kg.sherrschaft, wodurch dessen Funktion in otton. Zeit als bloßes Durchgangsland nach Italien abgelöst wurde. Im selben Zeitraum wuchs die Bedeutung von Konstanz als Bf.skirche und als ein Vorort in S. Nach kurzen Dukaten des Ezzonen Otto II. und des Babenbergers Otto III. begann 1057 mit dem schwäb.

Adligen →Rudolf v. Rheinfelden eine neue Phase des Hzm.s S., die durch die adelsherrschaftl. Verankerung des Hzg.s im Land geprägt ist. Allerdings bauten zur gleichen Zeit im Bodenseeraum und in Innerschwaben die schwäb. Hochadelsgeschlechter der →Welfen und Bertholde (später →Zähringer) bedeutende Herrschaftspositionen auf. Die Vertreter dieser drei Familien, alle hzgl. Ranges, gerieten in Konflikt mit Kg. Heinrich IV. und wurden in Reaktion auf die Wahl Hzg. Rudolfs v. S. zum Gegenkg. 1077 in Ulm geächtet. Als 1079 sowohl Gf. →Friedrich v. Staufen durch Heinrich IV. als auch Berthold v. Rheinfelden, Sohn Kg. Rudolfs, auf Initiative →Welfs I. den Dukat S. erhielten, begann ein fast zwanzigjähriges polit. Schisma der sal. und antisal. Partei in S., vielerorts mit einem kirchl. Schisma verbunden. Damals wurde S. neben Sachsen zum Zentrum des antisal. Widerstands, kirchlicherseits v. a. durch Bf. →Gebhard III. v. Konstanz, zeitweise päpstl. Legat, repräsentiert. Klösterl. Reformzentren wie →St. Blasien, →Hirsau und →Schaffhausen strahlten weit über S. hinaus. Erst 1098 wurde durch den Verzicht des im Breisgau herrschaftl. verankerten Zähringers →Berthold II. auf den schwäb. Dukat zugunsten Hzg. →Friedrichs I. und mit der Abtretung des nobilissimum oppidum Sueviae Zürich (→Otto v. Freising) an Berthold eine Konfliktlösung gefunden, die allerdings die Ausbildung des später durch das Rektorat über Burgund erweiterten »Ersatzhzm.s« Zähringen im W S.s zur Folge hatte; zu ihm trat seit den 40er Jahren des 12. Jh. noch das n. des Bodensees konzentrierte Territorialhzm. →Welfs VI. als dritte, die Gesch. S.s prägende Größe hinzu.

II. SCHWABEN AUF DEM WEG ZUM STAUFISCHEN TERRITORIUM: Mit dem Doppelhzm. und seiner Nachwirkung im 12. Jh. wurde der Grund für den Prozeß der Territorialisierung S.s und seiner allmähl. Lösung aus dem vorgegebenen Provinzialrahmen gelegt, dem allerdings von Beginn an der zentrale Vorort gefehlt hatte. Zwar blieb der traditionelle Anspruch des Hzg.s auf ganz S. aufrechterhalten und fand seinen örtl. Bezug weiterhin in dem traditionsstarken Ort Ulm, neben dem auch →Rottweil, später Sitz eines kgl. Hofgerichts, eine wichtige Rolle spielte, doch konzentrierte sich die Herrschaft der stauf. Hzg.e v. S., darunter v. a. →Friedrichs II. (1105–47), auf die Ausbildung eines auf Burgen, Städten, Hausgut und Vasallität beruhenden Territoriums, das im Bereich ihrer namengebenden Burg und im Elsaß mit den Hauptorten →Schlettstadt und →Hagenau verankert war. Mit der Wahl des schwäb. Hzg.s Friedrich III. zum Kg. 1152 wuchs S. eine neue, zukunftsweisende Funktion im Reich zu. Zwar amtierte zunächst der übergangene gleichnamige Sohn Konrads III. als Hzg. von S. (→Friedrich v. Rothenburg; 38. F.), doch bezog bereits damals Friedrich I. S. massiv in die stauf. Kg.sherrschaft ein. Seit 1167 verfügten die stauf. Herrscher dann über S. als eine Art Sekundogeniturfsm. S. wurde »Teil der Gesamtgeschichte des stauf. Hauses und Teil des Gesamtkomplexes seiner Besitzungen und Rechte« (H. MAURER). Diese wurden durch den Anfall des Erbes der süddt. Welfen, aber auch der →Pfullendorfer und →Lenzburger Gf.en, im 13. Jh. durch Teile des Zähringererbes erhebl. vermehrt. Aus der Mitte des 12. Jh. stammt ein bemerkenswertes Zeugnis des Zusammengehörigkeitsbewußtseins der Gf.en und freien Herren S.s, als diese sich im Zusammenhang mit der Frage der Zugehörigkeit der Gft. →Chiavenna zum schwäb. Hzm. in Ulm 1157 den honor ducatus Sueviae gegenüber Ks. Friedrich I. angelegen sein ließen.

Als dieser Dukat S., zu dem nun auch Güter außerhalb der alten Provinzialgrenzen zählten, 1198 mit der Wahl

Hzg. Philipps v. S. zum Kg. Kronland wurde, begann eine neue Phase noch engerer Bindung S.s an das stauf. Herrscherhaus und langfristig betrachtet an Kgtm. und Reich schlechthin. So wurde S. offensichtl. auch zum Verhandlungsgegenstand zw. Kg. Philipp und Kg. Otto 1207, und nach der Ermordung Kg. Philipps 1208 wandte Otto dem Hzm. seine bes. Aufmerksamkeit zu. 1212 reklamierte Friedrich II. als Staufer und Kg. das Hzm. und verwaltete es zunächst selbst, bis er 1216/17 es seinem Sohn Heinrich offensichtl. als Vorstufe zum Kgtm. überließ. Auch als Kg. behielt dieser S. in seiner Verfügung ebenso wie später Kg. Konrad IV.; der diesem bisweilen zugesprochene Titel »rex Sueviae« dokumentiert die untrennbare Verflechtung von Kg.swürde und schwäb. Hzm. In Zeiten direkter Unterstellung unter die Krone wurde S., nun als Gesamtheit der stauf. Rechte und Güter zu verstehen, durch zumeist ministerial. Prokuratoren verwaltet. Die enge Verbindung S.s mit der Zentralgewalt wird auch darin deutlich, daß 1246 der Gegenkg. →Heinrich Raspe (72. H.) dem Staufer kg. Konrad IV. das Hzm. aberkannte, und aus demselben Grund beanspruchten die Kg.e Wilhelm v. Holland, Alfons v. Kastilien und Richard v. Cornwall S.; dieser reklamierte 1262 gegenüber dem letzten Staufer →Konradin sogar ausdrückl. S. als ein seit langem inkorporiertes Glied des Reiches. Als Konradin in seiner Eigenschaft als dux Sueviae 1259 dem Gf.en v. →Württemberg das Marschallamt für das ganze Hzm. S. verlieh, wurde einmal mehr der überkommene provinziale Charakter S.s urkundl. angesprochen; das schwäb. Hofamt aber fiel gerade jenem südwestdt. Hochadelsgeschlecht zu, das in der Schlacht zw. Konrad IV. und Heinrich Raspe bei Frankfurt 1246 die stauf. Seite verlassen und damit die Niederlage des Staufers besiegelt hatte. Damals soll sich Gf. →Ulrich I. v. Württemberg von Papst Innozenz IV. das Hzm. S. haben versprechen lassen.

III. SCHWABEN IN NACHSTAUFISCHER ZEIT: Mit dem Tod Hzg. Konradins 1268 endete auch die Gesch. des ohnehin inzwischen dem Reich eingegliederten Hzm.s als Institution, S. existierte als Land in stauf. geprägter Tradition fort. Dieses Land erstreckte sich nun vom Bodensee/Hochrhein bis zum unteren Neckar und nach Franken hinein; sowohl die Gebiete s. des Rheins als auch der Breisgau und das Elsaß gehörten landschaftl. nicht mehr dazu. Die ehem. stauf. Reichsrechte und -güter wurden von Kg. Rudolf I. aus dem im schwäb.-burg. Grenzraum stammenden Haus →Habsburg revindiziert und in Vogteien organisiert, die im territorial dichteren →Landvogtei Oberschwaben s. der Donau und in der erhebl. lockereren niederschwäb. Landvogtei n. von ihr; außerdem bildeten die schwäb. →Reichsstädte, an der Spitze Ulm und Augsburg, einen wesentl. Bestandteil des Landes S. Durch die aufblühende Wirtschaft (Tuchhandel und Salzproduktion) gewannen sie kontinuierl. an Bedeutung und profilierten sich polit. im →Schwäb. Städtebund von 1376–89 und 1438–45. Seit dem 14. Jh. machte sich die schwäb. Ritterschaft als wichtiger Faktor geltend, v.a. durch die Gesellschaft mit →St. Jörgenschild.

Zur Sicherung der habsb. Hausmacht im dt. SW versuchte Kg. Rudolf I., das Hzm. S. wiederherzustellen und seinem gleichnamigen Sohn zu übertragen, scheiterte aber am Widerstand des Gf.en v. Württemberg, und ebenso mußte auf den Einspruch Ks. Karls IV. hin Hzg. →Rudolf IV. v. Österreich, der nach der Mitte des 14. Jh. als Landvogt in S. wirkte, seinen Anspruch auf die schwäb. Hzg.swürde aufgeben. Auch der dritte habsb. Versuch, 1474 von Hzg. →Sigmund v. Tirol unternommen, stieß auf Widerstand. Denn Ks. Friedrich III. fürchtete die Entfremdung der inzwischen formierten schwäb. Stände vom Reich. Die unmittelbare Bindung des »Landes zu S.« an das Reich wurde denn auch in dem Gründungsmandat des von Friedrich III. und den schwäb. Ständen gegen die wittelsbach. Hegemoniebestrebungen 1487 initiierten →Schwäb. Bundes ausdrückl. betont. Erst Kg. Maximilian I. gelang es, Reichspolitik und habsbg. Territorialpolitik in Personalunion zu betreiben; seit 1500 nannte er sich zur Bezeichnung seiner Stellung in Vorderösterreich »Fs. in S.«. Auch in der spätma. Gesch. der anderen territorialen Großmacht im dt. SW, der Gf.en v. Württemberg, kam der schwäb. Hzg.swürde Bedeutung zu: Nach 1477 plante Ks. Friedrich III. im Rahmen der habsbg. Westpolitik, die Württemberger zu Hzg.en in S. zu erheben. Allerdings wurde Gf. →Eberhard V. im Bart 1495 zum Hzg. v. Württemberg und nicht v. S. erhoben.

Trotz der Nichterneuerung des Hzm.s nach dem Ende des stauf. Hauses blieb die hzgl. Tradition in S. vornehml. im Rückgriff auf die Staufer (stauf. Dreilöwenwappen als herald. Symbol S.s) wach; andererseits vermochten sich vielleicht gerade wegen der fehlenden polit. Einheit variierende »Landes-Modelle« (K. GRAF) der Fs.en, Adligen, Städter und Humanisten über S. zu entwickeln, z.T. im Rückgriff auf die Antike. Zukunftsweisend wurden die Begriffe S. und Württemberg damals weitgehend austauschbar; dabei galt die vom Humanisten Heinrich Bebel gerühmte patria Suevia als eine das Territorium überhöhende polit.-kulturelle Größe. Th. Zotz

Lit.: CHR. FR. STÄLIN, Wirtemberg. Gesch., I–III, 1841/47/56 – K. S. BADER, Der dt. SW in seiner territorialstaatl. Entwicklung, 1950, 1978² – H. BÜTTNER, S. und Schweiz im frühen MA (VuF 15, 1972) – K. SCHMID, Adel und Reform in S. (VuF 17, 1973), 295–319 – TH. ZOTZ, Der Breisgau und das alem. Hzm. (VuF Sonderbd. 15, 1974) – H. MAURER, Der Hzg. v. S., 1978 – H.-G. HOFACKER, Die schwäb. Reichslandvogteien im späten MA, 1980 – H. KELLER, Reichsstruktur und Herrschaftsauffassung in otton.-frühsal. Zeit, FMASt 16, 1982, 74–128 – D. MERTENS, »Bebelius... patriam Sueviam... restituit«. Der poeta laureatus zw. Reich und Territorium, Zs. für württ. Landesgesch. 42, 1983, 145–173 – H. BINDER, Descriptio Sueviae. Die ältesten Landesbeschreibungen ebd. 45, 1986, 179–196 – H.-G. HOFACKER, Die schwäb. Hzg.swürde, ebd. 47, 1988, 71–148 – Die hist. Landschaft zw. Lech und Vogesen, hg. P. FRIED–W.-D. SICK, 1988 – K. GRAF, Aspekte zum Regionalismus in S. und am Oberrhein, Historiographie am Oberrhein im späten MA und in der frühen NZ, 1988 – V. PRESS, Vorderösterreich in der habsbg. Reichspolitik des späten MA und der frühen NZ (Vorderösterreich in der frühen NZ, hg. H. MAIER–V. PRESS, 1989) – K. GRAF, Das »Land« S. im späten MA, Regionale Identität und soziale Gruppen im dt. MA (ZHF Beih. 14, 1992), 127–164 – W. BAUM, Die Habsburger in den Vorlanden 1386–1486, 1993 – D. MERTENS, Württemberg, Hb. der bad.-württ. Gesch. II [im Dr.].

Schwabenkrieg (Schweizerkrieg). Ks. Friedrich III. hatte durch sein Festhalten an alten, nicht mehr durchsetzbaren Herrschaftsansprüchen und v.a. durch seinen Widerstand gegen die →Ewige Richtung (1474) die Gegensätze zw. dem Haus v. Habsburg, indirekt auch dem Reich, und der Schweizer. →Eidgenossenschaft verschärft. Längst regelten die Eidgenossen ihre Angelegenheiten auf Tagsatzungen, besuchten seit 1471 kaum noch Reichsversammlungen, duldeten keine →Appellation an ksl. Gerichte, waren prakt. von allen Reichsauflagen befreit und blieben 1488 dem →Schwäb. Bund fern. Frankreich nutzte den Gegensatz der Eidgenossen gegenüber Habsburg, um seinen Einfluß dort auszubauen; außerdem war der frz. Kriegsdienst eine unentbehrl. Einnahmequelle für die bäuerl. Bevölkerung (→Söldner).

Für den Ausbruch des blutigen Krieges waren mehrere Faktoren ausschlaggebend: die Beschlüsse des Reichstags v. →Worms (1495), das Vorgehen des →Reichskammergerichts gegen einzelne Städte (u. a. →St. Gallen), nicht zuletzt auch, daß Maximilian 1498 →Konstanz zum Eintritt in den Schwäb. Bund zwang. Als Antwort darauf und zum Schutz gegen die aus Tirol drohende Gefahr schlossen 1497/98 der Graue Bund, der →Gotteshausbund und die Stadt →Chur mit den Eidgenossen ein Verteidigungsbündnis. Im eigtl. Krieg, der mit lokalen Auseinandersetzungen im Grenzbereich Tirols begann und in viele Einzelaktionen zw. dem oberen Etschtal über den Bodenseeraum bis zum Sundgau (Elsaß) zerfiel, bewiesen die Eidgenossen ihre militär. Überlegenheit. Nicht nur die schweren Schlachten (22. März 1499 Bruderholz bei Basel, 11. April →Schwaderloh) wurden von beiden Seiten mit großer Härte geführt. Am 22. April 1499 verhängte Kg. Maximilian I. über die Eidgenossen die →Reichsacht und eröffnete mit einem unzureichenden Aufgebot aus Österreich und dem Schwäb. Bund den Reichskrieg. Nach der Niederlage der Tiroler an der Calven (22. Mai) und des schwäb. Feldhauptmannes, Gf. Heinrich v. Fürstenberg, bei Dornach im Birstal (22. Juni) nahmen beide Seiten unter Vermittlung des Hzg.s v. Mailand Verhandlungen auf, die zum Frieden v. →Basel (22. Sept. 1499) führten. P.-J. Schuler

Lit.: H. SIGRIST, Reichsreform und S., Schweiz. Beitr. zur allg. Gesch. 5, 1947 – K. MOMMSEN, Eidgenossen, Ks. und Reich, 1958 – E. MAINTZ, Kg. Maximilian und die Eidgenossenschaft von seinem Regierungsantritt bis zum Ende des Schweizer Krieges [Diss. Graz 1974] – H. WIESFLECKER, Ks. Maximilian I., II, 1975, 314–351 – H. MAURER, Schweizer und Schwaben, 1983 – Gesch. der Schweiz und der Schweizer, 1986, 316–324.

Schwabenspiegel. Es darf heute als gesichert gelten, daß die Urfassung des S.s um 1275/76 in Augsburg entstanden ist. Hierfür sprechen v. a. die Textnähe des S.s zum →Deutschenspiegel sowie die Verwendung des S.s im Augsburger Stadtrecht v. J. 1276. Der Verfasser des S.s, wie auch der des Deutschenspiegels, ist sehr wahrscheinl. in den Augsburger Franziskanerkreisen zu suchen.

Der S. führt das im Deutschenspiegel begonnene Werk – Umarbeitung des →Sachsenspiegels für die dt. bzw. obdt. Verhältnisse und stärkere Berücksichtigung des gelehrten Rechts – zu Ende. In der Urfassung des S.s schließen sich an einen umfangreichen geschichtl. Einleitungsteil (Buch der Könige und sog. Prosa-Kaiserchronik) Vorrede, Landrecht und Lehnrecht an. Bis Deutschenspiegel 109 (=Sachsenspiegel, Landrecht II, 12 § 13) – hier geht die Bearbeitung des Sachsenspiegels in die obdt. Übersetzung des Sachsenspiegels über – hält sich der S. (LASSBERG, 1–117) insgesamt eng an den Deutschenspiegel. Erst danach weist der S. eine eigenständige Bearbeitung des Sachsenspiegels auf, wobei alleinige Textgrundlage offenbar die im Deutschenspiegel wiedergegebene Übersetzung war.

Von den Q. des S.s – sie sind großenteils mit denen des Deutschenspiegels ident. – sind v. a. das röm. Recht (Institutionen, Authenticum, im dritten Landrechtsteil der Langformen auffallenderweise die Epitome Aegidii) und das kanon. Recht, Volksrechte, Kapitularien, Reichsgesetze und die Bibel zu nennen sowie die Predigten und Schriften der Franziskaner →David v. Augsburg und →Berthold v. Regensburg. Der Verfasser des S.s versteht seine Rechtsmaterie im wesentl. als →Kleines Kaiserrecht – auch der Sachsenspiegel wird zu dieser Zeit bereits als Kaiserrecht aufgefaßt. Er erwähnt auch die Lehren »weiser Meister«, d. h. der gelehrten Juristen, während er sich auf Gewohnheitsrecht nur hier und da beruft. In der Tat ist der S. in der hs. Überlieferung häufig als »kayserlich Rechtsbuch« o. ä. betitelt. Die – in bewußter Parallele zum Sachsenspiegel gewählte – einengende Bezeichnung »S.« ist dem →Rechtsbuch erst im 17. Jh. verliehen worden.

Eine eingehende inhaltl. Würdigung des S.s steht bis heute aus. Beachtung haben nur die im kurialist. Sinne abgeänderte Fassung der →Zweischwerterlehre, die jedoch wohl in allzu scharfen Gegensatz zur Lehre des Sachsenspiegels gestellt wurde, ferner die kanonist. Sippenzählung im Gegensatz zur deutschrechtl. des Sachsenspiegels, die Übernahme der kirchl. Wucherlehre und die wohlinformierten Artikel zu Fragen der Reichsverfassung gefunden, die zugleich als wertvolle Datierungshilfen für die Entstehungszeit des S.s von Interesse sind. Erwähnung verdienen auch Neuerungen im Verfahrensrecht, wie etwa die stärkere Berücksichtigung des Zeugen- und Urkk.beweises und die Verdrängung des Zweikampfes, ferner die Einführung des →Talion aus dem AT sowie die Besserstellung des Vasallen im schwäb. Lehnrecht. Insgesamt bleibt der S. in der Durchgestaltung des Rechtsstoffs deutl. hinter dem Sachsenspiegel zurück. Er stellt eine stark literar. ausgerichtete Kompilation dar, der es vielleicht nicht gelungen ist, die heterogene Q.masse zu bewältigen. Dennoch scheinen die Überlieferung einheim. Rechts einerseits, die Öffnung gegenüber dem röm. und kanon. Recht andererseits wie auch die Einbeziehung bibl. und theol. Q. den Bedürfnissen der frühen Rezeptionszeit entsprochen zu haben, wie der außerordentl. Erfolg des S.s beweist.

Das Verbreitungsgebiet des S.s umfaßt v. a. Süd- und Westdtl. bis nach Hessen hinein, aber auch die Schweiz, Österreich, Mähren, Schlesien und das Deutschordensland. I. J. 1356 verfaßte der Benediktiner Oswald v. Anhausen eine lat. Übers. Noch im 14. Jh. sind ferner eine afrz. und eine tschech. Übers. zuzurechnen, der im 15. Jh. noch eine weitere Übers. ins Tschech. folgte. Ein Teil der ersten Übers. wurde als Recht der Altstadt Prag verselbständigt. Für Lüneburg wurde der S. sogar ins Niedersächs. übersetzt. Als Vorlage hat der S. dem Freisinger Rechtsbuch des Ruprecht v. Freising sowie dem Frankenspiegel gedient. Verwendet wurde er im oberbayer. Landrecht Ludwigs d. Bayern, in mehreren bayer., schwäb., hess. und österr. Stadtrechten sowie im österr. Landrecht. Selbst dem Magdeburg-Breslauer systemat. Schöffenrecht wurden Auszüge aus dem S. angefügt, die dann Eingang in den »Alten Kulm«, das Rechtsbuch des Deutschordenslandes vom Ende des 14. Jh., erlangten.

Der weiten Verbreitung des S.s entspricht die hsl. Überlieferung. Noch heute sind rund 350 Hss. erhalten. Der Ur-S., d. h. die aus dem Deutschenspiegel erwachsene älteste Fassung, ist als Ganzes nicht erhalten. K. A. ECKHARDT hat indessen eine Rekonstruktion des S.s ediert. Die Überlieferungsgesch. des S.s ist bes. kompliziert, weil die Abschreiber in der Behandlung des Textes sehr freizügig verfahren sind und somit stark divergierende Hss.klassen und -ordnungen vorliegen. Die Hss.klassen werden in die Kurzformen, Langformen, Normalformen und die systemat. Formen, d. h. Formen mit systemat. Artikelumordnung, unterschieden. Während die Kurzformen gegenüber der Urfassung die geschichtl. Einleitungen sowie die Deutschenspiegelgedichte weglassen und Land- wie Lehnrecht erhebl. gekürzt haben, sind die Langformen gegenüber dem Ur.-S. um einen dritten Landrechtsteil vermehrt. Die älteste Hs. der Langform ist wohl bereits auf 1280, die Normalform auf 1287 zu datieren. Die meisten Hss. stammen aus dem 15. Jh., woraus geschlossen werden darf, daß der S. auch noch zu dieser Zeit als wichtige Rechtsq. betrachtet wurde.

K. Nehlsen-von Stryk

Lit.: HRG IV, 1547ff. – RÖSSLER-FRANZ II, 1140f. – F. L. A. FRHR. V. LASSBERG, Der S. oder schwäb. Land- und Lehen-Rechtbuch nach einer Hs. v. J. 1287, 1840, 1971³ [bes. K. A. ECKHARDT] – O. STOBBE, Gesch. der dt. Rechtsq. I, 1860 [Neudr. 1965], 333ff., 431ff. – F. STIER-SOMLO–A. ELSTER, Hwb. der Rechtswiss., V, 1928, 387ff. – E. KLEBEL, Zu den Q. des S.s (Fschr. K. G. HUGELMANN zum 80. Geb., hg. W. WEGENER, 1959), 273–293 – H. COING, Röm. Recht in Dtl., IRMAE V, 6, 1964 – K. A. ECKHARDT, Urschwabenspiegel (Studia iuris Suevici I [Bibl. rer. hist. Studia 4], 1975) – DERS., Werkverz. (Bibl. rer. hist. Studia 12, 1979), 17ff., 54ff. – W. TRUSEN, Die Rechtsspiegel und das Kaiserrecht, ZRGGermAbt 102, 1985, 12–59 – U.-D. OPPITZ, Dt. Rechtsbücher des MA, I, 1990, 34ff. [Verz. sämtl. Edd., Lit.].

Schwäbisch Gmünd, Stadt an der oberen Rems (Baden-Württemberg). An der Römerstraße durch das Remstal, 1 km nw. vom im 2. Jh. entstandenen Kastell Schirrenhof, wird im 12. Jh. eine bereits städt. geprägte Siedlung Gimundin/Gmundin mit 15 cives (1162), scultetus (1189) und zwei Kirchen faßbar. Der Siedlungsname entspricht der topograph. Gegebenheit der Einmündung mehrerer Bäche in die Rems. Eine in der Mitte des 9. Jh. gefälschte, auf 782 datierte Urk. nennt die St-Denis gehörende Zelle Gamundias, während zwei echte, den Besitz des Kg.skl. beschreibende Diplome des 9. Jh. diese Zelle unerwähnt lassen. So ist für Gmünd nicht wie bei →Esslingen eine kontinuierl. Entwicklung von der Zelle über einen unter Kg.sschutz stehenden Markt zur städt. Siedlung nachweisbar. Wahrscheinl. ist aber das Bestehen einer relativ frühen, vorwiegend gewerbl. strukturierten Siedlung, die vielleicht aus einem einst kgl. Jagdhof hervorgegangen ist. Der unmittelbaren Nähe zur namengebenden Burg der →Staufer und zu deren Hauskl. →Lorch (Mutterkirche von Gmünd) entspricht das Auftreten der Staufer als Herren v. Gmünd. Auf Kg. Konrad III. werden die wesentl. siedlungsmäßigen und rechtl. Voraussetzungen zurückgeführt, die Gmünds städt. Charakter nach ma. Auffassung begründeten. Das städt. Verfassungsleben scheint anfangs von stauf. Ministerialität geprägt gewesen zu sein, die, zum Patriziat gewandelt, auch im SpätMA maßgebl. Anteil am Regiment der seit dem Untergang der Staufer selbständig agierenden Stadt behielt. Seit 1360 erkämpften sich die Zünfte ein Mitspracherecht. Im ganzen SpätMA hatte die Stadt Auseinandersetzungen mit den angrenzenden Nachbarn zu bestehen. Gleichwohl gelang ihr der Aufstieg zur →Reichsstadt, deren Territorium noch im 16. Jh. weiter ausgebaut wurde. Die kulturelle Blüte der um 1400 80 ha bei ca. 4000–4500 Einw. umfassenden Stadt dokumentieren u. a. Kl. und Hospitäler, die Johanniskirche und das unter Mitwirkung der →Parler errichtete Münster.

S. Lorenz

Lit.: P. SPRANGER, S. G. bis zum Untergang der Staufer, 1972 – Gesch. der Stadt S. G., 1984.

Schwäbisch Hall, Stadt am mittleren Kocher (Baden-Württemberg). An der tiefsten Stelle des Kochertals wurde bereits in der Latènezeit →Salz gewonnen. Ob das begehrte Salz nach der Zerstörung der kelt. Siedlung durch einen Bergrutsch für Siedlungskontinuität sorgte, kann nur vermutet werden. Im sog. Öhringer Stiftungsbrief v. 1037 (um 1100 verunechtete Fassung) überließ Bf. Gebhard v. Regensburg dem Gf.en Burkhard v. Komburg die halbe 'villa Halle'. Die Gf.en v. Komburg (-Rothenburg) gründeten um 1079 in ihrer unweit von Hall gelegenen Burg das Kl. →Komburg. Nach dem Aussterben der Gf.en um 1116 gelangten Hall und die Vogtei des Kl. an die →Staufer; Konrad III. band Hall fest in den stauf. Machtbereich ein. Bedeutung und Ausdehnung der Siedlung spiegeln zwei Kirchenbauten der 2. Hälfte des 11. Jh. wider, die roman. Jakobskirche am Platz des heutigen Rathauses und – wie vermutet wird – die Katharinenkirche links vom Kocher. Das Haal mit der Salzquelle lag auf einer in spätstauf. Zeit durch Erdarbeiten mit dem rechten Ufer verbundenen Kocherinsel. 1156 weihte Bf. Gebhard v. Würzburg das monasterium Halle, St. Michael, und verkündete mit Erlaubnis des Ks.s einen neuen Markt, der jährl. um den Michaelstag abgehalten werden sollte; anwesend war der minderjährige Hzg. →Friedrich IV. v. Rothenburg (38. F.). Nach dessen frühem Tod (1167) kam Hall in die Verfügung der Söhne Barbarossas. Seit dem ausgehenden 12. Jh. ließen die Kg.e in Hall eine Münze prägen, den sog. →Heller. Die Verwaltung der Salzquelle und der Münze sowie das seit Anfang des 13. Jh. nachweisbare Schultheißenamt lagen in den Händen stauf. Ministerialer. Sie dominierten auch in der Bürgerschaft, deren Mitwirkung an der Verwaltung seit 1228 immer deutlicher hervortritt. Trotz des Bestrebens der Zünfte, Einfluß zu gewinnen (1340), regierte der 'Stadtadel' bis ins frühe 16. Jh. Zeugnisse seines Lebensstils sind die Wohntürme im Stadtgebiet, v. a. der Keckenturm. Kurz vor 1230 erbaute der Reichsschenk Walter v. Schüpf unmittelbar bei Hall die →Limpurg, von der aus er nicht nur einen Wildbannbezirk und damit die für die Salzgewinnung notwendigen Holzlieferungen kontrollierte, sondern bald auch Hall seiner Herrschaft zu unterwerfen suchte. Der Wiener Vergleich v. 1280 stellte aber die Selbständigkeit von Hall sicher. Rasch gelang es Hall, ein Landgebiet zu erwerben, das im 15. Jh. mit einer *Heeg* umgeben war. 1541 konnte die Reichsstadt den Schenken die Burg Limpurg mit den zugehörigen Reichslehen abkaufen. Am Ende des 16. Jh. hatte die Stadt ein mehr als 300 km² großes Territorium. Der Mauerring umschloß ca. 120 ha, die Einw.zahl ist um 1500 mit ca. 4000 anzusetzen. Obwohl Hall im Hzm. Franken lag, finden sich schon früh Belege für den auf →Schwaben verweisenden Zusatz. 1435 behauptete die Stadt, sie gehöre nicht zu Franken, sondern zu Schwaben, und 1489 beschloß der Rat, fortan einheitl. zu unterschreiben mit »Stättmeister und Rat von Schwäbischen Hall«.

S. Lorenz

Lit.: G. WUNDER, Die Bürger v. Hall, 1980 – H. und das Salz, Beitr. zur häll. Stadt- und Salinengesch., hg. K. ULSHÖFER–H. BEUTTER, 1983 – A. RAFF, Die Münzen und Medaillen der Stadt S. H., 1986.

Schwäbisch Hall, Sekte v., Anhänger einer als häret. diffamierten Bewegung, die dem Bericht des Chronisten →Albert v. Stade zufolge 1248 im Stauferzentrum →Schwäbisch Hall auf dem Höhepunkt der Kämpfe Ks. Friedrichs II. mit der Kurie in offen antiklerikaler Polemik den Papst, Prälaten und auch die einfachen Priester als Simonisten und Ketzer schmähten und sie, solange sie sich in Todsünde befänden, der sakramentalen Handlungen für unfähig erklärten. In ihre Kritik schlossen sie auch die Orden, namentl. Dominikaner, Franziskaner und Zisterzienser ein. Mit dieser Gruppe wird ein von einem Dominikaner namens Arnold verfaßtes Manifest sowie ein weiteres Schriftstück in Verbindung gebracht, die mit ähnl. Kritik Papst Innozenz IV. als Antichrist zu erweisen suchten. Aus diesem diffusen Q.material wurde die Sekte von S. H. teils als joachitisch, teils als arnoldist.-waldens. und jedenfalls als den Boden für die Kaisersage bereitend angesehen. Das alles beruht auf ungesicherten Kombinationen. Alberts Bericht und die mit ihm in Verbindung gebrachten Zeugnisse sind Dokumente prostauf. Parteinahme mit

Zügen einer ins Radikale gehenden Kritik an in der Kirche herrschenden Kräften, nichts sonst. A. Patschovsky
Q.: Albert v. Stade, MGH SS 16, 371f. ad a. 1248 – Fratris Arnoldi O. P. de correctione ecclesiae epistola et Anonymi de Innocentio IV. P. M. antichristo libellus, ed. E. WINKELMANN, 1865 – *Lit.*: D. VÖLTER, Die Secte von S.-H. und der Ursprung der dt. Kaisersage, ZKG 4, 1881, 360–393 – G. BOSSERT, Württ. Vierteljahreshefte f. LG 5, 1882, 290–296 – Realencyclopädie für prot. Theol. und Kirche 7, 1899, 363–365 [E. LEMPP] – H. GRUNDMANN, Ketzergesch. des MA, 1963 u.ö., 47.

Schwäbischer Bund, begründet am 14. Febr. 1488 auf Betreiben Ks. Friedrichs III., der damit die ihn und schwäb. Herren bedrohende Expansionspolitik der Wittelsbacher Hzg.e →Georg v. Bayern-Landshut und →Albrecht IV. v. Bayern-München abwehren wollte. Andere Ursachen, z.B. die aufstrebende Macht der Schweiz.→Eidgenossenschaft, waren zunächst weniger bestimmend. Trotz unterschiedl. Beurteilung in der Forsch. (BOCK, HESSLINGER) dürfte der S. B. im Zusammenhang mit Bestrebungen um die →Reichsreform stehen. Habsburg gewann mit ihm ein wichtiges Exekutionsinstrument zur Durchsetzung polit. Ziele; das es auch für Landfriedenszwecke einsetzte (ANGERMEIER).

Durch ein Mandat (26. Juni 1487) forderte Friedrich III. unter Berufung auf den 10jährigen Frankfurter →Landfrieden (1486) und die Erneuerung des Landes →Schwaben die schwäb. Stände zum Zusammenschluß auf. Dabei kam ihm die alte Einungstradition in S-Dtl. entgegen, aber auch der Umstand, daß seit 1485 Gf. →Eberhard V. (11. E.) und Ehzg. →Sigmund v. Tirol sich um eine Verbindung zw. den schwäb. Reichsstädten und den Rittern im →St. Jörgenschild bemühten. Formell konstituierte sich der bis 1496 befristete Bund am 14. Febr. 1488 auf der Gründungsversammlung in →Esslingen und breitete sich schnell bis nach Franken und an den Mittelrhein aus. 1492/93 gehörten ihm alle innerschwäb. Reichsstädte – ausgenommen die mit den Eidgenossen vertragl. oder polit. verbundenen Orte →Rottweil, →Buchhorn, →Konstanz – und fast die gesamte schwäb. Ritterschaft (ca. 575 Mitglieder) an. 1490 trat Kg. Maximilian I. als Nachfolger Ehzg. Sigmunds v. Tirol dem Bund bei. 1496, 1500, 1512 und 1522 wurde der S. B. jeweils erneuert und als Landfriedenseinung verfestigt. Seine Satzung war weitgehend der des St. Jörgenbundes nachgebildet, die Bestimmungen machten den defensiven Charakter deutl. An der Spitze stand der mit weitgehenden Kompetenzen ausgestattete Bundesrat (2 Hauptleute, 18 paritat. von Adel und Reichsstädten jeweils für ein halbes Jahr gewählte Räte). Streitigkeiten wurden durch die in der Einungsbewegung ausgebildete freiwillige →Schiedsgerichtsbarkeit geregelt. Die Fs.en hatten als Zugewandte eine Sonderstellung, die v.a. in ihrer Bündnisfreiheit zum Ausdruck kam. Ihr Verhältnis wurde durch Einzelbündnisse zw. dem Ritter- und Städtebund einerseits und dem jeweiligen Fs.en geregelt. Der Bund war also kein einheitl. Gebilde, sondern ein System einzelner aufeinander abgestimmter und verknüpfter Verträge. Die erneuerte und vom Papst bestätigte Bundesverfassung (2. Febr. 1500) integrierte die Fs.en in den Bund, der nun von 3 Hauptleuten und einem Bundesrat von 21 Räten gelenkt wurde (je ein Drittel von Fs.en, Adel und Reichsstädten auf ein Jahr gewählt). Das entstandene Bundesgericht gestaltete man zu einem ständigen Schiedsgericht mit 3 ständigen gelehrten Berufsrichtern um. Der Bund erwies sich für eine lange Zeit als ein relativ stabiles polit. Gebilde, das erfolgreich die Wittelsbacher Bestrebungen abwehrte und auch auf den Reichstagen mit Gesandten vertreten war. Der Versuch Maximilians, den S. B. für seine auswärtige Politik zu instrumentalisieren, aber auch die territoriale Herrschaftsausbreitung der Fs.en führten ztw. zu einem Mitgliederschwund. Erst der Konflikt Maximilians I. mit den Eidgenossen belebte den Bund neu und brachte ihm neue Mitglieder wie die Reichsstädte →Straßburg, →Nürnberg und den Hzg. Albrecht v. Bayern-München. Der S. B. trug 1499 die Hauptlast des →Schwabenkrieges und erfuhr bei der Erneuerung der Bundesbriefe von 1500 und 1512 eine militär. Reform, die ihn zu einer bedeutenden militär. Macht im Reich machte. Als Instrument der habsbg. Politik beteiligte er sich u.a. am →Landshuter Erbfolgekrieg (1504/05). Militär. Erfolge konnten jedoch nicht verhindern, daß zunehmend Gegensätze zw. den Bundesmitgliedern aufbrachen. Die Machtausweitung Habsburgs durch die Übernahme Württembergs (1522), der wachsende Gegensatz zw. den Territorialherren und dem sich zur →Reichsritterschaft formierenden Adel, v.a. die Glaubensgegensätze und die sich abzeichnenden neuen Bündnissysteme führten am 2. Febr. 1534 zur Auflösung.
P.-J. Schuler

Lit.: E. BOCK, Der s. B. und seine Verfassung 1488 bis 1534, 1927 [erg. Neudr. 1968] – H. HESSLINGER, Die Anfänge des S. B.es, 1970 – C. GREINER, Die Politik des S. B.es während des Bauernkrieges, Zs. des Hist. Ver. für Schwaben 68, 1974 – S. FREY, Das Gericht des S. B.es und seine Richter (Mittel und Wege früher Verfassungspolitik, hg. J. ENGEL, 1979), 224–281 – V. PRESS, Die Bundespläne Ks. Karls V. und die Reichsverfassung (Das röm. Reich im polit. System Karls V., hg. H. LUTZ, 1982), 55–106 – H. ANGERMEIER, Die Reichsreform 1410–1555, 1984 – G. SCHMIDT, Der Städtetag in der Reichsverfassung, 1984 – TH. F. SEA, The Swabian League and Government in the Holy Roman Empire of the Early Sixteenth Cent. (Aspects of late Medieval Government and Society, ed. G. ROWE), 1986, 247–276.

Schwäbischer Städtebund. Der Zerfall des Reiches und der wirtschaftl. Umschwung zur frühnz. Geldwirtschaft eröffneten den schwäb. →Reichsstädten die Chance zu größerer polit. Selbständigkeit, indem sie die alte Reichsaufgabe der Friedenswahrung an sich zogen. V.a. in den Landfriedensbünden unter Ks. Ludwig d. Bayern entwikkelten sich die schwäb. Reichsstädte von einem Partner des Kg.s zu einer polit. Interessenvertretung. Dies führte am 11. Nov. 1331 zum Esslinger Städtebund. Es waren nicht nur die Erfahrungen der früheren Kg.swahlen, sondern auch der z.T. aggressive Herrschaftsausbau der Landesfs.en und v.a. die alte Feindschaft zu Württemberg, die 25 schwäb. Reichsstädte 1349 erneut eine →Einung schließen ließen, die in den 50er Jahren von Karl IV. in ein städt. Landfriedensbündnis umgewandelt wurde. Die ständ. Aufspaltung in Schwaben (ANGERMEIER) bedeutete für die Städte einen ersten Höhepunkt ihrer Macht. Die →Landfrieden hatten sie als zentrale Orte gestärkt und ihnen zusätzl. Befugnisse mit räuml. Kompetenz gebracht. Aus den zunächst lockeren Einungen war ein wirksames Netz von Beziehungen geworden. Als Ks. Karl IV. seine Hausmachtpolitik und die Wahl seines Sohnes Wenzel zum dt. Kg. durch Steuern der Reichsstädte und durch Verpfändungen von städt. Rechten und Ämtern an Fs.en und Herren finanzierte, sahen die Städte ihre Freiheiten und ihre Unabhängigkeit, aber auch die inzwischen erlangte Bindung zu Kg. und Reich gefährdet. Außerdem trat regionalpolit. die alte Feindschaft gegen den Gf.en v. Württemberg hinzu. 1376 schlossen sich unter der Führung von →Ulm 14 schwäb. Reichsstädte zum S. S. zusammen. Obwohl der Kg. den Städtebund für rechtswidrig erklärte, konnte er sich durch seinen klaren Sieg über den Gf.en v. Württemberg vor Reutlingen (21. Mai 1377) behaupten. Die Städte erreichten von Kg. Wenzel die Zusage, daß sie nicht mehr vom Reich entfremdet würden. In der Folgezeit entwickelte sich der Städtebund zu einer bedeutenden polit. Macht in SW-Dtl., der schließlich ca. 40 Mitglieder zählte. Durch die Vereinigung mit dem Rhein. →Städtebund am 17. Juni 1381 hatte er sich auch nach W abgesichert. Die fakt. Anerkennung des Städtebundes in der →Heidelberger Stallung durch Kg. Wenzel bildete den Höhepunkt seiner Entfaltung. Da der Kg. immer mehr in die Bahnen territorialer Politik geriet, kamen die Reichsstädte zunehmend in einen Gegensatz zu Ks. und Reich. Die Spannungen zw. dem Städtebund und dem Ks. bzw. den Fs.en und Herren entluden sich im Gr. Städtekrieg 1386-88, der in der schweren Niederlage des S. S.s in der Schlacht v. →Döffingen (23. Aug. 1388) gegen den Gf.en v. Württemberg endete. Der Egerer Landfriede (1389) ebnete mit dem Verbot der Städtebünde (§ 34) der landesherrl. Territorialpolitik den Weg. Seit 1388/89 war de facto die polit. Macht des S. S.s gebrochen, die schwäb. Reichsstädte zogen sich immer mehr auf die Wirtschaftspolitik zurück und waren zunehmend auf eine Politik des Ausgleichs mit den benachbarten Territorialherren bedacht, was nur noch bedingt gemeinsames Handeln zuließ. Trotz dieses Verbotes kam es im 15. Jh. zeitweise zu einer Einung der schwäb. Städte, die bes. in den großen Fehden des 15. Jh. eine gewisse Rolle spielten.

Die polit. Ziele des S. S.s waren weitgehend »passiv«, d. h. es ging um die Erhaltung der →Reichsunmittelbarkeit der Mitglieder und um die Sicherung der erworbenen Rechte gegenüber den Expansionsbestrebungen der Fs.en, aber auch gegenüber Eingriffen der Reichsgewalt (→Verpfändung). Mit der Sicherung ihrer Rechte und Privilegien verteidigten die Reichsstädte auch die alte Rechtsordnung im MA. Hinzu trat das Bestreben der Reichsstädte nach Erwerb neuer Privilegien, Befriedung der Handelsstraßen und damit nach Sicherung von Handel und Gewerbe. Nur selten betrieb der S. S. eine dynam. Politik und dann nur als rein ständ. Organisation. So ging es dem 1390 wiedererstandenen S. S. nicht um eine Unterstützung des territorialen Reichslandfriedens, sondern die vom Reich enttäuschten Reichsstädte suchten aus eigener Machtvollkommenheit und Kraft den Frieden im Lande zu schützen. P.-J. Schuler

Lit.: H. Blezinger, Der S. S. in den Jahren 1438-1445. Mit einem Überblick über seine Entwicklung seit 1389, 1954 [mit Reg. im Anh.] – H. Angermeier, Kgtm. und Landfrieden im dt. SpätMA, 1966 – R. Kosseleck, Bund (Geschichtl. Grundbegriffe 1, 1972), 582-600 – J. Schildauer, Der S. S., Jb. für Gesch. des Feudalismus 1, 1977, 187-210 – P.-J. Schuler, Die Rolle der schwäb. und elsäss. S.e in den Auseinandersetzungen zw. Ludwig d. Bayern und Karl IV. (Karl IV., 1316-1378, hg. H. Patze, 1978) – K. Schnith, Reichsgewalt – S. S. – Augsburg, Zs. des Hist. Ver. für Schwaben 74, 1980, 104-119 – Kommunale Bündnisse Oberitaliens und Oberdtl.s im Vergleich, hg. H. Maurer (VuF 33, 1987) – E. Holtz, Reichsstädte und Zentralgewalt unter Kg. Wenzel 1376-1400, 1993.

Schwaderloh, Schlacht bei (14. April 1499). Auf dem S. befand sich im Reichskrieg gegen die schweizer. Eidgenossen (→Schwabenkrieg) ein eidgenöss. Feldlager, von dem aus Angriffe in den Hegau und gegen Orte am Bodensee erfolgten. Nachdem Ks. Maximilian I. gegen die Eidgenossen die Acht verhängt hatte (9. April 1499), suchten die Truppen des →Schwäb. Bundes eine Entscheidungsschlacht. Sie überfielen am Morgen des 11. April 1499 Ermatingen und einige andere Dörfer seeabwärts, töteten die überraschend kleine eidgenöss. Besatzung sowie die Bevölkerung von Ermatingen. Anstatt weiter vorzurücken, zogen sich die Bundestruppen in Richtung →Konstanz zurück. Die Eidgenossen griffen sie bei Triboltingen an und lösten mit nur 300 Mann bei den von den Reitern getrennten Fußtruppen eine allg. Panik und Flucht aus. Die Niederlage der schwäb. Truppen war verheerend: 2000 Mann fielen, 14 Geschütze gingen verloren, nur der Großteil der Reiterei konnte sich in Ermatingen mit Schiffen retten. P.-J. Schuler

Lit.: H. Schneider, Die Schlacht v. S., 1949 – B. Meyer, Der Thurgau im Schwabenkrieg, Thurgauische Beitr. zur vaterländ. Gesch. 116/117, 1979/80, 5ff., bes. 45ff. – H. Maurer, Konstanz im MA, II, 1989, 234-243.

Schwaighof. Die Ausbildung von spezialisierten Grünland- und Milchviehbetrieben (= Schwaigen, Schwaighöfe) als Dauersiedlung – im Gegensatz zu den nur temporär bewirtschafteten →Almen – läßt sich genauer erst seit dem 12. Jh. in den Q. nachweisen. Damit verbunden war eine Erschließung neuer Räume für die menschl. Siedlung v. a. im Voralpenraum, in denen der Anbau von →Getreide kaum oder nur beschränkt möglich war. Häufig künden die Ortsnamen auf 'Schwaig' von der Neuansiedlung. Der Grundherr stellte in der Regel die Erstausstattung mit sechs Kühen; er bezog dann nach einer gewissen Anlaufzeit eine jährl. Abgabe von 300 →Käsen. Der 'Schwaiger' war verpflichtet, den Viehbestand auf der Höhe der Erstausstattung zu halten. Die →Grundherrschaft organisierte auch den Austausch der Produkte zw. den zwei landwirtschaftl. Betriebstypen. Auswirkung der Schwaigansiedlung ist eine erhebl. Erweiterung der menschl. Dauersiedlung, in Altbayern z. B. in den Tälern der Traun, Großen Achen, der Prien, der Nebenflüsse des Inn, der Leitzach, der Mangfall (mit Raum Tegernsee), der Isar, des Raumes Walchensee, der Loisach und der Ammer. Eine weitere Folge der Schwaigwirtschaft war die Lockerung der →Frondienste, die von den weit entlegenen Schwaigen nicht mehr gefordert werden konnten. Da sich die neue Wirtschaftsform sehr bewährte, wurden im Spät-MA sogar Getreidehöfe auf Vieh- und Milchwirtschaft umgestellt. P. Fried

Lit.: Spindler II², 746ff. – O. Stolz, Die S.e in Tirol. Ein Beitr. zur Siedlungs- und Wirtschaftsgesch. der Hochalpentäler (Wiss. Veröff. des dt. und österr. Alpenvereins 3, 1930).

Schwalenberg, Gf.en v. Das seit 1101 mit Widukind I. faßbare, seit 1127 nach der Burg S. (Krs. Lippe) gen. Geschlecht verfügte über reichen Eigen- und Lehnsbesitz w. des Weserbogens zw. Herford und Höxter, weiter um Korbach und Waldeck sowie seit 1124 über die Hochstiftsvogtei v. →Paderborn. Obwohl seit 1180 im Bündnis mit dem Erzstift →Köln stärkste polit. Kraft in diesem Raum, gelang den S.ern die Bildung eines geschlossenen Territoriums nicht. Vielmehr begann bereits im 13. Jh. der Niedergang durch Abspaltung mehrerer Linien: Pyrmont (1194-1494), Waldeck (seit 1219), Sternberg (1243-1377). Mit Heinrich VIII. starben die Gf.en v. S. 1365 aus, die Hauptmasse ihres Besitzes ging an die Edelherren zur →Lippe sowie an den Bf. v. Paderborn. P. Johanek

Lit.: W. Weber, Die Gft. Sternberg, 1928 – U. Bockshammer, Ältere Territorialgesch. der Gft. Waldeck, 1958 – F. Forwick, Die staatsrechtl. Stellung der ehem. Gf.en v. S., 1963 – H. Engel, Die Gesch. der Gft. Pyrmont von den Anfängen bis zum Jahr 1668, 1972 – E. Kittel, Heimatchronik des Krs.es Lippe, 1978², 54-58, 77f. – C. Haase, Die Entstehung der westfäl. Städte, 1984⁴, 94f. – Westfäl. Kl.buch, T. I, hg. K. Hengst, 1992, 299-301, 568-574.

Schwamm (gr. σπόγγος, lat. spongia), niedere Klasse in Kolonien auf Felsen festsitzender Tiere, die – von Tauchern aus dem Mittelmeer gefischt – getrocknet (vgl. Isidor, etym. 12, 6, 62) zum Putzen verwendet wurden. Nach Plinius, n. h. 9, 148-149 (bei Thomas v. Cantimpré, 7, 71 = Albertus Magnus, animal, 24, 51) ernähren sie sich von Muscheln, Fischen und Schlamm und besitzen Verstand, weil sie sich durch Zusammenziehen gegen das Ablösen vom Untergrund wehren sollen. Abgerissen würden sie aus ihrem Stiel (der Wurzel) heraus wieder heranwachsen. Da sie an sonnigen Plätzen faulen würden, lebten sie am liebsten in Strudeln. In Narkotika getaucht, dienten Schlafs. zur Betäubung bei Operationen (→Schlafmittel). Über weitere med. Verwendung berichtet Vinzenz v. Beauvais, Spec. nat. 5, 79.

Ch. Hünemörder

Q.: →Albertus Magnus, →Isidor – Thomas Cantimpr., Lib de nat. rerum, T. 1, ed. H. Boese, 1973 – Vinc. Bellov., Speculum nat., 1624 [Neudr. 1964].

Schwan (gr. κύκνος, lat. cygnus), überwiegend weißer Wasservogel in drei europ. Arten, von denen der angebl. namengebende (vgl. Isidor, etym. 12, 7, 18) Sings. der Antike nur als aus aerodynam. Gründen im Zugkeil (cuneus!) fliegender Zugvogel (Plinius, n. h. 10, 63, bei Thomas v. Cantimpré 5, 26 – Vinzenz v. Beauvais, Spec. nat. 16, 50) bekannt war. Der Sage nach sang er vor dem erahnten Tode, was schon Plinius, (l. c.) bezweifelt. Thomas stellt verschiedene Nachrichten, u. a. vom »Experimentator« (vgl. Wolfenbüttel, HAB, cod. 8. 8, 4°, s. XIII, f. 30v-31r), zusammen: sein dunkles (schwarzes), schwer verdaul. Fleisch (er wurde im MA verzehrt; vgl. das berühmte Klagelied des S.s, Carmina Burana 130), die zur Zerkleinerung der Nahrung dienenden Sägezähne des Schnabels und die Tatsache, daß er keine Fische frißt, seine Streitsucht und die Gewohnheit, einen Fuß auf das Gefieder zu legen. Am Teichufern nistend, kümmert er sich eifrig um die Jungen und verteidigt sie (vgl. Bartholomaeus Anglicus 12, 11, und Albert 23, 34 mit Zischen wie die Gans!). Vom »Experimentator« übernimmt Thomas die von Martianus Capella (1, 28) auf den Transport der Thalia bezogene Angabe, daß er, der Last überdrüssig, Teiche aufgesucht habe. Das Putzen im Wasser nach der eindrucksvollen Balz, der Kopulation und der Verscheuchung des Männchens wird eingehend beschrieben. Albertus Magnus fügt (animal. 23, 32–34) zu den dem Thomas entlehnten Angaben hinzu, daß die Jungen im ersten Jahr noch grau sind, daß er einen gänseähnl. Schnabel hat und sich auf den Teichen mit Gänsen schlecht verträgt. Er kennt zahme S.e mit beschnittenen Flügeln. Die Vertreibung des Männchens erklärt Albert mit dem Erlöschen des Paarungstriebes. Für Hrabanus Maurus, univ. 8, 6, war der S. wegen des langen Halses Sinnbild für Hochmut. Plinius kennt nur die volksmed. Verwendung des Fettes.

Ch. Hünemörder

Q.: →Albertus Magnus, →Bartholomaeus Anglicus, →Hrabanus Maurus, →Isidor, →Martianus Capella – Thomas Cantimpr., Lib. de nat. rerum, T. 1, ed. H. Boese, 1973 – Vinc. Bellov., Speculum nat., 1624 [Neudr. 1964] – Lit.: HWDA VII, 1402–1406 – J. M. C. Toynbee, Tierwelt der Antike, 1983.

Schwanenorden (urspgl.: »selschapp unnser liven frowen«), →Ritterorden mit stark bruderschaftl. Charakter, womögl. nach dem Vorbild höf. Orden wie →Goldenes Vlies oder →Hosenbandorden eine Stiftung des Kfs.en →Friedrich II. v. Brandenburg (13. F.), nur wenige Tage nach seinem Regierungsantritt (29. Sept. 1440). Ursprgl. auf 30 männl. und sieben weibl. adlige Mitglieder beschränkt, wurde der S. gelegentl. einer Statutenerweiterung (1443) offen und kann als Versuch eines einenden Bandes (die Statuten verpflichteten u. a. zu gegenseitiger Hilfe), aber auch der Disziplinierung (u. a. Pflicht zur Einhaltung der Beschlüsse, Einforderung ritterl. Lebenswandels, Ehrengericht) im Territorium verstanden werden. Sitz und geistl. Zentrum war das Prämonstratenserstift Harlungenberg bei Brandenburg, das u. a. für tägl. Gebetsmessen, Seelenmessen und Vigilien entsprechend ausgestattet wurde. Die Mitglieder fanden dafür Aufnahme in die Gebetsbruderschaft von Dekan und Stiftsherren. Unter Mgf. →Albrecht Achilles, dem Bruder des Stifters, erfolgte prakt. die Abspaltung (1459) eines süddt. Zweiges, zu dessen geistl. Zentrum die St. Georgs-Kapelle in der Stiftskirche zu Ansbach gemacht wurde. Anläßl. der Erneuerung der Stiftung (1484) wurde mit der Einrichtung eines eigenen Jahrtags, aber unter Beibehaltung der gemeinsamen Statuten für alle süddt. Mitglieder daraus auch formell ein selbständiger Zweig. Die Mitgliedschaft (ehel. Geburt, →Ahnenprobe, Ernennung durch den »Souverän«) war innerhalb der Familie erbl. und nicht exklusiv. Nach den Statuten verfügte der Orden neben dem »Souverän« über vier/acht Schaffer bzw. Schiedsleute und sah regelmäßige Kapitel vor. Die Mitglieder trugen eine Kette aus aneinandergehängten Bremsen, daran als Ordenszeichen das Bild Marias, umgeben von Mond und den Strahlen der Sonne, darunter die Devise »gegrüet sistu der werlde ffrowe« und ein mit einem weißen Tuch umwundener Schwan. Das Einzugsgebiet erweiterte sich schließlich auf Braunschweig, Lüneburg, Magdeburg, Anhalt, die Lausitz, Thüringen, Franken, Österreich, Schwaben, Bayern und Meißen; auch ein dän. und ein ung. Kg. waren Mitglieder. Mit der Reformation ging in den frk. Landen und in Brandenburg das Interesse an dieser Marienbruderschaft verloren.

A. Ranft

Lit.: R. M. B. Stillfried – S. Haenle, Das Buch vom S., 1881 [ältere Lit.] – P. Wittmann, Der S., Hist.-Polit. Bll. 88, 1881, 362–377 – P. C. Fröhlich, Der Schwanenritterorden, Hist.-Polit. Bll. 159, 1917, 705–718 – Th. Däschlein, Der S. und die sog. S.s-Ritter-Kapelle in Ansbach, 1927 – B. Heydenreich, Ritterorden und Ritterges.en, 1961 – Ritterorden und Adelsges.en im spätma. Dtl., hg. H. Kruse, W. Paravicini, A. Ranft, 1991 [Lit.].

Schwanenritter → Lohengrin

Schwangerschaft und Geburt

I. Schwangerschaft – II. Hebammen und Ärzte – III. Geburt.

I. Schwangerschaft: Schwangere wurden im MA med. und psycholog. von Verwandten, »weisen Frauen« oder Hebammen betreut. Ärzte spielten (von Hochadel und Herrscherfamilien abgesehen) in der vorgeburtl. Phase bis zum 16. Jh. eine völlig untergeordnete Rolle. Die S. implizierte nicht selten gesellschaftl. Privilegien (Fischrecht, Schutzbriefe, Patenschaften für Mutter und Kind, u. U. Recht auf Mundraub). Anderseits galt sie durch Zauberei und diabol. Einflüsse gefährdet (z. B. Risiko der Fehlgeburt durch den »bösen Blick«). Begegnungen mit schönen, häßl., guten und bösen Menschen konnten die Frucht entsprechend beeinflussen. Diätvorschriften für die S. waren Bestandteil der →Regimina Sanitatis (Verzicht auf scharfe, blähende und appetitanregende Speisen bei →Arnald v. Villanova, B. →Montagnana, M. →Savonarola). In der ärztl. Konsilienlit. nahm die (theoret.) S.sberatung breiten Raum ein (→Benivieni, M. Savonarola), u. a. die Verhütung von Fehlgeburten (13 Gründe bei B. Montagnana, darunter psychosomat. Ursachen wie Ärger, Angst, Trauer). »Physiolog.« betrachtete man die Absorption des Pneuma durch Herz und Hirn (d. h. einen Entzug an Wärme und Lebenskraft für die Frucht!) als Ursache von Spontanaborten. Emotionen galten dabei als bes. gefährlich. Pseudo-Albertus Magnus schrieb Schwangeren bes. Heilkräfte zu. Zu Pest- und Seuchenzeiten bedeutete die S. (wie das Alter) eine bes. Gefährdung. Allg. war die Sterblichkeit während S. und G. hoch, obgleich exakte Angaben schwierig sind. Nach einer Florentiner Steuerliste von 1427 bestand unter den bis 17-jährigen ein weibl. Überschuß, während bei den

18–47-jährigen zunehmend die Männer überwogen. Häufig war die S. Anlaß zum Aufsetzen eines Testaments. Die Festlegung der S. (wie auch der Virginität) war Aufgabe der Hebammen (so 1450 beim Prozeß der Jeanne d'Arc durch »mulieres idoneas«). Der artifizielle Abort galt seit der Patristik als schwere Sünde. Dabei setzte sich im Christentum zunehmend die aristotel. Lehre der sukzessiven Beseelung durch, wonach die anima intellectualis bei männl. Embryonen am 40., bei weibl. am 80. Tag angenommen wird. Eine entsprechende Differenzierung von geformten und (noch) ungeformten Ungeborenen (formatus et nondum formatus) ging auf die Septuaginta zurück und wurde bes. von Augustinus verteidigt. Abtreibungen im ersten bzw. zweiten S.smonat waren demnach keine Todsünden (mit geringen Bußen), während solche nach dem 40. bzw. 80. Tag im allg. mit einer dreijährigen Bußpraxis geahndet wurden. Wie →Hieronymus und →Augustinus verurteilte auch →Caesarius v. Arles (6. Jh.) jede S.sprävention (»Sooft die Frau hätte empfangen oder gebären können, so vieler Morde wird sie für schuldig befunden werden«). →Regino v. Prüm (9. Jh.) setzt ebenfalls Verhütung mit Mord gleich und verdammt jeden, »der aus übergroßer Lust oder Haß, damit keine Nachkommenschaft zur Welt kommt, einem Mann oder einer Frau etwas antat oder zu trinken gab«. Indirekt belegen auch →Bußbücher (libri poenitentiales) die Vielfalt der Verhütungs- und Abtreibungspraxen. →Burchard v. Worms (11. Jh.) legt genaue Strafen für Abtreibende, aber auch Verbreiter von Verhütungsmitteln und →Abortiva fest. Die Schuld der Schwangeren hing allerdings auch davon ab, »ob sie eine arme Frau ist und solches tut, weil sie Not hat, ihre Kinder zu ernähren, oder ob sie es tut, um ... Unzucht zu verbergen«. Noch deutlicher sah das Poenitentiale Civitatense eine Reihe schuldmindernder Umstände vor (Armut, Aufsehen, Charakter, Krankheit, Beruf als Tänzerin u. ä.). Neben abortiven Drogen hielt man Zaubersprüche und -getränke für wirksam. Der Übergang zw. Emmanagoga (Mittel, die eine Menstruation hervorrufen sollten) und Abortiva war fließend, da s.sbedingte und sonstige Amenorrhöen nicht immer klar unterschieden wurden. (Auch ein s.sbedingtes Ausbleiben der Regelblutung galt als schädl., da das Gleichgewicht der Körpersäfte gestört schien und nach der Lehre der Humoralpathologie Schadstoffe im Körper verblieben.) Eine St. Gallener Hs. des 9. Jh. unbekannter Herkunft empfahl als Abortivum einen Sud von »Sade, Selleriewurzeln, Fenchel, Liebstöckel und Petersilie in Wein«. Zur →Empfängnisverhütung wurden im selben Ms. Umschläge mit in Eselshaut gewickelten Wieselhoden propagiert. Nach →Avicenna (Canon medicinae, 11. Jh.) konnte ein Abgang durch häufigen Coitus, Schröpfen, Schläge, bestimmte Sprungtechniken und heiße Bäder evoziert werden. Trotz restriktiver Gesetze, Apotheker- und Hebammenverordnungen (z. B. Basel 1482, Stuttgart 1482, Ulm 1491) blühte der Schwarzhandel mit Abortiva. Auch die Kräuterbücher des 16. Jh. (O. Brunfels 1530, H. Bock 1539, P. A. Mattioli 1562, J. Tabernaemontanus 1588) widmen ihnen breiten Raum (32 wirksame Pflanzen bei Brunfels). In Eucharius →Rösslins »Der Swangern Frawen und Hebammen Rosegarten« (1513) werden hautreizende Bäder, Pflaster sowie das Beräuchern der Geschlechtsteile empfohlen. Alraunenrinde, Nieswurz, Sade und Raute galten allg. als wirksame Abtreibungsdrogen. Etwa ein Viertel der in der frühnz. Lit. erwähnten Pflanzen ist – abhängig von Dosierung und Stadium der S. – tatsächl. als wirksam einzustufen.

Während das burg. Recht keine Strafe bei S.sabbruch erwähnt, sah die →Lex Baiuvariorum Bußgelder je nach dem vor, ob die Leibesfrucht noch nicht beseelt oder bereits »geformt« war. Nach fries. Recht wurde nur bestraft, wenn nicht die Mutter Täterin war. S. bedeutete seit alters Unreinheit, die nach ma. Auffassung bis zum 40. Tag post partum andauerte, »sive masculum sive feminam genuit« (nach mosaischer Tradition war die Mutter eines Mädchens dagegen 80 Tage unrein). →Thomas v. Aquin plädierte bei Lebensgefahr der Mutter für deren Rettung und nahm dabei die Tötung des Foeten »praeter intentionem« in Kauf. Nach Johannes de Regina (14. Jh.) sollten sich Arzt bzw. Hebamme in diesem Fall dagegen neutral verhalten, da man niemandem nur auf Kosten eines Dritten helfen dürfe. Die Constitutio Criminalis Carolina (1532) ging von der scholast. Unterscheidung zw. noch nicht lebendem (unbeseeltem) und lebendem (beseeltem) Ungeborenen aus und sah eine entsprechende Fristenlösung vor. Quantitative Angaben zur Abtreibung im MA erscheinen stets problematisch. Die Frage ist auch, ob hohe Kinderzahlen aus Versorgungsgründen nicht ausdrückl. erwünscht waren. Die spärl. Q.lage spricht tatsächl. dafür, daß der artifizielle Abort v. a. Ledige (Mägde, Prostituierte) betraf.

II. Hebammen und Ärzte: Schwangere und Gebärende wurden im MA in der Regel von Hebammen betreut. Bestand Lebensgefahr bzw. schien eine natürl. Beendigung der Geburt unmögl., wurde erst seit dem 15. Jh. der Arzt bzw. handwerkl. Chirurg gerufen. Die Ausbildung der Hebamme war zunächst rein prakt.-empirisch. Meist hatte sie eigene G.serfahrung. Hebammenordnungen (älteste nachweisbare 1452 in Regensburg) schrieben seit dem 16. Jh. Prüfungen vor, die von Ärzten (Regensburg 1555), Matronen bzw. Hebammen (Frankfurt 1573) bzw. gemischten Kommissionen (Paris 1560) durchgeführt wurden. In der byz. Lit. (→Oreibasios, →Aetius v. Amida, →Paulos v. Aigina) wird die bereits durch Soranos (2. Jh.) hervorgehobene Rolle der Hebamme beim G.svorgang verteidigt. In der arab. Fachlit. erscheint sie noch bedeutsamer (nur bei →Abūʾl-Qāsim hat der Arzt eine Art Aufsichtspflicht, wobei er freilich »minister« der Hebamme bleibt). Bei →Rhazes (10. Jh.) und →Avicenna wird diese im Notfall auch operativ tätig (Zerstückelung des Foeten). V. a. bleibt ihr die intravaginale Untersuchung vorbehalten (auch bei Erkrankungen im Urogenitalbereich, z. B. Blasensteinen). Nach Albucasis und Avenzoar untersucht sie (und nicht der Arzt) die Schwangere, »quando illa est casta et pudica vel marito nupta«. Eine wichtige Rolle wird in salernitan. Schriften bestätigt. (Ob →Trotula bzw. die »mulieres salernitanae« Hebammen oder Ärztinnen mit Hochschulbildung waren, ist bis heute umstritten.) Jedenfalls führt die Hebamme nach dem Trotula zugeschriebenen geburtshilfl. Werk Risikogeburten durch und wird ebenfalls bei Bedarf operativ tätig (Dammschnitt). Während sich wahrscheinl. kein salernitan. Arzt mit prakt. G.shilfe auseinandersetzte, bezog der engl. Mediziner John Gaddesden (14. Jh.) im Notfall die Palpation des äußeren Genitals in die ärztl. Untersuchung ein, während die Hebamme intravaginal untersuchte. Ähnl. Grenzen für die Ärzte zog →Bruno da Longoburgo (14. Jh.). Allerdings scheinen zu dieser Zeit einige bereits selbst Untersuchungen mit Sonden bzw. Specula durchgeführt zu haben (z. T. in Gegenwart von Angehörigen, in der Regel ohne Inspektion und nur bei Deflorierten). →Arnald v. Villanova benutzte ebenfalls intravaginale Sonden. Im 15. Jh. lehrte →Pietro d'Argellata die notfallmäßige Zerstückelung des Foeten aus eigener Erfahrung (»Speculum facias, ut ego saepe feci ... Ego saepe in hoc casu perforavi«). Auch M. Savonarola war prakt. G.shelfer, ebenso A. Benivieni, der die Extraktion einer abgestorbenen Frucht mit dem Haken beschreibt. Dem Arzt kam auch die Rezeptierung von Medikamenten zu, während die gynäkolog. Untersuchung Kreißender – von Notfällen abgesehen – bis zum 18. Jh. Domäne von Hebammen bzw. Frauen blieb. Nur in Italien scheint der Arzt nach Walter Reiffs »Frawen Rosengarten« (Straßburg 1545) häufiger auch prakt. G.shelfer gewesen zu sein, v. a. bei Patientinnen aus gehobenen Ständen, weshalb »keine herrliche matron ohn beywesen eines erfahrenen Arztes geberen will«. Auch nach Rösslin hatte die Hebamme zerstückelnde Operationen durchzuführen, die vielerorts allerdings auch von Badern bzw. handwerkl. Chirurgen erledigt wurden (der Kaiserschnitt bei Toten gehörte nach Rösslin allerdings nicht zu den Aufgaben der Hebammen). Einige Hebammenverordnungen des 16. Jh. schreiben bereits die Waschung der Hände vor einer g.shilfl. Untersuchung vor.

III. Geburt: Generell reflektierten die ma. Schriften zur G.shilfe Werke antiker auctoritates (Hippokrates, Galen, Soranus). Die hippokrat. Vorstellung eines →siebenkammerigen Uterus und die These, daß männl. Foeten in der rechten, weibl. in der linken Hälfte der Gebärmutter ausgetragen werden, war bis zum 16. Jh. vorherrschend. →Aetius v. Amida (6. Jh.) bezieht sich v. a. auf →Soranus und beeinflußt später die arab.-pers. Fachlit. Als Zeichen der nahenden G. werden abnehmender Oberbauchumfang, häufiger Urindrang und stärkere Schleimsekretion genannt. Paulos v. Aigina (7. Jh.) beschreibt die Technik der Fußwendung. Das arab. Schrifttum bringt im Vergleich zum byz. keine wesentl. Neuerungen und besitzt ausgesprochen eklektizist.-theoret. Charakter (Adressatinnen sind, wie auch in der westl. g.shilfl. Lit., Hebammen, welche die Theorie in die Praxis umsetzen). ᶜAlī ibn al-ᶜAbbās (10. Jh.) rekapituliert →Galens Wehentheorie (eigenständige Kräfte des Uterus!). Ausführl. wird die Extraktionstechnik beim toten Foeten erörtert (Haken, Drehungen). Avicenna greift vorwiegend auf Soranus zurück und erklärt die Ursachen schwieriger G.en. Albucasis (→Abū l-Qāsim) hält die Kopflage für wünschenswert und wendet sich damit gegen Soranus, Paulos v. Aigina und Avicenna. Er diskutiert mögliche Ursachen von Sterilität und Abort, entwirft eine Diätetik und warnt vor artifiziellen Aborten bei Leuten, »quibus nulla ratio neque lex inest«. Seine »Chirurgia«, die über einen umfangreichen g.shilfl. Teil verfügt, wurde im 12. Jh. von →Gerhard v. Cremona ins Lat. übertragen und bildete im W bis zu →Guy de Chauliac (14. Jh.) das wichtigste einschlägige Lehrbuch. →Wilhelm v. Saliceto (13. Jh.) beschreibt das Kephalhämatom, Arnald v. Villanova bezeichnet Kopf- und Fußlage als gleichwertige natürl. G.spositionen. Entsprechend soll die Hebamme den Foeten in eine dieser Lagen wenden. Offensichtl. verbreitete Zaubersprüche zur G. werden verspottet. Bei Komplikationen, etwa geschlossener Gebärmutter, soll die G.shelferin die Embryotomie wagen und die Frucht zerstückelt aus dem G.skanal ziehen. Im »Lilium medicinae« des →Bernard v. Gordon (1305) wird der künstl. Abort – wie in fast allen gen. Werken – als schwere Sünde verworfen. Zur Rettung des Kindes nach dem Tod der Mutter empfiehlt der Arzt am Montpellier den →Kaiserschnitt (sonst bis zu diesem Zeitpunkt nur im Mythos, in den röm. leges regiae, bei Plinius, im Talmud und in den Digesten erwähnt). Auch Guy de Chauliac (14. Jh.) beschreibt die Sectio Caesarea bei Toten, »quia vetat lex regia mulierem praegnantem humari, quousque foetus exiverit«. Er empfiehlt zur Schonung der Leber einen linksseitigen Längsschnitt. Im übrigen begründet er sein spärl. Interesse an der G.shilfe mit der Erfahrung der Hebammen, welche die Behandlung des Themas durch Ärzte überflüssig mache. Nach Pietro d'Argellata deckt sich die ideale Schnittlinie beim Kaiserschnitt mit der Mittellinie (Linea alba). Daß er selbst Embryotomien ausführte, ist standesgesch. interessant, da akadem. gebildete Ärzte normalerweise diese deprimierende Arbeit Hebammen oder Chirurgen zuwiesen. Francesco da Piemonte (um 1300) fordert, daß die Hebamme bei normalen Geburten der Natur nicht vorgreifen dürfe (wie der Arzt wird sie nach altem hippokrat. Grundsatz zum minister naturae). In Anlehnung an Soranus wird auch ein G.sstuhl empfohlen. Valescus v. Taranta (um 1400) lehrte in Montpellier, daß Erstgebärende über 25 Jahre mit größeren Schwierigkeiten zu rechnen hätten. M. Savonarola (15. Jh.) warnt schmalhüftige Frauen »ab accipiendo viros magnos«. Die Beckenmaße werden zu einem neuen Kriterium der G. Auch die Anamnese früherer G.en wird nunmehr berücksichtigt. Einen gewaltigen Fortschritt für die G.shilfe brachte die anatom. Forschung des 16. Jh.

Ab 1500 sind gedr. Hebammenbücher im Handel, allen voran, mit 20 Holzschnitten, Rösslins »Rosengarten« (1513). Es stellt das erste eigenständige Werk zur G. dar.

K. Bergdolt

Lit.: HWDA III, 406–419; VII, 1406–1427 – H. Fasbender, Gesch. der G.shülfe, 1906 – C. O. Rosenthal, Zur g.shilfl.-gynäkolog. Betätigung des Mannes bis zum Ausgange des 16. Jh., Janus 27, 1923, 117–148, 192–212 – H. Buess, Gesch. Überblick über die Entwicklung der G.shilfe (Lehrbuch der G.shilfe, hg. T. Koller, I, 1948) – J. Steudel, Abschied vom Wickelkind, Die Waage / Grünenthal 2, 1961, 2–12 – H. Buess, Die Entwicklung der abendländ. G.shilfe in Zeittafeln unter bes. Berücksichtigung der Schweiz, Gynaecologia 155, 1963, 255–283 – J. T. Noonan, Empfängnisverhütung, Gesch. ihrer Beurteilung in der kath. Theol. und im Kanon. Recht, 1969 – A. Kammeier-Nebel, Wenn eine Frau Kräutertränke zu sich genommen hat, um nicht zu empfangen. G.sbeschränkung im frühen MA (Mensch und Umwelt im MA, hg. B. Hermann, 1989), 65–73 – S. Heißler–P. Blastenbrei, Frauen in der it. Renaissance. Heilige – Kriegerinnen – Opfer (Frauen in Gesch. und Gesellschaft 13, 1990) – Gesch. der Abtreibung, hg. R. Jütte, 1993.

Schwank

I. Deutsche Literatur – II. Romanische Literaturen – III. Englische Literatur.

I. Deutsche Literatur: Der seit der Jahrhundertwende von der Lit.wiss. für die Kennzeichnung eines Typs kleinerer Erzählformen und ihrer Stoffe benutzte Begriff S. leitet sich von der übertragenen Bedeutung ('Streich'; 'Erzählung eines Streichs') des starken mhd. Substantivs *swanc* ('schwingende Bewegung', als ursprgl. Fachterminus der Fechtersprache 'Schlag', 'Hieb') ab. Stärker noch als andere ma. lit. Typen oszilliert der S., dessen lit. Gattungsstelle zw. Novellistik (→Märe, →Novelle) und anderen pointierten Kurzerzählungen (Anekdote, →Bîspel, →Exempel, →Fabel, Witz) schwer zu bestimmen ist, zw. Mündlichkeit und Schriftlichkeit. Das Textcorpus erstreckt sich von kurzen S.mären bis zu aus S.ketten gefügten S.romanen; Dramatisierungen von S.stoffen (→Fastnachtspiele, Neidhartspiele [→Neidhart], Komödien des 16. Jh.) und Meisterlieder mit S.themen (→Meistersinger) schließen sich an den Rändern an. Bedingt durch ihre Stoff- und Formenvielfalt werden S.e in unterschiedlichste Text- und Gebrauchszusammenhänge, wie Chroniken (z. B. Zimmernsche Chronik), Predigten (so die von der »Disciplina clericalis«[um 1110] bis zu →Geiler v. Kaysersberg [1445–1510] fortwirkenden Kl.- und Schuls.e), Liederslg.en (z. B. Liederbuch der Klara Hätzlerin), Hausbücher, Kalender und die frühnz. Schelmenromane, integriert oder zusammen mit Kurzerzählungen verschiedenster Art stets in Sammelhss. überliefert oder im Druck zu Anthologien vereint. Seinen Ort als lit. Gattung bezieht der S. ledigl. vom Stoff her, wobei angesichts der themat. Fülle (Bauern-, Handwerker-, Trinker-, Narren-, Teufels-, Tier-, v.a. aber erot. S.e als umfangreichste Gruppe) einheitsstiftend allein das sog. 'S.hafte' als spezif. Form des kurzepischen Handlungsablaufs wirkt. Ausgangspunkt ist stets eine konfliktträchtige, meist sozial, intellektuell oder sexuell asymmetr. Konstellation zweier Handlungsträger, die in drei für Variationen offenen Schemata transformiert wird: der zunächst Unterlegene ordnet sich durch sein Handeln dem überlegenen Gegenspieler gleich oder übertrumpft ihn; der Aufstand des Unterlegenen scheitert oder vergrößert die Überlegenheit des Gegners; die konträren Auffassungen werden unaufgelöst miteinander konfrontiert. Umkehr, Ausgleich, Verschärfung oder Präsentation des Konflikts werden dabei, List gegen List oder Gewalt gegen Gewalt setzend, mit komischen, das Spannungspotential sexuellen Tabu-, sozialen Norm- oder log. Konsistenzbruchs nutzender Effekten auf eine Pointe hin inszeniert.

Die Bekanntheit lat. S.-Motive des 10.–11. Jh. in Dtl. und Frankreich seit dem 13. Jh. (z.B. »Modus Liebinc« der →»Carmina Cantabrigensia«, lat.; »Das Schneekind«, md. und obdt.; »De l'enfant qui fu remis au Soleil«, mfrz.) verweist auf die gesamteurop., wohl auch mündl. vermittelte Tradierung verwandter S.stoffe; ein direkter Einfluß frz. →Fabliaux auf dt. S.e des 13. und 14. Jh. ist nur in wenigen Einzelfällen nachweisbar, Stoff- und Motivähnlichkeiten erklären sich wohl eher aus der strukturellen Übereinstimmung epischer Kurzformen. Die lit. Gattung, in der bis ins 15. Jh. (Höhepunkt zw. 1250 und 1350) S.stoffe in Dtl. in Reimpaarversen erzählt werden, ist das Märe. Zu anonym überlieferten Texten (z.B. »Die böse Frau«, »Der Weinschwelg«, »Die treue Magd«, »Frauentreue«) stellt sich das umfangreiche Werk des →Strickers, das den Rang der Kurzepik als autonome Gattung wesentl. beförderte. In drast. Situationskomik von zuweilen zotiger Direktheit (z.B. »Die halbe Birne«, »Das Gänslein«, »Der schwangere Mönch«) werden bevorzugt Themen wie Ehezwist, Trunkenheit und Betrug behandelt. Doch im Unterschied zum frz. Fabliau kommt das dt. S.-Märe kaum ohne eine moral., Lebensklugheit (*gefüege kündekeit*) vermittelnde Nachrede (sog. Epimythion) aus, die noch die Prosa-S.e des SpätMA und der frühen NZ in meist gebundener Rede beschließt.

Der sog. S.roman, dessen frühestes dt. Beispiel, des Strickers »Pfaffe Amis« (Mitte 13. Jh.), sich formal an ähnl. lat. Texten (→»Unibos«, »Dialogus Salomonis et Marcolfi«) orientiert, ist strukturell eine durch die Biographie des Protagonisten verknüpfte Kette von Einzels.en. Seine durch Lust am Verletzen des Kontrahenten, souveräne Intellektualität und oft obszöne Demonstration von Körperfunktionen sich auszeichnenden Helden unterlaufen durch Normumkehr und Tabubruch die tradierte soziale Ordnung (»Salomon und Markolf« [→Salomo], 14.–16. Jh.; →»Pfaffe vom Kalenberg«, 3. Drittel 15. Jh.; »Bruder Rausch«, 1487; »Ulenspiegel«, 1510 [→Eulenspiegel]).

Wie alle ma. S.e artikulieren sowohl die S.romane als auch die in Anthologien versammelten Prosa-S.e der frühen NZ (u.a. Johannes Pauli, »Schimpf und Ernst«, 1522; Jörg Wickram, »Rollwagenbüchlein«, 1557; Valentin Schumann, »Nachtbüchlein«, 1559) gesellschaftl., auf soziale Formierung und Disziplinierung bezogene Ambivalenzerfahrungen und schaffen einen Freiraum lit. Gegenwelten oder anarch. Lachkultur. N.H. Ott

Ed.: →gen. Autoren und Werke – *Lit.:* K. Hufeland, Die dt. S. dichtung des SpätMA, 1966 – H. Bausinger, Bemerkungen zum S. und seinen Formtypen, Fabula 9, 1967, 118–136 – Reallex. der dt. Lit. gesch. III, 1977, 689–708 [G. Bebermeyer] – E. Strassner, S., 1978² – W. Röcke, Die Freude am Bösen. Stud. zur Gesch. des dt. S.romans im SpätMA, 1987.

II. Romanische Literaturen: Der S. (frz. *trufe*; prov. sp. it. *burla*; it. *beffa*; ptg. *trufa*, etc.) ist eine dem Bereich der →Spielmannsliteratur zugehörige Erzählform in Versen oder in Prosa. Charakteristische Beispiele finden sich in den →Fabliaux, im →»Trubert«, in den prov. Novas, den it. →Novellen, im »Libro de Buen Amor« des Arcipreste de Hita (→Ruiz, Juan), im ptg. »Orto do Esposo« und im kat. »Tirant lo Blanch« (→Martorell, Joan). Hauptmotiv des S.s ist das schlaue Ränkespiel, das die Person, die den Streich ausheckt (*beffatore, trufeor, mordeor, burlador*) zum Schaden des einfältigen Opfers inszeniert, das aus Gier, Eifersucht oder anderen Motiven nur allzuleicht in die Falle tappt. Dabei finden v. a. die folgenden Gegensatzpaare Anwendung: Realität – Illusion; hoch – tief (sowohl im räuml. wie im sozialen Sinn), innen – außen. Der Gefoppte hält die Illusion, die ihm der »Beffatore« vorgaukelt, für Realität; er versucht, die soziale Stufenleiter emporzusteigen, findet sich aber am Ende des S.s noch tiefer unten und wird häufig aus seinem Haus vertrieben, in dem nun der Ränkeschmied der Herr ist. Auf die Erzählung folgt im allgemeinen eine »Moral«, in der die Tücke des Betrügers (der mit dem Teufel verglichen wird, der als der erste »Beffatore« im Paradies Adam den bösen Streich mit dem Apfel spielte) und die Dummheit des stets allzu naiven und leichtgläubigen Betrogenen betont werden. In der altfrz. Lit. ist der Prototyp des »Beffatore« der Fuchs (→Renart, Roman de), der dem Wolf Ysengrim und vielen anderen allzu törichten und eitlen Tieren geradezu Torturen zufügt. Der gelungenste Streich findet sich in der 4. Branche. Renart kann aus einem Brunnen aus eigener Kraft nicht mehr heraus. Er gaukelt Ysengrin vor, er sei tot und genieße die Freuden des Himmels, eines wahren Schlaraffenlandes. Der Wolf kann diesen Verlockungen nicht widerstehen und läßt sich in den Brunnen hinunter, Renart klammert sich an den anderen Eimer, läßt sich in die Höhe ziehen und macht sich davon. Am anderen Morgen finden die Mönche des nahen Kl. den Wolf im Brunnen und prügeln ihn halbtot. Sehr häufig ist der S. mit erot. Thematik: der Gefoppte ist zumeist ein einfältiger Dörfler, dessen Frau von Klerikern oder dem schlauen Pfaffen vor den Augen ihres Ehemannes verführt wird (»Gombert et les deux clercs«, »Vilain de Bailluel« [→Bodel, Jean], »Prestre qui abevete« [→Fabliaux]). In den prov. Novas ist der eifersüchtige Ehemann der Gefoppte: seine Frau setzt ihm Hörner auf, er wird verprügelt und ist dabei auch noch zufrieden (z.B. im »Castia-gilos« des Ramon →Vidal), oder er gibt zu dem Betrug, ohne die Wahrheit zu ahnen, seine Zustimmung (→Flamenca). Die höchste Stufe der literar. Gestaltung erhält die »beffa« im »Decameron« des Giovanni →Boccaccio, in der ihr zwei Tage gewidmet sind. Hier beschränkt sich der Streich nicht auf einen engen Personenkreis, vielmehr nimmt die ganze Bürgerschaft eifrig daran teil. In der Novelle »Grasso legnaiuolo« (15. Jh.) wird die raffinierte List hervorgehoben, mit der Filippo Brunelleschi und seine Freunde den armen Grasso foppen, bis er schließl. an seiner eigenen Identität zweifelt. Die toskan. Tradition der S.novelle wird in den lat. Facetien des →Poggio Bracciolini aufgenommen. L. Rossi

Lit.: Die S.e und Schnurren des Florentiners Gian Francesco Poggio Bracciolini, hg. A. EMERAU, 1905 – J. BEYER, S. und Moral. Unters. zum afrz. Fabliau und verwandten Formen, 1969 – Formes et significations de la »beffa« dans la littérature it. de la Renaissance, 1972, hg. A. ROCHON – R. E. MARSAN, Itinéraire espagnol du conte médiéval (VIIIe-XVe s.), 1974 – L. ROSSI, A literatura novelística na Idade Média Portuguesa, 1979 – J.-C. HUCHET, Le roman occitan médiéval, 1991 – L. ROSSI-R. STRAUB, Fabliaux Érotiques, 1992 – C. DONÀ, Trubert o la carriera di un furfante, 1994.

III. ENGLISCHE LITERATUR: Die engl. Entsprechungen zu S. und S.märchen finden sich in der frühneuengl. Lit. Wie bei der Gattung →Novelle gibt es Slg.en kurzer scherzhafter Prosa-Geschichten (*jestbooks*) erst seit dem frühen 16. Jh. (»A Hundred Merry Tales«, 1526). In knappem, umgangssprachl. Stil geschrieben, dienen sie der Unterhaltung eines breiten Publikums. Im Me. gibt es aber zahlreiche Vorstufen in Versform, die gattungstheoret. kaum vom S. abzusetzen sind. Dazu gehören z. B. »Syre Corneus«, »King Arthur and King Cornwall« und »The Boy and the Mantle«. Sie alle sind Verfallsstufen vorausgehender *romances*. Unsittl. Verhalten (oft der Frauen und Ehefrauen) wird mit deutl. Freude dargestellt. Die Sprache gleitet ins Zotenhafte ab. Als nächste Entsprechung zum S. gilt das →*fabliau*, das auch im Me. vertreten ist, jedoch seltener als im Frz. (→Chaucer, »Canterbury Tales«). Fast immer steht die individuelle Triebbefriedigung im Mittelpunkt. Der Konflikt zw. den Geschlechtern wird häufig zu einem brutalen und erbarmungslosen Kampf. Die Meinung über die Ehe ist gänzl. negativ. Die Verfasser stehen meist auf der Seite des Mannes. Typ. für diese Art von fabliau ist das me. Gedicht »The Avowing of King Arthur« (ca. 1450). J. Göller/K. H. Göller

Ed.: F. J. CHILD, The English and Scottish Popular Ballads, 1884 – P. M. ZALL, A Hundred Merry Tales…, 1978^2 – R. DAHOOD, The Avowing of King Arthur, 1984 – *Lit.*: E. SCHULZ, Die engl. S.bücher, 1912 – F. P. WILSON, The English Jestbooks… (Shakespearian and Other Stud., hg. H. GARDNER, 1969), 285–324 – D. S. BREWER, The Fabliaux (Companion to Chaucer Stud., hg. B. ROWLAND, 1979^2), 296–325 – P. BOITANI, English Medieval Narrative in the 13th and 14th Centuries, 1982.

Schwänzel → Rennzeug

Schwaren (Swaren). Die schweren (*swaren*) westfäl. →Pfennige, bes. die des Bm.s Münster, drangen um 1350/70 nach N-Dtl. vor, wo bis dahin der leichte Pfennig die Währung beherrschte. Diese Pfennige wurden alsbald in Bremen (seit 1369), Emden, Oldenburg, Diepholz, Hoya, Wildeshausen und Vechta, später auch in Verden und Stade nachgeahmt und als S. bezeichnet. Die Prägung reicht bis zum Anfang des 15. Jh. Der Münztyp zeigt ursprgl. auf der Vorderseite den thronenden Bf.; in Bremen wurde aus dem Bf. der hl. →Willehad, in Oldenburg der hl. →Lambertus. Die Münzbezeichnung S. hielt sich in Bremen bis 1866, in Oldenburg bis 1869, zuletzt wurden die S. nur noch in Kupfer geprägt. P. Berghaus

Lit.: F. v. SCHROETTER, Wb. der Münzkunde, 1930, 617.

Schwarz, Berthold (B. der Schwarze, aus B. nigro [manticus] = Schwarzkünstler, Alchemist, durch den Humanisten Aventin übersetzt). Wahrscheinl. legendärer »Erfinder« des →Schießpulvers (→Pulver) im Abendland (nach sehr viel früherer Handhabung in China). Der seit dem 14. Jh. belegte Einsatz des Pulvers als →Pulverwaffe, u. a. in →Büchsen wird ohne Beleg mit einem auch alchem. interessierten B., um 1300 als Magister und Domherr in Konstanz, um 1330 als Lehrer an der Artistenfakultät der Univ. Paris tätig, verbunden. – Auch der Bezug zu einem Bernhardiner B., der um 1354 (oder 1380!) diese Erfindung in Freiburg gemacht habe und 1388 hingerichtet worden sein soll, ist ungesichert. – Allerdings ist im dt. Raum – bei der Verteidigung von Meersburg durch Bf. Nikolaus I. v. Konstanz – 1334 eine sehr frühe Verwendung von Geschützen belegt. G. Jüttner

Lit.: ADB 55, 617–619 – NDB II, 162 – SARTON, III, 1581f.

Schwarzburg, Gf.en v., eines der mächtigsten Gf.engeschlechter →Thüringens im MA, das sich im 12. Jh. abwechselnd nach seinen Stammburgen S. (a. d. Schwarza westl. Saalfeld) und Käfernburg (südöstl. Arnstadt) nannte. Stammvater war Sizzo († 1160), Gf. im Längwitzgau, Vogt v. Paulinzella und Gründer v. Georgenthal (1143), der 1123 erstmals 'v. S.' gen. wurde. Durch ihn war die Familie mit den seit Anfang des 11. Jh. auftretenden thür. Sizzonen verwandt, denen u. a. →Günther 'der Eremit' († 1045) angehörte. Einer ihrer Herrschaftsmittelpunkte dürfte bereits die 1071 erwähnte S. gewesen sein, von wo sie die Umgebung aufsiedelten. Ob die späteren S.er mit den 722 in einem Schreiben Papst Gregors II. gen. thür. Adligen Asulf, Gundar u. a. verwandt waren und »als fremde, wohl frk. Gf.en (802) in Thüringen geboten haben« (PATZE), bleibt ungewiß. Der Allodialbesitz der Gf.en v. S. lag im Gebiet um Käfernburg, Remda, Ilmenau, Stadtilm und Plaue. S., Königsee und Ehrenstein waren Reichslehen, →Arnstadt war Lehen des Kl. →Hersfeld. Die Parteinahme für Kg. Otto IV. brachte den Besitz Saalfelds ein (1212 von Kg. Friedrich II. bestätigt, 1389 an die Wettiner verkauft) und öffnete den Zugang zum Saaletal (1333 Erwerb der Herrschaft Leuchtenburg, 1334 Rudolstadt). Leitnamen des weitverzweigten Geschlechts, das nicht in den →Reichsfs.enstand aufsteigen konnte und im 14. Jh. Lehen der →Wettiner annehmen mußte, waren Günther und Heinrich. Günther IV. († 1269) und Heinrich II. († 1236) begründeten die Linien Käfernburg (1385 ausgest.) und S. Aufgrund von Erbteilungen entstanden kurzfristig weitere Nebenlinien (S.-S., S.-Blankenburg, S.-Wachsenburg, S.-Leuchtenberg). →Günt(h)er XXI. v. S.-Blankenburg († 1349), einer der führenden Köpfe im Thür. →Gf.enkrieg (1342–45), wurde am 30. Jan. 1349 zum Gegenkg. Karls IV. gewählt. Günther XL. v. S.-S. († 1552) konnte nochmals den Großteil der schwarzburg. Besitzungen in seiner Hand vereinigen. Erst durch den Ilmer Vertrag 1599 entstanden die Linien S.-Sondershausen und S.-Rudolstadt. E. Bünz

Lit.: J. ERICHSEN, Die Anfänge des Hauses S., 1909 – K. HERRMANN, Die Erbteilungen im Hause S., 1919 – F. LUNDGREEN, Heinrich II. Gf. v. S. († 1236), Ahnherr des schwarzburg. Fs.enhauses, 1919 – DERS., Kirchenfs.en aus dem Hause S., 1923 – Forsch. zur schwarzburg. Gesch. (Fschr. B. REIN, hg. W. FLACH, 1935) – PATZE–SCHLESINGER, I–III – W. LEIST, Landesherr und Landfrieden in Thüringen im Spät-MA, 1975 – H. HERZ, Die Kanzlei der Gf.en v. S. bis zur Mitte des 14. Jh. (Beitr. zur Archivwiss. und Gesch.sforschung, hg. R. GROSS u. a., 1977), 133–144.

Schwarzburger (Schwarzburgenses), →Pfennig des Würzburger Bf.s Gerhard v. Schwarzburg (1372–1400), in der 1. Phase mit dem Brustbild des Bf.s auf der Vorderseite und einem wachsenden Löwen auf der Rückseite, nachgeahmt in Nürnberg, Erlangen, Pfalz, Miltenberg und Bischofsheim; in der 2. Phase (1390–95) von unregelmäßiger viereckiger Gestalt, dunkelfarbig, mit Buchstaben auf der Vorderseite und Wappen auf der Rückseite, nachgeahmt in Coburg, Meiningen, Römhild, Wasungen, Fladungen, Themar, Schmalkalden, Hildburghausen und Auerbach. P. Berghaus

Lit.: B. KROLL, Die Münzen des Bf.s Gerhard v. Schwarzburg (1372–1400), Mitt. der Bayer. Numismat. Ges., 1925, 90ff. – F. v. SCHROETTER, Wb. der Münzkunde, 1930, 617f. – D. STEINHILBER, Die Pfennige des Würzburger Schlages, JbNum 10, 1959/60, 167–237 – R. ELLWALD, Die MA-Münzen v. Würzburg 899–1495, 1988.

Schwarzenhäupter, Standesbezeichnung in →Livland für Dienstleute der Prälaten und des →Dt. Ordens, die v. a. auf den Burgen ihrer Herren administrative und wirtschaftl. Funktionen erfüllten, sowie für die in den Städten ständig oder ztw. ansässigen Kaufgesellen. Ursprünge bzw. Herkunft des Namens sind bisher ungeklärt. Wahrscheinl. liegen die Wurzeln in den Pilger- und Kaufmannsgemeinschaften des 12./13. Jh., die sich an der Mission und Eroberung Livlands beteiligten. Die Bezeichnung S. rührt möglicherweise von der Farbe der Helme her, die von den Dienstleuten und Kaufgesellen im Kampf und bei den »Stekereien« getragen wurden. Eine Ableitung des Namens vom hl. →Mauritius, der im 14./15. Jh. als Schutzpatron der S. Bedeutung erlangte, ist wenig wahrscheinlich. Die Dienstleute, erstmalig zum Ende des 14. Jh. urkundl. als »Stallbrüder« erwähnt, schlossen sich im Verlauf des 15. Jh. unter dem Namen S. zu einer Gemeinschaft ganz Livlands zusammen und formierten sich so zu einem eigenen Stand. Es gelang ihnen, polit. Gewicht im Rahmen des livländ. Staatswesens zu erringen. Mit der Auflösung Alt-Livlands 1561 endete zugleich die Entwicklung dieser überlokalen Korporation. Das Aufkommen von Gemeinschaften der Kaufgesellen in →Riga, →Reval, →Dorpat und →Pernau war die Folge der zunehmenden Unterscheidung von Kaufmann und Kaufgesellen. So entstanden um 1400 die S. kompanien in Riga und Reval; die von ihnen erworbenen Häuser wurden zu Zentren des geselligen und geschäftl. Lebens der Stadt. Die Kompanien der S. umfaßten sowohl livländ. als auch auswärtige Kaufgesellen. In der 2. Hälfte des 16. Jh. traten unter dem Einfluß vermutl. fremder Kaufgesellen die Bemühungen der S. hervor, ihren Vereinigungen den Charakter von Hansekontoren zu geben.

Th. Brück

Lit.: H. Weiss, Die S. Ihre Stellung in Reval und ihre Beziehungen zur dt. Hanse, 1974 [Lit.].

Schwarzer Tod → Epidemien, →Pest

Schwarzes Meer (griech. Pontos Euxeinos), großes Binnenmeer zw. dem südöstl. Europa und dem westl. Asien.
I. Antike – II. Byzantinische Zeit – III. Spätes Mittelalter.
I. Antike: Weit entfernt, ein bloßes Anhängsel des Mittelmeeres zu sein, hatte das S. mit seinen Küsten seit der Antike vielmehr stets erstrangige Bedeutung durch seine Mittlerfunktion zw. den (vielfach von →Nomaden geprägten) großen Steppengebieten mit ihren agro-pastoralen Lebensformen und der auf Seßhaftigkeit und urbaner Zivilisation beruhenden Mittelmeerwelt. Dank der in das S. mündenden Ströme und der großen kontinentalen Verkehrswege erfüllte die Schwarzmeerregion die Funktion einer Drehscheibe des wirtschaftl. und kulturellen Austausches. Spätestens seit dem 7. Jh. v. Chr. gründeten Griechen an den Küsten des S. eine bedeutender Städte (Poleis). Sie standen in regen, fruchtbaren Kontakten mit den →Skythen. Große Teile des Schwarzmeerraumes lagen dann im Einflußbereich hellenist. Monarchien (Pontos, Bosporan. Reich). Die Römer etablierten seit dem 1. Jh. v. Chr., verstärkt in der Kaiserzeit, ihre Herrschafts- und Friedensordnung und gliederten die westl. und südl. Bereiche des Schwarzmeerraumes (Kleinasien, Balkangebiete) dauernd dem Imperium Romanum ein, wohingegen im N und NO des S. weiterhin eigenständige »Pufferstaaten«, in lockerem tributären Abhängigkeitsverhältnis zu Rom, fortexistierten (»antike Randkulturen«).

II. Byzantinische Zeit: Das →Byz. Reich trat als natürl. Erbe des röm. Reiches auf, hatte aber in der Frühzeit starke Auseinandersetzungen zu führen mit dem Perserreich (→Persien) der →Sāsāniden, das von →Justinian in Schach gehalten, von →Herakleios dann militär. besiegt werden konnte (627). Doch wurde infolge des Vordringens der →Avaren, zahlreicher slav. Völkerschaften (→Slaven, →Südslaven) und zuletzt der →Bulgaren die byz. Präsenz am S. seit dem 7. Jh. weitgehend auf den Besitz der Meerengen und der befestigten Plätze auf der Halbinsel →Krim (→Chersonesos) reduziert. Allerdings vermochte sich Byzanz (zunächst durch das Bündnis mit den →Chazaren, die als Herren der Steppengebiete des späteren Südrußland an einer Aufrechterhaltung des Transithandels über Konstantinopel interessiert waren), bis zum 11. Jh. erneut eine Kontrolle über Teile der pont. Region und ihre reichen Handelserträge zu sichern. Die mit dem jungen Fsm. der Kiever Rus' (→Kiev, A; →Byz. Reich, E, G) im frühen 10. Jh. abgeschlossenen Verträge ließen die große Handelsroute ('Weg zu den →Warägern'), die von Konstantinopel aus über den westl. Schwarzmeerraum und den Dnepr nach Kiev und weiter nördlich verlief, aufblühen; auf ihr gelangten einerseits die Produkte aus den Agrar- und Waldgebieten Ost- und Nordeuropas nach Byzanz und in den Mittelmeerraum, andererseits byz. und oriental. Luxuswaren (→Seide) nach Ost-, Mittel- und Nordeuropa (→Fernhandel, →Handel, B).

Dieser Handelsverkehr erlitt seit dem 11. Jh. durch die Invasionen der →Kumanen und →Pečenegen starke Beeinträchtigung; die byz. Städte an der Nordküste des S. sanken zu lokalen Märkten und strateg. Vorposten ab.

III. Spätes Mittelalter: Bis 1204 (→Kreuzzug, Vierter; →Latein. Ksr.) konnte Byzanz das Handelsmonopol in der pont. Region wahren; danach verteilte sich die polit. und handelspolit. Vormachtstellung auf mehrere Mächte: das christl. Kgr. →Georgien (Blütezeit unter Kgn. Thamar, 1184–1213), das Reich der »Großkomnenen« v. →Trapezunt als byz. »Nachfolgestaat« sowie das türk.-muslim. Reich der →Selğuqen, das sich bald der Oberherrschaft der →Mongolen unterwerfen mußte. Das mongol. Vordringen vollzog sich in zwei Phasen (1221–23, 1236–43); die Dominanz der Mongolen (bzw. →Tataren) führte zur Bildung zweier großer Chanate (*ulus*), der →Goldenen Horde (Qypčaq) und des Reiches der →Ilchāne.

Die Öffnung der Meerengen nach 1204 bot den it. Kaufleuten die Chance zur Errichtung großer Handelsniederlassungen (→Fondaco) an den Küsten des S.; diese Begegnung von Mongolen und Italienern muß als der folgenreichste hist. Vorgang des 13. Jh., im Schwarzmeerraum und weit darüber hinaus gewertet werden. Die pont. Region wurde damit erneut, unter den Bedingungen eines stark gewachsenen allg. Handelsvolumens, zur Drehscheibe des internat. Handels, der zum einen die vielfältigen Erzeugnisse des Schwarzmeerraumes selbst, zum anderen die Palette der begehrten Importgüter aus Innerasien (→Persien, →China, →Indien) zum Gegenstand hatte. Dieser Fernhandel nutzte das entwickelte mongol. Straßennetz (→Straße, →Post, III), dessen Hauptrouten bei La →Tana und Trapezunt das S. erreichten.

Vor 1261 wagten sich jedoch nur einzelne Missionare (→Mission, B. II) und wenige Kaufleute in die Gebiete am S. Der Franziskaner →Johannes de Plano Carpini (157. J.) reiste 1245–47 als Gesandter Papst Innozenz' IV. über Kiev an den Hof des →Batu Chan, wohingegen →Wilhelm v. Rubruk eine kleine ven. Faktorei auf der Krim, →Soldaïa, zum Ausgangspunkt seiner Fahrt an den Mongolenhof nahm (1253); diese Niederlassung diente auch den Brüdern Polo 1260 als Ausgangspunkt ihrer ersten Fernostreise.

Im Bündnisvertrag v. →Nymphaion (März 1261) übertrug Ks. →Michael VIII. Palaiologos der Kommune →Genua den freien Handel im Schwarzmeerraum, der sich aber auch den mit Genua konkurrierenden Pisanern und Venezianern (nach 1268) öffnete. Nun vollzog sich eine rasche, ja stürmische Expansion der it. Kaufleute, die in dieser Schlüsselregion ihre Kontore errichteten: →Galata (Pera) bei Konstantinopel, Vicina an der Mündung der →Donau; →Caffa auf der Krim; La Tana an der Mündung des Don; Trapezunt, das »Tor zu Persien«; Täbriz, die reiche Metropole der Ilchāne. Der Aufbau dieser it. Handelskolonien ging einher mit der Errichtung einer kath. Kirchenorganisation, getragen von Minoriten und unterstützt vom (avignones.) Papsttum, das weiterhin das Ziel des →Kreuzzuges zur Befreiung v. Jerusalem (mit mongol. Hilfe) verfolgte.

Bald unternahmen genues. und ven. Kaufleute, nach dem Vorbild Marco →Polos, die gefahrvolle Reise durch Zentralasien, erreichten Cambaluc (Peking) und gewannen immense Reichtümer durch das Seidengeschäft. →Pegolotti hat diesen 'Weg nach Cathay' beschrieben.

Die abendländ. Kontore, insbes. Caffa, La Tana und Trapezunt, bildeten das Herzstück eines weiträumigen Handelsgeflechts, das sich von der →Nordsee und den →Champagnemessen bis nach →China erstreckte. Sie exportierten die Güter, welche die pont. Region erzeugte: Fische (→Fischfang), →Salz, →Getreide von der Krim und aus der südl. Rus', →Wachs aus Gazarien, →Leder und →Pelze aus den russ. Waldgebieten, →Alaun aus Kleinasien. Sie übermittelten dem Westen die Waren, die aus Inner- und Ostasien über die mongol. Karawanenstraßen in den Schwarzmeerraum gelangten (Seide, Gewürze). Aus Westeuropa wurden neben einigen Gütern der Lebensmittelversorgung (Öl, Wein) v.a. die Fertigwaren des aufblühenden Textilgewerbes (Leinwand, Wolltuche) im gesamten asiat. Einzugsbereich vertrieben. Die ungleiche Handelsbilanz wurde durch Silberbarren kompensiert. Die Kontore der abendländ. Kaufleute schalteten sich auch als Zwischenträger in den Regionalhandel ein und beherrschten v.a. die Nahrungsmittelversorgung von Konstantinopel und Trapezunt.

Doch wurde dieser prosperierende Handel immer wieder von empfindl. Rückschlägen getroffen; v.a. infolge der Rivalität der beiden großen Tatarenchanate: Caffa wurde zweimal belagert und mußte 1316 neuaufgebaut werden. Fremdenfeindl. Aufstände machten nach 1344 die abendländ. Präsenz in Täbriz unmöglich. Die Machtübernahme durch die Ming-Dynastie in China (1368) führte zur Sperrung der zentralasiat. Handelsstraßen für die abendländ. Kaufleute. Durch die Invasion des Mongolenherrschers →Timur (1402) wurden u.a. die Viertel der westl. Kaufleute in La Tana zerstört. Der Rückgang des →Levantehandels beließ den Kontoren des Schwarzmeerraumes nach 1400 nur mehr eine regionale Rolle. Die scharfe polit. und handelspolit. Konkurrenz zw. Genua und →Venedig entfachte wahre Kolonialkriege zw. beiden Mächten (1296, 1351, 1378-81: →Chioggiakrieg), wodurch das Vordringen der →Osmanen maßgebl. begünstigt wurde. →Meḥmed II. eroberte (nach dem Fall Konstantinopels, 1453) Pera, Trapezunt 1461, Caffa 1475; unter →Bāyezīd II. wurden 1484 die Kontore an der Donaumündung besetzt. Die aus dem internat. Handel weitgehend ausgeschiedenen pont. Gebiete verblieben bis ins 19. Jh. großenteils unter der Kontrolle des Osman. Reiches.

M. Balard

Lit.: RE Suppl. IV, 1962, 866-1175 [CH. M. DANOFF] – Oxford Dict. of Byz. I, 293f. – B. SPULER, Die Goldene Horde, 1965² – G. I. BRATIANU, La mer Noire. Des origines à la conquête ottomane, 1969 – R.-H. BAUTIER, Points de vue sur les relations économiques des Occidentaux avec les pays d'Orient (Sociétés et compagnies de commerce en Orient et dans l'Océan Indien, 1970) – G. AIRALDI, Studi e documenti su Genova e l'Oltremare, 1974 – M. NYSTAZOPOULOU, Venise et la mer Noire (Thesaurismata, 1975) – L. BALLETTO, Genova, Mediterraneo, Mar Nero, 1976 – I Genovesi nel Mar Nero durante i secoli XIII e XIV. Convegno it.-rumeno, 1977 – R. S. LOPEZ, Su e giù per la storia di Genova, 1977 – M. BALARD, La Romanie génoise (XIIᵉ-début du XVᵉ s.), 2 Bde, 1978 – V. GJUZELEV, Med. Bulgaria, Byz. Empire, Black Sea, 1988 – G. PISTARINO, I Gin dell'Oltremare, 1988 – M. BALARD, La mer Noire et la Romanie génoise, 1989 – P. M. STRÄSSLE, Der internat. Schwarzmeerhandel und Konstantinopel 1261-1484 im Spiegel der sowjet. Forsch., 1990 – Die Schwarzmeerküste in der Spätantike und dem frühen MA, hg. R. PILLINGER, A. PÜLZ, H. VETTERS, 1992 – G. PISTARINO, Genovesi d'Oriente, 1990 – DERS., I Signori del Mare, 1992.

Schwarzwald, Waldgebirge im dt. SW (Baden-Württemberg), antik 'mons Abnoba(e)', 'silva Abnoba', wahrscheinl. nach der Jagdgöttin Diana, die gelegentl. den Beinamen Abnoba trug, auf der →Tabula Peutingeriana 'silva Martiana', ma. 'in saltu Svarzwald' (Urk. St. Gallen, 859) und (rückübersetzt) 'Silva Nigra'. Der S. erstreckt sich zw. Hochrhein und Enz auf einer Länge von rund 150 km in N-S-Richtung und riegelt so den südl. Bereich der Oberrhein. Tiefebene vom Hegau mit Bodenseegebiet, Baar, Oberen Gäuen und dem Neckarbecken ab. Seine größte Breite erreicht das Waldgebirge im S (Hoch-S.), wo mit dem Feldberg (1493 m) auch der höchste Gipfel liegt. Seit den Flaviern (69-96 n. Chr.) bildete der S. einen Teil des »sinus imperii«, des durch den obergerm.-raetischen Limes gesicherten rechtsrhein. Bereichs der Provinz Obergermanien, bis der Limes im Verlauf des späteren 3. Jh. an den Rhein zurückgenommen wurde. Im merow. Frankenreich lag der S. im Hzm. Alemannien, gehörte dann zum Ostfrankenreich und während des hohen MA zum Hzm. →Schwaben, das durch ihn in das Oberrheingebiet und Innerschwaben gegliedert war. In größerem Umfang erschlossen und besiedelt wurde das Waldgebirge unter der S. überspannenden Herrschaft der →Zähringer und durch die Reformkl. →Hirsau, →St. Peter, →St. Georgen, St. Ulrich, →St. Blasien und Allerheiligen zu →Schaffhausen. TH. MAYER sprach geradezu vom »Staat der Herzöge von Zähringen« und vom »Städtedreieck Freiburg-Villingen-Offenburg«. Die Auflösung des zähring. Machtgebildes durch Ks. Friedrich II. führte zur territorialen Zersplitterung im Bereich des S.s, die bis ins vergangene Jh. andauerte. Die bedeutendsten Territorialherren des S.s waren im späteren MA die →Habsburger (Vorderösterreich), die Gf.en v. →Freiburg, deren Herrschaft allerdings während des 14./15. Jh. zerfiel, die Mgf.en v. →Baden mit ihren beiden Linien, →Württemberg und die Gf.en v. Urach-→Fürstenberg, daneben die genannten Kl. und einige Reichsstädte. Obwohl bereits mit dem Bau der Kinzigtalstraße um 75 n. Chr. Ansätze zur Erschließung des S.s erkennbar werden – eine weitere Straßenverbindung von Riegel nach Brigobane-Hüfingen wird vermutet –, blieb der S., abgesehen von den Rändern und Tälern, besonders am Steilabfall im W, wo heiße Quellen entspringen und als Bäder genutzt wurden (Badenweiler, Baden-Baden), zu röm. Zeit weitgehend unbesiedelt. Man hat ihn deshalb als Verbindungsraum und eine Art Raumreserve zw. den Befestigungslinien bezeichnet und auch geschlossen, der S. sei in der frühgeschichtl. Periode wirtschaftl. uninteressant gewesen. Hingegen erbrachten die archäolog. Forsch.en der jüngsten

Zeit nicht nur Indizien für einen röm. Bergbau (Tagebau) auf Blei und Silber sowie extensive Holznutzung im südl. S., sondern zeigen auch auf, daß das Waldgebirge nicht isoliert von seinem seit der Antike dichtbesiedelten und reichen Umland betrachtet werden darf. Wirtschaftl. erscheint der S. gemeinsam mit seinem Umland während des Hoch- und SpätMA geprägt worden zu sein durch die Ausbeutung der Bodenschätze und natürl. Ressourcen, durch Bergbau und dessen Folgeindustrien wie Edelsteinschleiferei, aber auch durch Holznutzung, Holzhandel und Glasproduktion. Die großen Bergbaureviere um den Schauinsland, im Münstertal, bei Sulzburg, Badenweiler und Todtnau erlebten ihren Aufschwung nach der Einführung des Untertagebaus im 12.–14. Jh.   A. Zettler

Lit.: H. HAUSRATH, Aus der Waldgesch. des S.s, Freiburger Univ.-reden 26, 1938 – Vorderösterreich. Eine geschichtl. LK, 1959 – CH. HIGOUNET, Les fôrets d'Europe occidentale du Ve au XIe s., Sett. cent. it. 13, 1965 – Hist. Atlas v. Baden-Württ., 1972–88 – Der S., hg. E. LIEHL–W. D. SICK, 1980 – Zw. S. und Schwäb. Alb, 1984 – Geogr. LK v. Baden-Württ., hg. CHR. BORCHERDT, 1986^2, 155–191 – Die Zähringer, Veröff. zur Zähringer-Ausstellung, 1–3, 1986–90 – Archäologie und Gesch. des ersten Jt. in SW-Dtl., 1990 – D. LUTZ, Archäolog. Beitr. zur Besiedlung des n. S.s im Früh- und HochMA (Siedlungen und Landesausbau zur Salierzeit, 2, 1991) – H. STEUER, Erzbergbau im S. zur Salierzeit (ebd.) – H. HARTER, Adel und Burgen im oberen Kinziggebiet, 1992 – Römer und Alamannen im Breisgau, 1994.

Schwarzwälder Predigten, dt.sprachige Musterpredigtslg. des späten 13. Jh. auf hohem sprachl. und inhaltl. Niveau, bestehend aus einem Temporale (55 Nrr.) und einem Sanctorale (46 Nrr.). Das Temporale ist mit insges. 34 Hss. der beliebteste spätma. Predigtjahrgang. Das Sanctorale (4 Corpushss.) konnte sich neben der dt. Legendaren nicht in gleicher Weise behaupten. Hauptq. des Temporale sind die »Sermones de tempore« →Konrads v. Sachsen OFM, beim Sanctorale ist es die »Legenda Aurea« des →Jacobus de Voragine OP. Im Vergleich mit den Hl.npredigten zeigen die Sonntagspredigten größere Eigenständigkeit. Die klar strukturierten Sermones beginnen mit einem bibl. Thema aus Perikope oder Epistel sowie einer lat. Disposition, die nach der Perikopenparaphrase ins Dt. übersetzt wird. Das dominierende Predigtverfahren ist die distinctio, eine Einteilung der Predigt nach einem im Thema vorgegebenen Sachverhalt oder Begriff. Charakterist. und entscheidend für die Beliebtheit der Predigten ist die ungewöhnl. große Zahl atl. →Exempel (als *urchunden* bezeichnet). Der ungewöhnl. hohe atl. Anteil und die Entstehungs- und Überlieferungsgesch. des Temporale geben der Slg. ihr bes. Profil: Die älteste Hs. (Freiburg i. Br., UB, Hs. 460) entstand noch unter auktorialer Kontrolle in franziskan. Milieu. Die weitere Überlieferung erfolgt dann ordensunabhängig und wird dominiert durch eine vermutl. ebenfalls 'autorisierte' Bearb. (Vulgatfassung X, 30 Hss.), in der das sprachl. Formular der Predigten systematisiert wird und Gelegenheiten zur erzähler. Ausgestaltung genutzt werden. Pastorales Hb. bleibt die Slg. bemerkenswerterweise bis zum Ende der Überlieferungsgesch. im 15. Jh., daneben wird sie zur Erbauungslit. für Laien.   H.-J. Schiewer

Ed.: K. MORVAY–D. GRUBE, Bibliogr. der dt. Predigt des MA, 1974, T 62 – P. SCHMITT et al., Fest- und Hl.npredigten des S. Predigers, 1982 [Auswahl] – *Lit.:* Verf-Lex.^{2} VIII, 919–924 [H.-J. SCHIEWER] – G. STAMM, Stud. zum S. Prediger, 1969 – W. WILLIAMS-KRAPP, Das Gesamtwerk des sog. S. Predigers, ZDA 107, 1978, 50–80 – H.-J. SCHIEWER, Die S. P., 1995.

Schwaz, Stadt (seit 1899) im Tiroler Unterinntal rechts des Inn, bekannt durch den v. a. im 15./17. Jh. hier betriebenen Kupfer- und Silberbergbau. Urspgl. eine Dorfsiedlung am s. Talhang, rechts vom bzw. auf dem Schwemmkegel des Lahnbaches (Funde von bronzezeitl. Urnengräbern; bronzezeitl. Bergbau nachgewiesen). Westl. des Ziller gelegen, gehörte S. zu der 1027 von Kg. Konrad II. an die Bf.e v. →Brixen übergebenen Gft. Norital, die sich ab 1165/70 nacheinander in der Hand der Gf.en v. →Andechs (bis 1248), →Tirol (bis 1253), Hirschberg (bis 1284) und →Görz bzw. Tirol-Görz befand und 1363 an die Hzg.e v. Österreich gelangte. Inhaber der Gerichtsherrschaft S.-Freundsberg waren bis 1467 die Herren v. Freundsberg, ursprgl. andechs. Ministerialen. Berthold v. Freundsberg erlangte 1326 die Verleihung eines Wochenmarktes für S., worauf links vom Lahnbach in geschlossener Bauweise die Marktsiedlung S. mit Marienkirche (urkdl. 1337) entstand. Überregionale Bedeutung bekam S. durch die Wiederaufnahme des →Bergbaus in den Revieren Alte Zeche, Ringenwechsel und Falkenstein um 1420 (Bergrichter gen. seit 1434; eigene Bergwerksordnung 1449). Für die Bergknappen entstand am Talhang oberhalb vom Dorf und Markt eine eigene, dem Bergrichter unterstehende Werksiedlung. Während in der 2. Hälfte des 15. Jh. die Tänzl, Perl, Hofer, Fieger, Stäckl, Grünhofer und Paumgartner als →Gewerken begegnen, erlangten ab 1487 die →Fugger, v. a. nach dem Bankrott des bei ihnen verschuldeten Martin Paumgartners 1522, die Vorherrschaft im S.er Bergbau.   F. H. Hye

Lit.: E. EGG, P. GSTREIN, H. STERNAD, Stadtbuch S., 1986.

Schwebescheiben, an den Harnischachseln angehängte Scheiben zum Schutze der Achselhöhlen. Sie erschienen zuerst um 1320 und erhielten sich bis ins 16. Jh.
O. Gamber

Lit.: W. BOEHEIM, Hb. der Waffenkunde, 1890.

Schweden (Sverige)

A. Historische Geographie – B. Periodisierung und Quellenlage – C. Vorgeschichte – D. Früh- und Hochmittelalter (1050–1319) – E. Spätmittelalter (1319–1523) – F. Mission und Kirchengeschichte – G. Rechtsprechung und Gesetzgebung – H. Wirtschafts- und Sozialgeschichte

A. Historische Geographie

Das Kgr. S. erreichte bis 1350 die Ausdehnung, die es bis zum Ende des MA behalten sollte; es erstreckte sich von →Kalmar an der →Ostsee im S bis zu den großen Waldgebieten Lapplands (→Samen) im N (ca. 1400 km), von der Mündung des Götaälv in die →Nordsee im W bis →Viborg an der Grenze zum altruss. Bereich (→Rus', Gebiet v. →Novgorod) im O (ca. 1100 km). Im W und S war S. durch Küstengebiete →Dänemarks und →Norwegens vom Meer abgeschnitten, kontrollierte aber den nö. Teil des Ostseeraumes.

Das schwed. Reich (dem auch →Finnland einverleibt worden war) umfaßte ca. 20 Landschaften (schwed. *land, landskap* usw.), die voneinander durch siedlungsarme Zonen (Wälder, Seenplatten) getrennt waren und geschlossene wirtschaftl. (agrarisch nutzbare Siedlungskammern mit fruchtbaren Lehmböden) sowie auch rechtl. (→Landschaftsrechte) Einheiten bildeten. Die dichter besiedelten Zonen (Ackerbauregionen) lagen auch damals in Süd- und Mittels., wohingegen die nördl. und östl. (finn.) Landschaften mit ihren bewaldeten Moränen nur geringe landwirtschaftl. Nutzflächen aufwiesen (Siedlungen nur im Küstenbereich und in Flußtälern). Im europ. Vergleich blieb das gesamte S. stets ein Land mit sehr dünner Besiedlung.

Ohne daß sich die natürl. und ökolog. Voraussetzungen des wirtschaftl. Lebens im Laufe des MA grundsätzl. gewandelt hätten, muß doch auf die permanente, letztl. eiszeitlich bedingte Strandlinienverschiebung der Ostseeküsten hingewiesen werden, die einerseits zum Verfall alter Seeverkehrswege und Siedlungen (Wüstungen: Häfen, Fischerorte) führte, andererseits den Dörfern im Küstengebiet neues fruchtbares Land (zunächst Weide, nach Dränung dann Ackerland) zuführte. Auch für S. gibt es Hinweise auf eine mögl. Verschlechterung des →Klimas im 14. und 15. Jh.

B. Periodisierung und Quellenlage
I. Periodisierung – II. Quellenlage.

I. PERIODISIERUNG: Im Unterschied zur kontinentaleurop. Mediävistik verwendet die schwed. (und skand.) Forschung für die Zeit von ca. 550–ca. 1050 in der Regel nicht den Periodisierungsbegriff des 'Früh- (und Hoch)MA', sondern rechnet diesen Zeitraum in bezug auf S. (und Skandinavien) zumeist der 'Vorgeschichte' zu; die Zeit von 550 bis 1050 wird als 'jüngere (bzw. späte) Eisenzeit' bezeichnet und unterteilt: in eine ältere Periode, ca. 550–ca. 800 (*Vendelzeit,* nach den reichen Grabfunden in Vendel/nördl. Uppland), eine jüngere, ca. 800–1050 (*Wikingerzeit*).

Erst die Zeit ab 1050 wird für S. gewöhnl. dem 'Mittelalter' zugerechnet, oft mit der Begründung, daß in dieser Zeit S. erstmals als Kgr. (→König, -tum, G), mit Christianisierung (→Mission, B. II) seiner Kerngebiete, hervortritt. Das Ende des MA wird den Jahren um 1520 zugewiesen (1521 Aufstand, 1523 Königswahl von Gustav→Vasa; 1527 grundlegende Reformationsbeschlüsse).

II. QUELLENLAGE: Für die 'vorgeschichtl.' Periode (vor 1050) fehlen (abgesehen von →Runeninschriften) eigene schriftl. Q.n (daher erhält die reiche archäol. Überlieferung starkes Gewicht); ledigl. kontinentale Geschichtsschreiber (v. a. des Frankenreiches: →Rimbert, »Vita Anskarii«, 865/876) bieten bestimmte Nachrichten über S. Auch für das 11.–13. Jh. bleibt die Q.nlage dürftig; das älteste in S. ausgestellte, im Original überlieferte Diplom entstand nach 1160 (wohl 1164/67). Erst seit dem 14. Jh. ist eine breitere Q.nbasis gegeben (nun auch zunehmend in schwed. statt in lat. Sprache), ohne daß je eine dem kontinentalen Europa vergleichbare Q.ndichte erreicht wird. Den Hauptteil des Q.nbestandes bieten sog. 'Staatsakten', gesetzgeber. und rechtl. Q.n, Besitzurkunden, →Urbare (zumeist aus der 2. Hälfte des 14. Jh. und dem 15. Jh., zunächst v. a. kirchl., dann auch adlige Besitzverzeichnisse). →Stadtbücher (seit dem SpätMA) existieren nur für die Städte →Stockholm, →Kalmar, Arboga und Jönköping.

C. Vorgeschichte
I. Archäologie – II. Soziale und herrschaftliche Gliederung – III. Wikingerzeit.

I. ARCHÄOLOGIE: Die wenigen, doch seit Jahrhunderten vieldiskutierten Erwähnungen des späteren S. bei röm. Geschichtsschreibern (→Tacitus, →Jordanes; s. a. →Goticismus) sowie im →»Beowulf« geben Hinweise auf die beiden wichtigsten Stammesverbände, *Götar* und *Svear,* als Vorläufer der späteren S. und auf eine frühe soziale Gliederung.

Das reiche und vielfältige archäolog. Fundmaterial ist ungleich über Zeit und Raum verteilt. Erkenntnisse liefern v. a. die späteisenzeitl. Gräberfelder, wohingegen nur wenige Siedelplätze ausgegraben wurden. Aufgrund der nationalen Denkmalsinventare ('Fornminnesinventeringen' beim 'Riksantikvarieämbetet') ergibt sich für die Ackerbauzonen Süds.s und (wohl stärker noch) Mittels.s eine stärkere Besiedlung, die seit ca. 700 (und bis ins 13. Jh.) expandierte, schon frühzeitig Dörfer (→Dorf, C. II) wie Einzelhöfe umfaßte und in der späteren Phase (ca. 11.–13. Jh.) zur Siedlungsverdichtung in den zentralen Landschaftsräumen, aber auch zur teilweisen Erschließung entfernterer Regionen (süd- und mittelschwed. Waldgebiete, Norrland, finn. Küstengebiete) führte.

II. SOZIALE UND HERRSCHAFTLICHE GLIEDERUNG: Auf eine soziale und polit.-herrschaftl. Organisation in vorgeschichtl. Zeit weisen die Erwähnungen von Kg.en der Svear im Beowulf-Epos hin, desgleichen ein Netz von Königshöfen (sog. *husabyar*) in den mittelschwed. Landschaften, Reihen von mächtigen Großgräbern (→Alt-Uppsala) und Bootsgräbern (Vendel, Valsgärde) sowie der frühe internationale Handelsplatz→Helgö (Mälarsee). Auch die Erzählung der →Gutasaga, nach der sich die Bewohner von →Gotland den Svear als Tributpflichtige unterwarfen, gibt Hinweise auf weiträumige Beziehungen der Svear; im östl., slav. und balt. besiedelten Ostseeraum tragen bereits Funde des 7. und 8. Jh. aus →Elbing (Preußen) sowie Apuole und →Saeborg bei →Grobin (Lettland) mittelschwed. und gutnischen Charakter.

III. WIKINGERZEIT: In der Zeit der →Wikinger führte der Handel (→Fernhandel) an der sö. Ostseeküste zu lebhaften Beziehungen der Svear mit Osteuropa (und dem weiteren Orient), für die v. a. die großen Flüsse in Rußland genutzt wurden. Schwed. Runensteine berichten von Reisen, die Wikinger aus Mittels. in die fernen Reiche *Gardarike* (→Kiever Rus'), *Särkland* (Kalifat v. →Bagdad, Sarazenenland) und *Miklagard* (→Konstantinopel; →Byz. Reich, G) unternahmen. Wichtige Emporien waren die skand. Niederlassungen wie →Alt-Ladoga, das als Stützpunkt für Fahrten über den Dnepr zum →Schwarzen Meer und über die Wolga zum Kasp. Meer diente und dessen Siedlungsspuren (9.–10. Jh.) skand. Charakter tragen. Nach der Nestorchronik (→Povest' vremennych let) und arab. Q.n herrschten skand. Fs.en im 9. und 10. Jh. in →Novgorod (→Rjurik; →Rjurikiden), →Smolensk (→Oleg) und (möglicherweise) →Kiev (s. a. →Waräger). Die Funde aus den ältesten Schichten v. →Sigtuna deuten auf enge kulturelle und handelspolit. Kontakte zu den Ländern der →Slaven im späten 10. Jh. hin.

Die polit. Entwicklung im S. der Wikingerzeit verlief offenbar ohne große Umbrüche; es vollzog sich eine allmähl. Stärkung des Kgtm.s der Svear, das schrittweise den Weg zu einem gesamtschwed. Reichsverband vorbereitete. Auch wurden wohl die Grundlagen für die administrative Einteilung in Hundertschaften geschaffen.

D. Früh- und Hochmittelalter (1050–1319)
I. Anfänge der Christianisierung und des Königtums – II. Aufbau der Königsgewalt – III. Rittertum, Adel und monarchische Institutionen – IV. Machtkämpfe und Verfassungsentwicklung.

I. ANFÄNGE DER CHRISTIANISIERUNG UND DES KÖNIGTUMS: Im Zuge des allmähl. Aufbaus einer schwed. Königsgewalt tritt →Olaf 'Schoßkönig' (Olof Skötkonung, ca. 980–1021/22) als erster Kg. über die vereinigten Gebiete der Svear (*Svitjod/Svealand:* mittelschwed. Landschaften um den Mälarsee) wie der Götar (*Götaland:* südschwed. Landschaften um Vätter- und Vänersee) hervor. Das wechselvolle Schicksal dieses Kg.s, der als Förderer des Christentums sich vor der heidn. Reaktion in Mittels. (um die Kultstätte→Alt-Uppsala) in die stärker christianisierte südwestschwed. Region Västergötland zurückziehen mußte, zeigt die Schwierigkeiten bei der Durchsetzung eines gesamtschwed., mit dem Christentum verbundenen Kgtm.s. Die nachfolgenden Kg.e (Anund Jakob, Emund, Stenkil [† 1066], Inge d. Ä., Inge d. J. [† um 1120]) sind fast nur dem Namen nach bekannt; die wenigen Q.nzeugnisse weisen auf heftige Machtkämpfe, aber auch auf eine allmähl. Herausbildung kirchl. Institutionen hin.

Im Zeitraum von ca. 1130 bis 1250 rivalisierten in S. zwei konkurrierende Königshäuser um die Macht: das eine ging zurück auf →Sverker d. Ä. (ca. 1130–56?), das andere auf →Erich (Erik) den Hl. n (†um 1160), der zwar in der hagiograph. Überlieferung gefeiert wird (→Heinrich v. Uppsala, hl.), in zeitgenöss. Q. n aber nicht hervortritt. Im 12. Jh. bewarben sich darüber hinaus zwei Thronprätendenten aus Dänemark um das schwed. Kgtm.: Magnús Nielsen (X 1134), dann Magnús Henriksen, der 1160 Erich den Hl. n in Östra Aros (Uppsala) tötete. Als Kg.e des späten 12. und frühen 13. Jh. sind belegt: Karl Sverkersson (ca. 1160–67), →Knut Eriksson (ca. 1167–ca. 1195), →Sverker d. J. Karlsson (1196–1208), Erik Knutsson (1208–16), Johan Sverkerson (1216–22), Erik Eriksson (1222–29, 1234–50), Knut Holmgersson (1229–34).

Häufige Aufenthalte der Kg.e des 12. und frühen 13. Jh. sind belegt für Götaland (bes. die günstig gelegene Insel Visingsö im Vättersee); die weiten Entfernungen und die noch lockere Reichsorganisation führten zur Einsetzung eines →Jarl (kgl. Stellvertreters) für Landschaften, in denen der Kg. zeitweilig nicht anwesend war (insbes. für das Mälarsee-Gebiet). Der Jarl wurde zum Befehlshaber der aufgrund des Ledung (→Leidang) aufgebotenen kgl. →Flotte und übte die Kontrolle über die Seewege an der Ostküste des Reiches aus.

Die Jarle, die in ihren Händen die Machtfülle von »Hausmeiern« vereinigten, strebten im Zuge der Thronkämpfe um die Mitte des 13. Jh. dann selbst die Herrschaft an: →Birger Jarl († 1266), der einer großen Adelsfamilie aus Östergötland entstammte und mit der Schwester des Kg.s verheiratet war, sorgte nach dem Tode Kg. Erik Erikssons 1250 für die Königswahl seines ältesten Sohnes, Waldemar (Valdemar), behielt aber zeit seines Lebens die reale Machtausübung fest im Griff. Damit war eine neue Dynastie, die unter dem (mißverständl.) Namen →Folkunger bekannt ist, zur Herrschaft gekommen.

II. Aufbau der Königsgewalt: Unter Birger Jarl und seinen Söhnen Waldemar (1250–75) und →Magnús Ladulås (1275–90) erhielt das Kgr. S. eine feste monarch. Organisation und Zentralverwaltung, eine ausgebaute kirchl. Struktur (s. Abschn. F); kgl. Gesetzgebung (s. Abschn. G) setzte ein. Ein wichtiges Merkmal dieser Entwicklung war die Umwandlung der persönl. Heerfolge der bäuerl. Bevölkerung (im Rahmen der Ledung-Flotte) in die Verpflichtung, eine jährl. Natural- und Geldsteuer an die Krone zu zahlen.

III. Rittertum, Adel und monarchische Institutionen: Diese Wandlungen hängen (wie im übrigen Europa) mit einer Veränderung der Militärverfassung zusammen. Naheliegend, wenn auch wegen des Q. nmangels nicht eindeutig beweisbar, ist die Annahme, daß die Errichtung mehrerer Burgen (→Burg, C. XII. 2; →Pfalz, G) in der 2. Hälfte des 13. Jh. in engem Zusammenhang mit der Einführung der neuen Steuer steht. Die großen Burgen, etwa Stockholm, Nyköping und Kalmar sowie (im neueroberten Finnland) Åbo und Tavastehus, erhielten nun die Abgaben (u. a. Versorgung der Vögte und Garnisonen mit Lebensmitteln), die in der älteren Zeit den Seekriegszügen zugutegekommen waren. Den Burgen wurden daher 'Schloßlehen' unterstellt – neue große Verwaltungsbezirke, die oft mit der alten Landschaftseinteilung nicht ident. waren. Neben der Landesverteidigung gegen äußere Feinde boten die Burgen dem Kgtm. (zumindest so lange sich die Vögte loyal verhielten) neue Möglichkeiten der Kontrolle über oppositionelle Große.

Simultan zur Errichtung von Burgen baute das Kgtm. auch eine gepanzerte Reiterei (→Ritter) nach kontinentalem Vorbild auf, Hauptansatz für die Entstehung eines →Adels allgemeineuropäischer Prägung (→Frälse). Die Rechte dieses Adelsstandes wurden erst 1279 (d. h. in einer späten Phase seines Entstehens) auf einer Tagfahrt des Kg.s und führender Großer in der Pfalz Alsnö (Mälarsee) durch ein Statut geregelt: Alle jene, die dem Kg. zu Pferde dienten, wurden von den kgl. Rechten und Abgaben befreit und konnten von ihren Pächtern Abgaben und Bußen, die früher dem Kgtm. für militär. Zwecke zugute gekommen waren, selbst erheben. In der Forschung vielumstritten war die Frage, welche Gruppen dieses Privileg zunächst genossen; offenkundig ist aber, daß der neue Adelsstand (*frälset*) rasch einen recht weiten Personenkreis umfaßte und sowohl Mitglieder des alten Kriegerstandes als auch Großbauern (die sich für den Kriegsdienst zu Pferde statt zur See entschieden) in sich aufnahm. Entscheidend ist, daß alle Mitglieder der Frälse, ob nun 'Aristokraten' oder 'Kleinadlige', Männer des Kg.s waren, zu denen er in einem persönl., landesweit einheitl. gestalteten Dienstverhältnis standen.

Etwa gleichzeitig, in den Jahren nach 1280, tritt in den Q. eine feste Gruppe führender kgl. Ratgeber hervor; sie bestand aus den Bf. en und einer Reihe von Großen, u. a. den drei höchsten Amtsträgern des Reiches: den →*Drost* (Truchseß), der als Stellvertreter des Kg.s und oberster Richter fungierte; den →*Marschall* als höchsten militär. Würdenträger; den →*Kanzler* (→Kanzlei, A. VII), in der Regel einer der Bf. e. Der vermutlich aus einem Vormundschaftsrat hervorgegangene kgl. Rat konstituierte sich bald als permanenter →Reichsrat (*riksrådet*). Daneben suchte der Kg. Rat und Hilfe (→consilium et auxilium) bei bes. Tagfahrten der Großen, die zwar ad hoc einberufen wurden, aber als repräsentative Versammlungen galten.

IV. Machtkämpfe und Verfassungsentwicklung: Die Errichtung einer dynast. Herrschaft durch die sog. 'Folkunger' bedeutete nicht, daß die Thronstreitigkeiten aufhörten; Träger konkurrierender Ansprüche waren jetzt die jüngeren Brüder. Magnús Ladulås trieb 1275 seinen Bruder Waldemar ins dän. Exil; im frühen 14. Jh. rangen die Hzg. e →Erich und Waldemar mit Birger Magnússon jahrzehntelang um die Macht.

Nach dem Tode der beiden Hzg. e im Kerker v. Nyköping (1318) und der nachfolgenden Flucht Birgers vor seinen Gegnern kam es 1319 zur Königswahl des erst dreijährigen →Magnús Eriksson, verbunden mit dem Erlaß zweier für die schwed. Monarchie und ihre Konstitution grundlegender Verfassungsurkunden. Die eine dieser großen Handfesten, die sog. »Freiheitsbrief« (*frihetsbrevet*), der oft mit der »Magna Charta« gleichgesetzt wird, schafft Garantien gegen willkürl. kgl. Besteuerung und verbietet dem Kgtm., die festen Einkünfte der Krone für sich abzusondern. Die andere regelt die schwed. Königswahl und schreibt vor (im Rahmen des vom Kg. zu leistenden Krönungseides), daß der Kg. eine Person nur verhaften darf, wenn sie nach dem Gesetz schuldig ist und daß er keine Ausländer in den Reichsrat oder als Vögte berufen wird (Indigenatsprinzip).

E. Spätmittelalter (1319–1523)

I. Auf dem Weg zur Union – II. Zwischen Union und Nationalbestrebungen.

I. Auf dem Weg zur Union: Die letzten zwei Jahrhunderte des MA brachten keine größeren Veränderungen der polit., sozialen und kirchl. Strukturen mehr. Auch die äußeren Grenzen blieben nach der Eroberung v. Finnland (Friede v. Nöteborg/Schlüsselburg, 1323) weithin unverändert. Die Machtkämpfe zw. Mitgliedern des Königshauses, verschiedenen Kronprätendenten sowie zw. einem nach einem quasi-absolutist. Regiment strebenden Kgtm. und den Repräsentanten der weltl. und geistl. Aristokratie rissen jedoch nicht ab. Ein neues Element war das Konzept des nord. Unionskönigtums. Dieses Leitmotiv der spätma. nord. Politik klingt bereits an unter Magnús, der schon als Kind nicht nur die schwed., sondern auch die norw. Krone erbte und später (bis 1360) auch einen Teil von Dänemark (Gebiete östl. des Sundes: →Schonen, Blekinge, Halland) beherrschte und damit in gewissem Umfang Vorläufer späterer Unionsbestrebungen war. Die ersten Jahrzehnte der Regierung von Magnús, der seit seiner Volljährigkeit (1332) selbständig regierte, waren eine verhältnismäßig friedl. Periode, gekennzeichnet durch wichtige Gesetzgebungsinitiativen. In den Jahren nach 1350 verschlechterte sich die polit. und finanzielle Lage im Zeichen starker Auseinandersetzungen zw. Kgtm. und Aristokratie (Aufstände des Prinzen und Mitkg.s Erich, † 1359) und eines Erstarkens des dän. Kgtm.s unter →Waldemar 'Atterdag' (Rückeroberung der von S. besetzten Landschaften, u. a. von Schonen; Besetzung →Gotlands). Seit 1350 wurde S. von der Schwarzen →Pest verwüstet.

Im Verlauf der sich beschleunigenden polit. und institutionellen Krise rief eine aristokrat. Opposition Hzg. →Albrecht III. v. Mecklenburg, Neffen von Kg. Magnús, ins Land (1363), der nach seinem Sieg (1365) Magnús vom Thron verdrängte (er zog sich nach Norwegen zurück, † dort 1374). Das schwache Kgtm. des verschuldeten Mecklenburgers geriet seinerseits bald in Konflikte mit der Aristokratie, die unter Führung des mächtigen Bo Jonsson (Grip) stärkeren Einfluß auf die Verwaltung des Landes forderte. 1388 (im Vertrag v. Dalaborg) empfing →Margarete die Huldigung und wurde nach der Schlacht v. →Falköping (1389: Niederlage und Gefangennahme Albrechts) auch realiter zur Herrin v. S., das dem von Margarete zielbewußt angesteuerten nord. Unionskönigreich eingegliedert wurde, ausgerufen (1397 →Kalmarer Union, Krönung ihres Großneffen →Erich v. Pommern). Kgn. Margarete verstand es, ohne den nord. Ländern und ihrem Adel echte konstitutionelle Garantien zu geben, eine straffe, stabile Regierung und Verwaltung zu errichten, in der sich die Aristokratie kurzhalten ließ, während die Bauern schweren Steuerdruck zu ertragen hatten.

II. ZWISCHEN UNION UND NATIONALBESTREBUNGEN: Margaretes Nachfolger Erich geriet nach 1412 in dauernden Gegensatz zur weltl. und geistl. Aristokratie und zu den Bergleuten und Bauern. Durch den Aufstand von 1434, an dessen Spitze u. a. der adlige Grubenbesitzer Engelbrekt Engelbrektsson und der Aristokrat →Karl Knutsson (Bonde) standen, erhielt der →Reichsrat eine weitaus mächtigere Position, da er nun (anstelle des entmachteten Kg.s) weitgehend selbständige Regierungsverantwortung wahrnahm. Dies wurde symbolisch durch die Herstellung eines Reichssiegels (mit dem Bild des Reichspatrons Erichs des Hl.n und den drei schwed. Kronen), das anstelle des bisherigen Königssiegels benutzt wurde, zum Ausdruck gebracht. Auch in den Interregna der folgenden Zeit trat immer wieder der Reichsrat, oft von einem →Reichsverweser geleitet, als beherrschende Regierungsinstitution hervor. Es wurden Schritte zu einer ständ. Volksvertretung (die sich in vollem Maße aber erst 1527 unter Gustav Vasa ausprägte: Reichstag mit formell gewählten Vertretern der vier Stände Adel, Klerus, Bürger, Bauern) unternommen: Hatten schon im 14. Jh. Bauern in gewissem Umfang bei den Königswahlen mitbestimmt, so nahmen im 15. Jh. (bes. in den Jahren nach 1430) Vertreter der Bauern, Bergleute und Stadtbürger an den entscheidenden Reichsversammlungen über die Unionsfrage teil.

Das 15. Jh. war von einem ständigen Ringen zw. unionist. und nationalschwed. Gruppen gekennzeichnet. Allein die Liste der Kg.e bzw. Reichsverweser zeigt die Wechselfälle dieses Machtkampfes: →Christoph v. Bayern, Unionskg., 1448–57; →Karl Knutsson, Kg. in S. 1448–57, 1464–65, 1467–71; →Christian I., Unionskg. 1457–64; Jöns Bengtsson (→Oxenstierna), Ebf. und Reichsverweser 1465–67; Sten →Sture d. Ä., Sieger von →Brunkeberg 1471, Reichsverweser 1471–97, 1501–03; →Hans, Unionskg. 1497–1501; Svante →Nilsson (Sture), Reichsverweser 1504–11; Erik Trolle, Reichsverweser 1512; Sten →Sture d. J., Reichsverweser 1512–20; Christian II., Unionskg. 1520–21; Gustav →Vasa, Kg. in S. 1523–60.

Auch wenn der Unionsgedanke im 15. Jh. nur während bestimmter Perioden unmittelbar wirksam werden konnte, blieb er doch in den wechselnden Führungsgruppen der nord. Staaten lebendig, da die Union eine Reihe konkreter polit. Vorteile versprach (Aufrechterhaltung des Friedens, gemeinsame Stärke gegenüber auswärtigen Feinden und Konkurrenten wie der →Hanse, Möglichkeiten für Großgrundbesitzer und Bauern zum grenzübergreifenden Handel). Anderseits wurde gerade in S. die Befürchtung laut, daß Dänemark in finanzieller und polit. Hinsicht ein allzu starkes Übergewicht gewinnen könne (v. a. Sorge der schwed. Aristokratie hinsichtl. einer Verdrängung durch Ausländer aus den einträgl. kgl. Ämtern und angestammten Machtpositionen). Die Versuche der letzten Unionsmonarchen, ihre Macht in S. wiederherzustellen, verstärkte die Gegnerschaft der Nationalkräfte; die Eroberungsfeldzüge Christians II. (1518, 1520) ließen den Unionsgedanken definitiv zur Unmöglichkeit werden. Der wichtigste Anführer der Aufstände gegen Christian II., Gustav Vasa, der seit 1523 als Kg. regierte, wurde zwar später selbst zur Zielscheibe von Aufständischen, doch forderten diese niemals mehr eine Wiederbelebung der Union.

F. Mission und Kirchengeschichte
I. Missionsansätze – II. Hoch- und spätmittelalterliche Kirche – III. Verhältnis zum Papsttum.

I. MISSIONSANSÄTZE: Die Missionsgesch. S.s (→Mission) bleibt wegen der schlechten Q.nlage oft unklar. Die einzigen ausführlicheren Q.n, →Rimberts »Vita Anskarii« (865/876) und →Adams »Gesta Hammaburgensis« (vollendet im wesentl. 1075/76), entstammen dem Ebm. →Hamburg-Bremen, das zunächst die Oberhoheit über die entstehende schwed. Kirche innehatte; es ist daher nicht auszuschließen, daß in den genannten Geschichtswerken andere, konkurrierende Missionsansätze übergangen wurden.

Die Mission →Ansgars in →Birka (829–830 und ca. 850), der bekannteste frühe Missionsversuch in S., hatte wohl keine dauerhafte Wirkung. Erst im 11. Jh. kam es offenbar zu erfolgreicherem missionar. Wirken; der Schwerpunkt lag in Götaland/Süds. (kaum schon im stärker heidnisch geprägten Svealand/Mittels.); Missionare aus →England scheinen eine bedeutende Rolle, v. a. in Västergötland, gespielt zu haben. Auch wird vom einen Teil der Forschung ein Einfluß der byz. Kirche (bes. in →Sigtuna) angenommen.

In längerer Perspektive war jedoch der dt. Einfluß (otton.-sal. →Reichskirche), wie er vom Ebm. Hamburg-Bremen verkörpert wurde, maßgebend; die kirchl. Aufbauphase stand unter vorwiegend dt. Einfluß, wenn auch im 12. und 13. Jh. nachweisbare Kontakte mit der frz. Kirche bestanden. Aus der Zeit um 1120 ist eine Liste schwed. Bischofsstädte (sog. 'Florensliste') erhalten; die hier genannten Bm.er können wohl mit →Skara, →Sigtuna, →Linköping, Eskilstuna, Strängnäs und →Västerås identifiziert werden. Das bedeutet, daß die Bistumsorganisation schon damals in ihren Grundzügen festlag; Skara, Linköping, Strängnäs und Västerås sind Bischofsstädte geblieben, während der Bischofssitz v. Sigtuna etwa zehn Jahre später nach →Alt-Uppsala, dem früheren heidn. Kultzentrum, verlegt wurde und Eskilstuna bald mit Strängnäs vereinigt wurde. Später wurden weitere Diöz. begründet: →Växjö/Süds. (um 1170) und →Åbo/Finnland (um 1220).

II. HOCH- UND SPÄTMITTELALTERLICHE KIRCHE: Im Zuge der Erringung der kirchl. Selbständigkeit durch die (sich als christl. Monarchien konstituierenden) nord. Reiche wurden (gegen die alten Jurisdiktionsansprüche Hamburg-Bremens) nationale Ebm.er errichtet, zuerst →Lund (1104), das ursprgl. die Kirchenhoheit über ganz Skandinavien besaß, dann (für Norwegen) →Drontheim/Nidaros (1153) und schließlich (für S.) →Uppsala (1164). S. erhielt wohl wegen der instabilen polit. und kirchl. Verhältnisse als letztes der skand. Kgr.e ein eigenes Ebm., das allerdings rechtl. nicht vollständig unabhängig war, da es dem Ebf. v. Lund als →Primas understand. Die Prärogativen des Ebf.s v. Lund, der den Ebf. v. Uppsala weihen sollte, bestanden de jure zwar bis zur Reformation, hatten aber de facto kaum Bedeutung.

In der 2. Hälfte der 12. und der 1. Hälfte des 13. Jh. wurde die Kirchenorganisation S.s vollendet: Um 1150 war die päpstl. Abgabe des →Peterspfennigs eingeführt, spätestens in den ersten Jahrzehnten des 13. Jh. das →Zehntwesen anerkannt, 1248 der Grundsatz des →Zölibats durchgesetzt, um 1250 waren (mit wirtschaftl. Unterstützung des Kgtm.s: Besitzausstattung) in den wichtigsten Diöz. Domkapitel (→Kapitel) installiert (Skara: nach 1220, Linköping: nach 1230, Uppsala: um 1250). Das setzt voraus, daß die Pfarrorganisation (Kirchspiele) mindestens in großen Zügen vor 1250 geschaffen wurde.

Der Zeit vor 1250 entstammen auch die ersten schwed. Kl., die alle dem →Zisterzienserorden angehörten und (mit einigen Ausnahmen) in Götaland entstanden (→Alvastra, Gudhem, Varnhem u.a.). Die zweite Gründungswelle geistl. Häuser gehörte der 2. Hälfte des 13. Jh. an; im Rahmen der Stadtbildung entstanden in innerstädt. oder stadtnaher Lage Konvente der →Franziskaner oder →Dominikaner (die ältesten Häuser seit den 1230er/1240er Jahren). Im SpätMA erfolgten nur noch wenige und unbedeutende Gründungen, mit der gewichtigen Ausnahme der beiden schwed. Kl. der →Birgittiner, des Ordens der hl. →Birgitta, dem Mutterkl. →Vadstena (nach langem Aufbau geweiht 1384) und dem Kl. Nådendal/Finnland (beschlossen 1438, geweiht 1462).

Die führenden Repräsentanten der Kirche strebten auch in S. nach der kirchl. Freiheit (→libertas ecclesiae) und konnten ihr Programm in Auseinandersetzungen mit der weltl. Gewalt großenteils durchsetzen. Die freie Kapitelwahl der Bf.e fand Anerkennung, das kanon. Recht wurde in wesentl. Teilen angenommen (1248), die Steuerfreiheit der kirchl. Institutionen durch ein großes kgl. Privileg bestätigt (Magnús Ladulås, 1281). Anderseits gab es von seiten des Kgtm.s und der weltl. Gewalten immer wieder Bestrebungen, die kirchl. Privilegien in Frage zu stellen oder zurückzudrängen (Gesetzgebung um 1350, s. Abschn. G). Das Prinzip der freien kanon. Bischofswahl wurde im SpätMA von mehreren Monarchen (bes. Erich v. Pommern) zugunsten kgl. Kandidaten unterhöhlt, wobei der Konflikt zw. Erich und dem Domkapitel v. Uppsala in den Jahren nach 1430 die antikönigl. Opposition stärkte.

III. VERHÄLTNIS ZUM PAPSTTUM: Die (polit.) Beziehungen S.s zum Papsttum waren selten direkte. Die Kg.e und Regenten v. S. nehmen in der Regel dieselbe Stellung zum Papsttum ein wie die norddt. Fs.en; die Unionskg.e führten für S. dieselbe Kirchenpolitik wie für ihre anderen Länder. Schon die ältesten Papstbriefe an einen schwed. Kg., zwei Schreiben →Gregors VII. von 1080, stehen in engen europ. Zusammenhang der Kirchenreform, doch war die junge schwed. Kirche für die gregorian. Reformvorstellungen noch kaum reif.

Im Großen →Abendländ. Schisma unterstützte die schwed. Kirche (wie Kgn. Margarete und ihr Nachfolger Erich) den röm. Papst, im Konzil v. →Basel stand die schwed. Kirche explizit zum →Konziliarismus. Der schwed. Konzilsrepräsentant, Bf. Nikolaus Ragvaldi v. Växjö, spielte um 1435 eine für einen schwed. Prälaten außergewöhnl. bedeutende Rolle in der großen europ. Konzilsdebatte.

G. Rechtsprechung und Gesetzgebung

I. Ding und Landschaftsrechte – II. Königliche Gesetzgebung – III. Mitwirkung von Bauern und Adel.

I. DING UND LANDSCHAFTSRECHTE: Über die Rechtsprechung in Wikingerzeit und frühem MA ist wenig bekannt; Grundelement war das von den freien Männern besuchte lokale Ding (→Ding, II), dessen Funktionsweise wir seit dem Ende des 13. Jh. durch die →Landschaftsrechte (landskapslagar) sowie durch Urteile (→Weistümer) gut kennen. Die Kodifikation der Landschaftsrechte erfolgte im 13. und frühen 14. Jh.; umstritten ist die Frage des Anteils, den die Krone, die Großen und die Bauern an ihr hatten. Sah eine ältere Auffassung in den Landschaftsrechten den Ausdruck altertüml. germ. Rechtsdenkens, so werten neuere Forschungsansätze sie als eine von den sozial und polit. führenden Schichten getragene Gesetzgebung, die bereits Einflüsse des röm.-kanon. Rechtes aufweist. Die Rolle der Krone verstärkte sich in deutlicher Weise (u.a. Genehmigung der Landschaftsrechte durch das Kgtm., erstmals 1296 für das →Upplandslagh), wahrscheinl. in Zusammenhang mit der Ausbildung des konungsräfst (einer kgl. Revisionskommission, die nach dreijährigem Turnus ihre Visitationen vornahm).

II. KÖNIGLICHE GESETZGEBUNG: Unter Birger Jarl und dann unter Magnús Ladulås wurde eine umfangreiche landesweite Gesetzgebung zur Wahrung des →Landfriedens eingeleitet (→Eidschwurgesetzgebung). Um die Mitte des 14. Jh. führte der stark angewachsene kgl. Einfluß auf die Gesetzgebung unter Magnús Eriksson zur Ausarbeitung zweier großer Reichsrechte: →Magnús Erikssons Landslag und →Magnús Erikssons Stadslag; das Landslag beruhte weithin auf den alten Landschaftsrechten, an deren Stelle es treten sollte. Doch waren (nach dem Protest der um die kirchl. Privilegien besorgten geistl. Kommissionsmitglieder, 1347) in diesen kgl. Gesetzen die Abschnitte über das Verhältnis von weltl. Macht und Kirche (kyrkobalk 'Kirchenrecht') ausgespart worden; die Kirchenrechtsbestimmungen der alten Landschaftsrechte wurden weiter praktiziert.

Ein Jahrhundert später wurde unter Christoph v. Bayern ein in mancher Hinsicht modernisiertes Reichsrecht promulgiert (→Christoffers landslag, 1442), das aber erst in der Frühen Neuzeit stärker Eingang in die Gerichtspraxis fand. Die genannten Reichsrechte wurden während des ges. MA durch Statuten, die vom Kg. oder den Regenten erlassen worden waren, ergänzt.

III. MITWIRKUNG VON BAUERN UND ADEL: Der Einfluß der →Bauern in der Rechtsprechung war in S. nie in Frage gestellt, trotz der frühzeitigen Umwandlung des alten allg. Dings in ein System der Schöffenausschüsse. Auf der lokalen Ebene der Hundertschaft bestand dieser Ausschuß aus zwölf Bauern (sie konnten sowohl Freibauern als auch Pächter sein). Auch hatten die Dingversammlung bei Vakanzen das Vorschlagsrecht für den vom Kg. neu zu ernennenden Richter (häradshövding). Zwar sollten die Kandidaten für ein solches Richteramt im betreffenden Bezirk wohnhafte Adlige sein (oft wurde das Amt im Kreise bestimmter Aristokratenfamilien erblich), dennoch kann von einer Feudalisierung der schwed. Rechtsprechung, nach kontinentalem Vorbild, nicht gesprochen werden.

H. Wirtschafts- und Sozialgeschichte

I. Bevölkerungsentwicklung – II. Ländliche Bevölkerung – III. Bergbau und Hüttenwesen – IV. Städtewesen – V. Handel.

I. BEVÖLKERUNGSENTWICKLUNG: Bevölkerungszahlen für das ma. S. beruhen auf Schätzungen; Grundlagen sind die (auf üblichen Haushaltsgrößen hochgerechneten) Angaben in Steuerverzeichnissen (für die ältere Zeit v.a. die kirchl. Register des Peterspfennigs und der Zehnten, für die Übergangsperiode zur Frühen Neuzeit die ab ca. 1550 vorliegenden kgl. Steuerregister). Es haben sich folgende (unsichere) Größenordnungen ergeben: vor 1350 (d.h. vor dem Schwarzen Tod): ca. 520000 Einw.; 1350–1400: ca. 315000; 1571: ca. 750000. Für Finnland ergeben sich für die Zeit um 1560 wohl knapp 250000 Einw.

II. LÄNDLICHE BEVÖLKERUNG: Innerhalb der ländl. Reichsbevölkerung gab es zwei große sprachl.-ethn. Gruppen: die *Schweden* im Kernbereich des Landes sowie an den Küsten Finnlands (Finn. und Bottn. Meerbusen), die *Finnen* im übrigen Finnland. Hinzu traten die im nördl. Teil des Reiches lebenden →*Samen (Lappen)*.

90–95% der Bevölkerung lebte auf dem Lande (mit vorwiegend agrar. Einkünften; →Bauer, D. VIII); die Städte waren also recht klein. Anhand der Steuerregister von 1550 ist die Entwicklung der Höfe erkennbar; es bestanden 52% freie Bauernhöfe, 22% Pachthöfe der Adligen, 21% Pachthöfe der kirchl. Institutionen, 5% Pachthöfe der Krone. Diese auf das Gesamtreich bezogenen ländl. Besitzverhältnisse unterlagen großen regionalen Schwankungen (im südschwed. Östergötland z.B. nur 11% freie Bauernhöfe, dagegen 35% in adligem, 43% in geistl. und 11% in Kronbesitz; demgegenüber: in Nords. mehr als 90% der – meist kleinen – Höfe in bäuerl. Freibesitz).

Unterschied sich S. in Hinblick auf seinen Ackerbau nicht vom wirtschaftl. und agrartechn. Standard anderer nordeurop. Länder, so waren die Dörfer (mit Ausnahme von Östergötland) im Vergleich zu Mitteleuropa und Dänemark recht klein (4–6 Höfe pro Dorf, in den spät besiedelten Waldgebieten vielfach Einzelhöfe). In den zentralen Gebieten (Väster-, Östergötland, Uppland) herrschte Getreideanbau vor, wohingegen in den Waldzonen die Viehhaltung dominierte. Es ist nicht recht feststellbar, inwieweit sich die →Agrarkrise des 14. Jh. auf die schwed. Gesellschaft auswirkte. Die Untersuchungen im Rahmen des Nord. Wüstungsprojektes (→Wüstung) weisen für Süd- und Mittels. auf einen Schrumpfungsprozeß der Besiedlung in der 2. Hälfte des 14. und der 1. Hälfte des 15. Jh. hin, bedingt wahrscheinl. hauptsächl. durch den Schwarzen Tod. Die Auswirkungen für die bäuerl. Bevölkerung im einzelnen bleiben unklar; für die weltl. und kirchl. Großgrundbesitzer muß von einem Verfall der Einkünfte ausgegangen werden.

III. BERGBAU UND HÜTTENWESEN: Neben Agrarwirtschaft, Handel und Handwerk war der →Bergbau einschließl. der Verhüttung von →Eisen und →Kupfer der bedeutendste Wirtschaftszweig. Hatte in vorgeschichtl. Zeit bereits eine (trotz ihres geringen Aufkommens) ökonom. nicht unbedeutende Eisenproduktion bestanden (auf der Basis aus →Raseneisenerzen, bes. in Småland/Süds. und im nördl. Svealand: 'Järnbäraland', wohl mit →Dalarna und/oder Gästrikland identisch). Eine ganz neue Situation entstand mit der Entdeckung und Ausbeutung der ersten Eisenerzgruben. Die Anfänge des schwed. Eisengewerbes lassen sich nicht exakt datieren; wohl seit dem späten 12. Jh. und frühen 13. Jh. setzt eine »vorindustrielle« Produktion ein, bei der dt. Bergmannserfahrung (Prospektoren) und dt., in erster Linie von der →Hanse investiertes Kapital eine wichtige Rolle spielten, wenngleich nach neueren Untersuchungen (Lapphyttan/Västmanland) auch der Einfluß des techn. Know-hows der Einheimischen nicht unterschätzt werden darf. Die Kupfergewinnung (Kupfergebirge/*Kopparberget* um →Falun/Dalarna) dürfte auf dieselbe Zeit und dieselben Kreise zurückgehen.

IV. STÄDTEWESEN: Das in großem Stil betriebene Eisen- und Kupfergewerbe setzt entwickelte Handelsverbindungen voraus; es ist daher nicht erstaunlich, daß der Aufbau des Städtewesens in diese Zeit fällt. Vor 1100 war Sigtuna die einzige Stadt in S. (ihre Vorgängersiedlung war der große Handelsplatz Birka); um 1300 bestanden bereits ca. 25 Städte, am Ende des MA etwa 40 (einschließl. der 6 Städte in Finnland). Der Zuwachs war in der 2. Hälfte des 13. Jh. bes. stark (v.a. Mälargebiet: Stockholm, Västerås, Arboga, Köping, Örebro); es ist von einem Zusammenhang mit der steigenden Nachfrage schwed. Eisens und Kupfers auf den europ. Märkten auszugehen. Darüber hinaus müssen die Urbanisierungstendenzen als zentraler Teil der »Europäisierung« und »Modernisierung« von Staat und Gesellschaft im 13. Jh. gesehen werden.

Die Städte waren klein, mit Ausnahme des um 1250 gegr. →Stockholm, das im ausgehenden MA 6–7000 Einw. hatte. Neben einigen mittleren Städten (Åbo: ca. 2000 Einw., Bischofsstädte wie Uppsala, Linköping, Strängnäs, Handelsstädte wie Kalmar und →Lödöse) bestanden winzige Marktflecken (oft weniger als 500 Einw.). Die größeren Ostseestädte (Stockholm, Kalmar, Åbo) hatten deutschsprachige Minderheiten (Stockholm auch eine finnischsprachige Gruppe). In den Städten Finnlands stellten die Schweden zumeist Kaufleute und Handwerker. →Bürgertum, G.

V. HANDEL: Der Außenhandel war hauptsächl. auf die norddt. Hansestädte hin ausgerichtet (→Lübeck, im Spät-MA auch →Danzig). Als wichtigste Exportgüter fungierten die begehrten Metalle (Eisen nach Lübeck, später bes. nach Danzig, Kupfer nach Lübeck, daneben Fisch (Lachs, Hecht), Nahrungsmittel (→Butter), Häute und →Pelze. An Importwaren hatte →Salz mengenmäßig den größten Anteil; vom Wert her waren Tuche (→Textilien), →Gewürze, →Wein und →Bier jedoch bedeutender. Im Spät-MA sind auch kirchl. Kunstgegenstände (Altarschreine aus Lübeck und Flandern) zu erwähnen; so schuf Bernt →Notke für Sten Sture die berühmte St. Georgsgruppe in der Stockholmer Nikolaikirche. G. Dahlbäck

Q.: Diplomatarium suecanum, ed. J. G. LILJEGREN u.a., 1829ff. [z. Zt. bis 1374] – Bidrag till Skandinaviens hist. ur utländska arkiver

1314–1520, Bd. 1–5, ed. C. G. Styffe, 1859–84 – Nya eller Karlskrönikan, ed. G. E. Klemming (Samlingar utgivna av svenska fornskriftsällskapet 17:2, 1866) – Svenska riks-archivets pergamentsbref 1351–1400, ed. N. A. Kullberg, 1866–72 – Svenskt diplomatarium 1401–20, ed. C. Silfverstolpe–K. H. Karlsson, 1875–1904–Svenska medeltidsregister 1434–41 – Sveriges traktater med främmande makter, 1–3, ed. O. S. Rydberg, 1877–95 – Privilegier, resolutioner och förordningar för Sveriges städer 1 (1251–1523), ed. N. Herlitz, 1927 – Acta pontificum svecica, 1: Acta cameralia, 1–2, ed. L. M. Bååth, 1936–57 – Erikskrönikan, ed. S. B. Jansson, 1985 – Lit. [zur Q.nkunde]: I. Andersson, Källstudier till Sveriges hist. 1230–1436, 1928 – L.-A. Norborg, Källor till Sveriges hist., 1968 – H. Schück, Rikets brev och register, 1976 – [allg.]: Svensk historisk bibliografi 1771–1976 [nicht abgeschlossen] – J. Rosén, Svensk hist., 1: Tiden före 1718, 1962 – S. Carlsson–J. Rosén u. a., Den svenska historien, 1–10, 1966–68; 1–2, 1966 – B. Sawyer–P. Sawyer, Medieval Scandinavia, ca. 800–1500, 1993 – [zur Vorgesch.]: Å. Hyenstrand, Centralbygd – randbygd, 1974 – M. Stenberger, Vorgesch. S.s, 1977, bes. 304–536 – Hb. der europ. Wirtschafts- und Sozialgesch., 2, hg. J. A. van Houtte, 1980, 728–746 [W. Holmqvist] – G. Burenhult, Arkeologi i Sverige, 1–3, 1982–84 – P. H. Sawyer, Kings and Vikings, 1982 – G. Burenhult u. a., Länkar till vår forntid – en introduktion i Sveriges arkeologi, 1988 – L. Gahrn, Sveariket i källor och historie-skrivning, 1988 – B. Ambrosiani, Birka – vikingastaden. 1–4, 1991–94 – [zum MA]: E. Lönnroth, Sverige och Kalmarunionen 1397–1457, 1934 – Ders., Statsmakt och statsfinans, 1940 – Y. Brilioth, Den senare medeltiden 1274–1521 (Svenka kyrkans hist., 2, 1941) – Kl 1–22 – B. Losman, Norden och reformkonsilierna 1408–49, 1970 – B. Fritz, Hus, land och län. Förvaltningen i Sverige 1250–1434, 1–2, 1972–73 – E. Sjöholm, Gesetze als Q.n ma. Gesch. des Nordens, 1976 – Th. Lindkvist, Swedish Medieval Society. Previous Research and Recent Developments, Scandinavian Journal of Hist. 4, 1979 – Hb. der europ. Wirtschafts- und Sozialgesch., 2, hg. J. A. van Houtte, 1980, 747–779 [K. Wührer] – S. Gissel u.a., Desertion and Land Colonization in the Nordic Countries c. 1300–1600. Comparative Report from The Scandinavian Research Project on Deserted Farms and Villages, 1981 – Th. Lindkvist–K. Ågren, Sveriges medeltid, 1985 – J. Myrdal, Medeltidens åkerbruk. Agrarteknik i Sverige ca. 1000 till 1520, 1985 – H. Schück, Riksdagens framväxt: tiden intill 1611 (Riksdagen genom tiderna, ed. N. Stjernquist), 1985 [engl.: The Riksdag. A Hist. of the Swedish Parliament, ed. M. F. Metcalf, 1987] – G. Dahlbäck, S. und Finnland 1350–1650 (Hb. der europ. Wirtschafts- und Sozialgesch., 3, ed. H. Kellenbenz, 1986) – HEG II, 1987, 884–917 [A. v. Brandt–E. Hoffmann] – Kilderne til den tidlige middelalders historie. Rapport til den XX nordiske historikerkongress, Reykjavik, 1987 – St. Claeson, Häradshövdingeämbetet i senmedeltidens och Gustav Vasas Sverige, 1987 – G. Dahlbäck, Stadtkernforsch. in S. (Stadtkernforsch., ed. H. Jäger, 1987) – Svensk medeltidsforskning idag. En forsknings-översikt utarbetad på uppdrag av Humanistisk-samhällsvetenskapliga forskningsrådet, hg. G. Dahlbäck, 1987 [Bibliogr.] – Medeltid, ed. G. Vogel-Rödin [Kat. Schloß Läckö], 1988 – H. Andersson, Sjuttiosex medeltidsstäder. Aspekter på stadsarkeologi och medeltida urbaniserings-process i Sverige och Finland (Medeltidsstaden, rapport 73), 1990 – E. Sjöholm, Sweden's Medieval Laws. European legal tradition – political change, Scandinavian Journal of Hist. 15, 1990 – G. Bjarne Larsson, Stadgelagstiftning.

Schwedische Sprache und Literatur → Altnordische Literatur

Schwefel war bereits im Altertum in techn., pyrotechn. und med. Verwendung bekannt. Im MA wurde S. für Kitte, Zündfäden, Dochte, →Niello, zu Beleuchtungszwecken (S.ringe) und zum Bleichen von Wachs (selten von Textilien) verwendet. Obwohl die arab. Iatrochemiker S.anwendungen häufig empfohlen, kommt er in der abendländ. Medizin selten vor (meist zum Ausräuchern) und gewinnt erst mit den Paracelsisten wieder an Bedeutung. Hauptsächl. wurde S. ab der Mitte des 14. Jh. als Bestandteil des →Pulvers benötigt. Die →Feuerwerksbücher geben zahlreiche Anleitungen zu Qualitätsprüfung und Reinigung. In der ma. →Alchemie galt S. als Bestandteil der Metalle. Bei Ps.→Geber ist die Dualität von S. und Quecksilber ein alchemist. Prinzip (von →Paracelsus durch Salz erweitert). S. wurde im MA vorwiegend in Apulien und in der Toskana gewonnen, seit dem 14. Jh. treten weitere Förderstätten in Tirol, Sachsen, Böhmen, Polen und Ungarn hinzu. Die großen siz. Vorkommen werden dagegen nirgendwo erwähnt. Im Tagebau geförderte S.kiese, -erze oder -erden wurden in einfachen Meilern ausgeschmolzen und in Röhren gegossen, wobei der S. selbst als Brennmaterial diente. In verbesserten Verfahren wurden auf Öfen feuerfeste Gefäße erhitzt, der entstehende Rauch in Auffanggefäße abgeleitet, aus denen der S. in Formen floß. In der frühen NZ beschäftigten sich →Biringuccio und →Agricola mit S. abbau und -verarbeitung. R. Leng

Lit.: W. Hassenstein, Das Feuerwerkbuch v. 1420, 1941 – Gmelins Hb. der anorgan. Chemie, S., T. A, System-Nr. 9, 1953[8], 1–30 – Ir. R. J. Forbes, 4000 Jahre S., CIBA-Rundschau 5/6, 1965, 2–18.

Schweidnitz (Świdnica), Stadt in →Schlesien an der Weistritz; Fsm. Wahrscheinl. vor 1249 entstand die Stadt nach dt. Recht, ihre Entwicklung begünstigte die Kolonisation des Sudetenvorlandes; 1285 erhielt S. das Meilenrecht. Nach dem Tod Heinrichs IV. besetzte 1290 Bolko I. v. Jauer († 1301) den sw. Teil des Fsm.s →Breslau mit S. und →Münsterberg und festigte seine Herrschaft durch Rodung, Burgenbau und Förderung der Städte im Interesse der fsl. Einnahmen. S. als Hauptort bekam 1290 eigenes Münzrecht, seit dem Ende des 13. Jh. erfolgte der Bau von fsl. Burg und Mauerring. Bernhard, Bolkos älterer Sohn († 1326), überließ 1312 →Jauer seinem Bruder Heinrich I., 1322 Münsterberg seinem Bruder Bolko († 1341) und behielt selbst S. Sein Sohn und Nachfolger Bolko II. d. Kl. († 1368) bewahrte seine volle Souveränität auch, als fast alle schles. Fs.en Johann v. Luxemburg, Kg. v. Böhmen, huldigten. Bolkos Beziehungen und seine Bündnisse mit Polen, Ungarn und Ks. Ludwig d. Bayern bezeugen seine eigenständige Politik; 1345 belagerten Kg. Johann und Karl IV. S. vergebl. Als 1346 Heinrich v. Jauer starb, ging sein Fsm. an Bolko II. über. Nach dem böhm.-poln. Frieden v. →Namslau 1348 kam es zur schnellen Annäherung an Böhmen und 1350 zu ersten Verhandlungen für den Erbfall. Der 1353 verwitwete Ks. Karl IV. heiratete →Anna v. Jauer (6. A.), Nichte und Erbin des kinderlosen Bolko II. Mit Zustimmung des Ks.s setzte dieser die Erwerbung der benachbarten Teilgebiete fort (bes. 1356–61); 1364 erhielt er auch die Mgft. Niederlausitz (→Lausitz) auf Lebenszeit. Nach dem Tod Bolkos II. 1368 zerfiel sein Herrschaftsgebiet. Seine Witwe Agnes v. Österreich behielt bis zu ihrem Tod das Fsm. S.-Jauer; 1392 fiel es an Böhmen und wurde von einem Landeshauptmann verwaltet. Aus Anlaß der Erbverträge erlangten die seit der 2. Hälfte des 14. Jh. hervortretenden Stände Landesprivilegien (1353, 1356, 1369), welche die Verfügungsgewalt des Herrschers über wichtige landeshoheitl. Rechte einschränkten. Trotz des sozialen und wirtschaftl. Gegensatzes zw. Adel und Städten bewahrten die Stände im 15. Jh. auch im Bereich der Außenpolitik Autonomie. Die Stadt S. entwickelte sich im 14. und 15. Jh. zum überregionalen Gewerbe- und Handelszentrum. 1370 erwarb S. die Erbvogtei, 1434 auch die Landvogtei. Gegen Ende des 15. Jh. hatte S. ca. 10 000 Einw.
S. Gawlas

Lit.: F. J. Schmidt, Gesch. der Stadt S., 1, 1846 – G. Croon, Die landständ. Verfassung von S.-Jauer, 1912 – Historia Śląska, hg. S. Kutrzeba, 1, 1933 – Gesch. Schlesiens, hg. H. Aubin, 1, 1938 – W. Dziewulski, Świdnica, Studia z historii miast polskich, 1957, 255f. – D. Hanulanka, Świdnica, 1973[2] – Hist. Stätten, Schlesien, 1977, 491f. – T. J. Mann, Gesch. der Stadt S., 1985 – Nieznany rocznik świdnicki z pierwszej połowy XVI w., hg. R. Żerelik, 1990.

Schweigegebot. Eine chr. Schweigepraxis kann sich auf bibl. Weisungen berufen (Spr 10, 19; 18, 21; Weish 18, 14f.; Sir 20, 7; Jak 3, 5–10; u. a.). Die Texte korrespondieren mit philos.-ethischen Überzeugungen der Spätantike. Im asket.-monast. Leben wird das Schweigen (silere/silentium; tacere/taciturnitas) zu einer Grundhaltung. Sie wird doppelt motiviert, asket.: Bewahrung vor der Sünde durch das Reden und Erlangung von Demut und Gehorsam; myst.: Sammlung des Geistes für Gebet und Kontemplation. Die Mittelhaftigkeit relativiert den Wert des Schweigens. Es bleibt dem Gebot der Gottes- und Nächstenliebe unterstellt; konkret: es ist personen- und zeitabhängig (Basilius, Reg. brevius tract. 208; lat. Regel 136). Das gilt auch für die →Regula s. Benedicti (RB). Sie fordert keinen unmenschl. Mutismus, wohl aber Schweigsamkeit und streng kontrolliertes Reden (Kap. 6: De taciturnitate, vgl. Regula Magistri 8–9). Diese Schweigsamkeit ist in das Versprechen der klösterl. Lebens (RB 58, 17: conversatio morum) eingeschlossen. Ein eigtl. S. gilt für bestimmte Zeiten (RB 42: Nacht; RB 48, 5: mittägl. Ruhe), Orte (RB 37: Speiseraum; RB 52: Oratorium) und hinsichtl. bestimmter Personen (RB 26: Ausgeschlossene; RB 53; 26: Gäste). Diese maßvolle Schweigeverpflichtung wird in der cluniazens. Observanz verschärft. Mit der lokalen und zeitl. Ausdehnung des S.es wird im inneren Kl.bereich ein »perpetuum silentium« gefordert. Das S. wird jetzt mit einer Zeichensprache kompensiert. Abt Berno (→Cluny) hatte diese Praxis aus seinem ersten Kl. Baume mitgebracht. Mit Cluny breitete sich die Zeichensprache, die eine auf das Notwendigste beschränkte nichtverbale Kommunikation ermöglicht (lit. faßbar in den sog. Signa-Listen), aus und wurde weithin von den Reformorden aufgenommen. Andererseits wird auch betont, daß ein »ewiges Schweigen« unmenschl. sei (Hildegard v. Bingen, Regelerklärung; MPL 197, 1056A) und von den Lehrern der monast. Spiritualität ein vertieftes, inneres Schweigen gefordert. K. S. Frank

Lit.: DIP VIII, 1491–1501 – DSAM XV, 829–842 – A. Wathen, Silence. The Meaning of Silence in the Rule of St. Benedict, 1973 – W. Jarecki, Signa loquendi, 1981.

Schwein

I. Gelehrte Tradition – II. Wirtschaft.

I. Gelehrte Tradition: Als allesfressendes, sehr fruchtbares, aus dem Wilds. seit der Steinzeit im Mittelmeergebiet gezüchtetes Haustier (Eber lat. aper, Sau lat. porcus bzw. sus) ohne bes. Futteransprüche erfreute sich das S. großer Beliebtheit. Die aristotel. Nachrichten über seine Haltung und Krankheiten (h. a. 5, 14 p. 545 a 28–b 3; 546 a 7–28; 6, 18 p. 573 a 30–b 16; 8, 21 p. 603 a 30–b 20) sind bei Bartholomaeus Anglicus 18, 85 und 97 sowie Thomas v. Cantimpré 4, 4 (vgl. Albertus Magnus, animal. 22, 21–22) mit Plinius, n. h. 8, 209 und 10, 181 verschränkt. Weitere Q. bei Thomas ist nur der »Liber rerum« mit lebendiger Schilderung des Wühlens im Schlamm, der Kämpfe des Leitebers mit Konkurrenten und einer dem Menschen gefährl. Panik in der Herde. Als kultisch unreines Tier wird das S. nur von Vinzenz v. Beauvais, Spec. nat. 18, 78 im Zusammenhang mit der von den »Physici« wegen der Ähnlichkeit mit dem menschl. Körper erforschten Anatomie bezeichnet. Im Sommer galt das Fleisch der S.e als leicht verderblich und schädlich (vgl. Vinz. 18, 82). Über volksmed. Verwendung berichtet Bartholomaeus Anglicus 18, 6 nach Plinius und Dioskurides. Ch. Hünemörder

Q.: →Albertus Magnus, →Bartholomaeus Anglicus – Thomas Cantimprensis, Liber de nat. rerum, T. 1, ed. H. Boese, 1973 – Vinc. Bellov., Speculum nat., 1624 [Neudr. 1964] – Lit.: F. E. Zeuner, Gesch. der Haustiere, 1967.

II. Wirtschaft: Das S. ist vor →Rind und →Schaf der wichtigste Fleisch- (und Fett)lieferant des gesamten MA (Pökelfleisch, Speck, Schmer, Wurst). Von der Bedeutung des S.s zeugt bereits die »S. eterminologie« der →Lex Salica des 6. Jh., die an den Anfang ihrer Kasuistik im Anschluß an Ladungsgebote unter Bezug auf die altfrk. Gerichtssprache (→Malberg. Glossen) den Diebstahl von saugenden Ferkeln, Ferkeln, zweijährigen S.en, Ebern, Leit-Mutters.en, (geopferten) Borgs.en und Herden (25 Tiere als Norm) mit abgestuften Bußgeldern bedroht. Das langob. Recht (Edictus Rothari 135) kennt zudem die »Lehrberuf« des S.ehirten, der in seiner Wertigkeit vor dem Rinder-, Ziegen- und Zugtierhirten steht. Das →Capitulare de villis verfügt u. a. die Vorhaltung von S.eherden auf den Domänen, das Inventar v. →Staffelsee (um 810) erwähnt Speckseiten, Würste und Schmer, Abt →Adalhart v. Corbie erläutert in seinen Statuten (823/824) ausführl. die Versorgung der geistl. Gemeinschaft mit S.efleisch als Hauptbestandteil der Nahrung neben Brot aus der grundherrschaftl. organisierten Kl.ökonomie. Dementsprechend sind Abgabe und Aufzucht von S.en für den Herrenhof Standardbelastungen der Hörigenhaushalte. Auch der frühe Handel mit S.en läßt sich alternativen Geldäquivalenten und den Rechenbeispielen →Alkuins für den Schulunterricht entnehmen. Die relativ unkomplizierte Haltung und die Aufzucht der »Allesfresser« entsprachen insbes. der frühen Wald-und Weidewirtschaft, deren Rückgang im Hoch- und SpätMA die Bedeutung und Ertragsstärke der zu allermeist herrschaftl. Mastwälder verstärkte, wurden doch im Herbst die S.e in die Buchen- und Eichenwälder zur Eichel- und Eckernmast getrieben. Von dieser alljährl. Prozedur, der sich das S.schlachten anschloß, zeugen die Monatsbilder (→Jahresdarstellung) der illustrierten Kalender für Nov. und Dez. seit dem 9. Jh. Die Größe eines Waldes wurde häufig in der Mastkapazität konkretisiert: »ad saginandos porcos x«. Das widerrechtl. Entfernen von Hürden wie von Schellen der freilaufenden Tiere wurde streng geahndet, um Verlust und Verwilderung vorzubeugen. S.e, deren fettes Fleisch und Innereien zu den Leckerbissen des MA zählten, werden ausweisl. überkommener Straßennamen (Sögestr. in Bremen) durchgehend auch in den Städten gehalten, weshalb seit dem SpätMA der Rat häufig restriktive Maßnahmen zum Schutz der Bürger vor Unrat und Luftverschmutzung erließ. D. Hägermann

Lit.: W. Abel, Gesch. der dt. Landwirtschaft vom frühen MA bis zum 19. Jh., 1978[3], 23ff., 95, 185f. – W. Rösener, Bauern im MA, 1985 (1991[4]), 109f., 114f., 147ff., 218.

Schweinfurt, Stadt und Gf.en v.

I. Stadt – II. Grafen.

I. Stadt: Die Stadt S. in Unterfranken (Bayern) nördl. des Main entwickelte sich nahe einem Altstraßenkreuz (Frankfurt–Bamberg, Würzburg–Grabfeld, 791 Namensbeleg). Unterhalb eines Sitzes (1003 castellum) der Gf.en v. →Schweinfurt auf dem Petersstirnberg entstand im 10. (?) Jh. ein gfl. suburbium mit Kilianskirche. Am Herrschaftssitz wurde Anfang des 11. Jh. ein bald zum Kl. OSB umgewidmetes Nonnenkl. gestiftet. Mit dem Kl. kam die (später Altstadt gen.) Siedlung über das Hochstift →Eichstätt 1263 an den →Dt. Orden (Burgausbau), wurde 1437 von der (Neu-)Stadt S. käufl. erworben (Niederlage der Burg, Wüstfallen der Altstadt im 16. Jh.) und bildete die Basis des nun entstehenden städt. Territoriums. Westl. des suburbiums entstand im Zuge stauf. Reichslandpolitik im späten 12. Jh. die Neustadt S. (Bau von St. Johann ab Ende 12. Jh., Abschluß der Stadtwerdung um 1200/20). Sie wurde 1230 oppidum gen., 1234 von Heinrich (VII.)

unter die civitates nostras gezählt, zugleich aber würzburg.-henneberg. Konkurrenz um die Stadtherrschaft überlassen, was 1242/43 zur ersten Zerstörung führte. Ein Wiederaufbau (mit erstem Steinbering) mag um 1282 abgeschlossen sein (Privilegierung durch Rudolf I.); vermutl. erfolgte auch seit 1282 die Führung des zu 1309 erstbelegten Siegels. Durch Privilegierungen Karls IV. und Wenzels ab 1361 gingen die kgl. Stadtherrnrechte an Bgf. und Rat über, v. a. 1362 das Wahlrecht für die Reichsvogtstelle. Städt., ab 1308 mehrfach weiterverliehene Rechte sind bereits vor 1234 anzusetzen, auf deren Grundlage sich im 14. Jh. eine S.er Stadtrechtsfamilie ausprägte. Nach dem Erwerb der Besitzungen des Dt. Ordens erfolgte eine Erweiterung auf gut 36 ha innerhalb des Steinberings mit wohl ca. 2500 Einw. um 1500; im 16. Jh. verzeichnete das handwerkl. geprägte, nur auf Umlaufhandel (kein Exportgewerbe, Juden 13.-15. Jh. belegt) ausgerichtete S. einen erhebl. Bevölkerungszuwachs. Vor 1299 hatte sich aus einem Schöffenkolleg ein 12er-Rat entwickelt, der bis 1513 zum dreischichtigen Rat geformt wurde. Die Reichsstadt nahm 1542 die reformierte Lehre an, 1554 wurde sie im zweiten Mgf.enkrieg völlig zerstört.   F. B. Fahlbusch

Lit.: F. SCHNELBÖGL, Die frk. Reichsstädte, ZBLG 31, 1968, 421-474 [Lit.]. - Reichsstädte in Franken, hg. R. A. MÜLLER, 2 Bde, 1987 [Lit.].

II. GRAFEN: Die Adelsfamilie, zur Unterscheidung von den wohl verwandten 'älteren →Babenbergern' auch als 'jüngere Babenberger' bezeichnet, verfügte über ausgedehnte Eigengüter im gesamten Maingebiet mit dem Zentrum →S. Sie ging aus der Babenberger Fehde 903-906 zw. →Konradinern und Babenbergern zunächst als Verlierer hervor, erlebte aber dennoch nach dem gescheiterten Kgtm. Konrads I. einen steilen Aufstieg. Erstes namhaftes Mitglied wurde Berthold († 980), der zum Kreis der Vertrauten um Ks. Otto I. gehörte. Von diesem erhielt er nach der Absetzung der →Luitpoldinger im Hzm. Bayern 938 die Gft.en auf dem bayer. →Nordgau und im frk. Radenzgau 960; dazu kam 976 der Volkfeldgau. Bertholds Stellung als mächtigster Großer im Raum zw. Donau und Main bringt der mehrfach für ihn belegte Titel 'marchiocomes' zum Ausdruck. Wichtigste Herrschaftspunkte des auf der Grundlage von bedeutenden Alloden, bes. Kg.snähe und mehreren Gft.en aufsteigenden Geschlechtes waren die Burgen Ammerthal, Creußen und Kronach. Auf seinem Höhepunkt wurde es vom Sohn Bertholds, →Heinrich v. S. (71. H.; 980-1017), geführt, der wegen Auseinandersetzungen mit dem Bf. v. →Würzburg von Ks. Otto III. vorübergehend geächtet wurde. Bei der Kg.serhebung von 1002 unterstützte er den Bayernhzg. →Heinrich IV. (2. H.), der ihm dafür die Nachfolge im Hzm. →Bayern in Aussicht stellte, sein Versprechen nach der Wahl aber nicht einlöste. Heinrich v. S. erhob sich darauf ein Bündnis mit Hzg. →Bolesław Chrobry v. Polen gegen den Kg., der die Gegner im Sommerfeldzug 1003 niederwarf. Heinrich II. zerstörte die Hauptburgen des S.ers, entzog ihm alle Reichslehen und die Gft.en. Dadurch schuf er die Voraussetzung für die Errichtung des Bm.s →Bamberg (1007). Nach der Aussöhnung 1004 restituierte der Kg. die S.er Gf.en nur mehr in den Eigengütern, wodurch ihre Machtposition entscheidend vermindert wurde. Dennoch bemühte sich das Geschlecht in der Folge wieder um verstärkte Kg.snähe; Heinrichs Sohn Otto führte das kgl. Heer im unglückl. verlaufenden Böhmenzug von 1040 an. Als Gegenleistung erhielt er 1048 das Hzm. →Schwaben, das er bis zu seinem Tod 1057 verwaltete. Mit ihm starb das Geschlecht in männl. Linie aus. Die (Mark-)Gf.en v. S. waren im 10. und während der 1. Hälfte des 11. Jh. das mächtigste Adelsgeschlecht im nordbayer. Raum und haben einen entscheidenden Beitrag zu dessen kolonisator. Erschließung geleistet, wozu sie im Obermaingebiet zahlreiche Slaven einsetzten.   A. Schmid

Lit.: R. ENDRES, Die Rolle der Gf. en v. S. in der Besiedlung Nordostbayerns, JbffL 32, 1972, 1-43 - H. MAURER, Der Hzg. v. Schwaben, 1978, 30, passim.

Schweißhund → Spürhund

Schweiz → Eidgenossenschaft, Schweizerische

Schwerin, Stadt am S.er See (Mecklenburg-Vorpommern)
I. Stadt - II. Bistum - III. Grafschaft.

I. STADT: In der Chronik →Thietmars v. Merseburg wurde die slav. Burg »Zuarin« 1018 erstmals genannt, neben der noch eine slav. Siedlung existierte. Die Bedeutung dieses Platzes wuchs, als →Heinrich d. Löwe seine Eroberungspläne im NO verwirklichte. 1160, nach seinem Sieg über die Abodritenfs.en →Niklot, verlegte er den Bf.ssitz von der Burg →Mecklenburg nach S., das auch Stadtrecht erhielt. Das S.er Recht wurde Ausgangspunkt einer kleinen Stadtrechtsfamilie, die vornehml. Landstädte im mittleren Mecklenburg umfaßte. Größere polit. Unabhängigkeit erreichte die 1228 genannte Rat nicht. Die Zahl der Ratmannen blieb während des MA mit sechs konstant. Seit dem Ende des 15. Jh. ist eine personelle Verbindung zum Hofe nachweisbar. Der Markt, dessen Umfang sich im SpätMA vermutl. verkleinerte, zeigte ursprgl. die Rechteckform der Kolonisationsstädte. Noch im 12. Jh. wurde eine hölzerne Befestigung errichtet. 1340 war die steinerne Stadtmauer vollendet. Aufgrund der geogr. Lage am Wasser konnte sich S. nicht unbegrenzt ausdehnen. Vor 1266 und im 15. Jh. wurden kleinere Vorstädte im Niederungsgebiet angegliedert. Trotzdem ist bis in die frühe NZ eine lockere Bebauung kennzeichnend. Nö. des Altstadtbereichs entwickelte sich um die Kirche St. Nikolai aus einer Fischersiedlung die sog. Schelfvorstadt, die seit 1282 im Besitz des Bf.e v. S. war. Neben dem Dom war St. Nikolai (Schelfkirche) die zweite Pfarrkirche in S., doch wurde sie im SpätMA nicht mehr genutzt. Die Franziskaner sind seit 1236 in S. nachweisbar. Neben diesen Hinweisen auf eine größere Bedeutung im 13. Jh. wurde S. im 12. und 13. Jh. auch mit Handelsprivilegien ausgestattet. Dennoch konnte sich die Stadt aufgrund der vergleichsweise schlechten Verkehrslage und der beherrschenden Stellung der Gf.en und der Hzg.e sowie der Domgeistlichkeit nicht zu einer Fernhandelsstadt entwickeln. S. wurde daher auch nicht Mitglied der Hanse. Versuche im 15. und 16. Jh., S. durch einen Kanalbau von der Elbe über den S.er See bis Wismar an den Ostseehandel mit Lüneburger Salz anzubinden, scheiterten. S. erlangte jedoch als Nahmarkt eine gewisse Bedeutung. Nachdem 1358 die Gft. an die Hzg.e v. Mecklenburg gefallen war, entwickelte sich S. seit dem 15. Jh. zur Residenzstadt. Für die Wirtschaft der Stadt wurden nun auch spezialisierte Handwerker wie Goldschmiede und Zinngießer bedeutend. Zudem ist ein gut ausgebildetes Beherbergungswesen zu verzeichnen.

II. BISTUM: Nach ersten gescheiterten Versuchen, in der Burg Mecklenburg ein Bm. für die Mission im Abodritenland einzurichten, welches der Erzdiöz. →Hamburg-Bremen unterstand, verlegte Heinrich d. Löwe 1160 im Zuge seines Sieges über die Abodriten den Sitz nach S. Dennoch verhinderten Aufstände bis 1164 eine kontinuierl. Arbeit im Missionsbm. Als erster Bf. wurde der Zisterziensermönch →Berno eingesetzt. Durch seine Bestrebungen wurden die ältesten Zisterzienserkl. Mecklenburgs, →Doberan und →Dargun, als Kolonisationskl. gegründet. Bereits 1171 konnte ein erster Dom geweiht werden. Aus diesem Anlaß nahm Heinrich d. Löwe auch die wirtschaftl. Ausstattung des Bm.s vor, wobei das Zentrum des Besitzes im Gebiet von Bützow und bei Ilow lag. Zum Beginn des 13. Jh. kam es mit den Bm.ern →Kammin und →Havelberg zu Auseinandersetzungen, in deren Verlauf die S.er ohne Erfolg mit verfälschten Urkk. arbeiteten. Um 1260 hatten sich die Bm.sgrenzen verfestigt. Im N bildete die Linie Greifswald–Wismar die Grenze, welche weiter von Wismar bis an den Schweriner See, die Sude, entlang der Elde und dem Land Müritz reichte. Nach dem Sturz Heinrichs d. Löwen 1180 wurde das Investiturrecht zuerst von den Askaniern und dann vom dän. Kg. Waldemar II. beansprucht. Mitte des 13. Jh. konnte sich das Bm. S. jedoch die reichsunmittelbare Stellung sichern. In dieser Zeit gelang es auch, die Gerichts- und Landeshoheit für das Stiftsgebiet zu festigen und so eine kleine Territorialherrschaft aufzubauen. Dennoch war die wirtschaftl. Grundlage des Bm.s sehr schmal. Konflikte mit den mecklenburg. Fs.en sowie eine umfangreiche Bündnispolitik und Verwicklungen in die nord. Thronkämpfe strapazierten die wirtschaftl. Ressourcen des Bm.s. Im 14. und 15. Jh. wuchs die Schuldenlast stark an und hatte umfangreiche Verpfändungen von Stiftsland zur Folge. Die Bf.e nutzten Bützow seit dem Ende des 13. Jh. vermehrt als Residenz. Seit dem 15. Jh. gelangte das Bm. in die Abhängigkeit der Hzg.e v. →Mecklenburg und verlor seine eigenständige polit. und wirtschaftl. Bedeutung. 1533/68 wurde das Bm. protestantisch.

III. GRAFSCHAFT: Nach der Eroberung des Abodritenlandes 1160 setzte Heinrich d. Löwe Gunzelin v. Hagen, dessen Familie Besitzungen im ö. Sachsen um Helmstedt hatte, als Statthalter über das gesamte Land mit den Burgen S. und Ilow ein. Nach der endgültigen Niederschlagung des Abodritenfs.en →Pribislav wurde 1167 die neue Gft. S. mit Schwerpunkt w. des S.er Sees geschaffen. Nach dem Fall Heinrichs d. Löwen konnten die Gf.en v. S. dem Vordringen des dän. Kg.s Waldemar II. nicht widerstehen und erkannten 1214 seine Oberhoheit an. Nach einer spektakulären Gefangennahme des dän. Kg.s 1223 durch den S.er Gf.en und nach der Schlacht v. →Bornhöved 1227 konnte die dän. Vorherrschaft im s. Ostseegebiet gebrochen werden. Die Bedeutung der Gft. wurde jedoch durch zahlreiche Erbteilungen gemindert. 1279 entstand neben der S.er Linie eine in Wittenburg, von der sich 1323 eine Boizenburger Linie abzweigte. 1343 konnten sich die Fs.en v. Mecklenburg Erbrechte an der Gft. S. sichern. Streitigkeiten brachen offen aus, nachdem 1344 die S.er und 1349 die Wittenburger-Boizenburger Linie ausgestorben waren. Der Wittenburger Erbe Otto beanspruchte zwar die Nachfolge in der gesamten S.er Gft., konnte aber dem wachsenden Druck der mecklenburg. Hzg.e nicht standhalten. 1358 erlangte der Hzg. durch Kauf die gesamte Gft. Gf. Otto II. zog sich in die ererbte Gft. Tecklenburg zurück. Die lehnsrechtl. Ansprüche der Familie erloschen erst 1557 endgültig. Die Gft. S. blieb fester Bestandteil des Hzm.s Mecklenburg.   A. Sander-Berke

Q.: Mecklenburger UB (bis 1400), Bd. 1–25 B, 1863–1977 – Lit.: Jbb. des Vereins für mecklenburg. Gesch. und Altertumskunde (ab Jg. 95, 1931, Mecklenburg.Jbb.), Bd. 1–110, 1836–1993 [werden fortgesetzt] – A. RISCHE, Gesch. der Gft. S. bis zum Jahre 1358, 1893 – F. SALIS, Die S.er Fälschungen, AU 1, 1908, 273ff. – W. JESSE, Gesch. der Stadt S., 1913 – E. KRÜGER, Die Entwicklung der Landesherrlichkeit der Bf.e v. S., 1933 – K. SCHMALTZ, Kirchengesch. Mecklenburgs, I, 1935 – K. JORDAN, Die Bm.sgründungen Heinrichs d. Löwen (Schr. des Reichsinstituts für ältere dt. Gesch.skunde, MGH 3, 1939) – J. BÄRMANN, Die Städtegründungen Heinrichs d. Löwen und die Stadtverfassung des 12. Jh. (Forsch. zur dt. Rechtsgesch., 1961) – M. HAMANN, Mecklenburg. Gesch. (Mitteldt. Forsch. 51, 1968) – J. PETERSOHN, Der s. Ostseeraum im kirchl.-polit. Kräftespiel des Reichs, Polens und Dänemarks vom 10. bis 13. Jh. (Ostmitteleuropa in Vergangenheit und Gegenwart 17, 1979) – J. TRAEGER, Die Bf.e dies ma. Bm.s S., 1984 – N. RÜHBERG, Zur Frühgesch. S.s, S.er Bll. 5, 1985, 26–29 – M. KALUZA-BAUMRUKER, Das S.er Domkapitel (1171–1400) (Mitteldt. Forsch. 96, 1987).

Schwerkraftschlinge → Schlinge

Schwert

I. Waffenkunde – II. Rechtssymbolik – III. Ikonographie, Symbolik.

I. WAFFENKUNDE: Blankwaffe mit gerader, zweischneidiger Klinge und symmetr. Griff, ursprgl. für Reiter bestimmt. Aus der kelt.-röm. und sarmat.-ostgot. Spatha hervorgegangen. Das S. der Völkerwanderungszeit hatte eine kurze Parierstange und einen Balkenknauf. Die Klinge hatte einen Hohlschliff und ein abgerundetes Ende, war also für den Hieb bestimmt. Aus der Nietplatte über dem Knauf entwickelte sich im 6. und 7. Jh. ein pyramidenförmiger Aufsatz, der beim »Wikingerschwert« des 8.–10. Jh. meist zum drei- bis mehrlappigen Gebilde wurde, das mit dem Knaufbalken zu einem klobigen Knauf verschmolz. Eine gleichzeitige, einfache Sonderform war der aufrecht stehende Scheibenknauf, der in Westeuropa bis ins SpätMA vorherrschte. In Dtl. erhielt das S. im 11. Jh. eine verlängerte schmale Parierstange und einen abgeflachten Pilzknauf, der sich im 12. und 13. Jh. zum Paranuß- und Pagodenknauf wandelte, außerdem wurden heruntergebogene Parierstangen üblich. Im frühen 14. Jh. dominierte auch in Dtl. der Scheibenknauf. In Frankreich erschienen gegen Ende des 13. Jh. panzerbrechende, keilförmige Stichklingen, die sich in Dtl. erst um die Mitte des 14. Jh. durchsetzten. Mit der Stichklinge wurde gewöhnl. ein flacher, trapezförmiger Knauf verbunden (Sempacher-Typus). Im 15. Jh. kamen Kegel-, Birn- und Fiederknäufe hinzu.

Die S.scheide bestand aus Holzplättchen mit Lederüberzug und einem Ortbeschlag, seltener einem Mundblech. In Nordeuropa blieb man bis ins 12. Jh. beim antiken Schultergehänge, während man auf dem Kontinent ein Taillengehänge mit zwei Trageriemen bevorzugte, die z.T. auf komplizierte Weise mit der Scheide verbunden waren. Im 14. Jh. kamen Gehänge mit Riemenbeschlägen und Trageringen an der Scheide auf.   O. Gamber

Lit.: W. MENGHIN, Das S. im frühen MA, 1983 – R. E. OAKESHOTT, The Sword in the Age of Chivalry, 1964.

II. RECHTSSYMBOLIK: Bis zum frühen MA ist das S. nicht die waffenmäßige Standardausrüstung, sondern besonderen Schichten vorbehalten und liegt deshalb auch in der realen Wertskala über →Speer und →Schild. Dem entspricht auch die Rolle als vielfacher Bedeutungsträger auf verschiedenen sozialen Ebenen. – In der Hand eines geistl. oder weltl. Oberhauptes manifestiert es Herrschaftsanspruch (→Zweischwerterlehre), zum Machtsymbol wird es aber erst im Laufe des MA; Übergabe bedeutet Transfer von Herrschaftsrechten mit Konsequenzen für Land und Leute. Die Spuren des S.es als Macht- und Herrschaftssymbol führen zum spätantiken Begriff der »potestas gladii« zurück. Die Präsenz des S.es bei verschiedenen Rechtsakten zeigt, daß es für die Herrschaft allg. steht, die Konkretisierung (Krönungszeremonie, Kg.sgericht, Gewaltübertragung, Belehnung) erfolgt aus dem näheren Zusammenhang. – Auf der Ebene unter dem Herrscher steigt die inhaltl. Bedeutung sogar an: Das S. steht nicht nur für die von oben delegierte hoheitl. Gewalt (→Rolande, Freiung, Gerichtss.), sondern es ist als Statussymbol (»cingulum militare«) von öffentl.- und privatrechtl. Bedeutung. Es steht für die vollstreckende Gewalt (Gerichtss., Richts., Justitia) im Gegensatz zu Stab/→Zepter als Symbol verurteilender Gewalt. Seine rechtl. Relevanz spiegelt sich in der Rechtssprache (»Schwertmagen« = männl. Verwandtschaft) und auch in seinem Einsatz bei Adoption, Standeserhöhung, Vereidigung, Verhinderung privatrechtl. Vollstreckung und beim →Gottesurteil des Zweikampfes. G. Kocher

Lit.: HRG IV, 1570ff. [Lit.] – H. Fischer, Stab und S. als Gegensatzpaar der Rechtssymbolik (Forsch.en zur Rechtsarchäologie und Rechtl. VK, 4, 1982), 3ff. – G. Kocher, Zeichen und Symbole des Rechts. Eine hist. Ikonographie, 1992 [Abb.].

III. Ikonographie, Symbolik: Symbol der Herrschaft als »potestas gladii« und der vollstreckenden Gerichtsgewalt, auch im jenseitigen Bereich, z. B. in Offb 1, 16 zu beiden Seiten aus dem Munde des »Menschensohnes« der Leuchtervision hervorgeholt (ebenso 19, 15 bei dem Reiter »Treu und wahrhaftig«); entsprechende Darstellungen in vielen Apokalypse-Ill., so in der otton. Apokalypse in Bamberg, Staatsbibl., Bibl. 140 (Woelfflin, Taf. 2, 45), in der Koblenzer Bibel (Pommersfelden, Hs. 334), 1067/77 (zwei S.er), in Bedas Komm. zur Offb (Cambridge, St. John's College, H. 6), südengl., 1160/70, in den engl. Apokalypsen des 13. Jh. (Klein, Abb. 42–47), in den Malereien der Krypta v. Anagni, 1. Hälfte 13. Jh., sowie in spätma. Darstellungen des Jüngsten Gerichts (z. B. Rogier van der Weyden, Beaune; Hans Memling, Danzig). – Gemäß paulin. Lehre (Eph 6, 17, auch Hebr 4, 12) ist das »S. des Geistes« Gleichnis des Wortes Gottes, und als solches wie auch als Instrument seines Martyriums seit dem 12. Jh. Attribut des Apostels Paulus, das meist erhoben getragen wird, z. B. auf einem Relief an der Kathedrale v. Maguelone (Languedoc), 1. Hälfte 12. Jh., im Initial des Psalmenkomm. des Gilbert de la Porrée (Paris BN lat. 12004), Corbie, um 1165 (Eleen Abb. 39, 40), vermutl. auch schon ursprgl. auf dem →Dreikönigsschrein und dann permanent bes. auch in der röm. Kunst, z. B. im Fassadenmosaik des 13. bzw. 14. Jh. von St. Paul vor den Mauern und auf der Mitteltür von St. Peter, 1445 (Nilgen, Abb. S. 362). Die im erhoben getragenen Hl. assoziierte zusätzl. Bedeutung als Symbol der Jurisdiktionsgewalt (→Justitia) entspricht dabei dem in zahlreichen Q. dokumentierten päpstl. Anspruch, der eigentliche Inhaber des »gladius spiritualis« wie des »gladius materialis« zu sein (→Zweischwerter-Lehre). – – Schlüssel und S., die Attribute Petri und Pauli, der Patrone Roms und des Papsttums, werden damit zu Symbolen der Totalität päpstl. Gewaltenfülle. U. Nilgen

Lit.: LCI IV, 136f. – H. Woelfflin, Die Bamberger Apokalypse, 1921[2] – L. Eleen, The Ill. of the Pauline Epistles in French and English Bibles of the 12th and 13th Cent., 1982 – P. Klein, Endzeiterwartung und Ritterideologie, 1983 – U. Nilgen, Filaretes Bronzetür von St. Peter in Rom, Jb. des Vereins für chr. Kunst in München e.V. 17, 1988, 351–376, bes. 364f.

Schwertbrüderorden. [1] *Geschichte:* Der S. ('Fratres milicie Christi de Livonia'; seit dem 13. Jh. auch '*swertbrüdere*' nach dem Abzeichen: Rotes Schwert unter Tatzenkreuz auf weißem Mantel), einer der sechs in NO-Europa an der Heidengrenze nach dem Vorbildern im Hl. Land und auf der Iber. Halbinsel angesetzten →Ritterorden, wurde 1202 vom Zisterzienser →Theoderich mit einer kleinen Gruppe norddt. Ritter zum Schutz der neugetauften liv. Gemeinde an der Dünamündung mit Billigung des Bf.s →Albert I. v. Riga gegr. und dessen Obödienz unterstellt. Er erhielt 1204 die päpstl. Bestätigung, erster Sitz war

→Riga. Bis 1207 unterwarf der S. mit bfl. Vasallen und Kreuzfahrern das Livengebiet, von dem er ein Drittel als 'dominium' erhielt und damit den ersten Ordensstaat des HochMA schuf. Das Territorium wurde vertragl. durch Teile Lettgallens erweitert, 1208–22 durch Unterwerfung Südestlands im Bündnis mit Kg. →Waldemar II. v. Dänemark, der seit 1219 Nordestland eroberte. Nach dem Aufstand der Esten 1223 verlor der S. Südestland und mußte es 1224 nach Wiedereroberung mit Bf. →Hermann v. Dorpat (12. H.) teilen. Seit 1226 stärkten ein Bündnis mit der Stadt Riga und den hans. Kaufleuten, der Gewinn Nordestlands, eines Drittels von →Ösel (1227) sowie 1230–32 auch von Kurland (→Kuren) und →Semgallen die Stellung des S. s. Pläne des päpstl. Legaten →Balduin v. Alna zur Gründung eines Kirchenstaates im Baltikum wehrte der Orden ab (1233 Schlacht auf dem Revaler Domberg); dessen Nachfolger, →Wilhelm v. Modena, förderte den Orden. 1235 war der S. in der livländ. Konföderation mit knapp der Hälfte des Landes stärkste Macht. Verhandlungen zur Vereinigung mit dem →Dt. Orden wurden seit 1230 geführt. Am 22. Sept. 1236 fiel ein großer Teil des S.s in der Schlacht bei →Saule gegen die Litauer, zugleich verlangte Papst Gregor IX. in Viterbo vom S. die Herausgabe Nordestlands an Kg. Waldemar und vollzog 1237 den Einverleibung des S.s in den Dt. Orden.

[2] *Verfassung:* Der S., der die Regel von →Templer mit den Grundgeboten von Armut, Keuschheit, Gehorsam und Heidenkampf angenommen hatte, gliederte sich in drei Klassen: Ritter (in der Blütezeit 120–180, aus Niederdtl. zw. Soest–Kassel–Lübeck–Magdeburg), Priester und dienende Brüder. Magister superior war bis 1209 Wenno, seitdem Volkwin, der mit dem Generalkapitel in Riga wichtige Entscheidungen traf. Neben ihm wirkten 1235 fünf Provinzialmeister in →Reval, →Wenden, →Segewold, →Fellin und Ascheraden, ferner der Marschall und Vögte. Die Landesverwaltung knüpfte an Einrichtungen der →Esten, →Letten und →Liven an, beließ auch deren Gesellschaftsstruktur und privates Bodeneigentum. Die Bevölkerung war zu Zehnt- oder Zinsleistung, Heer- und Gerichtsfolge, Wege-, Brücken- und Kirchenbau verpflichtet. Der Meister bot den gesamten livländ. Heerbann auf und führte das Heer. In sechs Burgen gab es Konvente, die Kirchen, Burgen, Wassermühlen, Eigenhöfe und Fischwehre bauten und zusammen mit den hans. Kaufleuten Städte anlegten (Reval, Fellin, Wenden).

Bleibende Folgen der Herrschaft des S.s waren die Eingliederung der Esten und Letten in die chr. Kirche, das Zusammenwachsen der Stämme zu Völkern, Verdopplung der Bevölkerung bis zum 16. Jh. durch Einbeziehung des Landes in die internationalen Handelsbeziehungen und Erstarken der Wirtschaftskraft, Einführung der Schriftlichkeit. →Livland. F. Benninghoven

Lit.: F. Benninghoven, Der Orden der S., 1965 – Ders., Zur Rolle des S.s und des Dt. Ordens im polit. Gefüge Alt-Livlands, ZOF 41, 1992.

Schwertleite (mhd. *swertleite*, 'Schwertführung'), ein Q.begriff für die Wehrhaftmachung bzw. die Ritterpromotion, bei der ein junger Mann mit dem →Schwert ausgestattet wurde. Die Erhebung zum →Ritter erfolgte näml. im frühen HochMA zunächst durch den Akt der S., etwa seit dem 13. Jh. auch durch den Ritterschlag. Jugendl. →Knappen wurden häufig zw. dem 14. und 18. Lebensjahr zu Rittern erhoben, doch war der formelle Akt lange Zeit keineswegs obligator. Die S. besaß als festl. Zeremonie der Umgürtung mit dem Schwert – ein Zeichen wehrhafter Volljährigkeit – innerhalb des Adels bereits eine lange Tradition, bevor sie in Frankreich vor 1100 auch mit den neuen Formen des Rittertums verbunden wurde. Im dt. Reich läßt sich diese Verbindung eindrucksvoll beim Mainzer Hoffest v. 1184 (→Mainz, Hoftage) beobachten, als die beiden Söhne Ks. Friedrichs I. feierl. zu neuen Rittern erhoben wurden. Durch bestimmte Rituale (Bad, Gebet, Fasten) am Vorabend der S. konnte der Akt der Rittererhebung feierl. gestaltet werden. Gern ließ man die S. durch einen mächtigen Fs.en vollziehen, wobei kirchl. Amtsträger anwesend waren; diese erteilten einen Schwertsegen und wiesen den neuen Ritter auf seine Aufgaben hin, insbes. auf den Schutz der Kirche und der schutzbedürftigen Personen. W. Rösener

Lit.: HRG IV, 1576f. – W. ERBEN, S. und Ritterschlag, ZHW 8, 1918–20, 105–168 – J. FLORI, L'essor de la chevalerie, XIe–XII^{e}s., 1986 – E. ORTH, Formen und Funktionen der höf. Rittererhebung (Curialitas, Stud. zu Grundfragen der höf.-ritterl. Kultur, hg. J. FLECKENSTEIN, 1990), 128–170.

Schwertlilie (Iris-Arten/Iridaceae). Unter den zahlreichen Vertretern dieser Gattung ist die wohl aus dem Mittelmeerraum stammende Deutsche S. (Iris germanica L.) hervorzuheben, die seit langem zum festen Bestand der Gärten gehört; ferner die Wasser-S. (Iris pseudacorus L.), die im MA meist als Kalmus (Acorus calamus L./Araceae) betrachtet wurde. Bereits Walahfrid Strabo (Hortulus, ed. STOFFLER, 217–228) preist die *gladiola* und erwähnt die Verwendung des Wurzelstocks zur Leinen-Appretur sowie als Heilmittel bei Blasenleiden. Hildegard v. Bingen (Phys. I, 118) gebrauchte die *swertula* auch bei Haut- und Geisteskrankheiten. Wie schon in der Antike wurde die im ma. Fachschrifttum u. a. *gladiolus*, *iris* oder *yreos* gen. S., die man nicht selten mit der Siegwurz (Gladiolus-Arten) und der →Lilie verwechselte bzw. vermengte, med. gegen Kopf- und Zahnschmerzen, Ohrengeräusche, Erkrankungen der Atemwege, Leber- und Milzleiden, Hämorrhoiden u. a. m. genutzt (Circa instans, ed. WÖLFEL, 11 und 63; Albertus Magnus, De veget. VI, 355 und 473–475; Konrad v. Megenberg V, 42; Gart, Kap. 21, 195 und 229). Darüber hinaus fanden die Wurzelstöcke der S. auch im Aberglauben mannigfache Verwendung. U. Stoll

Lit.: MARZELL I, 110–113; II, 690–696 und 1018–1046 – HWDA VII, 1546–1548 – R. v. FISCHER-BENZON, Altdt. Gartenflora, 1894 [Neudr. 1972], 43–47 und 86 – U. STOLL, Kalmus, Gilge und Würzhalm. Anm. zu einer alten Verwechslungsgesch., Ber. zur Wissenschaftsgesch. 15, 1992, 227–242.

Schwibbogen (Schwebebogen), der Verstrebung zweier Mauern dienender, frei gespannter Bogen, der meist mit einer horizontal abschließenden Aufmauerung und teilweise auch mit einem Mauergiebel versehen ist; er kann Schubkräfte aufnehmen und weiterleiten, z. B. als Strebebogen in einem →Strebewerk. Auch in frühroman. Kirchenschiffen finden sich in gleichen Abständen wiederholt S., in der Regel auf Vorlagen der Mittelschiffwand (San Miniato in Florenz, S. Maria Maggiore in Lomello, Braga und Travanca in Portugal), in karol. Zeit auch in den Seitenschiffen (Essen-Werden, Xanten). Für weitere Kirchen wurden S. – wohl fälschl. – rekonstruiert, wie KUBACH gezeigt hat. G. Binding

Lit.: C. PFITZNER, Stud. zur Verwendung des S.s in frühma. und roman. Baukunst [Diss. Bonn 1932], 1933 – DERS., Studien zur Verwendung des S.systems unter bes. Berücksichtigung der Abteikirche von Jumièges, Architectura 1, 1933, 161 – R. WAGNER-RIEGER, Die it. Baukunst zu Beginn der Gotik, II, 1957 – R. LIESS, Der frühroman. Kirchenbau des 11. Jh. in der Normandie, 1967 – H. E. KUBACH, S. und Dienst im roman. Kirchenbau (Fschr. W. MESSERER, 1980), 107–119.

Schwindsucht (Phthisis) bezeichnete im MA Lungenkrankheiten, die zur Auszehrung führten. Nach →Galen (2. Jh.) handelte es sich um Geschwüre, die durch Katarrhe sowie die Retention von Eiter und Blut im Bronchialbaum hervorgerufen wurden. Von der rein ulcerösen Form (eitriger Auswurf) waren dabei primär entzündl. (Bluthusten) und chron. Varianten (Husten, körperl. Schwäche) zu unterscheiden. Die Lehre Galens (der auch die Ansteckungsgefahr und den 'phthis. Habitus' erwähnt und spezielle Luftkurorte empfiehlt) wurde im MA weitgehend übernommen. →Alexander v. Tralleis und Aetios v. Amida (6. Jh.) vermuteten Gefäßrupturen und blutige Verschwartungen als weitere Ursachen. →Avicenna unterschied ein entzündl., geschwüriges und kavernöses Stadium. 1480 schloß der Memminger Stadtarzt Ulrich →Ellenbog bei Blutsturz, eitrigem Auswurf und entsprechendem Habitus auf eine S. Therapeut. wurden Expektorantien (→Arnald v. Villanova), Fuchslungenpulver (→Bernhard v. Gordon), Milch, Thymian und Ysop (Alexander v. Tralleis) empfohlen, bei Blutsturz auch Eigelb, Zucker, Diät und Ruhe (Avicenna, Bernhard v. Gordon). Der Anti-Galenist →Paracelsus sah in der S. eine 'tartar.' Erkrankung, die er auf eine Schwächung des ausscheidenden 'Archeus' zurückführte. Die Lunge wird dabei zum feurigen Element, das die Organe durch Trockenheit aufzehrt. Die Skrofulose (→Skrofeln), deren Verbindung zur S. natürl. unbekannt war, galt seit dem HochMA als 'morbus regius' (bes. in England und Frankreich) und wurde traditionell durch Berührung bzw. Handauflegen des Kg.s (oder seiner engsten Verwandten) geheilt. Tuberkel wurden erstmals im 17. Jh. beschrieben (Sylvius).

K. Bergdolt

Lit.: F. GARRISON, Med.-Hist. Denkmäler des Kg.sübels in der Med. Bibl. des Kriegsministeriums zu Washington (Fschr. K. SUDHOFF, 1913 [= AGNT 6, 1913]), 113–117 – R. BOCHALLI, Die Gesch. der Tuberkulose, 1940 (Prakt. Tuberkulose-Bücherei 24, hg. K. KLARE-BIELEFELD) – A. PREDÖHL, Die Gesch. der Tuberkulose, 1966.

Schwippgalgenschlinge → Schlinge

Schwur → Eid

Schwurbrief. In S.en faßten Bürger oder städt. →Genossenschaften und andere Gruppen vielfach nach Unruhen die Punkte zusammen, auf die sie sich geeinigt hatten und die zum großen Teil die städt. Verfassung, Rats- und Bürgermeisterwahl, Ratsämter, Eide der Amtsträger usw. betrafen. Zur höheren Sicherheit wurden die S.e von allen Bürgern, Genossenschaften oder Gruppen beschworen und meist besiegelt. Sie waren die Verfassungsgrundlagen der Stadt und wurden häufig den jährl. den Schwörtag versammelten Bürgern verlesen und vielfach erneut beschworen. Sollten neue Bestimmungen, etwa nach Unruhen, aufgenommen werden, konnten sie als Transfix an den alten S. angehängt werden (Transfixbrief), oder es mußte ein neuer Brief beschworen und besiegelt werden. In →Straßburg war schon der sog. Stadtbrief von 1270 beschworen und Vorbild für die folgenden Schwörbriefe, die die Verfassung der Stadt geprägt haben. Der älteste stammte von 1334, der letzte von 1482. Schwörbriefe finden sich in Ulm 1345 und 1397. In beiden Städten wurden sie zur Ratsumsetzung verlesen. Dasselbe geschah in mehreren anderen schwäb. Städten. In →Mainz hatte diese Funktion der Friedebrief (Friedegebot, Friedebuch), ausgefertigt 1300, seit 1317 bis 1437 mehrfach erneuert. In →Köln schuf sich die Gemeinde nach der Entmachtung der Geschlechter 1396 den Verbundbrief, den alle Gaffeln, Genossenschaften der Bürger und Einwohner, besiegelten. Einen Gaffelbrief mit analoger Funktion hatte →Aachen (1450). In →Braunschweig einigten sich die Aufständischen 1446 auf den »Großen Brief«. Gelegentl. wird ein derartiger Brief auch →Einung genannt, wenngleich Begriffe wie Rachtung oder Richtung meist für Verträge mit den Stadtherren benutzt wurden. Solche Einungen konnten die Funktion von S.en haben und wie sie am Ratswahltag verlesen werden. S.e sind vorwiegend aus Süddtl. bekannt. In Norddtl. dagegen hat das Satzungsrecht des Rats die Schwörtage und die öffentl. Verlesung der Briefe in den Hintergrund gedrängt (→Burspraken, →Morgensprachen). K. Militzer

Lit.: W. EBEL, Der Bürgereid, 1958 – E. ISENMANN, Die dt. Stadt im SpätMA, 1988.

Schwurfreundschaft, Institution des frk. Rechts zur Regelung privatrechtl. Beziehungsformen zw. gleichgestellten Partnern; sie wurde auch für zwischenstaatl. Beziehungen angewandt. Die S. hat eine doppelte Wurzel: Die röm. 'amicitia' als frühe Institution des Völkerrechts bildete die Basis zahlreicher Friedensverträge, Handelsabkommen, Verträge über Rechtsschutz der Bürger zweier Staaten usw., regelte aber stets die Rechtsbeziehung zw. rechtlich und rangmäßig *ungleichen* Partnern. Die germ. 'Schwurbrüderschaft' stellte zw. zwei oder mehreren Personen ein verwandtschaftsähnl. Verhältnis her; das ursprgl. Blutritual ('Blutsbrüderschaft') wurde – wohl unter chr. Einfluß – durch die Eidesleistung (→Eid) ersetzt. Es war eine »gemachte« Freundschaft als »Übertragung von sippschaftl. Bindungen auf einen weiteren Kreis kraft des Treueversprechens« (FRITZE). Die S. – in den Q. in der Regel als 'amicitia' bezeichnet – versprach und beschwor nicht inhaltlich festgelegte Einzelheiten, sondern verpflichtete zu einem zw. Freunden normgerechten Verhalten (»sicut amicus per rectum debet esse suo amico«: Vertrag v. →Bonn, 921), meist als »fides, dilectio, caritas« o. ä. gekennzeichnet.

Im FrühMA wurde die S. häufig als polit. Instrument angewandt, sowohl inner- als auch zwischenstaatlich. Während für den nord. Bereich nur Sagas die Verbrüderung dän. und norw. Kg.e bezeugen, sind im Frankenreich zahlreiche Fälle sicher belegt. In der Merowingerzeit seien als Beispiele die 'amicitiae' zw. Chlodwig und Alarich II., zw. Chramn und Childebert I. (558), zw. Reccared und Gunthram (587) oder im Vertrag v. →Andelot (587) genannt. Auch die Karolingerzeit kennt die S.; bes. im Auflösungsprozeß des 9. Jh. wurde innerhalb der Brüdergemeine die oft zerrüttete 'fraternitas' durch Schwurleistungen künstlich wiederhergestellt; »schwurfreundschaftl. Beziehungen 'zwischenstaatl.' Charakters überlagerten nämlich die Brüdergemeinschaft und höhlten sie allmählich aus« (SCHNEIDER). Auch mit auswärtigen Machthabern wie →Svatopluk v. Mähren oder dem Normannen →Gottfried wurden 'amicitiae' geschlossen. Inwieweit die päpstl.-frk. Rechtsbeziehungen den Charakter von S.en hatten, ist umstritten: Sieht FRITZE im Vertrag v. →Ponthion (754) »das bedeutendste Beispiel einer ma. zwischenstaatl. S.«, so hält DRABEK das Bündnis zw. Pippin und Stephan II. für eine 'amicitia' aus antiker Tradition (als Bündnis zw. Ungleichen); hinzu kommt wohl die 'compaternitas' (geistl. →Verwandtschaft).

Auch im 10. Jh. begegnen S.en. ALTHOFF hat das Bemühen um 'amicitiae' – sei es mit anderen Kg.en oder den Großen anderer Reiche, sei es mit den Hzg.en des eigenen Reichs – geradezu als Charakteristikum der Regierung Heinrichs I. herausgestellt (bekanntestes Beispiel: der Bonner Vertrag zw. Karl d. Einfältigen und Heinrich I., 921). Auch unterhalb der Herrscherebene war die S. in den polit. Führungsschichten verbreitet; und nicht nur weltl. Große, auch Bf.e verbanden sich durch 'amicitiae'. Das gemeinsame Gastmahl und der Austausch von Geschenken gehörten offenbar zu den Riten beim Abschluß von S.en. U. Nonn

Lit.: HRG I, 631–633, s.v. Conjuratio; IV, 1579–1581, s.v. Schwurbrüderschaft – W. FRITZE, Die frk. S. der Merowingerzeit, ZRGGerm Abt 71, 1954, 74–115 – M. WIELERS, Zwischenstaatl. Beziehungsformen im frühen MA [Phil. Diss. Münster 1959] – R. SCHNEIDER, Brüdergemeine und S. (Hist. Stud. 388, 1964) – W. FRITZE, Papst und Frankenkg. (VuF Sonderbd. 10, 1973) – A. M. DRABEK, Die Verträge der frk. und dt. Herrscher mit dem Papsttum von 754–1020 (VIÖG 22, 1976) – G. ALTHOFF, Verwandte, Freunde und Getreue, 1990 – DERS., Amicitiae und Pacta (MGH Schr. 37, 1992).

Schwurgericht ist die moderne Bezeichnung für ein Strafgericht, in dem die Entscheidung über →Schuld oder Unschuld des Angeklagten den (gewöhnl. zwölf) →Geschworenen obliegt, während die beamteten →Richter nur noch Art und Höhe der →Strafe zu bestimmen haben. Dem dt. Liberalismus des 19. Jh. erschien das S. als »Palladium der bürgerl. Freiheit«. Seine Forderung, nach engl. und frz. Vorbild S.e einzuführen, wurde v. a. nach 1848 in den meisten dt. Staaten erfüllt. Die Aufgabenteilung zw. dem Richter und der Geschworenenbank legte es nahe, das S. als Fortsetzung ma. oder gar germ. →Schöffengerichte zu betrachten. Die eingehende wiss. Diskussion des 19. Jh. zeigte jedoch, daß eine solche Kontinuität nicht bestand. Die jury erwies sich vielmehr als Ergebnis einer spezif. engl. Entwicklung (→Engl. Recht), deren Wurzeln über das norm. Recht bis in das karol. Frankenreich zurückreichen. Den Ausgangspunkt bildete das frk. Inquisitionsverfahren (nicht zu verwechseln mit dem →Inquisitionsprozeß), das seinerseits spätantike Vorläufer hatte. Bei Streitigkeiten um kgl. oder kirchl. Güter konnten der Kg. oder in seinem Auftrag die missi (→missus) oder →Gf.en eine Anzahl von Nachbarn auswählen und sie unter Eid über die Rechtsverhältnisse und die Grenzen des strittigen Besitzes befragen. Das Verfahren war auch in der Normandie bekannt, und Wilhelm d. Eroberer bediente sich seiner 1086 bei der Verzeichnung der kgl. Rechte im →Domesday Book. Die Gerichtsreformen des engl. Kg.s Heinrich II. machten dieses Beweisverfahren für Besitz- und Erbstreitigkeiten allg. zugänglich. Kgl. Befehle (→writs) wiesen den →Sheriff an, zwölf Nachbarn auszuwählen, zu vereidigen und zu befragen. Beruhte der Spruch der Geschworenen anfangs auf ihrem eigenen Wissen, so wurde doch später auch die Vorlage von Urkk. oder die Anhörung von Zeugen zugelassen: die Beweisjury begann zur Urteilsjury zu werden.

Heinrich II. war es auch, der das Verfahren der inquisitio im Kriminalprozeß einführte. Die »Assize of Clarendon« v. 1166 sah vor, daß eine große Jury von bis zu 36 Geschworenen Verbrechen anzuzeigen und die Täter vor Gericht zu bringen hatte (*jury of presentment* oder *grand jury*). Im nachfolgenden Hauptverfahren konnte der Angeklagte sich dem Schuldspruch einer *petty jury* von zwölf Geschworenen unterwerfen, die dann bald den →Zweikampf und die →Gottesurteile als Entscheidungsmittel verdrängte. Hier liegen die Anfänge der modernen S.e.

Ob die jury auch ags. Vorläufer hatte, ist umstritten. Dagegen weist die Zwölfzahl der Geschworenen, schon für das engl. →Danelaw bezeugt, auf skand. Einflüsse hin. Die →Rügegerichte auf dem Kontinent, insbes. in Dtl., haben (vielleicht wegen des Eindringens der →Folter) keine der engl. vergleichbare Entwicklung genommen.

K. Kroeschell

Lit.: HRG IV, 1581–1588 – H. BRUNNER, Die Entstehung der S.e, 1872 – T. F. T. PLUCKNETT, Concise Hist. of the Common Law, 1956⁵, 106–138 – R. C. VAN CAENEGEM, The Birth of the Engl. Common Law, 1988², 62–84.

Schwurhand, Bezeichnung nur für die rechte Hand, mit welcher der Schwörende die Eidgebärde (→Eid) vollzieht, indem er mit waagerecht ausgestrecktem Zeige- und Mittelfinger ein Heiltum, den Schwertknauf oder das Evangelium berührt oder aber die Rechte »zum Himmel aufreckt«. Doch begegnet ausnahmsweise auch der Eid mit beiden Händen (z. B. Teppich v. →Bayeux: Schwur des ags. Earls Harold vor Hzg. Wilhelm mit S. und der Linken auf je einen Reliquienschrein). Beim Fraueneid liegt die Rechte der Schwörenden auf ihrer linken Brust bzw. auf dem Haarzopf. Meist wird mit (mindestens) zwei bzw. drei Fingern geschworen, seltener mit der ganzen Hand. In der jüngeren Fingersymbolik steht der Daumen der S. für das kurze Erdendasein, der Zeigefinger für die längere Zeit bis zum Jüngsten Gericht, der Mittelfinger für die Ewigkeit; Ring- und kleiner Finger weisen abwärts eingebogen zur Hölle. Gelegentl. werden die drei Schwurfinger auch auf den angerufenen dreieinigen Gott bezogen. Mit dem Wegziehen der S. durch den Gegner wird die Eidschelte sinnfällig betont. Als pars pro toto repräsentiert die S. den Eidleistenden und seine Eideshelfer (propria, tertia, metquinta, septima, duodecima etc. manus), es ist die Hand, welche selbst schwört (vgl. Nibelungenlied 608, 1). Das Brünner Schöffenbuch (ed. E. F. Rössler, 1859, 453) deutet die zwei oder drei Schwurfinger unter Berufung auf Mt 18, 16 als »Zeugen« des Schwörenden, eine Vorstellung, die bereits im →Muspilli begegnet. Vorzugsweise werden Meineid und Eidbruch daher am schuldigen Glied geahndet (vgl. →Diedenhofener Kapitular, MGH Cap. I, 123, c. 5; →Schwabenspiegel, Ldr. Normalform, 99); die spiegelnde Strafe wird durch Amputation der S. bzw. der Schwurfinger vollstreckt. H. Drüppel

Lit.: HRG I, 1411ff. – Grimm, RA I, 1899[4], 190ff. – K. v. Amira, Die Handgebärden in den Bilderhss. des Sachsenspiegels, 1905 – R. His, Das Strafrecht des dt. MA, II, 1935, 8ff. – E. Frhr. v. Künssberg, Schwurgebärde und Schwurfingerdeutung, 1941 – H. Drüppel, Iudex Civitatis, 1981, 251ff.

Schwurverband ist ein modernes wiss. Kunstwort zur Bezeichnung der durch →coniuratio begründeten ma. Friedens- und Rechtsgemeinschaften. →Eidgenosse, Eidgenossenschaft. K. Kroeschell

Schwyz, Schweizer Kt. zw. Vierwaldstätter- und Zürichsee, gleichnamiger Hauptort. Erste christl. Kirchen in Tuggen (vor 700) und in S. (um 730), 741 ist ein kleines Kl. auf der Insel Lützelau im Zürichsee vorhanden, 934 Gründung des Kl. OSB →Einsiedeln. Große, meist auswärtige Adelsfamilien und einige Kl. besaßen in allen Kantonsteilen Grundbesitz. Die weitere herrschaftl. Erfassung des Raumes geschah z. T. unter Mitwirkung adliger Grundherren v. S., weniger intensiv von Einsiedeln aus. Das im Tal v. S. entstandene Ortspatriziat führte die sich organisierende Talschaft (um 1300 Landsgemeinde) an und war treibende Kraft hinter den Bund v. 1291 mit →Uri und →Unterwalden (→Eidgenossenschaft, Schweizer.). Der Versuch der Habsburger, die S. er in ihre Herrschaftsordnung einzubinden, schlug 1315 fehl (→Morgarten). S. erlangte im 14. und 15. Jh. die Landeshoheit über Einsiedeln, March und Küssnacht; der Versuch, um 1400 Stadt und Land Zug sowie →Appenzell dauernd in das S.er Landrecht einzubinden, scheiterte v. a. an der Stadt →Zürich. Im Alten →Zürichkrieg (1436–50) gewann S. jedoch die Höfe Pfäffikon und Wollerau am Zürichsee und, zusammen mit →Glarus, die Herrschaft über Uznach und Gaster. Die S.er Wirtschaft hatte sich zu diesem Zeitpunkt zu einer exportorientierten Großviehhaltung entwickelt. S., mit seinem Selbstverständnis als auserwähltes Volk (Fahnenkult, Großes Gebet), profilierte sich in der Führungsrolle der Länderorte in wachsendem Gegensatz zu den Städten im eidgenöss. Bündnissystem. J. Wiget

Q. und Lit.: Q.werk zur Entstehung der Schweizer. Eidgenossenschaft, 1933ff. – S. – Portrait eines Kt.s, 1991.

Sciacca, Stadt an der Südostküste →Siziliens, deren Ursprünge mit den nahen Thermalquellen verbunden sind (in röm. Zeit »Thermae Selinuntinae«, in der Tabula Peutingeriana als »Aquae Labodes« bezeichnet). Seinen heutigen, wahrscheinl. aus dem Arab. stammenden Namen erhielt S. nach der Eroberung durch die Muslime (ca. 840). Um 1087 wurde S. von Gf. →Roger I. erobert, der es nach der Überlieferung an seine Tochter Judith verlehnte. Außerhalb der Mauern gründeten die Normannen das Kl. OSB S. Maria delle Giummarre. Die Latinisierung der Stadt wurde auch durch die Bettelorden gefördert (1220 Karmeliter, 1224 Franziskaner). Von 1267 bis 1269 war S. Zentrum des ghibellin. Widerstandes unter Corrado Capece und wurde deshalb von den Anjou belagert. Ende des 13. Jh. war S. bereits eine der wichtigsten Hafenstädte an der Südküste Siziliens zw. Mazara und Agrigent und besaß eine bedeutende Judengemeinde. 1302 bis 1335 wurde S. wiederholt von den Anjou angegriffen. Friedrich III. v. Aragón ließ 1350 einen neuen Mauerring erbauen.

In der zweiten Hälfte des 14. Jh. wurde S., obgleich Stadt der Krondomäne, den →Peralta unterstellt und Hauptort des Territoriums zw. den Flüssen Belice und Platani sowie der gesamten Herrschaft, die sich bis Caltanissetta und Calatafimi erstreckte (seit 1377 unter Gf. Guglielmo Peralta, Vikar des Kgr.es). S. war Sitz einer Münze und eines Großhofrichters. Um 1380 errichteten die Peralta das Castello Nuovo (aus norm. Zeit bestand bereits das Castello Vecchio) sowie die Kirche S. Maria dell'Itria. Seit 1385 ist die Messe belegt. Von 1393 bis 1397 war S. Zentrum des Aufstandes gegen →Martin I. v. Aragón, der die Stadt wieder unter die kgl. Oberhoheit zurückführte. Das 15. und frühe 16. Jh. war durch häufige, blutige Kämpfe zw. den Familien Perollo und Luna gekennzeichnet. S. Fodale

Lit.: I. Scaturro, Storia della città di S., 1924–1926 – A. Grohmann, Prime indagini sull'organizzazione fieristica siciliana nel medio evo e nell'età moderna, con particolare riferimento alla fiera di S., Atti Accad. Pontaniana, n. s. XVIII, 1969, 1–48 – P. A. Piazza, S. (Atlante di storia urbanistica siciliana, 6), 1983 – L. Sciascia, Le donne e i cavalieri, gli affanni e gli agi. Famiglia e potere in Sicilia tra XII e XIV sec., 1993, 206ff.

Scilitanische Märtyrer, älteste überlieferte Märtyrer der afrikan. Kirche (Fest: 17. Juli). Am 17. Juli 180 wurden in Karthago mehrere Christen aus Scili, einem benachbarten, nicht lokalisierbaren Ort, von P. Vigellius Saturninus, Prokonsul der Prov. Africa proconsularis, wegen ihres Glaubens zum Tode verurteilt und mit dem Schwert hingerichtet. Der an jedem Jahrestag in der Gemeinde vorgelesene Bericht eines chr. Augenzeugen wurde von Augustinus in Predigten verwendet und ist in Überarb.en, Erweiterungen und Übers.en erhalten (BHL 7527–7533; BHG 1645). Von den zwei Märtyrerlisten scheint die zweite eine spätere Erweiterung zu sein. Der Anführer Speratus trägt »Bücher und Briefe des Paulus, eines gerechten Mannes« (n. 12) in der Tasche – frühestes Zeugnis einer lat. Übers. der Paulusbriefe. Die offizielle Begründung des Todesurteils ist »Abfall von der religiösen Sitte der Vorfahren« (n. 14); für Tertullian (ad Scapulam 3, 4) ist der verurteilende Prokonsul der erste, der gegen die Christen das Schwert erhob. V. Saxer

Lit.: LCI VIII, 315 – A. J. Robinson, The Passion of St. Perpetua, 1891, 112–116 – H. Karpp, Die Zahl der S. M., VC 15, 1961, 165ff – R.

FREUDENBERGER, Die Akten der s. M. als hist. Dokument, Wiener Stud. 86, 1973, 199ff. – V. SAXER, Saints anciens d'Afrique du Nord, 1979 – P. GUYOT–R. KLEIN, Das frühe Christentum bis zum Ende der Verfolgungen, 1993, 90f., 351ff. (Texte zur Forsch., 60).

Scone, Ort in Schottland, 3 km n. von →Perth, am linken Ufer des Flusses Tay, war Residenz der Kg.e der →Pikten und später der Kg.e v. →Schottland. Bereits seit früher Zeit (vor dem 9. Jh.?) wurden hier die Kg.e eingesetzt. Um 1120 gründete Alexander I. ein Augustinerkl., und die ersten Chorherren kamen aus →Nostell in Yorkshire. Obwohl der erste Kg., dessen Inthronisation in S. von einem zeitgenöss. Chronisten belegt wird, Malcolm IV. (1153) war, beweisen ir. und schott. annalist. Q., daß S. bereits früher als Ort der Kg.seinsetzung fungierte. Diese Funktion stand in engem Zusammenhang mit dem Krönungsstein (»Stone of Destiny« oder »of Scotland«), einer Sandsteinplatte, auf die jeder neue Kg. von einem führenden Adligen gesetzt wurde, seit dem 12. Jh. (vielleicht auch schon früher) von dem Earl of →Fife. Es gibt zeitgenöss. Berichte über die Einsetzung von Alexander II. (1214), Alexander III. (1249), John Balliol (1292) und Robert I. (1306). 1296 wurde der Stein als Kriegsbeute von Eduard I. nach England transportiert und der Westminster Abbey übergeben, wo er seither blieb. Erfolglos versuchte Eduard I., die Abtei v. S. an einen anderen Ort zu verlegen. Abt Henry wohnte der Krönung Roberts I. bei, und die folgenden Kg.e wurden bis zu Jakob V. in S. gekrönt: David II. (1331), Robert II. (1371), Robert III. (1390), Jakob I. (1424) und Jakob IV. (1488).

G. W. S. Barrow

Lit.: A. DUNBAR, Scottish Kings, 1906 – A. O. ANDERSON, Early Sources of Scottish Hist., 1922 [Repr. 1990] – M. O. ANDERSON, Kings and Kingship in Early Scotland, 1973.

Scop → Skop

Scotismus → Skotismus

Scoto (in jüngerer Zeit Scotti), Familie aus →Piacenza (Emilia). Die bereits Ende des MA verbreitete Tradition, die Familie stamme aus Schottland oder Irland und sei zur Zeit Karls d. Gr. nach Italien gekommen, ist legendär. Die ersten hist. Belege für die S. gehen auf das 12. Jh. zurück, als die Stammväter der vier Zweige, in die sich das Geschlecht teilte, im Contado von Piacenza mit Sicherheit bezeugt sind. Jedoch erlebten die S. in der Stadt selbst im Laufe des 13. Jh. ihren größten Aufschwung, als sie neben ihrem Grundbesitz und ihren Jurisdiktionen im Contado sich nun intensiv als Kaufleute (auch im Levantehandel) und Bankiers betätigten. Die rasche wirtschaftl. Entwicklung ließ die S. auch in dem feudalen und signorilen Bereich emporsteigen, so daß *Alberto I.* 1290 zum Capitano auf Lebenszeit, Verteidiger und Signore v. Piacenza proklamiert wurde. Nach dem Sieg über Matteo →Visconti herrschte er für kurze Zeit über Mailand (1302). Nach Jahren des Kampfes mit inneren und äußeren Feinden unterlag er jedoch schließlich Galeazzo →Visconti. 1335 wurde ein anderes Mitglied der Familie, *Francesco,* Signore v. Piacenza, jedoch sofort von Azzone →Visconti geschlagen. Da die S. den Rivalitäten mit den Visconti nicht länger gewachsen waren, unterwarfen sie sich deren Oberhoheit und erhielten von ihnen ihre Lehen, die von den jeweiligen Ks.n bestätigt wurden. 1414 fügten sie bei der Investitur durch Ks. Sigmund ihrem Namen noch »Douglas« hinzu, in Erinnerung an ihre legendäre Herkunft. Die Familie besteht noch heute.

P. M. Conti

Lit.: C. POGGIALI, Memorie storiche della città di Piacenza, Piacenza 1757–65 – L. BALDUZZI, I Douglas e gli Scotti Douglas, 1883.

Scriniarius → Skriniar

Scrinium, 'Holzkasten', diente u. a. zur Aufbewahrung von Akten, bezeichnet in der Ks.zeit einzelne Dienststellen der Verwaltung im Rahmen der officia (CTh 6, 35, 1) und den Beamtenapparat. Nach der diokletian. Reform umschreibt s. einzelne Ressorts der zentralen (s. memoriae; s. epistularum, s. libellorum; s. dispositionum, daneben s.a untergeordneter Art) und regionalen Verwaltung (Präfektur, Diöz.), indes ist die Abgrenzung von Kompetenzen im einzelnen schwierig. Allg. wohl ist ähnl. wie am Hof die Mitgliedzahl festgelegt mit Besoldungs- wie Vorrückungsschematismus (exceptores, melloproximi, proximi), die Amtzeit des leitenden, nicht aus dem s. kommenden Magister s.i ist zeitl. begrenzt. Im 4. und 5. Jh. läßt sich inflationäre Rang- wie Titelanhebung der Mitglieder feststellen.

G. Wirth

Lit.: RE II A, 893–904 – JONES, LRE, 418ff.

Scriptor → Skriptor

Scriptoris, Paulus OFM, Reformprediger, Theologe, * um 1462 Weil der Stadt (Württemberg), † 1505 Kaysersberg (Elsaß). Nach dem Eintritt bei den OFM-Observanten und Studium in Mainz beim Pariser Mag. Stephan Brulefer war S. spätestens seit 1488 Lektor am Ordensstudium in Tübingen. Neben seiner hochgeschätzten theol. Vorlesung wandte sich S. auch log., math. und naturkundl. Themen zu. Aufgeschlossen für die Hinwendung zu den Q., lernte er bei Johannes →Reuchlin Griechisch, förderte das Studium der hebr. Bibel bei seinem Schüler Konrad Pellikan. Die mit dessen Hilfe z. T. gedr. »Lectura« ist noch bloße Erklärung zu →Johannes Duns Scotus. Doch mündl. und in Predigten forderte S. angesichts kirchl. Mißstände eine grundlegende Reform in Theol. und Kirche. Deswegen mußte er sich gegen Angriffe aus der Tübinger Univ. vor dem Orden verteidigen, schließlich mit Erfolg auch in Rom. Trotz Versetzung (Basel 1502), Lehr- und Predigtverbot konnte S. nach Heilbronn heimkehren und erhielt 1505 einen Ruf an das Ordensstudium zu Toulouse. Bei einem Vermittlungsversuch anläßl. eines Streits über Ordensreformen in Basel ereilte ihn auf der Reise dorthin der plötzl. Tod. Nicht nur für später der Reformation zugewandte Schüler (neben Konrad Pellikan Theodor Wyttenbach, Paul Volz, Johann Mantel) wurde S. ein wichtiger Anreger, auch für Johann v. →Staupitz, und kath. Streiter wie Johannes Eck und Kaspar Schatzgeyer OFM.

J. Schlageter

Lit.: LThK² IX, 954 – RGG³ V, 1627 – N. PAULUS, TQ 75, 1893, 289–311 – E. WEGERICH, Bio-bibliograph. Notizen über Franziskanerlehrer des 15. Jh., FSt 29, 1942, 182–187 – Catalogus Scriptorum observantium Argentinae, Anal Franciscana 8, 1946, 838 – W. DETTLOFF, Die Entwicklung der Akzeptations- und Verdienstlehre von Duns Scotus bis Luther, BGPhMA 40/2, 1963, 347–349.

Scriptorium → Skriptorium

Scrope, engl. Familie, die sich in zwei Zweige teilte (*S. of Bolton* und *S. of Masham*) und im 14. Jh. eine große Bedeutung erlangte, jedoch von ungeklärter Herkunft. Im 12. Jh. stand sie in Verbindung mit *manors* in N-Lincolnshire und in N- und O-Yorkshire. Im späten 13. Jh. hatte *William S.* († 1312) seine Residenz in Bolton (Wensleydale, N-Yorkshire) errichtet. Sein 2. Sohn *Geoffrey* (um 1285–1340) begründete den Masham-Zweig der Familie. Er war ein erfolgreicher Jurist, der 1324 und erneut 1334–35 zum obersten Richter im →King's Bench aufstieg. Auch wurde er mit verschiedenen Missionen nach Frankreich und Schottland beauftragt. Er konnte zahlreiche Besitzungen erwerben, so 1329 den *manor of Masham* (N-Yorkshire). Sein Sohn *Henry* (1312–92) diente in den Kriegen Eduards III. Er versah seinen Heerdienst in der

Bretagne, an der schott. Grenze sowie bei der Belagerung v. Calais (1346–47) und wurde mit diplomat. Missionen nach Frankreich und Schottland beauftragt. Seit 1350 ins Parliament berufen, erfreute er sich während der polit. Konflikte in den letzten Regierungsjahren Eduards III. der Anerkennung beider Parteien. Er war ein Mitglied des gemeinsamen Ausschusses im →Good Parliament 1376 und diente in dem ersten ständigen Rat während der Regierung Richards II. (1377). Der von ihm erworbene manor of Faxfleet (O-Yorkshire) wurde der Hauptsitz der Familie bis 1446. Henrys 3. Sohn *Richard* wurde Ebf. v. York, vielleicht ein Beweis für das lokale und nationale Ansehen der Familie. Sein ältester Sohn *Stephen* (um 1345–1406) erlangte einigen Ruhm als Kreuzfahrer und nahm an der Belagerung von Alexandria (1365) teil, aber erhielt weniger Gelegenheit als sein Vater, im Dienst der engl. Krone eine militär. Laufbahn einzuschlagen. Stephens gleichnamiger Sohn *Stephen* († 1472) war ein bedeutender Übersetzer. Sein Sohn *Henry* (um 1377–1415) zerstörte fast Ansehen und Einfluß der Familie. Er war Schatzmeister (*treasurer*, 1410–11) und erhielt ein kleines Patronat nach der Thronbesteigung Heinrichs V. (1413), wahrscheinl. einer der Gründe für seine Verwicklung in den Southampton Plot gegen Heinrich und seine folgende Hinrichtung 1415. Sein jüngerer Bruder *John* († 1455) wurde wieder in die eingezogenen Ländereien der Familie eingesetzt und erhielt den *peerage*-Titel 1425–26. Er diente als treasurer 1432–33, doch erlangte die Familie niemals ihre frühere Bedeutung zurück. Johns Sohn *Thomas* (um 1428–75) unterstützte in den 50er Jahren des 15. Jh. die Lancastrians, und obwohl er das Regime der Yorkists anerkannte, erhielt er kein hohes Amt unter Eduard IV. Sein Sohn *Thomas* (um 1459–93) war jedoch ein Gefolgsmann Richards III. während dessen Zeit als Hzg. v. Gloucester und als Kg. Er beging den Fehler, 1487 die Rebellion gegen Heinrich VII. zu unterstützen, und obwohl ihm verziehen wurde, stufte dieser zweite »polit. Fehler« die Bedeutung der Familie auf eine lokale Ebene zurück. Thomas starb ohne männl. Erben, und die Familie erlosch schließl. in direkter Linie, als der letzte der drei Brüder von Thomas 1517 unverheiratet starb. A. Tuck

Lit.: G. A. Holmes, The Good Parliament, 1975 – M. Bennett, Lambert Simnel and the Battle of Stoke, 1987 – T. B. Pugh, Henry V and the Southampton Plot, 1988.

1. S., Henry (Lord S. of Masham), † 5. Aug. 1415; ältester Sohn von Stephen, Lord →Scrope; ∞ 1. Philippa Brien († 1406), 2. Joan, verwitwete Hzgn. v. York; begann unter Heinrich IV. eine hoffnungsvolle Laufbahn. Er bekämpfte mit den →Beauforts die Rebellion unter →Owain Glyn Dŵr in Wales und geleitete Heinrichs Tochter Philippa nach Dänemark zu ihrer Heirat mit Kg. →Erich VII. Dort interessierte er sich wohl für die hl. →Birgitta und die →Birgittinerinnen. 1410–11 diente er als →*treasurer*, betreute geschickt die kgl. Finanzen und gewann die Anerkennung des Prince of Wales. Seinen beiden Ehen verdankte er großen Reichtum. Wahrscheinl. wegen des kleinen Patronats, das er bei der Thronbesteigung Heinrichs V. erhielt, wurde H. S. 1415 in den Southampton Plot verwickelt. Der Umfang seiner Beteiligung konnte allerdings niemals in befriedigender Weise geklärt werden. Er wurde hingerichtet, die Krone zog seine Ländereien und seinen Besitz ein. A. Tuck

Lit.: T. B. Pugh, Henry V and the Southampton Plot, 1988.

2. S., Richard, Bf. v. Lichfield seit 1386, Ebf. v. York seit 1398, † 1405, ⌑ York, Minster; 3. Sohn von Henry, Lord →Scrope of Masham; studierte in Oxford und Cambridge. Obwohl er sich in den ersten Regierungsjahren Heinrichs IV. gegenüber dem Lancastrian Regime anscheinend loyal verhalten hatte, initiierte er 1405 eine Rebellion gegen Heinrich in Yorkshire, wahrscheinl. mit heiml. Unterstützung und Förderung des Earl of Northumberland. Er bezeichnete Heinrich als Usurpator, der seine Steuerversprechen gebrochen und die Freiheiten der Kirche verletzt habe. Die von ihm aufgestellte Truppe bestand hauptsächl. aus Bürgern v. York, von denen er annahm, daß sie sich mit dem Earl of Northumberland verbinden würden. Doch wurde sie im Shipton Moor n. von York durch den Earl of Westmorland am 29. Mai 1405 zerstreut. R. S. wurde zehn Tage später wegen Verrats hingerichtet, doch bald als Märtyrer verehrt. A. Tuck

Lit.: P. McNiven, The Betrayal of Archbishop S., Bull. of the John Rylands Library 54, 1971–72.

3. S., Stephen, * 1396?, † 1472; Sohn von Stephen →S. († 1406), ab 1409 im Hause Gascoigne, nach 1424 Frankreichreisen, seit 1442 Erbstreit, seit 1454 Sekretär und engl. Übersetzer bei seinem Stiefvater John →Fastolf in Caister, Norfolk (beide sind mehrmals in den →Paston Letters erwähnt). *Werke:* [1] Nach 1440 übersetzte S. »The Epistle of Othea« (EO) von →Christine de Pisan (in drei Hss. erhalten; →Brief, B. IV). Die 100 Passus folgen einem Dreischritt: 1. Text: die Versdikta in meist zehnsilbigen Vierzeilern mit groben Reimen exponieren und definieren literal Lehrautorität und Tugendvorbild; 2. Glosse: ein Prosainterpretament dokumentiert und erklärt gleichnishaft den konkreten Fall; 3. Allegorie: ebenfalls in Prosa wird tropolog. die abstrakte Moral illustriert, was anagog. dem Heil dient (→Allegorie). Der Ritterspiegel lehrt Seelen- und Willensstärke; kluge Strebensethik zügelt Trieb und Zufall. [2] Um 1450 übersetzte S. →Tignonvilles frz. Fassung der »Dits moraulx« (DM); S.s me. Fassung ist als »Dicts and Sayings of the Philosophers« (DSP) bekannt und in mehreren Hss. überliefert. Das frz. Original wie S.s Prosatraktat reihen die Stimmen der Weisen weder chronolog. noch themat. William Worcester überarbeitete S.s Text; eine Kurzversion tilgt hebr. Autoritätennamen und gr.-lat. Spuren der Vielgötterei. Für weitere spätme. Übers.en der DM bzw. deren lat. Vorstufe (Earl Rivers, George →Ashby) vgl. →»Dicta philosophorum«, 3; →Caxton. [3] Manche Forscher schreiben S. die Übers. »Tulle of Old Age« und »Book of Noblesse« zu (vgl. dagegen →Cicero, A. IX). – S. öffnete der Tudorsprache und -literatur die Stoff- und Motivq. der communis opinio aus voces sapientium und proverbia rustica.

H. Weinstock

Bibliogr.: Manual ME 9, XXII, 1993, 2977–2978, 3361 [Nr. 50] – *Ed. und Lit.:* M. E. Schofield, The DSP, 1936 – C. F. Bühler, The DSP, EETS 211, 1941 – Ders., The EO … by S. S., EETS 264, 1970 – M. A. Manzalaoui, Secretum Secretorum 1, EETS 276, 1977.

4. S., Thomas (Lord S. of Masham), † 1493, ältester Sohn von Thomas, Lord →Scrope; ∞ um 1477 Elizabeth, Tochter von John Neville, Marquess Montagu, und Nichte von Richard →Neville, Earl of Warwick. Diese Nähe zu den Nevilles dürfte seine Verbindung zu Richard III. (1483–85) erklären. Nach der Thronbesteigung Heinrichs VII. versöhnte er sich nicht mit dem Tudor-Regime. Er unterstützte die Rebellen, die sich um Lambert →Simnel 1487 sammelten, und proklamierte diesen zum Kg. (als Eduard VI.) vor den Toren von York. T. S. kämpfte in der Schlacht v. →Stoke am 16. Juni 1487, wurde aber 1489 wieder in Gnaden aufgenommen und versah seinen militär. Dienst 1492 in der Bretagne. Eine mögl. Karriere im kgl. Dienst wurde durch seinen frühen Tod beendet. Er hinterließ keinen männl. Erben, seine Tochter Alice heira-

tete Henry, Lord S. of Bolton, und der *peerage*-Titel ging auf seinen Bruder Henry über (†um 1512). A. Tuck
Lit.: M. BENNETT, Lambert Simnel and the Battle of Stoke, 1987.

Scrutinium (von scrutari 'untersuchen'), in der alten Kirche Riten zur Prüfung und Einführung der Täuflinge (→Katechumenen) in die wichtigsten Glaubenstexte, seit dem MA im Zuge der Verdrängung des Katechetischen durch das Rituelle und mit der Zunahme der Kindertaufe v. a. als Mittel exorzist. Reinigung verstanden. S. a fanden zunächst an 3 Sonntagen der Quadragesima innerhalb der Messe nach den Lesungen, seit dem 6. Jh. an Wochentagen statt. Durch die Erweiterung auf 7 S. a im 6. Jh. sollte auf die 7 Gaben des Hl. Geistes hingewiesen werden. Standen in Rom (andere Riten vgl. DACL 15/1) im FrühMA beim Normals. Signation und →Exorzismus unter →Handauflegung im Vordergrund, so bei dem 'apertio aurium' gen. S. die Überreichung der Evangelien, des Symbolum und Pater noster als Grundtexte des Glaubens, beim letzten S. am Karsamstagmorgen ein großer Exorzismus mit Signation und Handauflegung, Exsufflation, Öffnung der Sinne (Effata), Zurückgabe (Reditio) des Symbolum, →Salbung mit dem oleum exorcizatum und Abschwörung. Dem ersten Normals. gingen die Aufnahmeriten in den Katechumenat voraus (Einschreibung des Namens, Stirnsignierung, Handauflegung, Salzreichung). Im Hoch- und SpätMA traten die Riten der apertio aurium stark zurück, die Exorzismen blieben. Diese Reste der S. a erhielten sich in den in einer Handlung vollzogenen Riten der →Taufe. B. Kranemann
Lit.: TRE XVIII, 1–5 – A. STENZEL, Taufe, 1958 – G. KRETSCHMAR, Gesch. des Taufgottesdienstes in der alten Kirche, Leiturgia V, 1970, 1–348 – A. ANGENENDT, Taufritus im frühen MA (Sett. cent. it. XXXIII, 1987), 275–321 – B. KLEINHEYER, 'S'. im Ordo Romanus XI, ALW 30, 1988, 33–37 – DERS., Sakramentl. Feiern I (Gottesdienst der Kirche 7, 1, 1989).

Scultetus → Schultheiß

Scutage (scutagium, 'Schildgeld'), Abgabe, die auf Ritterlehen in England nach der norm. Eroberung anstelle des feudalen Aufgebots (servitium debitum; →Heer, A. III, 2) erhoben wurde. Erst seit 1100 in Q. erwähnt, geht diese Praxis bereits auf die Regierung Wilhelms I. zurück. Die Ablösung vom Heeresdienst erscheint schon im →Domesday Book (1086) für die städt. Milizen. HOLLISTER weist überzeugend die Wurzeln der s. im ags. England nach sowie den engen Zusammenhang der erhobenen Abgaben mit der Dauer des Heeresdienstes und der übl. Besoldung von Ersatztruppen. ROUND und STENTON dagegen vertreten die Ansicht, daß die s. ihren Ursprung im späten 11. Jh. hatte und aus wechselnden Abgaben hervorging, die bei unterschiedl. Gelegenheiten erhoben wurden. Seit der Regierung Heinrichs I. wurde die s. im ganzen Land veranlagt, mindestens einmal 30 Schillinge pro Lehen. Die Kronvasallen erhoben bei ihrem Dienstantritt (→Lehen, -swesen, IV, 2) die s. von ihren Untervasallen und forderten seit ca. 1200 einen kgl. →writ, der ihnen dieses Verfahren zugestand. Heinrich II. erhob die s. nur von kirchl. Vasallen 1156, später aber von allen pro Lehen 2 Mark (1159, 1161), 1 Mark (1162, 1165, 1168) und 20 Schillinge (1172, 1187). Umstritten war, ob die s. vor allen Lehen oder nur für das eingeschränkte feudale Aufgebot erhoben werden sollte, wobei diese Form der s. nun bei den Vasallen Anerkennung fand. Die →Magna Carta ordnete an, daß die s. nur vom Common Council erhoben werden konnte. Nach einer Unterbrechung 1257–77 rief die fünfmalige Erhebung der s. durch Eduard I. Verwaltungsprobleme und Opposition hervor. Die Unmöglichkeit, ausstehende Beträge einzutreiben, veranlaßte Eduard III. 1340 zum endgültigen Verzicht auf die s. M. Jones
Lit.: H. M. CHEW, S., History 14, 1928–29, 236–239 – F. STENTON, The First Century of English Feudalism, 1066–1166, 1961² – C. W. HOLLISTER, The Military Organization of Norman England, 1965.

Scutum, aus dem kelt. Langschild entstandener, gewölbter Rechteckschild der röm. Legionäre, mit rundem Bukkel, Mittel- und Randbeschlägen. Das S. wurde im 3. Jh. durch den Ovalschild, im 4. Jh. durch den Rundschild abgelöst. O. Gamber
Lit.: P. CONNOLLY, Die röm. Armee, 1976.

Scyphus → Kelch

Scythia minor → Skythen

Seafarer, The → Elegie, V

Sebald, hl. (Fest: 19. Aug.), unbekannter Herkunft, vor 1072 in →Nürnberg bestattet. Nach Überlieferungen des 15. Jh. lebte S., der wohl Priester war, zu nicht genauer bestimmbarer Zeit als Einsiedler in der Gegend von Nürnberg, wo er auch predigte. Der Rat der Stadt förderte zielstrebig seinen Kult als Stadtpatron und erreichte in zähen Verhandlungen seine Kanonisation durch Papst Martin V. am 26. März 1425. Über seinem Grab unterhalb der Burg entstand die später ihm geweihte Kirche mit seinem Grabdenkmal (Hauptwerk Peter →Vischers d. Ä. und seiner Werkstatt [1507/19]). Nirgendwo sonst im ma. Dtl. war der Kult eines Stadtpatrons so eng und exklusiv mit dem Selbstbewußtsein der Stadt verbunden wie der des Hl. S. s mit der Reichsstadt Nürnberg. A. Wendehorst
Lit.: LCI VIII, 316–318 – A. BORST, Die S. slegenden in der ma. Gesch. Nürnbergs, JbffL 26, 1966, 19–178 – GS Bm. Bamberg 2, 275 – J. SCHÜTZ, St. S. s Name, JbffL 34/35, 1975, 217–222 – E. SCHWARZ, Nochmals St. S. s Name, ZBLG 39, 1976, 561–563 – Der hl. S., seine Kirche und seine Stadt (Ausst. kat. des Landeskirchl. Archivs in Nürnberg 8, 1979).

Sebasteia, Sebaste → Sivas

Sebastian, hl., röm. Märtyrer, erstmals in der Depositio martyrum des →Chronographen v. 354 bezeugt (20. Januar Jahrestag des Martyriums, Bestattungsort Coemeterium »in Catacumbas« an der Via Appia). →Ambrosius berichtet (Comm. in ps. 118 XX, 44), S. stamme aus Mailand, sei aber in den Zeiten der Verfolgung nach Rom gegangen, um dort das Martyrium zu suchen. Die S. slegende beruht auf der Passio s. Sebastiani, die den Charakter eines ep. Romans trägt und nur geringen hist. Wert besitzt; sie sucht verschiedene röm. Märtyrer in einer Handlung zusammenzufassen. Dieser u. a. Ambrosius zugeschriebene, in Realität aus dem 5. Jh. stammende Text erzählt, S., ein Bürger aus Narbonne, der in Mailand erzogen wurde und unter Papst Caius (283–296) in Rom lebte, sei von Diokletian und Maximinian so geschätzt worden, daß sie ihn an die Spitze der ersten Kohorte der ksl. Garde stellten. S. habe vor den Ks. n sein Christentum verheimlicht und seine Position benutzt, um eingekerkerten Glaubensgenossen zu helfen. Er wirkte Wunder, bekehrte röm. Aristokraten und sorgte für die Bestattung der Märtyrer. Wegen seines Wirkens denunziert, sei er von den Ks. n dazu verurteilt worden, als lebende Zielscheibe für Pfeile zu dienen. Auf dem Hinrichtungsplatz für tot liegengelassen, wurde er von der frommen Witwe Irene gesundgepflegt, habe jedoch jegl. Fluchtgedanken abgelehnt und die Ks. durch Angriffe auf die heidn. Religion provoziert. Nach seiner Hinrichtung durch Keulenschläge im Hippodrom des Palatin habe S. der Matrone Lucina in einer Traumvision geoffenbart, man solle seinen Leib im Coemeterium »in catacumbas« am Eingang der

Apostelkrypta bestatten. In der Tat erhielt das Grab des Märtyrers in der im 4. Jh. beim Friedhof in Catacumbas errichteten »Basilica Apostolorum« (seit dem 9. Jh. Basilica S. Sebastiano) eine entsprechende Plazierung, die auch in den späteren Umbauten bewahrt wurde. Es entwickelte sich zum Zentrum der Kultverbreitung des Hl.n. Nach Paulus Diaconus (Hist. Lang. VI, 5) erfolgte eine Übertragung von S.-Reliquien nach Pavia anläßl. einer Pest (680). Andere reale oder angebl. Reliquientranslationen sind seit dem 9. Jh. in Rom selbst (dessen dritter Schutzpatron S. ist), in Soissons sowie in anderen Orten Italiens und Europas belegt, was das Patrozinium von Kirchen und die Entstehung von Mirakelslg.en des Hl.n förderte, der als der Schutzhelfer gegen die →Pest schlechthin gilt. S. ist auch Patron der Bogner, Armbruster, Gießer, Steinmetze, Gärtner, Feuerwehrleute u.a.

Ikonographie: Der Märtyrer S. wird anfangs sowohl als Jüngling als auch als alter Mann dargestellt, als Soldat oder als Reiter, manchmal mit einer Krone in den Händen. Seit der Renaissance überwiegt seine Darstellung als junger Mann, charakterisiert durch das Pfeilattribut, entweder in Einzeldarstellung oder in Sacre conversazioni mit anderen Hl.n oder auch in der Szene seines ersten Martyriums.

F. Scorza Barcellona

Q.: AASS Jan. II, 1643, 257-296 (cfr. BHL 7543-7549 und Novum Suppl. 7543-7549b) – *Lit.:* Vie des Saints, I, 395-400 – Bibl.SS IX, 776-801 – LCI VIII, 318-323 – F. Monfrin, Sébastien (Hist. des saints, II, 1987), 250-255 – Catholicisme XIII, 973-975 – M. Navoni, La figura di S. S. nelle fonti storiche e nella tradizione liturgica, Civiltà ambrosiana 10, 1993, 108-129.

Sebastian Brant → Brant, Sebastian

Sebastokrator (σεβαστοκράτωρ), ztw. höchster byz. Rangtitel, von Alexios I. Komnenos 1081 für seinen älteren Bruder Isaakios geschaffen. Der Titel 'S.' stand noch über 'Kaisar' (→Caesar) als eine Kombination von 'Sebastos' (→Augustus), das kurz zuvor zum Rangtitel abgesunken war, und 'Autokrator' (→imperator). Erst als →'Despotes' 1163 als neuer höchster Rangtitel präzisiert wurde, fiel S. auf den 3. Rang (nach Ks., Mitks.n und Despotes) zurück. Der S. hatte das Anrecht auf die Majestäts-Formel ἡ βασιλεία μου, Ausdruck seiner »ks.ähnlichen« Position. Zunächst erhielten nur wenige, Brüder und Söhne des Ks.s, den Titel S., dann auch andere Verwandte und Schwiegersöhne, ab Mitte 13. Jh. auch weitere Personen, wie mehr oder weniger unabhängige Machthaber. Im 14. Jh. verlor der Titel in Byzanz allmähl. seine Bedeutung. Der Titel S. wurde auch im →Lat. Ks.reich und von bulg. und serb. Zaren verliehen. Für die Unterschrift des S. war eine bestimmte blaue Farbe (ἠεράνεον) charakteristisch.
W. Seibt

Lit.: Oxford Dict. of Byzantium, 1991, 1862 [Lit.] – B. Ferjančić, Sevastokratori u Vizantiji, ZRVI 11, 1968, 141-192 – Ders., Sevastokratori i kesari u Srpskom carstvu, Zbornik Fil. fak. 11/1, 1970, 255-269 – G. Prinzing, Byz. Forsch. 19, 1993, 121.

Seccomalerei → Wandmalerei

Sechsling (Sößling), Vertragsmünze zu 6 →Pfennigen (1/2→Schilling) der im Wend. →Münzverein zusammengeschlossenen Städte Lübeck, Hamburg, Lüneburg und Rostock. Der S. wurde erstmals im Rezeß v. 1392 als Vereinsmünze festgesetzt, dann wieder in den Verträgen v. 1424/25, 1432/33 und 1468. 1424 schloß sich Dänemark in einem Vertrag mit den Hansestädten der S.-Prägung in Lund an. Die Prägung von S.en wurde vor norddt. Städten nochmals 1537 aufgenommen.
P. Berghaus

Lit.: W. Jesse, Der wend. Münzverein, 1928, 1967², 98ff. – F. v. Schroetter, Wb. der Münzkunde, 1930, 620 – G. Galster, Danmarks mønter, Nordisk Kultur 29, Mønt, 1936, 162f. – B. Friis Johansen, Kilder til Danmarks møntvaesen i middelalderen III (1413-1481), De skriftlige kilder til Danmarks middelalderlige møntvaesen, 1989, 16f.

Sechsstädte, Lausitzer. Die sechs großen, an der →Hohen Straße bzw. (Löbau, →Zittau) einer Verbindung nach Böhmen gelegenen Städte der oberen→Lausitz (»Land der S.«) schlossen 1346 mit Billigung Ks. Karls IV. zur Erhaltung des →Landfriedens einen →Städtebund, in dem →Bautzen als Sitz der lausitz. Oberbehörden formal die Führung hatte, während das reiche →Görlitz das einflußreichste Mitglied war (außerdem Kamenz und Lauban). Die Konvente der S., neben der Ritterschaft des einzigen lausitz. Landstandes von Bedeutung, fanden regelmäßig im zentral gelegenen Löbau statt. Da die Landtage ohne Zustimmung des Landesherrn beschlußfähig waren, stellte die Oberlausitz prakt. eine Ständerepublik dar, in der das Bürgertum das polit. Gewicht des Adels stark zurückgedrängt hatte. Diese Rolle der S. war dem Adel ein Dorn im Auge, weshalb er die mangelhafte Unterstützung der evangel. gewordenen Städte für den röm.-dt. Kg. Ferdinand I. im Schmalkald. Krieg nutzte, um ihnen durch ihn im »Pönfall« v. 1547 ihre Privilegien entziehen zu lassen. Die von den S. v. a im 15. und Anfang 16. Jh. erworbenen Landgüter und Dörfer wurden zwar später gegen Geldzahlungen zurückgegeben, doch war damit die polit. Macht der S. endgültig gebrochen.
H.-K. Junk

Lit.: Hist. Stätten Dtl. 8, 1965; 12, 1977 – Dt. Städteatlas IV, Bl. 3 Bautzen, bearb. K. Blaschke, 1989 – H. Seeliger, Der Bund der S. in der Oberlausitz ... 1346-1437 [Diss. Marburg 1896] – K. Czok, Städtebünde und Zunftkämpfe, Wiss. Zs. der Karl-Marx-Univ. Leipzig 6, 1956/57 (Ges.- und sprachwiss. R., H. 5), 517-542 – s. a. Lit. bei den gen. Städten.

Sechstagewerk → Genesis-Illustration, →Hexaemeron, →Schöpfung

Seckau, Abtei OSB, ehem. Augustiner-Chorherrenstift und Bm. (Steiermark). Adalram v. Waldegg aus dem Geschlecht der Edelfreien v. Traisen-Feistritz gründete 1140 in St. Marein bei Feistritz (nahe Knittelfeld) ein Augustiner-Chorherrenstift, das 1142 in das ruhigere S. verlegt und mit Gütern in der Steiermark, Nieder- und Oberösterreich ausgestattet wurde. Das gleichzeitig errichtete Chorfrauenstift bestand bis 1488. Ebf. →Eberhard II. v. Salzburg gründete 1218 in S. mit Zustimmung von Papst Honorius III. und Kg. Friedrich II. das dritte Salzburger 'Eigenbm.', legte 1219 die Grenzen der kleinen Diöz. sowie die Einkünfte und den Rechtsstatus fest und bestätigte den Bf. v. →Gurk als ebfl. Vikar auch im Bm. S. Wie in→Chiemsee wurde das Stift S. unter Wahrung der Güter und Rechte zum Domkapitel, die Stiftskirche zur Kathedrale. Die Bf.e, nicht reichsunmittelbar und deshalb nicht Reichsfs.en, führten den Fs.entitel. Dom- und Stiftskapitel blieben in S., die Bf.e gestalteten für sich einen Teil der ebfl. Burg Leibnitz zum Schloß Seggau aus. Unter den ma. Bf.en verdienten Ulrich I. (1244-68; Ebf. v. Salzburg 1256-64), Wernhard v. Marsbach (1268-83), Lehrer des kanon. Rechts in Padua und Anwalt Kg. Přemysl Otakars II. v. Böhmen, Ulrich IV. v. Albeck (1417-31), Diplomat und Kanonist von europ. Rang, sowie der streitbare Matthias Scheit (1482-1503/12) bes. Erwähnung. Die S.er Domschule (seit 1219) genoß hohes Ansehen, die roman. Basilika (geweiht 1164), die S.er Liturgie, frühe Denkmäler der mehrstimmigen Musik und zahlreiche Hss. des S.er Skriptoriums zeugen von der Kunst und Kultur in S. Ks. Joseph II. hob das Stift 1782 auf (1883 von Benediktinern aus Beuron wiederbesiedelt) und verlegte das Bm. nach Graz.
H. Dopsch

Lit.: E. Tomek, Gesch. der Diöz. S., I, 1917 – B. Roth, S. Gesch. und Kultur, 1964 – Die Bf.e v. Graz-S. 1218-1968, hg. K. Amon, 1969 – H.

Secret des secrets → Secretum secretorum, B. I

Secreta mulierum, gynäkolog.-embryolog. Traktat eines dt. Autors (OP?) vom ausgehenden 13. Jh.; in mehr als 100 lat. Abschriften überliefert und →Albertus Magnus, →Heinrich de Saxonia, →Thomas v. Cantimpré sowie andern pseudepigraphen Verfassern zugeschrieben, befaßt sich der Text aus klösterlich-artistischer Perspektive mit Empfängnis, vorgeburtl. Entwicklungsstadien (unter planetaren Monatsregenten), Niederkunft, Urzeugung, Schwangerschafts-Früherkennung, Embryonalgeschlecht, Jungfernproben, Sterilität und Spermiogenese. Vorlagen sind Alberts 'De animalibus' und 'Quaestiones de animalibus' sowie zahlreiche weitere Q. (auch aus der Volksmedizin). Die Kommentierung setzt gleich nach der Entstehung (1. Hälfte d. 14. Jh.) ein und erlaubt, bis jetzt mindestens fünf S.-Scholien ('Glossen') zu unterscheiden. Die landessprachige Rezeption beginnt kurz nach 1300 und ist von Mehrfachübertragungen geprägt. Von den vier derartigen Bearbeitungen des 13. bis 14. Jh. in dt. Fachprosa zeigt diejenige Hans →Hartliebs bemerkenswerte Eigenständigkeit. – Überlieferungsgesch. ist die Nachbarschaft zu den 'Problemata Aristotelis', zu den 'Secreta Alberti' und zur →'Trottula' hervorzuheben. Die Drucktradition setzt 1475 in Köln ein und bietet mehr als 50 Inkunabelausg. überwiegend dt. Offizinen, teils mit beigefügtem Komm., deren Textausbreitung eher noch stimuliert wird, als das Werk 1604 auf den Index kommt. – Textgesch. bemerkenswert ist die Versatzstück-Entlehnung aus Ps.-Ortolfs 'Frauenbüchlein', aus Ps.-Rößlins 'Rosengarten' und aus Bartholomäus →Metlingers 'Kinderbüchlein'. G. Keil

Ed.: K. BOSSELMANN-CYRAN, 'S.' mit Glosse in der dt. Bearbeitung von Johann Hartlieb (Würzburger med.hist. Forsch. 36), 1985 – M. SCHLEISSNER, ebd. [in Vorber.] – *Lit.:* Verf.-Lex.² VIII, 986–993 – O. RIHA, Ortolfus pseudepigraphus (*Ein teutsch puech machen*), Ortolf-Studien I, hg. G. KEIL (Wissenslit. im MA 11, 1993), 70–111, hier 110 – W. EAMON, Science and the Secrets of Nature: Books of Secrets in me. and early Modern Culture, 1994, 71–73.

Secreta Salernitana (Tractatus de herbis). A$_i$-Variante des→'Circa instans', die wie die A$_s$-Variante des Breslauer →Codex Salernitanus auf einer bereits erweiterten Fassung (*A) des Ur-'Circa instans' (B) fußt. Während B, das vom pharmazeut. Konzept des →'Antidotarium Nicolai' ausgeht, um 1150 erstellt wurde (nicht von →Platearius) und etwa 250 Drogenmonographien bietet, hat es *A im 12. Jh. zu knapp 300 und A$_s$ vor 1200 zu 432 Drogenmonographien gebracht. Gegen 1350 wurde in Norditalien der *A-Bestand erweitert (nach 'Dyascorides alphabeticus', →Isaak Judaeus, →Constantinus Africanus, Macer [→Odo von Meung] und →Ps.-Apuleius sowie anderen →Kräuterbüchern) auf einen Umfang von 460-490 zudem ill. Arzneistoffkapiteln. Die Bildvorlagen gehen zum kleinen Teil über Ps.-Apuleius auf den spätantiken Bild-Archetypus der 'Materia medica' des →Dioskurides zurück; eine zweite Gruppe bietet ikonograph. Neugestaltung nach Naturvorlagen: Die in der ältesten Hs. noch deutl. unterschiedenen Gruppen haben sich im Zuge der Überlieferung einander angeglichen, insbes. bei der pikard. Übers. (Anfang des 15. Jh., 'Livre des Secréts de Salerne [des simples médecines]') oder der etwa gleichzeitigen, dt. glossierten thür. Bearbeitung. G. Keil

Ed.: a) *lat.:* G. CAMUS, L'opera salernitana 'Circa instans' ed il testo primitivo del 'Grant Herbier en françoys'..., Mem. d. R. Accad. di sc., lett. ed arti in Modena, II, 4: Mem. d. sez. di lett., 1886, 49–199 – J. B. SAINT-LAGIER, Recherches sur les anciens herbaria, Ann. de la Soc. bot. de Lyon 13, 1886, 237–281 – *b) frz.:* Livres de simples médecines. Cod. Bruxell. IV. 1204, a 15th-c. French herbal [Faks.-Ausg. v.] C. OPSOMER[-HALLEUX], übers. und komm. E. ROBERTS–W. T. STEARN, I–II, 1984 – *c) thür. Bearb.:* 'De simplici medicina', hg. A. PFISTER, I–II, 1961 – *Lit.:* J. SCHUSTER, S. S. und Gart der Gesundheit (Ma. Hss. [Fschr. H. DEGERING, hg. A. BÖMER–J. KIRCHNER, 1926, Neudr. 1973]), 203–237 – C. MAURY, Un herbier en français du XVe s.: le livre de simples médecines [Thèse, Paris Ec. de nat. des chartes, 1963 (masch.)] – F. A. BAUMANN, Das Erbario Carrarese und die Bildtradition des Tractatus de herbis (Berner Schr. zur Kunst 12), 1974 – J. BLOME, Fachnomenklator. Unters. zu einem der ältesten bebilderten Kräuterbücher (Gelërter der arzenïe, ouch apotëker. Fschr. W. F. DAEMS, hg. G. KEIL 1982), 551–588 – P. JONES, S. S., KOS I, 1984, 34–50 – B. SCHNELL, Von den wurzen [med. Habil.schr. Würzburg 1989 (masch.)], 202–210 – N. F. PALMER–K. SPECKENBACH, Stud. zur Petroneller 'Circa instans'-Hs. und zu den dt. Traumbüchern des MA (Pictura et poesis 4), 1990, 1–120.

Secretaires (du roi) → Notar, B. II

Secretary → Sekretär, II

Secretum secretorum
A. Allgemein – B. Übersetzungen

A. Allgemein

Ps.-aristotel. Kompendium des 10. Jh., unter pers. Einfluß in syr. hermet. Kreisen zusammengetragen und unter den Titel 'Kitāb as-Siyāsa fī tadbīr ar-riyasa al-ma^{c}ruf bi-Sirrd-asrār' gestellt ('Das Buch der Politik zum Regieren'), bekannt unter dem Namen 'Geheimnis der Geheimnisse'), erweist sich das S. s. als ein lockeres Kompilat aus Textkern und Textschleppe. Der Kern ist nichts anderes als das 'Meisterstück' aus einem syr. Briefroman des 8. Jh., das als 'Volksherrschaftsbrief' ('Risāla fīs-siāsa al-^{c}āmmīya') den Auftakt zu der arab. Fs.enspiegeln gab. Sein anscheinend noch gr.sprachiger Verfasser gehörte dem Omayyaden-Hof, schöpfte aus der 'Nikomachischen Ethik' und benutzte neben anderen gr. Q. (unter ihnen das 'Strategikon' des Ps.-Mauritius) »logoi« hellenist. sowie hermet. Provenienz. Im 10. Jh. aus dem Briefroman herausgelöst, mit Versatzstücken aus der Enzyklopädik ('Lautere Brüder v. Basra') aufgefüllt und von einem hermet. Kompilator zur namenmant. Arithmologie ('Scheibe des Pythagoras') umgestaltet, ging das 'Kitāb as-Siyāsa' als strukturbestimmender Kern ins 'S. s.' ein, wurde von dessen Kompilator zum Fs.enspiegel umgestaltet und um eine Textschleppe erweitert, die sich als 'summa' hermet.-esoter. Theorien versteht und ihr med.-physiognom. Schlußsegment beispielsweise aus dem ps.-aristotel. 'Kitāb al-qanūn' entlehnte; neben dem prophylakt. →Regimen sanitatis bietet die Textschleppe Versatzstücke über Wunderkräuter, heilkräftige Edelsteine, Organotherapie, Amulette, Talismane sowie Gifte. Entsprechend seiner astrolog. Weltsicht hat der Kompilator einen Abschnitt übers Goldmachen beigefügt, in dem er alchemist. seine Konzeption von der Einheitsmaterie zum Ausdruck bringt und nach theurg.-sternenkundl. Implikationen strukturiert. Das Ganze hat er v. a. aus umlaufenden Ps.-Aristotelica gezogen, doch arbeitete er seinem Textverschnitt auch Auszüge aus →Geber, der →'Tabula smaragdina' sowie aus dem Œuvre des Apotelesmatikers Balīnas ein.

Gleich nach dem Erscheinen wurde das S. s. einschneidenden Bearbeitungen unterworfen, von denen die A-Redaktion ('westliche' Red., Kurzfassung in acht Traktaten [maqālah]) und die B-Redaktion ('östliche' Red., Langfassung in zehn Traktaten) für die Textausbreitung größten Bedeutung erlangten: Die Gruppe der »morgenländ. Übersetzungen« weist (Mehrfach-)Übertragungen ins Türkische, Persische und Hindi auf, die jedoch wesentl. jünger sind als abendländ. Versionen: Am Anfang der europ. Rezeption steht →Johannes Hispanus mit dem 'Alexanderbrief', der seine 'Epistula de diaeta conservanda' auf die Kurzfassung stützte und zw. 1135/42 vollendete. Der von ihm geschaffene diätet. Kern wurde 90 Jahre später durch eine komplettierende Teilübersetzung ummantelt, die von der Langfassung ausgeht, durch einen okzitan. Geistlichen geschaffen wurde und einen fiktiven »Philippus Tripolitanus« als pseudepigraphen Autor nennt. Mehrfach kommentiert und durch →Roger Bacon kritisch überarbeitet, ist diese Mantelübers. des 12./13. Jh. Grundlage der meisten landessprachigen Übertragungen geworden, von denen die dt. bereits vor 1250 einsetzen und zunächst die med. Aspekte in den Vordergrund stellen, während die didakt. Intentionen ab 1266 durch →Jakob van Maerlant und dessen Nachfolger akzentuiert werden. Engl. und skand. Übers.en folgen später; zwei frühe span. Versionen benutzten die arab. Textvorlage, was auch für die hebr. Version des 13. Jh. gilt, die ihrerseits der altruss. 'Tainaja tainykh' (vor 1500) zugrunde liegt.

G. Keil

Ed.: Mehr als 30 (Teil-)Editionen aller Textstufen sind verzeichnet in: Verf.-Lex.² VIII, 993–1013.

B. Übersetzungen
I. Romanische Literaturen – II. Englische Literatur.

I. ROMANISCHE LITERATUREN: Für die Vermittlung des S. s. im Abendland seit dem 12. Jh. spielt Toledo mit Übers.en des Johannes Hispanus eine wichtige Rolle. Auf der Iber. Halbinsel steht die Aufnahme der vielgelesenen ps. aristotel. Kompilation in engem Zusammenhang mit der Weisheitsspruchlit. und →Fürstenspiegeln. Die enzyklopäd. Rezeption des S. s spiegelt sich u. a. in Brunetto →Latinis »Le Livres dou Tresor«, der auch in kast. und katal. Übers. bzw. Exzerpten weit verbreitet war. Die it. Überlieferung des S. s. ist noch kaum erforscht. Eine Übers. von Alessandro Achillini erschien 1501 in Bologna im Druck. Nach der kürzeren westl. Version des »Sirr al-asrār« entstand um die Mitte des 13. Jh. die kast. Übers. »Poridat de las poridades«, von der 5 Hss. bekannt sind, z. T. in Verbindung mit einem aus dem »Libro de Alexandre« kompilierten Lapidar. Teile der kast. Übers. sind im kat. »Libre de saviesa« verarbeitet. Juan →Fernández de Heredia ließ eine aragon. Übertragung der längeren östl. Fassung des »sirr al-asrār« anfertigen, mit dem Titel »Secreto secretorum el qual compuso Aristoteles«. Im 14. Jh. enstand eine kast. Übers. »Secreto de los secretos« (BN Madrid ms. 9428, Libro de Aristoteles, del regimiento de los reyes e de los principes e de los señores o secreto de los secretos o cartas de Aristoteles a Alexandre). Aus dem katal. Raum sind 2 Übers.en (14.–15. Jh.) bekannt (BN Madrid 921 und 1474). Unlängst tauchte ein unbekannter Salmantiner Inkunabeldruck des S. s. auf. Die ptg. Übers. »Segredo dos segredos« stammt aus dem 15. Jh.

Im anglo-norm. Gebiet übersetzte Pierre d'Abernon das S. s., das Roger Bacon um 1267 glossiert (»Secret des secrets« bzw. »secré des secrez«). Eine weitere Übers. wird Pierre de Peckham (oder Fetcham) zugeschrieben. Um 1300 übertrugen Jofroi de Waterford und Servais Copale das aus versch. Q. mit med., naturkundl. und esoter. Material erweiterte Werk. Die Übers. wurde 1497 gedruckt.

D. Briesemeister

Ed.: S. s., ed. M. MANZALAOUI, 1977 – Poridat de las poridades, ed. LL. A. KASTEN, 1957 – Span.-aragon. Übers. im Auftrag von Fernández de Heredia, ed. LL. A. KASTEN [Diss. Wisconsin 1931] und H. KNUST, Jb. für roman. und engl. Lit. 10, 1869, 153–170, 272–303 – Span. Übers.en des 14. Jh. Secretos de los secretos, ed. P. B. JONES, Aristoteles. Consejos a su discípulo Alexandro [Diss. Cath. Univ. of America, Washington 1979] – S. de los s. (ms. BN Madrid 9428), ed. H. O. BIZARRI, 1991 – Ptg. Fassg.: A. SOUSA GOMES, Instituto 93, 1938, 193–220 – Le secré des secrez, ed. R. STEELE (Opera inedita Rogeri Baconi, 1920, Bd. 5), 287–313 – Le s. des s., ed. O. A. BECKERLEGGE, 1944 – *Lit.*: HLF 21, 1895, 216–239 – CH.-V. LANGLOIS, La vie en France au MA, 3, 1927, 31–134 – W. HERMENAU, Frz. Bearb. des S. s. und ihr Verhältnis zu der lat. Übers. des Philippus Tripolitanus [Diss. Göttingen 1923] – M. GRIGNASCHI, La diffusion du S. s. dans l'Europe occidentale, AHDL 47, 1980, 7–70 [s. a. DERS., ebd. 43, 1976, 7–112] – Ps. Aristotle. The S. of S. Sources and Influences, ed. W. F. RYAN – CH. B. SCHMITT, 1982 [J. MONFRIN, La place du S. des s. dans la litt. française méd., 73–113] – A. HENRY, Un texte oenologique de J. de Waterford et S. Copale, Romania 107, 1986, 1–37 – ST. J. WILLIAMS, The Scholarly Career of Ps. Arist. S. s. in the 13th. Cent. [Diss. Northwestern Univ. DA 52, 1991], 1861.

II. ENGLISCHE LITERATUR: Die ab ca. 1400 vorliegenden elf Prosaversionen fußen – bis auf eine Bearbeitung des Textes von →Johannes Hispanus (121. J.) aus dem späten 15. Jh. (IPMEP 495) – auf der vollständigen Fassung des →Philippus Clericus Tripolitanus. Die Überlieferung beginnt mit einem Auszug der physiognom. und onomant. Passagen (IPMEP 45). Bei IPMEP 63 aus der Mitte des 15. Jh. und bei der für Miles Stapleton of Norfolk durch einen Johannes de Caritate vor 1475 angefertigten Version (IPMEP 12) liegen direkte Bearbeitungen des lat. Textes vor, bei IPMEP 261 (bald nach 1400) und dem von Jofroi de Waterford und Servais Copale abhängigen anglo-ir., polit. aktualisierten und mit Einschüben zur Glorifizierung der Familie James Butlers aus →Giraldus Cambrensis versehenen Werk James Yonges (1422; IPMEP 358) Rezeptionen frz. Zwischenstufen. Auf einer verkürzten frz. Redaktion des Philippus beruhen die fragmentar. »Marmaduke«-Version (ca. 1448; IPMEP 452) und die schott. Bearbeitung durch Sir Gilbert →Hay (1456), auf einem anderen kurzen frz. Text John Shirleys »Governance of Kynges und Pryncеs« (ca. 1450; IPMEP 56) sowie zwei weitere Versionen von ca. 1450 und ca. 1475 (IPMEP 260, 262). Hinzu kommt die Versfassung →Lydgates. – Einfluß des S. S. auf →Gower (»Confessio Amantis«, VII), die →Fürstenspiegel-Lit. (→Hoccleve) etc. ist nachgewiesen.

K. Bitterling

Bibliogr.: R. E. LEWIS u. a., Ind. of Pr. ME Prose, 1985 [IPMEP] – *Ed.*: EETS, ES 66, 1894; 74, 1898; OS, 276, 1977 – *Lit.*: M. MANZALAOUI, The S.': The Medieval European Version of 'Kitāb Sirr-ul-Asrar', Bull. of the Fac. of Arts, Alexandria Univ., 15, 1961 [1962], 83–107 – DERS., 'Noght in the Registre of Venus': Gower's English Mirror for Princes (Medieval Stud. for J. A. W. BENNETT, 1981), 159–183.

Secundicerius notariorum, hochrangiger Beamter am päpstl. Hof, Gehilfe und Vertreter des →Primicerius notariorum. Ein S. n. ist 525/526 als Empfänger eines päpstl. Auftrages überliefert. Danach kommt er einige Male in der Datumszeile der Papstprivilegien vor; seit dem 9. Jh. gehört er zum Gremium der sieben Pfalzrichter (Iudices de clero). Man findet ihn noch i. J. 1026 unter den Zeugen in einer Urk. Johannes' XIX. Seine primäre Beschäftigung war die gemeinsam mit dem Primicerius notariorum geführte Leitung der Herstellung von →Papsturkk. und die Wahrung des päpstl. Archivs.

P. Rabikauskas

Q.: P.-E. SCHRAMM, Die ältere und die jüngere Liste der röm. Pfalzrichter, ZRGGermAbt 49, 1929, 198–232 – *Lit.*: DU CANGE VII, 391f. – S. KELLER, Die sieben röm. Pfalzrichter im byz. Zeitalter, 1904, passim – L. SANTIFALLER, Saggio di un elenco dei funzionari ..., BISI 56–57, 1940, passim – P. RABIKAUSKAS, Diplomatica pontificia, 1994, 32, 34f.

Sedes apostolica. Aus Bedürfnis nach sicherer Glaubenstradition und nach Kontakt mit dem apostol. Ursprung wurden unter den zunächst gleichrangigen Ortskirchen schon im 2. Jh. diejenigen bes. verehrt und höher gewichtet, die ihrer Gesch. oder Überlieferung nach von einem Apostel gegründet worden waren, einen Apostel als ersten

Bf. gehabt hatten oder ein Apostelgrab besaßen. Man setzte voraus, daß diese »apostol. Sitze« die Lehre der Apostel rein bewahrten und daß andere Kirchen daran partizipieren könnten (Tertullian, De praescr. haer. 21 und 36; Irenäus, Adversus haer. III, 3, 1). Solche Sitze gab es zahlreicher im Osten, v. a. in Antiochia (Petrus), Korinth, Philippi und Thessalonike (Paulus), Ephesos (Johannes), im Westen nur in Rom, ausgezeichnet durch Aufenthalt, Lehre und Martyrium der beiden hochrangigen Apostel Petrus und Paulus (später noch durch den legendär. Aufenthalt des Johannes »ante portam Latinam«). Jerusalem blieb wegen der Zerstörung zunächst unbedeutend. Alexandria berief sich auf die (legendäre) Gründung durch den Evangelisten Markus »im Auftrag des Petrus«. Konstantinopel reklamierte den Apostel Johannes (als Hauptstadt der » Asia Minor« in der Nachfolge von Ephesos), dann den Apostel Andreas als den älteren, »erstberufenen« Bruder des Petrus für sich (durchgesetzt im 10. Jh.; Andreasreliquien seit 357 in der Apostelkirche; dazu die Reliquien der Apostelschüler Lukas und Timotheus). Noch in der Mitte des 4. Jh. wird jeder Bf.ssitz S. a. benannt. Die Kirchen des Westens sahen in Rom »ihre« S. a. und konnten den Apostel Petrus konkurrenzlos für sich anführen. Der Anspruch Roms als der S. a. des Westens, dann fortschreitend als der S. a. schlechthin, geht konform mit dem Ausbau der röm. Primatsdoktrin, bes. seit der Übernahme des Begriffs der →Cathedra Petri unter Damasus I. und Siricius im späten 4. Jh. und den Päpsten des 5. Jh. S. a. wird fortan als Sitz und Amt des Petrus, dann seiner Nachfolger auf dem röm. Bf.sstuhl bezeichnet, die bfl. Aufgabe des Inhabers seit dem 5. Jh. als apostolatus. Die wachsende Entfremdung und schließliche Trennung der lat. Kirche des Westens von den Ostkirchen förderten die Entwicklung, im ma. Abendland S. a. allein mit dem röm. Sitz und dem Papstamt gleichzusetzen. S. a. und Sancta Sedes (Apostol. und Hl. Stuhl) sind in der kath. Kirche seit dem Codex Iuris Canonici v. 1917 synonyme Bezeichnungen für den Papst und/oder die in seinem Namen tätigen Stellen der Röm. Kurie, nur mehr für die Cathedra Petri, den röm. Bf. samt, zulässig.   G. Schwaiger

Lit.: E. CASPAR, Gesch. des Papsttums, I, 1930, 77f., 242–256 – F. HEILER, Altkirchl. Autonomie und päpstl. Zentralismus, 1941, 203–220 – K. SCHATZ, Der päpstl. Primat, 1990 – M. MACCARRONE, Romana Ecclesia – Cathedra Petri (hg. P. ZERBI, R. VOLPINI, A. GALUZZI, 1991) [darin: S. a. – Vicariatus Petri, 1–101] – Il primato del vescovo di Roma nel primo millennio (Symposium 1989), 1991 – G. HAENDLER, Die Rolle des Papsttums in der Kirchengesch. bis 1200, 1993 – PH. LEVILLAIN, Dict. hist. de la papauté, 1994, 1537–1541.

Sedes regni (Polen). In den Q. erscheinen S. r. zu Beginn des 12. Jh. in der Chronik des →Gallus Anonymus (lib. II, cap. 8) anläßl. der Schilderung der Beziehungen zw. Hzg. Władysław Hermann und seinen Söhnen Zbigniew und Bolesław Krzywousty; Bolesław sollte nach dem Willen des Vaters »in Wratizlaw, et in Crakou et in Sandomir s. r.« erhalten. Nach allg. Auffassung waren S. r. Prov.-hauptstädte des frühpiast. Polen. Neben den von Gallus aufgezählten Städten hatten bis 1138 (Teilung in Erbfsm.er) auch Gnesen, Łęzyca und Płock diese Funktion.
   S. Russocki

Lit.: T. WASILEWSKI, Poland's Administrative Structure in Early Piast Times, ActaPolHist 44, 1981, 5ff. – A. BOGUCKI, O strukturze administracyjnej Polski 11. i 12. w., CPH 44, 1992, 1ff.

Sedia (Sella) **gestatoria**, Tragsessel bzw. Tragstuhl oder Tragthron. Die in der Spätantike übliche Sitte, einen hohen Amtsträger oder gerade gewählten Fs.en durch Emporheben und Herumtragen der umstehenden Menge zu präsentieren, wurde vom frühen MA an auch ins kirchl. →Zeremoniell übernommen. Zunächst scheinen gelegentl. Bf.e auf diese Weise geehrt worden zu sein (vgl. MGH SRM VI, 206f.). Wann die S. g. ein Element des päpstl. Zeremoniells wurde, ist unsicher. Für die Renaissancepäpste war sie jedenfalls ein Requisit, auf das sie gerne zurückgriffen (vgl. MURATORI[2] XXXII, 1, 2, 275). Ihre bis in die Gegenwart übliche Form erhielt die S. g. erst im 17. Jh. durch Bernini, der auch die zur Reliquie gewordene →Cathedra Petri entsprechend umgestaltete.
   G. Kreuzer

Lit.: DESE LXIII, 194–201 – LThK[2] IX, 562.

Sedisvakanz, Freistehen des päpstl. oder bfl. Stuhles (auch diözesanähnl. Strukturen) durch Tod oder Verzicht. Ursprgl. verwaltete das Presbyterium bei S. die Bf.skirche und den Bf. ssprengel. Mißbräuche ließen ab dem 4. Jh. neue Formen entstehen: in der afrikan. Kirche um die Wende zum 5. Jh. vom Metropoliten oder Provinzialkonzil ernannte Bm.sverweser, in Italien und Frankreich Visitatoren (in der Regel Bf.e), in Spanien ab dem 6. Jh. Kommentatoren (in der Regel Nachbarbf.e). Ihre Hauptaufgabe war es, die Neuwahl eines Bf.s durchzuführen, ein Inventar aufzunehmen und notwendige Regierungshandlungen vorzunehmen. Seit dem Ende des 11. Jh. gewährten partikulare Normen den Domkapiteln (→Kapitel, I) das Recht, nach dem Ableben des Bf.s →Administratoren für die Verwaltung der Temporalien der Diöz. zu bestellen. Lucius III. (1181–85) gab ihnen das Recht, bei S. die Gerichtsbarkeit des Bf.s auszuüben, Bonifatius VIII. (1294–1303) umschrieb ihre Regierungsrechte näher. Generell galt: »Sede vacante nihil innovetur« (X 3. 9; VI 3. 8), d. h. in wesentl. Angelegenheiten durfte der Entscheidung des künftigen Bf.s nicht vorgegriffen werden (z. B. Benefizienverleihung). Vernachlässigte das Domkapitel seine Pflichten, konnte der Metropolit einen Visitator oder Administrator bestellen. Beim Stuhl Petri ging die Entwicklung vom Presbyterium zum Kard.skollegium (→Camerlengo), dessen Befugnisse auf die Erledigung der laufenden Geschäfte eingeschränkt blieben.   R. Puza

Lit.: LThK[2] IX, 562f. – PLÖCHL I, 359; II, 157f.; III, 113ff., 341ff. – S. L. GREENSLADE, Sede Vacante, JTS NF 12, 1961, 210–226 – →Papstwahl.

Sedletz (tschech. Sedlec), ehem. Kl. OCist (Böhmen) nordöstl. von →Kuttenberg. Das älteste böhm. Kl. wurde 1142/43 von dem Magnaten Miroslav gegr., reich dotiert und mit Mönchen aus →Waldsassen besetzt. Die bedeutende Rolle des Kl. spiegelt sich in seiner Marienkirche, einer fünfschiffigen, 1290–1330 erbauten Basilika. Einkünfte aus Silberlagerstätten ermöglichten die Realisierung dieses Bauwerks; dennoch mußte das Kl. bald einen Teil seiner Güter verkaufen oder verpachten, da es seinen Zahlungsverpflichtungen nicht nachkommen konnte. Abt Heidenreich v. S. gehörte 1310 zu den wichtigsten Förderern der Kandidatur der →Luxemburger in Böhmen. Das 1421 von den →Hussiten niedergebrannte Kl. wurde bis 1454 erneuert (1784 aufgelöst).   J. Žemlička

Lit.: J. ČELAKOVSKÝ–V. VOJTÍŠEK, Klášter sedlecký, jeho statky a práva v době před válkami husitskými, RozprČeskAkad I/58, 1916 – Umělecké památky Čech., hg. E. POCHE, III, 1980, 300–303 – J. ČECHURA, Hospodářský vývoj sedleckého kláštera do roku 1346, Muzeum a současnost 5, 1982, 39–72 – DERS., Ökonom. Entwicklungstendenzen des klösterl. Grundeigentums im vorhussit. Böhmen (1310 bis 1419), Jb. für Wirtschaftsgesch. 1988/1, 83–93.

Sedulius, christl. Dichter, 1. Hälfte 5. Jh. in Italien, behandelte die Heilsgesch., bes. die Wunder des AT und NT in ep. Form, in doppelter Fassung, metr. und Prosa: 1. Carmen paschale in 5 B. (1753 Hexam.) mit Prosaepistel ad Macedonium presbyterum, praefatio (8 Distichen) und Prolog (86 Hexam.). – 2. Opus paschale in Prosa, mit einer

2. Epistel ad Macedonium. – 3. Hymni: Cantemus socii, Domino, cantemus honorem (1), 55 epanalept. Distichen über die Heilsgesch., z. T. in Gegenüberstellung des AT und NT – A solis ortus cardine (2), Abecedar in 23 ambrosian. Strophen über das Leben Christi. Bereits im frühen MA wurde S. zu einem der beliebtesten Dichter und seit der Karolingerzeit steht er als Klassiker der ep. Dichtung gleichrangig neben Arator und →Prudentius. Die zweifache Fassung seines Werkes wurde oft imitiert, bes. in der Hagiographie (→Walther v. Speyer). Mit Ausnahme des Opus paschale (6 Hss.) war S. sehr verbreitet (mehr als 350 Hss., bes. Schulhss.) und gehörte zum →Schullektürekanon: lat. Glossen der Hs. Laon 468, Komm. des →Remigius v. Auxerre, →Accessus ad auctores, Komm. der Hs. Erfurt Amplon. 8° 8, volkssprachige Glossierungen, interl. dt. Übers. (Hs. Lüneburg), mhd. Übers. des Hymnus 1 (Hs. München, Clm 15147), Luthers Übers. des Hymnus 2. Von →Petrarca gelobt (Ecloga 10, 311) wurde S. im 16. Jh. 30 mal gedruckt und noch in den Schulen gelesen. C. Jeudy

Ed.: J. Huemer, CSEL 10, 1885 – F. Corsaro, S. poeta, 1956 [it. Übers., Komm.] – C. P. E. Springer, CCL [in Vorb.] – Carmen paschale: N. Scheps, 1938 [1, 2; mit ndl. Übers., Komm.] – P. W. A. T. van der Laan, 1990 [4, Komm.] – R. A. Swanson, Classical J. 52, 1957, 289–297 [1, engl. Übers.] – Hymni: Anal. Hymn. 50, 1907, 53, 58–59 – Konkordanz: J. Schwind, 1991 [dactyl. in ThLL] – Hss.: C. Springer, Transactions of the American Philos. Society, Monogr. [im Dr.] – Lit.: s. a. →Bibeldichtung, →Epos, →Hymnen – F. J. E. Raby, Christian Lat. Poetry, 1953², 108–110 – D. Kartschoke, Bibeldichtung, 1975, passim – J. Fontaine, Naissance de la poésie, 1981, passim – C. P. E. Springer, S. A solis ortus cardine, EL 101, 1987, 69–75 – Ders., The Gospel as Epic ... The P. C. of S., 1988 – im MA: s. a. →Accessus ad auctores, →Remigius v. Auxerre, →Schullektüre – J. Huemer, Über ein Glossenwerk zum Dichter S., SAW 96, 1880, 522–550 – Ders., Excerpta ex Remigii expositione, CSEL 10, 316–359 – H. D. Meritt, OE S. Glosses, AJPh 57, 1936, 140–150 – L. Baldelli, Glosse in volgare cassinese del s. XIII, Studi di filol. it. 16, 1958, 97–181 – J. J. Contreni, Codex Laudunensis 468, 1984 [ed. facs. f. 52–61] – M. Stähli, S., C. P. – Bruchstücke..., ZDA 114, 1985, 330–337 [dt. interl. Übers.] – C. Jeudy, Le carmen III d'Alcuin, Scire litteras, AAM 99, 1988, 221–226 – Dies., L'œuvre de Remi d'Auxerre, L'école caroling. d'Auxerre, 1991 – N. Henkel, Dt. Übers. lat. Schultexte, 1988.

Sedulius Scottus, lat. Gelehrter und Schriftsteller, Mitte des 9. Jh. Neben dem wohl etwas jüngeren →Johannes Scottus, dem vieldiskutablen philosoph. Kopf um Kg. Karl d. Kahlen im westfrk. Laon, wird S. natürl. Mittelpunkt und »Vergil« einer ir. Kolonie im lothring. Lüttich (Maro Leodii): grammaticus mit Kommentaren zu Eutyches, Donatus und Priscianus; Bibelkommentar (Pelagianer?, mit Spuren der Vetus Latina); Verf. eines prosi- und polymetr. Fürstenspiegels für Kg. Lothar II. und von rund 85 Gedichten (an karol. Königsfamilien, Bf.e wie die Lütticher Hartgar und Franco vor und nach 855: Begrüßungs- und Geleitverse, Epitaphien, descriptiones, mit manchen gr. Elementen und Wort- und Zahlenspielereien, Tierallegorien u. ä.). Die Belesenheit hat er sich durch Kollektaneen verschiedenster Lesefrüchte verschafft (cod. Cusanus 52), einen gr. Psalter hat er selbst geschrieben (Paris, Arsenal 8407 mit gr. Subskription); um 865 sind in Mailand im »stilus Sedulianus« einige Gedichte abgefaßt worden. R. Düchting

Ed.: MPL 103 – Carmina: L. Traube, MGH PP III 151ff. – J. Meyers, CChrCM 117, 1991 – Liber de rectoribus Christianis: S. Hellmann, 1906; engl. E. G. Doyle, 1983 – Kommentare: D. Brearley, In Donati artem maiorem, 1975; B. Löfstedt, CChrCM 40 b, 1977 – Ders., In D. artem minorem, In Priscianum, In Eutychem, CChrCM 40 c, 1977 – Ders., Komm. zum Evangelium nach Matthäus i, 1–11, 1989 – D. Simpson, Collectaneum miscellaneum, CChrCM 67, 1988 (mit Suppl. v. F. Dolbeau, 1990) – Lit.: Manitius I, 315ff. – Brunhölzl I, 449ff. – L. Traube, O Roma nobilis, 1891 – J. F. Kenney, The sources for the early history of Ireland, 1929 u. ö., 553 ff. – S. Hellmann, S., 1906 – H. J. Frede, Pelagius. Der ir. Paulustext. S., 1961 – R. Düchting, S. Seine Dichtungen, 1968 – N. Staubach, S. und die Gedichte des Codex Bernensis 363, FMASt 20, 1986, 549–598 – J. Meyers, L'art de l'emprunt dans la poésie de S., 1986 – Ders., Le classicisme lexical dans la poésie de S., 1994.

Seebuch, nz. Bezeichnung für das älteste nordwesteurop. Seehandbuch. Seine überlieferten, z. T. divergierenden zwei Hss. datieren um 1470 und sind in mnd. Sprache abgefaßt; eine weitere fragmentar. Hs. befand sich bis Ende des Zweiten Weltkrieges in der Gymnasialbibl. v. Halberstadt. Das S., zeitgenöss. eher als *kaerte* angesprochen, enthält Angaben zu Gezeiten, Strömen, charakterist. Lotungstiefen sowie Häfen und Reeden von Estland (Reval) bis Marokko (Ceuta), einschließl. S-Norwegen, England und Irland. Seine sehr heterogenen 14 Kapitel sind nicht – wie die ältere Forsch. z. T. annahm – südeurop. Ursprungs, sondern aus bis zu eineinhalb Jahrhunderte älteren Vorlagen bret., ndl. und wahrscheinl. engl./hans. Schiffahrtskreise entstanden. Möglicherweise steht seine mnd. Übersetzung im Zusammenhang mit dem hans.-engl. Konflikt von 1469–74. Obwohl die Vorlagen des S.es in den ndl. *Leeskaarten* des 16. Jh. weiterwirken, hat seine ndl. Fassung keine eigenständige nd. Texttradition begründet. Die vergleichbaren dt. Texte des 16. Jh. sind erneute Übers.en aus dem Ndl. A. Sauer

Ed. und Lit.: Das S., ed. K. Koppmann (Nd. Denkmäler 1, 1876) [A. Breusing, Das S. in naut. Beziehung, ebd., S. XXXV–LIII] – Frgm. des S.es, ed. G. Schmidt, Jb. des Vereins für nd. Sprachforsch. 2, 1876, 80–82 – W. Behrmann, Über die nd. S. er des 15. und 16. Jh., Mitt. der Geogr. Ges. Hamburg 21, 1906, 65–176 [Neudr. 1978] – D. W. Waters, The Rutter of the Sea, 1967 – J. Goetze, Hans. Schiffahrtswege in der Ostsee, HGBll 93, 1975, 71–88 – U. Schnall, Bemerkungen zur Navigation auf Koggen, Jb. der Wittheit zu Bremen 21, 1977, 137–148 – A. Sauer, Die Bedeutung der Küste in der Navigation des SpätMA, Dt. Schiffahrtsarchiv 15, 1992, 249–278.

Seeburg → Grobin, → Saeborg

Seefahrt, Seeleute
A. Westliches Europa – B. Byzanz/östliches Mittelmeer
A. Westliches Europa
I. Seefahrt – II. Seeleute.
I. Seefahrt: Als → Navigation wird die Tätigkeit bezeichnet, durch die ein Fahrzeug, auf einer Wasserfläche (Meer, See, Fluß, Kanal usw.) schwimmend, von einem Ort (Ausgangspunkt) zum anderen (Zielpunkt) bewegt wird. Sie bedingt somit den Einsatz eines Schiffes bzw. →Bootes oder eines Floßes (→Flößerei), das dem jeweiligen Zweck sowie den verfügbaren techn. Möglichkeiten angepaßt ist; ebenso muß der Weg, durch den der Zielort (in direkter Anfahrt oder in Etappen) erreicht werden soll, bestimmt werden; techn. Geräte und Verfahren finden dabei Anwendung, entsprechend dem Können des Navigators. Es werden verschiedene Typen der Navigation unterschieden, je nach der zu überwindenden Entfernung, der Funktion des benutzten Schiffs (Handel, Personenbeförderung, Krieg, Fischerei usw.) sowie der Art des Antriebs (Ruder, Segel; tier. oder menschl. Zugkraft: Treideln; im industriellen Zeitalter: Maschinenkraft).

Die Schiffe, die im ma. Europa in Gebrauch waren, standen in der Tradition der griech.-röm. Antike, gingen vielfach aus der einfachen monoxylen Pirogge (→Einbaum) hervor (mit Ausnahme kelt.-ir. Schiffstypen: *curragh*, 'Coracle') und waren aus pflanzl.-organ. Material (→Holz usw.) oder Leder angefertigt. Die Schiffstypen der nördl. Meere und diejenigen der Mittelmeerländer unterschieden sich durchgängig in der Anordnung der den Kiel bildenden, genagelten oder gedübelten Holzplanken (dazu ausführl. →Schiff, -bau, I, 3). Die nordeurop. Meere kannten vornehml. kräftige bauchige und flachbodige Schiffe von starkem Eigengewicht, gut geeignet zur Bergfahrt auf Flüssen (→Binnenschiffahrt) und als Frachtschiffe für den (langsamen) Transport von Massengütern wie Salz, Getreide, Wein, Bier oder Bausteinen. Wichtige Vertreter dieses schwerfälligen, aber belastbaren Schiffstyps sind →Kogge und Holk. Die dem Mittelmeerraum angehörenden dünnwandigen und schnittigen Schiffe waren zwar bruchanfälliger, zeichneten sich dafür aber durch Wendigkeit und Manövrierfähigkeit aus. Wichtige Repräsentanten dieses Typs sind Dromon, Galeere, coca und navis.

Die techn. Evolution mündete ein in eine europ. Symbiose aus Schiffbautraditionen sowohl der nördl. wie der südl. Gewässer; zu den wichtigsten Schaltstellen dieser →Innovationen zählten die Niederlassungen der Genuesen und Venezianer in →Brügge seit dem späten 13. Jh. (s. a. →Arsenal, *Clos des Galées*). Die Entwicklung führte zur allg. Verbreitung von *kraweel* gebauten Schiffstypen, ebenso zur Einführung des Heckruders anstelle des Seitenruders. Das neue Rudersystem, das sich von den Häfen der kantabr. Küste im 14. und 15. Jh. verbreitete, erlaubte besseres Kurshalten. Zur gleichen Zeit verbreitete sich im Bereich des Atlant. Ozeans die Segelschiffahrt, wohingegen sich im Mittelmeer stärker die aus der Antike überkommene Ruderschiffahrt hielt. Die Takelung der Segelschiffe erreichte mit der Konstruktion von Dreimastern hohe Vollendung; bei der Caravelle trugen Großmast und Fockmast die charakterist. viereckigen Rahsegel, wohingegen der Besanmast ein Lateinersegel besaß.

Mit der wachsenden Verbreitung techn. Instrumente und dem Aufkommen der naut. Berechnungen wurde die Navigation zur 'ars', gleichsam zur (angewandten) Wissenschaft; die Sorge um die Einhaltung des gewählten Kurses wie um die Sicherheit des Schiffes (Vermeidung von Untiefen, Gegenströmungen usw.) erforderte eine (zumindest annähernde) Bestimmung der Position. Eine echte Innovation wurde erzielt mit dem Einsatz des →Kompasses, der (in frühen, primitiveren Formen) seit dem späten 12. Jh. belegt ist und sich mit der Einschließung der Magnetnadel in eine Büchse (*bossola*, Büchsenkompaß) im späten 13. Jh., wohl von Amalfi aus, verbreitete. Der Kompaß erlaubte die seemänn. Nutzbarmachung der Astron. →Tafeln (12.–13. Jh.) und der seit dem Ende des 13. Jh. auftretenden Küstenkarten, der *Portulane* (→Karte, Kartographie). Sie unterschieden sich von den älteren Karten durch ihre geometr. Konstruktion (→Geometrie) und konnten die tatsächl. Entfernungen zw. den ihrer Lage nach bekannten Häfen (daher 'Portulane' gen.) wiedergeben. Die ältesten kartograph. Werkstätten befanden sich in Italien (Pisa, Genua, Venedig) und im span.-katal. Bereich (Mallorca), dann auch in Portugal, in der Normandie (Dieppe), später in England und Holland. Ihre Produktion war nicht nur bei Mäzenen und gelehrten Sammlern begehrt, sondern diente auch prakt. Zwecken der Navigatoren, denen z. B. der Kg. v. Aragón bereits Mitte des 14. Jh. untersagte, eine S. anzutreten, ohne wenigstens zwei Karten an Bord zu haben. Zwar ist die Gründung einer »Seefahrtsakademie« (bei Sagres) durch den Infanten v. Portugal, →Heinrich 'den Seefahrer', eine Legende, doch scharte dieser große →Mäzen der S. doch einen Kreis gelehrter Navigationsspezialisten um sich und unterhielt Kontakte zu aktiven Geographen der Elsässer und Nürnberger Humanistenzirkel.

Neben den Karten standen den Navigatoren bestimmte astron.-naut. →Instrumente zur Verfügung, durch die sie (mittels Messung der Höhe der Gestirne) den Breitengrad, auf dem sich ihr Schiff befand, bestimmen konnten. Mehrere dieser Instrumente (→Astrolabium) waren seit der Antike bekannt, wurden aber vor dem Entdeckungszeitalter wegen der Bewegung des Schiffes nicht an Bord verwendet. Noch im späten 15. Jh. gingen die Portugiesen auf ihren Fahrten an den südl. Küsten v. →Afrika an Land, um die Breitengrade auf festem Boden zu bestimmen; es kann also vor dem 16. Jh. nicht von einer Navigation auf genuin astron. Grundlage gesprochen werden. Eine noch wesentlich größere Erschwernis war die Unmöglichkeit der Bestimmung des Längengrades; diese wurde trotz aller Forschungsbemühungen des 16. Jh. erst im 18. Jh. erreicht.

Die wesentl. Kompetenz des Seemanns beruhte daher noch für lange Zeit auf Erfahrung. Zur Erleichterung der Orientierung verfügte er zwar über seemänn. Reisehandbücher (*routiers*, →Itinerar), die gezielte Auskunft über das Aussehen der Küsten und ihrer 'Wahrzeichen' (z. B. Glockentürme, Bäume, Monumente) gaben (z. T. unter Beigabe von schemat. Lageskizzen); unentbehrlich blieb gleichwohl der seemänn. Instinkt (Beobachtung des Meeres und des Himmels: Wetterveränderung und -umschläge, Hinweise auf Küstennähe durch im Wasser schwimmende Zweige, Gräser usw., bestimmte Vogel- und Fischarten usw.). Der »sechste Sinn« des erfahrenen Schiffers blieb ein unentbehrl. Mittel der naut. Orientierung auf dem Weg zum sicheren Hafen (»port de salut«). Auch die großen Seefahrer des Konquistadorenzeitalters, selbst →Kolumbus, verbanden stets empir. Beobachtungen mit math.-naturwiss. Berechnung.

Die Beschleunigung und Intensivierung des wirtschaftl. Austausches führte im Laufe der Epoche des MA zur Ausprägung fester Seefahrtsrouten. Die Skandinavier fanden dank ihres maritimen 'sensus' Seewege von →Bergen nach →Island und →Grönland, die nord- und westeurop. Fischer (Briten, Bretonen, Normannen und Basken) kannten ihrerseits die großen Kabeljaubänke der Neuen Welt (Neufundland) bereits vor dem Ende des 15. Jh. (→Fisch, -fang). Die wichtigste Seeroute war allerdings die Verbindung zw. den →Häfen der Hanse im Bereich der →Nordsee und denen des →Mittelmeeres; sie verlängerte sich im NO in die →Ostsee, im SO ins →Schwarze Meer. Das 15. Jh. war schließl. geprägt von der Erschließung der großen ozean. Verkehrswege, die sich auf die glückhafte Verbindung maritimen Unternehmungsgeistes der Portugiesen mit den wiss. Fortschritten der Navigation gründete. Die weitgespannte atlant. S. an der Schwelle der Neuzeit manifestiert sich eindrucksvoll in der berühmten 'volta', der großen Seeroute, die auf der Hinfahrt an die afrikan. Westküste (→Guinea) führte, dann zu den Azoren (→Atlant. Inseln), von wo aus der direkte Rückweg zu den Häfen der Iber. Halbinsel angetreten wurde. Eine derartige Route war nur zu bewältigen durch genaue Kenntnis der Monsune und Oberflächenströmungen; auch bedurfte es strapazier- und manövrierfähiger Schiffstypen, die gegen den Wind zu kreuzen vermochten.

Die Initiative lag immer in der Hand des Menschen, der bestrebt war, sein (wirtschaftl. oder militär.) Ziel unter den günstigsten und sichersten Bedingungen zu erreichen. Das techn. Können der Schiffbauer und die Kunst der Navigatoren reichten allerdings oft nicht aus, die Gefahren einer unberechenbaren Natur und die Launen der Fortuna zu bannen. Die S. profitierte seit dem MA von den ersten Fortschritten bei der Kennzeichnung gefährl. Küstenbereiche; es wurden in Wiederaufnahme antiker

Traditionen des Nachts auf Vorgebirgen und in Meerengen (z. B. Messina, Livorno, Marseille, Cádiz, Boulogne) Leuchtfeuer entzündet; einen echten Fortschritt bildete die Errichtung regulärer →Leuchttürme (Cordouan am Eingang der Gironde, 1362). Dies konnte freil. nicht die Häufung von Schiffbrüchen (saisonal etwa im Mittelmeer, allg. in gefährl. Küstengewässern wie den *raz*, den zerklüfteten Felsenbuchten der →Bretagne) verhindern. Anstöße für eine Sicherung der auf See befindl. Schiffe und ihrer Ladungen (bzw. der durch sie repräsentierten Vermögenswerte) gab zunächst das Hochzinsdarlehen »à la grosse aventure«, später dann die →Seeversicherung, die sich seit dem 14. Jh. von Italien aus verbreitete (s. a. →Partenreederei). Es blieben die Gefahren der Piraten- und Korsarenüberfälle (→Seeraub, →Kaperschiffahrt), die sowohl in Nord- und Ostsee (→Vitalienbrüder) als auch im Mittelmeer (Sarazenen) gefürchtet waren, konnte die ma. Navigation sie doch kaum je neutralisieren. →Reeder, →Flotte, →Amiral, →Amirauté. M. Mollat

Lit.: W. Vogel, Gesch. der dt. Seeschiffahrt, 1915 – Guilleux-La Roërie-J. Vivielle, Navires et marins. De la rame à l'hélice, 2 Bde, 1931 – F. Braudel, La Méditerranée et le monde méditerranéen à l'époque de Philippe II, 1949, 1985⁶ – Colloques internat. d'hist. maritime, hg. M. Mollat, bisher 18 Bde, 1956–85 – P. Chaunu, L'expansion européenne du XIIIᵉ au XVᵉ s., 1969 – M. de La Roncière–M. Mollat du Jourdin, Les Portulans, 1984 [engl. und dt. Übers.] – Ph. Dollinger, La Hanse, 1988 [dt. Übers.] – M. Mollat du Jourdin, L'Europe et la mer, 1993 [u.a. dt. und engl. Übers.].

II. Seeleute: Die Bezeichnungen 'Seemann, Seeleute' (frz. 'gens de mer'), die in allen europ. Sprachen ihre Entsprechungen haben, werden unterschiedl. – manchmal enger, manchmal weiter – aufgefaßt. Sie werden oft eingegrenzt auf den spezif. Berufsstand der 'Navigatoren', der (ausgebildeten) seemänn. Besatzungen ('Matrosen') der Handels- oder Kriegsmarine (→Flotte), dann wieder ausgedehnt auf alle, die an Bord oder Land Arbeiten zur Herstellung, Reparatur und Ausrüstung von →Schiffen ausführen (z. B. Kalfaterer, Schiffszimmerleute, Riemenmacher, Segelmacher, Hersteller von Karten und Navigationsinstrumenten, sogar Handwerker und Lieferanten von Proviant und Ersatzteilen, für den →Fischfang arbeitende Frauen usw.). Selbst Bevölkerungsgruppen, die in ihrem Arbeitsalltag vom Meer abhängen (z. B. Arbeiter in Salzgärten [→Salz] und bei der Seegrasgewinnung), werden bisweilen den Seeleuten zugerechnet. Unter hist. und geograph. Gesichtspunkten unterliegt die Vorstellung von 'seemänn.' Berufsständen und Gruppen vielerlei Nuancen.

Seit der Karolingerzeit bezeichnete der Begriff 'maritimi' diejenigen, welche die Küstenverteidigung zu leisten hatten; sie waren auch zuständig für den Schutz des jeweiligen landeinwärts gelegenen »Hinterlandes«, dessen Umfang allmählich genauer definiert wurde (sechs, drei oder zwei Meilen) und das schließlich als feste Küstenwachtzone organisiert war. Ein engl. Gesetz von 1540 (dem im Mittelmeerraum bereits entsprechende Statuten vorausgegangen waren) beschreibt die Seeleute als recht offenes soziales Milieu, und im 17. Jh. dehnte Colbert die sozialen Vorteile, die den Leuten von »Stand« vorbehalten waren, auf die erblich dem Seefahrerstand angehörenden und als solche behördlich registrierten (»inscrit«) Familien aus.

Es blieb nicht aus, daß die seefahrende Bevölkerung zum Gegenstand eigener rechtl. Normen wurde (→Seerecht); wichtige Beispiele sind für den atlant.-nordeurop. Bereich die Rôles d'→Oleron, die Seerechte v. →Damme und →Visby, im Mittelmeerraum das Meerkonsulat (→Consolat de mar) sowie die seerechtl. Statuten →Genuas und →Venedigs, ferner das maritime Vertragsrecht der großen →Häfen (z. B. Bordeaux, Barcelona, it. Seestädte), schließl. auch die Urteile und Weistümer der Gerichtshöfe und Behörden (→Ordonnanzen des kgl. →Amiral de France), die ihr Gewohnheitsrecht (→Coutume) zur Anwendung brachten (z. B. Seeamt in →Sluis bei →Brügge).

Dank der genannten Rechtsquellen lassen sich verschiedene Kategorien von Seeleuten ausmachen. Die Rekrutierung der Schiffsbesatzungen erfolgte auf unterschiedl. Weise und reichte von genossenschaftl. Formen (aufgrund von Verwandtschafts- und Freundschaftsbeziehungen, bes. auf Fischerbooten) bis zur Zwangsrekrutierung von Sträflingen, Kriegsgefangenen und Sklaven auf den Galeeren des Mittelmeeres; die Entlohnung kannte so unterschiedl. Formen wie einerseits die beim Fischfang vielfach übliche Fangteilung, andererseits die reguläre Besoldung von techn. Spezialisten (→Navigation), deren Dienstleistungen genau definiert waren. Die ausgeprägte Berufssprache der Seeleute artikuliert eine echte Hierarchie.

Über die Verschiedenheit der Berufskategorien und die Ausdehnung der Vorstellung vom 'Seemann' auf weitere berufsständ. Gruppierungen hinaus werden auch gemeinsame Lebens- und Vorstellungsformen faßbar. Das Meer war eine Welt der Erwartung, sei es des »ersten guten Wetters, das Gott in seiner Güte schicken möge«, des Endes eines Gewitters oder einer Flaute, der glückl. Heimkehr. Gemeinsame religiöse Bindung als Schutz vor einer gefahrvollen Lebenswelt wird durch Verehrung bestimmter Heiliger (→Maria: Stella maris, →Nikolaus, →Petrus u. a.), Wallfahrten und Brauchtum (Johannisminne, →Minnetrinken) bezeugt. Das Meer ist aber auch eine Welt des Wagnisses: volles oder leeres Netz, Gefahr des Schiffbruches ('naufragium', 'Havarie') und schlimmer (realer wie mythisch-'abergläubischer') Konfrontationen auf See, Kämpfe mit ungewissem Ausgang, Gefangenschaft und Lösegeldauftreibung, Verlustgeschäfte und scharfe Konkurrenz, Enttäuschungen bei der Heimkehr. Das Risiko betrifft nicht nur den Seemann selbst, sondern prägt auch das Schicksal seiner Familie. Sosehr das Meer die Geduld auf die Probe stellt, sosehr schärft es auch den Unternehmungsgeist, die wache Neugier ('curiositas'), läßt den Seemann sich abfinden mit der Unwägbarkeit und erweitert seinen Gesichtskreis ins Unendliche. Die Menschen des Meeres dachten und fühlten in vielem anders als die Bewohner des Landes; hier liegt der entscheidende Unterschied, der für Nord- wie Südeuropa nicht zuletzt durch die Literatur des MA (z. B. →Navigatio s. Brendani) artikuliert wird. M. Mollat

Lit.: P. Heinsius, Das Schiff der hans. Frühzeit, 1956 – M. Lewis, A Social Hist. of the Navy, 1960 – J. Bernard, Navires et gens de mer à Bordeaux, 3 Bde, 1968 – K. F. Krieger, Ursprung und Wurzeln der Rôles d'Oleron, 1970 – F. Lane, Venetian Seamen in the Nautical Revolution of the MA (Venezia e il Levante fino al sec. XV, hg. A. Pertusi, I, 1973) – C. E. Dufourcq, La vie quotidienne dans les ports méditerranéens au MA, 1975 – Gens de mer en société, hg. P. Adam (XV. Coll. intern. Hist. Mar., Bukarest, 1980) [Beitr. zum nördl. Europa: T. J. Runyan, K. Friedland, H. Kellenbenz, J. S. Bromley] – Le Genti del Mare Mediterraneo, 2 Bde, hg. L. de Rosa (XVII. Coll. intern. Hist. Mar., Neapel, 1980), 1981 – M. Mollat, La vie quotidienne des gens de mer en Atlantique, 1983.

B. Byzanz/östliches Mittelmeer
Von den ven. und genues. Galeerenkonvois abgesehen, die im SpätMA das östl. →Mittelmeer und das →Schwarze Meer durchkreuzten und große Mengen hochwertiger Produkte transportierten (Gewürze, Seide; →Levantehandel), war die Fortbewegung der Handelsschiffe durch

Ruderer unökonomisch. Die riskanten, klippenreichen Gewässer verlangten nach schwachkielig ausgebildeten, somit aber unstabilen Schiffen. Dem bei hohem und kurzem Wellengang (bei in den Sommermonaten tagsüber permanent wehendem Nordwind) drohenden Bruch des Schiffsrumpfes begegnete man durch den Bau kurzer, rundlicher Einheiten mit flachem Bauch und scharfkantigem hohem Bug und Heck. Dadurch verlagerte sich auch der Schwerpunkt nach unten, und das Schiff wurde stabiler. Stabilisierend wirkte auch das schon im FrühMA verbreitete dreieckige Lateinersegel; befestigt an der schräg verlaufenden Rah, verwandelte es einen Teil der Windkraft in eine nach oben gerichtete Vertikalkomponente. Bei geschickter Handhabung ließ es außerdem das Segeln in Abweichung von mehr als 30 Grad zur Windrichtung zu. In Verbindung mit dem Zickzackkurs ermöglichte dies den Schiffen, beinahe gegen den Wind zu steuern. In Richtung Süden segelten die Schiffe unter Ausnutzung der permanenten Nordwinde auf offener See, bei anderen Windrichtungen aber möglichst entlang der Küste ('unter dem Wind'); Küstens. wurde aus navigator. Gründen, nicht etwa aus »Angst« vor der hohen See, bevorzugt. Der Nordstrom in den →Dardanellen konnte nur mit Anstrengung und Geschick überwunden werden und verlangsamte das Segeln in nördl. Richtung.

Von repräsentativer Geschwindigkeit bzw. Reisedauer bei den byz. Segelschiffen kann unter den geschilderten Umständen kaum gesprochen werden. Die Orientierung erfolgte empirisch. Astron. Kenntnisse (→Astronomie) und Kartographie (naut. Karten sind aus Byzanz nicht überliefert [s. aber HUNGER, Profane Lit. I, 524f.]) spielten in der griech. Navigation des MA keine Rolle, auch der →Kompaß wird in den Q. der byz. Spätzeit, z. B. im →Pulologos, eher als Kuriosum erwähnt. Im abgeschlossenen, kleinen Mittelmeerbereich ist ein wie bei der Hochseefahrt durch den Kompaß bewirkter navigator. Durchbruch ohnehin nicht denkbar. Sämtliche im Griechischen überlieferten Portulantexte sind nachbyz. Übersetzungen aus dem Venezianischen.

Bis zur lat. Eroberung (1204) war für die Zivils. das σέκρετον θαλάσσης (→Sekreton) unter dem παραθαλασσίτης zuständig. Es nahm die Eintragungen ins Schiffsregister sowie die Vermessungen vor, wobei es primär darum ging, den Netto-Raumgehalt der Schiffe in zu verzollende Warenmengen umzurechnen. Nach 1204 wurden solche Aufgaben durch die *Kommerkiarioi* wahrgenommen. Anders als im Westen war der Name des Schiffes kein konstituierender Teil seiner rechtl. Identität, diese wird in den überlieferten Dokumenten weitestgehend durch Schiffstyp und -eigentümer bestimmt. Unter diesen begegnen in der Spätzeit auffallend häufig Großklöster mit weiträumig verstreuten Apanagen (Große Lavra, Patmos). Rechtl. Angelegenheiten wurden in der Frühzeit anhand des Rhodischen Seegesetzes (→Seerecht) sowie später anhand des Titels »Über die naut. Angelegenheiten« in der Hexabiblos des →Konstantinos Armenopulos (14. Jh.) geregelt. Armenopulos legt Nachdruck auf zivilrechtl. Angelegenheiten bzw. auf die Haftbarkeit des *Naukleros*, wie zunächst der Schiffer, in den späteren Jahrhunderten jedoch primär der Kapitän bezeichnet wurde. →Schiff, -bau. G. Makris

Q. und Lit.: R. W. UNGER, The Ship in the Medieval Economy (600–1600), 1980, 50ff. – E. SCHILBACH, Byz. metrolog. Q., 1982², 126–133 – G. MAKRIS, Stud. zur spätbyz. Schiffahrt, 1988 – s.a. →Flotte, A. II [H. AHRWEILER, 1966]; →Seerecht, Byzanz [A. ASHBURNER, 1909] – G. DAGRON, Das Firmament soll chr. werden (Fest und Alltag, hg. G. PRINZING – D. SIMON, 1990), 145–156, 210–215 – Oxford Dict. of Byzantium, 1991, 1888f. – →Schiff, -bau, Byzanz [J. H. PRYOR, 1988 (1992²)].

Seehund → Robben

Seekarte → Portulan

Seekonsulat v. Barcelona → Consolat de mar

Seeland (ndl. Zeeland), Küstenlandschaft an der →Nordsee, im Mündungsbereich der →Schelde, mit zahlreichen Inseln und Halbinseln, heute Provinz der Niederlande.

[1] *Frühes und hohes MA:* In den »Miracula sancti Macharii« (1014) werden Bewohner von S. als 'maritimos' bezeichnet, wohingegen der Name S. erstmals in einer Urk. des Bf.s Dietrich II. v. →Utrecht (1200) auftritt. S. hat im Laufe der Jahrhunderte, einerseits durch Überflutungen, andererseits durch Landgewinnung (Polder: →Deich- und Dammbau, II, 2) starke geograph. Veränderungen erfahren.

Spuren röm. Siedlung werden v. a. in Küstennähe faßbar (Altäre der Nehalennia in Domburg). Durch Transgression (Dünkirchen II) war das Gebiet von ca. 300 bis 750 weithin unbewohnbar; es stand (mit Ausnahme der alten Dünenlandschaft entlang der Küste) über lange Zeiträume großenteils unter Wasser. Von ca. 500 bis 900 bestand bei →Domburg auf der Insel Walcheren eine Siedlung ('Walacria'), die im 8.–9. Jh. wirtschaftl. Bedeutung (→'Friesenhandel') gehabt haben muß. In engem Zusammenhang mit dem Niedergang dieses Handelsplatzes im 10. Jh. entwickelte sich Middelburg als →Portus zum wichtigsten →Hafen in S.

Lag die Oberherrschaft im frühesten MA möglicherweise bei den Kg.en (Fs.en) der →Friesen, so tritt das Gebiet von S. seit dem Ende des 7. Jh. eindeutig als Teil des →Frankenreiches hervor. Zur Förderung der →Mission, die im 7. Jh. vielleicht von →Eligius und später von →Willibrord eingeleitet wurde, übertrugen die frk. Kg.e weite Ödlandkomplexe an große Abteien wie St. Bavo in →Gent oder →Echternach. Ausgehend von der im 10. Jh. in →Middelburg gestifteten St. Martinskirche entstanden durch Teilung und Stiftung von Filialkirchen fünf Pfarreien auf Walcheren.

Im 9. Jh., dem Zeitalter der Normannenangriffe, suchten die Karolinger auf Walcheren (wie in anderen strategisch wichtigen Küstengebieten: →Rüstringen, später in der →Normandie) der Wikingergefahr durch Einsetzung konkurrierender norm. Anführer als Vasallen Herr zu werden: Ludwig d. Fr. installierte den zum Christentum bekehrten Dänen Hemming als militär. Befehlshaber der Insel, doch wurde dieser bereits 837 bei einer Landung der Dänen getötet; 841 belehnte Lothar I. den vertriebenen Dänenkg. →Harald Klak mit Walcheren und Umgebung. Allgemein wird angenommen, daß die aus der 2. Hälfte des 9. Jh. stammenden Ringwälle (Domburg, Middelburg, Souburg, Burgh auf Schouwen) zur Normannenabwehr angelegt wurden.

1012 belehnte Ks. →Heinrich II. den Gf.en →Balduin IV. v. →Flandern mit S. westl. der Oosterschelde, während auf den anderen Inseln offenbar der Gf. v. →Holland zunehmend an Macht gewann. Flandern hatte großen Einfluß auf die rechtl. und staatl.-institutionelle Entwicklung S.s, das als →Burggft. konstituiert war.

[2] *Spätes MA:* Im 13. Jh. war S. ein ständiger Zankapfel zw. den Gft.en Holland und Flandern. Im Rahmen dieses Machtkampfes nannte sich Gf. →Floris V. v. Holland 1289 auch Gf. v. S. Nach seinem Tod (1296) verweigerten Jan van Renesse und seine adligen Anhänger dem Gf.en v. Holland und Hennegau, →Johann II. v. →Avesnes (der in S. nur die Unterstützung von Middelburg und Zierikzee

hatte) die Anerkennung und erhielten dabei Unterstützung von →Gui III. v. →Dampierre, Gf. en v. Flandern, wohingegen der Kg. v. Frankreich dem Haus Avesnes beistand und mit Hilfe genuesischer Flottenkontingente die flandr. Flotte 1304 bei →Zierikzee vernichtend schlug; im Vertrag v. Paris (1323) fiel S. definitiv an den Gf. en v. Holland. Folgte die polit. Gesch. S.s von nun an großenteils derjenigen Hollands (die großen holl. Verwaltungsinstitutionen, Hof v. Holland und Rechenkammer, waren auch zuständig für S.), so behielt S. doch eine eigene Ständevertretung (Staatenversammlung).

Die Erbteilung der freien Herrschaftsgebiete (*ambachtsheerlijkheden*) und das Überwiegen von sog. 'schlechten Lehen' ließen in S. einen Kleinadel mit recht zersplitterten Besitzverhältnissen entstehen. Nur wenige Geschlechter erlangten eine höhere Machtstellung, so insbes. die van Borselen (→Wolfert 'de Borselle'). 1433 fiel S. an →Philipp den Guten v. →Burgund. Das hinderte aber Henrik van Borselen, den Herrn v. Veere († 1474), nicht, fast ganz Walchern (mit Ausnahme von Middelburg und →Arnemuiden) seinen Besitzungen einzuverleiben.

Im 13. Jh. erhielten mehrere Orte Stadtrecht (Middelburg, Westkapelle, Domburg, Zierikzee); der Zoll von Iersekeroord war frühzeitig Bestandteil eines gfl. Zollsystems. S. hatte wichtigen Anteil an der Verschiffung engl. →Wolle nach →Antwerpen. Seeländ. Handelsschiffahrt dehnte sich im 14. Jh. bis in den Bereich der →Ostsee aus. Daneben gewann die Heringsfischerei (→Fischfang) an Bedeutung. Im 14. – 16. Jh. spielte S. aufgrund seiner günstigen Lage (die *Walcherse rede* bildete einen großen natürl. Hafen für Seeschiffe) eine zentrale Rolle als Transithafen für die einander in der wirtschaftl. Führung ablösenden Regionen Flandern, →Brabant und Holland. Schiffahrt und Salzraffinerie waren die dominierenden Gewerbezweige der Seeländer. L. H. J. Sicking

Q. und Lit.: Encyclopedie van Z., I–III, 1982–84 – I. H. Gosses, De rechterlijke organisatie van Z. in de middeleeuwen, 1917 – R. Fruin, De provincie Z. en hare rechterlijke indeeling vóór 1795, 1933 – M. van Empel–H. Pieters, Z. door de eeuwen heen, I, 1935 – A. C. F. Koch–J. G. Kruisheer, Oorkondenboek van Holland en Z. tot 1299, I–III, 1970–1992 – C. Dekker, Zuid-Beveland, 1971 – Algemene Geschiedenis der Nederlanden 4, 1980, 271–291 [H. P. H. Jansen]–W. P. Blockmans, The Economic Expansion of Holland and Z. in the fourteenth-sixteenth centuries (Liber Amicorum H. van der Wee, 1993), 41–58 – P. A. Henderikx, Walcheren van de 6e tot de 12e eeuw. Nederzettingsgeschiedenis in fragmenten, Archief. Med. van het Koninkl. Zeeuwsch Genootsch. der Wetensch., 1993, 113–156.

Seele
I. Westen – II. Ostkirche – III. Judentum – IV. Islam.

I. Westen: Antike seelentheoret. Motive (S. als lebensspendendes Prinzip, S. als wegen der ihr selbst nicht bewußten Beschränktheit zu überwindende Instanz im Prozeß der Wissensgewinnung und Willensbildung, S. als Einheit von prävalentem Denken und sinnl. Wahrnehmung, deren Zusammenspiel Erkenntnis ermöglicht, S. als Vollkommenheit des Körpers) werden durch Vermittlung des →Neuplatonismus bestimmend für →Augustinus' S.n-Lehre. Die S. besitzt für ihn wegen ihrer Unkörperlichkeit, Unausgedehntheit und Unteilbarkeit stets einen Vorrang vor dem Körper, den sie zugleich belebt und beherrscht (De quant. an. 13, 22). Daher soll sie sich auch von allen Körperdingen ab- und dem absoluten Prinzip, Gott, der unveränderl. Wahrheit, zuwenden, in deren Betrachtung sie wahre Freude, die des Genusses, erlangt (De quant. an. 33, 71–76). So verknüpft Augustinus Erkenntnisverlangen und Glückssuche, Kontemplationsdenken und Liebesethik, Philos. und Theol., was sich auch noch spät in seiner Theorie der Ternare 'Geist/Kenntnis/Liebe' und 'Bewußtsein/Erkenntnis/Wille' (De trin. X–XV) manifestiert (Mojsisch, Die Theorie …). Seine Gnadenlehre (Flasch, Augustin) unterminiert jedoch seine intellektualist.-voluntarist. ausgerichtete S.n-Theorie. Nicht →Plotin, wohl aber →Proklos und →Dionysius Areopagites beeinflussen neben Augustinus mit ihren S.n-Theorien das Denken im MA erhebl.: Die S. ist gegenüber dem →Einen und dem Intellekt stets etwas Abgeleitetes, Nachträgliches, kann sich jedoch durch Reinigung und Selbstüberwindung dem Einen immer mehr annähern, um schließlich mit ihm vereint zu werden (Ruh), und zwar durch das transintellektuale 'Eine in uns' (Beierwaltes). Die S. ist so Durchgangsstadium für das durch →egressio/ regressio sich über alles Viele zu sich selbst hin vermittelnde Eine. Von →Cassiodor(us) ist eine Schrift über die S. erhalten, in der er die spätantiken S.n-Theorien des lat. Westens zusammenträgt; er selbst definiert die S. als einfache Substanz, die von der Materie des Körpers abgetrennt existiert und das Vermögen des Lebens besitzt. →Alkuin, →Hrabanus Maurus und bes. →Johannes Scot(t)us (Eriugena) verfeinern die S.n-Theorien der Spätantike; Johannes beseitigt seelentheoret. Mißverständnisse: Die S. ist ganz Leben, ganz Intellekt, ganz Verstand, ganz Wahrnehmung, ganz Erinnerung und so belebendes Prinzip des Körpers (De div. nat. IV 166). Im 12. Jh. wird bei den Chartrensern die Platon.-Theorie der Welt-S. wieder virulent (Gregory), bei den Viktorinern die Augustin. Disjunktion zw. den drei Personen in der Einheit der Gottheit und der einen Person des aus Körper und S. bestehenden Menschen. Wichtig gerade für das 13. Jh. werden bes. Aristoteles' Werke (Dod), der neuplaton. ausgerichtete →'Liber de causis', Proklos' 'Elementatio theologica', die Schriften und/oder Aristoteleskommentare bes. →al-Fārābīs, →Avicennas, →Averroes' und →Maimonides'. Aristoteles selbst hat erklärt, die Erforschung der S. sei wegen ihrer method. Strenge und ihres vorzügl. Gegenstandes allen anderen wiss. Bemühungen voranzustellen (De an. I 1, 402a1–4), was Zustimmung findet bei →Johannes XXI. (Knebel). Weil Aristoteles aber auch von der Gleichrangigkeit des Wesens und der Affektionen der S. gesprochen hat (De an. I 1, 402b16–403a2), erklärt Avicenna den tätigen Intellekt und Averroes sogar sowohl den tätigen als auch den möglichen Intellekt (→intellectus agens/intellectus possibilis) für von der S. abgetrennte kosm. Substanzen, die der S. allein nachträgl. akzidierten. Obwohl →Albertus Magnus die Aristotel. Definitionen der S. (bes. die, daß die S. der erste Akt eines natürl., mit Organen ausgestatteten Körpers sei) kennt (De an. II 1, 3; Ed. Colon. VII/1, 68, 54–56), neigt er gleichwohl Averroes' Intellekttheorie in einer gereinigten Form – die Potenzen der S. setzen das Sein (Wesen) der S. stets voraus – zu, um den Gehalt von sich selbst gestaltender Intellektualität herauszustellen (Mojsisch, Grundlinien), ähnl. →Ulrich v. Straßburg, verstärkt aber (der frühe) →Siger v. Brabant und bes. →Dietrich v. Freiberg, der den tätigen Intellekt gar als ursächl. Prinzip des Wesens der S. und zugleich den tätigen sowie mögl. Intellekt jeweils als Substanz begreift (Mojsisch, Die Theorie …). Das sind neben neuplaton. Motiven die theoret. Voraussetzungen für →Eckharts Konzeption eines ungeschaffenen und unerschaffbaren Grundes der S., der in seiner →Selbstverursächlichung sich erkennt und sich will (Mojsisch, Meister Eckhart). Für →Thomas v. Aquin hingegen ist die S. Substantialform des Körpers, und ihre Potenzen (Kräfte, Fähigkeiten, Affektionen) sind Akzidentalformen (S. theol. I 77, 6); weil die S. aber von der Materie, nicht jedoch von sich selbst abtrennbar ist, ist sie inkorruptibel

(S. theol. I 75, 6), wegen ihrer Inkorruptibilität auch unsterblich. Gerade im 13. Jh. begegnet ferner eine Vielzahl von der Mystik zuzurechnenden S.n-Lehren (LANCZKOWSKI), in denen das bes. Verhältnis 'Gott/S.' in eher nicht-theoret., vielmehr den Empfindungen, Wünschen und spirituellen Erfahrungen nachspürender Weise zur Sprache kommt. Im 14./15. Jh. werden von →Johannes Buridanus und seinen Anhängern (bes. von →Marsilius v. Inghen und →Blasius v. Parma, in abgeschwächter Weise von Lorenz v. Lindores und →Oresme, N.) materialist. Perspektiven der S.n-Lehre promulgiert, aber nicht nur, wie Pierre d'→Aillys Ethik ausweist (PLUTA). Bei →Nikolaus v. Kues gewinnt die neuplaton. Theorie der S. wieder an Virulenz: Die S. ist defizient, weil ihr die Vernunft und das Eine – wie die S. auch mentale Einheiten – vorausgesetzt sind; sie ist jedoch zugleich in der Lage, sich zu transzendieren, um sich in ihre Ursprünge zu versetzen. Cusanus' Antiaristotelismus (das für die S. geltende Prinzip vom auszuschließenden Widerspruch ist grundgelegt durch den dieses Prinzip überwindenden Gedanken der Koinzidenz widersprüchl. Entgegengesetzter) bereitet neuzeitl. Denken vor. B. Mojsisch

Lit.: T. GREGORY, Anima mundi. La filosofia di Guglielmo di Conches e la scuola di Chartres, 1955 – Z. KUKSEWICZ, De Siger de Brabant à Jaques de Plaisance, 1968 – L. HÖDL, Über die averroist. Wende der lat. Philos. des MA im 13. Jh., RTh 39, 1972, 171–204 – B. MOJSISCH, Die Theorie des Intellekts bei Dietrich v. Freiberg, 1977 – R. IMBACH, Le (néo-)platonisme médiéval. Proclus latin et l'école dominicaine allemande, Revue de théol. et de philos. 110, 1978, 427–448 – A. M. HAAS, Sermo Mysticus, 1979 – K. FLASCH, Augustin. Einf. in sein Denken, 1980 – J. MUNDHENK, Die S. im System des Thomas v. Aquin, 1980 – B. MOJSISCH, Meister Eckhart. Analogie, Univozität und Einheit, 1983 – K. KREMER, S. Ihre Wirklichkeit, ihr Verhältnis zum Leib und zur menschl. Person, 1984 – W. BEIERWALTES, Denken des Einen. Stud. zur neuplaton. Philos. und ihrer Wirkungsgesch., 1985 – B. MOJSISCH, Grundlinien der Philos. Alberts d. Gr., FZPhTh 32, 1985, 27–44 – K. FLASCH, Das philos. Denken im MA, 1986 – O. PLUTA, Die philos. Psychologie des Peter v. Ailly, 1987 – J. LANCZKOWSKI, Erhebe dich, meine S. Myst. Texte des MA, 1988 – B. G. DOD, Aristoteles latinus, The Cambridge Hist. of Later Mediev. Philos., hg. N. KRETZMANN, A. KENNY, J. PINBORG, 1982[2], 45–79 – A. DE LIBERA, Albert le Grand et la philos., 1990 – K. RUH, Gesch. der abendländ. Mystik, I, 1990 – Sv. K. KNEBEL, Scientia de Anima (Die S. in der Scholastik (Die S. Ihre Gesch. im Abendland, hg. G. JÜTTEMANN, M. SONNTAG, CHR. WULF, 1991), 123–141 – L. STURLESE, Die dt. Philos. im MA, 1993.

II. OSTKIRCHE: Christl. (byz.) Anthropologie versteht den Menschen als Einheit aus S. und Leib. Übernommen ist sie aus der Schrift, entfaltet unter Zuhilfenahme griech. Philosophie. Die S., unmittelbar aus Gottes Hand, ist, im Gegensatz zum Leib, geistiger Natur und unsterblich. Hat →Origines die Präexistenz der S. vertreten, so wird diese von den Späteren allgemein abgelehnt (→Gregor v. Nyssa, →Evagrios, →Maximos, →Photios u. a.). Wegweisend wurde Gregor v. Nyssa († 394; de hom. op. MPG 44; de an. et resurr. MPG 46): S., mit dem Leib zugleich erschaffen und nach Weise des Geistes im ganzen Leib gegenwärtig, formt sie, selbst Abbild Gottes, diesen als ihr Abbild. Vielfältig wirkend, ist sie eine, doch in gewissem Sinn auch dreigeteilt als λογιστικόν, θυμοειδές, ἐπιθυμητικόν (λόγος, θυμός, ἐπιθυμία). Das Wesen der S. sieht Gregor nur im erstgenannten, die beiden anderen seien akzidenteller Art (MPG 46, 56 C). – →Nemesios v. Emesa entfaltet (um 400) eine wesentliche neuplaton. S.nlehre (de an. hom. MPG 40): vertritt noch einmal eine (gemäßigte) Präexistenz, Grundanliegen aber Rechtfertigung der chr. Auffassung von der S., deshalb später vielfach ausgeschöpft. Die drei S.nkräfte sind nach ihm der S. wesenhaft zu eigen in der Weise, daß das λογιστικόν führt, die beiden anderen gehorchen (MPG 672). – So kurz wie klar handelt die kleine Schrift des →Maximos Homologetes († 762) περὶ ψυχῆς (MPG 91, 353–361) von Existenz, Substantialität, Geistigkeit, Einfachheit, Unsterblichkeit, Vernunftausstattung der S. Entscheidend ist des Menschen Stellung: vermittelnd zw. Gott und Welt, ist er, obwohl »zweigeteilt« als Geist- und Sinnenwesen, eine unteilbare Einheit, so vollkommen, daß die Beziehung S.–Leib unaufhebbar noch im Tod bestehen bleibt (MPG 91, 1100f.). Wenn gelegentl. eine Dreiteilung–Geist, S., Leib–begegnet, zeigt sich schnell, daß »Geist« (νοῦς) mit der »Seelenspitze« identisch ist. Einheit der S. und Dreiheit der S.nkräfte, die auch er vertritt, bedingen einander, wobei diese je ihren Beitrag positiv einbringen. – Spätere Autoren – →Photios, →Symeon der Neue Theologe, Michael →Psellos, Nikephoros→Blemmydes u. a., bis zu→Symeon v. Thessalonike im 15. Jh. – tragen nichts Wesentliches zur weiteren Erhellung des S.nverständnisses bei.

H. M. Biedermann †

Lit.: DThC I, 968–1016 [ält. Lit.] – TRE XXII, 493–501 (s.v. »Mensch«) – J. HERGENRÖTHER, Photius III, 441–451, 1869 – H. M. BIEDERMANN, Das Menschenbild bei Symeon d. J., dem Theol., 1949 – L. THUNBERG, Microcosm and Mediator. The Theol. Anthropology of Maximus the Confessor, 1965 – W. VÖLKER, Maximus Confessor als Meister des geistl. Lebens, 1965 – A. KALLIS, Der Mensch im Kosmos. Das Weltbild des Nemesios v. Emesa, 1977 – A. ST. ELLVERSON, The Dual Nature of Man. A Study in the Theol. Anthropology of Gregory of Nazianzus, 1981 – F. GAHBAUER, Das anthropolog. Modell, 1984.

III. JUDENTUM: Aus den bibl. Begriffen *Neschamah* und *Näfäsch* ('Lebenshauch') entwickelte sich bereits im frühen Judentum die Vorstellung von der unsterbl. S. als das den körperl. Tod überdauernde Wesentliche am Menschen. Während sie unter hellenist. Einfluß im platon. Sinn reflektiert und beschrieben wurde, verbürgte in der rabbin. Tradition die Konzeption einer aufgrund intellektueller und moral. Vollkommenheit unsterbl. S. sowohl die Kontinuität des Individuums über den Tod hinaus als auch eine individuelle Lösung des Theodizeeproblems. Unter neuplaton. Einfluß setzte sich im FrühMA die Vorstellung einer präexistenten, immateriellen bzw. lichten Substanz und den Körper überdauernden S., deren Aufgabe die Rückkehr aus der Körperlichkeit zu ihrem Ursprung, der universalen S., ist, ebenso durch wie die Dreiteilung der S.nkräfte. Eine weitere Prägung erfuhren die Vorstellungen über die S. durch platon. und aristotel. geprägte Reflexionen der Religionsphilosophen. Aristotel. beeinflußte Denker wie →Maimonides sahen in der S. das Formprinzip des Körpers und banden sie somit an den (vergängl.) Körper. Unsterbl. Vollendung bestand nur losgelöst vom Körperlichen in der vom Aktiven (göttl.) Intellekt bewirkten Aktualisierung des potentiellen (menschl.) Intellekts. Seine Kritiker, die mit diesem Aufgehen im Aktiven Intellekt die Individualität gefährdet und gleichfalls für die Auferstehungshoffnung keinen Platz mehr sahen, bewirkten, daß sich die mit neuplaton. Gedankengut verbundene traditionelle Auffassung durchsetzte und daß sich bis in die Aufklärung der Glaube an die unsterbl. S. behauptete, deren endzeitl. Wiedervereinigung mit dem Leib jedoch nicht einschloß.

In der →Kabbala wurde die dreiteilige neuplaton. S.nlehre ergänzt durch die aristotel. beeinflußte Vorstellung einer Israel kraft Tora und genealog. Kontinuität gegebenen »Geists.n«-Potenz, deren Aktualisierung zur geheimen Erkenntnis führt, die die Verbindung mit den →Sefirot ermöglicht, dem ursprgl. Ort der (Gesamt-)Seele(n). Zu diesem soll sie durch Selbstvervollkommnung (Toraerfüllung) des Einzelmenschen aufsteigen, da sie in die Welt der Körperlichkeit gestürzt u. zersplittert ist.

Innerhalb des Rückkehrprozesses ziehen sich verwandte S.nsplitter an, es entsteht Sympathie, u. sie vereinigen sich ('Ibbur'). Der Weg der Vervollkommnung bzw. Läuterung kann über unterschiedl. Inkorporationsstadien führen und schließt somit die Vorstellung von der S.nwanderung mit ein.   R. Schmitz

Lit.: D. J. SILVER, Maimonidean Criticism and the Maimonidean Controversy 1180–1249, 1965 – H. DAVIDSON, Saadias List of Theories of the Soul (A. ALTMANN, Jewish Medieval and Renaissance Stud., 1967), 75–94 – G. SCHOLEM, Kabbalah, 1974, 152ff. – A. ALTMANN, Von der ma. zur modernen Aufklärung, 1990 – C. SIRAT, A Hist. of Jewish Philos. in the MA, 1990².

IV. ISLAM: Die S. (arab. *nafs*) ist im Islam vom Geiste (arab. *rūḥ*) streng zu unterscheiden, da letzterer direkt göttl. Ursprungs ist (vgl. Koran, 15:19), daher als Stellvertreter des göttl. Prinzips im Menschen gilt und unveränderl. und unverderbl. ist, wohingegen die S. im Dienst entweder der körperl. Triebe oder des Geistes steht und deshalb verschiedene Entwicklungsstufen durchzumachen hat. Die S. wird sogar von einem Sufi des 13. Jh. als Nachkomme des Geistes (Vater) und des Körpers (Mutter) dargestellt; als ihr Bruder gilt das Herz (Naǧm-addīn Rāzī, 175f.). Aufgrund der betreffenden Koranstellen haben die Sufis (→Mystik, C) sieben Entwicklungsstufen der S. aufgezählt: die gebieterische S. (12:53), die den Menschen seinen Naturtrieben bedingungslos unterwirft; die vorwurfsvolle S. (75:2), die ihn wegen seiner Missetaten unablässig tadelt; die S., die Eingebung erhalten hat (91:8), d.h. die S., der Kenntnis sowohl der Sündhaftigkeit als auch der Gottesfurcht eingegeben worden ist, so daß sie zw. den beiden Pfaden klar zu unterscheiden vermag; die S., die durch endgültige Wahl der Gottesfurcht die Ruhe gefunden hat (89:27); die mit allem, was ihr zuteil wird, zufriedene S. (89:28); die S., die durch ihren Fortschritt die Zufriedenheit Gottes gewonnen hat (ebd.); und die völlig geläuterte, vom Geiste kaum mehr zu unterscheidende S. (91:9). Laut einigen Sufis wird die S. in jeder Stufe von einer farbigen Lichterscheinung begleitet; manchmal erscheint sie in der Traumwelt in einer für jegl. Stufe geeigneten Tierform. Als Mittel zur Läuterung der S. dienen v.a. strenge Einhaltung der göttl. Gesetze und asket. Abwendung von körperl. Genuß. Von den hellenist. beeinflußten Theologen war die S. als »eine feine dunstartige Substanz, die die Lebens-, Empfindungs- und Bewegungskraft in sich trägt«, definiert (Šarīf al-Ǧurǧānī, 242f.).

Lit.: ABŪ ḤĀMID AL-ĠAZĀLĪ, Iḥvāʾ ʿulūm ad-dīn, 5 Bde, o. J. – ŠARĪF AL-ǦURǦĀNĪ, Kitāb at-Taʿrīfāt, 1983 – NAǦM AD-DĪN RĀZĪ, Mirṣād al-ʿibād, 1986.   H. Algar

Seelenfunken → Eckhart

Seelengericht → Weltgericht

Seelenmesse, heute im allg. nicht mehr übliche Bezeichnung der Meßfeier für Verstorbene, v.a. der Begräbnismesse. Durch die Errichtung von Kirchengebäuden bei Friedhöfen nach dem Konstantin. Frieden bestand die Möglichkeit, die Verstorbenen während der Begräbnisliturgie zur Kirche zu bringen und, während sie offen aufgebahrt waren, mit der Gemeinde für sie die Eucharistie zu feiern. Dies geschah jedoch nur im Westen der Kirche. Augustinus nennt es einen Brauch der Röm. Kirche, daß beim Begräbnis seiner Mutter Monika (387) die Eucharistie gefeiert wurde, während der Leichnam der Verstorbenen in der Nähe des Grabes niedergestellt war (Conf. 9, 12, 32); in seiner Heimat Afrika war es üblich, die Eucharistie erst nach einer dreitägigen Totenwache am Grab zu feiern. Die ältesten erhaltenen Formulare für die röm. Begräbnisliturgie (7./8. Jh) erwähnen nicht immer die Feier der Eucharistie. Erst allmähl. fand der chr. Begräbnisgottesdienst in der sakramentalen Feier von Tod und Auferstehung Jesu seinen Höhepunkt. Seit dem FrühMA verzichtete man dabei aber auf Gloria, Halleluja, Gloria Patri, Friedensgruß und Schlußsegen, so daß der österl. Charakter weitgehend verlorenging, was auch durch die Sequenz »Dies irae« (13. Jh.) und die schwarze Farbe der liturg. Gewänder geschah. Die ursprgl. Vielfalt der Gesänge wurde erst in der NZ durch das einheitl. mit »Requiem aeternam« beginnende Formular (9./10. Jh.) abgelöst, das der S. die Bezeichnung Requiem gab.
                                                           R. Kaczynski

Lit.: J. A. JUNGMANN, Missarum sollemnia, 1962⁵, I, 285–287; II, 295–308 u. ö. – J. PASCHER, Das liturg. Jahr, 1963, 723–731 – R. KACZYNSKI, Sterbe- und Begräbnisliturgie (Gottesdienst der Kirche 8, 1984), 204–213.

Seelentrost, gemeinsamer Titel zweier nahverwandter anonymer, aber wohl von verschiedenen Verf. stammender, zur Laienkatechese bestimmter Lehr- und Exempelwerke in mnd. Prosa (2. Hälfte des 14. Jh.), die als »Großer S.« (GS) und »Kleiner S.« (KS) unterschieden werden. Gemeinsames textorganisierendes Strukturschema ist ein Rahmendialog zw. Beichtvater und Beichtkind über die zehn Gebote (GS) bzw. die sieben Sakramente (KS), wobei die belehrenden Ausführungen des Dialogs durch mehr als 200 (GS) bzw. über 250 (KS) eingeschaltete →Exempel erläutert werden. Themat. weisen die Exempel v. a. im GS eine große Spannweite auf (bibl. Geschichten, Legenden, hist. Anekdoten, Visionen, Mirakel, novellist. Erzählungen); entsprechend vielfältig sind die Q. (u.a. sog. erste ndl. Historienbibel; →Jacobus de Voragine, »Legenda aurea«; →Vinzenz v. Beauvais, »Speculum historiale«; →Caesarius v. Heisterbach, »Dialogus miraculorum«). Im KS ist das themat. Spektrum und der Q.horizont der Exempel beschränkter; dafür nimmt die kasuist. Problemdiskussion hier wesentl. breiteren Raum ein. Von ihrem westnd. Ursprungsraum aus verbreiteten sich sowohl GS als auch KS schnell im gesamten dt. und ndl. Sprachgebiet; der GS wurde auch ins Dän. und Schwed. übersetzt.   H. Beckers

Ed.: Der große S., ed. M. SCHMITT, 1959 – *Dän.:* Sjælens Trost, ed. N. NIELSEN, 1937 – *Schwed.:* Siælinna Throst, ed. S. HENNING, 1954 – Ausg. des KS fehlt; Auszüge: R. BRILL, Mnd. Predigtmärlein, Nd. Jb. 40, 1914, 1–42 – M. MURJANOFF [s. Lit.] – *Lit.:* Verf.-Lex.² VIII, 1030–1040 [N. F. PALMER] – M. MURJANOFF, Zur Überlieferung des PBB (Halle) 86, 1964, 189–224 – M. ANDERSON-SCHMITT, Mitt. zu den Q. des Großen S., Nd. Jb. 105, 1982, 21–41.

Seelgerät (»donatio pro remedio animae«), Güterübertragung an eine Kirche gegen das Versprechen ständiger Fürbitte im Gebet, insbes. einer alljährl. →Seelenmesse am Sterbetag. Die Möglichkeit, über einen Teil des Grundsitzes zum Zweck des S.s zu verfügen, geht nicht auf germ. Vorstellungen von einem Totenteil zurück (so H. BRUNNER), sondern setzt die Auflösung der Hausgemeinschaft voraus, die dem Vater nach Abschichtung seiner Söhne eine freie Verfügung erlaubte (→Erbrecht, B. I). So konnte die kirchl. Forderung erfüllt werden, der Kirche ein Kopfteil des Erbes zuzuwenden (Freiteil).

Die Bestellung des S.s geschah zunächst in Form der lebzeitigen Vergabung von Todes wegen, unter verschiedenen Modalitäten (→Gabe, →Schenkung). An ihre Stelle trat zuerst bei Klerikern, dann auch bei Stadtbürgern das →Testament.   K. Kroeschell

Lit.: HRG I, 1249–1251 [Lit.].

Seelhaus, auch Zinshaus (Wien) genannt, ma. Mietshaus, häufig als Hinterhaus eines städt. Anwesens. In Nürnberg wurden die Mieter des Hinterhauses Beiständner genannt. S.er sind seit dem 13. Jh. in Köln, Nürnberg und Gent nachgewiesen.   G. Binding

Seelsorge
I. Westkirche – II. Ostkirche.

I. WESTKIRCHE: S. (animarum cura) im allg. Wortsinne, d.h. persönl. Zuwendung an Einzelne oder Gruppen zur Beratung und Ermahnung in Fragen des Glaubens und der christl. Lebensgestaltung, hat es im MA wie in allen Perioden der Kirchengesch. gegeben, freil. in höchst verschiedener Dichte und Qualität von einer eher pauschalen und formalen sakramentalen Betreuung ganzer Gemeinden bis hin zur individuellen und intensiven Begleitung der Mystik zugewandter Nonnen. Zu den ersten deutschsprachigen Belegen für S. scheinen Übers.en der Statuten des Dt. Ordens aus der Zeit um 1260 zu gehören (zorghe, sorge, bysorghe; PERLBACH, 73). Zwar konnte im ausgehenden MA sêl-sorger für testarius im Sinne von Erblasser (→Seelgerät) verwandt werden, doch hatte sich um die Wende vom 15. zum 16. Jh. S. (seelsarg u.ä.) für pfarrl. Rechte weithin durchgesetzt. Vor der Delegation priesterl.-seelsorgerl. Rechte und vor der Errichtung der →Pfarreien als S.sprengel oblag, um die Terminologie aus →Gregors d. Gr. »Regula pastoralis« zu benutzen, das als ars artium gepriesene regimen animarum den Bf.en im Rahmen ihrer pastoralis cura, cura regiminis, magisterium pastorale u.ä. Auch danach blieb der Bf. als summus pastor seiner Diöz. kraft seiner ihm vorbehaltenen Weihe- und Aufsichtsrechte der S. unmittelbar und mittelbar eng verbunden, wobei Zwischeninstanzen wie Archidiakone eine wichtige Rolle spielen konnten. Dieses in sich schlüssige, weil letztl. auf dem pastoralen Prinzip, d.h. auf dem Gedanken vom (jeweilig) einen Hirten und von der (jeweilig) einen Herde beruhende System hätte nur funktionieren und allg. Gültigkeit und Anerkennung finden können, wenn die Systemträger, also Bf.e und Pfarrer, ihren mannigfachen Aufgaben gewachsen und konkurrenzlose Anbieter in nach innen und außen klar definierten, abschließend geordneten räuml. Bereichen gewesen wären. Nicht alles war aber immer der Fall. V.a. das Mönchtum erwies sich auf dem Feld der S. als eigenes und letztl. nicht in das diözesan-parochiale Gefüge integrierbares Element. So ist die Gesch. der ma. S. zugleich die Gesch. von Spannungen und Lösungsversuchen im Beziehungsdreieck »Bf.–Pfarrer–Mönche«, deren Komplexität noch dadurch gesteigert werden konnte, daß Ordensangehörige das Bf.samt übernahmen oder Pfarrrer an ordenseigenen Kirchen wurden. Hinzu kamen Grundsatzdebatten innerhalb der monast. Welt und unter den Kanonisten, ob S. durch Predigt, Taufe, Verwaltung der Bußsakramente usw. nicht die ordogemäße Trennung von mönch. vita contemplativa und dem Säkularklerus vorbehaltener vita activa unzulässig aufhebe, wie es z.B. Cluniazenser den reformeifrigen Zisterziensern vorwarfen, oder ob nicht gerade die Verbindung von vita activa und vita contemplativa, wie z.B. bei den Regularkanonikern, den Prämonstratensern und bald auch bei den Ritterorden, die richtige Lösung sei. Mit den →Bettelorden brach das strukturelle Dilemma vollends auf. Vielerorts gelang es nicht, die als Hilfe gedachte, empfohlene und auch angenommene Tätigkeit der Mendikanten ohne materielle und pastorale Nachteile für die Ortspfarrer durchzuführen. Es scheint zwar, als sei die S. als Gesamtbezeichnung der Rechte und Pflichten des Pfarrklerus von seiten der Bettelorden nicht problematisiert worden, aber, abgesehen von der regulären Taufe, wurden doch fast alle relevanten Bereiche der S. wie Predigt, Beichte, letzte Ölung, Begräbnis und Totengedächtnis in einem Maße ausgeübt, daß aus anfängl. Hilfe bald eine konkurrierende Alternative entstand. Kam es in der Regel auch auf dem Weg über materielle Verlustausgleiche zu tragfähigen Kompromissen, so wurde doch bei aller Tendenz zur Aufrechterhaltung parochialer S.struktur im MA keine Konflikt verhindernde Gesamtlösung gefunden. Erst das V. Laterankonzil (Sessio XI vom 19. Dez. 1516) und dann v.a. das Trienter Konzil bewirkten durch Eindämmung der →Exemtionen und Betonung des »Hirte-Herden-Modells« eine lang andauernde Stärkung des diözesan-parochialen S.prinzips. Auch die Spitäler (→Hospital) zeigten die Leistungsgrenzen parochialer S. auf, was zur Folge hatte, daß ihren Geistlichen (gegen Entschädigung) Teilkompetenzen wie Predigt, Beichte, Verwaltung des Altarsakraments bis hin zur Beerdigung eingeräumt oder daß sie zu eigenen Pfarreien wurden. Auf wieder andere Weise deutet die spätma. Einrichtung der Prädikaturen auf die Notwendigkeit und den Willen, seelsorgerl. Defizite am Pfarrklerus vorbei zu beheben. Mit Fragen nach der Begrifflichkeit, dem Recht und der Organisation sind nur wenige und zudem eher äußerl. Aspekte der ma. S. zu erfassen. Eine hinlängl. Erforsch. der S.praxis ist ein wichtiges Desiderat. Doch sollte an normative und vorbildstiftende Bemühungen erinnert werden, also etwa an karol. Synoden und Kapitularien, an die Vielzahl hoch- und v.a. spätma. allg. und regionaler Konzilsbeschlüsse zur Verbesserung des Klerikerstandes und zur katechet. Unterweisung, an die Abfassung von Beichtspiegeln, Predigtslg.en, Dekalogerklärungen, Sterbebüchlein u.a.m.   D. Kurze

Lit.: C. PAULUS, Welt- und Ordensklerus beim Ausgang des XIII. Jh. im Kampf um die Pfarr-Rechte, 1900 – D. U. BERLIÉRE, L'exercice du ministre paroissial par les moines dans le haut MA, RevBén 39, 1927, 227–250, 340–364 – Y. M. J. CONGAR, Aspectes ecclésiologiques de la querelle entre mendiants et séculiers dans le seconde moitié du XIIIe s. et le début du XIVe s., AHDL 28, 1961, 35–151 – L. HÖDL, Die sakramentale Buße und ihre kirchl. Ordnung im beginnenden ma. Streit um die Bußvollmacht der Ordenspriester, FSt 55, 1973, 330–374 – M. J. HAREN, Friars as Confessors. The Canonist Background to the Fourteenth-Century Controversy, Peritia 3, 1984, 503–516 – E. GRASMÜCK, Cura animarum. Zur Praxis der S. in der Zeit Bf. Ottos v. Bamberg (Bf. Otto I. v. Bamberg... Gedenkschr. zum Otto-Jubiläum 1989 [Hist. Ver. für die Pflege der Gesch. des ehem. Fs.bm.s Bamberg, 125. Ber.], 1989), 115–146.

II. OSTKIRCHE: Der auf platon. Sprachgebrauch basierende Begriff der θεραπεία (bzw. ἐπιμέλεια) τῆς ψυχῆς fand über Clemens v. Alexandria und Origenes (z.B. adv. Cels. 8, 72) Eingang in die chr. Terminologie. Nun aber ist es die Einflußnahme von außen her, sei es durch Christus selbst, die chr. Lehre oder die einzelnen →Sakramente, die die Heiligung der Seele und damit des ganzen Menschen gewährleistet. Doch schon für die gr. Patristik läßt sich eine doppelte Anwendung des Begriffs feststellen. Der plural. Gebrauch (ἐ. τῶν ψυχῶν; Basileios, Gregor v. Nazianz) bezeichnet eher die episkopale oder parochiale Verwaltung der Sakramente, wozu auch die Beichte zählt, die nur der Bf. oder ein durch ihn beauftragter Priester abnehmen durfte (RHALLES-POTLES IV, 464). Über die persönl. Frömmigkeit geben in diesem Kontext bisweilen auch die kanonist. →Erotapokriseis sowie die Bußbescheide der Patriarchen und Metropoliten Aufschluß. Dabei ist bes. die Rolle der →Chartophylaces zu betonen. Im Singular jedoch (θ. τῆς ψυχῆς) wird eher auf die persönl. Sorge um das Seelenheil rekurriert, wozu man sich etwa der Anleitung eines geistl. Lehrers bediente. Solche, zunächst im monast. Bereich angesiedelten Gespräche (vgl. bes. Korrespondenz zw. Barsanuphios und Joannes, 6. Jh.) schlossen oft auch die Beichte ein. Dabei war der πατὴρ πνευματικός, dessen Seelenführung sich ebenso auf Nichtkleriker anwenden ließ, nicht selten ungeweiht. Als Beispiel kann hier die eindringl. Bitte der um ihr Seelenheil besorgten Eulogia Chumnaina Palaiologina (13. Jh.) an einen anonymen Mönch dienen, sie als geistl. Tochter anzunehmen. Für eine außersakramentale Beichte sei zuletzt auf die Wandermönche hingewiesen, denen im gesamten ostkirchl. Bereich große Bedeutung zukam. Kriterium ist hier einzig die Erfahrung solcher Mönche, deren Wirken – wenn auch unter Einschränkungen – kanonisiert wurde (u. a. RHALLES-POTLES IV, 431). Hinweise auf diese Tradition, die etwa bei den russ. Starzen ihre Fortsetzung findet, bietet bes. die hagiograph. Lit. L. Hoffmann

Lit.: J. HÖRMANN, Unters. zur gr. Laienbeichte, 1913 – TH. BONHOEFFER, Ursprung und Wesen der chr. S., 1985 – A. HERO, A Woman's Quest for Spiritual Guidance, 1986 – E. PAPAGIANNE-SP. TROJANOS, Die kanon. Antworten des Nikolaos III. Grammatikos an den Bf. v. Zetunion, BZ 82, 1989, 234–250 – B. CH. CHRISTOPHORIDES, 'H πνευματικὴ πατρότης, 1977 [Bibliogr.] – A. HATZOPULOS, Two Outstanding Cases in Byz. Spirituality, 1991, 156–169.

Seeon, Inselkl. in Oberbayern, n. des Chiemsees. Pfgf. →Aribo I. verlegte die ältere Lambertzelle auf die Seeinsel und wandelte sie spätestens 994 im Rahmen der →Gorzer Reformbewegung in ein Benediktinerkl. um, das Hauskl. der Aribonensippe wurde. Ks. Otto III. erhob dieses 999 in den Rang eines Reichskl., den es bis zum Ende des 12. Jh. behauptete. Die ersten Mönche kamen aus dem Reformzentrum St. Emmeram/→Regensburg und machten S. zu einem der Brennpunkte der hochma. Buchmalerei im süddt. Raum. Neben der Kalligraphie pflegte man auch andere Bereiche der bildenden Kunst, v. a. die Goldschmiedekunst: hochrangige Sakralkunstwerke (Forstenrieder Kreuz, S.er Madonna) sind hier entstanden. Von S. aus, wo es im 12./13. Jh. auf einer nahen Insel auch einen Frauenkonvent gab, wurde 1021 das Kl. →Weihenstephan besiedelt. 1201 kam die Abtei in die Verfügung der Ebf. e v. Salzburg, 1254 schließlich unter die Hoheit der Wittelsbacher. 1411 erhielt der Abt die Pontifikalien. Nach vorübergehendem Einbruch während der Reformationszeit hatte die bedeutende Pflegestätte der Kultur bis 1803 Bestand. A. Schmid

Lit.: J. HEMMERLE, Die Benediktinerkl. in Bayern, 1970, 286–291 [Lit.] – Schreibkunst. Ma. Buchmalerei aus dem Kl. S., hg. J. KIRMEIER, A. SCHÜTZ, E. BROCKHOFF, 1994.

Seeraub
I. Allgemein. Atlantik und Mittelmeer – II. Nordeuropa/Hansebereich – III. Byzanz.

I. ALLGEMEIN. ATLANTIK UND MITTELMEER: Die Terminologie zur Bezeichnung derjenigen Seeleute, die private Kriegshandlungen gegen fremde Schiffe (ob diese nun einer gegner. Macht angehören oder nicht) ausüben, zeichnet sich durch eine gewisse Doppeldeutigkeit aus: Diejenigen Seeleute, die aus eigener Initiative und auf eigene Rechnung andere Schiffe überfallen, gelten als 'Seeräuber' oder 'Piraten'; diejenigen, die von einer polit. Gewalt als Helfer oder Verbündete anerkannt sind, dagegen als 'Korsaren' oder 'Kaperfahrer' (→Kaper). Den erstgen. Typ gab und gibt es zu allen Zeiten und auf allen Meeren; das Auftreten des zweiten Typs steht in Verbindung mit der Herausbildung der öffentl. und staatl. Autorität und mit der Zurückdrängung des rein privaten S.s. In den beiden großen maritimen Bereichen Europas, Atlantik und Mittelmeer, verlief die Entwicklung zu einer stärkeren Reglementierung des privaten Seekriegs in mancherlei Hinsicht parallel, doch auch mit charakterist. Besonderheiten.

Korsarenwesen und Piraterie, die auf Kosten des Seehandels lebten, entwickelten sich naturgemäß im Bereich der großen Seewege und stark frequentierten Kreuzungspunkte wie der griech. und dalmatin. Inseln im östl. Mittelmeer, der Meerengen v. Sizilien, der Straße v. Gibraltar, der Felsenbuchten (*raz*) der Bretagne, der Straße v. Calais. In der Nähe dieser belebten Schiffahrtszonen blühten→Häfen auf, die der Ausrüstung von Piratenschiffen dienen konnten, v. a. wenn keine andere Möglichkeit des Gewinns bestand; zu nennen sind die Häfen in Kilikien (röm. Antike: Seeräuber der Zeit des Pompeius), auf Rhodos und Korfu, in Dalmatien (die 'Uskoken' der frühen NZ), Sousse in Tunesien (Korsaren des 16. Jh.), die Häfen der kantabr.-bask., bret., engl. und fläm. Küsten.

Die Ausrüstung und Bewaffnung von kriegstüchtigen Korsarenschiffen erfolgte zunächst auf individueller Grundlage, wurde aber bald übernommen von Gesellschaften, die (v. a. im Mittelmeerraum) über mehrere Schiffe verfügen konnten. Diese Schiffe ähnelten Handelsschiffen, waren aber kriegsmäßig ausgerüstet und mit starken Besatzungen, wie sie zum Entern von 'Prisen' benötigt wurden, bemannt, zeichneten sich durch die erforderl. Wendigkeit und Schnelligkeit aus: Im Mittelmeer wurde dies durch die Verbindung von Segel und Riemen (auf den großen Galeeren 25–30 Ruderbänke) erreicht; während im Atlantik zunehmend kleinere Segelschiffe vorherrschten, die rasches Manövrieren, leichtes Lavieren und gutes Kurshalten gewährleisteten, kam es im Korsaren- und Piratenwesen doch stets auf den Überraschungseffekt an.

Die Besatzungen bestanden stets aus erfahrenen Seeleuten, wobei eine Spezialisierung auf den S. gerade im atlant. Bereich nicht immer deutl. wird; Schiffer und Fischer ergriffen, manchmal ohne vorgefaßten Plan, die günstige Gelegenheit, eine Prise aufzubringen, v. a. unter Ausnutzung zwischenstaatl. Kriege (z. B. während des →Hundertjährigen Krieges) oder auch nur von Rivalitäten (z. B. zw. Genuesen und Venezianern, zw. norm./bret. und bask. Fischern). Im Mittelmeerraum sorgte der durchgängige Gegensatz zw. Christen und Muslimen für konstante Bereitschaft zur Korsarenfahrt, genährt auf chr. Seite vom Geist der→Kreuzzüge, auf muslim. Seite von den Vorstellungen des Ǧihād (→Krieg, Hl.). Dieser fast permanente, zumindest latente Kriegszustand trug zweifellos zu einer Professionalisierung bei und ließ den in der internat. 'lingua franca' des Mittelmeerwelt als *corso* bezeichneten Typus des berufsmäßigen Korsaren/Piraten entstehen, während sich die zahlreich benötigten Ruderknechte der Galeeren aus angeworbenen Armeen oder zwangsverpflichteten Straftätern, Kriegsgefangenen oder Sklaven rekrutierten. Oberhalb dieser Randständigen lockte der Korsarenkrieg gegen die 'Ungläubigen' bes. im Bereich des →Johanniterordens (Rhodos, dann Malta), junge adlige Kadetten an, die auf der Suche nach Abenteuern und ruhmreicher Bewährung waren. Demgegenüber zogen die Sarazenen ihrerseits auch chr. Gefangene, bisweilen auch Renegaten zum Dienst auf ihren Korsarenschiffen heran.

Die exzessive Unsicherheit auf den Meeren und die Fortschritte der staatl. Autorität trugen in widersprüchl. Weise bei zu Initiativen, welche die Gewaltanwendung zur See kanalisierten. An die Stelle der jahrhundertealten Gewohnheit, für auf See erlittene Gewalt in rein privater und von staatl. Seite prakt. unkontrollierter Weise Rache zu nehmen, trat allmähl. die Praxis der 'Kaperbriefe' (*lettres de marque*), die einem Geschädigten auf sein Verlangen von derjenigen öffentl. Autorität, der er unterstand, ausgehändigt wurden; gestützt auf ein solches Privileg konnte er sich an den Landsleuten desjenigen, der ihn angegriffen hatte, schadlos halten, indem er Güterbeschlagnahmungen (an Land, im Hafen) durchsetzte oder aber auf offenem Meer gegner. Schiffe aufbrachte (→Prise). Andererseits wurden Ausrüstung und Bewaffnung privater Schiffe zu militär. Zwecken von Fürsten und Kommunen zunehmend gefördert, um so den Mangel an staatl. Flottenmacht (→Flotte) auszugleichen; dies war der entscheidende Ansatzpunkt für den offiziellen Korsaren- und Kaperkrieg.

Diese Form des Seekriegs gründete sich auf die Ausstellung einer Erlaubnis durch die betreffende staatl. Autorität, die dem Reeder oder Kapitän ermöglichte, ein Schiff (oder mehrere Schiffe) auszurüsten und gegen Feinde des Staates militärisch einzusetzen (»pour courir sus aux ennemis«), allerdings unter dem Vorbehalt, vor der staatl. Seefahrtsbehörde (Admiralität, →Amiral) Rechenschaft über die erbeuteten Güter abzulegen, wobei die Behörde entscheiden konnte, ob es sich um zu Recht oder zu Unrecht gemachte Prisen handelte. Eine zweite Etappe der Kontrolle von auf See verübten Gewalttaten vollzog sich auf internationaler Ebene in zweierlei Weise: Zum einen traten seit dem 14. Jh. gemischte Ausschüsse (Prisenkommissionen) hervor, die eine gütliche Einigung über strittige Prisen zu erreichen suchten; zum anderen wurden am Ende des 15. Jh. zwischenstaatl. Abkommen und Verträge (→Seerecht) geschlossen, die nicht zuletzt Regelungen über einen geordneten See- und Kaperkrieg und die Ausschaltung des Piratenunwesens zum Ziel hatten. Diese see- und völkerrechtl. Initiativen rückten eine Reihe von Grundsatzproblemen des polit. Denkens ins Bewußtsein, z. B. hinsichtlich der jurist. Geltung und Reichweite der →Flagge, unter der ein Schiff fuhr (unterstand ihr auch die mitgeführte Handelsware?), der Vorstellung vom Meer als Teil eines staatlich-territorialen 'Hoheitsbereichs' oder aber von der Freiheit der Meere. Die Lösungen für diese Probleme mußten im atlant. und balt. Bereich West- und Mitteleuropas mit seiner stark zentralisierten Staatenwelt grundsätzl. anders ausfallen als im Mittelmeerraum, der weit länger die selbständigen Stadtrepubliken und Fsm.er kannte und v. a. durch den fortbestehenden Gegensatz zw. Christen und Muslimen eine quasi »ideolog.« Komponente in den (ihrer Natur nach vorherrschend wirtschaftl.) Rivalitäten bewahrte. Überall aber galten Korsaren- und Piratenunwesen wie auch der →Schmuggel als degenerierte, störende Formen des Wirtschaftslebens. M. Mollat

Lit.: A. Dumas, Étude sur le jugement des prises maritimes en France, 1908 – F. Braudel, La Méditerranée et le monde méditerranéen à l'époque de Philippe II, 1949, 1985⁶ – A. Tenenti, I corsari in Mediterraneo all'inizio del Cinquecento, RSI 62, 1960 – R. de Albuquerque, As Represalias. Estudio de Hist. de Direito Portugues (sec. XV e XVI), 2 Bde, 1972 – M. Mollat, Guerre de course et piraterie à la fin du MA: aspects économiques et sociaux, HGBll 90, 1972, 1–14 [Neudr. in: Études d'hist. mar., 1938–75, 1975] – Course et piraterie, Actes XIVᵉ Coll. Intern. hist. mar. (San Francisco 1975, CNRS, 1975 – M. Mollat, De la piraterie sauvage à la course réglementée, MEFRM 87, 1975 – Corsarisme i contraban (s. XV–XVIII). VIIIᵉ Jornadas d'estudis hist. locals, 1989.

II. Nordeuropa/Hansebereich: Zu einem Phänomen von großer Bedeutung wurde der S. vom Ende des 8. Jh. an, als mit der Eroberung und Plünderung des Kl. →Lindisfarne i. J. 793 der sich über Jahrhunderte hinziehende S. der →Wikinger begann. Sie befuhren die Ost- und Nordsee, den Atlantik, das Mittelmeer und das Schwarze Meer. Auch drangen sie flußaufwärts weit ins Landesinnere ein. So erreichten sie über den Rhein Köln, Bonn und Aachen.

Mit den Plünderungen der Wikinger intensivierte sich der Sklavenhandel (→Sklaven). Das schnelle Drachenschiff war die Basis dieser Operationen. Doch trieben die Wikinger, die aus Skandinavien, v. a. aus Dänemark, kamen, auch mit vielen Ländern Handel und gründeten Staaten. Die Christianisierung der Wikinger, die allmähl. Entstehung von Nationalstaaten in Skandinavien und das weitgehende Verschmelzen der Wikinger mit der einheim. Bevölkerung in den eroberten Gebieten beendeten um 1000 das Zeitalter der Wikinger. Der S. im Nord- und Ostseegebiet hörte dennoch nicht auf. Andere germ. und slav. Stämme gingen dieser Beschäftigung nach. Im Ostseegebiet entwickelte sich im 12. Jh., ausgehend von den Ostseeslaven, den Abodriten, Lutizen und Pomoranen (→Elb- und Ostseeslaven), ein ausgedehnter S., der bes. →Gotland, →Bornholm, Falster, Lolland und →Jütland betraf. Die umfangreiche und langanhaltende Phase, die vom S. und Menschenhandel gekennzeichnet war, trug seit der 2. Hälfte des 11. Jh. zu einem allg. Rückgang der Bevölkerung und des Seehandels bei. Erst die Entstehung der →Hanse von der Mitte des 12. Jh. an beendete diese Entwicklung und brachte durch die gemeinsamen Handelsfahrten der Hansekaufleute mehr Sicherheit für die Schiffahrt auf Nord- und Ostsee, ohne damit allerdings das Problem der Seeräuberei ganz in den Griff zu bekommen. Die Piraterie ging vom 13. Jh. an nicht mehr erkennbar von bestimmten Volksgruppen aus, sondern wurde allmähl. zum Ausdruck tiefgreifender sozialer Krisen wie des ökonom. Niedergangs des landbesitzenden niederen Adels, verursacht durch die einsetzende langanhaltende Agrarkrise des späten MA, sowie der Ausgrenzungsprozesse in den rasch aufblühenden, neu gegründeten Hansestädten. In dieser wachsenden Gruppe Entwurzelter und Verarmter fand sich das Reservoir für die permanent existierende Piraterie in Nord- und Ostsee. Zu einem nicht mehr beherrschbaren Problem wurde die Seeräuberei in diesem Raum am Ende des 14. Jh., als von 1391 an sich Mecklenburg und Dänemark in einem gnadenlosen Kaperkrieg um die schwed. Krone gegenüberstanden. In diesen Jahren wuchsen die bis dahin verstreut operierenden Seeräubergruppen sprunghaft an, da sie von beiden Seiten, v. a. aber von der mecklenburg., dringend benötigt wurden. Diese Seeräuber nannten sich →»Vitalienbrüder«, fuhren von den mecklenburg. Häfen Wismar und Rostock auf eigene Rechnung über die Ostsee und waren von den Mecklenburgern bald nicht mehr steuerbar. Auch nach dem Friedensschluß zw. den Kriegsparteien 1395 blieb das Problem der Piraterie bestehen. Nach der Vertreibung aus der Ostsee wichen die Vitalienbrüder in die Nordsee aus und kamen bei den ostfries. →Häuptlingen unter. Bis zur Zerstörung der Sibetsburg durch Hamburg 1435 hielten sich Reste der Vitalienbrüder in der Nordsee. M. Puhle

Lit.: J. Herrmann, Welt der Slawen, 1986 – H. Neukirchen, Piraten, 1989 – J. Graham-Campbell, Das Leben der Wikinger, 1993 – M. Puhle, Die Vitalienbrüder, 1994.

III. Byzanz: Wie in der Antike und in der Neuzeit ging auch während der byz. Jahrhunderte die Seeräuberei mit dem Seehandel einher. Den gesetzlosen Piraten, der ausschließl. von Plünderungen auf dem Meer lebte, kennen die Q. praktisch nicht, vielmehr waren es Seehändler bzw. Seekrieger, die über fremde Schiffe oder Küstenorte herfielen. Die Angreifer betrachteten Korsarenakte, zumal wenn sie von Muslimen gegen Christen und umgekehrt begangen wurden, oft nicht als Raub, sondern als reguläre Kriegshandlungen, vielfach (bes. in den aufstrebenden türk. →Gāzī-Emirate im Kleinasien der vor- und frühosman. Ära) als Aktionen des Hl. →Krieges. Manche→Razzien und Großangriffe der →Sarazenen wie bereits die Eroberung von →Thessalonike (904) hatten in der Tat die Dimension eines Krieges. Seit dem 11. Jh. garantierte Byzanz den it. Seehändlern vertraglich sichere Schiffahrt in seinen Gewässern und Entschädigung bei Piratenüberfällen seitens seiner Untertanen. Bedingt durch den weitgehenden Verlust der byz. Staatsarchive sind einseitig Regreßforderungen von seiten der Lateiner erhalten geblieben (z. B. »Judicum Venetorum ... Decisiones«), wodurch ein verzeichnetes Bild entstand, geprägt von einer vermeintlich vorherrschenden griech. Korsarentätigkeit. Tatsächlich wurden die im Bereich des →Schwarzen Meeres und der →Ägäis in spätbyz. Zeit geradezu endemischen Angriffe von allen Seiten verübt, Griechen, Lateinern und Türken, oft in Zusammenarbeit und in wechselnder Konstellation. Dies konnte sowohl auf eigene Rechnung erfolgen wie auch unter dem Schutz bzw. im Auftrag einer staatl. Macht; die auffallend starke Präsenz von Renegaten bis hin zu den Barbarossa-Brüdern (1. Hälfte des 16. Jh.) in den Korsarenflotten der →Osmanen belegen dies. Ein Teil der von der Auflösung der Kriegsflotte durch →Andronikos II. um 1280 betroffenen Seeleute wandte sich der Piraterie zu, ebenso wie später einige der Seeleute nach dem Sieg der Magnatenpartei um →Johannes VI. Kantakuzenos über Alexios →Apokaukos (1345), der seine Macht auf die Marine stützte. Ein Anhänger des Apokaukos namens Alexios v. Belikome konnte sogar eine kurzlebige selbständige Herrschaft (als Piratenstützpunkt) an der thrak. Ägäisküste gründen.

Eine bes. herzlose Form des S.s stellten die Überfälle von Küstenbewohnern auf gestrandete Schiffe dar. Gegen diese Strandräuberei drohte →Andronikos I. (1182–85) die Todesstrafe an. In spätbyz. Zeit sicherte Byzanz vertraglich fremden Seeleuten zu, daß ihre Ladungen im Falle eines Schiffbruchs nicht ausgeraubt würden.   G. Makris

Q. und Lit.: Judicum Venetorum in causis piraticis contra Grecos decisiones (TAFEL–THOMAS III), 159–281 – P. CHARANIS, Piracy in the Aegean during the reign of Michael VIII Palaeologus, Anuaire dell'Institut de Philologie et d'Hist. Orientales et Slaves 10, 1950, 127–136 – H. AHRWEILER, Byzance et la mer, 1966 – DIES., Course et piraterie en Méditerranée orientale du IVe au XVe s. (Course et piraterie. CNRS, 1975), 6–29 – G. MORGAN, The Venetian Claims Commission of 1278, BZ 69, 1976, 411–438 – La navigazione mediterranea nell'alto medioevo (Sett. cent. it., XXV), 1978 – M.-L. FAVREAU, Die it. Levante-Piraterie und die Sicherheit der Seewege nach Syrien im 12. und 13. Jh., VSWG 65, 1978, 461–510 – Legenti del mare Mediterraneo, hg. R. RAGOSTA, I, 1981 – G. MAKRIS, Stud. zur spätbyz. Schiffahrt, 1988, 193–210 – J. H. PRYOR, Geography, Technology and War. Stud. in the maritime hist. of the Mediterranean 649–1571, 1988, 1992².

Seerecht

I. Byzanz und östliches Mittelmeer – II. Westliches Mittelmeer – III. West- und Nordeuropa.

I. BYZANZ UND ÖSTLICHES MITTELMEER: Das sog. »Rhodische Seerecht« begegnet in einem Dekret des Ks.s Antoninus (Pius?) in Dig. 14, 2, 9 »ex lege Rhodia«. Dieses S. »ist ein nach dem einst seebeherrschenden Rhodos benanntes und vielleicht dort kodifiziertes Gewohnheitsrecht, ein Standesbrauchtum der Seehandel treibenden Bevölkerung der Mittelmeerländer und anerkanntes subsidiares Reichsrecht des röm. klass. und justinian. Rechts« (WENGER, nach KRELLER). Es ist in den Digesten (v. a. 14. 1 und 2) und dem Codex Iustinianus (→Corpus iuris civilis) verstreut überliefert. Die heute vorliegende zusammenhängende Fassung des S.s – meist in 47 §§ eingeteilt – ist zwischen 600 und 800 entstanden und weist v. a. in den strengen Strafbestimmungen (z. B. zu Meineid und Diebstahl) und im Stil Ähnlichkeiten zur Ekloge auf. Sie ist eine thematisch lose verbundene, die auftretenden Rechtsfragen keineswegs erschöpfende für die Praxis bestimmte Sammlung von Rechtsregeln, Schiffsmannschaft, Passagiere und Ladung betreffend. ZACHARIÄ hat mit Recht betont, daß die Bestimmungen dieser Fassung von dem Recht Justinians in wesentlichen Punkten abweicht. So ist von einem Verhältnis der Schiffsbesatzung und der Kaufleute zum magister navis und zu Dritten nirgends die Rede. Die Beförderung der Waren erfolgt nicht aufgrund einer Miete, sondern in Form eines Compagniegeschäftes (Vorläufer der it. Collegantiaverträge?), Unfallschäden werden gemeinsam getragen. Die Seefahrt wird im S. als gefährlich und durch Seeräuberei (→Seeraub) unsicher geschildert, was auf das 7. und 8. Jh. hinweist. Das S. in seiner von ASHBURNER edierten Endgestalt ist in den Anhängen der byz. Rechtsbücher u. a. der →Ekloge, des →Procheiros Nomos und der Eisagoge überliefert. Die Kompilatoren der Basiliken und spätere Zusätze des S.s (§§ 48–51) haben in Kap. 1–7 der →Basiliken weitere das S. betreffende Regeln aus Digesten und Codex zusammengestellt und dadurch eine größere Nähe zum Rechtssystem Justinians erstrebt, die in der Rezension des 6.–8. Jh. vermißt wurde. Das zweite Prooimion ist der späteste Teil des Rhod. S.s (12. Jh.).   G. Weiß

Ed.: W. ASHBURNER, The Rhodian Sea Law, 1909. Daraus der griech. Text ohne Komm.: I. ZEPOS, Jus Graecoromanum, II, 1962², 93–103 – Lit.: Oxford Dict. of Byzantium, III, 1991, s. v. Rhodian Sea Law [Lit.] – H. KRELLER, Lex Rhodia, Zs. f. d. Handels- und Konkursrecht 85, 1921, 257ff. – L. WENGER, Die Q. des Röm. Rechts, 1953, 698 – E. ZACHARIÄ V. LINGENTHAL, Gesch. des Griech.-Röm. Rechts, 1955³, 313–319 – P. E. PIELER (HUNGER, Profane Lit., II), 440–442 – G. MAKRIS, Stud. zur spätbyz. Schiffahrt, 1988, 58f., 291 – J. KARAYANNOPULOS–G. WEISS, Q.kunde zur Gesch. von Byzanz, 1982, 331, Nr. 192.

II. WESTLICHES MITTELMEER: Im 12. und 13. Jh. entstanden auch im W wieder seerechtl. Q. Die Statuten der it. Seestädte aus dieser Zeit (in zeitl. Reihenfolge: Amalfi, Pisa, Venedig, Genua) enthalten auch seerechtl. Bestimmungen, welche die lokalen Seehandelsgewohnheiten reflektieren – Gewohnheiten von so unterschiedl. Charakter, daß sich nur wenige gemeinsame Grundzüge feststellen lassen. Die Handelsfahrten über See waren in diesen Statuten eine weitgehend innerstädt. Angelegenheit; Reeder, Befrachter, Schiffer und Mannschaft kamen aus der gleichen Stadt, die kommunalen Gerichte in der Heimatstadt oder ihren Kolonien waren für alle Streitfragen zuständig.

Etwa von der Mitte des 13. Jh. an wurden diese lokalen S.sordnungen von überpartikularen seerechtl. Institutionen überlagert. Dies ist ein Prozeß, der eng mit der generellen Intensivierung der Handelsbeziehungen und bes. der Expansion der großen it. Handelshäuser mit ihren Filialen im ganzen Mittelmeerraum zusammenhängt. Diese konnten ihre Seetransporte nicht mehr ausschließlich mit heim. Reedern, Schiffern und Mannschaft durchführen. Zugleich führten die Erweiterung des Wirtschaftsvolumens und der Einsatz größerer Schiffstypen zu einer Spezialisierung innerhalb des Seehandels. Es entstanden nun reine Schiffahrtsunternehmen, und zwar bes. an der katal. Küste. Die intensivere überörtl. Zusammenarbeit hatte im materiellen Recht eine Angleichung der Vertragspraxis und der partikularen Rechtssätze zur Folge. Im Prozeßrecht führte sie zu Zuständigkeitsproblemen, die man durch die Beauftragung der →consules maris, die sich immer mehr zu Sondergerichten in S.ssachen entwickelten, zu bekämpfen suchte. Zum wichtigsten dieser Gerichte wurde das →Consolat de mar de Barcelona. Dort entstand um 1350 der →»Llibre del Consolat de Mar«, der sich zum gemeinen S. des gesamten lat. Mittelmeerraums entwickelte und schließlich auch zum Gegenstand der in der frühen NZ entstehenden S. swissenschaft wurde. Er trägt alle Züge einer von gelehrter Jurisprudenz unbeeinflußten Rechtsslg.: er ist unsystemat. und von kasuist. Ausführlichkeit, aber praxisnah. Seine Anwendung lag in der Hand von Kaufleuten und anderen Laienrichtern, die nach gewohnheitsrechtl. Verfahren urteilten; Juristen wurden nicht einmal als Parteienvertreter zugelassen.

III. WEST- UND NORDEUROPA: Auch Biskaya, Nord- und Ostsee sind von einem Gegensatz zw. partikularem und gemeinem S. geprägt; als Rechtskreis mittlerer Ordnung tritt das hans. S. dazwischen. Allerdings ist es nicht mögl., eine ähnlich klare zeitl. Abfolge zu bestimmen wie im Mittelmeerraum. Die spärl. Q. der skand. und anglonorm. Frühzeit lassen ein stark genossenschaftl. geprägtes Handelssystem erkennen, bei dem die Schiffsmannschaft zugleich das Schiff befrachtete und so an Risiko und Gewinn der Fahrt beteiligt wurde. Das hamburg. und lüb. S. hingegen sind von einer klaren Unterscheidung zw. dem Kaufmann als Befrachter einerseits, dem Reeder und dem Schiffer andererseits geprägt. Dies läßt sich zuerst in Privilegien des frühen 13. Jh. und in einer Rechtsmitteilung von Hamburg an Lübeck aus dem Jahre 1259 erkennen. Die älteste umfassende seerechtl. Statutenslg. ist das Hamburger »Schiprecht«, das in einer Redaktion von 1301 überliefert ist, aber bereits kurz zuvor von Lübeck und Riga übernommen wurde. Aus ihm, dem »gemeinen Waterrecht« (s. u.) sowie der antiken »Lex Rhodia« formte 1497 der Hamburger Bürgermeister Hermann Langenbeck eine zusammenhängende Rechtsordnung – eine kodifikator. Leistung, die ein jurist. Studium voraussetzte.

Während die Reichweite dieser Statuten auf den hamburg. und den lüb. Rechtskreis beschränkt blieb, bemühte sich die →Hanse um einheitl. Regelungen einiger Einzelfragen für alle ihre Mitglieder. Dies fand seinen Niederschlag in einer Reihe von Hanserezessen meist aus der 1. Hälfte des 15. Jh., bes. dem Hanserezeß v. 1447 und der Schiffsordnung v. 1482.

Das gemeine S. der w. und n. Meere schließlich basiert auf den »Rôles d'→Oleron«, die vor 1286 aufgezeichnet und im 14. Jh. ins Mndl. übersetzt wurden. Sie fanden unter dem Namen »Vonnisse von Damme« (→Damme, S. v.) weite Verbreitung. Während sie die Fahrt nach SW betrafen, entstanden ebenfalls im 14. Jh. die »Ordinancie, de de coplude unde scippers mit malcanderen holden« für die Fahrt von den Niederlanden nach N und O. Beides zusammen wurde als »gemeines Waterrecht« bezeichnet und bildete, ergänzt um 14 Artikel aus dem lüb. Recht, seit seiner ersten Drucklegung 1505 unter dem (unzutreffenden) Namen »Wisbysches S.« einen Corpus des Seegewohnheitsrechts, der die Gerichtspraxis im ganzen Nord- und Ostseeraum z. T. bis ins 19. Jh. bestimmte.

A. Cordes

Lit.: HRG V, 1598–1605 [G. LANDWEHR] – zu [II]: Nov. Dig. It. XVIII, 1971, 399–410 [G. DI MARTINO] – K.-F. KRIEGER, Die Entwicklung des S.s im Mittelmeerraum von der Antike bis zum Consolat de Mar, Jb. für Internat. Recht 16, 1973, 179–208 – zu [III]: K.-F. KRIEGER, Die Anfänge des S.s im Nord- und Ostseeraum (von der Spätantike bis zum Beginn des 13. Jh.), (Der Handel der Karolinger und Wikingerzeit, hg. K. DÜWEL u. a., 1987), 246–265.

Seerose (Nymphaea alba L. und Nuphar lutea [L.] Sm./ Nymphaeaceae). Im MA beziehen sich die lat. und dt. Namen *nimphea, nenufar* bzw. *seblume(n)* oder *wazerblume* auf die beiden, in langsam fließenden und stehenden Gewässern wachsenden Gattungen: die Weiße S. und die Gelbe Teichrose, die man meist nur durch die jeweilige Farbbezeichnung unterschied (STEINMEYER–SIEVERS III, 505, 530, 562 und 602; Alphita, ed. MOWAT, 103 und 124f.). Die Pflanzen wurden med. als Herz- und →Schlafmittel sowie gegen Fieber, Kopfschmerz und Pollutionen angewendet (Albertus Magnus, De veget. VI, 395; Gart, Kap. 279). S. n-Blätter und -Blüten waren in der Baukunst des 13. Jh. als Ornament sehr beliebt. I. Müller

Lit.: MARZELL III, 338–358 – HWDA VII, 1580–1582.

Sées, Stadt und Bm. in der Basse-→Normandie (dép. Orne). S. lag an einem Straßenkreuz (Routen von →Argentan nach →Alençon und →Caen), zw. →Perche und niedernorm. Hügelland. Siedlung der gall. Es(s)uvii, röm. Vicus 'Sagium'. Das Christentum setzte sich hier (nach legendar. Ursprüngen des 1. Jh.) um 440 durch: auf Initiative des hl. Latuinus gegr. Kirche, dann Abtei St-Martin (6. Jh.), eine Gründung des hl. Ebrulf (Évroul). S. (Sagiensis Civitas, Saxia, Saiz, Sez, Séez) wurde anstelle des verfallenen →Exmes zum Bf. ssitz erhoben. Über die (oft halblegendar.) Bf. e des FrühMA liegen nur wenige gesicherte Nachrichten vor. 871 und 878 (und öfter) wurde S. von Wikingern geplündert (Flüchtung der Reliquien, erwähnt in hagiograph. Q.). Die Kathedrale wurde unter einem Bf. namens Azo zw. 986 und 1006 wiederhergestellt (unter Verwendung von röm. Spolien), 1048 aber während einer Fehde durch Brand zerstört; der Urheber, niemand anders als der Bf. v. S. selbst, Ivo v. Bellême, wurde von Papst Leo IX. auf dem Konzil v. →Reims scharf gerügt: »Was hast Du getan, Treuloser, der Du Deine eigene Mutter verbrannt hast!« Von einer Bußwallfahrt brachte der Bf. Silber und eine Kreuzreliquie aus Byzanz mit und begann mit der Neuerrichtung der Kathedrale, an der noch im 13. und 14. Jh. gebaut wurde.

Als Stadt an der unruhigen Grenze zw. den Machtbereichen der →Kapetinger und →Plantagenêt litt S. wiederholt unter Angriffen beider Seiten (1151 Ludwigs VII. v. Frankreich, 1174 Heinrichs II. v. England). Erneute Drangsal brachte der →Hundertjährige Krieg: 1356 Belagerung durch den mit →Karl dem Bösen verbündeten Hzg. v. Lancaster, weitere engl.-frz. Kämpfe in den Jahren 1375, 1417, 1421, 1433, 1450.

S. hatte drei Siedlungskerne: den *Bourg l'Évêque*, die alte ummauerte Civitas mit Kathedrale und Bischofspalast, seit 440 durchgängig unter bfl. Stadtherrschaft; den ebenfalls befestigten *Bourg Neuf* (auch: Bourg-le-Comte), in der Hand der großen Adelsfamilie →Bellême, unter der Gf. en/Hzg. e v. →Alençon (Burg, Kirche St-Pierre du Château, Hospital, gegr. um 1260); den *Bourg l'Abbé*, am linken Orneufer, um die Abtei St-Martin. Seit dem SpätMA umschloß eine unter Ludwig XI. wiederhergestellte, recht verwundbare Mauer die drei Stadtviertel.

S., das wegen seiner Nähe zu den städt. Zentren Alençon und Argentan am urbanen Aufschwung der Normandie (seit dem 10./11. Jh.) kaum teilhatte, war eine kleine Stadt ohne größere Handels- und Gewerbetätigkeit, eine Bischofsstadt im engsten Sinne. Die Bf. e waren zumeist machtbewußte Persönlichkeiten mit starker feudaler Position im regionalen Bereich. 36 Regularkanoniker bildeten das Kathedralkapitel (1131); überaus zahlreich war der Diözesanklerus (allein fünf Pfarreien in der winzigen Stadt, dazu die Mönche v. St-Martin, ein Franziskanerkonvent). Die reichgeschmückte Kathedrale und eine Reihe von Stadthäusern, errichtet von Juristen und Beamten im Dienst der Prälaten, beschwören die enge, drückende Atmosphäre dieser geistl. Stadt, in der nur die unablässigen Streitigkeiten zw. den Bf. en und den Gf. en v. Alençon

(1272 Anrufung des →Parlement) für Unruhe sorgten. Für Studenten aus S. wurden in →Angers zwei Kollegien gestiftet (Collège de S., gegr. durch den Legat des Bf.s, Grégoire Langlois, 1384–1405; Collège du Bué [Bueil]).

J.-P. Leguay

Lit.: Eine neuere Monographie fehlt – ABBÉ L. HOMMEY, L'hist. du dioc. de Séez, 3 Bde, 1890–1900 [veraltet] – C. T. ALLMAND, L'évêché de S. sous la domination anglaise au XVᵉ s., Annales de Normandie, 1961, 300–307 – S. BIDOU, La réforme du chapitre cathédral de S. en 1131, Bull. Soc. Hist. et Archéol. de l'Orne, 1987, 21–32 – J.-M. BOUVRIS, Aux premiers temps d'une grande abbaye normande au XIᵉ s.: les chartes de fondation de St-Martin de S., Annales de Normandie 39, 1989, 452–454 – F. NEVEUX, La ville de S. et le duché d'Alençon au XVᵉ s. (Actes du coll. d'Alençon, 1988 [1989] – DERS., Trois villes épiscopales de Normandie du XIIIᵉ au XIVᵉ s. (Recueil L. MUSSET, Cah. des Annales de Normandie 23, 1990) [kurzer Aufriß] – F. LODDÉ, Un conseiller de Charles V: Grégoire Langlois..., Annaire-Bulletin de la Soc. de l'hist. de France 1991–92, 137–183 – vgl. künftig: F. NEVEUX, Villes épiscopales de Basse Normandie. Études d'hist. sociale XIIIᵉ-XVᵉ s.

Seeungeheuer → Fabelwesen

Seeversicherung. Die Versicherung entstand in it. Kaufmannskreisen, als die →Kaufleute ihre traditionelle 'Seßhaftigkeit' aufgaben und Veränderungen in der Organisation des Wirtschaftsraumes notwendig wurden. Sie ist erstmals in toskan. Dokumenten bezeugt. Ihr erster Beleg (1319) ist ein Eintrag im Geschäftsbuch der Handelskompagnie des Francesco del Bene, der Kosten und Versicherung des Transports der Tuche von Flandern nach Florenz betrifft; derselbe Codex enthält den Vermerk von weiteren vier Versicherungen. Der zweite Beleg (1322) ist der Vermerk einer Versicherung des Transports von Tuchen aus Porto Pisano bei Salerno im Rechnungsbuch des Pisaners Vanni di Bonagiunta; er weist fast alle typ. Elemente einer Police auf. Im dritten Beleg, der »Urk. v. Grosseto« v. 1329, wird eine Quittung für die Bezahlung von zwei Versicherungsprämien erwähnt. Das »Breve Portus Kallaretani« v. 1318, ein Statut der Kommune Pisa für ihren Hafen auf Sardinien, verweist ebenfalls auf Versicherungen. Wir besitzen ferner 15 Transport- und Versicherungsverträge v. 1334 im Verzeichnis des lucches. Notars Bartolomeo Buonmesi. Aus Genua ist seit 1343 eine beachtl. Reihe von Versicherungen in der Form von Leihverträgen erhalten, seit 1362 in der Form von Kaufverträgen. Es folgt Palermo, wo die ältesten Versicherungsverträge aus d. J. 1350 stammen. Die Versicherungen beziehen sich im wesentl. auf Seetransporte, nur wenige Verträge behandeln Landtransporte. Lebensversicherungen sollten das Risiko einer Seereise abdecken oder wurden für schwangere Sklavinnen abgeschlossen. Die frühesten Versicherungsverträge, i. S. von Policen, finden sich in der Toskana. Der älteste Beleg (13. April 1379) stammt aus Pisa, es folgen Policen aus Florenz, Genua (in der Form eines Scheinkaufs) und aus Venedig. Sie enthalten alle typ. Elemente eines Vertrags und unterscheiden sich, je nach Stadt, durch die Form und den verschiedenen Umfang des Risikos. Im 15. Jh. werden die Policen in den bereits gen. Städten zahlreicher, außerdem traten einige in Palermo und in Neapel dazu. Der »Mos mercatorum« bestimmte die Modalitäten der Versicherung; der Gesetzgeber griff in Genua und Florenz erst viel später mit Reglementierungen ein, im allg. nicht Verboten (wie z. B. die »Lex Adorno« v. 1369 in Genua). Allmähl. entstanden Versicherungsmärkte auch außerhalb Italiens, so in Barcelona, Valencia, Brügge, London, Lyon, usw. Bei den Anbietern von →Versicherungen, die in großer Zahl auf diesen Märkten präsent waren, handelte es sich um die gleichen Bankiers und Handelsherren, häufig Italiener, die den Markt auch sonst beherrschten. Sie übernahmen individuell nur einen Teilbetrag des Gesamtrisikos einer Police, teilten ihre Interventionen auf verschiedene Schiffe und Routen auf und erzielten eine derart große Prämienmasse, daß sie eventuelle Schäden und Verluste decken und mit Gewinn arbeiten konnten.

B. Dini

Lit.: E. BENSA, Il contratto di assicurazione nel Medio Evo, 1884 – M. DEL TREPPO, I mercanti catalani e l'espansione della Corona Aragonese nel sec. XV, 1967 – L. A. BOITEUX, La fortune de mer, le besoin de sécurité et les débuts de l'assurance maritime, 1968 – F. MELIS, Origini e sviluppi delle assicurazioni in Italia (sec. XIV–XVI). Le Fonti, 1975 – A. GARCÍA I SANZ – M. T. FERRER I MALLOL, Assegurances i canvis maritims medievals a Barcelona, 1983 – G. GIACCHERO, Storia delle assicurazioni marittime. L'esperienza genovese dal Medioevo all'età Contemporanea, 1984 – M. BERTI, Economia marittima e assicurazione a Pisa nella prima metà del Trecento (Aspetti della vita economica medievale, 1985), 413–422 – A. TENENTI, Risque et sécurité (Centre de Recherches Néohelleniques. Actes du IIᵉ coll. internat. d'hist., 1985), 385–400 – K. NEHLSEN-VON STRYK, L'assicurazione marittima a Venezia nel XV. sec., 1988 – →Versicherung.

Seezeichen, landfeste oder schwimmende Schiffahrtszeichen zur Kennzeichnung von Punkten zur Kursänderung, zur Warnung vor gefährl. Stellen, zur Fahrwasserbegrenzung usw. Ursprgl. wurden natürl. Marken benutzt (Berge, Flußmündungen, Bäume), sodann in sekundärer Verwendung künstl. Gebilde (Grabhügel, Kirchtürme, Mühlen), endl. speziell für die Schiffahrt entwickelte Zeichen. Diese wurden im Mittelmeerraum und in den röm. Provinzen schon in der Antike, im übrigen Europa im MA eingeführt (Skandinavien 8. Jh.; Ostsee-, Nordsee- und Kanalküste 12./13. Jh.). Die ersten S. markierten Hafenzufahrten. Formen und Materialien der S. waren unterschiedl.: in Skandinavien Steinhaufen und -kreuze, sonst Steintürme und Holzgerüste (Kapen, Baken, Prikken). In Ästuaren oder im Watt legte man seit dem 13. Jh. schwimmende S. aus, Tonnen oder Bojen (1295 Guadalquivir, ab 1323 ndl. Gewässer). Zum Unterhalt wurden seit dem 12. Jh. Abgaben erhoben (Tonnen- oder Bakengeld). →Leuchtturm.

U. Schnall

Lit.: A. W. LANG, Entwicklung, Aufbau und Verwaltung des S. wesens an der dt. Nordseeküste, 1965 – J. NAISH, Seamarks. Their Hist. and Development, 1985.

Sefär Ḥasidim, immer noch häufig Jehuda ben Samuel hä-Ḥasid zugeschriebene Kompilation von Sammlungen zahlreicher Einzeltexte zu verschiedenen Themenkomplexen, deren eindeutige zeitl. und geograph. Zuordnung schwierig ist. Wenn auch als Hauptwerk des aschkenas. →Ḥasidismus (12./13. Jh.) betrachtet, können einzelne Texte sowohl aus wesentl. älteren oder jüngeren (13./14. Jh.) Überlieferungen als auch aus unterschiedl. zwar vornehml. aschkenasischen (rheinländ. und süddt.) Gemeinden stammen. Der S. zeugt vom Einfluß halach. bestimmter Frömmigkeitspraxis mit der Forderung nach Umkehr in Verbindung mit Geheimtraditionen der Kalonymus-Familie, von einer intensiven und verinnerlichten Frömmigkeit. In (anekdot.) Einzeltexten wird ein rechtl. oder moral. Problem in Form eines Exempels dargelegt, das vorbildhaft für das tägl. Leben dienen kann. Die Einzeltexte wurden zu Themenkomplexen zusammengefügt, die unterschiedl. Kompilationsschwerpunkte aufweisen und um Sondergut erweitert wurden. Der S. ist in mindestens vier Versionen überliefert, und seine Exempla sowie sein esoter., halach. und eth. Traditionsgut geben Vorstellungen und Probleme wieder, die Diskussionsthemen boten und Aufschluß über rechtl., wirtschaftl. und soziale Situationen sowie über den volkstüml. Wunderglauben, Magie, Dämonen- und Hexenglauben in jüd. Gemeinden des MA geben. Mit dem Druck Bologna 1538 setzte – nicht zuletzt aufgrund der volkstüml. Inhalte dieses Werkes – eine solche Wirkungsgeschichte und Popularität ein, daß dieses Buch als Hauptwerk des aschkenas. Ḥasidismus betrachtet wird. R. Schmitz

Ed. und Lit.: Das Buch der Frommen nach der Rezension in Cod. de Rossi 1133, hg. I. WISTINETZKI, 1924 – Sefer Chasidim (Bologna 1538), hg. R. MARGALIOTH, 1970 – H. SOLOVEITCHIK, Three Themes in the »Sefer Hasidim«, AJSR I, 1976, 311–257 – I. G. MARCUS, Piety and Society, 1981 – Sefer Ḥasidim, MS Parma H 3280, hg. DERS., 1985 – E. GOURÉVITCH (Übers.), Jehudah ben Chemouel le Hassid »Sefer Hassidim« – le guide des hassidim, 1988 – T. ALEXANDER-FRAZER, The Pious Sinner. Ethics and Aesthetics in the Medieval Ḥasidic Narrative, 1991 – J. MAIER, Il Sefer Ḥasidim (Atti del VII Congr. internaz. d. AISG, Roma 1991), 129–136.

Sefär Jetzirah. Von den beiden unterschiedl. angeordneten, aus dem 10. Jh. überlieferten Traktaten über spättalmud. Weltvorstellungen, dem S. J. (Buch der Schöpfung/ Formung), läßt sich eine ins 7. Jh. zurückreichende Textgestalt rekonstruieren, die »32 Pfade der Weisheit« Gottes bei Erschaffung und Leitung der Welt behandelt: die 10 →Sefirot sowie die 22 in drei Gruppen unterschiedene Konsonanten: 1. Aleph, Mem, Shin; 2. die sieben Konsonanten BGDKPRT mit doppelter und 3. die 12 übrigen mit einfacher Aussprache. Diese Buchstaben der unvergleichl. Sprache Tora wurden ihrerseits dem Kosmos bzw. Gestirnshimmel (7 Planeten, 12 Tierkreiszeichen), dem Kalender (7 Wochentage, 12 Monate) sowie den Körperteilen des Menschen symbol. zugeordnet. Mit dieser systemat. geordneten Vorstellung über Entstehung und Leitung der Welt diente das S. J. als Basis der späteren spekulativen jüd. Theologie. R. Schmitz

Lit.: I. FRIEDMAN, The Book of Creation, 1977 [Übers.] – E. BERTOLA, Il pensiero ebraico, 1972, 69–94 – I. GRUENWALD, Some Critical Notes on the First Parts of the Sefer Yesira, REJ 132, 1973, 475–512.

Sefarden (Sephardim, Benennung nach 'Sepharad', dem hebr. Namen für Spanien), (Selbst)bezeichnung der jüd. Bevölkerung der Iber. Halbinsel, der zumindest im MA einflußreichsten Gruppe des europ. →Judentums. In der →Hispania ansässige Juden sind seit der Antike (wenn nicht seit der phönik. Epoche) faßbar (in der Spätantike Bestimmungen über die Beziehungen zw. Christen und Juden bereits in den Akten des Konzils v. →Elvira, 295/ 314). Verfügten die Juden in den Anfängen der westgot. Herrschaft offenbar über eine vergleichsweise freizügige Rechtsstellung (die →Lex Romana Visigothorum v. 506 spricht ihnen den Status von Römern zu), so wurden sie nach dem Übertritt des westgot. Kgtm.s zum Katholizismus (587) stärkerer Reglementierung und wachsendem Missionsdruck unterworfen (Beschlüsse mehrerer Konzilien v. →Toledo, die z. T. die Judenbestimmungen des →kanon. Rechtes des MA beeinflußten; Zwangstaufen durch →Isidor v. Sevilla, 599–636).

Eine Wende des jüd. Lebens trat ein im Gefolge der muslim. Eroberung des 8. Jh. (→al-Andalus, Emirat/ Kalifat v. →Córdoba). Wohl dank einer gewissen Förderung von seiten der arab. Dynastie der →Omayyaden siedelten sich jüd. Bevölkerungsgruppen aus dem Nahen Osten und Nordafrika in den großen Städten wie Córdoba, →Sevilla, →Granada, Toledo und →Zaragoza an; ihre breitgefächerte wirtschaftl. Betätigung (→Fernhandel: u. a. Gewürze, Luxuswaren, Textilien, Sklaven) sowie ihre nicht unbedeutende Rolle im Steuer-, Münz- und Zollwesen (bis hin zur Tätigkeit angesehener jüd. Ratgeber am Omayyadenhof) führten zu ihrem Aufstieg in der muslim. geprägten Gesellschaft von al-Andalus, die andererseits aber – namentl. in der Spätzeit – durchaus Judenfeindschaft kannte (1066 blutige antijüd. Ausschreitungen in Granada); die streng orth.-islam. Dynastien im 11. und 12. Jh., →Almoraviden und →Almohaden, nahmen eine wenig judenfreundl. Haltung ein.

Die Situation der S. im Zeitalter der →Reconquista, unter chr. Oberhoheit, wurde (in verklärender Rückschau) gern als »Goldenes Zeitalter« gesehen. In der Tat ließen eine insges. günstige Rechtsstellung (Schutzverhältnis zum Kgtm. in den mächtigen chr. Reichen León-Kastilien, Aragón, Portugal und Navarra; Aufstieg bedeutender sefard. Familien im Kg.sdienst; ausgeprägte Autonomie der jüd. Gemeinden: *Aljamas*) und die aktive Tätigkeit als Bankiers und Kreditgeber sowie als bewährte Helfer des Kgtm.s beim Verwaltungsaufbau und -ausbau der durch Reconquista und →Repoblación erweiterten chr. Herrschaftsgebiete im 12. und 13. Jh. zahlreiche *juderías* (z. B. →Tudela in Kastilien, →Barcelona in Katalonien) aufblühen.

Das hochentwickelte geistige Leben, das gegenüber den älteren Traditionen des babylon. Judentums rasch eigenes Profil gewann (gewichtige Rolle der Hohen Schulen [*Jeschivot*] wie etwa Córdoba) und für dessen epochale Blüte geniale Persönlichkeiten wie z. B. →Jehuda ha-Levi und →Maimonides stehen, reichte von intensiven religiösen und rechtl. Studien (→Tora, →Talmud, →Halacha, →Responsen) bis zur Durchdringung der großen philos. und naturphilos. Probleme, die auf der Grundlage antiker, durch die lebendige arab. Wissenschaftstradition (»jüd.-arab. Kultursymbiose«) vermittelter Erkenntnisse systemat. erörtert wurden; die Leistungen der am Kreuzungspunkt von islam.-jüd. und abendländ. Kultur stehenden sefard. Denker und Gelehrten haben der europ. Geistesgesch. im Zeitalter der →Scholastik auf zahlreichen Gebieten kaum zu überschätzende Impulse gegeben (→Philosophie, zunächst am Neuplatonismus, dann am Aristotelismus und Averroismus orientiert; myst. Gedankengut der →Kabbala; →Astronomie und →Astrologie; →Mathematik; →Medizin; →Alchemie; →Geographie u. v. a.).

Gibt es bereits seit dem 13. Jh. Hinweise auf bestimmte rechtl. Restriktionen des jüd. Lebens (z. T. im Zeichen einer Einigungspolitik der chr. Monarchien, vgl. etwa die judenrechtl. Bestimmungen der »Siete Partidas« →Alfons' X.), so verschlechterte sich im späten 14. und 15. Jh. die Lebenssituation der S. dramatisch; die wachsende →Judenfeindschaft war sicher mitbedingt durch die Auswirkungen der wirtschaftl.-sozialen, demograph. und polit. Krise, stand zugleich aber unter kirchl.-theol. Vorzeichen (die allerdings auf Bekehrung, nicht unmittelbar Verfolgung der Juden abzielende Predigttätigkeit eines Vinzenz →Ferrer, 1350–1419; Zwangsdisputationen [→Religionsgespräche, IV]; die Errichtung der Inquisition durch die →Kath. Kg.e, ab 1478). Das Erlebnis blutiger Verfolgungen (Sevilla und andernorts, 1391) festigte im jüd. Denken und Fühlen das gemeinsame Leidensbewußtsein (Hasday→Crescas). Das verhängnisvolle Vertreibungsedikt (Kastilien, 1492; in etwas gemilderter Weise in Portugal, 1496) bedeutete erneut gewalttätige Judenverfolgungen und trieb zahlreiche 'Marranen' (getaufte Juden, →Konversion) angesichts der zunehmenden Diskriminierung und Marginalisierung ins Exil. Antijüd. Polemik in Spanien begann (zunächst vereinzelt), neben religiösen Argumenten auch die Ideologie der 'Reinheit des Blutes' ('limpieza del sangre') aufzugreifen.

Seit der Frühen NZ bauten aus Spanien emigrierte S. neue einflußreiche und wohlhabende jüd. Gemeinden auf, sowohl in Nordafrika und im Osman. Reich (z. B. in Thessalonike) als auch in Westeuropa: starke Ausstrahlung (bereits seit dem MA) auf Südfrankreich (→Frankreich, D), Italien (u. a. Venedig, Ferrara, Mantua: Einfluß auf die Renaissancephilosophie, z. B. →Abravanel; jüd. Buchdruck; →Italien, D), im 16.-18. Jh. Niederlande und Norddeutschland (Antwerpen, Amsterdam, Hamburg). Die den S. (im Verhältnis zu den als eher religiös und traditionsverhaftet geltenden 'Aschkenasim') zugeschriebene, betont weltoffene und kosmopolit. Haltung ließ gleichsam einen Mythos entstehen, der seit dem Zeitalter der Emanzipation im späten 18. Jh. und 19. Jh. das jüd. Selbstverständnis und Selbstbewußtsein stark geprägt hat (vgl. das von HEINRICH HEINE mit Esprit und höchster lit. Meisterschaft entworfene glanzvoll idealisierende Bild der sefard.-arab. Hochzivilisation des span. MA).

U. Mattejiet

Lit.: Y. F. BAER, A Hist. of the Jews in Christian Spain, 1961 [engl. Übers.] – E. ASHTOR, The Jews of Moslem Spain, 3 Bde, 1973 – E. SCHULIN, Die span. und ptg. Juden im 15. und 16. Jh. (Die Juden als Minderheit in der Gesch., hg. B. MARTIN–E. SCHULIN, 1981) – A Guide to Jewish Spain, 1984 – F. BATTENBERG, Das Europ. Zeitalter der Juden, Teilbd. I, 1990, 28–40, 127–130, 253–258 – 500 Jahre Vertreibung der Juden Spaniens, hg. H. H. HENDRIX, 1992 – L. VONES, Gesch. der Iber. Halbinsel im MA, 1993, 236, 356 u. ö. [Lit.] – Lit. zu →Juden, -tum.

Sefirot. Geprägt im →Sefär Jetzirah (Buch der Schöpfung), umfaßt der Ausdruck »Sefirah« (Zählung) die esoter. Deutung der »Urzahlen 1–10«, die eigtl. jedoch vier (emanator.) kosmogene Potenzen (Geist/Äther des lebendigen Gottes, Geist/Lufthauch aus Geist, Wasser aus Lufthauch, Feuer aus Wasser) sowie die sechs Dimensionen (vier Windrichtungen, Oben, Unten) beinhalten. In der →Kabbala wurden diese im Sinne des neuplaton. Emanationsprozesses aus dem transzendenten, attributlosen Unendlichen ('En Sof), Gottes unfaßbarer, verborgener Einheit, von »Oben« nach »Unten« emanierenden göttl. Wirkungskräfte bzw. Eigenschaften und deren – wie in kommunizierenden Gefäßen – Wirkungszusammenhang als (Welt der) S., das »Oben« (Welt der Einheit) umgedeutet, die geschieden ist von dem »Unten« (Welt der Trennung). Deren (sinnfälliges) Geschehen ist einerseits Chiffre für diese – maßgebl. – S.vorgänge, andererseits im Rahmen der Torafrömmigkeit bzw. des Ungehorsams Israels die Rückwirkungsmöglichkeit der »unteren« auf die »obere« Welt. Schema und Bewegung der S.-Struktur werden teils abstrakt (im →Zohar: S. I Ketär [Krone], II Chokmah [Weisheit], III Binah [Einsicht], IV Chäsäd [Güte], V Din [Strenge], VI Tifärät [Pracht], VII Näzach, VIII Hod, IX Jesod [Fundament], X Malkut, Schekinah, Knäsät Jisrael) teils in Bildern (Weltenbaum, Makro-Anthropos »'Adam qadmon«) und neuplaton. entlehnten Analogien (Kohle/Flamme, Leib-Seele) dargestellt. Die unerfaßbare, an der Grenze zum transzendenten 'En Sof stehende S. I bildet mit den S. II und III noch einen transzendenten Bereich; sie wirken aber ebenso aufeinander wie die »linke« Seite mit den S. II, V, VIII und die »rechte« Seite mit den S. II, IV, VII auf den mittleren Stamm I, VI, IX, während erst von der aus der S. IV hervorgehenden S. X aus der eigtl. Schöpfungsprozeß beginnt.
R. Schmitz

Lit.: J. MAIER, Gesch. der jüd. Religion, 1992², 333–359.

Segarelli Gerardo, Laienprediger, Gründer der →Apostolikerbewegung, † 1300. Aus dem Contado v. Parma (Emilia-Romagna) stammend, wird G. S. 1260 hist. faßbar, als er, nach Zurückweisung durch den Franziskanerorden sein Vermögen an die Armen verteilt und in den Straßen der Stadt zur Buße aufruft. Der Franziskanerchronist →Salimbene beschreibt ihn als illitteraten, zur Übernahme klerikaler Funktionen nicht legitimierten Laien; gleichwohl sammelte sich sehr rasch eine Schar von Anhängern um S., die wegen ihrer wörtl. Befolgung der Gebote des Evangeliums und ihrer der Ikonographie der Apostel Christi nachempfundenen Tracht »Apostel« oder →»Apostoliker« genannt wurden. Die pauperist. Bußbewegung verbreitete sich rasch in der Region und in Parma selbst, wo sie anfängl. von den kommunalen Autoritäten und von Bf. Obizzo Sanvitale gefördert wurde. Die wachsende Anhängerzahl führte sogar zur Bildung von zwei Faktionen, die sich die Unterstützung G.s streitig machten, der selbst immer ablehnte, als Haupt der Bewegung betrachtet zu werden. Aufgrund eines Breve Honorius' IV. von 1285 wurde S. 1286 für kurze Zeit eingekerkert. Die unter Bonifatius VIII. wiederaufgenommene Inquisition ließ in den Reihen der Apostoliker die ersten Märtyrer entstehen; die Aura wundertätiger Heiligkeit, die ihre Reliquien umgab, wurde auch auf S. selbst übertragen, was die Amtskirche als destabilisierenden Faktor empfand. S. wurde deshalb 1296 von neuem eingekerkert und am 18. Juli 1300 auf dem Scheiterhaufen verbrannt. S. a. →Dolcino v. Novara.
R. Orioli

Lit.: DBI 40, 440–444 – R. ORIOLI, »Venit perfidus heresiarcha«, Studi Stor., 193–196, 1988, 17–85 – G. G. MERLO, Eretici ed eresie medievali, 1989, 97–105.

Segen, als Glück, Heil oder Schutz vermittelnder, von Gott oder einem Priester ausgeführter Akt (z. B. Jos 1, 5; Ri 13, 5), steht theol. in der Nähe der Verheißung. Er erfolgt im Gebetswunsch an Gott und beruht in dieser Form im AT auf einer geläufigen Vorstellung: Gott selbst ist gesegnet und segnet zugleich die Schöpfung und den Menschen. Der S. äußert sich im gesprochenen machthaltigen Wort (hebr. *barakh*: 'mit Macht erfüllen') und bezeichnet eine positive Dimension, deren negatives Gegenbild der →Fluch bildet. In deiktisch-konkreter Umsetzung bedient er sich spezieller Gebärden (z. B. Segens- und Eidgestus der drei erhobenen Finger, →Handauflegung, →Kreuzzeichen) und symbol. Gegenstände (u. a. →Weihwasser, →Salz, →Öl). Durch den S. wird eine soziale und natürl. Veränderung der Substanz erreicht, der Mensch oder das zu segnende Objekt in einen Zustand überführt, der seiner ursprgl. Beschaffenheit nicht zukommt; nachdem Isaak den Erstgeburts-S. über den betrüger. Jakob gesprochen hatte, konnte er ihn nicht wieder zurücknehmen oder einen gleichwertigen S. über Esau sprechen (Gen 1, 27). Diese Überführung der Potenz durch den S. in einen neuen Status-, Funktions- und Sinnzusammenhang findet ihren sichtbaren Ausdruck etwa bei der Amtseinführung (Kg., Bf.), in der Vorbereitung auf den Sakramentenempfang und in der Heiligung der Dinge des tägl. Gebrauchs.

Mit dem frühen MA entwickelte sich zuerst in der gallikan. und mozarab. Liturgie eine kaum glaubl. Fülle von S. und S.sformularen (z. B. Sacramentarium Gelasianum, 8. Jh.), die sich systemat. und funktional in mehrere Gruppen unterteilen lassen; sie begegnen im Zusammenhang mit der Eucharistie und der Sakramentenspendung, innerhalb des Offiziums und zu unterschiedl. Festen und Anlässen des Kirchenjahres (z. B. Blasius-, Kräuter-S.) sowie als Segnungen von Personen (u. a. Pilger-, Reise-S.) und Sachen (Bilder, Devotionalien usw.). Da nur der Priester kraft seines Amtsauftrages segnen kann, fällt die Aneignung des S.-Brauches durch die Schicht der Laien im MA und v. a. in der frühen NZ auf. Hier gewinnt das ritualisiert gesprochene Wort, aber auch die geschriebene, z. T. mit (krypt.) Zeichen angereicherte Formel an Bedeutung (S.-Zettel). Sie verdeutlichen eine funktionalist. Umsetzung, die den S. in die Nähe der →Beschwörung und der zauber.-apotropäischen

Handlung rückt. Den ma. →Benediktionen entstammend, jedoch von ihrem Sinn als Mittel der Heilung und Heiligung sowie der Reinigung als Vorbereitung auf die Liturgie und den Empfang der Sakramente losgelöst, dienten die S. dem Schutz ird. Güter und des Menschen vor Krankheit, Unglück und Tod. Die auffallend reich überlieferten S. verwischten die Grenzen zum Gebet einerseits, zur →Beschwörung und zum machtvollen Zauberspruch andererseits und dienten der Bekämpfung von Krankheiten von Mensch und Vieh (z. B. Merseburger Zaubersprüche, 10. Jh.; Regensburger Augen-S., Clm. 14472, fol. 166ᵛ, 11. Jh.; Vatikan. Pferde-S., Cod. Pal. lat. 1158, fol. 68ᵛ, Ende 11. oder Anfang 12. Jh.; Pariser Wurm-S., Paris, BN, Cod. nouv. acquis. 229, fol. 9ᵛ-10ʳ, 12. Jh.; Bamberger Blut-S., SB Bamberg, Cod. L. III 9, fol. 139ᵛᵇ, 13. Jh.; Münchener Halsentzündungs-S., Clm. 23390, fol. 59ᵇ, 13. Jh.; Gothaer Fieber-S., Gothaer Hof-Bibl., Cod. Membr. Nr. 1, fol. 407ᵛᵃ und 414ᵛᵇ, vor 1247; Münchener Wund-S., Clm. 23374, fol. 16ᵛᵃ, 2. Hälfte 12. Jh.), dem Schutz etwa der Feldfrüchte vor Unwettern und Naturkatastrophen (z. B. Grazer Hagel-S., UB Graz, Pergament-Hs. 41/12, 12. Jh.), der Sicherung des Alltags (u. a. Kölner Morgen-S., 12./13. Jh.) oder dem Schutz des Hauses vor Dämonen. Der Kacochilla-S. (Kgl. Bibl. Kopenhagen, zw. 1475 und 1500), der die Hofgebäude vor Ungeziefer bewahren soll, weist bereits Elemente der mag. Pervertierung der Meßliturgie auf. Gesegnete und geweihte Gegenstände wie Salz, Öl, Wasser, Kräuter oder Brot schützten den Menschen und, dem Futter beigemischt, das Vieh. Der Endpunkt dieser Entwicklung vom liturg. Akt hin zur zauber.-zwingenden Inanspruchnahme aber ist mit der Gruppe der »Tobias-« und »Diebes-S.« erreicht, die den Dieb magisch 'fest' machen oder gar töten und das gestohlene Gut zurückbringen sollen (z. B. »Maria in der Kindbett lag«, St. Paul, Lavanttal Kärnten, 1347).

Ch. Daxelmüller

Lit.: LThK² IX, 589–596 – O. EBERMANN, Blut- und Wund-S. in ihrer Entwicklung dargestellt, 1903 – F. OHRT, Danmarks Trylleformler, 1917 – G. WEDDING, Die Merseburger Zaubersprüche und die Merseburger Abschwörungsformel, 1930 – L. BRUN, S. und Fluch im Urchristentum, 1932 – A. SPAMER, Romanusbüchlein, 1958 – I. HAMPP, Beschwörung, S., Gebet, 1961 – F. HEILER, Erscheinungsformen und Wesen der Religion, 1961, 308–311 – K.-P. WANDERER, Gedruckter Aberglaube. Stud. zur volkstüml. Beschwörungslit., 1976 – J.-CL. SCHMITT, Die Logik der Gesten im europ. MA, 1992 – CHR. DAXELMÜLLER, Zauberpraktiken, 1993.

Segensgeste → Geste

Segewold (lett. Sigulda), erste nach der Eroberung und Teilung des Livengebiets zw. Bf. →Albert I. v. Riga und dem →Schwerbrüderorden (1207) erbaute Ordensburg am linken Ufer der Livländ. Aa, ca. 54 km nö. Riga, schon 1210 erwähnt. S. war neben →Wenden Ausgangspunkt weiterer Eroberungen und Sitz eines Provinzialmeisters der Schwerbrüder, später eines →Komturs des →Dt. Ordens, ab 1385 Sitz des Landmarschalls. Die Burg stellte den Kastelltypus mit weiter, der Landschaft angepaßter Vorburg dar. Für die wirtschaftl. Bedürfnisse des Ordens wurde um 1400 ein größerer Vorhof errichtet, wo 1434 ein →Hakelwerk erwähnt wird, das im Livländ. Krieg (1577?) oder im 17. Jh. zerstört wurde. 1483 wird eine Pfarrkirche urkdl. gen., 1473 die →Pagast 'to olden Segwolde', vielleicht in Verbindung mit einem adligen Hof, dem späteren Rittergut S.
H. von zur Mühlen

Q. *und Lit.*: →Heinrich v. Lettland – Livländ. Güterurkk., 1, hg. H. v. BRUININGK–N. BUSCH, 1908 – K. LÖWIS OF MENAR, Burgenlex. für Alt-Livland, 1922 – BL I, 1939 [H. LAAKMANN] – A. TUULSE, Die Burgen in Estland und Lettland, 1942 – F. BENNINGHOVEN, Der Orden der Schwertbrüder, 1965.

Segher Diengotgaf, erste Hälfte des 13. Jh., Dichter eines kurzen mnd. »Trojaromans« (etwas mehr als 2200 V.), vermutl. im Auftrag des Brabanter Hzg.s geschrieben. Die traditionelle Auffassung, daß S. drei kleine, voneinander unabhängige Werke verfaßt habe (»Tripeel van Troyen,« »Tpaerlement van Troyen« und »Dits van den groten strijt …«), beruht auf einem Mißverständnis: Verantwortl. für die Darstellung des Textes in drei verhältnismäßig selbstständigen Teilen mit eigenem Titel ist der Kopist des berühmten Brüsseler Konvoluts Van Hulthem (Brüssel, Kön. bibl., 15.589–623). In Wirklichkeit muß S.s Werk ein zusammenhängender Ritterroman gewesen sein, in dem eine kurze Episode aus dem fast zehnjährigen Kampf um Troja geschildert wird. Es wird von einer vierzigtägigen Friedensperiode, einer mißlungenen Unterhandlungsrunde zw. Griechen und Trojanern und der darauffolgenden Feldschlacht im dritten Jahr der Belagerung erzählt. Quelle für die Schilderung der Kampfszenen ist der »Roman de Troie« des →Benoît de Sainte-Maure, insbes. die »huitième bataille« (V. 12.789–13.260 und 13.867–14.600). Die düstere Atmosphäre des Quellentextes wurde allerdings gemildert, und der Kampf endet nicht tragisch, sondern unentschieden in einem »status quo«. Auch die Liebesgesch. der launenhaften Tochter des Calcas, Briseida, wurde weggelassen. S. führte diese Änderungen ein, um die Wechselbeziehung zw. »Liebe« und »Streit« stärker zu betonen und die positive Wirkung der höf. Liebe (»fin' amors« im ep. Gewand) hervorzuheben. Dazu ließ er dem Kampf eine Szene in einer Gartenlaube vorangehen (mehr als 600 V.), in der er in einem »locus amoenus« drei höf. Liebesdialoge zw. Pollidamas und Helena, der Ehefrau von Paris, zw. Mennoen und Polyxena und zw. Menfloers und Hectors Gattin einbaut (V. 345–655). Diese werden mit dem Liebesmonolog eines abgewiesenen Geliebten abgeschlossen (V. 656–788). S.s »Trojaroman« wurde von →Jacob van Maerlant um 1264 in Form zweier Interpolationen in seine große »Historie von Troyen« aufgenommen (sog. Wissener Hs., Brüssel, Kön. Bibl., IV 927). Interessanterweise nimmt Maerlant auch den Prolog und die einführende Vorstellung der Hauptfiguren in ein Werk auf, in dem schon mehr als 14 000 Verse der Trojageschichte gewidmet sind. Auch in dem verhältnismäßig monumentalen Brabanter »Roman van Limborch« (ca. 1300) ist der Einfluß von S.s Liebesgesprächen (B. I) und dem Bild der Gartenlaube (B. XI) deutlich spürbar.
J. D. Janssens

Lit.: J. D. JANSSENS, De handschriftelijke overlevering van de »Trojeroman« van S. D. (Miscell. Neerlandica, Fsch. J. DESCHAMPS, 1987), 153–161.

Segni, mittelit. Stadt im südl. Latium antiken Ursprungs, seit dem 5. Jh. Bf.ssitz, wird im Privileg Ludwigs d. Fr. v. 817 als dem Papsttum »in partibus Campaniae« unterstehend bezeichnet. In der Folge des →Incastellamento im 11. Jh., während des Episkopats des hl. →Bruno (12. B.), gliederte sich die Diöz. in die Stadt und eine Reihe von »Castra«, wo die Autorität des Bf.s mit den lokalen Grundherren in Konflikt geriet. Dem Liber Pontificalis zufolge wurde die Stadt S. mit ihren Pertinenzen 1126 wieder der direkten Herrschaft des Papstes unterstellt. Im 12. Jh. hielten sich hier eine Reihe von Päpsten einige Zeit in S. auf: Eugen III., der dort einen Sommerpalast erbauen ließ, Hadrian IV., Alexander III. und Lucius III. Briefe Lucius' III. und Clemens' III. definierten Privilegien und Grenzen der Diöz. Im 13. Jh. war die Herrschaft des Päpste in S. durch die kommunalen Freiheiten (die sich durch die

Solidarität des Bf.s mit der städt. Bevölkerung entwickelt hatten) oder durch die territoriale und feudale Macht des Bf.s und der lokalen Grundherren eingeschränkt. Seit der Mitte des 12. Jh. war v. a. eine signin. Familie von Grundbesitzern aufgestiegen, die später als »Conti« bekannt war, seit 1226 in der Stadt und der Diöz. mit dem Zweig der Conti di Valmontone präsent. Im 14. Jh. versuchten die Conti mehrmals – gegen den Widerstand der Kommune und bisweilen mit Unterstützung der Päpste –, die Signorie über die Stadt zu erlangen. Dabei kam es zu Konflikten zw. den Conti di Valmontone und den Conti di Poli. 1353 kam S. unter die Signorie Giovannis VIII. di Valmontone. In der 2. Hälfte des 14. Jh. wechselten Perioden der städt. Autonomie mit Phasen der Signorie der Conti oder der päpstl. Herrschaft ab, die schließlich die Oberhand behielt. F. Simoni Balis Crema

Lit.: G. FALCO, I Comuni della Campagna e della Marittima nel Medioevo, 1919–26 – P. TOUBERT, Les structures du Latium médiéval, 1973 – G. FALCO, Studi sulla storia del Lazio nel Medioevo, II, 1988 – S. CAROCCI, Baroni di Roma. Dominazioni signorili e lignaggi aristocratici nel Duecento e nel primo Trecento, 1993.

Segnungen → Benediktionen

Segorbe (-Albarracín), Bm. im Kgr. →Valencia (bei Castellón), wahrscheinl. spätantiken Ursprungs, sicher seit der Westgotenzeit bezeugt (Segobriga, Segobricensis) war zuerst Suffragan von →Tarragona, dann von Cartagena, im HochMA von →Toledo, bevor es 1318/19 der neugegr. Kirchenprov. →Zaragoza angegliedert wurde. Während der muslim. Herrschaft erloschen, wurde 1172 zuerst an seiner Stelle in S. María de Albarracín das einstige Ercavica bzw. Arcavica wiederhergestellt, das 1176 den alten Namen S. erhielt. Alexander IV. vollzog 1258 die Vereinigung der Kirchen v. S. und Albarracín, nachdem der Ort des ursprgl. Sitzes 1236 zurückgewonnen worden war. Der Bau der neuen Kathedrale anstelle der alten Moschee und der Ausbau des Kathedralkapitels leiteten die spätma. Phase ein. L. Vones

Lit.: DHEE IV, 2389–2393 – J. F. RIVERA RECIO, La erección del obispado de Albarracín, Hispania 14, 1954, 27–52 – M. ALMAGRO, Hist. de Albarracín y su sierra, III, 1959 – P. L. LLORENS, La Sede de S. en el Reino de Valencia, 1959 – D. MANSILLA, Formación de la provincia eclesiástica de Zaragoza (18 julio 1318), Hispania Sacra 18, 1965, 249–263 – A. UBIETO ARTETA, Hist. de Aragón. Divisiones administrativas, 1983, 47ff.

Segovia, Stadt in →Kastilien, hatte bereits 585 einen eigenen Bf., dessen Teilnahme am III. Konzil v. Toledo bezeugt ist. Nach dem arab. Einfall entvölkert, wurde S. 1079 von Alfons VI. v. Kastilien-León zurückerobert und seit 1088 auf Initiative des Schwiegersohns des Kg.s, →Raimund v. Burgund, wiederbesiedelt. Der →Concejo v. S., neben dem v. →Ávila der bedeutendste der kast. Estremadura, besaß Gerechtsame über eine 5400 km² umfaßende Herrschaft (tierra), die in Bezirke (sexmos) gegliedert war (S. Millán, S. Martín, Cabezas, S. Llorente, S. Olalla, Trinidad, El Espinar [seit 1297], Las Posaderas [1424], im Süden: Valdelozoya, Casarrubios, Valdemoro). Im 12. und 13. Jh. wurden im Rahmen der Wiederbesiedlung an die 400 kleine Dörfer (je 5–15 Herdstellen) gegr. Die 3500 m lange Stadtmauer umschloß nur die höher gelegenen Viertel, mit dem Alcázar (Burg), der Kathedrale, den Wohnvierteln der Ritter und dem Hauptmarkt (azogue). Die Tendenz zusammengehöriger Bevölkerungsgruppen, separate Siedlungen zu bilden, führte zur Gründung zahlreicher Ortschaften oder Vororte außerhalb der Stadtmauern: In S. gab es schließl. 34 collaciones bzw. Pfarreien (meist roman. Kirchen). Im 15. Jh. war ein ausgeprägtes Wirtschaftsleben v. a. da zu verzeichnen, wo Vororte und Stadt zusammenstießen (azoguejo). Um 1500 hatte die Stadt (kgl. Münzstätte [1455], zwei Jahrmärkte [1459], wichtige Textilmanufaktur dank städt. Schafzucht) 15000, das Umland an die 65000 Einw. Die Ritter (→caballeros villanos), die gesellschaftl. und polit. Führungsschicht der Stadt, beherrschten den Stadtrat und führten die Wiederbesiedlung durch. In Parteien (cuadrillas) gespalten, kamen aus ihren Reihen bis 1300 die Geschlechter (Díaz Sánchez, Fernán García), die den in seinen Rechten eingeschränkten Stadtrat, aber auch den 1345 von Alfons XI. eingeführten →regimiento kontrollierten, obwohl bereits im 15. Jh. die 24 →regidores eine geschlossene Oligarchie bildeten. Die Vertreter der Bürgerschaft und der Landbevölkerung der sexmos hatten nur Zugang zu den geringeren städt. Ämtern und wählten bis 1500 eigene Vertreter für den Stadtrat. Die Kg.sgewalt vertrat der Burgvogt (alcaide del alcázar), im 15. Jh. der →corregidor. Kg. →Heinrich IV. (1454–74) hielt sich häufig in der Stadt auf, förderte dort eine bestimmte Adelsklientel (→Pacheco, Arias Dávila, Cabrera), gründete das Hieronymitenkl. El Parral sowie den Franziskanerkonvent S. Antonio und richtete im nahen Bergland v. Valsaín ein großes Jagdrevier ein.

S. war Suffraganbm. v. →Toledo. Nach der →Reconquista wurde 1120 der frz. Cluniazenser Peter v. Agen als erster Bf. eingesetzt und die Bm.sgrenzen festgelegt, die 1247, gegliedert in die Archidiakonate S., →Sepúlveda und Cuéllar, mehr als 400 Dörfer im Norden der Stadt umfaßten. Im seit dem 12. Jh. voll ausgebildeten Kathedralkapitel saßen seit 1250 40 Kanoniker (einschließl. 7 Würdenträgern), 10 Vikare und 20 Geistliche. Die Mensa des Bf.s und des Kapitels erhielten von den Kg.en sowohl städt. als auch ländl. Besitzungen. Zudem besaßen die Bf.e die Herrschaft über die Orte Turégano, Aguilafuente, Mojades, Sotosalbos, Fuentepelayo und Riaza. Die Einkünfte der kirchl. Institutionen der Diöz. betrugen 1482 jährl. 60000 Florin. M. A. Ladero Quesada

Lit.: J. GONZÁLEZ, La Extremadura castellana al mediar del siglo XIII, Hispania 34, 1974, 265–424 – A. GARCÍA SANZ u. a., Propriedades del cabildo segoviano, 1981 – J. MARTÍNEZ MORO, La tierra en la comunidad de S., 1985 – M. ASENJO GONZÁLEZ, S. La ciudad y su tierra a fines del medioevo, 1986 – M. SANTAMARÍA LANCHO, El cabildo catedralicio de S. y su dominio [Diss. Univ. Complutense 1986] – O. ENGELS, Reconquista und Reform (Reconquista und Landesherrschaft, 1989), 387–401 – L. M. VILLAR GARCÍA, Documentación medieval de la catedral de S. (1115–1300), 1990.

Ségur, Burg und Herrschaft (Kastellanei) in Südwestfrankreich, Limousin (dép. Corrèze), südl. von →Limoges, seit dem 10. Jh. belegt als Sitz der großen Adelsfamilie der Vicecomites (Vicomtes) v. S., die als Vasallen der Hzg.e v. →Aquitanien stark hervortraten, im späten 10. Jh. (durch Heirat) definitiv die Vicomté Limoges erhielten und die →Vogtei der großen Abtei St-Martial de Limoges ausübten. Sie kontrollierten in Konkurrenz zu anderen, mit ihnen z. T. verwandten bzw. verschwägerten großen feudalen Familien (Comborn, →Turenne, Ventadour u. a.) weite Gebiete des Limousin, dieser zw. →Plantagenêt (→'Angevinisches Reich') und →Kapetingern im 13. Jh. umkämpften Region. Aufgrund der Heiratsverbindungen des Hauses S.-Limoges mit anderen großen westfrz. Familien (u. a. →Blois und →Châtillon) spielten einige (v. a. weibl.) Nachkommen des Geschlechts im 13. und 14. Jh. noch eine gewichtige polit. Rolle, insbes. im Hzm. →Bretagne: Marie de Limoges († 1291) war 1. Gemahlin Hzg. →Arthurs III. und Mutter Hzg. →Jeans III.; in der nächsten Generation nahm ihre Nichte Jeanne de →Penthièvre an der Seite ihres Mannes →Karl v. Blois

(1341–64) führend teil am Breton. Erbfolgekrieg, den die (vom Kg. v. Frankreich unterstützten) Blois-Penthièvre gegen das mit dem Kg. v. England verbündete (und letztl. siegreiche) Haus →Montfort austrugen.   U. Mattejiet
Lit.: →Limoges.

Seguser, auch *Segusier*, segus. Laufhund, *Seusier*, lat. *canis segusius*, c. *sigusius*, c. *siusius*, c. *seusius*, mhd. *suise*, *sūse*, bei den Kelten zur Hasenhetze verwendeter Laufhund, der – im Gegensatz zu den →Windhunden bzw. dem →vertragus – meist langsamer als das verfolgte Wild war, nach dem Geruch arbeitete und das Wild durch seine Ausdauer ermüdete. Aufgrund dieser Eigenschaften wurde der S. auch bei den Germanen zur Hetzjagd verwendet, war wohl allen kontinentalen Germanenstämmen, wenn auch in unterschiedl. jagdtechn. Bedeutung, bekannt und ist in den germ. Volksrechten mehrfach erwähnt (etwa Lex Salica, Lex Alamannorum, Lex Baiuvariorum, Lex Gundobada). Aus der Gruppe der S. wurde der Leithund zur Vorsuche entwickelt. S. a. →Spürhund.   S. Schwenk
Lit.: W.-E. Barth, Der Hannoversche Schweißhund [Diss. Hann. Münden 1969].

Seide
A. Allgemein; Italien, West- und Mitteleuropa – B. Byzantinisches Reich – C. Osmanisches Reich.

A. Allgemein; Italien, West- und Mitteleuropa
I. Kultur- und kunstgeschichtliche Bedeutung – II. Italien – III. Iberische Halbinsel – IV. Frankreich – V. Deutschland.

I. Kultur- und kunstgeschichtliche Bedeutung: Die Kultur der – neben der →Wolle – zweiten tier. Faser reicht in China bis in das 3. vorchr. Jt. zurück. Um die Mitte des 1. Jt. ist S. aus China bis nach Mitteleuropa gekommen. In den frühen nachchr. Jh. wurden Rohs., S.nfäden, sogar ganze S.nrollen entlang den asiat. Kontinent durchquerenden sog. S.nstraßen in den Westen befördert, wo man seit langem die grobe Wilds. kannte. Das Preisedikt des Ks. Diokletian v. 301 nennt sowohl holosericae als auch subsericae, bei denen man für den Schuß Wolle, Baumwolle oder Leinen genommen hat. Ein Pfund weiße Rohs., die weiterhin aus China kam, sollte 12000 Denar kosten. 552 sollen Eier der S.nraupe (→Seidenspinner) nach Konstantinopel geschmuggelt worden sein, seitdem begann hier die eigene S.ngewinnung. Noch lange waren S.ngewebe außerordentl. kostbar, so daß sich damit nur hochgestellte Persönlichkeiten kleiden und schmücken konnten und die chr. Kirche allein für festl. Paramente und die feiertägl. Ausstattung ihrer bedeutenden Bauwerke solche, zumeist als Stiftungen, erwerben. Oft erfüllten seidene Besätze und S.nstickereien (→Stickerei) den gleichen Anspruch. Ein aus zwei schmalen gemusterten S.nstreifen genähtes Kreuz aus einem alamann. Grab in Oberflacht (Nürnberg, German. Nat.mus.) ersetzte im späteren 6. Jh. ein Goldblattkreuz. Seit dem 5. Jh. blühte die S.nweberei im Nahen und Mittleren Orient und gelangte mit den islam. Eroberungen frühzeitig über Nordafrika nach Spanien. Zu Geweben mit schlichten, meist zweifarbigen Mustern – Kreise, Rautennetze, Oktogone um Scheiben, Sterne, Rosetten etc. – treten solche mit vielfältigem Dekor: Medaillons mit Reitern, Amazonen, den Dioskuren, großen einzelnen oder gepaarten Tieren und myth. Wesen wie Greif und Flügelpferd. Schon im späten 4. Jh. finden sich szen. Darstellungen, aus dem Marienleben, der oriental. und antiken Welt. Bis zum 8. Jh. gibt es Varianten des gleichen Motivs sowohl in der S.nweberei als auch in der Wollweberei und -wirkerei. Während mit Wolle Leinwandkompositbindung (Taqueté) üblich ist, überwiegt mit S. die Schußköperkompositbindung (→Samit), für die zudem gewisse Varianten entwickelt werden, bis gegen 1100 →Lampasbindung, offenbar zunächst im Iraq (Bagdad), jedoch sehr schnell auch in Spanien, erfunden ist; bei dieser bestimmen Grund und Muster beide Kettsysteme, nicht nur die Bindekette wie beim Samit. Seit dem 14. Jh. wird Lampas endgültig zur führenden Bindung in der S.nweberei, im 13. Jh. tritt als neu der →Samt hinzu. Bei frühen gemusterten Geweben steht das Muster mehrfach im rechten Winkel zur Kettrichtung, beträgt die Rapportbreite höchstens 5,5 cm gegenüber erhebl. Rapporthöhe. Während chines. S.n der Han-Dynastie eine Webbreite von nicht mehr als 50 cm aufweisen, läßt sich für letztere eine Webbreite von 80 cm oder mehr errechnen. Für die Ton in Ton mit sog. geritzten Mustern gewebten S.nsamite des späten 10. und des 11. Jh. ergeben sich sogar Webbreiten bis zu 260 cm. Die it. S.nlampasse des 14./15. Jh. sind meist 115 bis 120 cm breit. Samte sollten nach den Statuten mindestens eine Webbreite von 59,5 cm haben. – Gerade bei der S.nweberei hat für die Muster ein ständiges Geben und Nehmen stattgefunden, so hat Byzanz östliche, v. a. pers., auch viel ältere aus sasanid., später aus abbasid. Zeit aufgegriffen und sich angeeignet, Italien sich im 14. Jh. an chines. Mustern orientiert. Indessen charakterisiert die oriental., zur Abstraktion tendierende Formenwelt endlos scheinendes Fortspinnen ohne nachhaltige Akzente, was einen gewissen Bewegungsfluß ergibt, wovon sich die byz. gebaute Festigkeit mit mehr Gewicht zur Zentrierung, bei Kompositionen mit mehreren in sich gefügten, selbständigen und sich doch einordnenden Akzenten ebenso wie das abendländ. Streben nach abwägender Harmonisierung abheben.   L. v. Wilckens
Lit.: L. v. Wilckens, Die textilen Künste von der Spätantike bis um 1500, 1991, 9–131, 342–359 [Lit.].

II. Italien: Die S. ist bereits seit der Antike in Italien bekannt: Importe aus China gelangten durch Karawanen auf der sog. S.nstraße nach Rom, erst in zweiter Linie auf dem Seeweg. Viele Jahrhunderte lang hielten die Chinesen den Ursprung der S. und ihre Verarbeitungstechniken geheim. Erst im 6. Jh. (Prokop Goth. 4, 17) sollen zwei Mönche das Geheimnis der Gewinnung des kostbaren Materials entdeckt und die S.nproduktion an den Küsten des Mittelmeers heim. gemacht haben, v. a. in Andalusien und Süditalien, wo das Klima dafür am geeignetsten war. Von diesem Zeitpunkt an war das Monopol der asiat. Länder, die zum Teil fertige S.nstoffe, zum Teil Garn oder Strähnen von Rohs. exportiert hatten, gebrochen. Infolge ihrer Kostbarkeit war S. nur für die wohlhabenden Schichten erschwingl. und wurde gern für aufwendige Geschenke verwendet.

Zw. dem Ende des 9. Jh. und der Mitte des 12. Jh. entwickelte sich →Sizilien zu einem bedeutenden Zentrum der S.nproduktion: Zu dieser außergewöhnl. Blüte der S.nherstellung trug die Tradition des antiken arab. Handwerks ebenso bei wie das techn. Wissen und die organisator. Fähigkeiten des griech.-byz. Kulturkreises. Die siz. Gewebe traten in gefürchtete Konkurrenz zu den S.nstoffen aus dem andalus. Raum und wurden in viele europ. Länder exportiert.

In der gleichen Periode wurde die S.nproduktion auch auf dem it. Festland eingeführt, so z. B. in Catanzaro, wo sie sich jedoch nur in bescheidenem Umfang durchsetzte. In der Folge entwickelte sich hingegen →Lucca – im 12. Jh. eines der größten und aktivsten Handelszentren Europas – zum Hauptort der it. S.nproduktion. Die zahlreichen »Università« lucches. Kaufleute in Paris, London und

Brügge bildeten wichtige Stützpunkte für den Warenverkehr. Für die Erfolge, die die S.nmanufaktur erzielen konnte, war sowohl die Qualität der – häufig mit Gold- und Silberfäden durchwobenen – Stoffe maßgebl. als auch die gut durchgebildete Organisation der S.nweber, die bei der Erzeugung und Verarbeitung strengen Regeln folgten. Nach →Florenz gelangte die S.nweberei durch Flüchtlinge aus Lucca, die ihre Stadt infolge innerer polit. Unruhen und der Konsequenzen der Auseinandersetzungen zw. Papsttum und Ksm. verlassen hatten. Die »Arte della Seta« (d. h. die Korporation der S.nhändler und Produzenten, der sog. *setaioli*) bestand in Florenz bereits 1193; die florentin. S.nwebereien erlangten ihren größten Ruhm jedoch erst im 15. Jh., in der Blütezeit des Humanismus und der Renaissance. Obgleich die Präsenz der für die S.nraupenzucht unabdingbaren Maulbeerbäume in diesem Gebiet gesichert ist, war das an Ort und Stelle gewonnene Rohmaterial für die Produktion in der Toskana nicht ausreichend, so daß es weiterhin aus Kleinasien, Andalusien, Sizilien und auch aus den islam. Gebieten angekauft werden mußte. Mitte des 13. Jh. begann die Produktion von S.nstoffen auch in →Venedig, wahrscheinl. im Gefolge der Eroberung von Konstantinopel durch die Teilnehmer des 4. →Kreuzzuges und v. a. durch die venezian. Truppen. Die S.nproduktion expandierte in den ersten Jahrzehnten des 14. Jh., nicht zuletzt durch die Einwanderung von guelf. Weberfamilien, Seidenproduzenten und Kaufleuten aus Lucca, die sich der pisan. Oberherrschaft entziehen wollten. Sie trugen maßgebl. dazu bei, daß die Serenissima in der S.nbranche die Vorrangstellung einnahm. Auf verschiedene Gewebe spezialisiert, hielten Lucca und Venedig in dieser Zeit den Primat der S.nproduktion nicht nur auf der Apenninenhalbinsel, sondern in ganz Europa. Das »S.nfieber« schien die it. Halbinsel ergriffen zu haben, aber das qualitätvollere Rohmaterial kam weiterhin aus dem Orient. Der Nachfrage nach S.nmanufakturen entzog sich auch →Genua nicht, das bereits im 13. Jh. ein hochbedeutendes Zentrum des Orienthandels war. Seit der Mitte des 14. Jh. bestand dort eine Korporation von S.nwebern, 1432 wurde die wichtige »Arte della seta« gegr., in der sich Kaufleute und Produzenten der S.nbranche zusammenschlossen. Die S. selbst wurde zumeist aus dem Orient importiert (v. a. aus dem Cathay; →China), mit zunehmender Häufigkeit aber auch aus Spanien, Sizilien oder Kalabrien. Die berühmtesten in Genua hergestellten S.nstoffe sind →Samt (ungeschnitten und geschnitten, wie der bekannte »tercipelo«, einfarbig etc.), →Damast und →Brokat. →Mailand bildete im 15. Jh. ein Zentrum der S.nweberei von europ. Rang, zumal in seinem Umland in größerem Umfang S.nraupenzucht betrieben wurde. →Bologna hatte jahrhundertelang die Vorrangstellung und das Monopol in der Erzeugung von seidenen Schleierstoffen inne (»veli di seta alla bolognese«), für die an Ort und Stelle erzeugtes Rohmaterial verwendet wurde.

In der frühen NZ entwickeln sich auch andere it. Städte zu Zentren der S.nproduktion (Turin, Verona, Vicenza und Ferrara im N, Neapel, Catania, Messina und Palermo im S), wobei der größte Aufschwung Ende des 16. Jh. erfolgte, bedingt einerseits durch den reichen Kapitalfluß, andererseits durch das Diktat der Mode, die luxuriöse und repräsentative →Kleidung und Dekorationsstoffe verlangte. Die frz. Konkurrenz, die Krise des Mittelmeerraumes, die Verbreitung der S.nproduktion in anderen europ. Städten sowie der Wandel der Modeströmungen führten in der Folge jedoch zum Niedergang.

Die Produkte der it. S.nwebereien, die sich jahrhundertelang durch prachtvolle und luxuriöse Gestaltung und häufig auch durch kostbare Gold- und Silberstickereien auszeichneten, waren sehr teuer und stellten in der Regel eine gute Einnahmequelle für die Produktionszentren dar. Einerseits förderten deshalb die Regierungen der verschiedenen Staaten das ganze MA hindurch die S.nherstellung, andererseits versuchten sie, die wirtschaftl. Verluste, die durch exzessiven Aufwand entstanden, einzudämmen. Die →Luxusordnungen blieben jedoch häufig ohne eigtl. Erfolg (ebenso zahlreich wie vergebl. waren sie z. B. in der Toskana, in Venedig und Genua). Die beachtl. Produktionsmenge, die Zahl der in der S.nweberei Beschäftigten, die zirkulierenden Geldmengen und der umfangreiche Handel – Import von Rohmaterial und von Farbstoffen, Export der Endprodukte – bezeugen, daß die S.nbranche eine hohe wirtschaftl. Bedeutung besaß und damit auch die Korporationen ihrer Mitglieder in den verschiedenen Städten großes polit. Gewicht im Stadtregiment hatten.

Die verschiedenen Phasen des Herstellungsprozesses der S. (Haspeln, Zwirnen, Färben, Weben) waren von unterschiedl. Zeitdauer und Kostenintensität, wobei das Weben für die Qualität des halbfertigen Produktes ausschlaggebend war. Zw. Kaufleuten, Produzenten und Handwerkern kam es infolge verschiedener Machtpositionen zu ständigen Konflikten. – Die in den Museen erhaltenen S.nstoffe und v. a. die in der Malerei dargestellten Kleidungsstücke und Dekorationsstoffe geben Zeugnis von der hohen Kreativität und künstler. Originalität, die das it. Handwerk in jener Epoche erreicht hat.

P. Massa

Lit.: U. DORINI, L'Arte della seta in Toscana, 1898 – L. BRENNI, La tessitura serica attraverso i secoli, 1925 – DERS., I velluti di seta italiani, 1927 – G. MORAZZONI, Introduzione al Catalogo della Mostra delle Antiche stoffe genovesi dal secolo XV al secolo XIX, 1941 – A. BAMONTE, Le origini mediterranee della seta, 1952 – J. EDLER DE ROOVER, Lucques, ville de la soie, Cah. Ciba, 1952 – G. TESCIONE, Le origini dell'industria della seta nell'Italia Meridionale, 1953 – P. MASSA, La »fabbrica« dei velluti genovesi. Da Genova a Zoagli, 1981 – M. BUSSAGLI, La seta in Italia, 1986 – C. PONI, Per la storia del distretto industriale serico di Bologna (secoli XVI–XIX), Quaderni Storici, 1990 – P. MASSA, Tipologia tecnica ed organizzazione economica della manodopera serica in alcune esperienze italiane (La seta in Europa, secc. XIII–XX, ed. S. CAVACIOCCHI [Atti della XXIV Sett. di Studi dell'Ist. Internaz. di Storia economica »F. Datini« di Prato], 1993) – La seta e la sua via, Catalogo della mostra, 1994.

III. IBERISCHE HALBINSEL: Die S.nproduktion und -verarbeitung wurde in →al-Andalus eingeführt durch Muslime, möglicherweise Syrer, die sich im 8. Jh. in SO-Spanien niedergelassen hatten, und verbreitete sich u. a. in Murcia, Jaén, Granada, Córdoba und Almería. Grundlage der Produktion war der Maulbeerbaum (morus nigra). Die verschiedenen Herstellungsarten und Techniken waren noch bei Mozarabern und Juden im christl. Toledo des 12. und 13. Jh. bekannt, gerieten aber allmählich in Vergessenheit, um in Andalusien, Sevilla und Córdoba infolge der →Reconquista vollständig zu verschwinden, während sie in Murcia und Valencia von →Mudéjares noch in kleinerem Umfang weitergepflegt wurden. Die internationale Bedeutung der S. aus Spanien wird noch im 13. Jh. anhand reicher Bestände in frz., ndl. und frz. Kirchenschätzen und lit. Belege (Wolfram, Parzival: grüne S. aus Almería) deutlich.

Der neuerliche Aufschwung der S.nproduktion und des Handels im SpätMA war jedoch nicht durch Anknüpfung an die muslim. Zeit bedingt, sondern durch die Einführung des weißen Maulbeerbaums (morus alba) in Murcia, Valencia und Córdoba, verbunden mit neuen Produktions- und Spinntechniken it. Handwerker, die sich in diesen Städten, aber auch in Sevilla und Toledo niederließen, und dem wachsenden Interesse der v. a. genuesischen Händler (→Genua) am Kauf von S.nfäden und Stoffen. Andere Bereiche der S.nherstellung lagen in den Händen von Conversos, die sich überlieferter Techniken und Modelle aus Andalusien bedienten. Seit 1475 erließen die städt. Magistrate Verordnungen, die das Spinnen, Färben und Weben der S. regelten. Gleichzeitig verfestigte sich der Zusammenschluß der Handwerker der verschiedenen Sparten zu eigenen Zünften, während die Ausfuhr der gesponnenen S. wie auch die Nachfrage nach S.nstoffen aus den Werkstätten in Valencia und Murcia und (im 16. Jh.) in Toledo und Córdoba einen Aufschwung verzeichnen konnte. Im Emirat der →Naṣriden v. Granada bildete die S.nproduktion einen wichtigen Faktor zum Ausgleich der Außenhandelsbilanz (und fand ihre Fortsetzung noch im 16. Jh. unter kast. Herrschaft, bis zur Vertreibung der Morisken, 1571). Viele Landwirte betrieben die Aufzucht der S.nraupe und das Spinnen der S. nach überlieferten Techniken, doch behielten die Emire sich die Kontrolle über den Verkauf vor, der nur in Form öffentl. Versteigerungen auf den Rohseidemärkten (*alcaicerías*) v. Granada, Málaga und Almería erlaubt war, um so ein bestimmtes Preisniveau und die Einziehung hoher Steuern zu garantieren. Mitte des 16. Jh. produzierten an die 300 Dörfer im ehemaligen Kgr. Granada 170.000 Pfund gesponnene S., was ein Drittel der Produktion auf der Halbinsel ausmachte; die beiden anderen Drittel wurden in Murcia und Valencia erzeugt. M. A. Ladero Quesada

Lit.: La seda en la liturgía, 1952 – M. SÁNCHEZ I MARTÍNEZ, La seda a la Catalunya medieval (El mon de la seda i Catalunya, 1991), 169–188 – L. v. WILCKENS, Span. S.n des 13. Jh. (Middeleeuwse textiel... Euregiogebied Maas-Rijn. Kongreßakten, St-Truiden, 1991), 132–148 – G. NAVARRO ESPINACH, El despegue de la industria sedera en la Valencia del siglo XV, 1992 – M. A. LADERO QUESADA, La producción de seda en la España medieval, s. XIII–XVI (La seta in Europa. Atti della XXIV Sett. di Studi ... »F. Datini« Prato, 1993), 125–139.

IV. FRANKREICH: Im ma. Frankreich trugen Adlige und Kleriker, später auch reiche Bürger S.ngewänder. Das 14. und 15. Jh. hatte eine ausgeprägte Vorliebe für (farbige) S.ngewebe. Den Luxusordonnanzen (→Luxusordnungen) war zwar in erster Linie der Pelz verschwenderische Verwendung von →Pelzen ein Dorn im Auge, doch bekämpften sie auch allzu kostbare S.ntracht.

S.ngewebe waren verbreitet unter den Bezeichnungen *cendal* (einer Art Taft, verwendet für →Banner, →Gonfanons und →Oriflamme) und →*samit*. Diese Typen von S.ngeweben, ebenso auch *cendal tiercelin, baudequins* und *racamas*, verschwanden im 15. Jh. zugunsten von Satin und Velours (auch: *veloux*) mit ihren zahlreichen Varianten. Der prachtliebende Hof der →Anjou trug im 15. Jh. mit Vorliebe Taft besetzt mit S., Velours und Damaszenertuche.

Die S.ngewebe wurden aus dem Orient, später aus Italien importiert. Schon wurde im Gebiet von Frankreich bereits seit dem 8. Jh. S. gesponnen. Die Tradition machte 'Bertha' (→Bertrada), die Mutter von 'Charlemagne' (→Karl d. Gr.), zu einer geschickten S.nspinnerin. Im 13. Jh. nennt →Johannes de Garlandia in seinem »Dictionarius« das Stichwort 'trhahale', ein von Frauen zur S.nweberei benutztes Gerät. Die Rohs. kam aus dem Orient, später aus Italien. Der erste Maulbeerbaum in Frankreich soll 1286 gepflanzt worden sein. Aufgrund des »Livre des métiers« des Étienne →Boileau, der für Paris mehrere seidenverarbeitende Gewerbe erwähnt, sind S.nspinnerei und S.nwirkerei für Paris in der Zeit nach 1260 bezeugt. Im 13. Jh. wird auch der Vertrieb von S.nwaren aus den Cevennen nach →Marseille erwähnt. S.nwirker aus Italien ließen sich im 14. Jh. in →Montpellier und Marseille nieder. Das S.ngewerbe wurde im 14. Jh. von den Päpsten in →Avignon eingeführt, im 15. Jh. dann durch das Kgtm. in →Lyon und →Tours. Die Lyoner →Messen wurden im 15. Jh. zum Zentrum des S.nhandels. Kg. →Ludwig XI. (*lettres patentes* vom 23. Nov. 1466) ordnete für Lyon offiziell die Produktion von golddurchwirkten Stoffen und S. an. Er ließ in Lyon »filateurs et appareilleurs de soie« aus Italien ansiedeln und einen it. S.n traktat (heute in der Pariser Bibl. Nat.) beschaffen. Da sich Lyon beim Aufbau des S.ngewerbes aber allzu untätig zeigte, transferierte Ludwig XI. (*lettres patentes* vom 12. März 1470) die Produktion von golddurchwirkten Tuchen und S. großenteils nach Tours. Erst unter Franz I. (*lettres patentes* vom 2. Sept. 1536) erfolgte die tatsächl. Gründung der Lyoner S.nfabrikation. 1498 ließ Kg. →Karl VIII. in →Nîmes eine S.nmanufaktur errichten, um so der Avignoneser Konkurrenz zu begegnen.

Auch nach der Installation von S.nwirkern in Frankreich wurden von Kg.en und Vornehmen (wegen der besseren Qualität) noch lange S.nstoffe aus dem Orient und Italien bevorzugt. Andererseits exportierte Frankreich spitzenbesetzte S.nstoffe; neben den engl. Paramentenmachern, deren Produkte seit dem 12. Jh. guten Ruf genossen, und den 'baldicuarii' Italiens waren auch die Erzeugnisse der fläm. und Pariser Brodeure angesehen. Die fläm. Brodeure pflegten enge Zusammenarbeit mit Malern, die den Dekor entwarfen. Ein berühmtes Beispiel sind die kostbaren Ordensgewänder des →Goldenen Vlieses, die Hzg. →Philipp der Gute v. Burgund anläßl. seiner Hochzeit mit →Isabella v. Portugal anfertigen ließ. Die Zunftstatuten der fläm. Städte erwähnen die entsprechenden Korporationen; in Antwerpen gehörten die 'acu pictores' ('Nadelmaler') wie die Bildhauer und Maler zur Lukasgilde. Die Brodeure in Paris und →Caen waren berühmt für ihre spitzenbesetzten Aumoniēren (→Almosentasche). Ihre Statuten waren in Paris bereits 1303 anerkannt. Im 15. Jh. produzierten frz. Künstler begehrte liturg. Paramente (z. B. »Grande broderie« des Avignoneser Malers und Brodeurs Pierre du Vaillant, die Kg. →René v. Anjou 1462 an die Kathedrale v. Angers stiftete). E. Lalou

Lit.: M. VIOLLET LE DUC, Dict. raisonné du mobilier français de l'époque carlovingienne à la Renaissance, 1874, III, 356 – V. GAY, Glossaire archéologique du MA et de la Renaissance, 1928 – M. EIRWEN JONES, Hist. of Western Embroidery, 1969 – F. PIPONNIER, Costume et vie sociale. La cour d'Anjou XIVe–XVe s., 1970 – Needlework, an illustrated hist., hg. H. BRIDGEMAN–E. DRURY, 1978 – R. MARTIN, Textiles in Daily Life in the MA, 1992 – K. STANILAND, Les brodeurs, 1992 – Fil de Foi, Chemins de soie [Kat. Chambord], 1993.

V. DEUTSCHLAND: Bis in das SpätMA blieb Dtl. ein reines Einfuhrland und Umschlagplatz für ausländ. S. und S.nwaren. Die von der Oberschicht (Adel und Kirche; seit dem 14. Jh. auch vom Bürgertum) bestimmte Nachfrage nach S.nprodukten wurde bis zum 13. Jh. aus Byzanz und dem Orient gedeckt. Im 12. und 13. Jh. stieg das it. S.ngewerbe zum bedeutendsten Lieferanten auf. Zu dieser Zeit hatte der dt. S.nhandel bereits feste Formen angenommen. S.nwaren gelangten von Novgorod (über Bremen) und Kiev (über Regensburg) sowie aus Konstantinopel (über Breslau) nach Dtl. Bedeutender waren die Handelswege von den oberit. Städten über die Alpen nach Dtl. sowie der Rhein, der den Handel von Italien mit den Niederlanden verband. Die Städte, die an diesen Handelsstraßen lagen, entwickelten sich mindestens seit dem 11. Jh. zu Zentren des dt. S.nhandels und des S.ngewerbes:

Im 12. und 13. Jh. ist letzteres in →Köln nachweisbar, im 14. Jh. auch in Augsburg, Regensburg, Nürnberg, Ulm, Mainz, Frankfurt und Hildesheim. In den meisten dieser Städte verharrte das S.ngewerbe auf dem Stand der S.nstickerei. In Köln und Augsburg etablierte sich auch die S.nweberei und -färberei. Im MA gelangte nur das Kölner S.ngewerbe zu wirklicher Bedeutung. Köln verfügte seit 1370 über eine eigene »S.nhalle«, einen »S.nmarkt« und seit 1470 auch über eine Ratskommission, das »S.namt«, welche die Warenkontrolle für die bis dahin gegründeten Zünfte (1397: Wappenstickerinnen und -sticker, 1437: S.nspinnerinnen und -weberinnen; 1506: Zusammenfassung beider Zünfte in einer S.nzunft; →Frauenzunft) übernahm. Das Kölner S.ngewerbe arbeitete im hausindustriellen Verlagssystem. Im Gegensatz zum Ausland machte sich in Köln die Abhängigkeit der Produzenten von den Händlern nur geringfügig bemerkbar, da die Produzenten, sofern es sich um Frauen handelte, meist mit Kaufleuten, welche die Kölner S.nwaren vertrieben, verheiratet waren. Daneben existierte eine Zahl unabhängiger Meister, die selbständig den Absatz ihrer Waren kontrollierten. Dank dieser Organisation und der weitreichenden Fernhandelskontakte konnte Köln bis in das 18. Jh. seinen Platz als bedeutendster dt. S.nwarenproduzent und -exporteur behaupten. H. Pohl

Lit.: J. H. GEKS, Strukturwandlungen und Entwicklungstendenzen der S.nindustrie... [Diss. Münster 1963] – H. POHL, Der dt. S.nhandel vom MA bis ins 20. Jh. (La seta in Europa, secc. XIII-XX, ed. S. CAVACIOCCHI [Atti della XXIV Sett. di Studi dell'Ist. Internaz. di Storia economica »F. Datini« di Prato], 1993), 633–682 – H. VAN DER UPWICH, Die Gesch. und Entwickl. der Rhein. Samt- und S.nindustrie, o. J.

B. Byzantinisches Reich

In frühbyz. Zeit beruhte die S.nfabrikation noch auf dem Import von Rohs., wurde von den Behörden streng kontrolliert und als staatl. Monopol betrachtet. Eier des Maulbeerseidenspinners, die nach Berichten 553 ins Byz. Reich eingeschmuggelt wurden, ermöglichten eine allmähl. Verbreitung der S.nraupenzucht von Syrien nach Kleinasien, Griechenland und Unteritalien sowie die Erweiterung eines byz. S.ngewerbes. Das Anwachsen der Produktion und ein Sinken der Preise wurden begleitet von einer Lockerung der staatl. Kontrolle, die bereits in der 1. Hälfte des 7. Jh. erkennbar ist. S.nweberei ist in dieser Periode für Phönizien und Ägypten belegt. Doch entwickelte sich nach dem Verlust der Ostprovinzen an die Araber →Konstantinopel zum großen byz. Zentrum der Produktion, des Vertriebs und des Konsums von S. und behielt diese Rolle bis ins 12. Jh. Nach den Q. des 10. Jh. wurden hier in ksl. wie in privaten Werkstätten Rohs.nstoffe hergestellt, gefärbt und zugeschnitten. Das private S.ngewerbe war in fünf Gilden gegliedert, die sich in ihren Funktionen aber überlappten, wobei die Versorgung mit Rohmaterial, die Herstellung d. Stoffe u. d. Handel auch außerhalb dieser Korporationen erfolgten. Unklar bleibt, wie lange diese bestanden. Kontrolle durch den Stadtpräfekten sicherte den Qualitätsstandard. Entgegen der allg. Ansicht existierte damals kein generelles ksl. S.nmonopol; nur die vom Ks. bestellten kostbaren S.nstoffe bildeten eine Ausnahme. Der Vertrieb einiger hochwertiger S.nstoffe unterlag einer gewissen staatl. Kontrolle, doch waren ihr Verkauf und ihre Ausfuhr unter Voraussetzung einer staatl. Lizenz gestattet. Alle übrigen S.nstoffe wurden auf dem freien Markt gehandelt.

S. hatte eine wichtige symbol., polit. und soziale Rolle im Leben des Byz. Reiches zu erfüllen. Das Tragen edler, mit echtem →Purpur gefärbter S.ngewebe war der ksl. Familie vorbehalten. Teure S.nstoffe wurden zusammen mit Gold hohen Würdenträgern als Jahresgabe geschenkt, ebenso fremden Herrschern im Rahmen diplomat. Beziehungen (→Gesandte). Ihre liturg. und ornamentalen Funktionen in Kirchen und Kl. trugen stark zur Verbreitung von S.nstoffen in Byzanz wie im Abendland bei. Berühmt wurden die mit verschwender. Reichtum dekorierten byz. S.ngewebe, z. B. mit religiösen Szenen oder meisterhaften Tierdarstellungen.

Seit dem 11. Jh. führte die steigende Nachfrage auf dem Binnenmarkt zu einer stärkeren Ausbreitung der S.nkultur, so im byz. →Kalabrien, und in den westl. Gebieten des Reiches, v. a. in →Theben und →Korinth, zu einem allg. Aufblühen der S.nproduktion. Auch wandte sich das S.ngewerbe nun einem größeren Kreis von Abnehmern zu und produzierte eine breitere Palette von Produkten, auch billigere Waren (aus S.nresten und Rohseidenflaum, z. T. Mischgewebe aus S. und →Baumwolle). Ein Ergebnis war, daß der Besitz von S. innerhalb der byz. Gesellschaft keineswegs mehr auf die Oberschicht begrenzt und das Tragen von S. wesentl. verbreiteter war, als gemeinhin angenommen wird. Der S.nexport in die Länder des Abendlandes, die muslim. Welt und nach Altrußland wuchs und war ein wichtiger Faktor einer positiven Handelsbilanz der Byzantiner im Verkehr mit diesen Ländern. Im 12. Jh. hatte Theben durch den hohen Qualitätsstandard seiner S.nwaren die Vorherrschaft Konstantinopels geschmälert. Auch erholte sich Theben rasch von dem Aderlaß, den die Deportation seiner S.nhandwerker durch Kg. Roger II. v. Sizilien nach →Palermo (1147) bedeutet hatte. Die Stellung des S.ngewerbes in Konstantinopel wurde weiter geschwächt durch die spürbare Einschränkung bei der Belieferung mit Rohware und durch den Abzug einiger gelernter S.nhandwerker nach Theben. Der drittwichtigste Standort des S.ngewerbes war →Thessalonike. Aus dem Bericht des jüd. Reisenden →Benjamin v. Tudela erfahren wir, daß bereits zahlreiche Juden in diesem Gewerbezweig tätig waren.

Die Eroberung von Konstantinopel durch die westl. Kreuzfahrer (1204) zerstörte die wirtschaftl. Grundlage der byz. S.nfabrikation. Die S.nhersteller wanderten in das byz. Kleinasien, das auch über die byz. Rückeroberung von Konstantinopel (1261) hinaus bis zur türk. Eroberung im 14. Jh. das wichtigste Zentrum der byz. S.nverarbeitung blieb. Die S.nproduktion in den westl. Provinzen des Byz. Reiches erfuhr dagegen einen langsamen Niedergang, mit Ausnahme von Theben. Dieser Prozeß war in starkem Maße eine Folge des zunehmenden Exports von Rohs. in die Zentren der expandierenden S.nfabrikation Italiens, während die für die byz. Handwerker verfügbare Rohware stark reduziert wurde.

Seit dem 7. Jh. trugen diplomat. Verbindungen, Kriegszüge und Handelsbeziehungen zu einer Verbreitung der Technologie der S.nverarbeitung, der Motive und Terminologie über die Grenze des Byz. Reiches mit den Ländern des Nahen Ostens hinaus bei. Es ist manchmal schwierig, wenn nicht unmögl., S.nstoffe byz. Provenienz von denen muslim. Herkunft zu unterscheiden, entlehnten die byz. Produzenten doch Elemente bei den muslim. S.nhandwebern, die wiederum Imitationen byz. S.ngewebe herstellten. Eine vergleichbare Ausfuhr von Kenntnissen vollzog sich von Byzanz nach Italien seit dem 12. Jh., als sich die aufstrebende S.nproduktion in Italien, mit →Lucca und →Venedig als den wichtigsten Zentren, stark an byz. Vorbildern orientierte.

Unsere Kenntnis der byz. S.nverarbeitung und ihrer Erzeugnisse beruht auf schriftl. Q., Siegeln und hunderten von erhaltenen Geweben, die sich zumeist in den Ländern West- und Mitteleuropas erhalten haben, aber auch bei Grabungen in der ehem. UdSSR und in Skandinavien gefunden wurden. Diese Stücke, die nur einen kleinen Teil der aus dem Byz. Reich exportierten S.ntextilien darstellen, dokumentieren die starke Verbreitung byz. S.nstoffe.

D. Jacoby

Lit.: R. S. LOPEZ, Silk Industry in the Byz. Empire, Speculum 20, 1945, 1–42 [Nachdr. in: DERS., Byzantium and the World around it: Economic and Institutional Relations, 1978, III] – A. MUTHESIUS, A Practical Approach to the Hist. of Byz. Silk Weaving, JÖB 34, 1984, 235–254 – N. OIKONOMIDES, Silk Trade and Production in Byzantium from the Sixth to the Ninth Cent.: The Seals of the Kommerkiarioi, DOP 40, 1986, 33–51 – D. JACOBY, Silk in Western Byzantium before the Fourth Crusade, BZ 84/85, 1991–92, 452–500 – DERS., Silk crosses the Mediterranean (Le vie del Mediterraneo, idee, uomini, oggetti [sec. XI–XVI], hg. S. ORIGONE, 1995) [im Dr.].

C. Osmanisches Reich

Die ältesten erhaltenen S.nstoffe stammen aus dem 15. Jh., oder im Falle eines Bahrtuches aus dem serb. Kl. Studenica, ev. aus den letzten Jahren des 14. Jh. Während die Zuordnung der den Sultanen Meḥmed II., Bāyezīd II. und Selīm I. zugeschriebenen Gewänder im Topkapı-Museum umstritten ist, sind einige im Einband von Hss. des 15. Jh. aufgefundene Fragmente von S.nstoffen durch die jeweiligen Kolophone datiert. Die Terminologie ist durch die Nennung zahlreicher S.nstoffe in Nachlaßregistern und höf. Geschenklisten seit dem späten 15. Jh. ungefähr bekannt. Neben glatten und gestreiften Stoffen gab es S.nsamte (ḳadīfe), z. T. mit Silber- und Goldbroschierung, sowie ungemusterte Goldlamés (serāser). Ein Bedarf nach relativ standardisierten S.ngeweben entstand durch die auch bei den →Mamlūken übliche Sitte, an die Großen des Hofes und ausländ. Gesandte Ehrengewänder zu vergeben. Außerdem fanden S.nsamte in Kissenbezügen Verwendung.

Zentren der osman. S.nmanufaktur waren →Bursa und Istanbul (→Konstantinopel, II). Das Rohmaterial wurde beinahe ausschließl. aus dem Iran (→Persien) bezogen, teils über die nördl. Karawanenstraße (Erzurum, Tokat, Amasya), teils über Aleppo, wo auch S.ngewebe erzeugt wurden. Unter den Arbeitern in Bursa waren zahlreiche →Sklaven, denen zuweilen die Freilassung in Aussicht gestellt wurde, wenn sie eine bestimmte Menge Stoff gewebt hatten. Während seines Krieges (1514) gegen den Begründer der Safawiden-Dynastie, Schah Ismāʿīl, verbot Selīm I. den Import iran. S.n und ließ Waren der im Land befindl. Kaufleute konfiszieren. Diese Maßnahme, von der auch Aleppo nach der osman. Eroberung 1516 betroffen war, wurde von Selīms Nachfolger Süleymān I. nach 1520 wieder rückgängig gemacht.

Neben den im eigenen Land gefertigten S.n verwendete der osman. Hof auch Importwarten, u. a. aus Venedig, aber auch China. Osman. S.nstoffe ihrerseits fanden bes. in Osteuropa regen Absatz, wo lokal hergestellte Stoffe osman. Motive aufweisen. Die Zahl erhaltener S.nstoffe des 15. und frühen 16. Jh. ist gering, erst aus der 2. Hälfte des 16. Jh. gibt es größere Bestände. Dies hängt möglicherweise mit der damals noch strengen Befolgung des islam. Religionsgesetzes zusammen, das erwachsenen Männern das Benutzen von S.ntextilien verbietet. S. Faroqhi

Lit.: EI², s.v. Bursa, s.v. ḥarīr – T. ÖZ, Türk Kumaş ve Kadifeleri, I, 1946 – F. DALSAR, Türk Sanayi ve Ticaret Tarihinde Bursa'da Ipekçilik, 1960 – H. TEZCAN, Ş. DELIBAŞ, M. ROGERS, Topkapi Saray-Museum, Textilien, übers. K. HEINZ, 1986.

Seidenspinner, als Lehnwort aus dem Gr. bombyx genannt, war in der Antike die Kenntnis ihrer als Geheimnis in Asien gehüteten Zucht unbekannt. Plinius (n. h. 11, 76) übernimmt zwar die 6 Monate dauernde Verwandlung von der Raupe über die Puppe (bombylis) bis zum Schmetterling von Aristoteles, h. a. 5, 19 p. 551 b 9–16, aber dies bezieht sich nach KELLER (II, 443) auf die von ihm abgebildete Lasiocampa otus, aus deren Kokon man tatsächl. eine minderwertige Seide gewinnen kann. Pamphile soll auf Kos die Verspinnung erfunden haben. Erst unter Justinian haben Mönche aus dem Seidenland Seres (= China, vgl. Isidor, etym. 19, 27, 5) echte S. (Bombyx mori) nach Griechenland gebracht. Das Zitat aus Plinius (n. h. 11, 75) bei Thomas v. Cantimpré (9, 9 = Albertus Magnus, animal. 26, 11) über den »bombax« mit steinharten Lehmnestern in Assyrien bezieht sich sicherl. auf eine Mauerbiene. Der ohne Q.angabe gegebene Bericht bei Thomas 9, 26 (= Albert 26, 18) über den von Maulbeerblättern lebenden echten von ihm »lanificus« genannten S. mit seiner teils weißen, teils gelben Seide stimmt in Namengebung und Einzelheiten vielfach mit dem von Vinzenz v. Beauvais (Spec. nat. 20, 119) zitierten »Physiologus«, der mit Alexander Neckam ident. ist (nat. rer. 2, 164), überein. Dort wird auch die Verwendung von verbrannter Seide zur Reinigung eiternder Wunden und mit Salz zur Heilung von Zahnverfall erwähnt. In der lat. Übers. des Hexaemeron des Basilius (hom. 8, 8, 5) durch Eustathios dient die wundersame Verwandlung des »Indicus vermis« zur Beschämung der Hörer, die dem Apostel Paulus die Auferstehung Christi nicht glauben wollen.

Ch. Hünemörder

Q.: →Albertus Magnus, →Alexander Neckam, →Basilius, →Isidor – Thomas Cantimprensis, Lib. de nat. rerum, T. 1, ed. H. BOESE, 1973 – Vinc. Bellov., Speculum nat., 1624 [Neudr. 1964] – *Lit.*: O. KELLER, Antike Tierwelt, II, 1913 [Neudr. 1963].

Seides, Niketas, Laientheologe und Redner, 2. Hälfte des 11. bis 1. Hälfte des 12. Jh., beteiligte sich 1112 an den →Religionsgesprächen zw. dem Mailänder Ebf. →Petrus Grossolanus (40. P.) und den byz. Hoftheologen. In seiner 1112 verfaßten Rede 21 (Λόγος κά) gegen die Lateiner wirft er diesen 12 Irrtümer vor, darunter den päpstl. →Primat, das →Filioque und die →Azymen. Trotz seiner Polemik läßt S. auch versöhnl. Töne vernehmen. Rede 22 handelt über Pascha und Azymen, Rede 23 wirft Metropolit →Eustratios v. Nikaia u. a. monophysit. Tendenzen in der Christologie vor. S. werden außer den dogmat.-polem. Schrr. auch philos. und exeget. zugeschrieben. Andere Schrr. über Pascha, Sonnen- und Mondzyklus gelten als unecht. Die Titel 1–20 sind unbekannt. F. Gahbauer

Ed.: vgl. Tusculum Lex., 1982³, 719f. – R. GAHBAUER, Gegen den Primat des Papstes. Stud. zu N. S., 1975 [Lit.] – *Lit.*: Oxford Dict. of. Byzantium, 1991, 1865 – J. DARROUZÈS, Les documents byz. du XII° s. sur la Primauté Romaine, RevByz 23, 1965, 42–88, bes. 58 – J. SPITERIS La critica biz. del primato Romano nel secolo XII, 1979.

Seife (ahd. *seifa, seiffa, seipha,* mhd. *seife, seiffe,* ags. *sâpe*). Plinius (Hist. nat. 28, 12, 51) erwähnt 'sapo' als gall. Erfindung, doch scheinen die Gallier auf Grund der Wortetymologie die S. von den Germanen übernommen zu haben. Zunächst verwendeten die Römer die importierte S.npomade für mod. Frisuren, seit dem letzten Viertel des 2. Jh. n. Chr. galt die S. nicht nur als hygien. und kosmet. Produkt, sondern auch als Medikament. Die Kaustizierung der S.nlauge durch Zusatz von ungelöschtem Kalk war im 7. Jh. dem in Alexandreia tätigen gr. Arzt Paulus v. Aigina und den Arabern bekannt. Eine entscheidende Verbesserung brachte die Verwendung von Olivenöl und der Asche der Barilla, einer sodahaltigen Meerespflanze, die zur Produktion einer harten weißen S. mit angenehmem Geruch beitrug. Nach der Eroberung v. Tyros 1124 lernten die Venezianer die duftenden S.nkugeln von Damaskus kennen; nach 1200 begannen sie eine eigene S.nproduktion aufzubauen. Seit dem frühen 14. Jh. wurden die S.ntafeln mit verschiedenen Warenzeichen versehen, denen gewisse Duftstoffe ensprachen. Erstes Auftreten ven. S. nördl. der Alpen im 2. Drittel des 13. Jh., wobei die monopolist. Handelspolitik Venedigs Ausfuhrgenehmigungen vorschrieb. Zentren der europ. S.nproduktion waren Alicante, Cartagena, Malaga, Sevilla und Valencia, ferner Marseille, Mailand und Savona. Anleitungen zum S.nsieden sind seit dem 14. Jh. in Dtl. in Rezeptslg.en enthalten (UB Heidelberg, c p g 638, fol. 21^v; Staatsbibl. Berlin, Ms. germ. quart 417, fol. 130^v, 131^v, 132^v). In der zweiten Hälfte des 15. Jh. Spezialisierung der S.nproduktion in portionierte und parfümierte S.nkugeln zum Waschen der Haare und Produktion von duftenden »balbiererkugelin« (Rasiers.). Beide Anwendungen unterstreichen den sozialen Status (parfümiertes Haupthaar und wohlriechendes Gesicht nach der Rasur wurde von der Oberschicht als Gebot der Sauberkeit postuliert). Das Reinigen der Wäsche mit S. diente dem Weißheitsgrad der Hemden der Männer und der Unterröcke der Damen. Die demonstrativ zur Schau getragene Sauberkeit des späten 15. Jh. galt den 'Hüllen' des Körpers. H. Kühnel

Lit.: G. VIGARELLO, Wasser und S., Puder und Parfüm, 1988 – H. KÜHNEL, 'Mit S. mißt man die Kultur ...', AK 73, 1991, 61–83.

Seifried Helbling, mhd. Slg. überwiegend satir.-polit. Gedichte (Niederösterreich, Ende 13. Jh.). Die in einer einzigen Hs. (17. Jh.; heute: Wien, ÖNB) sowie einem kurzen Frgm. (Anfang 14. Jh.) überlieferte Slg. von 15 Gedichten (davon 13 in Form der Reimpaar-Rede) erhielt vom ersten Herausgeber v. KARAJAN diesen Namen, da er den fiktiven Briefschreiber von Gedicht XIII, einen Spielmann namens S. H., für den Autor hielt; die Tatsache eines einzigen Verfassers ist nicht sicher, wird aber heute allgemein angenommen. Die Gedichte, mit Ausnahme der geistl. Texte IX/X, handeln von den polit. und sozialen Zuständen im Hzm. →Österreich unter der neuen Herrschaft der →Habsburger (seit 1282: Hzg. →Albrecht I.), in einer Verbindung von Lehre und →Satire und mit zum Teil sehr scharfer zeitkrit. Tendenz. Die wohl sukzessive entstandenen Texte, von denen einige aufgrund hist. Anspielungen mit zieml. Sicherheit zw. 1282 und 1300 datiert werden können, zeigen mehrfach eine massive antihabsburg. Tendenz, mutmaßlich im Interesse einiger niederösterreich. → 'Landherren' (LIEBERTZ-GRÜN); sie preisen die 'gute alte Zeit' der →Babenberger, doch wird in den späteren Texten eine Art notgedrungener Anerkennung der neuen Herrschaft deutlich. Acht Gedichte sind aufeinander bezogen: sie haben, nach dem ausdrücklich genannten Vorbild des →»Lucidarius« (I 24 ff.), die Rahmenform eines Gesprächs zw. Herrn und Knecht, die auf raffiniertkomplizierte Weise weiterentwickelt wird. U. Müller

Ed. und Lit.: S. H., ed. TH. V. KARAJAN, ZDA 2, 1842 – S. H., ed. J. SEEMÜLLER, 1886 [grundlegende Ed.; mit gründl. hist. Komm.] – U. LIEBERTZ-GRÜN, S. H., Satiren gegen Habsburg, 1981 – DIES., Das andere MA. Erzählte Gesch. und Geschichtskenntnis um 1300. Stud. zu Ottokar v. Steiermark, Jans Enikel, S. H., 1984 – M. WELTIN, Die Gedichte des sog. S. H. als Q. für die Ständebildung in Österreich, Jb. für Landeskunde von NÖ 50/51, 1984/85 – D. VOGT, Ritterbild und Ritterehre in der lehrhaften Kleindichtung des Stricker und im sog. S. H., 1985 – G. WOLF, Die Kunst zu lehren. Stud. zu den Dialoggedichten ('Kleiner Lucidarius' des S. H.'-Slg., 1985 – ST. C. VAN D'ELDEN, S. H.s »Ein Maer is guot ze schriben an«. A Reevaluation, Amsterdamer Beitr. zur älteren Germanistik 13, 1987 – R. HANGLER, S. H., ein mhd. Dichter aus der Zwettler Gegend, 1995 [im Dr.].

Seigerhütten, -verfahren. Die Gründung von S., die auf eine großtechn. Nutzung des Kupferseigerverfahrens spezialisiert waren, ist seit dem späten 15. Jh. im Bereich wald- und wasserreicher Regionen Mitteleuropas belegt (Thüringer Wald, Erzgebirge, Ostalpen, Karpaten). Eine bes. Stellung auf den Metallmärkten der frühen 16. Jh. nahm die von kapitalkräftigen →Handelsgesellschaften getragene Thüringer S.industrie ein. So verfügte etwa die Leutenberger Gesellschaft 1532 über ein Stammkapital von 120 710 fl. Der sehr ertragreiche 'Ungarische Handel' der →Thurzo und →Fugger beruhte seit Beginn auf dem Großeinsatz der S.technologie. Entgegen wiederholter Behauptungen ist eine Kupferseigerung im ma. Venedig bisher nicht nachgewiesen. Der bislang früheste eindeutige Beleg für die regelmäßige Ausübung der später so gerühmten 'ars conflatoria separantia argentum a cupro cum plumbo' findet sich in Akten v. 1453 über die Schmelzhütte vor dem Nürnberger Frauentor. Hier ist in den Jahrzehnten zuvor offensichtl. die Einführung der Kupferseigertechnik oder ihre Entwicklung aus dem Seigerverfahren im ökonom. interessanten Maßstab gelungen. Das Kupferseigerverfahren beruhte auf der Erkenntnis, daß sich →Silber (auch →Gold, falls vorhanden) aus silberhaltigem Rohkupfer ('Schwarzkupfer') mittels eines zulegierten drei- bis vierfachen Überschusses an →Blei extrahieren (ausschmelzen) läßt. Das ausgeschmolzene Seigerblei konnte im altbekannten Treibprozeß in Silber und Blei, das in den Seigerprozeß zurückging, getrennt werden. Während man das geseigerte und gedarrte →Kupfer zu gebrauchsfertigem Garkupfer weiterverarbeitete, ging das Silber nach einem Feinbrennen als Brandsilber in die Münze oder in den Handel. L. Suhling

Q.: Georgius Agricola, De re metallica libri XII, Basel 1556 [dt. Taschenbuchaufl. 1994 (hier 421–465)] – Lit.: E. WESTERMANN, Das Eislebener Garkupfer und seine Bedeutung für den europ. Kupfermarkt 1460–1560, 1971 – L. SUHLING, Der S.prozeß. Die Technologie des Kupferseigerns nach dem frühen metallurg. Schrifttum, 1976.

Seignelay. 1. S., Guillaume de, Bf. v. →Auxerre, dann Bf. v. →Paris, † 23. Nov. 1223 in St-Cloud; Sohn von Bouchard de S. und Aanor de Montbard, verdankte seinem Onkel Guy de Noyers, Bf. v. Sens, den Beginn seiner kirchl. Laufbahn, trat gemeinsam mit seinem Bruder Manassès in den Klerus ein. Nach Studium des Rechts und der Theologie erhielt er Präbenden in →Sens und wurde zum Dekan des Kathedralkapitels v. Auxerre gewählt. Er erwarb sich durch kraftvolle Verteidigung der Prärogativen des Kapitels hohes Ansehen und wurde am 9. Febr. 1207 zum Bf. v. Auxerre erhoben, trat hier erneut mit Nachdruck für die Interessen seines Bm.s ein und nötigte die Gf.en Pierre und Hervé zur Anerkennung seiner lehnsherrl. Rechte sowie der Privilegien der Bürger v. Auxerre. S. gründete drei Kollegiatstifte (Appoigny, Cosne, Toucy) und nahm den Wiederaufbau der 1217 eingestürzten Kathedrale in Angriff. Papst Innozenz III. transferierte ihn auf den Bf.ssitz v. Paris (27. April 1220), gegen den Willen des Kg.s, mit dem S. dessenungeachtet ein Abkommen über die Abgrenzung der kgl. und bfl. Jurisdiktionsbefugnisse in Paris erreichte (Jan. 1223). Nach heftigen Konflikten des Bf.s mit der Pariser Univ., die mit einem Streik gegen S.s Amtsantritt protestiert hatte, sah sich Papst Honorius III. zur Schlichtung genötigt: Der Univ. wurde die Beachtung einer Reihe von bfl. Rechten auferlegt, andererseits aber die Kontrolle des bfl. Kanzlers über die Verleihung von Universitätsgraden abgeschafft (1222). J. Richard

Lit.: GChr, VII, s.v. – L. M. DURU, Bibl. hist. de l'Yonne, 1850.

2. S., Manassès de, Bf. v. →Orléans 1207–21, * um 1150, † 1221, Bruder von 1; sein Vorname verweist auf eine kirchl. Laufbahn, die durch die Zugehörigkeit zu einem mit dem hl. →Bernhard v. Clairvaux verwandten burg. Adelsgeschlecht vorgezeichnet war. Zunächst Dekan in →Auxerre, dem ersten Bischofssitz seines Bruders, kämpfte S. als Bf. v. Orléans für rechtl. und auch feudale Selbständigkeit der Bf.e und geriet in heftige Opposition zu Kg. →Philipp II. Augustus (1210), wobei der Bf. dem kgl. Hofgericht (curia) das Recht absprach, über ihn zu richten, seinen Lehnsleuten die Heerfolge im kgl. Lehnsaufgebot (ost) untersagte und auf seine Diöz. das →Interdikt schleuderte. S. nahm am Albigenserkreuzzug teil (→Albigenser, II). 1216 wies er in seiner Eigenschaft als päpstl. Legat öffentlich auf die Grenzen der rechtl. Kompetenz der kgl. Gewalt hin, mit der er 1218 wegen des Donjons (grosse tour) v. Sully erneut im Streit lag. Im Rahmen seines Kampfes für die bfl. Prärogativen siedelte er die Bettelorden in Orléans an (1218 auf Romreise Begegnung mit dem hl. →Dominikus, 1219 bemerkenswert frühe Installierung der →Dominikaner in Orléans). Die Untersuchung des 1937 geöffneten Bischofsgrabes und der sterbl. Überreste erbrachte eindrucksvolle Aufschlüsse (angeborene schwere Behinderungen, Arthritis; durch den Gebrauch als Stütze abgenutzter Bischofsstab); trotz seiner Gebrechlichkeit nahm S. zwei Ad-limina-Reisen auf sich, ein Beweis seiner eisernen Willenskraft.

F. Michaud-Fréjaville

Lit.: DUCHÂTEAU, Hist. du dioc. d'Orléans depuis son origine jusqu'à nos jours, 1888 – P.-M. BRUN, Mise au jour dans la cathédrale Ste-Croix d'Orléans des sépultures de trois évêques des XIIIᵉ-XIVᵉ s., Bull. Soc. arch. et hist. de l'Orléanais 49, 1978, 125–142.

Seigneurie. Das frz. Wort (zu lat. →senior) bezeichnet im allg. Sinne (gleichsam epochenübergreifend) die von einer natürl. oder jurist. Person ausgeübte Herrschaft (→Herr, -schaft) über ein Individuum oder mehrere Individuen (bzw. über 'Personenverbände'), aber auch über ein bestimmtes Territorium. In stärker spezif. Gebrauch ist das Phänomen jedoch mit dem Auftreten des →Feudalismus, im Sinne einer Einbindung der Menschen und des Landes (→'Land und Leute') in feudo-vassalit. Strukturen (→Lehen, Lehnswesen; →Adel), verbunden. Die Durchsetzung und Verankerung der Feudalinstitutionen vollzog sich in →Frankreich während des 10. und 11. Jh., auf der Grundlage der bereits unter den →Karolingern geschaffenen Situation (→Frankenreich, →Westfrankenreich), die schon charakterist. Züge des seigneurialen Herrschaftssystems aufwies.

Die Historiker unterscheiden nach der klass. Definition: 1. die *s. féodale*, bei der ein Lehnsherr (dominus, senior), mittels der Zeremonie der Lehnshuldigung (homagium, *hommage*), einen →Vasallen an sich band, ihn zur Treue (→consilium et auxilium) verpflichtete und ihm ein Lehen, das in Grundbesitz bestand (aber auch ein →Rentenlehen oder die Ausübung eines Feudalrechtes umfassen konnte), übertrug, wohingegen der Herr auf seiner Domäne ein Gut (oder mehrere Güter) zur eigenen Verfügung und Nutzung behielt; 2. die *s. personnelle* (→Leibeigenschaft; →Hörigkeit; →servus, *servage*), in der ein Herr eine Anzahl von Männern und Frauen, die zu ihm in (unterschiedl. und abgestuften) persönl. und dingl. Abhängigkeitsverhältnissen standen, beherrschte; diese Personen, die erblich an ihren Herrn gebunden waren, unterstanden seinem Gericht, hatten ihm eine Reihe von →Abgaben zu leisten und durften ohne Erlaubnis des Herrn nicht aus dessen Herrschaftsbereich abziehen, widrigenfalls konnte der Herr sie gewaltsam zurückbringen lassen; 3. die *s. foncière*, in deren Zentrum die wirtschaftl. Nutzung (eines →Dorfes oder von Teilen eines Dorfes, aber auch einer Stadt) stand (→Grundherrschaft, →Stadt, -herrschaft); bei diesem Typ der S. besaß der Herr eine Domäne, die auch seine Behausung umfaßte (→Burg bzw. festes oder unbefestigtes Haus: Herrenhaus, *manoir*), nebst Garten und Baumgarten (*verger*), Wiesen, Äckern, Wäldern, ggf. Weinbergen; diese Domäne konnte er durch seine Leute unmittelbar bewirtschaften lassen (oder sie ganz oder teilweise an Pächter zur Bewirtschaftung austun; *métayage, ferme*: →Pacht), wobei er auf die →Frondienste seiner Grundhörigen zählen konnte; diese hatten ihre Anwesen in der Regel in erbl. und verkäufl. Besitz inne (→Emphyteusis) und hatten an ihren Grundherrn Natural- oder Geldzins, ggf. auch Rente (→*champart* zu entrichten, wie es durch die *censiers, rentiers, terriers* (→Urbar), die sich seit dem 14. Jh. häuften, belegt ist; 4. die *s. banale* oder *s. haut-justicière* bzw. *châtellenie* (→Kastellanei), die sich als eine, in der Regel in Randlage entstandene Keimzelle polit. Herrschaft von unterschiedlich großer Ausdehnung präsentiert; der *seigneur banal*, der den Bann über seine Untergebenen ausübte, hatte die militär. Befehlsgewalt (→Aufgebot) und die hohe, mittlere und niedere Gerichtsbarkeit inne (unterhielt demzufolge einen Gerichtshof und verfügte ggf. über Gefängnis, Galgen und Pranger), nahm die reguläre Kopfsteuer (→Taille) ein, nutzte die diversen Bannrechte (*banalités*: Backofen-, Mühlen-, Kelter- und Viehbann; →Bann), setzte Maße und Gewichte (→Maß) fest, prägte ggf. →Münzen und erhob verschiedene Abgaben auf den Verkauf von Handelswaren.

In bestimmten Regionen Frankreichs setzte sich der Rechtsgrundsatz »nulle terre sans seigneur« durch, d. h. das ganze 'Land' war einerseits feudalisiert und stand mittelbar oder unmittelbar in Abhängigkeit zum Kg., war andererseits in (sich häufig überlappende) S.n aufgesplittert; in anderen Regionen lautete die Formel dagegen »nul seigneur sans titre«, d. h. jeder Seigneur hatte nötigenfalls seine Herrenrechte über Land und Leute durch ein schriftl. Dokument nachzuweisen. Diejenigen Besitzungen, die nicht als S.n galten, waren die Allodialgüter (→Allod); zu unterscheiden sind die seigneurialen Allodien (z. B. Vicomté →Turenne, Fsm. →Yvetot), die gleichsam Lehen ohne Lehnsherrn waren, von den bäuerl. Allodien (→Eigen, bäuerl.), die einer grundherrl. Bindung entgangen waren, im Laufe der Jahrhunderte allerdings immer mehr schwanden, um in zahlreichen Regionen ganz zu verschwinden.

Die seigneuriale Herrschaft bestimmte in ihrem komplexen Charakter auf weite Strecken das Leben der abhängigen Bewohner in Stadt und Land. Diese freilich setzten, mit Gewalt oder auf dem Verhandlungswege, gegenüber den Herren eine Besserung ihrer Situation durch, in manchen Fällen eine völlige Befreiung (Abschaffung des *servage*, gegen hohe Ablösesummen), sehr oft eine Milderung, stets aber eine Fixierung der seigneurialen Rechte (→Chartes de franchise, →Coutumes, →Kommune).

Am Ende des MA geriet die seigneuriale Herrschaft in die Krise: einerseits sanken die grundherrl. Rechte und Einkünfte, bedingt durch Kriegseinwirkungen und hohe Sterblichkeit, auf einen (manchmal extrem) niedrigen Stand ab; andererseits erstarkten in zahlreichen Regionen die bäuerl. Gemeinschaften, die auf Kosten der S. nun den Rahmen für die ländl. Gesellschaft bildeten; der Aufstieg der frz. Monarchie bzw. der Territorialfsm.er (wie →Burgund, →Bretagne, →Savoyen oder →Provence) beschnitt die seigneurialen Prärogativen, v. a. die gerichtl. und fiskal. Rechte der Kastellane, die von den neuen öffentl. Institutionen mehr und mehr zurückgedrängt wurden.

Ab ca. 1300 sind es v. a. zwei Quellentypen, die darüber Auskunft geben, welche Rechte und Kompetenzen eine S. konkret umfaßte: die →Aveux et dénombrements und die seigneurialen Rechnungen.

Trotz aller Schwächungen war das Herrschaftssystem der S. in der Zeit um 1500 noch keineswegs am Absterben. Erst die Frz. Revolution sollte (in der Nacht des 4. Aug. 1789) die Abschaffung sämtlicher seigneurialer Rechte dekretieren. *Ph. Contamine*

Lit.: R. Boutruche, S. et féodalité, I: Le premier âge des liens d'homme à homme, 1968²; II: L'apogée (XI°-XIII°s.), 1970 – Seigneurs et s. au MA (Actes du 117° congr. national des sociétés savantes, 1992, section d'hist. médiévale et de philologie, 1993).

Seil, Seiler. S.werk wurde aus verschiedenen pflanzl. Fasermaterialien, darunter →Flachs, oder aus Tierhaaren des Roß- oder Kuhschweifs, zumeist jedoch aus →Hanf hergestellt, wobei balt. und russ. Hanf preisgünstiger, rhein. und it. Hanf wertvoller waren. Die Produktion lag in den Händen des S.ers (lat. funicularius, -ator, nd. sêlslager, -sleger, -winder) oder des Reepschlägers (nd. *rêpslager, -sleger, rêper, tauslager, -sleger, kabeldrêger*). Arbeitstechnik und Werkzeuge beider Berufe waren sehr ähnl. Die v. a. im Binnenland beheimateten S.er verfertigten neben S.en und Schnüren auch Netze für Fischerei (→Fisch), →Jagd und Vogelfang (Netzmacher, lat.: re(s)tiarius, -ator; →Netze), während die Schiffstauherstellung Sache der im Küstenbereich von Nord- und Ostsee angesiedelten Reepschläger bzw. Reeper war. Seit der Antike gab es spezielles S.- und Tauwerk. Obschon die Zahl der S.er nie sehr groß war, sind sie als →Handwerk früh belegt. Um die Mitte des 12. Jh. arbeitete in Köln ein Erwin selemechere. Seit der 2. Hälfte des 13. Jh. häuften sich die nd. Nachweise von Reepschlägern und S.ern als Name oder Berufsbezeichnung (1261 Bremen, 1265 Hamburg, 1280 Rostock, 1282 Stralsund, 1286 Riga). Zünfte und Ämter entstanden zumeist erst seit dem 14. Jh. (1378 Freiburg i. Br., 1414 Köln, 1426 München, 1514 Leipzig). Nach der Zubereitung des Hanfes lassen sich mehrere Fertigungsschritte bemerken: Um Garn herzustellen, legte sich der S.er den Hanf um die Hüfte oder in eine Schürze, hängte ein Hanfende in einen sich drehenden Spinnhaken am S.rad und spann bei gleichmäßiger Hanfzugabe rückwärtsgehend das Garn. In den bedeutenden Reeperstädten Lübeck, Riga und Reval erledigten dies seit dem 14. Jh. zünftige Garn- oder Hanfspinner. Das Doppellegen der Fäden, das Verdrehen dieser Fäden mit dem S.rad, weiteres Doppellegen und Verdrillen der Garne, Fäden oder Litzen entgegen der bisherigen Drehrichtung mit großer Kraft in der kürzeren S.er- oder längeren Reeperbahn bewirkten, daß die Stränge miteinander verfilzten und immer stärkere S.e, Taue oder Kabel entstanden. Häufig gab es für die Produkte sehr präzise Qualitätsstandards mit genauen Längen- und Gewichtsnormierungen. *R. S. Elkar*

Lit.: A. Blümcke, Die S.erei, 1938 – J. Eichhoff, Die Sprache des nd. Reepschlägerhandwerks, 1968.

Sejm (zu altslav. *sjąć się* 'sich versammeln'), anfängl. Organ im Sinne einer curia generalis, das den großen Rat des Kg.s, je nach Sachlage anwesende Repräsentanten des Adels sowie Gesandte der Kapitel und Städte, umfaßte; in den Q. seit Beginn des 15. Jh. belegt. Parallel zu diesen Treffen gab es Generalversammlungen der zwei Hauptprov.en des Kgr.es (Klein- und Großpolen). In der Auseinandersetzung mit den oppositionellen Magnaten suchte Kg. →Kasimir Andreas IV. (1447–92) eher die Unterstützung der Provinziallandtage als der großen Versammlungen. Deren Etablierung geht auf die Statuten von →Nieszawa zurück, die der Kg. dem zum Krieg gegen den →Dt. Orden versammelten Adelsaufgebot 1454 zugestand. Danach durfte der Kg. nur mit Genehmigung der Adelsversammlungen der einzelnen Landesteile (*sejmiki*) neue Gesetze und Lasten beschließen sowie das Landesaufgebot berufen. Da es schwierig war, sich mit Dutzenden von sejmiki zu verständigen, nahm der Kg. zuerst Verhandlungen mit den Provinziallandtagen auf, später (um 1480) berief er bevollmächtigte Landboten der einzelnen Landesteile zum allg. S. Seit 1493 vermerken die laufenden Beschlüsse des S., daß sie auf der Basis gegenseitigen Einvernehmens des Kg.s und seiner Ratgeber (Bf.e, Würdenträger des Kgr.es und seiner Prov.en – das ist der spätere Senat) sowie der Landboten (nuntii terrarum) zustande kamen. Der ständ. Eigennutz des Adels hatte den Ausschluß der Städte aus dem polit. Leben bewirkt, ausgenommen jener, die mit dem Adelsprivileg ausgestattet waren (Krakau, Wilna). Die Kapitel zogen sich aus dem S. zurück und faßten Steuerbeschlüsse auf ihren Provinzialsynoden. 1505 regelte das Privileg »→»Nihil novi« die Funktion des beim Kg. entstandenen Zweikammerparlaments (eigene Kammer der Landboten). *S. Russocki*

Lit.: K. Górski, The Origins of the Polish S., SlR 44, 1966, nr. 102, 122ff. [auch in: Ders., Communitas, Princeps, Corona Regni, 1976] – J. Bardach, La formation des assemblées polonaises et la taxation (Anciens Pays et Assemblées d'États – Standen en Landen, 70, 1977), 245ff. – K. Baczkowski, Anfänge des poln. Parlamentarismus im 15. und am Beginn des 16. Jh., Zeszyty Uniwersytetu Jagiellońskiego, Studia germano-polonica I, 1992, 21ff. – S. Russocki, La naissance de la diète polonaise dans une perspective comparatiste, ActaPolHist [im Dr.].

Sein, Seinsstufen, Seiendes. Gemäß scholast. Ausdrucksweise ist S. das, wodurch etwas ist (existiert) – id, quo est –, und Sd. das, was ist (existiert) – id, quod est. Nach Aristotel. Lehre ist das Sd. im eigtl. Sinne ein Materie-Form-Kompositum, dessen S. in erster Linie im Bestimmt-S. durch die Wesensform, in zweiter Linie im Bestimmt-S. durch akzidentelle Formen besteht. Die christl. Philos. mußte allerdings das S. des Sd. vom Schöpfergott her erklären, weshalb die Aristotel. Lehre erst in der arab., theol. Prägung im HochMA Autorität gewinnt; vorher ist der neuplaton.-augustin. Einfluß bestimmend.

Sprachliches: »S.«, gr. εἶναι, lat. esse, ist der substantivierte Infinitiv des gleichlautenden Verbs; bei Aristoteles findet sich auch die Form »τὸ ἔστιν«, »das Ist« (z. B. Met. VII, 4, 1030a21). »Sd.«, gr. τὸ ὄν, pl. τὰ ὄντα, lat. ens, pl. entia, ist das substantivierte Partizip Präsens davon. Der zentrale Begriff der Aristotel. Ontologie, »οὐσία«, ist der Form nach das Abstraktum zu jenem Part. Präs., bedeutet also eigtl. »Seiendheit«; dem entspricht im Lat. »essentia« (Abstraktum zum hypothet. Part. Präs. »essens«). In der Tat wird »ousia« ursprgl. so übersetzt, und zwar in beiden Hauptbedeutungen von Einzelsubstanz (Quintilian, Instit. orat. III, 6, 23) und Wesensform einer solchen (Seneca, Ad Lucilium 58, 6–7); Augustinus berichtet den Gebrauch von »essentia, substantia, natura« (De moribus II, 2, 2). Seneca übersetzt ferner »to on« mit »quod est« (»was ist = das Sd.«, a.a.O.), die Überlieferung von »ens« schon bei Quintilian ist textl. unsicher (op. cit. II, 14, 2; VIII, 3, 33). Boethius schließlich verwendet in seinen Komm. zu Porphyrios »ens« für »to on«, in den theol. Traktaten aber wie Seneca »id quod est« im Unterschied zu »esse« sowie »essentia« für »ousia« (s. u.).

Hauptprobleme: Das ma. Denken über das S. hat hauptsächl. folgende Ausgangspunkte: 1. Den christl. Glauben an Gott als ein notwendiges, einfaches, aber dreieiniges Wesen, von dem die Gesamtheit der von ihm versch.

Dinge als seine kontingente Schöpfung abhängt: Daraus ergibt sich das Problem des innergöttl. S. (s. →Trinität) und das des S. der Schöpfung in bezug auf ihren Schöpfer (s. →Relation). – 2. Die Aristotel. Lehrstücke der sog. Ersten Philos. (»Metaphysik« – das Werk wurde im 11. und 12. Jh. mehrfach übers.), namentl. die Lehre von der mannigfachen Bedeutung des S. bzw. Sd. und das Problem des Gegenstandes dieser Ersten Philos. (das Sd. als Sd. – ὄν ᾗ ὄν, ens inquantum ens – oder Gott). – 3. Die Unterscheidung von S. und Wesen (esse et essentia), mit der die Zusammengesetztheit und damit Kontingenz, d. h. Möglichkeit von Nicht-S., auch der immateriellen Substanzen (wie Engel und Seelen – materielle Substanzen sind ja aus Materie und Form zusammengesetzt und deshalb kontingent) im Unterschied zur alleinigen Einfachheit und Notwendigkeit des Schöpfers, dessen S. und Wesen eins sind, und der reine Wirklichkeit ohne jede Potentialität ist, erklärt werden soll. – 4. Schließlich die v. a. neuplaton. Lehre von der hierarch. Anordnung des Sd., welche dem MA bes. durch Augustinus und Ps. Dionysius Areopagita übermittelt wird. Dabei wird freilich die Notwendigkeit des Hervorgangs (Emanation) aus dem Einen aus christl. Sicht abgelehnt. Die neuplaton. Tendenz, Gott als Ursprung dieser Hierarchie jenseits derselben, als 'über-' oder 'vor-sd.', zu sehen, hat zur Folge, daß die Begriffe S. und Sd. in bezug auf Schöpfer und Schöpfung äquivok sind, was später durch Theorien der Analogie und Univozität vermieden werden soll.

Vor- und Frühscholastik: Nach Augustinus ist Gott das einzige unveränderl. Wesen oder S. (De trin. V, 2, 3), er ist das S. selbst (id ipsum esse: De moribus 14, 24; vgl. Ex 3, 14: »Ich bin, der ich bin«). Alles andere, was ist, hat das S. von Gott (De vera rel. XVIII, 36, 97). Die Schöpfung erfolgt aus dem Nichts (de nihilo: Confess. XII, 7, 7), aber gemäß den ewigen Urbildern (Ideen) der Dinge im Geist Gottes (De diversis quaest. XLVI, 2): Die geschaffenen Dinge sind durch Teilhabe (participatio) an den ewigen Ideen (rationes aeternae). Dies ist ebenso neuplaton. Gedankengut in christianisierter Form wie die Vorstellung einer durchgängigen Ordnung der Schöpfung nach S.sstufen, von den gottnahen Geistwesen bis zur dem Nichts nahen formlosen Materie (De civ. Dei XII, 2).

Boethius war, abgesehen von seinen terminolog. Prägungen, v. a. durch seine theol. Traktate auch sachl. einflußreich: In der kleinen Schrift »Quomodo substantiae« (= »De hebdomadibus«, im MA oft komm.) führt er hinsichtl. der zusammengesetzten Dinge die Unterscheidung von S. und Sd. ein: »Diversum est esse et id quod est« (ed. STEWART et al., 40; vgl. SCHRIMPF). Ein Sd. (im Sinne eines konkreten Einzeldings) hat Teil am S., um zu sein, und es ist, um an etwas anderem teilzuhaben, d. h. akzidentelle Formen aufnehmen zu können. Bei einfachen Dingen hingegen sind S. und Sd. ident. – sie sind S., während zusammengesetzte Dinge S. haben. Das einfache, absolute S. (id quod est esse, ipsum esse) ist auch das erste Gute, also Gott, von dem die Dinge ihr S. und ihre Güte haben, und zwar durch Emanation, die aber in christl. Deutung vom Willen Gottes abhängt. Für jene Boethian. Unterscheidung führt Gilbert v. Poitiers später die einflußreiche Formel »id, quod est, et id, quo est« ein (ed. HÄRING, 86).

Joh. Scottus Eriugena teilt die 'Natur', d. i. den umfassenden Bereich aller sd. und nicht-sd. Dinge, nach vier Gesichtspunkten ein: Was schafft und nicht geschaffen ist (Gott); was sowohl schafft als auch geschaffen ist (die 'Erstursachen', d. h. die im Geist Gottes vorgeformten Muster der geschaffenen Dinge); was geschaffen ist und nicht schafft (die Wirkungen der Erstursachen, die geschaffenen Dinge); was weder schafft noch geschaffen ist, d. i. wiederum Gott als das Ziel der Dinge, in das sie zurückkehren und in dem sie dann ewig und unveränderl. bleiben (Periph. I, ed. SHELDON-WILLIAMS, 36; vgl. II, 4ff.). Gott ist im eigtl. Sinne keine Substanz, sondern 'übersubstantiell' (hyperousios, superessentialis: I, 76), er ist kein Sd., sondern mehr als die Sd. (I, 84), und auch mehr als S. (I, 138); überhaupt können Prädikate nur mit der Beifügung »über-/mehr als« von ihm ausgesagt werden, d. h. aber letztl. nur negativ. Deshalb beziehen sich die 1. und 4. Unterscheidung auf den Teilbereich dessen, »was nicht ist«, die 2. und 3. auf den Bereich des Geschaffenen, »was ist«.

Anselm v. Canterbury geht bei seinen Gottesbeweisen von der Unterscheidung zw. Sd. und S. bzw. Wesen, zw. S.sstufen sowie zw. mentalem und extramentalem S. (esse in intellectu/in re) aus: Alles, was ist, ist durch etwas, und da es ausgeschlossen ist, daß es mehrere S.gründe gibt, muß es ein Eines geben, durch das alles ist, was ist, und das allein durch sich selbst ist (Monol. 3). Aus der Gradation der Naturen folgt ferner, daß es eine höchste geben muß, die durch sich selbst ist, was sie ist, während alles andere durch sie ist, was es ist (ebd. 4). Wesen, S. und Sd. (essentia, esse, ens) verhalten sich wie Licht, Leuchten und Leuchtendes (lux, lucere, lucens: ebd. 6). Wenn man den Begriff von etwas, über dem nichts Größeres gedacht werden kann, denkt, so hat dieses Etwas ein S. im Verstand; wenn es auch ein S. in der Wirklichkeit hat, so ist es größer – also folgt aus jenem Begriff, daß etwas, über dem nichts Größeres gedacht werden kann, auch in der Wirklichkeit existiert (Prosl. 2).

Hochscholastik: Bei Albertus Magnus (De causis) basiert die S.lehre im wesentl. auf der neuplaton. Lichtmetaphysik (vgl. HEDWIG), wonach die Allheit der Dinge in abgestuften Emanationen aus dem göttl. Licht als dem ersten Ursprung besteht. Der erste Hervorgang aus Gott ist das S. (Met. I, 1, 1), die weiteren S.sstufen reichen von den Intelligenzen über die Seelen bis zur Materie.

Thomas v. Aquin betont mit Aristoteles (Met. III, 3, 998 b 22ff.), daß das Sd. keine Gattung sein kann, da sonst der artbildende Unterschied nichtsd. wäre; es gibt vielmehr *S.sweisen* und entsprechende Bezeichnungsweisen, aus denen sich die Kategorien ableiten (In Met. V, lect. 9). Das Sd. im Sinne der Kategorien ist aber nur eine der »vielen Bedeutungen« des Sd. (vgl. z. B. Met. IV, 2; V, 7), die jedoch »auf Eines« (πρὸς ἕν/ad unum: 1003 a 33), auf die zentrale Bedeutung der Substanz nämlich, bezogen sind. »Sd.« wird also weder univok (gemäß demselben Namen und Begriff) noch äquivok (gemäß demselben Namen, aber versch. Begriff) ausgesagt, sondern analog, d. h. gemäß einem Verhältnis (secundum proportionem), und zwar bes. auch in bezug auf Schöpfer und Schöpfung: Diese hat eine Beziehung zu jenem als dem Ursprung und der Ursache, in der die Vollkommenheiten der Dinge (wie das S.) auf hervorragende Weise (excellenter), nämlich mit dem S. und Wesen der Ursache vereint, präexistieren; da die Vollkommenheiten in den Geschöpfen nur auf abgeschwächte Weise (deficienter) sind, nämlich vom S. und Wesen verschieden, ist eine univoke Aussage nicht möglich, wohl aber eine analoge aufgrund der Teilhabe an den Vollkommenheiten der Ursache (S. th. I, 13, 5; für Einzelheiten vgl. HWP I, 221ff.). Bezügl. der Unterscheidung von S. und Wesen, deren Diskussion im HochMA v. a. von Avicennas Auffassung, daß S. als Akzidens zum Wesen hinzukommt, und von Averroes' Kritik daran ausgeht, vertritt Thomas die These einer realen Unterscheidung im Sinne einer Denkunabhängigkeit, nicht aber in dem Sinne, daß S. und Wesen selbst zwei Sd. wären: Jedes von Gott versch. Sd., sei es materiell oder immateriell, ist aus Wesen und S. als Potenz und Akt zusammengesetzt (z. B. S. c. gent. II, 54) und im S. von Gott als reinem Akt abhängig.

Nach Joh. Duns Scotus bedeutet »Sd.« im weitesten Sinne »jedes Begreifbare, das keinen Widerspruch einschließt«, im weiten Sinne die sog. absoluten Sd. Substanz, Qualität und Quantität, im engen Sinne das durch sich Sd., die Substanz (Quodl. 3, § 2f.). Nun können wir den Begriff der Substanz (Metaphysik) und eine Erkenntnis Gottes (Theologie) nur haben, wenn es einen univoken Begriff des Sd. gibt: Dieser aus den Geschöpfen abstrahierte Begriff ist als einfacher indifferent gegenüber Unendlichkeit und Endlichkeit, wird dadurch erst bestimmt; das endl. Sd. ist dann gemäß den Kategorien weiter bestimmbar. Den Sd. selbst kommt Unendlichkeit bzw. Endlichkeit in Sinne einer intensiven Größe als sog. innere Weise (modus intrinsecus) zu, und aus den versch. Intensitätsgraden ergeben sich die S.sstufen. Bezügl. der Unterscheidung von S. und Wesen lehnt Scotus eine reale Verschiedenheit ab, aber auch eine bloß begriffliche; die Interpretationen seiner Auffassungen schwanken zw. formaler und modaler Verschiedenheit.

Spätscholastik: Ab dem 14. Jh. werden die Lehren des Thomas und Duns Scotus fort- und ausgeführt, aber auch von nominalist. Seite stark kritisiert, wobei ontolog. Unterscheidungen auf Bezeichnungs- und Prädikationsweisen reduziert werden: Nach Wilhelm v. Ockham gibt es nur individuelle Sd., namentl. Substanzen und Qualitäten, alle anderen Kategorien ergeben sich aus den versch. Weisen, diese Sd. zu bezeichnen. Ebenso sind »S.« und »Wesen« bloß versch. Bezeichnungsweisen desselben, denn in der Wirklichkeit gibt es nur reale Verschiedenheit, und wenn S. und Wesen real verschieden wären, könnte Gott das eine ohne das andere erhalten, was absurd ist (Op. philos. I, 553).

Meister Eckhart (Prol. in op. propos.) unterscheidet zw. dem Sd. und dem Dies-und-das-Sd. (ens hoc et hoc) bzw. zw. dem absoluten und einfachen S. und dem S. von diesem und jenem (esse huius et huius). Das Sd. ist nur eines und mit Gott identisch, ebenso das absolute S. (esse est deus). Die traditionelle These, daß die Wesensform das S. gibt, ist eigtl. nicht richtig, denn sie gibt nur ein Das-S. (esse hoc). Die Dies-und-das-Sd. haben unmittelbar von und in Gott, daß sie sind; für sich, abgesehen von dieser Beziehung zu Gott, sind sie »ein lûter niht« (Dt. Werke I, 69f.). Obwohl das S. formal nur in Gott ist, begründet jene Beziehung die Analogie des S. der Geschöpfe. – s. a. →Analogia; →Gott; →Gottesbeweise; →Kategorien; →Metaphysik; →Ontologie; →Substanz.

H. Berger/W. Gombocz

Lit.: Europ. Enzyklop. zu Philos. und Wiss., IV, 213–234 [D. Pätzold] – F. Brentano, Von der mannigfachen Bedeutung des Sd. nach Aristoteles, 1862 – A. O. Lovejoy, The Great Chain of Being, 1936 – É. Gilson, L'Être et l'essence, 1948 – Ders., Being and Some Philosophers, 1952 – J. Owens, The Doctrine of Being in the Aristotelian 'Metaphysics', 1957² – Misc. Mediaev. 2, 1963 – G. Schrimpf, Die Axiomenschrift des Boethius, 1966 – The Comm. on Boethius by Gilbert of Poitiers, hg. N. M. Häring, 1966 – L. Honnefelder, Ens inquantum ens, BGPhMA, NF 16, 1979 – K. Hedwig, Sphaera lucis, ebd. 18, 1980 – The Cambridge Hist. of Later Mediev. Philos., hg. N. Kretzmann u. a., 1982, 385–410 – The Logic of Being, hg. S. Knuuttila – J. Hintikka, 1986 – R. Schönberger, Die Transformation des klass. S.sverständnisses, 1986 [Lit.] – L. Honnefelder, Scientia transcendens, 1990 – A. Maurer, Being and Knowing, 1990 – R. Heinzmann, Philos. des MA, 1992.

Seine (lat. Sequana), Strom in Nordfrankreich, von meist gleichförmigem Gefälle und mäßiger Fließgeschwindigkeit, entspringt am Plateau de Langres (471 m über NN) und mündet nach 776 km in die →Nordsee (Kanal). Sein Vorrang ist im wesentl. historisch bedingt und geht bereits auf naturreligiöse Verehrung durch die Kelten zurück. Der Einzugsbereich erstreckt sich über 78 000 km² (etwa ein Siebentel des frz. Staatsgebietes); an den Einmündungen der wichtigsten Nebenflüsse (Yonne, Marne, Oise) bildeten sich bereits in der Antike Verkehrsknotenpunkte wie Montereau, Bercy und Conflans; sie wurden aber von Lutetia, der Vorgängersiedlung von Paris, übertroffen. Die Landschaften an der S. bieten fast überall das gleiche Bild: waldbestandene Höhen, ebenes, fruchtbares Schwemmland. Die weiträumige Mündungsbucht der S. (S.-Bucht) war in alter Zeit weitaus tiefer als in der Gegenwart; heute unterliegt die untere S. bis Poses (oberhalb von Rouen) dem Gezeitenwechsel. Das fruchtbare, altbesiedelte Pariser Becken, das ein riesiges Amphitheater bildet, ist ohne echte natürl. Hindernisse den Nachbarregionen gegenüber offen zugänglich, somit ein aktiver Umschlagplatz für Bevölkerungen und wirtschaftl.-kulturellen Austausch; nicht zufällig wurde es seit dem FrühMA (→Francia) zum namengebenden Kristallisationskern →Frankreichs.

Die von der Natur begünstigte Flußschiffahrt wurde über die Zeiten konstant gepflegt. Der Fund antiker Boote an der antiken Stätte von Bercy bezeugt, daß Menschen seit dem Neolithikum das natürl. System der S. und ihrer Nebenflüsse zum Austausch von Produkten nutzten. Dies wird unterstrichen durch das religiöse Ansehen des in kelt. und galloröm. Zeit als Gottheit verehrten Stromes (Sequana-Quellheiligtum: Votivgaben), dessen Schiffer (→Collegium der 'nautae parisiaci') in der röm. Kaiserzeit wohlhabend genug waren, um auf der Île de la Cité einen Jupitertempel zu errichten. 885 war die S. dagegen der Weg, auf dem die →Normannen plündernd in das Westfrk. Reich eindrangen.

Die Entwicklung des Verkehrs auf der S. vollzog sich unter verschiedenartigen Bedingungen. Der Reichtum der Agrargebiete im Bereich der S. und die Bedeutung der großen Kreuzungspunkte ließ große Städte errichten (→Paris, im SpätMA mit 200–250 000 Einw.; →Rouen, 25–30 000 Einw.). Wichtige Exportgüter waren →Getreide (aus Brie, →Beauce, →Île-de-France, →Vexin), →Wein (aus dem Pariser Umland), →Holz (Bau-, Brennholz) u. a. Waldprodukte, Holzkohle (→Kohle), Bausteine; ihr Umschlag erfolgte in Paris und Rouen auf speziellen Quais (Wein-, Weizen-, Heuhafen). Im Gegenzug wurden zahlreiche Waren (→Salz, →Fisch, →Wolle, →Waid, →Alaun, seit dem späten 15. Jh. Waren aus Übersee: Farbholz aus Brasilien usw.) über den Seeweg oder aber über die Oise aus →Flandern importiert; das Handelsvolumen wird durch Rechnungen der Zollstellen (→péages) wie Meulan und Conflans dokumentiert, ebenso durch die Q. der großen kaufmänn. und kgl. Institutionen (Marchands de l'Eau/→Hanse, Pariser; Vicomté de l'Eau in Rouen), die (lange in heftiger Konkurrenz stehend) den Stromhandel kontrollierten.

Zwei Typen der Schiffahrt dominierten auf der S.: Die Binnenschiffahrt oberhalb von Rouen verfügte über Boote von schwacher Tonnage (10–20 t), die als 'foncets' oder 'varangues' bekannt waren; die Gewässer der S.mündung wurden dagegen von Seeschiffen verschiedener Länder, mit wesentlich größerem Laderaum (100 t und mehr), befahren. Diese Seeschiffahrt ging bis zur Brücke v. Rouen; seit 1517–20 zog jedoch die neugegr. Hafenstadt Le

Havre einen Teil der Seeschiffahrt (bes. den Verkehr mit der Neuen Welt) an sich. M. Mollat

Lit.: G. HUISMAN, La juridiction de la municipalité parisienne de S. Louis à Charles VII, 1912 – M. MOLLAT, Le commerce maritime de Rouen à la fin du MA, 1952 – R. H. BAUTIER–M. MOLLAT, Le trafic fluvial sur la S. au pont de Meulan au milieu du XVᵉ s., Bull.phil. et hist., 1959, 251–296 – G. FOURQUIN, Les campagnes de la région parisienne à la fin du MA, 1964 – Hist. de l'Île de France et de Paris, hg. M. MOLLAT, 1971 – J. FAVIER, Le registre des Compagnies françaises 1449–67, 1975.

Seinsheim, Ort und ehem. Burg sö. von Kitzingen (Unterfranken), nach welcher sich das seit 1172 bezeugte, vielfach verzweigte ministerial. Geschlecht der v. S. nannte. Seine Angehörige stiegen bes. im Dienst der Hochstifte →Würzburg und →Bamberg, in den Domkapiteln v. Würzburg, Bamberg, →Eichstätt und im →Dt. Orden sowie im Dienst der Bgf.en v. →Nürnberg und Mgf.en v. →Brandenburg auf. Erkinger († 1437) erwarb Burg und Herrschaft Schwarzenberg bei Scheinfeld, nach der sich der bis heute blühende Zweig des Hauses nennt, stiftete 1409 als Hauskl. die Kartause Marienbrück in Astheim bei Volkach und wurde 1429 in den Reichsfreiherrenstand erhoben. Zu den bekanntesten Familienangehörigen zählt Johann v. Schwarzenberg (ca. 1465–1528), Verf. der bamberg. Halsgerichtsordnung v. 1507.
A. Wendehorst

Bibliogr.: Frk. Bibliogr., hg. G. PFEIFFER, III/1, 1973, Nr. 42173–42203 – Lit.: E. GF. V. FUGGER, Die S.s und ihre Zeit, 1893 – K. FS. ZU SCHWARZENBERG, Gesch. des reichsstand. Hauses Schwarzenberg, 1963 – H. WEBER, Kitzingen (HAB, Franken I, 16), 1967 – Genealog. Hb. des Adels, Fsl. Häuser XIII, 1987, 358–365.

Seinsweisen → Modalität, Modus

Seinte Resureccion, La, unvollständig erhaltenes Osterspiel in anglo-norm. Frz. (→Drama, II), wohl aus dem späten 12. Jh. (Paris Bibl. Nat. fr. 902, 372 vv.; erweitert in London Brit. Libr. Add. 45103). Das Frgm. berichtet in zumeist paarig gereimten Achtsilbern und in Dialogform – gestützt auf die Vulgata und das Evangelium Nicodemi – die Vorgeschichte der Auferstehung Jesu Christi: Bitte um den Leichnam des Gekreuzigten, Lanzenstich durch Longinus, Kreuzabnahme, Bestellung der Grabwächter, Grablegung durch Joseph v. Arimathia und Nikodemus. Der Prolog beschreibt das Szenarium, während Zwischenerklärungen, die als Regieanweisungen verstanden werden können, den Dialog häufig unterbrechen. Die spätere »Resurrection Nostre Seigneur« (Paris Bibl. Ste-Geneviève Ms. 1131, um 1440) und »Le Mystère de la Passion« (gespielt in Angers 1456, 20000 vv.) zeigen die Schlußentwicklungen des aus der Osterliturgie entstandenen und die ganze Heilsgeschichte einbeziehenden →geistl. Spiels. L. Gnädinger

Ed.: A. JUBINAL (Mystères inédits du XVᵉ s., II, 1837, 312–379) – N. J. KIEFER [Diss. Freiburg/Schweiz, Straßburg 1927] [mit nhd. Übertragung] – J. G. WRIGHT, 1931 – T. A. JENKINS u. a., 1943 – J. F. BURKS, La Résurrection de Ste-Geneviève [Diss. Ann Arbor 1957] – Le Mystère de la Résurrection, Angers (1456), ed. P. SERVET, 2 Bde, 1993 – Lit.: DLFMA, 1992², 1260 [Lit.] – M. D. LEGGE, Anglo-Norman Lit. and its Background, 1963 – O. JODOGNE, Recherches sur les débuts du théâtre religieux en France, CCMéd 8, 1965, II, 179–189.

Seisin → Eigentum, A. VII

Seitenstetten, Abtei OSB in Niederösterreich (BH Amstetten). Soweit sich aus dem durch Fälschungen getrübten Q.material der Frühzeit erkennen läßt, richtete im Zug der herrschaftl. Durchdringung des Raumes südl. der Donau zw. den Flüssen Enns und Ybbs der der Klientel der Passauer Bf.e zuzurechnende Adlige Udalschalk v. Stille und Heft um 1110 ein Kanonikerstift ein, das 1112 in ein Kl. OSB bei seiner Burg in S. umgewandelt und von Mönchen aus →Göttweig besiedelt wurde. Die Bf.e v. →Passau und bes. Ebf. →Wichmann v. Magdeburg (um 1185) förderten die Stiftung. Viele Pfarren wurden bereits im 12. Jh. inkorporiert. Seit dem späten 12. Jh. treten auch die →Babenberger in Erscheinung. Zwei Pfarren gingen nach einem langwierigen Prozeß (1258–67) mit den Bf.en v. →Freising verloren. Einen Neuaufschwung bewirkte die →Melker Reform. 1440 wurde mit dem Bau einer Kapelle auf dem Sonntagsberg eine der nach Mariazell bedeutendsten regionalen Wallfahrtskirchen begründet. W. Stelzer

Lit.: GP I, 225ff. – P. ORTMAYR–A. DECKER, Das Benediktinerstift S., 1955 – H. CERNY, Beitr. zur Gesch. der Wissenschaftspflege des Stiftes S. im MA, StMBO 78/1967, 1968, 68–143 – G. P. MAIER, Der Streit zw. ... S. und den Bf.en v. Freising im 13. Jh., ebd. 86, 1975, 674–727 – S., hg. B. WAGNER, 1980 – H. KOLLER, Bf. Ulrich v. Passau und das Stift S. (Fschr. F. HAUSMANN, 1987), 417–425 [Fälschungen, Lit.] – S. Kunst und Mönchtum ..., Ausst.kat. 1988 – B. WAGNER–H. FASCHING, Stift S. und seine Kunstschätze, 1988.

Seitz (slowen. Žiče: 20 km nö. von Celje, →Cilli), um 1160 von Mgf. →Otakar III. v. Steiermark als erste →Kartause auf dt. Territorium gestiftet. Die ersten Mönche kamen aus der Grande→Chartreuse, noch vor 1200 wurde die Kl.kirche im spätroman. Stil erbaut (Umbau um 1400). Bald nach 1300 wurde S. wichtiges Kl. in der späteren oberdt. Ordensprov., bes. z. Z. Prior Gottfrieds (vor 1306–14), der die Gründung der Kartause Mauerbach bei Wien veranlaßte, wo →Philipp der Kartäuser, der aus S. stammende Autor des »Marienleben«, starb (1345/46). Der Dichter →Konrad v. Hainburg war 1342–45 Prior in S. Während der Kirchenkrise 1391–1410 war S. Sitz des Ordensgenerals röm. Obödienz; der S.er Prior Stephan Macone trug entscheidend zur Wiedervereinigung des Ordens bei. Paolo Santonino beschrieb 1487 den Reichtum des Kl. und lobte bes. die mehr als 2000 Bücher umfassende Bibl. 1782 wurde die Kartause aufgelöst, die Gebäude verfielen rasch. N. Golob

Lit.: M. ZADNIKAR, Srednjeveška arhitektura kartuzijanov in slovenske kartuzije, 1972 – Redovništvo na Slovenskem. Benediktinci, kartuzijani, cistercijani, ed. F. M. DOLINAR, 1984 – J. MLINARIČ, Kartuziji Žiče in Jurklošter, 1991 – Samostani v srednjeveških listinah na Slovenskem, ed. M. DOLINAR, 1993.

Sekretär

I. Deutsches Reich – II. England – III. Papsttum.

I. DEUTSCHES REICH: Nach dem →Interregnum begegnen zunehmend S.e geistl. oder viel seltener weltl. Standes, in dt. Sprache »heiml.« genannt, als Berater der dt. Kg.e. Jurist. Bildung wurde für sie allmähl. ein Charakteristikum. Der Titel 'S.' konnte aber auch ehrenhalber an Personen verliehen werden, die nicht in regelmäßigem Kontakt zum Hof oder zur Kanzlei standen. In der Herrscherkanzlei ist die Bezeichnung 'S.' (secretarius), von vereinzelten Nennungen abgesehen, erst seit der Mitte des 14. Jh. üblich, doch läßt sich keine generalisierende Aussage über die Funktion dieser S.e treffen. Im allg. haben sie wohl über bes. Qualifikationen wie stilist. Fähigkeiten oder Rechtsstudium verfügt und standen über den einfachen Schreibern. S.e wurden ähnl. den →Notaren des hohen MA mit polit. Missionen betraut. Am Ende des MA entwickelte sich 'S.' zu einer festen Rangbezeichnung innerhalb der Kanzlei, und die S.e erlangten eine Stellung zw. dem Schreib- und Registraturpersonal und den Räten. Die Kanzleiordnung v. 1494 weist ihnen als Aufgabe die Verfertigung von →Konzepten sowie die Überwachung von deren Reinschrift und allfälliger Registrierung zu. Einige der Kanzlei angehörende S.e vermochten Karriere

zu machen, so z. B. Pius II., S. Ks. Friedrichs III., und Matthäus Lang († 1540), Kard. und Ebf. v. Salzburg.
P. Csendes

Lit.: BRESSLAU I, 540f., 548ff.; II, 145f. – P. MORAW, Beamtentum und Rat Kg. Ruprechts, ZGO 116, 1968, 60-126 – DERS., Kanzlei und Kanzleipersonal Kg. Ruprechts, ADipl 15, 1969, 428-531 – I. HLAVÁČEK, Das Urkk.- und Kanzleiwesen des böhm. und röm. Kg.s Wenzel (IV.) 1376-1419 (MGH Schr. 23, 1970), 175f. – H. MOSER, Die Kanzlei Ks. Maximilians I., 1977, 26ff. – J. HEINIG, Zur Kanzleipraxis unter Ks. Friedrich III. (1440-93), ADipl 31, 1985, 383-442 – P. MORAW, Gelehrte Juristen im Dienst der dt. Kg.e des späten MA (1273-1493) (Die Rolle der Juristen bei der Entstehung des modernen Staates, hg. R. SCHNUR, 1986), 77-147 – Das spätma. Kgtm. im europ. Vergleich, hg. R. SCHNEIDER (VuF 32, 1987).

II. ENGLAND: Seit dem 13. Jh. hatten Schreiber des kgl. Hofhalts, die das enge Vertrauen des Kg.s besaßen, die Funktion von S.en (secretarii), bes. der →*Keeper of the Privy Seal*, wobei William of →Wykeham der letzte war, der 1367 so bezeichnet wurde. Eine Amtsnachfolge von Schreibern, die als S. e des Kg.s betitelt wurden, ist seit der Vormundschaftsregierung für Richard II. nachweisbar. Nach Robert Braybrook (1377-81) wurde das →Signet wieder einem Schreiber der kgl. →Kammer anvertraut. Seit 1385, als Richard das Signet häufig für seine Korrespondenz benutzte, war Richard Medford sein S., dem andere Schreiber der kgl. Kapelle zur Seite standen. Von den späteren S.en Richards ist als der bedeutendste Roger →Walden (1393-95) zu nennen, der Treasurer v. Calais gewesen war. Das Amt bestand unter den Kg.en aus dem Hause Lancaster fort, bis es schließlich während der Minderjährigkeit Heinrichs VI. zu erlöschen begann. Das Ende des Amtes zeigte sich, als das Signet-Amt durch Thomas →Beckington (1437-43) wiederhergestellt wurde, der auch als Gesandter tätig war, obwohl die Aufgaben des S.s die persönl. Anwesenheit beim Kg. erforderten. Der S. gehörte in der Regel zum kgl. Hofhalt und unterstand als Geistlicher dem kirchl. Patronatsrecht des Kg.s. Einige S.e wurden zu Bf.en ernannt, jedoch erst nach ihrem Ausscheiden aus dem S.-Amt, so z. B. Braybrook und Medford, einige erhielten auch höhere Ämter, wie Walden, Thomas →Langley (1399-1401), William →Alnwick (1421-22) und Beckington. Die beiden letzteren waren ebenso wie einige ihrer Nachfolger Doktoren der Rechte, die das Amt des S.s nach ihrer Laufbahn an kirchl. Gerichtshöfen erhalten hatten. Unter Eduard IV. war das wichtigste Funktion des S.s in der Regierung seine Mitgliedschaft im kgl. Rat, ebenso die häufige Teilnahme an Gesandtschaften. William Hatcliffe (1466-80), einer seiner S.e, war Laie und als Arzt Eduards und Heinrichs VI. tätig gewesen. Auch der S. Richards III., John Kendal (1483-85), war ein Laie, er gehörte zu den Gefallenen der Schlacht b. →Bosworth. Heinrich VII. bevorzugte Geistliche, von denen Oliver King (1487-95) im Amt des S.s verblieb, als er 1492 Bf. v. Exeter wurde, während der S. Thomas Ruthal (1500-16) seit 1509 das Bf. samt v. Durham innehatte. Das Sekretariat hatte sich nun zu einem bedeutenden Amt entwickelt.
R. L. Storey

Lit.: J. OTWAY-RUTHVEN, The King's Secretary and the Signet Office in the XV Century, 1939 – A. L. BROWN, The Governance of Late Medieval England, 1989.

III. PAPSTTUM: Für geheimzuhaltende Schreiben bedienten sich die Päpste einzelner vertrauenswürdiger →Abbreviatoren und →Skriptoren, die von der Mitte des 14. Jh. an namentl. faßbar werden. Sie expedierten diese Schreiben als →litterae clausae, →Sekretbriefe und bes. →Breven und führten bald auch eigene Register. Ihre Besoldung wurde durch die »expeditio per cancellariam« der S.e und die »expeditio per cameram« sichergestellt (→Kanzlei, B); ferner wurde die den S.en vorbehaltene Urkk. art des Breve im Laufe des 15. Jh. auch für gewöhnl. Urkk. verwendet, wodurch den S.en auch hieraus Taxeinnahmen zuflossen. Der Kanzleivermerk des S. e ist ihre Unterschrift rechts unter der Plica bzw. rechts unter dem Text. Bedeutung erlangte das Amt nicht zuletzt dadurch, daß es zahlreiche berühmte Humanisten innehatten (z. B. Leonardo →Bruni, Antonio →Loschi, Domenico →Capranica, →Poggio Bracciolini, Flavio →Biondo, Giovanni →Aurispa, Giacomo →Ammanati Piccolomini). Übermäßige Verleihung machte das Amt jedoch bald zu einer Ehrenstelle, während die tatsächl. Arbeit wenigen »secretarii participantes« (seit Calixt III.), dann sogar nur noch einem »secretarius domesticus« oder »secretarius secretus« (seit Paul II.) oblag. 1487 errichtete Innozenz VIII. ein 30köpfiges Vakabilistenkolleg der »secretarii apostolici«; die Funktion des secretarius domesticus bestand daneben weiter und wandelte sich über mehrere Zwischenstufen zum modernen Staatssekretariat. – Zum S. (*notaire – sécrétaire*) im Kgr. Frankreich →Notar, B. II.
Th. Frenz

Lit.: E. GÖLLER, Zur Gesch. des päpstl. Sekretariats, QFIAB 11, 1908, 360-364 – P. RICHARD, Origines et développement de la secrétairerie d'état apostolique 1417-1825, RHE 11, 1910, 56-72, 502-529, 728-754 – W. v. HOFMANN, Forsch. zur Gesch. der kurialen Behörden vom Schisma bis zur Reformation, II, 1914, Liste XX – G. OPITZ, Die S.e Franciscus de Sancto Maximo und Johannes de Sancto Martino, QFIAB 30, 1940, 189-206 – A. KRAUS, Die S.e Pius' II., RQ 53, 1958, 25-80 – TH. FRENZ, Die Kanzlei der Päpste der Hochrenaissance (1471-1527), 1986, 132-140, 154f., 164-180, 220-223 – DERS., Papsturkk. des MA und der NZ, 1986 [= I documenti pontifici nel medioevo e nell'età moderna, 1989], jeweils §§ 98f.

Sekretbrief, selten vorkommende Form päpstl. Urkk., in der avign. Obödienz des Schismas für polit. Schreiben verwendet. (Ihr erfolgreicheres Gegenstück in der röm. Obödienz ist das →Breve.) Der S. beginnt mit der verkürzten Intitulatio »Clemens etc.«, es folgt die Anrede im Vokativ, aber keine Grußformel. Das Datum enthält Ort, Siegelankündigung (»sub signeto nostro secreto«), Tages- und Monatsdatum, aber keine Jahresangabe. Das Siegel ist der Fischerring (→Anulus piscatoris), in rotem Wachs als Verschlußsiegel geprägt; außen steht die Adresse. Die S.e werden auf Papier geschrieben; die Sprache ist neben dem Lat. manchmal das Französische.
Th. Frenz

Lit.: TH. FRENZ, Papsturkk. des MA und der NZ, 1986, §40 [= I documenti pontifici nel medioevo e nell'età moderna, 1989, §40].

Sekreton (pl. Sekreta). [1]: Als S. a (in Frühbyzanz scrinia) werden die einzelnen Büros der byz. Verwaltung bezeichnet, sowohl der Zentralbehörden (Logothesia), wie der Themenbüros. Sie sind bes. mit Finanzfragen (Registrierung, Steuerbescheide) beschäftigt. In ihnen arbeiten die 'sekretikoi' – eine allg. Bezeichnung für →Notare und →Chartulariоi. Eine Sonderstellung nehmen die Asekreteia der Ks.kanzlei ein. »Dem Sakellarios sind alle Ämter untergeordnet, da er durch die Protokolle seines Notars beaufsichtigt, was in jedem S. abgerechnet wird.« (Ps.-Philotheos, Kleterologion, ed. OIKONOMIDÈS 113. 23 anno 899). In gewissem Umfang scheint seit dem 11. Jh. der →Logothet τῶν σεκρέτων das Amt des Sakellarios übernommen zu haben. – [2]: Die bfl. Kanzleien und diejenigen der verschiedenen Patriarchatsämter, in denen die kirchl. Notare und Chartularioi arbeiten, heißen ebenfalls S.a. Hier wurden auch die Konzils- und Synodalakten aufbewahrt. – [3]: Im 10. Jh. wird im Zeremonienbuch des Konstantin Porphyrogennetos die gesamte höhere Beamtenschaft am Ks.hof mit S. bezeichnet (z. B. De cerem. I. 50 [41], ed. VOGT II, 16). – [4]: In der Rechtsterminologie des 4. Jh. bezeichnete »secretarium« oder »secretarii iudicium« einen Gerichtshof, in dem nichtöffentl. Verhandlungen stattfanden, zu denen zum ksl. →Consistorium zugelassenen Honoratioren der Zugang gewährt werden mußte (Cod. Just. 1. 48. 3 [anno 389]). In Spätbyzanz wird der 1296 gegr. Gerichtshof der sog. »Kath. Richter« als S. bezeichnet. In Privaturkk. bezeichnet S. die anwesenden ksl. und kirchl. Funktionäre insgesamt. G. Weiß

Lit.: Oxford Dict. of Byzantium, 1991, 1866–J. B. Bury, The Imperial Administrative System in the Ninth Cent., 1911, 83f. – Beck, Kirche, 109f. – Dölger, Beiträge, 17f. – J. Darrouzès, Recherches sur les ΟΦΦΙΚΙΑ de l'église byz., 1970 – N. Oikonomidès, Les listes de Préséance byz. des IXe et Xe s., 1972, 309f.

Sekten → Häresie; zu aruss. S. →Strigol'niki, →Judaisierende

Sektion → Anatomie, II

Selau (Želiv), Kl. im südl. Böhmen unweit →Iglau, auf Grundbesitz der Prager Kirche nicht vor 1144 von Reginhard v. Metz gegr. Bf. →Daniel I. v. Prag vertrieb 1148 den benediktin. Konvent und berief Prämonstratenser mit dem bedeutenden Abt Gottschalk aus →Steinfeld nach S. Das Kl. nahm einen raschen Aufschwung: Bis 1153/55 konnten von S. das Frauenkl. Launiowitz und die beiden öster. Kl. Gerras und Pernegg gegr. werden. 1226 besaß S. bereits 64 Dörfer (Cod. dipl. Boh. II, Nr. 281) und zahlreiche Patronatskirchen. Ein schwerer Brand (1375) sowie der Streit mit Mgf. →Jodok v. Mähren und Iglauer Bürgern um Güter und Patronatsrechte schädigten das Kl. Am 6. Mai 1420 wurde es von den →Hussiten geplündert und zerstört, Konvent und Abt flüchteten nach Iglau. Der radikale hussit. Prediger Jan →Želivský war S. er Mönch gewesen. Im 15. Jh. konnte das Kl. nicht völlig wiederhergestellt werden; Kg. Georg verpfändete den Kl. besitz 1468 an den Hauptmann Trtschka v. Lipa. P. Hilsch

Lit.: K. Werner, Die Verhältnisse des S. er Prämonstratenserstiftes zu Iglau, MVGDB 6, 1868, 131–147 – V. Bezděka, Prämonstratenser-Chorherrenstift S. (Ein Chorherrenbuch, hg. S. Brunner, 1883) – P. Hilsch, Die Bf. e v. Prag in der frühen Stauferzeit, 1969.

Selbstbildnis → Bildnis, →Kryptoporträt

Selbsterkenntnis. Da die menschl. Seele der Ort des Gottesbildes (→Ebenbild Gottes) ist, haben die ma. Denker beim Nachdenken über die Genesis die zentrale Rolle der S. wieder aufgegriffen, und in ihr die unverlierbare Vollkommenheit des Menschen gefunden, indem sie herausarbeiteten, was Augustin in seiner »trinitären Psychologie« (memoria–notitia–amor) erfaßt hatte. »Du mußt damit anfangen, dich selbst zu betrachten; vielmehr mußt du damit enden«, weil derjenige, der sich selbst nicht kennt, wie ein Erbauer ist, der nur Ruinen ohne Fundamente errichtet (Bernhard v. Clairvaux). In der lebensbegründenden S. aber hat man v. a. eine Dynamik gesehen, in der die Seele über sich hinausgeht, um sich Gott, ihrem Ebenbild, zuzuwenden. Bis zum 12. Jh. ist der Schwerpunkt dieser Bewegung ein moralischer und man kann von einem »chr. Sokratismus« sprechen (E. Gilson): der Mensch verpflichtet sich zur S., um seinen richtigen Platz in der Welt zu finden und seine Tätigkeit auf Gott auszurichten. Im 13. Jh. sucht man mit Aristoteles' Wiederentdeckung eher die Art und Grenzen der S. zu erörtern, als ihren moral. Einsatz weiterzuentwickeln. Für Thomas v. Aquin, der etwa acht Formen der S. unterscheidet, kann sich der Geist eine Wahrheit erst dann aneignen, wenn er eine vollendete Rückkehr vollzieht. Siger v. Brabant nähert sich diesem Standpunkt; hingegen zielen sowohl die Antithomisten (R. Marston, Heinrich v. Gent) als auch die ersten Thomisten (Thomas v. Sutton) darauf ab, die thomas. Lehre der S. auf die rein konzeptuelle Analyse zu beschränken, die die Seele als einen fremden und verdinglichten Gegenstand betrachtet. Bevorzugt der von Petrus Johannis Olivi stark beeinflußte Wilhelm v. Ockham die Gewißheit, die in der Erkenntnis der inneren Akte der Seele liegt (intelligo; I. Sent., Prol.), so weist Dietrich v. Freiberg die kühnste Theorie der S. vor: der verborgene Grund der menschl. Seele, in dem der Intellekt sich selbst kennt und zugleich seinem Prinzip zuwendet, ist Gott selbst. So kann man verstehen, daß die unmögl.-notwendige S. unausweichl. auf die Unendlichkeit Gottes hinführt. F.-X. Putallaz

Lit.: P. Courcelle, Connais-toi toi-même. De Socrate à S. Bernard, 1974–75 – F.-X. Putallaz, Le sens de la réflexion chez Thomas d'Aquin, 1991 – Ders., La connaissance de soi au XIIIe s., 1991.

Selbsthilfe ist eine nz., aus der Sicht des rechtsstaatl. Gewaltmonopols oft abwertend gemeinte Bezeichnung für die eigenmächtige Durchsetzung von Rechten ohne obrigkeitl., namentl. gerichtl. Hilfe. Die Selbstverteidigung in →Notwehr oder Notstand wurde von dieser negativen Bewertung nicht erfaßt. Wenn gerade das MA im Rückblick als Periode der S. galt, so war damit v. a. die →Fehde mit ihren Begleiterscheinungen wie Brandschatzung und Geiselnahme (→Geisel) gemeint.

Ein anderes ma. Instrument der S. war die private Pfändung. In den Städten zumeist verboten (→Pfand, II), war auf dem Lande die Pfändung von unrechtmäßig eingedrungenem Vieh (Viehpfändung, Schüttung) ein anerkanntes Rechtsinstitut. In einigen Teilen Dtl.s lebt sie bis heute fort.

Unbefugte S. (mnd. *sulfwolt*, *sulfgerichte*) bewirkte nach ma. sächs. Rechtsq. bei einigen Vergehen eine Strafschärfung, freilich unterhalb der Schwelle eigtl. Gewaltverbrechen (→Verbrechen). K. Kroeschell

Lit.: HRG IV, 1615f. – R. His, Das Strafrecht des dt. MA I, 1920, 54–56.

Selbstliebe gehört zum Wesen des Menschen. Hinsichtl. ihrer Verwirklichung unterscheidet die Theologiegesch. zw. einer ekstat. und phys. S. Zu dieser Unterscheidung kam es, weil die S. als Gegensatz zur wahren →Liebe empfunden wurde. Die Vertreter der ekstat. S., die von Augustinus (enar. in ps. 51, 16; 52, 8; sermo 142, 3; civ. dei 21, 15) angeregt wurden in Bernhard v. Clairvaux und Johannes Duns Scotus (Ox. III, d. 27 q. un. n. 13) ihre Hauptvertreter haben, stellen die Verschiedenheit von Liebendem und Geliebtem in den Vordergrund. Nach ihnen wird die wahre S. um so mehr verwirklicht, je mehr der Liebende sein ichbezogenes Streben aufgibt und im geliebten Objekt aufgeht. Die zweite Richtung, die in Thomas v. Aquin ihren Systematiker fand, stellt zw. der Gottesliebe und S. eine Identität fest (c. gent. 3, 24; S. th. II II 26, 3 ad 2; 26, 4). Sie behauptet, daß die S. und Gottesliebe doppelter Ausdruck des einzig natürl. Verlangens nach Seligkeit sind. Darum muß jede Liebe letztl. ontolog. ichbezogen sein. Was nämlich nicht zum Ich und seiner Seligkeit in Beziehung steht, kann auch nicht geliebt werden. Die hier aufgezeigten Erklärungen der S. sind im Grunde keine Gegensätze, sondern betonen in unterschiedl. Weise die Tatsache, daß der nach dem Bild Gottes geschaffene Mensch nicht aus der Gottbezogenheit ausgeklammert werden darf. W. Eckermann

Lit.: LThK^2 VI, 1034f. – TRE XXI, 149–152 [Lit.] – R. Egenter, Gottesfreundschaft. Die Lehre von der Gottesfreundschaft in der Scholastik und Mystik des 12. und 13. Jh., 1928 – P. Rousselot, Pour l'hist. du problème de l'amour au MA, 1933^2 – R. Völkl, Die S. in der Hl. Schrift und bei Thomas v. Aquin, 1956.

Selbsttötung, -mord
I. Abendländischer Westen – II. Judentum.

I. ABENDLÄNDISCHER WESTEN: Selbstmord (S.), neolat. suicidium (parallel gebildet zu klass.lat. homicidium →'Mord'), daraus (Mitte 18. Jh.) frz./engl. *suicide,* it. *suicidio*; 'Freitod' nach NIETZSCHE (20. Jh.) analog zu spätantik mors voluntaria. Die Bibel verwirft den S. nirgends ausdrücklich. Das AT berichtet über S.e einzelner Heroen (bes. Saul) und deren feierl. Bestattung ohne ein Wort des Tadels. Das NT enthält eine versuchte Anstiftung zum S. in der Aufforderung des Teufels an Jesus, wenn er Gottes Sohn sei, möge er sich von der Tempelzinne hinabspringen (Mt 4, 5; Lk 4, 9). Selbstmörder galten danach oft als vom Teufel getrieben. Der Sturz aus der Höhe in Abgründe (»se precipitare«) war die häufigste Art des S.es in der Antike. Die Römer ließen den S. unter stoischem Einfluß im allg. straflos; wie die Selbstverstümmelung galt er als natürl. Recht sogar von →Sklaven (Dig. 15, 1, 9, 7). Nach verübtem S.versuch galten Sklaven jedoch als minderwertig: Wer Hand an sich selbst legte, dem traute man ähnl. Gewalttaten auch gegen andere zu. S. durch Erhängen galt als schimpflich. S.versuche von Soldaten ahndete man disziplinarisch. S. Angeklagter galt als mutmaßl. (jedoch von den Erben widerlegbares) Schuldeingeständnis. Die Konfiskation des Vermögens war noch in der Spätantike keine Strafe für S. Stets war sie jedoch eine Straffolge bei Verurteilung wegen (irgendeines) todeswürdigen Verbrechens: Mit seinem Leben verwirkte ein Angeklagter zugleich sein Vermögen. Wer seiner Verurteilung zum Tode durch S. zuvorkam, konnte seit Hadrian nicht mehr (wie vordem) die Konfiskation abwenden. Das MA sah in der Konfiskation irrig eine Strafe für jeden S.: ein folgenschweres, erst 1828 durch C. G. WÄCHTER endgültig widerlegtes Mißverständnis. Obgleich →Sachsenspiegel (Ldr. II, 31, 1) und Carolina (§ 135) den Nachlaß von Selbstmördern grundsätzl. den Erben beließen, erklärten ihn Territorialgesetze seit Ende des 13. Jh. infolge des insoweit mißdeuteten röm. Rechts der weltl. Obrigkeit für verfallen.

Kirchenväter (namentl. →Augustinus), Konzilien (6. Jh.) und das daraus hervorgegangene Kanon. Recht (→Gratian) verurteilten (trotz unzulänglicher, oft sophist. verdrehter Bibeltexte) einhellig den dem Morde gleichgestellten S. (ausgenommen den S. einer geschändeten Jungfrau). Das Gebot der Nächstenliebe wurde z. B. wegen des Vergleichs »...wie dich selbst« umgedeutet in ein Gebot zur Eigenliebe. Die Kirchenstrafen bestanden in →Exkommunikation und Verweigerung des kirchl. Begräbnisses, bei S.versuch in auferlegten →Bußen. Vom schimpfl. »Esels- oder Hundsbegräbnis« (nach Jer 22, 19) an verrufenem Ort ohne Grabstein, woher mancher mit dem S. verknüpfte →Aberglaube rührt, verschone man allerdings geisteskranke Selbstmörder. Abgeschafft wurden die weltl. S.strafen in Preußen 1751 und in Frankreich 1790. Ein Verbot kirchl. Bestattung enthielt für vorsätzl., ohne Anzeichen nachträgl. Reue verübten S. noch der Codex Iuris Canonici v. 1917. A. Wacke

Lit.: HRG IV, 1616-1619 – A. WACKE, Der S. im röm. Recht und in der Rechtsentwicklung, ZRGRomAbt 97, 1980, 26–77.

II. JUDENTUM: Die S. gilt im ma. Judentum als äußerst verwerflich, doch unterscheidet die damalige jüd. Ethik, ob sich der Täter im Vollbesitz seiner geistig-mentalen Kräfte oder aufgrund einer krankhaften Willensstörung das Leben genommen hat. Nur im ersten Fall sollen dem Täter die 30tägige rituelle Totentrauer durch die betroffenen Angehörigen und bestimmte Ehrenbezeugungen durch die jüd. Gemeinde verweigert werden. S.sfälle, bei denen die Frage der dispositio mentalis des Täters schwer beantwortbar ist, sind Gegenstand von engl.-jüd. →Responsen aus dem 13. Jh. Eine bes. Stellung nehmen die zahlreichen S.en von Juden anläßl. der Verfolgungen seit dem I. →Kreuzzug in West- und Mitteleuropa ein, mit denen sich die Betroffenen dem Tod durch nichtjüd. Hände zu entziehen suchten. In der martyrolog. Lit. des Judentums werden diese S.en als heroische Akte gepriesen und opfer-theol. gerechtfertigt (→Martyrium, D).

H.-G. v. Mutius

Lit.: D. ZLOTNICK, The Tractate »Mourning«, 1966, 33f. [hebr.-engl.] – E. KUPFER, Le-toledot mischpachat rabbi Mosche Bar Yomṭob »Abbir ha-ʿolam« mi-Londres, Tarbitz 40, 1970/71, 385ff. – I. G. MARCUS, From Politics to Martyrdom ..., Prooftexts 2, 1982, 40ff.

Selbstverleugnung. Die patrist. und ma. Lehre und Praxis der S. bezieht sich in erster Linie auf ein in den drei synopt. Evangelien überliefertes Jesuswort, das die Nachfolge des Jüngers an die S. knüpft: »Si quis vult post me venire, abneget seipsum« (Mt 16, 24; Mk 8, 34; Lk 9, 23). Die frühe monast. Tradition legt das Jesuswort im Sinn des radikalen Verzichts auf die ird. Güter und den eigenen Willen aus. Augustin hat die S. in erster Linie als Überwindung der Eigenliebe verstanden, wenn er vom »amor dei usque ad contemptum sui« spricht (De civ. dei, XIV, 28) und die Selbstverkenntnis als Selbstverachtung auslegt. Im Komm. zum Jesuswort interpretiert Gregor d. Gr. (Hom. 32 in Evang., MPL 76, 1232ff.) die S. als Verzicht auf das, was wir sind, während Cassian (Coll. 3, c. 6, 7, 10) drei Stufen der S. vorsieht (Verzicht auf äußere Güter, Überwindung der Gewohnheiten, Reinigung des Geistes). Bes. wirkmächtig ist die von Benedikt v. Nursia in seiner Regel vollzogene Verbindung der S. mit dem →Gehorsam, wodurch sie zu einem Grundthema monast. Lebenslehre wird. Dieser Platz kommt der S. auch in den Theorien des geistl. Lebens der Bettelorden zu, wie die Schr. »De perfectione vitae spiritualis« des Thomas v. Aquin bestätigt: Wer den Weg der Vollkommenheit gewählt hat, verzichtet nicht nur auf äußere Güter, sondern letztl. auf sich selbst (c. 10). S. als radikaler Verzicht auf den eigenen Willen ist das Ganz-Opfer, wie Thomas v. Aquin, S. th. II-II q. 186 a. 7 im Anschluß an Gregor d. Gr. lehrt. Vgl. dazu Matthaeus v. Acquasparta, Quodl. VI q. 7 (1284/85), Assisi Hs. 134, f. 220ʳᵇ: »Den eigenen Willen schlechthin für Christus verleugnen, das ist ausnehmende, überragende, überschießende Vollkommenheit.« Ihren eindeutigen Höhepunkt erreicht indessen die ma. Lehre der S. im spätma. Erbauungsbuch→»Imitatio Christi«, dessen endgültige Fassung Thomas a Kempis zugeschrieben wird. Es erklärt ausführl., was es bedeutet, »um Jesu willen sich selbst zu verachten« (II, 7). Das eine Notwendige besteht darin, nachdem alles aufgegeben worden ist, sich selbst zu verlassen und von sich selbst wegzugehen (II, 11). Wer von allem Eigenwillen befreit ist, kann »nackt dem nackten Jesus nachfolgen« (III, 3), wie es der Autor der »Imitatio« in der Sprache der franziskan. Tradition ausdrückt.

R. Imbach

Lit.: DSAM I, 67–110 – L. HÖDL, RFN 66, 1974, 551–570 – K. RUH, Gesch. der abendländ. Mystik I-II, 1990–93.

Selbstverursächlichung bedeutet in philos.-theol. Kontexten der Spätantike und des MA entweder Unbedingt-Sein und folgl. Autarkie oder Korrelationalität zw. Ursache und Verursachtem, indem das Verursachte zwar eine Ursache voraussetzt, zugleich aber Ursache seiner Ursache ist, so daß sich Ursache und Verursachtes notwendig wechselseitig verursachen. In der Spätantike sind es bes. Plotin, Marius Victorinus und Proklos, die dem Einen S.

zuschreiben; →Augustinus aber erklärt programmat., daß nichts Ursache seiner selbst sei, weil nichts, weder Unbedingtes noch Bedingtes, sich selbst hervorbringe, um zu existieren (De trin. I, 1). Anders im MA: Im →Liber de causis [prop. XXV (XXVI)], bei →Albertus Magnus (L. de causis et processu...; Ed. Colon. XVII/2, 174, 26) und →Berthold v. Moosburg (Expositio..., prop. 46 – noch unveröffentlicht) ist von der causa sui (also von S.) die Rede, auch bei →Thomas v. Aquin, aber nur bedingt, im Blick auf die prakt. Vollzüge des Menschen (De ver. 24, 1 ad 1), bes. aber bei →Eckhart: Ich (als ungeschaffener und unerschaffbarer Seelengrund) bin Ursache meiner selbst (sache mîn selbes; Pr. 52; DW II, 492, 3f., 503, 1–6), indem ich mich weiß und will und ganz bei mir selbst bin, dies seit je und stets. B. Mojsisch

Lit.: HWP I, 976f. – B. LAKEBRINK, Die europ. Idee der Freiheit (I), 1968 – B. MOJSISCH, Meister Eckhart. Analogie, Univozität und Einheit, 1983 – DERS., La critique eckhartienne de la conception téléologicothéocratique d'Augustin (Voici Maître Eckhart, ed. E. ZUM BRUNN, 1994), 231–242.

Selby, OSB-Abtei, 20 km s. von York am Fluß Ouse, das erste Kl., das im n. England nach der norm. Eroberung errichtet wurde. Nach vielen Abenteuern und Mißgeschicken ließ sich Benedikt, ein entlaufener Mönch der frz. Abtei→St-Germain d'Auxerre, an diesem Ort nieder, wo er eine kleine Hütte unter einer riesigen Eiche im Jahre oder um 1069 errichtete. Seine kleine Schar von Mönchen erhielt rasch den Schutz von Baldric, sheriff of Yorkshire, und von Kg. Wilhelm d. Eroberer. Bald nach 1100, als die Abtei 500 m weiter vom Flußufer entfernt als Steinbau neu errichtet wurde, erlangte das Kl. den Höhepunkt seines Ruhmes und Einflusses unter Abt Hugh (1097–1122). In der Folgezeit zwar ein bedeutendes Benediktinerkl., blieb S. aber nur von mittlerem Rang, der Konvent umfaßte durchschnittl. ca. 26 Mönche zw. dem »Schwarzen Tod« und dem Übergabe an Heinrich VIII. am 6. Dez. 1539. Das wichtigste Vermächtnis der klösterl. Gemeinschaft sind eine Serie ihrer Rechnungsrollen und eine der am besten erhaltenen ma. Abteikirchen in England. R. B. Dobson

Lit.: R. B. DOBSON, The First Norman Abbey in Northern England: the Origins of S., Ampleforth Journal 74, 1969 – J. H. TILLOTSON, Monastery and Society in the Late MA: Selected Account Rolls from S. Abbey, Yorkshire, 1398–1537, 1988 – R. B. DOBSON, S. Abbey and Town, 1993.

Selçuk, Nachfolgestadt des antiken →Ephesos. Nach einem Erdbeben um 614 bildete sich ein neues Stadtzentrum um den Burghügel oberhalb des Artemisions. Davon getrennt war eine befestigte Siedlung am Hafen, der durch Schwemmgut des Kaystros allmähl. versandete, im späten MA flußabwärts verlegt und am 16. Jh. aufgegeben wurde. Der ma. Stadtname Hágios Theológos/Altoluogo/Ayaşuluğ geht auf den hier bestatteten Apostel Johannes zurück. S., seit dem 10. Jh. blühendes Pilgerzentrum und wichtiger Handelshafen (mit Italien), ging 1304 in den Besitz Aydınoğlı Mehmed Begs, 1389/90 in den der Osmanen über, war nach der timurid. Eroberung heftig umkämpft, bevor es spätestens 1426 wieder osman. wurde. Im 16. Jh. verlor S. allmähl. seine Bedeutung im Fernhandel, die landwirtschaftl. Produktion blieb aber wichtig, bis die Versandung des Hafens und der Aufstieg Izmirs zur Verdörflichung S.s führten. Erst der Eisenbahnanschluß 1867 und der Tourismus führten zum erneuten Wachstum der Kreisstadt, die seit 1914 den Namen S. führt. Ch. K. Neumann

Lit.: C. Foss, Ephesus after antiquity, 1979 – Z. ARIKAN, XIV–XVI yüzyıllarda Ayasuluğ, TTK Belleten LIV, 209, 1990, 121–177 – Türkiye Diyanet Vakfı İslâm Ansiklopedisi 4, 225–228.

Seldner, seit dem HochMA auftauchende Bezeichnung für die Angehörigen einer ländl. Unterschicht im schwäb. und bayer. Raum, vergleichbar mit den →Kossäten, Kätnern und Gärtnern in anderen dt. Landschaften. Wie bei anderen Bezeichnungen für ländl. Unterschichten ist auch die Benennung des S. von ihrer Behausung, der Selde (Hütte, Haus), abzuleiten. Dabei scheint dieser sprachl. Ursprung weniger auf die bes. Form und Größe des Hauses zurückzugehen als vielmehr darauf, daß das Anwesen des S.s ursprgl. allein ein Haus, die Selde, umfaßte und nicht wie die Bauernhufe (→Hufe) eine Einheit von Haus und entsprechender Wirtschaftsfläche darstellte. Später gehörten zu einer Selde vielfach neben dem Haus auch ein Garten und eine unterschiedl. große Landfläche. Die frühesten Nennungen von S.n reichen bis in die erste Hälfte des 13. Jh. zurück; das Wort Selde für Kleinstelle und S. für die Inhaber solcher Kleinstellen beginnt also erst seit dem späten HochMA gebräuchl. zu werden. Im Laufe des 13. und 14. Jh. setzt sich dann die Bezeichnung S. allmähl. durch; dies weist darauf hin, daß die Entstehung der S. als Unterschicht ihren Niederschlag in der urkdl. Überlieferung findet. Zweifellos besteht ein enger Zusammenhang zwischen der hochma. Zunahme der →Bevölkerung und den Veränderungen in den Siedlungen, in denen die S. auftauchen. Neben den S.n in den ländl. Siedlungen erscheinen seit dem HochMA in einigen südwestdt. Städten auch S.; sie wohnen v. a. in den Vorstädten und unterscheiden sich wenig von den S.n in den Dörfern der Umgebung. Die wirtschaftl. Existenz der S. basierte neben der Landwirtschaft häufig auch auf einer gewerbl. Tätigkeit; S. waren als Schneider, Schuster, Weber oder als Bedienstete herrschaftl. Gewalten beschäftigt.

W. Rösener

Lit.: H. JÄNICHEN, Beitr. zur Wirtschaftsgesch. des schwäb. Dorfes, 1970 – M. BORN, Die Entwicklung der dt. Agrarlandschaft, 1974 – H. GREES, Ländl. Unterschichten und ländl. Siedlung in Ostschwaben, 1975.

Seldschuken → Selǧuqen

Selen, seit Anfang des 13. Jh. bekannter Volksstamm der →Letten, Bewohner des nach ihnen gen. Bm.s Selonien am linken Ufer der →Düna. Die Selones waren dem russ. Kleinfs.en v. →Kokenhusen tributpflichtig, der Bf. →Albert I. v. Riga um Hilfe gegen die →Litauer bat. Diese benutzten die Burg der S. (Selburg) als Einfallstor und Stützpunkt gegen Liven und Deutsche. 1208 wurden die S. von Bf. Albert unterworfen und getauft, später aber vom →Dt. Orden beherrscht. Zum Bm.:→Selonien.

Q. und Lit.: →Semgallen H. von zur Mühlen

Selǧuqen (Seldschuken)
I. Allgemein – II. Rumselǧuqen.

I. ALLGEMEIN: Die türk. Dynastie der S. stammte aus Mittelasien und wurde benannt nach ihrem Heros eponymos, Selǧuq, einer halblegendären Gestalt, die gewöhnlich auf das späte 10. Jh. datiert wird. Selǧuq gehörte offenbar dem Oghusenstamm (→Oǧuz) der Qinik an, war von Geburt 'Heide', trat aber unter dem Einfluß der muslim. Bevölkerung der Marktstadt Ǧand (nahe der Einmündung des Syr-Darja in den Aralsee) zum →Islam über. Nach dem Gelehrten al-Kāšǧarī (um 1075) sei Selǧuq ein erfolgreicher militär. Anführer gewesen (er bezeichnet ihn als →Subaši), der seine Waffengefährten aus den Leuten seines Stammes rekrutiert und sich militärisch an den Konflikten der mittelasiat. Staaten beteiligt habe.

Nach Selǧuqs Tod begann die große Wanderung der Oghusen, unter lebhafter Beteiligung beschäftigungslos gewordener Militärs aus den großen Indienfeldzügen des

Sultans v. Ġazna, Maḥmūd. Riesige Gruppen von →Nomaden zogen nach Westen. Selǧuqs Nachkommen errichteten unter Ausnutzung dieser Situation ihre Herrschaft in Choresmien und eroberten bald →Persien. Selǧuqs Enkel Tuġrul, der den türk. Titel →'Beg' führte, zog auf Einladung des Abbasidenkalifen nach →Bagdad, machte der Herrschaft der →Būyiden ein Ende und etablierte sich dort als Sultan (1055); die alte Kalifenmetropole wurde zur Hauptstadt des großselǧuqischen Staates.

Tuġruls Nachfolger Alp Arslan (1063–72) konsolidierte seine Macht über Persien und Turkestan; er unternahm eine Reihe von Feldzügen gegen die christl. Staaten →Armenien und →Georgien sowie v. a. gegen das →Byz. Reich, das er bei →Mantzikert entscheidend besiegte (1071). Er fiel 1072 auf einem Kriegszug in Mittelasien und hinterließ ein von Choresmien bis zur byz. Ostgrenze reichendes Staatswesen. Blieb die kulturelle Bedeutung des S. reiches unter Alp Arslan eher gering, so setzte unter seinem Sohn Malikšāh (1072–92) eine umfassende Förderung von Lit., Gelehrsamkeit und Naturwissenschaft ein. In den meisten großen Städten des Reiches wurden Medresen (→Madrasa) gegründet, insbes. durch den einflußreichen Staatsmann Niẓāmalmulk, der 1065–92 als →Wesir fungierte. Malikšāh ließ in Bagdad große Bauten (Moschee, Regierungspaläste) errichten (charakterist. Dekorationsstil des muslim. Ostens: *muqarnas*). In religiöser Hinsicht waren die S. Vorkämpfer des islam. Orthodoxie (Sunniten) gegen häret., zumeist den Schiiten nahestehende Strömungen.

Der großselǧuqische Staat erreichte seinen Zenit nach 1089, als die Herrscher v. Khotan und Kāšgar Vasallen v. Malikšāh wurden, das Reich im O an das von →China beherrschte Gebiet angrenzte. Nach dem Tode von Malikšāh fiel das Reich inneren Auseinandersetzungen anheim, die mit dem Erscheinen der Kreuzfahrer (→Kreuzzüge) in Syrien koinzidierten. Die Bagdader S., die in der Regel sehr jung den Thron bestiegen, regierten zumeist nur nominell, während die reale Regierungsgewalt in der Hand ihrer Vormünder (→Atabeg) lag; ein Wiedererstarken des →Kalifats v. Bagdad führte in der 2. Hälfte des 12. Jh. zur Verlegung des Sultansresidenz nach Ḥamadān. Die Dynastie endete 1194, als Tuġrul II. in einer Schlacht gegen den Chorezmšāh fiel.

Im 12. Jh. herrschte ein anderer Zweig der S. in Kirmān (Iran), einer Region, die während der oghus. Wanderung erobert worden war, seit der Regierung Tuġruls I. aber Autonomie genoß. Diese Dynastie zerfiel nach einer Invasion der Oghusenstämme.

II. RUMSELǦUQEN: Der berühmteste Seitenzweig der S. war die Sultansdynastie v. Rūm ('Romania': byz. Bereich, Kleinasien), die ihre Herrschaft bald nach dem Sieg v. Mantzikert, unter Ausnutzung der dynast. Streitigkeiten im Byz. Reich, errichtete. Die Zentralregierung in Bagdad betraute mit der Organisation der neueroberten Territorien den Militärbefehlshaber Sulaimān, Abkömmling einer alten Militärfamilie, die zunächst im Dienste Maḥmūds, des Sultans v. Ġazna, dann Sultan Tuġruls I. gestanden hatte. Sulaimān machte →Nikaia zu seiner Residenz, fand aber im Kampf mit konkurrierenden türk. Machthabern den Tod (um 1085). Die aus Nikaia und den Küstengebieten Kleinasiens von den Kreuzfahrern (1094) vertriebenen Rums. verlegten ihre Hauptstadt in das inneranatol. →Konya (Ikonion). Im 12. Jh. standen sie mit dem konkurrierenden anatol. Staat der →Dānišmendiden im Konflikt. Das Byz. Reich versuchte, diese Rivalität für eine Rückeroberung Anatoliens auszunutzen, wurde aber bei →Myriokephalon (1176) von der Armee des Sultans

→Qīlič Arslan II. geschlagen. Am Ende des 12. Jh. hatten die S. das gesamte muslim. Kleinasien unter ihrer Herrschaft vereinigt. Die zahlreich nach Anatolien eingewanderten Perser stellten die höhere Beamtenschaft; Persisch war offizielle Sprache. Doch auch die ansässige chr. Bevölkerung beeinflußte mit ihren alten religiösen und kulturellen Traditionen die Eroberer in vielerlei Hinsicht. →Nomaden aus Mittelasien, die nur oberflächlich islamisiert waren, hatten wesentl. Anteil an der Bevölkerung (zahlreiche nach Turkstämmen benannte Toponyme: Dörfer, Flüsse, Täler, Hügel).

Nach 1204 vollzog sich ein Annäherungsprozeß zw. S. und Byzantinern: Die S. sahen im byz. Ksr. v. →Nikaia einen vorteilhaften Pufferstaat gegenüber dem →Lat. Ksr. v. Konstantinopel; die Byzantiner benötigten zur Rückeroberung Konstantinopels ihrerseits eine friedl. Ostgrenze. In den ersten Jahrzehnten des 13. Jh. erfreute sich der Staat der S. eines bemerkenswerten Wohlstandes, bedingt durch blühenden Handel über die von den S. kontrollierten Häfen →Antalya am →Mittelmeer und →Sinop am →Schwarzen Meer und die wirtschaftl. Beziehungen zum Kgr. →Zypern und zu →Venedig. Mehrere Handelsstädte des Binnenlandes wurden mit großen →Karawansereien (*Ḫānen*) ausgestattet. Auch andere öffentl. Monumentalbauten (Moscheen, Bäder, Hospitäler und Stiftungen) sowie die Medresen in →Kayseri und →Sivas bezeugen hohen kulturellen Standard. Am Hofe der S. wirkten bedeutende Gelehrte und Dichter.

Infolge einer neuen turkmen. Wanderung, ausgelöst durch zunehmenden mongol. Druck, kam es im 13. Jh. jedoch zu wachsender Instabilität. Nach dem Sieg der →Mongolen bei Köse-dağ (1243) wurden die Nachkommen der S.-Dynastie zu tributpflichtigen Vasallen der →Īlchāne degradiert. Kleinasien erlebte eine Periode der Turbulenzen, in deren Verlauf das Sultanat v. Rūm um 1308 unter ungeklärten Umständen zusammenbrach.

E. A. Zachariadou

Lit.: Dictionary of the MA XI, 1988, 150–158 [P. B. GOLDEN; C. E. BOSWORTH] – EI², s.v. Malik-Šāh [C. E. BOSWORTH] – C. CAHEN, La Turquie Pré-Ottomane, 1988 – H. CRANE, Notes on Saldjuq Architectural Patronage in Thirteenth Century Anatolia, JESHO 36, 1993, 1–57.

Selja, Bf.ssitz in Norwegen (gegr. um 1070?) auf der gleichnamigen Insel nördl. des Nordfjord zw. →Bergen und →Drontheim, die durch das Martyrium der hl. →Sunniva und ihrer Gefährten, ir. Einsiedler, im 11. Jh. zum Wallfahrtsziel geworden ist (erste Translatio nach der Legende um 996; Festtag: 8. Juli). S. wurde vor 1100 (Bf.sresidenz in Bergen) zum Kl. OSB mit starker Abhängigkeit zum Bm. umgewandelt, dessen St. Albans-Patrozinium (→Alban, hl.) auf ags. Wurzeln verweist. Die Kathedralkirche v. S. beim Hafen nördl. des Berges auf der Westseite der Insel und die Terrassen bei der Höhle der S.-*Männer* mit Michaelskapelle oberhalb der Anlage dürften um 1100/50, die Sunniva-Kirche auf dem halben Wege zur Höhle um 1250/1320 gebaut worden sein, nachdem die Reliquien der Hl.n am 7. Sept. 1170 nach Bergen überführt worden waren (Reimoffizium). Das in Schriftq. wenig belegte Kl. (Grundmauern erhalten) wurde 1461/74 aufgehoben (Absetzung des Abtes durch den Bf. v. Bergen, Inkorporation des Klostergutes in den Besitz des Bm.s).

T. Nyberg

Lit.: KL XV, 118–121 – C. ENGER, Helligdommen på S., Foreningen til norske fortidsminnesmerkers bevaring, 1946 [1949], 548 – Ø. LUNDE, Selje kloster, ebd., 1987, 110–112.

Seligenstadt, Kl. OSB, Stadt (Hessen, Krs. Offenbach). 815 erhielt →Einhard, der Biograph und enge Vertraute

Karls d. Gr., von Ks. Ludwig d. Fr. Besitzungen im Maingau, u.a. Eigenleute und Güter mit einer aus früher chr. Mission stammenden Kirche in Ober-Mühlheim, einem aus einem röm. Militärposten hervorgegangenen, Mitte des 2. Jh. zu einem Steinkastell am Mainlimes ausgebauten Ort mit alem. Siedlungsspuren (2. Hälfte des 4. Jh.). In verkehrsgünstiger Lage, an reichspolit. wichtiger Stelle errichtete Einhard ein neues geistl. Zentrum und überführte 828 hierhin die aus Rom in seinen Besitz gelangten Gebeine der Märtyrer →Marcellinus und Petrus. Sie erhielten ihre endgültige Grablege in Einhards 830 begonnenen roman. Basilika, die sich zu einem vielbesuchten Wallfahrtsort entwickelte. Bereits zu dieser Zeit existierte eine klösterl. Gemeinschaft unter Leitung des Laienabtes Einhard. Die erstmals 842/847 belegte sprachl. Neuschöpfung »Saligunstat« zur Bezeichnung der heilbringenden Stätte ersetzte den alten Ortsnamen Ober-Mühlheim. Anfang des 10. Jh. noch mit den →Konradinern verbunden, fiel die Abtei mit Einziehung der Hausgüter der frk. Hzg.e durch Otto d. Gr. 939 zunächst an das Reich. 1002 gelangten diese als lebenslanges Lehen vorübergehend an den Bf. v. Würzburg. Nach der zu unbekannter Zeit erfolgten Übergabe an Mainz überwies Ks. Heinrich IV. 1063 die Abtei schließlich auf immer an das Ebm. 1045 erneuerte Ks. Heinrich III. ein nicht überliefertes Privileg und bestätigte dem Kl. Immunität, Markt- und Münzrecht — bedeutende Voraussetzungen für die Entwicklung des zugehörigen Ortes zur Stadt. Die seit ihren Anfängen mit der geistl. Anlage verbundene weltl. Siedlung auf ehem. Kastellgelände erstreckte sich auf mauerumwehrtem Gebiet und wuchs in sal., bes. in stauf. Zeit. Die Nennung von cives 1175 weist auf die Existenz der Stadt hin, deren Erhebung Friedrich I. zugeschrieben wird. Die Bedeutung in stauf. Periode unterstreicht der Bau einer wohl nie ganz fertiggestellten Ks.pfalz, deren Entstehung um 1235/40 auf Friedrich II. zurückgehen dürfte. Die nach einem Brand 1462 übriggebliebene Mainfront wurde in den Mauerring der nun ausgebauten Stadtbefestigung einbezogen. Die Stadtherrschaft zeigt komplizierte Verhältnisse. Während das Ebm. Mainz S. samt Bachgau als seinen Besitz ansah, strebte das Reich hier ebenfalls nach Herrschaft, trug die Stadt ztw. aber nur als Lehen von Mainz. Die wechselnde Zugehörigkeit zur geistl. bzw. weltl. Obrigkeit belegen die seit 1267 nachweisbaren Stadtsiegel mit Reichssymbolen (Adler, Ks.-bild) oder thronendem Ebf. 1255 gehörte S. zum →Rhein. Städtebund, 1301 erreichten Vogt, Schöffen, Rat und Bürgerschaft den Anschluß an das Bündnis der Wetterauer Städte. Endgültig ab 1309/10 lag die Stadtherrschaft wieder bei den Mainzern. Unter ihnen erfolgte die letzte ma. Stadterweiterung 1460/63, die wie bisher das Kl. sowie eine ältere, vermutl. im 14./frühen 15. Jh. angelegte Vorstadt miteinbezog. U. Braasch-Schwersmann

Lit.: L. Seibert, Die Verfassung der Stadt S., Archiv für hess. Gesch. und LK 7, 1910, 107-184 – W. Küther, S., Mainz und das Reich, Archiv für mittelrhein. Kirchengesch. 30, 1978, 9-57 – E. Schallmayer, Ausgrabungen in S., Saalburg Jb. 43, 1987, 5-60 – J. Fleckenstein, Einhard, seine Gründung und sein Vermächtnis in S. (Ordnungen und formende Kräfte im MA, 1989), 84-111.

Seligenstadt, Synode v. (1023). Vor dem Hintergrund der Auseinandersetzungen um die Rechtmäßigkeit der Ehe Gf. Ottos v. Hammerstein (→Hammersteiner Ehe) wurde auf Betreiben Ebf. →Aribos v. Mainz auf der Synode zu S. (12. Aug. 1023) der Beschluß gefaßt, daß Appellationen an den Papst nicht ohne vorausgegangene Bußleistung und nur mit Genehmigung des zuständigen Heimatbf.s erlaubt sein sollten (c. 16 und 18). Damit sollte die Absolution der Gfn. Irmingard durch Benedikt VIII. verhindert werden. Zwar liefen die wohl unter Beteiligung →Burchards v. Worms (13. B.) formulierten Bestimmungen auf eine Stärkung der bfl. Disziplinargewalt hinaus; nationalkirchl. Bestrebungen waren damit jedoch nicht verbunden. Die übrigen Beschlüsse zu Fragen der Fastenordnung, insbes. der Regelung der Quatemberfasten, der gottesdienstl. Ordnung und des Eherechtes zielten auf eine Vereinheitlichung der kirchl. Rechtsgewohnheiten und die Abstellung von Mißständen ab. T. Struve

Ed.: MGH Const. 1, 633–639, Nr. 437 – *Lit.*: Hauck III, 534–538 – HKG III/1, 337f. – S. Hirsch–H. Bresslau, JDG H. II., Bd. 3, 1875, 267–272; Exkurs IX, 349–355 [Text] – H. L. Mikoletzky, Ks. Heinrich II. und die Kirche, 1946, 74–77 – H. Wolter, Die Synoden im Reichsgebiet und in Reichsitalien von 916 bis 1056, 1988, 297–306 [Lit.].

Seligkeit, Ewige. Die Theol. hat die nur aus der ntl. Offenbarung bekannte S. des Jenseits zum Gegenstand. Als sie ab der Mitte des 12. Jh. sich mit dieser systematisch zu befassen begann, zog sie auch die Erkenntnisse der Philos. über die diesseitige Vollendung des Menschen (→Glückseligkeit) heran. Zu ihr hatte Aristoteles grundlegende Aussagen gemacht (S. als höchstes Gut, als Endzweck, als Tätigkeit der höchsten Potenz, die Unterscheidung von finis qui und finis quo), die im 13. Jh. (→Aristoteles, A. IV) zuerst nur eklekt. übernommen wurden, die dann aber →Thomas v. Aquin sehr eigenständig verarbeitet hat. Die Scholastik, die im Umgang mit den wichtigsten Q., bes. Augustinus und Boethius, eine differenzierte Sicht der S. gewonnen hatte, schuf vorerst, mit Hilfe der Begriffe ewiges Leben (→Leben, ewiges) und S. (beatitudo) eine entsprechende Terminologie. Demnach wird Gott, das Objekt der S., objektive oder materielle S. genannt. Der Besitz Gottes ist die subjektive oder formale S. Engel und Menschen sind selig durch geschaffene Teilnahme an der S. Gottes.

Es sind die Tätigkeiten des Verstandes und des Willens, Erkenntnis, Liebe und Genuß Gottes, die die Seligen mit Gott verbinden. In der Frage, in welchem bzw. welchen dieser Akte das Wesen der S. besteht, gehen die Meinungen der ma. Theologen auseinander, je nach dem, ob sie den Verstand oder den Willen als die höchste Fähigkeit betrachten. Autoren des 12. Jh. und wieder →Johannes Duns Scotus und seine Schule sehen die S. in einem Akt des Willens, die ersteren im Genuß Gottes, Duns Scotus in der mit Gott verbindenden Liebe (fruitio). Für Thomas v. Aquin und seine Schule besteht die S. in der höchsten Tätigkeit des Intellekts, der unmittelbaren Schau Gottes (S.th. I–II q. 3 a. 4). Die Augustinisten der 1. Hälfte des 13. Jh. verstehen unter der S. sowohl die drei beseligenden Akte als auch die gnadenhaften habituellen Prinzipien, die Verstand und Willen zu diesen disponieren. Die S. ist also zugleich Habitus und Akt, und zwar, so →Bonaventura und →Johannes Peckham, zuerst der Habitus der Dotes animae, dann als actus secundus die Tätigkeit dieser Dotes. Andere Auffassungen vertreten →Heinrich v. Gent (S. ist ein Einströmen Gottes in die Substanz der Seele), →Johannes v. Ripa u. a. (die formale S. Gottes), Meister →Eckhart (Gegenwart Gottes in der Seele und der Seele in Gott).

Die Gottesschau ist ein Akt des aufnehmenden Verstandes. Nur →Dietrich v. Freiberg und →Petrus Aureoli sahen in ihr eine Tätigkeit des intellectus agens. Augustinisten wie Aristoteliker heben, je aus ihrer Sicht, bes. die Unmittelbarkeit der visio beatifica hervor. Für die ersteren ist sie eine Schau des sich in der Seele Befindlichen (visio intellectualis), zu der Gott seiner Wesenheit nach gegenwärtig wird. Für die zweiten gibt es in der Gottesschau keine species impressa, weil Gott selber die Rolle derselben übernimmt (→Albertus Magnus). Die Seligen schauen Gott in ihm und nicht in einem ihn vertretenden geschaffenen Erkenntnismittel. Auf letzteres läuft die Erklärung der visio beata durch die Theophanie hinaus, die von →Dionysius Areopagita über →Joh. Scotus Eriugena in einige frühscholast. Texte eindrang, aber energ. abgewehrt und durch den Bf. v. Paris und die Univ. 1241 verurteilt wurde (Chart. Univ. Paris. I n. 128). – Die Seligen erkennen in Gott auch die geschaffenen Dinge, grundsätzl. alle, fakt. was Gott den einzelnen zeigen will, darunter das Schicksal der Angehörigen auf Erden. – Die definitive Erklärung der bei der Improportionalität von Intellekt und Gottesschau notwendigen Ausrüstung des Verstandes gab Albertus Magnus mit seiner Lehre vom Glorienlicht (lumen gloriae), das er ein den aufnehmenden Verstand verstärkendes und erhebendes Licht nennt. Voraus ging u. a. die Erklärung mit den Dotes anime, Brautgaben, die der Seele für die mit Gott verbindenden Akte geschenkt werden.

Die ma. Theologie lehrt allg. im Anschluß an die Schrift (Joh 14, 2), daß die S. der einzelnen Auserwählten verschieden ist. Den Einwand →Prospers v. Aquitanien: in dispari claritate par gaudium, den →Petrus Lombardus zitiert (Sent. IV d.49 c.3) und der, für Augustinisten, gleiche S. behauptet, löste sie nach langer Erörterung mit der Deutung der gleichen Freude als Freude an denselben Objekten bei intensiv verschiedener Freude der Seligen. Begründet wird die verschiedene S. mit verschiedenem Verdienst, auch ungleicher Gottesschau, und später mit verschiedenem Glorienlicht (Thomas v. Aquin) oder verschiedenem Grad der Liebe (Duns Scotus).

Die Seelen der gerechten Verstorbenen gelangen gleich nach dem Tod und allfälliger Reinigung (→Fegfeuer) zur Anschauung Gottes. Über den Ort der Seligen vgl. →Himmel. Der Aufschub der S. bis nach dem Endgericht (→Gericht, jüngstes), wie ihn noch Johannes XXII. 1331/32 in Predigten vertrat, kann nach der Konstitution »Benedictus Deus« Benedikts XII. (DENZINGER-SCHÖNMETZER, 1000) von 1336 nicht mehr gelehrt werden. – Der Leib erhält in der Auferstehung der Toten Anteil an der S. und zwar, wie allg. gelehrt wird, durch ein Überfließen der seel. Vollendung auf ihn (→Eschatologie). Dadurch wächst die S. des Menschen nach vielen Autoren (Petrus Lombardus, Ältere Franziskanerschule, Thomas Sent. IV d. 49 q. 1 a. 4, Benedikt XII.) intensiv, weil die Seele unbehindert Gott schauen kann, nach andern (→Robert v. Melun; Thomas; S. th. I–II q. 4 a. 5 ad 5; Dominikanerschule; Duns Scotus) nur extensiv. N. Wicki

Lit.: DThC II, 497–515 – HDG IV, 7b – Die Dt. Thomas-Ausgabe, 36: Die Letzten Dinge (komm. A. HOFFMANN) – H.-F. DONDAINE, L'objet et le »medium« de la vision béatifique chez les théologiens du XIIIe s., RTh 19, 1952, 60–130 – N. WICKI, Die Lehre von der himml. S. in der ma. Scholastik von Petrus Lombardus bis Thomas v. Aquin, 1954 – K. FORSTER, Die Verteidigung der Lehre des hl. Thomas durch Joh. Capreolus, 1955 – F. WETTER, Die Lehre Benedikts XII. vom intensiven Wachstum der Gottesschau, 1958 – J. M. RAMIREZ, Opera omnia, III: De hominis beatitudine, 1972.

Selig- und Heiligsprechungsverfahren, Verfahren, durch das der Papst den öffentl. Kult eines Dieners Gottes, der sich nach seinem Urteil der ewigen Heiligkeit erfreut, in einem bestimmten Ort, einer Ordensgemeinschaft oder einer umschriebenen Region bzw. für die ganze Kirche zuläßt. Am Anfang stand die Verehrung chr. Märtyrer durch das Volk. Der Bf. überprüfte die acta mart., sein Urteil schrieb anschließend den Kult vor oder verbot ihn.

Im Zusammenhang mit der Verehrung der →Reliquien wurde die →Translation und →Elevation von Reliquien für die Hl.n- und Sel.nverehrung bedeutend, bei denen zunächst ebenfalls dem Bf. eine wesentl. Rolle zukam. Die Hl.sprechung als die Verehrung begründender Rechtsakt stand zunächst den Bf.en und Partikularsynoden zu. Ihre Beanspruchung als päpstl. Reservat, bereits bei Alexander III. (X 3. 45. 1) sichtbar, wurde seit dem 13. Jh. geltendes Recht (Innozenz III., Hl.sprechung der Ksn. Kunigunde 1200). Seit Alexander III. vermehren sich Ansätze zur Verwendung prozessualer Mittel bei der Feststellung der Voraussetzungen für eine Sel.- bzw. Hl.sprechung. Das Verfahren bestand aus fünf Teilen: 1. Bittschrift; 2. Voruntersuchung 'de fama et devotione populi, de miraculis et aliis' mit Bericht an den Papst; 3. Untersuchung durch drei oder mehr delegierte Richter (seit dem 13. Jh. auch des schriftl. Nachlasses); Beglaubigung des Ergebnisses des Beweisverfahrens durch den für den Prozeß bestellten Gerichtsnotar; 4. Die Ergebnisse des Verfahrens waren versiegelt dem Papst einzusenden, der sich mit den Kard.en beriet und ihnen geheim den Inhalt der beabsichtigten Entscheidung mitteilte; 5. Verkündigung im öffentl. Konsistorium.

Besonderheiten der sich seit dem 10. Jh. entwickelnden Hl.sprechungsliturgie waren: Predigt des Papstes bei der Messe auf den neuen Hl.n, zweites Confiteor mit namentl. Anrufung des Hl.n, ein Opfergang mit Kerzen, Wein, Brot und Vögeln (erstmals bei der Hl.spr. →Birgittas v. Schweden [1391]). In der orth. Kirche hat sich bis heute d. beatificatio aequipollens mit stillschweigender Anerkennung durch d. kirchl. Stellen erhalten. R. Puza

Lit.: DDC III, 10–48 – TH. KLAUSER, Die Liturgie der Hl.sprechung (Fschr. I. HERWEGEN, 1938), 212–233 – ST. KUTTNER, La Réserve Papale du droit de canonisation, RHDFE 1938, 190ff. – E. W. KEMP, Canonization and Authority in the Western Church, 1948 – PLÖCHL I, 408; II, 321–323; IV, 414–419 – R. KLAUSER, Zur Entwicklung der H.s bis zum 13. Jh., ZRGKanAbt 40, 1954, 85–101 – J. SCHLAFKE, Das Recht der Bf.e in causis Sanctorum bis z. J. 1234 (Fschr. J. FRINGS, 1960), 417–433 – FEINE, 279f. – A. ANGENENDT, Das FrühMA, 1990, 59, 190, 334, 339ff.

Selim I., Yavuz ('der Gestrenge'), osman. Sultan 1512–20; geb. 1470 in Amasya, gest. 1520, Sohn →Bāyezīds II., war als Prinz Provinzgouverneur v. Trapezunt. Am 24. April 1512 gelang es S. mit Hilfe der Janitscharen, den Vater zur Abdankung zu zwingen. Bāyezīd starb auf dem Weg in das ihm zugewiesene Dimotika. S. ließ fünf Neffen sowie seinen Bruder Qorqud umbringen. Seinen Bruder Aḥmed, der sich in Konya unabhängig erklärt hatte, besiegte S. in der Schlacht v. Yenişehir 1513 und ließ ihn hinrichten. Nach einer Strafaktion gegen die am Šāhqulī-Aufstand beteiligten, prosafawid. Qizilbaš Anatoliens griff S. 1514 Iran an und schlug die Truppen Šāh Ismaʿīls vernichtend. Die Osmanen besetzten Tabrīz, doch weigerten sich die Janitscharen, weiterzuziehen. Die Angriffe auf die nach den ostanatol. Eroberungen in osman. Territorium hineinragenden mamluk. Gebiete um ʿAyntāb, Malatya und Divriği führten zu der Zerstörung des Mamlūkenreiches, der osman. Annexion Syriens und Ägyptens und dem Ende des ʿabbāsid. Schattenkalifats in Kairo. S. nahm offiziell den Titel eines »Dieners der Hl. Stätten« an und reklamierte damit Oberherrschaft über die Arab. Halbinsel. Er starb während Feldzugsvorbereitungen gegen die Johanniter v. Rhodos. Die Feldzüge S.s machten das Osman. Reich zum größten islam. Reich der Zeit. Im Zentrum seiner Politik stand, die persönl. Macht des Herrschers und den sunnit. Islam als Staatsideologie zu stärken. Energie, Willenskraft, Skrupellosigkeit, Mut und Gnadenlosigkeit zeichnen sich als Charakterzüge des hochgebildeten Verf. eines pers. Dīwāns ab.

Ch. K. Neumann

Lit.: IA 10, 423-434 – A. Uğur, The Reign of Sultan S. I in the Light of the Selīm-nāme Lit., 1985.

Sélincourt, Abtei OPraem in Nordfrankreich, nw. →Picardie (dép. Somme), gegr. 1131 in der Seigneurie v. Poix (Gft. →Ponthieu), wohl vom Herrn v. S., der Lehnsmann des Herren v. Poix war, besetzt mit Kanonikern der kurz zuvor gegr. Prämonstratenserabtei St-Josse-au-Bois, deren Abt Milo v. S. im gleichen Jahr, 1131, zum Bf. v. →Thérouanne erhoben wurde. Milo ließ sogleich Kanoniker aus S. in seine neue Abtei St-Augustin-lès-Thérouanne übersiedeln. S. war angesehen dank des Besitzes einer kostbaren Passionsreliquie (Hl. Träne, lacrima Christi). Die Abtei litt stark unter den Verwüstungen des →Hundertjährigen Krieges. B. Delmaire

Lit.: G. Beaurain, Le cart. de l'abbaye de S. (Mém. Soc. Antiquaires de Picardie 40, 1925) – J. Estienne, Rép. sommaire du cart. de S., Bull. Soc. Antiquaires de Picardie, 1935-36, 383-406 – F. Petit, Milon de S., évêque de Thérouanne, AnalPraem, 1972, 72-93.

Sellerie (Apium graveolens L./Umbelliferae). Die schon in der Antike als selinon/-um kultivierte Pflanze wird im MA bereits im →Capitulare de villis (70) und im →St. Galler Kl.plan unter dem lat. Namen *apium* erwähnt, aus dem die mhd. Bezeichnungen *ep(p)he*, *eppich* u. ä. entlehnt sind (Steinmeyer-Sievers III, 51, 110 und 200). S. diente indes nicht nur als Gemüsepflanze, vielmehr wurden die S.samen auch med. als verdauungsförderndes, harn- und menstruationstreibendes Mittel sowie gegen Wassersucht, Milz- und Leberleiden verwendet (Circa instans, ed. Wölfel, 8). Hildegard v. Bingen (Phys. I, 69) empfahl S.samen gegen Gicht und Gliederzittern, außerdem galten diese als Aphrodisiakum und Abtreibungsmittel (Albertus Magnus, De veget. VI, 281; Gart, Kap. 6). I. Müller

Lit.: Marzell I, 354-357 – H. Küster, Wo der Pfeffer wächst. Ein L[..]x. zur Kulturgesch. der Gewürze, 1987, 236-240 – U. Körber-Grohne, Nutzpflanzen in Dtl., 1994³, 237-245.

Selonien, Bm., Gebiet der lett. →Selen. 1218 schuf Bf. Albert trotz der unsicheren Lage das neue Bm. Selonien (Sitz nominell Selburg), und →Bernhard zur Lippe (20. B.) wurde zum Bf. geweiht. 1220 wurde das Bm. um Ostsemgallen erweitert. Bf. Lambert, Bernhards Nachfolger seit 1225, mußte S. an die Diöz. →Riga abtreten (1226) und erhielt dafür ganz →Semgallen. Das Gebiet der Selen scheint 1237 wieder von Litauern beherrscht zu sein, bis →Mindowe v. Litauen dem Dt. Orden Rechtsansprüche einräumte (1252). Unter dem Dt. Orden befanden sich auf diesem Gebiet die Komturei Ascheraden, die Vogtei Selburg und ein Teil der Komturei →Dünaburg.

Q. und Lit.: →Semgallen. H. von zur Mühlen

Selymbria, ursprgl. Selybria (thrak. 'Stadt des Selys'), auch Salymbria, jetzt Silivri; Stadt am Nordufer der Propontis, im thrak. Vorfeld Konstantinopels (60 km entfernt, innerhalb der »Langen Mauer«), an der Straße von Konstantinopel nach W (Thessalonike) und NW (Adrianopel, Niš etc.); unter dem – kurzlebigen – Namen Eudoxiupolis (nach Ks. Arkadios' Gattin) ist S. als Stadt der frühbyz. Prov. Europe und Bm. (451 Bf. Romanos) überliefert. Ab dem 6. Jh. war S. Ebm., um 1167 wurde es Metropolis (ohne Suffragane). Laut Prokop ließ Justinian die Stadtmauern erneuern; 1167 Aufenthalt Ks. →Manuels I. (Bautätigkeit an der dem Stadtpatron H. Agathonikos geweihten Metropolis). 1321 erhielt Androníkos III. das Gebiet von S. bis Christupolis. Alexios →Apokaukos († 1345) stand in enger Verbindung zu S. (Stiftung einer Kirche). 1345 heirateten der osman. Herrscher →Orḫān Beg und Theodora (Tochter Ks. →Johannes' VI. Kantakuzenos) in S. 1362 wurde der Schriftsteller Philemon/Philotheos Metropolit v. S. Ab 1381 war S. Apanage mehrerer Mitglieder der Palaiologendynastie (bis 1385 Andronikos IV., bis zur osman. Eroberung 1399 dessen Sohn Johannes VII., später Demetrios und Konstantinos, Brüder Johannes' VIII.). 1453 wurde S. endgültig osman. 1675 existierten von 22 damals noch bekannten Kirchen 16. P. Soustal

Lit.: Oxford Dict. of Byzantium, 1991, 1867f. [Lit.] – P. Magdalino, Byz. Churches of S., DOP 32, 1978, 309-318 – H. Hallensleben, Die ehem. Spyridonkirche in Silivri (Stud. zur spätantiken und byz. Kunst, hg. O. Feld–U. Peschlov, I, 1986), 35-46.

Selz (ô St. Peter), Abtei OSB im Elsaß (dép. Bas-Rhin). 991 gründete Ksn. →Adelheid auf dem zu ihrem Witwengut gehörigen ehem. Kg.shof S. ein Kl. Mit der Erhebung von S. zum Reichskl. (991/992: Immunität, Schutz, freie Abt- und Vogtwahl) sicherte Otto III. dem Kgtm. einen weiteren wichtigen Stützpunkt am Oberrhein gegen das schwäb. Hzm. Papst Johannes XV. ergänzte 995 Schutz und Wahlrecht durch die Verleihung der Pontifikalien Dalmatik und Sandalen. Schon bald nach 1000 begannen die Mönche, die →memoria der in S. begrabenen Stifterin zu pflegen und sie als Hl. zu verehren. Mehrere Papsturkk. führen S. zw. 1058 und 1095 als Pertinenz v. →Cluny auf. Die wachsende Distanz zum stauf. Kgtm. kompensierte S. im 12. Jh. durch die Intensivierung der Beziehungen zum Papst; im Liber censuum erscheint S. an erster Stelle der in der Diöz. →Straßburg gelegenen exemten Petersabteien. Nach 1250 traten die Äbte v. S. wiederholt als päpstl. delegierte Richter auf. Die Zerstörung von Kirche und Kl.gebäuden durch eine Hochwasserkatastrophe 1307 zwang zur Verlegung des Kl. in die Nähe der Stadt S.; 1354 und 1378 Beitritt zum elsäß. Landfriedensbund. Das Konzil v. →Konstanz bestätigte 1417/18 die Ansprüche Clunys auf Besitz und Visitation von S.; zw. 1439 und 1448 erscheint der Abt v. S. als Visitator Clunys und Definitor. 1457 Schirmvertrag mit Kfs. Friedrich v. d. Pfalz; 1481 genehmigt Papst Sixtus IV. die Umwandlung des Kl. in ein Kollegiatstift mit 12 Kanonikaten und 10 ständigen Vikariaten. H. Seibert

Lit.: GP III, 71-74 – J. Wollasch, Das Grabkl. der Ksn. Adelheid in S. am Rhein, FMASt 2, 1968, 135-143 – H. Bannasch, Zur Gründung und älteren Gesch. des Benediktinerkl. S. im Elsaß, ZGO 117, 1969, 97-160 – L'Outre-Forêt, Revue d'hist. de l'Alsace du Nord 4, 1982 – H. Seibert, Sc. (Monasticon Alsatiae) [in Vorber.].

Semantron → Stundenhölzer

Semblançay, Jacques de (eigtl. Jacques de Beaune), hoher kgl. frz. Finanzverwalter, * 1445, † (hingerichtet) 9. Aug. 1527, entstammte einer großen Familie der Handelsbourgeoisie in →Tours; sein Vater, *Jean de Beaune* († 1480), war Schöffe (1462) und Bürgermeister (1471) seiner Heimatstadt, zählte ab 1462 als *Argentier* (→Argenterie) zu den engen Mitarbeitern, Familiaren ('compère') und Kreditgebern des Dauphins und Kg.s →Ludwig XI., dessen Wirtschaftspolitik (Förderung der Seidenwirkerei in →Lyon und Tours) er mitgestaltete; dessen ungeachtet verbrachte Beaune seine letzten Lebensjahre im Stande der Ungnade fern dem Hof in Montpellier. Sein Sohn, Jacques de Beaune (der den Titel eines Barons v. S. erst 1515, auf dem Höhepunkt seiner Karriere, durch Gnadenakt der frz. Kgn.mutter Luise v. Savoyen erwarb), war zunächst Generalschatzmeister von →Anna v. Bretagne und wurde (nachdem er die Übergabe der bret. Residenzstadt →Nantes an die Franzosen mit größtem Eifer betrieben hatte) zum *Général des finances* im Languedoc ernannt, 1498 zum

Bürgermeister v. Tours gewählt, zum Ritter gekürt, bekleidete seit 1508 das Amt des *Général des finances* im Languedoil, das er aber 1516 seinem Sohn überließ, um selbst als *Bailli-Gouverneur* der heimatl. Touraine zu fungieren. Er führte den Titel eines kgl. →Chambellan und krönte 1518 seine Laufbahn mit der Spitzenposition des kgl. *Surintendant des finances*. Überaus begütert, ließ er seinen Palast (*Hôtel*) in Tours ausbauen und machte reiche Kirchenstiftungen (1520).

Doch führten die frz.-eidgenöss. Niederlage bei La Bicocca (29. April 1522) und der Verlust des Hzm.s →Mailand an Karl V. den Sturz S.s herbei, dem auf zwei Ebenen der Prozeß gemacht wurde: Zivilrechtl. untersuchte eine Kommission 1524 sein Finanzgebaren; er wurde als Gläubiger Kg. Franz' I. (über eine Summe von 910000 *livres*) anerkannt, gleichwohl wurde ihm zur Last gelegt, daß er 300000 *éaus soleil* aus dem Besitz der Kgn. mutter widerrechtl. für den Krieg aufgewandt hatte. In einem Kriminalprozeß wurde S. sodann der Veruntreuung angeklagt, im Jan. 1527 in der Bastille eingekerkert und von einem Sondergericht unter Vorsitz des Kanzlers Duprat am 5. Aug. 1527 wegen Unterschleifs (»larcins, faulcetez et malversation«) zum Tode verurteilt. Viele Stunden harrte der Greis unter dem Galgen v. Montfaucon der kgl. Begnadigung, die ausblieb. Clément Marot preist in einem berühmten Epigramm die standhafte Haltung des »ferme vieillard« und schmäht den mit der Exekution befaßten 'lieutenant' Maillart als selber todeswürdigen »juge d'enfer«. E. Lalou

Lit.: DBF V, 1154.

Semen Ivanovič (Gordyj; Simeon der Stolze), Fs. v. →Moskau, Gfs. v. →Vladimir und »der ganzen Rus'« seit 1340, * 1316, † 26. April 1354, Sohn →Ivans I. Kalità, Urenkel →Alexander Nevskijs, ∞ 1. 1333 Fsn. Aiguste (Anastasija) v. Litauen, 2. 1346 Evpraksija v. Smolensk, 3. 1347 Fsn. Marija Alexandrovna v. Tver'. Er fand tatar. Unterstützung, sogar die von Chan Ğambek, der die russ. Kirche zu besteuern suchte. Zusammen mit dem Vater und seinen Brüdern Ivan und Andrej besuchte S. die →Goldene Horde zw. 1339 und 1351 mehrmals. Unter S. verlor das Gfsm. Vladimir zwar →Nižnij Novgorod, doch machte er 1341 durch eine Strafexpedition Toržok tributpflichtig; er festigte seine Macht in →Novgorod, unterstützte es aber 1347 nicht gegen Kg. Magnús Eriksson v. Schweden. S. behauptete sich gegen das Gfsm. →Litauen, 1351 griff er →Smolensk an. Erfolgreich in der Auseinandersetzung mit der Opposition einiger Moskauer Bojaren unter Aleksej Petrovič (später →*tysjackij* v. Moskau), vermochte S. die Eintracht der gfsl. Familie zu erhalten und seine führende Rolle als →Senior polit. und ökonom. auszubauen. Er zog die Hälfte der Handelssteuern (*tamga*) in Moskau ein und behielt sich die vorteilhaftesten Zweige der fsl. Wirtschaft vor. Sein Testament legte die Grundlage für das →Udelsystem (Teilfsm.er).
A. L. Choroškevič

Lit.: A. V. Ėkzempljarskij, Velikie i udel'nye knjaz'ja, I, 1889 – A. E. Presnjakov, Obrazovanie velikorusskogo gosudarstva, 1918 – L. V. Čerepnin, Obrazovanie russkogo centralizovannogo gosudarstva v 14-15 vekach, 1960 – HGeschRußlands I, 597–599 [P. Nitsche].

Semgallen, lett. Siedlungsgebiet beiderseits der Semgaller Aa und ihrer Zuflüsse, schon durch anord. Runeninschriften und die »Povest' vremennyh let bezeugt. Die Semgaller mußten sich im S der →Litauer erwehren, im N wurden sie durch die →Liven von der →Düna verdrängt. Nach der Gründung →Rigas (1201) verbündeten sie sich mit den Deutschen gegen die Litauer, denen sie sich aber schon 1210 anschließen mußten. 1219 riefen die Ostsemgaller (Burg Mesoten) die Deutschen gegen die Litauer und Westsemgaller (Burg Terweten unter →Vesthardus) zu Hilfe. Nach wechselvollen Kämpfen wurde Osts. mit der Landschaft Upmale dem Bm. →Selonien angegliedert, Mesoten Sitz des Bf.s. 1226 wurde Selonien der Diöz. Riga angeschlossen, S. wird Bm., obwohl die Kämpfe andauern. Nach der Unterwerfung der Semgaller (1229) wurde das Land zw. dem Bf. v. Riga, der Stadt Riga und dem →Schwertbrüderorden geteilt. 1232 wurde Vizelegat →Balduin v. Alna Bf. v. S., der seine Pläne, ganz Livland direkt päpstl. Oberhoheit zu unterstellen, 1234 aufgeben mußte. Nach dem Sieg der Litauer über den Orden bei →Saule 1236 erhoben die Semgaller sich erneut und verbündeten sich mit den Litauern. Erst 1250 wurden sie bezwungen. Bei Neuordnung der Diöz.en wurde S. Riga eingegliedert und das Stift S. zw. dem →Dt. Orden, Bf. und Kapitel v. Riga erneut aufgeteilt. 1259 kündigten die Semgaller den Gehorsam auf und wurden erst 1272, endgültig 1290, vom Dt. Orden unterworfen. Zu S. gehörten nun die Komtureien →Doblen, →Mitau und →Bauske. H. von zur Mühlen

Q. und Lit.: →Heinrich v. Lettland – Liv-, Est- und Kurländ. UB, 1852ff. – BL I, 1939 [Beitr. A. Bauer, P. Johansen, V. Kiparski, L. Arbusow] – M. Hellmann, Das Lettenland im MA, 1954 – R. Wittram, Balt. Gesch., 1954 – F. Benninghoven, Der Orden der Schwertbrüder, 1965.

Semipelagianismus. Der Name 'Semipelagiani' ('halbe Pelagianer'), erstmals in der luther. Konkordienformel (1577/80) gen., später zum Fachausdruck für diese Lehre und ihre Vertreter im 5. Jh. geworden. Trotz seiner Brauchbarkeit bezeichnet er keine einheitl. Größe und wird zudem in der Forsch. oft falsch verwendet.

Dem S. geht es v.a. um das Verhältnis von menschl. Natur oder Freiheit und göttl. Gnade, damit um den Beitrag des Menschen zum Heilsgeschehen. Seine Gedanken sind vorwiegend für klösterl. Kreise belegt, bes. für die prov. Mittelmeerküste, in geringem Maß für das westl. Nordafrika. Zeitl. umfaßt er die Jahre zw. etwa 425 und 529. Er wurzelt anscheinend hist. wie sachl. bei aller Hochachtung im Widerstand gegen verschiedene Gesichtspunkte der augustin. Lehre von Gnade, freiem Willen und Prädestination. Johannes →Cassianus wird wohl zu Unrecht verdächtigt, Semipelagianer zu sein. In Nordafrika führten 426/427 Auseinandersetzungen über Augustinus' Lehre zu dessen Schrr. »De gratia et libero arbitrio« und »De correptione et gratia«. In der Provence traten 429 heftigere Gegner auf. Augustinus antwortete mit dem zweiteiligen Werk »De praedestinatione sanctorum«/»De dono perseverantiae«. Nach dessen Tod wandte sich →Prosper Tiro v. Aquitanien bis um 450 in mehreren Schrr. gegen den S., z.B. im »Liber contra collatorem« gegen die »Conlationes« des Cassianus. →Arnobius d. J. vertrat zw. 432 und 461 in mehreren Werken dem S. verwandte Ansichten, desgleichen Valerianus v. Cimiez (vor etwa 461). Als bekanntester Semipelagianer galt seit Beginn des 6. Jh. →Faustus v. Riez, bes. wegen seines weithin im Gefolge Cassians stehenden theol. Hauptwerkes »De gratia dei« (474). →Gennadius v. Marseille verrät um 480 semipelagian. Gedanken eigenständiger Prägung. Zw. 519 und etwa 526 gerieten die sog. Skyth. Mönche um Maxentios Ioannes eher zufällig in die Auseinandersetzung, indem sie versuchten, Faustus als Ketzer anzuschwärzen. 529 beendete die 2. Synode v. →Orange die Diskussion. Unter Vorsitz des →Caesarius v. Arles wehrte sie in 8 canones Vorstellungen ab, die seitdem als typ. semipelagian. gelten, obwohl sie einseitig und überzeichnet Gedanken einzelner Semipelagianer wiedergeben. Die 531 von Papst Bonifatius II. bestätigten canones fanden sich bis zum 10./11. Jh. in den einschlägigen Slg.en, gingen dann aber für die theol. Diskussion verloren. Überraschend tauchen semipelagian. Ansichten ab etwa 1259 bei →Thomas v. Aquin auf, wohl aus der letzten Schr. des Augustinus gegen die Semipelagianer und dem sog. »Indiculus« Prospers. Nach Thomas unterschied nur mehr →Matthaeus v. Acquasparta 1284/85 die 'neuen Pelagianer' von den alten. Erst 1538 erschienen die canones wieder in der Konzilienslg. des Petrus Crabbe; seither ist der S. fester Bestandteil der nz. Gesch. der Gnadentheologie.

Gemeinsame Grundgedanken: Auffälliger Zug der Gottesvorstellung ist es, den allg. Heilswillen anzunehmen. Prädestination und Vorherwissen Gottes werden eher unterschieden als gleichgesetzt. Die menschl. Natur rührt von der Schöpfung her und wird von der Ursünde nur z. T. beschädigt. Man billigt zwar dem freien Willen mehr zu als Augustinus und seine Anhänger, sieht ihn aber letztl. im Rahmen der Gnade wirken. Auch der Glaube ist als Tat des Menschen ein Werk Gottes. Das gilt sowohl für den 'Anfang' als auch für den 'Affekt' des Glaubens. Die Gnade ermöglicht, unterstützt und vollendet jedes Tun, das zum Heil führt. Der S. betont die Fähigkeit auch des gefallenen Menschen, am Heilsgeschehen mitzuwirken, v. a. im Hinblick auf das geistl. Leben. Dieser enge Blickwinkel verhinderte aber anscheinend, sich einer Grund- und Hauptfrage der chr. Lehre gegenüber zu sehen, nämlich der nach dem Stellenwert oder dem gegenseitigen Verhältnis von Natur, Ursünde und Gnade.

G. Rottenwöhrer

Lit.: DSAM XIV, 556–568 – F. WÖRTER, Zur Dogmengesch. des S., 1899 – M. JACQUIN, À quelle date apparaît le terme 'Sémipelagien'?, RSPhTh 1, 1907, 506–508 – J. CHÉNÉ, Les origines de la controverse semi-pélagienne, L'Année théol. Augustinienne 13, 1953, 59–109 – DERS., Le sémipelagianisme du midi de la Gaule, RechSR 43, 1955, 321–341 – C. TIBILETTI, Rassegna di studi e testi sui »semipelagiani«, Augustinianum 25, 1985, 507–522 [Lit.] – TH. A. SMITH, De gratia: Faustus of Riez's Treatise on Grace, 1990.

Semlin → Zemun

Semnonen, germ. Stamm unter der Herrschaft von Kg.en, den →Sueben zugerechnet. Die S. siedelten zw. Mittelelbe und Oder, vermutl. v. a. im Flußgebiet von Havel und Spree; sie werden durch die sog. Mittelelbe-Havel-Gruppe in groben Umrissen archäolog. repräsentiert. S. waren den Römern seit augusteischer Zeit bekannt, namentl. seit Tiberius ihnen 5 n. Chr. an der Elbe entgegengetreten war. In den innergerm. Auseinandersetzungen der Folgezeit standen sie ursprgl. auf der Seite der ebenfalls sueb. →Markomannen unter Marbod, gingen aber 17 n. Chr. zu den Cheruskern unter Arminius über. Tacitus (Germania c. 39) bezeichnete sie um 100 n. Chr. als den ältesten und vornehmsten Stamm der Sueben und hob dessen zahlenmäßige Stärke hervor. Auf semnon. Territorium befand sich das zentrale Heiligtum aller bzw. vieler sueb. Stämme, ein hl. Hain, in welchem Menschenopfer dargebracht wurden. Die Rolle der S. als Hort des Suebentums wurde noch einmal deutl., als 179/180 n. Chr. die von den Römern an der mittleren Donau hart bedrängten →Quaden im S.-Gebiet Zuflucht suchen wollten. Danach werden die S. nur noch einmal, und zwar in der Inschrift eines 260 n. Chr. bei Augsburg errichteten röm. Siegesdenkmals genannt und dabei mit den Juthungen gleichgesetzt; unter diesem neuen, hier erstmals belegten Namen haben sich offenbar die aus dem Havelgebiet abgewanderten S. zur Offensive gegen die röm. Prov. Raetien neu formiert. Als Juthungen bleiben sie bis 430 n. Chr. in den Q. präsent und dürften danach in den →Alamannen aufgegangen sein.

H. Ament

Lit.: L. SCHMIDT, Westgermanen, II, 1940², 3–4 – E. SCHWARZ, Germ. Stammeskunde, 1955, 156–158 – R. SEYER, Zur Besiedlungsgesch. im n. Mittelelb-Havel-Gebiet um den Beginn unserer Zeitrechnung (Schr. Ur- und Frühgesch. 29, 1976) – Die Germanen. Gesch. und Kultur der germ. Stämme in Mitteleuropa, 2 Bde, 1976, 1983 – L. BAKKER, Raetien unter Postumus, Germania 71, 1993, 369–386.

Sempach, Schlacht bei (9. Juli 1386), Niederlage eines österr. Ritterheers unter Führung von Hzg. →Leopold III. (8. L.) gegen eidgenöss. Fußvolk aus der Innerschweiz. Grund für die Auseinandersetzung war die aggressive Ausburgerpolitik der Stadt →Luzern. Der unerwartete eidgenöss. Sieg gab später Anlaß zum Bericht von der Heldentat eines »getrüwen mans under den eidgenozen« (Winkelried). Der Tod des Hzg.s in der Schlacht blieb im Haus Österreich unvergessen (»dux Lupoldus per suos et in suo interfectus« wurde im Kampf gegen die Eidgenossen zur stehenden Wendung); der Aderlaß unter dem südwestdt. Adel entstabilisierte die Vorderen Lande. S. war neben den gleichzeitigen Erfolgen der Berner gegen die letzten Gf.en v. →Kiburg (1384) und dem Sieg der Glarner bei →Näfels (1388) die spektakulärste Niederlage des Adels, aber keineswegs entscheidender Durchbruch zu einer Neuordnung im Gebiet der Schweiz (vgl. auch →S.er Brief), wie später behauptet wurde.

B. Stettler

Lit.: TH. V. LIEBENAU, Die Schlacht bei S. Gedenkbuch zur fünften Säkularfeier, 1886, 99–466 [Q.] – 1386–1986–600 Jahre Stadt und Land Luzern, Jb. der Hist. Ges. Luzern 4, 1986.

Sempacher Brief, Abkommen unter den eidgenöss. Orten →Zürich, →Luzern, →Bern, →Solothurn, →Zug, →Uri, →Schwyz, →Unterwalden und →Glarus vom 10. Juli 1393 (die seit Ende des 15. Jh. geläufige Vorstellung der 'Achtörtigen' →Eidgenossenschaft ohne Solothurn war noch nicht vorhanden), entstanden im Nachgang zur Schlacht bei →Sempach. Hzg. Albrecht III., der nach dem Tod seines Bruders Leopold bei Sempach die Führung des Gesamthauses übernahm, vermochte die Spannungen mit den Eidgenossen abzubauen (Friedensschlüsse v. 1387 und 1389). 1393 war die Zürcher Führung bereit, die Tradition der Verbindungen mit Österreich wieder aufzunehmen. Auf Druck der eidgenöss. Orte und mit Unterstützung des Zürcher Fußvolks fand aber in Zürich ein Umsturz statt (sog. Schöno-Handel). Die neuen Behörden verzichteten auf das Bündnis mit Österreich und brachten die Stadt wiederum auf eidgenöss. Kurs. Als Gegenleistung mußten sich die Orte auf ein Minimum von zivilem Verhalten verpflichten, sowohl in der Kriegführung als auch bei der Eröffnung von →Fehden, für welche die Bundesgenossen zur Hilfe verpflichtet werden konnten (seit der Schlacht bei Sempach war der Kleinkrieg zur Lebensform geworden). Nach Abschluß des S. B.s war ein Friedensvertrag aller eidgenöss. Orte (wieder samt Solothurn) mit der Herrschaft Österreich möglich. Im sog. Zwanzigjährigen Frieden v. 1394 wurde Zürich als Garant für das Wohlverhalten der Inneren Orte eine entscheidende Rolle zugedacht.

B. Stettler

Lit.: B. STETTLER, Der S. B. v. 1393, SchZG 35, 1985, 1–20.

Sempringham, Kl. (Gft. Lincoln), Entstehungsort der Gilbertiner, des einzigen neuen ma. Ordens, der in England gegr. wurde. Diese waren Anhänger von Gilbert v. S. (ca. 1083–1189; hl. [Fest: 4. Febr.]), ursprgl. Priester in Lincolnshire, der um 1130 den Pfarrsprengel v. S. übernahm. Dort traf er auf eine Gruppe von Frauen, die ein abgeschiedenes Leben führen wollten. Für sie errichtete er auf Rat des Bf.s →Alexander v. Lincoln eine Kl.zelle, die der

Pfarrkirche angeschlossen war. Aus diesen Anfängen entwickelte sich allmähl. eine echte monast. Gemeinschaft, und Gilbert gliederte in der Folgezeit Gruppen von Laienbrüdern und -schwestern dem Konvent v. S. an, um das religiöse Leben der Frauen zu unterstützen. 1139 wurde ein ähnl. Haus in Haverholme, in der Nähe von Sleaford, durch Bf. Alexander gegründet, und bald wuchs die Begeisterung für ein religiöses Leben nach dem Vorbild v. S. Gilbert reiste 1148 nach →Cîteaux, wo er hoffte, die Inkorporation seiner Frauengemeinschaften in den Zisterzienserorden zu erreichen. Als dies abgelehnt wurde, kehrte er nach Lincolnshire zurück und besiedelte seine neuen Ordenshäuser mit Regularkanonikern, so daß diese zu Mitgliedern eines Doppelordens wurden. Die gilbertin. Ordenshäuser stellten deshalb eine unorthodoxe Mischung aus verschiedenen vorläufigen monast. Traditionen und Gewohnheiten dar. Als Gilbert die päpstl. Bestätigung für seinen Orden erhalten hatte, begann eine Blütezeit, v. a. in Lincolnshire. Bei Gilberts Tod gab es neun gilbertin. Doppelkl. und außerdem vier Kl. nur für männl. Kanoniker. Die Existenz eines männl. Elements in den gilbertin. Nonnenkl. war nicht völlig einzigartig, aber es sorgte offenbar für Spannungen, und nach dem 12. Jh. erfolgten die meisten neuen gilbertin. Gründungen nur für Männer. Alle Versuche, gilbertin. Ordenshäuser auch außerhalb Englands zu gründen, schlugen schließlich fehl. Die Gilbertiner wurden aber von den meisten spätma. engl. Kg.en großzügig gefördert. Bei der Aufhebung 1538–39 existierten noch 34 gilbertin. Ordenshäuser. Im St. Mary's Priorat in S. waren bei der Auslieferung an Heinrich VIII. am 18. Sept. 1538 noch 18 Kanoniker und 18 Nonnen. R. B. Dobson

Q.: R. Foreville, Un procès de canonisation à l'aube du XIIIe s.: Le Livre de Saint Gilbert de S., 1943 – Lit.: DIP IV, 1177–1182 – R. Graham, St. Gilbert of S. and the Gilbertines, 1901 – R. M. Woolley, The Gilbertine Rite, 1922 – D. Knowles, The Revolt of the Lay Brothers of S., EHR 50, 1935 – J. Burton, Monastic and Religious Orders in England, 1000–1300, 1994.

Semur-en-Auxois, Stadt in Burgund (dép. Côte-d'Or). Ein »castrum« bestand seit dem 5. Jh. Seine Kirche wurde von Kg. →Gunthram (561–592/593) an die burg. Königsabtei →St-Maurice d'Agaune übertragen und fungierte als dem hl. →Mauritius geweihtes →Priorat. Das 'castrum' trat als Sitz der Gf.en v. →Auxois an die Stelle des alten Alesia; um die Mitte des 11. Jh. fiel es an die Hzg.e v. →Burgund. Durch einen mächtigen (erhaltenen) →Donjon war es getrennt von einem Hügel ('mons'), auf dem sich eine Kirche (Notre-Dame) erhob, die von Kg. →Boso (879–887) an die Abtei →Flavigny übertragen wurde und 1154 Pfarrechte erhielt, offensichtlich als kirchl. Zentrum eines →Burgus; im 13. Jh. wurde sie neuerrichtet, während die hzgl. Kapelle St-Jean als Sitz der Kanoniker an die Stelle der Prioratskirche St-Maurice trat. Die Stadt erhielt 1241 Privilegien (*franchises*), 1276 das Recht einer →Kommune (*charte de commune*); der →Bailli v. Auxois residierte in S. Die im 14. Jh. befestigte Stadt wurde 1359 von den Engländern erobert. 1478 stand sie im burg. Erbfolgekrieg auf der Seite der Hzgn. →Maria v. Burgund und wurde von den Truppen Kg. →Ludwigs XI. eingenommen. J. Richard

Lit.: A. de Vaulabelle, Hist. générale de S., 1927.

Semur-en-Brionnais, Herrschaft im südl. →Burgund. Die Burg S. (dép. Saône-et-Loire) beherrschte die →Loiregrenze des Hzm.s Burgund. Die Herren v. S., die im 10. Jh. mit 'Freelanus de Camiliaco' (benannt nach Chamelet oder Chamilly?) hervortraten, behaupteten, von den 'Palladii' abzustammen. Sie besaßen Herrschaften in →Forez, →Beaujolais, Chalonnais (→Chalon-sur-Saône), Auxerrois (→Auxerre) sowie Nivernais (→Nevers) und unterhielten Beziehungen mit anderen großen Adelsfamilien der Region: Damas († um 1050) war Bruder des Gf.en Thibaud v. Chalon, seine Tochter Hélie mit Hzg. →Robert I. v. Burgund vermählt. Seine beiden Söhne, Geoffroy III. und →Hugo v. S., Abt v. →Cluny, gründeten das Priorat →Marcigny. Als jüngere Linien sind die Herren v. →Donzy und →Damas zu nennen.

Die Herrschaft S. unterstand unmittelbar den Hzg.en v. Burgund; 1223 erfolgte eine Grenzfestlegung mit dem Gf.en v. Forez. Helvis de Luzy, den letzte weibl. Nachkomme des Freelannus, brachte S. und Bourbon-Lancy dem Jean de Châteauvilain in die Ehe; beider Tochter heiratete 1321 Guichard, Sire de →Beaujeu. S. fiel schließlich an Guillaume de →La Trémoille, der die Seigneurie 1379 an den Hzg. v. Burgund abtrat. J. Richard

Lit.: E. Wischermann, Marcigny-sur-Loire, 1986 – J. Richard, Aux origines d'un grand lignage (Media in Francia [Fschr. K. F. Werner, 1989]) – H. de Chizelle, Le Brionnais, 1992.

Senán, hl., lebte angeblich um 540, Gründer des ir. Kl. →Inis Cathaig (Scattery Isl.) im Shannon, Schutzpatron der Königsgeschlechter der →Corco Baiscind und Uí Fidgeinte, die das Gebiet südlich der Shannonmündung beherrschten. Der in zeitgenöss. Q. kaum faßbare Heilige (er wurde in einigen Texten in anachronist. Weise gar mit dem hl. →Patrick in Verbindung gebracht) verfügt gleichwohl über eine in mehreren Versionen (auch einer metr. Rezension) überlieferte Vita. Sein Inselkl. verdankt den Namen einem vom Hl.n vertriebenen Seeungeheuer ('Cathach'); höchstwahrscheinlich weist diese Legende auf die Verdrängung einer hier verehrten heidn. Gottheit durch den Hl.n hin. Das jedoch erst 797 in den Annalen erwähnte Kl. verlor im 11.–12. Jh. seine Bedeutung und wurde der Diöz. →Killaloe inkorporiert. Der hl. S. erfreute sich einer weitverbreiteten Verehrung, die auch auf Cornwall, Bretagne und Wales ausstrahlte. Eine air. Elegie, »Amra Senáin«, feiert den Hl.n in schwerverständlicher (wohl durch bewußte Archaismen verdunkelter) Sprache.

D. Ó Cróinín

Lit.: J. F. Kenney, Sources for the Early Hist. of Ireland, 1929, 363–366 – A. Gwynn–R. N. Hadcock, Medieval Religious Houses, Ireland, 1970, 96f.

Sénanque, Abtei SOCist in der →Provence (dép. Vaucluse, Diöz. Avignon), in einem engen felsigen Tal nördl. von Gordes. Tochterkl. von Mazan, wurde S. 1148 auf Initiative des Bf.s Alfant v. Avignon gegr. und verdankte seinen Aufstieg der Förderung durch die Adelsfamilie der →Agou(l)t-Simiane. Unter der Leitung seines ersten Abtes, Peter (1140–82), bildete die Abtei Filiationen aus (Abtei Les Chambons im Vivarais, gegr. 1152). Grundbesitz und Klosterzucht erlitten in der Krisenzeit des 14. und 15. Jh. Schmälerung; als Reformabt wirkte Jean Casaletti (1475–1509), der für seine Mönche 1496 ein Kolleg an der Univ. →Avignon gründete. N. Coulet

Lit.: L'art cistercien, I (Zodiaque), 1962, 86f. – L. J. Lekai, The Cistercian College of S. in Avignon, 1496–1795 (Cîteaux, 1971), 40–47.

Senat

I. Rom – II. Byzanz.

I. Rom: Neben Volk (populus Romanus, der polit. Gemeinschaft der Bürger; →Staat) und Magistraten (denjenigen, denen das Volk mittels Wahl den Auftrag erteilt, sich um seine Belange, die res publica, zu kümmern, und dafür Handlungs- und Weisungsbefugnis, →imperium/potestas, gibt) ist der S. das dritte zentrale Element der Staatsordnung des antiken Rom. Im Kern läßt sich seine Rolle mit 'publicum consilium' erfassen, d. h. öffentl. Gremium mit Beratungsfunktion bezüglich der res publica. Polit. Erfahrung bildet demgemäß im Verein mit persönl. Integrität zumindest ideell das Kriterium für die Aufnahme in den Kreis der zunächst ca. 300, ab 81/80 v. Chr. ca. 600 Senatoren, die als gewesene Magistrate (seit 81/80 erfolgt der Eintritt automatisch nach erfolgreicher Absolvierung der 1. Magistratur) den röm. Autoren indirekt vom Volk gewählt erscheinen. Daß der S. daher als Versammlung polit. Experten, einer 'fachlichen', intellektuellen, moralischen Elite, gilt, verleiht seinen Äußerungen Autorität und bestimmt die Felder seiner Tätigkeit: So wird er in der Regel von Magistraten bei Geschäften außerhalb reiner Routine konsultiert und bedenkt deren Aktionen nach dem Maßstab des Nutzens für die Gemeinschaft mit Lob oder Tadel. Gegenüber dem Volk fällt ihm der Part zu, dessen generelle Verfügungen (Kriegserklärung, Erteilung von Befehlsgewalt, Gesetze etc.) näher auszugestalten (Festlegung der Heeresstärke, Zuweisung von Geldmitteln, Definition dringlicher Aufgaben, situationsbezogene Ausnahmen von allg. Bestimmungen, diplomat. Verkehr etc.).

Sowohl in Republik wie Kaiserzeit erfolgen Modifikationen auf der Grundlage dieser Konzepte: So vergibt der S. z. B. de iure weder das Kaisertum noch bis zum 4. Jh. die Magistraturen. Im traditionellen Bezugsrahmen bleibt es nicht bloß, daß er bei Ehrung und Verurteilung der Ks. wirkt, sondern auch, daß seine Beschlüsse zögernd als vice legis, Gesetzesersatz, akzeptiert werden.

In der Spätantike, wo nur noch der Ks. Träger eines imperium ist, entwickeln sich die getrennten Sphären von Posten des Ks.dienstes (comitatus/castra; höhere Ränge verleihen jetzt ohne Bezug zum S. ebenfalls → 'Senatorenadel') und der Senatslaufbahn (senatus/curia; Näheres: PABST, 257ff.). Einzig in letzterer haben die republikan. Ämter weiterhin einen Platz. Von ihnen bewirkt nun erst die Prätur die Aufnahme in den S., der als in Rom tagende Körperschaft (zweiter S. in Konstantinopel) letztmals 580 in antiken Q. in Erscheinung tritt. Zur Neubelebung von S. und Senator in der röm. Kommune seit dem 12. Jh. →Rom, B. A. Pabst

Lit.: JONES, LRE – J. BLEICKEN, Die Verfassung der Röm. Republik, 1975 – R. J. A. TALBERT, The Senate of Imperial Rome, 1984 [Lit.] – Q. Aurelius Symmachus, Reden, hg., übers., erl. von A. PABST, 1989.

II. BYZANZ: Entsprechend dem Beispiel Roms, jedoch ursprgl. nicht gleichrangig, von →Konstantin d. Gr. ins Leben gerufene Institution, die in zeitl. unterschiedl. Gewichtung neben dem →Kaisertum bis zum Ende des Reiches ein staatstragendes Element darstellte. Durch die Zwangsmaßnahmen Constantius' II. (361) stieg die Zahl der Mitglieder erhebl. an und erreichte im 11. Jh. mit mehreren tausend ein nicht mehr überschaubares Ausmaß. Seine Aufgaben waren jene eines Stadt- und Staatsrates mit empfehlendem Charakter, bes. in den Ks. und Staat betreffenden Rechtsangelegenheiten. In frühma.-byz. Zeit stellte der S. auch einen wesentl. Faktor bei der Wahl des Ks.s dar. Der S. setzte sich zusammen aus Hofbeamten, Führern der Palasttruppen, hohen Klerikern (doch nicht dem Patriarchen) und seit dem 11. Jh. auch Mitgliedern der Korporationen. Frauen und Nichtorthodoxe (z. B. Juden) hatten keinen Zugang. Der Vorsitzende trug seit dem 10. Jh. den Titel πρόεδρος, später πρωτοπρόεδρος. In der Palaiologenzeit beschränkte sich der S. auf bloße zeremoniale Funktionen. Der S. war mit dem Consistorium Teil der vom Ks. geleiteten feierl. Audienz, dem Silention, dem in frühbyz. Zeit in erster Linie jurist. Entscheidungen oblagen und das, freilich auf eher zeremonieller Basis, bis ins 11. Jh. Bestand hatte.

P. Schreiner

Lit.: Oxford Dict. of Byzantium, 1991, 1868f., 1896 – A. CHRISTOPHILOPOULOU, Ἡ σύγκλητος εἰς τὸ Βυζαντινὸν κράτος, Ἐπετηρίς τοῦ Κέντρου Ἐρευνῆς τῆς Ἱστορίας τοῦ Ἑλληνικοῦ δικαίου 2, 1949, 1–151 – DIES., Silention, BZ 44, 1951, 79–85 – H.-G. BECK, S. und Volk von Konstantinopel, 1966 – G. DAGRON, Naissance d'une Capitale, 1974, 119–210.

Senatorenadel. Während in der röm. Republik allein Personen mit Sitz im → Senat als Senatoren gelten, werden seit der frühen Ks.zeit auch deren Söhne und Enkel als Bürger senatorischen, d. h. höchsten Ranges erachtet und dem ordo senatorius zugerechnet (zudem: Mindestvermögen von 1 Million Sesterzen). Nicht mehr identisch, bleiben Senat und Senatorenstand doch bis zum 4. Jh. aufeinander bezogen: So muß der Anspruch auf Senatorenstatus spätestens in der 3. Generation durch Mitgliedschaft im Senat erneuert werden. Daß nur noch Angehörige des ordo s., in den der Ks. Nichtsenatoren erheben kann, für die Magistraturen kandidieren dürfen, formalisiert die in der Republik geübte Praxis, polit. Leistungen der Vorfahren als Empfehlung für einen Bewerber geltend zu machen (Glaube an Vererbbarkeit von Eigenschaften). Sind anfangs einzig Senatoren in Spitzenstellungen von Heer, 'Verwaltung' und Politik denkbar, so führen v. a. Strukturveränderungen im 3. Jh. zu einer wachsenden Bedeutung bislang inferiorer nichtsenator. Posten, ohne daß damit eine Revision der gesellschaftl. Hierarchie einherginge. Die daraus resultierenden Spannungen löst das 4. Jh. durch soziale Aufwertung solcher Funktionen. Durch deren Bekleidung kann jetzt zugleich ohne Bezug zum Senat Mitgliedschaft im ordo s. (spätantik: Clarissimat; interne Ränge: clarissimi – spectabiles – illustres) erworben werden. Anders als im Ostgotenstaat Italiens, der ein stärkeres Fortleben antiker Traditionen kennt, nähert sich der Senatorenstand der übrigen Germanenreiche einem roman. »Erbadel« an. Zur Bedeutung des S.s für das entstehende Frankenreich und seinen Adel → Adel, A. II; → Frankreich, B. I, 2b. A. Pabst

Lit.: K. F. STROHEKER, Der senator. Adel im spätantiken Gallien, 1948 [Nachdr. 1970] – M. HEINZELMANN, Bf.sherrschaft in Gallien, 1976 – J. MARTIN, Spätantike und Völkerwanderung, 1987 – W. DAHLHEIM, Gesch. der Röm. Ks.zeit, 1989² – K. F. WERNER, Die Ursprünge Frankreichs bis zum Jahr 1000, 1989, bes. 249–252.

Senchas, in der Lit. des alten →Irland Bezeichnung für Kompilationen, in denen hist., topograph., rechtl. und mytholog. Überlieferungen verschmolzen sind; im Hibernolat. wird diese Gattung als 'peritia' bezeichnet. Die S., die sowohl authent. hist. Sachverhalte wie ätiolog. Aussagen zur ir. Stammesgesch. (Genealogien, Sagen zur etymolog. Erklärung von Ortsnamen, lit. Sagen) enthalten, sind zu einem einzigartigen Geflecht von schriftl. und oralen Traditionen verwoben und wollen die lebendigen polit. Traditionen von Stämmen und Bevölkerungsgruppen der hist. Periode (d. h. des MA) mit den pseudohist., schemat. Überlieferungen älterer, vorgeschichtl. Zeiten in Einklang bringen. Dieses Bestreben führte im Laufe der Zeit zu Umdeutungen von Überlieferungen, welche die wechselnden Bündnisse und dynast. Verbindungen der jeweils herrschenden Familienverbände widerspiegelten. Die S., die sich vielleicht in manchen Zügen an biblisch-alttestamentl. Vorbildern orientierten, gewannen frühzeitig Eigenleben und bildeten ein weitgespanntes Netz miteinander verknüpfter Sagen und pseudohist. Überlieferungen aus, von denen manche wohl genuine hist. Sachverhalte wiedergeben, ohne daß sich aber originaler Mythos von späterer Zutat immer klar unterscheiden ließe. Ein beträchtl. Teil des in den S. verarbeiteten Materials (etwa die Ortsnamenüberlieferung, →Dinnshenchas) trägt ohne Zweifel fiktive Züge; dessenungeachtet bieten die S. wertvollen Einblick in Denken, Glauben und Vorstellungswelt des ir. MA. D. Ó Cróinín

Lit.: F. J. Byrne, S.: the Nature of Gaelic Hist. Tradition (Hist. Studies 9, 1974, hg. J. Barry), 137–159.

Senchas Már ('Großes Altertum' bzw. 'Großes altes Wissen'), zeitgenöss. Bezeichnung einer umfangreichen ir. Rechtssammlung (→Ir. Recht), die wohl in der 1. Hälfte des 8. Jh. kompiliert wurde. Von den im S. vereinigten Rechtstraktaten sind einige mit Sicherheit (große Teile mit hoher Wahrscheinlichkeit) vor Anlage der Sammlung verfaßt worden. Die Rechtstexte sind in ir. Sprache abgefaßt und heben sich dadurch deutl. von der ebenfalls im frühen 8. Jh. kompilierten lat. »Collectio Canonum →Hibernensis« ab. Der Vorschlag, daß S. bewußt als Reaktion auf die Hibernensis geschaffen wurde, ist ansprechend. Obwohl S. sich verschiedentl. auf die Autorität des hl. →Patrick, des Apostels der Iren, sowie auf das →Naturrecht beruft, wurde die Sammlung doch als genuiner Ausdruck der althergebrachten einheim. Rechtstradition (und somit als Gegenpol zum kanon. Recht der Kirche) aufgefaßt; darauf weist auch der volle Titel hin: »die Große Überlieferung der Männer von Irland«. Die einzelnen Traktate der Sammlung haben ebenfalls eigene Titel; eine klare themat. Abfolge der Rechtsgegenstände ist freil. nicht erkennbar. Etwa die Hälfte der Sammlung ist mehr oder weniger vollständig erhalten, der Rest nur in Auszügen; die Traktate waren in drei 'Drittel' gegliedert, die Reihenfolge der Texte innerhalb dieser Drittel ist weitgehend bekannt. Doch folgen auch die 'Drittel' nicht einer erkennbaren inhaltl. Ordnung. T. M. Charles-Edwards

Ed. und Lit.: R. Thurneysen, Aus dem ir. Recht, IV: Ancient Laws of Ireland und S. M., Zs. für celt. Philologie 16, 1927, 167–187; V: Zum ursprgl. Umfang des S. M., ebd. 18, 1930, 356–364 – D. A. Binchy, The linguistic and hist. Significance of the Irish law tracts, PBA 29, 1943, 195–227 – Ders., Corpus Iuris Hibernici, 1979 – F. Kelly, A Guide to Early Irish Law, 1988.

Send, -gericht (synodus [parochialis], iudicium synodale), eine Institution, die eine Sonderform kirchl. →Gerichtsbarkeit vom 9.–16. Jh. – vereinzelt noch wesentl. länger – darstellte. Die S.gerichtsbarkeit hat eine Vielfalt zeitl. und örtl. verschiedener Ausprägungen erfahren, die kaum einheitl. allgemeingültige Feststellungen zulassen. Wohl schon vor 800 aus den bfl. →Visitationen der karol. Reform entstanden, entwickelte sich dieses »Sittengericht« zu einem die christl. Formung der Bevölkerung fördernden und v. a. die kirchl. Disziplin überwachenden Gericht, mit dem der Bf. bzw. später ein von diesem delegierter Richter (Archidiakon, Archipresbyter, Landdekan) als S.herr (in der Regel jährl.) von Pfarrei zu Pfarrei zog. S.gerichtsorte wurden die größere Sprengel umfassenden alten →Tauf- bzw. Mutterkirchen (S.kirchen), aus denen sich vielfach Märkte entwickelten. Ursprgl. für alle S.pflichtigen gemeinsam, wurde bis zum 11. Jh. die Trennung des S.gerichts nach Klerikern und Laien durchgeführt. Nach – regional unterschiedl. – Erstarken der Archidiakone (archidiakonaler [S.-]Bann) gelang es zunächst dem Klerus, dann auch den adligen bzw. höheren Ständen, sich vom archidiakonalen S.gericht zu befreien und nur dem Bf. zu unterstehen (homines synodales).

Im S.gericht konnte über alle Arten von Streitfällen (z. B. eherechtl.) entschieden werden, bes. aber wurde die kirchl. Strafgerichtsbarkeit über die Pfarrbevölkerung ausgeübt; dabei brachten eidl. zur Anklage verpflichtete, gut beleumundete Pfarrangehörige, die sog. S.zeugen oder S.geschworenen (testes, iurati synodales), die Vergehen dem S.gericht zur Kenntnis. Einen Einblick in das Vorgehen des S.gerichts und in die zu verfolgenden Verstöße bietet das um 906 entstandene S.handbuch des →Regino v. Prüm, wohl beeinflußt durch die →Kapitularien des →Hinkmar v. Reims; auch anonyme S.ordnungen, in Hss. häufiger zusammen mit →Bußbüchern überliefert, sind bekannt. Als Beweismittel diente zunächst weithin →Eid bzw. (meist bei Unfreien) →Gottesurteil. Neuerdings wird verstärkt auf die (schon in älteren Unters.en festgestellte) Bedeutung der Bußbücher für die gesamte kirchl. Strafgerichtsbarkeit, nicht nur für die Privatbuße, hingewiesen (z. B. Kerff); sie haben insbes. auch als Maßstab der Strafzumessung des S.gerichts bei der »paenitentia publica« für notor. Vergehen gedient. Die Strafen als Voraussetzung zur Rekonziliation bestanden in Bußwerken verschiedenster Art; oft wurden sie in Geldstrafen umgewandelt (→Redemption). Diese Bußzahlungen fielen dem S.richter zu und konnten neben den sonstigen mit dem S.gericht verbundenen Abgaben (synodalia, S.schilling, S.hafer, u.ä.) beträchtl. Einkünfte bedeuten; die S.gerichtsbarkeit war zu einem durch »Geldgier« (Koeniger) gekennzeichneten »Beneficium« geworden. Durch weitere v. a. in späteren Jahrhunderten verstärkt auftretende Mißstände fand die Einrichtung des S.gerichts heftigen Widerstand, u. a. in den →Gravamina nationis germanicae. H. Zapp

Lit.: LThK IX, 465–468 [A. M. Koeniger] – HRG IV, 1630f. – Feine 216ff. – Plöchl I, 412ff. – K. Kroeschell, Dt. Rechtsgesch. I, 1992[10], 125ff., 186f.; II, 1989[7], 136f. – A. M. Koeniger, Die S.gerichte in Dtl., 1907 – Ders., Q. zur Gesch. der S.gerichte in Dtl., 1910 – W. Hellinger, Die Pfarrvisitationen nach Regino v. Prüm, ZRGKanAbt 48, 1962, 1–116; 49, 1963, 76–137 – H. Lepper, Reichsstadt und Kirche. Die Auseinandersetzungen um die Verfassung des Aachener S.gerichts..., ZRGKanAbt 66, 1980, 371–392 [Lit.] – D. Lambrecht, De parochiale Synode in het oude bisdom Doornik..., 1984 – F. Kerff, Libri paenitent. und kirchl. Strafgerichtsbarkeit bis zum Decretum Gratiani, ZRGKanAbt 75, 1989, 23–57, bes. 42ff. [Lit.] – Ders.–J. Weitzel, Kontroverse zur Urteilsfindung im S.gericht, Rechtshist. Journal 8, 1989, 397–407 bzw. 407–413.

Sendeve (nhd. Sendegut). Das Wort begegnet erstmals in einer Fassung der Novgoroder →Schra von ca. 1297 und dient zur Identifizierung eines der wichtigsten Handelsvertragstypen der spätma. →Hanse. Unter S. versteht man Geld oder Waren (von der Wortbedeutung her ursprgl. *vê* = Vieh), die ein Kaufmann (A) einem anderen (B) auf dessen Handelsfahrt mitgab oder an dessen Wohnsitz sandte und den B dann auf Rechnung des A Handel trieb. Das S. blieb dabei im Eigentum des A, was etwa für die Zollpflicht oder den Zugriff der Gläubiger des B relevant war. Die Gegenleistung für B konnte in einer fixen Entlohnung oder in der Zuweisung eines Gewinnanteils liegen, doch häufig wurde B's Tätigkeit nicht unmittelbar vergütet. Vielmehr fand B, nicht selten ein Knecht oder jüngerer Partner des A, seinen Vorteil darin, Erfahrungen auf fremde Kosten sammeln zu können und sich für gleichzeitig abgeschlossene oder für später erhoffte Gesellschaftsverträge zu qualifizieren. Eine andere häufige Konstellation war eine Serie von S.geschäften auf Gegenseitigkeit, bei der B kostenlos für A tätig wurde, weil A ihm bei Sendungen in die Gegenrichtung entsprechende Dienste leistete.

Der Erfolg des S.geschäfts erklärt sich aus seiner einfachen Struktur, die sowohl der unterentwickelten hans. Buchführungstechnik als auch dem linear entlang der O-W-Achse verlaufenden hans. Handel in besonderer Weise entgegenkam. So hat das S.geschäft in der Handelstechnik der spätma. Hanse eine zentrale Rolle gespielt, nach manchen Ansichten sogar den Alltag des hans. Handels im 15. Jh. ganz überwiegend geprägt. Pauschale Gleichsetzungen des S.geschäfts mit dem Kommissionsgeschäft des heutigen Rechts oder mit der *commenda* des ma. it. Rechts (→Kommission), bei der der Reisende (tractator) vom Daheimgebliebenen (socius stans) für seine Tätigkeit mit einem Viertel des Gewinns (quartum proficui) entlohnt wurde, werden den geschilderten Besonderheiten des S.geschäfts nicht gerecht. A. Cordes

Lit.: W. SCHMIDT-RIMPLER, Gesch. des Kommissionsgeschäfts in Dtl., I, 1915, 168–222 – G. MICKWITZ, Aus Revaler Handelsbüchern, 1938, 122–143 – W. EBEL, Lüb. Kaufmannsrecht, o. J. (1951), 83–85 – →Schra.

Sendgraf → Missus

Sendschreiben. Mit S. bezeichnet man im engeren Sinn Staatsbriefe, die v. a. die it. Humanisten in offiziellem Auftrag für die weltl. und geistl. Institutionen, denen sie als Notare, Sekretäre oder Kanzler dienten, verfaßten. Sie sind kaum erforscht, denn die großen Briefeditionen umfassen im allg. nur die lat. Privatbriefe. Diese stellen zwar ursprgl. häufig auch eine Verbindung von humanae litterae und res publica her, verlieren aber bei der Überarbeitung für die Publikation meist ihren prakt.-polit. Ausgangspunkt und werden zum literar. Schaustück. Da aber fast alle Humanisten ein öffentl. Amt ausübten – in Florenz dienten z. B. nacheinander Coluccio →Salutati, Leonardo →Bruni, Carlo →Marsuppini und schließlich →Poggio Bracciolini als Staatskanzler –, müßten zunächst einmal die einschlägigen Archivmaterialien gesichtet werden, um spezif. Unters.en zu Form, Inhalt, Adressaten, Modellen, Sprache usw. dieser öffentl. Briefe in Angriff nehmen zu können. Diese Sichtung könnte zielgerichtet erfolgen, da im 13. Jh. die it. Kommunen beginnen, Amtsbücher (registri) über ihre ein- und ausgehende Korrespondenz anzulegen. Auch das Vatikan. Archiv kennt entsprechende Register. Es ist im allg. von einem kontinuierl. Übergang von der ma. zur humanist. Briefkunst auszugehen, soweit die Briefe lat. sind; die nicht ganz so zahlreichen Briefe in Volgare, die vielfach inhaltsleere Empfehlungsschreiben darstellen, lehnen sich an die lat. Muster an. Der individuelle Anteil der Humanisten an den einzelnen Briefen dürfte im Einzelfall nur schwer zu klären sein, zumal oft mehrere Sekretäre an der Abfassung beteiligt waren. F. R. Hausmann

Lit.: P. HERDE, Politik und Rhetorik in Florenz am Vorabend der Renaissance. Die ideolog. Rechtfertigung der Florentiner Außenpolitik durch Coluccio Salutati, AK 47, H. 2, 1965, 141–220 – F. R. HAUSMANN, Die Briefslg. des Kard.s Giacomo Ammannati und ihre Bedeutung für die humanist. Brieflit. des Quattrocento, Humanistica Lovaniensia 20, 1971, 23–26 – H. LANGKABEL, Die Staatsbriefe Coluccio Salutatis, 1981.

Seneca (Mittelalter und Humanismus)
I. Überlieferung und Fortleben – II. Wirkungsgeschichte in der Philosophie.

I. ÜBERLIEFERUNG UND FORTLEBEN: Der jüngere S., im Unterschied zu seinem Vater (rhetor) der Tragiker (tragicus) und Moralist (philosophus) ist nicht noch spätantik überliefert. Die frühe krit. Distanz durch Sueton, Caligula 53 und Quintilian X 1/125 ff., die bemerkenswerte Vielseitigkeit des Œuvre und ein unerhörter Stilwille, dessen er sich bewußt war (diversi sibi conscius generis) bewirkten wohl eine auch zeitl. unterschiedl. Wirkung im MA und der frühen NZ als philos. Schriftsteller, Tragödiendichter und heidn. Märtyrer, den sein Zögling Ks. Nero 65 n. Chr. in den Selbstmord getrieben hat.

Die menippeische Satire Apocolocyntosis = Verkürbissung des Ks. Claudius (de morte Claudii, eine apotheosis per saturam) hat als lit. Kabinettstückchen trotz einiger Spuren keine Rolle in der Formgesch. des Prosimetrum gespielt, die 7 Bücher der Naturales quaestiones erst im Frankreich des 12. Jh.; anders die (10 und 2) philos. Abh., Traktate, fast Predigten (dialogi), deren Titel allein: von Trost (consolatio), Glücklichem Leben (beata vita), Seelenfrieden (tranquillitas animi), Kürze des Lebens (brevitas vitae), Milde (clementia), Wohltaten (beneficia) u. ä. die Mönchs- und Kirchenväterlit., wo sie anthropolog. interessiert war, aufgenommen hat (→Augustinus, →Boethius). Ebenso wurden die 124 Epistolae morales an Lucilius (in 20 B.) mit der Lebensmaxime der Affektlosigkeit, die vor Todesfurcht gefeit ist und selbst die Möglichkeit des Freitodes sieht, rezipiert; die nz. Essayistik seit Montaigne begreift in S. ihr lat. Muster. S. wurde exzerpiert und sprichwörtl. (Proverbia S.ae) und in die Volkssprachen übersetzt (ins Frühneuhochdt. nach 1450). Die Wirkung seiner Lebensphilosophie (vgl. Abschnitt II) reicht bis in die Gegenwart. Die bemerkte Zeitgenossenschaft zum Apostel Paulus, beider gewaltsames Lebensende, zeitigte einen kleinen Austausch von 14 Billetts (um 375), simpel, doch von hoher Signifikanz; Hieronymus nimmt S. als einzigen heidn. Römer in seinen christl. Schriftstellerkatalog auf (De viris illustribus 12).

Die 10 Lese-Dramen (tragoediae) nach griech. Mythen (einzig 'Octavia' als fabula praetexta an röm. Sujet) machen als hochpathet., rhetor. Deklamationen eine späte, aber enorme Karriere; die Renaissance des S. tragicus setzt um 1300 im frühhumanist. Circle von Padua ein (→Lovato, →Mussato). A. Mussato schreibt 1314 in tyrannos seine 'Eccerinis' (hg. J. R. BERRIGAN, 1975); bald kommentiert der engl. Dominikaner Nicholas →Trevet († 1328) mehrere Stücke (Thyestes, hg. E. FRANCESCHINI, 1938; Hercules furens, hg. V. USSANI jr., 1959; Agamemnon, hg. P. MELONI, 1961; Hercules Oetaeus, hg. P. MELONI, 1962; Troades, hg. M. PALMA, 1977). Das europ. Theater des 16. und 17. Jh. wird im Zeichen der hohen Dramatik der Tragödien S.s stehen, deren düstere Anthropologie und Fatalismus einem modernen Zeitgeist mit calvinist. Vorsehungsglauben und Tragödien von Dynastien und dem Drama der sklav.-autonomen Einzelseele entsprechen mochten. (Marlowe und Shakespeare in England, die 'Tenne Tragedies' engl. durch Thomas Newton 1581; Corneille in Frankreich, Calderón in Spanien, Opitz, Gryphius und Lohenstein in Dtl.). Scaliger hatte in seiner Poetik VI 6 (1561) Würde, Tonfall und Geist der »griech.« Dramen gerühmt und empfohlen (maiestas carminis, sonus, spiritus ipsius), Shakespeares Votum (S. cannot be too heavy, Hamlet II 2) hatte Gewicht und läßt noch Lessing 1754 die röm. Griechen-Dramen produktiv rezipieren. R. Düchting

Ed. und Lit.: Epistolae S.ae ad Paulum et Pauli ad S.m, hg. C. W. BARLOW, 1938 – G. BRUGNOLI, La tradizione manoscritta di S. tragico alla luce delle testimonianze medioevali, 1957 – Gesch. der Textüberlieferung 1, 1961 – E. RUHE, Les Proverbes Seneke le philosophe, 1970 – W. TRILLITZSCH, S. im lit. Urteil der Antike. Darstellung und Slg. der Zeugnisse 1. 2, 1971 – W. BARNER, Produktive Rezeption. Lessing und die Tragödien S.s, 1973 – Dt. Antikerezeption 1450–1550, hg. F. J. WORSTBROCK, 1, 1976 – Der Einfluß S.s auf das europ. Drama, hg. E. LEFÈVRE, 1978 [bes. P. L. SCHMIDT] – W. TRILLITZSCH, S. tragicus. Nachleben und Beurteilung im lat. MA von der Spätantike bis zum Renaissancehumanismus, Philologus 122, 1978, 120–136 – Texts and Transmission, hg. L. D. REYNOLDS, 1983, bes. 357ff. – G. BRADEN, Renaissance Tragedy and the S.n Tradition, 1985 – H. A. GÄRTNER, Kat. Bibliotheca Palatina, 1986, 449 ff. [rund um GRUTERS S.-Ausgabe] – D. F. SUTTON, S. on the Stage, 1986 – R. S. MIOLA, Shakespeare and Classical Tragedy, 1992 – S. VOGT, S.s Helden sind modern, Lit. in Bayern 35, 1994, 52–56.

II. Wirkungsgeschichte in der Philosophie: Das MA, das nicht S. d. Ä. (Rhetor) von S. d. J. (Philosophus) trennte, übernahm die positive Einschätzung von Leben und Gedankengut S.s bei den Kirchenvätern (Tert., De an. 20, 1: S. saepe noster), insbes. auch, weil Hieronymus, De vir. ill. 12, sich an den S.s Charakter und Lebensweise positiv beurteilenden antiken Überlieferungsstrang hielt, den apokryphen Briefwechsel zw. S. und Paulus für echt hielt und so S. zum Christenfreund erklärte. S.s wirkungsgesch. Domäne war die Moralistik. Er galt dem 12. Jh. als 'der größte Begründer der Sittlichkeit unter den Philosophen' (Abaelard, Epist. 8 MPL 178, 297B). Zuspruch fanden insbes. seine 'Epistulae morales' und die im Stil der kyn.-stoischen Diatribe gehaltenen, wohl erst 1246 von Roger Bacon wiederentdeckten 'dialogi'. In ihnen präsentierte S. mit stimulierender, psychagog. abgezielter Rhetorik die Lehre der Stoa als therapeut. Anweisung zur asket. Selbstherrschaft des von Schicksal und Tod unanfechtbaren, der Muße ergebenen, sittl. gebildeten Geistes. Johannes Buridan, In Eth. X, 4, ed. 1513, 209ra–211vb, setzte sich breit mit S.s Tugendlehre auseinander. S.s Einfluß erstreckte sich gleichfalls auf die Fürstenspiegel- und Konsolationslit. Die theol.-spirituelle Rezeption fand einen Höhepunkt in Wilhelms v. St-Thierry Epistola ad fratres de monte Dei. S.s Doxographie der (mittel-)platon. Ideenlehre (ep. mor. 58), die schon im 12. Jh. beachtet war (Nothdurft, 182–191), hat – wohl durch Heinrich v. Gent, Qdl. VII, 2; IX, 2, initiiert – auch die hoch- und spätscholast. Diskussion belebt. M. Laarmann

Lit.: DSAM XIV, 570–598 – Verf.-Lex² VIII, 1078–1080, 1080–1099 [Edd.; Lit.] – K.-D. Nothdurft, Stud. zum Einfluß S.s auf die Philos. und Theol. des 12. Jh., STGMA 7, 1963 [dazu M. Spanneut, RTh 31, 1964, 32–42] – E. Rivera de Ventosa, Helmantica 16, 1965, 385–398 [Bonaventura] – J. Walsh, JHI 27, 1966, 23–40 [Johannes Buridan] – K.-A. Blüher, S. in Spanien, 1969 [13.–17. Jh.] – R. Ryan, Citeaux 25, 1974, 24–32 [Wilhelm v. St-Thierry] – W. Hübener (Fschr. O. v. Simson, hg. L. Grisebach-K. Renger, 1977), 27–52 [hoch- und spätscholast. Ideenlehre] – M. Spanneut, Permanence de Sénèque le Philosophe, Bull. de l'Assoc. Budé 39, 1980, 361–404 – G. Verbeke, The Presence of Stoicism in Medieval Thought, 1983 – A Hist. of Twelfth-Cent. Western Philos., hg. P. Dronke, 1988 [Register, s.v.].

Seneschall

I. Allgemeine Definition – II. Frankenreich – III. Westeuropa/Frankreich.

I. Allgemeine Definition: S. (mlat. senescalcus, frz. sénéchal), urspgl. hoher Amtsträger am frk. Hof des FrühMA (→Hofämter, →Frankenreich), in den westeurop. Monarchien (→Angevin. Reich, [südl.] →Frankreich, Staaten der →Anjou) und feudalen Fsm.ern des Hoch- und SpätMA oberster Repräsentant der kgl./fsl. Gewalt, in einem größeren territorialen Amtsbezirk verwaltete (sénéchaussée). Der S. in seinen weitreichenden Amtsbefugnissen entsprach dem →Bailli in der frz. →Krondomäne (Nordfrankreich). U. Mattejiet

II. Frankenreich: S. bedeutet urspgl. 'Altknecht'. Der Inhaber dieses Hofamtes war für die allg. Hofverwaltung, die Planung der Versorgung und die Aufsicht über das Personal zuständig. Schon in der Merowingerzeit tritt der S. am frk. Kg.shof in Erscheinung, wo er v.a. die Aufsicht über das gesamte Gesinde ausübte. Der Begriff maior domus scheint urspgl. nur eine andere Bezeichnung für S. gewesen zu sein; bald traten aber →Hausmeier und S. nebeneinander am Merowingerhof auf, auch änderte sich ihre jeweilige Aufgabenstellung. Die Position des Hausmeiers erlangte dabei allmähl. eine immer größere Bedeutung.

Eine wichtige Stellung nahm der S. dann am Hof Karls d. Gr. und seiner Nachfolger ein. Über die Position des S.s und allg. über das Hofämtersystem am karol. Kg.shof sind wir durch die Schrift → Hinkmars v. Reims »De ordine palatii« unterrichtet. Hinkmar verfaßte diesen Traktat in der Zeit um 882 als Ebf. v. Reims und stützte sich dabei auf eine ältere Abhandlung, die Abt→ Adalhard v. Corbie über den Hof Karls d. Gr. geschrieben hatte. Zu denjenigen weltl. ministri, in deren Händen die Hauptverantwortung für eine geordnete Hofverwaltung liegt, gehört demnach der S. Dieser ist für die allg. Hofverwaltung, die Aufsicht über das Dienstpersonal und die Versorgung der Tafel mit ausreichend Lebensmitteln verantwortl. Zusammen mit dem Quartiermeister hat er sich darum zu kümmern, daß die jeweiligen Aufenthaltsorte des Hofes mit genügend Vorräten ausgestattet sind und die dafür zuständigen Leute und Gutsverwalter rechtzeitig von der Ankunft des Kg.s Nachricht erhalten. In diesem Kontext ist auch der Hinweis des →Capitulare de villis zu verstehen, daß der S. die Administration der Krongüter beaufsichtigen soll und den Gutsverwaltern sogar Weisungen erteilen kann. Als regiae mensae praepositus ist der S. nach →Einhard für die Versorgung der kgl. Tafel zuständig.

Die Bezeichnung S. wird in nachkarol. Zeit in vielen Herrschaftsbereichen, so v.a. im dt. Reich, durch den Begriff des Truchsessen bzw. dapifer abgelöst, womit die Pflichten dieses Hofbeamten bei der Tafelbedienung in den Vordergrund rücken. In Westeuropa, bes. in Frankreich und England, behauptete sich aber die Bezeichnung S. Am Hof der Gf.en v. →Hennegau gehörte z.B. das Amt des S.s gemäß dem Hennegauer Hofämterverzeichnis (ca. 1210) zu den wichtigsten Hofämtern und befand sich in der Hand eines bedeutenden Vasallen. Als Inhaber des wichtigsten Hofamtes erlangte der S. im hochma. Frankreich eine hervorragende Stellung am Kg.shof (vgl. Abschnitt III). W. Rösener

Lit.: HRG IV, 1631f. – P. Schubert, Die Reichshofämter und ihre Inhaber bis zur Wende des 12. Jh., MIÖG 34, 1913, 427–501 – I. Latzke, Hofamt, Erzamt und Erbamt im ma. dt. Reich [Diss. Frankfurt a.M. 1970] – H. Mitteis, Der Staat des hohen MA, 1974⁹, 205, 286ff. – J. Fleckenstein, Die Struktur des Hofes Karls d. Gr. im Spiegel von Hinkmars »De ordine palatii«, Zs. des Aachener Gesch.svereins 83, 1976, 5–22 – W. Rösener, Hofämter an ma. Fs.enhöfen, DA 45, 1989, 485–550.

III. Westeuropa/Frankreich: [1] West- und Südwestfrankreich: a) Anjou und Maine: Im 12. Jh. verwaltete der S. v. Anjou als Großer Amtsträger (grand officier) des Gf.en v. →Angers das Land Anjou, im Auftrag und durch Delegation des Gf.en. Dieses hochrangige S.-Amt darf nicht mit den lokalen S.-Ämtern, wie sie seit ca. 1130 in der Gft. Anjou begegnen, verwechselt werden: Die in Burgorten wie →Tours, →Chinon, Baugé, Château-Gonthier oder Brissac amtierenden S.e hatten lediglich diese Burgen in ihrer Obhut (→Kastellanei).

b) Aquitanien: Ein S., grand officier mit weitreichenden Amtsbefugnissen, stand ebenfalls an der Spitze der Verwaltung des Hzm.s →Aquitanien, das 1152 durch Heirat an das Haus Plantagenêt gefallen war. Heinrich II. Plantagenêt setzte im Zuge seiner Neuordnung der Verwaltung des Hzm.s eine Reihe von S.en (als den →Prévôts übergeordnete Amtsträger) ein. Belegt sind zw. 1156 und 1169 etwa der S. v. →Poitou und der S. v. →Saintonge. 1174 vertraute Heinrich II. das Hzm. sechs S.en an (nur der Amtsbezirk des S.s v. Poitou ist näher bekannt); sie hatten eine zentralisierte Erhebung und Verwaltung der hzgl. Domanialeinkünfte und der Abgaben durchzuführen, übten eine Obergerichtsbarkeit aus, boten den Heerbann auf und überwachten die Vasallen. Nachdem sich Heinrich II. mit seinem revoltierenden Sohn Richard 'Löwenherz' ausgesöhnt hatte, hob er diese Einteilung des Hzm.s in sechs Seneschallate wieder auf und unterstellte das gesamte Land erneut einem Groß-S.

Gleichwohl verfügte der S. v. Gascogne in den Perioden, in denen der Kg.-Hzg. im Lande residierte, längst nicht über eine so große Machtfülle, wie sie etwa der S. v. Anjou besaß. Seit ca. 1180 amtierten zwei S.e im Lande: der eine für den nördl. Teil (Poitou), der andere für den südl. Bereich (→Gascogne, →Périgord). Waren diese beiden Seneschallate in einer Hand vereinigt, so führte der betreffende S. den Titel eines S.s v. Poitou und Gascogne, wodurch ausgedrückt wurde, daß es sich um zwei getrennte Ämter handelte. Im 13. Jh. wurde die (durch das Vordringen der Kapetinger) verkleinerte Gascogne als Außenbesitzung des Kgr.es England weiterhin vom S. v. Gascogne verwaltet. Dieser war in seiner Amtsführung (administrative, gerichtl. und militär. Kompetenzen) allein seinem Herrn, dem Kg.-Hzg., verantwortlich.

c) *Gft. Toulouse:* Der S. tritt in der Gft. →Toulouse der Raimundiner nicht vor 1210 auf. Die S.e hatten ähnl. Befugnisse wie die Baillis des frz. Kg.s Philipp II. Augustus. Der im Zuge der sog. Albigenserkriege zum Gf.en und kgl.-frz. Statthalter erhobene Simon v. →Montfort setzte S.e für Toulouse, →Agen, Rouergue (→Rodez), →Carcassonne und →Beaucaire ein. Unter dem Kapetinger→Alfons v. Poitiers nahm der S. v. Toulouse den Titel 'S. v. Toulouse und Albigeois' an, wohingegen der S. v. Agen sich als 'S. v. Agen und Quercy' intitulierte. Da Alfons v. Poitiers selten in der Gft. Toulouse residierte, hatten die S.e die Regierung und Verwaltung der Länder des Gf.en v. Toulouse inne, mit »plein pouvoir« in militär., jurist. und finanziellen Angelegenheiten.

[2] *Königreich Frankreich:* Der S. übte in seiner Sénéchaussée administrative und jurisdiktionelle Befugnisse aus, die denen des Bailli im Bailliage entsprachen. Doch unterschieden sich die Ursprünge des S.-Amtes von denen des Bailli. Hatte der Kg. v. Frankreich in seiner Krondomäne von sich aus Baillis eingesetzt, so übernahm er das Amt des S. in denjenigen (west- und südwestfrz.) Territorien, die seit dem 12. und 13. Jh. an den Kg. v. Frankreich gefallen bzw. von ihm erobert worden waren, so in den Fsm.ern →Normandie, →Maine, Anjou (→Angers), →Ponthieu, →Poitou, →Saintonge, Limousin (→Limoges), →Quercy, →Périgord, Rouergue, Toulousain (→Toulouse), in den Sénéchausséen des Languedoc (→Béziers und Carcassonne, Beaucaire und →Nîmes). In diesen Territorien hatten die früheren Oberherren ihre Verwaltung durch S.e ausgeübt. Zwar setzten die→Kapetinger in Normandie, Maine und Anjou, ebenso in der →Auvergne Baillis ein, in den anderen Territorien behielten sie aber den S. bei, waren dieses Amt und seine Verfassungsstruktur in den genannten Gebieten doch wohlorganisiert und tiefverwurzelt, so daß eine Wahrung der Kontinuität nahelag.

Unter dem Aspekt der Gerichtsbarkeit war der S. der oberste Richter in seiner Sénéchaussée. Er überwachte die Prévôts und richtete (gleichsam als Appellationsinstanz) über Beschwerden, die gegen Richtersprüche und Maßnahmen der Prévôté erhoben wurden. Seine gerichtl. Funktionen gingen seit dem 14. Jh. de facto zunehmend an seine Stellvertreter und Helfer über, insbes. an den *juge-mage* (iudex maior) und den →*lieutenant*. Auf dem Gebiet der Finanz- und Fiskalverwaltung nahm der S. die außerordentl. Einkünfte und Abgaben ein (Gerichtsgefälle, Lehnsmutung, Ablösesummen für den Rückkauf von *gîtes* [→*gistum*], Regalienrechten, Judensteuern und -abgaben, Forsteinnahmen usw.) und trug außerdem die Verantwortung für die von den Prévôts einzutreibenden →Steuern. Auf der Seite der Ausgaben hatte der S. für *fiefs et aumônes* ('feoda et elemosina'), öffentl. Arbeiten (*œuvres*, 'opera') und Bestallung der Beamten ('liberationes') zu sorgen. Im 14. und 15. Jh. wurden die vom S. zu leistenden Zahlungen vielfältiger und stiegen empfindl. an (Aufwendungen für Justiz, Reise, Besteuerungen, kgl. Geschenke und Gunsterweise usw.). Als Untergebene des S.s fungierten im 14. Jh. die →*receveurs* (Einnehmer), die ihre Weisungen aber auch vom zentralen Finanzbehörde der →Chambres des comptes empfingen. Seit dem 14. Jh. löste sich der Sektor der außerordentl. Finanzen aus dem Einflußbereich des S.s und wurde von den *élus*, die den *généraux des finances* unterstanden, wahrgenommen. Im Mittelpunkt der finanziellen Aufgaben des S.s stand nunmehr die Kontrolle über die Einkünfte aus der Krondomäne und deren Steigerung. Als militär. Amtsträger hatte der S. den Heerbann (*ban* und →*arrière-ban*; →Aufgebot, →Heer) aufzubieten. Seit Ende des 13. Jh. führte er die Kontingente seiner Sénéchaussée dem kgl. Heer (*ost*) zu. In Friedenszeiten wachte er über die Sicherheit der Grenzen sowie die Einhaltung von Friedensverträgen und Waffenstillstandsabkommen und inspizierte in regelmäßigen Abständen die Festungswerke.

Zusammenfassend ist der S. als leitender kgl. Amtsträger zu bezeichnen, der in seinem Amtssprengel, der Sénéchaussée, die Autorität des Kg.s zu wahren hatte. Seine konkrete Bedeutung variierte entsprechend den zeitl. und örtl. Umständen.　　　　　　　　　　　　E. Lalou

Lit.: zu [1]: C. Devic-J. Vaissète, Hist. de Languedoc, Bd. VII, 1879, Nr. LIX, 462ff. [A. Molinier]-J. Boussard, Le comté d'Anjou sous Henri Plantagenêt et ses fils (1156-1204), 1938 - Ders., Le gouvernement d'Henri II Plantagenêt, 1956 - *zu* [2]: G. Dupont-Ferrier, Les officiers roy., les institutions des bailliages et sénéchaussées et les institutions monarchiques locales en France à la fin du MA, 1902 - Ders., Gallia regia ou États des officiers royaux des bailliages et sénéchaussées de 1328 à 1515, 1942-54 - F. Lot-R. Fawtier, Hist. des institutions françaises au MA, II: Institutions royales, 1958 - F. Maillard, Les mouvements administratifs des baillis et sénéchaux sous Philippe VI, Bull. philol. et hist., 1966, 623-638 - R. Fiétier, Le Choix des baillis et sénéchaux aux XIIIe et XIVe s. (1250-1350), Mémoires de la Société ... Droit ... pays bourguignons 19, 1968-69, 255-274 - A. Demurger, Guerre civile et changements du personnel administratif dans le royaume de France de 1400 à 1418: l'exemple des bailliages et sénéchaussées, Francia 6, 1978, 151-298 - I. Delabruyère-Neuschwander, La sénéchaussée de Toulouse: les sénéchaux et leur administration (vers 1389-1414) [Positions de thèses de l'École des chartes, 1983], 67-75.

Senez (Sanitium), Bm. in der nö. Provence, Suffragan v. →Embrun. Der erste bekannte Bf. dieser kleinen Diöz., die kaum mehr als 40 Pfarreien umfaßte, war Marcellus (506). Die (zw. 614 und ca. 1000 unterbrochene) Bischofsliste ist schlecht erhellt. Im 11. Jh. stand das Bm. mit seinem Besitz wohl unter Kontrolle der Herren v. Castellane. Erst seit der Mitte des 14. Jh. treten die Bf.e aus dem Halbdunkel hervor; bekannte Persönlickeiten waren: der Dominikaner Robert Gervais (1368-92), der im →Abendländ. Schisma einen 'libellus' gegen Papst Urban VI. verfaßte; Jean de Seillons (1409-42), Kanoniker v. Angers und treuer Gefolgsmann Ludwigs II. v. Anjou, der ihn zum Bf. v. Senez erheben ließ; zwei Mitglieder der Familie der Herren v. Villeneuve, Elzéar und Nicolas, die nacheinander von 1467 bis 1507 amtierten. Die 1432 getroffene Entscheidung Eugens IV., S. mit Vence zusammenzulegen, scheint wirkungslos geblieben zu sein.　　N. Coulet

Lit.: J.-M. Roux, Provence hist., 1971, 415 - J.-P. Poly, La Provence et la société féodale, 1976.

Senf (Brassica nigra [L.] W. D. J. Koch, Sinapis alba L., Sinapis arvensis L./Cruciferae). Die seit alters kulinarisch wie med. genutzten S.-Arten lassen sich im ma. Fachschrifttum, wo *sinape* schon im 'Capitulare de villis' (44 und 70) erwähnt wird, nur selten eindeutig zuordnen. Während *herba senff* bei Hildegard v. Bingen (Phys. I, 93) vermutl. den Acker-S. bezeichnet, dessen Blätter als Gemüse verzehrt wurden, kann mit *sinapis* der Schwarze S. ebenso gemeint sein wie der Weiße S., den man seinerseits nicht immer von der Rauke (Eruca sativa Mill./Cruciferae) unterschied; Hildegard wußte bereits um die Empfindlichkeit des S.öles gegenüber Hitze und empfahl, dem Gewürz die schädl. Schärfe durch Übergießen mit heißem Wein zu nehmen (Phys. I, 94). Die med. Indikationen der S.-Samen waren vielfältig: So sollte das daraus bereitete Pflaster Eiter und Hautunreinheiten entfernen, während *senifi*nnerl. etwa gegen Erkrankungen der Atemwege, der Milz und der Harnwege gebraucht und auch als Aphrodisiakum verwendet wurde (Circa instans, ed. Wölfel, 108f.; Albertus Magnus, De veget. VI, 446; Konrad v. Megenberg V, 79; Gart, Kap. 352). U. Stoll

Lit.: Marzell I, 642f.; IV, 333–340 – H. Küster, Wo der Pfeffer wächst. Ein Lex. zur Kulturgesch. der Gewürze, 1987, 240–243.

Senftenier, mhd. Bezeichnung für abgesteppten, allenfalls durch Fischbein verstärkten Schutz der Oberschenkel des 13. Jh., über den Panzerhosen getragen. O. Gamber

Lit.: San Marte, Zur Waffenkunde des älteren dt. MA, 1867.

Senj → Zengg

Senigallia, Stadt in Mittelitalien (Marken), röm. Kolonie (Gründung 283 v. Chr.) und nicht unbedeutender Adriahafen an der Mündung des Misaflusses, gewann durch die Erhebung zum Bf.ssitz bereits im 5.–6. Jh. neue Bedeutung. Seit dieser Zeit hing S. als suburbikar. Bm. in kirchenrechtl. Hinsicht direkt von Rom ab, während es unter der byz. Herrschaft zur →Pentapolis gehörte und polit. dem →Exarchat Ravenna unterstand (mit kurzfristigen Phasen langob. Besetzung). Um die Mitte des 8. Jh. wurde die Stadt in die →Pippinische Schenkung eingeschlossen; de facto beanspruchten jedoch die Ebf.e v. →Ravenna, welche die Exarchengewalt an sich gezogen hatten, die Herrschaft über S. und sein Territorium und übten dort eine diffuse, auf Herrschafts- und Patrimonialrechte gestützte Kontrolle aus, wie aus Zeugnissen seit mindestens dem 9. Jh. hervorgeht. Nach der Jahrtausendwende wurde S. in die Marcha Anconetana (→Ancona) eingegliedert und von comites aus dem Laiensand regiert. Im Laufe des 12. Jh. errang die Stadt als Kommune relative Autonomie und stand in heftigem Wettstreit mit →Fano und anderen Nachbarstädten. Ende des 12. Jh. wurde S. Sitz einer Messe, die mit der Zeit internationale Bedeutung gewann.

Im 12.–13. Jh. in den Konflikt zw. Reich und Papsttum verwickelt, ging S. von der ghibellinischen Seite offen zur guelfischen Partei über, erlitt aber schwere Zerstörungen durch →Manfred (1264) und Gf. Guido v. →Montefeltro (1280); schließlich wurde die Stadt endgültig Teil des Kirchenstaats. Die eigtl. Stadtherrschaft machten sich →Malatesta und →Montefeltro streitig, bald mit, bald ohne die Anerkennung des päpstl. Souveräns. Unter dem Vikariat des Sigismondo Pandolfo →Malatesta erlebte die Stadt eine beachtliche baul. Erneuerung, 1475 wurde sie von Sixtus IV. an seinen Neffen Giovanni della →Rovere verlehnt und gehörte bis 1631 zum Hzm. →Urbino, dann fiel sie wieder an den Hl. Stuhl zurück. A. Vasina

Lit.: A. Polverari, Regesti Senigalliesi (sec. VII–XII), 1974.

Seniofred → Sunifred

Senior (Seniorat)

I. Allgemein, Rechts- und Sozialgeschichte – II. Böhmen und Polen – III. Rus'.

I. Allgemein, Rechts- und Sozialgeschichte: S. (Komparativ zu lat. senex), der Ältere, bezeichnet das Familienoberhaupt, wird aber häufig von der Hausherrschaft auf andere Abhängigkeitsverhältnisse übertragen und als Synonym für 'dominus' verwendet. Dies gilt insbes. für die Lehnsterminologie, da man die Beziehung zw. Herrn und Vasall ursprgl. wohl als eine quasi-familiäre Bindung ansah. In roman. Sprachen wird S. (*signore, senor*) heute noch im Sinne von 'Herr' als Anrede benutzt. Umgekehrt erfuhren niedrig gestellte Personen eine Rückstufung im Alter, wie aus der Bezeichnung 'puer' auch für einen volljährigen Knecht hervorgeht.

Die größte Bedeutung erlangte die Bevorzugung des Älteren im Erbrecht des Adels. Während das allodiale Familiengut gleichberechtigt an alle Söhne fiel, machte die Unteilbarkeit der Amtslehen (Hzm.er, Gft.en) eine Individualsukzession notwendig, bei der häufig der älteste Sohn zum Nachfolger ausersehen wurde. Hierbei spielte angesichts der Häufigkeit früher Todesfälle sicher der Gedanke eine wesentl. Rolle, daß der älteste Sohn als erster die körperl. Reife für die Übernahme der Regentschaft und die Fortsetzung der Dynastie besaß. Andererseits wurde aber auch auf die Idoneität des präsumtiven Nachfolgers in der Herrschaft geachtet, wie →Lampert v. Hersfeld am Beispiel der Gf.en v. Flandern erläutert. Diese hatten angebl. schon seit Jahrhunderten den Brauch, »daß einer der Söhne, der dem Vater am besten gefiel«, zum Alleinerben auserkoren wurde.

Nachdem der Amtscharakter der Hzm.er und Gft.en im 13. Jh. verblaßt war, kam es zu einer Welle von Herrschaftsteilungen, die den Bestand der Territorien gefährdete. Als Gegenreaktion erfolgte im Zuge der staatl. Konsolidierung seit Beginn des 14. Jh. wieder eine stärkere Tendenz zur Individualsukzession mit einer Bevorzugung des erstgeborenen Sohnes, die in entsprechenden Hausverträgen zunächst nur für die nachfolgende Generation oder für ewige Zeiten fixiert wurde. Von großem Einfluß auf diese Entwicklung war die →Goldene Bulle v. 1356, die zur Absicherung einer eindeutigen Kg.swahl das Erbrecht der weltl. Kfs.en regelte und die Nachfolge auf den »erstgeborenen ehelichen Sohn, der Laie ist«, beschränkte. In der Folgezeit wurden in zahlreichen Dynastien Primogeniturordnungen erlassen, doch kam es immer wieder zur Auflehnung der nachgeborenen Söhne gegen das Vorrecht ihres älteren Bruders. Da der Adel seinen Status über die Geburt definierte, mußte er auch prinzipiell das angeborene Herrschaftsrecht aller Söhne anerkennen, wollte er nicht das ganze System in Frage stellen. Aus diesem Grund mußten die einseitig erlassenen Hausgesetze um einen »freiwilligen« Erbverzicht der nachgeborenen Söhne ergänzt werden, die anschließend oft als Domherren mit kirchl. Pfründen versorgt wurden.

Das bäuerl. →Anerbenrecht verlangte die Individualsukzession, doch kommt sowohl die Erbfolge des erstgeborenen als auch des jüngsten Sohnes vor. →Seniorat.

K.-H. Spieß

Lit.: HRG III, 1950ff. [Primogenitur] – M. Bloch, Die Feudalges., 1982 – H. Fichtenau, Lebensordnungen des 10. Jh., 1984 – G. Althoff, Verwandte, Freunde und Getreue, 1990 – K.-H. Spiess, Familie und Verwandtschaft im dt. Hochadel des SpätMA, 1993.

II. Böhmen und Polen: In Böhmen soll, wie →Cosmas v. Prag berichtet, das Seniorat (die Regelung der Thronfolge des Ältesten der Dynastie und seiner Oberhoheit über die anderen Fs.en) 1055 durch →Břetislav I. testamentar. festgelegt worden sein; der S.fs. wies den anderen Fs.en auf Zeit Herrschaft über Teilfsm.er zu. Im Laufe des 12. Jh. setzte sich aber das Prinzip der Primogenitur durch. Eine dem böhm. Seniorat analoge Regelung führte, wie die Chronik des Magisters Vinzenz (gen. →Kadłubek) berichtet, →Bolesław III. Krzywousty 1138 in Polen ein, als er das Land als Erbprovinzen unter seine Söhne aufteilte. Die Oberhoheit wies er dem Ältesten zu, der außerdem über einen Landesteil mit der Hauptstadt →Krakau verfügte. Die Authentizität dieser Regelung bestätigt eine Bulle Innozenz' III. für den Ebf. v. Gnesen aus d. J. 1210. Fakt. war das Seniorat in Polen aber am Ende des 12. Jh. erloschen, als →Kasimir II. Sprawiedliwy Krakau seinem minderjährigen Sohn zuwies und nicht dem wirkl. S., einem der schles. Fs.en, der daher die Abfassung der Bulle betrieb. Seit jener Zeit galt die Herrschaft über Krakau für die jeweiligen Fs.en als Legitimation für Maßnahmen zur Vereinigung des Landes. St. Russocki

Lit.: O. Peterka, Rechtsgesch. I, 1928, 29ff. - Z. Wojciechowski, L'État polonais, 1949, 37ff. - V. Vaněček, Dějiny..., 1961, 70f. - Bosl, Böhm. Länder, I, 1967, 225ff. - T. Grudziński, Les aspects juridico-politiques du morcellement féodal de la Pologne au 12ᵉ s., Quaestiones Medii Aevi, 3, 1984, 67ff. - J. Bardach, B. Leśnodorski, M. Pietrzak, Hist. ustroju i prawa polskiego, 1993, 61f.

III. Rus': Der im polit. Vermächtnis →Jaroslavs I. d. Weisen (um 1054) erstmals klar formulierte Grundsatz, daß der Thron v. →Kiev Besitz des genealog. ältesten (Senior) unter den →Rjurikiden sein soll, dem so eine gewisse Oberherrschaft über die ganze Rus' zukam, ersetzte die frühere Brüdergemeinschaft (corpus fratrum) ohne sichtbare Sonderstellung des Fs.en v. Kiev. Diese in der Praxis oft verletzte Ordnung wurde nie grundsätzl. angefochten, obgleich sie nur durch ein vielfältiges System zwischenfsl. Verträge funktionierte. Versuche, das Seniorat ledigl. als durch Begriffe der Sippenorganisation überdeckte, rein feudale Institution der Lehnsherrschaft zu deuten, erwiesen sich nicht als völlig sachgemäß. Am deutlichsten trat das Seniorat in der Periode 1054-1157 († →Jurij Dolgorukij) hervor. Danach führte die endgültige Etablierung von Teilfsm.ern mit eigenen Rjurikiden-Dynastien dazu, daß sich einerseits die Verknüpfung des Seniorats mit der Vorstellung von Kiev als gesamtruss. Hauptstadt allmähl. verlor (z. B. unter →Andrej Bogoljubskij oder →Vsevolod III.), andererseits sich neben dem formalen Seniorat des Fs.en v. Kiev eine Art kollektive Mitherrschaft der stärksten Teilfs.en über das Kiever Land entwickelte. Spuren des Seniorats als traditioneller Thronfolgeordnung lokaler Fs.enhäuser sind bis ins 15. Jh. zu verfolgen, bis es in →Moskau endgültig durch die Primogenitur verdrängt wird. A. Nazarenko

Lit.: V. Sergeevič, Russkija juridič. drevnosti, II, 1900², 320-336 - A. E. Presnjakov, Knjažoe pravo v Drevnej Rusi, 1909 [1993²] - V. T. Pašuto, Čerty politič. stroja Drevnej Rusi (A. P. Novosel'cev u. a., Drevnerusskoe gosudarstvo i ego meždunarodnoe značenie, 1965), 11-127 - P. Nitsche, Gfs. und Thronfolger, 1972 - M. F. Kotljar, Deržavnyj ustrij davnjorus'kogo suspil'stva, Filosofs'ka dumka 1986, 1, 57-74 - A. V. Nazarenko, Rodovoj sjuzerenitet Rjurikovičej, Drevnejšie gosudarstva na territorii SSSR 1985g., 1986, 149-157 - A. P. Toločko, Knjaz' v drevnej Rusi: vlast', sobstvennost', ideologija, 1992.

Senior Zadith filius Hamuel (arab. al-ḥakīm aṣ-ṣādiq ibn Umail), im lat. W gebräuchl. Name für d. arab. Fachschriftsteller Muḥammad ibn Umail at-Tamīmī (ca. 900-960), einen »der bedeutendsten Vertreter der allegorisierenden Richtung der (islam.) Alchemie« (Ullmann, 218). Sein Ruhm unter den Lateinern beruhte hauptsächl. auf einem Rağazgedicht, der »Risālat aš-Šams ilā l-hilāl« (»Epistola Solis ad Lunam crescentem«), und auf dem »Kitāb al-Mā' al-waraqī wal-arḍ an-naǧmīya« (»Das Silberwasser und die Sternenerde«/»Tabula chemica« bzw. »De chemia«), die beide vieldeutigen Bildern und Figuren gelten, die vom Ich-Erzähler zu Būṣīr (Ägypten) auf Wänden und Decke eines Tempels und auf einer Marmortafel erblickt worden sind. S. Z.s allegor. Deutung dieser Figuren bekunden profunde Kenntnisse gr.-ägypt. und arab. Alchemica. Eine mndl. »Tabula chemica«-Übers. (14. Jh.) und andere landessprachige Rezeptionszeugnisse, aber auch die Streuüberlieferung der bildl. Darstellung der »Tabula chemica«-Fundlegende (Statue eines Weisen mit einer symbolbedeckten Doppeltafel [oft irrtüml. als eine S. Z.- und/oder Hermes Trismegistos-Darstellung klassifiziert]) und frühnz. Abdrucke verdeutlichen, daß S. Z.s Schrr. zum Alchemica-Kernbestand des lat. Westens zählten. J. Telle

Ed. und Lit.: Verf.-Lex², VIII, 1100-1102 [J. Telle] - H. E. Stapleton-M. Hidayat Husain, Archeion 14, 1932, 74f. - J. Ruska, Archeion 16, 1934, 273-283 - Ders., Isis 24, 1936, 310-342 - H. E. Stapleton, G. L. Lewis, F. Sherwood Taylor, Ambix 3, 1949, 69-90 - F. Sezgin, Gesch. des arab. Schrifttums, IV, 1971, 283-288 - M. Ullmann, Die Natur- und Geheimwiss. im Islam, HO, 1. Abt., Erg.bd VI/2, 1972, 217-220 - B. Obrist, Les débuts de l'imagerie alchimique (XIVᵉ-XVᵉ s.), 1982, 189-208 u. ö. - M. Marinovic-Vogg (Alchemy revisited, hg. Z. R. W. M. von Martels, 1990), 171-174 - I. Vereno, Stud. zum ältesten alchemist. Schrifttum (Islamkundl. Unters., 155), 1992, s.v. Ibn Umail - Le Livre de S. suivi de Lettres de Psellos sur la Chrysopée et de Rachidibid, 1993, 11-125 [neufrz. Übers.].

Seniorat heißt ein →Fideikommiß- oder Lehensgut (→Lehen, I), bei dem der an Jahren Älteste der gesamten Familie erbberechtigt ist, selbst wenn er einer jüngeren Linie angehört. Dies unterscheidet das S. vom →Majorat, das sich auf den Erstgeborenen der ältesten Linie vererbt. K. Kroeschell

Senlac, Hügel v. → Hastings, Schlacht v.

Senlis, Stadt, Pfalz und Bm. in Nordfrankreich (dép. Oise), nordöstl. von Paris.

I. Bistum - II. Grafschaft und Seigneurie - III. Stadt - IV. Abteien.

I. Bistum: Das aus der 'civitas Silvanecticum' hervorgegangene Bm. war mit etwa 60 Pfarreien die kleinste Diöz. des Ebm.s →Reims. Im 14. Jh. bestand nur ein einziges →Archidiakonat, gegliedert in die beiden Dekanate S. und Crépy-en-Valois. Ihr Ursprung geht zurück auf die Zeit des Frankenreichs, wobei das Dekanat S. den 'pagus Selnectensis' (Sellentois), das Dekanat Crépy dagegen den zum Bm. S. gehörenden Teil des alten 'pagus Vadensis' (→Valois) bildete. Diese Gliederung beruhte auf der merow. Teilung der Civitas S. nach dem Tode Kg. →Chariberts († 567) und bestand bis ins 18. Jh.

II. Grafschaft und Seigneurie: In der Karolingerzeit war S. eine Gft. Bekannt ist der Name eines Gf.en Bernhard, der 946 und 948 zwei Belagerungen Kg. →Ludwigs IV. Transmarinus standhielt. Doch wurde wohl wegen Mangels an Nachkommen die Gft. S. in der Folgezeit vakant und fiel heim an den westfrk. Kg., der sich bereits im 10. Jh. eine solide Machtposition in S. schuf, gestützt auf die neben der Kathedrale gelegene Königspfalz (→Pfalz, E). Die Königswahl →Hugo Capets (987) fand in S. statt; die →Kapetinger hielten sich hier häufig auf. Die städt. Geschlechter standen im Dienst des kapet. Kgtm.s. Die Herrschaft (→Seigneurie) S. unterstand im 11.-14. Jh. einer eng mit dem Königshof verbundenen Adelsfamilie, deren bedeutendster Vertreter Gui (II.) de La Tour (belegt 1099-1126) war und die wegen ihres Mundschenkenamtes als 'Le →Bouteiller de S.' bezeichnet wird.

III. Stadt: Die von den Kapetingern geförderte Stadt erhielt 1173 ein Kommunalprivileg (→Kommune, II), nach dem Vorbild der benachbarten Pfalzstadt →Compiègne. Die Kommune schloß Verträge mit der seigneurialen Gewalt, bes. mit Gui Le Bouteiller (1173), sowie dem Bf. (1177). Die kommunale Verfassung bestand bis 1320; dann wurde sie auf Wunsch der Einwohner und nach vorherigem gerichtl. Verfahren (*enquête*) aufgehoben. Gleichwohl wurde ein Teil der städt. Freiheiten und Gewohnheiten beibehalten. Ein Teil der im Zuge der genannten Enquête gemachten Aufzeichnungen ist auf zehn Wachstafeln (zusammen mit den städt. Rechnungsbüchern) erhalten geblieben.

IV. ABTEIEN: Die beiden bedeutenden Abteien in S. waren kgl. Gründungen des 11. Jh.: Die Augustinerabtei *St-Vincent* wurde 1059 von der Gemahlin Kg. Heinrichs I., →Anna v. Kiev, zum Dank für die Geburt eines Sohnes gegr.; der größte Teil des Wittums der Kgn. lag in und um S., folglich wurde St-Vincent 'in alode regali', im vorstädt. Viertel Witel, errichtet. In der Abtei lebten seit 1138 →Viktoriner. – *St-Remy* wurde als Benediktinerinnenabtei um 1062 ebenfalls von Kgn. Anna gegr. – Zu nennnen ist auch das 1263 gegr. Augustinerpriorat *St-Maurice*, ferner die etwa 2 km von S. entfernte Abtei *La Victoire-lès-S.* (Comm. Mont-l'Évêque), eine der Jungfrau geweihte Abtei der Regularkanoniker (Viktoriner), die von →Philipp II. Augustus 1222 zum Gedenken an den großen Sieg v. →Bouvines (1214) gestiftet wurde. E. Lalou

Lit.: *zu [I]*: A. LONGNON, Pouillés de la prov. de Reims, 1908, LXIII, 453–468 – M.-A. MENIER, Le chapitre cathédral de S. de 1139 à 1516 (Positions de Thèse de l'Éc. des Chartes, 1945), 107–118 – M. ROBLIN, S. du IIIe s. au IXe, Bull. Soc. Antiq. de France, 1964, 72–74 – M.-J. GUT, Les sceaux des évêques de S. des origines à 1328, Bull. philol. et hist., 1970, 103–115 – E. MULLER, Analyse du cart. des statuts de N.-D. de S. 1041–1395, Bull. archéol. de S. [o. J.] – *zu [II]*: DUCHESNE, Hist. de la maison des bouteilliers de S., 1879 [cf. Paris, BN, fr. 16798] – J. DEPOIN, Cart. de l'abbaye de St-Martin de Pontoise, 2 Bde, 1895–1901 – E. BOURNAZEL, Le gouvernement Capétien au XIIe s. (1108–80), 1975, 40–45, 51 – *zu [III]*: J. FLAMMERMONT, Hist. des institutions municipales de S., 1881 (Bibl. de l'Éc. des Hautes études, 45) – L. CAROLUS-BARRÉ, Les assises de la commune de S., Douze rôles d'août à nov. 1306, Bull. philol. et hist., 1960, 723–772 – J. et A. FONTAINE, S., berceau de la France, 1985 – *zu [IV]*: MAGNE, Notice sur l'ancienne abbaye royale de St-Vincent de S., Mém. Soc. archéol. de S. IV, 249–374.

Senlis, Friede v. (23. Mai 1493), geschlossen zw. →Maximilian I. und →Karl VIII. zur Beendigung der langen militär. Auseinandersetzungen um das »burg. Erbe« (→Burgund, Hzm.) und die von Karl VIII. durchkreuzte Heirat Maximilians mit →Anna v. Bretagne (1490–91). Der Vertrag, der eine explizite Nennung der großen Streitpunkte vermied, ermöglichte beiden Kontrahenten eine weitgehende Wahrung des Besitzstandes (Maximilian bzw. sein Sohn Ehzg. →Philipp der Schöne: u. a. Freigft. →Burgund, Gft. →Charolais, Teile des →Artois; Karl VIII.: u. a. Gft.en →Auxerre und →Mâcon, Kastellanei →Bar-sur-Seine) und gab ihnen freie Hand für aktuellere polit. Unternehmungen: Maximilian verließ die polit. Bühne der burg. Niederlande, auf der er wenig glücklich agiert hatte, wandte sich verstärkt polit.-dynast. Zielen in →Mailand (Heirat mit →Bianca Maria Sforza) sowie v. a. in →Ungarn und →Böhmen zu (gestützt auf den Frieden v. →Preßburg, 1491) und trat am 19. Aug. 1493 die Nachfolge des Vaters im Reich an; Karl VIII. nahm intensiv die Vorbereitung des frz. Neapelfeldzuges in Angriff. Eine neue Konfrontation von Habsburgern und Valois stand somit bevor. U. Mattejiet

Lit.: H. WIESFLECKER, Ks. Maximilian I., Bd. I, 1971, 335–344.

Senones, Abtei OSB und Stadt in →Lothringen (dép. Vosges), zählt zu den im späten 7. Jh. am Westabhang der Vogesen gegr. Abteien (→St-Dié, →Étival, Bonmoutier, S., →Moyenmoutier). Gründer von S. war ein (sonst unbekannter) Gondelbert, in dem zu Unrecht ein Bf. v. →Sens gesehen wurde (wegen des Gleichklangs der lat. Namen von S. und Sens: 'Senonae'), der aber eher als ir. Mönch anzusprechen ist. Die ursprgl. Besitzausstattung der Abtei beruhte wohl auf dem Teil eines kgl. →Fiscus, geschenkt um 660/673 von →Childerich II. S. wurde von →Karl d. Gr. um 780 seinem Kapellan →Angilram übertragen und gehörte seitdem zum Patrimonium des Bm.s →Metz. Über Metz erreichte die Abtei um 940/945 der Reformimpuls v. →Gorze (→Lotharing. Reform). Unter dem langen Abbatiat des Antonius (um 1098–1136), eines Lombarden aus Pavia, der Mönch in →St-Arnoul de Metz gewesen war, erfuhr S. eine gewisse Erneuerung. Die Abtei gründete mehrere →Priorate (Deneuvre, Lorquin, Léomont, Vic-sur-Seille) zur besseren Verwaltung ihrer Besitzungen. Die →Vogtei, die in den Händen der Gf.en v. →Salm (Ardennen) lag, ermöglichte diesen den Aufbau einer Territorialherrschaft (neue Burg Salm um 1200) in der Vogesenregion (Zweig Ober-Salm). Bei der Abtei S. entwickelte sich eine stadtähnl. Siedlung. Die Gesch. von S. (wichtigste Q. des 13. Jh. ist die Chronik des Richer) verschmolz zunehmend mit der Gesch. des Hauses Salm und seiner schwierigen polit. Beziehungen im Grenzbereich zw. Kgr. Frankreich und Imperium. M. Parisse

Q.: Richer, Gesta senoniensis ecclesiae, MGH SS 25, 239–345 – Lit.: OHL DES MARAIS, Hist. chronol. de la principauté de Salm, des abbayes de S. et de Moyenmoutier, 1851 – A. CALMET, Hist. de l'abbaye de S., 1878–79 – L. SCHAUDEL, Les comtes de Salm et l'abbaye de S., Mém. Acad. Stanislas 1917/18, 46–103 – M.-J. GASSE-GRANDJEAN, Les livres dans les abbayes vosgiennes du MA, 1992.

Señorío (katal. *senyoriu*), Bezeichnung für die besitzrechtl. und jurisdiktionell bestimmte, von einem *Señor* (senior) beherrschte Grundherrschaft auf der Iber. Halbinsel (→Grundherrschaft, C. V; →Nobleza), wie sie im Laufe des 10. und 11. Jh. aufkam, der wirtschaftl. Nutzung der urbaren Flächen diente und immer stärker zur Ausbildung von Großgrundbesitz führte, der sich dann in den Händen des Kgtm.s (→Realengo), der Kirche (Abadengo) und des Adels (S.s de →Solariego), später auch der Ritterorden (→Maestrazgo), der Infanten als Apanage (→Infantazgo) anhäufen sollte. Dazu kamen noch Sonderformen der S.s de →Behetría, deren Orte und Einwohner einen bes. Status genossen, und der vogteiähnl. Encomiendas, in denen der Kg., ein Adliger, ein Kl. oder ein Ritterorden bestimmte Herrschaften, Orte und Institutionen dem Schutz (*guarda, commenda et deffensione*) eines Gewaltträgers (comendero, encomendero, comendador) gegen wirtschaftl. Erträge unterstellte. V. a. die Verleihung von Immunitätsprivilegien, die oft zur Ausbildung eines →Coto dienten, aber auch die Ausübung eigener und verliehener Rechte führten des Señor zur Wahrnehmung öffentl. und gerichtl. Funktionen des Señor in seinem S. Dabei sind zu unterscheiden die S.s territoriales, in denen der Señor seine Stellung über die Siedler auf besitzrechtl. Grundlage beanspruchte, von den S.s jurisdiccionales, in denen der Señor nur die ihm verliehenen Herrschaftsrechte ohne territoriale Ansprüche oder größere Verwurzelung ausübte, doch war bis zum HochMA die Mischform der S.s territoriales jurisdiccionales am weitesten verbreitet, während im SpätMA die S.s jurisdiccionales an Zahl und Bedeutung gewannen und häufig in S.s jurisdiccionales territoriales übergingen, hingegen in der Zeit der Trastámara-Dynastie in →León und →Kastilien aufgrund der →Mercedes enriqueñas wieder ein Anwachsen der S.s territoriales jurisdiccionales zu beobachten ist. Außerdem konnte im SpätMA S. einen großen Amtsbezirk bezeichnen, in dem die kgl. Gewaltausübung und andere herrschaftl. Funktionen einem Señor verliehen worden waren und der sich zu einer fsl. Territorialherrschaft ausgewachsen hatte. Wichtigste Amtsträger der Señores bei der Verwaltung ihrer grundherrl. Bezirke waren die Vilicos, →Merinos, →Sayones, in Katalonien die *bajuli* oder Batlles (→Bayle), die im SpätMA eine hierarch. Ordnung ausbildeten und zu denen noch in Galicien, wo sich unter den Ebf.en v. Santiago die 'Tierra de Santiago' als machtvoller S. ausgebildet hatte, der →Pertiguero hinzutrat. Ebenso entstanden im SpätMA neben den Maestrazgos der Ritterorden (z. B. Calatrava: der Campo de Calatrava und der Campo de Montiel) weitere mächtige S.s mit dem Charakter von Territorialfsm.ern: der S. de Vizcaya, der Contado y Tierra de Alava, der S. de Molins, der S. de los Cameros, der S. y Tierra de Ayala, der Adelantamiento de Cazorla der Ebf.e v. →Toledo, der Abadengo des Kl. →Sahagún, der S. de Albarracín. Da die S.s immer mehr die Grundlage für eine unabhängige Machtentfaltung des Hochadels sowie machtbewußter Mitglieder des Kg.shauses wurden und diese Herrschaftsform zunehmend Widerstand hervorrief, strebte das Kgtm. schließlich danach, die s.s wieder seiner Herrschaftssphäre einzugliedern, eine Entwicklung, die ihren ma. Abschluß mit der Inkorporation der großen Maestrazgos der Ritterorden unter den →Katholischen Königen fand. Vgl. a. →Senior, →Seigneurie.   L. Vones

Lit.: S. DE MOXÓ, El s. legado medieval, Cuadernos de Hist. 1, 1967, 105-118 – DERS., Los s.s de Toledo, 1972 – DERS., Los antiguos s.s de Toledo, 1973 – DERS., Los S.s: cuestiones metodológicos que plantea su estudio, AHDE 43, 1973, 271-309 – DERS., Los s.s. En torno a una problemática para el estudio del régimen señorial, Hispania 34, 1974, 185-236, 399-430 – I. DEL VAL VALDIVIESO, Resistencia al dominio señorial durante los últimos años del reinado de Enrique IV, Hispania 34, 1974, 53-104 – S. DE MOXÓ, Los s.s. Estudio metodológico, Actas de las I Jornadas de Metodología Aplicada de las Ciencias Hist. II, 1975, 163-174 – L. GARCÍA VALDEAVELLANO, Curso de Hist. de las Instituciones españolas, 1975⁴, bes. 518ff. – A. IGLESIA FERREIRÓS, Derecho municipal, derecho señorial, derecho regio, Historia. Instituciones. Documentos 4, 1977, 115-197 – A. COLLANTES DE TERÁN, Los s.s andaluces. Análisis de su evolución territorial en la Edad Media, ebd. 6, 1979, 89-112 – M. C. QUINTANILLA RASO, Nobleza y s. en Castilla durante la Baja Edad Media, Anuario de estudios med. 14, 1984, 613-639 – J. VALDEÓN BARUQUE, Señores y campesinos en la Castilla medieval. El pasado hist. de Castilla y León I, 1984, 59-86 – J. BARREIRO SOMOZA, El S. de la Iglesia de Santiago de Compostela (Siglos IX-–XIII), 1987 – J. A. GARCÍA DE CORTÁZAR, La sociedad rural en la España Medieval, 1988, bes. 95ff. – J. CLEMENTE RAMOS, Estructuras señoriales castellano-leonesas: El Realengo (Siglos XI-XIII), 1989 – M. C. QUINTANILLA RASO, Historiografía de una elite de poder: la nobleza castellana bajomedieval, Hispania 50, 1990, 719-736 – J. A. GARCÍA DE CORTÁZAR, La sociedad rural en la España Medieval, 1988, bes. 95ff. – s.a. Lit. zu einzelnen Bm.ern, Kl., Adelsgeschlechtern usw.

Sens

I. Erzbistum – II. Bistum – III. Stadt.

I. ERZBISTUM: S., Stadt und Ebm. in Nordfrankreich, sö. von Paris (dép. Yonne), galloröm. Stadt Agedincum, Vorort der Civitas der Senones (Civitas Senonum), Verwaltungssitz der im 3. Viertel des 4. Jh. aus der Lugdunensis Prima (→Lyon, →Gallien) herausgelösten Provinz Lugdunensis Quarta, deren Gebiet die spätere Kirchenprovinz v. S. bildete; sie umfaßte den Bereich zw. →Loire und Marne, vom Seine-Nebenfluß Oise bis zur Cure und Yonne, mit dem Tal der mittleren →Seine als Kerngebiet. Nach der →Notitia Galliarum gehörten zu Beginn des 5. Jh. folgende Civitates (spätere Diöz.) zur Provinz: S. als Metropole, →Chartres, →Orléans, →Paris, →Auxerre, →Troyes und →Meaux. Am Ende des 5. Jh. wurde der 'pagus Nivernensis' (→Nevers) als eigene Diöz. abgetrennt. Nach dem Tode →Chlodwigs war die Kirchenprovinz zwei Jahrhunderte lang infolge der merow. Teilungen zersplittert, um erst in der Mitte des 8. Jh. ihre Einheit wiederzugewinnen. Während des gesamten MA blieb ihr Umfang unverändert, trotz der Bestrebungen des Bf.s v. Paris im 14. Jh., mit Unterstützung Kg. →Karls V. die Oberhoheit von S. abzuschütteln, was aber an Papst →Gregor XI. scheiterte. Die Beziehungen zw. den Ebf.en v. S. und den Bf.en v. Paris blieben im 15. Jh. gespannt (Fernbleiben des Bf.s v. Paris von den Provinzialsynoden 1460 und 1485; scharfe Konflikte des Ebf.s Tristan de Salazar, 1474-1519, mit der Pariser Kirche, doch erreichte Paris erst 1622 die Erhebung zum eigenen Ebm., dem die Diöz. Chartres, Meaux und Orléans als Suffragane unterstellt wurden.

Die Anfänge des Christentums in der Provinz v. S. liegen im dunkeln; die Legende von einer Christianisierung durch die hll. Savinian und Potentian ist nicht vor der Translation ihrer Reliquien durch Bf. Wenilo (837-865) bezeugt; die Verehrung der hl. Märtyrerin Columba (→Sainte-Colombe) läßt sich nicht vor die Zeit des 6. Jh. datieren. Über die ersten Bf.e v. S. liegen keine gesicherten Nachrichten vor, doch wird die Existenz von Bf.en für die Mitte des 4. Jh. erwähnt ('Konzil' v. Köln, 346). 471 charakterisiert →Sidonius Apollinaris den Bf. Agroecius als 'Senoniae caput' und 'provinciae caput'.

Den Gipfel ihrer Macht erreichten die Ebf.e v. S. aber erst in der Zeit der →Karolinger; der Ebf. v. S. nahm an mehreren westfrk. Kg.en aus den Häusern der Karolinger und →Robertiner die Königsweihe (→Sacre) vor, doch ging dieses wichtige Vorrecht seit dem 11. Jh. ganz an →Reims über; die Königsweihe Ebf. Daimberts v. S. (1097-1122) an Kg. →Ludwig VI. zu →Orléans (1108) bleibt in der Zeit der →Kapetinger ein ganz vereinzelter, durch außergewöhnl. Umstände bedingter Akt. Der →Primat des Ebm.s S. über Gallien und Germanien, der erstmals 876 von Papst Johannes VIII. an Ebf. →Ansegis (871-883) verliehen worden war, wurde ebenfalls Ebf. Daimbert zugunsten des Ebf.s v. →Lyon entzogen. Es entspann sich ein quasi permanenter Konflikt zw. S. und Lyon; noch zu Beginn des 20. Jh. führten die Ebf.e v. S. voll Stolz den Titel des 'primat des Gaules et de Germanie'.

Im übrigen zählten die Ebf.e v. S. während des ges. MA stets zu den führenden Prälaten des Kgr.es Frankreich und wurden vom Kg. wie vom Papst oft mit wichtigen Missionen betraut; als bedeutende kirchenpolit. Persönlichkeiten sind zu nennen: Pierre de →Corbeil (1199-1221), Berater von Philipp II. Augustus und Innozenz III.; sein Nachfolger Gautier Cornut (1221-41) unter Ludwig VIII. und Ludwig IX. d. Hl.; im späten 15. Jh. noch Tristan de Salazar unter Ludwig XI., Karl VIII. und Ludwig XII.

Die Ebf.e v. S. verfügten in ihrer weiträumigen Diöz. über ertragreichen Besitz. Nach dem Aussterben der Gf.en v. S. (1055) verlieh ihnen Kg. Heinrich I., mit dem Titel des Vicecomes v. S., die Lehen Nailly, St-Julien-du-Sault, Brienon und Villeneuve-l'Archevêque.

II. BISTUM: Das Bm. S. (heute dép. Yonne und Seine-et-Marne, Teile der dép. Aube, Essonne und Loiret) zählte zu den wichtigsten Diöz.n im Kgr. Frankreich, wenn nicht wegen seiner Größe, so doch wegen der Anzahl seiner Benefizien. Als Nachbar der Diöz. v. Paris, Chartres, Orléans, Auxerre, Troyes und Meaux lag das Bm. an den Grenzen der drei großen Fsm.er (und späteren Provinzen) Île-de-France (→Francia), →Champagne und →Burgund. Durchflossen von der Seine und ihren Nebenflüssen (Yonne, Loing, Essonne), wurde das Bm. seit röm. Zeit von wichtigen Straßen durchzogen. Als Durchgangsgebiet, das sich zw. Paris und die östl. und südöstl. Provinzen schob, bildete S. – über die Landschaften des Étampois (→Étampes) und →Gâtinais – das natürl. Bindeglied zw. den Regionen an der mittleren Seine und mittleren →Loire.

Das Register von 1350 nennt 25 Kl., 18 Kollegiatkirchen, 205 Priorate und 716 Pfarrkirchen. Diese Benefizien verteilten sich auf fünf →Archidiakonate, gegliedert in zwölf →Dekanate. Die Archidiakonate waren: S./sog. 'Grand archidiaconé' (Dekanate: S. und Vorstädte, Marolles, Traînel, Rivière de Vanne, St-Florentin, →Courtenay); Gâtinais (Dekanate: Milly, →Ferrières, Gâtinais); →Provins (Dekanat: Provins); →Melun (Dekanat: Melun, Montereau); →Étampes (Dekanat: Étampes). Fast die Hälfte der Pfarrkirchen unterstand dem direkten Übertragungsrecht des Ebf.s, der (mit Ausnahme der etwa 40 dem Patronat des Kathedralkapitels unterstehenden Kirchen) durch seine Dekane, die wichtigste Instanz der Diözesanverwaltung, über die Gesamtheit der Pfarreien Kontrolle ausübte. Dagegen mußte der Ebf. seine Autorität über Priorate mit anderen Patronatsherren teilen; seine Jurisdiktion über Priorate der alten, einst an der Ausbreitung des Christentums im ländl. Bereich beteiligten Abteien (wie St-Pierre-le-Vif, Ste-Colombe, St-Rémi-lès-S., St-Jean-lès-S., St-Père d'Auxerre) wurde gar bestritten. Oft auf Kosten der ebfl. Gewalt erweiterte das wohlorganisierte Kathedralkapitel im Laufe des MA kontinuierlich seinen Einfluß, sorgte zugleich für eine stabile kirchl. Verwaltung, selbst in den unruhigen Zeiten des →Hundertjährigen Krieges.

III. STADT: Die antike Stadt (Agedincum, seit 4. Jh. n. Chr.: Senones) lag in ihrer gall. Frühzeit nahe der Einmündung der Vanne in die Yonne. Nach der röm. Eroberung erlebte sie eine gewisse Blüte (durch Ausgrabungen festgestellte Reste von Monumenten [Forum, Thermen, Amphitheater, Basilika] und von 'villae' als Besitzungen einer reichen lokalen Aristokratie). Seit dem 3. Jh. n. Chr. erzwangen die Barbareneinfälle eine Verkleinerung des Stadtareals, das mit einer starken Befestigung geschützt wurde. Die Nekropolen außerhalb des Mauerzugs wurden indessen weiterbelegt. Am Ende des 5. Jh. wurde S. in das Reich Chlodwigs (→Frankenreich) einverleibt, im Zuge der merow. Teilungen dem Reichsteil des Chlodomir, dann des Austrasiers Theudebert, schließlich des Gunthram zugeschlagen.

S. teilte in karol. und frühkapet. Zeit das Schicksal des nördl. →Burgund, bis es 1015 von Robert d. Fr. dem Kgr. →Frankreich eingegliedert wurde. Nach dem Tode des letzten Gf. en v. S., Raynard II. († 1055), wurde die Stadt S. der →Krondomäne einverleibt. Sie war Sitz eines →Prévôté, dann eines →Bailliage. 1146 konstituierte sich die Bürgerschaft als →Kommune, die 1147 wieder aufgehoben wurde; dies löste einen blutigen Aufstand aus, dem der Abt v. St-Pierre-le-Vif zum Opfer fiel. Philipp II. Augustus erlaubte 1189 die Bildung einer neuen Kommune, die bis 1318 bestand, dann aber auf Ersuchen der Einwohner aufgehoben wurde. 1343 verlieh ihnen jedoch Philipp VI. das Privileg, einmal jährl. eine durch die städt. Glocke angekündigte Bürgerversammlung zur Wahl von städt. Prokuratoren abzuhalten. Karl VII. bestätigte und erweiterte dieses Privileg. Ludwig XI. setzte 1474 ein zehnköpfiges Schöffenkolleg (*échevinage*) ein, das 1483 von Karl VIII. auf einen Sechserausschuß beschränkt wurde.

Die städt. Profanarchitektur (auf der Grundlage der röm. Wehrmauern beruhende städt. Befestigung des 13.–15. Jh.) wurde im 19. Jh. fast völlig zerstört. Auch die einst reiche Sakralarchitektur erlitt starke Verluste; erhalten blieben: St-Savinien, 11. Jh.; St-Pierre-le-Rond, 13. und 15. Jh.; St-Maurice auf der Yonne-Insel, 12. und 16. Jh. Bedeutendstes Bauwerk ist aber die Kathedrale St-Étienne, die älteste got. Bischofskirche Frankreichs, deren Bau durch Ebf. Henri Sanglier (1122–42) begonnen und unter dem Nachfolger Hugues de Toucy (1142–68) weitergeführt wurde, um erst zw. 1490 und 1520 durch die Anstrengungen des Kathedralkapitels und des Ebf.s Salazar (Errichtung des Transepts) ihre Vollendung zu finden. Die Kathedrale wird flankiert von Gerichtspalast (Palais de l'Officialité, 13. und 16. Jh.) und ebfl. Palast.

M.-C. Gasnault

Q.: M. QUANTIN, Cart. gén. de l'Yonne, 2 Bde, 1854–62 – DERS., Recueil de pièces pour faire suite au Cart. gén. de l'Yonne: XIIIe s., 1873 – G. DE COURLON, Le livre des reliques de l'abbaye de St-Pierre-le-Vif de S., hg. J. JULLIOT–M. PROU, 1887 – P. QUESVERS–H. STEIN, Inscriptions de l'ancien dioc. de S., 4 Bde, 1897–1904 – E. CHARTRAIRE, Cart. du chapitre de S., 1904 – A. LONGNON, Pouillés de la province de S., 1904 – Odorannus de S., Opera omnia, ed. R.-H. BAUTIER–M. GILLES, 1972 – Chronique de St-Pierre-le-Vif de S., ed. R.-H. BAUTIER–M. GILLES, 1979 – Rép. des visites pastorales de la France. Première sér. Anciens diocèses, 1985, 293–351 – *Lit.*: GChr XII, 1770, 1–259 – DACL XV, 1, s.v. [H. LECLERCQ] – La Grande enc., XXIX, 1009–1011, s.v. [M. PROU] – H. BOUVIER, Hist. de l'église et de l'ancien archidioc. de S., 3 Bde, 1906–11 – J. TURLAN, La commune et le corps de ville de S. (1146–1789), 1942 – R. FOURREY, S., ville d'art et d'hist., 1953 – PH. DOLLINGER, PH. WOLFF, S. GUENÉE, Bibliogr. d'hist. des villes de France, 1967, 248–250 – M.-C. GASNAULT, Le clergé dans les paroisses rurales du dioc. de S. à la fin du MA (Actes du 101e Congr. nat. des soc. sav., 1984, Sect. d'Hist. et de Philologie, I, 1985), 317–327 – Topographie chrétienne des cités de la Gaule des origines au milieu du VIIIe s., VIII. Province eccl. de S., 1992, 13–32.

Sens, Konzil v. (1140), Versammlung von Bf.en der Erzdiöz. →Sens (anläßl. einer Heiltumsweisung), bekannt durch die erbitterte Auseinandersetzung zw. Pierre →Abaelard und seinen Gegnern. Abaelard war wegen seiner nach der Rückkehr aus →St-Gildas-de-Rhuys verfaßten Schriften (insbes. »Sic et non«) von →Walter v. Mortagne, →Wilhelm v. St-Thierry, dem Bf. v. Chartres, Geoffroy de Lèves, v. a. aber von →Bernhard v. Clairvaux heftig angegriffen worden und forderte nun eine öffentl. Disputation mit dem hl. Bernhard. Dieser ergriff in S. die Initiative, zitierte aus Abaelards Werken eine Reihe von Sätzen, die er als häretisch brandmarkte, und forderte ihren Urheber zu Widerruf bzw. Korrektur oder aber zur Beweisführung auf. Abaelard vermied eine grundsätzl. Auseinandersetzung, wandte sich aber seinerseits gegen die Transformation der Synode in ein Tribunal und erklärte seine Absicht, an Papst →Innozenz II. zu appellieren. Die Versammlung verurteilte daraufhin die Thesen, nicht aber ihren Autor. Abaelard trat die Reise nach Rom an, die er aber abbrach, als ihn die Nachricht von der päpstl. Verurteilung traf. Er zog sich in den Schutz von →Cluny zurück und starb 1142 in einem cluniazens. Priorat.

G. Devailly

Lit.: Abélard et son temps. Actes du coll. internat. de 1979, 1981 – M. M. DAVY, Bernard de Clairvaux, 1990 – Bernard de Clairvaux: hist., mentalité, spiritualité, 1992.

Sense → Erntegeräte, →Schmied

Sensus communis. Aristoteles folgend (De an. III, c. 1–2; 425a13–427a14) unterscheiden die meisten Scholastiker in der sensitiven Seele vier innere Sinne von den fünf äußeren Sinnen (Gesicht, Gehör, Geruch, Geschmack, Gefühl): nämlich Einbildungskraft (vis imaginativa, phantasia), Erinnerungsvermögen (vis memorativa), (sinnl.) Abschätzungs- oder (sinnl.) Urteilsvermögen (vis aestimativa) und Gemeinsinn (s.c.). Diesen Gemeinsinn darf man sich nicht als einen neben den fünf anderen eigtl. sechsten Sinn mit einem sich geeigneten Objekt und einem eigenen von denen der anderen Sinne verschiedenen Organ vorstellen. Die gemeinsamen Sinnesobjekte (Bewegung/Ruhe; Gestalt/Größe; Zahl/das Eine) erfordern kein bes. Wahrnehmungsvermögen, sie werden alle unmittelbar und direkt wahrgenommen von *jedem* der fünf äußeren Sinne. Die gemeinsamen Sinnesobjekte nimmt man also nicht *nach* dem eigtl. Objekt des Sinnes wahr und auf akzidentelle Weise, sondern *per se* und zusammen mit diesem eigtl. Objekt (Thomas v. Aquin, In de an., III, lectio 1, n. 577–578). Der Gemeinsinn kann also kein von den äußeren Sinnen verschiedener Sinn sein. Die von Aristoteles vorgeschlagene, von den Scholastikern übernommene Lösung besteht darin, den Gemeinsinn als gemeinsame, allen anderen Sinnen unterliegende Wurzel sensitiver Wahrnehmung aufzufassen (Thomas v. Aquin, In de an., III, lectio 3, n. 602). Wie der Punkt zugleich Einheit und Vielheit sein kann (als Anfang der einen und Ende der anderen Linie), oder wie der Mittelpunkt des Kreises an sich eines, als Ausgang der Radien aber vieles ist; so ist der Gemeinsinn eines, insofern in ihm alle äußeren Sinne gemeinsam zusammenlaufen und er die seel. Grundkraft in sich birgt durch die jene der Wahrnehmung fähig sind; aber auch vieles, insofern er sich in sie gliedert und seine Kraft in sie ausströmt. Insofern er nun die Objekte der verschiedenen Sinne gleichmäßig umfaßt, ist er fähig, dieselben auch zu unterscheiden und zu vergleichen. Die Funktion des Gemeinsinnes ist also eine doppelte: er ist das Vermögen, die eigenen Wahrnehmungen wahrzunehmen, und das Vermögen, die verschiedenen Gegenstände der verschiedenen Sinne untereinander zu vergleichen und zu beurteilen (z. B.: Thomas v. Aquin, In de an., II, lectio 13, n. 390; S. th., I, q. 78, a. 4. ad. 2).

J. Decorte

Lit.: C. BAEUMKER, Aristoteles' Lehre von den äußern und innern Sinnesvermögen, 1877 – M. DE CORTE, New Scholasticism 6, 1932, 187–214 – I. BLOCK, Philos. Quarterly 11, 1961, 1–9 – DERS., Phronesis, 9, 1964, 58–63 – DERS., Australasian Journal of Philos. 43, 1965, 189–195 – M. SCHOFIELD–R. SORABJI, Articles on Aristotle 4, 1979 – J. L. ACKRILL, Aristotle the Philosopher, 1981, 63–68 – H. G. APOSTLE, Aristotle's On the Soul, 1981, 132–144 – M. C. NUSSBAUM–A. OKSENBERG-RORTY, Essays on Aristotle's De anima, 1992, 195–312 – Aristotle's De anima, 1993, hg. M. DURRANT, 75–109.

Sententia. Das reiche Bedeutungsspektrum des klass. lat. Begriffs s., das von Meinung über Gedanke bis zu richterl. Urteil reicht, setzt sich im MA fort. Bei Papias steht s. für »consilium, voluntas, iudicium, ratio«. Dem Bedeutungsaspekt bei Priscianus, Praeexercitamina III, 11 (»oratio generalem pronuntiationem habens, hortans ad aliquam rem vel dehortans vel demonstrans quale sit aliquid«) entsprechen die ersten mit »s. ae« überschriebenen Werke, Prospers v. Aquitanien »Liber sententiarum ex operibus S. Augustini deliberatum« und Isidors v. Sevilla »Sententiarum libri tres«. Beide Autoren entwickeln ihren Gegenstand nicht in einem zusammenhängenden Diskurs, sondern statuieren einzelne Sätze, die bei Prosper florilegienartig aus den Werken des Augustinus zusammengetragen sind. Bei Isidor steht die s. hingegen für eine Aussage, die »veram sapientiam gustu interni saporis sentit« (Sent. II, 29, 10). Stilbildend haben Isidors »s.ae« durch ihre systemat. Behandlung theol. Fragestellungen gewirkt. Zu Beginn des 12. Jh. bezeichnet s. oft einen kurzen Auszug aus dem Werk eines Kirchenvaters oder eine knappe Erklärung eines zeitgenöss. Magisters zu einer Bibelstelle bzw. zu einem dogmat. Problem. Solche s.ae werden zu Slg.en zusammengestellt, deren oft anonyme Autoren sich in teilweiser Anlehnung an Augustinus (Enchiridion, De doctrina christiana), Fulgentius (Liber de fide ad Petrum) und Gennadius (Liber sive definitio ecclesiasticorum dogmatum) um Systematik bemühen. Diese ist in der sog. Schule v. Laon eher bibl.-hist. ausgerichtet, bei Abaelard und seiner Schule eher dogmat. (fides, sacramentum, caritas). Die Probleme, die sich aus dem zunehmenden Rekurs auf alte und zeitgenöss. Autoritäten ergeben, hat neben Gilbert v. Poitiers v. a. Abaelard deutl. gesehen. Im Prolog zu seinem auch »Collecte s.e« gen. Werk »Sic et non« hat er die »frequens interrogatio« als die den »controversias in scriptis sanctorum« entsprechende Haltung des Theologen bestimmt. In den »s.ae« des Roland Bandinelli (um 1150) wird den s. ae der Autoritäten eine ausdrückl. »contraria probatio« entgegengestellt und in der »solutio magistri« entschieden. Für das weitere MA sind die »Libri IV sententiarum« des Petrus Lombardus das wichtigste Werk dieser Literaturgattung, die bis zum 13. Jh. fortwährt (vgl. Petrus v. Poitiers).

Unabhängig von dieser Entwicklung kann s. bereits seit Isidor auch die dem Wortlaut widersprechende Autorenmeinung bedeuten (Etym., II, v, 9). Daraus entwickelt Hugo v. St. Viktor seine dreistufige Auslegung (bibl.) Texte: »littera« (ordinatio dictionum), »sensus« (significatio aperta), s. »profundior intelligentia, quae nisi expositione vel interpretatione non invenitur« (Didascalicon, III, viii). Wilhelm v. Conches unterscheidet Buchstaben und s. Die »glosa« erklärt den Buchstaben und die S., das »commentum« die Auslegung der s. (LEMAY, 125). Von hier aus erklärt sich, daß Albertus Magnus, Thomas v. Aquin und andere Autoren des 13. Jh. einzelne ihrer Aristoteleskommentare »s. ae« nennen (zusammengestellt bei GAUTHIER) und damit eine Kommentierungsweise meinen, die den Text nicht Wort für Wort auslegt. In den Sentenzenkommentaren verstehen diese Autoren unter S. mit Avicenna (De anima V, 1) eine »conceptio definita vel certissima«.

Th. Ricklin

Lit.: G. PARÉ, A. BRUNET, P. TREMBLAY, La renaissance du XIIe s., 1933, 242–274 – F. STEGMÜLLER, Repertorium Commentariorum in S.s Petri Lombardi, I–II, 1947 [Neudr. in Vorbereitung] – H. CLOES, La systématisation théol. pendant la première moitié du XIIe s., Ephemerides Theol. Lovanienses 24, 1958, 277–329 – O. LOTTIN, Psychologie et Morale aux XIIe et XIIIe s., V, VI, 1959–60 – A. GRILLMEIER (Kirche und Überlieferung [Fschr. J. R. GEISELMANN, 1960]), 119–169 – R. A. GAUTHIER, S. Thomae de Aquino S. Libri Ethicorum, Opera Omnia, t. XLVII, v. I, 1969, Praef. 236*–246* – A. LANDGRAF, Introd. à l'hist. de la litt. théol. de la scolastique naissante, 1973 – H. R. LEMAY, Guillaume de Conches' Division of Philosophy in the Accessus ad Macrobium, Mediaevalia (New York) I, 2, 1977, 115–129 – B. BAZÀN, Les questions disputées, TS 44–45, 1985, 25–31 – J. HAMESSE (Méthodes et instruments du travail intellectuel au MA, ed. O. WEIJERS, 1990), 209–230 – P. FELTRIN–M. ROSSINI, Verità in questione, 1992, 40–46.

Sententiae diversorum patrum (74-Titel-Slg.), vorgregorian. Kirchenrechtsslg., entstanden wohl im 3. Viertel des 11. Jh. in Italien. Der unbekannte Autor (nicht →Humbert v. Silva Candida), der seine 315 Sentenzen, sachl. geordnet und z. T. erhebl. redigiert, aus Pseudoisidor (→Pseudoisidor. Dekretalen) entnahm, konzentrierte sich über den päpstl. Primat hinaus auf die Belange der Gesamtkirche (Klerus, Kirchengut, Prozeßwesen usw.). Wenn auch kaum das »erste Handbuch der Reform« (FOURNIER), so haben die S. d. p. doch eine frühe Verbreitung und reiche beachtl. Rezeption erlebt (→Bernold v. Konstanz als vermutl. Autor einer erweiterten Form [schwäb. Red.], →Anselm v. Lucca, →Alger v. Lüttich, 4-Bücher-Slg. u. a.).

H. Mordek

Ed.: J. T. GILCHRIST, MIC B I, 1973 [Übers.: DERS., The Collection in Seventy-Four Titles, 1980] – *Lit.*: FOURNIER–LE BRAS II, 14ff. – A.

MICHEL, Die Sentenzen des Kard.s Humbert, 1943 – H. FUHRMANN, Über den Reformgeist der 74-Titel-Slg. (Fschr. H. HEIMPEL, II, 1972), 1101–1120 – J. GAUDEMET, Les sources du droit canonique VIIIe–XXe s., 1993, 88f.

Sentenzenkommentare. Als S. bezeichnet man die Kommentare zu den zw. 1155 und 1158 im Rahmen des Schulunterrichts in Paris entstandenen »Sententiae in IV libris distinctae« des →Petrus Lombardus (= P.). In der Absicht, die Konsultation unzähliger Werke überflüssig zu machen, hatte P. die patrum sententiae zu wichtigen theol. Problemen in 4 Büchern zusammengestellt und diskutiert. Buch I ist Gott und der Trinität gewidmet (210 Kap.); Buch II der sichtbaren und der unsichtbaren Schöpfung, dem Menschen und seinem Fall (269 Kap.); Buch III der Christologie und der Erlösung (164 Kap.); Buch IV den Sakramenten und der Eschatologie (290 Kap.). Wie bei ähnl. Werken (→sententia) wurde dem Werk des P. von dessen Schülern bes. Aufmerksamkeit zuteil. →Petrus Comestor (Manducator), →Paganus v. Corbeil und andere schrieben erste Glossen zu den Sententiae oder ließen sich durch sie zu eigenen Werken inspirieren. 1170 wurde P. von Alexander III. des →Nihilianismus angeklagt. Neben anderen Autoren schrieb auch →Joachim v. Fiore gegen die Trinitätslehre des P. Daß die Sententiae zum wichtigsten theol. Schulbuch wurden, dürfte sich zu einem guten Teil aus der Gegnerschaft des Joachim v. Fiore erklären. 1215 verurteilte das IV. Laterankonzil das von Joachim gegen die Trinitätslehre des P. geschriebene Werk. Zugleich erwies es P. die seltene Ehre einer positiven namentl. Erwähnung in einem Konzilsbeschluß (DENZINGER-SCHÖNMETZER 803f.). Auf die in den zwanziger Jahren des 13. Jh. gehaltenen Vorlesungen des →Alexander v. Hales zu den Sententiae geht wahrscheinl. die Einteilung in distinctiones, die jeweils mehrere Kapitel umfassen, zurück (I: 48 d.; II: 44 d.; III: 40 d.; IV: 50 d.). Wann die Sententiae zum Pflichtstoff der theol. Fakultäten geworden sind, ist nicht bekannt, ausdrückl. erwähnt werden sie erst in den Pariser Statuten v. 1335. Der akad. Grad des sententiarius taucht an den Univ.en in der 2. Hälfte des 13. Jh. auf. Als →baccalarius, der zuvor 2 Jahre lang als biblicus kursor. Vorlesungen zur Bibel gehalten hat, liest der Sentenziar in Paris unter Aufsicht seines Magisters den ein- oder zweijährigen Kursus zu den Sententiae. In Oxford folgt die Vorlesung zur Bibel derjenigen zu den Sentenzen. Ursprgl. lag diesen Vorlesungen, die jeder Student während sechs Jahren besuchen mußte, der method. Dreischritt 'divisio textus, expositio, dubia circa litteram' zugrunde. Im Laufe der Entwicklung nimmt die expositio mehr und mehr Platz ein, wobei zusehends nur noch einzelne distinctiones ausführl. behandelt werden. Die Literalexegese wird von der Kommentierung in Quaestionenform allmähl. verdrängt, bei der die Beziehung zum Text immer lockerer wird.

Da alle zukünftigen Magistri der Theol. Fakultät das Buch des P. zu kommentieren hatten, gehören die außergewöhnl. zahlreichen S. zu den bedeutendsten Zeugnissen universitären Lehrbetriebs im MA. F. STEGMÜLLER hat bereits 1947 mehr als 1400 erhaltene Kommentare oder Kommentarfragmente aufgelistet. Nach dem Wortlaut des Eides, den ein Sentenziar in Paris ablegen mußte, verpflichtete er sich, nicht nur die Lehre seiner Vorgänger zu wiederholen. In den als Nachschriften (reportationes) überlieferten oder vom Autor selbst durchgesehenen oder redigierten S.n (scriptum, ordinatio) ist in der späteren Zeit auch das Gleichgewicht in der Behandlung der vier Bücher verlorengegangen. Das I. Buch und v. a. die Einleitungsfragen gewinnen mehr und mehr an Bedeutung.

Die Rolle der principia, d. h. die Antrittsvorlesungen zum Ganzen und den Teilen, hat ebenfalls im Laufe der Zeit zugenommen.

Das Buch des P. gab seinem Ausleger Gelegenheit, alle entscheidenden Probleme der spekulativen und prakt. Theol. zu behandeln, und, wiewohl die Pariser Statuten v. 1366 darauf hinweisen, daß log. und philos. Fragen nur insoweit zu behandeln sind, als der Text es erfordert, werden in den S.n auch zentrale Probleme der Wissenschaftstheorie, der Logik und der Ontologie erörtert. Bei den Kommentatoren des 13. Jh. nimmt die Deutung der Struktur des komm. Buches einen bes. Platz ein, da eine direkte Beziehung zw. dem systemat. Gefüge der Theol. (ordo disciplinae) und dem Aufbau der komm. Schrift vorausgesetzt wurde. →Thomas v. Aquin deutet im Anschluß an Alexander v. Hales die Gesamtheit des Stoffes mit dem Bild des Ausflusses nach Sir 24,40f., so daß nach dieser Auslegung im I. Buch der innergöttl., im II. Buch der außergöttl. Hervorgang (processio) der Schöpfung thematisiert werden. Wenn im III. Buch von der Wiederherstellung (restauratio) und im IV. vom Ziel die Rede ist, dann läßt sich dies nach Eccl 1,7 der Rückkehr zuordnen (Prol. III. Buch). →Bonaventura interpretiert den Stoff des Buches ebenfalls mit dem Bild des Flusses: Die vier Flüsse von Gen 2,10–14 versinnbildlichen dann die vier Bücher, in denen P. die göttl. emanatio, die Schöpfung, die Menschwerdung und die Sakramente behandelt. Im Zusammenhang mit der zunehmenden Loslösung des Komm.s vom Text läßt das Interesse an seiner inneren Kohärenz nach und der wissenschaftstheoret. Status der Theol. wird zu einem Grundproblem der Kommentierung, wie die von →Johannes Duns Scotus in seinem Prolog zur sog. Ordinatio breit entfaltete Kontroverse zw. Philos. und Theol. in eindrückl. Weise zeigt. Einen Einblick in die Situation der Kommentierung zu Beginn des 14. Jh. liefert die Ordinatio Ockhams zum I. Buch: Die Auslegung gibt ihm u. a. Gelegenheit zu außergewöhnl. umfangreichen Diskussionen zum Problem der Evidenz und der Wissenschaftlichkeit von Sätzen (Prol.), zu den Universalien (d. 2), dem Ersteobjekt der Erkenntnis (d. 3), zu den Art- und Gattungsbegriffen (d. 8), den Relationen (d. 26, 30, 31), den göttl. Ideen (d. 35) und den futura contingentia (d. 38). Einzelne Distinktionen werden auf diese Weise zu loci classici bestimmter Problemerörterungen, wie u. a. die einflußreichen Kommentare →Adam Wodhams, →Gregors v. Rimini oder des →Johannes v. Ripa bestätigen. Nach einer stark durch die Semantik bestimmten Kommentierung (Wilhelm v. Ockham, Wodham, →Walter v. Chatton, →Crathorn, →Robert Holcot) läßt sich in England nach 1330 eine Mathematisierung der Theol. feststellen (Thomas →Bradwardine, Roger Rosetus, Thomas Buckingham), die z. T. mit einer Erneuerung des Augustinismus verbunden ist. Der Einfluß des engl. Denkstils auf dem Festland beherrscht ab 1340 auch die S. Der Anteil, der den Auseinandersetzungen mit Vorgängern und Zeitgenossen gewidmet ist, wächst stets an, wie Komm.e aus dem späten 14. Jh. und dem 15. Jh. belegen, die sich z. T. in der ausführl. Darstellung verschiedener Positionen erschöpfen (z. B. Petrus de Candia, Pierre d'→Ailly) oder entsprechend einer bestimmten Schulrichtung (via antiqua, via moderna) oder gar nach der Lehrmeinung eines Autors (Thomas, Scotus etc.) verfaßt worden sind. Gegen die Auswüchse einer stets komplizierteren Schultheol. in den S.n hat →Johannes Carlerii Gerson zeitlebens protestiert und eine leicht verständl. Doktrin gefordert. Zusammen mit den Komm.n zu Aristoteles und den Schriftkomm.n bilden die S. trotz gegen Ende des MA auftretender Verfallsformen das Paradigma scholast. Textauslegung. Luthers S. (Erfurt 1510/11) bildet insofern den Abschluß dieser Tradition, als auf dem Konzil v. Trient die Summa theologiae des Thomas v. Aquin den theol. Bezugspunkt der Väter bildete.　　　　　　　　　　　R. Imbach/Th. Ricklin

Lit.: F. STEGMÜLLER, Rep. commentariorum in Sententias Petri Lombardi, I–II, 1947 (Ergänzungen Med. phil. Polon. 1, 2, 5, 8, 13, 1958–68) – P. GLORIEUX, L'enseignement au MA, AHDL 35, 1968, 65–186 – J. CHÂTILLON, Latran II et l'enseignement christologique de Petrus Lombardus (Le troisième concile de Latran, hg. J. LONGÈRE, 1982), 75–90 – Z. KALUZA, La nature des écrits de Jean de Ripa, Traditio 43, 1987, 257–298 – W. J. COURTENAY, Schools and Scholars in Fourteenth-Cent. England, 1987 – A. MAIERÙ, University Training in Medieval Europe, 1994 – M. L. COLISH, Peter Lombard, 2 Bde, 1994.

Septimanien, spätantike und frühma. Landschaftsbezeichnung. Die 'Septimania' nahm im südl. →Gallien (Gallia Narbonensis) den städtereichen Küstenstreifen der heut. Départements Gard, Hérault, Aude und Pyrénées-Orientales in den hist. Regionen (Nieder-)Languedoc und →Roussillon ein sowie die Landgebiete zw. Garonne, →Pyrenäen, südl. Cevennen und →Rhône mit der Diöz. (seit 813 Erzdiöz.) →Narbonne sowie deren Suffraganbm.ern →Toulouse, →Béziers, →Nîmes, →Lodève, →Uzès, →Agde, →Maguelone, →Carcassonne und →Elne. Der Name leitet sich von 'Septimani' ab, dem Beiwort in der offiziellen röm. Benennung von Béziers: *Colonia V(ictrix?) Iulia Septimanorum Baeterrae.* Alle anderen Erklärungen (etwa diejenige, es handele sich um ein Gebiet von sieben Civitates) sind falsch. In den erhaltenen Q. erscheint S. zuerst bei →Sidonius Apollinaris, epist. 3, 1, 4: »Gothis..., qui saepenumero etiam Septimaniam suam fastidiunt vel refundunt«.

Als S. wurde seit dem frühen 6. Jh. der nach dem frk. Sieg v. →Vouillé (507) unter ostgot. Schutz westgotisch gebliebene Teil Galliens bezeichnet, bei mitunter schwankenden Grenzen. Während →Toulouse, der ehem. Königssitz der →Westgoten, erst 531 endgültig unter Herrschaft des →Frankenreiches kam, wurde das ebenfalls im 6. Jh. von den Franken eroberte Gebiet von Lodève vor Ende des Jahrhunderts wieder dem toledan. Westgotenreich einverleibt. In Narbonne wurde 568 der Dux v. S., Liuva (I.), zum Kg. der Westgoten gewählt, blieb jedoch bis zu seinem Tode (572) auf S. beschränkt und überließ Spanien seinem bedeutenderen Bruder →Leovigild. In die Regierungszeit Leovigilds und seines Sohnes →Reccared fallen frk. Eroberungszüge gegen S. (585, 589), die aber scheiterten. Im Zuge der Organisation des Westgotenreiches in Form von Dukaten (→Dux, II. 1) ist die 'Gallia provincia' (= S.), allerdings erst für 694, als Dukat bezeugt. Von unzufriedenen Kreisen der got. Aristokratie in S. gingen offenbar die Königserhebungen Gundemars (610) und Sisinands (632) aus, bes. aber der gescheiterte Aufstand unter Paul gegen Kg. →Wamba (673).

Nach dem Zusammenbruch des Westgotenreiches (seit 711) kam auch S. unter muslim. Herrschaft (719/720 Einnahme von Narbonne, 725 von Carcassonne); Narbonne war Sitz eines →Wālī. Eroberungsfeldzüge des frk. Hausmeiers Karl Martell (ab 737) scheiterten zunächst. Erst Pippin III. konnte (nach Gebietsabtretungen durch den Westgoten Ansemund, 752) die Region dauernd dem Frankenreich angliedern (759 Erwerbung von Narbonne); sie war seit 778 zumeist dem karol. →Regnum v. →Aquitanien zugeordnet. Ein letzter muslim. Einfall (792–793) wurde nach einigen Jahren mit einem Gegenangriff →Wilhelms v. Toulouse beantwortet, in dessen Verlauf 801 →Barcelona erobert wurde, das einen einheim. got. Grafen, →Bera, erhielt und dem Metropolitansprengel v. Narbonne einverleibt wurde. Seit ca. 830 wurde S. als 'Got(h)ia' bezeichnet und bildete eine Markgft. (unter →Bernhard I., † 844, Sohn Wilhelms v. Toulouse), deren jeweilige Inhaber sich weitgehender Unabhängigkeit von der westfrk./frz. Königsgewalt erfreuten.　　M. Schottky

Q.: Gregor v. Tours, Hist. VIII/IX – *Lit.:* La Grande Enc., inventaire raisonné XIX, 33; XXIX, 1029 – Gran Enciclopedia Catal. VIII, 179; XIII, 492 – RE II A, 1558f. – Hist. du Languedoc/Doc. de l'hist. du L., hg. PH. WOLFF, 1967–69 – W. KIENAST, Stud. über die frz. Volksstämme des FrühMA, 1968 – E. A. THOMPSON, The Goths in Spain, 1969, Register s. v. Gallia Narbon. – H. U. RAHMAN, A Chronol. of Islamic Hist., 570–1000 CE, 1989 – H. WOLFRAM, Die Goten, 1990³, Register s.v. Septimanien – DERS., Das Reich und die Germanen, 1990, 365–388 – R. SCHIEFFER, Die Karolinger, 1992.

Sepúlveda (Septempublica), Stadt in der kast. →Estremadura am Fluß Duratón, organisiert als →Comunidad de Villa y Tierra. Nach der Schlacht v. →Simancas-Alhándega (939) durch den kast. Gf. en →Fernán González wieder besiedelt, aber durch die Feldzüge →al-Manṣūrs erneut verlorengegangen, gelangte die Befestigung erst um 1011 endgültig in den chr. Machtbereich durch Gf. →Sancho Garcés, der dem Ort auch die ersten →Fueros gab. 1076 bestätigte und erweiterte Alfons VI. v. Kastilien-León diese, legte die Grenzen des Terminus mit den abhängigen Orten fest und leitete die eigtl. →Repoblación ein. 1107 als 'Diöz.' dem Bm. →Toledo unterstellt, wurde S. schließlich dem Bm. →Segovia angeschlossen. Die v. a. agrar. ausgerichtete Comunidad de Villa y Tierra konsolidierte sich in der ersten Hälfte des 12. Jh. und beherbergte neben z. T. jüd. und muslim. Händlern und Handwerkern auch die niederadlige Schicht der →Caballeros villanos und →Hidalgos, die mit den *peones* (Fußvolk) den städt. →Concejo bildete; sie wurden im 14. Jh. von den Schichten der *caballeros, escuderos* sowie *pecheros* abgelöst. Der erweiterte Fuero des 13. Jh. bezeugt ein Marktrecht. →Regidores tauchten in S. erst Ende des 14. Jh. auf, die Institution des →Corregidor setzte sich im 15. Jh. erst allmähl. durch.　　　　　　　　　　　L. Vones

Lit.: E. SÁEZ, Los Fueros de S., 1953 – Colección diplomática de S., I, ed. E. SÁEZ, 1956; II, ed. C. SÁEZ, 1991 – A. GONZÁLEZ RUÍZ-ZORRILLA, La resistencia al dominio señorial, Cuadernos de Hist. 3, 1969, 297–320 – A. LINAGE CONDE, Hacia una biografia de la villa de S., 1972 – J. FERNÁNDEZ VILADRICH, La Comunidad de Villa y Tierra de S. durante la Edad Media, Anuario de Estudios Medievales 8, 1972–73, 199–224 – C. SÁEZ, S. en la segunda mitad del siglo XV, ebd. 9, 1974–79, 267–324 – A. LINAGE CONDE, En torno a la S. de Fray Justo (Homenaje Fray J. PÉREZ DE URBEL, I, 1976), 575–653 – J. GAUTIER DALCHÉ, S. à la fin du MA (Économie et société dans les pays de la Couronne de Castille, 1982), Nr. VIII – G. MARTÍNEZ DÍEZ, Las Comunidades de Villa y Tierra de la Extremadura Castellana, 1983, 325–349 – O. ENGELS, Reconquista und Reform (Reconquista und Landesherrschaft, 1989), 387–401 – F. J. MARTÍNEZ LLORENTE, Régimen jurídico de la Extremadura Castellana medieval, 1990, 45ff., 71ff., 268ff.

Sequenz
I. Literarisch – II. Liturgisch – III. Musikalisch.

I. LITERARISCH: Die musikal.-poet. Kunstform der S. ('prosa', 'sequentia') ist wie das geistl. Spiel eine Schöpfung des MA. Sie hat bei ihrem Aufkommen bald großen Anklang gefunden. Daran konnten auch frühe Verbote nichts ändern wie das der Synode von Meaux (841; vgl. G. SILAGI in: Liturg. Tropen, 1985, VII). In den verschiedenen Formen der S. sind Tausende von Dichtungen verfaßt, darunter viele von höchstem Rang. Die Entwicklung verläuft in drei Phasen. – 1. *Epoche:* Die Prosa der frühen S.en ist durch die vorgegebene Melodie gebunden. Sie schreitet in Abschnitten ('Strophen', 'Versus', 'Versikeln') fort, deren Textform und Melodie jeweils in einer Parallelstrophe wiederholt werden, danach wechseln. So entstehen Strophenpaare (Doppelstrophen, 'Versikelresponsion'; als 'Versikel' werden allerdings auch die regelmäßigen Unterteilungen der Strophen bezeichnet). Anfangs- und Schlußstrophen sind meist unpaarig. a) Die älteren w. (frz.) S.en lassen gewöhnl. – im Einklang zum Alleluja-Jubilus – ihre Strophen und viele Zeilen auf '-a' enden. Ihre grammat. Fügung ist oft locker, ihre Poesie liegt vorwiegend im bes. Wort: auffallend vielen Ausdrücken aus der Musik, griech. und sonst gesuchten Wörtern, mit denen die Gemeinschaft (nostra contio, coetus u. a.) ein hochgestimmtes Lob singt, zu dem sie sich selbst immer wieder auffordert ('Liedmotiv'). Unter den Frühs.en fallen einige durch ihren lyr. Ton auf (v. D. STEINEN, Anfänge, 136ff.). Zu ihnen gehört die 'Zöllnersequenz' (SCHALLER 15653). Durch bes. Bau hebt sich die Gruppe der Da-capo-S.en ab (auch 'S.en mit höherer Responsion', 'S.en mit doppeltem Cursus', früher auch 'arch. S.en'), die im letzten Viertel des 9. Jh. entstanden. In ihnen wird die Folge der Strophenpaare nach einem ersten Durchgang ganz oder in Teilen wiederholt. Beispiele: 'Rex caeli domine (→Musica enchiriadis), lat. →Eulalia-S. mit einigen metr. Strophen (1, 2, 8, 13, 14.1; zu metr. Formen vgl. v. D. STEINEN, Anfänge, 251f.). Hier ist der Einfluß weltl. Musikkunst und -praxis wahrscheinl., der mit nicht immer überzeugenden Gründen auch für die Entstehung der S. überhaupt angenommen wird. b) Die S.en →Notkers des Stammlers beruhen auf einer w. Anregung, sie begründen und vollenden mit ihrer herben Poesie die ö. (etwa im dt. Sprachgebiet verbreitete) S. (ohne a-Klänge), deren Repertoire im liturg. Gebrauch vom w. weitgehend getrennt bleibt. Die zugrundeliegenden »überlangen Melodien« sind offensichtl. nichtgregorian. (vgl. auch Notker, Gesta Karoli I 10). Wohl schon in dieser ersten Epoche wurden Melodien für die S.en erweitert oder neu geschaffen. Melodien einer S. ('Stamms.') wurden für neue S.en verwendet. Bestimmte Melodien haben gelegentl. eigene Titel. – 2. *Übergangsstil*: Gegen Ende des 9. Jh. tritt der Vokalreim (Assonanz) auf. Etwa seit der Jahrtausendwende breitet sich der geregelte (alternierende) Rhythmus und der (zunächst einsilbige) Reim der Zeilen aus. Beispiel: 'Victimae paschali' (AnalHym 54, 12). Daneben werden weiterhin S.en im herkömml. Stil gedichtet. – 3. *Epoche*: Vom Ende des 11. Jh. an wird wie in der übrigen Dichtung der reine zweisilbige Reim ebenso die Regel wie der alternierende Rhythmus. Die Strophenpaare erhalten jetzt u. U. durchgehend gleiche Textgestalt; in diesen Fällen ist die S. nur noch durch die Melodie von einem Hymnus zu unterscheiden, wie in einigen Stücken des berühmtesten S.en-Dichters der Epoche, →Adams v. St. Viktor. – 4. *Die S. in der außerliturg. und weltl. Dichtung*: Frühes Auftreten oder die Priorität weltl. S.en (oder S.en-Melodien), die man aus Melodietiteln erschließen will, bleibt fragl.; die Schwanen'klage' (SCHALLER 2330) ist sicher als geistl. Allegorie zu verstehen. Doch bereits die Urslg. der →Carmina Cantabrigiensia bietet mehrere weltl. Dichtungen in S.en-Form. Neben die streng gebauten S.en treten bald freiere Formen mit eingeschobenen Einzelstrophen (z. B. Carmina Burana 60f., 70f.), drei- oder vierfachen Parallelstrophen (ebd. 60f.), Wiederholung der Form ganzer Strophenfolgen (ebd. 61), mit leichähnl. Teilen (ebd. 60f.), sogar mit Refrain (ebd. 63). Die Nähe des →Leichs zur S. wird in dieser ganzen Gruppe deutl. (vgl. auch →Abaelard, Planctus). Die S. als poet. Form bleibt bis ans Ende des MA in Gebrauch, u. a. in Marienklagen (vgl. Marienlex. V., 1993, 247f.), in →Reimgebeten und Leseliedern. In diesem Umkreis haben vermutl. auch die berühmten S.en →'Dies irae' und →'Stabat mater' ihren Ursprung. G. Bernt

Ed.: (s. unten, liturg.) – G. ROPA, I testi liturgici (Lo spazio letterario del Medioevo, 1. Il Medioevo lat., I, 2, 1993), 404-410 – J. KEHREIN, Lat. S.en des MA, 1873 – *Lit.*: (s. unten, liturg.) LThK² IX, 679–681 –. Medioevo lat. jeweils 'Sezione terza', 'Liturgia' [Bibliogr.] – K. BARTSCH, Die lat. S.en des MA, 1868 – W. v. D. STEINEN, Die Anfänge der S.endichtung, Zschr. für Schweizer. Kirchengesch. 40, 1946, 190–212, 241–268; 41, 1947, 19–48, 122–162 – P. DRONKE, The Beginnings of the S., Beitr. zur Gesch. der dt. Sprache und Lit., 87, 1965, 43–73 – N. DE GOEDE, The Utrecht Prosarium, Monumenta musica Neerlandica, 6, 1965 – SZÖVÉRFFY, Annalen, I, 456, II 523 [Register] – DERS., Weltl. Dichtungen, I 763 [Register] – L. BRUNNER, Catalogo delle s.e in manoscritti di origine italiana anteriori al 1200, Rivista italiana di musicologia 20, 1985, 191–276 – BRUNHÖLZL II, 31–43, 559f.

II. LITURGISCH: S.en als zusätzl. Propriumsgesang zw. →Alleluia und →Evangelium sind die wichtigste liturg. Neuerung im 9. Jh. mit Hochblüten im 10. und 12. Jh. S.en gehören zur Festliturgie, sind zeitgenöss. theol. Kommentare des älteren →proprium missae, tradieren Vätertheologie und -spiritualität inmitten neuer theol. Ansätze. Das Basisrepertoire des 10. Jh. (z. B. ostfränkisch: Notkers Liber Ymnorum erweitert) für die Hochfeste wird bes. im 12. Jh. mit Marien- und Hl.ns.en ergänzt. Durch S.en wird die weitgehend erstarrte Liturgie regional weiterentwickelt und differenziert (Diözesen, Orden, Klöster). Durch ihre Beliebtheit werden S.en Ausgangspunkt für volkssprachl. Kirchenlieder (Übersetzung: Grates nunc omnes – Dank sagen wir alle; Interpolation: Lauda Sion – Gott sei gelobet) und Dichtung (→Mönch v. Salzburg). S.en werden organal gesungen, mehrstimmig vertont, parodiert (Verbum bonum et suave – Vinum bonum et suave), theol. kommentiert (Expositio sequentiarum). Bes. ab dem 14. Jh. auf niedrige Festränge und Votivmessen erweitert, gehören S.en zu jeder Messe mit Alleluia, z. B. Klosterneuburg im 15. Jh., wo ca. 100 Texte bei ca. 300 Messen im Jahr vorkommen. Ende und Erbe dieser Kultur sind die Missalien Pius V. (1570) und Paul VI. (1970).

III. MUSIKALISCH: Vorstufen der eigtl. Gattung S. sind melod. Erweiterungen älterer Gesänge, bes. des Alleluia, gen. sequentiae, longissimae melodiae und deren Textierung, prosa, prosula. Verselbständigte Alleluia-Prosulae bilden den kleinen Bestand der aparallelen S., die formale Vorgabe der neu geschaffenen Hauptform wird: Die Tonzahl einer →Neume entspricht der Silbenzahl von Wort/Sinneinheit, Textinzisen entsprechen der Neumenartikulation, so daß (Idealfall) textl. und melod. Struktur ident. sind. Die S. besteht aus verschieden langen Doppelstrophen mit je eigener Melodie mit Einleitung und Schluß (a, bb, cc ... z). Die Verbindung zum Alleluia ist assoziativ und ideell, nicht strukturell. Im 12. Jh. Angleichung an die Hymnenform (Reim, Strophenpaare mit gleichem Metrum, aber verschiedene Melodien, →Adam v. St. Victor). Aus dem ursprgl. Kantorengesang wird ein Chorstück. Internationale Melodien verbinden sich mit vielen oft nur regional existenten Texten, die häufig nicht gesungen werden, sondern als Leselieder in der missa lecta zur Erbauung dienen. F. K. Praßl

Q.: AnalHym 7–10, 34, 37, 39, 40, 41, 42, 44, 50, 53–55 – B. RAJECZKY, Melodiarum Hungariae Medii Aevi, I, 1956; II, 1982 – *Lit.*: The New GROVE 13, 128–154 – MGG 12, 522–549 – K. H. KOHRS, Die aparallelen S.en, 1978 – A. HAUG, Schriftl. dargestellte und gesungene S., 1987 – F. K. PRASSL, Psallat ecclesia mater. Studien zu Repertoire und Verwendung von S.en in der Liturgie österr. Augustinerchorherren ... [Diss. Graz 1987] – Codex 121 Einsiedeln: Kommentar zum Faks., hg. O. LANG, 1991 – M. FASSLER, Gothic Song. Victorine Sequences and Augustinian Reform in Twelfth-

Sequestration (sequestrum, mlat. sequestratio, saximentum), im klass. röm. Recht die Hinterlegung einer Sache durch zwei oder mehr Personen bei einem Dritten, dem sog. Sequester, zur Verwahrung, mit der Auflage, sie unter bestimmten Bedingungen zu restituieren (D. 16. 3. 6), insbes. die Hinterlegung einer streitbefangenen Sache durch die Prozeßparteien, um sie nach Entscheidung an den Sieger zu restituieren (D. 16. 3. 17 pr.; D. 50. 16. 110), letzteres ist der in den Q. häufigste Fall. Neben dieser Form der Hinterlegung, die dann im gemeinen Recht als freiwillige oder konventionelle S. (sequestratio voluntaria) bezeichnet wurde, entwickelte sich in der Spätantike (ihre klass. Ursprünge sind kontrovers) die Hinterlegung auf Anordnung eines Gerichtsherrn bei einer Privatperson oder apud officium. Auch diese »notwendige« oder »richterliche« S. diente vorwiegend der Sicherstellung einer Sache während der Dauer eines Besitz- oder Eigentumsprozesses. Im Unterschied zu der erstgen. Form der S. war letztere nur in bestimmten Situationen vorgesehen und erlaubt. In der Zeit der Entwicklung und Ausbreitung des →Gemeinen Rechts wurde die Lehre von der S., deren Hauptquelle das röm. Recht war, ausgearbeitet und theoret. fundiert. Einzelne Fälle der S. wurden auch im kanon. Recht geregelt, im Liber Extra X. 2, 17: De sequestratio possessionum und in den Clementinen (Clem. 2, 6: De sequestratione possessionum et fructuum), sowie im Statutarrecht. Bes. wichtig war die S. von beweglichen Sachen eines Schuldners, der im Verdacht stand, sich durch Flucht entziehen zu wollen oder einen Geldkredit nicht zurückzahlen zu können: diese Form der S. war im röm. Recht nicht vorgesehen und bildet den ersten Ansatz zum nz. dinglichen Arrest. Sie wurde in vielen ma. it. Statuten anerkannt, die auch das Verfahren regelten (→Arrest).

G. Chiodi

Lit.: T. Muther, S. und Arrest im röm. Recht, 1856 – A. Wach, Der Arrestprozeß in seiner gesch. Entwicklung, I. (einziger) Teil; Der it. Arrestprozeß, 1868 [Neudr. 1973] – A. Pertile, Storia del diritto italiano dalla caduta dell'Impero Romano alla codificazione, VI, 2, 1908², 367–373 – A. Coniglio, Il sequestro giudiziario e conservativo, 1926, I, 1–205 – G. Salvioli, Storia della procedura civile e criminale (Storia del diritto italiano dir. P. Del Giudice, III, 2, 1927, 643–654) – M. Kaser, Das röm. Zivilprozeßrecht, 1966, passim.

Ser Giovanni. Drei Hss. des 15. Jh. schreiben einem rätselhaften S. G. (der im 16. Jh. von Lodovico Domenichi das Epitheton »Fiorentino« erhält) den »Pecorone« zu, eine heterogene Slg. von 50 nur generell »narrativen« Texten. 32 von ihnen sind aus der Chronik des Giovanni →Villani übernommen, drei der restl. 18 Texte sind Bearbeitungen von Novellen aus →Boccaccios »Decameron«; zwei geben Episoden aus der Gesch. der Romagna wieder, ein Text hat Bernabò →Visconti zum Protagonisten, und zwölf sind der zeitgenöss. frz. Erzähllit. entlehnt. Die Struktur des »Pecorone« scheint Boccaccios Meisterwerk zu parodieren. Es gibt jedoch nur zwei Erzähler: eine junge Nonne mit dem symbol. Namen Saturnina (eine Anspielung auf ihren melanchol. Charakter) und einen jungen Klosterbruder namens Auretto (Anagramm von Auttore), die abwechselnd an 25 Tagen eine Gesch. erzählen und am Schluß jedes Zyklus eine →Ballata rezitieren. Die Erzählung sollte dazu dienen, die Liebe der beiden jungen Leute in den von den höf. Konventionen gesetzten Schranken zu halten und ihre Leidenschaft zu sublimieren; die letzte eindeutig obszöne Novelle erzählt jedoch in der Form eines Apologs von der Liebschaft einer Nonne mit einem jungen Mann aus →Forlì (in der Nähe dieser Stadt, in Dovadola, ist auch die 1378 spielende Rahmenerzählung des »Pecorone« angesiedelt). Die Sprache läßt darauf schließen, daß der Verfasser Toskaner war, es ist jedoch mögl., daß er sich in der Romagna aufhielt und im Dienst der Gf.en →Guidi v. Dovadola stand, die bes. enge Beziehungen zu Florenz hatten. Das Patronymikon »Pecoronis« war im 14. Jh. in der Toskana verbreitet; ein Johannis Pecoronis wird im »Libro delle Rime« des Florentiners Franco →Sacchetti erwähnt. Ohne sichere Grundlage ist eine Identifizierung des S. G. mit Malizia Barattone, einem im 14. Jh. am Hofe der Anjou in Neapel wirkenden Spielmann.

L. Rossi

Ed.: S. G., Il Pecorone, hg. E. Esposito, 1974 – *Lit.*: E. Gorra, L'autore del Pecorone, GSLI, XV, 1890, 216–237 – F. Novati, S. G. del Pecorone, GSLI, XIX, 1892, 348–356 – G. Volpi, S. G. Fiorentino e alcuni sonetti antichi, GSLI, XIX, 1892, 335–347 – P. Stoppelli, Malizia Barattone (G. di Firenze) autore del Pecorone, Filologia e Critica, II, 1977, 1–34 – Ders., I sonetti di G. di Firenze (Malizia Barattone), FM/Annali dell'Istituto di Filologia Moderna dell'Università di Roma, I, 1977, 189–221 – L. Rossi, Scrittori borghesi dell'ultimo Trecento, Storia della Letteratura It., Bd. II, Il Trecento, 1995 [Lit.].

Serafino de' Ciminelli, gen. **Aquilano,** berühmtester it. Hofdichter des letzten Viertels des 15. Jh., * 1466 in L'Aquila, † 1500 in Rom, wirkte an den bedeutendsten it. Höfen seiner Zeit: in Rom, wo er im Dienst Kard. Ascanio →Sforzas, des Bruders von →Ludovico il Moro, stand, in Mailand (immer im Gefolge des Sforza), dann von neuem in Rom und in Neapel; die letzten Lebensjahre verbrachte er an den Höfen in Mailand und in Urbino. Seit seiner Jugend war er ein Verehrer →Petrarcas und stand in Kontakt mit den bedeutendsten Persönlichkeiten des neapolitan. Kulturlebens (Calmeta, der auch seine Biographie verfaßte; →Sannazaro und →Pontano) sowie der Höfe in der Poebene (Tebaldeo, →Cariteo und Niccolò da Correggio). Sein Werk umfaßt drei Hirtenteklogen, nach dem Vorbild Sannazaros, verschiedene Capitoli und Liebesbriefe in Terzinen, mehr als zweihundert →Strambotti, etwa 100 burchielleske Sonette (→Burchielleske Dichtung) und zehn Scherzgedichte (ed. pr. 1502 in Rom: »Opera del fecundissimo S. A.«). Dazu treten dramat. Werke: zwei szen. Akte (»Oroscopo« und »Orologio«) und eine »Rappresentazione allegorica della Voluttà, Virtù e Fama«. Zeugnis für S. A.s ungeheure Popularität sind die hohe Anzahl der Werkausgaben sowie die wachsende Menge der ihm fälschl. zugeschriebenen Dichtungen.

M. Picone

Lit.: B. Bauer-Formiconi, Die Strambotti des S. A., 1967 – A. Tissoni Benvenuti (La Letteratura it. Storia e testi, 1972, 3, 2, 397–398) – A. Rossi, S. A. e la poesia cortigiana, 1980 [Lit.].

Serail (osman. *saray* 'Palast', 'Residenz', 'Regierung', 'großes Haus'), bezeichnet u. a. die drei von Sultan →Mehmed II. dem Eroberer (1451–81) gegr. Sultanspaläste, einer in Edirne/→Adrianopel (im Balkankrieg 1875 zerstört [erhaltene Photos, Grabungsergebnisse]) und zwei in Istanbul (→Konstantinopel, II), von denen nur der *Topkapı-Palast* in Istanbul erhalten ist. Er erfuhr im Laufe der Jahrhunderte zahlreiche Um- und Anbauten: Aus der Zeit Mehmeds II. stammt die Umfassungsmauer, die nach neueren Forsch. keine defensive Funktion besaß, sondern der Abgrenzung des Herrschers von den Untertanen diente. Der erste Hof, dessen Eingang das 'Herrscherl. Tor' (*Bāb-ı humāyūn*) bildete, war Lieferanten, Bittstellern usw. zugängl., der zweite Hof (Eingang: Mitteltor, *Orta Ḳapu*) den Würdenträgern vorbehalten. Die hier befindl., aus der Zeit Mehmeds II. stammende Loggia mit Meerblick wurde später zur Schatzkammer umgebaut. Der dritte Hof war ausschließl. für den Sultan und seine Hofhaltung reserviert. In den ausgedehnten Gärten lagen zahlreiche Kioske (Činili Köšk, 'Fayencenkiosk' aus der Zeit Meḥmeds). Ein strenges →Zeremoniell, von Meḥmed II. eingeführt (unter Einfluß byz., iran. wie abbasid. Traditionen), regelte die Beziehungen zw. Sultan und Würdenträgern. Trotz der (ins Zeremoniell eingegangenen) Absonderung des Herrschers von der Außenwelt erschienen Meḥmed II. und seine unmittelbaren Nachfolger regelmäßig vor den Soldaten.

Der auf der Akropolis von Konstantinopel (d. h. außerhalb des engeren spätma. Stadtbereiches) gelegene Topkapı-Palast, an dessen Planung Meḥmed II. wohl aktiven Anteil nahm, zeigt deutl. eklektizist. Stilelemente, wohl in Anspielung auf die Eroberungen, die bereits vollzogenen wie die künftigen (Italien). Der Komplex war zum einen geprägt von iran. und osman., zum anderen von it. Traditionen (Gestalt des Orta Ḳapu, Wandmalereien it. Künstler, die der Sohn →Bāyezīd II. jedoch entfernen ließ). Das byz. Moment war vertreten durch die (zur →Moschee umgestaltete) nahegelegene Hagia Sophia, in welcher der Sultan sein Freitagsgebet verrichtete.   S. Faroqhi

Lit.: İNALCIK, OE, 76–88 – R. OSMAN, Edirne Sarayı, hg. S. ÜNVER, 1989 – G. NECIPOĞLU, Architecture, Ceremonial and Power. The Topkapı Palace in the Fifteenth and Sixteenth Cent., 1991.

Seraphim → Engel

Serapion, Bezeichnung für drei med. Autoren des 9.–14. Jh. [1] *Serapion senior*: Syr. Arzt Yoḥannān bar Serāpyōn (latinisiert Johannes [filius] Serapion[is]; arab.: Yūḥannā ibn Sarābiyūn), der um 873 in Damaskus ein umfangreiches Hb. der Gesamtmedizin (*Kunnāš*) abschloß und in zwei Fassungen vorlegte: die Langfassung enthält zwölf Traktate (*maqālāt*), die Kurzfassung (Kleine Kunnāš) sieben: die spitzenständigen vier maqālāt sind anatom. geordnet und bringen – orientiert an Funktionsbereichen (1. Hirnschädel, Nerven; 2. Gesichtsschädel, Atmungsorgane einschließl. Herz; 3. Magen-Darm-Trakt [Wurmerkrankungen]; 4. Leber, Milz, Harntrakt [mit Podagra]) – die Krankheiten in der Folge 'vom Scheitel bis zur Sohle'; die folgenden beiden handeln allg. Krankheitsbilder ab (5. Dermatovenerologie, Biß giftiger Tiere, Gynäkologie nach →Paulos v. Aigina; 6. Fiebererkrankungen), während die letzte maqāla die zusammengesetzten Heilmittel vorstellt: Unter dem Titel 'Aqrābādīn ibn Sarābiyūn' ist diese pharmakopoet. maqālā im arab. Schrifttum weithin bekannt geworden. Die Kurzfassung war gleich nach Erscheinen durch Mūsā ibn Ibrāhīm al-Ḥadīṭī und bar Bahlūl den Glossographen in die herrschende morgenländ. Wissenschaftssprache übersetzt worden, und diese arab. Version hat – übertragen durch →Gerhard v. Cremona – als 'Practica aliter breviarium nuncupata' früh in die lat. Medizinlit. Eingang gefunden. Zahlreiche Überlieferungen (Erstdr. Venedig 1479) belegen ihre weit in die NZ ausgreifende Wirkung, die über umfangreiche 'Continens'-Exzerpte auch durch den al-Ḥāwī von →Rhazes unterstützt wurde.

[2] *Serapion glossator*: Spätma.-frühnz. Autor (vielleicht Arzt), der ein (halb-)alphabet. geordnetes Fachglossar med. Termini zusammenstellte, das vom 'Canon' →Avicennas ausgeht, bevorzugt arab. Fachausdrücke berücksichtigt und unter dem Titel 'Synonima Serapionis' den Humanistendrucken der 'Kleinen Kunnāš' angehängt ist.

[3] *Serapion junior*: In Anlehnung an den 'Aqrābādīn' des S. senior verfaßte ein unbekannter (maur.) Autor nach 1250 das ps.-serapion. Drogenbuch, das um 1290 durch →Simon v. Genua mit Hilfe Abrahams aus Tort[u]osa (Abrāhām Šem-ṭōb) ins Lat. übertragen wurde und fast ausschließl. in dieser Übersetzungsversion erhalten geblieben ist: Als →Aggregator oder 'Liber Serapionis aggregatus in simplicibus medicinis' gliedert sich das Werk in zwei Teile, von denen der allgemeine die Simplicia nach Wirkungsgraden und Sekundärqualitäten (purgativ, mollifikativ, diuret.) vorstellt, während der spezielle mehr als 400 Drogenmonogr. umfaßt und nach einem komplexen Ordnungssystem reiht: a) nach den Naturreichen (pflanzl., mineral., tier. Arzneistoffe), b) nach Intensitätsgraden (→Constantinus Africanus), c) nach Primärqualitäten; die einzelnen Drogenmonogr. beginnen nach dem Abgad-Alphabet jeweils mit dem Arznei(stoff)namen. – Eine seiner Hauptq. ist die →Dioskurides-Übers. des Stephanos Basiliou (Iṣṭafān ibn Bāsīl). Das ausgezeichnete Werk behauptete sich neben den konkurrierenden abendländ. →Kräuterbüchern und wurde teilweise in sie aufgenommen (→'Secreta Salernitana'). Von seiner großen Bedeutung für die spätma. →Pharmazie zeugen die landessprachigen Übertragungen seit dem 14. Jh., von denen die Bearbeitungen Hans →Minners ('Kräuterbuch', 'Tierbuch') am bekanntesten sind.   G. Keil

Ed.: →Aggregator – *Lit.*: SARTON I, 608f.; II, 229 – ULLMANN, Medizin, 102f., 283f. – P. GUIGES, Les noms arabes dans Sérapion »Liber de simplici medicina«, Journal Asiatique, Sér. 10, Tom. 5, 1905, 473–546, Tom. 6, 1905, 49–112 – H. AMSLER, Ein hs. ill. Herbarius aus dem Ende des 15. Jh. und die med.-botan. Lit. des MA [Diss. Zürich 1925] – M. ULLMANN, Yūḥannā ibn Sarābiyūn. Unters. zur Überlief.gesch. seiner Werke, MedJorn 6, 1971, 278–296 – G. BAADER, Ma. Medizin im it. Frühhumanismus (Fachprosa-Stud., hg. G. KEIL, 1982), 204–254, hier 220.

Serapion. 1. S. v. Thmuis, Bf. v. Thmuis, Nildelta, * Ende 3. Jh., † bald nach 370. Zunächst Mönch, dann um 330 Bf. Bekannt mit →Antonius (Vita Antonii 82), eng verbunden mit →Athanasius v. Alexandrien, dessen Theologie und Kirchenpolitik er teilte. Die für die altkirchl. Lehre vom Hl. Geist wichtigen drei Athanasiusbriefe an S. (MPG 26, 529–673; hier in vier geteilt) gehen auf Anfrage des S. zurück. Von seinem umfangreichen eigenen Schrifttum blieb nur wenig erhalten, darunter der Traktat »Adversus Manichaeos«. Diese erste christl. antimanichäische Schrift bescheinigt seinem Verf. gekonntes Argumentieren und diegene philos. und theol. Kenntnisse. Das unter S.s Namen bekannte Euchologion (Sammlung von 30 Gebetstexten) geht nicht auf S. zurück.   K. S. Frank

Ed.: CPG 2485–2495 – *Lit.*: K. FITSCHEN, S. v. Th., 1992 [mit dt. Übers. des Manichäertraktates; Lit.].

2. S., Bf. v. →Vladimir, →Suzdal' und →Niżnij Novgorod, † 1275, Archimandrit des →Kiever Höhlenkl. seit 1249, wurde 1274 anläßl. einer Lokalsynode durch Metropolit Kirill II. v. Kiev als Bf. eingesetzt, nachdem der Sitz seit dem Tod des Bf.s Mitrofan 1237 vakant war. Dem in den dürftigen Nachrichten in den altruss. Chroniken als 'gelehrt' bezeichneten S. werden 5 Predigten zugeschrieben, wobei 4 davon unter seinem Namen (neben Johannes Chrysostomos) in einer Hs. der Zlataja Cep' (14. Jh.) überliefert sind. Ein in einer Homilie zu Lk 21, 25 erwähntes Erdbeben bewog PETUCHOV, diese auf das Jahr 1230 zu datieren, doch käme nur 1258 (nach den Tatareneinfällen) in Frage.   Ch. Hannick

Lit.: E. PETUCHOV, S. Vladimirskij russkij propovednik XIII v., 1888 – G. PODSKALSKY, Christentum und theol. Lit. in der Kiever Rus', 1982, 104–106 – R. BOGERT, On the Rhetorical Style of S. Vladimirskij (Medieval Russian Culture, I, 1984), 280–310 – Slovar' knižnikov i knižnosti Drevnej Rusi XI – pervaja polovina XIV v., 1987, 387–391 [O. V. TVOROGOV] – D. BLAZEJOWSKYJ, Hierarchy of the Kyivan Church, 1990, 166.

Serbia (gr. τὰ Σέρβια), byz. Festungsstadt über dem Haliakmon-Tal am NW-Hang des Titaros-Gebirges (Ruinen beim heutigen S. in Nomos Kozani, Griechenland), beherrschte den Hauptzugang von Makedonien nach Thessalien. Zur Ableitung des Namens vom Ethnonym der →Serben verwies Ks. →Konstantin VII. (DAI Kap. 32, hier Namensform 'Serblia') auf die (indes fragl.) Ansiedlung der Serben bei S. unter Ks. →Herakleios. Im Bulgarien-Krieg Ks. →Basileios' II. hart umkämpft, gehörte S. (vom 11. bis Mitte 13. Jh. auch als Thema belegt) ab 1018 zu Byzanz, 1204–20/22 zum →Lat. Ks.reich, dann zu →Epeiros bis zum Anschluß an →Nikaia im Sept. 1256 anläßl. einer dynast. Eheschließung. Um 1343 kam S. unter serb. Herrschaft. 1350 konnte Ks. →Johannes VI. Kantakuzenos S. weder zurückerobern noch wurde seine ohnehin zweifelhafte Vereinbarung mit Zar →Stefan IV. Dušan über die Abtretung u. a. von S. an Byzanz umgesetzt. 1393 fiel S. an die Osmanen. Kirchl. war S. seit dem 10. Jh. Suffraganbm. v. →Thessalonike (nur wenige Bf.e aus Siegeln bzw. einer Bauinschrift bekannt). Im Aktencorpus des Ohrider Ebf.s →Chomatenos dokumentiert Nr. 78 (Mai 1223) die (später umstrittene: s. Nr. 150 [1233]) Wiedereinsetzung eines orth. Bf.s v. S. nach der Lateinerzeit. G. Prinzing

Q. und Lit.: VizIzv II, 1959; III, 1966; VI, 1986 [Lit.] – Oxford Dict. of Byzantium, 1991, 1882 – A. XYNGOPULOS, Τὰ μνημεῖα τῶν Σερβίων, 1957 – A. E. VACALOPOULOS, Hist. of Macedonia 1354–1833, 1973 – B. FERJANČIČ, La Thessalie aux XIIIe et XIVe s., 1974 – G. PRINZING, Rivista di studi biz. e slavi 3, 1983, 54, 57 – G. SOULIS, The Serbs and Byzantium, 1984 – D. EVGENIDOU, Historikogeographica 2, 1988, 15–22 – V. KRAVARI, Villes et villages de Macédoine occidentale, 1989 – H.-J. KÜHN, Die Byz. Armee im 10. und 11. Jh., 1991 – J. NESBITT-D. OIKONOMIDÈS, Cat. of Byz. Seals at Dumb. Oak and in the Fogg Museum of Art, I, 1991, Nr. 25 [Lit.] – G. PRINZING, Byz. Forsch. 19, 1993, 121.

Serbien
I. Anfänge und frühe Entwicklung – II. Der Staat der Nemanjiden – III. Die Periode der Expansion – IV. Die Territorialherren – V. Der Staat der Despoten.

I. ANFÄNGE UND FRÜHE ENTWICKLUNG: Das Land und der Staat S. wurden benannt nach dem altslav. Stamm der *Serben* (s. a. →Südslaven), dessen Angehörige sich zu Beginn des 7. Jh. in der westl. Hälfte der Balkanhalbinsel niederließen. Nur ein Teil des südl. Zweiges der Serben bildete unter der Führung eines Sprosses des alten Herrschergeschlechts das ursprgl. S., das →Konstantin VII. Porphyrogennetos »das Getaufte S. « nennt (im Gegensatz zu den heidn. Serben in N). Es lag zw. →Kroatien, dessen äußerste Županien im Osten Imota, Livno und Pliva waren, und →Bulgarien mit →Ras (bei Novi Pazar) als Grenzfestung. Von der adriat. Küste trennten S. die Fsm.er Zahumlje, Travunien (ebenf. serb. besiedelt) u. Dioklea (→Zeta), im N reichte S. bis zum Fluß Sava.

Die ersten Fs.en sind nur dem Namen nach bekannt: Višeslav, Radoslav, Prosigoj. Sie folgten dem unbekannten Fürstensohn, der um die Mitte des 9. Jahrhunderts einen dreijährigen Krieg mit den Bulgaren führte. In ständiger Konkurrenz zu Bulgarien, das S. im Osten und Süden umklammerte, versuchte das →Byzantinische Reich von den Themata →Dalmatien und →Dyrrhachion aus, seine Oberherrschaft geltend zu machen. Ein wichtiger Erfolg war um 870 die Christianisierung des Herrschergeschlechts von S. und der Nachbarfürstentümer, welche die Hoheit des Ks.s anerkannten und von der kirchl. Organisation erfaßt wurden.

Die vorgesehene Erbteilung (mit gemeinsamer Regierung) der drei Söhne Vlastimirs, Mutimir (um 850–891/892), Strojimir und Gojnik, blieb unwirksam, da Mutimir die Brüder verdrängte. Sein Sohn Pribislav (891–892) wurde seinerseits vom Sohne des Bruders, Peter Gojnikovič (892–917), ausgeschaltet. Peter mußte wiederum Angriffe seiner Vettern Bran und Klonimir abwehren. Eine Unterbrechung der byz.-bulg. Konflikte machte eine stabilere Regierung und serb. Ausgreifen auf das Gebiet der →Narentaner möglich. Peter wurde von dem bulg. Schützling Paul Branovič (917–920) besiegt und gefangengenommen. Als Paul später die byz. Hoheit anerkannte, entsandte Bulgarien den Fs. en Zacharias Pribislavljevič (920–924), der seinerseits auf die byz. Seite überwechselte. Danach wurde S. erobert und dem Reich des →Symeon einverleibt (924). Nach dessen Tode (927) erneuerte der aus bulg. Exil entflohene →Časlav Klonimirovič (927–um 950) mit byz. Hilfe die Herrschaft seiner Vorfahren (Eroberung v. Travunien). Mit seiner Gefangennahme und Tötung durch die Magyaren enden die Nachrichten über die älteste serb. Dynastie.

Am Ende des 10. und Anfang des 11. Jh. wurde S. von den großen Umwälzungen der Balkanhalbinsel miterfaßt, gehörte zunächst zum Reich des →Samuel (976–1014), doch kamen nach 1018 (infolge des Vorrückens der byz. Grenze bis zur →Donau und Sava) Teile des Landes unter unmittelbare byz. Herrschaft (Errichtung des →Themas S., südl. der Sava, unter dem Strategen v. →Sirmium). Ein Teil S.s wurde kirchl. dem autokephalen Ebm. →Ohrid (gegr. 1018/1020) unterstellt, während der andere Teil, westl. von den Sprengeln Sirmium, Ras, Prizren, bei den küstenländ. Bm.ern, zunächst →Split, später →Ragusa (Dubrovnik) und →Bar, verblieb.

Im 11. Jh. verlagerte sich der polit. Schwerpunkt in die küstenländ. Fsm.er, die zeitw. unter der Dynastie v. Dioklea vereinigt waren. Die sich über drei Generationen (Stefan Vojislav, 1034–um 1050; Michael, 1050–82; Bodin, 1082–1101) erstreckenden Kämpfe mit den byz. Statthaltern in Ragusa und Dyrrhachion führten zu einer Abschüttelung der byz. Herrschaft, z. T. auch zur Expansion ins fernere Hinterland. Die Situation änderte sich abermals, als →Ungarn seine Herrschaft über →Slavonien und Kroatien bis zur Küste der →Adria ausdehnte (1102, 1105). Der westl. Bereich wurde unter den *Banen* v. →Bosnien (→Banat) der ung. Hoheit unterstellt, wohingegen der östl. Teil unter den Großžupanen weiterhin der byz. Kontrolle unterstand.

II. DER STAAT DER NEMANJIDEN: Die Verlagerung des Schwerpunktes ins Landesinnere wurde Ende des 11. Jh. sichtbar, als der Großžupan →Vukan I. (um 1090–um 1105) wiederholt die byz. Gebiete (Kosovo, in →Makedonien) angriff. Seine Nachfolger →Uroš I. und →Uroš II. empörten sich gegen Byzanz während der Kriege mit Ungarn (1127–29, 1150–51, 1161–64, 1166–67) und bemächtigten sich der Festung Ras. Das serb. Herrschergeschlecht verbündete sich mit den →Arpaden. In den Friedensverträgen wurde aber ausdrückl. die byz. Hoheit über S. betont, die Verpflichtung gegenüber Byzanz erhöht (1150: Stellung von 500 Kriegern für die byz. Feldzüge in Asien, 2000 für Europa). Ks. Manuel I. Komnenos setzte im Zuge seines erfolgreichen Vorgehens gegen Ungarn die Großžupane nach Belieben ein und ab. Nach der Verurteilung und Verhaftung →Desas (1162–63) übertrug der Ks. die Regierung mit Tihomir (1163–66) und seinen Brüdern Miroslav, Stracimir und Nemanja (als Teilherrscher) einem Nebenzweig des Herrschergeschlechtes. Aus den bald folgenden Auseinandersetzungen ging der jüngste, →Stefan Nemanja (1166–96), als Sieger hervor.

Bis 1180 war Nemanja zur Loyalität gezwungen, schloß sich aber nach Manuels Tode den Gegnern der Byzantiner an, eroberte Grenzgebiete in Bulgarien und fiel in Makedonien ein. Er gelobte Friedrich Barbarossa (→Kreuzzug, 3.) Treue und versprach ihm Hilfstruppen (1189). Trotz Nemanjas Niederlage gegen Ks. Isaak II. (→Morava, Schlacht, 1190) behielt er den Thron und die Territorialgewinne in Kosovo und Dioklea.

Im Frühling 1196 abgedankt, designierte Nemanja als Nachfolger den mittleren Sohn Stefan (1196–1227/28), den Schwiegersohn des byz. Ks.s, während der älteste Sohn Vukan die Statthalterschaft in Dioklea (mit dem dort üblichen Königstitel) erhielt. Trotz der komplizierten polit. Lage (nach 1186 mächtiger Aufstieg Bulgariens, das mit Ungarn um das byz. Erbe im Donaugebiet kämpfte; ab 1204 Errichtung des →Lat. Ksr.es wie der byz. Teilreiche: Nikaia, Epiros usw.) konnte Stefan durch geschickte Politik seinen Staat ungeschmälert erhalten. 1217 wurde er vom päpstl. Legaten gekrönt (→Stefan 'der Erstgekrönte'). Bald danach erfolgte die Neuordnung der kirchl. Angelegenheiten. Sein Bruder →Sava erwirkte in →Nikaia 1219 die Errichtung des autokephalen Ebm.s, das alle Länder des Kgr.es bis an die Schwelle der Küstenstädte umfaßte und die Einbindung der einst selbständigen Fsm.er in den Staat der Nemanjiden förderte. Diesem Ziel diente auch die Verehrung des hl. Simeon, des Gründers der Dynastie, dem sich der Kult Savas und einiger späterer Herrscher anschloß.

Stefans Nachfolger spielten meist eine Nebenrolle, bewahrten aber ihren Staat: →Stefan Radoslav (1227/28–34), Schwiegersohn Theodoros' I. Angelos, war Bewunderer der byz. Kultur. Er wurde von seinem Bruder Stefan Vladislav (1234–43) gestürzt, dem Schwiegersohn und Schützling des bulg. Zaren →Ivan II. Asen. Ihn beseitige der jüngste Bruder →Stefan Uroš (1243–76), der eine Expansion im N und S unternahm, die aber einerseits am 1261 erneuerten Byz. Reich, andererseits an den ung. Territorien südl. der Sava und Donau (die Banate Mačva-Macsó und Kučevo-Braničevo) scheiterte. Dauerhafte Folgen hatten aber seine zentralist. Bestrebungen (Beseitigung der Nebenlinien in Zeta und Zahumlje/Hum) sowie die Ansiedlung der Sachsen (→Sasi) und der Aufbau des ertragreichen →Bergbaus, der zur Prägung der Silberdenare führte (→Münze).

III. DIE PERIODE DER EXPANSION: Die Ergebnisse der inneren Stärkung und des ökonom. Aufstiegs wurden sichtbar in der geänderten Situation zur Zeit der Söhne Uroš' →Stefan Dragutin (1276–82) und →Stefan Uroš II. Milutin (1282–1321). Dragutin entthronte seinen Vater, weil er ihm ein eigenes Teilreich verweigerte, zog sich aber nach einem Jagdunfall für längere Zeit vom Hof zurück. Milutin eroberte als Regent die nördl. und zentralen Gebiete Makedoniens und Nordalbaniens (bis zum Fluß Mat). Das zu militär. Rückeroberung unfähige Byzanz überließ dem umstrittenen Territorien Milutin, der sie bei seiner Heirat mit Simonis, der Tochter des Ks.s Andronikos II., als Mitgift erhielt (1299). Ex-Kg. Dragutin, der als Schwiegersohn des Kg.s v. Ungarn Herr v. Mačva und Usora (Nordbosnien) war, verdrängte mit Hilfe seines Bruders vor 1290 die bulg. Magnaten Drman und Kudelin aus →Braničevo (Nordosts.). Die weiträumigen Territorien der kgl. Brüder, die von der Sava und Donau bis Prosek (Demir-Kapija) in Makedonien reichten, bildeten keinen einheitl. Staat. 1301–10 kämpften die Brüder um die Nachfolge ihrer Söhne. Innere Konflikte setzten sich während der Regierung von →Stefan Uroš III. Dečanski (1321–31, Beiname nach seiner berühmten Stiftung →Dečani), dem Sohne Milutins, fort, der zuerst seinen Halbbruder Konstantin beseitigte, dann den Sohn Dragutins,

Vladislav II. (1316–17, 1321–25), vom väterl. Erbe verdrängte. Die Territorien im N kamen unter serb. Herrschaft und wurden zum Zankapfel zw. Ungarn und S. Energ. Eroberungspolitik trieb →Stefan Dušan (1331–55). Er entthronte seinen Vater, verstärkte die Truppen des kriegssüchtigen Adels mit Söldnertruppen und schob die Grenzen Makedoniens und Albaniens in mehreren Feldzügen (1332–34) bis Thessalien und Epiros (1347–48) vor. Er ließ sich 1346 zum Ks. krönen, nachdem er den serb. Ebf. zum Patriarchen erhoben hatte. Nachdem S. schon unter Milutin byz. Einflüsse aufgenommen hatte, wollte Dušan seinen Staat gänzl. nach dem Vorbild des Byz. Reiches organisieren. Die Hofordnung mit den Titeln und Ämtern, das Kanzleiwesen und das Verwaltungssystem wurden von Byzanz übernommen. Durch sein Gesetzbuch (1349, 1354) wollte Dušan die Kluft zw. dem Gewohnheitsrecht und dem gelehrten →Byz. Recht überbrücken (→Recht, B. II).

IV. DIE TERRITORIALHERREN: Die ausgedehnten Eroberungen gingen schon unter dem Zaren Uroš (1355–71) wieder verloren. Dušans Halbbruder Simeon Uroš Palaiologos (1356–um 1371) trennte sich von seinem Neffen und schuf ein Teilreich in →Thessalien, das ohne Verbindung mit S. bis 1394 bestand. Unter Dušans Statthaltern und ihren Nachkommen (Thomas Preljubović, Alexander Komnen Asen u. a.) erlangte →Epiros mit den südl. Teilen →Albaniens Autonomie. Auch in den alten Kernländern machten sich die Statthalter selbständig und trugen untereinander Konflikte aus. Im W setzte sich der Fs. Vojislav Vojinović, der den jungen Ks. unterstützte, durch. Von Zeta aus expandierten die Brüder Balšići, stießen bes. in Zentralalbanien, auf Konkurrenten. In den Grenzgebieten zu Bulgarien entstand das Territorium der Dragaši, Nachkommen des Despoten Dejan und Dušans Schwester. Herr in Zentralmakedonien wurde Vukašin (Kg. 1365–71), sein Bruder →Jovan Uglješa (1358–71) löste in Serrai Elisabeth, die Witwe Dušans, ab. 1365 wurde Vukašin Mitregent mit dem Kg.stitel.

Uneinig standen die Reste des Reiches dem vordringenden Osmanen gegenüber. Der am stärksten bedrohte Despot, Uglješa, unternahm gemeinsam mit Vukašin einen Feldzug gegen die Türken, die an der →Marica siegten und die beiden Fs.en töteten (26. Sept. 1371). Die Zone der osmanischen Vasallen reichte nun bis zu den Grenzen S.s.

Das Aussterben der Hauptlinie der Nemanjiden (Dez. 1371) leitete eine Periode neuer Auseinandersetzungen ein, in denen der Herrscher v. Bosnien, →Tvrtko I. (1353–91), eine wachsende Rolle spielte. Als Herr des Hinterlandes v. Ragusa dehnte er 1373 seine Macht bis zum Fluß Lim aus, indem er gemeinsam mit dem Fs.en →Lazar Hrebeljanović (1362–89) den mächtigen Territorialherren Nikola Altomanović (1367–73) besiegte und sein Territorium zerschlug. Die westl. und südl. Gebiete S.s wurden S. entzogen und dem bosn. Staat einverleibt; sie bildeten den Kern des Territoriums der Familie Kosača (→Herzegowina).

Durch einen Konzentrationsprozeß setzte sich Ban Trvtko I. an die Spitze der serb. und bosn. Fs.en, ließ sich 1377 als Nachkomme Dragutins mit der »doppelten Krone« krönen und setzte seine Eroberungen im Gebiet v. Zeta fort (1384 Herr v. →Kotor). Sein Verbündeter und zugleich Gegenpol war Lazar, der trotz seines bescheideneren Titels das serb. Herrschertum symbolisierte und enge Beziehungen zur serb. Kirche unterhielt. Stefan Trvtko I. und Stefan Lazar griffen nach 1386 gemeinsam in die inneren Unruhen in Ungarn ein, unterstützten die neapolitan. Partei (→Anjou) und leisteten den Türken Widerstand. In der Schlacht v. →Kosovo (15. Juni 1389) kämpfte neben dem Heere Lazars und seines Schwiegersohnes Vuk →Branković (1365–97) auch ein Hilfskorps aus Bosnien. Nach Lazars Tod in der Schlacht leistete Vuk noch Widerstand (bis 1392), wurde dann aber wie die Nachkommen Lazars türk. Vasall.

V. DER STAAT DER DESPOTEN: Nach den türk. Eroberungen Bulgariens (1393, 1396) und Makedoniens (1395), überdauerten nur noch die Territorien Stefan Lazarevićs (1389–1427), der Familie Balšić und Vuk Brankovićs bis 1396, als er gefangengenommen wurde und sein Territorium teils erobert, teils Stefan Lazarević überlassen wurde. Die serb. Prinzen überlebten die Schlacht bei Ankara (1402). Stefan Lazarević erhielt bei seiner Rückkehr nach Konstantinopel die Würde eines Despoten und ließ seinen Neffen Djuradj Vuković verhaften. Als sich Djuradj befreite, begann ein Jahrzehnt dauernder Streit zw. Lazars und Vuks Söhnen.

Ende 1403 oder Anfang 1404 wurde Stefan Vasall der ung. Kg.s Siegmund und erhielt Mačva und Belgrad, später auch Besitz in Ungarn. 1411 versöhnte sich Stefan mit seinem Neffen Djuradj (1427–56) und designierte ihn als seinen Nachfolger. Als der letzte Balšić, Balša III. (1403–21), ebenso ein Neffe Stefans, ihm 1421 sein Land vermachte, kam das übrige serb. Land in die Hände Stefans, bis auf einige Küstenstädte, die an Venedig fielen.

Der Schwerpunkt des letzten Staates war im Norden, seine Hauptstadt Belgrad und seit 1430 Smederevo. Innere Stabilität, wirtschaftl. Aufschwung und kulturelle Blüte konnten aber nicht lange andauern. Wie unsicher die Lage der Herrscher mit ihren zweifachen Verpflichtungen war, zeigte sich bald nach dem Tode Kg. Siegmunds v. Ungarn (1437), als S. angegriffen und zum erstenmal erobert wurde (1439). 1449 kam es erneut zu Auseinandersetzungen Venedigs mit Bosnien. Die Lage zw. Ungarn und den Osmanen wurde immer schwieriger. Nach der Eroberung Konstantinopels fiel das türk. Heer jedes Jahr in S. ein und entriß einige Teile (1454 den ganzen S). Nach dem Despoten Lazar Djurdjević (1446–58, Mitregent 1446–56) kam in Smederevo sein Schwiegersohn, der bosn. Prinz Stefan Tomašević, an die Macht. Er wurde zum Despoten ausgerufen, war aber nicht zum Widerstand imstande und verließ Smederevo im Juni 1459.

S. Ćirković

Lit.: C. JIREČEK, Gesch. der Serben I–II, 1911–18 – DERS., Staat und Ges. im ma. S. ..., Denkschriften (Wien) Phil. hist. Kl. LVI, LVIII, LXIV, 1912–19 – Istorija srpskog naroda I–II, 1981–82 – S. ĆIRKOVIĆ, I Serbi nel medioevo, 1992.

Serbische Sprache und Literatur. Seit der Landnahme auf dem Balkan grenzen in der gesprochenen Sprache der Südslaven markante Isoglossenbündel längs der Linie Timokmündung, Osogov, Ovče pole, Skopje und Šar planina das serbokroat. Sprachgebiet als den westsüdslav. Zweig von den bulg.-mazedon. Dialekten des Ostsüdslav. ab. Im Norden und Westen umfaßten die serb., bosn. und kroat. ma. Staaten v. a. westsüdslav. (štokav., šćakav. und čakav.) serbokroat. Dialekte, nur der serb. ma. Staat auch Teile der Ostsüdslav. (makedon. Gebiete). Bis zum Zerfall des Feudalismus im 14. Jh. kann man von einer natürl. sprachl. Symbiose und einer normalen Entwicklung der Dialekte sprechen, wobei sprachwiss. Abgrenzungen schwer durchführbar sind. Die türk. Invasion im 14. Jh. bewirkte Migrationen v. a. vom Zentrum in Richtung auf die Randgebiete im Osten, Norden und Westen, die neue sprachl. Entwicklungen auslösten.

Auf der schriftsprachl. Ebene bestimmte das kirchenslav. Missionswerk als Tochterkultur der byz. (→Mission, C) mit dem Zentrum in →Ohrid, mit der aus dem Ostsüdslav. stammenden, zuerst glagolit., später kyrill. geschriebenen (→Alphabet, III, IV) altkirchenslav. lit. Tradition die Entwicklung, was eine Diglossie zw. der Schriftlichkeit der serb. Redaktion des Kirchenslav. und der jeweils gesprochenen Sprache zur Folge hatte (→Kirchenslav. Sprache und Lit.).

Vom frühen Hs.bestand der serb. Redaktion des Kirchenslav. sind nur das Miroslav-Evangeliar (um 1185) und das Vukan-Evangeliar (um 1197–99) erhalten. Das 13. Jh. wird zur Gründungsepoche der altserb. (as.) Lit., geprägt von der serb. Eigenstaatlichkeit der Nemanjidendynastie (→Nemanja) und von der byz.-slav. Kulturgemeinschaft. Sie bot den Begründern der as. Lit., hl. →Sava und →Stefan der Erstgekrönte, Möglichkeiten, ein traditionsbildendes lit. Modell und Gattungsprofil in liturg. Büchern (→Liturgie, II), →Hagiographie (C. II), →Typika, →Biographie (VIII), →Kormčaja Kniga und →Historiographie (A. III) zu schaffen. Bis Ende des 13. Jh. befanden sich die lit. Zentren in den Kl. →Hilandar, →Studenica, →Žiča, →Mileševa und →Peć. Eine Erweiterung im Sinne der Athostraditionen der Hagiographie und des Enkomions bewirkte →Domentijan. Zur vollen Entfaltung gelangte die as. Lit. Ende des 13. Jh. und im 14. Jh. mit der zunehmenden Byzantinisierung in Staat und Kl.kultur. Das Gattungsprofil wurde gemäß dem kirchenslav. lit. Kanon erweitert. Der Mönch →Teodosije schuf neue hymnograph. Werke für die Liturgie der hl.n Sava und Simeon (→Stefan Nemanja) und die →Sava-Vita. Nach der Kurzvita von Stefan Uroš II. Milutin schuf Ebf. →Danilo II. mit sechs Viten den Kern der Vitenslg. der serb. Kg.e und Ebf.e. In Hymnen des bulg. Mönchs Jefrem (kurz nach der Mitte des 14. Jh.), bes. aber in den Briefen des Mönchs Siluan (2. Hälfte 14. Jh.) zeigt sich hesychast. Geistigkeit (→Hesychasmus). Die gr.-slav. Zweisprachigkeit der serb. Mönche auf dem →Athos bewirkte im 14. Jh. eine Blütezeit griechisch-as.-kirchenslav. Übersetzertätigkeit (Übers. von →Johannes Damaskenos' Ἔκθεσις ἀκριβής [CPG 8043], des Dionysios Areiopagites [→Dionysius, hl., C. III], des →Barlaam aus Kalabrien und des Gregorios →Palamas). Wegen der schwierigen polit. Verhältnisse nach der Schlacht an der →Marica (1371), v. a. aber nach der Niederlage v. →Kosovo polje stand die Lit. im Zeichen der hagiograph. und martyrolog. Begründung des Kultes der Fs.en →Lazar Hrebeljanović und der Bewahrung und Anpassung der Reichsideologie an die Despotenzeit (1402–59), die v. a. in Kleinchroniken, Annalistik, Genealogien mit weltgesch. Bezug Ausdruck fanden. Patriarch →Danilo III. schuf den kirchl. Kult des Fs.en Lazar, es entstand der sog. Kosovo-Zyklus (Basis der mündl. Tradition), der Lobpreis des Fs.en Lazar der Nonne Jefimija (Ende 14. Jh.), das Enkomion des Andonije Rafail Epaktit und die Werke des Despoten →Stefan Lazarević (Epitaph auf Kosovo, Slova ljubve). Seit dem letzten Drittel des 14. Jh. war Serbien Zuflucht byz. und bulg. Mönche. Der Bulgare →Gregor Camblak verfaßte liturg. Werke und die Vita des →Stefan Uroš III. Dečanski. Lit. Restaurationsbestrebungen Morava-Serbiens in der 1. Hälfte des 15. Jh., in der die Städte →Belgrad (bis 1428), →Smederevo und →Novo Brdo zu lit. Zentren wurden, kommen bei →Konstantin Kostenecki in einer archaisierenden Orthographie (→Resava-Schule) wie auch in seiner Biographie des Stefan Lazarević zum Ausdruck. In Novo Brdo und Umgebung wirkten →Vladislav Gramatik (Vita und Translatio des Jovan Rilski [→Rilakl.]), Dimitrije →Kantakuzin und Konstantin Mihajlović. Um die Mitte des 15.

Jh. entstanden neue liturg. und hymnograph. Texte (Josif monah), Memoirenlit. (Konstantin Mihajlović, Janičarove uspomene) und Brieflit. (Jelena Balšić). In →Sirmium wurde Ende des 15. Jh. die Kulttradition der Herrscherfamilie der →Brankovići geschaffen. Übers.en und Adaptationen europ. weltl. Lit. finden sich v. a. im 14. und 15. Jh.; aus dem lit. Schaffen des Ostens wurden übersetzt (vgl.→Byz. Lit., B): Pčela (→Melissa, Antonios), Pripovetka o Aseneti (Josefslegende), Barlaam i Joasaf (→Barlaam und Joasaph), Stefanit i Ihnilat (→Stephanites und Ichnilates), Slovo o hodećim i letećim stvorenjima (→Physiologos), O Akire premudrom (Der weise Akyros), Muke blaženog grozdija (→Porikologos); aus dem des Westen: Aleksandrida (→Alexander d. Gr., B. III), Roman o Troji (→Trojadichtung), Trištan i Ižota (→Tristan), Bovo od Antone (→Buovo d'Antona). In der 2. Hälfte des 15. Jh. beteiligten sich Serben (u. a. →Pachomij Logofet) in Rußland am sog. 'Zweiten südslav. Einfluß'. S. Hafner

Lit.: Oxford Dict. of Byzantium, 1991, 1874f. – V. Jagić, Historija književnosti naroda hrvatskoga i srbskoga, I, 1867 – M. Murko, Gesch. der älteren südslav. Lit.en, 1908 [Nachdr. 1971] – P. Popović, Pregled srpske književnosti, 1919³ – Ders., Vorw. zu Stare srpske biografije 15 i 17 veka, 1936 – I. Popović, Gesch. der serbokroat. Sprache, 1950 – Dj. Sp. Radojičić, Razvojni luk stare srpske književnosti, 1963 – S. Hafner, Stud. zur as. dynast. Historiographie, 1964 – P. Ivić, Srpski narod i njegov jezik, 1971 – Dj. Trifunović, Stara književnost, 1972 – Ders., Azbučnik srpskih srednjovekovnih književnih pojmova, 1974 – M. Kašanin, Srpska književnost u srednjem veku, 1975 – Dj. Trifunović, Primeri iz stare srpske književnosti, 1975 – Ders.–R. Marinković, Iz naše književnosti feudalnog doba, 1975⁴ – Stara srpska književnost (= Zbornik istorije književnosti 10), 1976 – D. Bogdanović, Katalog ćirilskih rukopisa manastira Hilandara, 2 Bde, 1978 – Ders., Istorija stare srpske književnosti, 1980 – Tekstologija srednjevekovnih južnoslovenskih književnosti, 1981 – D. Bogdanović, Inventar ćirilskih rukopisa u Jugoslaviji, 1982 – I. Kakridis, Cod. 88 des Kl. Dečani und seine griech. Vorlagen. Ein Kap. der serb.-byz. Lit.beziehungen im 14. Jh., 1988 – Arhiepiskop Danilo II i njegovo doba, 1991 – s.a. Lit. zu →Biographie, VIII; →Chronik, P; →Hagiographie, C. II; →Historiographie, A. III.

Sercambi, Giovanni, toskan. Schriftsteller und Politiker, * 1348 in Lucca, † 1424 ebd. S. war als »speziale« in dem von seinem Vater ererbten Betrieb tätig (d. h. er stellte Bücher her und verkaufte sie) und nahm dann aktiv am polit. Leben seiner Heimatstadt teil. Sein öffentl. Wirken erreichte in den Jahren 1397 bis 1400 den Höhepunkt, in denen er zweimal zum Gonfaloniere di Giustizia ernannt wurde und Paolo →Guinigi bei der Errichtung seiner Signorie unterstützte. Nach 1400 war S. seiner öffentl. Ämter ledig und konnte sich seiner literar. Tätigkeit widmen. Von ihm sind folgende Werke erhalten: Zwei Bücher »Croniche di Lucca« (das erste umfaßt die Zeit von 1164 bis 1400, das zweite reicht von 1400 bis 1423), deren Autographen mit prachtvollen Miniaturen ausgestattet sind; eine »Nota a voi Guinigi«, eine Art →Fürstenspiegel über das gute Stadtregiment, v. a. aber über die Kunst, den Primat in der Stadt zu bewahren; eine bedeutende Novellensammlung, die 155 »exempli« umfaßt, die ein Erzähler einer Gesellschaft erzählt, die auf der Flucht vor der Pest des Jahres 1374 in verschiedenen Orten Italiens Aufenthalt nimmt. Das Itinerar der Gesellschaft folgt dem »Dittamondo« des →Fazio degli Uberti. Mit den Novellen wechseln Canzonenstrophen, Ballate und Madrigale ab, die zumeist dem Werk des Florentiners Niccolò Soldanieri entlehnt sind, so daß die Sammlung des S. ein wichtiges Zeugnis für die Verbreitung der →Ars nova in der Toskana des 15. Jh. darstellt. Die Novellensammlung bietet eine große Stoffülle: Histörchen aus dem Alltagsleben (die häufig so pikant sind, daß sie ans Anstößige grenzen), Motive aus den →Cantari und aus →Fabliaux, offensichtl. frz. Provenienz, und sogar 21 Novellen aus →Boccaccios »Decameron«, alles in S.s originellem Stil »umgeschrieben«. Die Novellen wurden erst im 19. Jh. ediert, und ihr Wert wurde erst vor wenigen Jahrzehnten von der Forschung gewürdigt. L. Rossi

Ed.: Croniche di G. S., hg. S. Bongi, 3 Bde, 1892 [Bd. III, 397–407, »Nota a voi Guinigi«] – Novelle inedite di G. S., hg. R. Renier, 1889 – G. S., Novelle, hg. G. Sinicropi, 1972 – G. S., Il Novelliere, hg. L. Rossi, 1974 – *Lit.:* P. Salwa, Narrazione, persuasione, ideologia. Una lettura del Novelliere di G. S., lucchese, 1991 [Lit.] – L. Rossi, Scrittori borghesi dell'ultimo Trecento (Storia della Letteratura, It., Bd. 2, Il Trecento), 1995 [Lit.].

Serdika → Sofia

Serdika, Konzil v. → Sardika, Synode v.

Serenus, Quintus, verfaßte in der 2. H. des 4. Jh. in klassizist. Sprache ein med. Lehrgedicht (Liber medicinalis), das in 1107 Hexametern und 2 Abteilungen mit 64 Kapiteln Rezepte für etwa 80 Krankheiten enthält. Hauptquelle sind die med. Bücher der Naturalis historia des Plinius. Eine auf Anordnung Karls d. Gr. gefertigte Abschrift bildet wohl den Ausgangspunkt der ma. Überlieferung, die sich auch in der Dichtung seit →Walahfrid Strabo niederschlägt. Während das spätere MA das Werk weniger schätzte, zeigen die frühe Ed. pr. (um 1474) und zahlreiche kommentierte Ausgaben das Interesse der Humanisten.
J. Gruber

Ed.: F. Vollmer, CML 2, 3, 1916 – R. Pépin, 1950 [mit frz. Übers. und Komm.] – J. F. Schulz, 1961 – *Lit.:* HLL §556 – J. H. Phillips (G. Sabbah, Le Latin médical, 1991), 337–350.

Sergeant → Serjeant

Sergej v. Radonež, Mönch, bis heute einer der am meisten verehrten russ. Hl.n, * um 1314, † 25. Sept. 1391/92. Kenntnisse über sein Leben liefert die von Epifanij Premudryj um 1417 verfaßte Vita. S. entstammte einer Rostover Bojarenfamilie, die 1329 nach R. ins Fsm. →Moskau umsiedelte. Anfang der 40er Jahre zog S. in die Wälder bei R., wo er, ztw. in völliger Einsamkeit, ein Leben in Kontemplation und Askese führte. Nach 1340 gründete er jedoch ein kleines Kl., dessen 2. Abt er 1354 wurde und in dem er die Studitenregel einführte. Aus dieser Gründung ging später das →Troice-Sergiev-Kl. im heutigen Sergiev Posad (nö. von Moskau) hervor. S. war in der nö. Rus' die geistig und geistl. einflußreichste Persönlichkeit seiner Zeit und Initiator einer asket. Renaissance und klösterl. Reform. Mit der Ablösung der Idiorrhythmie (*osobožitie*) und der Wiedereinführung des Koinobiums (*obščežitie*) und dessen Verbreitung in anderen Kl. begründete S. einen neuen Typ von Gemeinschaftskl., der neben denjenigen des stadtnahen Stifterkl. trat. Dieser neue Typ wurde Vorreiter der Klosterkolonisation, durch die der russ. N erschlossen wurde und durch welche die Umwandlung der Kl. in bedeutende Korporationen mit gewaltigem Grundbesitz begann. Ausdruck des auch polit. großen Einflusses von S. war seine Segnung des Gfs.en →Dmitrij vor der Schlacht auf dem →Kulikovo pole (1380), dessen Sieg zum Symbol für nationale Einigung und Wiederaufstieg wurde.
A. Brunckhorst

Q.: Die Legenden des hl. S. v. R., bearb. L. Müller, 1967 – *Lit.:* M. Gorev, Troickaja lavra i Sergij Radonežskij, 1920 – I. Smolitsch, Russ. Mönchstum. Entstehung, Entwicklung und Wesen 988–1917, 1953, 79–100.

Sergent (frz.; von lat. 'serviens', anglofrz. Entsprechung →Serjeant), Bezeichnung für einen (ursprgl. meist niederrangigen) Dienstmann, →Büttel oder Amtsträger, wobei der Begriff S. ganz unterschiedl. Inhalte abdeckt.

[1] *Grundherrlicher Bereich:* Die s.s *seigneuriaux* zählten als grundherrl. Beamte zu den Dienstleuten eines Herrn (→Seigneur, Seigneurie) und fungierten im wesentl. als domaniale Verwalter, insbes. als Zwischenglied zw. dem Herrn und seinem →Prévôt.

[2] *Königliche Verwaltung und Rechtsprechung:* In der →Krondomäne waren, seit dem frühen 13. Jh. s.s als Helfer der →Baillis tätig; auch die kgl. Prévôts verfügten über s.s. Im 13. Jh. entwickelte sich der s. zu einem Organ der Justiz, das mit gerichtl. Verfolgungen und der Erhebung von →Bußen beauftragt war. Am →Châtelet, dem zentralen kgl. Gerichtshof in →Paris, unterstanden die s.s dem Prévôt du Châtelet. Im Bereich der Zivilgerichtsbarkeit oblag ihnen u. a. die Vermögensbeschlagnahme und -pfändung (*saisies*). Als Polizeibüttel hatten sie für die Sicherheit auf Straßen und Plätzen zu sorgen. Auf dem Sektor der Strafjustiz nahmen sie Verhaftungen vor und assistierten bei der Urteilsvollstreckung. Die wegen ihrer Funktion als Gerichts- und Polizeiagenten gefürchteten s.s waren in bewaffnete Büttel zu Fuß (*s.s à pied, s.s à verge* mit Entlohnung nach Einsätzen) und zu Pferde (*s.s à cheval* mit tageweiser Entlohnung) eingeteilt. Jedes dieser beiden Pariser Polizeikorps umfaßte zu Beginn des 14. Jh. 80 Mitglieder und bis 1400 bereits 220 Mitglieder. Im 14. Jh. waren beide Korps auch als fromme →Bruderschaften konstituiert.

[3] *Militärischer Bereich:* Als 's.' wurde auch der Kämpfer, der 'Soldat' (*homme d'armes*), insbes. der Fußkämpfer (*homme de troupe/à pied*) bezeichnet. Fußkämpfer ('servientes pedites') wurden vom kgl. Aufgebot von geistl. Herrschaften und von Städten (→Miliz) gestellt. Die »Prisée des sergents« ('Prisia servientium'), ein unter Philipp II. Augustus erstelltes Heeresverzeichnis von 1194, zählt 7695 s.s, 138 Wagen und 11 693 *livres parisis* auf, die von den kgl. Untertanen, Städten und kirchl. Gemeinschaften gestellt wurden. Die Bewaffnung umfaßte Lanze, Spieß, Dolch sowie Streitäxte. Manche s.s wurden kgl. Eliteeinheiten wie den →Arbalétriers (Armbrustschützen) oder den →Archers (Bogenschützen) eingereiht. Der Kg. v. Frankreich verfügte am Beginn des 14. Jh. über eine →Leibwache aus s.s (zu Fuß wie zu Pferde), die teils mit Armbrüsten ausgerüstet waren. Auch im Heer gab es berittene s.s, die unterhalb der kämpfenden Ritterschaft eine Art leichter Kavallerie bildeten. Die Bezeichnung *s. à cheval* ging aber seit ca. 1250 zugunsten der Benennung als →*écuyer* (Knappe) oder *homme d'armes* (Reisiger) zurück. – Im →Templerorden war der *Frère* s. ein Reisiger, der dem Orden angehörte, aber unterhalb des Ritters rangierte. –→Sergenterie. E. Lalou

Lit.: F. LOT–R. FAWTIER, Hist. des institutions françaises au MA, I: Institutions seigneuriales, 1955; II: Institutions royales, 1958 – R. FÉDOU, Les s.s à Lyon aux XIVe et XVe s.s: une institution, un type social, Bull. philol. et hist., 1964, 283–292 – PH. CONTAMINE, Guerre, État et société à la fin du MA, 1972 – DERS., La guerre au MA, 1980 – A. FRIEDLANDER, Les s.s royaux du Languedoc sous Philippe le Bel, Annales du Midi, 96, 1984, 235–251 – J. BALDWIN, Philippe Auguste et son gouvernement, 1991 – PH. CONTAMINE, Hist. milit. de la France, 1992 – D. BARTHÉLEMY, La société in the comté de Vendôme de l'an mil au XIVe s., 1993.

Sergenterie (serjanteria), kann im militär. Sinne einen Verband aus Sergents, im Sinne der Justizausübung die Gerichtsbarkeit eines Sergents bezeichnen. Doch wird S. auch für einen Typ des →Lehens (im Dt. 'Dienstlehen'; s. a. →Ministerialität) gebraucht. Das Wort stand ursprgl. für Landbesitz, mit dem ein grundherrl. Dienstmann (*serviens*) zur Bestreitung seines Lebensunterhaltes vom Herrn ausgestattet wurde. Im Zuge der Entwicklung des 12. Jh., die eine »Hierarchisierung« der Lehen beinhaltete, wurde das *fief de s.* zum Lehen, das unterhalb des *fief de chevalerie* (Ritterlehen) rangierte. →Sergent. E. Lalou

Lit.: →Lehen, -swesen.

Sergios

1. S. I., Patriarch v. →Konstantinopel 610–638, unterstützte Ks. →Herakleios im Kampf gegen Perser und Avaren und versuchte, mit seiner neuen Bekenntnisformel von der einen Wirksamkeit des Heilandes (→Monenergismus) die →Monophysiten für Kirche und Reich zurückzugewinnen. Weil aber v. a. →Sophronios v. Jerusalem auf dem Bekenntnis zu zwei Wirksamkeiten Christi, der göttl. und der menschl., bestand, betonte er die Einzigkeit der wirkenden Erlöserperson und fand Unterstützung bei Papst Honorius. 638 untersagten S. und Herakleios in der sog. →Ekthesis pisteōs die Rede von ein oder zwei Wirksamkeiten Christi und betonten statt dessen die Einzigkeit seines Willens. Wegen dieses →Monotheletismus wurde S. vom VI. ökumen. Konzil v. →Konstantinopel (680/681) als Irrlehrer verurteilt. H. J. Vogt

Lit.: Oxford Dict. of Byzantium, 1991, 1878 – J. L. VAN DIETEN, Gesch. der Patriarchen von S. I. bis Johannes VI. (Enzyklopädie der Byzantinistik 24/4, 1962), 1–56 – F. X. MURPHY–P. SHERWOOD, Konstantinopel, II, III (Gesch. der ökumen. Konzilien, III, 1990), 168–201.

2. S., Bf. v. Reschaina (Ostmesopotamien), † 536, war nach einer syr. Kirchengesch. (IX, 19, CSCO 84, 136–138; 87, 93f.) mit der gr. Philos. vertraut; syr. Übers. en philos. und medizin. Werke werden ihm zugeschrieben. Auch die Schrr. des →Origenes soll er gut gekannt haben; er ist aber mehr von dem Origenisten →Evagrius Pontikos beeinflußt, wie seine Abh. über das geistl. Leben zeigt, die er seiner Übers. der Schrr. des Pseudo-Dionysius (→Dionysius, hl., C) vorausgeschickt hat. Er behandelt in 124 kurzen Kapiteln die Heiligkeit als erste, die Tapferkeit als mittlere und die Gerechtigkeit als vollendete Tugend, und dann die Stufen der Erkenntnis, näml. der sichtbaren Geschöpfe, der rein geistigen und der Trinität. H. J. Vogt

Lit.: DSAM XIV, 652–654 – Oxford Dict. of Byzantium, 1991, 1879f.

3. S. Niketiates, wohl Onkel der Ksn. witwe →Theodora (II.) im hohen Rang eines Magistros, † 866 Kreta, Mitglied des Vormundschaftsrates des unmündigen Ks.s →Michael III. bis 856. In dieser einflußreichen Funktion ist er maßgebl. an der endgültigen Wiederherstellung des Bilderkultes 843 (→Bild) beteiligt. Ab 856 in der Funktion eines Logothetes des Dromos. Sein Name ist mit den Angriffen der byz. Flotte gegen die Araber Kretas 843 und 866 und der Eroberung Damiettas 853 verbunden. Er ist der Gründer eines Kl. des Niketiates am Golf v. Nikomedien. G. Weiß

Lit.: OSTROGORSKY, Geschichte, 183 – H. GRÉGOIRE, Un grand homme inconnu: le magistre et logothète Serge le Nicétiate, Byzantion 8, 1933, 515–534 – A. A. VASILIEV, Byzance et les Arabes, I, 1935, 191ff. – V. LAURENT, Le Corpus des sceaux de l'Empire byz., II, 1981, Nr. 421f. – D. TSOUGARAKIS, Byz. Crete, 1988, 47, passim.

Sergius

1. S. I., *Papst* (Weihe: 15. Dez. 687), hl. (Fest: 9. Sept.), * Palermo, † 8. Sept. 701 in Rom, ⬜ ebd., St. Peter; syr. Herkunft, röm. Presbyter, wurde nach dem Tod →Konons (21. Sept. 687) im Streit der Kandidaten (→Theodor; →Paschalis [3. P.]) im Okt./Dez. 687 gewählt und geweiht. S. lehnte die von Ks. Justinian II. geforderte Unterzeichnung der Beschlüsse des Quinisextum (Konstantinopel 692) ab. Die Milizen Roms, Ravennas und der Pentapolis verweigerten seine vom Ks. befohlene Verhaftung und Überführung nach dem O. Diese Rebellion – wie bereits die Übertragung des Leibes →Leos I. (Neubestattung in St. Peter: 28. Juni 688) – gilt als Beginn der polit.

und kirchl. Lösung des W von Byzanz. S. hielt gute Verbindung mit England (Taufe Kg. →Cædwallas [10. April 689]; Pallium an Ebf. Berchtwald v. →Canterbury 693; Unterstützung Bf. →Wilfrids v. York) und dem Frankenreich. Er vermochte kurz vor 700, das Schisma im langob. Patriarchat Aquileia (→Dreikapitelstreit) beizulegen, und weihte den von →Pippin II. (2. P.) geschickten →Willibrord am 21. Nov. 695 zum Ebf. der Friesen, dem er das Pallium verlieh. G. Schwaiger

Q.: LP I, 371–382; III, 97f., 371 – JAFFÉ² I, 244f.; II, 699, 741 – *Lit.*: O. BERTOLINI, Roma e i Longobardi, 1972 – SEPPELT², 80–85 – J. RICHARDS, The Popes and the Papacy in the Early MA, 1979 – H. H. ANTON, Von der byz. Vorherrschaft zum Bund mit den Franken (Das Papsttum, hg. M. GRESCHAT, I, 1985), 100–114 [Lit.] – M. BORGOLTE, Petrusnachfolge und Ks.imitation, 1989, 94–97, 417 – H. OHME, Das Concilium Quinisextum und seine Bf.sliste, 1990, 235–251 – DERS., Zum Vorgang der ksl. Subskription auf ökumen. Konzilien, ZKG 102, 1991, 145–174.

2. S. II., *Papst* seit Ende Jan. 844, † 27. Jan. 847; ⊐ Rom, St. Peter; Sohn des Römers Benedikt. Beim Tod Gregors IV. (25. Jan. 844) bemächtigte sich der Diakon →Johannes (24. J.) mit Hilfe einer Volksmenge des Laterans, doch der Adel wählte den greisen Archipresbyter S., der rasch geweiht wurde, ohne gemäß der →Constitutio Romana v. 824 dem Ks. den Treueid geleistet zu haben. Ks. →Lothar I. sandte zur Untersuchung der Wahlvorgänge und zur Wahrung des Ks.rechts seinen Sohn →Ludwig II. (8. L.) mit Bf. →Drogo v. Metz mit Truppen nach Rom. Nach mehrtägigen Verhandlungen in St. Peter schwor S. (mit den röm. Großen) Lothar Treue und krönte Ludwig II. zum rex Langobardorum. S. bestellte Drogo zum Apostol. Vikar für das Frankenreich, rehabilitierte aber die 835 an der Demütigung Ks. Ludwigs d. Fr. beteiligten Ebf.e →Ebo v. Reims und Bartholomaeus v. Narbonne voreilig. Verursacht durch S.' geldgierigen Bruder, Bf. Benedikt v. Albano, kam es in Rom zu schweren Mißständen und Unruhen, die durch den Sarazenenüberfall im Aug. 846 noch wuchsen. G. Schwaiger

Q.: LP II, 86–105; III, 123f., 371 – JAFFÉ² I, 327–329; II, 702, 744 – *Lit.*: HAUCK II, 526–530 – P. BREZZI, Roma e l'impero medievale, 1947, 50–53 – HALLER² II, 29–32, 524 – SEPPELT II, 221–225 – J. RICHARDS, The Popes and the Papacy in the Early MA, 1979 – J. FRIED, Die Päpste im Karolingerreich (Das Papsttum, hg. M. GRESCHAT, I, 1985), 115–128 – M. BORGOLTE, Petrusnachfolge und Ks.imitation, 1989, 417.

3. S. III., *Papst* seit Jan. 904, † 14. April 911, ⊐ Rom, St. Peter; aus röm. Adel, 893–896 Bf. v. Caere, wurde nach gescheitertem Versuch 897/898 (→Johannes IX.) und Jahren des Exils von den antiformosian. Kräften in Rom durchgesetzt, er beseitigte seine rivalisierenden Vorgänger →Leo V. und Christophorus. Als erbitterter Gegner des →Formosus erklärte er dessen Pontifikat und alle Päpste seit 898 sowie deren Weihen für ungültig, was heftige Kontroversen auslöste (→Eugenius Vulgarius). Polit. Rückhalt hatte er unter Verzicht auf einen Ks. (→Ludwig d. Blinde) an dem röm. Senator →Theophylakt und an Mgf. →Alberich v. Spoleto; aus S.' Verbindung mit →Marozia, der Tochter Theophylakts und Gattin Alberichs, soll der spätere Papst →Johannes XI. hervorgegangen sein. S. vollendete die Wiederherstellung des 897 eingestürzten Laterans und griff in den byz. →Tetragamiestreit zugunsten Ks. Leons VI. ein. R. Schieffer

Q.: LP II, 236–238; III, 128 – JAFFÉ² I, 445–447; II, 705, 746 – H. ZIMMERMANN, Papsturkk. 896–1046, I, 1988², 31–57 – *Lit.*: HALLER² I, 194–198 – SEPPELT II, 346–349 – H. ZIMMERMANN, Das dunkle Jh., 1971, 26–42 – S. SCHOLZ, Transmigration und Translation, 1992, 228–240.

4. S. IV., *Papst* seit 31. Juli 1009, * Rom, † 12. Mai 1012 ebd., ⊐ ebd., Lateranbasilika; Sohn des Schusters Petrus; hieß Petrus (Spitzname *Os porci* 'Schweinsmaul'); 1004 Bf. v. Albano; Umstände der Erhebung unklar, doch als Papst völlig abhängig von Johannes (II.) Crescentius (→Crescentier). S. suchte Verbindung zu dem dt. Kg. Heinrich II., bestätigte die Privilegien Johannes' XVIII. für →Bamberg und den Besitz des wiederhergestellten Bm.s →Merseburg. Sein Kreuzzugsaufruf (nach Zerstörung der Grabeskirche in Jerusalem) 1010 erscheint glaubwürdig. Mit dem Tod des Patricius Johannes (II.) Crescentius (18. Mai 1012) ging die Vorherrschaft in Rom an die →Tusculaner über. G. Schwaiger

Q.: LP II, 267; III, 132, 371 – JAFFÉ² I, 504f.; II, 708 – *Lit.*: HALLER² II, 562f. – SEPPELT II, 401f. – K.-J. HERRMANN, Das Tuskulanerpapsttum (1012–46), 1973, 218 – M. BORGOLTE, Petrusnachfolge und Ks.imitation, 1989, 417 – H. M. SCHALLER, Zur Kreuzzugsenzyklika Papst S. IV. (Fschr. H. FUHRMANN, hg. H. MORDEK, 1991), 135–153 [mit krit. Ed.].

5. S. VII., letzter Hzg. v. Neapel (1123–37). Um die Eingliederung der Stadt in das von →Roger II. gegr. Normannenreich von Sizilien zu vermeiden, nahm S. aktiv an allen Koalitionen teil, die sich bildeten, um die Einigung Süditaliens zu verhindern. 1131 mußte er sich Roger unterwerfen, rebellierte jedoch kurz darauf und verband sich mit →Robert v. Capua und →Rainulf v. Alife. Obwohl er über die Flotte des Kg.s einen Sieg davongetragen hatte, vermochte er seiner Belagerung nicht standzuhalten, unterwarf sich 1134 von neuem und konnte dabei sein Hzm. behalten. Als sich im Jahr darauf das falsche Gerücht über den Tod des Herrschers verbreitete, griff er wieder zu den Waffen und begab sich auch nach Pisa, um dort Hilfe zu erbitten. Nach Neapel zurückgekehrt, leitete er den entschlossenen Widerstand der Stadt gegen die Belagerung durch →Roger II., mußte sich jedoch Mitte 1137 ergeben. Gleichwohl gelang es ihm, sich mit seinem Herrscher zu versöhnen, an dessen Seite er in der Schlacht bei Rignano Garganico gegen seinen alten Freund und Verbündeten Rainulf v. Alife kämpfte und dabei den Tod fand (Okt. 1137). G. Vitolo

Lit.: M. FUIANO, Napoli nel Medioevo (sec. XI–XIII), 1972, 31–85 – F. LUZZATI LAGANÀ, Il ducato di Napoli (Storia d'Italia, UTET, III, 1983), 337–338.

Serjeant, im ma. England ein Amtsträger im Dienst des Kg.s oder eines feudalen Lords, der für einen bes. Aufgabenbereich zuständig war. Im 12. Jh. erhielt z.B. ein S. Ländereien und einen tägl. Lohn für die Beaufsichtigung der kgl. Speisekammer in York, für das Eintreiben der Schulden für die Krone, für die Anstellung von Spielleuten und für die Bewachung von Männern, die wegen eines Forstvergehens (→Forst, II) eingekerkert waren. Militär. S.s führten Fußtruppen an, bes. die Streitkräfte, die in den →shires für die Verteidigung ausgehoben wurden. Bei dem folgenden Aufgebot akzeptierten die Kg. zwei S.s anstelle eines Ritters (→knight). In den n. und w. Gft. en verfügten einige Lords zur Überwachung ihrer Ländereien über *S.s of peace*. Im 13. Jh. erschienen auch *S.s at law*, die von den Lords, deren Rechtsfälle sie an den Gerichtshöfen vertraten, mit Geld entlohnt wurden. A. Harding

Lit.: E. G. KIMBALL, Serjeanty Tenure in Medieval England, 1936 – R. STEWART-BROWN, The S.s of the Peace in Medieval England and Wales, 1936 – M. POWICKE, Military Obligation in Medieval England, 1962 – J. H. BAKER, The Order of S.s at Law, 1984.

Serlo. 1. S. v. Bayeux, unbekannter lat. Autor, Ende des 11. Jh., dessen Biogr. aus ihm unsicher zugewiesenen invektiv. Satiren und anderen Gedichten abgeleitet wird, in denen er sich mit Kirchenreformbestrebungen auseinandersetzt: Als norm. Priestersohn und Priester in ererbter Kirche auf eigenem Land bei Caen war er Enteignungsversuchen ausgesetzt, wurde aber geschützt vom Ortsbf., der ihn zum Domherrn v. →Bayeux machte. S. ist lit. Exponent der aggressiv-geistigen Komponente noch sehr derber Höfischheit am bfl. Feudalhof →Odos v. Bayeux, eines Halbbruders Wilhelms des Eroberers.

U. Kindermann

Ed.: TH. WRIGHT, The Anglo-Lat. Satirical Poets and Epigrammatists of the Twelfth Cent., II, 1872, 202–212, 233–254 [Verbesserungen bei SEDGWICK, s. Lit.] – E. DÜMMLER–H. BÖHMER, MGH L. d. L. 3, 1897, 579–583 – A. BOUTEMY, 1938 [s. Lit.] – R. LENZEN, Sodomitenschelte (Arbor amoena comis, 1990), 189–192 – Neuausg. geplant – Lit.: H. BÖHMER, Der sog. S. v. B. und die ihm zugeschriebenen Gedichte, NA 22, 1897, 703–738 – W. B. SEDGWICK, The Textual Criticism of Medieval Lat. Poets, Speculum 5, 1930, 295f. – A. BOUTEMY, Muriel, M-A, 3ᵉ sér., 6, 1935, 241–251 – DERS., Notice sur le receuil poétique du ms. Cotton Vitellius A XII du Brit. Mus., Latomus 1, 1937, 278–313 – DERS., Deux poèmes inconnus de Serlon de B. et une copie nouvelle de son poème contre les moines de Caen, M-A, 3ᵉ sér., 9, 1938, 241–269 – J. ÖBERG, Serlon de Wilton, poèmes lat. (= Studia Lat. Stockholmiensia 14), 1965, 1f.

2. S. v. Wilton (S. Wiltoniensis), † 1181 (?), nach Stud. in England und Frankreich Lehrer in Paris; eine Legende gewordene Konversion führte ihn in das Kl. La Charité-sur-Loire, später in die Zisterze L'Aumône (Abt 1171). 84 disparat überlieferte Gedichte sind für S. gesichert (autobiogr. 16: Lehrtätigkeit in Paris; 24: Exil in Antibes [?]; 76–80: Konversion): u. a. lat. Paraphrasen anglo-norm. Proverbia (44–73), grammatisch-didakt. (bes. die versus differentiales carm. 2 mit reichem Nachleben u. a. in Richard Plutos »Equivoca«), erot. (von Ovid inspirierte Schulübungen aus der Zeit vor der Konversion) und satirisch-polem. Dichtungen, Epitaphien und Briefgedichte. S. jongliert virtuos mit Reim und →Colores rhetorici. Von zwei grammat. Werken (»De origine structure gramatice«, »De primis sillabis«) sind nur die metr. Prologe überliefert (carm. 1 und 3); eine hs. sehr verbreitete Auslegung des Vaterunser und drei Sermones (Zuschreibung unsicher) sind nach der Konversion entstanden.

P. Orth

Ed.: J. ÖBERG, 1965 (Studia Lat. Stockholmiensia 14) [Gedichte] – L. C. BRACELAND, Serlo of Savigny and S. of W., 1988, 25–73, 76–105 [Predigten, Vaterunserauslegung] – Lit.: MANITIUS III, 905–910 [Lit.] – P. DRONKE, Medieval Lat. and the Rise of European Love-Lyric, I, 1965, 239–243 – J. ÖBERG, MJb 6, 1970, 98–108 – E. W. SALON, A Study of the Life and Works of S. of W. [Diss. Bloomington 1973] – A. G. RIGG, Richard Pluto's »Equivoca«, Latomus 50, 1991, 563–580 – DERS., A Hist. of Anglo-Lat. Lit. 1066–1422, 1992, 70–72, 111f. [Lit.]

Sermini, Gentile, sienes. Erzähler des 15. Jh., von dem keine genauen biograph. Angaben bekannt sind. Von ihm ist eine Sammlung von 40 Novellen überliefert. In das Werk sind zwei Prosastücke (Beschreibung des volkstüml. »Pugna«-Spiels und eine Vision der Venus) sowie 34 lyr. Dichtungen eingefügt, die als Kontrapunkt zu den zumeist moralisierenden Erzähltexten gehalten sind: 22 Sonette, 10 Canzonen polit. Charakters oder mit Liebesthematik und zwei →Ballate, deren Stil außergewöhnl. stark an S.s Landsmann Simone Serdini, gen. Saviozzo, erinnert. In der zwölften Erzählung berichtet S., er sei vor der Pest des Jahres 1424 auf das Land geflüchtet. Dieses Datum wurde als mögl. chronolog. Fixpunkt für die Entstehungszeit des Werkes betrachtet, seine Abfassung könnte jedoch auch viel später zu datieren sein. S. erklärt, er habe die Erzählungen ohne feste Ordnung zusammengestellt, auf Betreiben eines Freundes (dem die Sammlung gewidmet ist), der sie in Petriolo, einem Erholungsort bei Siena, gehört habe. Die Erzählungen haben verschiedene Provenienz, sind zumeist im Raum Siena angesiedelt und zeigen eine Vorliebe für schlüpfrige und satir. Themen, deren Zielscheiben Bauern und Ordensleute sind.

L. Rossi

Ed.: G. S., Le Novelle, hg. F. VIGO, 1874 – G. S., Novelle, hg. G. VETTORI – Lit.: M. MARIETTI, Imitation et transposition du Décameron chez Sercambi et S., Réécritures. Commentaires, parodies, variations dans la litt. it. de la Renaissance, 1984, 9–67 [Lit.].

Sermoni semidrammatici (halbdramatische Predigten), Bezeichnung, die V. DE BARTHOLOMAEIS in »Origini della poesia drammatica italiana«, 1952², 325–335, für eine Form des theatral. Ausgestaltung der Predigt einführte, die im Lauf des 13. und 14. Jh. von Franziskanerpredigern (z. B. →Johannes v. Capestrano, Jacopo della Massa und Alessandro de Ritiis) verwendet wurde, um ihr religiöses Apostolat noch wirkungsvoller zu gestalten. In diesen Predigten wird die Verbindung zu den weiter verbreiteten Genera des ma. →geistl. Dramas wie dem Passionsspiel oder der →Sacra rappresentazione deutlich. Die in die Predigt eingefügten theatral. Ausgestaltungen bestanden in der Rezitierung poet. Monologe oder Dialoge durch den Prediger selbst (vorwiegend →Laude, unter denen die Werke des →Jacopone da Todi die größte Beliebtheit genossen) oder aber in der Darstellung bibl. Episoden entsprechend der Tagesliturgie, die von Schauspielern ausgeführt wurden. In den lat. Predigtsammlungen und Predigtbüchern, die das Schema dieser Predigten überliefern, werden die volkssprachl. Dichtungen und Evangeliumepisoden entweder vollständig aufgeführt oder nur mit dem Anfangsvers zitiert. Es finden sich auch kurze Didaskalien szen. Charakters.

M. Picone

Lit.: V. DE BARTHOLOMAEIS, Il teatro abruzzese del Medioevo, 1924 – M. APOLLONIO, Storia del teatro it., 1981, I, 208–212 – P. CÁTEDRA, Homenaje a V. Whinnom, 1989, 7–18 – M. A. MASTRONARDI, Tradizione retorica e actio giullaresca in un sermone semidrammatico del Quattrocento, Lares, LVI, 1990, 587–601 [Lit.].

Sermons joyeux ('spaßhafte Predigten', Predigtparodien), Genus, das sich im SpätMA entfaltete und im 15.–16. Jh. in breitem Umfang gepflegt wurde. Die S. sind schwankhaft-burleske Monologe in Versen, die zur mimischen Darstellung oder Rezitation bestimmt sind. Verbunden mit der Tradition des Charivari, können sie auch eine polem.-satir. und polit.-pamphletist. Färbung erhalten, v. a. in den Städten, wo sie oft an ein student. Publikum adressiert sind. Ihre Komik beziehen sie aus burlesker 'imitatio' (→Parodie) der Predigtstruktur (→Predigt) mit ihrem Rekurs auf →Exempel (Predigtmärlein), Demonstrationen, Aneinanderreihungen von Bibel- und Väterzitaten usw. Letztere wurden in den S. zum Ausgangspunkt gewagter Wortspiele. Bevorzugte Themen sind die Freuden des Bacchus (Sermon de saint Raisin, de Bacchus, de la Chopinnerie 'Zechgelage') und eine derbe, mit analen und 'grobian.' Zügen angereicherte Erotik (Sermon de Monseigneur saint Jambon et de Madame sainte Andouille, de Frappe-culs, du Joly Cul, des Barbes et des Brayes, de saint Velu). Die S. sind eine ergiebige Quelle für Folklore, Kulturgesch. und (v. a. dank ihres persiflierenden Charakters) religiöse Mentalitätsgesch. Etwas später dringen die S. (in Prosafassungen) in die gedruckte Kolportagelit. ein (z. B. Sermon des Pets, 'Furzpredigt').

M. Zink

Ed. und Lit.: DLFMA, 1991², 1375 – LE ROUX DE LINCY-F. MICHEL, Recueil de farces, moralités et s., 4 Bde, 1837 – J. DELUMEAU, Les mentalités religieuses saisies à travers les farces, les sotties et les s. (XVᵉ–XVIᵉ s.), Actes du 99ᵉ Congr. Nat. des Soc. Savantes, 1977, I, 181–195 – J. KOOPMANS, Quatre s., 1984 – J. KOOPMANS, Sermon joyeux et théâtre profane (XVᵉ et XVIᵉ s.) (Rapports Het Franse Boek 55, 1985), 97–110 – J. KOOPMANS-P. VERHUYCK, Quelques sources et parallèles des s. des XVᵉ et XVIᵉ s.s, Neophilologus 70, 1986, 168–184 – Recueil général des s. français (XVᵉ–XVIᵉ s.), hg. J. KOOPMANS, 1987–

Recueil de s., hg. DERS., 1988 – DERS., Folklore, tradition et révolte. Le fonctionnement social des s. français de la fin du MA, Fifteenth-Century Studies 13, 1988, 457-470 – P. VERHUYCK, Parole et silence dans le sermon joyeux, ebd. 13, 1988, 31-49.

Sermons de Saint-Bernard, afrz. Übersetzungen einer Gruppe von Predigten des hl. →Bernhard v. Clairvaux. Bernhard hat häufig gepredigt, doch sind die überlieferten Predigten stark überarbeitete Nachschriften. Sie umfassen »Sermones per annum« und »S. de diversis« sowie thematisch oder textlich gruppierte Ensembles: »In laudibus virginis matris«, »Ad clericos de conversione«, über den Psalm »Qui habitat« sowie die 86 Predigten »in Cantica« (zum Hohelied), an denen Bernhard von 1135 bis 1150 arbeitete und die zum Meisterwerk geistlicher Lit. wurden. Die Predigten des hl. Bernhard präsentieren sich als exeget.-spirituelle Traktate, sogar die »Sermones per annum«, von denen mehrere demselben Feiertag gewidmet sind und die jedes Mal eine Art Zyklus bilden. Die Unterscheidung zw. Predigten, Traktaten und Episteln ist von daher eher formal als real. An der Wende des 12. zum 13. Jh. wurden die 44 ersten »Sermones in Cantica«, 85 »Sermones per annum«, die Homilien »In laudibus Virginis matris« sowie die Epistel »De diligendo Deo« ins Frz. übersetzt. M. Zink

Ed. und Lit.: SMBO I, II, IV, VI – W. FOERSTER, Afrz. Übers. der Predigten Bernhards v. Clairvaux, RF 2, 1885, 1-210 – A. SCHULZE, Predigten des hl. Bernhard in afrz. Übertragung, 1894 [Nachdr. 1980] – J. LECLERCQ, Recueil d'études sur Saint Bernard et ses écrits, 4 Bde, 1962-1987 – M. ZINK, La prédication en langue romane avant 1300, 1976.

Sermons en vers → Predigt, B. II

Sernin → Saturninus

Serós, Santa Cruz de la, Nonnenkl. OSB (Aragón, Bm. →Huesca), Patrozinium: S. Maria. 992 anläßl. einer Schenkung des Sancho Garcés II. v. Aragón erstmals erwähnt, stand das Kl. das ganze MA hindurch in der Gunst der Kg.e v. Aragón, nachdem die drei Töchter →Ramiros I., Urraca, Teresa und Sancha, dort eingetreten und es zu ihrer →Grablege gewählt hatten. Sancha († 1093) lebte nach dem Tod ihres Gatten Ermengol III. v. →Urgel über 30 Jahre im Kl. und vermachte ihm ihren ganzen Besitz. Im 12. Jh. erlebte das Kl. unter den Äbt.en Endregoto und Stephania dank der Schenkungen der Kg.e Sancho Ramírez I. (1093), Peter I. (1097, 1100), Ramiro II. (1135) und Alfons II. (1172, 1188) eine Blütezeit. Innozenz III. bestätigte 1198 seine Rechte und Besitzungen und nahm es in den Papstschutz. 1555 übersiedelten die Nonnen in ein Kl. in Jaca. U. Vones-Liebenstein

Q. und Lit.: DHEE III, 1662 – M. GONZÁLEZ MIRANDA, La condesa doña Sancha y el Monasterio de S. C. de la S. (Estudios de Edad Media de la Corona de Aragón VI, 1956), 185-202 – A. DURÁN GUDIOL, La Iglesia de Aragón durante los reinados de Sancho Ramírez y Pedro I, 1962, 18f. – A. UBIETO ARTETA, Cart. de S. C. de la S. (Textos Med. 19), 1966 – A. LINAGE CONDE, Los Orígenes del monacato benedictino en la Península ibér., III, 1973, nr. 1455 – A. UBIETO ARTETA, Hist. de Aragón. Los Pueblos y los Despoblados, III, 1986, 1147f.

Serpuchov (Serpychov, Serpochov), aruss. Burgstadt, Land und Fsm. im Moskauer Raum. [1] *Stadt:* Die Festung (4,75 ha Fläche; 12.-17. Jh.), an der Mündung der Serpejka in die Nara gelegen, umgab ein Erdwall von 30 m Höhe über dem Flußwasserspiegel. Nördl. davon befand sich eine Kaufleute- und Handwerkersiedlung (archäolog. belegte Metallverarbeitung). 1374 errichtete Fs. →Vladimir Chrabryj v. S. einen Kreml' aus Holz, 1380 die Dreifaltigkeitskirche (berühmte Ikone der Gottesmutter vom Don [1395]) und 1374 bei S. das Vysockij-Kl. 1382 wurde S. vom tatar. Chan Tohtamyš erobert und verbrannt. Die Prägung von Münzen mit zwei Herrschernamen (Tohtamyš mit Vladimir [1382-1410]; Fs. Semen v. S. [1410-26] und Fs. Vasilij Jaroslavič [1426-56] mit dem Moskauer Gfs.en Vasilij II.) belegen die Bedeutung von S. in Handel und Wirtschaft.

[2] *Fsm.:* Nach Auseinandersetzungen zw. Moskau und Rjazan' gelangte S. Anfang des 14. Jh. an die Fs.en v. →Moskau. S. war Teilfsm. Andrejs (jüngerer Sohn →Ivans I. Kalitá; † 1354) und seiner Nachfolger Vladimir Chrabryj, Semen und Vasilij Jaroslavič, die die Fs.en v. Moskau →Dmitrij Donskoj und →Vasilij II. im Kampf gegen Tataren und in der Fehde mit dem Fs.en v. Zvenigorod unterstützten. Dennoch wurde der mit Vasilij II. verschwägerte Vasilij Jaroslavič 1456 in Haft gesetzt († Uglič 1483). 1462-72 war S. Teilfsm. von Jurij Dmitrovskij, dann übergab →Ivan III. Vasil'evič es als Lehen dem Chan v. Kazan' Muchammed-Emin (1496-1502).
A. L. Choroškevič

Lit.: P. SIMSON, Istorija Serpuchova, 1880 [Nachdr. 1992] – G. F. GARIN, S. S. SAVOSKUL, V. V. ŠILOV, S., 1983.

Serrhes (gr. αἱ Σέρραι/Σέρρες, slav. Ser), Stadt im unteren Strymon-Tal in Ostmakedonien; erstmals im 4. Jh. v. Chr. als Sirra gen., gehörte zur frühbyz. Prov. Macedonia prima. Seit 449 als Bm. nachweisbar, wurde S. unter Leon VI. Ebm. und im 10. Jh. Metropolis (Suffragane erst für das 15. Jh. gesichert), bei Konstantin Porphyrogennetos (De them.) fälschl. der Prov. Rhodope zugewiesen. 976 kam der →Komitopulos Moses bei der Belagerung von S. um. Ende des 10. Jh. begegnen erstmals die Begriffe *thema Serron* und die für die Steuererhebung relevante Verwaltungseinheit (*dioikesis*) *Thessalonike* und S. Das Umland von S. wurde 1185 von Normannen geplündert, 1195 von Bulgaren, 1197 von Dobromir Chrysos. S. lag in dem 1204 in der »Partitio« unerwähnten Bereich (Ost- und Zentralmakedonien), der 1203 Alexios III. unterstand und für die Lateiner das Kgr. →Thessalonike wurde. 1204 übernahm →Bonifaz v. Montferrat S., →Kalojan eroberte es im Sommer 1205. 1222 wurde S., schon Teil des Reiches v. →Epeiros, von Lateinern belagert. 1230 fiel S. an die Bulgaren, 1246 byz. Rückeroberung durch Johannes III. (→Michael VIII. [10. M], Kommandant v. →Melnik und S.). 1275 wurde von einem Mönch aus S. das mit der Stadtgesch. eng verbundene Johannes-Prodromos-Kl. im Menoikion-Gebirge (8 km nordöstl. von S.) gegr. 1326 rissen Johannes Palaiologos, Statthalter v. Thessalonike, und sein serb. Verbündeter →Stefan Dečanski S. an sich. 1328 fiel S. an Andronikos III. Nach (z. T. von Johannes Kantakuzenos unterstützten) Versuchen eroberte es →Stefan Dušan am 25. Sept. 1345. Nach Dušans Tod (Dez. 1355) regierte die Witwe Jelena mit Sitz in S. ein Gebiet vom Axios/Vardar bis zum Nestos/Mesta (ohne feste Ostgrenze), die Chalkidike mit eingeschlossen (ohne die Küstenstädte Thessalonike, Christupolis u. a.); im Norden reichte das Territorium bis Strumica und Melnik. Aus der Position wurde sie im Sept. 1365 von →Jovan Uglješa verdrängt. Zw. dem serb. »Fsm.« von S. und Byzanz bestand gegenseitige Anerkennung. Nach Uglješas Ende (Sept. 1371) übernahm der spätere Ks. →Manuel II. S., das jedoch schon am 19. Sept. 1383 türk. wurde.
P. Soustal

Lit.: Oxford Dict. of Byzantium, 1991, 1881f. [Lit.] – G. OSTROGORSKI, Serska oblast posle Dušanove smrti, 1965 – D. PAPANIKOLA-BAKIRTZI u. a., Ceramic Art from Byz. Serres, 1992 – B. FERJANČIĆ, Srpski i vizantijski Ser u XIV stoléću, 1994.

Servatius, hl., Bf. v. Tongern, lebte nach der Legende ca. 343-384 und war mithin der letzte Bf., der in →Tongern residierte; er soll um die Mitte des 4. Jh. die Verlegung des Bf.ssitzes nach →Maastricht veranlaßt haben. Ausgehend von →Gregor v. Tours, der ältesten hagiograph. Q., und im Zuge der vom Maastrichter Servatiusstift geförderten Verehrung (Anrufung gegen Frost und Fieber, Kultverbreitung bes. in Westdtl. und Westeuropa) vollzog sich über Jahrhunderte eine Legendenbildung, auf deren Höhepunkt in der 2. Hälfte des 12. Jh. →Heinrich v. Veldeke seine in maasländ. Sprache gehaltene Dichtung »Sente Servas« (wohl um 1170/80) verfaßte. – Hinsichtl. der hist. Identifikation ist ein Mitte des 4. Jh. als Teilnehmer mehrerer Konzilien erwähnter S. (Sarbatios) in Vorschlag gebracht worden. Die früher allg. angenommene Gleichsetzung dieses als Gegner des Arianismus und glühender Verfechter der rechtgläubigen Trinitätslehre hervorgetretenen Sarbatios-Aravatius mit »Servatio Tungrorum episcopus« ist heute jedoch umstritten, da die neueste Forschung S. eher der Mitte des 5.Jh. zuweist.   J. Helsen

Lit.: LThK² IX, 693 – R. DE LA HAYE, In welke eeuw leefde St-Servaas?, De Maasgouw, Lfg. 1, 1994, 5–28.

Servatus Lupus → Lupus v. Ferrières

Serventese → Sirventes

Servicios, →Steuern oder Finanzhilfen, die die →Cortes v. Kastilien und León seit der Regierungszeit Alfons' X. (1269) den Kg.en zugestanden haben, da sich die normalen Einkünfte (→pedidos, Foralsteuern), die die Kg.e aus eigener Machtvollkommenheit erheben konnten, als unzureichend erwiesen. Zur Erhebung der S. war die Zustimmung der Cortes erforderl., die sehr häufig gewährt wurde (bis 1504 an die 100 S. bezeugt). Es handelte sich um direkte, prozentuale und regressive Besteuerung von Grundbesitz, die entweder gemäß den Steuerlisten der Vollbürger von Ort zu Ort je nach Vermögen eingezogen wurde (cañamas) oder von jedem Ort pauschal als Summe abzuliefern war (cabeza), wobei die Verteilung auf die einzelnen Vollbürger von den örtl. Machthabern vorgenommen wurde. Von 1342–98 zählte auch die →Alcabala (allg. Verkaufssteuer) zu den von den Cortes gewährten S. Im 15. Jh. hingegen galt sie bereits als normale Einkommensquelle der Krone, wodurch die relative Bedeutung der S. gemindert wurde, deren Einziehung immer doppelgleisig erfolgte: einerseits durch Verpachtung, andererseits unter Mitwirkung der einzelnen Gemeinden.

M. A. Ladero Quesada

Lit.: M. A. LADERO QUESADA, La Hacienda Real de Castilla en el siglo XV, 1973 – DERS., Fiscalidad y poder real en Castilla (1252–1369), 1993.

Servientes regis, Bezeichnung für eine Schicht des ung. Adels im 13.–14. Jh., die z. Z. der →Goldenen Bulle Kg. Andreas' II. (1222) entstand. Damals erwarb die neue Aristokratie große Domänen und versuchte, den Kleinadel und die →Iobagie in die Vasallität zu drängen. Die S. betonten daher ihre direkte Abhängigkeit vom Kg. und organisierten sich in den eigenen →Komitaten. Urkdl. sind die congregationes servientium seit 1232 belegt. Die Bewegung führte nach 1222 zur Vereinigung der Kg.s-freien und Ausbildung eines einheitl. Adelsstandes.

G. Györffy

Lit.: HÓMAN II, 58–105 –J. DEÉR, Der Weg zur Goldenen Bulle Andreas II. v. 1222, Schweiz. Beitr. zur allg. Gesch. 10, 1953, 104–138.

Serviten, Servitinnen-Orden (Ordo Servorum Beatae Mariae Virginis, Orden der Diener Mariens, frati Servi di s. Maria, Ave-Maria-Brüder, Marienknechte, OSM), wurde 1233 von sieben angesehenen Florentiner Patriziern und Ratsmitgliedern, Angehörigen der Marienbruderschaft (Societas laudantium Beatae Virginis), nach einer Marienerscheinung gegr. Unterstützt von Bf. Ardingo II., zogen sie sich in die Bergeinsamkeit des Montesenario zurück. Nach einer kontemplativen Anfangsphase (1245–56), die neben marian. Frömmigkeit von Askese und Armutsideal geprägt war, entschlossen sich die 7 ss. Fondatori zur Annahme der Augustinusregel und der entsprechenden, seit 1215 festgeschriebenen Konstitutionen, eine Lebensnorm, die 1249 vom Kard.legaten Rainer v. S. Maria in Cosmedin, 1252 von Innozenz IV. bestätigt wurde. Unter den Generalprioren Iacopo da Siena (1257–65), Maneto da Firenze (1265–67) und Filippo Benizi (1265–85) näherten sich die S. den Bettelorden an. Dies führte zur Verlegung des Hauptsitzes in den Konvent Caffaggio bei Florenz (später SS. Annunziata), verbunden mit einer Klerikalisierung und stärkeren Betonung von Predigt und Glaubensverkündung (Privilegien Alexanders IV. [1256] und Urbans IV. [1263]). Nach einer vorübergehenden Auflösung des Ordens (1276) legte Filippo Benizi um 1280 erste eigenständige Satzungen vor, die von Nikolaus IV. 1290 und von Benedikt XI. (Bulle Dum levamus v. 11. Febr.) 1304 definitiv bestätigt wurden.

Pietro da Todi (1314–34/44) war der letzte gewählte Generalprior, die folgenden wurden ab 1344 vom Papst ernannt. Clemens VI. verfügte 1346 mit der Bulle Regimini universalis ecclesiae eine strukturelle Reform des Ordens. Während des Romaufenthalts Papst Urbans V. verlegten die S. 1369 ihren Hauptsitz in den dortigen Konvent S. Marcello al Corso. Im Großen Schisma standen sie auf der Seite der röm. Observanz. Innozenz VIII. verlieh ihnen im sog. Mare Magnum eine umfassende Bestätigung ihrer Besitzungen und Rechte.

Das 15. Jh. war gekennzeichnet von der Suche des Ordens nach seinem spirituellen Standort, einerseits durch die Teilnahme an den großen Reformkonzilien und die Einrichtung hist.-hagiograph. ausgerichteter Studia in Bologna und Erfurt, andererseits durch die Rückbesinnung auf die rein kontemplative Ausrichtung des Ordens in seiner Anfangsphase. 1411 zog sich Antonio d'Andrea di Siena mit einer Gruppe von Anhängern in den Konvent auf dem Montesenario zurück, der mit Unterstützung der Medici restauriert wurde. 1430 konstituierte sich davon ausgehend die Congregazione dell'Osservanza dei Servi, (S. von der Observanz), deren Konstitutionen Eugen IV. (1436) bestätigte und die seit 1440 einen eigenen Generalvikar ernannten.

Der in Provinzen eingeteilte Orden umfaßte Niederlassungen in Italien (1304: 26 Häuser), Frankreich (seit 1303 ein Kolleg in Paris, 8 Häuser in der Prov. Narbonensia), Spanien (seit 1373: 6 Häuser), Portugal (6 Häuser), Deutschland (30 Kl., in der Reformationszeit aufgelöst), Böhmen (Prag 1360–1420) und Griechenland. Eine rege Missionstätigkeit führte die S. im 13. Jh. bis zu den Tataren und nach Indien. An der Spitze des Ordens stand der Generalprior, dessen Wahl dem Generalkapitel zustand, das alle drei Jahre zusammentrat. Den einzelnen Häusern standen Priore vor, die vom Provinzial ihrer Prov. bestätigt werden mußten und sich jährl. zu einem Provinzialkapitel versammelten. Die starke marian. Ausrichtung des Ordens zeigte sich bes. in der liturg. Gestaltung der Messe.

Wie die Mendikantenorden war auch bei den S. der Zweig der Servitentertiarier (Dritter Orden der Diener Mariens) seit 1255 zur Aufnahme von Laien, die in der Welt lebten (z. B. Rudolf v. Habsburg), eingerichtet. 1424 wurden seine Statuten von Martin V. bestätigt.

Der weibl. Zweig des Ordens, die Servitinnen (Dienerinnen Mariae vom Montesenario, Philippinerinnen), wurde auf Anregung des hl. Filippo Benizi in der Nähe von Todi gegründet und fand v. a. in Italien, Flandern und Deutschland Verbreitung. Während diese S. ein beschaul. Leben führten, widmete sich der 1306 von der hl. Juliana

Falconieri († 1341), der Nichte eines der sieben Gründer, Alexius Falconieri, in Florenz gegr. Orden der *Serviten-Tertiarierinnen (Mantellate)* v. a. der Krankenpflege, der Sorge für Hilfsbedürftige und arme Kinder sowie deren Unterricht und gründete Häuser in Deutschland, England, Frankreich und Italien. U. Vones-Liebenstein

Lit.: LThK² IX, 694f. – DIP V, 102–108 [Monte Senario] – Mon. Ordinis Servorum Mariae, 20 Bde, 1897–1930, hg. A. Morini, P. Soulier, M. Heimbucher, Die Orden und Kongregationen der kath. Kirche, I, 1965³, 576–588 – A. M. Rossi, Manuale di storia dell'Ordine dei Servi di Maria (1233–1954), 1956 – F. A. Dal Pino, Edizioni delle Costituzioni dei Servi dal sec. XIII al 1940 (Studi storici OSM 19, 1969), 5–48 – Ders., I frati servi di s. Maria dalle origini all'approvazione (1233ca.–1304), 2 Bde, 1972 – M. Bernos, Recherches sur l'ordre des Servites en Provence 1483–1720, 1977 – F. A. Dal Pino, Stefano da Sansepolcro priore generale e l'Ordine dei Servi tra scisma e conciliarismo (1378–1424) (Studi storici OSM 29, 1979), 5–59 – Ders. Tentativi di Riforma e Movimenti di Osservanza presso i Servi di Maria nei secc. XIV–XV (Reformbemühungen und Observanzbestrebungen im spätma. Ordenswesen, hg. K. Elm, 1989), 347–370.

Servitien, ursprgl. Spenden, später Abgaben an Papst und Kard.e; seit dem 14. Jh. eine in Raten gezahlte Abgabe, die von den im Konsistorium verliehenen →Benefizien (Bm.ern und Abteien) zu entrichten war. Die Ernennungsbulle wurde erst ausgehändigt, nachdem der Providierte versprochen hatte, den Betrag innerhalb bestimmter Fristen zu zahlen. Man unterscheidet: a) *servitia communia*: Abgaben von Bf.en und Äbten, deren jährl. Einkünfte wenigstens 100 Florenen umfaßten, von ihren Erträgen des ersten Jahres. Ihre Höhe betrug unter Papst Johannes XXII. 1/3 des Jahreseinkommens, später weniger. Die eine Hälfte fiel an den Papst, die andere an die Kard.e. – b) *servitia minuta*, sog. Kanzlei-Sporteln. Ihre Höhe betrug 3 1/2% bzw. 5% der servitia communia. Sie waren für die Beamten der Kanzlei bestimmt. – c) *servitia quindennia*. Sie waren alle 15 Jahre von den inkorporierten Pfründen zu entrichten. In Dtl. wurden diese Zahlungen nicht geleistet. Die S.zahlungen, die für den Papst bestimmt waren, wurden im 14. Jh. in der Regel in den Introitusregesten des päpstl. Thesaurars verbucht.

Auf dem →Konstanzer Konzil forderten Mitglieder der frz. Nation am 15. Okt. 1415 die Abschaffung der S. mit der Einschränkung, daß für den Unterhalt des Papstes und der Kard.e ausreichend gesorgt sein müsse. Nach den Konstanzer Konkordaten hatten die Bm.er und Abteien Erträge des ersten Jahres als S. abzuführen. Das →Basler Konzil schaffte in der 21. Sitzung vom 9. Juni 1435 die S. ab, ohne für einen finanziellen Ausgleich für die Kurie zu sorgen. Im →Wiener Konkordat 1448 wurden ermäßigte S. akzeptiert. 1673 und erneut 1786 protestierten die drei rhein. Ebf.e gegen die Erhebung der S. In den Konkordaten nach der Säkularisation in Dtl. wurden die Taxen zusammengelegt und ihre Höhe verringert. R. Bäumer

Q. und Lit.: H. Hoberg, Die S.lasten der Bm.er im 14. Jh., QFIAB 33, 1944, 101–135 – Taxae pro communibus servitiis, ed. Ders., 1949 [Nachdr. 1974] – Ders., Die Einnahmen der Apostol. Kammer unter Innozenz VI., 2. T.: Die S.quittungen des päpstl. Kamerars, 1972 – Ders., Der Anteil Dtl.s an den S.zahlungen am Vorabend der Glaubensspaltung, RQ 74, 1979, 178–185 [Lit.] – K. Ganzer, Das Konzil v. Trient und die Annaten (Vatikan. Archiv. Stud. zu Ehren v. H. Hoberg, Misc. Hist. Pont. 45, 1979), 215–247 – A. Meyer, Bf.swahl und päpstl. Provision nach dem Wiener Konkordat, RQ 87, 1992, 124–135, bes. 131f.

Servitium debitum, in England das feudale Aufgebot, für das ein Kontingent von Rittern (→*knights*) aufgestellt werden mußte, das – jeweils nach der Größe der Baronie – 60 oder mehr, aber auch nur einen Ritter umfassen konnte, und zu dem auf Anordnung des Kg.s die Kronvasallen (*tenants-in-chief*) verpflichtet waren. Obwohl der Einfluß überlieferter ags. Formen des Militärdienstes nicht auszuschließen ist, scheinen die Ritterkontingente nach der norm. Eroberung von Wilhelm I. und seinen unmittelbaren Nachfolgern als Teile oder Gruppen der constabularia von jeweils fünf Rittern aufgestellt worden zu sein, um so ein Heer von etwa 5000 Rittern zu bilden. Als Landübertragungen die bestehende Form des Landbesitzes veränderten, war auch häufig die Aufstellung eines reduzierten Kontingents möglich, und seit dem 13. Jh. wurde die Zahlung der →*scutage* anstelle der Aufgebotspflicht üblich. →Heer, A. III, 2. A. Harding

Lit.: J. H. Round, Feudal England, 1909 – I. J. Sanders, Feudal Military Service in England, 1956 – J. C. Holt, The Introduction of Knight Service in England (Anglo-Norman Studies 6, 1983).

Servitium regis. Das lat. s. hat sehr weitgefächerte Bedeutungen, es sei nur an Dei s., Deo servire, fidele s. u. ä. erinnert, aber auch das s. temporale ist keineswegs auf das s. r. als Terminus technicus beschränkt und meint häufig den Kriegsdienst, die Übernahme einer Gesandtschaft u. ä. In den merow. Kg.surkk. fehlt der Begriff völlig, in den erzählenden Q. wird er selten und niemals im hier interessierenden techn. Sinn gebraucht; dies geschieht erst – aber noch immer recht selten – in karol. Zeit, obwohl andere Bedeutungen überwiegen. Auch im 10.–12. Jh. wird s. r. keineswegs nur gastungstechn. (→Gastung) gebraucht, doch werden die Belege zahlreicher, wenn auch nicht zahlreich genug, um allein anhand des urkundl. Materials die Gesch. der Kg.sgastung im Ostfrankenreich (9.–11. Jh.) und in Dtl. (11.–13. Jh.) darzustellen. Von entscheidender Bedeutung sind daher die Itinerar- und Pfalzenforsch. (B. Heusinger, H.-J. Rieckenberg, C. Brühl, W. Schlesinger, E. Müller-Mertens; →Itinerar, →Pfalz) sowie die Erforschung des Kg.s-, insbes. des kgl. Tafelguts (→Tafelgüterverzeichnis). Die nicht gerade häufigen Erwähnungen des s. r. im strikt gastungsrechtl. Sinne erklären sich leicht, denn der Kg. spricht nur höchst selten eine Befreiung vom s. r. oder auch nur eine Minderung der Leistung aus; eine Erwähnung in den Urkk. war daher nicht erforderl. Leistungspflichtig waren neben den Tafelgütern in erster Linie Bm.er und Abteien, während eine Leistungspflicht des hohen Adels fragwürdig bleibt, da die selten überlieferten Nachrichten eher auf Gastfreundschaft denn auf eine rechtl. Gastungspflicht hindeuten. Die ältere Auffassung, wonach *eine* Abtei, *ein* Bf., *ein* Tafelgut für die Versorgung des kgl. Hofes an einem bestimmten Ort verantwortl. gewesen seien, ist von der neueren Forsch. ohnehin revidiert worden im Sinne eines gleichzeitigen Zusammenwirkens mehrerer Leistungsträger, womit die alte Streitfrage, ob der Kg. vorwiegend vom Kg.s- oder vom Kirchengut gelebt habe, viel von ihrer Brisanz verliert, da nun auch die Aufenthalte in Bf.sstädten, Pfalzen, Abteien oder Reichsstädten nicht automat. nur einem Leistungspflichtigen zugeordnet werden dürfen, was natürl. auch den Transport von Servitialleistungen über z. T. nicht unbedeutende Entfernungen impliziert. Die Leistungspflichtigen legten die Last des s. r. selbstverständl. auf ihre Hintersassen um. Seit dem 12. Jh. ist die allmähl. Ablösung der Naturalleistungen durch eine Geldabgabe zu beobachten, die – wie etwa beim it. →fodrum – Steuercharakter annehmen kann. Im 13. Jh. hat sich die Geldabgabe weitgehend durchgesetzt; im SpätMA hat die Kg.sgastung und damit das s. r. seine einst vitale Bedeutung für das Kgtm. endgültig eingebüßt. C. Brühl

Lit.: B. Heusinger, S. r. in der dt. Ks.zeit, AU 8, 1923, 26–159 – M. Weikmann, Kg.sdienst und Kg.sgastung in stauf. Zeit, ZBLG 30, 1967, 314–332 – Brühl, Fodrum, bes. I, 9ff., 116ff., 196ff. [Lit.] – W.

METZ, Tafelgut, Kg.sstraße und S. r. in Dtl., vornehml. im 10. und 11. Jh., HJb 91, 1971, 257–291 – DERS., Q.studien zum S. r. 900–1250, ADipl 22, 1976, 187–271 – DERS., Das S. r., 1978 [Lit.] – E. MÜLLER-MERTENS, Die Reichsstruktur im Spiegel der Herrschaftspraxis Ottos d. Gr., 1980.

Servitut (lat. 'Dienstbarkeit'), zuerst die persönl. Unfreiheit des Menschen, der Sklavenstand, wurde bildhaft auch von (»dienenden«) Grundstücken gesagt, die der Eigentümer eines benachbarten (des »herrschenden«) Grundstücks für begrenzte eigene Zwecke, z. B. als Weg oder Weide, zum Wasserschöpfen oder -durchleiten, benutzen durfte – ähnlich wie das Wort dominium ('Hausgewalt', d. i. Herrschaft über Menschen, nämlich die Hausgenossen) auf Sachen übertragen wurde (→Eigentum, A. I). Zu den erwähnten Felds.en (s.es rusticae) kamen Gebäudes.en (s.es urbanae) hinzu wie Trauf- und Fensterrechte, das Recht, einen Balken in die Nachbarwand einzulassen, das Höherbauen zu verbieten usw. Im →Corpus iuris civilis sind neben diese Grunddienstbarkeiten oder Reals.en (s.es reales; ma. auch: s.es praediales) die Personals.en (s.es personales) gestellt, insbes. der Nießbrauch (→Usufructus), die nicht mit dem Eigentum an einem herrschenden Grundstück verbunden und nicht auf Grundstücke beschränkt waren (vgl. Inst. 2, 2–5; D. 7 und 8; C. 3, 33; 34).

P. Weimar

Q.: Azo, Summa Codicis, Lugduni 1532, 3, 33; 3, 34 – Lit.: M. KASER, Das röm. Privatrecht, 1971–75², I, 440ff.; II, 298ff.

Servius (auch Sergius, in Hss. des 15. Jh. Maurus S. Honoratus), * 370/380, Grammatiklehrer (vermutl. in Rom), Dialogpartner in den »Saturnalia« des →Macrobius. Werke: a) *Vergilkomm*. Das Werk ist in doppelter Gestalt überliefert. Die erweiterte Fassung (Scholia Danielis, benannt nach dem Entdecker und ersten Hg. P. DANIEL, Paris 1600) ist um Zusätze eines ir. Kompilators des 7./8. Jh. vermehrt, die vermutl. auf Entnahmen aus dem Vergilkomm. des Aelius →Donatus zurückgehen. In der authent. Fassung überwiegen sprachl., in den Zusätzen mytholog. und rhetor. Erklärungen. Der Text wird bereits im 7. und 8. Jh. offenbar eifrig benutzt (Alkuin erwähnt ein Exemplar in der Bibl. v. York). Im 9. Jh. sind Vergil- und S.-Hss. weitgehend voneinander unabhängig, seit dem 10. Jh. nimmt der gemischte Typ schnell zu. Im 12. Jh. verliert der Komm. an Popularität. – Die ma. Wertschätzung Vergils als Quelle allen Wissens ist in der Verehrung durch S. und bes. Macrobius bereits angelegt. Der Komm. dient als Schulbuch; als Intermediärq. für Beispiele in Grammatiken und Rhetoriklehrbüchern (→Anselm v. Besate), für den persönl. Zitatenschatz (→Lupus v. Ferrières); als Materialfundus für Grammatisches (Priscian, Isidor; Nutzung zur Erklärung von Autoren, z. B. →Heiric und →Remigius v. Auxerre, →Dunchad, Bovo II. v. Corvey), Mythologisches und Antiquarisches (→Johannes Scottus, Aynard v. St-Èvre, wichtige Q. für die →Mythographi Vaticani) und Lit. im engeren Sinn (→Walther v. Speyer, »Vita Christophori«; →»Ecloga Theoduli«; direkter Einfluß oder über die Mythographi Vaticani, vereinzelt z. B. in →»Ruodlieb«, »Roman d'Eneas«, Dante, »Divina Commedia«). Das hellenist. Schema der circumstantiae (Praef. zum Comm. in Aen.) bleibt bis zum Comm. in Theod. →Bernards v. Utrecht für die ma. →Accessus ad auctores mitbestimmend.

b) Komm. zu den *artes* des Donat. Diese Erklärung und ihre frühe Nutzung (Cledonius, Pompeius, Cassiodor) tragen maßgebl. zum raschen Erfolg der ars des Donat bei. Im MA wird der Komm. als Schulbuch und Q. zumeist nur in Ergänzung zu Donat und Priscian benutzt (Malsachanus, Remigius v. Auxerre, →Abbo v. Fleury).

c) 3 kleinere prosod.-metr. Schr.: *de finalibus, de centum metris, de metris Horatii*. Sie dienen als Q. für theoret. Abh. (→Aldhelm, →Beda, →Papias) und die Ausgestaltung poet. Werke (→Modoin v. Autun nutzt »de centum metris« für den Briefwechsel mit Theodulf, →Metellus v. Tegernsee »de metris Horatii« für lyr. Gedichte älterer Form). Im 12. Jh. schreibt Theobald ein Gegenwerk zu »de finalibus«. Unter S.' Namen geht ein lat.-griech. Gloss. (Corp. gloss. lat. 2, 507–536).

A. Uhl

Ed.: a) G. THILO–H. HAGEN, I–III, 1881–87 [Nachdr. 1961] – E. K. RAND u. a., II (Aen. I–II), 1946 – A. F. STOCKER u. a., III (Aen. III–V), 1965 – *Ind.*: J. F. MOUNTFORD–J. T. SCHULTZ, 1930 [Nachdr. 1962] – *b*) GLK IV, 405–448 – *c*) GLK IV, 449–455; 456–467; 468–472 – G. SORACI, de centum metris, 1988 – *Lit.*: RE II A/2, 1834–1848 – SCHANZ–HOSIUS II, 103–105; IV/1, 172–177 – E. THOMAS, Essai sur S., 1879 – R. J. BOBER, The Latinitas of S., 1971 – C. E. MURGIA, Prolegomena to S. 5 – The Manuscripts, 1975 – L. HOLTZ, Donat et la tradition de l'enseignement grammatical, 1981 – Texts and Transmission, hg. L. A. REYNOLDS, 1983, 385–388 [P. K. MARSHALL] – B. MUNK OHLSEN, L'Étude des auteurs classiques lat. aux XIᵉ et XIIᵉ s., II, 1985 – R. A. KASTER, Guardians of Language, 1988 – J. LEONHARDT, Dimensio syllabarum, 1989.

Servus, Unfreier, →Höriger, →Knecht, Diener, →Geselle, auch →Sklave – bereits die Unmöglichkeit, das lat. s. adäquat und eindeutig mit einem dt. Wort wiederzugeben, weist auf die Bedeutungsvielfalt des Terminus hin, der seit der klass. Antike bis ins 19. Jh. hinein ein breites Spektrum rechtl., sozialer und wirtschaftl. Gegebenheiten unterer Bevölkerungsschichten umfaßt.

Der frühma. s. entspricht zwar in seiner rechtl. Stellung – gemessen v. a. an den sog. →leges – weithin seinem antiken Vorläufer in der Behandlung als Sache (s. = →mancipium) samt Verkauf und Verpfändung, in der weitgehenden Rechts- und Geschäftsunfähigkeit, in der direkten, Leibesstrafen einschließenden Unterwerfung unter einen Herrn, doch hat der wirtschaftl. und soziale Wandel der spätröm. Welt mit der sog. Völkerwanderung die reale Lebenswirklichkeit des s. sowohl angereichert als auch gemindert; mit der Aufgabe der riesigen fundi zugunsten kleinerer Gutsbetriebe verschwand das ergastulum, der s. erhielt oder behielt seinen Hausstand, andererseits verlor der s. gleichzeitig den Schutz der ksl. Gesetzgebung, die das willkürl. Töten von Sklaven verbot. Dennoch ist es nicht angemessen, für diese Frühzeit den Terminus »Sklave« zu verwenden, der sich einer ma. Begrifflichkeit bedient, die, bezogen auf »Unfreie slav., mithin heidn. Herkunft«, seit dem 10. Jh. gelegentl. eine Spezies von →Kriegsgefangenen oder »Handelsware« meint, die frei vermarktet werden durfte, während für christl. s.i seit dem 7. Jh. ein Verbot bestand, sie ins (heidn.) Ausland zu verkaufen. Der Begriff Sklave = primär →Slave trifft die Lebenswirklichkeit der ma. s.i nicht bzw. nur sehr unzureichend.

Rechtsstatus und soziale Realität der zahlreichen s.i stehen in engstem Zusammenhang mit den sich wandelnden Wirtschaftsformen des MA. S. war man von Geburt, durch Gefangennahme, Schuldknechtschaft, Selbstverknechtung und durch Aufzucht. Als weibl. Pendant des s. ist die ancilla zu nennen; s. und ancilla werden im neutralen mancipium aufgefangen, das insbes. zur Bezeichnung der s.i als Objekte im Rechtsverkehr in den Q. verwandt wird. Als Sache behandelt wie das Vieh, wird seine Tötung oder Verletzung in den leges nicht durch →Wergeld, sondern durch →Schadenersatz gesühnt, wobei die Qualität des s. als Hausknecht, Handwerker oder Hirt bzw. die Art der Verletzung zum Schaden des Herrn den Maßstab liefert. Der Einfluß der Kirche hat sich zweifellos günstig auf den Status des s. ausgewirkt: Verbot der willkürl. Tötung

(Konzil v. →Epao 517); die Auflösung der Ehe, sofern vom Herrn gestattet, wird seit Anfang des 9. Jh. zumindest erschwert (Konzil v. Châlons 813); andererseits untersagten kirchl. Dekrete die →Freilassung von s. i zu Lasten von Mönchsgemeinschaften, aber auch deren Verwendung als Priester (→Eigenkirche). Dazu bedurfte es der Freilassung, v. a. im kirchl. Raum häufig in den Status des →Wachszinsers. Weiterhin untersagten kirchl. Gesetzgebung und päpstl. Erlasse den Juden das Halten von christl. s.i, aber bereits Gregor d. Gr. schärfte diesen (freigelassenen) s. i ein, ihren Verpflichtungen wie →Kolonen (und originarii) gegenüber ihren jüd. Herren nachzukommen. Von einer allg. Tendenz der Kirche, den Status der s. i abzuschaffen oder seine Daseinsbedingungen zu erleichtern, kann keine Rede sein, verfügte diese doch selbst über die größte Zahl von s. i. Als bes. wichtig im Hinblick auf das eigene Seelenheil galt namentl. im Früh- und HochMA die Befreiung bzw. der Rückkauf christl. Gefangener als potentieller s. i aus den Händen der Normannen, Sarazenen und Slaven. Nicht primär religiös-mentale Einflüsse auf die frühma. Gesellschaft, vielmehr ökonom. Prozesse schufen günstige Voraussetzungen der Besserstellung eines nicht unbeträchtl. Teils der s. i. Mit der Verbreitung der →Grundherrschaft zw. Seine und Rhein seit dem 7. Jh. und der Parzellierung von Gutshöfen setzten die Herren häufig s. i als s. i casati auf neueingerichtete Bauernstellen (mansi; →Hufe) und gaben ihnen damit wirtschaftl. Selbständigkeit, wenn auch in enger Bindung an den Herrenhof durch normierte Tagesfron, zumeist Dreitagewerk (s. i triduani), »persönl.« Dienste (Wache auf dem Herrenhof, Mistfuhren) und durch Inanspruchnahme ihrer Frauen, ancillae, insbes. für die Textilarbeit. Im Gegensatz zum so entstehenden mansus servilis entfiel für sein Pendant, den mansus ingenuilis, ursprgl. mit Freien besetzt, die in grundherrl. Abhängigkeit geraten waren, diese normierte Tagesfron und Frauenarbeit. So untersagte Karl d. Gr. 806 in seiner →Divisio regnorum die Weitergabe von s. i casati (als Einheit mit ihrem Hof!) aus einem (künftigen) Teilreich in ein anderes im Gegensatz zu den mancipia (!) non casata als unbeschränkter Handelsware. Bereits im 9. Jh. glichen sich die Inhaber dieser Höfe auch aus der Sicht der Grundherren mehr und mehr zu einem weithin homogenen Hörigenverband innerhalb der familia an. Diese ständ. Angleichung erfolgte nicht zuletzt durch die Einheirat von colonae auf servile Mansen, wie dies das →Polyptychon v. St-Germain-des-Prés lehrt. Die s. i waren auch als Hofinhaber starken Heirats- und Fortzugsbeschränkungen unterworfen. In der Frühzeit waren Verbindungen von freien Frauen und s. i durch Todesstrafe oder Verknechtung der Frau bedroht. Fand innerhalb der Grundherrschaft ein gewisser sozialer, auch rechtl. Aufstieg der s. i casati statt, zumal die Belastung vorwiegend am Objekt und nicht an der Person haftete, auch wenn Kopfzins, →Besthaupt und Bestkleid, Verfügung über die Kinder (als »Hofjünger« noch im 13. Jh. bei Prüm) auf den ererbten Status verwiesen, so blieb die Lage der s. i non casati, cottidiani oder proprii auf dem Herrenland, aber auch auf den Mansen als deren Arbeitskräfte, unverändert, auch wenn sie über ein bescheidenes peculium verfügten. Ein sozialer Aufstieg war diesem Kreis nur über den direkten Herrendienst als serviens oder ministerialis mögl., insbes. über die →Hofämter. Aus dem Kräftereservoir der s. proprii bzw. cottidiani dürfte sich der Zuzug in die entstehenden Städte des HochMA gespeist haben, auch wenn Verbote von Reiches wegen und von betroffenen Herren dem entgegenzuwirken suchten oder die Kommunen sich Selbstbeschränkungen auferlegten. Eine Folge dieser Landflucht war u. a. die Absenkung der Lasten der s. i auf kirchl. Besitzungen, so in Köln 1158. Auch in Folge der sog. Ostkolonisation (→Landesausbau und Kolonisation) erfolgte eine Abwanderung von s. i aus dem Altsiedelland. Im 14. und 15. Jh. kommt es zu einer neuen Ausbildung von →Leibeigenschaft bzw. Leibherrschaft als Folge eines Auseinanderfallens von Grund- und Gerichtsherrschaft, so daß häufig ein Rechtstitel nurmehr allein an der Person festgemacht werden kann – (freie) Frauen suchten »um Schutz und Schirm willen« freiwillig um diese nach (1478, Herbach). Im städt. Bereich lassen sich im Handwerk und in Zunftordnungen seit dem 12. und 13. Jh. s. i als Gesellen, seltener als Lehrlinge, »Knechte«, nachweisen.   D. Hägermann

Lit.: →Knecht, →Sklaven – HRG III, 219ff. [mancipia]; IV, 1682ff. [Sklaverei] – J. FAVIER, Dict. de la France médiévale, 1993, 878ff. [serf] – K. BOSL, Frühformen der Ges. im ma. Europa, 1964, 156ff. – K. H. SPIESS, Zur Landflucht im MA (Die Grundherrschaft im späten MA 1, hg. H. PATZE, 1983), 157ff. – D. HÄGERMANN, Einige Aspekte der Grundherrschaft in den frk. formulae und in den leges des FrühMA (Die Grundherrschaft im frühen MA, hg. A. VERHULST, 1985), 51ff. – H. HOFFMANN, Kirche und Sklaverei im frühen MA, DA 42, 1986, 1ff. – A. VERHULST, The Decline of Slavery and the Economic Expansion of the Early MA, PP 133, 1991, 195ff. – H. W. GOETZ, Serfdom and the Beginnings of a »seigneurial system« in the Carolingian Period... (Early Medieval Europe 2, 1993), 29ff. – K. ELMSHÄUSER–A. HEDWIG, Stud. zum Polyptychon v. St-Germain-des-Prés, 1993, 478ff.

Sesmarias → Lei das Sesmarias

Session, Lords of, Titel, der in Schottland Mitgliedern des kgl. Rats (*King's Council*) und anderen verliehen wurde, die mit dem Recht vertraut waren (jurisperiti). Sie wurden seit 1426 für wichtige Gerichtssitzungen (*sessions*) zur Anhörung und Entscheidung von Zivilrechtsprozessen (z. B. bei Streitigkeiten zw. Personen) an zwei oder drei Orten und zu bes. Zeiten im Jahr ernannt. Die L. of S. lieferten ein Rechtsmittel für Prozessierende, die mit ungerechten Urteilen oder Urteilsverzögerungen an den Gerichtshöfen der →*sheriffs* und der →Justitiare unzufrieden waren, und ermöglichten zahlreichen Bittstellern, ihre Eingaben bei Kg., Rat und Parliament nachdrücklicher vertreten zu können. Obwohl es keine Berufung von session-Urteilen geben sollte, verzichteten weder der Rat noch das Parliament auf die Gewalt der Rechtsprechung bei Zivilrechtsprozessen, die in beiden Fällen unmittelbar und durch gewählte →*auditors* erfolgte. Die sessions, die sich in gleicher Weise aus Mitgliedern aller drei Stände zusammensetzten, waren seit 1426 und 1468 tätig, wurden dann aber funktionslos, bis das Parliament Jakobs IV. 1490 die Institution einrichtete, die als Court of S. anzusehen ist (1495-1513 präziser definiert) und als unmittelbarer Vorläufer des College of Justice (gegr. 1532) gilt.
G. W. S. Barrow

Lit.: Introduction to Scottish Legal Hist. (Stair Society, 1958) – R. K. HANNAY, The College of Justice, rev. ed. H. MACQUEEN, 1991.

Sestine → Sextine

Sesto al Réghena (S. Maria in Silvis), Kl. OSB am Lemene im w. Friaul, gegr. von den langob. Brüdern Erfo, Anto (?) und Marco, Söhne des Hzg.s Petrus v. Friaul (Urk. 3. Mai 762). Infolge Schenkung durch Otto I. an das Patriarchat Aquileia (967) lag S. später in einer Enklave der Diöz. Aquileia und in ständigem Streit mit dem Patriarchat. S. besaß im HochMA 50 Dörfer und Kastelle im Friaul, in der Veroneser Mark, in der Mark Ancona und in Istrien. Seit dem 13. Jh. im Niedergang, wurde S. 1441 zur Kommende umgewandelt und 1789 aufgehoben. Der ma. Baubestand ist nur z. T. erhalten. Die Klosterkirche stammt im wesentl. aus dem 12.–13.

Jh., mit ausgedehnter Vorhalle und Atrium als ausgesprochener Besonderheit, und mit bemerkenswerten hoch- und spätma. Fresken. R. Härtel

Lit.: DIP VIII, 1437f. – ECatt XI, 430f. – NCE XIII, 135 – I. FURLAN, L'abbazia di S. al R., 1968 – R. DELLA TORRE, L'abbazia di S. in Sylvis dalle origini alla fine del' 200, 1979 – M. PELOSI, Breve storia della bibl. monastica di Sancta Maria in Silvis di S. al R. (Metodi e ricerche n.s. 10/2, 1991), 55–62.

Settenario, Septenar, von den Anfängen der it. Dichtung bis in das 20. Jh. verwendete Versform mit obligator. Akzent auf der 6. Silbe. Er bietet eine iamb. Variante (Akzente auf der 2. und 4. Silbe), eine anapästische (Akzent auf der 3.) und eine trochäisch-daktyl. Variante (Akzente auf der 1. und der 3. Silbe). In wechselnden Kombinationen mit Elfsilbern wird der S. in der →Canzone, der →Ballata, im Madrigal, in der Canzonetta, der pindar. Ode und in der romant. Ballade verwendet und verleiht mit seiner Kürze dem Langvers größerer Leichtigkeit. Septenarenpaare bilden den sog. »Alessandrino« (Alexandriner), der v. a. in der Frühzeit der it. Lit. und im 17.–19. Jh. (»Martelliano«) verstärkt auftritt. Es finden sich auch Septenarreihen, v. a. in der frühen Lehrdichtung, in der Madrigallit. der Renaissance und in der Ode-Canzonetta vom späten 16. bis zum 19. Jh. G. Capovilla

Lit.: A. MENICHETTI, Metrica it. Fondamenti metrici, prosodia, rima, Padova 1993 – P. G. BELTRAMI, La metrica it., Bologna 1994².

Setúbal, Stadt in →Portugal, südl. von Lissabon an der Nordseite der Mündung des Sado in den Atlantik gelegen. Der Name S. geht über arab. Xetubre (Bezeichnung des Flusses) auf kelt.-röm. Ursprung zurück: Setobriga, Cetobriga, Caetobrix. Aus westgot., arab. und früher Reconquista-Zeit sind keinerlei Hinweise zu einem Ort S. überliefert. Nachweisbares Stadtleben entstand in S. erst – dank der Seefahrt und dem Fischfang –, nachdem →Sancho II. riesige Gebiete zu beiden Seiten des Sado dem →Jacobusorden übertragen hatte. 1248 wurde die erste Pfarrkirche in S. geweiht. 1249 gab der Jacobusorden S. eigene Rechte (→Fuero), nach dem Modell des Fueros v. Évora bzw. v. Ávila. Mit der Gewinnung und dem Verkauf von →Salz begann in der 2. Hälfte des 14. Jh. für die Hafen- und Handelsstadt eine neue Blütezeit. Ende des 15. Jh. hat →Johann II. S., wo er 1471 geheiratet hatte, zu seiner bevorzugten Residenzstadt gemacht. P. Feige

Lit.: J. C. DE ALMEIDA CARVALHO, Acontecimentos, lendas e tradições a região setubalense, 6 Bde, 1969ff. – F. CASTELO-BRANCO, Tráfego portuário e hist. regional portuguesa, Papel dos Areas Regionais na Formação Hist. de Portugal, 1975 – V. RAU, Estudos sobre a Hist. do Sal Português, 1984.

Setzschild, feststellbarer großer →Schild, schon von Ägyptern und Assyrern bei Belagerungen verwendet. In Europa tauchte er erst im SpätMA auf, sowohl bei Belagerungen als auch im Feldgebrauch. Von einem Spießträger gehalten, deckte er einen Schützen. Der S. war meist rechteckig, hatte eine Spreize zum Feststellen. Eine ö. Sonderform war die →Pavese. O. Gamber

Lit.: W. BOEHEIM, Hb. der Waffenkunde, 1890.

Seuchen → Epidemien, →Pest

Seuse (Suso), **Heinrich** OP, Mystiker, * 21. März 1295 bzw. 1297 in Konstanz oder Umgebung als H. v. Berg (Sus/Süs nannte er sich nach dem Geschlecht der Mutter), † 25. Jan. 1366 in Ulm; Seligsprechung 16. April 1831. S. trat 13jährig in das Dominikanerkl. Konstanz ein, studierte Philos. und Theol. in Konstanz und Straßburg. 1323–27 Generalstudium des Ordens in Köln, wo →Eckhart sein bedeutendster Lehrer war. Nach der Rückkehr nach Konstanz zunächst Lektor, später Prior, wirkte er ca. 20 Jahre lang als Seelsorger bes. in oberrhein. und schweizer. Frauenkonventen, als Prediger bis in die Niederlande. Während des Kampfes zw. dem Papst und Ludwig d. Bayern ging S. als Prior mit dem papsttreuen Konvent 1339–46/49 nach Diessenhofen ins Exil. Dort schweren Verleumdungen ausgesetzt, beriefen ihn die Ordensoberen nach Ludwigs Tod 1347 in den Ulmer Konvent. Neben den großen Mystikerinnen bildet S. nach lit. Form und ähnl. theol. Aussage mit seinem Lehrer Eckhart und dessen weiterem Schüler Johannes →Tauler das männl. Dreigestirn der dt. →Mystik.

Als Eigenredaktion letzter Hand vereinigt S. im sog. 'Exemplar' (Expl, 1362/63) 4 seiner Schr.: 1. die 'Vita' (in sämtl. Hss. des Expl an erster Stelle); 2. das 'Büchlein der Ewigen Weisheit' (BdeW), zw. 1328 und 1330; 3. das 'Büchlein der Wahrheit' (BdW), zw. 1327 und 1329; 4. das 'Briefbüchlein' (BfB; 11 Briefe). Weitere Schr.: 'Das große Briefbuch' (GBfb; 28 durch Elisabeth →Stagel gesammelte Briefe); die 4 Predigten (nur 1 und 4 als authent. gesichert); das 'Minnebüchlein' (nur Hs. Zürich C 96); das 'Horologium Sapientiae' (Hor), zw. 1331 und 1334. – Sämtl. Hss. der Vita im 'Expl' und separat gehen (außer Cgm 362, Anfang 15. Jh.) auf die zw. 1380 und 1400 entstandene Hs. von Grünenwörth zurück.

Den biogr.-autobiogr. Charakter erhellt die Tatsache, daß laut S.s Vorbemerkungen seine 'geistl. Tochter' Elisabeth →Stagel im Kl. zu →Töss ihm seine Gesch. als die eines anfangenden, zunehmenden und vollendeten Menschen 'entlockt' und aufgeschrieben habe. Leben und Legende, Erbauung und Lehre zeichnen 'mit bildgebender/ glichnusgebender wise' die innere Wahrheit dieser Biogr. aus und erweisen ihren mystagog. Sinn. – Erfährt S. in der 'Vita' eine Art Ritterinvestitur, der als formalem Prinzip die Darstellung folgt, so behandelt er im 'BdW' (Dialog zw. Jünger und Ewiger Wahrheit) in eher spekulativer Form die Themen von Gottes Einheit, Dreifaltigkeit, das Verhältnis von Urbildlichkeit Gottes und Geschöpf: insges. eine theol. Abrechnung mit den Lehren der →Brüder des freien Geistes, zugleich Verteidigung der Lehre Eckharts gegen dessen Gegner. – Der 18jährig erfahrene 'geswinde ker' (laut Vita), bei der Tischlesung aus den Versen Salomos (samt darauffolgenden Visionen) betr. das Gelesene, initiiert S. fortan zu einem 'Diener der Ewigen Weisheit', der – in Abwandlung der scholast. Methode ins Persönliche – im 'BdeW' als Gesprächspartner in Dialog mit der 'Ewigen Weisheit' tritt. Ausführl. erläutert S. im Prolog die nach Frage und Antwort gewählte Sprachform. Mitte des Ganzen ist die 'via regia' (nach Num 21, 22): Wer Gott in seiner ungewordenen Gottheit schauen will, der muß ihn erkennen und lieben lernen in der Passion Christi. – Gegenüber dem 'BdeW' ist das ganz lat. geschriebene 'Hor' um Themen über Kl., Studium, Kirchenpolitik stoffl. erweitert. Erhebl. intensiviert, mit stärkerem autobiogr. Einschlag, erscheint auch das Thema der geistl. Vermählung mit der Ewigen Weisheit. – Ungleich zahlreicher als das 'Hor' ist das 'BdeW' überliefert; im 14. und 15. Jh. ist es zum verbreitetsten Andachtsbuch überhaupt avanciert. 1389 gibt es bereits eine frz. Übers.; Übertragungen in Engl., Ndl. und Dän. folgten noch in spätma. Zeit. Früh ist die Nachwirkung auch des 'Hor' in den Niederlanden greifbar, v. a. auf die →Devotio moderna und auf die 'Imitatio Christi' des →Thomas a Kempis. →Johannes Gerson (79. J.) und →Nikolaus v. Kues berufen sich darauf. – Die Farbigkeit der Welt erscheint gleichnishaft in S.s Werk 'gewortet'. Ein reiches Spektrum gefühlsmäßiger, lyr. Wortbildungen ist das Vermächtnis seiner oft ans Lyrische grenzenden Prosa, Vorläuferin und Bereiterin einer ersten dt. Kunstprosa. H. Backes

Ed.: H. BIHLMEYER, H. S., Dt. Schrr., 1907-D.-H. VAN DE WIJNPERSE, Oerloy der Ewigher Wijsheit (Horologium sapientiae door Henricus Suso OP), 1938 – P. KÜNZLE, H. S.s Horologium sapientiae (Spicilegium Friburgense 23, 1977) – D. KUHLMANN, H. S.s 'Buch der Wahrheit' [Diss. Würzburg 1987], 166–219 [mit krit. Textausg.] – *Nhd. Ausg.*: H. S. DENIFLE, Die dt. Schr. des Sel. H. S., 1860 [ausführl. Komm.] – G. HOFMANN, H. S., Dt. myst. Schr., 1986² – *Lit.*: Verf.-Lex.² VIII, 1109–1129 [A. M. HAAS–K. RUH] – J. SCHWIETERING, Zur Autorschaft von S.s Vita (Humanismus, Mystik und Kunst in der Welt des späten MA, hg. J. KOCH, III, 1953), 146–158 [Neudr.: Altdt. und altndl. Mystik, hg. K. RUH, 1964, 309–323] – K. RUH, Altdt. Mystik, WW 7, 1957, 135–146, 212–231 – H. S., Stud. zum 600. Todestage 1366–1966, hg. E. FILTHAUT, 1966 [v. a. Beitr. C. PLEUSER, K. RUH] – B. MOLINELLI-STEIN, S. als Schriftsteller [Diss. Tübingen 1966] – A. M. HAAS, Nim din selbes war, 1971 – R. SCHMITT-FLACK, Wise und wisheit bei Eckhart, Tauler und Ruusbroec, 1972 – A. WALZ, Thomas-Stellen in H. S.s Schr. (Thomas v. Aquino, hg. W. ECKERT, 1974), 656–662 – H. STIRNIMANN, Mystik und Metaphorik, FZPhTh 25, 1978, 233–303 – U. JOERESSEN, Die Terminologie der Innerlichkeit in den dt. Werken H. S.s, 1983 – D. BREUER, Zur Druckgesch. und Rezeption der Schr. H. S.s, Chloe. Beih. zu Daphnis 2, 1984, 5–26, 29–49 – E. COLLEGE–I. C. MARLER, 'Mystical Pictures' in the S. 'Exemplar' Ms. Strasbourg 2929, APraed 54, 1984, 293–354 – M. KERSTING, Text und Bild im Werk H. S.s [Diss. Mainz 1987] – W. TRUSEN, Der Prozeß gegen Meister Eckhart, 1988 [S. als Verteidiger Eckharts, 134–163] – P. R. MONKS, The Brussels 'Horologe de Sapience', 1990.

Séverac, Amaury, Sire de, →Maréchal de France, Herr v. Séverac-le-Château (Rouergue, dép. Aveyron, arr. Millau), Belcaire (Languedoc, dép. Aude, arr. Limoux) und Chaudes-Aigues (Auvergne, dép. Cantal, arr. St-Flour), † 5. April 1427. Als Lehnsmann und Untertan des Hauses →Armagnac kämpfte S. in den Jahren nach 1380 in →Flandern unter dem Oberbefehl Gf. Johanns III. v. Armagnac, führte ein abenteuerl. Kriegerleben in Aragón und Lombardei und zog als Pilger ins Hl. Land. 1391–92 →Seneschall des →Quercy, bekleidete er dieses Amt erneut 1411–12 und vielleicht 1413 (umstritten), war 1410 Seneschall v. Rouergue (→Rodez). 1417 kämpfte er unter dem Oberkommando Bernhards VII. v. Armagnac gegen die engl. Invasion in der →Normandie. Der Triumph der gegner. 'Bourguignons' (→Armagnacs et Bourguignons) in →Paris (1418) nötigte S. zum Rückzug in den Süden. 1419 als Rat und Kammerherr (Conseiller, Chambellan) des Dauphins →Karls (VII.) belegt, wurde er 1421 zum Maréchal de France ernannt. Seine Haltung in der Schlacht v. Cravant (1423) war aber alles andere als ruhmvoll. In den folgenden Jahren kämpfte S. weiterhin im kgl. Dienst, focht aber auch Besitzstreitigkeiten mit seinem Verwandten aus, dem Sire d'Arpajon, bes. aber mit dem Gf. en v. Armagnac, woraus sich ein regelrechter Krieg entspann. Am 5. April 1427 wurde S. an einem Fenster der Burg Gages erhängt gefunden; Gf. Johann IV. v. Armagnac wurde, sicher nicht grundlos, des Assassinats angeklagt.

Ph. Contamine

Lit.: P. ANSELME, Hist. généalogique et chronologique de la maison royale de France, VII, 1733, 68f. – CH. SAMARAN, La maison d'Armagnac au XV° s., 1907 – A. DEMURGER, Guerre civile et changement du personnel administratif dans le royaume de France de 1400 à 1418: l'exemple des baillis et sénéchaux, Francia 6, 1978, 293.

Severjanen, Stamm der →Ostslaven (aruss. Sěvern, Sěverjane; Name wohl nicht von russ. *sěver-* 'Norden', sondern von urslav. *sěvo- 'Familienmitglied' abgeleitet [GOŁĄB]. Die S. gehören zur frühen Schicht ostslav. organisierter Großverbände; als polit. Einheit sind sie vom 8. bis zum frühen 11. Jh. nachzuweisen. Der →Geographus Bavarus (9. Jh.) hebt die Zeriuani (überwiegend mit den S. identifiziert) bes. hervor, →Konstantin Porphyrogennetos nennt die S. (Σεβέριοι) unter den zur Kiever Rus' gehörenden slav. Stämmen, im Brief des chazar. Khagans Joseph (um 960) werden sie unter den den →Chazaren tributpflichten Stämmen erwähnt. Im einleitenden Völkerkatalog der →»Povest' vremennych let« sind sie in den drei Listen ostslav. Stämme jeweils erwähnt. Die Siedlungsgebiete der S. lagen ö. des mittleren Dnepr im Flußgebiet von Desna, Sejm und Sula im Bereich der archäolog. Kultur v. →Romny; ihre Nachbarn waren im N die →Vjatičen und →Radimičen, im W die →Drevljanen und →Poljanen, im S schloß sich der Steppengürtel an. Im 8./9. Jh. den Chazaren tributpflichtig, wurden die S. Ende des 9. Jh. durch →Oleg der Herrschaftsbildung v. →Kiev angeschlossen und nahmen 907 am Zug der Rus' nach Konstantinopel teil; z. J. 1024 werden sie letztmals erwähnt. In dieser Zeit war ihr Stammesgebiet in den Bestand des Fsm.s →Černigov eingegangen; ihr Name blieb an dem hiervon Ende des 11. Jh. abgeteilten Fsm. Novgorod-Seversk und an der spätma. Landschaftsbezeichnung *Severskaja zemlja, Severia* hängen. N. Kersken

Lit.: SłowStarSłow V, 175–178 – G. A. CHABURGAEV, Ètnonimija »Povesti vremennych let«, 1979, 119–134 – HGeschRußlands I, I, 237ff. [H. RÜSS] – V. V. SEDOV, Vostočnye slavjane v VI–XIII vv., 1982, 133–140 – Z. GOŁĄB, Old Bulgarian Sěverъ (?) and Old Russian Sěverjane, WslJb 30, 1984, 9–22 – C. GOEHRKE, Frühzeit des Ostslaventums, 1992.

Severianos, Bf. v. Gabala, zeichnete sich seit etwa 398 in Konstantinopel als Prediger aus. Obwohl →Johannes Chrysostomos ihm sogar die Verwaltung der Kirche während seiner langen Kleinasienreise anvertraute, gehörte er 403 und 404 zu dessen Anklägern. Gestorben ist er unter der Herrschaft von Theodosius II., also zw. 408 und 450. Viele seiner Predigten sind unter dem Namen des Chrysostomos erhalten. Er verteidigt das Nizänum, bekämpft verschiedene Irrlehren, vermeidet aber unbibl. Ausdrücke. Er betont den Wortsinn der Bibel, v. a. des Schöpfungsberichtes (theoria), lehnt also die Allegorie ab, läßt aber gelegentl. doch übertragene Deutung (tropologia) zu. H. J. Vogt

Lit.: DSAM XIV, 752–763 [S. J. VOICU; Lit.; Forschungsber.).

Severin, Banat (Terra Severin, Zewren, ung. Szörény B., rumän. Banatul Severinului, serb. Severinski B.), ung. Grenzmark (Ersterwähnung ca. 1226, 1233) am unteren Donauknie (maximale Ausdehnung von den Abhängen der Südkarpaten bis zur Donau und zum Olt im Osten, den Banater Bergen im Westen, was umfangmäßig etwa den späteren ung. Komitaten Temes, Krassó, dem Hatzeger Land und der Kleinen Valachei entspricht). Das →Banat mit Grenzschutzaufgabe leitete seinen Namen von der Donaufestung Severin her.

Nach Vertreibung des →Dt. Ordens aus dem →Burzenland und dem östl. Kumanien nahm der junior rex →Béla (IV.) als Hzg. v. Siebenbürgen 1233 auch den Titel eines Kg.s v. Kumanien an. Die →Kumanen bildeten bis zum Mongolenangriff (1241) die polit. Führungsschicht der rumän. und slav. Bevölkerung zw. Donauknie und Schwarzem Meer, anerkannten um 1227 die Oberhoheit der ung. Krone und neigten – anders als ihre ostkirchlich orientierten Untertanen – dem kath. Ritus zu. Die Organisation der Grenzmark durch Béla folgte ab 1230 bekannten Mustern: Ein der Krone direkt verantwortl. →Banus übte Verwaltungs- und Verteidigungsfunktion aus (um 1238 bis zur Oltlinie), östl. des Flusses herrschten die Kumanen. Grenze und Hinterland wurden mit Siedlern (bis 1241 Ungarn und Deutsche aus Siebenbürgen, dann Rumänen, später serb. und bulg. Türkenflüchtlinge) mittels Knezalverfassung (Dorfgemeinschaften) und Wojwodschaft (→Wojwode) gesichert. An strateg. Punkten wurden Burgen und Festungen errichtet (u. a. Krassófő [1247], Zsidó, Miháld, Sebes, Illyéd, Orsova), doch vermochte diese Struktur dem Mongoleneinfall nicht standzuhalten. 1247 berief Béla IV. →Johanniter zur Verteidigung der Grenzmark, die bis 1260 blieben. Bald folgte eine Periode ständiger Auseinandersetzungen um Grenzpositionen zw. den Fs.en der →Valachei und dem Banus v. S. Der östl. Teil des B. S. war nunmehr meist valach., die Grenze lag auf den Karpatenkämmen, was auch der 1429 von Kg. Siegmund berufene Dt. Orden nicht zu ändern vermochte. Erfolgreich als Banus v. S. war Johannes →Hunyadi, der im Auftrag Kg. Albrechts II. die Türkenabwehr reorganisierte. Zw. 1522 und 1525 fielen die Grenzfestungen S. und Orsova an die Türken. K. Zach

Lit.: G. GYÖRFFY, Az Árpádkori Magyarország történeti földrajza (Hist. Geographie Ungarns zur Arpadenzeit, III, 1987).

Severinus

1. S., Papst seit 28. Mai 640, * Rom, † 2. Aug. 640 ebd., ⌐ ebd., St. Peter; Sohn des Abienus, wohl vornehmer Abkunft. Bald nach der Wahl (12. Okt. 638) kam es zu schweren Unruhen der stadtröm. Truppen, die ohne Sold geblieben waren. Erst 640 traf die Bestätigung der Wahl durch Ks. →Herakleios ein (nachdem die röm. Gesandten versprochen hatten, S. zur Annahme der →Ekthesis pisteōs zu bewegen), und am 28. Mai 640 wurde S. geweiht. Er begann die Stellungnahme der röm. Kirche gegen den →Monotheletismus und mit rechtgläubiger Deutung des umstrittenen Schreibens Papst →Honorius' I.
G. Schwaiger

Q.: LP I, 328f.; III, 94, 372 – JAFFÉ² I, 227 – Lit.: E. CASPAR, Gesch. des Papsttums, II, 1933, 526–528 – O. BERTOLINI, Roma e Bisanzio e ai Longobardi, 1941, 317–339 – SEPPELT II, 56f. – H. ZIMMERMANN, Das Papsttum im MA, 1981, 42–45 – M. BORGOLTE, Petrusnachfolge und Ks.imitation, 1989, 417.

2. S., als Bf. v. Köln in den Katalogen und Listen des Sitzes aufgeführt; aufgrund einer Nachricht des Gregor v. Tours, S. habe in einer Vision Engel die Seele des →hl. Martin († 397 XI 8) in den Himmel emportragen sehen, wird sein Pontifikat in der 2. Hälfte des 4. Jh. vermutet. Daß er Nachfolger des – angebl. auf einer Kölner Synode 346 als Häretiker abgesetzten – Euphrates gewesen sei, berichtet die nach 881/882 in Köln verfaßte S.vita, der indes als erweiternder Bearbeitung eines Lebens des Bf.s S. v. Bordeaux kaum Quellenwert eignet. Gesicherte Nachrichten über S.' Regierung fehlen völlig. Beigesetzt wurde er bei einer (von ihm gegr. oder vergrößerten?) Kapelle in einem suburbanen Coemeterialbezirk aus röm. Zeit, der als Bestattungsort privilegierter Bevölkerungskreise und zweier späterer Bf.e generell auf städt. Kontinuität zw. Antike und MA deutet. S.patrozinium (neben dem wohl späteren von Cornelius und Cyprian) und S.stift sind dort um 800 bzw. 866 belegt; von dem Ende des 11. Jh. gestifteten, 1795 eingeschmolzenen Schrein des zu den Kölner Stadtpatronen zählenden Hl.n (Fest: 23. Okt.) blieb eine Emailscheibe mit seiner Darstellung erhalten. V. a. um gute Witterung angerufen, fand S. über Stadt und Ebm. hinaus bes. in Wallonien und im Maasland Verehrung.
Heribert Müller

Q.: F. W. OEDIGER, Reg. der Ebf.e v. Köln, I, 1954–61, 12–16, 34* – Lit.: Vies des Saints, X, 784ff. – LThK² IX, 699 – Bibl. SS XI, 963f. [mit früherer Lit., v. a. LEVISON; ZENDER] – E. EWIG, Spätantikes und frk. Gallien, II, 1979, 666s.v. – W. SCHMIDT-BLEIBTREU, Das Stift St. S. in Köln, 1982 – B. PÄFFGEN, Die Ausgrabungen in St. S. zu Köln, I–III, 1992.

3. S. v. Noricum, hl. (Fest: 8. Jan.), * unbekannt, † 482. Quelle: das Commemoratorium Vitae s. S.i (BHL 7655–7657), das →Eugippius, Abt des nach Lucullanum (Neapel) übergesiedelten Severinkonvents, 511 über die Gründergestalt des Severinkonvents sicher nicht nur für diesen Konvent schrieb. Das Etikett Kultpropaganda bezeichnet den Text unzureichend. S. verbarg seine Herkunft, entstammte aber höchsten it. Kreisen. Die Identifizierung mit Severinus cos. 461 läßt sich nicht aufrechterhalten. S.' erstes Auftreten in Noricum ist nur grob datiert: nach dem Tod Attilas (453). S. kam aus dem Osten divina revelatione in die von arian. →Rugiern bedrängten oppida Ufernoricums. Geradezu atl. sah S. in der Not der Zeit die Strafe für ein Gott mißfallendes Leben. Bedrohungen prophet. vorherwissend, rief er die Bevölkerung in den Kirchen zu Buße, Gebet, Almosengeben zusammen, um dem Unglück zu wehren. In einigen Fällen drängte er die lokalen Vertreter röm. Administration zu militär. Verteidigung. Angesichts zunehmender Verteidigungsunfähigkeit betrieb S. begrenzt erfolgreich die Rückführung der romani (Römer, nicht Romanen!) aus der von Alemannen und Thüringern bedrängten Raetia II nach Lauriacum. Das Rätsel S.', auch von jüngeren großen method. Anstrengungen nicht gelöst, besteht in einer Wirksamkeit ohne weltl. oder kirchl. Ämter in Noricum oder der Raetia II (Ablehnung des Bf.samtes 9, 4), weswegen er mahnend drängen, nicht erzwingen konnte. Sein eigentüml. Vertrauensverhältnis zu rug. Kg.en, das ihm erlaubte, diesen Herrschern prophetenhaft zu drohen, aber von diesen auch ratsuchend ins Vertrauen gezogen zu werden, erklärt sich nicht aus röm. Ämtern, die ihn zum Gegner der Rugier gemacht hätten, sondern aus S.' persönl. Autorität. S. ahnte den Verlust Ufernoricums und kündigte die Übersiedlung der Bevölkerung ad romanam provinciam an, doch führte Hunwulf im Auftrag seines Bruders Odoaker 488 Teile der Bevölkerung (romani) nach Italien. S.' Konvent folgte diesem Zug, um die Gebeine des Gründers geschart (endgültige Ansiedlung des Konvents im castellum Lucullanum, einer Stiftung der illustris femina Barbaria, vielleicht Mutter des Romulus Augustulus).

S. lebte als im Osten geschulter Anachoret. Bei Favianis errichtete er seine Zelle, später ein Kl. für eine unbekannte Zahl von Mönchen, ein weiteres zu Batavis/Boiotro; so gab es evtl. weitere Kl. S.' neben anderen in Noricum. S. leitete seine Gemeinschaften aus seinem Anachoretendasein heraus, der Grundlage seines hohen Ansehens bei der nor. Bevölkerung, und auf andere Weise, bei den Rugierkg.en. Erst nach dem Tode, als Reliquie, wurde er auf dem Zug über die Alpen zur wirkl. Mitte seines Konvents. Was Eugipp über das Leben S.' und seiner Mönche mitteilt, ist gut mit monast. Traditionen vereinbar, doch ist Eugipps Regel kaum daraus herzuleiten und eher Kompilation aus anderen Regeln. S. als Person ließ sich mit hohen Verdiensten schildern, aber seine räuml. Ferne zum Konvent, seine ausgreifende öffentl. Wirksamkeit konnten als Bild eines Abtes in eine Regel nicht eingehen.
D. v. d. Nahmer

Q. und Lit.: S. a. →Ennodius (ed. MGH AA 7, 1885 [Nachdr. 1981], 185–190 – s. a. →Eugippius – Eugippe, Vie de s. Séverin, ed. PH. RÉGÉRAT, SC 374, 1991 – F. LOTTER, S. v. N., Monogr. zur Gesch. des MA 12, 1976 [Lit.; Rez. R. NOLL, AÖAW phil.-hist. Kl. 118, 1981, 196–221 und F. LOTTER, MJb 19, 1984, 37–62] – H. KOLLER, Die Kl. S.' v. N., Schild von Steier 15/16, 1978/79, 201–207 – S. zw. Römerzeit und Völkerwanderung, Ausst.kat., 1982 – R. BRATOZ, S. v. N. und seine Zeit, ÖAW Denkschr., phil.-hist. Kl., 165, 1983 – H. DICKERHOF, De institutione s. S., ZBLG 46, 1983, 3–36 – W. BERSCHIN, Biographie und Epochenstil, I, 1986, 174–188 – H. WOLFF (Religion und Gesellschaft im Röm. Ks.reich, Kölner hist. Abhh. 35, hg. W. ECK, 1989), 265–293 – F. LOTTER, Francia 21, 1, 1994, 307–311.

Severus

1. S., Libius (Verschreibung aus Livius), weström. Ks. 461–465, der von dem einflußreichen Patricius →Ricimer nach dem Tode des tatkräftigen →Maiorianus in Ravenna zum Imperator erhoben wurde. Einem altit. Senatorengeschlecht angehörend, ließ er seine Ernennung auch vom röm. Senat bestätigen. Da aber die Macht weiterhin bei Ricimer lag, konnte er keinerlei eigene Befugnisse erringen, auch der oström. Herrscher Leon I. erkannte seine Herrschaft nicht an. Am 14. Nov. 465 starb er in seinem röm. Palast, angebl. vergiftet von Ricimer, der auf diese Weise die Alleinherrschaft im Reich wiederherstellen wollte. R. Klein

Lit.: RE II A, 2006 – A. DEMANDT, Die Spätantike, 1989, 172f.

2. S. v. Antiocheia, † 538, zuerst Mönch, seit 508 in Konstantinopel, 512 *Patriarch v. Antiocheia*, 518 abgesetzt, der große »Polemiker, Verkünder und Dogmatiker« des Monophysitismus (GRILLMEIER), entfaltete gegen den Versuch der Orthodoxen, für die chalkedon. Zwei-Naturen-Christologie Begründungen aus den Werken des →Kyrillos v. Alexandria zu gewinnen, seinerseits aufgrund dieser Werke eine Einheitschristologie (Natur gleich Hypostase), bekämpfte aber auch die Christologie des Julian v. Halikarnassos, der den menschl. Leib Christi für unzerstörbar erklärt hatte. H. J. Vogt

Lit.: DSAM XIV, 748–751 – A. GRILLMEIER, Jesus der Christus im Glauben der Kirche, II/2, 1989, 20–183 – M. NIN, Monaci e monachesimo nella predicazione di S. di Antiochia, Augustinianum 34, 1994, 207–222.

3. S., Bf. v. →Prag, geweiht durch Ebf. →Bardo v. Mainz am 29. Juni 1031, † 9. Dez. 1067. S. erlangte sein Amt 1030 nach dem Tod seines Vorgängers Hizo († 30. Jan. 1030) als Vertrauter Fs. →Udalrichs v. Böhmen. In den Q. (Cosmas v. Prag, I/41; II/2–6) tritt S. v. a. im Zusammenhang mit dem Kriegszug Fs. →Břetislavs I. gegen Polen hervor (1038/39). Die Teilnahme des Bf.s und die Überführung der damals aus →Gnesen geraubten Gebeine des hl. →Adalbert nach Prag lassen weitreichende Pläne für eine Erhebung Prags zum Ebm. erkennen; zu diesem Zweck wurde bald eine böhm. Gesandtschaft nach Rom geschickt. Die böhm. Politik traf aber auf den Widerstand des Mainzer Ebf.s und Kg. Heinrichs III., der – nach dem Fehlschlag eines ersten Kriegszuges 1040 – im Sept. 1041 Prag belagerte. Bereits vor der Kapitulation Břetislavs ging S. in das Lager Heinrichs über und zog sich damit den Unwillen des böhm. Fs.en zu. Von späteren Aktivitäten des Bf.s ist wenig bekannt. Es scheint so, als ob er Fs. →Vratislav II. hinderlich war, da dieser 1063 die Wiederbelebung eines vom Prager Bm. unabhängigen mähr. Bm.s in →Olmütz betrieb. Allerdings wurde S. finanziell entschädigt, und das Prager Bm. konnte einen Teil seiner mähr. Besitzungen behalten. Chr. Lübke

Lit.: SłowStarSłow V, 152 [s.v. Sewer] – V. NOVOTNÝ, České dějiny, I/1, 2 [Ind.], 1913 – CHR. LÜBKE, Reg. zur Gesch. der Slaven an Elbe und Oder, T. IV, V [Ind.], 1985–88.

4. S. v. Ravenna, hl. (Fest: 1. Febr. bereits im Mart. Hieronym.), elfter Nachfolger des ersten Bf.s Apollinaris, Todesjahr – nach langem Episkopat (ca. 310–350) unbekannt. S. nahm an der Synode v. Sardika (342–343) teil und unterschrieb deren Kanones sowie die beiden an Papst Julius I. und an alle Bf.e gerichteten Briefe. Seine Hagiographie fußt auf der Biographie des →Agnellus (1. H. 9. Jh.) im LP, die ebenso wie die in Einzelheiten unterschiedl. Vita des Liutolf v. Mainz (2. H. 9. Jh.) auf mündl. Überlieferungen basiert. Eine anonyme »Vita« eines ravennat. Mönchs (hl. Severus v. Classe?) entstand im 11. Jh., eine weitere wahrscheinlich im 12./13. Jh., die der Biographie des Agnellus kritisch gegenübersteht. Auf das 11./12. Jh. geht ein Fragment eines großen Offiziums zurück. Zwei Predigten des →Petrus Damiani sind das erste Zeugnis einer hagiograph. Tradition, die im Rahmen der Kirchenreform und der Polemik gegen den simonist. Klerus die dem hl. S. zugeschriebene Bf.swahl durch Eingreifen der Hl. Geist-Taube auf alle seine Vorgänger überträgt. Am 17. Mai 582 (oder 593), dem Pfingstfest, weihte Johannes Romanus (578–595) die Basilika zu Ehren des hl. S. im Vicus Salutaris (nicht ad corpus); der Kult des Hl. n bestand jedoch schon früher (Votivmünzen, Translationsnotiz von Reliquien). Im 9. Jh. (vgl. Liutolf) wurde der entwendete Leib des S. zuerst nach Mainz, dann nach Erfurt gebracht, wodurch sich – neben Mittel- und Norditalien – der Kult des Hl.n in ganz Dtl. verbreitete. S. ist u. a. Patron aller mit dem Textilgewerbe Verbundenen (er war der Legende nach Weber). Dargestellt als Bf. mit Taube oder Weberschiffchen. D. Frioli

Lit.: F. LANZONI, S. S. vescovo di Ravenna (342–343)..., Atti mem. R. Deput. Stor. patria prov. Romagna, I, 1911, 325–396; II, 1912, 350–396 – G. LUCCHESI, Note agiografiche sui primi vescovi di Ravenna, 1941, 81–95 – G. ROPA, Agiografia e liturgia a Ravenna, ... (Storia di Ravenna, III, 1993), bes. 351–363.

Sevilla, Stadt in Andalusien (Südspanien), am Guadalquivir. Die antike Stadt Hispalis, tartess.-phöniz. Ursprungs, 206 v. Chr. von Scipio Africanus röm. Herrschaft unterworfen, erhielt unter Caesar den Status eines municipium und einer colonia. Im 4. Jh. größte Stadt der →Hispania, konnte S. seine Bedeutung auch in westgot. Zeit behaupten (→Isidor, Ebf. v. S.). 713 eroberte Mūsā ibn Nuṣair die Stadt (arab. Išbīliya), in der sich 743 Araber des syr. Reiterstammes v. Emesa (→Ḥomṣ) ansiedelten, die die herrschende soziale Schicht stellten; die Mehrheit der Bevölkerung war hispan. Ursprungs und setzte sich aus zum Islam konvertierten Christen (*muladies*) und zum kleineren Teil aus chr. →Mozarabern zusammen. Der Stadt unterstand ein 18000 km² großer Verwaltungsbezirk (*cora*) mit ca. 600–650 Dörfern und Weilern. 844 ließ Emir ʿAbdarrāḥmān II. die Stadtmauern erneuern und einen Palast errichten (ursprgl. Kern der heutigen *alcázares reales*). Nach der Auflösung des Kalifats v. →Córdoba war S. die Hauptstadt eines mächtigen Taifenreiches (→*mulūk aṭ-ṭawāʾif*) unter der hispano-arab. Dynastie der →ʿAbbādīden: Kg. al-Muʿtamid (1069–91) erweiterte die Stadtmauern und die Burg. Angesichts des militär. Drucks Kg. Alfons' VI. v. Kastilien-León und um Tributzahlungen (→*parias*) zu vermeiden, rief er die nordafrikan. →Almoraviden zu Hilfe, die die Taifenkg.e absetzten und →al-Andalus seit 1091 beherrschten. S. stieg unter den Almoraviden und ihren Nachfolgern, den →Almohaden, zu höchstem Glanz auf: Seit 1163 Hauptstadt des arab. Teils der Halbinsel, erlebte es die Errichtung neuer Stadtmauern, einer neuen Hauptmoschee, deren Minarett zum heutigen Kathedralturm (Giralda) wurde, und der ältesten erhaltenen Paläste der *alcázares reales*. Die Stadt umfaßte innerhalb der Stadtmauern ein Gebiet von 287 ha und zählte 65000–80000 Einw., obwohl um die Mitte des 12. Jh. Christen wie Juden aus der Stadt und aus dem gesamten al-Andalus vertrieben worden waren.

Im Nov. 1248 eroberte Kg. Ferdinand III. v. Kastilien-León nach einer Belagerung von zwei Jahren S. Die muslim. Bevölkerung verließ die Stadt und wurde nach dem Aufstand v. 1264 größtenteils aus dem Tal des Guadalquivir und aus Murcia ausgewiesen, so daß das Gebiet völlig neu besiedelt wurde. S. wurde zur Hauptstadt eines Kgr.es (32000 km²) innerhalb der Krone Kastilien, das ganz

Niederandalusien (heutige Prov. en S., Huelva und Cádiz) sowie die bedeutenden Städte →Écija, Carmona, →Jérez und →Niebla umfaßte. Das Stadtregiment und der Jurisdiktionsbereich von S. (*tierra*) erstreckten sich auf eine Fläche von 12000 km² und auf mehr als hundert in vier Bezirke (Sierra, Campiña, Aljarafe, Ribera) eingeteilte Dörfer. Die Stadt behielt die von den Almohaden errichtete Stadtmauer und einen Großteil ihrer Infrastruktur bei, obwohl es im Laufe des 14. Jh., v. a. nach dem Erdbeben v. 1356, in einigen der 27 Pfarreien (*collaciones*) S.s zu bedeutenden Veränderungen kam: Errichtung neuer Pfarrkirchen, Anlage weiterer Stadtpaläste durch Peter I. und im 15. Jh. Bau der großen got. Kathedrale. 1253 war die Aufteilung (*repartimiento*) der Stadt und ihrer näheren Umgebung abgeschlossen; ab 1275 setzten eine Stagnation und ein demograph. Rückgang ein, den Kriege gegen die →Meriniden und →Granada sowie Seuchen und Hungersnöte im 14. Jh. verschärften. Im 15. Jh. war wieder ein Bevölkerungsanstieg zu verzeichnen: 1490 hatte S. 7000 Vollbürger – d. h. mehr als 40000 Einw., die jedoch immer noch genügend Platz innerhalb der Stadtmauern und in der Vorstadt Triana fanden. Im Bannkreis der Stadt (*tierra*) lebten weitere 80000–90000 Menschen und im gesamten Kgr. S. an die 400000. Die Struktur der spätma. Gesellschaft in S. war am kast. Vorbild orientiert, da fast alle Neusiedler aus Kastilien kamen. Die Basis bildeten die Vollbürger (*vecinos*), von denen viele steuerpflichtig waren (*pecheros*), direkte Steuern zu leisten hatten sowie als Fußsoldaten dem städt. Aufgebot angehörten, während einige hundert von der Leistung direkter Steuern befreit waren (*francos*). Der Caballero-Adel beherrschte den Stadtrat; an seiner Spitze standen verschiedene Häuser des Hochadels, die in S. ihren Stammsitz hatten (→Guzmán, →Ponce de León). Zudem gab es noch eine kleine Minderheit muslim. →Mudéjares (Ende des 15. Jh.: ca. 300) und eine größere jüd. Gemeinde, bis die Pogrome v. 1391 viele zur Auswanderung oder v. a. zur Annahme der Taufe zwangen; S. war die erste Stadt, in der die Inquisition 1481 gegen die noch jüd. Bräuchen verhafteten *conversos* vorging.

Wirtschaftlich war S. das Zentrum einer ausgedehnten und reichen Agrarregion, deren Erträge in der Stadt investiert wurden; sein Handel erreichte in der 2. Hälfte des 15. Jh. den Höhepunkt, als die *ceca*, die Münzstätte v. S., zur wichtigsten des Reiches aufstieg. Die strategisch günstige Lage der Stadt und ihrer Außenhäfen (→Cádiz, El Puerto de S. María, Sanlúcar de Barrameda, Huelva) an den Seerouten, die Italien mit der Nordsee und Spanien mit dem Maghreb verbanden, führte häufig zur Übernahme des Zwischenhandels für verschiedene Handelsgüter (Gold, Sklaven, Tuche, Mineralien) und Grundstoffe wie auch zur Ausfuhr landwirtschaftl. Erzeugnisse (Getreide, Essig, Wein, Häute) und andalus. Fischereiprodukte (v. a. Thunfisch). Diese wirtschaftl. Aktivitäten vermögen auch S.s Rolle als Zentrum für den Amerikahandel im 16. Jh. zu erklären. Schon im 15. Jh. stellten S. und sein Reich 15–18% der kgl. Einkünfte aus den Handelsabgaben. Der Handel zog Kapital und Waren an, bes. aus Genua, das bereits 1251 die Privilegien seiner Kaufleute aus almohad. Zeit erneuern ließ. Angesichts der Bedeutung der Stadt und ihres Hinterlandes war das Stadtregiment v. S. das mächtigste im ganzen Kgr. Es war nach Vorbild von →Toledo verfaßt, gewann reiche kgl. Privilegien und erließ Vorschriften und Rechtsweisungen (*ordenanzas*; 1527 gedr.). Die Herrschaft lag beim Kleinen Rat (→*regimiento* der *Veinticuatro*), bei den vorsitzenden Richtern oder Oberbürgermeistern (*alcaldes mayores*), den übrigen Bürgermeistern (*alcaldes ordinarios*), dem für die öffentl. Sicherheit verantwortl. Büttel (→*alguacil*) sowie dem Kommandanten des Ratsaufgebotes, dem an die 2000 Reiter und 7000 Fußsoldaten zur Verfügung standen. Die Kontrolle der Regierungstätigkeit übte das Gremium der Geschworenen (→*jurados*) aus, das, theoret. von den Vollbürgern gewählt, sich Mitte des 14. Jh. in der Hand einer Gruppe von Inspektoren (*fieles ejecutores*) befand. Seit 1394, seit 1477 in kontinuierl. Folge, stand ein Abgesandter des Kg.s (*assistente real*) dem Stadtregiment in Ausübung der wichtigsten richterl. und exekutiven Funktionen vor; seine Aufgabe entsprach in den anderen kast. Städten der des →*corregidor*. Bis die →Kath. Kg.e 1477 die Macht in der Stadt übernahmen, war das polit. Leben in S. von häufigen Banden- und Parteikämpfen zw. Anhängern der Guzmán und der Ponce de León beherrscht.

1252 wurde das Ebm. S. wiederhergestellt und umfaßte neben dem kleinen Suffraganbm. Cádiz 23 Vikariate. Die Höhe der Einkünfte, vergleichbar denen von Santiago, wurde in Kastilien nur von Toledo übertroffen. Das gesamte Einkommen der kirchl. Einrichtungen in S. schwankte Ende des 15. Jh. zw. 117000 und 147000 Dukaten jährl., die ungleich zw. der Mensa des Ebf.s, der des mächtigen Kathedralkapitels (mehr als 80 Mitglieder), den 368 Pfründen innerhalb des Bm.s und den ca. 50 Kl. und Konventen aufgeteilt wurden (z. B. S. Isidoro del Campo, Kartause Las Cuevas, S. Jerónimo, Nonnenkl. S. Clemente). 1254 scheiterte die Gründung eines Studium generale durch Alfons X., erst 1502 wurde die Univ. (Colegio de S. María de Jesús) gegr., die 1516 ihre Tätigkeit in vollem Umfang aufnahm.

M. A. Ladero Quesada

Lit.: J. González, Repartimiento de S., 2 Bde, 1951 – J. Bosch Vilá, Hist. de S.: La S. islámica, 1984 – A. Collantes de Terán, S. en la Baja Edad Media, 1984 – M. González Jiménez u. a., S. en tiempos de Alfonso X. el Sabio, 1987 – M. A. Ladero Quesada, Hist. de S.: La ciudad medieval, 1988 – J. Sánchez Herrero u. a., Hist. eclesiástica de S., 1991.

Sex res non naturales → Res non naturales

Sextine (it. Sestina), metr. Form, die aus sechs sechszeiligen Strophen besteht, auf die ein dreizeiliger »Abschied« (Congedo) folgt. Sie basiert auf Reimwörtern, die eine gekreuzt retrogradierende Ordnung aufweisen, d. h., die gleichen Reimwörter kehren von Strophe zu Strophe in einer für diese Form typ. Inversion wieder (1. Strophe: A–B, C–D, E–F; 2. Strophe F–A, E–B, D–C; 3. Strophe C–F, D–A, B–E usw. bis alle mögl. Kombinationen ausgeschöpft sind). In der Abschiedsstrophe kehrt jedes Reimwort am Schluß jeder Halbzeile in verschiedener Abfolge wieder. Entsprechend ihrem Ursprung kann das metr. Schema der S. als Kristallisierung einer der möglichen Strukturen der prov. →Canzone angesehen werden, die bereits das Kunstmittel des »*mot tornat*« wie der →*coblas capcaudadas* vorsah. Derartige Verbindungen und Vorwegnahmen finden sich in dem berühmten Gedicht des →Raimbaut d'Aurenga »Er resplan la flors enversa« ebenso wie in der Technik der prov. *coblas estrampas*, d. h., der Strophen ohne Binnenreime. Die S. wurde von →Arnaut Daniel erfunden. Seiner »Chanson d'oncle e d'ongla« ist Dante in »Al poco giorno e al gran cerchio d'ombra« verpflichtet, die damit endgültig die Charakteristik dieses Genus festgelegt hat, indem er die Verszeilen als gleichlange Elfsilber gestaltete. Der Erfolg der S. ist aber gleichwohl in erster Linie →Petrarca zu verdanken, der neun S.n verfaßte. Die Petrarkisten (→Petrarkismus) übernahmen die Gattungsform, die bis in das 20. Jh. weiterwirkte (E. Pound, G. Ungaretti).

A. Pulega

Lit.: A. JENNI, La s. lirica, 1945 – S. BATTAGLIA, Le rime 'petrose' e la s., 1964 – J. RIESZ, Die S., 1971 – C. DI GIROLAMO, Teoria e prassi della versificazione, 1976, 155-167 – A. PULEGA, Modelli trobadorici della s. dantesca, ACME XXXI, fasc. II, 1978, 261-328 – M. SHAPIRO, Hieroglyph of Time. The Petrarca's S., 1980 – A. RONCAGLIA, L'invenzione della s., »Metrica«, II, 1981, 3-41 – G. FRASCA, La furia della sintassi. La s. in Italia, 1992.

Sextus Placitus Papyriensis (S. Philosophus Platonicus), spätantiker Kompilator, vielleicht Arzt, stellte einen 'Liber medicinae ex animalibus' zusammen, der weitgehend der 'n. h.' von Plinius verpflichtet ist (B. 28-30); weitere Q. und Vorbilder: →Marcellus Empiricus, 'Liber de Taxone', Ps.-Apuleius. Die 32 Kern-Kapitel artbezogener Drogenmonographien bauen sich ausschließl. aus Indikationen (Kurzrezepten) ohne klare Anordnung auf und sind in drei Traktate aufgeteilt: cap. 1-12 bringen vom Hirsch bis zum Elefanten zwölf vierfüßige Wildtiere ('bestiae'), cap. 13-21 vom Hund bis zur Maus neun Haustiere ('pecora'), cap. 22-32 die 'aves' (vom Adler bis zum Raben [cap. 27] zunächst die Wildvögel, dann vom Hahn bis zur Hausschwalbe fünf 'Hausvögel'). Noch in der Antike erfolgten einschneidende Redaktionen: Neben Erweiterungen (Einfügung eines Maulwurfkapitels bei den Mäusen; Verfügbarkeit des 'de puero et virgine'-Kapitels in der Klasse β) begegnen Schrumpfformen wie die Klasse-α-Überlieferungen, denen der gesamte dritte Traktat verlorenging.

Von Ps.-Theodorus Priscianus ausgeschöpft, vom 'De vulture'-Autor exzerpiert, ist der 'Liber medicinae' eine Überlieferungsgemeinschaft ('Herbariencorpus') eingegangen, die von Ps.-Apuleius dominiert wird und den Dachstraktat sowie 'De herba Vettonica' einschließt. In dieser Konstellation seit dem 7. Jh. greifbar, ist der Text schon um 950 ins Ae. übersetzt worden, während er ins Ahd. und Mhd. – beispielsweise über den 'Geierbrief' oder die Enzyklopädien – in gebrochener Streuüberlieferung Eingang fand. Seine organotherapeut. Vorschriften erfreuten sich in der therotherapeut. begeisterten Frühmoderne hoher Beliebtheit (Drucke des 16.-18. Jh.; dt. Übers.en von 1582 und 1612). Seine verzweigte, über das MA hinausreichende Wirkungsgesch. (Paullinis 'Dreckapotheke' von 1734) ist über weite Strecken noch unbekannt.

G. Keil

Ed.: J. CHR. G. ACKERMANN (Parabilium medicamentorum scriptores antiqui, I, Altdorf und Nürnberg 1788) – E. HOWALD–H. E. SIGERIST, CML IV, XV–XVII, 233-286 – Leechdoms, Wortcunning and Starcraft of Early England, hg. O. COCKAYNE, I–III, 1864-66 [Neudr. 1961, hier I, 334-372 (Kl. a)] – *Lit.*: M. NEUBURGER, Gesch. der Medizin, II, 1, 1911, 59 – A. BECCARIA, I codici di medicina del periodo presalernitano (sec. IX, X e XI), 1956, passim – W. BONSER, The medical Background of A.-S. England, 1963, 24 – CH. H. TALBOT, Medicine in me. England, 1967, 20 f. – L. E. VOIGTS, A new Look at a ms. Containing the OE Translation of the 'Herbarium Apulei', Manuscripta 20, 1976, 40-61 – R. MÖHLER, 'Epistula de vulture' (Würzburger med.hist. Forsch. 45, 1990), 45-48 u. ö.

Sexualdelikte (kanon. Recht), strafbare, unsittl. Handlungen, die die geschlechtl. Freiheit einzelner oder das sittl. Empfinden der Gesamtheit verletzen. Noch schärfer als im AT werden im NT die Begierde nach einer fremden Frau (Mt 5, 28), Unzucht und Ehebruch (Mk 7, 21; Mt 15, 19; 1 Kor 6, 18; Eph 5, 5) verworfen; jegl. gesellschaftl. Verkehr mit unzüchtigen Christen (1 Kor 5, 9ff.) ist verboten. Die Synoden des 4. und 5. Jh. stellen neben Mord und Abfall vom Glauben insbes. die Unzucht von Klerikern und Laien unter Strafe. S. finden als Amts- und Standesvergehen sowie als Vergehen gegen die →Ehe und die Sittlichkeit Eingang in das →Decretum Gratiani und in die päpstl. →Dekretalenslg.en seit Gregor IX. Außer →Ehebruch und →Bigamie wurden mit unterschiedl. Strafen bis hin zur →Exkommunikation und Absetzung (→Deposition) bei Klerikern bedroht: jede Form von Unzucht, insbes. die Unzucht eines Priesters oder Bf.s mit dem Täufling oder dem Pönitenten, die Eheschließung von Klerikern und Ordensangehörigen sowie das Klerikerkonkubinat, ferner Inzest, gewaltsame Entführung (raptus), Notzucht, Kuppelei und widernatürl. Unzucht.

W. Rees

Lit.: P. HINSCHIUS, System des kath. Kirchenrechts mit bes. Rücksicht auf Dtl., V, 1893 [Neudr. 1959], 169-176 – W. REES, Die Strafgewalt der Kirche (Kanonist. Stud. und Texte 41, 1993).

Sexualität
I. Allgemein und westlicher Bereich – II. Byzanz – III. Judentum – IV. Medizin.

I. ALLGEMEIN UND WESTLICHER BEREICH: Ein Äquivalent für den nlat. Kunstbegriff S., der den Gesamtbereich der Genitalität und Körperlust umfaßt, war im MA unbekannt. Lat. sexus ('Geschlecht') trug keinen »sexuellen« Beiklang, sondern bezog sich auf die äußerl. Tatsache der Geschlechterdifferenz (»homines utriusque sexus« – Mann und Frau, d. h. jedermann). Unter Rückgriff auf →Paulus und →Augustinus wurde im MA die vollständige Vermeidung sexueller Handlungen (→Jungfräulichkeit) als eth. Ideal propagiert. Die S. wurde dagegen als Folge der verlorenen paradies. Unschuld und des bibl. Zeugungsgebots (Gen 1, 28) angesehen. Die »fleischl. Begierde« (libido carnalis) galt als Anreiz zum Beischlaf (cohabitatio, concubitus), dieser wiederum als Mittel zum Zweck der menschl. Fortpflanzung (generatio prolis). Diese biolog. und teleolog. Betrachtungsweise führte zur prinzipiellen Differenzierung zw. »natürl.« (naturaliter) und »widernatürl.« (contra naturam) Formen der S., d. h. zw. zeugungsorientierten und zeugungsfeindl. Seit dem frühen MA entwickelten die Theologen kasuist. Modelle zur Bestrafung sündhafter S. (→Bußbücher). Lediglich der »natürl.« Verkehr innerhalb der christl. →Ehe wurde als sündenfreie Form der sexuellen Praxis geduldet. Im chron. Widerspruch zum Moralsystem stand die hoch- und spätma. →Prostitution in den städt. Frauenhäusern, die von zahlreichen Theologen mit dem Argument »ad maiora mala vitanda« legitimiert wurde.

Der ehel. Geschlechtsverkehr, der als Hilfsmittel gegen die Triebhaftigkeit (remedium concupiscentiae) betrachtet wurde, zählte zu den pflichtschuldigen Aufgaben (debitum matrimoniale), die von den Ehepartnern wechselseitig eingefordert werden durften: »Vir non habet potestatem sui corporis sed mulier, et econverso« (Paulus; →Antoninus v. Florenz). Die dauernde Beischlafunfähigkeit des Mannes (Impotentia coeundi) wurde dementsprechend als trennendes Ehehindernis betrachtet, da sie den Vollzug der Ehe (consummatio) verhinderte; die Zeugungs- und Gebärunfähigkeit (impotentia generandi; sterilitas) wurde dagegen oftmals als Ausdruck gottgewollten Schicksals interpretiert (vgl. →Heinrich II.). Die matrimoniale Sexualpraxis wurde durch ein dichtes Netz von Verbotsmaßnahmen reglementiert. Als Ausschlußfristen galten insbes. →Schwangerschaft und →Menstruation, »Unreinheit« post partum, Fastenzeiten, Sonn-, Feier- und Heiligentage sowie die Vigil des Eucharistieempfangs. Das »übermäßige Verlangen« (voluptas) des Mannes, unzüchtige Phantasie (delectatio fornicationis) sowie unkeusche Berührungen (contactus partium corporis) wurden im allg. als läßl. Sünden (culpa venialis) eingestuft. Auf Klagen der Ehefrau über chron. körperl. Mißhandlung durch den Ehemann reagierten die geistl. Gerichte meist mit befristeter Trennung.

Die verschiedenen Formen der »Unzucht« (luxuria) wurden unter Berufung auf Augustinus (De bono coniugale, VIII. 8; XI. 12) durch →Gratian in ein Schema der Gradstufen (gradus) untergliedert (c. 32 q. 7 c. 11, 12): Der einfachen Unzucht (fornicatio simplex; z. B. Bordellbesuch) folgte der Ehebruch (adulterium); diesem die →Blutschande (incestus) und die Sünde wider die Natur (peccatum contra naturam). Letztere umfaßte in der Theologie der Hochscholastik (→Thomas v. Aquin) die vier Bereiche Selbstbefriedigung (mollities), Zoophilie (bestialitas), →Homosexualität (vitium sodomiticum) und »ungehörigen Verkehr« in der Ehe wie Anal-, Oral-, Dorsal- und Infemoralverkehr (concubitus non debitus). Ebenso untersagt waren alle kontrazeptiv ausgerichteten oder lustbetonten Formen der S. wie Coitus interruptus und Amplexus reservatus. Unter Berufung auf die Lot-Erzählung der Genesis wurde der gleichgeschlechtl. Verkehr schwerer gewichtet als der Inzest im ersten Grad (c. 32 q. 7 c. 12). Auch die Selbstbefriedigung wurde seit dem 13. Jh. mit zunehmender Schärfe gegeißelt; Guillelmus Peraldus vergleicht sie – unter Berufung auf die Onan-Geschichte der Genesis – mit Mord, und →Johannes Gerson entwickelt eine investigator. Technik zur Gewissenserforschung der Knaben und Heranwachsenden.

Ebenso wie die S. wurde die Scham über die menschl. Nacktheit (nuditas) auf die Ursünde Adams und Evas zurückgeführt und somit als anthropogene Konstante betrachtet. Die Nacktheit galt als Anreiz zur Unzucht (Motiv der »tanzenden Luxuria«), als »Kleid der Armut« (→Lazarus), als Zeichen der Gottesferne (Mimus calvus, →Narr) oder als Provokation durch Ketzer (→Adamiten). Zahlreiche städt. Verbote suchten das Auftreten nackter oder dürftig bekleideter Menschen, etwa im Umfeld der Badestuben (→Bader) oder während der →Fastnacht, zu unterbinden. Im 15. Jh. zeigt sich das Interesse am Phänomen der Nacktheit v. a. in der nachhaltigen Diskussion um die Nuditas Christi. Auch die Entblößungen der »Ketzer« und »Hexen« erfüllten das kollektive Bedürfnis nach Betrachtung nackter Menschen. Da der menschl. Körper im Früh- und HochMA nur als vergängl. Hülle der ewigen Seele betrachtet wurde, wurde das Bemühen um äußere Wohlgestalt von den Predigern als Hoffart gegeißelt. Erst die Künstler der →Renaissance betonten die Schönheit des menschl. Körpers und präsentierten erot. und sexuelle Motive aus der Welt der antiken Mythologie und der christl. Legende. Die Verbreitung sexueller Phantasien und die abweichende Einstellung zur kirchl. Sexualmoral spiegeln sich insbes. in frivolen Themen und Motiven der (Klein-)Epik und Lyrik wider (→Ars dictaminis, →Fabliaux, →Facetie, →Fastnachtspiel), deren sinnl. Sexualmetaphorik alle Bereiche des Skatologischen, des Rollen- und Kleidertausches (Couvade, Trans- und Cisvestitismus), der sexuellen Grausamkeit (Vergewaltigung, »Sadismus«) und der Schmerzeslust durchdringt.

B.-U. Hergemöller

Lit.: E. RUHE, De Amasio ad Amasiam. Zur Gattungsgesch. des ma. Liebesbriefes, 1975 – D. SCHALLER, Erot. und sexuelle Thematik in Musterbriefslg. des 12. Jh. (Fälschungen im MA, V, 1988), 63–77 – W. BEUTIN, S. und Obszönität. Eine literaturpsycholog. Studie über ep. Dichtungen des MA und der Renaissance, 1990 – Ordnung und Lust. Bilder von Liebe, Ehe und S. in SpätMA und Früher NZ, hg. H.-J. BACHORSKI, 1991 – Gepeinigt, begehrt, vergessen. Symbolik und Sozialbezug des Körpers im späten MA und in der frühen NZ, hg. K. SCHREINER–N. SCHNITZLER, 1992 – S. BARTH, Jungfrauenzucht. Literaturwiss. und pädagog. Stud. zur Mädchenerziehungslit. zw. 1200 und 1600, 1994.

II. BYZANZ: [1] *Allgemeines:* Die gesellschaftl.-öffentl. Einstellung zu Geschlechtlichkeit und ihren Manifestationen war auch im byz. Kulturraum massiv von kirchl. Lehrpositionen bestimmt. Eine positive christl. Grundhaltung zu Körperlichkeit und Sexualtrieb (Kastrationsverbot) wurde realiter durch mönch.-asket. Rigorismus stark gemindert. Göttlicher Liebe ($\overset{\text{'}}{\alpha}\gamma\overset{\text{'}}{\alpha}\pi\eta$) rein »aus dem Herzen« stand der diesseitsverhaftete, der Erlösung hinderliche »fleischliche« Eros gegenüber. Akzeptabel galt er allein zur Zeugung von Kindern im Rahmen der →Ehe, dem Hafen der Mäßigung ($\sigma\omega\varphi\rho\sigma\sigma\dot{\nu}\nu\eta$) wider die Wogen der Begehrlichkeit (→Johannes Chrysostomos, De virginitate 9. 1). Vor- und bes. außerehel. Aktivitäten (auch mit Konkubinen, Sklaven/innen und Dirnen) sind als $\pi\sigma\varrho\nu\varepsilon\dot{\iota}\alpha$ bzw. $\mu\sigma\iota\chi\varepsilon\dot{\iota}\alpha$ (→Ehebruch) gesetzl.-sittl. gebrandmarkt und unter Strafe gestellt; das Ideal oder zumindest Gebot der Jungfräulichkeit – ihre nichtehel. Preisgabe belastete und marginierte die →Frau – verlieh dem System weitere Sicherheit. Abweichendes Verhalten Einzelner oder von →Randgruppen ist meist nur über reaktive Kritik und vorbeugend-punitive Normen (Bußbücher, edd. PITRA; SUVOROV, VV 8 [1901]) faßbar; aus derartigen Vorkommnissen (→Prostitution) auf eine byz. Doppelmoral zu schließen, wäre allerdings irreführend. Vielmehr kontrollierte – und diskriminierte aus heutiger Sicht – die patriarchale Gesellschaft (mittels theol.-med. Argumentation von der Genesis bis zur →Humoralpathologie) die Frau generell in und aufgrund ihrer geschlechtl. Rolle.

[2] *Quellen:* Die fiktiven Briefe des →Aristainetos (um 500) und erot. Epigramme (u. a. des →Agathias) aus dem 6. Jh. sind zusammen mit dem bei →Prokop auf Theodora projizierten Bild des Kurtisanentums letzte lit. Reflexe freizügigen Treibens gewisser städt. Kreise. Fortdauern lediglich einschlägige Skandalgeschichten vom ksl. Hof (z. B. →Psellos über Ks. Konstantin IX. Monomachos). Publikumswirksam mit abschreckender Intention finden sich sexuelle Bezüge (Aussatz durch Bordellbesuch, Inzest) wiederholt in hagiograph. Texten. Der Liebes- und Abenteuerroman der (Spät)antike kehrt erst im 12. Jh. wieder (→Roman, VII), unverändert in der tiefen, aber keuschen Paarbeziehung. Sinnlichkeit charakterisiert den barbar. Antihelden. Absent ist nun aber das Element der Homoerotik. Erst die »volkssprachl.« Romane der Palaiologenzeit, höchstwahrscheinl. unter westl. Literatureinfluß, sprengen die traditionellen Gattungsgrenzen. Keuschheit ist kein Thema mehr in ihrer fiktiven Wirklichkeit (vgl. Phlorios und Platzia Phlore vv. 1681, 1700 [Kriaras]). Von den Fachschriften muß die →Medizin die Genitalzone berücksichtigen, allerdings treten gynäkolog. Probleme ab der mittelbyz. Zeit auffällig zurück (→Frauenheilkunde). In der darstellenden Kunst wird parallel der weibl. Körper zunehmend seiner charakterist. Formen beraubt. Die gewundenen Bezeichnungen des Niketas →Choniates (Ende 12. Jh.) für dem Intimbereich Zugehöriges und umgekehrt die vulgärerot. Ausbrüche im Spottgedicht auf einen Greis und eine junge Frau ($\Pi\varepsilon\varrho\dot{\iota}$ $\gamma\acute{\varepsilon}\varrho\sigma\nu\tau\sigma\varsigma$ $\nu\grave{\alpha}$ $\mu\grave{\eta}\nu$ $\pi\acute{\alpha}\varrho\eta$ $\kappa\sigma\varrho\acute{\iota}\tau\sigma\iota$, ed. WAGNER, 1874) lassen den hohen Grad sexueller Tabuisierung erahnen, eine Verdrängung, welche die Lit. zur Traumdeutung (so Oneirokritikon des Achmet, ed. DREXL) eben durch gehäufte Referenzen widerspiegelt. Der speziellen Frage, inwieweit Samenergüsse während des Schlafes sündhaft seien, ist ein Traktat des Ioannes →Zonaras (MPG 119, 1011–1031) gewidmet.

[3] *Geschlechtsleben:* Rechtl.-sexuelle Ehefähigkeit – selbst bei früherer phys. Reife (vgl. Balsamon in RHALLES-POTLES IV, 485) – wird mit dem (jeweils vollendeten) 14. Lebensjahr beim Mann und dem 12. bei der Frau fixiert (Leon VI., Novellen 74 und 109), unter den Voraussetzun-

gen, daß keine Blutsverwandtschaft bis zum 6. Grad, keine geistige Verwandtschaft und keine Verschwägerung bis zum 4. Grad vorliegen. Auf unzureichender Q.interpretation (speziell von →Digenes Akrites) beruht die Annahme, daß Entführung und anschließende Vergewaltigung als geschaffene Tatsachen in Byzanz entgegen den Gesetzen häufig doch ehestiftend wirkten; einvernehml. Verführung allein mochte selbigen ehrrettenden Effekt (bei elterl. Konsens) haben. Von der Kanonistik geforderte Enthaltsamkeit während der Fastentage (Mittwoch und Freitag) und -zeiten sowie an Wochenenden, zudem die Mensesperioden beschränkten den sexuellen Verkehr – wohl eher theoret. – auf weniger als 100 Tage jährl. Die Intimität der Handlung stand schriftl. Informationen über den eigtl. Geschlechtsakt meist entgegen. Zu konstatieren ist ledigl., daß Rektalverkehr in ehel. Beziehungen keine Ausnahme gewesen sein dürfte; Cunnilingus ist mehrfach belegt. Anale und die Brüste einbeziehende Techniken zählten zum Angebot von Prostituierten.

[4] *Sonderformen:* Sie liefen mangels möglicher Prokreation der Sozialordnung zuwider. Die (rechtl.) Verfolgung (bis zur spiegelnden Verstümmelung und Todesstrafe) traf in erster Linie die →Homosexualität. Unter Justinian I. und Leon VI. förderten Kampagnen zu Konstantinopel viele Fälle zutage, nicht zuletzt im höheren Klerus. Auch das Mönchtum war außer heterosexuellen Verstößen immer wieder davon betroffen. In auffälliger Bildsprache geht Symeon Neos Theologos (Hymnus 15) auf die ἀπάθεια, selbst des männl. Gliedes (ἀσχῆμον μέλος), in der Vereinigung mit dem Licht Gottes ein. Das Typikon (12. Jh.) des Ioannes-Prodromos-Phoberos Kl. (ed. A. PAPADOPOULOS-KERAMEUS, Noctes Petropolitanae, 1913) warnt vor Päderastie, Unzucht mit Tieren (ζωοφθορία, vgl. →Ekloge 17. 39; →Basiliken 60. 37. 84) und hauptsächl. gleichgeschlechtl. Beziehungen, auch von Nonnen. Lesbische S. ahndet zwar die Bußpraxis (s. ALMAZOV, Zap. imp. novoross. Univ. 1895 und 1903), sie fehlt allerdings in der weltl. Gesetzgebung. Unterschiedl. schwer wurde die (wechselseitige) Masturbation (mit Körperkontakt) kirchl. be- und verurteilt. – Es ist für die byz. Mentalität typ., daß das exhibitionist. Anasyrma, das Entblößen der weibl. Scham mit einst fertil-kult. und dann apotropäischem Sinn, zum Mittel dämon. Magie mutiert ist. Diverse Liebeszauber zielten v.a. auf die »schwächere« Frau ab und galten als verantwortl. für deren sexuelle (gleich teufl.) Besessenheit. Die Nymphomanie in der »Vita Mariae Aegyptiacae« (MPG 87/3, 3697ff.) wird interessanterweise nur als gewolltes Dirnentum präsentiert, wohl des didakt. Wertes der späteren Reue wegen. E. Kislinger

Lit.: RAC X, 36–52, 807–829 – I. HUTTER, Das Bild der Frau in der byz. Kunst (Fschr. H. HUNGER, 1984), 163–170 – H.-G. BECK, Byz. Erotikon, 1986² – S. M. OBERHELMAN, The Interpretation of Dream-Symbols in Byzantine Oneirocritic Lit., BSl 47, 1986, 8–24 – C. CUPANE, Byz. Erotikon: Ansichten und Einsichten, JÖB 37, 1987, 213–233 – C. GALATARIOTOU, Eros and Thanatos: A Byz. Hermit's Conception of Sexuality, Byz. Mod. Greek Stud. 13, 1989, 95–137 – S. TROIANOS, Kirchl. und weltl. Rechtsq. zur Homos. in Byzanz, JÖB 39, 1989, 29–48 – J. BEAUCHAMP, Le statut de la femme à Byzance, I–II (4ᵉ–7ᵉ s.), 1990–92 – L. GARLAND, »Be Amorous, But Be Chaste ...«: Sexual Morality in Byz. Learned and Vernacular Romance, Byz. Mod. Greek Stud. 14, 1990, 62–120 – A. KAZHDAN, Der Körper im Gesch.swerk des Niketas Choniates (Fest und Alltag in Byzanz, 1990), 91–105 – J. KODER, Normale Mönche und Enthusiasten: Der Fall des Symeon Neos Theologos (Religiöse Devianz, 1990), 97–119 – E. KISLINGER, Anasyrma. Notizen zur Geste der Schamweisens (Symbole der Alltags. Alltag der Symbole, 1992), 377–394 – A. E. LAIOU, Sex, Consent and Coercion in Byzantium (Consent and Coercion to Sex and Mariage in Ancient and Medieval Societies, 1993), 109–221 – S. TROIANOS,

Τύποι ἐρωτικῆς »ἐπικοινωνίας« στις βυζαντινές νομικές πηγές (Η επικοινωνία στο Βυζάντιο, 1993), 237–273 – D. SIMON, Lobpreis des Eunuchen, 1994.

III. JUDENTUM: Der Sexualtrieb, notwendige Voraussetzung für den Bestand des Menschengeschlechts, wird als Teil der Schöpfungsordnung bejaht, jedoch gleichfalls als Jetzär ha-Raˁ (Böser Trieb, der Gebotsübertretungen und Zügellosigkeit bewirkt) relativiert und in den Tora-Gehorsam, den religiös-ethischen Anspruch Gottes, eingebunden. Basis der Ablehnung ist die traditionelle Gleichsetzung von Natur- und Fruchtbarkeitskulten mit Götzendienst. Heirat und Fortpflanzung (Gen 1, 28) sind selbstverständl. und schöpfungsgemäß, Empfängnisverhütung, Homosexualität und Onanie schöpfungswidrig. Das Sexualverhalten wird durch rituelle Reinheitsvorschriften weitgehend kontrolliert und durch die (frühe) →Ehe institutionalisiert. Inzest, unzüchtige Annäherung, homosexueller Verkehr, Sodomie, Ehebruch der Frau – wie für ihren Mann war sie auch für ihren Geliebten für immer rituell verboten, jedoch nicht bei Vergewaltigung –, Verkehr mit Menstruierenden sowie zum Zwecke sexuellen Umgangs Nichtjuden gegebene falsche Eheversprechen waren verpönt bzw. wurden hart bestraft. Neben halachischen Vorschriften, die z. B. Angehörige der Priesterkaste, Geschiedene, Witwen, Schwangere, Stillende, Mamserim (Kinder aus unerlaubten Verbindungen) sowie Personen mit fehlerhaften Geschlechtsorganen betrafen, war es unerwünscht, sich mit Frauen zu unterhalten bzw. alleine zu sein (wegen der Gefahr der Verführung bzw. des Fernbleibens vom Tora-Studium), mit Nichtjuden sexuell zu verkehren und sich unzüchtig zu verhalten. Die grundsätzl. positive Sicht der S. führte zu einer Moral des Mittelwegs und ließ extreme Askese bzw. Leibfeindlichkeit nicht aufkommen. Nicht zuletzt hatte hierbei ihre Einbindung in die →Sefirot-Lehre (Sexualsymbolik der Sef. IX und X, die den Sohar von Anfang bis Ende durchzieht, eng mit den Begriffen »Einung« und »Erkennen« verbunden und das Verhältnis zw. »oben« und »unten« betreffend) ebenso Anteil wie ihr Eindringen in die von der →Kabbala beeinflußte Sabbat-Liturgie.

R. Schmitz

Lit.: L. M. EPSTEIN, Sex Laws and Custom in Judaism, 1948 – G. SCHOLEM, Von der myst. Gestalt der Gottheit, 1962 – Jewish Mariage, hg. P. ELMAN, 1967.

IV. MEDIZIN: Die Bedingungen des Sexuallebens waren innerhalb der med. Lit. seit ihrer Erneuerung im 12. Jh. Gegenstand von Ratschlägen und Diskussionen, die stark von den Übersetzungen des →Constantinus Africanus (2. Hälfte des 11. Jh.) beeinflußt waren. Dieser Übersetzer schuf durch einen aus verschiedenen Q. kompilierten Beischlaftraktat (»De coitu«) eine Grundlage für die Behandlung der sexuellen Thematik bei anderen Autoren. Die Annäherung erfolgte über zwei Gedankengänge: Zum einen handelte es sich hierbei um die →'res non naturales', d. h. Faktoren, die auf das Gleichgewicht des Körpers einwirkten, ohne selbst Bestandteil der eigtl. →Physiologie zu sein, sei es, daß sie der Außenwelt angehörten (Luft- und Klimafaktoren, Ernährung), sei es, daß sie durch einen freiwilligen Akt entstanden (z. B. körperl. Übungen, das Bad usw.). Unter diesen 'res non naturales' wird am häufigsten der Beischlaf (coitus) genannt und, in maßvollem Umfang praktiziert, als für die →Gesundheit günstig erachtet. Die Mediziner legten hierbei, differenziert nach Lebensalter, Geschlecht, Veranlagung des betreffenden Individuums und der Jahreszeit, bestimmte Grenzen fest. Der zweite Themenkomplex, der eine Annäherung an die Fragen der S. bot, war die Beschreibung der Geschlechtsorgane, ihrer Funktionsweise, Anomalien und Erkrankungen. Die Mediziner scheuten hier nicht vor detaillierter Darstellung zurück, da »nichts Natürliches schandbar sei«. Einen dritten Zugang zur Sexualthematik bildete die Beschäftigung mit Geisteskrankheiten (der Melancholie oder der Liebeskrankheit [amor heroicus]), bei denen die Praktizierung des Geschlechtsverkehrs als heilsam galt, sexuelle Enthaltsamkeit dagegen als eine Hauptkrankheitsursache betrachtet wurde.

Die Medizin des 12.-14. Jh. war von dogmatisch starrer und unflexibler Haltung in Sachen S. weit entfernt. Zu den entscheidenden Grundsatzproblemen zählte die Definition der jeweiligen wechselseitigen Rollen von Mann und →Frau bei der Zeugung des Embryos. Das Problem der Existenz eines weibl. 'Samens' und seines Anteils bildete den Stein des Anstoßes bei der Darstellung des Sexuallebens, war der Ausstoß dieses Samens doch mit der Vorstellung von sexueller Lust verbunden. Im 12. Jh. dominierte (unter dem Einfluß des von Constantinus Africanus übersetzten »Pantegni« und eines pseudogalen. Traktates »De spermate«) die Idee eines weibl. Samens, der dem männl. Sperma ungefähr gleichgesetzt wurde. Die Kenntnis der Schrift »De generatione animalium« des →Aristoteles im 13. Jh. führte zu starken Kontroversen, da in ihr die Gegenthese eines bloß männl. Samens, der als bestimmend für die Form des Embryos galt, vertreten wurde; der Frau wurde dagegen nur die Beisteuerung der 'materia', mittels des Menstruationsblutes, zugebilligt. Der »Canon« des →Avicenna, übersetzt von →Gerhard v. Cremona, bot eine mittlere Lösung an, die (mit vielfältigen Nuancen) von den meisten universitären Medizinern des 13.-15. Jh. übernommen wurde: Danach stieß die Frau einen Samen aus, der zwar nicht dem des Mannes gleichkam, aber zur Empfängnis seinen Beitrag leistete. Nachdem einmal eine Verbindung zw. diesem Samenausstoß und der →Wollust hergestellt war und ebenso die Simultaneität des männl. und weibl. Samenausstoßes als notwendig erkannt worden war, sahen sich die Mediziner veranlaßt, auch dem erot. Vorspiel Bedeutung beizumessen. Auch wenn die Klitoris erst im 16. Jh. durch Gabriele Falloppio eine exakte Beschreibung erfuhr, wurde auf ihre Sensibilität in der ma. Traktatliteratur zumindest angespielt. Zwar ist es übertrieben und anachronistisch, der Theorie vom doppelten Samen eine weniger misogyne Haltung beizulegen als der aristotel. Zeugungslehre (deren extremes Abgleiten in frauenfeindl. Allgemeinplätze an »De secretis mulierum«, einer fälschlich →Albertus Magnus zugeschriebenen Schrift, ablesbar ist), doch bot sie den Ärzten Gelegenheit, wechselseitige sexuelle Freuden zu propagieren und Unverträglichkeiten bei der Ausübung des Geschlechtsverkehrs durch sexualtechn. Ratschläge und die Anempfehlung von →Aphrodisiaca abzumildern.

Auch wenn die Ärzte ihr Wissen auf griech. oder arab. Q. stützten, so bleiben sie dessenungeachtet der chr. →Ethik verpflichtet. Zw. den beiden großen, manchmal gegensätzl. Zielrichtungen, der →Gesundheit des →Leibes und dem →Heil der →Seele, gaben sie den leibl. Erfordernissen den Vorzug, doch in Grenzen, die auch den seel.-religiösen Bedürfnissen nach Möglichkeit gerecht wurden. In der Frage der sexuellen Enthaltsamkeit entfernten sie sich am weitesten vom theol. Diskurs. Für einen jungen Mann von 'heißer' und 'feuchter' Leibesbeschaffenheit (→Temperamente) sahen die Mediziner die Einhaltung der Keuschheit als schwer durchführbar an; keine Diät (→Diätetik) konnte hier zu vollem Erfolg führen, und ihre Anwendung war auch, infolge ihrer Komplexität, von sehr delikater Natur. Bei der Frau wurde sexuelle Abstinenz mitunter für lebensgefährlich gehalten, galt sie doch als Ursache der hyster. Krankheit der 'prefocatio matricis', die auf einem Rückstau des weibl. 'Samens' beruhen sollte; eine Behandlung, die auch zärtl. Berührung der erogenen Zonen (was durch 'weise Frauen' zu geschehen hatte) umfaßte, sollte dieses Übel heilen. Bemerkenswert ist, daß die seit der Antike (Soranos v. Ephesus) feststellbare und über lat. Schriften auch in die Kultur des frühen MA tradierte Vorstellung, daß die →Jungfräulichkeit der Gesundheit der Frau in bes. Maße zuträglich sei, seit dem 12. Jh. nicht mehr verbreitet war, obwohl sie dem chr. Keuschheitsideal doch so sehr entgegenkam.

Was das v. a. im kirchl. Milieu ernstgenommene Problem der Pollutionen betraf, so wurde von den Medizinern unterschieden zw. physiolog. Ursachen, die es durch eine geeignete Diät zu bekämpfen galt, und psycholog. Ursachen, die sich im Hirn festsetzende Bildreize zurückgeführt wurden. In diesem Fall wurde die Verantwortung des Individuums vorausgesetzt und die Bekämpfung durch strenge Zwangsmittel (Leibesstrafen) empfohlen.

Allgemein etablierte die med. Vorstellungswelt eine ununterbrochene Kette des Ablaufs zw. der in der vorderen Hirnkammer angesiedelten Imaginationsfähigkeit und der Realisation des Wollustempfindens; jede Unterbrechung dieser Kette wurde als gesundheitsschädigend angesehen. Das sexuelle Verlangen entstand aus dem Blick (→Auge), der das begehrte Objekt als Bild (imago) festhielt; nach dem Weiterwandern dieses Bildes in den Sehnerv ging es in das Vorstellungsvermögen (imaginatio) ein, und war die Seelenkraft (virtus animalis), die den drei zur Ausführung des Geschlechtsaktes notwendigen Elementen zum Durchbruch verhalf: der 'Hitze' (calor), der 'Feuchtigkeit' (humor) und dem 'Hauch' (spiritus), der das Sperma fließen ließ. Das Gedächtnis, dessen Sitz in der hinteren Hirnkammer angenommen wurde, spielte ebenfalls eine wichtige Rolle, da es die Erinnerung an vergangene Lust wachhielt und dadurch zum Genuß neuer Freuden anregte. Das zw. Imagination und Realisierung des Geschlechtsaktes geknüpfte Band erklärte bestimmte Abweichungen bei der Vererbung: Ein im →Ehebruch gezeugtes Kind konnte unter Umständen nicht dem leibl. Vater, sondern dem legitimen Ehemann der Gattin ähneln, da diese im Augenblick der sexuellen Vereinigung, unter dem Eindruck der 'Schändlichkeit' ihres Verhaltens, sich das Bild ihres Gemahls ins Gedächtnis gerufen haben mochte. Die angenommene Verbindung von Vorstellungskraft und sexueller Tätigkeit rechtfertigte auch den ärztl. Rat, in Fällen bestimmter Geistes- und Gemütskrankheiten (wie eben des 'amor heroicus') Geschlechtsverkehr, selbst mit illegitimen Partnern, zu praktizieren. Somit war für die Mediziner die Erzeugung von Nachwuchs keineswegs die einzige und ausschließl. Zweckbestimmung des Geschlechtsverkehrs; Ärzte zögerten daher auch keineswegs, Maßnahmen der →Empfängnisverhütung oder des Schwangerschaftsabbruches (→Abtreibung) in Fällen einer möglichen gesundheitl. Gefährdung der Frau durch eine →Schwangerschaft zu empfehlen.

Andererseits beschränkte sich die sexualkundl. Beschäftigung der Mediziner ganz auf den Bereich der Heterosexualität, wohingegen die Frage der →Homosexualität völlig der Sparte der Moral überlassen blieb. Wenn 'widernatürl.' Sexualpraktiken überhaupt erwähnt wurden, erfolgte dies im Ton strenger Verurteilung. Um die Wende des 13. zum 14. Jh. war →Petrus v. Abano wohl der einzige Autor, der eine genuin phys.-med. Erklärung der Homosexualität versuchte, im Rahmen seines Komm. zu den pseudoaristotel. »Problemata«. Die anderen med. Autoren verzichteten dagegen zumeist auf eine Rezeption der in dieser Schrift (unter Problema IV, 26) angesprochenen anatom. und physiolog. Kennzeichen des Homosexuellen. Doch fanden Mediziner für Homosexualität unter Frauen oft eine Entschuldigung, unter Hinweis auf die exzessive 'humiditas' (Feuchtigkeit) der Frauen und ihre unersättl. Libido, die zu einer quantitativ größeren, im Vergleich zur höherstehenden männl. S. aber qualitativ minderen sexuellen Aktivität führe. Sprechen die Mediziner schon wenig von der Homosexualität, so wurde die 'Unzucht mit Tieren' (→Sodomie) zur Gänze in die Zuständigkeit der Moral verwiesen.

Die Mediziner, die einerseits die phys. und psych. Vorteile der Geschlechtsbeziehungen zw. Mann und Frau betonten, setzten der sexuellen Betätigung andererseits Grenzen, die nicht selten mit denjenigen der Theologen übereinstimmten. Der exzessive Liebesgenuß wurde allg. als gesundheitsschädlich verurteilt; als eine der maßgebl. Schädigungen wurde die Schwächung der Sehkraft, bis hin zur →Blindheit, erachtet. Wie die Ärzte in bestimmten Fällen →Aphrodisiaca empfahlen, so sahen sie in anderen Anaphrodisiaca, d.h. die S. dämpfende Mittel, vor. Der gesundheitsgemäße Geschlechtsakt sollte durch die Vagina und in der als 'natürlich' erachteten Stellung erfolgen. Selten sind die Autoren, die sich mit variierenden Stellungen des Beischlafs befassen; geschieht dies einmal (wie im 15. Jh. bei Michele →Savonarola, »Practica maior«), so nur, um zu betonen, daß Abweichungen von der 'natürl.' Position zur Erschöpfung führen und der Mann (bei Oberlage der Frau) in Gefahr gerät, etwas vom weibl. 'Samen' (der als für den Mann schädlich erachtet wurde) abzubekommen. Es wird von Geschlechtsverkehr während der Schwangerschaft abgeraten, da er dem Embryo Schaden bringe; der Sexualverkehr während der →Menstruation unterliegt striktem ärztl. Verbot, da ein während der Regel empfangenes Kind leprös werden könne. Unter den Krankheiten (→Geschlechtskrankheiten), die durch sexuellen Kontakt verbreitet werden können, rangiert an erster Stelle der →Aussatz, den eine Frau auch dann übertragen könne, wenn sie an ihm gar nicht leide.   D. Jacquart

Lit.: M. A. Hewson, Giles of Rome and the Medieval Theory of Conception: A Study of the »De formatione corporis humani in utero«, 1975 – Constantinus Africanus, »Liber de coitu«: El tratado de andrologia de Constantino el Africano, ed. und übers. E. Montero Cartelle, 1983 – D. Jacquart–C. Thomasset, Sexualité et savoir médical au MA, 1985 – »Liber minor de coitu«: Tratado menor de andrologia anonimo salernitano, ed. und übers. E. Montero Cartelle, 1987 – D. Jacquart–C. Thomasset, Sexuality and Medicine in the MA, 1988 – The Human Embryo: Aristotle and the Arabic and European Traditions, ed. G. R. Dunstan, 1990 – »Homo carnalis«, The Carnal Aspect of Medieval Human Life, ed. H. R. Lemay, 1990 – M. F. Wack, Lovesickness in the MA: The »Viaticum« and Its Commentaries, 1990 – H. R. Lemay, Women's Secrets: A translation of Pseudo-Albertus Magnus' »De secretis mulierum« with Commentaries, 1992 – J. Cadden, Meanings of Sex Difference in the MA, 1993 – J. W. Baldwin, The Language of Sex, Five Voices from Northern France around 1200, 1994.

Seyff (Suff), **Hans,** v. Göppingen, führender Chirurg des MA, in der Fachgesch. durch seine invasiven Bauchoperationen (Tumorexstirpation) und gefäßchirurg. Eingriffe berühmt, * um 1435 in Göppingen als Leibeigner, 1461 mit einer der städt. Badstuben belehnt, nach 1477 zum Wundarzt aufgestiegen und als Meister geprüft, 1483 als Stadtwundarzt nach München berufen und von Albrecht IV. zum hzgl. Leibchirurg ernannt, geriet H. S. 1485 in einen Rechtsstreit mit dem Hzg., da dieser ihn und seine schwäb. Familie entgegen den Einstellungsbedingungen freizukaufen sich weigerte. Nachdem er erfolgreich Kg. →Maximilian und Philipp I., Pfgf. bei Rhein, für sich eingeschaltet hatte, konnte er unter Beibehaltung des Münchner Hofamts sich mit gfl.-württemberg. Bestallung in Göppingen niederlassen. 1493 wurde er als der beste Operateur Dtl.s mit der Leitung der Chirurgengruppe betraut, die Ks. →Friedrichs III. diabet.-brandiges Bein amputierte. Von seinen umfangreichen Besitzungen sowie hohen Zehnt- bzw. Pachterträgen berichtet ein Testamentsentwurf. Paracelsus hat H. S. v. a. als Pharmakologen bewundert und als Urheber eines begehrten »Stichpflasters« geschätzt, nach dem er seinen eigenen Opodeltok gestaltete. – Zwei als Autographen erhaltene Manuale mit mehreren Operationsberichten belegen das hohe stilist. Können des Wundarztes und zeigen ihn im fachliterar. Austausch mit zahlreichen Fachkollegen, v. a. mit dem Chirurgen Friedrich v. Olmütz und dem pfgfl. Leibarzt Heinrich Münsinger (Heidelberg).   G. Keil

Ed.: M. Gröber in Vorb. [Diss. Tübingen]; zahlreiche Auszüge bei K. Sudhoff, Beitr. zur Gesch. der Chirurgie im MA, 1914–18, hier II, 592–616 – *Lit.:* Verf.-Lex. VIII, 1130–1133 – G. Keil, Hasso Schärtlin und das »hasen-schärtlin-phläster«, ZfdA 119, 1990, 453f. – Caspar Stromayr, Practica copiosa … (1559–67); Jakob Rueff, Practica in arte ophthalmica copiosa (1550), hg. G. Keil–P. Proff, 1994, Komm.-Bd., 16f.

Seyfrid der Hürne. Das nur in 12 Drucken des 16. und 17. Jh. überlieferte *schöne Lied Von dem Hürnen Seyfrid,* eine Art Heldenbiographie in 179 Hildebrandston-Strophen, ist sagengesch. insofern bedeutsam, als es neben aus dem →»Nibelungenlied« bekannten Details der Sage von →Siegfried auch Informationen tradiert, die nur in der nord. Version (Thidrekssaga [→Dietrich v. Bern, IV], Ältere →Edda, →Völsunga saga) vorkommen. Diese nicht auf direkter lit. Abhängigkeit beruhenden Gemeinsamkeiten belegen das Vorkommen alter, wohl mündl. Sagentradition außerhalb des Nibelungenlieds im hoch- und spätma. Dtl. Ungeklärt sind Entstehungsgesch. und Datierung: Gemeinsame Motive des »S.« mit dem →»Rosengarten A« (wohl 14. Jh.) und dem →»Wolfdietrich D« (um 1300) lassen keine sicheren Schlüsse auf die jeweilige Priorität der Texte zu; der Riesenname Kuperan kommt auch in →Ulrichs v. Türheim »Rennewart« (um 1250) und im →»Reinfried v. Braunschweig« (um 1300) vor; auch im Nibelungenlied-Frgm. überlieferte Entführung Kriemhilds durch einen Drachen belegt die Existenz dieses Motivs schon um 1400. Kompositor. Widersprüche legen eine kompilator. Entstehung aus drei Einzelteilen nahe, wobei der Hauptteil II wohl im 13. Jh. entstand, I und III erst gegen 1500 zugefügt wurden. Als Prototyp märchenhafter →Heldendichtung hat das Lied bis ins 18. Jh. nachgewirkt (»Tragedj« des Hans →Sachs, 1557; tschech. Übers. des Tobiáš Mouřenín, 1615; ndl. »Volksboek« 1641; dt. »Volksbuch«, 1726).   N. H. Ott

Ed.: K. C. King, 1958 – *Lit.:* Verf.-Lex.² IV, 317–326 [H. Brunner] – J. L. Flood, Neue Funde zur Überlieferung des H. S., ZDPh 87, 1968, 22–31 – R. Wisniewski, Das Heldenleben-Schema im H. S. (Festschr. O. Höfler, 1976), 704–720.

Seyfried, Helbling → Seifried Helbling

Şeyḫī, Yūsuf Sinān, aus Germiyan stammender türk. Arzt und Dichter, gest. nach 1419, ▭ bei Kütahya, studierte in seiner Heimat und in Iran. Nach seiner Rückkehr schloß er sich dem Kreis um Ḥāǧǧī Bayrām an (→Bayrāmīye) und ließ sich in Kütahya nieder, wo er als Arzt und Hofdichter des Fs.en Yaʿqūb II. (→Germiyān Oġullarï) wirkte und →Meḥmed I., der auf einem Feldzug nach Karaman erkrankte, behandelte. Unter seinen Schrr. ragt das epische Gedicht »Ḫusrev u Šīrīn« (6944 Doppelverse) heraus, mit dem er in Stil und Technik seinen Vorgänger →Faḫrī überflügelte. Er widmete es →Murād II., den er in Edirne besucht haben soll. Viele Hss. bezeugen die Beliebtheit des Werkes, das im Gegensatz zu seinen Vorlagen mit der Hochzeit (nicht mit dem Tod) der Hauptpersonen endet, was zwei osman. Dichter zur Abfassung von Forts.en veranlaßte. Von ihm sind ferner ein →Dīwān und ein kurzes satir. »Eselsbuch« erhalten. B. Flemming

Ed.: F. K. Timurtaş, Şeyhî nin Husrev ü Şîrîn' i, 1963 [erw. Ausg. 1980²] – F. K. Demirtaş (Timurtaş), Harname, TDED III, 1949, 369–387–Divan, 1942–*Lit.:* EI¹ s.v. Shaikhī–IA s.v.–A. N. Tarlan, Şeyhî Divanını tetkik, 2 Bde, 1935 [Neudr. 1964] – M. İsen–C. Kurnaz, Şeyhî Divanı, 1990.

Seyringer, Nikolaus → Nikolaus Seyringer (36. N.)

Seyssel, Claude de, frz. staatsrechtl. und polit. Autor, * um 1450 in S. (Aix-les-Bains), † 30. März 1520 in Turin, stammte aus →Savoyen, der wichtigen Kontaktzone zw. Frankreich und Italien, studierte Jura in →Turin, wo er seit 1487 auch lehrte. Nach einer Tätigkeit als Rat des Hzg.s v. Savoyen (1496) trat S. 1498 in den Dienst des Kg.s v. →Frankreich, →Ludwigs XII., ein. Als Mitglied des kgl. *Grand Conseil* (→Conseil, A. III) übte er diplomat. Missionen in Flandern, der Schweizer. Eidgenossenschaft sowie England aus und war aktiv an der frz. Italienpolitik beteiligt. Nach dem Tode Ludwigs XII. (1515) verließ S. den Königshof und widmete sich seinen Pflichten als Bf. v. Marseille, zu dem er 1511 ernannt worden war. Hatte er in einigen Werken (»Hist. singulière de Louis XII«, »Les louanges de Louis XII«, 1508) den Ruhm Kg. Ludwigs XII. gefeiert, so verfaßte er 1516 (auf Wunsch von Kg. Franz I.) sein polit. Vermächtnis: »La Grant Monarchie de France« (im Dr. 1519). In seinen letzten Lebensjahren hatte S. das Ebm. Turin inne, das ihm der Hzg. v. Savoyen verschafft hatte.

Im lebhaften Bestreben, den Kg. und seine Umgebung zu belehren und rhetorisch zu bilden sowie die frz. Sprache zu bereichern, übersetzte S. (mit Hilfe seines Freundes Janus Lascaris) Texte antiker Geschichtsschreiber, deren Hss. er in der Büchersammlung des Kg.s zu Blois gefunden hatte (Xenophon, Anabasis 1504–05; Appian, 1507; Justin, 1510; Diodor v. Sizilien, 1511; Eusebius, Hist. eccl., und Thukydides, 1514); diese Übersetzungen erfuhren zu Lebzeiten S.s lediglich hs. Verbreitung.

Trotz seiner Offenheit für antike Bildung war S. in seinem jurist. Werk nur wenig vom →Humanismus beeinflußt, folgte vielmehr scholast. Methoden. Dagegen wandte er sich auf religiösem Gebiet stärker neuen Fragen zu, bekundete Interesse für die Ideen eines →Lefèvre d'Étaples (im Komm. zum Lukasevangelium, Paris 1514, 1515), bekämpfte die Irrlehren der Waldenser und verfaßte einen Traktat über die göttl. Vorsehung (Paris, 1520). Doch war es S.s polit. Werk, das dauerhafte Wirkung haben sollte: In »La Grant Monarchie de France« zeichnete er ein positives Bild der Funktionsweise des »État royal«, der frz. →Monarchie, und befaßte sich mit Reflexionen über die beste Regierungsform. A. Charon

Ed. und Lit.: La Monarchie de France et deux autres fragments politiques, ed. J. Poujol, 1961 – P. Chavy, Les traductions humanistes de C. de S. (L'Humanisme français au début de la Renaissance, 1973), 361–376 – C. de S., The Monarchy of France, übers. J. H. Hexter, ed. D. R. Kelley, 1981 – M. Veissière, L'évêque Guillaume Briçonnet, 1986.

Sforza, Familie aus der Romagna, die von 1450 bis 1500 und danach für kürzere Perioden von 1515 bis 1535 das Hzm. →Mailand innehatte und – mit Nebenlinien – in verschiedenen Regionen Italiens Signorien und Herrschaften besaß.

Der Aufstieg der Familie ist auf *Muzio Attendolo* (1369–1424) zurückzuführen, der aus Cotignola (Ravenna) stammte. Ursprgl. Bauer, ergriff er das Waffenhandwerk und erhielt seinen Beinamen S. von dem Condottiere Alberico da →Barbiano. Dieser Beiname wurde auf seine Nachkommen übertragen und trat schließlich an die Stelle des Familiennamens Attendoli. Muzio errang großen Ruhm als Condottiere; er begründete eine nach ihm benannte Kriegstechnik im Gegensatz zu der 'Schule' des Braccio di Montone (→Fortebracci) und stand im Dienst verschiedener Machthaber in Italien. Bes. aktiv war er im Kgr. Neapel, wo er lange Zeit das Amt des Großkonnetabels (Gran Conestabile) bekleidete und auch Herrschaften und Feuda erhielt. Er begründete damit jene Politik der Gewinnung einer territorialen Hausmacht, die eine wichtige Komponente für die polit. Einflußnahme seiner Nachkommen darstellen sollte.

Von Muzios zahlreichen Nachkommen wurden viele Kriegsleute: unter ihnen *Alessandro*, Stammvater der S. von Pesaro (s.u.), *Bosio*, Stammvater der S. von Santa Fiora (s.u.). und v.a. *Francesco* (1401–66), seit 1450 Hzg. v. Mailand.

Er war ein tüchtiger Condottiere im Dienst verschiedener it. Staaten gewesen und erhielt Signorien in Apulien, Kalabrien und im Kirchenstaat. Seine Ehe mit der Tochter des Hzg.s v. Mailand, →Bianca Maria Visconti (1441), ermöglichte es ihm nach dem Tod seines Schwiegervaters Filippo Maria →Visconti, die Nachfolge im Hzm. zu beanspruchen, das er schließlich 1450 mit Waffengewalt eroberte. Im Frieden v. →Lodi (1454) erwirkte er seine Anerkennung durch die Machthaber Italiens. Er konsolidierte seine Herrschaft und legte das Fundament für die Herrschaft seiner Dynastie durch eine umsichtige Innenpolitik, wobei er sich für die Erhaltung des Friedens und des Gleichgewichts in Italien einsetzte, nicht zuletzt durch sein Bündnis mit den →Medici von Florenz, die ihn bereits bei der Eroberung des Hzm.s unterstützt hatten.

Francescos Nachfolger wurde sein erstgeborener Sohn *Galeazzo Maria S.* (1444–76), der an der Seite Ludwigs XI. v. Frankreich am Krieg der →Ligue du Bien public (1466) teilgenommen hatte und nach Italien zurückgekehrt war. 1468 ∞ →Bona v. Savoyen. Dank der inneren Ruhe im Hzm. und der Gleichgewichtspolitik zw. den it. Mächten suchte Galeazzo Maria die Autorität seiner Dynastie zu vermehren und die Zentralgewalt zu stärken, dabei unterstützt von seinem früheren Sekretär Cicco →Simonetta. Seine autoritäre Politik erregte jedoch vielfachen Widerstand und führte wahrscheinl. letztl. zu der Verschwörung, bei der er in der Mailänder Kirche Santo Stefano ermordet wurde (26. Dez. 1476).

Auf den Tod des Galeazzo Maria, dessen Sohn *Gian Galeazzo Maria* (1469–94) noch sehr jung war, folgte eine Periode innerer Machtkämpfe zw. den Faktionen, die sich um verschiedene Mitglieder der Familie gebildet hatten: v.a. kämpfte Hzgn. Bona (und der Sekretär Cicco Simonetta) mit den Brüdern des toten Hzg.s, bes. *Sforza Secondo*, *Sforza Maria* und in erster Linie →*Ludovico Maria*, gen. *il Moro*. Letzterer errang nach einigen Jahren die Oberhand, schaltete Bona aus und ließ Simonetta enthaupten. Ohne seinen Neffen explizit zu entmachten, übte er de facto die Regierungsgewalt aus. (Gian Galeazzo Maria ∞ 1489 Isabella, Tochter Alfons' v. Aragón, und lebte bis zu seinem Tode im Schatten seines Onkels. Sein Sohn Francesco [1491–1512], gen. »il duchetto«, war von der Nachfolge ausgeschlossen.) 1495 erwirkte Ludovico nach dem Tod seines Neffen vom Ks. auch den Hzg. stitel und spielte eine sehr einflußreiche Rolle in der it. Politik. Während seiner Herrschaft erlebte der Hof in Mailand eine Glanzzeit. Seine unbesonnene und skrupellose Außenpolitik, die sich weder auf entsprechende Ressourcen noch auf den Konsens seiner Untertanen stützen konnte, führte jedoch schließlich das Eingreifen der Franzosen herbei. 1499 floh Ludovico vor den Heeren Ludwigs XII. nach Tirol, konnte im Jahr darauf für kurze Zeit sein Hzm. wiedergewinnen, wurde jedoch nach wenigen Wochen neuerlich besiegt und beendete seine Tage als Gefangener in Frankreich.

Im frühen 16. Jh. machten die S. einige umstrittene Versuche, ihre Dynastie wieder an die Macht zu bringen, während das Hzm. Mailand nun zum Ziel der Expansionspolitik der größeren europ. Mächte geworden war. *Ercole Massimiliano* (1493–1530), Sohn des Moro, der am Ks. hof erzogen worden war, erhielt seinen Thron durch die Hilfe der Schweizer zurück (1512–13). Nach dem Sieg der Franzosen bei Marignano (19. Juni 1515) mußte er sein Hzm. verlassen und zog sich nach Frankreich zurück. *Francesco II.* (1495–1535), der jüngere Bruder des Ercole Massimiliano, kehrte durch ein Abkommen zw. Papst Leo X. und Ks. Karl V. (1521) nach Mailand zurück, eroberte seinen Thron von neuem, nachdem Franz I. v. Frankreich ihn für kurze Zeit besetzt hatte, mußte sich jedoch Karl V. unterwerfen, der das Hzm. von 1525 bis 1529 direkt beherrschte und nach Francescos Tod dessen Nachfolge antrat. (Die Ansprüche des illegitimen Halbbruders von Francesco, *Gianpaolo*, Stammvater der Mgf.en Caravaggio [497–1535] blieben unberücksichtigt.) Die letzte legitime Nachfahrin der Mailänder Linie war *Bona*, Tochter des Gian Galeazzo Maria und der Isabella v. Aragón, die mit Sigmund I. Jagiello, Kg. v. Polen, verheiratet wurde (1518).

Neben den Vertretern der Herrscherdynastie sind zahlreiche weitere S. zu nennen, die im späten 15. Jh. in der it. Politik Bedeutung gewannen. Francesco hatte 30 legitime und illegitime Nachkommen: *Polissena* (1428–49) ∞ Pandolfo →Malatesta; Drusiana (1437–74) war die Gemahlin des Condottiere Jacopo→Piccinino, *Elisabetta* ∞ Wilhelm (Guglielmo) VII. v. Montferrat, *Ippolita* ∞ →Alfons v. Kalabrien. Unter den Söhnen sind neben Galeazzo Maria die folgenden hervorzuheben: *Tristano* (1429–77), Condottiere; *Sforza Secondo* (1435–91), ebenfalls Condottiere und Stammvater der S. v. Borgonovo; *Sforza Maria* (1451–79), Hzg. v. Bari und v. a. *Ascanio Maria* (1455–1505), der die kirchl. Laufbahn einschlug, zahlreiche Bm.er in der Lombardei innehatte und 1484 zum Kard. ernannt wurde. Unter dem Pontifikat →Alexanders VI. Borgia, dessen Wahl er betrieben hatte, erreichte er eine beachtl. Machtfülle. Nach dem Fall seines Bruders Ludovico il Moro suchte eine Restauration der S. dynastie in Mailand zu erreichen, blieb jedoch erfolglos. Er starb an der Pest.

Von den Nachkommen des Galeazzo Maria sind zu erwähnen: *Anna Maria* (1476–97), Gemahlin des Hzg.s v. Ferrara, Alfonso d'Este; *Bianca Maria* (1472–1510), zweite Gemahlin Ks. Maximilians (1494) und v. a. die illegitime Tochter *Caterina* (1463–1509) ∞ Girolamo →Riario, Neffe Papst Sixtus' IV. und Signore v. Imola und nach 1480 v. Forli. Um den Besitz dieser Ländereien mußte Caterina nach der Ermordung Girolamos (1488) mit den Päpsten kämpfen. Sie verschanzte sich in der Burg v. Forlì und vermochte Widerstand zu leisten und die Signorie im Namen ihres Sohnes *Ottaviano* zu halten. Schließlich mußte sie jedoch einem neuen Angriff Alexanders VI. Borgia und seines Sohnes Cesare, Hzg. v. Valentois (1499–1500), weichen. Sie wurde einige Zeit gefangengesetzt und starb schließlich in Florenz. Aus ihrer heimlichen zweiten Ehe mit Giovanni de'Medici stammte der berühmte Condottiere Giovanni »delle Bande Nere«.

Das Aussterben der Hauptlinie und den Verlust der Herrschaft über Mailand überdauerten einige *Seitenzweige*, die Feuda und Signorien besaßen: unter ihnen die bereits erwähnten S. v. Caravaggio (Mgf.en, 1697 erloschen) und v. Borgonovo (die bis zum Ende des 17. Jh. Feuda im Gebiet v. Parma besaßen). Die Linie *Pesaro* ging auf *Alessandro* (1409–73, s. o.) zurück, Condottiere und Waffengefährte seines Bruders Francesco. Er erhielt 1447 vom Papst für sich und seine Nachkommen die Signorie über Pesaro. Sein Sohn *Costanzo* und sein Enkel *Giovanni* mußten sich dennoch den Besitzansprüchen der Päpste widersetzen. Im Namen des Papstes nahm Cesare Borgia, Hzg. v. Valentinois, die Stadt in Besitz (1500–03). 1512 eroberte sie endgültig Papst Julius II., der den letzten Nachkommen, *Galeazzo* († 1519), verjagte.

Die *S. v. Santa Fiora* stammten von Muzios illegitimem Sohn *Bosio*, der ebenfalls Condottiere war, ab. Dieser heiratete 1439 Cecilia Aldobrandeschi und erhielt einen Teil der Gft. Santa Fiora in der südl. Toskana. Unter Bosios Sohn *Guido* (1445–1508) ging die Gft. ganz auf die S. über. Die Familie (seit 1673 S. Cesarini) spielte in der frühen NZ durch ihren Einfluß und Reichtum eine wichtige Rolle. G. Chittolini

Lit.: C. Magenta, I Visconti e gli S. nel castello di Pavia, 1888 – F. Malaguzzi Valeri, La corte di Lodovico il Moro, 4 Bde, 1913–23 – C. Santoro, Gli uffici del dominio sforzesco (1450–1500), 1948 – Storia di Milano, Fondazione Treccani degli Alfieri, Bde VII–VIII, 1956–57 – C. Santoro, Gli S., 1968 – Gli S. a Milano e in Lombardia e i loro rapporti con gli stati it. e Europei, Atti del Convegno, 1982 – Milano nell'età di Ludovico il Moro, Atti del Convegno internaz., 1983 – AAVV, Milan et les États bourguignons: deux ensembles politiques princiers entre MA et Renaissance (XIV–XVI s.), 1988 – AAVV, Florence and Milan: Comparisons and Relations, 2 Bde, 1989 – G. Lubkin, A Renaissance Court. Milan under Galeazzo Maria S., 1994.

Sgouros, Leon, byz. Steuerbeamter um 1198, seit ca. 1203 unabhängiger Herrscher v. →Korinth, † 1208. Von seinem Vater, bei dem der Familienname zuerst begegnet, erbte er das Archontat (→Archon) v. →Nauplion, das er zu unumschränkter Herrschaft ausbaute. Von hier aus erweiterte er die Herrschaft bis Argos. Durch Verrat des S. wurde der Metropolit v. Korinth vom Burgfelsen von Akrokorinth gestürzt. Von den Stützpunkten Nauplion, Korinth und Argos aus versuchte S. nach dem IV. Kreuzzug in Athen, Theben, Böotien und Thessalien Fuß zu fassen, mußte sich aber vor den vorrückenden frk. Heeren auf seine Festungen zurückziehen. Diese verteidigte er unbesiegt bis zu seinem Tode durch Selbstmord, in Verbindung mit anderen Potentaten aus →Epeiros (?) und aus der →Morea. G. Weiß

Lit.: Oxford Dict. of Byzantium, 1991, 1886 – R. Radić, ZRVI 24/25, 1986, 247–255 – A. Ilieva, Frankish Morea (1205–62), 1991.

Sgraffito (Graffito, it. Kratzputz), Ritz-, Kratz- oder Schabtechnik, bei der auf einen getrockneten Putzuntergrund aus Kalkmörtel als Deckschicht eine helle Kalktünche aufgetragen wird, aus der man, solange sie noch frisch ist, mittels Kratzeisen, Spachteln, Nägeln usw. die Zeichnung oder das Ornament heraushebt, bis die rauhere dunklere Schicht zum Vorschein kommt. Diese Technik ist den Wand- und Deckenmalereien zuzurechnen. In der Wirkung ähnl. dem Holzschnitt bzw. dem flachen Reliefschnitt. Vorzeichnung in Umrissen und Schraffuren, frei skizziert oder mittels Karton oder Schablone übertragen. Verwendung an Fassaden und in Innenräumen. Dekorationsformen anfängl. beschränkt auf die Vortäuschung von Quaderwerk oder Fugenschnitt, auf geom. Muster, dann auch Bogenfriese, pflanzl. Schablonenornamentik sowie figürl. Darstellungen. – Vermutl. keine Entwicklung von S nach N, sondern eigenständige regionale Entstehungszentren. In Verbindung mit ornamentalem Schmuck in Dtl. ab dem 13. Jh. belegt (Magdeburger Dom, Kreuzgang, ca. 1236). Verbreitung des S. u. a. auch in Österreich, Böhmen und der Schweiz. Seit dem 14. Jh. in Italien, v. a. in der Toskana, nachweisbar. Älteste erhaltene Beispiele in Florenz (Casa Davanzati, um 1360/70; Castellani-Kapelle von S. Croce, nach 1383).

M. Grams-Thieme

Lit.: H. Urbach, Geschichtliches und Technisches vom S.putz, 1928 – H. Phleps, Die farbige Architektur bei den Römern und im MA, 1930 – G. und C. Thiem, Toskan. Fassadendekoration in S. und Fresko, 14. bis 17. Jh., 1964 – K. Wehlte, Werkstoffe und Techniken der Malerei, 1985⁵, 305ff.

Shapur II. → Šāpūr II.

Sheffield (Escafield), Stadt im S der engl. Gft. Yorkshire (West Riding), *seignorial borough* im →Wapentake Strafford, am Zusammenfluß mehrerer schiffbarer Ströme in den Don. Das →Domesday Book verzeichnet die vier *manors* Grimesthorpe, Hallam, Attercliffe und S. als Nuclei der heutigen Stadt, wobei Hallam als Gerichtsort des Lehnsherrn Earl Waltheof die größte Bedeutung zukam. Im Verlauf der nächsten zwei Jahrhunderte verlagerte sich der Schwerpunkt jedoch nach S. Der manor gelangte in den Besitz der Familie de Furnival. 1296 erhielt Thomas de Furnival für S. das Markt- und Messerecht (Dienstagsmarkt sowie dreitägige Messe zu Holy Trinity). Im folgenden Jahr stellte de Furnival den Bewohnern S.s einen Freibrief aus, der diesen Zollfreiheit in ganz Hallamshire gewährte. Gleichzeitig überschrieb er ihnen gegen eine feste jährl. Rente in Höhe von £ 3 ihre *tofts, lands and tenements* in S. Ebenfalls bestimmte er, daß alle drei Wochen die *barons court* in S. tagen sollte. Diese Privilegien bildeten die Grundlage für einen wirtschaftl. Aufschwung. Seit 1299 ist das Hospital St. Leonard in S. nachweisbar; die norm. Pfarrkirche St. Peter wurde in den Auseinandersetzungen Eduards III. mit den Baronen niedergebrannt. S. erhielt im MA nie Stadtrecht. B. Brodt

Q. und Lit.: J. Hunter, Hallamshire: the Hist. of S., 1869.

Sherborne, Stadt in England (Gft. Dorset), Abtei, Bm. [1] *Bistum:* S. ist wahrscheinl. mit einer brit. Kirche (Lanprobi) zu identifizieren, die wohl 672 bestand. 705 errichtete Ine, Kg. v. Wessex, eine zweite Diöz. für sein Kgr. in S., die Somerset, Dorset und die sw. Halbinsel umfaßte. →Aldhelm wurde ihr erster Bf. (705–709). Obwohl Grablege zweier Kg.e v. Wessex im 9. Jh., blieb S. unbedeutend. Der Niedergang verstärkte sich, als 909 die Bf.ssitze →Wells (für Somerset) und →Crediton (für die sw. Halbinsel) gegr. wurden. Bf. Wulfsige (993?–1002), ein Günstling von →Dunstan, ersetzte den Kathedralklerus durch Benediktinermönche. Nach der norm. Eroberung erschien S., seit 1058 mit dem Bf.ssitz v. →Ramsbury vereinigt, als Bf.ssitz ungeeignet, da dieser mit keiner Stadt verbunden war (→Wilhelm v. Malmesbury bezeichnet S. als »viculus«). 1075 verfügte die Verlegung des Bf.ssitzes nach →Salisbury.

[2] *Abtei:* Die Bf.e v. Salisbury blieben Titularvorsteher der Mönche v. S. bis 1122, als →Roger, Bf. v. Salisbury, S. in den Status einer Abtei erhob. Später beanspruchten die Bf.e v. Salisbury das Recht der Abtwahl und veranlaßten so die Mönche, ihr erstes →Kartular zusammenzustellen. Eine kleine Stadt entwickelte sich um die Abtei, deren Kontrolle sie unterstand. Die Bürger, die im Westwerk der Abteikirche ihren Gottesdienst feierten, rebellierten 1436 und legten im Dachstuhl Feuer, der später mit kunstvollem Fächergewölbe erneuert wurde. J. Barrow

Q.: Anglo-Saxon Charters, III: Charters of S., hg. M. A. O'Donovan, 1988 – Lit.: VCH Dorset, II – F. Wormald, The S. »Cartulary« (F. Saxl, A Volume of Memorial Essays, hg. D. J. Gordon, 1957) – Anglo-Saxon Towns in Southern England, hg. J. Haslam, 1984.

Sheriff, der →*reeve* des Kg.s im →*shire*, der bald *shire reeve* oder s. genannt wurde, ist in England gegen 1000 als lokaler Hauptvertreter der kgl. Verwaltung nachweisbar, und nach der norm. Eroberung war er den *vicecomes* gleichgestellt. Norm. und angevin. Kg.e sorgten dafür, daß dieses entscheidende Amt nicht in die Hände der Barone fiel. Dort, wo das Amt erbl. wurde, übernahm normalerweise ein Stellvertreter, der vom Kg. ernannt wurde, die Funktionen des s. Der s.s empfing kgl. →*writs* (urkundl. ausgefertigte Verfügungen), die er selbst ausführte oder an die beauftragten Personen übertrug. Der s. hatte den Vorsitz im Gft.sgericht, um Zivilrechtsprozesse anzuhören, und leitete das Aufgebot (*posse*) der Gft. zur Verfolgung von Dieben. Er reiste zweimal jährl. (*tourn*) zu den Hundertschaftsgerichten (→*hundreds*), um dort über Kriminaldelikte Recht zu sprechen. Aber in zunehmendem Maße mußte er Kläger, Angeklagte und Geschworene zu den kgl. Gerichten in Westminster oder zu den Gerichten der Reiserichter (→*eyre*) in den shires laden, aber auch Verhaftungen vornehmen oder Verbrecher ächten. Zu seinen Aufgaben gehörten ebenso das Einsammeln kgl. Abgaben, die Rechnungslegung zweimal jährl. bei dem →Exchequer und die Verkündung kgl. Statuten. 1170 und mehrmals im 13. Jh. ließ der Kg. Untersuchungen der Tätigkeit des s.s durchführen, und die Bewohner der Gft.en reichten eine Bittschrift ein, in der sie die jährl. Wahl der s.s forderten. Die s.s führten die writs für die Wahl der Parlamentsmitglieder aus, doch seit 1372 wurde ihnen verboten, selbst im Parlament einen Sitz einzunehmen. Ihre Macht sank, als der große Umfang ihrer Aufgaben die Ernennung von neuen Gft.sbeamten notwendig machte: die →*escheators* sowie die *keepers* und später die →*justices of the peace*, die 1461 offiziell die »tourn«-Aufgaben des s.s übernahmen. A. Harding

Lit.: →shire – W. A. Morris, The Mediaeval English s. to 1300, 1927.

's Hertogenbosch (Den Bosch), Stadt in den Niederlanden (Prov. Nordbrabant), erhielt als Neugründung um 1190 von Hzg. →Heinrich I. v. →Brabant Löwener Stadtrecht verliehen; bereits um 1196 wurde die »nova civitas apud silvam« mit Zollfreiheit auf dem →Rhein bewidmet (1203 auch für →Geldern, 1213 für →Holland). Die Stadt wurde von einem Schultheiß und sieben Schöffen verwaltet; seit 1210 bildete s. H. das rechtl. Vorbild für andere Städte in Brabant (Landen, Dormael, Hannut) und den Niederlanden. Der älteste Stadtkern lag zw. zwei Armen der Aa und der Dommel (heut. Großer Markt und Umgebung). Zu Beginn des 13. Jh. wurde die Siedlung mit Kanälen umgeben, ca. 1225 ummauert.

Ein zweites Siedlungszentrum entstand um die Pfarrkirche St. Jan (1210) entlang der östl. Ausfallstraße (Hinthamerstr.); es lag wie das Hafenviertel (nw. des Großen Marktes) außerhalb des ältesten Mauerzuges. Infolge der raschen wirtschaftl. Entwicklung des 13. Jh. erfolgte ein starker Ausbau des Stadtgebietes (zw. 1318 und 1370), der zum charakterist. dreieckigen Grundriß (mit Stadttoren an den Eckpunkten) führte. Nach zwei weiteren kleineren

Stadterweiterungen (um 1400) umfaßte 's H. ein Areal von ca. 95 ha; die Bevölkerung der viertgrößten brabant. Stadt zählte 1400 ca. 9000 Einw., Ende des 15. Jh. gar 19000 Einw. (1629 aber nur mehr 11500 Einw.).

Die Wirtschaftsblüte des 14.–15. Jh. beruhte auf dem →Fernhandel (v. a. Ostseeraum: seit 1363 eigene Niederlassung in →Schonen; Rheinland: Köln; Holland: Amsterdam; Seeland: Middelburg; Flandern: Brügge, Antwerpen); bedeutend war der Export gewerbl. (Tuche, Leder, Metallwaren) und landwirtschaftl. (Hopfen) Produkte aus dem regionalen Umfeld. Die roman. Pfarrkirche St. Jan (1366 Stiftskirche, 1559 Bf.skirche) wurde zw. 1380 und 1520 im Stil reicher brabant. Gotik neuerrichtet. Die Stadt war Wohnort des großen ndl. Malers Hieronymus →Bosch (um 1450–1516).   J. C. Visser

Lit.: H. van Velthoven, Stad en Meierij van 's H., I, 1935 – N. H. L. van den Heuvel, De ambachtsgilden van 's H. in de 15' en 16' eeuw, 1962 – P.-J. van der Heijden, Historische Maquette, 's H. stad en vestig, 1985.

Shetland Inseln, Inselgruppe, die zusammen mit den →Orkney Inseln die Northern Isles v. Schottland bildet und im MA ein Teil des Earldoms of Orkney war. Beide Inselgruppen stellten bis zum Ende des 8. Jh. eine Provinz dar, wahrscheinl. ein Unterkgr. des größeren Kgr.es der →Pikten. Bedeutende Denkmäler aus dieser Zeit blieben auf den Inseln erhalten, bes. die pikt. Symbole, die auf Steinen oder auf tragbaren Gegenständen erscheinen. Der Schatz von der St. Ninian's Insel (1958 entdeckt) besteht aus fast 30 Silbergegenständen, von denen die meisten hinsichtl. ihres Ursprungs und ihres Stils im wesentl. als pikt. eingestuft werden können. In der Forsch. wird allg. angenommen, daß sowohl die S. Inseln als auch die Orkney Inseln zw. ca. 800 und ca. 850 von Einwanderern aus dem sw. Norwegen dicht besiedelt wurden. Obwohl einige Zeugen der scot.-pikt. Gesellschaft überlebten, bes. die christl. Religion, die von den ankommenden Siedlern rasch angenommen wurde, erfuhren die Northern Isles – die S. Inseln vielleicht noch nachdrücklicher als die Orkney Inseln – eine skand. Prägung ihrer Sprache, Gewohnheiten, Siedel- und Hausformen, der Bauernhöfe, des Schiffsbaus sowie der gesamten Lebensweise. Q. zur ma. Geschichte der S. Inseln existieren – im Gegensatz zu den Orkney Inseln – nicht reichlich. Obwohl aus der bedeutenden Ausgrabungsstätte des Jarlshofs am s. Ende von Mainland geschlossen werden kann, daß eine Herrschaft (Lordship) existierte, und ein massives Herrenhaus auf der kleinen Insel Papa Stour (an der Westküste) ausgegraben wurde, gibt es so gut wie keinen Hinweis auf die Verwaltung des ma. Earldoms, und die Hauptsitze der Earls sind nicht lokalisierbar. Herkömmlicherweise war der Versammlungsort für das Parliament oder für die Gerichtsversammlung Law Ting Holm, eine flache, grasreiche Insel im Loch of Tingwall (Þing vǫllr, →Ding, III) in der Nähe der Stadt Lerwick. Außerdem scheint jedes größere Gebiet bzw. jede Insel ihre eigene Dingversammlung einberufen zu haben. Die Form des Landbesitzes war nicht der Lehnsbesitz, sondern der Allodialbesitz, der nach dem Odalsrecht (→Odal) geregelt war und von den Grundbesitzern argwöhn. bewahrt wurde. Trotzdem schränkten die Earls, die an der Vermehrung ihres Wohlstands und der Vergrößerung ihrer militär. Macht interessiert waren, das Recht der freien Grundbesitzer, noch bevor die gebürtigen Dynastien der Orkneys den Besitz des Earldoms verloren, ein. Die Führer der beiden letzten Generationen der Earls (12. Jh.) heirateten in schott. und hebrid. Adelsfamilien ein. Seit 1231 bis zum späten 15. Jh. war das Earldom nacheinander im Besitz von drei schott. Dynastien, den Earls v. Angus (→Óengus) und von →Strathearn sowie den Sinclairs v. Roslin, von denen drei Earls v. Orkney (1379–1470) waren. Eine große Bedeutung hatte im MA der Fischfang, für den sich spätestens seit ca. 1400 die hans. Kaufleute, bes. aus Bremen, interessierten, die an der Ostküste und auf den angrenzenden Inseln Handelsstützpunkte errichteten. Die S. Inseln wurden wie die Orkney Inseln seit dem 10. Jh. als Teil des Kgr.es v. Norwegen betrachtet. Die Zugehörigkeit zu Norwegen wurde in den Verträgen v. Perth (1266) und Inverness (1312) geschützt. Als Teil der Heiratsvereinbarungen (1468–69) zw. Jakob III. und Margarete, Tochter von Christian I. (Kg. v. Dänemark und Norwegen), wurden die S. Inseln an den schott. Kg. als Bürgschaft für die vollständige Bezahlung von Margaretes Mitgift verpfändet. Als die Zahlung ausblieb, gingen die S. Inseln ebenso wie die Orkney Inseln in den Besitz des Kgr.es S. über, und vor seinem Tod beanspruchte Jakob III. nicht nur die kgl. Souveränität, sondern auch die in gewisser Weise wertvolleren Rechte des Earldoms.   G. W. S. Barrow

Lit.: The Northern Isles, hg. F. T. Wainwright, 1962 – B. E. Crawford, Scandinavian Scotland, 1987.

Shire (ags. scir, allg.: 'Gebietsteilung'). Die s.s des Kgr.es →Wessex – einige wie Kent und Sussex waren alte Unterkgr.e, einige wie Hampshire und Wiltshire Gebiete, die kgl. manors umgaben, andere wie Somerset und Dorset Siedlungsgebiete – können als die Ursprünge der Basiseinheit der lokalen Verwaltung betrachtet werden, die England bis heute überdauert hat. Während der Regierungszeit Alfreds d. Gr. waren die Erhaltung des Friedens und der organisierte Widerstand gegen die Dänen von den s.s abhängig, die jeweils einem →ealdorman unterstanden. Nachdem das engl. Gebiet n. der Themse im 10. und 11. Jh. unter die Herrschaft von Wessex gelangt war, wurden künstl. s.s geschaffen, die häufig auf neue Städte wie z. B. Bedford, Oxford und Warwick zentriert waren. Etwa gleichzeitig nahm die Zahl der ealdormen ab, welche die Stellung von regionalen governors einnahmen, außerdem wurde das neue Amt des →sheriffs für die kgl. Verwaltung der s. geschaffen. Aus den Verwaltungsbezirken der ealdormen im N entstanden große s.s wie z. B. Yorkshire und Lincolnshire, die für die Verwaltung in ridings unterteilt werden mußten. Im 12. Jh. erschienen s.s nach engl. Vorbild auch im schott. Tiefland und bildeten in S-Wales und in Irland ein Mittel der Kolonisation. Das Fsm. v. Wales wurde nach der Eroberung durch Eduard I. 1284 in s.s eingeteilt, aber die von den engl. Lords rasch geschaffenen Herrschaften (lordships) in den →Walis. Marken wurden bis 1536 nicht in das s.-System einbezogen.

Das Gft.sgericht (s. court) bildete seit dem 10. Jh. bis in die heutige Zeit neben der Monarchie zweifellos die bedeutendste Institution in England. Nach einem Gesetz von Kg. Edgar (um 960) trat es zweimal im Jahr zusammen und war der Empfänger der →writs, die kgl. Landübertragungen und Privilegien verkündeten und für Kläger die Beilegung von Eigentumsstreitigkeiten anordneten. Seit der Regierung Wilhelms d. Eroberers war der writ an den sheriff das entscheidende Instrument für die kgl. Verwaltung, und der s., der jetzt lat. →comitatus (engl. county) genannt wurde, bildete die grundlegende Einheit für die Aushebung der Heere, die Erstellung des →Domesday Book und später der Regierungsprotokolle sowie für den Einzug der Abgaben. Kg. Heinrich I. ordnete die Anhörung von Besitzstreitigkeiten zw. Lehnsmännern von verschiedenen Lehnsherrn vor dem s. court an, und Gft.srich ter (*justices of counties*) wurden als Hilfsbeamte des sheriffs ernannt, doch sie verschwanden wieder während der Regierungszeit Kg. Heinrichs II., als der s. court, der jetzt normalerweise einmal im Monat tagte, zu einem Teil der Maschinerie des sich schnell entwickelnden Common Law (→Engl. Recht, II,2) wurde. Im Gft.sgericht waren die kgl. Richter anwesend, wenn sie als Reiserichter (→*eyre*) durch das Land zogen, und dort wurden die Verbrecher geächtet. Neue Beamte wurden gebraucht, als sich die wachsenden Verwaltungsaufgaben in den s.s häuften. 1194 wurde angeordnet, daß vier →*coroners* in jedem s. eingesetzt werden sollten, welche die ersten Strafverfolgungen von Kriminaldelikten (→»Pleas of the Crown«) protokollieren mußten. Sie wurden im 13. Jh. ergänzt durch die →*escheators*, die sich um die Einkünfte aus dem kgl. Landbesitz zu kümmern hatten, und die custodes pacis, die die Polizeigewalt der sheriffs übernehmen sollten. Zwei Ritter (→*knights*) wurden gewählt, die jeden s. im Parlament zu vertreten hatten; ihnen gelang es, Statuten zu erwirken, die diese *keepers of the peace* zu →*justices of the peace* umwandelten und somit zu den eigtl. Herrschern der s.s machten. A. Harding

Lit.: The English Government at Work, 1327–1336, ed. J. F. WILLARD, W. A. MORRIS, W. H. DUNHAM, JR., Bd. 3, 1950 – J. R. MADDICOTT, The County Community and the Making of Public Opinion (Transactions of the Royal Historical Society, 5th ser., 28, 1978) – R. C. PALMER, The County Courts of Medieval England, 1150–1350, 1982 – H. R. LOYN, W. L. WARREN, A. L. BROWN, The Governance of England, 1–3, 1984–89.

Shirley, John, Dichter geringerer me. Werke und Übersetzer, * 1366, † 21. Okt. 1456; Angehöriger des Gefolges Gf. Roberts Beauchamp v. Warwick, lebte später in London (St. Bartholomew-Hospital), er übersetzte aus dem Lat. eine Chronik (»The Pitevous Cronycle«), die Urk. über das Bündnis v. Canterbury (»The desirid peace«), aus dem Frz. »The boke of gode manners« und (dreimal) das →»Secretum Secretorum«. S.s größtes Verdienst ist sein Wirken als Abschreiber von Werken Chaucers, Lydgates und anderer Autoren (Burgh, Halsham, Selling). S.s erhaltene Hss. sind von unterschiedl. Wert, aber manche bewahren Werke, die sonst vom Untergang bedroht gewesen wären (z. B. →Chaucers »Complaint to his lady«).
 P. Lendinara

Bibliogr.: NCBEL I, 693 – Lit.: O. GÄRTNER, J. S. Sein Leben und Wirken, 1904 – A. BRUSENDORFF, The Chaucer Tradition, 1925 [Neudr. 1965] – E. P. HAMMOND, English Verse between Chaucer and Surrey, 1927 [Neudr. 1965] – A. I. DOYLE, More Light on J. S., MAe 30, 1961, 93–101 – R. F. GREEN, Poets and Princepleasers, 1980 – C. GREENBERG, J. S. and the English Book Trade, The Library 4, 1982, 369–380 – S. LERER, BL Ms. Harley 78 and the Mss. of J. S., NQ 235, 1990, 400–403.

Shrewsbury (Salopesberie, Scropesberie), Stadt in der engl. Gft. Shropshire in einer Schleife des Severn; im 5. und 6. Jh. Hauptstadt der Kg.e v. →Powys, 799 von →Offa v. Mercien erobert; aufgrund der Lage an der Grenze zu Wales einer der Hauptorte der sächs. Kg.e. In der Regierungszeit Kg. Æthelstans wurde in S. die erste kgl. Münze eingerichtet. In der ags. →Chronik 1006 als Hauptstadt der Gft. Shropshire genannt, führt das →Domesday Book S. als kgl. burgus und verzeichnet 252 *burgesses* in der Stadt. Nach der norm. Eroberung fiel S. zusammen mit der Gft. 1071 an Roger de →Montgomery, den früheren Berater und Statthalter Hzg. →Wilhelms in der Normandie. Dieser erhob ihn auch zum Gf.en v. Arundel und v. Sussex. Unmittelbar nach der Belehnung mit der Stadt errichtete Roger an der engsten Stelle der »Halbinsel« eine Burg. Obgleich dabei rund 100 *burgages* zerstört wurden und Roger 82 neu zugezogene Norman-

nen von Zahlungen befreite, erhöhte sich die von den Bürgern zu entrichtende jährl. Abgabe von £ 30 auf £ 40. Der daraus resultierende Protest der Einw. ist ebenfalls im Domesday Book erwähnt. Die eher unregelmäßige Gestalt S.s liegt in den eingeschränkten topograph. Voraussetzungen begründet; im Verlauf der Jahrzehnte nach der norm. Eroberung entwickelten sich außerhalb der beiden Brücken im W und O der Stadt Vorsiedlungen (Frankwell, Foregate). Etwas ö. des Severn hatte Roger um 1086 eine Abtei OSB (St. Peter und St. Paul) begründet; der erste Abt ist 1087 belegt. Diese Gründung in S. zählt zu den wenigen, von Cluny unabhängigen Abteien des 11. Jh. Rogers Sohn, Gf. Robert de →Bellême, rebellierte 1102 erfolglos gegen Heinrich II.; Titel und Güter fielen, wie auch S. und die Abtei selbst, zurück an die Krone. 1137 eroberte Kg. Stephan v. Blois nach längerer Belagerung die Burg; S. wurde ab 1220 befestigt. Die Hospitäler St. Giles und St. George sind im 12. Jh. nachweisbar, das Hospital St. John gilt als kgl. Gründung des frühen 13. Jh. Die wesentlichsten Freibriefe S.s datieren aus den Jahren 1199, 1204 und 1226. Seit 1285 entsandte S. Repräsentanten in das Parlament. 1334 wurde die Stadt, in der zu Ausgang des 14. Jh. rund 2000 Einw. lebten, mit £ 80 besteuert. B. Brodt

Q. und Lit.: H. OWEN–J. B. BLAKEWAY, A Hist. of S., 2 Bde, 1825.

Shrewsbury, Schlacht v. (1403). Sie beendete die erste der drei Rebellionen der →Percy-Familie gegen Heinrich IV. v. England. Die Percies, die 1399 Heinrich geholfen hatten, Kg. Richard II. abzusetzen, waren mit den ihnen übertragenen Benefizien unzufrieden. In den ersten Julitagen des Jahres 1403 stellte deshalb Henry 'Hotspur', der einzige Sohn von Henry, Earl of Northumberland, ein Heer in Cheshire und N-Wales auf, wahrscheinl. mit dem Ziel, den Earl of March zum Kg. zu erheben. Kg. Heinrich hörte von der Erhebung in Nottingham, als er ausgerechnet auf dem Weg nach Schottland war, um die Percies bei einem Feldzug zu unterstützen. Er konnte rasch in w. Richtung nach S. ausweichen, sich mit seinem Sohn Heinrich (V.), dem kgl. →lieutenant in Wales, verbünden und 'Hotspur' entgegentreten. Nachdem längere Verhandlungen fehlgeschlagen waren, entbrannte am 21. Juli eine heftige Schlacht, die erst mit dem Tod 'Hotspurs' endete. Zwei Tage später wurden Thomas Percy, Earl of Worcester, und andere Rebellen hingerichtet. A. L. Brown

Lit.: J. L. KIRBY, Henry IV of England, 1970 – E. J. PRIESTLY, The Battle of S., 1403, 1979.

Šī‘a → Schia

Šibenik, Stadt an der mittleren Ostküste der Adria, nahe der Krka-Mündung (Kroatien). Das Umland war seit frühgesch. Zeit kontinuierl. besiedelt, die Stadt selbst, eine der wenigen der adriat. Ostküste ohne Anknüpfung an antike urbane Tradition, ist erstmals 1066 in einer Urk. Kg. →Petar Krešimirs IV. v. Kroatien erwähnt. Im 11. Jh. eine der wichtigsten Burgen der kroat. Kg.e, war Š. kirchl. →Trogir unterstellt, seit dem 12. Jh. in den Händen kroat. Magnaten. Im 13. Jh. glich sich die Stadt durch die Organisation als →Kommune wirtschaftl. und sozial den alten Städten →Dalmatiens an; durch Vorlegen einer Fälschung erlangte sie 1251 die rechtl. Gleichstellung durch Béla IV. (→Trogirer Privilegien). Die Emanzipation fand 1298 ihren Abschluß durch die Einrichtung des Bm.s mit Hilfe der Magnatenfamilie Šubić (→Mladen II.). 1322 unterstellte sich Š. gleichzeitig mit Trogir Venedig; 1357–1409 wieder unter ung.-kroat. Herrschaft, blieb die Stadt dann bis 1797 unter Venedig. In der Festung *Sv. Ana* wurden Bauereste aus der Gründungszeit freigelegt; in der

Stadt sind zahlreiche Bauten aus dem 14. und 15. Jh. erhalten, unter ihnen die Kathedrale St. Jakob (Bauzeit ca. 1430–1555).
Ž. Rapanić

Lit.: EncJugosl VIII, s. v. – Enciklopedija likovnih umjetnosti IV, 1966, 365f. – S. GRUBIŠIĆ, Š. kroz stoljeća, 1974 – N. KLAIĆ, Povijest Hrvata u srednjem vijeku I, II, 1975², 1976 – Š. Spomen zbornik o 900. obljetnici, ed. S. GRUBIŠIĆ, 1976 – L. STEINDORFF, Die dalmatin. Städte im 12. Jh., 1984.

Sibiu → Hermannstadt

Sibylle (Sibylla). **1. S.**, Kgn. v. →Jerusalem, * um 1159, † 25. Juli 1190 vor Akkon, Tochter von Kg. →Amalrich v. Jerusalem und Agnes v. →Courtenay. S., die im Konvent v. Bethanien unter Aufsicht ihrer Großtante Yvette, Schwester von Kgn. →Melisende, erzogen wurde, vermählte sich im Herbst 1176 mit Wilhelm Langschwert v. →Montferrat, der aber bereits im Juni 1177, noch vor der Geburt des Sohnes Balduin (V.), verstarb. 1180 heiratete S. in 2. Ehe →Guido v. →Lusignan. Nach dem Tode Kg. →Balduins IV. (1185) trat ihr (unmündiger) Sohn die Nachfolge an, starb aber bereits im Spätsommer 1186. Während die *Haute Cour* in Nablus die Nachfolge beriet, schuf S., die als älteste Tochter Amalrichs (nach dem Präzedenzfall von Melisende) die besten Thronansprüche hatte, aus Sorge um aufkommende Opposition vollendete Tatsachen, indem sie sich vom Patriarchen krönen ließ und die Krone an Guido (in seiner Eigenschaft als Gemahl) weitergab. Während der Schlacht v. →Ḥaṭṭīn (1187), in der ihr Mann gefangengenommen wurde, hielt sie sich in Jerusalem auf; nach dessen Fall suchte sie mit Erlaubnis der muslim. Macht Zuflucht in →Tripoli, wo sich ihr 1188 der wieder freigekommene Guido anschloß. Im Heerlager vor →Akkon erlag sie am 25. Juli 1190 einer Epidemie, der auch ihre Töchter Alice und Maria zum Opfer fielen.
S. Schein

Q.: Wilhelm v. Tyrus, l. 21–22 – Eracles, l. 23–25 – *Lit.*: M. W. BALDWIN, Raymond III of Tripolis and the Fall of Jerusalem, 1936 [Neudr. 1978] – H. E. MAYER, Gesch. der Kreuzzüge, 1965, 1985⁶ – B. HAMILTON, Women in the Crusader States: The Queens of Jerusalem (1100–1190) (Medieval Women, hg. D. BAKER, 1978), 143–173.

2. S. (Sibilia), Kgn. v. Sizilien und Regentin vom 20. Febr. bis zum 25. Dez. 1194, Todesjahr unbekannt. Tochter Gf. Rainalds I. v. Aquino, aus einer alten Familie langob. Ursprungs; zu ihren Brüdern zählten u. a. Gf. Richard v. Acerra und Buonalbergo sowie Aimo, der Großvater des hl. →Thomas v. Aquin; Gemahlin Gf. →Tankreds v. Lecce (1190–94 Kg. v. Sizilien). Mutter der beiden Kg.e Roger III. († 1193) und Wilhelm III. sowie von Albiria (Elvira), Konstanze und Mandonia. Nach der Krönung des Staufers →Heinrich VI. zum Kg. v. Sizilien wurden S., ihre Familie und ihre Berater in Dtl. inhaftiert. Wilhelm III. wurde nach dem siz. Aufstand geblendet und starb in Gefangenschaft (1198?). S. und ihre drei Töchter hingegen kamen nach dem Tode des Ks.s aus ihrer Kl. haft (Hohenburg, Elsaß) frei und flüchteten nach Frankreich. Dort vermählte sich Albiria mit Gautier (Walter) III. v. →Brienne, bevor dieser auf Verlangen Innozenz' III. seinen Feldzug nach Italien unternahm. Es ist nicht belegt, ob S. ihren Schwiegersohn nach Italien begleitete.
E. Cuozzo

Lit.: E. CUOZZO, Catalogus Baronum. Commentario, 1984, 43f., 82ff., 285 – CHR. REISINGER, Tankred v. Lecce, 1992.

Sibyllen, Seherinnen der gr.-röm. Antike, die unter göttl. Inspiration Zukünftiges weissagten, jeweils nach Ort oder Land ihrer prophet. Tätigkeit benannt. Die ursprgl. unbestimmte, von Varro auf zehn festgelegte Anzahl blieb durch Laktanz, der die zehn Namen wiederholte (div. inst. 1, 6) und angebl. auf Christus bezogene Orakel zitierte (ebd. 7, 18, vgl. Aug. c. D. 18, 23), für MA und Renaissance verbindl.; gelegentl. erscheinen auch Bildzyklen von zwölf S., die den zwölf Propheten gegenübergestellt werden (Verzeichnis hierzu und allg.: SEIB). Die spätantiken apokryphen Sibyllinen vertraten jüd. und chr. Gedankengut. Die Geburtsankündigung mit Berufung auf die cumaeische S. in der 4. Ekloge Vergils (5, 4/10) wurde (v. a. Aug. c. D. 10, 27 folgend) im ganzen MA auf Christus bezogen; der Begegnung der tiburtin. S. mit Ks. Augustus schrieb man im ma. Rom eine Marienerscheinung zu, die durch die →Mirabilia urbis Romae Verbreitung fand und zur Errichtung der Ara coeli führte (→Augustus [Ikonographie]).
J. Engemann

Lit.: KL. PAULY V, 158–161 – LCI I, 225–227 [Augustus]; IV, 150–153 [G. SEIB] – RE II A, 2073–2183 – A. WEISSENHOFER, Darstellung der S. in der bildl. Kunst; Mitt. der Ges. für Vergleichende Kunstforsch. Wien 7, 1954/55, 45–57 – P. COURCELLE, Les exégèses chrét. de la quatrième églogue, REA 59, 1957, 294–319 – C. DE CLERQ, Quelques sér. ital. de S., Bull. Inst. Hist. Belge Rome 48/49, 1978/79, 105–127 – DERS., Contribution à l'iconographie des S. I und II, Jaarboek Koningl. Mus. Antwerpen 1979, 7–65; 1980, 7–35 [v. a. zu Renaissancezyklen] – PH. VERDIER, La naissance à Rome de la vision de l'Ara Cœli, MEFRM 94, 1982, 85–119.

Sibyllinische Bücher, in der Antike und im MA populäre Orakelsammlungen mit vorwiegend polit. Tendenz. Die ältesten Q. über die →Sibyllen gehen etwa auf ca. 500 v. Chr. zurück (Heraklit); seit dem 4. Jh. werden Listen der S. aufgestellt. Varros Zehnzahl wird von Laktanz übernommen und in der späteren christl. Tradition rezipiert. Im republikan. und kaiserzeitl. Rom wurden die »Libri sibillini« von einem Priesterkollegium gehütet und bei außerordentl. Anlässen zu Rate gezogen. 83 v. Chr. verbrannten sie und wurden auf Anordnung des Augustus neu zusammengestellt. Um 408 von →Stilicho zerstört, sind nur wenige Vers-Fragmente von ihnen erhalten. Unter der Bezeichnung »Oracula Sibyllina« hat sich hingegen eine im 6. Jh. zusammengestellte Slg. von Texten jüd. und christl. Autoren (von 150 v. Chr. bis 300 n. Chr.) erhalten. Seit dem 2. Jh. zeigen die christl. Autoren eine hohe Wertschätzung der Sibyllen, die als Prophetinnen Christi aufgefaßt werden, und greifen vielfach auf sie zurück. Laktanz deutet Vergils 4. Ekloge mit der sibyllin. Prophezeiung eines Goldenen Zeitalters als Verkündung des »Tausendjährigen Reiches«. In einem fälschl. Konstantin zugeschriebenen Text wird der berühmte Vers »Ultima cumaei venit iam carminis aetas« (Eklog. IV, 4) als Prophezeiung der Sibylle v. Cumae der Jungfrauengeburt Jesu interpretiert. Im ma. Abendland sind die S. B. mit zahllosen Varianten und Stratifikationen in zwei großen Traditionssträngen verbreitet: »Sibylla Tiburtina« und »Sibylla Eritrea«, die beide von einem griech. Vorbild abgeleitet sind. Erstere Slg. erscheint im 11. Jh. in Süditalien. Sie findet weite Verbreitung (mehr als 130 erhaltene lat. Hss., davon 30 vor dem 13. Jh. entstanden, ferner griech., äthiopische und arab. Üss.) und hält die Erwartung des endzeitl. Friedenskaisers wach. Die zweite ist bereits Augustinus bekannt, der ihr große Autorität zubilligt (De civ. Dei 18. 23). Sie verbreitet sich im 12. Jh. und wird im 13. Jh. von Franziskanern überarbeitet, die sie als Propagandamittel gegen Ks. Friedrich II. (Langfassung, 40er Jahre des 13. Jh.) und gegen den Ks. mythos verwenden, der sich über Friedrichs Tod hinaus erhalten hat (Kurzfassung, 60er Jahre). Kleinere Traditionsstränge bilden die »Sibilla Cumana« und die »Sibilla Samia« (auch »Delfica« gen.), die auf Verlangen Papst Lucius' III. (1184) von →Joachim v. Fiore kommentiert wurde.
G. L. Potestà

Lit.: B. McGinn, Joachim and the Sibyl. An Early Work of Joachim of Fiore from Ms. 322 of the Bibl. Antoniana in Padua, Cîteaux 24, 1973, 97–138 – B. McGinn, 'Teste David cum Sibylla'... (Women of the Medieval World [Fschr. J. H. Mundy, ed. GJ. Kirshner–S. F. Wemple, 1985]), 7–35.

Sic et non → Abaelard

Sicard. 1. S. (Sichard), Fs. v. Benevent 832–839, † (ermordet) Ende Juni/Anfang Juli 839. Sohn und zuletzt Mitregent des aus dem Hzm. →Spoleto stammenden beneventan. Fs.en Sico. Die kurze Herrschaft S.s war bestimmt von starken wirtschaftspolit. Interessen: im Innern Stabilisierung des Steuerwesens und der Währung, nach außen Angriffe auf die Hafenstädte →Neapel, →Sorrent und →Amalfi. Neapel, mehrfach belagert, konnte erst mit sarazen. Hilfe widerstehen, so daß S. 836 im Pactum Sicardi (MGH LL IV, 1868, 216–221) eine Art Waffenstillstand auf 5 Jahre vereinbaren mußte, bis Amalfi und Sorrent einschloß; für die Sicherheit seines Handels leistete Neapel an S. Tribut. Trotzdem okkupierte S. 838 Amalfi. Die Sarazenen, die sich in →Brindisi eingenistet hatten, vermochte S. zu vertreiben. Auch hat S. vor den Muslimen Reliquien des Apostels Bartholomaeus von der Insel Lipari gerettet. Nach S.s Ermordung zerbrach das Hzm. →Benevent in Teilherrschaften.   H. H. Kaminsky

Lit.: Hartmann, Gesch. Italiens III 1, 203f. – H. Taviani-Carozzi, La principauté lombarde de Salerne (IXe–XIe s.), 1991, passim.

2. S. v. Cremona, Bf., Theologe, † 1215. Nach kanonist. Studien in Bologna und Lehrtätigkeit in Mainz wurde S., als Legat Lucius' III. bewährt, 1185 zum Bf. seiner Heimatstadt →Cremona gewählt, deren Interessen er nicht nur in der →Lombard. Liga verteidigte, sondern auch durch die von ihm betriebene 1199 erfolgte Hl.sprechung des →Homobonus wahrnahm. Vom IV. Kreuzzug kehrte er 1205 zurück und festigte Cremonas Stellung gegenüber den Nachbarkommunen nicht zuletzt durch die von ihm 1212 erwirkte Privilegienerneuerung seitens Kg. Friedrichs II. In Mainz dürfte zw. 1179 und 1181 die in mindestens 24 Hss. überlieferte »Summa decretorum« entstanden sein, in der er durch souveräne, die Glossierung des →Decretum Gratiani überwindende Anordnung des Stoffes das erste didakt. bestimmte kanonist. Lehrbuch vorlegte. Noch vor 1195 verfaßte S. das »Mitrale«, eine aus →Amalarius v. Metz, →Honorius Augustodunensis u. a. schöpfende umfassende Allegorese der Liturgie und liturg. Dienste, die durch ihre Aufnahme in das »Rationale divinorum officiorum« des Guillelmus →Durantis (1. D.) zusätzl. Verbreitung fand. Bis zum J. 1213 führte S. seine »Chronica« 'ab origine mundi', das erste Beispiel dieser Gattung in Italien, das siebzig Jahre später von →Salimbene benutzt wurde. Ein im Prolog der Chronik erwähntes Jugendwerk, »Liber Mythologiarum«, ist verschollen.   M.-A. Aris

Ed. und Lit.: Mitrale, MPL 213, 9–436 – Chronicon, ed. O. Holder-Egger, MGH SS 31, 1903, 22–183 – DDC VII, 1008–1011 – DSAM XIV, 810–814 [Bibliogr.] – Kuttner, 150–153.

Side (heute Selimiye), Stadt und Bm. in Pamphylien auf einer Halbinsel zw. Antalya und Alanya an der türk. S-Küste. Der sprichwörtl. schlechte Hafen v. S. diente zwar noch als wichtiger röm. (Kriegs-)Hafen, versandete aber in der Spätantike endgültig, worauf →Antalya zur wichtigsten Hafenstadt Pamphyliens wurde. S. verlor nach der Zerstörung durch die Araber im 10. Jh. sogar seinen Namen und hieß nunmehr das »Verbrannte« oder Alt-Antalya. Die Blüte der Stadt bis in die Spätantike bezeugen Ausgrabungen. Die ständige Bedrohung durch die →Isaurier zwang die Einwohner, im 4. Jh. innerhalb der alten Stadtmauer eine neue zu bauen, die auch die Bühnenwand des Theaters miteinbezog. Seit dem 5. Jh. Metropolis weist S. zahlreiche Kirchenbauten auf; in die Ruinen einer monumentalen Anlage am Hafen wurde im MA eine kleinere Kirche eingebaut. Ein Bf.spalast wurde in den von Dünen überdeckten Teilen der Stadt an der äußeren Stadtmauer ausgegraben; es gab auch Synagogen. Die seit dem 14. Jh. (1372 ist noch ein Metropolit v. S. bezeugt) verlassenen Ruinen v. S. wurden um 1900 mit muslim. Auswanderern aus Kreta neu besiedelt.   F. Hild

Lit.: Kl. Pauly V, 171–174 – Oxford Dict. of Byzantium, 1991, 1892 – RE Suppl. X, 879–918 – A. M. Mansel, Die Ruinen v. S., 1963 – V. Ruggieri, Appunti sulla continuità urbana di S. in Panfilia, OCP 61, 1995, 95–116.

Sidon (Saida), Hafenstadt im südl. →Libanon, seit phönik. Zeit bedeutendes Zentrum des Handels und Luxusgewerbes (Glas, Purpur), kam 637/638 n. Chr. unter arab. Herrschaft. S. wurde 1110 von Kg. →Balduin I. (mit Flottenhilfe des norw. Kg.s →Sigurd Jórsalafari) erobert und dem fläm. Ritter Eustace I. Grenier († 1123) wie vorher schon →Caesarea als Seigneurie zu Lehen übertragen. Bald nach der Schlacht v. →Ḥaṭṭīn (aus der sich der Seigneur v. S., Reginald, nach →Tyrus retten konnte) kapitulierte S. vor →Saladin (29. Juli 1187). Die völlig zerstörte Stadt wurde am 24. Okt. 1197 von dt. Kreuzfahrern unter Hzg. →Heinrich IX. v. Brabant zurückerobert. Erst unter Ks. →Friedrich II. wurden vom 11. Nov. 1227 bis zum 9. März 1228 neue Befestigungswerke errichtet ('Seefestung' im westl. Teil der Insel: starker Turm, Wehrmauern; Sperrfestung im O); der Ks. übertrug bei der Abreise seinem Anhänger Balian, dem Seigneur v. S., gemeinsam mit Garnier dem Dt. die Statthalterschaft des Kgr.es Jerusalem. Neue Baumaßnahmen wurden von Juni 1253 bis Febr. 1254 von Kg. →Ludwig IX. d. Hl.n durchgeführt (Bericht bei →Joinville). Nachdem die →Mongolen, die durch einen unklugen Raubzug des Seigneurs v. S., Julian, provoziert worden waren, die Stadt 1260 geplündert hatten, verkaufte (oder verlehnte) sie Julian an die →Templer, die noch nach dem Fall v. →Akkon (18. Mai 1291) S. zu verteidigen suchten, es aber am 14. Juli 1291 den →Mameluken preisgeben mußten; diese ließen die Festung schleifen. – Die von den Kreuzfahrern 'Saietta' oder 'Sagitta' genannte Stadt (Deutung des arab. Namens als 'Pfeil', der auch als herald. Emblem fungierte) war Zentrum der Wein- und Rohrzuckerproduktion. Sie wurde im 12. Jh. mit Kgn. Dido v. Karthago (→Trojaner, -abstammung) assoziiert (so im rühmenden Bericht des Pilgers Theoderich, 1172).   P. Schein

Lit.: Kl. Pauly V, 175f. – J. L. la Monte, The Lords of S. in the Twelfth and Thirteenth Cent., Byzantion 17, 1944/45, 183–211 – Runciman, I–III, passim – S. Tibble, Monarchy and Lordships in the Latin Kingdom of Jerusalem 1099–1291, 1989, passim.

Sidonius Apollinaris, Bf. v. Clermont-Ferrand, hl. (Fest: 23. Aug.), * 5. Nov. um 430/433 in Lyon; † 21. oder 23. Nov. um 479/486 in Clermont-Ferrand. S. stammte aus einer aristokrat. galloröm. Familie, studierte wohl in Lyon und Arles und heiratete um 450 Papianilla, die Tochter des späteren Ks.s Avitus (455–456). Zw. 455 und 470/471 bekleidete er unter den Ks.n Avitus, Majorian (458–461) und Anthemius (467–472) polit. Ämter in Rom und Gallien. 468 berief ihn Anthemius zum Präfekten von Rom. Um 470/471 wurde er Bf. v. Arvernum (Clermont-Ferrand). Zw. 472 und 476/477 lebte er aufgrund seines Widerstands gegen die Westgoten im Exil (bei Bourg-Madame oder Carcassonne). S. gilt als einer der letzten Vertreter spätantiker chr. Bildung in Gallien. Die 24 überlieferten Gedichte (von ihm selbst 469 veröffentlicht) umfassen panegyr. Gedichte auf die o. g. Ks. (Carm. 1–8) sowie Epigramme, Nugae (Carm. 9–24). Als Bf. schrieb S. fast nur noch Briefe (insgesamt 146; Buch I erschien 469, II–VIII 477 bis 482). Formal wenig originell und stilist. und rhetor. überladen, ist sein Werk aufschlußreich für die gall. Gesch. und die polit. Lage des 5. Jh. E. Grünbeck

Werke: MGH AA 8, 1887, 1–264 – A. LOYEN, 3 Bde, 1960–70 – W. B. ANDERSON, 2 Bde, 1963–65 – *Lit.:* DSAM XIV, 814–821 – I. GUALANDRI, Furtiva lectio. Studi su Sidonio Apollinare, 1979 – M. HEINZELMANN, Gall. Prosopographie, Francia 10, 1982, 556 – W. M. DALEY, Christianitas eclipses Romanitas in the Life of S. A. (T. NOBLE–J. CONTRENI, Religion, Culture, and Society, 1987), 7–26 – W. SCHETTER, Zur Publikation der Carmina minora des A. S., Hermes 120, 1992, 343–363.

Sidrak und Boctus. Vom Dialog zw. S. und B. (→Roman de Sidrac) sind aus dem 15. Jh. zwei, von frz. Vorlagen abhängige me. Versbearbeitungen und ein me. Auszug in Prosa bekannt. Die textl. und überlieferungsgeschichtl. Probleme sowie das Verhältnis zu den Fassungen des 16. Jh. (STC², 3186–3188a) sind noch nicht hinreichend geklärt. Ebenso bedarf der eventuelle Einfluß auf andere engl. Texte, in denen auf S. und B. angespielt wird, noch weiterer Untersuchungen. K. Bitterling

Bibliogr.: C. BROWN–R. H. ROBBINS, The Ind. of ME Verse, 1943 [Suppl., 1954], Nr. 772 [lange Version], 2147 [kurze Version] – N. R. KER, Medieval MSS. from British Libraries, I, 1969, 308 [Erg. zu Ind. 2147] – ManualME 3.VII, 1972, Nr. 75 – A. W. POLLARD–G. R. REDGRAVE u. a., A Short-Title Cat. of Books Printed in England..., 1956, 1976²ff. [STC] – R. E. LEWIS u. a., Ind. of Pr. ME Prose, 1985, 684 [= STC², 3188–3188a] – Ind. of ME Prose: Handlist III, 1986, 58f. – *Lit.:* K. D. BÜLBRING, Sidrac in England (Festg. W. FOERSTER, 1902), 443–478 – R. E. NICHOLS, Medical Lore from S. & B. ..., Journal of the Hist. of Medical and Allied Sciences 23, 1968, 167–172 – DERS., S. and B. on Atmospheric and Earth Sciences (Centaurus 12, 1968), 215–232 [mit Teiled.].

Sieben freie Künste (Ikonographie). Die ma. Ikonographie der S. f. K. folgt im wesentl. der Beschreibung der →Artes liberales bei →Martianus Capella; wie dort erstmals geschildert, wurden den durch Attribute gekennzeichneten weibl. Personifikationen der Artes häufig Gelehrte als Repräsentanten beigesellt (Grammatik: Priscian oder Donatus; Rhetorik: Cicero; Dialektik: Aristoteles; Arithmetik: Pythagoras oder Boethius; Geometrie: Euklid; Musik: Jubal, Tubalkain oder Pythagoras; Astronomie: Ptolemäus). Aus karol. Zeit sind außer Zeugnissen der Buchmalerei (Boethius, De inst. arithm., Tours 832/843, Bamberg, Staatsbibl.; Martianus-Capella-Hs., Anf. 10. Jh., Paris BN) nur Berichte über Artes-Darstellungen erhalten (u. a. Wandmalereien in den Pfalzen Ingelheim und St-Denis; Tisch aus dem Besitz Karls d. Gr.). Hss.-Ill. des 11.–14. Jh. (z. B. Bibel, Reims, Ms. 23, 12. Jh.; »Hortus deliciarum« der →Herrad v. Landsberg, um 1170; Dekretalenhs. des Niccolò di Giacomo, Ambrosiana B 42 inf, 2. H. 14. Jh.) gruppieren wie die Bildwerke der Monumentalkunst die Personifikationen der Artes und ihre Repräsentanten häufig um die (thronende) Philosophia oder beziehen sie programmat. auf Darstellungen der Tugenden. Das nach fragm. erhaltenen Zyklen (z. B. Cluny, St-Pierre-et-St-Paul, Kapitell mit Grammatik, 1115–20; Reims, St-Remi, zerstörtes Fußbodenmosaik) älteste vollst. Denkmal (Chartres, Kath., Westportal, Mitte 12. Jh.) ordnet die Artes in den Archivolten Maria als sedes sapientium im Tympanon zu. Ein nordfrz. Leuchter (Mailand, Dom, um 1200) integriert Rhetorik, Dialektik, Geometrie und Musik in das in Vierergruppen gegliederte enzyklopäd. Programm. Der einzige dt. Monumentalzyklus (Freiburg, Münster, Turmhalle, um 1270/90) konfrontiert die Personifikationen der Artes mit den klugen und törichten Jungfrauen. Die nach dem Fußbodenmo-

saik von Ivrea, um 1105, ältesten it. Zeugnisse sind ausnahmslos Werke von Nicola und Giovanni →Pisano (Siena, Dom, Kanzelfuß, 1268: Philosophie zw. Trivium und Quadrivium thronend; Perugia, Fontana Maggiore, 1278; Pisa, Dom, Kanzelfuß, 1311). Als Teil umfängl. enzyklopäd. Programme fungieren die Artes an Andrea Pisanos Florentiner Campanile-Sockel, 1334–40, auf Andreas di Firenze Fresken des Triumph des Thomas v. Aquin (Florenz, S. Maria Novella, Span. Kapelle, 1365) und auf den Bogengang-Kapitellen des Dogenpalastes in Venedig, Mitte 14. Jh. Raffaels Stanzen-Fresken (Rom, Vatikan, 1509–11) setzen mit der Zusammenführung der Artes und der Vier Fakultäten Theol., Phil., Medizin und Jurisprudenz ein v. a. für die Ausstattung von Bibliotheken (z. B. Wandmalereien in Brandenburg, Prämonstratenserstift, zerstört, Mitte 15. Jh., und in Le Puy-en-Velay, um 1490) beliebtes Programm fort, das auch in spätma. Hss.-Ill. (z. B. Wien, ÖNB, 2975, 2. Hälfte 15. Jh.) noch auftaucht. N. H. Ott

Lit.: LCI II, 703–713 – P. D'ANCONA, Le rappresentazioni allegoriche delle artes liberales ..., L'Arte 5, 1902, 137–155, 211–228, 269–289, 370–385 – A. KATZENELLENBOGEN (Twelfth Cent. Europe and the Foundation of Modern Society, ed. M. CLAGETT u. a., 1961), 39–55 – W. STAMMLER, Fschr. H. LÜTZELER, 1962, 196–214 – J. TEZMEN-SIEGEL, Die Darstellungen der septem artes liberales 1985.

Sieben Weise. Vermittelt durch die punktuelle Rezeption antiken Wissens und die damit verbundene ma. Einschätzung mancher heidn. Gelehrten als Vorläufer christl. Gotteserkenntnis erscheinen seit dem 12. Jh. die S. W.n als Vertreter von für Antike wie Christentum gleichermaßen relevanten moral.-polit. Prinzipien in der kirchl. und Kathedralikonographie, oft programmat. mit →Propheten- und →Sibyllendarstellungen korrespondierend. Frühestes Beispiel ist der Gipsfußboden der Krypta von St. Ludgeri in Helmstedt, um 1150. Den nie durch Attribute, sondern stets nur durch →Spruchbänder oder Inschriften identifizierten griech. Gelehrten Bias, Chilon, Kleobulos, Periander, Pittakos, Solon und Thales als kanon. S. W. werden mitunter weitere Wissenschaftler und Dichter auch des röm. Altertums (u. a. Quintilian, Seneca, Terenz, Cicero) hinzugefügt; in Siena, Kathedrale, Marmorpaviment, 14. Jh., kommt →Hermes Trismegistos hinzu. Schon im SpätMA auf den Zusammenhang von geistl. und weltl. Herrschaft verweisend (z. B. Venedig, Dogenpalast, Kapitell, 15. Jh.), fungieren die S. W. in der NZ als Legitimationsinstanzen »staatlicher« Weisheit. N. H. Ott

Lit.: W. MOLSDORF, Christl. Symbolik der ma. Kunst, 1926² [Nachdr. 1968], Nr. 990 – O. STELZER, Helmstedt, 1954, 10 – E. GUIDONI–A. MARINO, Cosmus Pictor, Storia dell'Arte 4, 1969, 403.

Sieben weise Meister

I. Ursprung und allgemeine literarische Rezeption – II. Englische Literatur.

I. URSPRUNG UND ALLGEMEINE LITERARISCHE REZEPTION: Die zykl. Rahmenerzählung S. w. M. (»Historia septem sapientum«, »Das Buch von Sindbād«) ist wohl oriental. Ursprungs (anders CROSLAND, der für den lat. »Dolopathos« als urspgl. Fassung und damit für die Entstehung im Westen plädiert) und wurde vermutl. durch die hebr. Version »Mischle Sendabar« an den Westen vermittelt, wo sie gesamteurop. in zahlreichen lat. und volkssprachl. Bearbeitungen überliefert ist, die alle die gleiche, in Schauplätzen und Personennamen variierende Rahmenhandlung enthalten: Ein s. w. M.n zur Ausbildung anvertrauter Kg.ssohn ist, da ihn eine warnende Prophetie über eine bestimmte Frist (sieben Tage) zum Schweigen verpflichtet, wehrlos seiner Stiefmutter ausgeliefert, die ihn verführen will. Abgewiesen, denunziert sie ihn als Vergewaltiger und fordert seinen Tod. Die s. w. M. schieben die Hinrichtung durch exemplar. Erzählungen mit mahnender Moral siebenmal hinaus, bis das Schweigegelübde beendigt ist und er sich verteidigen kann; die Stiefmutter wird entlarvt und verbrannt. Dieser Rahmen, der nicht bloßer Anlaß ist, Geschichten zu erzählen, sondern vielmehr eine eigene Geschichte, deren Fortgang sich mit den nicht nur rhetor. Exempla eng verschränkt, wirkte auch auf →Boccaccios »Dekameron« und damit die Entwicklung der Rahmenerzählungen in Europa überhaupt ein. Drei Grundtypen lassen sich unterscheiden: (1) Jeder der Weisen erzählt nur eine Geschichte (»Dolopathos«), (2) die Stiefmutter erzählt dazu je eine »Gegengeschichte« (»Die sieben Weisen von Rom«, abendländ. Normalform), (3) jeder Weise erzählt darüber hinaus noch ein zweites Exemplum (oriental. Normalform). Die Themen dieser Beispielerzählungen kreisen um Weisheit und Erziehung, Treue und Untreue, die Ränke böser Frauen und das Handeln und Urteilen der Herrschenden, wobei die jeweilige Akzentuierung (Moraldidaxe, polit. Kritik, religiöse Erbauung) in den verschiedenen Versionen variiert. Im Verlauf der Rezeption werden zuweilen Binnenerzählungen herausgelöst und in andere Kontexte integriert (z. B. die Geschichten »Virgilius«, »Senex«, »Creditor«, »Catula« in die →»Gesta Romanorum«), liefern anderen Werken Handlungsmotive (z. B. der Schwanrittersage [→Lohengrin], »Aristoteles und Phyllis« [→Aristoteles], »Amicus und Amelius« [→Ami(s) et Amile] und Schondochs »Königin von Frankreich«) oder fügen sich ohne Rahmenhandlung in veränderter Reihenfolge wieder in Erzählsammlungen ein (z. B. sechs Geschichten in dt. Übers. in Leipzig, UB, Ms. 1279, 15. Jh.).

Ungeklärt ist, ob die oriental. Versionen des Stoffs (»Sindban«, syr., wohl Mitte 8.–Ende 11. Jh.; »Syntipas« des Michael Andreopulos, gr., 2. Hälfte 11. Jh., übers. aus dem Syr.; »Sindabâd-nâmeh«, pers., 1375; »Tûtî-nâmeh« des Persers Nachschebî, Anfang 14. Jh.; »Die sieben Vezire« in Fassungen von »1001 Nacht«, arab.; »Mischle Sendabar«, hebr. nach Original, 1. Hälfte 13. Jh.; »Libro de los Engannos«, span., 1253 übers. aus dem Arab.), auf eine ind. Urfassung zurückgehen. Vielleicht schon um die Mitte des 12. Jh. (afrz. Versfassung K) kam der Stoff in den Westen; vermutl. gegen Ende des 12. Jh. entstand die älteste der acht lat. Versionen, der Bf. Bertrand v. Metz († 1212) gewidmete →»Dolopathos« (»De rege et septem sapientibus«) des Zisterziensers Johannes de Alta Silva (Abtei Haute-Seille, Lothringen), den im 1. Viertel des 13. Jh. der am Hof Kg. Philipp Augusts wirkende Dichter Herbert als Vorlage seiner afrz. Versfassung (12901 Achtsilbler) benutzte. Schauplatz der Rahmenfabel ist das heidn. Palermo; von den acht Binnenerzählungen (außer den sieben Weisen erzählt auch Virgil, Lehrer des Kg.ssohnes Lucinius) kommen fünf in den übrigen Versionen des Stoffes vor; am Schluß wird Lucinius, Sohn des Dolopathos, zum Christentum bekehrt. Johannes, der sich zwar auf mündl. tradierte Quellen beruft, könnte auch die nicht erhaltene arab. Vorlage der span. Version gekannt haben. Die Rahmenfabel der in das dem Prior von Aix-en-Provence, Hugo de Colubreriis († 1330), gewidmete Beispielbuch für Prediger »Scala celi« des Dominikaners →Johannes Gobii junior eingefügten Bearbeitung, von der auch eine Kurzfassung in die »Summa recreatorum«, einem Hb. für die Unterhaltung bei Tisch (Hss. des 15. Jh.), inseriert wurde, spielt wie die meisten Versionen in Rom. Erzählt werden 15 Exempla: je sieben von den Weisen und der Stiefmutter, eine vom beschuldigten Prinzen. Im 15. Jh. übers. Diego de Cañicares die »Scala celi« mit den S. w. M.n ins Span.; auch in die »Historia«-Fassung der Hs. Freiburg, UB, Cod. 392a, wurden Teile daraus eingebaut; engl. Übers. der S. w. M. gehen wohl ebenfalls auf die »Scala celi«-Fassung zurück. Vorlage dieser entsprechend ihrer Gebrauchssituation stark misogynen Bearbeitung ist vermutl. ein der afrz. Version L nahestehender Text, während eine seit der 1. Hälfte des 14. Jh. in Italien lat. und in it. Volkssprache tradierte, sehr knapp erzählende Fassung mit 15 Exempla auf einen afrz. Text der Version A zurückgeht und in mhd. Übers. auch in die »Gesta Romanorum« aufgenommen wird. Eine bes. umfangreiche lat. Fassung der V. a. frz. und engl. breit überlieferten Version A ist ebenfalls Übers. einer afrz. Vorlage und wurde wohl im 15. Jh. ins Schwed. übertragen. Nur 14 Exempel (die Stiefmutter erzählt sechs statt sieben Geschichten) enthält die in it. gefärbtem Lat. und in it. Volkssprache (Hss. des 14./15. Jh.) verbreitete Versio Italica, wobei die Priorität der. oder der volkssprachl. Version ungeklärt ist. Auch die hebr. Version »Mischle Sendebar« wurde direkt ins Lat. übertragen (oberit. Hs. von 1407: Berlin, Ms. lat. quart. 618). Schauplatz der Rahmenhandlung ist Indien, der Prinzenerzieher heißt Sindebar, erzählt werden 20 Exempla: je zwei von den sieben Weisen, fünf (im hebr. Original sechs) von einer Frau des Kg.s (quedam puellarum suarum), die letzte vom Prinzen selbst.

Spätestens in der 1. Hälfte des 14. Jh. entstand eine auf einem afrz. A-Text basierende, breit überlieferte lat. Fassung (»Historia septem sapientum«), die sich in mehrere Untergruppen aufspaltet, auch in die »Gesta Romanorum« einging und auf fast alle europ. Volkssprachen einwirkte. Der Königssohn trägt hier den Namen Dioclenianus, sein Vater heißt Pontianus. Erzählt werden 15 Exempel, denen wie in den »Gesta Romanorum« meist über die üblichen Nutzanwendungen hinaus geistl. Allegoresen (moralizationes, reductiones) hinzugefügt sind, entweder en bloc am Schluß des ganzen Zyklus oder jeweils hinter den einzelnen Geschichten. Auf diese detailfreudige, breit erzählende lat. »Historia« gehen direkt oder über Zwischenstufen die meisten volkssprachl. Fassungen (seit dem 15. Jh. dt., ndl., frz. und schwed., seit dem 16. Jh. span., engl., schott., tschech., poln., ung., jiddisch, seit dem 17. Jh. dän., russ. und armenisch) zurück. Die Überlieferung der dt. Texte, die sich oft mit der der »Gesta Romanorum« verschränkt, beginnt im 15. Jh. und reicht bis weit in die NZ. Neben drei vollständigen Prosaversionen, die keine Übers. der »Historia«-Fassung sind (1. »Abenteuer von Diocleciano« als Teil der »Gesta Romanorum« b mit 13 Exempeln, acht bair. und ostschwäb. Hss. des 15. Jh.; 2. »Hystorij von Diocleciano« als Schlußteil eines dt. »Gesta Romanorum«-Corpus, 14 Exempel, ab dem siebten der »Historia« folgend, eine bair. Hs. der 2. Hälfte des 15. Jh.; 3. eine aus der lat. Kurzfassung der Version A übers., in eine allegorisierte Sammlung »Gesta Romanorum« eingefügte Version, zwei bair. Hss. des 15. Jh.) lassen sich acht dt. Prosafassungen unterscheiden, die sämtlich auf lat. »Historia«-Vorlagen zurückgehen und sich v. a. in der Ausführlichkeit der Detailschilderungen unterscheiden; unklar ist, wieviele voneinander unabhängige Übersetzungen sie vertreten. Eine Fassung unterscheidet sich mit den »Gesta Romanorum« g; die am ausführlichsten erzählende, im 16. Jh. zum beliebtesten dt. Volksbuch avancierte Version wurde seit 1473 (Augsburg: Johann Bämler) bis ins 19. Jh. auch in (mehr als 60) Drucken überliefert. Ihr folgt der um 1560 in Frankfurt a. M. gedruckte, Franz Modius zugeschriebene lat. »Ludus septem sapientum«. Auch die schwed. und jidd. Übersetzungen, die dt. Versfassung des Hans von Bühel (»Dyocletianus Leben«, 9494 Verse, 1412) und das Schauspiel des Augsburger Meistersingers Sebastian Wild (»Ein schoene Tragedj auß dem buoch der siben weysen Maister gezogen«, gedr. Augsburg 1566) folgen dt. Fassungen der »Historia«, während das Gedicht eines unbekannten, wohl südhess. Verfassers der 2. Hälfte des 15. Jh. einen lat. »Historia«-Text zur Vorlage hat. Die weit in die NZ anhaltende Beliebtheit der S. w. M., die seit der 2. Hälfte des 15. Jh. die »Gesta Romanorum« zurückdrängten, erklärt sich nicht nur aus der an eigenständige Novellen erinnernden, elaborierten Anlage der Beispielerzählungen, sondern auch aus der geschlossenen Form des Gesamtwerks, das gleichsam den Mythos der Wirkungsmächtigkeit von Literatur demonstriert: Geschicktes Erzählen wendet selbst die durch falsche Geschichten hervorgerufene Todesgefahr ab. N. H. Ott

Ed.: Historia septem sapientum, I: Eine bisher unbekannte lat. Übers. einer oriental. Fassung (Mischle Sendabar), ed. A. HILKA, 1912 (Slg. mlat. Texte 4) – Historia septem sapientum, I: Johannis de Alta Silva Dolopathos, ed. A. HILKA, 1913 (ebd. 5) – La Scala coeli di Jean Gobi, ed. M. A. POLO DE BEAULIEU, 1991 – Die Historia septem sapientum nach der Innsbrucker Hs. v. J. 1342, ed. G. BUCHNER, 1889 (Erlanger Beitrr. zur engl. Philologie 5) [Nachdr. 1970] – Die S. w. M. [nach dem Augsburger Druck 1473], ed. G. SCHMITZ, 1974 – *Lit.:* Verf.-Lex² VIII, 1174–1189 [U. GERDES] – H. R. RUNTE, J. K. WIKELEY, A. J. FARRELL, The Seven Sages of Rome and the Book of Sindbad. An Analytical Bibliogr., 1984 (Garland Reference Library of the Humanities 387) – J. CROSLAND, Dolopathos and the Seven Sages of Rome, Medium Aevum 25, 1956, 1–12 – D. FEHLING, Die Eingesperrte ('Inclusa') und der verkleidete Jüngling ('Iuvenis femina'), MJb 21, 1986, 186–207 – U. GERDES, Eine unbeachtete Version der S. w. M., PBB 111, 1989, 285–298 – H. R. RUNTE, From the Vernacular to Latin and Back: The Case of 'The Seven Sages of Rome' (Medieval Translators and their Craft, ed. J. BEER [Studies in Medieval Culture 25, 1989]), 93–133.

II. ENGLISCHE LITERATUR: In der ae. Lit. kamen die S. (oder Zehn) W.n noch nicht vor. Die me. Fassungen prägte die mfrz. Version »Les Sept Sages de Rome«: Sieben Autoritäten, Weisheit als Klugheit, Zeit- und Nationalkolorit. Im 14.–16. Jh. bezeugen etwa ein Dutzend insulare Hss. »The Seven Sages of Rome« (SSR) bzw. »The Book of the Seven Sages« (BSS). Die anonymen Übers.en der zykl. Rahmenerzählungen verschmelzen Anekdote, Exemplum, Fabel, Gnomik, Historia, Legende, Märchen, Novelle, Predigt, Roman(ze), Sage, Speculum und Vita. In »SSR« umrahmen 1/5 statisches Vor- und Nachspiel 4/5 dynamische Wechselrede: Die Stiefmutter klagt Prinz Florentin aus verschmähter Liebe bei Diokletian der Vergewaltigung und des geplanten Ks.mordes an; die S. W.n als Hüter von Wahrheit und Gerechtigkeit retten ihn. Tausende, meist vierhebige Achtsilber in Paarreim und karger Diktion verzahnen antiphonal die 2×7 Dialoge aus Baum-, Tier- und Menschenparabeln; Recht und Gnade siegen. Aus »SSR«/»BSS« schöpften →Gower, →Chaucer, →Lydgate, →Caxton und die nachma. Intertextualität. H. Weinstock

Bibliogr.: ManualME 1.I, 1967, 160; 9.XXIV, 1993, 3272f., 3561–3563 [Nr. 210] – NCBEL I, 453f. – The SS Newsletter, 1975ff. – H. R. RUNTE, J. K. WIKELEY, A. J. FARRELL, The SSR and the Book of Sindbad, 1984, 38–64 – *Ed.:* K. BRUNNER, The SSR, EETS OS 191, 1933 – C. VAN BUUREN, The BSS, 1982 – *Lit.:* Dict. of the MA V, 1985, 285–288 – J. CROSLAND, Dolopathos and the SSR, MAe 25, 1956, 1–12 – H. NIEDZIELSKI, H. R. RUNTE, W. L. HENDRICKSON, Stud. on the SSR ..., 1978.

Siebenarmiger Leuchter (hebr. Menora, gr. ἑπτάφωτος λυχνία, lat. Septem candelabra), siebenflammiger Leuchter aus dem atl. Tempel zu Jerusalem. Von Gott dem Moses befohlen, von Bezaleël aus Gold für das Bundeszelt verfertigt, mit je drei seitlich ausfahrenden Röhren, Knäufen und vegetabil. Zieraten (Exod 25, 31ff.; 37, 17ff.). Der S. L., oft auch »Candelabrum Salomonis« genannt, wurde nach Zerstörung Jerusalems 70 n. Chr. mit dem Tempelschatz nach Rom verbracht (Relief Titusbogen). In der Folgezeit begegnet die Menora häufig in Synagogen oder auf Gerätschaften, als bildl. Evokation des verlorenen Tempels (→Menora). Aus jüd. Tradition, v. a. durch Buchmalerei, in die christl. Kunst vermittelt, wird der S. L. im typolog. Sinne vorbildhaft für die Kirche, schon früh auch allg. zum Sinnbild Christi (Clemens Alexandrinus, † 215). Die Übernahme als Leuchtertyp wird seit karol. Zeit künstlerisch bedeutsam in der Nachbildung und Neuinterpretation jüd. Tempelgeräte (Benedikt v. Aniane, Hrabanus Maurus). Ältestes erhaltenes Beispiel ist der Essener Bronzeleuchter (um 1000), vielleicht nach einem im 10. Jh. bezeugten byz. Vorbild. S. L. von monumentaler Größe, 4–5 m hoch und ca. 4 m in Spannweite, befinden sich heute in Stift Klosterneuburg, den Domen von Braunschweig und Mailand, der maasländ. Kunst des 12. Jh. verpflichtet, sowie an anderen Orten. Insgesamt lassen sich ca. 50 ma. Nachbildungen nachweisen. Die ikonograph. Aussage des S. L.s bezieht sich aufgrund der vegetabil. Zierrate zunächst auf die »arbor vitae«, theol. und bildlich auch zur »Wurzel Jesse« weitergeführt. Weiterer wesentl. Bedeutungsfaktor ist die symbol. Siebenzahl, Hinweis auf die Vollendung der Schöpfung, zugleich die Zahlen Vier und Drei einschließend. So steigt der S. L. in Essen über quadratischer, mit Personifikationen der 4 Winde als weltbildlich bezeichneter Basis auf, dadurch als »lux mundi« in der Kirche als »nova Jerusalem« gedeutet. Für die Siebenzahl der Leuchten ist ferner die Beziehung zur Apokalypse wichtig (Offb 4, 5). Bereits in frühchr. Zeit ist sie weiter auf die Gaben des Hl. Geistes bezogen worden, eine v. a. den Theologen des 12. Jh. geläufige Vorstellung (Rupert v. Deutz u. a.). Honorius Augustodunensis verbindet sie ferner mit den sieben »Säulen der Weisheit« (Spr 9, 1). Am S. L. von Mailand ist beispielhaft das gesamte Heilsgeschehen bildtypolog. dargestellt, von der Schöpfungsgeschichte über atl. Szenen, Propheten, Tugenden und Laster, Psychomachie, Artes Liberales, Tierkreiszeichen und Paradiesesflüsse zur »arbor Jesse« mit Maria und Kind, über denen die Flammen des Geistes Gottes leuchten.

V. H. Elbern

Lit.: DACL III, 1, 215ff. – LCI III, 90ff. – Lex. d. Kunst VI, 1994, 654 – J. HAASE, Der S. L. des Alten Bundes, seine Gesch. und Symbolik, 1922 – O. HOMBURGER, Der Trivulzio-Kandelaber, 1949 – P. BLOCH, S. L. in christl. Kirchen, Wallraf-Richartz Jb. XXIII, 1961, 55–190 – DERS., Monumenta Judaica, 1963, 750ff.

Siebenbürgen (lat. Transsilvania, Ultrasilvana terra, Septem Castra; ung. Erdély, rumän. Ardeal), östl. Landesteil des ma. →Ungarn. Der Name weist auf die sieben →Komitate hin, in die das Land in der Arpadenzeit gegliedert war. Die lat. Variante Ultrasilvana terra wie die ung. Erdély (altung. erdö elü) bezeichnen das Gebiet Ungarns, das im 11. Jh. jenseits des Grenzwaldes lag.

Die Räumung der röm. Prov. Dacia Traiana (→Dakien) durch Ks. Aurelian (168–275) gab das Land den Invasionen der Völkerwanderung preis (Ansiedlung von →Karpen und →Goten, 3. und 4. Jh., bezeugt durch schriftl. Nachrichten [→Jordanes, →Eutropius, →Orosius] und Bodenfunde). Die got. Herrschaft brach unter dem Ansturm der →Hunnen 376 zusammen (archäol. Fundstätten im südl. S.: Scharnberg, Pretai). Nach der Niederlage der Hunnen am Nedao-Fluß (455) nahmen die →Gepiden das

Gebiet zw. →Karpaten und Theiß in Besitz. Umstritten blieb die von rumän. Historikern verbreitete Theorie einer Kontinuität der dako-roman. Bevölkerung S.s bis ins HochMA.

Einen entscheidenden Einschnitt in der frühma. Siedlungsgesch. S.s leiteten die →Avaren ein, die im Bündnis mit den →Langobarden 567 das Gepidenreich vernichteten, S. besetzten und den Weg für die Landnahme der in ihrem Gefolge eindringenden →Slaven freimachten. S. wurde seit dem 7. Jh. völlig slavisiert. Das Avarenreich erlag um 800 den vereinten Angriffen →Karls d. Gr. und des Bulgarenchāns →Krum. Die →Bulgaren nahmen zw. 804 und 827 den Osten des Avarenreiches zw. Theiß und Karpaten in Besitz und bemächtigten sich der Salzbergwerke von Westsiebenbürgen.

Seit 895 drangen Ungarn auf der Flucht vor den →Pečenegen über die Karpatenpässe nach S. ein. Sie besiedelten v. a. die fruchtbaren Tallandschaften (extensive Viehhaltung) und ließen sich in der Nähe der Salz- und Goldlagerstätten an Maros und Szamos nieder, während sich die slav. Restbevölkerung z. T. in die gebirgigen Randzonen zurückzog. Die Ungarn errichteten (anstelle der von ihnen zerstörten bulg. Burg v. Balgrad) die neue civitas Alba Iule (→Alba Iulia, Weißenburg), Sitz der →Gyula-Fs.en (seit Beginn des 10. Jh.?), die sich aus der Abhängigkeit von den Gfs.en v. Ungarn (→Arpaden) zu lösen suchten.

Erst 1003 gelang es Kg. →Stephan d. Hl. (997–1038), den letzten Gyula-Fs.en zu vertreiben und S. zu erobern. Stephan führte die von byz. Missionaren (Bf. Theophilos u. a., um 952) begonnene Christianisierung des Landes fort, gründete 1009 das Bm. S. und führte das Komitatssystem ein. Kolonisation und →Landesausbau erfolgten nicht »aus wilder Wurzel«, sondern unter strikter Kontrolle der kgl. Zentralmacht (vom Kg. ernannter Vojvode; →Wojewode). Im Rahmen dieser Erschließung wurden die Grenzschutzverhaue (ung. *gyepü*) in mehreren Etappen vorverlegt und die ihnen vorgelagerten Ödlandstreifen (*gyepüelve*) systemat. aufgesiedelt. Um 1150 war die Altlinie, um 1200 die Karpatengrenze erreicht. Die Kolonisation wurde von wirtschaftl. wie militär. Erfordernissen (Einfälle der reiternomad. Pečenegen und →Kumanen, 1068, 1091) bestimmt.

An Landesausbau und -verteidigung waren fremde →hospites und Hilfsvölker maßgebl. beteiligt. Einer ersten Gruppe von ca. 2–3000 Einwanderern aus dem Rhein- und Moselgebiet (→Sachsen, Siebenbürger) gewährte Kg. →Géza II. (1141–61) Aufnahme. Im → »Privilegium Andreanum« v. 1224 wurde ihnen von Kg. →Andreas II., soweit sie im Reichsgebiet der Sieben Stühle (Hermannstädter Gebiet, →Hermannstadt) auf »Königsboden« saßen, eine weitgehende Selbstverwaltung zugestanden; ähnl. privilegiert waren andere dt. Siedlergruppen (Rodnaer und Nösner Land). Bis zum 13. Jh. erfolgte ständiger Zuzug aus dem W. Das östl. des Hermannstädter Gebiets gelegene →Burzenland vergab Andreas II. 1211 an den →Dt. Orden, der allerdings bereits 1225 wieder vertrieben wurde.

Das Hilfsvolk der →Székler, das vorher am Südrand des S.er Beckens gesessen hatte, wurde um 1220 zur Sicherheit der Grenzwacht in den südöstl. Karpatenwinkel umgesiedelt. Roman. Bevölkerungselemente, die →Vlachen, erscheinen nach Ausweis der ung. Urkk. erst seit Beginn des 13. Jh. in Süds. (→Fogarasch, Hatzeg) als Bauern und Hirten (→Transhumanz), die unter Führung von selbstgewählten 'Knezen' standen und dem Kg. v. Ungarn Tribut entrichteten ('Schaffünfzigstel', quinquagesima ovium). Als übergeordnete Gerichtsbehörden galten seit ca. 1360 die Knezen-Stühle, an denen »iure Valachorum« Gericht gehalten wurde.

Die Siedlungstätigkeit in S. erlitt empfindl. Rückschläge durch den Mongolensturm (→Mongolen) von 1241/42. Bestrebungen der Vojvoden zur Errichtung eigener Landesherrschaft führten zum Zerfall der kgl. Zentralmacht in S. und konnten erst unter Kg. →Karl Robert v. Anjou (1308–42) eingedämmt werden. Doch setzte der Neuaufbau des Landes schon seit 1242 ein und zeitigte unter der Herrschaft des späteren Kg.s →Stephan V., der S. 1257–58 und 1260–70 als Hzg. verwaltete, erste Erfolge.

Der Aufbau eines neuen Burgensystems, an dem neben dem Kg. auch der Adel teilnahm, trug nicht nur zur Abwehr erneuter Tatareneinfälle (1285, 1324, 1344) bei, sondern schuf auch die Voraussetzungen für die Ausbreitung des Städtewesens, an dessen Aufbau v. a. dt. hospites beteiligt waren. Einige dieser Städte gingen aus älteren Siedlungen hervor (Dés, Weißenburg, →Klausenburg, Hermannstadt), während andere neu gegründet wurden (→Kronstadt, Schäßburg und die Bergbaustädte Offenburg und Großschlatten). Die gezielte Finanzpolitik der Anjou-Kg.e, die Prägung von Goldmünzen (1325), die Förderung des Gold- und Salzbergbaus und die Öffnung S.s für den Balkanhandel begünstigten den Aufschwung der siebenbürg. Städte. Die zunehmende Differenzierung des Handwerks läßt sich seit der 2. Hälfte des 14. Jh. an der Vielzahl von Zünften ablesen.

Über den Handel stieg bei den S.er Sachsen ein →Patriziat auf, das die polit. Macht auch gegen die seit Ende des 15. Jh. aufbegehrenden Zünfte zu behaupten wußte. Der ung. Adel, dessen Rechte durch die Anjou-Kg.e erheblich erweitert wurden (1324 Steuerfreiheit, 1342 Grundgerichtsbarkeit), teilte seine Privilegien mit den Sachsen und Széklern, die ihm »in corpore« gleichgestellt waren. Seit dem 13. Jh. bildeten sich die Stände-'Nationen' des ung. Adels, der Sachsen und Székler, die in gesonderten Rechtsgebieten (Adels-, Székler- und Sachsenboden) lebten. Hingegen erlangten die Vlachen nicht den Status einer 'Nation'. Zahlreiche vlach. Knezen fanden zwar Aufnahme in den ung. Adel, aber die Masse der Vlachen sank wie die ung. Bauern zu Grundhörigen (→iobagiones) ab.

Die drei 'Nationen' schlossen seit 1437 mehrere 'Brüderl. Einigungen' (fraternae uniones) – Sachsen und Székler zur gemeinsamen Abwehr der seit 1375 einsetzenden Türkeneinfälle, der Adel auch gegen die aufstand. Bauern, denen die Osmanenabwehr überhöhte Dienstleistungen aufgebürdet hatte (Erhebung von Bábolna 1437 und Aufstand des Georg →Dózsa 1514). Die 'Einigungen' bildeten gemeinsam mit der zunehmenden Unabhängigkeit der Vojvoden die Grundlage für die Rechtsordnung des seit Mitte des 16. Jh. selbständigen Fsm.s S.   H. Göckenjan

Q. und Lit.: Székely oklevéltár, 1–8, 1872–98, 1934 – UB zur Gesch. der Dt. in S., 1–7, 1892–1991 – Documenta historiam Valachorum in Hungaria illustrantia, 1941 – Documente privind istoria României, C. Transilvania, 1–12, 1951 – D. MITTELSTRASS, Beitr. zur Gesch. S.s im MA, 1961 – K. KLEIN, Transsylvanica, 1963 – GY. GYÖRFFY, Geographia historica Hungariae..., 1–3, 1963–87 – ST. PASCU, Voievodatul Transilvanei, 1–4, 1972–89 – B. KÖPECZI, Erdély története, 1–3, 1988³ – E. MÁLYUSZ, Az erdélyi magyar társadalom a középkorban, 1988 – B. KÖPECZI, Kurze Gesch. S.s, 1990 – Gruppenautonomie in S., hg. W. KESSLER, 1990 – K. G. GÜNDISCH, Das Patriziat siebenbürg. Städte im MA, 1993.

Siebenkammermodell, Modell der *Gebärmutter* des 11. Jh., dessen erster Entwurf aus byz. Bereich übernommen wurde, dessen Entfaltung jedoch in Salerno erfolgt und das nach den Salerner Anatomen (Ps.-Copho; 'Vierte

Salerner Anatomie') durch →Richardus Anglicus weiter ausgestaltet wurde. Zusätzl. Erweiterung erfährt es in der frühen Enzyklopädie (→Wilhelm v. Conches); in voller Ausformung begegnet es bei den nd. →Hebammen des 14. Jh. ('Fläm. Ps.-Trotula'). Unter Rückgriff auf antike Zeugungsvorstellungen wie Rechts-Links-Theorie sowie Wärme-Lehre, unter Einkreuzung des Matrix-Konzepts aus der Münz-Prägung und unter Einbezug zahlenspekulativer Wertungen (Siebenzahl) geht das S. davon aus, daß die Gebärmutter (matrix) aus einem Zentralkanal und sieben Kammern (cellulae) bestünde, von denen drei rechts, drei links im Leibe lägen und die siebte als Scheitelkammer in der Mitte steht. Aufgrund ihrer Nähe zur Leber weisen die drei rechts liegenden Kammern einen graduiert variierenden Wärme-Überschuß auf, der den in ihnen heranwachsenden Föten männl. Geschlecht aufzwingt und (entsprechend dem kammerspezif. Wärmegradienten) eine der drei Varianten von Männlichkeit (vom feurigen Helden bis zum melanchol. Gelehrten) verleiht. Entsprechendes gilt für die linke, weibl. Seite; in der mittelständigen Scheitelkammer wachsen die Hermaphroditen heran. Neben gestufter Ausprägung einer Sexualtypologie erklärt das Modell die Möglichkeit gekreuzt-geschlechtl. Vererbung, indem es die Weitergabe väterl. Individualmerkmale dem (ausschließl. männl.) Samen zuweist und aufgrund der Ein-Samen-Lehre sich nun gezwungen sieht, mütterl. Merkmale durch mechan. Prägestempel in den Kammern dem Keimling aufzuprägen. Merkmaldiskordanz bei (auf die Höchstzahl von sieben) begrenzter Mehrlingsschwangerschaft konnte so gerechtfertigt werden. – In der Rechtsprechung benutzt und über Demonstrationszeichnungen gestützt, hat sich das S. trotz des Widerspruchs Vesals bis ins 16. Jh. gehalten. G. Keil

Lit.: R. REISERT, Der siebenkammerige Uterus (Würzburger med.hist. Forsch. 39, 1986).

Siebenschläfer. Die sieben aus Ephesos stammenden Hl.n (Iamvlichos, Martinianos, Dionysios, Antoninos, Konstantinos, Exakustodianos und Maximianos) werden von der orth. Kirche am 22. Okt. bzw. 4. Aug. gefeiert. Sie lebten während der von zahlreichen Christenverfolgungen gezeichneten Herrschaft des Ks.s Decius (ca. 200–251). Der S.-Legende nach sollen sie ihre großen Vermögen an die Armen verschenkt haben, um sich anschließend in eine Höhle bei Ephesos zurückzuziehen. Dort versanken sie in Schlaf. Decius fand das Versteck und ließ den Eingang versiegeln. Die sieben Hl.n wachten erst 446 unter der Herrschaft Theodosios' d. Kl. (408–450) für kurze Zeit auf und bezeugten damit die leibliche Auferstehung der Toten (gegen eine zeitgenöss. Häresie, die diese leugnete). Die Legende (mit variierenden Namen und Zahl) ist bereits im späten 5./frühen 6. Jh. in syr. und griech. Versionen bezeugt. Nach der Übersetzung ins Lat. (Gregor v. Tours, MGH SRM I 550ff., 848–853) verbreitete sich der Kult der S. auch im lat. Westen. Dort tragen die Hl.n zumeist die Namen Maximianus, Malchus, Dionysius, Johannes, Serapion und Constantinus (Mart. Rom. 308f., Fest: 27. Juli, in einigen Ländern 27. Juni). Sie gelten als Helfer gegen Schlaflosigkeit und fiebrige Krankheiten. A. Ioannidou

Lit.: F. HALKIN, Bibl. hagiogr. graeca, 1957, 2, 227f. (= Subsidia hagiographica, no 8a) – AA SS Jul. VI, 375–387 – BHL 2313–2319 – DACL XV, 1204–1262 – HWDA VII, 1702ff. – ThEE VIII, s.v. Maximianos – Synaxarium ecclesiae Constantinopolitanae e codice Sirmondiano, 1902, s.v. Oct. 22, Aug. 4 – M. HUBER, Die Wanderlegende der S., 1910 – E. LIESERING, Unters. zur Christenverfolgung des Ks.s Decius, 1933.

Siechenhaus. Im Gegensatz zum →Hospital ist das S. definitor. als Isolierstation für unheilbar Erkrankte, von denen eine Infektionsgefahr ausging, aufzufassen. Zu den S.ern sind die seit der Merowingerzeit bezeugten, häufig Sonders.er (Bezeichnung für die Leprösen 'Sieche', *arme kinder*, auch *veltsieche*) genannten Leprosorien (→Aussatz) ebenso wie die erst ab dem späten 14. Jh. (z.B. Ragusa 1377, Marseille 1383) aufkommenden Seuchenhospitäler (Pesthäuser) zu rechnen, u. U. auch Vor- und Frühformen der Tollhäuser. Die Q.terminologie ist vielfältig und schwankend (z. B. Gutleutehaus), teilweise auch mißweisend, da S.er in den Q. auch als Hospital bezeichnet werden können (z. B. Hospital St. Sebastian in Nürnberg 1498). Der it. Begriff *lazzaretto* (bes. Mailand 1489–1507) bezeichnet ausschließl. das Pesthaus. Anders als Hospitäler wurden die S.er außerhalb der Städte angelegt, Leprosorien regelmäßig an großen Ausfallstraßen, Pesthäuser hingegen völlig abseits und zumeist noch von Zaun und Graben umgeben. Um 1500 besaß fast jede größere Stadt sowohl Leprosorie (z. B. in Nürnberg vier »Siechkobel«) als auch Pesthaus. Letzteres entstand im mitteleurop. Bereich zumeist erst nach 1500. Leprosorien fanden nach 1500 öfters auch Verwendung zur Unterbringung von Syphiliskranken. Wie bei den Hospitälern war auch im S. die Verbindung von »Bett und Altar« gegeben. Bevorzugte Patrozinien für S.er waren die Hll. →Sebastian und →Rochus. Organisation und Betrieb sind im wesentl. denen der Hospitäler vergleichbar. →Leprosenhäuser (Byzanz). F. B. Fahlbusch

Lit.: →Aussatz, →Hospital – J. BELKER, Aussätzige – »Tückischer Feind« und »Armer Lazarus« (Randgruppen der spätma. Ges., hg. B.-U. HERGEMÖLLER, 1994²), 253–283.

Sieciech, poln. Magnat, † 28. Juni vor 1113 (Nekrolog v. St. Emmeram/Regensburg), stammte wahrscheinl. aus der Starża-Sippe, Palatin (→Wojewode) des Fs.en →Władysław I. Hermann spätestens seit 1090. Fakt. regierte S. im Namen Władysławs in Polen und entschied über die Ämterbesetzung im eroberten →Pommern. 1092/93 zog er mit →Bolesław III. Krzywousty gegen Mähren. 1093 unterdrückte er die gegen ihn gerichtete Opposition und kerkerte den Fs.ensohn →Zbigniew in seiner Burg (wohl Sieciechów a. d. Weichsel) ein. 1097 war S. gezwungen, Zbigniew freizulassen, unterlag zw. 1098 und 1100 der Opposition um Władysławs Söhne Zbigniew und Bolesław Krzywousty, verlor seine Ämter und wurde verbannt. Nach seiner Rückkehr spielte er offenbar keine polit. Rolle mehr. Entgegen der früheren Meinung, S. habe antipiast., dezentralist. Positionen vertreten, überwiegt heute die Meinung, daß ihm an der Stärkung der fsl. Macht gelegen war. Bemerkenswert sind S.s Münzprägungen auf seinen Namen. Er war vermutl. Stifter des Regularkanoniker-Kl. in Sieciechów und der St. Andreaskirche in Krakau. Sein Sohn oder Enkel, Sieciech der Jüngere, Mundschenk am Hofe Bolesławs Krzywousty, pilgerte 1122 nach St-Gilles. J. Strzelczyk

Lit.: SłowStarStow V, 155f. – J. BIENIAK, Polska elita polityczna XII w., II (Społeczeństwo Polski średniowiecznej, III, 1985), 13–19.

Siedlung, ländliche. Darunter wird überwiegend ein Wohnplatz mit zugehöriger Wirtschaftsfläche verstanden. S.sräume oder -gebiete werden durch bes. Merkmale (z. B. Form, Genese, Funktion) ihrer S.en geprägt. Die Auswahl der S.sräume wurde beeinflußt durch die Beachtung der natürl. →Umwelt (Landformen, →Klima, Gewässer, Böden), herrschaftl. Streben und Wirtschaftsform (Agrar-, Vieh-, Forstwirtschaft, Spezialkulturen, Fischerei) der Siedler (→Dorf, A.II.b). Maßgebende Faktoren für die Anlage, Zahl, Qualität, Größe und Form ländl. S.en waren die →Bevölkerung, ihre Dynamik, daraus resultierender Flächenbedarf, Anpassung an den Standort (Gelände), agrar- und bautechn. Entwicklungsstand, gesellschaftl., darunter herrschaftl. Organisation mit Agrarverfassung (→Deutschland, G. II. 5, 6), kirchl. Funktion (→Pfarrei), Einwohnerzahl, Größe und Gefüge der Agrarbetriebe, Vorhandensein von Kristallisationskernen wie →Burgen, von Handwerkern (→Handwerk, A.II) oder anderer teil- oder nichtagrar. Bevölkerung. Vermessungsvorschriften oder andere Regulative sind bislang nur regional nachgewiesen. Im Verlaufe des MA wurde das S.recht mit Besitzrecht ausgestattet; damit verstärkte sich dessen Einfluß auf Form und Funktion der neu angelegten S.en. Angesichts der starken Variabilität dieser Hauptfaktoren ergeben sich im zeitl. Ablauf erhebl. regionale Unterschiede in Funktionen und Formen, Dichte, Größe und Struktur der ländl. S.en. Auch Haus bzw. Gehöftformen (→Haus) haben die S.sgrundrisse beeinflußt; die beiden Extremformen, Einhof und Streuhof, bildeten zahlreiche Zwischenformen mit entsprechenden Auswirkungen auf den Ortsgrundriß aus. Die meisten Atlaskarten über Orts- und Flurformen beruhen auf Katasterkarten der Mitte des 19. Jh. oder späteren Quellen, so daß angesichts der (früher unterschätzten) Veränderlichkeit Rückschlüsse nur mittels weiterer Zeugnisse möglich sind. Bei landschaftl. Studien kann auf eine Einzelanalyse mit Kombination von Karten, hist. und archäol. Zeugnissen nicht verzichtet werden. In →Schweden, →Finnland und →Dänemark haben (nach verbreiteten Umformungen) ländl. S.en bereits im SpätMA die Agrarreformen des 18. und 19. Jh. nur noch ma. Rudimente bestehen lassen. Europaweite Vergleichsstudien erscheinen terminolog. Probleme, da sich das systemat. Typensystem eines internat. Arbeitskreises zur Bezeichnung von Orts- und Flurformen in der S.sforschung nicht generell eingebürgert hat. Schon ein Vergleich der Karten der Schweiz, der Niederlande und des östl. Mitteleuropa (hochma. Plans.en) macht die großen, teilw. grundlegenden Unterschiede der S.stypologie deutlich.

Je älter die S.en sind, um so eher hat sich in der Regel das Gefüge ihres Grundrisses verändert, auch wenn sich grobe Äußerlichkeiten erhalten haben. So konnte sich aus einem Kleindorf (Weiler) mit unregelmäßigem Grundriß, lockerer Bebauung und großgliedriger Flur – ein im FrühMA verbreiteter Typ – durch fortgesetzte Teilungen älterer und Neuanlage jüngerer Höfe und Kleinstellen (→Schuppose) ein großes Dorf mit unregelmäßigem Grundriß, dichter Bebauung, kleingliedriger Gewannflur und andersartiger Betriebs- und Gesellschaftsstruktur entwickeln, ohne daß der Grundtyp eines Haufendorfs (unregelmäßige Gruppens.) verloren ging. Die Masse der hochma. Plans.en regelmäßigen Orts- und Flurgefüges, gekennzeichnet durch lineare Formen der Anordnung der Höfe um einen Anger bzw. Platz (→Dorf, A. II. c, g) sind oft 5–600 Jahre jünger als Haufendörfer und unter stärkerer Einwirkung der →Grundherrschaft entstanden. Ihre Planformen blieben häufig bis um 1945 (nicht zuletzt aus betriebswirtschaftl. Gründen) erhalten. Neuanlagen auf Wüstungen des MA, oft mit regelmäßigem Grundriß, die jedoch Namen und Lage der Vorgängers. besitzen, können Kontinuität vortäuschen.

Eine Gliederung der Besiedlungsvorgänge nach Raum und Zeit läßt sich durch eine Kombination von Karten der Orts- und Flurformen mit solchen des Verlaufs der Besiedlung annähernd erarbeiten. Zu dessen Identifikation sind die →Ortsnamen dank ihrer Gruppierung und zeitl. Schichtung aussagekräftig. Die Anlage von S.en war im MA kein stetig fortschreitender Prozeß. Beginn und Ende von Phasen der Gründung von S.en, oft mittels →Rodungen (Rodeperioden), von Wüstungsprozessen oder von Stagnationsphasen unterscheiden sich regional, so daß in europaweiter Sicht nur generelle Feststellungen möglich sind. Allg. werden die im 6. Jh. bereits länger besiedelt gewesenen Räume als *Altsiedelgebiete* bezeichnet; ihnen stehen die seit dem 7./8. Jh. besetzten Räume als *Jungsiedelgebiete* gegenüber. Damals begann auch die Wiederbesiedlung von völkerwanderungszeitl. geräumten Bereichen (z. B. Teile der Nordseemarschen). Seit dem 10. Jh. ist die standörtl. Kontinuität der S.en erheblich gewachsen. Die umfangreichsten Rodungen erfolgten in großen Teilen Europas nördl. der Alpen von etwa 1000–1300/1350 (→Deutschland, G; →England, H; →Frankreich, C). In diese Zeit fällt auch der Höhepunkt der ma. Marschen- und Beginn der Moorkolonisation (→Deich- und Dammbau). Auch im Altsiedelland ist bis weit ins HochMA das S.netz durch Ausbau älterer S.en und Anlage neuer verdichtet worden. Im frühen 14. Jh. endet, im Zusammenhang mit Seuchen u. a. Faktoren, weithin die Anlage neuer S.en (→Flandern, B. I, II), zahlreiche →Wüstungen entstehen.→Altlandschaftsforschung, →Flur, →Forst, →Landesausbau. H. Jäger

Lit.: →Dorf–Hoops² II, 307–313 [H. Jäger–H. Jankuhn] – Orts- und Flurformen um 1850. Atlas der dt. Agrarlandschaft, hg. E. Otremba, 1962–72, I, 9/10 – Nederzettingsvormen, Atlas van Nederland, 1963–77, B. IX, 1 – Bäuerl. S.s- und Flurformen, Atlas der Schweiz, K. 38, 38a, hg. E. Imhof, 1965–78 – Flur und Flurformen, hg. H. Uhlig–C. Lienau, 1967 – A New Hist. Geography of England, hg. H. C. Darby, 1973 – P. H. Sawyer, English Medieval Settlement, 1979 – K. H. Schröder, Die ländl. S.sformen um 1850. Hist. Atlas BadenWürttemberg, K. IV, 16 und Erl., 1985 – Settlement and Society in Medieval Ireland, hg. J. Bradley, 1988 – X. de Planhol–P. Claval, Géographie Hist. de la France, 1988 – Genet. S.sforsch. in Mitteleuropa und seinen Nachbarräumen, hg. K. Fehn, 2 Bde, 1988 – H. Ellenberg, Bauernhaus und Landschaft in ökolog. und hist. Sicht, 1990 – L. Genicot, Rural Communities in the Medieval West, 1990 – The Transformation of Rural Society, Economy and Landscape, hg. U. Sporrong, 1990 – H.-J. Nitz, Hist. Kolonisation und Plans. in Dtl., 2 Bde, 1994/95.

Siedlung, städtische → Stadt

Siedlungstypen, von v. a. der geogr. Forschung verwendeter Begriff zur Ordnung menschl. Siedlungen jeder Art nach Kriterien wie z. B. Größe (Einzel- und Gruppensiedlungen von Einzelhöfen bis zu Weltstädten), Grundriß (geplant, ungeplant; ein-, mehrteilig; eher linear, flächenhaft), Wirtschaftsweise oder vorherrschendem Gebäudetyp in Klassen (→Dorf, →Stadttyp). In den meisten Fällen bedeutet »Typisierung« eine Gruppierung nach ökonom.- bzw. sozialstatist. Daten; der method. Ansatz ist damit aus Mangel an entsprechend differenzierten Q. für MA und frühe NZ nicht anwendbar. H.-K. Junk

Lit.: G. Niemeier, Siedlungsgeogr., 1977⁴ – G. Schwarz, Allg. Siedlungsgeogr., 2 Bde, 1989⁴.

Siegburg, Kl., Stadt an der Sieg (Nordrhein-Westfalen). [1] *Kloster:* Ebf. →Anno II. v. Köln gründete um 1064 auf dem vom Pfgf.en Heinrich abgetretenen Siegberg ein dem hl. Michael geweihtes Kl., das von Mönchen aus St. Maximin (→Trier) unter der Leitung des Gorzer Professen Erpho besiedelt wurde. Seit 1065 förderte Kg. Heinrich IV. S. durch Schenkungen, Verleihung von Kg.sschutz und Privilegien. Alexander II. verbriefte 1066 die freie Abtwahl. Das von S. beanspruchte Recht der freien Vogtwahl verhinderte nicht den Aufbau einer erbl. Vogtei der Gf.en v. →Berg seit dem frühen 12. Jh. 1070 berief Ebf. Anno Mönche aus →Fruttuaria nach S. und schuf damit die Voraussetzungen für die S.er Reformbewegung. Die Ebf.e Anno († 1075), →Hermann III. († 1099) und →Friedrich I. († 1131) erwählten S. zu ihrer Grablege. Der 2. Abt Reginhard (1076–1105) regte die Abfassung der »Vita Annonis« (und des →»Annoliedes«?) an. Unter seinem Nachfolger Kuno I. (1105–26) erreichte die Zahl der Mönche mit etwa 120 ihren höchsten Stand. Mit Unterstützung Ebf. Friedrichs I. baute Kuno ein Netz von Prioraten (Zellen) auf, die dem Mutterkl. S. besitzrechtl. unterstanden: Fürstenberg bei Xanten, Oberpleis, Remagen, Zülpich, Stockum (alle Ebm. Köln), Millen (Bm. Lüttich), Hirzenach, Güls (beide Ebm. Trier) u. a. Der letzte bedeutende Abt Nikolaus (1146/47–74), vielleicht der Initiator der →Kölner Kg.schronik, unterhielt Beziehungen zum Hof Friedrich Barbarossas. Sein Nachfolger Gerhard erreichte 1183 die Heiligsprechung Annos II. S. wurde in bescheidenem Rahmen Wallfahrtsort (Annoschrein, Mirakelbuch). Im 13. Jh. geriet S. in wirtschaftl. Schwierigkeiten und büßte seine überregionale Bedeutung nach und nach ein. Der Niederadel der Umgebung dominierte im Konvent und stellte die Äbte. Die Zahl der Mönche sank auf einen Durchschnitt von etwa 20. Der →Bursfelder Reform hat sich S. nicht angeschlossen. Das Kl. wurde 1803 aufgehoben; seit 1914 wieder Benediktinerabtei.

[2] *Siegburger Reform:* Die 1070 nach S. verpflanzte cluniazens. Reformrichtung von Fruttuaria wurde den lokalen Gegebenheiten eines bfl. Eigenkl. angepaßt. Sie wurde bis zum Beginn des 12. Jh. in allen Kölner Bf.skl. eingeführt (St. Pantaleon und Groß St. Martin in Köln, Saalfeld, Brauweiler, Gladbach, Deutz, Flechtdorf). Darüber hinaus fanden die S.er Gewohnheiten in weiteren Kl. Eingang, vielfach allerdings nur vorübergehend oder in Konkurrenz mit anderen Reformrichtungen (Huisburg, Iburg, Sinsheim, St. Paul/Utrecht, St. Peter/Erfurt, St. Moritz/Minden, Burtscheid, Gronau, Weersele, Wietmarschen, Altenburg, Lorsch u.a.). Als Bf. v. Regensburg übertrug der frühere S.er Abt Kuno seit 1126 die S.er Reform nach Bayern (Mondsee, Waldsassen, Weltenburg?, St. Emmeram/Regensburg?). Frauen fanden zunächst als →Inklusen oder in kleinen Gruppen Anschluß an S.er Kl. Regelrechte Nonnenkl. S.er Observanz entstanden im Kölner Raum seit dem frühen 12. Jh. (Rolandswerth, Neuwerk, Königsdorf, St. Mauritius/Köln). Reformkontroversen entwickelten sich im 12. Jh. mit Regularkanonikern und Zisterziensern. S. modifizierte fallweise seine zunächst ablehnende Haltung gegenüber der Pfarrseelsorge. In der 2. Hälfte des 12. Jh. verlor die S.er Reform ihre prägende Kraft. Als Theologen traten unter den S.ern Wolbero v. St. Pantaleon (Canticakomm.) und v.a. →Rupert v. Deutz hervor.

[3] *Stadt:* Mit der Gründung des Kl. ging die Verlegung einer Siedlung an den Fuß des Siegbergs einher, für die Heinrich IV. 1069 Markt, Zoll und Münze gewährte. Im 12. Jh. entwickelte sich S. zur Stadt (1182 civitas) mit Stadtmauer und Stadtrecht. Der Abt v. S. als Gerichtsherr im S.er Bannbezirk bestellte die 14 Schöffen des städt. Gerichts, dem der Schultheiß vorsaß. Die Gf.en/Hzg.e v. Berg bezogen als S.er Vögte die Hälfte der Gerichtsgefälle und beanspruchten zeitweise konkurrierend mit den Äbten weitergehende Rechte in der Stadt. Seit 1283 ist neben den Schöffen ein 12köpfiger Rat bezeugt; 1358 werden zwei Bürgermeister genannt. Der Rat ergänzte sich durch Kooptation, der Abt bestätigte die Wahlen. Um die Autonomiebestrebungen der Stadt einzudämmen, verwandelten die Äbte im 14. Jh. das Schöffenkolleg in eine ritterl. Korporation, in die nur noch stadtfremde Lehnsleute der Abtei aufgenommen wurden. Wirtschaftl. war S. nach →Köln ausgerichtet. 1285 wurde eine Rechtsgemeinschaft mit Köln begründet. Die wichtigsten S.er Gewerbe waren die Töpferei (S.er→Steinzeug) und die Tuchherstellung. M. Groten

Q. *und Lit.: zu [1]:* S.er Studien 1ff., 1960ff. – Urkk. und Q. zur Gesch. von Stadt und Abtei S., 2 Bde, bearb. E. Wisplinghoff, 1964, 1985 – Die Benediktinerabtei S., bearb. Ders. (GS NF 9, 2, 1975) – St. Anno und seine viel leicht hat, hg. G. Busch, 1975 – Germania Benedictina VIII, 1980, 533–557 [E. Wisplinghoff] – *zu [2]:* J. Semmler, Die Kl.reform v. S. (Rhein. Archiv 53, 1959) – M. Groten, Reformbewegungen und Reformgesinnung im Ebm. Köln (Q. und Abh. zur Mittelrhein. Kirchengesch. 68, 1992), 97–118 – *zu [3]:* S., bearb. F. Lau (Publ. der Ges. für Rhein. Gesch.skunde 29, 1907) – Heimatbuch der Stadt S., 3 Bde, 1964–71 – O. Treptow, Unters. zur Topographie der Stadt S. (Die Stadt in der europ. Gesch. [Fschr. E. Ennen, hg. W. Besch u.a., 1972]), 701–770 – W. Herborn, Die wirtschaftl. Bedeutung und die polit. Stellung der S.er Töpfer, Rhein. Jb. für VK 24, 1982, 127–162.

Siegburger Keramik → Steinzeug

Siegel
I. Allgemein. Kaiser- und Königsurkunden – II. Siegel der Päpste und Konzilien – III. Königreich Sizilien – IV. Westfrankenreich und Frankreich – V. England – VI. Böhmen – VII. Ungarn – VIII. Polen – IX. Iberische Halbinsel – X. Skandinavien – XI. Niederländische Fürstentümer – XII. Byzanz – XIII. Südosteuropa – XIV. Altrußland – XV. Islam.-osman. Bereich.

I. Allgemein. Kaiser- und Königsurkunden: Das S., von lat. sigillum, ist ein mittels eines härteren S.stempels in einem weicheren S.stoff angefertigter Abdruck, der dem Verschluß oder der →Beglaubigung dient und sich auf eine natürl. oder jurist. Person bezieht. Die Verwendung des S.s kann bis in die älteste Zeit altoriental. Überlieferung verfolgt werden. Der Verschluß von Briefen mit dem Abdruck eines S.rings erfolgte von der röm. Antike über das MA hin bis in die NZ.

Für das MA war die durchgehende Besiegelung der →Ks.- und Kg.surkk. von größter Bedeutung. Sie war das Vorbild für die S.führung durch die geistl. sowie weltl. Großen und verhalf nach dem 10. Jh. dem allg. Urkk.wesen schrittweise zu neuer Blüte, da mit dem S. ein auch für des Lesens Unkundige verständl. Beglaubigungsmittel gefunden war. Ab ca. 1200 war die besiegelte Urk. im dt. Bereich vorherrschend. Die Besiegelung konnte der S.führende selbst vornehmen. Zumindest in großen →Kanzleien oblag die Anfertigung des S.abdrucks aber speziell dazu bestimmten Personen. Daneben fand das S. auch als loser Abdruck ohne zugehörige Urk. Verwendung, etwa zur Ladung vor Gericht, als Bestätigung der Echtheit von Reliquien, schließlich als Geleits-, Herkunfts- und Zollfreiheitszeichen. Hinsichtl. der rechtl. Bedeutung werden die S., die nur in eigener Sache, und S., die auch in fremder Sache Glaubwürdigkeit genießen (sigillum authenticum), unterschieden. Zu den letzteren zählen die S. der Päpste, Ks., Kg.e sowie der geistl. und weltl. Fs.en, außerdem – entgegen den Bestimmungen des kanon. Rechts – auch die der Städte; endgültig ist die Gruppe aber nie definiert worden.

Die älteste ma. Stempelform ist der schon im Altertum belegbare S.ring (anulus), häufig aus Gold, seltener aus Blei oder Zinn angefertigt und gerne mit antiken Gemmen kombiniert. Überwiegend fanden von Goldschmieden hergestellte Bronze- oder Messing-, seltener Silberstempel Verwendung. Da die Größe der Typare in der Karolingerzeit zunahm, erhielten sie zur besseren Handhabung eine am Rand überstehende Öse, die seit dem 13. Jh. zu einem rückseitig angebrachten Steg vergrößert wurde. Erst im 16. Jh. ging man dazu über, die Rückseite als Knauf auszuformen. Die →Bullen wurden wie Münzen zw. einem Unter- und einem Oberstempel geprägt.

Als S.stoffe fanden im MA hauptsächl. Wachs, Blei und Gold Verwendung. Bleibullen sind in Dtl. seit Karl d. Gr. belegt. Die meisten erhaltenen Exemplare stammen von Otto III., der schließlich nur noch mit Blei siegelte. Goldbullen dürfte schon Karl d. Gr. vor 800 verwendet haben, sie sind aber bis ins 12. Jh. nur selten belegt. Seit Heinrich IV. bullierten die dt. Ks. und Kg.e nur noch mit Gold. Die Goldbullen wurden in der Regel aus Goldplättchen angefertigt und haben meist einen Durchmesser von ca. 4 bis 6 cm. Der verbreitetste S.stoff war Bienenwachs, schon früh versetzt mit Weißpech oder sonstigem Harz zur Erhöhung der Festigkeit sowie mit Terpentin oder Leinöl zur Verbesserung der Geschmeidigkeit des Wachses. Seit dem 12. Jh. erlangten meist rot oder grün, daneben auch schwarz oder blau eingefärbte S. immer größere Beliebtheit. Der Durchmesser der Wachss. wurde im Laufe des MA immer größer, er schwankte zw. unter 1 cm (Signete) und ca. 14 cm (Majestätss. Ks. Friedrichs III.). Neben der allg. verbreiteten Form der runden S. gibt es zahlreiche abweichende Gestaltungen des S.körpers: die ovalen S.typen der Karolinger beruhen auf der Verwendung von Gemmen; geistl. Würdenträger bevorzugten spitzovale S., der Adel des 13./14. Jh. benutzte gern schildförmige S. Zum Schutz der empfindl. Wachss. drückte man sie gern in Wachsschüsseln. In der siz. Kg.skanzlei verwandte man seit dem Ende des 12. Jh. Kapseln aus (Oliven-)Holz. Das vom 12. bis ins 14. Jh. gebräuchl. Einnähen der S. in Leinwandsäckchen erwies sich als weniger taugl., da es zum Zerbröckeln des Wachses führte. Metallkapseln (Blech, Bronze, Messing, Silber, später auch vergoldet) kommen seit dem 15. Jh. in Mode. Aufgedrückte S. bedeckte man seit dem 14. Jh. mit kleinen Papierblättchen, ähnlich den Oblatens.n.

Die Anbringung der S. war zeit- und materialabhängig. Seit der Merowingerzeit wurde das Wachs durch einen (Kreuz-)Schnitt im Pergament durch- und der Stempel dann hineingedrückt. Aufgedrückte S., die seit dem 14. Jh. in zunehmendem Maße als Verschluß. auftraten, hafteten infolge der Klebkraft des Wachses auf dem Beschreibstoff. Bei eingehängten S.n wurden ein oder zwei Pergamentstreifen so durch Einschnitte in der Urk. gezogen, daß sie auf der Rückseite der Urk. fest anlagen, die Enden aber auf der Vorderseite heraustraten und völlig im Wachskörper des S.s eingebettet werden konnten. Um S. an einer Urk. anzuhängen, bog man häufig den unteren Rand um und brachte in dieser Plica Einschnitte oder Löcher an. Dann zog man Pergamentstreifen, Fäden oder Schnüre (Pressel) so hindurch, daß die freien Enden, teilweise zusätzl. von einer Schlinge gehalten, vorn herabhingen. An dem Pressel wurde das S. dann so befestigt, daß es durch den S.körper hindurchführte und das S. selbst frei unter der Urk. hing. Diese für Bullen ausschließl. gebrauchte Befestigungsart war auch für Wachss. die verbreitetste Methode. Eine Sonderform davon sind abhängende S. Bei ihnen wurde meist von rechts ein Streifen so vom unteren Rand der Urk. abgeschnitten, daß er auf der linken Seite noch mit dem Blatt verbunden blieb. An ihm befestigte man das S.

Das S. zeigt, wenn es sich nicht um ein nur seltener vorkommendes reines Schrift- oder Bilds. handelt, in der Regel ein S.bild, verbunden mit einer In- oder Umschrift, der Legende. Das S.bild stellt entweder eine Darstellung des Sieglers ('Porträts.'), seines Wappens ('Wappens.') oder eines sonstigen Bildes ('Bilds.') dar. Die Porträts. gaben vor dem 14./15. Jh. allg. nicht die individuellen Gesichtszüge, sondern den S.führenden primär durch seine Tracht, Ausstattung oder Handlung wieder, etwa den Ks. oder Kg. im Ornat mit Krone, Reichsapfel und Zepter auf dem Thron sitzend (Majestätss.) oder den Adligen in voller Rüstung auf einem Pferd (Reiters.). Die sonstigen Bilds. können in der Vielfalt ihrer Darstellungen neben Sonne, Mond oder Sternen ebenso Berge und Wasser, Bäume und Blumen, Menschen, Tiere oder Fabelwesen zeigen. Städtes. boten gern eine stilisierte Stadtbefestigung, häufig kombiniert mit Personendarstellungen. Die am häufigsten vorkommende Beschriftung folgt ein- oder mehrzeilig dem äußeren Rand der S.s und nennt in der Regel den S.inhaber. Es setzte sich, nach anfängl. Schwankungen, eine objektiv gehaltene Umschrift durch, die, bei Ks.n, Kg.en sowie geistl. und weltl. Fs.en meist mit einer Devotio verbunden, den Namen und die Standesverhältnisse zum Ausdruck brachte. Sie wurde bei Änderungen, z.B. bei der Weihe eines Elekten zum Bf., den neuen Verhältnissen angepaßt. Ergänzungen konnten auch durch Hinzufügen einer Inschrift im S.bild erfolgen, etwa durch die Hinzufügung des Titels »et rex Ierusalem« auf dem Majestätss. Ks. Friedrichs II. nach dem Aug. 1225. Randschriften kommen nur auf Münzs.n vor.

Oft können für einen S.inhaber verschiedene gleichzeitig oder nacheinander gebrauchte S.stempel festgestellt werden. Die Neuanfertigung konnte durch Abnutzung oder Verlust des alten Stempels oder durch Veränderung der öffentl. Stellung bedingt sein. Mehrere Typare nebeneinander waren bei unterschiedl. S.stoffen, z.B. Bullen und Wachss. der Ks. und Kg.e, zwangsläufig notwendig. Für Karl d. Gr. können zwei nebeneinander gebrauchte Stempel für Wachss. festgestellt werden. Ks. Friedrich II. benutzte neben seinem Kaisers. ein spezielles für das Kgr. Sizilien. Seit dem 12. Jh. unterschieden viele Kanzleien große und kleine S. Die kleinen S., häufig als sigillum secretum bezeichnet und für Alltagsgeschäfte gebraucht, erlangten im Laufe der Zeit die gleiche Rechtsqualität wie die großen S., die allg. den feierl. Urkk. vorbehalten blieben. Die Ks. und Kg.e verwendeten, zur besseren Verhütung von mißbräuchl. Benutzung ihres S.s und am frz. Vorbild orientiert, vom ausgehenden 13. Jh. bis in die 2. Hälfte des 14. Jh. zu ihren Majestätss.n kleinere S. als Rücks. Die Rücks. sind bei den Territorialherren des rhein. Raumes früher nachweisbar als für die Reichskanzlei. Die Rücks. können themat. mit dem Haupts. verbunden sein, etwa durch inhaltl. Fortsetzung der Legende, aber auch vollkommen eigenständige S. darstellen.

J. Spiegel

Lit.: BRESSLAU I, 677–730; II, 548–624 – Rhein. S., bearb. W. EWALD (Publ. der Ges. für Rhein. Gesch.skunde 27, 6 Bde, 1906–41; Textbd.: E. MEYER-WURMBACH, 1963) – W. ERBEN, Die Ks.- und Kg.surkk. des MA in Dtl., Frankreich und Italien, 1907 – O. REDLICH, Die Privaturkk. des MA, 1911, 104ff. – TH. ILGEN, Sphragistik (Grundriß Meister I, 4, 1912) – W. EWALD, S.kunde, 1914 – F. PHILIPPI, S. (Urkk. und S. für den akad. Gebrauch 4, 1914) – DERS., Zur Technik der S.bullen, AU 5, 1914, 289–298 – P. E. SCHRAMM, Die dt. Ks. und Kg.e in Bildern ihrer Zeit, T. 1: 751–1152, Text- und Tafelbd., 1929 – H. WENTZEL, Ma. Gemmen, ZDVKW 8, 1941, 45–98 – H. APPELT, Über Kontrasigilla ma. Urkk.schreiber, MIÖG 59, 1951 – O. KORN–W. PAGENSTECHER, Rhein. S.- und Urkk.buch, 1952 – K. BLASCHKE, S. und Wappen im Sachsen, 1960 – J. DEÉR, Die S. Ks. Friedrichs I. Barbarossa und Heinrichs VI. (Fschr. H. R. HAHNLOSER, 1961), 47–102 – E. KITTEL, S., 1970 [= Bibl. für Kunst- und Antiquitätenfreunde XI].

II. SIEGEL DER PÄPSTE UND KONZILIEN: Die Päpste verwenden von alters her ein Bleis. (→Bulle, II. 1) sowie (seit dem späteren 13. Jh. nachweisbar) ein Wachss. (→anulus piscatoris). Ein Golds. ist für die ma. Päpste nicht nachgewiesen. Ausnahmsweise benutzen Päpste, die sich bei ihrer Wahl nicht am Ort der Kurie aufhalten, vorläufig ihr früheres (Bischofs-)S., so z. B. Clemens V. Die Bleibulle zeigt in ihrer Standardform auf der einen Seite Namen und Titel des Papstes (Namensstempel), auf der anderen die Köpfe der Apostel Petrus und Paulus (Apostelstempel); zw. Wahl und Krönung des Papstes bleibt die Seite des Namensstempels flach (bulla dimidia). Sie wird mit Hanf- oder Seidenfäden an die →Privilegien, →litterae und →Bullen angehängt. Der »Fischerring«, das Wachss., wird in rotem Wachs als Verschluß. der →Breven und →Sekretbriefe verwendet; er zeigt in der Regel den hl. Petrus im Boot. Der Namensstempel der Bleibulle und der Fischerring werden beim Tode des Papstes zerstört.

Die Konzilien des 15. Jh. führen in Nachahmung der Päpste eine Bleibulle; außerdem bedienen sie sich eines Wachss.s, dessen Form dem Bleis. (nicht dem anulus piscatoris) nachgebildet ist.

Die Kard.e und übrigen Behörden der Kurie führen für die Schriftstücke, die sie im eigenen Namen ausstellen, eigene S., und zwar gewöhnl. Spitzovals. mit Darstellung einer Heiligenfigur in rotem Wachs an Hanffäden.

Th. Frenz

Lit.: Th. Frenz, Papsturkk. des MA und der NZ, 1986, 42–44.

III. Königreich Sizilien: Während die von öffentl. Notaren geschriebenen Urkk. unbesiegelt waren, besiegelten die normann. Herrscher wie ihre langob. und byz. Vorgänger ihre Urkk. zum Zeichen der Beglaubigung. Vorherrschend sind in byz. Tradition zweiseitig geprägte Bleibullen, in den langob. beeinflußten Gebieten auch Wachss. (zweiseitig beprägt und rund bei den Fs.en v. Capua, Salerno, Benevent); Gemmens. wurden von den frühen Normannen verwendet. Goldbullen sind schon für die Hzg.e v. Apulien und Gf.en v. Sizilien bezeugt, erhalten ist je eine Rogers II. (massives Gold) und Wilhelms II. Mit Silber siegelte Robert II. v. Capua. Wachss. wurden von den Kg.en zunächst nur für Mandate benutzt, seit Konstanze unterschiedslos, während Bleibullen fortan nicht mehr verwendet wurden. Die Wachss. der norm. Kg.e sind rot (bei anderen Sieglern: braun, gelb, grün, naturfarben), spitzoval und in der Regel in einer gedrechselten Holzkapsel geborgen; sie begegnen als Hänges. (an farbigen Seidenschnüren), aufgepreßt und eingehängt. Norm. Frauens. sind seit dem letzten Viertel des 11. Jh. bezeugt. Die S.bilder sind vielfältig; bei den Kg.ss.n herrscht das Throns. vor (Roger II. und Wilhelm I: stehende Figur in byz. Tradition).

Th. Kölzer

Lit.: A. Engel, Recherches sur la numismatique et la sigillographie des Normands de Sicile et d'Italie, 1882 [Neudr. 1972], 79ff. – K. A. Kehr, Die Urkk. der norm.-siz. Kg.e, 1902 [Neudr. 1962], 181ff. – M. Inguanez, Diplomi cassinesi con sigillo d'oro, 1930 – G. Hiebaum, Gemmens., 1931, 49ff. – G. C. Bascapé, Sigillografia, I, 1969, 165ff. – H. Enzensberger, Beitrr. zum Kanzlei- und Urk.wesen der norm. Herrscher Unteritaliens und Siziliens, 1971, 89ff.

IV. Westfrankenreich und Frankreich: [1] *Merowinger und Karolinger*: Die Kg.surkk. erhielten, seitdem sie auf Pergament geschrieben wurden (d. h. seit den →Merowingern, Mitte des 7. Jh.), ein S. (*sceau*). Unter den →Karolingern wurden alle Urkk. mit demselben S. gesiegelt. Nur während einer kurzen Periode führte das Hofgericht des 'comes palatinus' (→Pfalzgf.) ein eigenes S., das ein antikes Relief (Kopf des Jupiter Serapis) zeigte; dieses S. bestand bis in die Mitte des 10. Jh. Der S.stoff war Wachs, die feierlichsten Diplomata erhielten aber eine metallene →Bulle (Blei oder Gold) nach päpstl. Vorbild.

[2] *Zeit der Kapetinger*: Die westfrk. Karolinger ließen S. mit dem Bild des Kg.s im Profil gravieren und ihre S. mit einem Herrscherbild nach dem Vorbild der S. Ottos I.

(Büste, frontal, mit Zepter und Weltkugel in den Händen) schmücken. Heinrich I. v. Frankreich ahmte bei seiner Thronbesteigung 1031 die definitive Ausformung des 'Majestäts.s' Ks. Heinrichs II. (1002) nach. Der Kg. v. Frankreich ist auf dem Thron sitzend, gekrönt, →Zepter und →Lilie haltend, dargestellt. Dieser Typ des S.s, dem Zeitstil entsprechend variiert, wurde für das Große S. (*grand sceau*) bis zum Ende des MA beibehalten.

Das S. wurde anfängl. aufgeprägt ('plaqué'); seit dem 12. Jh. befestigte man dann ein anhängendes S. ('pendant') mit Pergamentschnüren. Diese Form des S.s, mit sichtbarem Revers, rief nach Ausprägung eines 'Rücks.s' (*contresceau*) auf der Rückseite des Großen S.s. Das Rücks. war seit Philipp II. Augustus (1180–1223) mit dem Emblem der Lilie geschmückt. Schon seit Ludwig VII., definitiv seit Philipp Augustus, markierte die Verwendung grünen Wachses die immerwährende Gültigkeit des besiegelten Rechtsaktes. Um 1200 wurden die derartigen Urkk. die S. mit roten und grünen Seidenschnüren befestigt.

Unter Philipp Augustus wurde anläßl. des Aufbruchs zum →Kreuzzug ein für die Abwesenheit des Kg.s vorgesehenes S. geschaffen, analog dem Großen S., aber etwas kleiner. Um 1204 tritt das *sceau aux Juifs* (Judens.), bestimmt zur Besiegelung der Rechtsgeschäfte mit Juden, als ältestes kgl. frz. Gerichtss. auf.

Unter Ludwig IX. d. Hl. ist der Gebrauch eines kleinen roten Wachss.s (kgl. 'Privats.'), das neben dem Großen S. verwendet wurde, klar erkennbar. Während der Abwesenheit des Kg.s auf Kreuzzügen wurden die Urkk. mit dem S. der Regentin, Blanca v. Kastilien, besiegelt, dann auch mit einem eigens angefertigten S. der vom Kg. eingesetzten Reichsverweser ('lieutenants du rois commis au gouvernement du royaume'; →*lieutenant*). Noch Philipp III. benutzte dieses S., »ordonné en l'absence du grand«. Unter Ludwig IX. und seinen Nachfolgern traten weitere S. neben dem Großen S. hervor: Die Prévôté de Paris, mit Sitz im →Châtelet, führte seit ca. 1230 ein S., die in den Sénéchaussées (→Seneschall) der neueroberten südfrz. Gebiete errichteten Gerichtshöfe besaßen ihre kgl. S. wohl seit 1234.

Seit der Zeit Philipps IV. d. Schönen machte der komplexe Charakter der Verwaltungsstrukturen Modifikationen des bisherigen S.wesens nötig. Um die Abwesenheit des Kg.s oder des Kanzlers (→Chancelier, Chancellerie), der als S.bewahrer fungierte, zu überbrücken, nahm man im 14. Jh. Zuflucht zum S. des Châtelet; die Urkk. wurden »en l'absence du grand (sceau)« mit dem S. der Prévôté versehen. Philipp IV. (nur in Ausnahmefällen) und Karl IV. (häufiger) siegelten Urkk. bereits mit dem *sceau du secret* (Sekrets.), das von einem der kgl. →Chambellans verwahrt wurde. Philipp VI. bediente sich gern des Sekrets.s, um Kontrollen seiner Handlungen und Gunsterweise durch die Chancellerie oder die Clercs zu vermeiden; dadurch entwickelte sich um die Mitte des 14. Jh. eine eigene Kanzlei des Sekrets.s., getragen von den kgl. Chambellans. 1338–48 war ein *sceau de régence* (Regentschafts.) in Gebrauch, vom Typ des Kronens.s, das eine Zeitlang an die Stelle des S.s des Châtelet (als Ersatz für das abwesende Große S.) trat.

Im 14. Jh. vollzog sich die Entwicklung eines eigenen S.wesens der großen Gerichtshöfe und Ämter: →Parlement, →Requêtes du Palais, →Chambre des Comptes, →Conseil royal; auch wurden Urkk. mit den persönl. Signets (Privats.n) des →Connétable, Chancelier, Maître des comptes oder →Trésorier besiegelt. Der Kg. besaß seinerseits seit Philipp d. Schönen ein eigenes Signet, neben dem Sekrets., das seinen persönl. Charakter stark einbüßte. Karl V. ging jedoch dazu über, das Signet zu verdoppeln: das eine diente seinen persönl. Aufträgen, das andere der Besiegelung von *lettres* (→litterae). Seit Karl V. bis 1375 wurden die Urkk. bei Unerreichbarkeit des Großen S.s mit dem S. des Châtelet versehen. Nach 1375 ließ der Kg. zu Paris ein bes. S. (»seel ordonné en l'absence du grant«) anfertigen, das zunächst dem Typ des Drei-Lilien-S.s folgte, dann aber dem des Majestätss.s: der Kg. in Halbfigur, das Zepter und die Schwurhand haltend, vor sich den Schild (*écu*) v. Frankreich, von zwei Engeln gehalten, sowie einen auf den Wogen tanzenden Delphin. Nach der wahllosen Verwendung von S.n während der Bürgerkriegsperiode wurde nach dem Einzug Karls VII. in Paris die Einheit der Kanzlei wiederhergestellt. Eine 'petite chancellerie' am Parlement des Languedoc in →Toulouse bestand seit 1444; weitere wurden bei den Parlamenten v. Bordeaux (1462–83), Burgund, Bretagne (1494), Rouen (1499) und Aix (1501) eingerichtet. – Die Entwicklung der kgl. S.wesens folgte der Transformation einer Monarchie feudalen Typs in einen nz., von Verwaltungsinstitutionen geprägten monarch. Staat. E. Lalou

Lit.: →Chancelier, Chancellerie [O. Morel, 1900; G. Tessier, 1962] – M. Dalas, Corpus des sceaux français du MA, II, 1991.

V. England: →Chancellor; →Kanzlei, Kanzler, A.VIII; →Keeper of the Privy Seal; →Privy Seal; →Signet.

VI. Böhmen: Das böhm. S.wesen läßt sich genauer ab der 1. Hälfte des 12. Jh. verfolgen. Für die Zeit davor existieren nur Erwähnungen in schriftl. Q. oder jüngere Fälschungen des S.s Vratislavs II., von denen man annimmt, daß ihnen das echte S. als Vorlage gedient hat. Eine ununterbrochene Reihe der Herrschers. beginnt mit Vladislav II. Das ursprgl. einseitige S. des hl. →Wenzel wurde bald durch das Münzs. verdrängt: im Avers der sitzende Kg., im Revers der Landespatron, der hl. Wenzel, mit entsprechenden Umschriften. Als einziger Přemyslide führte Přemysl I. auch die goldene Bulle, Přemysl II. ersetzte darauf auf der Reversseite des Majestätss.s den hl. Wenzel durch den reitenden Ritter. Diese S. hatten einen Durchmesser von mehr als 11 cm. Seit der 2. Hälfte des 13. Jh. führten auch die Kgn.nen Sekrets. Während des Interregnums (1306–10) war nur das Sekrets. in Gebrauch; Johann v. Luxemburg führte nach einigem Zögern ein einseitiges Reiters. ein. Von Karl IV. bis zu Albrecht II. wurden die S. der röm. Kg.e gebraucht. Die Kg.e der nachhussit. Zeit benutzten – mit Ausnahme von Ladislaus Postumus – nur das große Wappens. Alle Reversseiten solcher großen S. wurden fast stets durch das Sekrets. begleitet.

Von den Bf.en benutzte als erster der Olmützer →Heinrich Zdik (86. H.) ein S., dann der Prager Bf. →Daniel I., zunächst für geistl., bald jedoch auch für weltl. Zwecke. Die ursprgl. runde Form wurde zunehmend durch eine spitzovale ersetzt. Im Laufe des 13. Jh. ist die Benutzung des S.s im geistl. Bereich verbreitet. Das Adelss. ist seit 1189, häufig seit dem 13. Jh. belegt. Seit der Mitte des 13. Jh. erscheinen zuerst sporad., bald zahlreich städt. S. (1247 Brünn, 1251 Leitmeritz, 1257 Kleinseite Prag, 1264 Altstadt Prag). Auch viele staatl. Institutionen führten auch dem 13. Jh. ihre S. I. Hlaváček

Lit.: V. Vojtíšek, O pečetech a erbech měst pražských a jiných českých, 1928 – J. Čarek, O pečetech českých knížat a králů z rodu Přemyslova (Sborník příspěvků k dějinám hl.m. Prahy 8, 1938), 1–56 – J. Krejčíková, Introduction à la sigillographie tchèque, ADipl 39, 1993, 35–83.

VII. Ungarn: Mit der Gründung des ung. Staates wurde der Gebrauch des S.s üblich, wobei nachweisl. das Dt.-Röm. Reich als Vorbild diente, obwohl zu Beginn auch byz. Einfluß anzunehmen ist (griech. geschriebene Urkk.-Rolle Stephans I. um 1020). Die ersten erhaltenen S. der ung. Kg.e waren teilweise Bleibullen, so diejenigen von Peter Orseolo (1044–46) und von Salomon (1071–72), teilweise große Wachss., so die S. von Béla I. (1060–61), Ladislaus I. (1087–90) und Koloman (1109), die wie ihre Nachfolger die westl. Herrschers. nachahmten. Als ung. Besonderheit galt das aus Bronze gegossene Zitationss., der Form des großen Wachss.s folgend, aber mit einem kleinen Öhr zum Aufhängen versehen, das für die Kg.sboten verfertigt wurde (das erste von Andreas I., 1046–60). Neben dem im 12. Jh. verbreiteten runden, einseitigen, am Seidenband aufgehängten Wachss.n der Kg.e erschienen die kleinen Goldbullen (Géza II., 1156; Béla III., 1196). Seit 1213 wird das zweiseitige Doppels. üblich, für feierl. Privilegien seit 1222 die Goldene Bulle (mit goldenen Platten bedecktes doppeltes Wachss.). Seit dem 13. Jh. orientiert sich die Besiegelung der kgl. Kanzlei und der Kirche an frz. und dt. Vorbildern, bes. hinsichtl. der Vielseitigkeit der Herrschers. der Anjou-Kg.e (großes, mittleres, kleines S. und S.ring), deren Gebrauch mit besonderen Kanzleien und Notariaten verbunden war, dies gilt auch für den Gebrauch von S.n durch unzählige Würdenträger und Richter, die oft mit einem ihr Familienwappen darstellenden S. oder Ring siegelten. Mit Ausbildung der 'glaubwürdigen Orte', der das Notariat ersetzenden kirchl. Institutionen (Dom- und Kollegiatkapitel, kgl. Abteien), seit 1200 vermehrten sich die S. der verschiedenen Kirchen bzw. der Bf.e, Pröpste und Äbte, und seit 1300 traten die S. der Stadträte und anderer Körperschaften hinzu. Gy. Györffy

Lit.: I. Szentpétery, Magyar oklevéltan, 1930 – L. B. Kumorovitz, A magyar pecséthasználat története a középkorban, 1944 – L. Solymosi, A hitelesheyi pecséthasználat kezdeteihez, Magyar Herold, I, 1984, 91–129 – Gy. Györffy, Diplomata Hungariae antiquissima, I, 1992.

VIII. Polen: S., als Symbol der Beweisführung, kamen in →Polen erst nach der Christianisierung des Landes zur Anwendung, und zwar auf dem Wege der Rezeption aus it. und dt. Kanzleien. Anfangs dienten die S. zusammen mit der Benennung von Zeugen der Beglaubigung der Urkk., später waren sie selbständiges Beweismittel der →Beurkundung. Die Besiegelung erfolgte in den poln. Kanzleien gemäß den von außen übernommenen Regeln und Vorschriften, und auch Beschaffenheit und Inschriften der S. orientierten sich meist an den Vorbildern. Aus dem 11. Jh. sind nur die fsl. S. der Kgn. →Richeza (regina Poloniae, 1054) und des Hzg.s →Władysław Hermann (aufgedrückt auf die Briefe an das Bm. Bamberg, ca. 1090) erhalten. Im 11. und 13. Jh. mehren sich die Hzg.s-, Bf.s- und Ritters., ebenso die S. der geistl. Institutionen (Kapitel- und Ordenss.). Auf den fsl. Rund- und Ovals.n sind die S.führenden meist als stehende Personen, zu Pferd oder als Brustbild dargestellt, ohne oder mit Wappen (Löwe, Adler u.ä.); die Ritters. zeigen als S.bilder Wappen, die Bf.s- und Kapitels. meistens Hll.figuren und religiöse Symbole.

Nach der Erneuerung des Kgtm.s ließen →Przemysł II. (1295) und alle Nachfolger der piast. und jagiellon. Dynastie ihre Majestätss. nach den üblichen figurativen Mustern (Person auf dem Thron, mit kgl. Insignien) und Umschriften herstellen. Die kgl. Kanzlei verfügte außerdem über die Kronstaatss. und Sekrets., die zur Beglaubigung der laufenden Beurkundung verwendet wurden.

Mit der Gründung und Ausbreitung der Städte nach dt. Recht stellen auch die städt. Kanzleien und ebenso die in ihnen tätigen Korporationen (Bruderschaften, Zünfte,

Gilden usw.) ihre S. her. Die S.bilder zeigen u.a. Mauern und Türme. G. Labuda

Lit.: Sfragistyka, bearb. M. GUMOWSKI, M. HAISIG, S. MIKUCKI, 1960 – M. GUMOWSKI, Hb. der poln. S.kunde, 1966 – J. SZYMAŃSKI, Nauki pomocnicze historii, 1983, 633–662.

IX. IBERISCHE HALBINSEL: Bei der Verwendung von S.n folgten die Westgoten in Spanien den im röm. Reich üblichen Gepflogenheiten (Benutzung von S.ringen, auf denen Zeichen [oft Porträts oder Kreuze: Umschrift mit Namen des Besitzers] entweder im Metall selbst oder auf einem eingelassenen Edelstein eingraviert waren). Die einzige Veränderung nach der muslim. Invasion war, daß die S.ringe jetzt nur noch die Umschrift trugen. In den chr. Kgr.en des Nordens jedoch verschwand der Gebrauch von staatl. S.n bis ins HochMA ganz (es gibt Anhaltspunkte, daß ihre Wiedereinführung erst gegen Mitte des 12. Jh. erfolgte). Verwandt wurden nun erstmals Hänges., zuerst aus Wachs, bald jedoch auch aus Metall. Sie erscheinen sehr früh in Bf.skanzleien (Sigüenza 1144), bevor sie auch in den Kanzleien der Kg.e (Alfons VII. v. Kastilien-León 1146; Raimund Berengar IV. v. Barcelona 1150; Sancho VI. v. Navarra 1157) und Adligen (Gf. Amalrico, Herr v. Molina, 1153) Eingang fanden. Dabei sind in Kastilien und León Einflüsse aus dem engl.-frz. Bereich festzustellen, in der Krone Aragón solche aus dem Mittelmeerraum. Gegen Ende des 12. Jh. fand der Gebrauch von S.n auch auf den unteren Stufen der sozialen Skala immer mehr Verbreitung, da ihr Besitz jedem zur Beglaubigung eines Schriftstückes erlaubt war. S. wurden geführt von Korporationen wie den Concejos oder von Institutionen wie der Procuració de Catalunya. Nicht nur Christen, sondern auch Juden oder Muslime bedienten sich eigener S. Bei den Königss.n, die sich bald zu Staatss. entwickelten, herrschte die bildl. Darstellung der Majestäts- oder Reiters. vor, wobei jedoch alternativ dazu auch herald. Embleme verwandt wurden; Kgn.nen oder adlige Damen bevorzugten Standbilds., aber daneben auch Wappens., die Adligen dagegen Reiters. oder ebenfalls Wappens.; Laien aus niederem Stande benutzten v.a. Wappens., Geistliche Standbilds., aber daneben auch S. mit religiösen oder allegor. Szenen; eine Vielfalt verschiedener S.typen findet sich bei einzelnen Institutionen: Wappens. oder redende S., religiöse Szenen, Bauwerke oder Stadtansichten. Die Umschrift sollte v.a. zur Identifizierung des S.führenden dienen, jedoch findet man auch Devisen oder Anrufungen der Hl.n. Ende des 13. Jh. kam das aufgedrückte S. auf, das sich im 14. Jh. allg. durchsetzte, während zugleich die Verwendung von hängenden S.n abnahm. Gegen Ende des 14. Jh. ging der Gebrauch des S.s infolge der wachsenden Bedeutung der eigenhändigen Unterschriften wie auch des Aufschwungs des Notariatswesens zurück. Der schnell einsetzende rückläufige Prozeß betraf jedoch v.a. Leute niederer Gesellschaftsschichten. Das S. verlor im Laufe des 15. Jh. viel von seinem Rechtscharakter, doch wurde es neben der eigenhändigen Unterschrift weiter als sekundäres Beglaubigungsmittel gewertet. Allg. benutzte man nur noch aufgedrückte S., während die Hänges., in Metall oder aus Wachs von einer Metallkapsel umgeben, den wenigen noch ausgestellten Pergamenturkk. vorbehalten blieben.

M. del Pilar Rábade Obradó

Lit.: A. RIESCO TERRERO, Introducción a la sigilografía, 1978 – Marquès de ABRANTES, O estudo da sigilografia medieval portuguesa, 1983 – F. MENÉNDEZ-PIDAL DE NAVASCUES, Apuntes de sigilografía española, 1988.

X. SKANDINAVIEN: Als Beglaubigungsmittel erscheint das S. schon in den 70er Jahren des 11. Jh. (Bf. v. Roskilde), aber das erste sicher überlieferte Kg.ss. gehört dem dän. Kg. Erik III. (1137–46). Zwar ist ein S. Knuds IV. an einer Urk. v. 1085 überliefert, aber seine Echtheit ist umstritten (Rekonstruktion um 1300?). In Norwegen und Schweden werden Kg.ss. etwas später gebraucht; älteste sicher überlieferte S. sind diejenigen Karl Sverkerssons v. Schweden (1164–67) und eines norw. Kg.s Inge (Krokrygg ca. 1136 oder Bårdsson 1204).

Zur selben Zeit wie das Kgtm. führte die Kirche, zuerst die Bf.e und Domkapitel, den Gebrauch der S. ein. Im 13. Jh. erscheinen die ersten S. der Gilden und der Städte, was vielleicht mit der Annahme der Ratsverfassung seit Mitte des 13. Jh. zusammenhängt. Ebenfalls im Laufe des 13. Jh. treten die ersten S. von Einzelpersonen auf, v.a. von Adligen und Priestern, während im Laufe des 14. Jh. S. von Stadtbürgern häufiger erscheinen. Nach dem Gesetz Christians I. für Island 1450 blieb der Gebrauch von S.n der Kirche und der weltl. Aristokratie vorbehalten. In Norwegen, Schweden und Finnland, vollständiger als in Dänemark, gab es S. der einzelnen Landschaften, auf Gotland seit dem 13. Jh., in Norwegen seit etwa 1275.

Bei Pergamenturkk. waren die S. mit Pergamentstreifen befestigt, während man die S. der Papierurkk. (im 14. Jh. eingeführt) aufdrückte, manchmal wurde der Brief durch die Besiegelung verschlossen. Als S.stoff verwendete man immer Wachs, am häufigsten ungefärbt, doch waren Kg.ss. oftmals rot, Bf.ss. grün.

Die S. gewisser Institutionen mit wechselnden Amtsträgern (Kg.en, Bf.en) waren in vielen Fällen Doppels. (Aversseite mit offiziellem Bild des Amtsträgers in Vollornat; Reversseite: z.B. transpersonaler Charakter der Institution in der Gestalt des Reichs- oder Bm.swappens). V.a. bei bfl. S.n ist die Transpersonalität des Bm.s, eventuell in der Gestalt von dessen Schutzheiligen, dominierend, während die Individualität des Amtsträgers nur durch dessen hinzugefügtes Wappen zum Ausdruck kommt. Als Bilder der persönl. S. kommen für den Adel das Familienwappen, für Bürger (wenn sie nicht dem Adel angehören) →Hausmarken in Betracht.

Neben dem Majestäts., sigillum (magnum), gab es das kleinere secretum, dessen Verwendung die Akten zwar gültig, aber nicht voll verbindl. machte, wie etwa die heutige Paraphierung eines Vertrags. Neben den offiziellen S.n hatten manche fsl. und geistl. Würdenträger ein persönl., oftmals in einem Ring gefaßtes Signet für den ganz privaten Gebrauch. T. Riis

Lit.: KL VII, 253–257; IX, 46–61; X, 262–268; XV, 187–222 – TH. RIIS, Les institutions politiques centrales du Danemark 1100–1332, 1977, 152–165 – T. HEJLSKOV LARSEN, Er Knud den Helliges Segl fra 1085 en forfalskning?, Scandia 51, 1985, 19–32 – J. LIND, Knud den Helliges Segl – et ægte prætentionssegl? Peringskiöld som segltegner, Scandia 52, 1986, 327–346 – T. HEJLSKOV LARSEN, Svar til John Lind. Betydningens struktur – problem, metode, materiale, Scandia 53, 1987, 187–190.

XI. NIEDERLÄNDISCHE FÜRSTENTÜMER: Das S. tritt hier im 11.–16. Jh. als übliches Mittel auf, um einer Urk. Gültigkeit zu verleihen, in der Frühzeit noch zusammen mit anderen Zeichen wie dem Monogramm (Gf.en v. Flandern, Bf.e v. Cambrai) oder dem eigenhändigen Kreuz (Bf.e v. Arras); im Fs.bm. Lüttich (→Notker) und im Bm. Noyon-Tournai ist das S. bereits seit der 2. Hälfte des 10. Jh. geläufig. S.führung von Laienfs.en setzt im 11. Jh. ein (1038 Flandern, 1069 Niederlotharingien/Brabant, 1083 Luxemburg, 1086 Hennegau). Seit Beginn des 12. Jh. führten Fsn.nen (→Clementia) eigene S., im Laufe des 12. Jh. begannen auch die meisten Adligen, ihre Urkk. zu siegeln (nach fsl. Vorbild). Um 1200 verfügten die großen fläm. Städte über eigene S., die später zum Symbol städt. Autonomie wurden. Im 13. Jh. hatte sich der Gebrauch des S.s bei allen sozialen Gruppierungen verbreitet (religiöse Institutionen, Bruderschaften; Schöffenbänke, Ämter/Zünfte, Gilden; geistl. wie weltl. Personen: siegelmäßige Leute). Ledigl. das →Notariat wurde nicht von dieser Entwicklung erfaßt. Im 11. Jh. begegnen zumeist aufgedrückte S., seit Mitte des 12. Jh. durchweg anhängende S. Das aufgedrückte (kleinformatige) S. tritt erneut im 14. Jh. auf (S. mit dünner Wachsschicht: 'placat').

Die ersten S. mit herald. Motiven entstammen der 2. Hälfte des 12. Jh. (1158 Gf. en v. Hennegau, 1163 Gf. en v. Flandern, 1192 Hzg. e v. Brabant). Das älteste erhaltene S., das ausschließl. ein Wappenschild zeigt, ist ein Rücks. von 1170 (Flandern); bemerkenswert als sehr frühes S. einer Frau ist das S. der Mathilde v. Portugal, Gfn. v. Flandern (1187). Wappenschilde auf selbständigen kleinen S.n erscheinen im 14. Jh. Die Laienfs.en verwendeten gewöhnl. ein großes rundes S., das »Reiters.«, wobei mitunter mehrere Matrizen simultan benutzt wurden. Majestätss. waren selten und wurden nur von denjenigen Fs.en, die einen Ks.- oder Kg.sthron innehatten, geführt (Gf. en v. Flandern-Hennegau: Lat. Ksr. v. Konstantinopel, Gf. en v. Holland, Gf. en v. Luxemburg: röm.-dt. Kg.e und Ks.). Fsn.nen verfügten über ein spitzovales »Porträts.«, manche auch über runde »Jagdamazonens.« (1194 Flandern/Hennegau), seit dem Ende des 14. Jh. über ein rundes Wappens. »Jagds.« wurden ausschließl. von jungen, noch nicht zu Rittern gekürten Fs.en geführt (Holland, Brabant). Seit 1160 (Flandern) benutzten Fs.en außer dem großen S. zumeist ein Rücks. von kleinerem Format (Typ Intaglio, Reiters., Wappenschilds.); hierbei läuft die Umschrift des Großen S.s auf dem Rücks. weiter; die Funktion des Gegens.s wurde durch den Terminus 'secretum' hervorgehoben. Im allg. gibt die lat. Umschrift recht genau die Titulatur des Ausstellers der betreffenden Urk. wieder; seit dem 14. Jh. wird auch, zuerst bei Fsn.nen, die Volkssprache benutzt. Die Fs.en besaßen seit Ende des 13. Jh./Anfang des 14. Jh. (zuerst in Brabant und im Hennegau, später in Lüttich, Flandern, Namur und Luxemburg) neben ihrem großen S. mit Rücks. (in Obhut des Kanzlers) verschiedene 'kleine' S., meist »Wappenschilds.«, Sekrets., S. 'ad causas' (in Obhut eines →Sekretärs), sowie ein Signet für Privatangelegenheiten, die auch unter bes. Umständen (Unterbrechung des Kontaktes eines Fs.en mit seinen Kanzlei- und Verwaltungsbehörden) oder für 'lettres closes' (→litterae) Verwendung fanden (Hzg. e v. Burgund, 15. Jh.). Der S.stoff war durchgängig Wachs (mit Ausnahme der Goldbullen der Ks. v. Konstantinopel), die Wahl der Farbe hing ab vom jeweiligen S. typ. Th. de Hemptinne

Q. und Lit.: G. DEMAY, Inventaire des sceaux de la Flandre... dép. du Nord, 2 Bde, 1873 – J. TH. DE RAADT, Sceaux armoriés de Pays-Bas et des pays avoisinants. Rec. hist. et héraldique, 4 Bde, 1898–1903 – VICOMTE DE GHELLINCK VAERNEWIJCK, Sceaux et armoiries des villes... de la Flandre ancienne et moderne, 1935 – E. PONCELET, Les sceaux et les chancelleries des Princes-Evêques de Liège, 1938 – A. P. VAN SCHILFGAARDE, Zegels en genealogische van de graven en hertogen van Gelre, graven van Zutphen, 1967 – J. G. KRUISHEER, De oorkonden en de kanselarij van de graven van Holland tot 1299, 1971, I, 52–54; II, 445–485 – B. BEDOS, Corpus des sceaux français du MA, I, 1980 – R. LAURENT, Sigillographie, 1985 – DERS., Les sceaux des princes territoriaux belges du Xe s. à 1482, 2 Bde, 1993.

XII. BYZANZ: S. im Sinne von Gerätschaft, womit gesiegelt wurde, sind nur wenige erhalten: fünf eiserne Bulloterien (S.zangen), ein paar Petschafte aus Metall, Stein, Knochen oder Elfenbein, am ehesten noch Metallringe (von goldenen bis zu Kupferlegierungen). Als Materialien für S. abdrücke wurden Ton, Blei, Gold, Silber und Wachs verwendet, den Löwenanteil (auch an erhaltenen S.n) stellen Bleis. (→Bulle, I); damit verwandt sind Glasgewichte mit dem S. des →Eparchen.

In den oriental. Provinzen spielten Tons. bis in frühbyz. Zeit eine wichtige Rolle (bes. auf Papyri); neben einseitig geprägten Bleiplomben, wofür das Metall erwärmt werden mußte, um Petschaft, Ring oder Gemme nicht zu sehr zu beanspruchen, kamen am Anfang des 4. Jh. doppelseitig geprägte Bleibullen auf, die im Laufe des 6. Jh. die Plomben weitgehend verdrängten und bis ins 11. Jh. ständig an Beliebtheit zunahmen; dabei verbesserten die Stempelschneider ihr techn. Können, die S. wurden »gesprächiger« und künstler. anspruchsvoller. Danach ging die Zahl der Bleibullen deutl. zurück, ab der Mitte des 14. Jh. siegelten in Byzanz fast nur mehr die Patriarchen – ebenso wie die Päpste – in Blei; in benachbarten Kulturen, wie in Rußland, gab es allerdings eine Fortsetzung. Die Siegelung in Gold (→Chrysobull) war Vorrecht des Ks.s – die Usurpation dieses Privilegs durch einen Despoten v. Epirus (kurz vor 1318) wurde als bewußte Herausforderung gewertet. Auch bulg. und serb. Zaren ahmten Golds. nach; ob die dt. Ks. schon vor den byz. in Gold siegelten, ist offen. Silbers. kennen wir in geringer Zahl von spätbyz. Despoten, vielleicht auch aus Bulgarien. S. aus Wachs (ausnahmsweise auch aus Harz) sind nur sehr wenige (bes. aus der Spätzeit) erhalten, manche Petschafte und v. a. viele S. ringe setzen sie allerdings voraus. Das entwickelte Formular vieler S. nennt im Idealfall Vornamen, Rangtitel, Ämter, Amtsbereich und Familiennamen und bringt den Schutzpatron auf dem Avers. Viele bieten allerdings weniger Informationen, manche sind sogar anonym bzw. geben die Daten verschlüsselt wieder (etwa als →Monogramm). Metr. S. (ab dem 2. Drittel des 11. Jh.) weisen bis zu fünf Zwölfsilber auf. Viele S. können nur auf mehrere Jahrzehnte datiert werden, in besonderen Fällen aber auf das Jahr genau (durch Ks. bildnis und Indiktion, etwa auf Kommerkiarier.n des späten 7. bis frühen 9. Jh.). S. sind eine sehr wichtige Q. für die byz. Prosopographie (manche Familiennamen sind nur durch S. belegt) und Verwaltungsgesch., aber auch für Kirchengesch., Kunstgesch. (bes. für Typen der Theotokos-Darstellung), hist. Geographie, Wirtschaftsgesch., Paläographie und überhaupt für Kulturgesch. im weiten Sinn, einschließl. der Mentalitätsforschung. Dort, wo der Fundort bekannt ist (bzw. bekanntgegeben wird), lassen sich auch gewisse Schlüsse für diese Region ziehen. Von manchen Personen kann man aufgrund von S.n umfangreiche Karrieren rekonstruieren.

S. dienten zur Authentitätssicherung von Urkk., Testamenten und Bestätigungen, wobei Unterschriften solcherart ergänzt oder sogar ersetzt wurden (was auch für Zeugen gilt), sicherten Briefe und Warensendungen vor heiml. Öffnen, bestätigten die staatl. Kontrolle bestimmter Waren (z. B. im Sinne einer Ausfuhrgenehmigung), aber auch von Waagen, Gewichten usw. Andererseits dienten S. nicht zuletzt dem Sozialprestige (z. B. Goldringe), sie sind einer Art 'Visitenkarte' vergleichbar.

S. ähnliche Tesserae (Sphragidia) wurden im karitativen Bereich verwendet, bisweilen als fromme Andenken (→Eulogien), gelegentl. auch als Erkennungsmarken bzw. fast wie ein 'Ausweis'. W. Seibt

Bibliogr. und Lit.: Stud. in Byzantine Sigillography, 1ff., 1987ff. – W. SEIBT, Bibliogr. selective de la sigillographie byzantine, RHS 60–61, 1990–91, 213–254 – J.-C. CHEYNET, C. MORRISSON, W. SEIBT, Sceaux byz. de la collection Henri Seyrig, 1991 – N. P. LICHAČEV, Molivdovuly grečeskogo vostoka, 1991 – J. NESBITT–N. OIKONOMIDÈS, Cat. of

Byz. Seals at Dumbarton Oaks ... 1ff., 1991ff. – I. JORDANOV, Pečatite ot strategijata v Preslav (971–1088), 1993 – W. SEIBT, Ein Golds. des Despoten Thomas v. Epirus aus dem frühen 14. Jh., Epeir. Chron. 31, 1994, 71–76, Taf. 6of. – →Bulle, →Chrysobull.

XIII. SÜDOSTEUROPA: [1] *Slowenien:* Die Anwendung der S. im Raum Sloweniens orientierte sich v. a. an den benachbarten dt. und roman. Ländern. Im Küstengebiet überwog die Notariatsurk. ohne S., in den übrigen Ländern (Krain, Steiermark, Kärnten) die S.urk. Außerdem sind auch die S. als Erkennungszeichen (simplum sigillum sine letteris) und für die Besiegelung von Reliquien in Kirchenaltären bereits im 12. Jh. in Gebrauch. Die ältesten S. in Verbindung mit slowen. Ländern erscheinen schon im 9.–11. Jh. in den Schenkungsurkk. dt. Herrscher an Feudalherren und Bm.er. Im 11. und 12. Jh. gibt es dann S. höherer kirchl. Würdenträger. Von 1103 stammt das älteste S. eines Kärntner Hzg.s, etwas jünger sind die ersten S. der steir. Mgf.en. Anfang des 13. Jh. wurden S. auch von höheren Adligen und von Ministerialen gebraucht. Damens. erscheinen seit dem Anfang des 14. Jh. Seit der Mitte des 13. Jh. treten die ersten Stadts. auf (Piran 1228, Maribor/Marburg a. d. Drau 1271, Ptuj/Pettau 1273, Ljubljana/Laibach 1280, Kostanjevica/Landstras 1286, Kranj/Krainburg und Kamnik/Stain noch im 13. Jh.). Aus dem 12. Jh. stammen auch die ältesten Kl.-, Abts- und Priorens. Die ersten Zunfts. erscheinen erst im 15. Jh.

B. Otorepec

Lit.: O. REDLICH, S.urk. und Notariatsurk. in den sö. Alpenländern, 1913 – B. OTOREPEC, Srednjeveški pečati in grb mest in trgov na Slovenskem, 1988.

[2] *Kroatien:* Das älteste erhaltene S. aus Kroatien gehörte wahrscheinl. zu einer von Kg. Krešimir IV. um 1070 ausgestellten Urk. Im →Notariat der dalmatin. Stadtkommunen war nur die Besiegelung polit. Verträge üblich (erstmals 1190). Geistl. Institutionen sowohl im Küstengebiet als auch in Slavonien (die Kapitel als →loca credibilia) wie auch Bane und kroat. Magnatenfamilien siegelten ab dem 13. Jh. Seit dem 14. Jh. führten auch der niedere Adel und Stadtgemeinden S. Vom Ende des 15. Jh. ist ein S. aus Krbava mit glagolit. Umschrift erhalten.

L. Steindorff

Lit.: EJug VII, 189–190 – G. ČREMOŠNIK, Dubrovački pečati srednjega vijeka, Anali Historijskog instituta u Dubrovniku 4/5, 1955/56, 31–47 – B. ZMAJIĆ, Heraldika, sfragistika, genealogija, 1971 – B. FUČIĆ, Glagoljski natpisi, 1982, No. 229.

[3] *Bulgarien, Serbien und Bosnien:* Überall dort, wo das Kirchenslav. als Kanzleisprache diente, war der Terminus technicus für S. *pečat,* nach P. SKOK ein ur- und gemeinslav. Wort. S. wurden auch ohne Schriftstücke gebraucht. Nach dem byz.-bulg. Vertrag v. 716 sollten Kaufleute beider Seiten S. besitzen, andernfalls würden ihre Waren konfisziert. Als Zeichen der Bevollmächtigung sind S. in →Stefan Dušans Gesetzbuch (1349) bei der Ladung vor Gericht vorgesehen. Die Bleibullen der byz. Beamten dienten als Vorbilder für die S. der slav. Herrscher. Namen und Titel der Inhaber erscheinen in Griech. (Peter, Archon v. Diokleia, 11. Jh.; →Stefan Nemanja, Großžupan, 12. Jh.). Die Loslösung von Byzanz öffnete den Weg für westl. S.bilder: Reiterbild, Brustbild, der thronende Herrscher, seit Anfang des 14. Jh. immer öfter herald. Motive, in Serbien vorerst nur der Helm, später das ganze Wappen. Die Beschriftung mit dem Namen des S.inhabers blieb bei Adligen und niedrigeren Beamten üblich.

Im zweiten bulg. Reich und in Serbien gebrauchte man nach 1346 Goldbullen mit stehendem Zaren nach byz. Vorbildern. Die Benennung *hrysovul* für jede Urk. ist älteren byz. Einflüssen zuzuschreiben. Die feierl. Urk. mit der Goldbulle hieß *zlatopečatno slovo.* In den Corroboratio-Formeln werden S. genannt, in den bosn. Urkk. näher qualifiziert: authent., hängendes, großes, mittleres, geheimes S. usw. Die S. der kirchl. Würdenträger hatten eine bes. ovale Form. Außer in Kommunen an der Küste sind städt. S. nicht bekannt. Benutzt wurden als S.stoff Wachs (natürl. und gefärbt) sowie zum Befestigen der S. Seidenschnüre, verschiedene Befestigungsarten des S.s fanden Anwendung. Beachtenswert sind die Farben: der Vojvode v. Bosnien, →Stefan Vukčić Kosača, erhielt 1448 von Ks. Friedrich III. das Privileg, »ipsi et heredes sui cera rubea in sigillatione litterarum quarumcumque uti possent«.

S. Ćirković

Lit.: L. THALLÓCZY, Stud. zur Gesch. Bosniens und Serbiens im MA, 1914 – S. STANOJEVIĆ, Studije o srpskoj diplomatici XVI. Pečat, Glas 132, 1928, 3–26 – V. MOŠIN, Srednjovekovni srpski pečati, Umetnički pregled 2, 1939 – Documente privind istoria României, Introducere II, 1956 – P. ANĐELIĆ, Srednjovjekovni pečati iz Bosne i Hercegovine, 1970.

XIV. ALTRUSSLAND: An die Stelle der Blei- und Silberbullen nach byz. Vorbild traten im 14. Jh. angehängte Wachss. sowie Wachsstempel. Man benutzte außerdem auch antike Gemmen. Russ. S.bilder sind mit den byz. und europ. S.emblemen und -gestalten eng verbunden. Fs.ens. zeigen Darstellungen des sog. Rjurikidenzeichens (→Rjurikiden; S. von Svjatoslav Igorevič, →Izjaslav Mstislavič) oder des hl. Patrons des Fs.en sowie des Fs.en selbst (S. von →Jaroslav I. d. Weisen [Mudryj]); des Patrons des Fs.en und griech. (Mitte des 11. Jh.–Anfang des 12. Jh.) oder russ. Legenden; zwei hl. Patrone des Fs.en und von dessen Vater (12. Jh.–Anfang des 14. Jh.); Machtsymbole (Reiter, Löwe, Adler) und Legenden mit Titel und Namen des Fs.en. S. der fsl. Statthalter und Tiune tragen Machtsymbole der Fs.en und Stadt- oder Tiunsnamen; Metropolitens. zeigen Darstellungen des hl. Schutzpatrons des Patriarchen v. Konstantinopel oder des Metropoliten selbst, seit dem Ende des 11. Jh. die Gestalt der Gottesmutter und glückwünschende griech. oder russ. Inschriften. Die Administration (Djaken) der Nordöstl. Rus' verwendete die Tamga der →Goldenen Horde (1494). Als Resultat der Auswirkung byz. Tradition und der Nachahmung des westl. Vorbildes wurde in Rußland das Symbol des röm.-dt. Ksr.es – der Doppeladler – als russ. Staatssymbol Ende des 15. Jh. angenommen.

A. L. Choroškevič

Lit.: G. ALEF, The Adoption of the Muscovite Two-headed Eagle: A Discordant View, Speculum 41, 1966, Nr. 1 – M. HELLMANN, Moskau und Byzanz, JbGO 17, 1969 – V. L. JANIN, Aktovye pečati Drevnej Rusi X–XV vv., T. 1–2, 1970; T. 3 [in Vorb.] – G. STÖKL, Testament und S. Ivans IV., 1972 – N. A. SOBOLEVA, Russkie pečati, 1991.

XV. ISLAM.-OSMAN. BEREICH: Im Alten Orient schon besaß eine große Zahl von Personen persönl. S., häufig Rolls., auch die Araber in vorislam. Zeit. Die Zahl erhaltener S. der islam. Länder (arab. *ḫātam, ḫātim,* pers. *muhr,* türk. *mühür*) ist sehr groß, ebenso wie die der Abdrücke. Fast alle Formen sind bekannt, Ovale waren häufig. Doppelseitig geschnittene und zweisprachige S. sind selten, ebenso solche mit Tieren. S. wurden von ihren Besitzern immer mitgeführt: an Ringen, in Beuteln oder durchbohrt an einer Schnur befestigt. Die vertiefte, negative Schrift konnte in tintenartige Pasten, Ton, Blei oder Wachs gedrückt werden und war dann lesbar. Es gibt S. mit dem Besitzernamen allein oder vereint mit vorwiegend religiösen Zusätzen; diese kommen auch ohne Namen vor. S. mit Namen dienten zum Unterzeichnen von Urkk. und →Briefen neben der Unterschrift oder allein, auch bei Schriftkundigen wurden sie der Unterschrift vorgezogen;

sie dienten auch als Eigentumsbezeichnung von Waren oder als Beweis der Intaktheit von Sendungen.

Die Überlassung von S.n bedeutet seit bibl. Zeiten die Delegation von Autorität. Ringe bestanden häufig nach dem Vorbild des Propheten aus Silber oder aus Kupfer, Eisen und Blei; Gold war selten (oder ist selten erhalten). Die S. selbst sind aus Glas, Metall oder Halbedelsteinen wie Karneol, Hämatit und Jade. Datierungen sind selten und für gewöhnl. erst aus späteren Jahrhunderten. Die frühesten erhaltenen privaten S. stammen aus Ägypten vom Anfang des 8. Jh. S.schneider waren fast immer Araber, die wegen ihrer (in langer Lehrzeit erworbenen) Bildung und ihres Könnens bei der Anpassung der Schrift an die jeweilige S.form hochangesehen waren (→Kalligraphie). S.schneider gehörten z. T. Gilden an und arbeiteten oftmals in bestimmten Stadtvierteln. Die Polizei überwachte sie wegen der Gefahr von Fälschungen oder der Herstellung von Formen für Münznachahmungen. Ging ein S. verloren, wurde das neue mit leichten Änderungen geschnitten.

Wenn die Schrift auf siegelähnl. Steinen direkt gelesen werden kann, also positiv ist, handelt es sich in aller Regel um Talismane, die wegen ihrer apotropäischen Wirkung geschätzt wurden (→Amulett).

Staatss. beginnen mit dem S. des Propheten, das zuletzt aus Silber war; nach dessen Tod (632) verwendeten die ersten der vier Rechtgeleiteten Kalifen es zunächst weiter. Der erste Omayyadenherrscher, Mu'āwiya (661–680), richtete eine Kanzlei (→Diwān) für S. zur Überprüfung der Echtheit aller im Namen des Herrschers ausgestellten Dokumente oder Briefe ein. Auch bei den Abbasiden (749–1258) hatten S.bewahrer und S.kanzleien hohe Bedeutung.

Die osman. Sultane verfügten über jeweils vier in Gold gefaßte Smaragds. unterschiedl. Größe, ein viereckiges trug der Herrscher ständig bei sich. Ein weiteres war im Besitz des Großwesirs, ein anderes verwaltete der Schatzmeister des Harems (häufig eine Dame). Alle trugen die →Tuğra. Auch Minister und bedeutende Persönlichkeiten führten S., immer mit eigenen S.bewahrern. Nach dem Tode des Herrschers wurden die alten S. zerstört und neue geschnitten. In Istanbul gab es vier verschiedene Werkstätten, eine nur für S.schneider, die in Steinen wie Achat, Jaspis, Granat und Türkis arbeiteten, eine andere für die Graveure der Minister, weitere nur für Silbers. und Talismane.

Im Iran verfügte der Schah über drei S. mit ihren eigenen S.bewahrern für militär., zivile und auswärtige Angelegenheiten, zusätzlich dienten zwei kleinere für die Verwaltung des Palastes. Beim Tode des Schahs wurde sein Name in den S.n getilgt und der des neuen Herrschers eingeschnitten. Im westislam. Bereich waren die Verhältnisse vermutlich ähnlich. K. Brisch

Lit.: EI² II, s.v. Diplomatic, Dīwān; IV, s.v. Khātam; VII, s.v. Muhr – I. HAKKI UZUNÇARŞILI, Topkapı Sarayı Müzesi müpürler sektiyonu rehberi, Guide Book of the Seals Sections of the Topkapi Saray Museum, 1959 – L. KALUS, Bibl. Nat., Catalogue des Cachets, Bulles et Talismans islamiques, 1981 – DERS., Ashmolean Museum, Catalogue of Islamic Seals and Talismans, 1986.

Siegelerde. Unter S. oder 'Terra sigillata' (der Begriff bezeichnet auch die hellenist. und kaiserzeitl. rotgefirnißte Keramik) versteht man im med.-pharmazeut. Sinne eine Heilerde, die in bestimmter, meist runde Form gebracht und mit einem Herkunftsstempel gesiegelt ist. Die schon in der Antike berühmteste dieser Heilerden stammte von der Insel →Lemnos (Dioskurides, Mat. med. V, 97) und bestand aus weißlich, gelb oder rot gefärbten Tonen, deren Preßstücke u. a. das Bild der Göttin Artemis oder des ihr zugeordneten Tieres, einer Ziege, trugen. Die echte 'terra Lemnia' kam nur mit einem solchen Markenzeichen versehen in den Handel, weshalb sie auch 'sphragis' (Siegel[erde]) genannt wurde (Plinius, Nat. hist. 35, 33). Auch im MA spielte die – häufig verfälschte – *lemnia sfragis*, *lempnia frigdos* oder *terra sigillata* (SIGERIST, 32, 37, 52, 58; Circa instans, ed. WÖLFEL, 114; Alphita, ed. MOWAT, 96 und 184) neben →Bolus armenus eine bedeutende Rolle, bis sie allmähl. durch andere (seit dem 16. Jh. auch mitteleurop.) S.n verdrängt wurde: zunächst durch die auf Malta gewonnene, vorwiegend weiße 'terra sigillata Melitensis', deren Wirkkraft bei Schlangen- und Skorpionbissen man mit den dortigen Wunderheilungen des (daher auf manchen Prägestempeln abgebildeten) Apostels →Paulus in Verbindung brachte. War die S. bereits in der Antike hauptsächl. als Antidot gegen alle Arten von Gift geschätzt, so fand sie im MA darüber hinaus als Mittel gegen Nasenbluten, Durchfall, Verbrennungen, Pestilenz u. a. m. Verwendung (Minner, 216; Gart, Kap. 400) und galt schließlich geradezu als →Panacee. Die Herstellung erfolgte dabei in der Weise, daß man die Erde in Wasser einrührte, dieses abgoß und die klebrige Masse zu Scheibchen formte; anschließend drückte man ihnen das charakterist. Siegelbild auf und ließ sie an der Luft trocknen, wie es ein Holzschnitt in der Mainzer →'Hortus sanitatis'-Ausgabe von 1491 anschaulich vor Augen führt. P. Dilg

Lit.: H. E. SIGERIST, Stud. und Texte zur frühma. Rezeptlit., StGM 13, 1923 [Neudr. 1977] – H. JUNG, Zur Gesch. der Heilerden, Die Pharmazie 3, 1948, 278–284 – F. HELLER, Med. S.n aus den Slg.en des Germ. National-Mus. Nürnberg, PharmZ 109, 1964, 1461–1471 – D. GOLTZ, Stud. zur Gesch. der Mineralnamen in Pharmazie, Chemie und Med. von den Anfängen bis Paracelsus, SudArch Beih. 14, 1972, 151, 254f., 294, 325, 348 – P. H. GRAEPEL, Terra sigillata – ein Universalheilmittel vergangener Jhh., BGPharm 36, 1984, 29/213–33/217 – TH. FRELLER, St. Paul's Grotto and its Visitors. Pilgrims, Knights, Scholars and Sceptics, 1995, passim.

Siegelring → Siegel

Siegen, Stadt in Nordrhein-Westfalen, erstmals 1079/89 erwähnt. Um 1170 ist eine an Kölner Vorbildern orientierte nassauische Münzprägung nachweisbar. Die Verfassungsentwicklung ist durch das seit 1224 belegte Kondominat der Gf.en v. →Nassau und der Ebf.e v. →Köln (bis 1421) geprägt, die sich Münze, Zoll und sämtl. Rechte in einer neuen Siedlung unterhalb der Burganlage teilten. 1253 sind Schultheiß und Schöffen, 1280 Bürgermeister belegt, zu Beginn des folgenden Jh. war der Rat endgültig konstituiert. 1303 erhielt S. →Soester Stadtrechte. Eine Einschränkung städt. Freiheiten setzten die nassauischen Stadtherren nach Beendigung des Kondominats durch. Mitte des 15. Jh. hatte S. weniger als 2000 Einw. bei einer Fläche von ca. 12 (mit Burgkomplex ca. 24) ha, ökonom. überregional bedeutsam waren die Eisen- und Stahlproduktion, deren Erzeugnisse primär über Köln abgesetzt wurden.

Der →Bergbau setzte im Siegerland wahrscheinl. im 6. Jh. v. Chr. ein. Der Silberbergbau ist 1298 erstmals urkdl. belegt, der Schachtbau für 1212 gesichert. 1311 ist eine Massenhütte nachweisbar, 1463 bestanden 28 Hütten- und 11 Hammerwerke im Gebiet der Rentei S.
B. Fuhrmann

Q.: F. PHILIPPI, W. MENN, B. MESSING, S.er UB, 2 Bde, 1887–1927 [Neudr. 1975] – Lit.: H. v. ACHENBACH, Gesch. der Stadt S., 2 Bde, 1894 [Neudr. 1978] – A. BINGENER–G. FOUQUET, Die Stadt S. im SpätMA, NassA 105, 1994, 103–117.

Siegfried (nord. Sigurðr, Sigurd), eine der Hauptgestalten der germ.-dt. Heldensage. Die Überlieferung von seinen Taten und seinem Tod bildet zusammen mit der vom Untergang der Burgunden die Nibelungensage. Sie könnte auf Ereignisse der merow.-frk. Gesch. zurückgehen, doch hat keiner der Versuche, S. mit einer hist. Gestalt (etwa dem 575 ermordeten ostfrk. Kg. →Sigibert I.) zu identifizieren, allg. Anerkennung gefunden (Spekulationen über myth. Ursprünge sind ebenso haltlos wie die Gleichsetzung S.s mit dem Varus-Bezwinger Arminius).

Faßbar ist die Gesch. S.s für uns v. a. in dt. und nord. Dichtungen, in erster Linie einerseits im →»Nibelungenlied« (um 1200) und im Lied vom »Hürnen →Seyfrid« (überliefert in Drucken des 16. und 17. Jh.; Prosabearb. in Drucken seit dem 17. Jh.), andererseits in den →Sigurdliedern der »Edda« (mit dem ergänzenden Parallelbericht der →»Völsungasaga«) und in der »Thidrekssaga« (→Dietrich v. Bern, IV, 3), die alle dem 13. Jh. angehören bzw. seit dem 13. Jh. überliefert sind. Die nord. Texte bewahren eine Reihe alter Motive, die in dt. Q. nicht belegt sind (die »Thidrekssaga« scheint auch das »Nibelungenlied« verarbeitet zu haben). Ihr Zeugnis wird durch eine reiche nordwesteurop. Bildüberlieferung seit dem 10. Jh. ergänzt.

Zwei Erzählkomplexe, in den einzelnen Texten z. T. stark abweichend ausgestaltet, lassen sich unterscheiden: S.s Jugend und S.s Tod. – Für den Erzählkomplex von S.s Jugend ist die nord. Überlieferung ergiebiger als die deutsche. Prägend sind vier Motiveinheiten: (1) der verwaiste Kg.ssohn Sigurðr wird von einem Schmied aufgezogen; (2) er rächt die Tötung seines Vaters; (3) er erlegt einen Drachen und gewinnt den von diesem gehüteten Schatz; (4) er erlöst eine gebannte Jungfrau (Sigrdrífa bzw. Brynhildr, dt. Brünhild). Das »Nibelungenlied« bietet die Jung-S.-Abenteuer in stark reduzierter Form (mit dem für die dt. Tradition wichtigen, auch in der »Thidrekssaga« benutzten Motiv von S.s Bad im unverwundbar machenden Drachenblut). Daß es auch in Dtl. eine viel reichere (mündl.) Überlieferung gegeben hat, zeigt das »Hürnen Seyfrid«-Lied; es belegt u. a. das im »Nibelungenlied« fehlende Motiv von S.s Aufenthalt bei einem Schmied und erzählt von einer (auch anderweitig, v. a. in den Fassungen m und n des »Nibelungenliedes«, bezeugten) Entführung Kriemhilds durch einen Drachen und ihrer Befreiung durch S. Als Produkt sekundärer Zyklusbildung sind Zweikämpfe zw. S. und →Dietrich v. Bern in →»Biterolf und Dietleib«, im →»Rosengarten« und in der →»Rabenschlacht« (sowie in der »Thidrekssaga«) anzusehen. – Der Erzählkomplex von S.s Tod (seiner Heirat mit der Schwester der burg. Kg.e und seiner Ermordung durch diese bzw. ihren Vasallen Hagen) ist in den nord. Texten wie im »Nibelungenlied« (dessen erste Hälfte er ausmacht) breit dokumentiert.

Die Verbindung der S.sage mit der Sage vom Burgundenuntergang geschieht über das Rachemotiv: die Mörder S.s werden von dessen Witwe in den Tod getrieben. Diese Rachefabel ist aus einer älteren Form der Burgundensage entwickelt, in der die Frau ihre Brüder an ihrem zweiten Mann rächt, dem Hunnenkg., der sie um des Nibelungenhortes willen hatte töten lassen (→Atlilieder der Edda). Handlungsmäßig verknüpft erscheinen die beiden Sagen zuerst im »Nibelungenlied«, doch ist die Umformung der Rachefabel mit Sicherheit älter. (Eine Medaillonfolge auf den Portalplanken der Stabkirche von Hylestad/Norwegen, um 1200, verknüpft Szenen aus beiden Sagen; das eddische »Brot af Sigurðarkviðu« deutet an, daß die Tötung der Burgunden durch den Hunnenkg. Strafe für die Ermordung S.s ist.) – Eine ganz andere, völlig isolierte Version von S.s Tod und Kriemhilds Rache bietet die »Heldenbuch-Prosa«, eine seit dem Ende des 15. Jh. überlieferte zyklusartige Übersicht über die Stoffe der dt. Heldensage: ihr zufolge wird S. von Dietrich im Wormser Rosengarten erschlagen, und Kriemhilds Rache am Etzelhof gilt dem Berner.

Wie andere heroische Überlieferungen hat die S.sage lokale Traditionen ausgebildet, so insbes. in →Worms, wo sie als Ortsherkommen (→Sage) in Anspruch genommen wurde (nachweisbar seit dem Ende des 15. Jh.).

Im Zuge der Rezeption des Nibelungenstoffs im 19. und 20. Jh. ist die S.sage wiederholt neu gestaltet und intensiv auch für die Formulierung nationalideolog. Vorstellungen genutzt worden. Die Ideologisierung gipfelte in der sog. 'Dolchstoßlegende', mit der rechtsnationale Kreise die Niederlage Dtl.s im 1. Weltkrieg erklärten: wie S. von Hagen sei das im Feld angeblich unbesiegte dt. Heer durch die Novemberrevolutionäre hinterrücks 'erdolcht' worden. J. Heinzle

Lit.: G. T. GILLESPIE, A Cat. of Persons named in German Heroic Lit. (700–1600), 1973, 118–123 – W. HOFFMANN, Das S.bild in der Forschung, 1979 [Lit.; ergänzend: Helden und Heldendichtung im Germanischen, hg. H. BECK, 1988, 36of.] – K. DÜWEL, Zur Ikonographie und Ikonologie der Sigurddarstellungen (Zum Problem der Deutung frühma. Bildinhalte, hg. H. ROTH, 1986), 221–271 – E. STUTZ, Über die Einheit und die Einzigartigkeit der S.-Gestalt (Fschr. O. GSCHWANTLER, 1990), 411–430 – Die Nibelungen. Ein dt. Wahn, ein dt. Alptraum, hg. J. HEINZLE – A. WALDSCHMIDT, 1991 [Lit. zur Rezeption].

Siegfried

1. S. I., Gf. v. Luxemburg →Luxemburg, I

2. S., sächs. Gf., † (10. Juli?) 937; Vater: Gf. Thietmar, Erzieher Heinrichs I.; Bruder: →Gero (seit 937 Mgf. der sächs. Ostmark); Schwester: Hitta (∞ Christian, dem späteren Gf.en im Thüringgau; ∞ Guthie. Gf. S., dessen Rechte sich insbes. um →Merseburg herum konzentrierten, gehörte zu den hervorragenden sächs. Großen unter Heinrich I. Als legatus des Kg.s hatte er – wahrscheinl. an der Ostgrenze Sachsens – eine militär. Kommandogewalt inne, die ihn über die anderen Gf.en stellte. Seine einflußreiche Position wird bes. von →Widukind unterstrichen, der ihn als »Saxonum optimus et a rege secundus« bezeichnet. Darüber hinaus hat Heinrich I. S. seinen Sohn Heinrich zur Erziehung übergeben. Kurz vor seinem Tod wurde S. die procuratio Saxoniae, der militär. Schutz Sachsens, während der Krönungsfeierlichkeiten für Otto I. in Aachen anvertraut. Nicht zuletzt den engen Bindungen zw. dem Merseburger Gf.enhaus, dem er entstammte, und der liudolfing. Kg.sfamilie verdankte S. seine herausragende Stellung. Allerdings konnten bis heute die verwandtschaftl. Beziehungen zur Kg.sfamilie nicht genau bestimmt werden. Diese familiären Verbindungen spielten nach dem Tode S.s eine entscheidende Rolle, als sich →Thangmar, der Sohn Heinrichs I. und Hatheburgs, auf sie berief, um das Erbe S.s als legatus anzutreten, aber von Otto I. zugunsten Geros übergangen wurde. Thangmar stellte sich daraufhin an vorderster Stelle auf die Seite der Aufständischen gegen den neuen Kg. Die Nähe des Gf.en S. zur Kg.sfamilie fand nicht zuletzt ihren Niederschlag in der Gründung des Kl. Westergrönningen, die der Gf. und seine Frau 936 zu ihrem Seelenheil, insbes. aber für Kg. Heinrich, dessen Frau Mathilde und deren Kinder vorgenommen haben. Ob der Gf. S., der zum 10. Juli im Lüneburger Necrolog eingetragen ist, mit dem Legaten S. ident. ist, bleibt fraglich, da zum 3. Dez. auch ein Gf. S. im Merseburger Necrolog verzeichnet ist. G. Althoff

Lit.: R. SCHÖLKOPF, Die sächs. Gf.en (919–1024), 1957, 35, 41ff. – K. SCHMID, Neue Q. zum Verständnis des Adels im 10 Jh., ZGO 108, 1960, bes. 211ff. – DERS., Unerforschte Q. aus quellenarmer Zeit (III): Wer waren die 'fratres' von Halberstadt…? (Fschr. B. SCHWINEKÖPER)

1982), bes. 133 – G. ALTHOFF, Adels-und Kg.sfamilien im Spiegel ihrer Memorialüberlieferung, MMS 47, 1984, 405 – DERS., Amicitiae und Pacta, 1992, 142ff.

3. S. v. Feuchtwangen, *Hochmeister des →Dt. Ordens,* *1275, † 5. März 1311, ◻ Kulmsee, vermutl. verwandt mit Hochmeister Konrad v. Feuchtwangen. 1298 Deutschmeister, wechselte S. 1299 in die Ballei Österreich als Komtur v. Wien über. Im Herbst 1303 wurde er in Elbing als Nachfolger Gottfrieds v. Hohenlohe zum Hochmeister gewählt. Während seiner Amtszeit wurde die Hochmeisterresidenz von Venedig nach →Marienburg verlegt (1309). Diese Entscheidung begleiteten Auseinandersetzungen innerhalb des Ordens, wobei es in zweierlei Hinsicht um die Sicherung der Zukunft ging, einmal um die Distanz zum polit. Konflikt zw. weltl. und geistl. Schutzmacht, zum anderen setzte 1305 die Vernichtung der →Templer ein, was eine Stimmung gegen die →Ritterorden aufkommen ließ. Regional kam ein Streit mit dem Ebf. v. →Riga, der die Konkurrenz des Dt. Ordens fürchtete, hinzu. Als liturg. Neuerung führte S. mit Billigung des Großkapitels die Regel ein, daß nach jeder Hore das »Salve Regina« zu beten sei. 1310 schloß S. den territorialpolit. wichtigen Vertrag über den Kauf →Pommerellens mit dem Mgf.en v. →Brandenburg ab. Sein Nachfolger war Karl v. Trier.   C. A. Lückerath

Lit.: Altpreuß. Biogr., I, 1974, 181 – O. SCHREIBER, Die Personal- und Amtsdaten der Hochmeister, Oberländ. Gesch.-Bll. 3, 1909-13, 689 – M. TUMLER, Der Dt. Orden, 1955, 341f. – K. FORSTREUTER, Der Dt. Orden am Mittelmeer, 1967, 194ff. – W. WOJTECKI, Stud. zur Personalgesch. des Dt. Ordens im 13. Jh., 1971 – U. NIESS, Hochmeister Karl v. Trier, 1992.

4. S. v. Westerburg, *Ebf. v. →Köln 1274–97, † 7. April 1297 in Bonn, ◻ Cassiusstift, Bonn; vor seiner Wahl Dompropst v. Mainz und Mitglied des Kölner Domkapitels, versuchte, dem Vorbild →Konrads v. Hochstaden folgend, die territoriale Stellung seiner Kirche im NW des Reiches auszugestalten, und leitete dabei die Oberhoheit des Erzstiftes gegenüber den konkurrierenden Territorialgewalten vornehml. von seinen rhein. und westfäl. Hzg.srechten ab. Bis 1282 erfolgreich in seinen Bestrebungen, wenn auch im Konflikt um Kaiserswerth und um die Vogtei v. Essen durch Kg. Rudolf v. Habsburg in die Schranken verwiesen, wurde er schließlich immer stärker in die Auseinandersetzungen um die Nachfolge im Hzm. →Limburg hineingezogen und gehörte schließlich nach der Schlacht bei →Worringen (5. Juni 1288) zu den Verlierern. Sieger war der Hzg. v. →Brabant; Nutzen aus der Niederlage zogen aber auch die territorialpolit. Rivalen des Ebf.s im Rheinland und in Westfalen sowie die Kölner Bürger, denen es gelang, die Stadtherrschaft des Ebf.s abzustreifen. Auf dem Schlachtfeld v. Worringen fielen endgültig die Würfel gegen eine überregionale erzstift. Territorialstaatsbildung zugunsten eines Territorialsystems mittelgroßer und kleinerer weltl. Herrschaften, das das Erzstift umfaßten und sich in wechselnden Koalitionen zusammenschließen konnten; gleichzeitig ging die hegemoniale Stellung im NW des Reiches für die nächsten Jahrzehnte an das Hzm. Brabant über. S.s Absicht, die verlorenen Positionen mit Hilfe des neuen, aufgrund seiner Initiative gewählten Kg.s Adolf v. Nassau zurückzugewinnen, ließ sich nicht verwirklichen.   F.-R. Erkens

Q.: Die Reg. der Ebf.e v. Köln im MA, III, bearb. R. KNIPPING, 1909-13 – Lit.: F.-R. ERKENS, S.v. W. (1274-1297), 1982 – →Worringen.

5. S. I., *Ebf. v. →Mainz 1060–84, † 16. Febr. 1084; ◻ →Hasungen, stammte wahrscheinl. aus mittelrhein. Adelssippe; Verwandtschaft mit den →Ludowingern ist möglich. Als Abt v. →Fulda wurde er, begünstigt durch Ksn. →Agnes, am 6. Jan. 1060 zum Ebf. v. Mainz ernannt. Sein Verhalten während der Regentschaft für Kg. Heinrich IV. erscheint widersprüchlich. Wohl im Frühjahr 1064 unternahm er eine Romfahrt, im folgenden Winter einen Pilgerzug nach Jerusalem. In der durch →Hirsau beeinflußten Kl.reform betonte er die ebfl. Rechte in →Saalfeld, →Hasungen, Ravengiersburg, →Erfurt, →Orlamünde, St. Alban und St. Jakob in Mainz. Förderung erfuhren auch Kanonikerstifte. Die Metropolitanrechte verteidigte er gegen kuriale Ansprüche, ging indessen konform mit den Reformwünschen Papst Alexanders II.

Im Reich begegnete er wachsenden Schwierigkeiten: Ehescheidungsbegehren des Kg.s, Thüringer Zehntstreit, Fs.enopposition und Sachsenkrieg. Die Absicht, in →Cluny Mönch zu werden, scheiterte 1072 an der Rückkehrforderung der Mainzer. Beim Übergreifen des →Investiturstreites auf Dtl. stand S. zunächst auf der kgl. Seite, wechselte aber bereits 1076 zur päpstl. Partei. Die Reichsversammlung in →Tribur im Okt. 1076 schirmte er militär. gegen Heinrich IV. ab und vertrat vielleicht schon Ansprüche →Rudolfs v. Rheinfelden, mit dem er seit 1073 in Beziehung stand und den er am 26. März 1077 in Mainz zum Gegenkg. krönte. Dem Gegenkgtm. gab er abermals die Spitze durch die Krönung →Hermanns v. Salm am 26. Dez. 1081 in Goslar. Ohne noch nennenswerten Einfluß erlangt zu haben, starb S. in Thüringen und wurde in seiner Gründung Hasungen beigesetzt. Ungeachtet des reichspolit. Ungeschicks sind seine Maßnahmen wichtig im Blick auf die Tendenz zur Entvogtung und auf die lange nachwirkenden Beziehungen der Mainzer Kirche zum Weserraum.   A. Gerlich

Lit.: J. F. BÖHMER–C. WILL, Reg. zur Gesch. der Mainzer Ebf.e von Bonifatius bis Heinrich II. 742-1288, 1887 [Neudr. 1966], LVIf., 181-217, Nr. 1080-1244 – H. BÜTTNER, Das Erzstift Mainz und die Kl.reform im 11. Jh., Archiv für mittelrhein. Kirchengesch. 1, 1949, 30-64 – H. THOMAS, Ebf. S. I. v. Mainz und die Tradition seiner Kirche, DA 26, 1970, 368-399 – L. FALCK, Mainz im frühen und hohen MA (Gesch. der Stadt Mainz, II, 1971), bes. 122 mit Anm. 1 [zur Genealogie], 125ff., 164 – R. SCHIEFFER, Die Romreise dt. Bf.e im Frühjahr 1070, RhVjbll 25, 1971, 152-174 – F. STAAB, Die Mainzer Kirche (Die Salier und das Reich, II, hg. ST. WEINFURTER, 1991), 57ff.

6. S. II., *Ebf. v. →Mainz 1200–30, * ca. 1165 (?), † 9. Sept. 1230, ◻ Erfurt, St. Marien; Vater: Gottfried I. v. Eppstein, Mutter: ?, Bruder: Gottfried II. (†ca. 1220), Schwester: Hildegard, ⚭ Philipp II. v. Bolanden. Nach dem Erwerb der Propsteien v. St. Gangolf/Mainz 1189, St. Martin/Worms 1194, St. Peter/Mainz 1196 erreichte S. im Nov. 1200 die Ebf.swahl bei verschwindender Minderheit gegen den von Kg. Philipp protegierten Bf. Lupold v. Worms. Das Mainzer Schisma war verflochten mit dem Thronstreit. S. war zum Lavieren zw. den Parteien in Anlehnung an die Weisungen Innozenz' III. gezwungen, bei den 1206–08 als Kard.priester v. S. Sabina weilte. Dann war er zunächst auf der Seite Kg. Ottos IV. An der Jahreswende 1210/11 schwenkte S. zur Stauferpartei über und förderte die Wahlen und Krönungen Kg. Friedrichs II. in Nürnberg, Frankfurt, Mainz und Aachen. Im März 1212 ernannte ihn Innozenz III. zum Legaten, und er nahm am IV. Laterankonzil teil. Im April 1220 war er vermutl. Wähler Kg. Heinrichs (VII.), im Nov. Teilnehmer an der Ks.krönung Friedrichs II. Während der Regentschaftszeit für Heinrich (VII.) opponierte S. gegen dessen Städtepolitik und betrieb selbst für das Erzstift Mainz Burgenerwerb am Rhein, in der Wetterau und in Thüringen. Durch den Erwerb der Kg.srechte an der Abtei →Lorsch leitete S.

deren Einvernahme durch den Nachfolger 1228 ein. Im Diözesanstreit mit Bf. Konrad II. v. Hildesheim mußte der Ebf. zurückstecken. In Böhmen betrieb S. eine eigenständige Bm.spolitik zum Unwillen Honorius' III., v. a. aber wahrte er am 6. Febr. 1228 das Mainzer Krönungsrecht. A. Gerlich

Q. und Lit.: RI V, 1-3; V, 4 - Reg. zur Gesch. der Mainzer Ebf.e ... 742-1288, bearb. J. F. Böhmer–C. Will, II, 1886 [Nachdr. 1966], XIV–XXVII, 121-211, Nr. 1-616 – G. W. Sante, S. II. Ebf. v. Mainz (Nassauische Lebensbilder, hg. R. Vaupel, 1, 1940), 1-16 [Lit.] – W. Pietsch, Die Entwicklung des Territoriums der Herren v. Eppstein im 12. und 13. Jh. vornehml. aufgrund ihrer Lehensverzeichnisse, HJL 12, 1962, 15-50 – A. Gerlich, Thronstreit – Erzbistumsschismen – Papstpolitik (1198-1208) (Deus qui mutat tempora... [Fschr. A. Becker, hg. E.-D. Hehl, H. Seibert, F. Staab, 1987]), 283-320 [Lit.].

7. S. III., Ebf. v. →Mainz 1230-49, * ca. 1195 (?), † 9. März 1249 in Bingen, ⊡ Mainz/Dom; Eltern: Gottfried II. v. Eppstein, Theodora (?), Gfn. v. →Wied; Brüder: Gerhard II. († 1246), Gottfried III. († 1283); Onkel: →Dietrich II., Gf. v. Wied, Ebf. v. Trier. Als Neffe des Vorgängers →Siegfried II. wurde S. um 1220 Domherr in Mainz, Propst in St. Bartholomäus/Frankfurt und Aschaffenburg. Nach Wahl und Weihe (Nov. 1230/Jan. 1231) geriet S. sofort in den Streit Kg. Heinrichs (VII.) mit Friedrich II., opponierte gegen des Kg.s Städtepolitik und stand bei Vermittlungsversuchen auf der Seite des Ks.s. Dieser übertrug 1232 endgültig die Reichsabtei →Lorsch der Mainzer Kirche, wodurch der Streit zw. Erzstift und Pfgft. grundgelegt wurde. In Hessen, im Weserraum, Naheland und Taubertal glückten Burgen- und Besitzerwerbungen. Die Art der Mitwirkung am →Mainzer Reichslandfrieden v. 1235 ist nicht erkennbar. Nach der Kg.swahl Konrads IV. 1237 wurde S. zum procurator imperii ernannt (bis 1241). 1238 nahm er an der Belagerung v. →Brescia teil. Ausgleichsversuche zw. Ks. und Papst Gregor IX. blieben 1239/40 vergebl. S., selbst päpstl. Legat, wurde von →Albert Behaim mit dem Bann bedroht. Wie der Kölner Ebf. →Konrad v. Hochstaden (Bündnis 1241) wurde S. ein Anführer der antistauf. Partei, nahm zwar nicht aktiv am Konzil v. →Lyon 1245 und der Ks.absetzung durch Papst Innozenz IV. teil, wählte aber am 22. Mai 1246 Lgf. Heinrich Raspe v. Thüringen und am 3. Okt. 1247 Gf. Wilhelm v. Holland zu Gegenkg.en. Seit 1242 stand S. am Mittel- und Oberrhein im Krieg mit Konrad IV. Mainz mußte er am 13. Nov. 1244 das erste große Stadtrecht gewähren. – Das geistl. Wirken des Ebf.s zeigen Synoden (1233/34, 1239, 1243, 1246) sowie die Initiative bei der Kanonisation der hl. →Elisabeth v. Thüringen, auch der mäßigende Einfluß auf die Ketzerbekämpfung des →Konrad v. Marburg. Höhepunkt seines Wirkens war die Weihe des Mainzer Domes (4. Juli 1239). A. Gerlich

Q. und Lit.: RI V, 1-6 – Reg. zur Gesch. der Mainzer Ebf.e ... 742-1288, bearb. J. F. Böhmer–C. Will, II, 1886 [Nachdr. 1966], XXXII–XLV, 211-307, Nr. 1-675 – G. W. Sante, S. III. v. Eppstein, Ebf. v. Mainz (Nassauische Lebensbilder, hg. R. Vaupel, 1, 1940), 17-32 [Lit.] – L. Falck, Mainz in seiner Blütezeit als Freie Stadt, 1973, 27ff., 52ff., passim – F. Knöpp, Das letzte Jh. der Abtei (Die Reichsabtei Lorsch, hg. Ders., 1, 1975), 175-226, bes. 199ff. – F. Jürgensmeier, Das Bm. Mainz, 1988, 101-105 [Lit.] – O. Renkhoff, Nassauische Biogr., 1992², 174, Nr. 974 [Lit.].

8. S. (Sigfrid), hl., engl. Missionsbf. Hinter dem Namen verbergen sich hist. möglicherweise zwei Personen, kult. jedoch nur eine. Nach westnord. Q. kam ein Bf. Jon oder S. unter Kg. →Olaf Tryggvason (vor 1000) nach Norwegen, taufte (um 1008?) in Husaby in Västergötland Kg. →Olaf Erikson 'Schoßkönig' (Skötkonung) v. Schweden und gründete das Bm. →Skara. →Adam v. Bremen (II, 64) berichtet, daß Ebf. Liavizo II. (1029-32) in Bremen einem S. den Missionsauftrag für die nord. Länder bestätigte. Laut Adam II, 57 sandte Kg. →Olaf Haraldsson d. Hl. (1016-30) diesen S. nach Norwegen, den norw. Atlantikinseln und Schweden zur Predigt aus, schließlich wurde er dritter Bf. v. Skara (um 1030-50). Die Kultüberlieferung verbindet S. bes. mit dem südschwed. Småland, wo er in Värend, Bm. Växjö, als aus England über Dänemark kommender, erster Glaubensbote zusammen mit seinen drei 'nepotes' Unaman, Vinaman, Sunaman verehrt wurde, die dort den Märtyrertod erlitten. Legende und Offizium werden um 1206 erwähnt (Fest: 15. Febr.). Später wurde S. Schutzpatron ganz →Schwedens (drei liturg. Sequenzen). T. Nyberg

Lit.: DHGE XXV, 377-379 [T. Nyberg] – T. Schmid, Den helige Sigfrid, 1931 – Ders., Trois légendes de S. Sigfrid, Acta Bollandiana 60, 1942, 82-909 – A. Önnerfors, Die Hauptfassungen des Sigfridsoffiziums, 1968 – L.-O. Larsson, Den helige Sigfrid och Växjöstiftets äldsta hist., Kyrkohistorisk årsskrift 1982, 68-94.

Si(e)gmund (s. a. Sigismund)

1. S., röm.-dt. Ks., Kg. v. →Ungarn und →Böhmen, aus dem Hause →Luxemburg, * 15. Febr. 1368 Nürnberg, † 9. Dez. 1437 Znaim, ⊡ Nagyvárad. Eltern: Ks. Karl IV. und Elisabeth, Tochter Hzg. Bogislaws V. v. →Pommern; ⚭ 1. 1385 Maria († 1395), Tochter →Ludwigs I. v. Ungarn und Polen, 2. 1406(?)/08 →Barbara v. Cilli, 1409 Geburt der Tochter Elisabeth (⚭ Albrecht II., dem späteren dt. Kg., Kg. v. Ungarn und Böhmen); am 31. März 1387 Krönung zum Kg. v. Ungarn in Stuhlweißenburg, am 20. Sept. 1410 1. Wahl, am 21. Juli 1411 2. Wahl zum röm. Kg., am 8. Nov. 1414 Krönung in Aachen, am 25. Nov. 1431 Krönung mit der »eisernen Krone« in Mailand, am 31. Mai 1433 Ks.krönung durch Eugen IV.

[1] *Jugend:* S.s Jugend stand im Zeichen lux. Hauspolitik. Karl IV. hatte S. kurz nach der Geburt mit der Tochter Bgf. Friedrichs V. v. Zollern verlobt; als dieser eigene Söhne bekam, wurde die Verbindung gelöst. 1372 in Breslau, definitiv 1375 in Brünn vereinbarte Karl die Verlobung S.s mit Maria, der Tochter Kg. Ludwigs, die durch den Tod ihrer älteren Schwester i. J. 1378 zur Haupterbin Ludwigs in Ungarn wurde. Kindheit und Jugend verbrachte S. überwiegend in Prag und in der Mark Brandenburg, später auch in Polen und Ungarn. Der Prinz lernte Dt., Tschech., Lat., Frz., »Slaw.« (wohl Kroat.), It. und Ung. Von seinen Erziehern ist der Humanist Niccolò dei Beccari aus Florenz bekannt. Der körperl. attraktive und lebenslustige S. galt als hochgebildet.

[2] *Kurbrandenburg, Ungarn:* 1376 erhielt S. als Lehen die Mark →Brandenburg (zunächst ohne die →Neumark). Als Kg. Ludwig 1382 starb, nutzten die Polen die Gunst der Stunde, um sich von Ungarn zu lösen. S. mußte sich dort gegen →Karl III. v. Anjou-Durazzo und dessen Sohn →Ladislaus sowie deren Parteigänger um den Ban Johann Horvati durchsetzen. Maria war fast ein Jahr Gefangene der Gegner, ihre Mutter Elisabeth und der Palatin Nikolaus I. v. Gara wurden getötet. S. mußte die Hilfe Kg. Wenzels in Anspruch nehmen und die Unterstützung des ung. Adels erwirken; bes. letzteres kam den Kg. teuer zu stehen. Von 1387 ist das erste, mehr oder minder förml. Wahlversprechen eines ung. Kg.s überliefert; vereinbart war es mit den »Regnicolae Hungaricae«, die sich 1386 formiert hatten. S. wurde gekrönt und erwirkte die Befreiung Marias, beides mit Hilfe Venedigs, das kein Interesse an einer Verbindung Neapels mit Ungarn haben konnte. Die Kgn. blieb bis zu ihrem Tod Mitregentin. Zur Schuldentilgung verpfändete S. 1388 die Mark Brandenburg an seine Vettern →Jodok und →Prokop; später erhielt

Jodok auch die Kurwürde. Die Neumark ging an →Johannes v. Görlitz (13. J.) , S.s Halbbruder, zurück; S. erbte sie 1396. Wenzel erhielt S.s Anteil an den Bergwerken in →Kuttenberg. Durch die lange Phase der Herrschaftskonsolidierung geschwächt, verlor Ungarn u. a. Galizien und die Moldau.

1396 unterlag S. mit vorwiegend frz.-ung. Kreuzfahrern Sultan →Bāyezîd I. bei →Nikopolis; damit wurde die türk. Gefahr akut. Der Reichstag zu Temesvár 1397 beschloß auf der Basis der →Goldenen Bulle Kg. Andreas' II. mit den Zusätzen Ludwigs I. die Reorganisation des Militärs. In diesem Kontext wurden auch die kirchl. Einkünfte zugunsten des heim. Klerus und der Söhne des Adels beschnitten. Dies, die Einschränkung der Appellation an Rom und das Verbot, von der Kurie ernannten »bullati« Pfründen zu gewähren, bereiteten dem »Placetum Regium« (Reichstag zu →Preßburg, 1404) den Weg. Die Nutzung des Schismas zur Stärkung der kgl. Position prägte S.s ung. Kirchenpolitik von 1397 bis zum →Konstanzer Konzil. Das Adelsrecht auf Widerstand und das bereits in der Wahlkapitulation genannte, 1397 bestätigte Verbot fremder Berater ermöglichten der Gruppe um den Ebf. Johann Kanizsai 1401 die Festnahme S.s. Die Regierung wurde »auctoritate sacre corone« (!) von Baronen übernommen. Befreit wurde S. von der Garai-Gruppe, mit der er sich durch Heirat mit Barbara v. Cilli verbunden hatte. Ein letzter Angriff auf das Kgtm. erfolgte im Frühjahr 1403 durch Ladislaus v. Neapel, der seine Ansprüche mit Hilfe des Papstes durchzusetzen versuchte. Der Angriff mißlang, weil der Papst durch das Schisma geschwächt und S.s Liga bereits stark genug war. Im Okt. 1403 amnestierte S. alle ehemaligen Gegner (Reichstag zu → Ofen, 1403). Die Gründung des →Drachenordens (1408) sollte das Kgtm. weiter festigen. In den folgenden Jahren mußte S. mehrfach türk. Angriffe abwehren. Im Inneren bemühte er sich um die Nutzung der Landesressourcen durch Förderung wichtiger Städte und des (Levante-)Handels. Im Laufe seines Herrscherlebens zog S. in lux. Haustradition v.a. it., aber auch dt. Experten an seinen Hof. Wichtige Einkommensquellen des Kg.s waren der (Gold- und Silber-)Bergbau und das Salzregal. In der Lokalverwaltung gewann der Komitatadel an Selbständigkeit. Mit der Nachfolge Albrechts und Elisabeths setzte S. auch seine dynast. Pläne durch.

[3] *Böhmen und das Reich:* Die Herrschaft in Böhmen war bereits unter Wenzel nicht konfliktfrei. Dabei vermengten sich böhm. und dt. Fs.eninteressen und lux. Familienzwist nicht nur bei der Genese der Konflikte, sondern auch bei deren Beilegung in wechselndem Mit- und Gegeneinander. S. schloß 1394 einen Erbvertrag mit seinem Bruder, den er sich zwei Jahre später gegen erneute Hilfe bekräftigen ließ. Zudem setzte Wenzel dem dt. Drängen auf einen Reichsvikar die Ernennung S.s entgegen, obgleich dieser nach Ungarn zurückkehrte und mit Brandenburg sogar die Reichsfs.enwürde verloren hatte. Während der Gefangenschaft Wenzels (1402/03) trat S. im Febr. 1402 als Reichsverweser die Herrschaft in Böhmen an und plante den überfälligen Romzug für seinen Bruder. Unterstützt wurde S. von den Habsburgern; Albrecht IV. erhielt dafür die Anwartschaft auf die ung. Krone und die böhm. Statthalterschaft. Zur Finanzierung seiner Politik verpfändete S. 1402 die Neumark an den →Dt. Orden. Allerdings war S. damit überfordert, gleichzeitig in Ungarn und Böhmen seine Herrschaft durchzusetzen: Weihnachten 1403 zog Wenzel wieder in Prag ein.

Nach dem Tod Kg. Ruprechts wählten am 20. Sept. 1410 Kurpfalz, Kurtrier und (unrechtmäßig) Kurbrandenburg S. und am 1. Okt. die Gegenpartei Jodok v. Mähren zum dt. Kg.; letzterer starb am 18. Jan. 1411. Am 21. Juli des Jahres wählten dann auch Mainz, Köln, Sachsen, Brandenburg und Böhmen S. zum Kg. Die Zweiteilung der Wahl spiegelt S.s diplomat. Geschick wider: In der Approbationsfrage machte er der kurpfälz. Partei (»Gregorianer«) keine Zugeständnisse, die für Kurmainz und Kurköln (»Pisaner«) unannehmbar gewesen wären. Zudem gelang es S., sich mit Wenzel über eine Aufteilung der Kg.s- und Ks.würde zu einigen. Bei der Herrschaftssicherung stützte sich S. zunächst auf Kurpfalz. Eigene Reichspolitik (seit 1414) fiel dem Kg. ohne Hausmacht schwer; er war im wesentl. auf seine Legitimationsfunktion angewiesen. Aktives polit. Handeln war ihm nur bei eklatanten Verletzungen der Ordnung möglich. Die Erfolge des Kg.s führten zum Zusammenrücken der Kfs.en und zum Bruch mit dem Pfgf.en (1417). S. blieb zeitlebens darauf angewiesen, sich auf territoriale Handlungsträger (»Ersatzhausmacht«) im Reich zu stützen. Dies erforderte große Zugeständnisse, von denen die Übertragung der Mark Brandenburg an Friedrich v. Nürnberg (1411, Kurwürde 1417) zu den hist. folgenreichsten zählt.

Die Einberufung des Konstanzer Konzils ist bezeichnend für S.s pragmat. Politik: S. nutzte den Vorteil, daß sein Kgtm. erstarkte, während sich die Lage der Päpste unter dem Schisma ständig verschlechterte. Im Vorfeld des Konzils entstand ein komplexes Bündnisgeflecht: in Leicester (Kg. Heinrich V. v. England/Burgund), in Trino (S./Karl VI. v. Frankreich), in Koblenz (S./Heinrich V.) und in Arras (Burgund/Karl VI.). S. wollte das Konzil sichern und zugleich die burg. Frage im dynast. Interesse lösen. In der Papstfrage blieb er nominell der Pisaner Position treu, polit. näherte er sich jedoch dem Heidelberger Hof. Die Zustimmung der span. Kg.e (»Capitula Narbonensia«) erwirkte S. auf einer Reise 1415/16, auf der auch das Bündnis v. →Canterbury geschlossen wurde. Es gelang, das Schisma zu überwinden; hingegen verlor S. den Streit um die Priorität von Kirchenreform oder Papstwahl. Auch die causa fidei wurde durch die Verbrennung von Johannes →Hus im Juli 1415 nur scheinbar gelöst; in Böhmen eskalierte das Problem, spätestens nach dem Tod Wenzels. S.s böhm. Krönung am 28. Juli 1420 blieb bis zur Durchsetzung (1436/37) der auf der Basis der Vier →Prager Artikel ausgehandelten →Basler Kompaktaten (1433) ein umkämpfter Anspruch; die gescheiterten Kreuzzüge (1420/21, 1422, 1426/27, 1431) sowie die Schlacht b. →Lipany 1434 markieren Stationen auf diesem Weg.

[4] *König und Reich:* Da S. oft nicht im Reich war, mußte kgl. Handeln dort, wo es eigtl. hätte erfolgen müssen, vielfach aufgeschoben oder vorausgesetzt, gelegentlich auch ersetzt werden, wobei letzteres am schlechtesten legitimiert war. Jedenfalls konnte das Kg.s»defizit« im Normalfall ausgeglichen werden, nicht jedoch in der Hussitenkrise (→Hussiten). Deren Bewältigung erfolgte in drei Etappen, die die Entwicklung reichspolit. Handelns unter S. verdeutlicht: Das Kfs.enbündnis (1421), die →Reichsmatrikel (1422) und die Reichssteuer (1427; →Finanzwesen, B. II, 1). Zunächst handelten die Kfs.en unter Berufung auf den Kg., jedoch mit päpstl. Legitimation. 1422 reichte diese Art der Legitimation nicht mehr aus, der Kg. mußte selbst erscheinen. Als 1427 S. nur erreichbar war, leitete an seiner Stelle der engl. Finanzexperte und Kard.legat Heinrich v. →Beaufort den Tag und erarbeitete das Konzept für die erste dt. Reichssteuer. Diese bemerkenswerte Überwindung des Kg.s»defizits« markiert einen vorläufigen Höhepunkt der Selbstorganisation des Reiches.

Das →Basler Konzil war anfangs auf den Kg. angewiesen und diente diesem im Gegenzug zur Steigerung seiner machtpolit. Präsenz im Reich sowie als diplomat. Rückendeckung in Italien. Das Konzil emanzipierte sich jedoch zusehends vom Kg. und nahm wie dieser Legitimationsfunktionen und Rechtsprechung wahr. Dem Ks. (seit 1433) war ein Konkurrent erwachsen, der mit zunehmender Rigorosität gegen den Papst auch polit. selbstbewußter auftrat und begann, Forderungen an das Reich zu stellen. Kfs.en wie Reichsstädte schützten sich gegen Konzilsansprüche, indem sie sich auf den Ks. beriefen. Dieser Vorgang belegt die Grenze reichspolit. Selbständigkeit: Die Reichsglieder waren unter S. noch unmittelbar auf den Kg. bezogen, weshalb sich eine eigenständig legitimierte »Opposition« (noch) nicht bilden konnte. Dies schloß Kontroversen und grundsätzl. Auffassungsunterschiede zw. S. und den Kfs.en jedoch nicht aus.

Die unterschiedl. geopolit. Perspektive von Kg. und rhein. Kfs.en beeinflußte auch die Vermittlungen zw. dem Dt. Orden und Polen: S.s Verankerung in Ostmitteleuropa veranlaßte ihn, die Politik des Dt. Ordens an seinem Verhältnis zu Polen-Litauen zu orientieren. Dagegen stellten sich die rhein. Kfs.en - vom Papst unterstützt - uneingeschränkt vor den Orden als »Hort der Christenheit« und machten dies ggf. auch gegen den Kg. geltend. Ähnl. differierten die Haltungen zum Krieg zw. Venedig und Mailand. S.s Handeln war ganz vom diplomat. Nutzen bestimmt; so wechselte er auf seinem Italienzug von der mailänd. auf die Seite der Liga, um im komplizierten Mit- und Gegeneinander von Papst und Venedig versus Konzil und Mailand seine eigene Position zu stärken und eine Vermittlerrolle wahrnehmen zu können.

S. gilt als Kirchen- und Reichsreformer, als Schöpfer der Idee der Donaumonarchie, als großer Diplomat und schlechter Feldherr. Man sagt ihm nach, er sei unstet gewesen und habe zu viele Dinge gleichzeitig betrieben. Der Persönlichkeit wird wohl zu Unrecht angelastet, was auch durch den extremen Aktionsradius dieses letzten Luxemburgers erklärbar ist: Der weit ausgedehnte Herrschaftsraum mit den unterschiedlichsten sozialen, kulturellen, wirtschaftl. und polit. Voraussetzungen überforderte das Leistungsvermögen eines spätma. Herrschers sowohl hinsichtl. der Anforderungen als auch der verfügbaren Mittel bei weitem. →Deutschland, E. II, 3.

S. Wefers

Q.: MCXV. Concil. Basileense, t. I–III, 1857–96 – RTA, Ältere Reihe, 7–12 Bde, 1878–1901 – F. E. WINDECKE, Denkwürdigkeiten zur Gesch. des Zeitalters Ks. S.s, hg. W. ALTMANN 1893 – Acta Concil. Constanciensis, hg. H. FINKE, 1896 – J. F. BÖHMER, RI XI, 1896–1900 – Zsigmondkori Oklevéltár, hg. E. MÁLYUSZ, 1951–58 – Decr. regni Hung., 1301–1457, ed. F. DŐRY, G. BÓNIS, V. BÁCSKAI, 1976 – *Lit.*: J. v. ASCHBACH, Gesch. Ks. S.s, 1838–45 – S. WEFERS, Das polit. System Ks. S.s, 1989 – E. MÁLYUSZ, Ks. S. in Ungarn, 1990 – W. BAUM, Ks. S., 1993 – S. v. Luxemburg, hg. J. MACEK, E. MAROSI, F. SEIBT, 1994 – G. BEINHOFF, Die Italiener am Hof Ks. S.s, 1995.

2. S., *Mgf. v. Brandenburg-Kulmbach,* * 27. Sept. 1468, † 26. Febr. 1495, ▭ Heilsbronn; aus dem Hause →Hohenzollern, Sohn von Mgf. →Albrecht Achilles (8. A.), dem er 1486 gemäß der →Dispositio Achillea im Fsm. Kulmbach nachfolgte. Zwar regierte er mit seinem polit. profilierteren und dominierenden älteren Bruder →Friedrich d. Ä. (9. F.) in Ansbach und Kulmbach formell gemeinsam, war aber oft auf Kriegszügen, meist im Heer Kg. Maximilians I., außer Landes. Nach dem Tod des unvermählt gebliebenen S. vereinigte Mgf. Friedrich d. Ä. den gesamten zollernschen Besitz in seiner Hand.

A. Wendehorst

Lit.: R. SEYBOTH, Die Mgf.tümer Ansbach und Kulmbach unter der Regierung Mgf. Friedrichs d. Ä., 1985.

3. S., Hzg. (seit 1477 Ehzg.) *v.* →*Österreich,* Gf. v. →Tirol, * 26. Okt. 1427, † 4. März 1496, ▭ Stift Stams; Sohn von Hzg. →Friedrich IV. und Anna v. Braunschweig; ⚭ 1. 1448/49 Eleonore v. Schottland, 2. 1484 Katharina v. Sachsen. Beim Tod des Vaters kam S. 1439 unter die Vormundschaft seines Vetters, Ks. Friedrichs III. Erst 1446 konnten die Tiroler Stände die eigenständige Regierung S.s in Tirol und in den habsbg. Gebieten unmittelbar vor dem Arlberg erzwingen. Die weiteren Herrschaften des Geschlechts im W erhielt S. 1464 nach dem Tode Albrechts VI., des Bruders Friedrichs III. Den Konflikt mit →Nikolaus v. Kues, der als Bf. v. Brixen das Tiroler Landesfsm. generell in Frage stellte, vermochte S. für sich zu entscheiden. 1469 verpfändete er im Vertrag v. →St-Omer die habsbg. Rechte am Oberrhein an Karl d. Kühnen; 1474 wurde in der »Ewigen Richtung« ein Ausgleich mit den →Eidgenossen gefunden. Der von S. geförderte Bergbau in →Schwaz und Gossensaß erlaubte eine rege Bautätigkeit sowie die Pflege der Plattnerei und des Geschützwesens, in der 1477 von Meran nach →Hall übertragenen Münze prägte man die ersten Silbertaler. Ein Angriffskrieg gegen Venedig brachte 1487 nur vorübergehende Erfolge. Die ausufernde Hofhaltung mit Günstlingswirtschaft führte zu Verpfändungen an →Albrecht IV. v. Bayern-München, bis dem drohenden Übergang Tirols und der habsbg. Vorlande an die Wittelsbacher die Stände und Kg. Maximilian I. entgegentraten. Dieser bewog 1490 S. zum Regierungsverzicht. Mit S.s Tod, dessen Ehen keine Nachkommen entstammten, erlosch 1496 die ältere Linie der Tiroler Habsburger. Der populäre Beiname »der Münzreiche« ist seit etwa 1500 bezeugt.

J. Riedmann

Lit.: W. BAUM, S. d. Münzreiche, 1987 – J. RIEDMANN (Gesch. des Landes Tirol, I, 1990²), 486ff. – W. BAUM, Die Habsburger in den Vorlanden, 1993.

Siena, Stadt und Bm. in der →Toskana, in einem hügeligen Gelände zw. dem Arbia- und dem Elsatal gelegen.
I. Frühmittelalter – II. Die kommunale Entwicklung vom 13. Jh. – III. Blüte und Niedergang im 14. und 15. Jh. – IV. Universität.
I. FRÜHMITTELALTER: Obgleich seit dem 1. Jh. v. Chr. röm. Kolonie (Saena Etruriae oder Sena Iulia), errang S. erst im FrühMA durch seine gut zu verteidigende Höhenlage an der Via Francigena, die Rom mit Norditalien und dem westl. Europa verband, Bedeutung. S. bestand urspgl. aus drei Siedlungskernen, aus denen sich die *terzieri* Città, San Martino und Camollia entwickelten; unter den Langobarden Gastaldat, wurde es unter den Franken Sitz eines Comes. Nach langen Auseinandersetzungen mit dem Bm. →Arezzo gewannen die Bf.e von S. (das mindestens seit Anfang des 8. Jh. Bf.ssitz war) auf Kosten der Gf.en zuerst innerhalb der Mauern und dann allmähl. im Umland rasch an Autorität, so daß sie schließlich die wichtigen Silbergruben von Montieri kontrollierten und in einen Konflikt mit Florenz um die Vorherrschaft im Val d'Elsa gerieten.

II. DIE KOMMUNALE ENTWICKLUNG VOM 11. BIS ZUM 13. JH: Wie in vielen anderen toskan. Städten führte auch in S. eine Allianz des Bf.s, der Vicecomites und der städt. Führungsschicht an der Wende vom 11. zum 12. Jh. zur Bildung einer →Kommune. Den Mitte des 12. Jh. erstmals belegten Konsuln gelang es mit der Unterstützung des Rates (»consiglio generale«), die Macht der Bf.e stark zu beschneiden. In den beiden letzten Jahrzehnten des 12. Jh. war die Kommune S. (mit Konsuln, die auch aus den Rängen der popolaren Kräfte stammten) völlig konsolidiert und hatte bereits eine beachtl. Autonomie erlangt: 1180 wurde ihr vom Ks. (dem die Stadt seit der Zeit des →Investiturstreits treu ergeben war) das Münzrecht bestätigt. S.s Münze errang eine sehr geschätzte Position auf den europ. Märkten. Der Machtgewinn der Kommune war zum großen Teil dem Unternehmungsgeist ihrer Einwohner zu verdanken (darunter auch häufig Mitglieder wichtiger Signorenfamilien, die man gezwungen hatte, stadtsässig zu werden), die sich frühzeitig in der Toskana, im übrigen Italien und n. der Alpen im Fernhandel und im Bankwesen engagierten. Als Beispiele unter vielen sind die Familien Bonsignori, Tolomei, Salimbeni, Piccolomini und Gallerani zu nennen. Nicht zuletzt, um den Reichtum zu verteidigen, der sich dank dieser Aktivitäten anhäufte, beteiligte sich die Kommune S. – die der guelf. Liga von San Genesio (1197) beitrat und seit 1199 von – anfängl. einheim., dann auswärtigen – Podestà regiert wurde – an den regionalen Kriegen in der →Toskana.

Aus evidenten geopolit. Gründen sahen die Sienesen (die bald wieder zur kaisertreuen Partei überwechselten) ihre Hauptfeinde in den Florentinern. Diese verhinderten in den ersten Jahrzehnten des 13. Jh., daß Poggibonsi und Montepulciano unter sienes. Einfluß gerieten. Als Ausgleich konnte S. seine Herrschaft im S auf die Maremmen und Grosseto ausdehnen, auf Kosten großer Grundherren wie der →Aldobrandeschi u. a. bedeutender Familien und wichtiger Klöster. Zugleich mit der Expansion nach außen kam es zu heftigen Zusammenstößen innerhalb der Stadt: der Popolo gewann an Macht und stellte dem Podestà einen auswärtigen Capitano del Popolo und v. a. einen neuen Rat zur Seite. Vom 3. bis zum 5. Jahrzehnt des 13. Jh. stand S. – in einem festen Bündnis mit →Pisa – auf der Seite →Friedrichs II., blieb auch nach dessen Tod einer der Stützpunkte des toskan. Ghibellinentums und lag in einem ständigen Kriegszustand mit →Florenz, der nicht nur auf territorialen Machtansprüchen beruhte, sondern auch durch die Verteidigung der wirtschaftl. Interessen seiner Kaufleute und Bankiers motiviert war. Unter der Führung S.s errang das toskan. Ghibellinentum am 4. Sept. 1260 bei →Montaperti einen großen Sieg über Florenz. Bald kam es in der Stadt jedoch zu harten Auseinandersetzungen zw. den ghibellin. Magnaten und vielen Vertretern des Popolo, die die feindselige Haltung →Papst Urbans IV. mit Sorge betrachteten, der S. exkommuniziert hatte, weil es Kg. →Manfred v. Sizilien unterstützte. Seit 1262 wanderten mehr als hundert Familien, von denen viele in Handel- und Bankwesen tätig waren, aus der Stadt aus. Die Einflußnahme der Anjou (→Karl v. Anjou) in der Toskana führte rasch zu einer Umkehrung der Machtverhältnisse, und in S. etablierte sich nach der Niederlage von Colle Valdelsa (1269) ein guelf. Stadtregiment, das viele Vertreter der wichtigsten ghibellin. Familien vertrieb (die erst nach 1280 wieder zurückkehren durften).

Zu der traditionellen Spaltung von Adligen und Popolanen und aus wirtschaftl.-sozialen Gründen verschieden orientierten Untergruppierungen war also noch ein weiteres Konfliktelement hinzugetreten, die Parteinahme für die →Guelfen oder die →Ghibellinen. In der gesellschaftl. und polit. Physiognomie der Stadt bildeten sich scharfe und sehr komplexe Trennungslinien heraus, die allmähl. zur Institutionalisierung von bes. Gruppierungen (Monti) führten, die allein den Zugang zu den höchsten öffentl. Ämtern gestatteten. Hieraus entwickelten sich bis zum Ende der Republik Regierungsformen, die im Panorama der kommunalen Phasen der it. Stadtstaaten des SpätMA etwas absolut Originelles darstellten. Seit den letzten beiden Jahrzehnten des 13. Jh. bis zum Ende des MA lag die polit. Führung in S. nämlich jeweils in den Händen einzelner relativ geschlossener und mehr oder weniger großer Gruppen, die sich selbst als die alleinigen Interessenvertreter der Gesamtheit definierten, die Macht übernahmen und die Verwaltungsstrukturen reorganisierten. Zw. 1280 und 1287 waren die »Quindici« an der Macht. 1287 bildete sich die neue Regierung der »Nove Governatori e Difensori del Comune e del Popolo di Siena«, die sich 1292 konsolidierte. Wie bei den »Quindici« waren die Magnaten von den Regierungsämtern ausgeschlossen; die Macht lag nun ausschließl. bei den Vertretern der reichsten Familien, die fast alle starke Handelsinteressen hatten und vorwiegend eine gemäßigt guelf. Richtung vertraten (die sog. »mezzana gente«). Unter der Herrschaft der »Nove«, die bis 1355 reichte, erkannte S. de facto die Vorherrschaft der Stadt Florenz in der Toskana an und leistet ihr wiederholt Hilfe in den Auseinandersetzungen der ersten Jahrzehnte des 14. Jh.

III. BLÜTE UND NIEDERGANG IM 14. UND 15. JH.: In dieser relativ ruhigen Periode seiner Außenpolitik erreichte S. in jeder Hinsicht den Gipfelpunkt seiner Entwicklung: Die Einwohnerzahl überschritt die 50000-Marke; ein gerechtes System der Besteuerung des Immobilienbesitzes (»Lira«) wurde eingeführt; im Bankwesen und Handel bewahrten die Sienesen (die traditionell an der Kurie, zuerst in Rom und später in Avignon, präsent waren) die im vorigen Jh. errungene wichtige Position innerhalb des europ. Geldadels; der Unternehmenssektor erfuhr v. a. in der Wollbranche einen neuen Aufschwung; die Landwirtschaft wurde nicht zuletzt durch die Einführung und Verbreitung des →Teilpachtvertrags (mezzadria) intensiviert; die Univ. erfuhr einen beachtl. Aufschwung (s. Abschnitt IV). V. a. erlebte die Stadt eine außerordentl. Blüte der Künste und Architektur (→Duccio, →Lorenzetti, Simone →Martini, Jacopo della →Quercia; 1339 Beginn des Erweiterungsbaus des Doms); es entstanden eine Fülle neuer Ämter und weltl. und geistl. Institutionen, die eine hohe 'Lebensqualität' garantieren sollten. Obgleich die »Nove« auf ein bereits früher ausgebildetes Statutenrecht (im Costituto des Jahres 1262 definitiv festgelegt) und auf solide Verwaltungsstrukturen zurückgreifen konnten (bezeugt in den Büchern der »Biccherna«, der städt. Finanzkammer), hat man nicht von ungefähr das berühmte Fresko des Ambrogio →Lorenzetti im Palazzo Pubblico (1337-39), »Buon Governo« (»Das Gute Regiment«), als emblemat. Darstellung des Programms und der Bilanz ihrer ausgewogenen und glückl. Regierung angesehen.

Die Finanzkrise der 40er Jahre des 14. Jh., die große →Pest des Jahres 1348 (die die Stadtbevölkerung dezimierte), die stark zunehmende öffentl. Verschuldung und die Unzufriedenheit der unteren Schichten, die von jeder Form der Machtausübung ausgeschlossen waren, bedeuteten für S. wie für viele andere it. Städte in der Mitte des 14. Jh. den Beginn einer Rezessionsphase, die sich bald auf die polit. Organisation auswirkte. Als sich Ks. Karl IV. 1355 in S. aufhielt, wurden die »Nove« durch einen Aufstand einiger großer Magnatenfamilien und Vertreter des mittleren und Klein-»Bürgertums« gestürzt. An ihre Stelle trat eine popolare Regierung mit der neuen Magistratur der »Dodici«, die bis 1368 an der Macht war. Auf sie folgten nach verschiedenen Experimenten die »Quindici Riformatori« (in der Mehrheit Vertreter des Popolo Minuto und der Arti Minori), danach die »Dieci« (1386-87), die »Undici« (1388-98) und von neuem die »Dodici Priori« (1398-99). Alle diese Regierungen rekrutierten sich aus den verschiedenen »Monti«, in welche die Bürgerschaft geteilt war, die nach der polit. Tradition regierungsberechtigt waren. Den Namen »Monte« hatten inzwischen Gruppierungen von Familien angenommen, die sich zu verschiedenen Zeiten, entsprechend der Periode, in der sie an der Macht waren, zusammengeschlossen und auf erbrechtl. Basis institutionalisiert hatten. Zum »Monte dei Gentiluomini« gehörten zum Beispiel die Nachkommen der Familien, die vor 1270 regiert hatten, zum »Monte dei Noveschi« die Nachkommen der Familien, die zur Zeit der »Nove« Zugang zu den höchsten Regierungsämtern hatten, usw. Die »Dieci« z.B., die die Republik in den Jahren 1386–87 leiteten, waren das Ergebnis einer Koalition von vier Mitgliedern des »Monte dei Nove«, von vier Mitgliedern des »Monte dei Dodici« (an der Macht von 1355–68) und von zwei Popolaren.

Der rasche Wechsel der Regierungskollegien war nicht nur ein Symptom der inneren Spannungen und des Niedergangs der Wirtschaft, sondern auch der außenpolit. Schwäche der Stadt: Im Rahmen seiner Bestrebungen, einen Territorialstaat zu begründen, der die ganze Toskana umfassen sollte, übte Florenz von neuem an den Grenzen des Stadtstaats S. Druck aus und hatte unter anderem Montepulciano in seine Einflußsphäre gezogen. In dieser Situation suchte S. die Unterstützung der →Visconti, denen es von 1399 bis 1404 die Signorie übertrug; 1404 erlangte S. die volle Unabhängigkeit zurück und bildete von neuem eine Regierung der »Dieci Priori«, die mehrere Jahrzehnte im Amt blieb. Ihre Mitglieder kamen aus den Monti der »Nove«, der »Riformatori« und der »Popolari«, ein deutl. Zeichen des Versuchs, die Einheit in einer Stadt wiederherzustellen, die nie aufgehört hatte, Nährboden für lebendige soziale, kulturelle und religiöse Impulse zu sein. Zeugnisse dafür sind u. a. der Aufstand der Arbeiter der »Arte della Lana« (sog. »Rivolta del Bruco«) i. J. 1371 und die leidenschaftl. Appelle der hl. →Katharina (1347–80) sowie des hl. →Bernhardin (1380–1444), Sitten und Moral der Gesellschaft zu verbessern, wobei beide sienes. Hl.e die Erben einer bes. und intensiven lokalen religiösen Tradition waren (insbes. Verehrung der hl. Jungfrau).

Als die Spannungen mit Florenz nachließen, das durch die Eroberung von →Pisa (1406) seinen alten Traum, einen Hafen zu gewinnen, verwirklichen konnte, vermochte S. die volle Kontrolle über sein Territorium zurückzugewinnen und erlebte auch in wirtschaftl., künstler. und kultureller Hinsicht einen neuen Aufschwung. S.s Stärke lag jedoch auch in der sehr ausgeprägten Diaspora seiner Bürger (die immer mit ihrer Heimatstadt verbunden blieben), die im übrigen Italien und in Europa hohe Positionen in Wirtschaft und Finanz, als Kriegsleute und Professoren der Jurisprudenz, in den entstehenden »Bürokratien« und in der Kirche einnahmen. Ein berühmtes Beispiel aus der letztgen. Kategorie war →Pius II. Piccolomini (Papst von 1458 bis 1464), der nicht zuletzt durch die Erhebung des Bm.s S. zum Ebm. das Ansehen und die diplomat. Position der Stadt stärkte, die nach der Mitte des 15. Jh. wiederum von polit. Zwistigkeiten heimgesucht wurde, die 1459 zum Sturz der »Dieci Priori« führten. In den Stadtregimenten der Jahre 1459 bis 1464 stellten auch der »Monte dei Gentiluomini« und der »Monte dei Dodici« Vertreter. Der Schauplatz der polit. Machtkämpfe hatte sich durch die Institutionalisierung einer neuen Magistratur, der →Balia, erweitert (1455): sie stand in der Tradition der seit dem 13. Jh. für eine bestimmte Zeit gewählten und mit bestimmten Machtbefugnissen ausgestatteten Balie sowie der allg. Balie, die in der zweiten Hälfte des 14. Jh. geschaffen wurden und umfassende Kompetenzen in den Geschäften der Kommune besaßen und in denen Hunderte von Mitgliedern der »Monti« an der Macht teilhatten. Hatte sich einerseits durch die Erstarrung des Systems der fünf »Monti« eine Art von »geschlossenem« Patriziat gebildet, so waren andererseits dessen Dimensionen so groß, daß sie ein bezeichnendes Indiz für die tiefverwurzelte Passion für die Politik und die Teilnahme an ihr in der kommunalen Gesellschaft S.s darstellten.

Nach dem Tod Pius' II. (1464) kam es jedoch zu einer Situation, in der die Stadt nicht mehr zu regieren war. Dies bot den Nährboden für die fakt. Signorie (1487) des Pandolfo Petrucci, des Führers der »Noveschi«, und seiner Familie, die sich trotz verschiedener Wechselfälle bis zum 3. Jahrzehnt des 16. Jh. hielt. Obwohl sich die Wirtschaft, v. a. die Landwirtschaft, trotz einer Verarmung der Bevölkerung, auf einem beachtl. Niveau hielt, und die bildenden Künste, die Musik und die Kultur im allg. blühten, beruhte S.s Unabhängigkeit nun mehr auf geschickter Diplomatie als auf seiner inneren Stärke. Nach heroischem Widerstand mußte S. 1555 der Übermacht von Florenz weichen, das nun unter den Medici Hauptstadt des Hzm.s (und bald Großhzm.s) Toskana wurde.

M. Luzzati

Lit.: W. M. BOWSKY, A Medieval Italian Commune: S. under the Nine, 1287–1355, 1981 – O. REDON, Uomini e comunità del contado senese nel Duecento, 1982 – M. ASCHERI, S. nel Rinascimento: istituzioni e sistema politico, 1985 – S. R. EPSTEIN, Alle origini della fattoria toscana. L'ospedale della Scala di S. e le sue terre (metà '200–metà '400), 1986 – M. LUZZATI, Firenze e la Toscana nel Medioevo, 1986, passim und 252–257 [Lit.] – S. e il suo territorio nel Rinascimento, hg. M. ASCHERI, D. CIAMPOLI, V. PASSERI, 1986 – Il contratto di mezzadria nella Toscana medievale, I: Contado di S. Sec. XIII–1348, hg. G. PINTO – P. PIRILLO, 1987 – P. CAMMAROSANO, Tradizione documentaria e storia cittadina: una introduzione al 'Caleffo Vecchio' del Comune di S., 1988 – S. K. COHN Jr., Death and Property in S., 1205–1800. Strategies for the Afterlife, 1988 – M. GINATEMPO, Crisi di un territorio. Il popolamento della Toscana senese alla fine del Medioevo, 1988 – Il contratto di mezzadria nella Toscana medievale, III: Contado di S., 1349–1518. Appendice: la normativa, 1256–1510, hg. G. PICCINNI, 1992 – M. ASCHERI, S. in the Fourteenth Century: State, Territory and Culture (The 'Other Tuscany'. Essays in the History of Lucca, Pisa and S. during the Thirteenth, Fourteenth and Fifteenth Centuries, hg. T. W. BLOMQUIST – M. F. MAZZAOUI, 1994), 163–197 – O. REDON, L'espace d'une cité. Sienne et le pays Siennois (XIIIᵉ–XIVᵉ s.), 1994 – M. ASCHERI, Assemblee, democrazia comunale e cultura politica: dal caso della Repubblica di S. (secc. XIV–XV) (Fschr. A. D'ADDARIO, Toscana e Italia, IV, 1, hg. L. BORGIA, F. DE LUCA, P. VITI, R. ZACCARIA, 1995), 1141–1155.

IV. UNIVERSITÄT: Die Existenz höherer Schulen der Jurisprudenz, Medizin und der →Artes liberales in S. ist seit 1240 belegt. Zw. 1245 und 1250 war der berühmteste Dozent der Arzt und Philosoph Petrus Hispanus (→Johannes XXI.). Zu dieser Zeit wurden die finanziellen Lasten von der Kommune S. getragen, die sich des ksl. Schutzes erfreute und für das »Studium« in der Prov. Tuszien werben konnte. Dem Engagement des Stadtregiments von S. ist es zu verdanken, daß diese Schulen das ganze 13. Jh. und darüber hinaus überdauerten, ohne das Privileg eines Studium generale zu besitzen. 1321 wanderten zahlreiche Dozenten und Studenten wegen schwerer Konflikte mit den städt. Autoritäten aus Bologna nach S. ab, wo das Stadtregiment einige Jahre lang einen hochqualifizierten akadem. Lehrkörper finanzierte, zu dem Juristen wie →Cino da Pistoia, Ärzte wie Dino →del Garbo und →Gentile da Foligno und Philosophen wie →Taddeo da Parma zählten. Zur gleichen Zeit konstituierten sich nach dem Vorbild von →Bologna die »universitates« der Studenten der Jurisprudenz, Medizin und der Artes. Rasch verließen jedoch die Dozenten und Studenten S. wieder, da es an ausreichenden finanziellen Ressourcen mangelte, und die

Privilegien eines Studium generale, v. a. die licentia docendi, fehlten. Nach vergebl. Bemühungen bei der päpstl. Kurie wandte sich S. an Ks. →Karl IV., der mit dem in Prag ausgestellten Diplom vom 16. Aug. 1357 der Stadt S. das Recht verlieh, ein Studium generale mit den damit verbundenen Privilegien einzurichten, die licentia docendi eingeschlossen. Der erste bekannte Doktortitel wurde jedoch erst 1389 verliehen.

Seit Anfang des 15. Jh. erlebte die Univ. S. eine lange Aufschwungsphase und erwarb sich internationale Anerkennung. 1408 erließ Papst →Gregor XII. acht Bullen, bestätigte die Privilegien des Studium generale, autorisierte die Errichtung einer theol. Fakultät und die Gründung eines Kollegiums (Sapienza). Auf diese Weise konsolidiert, konnte die Univ. berühmte Lehrer berufen, v. a. Dozenten des Zivil- und des Kanon. Rechts (→Paulus de Castro, →Nikolaus de Tudeschis [Niccolò dei Tedeschi], Lodovico Pontano, Mariano und Bartolomeo Socini [→Socinus], Francesco [Accolti]), und zog Studenten aus ganz Europa an. P. Nardi

Lit.: L. ZDEKAUER, Lo Studio di S. nel Rinascimento, 1894 – G. CECCHINI-G. PRUNAI, Chartularium Studii senensis (1240–1357), 1942 – G. MINNUCCI-L. KOŠUTA, Lo Studio di S. nei sec. XIV–XVI, 1989 – L'Univ. di S.: 750 anni di storia, 1991 – P. NARDI, Le origini dello Studio senese, Studi senesi 104, 1992, 284–303.

Siena, Konzil v. → Pavia, Synoden v. [4]

Sieradz, Stadt und Hauptort eines Teilfsm.s in Mittelpolen. Im 7. Jh. entstand etwa 3 km nordöstl. von S. eine Siedlung mit einer Burg, die nach einem Brand nicht wieder aufgebaut wurde. Um die Mitte des 11. Jh. bildete sich, wieder auf der rechten Seite der Warthe, am Schnittpunkt von Fernhandelsstraßen (Großpolen–Kleinpolen, Mähren–Kujawien, Schlesien–Masowien) eine offene Marktsiedlung, bei der in der 2. Hälfte des 11. Jh. eine mächtige Burg errichtet wurde. Eine Brücke verband die ebenfalls von einem Wall umgebene Vorburg mit der Burg. S. wurde 1136 in der Gnesener Bulle erstmals als Sitz einer →Kastellanei erwähnt. Für den arab. Geographen →al-Idrīsī war S. um die Mitte des 12. Jh. eine der größten poln. Städte. Seit dem 12. Jh. wurde auch das linke Wartheufer besiedelt; hier entstand vor 1255 die Lokationsstadt (→Lokator), die, seit 1261 Hauptstadt des S.er Fsm.s, zu einem wichtigen polit. und wirtschaftl. Zentrum wurde. 1292 eroberte Wenzel II. zwar die Stadt, nicht aber die Burg; beide wurden jedoch 1331 durch den →Dt. Orden zerstört. An der Stelle der alten Holz-Erde-Burg wurde unter Kasimir III. d. Gr. (vor 1370) eine Steinburg erbaut. Das Fsm. S. wurde endgültig 1339 der poln. Krone einverleibt und bildete fortan eine Wojewodschaft; seine Bedeutung schwand jedoch allmähl. zugunsten von Piotrków.

J. Strzelczyk

Lit.: SłowStarSłow V, 170–172 – S. w średniowieczu, 1962 – Z dziejów średniowiecznego Sieradza, 1964 – S. ZAJĄCZKOWSKI–S. M. ZAJĄCZKOWSKI, Materiały do słownika geograficzno-historycznego dawnych ziem łęczyckiej i sieradzkiej do 1400 r., II, 1970, 90–95.

Siete Infantes de Lara, Los. Der legendäre Stoff dieses düsteren Racheepos von dem Mord an den sieben Infanten von Lara (oder Salas) ist einer der bekanntesten der ma. kast. Lit. Er wurde in der Romanzendichtung sowie in Schauspielen des Siglo de Oro oft aufgegriffen. Die blutige Familienfehde ereignet sich vor dem hist. Hintergrund der Zeit der Reconquista unter der Herrschaft des Gf.en Garci Fernández (970–995) v. Kastilien. Die Rekonstruktion des unvollständig erhaltenen, schon gegen 1000 entstandenen und damit ältesten Heldenliedes von Ehre, Schmach, Verrat und Sühne gelang dem jungen RAMÓN MENÉNDEZ PIDAL 1896 als philolog. Meisterleistung. Das ep. Gedicht stellt eine Erweiterung der zuerst in die »Primera Crónica general« (Estoria de España) übernommenen Fassung dar, der später Zusätze wie die Episoden mit Mudarra dem Rächer oder die Totenklage des Vaters der Infanten, Gonzalo Gústioz, angefügt wurden.

D. Briesemeister

Lit.: GRML III, 1, 2, fasc. 9, 84–93 – R. MENÉNDEZ PIDAL, La leyenda de los S. I. de L., 1934 – DERS., Reliquias de la poesía épica española, 1951, 181–239 – E. v. RICHTHOFEN, Estudios épicos medievales, 1954, 130–220 – R. MENÉNDEZ PIDAL, Los godos y la epopeya esp., 1956, 211–240 – M. DE RIQUER, El fragmento de Roncesvalles y el planto de G. Gústioz (Fschr. A. MONTEVERDI, 1959, Bd. 2), 623–628 – M. VALLVÉ LÓPEZ, Los I. de L., 1962 – Romancero tradicional de las lenguas hispánicas, Bd. 2, 1963 – TH. A. LATHROP, The Legend of the S. I. de L., 1972 – J. G. CUMMINS, The Chronicle Texts of the Legend of the I. de L., BHS 53, 1976, 101–116 – C. ACUTIS, La leggenda degli Infanti de L., due forme epiche nel Medioevo occidentale, 1978 – C. BLUESTINE, The Power of Blood in the S. I. de L., HR 50, 1982, 201–217 – J. R. BURT, The Bloody Cucumber and Related Matters in the S. I. de L., HR 50, 1982, 345–352 – A. M. CAPDEBOSQ, La trame juridique de la légende des I. de L., Cah. Linguistique Hisp. Méd. 9, 1984, 189–205 – TH. MONTGOMERY, Narrative Correspondences Between a Tristan Text and Two Old Spanish Epics, Rev. de Estudios Hisp. 23, 1989, 31–40 – R. M. FRANK–J. SZERTICS, Doña Lambara y el conflicto familiar en la leyenda de los S. I. de L., Confluencia 5, 1990, nr. 2, 19–26 – S. VATTERONI, Osservazioni sulla leggenda degli Infanti di L. nella Primera Crónica General, MR 18, 1993, 31–61 – E. ROSSI, Style and Pathos in the Spanish Epic Planctus, Rev. Canadiense de Estudios Hisp. 18, 1993, 81–90.

Siete Partidas, während der Regierungszeit Kg. →Alfons' X. v. Kastilien-León ausgearbeitetes Rechtsbuch; Bezeichnung als S. P. erst seit dem 16. Jh. nach der Anzahl der Teile (*partidas*) üblich (I: Rechtsq. und Kirchenrecht; II: polit. Recht; III: Prozeßrecht und kgl. Rechte; IV–VI: Privatrecht und Lehnsrecht; VII: Strafrecht und Strafprozeßordnung). Die S. P. (wahrscheinl. zw. 23. Juni 1256 und 28. Aug. 1265 ausgearbeitet, 1272 überarbeitet 1290 revidiert) beruhen auf ganz verschiedenartigen Q.: Rechtsquellen, chr. (Bibel, Kirchenväter) und philos. (antike Philosophen, Aristoteles, Seneca, Boethius) Werke, der oriental. Literaturtradition entnommene Texte wie die »Poridad de poridades«. Bei den Rechtsquellen griff man auf das ius commune (→Gemeines Recht) zurück sowie auf einen kast. →Fuero und Texte verschiedener Provenienz (z. B. Rôles d'→Oleron, Magister Jacobos »Doctrinal de las Leyes«). Die S. P. erfuhren schon während der Regierungszeit Alfons' X. mehrere Redaktionen, die sich in zwei Tendenzen schieden: einerseits ein für die Kgr.e Kastilien und León bestimmter, in enger Verbindung zum »Espéculo« stehender »Libro del fuero de las leyes«, andererseits ein »Libro de las leyes« für das von Alfons X. angestrebte Kaisertum.

Die S. P. traten während der Regierungszeit Alfons' X. noch nicht in Kraft, sondern – nach verschiedenen Modifikationen – erst unter seinen Nachfolgern. →Alfons XI. anerkannte 1348 im Ordenamiento v. Alcalá, daß sie in Form des »Libro del fuero de las leyes« als subsidiäres Recht herangezogen werden sollten. J. Lalinde Abadía

Ed.: Las s. p. del rey Alfonso el Sabio, ed. Real Acad. de Hist., 3 Bde, 1807 [Neudr. 1972] – Primera Partida, según el ms. Add. 20.787 del British Mus., ed. J. A. ARIAS BONET, 1975 – Primera Partida CMs. Nr. 397/573 Hispanic Soc. of America, ed. F. RAMOS BOSSINI, 1984 – Partida Segunda de Alfonso X el Sabio. Ms. 12794 de la B. N., 1991 – *Lit.:* COING, Hdb. I, 672f. u. ö. – A. GARCÍA-GALLO, El Libro de las Leyes de Alfonso el Sabio, AHDE 21/22, 1951–52, 345–528 – A. IGLESIA FERREIRÓS, Alfonso X, su labor legislativa y los historiadores, Historia. Instituciones. Documentos 9, 1973 – A. GARCÍA-GALLO, Nuevas observaciones sobre la obra legislativa de Alfonso X, AHDE 46, 1976, 609–670 – J. R. CRADDOCK, La cronología de las obras legislativas de Alfonso X, AHDE 51, 1981, 365–418 – DERS., The Legislative Works of Alfonso el Sabio. A Critical Bibliogr., 1986 – J. LALINDE ABADÍA, Reflexiones ante la semblanza de Alfonso X de León y IX de Castilla, Mediaevalia 10, 1992, 237-253.

Sigeberht, Kg. v. →Ostanglien (631[?]–?). Beda Venerabilis berichtet, daß S. drei Jahre nach der Ermordung seines Bruders Eorpwald auf den Thron gelangte, nachdem er wegen der feindseligen Haltung seines Vaters →Rædwald in Gallien im Exil gewesen war. S. könnte aber auch – wie es spätere Q. berichten – ein Stiefsohn Rædwalds gewesen sein und wegen seines häufigen merow. Namens Verbindungen zu den Franken gehabt haben. Nach seiner Thronbesteigung begann S. sogleich mit der Bekehrung seines Volkes mit Hilfe des burg. Bf.s →Felix und eines ir. peregrinus →Fursa, der ebenfalls Verbindungen zu den Merowingern hatte. Er dankte schließlich ab, um ein Leben als Mönch führen zu können. Sein Volk forderte wegen eines Angriffs durch →Penda v. Mercien von S., sein Kl. zu verlassen und es in die Schlacht zu führen. Er kämpfte nur mit einer 'virga' und wurde getötet. Es ist die These aufgestellt worden, daß S. den frk. Münzanteil im →Sutton Hoo-Grab aus seinem Exil nach Ostanglien mitgebracht habe. Das ließe den Schluß zu, daß es sich bei diesem Grab um S.s Begräbnisstätte handeln könnte, die auch als Ausdruck des »Heerkgtm.s« gelten darf, das S. schließlich das Leben kostete.

C. P. Wormald

Q. und Lit.: Baedae Opera Historica, ed. C. PLUMMER, 1896, II, 15; III, 18, 19 – B. YORKE, Kings and Kingdoms of Early Anglo-Saxon England, 1990, 62-69 – D. P. KIRBY, The Earliest English Kings, 1991, 80f. – I. N. WOOD, The Franks and Sutton Hoo (People and Places in N. Europe 500-1600, hg. DERS.-N. LUND, 1991), 9.

Sigebert. 1. S., frk. Kg.e →Sigigbert

2. S. v. Gembloux OSB, einer der großen (lotharing.) Autoren des MA, * um 1028/29, † 5. Okt. 1112, Mönch der Abtei St-Pierre de →Gembloux, war Zögling der Äbte Olbert und Mascelin (Mysach). Folcuin, der Bruder von Mysach und Schüler von →Poppo v. Stablo, berief ihn um 1050 als Scholaster nach St-Vincent de →Metz; hier verfaßte er mehrere hagiograph. (Lucia, Sigibert) und biograph. (Vita Theoderichs I., Bf.s v. Metz) Schriften. Als offener Geist nahm S. vielfältige Anregungen der christl. wie paganen Lit. auf. Wieder in Gembloux (seit ca. 1071), setzte er die lit. Arbeit fort (»Passio Thebeorum«, Viten der hll. Guibert, Maclovius/Malo, Theodard, Lambertus, Lesungen [lectiones] für die Feiern der hll. Guibert und Maclovius). Ab 1082 verfaßte er seine berühmte Weltchronik (»Chronica universalis«) in Gestalt eines annalist. Berichts, deren erste Fassung bis 1084 reichte; die zweite Version ist eine bis 1111 fortgeführte Überarbeitung. Das stark verbreitete, äußerst einflußreiche Werk wurde auch von mehreren Kontinuatoren fortgesetzt. S. verwertete in seiner Chronik zahlreiche Q., die er im reichen Bestand der Bibliotheken v. Metz und Gembloux vorfand, aber auch im übrigen Lotharingien einsehen konnte. Als brillanter Erbe der großen Lütticher Bildungstradition vollzog S. die Synthese des hist. und hagiograph. Schaffens Lotharingiens. 1092 schrieb er sein »Liber decennelis« über Probleme der →Komputistik und →Chronologie. Um 1100 verfaßte er dann einen metr. Kommentar zum Ecclesiasticus (Sirach) und vollendete seinen »Libellus de viris illustribus«.

Im Streit zw. 'sacerdotium' und 'imperium' (→Investiturstreit) trat S. hervor als Anhänger der ksl. Partei und Autor mehrerer Streitschriften (→Libelli de lite, →Publizistik), die auf hohem Argumentationsniveau die Position der Lütticher Kirche gegenüber der →Gregorian. Reform artikulierten.

Es ist sehr wahrscheinlich, daß die (von S. so sehr geförderte) feierl. Erhebung der Gebeine des hl. Guibert, die am 23. Sept. 1110 in Gembloux unter der Leitung Bf. →Otberts v. Lüttich stattfand, auch eine Ehrung der hohen Verdienste S.s um die Lütticher Kirche darstellte. →Chronik, C. I.

Ph. George

Ed.: Chronica, ed. L. C. BETHMANN, MGH SS VI, 300-374 – Gesta abbatum Gemblacensium, ed. G. H. PERTZ, MGH SS VIII, 523-542 – Catalogus de illustribus viris, ed. R. WITTE (Lat. Sprache und Lit. des MA, I, 1974) – Liber decennelis, ed. J. WIESENBACH, 1986 – Apologia contra eos qui calumpniantur missas conjugatorum sacerdotum; Epistola Leodicensium adversus Paschalem papam, ed. E. SACKUR, MGH, L. d. l., II, 1892, 436-448, 449-464 – Tractatus de investitura episcoporum, ed. E. BERNHEIM, ebd., 495-504; ed. J. KRIMM-BEUMANN, DA 33, 1977, 66-83 – Epistola de ieiunio quatuor temporum, ed. E. MARTÈNE-U. DURAND (Thesaurus novus anecdotorum, I, 1717), col. 292-309 – *Lit.:* BHL 2603f., 4686f., 4995, 4999, 5119, 5754, 7712, 8049, 8055, 8882 – LThK² IX, 746 – J. SCHUMACHER, L'œuvre de S. de G., Études philol., 1975 – J. BEUMANN, S. de G. und der Traktat »De investitura episcoporum«, 1976, 44-57 (VuF 20) – M. DE WAHA, S. de G. faussaire? Le chroniqueur et les »sources anciennes« de son abbaye, RBPH 55, 1977, 989-1036 – J.-L. KUPPER, Liège et l'Église impériale, 1981 – E. DEKKERS, S. van G. en zijn »De viris illustribus«, Sacris erudiri 26, 1983, 57-102 – M. SCHMIDT-CHAZAN, S. de G., le Lotharingien (Publ. sect. hist. de l'inst. grand-ducal Luxembourgeois 106, 1991), 21-48 [Lit.].

Sigenot, mhd. Heldendichtung im →Bernerton aus dem Kreis der aventiurehaften Dietrichepik (→Dietrich v. Bern), vor dem Ende des 13. Jh. von einem unbekannten Dichter (vielleicht im schwäb.-alem. Raum) verfaßt, überliefert in 8 Hss. (ca. 1300 [oder 2. Viertel 14. Jh.?] – Ende 15. Jh.) und mindestens 20 Drucken (ca. 1487-1661). Man unterscheidet 2 Versionen: den »Älteren S.« (44 Str., nur in der ältesten Hs.) und den »Jüngeren S.« (um die 200 Str., in der sonstigen Überlieferung); der »Ä. S.« dürfte eine kürzende Bearb. des Textes sein, auf den auch die Überlieferung des »J. S.« zurückgeht. Zu den Texten tritt ein Freskenzyklus des 16. Jh. auf der Zimmernschen Burg Wildenstein (bei Sigmaringen), der das Zeugnis der Drucke unterstreicht, deren große Zahl den (künstler. belanglosen) Text zum erfolgreichsten Vertreter der Gattung in der Spätphase der Überlieferung stempelt. Erzählt wird, wie Dietrich v. Bern gegen den Riesen Sigenot kämpft, von diesem besiegt und gefangengesetzt und von seinem alten Waffenmeister Hildebrand befreit wird.

J. Heinzle

Ed.: J. ZUPITZA, Dt. Heldenbuch, V, 1870 [Neudr. 1968] [Ä. S.] – A. C. SCHOENER, Der J. S., 1928 – *Lit.:* Verf.-Lex.² VIII, 1236-1239 [J. HEINZLE] – M. CURSCHMANN-B. WACHINGER, Der Berner und der Riese Sigenot auf Wildenstein, PBB 116, 1994, 360-389.

Siger. 1. S. v. Brabant, Philosoph der Hochscholastik, * um 1240, vermutl. im südl. Brabant, † um 1283 (ermordet) in Orvieto. S. war Säkularkleriker und Chorherr der Paulskirche zu Lüttich; erstmals erwähnt 1266 vor dem päpstl. Legaten Simon de Brion wegen »Unregelmäßigkeiten« an der Pariser Artistenfakultät (→Paris, D. III); am 23. Nov. 1276 wurde er unter Verdacht der Häresie vor das Gericht des Inquisitors v. Frankreich, Simon du Val, gefordert. Mit Berner v. Nivelles, dem Mitbeschuldigten, hatte S. aber zu diesem Zeitpunkt das Kgr. Frankreich bereits verlassen und sich wahrscheinlich auf die Reise an den päpstl. Hof zu Orvieto begeben. Hier wurde er von seinem wahnsinnig gewordenen Sekretär ermordet. →Dante, »Divina Commedia« (Paradiso X, 134-138), stellte ihn mit hohem Lob für seine Philosophie Thomas v. Aquin zur Seite.

Werke: S.s Schriften, Resultat seiner Vorlesungen an der Pariser Artistenfakultät, sind vornehm. Kommentare zu →Aristoteles; sie sind großenteils als 'reportationes', Vorlesungsnachschriften von Studenten, überliefert. Folgende Werke seien genannt (unter Verweis auf die krit. Ausg. von B. BAZÁN, s.u.): »Compendium super librum de generatione et corruptione« (um 1265), unvollendet, anscheinend ein Kompendium des Komm. von →Gottfried v. Haspal (ca. 1265, ed. BAZÁN II, 127-140), »Sententia super quartum Meteororum«, vgl. hierzu A. DONDAINE-L. J. BATAILLON, APraed 36, 1966, 81-261, v.a. 137-140 bzw. 156-169, 182-184; Quaestiones in tertium de anima (1269), ed. BAZÁN I, 1-69 - Quaestiones in Physicam (um 1270-71), ed. A. ZIMMERMANN, BAZÁN II, 141-184 - De necessitate et contingentia causarum (um 1272), ed. J. J. DUIN, La doctrine de la providence dans les écrits de S. de Brabant, 1954, 14-50, Redaktion des S.; Sophismata, ed. BAZÁN II, 43-59; Quaestiones in Metaphysicam (um 1273), in vier Versionen (Hss. in Cambridge und Paris, ed. A. MAURER, 1983; Hss. München und Wien ed. W. DUNPHY, 1981). Die Entdeckung der Münchener Hs. durch GRABMANN 1924 hat der Erforschung von S.s Doktrin neue Impulse gegeben; »De anima intellectiva« (um 1273), ed. BAZÁN I, 70-112, enthält Einflüsse des Werkes des Thomas v. Aquin »De unitate intellectus«; »Quaestiones super librum de causis« (um 1275-76), ed. A. MARLASCA, 1972, ein Komm. der ersten 16 Propositionen; zu dem verlorenen Werk des S., als »De intellectu« bezeichnet, vgl. A. PATTIN, Notes concernant quelques écrits attribués à S., Bull. Phil. Med. 29, 1987, 173-177.

Lehre: Nach P. MANDONNET bestimmen vier Gesichtspunkte den doktrinären Hintergrund von S.s Philosophie: Leugnung der Vorsehung, Ewigkeit der Welt, Einzigkeit des menschl. wirksamen 'intellectus' ('Monopsychismus') und Leugnung des Freien Willens - Positionen des lat. →Averroismus, wie wie Stephan →Tempier, Bf. v. Paris, am 7. März 1277 verurteilt hatte (→Aristotelesverbote). Entgegen der Fixierung des S.schen Denkens auf ein bestimmtes Weltbild wird heute stärker die doktrinäre Entwicklung S.s in seinen Schriften untersucht, z. B. in der Intellektlehre. In der ersten Periode (um 1270) verteidigte er die Auffassung vom einzigen menschl. Intellekt, welcher mit der sensitiven menschl. Seele keine substantielle Einheit bildet, wobei der Erkenntnisakt lediglich im Sinne einer Wirkeinheit von Seele und Intellekt durch individuelle 'phantasmata' erfolge: »copulatur actu intentionibus imaginatis« (Quaestiones in tertium de anima, ed. cit., 28, 1.73, 80-84). Unter dem Einfluß von Thomas' »De unitate intellectus« modifizierte S. in seinem Werk »De anima intellectiva« diesen Standpunkt und betrachtete die Verbindung des einen und einzigen Intellekts mit dem Individuum enger und als naturgegeben (ed. cit., p. 86, 1. 8-9, p. 87, 1. 15-16). Er sammelte Argumente für die Vervielfältigung des Intellekts in den Individuen (p. 107, 1. 42 und ff.), doch hielt er dieses Problem für philosophisch unlösbar und schloß: »in tali dubio fidei adhaerendum est« (p. 108, 1. 86). In den Spätschr. rückte er ab von der früheren Interpretation des Intellekts, im Komm. zur »Metaphysica«: »quamvis praedictam viam quandoque tenerem ... errorem meum volo corrigere« (Cambridger Text, ed. cit., p. 233, 1. 12-14), und betonte in den »Quaestiones in librum de causis« (q. 26, 27) die substantielle Einheit von Intellekt und sensitiver menschl. Seele. Von der früheren These gilt: »in fide nostra est haeretica, et irrationalis etiam« (ed. cit., p. 112, 1. 147-148). Vertrat S. die Lehre von der »doppelten Wahrheit«? Nach 1270 verwahrte sich S. ausdrücklich dagegen, daß er an der geoffenbarten Wahrheit auch nur im mindesten Zweifel hege. Er will nur dem nachspüren, was mit dem Verstand berechenbar und nur Gegenstand der Philosophie, namentl. der aristotelischen, sein könne: »propter hoc sciendum quod sententiam Philosophi ab his qui eius libros suscipiunt exponendos, non est celanda, licet sit contraria veritati« (ed. C. A. GRAIF, 1948, p. 140, [23]-[26]). Im Fall, daß bestimmte philos. Feststellungen nicht mit den theol. Lehrsätzen zu vereinbaren seien, müßten die Sätze der Philosophen, selbst des Aristoteles, relativiert werden (Quaestiones in librum de causis, ed. cit., p. 115, 1. 250-252).   A. Pattin

Ed. und Lit.: B. BAZÁN, S. v. B., p. 1, 1972; p. 2, 1974 [krit. Ed., Komm.] - F. VAN STEENBERGHEN, Maître S., 1977 [Bibliogr., 419-430] - A. CAPARELLO, La »Perspectiva« in S. di Brabante, ed. Vaticana, 1987 - H. KROP, S. van Brabant. De dubbele waarheid, eingel., komm., 1992.

2. S. v. Courtrai, * Ende des 13. Jh, wahrscheinl. in Gullegem bei Kortrijk (Flandern), † 1341, studierte in Paris (um 1300), lehrte dort Grammatik und Logik (ca. 1315), wurde Dekan des Liebfrauenstifts Notre-Dame in Kortrijk (ca. 1305-30) und Prokurator des Kollegs der Sorbonne. Vertreter eines gemäßigten Aristotelismus, beeinflußt von Albertus Magnus und Thomas v. Aquin, zählte S. zur letzten Generation der →Modisten. Charakterist. für sein Werk ist die Ablehnung von Neuerungen und die Vorliebe für traditionellere und einfachere Lösungen. Er setzte sich dafür ein, den grammat. Stoff leichter zugängl. zu machen und didakt. aufzubereiten. Seine »Summa modorum significandi« ist stärker pädagog., weniger spekulativ ausgerichtet und bietet eine Fülle von Beispielen. Später und ergänzend zur Summe verfaßte S. die »Sophismata«. Zu seinen log. Werken zählen eine »Ars priorum«, einige »Fallaciae« und Aristoteles-Komm. e.   E. Pérez Rodríguez

Ed. und Lit: G. WALLERAND, Les œuvres de S. de C., 1913 - C. VERHAAK, Zeger van Kortrijk, Commentator van Perihermeneias, 1965 - J. PINBORG, Summa modorum significandi. Sophismata, 1977.

Sigfrid → Siegfried

Sighardinger, eine der großen bayer. Adelssippen (allerdings frk. Herkunft), seit dem Ende des 9. Jh. (Sigehard I., † 906) durch zwei Jahrhunderte als Gf.en im Chiemgau, später auch im Salzburggau, im Pongau, Pinzgau, im Inn-, Eisack- und Pustertal belegt. Anscheinend als Salzburger Amtsträger erwarben sie Besitz in der Mark →Österreich und in →Kärnten, 1035-1218 übten sie die erbl. Hochstiftsvogtei in →Salzburg aus. Die auf den im Ungarnkrieg Heinrichs III. 1044 gefallenen Pongaugf.en Sigehard VI. zurückgehende Hauptlinie verzweigte sich seit 1070 in die Linien der Gf.en v. Tengling (seit 1070), →Burghausen (seit 1104/18), →Schala (seit 1112) und →Peilstein (seit 1118), die an der Wende vom 12./13. Jh. ausstarben. Der Großteil des reichen Kärntner Besitzes gelangte über einen Vetter Sigehards VI., Engelbert IV., und dessen Erbtochter Richgard an die →Spanheimer. Weitere wichtige Verwandtschaftsbeziehungen bestanden zu den →Aribonen und den vermutl. stammesgleichen →Ebersbergern. Ein Urenkel Sigehards I., Friedrich, wurde 958 Ebf. v. Salzburg (958-991), dessen Neffe →Pilgrim Bf. v. Passau (971-991) und als solcher Gegenspieler seines Onkels; Hartwig, ein Sohn von Pilgrims Bruder, dem Chiemgaugf.en Engelbert III., wurde 1022 Bf. v. →Brixen (1022-39). Sigehard IX., ein jüngerer Sohn Sigehards VI., war Kanzler Heinrichs IV. und Patriarch v. →Aquileia (1068-77).   L. Auer

Lit.: Genealog. Taf. zur ma. europ. Gesch., hg. W. WEGENER, 1962-69, 89-107 [Lit.] - H. DOPSCH, Der bayer. Adel und die Besetzung des Ebm.s Salzburg im 10. und 11. Jh., Mitt. der Ges. für. Salzburg. LK 110/111, 1970/71, 134ff. - W. STÖRMER, Früher Adel, 1973 - U. MEVES, Zur Rolle der Sighardinger für die Adelslit. im SO des Reiches

(Adelsherrschaft und Lit., hg. H. WENZEL, 1980) – H. DOPSCH, Gesch. Salzburgs I/1–3, 1981–84 [Register] – DERS., Die Gründer kamen vom Rhein (Schatzhaus Kärntens, II, 1991), 43–67.

Sighvatr Thórðarson, wichtigster isländ. →Skalde des 11. Jh., Hofdichter von Kg. →Olaf Haraldsson d. Hl., Sohn von Thórðr Sigvaldaskáld. Mit ca. 18. Jahren kam S. nach Norwegen an den Hof Kg. Olafs, den er von spätestens 1016 bis zu dessen Tod 1030 begleitete. Aus dieser Zeit stammen die »Vikingarvísur« (Olafs Jugend), die »Nesjavísur« (Olafs Sieg in der Schlacht v. →Nesjar), die »Austrfararvísur« (Reise nach Schweden im kgl. Auftrag 1017) und die »Vestrfararvísur« über eine Englandreise, in deren Verlauf er Kg. →Knut d. Gr. kennenlernte, auf den er eine »Knútsdrápa« verfaßte. Von einer möglichen »Ólafsdrápa« sind nur spärl. Reste erhalten. In die Zeit nach 1030 fallen die »Bersöglisvísur« ('offenherzige Strophen' an Olafs Sohn →Magnús [2. M.]), ein »Erlingsflokkr« (auf den um 1128 in einer Seeschlacht gegen Olaf gefallenen Schwager des Kg.s, Erlingr Skjalgsson), ein »Tryggvaflokkr« (auf den 1033 gefallenen Kronprätendenten Tryggvi) und eine wohl erst 1040 komponierte »Erfidrápa« auf den hl. Olaf (Olafs letzte Jahre, Schlacht v. Stiklestad, erste Wunder). S.s Werk umfaßt 145 →Dróttkvætt- und eine Reihe anderer Strophen (u. a. 30 →Lausavísur), die alle von seinem Formtalent zeugen. Über S.s Leben dürfte eine Reihe von Anekdoten kursiert haben, die, vielleicht in einer verlorenen *Sighvats saga skálds (Anfang 13. Jh.) gesammelt, heute nur als Versatzstücke in der »Ólafs saga hins helga hin mesta« (→Olafssagas) und der »Magnúss saga góða« erhalten sind. R. Simek

Lit.: S. HELLBERG, Kungarna i Sigvats diktning, Scripta Islandica 32, 1981, 3–22 – J. SKAPTASON, Material for an Ed. and Translation of the Poems of S. Th. Skild [Diss. Stony Brook 1983].

Sigibert

1. S. v. Köln, frk. Kg., † um 508, 'parens'→Chlodwigs I., regierte die rhein. Franken von Köln aus. Im Kampf mit den →Alamannen bei Zülpich (496/497?) verwundet, hinkte er seitdem ('Sigyberthus claudus'). Nach der sagenhaften Überlieferung bei →Gregor stiftete Chlodwig S.s Sohn Chloderich, der ihn im Westgotenkrieg (→Vouillé 507) unterstützt hatte, zum Vatermord an und ließ ihn selbst anschließend umbringen: »So traf ihn dasselbe Los, das er ruchlos seinem Vater bereitet hatte« (Hist. Fr. II, 40). Die rhein. →Franken erhoben Chlodwig durch →Schilderhebung zu ihrem Kg.; auch im gesamtfrk. Reich erfüllte →Köln noch länger Residenzfunktion. U. Nonn

Q.: Gregor v. Tours, Hist. Fr. II, 37, 40 (MGH SRM I²) – Fredegar III, 25 (MGH SRM II) – *Lit.:* E. ZÖLLNER, Gesch. der Franken bis zur Mitte des 6. Jh., 1970 – E. EWIG, Die Merowinger und das Frankenreich, 1993², 21f., 30.

2. S. I., merow. Kg., * 530/535, † 575, ⌐ St. Médard/Soissons. Bei der Reichsteilung nach →Chlothars I. Tod 561 erhielt S. das Reimser Teilreich (austras. Namenstradition? →Sigibert v. Köln) mit sämtl. Erwerbungen östl. des Rheins und südl. der Donau sowie Anteile →Aquitaniens und der →Provence. Der sich benachteiligt fühlende Bruder →Chilperich I. fiel in S.s Anteil ein, wurde aber zurückgeschlagen. Einen Angriff der →Avaren 562 vermochte S. an der Elbe abzuwehren; bei ihrem erneuten Vorstoß 565/566 konnte er durch Verhandlungen eine dauerhafte Abmachung erzielen und die Ostgrenze befrieden. Neue innerfrk. Unruhen brachte der frühe Tod des Bruders →Charibert I. v. Paris 567: die komplizierte Aufteilung seines Erbes ließ bald ein »bellum civile« (Gregor v. Tours) ausbrechen, das wenig später in einer Familientragödie eskalierte. 566 hatte S. die westgot. Kg.stoch-

ter →Brunichild geheiratet; bald darauf ehelichte sein Bruder Chilperich deren ältere Schwester →Galswintha, ließ sie aber 569/570, wohl auf Anstiften seiner Geliebten →Fredegund, ermorden. Die Fehde der Brüder tobte über Jahre; 575 drang S. tief in Chilperichs Reichsteil ein und erreichte gar dessen Verlassung, wurde aber bei seiner →Schilderhebung in Vitry (Artois) ermordet. Sein Tod brachte einen Umschwung zugunsten Chilperichs. U. Nonn

Q.: Gregor v. Tours, Hist. Fr. IV, 19–51 (MGH SRM I²) – *Lit.:* E. EWIG, Die frk. Teilungen und Teilreiche (511–613), AAMz 1952, Nr. 9, 676–681 [= DERS., Spätantikes und frk. Gallien, I, 1976, 135–140] – DERS., Stud. zur merow. Dynastie, FMASt 8, 1974, 30–35 – DERS., Die Merowinger und das Frankenreich, 1993², 41–44 u. ö. – R. KAISER, Das röm. Erbe und das Merowingerreich, 1993, 30–34, 70.

3. S. II., merow. Kg., * 601/602, † 613. Im letzten Akt des blutigen merow. Familiendramas besiegte →Brunichilds Enkel, der frankoburg. Kg. →Theuderich II., 612 seinen Bruder→Theudebert II. v. Austrasien und ließ ihn und seine Söhne töten; bereits im folgenden Jahr starb er selbst. Brunichild ließ seinen ältesten Sohn S. in Metz zum Kg. erheben, der sich nicht nur des vorrückenden →Chlothar II. und der ihn unterstützenden Austrasier, sondern auch der wachsenden Opposition in Frankoburgund zu erwehren hatte. Der Versuch, im mainfrk. Thüringen Verstärkung zu gewinnen, scheiterte (u. a. am Verrat seines Hausmeiers →Warnachar); das gegen Chlothar mobilisierte Heer löste sich kampflos auf. S. und zwei seiner Brüder wurden gefangengenommen (der dritte entfloh). Chlothar ließ Brunichild und ihre Urenkel mit Ausnahme seines Patenkindes Merowech grausam töten. U. Nonn

Q.: Fredegar IV, 21, 39–42 (MGH SRM II) – *Lit.:* E. EWIG, Die frk. Teilungen und Teilreiche (511–613), AAMz 1952, Nr. 9, 692, 715 (= DERS., Spätantikes und frk. Gallien, I, 1976, 150, 170f.) – DERS., Die Merowinger und das Frankenreich, 1993², 51f.

4. S. III., merow. Kg. v. →Austrien 633/34–656, † 1. Febr. 656, ⌐ St-Martin de →Metz, hl. (1. Febr.). Sohn des großen Merowingers →Dagobert I., wurde in zartem Alter (dreijährig) zum Kg. v. Austrien erhoben, um »Autonomiewünsche« der austr. Aristokratie zu befriedigen. Nach dem Tode des Vaters (639) unternahm S., gesteuert von seinen Großen, mehrere – fehlgeschlagene – Versuche zur Erringung der Macht im gesamten →Frankenreich; sein Zug gegen den Dux v. →Thüringen scheiterte (641). Bedeutend waren dagegen S.s Interventionen zugunsten des hl. →Remaclus (647/648), die zur Gründung eines Monasteriums in den Ardennen führten (Cugnon, dann →Malmedy und →Stablo). S. wurde vom Hausmeier →Grimoald I., dem starken Mann der Epoche, zur Adoption von dessen Sohn →Childebert genötigt; der von Grimoald nach dem Tode des Kg.s inszenierte »Staatsstreich« schlug aber letztlich fehl. – Bei S.s Grabstätte in St-Martin de Metz entwickelte sich ein Kult, der im 11. Jh. durch die von →Sigebert v. Gembloux verfaßten Viten stark gefördert wurde (im 13. Jh. nur in St-Martin de Metz und Stablo-Malmedy offizielle Verehrung, Kultzentrum im 16. Jh.→Nancy). Ph. George

Q.: Fredegar, Chron., MGH SRM II, 4, 59–88, 150f. – Vitae Sigiberti, BHL 7711–7712 – HALKIN-ROLAND, Les chartes de Stavelot-Malmédy, I, 1909, 1–14 – *Lit.:* Bibl. SS XI, 1035–1037 – LCI VIII, 349 – LThK² IX, 747f. – REAU III, 3, 1214 – F. BAIX, Le souvenir de saint Sigebert à Stavelot-Malmédy, Folklore Stavelot-Malmédy 14, 1950, 5–27 – N. GAUTHIER, L'évangélisation des pays de la Moselle, 1980, 261, 310f., passim – R. FOLZ, Les saints rois du MA en Occident (VIᵉ–XIIIᵉ s.), 1984, 74–76, 191 (SubHag 68) – Ausst. Kat. La Neustrie. Les pays au nord de la Loire de Dagobert à Charles le Chauve (VIIᵉ–IXᵉ s.), 1985 – Actes du colloque, 2 Bde, 1989.

Sigismund (s. a. Si[e]gmund)

1. S., hl., *Kg. der →Burgunder,* † 524. [1] *Leben und Regierung:* S. war Sohn Kg. →Gundobads und trat unter dem Einfluß des hl. →Avitus, Bf. v. →Vienne, vor 507 vom Arianismus (→Arius) zum Katholizismus über. 507 führte er das von seinem Vater gegen die →Westgoten entsandte Heer an und belagerte 'Idunum' (Ahun?); vom Ks. wurde er 508 zum →Patricius ernannt. Er wurde in seiner Pfalz Carouge (bei Genf) als Kg. (Mitregent seines Vaters) proklamiert. 516 folgte er Gundobad nach und übernahm den Titel des →Magister militum. Er gründete bereits am 22. Sept. 515 die Abtei →St-Maurice d'Agaune und begann die Wiederherstellung der Kathedrale St-Pierre zu →Genf. S. berief für den 8. Sept. 517 das Konzil v. →Epao (Wiederherstellung des kath. Glaubens) ein. Nach dem Tode seiner ersten Gemahlin, Areagne, einer Tochter des Ostgotenkg.s Theoderich, verband sich S. mit einer Dienerin seiner verstorbenen Frau namens Konstanze. Diese soll aus Mißgunst den Sohn aus erster Ehe, Sigerich, wegen angebl. Konspiration mit dem Ostgotenkg. →Theoderich beim Vater angeschwärzt haben, woraufhin S. den Sohn hinrichten ließ (522). Schuldbewußtsein ließ ihn in Agaune die 'laus perennis' stiften. Von Theoderich wie von den →Merowingern angegriffen, wollte der von seinen Großen verlassene Kg. sich nach Agaune zurückziehen, wurde aber gefangengenommen und an den frk. Kg. →Chlodomer ausgeliefert (523). Dieser ließ S. in →Orléans mit Frau und zwei Söhnen, Gislahad und Gundobad, in einen Brunnen stürzen. J. Richard

[2] *Verehrung:* Das Schicksal des Kg.s, verstanden als Besserung durch Gott, die Buße der Schuld noch im Diesseits und die Heilerfolge von Fiebermessen in seinem Namen (seit dem 7./8. Jh. erhalten) bewiesen für →Gregor v. Tours (Gloria mart., 74) S.s Aufnahme unter die Hl.n. Die Verehrung ging vom Ort seines Todes, v. a. aber von →St-Maurice d'Agaune, aus. Die Mönche holten 535/536 die Reste ihres Stifters in die Johanneskirche. Eine Passio (8. Jh.) verbindet ihn mit den Märtyrern der →Thebaischen Legion (MGH SRM 2, 339). Die ältesten Hss. des →Martyrologium Hieronymianum verzeichnen ihn zum 1. Mai. Bis ins 10. Jh. schwankte der Kult zw. Fürbitte und Anbetung. Er verbreitete sich bes. vom 11. Jh. an über die Schweiz und in angrenzende Gebiete. Ein neuer Aufschwung erfolgte im 14. Jh.: Ks. →Karl IV. erbat 1354 in →Einsiedeln und 1365 in Agaune Reliquien. Von →Prag und →Freising strahlte der Kult jetzt nach Polen und Ungarn aus. Dargestellt wird der Fieberhl. als jugendl. Kg. mit seinen Insignien, selten als Büßer im Mönchshabit. K. H. Krüger

Lit.: zu [1]: O. Perrin, Les Burgondes, 1968 – E. Demougeot, La formation de l'Europe et les invasions barbares, II, 1979 – *zu [2]:* BHL 7717–7720 – MartHieron 222, 224 – Bibl.SS XI, 1043–1047 – LCI VIII, 349–351 – LThK² IX, 744f. – Vies des Saints V, 20–23 – St. Randlinger, Die Verehrung des hl. S. (Wiss. Festg. zum Korbinian-Jubiläum, 1924), 351–362 – R. Folz, DA 14, 1958, 317–344 – Ders. (Fschr. J. Spörl, 1965), 152–156 [Ed.] – Ders., Les saints rois du MA, 1984.

2. S. Kestutovič (litauisch Žygimantas Kęstutaitis), *Gfs. v. →Litauen* aus dem Geschlecht der Gediminiden (→Jagiellonen), * ca. 1365, † 20. März 1440, Sohn von →Kynstute, Bruder von →Witowt, auf dessen Seite er in den Kämpfen mit →Jagiełło stand. Nach Witowts Tod (1430) unterstützte er zunächst den Nachfolger →Svidrigaila, organisierte jedoch 1432 einen Umsturz gegen ihn und übernahm selbst den Thron des Gfs.en. In den darauffolgenden Auseinandersetzungen fand S. in den westl. Landesteilen Unterstützung. Auch →Polen unter Jagiełło kam ihm zu Hilfe, wofür er sich im Vertrag v. Grodno (1432) als dessen Vasall erklären und territoriale Zugeständnisse machen mußte. Dies führte zu weiteren Konflikten mit dem Adel, dem S. 1434 in →Traken das Privileg »neminem captivabimus« zugestehen mußte. Auch glich der Gfs. die Rechte der Orthodoxen denen der Katholiken an, was den Ausgangspunkt für die Integration des russ. Adels im Gfsm. (→Bojaren, II) in die litauische Adelsgesellschaft bilden sollte. Nach dem Sieg bei Wilkomir (1435) über die Verbände Svidrigailas und des →Dt. Ordens konsolidierte sich S.s Macht im ganzen Staat. 1438 schloß er mit dem Habsburger →Albrecht II. eine gegen Polen gerichtete Koalition. 1440 wurde S., wohl von Anhängern Svidrigailas, ermordet. Z. Kiaupa

Lit.: B. Barvinskij, Žigimont Kejstutovič, 1905 – B. Dundulis, Lietuvos kova dėl valstybinio savarankiškumo 15 a., 1968 – S. Sužiedėlis, Žygimantas Kęstutaitis, Lietuvių encikl. 35, 1968, 317–324 – HEG II, 1097f. [M. Hellmann].

3. S. Korybutovič (litauisch Žygimantas Koributaitis), litauischer Fs. aus dem Geschlecht der Gediminiden (→Jagiellonen), * ca. 1395, ✕ 1435 bei Wilkomir. S., der bis 1422 an den Höfen →Jagiełłos und →Witowts lebte, wurde von Witowt nach Annahme der ihm (oder Jagiełło) von den böhm. Ständen angetragenen Krone als Statthalter nach →Prag gesandt, bereits 1423, infolge von Witowts Verzicht auf den böhm. Thron, jedoch zurückgerufen. Doch kehrte er 1424, gegen Witowts und Jagiełłos Willen, auf Wunsch der →Hussiten nach Prag zurück und ließ sich zum Kg. krönen. Er bemühte sich, die Monarchie zu restaurieren und die Hussiten mit der kath. Kirche zu versöhnen, wurde aber im Mai 1427 abgesetzt. Von 1428–1434 wirkte er nochmals auf seiten der →Taboriten. Wieder in Litauen, unterstützte er Svidrigaila im Kampf gegen →Sigismund Kestutovič. Z. Kiaupa

Lit.: F. M. Pelcl, Hist. Nachrichten von dem Lith. Prinzen S. Korybut, Abh. der Böhm. Ges. der Wiss., 1786, 360–393 – F. M. Bartoš, Kníže Zikmund K. v Čechach, SbornHist, 1959, 171–218 – Bosl, Böhm. Länder, I, 520–522 [F. Seibt] – Ž. Ivinskis, Žyg. Kaributaitis, Lietuvių encikl. 35, 1968, 315–317 – J. Grygiel, Życie i działalność Zyg. Korybutowicza, 1988.

4. S. I. (d. Ä.) **Jagiello,** *Gfs. v. Litauen* seit 20. Okt. 1506, zum *Kg. v. Polen* am 8. Dez. 1506 gewählt, am 24. Jan. 1507 gekrönt; * 1. Jan. 1467, † 1. April 1548, fünfter Sohn von Kg. Kasimir IV. (Jagiellończyk) und Elisabeth v. Österreich; ∞ 1. Barbara Zapolya 1512–15, 2. Bona Sforza seit 1518, Kinder von 2.: Sigismund August, Isabella (∞ Kg. Johann Zapolya v. Ungarn). S. setzte den Krieg mit Moskau um das »dominium Russiae« fort, verlor aber trotz seines Sieges bei Orša (1514) Smolensk. Mit den Habsburgern trat er in Konkurrenz um den Einfluß auf Böhmen und Ungarn, doch überließ er ihnen bei einem Besuch in Wien (1515) die Thronfolge in diesen Ländern. Gegen den →Dt. Orden führte er seit 1519 Krieg und veranlaßte Preußen 1525 zur Lehnshuldigung, wodurch der weltl. Staat der Hohenzollern entstand. 1529 inkorporierte er das Fsm. →Masowien in das Kgr. Polen. Im Streit mit der Moldau um Pokutien blieb er bei Obertyn siegreich (1531). S. gab den Forderungen der →Szlachta nach »Exekution der Rechte«, bes. nach Rückgabe verpfändeter kirchl. Güter, nach und bekämpfte die Reformströmungen in der Kirche. J. Ochmański

Q.: Acta Tomiciana 1–17, 1852–1951 – *Lit.:* O. Halecki, Dwaj ostatni Jagiellonowie. Hist. polityczna Polski, V, 2, 1928 – A. Dembińska, Zygmunt I., 1948 – W. Pociecha, Królowa Bona, I–IV, 1949–58 – A. Wyczański, Zygmunt I Stary, 1985.

Sigmaringen, Stadt an der Donau (Baden-Württ.), Gft. Auf einem steilen Felsen über der Donau entstand, 4 km von der alem. Siedlung S. (heute: Sigmaringendorf) entfernt, das gleichnamige »castellum«, 1077 von →Rudolf v. Rheinfelden vergebl. belagert. Die erstmals 1083 gen. Manegold und Ludwig v. S. werden dem Verwandtenkreis der Gf.en v. →Pfullendorf und Altshausen-Sulmetingen zugerechnet. Im 12. Jh. benannten sich die Sigmaringer zudem nach Spitzenberg und →Helfenstein. Aus der bei der Burg allmähl. entstandenen Siedlung erwuchs im 13. Jh. die Stadt S. Im Rahmen seiner Bemühungen, einer habsbg. Hzg.sgewalt in Schwaben der territorialherrschaftl. Grundlage zu verschaffen, erwarb Rudolf v. Habsburg 1290 auch »Burg und Stadt« S., im Habsburger Urbar v. 1305 als »Officium« oder »Gft.« bezeichnet. Wahrscheinl. wurden 1323 Burg, Stadt und Herrschaft S. an Württemberg verpfändet. 1399 von Württemberg als Pfand an Gf. Eberhard v. Werdenberg überlassen, galt S. seit 1460 als reichslehnbare Gft. Doch konnte sich Habsburg 1482 einen Anspruch sichern, falls die Werdenberger aussterben sollten. Als dieser Fall 1534 eintrat, gelangte die Gft. S. 1535 als österr. Lehen an die Gf.en v. Zollern.

S. Lorenz

Lit.: H. Bühler, Richinza v. Spitzenberg und ihr Verwandtenkreis, Württ. Franken 58, 1974, 303–326 – M. Kuhn-Rehfus, S. 1077–1977. Ein Abriß seiner Gesch. (900 Jahre S. 1077–1977, 1977), 11–68 – W. Schöntag, Die Gft.en S. und Veringen (Hb. der baden-württ. Gesch., II, 1995), 376–378.

Sigmund → Si(e)gmund, →Sigismund

Signal. Unter S. versteht man ein mit techn. Mitteln (S.-mitteln) gegebenes Zeichen, Kommando o. ä., dessen Bedeutung zur Wiedererkennung vorher verabredet sein muß. In Antike und MA wurden akust. und opt. S.e verwendet. Die S.mittel waren in Europa gleich oder sehr ähnlich. Zur Übermittlung akust. S.e – außer dem Zuruf – wurden seit der Antike Instrumente verwendet (Jer 6,1; 1006 »Ólafs saga helga«), Hörner, Trompeten, Trommeln, die in ihrer Wirksamkeit verbessert wurden. Im MA kamen Glocken (Sturmläuten) und Schüsse aus Feuerwaffen hinzu. Opt. S.e sind seit der Antike bekannt und spätestens bis 1500 auch nach Nordeuropa tradiert worden (Olaus Magnús, Peder Månsson). Bei Dunkelheit dienten Leuchtzeichen als S.e, Laternen, Warnfeuer an Land (im Mittelmeerraum seit Homer genannt, in Nordeuropa seit der Wikingerzeit). Bei Tag konnte man den Rauch des Feuers als S.mittel einsetzen. Ob im MA Sonnenreflektoren als S.mittel benutzt wurden wie in der Antike (Herodot; röm. Heliograph), ist unsicher. In militär. Flottenverbänden auf See wurden neben den Feuern Flaggen wichtigstes S.mittel. In den Segelflotten Nordeuropas gab es bis 1500 drei Grunds.e: »an Bord des Admiralsschiffs kommen« – »feindl. Schiffe in Sicht« – »Notfall«. In den Galeerenflotten Südeuropas wurde schon im Hoch- und SpätMA in den sog. Ordonnanzien eine ganze Reihe von verschiedenen Befehlen festgelegt durch Ort, Art und Zahl der Flaggens.e, beispielhaft »Ordini et Capitoli antichi...« des Piero Mozenigo von 1420 (ed. A. Jal, Archéol. navale II, 1840, 107–133).

U. Schnall

Lit.: KL XV, 222–224 – D. Woods, Signaling and Communicating at Sea, 2 Bde (Sammelbd.), 1980.

Signatur (Malerei und Graphik). S. (von mlat. signum) bezeichnet die volle, bisweilen auch die gekürzte Namensinschrift des Künstlers. Ihre Verwendung ist während des MA sehr schwankend. Nach heutiger Kenntnis setzt der Gebrauch von S.en in Malerei und Graphik spät ein. Die S. auf dem Mosaik des Jacopo Torriti in S. Maria Maggiore in Rom (1292–95) gehört zu den ältesten. Auch in der Tafelmalerei waren it. Künstler im 1. Viertel des 14. Jh. die ersten, die signierten. In Nordeuropa treten S.en ein Jahrhundert später auf. Die berühmte und ausführl. S. des Jan van →Eyck befindet sich auf dem Rahmen des Genter Altars von 1432. Hans →Multscher signierte den Wurzacher Altar 1439 auf der Tafel des Marientodes (Berlin).

S.en bestehen meist aus dem Künstlernamen sowie Datum und anderen Angaben, z. B. Fürbitten oder Bescheidenheitsformeln und sind gut sichtbar angebracht; unübersehbar bei dem Arnolfini-Doppelportrait (London): 'Jan van Eyck fuit hic 1434' oder bei Dürer nach it. Vorbild auf einem 'cartellino', der S. und Monogramm trägt. Beliebt war auch die S. auf der Rahmenleiste, die leider oft entfernt wurde, so daß man mit dem Verlust zahlreicher S.en rechnen muß. Als Ausnahme findet man 1446 bei →Petrus Christus und 1520 bei Bernhard Strigel die S. auf der Rückseite der Tafeln. Öfter wurden S.en an verborgenen Stellen des Bildes, z. B. auf Gewandsäumen und Geräten, angebracht. Eine Sonderform der S. stellt die Verwendung von Gegenständen dar: die 'Nelke' der Gruppe der danach benannten Nelkenmeister, die 'Flügelschlange' der Familie →Cranach oder, meist mit dem Monogramm verwendet, der 'Krug' des Stechers Ludwig Krug. Zeichnungen und Graphik tragen nur selten S.

F. Anzelewsky

S.a. →Baumeister; →Beschauzeichen, 2; →Monogramm; →Steinmetzzeichen – *Lit.*: H. Vollmer, Die Kunst 21 – J. Jahn, Die Stellung des Künstlers im MA (Fschr. F. Bülow, 1960) – Künstler-S.en, -Symbole und -Monogramme, hg. H. H. Caplan, 1977 und 1985.

Signatur, päpstliche. S. nennt man an der päpstl. Kurie die schriftl. Genehmigung der Bittschriften (→Supplik). Sie erfolgt eigenhändig durch den Papst mit der Formel »Fiat, ut petitur, N.« am Ende des Korpus' der Supplik und mit »Fiat, ut petitur, N.« am Ende der Klauseln. »N.« ist dabei der Anfangsbuchstabe des Taufnamens des Papstes (z. B. »G.« [Gabriel] bei Eugen IV., »E.« [Enea] bei Pius II.). Die S.formel kann Einschränkungen oder Bedingungen enthalten; nicht genehmigte Bitten werden durchgestrichen. Für bestimmte, in den Kanzleiregeln (→Kanzlei, B) festgelegte Materien hat auch der →Vizekanzler das Recht der S.; er verwendet die Formel »Concessum, ut petitur«, gefolgt von seinem vollen Namen. Eine dritte S.formel lautet »Concessum, ut petitur, in presentia domini nostri pape«, gefolgt vom Namen des referendarius domesticus (→Referendar [2]). Sie ersetzte erstmals während einer Erkrankung Eugens IV. (1431–47) die eigenhändige S. des Papstes, entwickelte sich dann aber (außer unter Calixt III.) zur ständigen Einrichtung; die Anwesenheit des Papstes wurde bald zur Fiktion. Bei gleichem Datum geht die S. des Papstes derjenigen des referendarius domesticus und diese der S. des Vizekanzlers vor.

Die S. wird vorbereitet durch die Referendare. Sie tragen am oberen Rand der Supplik vier Kanzleivermerke ein: das Summarium (kurze Inhaltsangabe), ein Schlagwort, die Diöz. des Bittstellers und den Namen des verantwortl. Referendars. Nach der S. trägt der Datar am unteren Rand das laufende Datum ein, welches später als Datum der Urk. übernommen wird. Ab 1480 ist die Praxis nachweisbar, bereits bei Einreichung der Supplik ein Datum anzubringen ('parva data'), das später nach der S. statt des laufenden Datums übernommen wird ('magna data'). Vom späten 15. Jh. an wird auch die Gesamtheit der Referendare als 'S.' bezeichnet, bes. nach der Reform durch Alexander VI. (Teilung in 'signatura gratie' und 'signatura iustitie', jedoch mit weitgehend ident. Personal).

Th. Frenz

Lit.: Bresslau II, 2–25, 104–115 – L. Schmitz-Kallenberg, Practica cancellariae apostolicae saeculi XV exeuntis, 1904, 1ff. – P. Rabikauskas, Diplomatica pontificia, 1968², 166–172 – E. Pitz, Supplikens. und

Briefexpedition an der röm. Kurie im Pontifikat Papst Calixts III., 1972 – TH. FRENZ, Die Kanzlei der Päpste der Hochrenaissance 1471–1527, 1986, 91–98 – DERS., Papsturkk. des MA und der NZ, 1986, 27f., 63–66.

Signaturenlehre. Die 'Bezeichnung' (signatura rerum) alles Naturgeschaffenen zur Erkenntnis der Nutzanwendung durch den Menschen ist dem MA über die (augustin.) Vorstellung vom »Buch der Natur«, worin die Offenbarung Gottes zu lesen ist, in vielen Bereichen und bes. in demjenigen der →Materia medica geläufig. Die drei Naturreiche, Steine, Pflanzen und Tiere, sind danach für ihren – meist heilkundl. – Gebrauch durch Aussehen (Form, Habitus), Farbe, Geruch und Geschmack 'signiert'. Grundformen sind urzeitl. Direkt-Analogien aus Animismus und →Magie, etwa von Tier zu Mensch, in Organen und Sekreten, die bis in die NZ gewirkt haben. Verfeinerte Signaturen zeichnen die Sympathie- und Entsprechungslehre des Neuplatonismus aus, wo in der →Makro-Mikrokosmosanalogie sich die himml. Kräfte v.a. im Mineral- (→Steinkunde) und Pflanzenreich (→Pflanzenkunde) als auf den Menschen gerichtet 'ablesen' lassen. Hierfür ist Plinius' »Naturalis historia« für das MA eine bedeutende Q., aber auch allegorisierende Schrr. (z.B. →Physiologus). Von chr. Symbolisierung wird die S. auch genutzt, doch ist sie hier gegenüber der allg. Interpretation recht konkret an einzelne 'Zeichen' gebunden und damit der Chiromantie und der →Physiognomik verwandt. In der Namensgebung der →Edelsteine und Pflanzen wirkt die S. bis heute nach (z.B. Orchis-Knolle; Hoden = Knabenkraut = Aphrodisiacum). Die lat. wie die späteren dt. Namen tragen of der S. Rechnung: Pulmonaria – Lungenkraut (Blatt'bläschen'); Anemona hepatica – Leberblümchen (Blattform) und benennen damit die damalige med. Indikation. Dagegen ist die auch häufige Pflanzenbenennung nach antiken Gottheiten oder chr. Heilsgeschehen (z.B. Passion, Kreuz) eine erweiterte Signatur nach Mythen und Legenden, wie auch nach den Arten des Martyriums, denen dann Krankheiten sowie deren 'Nothelfer' zugeordnet worden sind.

Mit →Paracelsus erst und später O. Croll (1609) ist die S. als eigenständiges Gebiet beschrieben und von G. B. Della Porta in der »Phytognomonica« (1588) aufgrund der aber schon ma. Ansichten systematisiert worden. G. Jüttner

Lit.: H. LECLERC, La Medicine des Signatures magiques, Janus 23, 1918, 5–28 – L. WINKLER, Signaturtherapie (H. THOMS, Hb. der Prakt. und Wiss. Pharmazie, IV, 1926), 946–957 – G. JÜTTNER, Die Signatur in der Pflanzenabb., PharmaZ 116, 1971, 1998–2001 [Lit., Abb.].

Signet, das dritte engl. kgl. Siegel, das für die Regierung gebraucht wurde. Das älteste und bedeutendste Siegel blieb immer das Gr. Siegel (*Great Seal*), das der Kanzler (→*chancellor*) bewahrte. Das Privatsiegel (→*Privy Seal*) wurde seit dem frühen 13. Jh. benutzt. Es stand dem Kg. unmittelbar zur Verfügung, der mit ihm weniger formale Briefe beglaubigen konnte. Seit dem frühen 14. Jh. waren ein kgl. 'Geheimsiegel' oder – etwas später – ein 'S.', ein kleines Siegel, ursprgl. ein Siegelring, in Gebrauch, um Briefe zu siegeln, die von den Schreibern der kgl. →Kammer geschrieben worden waren. Zunächst wurden wohl nur einige S.-Siegel verwendet, aber seit der Regierung Richards II. (1377–99) gab es ein amtl. S., das ein beauftragter Beamter, der →Sekretär des Kg.s, bewahrte, und ein S.-Amt mit Schreibern, welche die Briefe schrieben. Sie standen im persönl. Dienst des Kg.s. Als Heinrich VI. 1422 Kg. wurde, verfügte er bis zu seiner Volljährigkeit 1437 weder über ein S. noch über einen Sekretär – nur über ein S. zum formalen Gebrauch während seines Aufenthaltes 1430–32 in Frankreich anläßl. der Krönung. Der Sekretär, der am kgl. Hof tätig war, begleitete normalerweise zusammen mit einigen Schreibern den Kg. auf seinen Reisen. S.-Briefe besaßen nicht die Autorität der Briefe mit dem Gr. oder Privatsiegel. Ein S.-Brief an den →*Keeper of the Privy Seal*, der eine Anweisung enthielt, einen formaleren kgl. Befehl auszustellen, war oft notwendig. Das S. wurde jedoch v.a. zur Beglaubigung der persönlicheren kgl. Briefe gebraucht, z.B. an ausländ. Herrscher, an den King's Council, an dem der Sekretär bis zum späten 15. Jh. niemals teilnahm, sowie für Sendschreiben kgl. Instruktionen oder Ermahnungen. Seit dem 16. Jh. erlangten Sekretär und S. eine große Bedeutung für Regierung und Politik. – Zur Verwendung des S.s in anderen Ländern (z. B. Frankreich, Skandinavien): →Siegel.

A. L. Brown

Q. und Lit.: T. F. TOUT, Chapters in Mediaeval Administrative Hist., V, 1930 – J. OTWAY-RUTHVEN, The King's Secretary and the S. Office in the XV Century, 1939 – Calendar of the S. Letters of Henry IV and Henry V, ed. J. L. KIRBY, 1978.

Significatio. S., 'Bezeichnung' (Bedeutung, semant. Zeichenfunktion), wird in der lat. →Grammatik des →Donatus und →Priscian und deren ma. Erklärern im weiteren umfassenden Sinn verwendet, denn die Grammatik handelt »von dem zum Lesen und Schreiben gehörigen Wortlaut, der v.a. aussagbar ist« – »vox litterata ordinabilis ad significandum...« (Robert Kilwardby OP, In Donati artem maiorem III, ed. L. SCHMUECKER, 1984, 7, 90f., 110) –, und zwar in eigentl. oder uneigentl., in direkter oder konsignifikat. Bedeutung. Bedeutsame (vokale) Zeichengebung, richtige Satzkonstruktion und schlüssige Beweisführung sind die Kunst belehrter Rede (»ars sermocinalis«), die für alle Disziplinen (auch für die Theologie) wichtig sind. Nach Aristoteles, De interpr. 3 (16b19–22) besteht die S. sprachl. Ausdrücke darin, im Hörer den entsprechenden Begriff hervorzurufen (in der Übers. des Boethius: »constituit enim qui dicit intellectum, et qui audit quiescit«). Der Begriff des Sprechers, den dieser kundgibt (manifestat), muß vom dem des Hörers, den der Sprecher erzeugt, nach Petrus Abaelard (in Peri herm., ed. B. GEYER, 308, 4s.) deutlich unterschieden werden. Unter dem Einfluß der aristotel.-boethian. Logik entwickelte sich im 13. Jh. die »Grammatica speculativa« (»Sprachlogik« nach M. GRABMANN, »Bedeutungslehre« nach M. HEIDEGGER, »Wortklassen« nach J. PINBORG), welche nicht nur die Regeln der richtigen Wort- und Satzbildung analysiert, sondern deren Bezeichnung und Bedeutung. Mit der (semant.) Unterscheidung zw. S., Significatum und realem Gegenstand wurde auch die Frage nach den →»modi significandi« spruchreif. Der Begriff findet sich bereits bei Boethius: als Terminus technicus wurde er aber von den sog. →Modisten verwendet. Die Bedeutung eines Terminus bestimmt sich nicht nur von dem, was das Wort bezeichnet: das Mitbezeichnete verleiht der S. eine bestimmte Form, den »modus significandi«. »Sokrates ist ein Mensch« bezeichnet in wesentl. (substanzial.) Bedeutung; »S. ist weiß« bezeichnet in beiläufiger Bedeutung (»ex adiacenti«). Die dän. Philosophen (→Martinus, Simon, →Boethius, Johannes de Dacia) haben in den Traktaten »De modis significandi« bzw. »Grammatica speculativa« ebenso die semant. Bedeutung der Termini untersucht wie →Thomas v. Erfurt in der später unter dem Namen des →Johannes Duns Scotus verbreiteten »Grammatica speculativa sive De modis significandi«, die M. HEIDEGGER zum Ausgangspunkt seiner »Sprachphilosophie« gemacht hat. Bei der bes. ab dem 13. Jh. rege diskutierten Frage, ob konventionale Terme Begriffe oder Dinge bezeichnen, ist es nicht immer klar, ob S. hier die indikative oder eine semant. Funktion meint; die Auffassung des Boethius, In Peri ermen. (ed. MEISER I, 40, 15-22), daß Sprachlaute in erster Linie Begriffe und in zweiter Linie Dinge bezeichnen, wurde allgemein anerkannt. Bei Abaelard ist diese »duplex ad rem et ad intellectum S.« bezügl. der beiden Funktionen durchaus unterschieden: Wir sprechen im allg. über bzw. wir beziehen uns auf Dinge und nicht über bzw. auf die Begriffe, welche wir im Intellekt des Hörers hervorrufen (Dialectica, ed. DE RIJK, 154, 20-29); auch →Walter Burley, In Periherm. (ed. BROWN, Franc. Stud. 33, 1973, 45-134) trennt klar die auf der 'impositio' fußende semant. Funktion von der indikativen. Nach →Roger Bacon, De signis (ed. FREDBORG et al., Traditio 34, 1978, 75-136, bes. 132-135), und →Johannes Duns Scotus, In Periherm., q. 2 (ed. WADDING I, 186-189, bes. 188b), wurde dann die Auffassung, daß konventionale Terme Dinge und nicht Begriffe bezeichnen, immer öfter vertreten (z. B. von →Wilhelm v. Ockham, Walter Burley, →Albert v. Sachsen u. a.), freilich bei gemäß der ontolog. Ausrichtung divergierender Auffassung der bezeichneten Dinge (Individuen versus Universalien). Im 14. Jh. verteidigte in Paris der Augustinertheologe →Gregor v. Rimini die Doktrin, daß nicht der Satz, sondern das mit ihm Bezeichnete, das »complexum significatum« der Gegenstand des Wissens sei; in Oxford diskutierten um 1330/31 die Dominikanertheologen →Robert Crathorn und →Robert Holcot, Conferentiae (ed. F. HOFFMANN, BGPhMA 36, 1993) über das significatum der theol. Aussage als Gegenstand des Wissens. Die vielfachen Termini über Gott können nur in der Dienstleistung der S. - dem von Abaelard so gen. »officium significandi« (Theol. christ. III n. 162, ed. E. BUYTAERT) - krit. Gotterkennen begründen. S. ist ein Grundbegriff der theol. Wissenschaftslehre, aber nicht nur dieser. W. Gombocz/H. Berger/L. Hödl

Lit.: →Grammatik, →Modisten, →Spekulative Grammatik.

Signorelli, Luca, Maler, * um 1450 in Cortona, † 1523 ebda. Ausgebildet wahrscheinl. bei →Piero della Francesca und in seiner Frühzeit darüber hinaus von →Botticelli, Antonio del →Pollaiuolo und →Perugino beeinflußt, war S. als Maler von Altarbildern und Wandfresken vielerorts in Mittelitalien tätig, so u. a. in Loreto, Rom, Florenz und Orvieto. Dem Zeitgenossen Giovanni Santi erschien neben seiner künstler. Erfindungsgabe sein unsteter Charakter bemerkenswert. Kennzeichnend für S.s künstler. Stellung am Übergang von der Früh- zur Hochrenaissance ist neben dem verstärkten Anteil antikisierender Motive und Sujets in seinem Œuvre v. a. eine ausgeprägte Vorliebe für die virtuose Aktdarstellung, die schon Vasari rühmte und deren Voraussetzung gründl. Anatomie- und Modellstudien waren. Hauptwerke S.s sind die Fresken in der Sakristei der Basilika v. Loreto (um 1477-80), das Altarbild des hl. Onofrius in Perugia (1484; Dommus.), die »Erziehung des Pan« (ehem. Berlin, Kaiser-Friedrich-Mus., 1945 verbrannt) und die Madonna mit dem Kind (Florenz, Uffizien) - beides Werke, die S. um 1490 für Lorenzo il Magnifico geschaffen hat -, sowie die Freskenzyklen im großen Kreuzgang des Kl.s Monteoliveto Maggiore (1497-98) und in der Cappella di S. Brizio im Dom zu Orvieto (1499-1502/04). J. Poeschke

Lit.: G. Vasari, Le vite, ed. G. MILANESI, III, 1878, 683-705 - M. SALMI, L. S., 1953 - P. SCARPELLINI, L. S., 1964 - A. PAOLUCCI, L. S., 1992 - J. B. RIESS, L. S., 1992.

Signorien und Fürstentümer, Formen monokratischer Regierung, die in Nord- und Mittelitalien zw. der Mitte des 13. und dem 15. Jh. verbreitet waren. Im Schoß der Kommunen entstanden, können die S. aufgrund ihrer städt. Wurzeln als typisch it. Phänomen gelten.

Zw. der Mitte des 13. und den ersten Jahrzehnten des 14. Jh. gerieten die kommunalen Ordnungen infolge der zunehmenden polit. und institutionellen Instabilität in den it. Städten in eine schwere Krise. Zu dem schon traditionellen Übel der Stadtkommunen, den Machtkämpfen zw. den Faktionen, waren nun soziale Konflikte hinzugetreten, da die aufsteigenden Schichten der Kaufleute und Popolaren eine Rolle im Stadtregiment an der Seite der alten Konsularfamilien beanspruchten. Die Auseinandersetzungen zw. dem Popolo und den Milites hatten nicht nur eine Zunahme der Bürgerkriege und Gewalttätigkeiten mit sich gebracht, sondern auch zu einer Lähmung der kommunalen Institutionen geführt, die durch innere Spaltungen behindert und häufig durch die Organisationen des Popolo oder durch die polit. Rolle, die sich die Zünfte und Korporationen errungen hatten, in ihren Funktionen beschränkt worden waren. Dies geschah gerade zu einem Zeitpunkt, in dem die Auseinandersetzung zw. Ks. und Papst und v. a. die Kämpfe der einzelnen Städte mit ihren Nachbarstädten oder mit den weltl. und geistl. Herrschaften des Contado immer stärker eine feste Führung erforderten, die imstande war, das Gespräch mit den anderen territorialen Einheiten zu führen und eine starke oder zumindest entschlossenere Politik zu verfolgen, als dies den städt. Magistraturen möglich war.

Eine Lösung für diese Erfordernisse bildete die Entwicklung monokratischer Regierungsformen, bei denen ein Signore (gewöhnl. der Anführer der wichtigsten Faktionen, bisweilen auch ein Auswärtiger, der über den Parteien stand) mit hinreichender Macht ausgestattet wurde, um den sozialen Frieden innerhalb der Stadtmauern zu garantieren, wobei darunter nicht nur eine Beendigung der Faktionskämpfe zu verstehen ist, sondern auch die Regelung des sozialen Aufstiegs der merkantilen Schichten und ihrer Teilhabe an der Macht.

Einige der frühen Versuche, eine Signorie zu errichten, fanden ein negatives Ende (→Ezzelino da Romano). In diesen Fällen lag der Hauptgrund für ihr Scheitern weniger an der guelf. Gegenoffensive als an der Tatsache, daß das Zentrum ihrer Macht in ihren Feudal- oder Allodialgütern und nicht innerhalb der Städte lag, obgleich sie auch dort über Anhänger und eine große Klientelschaft verfügten. Eine günstigere Position hatten die S., die innerhalb der Städte entstanden, zumal wenn die Signoren sich die Interessen der Stadt zu eigen zu machen wußten. In einer Art Symbiose zw. dynast. und städt. Interessen strebten im Lauf des 14. Jh. die mächtigsten Städte und Signoren nach einer Ausweitung ihrer Kontrolle auf die umliegenden Nachbarstädte, wodurch plurizentr. S. entstanden, Vorläufer der Territorialstaaten im Italien der Renaissance.

Die erste städt. S. entstand in →Ferrara unter den →Este (1240), gefolgt von der S. der →Della Scala in →Verona (1263), der →Bonaccolsi in →Mantua (1272) und der S. der →Della Torre (1259) und der →Visconti (1277) in →Mailand. Zum Aufstieg gelangten dabei gewöhnlich Familien, die im Contado - wo sie Allodial- und Feudalgüter, grundherrl. Rechte und vasallitische Klientelschaft besaßen - stark verwurzelt, aber auch in den Städten machtvoll präsent waren, wo sie eine der um die Macht kämpfenden Faktionen anführten.

Anfänglich blieben die Signoren im Rahmen der kommunalen Institutionen und übernahmen die traditionellen Ämter des →Podestà oder des →Capitano del popolo. Während diese Ämter jedoch gewöhnlich zeitlich befristet waren und nicht ein zweites Mal angetreten werden konnten, wurden sie nun auf Lebenszeit oder mehrmals hintereinander dem gleichen – mit großen Vorrechten ausgestatteten – Person übertragen. In einigen Fällen wurde den Signoren das Recht zugestanden, ihre Nachfolger zu ernennen. Mußte diese Ernennung auch anfänglich vom Stadtrat bestätigt werden, so war doch damit der Weg zur Erblichkeit eröffnet und damit zur Entstehung von Dynastien, die im günstigsten Falle (→Este, →Gonzaga) weit über das Ende des MA hinaus bestanden. Häufig strebten die Signoren nach der Legitimierung durch den Ks. oder den Papst, die zuerst in der Form des Vikariats erteilt wurde, später, als bereits größere territoriale Einheiten entstanden waren, mittels Investitur (1395 Gian Galeazzo Visconti, Hzg. v. Mailand, 1416 Amadeus VIII., Hzg. v. Savoyen, 1433 Gian Francesco Gonzaga, Mgf. v. Mantua).

Durch die Erblichkeit des Signorentitels und die ksl. oder päpstl. Anerkennung wurden die kommunalen Institutionen endgültig überholt; zwar blieben sie formell in Kraft, wurden jedoch de facto von Institutionen ersetzt, die vom Fs.en abhingen, sowie von einer ihm treu ergebenen Bürokratie, die sich aus der Kanzlei und dem Rat des Signoren entwickelt hatte. Auch die städt. Milizen erfuhren ein analoges Schicksal, sie wurden durch Söldnertruppen ersetzt. Auf diese Weise vollzog sich eine Zentralisierung der Regierungsgewalt und ihrer Organe.

Im Gegensatz zu den oben zitierten Beispielen führte in anderen Städten wie Genua, Florenz, Venedig, Siena oder Lucca die Krise der kommunalen Ordnungen nicht zur Einrichtung von S. (wie in Venedig) bzw. sie entwickelten sich erst viel später (Florenz). Auch in diesen Städten, in denen eine wirtschaftl. und polit. starke Schicht von Kaufleuten und Bankiers an der Macht war, zeigte sich das Bedürfnis nach Institutionen, die größere Festigkeit besitzen. In diesen Fällen tendierte man jedoch zu oligarchischen Verfassungen, die sich gegenüber neuen Schichten abschlossen. Trotz ihrer deutlichen Unterscheidung von den S. haben sich mit diesen gewisse gemeinsame Züge sowohl was den Übergang von der Teilhabe breiter Schichten an der Macht, die die Regierung der Stadtkommune charakterisierte, zu nach unten hin abgeschlossenen Regierungsformen betrifft, als auch im Hinblick auf das Ausgreifen auf nahe gelegene und benachbarte Städte mit der Bildung umfassenderer Territorialstaaten (v.a. Venedig, Florenz).

Parallel zur Konsolidierung der S. und neuer polit. Strukturen war ein in vieler Hinsicht analoger Prozeß in Gang gekommen, der zur Bildung größerer Staaten, als es die Stadtkommunen gewesen waren, führte. Dieser Prozeß, dessen erste Anzeichen bereits in den Bündnissen der verschiedenen Städte während der Kämpfe um die Mitte des 13. Jh. und in den Versuchen des →Ezzelino da Romano und des →Oberto Pallavicini gesehen werden können, schritt langsam während des ganzen 14. Jh. voran, als die stärksten Städte und Signoren andere Städte, ihr Umland, Feudalgüter und kleinere territoriale Einheiten an sich binden konnten, und war in den ersten Jahrzehnten des 15. Jh. abgeschlossen. Zu diesem Zeitpunkt weist die Landkarte Italiens die sog. Regionalstaaten (→Mailand, →Florenz, →Venedig, →Neapel, →Kirchenstaat und Hzm. →Savoyen) sowie eine Reihe von kleineren Stadtstaaten oder aus mehreren Städten bestehenden Staatsgebilden (→Mantua, →Ferrara, →Siena, usw.).

Characterist. für die ersteren wie für die letzteren waren Strukturen einer Zentralverwaltung und ein Netz von lokalen Amtsträgern, durch die der Fürst neue und größere Rechte beanspruchte, z.B. im Bereich der Legislative. Dennoch war die Macht der Fs.en stark eingeschränkt durch die Autonomien der territorialen Einheiten (Feudalgüter, S., große oder mittlere Städte, Landgemeinden oder Talschaften), mit denen er bei der Ausübung seiner Souveränität häufig Kompromisse schließen mußte. Die Physiognomie der Renaissancefsm.er erscheint daher weit entfernt von dem absolutist. oder tyrann. Modell, das das polit. Schrifttum der Zeit ihnen zuschreiben wollte. Vielmehr ist ihr Erscheinungsbild offenbar durch eine Pluralität polit. Zentren gekennzeichnet, die in verschiedener Hinsicht dem dt. Ständestaat ähnelt. M. Lunari

Lit.: F. Ercole, Dal comune al principato. Saggi sulla storia del diritto pubblico nel rinascimento it., 1929 – L. Simeoni, Le signorie, 1950 – A. Ventura, Nobiltà e popolo nella società veneta del' 400 e del' 500, 1964 – E. Sestan, Italia medievale, 1966 – N. Valeri, L'Italia nell'età dei principati dal 1343 al 1516, 1969 – J. Larner, Signorie di Romagna, 1972 – S. Bertelli, Il potere oligarchico nello stato città medievale, 1978 – La crisi degli ordinamenti comunali e le origini dello stato del Rinascimento, hg. G. Chittolini, 1979 – Ph. Jones, Economia e società nell'Italia medievale, Storia d'Italia, Annali 1, 1979, 185–372 – Comuni e signorie: istituzioni, società, lotte per l'egemonia, 1981 – Il Veneto nel Medioevo, hg. A. Castagnetti–G. M. Varanini, 1991 – L'organizzazione del territorio in Italia e Germania: sec. XIII–XIV, hg. G. Chittolini–D. Willoweit, 1994.

Signumzeile trat seit Kg. Pippin infolge der Schreibunkundigkeit der Karolinger an die Stelle der Unterschrift der Merowingerkg.e. Sie gehört zum →Eschatokoll und weist in objektiver Form auf das →Monogramm als Zeichen des Herrschers hin. Unter Karl d. Gr. lautete sie zunächst »Signum (M.) Caroli gloriosissimi regis«, dann nach 800 »Signum (M.) Karoli piissimi ac serenissimi imperatoris«. Üblich wurde bei den meisten Herrschern seit der Mitte des 9. Jh. die Erweiterung »domini« bzw. »domini nostri« sowie die Ergänzung von »imperatoris« durch das Adjektiv »augusti«. Die Ordnungszahl kann, nach anfängl. Schwankungen unter Otto III. und Heinrich II., seit Heinrich III. regelmäßig als Bestandteil der S. belegt werden. In der Zeit Heinrichs III. bildete das »Signum speciale« den Abschluß der S., das wohl mit »manu propria« aufzulösen ist. Seit dem 12. Jh. blieb die S. den feierl. →Privilegien vorbehalten. Unter Heinrich VI. und Friedrich II. fanden mit »et regis Sicilie« bzw. »Ierusalem et Sicilie regis« auch weitere Titel Aufnahme. J. Spiegel

Lit.: Bresslau II, 208f. – W. Erben, Die Ks.- und Kg.surkk. des MA in Dtl., Frankreich und Italien, 1907, 315–318.

Signy, ehem. Abtei SOCist (Diöz. Reims), gegr. um 1135 vom Mutterkl. →Igny unter Mitwirkung von →Bernhard v. Clairvaux. Heimische Adlige unterstützten das Kl. mit reichen Stiftungen. 1135–49 lebte →Wilhelm v. St-Thierry in S. Intensive Kontakte zur Reimser Bf.skirche und zu den dortigen Klerikern prägten lit. Tätigkeit und Frömmigkeitsformen der Abtei. Von S. aus wurde 1150 das benachbarte Kl. Bonnefontane gegr., wenig später das Kl. Vau-St-Lambert. Erst seit Mitte des 16. Jh. wurde S. als Kommende vergeben. Von den Bauten des Kl. sind nur geringe Reste erhalten.

H.-J. Schmidt

Lit.: L. Delisle, Chronique de l'abbaye de S., BEC 55, 1894, 644–660 – M. Tricot, S.-l'Abbaye, Bull. du Cercle généalog. et hérald. des Ardennes, 1983.

Sigtrygg IV. 'Seidenbart', norw. Kg. v. →Dublin, Geburtsjahr unbekannt, † 1042; Sohn und Nachfolger von →Olaf Cuarán († 981), belegt erstmals 999, als er den Kg. v. Leinster (→Laigin), Donnchad, den Sohn des Domnall, gefangennahm; im selben Jahr wurde er von →Brian Bóruma aus Dublin vertrieben, kehrte aber nach kurzer Zeit wieder zurück. Um 1013 tritt er als Verbündeter Kg.

→Mael Mórdas v. Leinster hervor, doch vermied er eine unmittelbare Beteiligung an der Schlacht v. →Clontarf (1014), in der Brian Bóruma die Norweger und den Kg. v. Leinster besiegte, aber selbst den Tod fand. Nach Clontarf gewann S. die Kontrolle über Dublin zurück. Mehr Diplomat als Kriegsmann, begründete S. eine eigene Münzprägung und förderte umsichtig die Handelsinteressen von Dublin; 1028 zog er als Pilger nach Rom und soll nach seiner Rückkehr die Kathedrale v. Dublin gegründet haben. G. MacNiocaill

Lit.: R. H. M. DOLLEY, The Hiberno-Norse Coins in the British Museum, 1966 – A. P. SMYTH, Scandinavian York and Dublin, 2 Bde, 1975–79.

Sigtuna (Stockholms län; Uppland), an einem nach N verlaufenden Fjord des Mälarsees auf halbem Wege zw. Stockholm und Uppsala gelegene, neben dem ehemals dän. →Lund älteste Stadt →Schwedens. Nach gängiger Auffassung um 1000 unter Kg. →Olaf Eriksson 'Schoßkönig', vielleicht aber auch schon unter seinem Vater Erik Segersäll ca. 975 (SAWYER) in Anbindungen an einen Kg.shof S. angelegt (Adam v. Bremen um 1070: civitas magna), sollte S. wohl zunächst die Nachfolge des südl. S.s auf einer Mälarinsel gelegenen, von Verlandung bedrohten bedeutenden wikingerzeitl. Fernhandelsplatzes →Birka übernehmen, wurde dann aber bald auch zum Vorposten des bereits chr. Kg.s Olaf 'Schoßkönig', der von seinem Machtzentrum Västergötland aus im weitgehend noch heidn. Svealand Fuß fassen wollte (das heidn. Kultzentrum →Alt-Uppsala liegt ca. 30 km von S. entfernt).

Die Rolle S.s als Stadt sowie kgl. und kirchl. Stützpunkt erweist sich v. a. in der Einrichtung der ersten Münzprägestätte Schwedens unter Olaf 'Schoßkönig' mit Hilfe ags. Münzmeister (Münzschrift: SITUNA DEI 'Gottes S.') ab ca. 995, der Errichtung des ersten svealänd. Bf.sitzes ca. 1060 und einem forcierten Steinkirchenbau (St. Peter/Per, St. Olov, St. Lars, St. Nicolaus) mit ags. und byz. Stileinflüssen, ab ca. 1120. Diese Blütezeit währte indessen nur kurz. Nach der endgültigen Überwindung des heidn. Widerstandes Ende des 11. Jh. wurde der Bf.ssitz 1130 zunächst nach Alt-Uppsala, im 13. Jh. dann nach →Uppsala verlegt. Die kirchl. Bedeutung verlor S. endgültig ab der Mitte des 13. Jh. durch das günstiger gelegene →Stockholm und durch →Gotland, das nun als Angelpunkt des west-östl. Fernhandels im Ostseeraum fungierte. Bereits nach einer Zerstörung durch balt. Seeräuber (1187) begann S. unter der Konkurrenz anderer Mälarstädte zu leiden. Das 1237 gegr. Dominikanerkl. mit Marienkirche und einer Schule, die Beziehungen zu Bologna unterhielt, markiert lediglich eine kirchl.-kulturelle Nachblüte.

Die Bauten der immer nur wenige hundert Einw. zählenden Siedlung gruppierten sich rechts und links der in einem Abstand parallel zur Uferlinie in W-O-Richtung S-förmig verlaufenden Hauptstraße (*Stora gatan*). Die Kirchen und das Kl. liegen am nördl. Rand der alten Bebauung; dort befanden sich auch die Areale der ausländ. Kaufleute (durch Runensteine ist beispielsweise eine fries. Kaufmannsgilde belegt). H. Ehrhardt

Lit.: KL XII, 151ff.; XVI, 611–613 [Stadtplan] – E. FLODERUS, S., Sveriges äldsta medeltidsstad, 1941 – B. AMBROSIANI, Birka-S.-Stockholm, Tor 1957, 148–158 – B. und P. SAWYER, Medieval Scandinavia, 1993, passim [Lit.].

Sigüenza, Stadt und Bm., im Hochtal des Henares gelegen, beherrschte die Straße von Toledo nach Zaragoza. Protogenes, Bf. v. Segontia, unterzeichnete die Akten des III.. Konzils v. Toledo (589). 1121 wurde der Bf.ssitz wiedererrichtet, →Bernhard v. Agen (21. B.), zum ersten Bf. ernannt, eroberte S. im Jan. 1124, und Kgn. →Urraca v. Kastilien-León übertrug ihm die Herrschaft über die Stadt. Die Stadtentwicklung konzentrierte sich um zwei ummauerte Kerne (Oberstadt mit Burg, Unterstadt mit Kathedrale), deren Vertreter ab 1146 gemeinsam einen Stadtrat bildeten. Im 15. Jh. verlagerten sich die wirtschaftl. Aktivitäten in die Unterstadt: 1467 gestattete Heinrich IV. die Abhaltung eines Jahrmarktes und 1494, als Kard. Pedro González de →Mendoza Bf. und Stadtherr war, wurde der Hauptmarkt auf den Platz neben der Kathedrale verlegt. 1477 wurde das Kolleg v. San Antonio de Portaceli gegr. (1489 zur Univ. erhoben). Das Bm. S. umfaßte 9 Archipresbyterate, deren Sitze in zur Stadtmark (*comunidad de villa y tierra*) von S. zählenden Orten lagen (Medinaceli, Molina, Atienza, S., Almazán, Cifuentes, Ayilón, Berlanga, Caracena); der Verbund umfaßte Mitte 14. Jh. 501 Ortschaften. Die kirchl. Einkünfte betrugen 1482 48000 Gulden, das Kathedralkapitel (13 Würdenträger, 40 Kanoniker) verfügte außerdem über 10 Pfründen und 20 Halbpfründen. M. A. Ladero Quesada

Lit.: T. MINGUELLA Y ARNEDO, Hist. de la Diócesis de S. y de sus obsipos, 1910–13 – M. DE TERÁN, S. Estudio de geografía urbana, Estudios Geográficos 8, 1946, 633–666 – A. BLÁZQUEZ GARBAJOSA, S. Un señorio episcopal en la Baja Edad Media, 1978 – F. J. DAVARA, La ciudad hist. de S., 1983 – J. CASTAÑO GONZÁLEZ, Las comunidades judías en el obispado de S. en la Baja Edad Media [Diss. Madrid 1994].

Sigurd. 1. S. digri, Sohn von Jarl Hlodver und Vater von →Thorfinn d. Mächtigen, einem der berühmtesten Jarls der →Orkney-Inseln; † 23. April 1014 Schlacht v. Clontarf. Seine Hochzeit mit der Tochter des scot. Kg.s →Malcolm weist auf seinen Rang unter den Herrschern der Machtbereiche im kelt.-skand. Welt hin. Er war ein berühmter Krieger und gewann die Schlacht v. Skitten in Caithness gegen Finnleik v. Moray, bei der seine drei Fahnenträger getötet wurden, die das von seiner Mutter gewebte Rabenbanner trugen. Nach der Schlacht gab er den Bauern der Orkney-Inseln ihre Landrechte (*óðal*; →Odal) zurück. Die →»Orkneyinga saga« erwähnt nur kurz diese Tat des Jarl, doch berichtet sie ausführl. über seine erzwungene Bekehrung und seine Taufe durch →Olaf Tryggvason, der 995 oder 996 nach Norwegen zurückkehrte, nachdem »alle Orkney-Inseln den christl. Glauben angenommen hatten«. Die Ausdehnung von S.s Herrschaft auf die →Hebriden und die Ir. See führte zu einem Bündnis mit →Sigtrygg Silkbeard und zu einer fatalen Verwicklung S.s in die Schlacht v. Clontarf, in der er – wie in der »Njal's Saga« beschrieben – mit seinem eigenen Rabenbanner den Tod fand. B. E. Crawford

Lit.: B. E. CRAWFORD, Scandinavian Scotland, 1987.

2. S. Jórsalafari ('der Jerusalemfahrer'), Kg. v. →Norwegen 1103–30, * 1090, † 1130, regierte gemeinsam mit seinem älteren Bruder Eysteinn († 1123) und seinem jüngeren Bruder Olaf († 1115). S. erlangte v. a. wegen seines →Kreuzzugs (1108–11) Berühmtheit. Im Hl. Land unterstützte er Kg. →Balduin I. bei der Eroberung v. →Sidon (1110). Vom Hl. Land kehrte er über Konstantinopel auf dem Landweg nach Norwegen zurück. Abgesehen von einem Feldzug in Schweden 1123 verliefen seine restl. Regierungsjahre friedl. und galten in der Sagalit. (→Konunga sögur) als die 'gute Zeit' vor dem Ausbruch innerer Unruhen nach S.s Tod. Nach den Sagas scheint es, daß S. einiges zum Ausbau der Kirche beigetragen hat (u. a. Einführung des →Zehnten, oder zumindest erste Schritte zur Einführung desselben). Sie vermitteln auch den Eindruck einer gewissen Rivalität zw. ihm und seinem Bruder Eysteinn, zugespitzt im berühmten »Männervergleich«, in dem sich die beiden Kg.e gegenseitig ihre Taten aufrechnen und S.s Kreuzzug dem friedl. Wirken Eysteinns gegenübergestellt wird. Ob die Erzählung auf einer wirkl. Gegebenheit beruht, ist schwer abzuschätzen; sie kann durchaus auch als Konzeption zweier gegensätzl. Kg.s-ideale aufgefaßt werden.

In den letzten Regierungsjahren litt S. unter einer Geisteskrankheit, die ihn rastlos und gewalttätig werden ließ. 1129 tauchte mit seinem angebl. Halbbruder Harald Gille ein neuer Thronprätendent auf, der seine Abkunft durch die Eisenprobe bewies, aber geloben mußte, zu Lebzeiten von S. und seinem Sohn Magnús (d. Blinde) den Thron nicht zu beanspruchen. Nach S.s Tod brach der Streit zw. Harald Gille und Magnús aus, der in einen langwierigen Bürgerkrieg (→Norwegen, A. I. 2) mündete. S. Bagge

Lit.: M. GERHARDT, Norw. Gesch., neu bearb. W. HUBATSCH, 1963², 90ff.

Sigurdlieder, mehrere, meist eigenständige Heldenlieder der →Edda, die Episoden aus Sigurds Leben erzählen (→Siegfried/Sigurd): In »Grípisspá« prophezeit Grípir Sigurd Ruhm und Unheil. In den folgenden Liedern wird er von Regin und Hnikarr (= Odin) belehrt (→»Reginsmál«), tötet →Fáfnir und führt mit dem Sterbenden ein Streitgespräch (→»Fáfnismál«). Nach einer Auseinandersetzung mit Regin und gewarnt durch das Gespräch der Meisen tötet er Regin (»Fáfnismál«), nimmt Fáfnirs Gold und reitet zur Walküre Sigrdrífa (= Brynhild), die ihn in Runen und allgemeiner Weisheitslehre unterweist (»Sigrdrífomál«). Das Ende der »Sigrdrífomál«, ein wahrscheinl. längeres Sigurdlied, wie auch der Anfang eines kürzeren Sigurdlieds waren nur in der verlorengegangenen Lage der Eddahs. überliefert und können nur aus der Prosaversion der →»Völsungasaga« rekonstruiert werden. Überliefert ist nur das Ende eines Liedes, das von Sigurds Ermordung und verschiedenen Reaktionen der Beteiligten auf die Todesnachricht handelt (»Brot af Sigurðarkviða«). Parallel zur Handlung von »Brot«, aber mit abweichender Handlungsmotivation und mit Brynhild als Zentralperson, erzählt auch die »Sigurðarqviða in scamma« Sigurds Ermordung durch Gothorm, den seine Brüder Gunnarr und Högni aufreizten.

»Reginsmál«, »Fáfnismál« und »Sigrdrífomál« mischen Vers- und Prosaabschnitte, um Dialoge bzw. Handlungen zu schildern. Aufgrund der uneinheitl. Gestaltung sieht man diese Lieder als junge Redaktion (nach 1250) alter Liedstücke an. Während »Sigurðarqviða in scamma« und »Grípisspá« wegen Kenntnis anderer Heldenlieder zur jungen bzw. jüngsten Schicht eddischer Heldenlieder zählen (1200–50), liegen die Datierungsvorschläge zu »Brot« weit auseinander (10. bis 12. Jh.). E. Haimerl

Ed. und Bibliogr.: →Edda – Übers.: A. HÄNY, Die Edda: Götter- und Heldenlieder der Germanen, 1987 – Lit.: E. HAIMERL, Verständnisperspektiven eddischer Heldenlieder im 13. Jh., 1992 – J. QUINN, Versform and Voice in Eddic Poems, ANF 107, 1992, 100–130.

Sikelgaita (Sichelgaita), Tochter Fs. →Waimars IV. und Schwester →Gisulfs II., des letzten langob. Fs.en v. →Salerno, † 27. März 1090, ◻→Montecassino. S. wurde 1058 in Melfi mit Robert →Guiscard, Hzg. v. Apulien, vermählt, um das polit. Bündnis mit Gisulf zu besiegeln. S. spielte eine wichtige Rolle für den polit. Erfolg ihres Ehemanns, dem sie zehn Kinder schenkte: Sie begleitete ihn immer auf seinen Feldzügen und war an vielen Schenkungen ihres Gemahls an süditalt. Kl. beteiligt. Einige Historiker sind der Ansicht, daß die Entscheidung Robert Guiscards, ihren gemeinsamen Sohn →Roger Borsa im Mai 1081 anstelle →Boemunds v. Tarent zum Erben des Hzm.s einzusetzen, auf Intrigen von S. zurückzuführen ist; S. soll auch beim Tode ihres Gatten, der wahrscheinl. an den Folgen einer Vergiftung starb, ihre Hand im Spiel gehabt haben. Sicher ist, daß S. mit Unterstützung ihres Schwagers, des Großgf.en →Roger v. Sizilien, die Regentschaft des Hzm.s Apulien von Juli 1085 bis Juli 1088 innehatte und ihrem Sohn Roger Borsa die Nachfolge sicherte. E. Cuozzo

Lit.: P. DALENA, Guiscardi coniux Alberada. Donne e potere nel clan del Guiscardo (Roberto il Guiscardo tra Europa, Oriente e Mezzogiorno, 1990), 157–180 – L.-R. MÉNAGER, La »régence« de Sikelgaite et les contestations de la succession ducale (Recueil des Actes des Ducs Normands d'Italie, I, 1980), 163–221.

Síl nAédo Sláine ('Nachkommen des Aéd v. Slane'), Königsgeschlecht des alten →Irland (Kgr. →Brega), einer der beiden Hauptzweige der südl. →Uí Néill, die mit ihren nördl. Vettern um die Würde des →'Hochkönigs' rivalisierten. Der Heros eponymos, Aéd, war Sohn des sagenberühmten →Diarmait mac Cerbaill († 565), der nach dem Zeugnis des →Adamnanus v. Hy (Vita Columbae) als »von Gott eingesetzter Kg. des gesamten Irland« fungiert habe; Aéd und seinen Nachkommen wurde aber vom hl. →Columba der Verlust ihres von Gott verliehenen Vorrangs prophezeit, wenn sie die Waffen gegen ihre Verwandten erhöben. Klarere Konturen gewannen die Uí Néill-Dynastien in Mittelirland aber wohl erst im frühen 7. Jh., unter den Söhnen von Aéd Sláine, Diarmait und Bláthmac. Die S., deren Gebiet sich von →Tara (Gft. Meath), dem geheiligten Königssitz, bis zum Meer erstreckte, konnten bis ins 8. Jh. (Cináed mac Írgalaig, † 728) die Hochkönigswürde wahren, wurden dann aber vom verwandten →Clann Cholmáin (→Mide) verdrängt und verloren am Ende des 10. Jh. die polit. Bedeutung.

D. Ó Cróinín

Lit.: F. J. BYRNE, Irish Kings and High-Kings, 1973, passim.

Silbanos v. Tarsos → Silvanus, Bf. v. Tarsus

Silber

I. Vorkommen und Nutzung – II. Silberbergbau – III. Wertschätzung, Metaphorik.

I. VORKOMMEN UND NUTZUNG: S. (lat. argentum) ist ein weiß glänzendes, sehr dehnbares, weiches und gut formbares Edelmetall; sein spezif. Gewicht ist 10,5, sein Schmelzpunkt liegt bei 960,8 °C, sein Siedepunkt bei 2212 °C. Außer in gediegener Form tritt S. als Begleiter von Blei, Kupfer und Zink in deren sulfid. Erzen wie Bleiglanz, Kupferkies und Zinkblende auf. Die wichtigsten S.minerale sind Argentit, Pyrargyrit, Proustit, Clorargyrit sowie die Fahlerze wie Freibergit u.a. mit ihren starken Kupferanteilen. In allen Fällen sind diese S.erze in den Lagerstätten innig mit taubem Gestein verwachsen und müssen daher bergmänn. gewonnen und anschließend verhüttet werden. Da beim Schmelzprozeß oft gleichzeitig →Kupfer und →Blei, ggf. auch →Gold anfallen oder beim Treibprozeß, beim →Seiger- bzw. Tiroler Abdarrverfahren Blei zugesetzt werden muß, läßt sich S. nur schwer isoliert betrachten. – Nach Gold ist es im MA das begehrteste Metall. Es diente als Schmuck- und Münzmetall (→Münze, Münzwesen; →Schmuck).

II. SILBERBERGBAU: In den drei Hauptperioden der Entwicklung der europ. Montanwirtschaft fällt dem Bergbau auf S. zweimal eine Schlüsselrolle zu. Führte der →Bergbau auf Stein- und Braunkohle sowie Eisen seit dem ausgehenden 18. Jh. das Zeitalter von Kohle und Stahl herauf, so bestimmten zw. 1470 und 1570 die S.-Kupfer-Vorkommen die montanwirtschaftl. Aktivitäten, während im ausgehenden 12. und 13. Jh. die S.-Blei-Lagerstätten die führende Rolle einnahmen. Das korrespondiert im letzten Fall mit der massenhaften Entstehung von Städten in Europa und einer Vielzahl neuer Münzstätten, welche der so entstehenden arbeitsteiligen Verkehrswirtschaft die notwendigen Zahlungsmittel verschafften. Während es am Anfang des 12. Jh. nur zwei Dutzend Münzstätten gab, werden allein für die Zeit von 1140 bis 1197 rund 215 genannt. Genaue Angaben über die Menge umgeprägter alter Münzen bzw. den Umfang des in die Vermünzung fließenden Bergs.s besitzen wir nicht. Zwar hat R. Metz die jährl. im Schwarzwald im 13. und frühen 14. Jh. erzeugte S.menge auf 4000 bis 5000 Mark geschätzt, was 937 bis 1172 kg S. entspräche, doch da wir hier wie in allen anderen Revieren nicht wissen, wie es um die jährl. Schwankungen der Produktion bestellt ist, sind derartige Angaben höchst fragwürdig. Es gibt nur einzelne schriftl. Nachrichten über den S.bergbau, welche fast ausschließl. über rechtl. Auseinandersetzungen zw. Kg., werdenden domini terrae und Grundeigentümern informieren, also die Ausbildung des Bergregals betreffen. So werden im otton.-sal. Reich S.bergwerke erstmals 968 im Harz, 984 in den Vogesen und 1028 im südl. Schwarzwald genannt. Jüngste archäolog. Forsch.en deuten im Falle des Harzes auf einen älteren S.bergbau, während für den südl. Schwarzwald die Kontinuität zum antiken Bergbau neu diskutiert wird. Erst in der 2. Hälfte des 12. Jh. treten zu diesen S.vorkommen jene von Trient, Montieri und Massa Marittima in der Toskana, von Sardinien, von Friesach in Kärnten und Freiberg in Sachsen. Ihnen gesellt sich im 13. Jh. die S.förderung in Iglau/Mähren, Kuttenberg/Böhmen und in den ung. Bergstädten zu. Mit dem Ende des 13. Jh. zeigen sich krisenhafte Erscheinungen in vielen europ. Bergbaurevieren, welche in der Regel auf eine relative Erschöpfung der Lagerstätte samt wachsendem Wasserandrang in größerer Teufe zurückgehen. Offensichtl. konnten diese Probleme mangels techn. Kenntnisse und/oder zu geringem Kapitaleinsatz nicht gelöst werden. Regional und lokal verschärfend wirkten ferner sachl. ungeeignete Reformen, krieger. Auseinandersetzungen, Versorgungskrisen, Erdbeben, Grubeneinstürze und Wassereinbrüche. Allg. wurde diese Lage dann durch die Pestzüge der 2. Hälfte des 14. Jh. Sie verminderten die bergbauende Bevölkerung ganz erhebl., die mündl. Weitergabe von Fachkenntnissen brach vielfach ab, und Wassersnot sowie Unterversorgung mit Münzmetallen wurde für mehrere Generationen ein Dauerproblem. – Der 2. großen Epoche der europ. Montanwirtschaft ab 1460/70 geht eine Anlaufphase voran. Im 3. Jahrzehnt des 15. Jh. beginnt die Förderung der Fahlerze im Schwazer und des Kupferschiefers im Mansfelder Revier. Sie wird beschleunigt durch die großbetriebl. Anwendung des Seigerverfahrens im Nürnberger Raum ab Mitte des Jahrhunderts sowie die Abwanderung der dort tätigen Seigerhandelsgesellschaften seit 1461 an den Thüringer Wald. Entscheidendes Motiv für die dabei vorgenommenen Investitionen ist der Mangel an S., wobei ein günstiges Angebot des unverzichtbaren Zuschlags Blei und neuer Verwendungszwecke des Kuppelprodukts Kupfer zusätzl. stimulierten. Breite und Dauer der nun einsetzenden, wiederum um das S. zentrierten Montankonjunktur werden bestimmt vom Zusammenspiel einsatzwilliger Berg- und Hüttenleute, techn. interessierter Fernkaufleute und Landesherren, die neue Organisationsformen von Arbeit und Kapital fördern. Dazu zählen das Handelsprivileg Nürnbergs v. 1461, die Erfindung des →Kuxes ebenso wie Auf- und Ausbau einer zuverlässigen Montanverwaltung, welche durch Verwendung arab. Ziffern und doppelter Buchführung ständig effektiver wird und durch Bergordnungen die in diesem mit hohen Risiken belasteten Wirtschaftszweig so unabdingbare Rechtssicherheit garantiert. Ab 1470 liegen für Schneeberg im Erzgebirge und den Falkenstein bei Schwaz jährl. Angaben der S.produktion vor. Für Rattenberg sind bisher nur einzelne Daten bekannt, während sie für die Südtiroler Reviere zu Primör, Klausen, Sterzing, Nals und Terlan noch fehlen. Die S.- und Kupfererzeugung der Thüringer Seigerhütten läßt sich ab 1506 recht genau berechnen, die entsprechende Produktion der Fuggerschen Seigerhütten hingegen nur in unterschiedl., mehrere Jahre umfassenden Zahlen darstellen. Im sächs. Erzgebirge kommen 1472 noch Geyer, 1492 Annaberg, 1501 Buchholz und nach 1524 noch Marienberg und Scheibenberg hinzu. Zw. 1470 und 1500 erzeugten die Nordtiroler Reviere 6–12 t S. jährl. und damit 65–85% des europ. S.s. Von 1500 bis 1523 muß von einer Jahreserzeugung zw. 35 und 42 t ausgegangen werden, wobei auf Nordtirol nur noch 55% entfallen. Wegen der massiven Zunahme der Joachimsthaler Produktion steigert sich die europ. Produktion an S. bis 1540 auf rund 45–50 t im Jahr. Die danach bis zur Mitte der 50er Jahre rückläufige Ausbringung im Erzgebirge, in Joachimsthal, in Schwaz und auf den Thüringer bzw. Fuggerschen Seigerhütten wurde sicherl. durch die Erzeugung im Leberthal, am Röhrerbühel, im Kössental, im Oberharz und in Freiberg ausgeglichen. Da im Umland von Kremnitz und Schemnitz allein 1555 noch 14 t und im span. Guadacanal 1556 noch 17 t S. dazukamen, reicht die Phase der höchsten S.produktion in Europa sicher von 1523 bis 1556, da andere kleinere Vorkommen wie in Masmünster/Masevaux (Vogesen), Kuttenberg, im gesamten Ostalpenraum oder auf dem Balkan nicht berücksichtigt sind. Doch schon 1546–50 übertraf die lateinamerikan. S.produktion mit 115 t im Jahr die europ. bei weitem. E. Westermann

Lit.: Precious Metals in the Age of Expansion, ed. H. Kellenbenz, 1981 – E. Westermann, Zur S.- und Kupferproduktion Mitteleuropas vom 15. bis zum frühen 17. Jh., Der Anschnitt 38, 1986, 187–211 – H. Steuer, Zum Umfang der S.erzeugung im ma. Europa nach der schriftl. Überlieferung, Freiburger Univ.bll. 109, 1990, 79–83 – J. H. Munro, The Central European Mining Boom, Mint Outputs and Prices in the Low Countries and England 1450–1550 (Money, Coins and Commerce: Essays in the Monetary Hist. of Asia and Europe, hg. E. H. G. Cauwenberghe, 1991), 119–184 – K.-H. Ludwig–V. Schmidtchen, Metalle und Macht 1000–1600 (Propyläen Technikgesch., II, 1992) – Montanarchäologie in Europa, hg. H. Steuer–U. Zimmermann, 1993.

III. Wertschätzung, Metaphorik: Wie das →Gold (IV) gehört S. zu den Werkstoffen der →Goldschmiedekunst, vielfach verwendbar für profane wie sakralkult. Erfordernisse, auch in Verbindung mit anderen kostbaren Materialien, v. a. →Edelsteinen. Da »aurum« und »argentum« abgeleitet werden »a splendore aëris« (Isidor v. Sevilla, Etym. XVI), stehen sie in enger Beziehung zum Licht bzw. Glanz der sonnenbestrahlten Luft (ebd. XIX). Äußerer wie innerer Rang des S.s wird materiell geringer eingeschätzt als der des Goldes, dessen metaphor. Bedeutung in einem höheren Sinne als exemplarisch gilt. Immerhin ist S. nach Menge, Verwendung und Verbreitung dem selteneren und kostbareren Golde oft überlegen. Im frühen MA unterscheidet die Lex Burgundionum in der Höhe des Wergeldes zw. Gold- und S.schmied (200 bzw. 100 solidi), obwohl die beiden Arbeitsbereiche kaum zu trennen sind: der berühmte →Eligius arbeitete in Gold wie in S. Im germ. und nord. Kulturkreis wird S., wohl wegen Mangels an Gold, mit Vorzug für Würdezeichen, kostbare Waffen und Schmuckstücke verwendet. In karol. Zeit wird bei der Übernahme des Kg.shortes S. neben Gold und Gemmen erwähnt (Thegan, Vita Hludov. 8). Aus wiking. Funden des 8.–10. Jh. ist das Übergewicht an S. aus großen Funden von S.münzen und Bruchs. (»Bezahl-S.«) ersichtlich. Im sakral-kirchl. Bereich des MA spielt S. bereits in byz. Zeit eine quantitativ wie bedeutungshaft große Rolle, letztlich abgeleitet von der Ausstattung des atl. Tempels, für die neben Gold 100 Talente und 1775 Schekel an S. aufgewendet worden waren (Exod. c. 38). Ks. Justinian I. stellte 537 für die H. Sophia in Konstantinopel 40000 röm. Pfd. S. zur Verfügung. Die Beschreibung der Ausstattung durch Paulos Silentiarios bezieht sich nachdrückl. auf die mit S. verbundene Lichtsymbolik. Zahlreiche Funde an Kirchen-S. aus Syrien und Kleinasien machen verständlich, daß Chosroes II. 622 nach der Eroberung von Edessa allein 120000 Pfd. S. wegführte. Die reiche Verwendung von S. läßt sich durch das ganze abendländ. MA verfolgen, für vasa sacra und non sacra, wie Kelche, Patenen, Weihrauchfässer und -schiffchen, Kännchen u. a. m. Da S. weit öfter erwähnt wird als Gold, ist ein größerer Anteil anzunehmen, v. a. bei Großobjekten wie eine »mensa« oder ein »altare cum columnis argenteis et ciborio« (LP II, Nr. 377-378). Gold als Material ist meistens ausdrücklich genannt, S. wird durch Vergoldung dem höherwertigen Werkstoff gern optisch, ästhetisch und in der Wertschätzung angenähert. Gewicht bzw. Wert des verwendeten Edelmetals sind oft genau angegeben, in Vermengung von Bedeutung und materieller Zweckhaftigkeit. Die symbol. und anagog. Auffassung vom S. entspricht weitestgehend der des Goldes, zusammen mit edlen Steinen sind beide »Zeichen frommen Dienstes« (Rupert Tuit., De divin. off. II, 23), Weihgabe zum Lob Gottes und der Hl.n, Sühneopfer oder Votivgeschenk zur Erlangung des Himmels. In der Bedeutung steht S. der Farbe Weiß bes. nahe, als Farbe Gottes, der Engel, der Ältesten und Auserwählten der Apokalypse (Offb 1, 13; 15, 6; 21). Bei der Fassung bestimmten Edelsteine kann S. eine bes. Funktion haben, sie ist für den in der Edelsteinsymbolik wichtigen Jaspis »utilior ... in argento ... quam in auro« (Petr. Berchor., Reduct. XI). Insgesamt verbinden Gold und S. in der Trägerschaft des Lichtes alle Farben in sich (Beda Ven., De templo Salom. 12) und stehen zugleich sinnbildl. für Auferstehung und Unsterblichkeit (Rupert Tuit., In Ex. IV, 23). V. H. Elbern

Lit.: Enc. Arte Mediev. II, 1991, 433ff. – LCI II, 7ff. [Farbensymbolik] – St. G. Xydis, The Art Bull. 29, 1947, 1–24 – B. Bischoff, MA Schatzverzeichnisse, I, 1967 – Ch. Meier, Gemma Spiritalis, I, 1977 – J. M. Fritz, Goldschmiedekunst der Gotik in Mitteleuropa, 1982, v. a. 88ff. – H. Roth, Kunst und Handwerk im frühen MA, 1986, v. a. 40ff. – V. H. Elbern, Die Goldschmiedekunst im frühen MA, 1988, v. a. 100ff. – Ecclesiastical Silver Plate in Sixth-Cent. Byzantium, ed. S. Boyd–M. Mundell Mango, 1992, v. a. 123ff.

Silber- und Goldblech. Im Gegensatz zu den Gebrauchsblechen – aus Eisen vornehml. für große Salzpfannen der Salinen und Salzwerke oder für den Rüstungsbereich, auch aus Kupfer, Messing oder im SpätMA aus verzinnten »plecheysen« (Weißblech) – nutzte man S. und Goldblech im wesentl. für kunstgewerbl. Zwecke. Goldblechscheibenfibeln, Reliquiare aus einem Holzkern mit S. und/oder Goldblech beschlagen, aber auch Blechscheren sowie Modell für die Blechpreßherstellung belegen die Arbeitsweise schon der frühma. Gold- und Silberschmiede, der auch germ. Volksrechte (→Leges) Beachtung schenken.

Um 1122/23 beschreibt →Theophilus Presbyter im 3. Buch seiner »Schedula diversarum artium« wie gegossenes und gehämmertes S. oder mit dem Holzhammer geschlagenes und geglättetes Goldblech (zu unterscheiden vom hauchdünnen Blattgold der Goldschläger) zu Kelchen oder ähnlich zu Bechern, Schalen, diversen Hostien- und Reliquienbehältnissen, Buchdeckeln usw. gestaltet sowie mit Zierat und Dekor versehen, ziseliert in durch Hammer und Punzen reliefartig strukturierte Formen oder graviert mit einem Grabstichel spanabhebend in Oberflächen eingetieft wird. Erwähnung findet auch die Blechpreßtechnik als Druckarbeit, als Pressen im Gesenk sowie ein Verfahren zur Reinigung von älterem S. und Goldblech. Mit dem Aufstieg der Städte geht zumal S. auch in Gegenstände der bürgerl. Tischkultur ein. In der 2. Hälfte des 13. Jh. läßt sich das S. und Goldblech herstellende sowie verarbeitende Gewerbe des Silber- und Goldschmieds in etwa 50 dt. Städten nachweisen. K.-H. Ludwig

Lit.: J. M. Fritz, Goldschmiedekunst der Gotik in Mitteleuropa, 1982 – V. H. Elbern, Die Goldschmiedekunst im frühen MA, 1988.

Siliqua (griech. κεράτιον), eigtl. das Samenkorn des Johannisbrotbaums, ursprgl. Gewichtseinheit (0,189g), später Rechnungseinheit (1/24 →Solidus). Der um 309/324 von Konstantin I. eingeführte Solidus wurde zu 24 S. gerechnet. Seit dem Ausgang des 4. Jh. wurde die S. in Silber ausgeprägt (ursprgl. 2,27 g), dazu auch eine Halbs., doch scheint die Prägemenge im Verhältnis zu den Gold- und Kupfermünzen geringer gewesen zu sein. Die S. wurde von germ. Völkern der Völkerwanderungszeit (Ostgoten, Vandalen, Westgoten, Langobarden, Sueben, Merowingern) übernommen. Der Wert des merow. →Triens (7 bzw. 8 S.) wird gelegentl. darauf in S. bezeichnet (Moutiers-Tarentaise: IVSTVS FACIT DE SELEQAS VII). Seit dem 7. Jh. setzt sich endgültig der →Denar als Silbermünze durch. P. Berghaus

Lit.: F. v. Schroetter, Wb. der Münzkunde, 1930, 638 – P. Grierson–M. Blackburn, Medieval European Coinage, I, 1986, 20, 105f. – P. Grierson, Coins of Medieval Europe, 1991, 5f. – Ders.–M. Mays, Cat. of the Late Roman Coins in the Dumbarton Oaks Collection, 1992, 27-31.

Silistra → Durostorum

Silius Italicus im MA. Die Punica, in deren 17 Büchern S. I. in der 2. Hälfte des 1. Jh. n. Chr. den 2. Punischen Krieg in ep. Form behandelte, sind im Altertum anscheinend nicht viel gelesen, mit Namen nur von Plinius, Martial und Sidonius zitiert worden. Das vielleicht einzige Exemplar, das den Text ins MA trug, wurde in karol. Zeit vermutl. im Bodenseegebiet kopiert (Eintrag im Reichenauer Bibliothekskatalog der 2. Hälfte des 9. Jh.: P. Lehmann MBK I 265, 38; auf Grund der früheren Zuweisung dieses Bücherverzeichnisses an St. Gallen hat sich für die gen. Hs. die Bezeichnung 'Sangallensis' eingebürgert). Benützung jenes einzigen Exemplars liegt möglicherweise im Waltharius vor, ein Zitat im 11. Jh. in Konstanz kann aus zweiter Hand stammen. Im übrigen bleibt S. das ganze MA hindurch unbekannt. Während des Konstanzer Konzils entdeckte →Poggio 1416/18 in einer Bibliothek der Gegend (vermutl. eben auf der Reichenau) den einzigen Codex, den er von einem nachträglich als untauglich beurteilten Schreiber kopieren ließ. Auf diese Abschrift gehen, da die karol. Hs. verlorenging oder nach Humanistensitte nach Anfertigung einer Abschrift beseitigt wurde, die zahlreichen erhaltenen humanist. Abschriften zurück. Die mühsame Herstellung des Textes ist ein Beispiel für die Schwierigkeiten und die Unsicherheit, mit denen die Textkritik zu rechnen hat, wenn keine ma. Hs. mehr

vorhanden und man ausschließl. auf humanist. Hss. (mit deren eigenmächtigen Konjekturen) angewiesen ist.
F. Brunhölzl

Ed. und Lit.: Sili Italici Punica, ed. J. DELZ, 1987 (Praefatio) – J. AUTENRIETH, Die Domschule v. Konstanz z. Zeit des Investiturstreits (Forsch. zur Kirchen- und Geistesgesch. NF 3, 1956), 79, 148 – R. SCHIEFFER, MJB 10, 1975, 7–19 – M. v. ALBRECHT, Gesch. der röm. Literatur, II, 1992, 767.

Silo, Kg. v. →Asturien 774–783, vermutl. Sohn eines Angehörigen der kgl. Familie und einer Verwandten ʿAbdarraḥmāns; ⚭ Adosinda, Tochter Kg. →Alfons' I. (4. A.) und Schwester→Fruelas I. Das ungestörte Verhältnis zum Emirat v. →Córdoba läßt einen 'erkauften' Frieden vermuten, ein Aufstand der Galicier konnte in Monte Cerebro niedergeschlagen werden. Unter S. wurde Pravia Vorort des Kgr. es.
J. M. Alonso-Núñez

Lit.: Hist. de España, begr. R. MENÉNDEZ PIDAL, VI, 1982⁴; VII/1, 1980 – P. GARCÍA TORAÑO, Hist. de el Reino de Asturias (718–910), 1986 – L. BARRAU DIHIGO, Hist. política del reino asturiano (718–910), 1989.

Silos → Santo Domingo de Silos

Silva, große ptg. Adelsfamilie, geht zurück auf Paio Guterres (Pelagius Guterrici) da S. bzw. de Froião, der in →Portugal die Besitzungen →Alfons' VI. v. León und Kastilien als dessen 'vicarius regis' verwaltete (1078–81) und schließlich im Dienste →Alfons' I. v. Portugal die nördl. Gebiete schützte (Mitunterzeichner von dessen Urkk. 1129/30, 1134). Der Kern des Besitzes der S. lag südl. des Minho (an der umstrittenen Grenze zw. Portugal und Galicien-León) und wurde von zwei viel benutzten Nord-Süd-Verbindungen durchzogen. Weitere Besitzungen lagen v. a. im Raum um →Braga. Als Hauskl. und →Grablege fungierte die Benediktinerabtei Sanctus Martinus de Tibianes (Tibães, Mire de Tibães) bei Braga. Im Konflikt, der zw. →Alfons II. und seinen Schwestern Teresa und Sancha um die Durchführung des Testaments →Sanchos I. entbrannt war, zählten die S.s zu den mit den Königinnen (und →Alfons IX. v. León) gegen Alfons II. verbündeten Adelsfamilien.
P. Feige

Lit.: →Livros de Linhagens – J. MATTOSO, Identificação de um País. Ensaio sobre as origens de Portugal 1096–1325, 1985, passim – L. GONZAGA DE LANCASTRE E TAVORA, Dicionário das famílias portuguesas, 1989.

S., Stephan da (Estêvâo Soares da), Ebf. v. →Braga. * Mitte 12. Jh., † 27. Aug. 1228, Regularkanoniker in →Sta. Cruz de Coimbra, Magister scholarum v. Braga, 1212 zum Ebf. gewählt. Mit Hilfe Innozenz' III. (Bulle vom 3. Mai 1213) setzte er sich gegen oppositionelle Kirchen seiner Provinz durch. Mit seinem Kapitel einigte er sich über die Verteilung der Diözesaneinnahmen (30. Aug. 1214) und mit den Johannitern über die der Metropole geschuldeten Leistungen (13. April 1216). Er verteidigte erfolgreich die Freiheit der ptg. Kirche gegen den von →Rodrigo Jiménez de Rada erhobenen Primatsanspruch →Toledos (Vertagung der Frage durch Honorius III., 19. Jan. 1218). Doch geriet er in scharfen Gegensatz zu Kg. →Alfons II., den er wegen unbefugter Einschaltung in Belange von Ortskirchen zuerst ermahnt, dann exkommuniziert hatte. Angesichts des drohenden unmittelbaren Konflikts mit der Kg.sgewalt ging der Ebf. ins röm. Exil (Mitte 1220). Erst im Juni 1223 gelang ein die Immunitätsrechte der Kirche wie der Staatsinteressen des Kgtm.s berücksichtigender temporärer Ausgleich zw. S. und dem neuen Kg. →Sancho II. 1226 nahm S. als päpstl. Kreuzzugslegat am erfolgreichen Feldzug Sanchos gegen Elvas teil.
P. Feige

Lit.: →Braga – A. E. REUTER, Kgtm. und Episkopat in Portugal im 13. Jh., 1928 – A. D. DE SOUSA COSTA, Mestre Silvestre e Mestre Vicente.

Juristas da Contenda entre Afonso II e suas Irmâs, 1963 – F. DE ALMEIDA, Hist. da Igreja em Portugal (neu hg. D. PERES), 1, 1967 – P. FEIGE, Die Anfänge des ptg. Kgtm.s und seiner Landeskirche, SFGG GAKGS 29, 1978, 85–436, 345–429.

Silvacane, Abtei SOCist in der n. →Provence, gegr. um 1145 als Tochterkl. v. →Morimond von Eremiten, die seit dem 11. Jh. in einem Sumpfgebiet zw. der Durance und der (für die Abtei namengebenden) Chaîne des Costes sowie in der Montagne de Goiron lebten. S. erhielt Schenkungen kleiner örtl. Herren, v. a. aber des großen Adligen Bertrand des→Baux, der sich hier bestatten ließ. Am Ende des 12. Jh. zählte S. um die 20 Mönche und etwa 10 →Konversen, besaß drei →Grangien. Der Aufschwung ermöglichte weitere Tochtergründungen (1188 Abtei Valsainte bei Apt). Geschädigt durch die krieger. Wirren der 2. Hälfte des 14. Jh., verfiel S. im 15. Jh. und wurde 1443 dem Kathedralkapitel v. →Aix inkorporiert.
N. Coulet

Lit.: J.-H. ALBANES, Notice sur l'abbaye de S. ..., Revue des sociétés savantes, 1882, 163–200.

Silvanus (Silbanus), Bf. v. Tarsus, Metropolit v. Cilicia, † ca. 369, erstmals als Teilnehmer der sirmischen Synode v. 351 erwähnt. S. gewährte →Kyrillos v. Jerusalem im Konflikt mit dem Metropoliten Akakios Asyl und gehörte 359 auf der Reichssynode v. Seleukia zu den Führern der →Homoiousianer. 360 von der Synode v. Konstantinopel abgesetzt, unterschrieb er 363 eine Petition der Homoiousianer an Ks. Iovianus. Ob er sein Bm. zurückerhielt, ist unklar. Nach der Synode v. Lampsakus (364) war S. Teilnehmer einer Delegation zu Ks. Valentinian, die nach Annahme des Nizänums (in homoiousian. Interpretation) von Papst Liberius in die Kirchengemeinschaft aufgenommen wurde (365/366). Als Vertreter der origenist. subordinatianischen Dreihypostasentheologie machte S. die Entwicklung zur neunizänischen Theologie nicht mit, war aber nach Bas. ep. 244 Lehrer des →Diodoros. Schrr. sind nicht überliefert; die behauptete Verf.schaft der Ps. Ignatianen und der Apostol. Konstitutionen ist abzulehnen.
H. C. Brennecke

Lit.: M. LE QUIEN, Oriens Christianus II, 1902, 872 – O. PERLER, HJb 77, 1958, 73–82 – M. A. G. HAYKIN, Vigiliae Christianae 36, 1982, 261–274.

Silverius, Papst seit 1. (8. ?) Juni 536–11. (?) März 537 (Absetzung) bzw. 11. Nov. 537 (Verzicht); * Frosinone, † 2. Dez. 537 auf der Insel Ponza oder Palmaria im Golf v. Gaeta; Sohn des Papstes→Hormisda. Als röm. Subdiakon unter dem Druck des ostgot. Kg.s→Theodahad erhoben, übergab S. im Dez. 536 Rom kampflos den byz. Feldherrn →Belisar. Beeinflußt von seiner mit Ksn. →Theodora befreundeten Gemahlin beschuldigte Belisar S. des Hochverrats, ließ ihn im März 537 verhaften und absetzen. Der Günstling der Theodora, →Vigilius, wurde zum Papst geweiht (29. März 537) und S. nach Patara (Lykien) verbannt. Auf Weisung Ks. Justinians I. zur Prüfung der Vorgänge nach Rom zurückgebracht, von Belisar an Vigilius übergeben, wurde S. zum Verzicht veranlaßt und nach Ponza verbannt. Er wurde später als hl. Martyrer verehrt (Fest: 20. Juni).
G. Schwaiger

Q.: JAFFÉ² I, 115f.; II, 694, 738 – LP I, 290–295; III, Reg. – Lit.: LThK² IX, 757 [Lit.] – J. RICHARDS, The Popes and the Papacy in the Early MA, 1979, 128–133 – M. BORGOLTE, Petrusnachfolge und Ks.imitation, 1989, 417 – PH. LEVILLAIN, Dict. hist. de la Papauté, 1994, 1577f.

Silves, Stadt und Bm. im südl. →Portugal (Algarve), am rechten Ufer des Arade, stand in röm., westgot. und muslim. Zeit lange im Schatten v. →Ossonoba, wurde nach der Teilung des Algarve (1027) Vorort eines Taifenreiches (→Mulūk aṭ-ṭawāʾif) und stieg 1052 zur glanzvollen Hauptstadt der von einem →Wālī (unter Oberhoheit der →ʿAbbādiden-Emire v. →Sevilla) regierten wiedervereinigten Algarve auf. Diese Blütezeit endete mit der Eroberung durch die →Almoraviden (1091). S., das seit 1156 den →Almohaden unterstand, wurde am 3. Sept. 1189 nach langer Belagerung durch eine Kreuzfahrerflotte (→Kreuzzüge, C. I) von →Sancho I. v. Portugal (der fortan auch den Titel 'rex Silvii et Algarbi' führte) eingenommen und den Kreuzfahrern zur Plünderung preisgegeben. Zugunsten des (in der bisherigen Hauptmoschee errichteten) neuen Bf.ssitzes (erster Bf.: Nikolaus) wurden den anderen ptg. Bm.ern und den Ritterorden auf Anordnung des Kg.s Sonderabgaben abverlangt. Im Zuge seiner Vergeltungsfeldzüge (→Krieg, Hl.) eroberte der Kalif Abū Yūsuf al-Manṣūr S. – nach erfolgloser Belagerung 1190 – im Juli 1191 zurück. Nachdem ein christl. Eroberungsversuch unter dem Meister v. Santiago D. Paio Peres Correia 1244 gescheitert war, erfolgte um 1250 die dauerhafte →Reconquista von S., das – mit Einverständnis →Alfons' X. v. Kastilien – dem Kgr. Portugal einverleibt wurde. →Alfons III. v. Portugal verlieh ihm 1266→Fueros. Das Bm. S. unterstand dem Ebm. →Sevilla, bis es am 10. Nov. 1393 von Papst→Bonifatius IX. dem neuerrichteten Ebm. →Lissabon unterstellt wurde.

P. Feige

Q.: Narratio de itinere navali ..., ed. CH. WENDELL DAVID, Proc. Am. Philos. Soc. 81, 1939, 591–678 – Livro do Almoxarifado de S. (s. XV), ed. M. J. DA SILVA LEAL, 1989 – Lit.: P. DAVID, La première campagne de Abou Yousouf al-Mansour contre S., Bull. des Études Portugaises 16, 1952, 177–184 – A. HUICI MIRANDA, Las campañas de Yaʿ Aub al Mansur en 1190 y 1191, Anais da Acad. Port. da Hist., II sér., 5, 1954, 53–75 – A. DIAS FARINHA, Uma cidade luso-árabe: S., Papel das Areas Reginais na Formaçâo Hist. de Portugal, 1975, 259–265.

Silvester

I. S. I., *Papst* (hl.) seit 31. Jan. 314, † 31. Dez. 335, ☐ Rom, Coemeterium der Priscilla an der Via Salaria Nova – nach dem Zeugnis der Notitia ecclesiarum urbis Romae (ed. GLORIE, CCL 175, 1965, 306) aus dem 7. Jh. in einer Vier-Päpste-Sepultur zusammen mit seinem Vorgänger Marcellus (308–309) und seinen Nachfolgern Siricius (384–399) und Caelestinus (422–432).

[1] *Vita und Verehrung:* Der zur Ks.herrschaft →Konstantins d. Gr. (306–337) zeitgenöss. Pontifikat des gebürtigen Römers S. hat kaum Spuren in der hist. Überlieferung hinterlassen. Die erste Redaktion des röm. →Liber pontificalis aus dem früheren 6. Jh. stützt sich für S. selbst bereits auf apokryph-legendar. Traditionen (S.-Legenden), listet im wesentl. jedoch die in seinem Pontifikat erfolgten Kirchengründungen und -ausstattungen Konstantins in Rom und Umgebung auf. Gründungen des Bf.s selbst nennt die etwas jüngere zweite Redaktion (zwei Titelkirchen: Titulus Equitii, Titulus Silvestri; ihre hist.-archäolog. Identifizierung im unmittelbaren topograph. Ambiente der von Symmachus [498–514] erbauten Basilika [heute: S. Martino ai Monti] ist umstritten). Das älteste erhaltene S.bild (Mosaik in einem röm., an S. Martino angrenzenden Gebäude aus dem 3. Jh.) deutet zusammen mit einem – im Garten bei S. Martino gefundenen – Exvoto des späten 5. Jh. auf den allmähl. Übergang (stadt-)röm. Memoria Silvestri vom einfachen liturg. Depositionsgedächtnis zur kult. Verehrung des Bf.s hin. Der gleichen Übergangsphase gehören auch zwei Gebetsformulare des sog. »Sacramentarium Veronense« (ed. MOHLBERG, 1966, 146, n. 1161–1162) an, die um Gemeinschaft mit den Hll. und ewige Seligkeit für den 'Confessor und Bf. S.' bitten. Dessen liturg. Totengedächtnis bezeugt zeitgenöss. die bereits 336 angelegte, im chronograph. Konvolut des »Codex-Kalender von 354« (SALZMAN) überlieferte Depositio episcoporum der röm. Kirche mit ihrem Eintrag zum 31. Dez.: »am Vortage der Kalenden des Januar (Beisetzung) des S. in (dem Coemeterium der) Priscilla« (MGH AA 9, 1961², 70). Die genauere Lokalisierung des S.-Grabes innerhalb des Coemeteriums ist umstritten (entweder in der oberird. Memorialkirche, 1. Hälfte 4. Jh., oder [nach F. TOLOTTI] in einem unterird., mit insgesamt vier Gräbern belegten, oktogonalen Mausoleum). Bis zu der nach der Mitte des 8. Jh. erfolgten Translation seiner Gebeine in die innerstädt. (Kl.-)Gründung Pauls I. (757–767) – heute: S. Silvestro in Capite – ist das S.-Grab, dessen überragende Bedeutung für die Pilger zw. dem frühen 6. und dem späten 8. Jh. den toponymen Wechsel vom 'Priscilla'- zum 'S.'-Coemeterium evoziert hat, Ursprungs- und Hauptort (stadt-)röm. Memoria Silvestri geblieben.

In dieser frühen Gedächtnis- und Verehrungsgesch. des Bf.s vom 4. bis zum 8. Jh. hat sich die dem MA vertraute, apokryph-legendar. S.-Gestalt herausgebildet, die den ergebnisarmen (hist.) S.-Pontifikat signifikant kontrastiert. Weder bei der epochalen Hinwendung Konstantins zur christl. Religion noch bei der Bewältigung des (ekklesiolog.) Schismas der →Donatisten und der (christolog.) Häresie der Arianer (→Arius) hat S. eine für Zeitgenossen erinnerungswürdige Rolle gespielt, auch nahm er nicht an den Reichssynoden v. Arles 314 (Donatisten) und →Nikaia 325 (Arianer) persönl. teil. Seine im Schreiben der Synodalen v. Arles an S. vermerkte Entschuldigung, er habe die röm. Apostelgräber nicht im Stich lassen dürfen, spielt möglicherweise auf Durchsetzungsschwierigkeiten des Bf.s zu Beginn seines Pontifikates in Rom selbst an. Noch im späten 4. Jh. belasteten die Donatisten S. selbst wie seine Vorgänger mit dem Vorwurf der vorübergehenden Apostasie während der Diokletian. Verfolgung. Für das persönl. Fernbleiben des Bf.s S. vom Konzil in Nikaia 325 lassen sich keine konkreteren Gründe ausmachen, es sei denn sein bei →Eusebios v. Kaisareia (Vita Constantini III, 7) bemühtes (hohes) Alter; S. hat das Konzil immerhin noch um ein Jahrzehnt überlebt.

[2] *S.-Traditionen:* Zukunftsweisend ist die nachträgl. Aufwertung gewesen, die der hist. S. im Laufe des 4. bis 5. Jh. durch röm.-kirchl. Selbst- und Geschichtsbewußtsein erfahren hat. Sie wird in zwei Traditionsbildungen greifbar, die sich vermutl. schon im 5. Jh. wechselseitig beeinflußt haben und an der Wende zum 6. Jh. miteinander verknüpft erscheinen: In den sog. »Symmachian. Fälschungen«, jenen fingierten Texten, die das berüchtigte Papstschisma zw. Symmachus und Laurentius publizist.-propagandist. begleitet haben, 'dokumentieren' ein Briefwechsel mit den Vätern von Nikaia und röm. Synodalakten S. als den die Beschlüsse des 1. ökumen. Konzils approbierenden Pontifex von Rom. Neben dieser jüngeren 'S.-Tradition' rezipieren die »Symmachian. Fälschungen« die ältere 'S.-Konstantin-Tradition', deren Anfänge sich bis ins 4. Jh. zurückverfolgen lassen und die sich erstmals etwa drei Generationen nach der Zeit des Bf.s und des Ks.s in den röm. 'S.-Akten' (Actus Silvestri) verschriftlicht hat.

Die älteste (lat.) Fassung A(1) der Actus Silvestri läßt mit ihren vier, in sich geschlossenen, narrativen Großformen die Vermutung zu, daß ihr unbekannter Verfasser mehrere Traditionsstränge zu S. und Konstantin literar. gebündelt hat. Der erste (S.-)Teil rühmt zunächst hagiograph. (gegen zeitgenöss. donatist. Invektiven?) den Confessor und anschließend den Bf. S., dessen Leitung der röm. Kirche sich an apostol. Traditionen (aber erkennbar auch an zeitgenöss. Idealvorstellungen des späteren 4. Jh.) orientiert habe. Der zweite (Konstantin-)Teil enthält die berühmte Erzählung über Aussatz, Taufe und Heilung des vom Verfolger zum Verteidiger der Christen gewandelten Ks.s. Sie spiegelt aus (stadt-)röm. Perspektive die seit den 360er Jahren schärfer werdende (paganchristl.) Kontroverse über den ersten christl. Ks. Der dritte und umfangreichste (S.-)Teil 'dokumentiert' (durch 'Gesta') eine von Konstantin selbst (in Reaktion auf seine judaisierende Mutter →Helena) am 15. März 315 in die Lateranbasilika einberufene Disputatio, in der S. als theol. und thaumaturg. Protagonist der christl. Religion zwölf Rabbinen als Repräsentanten der konkurrierenden jüd. Religion besiegt. Der vierte (S.-Konstantin-)Teil besiegelt als mythograph. Schluß des A(1)-Textes die (konstantin.) Neugründung der Roma Christiana auf dem Forum Romanum als dem alten pagan-religiösen Zentrum der Urbs und des Orbis. Den (nach altröm. Glauben) purgator. heilssichernden Fundationsakt eines 'Heros Ktistes' leisten Bf. und Ks. gemeinsam. Die dezidiert christl., aber dennoch tolerante Grundeinstellung dieses (Neu-)Gründungsmythos wie auch des gesamten A(1)-Textes läßt auf einen, der Entstehungsmilieu des Codex-Kalenders v. 354 vergleichbaren hist. Kontext der »Actus Silvestri« im letzten Jahrzehnt des 4. bis ersten Jahrzehnt des 5. Jh. schließen. Die (christl.) Depositio episcoporum des Codex-Kalenders mit ihrem liturg. S.anniversar und seine (paganen) Fasti Romani mit ihren alljährl. zeremoniell begangenen Ks.- und insbes. Konstantingedenktagen bezeugen den möglichen, im tägl. Leben der Stadt verankerten Nährboden, auf dem die in der älteren Ursprungsfassung A(1) der »Actus Silvestri« literar. gebündelten (Einzel-) Traditionen gewachsen sein dürften. Etwa ein Jh. später, zur Zeit der 'S.-Renaissance' des späten 5./frühen 6. Jh., ist die jüngere (lat.) Ursprungsfassung B(1) in Rom entstanden, die ihre A(1)-Vorlage unter dem Einfluß chalkedonens. Christologie (→Chalkedon, Konzil v.) verändert und zugleich hagiograph. amelioriert hat. Inzwischen waren jedoch die röm. S.-Akten zu einem Eusebian. Pseudepigraphon geworden, weil der in fast allen (hs.) erhaltenen Actusversionen dem Text vorangestellte Prolog diese als einen ins Lat. übersetzten Auszug aus den (angebl.) gr. Gesta episcoporum des Eusebios v. Kaisareia reklamierte. Tatsächl. ist die (stadt)röm. S.-Konstantin-Tradition erst über gr. Bearbeitungen auf der Textbasis der jüngeren Ursprungsfassung B(1) – vielleicht sogar unabhängig von Actus Silvestri-Texten (FOWDEN) – bald nach 500 auch im byz. Orient rezipiert worden. Ihre zweifellos berühmteste Fortschreibung hat diese Tradition indessen an ihrem Ursprungsort und im hist. Kontext der 'S.-Konstantin-Renaissance' des späteren 8. Jh. durch das Ps.-Diplom der →Konstantin. Schenkung erfahren.

W. Pohlkamp

Q. und Ed.: allg.: JAFFÉ² I, 28–30 – LP I, 74–81, 170–201; III, 76–81 – MPL, VIII, 795–848 – Actus Silvestri: BHL, 7725-7743 – Bibl. hag. graeca, 1909², 1628–1634 – Bibl. hag. Orientalis, 1910, 1066–1072 – B. MOMBRITIUS, Sanctuarium seu Vitae Sanctorum 1475/80, 1910² [Neudr. 1978], II, 508–531 [lat. Mischfass.] – L. SURIUS, De probatis sanctorum historiis ..., VI, 1581, 1173–1187 [humanist. lat. Übers. einer gr. Fass.] – F. COMBEFIS, Illustrium Christi martyrum lecti triumphi..., 1659/60, 258–336 [gr. Fass.] – Lit.: E. CASPAR, Gesch. des Papsttums, I, 1930, 103–63; II, 1933, 1–192 – F. TOLOTTI, Il cimitero di Priscilla, 1970 – J. SPEIGL, Die Päpste in der Reichskirche des 4. und frühen 5. Jh. (Das Papsttum, I, hg. M. GRESCHAT, 1985), 43–55 – M. R. SALZMAN, On Roman Time. The Codex-Calendar of 354 and the Rhythms of Urban Life in Late Antiquity, 1990 – Actus Silvestri: W. LEVISON, Konstantin. Schenkung und S.-Legende (DERS., Aus rhein. und frk. Frühzeit, 1948), 390–465 – DERS., Kirchenrechtliches in den Actus Silvestri (DERS., Aus rhein. und frk. Frühzeit, 1948), 466–473 – A. EHRHARDT, Constantine, Rome and the Rabbis (Bull. of the John Rylands Library Manchester 42, 1959/60), 288–312 – R. J. LOENERTZ, Actus Sylvestri, RHE 70, 1975, 426–439 – F. PARENTE, Qualche appunto sugli Actus beati Sylvestri, RSI 90, 1978, 878–897 – W. POHLKAMP, Tradition und Topographie: Papst S. I. (314–335) und der Drache vom Forum Romanum, RQ 78, 1983, 1–100 – DERS., Ks. Konstantin, der heidn. und der christl. Kult in den Actus Silvestri, FMASt 18, 1984, 357–400 – J. ARONEN, I misteri di Ecate sul Campidoglio? (Studi e Materiali di Storia delle Religioni 51, 1985), 73–92 – W. POHLKAMP, Privilegium ecclesiae Romanae pontifici contulit. Zur Vorgesch. der Konstantin. Schenkung (Fälschungen im MA, II [MGH Schr. 33, II], 1988), 413–490 – W. POHLKAMP, Textfass.en, literar. Formen und geschichtl. Funktionen der röm. S.-Akten, Francia 19/1, 1992, 115–196 – V. AIELLO, Costantino, la lebbra e il battesimo di Silvestro (Costantino il Grande dall'Antichità all'Umanesimo, hg. G. BONAMENTE–F. FUSCO, I, 1992/93), 17–58 – G. FOWDEN, Constantine, S. and the Church of S. Polyeuctus in Constantinople, Journal of Roman Archaeology 7, 1994, 274–284 – DERS., The last Days of Constantine: Oppositional Versions and their Influence, The Journal of Roman Stud. 84, 1994, 146–170.

2. S. II. →Gerbert v. Aurillac

3. S. III. (Johannes), *Papst* (oder *Gegenpapst*) 13. oder 20. Jan. 1045–März 1046, abgesetzt 20./24. Dez. 1046, † (vor Okt.) 1063. Nach der Vertreibung des Tuskulanerpapstes →Benedikt IX. (Sept. 1044) wurde mit Hilfe der →Crescentier am 13. oder 20. Jan. 1045 (der wohl widerstrebende) Bf. Johannes v. Sabina als S. III. erhoben, aber schon um den 10. März 1045 von Benedikt IX. vertrieben und exkommuniziert. S. ging in sein Bm. Sabina, hielt aber offensichtl. bis März 1046 am päpstl. Anspruch fest. Auf der Synode v. →Sutri und Rom (20./24. Dez. 1046) formell abgesetzt, degradiert und v. Kl. haft verurteilt, durfte S. aber bald in sein Bm. zurückkehren, das er – in friedl. Einvernehmen mit den folgenden Päpsten – bis zum Tod als Bf. leitete.

G. Schwaiger

Q.: LP II, 270–272; III, 373 – JAFFÉ² I, 523f.; II, 709 – Lit.: DThC XIV, 2083f. – SEPPELT II², 414–417, 436f. – H. ZIMMERMANN, Papstabsetzungen des MA, 1968, 120–134 – K.-J. HERRMANN, Das Tuskulanerpapsttum (1012–1046), 1973, 181f., 214 – PH. LEVILLAIN, Dict. hist. de la Papauté, 1994, 1582 – →Benedikt IX.; →Gregor VI.

4. S. IV. (Maginulf), *Gegenpapst* 18. Nov. 1105–12./13. April 1111, Todesjahr unbekannt. Nach dem Tod des Gegenpapstes →Clemens III. erhoben dessen röm. Anhänger die Gegenpäpste →Theoderich (1100–01) und Albert (1101), die durch Papst →Paschalis II. bald ausgeschaltet werden konnten. Röm. Adlige, v.a. Mitglieder der Baruncii, erhoben in S. Maria Rotonda (Pantheon) Maginulf, Erzpriester v. S. Angelo, zum Papst, der bald von Mgf. Werner v. Ancona unterstützt wurde. Werner kam mit Truppen rasch nach Rom – Paschalis II. weilte damals in der Leostadt außerhalb Roms –, und am 18. Nov. 1105 wurde Maginulf in der Lateranbasilika geweiht und als S. IV. inthronisiert. Nach der Rückkehr Paschalis' II. kam es zu heftigen Kämpfen. Die Partei S. behielt zunächst die Oberhand, doch ihr Anhang verminderte sich, als das Geld ausging. S. mußte im Nov. 1105 Rom verlassen und fand Zuflucht in Osimo. Im Frühjahr 1111 ließ ihn Heinrich V. in sein Lager bei Rom bringen, um Druck auf Paschalis II. auszuüben. Als dieser Zweck erreicht war, ließ der Ks. ihn fallen. S. mußte am 12. und 13. April 1111 förml. Verzicht leisten und dem Papst Gehorsam versprechen.

G. Schwaiger

Q.: LP II, 298, 345f. – JAFFÉ² I, 773f. – MGH Const. I, 146, nr. 98 – MGH SS XIX, 281f. – Lit.: C. SERVATIUS, Paschalis II., 1979, 69–72, 339f. – G. TELLENBACH, Die w. Kirche vom 10. bis zum frühen 12. Jh., 1988, 201–208.

Silvesterlegende → Silvester I.

Sil'vestr, Abt des Michael-Kl. in Vydubec bei Kiev, seit 1118 Bf. v. Perejaslavl' Južnyj, † April 1123, Bearb. der aruss. Chronik →Povest' vremennych let. Die Namensnennung des Abtes S. in der Chronik unter dem Jahr 1116 wird unterschiedl. interpretiert: Nach ŠACHMATOV bearbeitete S. die zweite von drei Redaktionen der Chronik in nicht genau bestimmbarem Umfang, nach PRISELKOV überarbeitete er den letzten Teil der Chronik (ab 1093) im Sinne der neuen, polit. vom Michael-Kl. unterstützten Herrscherfamilie →Vladimirs II. Monomach, während er nach MÜLLER der maßgebl. Verf. der Chronik war, weil es keine dritte Redaktion gegeben habe. B. Scholz

Lit.: Slovar' knižnikov i knižnosti drevnej Rusi. Vyp. I, 1987, 390f. – M. D. PRISELKOV, Očerki po cerkovno-političeskoj istorii Kievskoj Rusi X–XII vv., 1913 [Neudr. 1966], 310–312, 318–320 – A. A. ŠACHMATOV, Povest' vremennych let, T. 1, 1916, II, X–XXXVII – L. MÜLLER, Die »dritte Red.« der sog. Nestorchronik (Fschr. M. WOLTNER, 1967), 171–186.

Silvestriner, Kongregation OSB, gegr. um 1220 vom hl. →Silvestro Guzzolini; unter dem Namen »Ordo s. Benedicti de Montefano«, von Innozenz IV. mit der Bulle »Religiosam vitam« vom 27. Juni 1248 anerkannt. Das erste Generalkapitel der Kongregation fand 1255 in der Einsiedelei Grottafucile statt. Es nahmen neben dem Gründer, der den Titel eines Prior der Einsiedelei S. Benedetto di Montefano führte, die Prioren der Häuser in Osimo, Cingoli, Grottafucile, Serra S. Quirico und Ripalta sowie 19 Mönche daran teil. Beim Tode des Gründers (26. Nov. 1267) waren zu den gen. Kl. noch Kl. in Jesi, Arcevia und Sassoferrato, in Sambuco und Perugia sowie S. Giacomo in Settimiano (Rom) getreten. Der zweite Generalprior Giuseppe degli Atti (1268–73) führte eine heftige Kontroverse mit Bf. Guido v. Camerino, die erst 1285 mit der Anerkennung der vollständigen Exemtion der S. von der Diözesangewalt durch Guidos Nachfolger Rambotto endete. Der dritte Prior, Bartolo da Cingoli (1273–98) ließ durch den Mönch Andrea di Giacomo v. Fabriano, der dann der vierte Generalprior wurde (1298–1325), die Vita des hl. Gründers verfassen. Während Andreas langer Amtszeit wurde der »Liber Constitutionum« promulgiert, in dem der ursprgl. eremit. und mendikantenartige Charakter der S. (die anfangs von Almosenqueste lebten) endgültig aufgegeben ist. Nach dem Tode des Gründers entstanden zahlreiche Kl. in den Marken, in Umbrien, Toskana und Latium, wobei zunehmend die einsamen Orte im Contado zugunsten von Niederlassungen in den größeren Städten aufgegeben wurden. Die Kongregation hatte nunmehr den Charakter einer Klerikergemeinschaft angenommen. Die S. widmeten sich, entsprechend den benediktin. Traditionen, der Pastoral und der Lehre. Bereits 1296 hatten sie die Seelsorge in der Pfarre S. Maria Nuova in Perugia übernommen. 1325 hob Johannes XXII. das Recht des Generalkapitels, den Superior maior zu wählen, auf und bestimmte Matteo da Esanatoglia zum Generalprior. Mit ihm beginnt die Reihe der Kommendatarprioren und der Niedergang des Ordens (1325–1544), der erst durch die im päpstl. Auftrag von dem Jesuiten Nicolò Bobadilla durchgeführte Reform beendet wurde. Die S.-Kongregation lebt auch heute noch innerhalb des Benediktinerordens fort. Unter den berühmten Persönlichkeiten, die aus dem Orden hervorgingen, ist außer den als Seligen verehrten Schülern des Gründers der Künstler Bevignate da Cingoli zu erwähnen, der Ende 13./Anfang 14. Jh. in Perugia und Orvieto wirkte. G. Spinelli

Lit.: s.a. →Silvestro Guzzolini – DIP VIII, 1505–1519 – Bibliotheca Montisfani, 1975ff. – U. PAOLI, L'unione delle Congregazioni Vallombrosana e Silvestrina (1662–67), 1975 – Le carte dell'Archivio di San Silvestro in Montefano, I–III, 1990–94 – Il monachesimo silvestrino nell'ambiente marchigiano del Duecento. Atti del Convegno di Fabriano (1990), 1993.

Silvestro Guzzolini, hl., * um 1177 in Osimo (Mark Ancona), † 26. Nov. 1267 in Montefano (bei Fabriano, Marken). Nach Studien der Rechte und der Theol. in Bologna und Padua bis 1227 Kanoniker der Kathedrale v. Osimo, zog er sich 1227 als Eremit nach Grottafucile bei Serra San Quirico zurück. Seine Spiritualität wurde durch das franziskan. Ideal eines Lebens in Armut und Buße beeinflußt, in Opposition zu dem reichen und mächtigen traditionellen Mönchtum: Gleichwohl wählte er als Lebensform für sich und seine Anhänger die Benediktinerregel, der er eine pauperist. Färbung gab durch die Einführung der – für die Bettelorden typischen – Almosenqueste. Auf eine Gründung Montefano (1231) folgten weitere, die am 27. Juni 1248 von Innozenz IV. als Ordo S. Benedicti de Montefano anerkannt wurden. Bei seinem Tode bestanden in Mittelitalien 12 von ihm gegr. Kl. mit insgesamt rund 120 Mönchen. Nur 5 Jahre nach seinem Tod wurde seine Gründung »Ordo S. Silvestri« gen., aber erst 1598 wurde S. in das Martyrol. Rom. als Hl. aufgenommen. Seine Vita wurde zw. 1274 und 1282 von seinem Schüler Andrea di Giacomo v. Fabriano verfaßt, dem vierten Generalprior des Ordens. →Silvestriner.

G. Spinelli

Q.: Agiografia silvestrina medievale, ed. R. GRÉGOIRE, 1983 – Alle fonti della spiritualità silvestrina, II, ed. U. PAOLI, 1991 – *Lit.:* DIP VIII, 1520–1523 [Lit.] – G. FATTORINI, La spiritualità nell'Ordine di S. Benedetto di Montefano, 1976 – C. TUDERTI, La riforma silvestrina alla luce dei documenti monastici della Chiesa (1215–1248), 1977 – Aspetti e problemi del monachesimo nelle Marche, 1982 – U. PAOLI, S. G. e la sua congregazione, Inter fratres 36, 1986/2.

Simancas, Stadt und Bm. am rechten Ufer des Pisuerga (Prov. Valladolid; röm. Septimanca). Schon in westgot. Zeit besiedelt, erfuhr S. erst nach der →Reconquista einen Aufschwung. Unter Kg. Alfons III. v. Asturien war die Burg v. S. eine der wichtigsten chr. Befestigungen der Duerolinie, verlor aber nach der Eroberung Toledos, der Verlagerung der Grenze und dem Aufstieg →Valladolids an Bedeutung. Erst im 15. Jh. konnte S. diese z. T. wiedergewinnen, als die Kg.e hier gelegentl. residierten und die Stadt 1465 den Truppen des Infanten Alfons (XII.) im Kampf mit Heinrich IV. erbitterten Widerstand leistete. Dies bildete den Beginn des glänzendsten, bis ins 17. Jh. andauernden Abschnitts der Gesch. S.s.

Das Bm. S. bestand nur 953–974. Seine Gründung wird Kg. Ordoño III. zugeschrieben, der es nach den Siegen der Christen bei →Simancas-Alhándega auf Kosten des Bm. er →León und →Astorga wiedererrichtet haben soll. Die Bf.e v. S. legten sich den Titel eines Bf.s v. →Segovia bei, um so die Ansprüche auf die Besitzungen dieses noch nicht wiedererrichteten Sitzes zu unterstreichen. Nach dem Erlöschen des Bm.s ging sein Gebiet im Bm. Astorga auf. Jüngst wurde mit Hinweis auf die nicht unumstrittenen Quellenbelege die Existenz eines Bm.s S. bezweifelt.

M. Rábade Obradó

Lit.: C. SÁNCHEZ-ALBORNOZ, El Obispado de S. (Homenaje a R. MENÉNDEZ PIDAL, III, 1925), 325–344 – A. DE LA PLAZA BORES, Guía del Investigador. Archivo General de S., 1980², 9–12.

Simancas-Alhándega, Schlachten v. (1. und 29. Aug. 939). 'Abdarrāḥmān III. suchte in einem Feldzug gegen die chr. Kerngebiete im Norden der Halbinsel diese zur Anerkennung der polit. und militär. Oberherrschaft zu zwingen. Vor den Mauern →Simancas traf er auf das chr. Heer unter Kg. →Ramiro II. v. León, das durch das Aufgebot der Kgn. Toda v. Navarra und der kast. Gf.en →Fernán González und Asur Fernández verstärkt wurde. Trotz zahlenmäßiger Überlegenheit erlitten die Muslime am 1. Aug. eine Niederlage (an deren Schwere jüngst Zweifel laut wurden), der am 29. Aug. in Alhándega eine zweite folgte. Schauplatz dieser Schlacht war ein Graben/Schlucht (arab. al-jandaq) bei Simancas, der gleichnamige Ort im Tormestal, oder möglicherweise bei Albendiego, am Weg zw. Osma und Sigüenza. Sowohl die Annalen v. St. Gallen als auch →Liutprand v. Cremona berichten von dieser muslim. Niederlage. Als unmittelbare Folge wurde die Grenze in León vom Duero zum Tormes vorgeschoben, während die Kastilier bis zum Zentralmassiv vorstießen und →Sepúlveda wiederbesiedelten, indes die Muslime die Art der Kriegführung änderten.

M. Rábade Obradó

Lit.: M. GÓMEZ MORENO, La batalla de S., Boletin de la Soc. Castellana de Excursiones 182, 1918, 25–30 – P. CHALMETA, S. y A., Hispania 36, 1976, 359–444 – DERS., Después de S. y A., ebd. 40, 1980, 181–198 – B. MÜNZEL, Feinde, Nachbarn, Bündnispartner, 1994, bes. 240ff.

Simeon (s. a. Symeon)

1. S., Fs. v. Moskau →Semen Ivanovič

2. S. Nemanja → Stefan Nemanja

3. S. of Durham lebte wahrscheinl. mindestens 1104–26 in der klösterl. Gemeinschaft v. →Durham, der er offenbar als Precentor angehörte. Er gilt als möglicher Verfasser von vier hist. Werken: Der »Libellus de exordio atque procursu istius, hoc est Dunelmensis Ecclesiae«, der S. in einer Hs. aus dem späten 12. Jh. aus Sawley (Yorkshire) zugeschrieben wird, beinhaltet die Gesch. der Kirche v. Durham von den Ursprüngen bis 1096, die auf Anordnung des Superiors des Autors verfaßt wurde. Die »Historia Regium«, ebenfalls S. in einer Hs. aus dem späten 12. Jh. aus Sawley zugeschrieben, ist eine Gesch. Englands seit dem frühen 7. Jh. bis 1129. Während S.s Verfasserschaft dieser Werke nicht gesichert ist, kann er wohl eher als Verfasser einer detaillierten Beschreibung der Translation des hl. →Cuthbert 1104 und eines Berichts des Ebf.s v. York gelten, der zw. 1090 und 1109 oder zw. 1130 und 1132 als Teil eines Briefs an Hugh, dem Dekan v. York, erstellt wurde. Da sich nicht nachweisen läßt, welche Werke von S. stammen, ist es fast unmögl., seinen historiograph. Standpunkt zu kommentieren.

D. J. Corner

Ed. und Lit.: Simeonis Monachi Opera Omnia, ed. T. ARNOLD, RS 75, 1882 – A. GRANSDEN, Historical Writing in England c. 550–c. 1307, 1974.

4. S. v. Trier, hl. (Fest: 1. Juni), Sohn gr. Eltern, * um 990 Syrakus, † 1. Juni 1035 Trier. Aufgewachsen in Konstantinopel, war S. zunächst Pilgerführer in Jerusalem, wurde Einsiedler, dann Mönch in Bethlehem und am Sinai. Zur Einlösung eines Legates bei Hzg. Richard er sich 1026 in Antiochien einer Pilgergruppe mit Abt →Richard v. St-Vanne (17. R.) und Abt Eberwin v. →Trier auf deren Rückreise an. Da Hzg. Richard gestorben war, ging S. nach Verdun und Trier, begleitete von dort 1028/30 den Ebf. →Poppo v. Trier auf einer Pilgerreise ins Hl. Land und kehrte mit ihm nach Trier zurück. Hier ließ er sich 1030 als →Inkluse im Ostturm der Porta Nigra einschließen, behielt aber Kontakt zur Außenwelt. Auf Antrag Poppos wurde er schon Anfang 1036 von Papst Benedikt IX. heiliggesprochen. An seinem Grab in der Porta Nigra gründete Poppo ein Stift, das bis 1802 bestand (Erhebung der Gebeine 1400, Kult lokal begrenzt; im Trierer Domschatz aus der Hinterlassenschaft S.s ein gr. Lektionar und eine Mütze).

F.-J. Heyen

Q. und Lit.: AASS Juni 1, 85–104 [Vita S. S.is auctore Eberwino] – LHArchKoblenz Best. 1A Nr. 11673 – LCI VIII, 367 – LThK² IX, 762 – F.-J. HEYEN, Zeugnisse Rhein. Gesch., 1982, 297–300 [Abb. der Papsturk.] – DERS., S. und Burchard-Poppo (Fschr. J. FLECKENSTEIN, 1984), 195–205 [Lit.].

Simnel, Lambert, * ca. 1475, † 1525 oder später, Betrüger, von den Rebellen, die sich 1487 gegen Kg. →Heinrich VII. v. England erhoben hatten, als 'Eduard, Earl of Warwick', ausgegeben. Über seine Geburt und seine Kindheit ist wenig bekannt. Nach Polydore Vergil stammte er aus Oxford und gelangte dort in die Obhut eines Priesters, William (oder Richard) Simonds. Dieser lehrte ihm die höf. Sitten, vielleicht ursprgl. mit der Absicht, ihn als einen der Söhne Eduards IV. zu präsentieren. Jedoch ließ Heinrich VII. nach seiner Thronbesteigung 1485 den echten Earl of Warwick gefangennehmen, der als Sohn von →George, Duke of Clarence, Anspruch auf den Thron hatte. Als sich 1486 ein Gerücht von der Flucht Warwicks verbreitete, brachte Simonds L. S. gerade nach Dublin, wo er in den Kreis der den »Yorkists« nahestehenden Adligen eingeführt wurde, zu denen auch einige unzufriedene engl. Adlige (u. a. der Earl of Lincoln) gehörten. L. S. wurde der Mittelpunkt einer Verschwörung dieser Männer gegen Heinrich VII. und am 24. Mai 1487 als »Eduard VI.« in Dublin gekrönt. Am 4. Juni drangen die Verschwörer in England ein; am 16. Juni wurden sie von den Streitkräften Heinrichs VII. in →Stoke besiegt und ihre Anführer, soweit sie nicht fliehen konnten, hingerichtet. Der Kg. verschonte jedoch L. S., wahrscheinl. weil er von den Rebellen nur für ihre Zwecke mißbraucht worden war. Zunächst in der kgl. Küche, dann nach Polydore Vergil als Ausbilder der kgl. Falken tätig, scheint er anschließend in den Dienst von Sir Thomas Lovell getreten zu sein.

A. Tuck

Lit.: S. B. CHRIMES, Henry VII, 1972 – M. BENNETT, L. S. and the Battle of Stoke, 1987.

Simon Magus, Mitte 1. Jh. n. Chr. Thaumaturg in Samarien. Der älteste Bericht über ihn Apg 8, 4–25 vom Ende des 1. Jh. enthält ältere Nachrichten in redaktioneller Gestaltung, deren Abgrenzungen schwierig sind. Der Verf. besaß Informationen über eine missionar. Tätigkeit des chr. Evangelisten Philippus in Samarien. Ob dazu auch die Nachricht über die Taufe S.s gehörte oder diese redaktionell eingetragen wurde, um den Missionserfolg zu steigern, ist strittig. Wohl unabhängig davon gab es eine Tradition über Wirken und Verehrung S. mit Darstellung eines Zusammenstoßes zw. dem Apostel →Petrus und S. Christlicherseits galt S. als negativ gezeichneter Magier, der sich Besitz und/oder Vollmacht der Verleihung des Gottesgeistes käuflich erwerben wollte (→Simonie). Apg 8, 10 dürfte Richtiges über die Einschätzung S.s durch seine Anhänger wiedergeben: Man anerkannte ihn als die große Kraft Gottes, was zwanglos auf seine Wundertaten bezogen werden kann. Zeitgenöss. Parallelen lassen an eine Repräsentanz Gottes oder sogar an Vergöttlichung denken. Die großkirchl. häresiolog. Q. seit dem 2. Jh. sehen in S. den Begründer einer gnost. Bewegung (→Gnosis); seit →Irenäus v. Lyon gilt er als Urheber aller chr. Häresien. Irenäus, Adv. haer. I, 23 referiert ein gnost. System mit chr. Einsprengseln, in dessen Zentrum S. steht und das in seiner entwickelten Form sicher ins 2. Jh. gehört. S. wird mit der höchsten Gottheit gleichgesetzt, deren Ennoia (erste Vorstellung) nach dem Prozeß der Weltentstehung auf Erden festgehalten werde, bis sie zu Helena gelangt sei, die S. aus einem Bordell in Tyros befreit habe. Für das großkirchl. S.bild bedeutsam waren die Erzählungen der Actus Petri vom Ende des 2. Jh., die ihn als großen Widersacher des Petrus schildern, den dieser endgültig in Rom besiegt. Th. Baumeister

Lit.: The Anchor Bible Dictionary VI, 29–31 [Lit.] – Diz. patristico II, 3209f. – RAC XIV, 338–355 – J. FRICKEL, Die »Apophasis Megale« in Hippolyt's Refutatio (VI 9–18): Eine Paraphrase zur Apophasis S.s, 1968 – K. BEYSCHLAG, S. M. und die chr. Gnosis, 1974 – G. LÜDEMANN, Unters. zur simonian. Gnosis, 1975 – K. RUDOLPH, Die Gnosis, 1980², 315–319 – D.-A. KOCH, Geistbesitz, Geistverleihung und Wundermacht. Erwägungen zur Tradition und zur lukan. Red. in Act 8, 5–25, Zs. für die ntl. Wiss. 77, 1986, 64–82 – G. FILORAMO, A Hist. of Gnosticism, 1991, 142–152 – K. BERGER, Theologiegesch. des Urchristentums, 1994, 159–163.

Ikonographie: Schon die patrist. Lit. (z. B. Justin. Mart. apol. 1, 26. 56; Cyrill v. Jerusalem Catech. 6, 14) hatte sich weniger für die Ereignisse in Samaria interessiert, die S. M. zum 'Erfinder' der →Simonie machten (Apg 8, 9–24; s. o.), als für den mit der Hure Helena verbundenen Erfinder aller Häresien und seine in apokryphen Apostelakten erzählte Auseinandersetzung mit →Petrus vor Ks. Nero in Rom (LIPSIUS–BONNET I, 130–168; HENNECKE–SCHNEEMELCHER II, 193–221; vgl. auch die ausführl. Schilderung der Legenden in der ma. →Legenda Aurea). In ähnl. Weise beschränkten sich auch die frühma. und ma. Petruszyklen der w. Kunst auf die Darstellung der Szenen in Rom, bes. den Disput des S. M. mit Petrus, dessen Abwehr der von S. M. gerufenen Hunde durch geweihtes Brot und den Flug und Sturz des Häretikers. Grundlegend für die ma. Ikonographie sind wohl Malereien des 7. Jh. in S. Peter in Rom gewesen (zu deren Rekonstruktion und Beispielen ma. Denkmäler vgl. Petrus III.; WEIS; BRAUNFELS).

J. Engemann

Lit.: DACL XIV/2, 822–981 – LCI IV, 158–160; VIII, 158–174 [W. BRAUNFELS] – R. A. LIPSIUS–M. BONNET, Acta Apostolorum apocrypha, I [Nachdr. 1959] – A. WEIS, Ein Petruszyklus des 7. Jh. im Querschiff der Vatikan. Basilika, RQ 58, 1963, 230–270 – E. HENNECKE–N. SCHNEEMELCHER, Ntl. Apokryphen, II, 1964.

Simon

1. S. (II.), Hzg. v. →Lothringen 1176–1206, * 1140, † 1. April 1206, ▭ Abtei SOCist Sturzelbronn; Sohn von Hzg. →Matthäus I. (1139–76) und Judith-Bertha v. Schwaben († 1194/95), ∞ 1. Agnes v. Veldenz, 2. Ida v. Vienne. Als Neffe von →Friedrich Barbarossa war S. durchweg treuer Anhänger der →Staufer. In seinen frühen Jahren trug er heftige Auseinandersetzung mit seinem Bruder Ferri v. →Bitsch (→Friedrich [24.]) aus, dem er 1179 den gesamten deutschsprachigen Teil des Hzm.s zu Lehen übertragen mußte. Wegen Kinderlosigkeit sah sich S. schließlich mit dem Nachfolgeproblem konfrontiert: Der als Erbe eingesetzte Neffe Ferri II. v. Bitsch (Hzg. →Friedrich III. [25.]) war Schwiegersohn des Gf.en v. →Bar, Thiébaut I., wodurch das Hzm. Lothringen unter Überwachung der Gf.en v. Bar kam. Die Urkk. Hzg. S.s erinnern an seine bedeutende Rolle als Vogt (→Remiremont, →Saint-Dié, Saint-Èvre de →Toul) und Schirmherr (Clairlieu) großer lothr. Abteien. M. Parisse

Lit.: M. PARISSE, Noblesse et chevalerie en Lorraine médiévale, 1982 – G. POULL, La maison ducale de Lorraine, 1991.

2. S. v. Beaulieu OCist, Ebf. v. →Bourges, * 1. Hälfte 13. Jh. Beaulieu-en-Brie, † 18. Aug. 1297 Orvieto. 1274 Mag. Theol. am Collège St-Bernard (Paris), um 1280 Abt v. La Charité (Besançon) wurde S. 1281 von Martin IV. zum Ebf. v. Bourges (Metropolit v. Aquitanien) ernannt. Seit 1283 entwickelte er eifrige Visitationstätigkeit; von den ab 1282 unter seiner Leitung tagenden Provinzialkonzilien sind einzig Konstitutionen v. Bourges (1286) erhalten. Zusammen mit Wilhelm v. Mâcon, Bf. v. Amiens, verteidigte S. den Standpunkt des Weltklerus im Streit mit den Franziskanern und Dominikanern um die Folgen der Bulle »Ad fructus uberes« (1281) und verfaßte die »Maiores rationes prelatorum« (uned.), die wohl differenzierteste Verteidigungsschr. der Position des Weltklerus. 1294 von Coelestin V. zum Kard. erhoben, scheiterte er 1295 als päpstl. Legat Bonifatius' VIII. am Auftrag, den Frieden zw. Philipp IV. v. Frankreich und Eduard I. v. England wiederherzustellen. M. Haverals

Lit.: DHGE VII, 184–186 – J. DE BASCHER, La chronologie des visites pastorales de S. de B., RHEF 47, 1962, 73–89 – J. A. McNAMARA, S. de B. and 'Clericis laicos', Traditio 25, 1969, 155–170 – DERS., Gilles Aycelin the Servant of Two Masters, 1973 – J. MARRONE – CH. ZUCKERMAN, Card. S. of B. and Relations Between Philip the Fair and Boniface VIII, Traditio 31, 1975, 197–222.

3. S., hl., *Bf. v. →Vladimir-Suzdal'*, theol. Schriftsteller, † 1226, zunächst Mönch im Kiever Höhlenkl. (→Kiev, C), wurde dann als Hegumenos des Roždestvenskij Kl. nach Vladimir berufen und erhielt 1214 den dortigen Bf.sstuhl. 1216 verließ er mit dem Gfs.en Jurij Vsevolodovič die Stadt, hielt sich in Suzdal' auf und kehrte 1219 nach Vladimir zurück. S. hat maßgebl. Anteil an der schriftl. Fixierung der Kiever monast. Tradition. Sein Brief an seinen Schüler und Kiever Mönch Polikarp, die umfangreiche, z. T. mit persönl. Erlebnissen angereicherte Erzählung über die berühmten Kiever Väter (»Skazanie o svjatych černorizcach Pečerskich«) und der Bericht über die Errichtung der Hauptkirche des Kiever Höhlenkl. bilden zusammen mit Polikarps Brief an den damaligen Hegumenos des Kiever Höhlenkl. Akindin, in dem Polikarp S. als Gewährsmann für sein hagiograph. Werk bezeichnet, die ursprgl. Elemente des »Paterikon« des Kiever Höhlenkl. F. B. Poljakov

Lit.: G. PODSKALSKY, Christentum und theol. Lit. in der Kiever Rus' 988–1237, 1982 – Slovar' knižnikov i knižnosti Drevnej Rusi, I, 1987, 308–313, 370–373, 392–396 [L. A. OL'ŠEVSKAJA] – N. V. PONYRKO, Èpistoljarnoe nasledie Drevnej Rusi XI–XIII vv., 1992, 171–190.

4. S. Aurea Capra (Chèvre d'Or), Magister, 12. Jh., dichtete nach 1152 auf Bitten →Heinrichs I., Gf. v. Champagne, Grabschriften auf dessen Vater Gf. Tedbald II. und andere dem Hof verbundene Personen (Hugo v. Mâcon, Bf. v. Auxerre; Suger v. St-Denis, Bernhard v. Clairvaux, Papst Eugen III.) sowie eine »Ylias« (2 Teile: Gesch. Trojas und des Äneas), wehrte sich auch gegen einen unbekannten Neider (»Invectio contra invidiam«). Als Kanoniker im Stift St-Victor (seit ca. 1161) schrieb er Epitaphien auf →Petrus Lombardus, Konstanze und Philipp v. Frankreich, beklagte das Schisma von 1159 (»De apostolis«, 2 Red.en: MGH L. d. L. III, 533f.; BOUTEMY, RMA 3, 1947, 146), verdoppelte den Umfang der »Ylias« (994 vv.) und verfaßte nach 1173 auf Bitte des päpstl. Legaten Petrus v. Pavia die »Vita et Passio S. Thome Cantuariensis archiepiscopi« (198 vv.). Weitere Zuschreibungen sind möglich aufgrund seiner Vorliebe für (ungereimte) Distichen, sprachl. Kürze (S. begründet seinen Beinamen *Aurea Capra* damit, wie er Vergil benutzt: Ylias vv. 493–504), rhetor.-protrept. Stil – Charakteristika, die bes. der »Ylias« weite Verbreitung (25 Hss.), auch Einfluß auf volkssprachl. Autoren (→Konrad v. Würzburg, →Chaucer) einbrachten. J. Stohlmann

Ed. und Lit.: M. M. PARROTT, The »Ylias« of S. A. C. A Crit. Ed. [ungedr. Diss. Toronto, 1975], Diss. Abstracts 31, 1978, 1539f. – F. R. SWIETEK, A Metr. Life of Thomas Becket by S. A. C., MJb 11, 1976, 177–195 – J. STOHLMANN, Magister S. A. C. Zu Person und Werk des späteren Kanonikers von St. Viktor (Hommages à A. BOUTEMY, éd. G. CAMBIER, Coll. Latomus 145, 1976), 344–366 [hier ältere Edd. und Lit.] – R. J. CORMIER, Simon Chèvre d'Or's Ylias. Some Notes on a Mid-Twelfth-Century Troy Poem (The Spirit of Court, ed. G. S. BURGESS–R. A. TAYLOR, 1985, 129–136).

5. S. v. Bisignano (Kalabrien), Schüler →Gratians, lehrte dann selbst in Bologna, * Anfang des 12. Jh. Neben zahlreichen Glossen verfaßte er eine einflußreiche (noch uned.) Summa zum →Decretum Gratiani (1177/79, ohne »De poenitentia«; auch in einer Abbreviatio überliefert), in der er als einer der ersten Dekretisten in größerem Umfang das »ius novum« der →Dekretalen mitbearbeitete. Nur etwas über die Hälfte der von S. bekannten Glossen ist in seiner »Summa decretorum« enthalten, andere haben offensichtl. erst nach Abschluß der Summe formulierte Zusätze. H. Zapp

Lit.: DDC II, 900f. [A. LAMBERT] – KUTTNER, 148f. (533) – J. JUNCKER, Die Summa des S. v. B. und seine Glossen, ZRGKanAbt 15, 1926, 326–500 – T. P. McLAUGHLIN, The Extravagantes in the Summa of S. of B., MSt 20, 1958, 167–176 – W. HOLTZMANN, Zu den Dekretalen bei S. v. B., Traditio 18, 1962, 450–459 – R. WEIGAND, Die Glossen des S. v. B., AKKR 161, 1992, 362–395.

6. S. Bredon, Gelehrter aus →Oxford, * um 1305 in Winchcombe (Gloucestershire), † 1372 in Oxford, 1330–41 mehrfach belegt als Mitglied (*fellow*) des Merton College (sog. →Mertonschule), 1337–38 (oder 1338–39) *Junior Proctor* der Univ. Ab 1348 hatte er eine Reihe kirchl. Pfründen inne, war seit 1358 *Warden* des New-Work-Hospitals in Maidstone (Kent). Med. Doktorat vor 1355, theol. Doktorat (vor 1366) nach fünfjährigem Studium; Arzt im Dienst Richards, Earls of →Arundel (1355), behandelte 1358 Kgn. Johanna v. Schottland. Das von S. in Angriff genommene ehrgeizige med. Kompendium »Trifolium« (nach Vorbild des »Canon« des →Avicenna) wurde wohl nur zu einem geringen Teil von ihm selbst verfaßt. Unter seinen (oft wenig eigenständigen) astron. Werken wird die ihm zugeschriebene »Theorica planetarum«, ein elementares Handbuch für Studenten, oft mit dem Kompendium eines anderen zeitgenöss. Mertonianers, →Walter Brytte, gleichgesetzt. S. schrieb einen Traktat über das →Astrolabium (nach Ps.-→Māšāʾallāh) sowie einen Komm. zu den ersten drei Büchern des →Almagest des →Ptolemaeus. Der vielseitige Gelehrte, der die Astronomie in pragmat. Weise in den Dienst der Medizin stellte und sich keineswegs auf strikt naturwiss. Interessen beschränkte (so verfaßte er Quaestiones zur Aristotel. Ethik), hinterließ eine umfangreiche Bibliothek. – Wegen Namensähnlichkeit Verwechslungen mit →Johannes Buridanus. J. D. North

Lit.: DSB II, 435f. – A. B. EMDEN, A Biograph. Register of the Univ. of Oxford to AD 1500, Bd. 1, 1957, 257f. – C. H. TALBOT, S. B., Physician, Mathematician and Astronomer, British Journal of the Hist. of Science 1, 1962–63, 19–30 – K. V. SNEDEGAR, John Ashendon and the Scientia astrorum Mertonensis [Diss. Oxford masch. 1988], Bd. 1, 44–47.

7. S. de Dudinghe, 1. Hälfte des 14. Jh., vielleicht in Hildesheim tätig gewesen, Verfasser einer (ungedr.) Ars dictandi (München, Clm 16122 fol. 16r–20r) mit Brieftheorie, Grußformeln, Exordien für geistl. und weltl. Rechtsgeschäfte, rhetor. Phrasen für die Charakterisierung von Personen und Sachen. S. nennt sich »Westfalyensis« und stammt vielleicht aus der Gft. Steinfurt, deren Johanniterkommende er erwähnt. H. M. Schaller

Ed.: L. ROCKINGER, Briefsteller und formelbücher des eilften bis vierzehnten jh., 1963–64, 931, 972 – *Lit.*: Verf.-Lex. VIII², 1256f.

8. S. v. Faversham, engl. Scholastiker, * ca. 1250, † 1306 auf dem Weg nach Avignon. Nach Studium der artes (vor 1289 magister) und der Theol. (vor 1304 doctor) in Paris oder Oxford war S. Professor der Theol. in Oxford und 1304–06 Kanzler der Univ. S.s Werke, Zeugen des wachsenden Einflusses der aristotel. Philos. in Oxford, sind: Quaestiones super libros Porphyrii, Praedicamentorum, Periherminias (hg. P. MAZZARELLA, 1957); Quaestiones super libros Priorum, Posteriorum (vgl. J. L. LONGEWAY, S. of F.'s Questions on the Posterior Analytics [Diss. Cornell Univ. 1977]), und Elenchorum (hg. S. EBBESEN et al., 1984); Quaestiones super libros Physicorum (vgl. A. ZIMMERMANN, Verz. ungedr. Komm. e zur Metaphysik und Physik des Aristoteles, 1971, 19, 32f., 190–196 [Q.]; Recollectiones super librum Meteororum (vgl. LOHR); Quaestiones super librum De anima (hg. D. SHARP, AHDL 9, 1934, 307–368 [lib. III]); Quaestiones super Parva naturalia (vgl. LOHR); Expositio Summularum Petri Hispani (vgl. L. M. DE RIJK, Vivarium 6, 1968, 69–101). C. H. Lohr

Lit.: A. B. EMDEN, A Biographical Register of the Univ. of Oxford to A. D. 1500, 1958, 672 – C. H. LOHR, Medieval Lat. Aristotle Commentaries, Traditio 29, 1973, 141–146 – Quaestiones super libros Elenchorum, hg. S. EBBESEN et al., 1984, 235–240 [Lit.].

9. S. Fidati v. Cascia OESA, sel., * um 1290 in Cascia (Umbrien), aus einer angesehenen lokalen Familie, † 2. Febr. 1348 in Rom oder – mit größerer Wahrscheinlichkeit – in Florenz, ⌑ S. Rita in Cascia. Nach einer prägenden Begegnung mit einer Persönlichkeit, die man als den Franziskaner →Angelus Clarenus identifiziert hat, dem er stets verbunden bleiben sollte, trat der junge S. in den Augustinerorden ein. S. studierte Theologie, wirkte jedoch stets nur als Prediger und Seelenführer. U. a. stand er in Verbindung mit dem Maler Taddeo →Gaddi und →Giovanni delle Celle. Er predigte in ganz Mittelitalien und war mehrmals in Florenz, wo er zwei Frauenkl. gründete (für Jungfrauen und für »Büßerinnen«). S. war ein fruchtbarer Schriftsteller. Seine Werke wurden häufig anderen illustren Autoren wie Domenico →Cavalca zugeschrieben. Charakteristisch für seine Spiritualität sind – ordenstyp. – die Tugenden Demut, Gehorsam, Weltachtung und Sehnsucht nach der »Wüste«, Geringschätzung der weltl. Wissenschaften (vielleicht auch durch den Einfluß des Angelus Clarenus); außerdem wird er stark von der Vorstellung geprägt, der Weg zur christl. Vollkommenheit sei die Gleichförmigkeit mit dem leidenden Christus (»Christiformitas« oder »Cruciformitas«). – S.s Evangelienkommentar (»De gestis domini Salvatoris«), dem er seine letzten zehn Lebensjahre widmete, erlebte eine sehr umfangreiche Hss. verbreitung und wurde bereits im 15. Jh. gedruckt (HAIN 4557, 4558). Die it. Übers. von S.s Schüler Johannes v. Salerno war ebenfalls sehr verbreitet. Als Hauptwerk der volkssprachl. Schriften gilt »L'Ordine della dottrina cristiana«. S. ist die Bewahrung der Briefe von Angelus Clarenus zu verdanken, mit deren Sammlung und Abschrift er Johannes v. Salerno beauftragt hatte. G. Barone

Ed. und Lit.: Bibl. SS V, 674f. – LThK² IX, 766f. – DSAM XIV, 873–876 – LCI VIII, 372 – Kleinere lat. Werke und L'Ordine della dottrina cr., ed. N. MATTIOLI, 1898; it. Version von De gestis dom. Salvatoris, ed. N. MATTIOLI, 1902 – G. L. POTESTÀ, Angelo Clareno, 1990, bes. 299f.

10. S. de Freine, * vor 1147, † nach 1216, war Domherr von →Hereford und mit →Giraldus Cambrensis befreundet, an den er bewundernde lat. Gedichte richtete. In seinen beiden im anglo-norm. Dialekt verfaßten Werken gebraucht er den seltenen siebensilbigen Paarreim; den Namen des Autors gibt ein Akrostichon in den ersten Versen preis. Nach dem prov. ~Boeci, aber vor den frz. Übertragungen des 13. Jh., zeugt der »Roman de Philosophie« von →Boethius' Einfluß: es ist eine gekürzte Fassung der »consolatio Philosophiae«. Die Entlehnungen stammen bes. aus dem 2. und 3. Buch, sie dienen als Ausgangspunkt für Ausführungen, die von der Q. unabhängig sind. Im Zentrum der Reden der Philosophie steht die Gestalt

der →Fortuna, deren trüger. Gaben der *clerc* verachten soll, um sich Gott zuzuwenden. – Die wahrscheinl. im Zusammenhang mit dem 3. Kreuzzug geschriebene »Vie de saint Georges« (1 Hs.) gehört zu den ältesten frz. Zeugnissen der Georgslegende. Eine direkte Q. ist nicht bekannt: die »Vie« weicht in bestimmten Details von den lat. Fassungen der Legende in Europa ab. Die »Vie« und der »Roman« vertreten die im 12. Jh. von der Kirche propagierte Haltung des →contemptus mundi. Gemeinsam ist ihnen auch der didakt. Charakter; bes. im »Roman« ist die Tendenz zu sentenziösen Versen ausgeprägt.
J.-C. Mühlethaler

Ed.: Les oeuvres de S. F., ed. J. E. MATZKE, 1909 – *Lit.*: C.-V. LANGLOIS, La vie en France au MA, IV, 1928 – F. CUMONT, Les plus anciennes légendes de saint Georges, RHR 114, 1936 – M. D. LEGGE, Anglo-Norman Lit. and Its Background, 1963 – F. JOUKOVSKY-MICHA, La notion de vaine gloire, Romania 89, 1968 – M. ZINK, Détachement du monde et soumission au monde (Les voix de la conscience), 1992.

11. S. v. Genua (S. Januensis, S. Geniates a Cordo, S. de Cordo), it. Lexikograph, Botaniker und Arzt, 2. Hälfte 13. Jh. Kanonikus v. Rouen, Leibarzt Papst Nikolaus' IV., Subdiakon Papst Bonifatius VIII., vollendete S. um 1290 die »Clavis sanationis«, ein gr.-arab.-lat. Wb. zur →Materia medica (ca. 6000 Artikel). Bei seinem Bemühen um eine erstmalige krit.-semant. Klärung der arabist. verworrenen Terminologie zog er die gesamte lit. Tradition heran. Das Werk blieb trotz etymolog. Irrtümern bis in die NZ Grundlage der med.-pharm. Synonymik (z.B. →Minner). Mit dem Juden Abrāhām ben Šēm-ṭōbus Tortosa übersetzte S. den →Aggregator, sowie, wohl aus dem Hebr., Buch 28 (Zubereitung einfacher Heilmittel) des at-Taṣrīf des →Abū l-Qāsim az-Zahrāwī. H. Lauer

Q. und Ed.: THORNDIKE-KIBRE, 1913 [Mss.] – Synonyma medicinae seu Clavis sanationis, Ferrara 1471–72 [KLEBS 920, 1] – Liber aggregatus in medicinis simplicibus, Venedig 1479 [KLEBS 911, 1] – Liber servitoris liber XXVIII Bulchasin Benaberaçerin translatus S.e Januensi ..., Venedig 1471 – *Lit.*: SARTON II, 1085, 1096 [Lit.]. – H. FISCHER, Ma. Pflanzenkunde, 1929, 70–74 – G. BAADER, Die Entwicklung der med. Fachsprache im hohen und späten MA, Jb. Univ. Düsseldorf 1970/71, 251–270 – D. GOLTZ, Stud. zur Gesch. der Mineralnamen (SudArch Beih. 14, 1972).

12. S. de Hesdin, † 1383, Mag. theol. und Kommandeur der →Johanniter, zuerst in Eterpigny (1363), später in Senlis. Für Kg. →Karl V. beendete er 1375 (Datum in Hs. B. N. fr. 9749) die Übersetzung des 1. Buches der »Facta et dicta memorabilia« des →Valerius Maximus, begleitet von Glossen, welche viel dem Komm. von →Dionysius v. Borgo San Sepolcro verdanken. Vor seinem Tod hatte S. de H. seine Arbeit unterbrochen: seine Übers. geht bis zum Kap. IV des 7. Buches. Den Rest übersetzte Nicolas de Gonesse 1400/1401 im Auftrag von →Johann, Hzg. v. Berry. Diese vollständige kommentierte Übers. der »Facta et dicta« hatte großen Erfolg (gegen 60 bekannte Hss.), verschiedene Dr. e): sie ist eine der Q. von →Antoine de La Sale für die »Salade«, im »Jean de Saintre« inspiriert sie die Lehren der Dame des Belles Cousines. J.-C. Mühlethaler

Lit.: M. LECOURT, Une source d'Antoine de La Sale, Romania 76, 1955 – G. DI STEFANO, Tradizione esegetica e traduzione di Valerio Massimo, Studi Francesi 21, 1963 – A. LUTTRELL, Jean et S. de H., RTh 31, 1964 – G. DI STEFANO, Essais sur le moyen français, 1977.

13. S. v. Kéza →Kézai, Simon

14. S. v. Kyrene, wegen seines Beinamens wohl Mitglied einer aus Kyrene stammenden hellenist. jüd. Familie. S. wurde (nach Mt 27,32; Mk 15,21 und Lk 23,26), zufällig des Weges von der Landarbeit kommend, gezwungen, dem entkräfteten Jesus das Kreuz zu tragen. Spätere Legenden betrachten ihn als Mitglied der »Siebzig«, das ebenfalls gekreuzigt wurde. Dargestellt ist S. in vielen Bildern der Kreuztragung Christi (→Passion; z.B. S. Apollinare Nuovo [5. Jh.] in Ravenna oder im ersten Beispiel mittelbyz. Monumentalmalerei in der Kılıçlar Kilise [Ende 9. Jh.] in Kappadokien inschriftl. bezeichnet) durch die gesamte byz. Zeit. Vgl. auch Dion. von Phurna, Malerbuch v. Athos, §298. Einzeldarstellungen sind nicht bekannt. M. Restle

Zum westl. MA →Andachtsbild, →Passion.

15. S., Magister an einer Kl.- oder Kathedralschule (am Niederrhein oder in Franzien), ist mit dem »Tractatus de sacramentis« (1145–60; ed. H. WEISWEILER, SSL 17, 1937) ein früher, von Petrus Lombardus unabhängiger Zeuge der scholast. Theol. von den 7 →Sakramenten. Im Anschluß an die Sentenzensummen Anselms v. Laon und die Summa Sententiarum, die Canonesslg.en →Ivos v. Chartres und Gratians betrachtet er die Sakramente: ihre wesentl. Form und liturg. Gestalt, ihre Einsetzung durch Christus bzw. (im Fall der Krankensalbung) durch die Apostel oder durch die Ordnung der Ehe in beiden Testamenten, das Unterscheidende der tägl. und der einmaligen feierl. (Quadragesimal-)Buße, die Sakramentalität der Bf.sweihe. Mit dem (anonymen) »Tractatus de VII sacramentis Ecclesiae« (1160–70; ed. WEISWEILER, ebd., 82–102), der von dem des S. unabhängig ist – beide haben eine gemeinsame Q. –, und den »Sententiae de sacramentis« des →Petrus Comestor (1160–70; ed. R. M. MARTIN, ebd., 1*–105*) gehört der Traktat des S. zur prakt. Theol. Er fand auch in den späteren systemat. Werken der Schule der →Porretaner Beachtung (Sententiae Divinitatis, ed. B. GEYER; Speculum universale des Radulfus Ardens). L. Hödl

Lit.: DThC XIV, 2091–2094 – LThK² IX, 1769f. – L. HÖDL, Gesch. der scholast. Lit. und Theol. der Schlüsselgewalt, I, 1960, 102–109 – A. M. LANDGRAF, Introduction à l'hist. de la litt. théol. de la scolastique naissante (erw. frz. Ausg. A. M. LANDRY), 1973 – W. KNOCH, Einsetzung der Sakramente durch Christus, 1983, 177–193.

16. S., Magister, 14. Jh., Verfasser eines »Notabilia super summa de arte dictandi« betitelten, von großer Belesenheit zeugenden und von der Methode der Scholastik geprägten Kommentars zur »Summa dictaminum« des →Ludolf v. Hildesheim, in dem S. aber auch selbständig juristische Begriffe erörtert und grammatikal.-stilist. Ratschläge gibt. Er ist vielleicht identisch mit →S. de Dudinghe. H. M. Schaller

Ed.: L. ROCKINGER, Briefsteller und formelbücher des eilften bis vierzehnten jh., 1863–64, 967–984 [Auszüge] – *Lit.*: Verf.-Lex. VIII², 1255f.

17. S. v. Montfort →Montfort, Simon de

18. S. Parisiensis (S. v. Paris), Rechtslehrer, † Anfang April 1273 in Apulien. S. vertrat nach seinem Doktorat in Bologna um die Mitte des 13. Jh. an der neuen Univ. Orléans das Zivilrecht und trug zur Blüte der dortigen Schule bei, obwohl von ihm nur eine kleine Schr. »Argumenta et exceptiones contra procuratorium« und wenige Komm.e und →Repetitiones überliefert sind. Bei den Päpsten Urban IV. und Gregor X. als Jurist angesehen, trat er als Hofkleriker in den Dienst Kg. Ludwigs IX., wechselte aber um 1269 als Hofkaplan und Familiar zu Kg. →Karl I. v. Anjou, für den er Reisen nach Frankreich und Kastilien unternahm und 1270 eine Flottenexpedition nach Griechenland vorbereitete. Nach dem Tode Gottfrieds v. Beaumont im Febr. 1272 zum Kanzler ernannt, empfing er als Amtslehen Tressanti, Cerignola und Stornara in Apulien. Die Einladung an Juristen aus Paris und

Orléans im Juli 1272, in Neapel zu lehren, dürfte S. zuzuschreiben sein. Er widmete sich wahrscheinl. auch der Redaktion einer ersten Slg. von Gesetzen Karls I., die als »Constitutiones nove« 1273 durch die Justitiare publiziert wurden (Cod. Vat. lat. 6770). S. starb wenige Tage nach dem Ausscheiden als Kanzler. N. Kamp

Lit.: S. de P., Argumenta ..., ed. J. P. BAUD [Thèse Paris, Univ. X, 1971] – M. FOURNIER, Les statuts et privilèges des universités françaises, I, 1890, 24f. Nr. 24 – R. TRIFONE, La legislazione angioina, 1921, XIX, 21ff. – E. STHAMER, Die Überlieferung der Gesetze Karls v. Anjou, Berliner SB 1922, 166–169 – E. M. MEIJERS, Études d'hist. du droit, III, 1959, 36–39 – R. FILANGIERI, I registri della cancelleria angioina 5, 1953; 8–10, 1957, passim; 14, 1961, 194–203 – L. WAELKENS, La théorie de la coutume chez Jacques de Révigny, 1984, 28–34, passim.

19. S. de Phares, frz. Sterndeuter, ca. 1445–ca. 1500, studierte in Oxford und Montpellier (Medizin), erlernte dann Steinbehauung in Ägypten und Heilkräuterkunde in den Schweizer Alpen. Seit 1488 war S. in Lyon tätig, wo ihn 1490 Kg. Karl VIII. v. Frankreich besuchte. Trotz kgl. Unterstützung wurde er 1494 wegen astrolog. Tätigkeit verurteilt; ein Teil seiner Bibliothek wurde eingezogen. Sein »Recueil des plus celebres astrologues«, eine 1498 Karl VIII. gewidmete Rechtfertigung der →Astrologie, verzeichnet alle berühmten (angebl.) Anhänger der Astrologie von den ältesten Zeiten (AT) bis 1495. Für S.s Zeit zuverlässig, werden die Auskünfte für ältere Zeiten immer unglaubwürdiger. J. Sesiano

Ed. und Lit.: E. WICKERSHEIMER, Recueil des plus celebres astrologues et quelques hommes doctes faict par Symon de P., 1929 – DSB XII, 439f. – J.-P. BOUDET, Lire dans le Ciel: La bibl. de S. d. P. astrologue du XVe s., 1994.

20. S. de Senlis, →Steward von Ralph de →Neville, Kanzler von Kg. Heinrich III. und des Bf.s v. Chichester (1222–44). Zu seinen Hauptaufgaben gehörte die Verwaltung der bfl. Besitzungen, die vorwiegend in Sussex lagen. 30 seiner Geschäftsbriefe an Neville blieben erhalten, hauptsächl. aus den 20er Jahren des 13. Jh. Aus ihnen geht hervor, daß er seinen Bf. über den Fortgang der Ernte, des Säens, des Mergelns und über Rechnungen informierte, er erteilte Ratschläge und bat auch um Instruktionen. S. de S. versorgte den bfl. Hofhalt mit Geld, Wein, Fisch und Kleidung. Den Bf. unterrichtete er über Landerwerbungen, die Verteilung der Patronatsrechte und über die Verfolgung von Rechtsprozessen. Er vertrat oft die bfl. Interessen energischer als der Bf. selbst. Vielleicht war er auch mit den Aufgaben Nevilles als Kanzler befaßt. Die gesamte Korrespondenz von S. de S. vermittelt ein lebendiges und einzigartiges Bild der Tätigkeiten eines mit der Verwaltung von Landbesitz befaßten Stewards im 13. Jh. und seiner Beziehungen zu seinem Herrn.
D. A. Carpenter

Q. und Lit.: Royal and other Historical Letters of the Reign of King Henry III, ed. W. W. SHIRLEY, 2 Bde (RS, 1862, 1866) – J. und L. STONES, Bishop Ralph de Neville, Chancellor to King Henry III, and his Correspondence: a Reappraisal, Archives 71, 1984, 227–257.

21. S. v. Southwell (Sywell), Kanonist der anglonorm. Schule, † um 1210. Kanoniker in Lincoln und »familiaris« von Ebf. Hubert →Walter v. Canterbury, ist er auch als dessen »officialis generalis« (!) bezeugt; u. a. wirkte er als päpstl. delegierter Richter. S. studierte in Oxford, wo er – nach Lehrtätigkeit in Bologna und Paris – zu Beginn des 13. Jh. mit Magister Honorius und →Johannes v. Tynemouth von Thomas v. Marlborough zu seinen Lehrern gezählt wird. Er verfaßte Glossen zum →Decretum Gratiani und ist mit weiteren Oxforder →Dekretisten, u. a. Nicholas de Aquila (l'Aigle) und →Johannes v. Kent, in den »Quaestiones Londinenses« zitiert. H. Zapp

Lit.: KUTTNER, 245, 251 – ST. KUTTNER–E. RATHBONE, Anglo-Norman Canonists of the 12. C., Traditio 7, 1949/51, 279–358 [mit Retractationes (23–38): ST. KUTTNER, Gratian and the Schools of Law, 1983, VIII] – J. BRUNDAGE, The Crusade of Richard I: Two Can. Quaestiones, Speculum 38, 1963, 442–452 – CH. E. LEWIS, Ricardus Anglicus, a 'familiaris' of Archbishop Hubert Walter, Traditio 22, 1966, 469–471 – P. LANDAU, Stud. zur Appendix ..., BMCL 9, 1979, 1–21 (19).

22. S. Stock OCarm, hl. (Fest: 16. Mai), * vermutl. in England, † 1265 vermutl. in Bordeaux. Sein Leben und Wirken wurde von der Ordenschronistik seit dem 14. Jh. hagiograph. ausgestaltet und diente als Vorlage für die Versuche, die Kontinuität des Ordens trotz des Ortswechsels von Palästina nach Europa und trotz der Änderung der Lebensweise vom einstigen Eremitentum zu einem der Stadt und der Laienseelsorge sich widmenden Bettelorden zu rechtfertigen. Die langjährige Tätigkeit als Generalprior – von einem in den Q. unterschiedl. angegebenen Zeitpunkt bis zu seinem Tod – fällt in die Zeit des Übergangs zw. beiden Lebensweisen. Die unter den →Karmelitern kursierenden Q. präsentierten ihn als Begründer einer bes. Marienfrömmigkeit sowie einer Verehrung des Skapuliers und stärkten auch dadurch das Selbstbewußtsein einer Gemeinschaft, die ohne eine hist. faßbare charismat. Gründergestalt auszukommen hatte. H. J. Schmidt

Lit.: B. XIBERTA, De visione S. S. is S., 1950 – Bibl. SS 11, 1188–1191 [L. SAGGI] – J. SMET, Die Karmeliter, 1981, 46–48.

23. S. v. Tournai →Tournai, Simon v.

24. S. v. Trient (»Simonino«), später S. Unverdorben genannt, zweijähriger Knabe, der am Abend des 23. März 1475 (Gründonnerstag und jüd. Passahfest) verschwand und dessen Leiche, die deutl. Spuren von Verwundungen aufwies, zwei Tage später in der Nähe des Hauses eines Juden aufgefunden wurde. Deshalb wurden etwa zwanzig Mitglieder der lokalen Judengemeinde des Ritualmords angeklagt, zweifellos unter dem Eindruck der kurz davor gehaltenen Predigten des →Bernardinus v. Feltre, der sich gegen eine zu starke Familiarität zw. Juden und Christen gewandt hatte und einen derartigen Vorfall prophezeit haben soll. Der sogleich von Bf. Johann Hinderbach angestrengte Prozeß, in dem mit der Folter Geständnisse erpreßt wurden, endete mit der Verurteilung von fünfzehn Verdächtigen zum Tode, obwohl Erzhzg. Sigismund v. Tirol und Papst Sixtus IV. interveniert hatten. Der Bf. v. Trient förderte in seiner Diöz. den Kult S.s, der bereits am Tag seiner Auffindung vom Volk mit fanat. Eifer betrieben wurde. S.s Gedenktag am 24. März wurde 1584 in das Martyrol. Romanum eingeführt, seit 1588 gestattete Sixtus V. die Verehrung des sel. S. in der Diöz. Tirol. Der Kult wurde 1965 aufgehoben. S. wurde ikonograph. vorwiegend in der Szene seines angebl. Martyriums dargestellt. F. Scorza Barcellona

Q.: BHL 7762–7772 [und Novum Suppl. 7762–7770] – vgl. AA SS Martii III, 1668, 494–502 – Lit.: LCI VIII, 373 – LThK² IX, 772 – Bibl. SS XI, 1184–1188 – Catholicisme XIV, 87f. – A. ESPOSITO–D. QUAGLIONI, Il processo contro gli ebrei di Trento (1475–78), I, 1990 – A. ESPOSITO (Bambini santi, hg. A. BENVENUTI PAPI–E. GIANNARELLI 1991), 99–118 – PO-CHIA HSIA, Trent 1475; a Ritual Murder Trial, 1992.

25. S. Vicentinus, * in Vicenza, † vor 1263, einer der ersten Zivilrechtslehrer, in den 20er Jahren, der Rechtsschule v. →Padua (III.), auch als Richter nachgewiesen. S. schrieb einen Glossenkomm. zum Codex Iustinianus; ferner sind →Repetitionen und einzelne Erklärungen in Glossenform zu anderen Teilen des →Corpus iuris civilis erhalten geblieben. Gedr. ist die Schr. »De iudiciali missione in possessionem«. P. Weimar

Ed.: Tractatus universi iuris III.2, Venedig 1584, Bll. 135va–136rb – *Lit.:* E. J. H. SCHRAGE, S., un docteur très excellent du XIIIe s., TRG 55, 1987, 297–320 [mit Ed. der Repetition zu C. 3, 31, 11] – DERS.-R. P. SCHOEN, Mora debitoris dans le droit savant avant Accurse, TRG 57, 1989, 87–104 [mit Ed. der Distinktion De mora] – DERS., S. und die Infamie, Revue internat. des droits de l'Antiquité III.37, 1990, 385–417 [mit Ed. des Komm. zu C. 2,11] – DERS., Ein Prozeßvertreter dem nicht auf sein Wort geglaubt wird (Fschr. G. WESENER, 1992), 433–446 [mit Ed. des Komm. zu C. 2,12,1].

Simonetta. 1. S., Cicco (Francesco), it. Staatsmann, * um 1410 in Caccuri, →Rossano oder Policastro in Kalabrien als erster Sohn des Antonio di Gentile (Nachfahre der Signorenfamilie S. von →Jesi) und der Margherita, † (enthauptet) 30. Okt. 1480 in Pavia. Mit seinen Brüdern Giovanni (→2. S.) und Andrea trat C. (durch Vermittlung seines Onkels Angelo) in den Dienst des Francesco →Sforza, nachdem dieser durch Heirat mit Polissena →Ruffo in den Besitz jener kalabres. Ländereien gelangt war. Aufgrund seiner Kenntnisse (Notariatswesen, Recht, moderne u. antike Sprachen, Hebr.) wurde C. bereits 1444 Kanzler u. Sekretär des Gf.en Francesco u. erhielt 1448 dank seiner anfängl. Treue zum Hause Anjou v. Kg. René d. Ehrenvorsitz der Summaria des Kgr.es Neapel. Als Parteigänger der Sforza im Kampf um das Hzm. →Mailand wurde C. 1449 Gouverneur v. Lodi. Sforza belohnte ihn nach seinem Sieg mit der Signorie in Sartirana (Lomellina) und anderen Feuda im Pavese und im Lodigiano. Als Ratgeber und erster Sekretär der Hzg.e Francesco und Galeazzo Maria wirkte C. als Ausführungsorgan der polit. Linie der neuen Mailänder Dynastie, rekonstruierte das in den Wirren der republikan. Phase zerstörte hzgl. Archiv und begründete die Geheime Kanzlei neu, für die er »Constitutiones et ordines« und »Regule ad extrahendum litteras ziferatas« verfaßte. Nach dem Tode Galeazzo Maria →Sforzas (26. Dez. 1476) stand er entsprechend der testamentar. Verfügung des Hzg.s der Regentin →Bona v. Savoyen in der schwierigen Aufgabe zur Seite, die Nachfolgerechte des minderjährigen Gian Galeazzo zu wahren. Er unterdrückte die Revolte des Ludovico Maria und der anderen Sforza-Brüder (25. Mai 1477) und ließ sie zum Exil verurteilen. Den Aufstand von →Genua, das 1478 seine Unabhängigkeit zurückgewann, und den Verlust von Tortona an Ludovico il Moro konnte er jedoch nicht verhindern. Als er in Mailand immer verhaßter wurde, der Adel sich in mächtige Faktionen spaltete, von denen C. nur den einen Teil beherrschte, und wachsende Spannungen zw. ihm und der Regentin auftraten, konnte Ludovico Sforza seine Usurpationspläne mit geheimem Einverständnis Bonas v. Savoyen verwirklichen, was das Ende C.s bedeutete: Zahlreicher Verbrechen angeklagt, wurde C. am 10. Sept. 1479 in Pavia eingekerkert und nach Folter und Prozeß am 30. Okt. 1480 hingerichtet. C. verfaßte ein »Diario« und zahlreiche Briefe. Die von ihm aufbewahrten Dokumente über die Regierung des Hzm.s und das Privatleben der Hzg.e ließ Ludovico il Moro wegen ihrer Brisanz vernichten. Aus der Ehe mit Elisabetta, Tochter des hzgl. Rates Gaspare Visconti, hatte C. sieben Nachkommen, von seiner Geliebten Giacomina zwei unehel. Kinder.
F. M. Vaglienti

Ed.: Le ms. de C. S., ed. P. M. PERRET, 1891 – I Diari di C. S., ed. A. R. NATALE, I, 1962 – Un libro-cassa per C. S. (1478–79) e altre note del tesoriere Leonardo da Giussano, ed. P. G. PISONI (Raccolta Verbanese in mem. di G. MARTINI, 1981) – *Q. und Lit.:* s.a. →Sforza – Arch. di Stato – Milano, Arch. Sforzesco: Carteggio Interno, Pavia, Potenze Sovrane, Registri delle Missive, Registri Ducali, anni 1450–80 – Sezione Storica, Uomini celebri, cartt. 9a–9b – Fondo Notarile: Indice Lombardi a.v. – B. CORIO, Storia di Milano, ed. A. MORISI-GUERRA, II, 1978, passim – P. LITTA, Famiglie celebri it., IX, S., tavv.

I–II, 1819ff. – P. MARGAROLI, Diplomazia e stati rinascimentali, 1992 – G. LUBKIN, A Renaissance Court, 1994, passim.

2. S., Giovanni, jüngerer Bruder von 1., † 1492. G. trat 1444 in den Dienst Francesco →Sforzas, der ihn nach der Eroberung des Hzm.s →Mailand mit der Leitung der geheimen Kanzlei betraute. 1460 belehnte ihn Kg. →Ferdinand v. Neapel mit Roccella und Motta di Neto in Kalabrien. Auch unter Galeazzo Maria →Sforza behielt G. seine Stellung als wichtigster Mittelsmann zw. dem Hzg., der geheimen Kanzlei und den zentralen Verwaltungsorganen bei und wurde als Leiter der Regierungskommission in Genua eingesetzt. Nach dem Aufstieg →Ludovicos il Moro wurde G. ebenso wie sein Bruder Cicco gefangengesetzt und später nach →Vercelli verbannt (1480). G.s Geschichtswerk »Rerum gestarum Sfortiae commentarii« (über die Jahre 1421–66) zeigt propagandist. Absichten (Dr. bei Zarotto 1479 in Mailand, 1490 volkssprachl. Übers. von Cristoforo →Landino, »Sforziade«). Durch geschickte Anordnung der Zeugnisse verstand es G., die Sache seiner Herren in vorteilhaftestem Licht zu präsentieren. Der gelehrte Stil, die rhetor. Eleganz und das Streben nach Genauigkeit ahmen die großen Vorbilder seiner Zeit wie P. C. →Decembrio und →Poggio Bracciolini nach.
F. M. Vaglienti

Ed.: Muratori², XXI/2, ed. G. SORANZO, 1932 – *Q. und Lit.:* Arch. di Stato – Milano, Arch. Sforzesco: Carteggio Interno, Registri delle Missive, Registri Ducali, a. 1450–1480, Sezione Storica: Autografi a. v. – Enc It. XXXI, 813 – P. LITTA, Famiglie celebri it., IV, S., tav. II, 1819ff. – E. COCHRANE, Historians and Historiography in the It. Renaissance, 1981, 113–114 – G. IANZITI, Humanistic Historiography under the Sforzas, 1988, 127–231 – C. SIMONETTI, La spada e il pastorale. L'emblematica storia di una famiglia illustre, 1988.

Simonida (Simonis), serb. Kgn. (5. Gattin Stefan Uroš' II. Milutin), byz. Prinzessin, Tochter →Andronikos' II. Palaiologos und Irenes v. →Montferrat, † nach 1336. Die polit. begründete Ehe wurde zu Beginn des Frühjahrs 1299 entgegen dem kanon. Recht geschlossen, als S. knapp sechsjährig war; die Mitgift bestand in der Abtretung von Gebieten, die die Serben bereits erobert hatten. Sie blieb kinderlos; S.s Versuche in Absprache mit ihrer Mutter, einem ihrer Brüder den serb. Thron zu sichern, blieben erfolglos. Nach dem Tod Uroš' II. im Okt. 1321 kehrte S. nach Konstantinopel zurück, wo sie in ein Kl. eintrat (wirkte u. a. als Abschreiberin von Hss.). Lj. Maksimović

Lit.: M. LASKARIS, Vizantiske princeze u srednjevekovnoj Srbiji, 1926 [Neudr. 1990] – A. TH. PAPADOPOULOS, Versuch einer Genealogie der Palaiologen, 1938 [Neudr. 1962], Nr. 65 – A. E. LAIOU, Constantinople and the Latins, 1972 – L. MAVROMATIS, La fondation de l'Empire serbe, 1978 – V. MOŠIN, Balkanskata diplomatija i dinastičkite brakovi na kralot Milutin, Spomenici za srednov. i ponovata istorija na Makedonija II, 1978, 185–198 – Vizantijski izvori za istoriju naroda Jugoslavije VI, 1986, 37–43, 53–62, 78–129, 175–178, 308–322.

Simonie. [1] *Alte Kirche und Frühmittelalter:* Als Bezeichnung für den verbotenen Handel mit geistl. Sachen, bes. für materielle Leistungen beim Erwerb kirchl. Ämter, leitet sich S. von der Gestalt des →Simon Magus her, der nach Apg 8, 18–25 den Aposteln die Wunderkraft des Hl. Geistes abkaufen wollte. In diesem spezif. Sinn wurde der Begriff im 6. Jh. geläufig, nachdem zuvor mit Simons Namen auch andere (häret.) Inhalte verbunden worden waren. Widerstand gegen die inkriminierte Praxis regte sich in der Kirche schon seit etwa 300 und kam im Verbot des Konzils v. →Elvira zum Ausdruck, für die Taufe Geld zu geben (c. 48); c. 30 der →Canones apostolorum untersagte Zahlungen bei der Erteilung geistl. Weihen, was Kanon 2 von →Chalkedon mit der Autorität eines Reichskonzils ausstattete. Ähnl. Bestimmungen in päpstl. Dekretalen und Ks.gesetzen des 5./6. Jh. belegen die zähe

Verbreitung des Ärgernisses. Ausgiebig und folgenreich hat sich Papst Gregor d. Gr. damit auseinandergesetzt, der S. bereits als Häresie einstufte, auch auf Vorleistungen für Segnungen, Begräbnisse oder die Aufnahme ins Kl. bezog und v. a. außer der Geldzahlung (munus a manu) auch Schmeichelei (munus a lingua) und Unterwürfigkeit (munus ab obsequio) zu den verwerfl. Mitteln zählte.

Trotz grundsätzl. fortwährender Ablehnung war S. auch in den Landeskirchen des FrühMA vielfach üblich, bedingt durch die häufige laikale Verfügungsgewalt über kirchl. Würden (→Eigenkirche, -nwesen, →Reichskirche), aber auch durch gesellschaftl. Konventionen wie die, kein Geschenk unerwidert zu lassen. Westgot. und merow. Synoden faßten dagegen immer wieder Beschlüsse, die mit Amtsenthebung oder zumindest Bußen drohten, doch sind konkrete Verfahren offenbar nicht bekannt. Bezeichnend ist, daß bei der Bestätigung der Pariser Synode v. 614 (MGH Conc. I, 186 c. 2) durch Kg. Chlothar II. (MGH Capit. I, 21 c. 1) deren Warnung vor der datio pecuniae wegfiel. Als Ziel auch der karol. Kirchenreform begegnet die Eindämmung der S. bei zahlreichen Synoden, in Kapitularien (beginnend mit der →Admonitio generalis) sowie auf der Ebene der →Capitula episcoporum, meist in den von Gregor d. Gr. vorgezeichneten Bahnen. In diesem Rahmen bewegen sich ebenfalls die theol.-kanonist. Darlegungen maßgebl. Autoren wie →Alkuin, →Paschasius Radbertus, →Hinkmar v. Reims, die zugleich die Häufigkeit des Übels widerspiegeln und fakt. eher gegen Überspitzungen (munera iniusta der Synode v. Mainz 813, MGH Conc. II/1, 268 c. 30) Front machten.

[2] *Reformzeit:* Im 11. Jh. ist die Bekämpfung der S. zu einer wesentl. Triebfeder für die oft →Gregorian. Reform genannte Umgestaltung der lat. Kirche geworden. Der Grund lag wohl nicht in einer generellen Verschärfung der Mißstände, wenngleich es Indizien dafür gibt, daß sich zumal im nicht-kgl. W- und S-Frankreich sowie in Italien bes. ungenierte Formen der Bezahlung geistl. Ämter herausgebildet hatten, die u. a. mit dem Aufschwung der Geldwirtschaft zu erklären sind. Entscheidend war vielmehr die zunehmende Bewußtheit, mit der Diskrepanzen zw. der Lebenswirklichkeit und dem überlieferten Kirchenrecht wahrgenommen wurden. Daher bedurfte die Entrüstung auch keines neuartigen S.begriffs, sondern nährte sich aus der zuletzt noch durch →Burchard v. Worms dokumentierten Tradition. Zeittyp. Zuspitzungen lagen darin, die simonist. Häresie auch als dogmat. Leugnung der Göttlichkeit des Hl. Geistes zu bezeichnen oder simonist. erlangte Weihen nicht bloß für unerlaubt, sondern für ungültig anzusehen; daraus erwuchs der Streit um die Wirksamkeit der von Simonisten getätigten geistl. Amtshandlungen, in dem →Petrus Damiani (Liber gratissimus v. 1052/61: MGH Epp. DK IV/1 Nr. 40) gegen Papst Leo IX. und Kard. →Humbert v. Silva Candida der augustin. Lehre von der objektiven Geltung der Sakramente zum Siege verhalf und die geforderten Reordinationen zurückwies. Humbert dagegen war es, der in seinen 1058 abgeschlossenen »Libri tres adversus simoniacos« (MGH L. d. l. I, 95–253) auf der Suche nach den Verbreitungsbedingungen der S. als erster zur fundamentalen Kritik an der Dominanz der Laien in der frühma. Kirche vorstieß und das Kernproblem des späteren →Investiturstreits formulierte, ohne jedoch Laieninvestitur einfach mit S. gleichzusetzen. In den →Libelli de lite wurde S. dann ein hauptsächl. Thema, häufig zur Widerlegung der Ansicht, mit den Vorleistungen werde nicht das geistl. Amt, sondern nur die damit verknüpfte weltl. Machtbefugnis erworben (was die gedankl. Differenzierung zw. →Spiritualia und →Temporalia beförderte).

Die jurist. Auseinandersetzung mit der S. in Gestalt synodaler Verbote, in Dtl. nach 916/927 (MGH Conc. VI/1, 33f., 81) abgerissen, kam unter Ks. Heinrich II. zögernd wieder in Gang (Rom 1014) und wurde zum persönl. Anliegen Heinrichs III., der mit diesem Delikt in →Sutri 1046 sein Einschreiten gegen Gregor VI. und dessen Vorgänger rechtfertigte. Seit Clemens II. war der Kampf gegen die S. fester Programmpunkt päpstl. Synoden und gewann seit Leo IX. zusätzl. Schärfe, weil der Papst ebenso wie seine Legaten auch auf Anklagen im Einzelfall einging und vor der Absetzung überführter Simonisten nicht zurückschreckte. Nichts hat im Vorfeld des Investiturstreits so sehr zur Verdeutlichung des Jurisdiktionsprimats, aber auch zur Erbitterung weiter Teile des Episkopats beigetragen wie die Vielzahl derartiger Verfahren, bei denen die Angeschuldigten wegen der Unklarheit des Rechtsbegriffs S. stets im Nachteil waren. Davon ausgehend, entwickelte sich S. in den Polemiken des späteren 11. Jh. zum vielseitig verwendbaren Schlagwort, zum »Hauptverbrechen des jeweiligen Feindes« (TELLENBACH), was eine sachl. Aufklärung der erhobenen Vorwürfe sehr erschwert. Gleichwohl schritt die legislative Entwicklung bis zum I. →Laterankonzil mit mancherlei Tatbestandsbeschreibungen, jedoch ohne umfassende Definition fort und hatte ihre Entsprechung in dem lebhaften Interesse der kanonist. Sammler (→Kanon. Recht) an diesem Thema; →Gratian eröffnete mit dem Problem der S. den zweiten Teil seines Dekrets (C. 1 q. 1–7).

[3] *Nach dem Investiturstreit:* Auf der Basis Gratians, der simonist. Praktiken bei der Sakramentenspendung sowie im Ämter-, Pfründen- und Ordenswesen behandelt hatte, entfaltete sich die weitere theoret. Diskussion, die zur definitor. Erfassung des Phänomens voranschritt (→Rufinus: »studiosa cupiditas emendi vel vendendi aliquod spirituale«, danach Thomas v. Aquin, Summa theologiae II/2 q. 100 a. 1), aber auch mit Blick auf die Praxis einschränkende Differenzierungen hervorbrachte, die den Weg z. B. zu →Meßstipendium und →Stolgebühren eröffneten. Die vielfältigen päpstl. Anordnungen sind in X 5. 3–5, in Clem. 5. 1 und in Extrav. com. 5. 1 gesammelt. Ein bes. Problem bildeten die von →Gerho(c)h v. Reichersberg, »Liber de simoniacis« (MGH L. d. l. III, 268f.), heftig befehdeten Zuwendungen beim Kl.eintritt, die durch Kanon 64 des IV. →Laterankonzils (1215) generell untersagt wurden (mit begrenzter Wirkung).

Was die Praxis angeht, so hatte die Reformzeit bestimmte Formen von S. – vornehml. solche, die auf der Vergabe von Kirchenämtern durch Laien beruhten – dauerhaft geächtet und einen auch weiterhin wirksamen prozeßrechtl. Hebel für Amtsenthebungen geschaffen, aber wenig an den strukturellen Bedingungen geändert, die auf vielen Ebenen des kirchl. Lebens eine anfechtbare Kommerzialisierung begünstigten (→Korruption). V. a. die Ausdehnung und Zentralisierung des Pfründenwesens (→Beneficium, päpstl. →Provision) samt dem kurialen Fiskalismus (→Annaten) zogen Gepflogenheiten nach sich, die wenn nicht dem Buchstaben, so dem Geist der kanon. Verbote von S. zuwiderliefen und in Reformtraktaten (→Wyclif, →Hus, →Johannes Gerson [79. J.], Juan González u. a.) sowie auf Konzilien des SpätMA vielfach kritisiert wurden.

R. Schieffer

Lit.: DDC VII, 1019–1025 – DThC XIV/2, 2141–2160 – HRG IV, 1664–1668 – A. LEINZ, Die S., 1902 – A. FLICHE, La réforme grégorienne, I–III, 1924–37 – J. LECLERQ, Simoniaca heresis, StGreg 1, 1947, 523–530 – H. MEIER-WELCKER, Die S. im frühen MA, ZKG 64, 1952/

53, 61–93 – P. De Vooght, La Simoniaca haeresis de Saint Thomas d'Aquin à Jean Huss (Hussiana, 1960), 379–399 – J. Gilchrist, Simoniaca haeresis and the Problem of Orders from Leo IX to Gratian (MIC C 1, 1965), 209–235 – J. Weitzel, Begriff und Erscheinungsformen der S. bei Gratian und den Dekretisten (MthSt, Kan. Abt. 25, 1967) – F. de Boor, Wyclifs S. begriff, 1970 – R. Schieffer, Spirituales Latrones. Zu den Hintergründen der S. prozesse in Dtl. zw. 1069 und 1075, HJb 92, 1972, 19–60 – A. Esch, S.-Geschäft in Rom 1400, VSWG 61, 1974, 433–457 – J. H. Lynch, Simoniacal Entry into Religious Life from 1000 to 1260, 1976 – B. Schimmelpfennig, Der Ämterhandel an der röm. Kurie von Pius II. bis zum Sacco di Roma (1458–1527) (Ämterhandel im SpätMA und im 16. Jh., hg. I. Mieck, 1984), 3–41 – G. Tellenbach, Die w. Kirche vom 10. bis zum frühen 12. Jh. (Die Kirche in ihrer Gesch., II F 1, 1988), 77f., 140–145 – J. Helmrath, Reform als Thema der Konzilien des SpätMA (Christian Unity. The Council of Ferrara-Florence 1438/39–1989, hg. G. Alberigo, 1991), 75–152 – H. Hoffmann, Mönchskg. und rex idiota (MGH Stud. und Texte 8, 1993), 61–71 – H. Vollrath, L'accusa di simonia tra le fazioni contrapposte nella lotta per le investiture (Il s. XI: una svolta?, a cura di C. Violante – J. Fried, 1993), 131–156.

Simpert (Sintpert), hl., Bf. v. →Augsburg, * vor 750, † 807. Trotz überwiegend legendärer ma. Überlieferung ist aufgrund neuerer Forsch.en S.s Abstammung von einem alem.-bayer. Geschlecht, das im →Bayern der →Agilolfinger-Hzg.e frühzeitig karol. Interessen vertrat und sich daher der bes. Gunst Karls d. Gr. erfreute, weitgehend gesichert. Nach dem Tode Bf. Tozzos (778) erhielt S. von Kg. Karl, mit dem er zeitlebens in enger Verbindung stand, die Leitung des Bm.s Augsburg übertragen. Ob S. mit dem gleichnamigen Abt und Bf. im elsäss. Kl. →Murbach ident. ist, kann nicht mit letzter Sicherheit erwiesen werden. In Augsburg ließ S. die zerstörte Afrakirche (→Afra, hl.) wiederaufbauen und den schon vor seiner Amtszeit begonnenen neuen Dombau (am Platz der röm. röm. Gerichts- und Markthalle) vollenden. Eine bes. Leistung S.s war die (Wieder-)Vereinigung des Bm.s Neuburg-Staffelsee mit Augsburg, die der Bf. mit Hilfe Karls d. Gr. zw. 801 und 807 erreichte; S. wird sogar einmal als Bf. der 'Ecclesia Stafnensis' erwähnt. Das Gedächtnis des im Chor der Afrakirche begrabenen Bf.s wurde von den Benediktinern v. St. Ulrich und Afra bewahrt; der dritte Augsburger Bm.spatron (Fest: 13. Okt.) genoß als Nothelfer und Wundertäter bis zur Säkularisation große Verehrung (St. S.-Kapelle mit Grablege in St. Ulrich und Afra). Dargestellt im Bf.sornat mit einem Wolf, der ein Kind im Rachen trägt. P. Fried

Q und Lit.: LThK² IX, 789f. – Spindler I, 168f. – W. Volkert–F. Zoepfl, Die Reg. der Bf.e und des Domkapitels v. Augsburg I/1, 1955, Nr. 10ff. – St. S., Bf. v. Augsburg 778–807, Jb. des Vereins für Augsburger Bm.sgesch. 12, 1978.

Simplicia. Im Gegensatz zu den 'zusammengesetzten' Arzneimitteln handelt es sich bei den S. um die 'einfachen', d. h. aus den drei Naturreichen (→Materia medica, II) vorgegebenen Rohstoffe bzw. pflanzl., tier. und mineral. →Drogen, die entweder einzeln und als solche med. Verwendung fanden oder in Kombination genutzt und zu verschiedenen Arzneipräparaten (→Composita) weiterverarbeitet wurden. Wie schon in der Antike machen auch im MA die Heilpflanzen eindeutig den Hauptteil unter den S. aus (→Pflanzenkunde), wobei sich dieser Begriff seit Beginn der NZ zunehmend auf den Bereich der Vegetabilia einengte, zumal der Einsatz von Animalia und Mineralia in seiner traditionellen Form und Breite mehr und mehr außer Gebrauch kam. Welche Wertschätzung die – in ihrer Wirkkraft jeweils nach der →Qualitäten- und Gradelehre eingestuften und größtenteils in den Apotheken vorrätig zu haltenden – S. genossen, die man bes. im Falle fremdländ. und daher schwer erhältl. Pflanzen häufig austauschte bzw. durch einheim. Gewächse substituieren mußte

(→Arzneimittelverfälschung), zeigt sich an der umfangreichen einschlägigen Fachliteratur; dazu gehört neben den →Arznei- und den →Kräuterbüchern sowie den Apothekertaxen (→Apotheke[r], IV) v. a. ein eigenes, meist unter Titeln wie 'De simplicibus medicinis' u. ä. laufendes Spezialschrifttum (→Circa instans, →Liber iste, Pseudo-Serapion usw.) einschließl. der für die Substitution bzw. die Identifizierung notwendigen Austausch- und Synonymenlisten (→Alphita, →Sinonoma Bartholomaei usw.). Den durch den med. →Arabismus zugunsten der Composita ztw. in den Hintergrund der Therapie gedrängten Arzneipflanzen wurde mit dem aufkommenden Humanismus – antikem Vorbild gemäß – ihr hoher Rang erneut bestätigt. P. Dilg

Lit.: D. Goltz, Ma. Pharmazie und Med., VIGGPharm, NF 44, 1976, 92–98 – C. Opsomer, Livre des simples médecines. Cod. Bruxellensis IV, 1024. Texte et commentaires, 1980 – W. F. Daems, Nomina simplicium medicinarum ex synonymariis medii aevi collecta. Semant. Unters. zum Fachwortschatz hoch- und spätma. Drogenkunde, Stud. in Ancient Medicine 6, 1993.

Simplicianus, Bf. v. Mailand, 397–400/401; bekannt aus dem Leben des →Ambrosius und →Augustinus. Stammte wohl aus Mailand; sicher in Rom, in der Umgebung des →Marius Victorinus, an dessen Bekehrung zum Christentum (etwa 354) er Anteil hatte (Augustinus, Conf. VIII 2, 4–5). In Mailand führender Kopf eines chr. Neuplatonikerkreises; Einfluß auf Ambrosius seit 374. Helfer Augustins in seiner Bekehrung (Conf. VIII 2, 3). Erhalten sind 4 Briefe des Ambrosius an S. (2; 3; 7; 10; exeget. Fragen), auch ein Augustinusbrief an S. (Ep. 37). Eine Antwort auf exeget. und theol. Fragen des S. schrieb Augustin 397 (De diversis quaestionibus ad S.; CCL 44) und legte darin die Grundzüge seiner Gnadenlehre fest. Augustin erwähnt S. auch in Civ. Dei 10, 29. – Zw. 4. April und 28. Aug. 397 Nachfolger des Ambrosius als Bf. v. Mailand (Paulinus, Vita Ambrosii 46). Aus dem kurzen Episkopat ist wenig bekannt. Empfänger eines Briefes von Papst Anastasius (= Hieronymus, Ep. 95), von Bf. Vigilius v. Trient (MPL 13, 549–552). Erwähnt in den Akten des Konzils v. Karthago (28. Aug. 397), von Toledo (9. Sept. 400). Möglicherweise hat er das Konzil v. Turin am 22. Sept. 398 geleitet. – Die ma. Historiker der Aug. Eremiten machten aus S. einen Eremiten, der (neben Ambrosius) Augustin in das Ordensleben einführte und ihm einige Brüder mit nach Afrika gegeben habe. Diese Tradition wird auch in die Augustinusikonographie eingefügt. K. S. Frank

Lit.: A. Mutzenbecher, CCL 44, XX–XXIV – K. Flasch, Logik des Schreckens, 1990 – J. J. O'Donnell, Augustine, Confessions III, 1992, 6–7.

Simplicius, hl. (Fest: 2. März), Papst seit 3. März 468, * Tivoli, † 10. März 483 Rom, ⌐ ebd., Peterskirche. Im Unterschied zum Vorgänger →Hilarius standen (im zerbrechenden Röm. Reich des Westens; →Odoaker) wieder die Beziehungen zum Osten im Vordergrund. S. trat entschieden für den Glauben des Konzils v. Chalkedon ein, blieb aber im wachsenden östl. Streit (→Monophysiten) gegenüber den Ks.n Basiliskos und Zenon und dem Patriarchen Akakios (→Akakian. Schisma) erfolglos. Es gelang nicht, den Glauben von Chalkedon in Alexandria durchzusetzen. G. Schwaiger

Q. und Lit.: LP I, 249–251; III [Register] – Jaffé² I, 77–80; II, 693 – LThK² IX, 777f. – E. Caspar, Gesch. des Papsttums, II, 1933, 14–25, 746–749 – J. N. D. Kelly, Reclams Lex. der Päpste, 1988, 59f.

Simplikios. [1] *Leben:* S., neuplaton. Philosoph aus Kilikien, Schüler des Ammonios Hermeiu in Alexandria und des →Damaskios in Athen, begab sich nach Schließung der Akademie durch Justinian 529 mit anderen Neuplatonikern 531/532 an den pers. Hof, später vermutl. nach Harran (Karrhae), wo seine Schrr. entstanden. Von seinen Komm.en des Aristoteles sind der zu De caelo (ed. J. L. HEIBERG, CAG VII, 1894), zur Physik (ed. H. DIELS, CAG IX, 1882; X, 1895; engl. Teilübers.: [CAG IX, 601–800] J. O. URMSON, 1992; [4, 1–5, 10–14] DERS., 1992; [6] D. KONSTAN, 1989), zu den Kategorien (ed. C. KALBFLEISCH, CAG VIII, 1907) und zu De anima (ed. M. HAYDUCK, CAG XI, 1882) erhalten, der zur Metaphysik ebenso verloren wie der zum 1. Buch der Elemente des Euklid. Außerdem kommentierte er das Enchiridion des Epiktet (ed. I. HADOT, in Vorb.) und verfaßte eine verlorene Epitome der Physik des Theophrast. Komm.e zu Schrr. des →Iamblichos und des Hermogenes sind bis jetzt nicht nachgewiesen. Früher v. a. wegen seiner Nachrichten über Vorsokratiker (Empedokles, Parmenides) hochgeschätzt, werden heute seine Komm.e als eines der letzten großen Zeugen neuplaton. Philosophierens wie auch der Auseinandersetzung zw. Paganismus und Christentum gewürdigt. Seine Komm.e zu De anima und den Kategorien sind auch in die arab. Überlieferung eingegangen. →Robert Grosseteste und →Wilhelm v. Moerbeke übersetzten den De caelo-Komm. ins Lat.   J. Gruber

Lit.: RE III A, 204–213 – I. HADOT, Le problème du néoplatonisme alexandrin: Hiéroclès et S., 1978 – H. GÄTJE, S. in der arab. Überlieferung, Der Islam 59, 1982, 6–31 – E. SONDEREGGER, S.: Über die Zeit, 1982 – I. HADOT, S., 1987.

[2] *Naturwissenschaftliche Bedeutung:* S. verdanken wir wichtige Hinweise auf verschiedene griech. Forschungen, über welche wir sonst spärlich oder gar keine Auskünfte hätten. In der Mathematik sind es v. a. sein Bericht über drei quadrierbare und ein nichtquadrierbares Kreismöndchen von Hippokrates v. Chios (Komm. zu Ar. Phys.) sowie Beweisversuche des 5. Postulats Euklids (Auszüge aus seinem Euklid-Komm. bei →an-Nairīzī). Für die Astronomie sind es die Beschreibung des Sphärensystems des Eudoxos zur Erklärung der Himmelskörperbewegungen (Komm. zu Ar. De caelo) sowie weitere Zeugnisse über gr. heliozentr. Systeme (Komm. zu Ar. Phys.). Für die Mechanik sind es Beobachtungen von Strato zur Beschleunigung fallender Körper (Komm. zu Ar. Phys.) sowie Versuche zur Beantwortung der Frage des Gewichts von Elementen, wie Luft, innerhalb ihrer »natürlichen Lage«. S. hatte den Vorteil, wertvolle ältere Q. zur Verfügung zu haben (wie die »Gesch. der Geometrie« und die »Gesch. der Astronomie« des Eudemos); ihm gehört aber auch der Verdienst, sie gesucht und kritisch untersucht zu haben.   J. Sesiano

Lit.: DSB XII, 440–443 – H. GÄTJE, S. in der arab. Überlieferung, Der Islam 59, 1982, 6–31 – N.-L. CORDERO, Les sources vénitiennes de l'éd. aldine du Livre I du Comm. de S. sur la »Physique« d'Aristote, Scriptorium 39, 1985, 70–88.

Simultanbild, Darstellung zeitl. und räuml. unterschiedener Handlungsvorgänge in einem Bildraum, lediglich getrennt durch architekton. oder landschaftl. Bildelemente, so daß eine zusammenhängende Gesamterzählung zustandekommt. Antike Anfänge in der sog. kontinuierenden Darstellung, die eine fortlaufende Handlung schildert (z. B. Trajanssäule in Rom). Ab dem 14. Jh. ist das S. vermehrt in Italien zu finden (Giotto: Geburt der Maria, 1305, Padua, Arena-Kapelle; Agnolo Gaddi: Heraklius trägt das Kreuz nach Jerusalem, 1380, Florenz, S. Croce). Zu Beginn des 15. Jh. tritt das S. nördl. der Alpen auf – vereinzelt nur in Frankreich, auch in Deutschland, z. B. in der köln. Malerei beim sog. Meister der Kleinen Passion (Legende des hl. Antonius d. Einsiedlers, um 1411/15, Köln, Wallraf-Richartz-Mus.). Spezifischer für die dortige Malerei waren jedoch die vielszenigen Bilderzyklen (vgl. P. MESCHEDE, Bilderzählungen in der köln. Malerei des 14. und 15. Jh. [Diss. Bonn 1994]). – In den Niederlanden erlebt das S. bis zum Beginn des 16. Jh. seine reichste Entfaltung und größte Variationsbreite (Melchior Broederlam, zwei Altarflügel mit Szenen der Kindheitsgesch. Jesu, um 1390; Dijon, Mus. de la Ville; Rogier v. d. Weyden: Szenen aus dem Leben von Trajan und Herkinbald, 1436; überliefert in einem Wirkteppich des Hist. Mus. Bern [um 1455]). Variante in Form eines kontinuierl. bzw. additiven Erzählsystems z. B. bei Simon Marmion (Altar v. St. Omer, um 1459; Berlin, Gemäldegal.). Ein vergleichbares Konzept zeigt H. Memlings Ursulaschrein (1489; Brügge, Johannesspital). Höhepunkt der Entwicklung in Memlings »Passion Christi« (um 1470; Turin, Gal. Sabauda) sowie seinen »Sieben Freuden der Maria« (um 1480; München, Alte Pinakothek).   M. Grams-Thieme

Lit.: E. KLUCKERT, Die Erzählformen des spätma. S. [Diss. Tübingen 1971], 1974.

Sinai, dreieckige, zw. den Golfs v. Suez und Aqaba nach Süden spitzwinklig zum Roten Meer verlaufende Halbinsel (ca. 60000 km²), im Norden durch Landbrücken westl. mit Ägypten (bei Klysma [Suez], dem röm. und früh-byz. Militärstützpunkt der Region) und östl. mit Palästina verbunden. Abgeschiedenheit und wüstenartige Gebirge (Gebel Katharina 2637 m, Gebel Musa 2285 m) des Südens begünstigten dort seit dem 3. Jh. chr. Eremitentum in Raithu (heute al-Tur/Abu Zenima), dem Hafenort des S. an dessen Südostküste, dessen Mönchslaura nach Martyrium von 33 Einsiedlern (373) durch Ks. Justinian I. erneuert und befestigt wurde. Weitere Zentren entstanden in dem bereits von →Eusebios und von →Aetheria (um 380) erwähnten Oasenort Pharan (heute Wadi Feiran, im 6. Jh. befestigt) und an den nahegelegenen bibl. Orten (Ex 3, 1 ff.) des Berges Horeb (Gebel Sufsafeh; zahlreiche Reste von Einsiedeleien 3.–7. Jh.) und des östl. darunter lokalisierten 'Dornbusches', wo Aetheria ebenfalls bereits eine Kirche und Mönchszellen bezeugt. Zum Schutz der Mönche ließ hier Ks. Justinian I. nach 548 auf ca. 80×90 m das in den Grundzügen (bis 15 m hohe Umfassungsmauern, dreischiffiges basilikales Katholikon mit Apsismosaik und weiteren Resten der frühbyz. Ausstattung, Dornbusch-Kapelle) bis heute wenig veränderte Dornbusch-Kl. (gr. τοῦ βάτου) erbauen, das sich früh zu einem spirituellen Zentrum der Orthodoxie entwickelte (→Gregorios v. Antiocheia, →Anastasius Sinaita, →Johannes Klimakos, →Gregorios Sinaites). Anläßl. der muslim. Machtübernahme wurden die ungeschützten Einsiedeleien weitgehend zerstört und der Bf.ssitz des S. von Pharan (dort belegt seit Mitte 5. Jh.) in das Dornbusch-Kl. verlegt, das Ende des 7. Jh. ebenfalls unter arab. Oberhoheit gelangte (Moschee des 10. Jh.), sich jedoch bereits frühzeitig des bes. Schutzes der Muslime erfreute (*'ahdinnāme* Mohammeds). Um 869 ist das Kl. als eigenes Bm., wohl seit 1567 als autokephales Ebm. belegt, das bis heute Bestand hat. Obgleich dem Patriarchen v. →Jerusalem unterstellt (von Alexandreia ztw. bestritten), nahm das Kl. im 10. oder 11. Jh. Reliquien der hl. →Katharina v. Alexandreia auf, deren Leib Engel gemäß der Legende unmittelbar nach dem Martyrium zum S. entführt hatten. Das Kl. trägt seither ihren Namen und entwickelte sich im MA, trotz stetiger Bedrohung durch die Beduinenstämme des S., zu einer der wichtigsten Stationen der Pilgerfahrten zu den hl. Stätten. Das Kl. hat seit dem MA Besitzungen u. a. in Konstantinopel, auf Kreta, Zypern und Chios. Begünstigt durch die Rückzugslage überdauerten im Katharinen-Kl. zahlreiche früh-byz. Hss. (u. a. Cod. Sinaiticus, 4. Jh.) und Ikonen die 'dunklen Jahrhunderte' und den →Bilderstreit (heutiger Gesamtbestand: über 3100 gr., 700 arab., 250 syr., 100 georg. und 40 slav. Hss.; mehr als 2000 Ikonen; Urkk., Papyri). J. Koder

Lit.: I. Ševčenko, The Early Period of the S. Monastery in the Light of its Inscriptions, DOP 20, 1966, 255–264 – G. H. Forsyth, The Monastery of St. Catherine at Mount S., ebd. 22, 1968, 1–19 – S. D. Kontogiannes, Γενική βιβλιογραφία περί Σ. (Πανηγυρικός τόμος Σ., 1971), 533–566 [dazu: Συμπλήρωμα, Theologia 43, 1972, 773–791] – J. M. Braun, St. Catherine's Monastery Church, Mount S.: Lit. Sources from the 4th through the 19th Cent., 1976 – Y. Tsafrir, St. Catherine's Monastery in S. Drawings by I. Dunayevsky, Israel Expl. Journ. 28, 1978, 218–229 – B. Bernstein, S.: The Great and Terrible Wilderness, 1979 – I. Finkelstein, Byz. Prayer Niches in Southern S., Israel Expl. Journ. 31, 1981, 81–91 – Specimina S.tica. De datierten gr. Hss. des Katharinen-Kl. auf dem Berge S., 9.–12. Jh., hg. D. Harlfinger u. a., 1983 – P. Maiberger, Topograph. und hist. Unters. zum S.-Problem, 1984 – I. Finkelstein, Byz. Monastic Remains in the Southern S., DOP 39, 1985, 39–79 – G. Fedalto, Hierarchia ecclesiastica orientalis, III, 1988, 1044ff. – I. C. Tarnanidis, The Slavonic Mss. Discovered in 1975 at St. Catherine's Monastery on Mount S., 1988 – P.-L. Gatier, Les traditions et l'hist. du S. du IVe au VIIe s. (L'Arabie préislamique et son environnement hist. et culturel, hg. T. Fahd, 1989), 499–523 – Οι θησαυροί της Ι. Μ. αγίας Αικατερίνης, hg. K. A. Manaphes, 1990 – K. Weitzmann-G. Galavaris, The Monastery of St. Catherine at Mount S., The Illuminated Mss., I: From the Ninth to the Twelfth Cent., 1990 – A. Külzer, Peregrinatio graeca in Terram Sanctam, 1994.

Sincfal → Zwin

Singidunum → Belgrad

Singschule (mhd. *sancschuole, singer schuole*) bezeichnet im dt. SpätMA und in der frühen NZ zum einen ein institutionalisiertes Sängerkollegium (z. B. kirchl. Schola cantorum, Hofkantorei), das zugleich Ausbildungsstätte des Sängernachwuchses sein kann; zum andern, häufiger, eine Singvorführung, ein Konzert, gelegentl. auch hier mit dem Nebensinn, daß dabei der Nachwuchs das Singen lernen könne. Diese Bedeutung schließt an das häufig belegte 'Schule' = 'Vorführung' an (vgl. z. B. Fechtschule = Fechtvorführung). Der Terminus ist keineswegs auf die →Meistersinger beschränkt, findet sich bei ihnen jedoch am häufigsten. 'S.' heißt bei den Meistersingern nur der öffentl. oder interne Singwettkampf, gemeint ist nicht die institutionalisierte Vereinigung, die gewöhnl. 'Gesellschaft' oder 'Bruderschaft' gen. wurde. Erst im modernen Sprachgebrauch werden die Meistersingergesellschaften gewöhnl. als S.n bezeichnet. H. Brunner

Lit.: H. Brunner, Die alten Meister, 1975, 14–24 – Ch. Petzsch, S., ZDPh 95, 1976, 400–416.

Singularitas, bisweilen 'das Alleinsein', 'die Einzigartigkeit', ist in der Mathematik Übers. von monás (Eins; Calcidius, In Tim. 38, S. 88, 1 ed. Waszink; Martianus Capella 7, 750). In den Übers. en des Ps.-Dionysios steht s. gelegentl. für henás, vgl. De div. nom. 1, 4 (Hilduin); ebd. 2, 4 übersetzen Johannes Sarracenus, Ambrosius Traversari und Marsilio Ficino monimótes mit s.; ebd. 13, 3: Das überseiende Eine kann nicht henótes (s., Robert Grosseteste) gen. werden. Im Anschluß an Ps.-Dionysios wird die platon. Einheitslehre auf Gott angewendet (vgl. Dionysius d. Kartäuser, El. philos., prop. 85 [Opera XXXIII, 91 c]: Gott als erste Ursache ist transzendente s., mit Berufung auf Heinrich v. Gent [Summa quaest. ord. 25 q. 3, 155 r: Die s. als solche ist nicht mitteilbar]). Bei Nikolaus v. Kues wird s. in De docta ign. wichtig (3 n. 188: Alles im Universum hat gewisse s.; hierzu De coni. 2 n. 87–89, 112–116). Die s. macht alles zum Einzelding (ebd. n. 89, 9, vgl. De docta ign. 1 n. 74, 10; De ven. sap. n. 65, 21: Die s. ist weder in Gott noch in der Welt noch in den Engeln zu vervielfältigen). Grund der s. der Geschöpfe ist die unvergängl. s. ('Gleichheit', Comp. n. 31), De ven. sap. n. 66, 17. Kein Geschöpf kann an der unvergängl. s. partizipieren (ebd. n. 109, 4). Über die transzendente s. Gottes vgl. Apol. doctae ign. h II S. 9, 18–10, 5. In der Trinitätslehre wird s. früh verwendet, vgl. Marius Victorinus, Adv. Arium 4, 21, 30; Hymn. 3, 224. Bonaventura I sent. 34, 2: Unitas, nicht s. des Wesens besteht in der Trinität. Bei Thomas v. Aquin ist s. synonym mit unitas, auch = Individualität (vgl. S. th. I q. 14 a. 11 ob. 3); unterschieden werden s. naturae und s. subsistentis in natura (III sent. 2, 2, 1, 3 ad 2). K. Bormann

Lit.: HWP VI, 114–117 [Monade; F. Lötzsch] – G. v. Bredow, Der Gedanke der s. in der Altersphilos. des Nikolaus v. Kues, MFCG 4, 1964, 375–383.

Sinibaldo Fieschi → Innozenz IV.

Sinne. Die Gesch. der sensitiven Erfahrung (cognitio sensitiva) im MA als Gegenstand philos. Denkens hat ihren Ursprung in dem Werk »De anima« von →Aristoteles, in dem er die Parallelität von 'sensus' und 'intellectus' betont (429 a 16–18). Während der Stagirite jedoch die strikte Notwendigkeit eines →'intellectus agens' für die intellektuelle →Erkenntnis herausarbeitet, erklärt sich die Sinneswahrnehmung nach seiner Auffassung hinreichend durch die Aktion des wahrgenommenen Objekts auf das betreffende S.sorgan. Kurz, für den Philosophen existiert ein 'sensus agens' nicht. Diese Position sollte von →Augustinus erschüttert werden; im Rahmen seiner dualist. Anthropologie sieht er die sensitive Wahrnehmung als spirituelle Tätigkeit, die nicht durch das Agieren äußerer Körper erklärt werden kann. Eine Gruppe von Denkern verfocht jedoch die aristotel. Position. Zu nennen sind hier →Albertus Magnus (Komm. zu »De anima«: 1. II, tr. 3, c. 6, ed. Colon., t. VII, I, 1968, 104–107), sodann →Thomas v. Aquin (S. th. I, q. 79, a. 3, obj. 1; ad 1m und »De spirit. creat.«, a. 9, ed. Keeler, 107, 1, 22–24) und seine Schüler wie Jakob v. Douai, →Heinrich Bate v. Mecheln, →Gottfried v. Fontaines, →Petrus v. Alvernia, Bernhard v. Auvergne, →Thomas v. Sutton, Radulf der Bretone. Doch war es v. a. →Bartholomaeus v. Brügge, der diese Thesen in seiner Kontroverse mit dem Averroisten →Johannes v. Jandun umfängl. dargelegt hat. Alle diese Autoren legen den Akzent auf die Passivität der S. und stützen sich dabei hauptsächl. auf folgendes Zitat aus »De anima« von Aristoteles: »sensus autem in moveri aliquid et pati accidit […] videtur enim quaedam alteratio esse« (416 b 33–34). Hier blieb jedoch ein grundlegendes Problem bestehen; dieses wurde erstmals von →Averroes klar formuliert: »sensibilia […] movent sensus secundum quod sunt intentiones, cum in materia non sint intentiones in actu, sed in potentia« (»In de Anima«, ed. F. St. Crawford, 1953, 221, l. 41–44). Averroes stellte damit die Kausalfunktion der sinnlich erfaßbaren Realität in Hinblick auf das sensitive Vermögen in Frage. Diese Kausalität ist letztl. nicht in der Lage, den S.sreiz zu erklären; hierfür muß der Einfluß eines 'sensus agens' bemüht werden, der nach der Definition des Kommentators nichts anderes ist als der »motor extrinsecus in sensibus alius a sensibilibus« (ebd. 221, l. 51–52). Diese Thesen wurde von den Averroisten wie →Johannes v. Jandun und →Thaddaeus v. Parma mit Nachdruck vertreten. Andere Autoren, die zwar die Existenz eines 'sensus agens' verwerfen, sind doch von Averroes' Fragestellung berührt und gehen von einer Einwirkung Gottes und der →Intelligenzen auf den S.sreiz aus. Zu nennen sind hier die Positionen von

→Johannes Buridanus und der unter seinem Einfluß stehenden Pariser Magister wie Nikolaus v. →Oresme, →Marsilius v. Inghen und Laurentius v. Lindores. Die augustin. Denker (→Augustinerschule) nehmen naturgemäß den Standpunkt des hl. Augustinus auf, der dem wahrgenommenen Objekt letztlich nur die Rolle eines simplen Erregers (excitans) zuwies: »neque enim corpus sentit, sed anima per corpus, quo velut nuntio utitur ad formandum in seipsa quod extrinsecus nuntiatur« (De genes. ad lit. XII, c. XXIV, MPL 34, 475). Als Repräsentanten dieser Strömung sind zu nennen: →Richard v. Mediavilla, →Johannes Peckham, Matthaeus v. Acquasparta, →Roger Marston und →Jakob v. Viterbo. Dagegen bieten die Werke von →Bonaventura, →Petrus Johannis Olivi und →Aegidius Romanus eine nuanciertere Annäherung an die Lehre des hl. Augustinus. A. Pattin

Lit.: A. PATTIN, Pour l'hist. du sens agent. La controverse entre Barthélemy de Bruges et Jean de Jandun. Ses antécédents et son évolution, 1989 [Bibliogr.; Ed. mehrerer Traktate von im Text genannten Autoren].

Sinope (heute Sinop), Hafenstadt und Bm. in Pontos an der S-Küste des →Schwarzen Meeres. Am Isthmus einer sich 4,5 km nach NO erstreckenden Halbinsel (Boz Tepe) im 7. Jh. v. Chr. als miles. Kolonie gegr., entwickelte sich S. dank seiner zwei Häfen – der S-Hafen galt als der beste der ganzen pont. Küste – zu einer der wichtigsten Handelsstädte des Schwarzen Meeres, die ihre Bedeutung bis in frühosman. Zeit bewahrte. S. gehörte in frühbyz. Zeit zur Prov. Helenopontos (als Bm. Suffragan v. →Amasya), in mittelbyz. Zeit zum →Thema Armeniakon. Der wichtigste Kult der Stadt galt dem hl. Phokas, an dessen Festtag alljährl. eine Handelsmesse abgehalten wurde. 1081 wurde S. durch den Selǧuqen-Emir Karatekin erobert, fiel aber bald wieder an Byzanz zurück und gelangte 1204/05 an die Großkomnenen v. →Trapezunt. 1214 wurde die Stadt von den Selǧuqen eingenommen, war aber (ca.) 1254–65 nochmals trapezuntinisch. Seit dem späteren 13. Jh. ließen sich zunehmend Kaufleute aus it. Seerepubliken (bes. Genua, Venedig) in S. nieder, die später eigenen lokalen Behörden unterstanden. Seit dem frühen 14. Jh. im Besitz der İsfendiyār oğullarï v. →Kastamonu, wurde S. 1461 von den Osmanen erobert. K. Belke

Lit.: EI¹ VII, 437–439 – Oxford Dict. of Byzantium, 1991, 1904 – RE IIIA/1, 252–255 – A. BRYER-D. WINFIELD, The Byz. Monuments and Topography of the Pontos, I, 69–88.

Sintflut. Die in Gen. 6–9 kompilierten Erzählungen von einer großen Überschwemmungskatastrophe (Lit. zu den vorausgehenden oriental. Q.: v. ERFFA 435 f.) und von der Rettung des →Noah mit seiner Familie haben in frühchr. und ma. Lit. und Kunst vielfältige Aufnahme gefunden, bes. in der Tauftypologie und der typolog. Deutung der Arche als der rettenden Kirche. Hinzu kamen u.a. die Bezeichnung von Mast und Rahe der Arche als allegor. Bild des Kreuzes Christi und die schon im 2. Jh. von Justinus Mart. (Dial. Tryph. 138) gegebene Erklärung der Achtzahl der Geretteten als Hinweis auf die Auferstehung Christi am achten Wochentag (vgl. →Baptisterium; weitere patrist. Deutungen zu Noah: DASSMANN 208–222). Die frühesten bildl. Darstellungen zeigen meist Noah als Orans allein in der Arche, die (wegen der Grundbedeutung des lat. *arca*) als Geldkasten mit Schlüsselloch und aufgeklapptem Deckel wiedergegeben ist. Doch schon seit dem 5./6. Jh. wurden in Hss.illustration und Monumentalmalerei die einzelnen Ereignisse vom Auftrag zum Bau der Arche bis zum Dankopfer und dem Bund Gottes mit Noah nach der S. zykl. dargestellt (frühma. und ma. Beispiele: →Genesisillustration, →Noah). Die als Vorbild der für die S.zyklen, die mit der Cotton- und Wiener Genesis einsetzen, oft vermuteten Illustrationen jüd. Hss. sind nicht nachzuweisen, so bleibt auch die Frage offen, wie das aus außerbibl. Legenden stammende und in S.bildern vom 4. Jh. an häufige Bildmotiv des Raben herzuleiten ist, der neben der Arche von einer Leiche frißt (Diskussion: GUTMANN; zu weiteren Legenden, z.B. um die Frau Noahs und den Teufel in der Arche: v. ERFFA). In S.bildern seit dem 4. Jh. pickt der Rabe entweder an einem Tier oder einem Menschen; die w. ma. Kunst bevorzugte ersteres Motiv, die byz. Kunst das letztere. Zur S. in der Kunst der Renaissance: HOHL. J. Engemann

Lit.: LCI I, 178–180; IV, 161–163, 611–620 – RAC I, 597–602 – H. HOHL, Die Darstellung der S. und die Gestaltung des Elementaren, 1967 – J. P. LEWIS, A study of the interpretation of Noah and the flood in Jewish and Chr. Lit., 1968 – E. DASSMANN, Sündenvergebung durch Taufe, Buße und Martyrerfürbitte, 1973 – J. GUTMANN, Noah's Raven in Early Chr. and Byz. Art, CahArch 26, 1977, 63–71 – R. STICHEL, Die Namen Noes, seines Bruders und seiner Frau, 1979 – K. WEITZMANN-H. L. KESSLER, The Cotton Genesis, 1986 – H. M. v. ERFFA, Ikonologie der Genesis I, 1989, 432–495.

Sinti und Roma →Zigeuner

Sion →Sitten

Sion, Miniatur-Architekturen in Edelmetall, v.a. aus byz. Umkreis vom 10.–12. Jh., in Aufschriften bzw. Q. S. oder »Jerusalem« genannt. Denkmäler: Kuppelkirche Aachen, Dom (Ende 10. Jh.); Achteckbau als Reflex eines Demetrius-Heiligtums Moskau, Kreml (Mitte 11. Jh.); Fünfkuppelbau Venedig, S. Marco (Ende 12. Jh.), in späterer Verwendung als Reliquiare. Den Typ des Ziboriums über Säulen vertreten zwei S. in Novgorod, Hagia Sophia, sowie mehrere in Q. der Zeit. Fs. →Andrej Bogoljubskij erwähnte »Jerusalem«. Zwei S. als polygonale Zentralbauten mit Apostelzyklus in Moskau, Kreml, bezeugen maasländ. Einfluß. – Die S. weisen symbol. auf die (apokalypt.) Himmelsstadt, teilw. auch auf das →Hl. Grab. Die angenommene liturg. Verwendung variiert vom Lichtträger zu Weihrauchspender oder Artophorion (Eucharistiebehälter). Beziehung zu den roman. Kuppelkirchen ist anzunehmen. V. H. Elbern

Lit.: LThK² I, 910 f. – RByzK V, 737 f. – J. BRAUN, Der christl. Altar II, 1924, 597 f. – A. GRABAR, Karol. und otton. Kunst, 1957, 282–287 – W. B. R. SAUNDERS, DOP 36, 1983, 211 ff. – V. H. ELBERN (Russ. Ikonen – Neue Forsch., 1991), 198 ff.

Sipāhī (pers. 'Krieger'), osman. Kavallerist. Die Bezeichnung wurde für Angehörige zweier ganz unterschiedl. Einheiten gebraucht. [1] *tīmārlï* S.: Zur Leistung von Militärdienst verpflichteter Inhaber einer Pfründe (→*tīmār*) im Osman. Reich. Der mit sultan. Patent (*berāt*) ausgestattete S. bearbeitete oder vermietete selbst ein Stück Land, durfte zentral in *tahrīr*-Registern festgelegte Bar- und Naturalsteuern eintreiben sowie in geringem Umfang Frondienste beanspruchen. Dafür leistete er unter dem *alaybegi* der Prov. Heerfolge und hatte in Friedenszeiten in der Prov. für Sicherheitsaufgaben zur Verfügung zu stehen. Von der Größe der Pfründe hing die von ihm zu stellende Ausstattung und Zahl von begleitenden Reitern (*cebelü*) ab. 1527/28 gab es rund 40000 tīmār-Pfründen und ein S.-Heer von 70–80000 Mann (Ende des 16. Jh.: mehr als 100000). Damit bildeten die S. die größte Abteilung des osman. Heeres. Zum S. wurden gediente Mitglieder der zentralen Pfortentruppen (s. a. →Janitscharen) und bewährte Angehörige von Hilfstruppen ernannt. Strenge Regelungen verhinderten, daß die Pfründen erbl. wurden; doch ging Ende des 16. Jh. ein Anspruch auf ein tīmār in Mindestgröße auf den Sohn eines verstorbenen S. über. Die nominell bis ins 19. Jh. bestehende Pfründenreiterei verlor seit dem Ende des 16. Jh. rapide an militär. Bedeutung, womit der wirtschaftl. und soziale Abstieg der S. einherging.

[2] Angehöriger des *sipāh bölügi*, des größten und höchstrangigen der sechs Truppenteile der Pfortenreiterei, die aus Palastpagen und Janitscharen rekrutiert wurde. Das in 300 Abteilungen gegliederte Korps hatte Anfang des 16. Jh. etwa 1500 Mitglieder (im 17. Jh.: über 7000). Es handelte sich um eine Elitetruppe, die auch repräsentative Aufgaben erfüllte, deren militär. und polit. Bedeutung aber begrenzt blieb.

Ch. K. Neumann

Lit.: IA XII, 286–333 [Timar; L. Barkan] – Uzunçarşılı, Kapukulu, II, 146–254 – N. Beldiceanu, Le timar dans l'état Ottoman, 1980 – H. İnalcık – D. Quataert, An Economic and Social Hist. of the Ottoman Empire, 1300–1914, 1994, 113–118.

Siponto, südit. Stadt (Apulien). Griech. Kolonie (Sipus), seit 194 v. Chr. röm. Municipium (Sipontum, weitere Deduktion 185 v. Chr.), in augusteischer Zeit Teil der Regio II. Als eine der ältesten Bf.sstädte Süditaliens war S. bereits im 5. Jh. christianisiert. Bf. Felix nahm 465 an der von Hilarius I. einberufenen röm. Synode teil. S. war der wichtigste Getreidehafen Apuliens, befand sich aber zur Zeit Theoderichs in Schwierigkeiten, so daß der Ks., wie Cassiodor berichtet, den Kaufleuten der Stadt für zwei Jahre die Bezahlung der Schulden erließ. Anfang des 7. Jh. kamen Scharen von Slaven aus dem nahen Dalmatien über das Meer und ließen sich in der Nähe der Stadt nieder, wurden aber 642 nach einem Attentat auf Hzg. Aio v. Benevent von dessen Adoptivbruder Rodoald vernichtend geschlagen. 649 nahm Bf. Rufinus an der Lateransynode Martins I. teil. Danach schritt der Prozeß des Niedergangs der Stadt nach den Einfällen der Langobarden rasch fort, die den Byzantinern das gesamte Gebiet bis zum Gargano entrissen und es dem Hzm. →Benevent eingliederten. Der von Papst →Vitalian unterstützte Rückeroberungsversuch →Konstans' II. blieb erfolglos. Einer hagiograph. Legende zufolge habe Hzg. Romuald v. Benevent (671–687) nach der Bekehrung durch Bf. Barbatus der Kirche v. Benevent das Bm. S. geschenkt. Die Vereinigung der beiden Bm.er ist jedoch erst seit 795 belegt. Die Stadt wurde Gastaldat, das von einem vom Hzg. v. Benevent ernannten Amtsträger verwaltet wurde. Im 9. Jh. hatte S. unter den Auswirkungen der Auseinandersetzung zw. Sikunulf und Radelchis und unter den Einfällen der in diesen Kämpfen angeworbenen Berber zu leiden. Als die Byzantiner mit Hilfe der Muslime das nördl. Apulien in Besitz nehmen wollten, konnte 921 Atenulf II., der Bruder Landulfs I., die Kontrolle über S. gewinnen. Der Katepan →Basilios Boioannes eroberte S. für den byz. Ks. zurück und versuchte, den Eroberungszug der Normannen aufzuhalten, wobei ihn Leo IX. unterstützte (Synode v. S., 1050). Die von Benedikt IX. vorgenommene Erhebung der S.s zum Ebm. wurde von Benevent angefochten, erlangte jedoch unter Alexander II. Endgültigkeit. Paschalis I. übertrug S. das Suffraganbm. Vasto. Die Herrschaft über die Stadt hatten seit Robert Drengot norm. Herren inne, die auch nach der Gründung des Kgr.es Sizilien durch →Roger II. häufig miteinander im Kampf lagen. Der Hauptgrund für den Niedergang S.s wird jedoch in verschiedenen Naturkatastrophen gesehen, v. a. im Wüten der Malaria, die seit dem 12. Jh. zur Abwanderung der Bevölkerung in das Hinterland führte. 1256 ließ Kg. →Manfred mit Baumaterial aus dem alten S. →Manfredonia errichten.

P. de Leo

Lit.: IP IX, 230 – N. Kamp, Kirche und Monarchie im stauf. Kgr. Sizilien, 1973f., I, 2, 530 – Culto e insediamenti micaelici nell'Italia meridionale fra tarda antichità e medioevo, hg. C. Carletti – G. Otranto, 1994.

Sippe. Das Wort gehört etymolog. zu einem Stamm, der »Zugehörigkeit« meint (vgl. lat. *suus*). In Übersetzungsgleichungen kann es für lat. *pax, foedus* oder *propinquitas* stehen und erscheint in den ags. und nord. Rechtsq. nur beiläufig. Erst in den dt. Q. des späteren MA (vgl. Sachsenspiegel, Landrecht I 3, 3) spielt die S. als → »Verwandtschaft« eine gewisse Rolle.

Gleichwohl gilt die S. nach herkömml. rechtshist. Ansicht als eine der zentralen Institutionen des germ. Rechts. Ihren Kern habe das von einem Stammvater in männl. Linie abstammende Geschlecht gebildet (sog. agnat. oder feste S.). Erst später seien zu diesen »Schwertmagen« die in weibl. Linie verwandten »Spindelmagen« hinzugetreten, so daß die S. nunmehr einen wechselnden, für jeden Menschen anders zu umschreibenden Verwandtenkreis darstellte (sog. wechselnde S. oder »Magschaft«). Dennoch habe die S. unter ihrem S.nältesten einen festen Verband gebildet. Über die S.ngenossen habe sie ein S.nstrafrecht geübt, Unmündige hätten ihrer →Vormundschaft unterstanden, und aller Grundbesitz sei ursprgl. S.ngut gewesen.

Nach außen hin habe die S. jedem ihrer Glieder Schutz und Hilfe geboten. Sie half ihm, einen Verbrecher zu verfolgen; sie empfing die →Buße für einen Erschlagenen oder verfolgte den friedlosen Täter mit ihrer →Rache. Andererseits habe sie dem schuldigen S.ngenossen bei der Aufbringung seiner Buße geholfen, um ihn der Rache seiner Feinde zu entziehen. Vor Gericht habe sie ihm Eidhilfe und →Bürgschaft geleistet. So konnte man schließlich sagen: »Außerhalb der S. existierte man im Grunde nur als Unfreier, jedes polit. Rechtes bar, mehr einem Wolf als einem Menschen gleichen« (W. Schlesinger).

Weiterhin wird angenommen, im Kampf habe die S. einen Heeresverband gebildet. Auch bei Wanderungen und Ansiedlungen der germ. Stämme seien die S.ngenossen zusammengeblieben. So sei die S. endlich zur Grundlage der ma. →Markgenossenschaft geworden, die anfangs auch das Ackerland, aber später nur Wiesen, Wald und Wege gemeinschaftl. nutzte (→Allmende).

In ihren Anfängen reicht diese Lehre von der S. bis auf Jacob Grimm zurück. Voll entwickelt findet sie sich erst bei den »Klassikern« der dt. Rechtsgesch., bei K. v. Amira, H. Brunner, O. Gierke und R. Schröder. Der Widerspruch des großen Basler Rechtshistorikers A. Heusler (»ein Beweis liegt nicht von ferne vor«) blieb damals wirkungslos. In unserem Jh. wurde die S.ntheorie durch die neuere verfassungsgeschichtl. Forschungsrichtung (W. Schlesinger) noch einmal zugespitzt. Die um die Jahrhundertmitte einsetzende rechtshist. Kritik (F. Genzmer, K. Kroeschell) betonte die unzureichende Q.basis, zumal auch die »germ.« Markgenossenschaft fragwürdig geworden war und das Bild der wandernden S.n verblaßte (→Fara). Die hist. Personenforsch. (K. Schmid; →Personennamen, -forschung) vermochte zu zeigen, daß der agnat. Geschlechtsverband im ma. Adel nicht Ausgangspunkt, sondern Resultat der hist. Entwicklung war. Endlich hat A. C. Murray für die frühen frk. Rechtsq. eine kognat. »bilaterale« Familienstruktur nachweisen können. Die Lehre von der S. als einem Geschlechtsverband nach Art eines Clans kann nach alledem nicht mehr aufrechterhalten werden.

K. Kroeschell

Lit.: HRG IV, 1668–1672 [E. Kaufmann] – F. Genzmer, Die germ. S. als Rechtsgebilde, ZRGGermAbt 67, 1950, 37–49 – K. Schmid, Zur Problematik von Familie, S. und Geschlecht, Haus und Dynastie beim ma. Adel, ZGO 105, NF 66, 1957, 1–62 – K. Kroeschell, Die S. im germ. Recht, ebd. 77, 1960, 1–25 – W. Schlesinger, Randbemerkungen zu den Aufsätzen über S., Gefolgschaft und Treue (Ders., Beitr. zur dt. Verfassungsgesch. I, 1963), 286–334 – R. Wenskus, Probleme der germ.-dt. Verfassungsgeschichte im Lichte der Ethnosoziologie (Hist. Forsch. für W. Schlesinger, 1974), 19–46 – A. C. Murray, Germanic Kinship Structures, 1983.

Sir Gawain and the Green Knight, anonyme, aus dem späten 14. Jh. stammende Artusromanze (→Artus, V) in nw. mittelländ. Dialekt, zusammen mit »Pearl«, »Patience« und »Cleanness« Teil des MS London, BL Cotton Nero, A.x, art 3 (→Pearl-Dichter).

»SGGK« behandelt die Probe, der →Gawains (G., III) Ritterlichkeit (Emblem: Fünfeck auf G.s Schild) im Enthauptungswettstreit mit dem Grünen Ritter (GR) unterzogen wird. Als dieser den Axthieb G.s am Artushof überlebt, muß G. ihn ein Jahr später in der geheimnisvollen grünen Kapelle aufsuchen. Auf dem Weg zum GR übernachtet G., ohne es zu wissen, bei diesem, und der GR stellt ihn drei Tage lang auf die Probe durch den vereinbarten Tausch von Gewinnen, der durch die Verführungsversuche seiner Frau erschwert wird. In der grünen Kapelle erhält G. vom GR drei Hiebe, die dieser mit den drei Tagen der Probe gleichsetzt. Beim dritten Hieb ritzt der GR G. am Hals, weil dieser einen angebl. mag. Gürtel, der ihm von seiner Frau übergeben worden war, zurückbehalten hat. Nach der Erklärung des GRs, er sei von der Fee Morgana verzaubert worden, um den Artushof auf die Probe zu stellen, nimmt G. den grünen Gürtel als Zeichen seines tief empfundenen Gefühls moral. Unvollkommenheit an. Nach seiner Rückkehr übernimmt der Artushof aus Solidarität ein grünes Band. – Vorläufer des Enthauptungsspieles sind in der kelt. Sage (→»Fled Bricrenn«) und im »Livre de Caradoc« zu finden, während die Namen der Ritter, die Verführungsfabel, die grüne Kapelle und die Fee Morgan aus dem Vulgata-Zyklus entlehnt wurden. →Romanzen, II. M. W. Twomey

Bibliogr.: M. Andrew, The G.-Poet: An Annotated Bibliogr., 1839–1977, 1979 – M. Stainsby, SGGK: An Annotated Bibliogr., 1978–89, 1992 – Ed.: SGGK, ed. J. R. R. Tolkien – E. V. Gordon, überarb. N. Davis, 1967² – Lit.: J. A. Burrow, A Reading of SGGK, 1965 – A. Putter, SGGK and French Arthurian Romance, 1995.

Sirenen → Fabelwesen

Siresa, San Pedro de, Abtei (Aragón; Bm. Huesca), wahrscheinl. in westgot. Zeit im Tal des Echo gegr., von Abt Zacharias restauriert (ca. 809–814) und von Gf. Galindo Garcés reich dotiert (zw. 828 und 833). →Eulogius v. Córdoba besuchte das Kl., in dem damals hundert Mönche lebten (848/850). Nach bedeutenden Schenkungen der Kg.e Sancho Garcés (922) und García Sánchez im 10. Jh. wurde S. zw. 1076 und 1079 von Bf. García v. Aragón der Kathedrale S. Pedro de →Jaca übertragen. 1082 führte Kg. Sancho Ramírez I. dort die Augustinus-Regel ein und erhob S. zur *capilla real*. Ein Streit zw. dem Kl. →Montearagón und dem Bf. v. →Huesca um den Besitz von S. wurde Mitte des 12. Jh. von Ebf. Bernhard Tort v. Tarragona zugunsten Huescas entschieden. Als nur noch 13 Kanoniker in S. lebten, wandelte Bf. Vidal de Canellas v. Huesca-Jaca das Kl. 1252 in ein Säkularstift um. Abhängig v. S. war seit 1082 das Priorat S. Salvador de Agüero.
U. Vones-Liebenstein

Q. und Lit.: DHEE III, 1676 [Lit.] – A. Ubieto Arteta, Cartulario de S., 1960 – A. Ubieto Arteta, La »Chanson de Roland« y algunos problemas hist., 1981 – Ders., Hist. de Aragón. Orígenes de Aragón, 1989, 373–377 – A. Durán Gudiol, El monasterio de S. P. de S., 1989.

Siricius, hl. (Fest: 26. Nov.), Papst seit Dez. 384, † 26. Nov. 399 Rom; Römer; seit Papst Liberius im Dienst der röm. Kirche, in den Umtrieben des Ursinus einmütig gewählt mit Einverständnis Ks. Valentinians II. Schärfer noch als bei seinem Vorgänger →Damasus zeigt sich bei S. der wachsende Primatsanspruch der röm. Kirche. S. erließ angebl. als erster Papst →Dekretalen. G. Schwaiger

Lit.: LThK² IX, 793f. – E. Caspar, Gesch. des Papsttums, I, 1930, 257–267, 280–285, 599f. – J. N. D. Kelly, Reclams Lex. der Päpste, 1988, 48f. – Ph. Levillain, Dict. hist. de la Papauté, 1994, 1587f.

Sirma (cauda), Begriff der Metrik (→Vers- und Strophenbau), bezeichnet den zweiten Teil der Strophe, wenn in diesem Teil keine Wiederholung eines Melodiegliedes vorgenommen wird, die Melodie also fortgesetzt wird.
M. Vuijlsteke

Lit.: Dante, De Vulg. Eloquentia, ed. A. Marigo, 1957 (= Opere di Dante, VI), 246f. – R. Dragonetti, Techniques Poétiques des trouvères, 1960, 381f.

Sirmium, Residenzstadt Illyriens und Bf.ssitz im Grenzbereich zw. gr. Ost- und lat. Westkirche (→Srem), war in den 50er Jahren des 4. Jh. Ort mehrerer Synoden im Zusammenhang mit der Religionspolitik Ks. →Constantius' II. seit Beginn seiner Alleinherrschaft nach der gescheiterten Synode v. →Sardika (Trennung zw. Ost und West). – 351: Erneute Verurteilung und Absetzung des Ortsbf.s Photeinos (→Photinianer), Schüler des →Markellos v. Ankyra, nach Disputation mit →Basileios v. Ankyra (u. a. Vorwurf des →Sabellianismus in der Trinitätslehre, extreme Einhypostasenlehre). Das Glaubensbekenntnis der Synode ist die sog. 4. antiochen. Formel v. 341 mit den Anathematismen v. →Nikaia I. (325) und 26 neuen Abgrenzungen. – 357: Nach der Verurteilung des →Athanasios v. Alexandria auf den Synoden v. Arles (353) und Mailand (355) und der Verbannung widerstrebender Bf.e verstärkte der Ks. seine Bemühungen um theol. Einheit zw. Ost und West in seinem Sinn. Vor allem illyr. Bf.e aus seinem Umkreis verfaßten die sog. 2. sirm. Formel mit Ablehnung der Begriffe ousia, →homoousios und →homoiousios zur Verhältnisbestimmung von Gott Vater und Sohn. Die insges. als Kompromiß verstehbare Formel wurde von →Hosius v. Cordoba und auch wohl von Papst →Liberius an seinem Exilsort unterzeichnet, doch von anderen Bf.en als arian. (→Arianismus) abgelehnt. – 358: Die Annahme der 2. sirm. Formel durch die eigtl. arian. östl. Anhomoier mobilisierte die homoiousian. Mittelpartei um Basileios v. Ankyra, der es gelang, in S. die ksl. Gunst zu gewinnen und dort ein Dossier von Texten entsprechend ihrem Verständnis zu verabschieden. – 359: In der Vorbereitung für die Reichssynode in Rimini für den Westen und Seleukia, Isaurien, für den Osten veröffentlichten die bfl. Vertrauten des Ks.s unter dem Datum des 22. Mai die homoiisch geprägte 4. sirm. Formel, deren Ergebnis seit 360 die homoiische Reichskirche war. In dieser Konfession übernahmen auf dem Boden des Röm. Reiches siedelnde germ. Völker (→Ulfila) das Christentum. Endgültige Klärung der Trinitätslehre 381 in →Konstantinopel mit der Präzisierung: ein Wesen (ousia = Nikaia I.) und drei Hypostasen/Personen.
Th. Baumeister

Lit.: Diz. patristico II, 3240f. [M. Simonetti] – DThC XIV, 2175–2183 [É. Amann] – M. Simonetti, La crisi ariana nel IV s., 1975 – R. Klein, Constantius II. und die chr. Kirche, 1977 – H. Ch. Brennecke, Hilarius v. Poitiers und die Bf.sopposition gegen Konstantius II., 1984 – W. A. Löhr, Die Entstehung der homöischen und homöusian. Kirchenparteien, 1986 – H. Ch. Brennecke, Stud. zur Gesch. der Homöer, 1988.

Sirup, lat. sirupus (syrupus, sciropus) aus arab. *šarāb* ('Getränk', 'Wein', '[Arznei-]Trank'), wurde wie auch sein wichtigster Bestandteil, der Zucker, erst durch die arab. Med. im Abendland bekannt; dabei erfuhr das Wort

– wohl zunächst im Umkreis von Salerno – eine Bedeutungsverengung im Sinne einer trinkbaren Arzneizubereitung, die man durch Kochen von →Drogen in Wasser unter Zusatz von →Zucker oder →Honig herstellte. Dieses Kochen war stets mit einer 'Klärung' des S.s durch Eiweiß verbunden, während man die Drogen meist in Leinensäckchen einband und in das kochende Zuckerwasser hängte, damit deren Wirkkraft in den S. übergehe. Da dieser erst ab einer bestimmten Konzentration des Zuckers (als →Konservierungsmittel) haltbar ist, war die Viskositätsprobe wichtig, nach der ein S. dann als fertig galt, wenn ein Tropfen davon auf einer Marmorplatte nicht zerfloß bzw. an Löffel oder Fingernagel kleben blieb. Im allg. kam auf ein Teil Wasser ein Teil Zucker oder Honig, doch kochte man stets noch weiter ein, um den S. zu konzentrieren. Kaum eine arzneilich relevante Pflanze wurde von der Verarbeitung zu S.en ausgenommen, die zusammen mit den →Elektuarien seit dem hohen MA zu den wichtigsten →Arzneiformen zählten. So führt bereits das →Antidotarium Nicolai neben den mit Essig bereiteten Sauerhonigen ('Oximel') mehrere S.e auf, wohingegen etwa Ps.→Mesuë im 6. Abschnitt seines Antidotarium 'syrupi et robub' (bei letzteren handelt es sich um eingekochte Fruchtsäfte von z. T. beschränkter Haltbarkeit) 22 Julep (von pers.-arab. ǧulāb 'Rosenwasser') und einfache S.e sowie 71 zusammengesetzte S.e beschreibt. F.-J. Kuhlen

Lit.: D. GOLTZ, Die Konservierung von Arzneimitteln und Arzneiformen in hist. Sicht, PharmZ 117, 1972, 428–435 – DIES., Ma. Pharmazie und Med., VIGGPharm, NF 44, 1976, 179–183 – I. KLIMASCHEWSKI-BOCK, Die 'Distinctio sexta' des Antidotarium Mesuë in der Druckfassung Venedig 1561 (S.e und Robub), QStGPharm 40, 1987.

Sirventes. Der afrz. Begriff »serventois«, der seit Mitte des 12. Jh. belegt ist (→Wace; →Thebenroman), und das aprov. S. bezeichnen sehr allg. eine formal nicht definierte Spottdichtung, die von einem 'Diener' (»servant«, »sirven«) vorgetragen wurde. Es handelt sich um eine vorhöf., respektive nicht-höf. →Spielmannsdichtung, für die im Aprov. die Bezeichnung »s. joglaresc« belegt ist. Gegen Ende des 12. Jh. wird das S. zum Gattungsbegriff im Wertsystem der aprov. höf. Lyrik. S. und →Canso gehorchen dabei den gleichen formalen Kriterien, stehen aber inhaltl. in Opposition: Die Liebesthematik bleibt der Canso vorbehalten, während der krit.-moral. Aspekt durch das S. und seine Untergattungen, etwa den »planh« (→Planctus, II), vertreten wird. In den →Leys d'amors (14. Jh.) wird das S., das in der Tat oft als →Contrafactum auftritt, etymologisiert als ein Lied, das sich in Struktur und Melodie eines anderen Liedes 'bedient' (»se servir«). In der frz. höf. Lyrik des 12. und 13. Jh. ist das »serventois« kein Gattungsbegriff, wird aber im 14. und 15. Jh. als Marienlied zu einer 'forme fixe', die Eustache →Deschamps im »Art de dictier« (1392) mit dem →Chant royal gleichsetzt und als nichtaristokrat. Dichtung der →Puys bezeichnet. M.-R. Jung

Lit.: GRLMA II/1, Fasz. 4, 1980 [D. RIEGER] – K. KLEIN, The Partisan Voice. A Study of the Political Lyric in France and Germany, 1180–1230, 1971 – D. RIEGER, Gattungen und Gattungsbezeichnungen der Trobadorlyrik. Untersuchungen zum altprov. S., 1976 – P. WUNDERLI, Réflexions sur le système des genres lyriques en ancien occitan (Mél. P. BEC, 1991), 559–615 – S. THIOLIER-MÉJEAN, La poétique des troubadours. Trois études sur le s., 1994.

Sis (Sision, Sīsiya, Sisuan), ca. 70 km nö. von Adana (Türkei), ehem. Hauptstadt des kleinarmen. Reiches v. →Kilikien. 'Sision kastron', 703 vergebl. von den Arabern belagert, gelangte unter den →Abbasiden zum islam. Reich, wurde 962 von den Byzantinern erobert, 1113/14 von den armen. Fs.en Thoros und Stephanos eingenommen und im 12. Jh. zur Hauptstadt des kleinarmen. Reiches v. Kilikien ausgebaut (Kirchen, Profanbauten, Hospital, keine Stadtmauern). Oft geplündert, bes. durch die →Mamlūken (1275, 1276, 1298, 1303), die →Mongolen (1321), den Emir v. →Aleppo (1345, 1359, 1369), wurde die Stadt 1375 endgültig von den Mamlūken erobert (Ende des kleinarmen. Reiches) und gehörte seit 1516 zum Osman. Reich. S., ab 969 Bm.szentrum innerhalb des gr. Patriarchats v. Antiocheia, wurde im 12. Jh. armen. Bf.ssitz; ab 1293 residierte hier der armen. →Katholikos, dessen Jurisdiktionsbereich nach der Wiedererrichtung des armen. Katholikats in Edschmiatsin (1441) jedoch eingeschränkt wurde. In S., ztw. auch Sitz eines syr.-jakobit. Bf.s und 1292–1387 Sitz des syr.-jakobit. Patriarchen, fanden mehrere armen. Synoden statt (Unionskonzil v. 1307; 2. armen. Nationalkonzil v. 1342).
J. Aßfalg

Lit.: EI¹ IV, 487ff. – LThK² IX, 796f. – A. RABGĒN, At'orakic' Kat'oɫikos, 1930 [Gesch. der Katholikoi v. Kilikien; armen.] – M. ORMANIAN, The Church of Armenia, 1955, 42–55 – J. MÉCÉRIAN, Hist. et institutions de l'église arménienne, 1965, 100–111 – G. DÉDÉYAN, Hist. des Arméniens, 1982, 307–339 – CL. MUTAFIAN, La Cilicie au carrefour des empires, 1988 – F. HILD–H. HELLENKEMPER, Kilikien und Isaurien, I (TIB 5 1990), 413–416 – CL. MUTAFIAN, Le royaume arménien de Cilicie XIIe–XIVe s., 1993 – s. a. Armenien, II.

Sisebut, westgot. Kg. 612–621, kämpfte gegen Byzantiner, Asturer, Kantabrer und Basken und reorganisierte die von →Leovigild geschaffene westgot. Flotte. Er pflegte gute Beziehungen zu den Langobarden. Die Juden, die sich nach 612 nicht taufen ließen, wurden zur Emigration nach Gallien gezwungen. Wohl der gebildetste westgot. Kg., stand S. in Kontakt mit →Isidor v. Sevilla, der auf sein Ersuchen das Werk »de natura rerum« (Liber rotarum; vgl. S.s poet. Brief »de libro rotarum«, der u. a. auch astronom. Themen behandelt) schrieb, und verfaßte die »Vita vel passio s. Desiderii« (Bf. →Desiderius v. Vienne).
J. M. Alonso-Núñez

Lit.: D. CLAUDE, Gesch. der Westgoten, 1970 – J. ORLANDIS, El reino visigoto. Siglos VI y VII (Hist. Económica y Social de España, hg. V. DE PRADA, 1973), 451–598 – BRUNHÖLZL I, 93–95, 522 – J. FONTAINE, King S.s Vita Desiderii and the Political Function of Visigothic Hagiography (Visigothic Spain: New Approaches, ed. E. JAMES, 1980), 93–129 – Hist. de España, hg. M. TUÑÓN DE LARA, II, 1982, 243–505 – R. MENÉNDEZ PIDAL, Hist. de España, III, 1991 – J. ORLANDIS, Sisebuto, un rey clemente, sensible y erudito, Semblanzas visigodas, 1992, 105–127.

Sisinnios II., Patriarch v. →Konstantinopel 12. April 996 – † 24. Aug. 998, erweiterte durch das Dekret ('Tomos') vom 21. Febr. 997 (Reg. Nr. 804) die bislang nur zivilrechtl. geregelten Ehehindernisse um das der Schwägerschaft (ἀγχιστεία) bis zum 6. Grad (vorher bis zum 4.; der Grad berechnet sich nach der Zahl der Geburten): Zwei Brüder (also verwandt im 2. Grad) durften bis dahin nicht zwei Schwestern heiraten (2. + 2. = 4. Grad), nun auch nicht mehr zwei Frauen, die zueinander im Verhältnis Tante – Nichte (3. Grad) oder von Cousinen (4. Grad) stehen (2. + 3. = 5. Grad; 2. + 4. = 6. Grad). Durch diese Einschränkung der Ehemöglichkeiten erreichte S. eine bedeutsame Ausdehnung der kirchl. über die staatl. Macht (→Ehe, D. II). Ein weiteres Dekret (Reg. Nr. 807) gestattet die Brautkrönung nur noch für die erste Ehe, wertet also die zweite Ehe Verwitweter ab. F. Tinnefeld

Lit.: LThK² IX, 798 – THEE I, 338–345 [zu ἀγχιστεία] – BECK, Kirche, 554 – A. SCHMINCK, Kritik am Tomos des S. (Fontes Minores II, 1977), 215–254 – K. PITSAKES, Τὸ κώλυμα γάμου λόγῳ συγγενείας ἑβδόμου βαθμοῦ ἐξ αἵματος στὸ βυζαντινὸ δίκαιο, 1985, 4, 25–50 – V. GRUMEL – J. DARROUzès, Les Regestes des Actes du Patriarcat de Constantinople, I/2-3, 1989² - A. E. LAIOU, Mariage, amour et parenté à Byzance aux XIᵉ-XIIIᵉ s., 1992, 13-15 [auch zur Rezeption].

Sisinnius, Papst 15. Jan.-4. Febr. 708, Syrer. Die wohl schon im Okt. 707 erfolgte Wahl wurde erst drei Monate später vom byz. Exarchen in Ravenna bestätigt. Der schwerkranke Greis weihte einen Bf. für Korsika, bereitete die Wiederherstellung der röm. Stadtmauer vor, starb aber schon nach 20 Tagen. G. Schwaiger
Q. und Lit.: LP I, 388 - JAFFÉ² I, 247 - SEPPELT² II, 86, 92.

Šišman, bulg. Despot kuman. Abstammung ca. 1280-1312, erster Herrscher des selbständigen Fsm. s v. →Vidin und Stammvater eines gleichnamigen bulg. Zarengeschlechts. Sein Machtbereich umfaßte nw. bulg. Gebiete und reichte bis zum »Eisernen Tor« (Residenz: Festung v. Vidin). Als Vermittler zw. dem Bulg. Reich, →Serbien und →Ungarn unterhielt Š. auch Beziehungen zu →Venedig, →Ragusa und insbes. zu →Nogaj, dem Emir der →Goldenen Horde. Sein erstgeborener Sohn →Michael (2. M.) wurde 1323 bulg. Zar. V. Gjuzelev
Lit.: P. NIKOV, Istorija na Vidinskoto knjažestvo do 1323 godina, Godišnik na Sofijskija universitet, Istoriko-filologičeski fakultet 18, 1922, 1-124.

Sisnando Davídiz, ptg. Magnat mozarab. Herkunft, consul, dux, comes oder *Alvazil* v. →Coimbra, * in Tentúgal (westl. von Coimbra), † 25. Aug. 1091; ⚭ Loba Nunes »Aurovelido«, Tochter Gf. Nunos (letzter Gf. v. →Portugal). Als Kind von Kriegern der →'Abbādiden nach Sevilla verschleppt, am dortigen Hof erzogen, stieg S. u. a. als Ratgeber des Taifen in eine einflußreiche Position auf, mußte dann aber fliehen und wirkte schließlich als Vertrauensmann des Kg.s v. León in der Region v. Coimbra. Wegen innerer Wirren im Kgr. verselbständigte sich die Position S.s zunehmend. Er knüpfte Kontake zum →Cid an und setzte einen mozarab. Bf. in Coimbra ein. Einflußreich auch in Toledo, leitete er dort nach der Eroberung (1085) ebenfalls den gemäßigten Übergang zur chr. Herrschaft in die Wege, wurde aber nach der Erhebung des Ebf.s →Bernhard durch den kompromißlosen Gf.en →Pedro Ansúrez ersetzt. In Coimbra wurde S. zunehmend durch die Kg.sgewalt bedrängt, doch konnte der Bf.ssitz erst unter seinem Schwiegersohn und Nachfolger Martinho Moniz mit einem kgl. Kandidaten besetzt werden. L. Vones
Lit.: C. ERDMANN, Das Papsttum und Portugal im ersten Jh. der ptg. Gesch., AAAB 1928, Phil-Hist. Kl., Nr. 5, 6ff. - P. MERÊA, Administração da terra portucalense no reinado de Fernando Magno, Portucale 13, 1940, 41ff. - P. DAVID, Études Hist. sur la Galice et le Portugal du VIᵉ au XIIᵉ s., 1947, 426ff. - R. MENÉNDEZ PIDAL - E. GARCÍA GÓMEZ, El conde mozárabe S. D. y la política de Alfonso VI con los Taifas, Al-Andalus 12, 1947, 27-41 - I. DE LAS CAGIGAS, Minorías etnico-religiosas de la edad media española, I/2, 1948, 456-462 - L. VONES, Reconquista und Convivencia (Die Begegnung des Westens mit dem Osten, hg. O. ENGELS - P. SCHREINER, 1993), 221-242 [Lit.].

Sisteron, Bm. in der nö. →Provence, erster Bf. zu Beginn des 6. Jh. belegt, Unterbrechung der Bischofsliste von 614 bis 863. Im 2. Drittel des 10. Jh. tradierte Bf. Johannes seine Domäne Ganagobie, auf der er zwei Kirchen erbauen ließ, an →Cluny. Im 11. Jh. wurden Bm. und Grundbesitz von der Familie v. →Nizza kontrolliert. Der 1060 von der gregorian. Partei eingesetzte Bf. Girald, ehem. Kanoniker v. Oulx, wurde aus S. vertrieben und fand Zuflucht bei dem Gf.en v. →Forcalquier (daher seine testamentar. Verfügung, daß das Kapitel v. Forcalquier künftig als »Konkathedrale« fungieren solle). Nach mehrfach strittigen Wahlen der beiden Kapitel setzte der päpstl. Legat mit Nachdruck →Henricus de Segusio als Bf. durch (1241). In der 2. Hälfte des 13. Jh. hatten Familiaren der großen Anjou-Kg.e →Karl I. und →Karl II., Alain de Luzarches (1252-77) und Pierre de Lamanon (1292-1304), das Bm. inne. N. Coulet
Lit.: GChrNov I, 1899 - N. DIDIER, Les églises de S. et Forcalquier du XIᵉ s. à la Révolution, 1954.

Sithiu (St-Bertin), bedeutende Abtei in Nordfrankreich (dép. Nord), gegr. 649 (oder 651) vom hl. →Audomarus. →Saint-Omer.

Sitten (frz. Sion), Stadt und Sitz eines Bm.s in der Westschweiz, im alten Kgr. →Burgund, Hauptstadt des Kantons →Wallis (Valais).
I. Stadt - II. Bistum - III. Grafschaft.

I. STADT: S., am rechten Ufer der →Rhône, Topographie geprägt von einer Talmulde (im O), den Hügeln Valère (611 m) und Tourbillon (658 m), dem Schwemmkegel des Flusses Sionne (im W), 518 m über NN. Im 2. Jh. n. Chr. erwähnt als 'Drousomagos'(?), im 6. und 7. Jh. 'Sidunis, Sedunis', seit 859 'Sedunum'; im 3.-1. Jh. v. Chr. Vorort der →Civitas der 'Seduni', seit 15 v. Chr. unter röm. Herrschaft, 'vicus' mit Resten kaiserzeitl. Bauten (u. a. Thermen) sowie Inschriften (Christusmonogramm, 377 n. Chr.). Die seit dem 5. Jh. zum Kgr. Burgund (→Burgunder) gehörende Stadt war im 5. und 6. Jh. mit einer Mauer, die im W oberhalb der Sionne auf halber Höhe des Talhangs verlief, befestigt (umschlossenes Areal: ca. 2 ha). Es bestanden außerstädt. →Basiliken, u. a. Sousle-Scex (seit 5. Jh.) und St-Théodule (seit 6. Jh.), sowie eine innerstädt. Kirche (Lage unbekannt). S., nunmehr →Bischofsstadt (vor 585), war in der frankoburg. Periode merow. Münzstätte. Um 800 entstand in St-Théodule eine Krypta für Wallfahrer sowie eine benachbarte Kirche (Kathedrale Notre-Dame?).

Im Zuge der städt. Entwicklung erreichte die 'cité' (Civitas) im 11. Jh. die Sionne; eine Stadtbefestigung entstand entlang dem Flußufer. Im 12. Jh. schloß ein Mauerzug im W der Sionne die Kathedrale, die Kirche St-Théodule und das Viertel der 'rue du Pré' ein. Im 13. Jh. wurde eine neue Mauer, welche auch die Vorstädte Malacor (im N) und Glaviney (im S) umgab, errichtet. Das gesamte Stadtareal betrug ca. 13 ha, die städt. Bevölkerung am Ende des 15. Jh. etwa 1500-1700 Einwohner.

S. war im 6.-11. Jh. Sitz geistl. und weltl. Herrschaft und kleiner regionaler Marktort. Im 12.-15. Jh. wurde die Gemeinschaft der 'cives' vom bfl. Stadtherrn anerkannt. Als Etappenort am Weg zum Simplon (→Alpenpässe) besaß S. einen Jahrmarkt (→Messe) zu Mariä Himmelfahrt sowie einen Wochenmarkt. Ein Großteil der Bevölkerung entstammte dem mittleren Wallis; im 14. Jh. ist Präsenz von →Lombarden erkennbar; im 15. Jh. erfolgte starker Bevölkerungszuzug aus dem Hochwallis. Die Stadt hatte nur eine Pfarrei, St-Pierre, mit Altar an der Kathedrale seit dem 12. Jh.; es bestanden →Bruderschaften (St-Esprit, Notre-Dame und St-Théodule) sowie drei →Hospitäler. Seit dem 11./12. Jh. tritt das 'castrum' v. Valère (in Höhenlage) mit Kirche Ste-Cathérine (Kathedralrang) und Residenz der Kanoniker hervor. Neben der Kathedrale Notre-Dame (11. Jh.) lag die Kirche St-Théodule.

II. BISTUM: Sind die Anfänge christl. Lebens im Gebiet von S. nicht genau datierbar, so entstammt das erste Sanktuarium dem 4. Jh. (Octodurus/Martigny, mit Baptisterium). Der hl. →Theodorus (Théodule), Bf. v. Octodurus, nahm 381 am Konzil v. →Aquileia teil und begründete in Agaune das Heiligtum der →Thebaischen Legion (→St-Maurice). Der Bf.ssitz wurde kurz vor 585 von

Martigny nach S. verlegt. Das Diözesangebiet umfaßte das Gebiet am Oberlauf der Rhône bis zum Genfer See. Das Bm. S. unterstand anfängl. dem Ebm. →Vienne, seit dem 8./9. Jh. dem Ebm. →Tarentaise.

Der Bf. war ca. 750–850, erneut um 1050, auch Abt v. St-Maurice d'Agaune. Um 1219 wurden →Synodalstatuten erlassen. Eine bfl.→Visitation fand 1444–46 statt (Akten z. T. erhalten). Bedeutende Bischofspersönlichkeiten waren der hl. Theodorus im 4. Jh., der hl. Guerin SO Cist im 12. Jh., ferner Ermanfroid (11. Jh.), André de Gualdo und Walter →Supersaxo im 15. Jh. Das Kathedralkapitel (mit Aachener Regel) ist seit dem 11. Jh. belegt; ihm unterstand die bfl. →Kanzlei. Wichtige Archiv- und Bibliotheksbestände sind erhalten.

Die Christianisierung der Landgebiete wurde im 4.–8. Jh. durchgeführt. Neben den (vor dem 10. Jh. in nur geringem Umfang bezeugten) bfl. Taufkirchen existierten domaniale Oratorien (Grabkapellen), die oft zu grundherrl. →Eigenkirchen (manchmal Taufkirchen) wurden. Es bestanden 14 Kirchen um 750, 22 um 950 (Angaben unter Einbeziehung archäol. Ergebnisse und bestimmter Extrapolationen). Ein Netz von →Pfarreien wurde im 11.–12. Jh. geschaffen. Um 1200 sind 63 Kirchen, 1428 65 Pfarrstellen belegt. Seit dem 12. Jh. war die Diöz. in zwei Archidiakonate gegliedert; das Gebiet des einen reichte vom Genfer See bis S., das andere umfaßte den Bereich des Rhônetales oberhalb der Bf.sstadt. An Abteien sind zu nennen: St-Maurice (um 515), Bourg-St-Pierre (9.–11. Jh.), an deren Stelle (seit dem 11. Jh.) das Hospiz des Mont-Joux (→Großer St. Bernhard) trat, Kartause (14. Jh.), dann Karmeliterkl. (15.–17. Jh.) Géronde/Sierre, Augustinerkl. Fiesch (14.–15. Jh.).

III. GRAFSCHAFT: Um 800 ist der 'pagus vallensis', 839 der 'comitatus Vallissorum' belegt (→Wallis). Die Komitatsrechte wurden von Kg. →Rudolf III. 999 dem Bf. v. S. übertragen. Das panegyr. Legendar des hl. Theodorus (Mitte des 12. Jh.) schreibt Karl d. Gr. die Schenkung der Gft. an den Bf. zu; bald galt die Übertragung von 999 als bloße Bestätigung älterer Privilegien. Die Vasallität des Bf.s zum Kg., dann zum Ks., war eine Quelle von Streitigkeiten. Seit dem 13. Jh. wurden die Grafenrechte des Bf.s auf das oberhalb von S. gelegene Territorium eingeengt, da das Gebiet des Rhônetales unterhalb von S. nunmehr von den Gf. en v. →Savoyen beherrscht wurde; dem Bf. v. S. verblieb nur die Kontrolle der Straße bis einschließl. Martigny. Der Bf. konnte das »Patrimonium des hl. Theodorus« (mit Ausnahme des Pays d'Aigle) erst 1475–76 und 1536 rekuperieren. Im übrigen waren bfl. und gfl. Prärogativen so eng miteinander verklammert, daß erstmals der Bf. Philippe de Chamberlhac (1338–42) den Titel 'comes et prefectus Vallesiae' annahm. Die fürstbfl. Gewalt des Gf.en-Bf.s wurde allerdings eingeschränkt durch die Macht der adligen Herren, dann durch die Autonomieansprüche der Gemeinden und →Talschaften ('les dizaines'). F.-O. Dubuis/A. Lugon

Lit.: F.-O. DUBUIS, St-Théodule, patron du dioc. de Sion..., Annales Valaisannes 1981, 125–159 – F.-O. DUBUIS–A. LUGON, Sion jusqu'au XIIᵉ s.: acquis, questions et perspectives, Vallesia 40, 1985, 1–60 – DIES., Essai de topographie sédunoise, ebd. 41, 1986, 309–349 – DIES., Sion jusqu'au XVIIIᵉ s. (Sion 1788–1988. La part du Feu, 1988), 13–34 – DIES., Les premiers s.s d'un dioc. alpin: recherches ... sur l'évêché du Valais (Vallesia 47, 1992, 1–61; 48, 1993, 1–74; 50, 1995).

Sittich(en) (Stična), älteste Abtei SOCist in der Unterkrain (→Krain, heute Slowenien), gegr. um 1135 vom Patriarchen v. →Aquileia, Pilgrim (Peregrinus), gehörte der Filiation Morimond–Ebrach–Rein an. Die unter Leitung des burg. (?) Baumeisters Michael errichtete roman. Basilika (Weihe 7. Juli 1156) folgt nicht dem bernhardin. Typ v. →Fontenay, sondern dem benediktin. Schema v. Cluny II (→Cluny, E). Frühgot. Kreuzgang des frühen 13. Jh. Nach Zerstörungen (Türkeneinfälle: 1471, Brände) erfolgte zu Beginn des 17. Jh. ein frühbarocker Umbau.– Bibliothek und Skriptorium blühten um 1170 unter Abt Folknand (Schreiber und Buchmaler aus Maas- und Rheinland: älteste Abschrift der »Gesta Friderici« →Ottos v. Freising und →Rahewins, liturg. Codices; Reihe von Schreiberbildnissen). Ein wichtiger liturg. Text in slowen. Sprache entstand um 1428. Bibliotheksbestände des 1784 aufgehobenen, seit 1894 wiederbesiedelten Abtei heute in Ljubljana (Univ.-, Nat.bibl.), Hss. z. T. in der ÖNB Wien. N. Golob

Lit.: LThK² IX, 801 – P. P. PUZEL, Idiographia ... Monastery Sitticensis descriptio ..., 1719 – M. MIKUŽ, Vrsta stiških opatov, 1941 – DERS., Topografija stiške zemlje, 1947 – P. M. GREBENC, Aus der Gründungsgesch. v. S. (Fschr. 800-Jahrged. Bernhard v. Clairvaux, 1953), 119–166 – M. ZADNIKAR, Stična, Znamenitosti najstarejšega slovenskega samostana, 1990 – N. GOLOB, Gesta Friderici seu cronica, 1992 – DIES., Srednjeveški okdesi iz Stične, XII. st., 1994 – J. MLINARIČ, Stiška opatija 1136–1784, 1995.

Sivas (Sebasteia, Sebaste), Stadt und Bm. in NO-Kleinasien (Pontus/Kappadokien) am Halys; Straßenknotenpunkt, durch den im SpätMA die wichtige Handelsstraße von →Ayas in →Kilikien nach →Trapezunt und weiter nach China verlief (Marco →Polo, 'Salvastro' im Kaufmannsbuch →Pegolottis). Von Pompeius als Megalopolis gegr., von Augustus in Sebasteia umbenannt, gewann S. in der Spätantike als weltl. und kirchl. Metropolis der Armenia I überregionale Bedeutung, wurde 575 von den →Sāsāniden niedergebrannt, 692 von den Arabern erobert und im 10. Jh. ein eigenes →Thema. Die in den Abwehrkämpfen gegen die →Paulikianer von →Tephrike entvölkerte Region wurde mit Armeniern neubesiedelt, S. auch armen. Bm. und im 11. Jh. Residenz des armen. →Katholikos und der armen. Kg.sfamilie der Arcrunier aus Vaspurakan (→Armenien, I). Nach der byz. Niederlage bei →Mantzikert (1071) blieb S. noch bis etwa 1090 armen., als es wie →Niksar Residenz der türk. Danischmendiden wurde, die von hier aus als Rivalen der →Selǧuqen von Konya über große Teile der ehem. Prov.en Pontus und Kappadokien regierten. Nach wechselvollen Auseinandersetzungen mit den Kreuzfahrern und den Byzantinern unterlagen diese 1178 den Selǧuqen, die S. glanzvoll ausbauten (u. a. Çifte Minare Medresesi, Gök Medrese). Seit 1335 Residenz der Dynastie →Eretna, 1381–98 herrschte der gelehrte Poet →Qāżī Burhān ad-Dīn in S. 1398 erstmals von den Osmanen erobert, nach der Niederlage gegen →Timur bei →Ankara 1402 wieder verloren, wurde S. 1516 endgültig osman. – In der Hagiographie berühmt durch die 40 Märtyrer. F. Hild

Lit.: EI¹ (engl.) VII, 465f. - EI² II, 112–114, s.v. Dānishmendids - A. GABRIEL, Monuments turcs d'Anatolie, II, 1934 – Tabula Imperii Byzantini, II, 1981, s.v. Sebasteia – Oxford Dict. of Byzantium, 1991, 1861f.

Siward, Earl of →Northumbria, 1033–55; neben →Leofric of Mercia und →Godwin of Wessex der wichtigste Earl zur Zeit Knuts d. Gr. und Eduards d. Bekenners. Unbekannter dän. Herkunft, heiratete er in die bedeutendste northumbr. Adelsfamilie und wurde von Kg. Knut als Earl of Northumbria eingesetzt. In den Auseinandersetzungen nach dem Tode Knuts und zur Zeit Eduards wandte sich S. zusammen mit Leofric gegen Godwin und den Ebf. v. Canterbury. S. verteidigte 15 Jahre lang erfolgreich die Nordgrenze Englands gegen →Strathclyde und Schottland, dessen Kg. →Macbeth er im Sommer

1054 besiegte (hist. Hintergrund für den S. in Shakespeares »Macbeth«). G. Spitzbart

Q. und Lit.: The Anglo-Saxon Chronicle, ed. J. EARLE-C. PLUMMER, 1892–99 – STENTON³, passim – The Anglo-Saxons, hg. J. CAMPBELL, 1982.

Sixtus

1. S. II., hl., *Papst* und Märtyrer. I. J. 257 Nachfolger Stephans, † Aug. 258 als Märtyrer nach dem 2. Verfolgungsedikt des Valerianus. Er war in die Kontroverse mit Cyprian v. Karthago über die Gültigkeit der von Häretikern und Schismatikern vorgenommenen Taufen verwickelt, welche die Kirche von Rom, zum Unterschied von der afrikan. Kirche, als gültig ansah. Über das Martyrium von S., der zusammen mit vier Diakonen in einem röm. Friedhof enthauptet wurde, berichtet Cyprian Ep. 80. Den Tag des Martyriums (6. Aug.) nennt der Chronograph v. 354 in der Depositio martyrum, in der als Begräbnisstätte von S. die später so gen. »Krypta der Päpste« in den Kalixtuskatakomben bezeugt ist. S. ist ein Carmen des →Damasus gewidmet (ed. FERRUA, 17), in dem jedoch sein Name nicht erscheint, der vielleicht auf der Grabplatte stand. In den Damasus-Carmina 18 und 25 auf seine Gefährten im Martyrium wird hingegen der Name von S. genannt. Tyrannius Rufinus setzte in seiner Übers. der Sentenzen des Sextus den pythagoreischen Philosophen mit S. gleich. Diese Tradition, erweitert durch Berichte über eine Herkunft des S. aus Athen, gelangte in die antike »Passio ss. Abdon et Sennes, Xisti, Laurentii et Ypolith«, die im 6. Jh. vom LP und der »Passio Polychronii« benutzt wurde. In diesen hagiograph. Texten, zu denen noch das Zeugnis des Prudentius, Peristephanon II, 22–24, tritt, steht das Martyrium des S. (bei Prudentius durch Kreuzigung) in engem Zusammenhang mit dem Martyrium des Diakons →Laurentius, das vier Tage nach demjenigen von S. erfolgte. S. wird gewöhnl. mit den päpstl. Insignien dargestellt, bisweilen mit einer Börse, die den Kirchenschatz symbolisiert, den er Laurentius anvertraute.

F. Scorza Barcellona

Q.: BHL 7801–7812; Nov. Suppl. – LP, ed. L. DUCHESNE, I, 155 – *Lit.*: Bibl. SS XI, 1254–1282 – LCI VIII, 378f. – H. DELEHAYE, Recherches sur le Légendier Romain, AB LI, 1932, 34–98 – G. N. VERRANDO, Alla base e intorno alla più antica Passio dei santi Abdon e Sennes, Sisto, Lorenzo e Ippolito, Augustinianum XXX, 1990, 165–187.

2. S. III., hl. (Fest: 28. März), *Papst* seit 31. Juli 432, † 19. Aug. 440 Rom; Römer. Als röm. Presbyter wurde er anfangs als Bundesgenosse der Pelagianer betrachtet, trat seit der Verurteilung des →Pelagius durch Papst Zosimus (418) der Irrlehre scharf entgegen (dazu an S. gerichtete Briefe Augustinus' [Epp. 191, 194]). Im Streit um den Nestorianismus (→Nestorios) unterstützte S. die Friedensbemühungen Ks. Theodosius' II., die zur Einigungsformel v. 433 und zur Versöhnung der Patriarchen →Johannes v. Antiocheia und →Kyrillos v. Alexandreia führten. In Illyrien wahrte S. die Rechte des Apostol. Vikariats v. Thessalonike gegen Patriarch Proklos v. Konstantinopel. S. entfaltete in Rom eine rege Bautätigkeit, um die 410 durch die Westgoten verursachten Schäden zu beheben. Mehrere ihm zugeschriebene Werke sind nicht echt (»De divitiis«; »De malis doctoribus«; »De castitate«), ebenso die zu den Symmachian. Fälschungen zählenden »Gesta de Xysti purgatione« und ein Brief, wonach sich S. eidl. von der Anklage auf Unzucht gereinigt habe. G. Schwaiger

Q. und Ed.: LP I, 232–237; III [Register] – JAFFÉ² I, 57f.; II, 692 – Bibl. SS II, 1262–1264 – MPL 50, 581–619; Suppl. 3, 21f. – *Lit.*: LThK² IX, 809f. [Lit.] – E. CASPAR, Gesch. des Papsttums, I, 1930, 416–422 – SEPPELT² I, 171–174 – H. ULBRICH, Augustins Briefe zur entscheidenden Phase des Pelagian. Streites, RevAug 9, 1963, 51–75 – TH. KLAU-

SER, Rom und der Kult der Gottesmutter, JbAC 15, 1972, 120–135 – J. N. D. KELLY, Reclams Lex. der Päpste, 1988, 55f. – PH. LEVILLAIN, Dict. hist. de la Papauté, 1994, 1589f.

3. S. IV. (Francesco →della Rovere) OMin, *Papst* seit 9. Aug. 1471, * 21. Juli 1414 Celle b. Savona, † 12. Aug. 1484 Rom; ▭ ebd., Peterskirche. Aus verarmter Familie stammend, wurde S. schon als Kind einem Minoritenkl. übergeben. Nach Studien in Bologna, Pavia und Padua wirkte er als Lehrer der Theol. und Prediger, 1464 Ordensgeneral, 1467 Kard. S. förderte die Marienverehrung, stattete seinen Orden (»Mare magnum«, 1474) und andere Bettelorden reichl. mit Privilegien aus. Aktiv, aber wenig erfolgreich, betrieb er die Abwehr der Türken (1480–82 türk. Besetzung der südit. Stadt →Otranto), damit in Zusammenhang standen auch (erfolglose) Unionsverhandlungen mit →Ivan III. Vasil'evič. Das Verhältnis zu Kg. Ludwig XI. v. Frankreich, der an der →Pragmatique Sanction (1438) festhielt, blieb gespannt. Hauptsächl. aber war S. mit der Versorgung seiner Verwandtschaft beschäftigt (Familien der Basso, →Riario, Della Rovere; →Nepotismus). Er erhob u. a. Pietro Riario und Giuliano della Rovere (Papst →Julius II.) zu Kard.en; seine Unterstützung für Girolamo Riario (→Pazzi-Verschwörung) war Ursache des Krieges von Florenz gegen ihn und den Kg. v. Neapel. In Rom und im Kirchenstaat kämpften die mit den Nepoten verbündeten →Orsini gegen die →Colonna. Ablässe (1475 feierte S. ein Jubeljahr), erhöhte Pfründenbesteuerung und Vermehrung der käufl. Ämter dienten der Aufbesserung der schwer angeschlagenen päpstl. Finanzen. Ebf. Andreas →Jamometić berief 1482 in →Basel ein Konzil gegen den Papst ein (→Konziliarismus), doch konnte S. durch diplomat. Schachzüge ein solches verhindern und verbot 1483 erneut die Appellation an ein allg. Konzil. 1478 gestattete er Ferdinand V. v. Aragón und Isabella v. Kastilien die Wiedereinführung der Inquisition unter kgl. Kontrolle; 1483 bestätigte er Thomas de →Torquemada als Großinquisitor. Als bedeutender Mäzen förderte S. Kunst und Wiss. (u. a. Bereicherung der Vatikan. Bibl., Bau des Hospitals S. Spirito und der Kirchen S. Maria del Popolo, S. Maria della Pace, bes. der Sixtin. Kapelle). G. Schwaiger

Lit.: DThC XIV, 2199–2217 – ECatt XI, 780–782 – LThK² IX, 810f. – HKG III/2, 651–657 – SEPPELT IV², 353–369, 459, 490–497 [Lit.] – C. EUBEL, Hierarchia cath. medii aevi, II, 1914², 15–20 – L. v. PASTOR, Gesch. der Päpste, II, 1923⁷, 451–710, 779–800 [Q., Lit.] – C. BAUER, Studi per la storia delle finanze papali durante il pontificato di Sisto IV, ASRSP 50, 1927, 319–404 – R. GOFFEN, Friar S. IV. and the Sistine Chapel, Renaissance Quarterly 39, 1986, 218–262 – Un pontificato ed una città. Sisto IV, hg. M. MIGLIO u. a., 1986 – L. DI FONZO, Sisto IV. Carriera scolastica e integrazioni biografiche, 1987 – I pontefici Sisto IV (1471–84) e Sisto V (1585–90), hg. L. DI FONZO, 1987 – L'età dei Della Rovere. Atti del Convegno Storico Savonese... 1985: Atti e memorie della Soc. Savonese di storia patria 24, 1988, 1–250; 25, 1989, 1–305 – J. N. D. KELLY, Reclams Lex. der Päpste, 1988, 267–269 – Sisto IV e Giulio II mecenati e promotori di cultura. Atti del Convegno internaz. ... Savona 1985, hg. S. BOTTARO u.a., 1989 – F. BENZI, Sisto IV Renovator Urbis. Architecttura a Roma 1471–84, 1990 – C. CENCI, Ad bullarium Sixti IV suppl., AFrH 83, 1990, 491–535; 84, 1991, 51–149 – E. GATZ, Papst S. IV. und die Reform des röm. Hospitals zum Hl. Geist (Fschr. G. SCHWAIGER, hg. M. WEITLAUFF–K. HAUSBERGER, 1990), 249–262 – A. ROTH, Stud. zum frühen Repertoire der Päpstl. Kapelle unter dem Pontifikat S.' IV. [Chorbücher], 1991 – U. SCHWARZ, S. IV. und die dt. Kurialen in Rom, QFIAB 71, 1991, 340–395 – Storia dei papi, hg. M. GRESCHAT–E. GUERRIERO, 1994, 415–432 [Lit.] – PH. LEVILLAIN, Dict. hist. de la Papauté, 1994, 1590–1593.

Sizilianisch. Eine direkte Kontinuität des S.en und des in der Spätantike auf der Insel Sizilien gesprochenen Latein ist nicht gesichert; feststeht jedenfalls, daß das S. starke äußere Einflüsse erfahren hat. Die lange Dauer der byz.

Herrschaft über →Sizilien (siehe Sizilien, A. II) hat sicher die Verbreitung und das Ansehen des Griechischen verstärkt, das hier seit der Antike lebendig war. Ab 827 wurden Arab. und sicher auch Berberdialekte eingeführt. Eine aus dem Latein weiterentwickelte roman. Sprache wurde nur noch von den unteren Schichten gesprochen, verschwand zwar nicht völlig, hinterließ jedoch keine direkten Belege. Die norm. Eroberung (seit 1060, →Sizilien, B. I) scheint anfängl. das Griechische favorisiert zu haben. Die Kanzlei blieb bis →Friedrich II. dreisprachig (Lat., griech., arab.), ein fortschreitender Niedergang des Griechischen ist jedoch offensichtl., das sich schließlich auf das Gebiet von Messina zurückzog, wo es nach 1500 verschwand. Nach der Vernichtung des Islam in Sizilien durch Friedrich II. blieb das Arabische nur mehr bei den Juden erhalten, die jedoch 1492 vertrieben wurden (→Sizilien, C).

Seit dem 12. Jh. erlebte hingegen S. einen raschen Aufstieg und scheint gegen Ende des Jh. bereits dominierend zu sein. Es handelt sich dabei um einen Dialekt, der mit Relikten oder Lehnworten aus dem Griech. und noch mehr aus dem Arab. durchsetzt ist. Starken Einfluß übten auch die unterschiedl. Sprachgewohnheiten der zahlreichen Zuwanderer vom it. Festland aus. Insbes. die »Lombarden« (Norditaliener) bildeten kompakte 'Kolonien': so hat sich bis heute in Piazza Armerina, Aidone, Nicosia, Sperlinga, S. Fratello und Novara di Sicilia der nw. Sprachtypus bewahrt. In anderen Orten mit starker festländ. Infiltration wurde dieser Typus langsam absorbiert. Begriffe nw. Ursprungs sind jedoch im ma. und nz. S. verbreitet. Das Ansehen des durch die Normannen vermittelten Frz. führte zum Eindringen zahlreicher Gallizismen.

Allg. betrachtet unterscheidet sich S. von den südit. Dialekten durch bezeichnende Charakteristika. Die Dialektgrenzen verlaufen jedoch durch Kalabrien und nicht zw. Messina und Reggio. Das auffälligste Phänomen betrifft den Vokalbestand, der nur 5 Phoneme und drei Öffnungsgrade aufweist (es fehlt der Gegensatz zw. geschlossenem und offenem e oder o), dies gilt auch für das Salento-Gebiet. Die geograph. Verbreitung könnte an ein archaisches Phänomen, das sich in Randgebieten erhalten hat, denken lassen; es scheint sich jedoch um eine Reduktion des Siebenvokale-Systems zu handeln, die durch den Einfluß des Griechischen entstand. Sizilien zeigt außerdem im MA keine sicheren Spuren des Umlauts, der bereits damals für die südit. Dialekte kennzeichnend ist (und sich später im Inneren von Sizilien durchsetzt), und kennt die toskan. Diphthonge nicht.

Dem vorröm. Substrat zugeschrieben wurden Phänomene wie die Assimilationen – MB →-mm- und – ND → nn- (gamma 'gamba', quannu 'quando') und die Rückbildung der Cacuminalisierung von –LL– (gaddu 'gallo'). Im MA ist jedoch die erstgen. Erscheinung sehr selten und die zweite fehlt völlig. Es wird sich also um Phänomene verschiedenen Ursprungs handeln.

Der Stand des Q.materials erlaubt keine klare Unterscheidung lokaler Besonderheiten, obgleich kein Zweifel besteht, daß zahlreiche Phänomene nicht allg. verbreitet waren. Bezeichnend ist wohl, daß der nz. S. Typus, der sich deutl. von den anderen Dialekten abhebt, in der Phonetik der in alter Zeit in das Maltesische übernommenen zahlreichen Lehnwörter keine Entsprechung findet, so daß seine Charakteristiken offenbar jüngeren Datums sind.

Insgesamt betrachtet scheint das ma. S. ein Dialekt des »kolonialen« Typus zu sein, der ziemlich homogen ist (im Rahmen der lokalen Unterschiede), so groß und morpholog. komplex auch sein Verbreitungsgebiet sein mag. Dies entspricht der hist. Situation der eroberten und rekolonialisierten Insel.

In norm. Zeit ist der schriftl. Gebrauch des S.en offenbar ganz ungewöhnlich. In der Zeit Friedrichs II. (→Sizilianische Dichterschule) wird S. zur höf. Dichtersprache, scheint aber sonst nicht für schriftl. Aufzeichnungen verwendet worden zu sein. Unter den Aragonesen wird S. hingegen zur üblichen Gebrauchssprache sowohl für die Kanzlei (neben dem Latein) als auch für alle, die schreiben können. Seit dem Anfang des 14. Jh. gibt es eine reiche Lit., die zum Großteil auf Übers.en besteht (Aeneis-Übers. des Andrea Lancia, Valerius Maximus, Dialogi Gregors d. Gr., toskan. Version des Libro dei vizi e delle virtuti etc.), aber auch Originalwerke aufweist: so religiöses Schrifttum (wie die 'Sposizione del Vangelo della Passione secondo Matteo« oder paraliturg. Erzählungen jüd. Ursprungs) und Texte privaten Charakters (Briefe, Zeugnisse, Testamente, Rechnungen etc.). Nur bescheiden ist hingegen die Dichtung überliefert, die sich völlig von der poet. Lit. der Zeit Friedrichs II. unterscheidet. Auf diese Zeit müßte die erste Blüte der achtzeiligen Gesangsstrophe zurückgehen, der sog. Siziliane, die außerhalb der Insel im 16. Jh. sehr beliebt war.

Das ma. S. ist nicht nur im lat. Alphabet (mit einer sehr unterschiedl. graph. Tradition), sondern auch im griech. oder hebr. Alphabet niedergeschrieben worden (Texte in arab. Schrift sind hingegen nicht überliefert). Seit dem 14. Jh. wurde das S. glossiert, seit dem Ende des 15. Jh. gibt es Vokabularien.

Von Anfang an ist der Einfluß des Toskanischen spürbar – nicht zuletzt durch die Herkunft einiger übersetzter Werke – und tritt oft zum Einfluß des Lateinischen hinzu. Erst Ende des 15. Jh. und mit der Verbreitung des Buchdrucks bringt das Toskanische die Geschlossenheit des geschriebenen S. in eine Krise, dessen ma. Tradition sich völlig von der reichen Tradition der Literatursprache unterscheidet, die in der 2. Hälfte des 16. Jh. ihre feste Form findet und eine sehr qualitätvolle Lyrik hervorbringt. Wie alle Schriftsprachen zeigt sich das ma. S. als wenig offen für lokale Besonderheiten.   A. Varvaro

Lit.: A. VARVARO, Lingua e storia in Sicilia, I, 1981 – G. CARACAUSI, Arabismi medievali di Sicilia, 1983 – AA. VV., Tre millenni di storia linguistica della Sicilia, 1984 – G. ROHLFS, La Sicilia nei secoli, 1984 – A. VARVARO, Vocabolario etimologico siciliano«, I, 1986 – A. LEONE, Il »Vocabolario etimologico siciliano«, I, 1986 – DERS., Il »Vocabolario siciliano-latino« di Lucio Cristoforo Scobar, 1990 – A. VARVARO, Südkalabrien und Sizilien (Lex. der roman. Linguistik, II, 1995), 136 – Texte: E. LI GOTTI, Volgare nostro siculo, 1951 – Centro filologico e linguistico siciliano di Palermo [Editionen] – F. BRUNI, La cultura e la prosa volgare nel '300 e nel '400 (Storia della Sicilia, IV, 1980), 179–279.

Sizilianische Dichterschule, Bezeichnung für die Gruppe der frühesten Vertreter der it. Lyrik, die am Hof →Friedrichs II. wirkte. Zu ihr zählen außer dem Ks. selbst und Mitgliedern der ksl. Familie (→Enzo, →Manfred, Giovanni di Brienne) hohe Würdenträger und Beamte wie →Petrus de Vinea, →Giacomo da Lentini, →Stefano Protonotaro, Giacomino Pugliese, der Falkner Jacopo Mostacci, Rinaldo d'Aquino, Guido und Odo delle →Colonne u. a. Der aktive Anteil Friedrichs II. an der Entwicklung der Schule gilt nunmehr als gesichert: der Herrscher war für die schmeichlerische Hofdichtung nicht zugänglich, die einige prov. Troubadoure (oder auch ein mittellat. Dichter wie →Heinrich v. Avranches) zu seinen Ehren verfaßten und sich dadurch – vergeblich – eine Stellung bei Hofe erhofften. Hingegen gibt es Belege (1233 und 1240), daß →Giacomo da Lentini, das anerkannte Haupt der Gruppe, mit dem Hof in Beziehung stand. Er selbst sowie andere Vertreter der S. D. waren Richter oder Notare. Die Forsch. hat daher die S. D. als Werk von Funktionsträgern bezeichnet, die von Friedrich II. abhingen. Ihr lit. Wirken ist gleichsam die Fortsetzung ihres Berufs. Aus dieser engen Verbindung zum Hof erklärt es sich, daß die S. D. nach dem Untergang der Staufer ebenfalls verstummte und in anderen it. Zentren, v. a. in der Toskana, ihre Fortsetzung fand (z. B. Sikulo-toskan. Dichterschule, deren Autoren von den Sizilianern beeinflußt wurden). In der Stauferzeit wird die Volkssprache in der Literatur ausschließlich für die Dichtung gebraucht, als eine Art Sondersprache für die Lyrik, die in anderen schriftl. Texten keine Parallelen hat. Der chronolog. Rahmen der S. D. reicht bis zu →Manfreds Tod (1266); Friedrichs II. illegitimer Sohn →Enzo († 1272) konnte während seiner Gefangenschaft in Bologna dort die neue Lyrik verbreiten. Ferner sendet Mazzeo di Ricco eine Kanzone an →Guittone d'Arezzo, der mit zahlreichen Anspielungen auf die Dichtungsweise Mazzeos antwortet, so daß – bei häufiger Unsicherheit des chronolog. Ansatzes – die Sizilianer und die Toskaner sich teilweise zeitlich überschneiden. Die Anfänge der S. D. liegen anscheinend etwa in den 30er Jahren des 13. Jh., der Wirkungszeit des Giacomo da Lentini. In neuerer Zeit wurde ein Verbindungsglied zw. den prov. Modellen und den siz. Dichtern in Treviso entdeckt (A. RONCAGLIA), wo sich der Troubadour →Uc de Saint Circ am Hofe der staufertreuen da →Romano aufhielt. Allerdings kann das gesamte Wirken der Gruppe nicht auf ein einziges Buch zurückgeführt werden.

Die wichtigste Hs. der siz. Lyrik, der Vat. lat. 3793, ist toskan. Tradition und gleicht die Sprache der Sizilianer spürbar dem Toskanischen an. Ursprgl. war sie stark meridional geprägt, wie einige Texte erschließen lassen (v. a. eine Kanzone des →Stefano Protonotaro), die nicht durch die Überlieferung des Vaticanus und anderer alter toskan. Canzonieri auf uns gelangt sind. (Die Edition eines kürzlich entdeckten Textes des Giacomino Pugliese ist in Vorbereitung.)

In den Liederhss. ist die Lyrik der Sizilianer nicht nach Autoren, sondern nach metr. Genera angeordnet, d. h. nach →Canzonen (das vorrangige Metrum) und nach →Sonetten (der wirkmächtigen Erfindung des »Notaro« →Giacomo da Lentini). Die Canzone ist Liebesdichtung (ebenso der *discordo*; ein Sonderfall ist der contrasto des →Cielo d'Alcamo), während die Sonette, im mittleren Ton des Tenzonenwechsels ohne harte Polemik, im allgemeinen eine moral. Thematik aufweist. Die Werke der S. D. stehen eher im Zeichen der Zusammenarbeit als des Wettstreits und Wettbewerbs, die bei den Provenzalen so ausgeprägt sind. Es fehlt zudem in der siz. Dichtung das →Sirventese, das in der okzitan. Lyrik häufig als Mittel polit. Polemik und moral. Invektive gebraucht wird. Friedrich II. ertrug Satire ebensowenig wie Panegyrik. In diesem Fehlen polit.-polem. Inhalte läßt sich am stärksten der höf. Ursprung der siz. Dichtung erkennen.

Vorbilder der S. D. sind die prov. Autoren v. a. des späten 12. Jh. wie →Folquet v. Marseille (Giacomo da Lentini), →Rigaut de Barbezieux, →Perdigon, →Peirol etc. (Bernat de Ventadorn und →Arnaut Daniel gewinnen erst später für die it. Dichtung Einfluß, durch Guittone d'Arezzo und →Dante). Wenngleich die Sizilianer das Konzept der höf. Liebe der Provenzalen übernehmen, so sind doch die Rahmenbedingungen völlig verschieden: Am Hof Friedrichs II. sind die Rituale zw. Liebendem und Geliebter, welche die prov. Dichtung voraussetzt, faktisch unbekannt, so daß die siz. Dichtung sich weniger als Liebeslied versteht denn als Reflexion über die Idee der Liebe. Obgleich auch bei den Sizilianern das 'Dichter-Ich' sich an ein weibl. 'Du' wendet, ist sehr zweifelhaft, daß das Publikum auch die Frauen miteinschloß, wie es in der Provence der Fall war. Die Intellektualität der siz. Dichtung zeigt ihre Vorliebe für die Definition des Phänomens 'Liebe' und der entsprechenden Verhaltensweisen, steht vielleicht unter dem Einfluß der Tendenz zur Abstraktion, die für die→ars dictaminis, dictandi charakteristisch ist (zu den Dichtern der S. D. zählt auch der 'dictator' Petrus de Vinea). Eine derartige Tendenz wird auch durch die Trennung der Dichtung von der Musik hervorgehoben (Gegenmeinung: SCHULZE), es handelt sich um eine Dichtung, die primär für die Lektüre bestimmt ist und nicht für den Gesang mit Musikbegleitung.

Innerhalb dieser Gruppenarbeit gewinnen die einzelnen Autoren ein persönl. dichter. Freiraum für sich im Rahmen der spieler. Übernahme und ständigen Variation der Provenzalen und der anderen Mitglieder der Gruppe (sehr viel nachgeahmt wird Giacomo da Lentini). Hingegen fehlt in dieser eher subtilen Lit. das Interesse für die Landschaft. Die Metaphern, Vergleiche und »Transsumptiones«, die sich auf die Dame beziehen, werden eher aus dem Reich der Edelsteine oder der Tierwelt genommen – d. h. aus Lapidarien und Bestiarien – und den ihnen zugeschriebenen Eigenschaften.

Petrarcas Urteil über die siz. Dichter (Triumphus Cupidinis IV, 36) spielt auf einen chronolog. Primat an, dem auch eine eher archaische, nunmehr überholte Kunst entspricht. Die hohe Wertschätzung, die Dante, allerdings in Polemik gegen Guittone d'Arezzo, den Sizilianern, ihrer Sprache und ihren stauf. Mäzenen zollt (De vulgari eloquentia I, XII), sicherte der S. D. eine stabile Präsenz in der Literatur. Allerdings las Dante die Sizilianer in einer Textfassung, die dem Vat. lat. 3793 nahestand, und glaubte daher, sie kämen seinem Ideal einer von lokalen Besonderheiten möglichst gereinigten lyr. Sprache sehr nahe. Andererseits überdauerten nicht wenige meridionale Formen die Toskanisierung und drangen in die altit. Literatursprache ein (Reste finden sich noch in der Dichtersprache des 19. Jh.): ein Beispiel ist der sog. Sizilianische Reim, die Möglichkeit, geschlossenes *e* mit *i* und geschlossenes *o* mit *u* zu reimen. F. Bruni

Ed.: Poeti del Duecento, ed. G. CONTINI, 2 Bde, 1960 – Le rime della scuola siciliana, ed. B. PANVINI, 2 Bde, 1962–64 – D'A. S. AVALLE, Concordanze della lingua poetica it. delle origini (CLPIO), I, 1992 – *Lit.*: A. GASPARY, Die sicilian. D. des 13. Jh., 1878 – F. TORRACA, Studi su la lirica it. del Duecento, 1902 – S. SANTANGELO, Le tenzoni nella letteratura it. delle origini, 1928 – W. PAGANI, Repertorio tematico della scuola poetica siciliana, 1968 – R. ANTONELLI, Politica e volgare: Guglielmo IX, Enrico II, Federico II, Seminario romanzo, 1979, 9–109 – A. RONCAGLIA, Le corti medievali (Letteratura it., hg. A. ASOR ROSA, I, 1982), 33–147 – DERS., Per il 750° anniversario della scuola poetica siciliana, Rendiconti dell'Accad. Naz. dei Lincei, Cl. di sc. mor., stor. e filol., VIII, 38, 1984, 321–333 – S. DEBENEDETTI, Le canzoni di Stefano Protonotaro, Studi filologici, 1986, 27–64 – G. FOLENA, Cultura e poesia dei Siciliani (Storia della lett. it., hg. E. CECCHI–N. SAPEGNO, I, 1987), 293–372 – J. SCHULZE, Siz. Kontrafaktoren, 1989 – M. SANTAGATA, Dal sonetto al canzoniere, 1989 – F. BRUNI, La cultura alla corte di Federico II e la lirica siciliana (Storia della civiltà letteraria it., hg. G. BÀRBERI SQUAROTTI, I 1, 1990), 211–273 – F. BRUGNOLO (Storia della lett. it., hg. E. MALATO, I), 1995.

Sizilianische Vesper, Aufstand (→Revolte) in →Sizilien, begann am 31. März 1282 in →Palermo nahe dem Kl. S. Spirito während des großen Landausflugs am Ostermontag. Ein Zwischenfall löste einen Aufruhr aus, der rasch in ein Massaker an den anwesenden angevin. Kriegsleuten, dann an den frz. Bewohnern Palermos überging; die heftige Bewegung zur Beseitigung der verhaßten 'Ultramontani' erfaßte innerhalb eines Monats die gesamte Insel, selbst das guelf. und kosmopolit. orientierte →Messina (28. Juni); Palermo verband sich mittels Einung mit der lombard. Stadt Corleone und schuf so die Grundlage für ein Kommunalregiment ('communitas') in Sizilien.

Dieser Aufstand, der den machtvollen Staat der →Anjou entscheidend traf und erstmals das Kgr. Sizilien in seinen Grundfesten erschütterte, tat seine Motive und ehrgeizigen Zielsetzungen öffentl. kund: Sizilien verabscheute die 'mala signoria' →Karls I. v. Anjou und ihr drückendes Fiskalwesen; das Land forderte entschieden die Rückkehr zu den administrativen und fiskal. Gewohnheiten der Zeit →Wilhelms II. und stellte die neue Regierung, 'die Glückliche Republik', unter den Schutz des Hl. Stuhls, des sakrosankten Oberlehnsherrn des Kgr.es Sizilien.

Die revolutionäre Praxis von 1282 enthüllt noch andere Ursachen des Aufstandes: die Verlegung der Hauptstadt von Palermo ins festländ. →Neapel, die Auswahl der Fiskalbeamten (Amalfitaner) und die Übergabe der militär. Führung ausschließl. an 'Ultramontani'; die gnadenlose Härte des Aufstandes drückt den erbitterten Machtkampf zw. den alten Familien des stadtsässigen Rittertums und den im Dienst des angevin. Staates aufgestiegenen 'homines novi' aus.

In vertiefter Sicht weisen manche Züge des Aufstandes (die spontane Bildung eines Bundes aus Städten und ländl. Gemeinden, der von den im 12. und 13. Jh. eingewanderten Lombarden wichtige Impulse empfangen hatte, sowie die brutale Radikalität der Insurgenten) auf Gemeinsamkeiten mit der zeitgenöss. Erhebung der schweiz. →Eidgenossen hin; die Wahl der →Siz. Sprache als Kriterium der Identität manifestiert das kulturelle Zusammenwachsen der Insel seit dem 12. Jh. und den gewaltsamen Prozeß eines nationalen Einigkeitsbewußtseins, das sich 1296 in der Proklamation →Friedrichs III. durch die 'Voluntas Siculorum' artikuliert.

Da die eng mit Karl v. Anjou verbundene Papst →Martin IV. eine Führung des Aufstandes strikt ablehnte, wandten sich die Sizilianer gleichsam zwangsläufig →Peter III. v. Aragón zu, dem Gemahl der →Konstanze, Erbtochter des Staufers →Manfred. In Valencia hatten die aragon. Herrscher bereits die ghibellin. Emigranten aus Sizilien und dem festländ. Italien empfangen (namentl. Giovanni da →Procida galt als Dirigent des »Schattenorchesters«, das die S. V. insgeheim vorbereitet haben soll, doch ist eine solche Verschwörung historisch nicht beweisbar).

Peter III. bereitete unter dem Deckmantel eines (vom Papst nicht approbierten) Afrikakreuzzuges (28. Juni) seine Intervention vor; die angevin. Bedrohung von Messina veranlaßte ihn am 30. Aug. zur Fahrt nach Sizilien. Zum Kg. ausgerufen, wurde er von Martin IV. exkommuniziert und der Regierung seiner Reiche enthoben. Sein Admiral Roger de Lauria (→Lluria) setzte blitzartig die Seeherrschaft der Katalanen im Tyrrhen. Meer durch; die prov. und neapolitan. Flotten der Angevinen wurden bei Malta und Nicotera sowie vor Neapel (Gefangennahme des Prinzen →Karl [II.], 1284) aufgerieben.

Die siz. Revolution hatte sich zu einer umfassenden Konfrontation zw. der aragon. Monarchie, die von den oberit. →Ghibellinen unterstützt wurde, und dem Frankreich der →Kapetinger ausgeweitet. Die →Almogávares Peters III. drangen nach →Kalabrien und in die →Basilicata vor, während anderseits (gestützt auf die päpstl. Übertragung des Kgr.es Aragón an →Karl v. Valois) ein frz. Kreuzfahrerheer im Frühjahr/Sommer 1285 in die Gft. en →Roussillon und →Ampurias einfiel; dieser →Aragón-Kreuzzug scheiterte aber (Tod Kg. →Philipps III. in →Perpignan).

Der Triumph Peters III. konnte jedoch die Schwierigkeiten des neuen aragon. Staatswesens in Sizilien nicht überdecken. Die Führer des Aufstandes, die siz. Barone (→Barone, IV), waren unzufrieden mit der Einsetzung von nun katal. und aragones. Führungskräften in Verwaltung und Militärwesen; Repressionen führten zum Abfall der siz. →Guelfen von der aragon. Macht. Der Tod Peters III. († 11. Nov. 1285) ermöglichte eine Lösung nach dem Vorbild des Kgr.es →Mallorca: Für den Infanten →Jakob (II.) wurde ein eigenes Kgr. Sizilien errichtet. Das unter →Interdikt liegende Aragón konnte somit, unter Preisgabe Siziliens, Verhandlungen mit Neapel anknüpfen. Nach dem Tode →Alfons' III. († 1291) hatte Jakob II. die beiden Kgr.e im Besitz und setzte diese Politik fort: Im Vertrag v. Anagni (1295) akzeptierte er die Restitution des von seinem Bruder Friedrich regierten Sizilien an die Kirche, im Austausch gegen die ihm übertragene Kg. skrone v. →Sardinien und →Korsika.

Die imperialen Ansprüche von Staufern und Ghibellinen, die der Politik Peters III. implizit zu Grunde lagen, manifestierten sich vollends in der Proklamation des Infanten Friedrich, der unter dem programmat. Namen 'Friedrich III.' in einer messian.-chiliast. Atmosphäre gekrönt wurde (Palermo, 25. April 1296). Sechs Jahre eines gnadenlosen Krieges, in dem die Kirche und die angevin. Streitkräfte die aragones. Gruppierungen und die Flottenmacht Rogers de Lauria bekämpften, die siz. Guelfen anderseits ihren Gegnern erbitterte Gefechte lieferten, fanden ihren Abschluß im Frieden v. →Caltabellotta (1302), der Friedrich III. das von Neapel lehnsabhängige Inselkgr. →'Trinacria' beließ.

Die revolutionäre Bewegung der S. V. vollendete somit den Bruch der alten Einheit Süditaliens und führte seine Spaltung in zwei rivalisierende Kgr.e herbei, die beide denselben Titel trugen und nur auf militär. Wege wieder vereinigt werden konnten. Der Krieg, der beide entzweite, trug dazu bei, daß sich die Charakterzüge des Mezzogiorno festigten: Refeudalisierung, leichte Fiskalität auf den Getreideexport, Hinwendung zu extensivem Getreideanbau.
H. Bresc

Lit.: HEG II, 633-636 u.ö. [A. HAVERKAMP] – L. VONES, Gesch. der Iber. Halbinsel im MA, 1993, 137f. u.ö.

Sizilien (lat. Sicilia, griech. Σικελία)
A. Spätantike, byzantinische Herrschaft und muslimische Periode – B. Das Königreich Sizilien – C. Geschichte der Juden

A. Spätantike, byzantinische Herrschaft und muslimische Periode

I. Spätantike – II. Byzantinische Herrschaft – III. Muslimische Periode.

I. SPÄTANTIKE: [1] *Allgemein:* Die mit 25 426 km² größte Insel im Mittelmeer lag in geopolit. und wirtschaftl. wichtiger Lage zw. dessen westl. und zentral-östl. Becken, im NO durch die 3–16 km enge Straße v. Messina vom it. Festland, im SW durch die über 150 km breite Straße von S. von Nordafrika getrennt.
E. Kislinger

[2] *Spätantike:* Nach dem 1. Pun. Krieg (264–241) erste röm. Provinz, unterstand S. seit Diokletian einem Corrector, seit Konstantin einem Proconsularis mit Appellationsinstanz des Praefectus urbi (bis 357). Die Bewohner hatten seit Antonius röm. Bürgerrecht, doch blieb die alte staatsrechtl. Gliederung in 68 Gemeinden (Plin. nat. 3, 88) mit verschiedener Abstufung erhalten. Die wirtschaftl. Struktur war geprägt durch das traditionelle Latifundien-

wesen in privater, ksl. und später kirchl. Regie mit eigenem Verwaltungssystem (Greg. M. epist. 11, 8), doch ist eine Auflösung in kleinere Wirtschaftseinheiten unverkennbar. Neben Vieh- und Schafzucht machte der Getreideanbau (zum Weinbau vgl. Plin. nat. 14, 66) S. mehr und mehr zur Versorgungsgrundlage für Italien (Greg. M. past. 1, 2; epist. 1, 70); wichtig war der Abbau der Schwefelvorkommen. Das Christentum breitete sich offenbar früh aus (Katakomben in vielen Städten; zu heidn. Überresten vgl. Greg. M. epist. 3, 79). Einen Metropoliten hatte S. nicht, eine kirchl. Vikariatsrolle nahm der Bf. v. Syrakus wahr (Greg. M. epist. 2, 8). 366 dokumentiert eine Synode das Bekenntnis zum Nicaenum. G. Wirth

Lit.: s. Teil II.

II. BYZANTINISCHE HERRSCHAFT: [1] *5.–6. Jahrhundert:* Inmitten des röm. Reiches jahrelang von gesamthistorisch relevanten Ereignissen weithin unberührt, wurde die Insel erst infolge der gewaltsamen Landnahme der →Vandalen im heute tunesischen Nordafrika seit 440 Raubzügen ausgesetzt; ihre Funktion als primärer Getreidelieferant Roms konnte dadurch gefährdet werden. Das auch im späten 5. Jh. weström. beherrschte S. ging 491 mit Hilfe der ansässigen Nobilität als eines der ersten Gebiete zu →Theoderich über, doch traten die Goten in der Folge als Siedler oder militär. kaum in Erscheinung, sondern gewährten weitreichende Selbstverwaltung. Freundl. Aufnahme fand →Belisar zu Beginn des byz.-got. Krieges (535–552/555), nachdem er S. bereits 533 beim Sieg über die Vandalen zur Versorgung genutzt hatte. Im Unterschied zum übrigen Italien wurde S. (seit 536) unter einem Prätor den Zentralbehörden direkt unterstellt, die tonangebende Schicht senator. Großgrundbesitzer eng an Konstantinopel gebunden, was schon zur Zeit von →Gregor I. d. Gr. zu erkennbaren Spannungen zw. der griech.-weltl. Macht und dem lat. Papsttum führte, welches (aus Schenkungen) zum größten Grundherrn auf S. aufgestiegen war. Die einsetzende Re-Gräzisierung durch Zuwanderer aus den östl. Reichsteilen erfaßte weniger den W mit →Palermo denn Osts., wo mit →Syrakus und →Catania die administrativen Zentren lagen. E. Kislinger

[2] *7. Jahrhundert:* Das von →Justinian bald nach der Rückeroberung der Insel geschaffene System von Institutionen förderte zumindest im Bereich der üblichen Verwaltungspraxis eine relative Selbständigkeit S.s im Rahmen des →Exarchats Italia. Zudem hatten die Vorstöße der →Langobarden in der Apenninenhalbinsel keine direkten Auswirkungen auf die Verhältnisse in S.; die ksl. Zentralmacht, die stets Aufstände und Abspaltungen befürchtete, sah keinen Anlaß, die Kontrolle Ravennas bes. zu verstärken.

Im wirtschaftl. und sozialen Bereich läßt sich ein Ausbau der Machtstellung der weltl. und kirchl. Großgrundbesitzer feststellen, so daß die Schicht der lokalen »possidentes« in zunehmendem Maße eine führende Funktion übernahm. Die Rolle der Städte blieb weiterhin zentral, wobei bes. die Küstenstädte florierten: im Osten →Catania und →Syrakus, im Nordwesten →Palermo. Der Handel mit den Erzeugnissen einer blühenden Landwirtschaft und handwerkl. Tätigkeit ging über den lokalen Bereich weit hinaus. Neben der Präsenz oriental. Kaufleute (»negotiatores«) ist auch die Aktivität der Münzstätten von Catania und Syrakus hervorzuheben. Letztere prägte nach der Ankunft Ks. →Konstans II. auch Goldmünzen.

Im Lauf des 7. Jh. verstärkte sich v. a. im Ostteil der Insel der Byzantinisierungsprozeß der Bevölkerung. Dieses Phänomen zeigte sich auch im kirchl. Bereich durch die Präsenz griech. Klöster und eines griech. oder jedenfalls griechischsprechenden Klerus. Ein wichtiges Zeugnis für die Entwicklung des lat. Elements bieten bereits die Briefe Papst →Gregors d. Gr.

Die strategisch günstige Lage S.s im Zentrum des Mittelmeers ließ die Insel zum Vorposten des Krieges gegen die Muslime werden. Nach den ersten Einfällen der Sarazenen, die das Eingreifen des Exarchen Olympios erforderten, regierte Konstans II. von Syrakus aus (seit 663) in der Absicht, dem islam. Vorstoß gegen den Okzident Einhalt zu gebieten. Die Ermordung des Ks.s (668) machte diesen Plan zunichte, was sehr schwere und lange andauernde Folgen hatte. Die Problematik dieser Ereignisse und das Bedürfnis einer stärkeren Kontrolle über die Insel führten in der Anfangszeit der Regierung Justinians II., wahrscheinl. zw. 692 und 695, zur Bildung des Thema Sikelia-Sizilien (→Themenordnung). P. Corsi

[3] *8.–11. Jahrhundert:* Durch den Fall des byz. Exarchats von →Karthago (697/698) wurde S. zum Vorfeld der arab. Expansion und litt bis zur Mitte des 8. Jh. wiederholt unter Plünderungen, abzulesen am gesunkenen Geldumlauf (eigene Münzstätte[n] seit →Justinian I.). Wie so oft in Krisenzeiten boten gewiß auch damals Höhlen und Grotten im gebirgigen Hinterland (v. a. des Südostens) den Einheimischen Zuflucht (woraus sich die »civiltà rupestre« bes. des 9.–12. Jh. entwickelte). Eine arab. Landnahme verhinderten einerseits interne Konflikte der Angreifer und andererseits wirksam werdende Abwehrmaßnahmen, so die →Themenordnung ab ca. 700 mit Soldatengütern und der Festungsbau, finanzierbar aus den von Ks. →Leon III. dem Papsttum entzogenen Steuererträgen der kirchl. Patrimonia. Parallel oder unter Ks. →Konstantin V. ging Rom überhaupt der Jurisdiktion über die siz. Bm.er verlustig, welche gleich dem Illyricum dem Patriarchat von Konstantinopel unterstellt wurden. Ikonoklast. Tendenzen (→Bilderstreit) sind auf S. allerdings nicht auszumachen. Spätestens mit dem Ende des Exarchats v. →Ravenna (751) wurde der Stratege des Themas Sikelia (zugehörig auch die Dukate →Kalabrien, →Otranto und →Neapel) zum führenden Vertreter byz. Macht und Interessen in Italien und griff dort (mittels der Flotte) mehrmals stabilisierend aus der Sicht Konstantinopels ein. Die zentrale Kontrolle gegenüber den Strategen erwies sich bei deren Aufständen stark und effizient, separatist. Tendenzen der Bevölkerung sind erst im Fall des Elpidios (781) ansatzweise sichtbar. Seitens →Karls d. Gr. wurde die Zugehörigkeit S.s zur byz. Sphäre respektiert; erneute arab. Vorstöße (Lampedusa 812) wurden mit hauptstädt. Hilfe zurückgewiesen. Die militär. Schwächeperiode von Byzanz im Gefolge des Aufstandes von →Thomas d. Slaven (821–823) begünstigte eine allg. arab. Eroberungswelle, auch auf S. unter Ausnutzung der Offiziersrevolte rund um Euphemios. Nach der dortigen Landung 827 fiel der Westteil mit Palermo (831), Corleone und Platani (840) rasch in arab. Hände. Auf der Linie →Cefalù – Ena – Butera/Monti Iblei vermochten sich die Byzantiner bis 854/859 zu behaupten; mit Syrakus (878) fiel ihr insularer Hauptstützpunkt an der Ostküste. Vom aufblühenden Palermo aus verwalteten Gouverneure das arab. S. als autonome Provinz des aglabid. und (nach 909) fāṭimid. Ifrīqiya (→Afrika, II). Wesentl. Anteil an den Aufstandsbewegungen 913–917 und 937–940 hatten die Berber v. Agrigent in ihrer Konkurrenz zu den Arabern Palermos. Unter dem erbl. Emirtum der Kalbiten (seit 947) bestand die Abhängigkeit von Fāṭimiden (ab 973 in Kairo) und den nachgeordneten Zīrīden in →Tunis fakt. nur mehr nominell. Neben der profitablen Rolle eines Umschlagplatzes im Warenverkehr vom arab. Spanien bis Ägypten (→Ge-

nisa-Dokumente) war die Insel auch aktiv mit Seidenprodukten im (Fern)handel vertreten. Eine Konstante der Außenpolitik bildete die kämpfer. Frontstellung gegenüber dem christl.-byz. Süditalien. Der nach 878 vorerst noch verbliebene byz. Machtbereich im äußersten NO S.s ist durch das Festungsdreieck →Taormina–Rometta (*Ῥήματα*)–Demenna umrissen. Sogar nach einer ersten arab. Eroberung 902 hielt hier lokaler Widerstand bis 965 an, als das großangelegte Unternehmen von Ks. →Nikephoros II. Phokas, nach→Kreta (961) auch S. zurückzuerobern, in der Niederlage vor Rometta endete. Ein letzter byz. Feldzug 1038–1041/42 unter dem Kommando des Georgios →Maniakes (schon unter Beteiligung norm. Kontingente), welcher den Ostteil der Insel gewinnen konnte, scheiterte an internen Querelen. Von den Voraussetzungen und dem strateg. Ablauf her kann dieser Versuch als direkter Vorläufer der norm. Eroberung (1061–91) des zerrütteten, nach 1040 in Teilherrschaften aufgespaltenen arab. S. gelten. – Auffälligerweise haben weder das reichsbyz. noch das arab. S. in seiner jeweiligen Randlage bedeutende lit. und künstler. Monumente hinterlassen, abgesehen vom hagiograph. Schrifttum bzw. der Anthologie des Ibn-al-Quaṭṭāʿ. Die kirchl. Mosaikausstattungen byz. Stils zu Palermo, Monreale und Cefalù sind zwar von griech. Künstlern geschaffen, gehören aber allesamt erst der norm. Periode des 12. Jh. an und reflektieren in ihrem Miteinander mit westl.-roman. und arab. Elementen die hochstehende Mischkultur jener Epoche.

E. Kislinger

Lit.: *[allg.]*: A. GUILLOU, La Sicile Byz. État de recherches, Byz. Forsch. 5, 1977, 95–145 – L. CRACCO RUGGINI, La Sicilia tra Roma e Bisanzio (Storia della Sicilia, III, 1980), 1–96 – *[Geschichte]*: A. VASILIEV, H. GRÉGOIRE, P. CANARD, Byzance et les Arabes, I–II/2, 1934–68 – W. ENSSLIN, Zur Verwaltung S.s vom Ende des weström. Reiches bis zum Beginn der Themenverfassung, SBNE VII, 1953, 355–364 – S. BORSARI, L'amministrazione del tema di Sicilia, R SI 66, 1954, 131–158 – B. LAVAGNINI, Siracusa occupata dagli Arabi e l'epistola di Teodosio Monaco, Byzantion 29/30, 1959/60, 267–279 – J. SHEPARD, Byzantium's Last Sicilian Expedition: Scylitzes' Testimony, RSBN NS 14/16, 1977/79, 145–159 – S. LAGONA, La S. tardoantica e biz., Fel. Rav. 119, 1980, 111 – A. N. STRATOS, Expédition de l'empereur Constantin III surnommé Constant en Italie (AA. VV., Bisanzio e l'Italia, 1982), 348–357 – P. CORSI, La spedizione in. di Costante II, 1983 – S. CARUSO, La Sicilia nelle fonti storiografiche bizantine (Sicilia e Italia suburbicaria tra IV e VIII s., Atti del Convegno di Studi Catania, 24–27 ott. 1989, hg. S. PRICOCO, F. RIZZO NERVO, T. SARDELLA, 1991), 99–128 – E. KISLINGER, Zw. Vandalen, Goten und Byzantinern: S. im 5. und frühen 6. Jh., Byzantina et slavica cracoviensia 2, 1994, 31–51 – *[Literatur]*: Q. CATAUDELLA, La cultura bizantina in Sicilia (Storia della Sicilia, IV, 1980), 1–56 – U. RIZZITANO, La cultura Araba, Normanna e Sveva (Storia della Sicilia, IV, 1980), 57–139 – S. PRICOCO, Un esempio di agiografia regionale: la Sicilia (Santi e demoni nell' Alto Medioevo Occidentale, Sett. cent. it. XXXVI, 1989), 319–376 – *[Mönchtum]*: C. FILANGERI, Monasteri basiliani della Sicilia, 1980 – V. v. FALKENHAUSEN, Il monachesimo greco in Sicilia (La Sicilia rupestre nel contesto delle civiltà mediterranee, 1986), 135–174 – *[Archäologie, Topographie]*: P. ORSI, Sicilia bizantina, 1942 – B. PACE, Arte e civiltà della Sicilia antica, IV: Barbari e Bizantini, 1949 – A. MESSINA, Le chiese rupestri del siracusano, 1979 – G. BEJOR, Gli insediamenti della Sicilia romana: distribuzione, tipologia e sviluppo da un primo inventario dei dati archeologici (Società romana e impero tardoantico, III, 1986), 463–519 – R. M. BONACASA CARRA, Quattro note di archeologia cristiana in Sicilia, 1992 – F. MAURICI, Castelli medievali in Sicilia. Dai bizantini ai normanni, 1992 – A. MESSINA, Le chiese rupestri del Val di Noto, 1994 – E. KISLINGER, Byz. Kupfermünzen aus Sizilien (7.–9. Jh.) im hist. Kontext, JÖB 45, 1995 – *[Griech. Kultur der Normannenzeit]*: F. GIUNTA, Bizantini e bizantinismo nella Sicilia normanna, 1974[2] – M. SCADUTO, Il monachesimo basiliano nella Sicilia medievale. Rinascita e decadenza, sec. XI–XIV, 1982[2] – M. B. FOTI, Il monastero del S.mo Salvatore in lingua phari. Proposte scrittorie e coscienza culturale, 1989 – E. KITZINGER, I mosaici del periodo normanno in Sicilia, I, 1992 –

S. LUCÀ, I Normanni e la »rinascita« del sec. XII, Arch. stor. Calabria e Lucania 60, 1993, 1–91.

III. MUSLIMISCHE PERIODE: [1] *Allgemein:* Die muslim. Herrschaft in S. (arab. *Siqillīya* oder *al-Ǧazīra* 'die Insel'), die von der 1. Hälfte des 9. Jh. (827) bis zur norm. Eroberung des späten 11. Jh. (1072 Einnahme von Palermo, 1091 Fall von Noto, des letzten muslim. Stützpunktes) dauerte, kann nicht als einheitl. oder auch nur einigermaßen »flächendeckende« Beherrschung des Landes gesehen werden, sie zeichnete sich vielmehr durch starke Regionalität und selbst »Lokalität« aus, bei ganz unterschiedl. Verdichtung; der ungleiche Forschungsstand läßt im übrigen viele Fragen offen. Die Quellenbasis ist denkbar schmal (fast vollständiger Verlust des muslim. Urkundenbestandes, kaum eigene siz.-arab. Historiographie, daher nur – meist verstreute – Erwähnungen in außersizil. muslim. Texten: z. B. negativ tendenziöser Augenzeugenbericht des →Ibn Ḥauqal, um 973), archäolog. Spuren und topononomast. Überlieferung sind gering; doch ermöglicht die weitaus reichhaltigere hist. Dokumentation (einschl. Urkk.) aus der Zeit der (beginnenden) Normannenherrschaft mitunter Rückschlüsse auf das muslimisch dominierte Sizilien.

[2] *Sizilien als Gebiet an der Peripherie des muslimischen Mittelmeerbereiches:* Die Gesch. des muslim. S. ist in einem größeren geograph. Verbund zu sehen; der fortlaufende personelle, polit. und kulturelle Austausch mit den gegenüberliegenden nordafrikan. Territorien (heut. Tunesien und Westalgerien; *Ifrīqiya*, →Afrika, II) bedeutete aber nicht durchgängig polit. Abhängigkeit S.s, das von den Muslimen auch als Ausgangsterritorium für weitergehende militär. Aktivitäten benutzt wurde (muslim. Eroberungen und z. T. Ansiedlung in →Kalabrien und →Apulien, Vorstöße in die nördlicheren Teile →Italiens), die nicht selten mit Unterstützung chr. Territorialherren erfolgten (Mitte und 2. Hälfte des 9. Jh. wiederholt Bündnisse mit den Duces v. →Neapel). Es bestanden (auch kulturelle) Verbindungen zum muslim. Spanien (→al-Andalus), aus dem (militär.) Siedler nach S. kamen. Seit der 2. Hälfte des 10. Jh. etablierte sich ein engerer Kontakt zur schiit. Kalifendynastie der →Fāṭimiden, die (seit dem Anfang des 10. Jh. nominelle Oberherren der Insel) auch nach der Verlegung ihrer Residenz ins ägypt. Niltal (972/973) S. stets im Blickfeld behielten.

[3] *Die Eroberungen des 9. Jh.:* Die muslim. Durchdringung, die nicht so sehr das Ergebnis zentral gelenkter Eroberungszüge war, sondern als langgestreckter (unregelmäßiger) Prozeß fast drei Generationen in Anspruch nahm, erfaßte nicht alle Regionen der Insel mit gleicher Intensität: Das am stärksten »muslimisierte« Kerngebiet war der Bereich des Val di Mazara (der W mit→Palermo); das Val di Noto (der SO mit Ragusa und Noto sowie die Gebiete weiter nördlich) war dagegen wohl nur muslim. »durchsetztes« Gebiet, während die Region des Val Démone (NO: Piana di Catania bis hinauf in die Gegend von Enna/Castrogiovanni und Agira) nur geringe, lückenhafte muslim. Besiedlung und Kontrolle erfuhr.

Die muslim. Expansion erfolgte im wesentl. durch Gruppen von muslim. Kämpfern, die mit den auf→Syrakus zentrierten byz. Land- und Seestreitkräften zahlreiche krieger. Auseinandersetzungen austrugen. Nach muslim. →Razzien des 8. Jh. setzte im frühen 9. Jh. die dauerhafte Etablierung auf siz. Boden ein, ausgelöst wohl durch ein Bündnisangebot (826) des gegen die byz. Zentralgewalt revoltierenden Admirals Euphemios (arab. Fīm[u]).

Führende Initiatoren der muslim. Expansionsunternehmungen (oft zur See; →Flotte, A. III) waren die Fs.en der in →Kairuan (Tunesien) residierenden Dynastie der →Aġlabiden (Ziyādatallāh I., 817–838), doch fanden bald auch Kriegszüge in siz.-muslim. »Eigenregie« statt. Nach Mazara (827) und Palermo (831) wurde 843 →Messina erobert; 858 kam →Cefalù unter muslim. Herrschaft; 859 fiel Castrogiovanni (→Enna), das letzte Zentrum der byz. Macht. 864/865 wurden Noto und Ragusa dem muslim. Herrschaftsbereich eingegliedert; erst 878 (nach vielen gescheiterten Eroberungsversuchen) Syrakus, schließl. 902 dann →Taormina.

[4] *Regierung und Verwaltung:* Formal stand S. nacheinander unter der Oberherrschaft zweier nordafrikan. Dynastien: zunächst der Aġlabiden (bis 910), dann der Fāṭimiden, doch war ihre Einflußnahme auf die Interna des muslim. S. von unterschiedl. Intensität; schon um die Mitte des 9. Jh. gibt es deutl. Anzeichen einer Autonomie S.s (interne Wahl des Gouverneurs, eigenständige militär. Unternehmungen). Von 947 bis zur norm. Eroberung standen an der Spitze des muslim. S. die Mitglieder des vornehmen arab. Clans der *Kalbī*ʾs, die, als erbl. *Amīre* (Gouverneure; →Emir) in ihrem Amt von den Fāṭimiden de facto nie bestritten, in einem abgegrenzten Residenzareal in Palermo ihren Palast hatten. Die Reichweite ihrer Machtausübung muß jedoch unsicher bleiben. Es bestanden offenbar mehrere →Dīwāne (Verwaltungsbehörden), deren Zahl und Funktion sich aber nicht näher bestimmen lassen (die Namenslisten der *ġarāʾid/plataiai/plateae* aus norm. Zeit sind vielleicht Reste muslim. Steuerregister). Die Hauptaufgabe der Amīre lag im militär. Bereich; die Rechtspflege wurde offenbar eigenständig von einem →Qāḍī (in Palermo) ausgeübt.

[5] *Bevölkerungsstrukturen:* Wegen der dürftigen Quellenlage und angesichts der Vielfalt der Bevölkerungselemente wie der starken regionalen Unterschiede können nur einige Grundlinien zur Sprache kommen. Auch in S. verlangten die erobernden Muslime von der sich freiwillig unterwerfenden christl. Bevölkerung keine Konversion zum Islam; gegen Zahlung einer Personensteuer (*ǧizya/ ǧawālī*) war ihnen Besitzstand und freie Religionsausübung garantiert. Die auch in muslim. Zeit ungebrochene romano-byz. und christl. Prägung (Sprache, religiöse Einrichtungen/Bm.er, Lebensformen) trat nach der norm. Eroberung wieder deutlich in den Vordergrund.

Zahlreiche Muslime kamen v. a. als Kämpfer-Gruppen (S. galt nach muslim. Auffassung wohl immer als *Ṯaġr/ Ṯuġūr* 'gefährdetes Grenzgebiet') in immer neuen Wellen ins Land; unter dem Oberbefehl der Amīre entstanden in verschiedenen Gegenden (*iqlīm*) des Binnenlandes muslim. Garnisonen, oft finanziert durch die Steuererträge bestimmter Bezirke (→*iqṭāʿ*); attraktiv war S. wie alle *Ṯuġūr* für Freiwillige des »Hl. Kampfes« in seiner bewegl. (*ǧihād*) und stationären (→*ribāṭ*) Form. Als »Einwanderungsland« (v. a. für Muslime aus Nordafrika und Spanien) importierte S. die mannigfachen innermuslim. Gruppenrivalitäten, wobei sich auch die zum Islam konvertierten siz. Gruppen öfters massiv zu Worte meldeten. Bes. aber führte der stets latent vorhandene Gegensatz zw. →Arabern und →Berbern (deren geschlossene Siedlungsräume bes. im nördl. Mazara-Gebiet und um Girgenti lagen) zu heftigen Kämpfen zw. beiden Gruppen (886–887, 898). Auch der nordafrikan. Herrschaftswechsel von 909/910, der die Frage aufwarf, ob man der schiit. Mahdī-Dynastie der Fāṭimiden loyal sein dürfe, gab Anlaß zu starken innermuslim. Auseinandersetzungen.

[6] *Wirtschaft und Kultur:* Die kulturellen Errungenschaften der Muslime in S. sind stärker aus den Q. der nachfolgenden norm. Periode als aus denen der muslim. Zeit selbst zu erschließen. Anscheinend führten die Muslime im landwirtschaftl. Bereich wesentl. Neuerungen ein (Anbau von Zitrusfrüchten, →Reis, Datteln, →Baumwolle, →Papyrus); sie schufen, in Verbindung mit technisch raffinierten Bewässerungssystemen (→Bewässerung), eine typisch muslim. Hortikultur. Die weitentwickelte (schriftl.) Verwaltungspraxis in arbeitsteiligen Behörden (*dīwān*) wurde wegen ihrer hohen Qualität von den norm. Eroberern teilweise (samt Personal und arab. Geschäftssprache) in ihren Herrschaftsapparat integriert (→Beamtenwesen, VI, →Duana de secretis). Auf das muslim. Vorbild geht offenbar auch die hochstehende Stadt- und Hofkultur (→Pfalz, Palast D) des norm. S. (→Palermo) zurück. Nahezu alle bedeutenden Gattungen der →arab. Lit. (insbes. ein bemerkenswertes Corpus an Poesie!) wurden im muslim. S. von einheim. oder zugewanderten Autoren hohen Ranges gepflegt. A. Noth

Lit.: M. AMARI, Storia dei Musulmani di Sicilia, 3 Bde, verb. 2. Aufl., hg. C. A. NALLINO, 1933–39 – D. MACK SMITH, A Hist. of Sicily: Medieval Sicily 800–1713, 1968 – I. ʿABBĀS, Al-ʿArab fī Siqillīya. Dirāsa fīt-taʾrīḫ wal-adab, 1975² – A. AHMAD, A Hist. of Islamic Sicily, 1975 – F. MAURICI, Breve storia d. arabi in Sicilia, 1995.

B. Das Königreich Sizilien

I. Herrschaft der Normannen und Staufer – II. Herrschaft der Anjou und Aragón.

I. HERRSCHAFT DER NORMANNEN UND STAUFER: [1] *Die Zeit Rogers II.:* Als Regnum Siciliae wurde das Reich bezeichnet, dessen Kg. swürde →Roger II. v. Hauteville, Gf. v. S., im Sept. 1130 vom Gegenpapst →Anaklet II. erlangte und zu dessen Herrscher er am 25. Dez. desselben Jahres in Palermo gekrönt wurde (→König, C). Der neue Staat reichte vom Ceprano-Paß bis zur äußersten Spitze S. In den darauffolgenden Jahren wurde die n. Grenze bis zum Tronto-Fluß vorgeschoben und auch das autonome Hzm. →Neapel eingegliedert.

Rogers ursprgl. Absicht war, seine Söhne als Mitkg.e der Teilreiche an der Herrschaft zu beteiligen. Aber der frühe Tod von einigen von ihnen und die Notwendigkeit, das Verhältnis zum Papsttum zu regeln (Verträge v. Mignano) veranlaßten ihn zu einer territorialen Neuordnung, die auch in den folgenden Jahrzehnten bestehen blieb. Alle festländ. Gebiete des Kgr.es n. des Sinni-Flusses in Kalabrien bis zum Tronto in den Abruzzen wurden in zwei Provinzen geteilt: Ducatus Apuliae und Principatus Capuae; die Provinz S. umfaßte die Teile Kalabriens s. des Sinni und die Insel S. selbst. Zur Verwaltung dieses territorial komplexen Staatsgebildes bediente sich der neue Kg. in modifizierter Form der Strukturen der Zentral- und lokalen Verwaltung, die ihm bisher in der Gft. S. zur Verfügung gestanden haben und die sich aus byz., arab. und franko-norm. administrativen Traditionen herleiteten (→Beamtenwesen, VI): Er führte in den verschiedenen territorialen Einheiten des Kgr.es →Kämmerer und →Justitiare ein, ohne jedoch die bestehenden gleichnamigen zentralen Ämter aufzuheben; ferner schuf er in Gestalt der →duana de secretis ein neues Amt für S. mit der ausschließl. Aufgabe, die Insel S. zu verwalten, und die zentrale Verwaltungsorganisation (→Curia regis, III). Sie bestand aus einer kleinen Gruppe von Magnaten und Amtsträgern, unter denen der Admiral (→Admiratus) und der Kanzler (→Kanzlei, A. II) große Bedeutung erlangten. Die Städte wurden dem Kg. unterstellt, behielten aber gleichwohl häufig ihre alten Gebräuche und Gewohnheitsrechte bei. Der Kg. bestimmte jeweils ihre Amtsträger (Strategen, Katepane, Judices), die er mit festumrissenen Aufgaben betraute. Neben der Verwaltung der Gerichtsbarkeit war es vornehml. die Aufgabe des Kg.s, das Heer zu organisieren und zu befehligen. In dieser Hinsicht traf Roger einige umwälzende Entscheidungen, bei denen er Institutionen des Feudalsystems, das die Normannen in Süditalien eingeführt hatten, benutzte, um die Autorität des Kgtm.s zu stärken. Als erster Souverän in Europa nach der langen Zeit der institutionellen Zersplitterung im frühen MA promulgierte Roger im Bewußtsein seiner einigenden Rolle und der Bedeutung seiner Regierungsgewalt auf dem Hoftag d. J. 1140 in Ariano Irpino ein Corpus von Gesetzen (→Assisen v. Ariano). In einer neuen und originellen Konzeption der Souveränität vereinigte sich hier die röm.-byz. imperiale Tradition mit der frk. Konzeption der persönl. Bindung zw. Herrscher und Volk. Der Kg. war der Träger umfassender Autorität. Alle, die im Staat Macht ausübten, taten dies in direktem Auftrag des Kg.s, ohne ein festumrissenes Aufgabengebiet. Diese »reductio ad unum« aller öffentl. Gewalten des Staates war mit der Konzeption einer persönl. Bindung zw. dem Souverän und dem Volk verbunden, so daß Treuebruch, der zum Verlust der kgl. Gnade führte, als schwerstes Delikt erscheinen mußte. Der Kg. war mit seinen Untertanen direkt, d.h. ohne eine Mittlerfunktion einer staatl. Organisation oder lehensrechtl. Strukturen (die rein militär. Natur waren), verbunden. In den folgenden Jahren konkretisierten sich diese theoret. Voraussetzungen in der Ausbildung einer monarch. Staatsform, die auf »bürokratischen« Strukturen beruhte, ihren Ursprung vom Kg. nahm und auf diesen hin orientiert war, sowie in einem Feudalsystem, das nur einen Grundtypus des Lehens kannte, das »feudum in capite de domino rege«. Dessen Inhaber war der Kg. oder dessen Amtsträger direkt und persönl. für seine Taten und v.a. für die regelmäßige Leistung des Waffendienstes verantwortl., die in Proportion zu seinen Besitzverhältnissen stand.

[2] *Das Kgr. unter Wilhelm I.:* Einige Jahre vor seinem Tod (26. Febr. 1154) hatte Roger II. seinen Sohn →Wilhelm (1120-66) zum Mitkg. eingesetzt (1151), um ihm dadurch die Nachfolge zu sichern. Der neue Herrscher sah sich einer äußerst schwierigen Situation gegenüber. Papst →Hadrian IV. anerkannte seinen Kg.stitel nicht, der byz. Ks. →Manuel Komnenos und Ks. →Friedrich I. Barbarossa hatten sich verbündet, um in das Kgr. S. einzufallen; einige norm. Gf.en, die von Kg. Roger mit Waffengewalt zur Botmäßigkeit gezwungen worden waren, verweigerten die Stellung des Aufgebots und strebten danach, die unabhängigen Herrschaften ihrer Väter wiederzugewinnen. Die Lage des jungen Kg.s besserte sich jedoch, als Friedrich Barbarossa den Plan eines Feldzuges nach Süditalien aufgab; am 18. Juni 1156 schloß Wilhelm I. in →Benevent Frieden mit dem Papst und erhielt (auch für seine Nachfolger) die Investitur mit dem Kgr. Der neue polit. Kurs war hauptsächl. das Werk des →admiratus admiratorum →Maio v. Bari (M. de Rayza). Seine Kenntnis der Funktionsmechanismen der Zentralregierung verführten ihn jedoch dazu, die Macht zu monopolisieren, so daß er schließl. am 10. Nov. 1160 in einer Adelsverschwörung ermordet wurde. Sein Tod brachte eine tiefgreifende und radikale Änderung der Struktur der Zentralverwaltung mit sich. Kg. Wilhelm setzte einen aus drei Personen bestehenden obersten Kronrat ein (familiares regis). Dieses neue Organ an der Spitze der Zentralregierung sollte von diesem Zeitpunkt an für die Verwaltung des Regnum Siciliae grundlegende Bedeutung haben. Die unterhalb des Familiarenrates stehende »reformierte« Curia regis verlor allmähl. ihre ursprgl. Charakteristik eines Organs, das sich aus den qualifiziertesten Mitgliedern der kgl. Entourage zusammensetzte, und wandelte sich zu einem hierarch. gegliederten, aus spezialisierten Funktionsträgern bestehenden Instrument der Zentralverwaltung. Gleichzeitig mit diesem Strukturwandel fand eine Reform der peripheren Verwaltungsorgane statt: Es wurden Funktionäre auf überprovinzialer Ebene eingesetzt, die die Aktivitäten der Amtsträger der Provinzen koordinieren und kontrollieren sollten. Durch dieses revolutionäre Experiment einer zentralisierten Bürokratie erfuhr das traditionelle Bild des Kg.s, der – in ständigem Kontakt mit dem Feudaladel – sich direkt den tägl. Regierungsgeschäften widmet, eine radikale Wandlung. Die fakt. Isolierung Wilhelms I. wird bei einem zeitgenöss. Chronisten, dem sog. →Hugo Falcandus deutl. geschildert: nach 1161 habe Wilhelm sich von den Regierungspflichten zurückgezogen und nach dem Vorbild arab. Herrscher ein Leben »in wollüstigem Müßiggang, dem Luxus und Vergnügen hingegeben«, geführt und seine ganze Energie auf den Bau eines prunkvollen Palastes (»Zisa« bei Palermo) konzentriert.

[3] *Die Regentschaft Margaretes v. Navarra und die Regierung Wilhelms II.:* Infolge der Minderjährigkeit des Thronerben führte Kgn. →Margarete v. Navarra (13. M.) von März 1166 bis Ende 1171 die Regentschaft. Die Chronisten des 12. Jh. bieten ein parteiisches und daher verzerrtes Bild von den Aktivitäten der Regentin, das auch die moderne Gesch.sschreibung negativ beeinflußt hat. Die Analyse noch unedierten Urkk.materials führt jedoch zu einer Neubewertung der Politik der Kgn. Margarete, die erfolgreich darauf abzielte, das Leben der Monarchie zu »normalisieren«. Dazu mußte der bürokrat. Verwaltungsapparat wieder in Gang gesetzt und dem Feudaladel die Rolle, die ihm im Gefüge des Staates zukam, zugewiesen werden.

Ende 1171 übergab die Regentin dem jungen Kg. →Wilhelm II. (* 1154) ein Reich mit effizienten Verwaltungsstrukturen. Zudem gewann die Figur des Herrschers dank der im kulturellen Ambiente Palermos in jener Zeit verbreiteten Werke Platons und seiner polit. Lehre ihr volles Prestige zurück. Das Konzept der Kg.smacht als eines Amtes, das der Kg. zur Ausführung des Willens Gottes benutzen solle, wurde aufgegeben; die neuen Ideen über das Kgtm. behaupteten die absolute Freiheit des Souveräns von allen Zwängen und Konditionierungen; die einzigen Grenzen seiner Absolutheit setze er sich selbst, und er müsse sie solange einhalten, bis er nicht ausdrückl. von ihnen Abstand genommen habe. Die familiares regis, an ihrer Spitze Ebf. →Walter v. Palermo, kontrollierten alle Staatsgeschäfte. Die →Curia regis hatte sich in Organe mit verschiedenen Kompetenzen organisiert (→Finanzwesen, B. V; →Kanzlei, A. II).

Die Gründung und Konsolidierung des Kgr.es S. bedeutete für Europa und den Mittelmeerraum in der Mitte des 12. Jh. ein schwieriges polit. Problem. Anfangs wollten die beiden Ks.reiche (Byzanz und das Reich) die »sizilian. Frage« mit Waffengewalt lösen. →Friedrich Barbarossa und →Manuel Komnenos verbündeten sich, um das Kgr. zu erobern und unter sich aufzuteilen, da beide Ansprüche geltend machten. Die Situation änderte sich radikal nach 1156, als Papst Hadrian IV. das Kgr. S. anerkannte und es zw. Papsttum und Reich definitiv zum Bruch kam. Wilhelm II. verstand es, eine Rolle in dem neuen polit. Kontext zu spielen: Er unterstützte den Papst und die oberit. Kommunen, war Vertragspartei im Frieden von →Venedig (1177) und eine autonome

Expansionspolitik im ö. Mittelmeerraum. Der Tod ereilte ihn am 18. Nov. 1189, während er mit diplomat. Vorbereitungen des 3. →Kreuzzugs beschäftigt war.

[4] *Das Ende der normannischen Dynastie. Die Staufische Dynastie:* Da Wilhelm II. keine leibl. Erben besaß, hatte er schon beizeiten Vorkehrungen zur Sicherung der Nachfolge getroffen. 1186 hatte er →Konstanze, Tochter Kg. Rogers II. und letzte legitime Nachfahrin der Dynastie der Hauteville, mit Heinrich VI., dem Sohn und Erben Friedrich Barbarossas, verheiratet. Diese Lösung fand einen heftigen Gegner im Papst, der sich als oberster Lehnsherr des Kgr.es betrachtete, da dadurch die Präsenz des Ks.s in Süditalien ermöglicht wurde, die Rom bis dahin immer verhindert hatte. Auch ein Teil des Adels des Kgr.es bekämpfte diese Heirat und erhob Gf. →Tankred v. Lecce, einen illegitimen Enkel Kg. Rogers II., zum Kg. Der darauffolgende Krieg zw. Heinrich VI. und Tankred endete mit dem Sieg des Ks.s und führte Ende 1194 zur Unio Regni ad Imperium. Bei seinem Tod am 28. Sept. 1197 hinterließ Heinrich VI. das Kgr. seiner Gemahlin →Konstanze und ihrem gemeinsamen Sohn →Friedrich II.

Nach dem plötzl. Tod Konstanzes (1198) übernahm Papst →Innozenz III. formal die Regentschaft über das Kgr., die tatsächl. aber in eine Zeit der Anarchie, des Streites unterschiedl. polit. Interessen fiel, der auch die staatl. Verwaltungsstrukturen zerrüttete. Als Friedrich 1208 für volljährig erklärt wurde und selbst die Herrschaft übernahm, gelangen ihm wichtige Erfolge gegen die anarch. Zustände. Auf päpstl. Betreiben unternahm er gegen den Rat aller einen abenteuerl. Zug nach Dtl. und ließ sich am 25. Juli 1215 in Aachen zum Kg. krönen. Mit großem diplomat. Geschick überwand er den Widerstand des Papstes gegen die neue Union des Kgr.es S. und des Ksr.es, wurde 1220 zum Ks. gekrönt und kehrte dann in das Kgr. S. zurück. Sofort leitete er die Reorganisation der Verwaltungsstrukturen in die Wege, die während seiner langen Abwesenheit in Verfall geraten waren. Sie gipfelte 1231 in der Promulgation des epochalen Gesetzeswerkes der Konstitutionen v. Melfi (→Liber Augustalis). Sie spiegeln Friedrichs Auffassung, daß er allein über die Staatsgewalt zu verfügen habe – dieser starre Absolutismus stellte ihn über die Gesetze des Staates und gab ihm die Entscheidungsgewalt über Tod und Leben seiner Untertanen. Unter der außergewöhnl. Persönlichkeit des Staufers spielte das Kgr. S. eine erstrangige Rolle im Kontext der europ. Politik der 1. Hälfte des 13. Jh. Entschieden betonte Friedrich II. das Prinzip, daß jeder Kg. »rex in regno suo« sei. Solidar. mit den übrigen Herrschern in Europa bekämpfte er rebell. Autonomiebestrebungen, da sie eine Gefahr für die Monarchien darstellten, und dann auch das Papsttum, das sich mit den Rebellen verbündet hatte, um die autonome Kg.sgewalt auszuschalten. Entschlossen, sich der Einmischung der röm. Kirche in polit. Belange zu widersetzen, beanspruchte er das Recht auf einen nationalen Klerus (dem die ehrenvolle Aufgabe anvertraut wäre, die Kg.e zu krönen), um so die nationalen Monarchien zu stärken und gemeinsame Interessen der weltl. Politik zu verfolgen.

Bei seinem Tode am 13. Dez. 1250 in Castel Fiorentino in Apulien hinterließ Friedrich testamentar. das Kgr. S. seinem Sohn →Konrad, der auch sein Thronerbe im Reich war. Erst nach langem Kampf gegen die antistauf. Aufständischen im Kgr. S., die vom Papst unterstützt wurden, trat Konrad sein Erbe an. Er starb bereits 1254 und hinterließ das Kgr. S. seinem Sohn →Konradin und die Regentschaft →Berthold v. Hohenburg (17. B.). Die Minderjährigkeit des designierten Thronerben und die Versuche des Papstes, sich des Kgr.es zu bemächtigen, das er als Teil des Patrimonium Petri ansah, schufen die Voraussetzungen, daß der illegitime (später legitimierte) Sohn Friedrichs II., →Manfred, am 10. Aug. 1258 in der Kathedrale v. →Palermo zum Kg. v. S. gekrönt wurde. In seiner kurzen, aber intensiv genutzten Regierungszeit (1258–66) erlebten das kulturelle Leben des Kgr.es und die Verwaltungsorganisation einen deutl. Aufschwung. Auch die Geschicke der stauf. Partei in Oberitalien wandten sich für kurze Zeit zum besseren (→Montaperti). Dies alles konnte jedoch die systemat. Aktionen des Papstes nicht hemmen, der seine Ansprüche auf das Kgr. weiterhin verfolgte und es einem der Fs.en Europas zu Lehen geben wollte. Schließlich schloß er mit dem Gf.en v. Provence, →Karl v. Anjou, ein Abkommen. Dieser besiegte Kg. Manfred am 26. Febr. 1266 bei →Benevent und nahm das Kgr. S. in Besitz.

E. Cuozzo

Lit.: J. J. Norwich, Die Normannen in S. 1130–1194, 1973 – S. Tramontana, La monarchia normanna e sveva (Storia d'Italia, hg. G. Galasso, III, 1983), 433–810 [separat 1986] – E. Cuozzo, L'unificazione normanna e il Regno normanno svevo (Storia del Mezzogiorno, hg. G. Galasso, II, 2, 1989), 596–825 – H. Takayama, The Administration of the Norman Kingdom of Sicily, 1993 – J.-M. Martin, Italies Normandes (XIe–XIIe s.), 1994 – Le Assise di Ariano (1140–1990), Atti del conv. internaz. di studi ad 850 anni dalla promulgazione. Ariano Irpino, ott. 1990, 1994 – E. Cuozzo, Normanni. Nobiltà e cavalleria, 1995 – Ders., La nobiltà dell'Italia meridionale e gli Hohenstaufen, 1995 – B. Rill, S. im MA, 1995.

II. Herrschaft der Anjou und Aragón: Am 28. Juni 1265 wurde →Karl v. Anjou mit dem Kgr. S. investiert und am 6. Jan. 1266 in Rom zum Kg. gekrönt. Durch seinen Sieg über →Manfred bei Benevent (26. Febr. 1266) konnte er den Thron besteigen. Gegen ihn richtete sich eine die stauf. und ghibellin. Traditionen und Interessen vertretende Opposition unter der Führung →Konrads v. Antiochia, des illegitimen Sohnes →Friedrichs II., und der Lancia (Verwandte der Mutter Manfreds), der Capece, Filangieri, Ventimiglia sowie des Roger →Lluria/Lauria und des Giovanni da →Procida, die v.a. in S. und in Kalabrien wirksam wurde und anfangs die Rechte →Konradins vertrat (der am 23. Aug. 1268 bei →Tagliacozzo besiegt wurde). Die übriggebliebenen Stauferanhänger schmiedeten im Exil weiterhin Pläne gegen den Anjou und fanden am Hof Peters III. v. Aragón, der Manfreds Tochter Konstanze geheiratet hatte, Zuflucht.

Ausgelöst durch einen eher geringfügigen Anlaß, brach am 31. März 1282 in Palermo die als →Sizilianische Vesper bezeichnete Revolte aus. Die Stadt, die sich mit dem Verlust ihrer Hauptstadtfunktion nicht zufriedengab und die nun auch durch den Zuzug aus dem kommunalen Italien völlig latinisiert war, rebellierte gegen die angevin. Verwaltung. Nach einem Massaker an den Franzosen konstituierte sich Palermo als Kommune, verband sich dabei mit Corleone, dessen Bevölkerung lombard. geprägt war, und forderte die anderen siz. Städte zum Aufstand gegen die Anjou und zum Bündnis auf. Der um Schutz gebetene Papst Martin IV. verurteilte jedoch die Revolte, die schließlich ganz S. erfaßte, zuletzt auch →Messina, wo eine Generalversammlung (Parlamentum) zusammentrat.

Die »Communitas Siciliae« sah sich der Notwendigkeit gegenüber, die Insel vor dem Heer Karls v. Anjou, das in Kalabrien konzentriert war, zu verteidigen. Man bat den Kg. v. →Aragón um Hilfe, dessen Flotte für einen Tunesienkrieg gerüstet war, und erkannte seine Thronansprüche an. Die Bestrebungen nach kommunaler Freiheit, die ihren Ausdruck im Volksaufstand gefunden hatten, wurden durch die Aktivitäten des exilierten Adels (der in S. selbst ztw. durch den neuen frz. Adel ersetzt worden war) absorbiert.

→Peter III. v. Aragón (3. P.) landete am 30. Aug. 1282 in Trapani, wurde in Palermo vom Parlament akklamiert und hielt am 2. Okt. triumphalen Einzug in Messina. Bestrebt, Karl v. Anjou auf diplomat. wie auf militär. Gebiet zu bekämpfen, belohnte Peter den neuen baronalen Adel aus der Iber. Halbinsel für seine Dienste und eliminierte Alcaimo da Lentini und Simone Fimetta, die wichtigsten Vertreter guelf. Tendenzen unter den Protagonisten des Vesperaufstands. Er übertrug Kgn. Konstanze die Regentschaft und kehrte nach Aragón zurück, wo er am 10. Nov. 1285 starb und die Krone v. S. (die er von der Krone Aragón trennte) seinem zweiten Sohn →Jakob (2. J.) hinterließ.

Die siz.-katal. Flotte unter dem Kommando von Admiral Roger de →Lluria (Lauria) erzielte wichtige militär. Erfolge bei Malta (8. Juli 1283) und im Golf v. Neapel (1284), wo Karl, der Sohn Kg. Karls I. v. Anjou (→Karl II. v. Anjou), der die angevin. Flotte kommandierte, in Gefangenschaft geriet. Die Aragonesen eroberten auch einen Teil von →Kalabrien.

Jakob, der am 2. Febr. 1286 in Palermo gekrönt wurde, mußte sich gegen die Einmischungen seines Bruders, Kg. →Alfons III. v. Aragón, zur Wehr setzen, der in diplomat. Verhandlungen, in denen auch das Geschick S.s betroffen war, mit den Franzosen eingetreten war, um ihren Druck von den Pyrenäengrenzen abzulenken. Durch Alfons' Tod (18. Juni 1291) unterbrochen, wurden die Verhandlungen von Jakob selbst wiederaufgenommen, der seinem Bruder auf den Thron v. Aragón nachfolgte, jedoch die Krone v. S. behielt und seinen Bruder →Friedrich (7. F.) dort zum Statthalter einsetzte (12. Juli 1291).

Im Vertrag v. →Anagni (20. Juni 1295) verzichtete Jakob auf den Titel 'Kg. v. S.'. Der Vertrag sah vor, daß die Insel, die als Lehen der Kirche anerkannt wurde, Bonifatius VIII. restituiert werden sollte, Kalabrien hingegen und die anderen festländ. Gebiete im Besitz der Aragonesen direkt an Karl II. v. Anjou fallen sollten. Trotz der Proteste der Sizilianer führte Jakob am 3. Nov. 1295 die Vertragsbestimmungen aus, indem er auf das Kgr. S. verzichtete und Friedrichs Statthalterschaft widerrief. Das am 11. Dez. in Palermo zusammengetretene Parlamentum proklamierte stattdessen Friedrich zum Signore v. S. und akklamierte ihn am 15. Jan. 1296 in Catania nach dem Willen des Volkes und entsprechend dem Sukzessionsrecht zum Kg. v. S.

Um an die stauf. Tradition anzuknüpfen und im Hinblick auf zirkulierende Prophezeiungen nannte sich der neue Kg. →Friedrich III. Am 25. März wurde er in der Kathedrale v. Palermo gekrönt, am 3. Mai jedoch zusammen mit seinen Anhängern von Papst Bonifatius VIII. exkommuniziert, der die Krönung für ungültig erklärte, da sie die Oberhoheit des Heiligen Stuhls verletze.

Nachdem er den schwachen Widerstand der auf Jakobs v. Aragón Seite stehenden Barone überwunden hatte, erkämpfte Friedrich im Sommer 1296 die Kontrolle über ganz Kalabrien. Am 1. Sept. 1298 starteten jedoch Jakob und Hzg. Robert v. Anjou eine Invasion gegen Sizilien. Im Seesieg bei Capo d'Orlando (4. Juli 1299) errang die angevinisch-aragones. Koalition einen bedeutenden Sieg, in dessen Folge der Kg. v. Aragón den Krieg beendete und sich mit seinem Bruder Friedrich III. versöhnte.

Robert v. Anjou, der von Kg. →Karl II. zum Generalvikar in S. eingesetzt wurde, führte die Eroberung der Insel mit Erfolg fort und nahm auch →Catania ein. Friedrich konnte jedoch verhindern (1. Dez. 1299), daß die in Marsala gelandeten angevin. Truppen unter dem Kommando →Philipps v. Tarent zu Robert stießen. Bei →Ponza erlitt hingegen die siz. Flotte, verstärkt durch genues. Schiffe und unter dem Kommando des Admirals Corrado Doria, eine Niederlage (4. Juni 1300). Messina wurde von Robert v. Anjou hart belagert, Kalabrien, wo der Krieg sich in Guerrilla-Kämpfe ohne bedeutende Schlachten verwandelt hatte, wurde schrittweise wieder angevinisch.

Durch die Intervention von Friedrichs Schwester Violante, die mit Robert v. Anjou vermählt war, kam es in Syrakus zw. Friedrich und dem Hzg. zu einem Treffen, bei dem ein kurzer Waffenstillstand vereinbart wurde. Anfang 1302 nahm man jedoch die Feindseligkeiten wieder auf; Ende Mai landete nicht weit von Palermo ein Truppenkontingent unter dem Kommando Karls v. Valois, der von Karl II. auch die Vollmacht erhalten hatte, Friedensverhandlungen zu führen.

Im Vorfrieden v. Castronovo (19. Aug. 1302) wurden erstmals die Trennung S.s von der Krone Aragón und seine Autonomie akzeptiert. Friedrich III. wurde auf Lebenszeit als Kg. anerkannt und erhielt die von den Anjou in S. besetzten Gebiete zurück. Im Gegenzug sollte er Karl II. alle Gebiete in Kalabrien abtreten. Im Frieden v. →Caltabellotta (29. Aug. 1302) kam man überein, daß Friedrich den Titel 'Kg. v. Trinacria' annehmen sollte. Die aus der Ehe Friedrichs mit Eleonora v. Anjou, der Tochter Karls II., hervorgehenden Söhne sollten ein neues Kgr. oder zumindest eine Abgeltung dafür erhalten. Bonifatius VIII. hob das Interdikt und die Exkommunikation auf, erteilte die Ehedispens und infeudierte Friedrich als Vasallen des Hl. Stuhles mit S. (Bulle »Rex pacificus« vom 21. Mai 1303).

Am 8. Juni 1312 ließ der Kg. vom Parlamentum ein Militärbündnis mit Ks. →Heinrich VII. approbieren, dessen Ziel es war, den Frieden mit Neapel zu brechen und sich der Kontrolle von Aragón über S. zu widersetzen, ohne Rücksicht auf neue Sanktionen der Kirche zu nehmen. Das Bündnis, das zur Invasion in das Kgr. →Neapel führen sollte, wurde am 4. Juli 1312 unterzeichnet. Friedrich, der zum Reichsadmiral ernannt wurde, sollte ein Drittel des Kgr.es Neapel, wahrscheinl. den s. Teil mit Kalabrien, erhalten. Kraft seiner Autorität hob der Ks. den nur temporären Charakter des Kgr.es Trinacria auf und gewährte den Söhnen Friedrichs das Nachfolgerecht.

Nachdem der Ks. Robert v. Anjou abgesetzt hatte, stach die siz. Flotte von Messina aus am 1. Aug. 1313 in See und eroberte den s. Teil Kalabriens. Der plötzl. Tod des Ks.s und die Auflösung seines Heeres zwangen Friedrich zum Rückzug. Ein Bündnis mit Pisa wies er zurück, um nicht den aragones. Interessen in →Sardinien zuwiderzuhandeln.

Der Bruch des Vertrages v. Caltabellotta rechtfertigte eine neuerl. angevin. Invasion (Juli 1314). Friedrich ließ am 12. Juni 1314 die Nachfolgerechte seines Sohnes →Peter (II.) vom Parlament anerkennen und nahm selbst den Titel »Rex Siciliae« an. Um die Isolation zu durchbrechen, in der er sich infolge der vorsichtigen Taktik →Jakobs II. und der Feindschaft Papst →Johannes' XXII. befand, schloß der Kg. ein Bündnis mit den Ghibellinen Mittel- und Norditaliens und organisierte im Juli 1320 eine Flottenexpedition, die jedoch von den genues. Guelfen besiegt wurde. Friedrich wurde deshalb mit dem Bann belegt und das Interdikt über S. ausgesprochen (1. Jan. 1321). Dessen ungeachtet machte der Kg. seinen Sohn Peter zum Mitregenten (18. April 1321), nachdem er ihn bereits zum Generalvikar ernannt hatte, und ließ ihn trotz des Interdikts krönen (19. April 1321).

Durch Vermittlung des Giovanni Chiaromonte schloß Friedrich im Nov. 1327 ein Bündnis mit →Ludwig dem Bayern. Durch den Tod Jakobs II. verlor S. eine wichtige, wenn auch nur im Hintergrund wirkende diplomat. Stütze, und es machten sich bereits Anzeichen für wirtschaftl. Schwierigkeiten bemerkbar, zu denen die Kosten der Kriege und die Schäden durch die ständigen feindl. Einfälle beitrugen, ferner zeigten sich Rivalitäten unter den Baronen und eine Schwächung der Autonomie der Städte. Die Flottenexpedition, die am 6. Aug. 1328 unter dem Kommando Peters II. in See stach, war wieder ein neuer eklatanter Mißerfolg. Beim Tode Friedrichs III. (25. Juni 1337) befand sich S. in einer polit. und wirtschaftl. Krisensituation, die seinen Niedergang einleitete.

Nach dem Tod des Vaters geriet Peter II. unter den Einfluß der Familie Palizzi, die in der Gunst seiner Gemahlin Elisabeth v. Kärnten stand, bis 1340 sein Bruder Johann, Hzg. v. Athen und Neopatras, das Vikariat des Kgr.es übernahm und Damiano und Matteo Palizzi ins Exil zwang. Johann führte auch nach dem Tod Peters (1342) für seinen minderjährigen Neffen Kg. →Ludwig I. (20. L.) die Regentschaft. Er warf den Aufstand v. Messina nieder und schloß mit →Johanna v. Anjou einen Vertrag (Friede v. Catania 1347), der infolge des Pesttodes des Hzg.s (1348) unwirksam blieb. Das Kgr. wurde zum Spielball der Faktionen der Barone: auf der einen Seite die »Lateiner«, angeführt von den Palizzi bis zum Tode Matteos im Aufstand v. Messina 1353, auf der anderen Seite die »Katalanen« unter der Führung der Alagona. Die Chiaromonte übernahmen die Führung der »lateinischen« Faktion und schlossen 1354 mit Nicolò →Acciaiuoli ein Abkommen, in dem sie die Oberhoheit Neapels in Val di Mazara und Val di Noto anerkannten. Mitten im Krieg starb Kg. Ludwig I. während einer neuen Pestepidemie (16. Okt. 1355).

Sein Nachfolger Friedrich war kränkl. und geistesschwach, eine am 22. Nov. 1355 in Messina zusammengetretene Versammlung stellte ihm seine Schwester Eufemia als Vikarin zur Seite. Die Autorität des Kg.s wurde stark von den Baronen eingeschränkt, sie erstreckte sich nicht einmal auf die von den Chiaromonte kontrollierten Gebiete, zu denen die Hauptstadt Palermo zählte, wo Johanna I. v. Anjou als Kgn. anerkannt war. Die Vormachtstellung des Großjustitiars Artale d'Alagona, der den Kg. bewog, seine Residenz von Messina nach Catania zu verlegen (22. März 1356), führte zu Auseinandersetzungen innerhalb der Reihen der königstreuen Barone zw. den Vertretern der »katalanischen« Faktion, die die Ehe Friedrichs mit einer Tochter Kg. Peters IV. v. Aragón vorschlugen, und den Exponenten der »lateinischen« Faktion Ventimiglia und Rosso, die sich diesem Plan widersetzten. Um den Konflikt beizulegen, wurde dem Kg. zugestanden, seinen Aufenthalt bei dem Großkämmerer Francesco Ventimiglia zu nehmen (Juli 1357), der nach Eufemias Tod (21. Febr. 1359) offiziell die Vormundschaft Friedrichs übernahm und dessen Ehe mit einer Tochter des Hzg.s v. Durazzo plante.

Im Febr. 1361 entzog sich der Kg. der Bewachung des Ventimiglia und begab sich zu Alagona. Am 15. April vermählte er sich in Catania mit Konstanze v. Aragón. Im Juni versöhnte er sich mit Francesco Ventimiglia und mit Federico Chiaromonte, die jedoch daran hinderten, sich in Palermo krönen zu lassen. Das Ergebnis neuer Verhandlungen (Friede v. Castrogiovanni, 13. Okt. 1362) war die Anerkennung der beiden baronalen Parteien, die eine unter der Führung des Alagona, der die Erblichkeit des Großjustitiarats erwirkte, die andere unter der Leitung von Ventimiglia und Chiaromonte, deren Beziehungen durch ein weiteres Abkommen geregelt wurden. In den Verträgen wurden die jeweiligen Einflußsphären festgelegt und anerkannt, daß beide Parteien an der Regierung und Verwaltung der Gerichtsbarkeit teilhaben sollten.

Der Friede mit dem Kgr. Neapel (1372), der von →Gregor XI. trotz der aragones. Proteste ratifiziert wurde, definierte S. als Kgr. Trinacria, das sowohl dem Hl. Stuhl als auch dem Regnum Siciliae unterstand, und bestimmte für den Fall des Todes Friedrichs IV. (der am 27. Juli 1377 in Messina eintrat) die Nachfolge seiner Tochter Maria. Ihre Vormundschaft übernahm Artale d'Alagona, der gemeinsam mit Francesco Ventimiglia, Manfredi Chiaromonte und Guglielmo Peralta das Vikariat des Kgr.es innehatte. Die Kgn. wurde 1379 entführt und Kg. Peter IV. v. Aragón übergeben. Die Aufteilung des Kgr.es in vier Territorialherrschaften wurde trotz der Unterstützung der Päpste →Urban VI. und →Bonifaz IX. nicht zum Abschluß gebracht, da der Infant Martin v. Aragón, der von seinem Vater Peter IV. und von seiner Mutter Eleonora, der Schwester Friedrichs IV., die Ansprüche auf den siz. Thron geerbt und dessen Sohn →Martin d. J. sich mit Kgn. Maria vermählt hatte, im März 1392 in Sizilien landete. Unter großen Schwierigkeiten gelang es den Aragonesen, die Aufstände zu unterdrücken, die v. a. von Chiaromonte und Alagona, aber auch von Ventimiglia, Peralta und Moncada entfacht und von Bonifaz IX. und von →Ladislaus v. Durazzo unterstützt wurden. Als →Martin d. Ä. 1396 den Thron v. Aragón bestieg, bedeutete dies de facto die Union S.s mit Aragón, da die Kg. v. Aragón offiziell zusammen mit seinem Sohn und der Kg. Maria weiterhin über S. herrschte, seit 1409 auch mit dem Titel Kg. v. S., da beide vor ihm starben.

Nach dem Tod Kg. Martins (31. Mai 1410) begann von neuem der Kampf der Parteien, die sich um die zweite Gemahlin Martins d. J. Bianca v. Navarra, die bis dahin Vikarin des Kgr.es gewesen war, und um den Großjustitiar Bernardo Caprera gebildet hatten. Die Thronfolge wurde erst durch den Kompromiß v. →Caspe (1412) festgelegt, bei dem kein Vertreter S.s zugegen war. Benedikt XIII. investierte den neuen Kg. v. Aragón →Ferdinand I. mit S., das sich de facto endgültig in ein Vizekönigreich verwandelte, wodurch seine Autonomiebestrebungen und Traditionen offiziell gemacht wurden. Diesen Status verblieb S. unter →Alfons V. il »Magnanimo« (1416–58) und unter →Johann II. (1458–79), bis es unter →Ferdinand II. d. Kath. (1479–1516) eine Provinz des neugeschaffenen span. Reiches wurde. S. Fodale

Lit.: F. Giunta, Aragonesi e Catalani nel Mediterraneo, I, 1953 – A. de Stefano, Federico III d'Aragona re di Sicilia (1296–1337), 1956 – M. Amari, La guerra del Vespro siciliano, 1969 – I. la Lumia, Storie siciliane, II, 1969 – I. Peri, La Sicilia dopo il Vespro. Uomini città e campagne (1282–1376), 1982 – H. Bresc, Un monde méditerranéen. Economie et société en Sicile (1300–1450), 1986 – J. Peri, Restaurazione e pacifico stato in Sicilia (1377–1501), 1988 – E. Pispisa, Regnum Siciliae. La polemica sulla intitolazione, 1988.

C. Geschichte der Juden

Unter der arab. Herrschaft (9.–11. Jh.) waren die Juden voll in die Gesellschaft integriert. S., das muslim. Spanien und der Maghreb bildeten eine kulturelle Einheit (Goitein: »The Muslim West«). Die Juden waren in allen Wirtschaftsbereichen tätig, bes. in der Metallbearbeitung, der Textil- und Seidenproduktion. In Palermo hatten sie nach

→Ibn Ḥauqal (Mitte 10. Jh.) ein eigenes Stadtviertel. Auch im anderen wichtigen Hafen des arab. S., Mazara del Vallo, lebten viele Juden. Sie nahmen die arab. Sprache an, die sie bis zum Ende des 15. Jh. beibehielten, so daß sie im 13. und 14. Jh. nach der Vertreibung der Muslime aus S. als Übersetzer arab. Dokumente und Lit. herangezogen wurden.

Bei der norm. Eroberung Messinas (1061) fanden auch einige Juden den Tod, vermutl. weil sie für Araber gehalten wurden oder diese bei der Verteidigung der Stadt unterstützt hatten. Unter norm. Herrschaft zahlten sie weiterhin die *ğizya* (arab. Kopfsteuer), die von den Normannenherrschern vielfach zur finanziellen Ausstattung neugegr. Bm.er benutzt wurde. Roger II. ließ 1147 jüd. Seidenweber aus Griechenland nach S. deportieren. Um 1170 lebten nach →Benjamin v. Tudela in Palermo 1500 jüd. Familien, in Messina 200. In Syrakus erweiterten sie 1187 ihren Friedhof. Friedrich II. wies 1239 aus *Garbum* (Djerba oder Maghreb?) nach Palermo eingewanderten Juden Land zum Anbau von Datteln, Indigo und Henna zu. In Messina ist unter Friedrich II. ein Jude namens Gaudius als Münzmeister bezeugt.

Auf S., wo es keine Ghettos gab und es auch während der Kreuzzüge nicht zu Judenverfolgungen gekommen war, setzten erst Ende des 14. Jh. größere Ausschreitungen gegen die Juden ein, bes. nach 1443 (1474 360 Tote in Modica). Hierzu trug die im 15. Jh. stärker werdende Konversionspropaganda der Bettelorden, bes. der Franziskaner, bei. Als 1492 nach der Vereinigung der Krone von Aragón und Kastilien die Ausweisung der Juden aus S. angeordnet wurde, lebten dort ca. 37000 Juden, wobei sich die größten Gemeinden (jeweils 5000 Personen) in Palermo und Syrakus befanden. H. Houben

Lit.: Codice diplomatico dei Giudei di S., ed. G. U. B. LAGUMINA, 1884 – S. D. GOITEIN, A Mediterranean Society. The Jewish Communities of the Arab World as Portrayed in the Documents of the Cairo Geniza, 5 Bde, 1967–88 – D. ABULAFIA, The Jews of Erice (Monte San Giuliano) 1297–1304, Zion 51, 1986, 295–317 [hebr. mit engl. Zusammenfassung] – H. BRESC, Un monde méditerranéen. Économie et société en S. 1300–1450, 2 Bde, 1986 – H. HOUBEN, Möglichkeiten und Grenzen religiöser Toleranz im norm.-stauf. Kgr. S., DA 50, 1994, 159–198 – DERS., Neue Q. zur Gesch. der Juden und Sarazenen im Kgr. S. (1275–1280), QFIAB 74, 1994, 335–359.

Skald, Skaldendichtung. Die S.endichtung ist die spezif. nord. (bes. westnord.) Ausformung gebundener Dichtung im Früh- und HochMA, gekennzeichnet von großer Formkunst und vielen hochentwickelten Metaphernsystem. Altnord. *skáld* dürfte urspgl. wohl 'Dichter von Spottversen' bedeutet haben (verwandt mit dt. schelten), als S.en werden im ma. Norwegen und Island alle Verf. gebundener Dichtung bezeichnet. Die häufigste Ausformung ist der höf. Fs.enpreis fahrender (oder auch längerfristig gebundener) Hofdichter, zur Skaldik zählen aber auch Gelegenheitsgedichte (→Lausavísur) aus dem höf., bäuerl., naut., erot. und selbst mag. Bereich. Traditionell trennt die Forsch. die S.endichtung von der Eddadichtung (→Edda). Diese Unterscheidung beruht auf nicht durchgängigen inhaltl. Kriterien, die allerdings auch formale Konsequenzen im Versmaß haben, am ehesten noch auf überlieferungsgesch. Kriterien. Doch sind auch die Schöpfer eddischer Götter- und Heldenlieder in der heute überlieferten Form als S.en zu bezeichnen, selbst wenn sie dort, wohl aus systemimmanenten Gründen, anonym bleiben (auch zahlreiche rein skald. Gedichte sind ohne Verf.namen überliefert). Aus dem 9. und 10. Jh. sind noch norw. S.en bekannt, später stammten alle bekannten Hofs.en in Norwegen, Dänemark oder England aus Island. Die isländ. S.en hatten nicht nur an den ausländ. Kg.shöfen großes Ansehen, sondern genossen auch in Island hohes soziales Prestige. Nicht zuletzt deshalb sind sie auch wiederholt Protagonisten von →Sagas und Thættir (Gunnlaugs saga, Hallfreðarsaga, Kórmaks saga); in anderer Gewichtung Fóstbræðra saga). Ein Verzeichnis von S.en gibt das ma. Skáldatal ('S.enverzeichnis'), das die Namen der Dichter nach ihren Auftraggebern reiht, zuerst norw., dann dän. und schwed. Kg.en, dann norw. →Jarlen und anderen Herrschern; es reicht von den Anfängen bis ca. 1300 (in DG 11 nur bis nach 1260), wobei von einigen der erwähnten S.en keine Werke erhalten sind. Weibl. S.en (*skáldkonur*) sind schon aus dem 10. und noch im 13. Jh. belegt, und sie treten nicht nur als Verfasserinnen von Traumstrophen u. ä., sondern auch als Hofs.en hervor. Zu den produktivsten S.en gehören →Thjoðólfr ór Hvíni (9. Jh.), Hallfreðr vandræðaskáld und →Egill Skallagrímsson (10. Jh.), Thjoðólfr Arnórsson und Arnórr Thórðarson (11. Jh.) und bes. →Sigvatr Thórðarson (12. Jh.). Der älteste bekannte S.e, →Bragi (9. Jh.), hat schon Ende des 10. Jh. in den Augen anderer S.en einen heroischen Status erreicht und wird in →Snorris systemat. Darstellung altnord. Mythologie bereits als Gott der Dichtkunst bezeichnet. Tatsächl. ist jedoch →Odin der Gott der S.endichtung, erklärbar sowohl aus seiner Funktion als Gott der Magie und des krieger.-höf. Fs.engefolges, zu dem auch die S.en zählen. Die Snorra-Edda berichtet von Odins Erwerb des sog. S.enmets, der die Gabe der Dichtkunst verleiht (Skáldskaparmál 1); er wurde aus dem Blut des weisen Kvasir gebraut, dieser Name weist aber auf einen Rauschtrank als Ursprung. Da selbst die älteste erhaltene S.endichtung bereits große Formvollendung aufweist, muß sie bereits eine längere, nicht greifbare Vorgesch. aufweisen, sofern man nicht annehmen will, Bragi habe das für die Skaldik typ. Versmaß des →Dróttkvætt erst erfunden. Die auffällige Künstlichkeit und Regelhaftigkeit der S.endichtung im Dróttkvætt ('Hofton') zeigt sich in der strengen Sechssilbigkeit der Halbverse, der Kombination von Stabreim- und Binnenreimtechnik, der Strophenform und die Technik der →Kenning. Für alle Elemente hat man Ursprünge in der irischen und in der spätantiken und chr. lat. Dichtung sehen wollen, aber wenigstens die Kenningtechnik ist älter als die Kontakte zw. den westnord. und irischen Kulturkreisen. Die Strophenform könnte von lat. Kirchengesang beeinflußt sein, ist allerdings schon in der frühesten Zeit wesentl. Bestandteil skald. Dichtkunst. Die Verbindung von Stab- und Binnenreim (*hending* 'Griff'), der die Halbzeilen miteinander verbindet, ist bei Bragi noch nicht so ausgeprägt wie bei späteren S.en. Die durch die Regeln des Stabreims und des Binnenreims vorgegebene Wortwahl hat auch zum Vorwurf der Künstlichkeit in der Wortfolge geführt; die so bewirkte schwerere Verständlichkeit dürfte vom (geschulten) zeitgenöss. Publikum jedoch kaum empfunden worden sein. Weiteres Kennzeichen der S.endichtung ist die strenge Silbenzählung (Dróttkvætt: jeder Halbvers 6 Silben). Neben dem Dróttkvætt, in dem etwa zwei Drittel der erhaltenen S.endichtung abgefaßt ist, kam der *kviðuháttr* für genealog. Dichtungen zur Anwendung (Ynglingatal), während die zahlreichen anderen, von Snorri im Háttatal ('Verzeichnis der Versformen') aufgelisteten Formen (etwa *hrynhent*, *tøglag*) nur als Varianten des Dróttkvætt aufgefaßt werden können.

Man hat auch den Stoff zur Unterscheidung der S.en von der Eddadichtung herangezogen: während die Eddalieder erzählender, didakt. oder gnom. Natur sind und entfernte Stoffe, wie alte Götter und Helden, behandeln, sind mytholog. Themen in S. engedichten seltener (z. B. Ragnarsdrápa, Haustlöng, Thórsdrápa), häufig dagegen und bis ins SpätMA findet sich chr. S. endichtung (→Geistl. Dichtung, V; →Maria, hl., C. VIII). Auch die ältere, vorchr. S. endichtung behandelt jedoch neben dem Fs. enpreis einen weiten Themenkreis: Liebe und Ruhm, Humor und eleg. Rückblick, Spott und persönl. Erfahrung. Den Themen entsprechen vielfach die Formen der skald. Dichtung: heidn.-mytholog. Themen sind vorwiegend in den überlieferten Bildgedichten (z. B. Húsdrápa des Úlfr Uggason [um 980/985] zu Schnitzereien mytholog. Inhalts in eine isländ. Hof) und in Form von →Schildgedichten überliefert (beschreiben auf Schilden dargestellte mytholog. Szenen). Enger an den Fs. enpreis in Form der →Drápa hält sich die chr. S. endichtung (Lilja, Maríudrápa, Maríugrátr, Píslargrátr), wobei sich aber gerade die Passionsdichtung deutl. an die Form der Elegie anlehnt, wie sie schon aus der heidn. Zeit belegt ist (z. B. Egils »Sonatorrek«). Beispiel für ein ausführl. Rückblickslied (ævikvæði) ist Örvar-Odds Sterbelied, in dem der sterbende Held seine Taten aufzählt. Damit verwandt ist die Form der Erfidrápa, die das Andenken eines verstorbenen Fs. en in seinen Taten feiert und damit auch polit. Ziele verfolgen kann (wie im Falle Olafs d. Hl. die Heiligsprechung). Überhaupt hat der Fs. enpreis nicht zuletzt auch von den Fs. en bewußt genutzte, polit.-propagandist. Ziele, die auch der auf die Schmähung und Diskreditierung eines Gegners ausgerichteten →Nið und die Senna, ein Schimpfgedicht, das Gemeinsamkeiten mit dem *mannjafnaðr* ('Männervergleich') hat, aufweisen. (→Schmähdichtung, V).

Überliefert ist S. endichtung meist in den Prosatext von Sagas eingestreut, wobei durch den umgebenden Text üblicherweise eine relative Chronologie vorgegeben ist, die das Gedicht datierbar macht; allerdings ist bei der Datierung Vorsicht geboten, da die Angaben der umgebenden Prosa häufig nach lit. und nicht hist. Gesichtspunkten ausgerichtet sind. Selbst namentl. bekannten S. en zugeschriebene Strophen stammen keineswegs immer von angebl. Autor, sondern sind z. T. erst mit der begleitenden Saga 200–400 Jahre später entstanden. Dennoch gehören Werke der S. zu den ältesten datierbaren Beispielen skand. Lit. und sind außerdem die einzig umfangreichen lit. Zeugnisse aus vorschriftl. Zeit.   R. Simek

Ed.: F. Jónsson, Den Norsk-Islandske Skjaldedigtningen, A1–B2, 1912–15 – F. Jónsson, Carmina Scaldica, 1929² [Nachdr. 1960] – E. A. Kock, Den norsk-isländska skaldediktningen, 1–2, 1946–49 – *Lit.*: KL XV, 386–390 [A. Holtsmark] – H. Lie, 'Natur' og 'unatur' i skaldekunsten, 1957 – L. M. Hollander, Bibliogr. of Scaldic Stud., 1958 – K. v. See, Skop und S., GRM 14, 1964, 1–14 – M. I. Steblin-Kamenskij, On the Etymology of the Word Skáld (Afmælisrit J. Helgasonar, 1969), 421–430 – E. O. G. Turville-Petre, Scaldic Poetry, 1976 – G. Kreutzer, Die Dichtungslehre der S. en, 1977 – R. Frank, Old Norse Court Poetry, 1978 – K. v. See, S. endichtung, 1980 – B. Fidjestøl, Det norrøne fyrstediktet, 1982 – H. Kuhn, Das Dróttkvætt, 1983 – T. Krömelbein, Skald. Metaphorik, 1983 – E. Marold, Kenningkunst, 1983 – Medieval Scandinavia, 1993, 587–589 [Skáld; D. E. Whaley]; 590–592 [Scaldic Meters; Dies.]; 592–594 [Scaldic Verse; B. Fidjestøl]; 594–596 [Skáldkonur; B. Straubhaar].

Skaldenmet → Óðroerir

Skálholt, südisländ. Bf. ssitz, eingerichtet am Hof S. in Biskupstungur. Nach der Christianisierung →Islands (999/1000) wurde bald nach 1050 Ísleifr Gizurarson aus dem Geschlecht der Haukdœlir zum Bf. gewählt und 1056 vom Ebf. v. →Hamburg-Bremen zum Bf. geweiht. Ísleifr lebte weiterhin auf dem väterl. Stammhof S., erst sein Sohn und Nachfolger →Gizurr (1082–1118) machte S. zum permanenten Bf. ssitz. 1106 wurde auf Wunsch der nordisländ. →Goden das Bm. →Hólar eingerichtet, dieses war künftig für das Nordviertel, S. für die Ost-, Süd- und Westviertel zuständig.

S. lag mitten im Árnesþing, dem Machtbereich der Haukdœlir, einer der mächtigsten Familien der gesamten freistaatl. Periode (ca. 930–1262/64; →Island, III); ihr und ihrem Umfeld entstammten bis 1176 alle Bf. e v. S. Erst im 12. Jh. erlangte das Geschlecht der Oddaverjar die Oberhoheit im Einzugsbereich des Rangárþings. Auf dem Höhepunkt seiner Macht in der 2. Hälfte des 12. Jh. setzte es im Einvernehmen mit den verbündeten Haukdœlir die Wahl von →Þórlákr Þórhallsson (Bf. v. S. 1178–93) und seines Nachfolgers →Páll Jónsson (1195–1211) durch.

Kirchl. gehörte Island bis 1104 zum Ebm. Hamburg-Bremen, von 1104–52/53 zum Ebm. →Lund, anschließend bis zur Reformation zum Ebm. →Drontheim/Nidaros. 1237 setzte der Ebf. v. Drontheim die beiden von den Isländern gewählten Kandidaten für die isländ. Bm. er ab. Das Domkapitel wählte zwei Norweger, welche die Expansionsbestrebungen des norw. Kgtm. s gegenüber Island mittrugen. Nach dem Übergang Islands an die norw. Krone 1262–64 erhielten die Bm. er S. und Hólar, neben meist norw., erneut isländ. Bf. e. Bf. Árni Þórláksson v. S. (1269–98) setzte sich tatkräftig ein für die Abschaffung des weltl. Einflusses in Kirchenangelegenheiten (→Eigenkirche, II). Sein neues Kirchenrecht galt seit 1275 und war zusammen mit dem isländ.-freistaatl. Kirchenrecht bis 1354 in Gebrauch. Danach galt aufgrund kgl. Verordnung allein Árnis Kirchenrecht. Nachdem Island 1380 Norwegen in die Personalunion mit Dänemark gefolgt war und 1397 auch zur→Kalmarer Union gehörte, standen die isländ. Bm. er auch dän. Geistlichen offen. Kgn. Margarete, interessiert an einer dän. Besetzung der isländ. Bm. er, arbeitete mit dem Papsttum zusammen, das seit 1358 auch die isländ. Bf. sämter mit päpstl. →Provision besetzte. Der erste dän. Geistliche trat 1382 in S. sein Amt an, in den folgenden Jahrzehnten saßen dän., aber auch engl., ndl. und dt. Bf. e in beiden isländ. Bm. ern. Nach 1466 residierten auf S. nur noch isländ., vom Ebf. v. Drontheim geweihte Bf. e, bis Bf. Ögmundur Pálsson 1541 einem Lutheraner weichen mußte.

Um 1100 baute Bf. Gizurr eine Domkirche (Länge: 15m), die nach der Mitte des 12. Jh. von einer Vierungskirche aus Holz (Länge: 49 m, Breite: 12 m, Länge des Querschiffs: 20 m) ersetzt wurde. Dieser Bau brannte 1309 ab, die Nachfolgebauten hatten ungefähr die gleichen Dimensionen. Nach der »Árna saga biskups« betrug der Grundbesitz des Bf. ssitzes S. 1289 ca. 1200 Hunderte (um 1520: ca. 7200; 1 Hundert = Kuhwert), was 60 mittelgroßen Hofstellen entsprach, die Zehnteinkünfte beliefen sich auf 280 Hunderte. Zusammen besaßen die beiden Bf. ssitze am Ende der kath. Zeit ca. 14–15 000 Hunderte (ca. 20 % des gesamten Grundbesitzes auf Island). S. und Hólar waren bedeutende Zentren: 1388 hielten sich ca. 100 Personen ständig in Hólar auf, in S. waren es vermutl. wesentl. mehr.   M. Stefánsson

Lit.: K. Maurer, Über an. Kirchenverfassung und Eherecht, 1908 – J. Helgason, Islands Kirke …, 1925 – J. Jóhannesson, Islands hist. i mellomalderen, 1969 – M. Stefánsson, Kirkjuvald eflist, Saga Íslands, II, 1975 – Ders., Frá goðakirkju til biskupskirkju, ebd. III, 1978 – B. Thorsteinsson u. a., Island. Politikens Danmarks Hist., 1985 – K. Eldjárn u. a., S. Fornleifarannsóknir 1954–58, 1988 – H. Ágústsson, S. Kirkjur, 1990 – B. Þorsteinsson – B. Jónsson, Íslands saga til okkar daga, 1991.

Skaliger → Della Scala

Skanderbeg → Georg Kastriota

Skandinavier → Altnordische Literatur, →Dänemark, →Norwegen, →Schweden

Skandinavische Kunst. Unter dieser stark vom Skandinavismus, der polit.-kulturellen Einigungsbewegung des frühen 19. Jh., geprägten Sammelbezeichnung wird die künstler. Tradition der nordeurop. Länder zusammengefaßt, ungeachtet der Tatsache, daß sich bereits im MA in →Dänemark, →Norwegen und →Island, →Schweden und →Finnland (neben vielen gemeinsamen Zügen) auch eigenständige Entwicklungen vollzogen, wobei bestimmte Regionen (z. B. →Gotland, →Schonen, Seeland) eine gewisse Sonderstellung und stärkere Ausstrahlungskraft gewannen. Grundlage der S. K. des MA war die durch archäolog. Funde (z. B. Grabbeigaben) reich dokumentierte materielle Kultur der nordgerm. Völker (→Germanen) in der vor- und frühgesch. Periode (Bronze- und Eisenzeit) bis in die Wikingerzeit (→Wikinger; →Haithabu, →Birka u. a.), die sich durch den hohen Stand der Holz-, Metall-, Steinbearbeitung (z. B. →Gotländ. Bildsteine) und Keramik sowie den Reichtum an ornamentalen Formen (→Tierornamentik) auszeichnete und mit den benachbarten Regionen im Umkreis von→Nord- und→Ostsee (brit.-insulare: ags. und ir., sächs., slav. und balt.-ostseefinn. Kulturbereiche; Frankenreich) in Kontakt stand.

Entscheidend für die Herausbildung der S. K. des MA war die im Gefolge der Christianisierung (→Mission) einsetzende Orientierung auf die allg. europ. Kunst- und Stilentwicklung (Romanik, Gotik). Der Christianisierungsprozeß, der Nordeuropa (nach karol. Vorläufern) um die Mitte des 10. Jh. erfaßte (um 983: Großer Jellingstein [→Jelling] des dän. Kg.s →Harald Blauzahn als ältestes Denkmal eines auf das Christentum bezogenen →Königtums), zog sich mit ungleicher Intensität und unterschiedl. Trägern der Mission (ztw. Konkurrenz zw. engl. Kirche und dt. Reichskirche: →Hamburg–Bremen) bis ins 12. und 13. Jh. hin (Ebm.er →Lund, 1103–04; →Drontheim-Nidaros, 1153; →Uppsala, 1164) und stand – mit Ausnahme Islands – in engem Zusammenhang mit dem Aufbau der vom Kgtm. und einem (allmähl. in feudale Lehns- und Dienstbeziehungen zur Kg.sgewalt eingegliederten) Adel getragenen skand. Monarchien, in deren Rahmen sich fortan die kulturelle und kunstgesch. Entwicklung wesentl. vollzog (z. B. Stiftertätigkeit/Memorialwesen der Kg.e und großen Adelsfamilien wie des seeländ. Geschlechts der Hvide, dem Ebf. →Absalon angehörte).

In der kirchl. →Baukunst dominierte der roman., dann der got. Kirchen- und Kathedralbau (frühroman. Kirche v. Dalby; Dom v. →Lund; weitere bedeutende Beispiele für roman. und got. Domkirchen: →Ribe, →Viborg, →Roskilde, →Schleswig, →Aarhus in Dänemark, →Drontheim und →Stavanger in Norwegen, →Uppsala und →Linköping in Schweden) sowie die Errichtung von Klosterkirchen der sich in Skandinavien ausbreitenden monast. Orden (Abtei SOCist →Sorø; im 13. und 14. Jh. →Bettelordenskirchen in skand. Städten). Bes. in Dänemark wurde der Zentralbau gepflegt (Storeheddinge, Kalundborg). Im 13. Jh. verbreitete sich der Typ der →Hallenkirche (nach westfäl. Vorbild). Mit dem Übergang zum →Backsteinbau (in Dänemark seit etwa 1160) schloß sich Skandinavien der in der norddt. Tiefebene vorherrschenden Bauweise an. Das Weiterleben der großen einheim. Tradition des →Holzbaus bezeugen dagegen die (fast ausschließl. in Norwegen erhaltenen) →Stabkirchen.

An Werken der sakralen Kunst sind (neben →Buchmalerei) an erster Stelle eine Reihe hochwertiger roman. →Antependien (Lisbjerger Goldaltar, 12. Jh.) aus Dänemark zu würdigen. Für Gotland (und Südschweden) sind skulptierte →Taufsteine (auch als Exportgut für norddt. Kirchen) charakteristisch. Got. →Holzschnitzkunst ist u. a. mit farbig gefaßten Triumphkreuzen vertreten. In Norwegen bildete sich eine Tradition der Teppichwirkerei heraus. Aus dem 13. bis frühen 16. Jh. sind umfangreiche Zyklen der →Kalkmalerei, der erzählfreudigen nord. Variante der hoch- und spätgot. Wand- und Deckenmalerei, erhalten.

An Profanarchitektur sind an erster Stelle →Befestigungen (→Danewerk) sowie →Burgen und →Pfalzen (bedeutende Hallenbauten: Bergen) zu erwähnen, die sich das aufstrebende Kgtm. der nord. Reiche als Residenzen, militär. Stützpunkte und Verwaltungssitze errichtete. Trotz der (im europ. Vergleich) bescheidenen städt. Entwicklung (→Stadt) bildeten urbane Zentren mit Handels- und Residenzfunktion wie →Bergen und →Visby eine reiche städt. Sakral- und Profanarchitektur aus. Im Spät-MA entwickelte sich in den Städten (entsprechend dem norddt.-hans. Bereich) ein Gilde- und Bruderschaftswesen (→Kaland), das durch Stiftung von Altären u. a. kirchl. Ausstattungsstücken hervortrat.

Im Zuge der Rezeption der europ. Kunstentwicklung wurden vielfältige Einflüsse der Nachbarländer wirksam; neben einheim. Handwerkern und Künstlern begannen ausländ. Kräfte in breitem (in bezug auf den dt. Beitrag in der älteren dt. Forschung allerdings oft überschätztem) Umfang die S. K. zu prägen. Herrschte in Norwegen der engl. Einfluß vor, so sind in Dänemark und Schweden zunächst westfäl. (bis ins 13. Jh.: Soest), dann dominierende nord- und westdt. (Hansestädte: Lübeck, Hamburg, Köln) Einflüsse zu registrieren, aber auch unmittelbar von der frz. Kathedralgotik ausgehende Anregungen. Bereits für die älteste der großen skand. Domkirchen, Lund, ist der Anteil von lombard. Werkmeistern (→Lombarden) als Träger roman. Baugesinnung hervorzuheben. Gewisse byz. Einflüsse (→Byz. Reich, G) sind gleichfalls erkennbar; der östl. Teil Finnlands (→Karelien) wurde seit dem 12./13. Jh. unter Einfluß von →Novgorod der altruss.-orth. Kunst- und Kulturtradition angeschlossen.

Bedingt durch den Aufschwung des von der →Hanse getragenen internationalen Handels im Nord- und Ostseeraum, die Durchsetzung des nord. Unionskgtm.s (→Kalmarer Union, 1397), aber auch durch die vom (insbes. schwed.) Hochadel getragene nationale Gegenbewegung vollzog sich im 14. und 15. Jh. eine Intensivierung des kulturellen Kontakts mit den norddt. Hansestädten und Flandern, die sich etwa in der Tätigkeit der großen Lübecker Bildhauer Bernt →Notke (monumentale St.-Georgs-Gruppe in der Stockholmer Nikolaikirche als Votivgabe des siegreichen schwed. Reichsverwesers Sten →Sture, 1489) und Claus Berg für nord. Auftraggeber sowie im Import mächtiger fläm.-brabant. Schnitzaltäre (→Retabel) manifestierte. Für Norwegen ist daneben auch die Einfuhr engl. Alabasterreliefs (→Alabaster) charakteristisch.   U. Mattejiet

Lit.: KL I, 120ff., 158ff.; III, 638ff.; IV, 581; V, 375ff.; VIII, 164ff.; IX, 669; XI, 269ff.; XV, 360ff.; XVI, 7ff.; XVIII, 609ff.; XIX, 150ff.; XX, 54ff. – A. KAMPHAUSEN, Dt. und skand. Kunst, 1956 – L. ØSTBY, Norges kunsthistorie, 1962 – E. KUSCH, Alte Kunst in Skandinavien, 1964 – A. TUULSE, Romansk kunst i Norden, 1968 – E. LASSEN, Dansk Kunsthistorie, I, 900–1500, 1972 – M. BLINDHEIM–E. HOHLER, Sigurds saga i middelalderens billedkunst, 1972–73 – S. H. FUGLESANG, Some Aspects of the Ringerike Style, 1980.

Skanske Lov → Schonisches Recht

Skapulier → Ordenstracht

Skara, Bm. und Stadt im sw. →Schweden. [1] *Bistum:* Es umfaßte die binnenländ., bereits seit 1000/1020 stärker christianisierte Provinz Västergötland (ags. Mission über Norwegen; hl. →Siegfried), Dalsland und Värmland nördl. des Vänersees, seit ca. 1200 auch das Mündungsgebiet des Göta Älv. Nachdem der Deutsche Adalvard d. Ä. (1060–64) den Bau des Mariendomes begonnen hatte (Weihe vor 1150), erfuhr das Bm. unter Bengt I. 'dem Guten' (um 1150–um 1190) wirtschaftl. Festigung (in Västergötland nicht weniger als 517 kleine Kirchen und Kapellen, viele wohl →Eigenkirchen; System extrem kleiner Pfarreien). Um 1150 führten die →Zisterzienser (Lurö-Lugnås-Varnhem, Gudhem) das Klosterwesen ein. S., das als erstes schwed. Bm. das kontinentale Kirchenrecht rezipierte (→Västgötalagh), bildete Ansätze zu einem augustin. Domkapitel (unter Bf. Bengt II. d. J., 1219–28) sowie eine eigene Kunsttradition aus und stand im Zentrum von Kultur und Politik (→Brynolf Algotsson). Priestermangel erzwang im 15. Jh. die Zusammenlegung vieler Pfarreien. Bf. Vincent Henningsson (1505–20) fiel in den dän.-schwed. Unionskonflikten schuldlos dem Stockholmer Blutbad zum Opfer. Ein Aufstand katholisch gesinnter Adliger gegen Kg. Gustav Vasa wurde 1529 niedergeschlagen.

[2] *Stadt:* Sie entstand wohl auf Königsboden (→Olaf 'Schoßkönig', Verlegung des Bf.ssitzes aus Husaby?) an einem für die Abhaltung eines Marktes günstigen Platz zw. Siedlungszentren (Kinnekulle-Billingen/Falbygden), mit Pfarrkirche St. Peter. →Adam v. Bremen nennt S. um 1070 als »civitas magna«. Seit 1239 Dominikanerkonvent (St. Olav) am südl. Stadtrand, Marktplatz und Nikolauskirche nahe dem Dom, seit 1242 Franziskanerkonvent (St. Katarina) am nördl. Stadtrand. Die Königsburg Gällkvist südl. von St. Olav (13. Jh.) verlor schon im 14. Jh. ihre Bedeutung an Axvall. →Lödöse am Göta Älv wurde zur wichtigen Hafenstadt. Die schwed.-norw. Union (1319) rückte S. in eine zentrale Position (Verabschiedung wichtiger Teile der neuen Reichsgesetzgebung, 1322, 1326, 1335: »S. stadga« mit wichtigen Erbrechtsregelungen; Wahl →Erichs VII. v. Pommern zum nord. Unionskg., 1396). T. Nyberg

Lit.: H. Johansson, Den medeltida liturgien i S. stift, 1956 – H. Schück, Det augustinska kanikesammfundet vid S. domkyrka, Västergötlands fornminnesförenings tidskrift, 1983–84, 136–193 – S. I: Före 1700. Staden i stiftet, hg. A. Sträng u.a., 1986 – E. Claesson, Cuius ecclesiam fecit. Romanska kyrkor i Västergötland (Liz. Abh. Medeltidsarkeologi, 1989) – V. Hernfjäll, Medeltida kyrkmålningar i gamla S. stift, 1993.

Skarbimir, poln. Magnat, † nach 1118, aus der Awdance-Sippe, Vormund und später Palatin (→Wojewode) →Bolesławs III. Krzywousty. 1103 unterhandelte er mit dem böhm. Fs.en Bořivoj II., der zusammen mit Svatopluk II. nach Schlesien eingedrungen war, um den poln. Fs.en →Zbigniew gegen dessen jüngeren Stiefbruder Bolesław zu unterstützen. Es gelang S., die Koalition der böhm. Fs.en zu vereiteln. 1106/07 und 1109 beteiligte sich S. an den Feldzügen Bolesławs gegen die Pomoranen (dabei verlor er ein Auge), 1110 gegen Böhmen. Zusammen mit seinem Verwandten, dem Kanzler Michał, übte er einen entscheidenden Einfluß auf die poln. Politik am Anfang des 12. Jh. aus. Wohl 1118 (1117?) erhob sich S. unter unbekannten Umständen gegen Bolesław, wurde geblendet und aller Ämter enthoben. Sein Nachfolger war →Peter Włast. Vielleicht war das südpoln. Skalbmierz die Residenz S.s, der dann als Stifter der dortigen Kirche sowie des Kanonikerkonvents gelten könnte. J. Strzelczyk

Lit.: SłowStarSłow V, 198 – J. Bieniak, Polska elita polityczna XII w., II (Społeczeństwo Polski średniowiecznej, III, 1985), 25–53.

Skellig Michael, frühma. Kl. auf dem schwer zugängl. Atlantikfelsen Great S. (Höhe: 218 m), 12 km vor der SW-Küste Irlands, Co. Kerry. Der ummauerte Kl.bezirk auf dem nö. Gipfel mit sechs Mönchszellen (vermutl. für maximal zwölf Mönche) und zwei Oratorien ist von Steinkreuzen umgeben; zwei Zisternen, mehrere künstl. Terrassen mit Stützmauern. Alle Gebäude außer der jüngeren Michaelskapelle (12. Jh.) sind aus Trockenmauerwerk. Die bienenkorbartigen Mönchszellen mit Kraggewölbe (→*clochán*) – Wandstärke bis zu 2 m, Höhe bis 5,5 m – sind meist fensterlos, mit Wandnischen und Bodenpflaster; zwei Bauphasen erkennbar. Orientierte Oratorien sind vom Typ »Gallarus« mit Rechteckgrundriß und umgekehrt-schiffsförmigem Kraggewölbe. Am Steilhang des sw. Gipfels stehen Reste einer Klause mit Oratorium und Schreinen, möglicherweise angelegt nach Wikingerüberfällen im frühen 9. Jh. S. wird urkundl. zuerst Ende des 8. Jh. (Martyrology of →Tallaght) erwähnt, doch erfolgte die Gründung möglicherweise bereits im 6. Jh., nach der Legende St. Fionan zugeschrieben, erst nach dem 10. Jh. dem hl. Michael geweiht. Eine dauerhafte Besiedlung bestand bis ins 13. Jh. Dann wurde das Kl. auf das Festland nach Ballinskellig Bay verlegt, die Gebäude aber weiterhin saisonal genutzt; endgültige Auflösung des Kl. im 16. Jh. K. Lagler

Lit.: F. Henry, Proceedings of the Royal Irish Academy 58, 1956/57, 113–129 – W. Horn, J. W. Marshall, G. D. Rourke, The Forgotten Hermitage of S. M., 1990.

Skelton, John, engl. satir. Dichter, * um 1460, † 1529, Studium in Oxford und Cambridge, humanist. und rhetor. Bildung, enge Beziehungen zum kgl. Hof, Tutor des späteren Kg.s Heinrich VIII., mehrere Jahre Priester der Gemeinde Diss in Norfolk. S.s dichter. Werk liegt am Übergang vom MA zur Renaissance: Themen und Darstellungsformen sind konventionell, neu sind dagegen der Ton, in dem S. seine Meinung vertritt, und das von ihm geschaffene Versmaß, der dem Knittelvers ähnliche *Skeltonic* (drei- bis vierhebige Verse mit unregelmäßiger Füllung der Senkungen, auffallend oft wiederholte Endreime). S.s Frühwerk besteht aus Übers.en lat. Klassiker und Preisgedichten auf adlige Gönner. Das ihn zunehmend beherrschende Thema ist jedoch die Kritik an sozialen und polit. Verhältnissen. In der →Allegorie »Bowge of Court« (1498) wie auch in der →Moralität »Magnificence« (1516) wird die Figur des Narren mit der des *Vice* gleichgesetzt, seine vor 1529 entstandenen Satiren »Colin Cloute, Why come ye not to Court« und »Speak, Parrot« prangern die Mißbräuche des verweltlichten Klerus und insbes. den allmächtigen Kanzler und Kard. Wolsey an. In »Philipp Sparrow« (vor 1509), der Klage eines Mädchens um ihren getöteten zahmen Sperling, wird die →Parodie durch den Kontrast wiss. und rhetor. Bildung beweisender Passagen mit Auszügen aus der lat. Totenmesse verstärkt. »Tunninge of Elinour Rumming« schildert in einer derb-anschaul. Sprache das Treiben in einer Londoner Bierkneipe, in der häßliche alte Frauen ihre letzte Habe für das abscheul. Gebräu der abstoßenden Wirtin eintauschen. M. L. Thein

Bibliogr.: NCBEL I, 1015–1019, 1406, 2026 – ManualME 3. VII, 671, 799f., 804; ManualME 5. XIII, 1466, 1487 u.a. – S. J. early Tudor Laureate. An Annotated Bibliogr. c. 1488–1970, ed. R. S. Kinsman, 1979 – *Ed.:* P. Henderson, The Complete Poems of J. S., 1931, 1964[4] – *Lit.:* A. R. Heiserman, S. and Satire, 1961.

Skeptizismus. Der in der NZ aufgekommene Begriff S. bezeichnet in einem engeren erkenntnistheoret. Sinne (bereits antike) Formen der Philos., die entweder die Möglichkeit von Wissen überhaupt bestreiten (akadem. S.) oder wegen unzureichender und inadäquater Evidenzkriterien, die Wahrheit eines Urteils sicher zu erkennen, Urteilsenthaltung lehren (pyrrhon. S.). Das MA kannte aufgrund seiner Hauptquellen (Cicero, Academica, Augustinus, bes. Contra Acad.) nur Formen des akadem. S.; der pyrrhon. S. kam trotz Gellius, Noct. Att. XI, 5 (Pyrrhonii/σκεπτικοί vs. Academici; problemat. Textüberl.) und trotz der im 13./14. Jh. übersetzten 'Hypotyposeis' des Sextus Empiricus erst wieder im Umkreis →Savonarolas und bei Gianfrancesco →Pico zu echter Geltung. Den lat. Ausdruck 'scepticus' brachte wohl erst die um 1430 verfaßte lat. Diogenes-Laertius-Übers. des →Ambrosius Traversari (B. IX: Vita Pyrrhoni) in Umlauf. – Das durch Augustinus gestellte Problem der Wahrheitsgewißheit und Urteilssicherheit des von Gott geschaffenen, aber erbsündlich geschwächten und daher irrtumsanfälligen menschl. Intellekts fand in seiner Lehre von einer erkenntnisbegründenden und -stützenden göttl. Illumination für Jahrhunderte eine befriedigende Antwort, mit der später auch fideist. Anschauungen arab.-jüd. Denker (al →Ġazzālī, Moses →Maimonides) konvergierten. Seit dem 13. Jh. verwandten bes. Franziskanertheologen und andere Vertreter augustin.-illuminarist. Theorien mit neuer Stoßrichtung die mittradierten skept. Argumente bezügl. der Sinneserkenntnis gegen die dem aristotel. Wissenschaftsmodell zugrundeliegende Annahme, der leibgebundene Intellekt könne einzig aufgrund sensual vermittelter Erkenntnis ein an Wahrheitskriterien ausweisbares, szientifisches Kausal-Wissen erlangen. →Heinrich v. Gent, der das ausführlichste Referat akadem.-skept. Argumente in der Hochscholastik bietet (Summa I, 1 ed. J. BADIUS, 1rA–3vL) sowie sein Hauptkritiker →Joh. Duns Scotus, Ord. I, d. 3, 1, 4, Ed. Vat. III, 123–172, versuchten in einer metaphys. Strukturanalyse des menschl. Erkennens dessen Gewißheitsgründe aufzudecken. Die seit Ende des 13. Jh. von seiten der Theol. (ursprgl. zur Abwehr eines griech.-arab. Nezessitarismus und zur Verdeutlichung der absoluten Kontingenz aller Natur-, Erkenntnis- und Moralordnung) voluntaristisch aufgeladenen Vorstellungen göttl. Wirkungs- und Offenbarungsfreiheit – bis hin zum Bild eines Betrügergottes! – bildeten für die nominalist. Philos. einen wichtigen Diskussionshintergrund, vor dem man angesichts der durch göttl. 'potentia absoluta' fraglich gewordenen rationalen Ordnung und Geltung des theoret., sittl. und religiösen Erkennens hochkontrovers die Gradualität von Evidenz erörterte. Scholastik- und bes. aristoteleskrit. Strömungen der Renaissancephilos. (v. a. Savonarola, Gianfrancesco Pico, Erasmus v. Rotterdam, Agrippa v. Nettesheim) sorgten für eine Revitalisierung (pyrrhon.-)skept. Denkens. – Die Erforschung der Gesch. des ma. S. und seines Weges in das nz. Denken sowie begleitende begriffsgesch. Unters. en stehen noch in den Anfängen.

M. Laarmann

Lit.: TRE XXIV, 594–596 – A. MAIER, Ausgehendes MA II, 1967, 367–418, 519–522 [Evidenz] – CH. B. SCHMITT, Cicero scepticus, 1972 [Joh. v. Salisbury; Heinrich v. Gent] – W. CAVINI, Medioevo 3, 1977, 1–20 [Sextus Empiricus] – R. J. VAN NESTE, RThAM 44, 1977, 101–126 [Joh. v. Mirecourt] – The Sceptical Tradition, hg. M. BURNYEAT, 1983 – L. A. KENNEDY, Philos. Skepticism in England in the Middle 14th Cent., Vivarium 21, 1983, 35–57 – Late-Fourteenth-Cent. Philos. Skepticism at Oxford, Vivarium 23, 1985, 124–151 – L. M. DE RIJK, La Philos. au MA, 1985, 204–218 [dazu R. IMBACH, FZPhTh 34, 1987, 252f.] – M. McCORD ADAMS, William of Ockham, 1987, 551–629, 784–795 [Heinrich v. Gent; Duns Scotus; Ockham; Adam Wodeham; Nikolaus v. Autrecourt; dazu D. PERLER, FZPhTh 37, 1990, 223–225] – M. FREDE (Fschr. K. OEHLER, 1988), 65–70 [Nik. v. Autrecourt] – R. H. POPKIN (Cambridge Hist. of Renaiss. Philos., hg. CH. B. SCHMITT u. a., 1988), 678–684 – V. G. MORGAN, American Cath. Philos. Quart. 64, 1990, 355–372 [Ockham] – T. GREGORY, Mundana Sapientia, 1992, 389–399, 401–440 [Betrügergott; Genius malignus] – F. RICKEN, Antike Skeptiker, 1994.

Skete (von griech. *asketerion*, d. h. Ort der Askese, Einsiedelei, kleines Kl.). Erinnernd an die losen Zusammenschlüsse der altkirchl. Einsiedler in der sket. Wüste Ägyptens bezeichnet der Begriff S. in spät- und nachbyz. Zeit ein von Einsiedlern bewohntes Berggebiet oder eine dorfartige Siedlung von bereits in der Askese bewährten Mönchen mit einer gemeinsamen Kirche (*kyriakon*) als Zentrum. Wie die Eremiten der sket. Wüste kommen die Einsiedler oder die in Hütten (*kellia, kalybai*) zu zweit oder zu dritt unter der Leitung eines *geron* zusammenlebenden Mönche nur zu den Agrypnien in der Nacht von Samstag auf Sonntag und zur Liturgie am Sonntagmorgen in der zentralen Kirche der S. zusammen. Während z. B. die seit der ersten Hälfte des 14. Jh. nachweisbare S. v. Dupiane, die Keimzelle der Meteora-Kl., von einem Protos geleitet wurde und dem Bf. v. Stagoi unterstand, sind die S.n des →Athos bis heute der Jurisdiktion eines benachbarten Großkl. untergeordnet. An der Spitze der S. steht der von den Geronten für ein Jahr und im Beisein eines Vertreters des Großkl.s gewählte *dikaios*, der für die Aufrechterhaltung der disziplinar. und liturg. Ordnung, die Aufnahme von Gästen und die Verwaltung des Besitzes verantwortlich ist.

K.-P. Todt

Lit.: P. DE MEESTER, De monachico statu iuxta disciplinam byzantinam, Cod. Can. Orient.: Fonti II/10, 1942, 30–34, 299–308 – BECK, Kirche, 123, 128, 201, 397 – E. AMAND DE MENDIETA, Mount Athos, 1972, 202–207 – D. M. NICOL, Meteora, 1975, 20, 37–38, 80–87.

Skeuophylakion (auch Skeuotheke), gr. Funktionsbezeichnung für Behältnis oder Raum zur Aufbewahrung von Gegenständen. Im byz. Bereich wird der Begriff für Nebenräume (Kapellen) oder kleinere Zubauten an Kirchen verwendet, in denen liturg. Geräte und z. T. auch die Eucharistie (wie in der H. Sophia und anderen frühbyz. Bauten Konstantinopels), aber auch kostbare Reliquien und -behältnisse aufbewahrt wurden, so daß sie auch die Funktion einer Schatzkammer übernommen hatten. Neben S. werden für solche Räume auch andere Namen (Diakonikon u. ä.) gebraucht. Bei Kl. sind neben den S. (zur Aufbewahrung für liturg. u. a. wertvolle Gegenstände, illuminierte Hss. und Urkk.) weitere Aufbewahrungsräume für profanere Gegenstände wie Tameia (Geld), Endymeneia oder Hymatiophylakeia (Kleiderkammern) bzw. Kellaria (Speisekammern) belegt. Da bei einer byz. Kirche meist mehrere solcher Nebenräume oder Kapellen zu finden sind, ist die Lage der S. oft nicht mit Sicherheit zu bestimmen. Bei H. Sophia und H. Eirene in Konstantinopel lagen sie an der NO-Ecke. Häufig finden sie sich aber auch in Oberräumen oder Türmen. Eine bestimmte Lage scheint es nicht gegeben zu haben. Eigenständige kleine Rundbauten wie bei H. Sophia und H. Eirene in Konstantinopel scheinen eher selten gewesen zu sein. Die übliche Form war wohl ein Rechteckraum, z. T. auch mit Nischen zur Aufstellung von Reliquien und liturg. Geräten (wie bei den westl. Oberräumen der N-Kirche des Lipskl. in Konstantinopel).

M. Restle

Lit.: TH. MATHEWS, »Private Liturgie« in Byz. architecture, CahArch 30, 1982, 125–137 – G. DESCOEUDRES, Die Pastophorien im syro-byz. Osten, 1983 – B. SCHELLEWALD, Zur Typologie, Entwicklung und Funktion von Oberräumen in Syrien, Armenien und Byzanz, JbAC 27/28, 1984/85, 171–218.

Skilauf. Skier wurden in den nord. Ländern seit vorgeschichtl. Zeit als Transportmittel benutzt; Abbildungen und Funde gehen bis in die Bronzezeit zurück. Die wichtigsten Belege sind mit der Jagd verbunden; so zeigt ein Runenstein von etwa 1050 eine Alkenjagd, an der ein skilaufender Bogenschütze teilnimmt. Die altisländ. Lit. bezeugt, daß auch Skiwettläufe stattfanden. Im 16. und 17. Jh. bestanden in Norwegen, Schweden und Finnland (wahrscheinl. auch in Rußland) äußerst beweg1. Truppeneinheiten auf Skiern. Sind solche Verbände auch für das MA nicht belegt, so geht doch der Transport von Truppen auf Skiern ohne Zweifel auf ma. Tradition zurück. Für die →Samen und ihre Rentierzucht war der S. bes. bedeutsam. Die bei →Prokop und →Jordanes gebrauchte Bezeichnung für die Samen, *scridefinnoi*, weist auf die Benutzung von Skiern hin und ist vom an. Verb *skriđa*, auf skiern gehen, hergeleitet.

Die Skitruppen benutzten den bes. zentralnord. Skityp, dessen linker Ski länger war als der rechte. Man glitt auf dem linken und stieß sich mit dem rechten vorwärts. Dieser Typ war auch für die Jagd bes. geeignet. Andere Typen waren der sog. bottn., kurz und lanzettförmig, der im nördl. Skandinavien üblich war, und der südl., der länger war und ein geradegeschnittenes hinteres Ende hatte; dieser Typ war auch in den balt. Ländern und Rußland verbreitet. N. Lund

Skjöldunga saga (isländ. 'Saga von den Skjöldungen'), verlorene isländ. Saga über die Vorgesch. dän. Kg.e aus dem Geschlecht der Skjöldunge, vom Spitzenahn Skjold, dem Sohn →Odins, bis zum hist. Kg. →Gorm dem Alten (gest. ca. 945). Ein Gutteil der S. ist in den lat. »Rerum Danicarum fragmenta« aus den 1590er Jahren enthalten, die der isländ. Gelehrte Arngrímur Jónsson auf der Grundlage der isländ. Hss. (heute verloren) verfaßt hat. Andere (wohl meist umgearbeitete) Frgm.e der S. finden sich u. a. in den isländ. Werken »Sögubrot of nokkrum fornkonungum« ('Sagenfrgm. von einigen Vorzeitkg.en'), in der →Snorra Edda, der →Ynglinga saga, in der Ólafs saga Tryggvasonar (längere Version; →Olafssagas) und in der →Jómsvíkinga saga. Inhaltl. Schwerpunkte sind die Geschichten von Hrólfr kraki und der Brávallaschlacht. Kern der S. ist eine auf den südisländ. Hof Oddi zusammengestellte →Genealogie, die das bedeutende isländ. Häuptlingsgeschlecht von Oddi mit den Skjöldungen genealog. verknüpft. Das Geschlechterregister geht wohl auf den isländ. Gesch.sschreiber →Sæmundr Sigfússon hinn fróđi († 1133) zurück und wurde v. a. von →Saxo Grammaticus benutzt. Die S. dürfte um 1200 geschrieben worden sein, die in »Sögubrot« enthaltene Version wohl in der 2. Hälfte des 13. Jh. Hauptanliegen der S., Werk eines unbekannten Verf. vermutl. im Umkreis des Bf.s →Páll Jónsson v. →Skálholt, ist es, den gesamten Bereich der nord. Gesch. (u. a. genealog. Anknüpfungen zum schwed. →Ynglingengeschlecht) in einen universalen Zusammenhang zu setzen und zugleich die Entwicklung Dänemarks zu einem Reich eigener Identität zu beschreiben. Mit der formal zu den Königssagas (→Konunga sögur) zählenden, inhaltl. aber den →Fornaldarsögur nahestehenden S. bewegt sich die isländ. Geschichtslit. erstmals außerhalb des engeren isländ.-norw. Kulturkreises.

H. Ehrhardt

Ed.: Lat. Auszug: A. OLRIK, S. i Arngrim Jonsons udtog, 1894 – J. BENEDIKTSSON, Arngrimi Jonae Operae Lat. conscriptae I och IV, 1950–57 – *Sögubrot:* C. af PETERSEN–E. OLSON, Sögubrot af fornkonungum, 1919–25 – B. GUDNASON, Islenzk Fornrit 35, 1982 – *Lit.:* KL XV, 596ff. – A. HEUSLER, Zur Skiöldungendichtung, ZDA 48, 1906 – E. O. SVEINSSON, Sagnaritun Oddaverja (Studia Islandica I), 1937 – N.

LUKMAN, Skjoldunge und Skilfinge, 1943 – B. GUDNASON, Um Skjöldungasögu, 1963 – K. SCHIER, Sagalit., 1970, 29f.

Skírnismál ('Lied von Skírnir', im Cod. Regius: För Scírnis ['Skírnirs Fahrt']), mytholog. Eddalied über die Werbung des Gottes →Freyr um die Riesentochter Gerðr. Als Brautwerber sendet Freyr seinen Diener Skírnir; Gerðr lehnt jedoch Bitten wie Geschenke ab und wird erst unter Androhung von Zauberrunen gezwungen, Freyr zu treffen; dies soll nach neun Tagen im Hain Barri geschehen, und Freyrs Klage über die lange Frist füllt die letzten der 42 dialog. Strophen im Versmaß →Ljóðaháttr. Eine Kurzfassung des Stoffes enthält die →Snorra-Edda (Gylfaginning 36), aber auch die Eddalieder →Lokasenna (42) und die Hyndluljóð (30) spielen auf den Mythos an. Die Datierung des Liedes schwankt zw. der spätheidn. Zeit und dem 13. Jh., die in der Drohung Skírnirs vorkommenden Runennamen sprechen jedoch für eine sehr späte Entstehung des Liedes.

R. Simek

Lit.: F. NIEDNER, Skírnis För, ZDA 30, 1886, 132–150 – U. DRONKE, Art and Tradition in S. (Engl. and Med. Stud., pres. to J. R. R. TOLKIEN, 1962), 250–268 – L. LÖNNROTH, S. och den fornisländska äktenskapsnormen (Fschr. O. WIDDING, 1977), 154–178 – L. MOTZ, Gerðr, Maal og Minne, 1981, 121–136 – S. A. MITCHELL, För Scírnis as Mythological Model, ANF 98, 1983, 108–122 – J. RANDLEV, Maal og Minne, 1985, 132–158 – P. BIBIRE, Freyr und Gerðr (Stud. H. PÁLSSON, 1986), 19–40 – G. STEINSLAND, Pagan Myth in Confrontation with Christianity: S. and Genesis (Old Norse and Finnish Religions and Cultic Place-Names, ed. T. AHLBÄCK, 1990), 316–328 – DIES., Die mytholog. Grundlage für die nord. Kg.sideologie (Germ. Religionsgesch. Q. und Q.probleme, hg. H. BECK u. a., 1992), 736–751 – K. VON SEE, B. LA FARGE, E. PICARD, M.-C. HESS, S. Modell eines Edda-Komm., 1993.

Skizze, rasche, oft flüchtige Aufzeichnung eines Gedankens oder einer Beobachtung. Im Bereich der bildenden Kunst, wo der Begriff am geläufigsten ist, meint er die zeichner. oder maler. Erfassung einer Kompositionsidee (*prima idea*) einer Figur, eines Gegenstandes mit Stift, Feder oder Pinsel. S. wird auch die erste plast. Gestaltung in leicht bildbarem Material wie Ton oder Wachs einer bildhauer. Vorstellung (Bozzetto) benannt. Die S. im übl. Sinne kam erst nach der allg. Verbreitung des Papiers in Europa auf, als sich die Kunst aus den alten handwerkl. Bindungen zu lösen begann. Dem Wesen der S. entspricht der weitgehende Verzicht auf Einzelheiten, doch werden oft genauer durchgezeichnete Details neben der S. als Studie beigefügt. Mit dem Aufkommen intensiver Naturbeobachtung wurden auch Landschaften skizzierend erfaßt. Die Gemäldes. ist eine Erfindung nachma. Zeit.

F. Anzelewsky

Lit.: J. MEDER, Die Handzeichnung. Ihre Technik und Entwicklung, 1919, 284–293 – H. HUTTER, Die Handzeichnung. Entwicklung, Technik, Eigenart, 1966, 23f. – A. WILSON, The making of the Nuremberg chronicle, 1976, Abb. – W. KOSCHATZKY, Die Kunst der Zeichnung. Technik, Gesch., Meisterwerke, 1977, 403–405 – F. AMES-LEWIS, Drawings in Early Renaissance Italy, 1981, 63–89.

Skizzenbuch bildete sich im Lauf des 15. Jh. heraus, unterscheidet sich vom ma. →Musterbuch grundsätzl. dadurch, daß nicht nur Vorlagen einer Werkstatt oder eines Künstlers tradiert, sondern auch Eigenschöpfungen und Entwürfe eines Künstlers sowie genuine Naturstudien festgehalten werden. S.er enthalten Kompositionsentwürfe (Jacopo →Bellini), Figuren- und Detailstudien – oft für eigene Kompositionen – sowie Naturstudien von Mensch und Tier (→Pisanello). Auf Papier wird in Feder, Pinsel oder Silberstift gezeichnet, z. T. laviert oder weiß gehöht, das Aquarell bei Naturstudien verwendet (Jacopo Bellini, →Dürer). Die Zeichenweise kann beschreibend genau sein wie im ma. Musterbuch oder aber skizzenhaft offen, ein charakterist. Merkmal, das seit Beginn des 15. Jh. auftritt. U. Jenni

Lit.: M. Fossi Todorow, I disegni del Pisanello e della sua cerchia, 1966 – B. Degenhart–A. Schmitt, Corpus der it. Zeichnungen 1300–1450, I: Süd- und Mittelitalien, Bd. 2, 4, 1968; II: Venedig, Jacopo Bellini, Bd. 5–8, 1990 – U. Jenni, Vom ma. Musterbuch zum S. der NZ (Die Parler und der Schöne Stil, III, 1978), 139–150 – Dies., The Phenomena of Change in the Modelbook Tradition around 1400 (Drawings Defined, hg. W. Strauss–T. Felker, 1987), 35–47 – A. J. Elen, Italian Late-Medieval and Renaissance Drawing-Books from Giovannino de' Grassi to Palma Giovane, 1995.

Sklave
A. Westen – B. Byzanz – C. Judentum – D. Muslimischer Bereich

A. Westen
I. West- und Mitteleuropa – II. Nordeuropa – III. Östliches Europa – IV. Europäisches Spätmittelalter.

I. WEST- UND MITTELEUROPA: [1] *Zur Frage der Definition*: Im Laufe des 10. Jh., einer Epoche des lebhaften S.nhandels mit Süd- und Westslaven, trat das Wort 'S.', das usprgl. den →Slaven im ethn. Sinne bezeichnet hatte, in den lat. Q. auf, in Deutschland früher und häufiger als in Italien, und drang in die europ. Vernakularsprachen ein (*Sklave, slave, esclave, schiavo* u.a.) als Bezeichnung für Personen, die (in antiker Tradition, die bis in die ersten Jahrhunderte des MA fortlebte) 'servi' oder 'mancipia', in weibl. Entsprechung 'ancillae' hießen; sie waren 'Unfreie', denen Rechte und Entscheidungsfreiheit, wie sie dem Status der →Freiheit entsprachen, entzogen waren und das Eigentum von Freien oder aber von Institutionen bildeten. Die Modifikation des Wortgebrauchs hat erhebl. beigetragen zur Verunklarung der historiograph. Diskussion über die semant. Entwicklung von 'servus' (Wandlung zum 'Leibeigenen' oder 'serf') und den Übergang von der antiken Form der Sklaverei zum ma. Typ der →Leibeigenschaft bzw. des 'servage'. Bei dieser Debatte traten zunehmend vorgefaßte religiöse, ideolog. oder allg. historiograph. Vorstellungen zutage: religiöse, welche die Rolle des frühen Christentums, das bekanntl. zahlreiche seiner Anhänger aus dem S.nstande rekrutiert hatte, als eine 'Kraft der Emanzipation' betonten; ideolog., die v.a. vom Marxismus und seiner Konzeption eines radikalen Übergangs der 'Produktionsweise' der antiken 'Sklavenhaltergesellschaft' zur ma. 'Feudalgesellschaft' (→Feudalismus) geprägt waren; allg. historiograph., etwa in der Geschichtsinterpretation der frz. Tradition, die lange Zeit einen Fortbestand der Sklaverei antiken Typs bis zu den soziöokonom. Mutationen um 1000 verfochten hatte. Eine neue Erörterung dieser Fragestellung in der Gegenwart kann zweifellos nur erfolgen durch eingehende Untersuchung und Interpretation der Q. zur rechtl., sozialen und wirtschaftl. Entwicklung der Situation der 'Unfreien'.

[2] *Bedeutung der Sklaverei im FrühMA:* Wichtig ist, daran zu erinnern, daß sowohl die Gesellschaft des spätröm. Reiches als auch die ihm nachfolgenden 'Barbarenreiche' sklavenhaltende Gesellschaften darstellten, die von der fundamentalen rechtl. Unterscheidung zw. Freien ('liberi', 'ingenui') und Nichtfreien geprägt waren; dies wird durch die großen röm. Rechtssammlungen (→Corpus iuris civilis) wie durch die →Leges in starkem Maße belegt. Betont der →Codex Theodosianus die auf den 'servi' liegende Aberkennung jurist. Geschäftsfähigkeit, so enthalten die Leges der frühma. Reiche (so der →Pactus legis Salicae) zahlreiche Bestimmungen, welche die abhängige Stellung der S.n unterstreichen (Heiratsverbote, verschärfte [körperl.] Strafen für widersetzl. S.n, geringere →Bußen bei Diebstahl oder Tötung eines S.n, deren Wergeld nicht den Preis für einen Ochsen oder ein Pferd übersteigen soll). Kennen Römer und Germanen große Unterschiede im Lebensniveau und im sozialen Einfluß von Unfreien sowie verschiedene Formen der →Freilassung, so hat der Status der Unfreiheit in beiden Gesellschaften im wesentl. dieselben Ursachen: Ein Mensch ist S. durch Erblichkeit, aber auch durch Kriegsrecht, Raub und Handel, des weiteren durch eine schandbare Verurteilung oder aber durch Selbstversklavung (der eigenen Person oder/und der Nachkommen). Rekrutierte sich die große Masse der ländl. S.n wohl zumeist durch Erblichkeit und Selbstversklavung (Autodedition), so wurde die häusl. Sklaverei, die man sowohl bei den Römern als auch bei der barbar. Führungsschicht praktizierte, höchstwahrscheinl. vorwiegend durch Krieg, S.nraub und S.nhandel mit Nachschub versorgt.

[3] *Häusliche Sklaverei:* Zu betonen sind die Unterschiede zw. ländl. und häusl. Sklaverei; diese rekrutierte sich im FrühMA v.a. durch die großen S.nmärkte, die durch krieger. Auseinandersetzungen immer wieder neue Ware erhielten (Kriege zw. →Angelsachsen und insularen Kelten, im 5.–6. Jh.; innere Kämpfe zw. den einzelnen ags. Reichen, 6.–7. Jh.; Expansion der →Franken in das rechtsrhein. Gebiet, 6.–9. Jh.; von westeurop. Gruppen unternommene Razzien an der Grenze der slav. Welt, 7.–10. Jh.; Plünderungen und Handel der →Wikinger, 9.–10. Jh.). Wichtige Zentren des S.nhandels waren u.a.: →Mainz und →Verdun (9.–10. Jh.) sowie →Rouen (10.–11. Jh.). Zwar erklärt dieser schwunghafte S.nhandel eine Reihe eher verstreuter Nachrichten aus dem frühma. Westeuropa (so erwähnt →Gregor v. Tours einen Kaufmann aus Tours, der sächs. S.n besaß, gibt es Hinweise auf ags. S.n in den Haushalten mancher merow. Kg.e oder großer Aristokraten, z.B. Aufstieg der →Balthild von einer Sklavin zur Konkubine und Gemahlin Kg. →Chlodwigs II.), doch deuten die Q. ansonsten darauf hin, daß der Hauptstrom des S.nhandels nach Südeuropa (→Rom) und in das muslim. Spanien (→al-Andalus) ging und somit die frk./westeurop. Gesellschaft in nur begrenztem Maße beeinflußte.

[4] *Sklaven im ländlich-agrarischen Bereich:* Hinsichtl. der ländl. Sklaverei bietet das Frankenreich dagegen ein wesentl. anderes Bild. Unfreie Landbevölkerung (→Bauer, B; →Grundherrschaft, B) stellte die hauptsächl. Arbeitskraft dar, nicht nur auf den großen 'latifundia', sondern auch in den landwirtschaftl. Anwesen kleineren Umfangs, die sowohl in den roman. Gebieten als auch (in noch weit stärkerem Maße) in den germ. Siedlungsräumen verbreitet waren. Die unsichere Lage in der Endphase des röm. Reiches hatte zwar zu einer gewissen Siedlungskonzentration von S.n in der Nähe einiger großer Domänen (villae) geführt (Bau von →Grubenhäusern), doch war die Gesamtzahl der auf den Domänen arbeitenden S.n in der Zeit des 3.–7. Jh. stark rückläufig (wie bei den anderen Bevölkerungsgruppen); so wurde die villa v. Tresson (Westfrankreich, bei Le Mans), die ca. 4000–5000 ha umfaßte, um 572 von nur noch etwa zehn S.n bewirtschaftet.

Seit der Spätantike war die ländl. Sklaverei aber längst keine Erscheinung der großen, durch kollektive Landarbeit bewirtschafteten Domänen mehr. Die allg. Verbreitung der Praxis der Selbstversklavung freier →Bauern in die Hände von Großgrundbesitzern, dann die vermehrte Übergabe von Hofstellen durch den Grundherrn an eigene S.n, meist in Randlage der grundherrl. Ländereien, führte zur starken Zunahme der von Unfreien (servi, →Hörige) gehaltenen abhängigen Güter. Ein Teil der von der reichen Pariser Witwe Erminethrude um 600 freigelassenen S.n hatte bereits ihre (kleinteiligen) Anwesen, bestehend aus schmalen Ackerflächen (areolas), Häuschen (hospitola), Gärtchen (hortellos) und kleinen Weingärten (vineolas). Doch erst in der Zeit seit dem späten 7. Jh., und v. a. im 8.–9. Jh., verbreitete sich im Frankenreich allg. die Praxis der Einrichtung von Hofstellen für S.n (mansi serviles, hobae serviles), ausgehend von den Gebieten zw. Loire und Rhein, in denen die frk. Herrscher und die großen geistl. Institutionen, denen offenbar die größere Produktivität der 'behausten S.n' (servi casati) keineswegs entgangen war, sie auch zur Urbarmachung einsetzten. Die 'servi casati' hatten nicht nur einen Zins (Natural-, später oft Geldzins) zu erbringen, sondern an bestimmten Tagen →Frondienst auf dem Herrenland zu leisten, wobei es (z. B. im rechtsrhein. Gebiet) auch verschärfte Formen gab ('Fronacker', →ancinga).

[5] *Unfreie und freie bäuerliche Gruppen:* Die 'servi casati', die ein landwirtschaftl. Anwesen und ein →Haus besaßen, eine →Familie zu gründen vermochten (Belege in den großen →Polyptychen des 9. und 10. Jh.) und ihre Hufe, oft auch ihre →Fahrhabe unter bestimmten Einschränkungen an ihre Nachkommen vererben konnten, erwarben einen wirtschaftl. und sozialen Status, der sie anderen Gruppen der abhängigen Bauern annäherte, den 'coloni' (→Kolone, →Hörige), die rechtl. Freie geblieben, aber (manchmal schon seit der späten röm. Kaiserzeit) in die Abhängigkeit von großen Grundherren geraten waren, so daß auf ihren Anwesen ('colonicae', 'mansi ingenuiles') Dienste und Abgaben lasteten, sie aber auch (verstärkt seit dem 8.–9. Jh.) zu Frondiensten auf dem Herrenland herangezogen wurden.

Die Verschmelzung zw. 'servilen' und 'ingenuilen' bäuerl. Gruppen ist, mit diversen regionalen Varianten, in den Q. des 8.–9. Jh. faßbar; sie wurde vorangetrieben durch vielfältige Faktoren: Promiskuität im Bereich des Dorfes, »Mischehen« (→Ehe), Inbesitznahme und Bewirtschaftung von ingenuilen Hufen durch servi und umgekehrt (infolge der sozialen Vermischung und der bäuerl. Mobilität). Diese und andere Ursachen trugen bei zum Rückgang der ländl. Sklaverei bzw. zu ihrem Aufgehen in der sog. »Hörigkeit« (bzw. »servage«) des MA, die zum integralen Bestandteil des »domanialen« oder »grundherrschaftl.« Systems wurde und in dem die enge Abhängigkeit des Bauern von seinem Herrn nicht die Anerkennung einer gewissen Fähigkeit zu persönl. Initiative und eigene Rechtspersönlichkeit ausschloß.

Dabei ist eine andere Ursache des Niedergangs der Sklaverei im FrühMA nicht zu übersehen: die Bedeutung der kollektiven Freilassungen (s. a. →collibertus). Zwar stellte sich die Kirche als Institution diesen Maßnahmen oft entgegen (Konzilsakten: Arles 506, Clichy 626), wofür theol. Argumente (jeder Mensch soll auf dem Platz verbleiben, auf den ihn Gott gestellt hat) wie prakt. Gründe (die kirchl. Grundherrschaften wurden bevorzugt durch S.n bewirtschaftet) ausschlaggebend waren, doch führten einzelne, führende Mitglieder des Klerus persönl. Freilassungen durch; bes. exemplar. das Wirken Papst →Gregors I. d. Gr., der auf dem S.nmarkt in Rom S.n freikaufte. Auch Laien wurden so ermutigt, die Freilassung von S.n als Akt der Barmherzigkeit vorzunehmen. Die Freilassungen, die (etwa im Testament der Erminethrude) manchmal mit der Vergabe von Häusern an die Freigelassenen verbunden waren, sind durch ein überreiches Q.enmaterial (hagiograph. Texte, Urkk., Testamente usw.) dokumentiert.

Freilassungen auf karitativer Basis waren v. a. verbreitet im Gallien des 6.–8. Jh.; dies erklärt wohl (neben anderen Faktoren), daß westl. des Rheines (im Unterschied zu den ostrhein. Gebieten des Frankenreiches) die 'servi' und 'mancipia' in den Polyptychen des 9. Jh. wesentl. weniger häufig genannt sind als die 'coloni' und andere 'ingenui'. Die umfangreichen Freilassungen hatten wohl bereits das Terrain für die Verschmelzung der beiden bäuerl. Gruppen vorbereitet.
S. Lebecq

Lit.: Bull. Du Cange 17, 1943 [s.v. servus, C. VERLINDEN] – C. VERLINDEN, L'esclavage dans l'Europe médiévale, 2 Bde, 1955, 1977 – H. NEHLSEN, S.nrecht zw. Antike und MA (Germ. und röm. Recht in den germ. Rechtsaufzeichnungen, 1, 1972) – J. GAUDEMET, Esclavage et dépendance dans l'Antiquité. Bilan et perspectives, TRG/Rev. du Hist. du Droit 50, 1982, 119–156 – Villa – Curtis – Grangia, hg. W. JANSSEN– D. LOHRMANN, 1983 – C. WICKHAM, The other Transition: from the Ancient World to Feudalism, PP 103, 1984, 3–36 – P. BONNASSIE, Survie et extinction du régime esclavagiste dans l'Occident du haut M-A (IVe–XIe s.), CCMéd 28, 1985, 307–343 – Le grand domaine aux époques mérovingienne et carolingienne/Die Grundherrschaft im frühen MA, hg. A. VERHULST, 1985 – H. HOFFMANN, Kirche und Sklaverei im frühen MA, DA 41, 1986, 1–42– D. PELTERET, Slave Raiding and Slave Trading in Early England (Anglo-Saxon England, Anglo-Saxons: Synthesis and Achievement, hg. J. DOUGLAS WOODS–D. PELTERET, 1986), 117–133 – Herrschaft und Kirche. Beitr. zur Entstehung und Wirkungsweise episkopaler und monast. Organisationsformen (Francia-Beih., 1988) [bes. Beitr. von D. HÄGERMANN–L. KUCHENBUCH] – Strukturen der Grundherrschaft im frühen MA, hg. W. RÖSENER, 1989 – P. BONNASSIE, From Slavery to Feudalism in SW-Europe, 1991 – A. VERHULST, The Decline of Slavery and the Economic Expansion of the Early MA, PP 133, 1991, 195–203 – D. BARTHELEMY, Qu'est-ce que le servage, en France, au XIe s.?, RH 277, 1992, 233–284 – H.-W. GOETZ, Serfdom and the Beginnings of a 'seignurial system' in the Carolingian Period: a survey of the evidence (Early Medieval Europe 2, 1993), 29–51.

II. NORDEUROPA: Spätestens seit der Wikingerzeit gehören S.n aus den balt.-slav. Gebieten zu den bevorzugten Handelsgütern auf der west-östl. Handelsroute zw. Novgorod und der Rheinmündung. Wichtige Umschlagplätze des S.nhandels waren →Birka und →Haithabu, später →Gotland. Hauptabsatzgebiet war das Kalifat v. →Córdoba, zum kleineren Teil sicher auch Skandinavien selbst. Die Kriegs- und Beutezüge der skand. Wikinger brachten versklavte Gefangene in großer Zahl nach Skandinavien. Sie bildeten wohl den Grundstock der hochma. S.nschicht, denn es war v. a. die unfreie Geburt, die nach dem Ende der Wikingerzeit für eine Fortexistenz der S.n in Skandinavien sorgte. Schuldknechtschaft, Strafknechtschaft und freiwillige Versklavung zum Zwecke einer Altersversorgung spielten als Rekrutierungsreservoir für S.n dagegen meist nur eine untergeordnete Rolle.

Aus den einschlägigen Q., den dän., schwed., gutnischen, norw. →Landschaftsrechten des 12./13. Jh., dem Recht des freistaatl. Island (ca. 930–1262/64; →Grágás), dem island. »Buch von der Landnahme« (→Landnámabók), den island. Familiensagas (→Saga), der →Edda (insbes. der →Rígsþula) und dem Urkk.material geht hervor, daß S.n auch im HochMA ein fester und weithin üblicher Bestandteil des sozialen und wirtschaftl. Lebens gewesen sind, so daß sich bei allen regionalen und zeitl. Unterschieden auch eine Reihe grundlegender Gemeinsamkeiten herausbilden konnte. Die gemeinsame Bezeichnung für den S.n ist *prœll* (vgl. engl. *thrall*; dän./norw. *trfll*, schwed. *träl*), für die Sklavin meist *ambátt*/*ambótt*. Andere S.nbezeichnungen wie *mansmaðr*, *ánauðigr*, *bryti* »villicus«, *þý*, *þerna* u. ä. spielen eine geringere Rolle.

Der S. steht überall in Skandinavien außerhalb des Rechts und des Familienverbandes; er hat die gleiche Rechtsnatur wie Vieh und anderes mobiles Gut und kann im Rahmen der jeweils üblichen Kaufbestimmungen verkauft werden. Dieses umfassende Eigentumsrecht des Herrn bedingt, daß vom S.n verursachte Schäden von dessen Eigentümer kompensiert werden müssen. Fügte ein Dritter dem S.n einen Schaden zu, ging die Buße an den Eigentümer, in Schweden noch zusätzl. eine Kränkungsbuße wegen Verletzung des Eigentumsrechts. Vergehen des Eigentümers gegenüber dem S.n blieben straffrei. Heiraten unter S.n waren nur nach Erlaubnis des Herrn möglich. Das Kind einer unfreien Mutter gehörte dem Eigentümer der Mutter und war selbst unfrei, ungeachtet der sozialen Stellung des Kindsvaters.

Allein in der jüngeren Schicht der schwed. Landschaftsrechte vom Ende des 13. Jh. (Uplandslagh, Södermannalagh, nicht aber im Västmannalagh) zeichnet sich ein reformiertes, von christl.-kanon. Rechtsauffassung beeinflußtes S.nrecht ab: Der S. wurde bußfähig gegenüber Personen außerhalb der familia, der Verkauf von S.n und die freiwillige Versklavung (*gävträldom*) wurden verboten. Die kanon. Regel »das Kind folge der besseren (= freien) Seite« fand Eingang in die Texte. Nach dem schwed. →Östgötalagh war das unfrei geborene Kind frei, wenn es von dem (freien) Vater adoptiert wurde, nachdem er dem Besitzer der Mutter Entschädigung gezahlt hatte.

Daß das S.nwesen in Skandinavien in einer stetigen Auflösung begriffen war, zeigen die zahlreichen Bestimmungen über die Freilassung des S.n und die Rechtsstellung des Freigelassenen (island./norw. *leysingi, frjálsgjafi*, schwed. *fostre, frælsgiui*) und dessen Nachkommen. Im Rahmen einer oft öffentl. Zeremonie wurde der freigelassene S. in eine familia eingeführt (*ættleiding*) und häufig mit einem Stück Land zur Eigenbewirtschaftung ausgestattet, er stand aber weiterhin in einem engen, vormundschaftsrechtl. Abhängigkeitsverhältnis zu seinem früheren Eigentümer, das sich mit sukzessiven Lockerungen (in Island findet sich die Zwischenstufe des Freigelassenensohnes *leysingja sonr*) über zwei bis drei Generationen hinziehen konnte. In Schweden durfte der fostre zunächst noch verkauft werden, aber nur zusammen mit einem Stück Land; nach seeländ. Recht trat die Freiheit sofort in Kraft. Freigelassene stellten wohl einen Großteil der in den Rechtsq. und Sagas erwähnten freien, meist aber besitzlosen Arbeitskräfte, aber auch der Pächter und Kleinbauern.

Freilassungen erfolgten in der Regel aus wirtschaftl. Gründen, da sich die umfassende Versorgung von S.n zunehmend als zu teuer erwies. In Island dürften Freilassungen bereits vor 1000 nach der Teilung der großen Landareale der Landnahmezeit erfolgt sein, im übrigen Skandinavien nach der Konsolidierung der kirchl., kgl. und adeligen Gutskomplexe. Im rein bäuerl. Milieu konnten S.n als Hauss.n noch lange zum gewohnten Bild gehören, wie die schwed. Freilassungsurkk. des 13. und beginnenden 14. Jh. (bis 1310) belegen.

In Schweden gilt die kgl. Verordnung v. Skara 1335, nach der die Erblichkeit der Sklaverei abgeschafft wird, als Ende des S.nwesens. Im schwed. Reichsrecht von ca. 1350 (→Magnús Erikssons Landslag) finden sich dementsprechend keine s.nrechtl. Bestimmungen mehr, auch nicht im norw. Reichsrecht v. 1274/75 (→Magnús Hákonarsons Landslög), in den norw. Gesetzbüchern für Island (→Járnsíða 1271/73 und →Jónsbók 1281) sowie im dän. →Jyske Lov v. 1241. Viele der s.nrechtl. Bestimmungen der Rechtsbücher dürften jedoch schon im 12. und 13. Jh. obsolet gewesen sein. Hist. Urkk.material weist darauf hin, daß das S.nwesen in Island und Norwegen bereits im 12. Jh. wohl weitgehend verschwunden war.

H. Ehrhardt

Lit.: KL XIX, 13ff. – C. NEVEUS, Trälarna i landskapslagarnas samhälle. Danmark och Sverige (Stud. Hist. Upsaliensia 58, 1974) – M. WILDE-STOCKMEYER, Sklaverei auf Island (Skandinavist. Arbeiten 5, 1979) – K. HASTRUP, Culture and Hist. in Medieval Iceland, 1985, 107ff., 172ff. – J. BYOCK, Medieval Iceland. Society, Sagas and Power, 1988, 98ff. u.ö.

III. ÖSTLICHES EUROPA: Seit dem frühen MA befriedigte Nachschub aus dem östl. Europa, v.a. aus den slav. Ländern, die Nachfrage nach S.n, auf die der Name der →Slaven angewandt wurde. Sie waren z.T. Opfer gezielter Raubzüge (v.a. durch Chazaren, Ungarn, Wikinger), z.T. verschleppte →Kriegsgefangene. Im östl. Europa selbst war der Bedarf an S.narbeit zunächst gering. Die →Avaren, wie später die →Ungarn, gaben ihre Gefangenen meist im Verlauf ihrer Kriegszüge gegen Lösegeld frei; die Slaven entließen sie nach einiger Zeit aus ihrer Unfreiheit und gewährten ihnen Heimkehr oder Integration in ihre Gesellschaft (so das Strategikon des Maurikios). Im Bulg. Reich siedelte man seit dem 9. Jh. zahlreiche Verschleppte an, wohl nach byz. Vorbild. Neben der Kriegsgefangenschaft verursachten Armut oder Bestrafung das Absinken in die Sklaverei. Die Terminologie (slav. *čeljad* [ung. *család*], *otrok*, in der Rus' seit dem 11. Jh. *cholop, roba*) läßt eine urspgl. enge Bindung an Familie und Wirtschaft des Herrn erkennen. Mit der Intensivierung des Handels gelangten S.n auch in Osteuropa auf die Märkte, von wo (hauptsächl. jüd.) Fernhändler den Transport in die Länder des Islam oder nach Byzanz organisierten. Größter Umschlagplatz war Prag, wo die böhm. Fs.en Einkünfte »de venditione hominum« (slav. *otroce*) erlangten. Den Verkauf slav. unfreier Familien aus den Marken (→Mark, -grafschaft, II) erwähnt →Thietmar v. Merseburg. →Adam v. Bremen wußte, daß in Estland S.n, die man von Händlern erwarb, als Opfer dargebracht wurden; den verstorbenen heidn. →Rus' gab man Sklavinnen mit ins Jenseits (Bericht bei →Ibn Faḍlān).

Neben Pelzen waren S.n das wichtigste Objekt des hauptsächl. durch Skandinavier (Rus') betriebenen Handels von der Ostsee über die Wolga zu den Chazaren und ins Kalifat. Den Fs.en v. Kiev sicherte der S.handel in Konstantinopel reiche Einnahmen (Gegenstand der Handelsverträge). Fs. →Svjatoslav plante, an der unteren Donau einen S.nmarkt zu etablieren; mit seinem Tod (972) endeten die weiten Kriegszüge der Rus'. Seit dem Ende der Expansion der neuen Staaten des östl. Europa lieferten v.a. die Ostseeslaven (→Abodriten, →Pomoranen, →Ranen) S.n. Die Wertschätzung der S.narbeit wuchs: S.n wurden von den Fs.en bei Hofe (Verwaltung, Handwerk) und auf ihren Gütern (Tierzucht) sowie bei großen Bauvorhaben eingesetzt. Kriegsgefangene aus Polen siedelte →Jaroslav v. Kiev in *gorody* an der Ros' an (1031); Fs. Břetislav I. gestand aus Polen nach Böhmen entführten Gefangenen sogar eigenes Recht zu (1039). In Polen bezeugen zahlreiche Ortsnamen die Ansiedlung Kriegsgefangener. Von S.narbeit auf ihren Gütern profitierten aber auch die Gefolgsleute der Fs.en und Adlige, und wahrscheinl. besaßen auch andere Freie S.n. Ackers.n gab es in der Rus' bis in die Moskauer Zeit.

Die ältesten slav. Rechtsquellen (Zakon sudnyj ljudem, →Russkaja Pravda) handeln ausführl. über den Besitz an S.n, der im wesentl. dem an Vieh und bewegl. Habe gleichgestellt war; für Vergehen der S.n haftete der Herr. Doch ist – als Anzeichen dafür, daß S.n hohe Posten in der Administration erreichten oder Handel trieben – eine begrenzte Zeugnis- und Geschäftsfähigkeit erkennbar. Freikauf oder Freilassung aus der Sklaverei waren möglich, die Grenzen zu anderen Kategorien minderen Rechts häufig fließend. Im östl. Mitteleuropa, mit der Ausbildung kirchl. und weltl. Grundherrschaften seit dem 11. Jh., näherten sich die in den Dörfern angesetzten (z. T. als servi casati) S.n in ihren Lebensbedingungen allmähl. den Bauern an, die einst nur dem →ius ducale unterworfen waren; im Verlauf von →Landesausbau und Kolonisation ging auch das häusl. Gesinde in der Dorfbevölkerung auf. Chr. Lübke

Lit.: SłowStarSłow III, 392–395 [ältere Lit.] – R. Hellie, Recent Soviet Historiography on Medieval and Early Modern Russian Slavery, The Russian Review 35, 1976, 1–32 – H. Rüss, Das Reich von Kiev (HGeschRußlands 1, I, hg. M. Hellmann, 1981), 399–411 – J. Henning, Gefangenenfesseln und der europ. S.nhandel im 6.–12. Jh. ..., Germania 70, 1992, 403–426 – K. Modzelewski, Das ma. Polen von Oskar Kossmann – polem. Bemerkungen, ActaPolHist 65, 1992, 171–210.

IV. Europäisches Spätmittelalter: Im Lauf des SpätMA war die Sklaverei in Europa und in den christl. Teilen des Mittelmeerraums weiterhin verbreitet. In erster Linie konnten Gefangene, die während militär. Operationen oder bewaffneter Streifzüge gemacht worden waren, versklavt werden. Im allg. wurden S.n jedoch in größerem Umfang aus dem Ausland bezogen, v. a. aus den slav. Ländern (daher die moderne Bezeichnung »Sklaven«), aus dem Bereich der Ägäis und des Schwarzen Meeres und von den Küsten Afrikas (»Sarazenen« sowie Schwarze vorwiegend aus dem Sudan). Nicht selten kamen S.n auch aus den arab. Gebieten der Iber. Halbinsel und von Mittelmeerinseln wie Sardinien und Korsika. Lag der Handel mit S.n (die nun auch häufig von Türken, Mongolen und europäischen Seeleuten und Piraten bezogen wurden) weiterhin für gewisse Zeit in der Hand von Juden und Arabern, so traten zu diesen bald Süditaliener, Venezianer, Genuesen, Toskaner, Provenzalen und Katalanen hinzu. Nach Nordeuropa gelangten S.n auch auf dem Landweg von Osteuropa oder den angrenzenden asiat. Ländern. Seit dem 15. Jh. wurde der bestehende S.nmarkt noch durch die Portugiesen vergrößert, die sich S.n von den Atlantikküsten Afrikas holten. Die Ankunft an einem Ort in Europa bedeutete für die S.n keineswegs das Ende ihrer Irrfahrt: als sehr geschätzte »Ware« waren sie häufig das Objekt eines ausgedehnten Handels, der sie durch den ganzen alten Kontinent führte. Auch mitten in Europa gab es Unternehmer, die stark an Ankauf und Verkauf von S.n interessiert waren. Die relativ hohen Preise (die im Durchschnitt für Männer und Frauen nicht sehr differierten), bedingt durch ihre Rekrutierung in fernen Ländern und die Kosten des Transports zu den Märkten, waren allerdings die Ursache, daß sich die Gesamtzahl der in Europa vorhandenen S.n stark reduzierte und sie vorwiegend im städt. Bereich Verwendung fanden statt wie in den früheren Jahrhunderten in der Landwirtschaft. Von den S.n in den europ. Städten, in deren Besitz sich bisweilen zwei oder mehr Personen teilten, wurden die Männer (etwa im Verhältnis 2:3 zu den Frauen) im allg. für schwere Arbeiten verwendet (in den Häusern, den →Fondaci der Kaufleute, bei Transporten und auf den Landgütern in der Nähe der Stadt), die Frauen hingegen zu schwereren Hausarbeiten. In der städt. Gesellschaft und noch häufiger an den Kg.s- und Fs.enhöfen fungierte der Besitz von S.n, besonders wenn sie jung oder sogar noch Kinder und farbig waren, als Statussymbol: nicht von ungefähr waren S.n als diplomatische Geschenke sehr beliebt.

Im Gegensatz zu der Entwicklung, die ab dem 16. Jh. in den überseeischen Ländern eintreten sollte, führten im europ. SpätMA die Mahnungen der Kirche, die S.n menschlich zu behandeln, sowie die Entwicklung der westl. Zivilisation selbst, allmählich zu einer Verbesserung der persönl. Lage der S.n. Zumeist getauft (oder beschnitten, wenn sie Juden gehörten), wurden sie nicht selten nach einigen Jahren oder Jahrzehnten des Dienstes freigelassen, ihre Kinder (bes. jene, die aus der Verbindung einer Sklavin mit ihrem Herrn bzw. mit einem freien Mann hervorgegangen waren) blieben nur selten im Stand der Sklaverei; wenn sie freigelassen wurden, gelangten sie ziemlich häufig zur Ehe. Nicht alle Forscher sind jedoch mit diesem relativ optimistischen Bild der Sklaverei im spätma. Europa einverstanden. Die Tatsache, daß in einigen Gebieten (Sizilien, Mallorca) S.n in großem Umfang zu Arbeiten in der Landwirtschaft eingesetzt wurden und ihre massive Präsenz (10 bis 30% der Gesamtbevölkerung) lassen eine Dunkelziffer vermuten, über die die Q. im allg. kaum Auskunft geben.

Ein Spiegelbild des europ. S.nhandels ist der Handel mit christl. S.n in den muslim. Ländern. Der Handel in beiden Richtungen führte auch zum Aufbau von karitativen, bisweilen aber auch nach Gewinn trachtenden Organisationen, die sich das Ziel gesetzt hatten, christl., muslim. und jüd. S.n auszutauschen oder loszukaufen. M. Luzzati

Lit.: Ch. Verlinden, L'esclavage dans l'Europe médiévale, 2 Bde, 1955–77 – D. Gioffre, Il mercato degli schiavi a Genova nel sec. XV, 1971 – P. A. Milani, La schiavitù nel pensiero politico: dai Greci al basso Medioevo, 1971 – C. Ciano, Ancora a proposito delle schiave domestiche a Pisa nel Medioevo, Boll. Stor. Pisano, XL–XLI, 1971–72, 107–126 – Ch. Verlinden, Le recrutement des esclaves à Gênes du milieu du XIIe s. jusque vers 1275 (Fatti e idee di storia economica nei secoli XII–XX. Studi dedicati a F. Borlandi, 1977), 37–55 – Ders., L'esclavage dans un quartier de Palerme. Aspects quantitatifs [1480] (Studi in memoria di F. Melis, III, 1978), 505–526 – B. Krekic, Contributo allo studio degli schiavi levantini balcanici a Venezia (1388–1398), ebd., IV, 379–394 – R. Elze, Über die S.n im christl. Teil des Mittelmeerraums (12.–15. Jh.) (Vom Elend der Handarbeit. Probleme hist. Unterschichtenforsch., hg. H. Mommsen–W. Schulze, 1981), 131–135 – H. Hoffmann, Kirche und Sklaverei im frühen MA, DA 42, 1986, 1–24 – R. Mazo Karras, Slave and Society in Medieval Scandinavia, 1988.

B. Byzanz
Im institutionell und kulturell bruchlos an das röm. Reich anknüpfenden→Byz. Reich wurde die Sklaverei (gr. δουλεία) auch nach Erhebung des Christentums zur Staatsreligion (Ende des 4. Jh.) von keiner Seite prinzipiell in Frage gestellt (einzige Ausnahme: →Gregor v. Nyssa, op. 5, 337, 13–15); gleichwohl haben Oberhirten der östl. Kirche, die sich letztlich mit der Sklaverei abfand und auch selbst S.n besaß, durchaus differenzierte Kritik an der Sklaverei bzw. ihren Auswirkungen geübt (so noch →Eustathios v. Thessalonike). Auch wenn die Sklaverei in Byzanz wohl insgesamt (bes. ab dem 11. Jh.) im Rückgang begriffen war, so bestand sie – rechtlich auch nach →Justinian I. noch öfter modifiziert – doch noch bis zum Ende des Reiches im 15. Jh. fort. Mit ihr verbunden waren auch weiterhin Folgeerscheinungen wie Versklavung (Kriegsgefangene, teils auch aus strafrechtl. Gründen), S.nflucht, S.nhandel (gesetzl. Festpreis zw. 20–72 Nomismata) und →Freilassung (manumissio, gr. ἀπελευθέρωσις), meist testamentar. oder zuvor schon mit Zustimmung des Herrn unter bestimmten gesetzl. geregelten Bedingungen (allmähl. Ausweitung unter kirchl. Einfluß; Befreiungsformeln auch gesondert überliefert). Am deutlichsten wird die Sklaverei in zumeist ksl. Gesetzeswerken (→Basiliken, →Ekloge, →Novellen [bes. →Novellen Leons d. Weisen], etc.: →Byz. Recht), Verträgen und anderen Regelungen (→Eparchenbuch, →Nomos georgikos, s. a. Dölger Reg. Nr. 161 u. ö.) sowie in kirchl. Kanones (und Komm. der Kanonisten) greifbar. Die Erforschung der konkreten Lebensbedingungen und des sozialen Stellenwertes von

S.n wird jedoch wegen der teils ambivalenten, teils unklaren Terminologie und des oft nur sporad. Interesses der (diesbezügl. noch genauer auszuwertenden) Historiographie und anderer narrativer Q. an S.n erschwert. Am ergiebigsten sind daher Texte aus der Rechtspraxis (z. B. →Peira), urkundl. Q. (inkl. ägypt. und ravennat. Papyri bis ins 7. Jh.) sowie →Testamente, Heiligenviten, Beamten-Siegel (staatl. Massenverkauf versklavter Slaven um 694; N. Oikonomidès, DOP 40, 1986, 51–53). – Terminolog. Ambivalenz zeigt sich z. B. am Begriff δοῦλος/ [δούλη], der einen S.n wie einen (freien) Diener/Knecht bezeichnen kann, Unklarheit bes. am Begriff δουλοπάροικος. Andere, oft nur noch synonyme (meist antike) Bezeichnungen für S.n sind οἰκέτης, ἀνδράποδον, θρεπτός, θεράπων//θεράπαινα, παῖς, ψυχάριον und σῶμα. Σκλάβος der Bedeutung S. ist in byz. Q. erstmals 1061 belegt. – Beschäftigt waren S.n v. a. – in der Spätzeit fast ausschließl. – am Ks. hof (samt Werkstätten und Domänen) und in begüterten Haushalten, ferner im (Luxus)Gewerbe (vgl. Eparchenbuch); ihr (regional unterschiedl. hoher) Anteil in der Landwirtschaft scheint jedoch spätestens nach dem 6. Jh. stark zurückgegangen zu sein. Zentrum des byz. S.nhandels war stets →Konstantinopel. – Rechtlich bedeutete Sklaverei auch in Byzanz die fast absolute Unterstellung der S.n unter die Gewalt ihrer Herren, die sie verkaufen, vererben und verpfänden, aber auch freilassen konnten. Freigelassene fanden indes, obwohl →Justinian I. ihre früheren Rechtsnachteile abgeschafft hatte, wegen ihrer Herkunft kaum volle gesellschaftl. Anerkennung. Justinian hatte auch bestimmt, daß eine von ihrem Herrn förmlich (= vertraglich) geehelichte Sklavin die Freiheit erlangen solle und Kinder aus dieser Verbindung legitim seien. Doch konnten S.n untereinander keine förml. Ehe schließen. Daran änderte auch die von Ks. →Alexios I. 1095 (Dölger Reg. 1177) gewährte kirchl. Einsegnung einer S.nehe nichts.

G. Prinzing

Lit.: Oxford Dict. of Byz., 1991, 658f., 1293, 1915f. – A. Hadjinicolaou-Marava, Recherches sur la vie des esclaves dans le Monde Byz., 1950 – R. Browning, Rabstvo v Viz. imperii (600–1200), VV 14, 1958, 33–55 – H. Hunger, Reich der Neuen Mitte, 1965, 161–170 – H. Köpstein, Zur Sklaverei im ausgehenden Byzanz, 1966 [Lit.] – P. Yannopoulos, La société profane dans l'Empire byz. des VIIe, VIIIe et IXe s., 1975, 267–299 – F. Tinnefeld, Die frühbyz. Gesellschaft, 1977, 56–58, 142–146 und passim – Ch. Verlinden, L'esclavage dans l'Europe médiévale, II, 1977, 978–1009 – H. Köpstein, Zum Bedeutungswandel von Σκλάβος/Sclavus, Byz. Forsch. 7, 1979, 67–88 – Bibliogr. zur antiken Sklaverei, hg. J. Vogt–H. Bellen, neu bearb. E. Herrmann, 1983, 137–140 – Ch. Angelide, Δοῦλοι στὴν Κωνσταντινούπολη τὸν 10ο αἰώνα, Symmeikta 8, 1986, 33–51 – A. Kazhdan, Hagiographical Notes, Byzantion 56, 1986, 163f. – D. J. Constantelos, Slaves and Slavery in the Late Byz. World, Κληρονομία 18, 1986, 263–279 – A. Demandt, Die Spätantike, 1989, 288–296 [Lit.] – Volk und Herrschaft im frühen Byzanz, hg. F. Winkelmann, 1991, s. v. Register – E. Papagianni, Τὸ πρόβλημα τῶν δούλων στὸ ἔργο τῶν κανονολόγων τοῦ 12ου αἰώνα (Byzantium in the 12th Century, ed. N. Oikonomides, 1991), 405–445 – M. Kaplan, Les hommes et la terre à Byzance du VIe au XIe s., 1992, 275–277 – H. Köpstein, Sklaven in der »Peira« (Fontes Minores IX, hg. L. Burgmann, 1993), 1–33 [Lit.] – Ch. Verlinden, Guerre et traité comme sources de l'esclavage dans l'empire byz. aux IXe et Xe s., Graeco-Arabica 5, 1993, 207–212.

C. Judentum

Obwohl den Juden im Abendland das Halten christl. S. seit dem FrühMA verboten war, können heidn. Unfreie osteurop. Herkunft in jüd. Haushalten Mittel- und Westeuropas bis zum Ende des 11. Jh. nachgewiesen werden. Hinzu kamen S. muslim. Herkunft im christl. Spanien und in Südfrankreich, die es bei der jüd. Minderheit bis ins 14. Jh. gab. Jüd. Haushalte in den islam. Ländern durften Muslime nicht als S. halten, wohl aber Christen oder heidn. Hörige aus Schwarzafrika und Indien. Jüd. S. in jüd. Haushalten gab es schon seit der Spätantike nicht mehr.

Im Orient wie im Okzident regelte das talmud. Gesetz mit seinen ma. Fortbildungen (→Responsen) den Rechtsstatus der S. jüd. Eigentums. Der Herrschaft wurde menschl. Behandlung ihrer Hörigen, die weder untereinander noch in Verbindung mit einer freien Person jüd. Glaubens ehefähig waren, anempfohlen. Konkubinate jüd. Männer mit S.innen kamen in beiden Kulturkreisen vor; Kinder aus solchen Verbindungen erbten den Status ihrer unfreien Mutter. S. waren nach jüd. Recht jedoch in bestimmtem Umfang geschäftsfähig (z. B. Erwerb und Veräußerung von Gütern quasi stellvertretend für ihren Herrn). Bei Verkäufen von S. im innerjüd. Handel mußte der Verkäufer dem Käufer eine Garantie für den Ausschluß von Rechtsmängeln (Eigentumsansprüche Dritter) und für die körperl. Gesundheit des übereigneten S.n geben. Die zumeist testamentar. verfügte →Freilassung war in der Regel mit →Konversion zum jüd. Glauben verbunden. Dies gilt bes. für den muslim. Bereich (Ägypten, 12.–13. Jh.), obwohl Konversionen zu einer anderen als der herrschenden Religion an sich streng verboten waren. Die kombinierte Freilassung und Konversion zum jüd. Glauben machte S. oder S.innen voll ehefähig und verlieh ihnen alle Rechte freier jüd. Gemeindemitglieder. – Zum häufig von jüd. Fernhändlern getragenen S.nhandel →Abschn. III.

H.-G. v. Mutius

Lit.: The World Hist. of the Jewish People, II, 2: The Dark Ages, hg. C. Roth, 1965, Ind. s. v. Slav(s) – S. D. Goitein, A Mediterranean Society, I, 1967, 130ff.

D. Muslimischer Bereich

[1] Araber: Die bereits im vorislam. Arabien (→Araber) wie im Mittelmeerraum verbreitete Institution der Sklaverei wurde vom →Islam übernommen und im →Koran auch rechtl. fixiert. Die stürm. Expansion des Islam nach der Hiǧra führte zur Versklavung zahlreicher Kriegsgefangener. Später trat infolge verbesserter Beziehungen zu den Nachbarreichen der S.nhandel hinzu (S.n aus Schwarzafrika, aber auch Zentralasien [Türken], Nordafrika [Berber], Schwarzmeerraum [Kumanen, Kaukasier], aus Osteuropa v. a. →Slaven, so daß deren arab. Name [Ṣaqāliba] zum Synonym für S. auch aus anderen mittel- und osteurop. Regionen wurde). Zentren des S.nhandels waren Almería in Spanien, Faramā und später →Alexandria in Ägypten, Derbent (Bāb al-abwāb) am Kasp. Meer, Buchara und →Samarqand sowie nicht zuletzt →Mekka selbst. Jede größere muslim. Stadt verfügte über einen eigenen S.nmarkt.

Zwar war nach islam. Recht der S. eine (veräußerbare und vererbbare) Sache und nur beschränkt geschäftsfähig, doch schrieb der Koran zwingend gute Behandlung vor. Die Freilassung (arab. tadbīr) galt als gottgefälliges Werk (qurba) und war unwiderruflich. Auch durfte sich der S. vom Herrn durch Rückzahlung des Kaufpreises lossagen. Eine Sklavin, die ihrem Herrn ein Kind geboren hatte, wurde nach dem Tode des Eigentümers frei. Die Freilassung begründete in der Regel ein Klientelverhältnis und eröffnete den Weg zu sozialem Aufstieg. Das galt v. a. für die sog. Gardes.n (ġulām), die seit der Regierung des Kalifen al-Muʿtaṣim (833–842) zunehmend militär. und polit. Bedeutung erlangten und später eigene Dynastien (→Mamlūken, Sultane v. Delhi u. a.) bildeten.

[2] Mongolen: Bei den →Mongolen rekrutierten sich unter Dschingis Chān und seinen unmittelbaren Nachfol-

gern die S.n (mongol. *bo'ol*) v. a. aus Kriegsgefangenen (nach der »Geheimen Gesch. der Mongolen« Versklavung ganzer Stämme: Merkit, Kereit, Tanguten u. a.). Man unterschied Hauss.n (*bo'ol*) und persönl. 'Leibeigene, Vasallen' (mongol. *ötögüs bo'ol* 'ältere S.n'). Letztere wurden z. T. von ihren Anverwandten in die Obhut eines Fs.en gegeben, verfügten über eigenen Besitz und erhielten bei entsprechenden Verdiensten die Möglichkeit zu sozialem Aufstieg (z. T. verwandtschaftl. Bindungen zu ihren früheren Herren, hohe Rangstellungen).

H. Göckenjan

Lit.: EI² I, 24–40, 1078–1084 – B. VLADIMIRTSOV, Le régime social des Mongols, 1948, 80–87 – CH. VERLINDEN, L'esclavage dans l'Europe médiévale, I, 1955 – G. ROTTER, Die Stellung des Negers in der islam.-arab. Gesellschaft bis zum 16. Jh., 1967 – A. G. B. FISHER–H. FISHER, Slavery and Muslim Society in Africa, 1970 – R. LEVY, The Social Structure of Islam, 1971² – A. FEDOROV-DAVYDOV, Obščestvennyj stroj Zolotoj Ordy, 1973 – D. AYALON, The Mamluk Military Society, 1979 – L. TARDY, A tatárországi rabszolga-kereskedelem és a magyarok a XIII–XV században, 1980 – C. J. BECKWITH, Aspects of the Early Hist. of the Central-Asian Guard Corps in Islam, Archivium Eurasiae Medii Aevi 4, 1984, 29–43.

[3] *Osmanisches Reich:* Bei den osman. Eroberungszügen wurden nichtmuslim. Kriegsgefangene häufig versklavt. Allerdings zahlten bei Eroberung wichtiger Städte die Sultane bisweilen das Lösegeld für einen Teil der Gefangenen. Von den Kriegsgefangenen sowie von importierten S.n stand dem Herrscher ein Fünftel (→Penğik) zu; aus ihm rekrutierten sich ursprgl. großenteils die →Janitscharen (s. a. →Knabenlese). Die Vergrößerung der Kriegsflotte im 16. Jh. führte zum verstärkten Einsatz von S.n als Ruderer auf Galeeren und Arbeitskräfte im Arsenal. Ausgewählte junge Männer und Mädchen wurden für den Palastdienst bestimmt.

S.n und Sklavinnen, die nicht dem Sultan gehörten, wurden meist zu persönl. Diensten verwendet, Sklavinnen bisweilen in Gesang und Tanz ausgebildet. Auf den großen →Stiftungen in der Nähe Istanbuls waren S.n in der Landwirtschaft beschäftigt, auch auf den Gütern wohlhabender Sultansdiener waren oft kleine Gruppen von S.n tätig (belegt seit Mitte des 16. Jh., Gepflogenheit aber wohl älter). In Bursa wurden S.n beiderlei Geschlechts in der Seidenweberei (→Seide, C) eingesetzt, männl. S.n auch in Kaufmannskontoren. Durch den (oft von Janitscharen betriebenen) S.nhandel kamen (über die Häfen des →Schwarzen Meeres) Tscherkessen und Georgier ins Land, aber auch S.n exotischer Herkunft (z. B. aus →Indien).

Freilassungen (als religiös bedingtes 'gutes Werk' oder durch Freikauf) waren häufig. Es gab Herren, die einem S.n bzw. einer Sklavin nach Ablauf einer bestimmten Zeit oder nach Ausführung einer vorher festgelegten Arbeit verbindl. die Freilassung in Aussicht stellten (*kitabet*). Bei testamentar. Freilassungen wurden die Freigelassenen zuweilen mit Arbeitsgerät oder Aussteuer versehen; allerdings durfte der Wert des S.n ein Drittel des Nachlasses nicht übersteigen, weil zwei Drittel den leibl. Erben zustanden. Kinder einer Sklavin, die von ihrem Herrn als die seinen anerkannt waren, galten als frei und besaßen Erbrecht, die Mütter kamen beim Tod des Besitzers frei. Sklaverei, die sich über Generationen erstreckte, war deshalb nahezu unbekannt.

S. Faroqhi

Lit.: H. İNALCIK, 15. Asır Türkiye İktisadi ve İctimaî Tarihi Kaynakları, Istanbul Üniversitesi İktisat Fakültesi Mecmuası 15, 1–4, 1953–54, 51–75 – H. SAHILLIOĞLU, Slaves in the Social and Economic Life of Bursa in the Late 15th and Early 16th Cent., Turcica, XVII, 1985, 43–112 – G. NECIPOĞLU, Architecture, Ceremonial and Power, the Topkapı Palace in the Fifteenth and Sixteenth Centuries, 1991.

Sklavinien (Sclaviniae, Σκλαθηνίαι), 'Slavenschaft(en)', auch 'Slavengegend(en)'. Aus dem gr. Ethnonym Σκλαβηνοί bzw. lat. Sclaveni (belegt seit dem frühen 6. Jh. bei Prokop bzw. Jordanes, vgl. syr. *esqlawin-ū* bei Johannes v. Ephesos) gebildetes, seit Ende 8. Jh. (bei Theophanes Homologetes bzw. Anastasius Bibliothecarius, in den Annales Tiliani und in der Conversio Bagoariorum et Carantanorum) belegtes, substantiviertes Adjektiv (Adjektivgebrauch σκλαυήνιος im 7. Jh. bei Theophylaktos Simokates, sclavinius im 8. Jh. in der Vita S. Willibaldi) Σκλαυηνία bzw. Sclavinia (meist im Plural Σκλαυηνίαι bzw. Sclaviniae) mit orthograph. Varianten – passim; bei Georgios Kedrenos einmal Σθλαβινίαι. S. bezeichnet die z. T. autonomen, gentil (oft ohne feste Territorialgrenzen) in (kleinen) Stammesgruppen organisierten Slavengemeinschaften innerhalb und außerhalb des ehemals röm. bzw. des byz. Reichsgebietes (somit auch diejenigen im avar. und im ersten bulg. Reich), welche von den (byz. oder – seit Karl d. Gr. – westl.) Ks.n (oder anderen Herrschern) anerkannt oder toleriert wurden, was in der Einsetzung des Häuptlings (gr. ἄρχων) zum Ausdruck kommen konnte. Weiters kann der Begriff ab dem 10. Jh. (Konstantinos Porphyrogennetos) auch (rein) räuml. verwendet werden, also (vorwiegend) von Slaven bewohnte Landschaften meinen.

J. Koder

Lit.: Oxford Dict. of Byzantium, 1991, 1910f. – MORAVCSIK, Byzturc II, 274, 278 – J. FERLUGA, Byzanz und die Bildung der frühesten südslav. Staaten (DERS., Byzantium on the Balkans, 1976), 245–259 – H. WOLFRAM, Conversio Bagoariorum et Carantanorum, 1979 – O. PRITSAK, The Slavs and the Avars (Sett. cent. it. 30, 1983), 353–424 – G. WEISS, Das Ethnikon Sklaboi, Sklaboi in den gr. Q. bis 1025 (Glossar ö. Europa, Beih. 5, 1988) – J. REISINGER–G. SOWA, Das Ethnikon Sclavi in den lat. Q. bis z. J. 900 (ebd., Beih. 6, 1990).

Skleroi (gr. Σκληροί), byz. Magnatenfamilie, seit dem frühen 9. Jh. gut belegt, stammt aus der byz.-armen./arab. Grenzregion, wahrscheinl. armen. Abstammung. Sie zählte zunächst zu den typ. Vertretern der byz. Militäraristokratie, stellte viele Offiziere und Strategen, und war mit den führenden Familien, auch ksl., verschwägert. Den Höhepunkt der Bedeutung erreichten die S. im späteren 10. Jh. mit dem Usurpator Bardas →Skleros. Nach einer kurzen Periode der Zurückdrängung in den 30er Jahren des 11. Jh. florierten die S. erneut unter →Konstantin IX. Monomachos, der für seine Geliebte Maria Skleraina 1042 oder 1043 den neuen Hoftitel 'Sebaste' schuf und ihren Bruder Romanos sehr förderte. Auch in der 2. Hälfte des 11. und im frühen 12. Jh. zählten die S. zur führenden Gesellschaftsschicht, bekleideten aber v. a. zivile Posten wie die von Themenrichtern; Andronikos erreichte unter Alexios I. sogar den Rangtitel Sebastos. Danach finden wir keine S. mehr in wichtigen Positionen, obwohl mehrere noch länger in gewissem Ansehen standen. Auch für das 14. Jh. wird wieder ein Sebastos erwähnt, für das 16. Jh. schließlich ein Schreiber.

W. Seibt

Lit.: Oxford Dict. of Byzantium, 1991, 1911f. – W. SEIBT, Die S., 1976.

Skleros, Bardas, byz. Gegenks., † 991, aus der Familie der →Skleroi; unter seinem Schwager →Johannes I. Tzimiskes als Stratelates einer der bedeutendsten byz. Heerführer; →Theophanu (∞ 972 Ks. Otto II.) war seine Nichte. Als Tzimiskes starb, fühlte sich S. als 'log. Nachfolger'. Auf Initiative →Basileios' Parakoimomenos als δούξ Μεσοποταμίας an die Ostgrenze versetzt, entschloß er sich 976 zur Usurpation und brachte den Großteil Kleinasiens unter seine Kontrolle, unterlag jedoch im Kampf um die Seeherrschaft. Im März 979 wurde er bei Sarvenis von einer georg. Armee und byz. Kräften unter Bardas →Phokas vernichtend geschlagen, worauf er zu den Arabern floh, aber in Bagdad interniert wurde. 987 auf byz. Boden zurückgekehrt, ließ er sich erneut zum Ks. proklamieren. →Basileios II. sandte Phokas gegen ihn, der sich aber kurz danach ebenfalls zum Ks. ausrufen ließ. Nach einer kurzen Phase der Kooperation der beiden Gegenks. ließ Phokas S. gefangennehmen. 989 erlag Phokas vor Beginn der Entscheidungsschlacht gegen Basileios II. einem Schlaganfall. S., wieder befreit, versuchte ein letztes Mal sein Glück, ließ sich aber bald danach zu einem Ausgleich überreden, der ihm den Kuropalates-Titel einbrachte. W. Seibt

Lit.: W. SEIBT, Die Skleroi, 1971, 29–58 – A. POPPE, DOP 30, 1976, 198–244 – J.-C. CHEYNET, Pouvoir et contestations à Byzance, 1990, 27–29, 33f., passim – O. KRESTEN, Byz. Epilegomena zur Frage: Wer war Theophano? (A. v. EUW–P. SCHREINER, Ksn. Theophanu, II, 1991), 403–410.

Skodra → Skutari

Skop (ae. *scop*, ahd. *scof, scopf*), westgerm. Bezeichnung für den Hofdichter und -sänger. Der ae. →»Beowulf« gibt ein gutes Bild vom Vortrag des S.: er trägt Heldenlieder (→Heldendichtung, →Epos, D. III) wie das »Finnsburglied« (→Finnsburg-Frgm.) vor, singt mit klarer, weittragender Stimme und begleitet sich wahrscheinl. auf der Harfe. Der »Beowulf«, aber auch ae. Dichtungen wie »Deor« (→Elegie, V) und →»Widsith«, deren Sprecher sich als Hofsänger kundtun, machen deutl., daß der S. zur Gefolgschaft eines Fs.en gehörte und eine angesehene Stellung innehatte (→Berufsdichter, V). Statt *scop* findet sich im Ae. auch die weitgehend synonym verwendete Bezeichnung *gleoman*, erst im Me. bezeichnet *gleeman* eindeutig den →Spielmann. Es ist allerdings möglich, daß bereits in ags. Zeit neben dem Hofsänger der volkstüml. Unterhalter als Nachfahre des lat. Mimus verbreitet war. In der Prosa wird ae. *scop* auch ganz allg. für 'Dichter' verwendet; mit zunehmender Schriftlichkeit verliert der S. als Träger einheim. mündl. Dichtungstraditionen an Bedeutung, und die mündl. Dichtung wird in me. Zeit die Domäne des Spielmanns und Unterhalters (→Minstrel; →Mündl. Literaturtradition, III). K. Reichl

Lit.: L. F. ANDERSON, The Anglo-Saxon Scop, Univ. of Toronto Stud., Philol. Ser., 1, 1903 – A. HEUSLER, Die altgerm. Dichtung, 1943[2] – W. H. FRENCH, Widsith and the Scop, PMLA, 60, 1945, 623–630 – F. P. MAGOUN, JR., Bede's Story of Cædmon, Speculum 30, 1955, 49–63 – W. WISSMANN, S., SAB. S, Jg. 1954, Nr. 2, 1955 – N. E. ELIASON, The þyle and S. in Beowulf, Speculum 38, 1963, 267–284 – J. D. A. OGILVY, Mimi, Scurrae, Histriones, ebd., 603–619 – K. v. SEE, S. und Skald, GRM 45, 1964, 1–14 – E. WERLICH, Der westgerm. S.: Der Aufbau seiner Dichtung und sein Vortrag [Diss. Münster 1964] – M. W. BLOOMFIELD–C. DUNN, The Role of Poet in Early Societies, 1989.

Skopa (Skopos, Auxentios-Berg; heute Kayişdağ [428 m]), in byz. Zeit asket. und monast. Zentrum in →Bithynien, 12 km sö. von →Chalkedon. Der Syrer Auxentios wählte 452 eine Höhle auf dem Berg S. zu seinem Aufenthaltsort. Dort sammelten sich männl. und weibl. Asketen um ihn. Für 70 Frauen schuf Auxentios um 460 am Fuß des Berges das Kl. *tes Trichinareas* bzw. *ton Trichinaraion*, während die männl. Asketen bis ins 8. Jh. verstreut, aber unter der geistl. Führung des jeweiligen Inhabers der Auxentios-Höhle lebten. Vor 754 gründete Stephanos d. J. das erste Männerkl. auf dem Berg, das aber um 763 nach seiner Verhaftung zerstört wurde. In der 1. Hälfte des 11. Jh. erwähnt →Niketas Stethatos ein Kl. des hl. Stephanos auf dem Auxentios-Berg unter dem Abt Kosmas. Ende des 12. Jh. wird ein weiteres, den Aposteln geweihtes Kl. gen., dessen Abt der spätere Patriarch Leontios v. Konstantinopel (1189) war. Unsicher ist, ob dieses Kl. mit dem Michaels-Kl. ident. ist, das Ks. Michael VIII. (1259–82) erneuerte und für das er ein Typikon verfaßte. Titularabt des verarmten Kl. der »fünf Märtyrer« war seit 1295 Maximos →Planudes. Wahrscheinl. wurden die Kl. im Zuge der osman. Eroberung Bithyniens nach 1300 zerstört. K.-P. Todt

Lit.: J. PARGOIRE, Mont Saint-Auxence, ROC 8, 1903, 15–31, 240–279, 426–458, 550–576 – BECK, Kirche, 208 – R. JANIN, Les églises et les monastères des grands centres byz., 1975, 43–50 – I. ROCHOW, Ks. Konstantin V. (741–775), 1994, 63–65, 237–240.

Skop(l)je (gr. τὰ Σκόπια, lat. Scopia, türk. Üsküb), Stadt am Oberlauf des Axios/Vardar, verkehrsgeogr. Zentrum der sog. Morava-Vardar-Achse, heute Hauptstadt der Republik Makedonien. Das ma. und heutige S. ist eine Nachfolgesiedlung von Scupi/Skupoi, der unweit nw. von S. gelegenen, antiken, 518 durch Erdbeben zerstörten Metropole der röm. Prov. Dardania. Als Festung, Stadt und Bf.ssitz, gelegen an einem 300 m hohen Burghügel links des Vardar, tritt S. hist. hervor, als es 1002 von Roman, Statthalter Zar→Samuels und Sohn Zar→Peters I., an den byz. Ks. →Basileios II. übergeben wurde. Um 1018 wurde S. Hauptort des Dukats 'Bulgaria', aus dem gegen Ende des 11. Jh. (durch Teilung?) das byz. →Thema S. hervorging. Dessen Existenz ist noch bis in die 20er Jahre des 13. Jh., als S. zu →Epeiros gehörte, nachweisbar. Zuvor befand sich S. öfter in der Hand Aufständischer (Peter→Odeljan,→Konstantin Bodin), auswärtiger Invasoren (→Bohemund I. v. Tarent;→Stefan Nemanja [1189/90, ließ S. zerstören]) oder der bulg. Zaren (→Kalojan; →Boril;→Ivan II. Asen). Ende 1246 gewannen die Byzantiner (→Nikaia, Ks.reich v.) die Herrschaft über S. zurück, das sie bis zur Eroberung der Stadt durch den serb. Kg. →Stefan Uroš II. Milutin 1282 halten konnten. Danach verlegten verschiedene serb. Herrscher ihre Residenz in das neu befestigte S. Wichtigstes Ereignis der Serbenherrschaft in S., die bis zur osman. Eroberung 1392 währte, war die Krönung Kg. →Stefans Dušan zum 'Zaren v. Serben und Griechen' (16. April 1346). – Kirchl. gehörte das Bm. S. Ende des 10. Jh. zum bulg. 'Patriarchat' bzw. Ebm. v. →Prespa und ab 1020 zum byz. Ebm. →Ohrid; nur 1202–18 gehörte es zur unierten Kirche→Bulgariens. G. Prinzing

Lit.: VizIzv III, 1966; IV, 1971; VI, 1986 [Lit.] – I. SNEGAROV, Skopskata Eparchija/Die Ueskueparchie, T. I–II, Godišn. Sof. Univ., Bogosl. fak. 15, 1–2, 1938, 1–132/1–184 – L. MAVROMATIS, TM 5, 1973, 329–334 – A. VACALOPOULOS, Hist. of Macedonia 1354–1833, 1973 – SłowStarSłow 5, 1975, 230–231 – Mon. relatifs à l'hist. méd. et moderne de la Macédoine, ed. VL. MOŠIN, I, 1975 – G. SCHRAMM, Eroberer und Eingesessene, 1981, 359–362 – Glossar ö. Europa: Beih. 4, ed. V. DJURIĆ–A. TSITOURIDOU, 1986, Nr. 28 – S. ANTOLJAK, Srednovekovna Makedonija, I, 1985, 809–829 [zum Namen] – S. KRAVARI, Villes et villages de Macédoine occidentale, 1989, bes. 142, 155–157, 160–164 [Lit., Karten] – The Oxford Dict. of Byzantium, 1991, 1912 – H.-J. KÜHN, Die byz. Armee im 10. und 11. Jh., 1991 – G. PRINZING, Byz. Forsch. 19, 1993, 121 [Lit.].

Skorpion → Spinnen, →Tierkreis

Skotismus → Franziskanerschule

Skradin (lat.-it. Scardona; illyr. Wurzel), Stadt am Unterlauf der Krka, →Kroatien. Seit dem 1. Jh. municipium, war S. bekannt als »Ende Liburniens und Anfang Dalmatiens«. Das Anfang des 7. Jh. während des Vorrückens der Avaren und Slaven zerstörte antike Bm. wurde eventuell 928 ztw. erneuert, als Gregor v. →Nin S. als Sitz erhalten sollte. Nach der Zerstörung von →Biograd durch die Venezianer 1125 wurde der dortige Bf.ssitz nach S. verlegt. Im 13. Jh. wurde S. einer der wichtigsten Sitze der kroat. Magnatenfamilie Šubić v. Bribir (→Mladen II.).

Die Stadtbewohner lösten die von den Bribirern verlangten Wach- und Frondienste 1304 durch eine jährl. Geldzahlung ab. 1355 an die Venezianer gelangt, kam S. 1358 im Frieden v. Zadar wieder unter ung.-kroat., seit 1394 unter bosn. Herrschaft. Ab 1411 bis zur Einnahme durch die Türken 1522 unterstand S. Venedig. D. Munić

Lit.: N. KLAIĆ, Povijest Hrvata u srednjem vijeku, I, 1975²; II, 1976.

Skriniar (scriniarius), im Früh- und HochMA Angestellter eines scrinium (Abteilung einer Verwaltung, die sich mit Herstellung und Aufbewahrung von Urkk. befaßt). Wie →scrinium auf die seit Diokletian bekannten Abteilungen der ksl. Hofkanzlei zurückging, so wurde auch der Name S. aus der Bezeichnung der in ihnen beschäftigten Personen hergeleitet. Im MA trifft man S.e vorzügl. im kirchl. Bereich und an solchen Verwaltungen an, die von der altröm. Tradition stärker beeinflußt waren, namentl. in Ravenna und in Rom. Am päpstl. Hof. wird ein Sergius scriniarius schon 711 bezeugt (LP I, 389). Weil S.e sich hier auch an der Herstellung von Urkk. beteiligten, verband man ihren Titel mit dem des →Notars; sie hießen dann meistens scriniarius et notarius (regionarius) S. R. E. Sie unterstanden dem →Primicerius und dem →Secundicerius notariorum. Seit Hadrian I. (772–795) wurden in den Papstprivilegien in einer eigenen Skriptumzeile der Name und der Titel des S.s zusammen mit einer kurzen Zeitangabe eigenhändig von dem eingetragen, der diese Urk. ins Reine geschrieben hatte. S.e bedienten sich der eigenartigen Römischen Kuriale und blieben ihr auch dann treu, als im 11. Jh. die Kanzleiminuskel das Feld von Papsturkk. beherrschte. Das letzte von einem S. geschriebene Papstprivileg ist 1123 (JL 7075a) ausgestellt worden.

In der Stadt Rom erweiterten die S.e ihre Aktivität, indem sie vom ausgehenden 9. Jh. an Privaturkk. anfertigten. Es waren meistens Urkk. für kirchl. Einrichtungen. Diese Tätigkeit der S.e ging bis in die 40er Jahre des 11. Jh. neben dem Wirken der herkömml. →tabelliones urbis Romae her. Das Ausbleiben der publica fides an solchen Ausfertigungen machte es den S.en leicht, sich auf dem neuen Gebiet auszudehnen. Um sich mehr Glaubwürdigkeit zu verschaffen, traten sie im 10. und c. T. im 11. Jh., v. a. in der sog. 'Completio', mit der doppelten Titulatur auf (scriniarius et tabellio urbis Romae). Ihr Vorsteher in dieser Eigenschaft war →Protoscriniar. Nur ein Teil von ihnen wurde zugleich an der päpstl. Kurie beschäftigt. Seit ca. 1040 sind die S.e (scriniarius S. R. E.) allein Aussteller röm. Privaturkk. und bleiben in dieser Stellung noch lange nach ihrem endgültigen Ausscheiden aus der päpstl. Kanzlei, bis auch sie allmähl. ihren Platz den üblichen Notariaten räumen mußten. Im 13. Jh. findet man sie als öffentl. Notare wieder in päpstl. Behörden (Kanzlei und Kammer). P. Rabikauskas

Lit.: ECatt XI, 174 – DU CANGE VII, 367f. – RE II/3, 893ff. – P. KEHR, Scrinium und Palatium, MIÖG Ergbd. 6, 1901, 70ff. – A. DE BOÜARD, Les notaires de Rome au MA, MAH 31, 1911, 291ff. – L. SANTIFALLER, Saggio di un Elenco dei funzionari..., BISI 56, 1940 – P. RABIKAUSKAS, Zur fehlenden und unvollständigen Skriptumzeile in den Papstprivilegien (Saggi storici intorno al papato, 1959), 91ff. – C. CARBONETTI, Tabellioni e scriniari a Roma tra IX e XI s., ASRSP 102, 1979, 77ff.

Skriptor. Die 'scriptores apostolici' werden seit der Zeit Innozenz' III. als eigene, von den →Notaren unterschiedene Gruppe faßbar. Ihre Aufgabe besteht in der Reinschrift der →Papsturkk. unter dem Bleisiegel. Sie haben die Reinschrift eigenhändig anzufertigen und können sich nur durch einen anderen S. vertreten lassen. Um das S.amt wird schon im 14. Jh. wie um eine Pfründe suppliziert; am 7. Juli 1445 faßt Eugen IV. die S.en zu einem Vakabilistenkolleg zusammen, nachdem sie schon zuvor kollegähnl. organisiert waren. Die Sollzahl der Mitglieder beträgt 101, wurde jedoch (v. a. in den ersten Jahren nach dem →Abendländ. Schisma) oft überschritten. Der Kaufpreis für das Amt beträgt ca. 1500–2000 duc., die Resignationsgebühr 100 duc. Die S.en erhalten für ihre Tätigkeit die S.taxe, die bei Fertigstellung der Reinschrift von ihren Funktionären (→Reskribendar, →Computator, →Distributor) festgesetzt wird und für alle anderen →Taxen maßgebend ist; bei schwierigen Taxfestsetzungen wird eine eigene Kommission von 'deputati' der S.en tätig. Aus den Reihen der S.en stammen auch die →Auscultatoren. Die Kanzleivermerke der S.en sind: 1. Schreibervermerk rechts auf der Plica (bzw. bei Urkk. ohne Plica rechts unter dem Text), gelegentl. mit Zusätzen die Taxe betreffend; 2. Vermerk über die Festsetzung und Einnahme der S.entaxe links unter der Plica; 3. ggf. Vermerk der deputati links auf der Innenseite der Plica am unteren Rand; 4. Vermerk der Auscultatoren rechts am oberen Rand der Urk. Außer den scriptores apostolici sind an der Kurie als S.en tätig: Schreiber im Bullenregister, die Schreiber im Supplikenregister und der 'scriptor de curia' für die Papsturkk., die ohne Beteiligung der Kanzlei de curia expediert werden.
Th. Frenz

Lit.: P. HERDE, Beitr. zum päpstl. Kanzlei- und Urkk.wesen im 13. Jh., 1967², 8ff. – B. SCHWARZ, Die Organisation kurialer Schreiberkollegien von ihrer Entstehung bis zur Mitte des 15. Jh., 1972 – G. F. NÜSKE, Unters. über das Personal der päpstl. Kanzlei 1254–1304, AD 20, 1974, 39–240; 21, 1975, 249–431 – TH. FRENZ, Zum Problem der Reduzierung der Zahl der päpstl. Kanzleischreiber nach dem Konzil v. Konstanz (Fschr. P. ACHT, 1976), 256–273 – DERS., Die Kanzlei der Päpste der Hochrenaissance 1471–1527, 1986, 108–117, 160–163, 210–212, 466–470 – DERS., Papsturkk. des MA und der NZ, 1986, 55.

Skriptorium. Die spätantike und ma. Produktion von →Handschriften war in der Regel das Werk organisierter S.en (Schreibschulen). Wenn auch Weltgeistliche, Notare und Berufsschreiber Anteil an der Anfertigung von Hss. hatten und im SpätMA neue Schreibzentren in Städten, an Univ.en und Fs.enhöfen entstanden, so muß doch die Buchproduktion als eine Hauptaufgabe der monast. S.en angesehen werden. Dazu trat auch meist eine enge Verbindung von →Bibliothek und S.; letzteres erfüllte u. a. die Funktion, die Bestände der Bücherslg. des jeweiligen Ortes zu vermehren. Der Höhepunkt der Tätigkeit der S.en lag im 8.–12. Jh. Die neuen spätma. Zentren drängten die monast. Buchkultur in den Hintergrund, wenngleich eine solche bis zum Ausgang des MA fortlebte.

[1] *Byzanz:* Die Verbindung von S. und Bibl. ist in Konstantinopel bereits unter Ks. Valens bezeugt, der im Edikt v. 8. Mai 372 dem Stadtpräfekten auftrug, sieben »antiquarii« (vier gr., drei lat.) für die Abschrift und die Restaurierung von Hss. an der öffentl. Bibl. anzustellen. Auch im 10. Jh., unter Ks. Konstantin VII. Porphyrogennetos, gibt es deutl. Anzeichen für die enge Verbindung von ksl. Bibl. und einem für diese arbeitenden S. Die Situation war an den großen Kl. ähnl., für die das Kopieren von Hss. eine reguläre Tätigkeit war.

In den S.en wurden neben kirchl. Texten und Lit. der byz. Zeit auch immer wieder zahlreiche antike Autoren abgeschrieben. Eine verstärkte Abschreibetätigkeit ist in der Spätantike, während der Makedon. Renaissance (9. und 10. Jh.), in der Komnenenzeit (12. Jh.) und der Palaiologenzeit (13. und 14. Jh.) zu verzeichnen. Das kulturell bedeutsamste Phänomen war die Umschreibung der Majuskelhss. in die Minuskelcodices im 9. und 10. Jh. Zu den wichtigsten S.en gehörte jenes des Ebf.s →Arethas v. Kaisareia († angebl. 944), der Kopisten mit Abschriften betraute, auch selbst schrieb, eine große Bibl. anlegte und

v. a. philolog. tätig war. Bekannt sind auch das S. des Ephraim (rund 50 Hss. zw. der Mitte des 10. und 11. Jh.) und das S. des →Studiu-Kl./Konstantinopel (14 bekannte Hss. des 9. und 10. Jh.). Die umfangreiche philolog. Arbeit des 11. und 12. Jh. (Michael →Psellos, Johannes →Tzetzes, →Eustathios v. Thessalonike) setzt die Existenz reicher Bibl.en und eine rege Schreibtätigkeit voraus. Ähnliches gilt für die Palaiologenzeit: Ein Großteil der besten, oft auch ältesten Hss. klass. und kaiserzeitl. Autoren entstand Mitte 13. Jh. bis Mitte 14. Jh. (Maximos →Planudes, Manuel →Moschopulos, →Thomas Magistros, Demetrios →Triklinios).

Die monast. S.en arbeiteten einerseits für ihre eigenen Bedürfnisse – der Mönch Johannes hat in der Lavra am →Athos 984–995 sieben Hss. geschrieben und datiert, von Theophanes stammen zehn Hss. (zw. 1004–23) für das Kl. Iviron –, andererseits haben Ephraim in Konstantinopel (Mitte des 10. Jh.) und die Mönche des Petrakl. (12. Jh.) für die eigene Bibl. und für auswärtige Auftraggeber geschrieben. Manche S.en waren auch für die Entwicklung bestimmter Schriftstile der gr. →Minuskel von Bedeutung: Vom Studiu-Kl. gingen im 9. Jh. Impulse zu einer gepflegten Minuskel aus; typ. dafür ist das Uspenskij-Evangeliar v. 835 des Schreibers Nikolaos. In der Nachfolge des Nikolaos bildete sich der auch im S. des Arethas vertretene sog. »Keulenstil« aus. Der sog. »Kirchenlehrerstil« geht auf im 10. und 11. Jh. geschriebene Hss. von Gregor v. Nazianz, Basilius d. Gr. und Johannes Chrysostomos zurück. Unter den archaisierenden Schriften des 14. Jh. sei der »Hodegonstil« genannt (nach Hss. aus dem Bereich des Hodegonkl.). →Schrift, II.

In der Mentalität des byz. S.en sind verschiedene Phasen festzustellen. Grundsätzl. gab es zwei extreme Möglichkeiten: die getreue Anpassung an die Vorlage oder die Abschrift erst nach Emendierung der Vorlage. Im 9. und 10. Jh. wurden die gefundenen Majuskelcodices relativ getreu in Minuskelhss. übertragen. Bald aber trat auch philolog. Bearbeitung hinzu, ebenso die Erstellung von Anthologien und Florilegien, die aus älteren Texten nur mehr eine Auswahl kopieren ließ. Die Aktivität um →Konstantin VII. Porphyrogennetos ist das bekannteste Beispiel der enzyklopäd. und exzerpierenden Arbeit von S.en. Vom 12. bis 14. Jh. dominierte die philolog. und humanist. Arbeit, der eine Fülle neuer Hss. zu verdanken ist, zu denen vielfach →Scholien und Komm.e geschrieben und kopiert wurden.

[2] *Abendland:* Die abendländ. Hss. des Früh- und Hoch-MA sind zum größten Teil Produkte von S.en an Kl. und Bf.ssitzen. Ma. Kl. waren Stätten des Gebets und der Arbeit jedweder Art, in denen auch das geistige Leben rege Förderung erfuhr; verpflichtete doch bereits die →Regula s. Benedicti neben den offiziellen Lesungen im Gottesdienst und bei Tisch auch zur privaten geistl. Lesung, die eine stattl. Bibl. voraussetzte, zu deren Vermehrung laufend entlehnte Bücher abgeschrieben wurden. Die →Schreiber mußten nicht immer dem Kl., in dem sie schrieben, angehören: Kl. konnten auch 'peregrini' anwerben; so trifft man auf Iren und Engländer in N-Frankreich, in den Niederlanden und im Rheinland, auf Italiener in Dtl., auf Spanier im Loiregebiet, auf Normannen in England. Zu den selteneren Zeugnissen für S.en an Bf.ssitzen gehören das S. in Reims unter Ebf. →Hinkmar (845–882) und im 11. Jh., das S. in Lyon (9. Jh.) sowie das S. in Albi (bis zum 12. Jh. belegt). Kapitelbibl.en, die zur Gänze erhalten sind (z. B. Verona, Salzburg), belegen eine entsprechende Schreibaktivität. Besser ist die Q.lage für die Kl. In der Mehrzahl der Kl. OSB waren die Kopisten in einem gemeinsamen Saal untergebracht. Im →St. Galler Kl.plan befindet sich das S. im Erdgeschoß, darüber im ersten Stock die Bibl. Aus der Abtei Michelsberg bei Bamberg ist eine Pergamenths. des 12. Jh. erhalten (Bamberg, Staatl. Bibl., Msc. Patr. 5 [B–II–5]), wo auf Blatt 5^v in zehn Medaillons die verschiedenen Stadien der Buchherstellung im S. dargestellt sind. S.en werden bereits in den ersten Statuten v. →Cîteaux (1134/52) erwähnt. Das S. der →Zisterzienser befand sich im Mönchssaal; später gab es eigene Zellen für Schreiber im Kopisten-Kreuzgang. Die →Kartäuser arbeiteten in ihren eigenen Zellen; die Consuetudines Carthusiae regelten detailliert die Ausstattung des Schreibers. S.en gab es in der Regel nur in größeren Abteien, kleine und unbedeutende Kl. waren oft auf den Bezug von Büchern von auswärts angewiesen. Ein produktives S. hatte viele Kontakte, oft auch zu weit entfernten Kl. Hss. wurden von einem Kl. zum anderen entlehnt und dienten als Vorlage für die Schreiber, wobei Q.zeugnisse die oft systemat. Suche nach Texten belegen. Für die Auswahl der Texte sorgten bereits im FrühMA Biobibliographien wie →Cassiodors »Institutiones«, die Schrr. »De viris illustribus« von →Hieronymus und →Gennadius v. Marseille, der Katalog »De libris recipiendis et non recipiendis« (um 700). Aus Bibl.skatalogen kann ein Kanon von Lit. erkannt werden, den die S.en nach Möglichkeit herzustellen hatten: AT, NT, patrist. Werke, liturg. Bücher, Handbücher, Gesetzesslg.en, Werke aus Philos., Gesch., Dichtkunst und den Artes liberales, dazu die jeweiligen neueren Autoren aus den für Theol., Unterricht und Wissenschaft nötigen Gebieten. Die Zahl der abendländ. S.en war naturgemäß sehr groß. Im Italien der Spätantike wirkten antike Traditionen lange nach. Cassiodors Intentionen kamen ab dem 6. Jh. zum Tragen, als das Abschreiben von Hss. zur kulturellen Pflicht gemacht wurde. An Bf.sitzen und in den alten Zentren wie Rom, Ravenna, Mailand, Verona sind Schreibschulen vorhanden gewesen. Irland verfügte seit dem 6. Jh. über ein Kl.wesen, in dem auch eine eigene Schrift, die insulare Halbunziale, entwickelt wurde. Von den Zentren in Northumbrien sind →Lindisfarne (gegr. 635) und →Jarrow-Wearmouth (gegr. 682 bzw. 674) zu nennen. In →Canterbury ist eine Produktion von Hss. belegbar. Die insulare Mission brachte Kl.gründungen auf den Kontinent. Zu den ältesten S.en im gall. Raum zählt →Luxeuil (gegr. 590), das im 7. Jh. bis zur Zerstörung 732 eine rege Produktion besaß. Auch im Kl. →Corbie ist ab dem 8. Jh. eine rege Schreibtätigkeit zu beobachten. Lokale Zentren der merow. Epoche existierten auch in Chelles und Laon. In S.en dieser Zeit wurden mehrere lokale Spielformen der merow. Minuskel ausgebildet, aus denen über eine einfache, gemäßigte 'Frühminuskel' die →karol. Minuskel hervorging, die die lokalen Minuskelschriften des Frankenreiches, Nord- und Mittelitaliens, der Gebiete der heutigen Schweiz und Dtl.s relativ rasch ablöste. Nach der Stabilisierung der reifen Minuskel reichte das Herrschaftsgebiet der Schrift von den Pyrenäen bis nach Ostsachsen und von Dänemark bis Rom. Mit den monast. Reformbestrebungen des 10. Jh. drang die Schrift unter dem Einfluß von →Fleury nach England vor; der Impuls von Rom und →Cluny war für das Einströmen in Spanien im 11. und 12. Jh. maßgebl., nachdem schon im 9. Jh. die Minuskel erstmals in Katalonien Fuß gefaßt hatte. Nur in Randgebieten Europas hielten sich die älteren Schriftformen (Irland: →Insulare; Süditalien: →Beneventana; Spanien: →westgot. Schrift). →Schrift, I.

Im Rahmen der karol. Renovatio trat neben die monast. Zentren auch der Hof des Herrschers mit eigenem S., das im 8. und 9. Jh. eine Reihe von Prachthss. schuf. Nach dem Tod Karls d. Gr. übernahm das S. v. →Reims eine führende Rolle, v. a. unter den Ebf. en Ebbo (816–835, 840–845) und →Hinkmar (845–882). Berühmtheit erlangte St-Martin in →Tours im 9. Jh., v. a. durch meisterhafte Bibelhss. Unter Ebf. →Drogo erlebte →Metz eine Blütezeit. Die →Hofschule Karls d. Kahlen erarbeitete die Synthese der Leistungen des 9. Jh. In der 2. Hälfte des 9. Jh. traten S.en im N Frankreichs hervor (→St-Bertin, →St-Amand, St-Vaast [→Arras, II]). Von St-Amand gingen schon früh direkte Einflüsse auf Salzburgs S.en aus. Zu den karol. Zentren von Bedeutung gehörten auch Corbie, →Auxerre, Fleury, →Laon, →St-Denis, St-Germain des Prés (→Paris, C. I. 2), im dt. Kulturbereich →St. Gallen, →Köln, →Fulda, →Lorsch, →Reichenau, →Regensburg, →Würzburg, →Augsburg, →Benediktbeuren, →Eichstätt, →Freising, →Tegernsee und im österr. Raum bes. →Salzburg, →Mondsee, →Kremsmünster. Manche behielten ihre Bedeutung auch in otton. und roman. Zeit (St. Gallen, Reichenau, Salzburg, Fulda, Köln); zu ihnen traten in der otton. Periode Zentren des sächs. Raums wie →Corvey und →Hildesheim.

In Spanien konzentrierten sich wegen des arab. Einfalls im FrühMA die wichtigsten S.en im N des Landes. Nach einer bescheidenen Blüte in der Merowinger- und Karolingerzeit entwickelte sich die Buchkunst v. a. in Kastilien und León im 10. und 11. Jh. In England knüpfte das Buchschaffen im 10. Jh. an karol. Traditionen an. Canterbury und →Winchester sind als Zentren der Zeit zu nennen. Mit der Eroberung durch die Normannen (1066) drangen roman.-norm. S.en vor, doch konnten die engl. Zentren eigenständige Leistungen hervorbringen. Bedeutende Schreibschulen entwickelten sich in →St. Albans und →Bury-St. Edmunds, aber auch in →Rochester, →Malmesbury, →Hereford, →Sherborne, →Winchcombe und →London.

Nachdem in Frankreich im 10. Jh. in provinzieller Weise an franko-sächs. und karol. Traditionen angeknüpft worden war, setzte im späten 10. und 11. Jh. im N, im Maas- und Rheingebiet und im mittelmeer. Raum ein Aufschwung ein. Neben die alten Zentren wie Fleury, Tours, Paris, Metz, Reims, Corbie, St-Vaast, St-Amand, St-Bertin, die in roman. Zeit neue Bedeutung erlangten, traten ab dem 11. Jh. neue Gründungen, die entscheidend zur Vielfalt des Buchwesens beitrugen (→Limoges, →Moissac, →Albi, →St-Gilles, →Fécamp, →Mont Saint-Michel, →Jumièges, St-Ouen [→Rouen], →St-Evroult). Zu ihnen gesellten sich im 12. Jh. S.en an den Kathedralschulen wie→Chartres, Laon und Paris. Im 11. und 12. Jh. entwickelte sich das Maasgebiet zu einem der großen Zentren der kontinentalen Buchkunst, dessen Einfluß bis nach Dtl. reichte. Auch in Italien ist im 11. Jh. ein Neubeginn der Buchproduktion zu beobachten. Für S.en in Umbrien und Rom charakterist. waren →Riesenbibeln. Unter Abt Desiderius (1058–87) wuchs →Montecassino zu einem wichtigen Zentrum heran.

Das 12. Jh. zählt zu den schreibfreudigsten Epochen des MA: Die neuen Orden und die zahlreichen neuen Kl. gründungen mußten mit Büchern versorgt werden, die großen Schulen bedurften der Lit., die scholast. Theol. nahm ihren Aufschwung, und schließlich hatte die Begegnung des Abendlandes mit der arab.-islam. Welt durch die Übers.en aus dem Arab. ins Lat. im 12. und 13. Jh. eine Fülle neuer, z. T. bisher unbekannter Texte zur Folge. Der im 12. Jh. sich ausbildende Schrifttypus der roman. Minuskel führte über die frühgot. Minuskel des 13. Jh. zur Bildung der sog. →got. Buchschrift, die bis zum beginnenden 16. Jh. Trägerin der Schriftlichkeit weiter Teile Europas war.

Im dt. Kulturraum entstanden im HochMA viele neue S.en. Die Schreib- und Malschulen des Rheinlandes blieben nach dem W, bes. dem Maasgebiet, orientiert. Mit bedeutenden Hss. traten im 12. Jh. auch das Elsaß, Westfalen und der sächs. Raum auf. Ein dichtes Netz von S.en überzog auch Schwaben. Die →Hirsauer Reform brachte eine neue Disziplin und eine strenge Buchkunst. Von den süddt. Schulen traten hervor: Hirsau, →Zwiefalten, →Ellwangen, →Weingarten, →Salem und Ottobeuren, im bair. Raum v. a. St. Emmeram und Prüfening (→Regensburg); im Bereich von Franken war bedeutend die Würzburger Region (→Ebrach, →Komburg, →Bamberg, →Heilbronn, Eichstätt). Alte Zentren des alem. Raumes wie St. Gallen und →Pfäfers erlebten in roman. Zeit eine neue Blüte, während das S. des Reformkl. →Einsiedeln Einflüsse bis nach Schwaben ausübte. Geschulte Hirsauer Kräfte arbeiteten in →Schaffhausen. Die mittelrhein. Bm.er Mainz, Trier, Worms und Speyer bildeten ab dem 11. Jh. eine stärker zusammengehörige Region, während im Bereich des Niederrheins Köln nach wie vor eine beherrschende Stellung einnahm; mehrere der Abteien Kölns besaßen auch eigene S.en (v. a. St. Pantaleon, Groß St. Martin). Im Wesergebiet trat →Helmarshausen hervor und ab der Mitte des 12. Jh. ist in Sachsen wieder eine größere und zusammenhängende Produktion von Hss. zu beobachten. Die Blüte des babenberg. Gebietskomplexes und der geistl. Territorien von Salzburg, Trient und Aquileia ermöglichte eine hochentwickelte roman. Buchkunst. Aus dem österr. Raum stammen hervorragende Leistungen des 11. und 12. Jh. aus Salzburg, Mondsee, Kremsmünster, →Lambach, →St. Florian, →Heiligenkreuz, →Zwettl, →Klosterneuburg, →Göttweig, →Admont, →St. Lambrecht. In Böhmen begann in der 2. Hälfte des 11. Jh. eine kontinuierl. Pflege der Buchkunst, bis im 12. Jh. die steigende Anzahl kirchl. Zentren einen Aufschwung der roman. Buchkultur hervorbrachte. In Ungarn setzte nach der Christianisierung eine eigenständige S.entätigkeit im späten 11. Jh. ein, während die Pflege der Buchkunst in Polen auf das 12. Jh. zurückgeht. In N-Europa war die Buchproduktion an sich bescheiden. Aus Dänemark sind ab dem 11. Jh. Hss. überliefert, aus →Lund Codices ab der Mitte des 12. Jh., Hss. aus Island sind ab Mitte des 12. Jh. erhalten; eine lebhaftere Tätigkeit in Norwegen ist erst im 13. Jh. festzustellen. →Buchmalerei.   O. Mazal

Lit.: zu [1]: M. Vogel–V. Gardthausen, Die gr. Schreiber des MA und der Renaissance, 1909 [Neudr. 1966] – K. Lake–S. Lake, Dated Greek Minuscle Mss. to the Year 1200, Bd. 1–10, Ind., 1924–45 – R. Devreesse, Introd. à l'étude des mss. grecs, 1954 – Ders., Les mss. grecs d'Italie méridionale, 1955 – J. Irigoin, Pour une étude des centres de copie byz., Scriptorium 12, 1958, 208–227; 13, 1959, 177–209 – A. Dain, Les mss., 1964² – L. D. Reynolds–N. G. Wilson, Scribes and Scholars, 1968 – N. Wilson, Mediaeval Greek Bookhands, 1972 – J. Darrouzès, Litt. et hist. des textes byz., 1972 – La Paléographie grecque et byz., 1977 – Gr. Kodikologie und Textüberlieferung, hg. D. Harlfinger, 1980 – Rep. der gr. Kopisten 800–1600, 1981ff. – Libri e lettori nel mondo biz., hg. G. Cavallo, 1982 – zu [2]: Codices lat. antiquiores, ed. E. A. Lowe, 1934–71 – E. Lesne, Les livres, scriptoria et bibl.s du commencement du VIIe à la fin du XIe s., 1938 – J. W. Thompson, The Medieval Library, 1939 – Ch. Samaran–R. Marichal, Cat. des mss. en écriture lat. portant des indications de date, de lieu ou de copiste, Iff., 1959ff. – Die Cistercienser. Gesch., Geist, Kunst, 1974 – O. Mazal, Buchkunst der Romanik, 1978 – M.-C. Garand, Mss. monastiques et scriptoria au XIe et XIIe s., Codicologica 3, 1980, 9–33 [Lit.] – B. Bischoff, Lat. Paleography: Antiquity and Middle Ages, 1990 – Carol. Culture: Emulation and Innovation, hg. R. McKitterick, 1994 [Lit.] – vgl.

Kataloge datierter Hss. in den einzelnen Ländern und Ed. ma. Bibliothekskataloge.

Skrofeln. S. sind tuberkulös infizierte Halslymphknoten, die submaxillär unter dem Kieferast zunächst anschwellen, oft zu Paketen verbacken, fistelnd nach außen durchbrechen und nach jahrelangen eitrigen Einschmelzungs- sowie gegenläufigen Heilungsprozessen zu fuchsbauähnl. Kanalsystemen mit bizarren Brücken- und Zipfelnarben führen. Seit dem 5. Jh. v. Chr. beschrieben (Hippokrates, 'de glandulis') und vergeblich behandelt, stand ihnen die ma. Heilkunde genauso hilflos gegenüber wie die antike und moderne Therapie vor Einführung der Tuberkulostatika. In der Regel von *scrofa* abgeleitet (nicht mit aisl. *hriūfr*, *hrufa*, 'roh', 'Kruste' zusammengebracht) und von der Benennungsmotivation her am Wurf dicht nebeneinander liegender Ferkel festgemacht (Guy de Chauliac, Chir. magn. II, I, 4, Joub 77f.), hat man die S. als »nodi ⟨vel glandule⟩ iacentes sub cute hominis« definiert und wegen ihrer Neigung zu rezidivieren im Mhd. als »*widergend*« bezeichnet (Voc. Ex quo S 331.1). Die Polipragmasie, wie sie sich in Salerner Kompendien ('De aegritudinum curatione' II, 371 DE RENZI; vgl. auch Guido v. Arezzo d. J., I, 15, 267 GOEHL) zeigt, signalisiert die Aussichtslosigkeit externer wie interner Therapiemaßnahmen. Chirurgisch hat man die Drüsenpakete exzidiert und das Wundbett mit Ätzmitteln (Roger Frugardi II, 10) oder Zytostatiken (Roland v. Parma: Kolchizin) nachbehandelt. Die helminthische Therapie Salerner Kompendien ist der →Aussatz-Bekämpfung nachempfunden und dem 'Schlangenhauttraktat' entlehnt. Die von Guy de Chauliac empfohlene kgl. Handauflegung entstammt der →Epilepsie-Prophylaxe. Im Hinblick auf den ätiologisch angeschuldigten Rotz (→Humoralpathologie) empfahl man 'schleim'arme Nahrung mit Hunger- und Durstkuren. →Purganzen waren ebenso angezeigt wie Diuretika oder der →Aderlaß an der Hauptader (V. cephalica) und das Brändesetzen am Ohrknorpel. G. Keil

Skrofelheilung der Könige von Frankreich: Die von den Kg.en v. Frankreich ('rois thaumaturges') ausgeübte wundertätige S.heilung war ein wichtiger Bestandteil der sakral-religiösen Überlieferungen der Dynastie der →Kapetinger. S. im einzelnen →Wunderheilung.

Lit.: M. BLOCH, Les rois thaumaturges, 1924 [Neuausg. 1961] – J. FAVIER, Dict. de la France méd., 1992, 373.

Skulptur → Plastik

Skutari (gr. *Σκόδρα/αι*, lat. Scutarum/Scodra, it. Scutari, alban. Shkodër, serb. Skadar), Stadt im nördl. →Albanien, am SO-Rand des S.-Sees, bei einem schon von den Illyriern befestigten Burgberg, der das Mündungsgebiet eines Drin-Nebenarms in die seit alters schiffbare, dem S.-See entspringende →Bojana beherrscht (der ma. Burgname 'Rosafa' ist abzuleiten vom Patronat des Sergius- und Bacchus-Kl. OSB an der Bojana, das auf das syr. →Resafa/Sergiupolis weist). S., seit 168 v. Chr. röm., kam als Hauptort der Prov. Praevalitana 395 an die östl. Reichshälfte, gehörte dann zu Epirus Nova bzw. zum Thema →Dyrrhachion. Die ma. Siedlung wurde in einiger Entfernung von der verlassenen röm. angelegt. Ab dem 11. Jh. gehörte S., das in der Spätzeit auch Residenzort war, zunächst noch zum →Byz. Reich, bald nach 1040 zur →Zeta (1096 trafen Kreuzfahrer hier auf Kg. →Konstantin Bodin [16. K.]), nochmals zu Byzanz unter Ks. →Manuel I. im 12. Jh., zu →Serbien (ab ca. 1183, mit kurzer Unterbrechung um 1214: Einnahme S.s durch →Michael I. Dukas [12. M.]), ab ca. 1360 zur Herrschaft der →Balša und seit 1364 zu →Venedig, das S. aber trotz Abwehr der osman. Belagerung (18. Mai–7. Sept. 1478) im Jan. 1479 an →Mehmed II. abtreten mußte; seitdem bis 1913 osman. Kirchl. ist S. erstmals um 392 (als Metropolis) bezeugt, war dann ab 535 Suffragan von →Justiniana Prima und ab ca. Ende 9. Jh. von →Dyrrhachion. Seit 1089 untersteht es dem kath. Ebm. →Bar (Antivari).

G. Prinzing

Q. und Lit.: LThK² IX, 721f. – RByzK II, 254 – SłowStarSłow V, 188f. [Lit.] – K. JIREČEK, S. und sein Gebiet im MA (Illyr.-alban. Forsch.en 1, hg. DERS.–L. v. THALLÓCZY, 1916), 94–124 – M. v. ŠUFFLAY, Städte und Burgen Albaniens (DAW, phil. hist. Kl., 63, 1924), bes. 14, 28–30 – Catasto Veneto di Scutari e Registrum Concessionum, ed. F. CORDIGNANO, I–II, 1942–44 [dazu separat: DERS., Onomasticon de Catasto …, 1945] – Istorija Crne Gore, BK I–II, 1–2, 1967–70 [s. v. Register] – J. FERLUGA, Die Chronik des Priesters v. Diokleia als Q. für die byz. Gesch., Byzantina 10, 1980, 431–460 – G. SCHRAMM, Eroberer und Eingesessene, 1981, 362f. – A. DUCELLIER, La façade maritime de l'Albanie au MA, 1981 – L. STEINDORFF, MIÖG 93, 1985, 313 – Albanien, hg. C. LIENAU–G. PRINZING, 1986, 17–20, 42–52 [K. REDDEMANN].

Skutariotes, Theodor, byz. Patriarchatsbeamter und Schriftsteller, * 1230, gehörte dem Kreis um Ks. →Theodor II. Laskaris und den Patriarchen →Arsenios an. Er unterstützte die Unionsbestrebungen →Michaels VIII. und war 1277 Mitglied einer Gesandtschaft nach Rom. Ab 1277 Metropolit v. Kyzikos, wurde er wegen seiner unionsfreundl. Gesinnung Anfang 1283 von →Andronikos II. abgesetzt. Nicht ganz zweifelsfrei ist die von A. HEISENBERG vorgenomene Zuweisung der anonym überlieferten sog. »Synopsis Sathas«, einer bis 1261 reichenden Weltchronik, die großteils auf bekannten Q. fußt, aber für die jüngste Zeit auch Zusätze zu den Nachrichten des Georgios →Akropolites aufweist. W. Hörandner

Ed.: C. SATHAS, Mesaionike Bibliotheke, VII, 1894, 1–556 – Georgii Acropolitae opera, ed. A. HEISENBERG, I, 1903, 275–302 – Lit.: Oxford Dict. of Byzantium, 1991, 1912f. – PLP XI, Nr. 26204 – Tusculum-Lex., 1982³, 732 – A. HEISENBERG, Analecta, 1901, 5–16 – HUNGER, Profane Lit. I, 477f.

Skylitzes, Johannes, byz. Geschichtsschreiber, * nach 1045 im kleinasiat. Thema Thrakesion, † wahrscheinl. 1. Viertel des 12. Jh.; verfügte über eine gute jurist. Ausbildung und durchlief eine erfolgreiche Beamtenkarriere am Ks.hof (einziges sicher datierbares Lebensereignis: Abfassung einer 'Hypomnesis' [Denkschr.] für Ks. →Alexios I. zu Eherechtsfragen, 1092). S., ein Vertreter der Generation nach Michael →Psellos (den er zitiert), folgt in seiner Σύνοψις ἱστοριῶν, welche die Jahre 811–1057 behandelt und die Chronik des →Theophanes Homologetes fortsetzt, der traditionellen chronolog. Einteilung nach Regierungsjahren der Ks. Er übt im Proömium Kritik an zeitgenöss. Geschichtsschreibern (Psellos eingeschlossen), denen er einerseits allzu knappe und ungenaue, andererseits tendenziöse und übertrieben rhetor. Darstellung vorwirft. Ist auch die Chronik des S. selbst nicht ganz frei von diesen Schwächen, so bleibt doch sein Bemühen um eine Erneuerung der Geschichtsschreibung unter Vermeidung einer exzessiv annalist. Präsentation des Stoffs wie gesuchter stilist. Ausdrucksformen bemerkenswert (und erweist ihn als Vorläufer von Joh. →Zonaras). Das Werk des S., dessen Hauptquellen die Chroniken von Joseph →Genesios, →Theophanes Continuatus, →Leon Diakonos und Theodoros v. Sebasteia bilden, wurde von vielen späteren Geschichtsschreibern benutzt (fast wörtl. Ausschreibung durch Georgios →Kedrenos). Für die in einigen Hss. überlieferte 'Continuatio' (für 1057–79) bleibt die Verfasserschaft von S. unsicher. Die Madrider Hs. (Bibl. Nac. vitr. 26–2, Mitte des 12. Jh.) enthält 574 Miniaturen (einziges erhaltenes Beispiel einer byz. Bilderchronik), die eine Hauptquelle der byz. Realienkunde darstellen. →Historiographie, A. II. E. V. Maltese

Ed.: E. T. Tsolakes, Ἡ συνέχεια τῆς Χρονογραφίας τοῦ Ἰωάννου Σκυλίτση, 1968 – Ioannis Scylitzae Synopsis historiarum. Ed. pr., rec. I. Thurn, 1973 – *Übers.:* H. Thurn, Byzanz. Wieder ein Weltreich. Das Zeitalter der makedon. Dynastie, T. 1, 1983 – *Lit.:* Moravcsik, Byzturc, 335–341 – Hunger, Profane Lit., I, 389–393 – A. Grabar– M. Manoussacas, L'illustration du ms. de S. de la Bibl. Nat. de Madrid, 1979 – J. Sheppard, A suspected source of Scylitzes' Synopsis historion. Byz. Mod. Greek Stud. 1992, 171–181.

Skythen, Skythien, Sammelbegriff für iran. Steppenvölker und deren Herrschaftsgebiet, die seit dem 8. Jh. v. Chr. aus Innerasien in den Schwarzmeerraum vorstießen und die sprachverwandten Kimmerier verdrängten. Seit dem 5. Jh. v. Chr. kam es unter der Führung der 'Königsskythen' zur Bildung eines Großreiches, das in regem Handels- und Kulturaustausch mit der gr. Welt stand. Seit dem 3. Jh. v. Chr. von den aus dem Osten nachrückenden →Sarmaten bedrängt, erlagen die S. erst in der 2. Hälfte des 3. Jh. n. Chr. endgültig dem Ansturm der →Goten und gingen in den umwohnenden Völkern auf.

Wenn gleichwohl die Bezeichnungen S. (gr. Skythai, lat. Scythae) und Skythien (gr. Skythia, lat. Scythia) in den gr. und lat. Q. für mehr als ein Jahrtausend überdauerten, so war das v. a. auf die ausführl. Berichte von Hekataios v. Milet (um 500 v. Chr.) und Herodot (ca. 485–425 v. Chr., Hist. 4, 1–82: »Skythikos logos«) zurückzuführen, die in der antiken Welt weite Verbreitung fanden. Doch unterlagen die geogr. Bezeichnung 'Skythien' und das Ethnonym 'S.' in der Folgezeit einem erhebl. Bedeutungswandel. Hatte noch Herodot Skythien mit dem nordpont. Gebiet zw. Don und Donau gleichgesetzt, so bezeichnete bereits Strabon im 1. Jh. v. Chr. das gesamte nördl. Asien als Land der S. →Jordanes, dessen Konzeption sich als richtungsweisend für die lat. Autoren des MA erweisen sollte, sprach von einer *Scythia Maior*, die bis zum östl. Ozean reichte, im Nordwesten Skandinavien einschloß und im Westen an Germanien grenzte. Im Süden lag auf dem Gebiet der heutigen Dobrudža die von Diokletian als röm. Provinz eingerichtete *Scythia Minor*.

Das Ethnonym 'S.' war schon in spätröm. Zeit umstritten. Während →Synesios v. Kyrene (um 400) betonte, es gäbe keine neuen Barbaren, da die alten S. immer neue Namen erdächten, um die Römer irrezuführen, vertraten z. B. →Agathias (V, 11, 4) und →Orosius (Adv. paganos VII, 32, 11) die Auffassung, es handle sich um verschiedene Völker. Früh wurde die Bezeichnung 'S.' zum Synonym für die barbar. Nordvölker schlechthin. →Josephus identifizierte die bibl. Magog (→Gog und Magog) mit den S. →Isidor v. Sevilla setzte jene mit S. und Goten gleich (Etym. IX, 2, 27). Für den →Geographus Ravennas (um 700) war Skandinavien die »Antiqua Scithia«, aus der Goten, →Gepiden und Dänen stammten. →Adam v. Bremen (Gesta II, 18–19) und ihm folgend →Helmold und →Otto v. Freising bezeichneten alle um die Ostsee (mare Scythicum) wohnenden Völker als 'S.'. Zu ihnen zählten auch die →Slaven (Adam v. Bremen, Gesta I, 60; Gerbert v. Aurillac). Das von Herodot begründete und von Pompeius Trogus und M. Iunianus Iustinus (Exordia Scythica) tradierte Bild von den 'S.' als →Nomaden, die durch die pont. Steppen streiften, wurde hingegen durch →Regino v. Prüm (Chron., ad a. 889) wiederaufgenommen und auf die landnahmezeitl. →Ungarn übertragen. Seine Vorstellungen fanden noch im HochMA Aufnahme in die ung. Chronistik (→Anonymus, ungarischer; →Kézai, Simon).

Am hartnäckigsten behauptete sich der S.-Topos als archaisierendes Ethnonym in Byzanz. Fand er bei den

spätröm. und frühbyz. Autoren in strikter Anlehnung an Herodot nur Verwendung für die Ethnien des nördl. Schwarzmeerraumes, mithin auch für Goten und →Alanen (z. B. Prokop v. Caesarea, De bello Gotico IV [VIII], 5f.; Eunapios), so bürgerte er sich nach dem 6. Jh. zunehmend auch als Synonym für die euras. Steppenvölker generell ein (z. B. Theophylakt Simokattes, Hist. VII, 7–9 »S.exkurs«; Ps.-Maurikios, Strategikon IV, 2; XI, 2). →Hunnen, →Avaren, Kök-→Türken und →Chazaren galten ebenso als 'S.' wie Ungarn, Protobulgaren, →Pečenegen und →Kumanen. Zu den 'S.' oder 'Tauroskythen' zählten mitunter auch die →Rus', die ztw. in die pont. Steppen vordrangen (z. B. Leon Diak. IX, 6–8; Nikephoros Gregoras 28, 35; 36, 21ff.). Noch bis zum 16. Jh. bezeichneten byz. Autoren→Tataren und osman. Türken als 'S.'. H. Göckenjan

Lit.: RE II/3, 923–946 – SłowStarSłow V, 101–119 – T. Talbot Rice, The Scythians, 1957 – A. H. Potratz, Die S. in Südrußland, 1963 – Gy. Moravcsik, Klassizismus in der byz. Gesch.sschreibung (Fschr. F. Dölger, 1966), 372–377 – V. Tapkova-Zaimova, Quelques remarques sur les noms ethniques chez les auteurs byz., 1968 – K. E. Müller, Gesch. der antiken Ethnographie, I–II, 1972–80 – P. Aalto – T. Pekkanen, Lat. Sources on North-Eastern Eurasia, I–II, 1975–80 – B. N. Grakov, Die S., 1978 – R. Rolle, Die Welt der S., 1980 – Moravcsik, Byzturc, I–II, 1983³ – Gy. Györffy, Krónikáink és a magyar östörténet, 1993².

Slade, William, OCist., † ca. 1415. Studierte zu Oxford; wahrscheinl. baccalaureus theologiae; Mönch und ab 1398 Abt von Buckfast Abbey, Devonshire (als solcher bemühte er sich um die künstler. Ausgestaltung der Abtei). *Werke* (nach Leland und Bale): Super Universalia; Super libros Physicorum; Quaestiones de anima; Quaestiones Ethicorum (MS olim Oxford Magdalen College); Flosculi moralium; Quaestiones super libros Sententiarum. C. H. Lohr

Lit.: Ch. de Visch, Bibliotheca scriptorum S. Ordinis Cisterciensis, 1649, 124f. – DNB 52, 1897, 365 – A. Hamilton, History of St. Mary's Abbey of Buckfast, A. D. 760–1906, 1910, 155–169 – A. Staerk, Monuments de l'abbaye celtique de Bulfestra ou Buckfast, 1914 – A. B. Emden, A Biographical Register of the Univ. of Oxford to A. D. 1500 III, 1959, 1711f. – C. H. Lohr, Medieval Latin Aristotle Commentaries, Traditio 24, 1968, 209.

Slaven

I. Name – II. 5.–9. Jahrhundert – III. Gesellschaftliche Verhältnisse in vorstaatlicher Zeit – IV. Das Slavenbild im Mittelalter.

I. Name: 'S.' ist die Sammelbezeichnung für die Völker des östl. Zweigs der indoeurop. satem-Sprachen. Ethnonyme gleicher Wurzel bezeichnen auch verschiedene slav. Stämme im Kontaktbereich zum nichtslav. Siedlungsgebiet (→Slovenen am Il'mensee, Slowenen in Kärnten, →Slovaken, Slowinzen in Kaschubien). Der Name 'S.' (belegt seit der 1. Hälfte des 6. Jh. in der Form gr. Σκλαβηνοι, Σκλαβοι u. ä., davon abgeleitet arab. *şaqāliba*, lat. sclavi u. ä.) gibt wahrscheinl. eine Selbstbezeichnung *slověne wieder; er ist trotz vielfältiger Bemühungen etymolog. nicht eindeutig geklärt, der Bezug zu *slovo* ('Wort', 'Sprache') darf zumindest in späterer volksetymolog. Deutung angesetzt werden. Die ma. Bezeichnung der S. als Venedi, Veneti u. ä. (vgl. noch heute dt. Wenden, finn. *Venäja* ['Russe']) entstand durch Übertragung des Namens der in antiken Q. an mittlerer Weichsel und Ostseeküste lokalisierten Veneter auf die später eingewanderten S. von seiten der germ. Nachbarn.

II. 5.–9. Jahrhundert: Zu den viel diskutierten Forschungsproblemen der slav. Frühgesch. gehört die Frage nach dem Formierungsgebiet des Slaventums (sog. Urheimat). Da die Schriftq. kaum Erkenntnisse über die Zeit vor dem 6. Jh. liefern (der Bezug der bei Herodot und Ptolemaios genannten Neuroi, Budinoi und Stlananoi zu protoslav. Stämmen ist unsicher), ist Aufschluß darüber nur aus der Kombination von Befunden v. a. der Sprachwiss. und der Archäologie, aber auch anderer Fachgebiete zu erwarten. Dennoch sind Aussagen über Raum, Zeit und Art der slav. Ethnogenese vorsichtig zu formulieren. Eine sichere Zuordnung von frühen archäolog. Kulturen im östl. Europa zu den S. ist bislang frühestens für die Kulturen des sog. →Prager Typs und des Korčak-Typs gelungen, während Versuche, Anbindungen an ältere Kulturen des 1.-4. Jh. (Zarubincy, Černjachov, Przeworsk) vorzunehmen, nicht überzeugen können. Unter den verschiedenen sprachwiss. Ansätzen zur Eingrenzung des slav. Formierungsgebiets hat sich v. a. die Analyse von Gewässernamen (J. Udolph) als fruchtbar erwiesen. Gegenwärtig stehen sich – neben einzelnen Außenseiterpositionen wie der These der Herkunft der S. aus →Pannonien – im wesentl. zwei Konzepte gegenüber, die beide das nördl. Karpatenvorland einschließen: die eine, weit gesteckte Theorie umfaßt das Gebiet zw. Oder und mittlerem Dnepr, während die andere eher für einen kleinen, weiter östl. gelegenen Raum südl. des Pripet zw. Westl. Bug und mittlerem Dnepr plädiert.

Die Formierung des S.tums geriet in eine intensivierte Phase im Kontext der Wanderungsbewegungen und Herrschaftsbildungen des 3.–5. Jh. (→Goten, →Hunnen). Die nach dem Abzug der Hunnen nach O sowie nach der Abwanderung des größten Teils der germ. Bevölkerung aus dem Elbe-/Oderraum nach S, W und O gerichtete slav. Wanderungs- und Ausdehnungsbewegung des 6. und 7. Jh. ist aber nur in Umrissen erkennbar. Seit dem 1. Viertel des 6. Jh. erschienen slav. Gruppen an der unteren Donau; ihr weiteres Ausgreifen (erste Ansiedlung auf Reichsgebiet, Erreichen der Adria) trat mit dem Auftauchen der →Avaren ab 560/570 in eine neue Phase. Die S. wurden einerseits in die avar. Herrschaftsbildung und Kriegsmacht einbezogen (v. a. von den 580er Jahren an bis zur Belagerung Konstantinopels 626), und andererseits wichen sie vor dem avar. Druck nach S (Griechenland, Peloponnes) und nach N (Elbe-Saale-Gebiet). Die slav. Westwanderung ist seit der Mitte des 6. Jh. in der Slovakei, in Mähren und Böhmen archäolog. dokumentiert; die Ostseeküste und die untere Elbe wurden etwa zu Beginn des 7. Jh. erreicht; möglicherweise noch im 7. Jh. erfolgte eine slav. Ansiedlung in den Flußtälern von Main und Regnitz (Main- und→Regnitzs.), am Ende des 7. Jh. auch im Donauraum und im Alpenvorland. Schwieriger ist die Nachzeichnung der Siedlungsausdehnung nach N und NO, wo sich bis zum 8./9. Jh. die Kerngebiete der →Ostslaven herausgebildet hatten. Während der Wanderungszeit traten noch keine ethn. oder polit. Großverbände hervor. Erste Ansätze zur herrschaftl. Verdichtung territorial stabiler Siedlungsvorgänge werden seit dem 7. Jh. faßbar; eine erste großräumige Herrschaftsbildung durch →Samo blieb aber Episode; im 7. Jh. entstand auch ein Fsm. bei den Karantanen (→Kärnten). Von Dauer war die Formierung des bulg. Reiches (→Bulgarien), das im 8. Jh. schnell slavisiert wurde, und seit der 2. Hälfte des 9. Jh. ist fast überall im slav. Siedlungsgebiet traditionsbildende Fs.enherrschaft zu beobachten, so in →Mähren, →Böhmen, bei den →Kroaten, den →Abodriten, in der Kiever Rus' (→Kiev) und in →Polen.

III. Gesellschaftliche Verhältnisse in vorstaatlicher Zeit: Die frühe slav. Sozialverfassung ist durch – im Vergleich mit den frühma. Germanen und den Steppenvölkern – dezentrale Strukturen gekennzeichnet, die sich in der Zeit der 'Verterritorialisierung' der Stämme (J. Herrmann) nach dem Ende der Wanderungszeit und vor der Herausbildung frühstaatl. Verhältnisse nur in Umrissen abzeichnen. Von zentraler Bedeutung war die Sippe (*rod*), die als Keimzelle der Kleinstämme auch den Ausgangspunkt für die relativ späte großräumige Organisation bildete. Zentren herrschaftl. Verdichtung der Siedlungsgemeinschaft waren die im west- und ostslav. Bereich seit Abschluß der Wanderungsbewegung und bei den Süds. erst seit dem 9. Jh. verbreiteten Burganlagen (→Burg, C. VI), die beim →Geographus Bavarus erwähnten civitates (→civitas, III). Über einer breiten Schicht freier Bauern (urslav. *kъmetь; →Bauern, D. IX) formte sich eine noch nicht abgeschlossene Gentilaristokratie (primores, meliores usw.; →Adel, E, F). Grundlage ihrer Sonderstellung waren zunächst Herkunft, Reichtum und Prestige, während Grundbesitz erst seit dem 11. Jh. nachweisbar wird; um die so herausgehobenen Personen gruppierten sich Gefolgschaften (→Družina).

Die Q. zur vorchristl. Religion der S. divergieren in ihrer Aussagekraft. Während die slav. Verhältnisse durch altruss. Texte aus der Zeit nach der Christianisierung sowie durch arab. Q. beleuchtet werden und die religiöse Sphäre der→Elb- und Ostsees. durch ihre christl. Nachbarn beschrieben wird, fehlen direkte Zeugnisse für Polen, Böhmen, Mährer und die südl. S. Rekonstruktionsversuche einer anthropomorphen slav. Götterwelt für die Zeit vor dem Kontakt mit dem Christentum entbehren der Grundlage. Die einzelnen slav. Siedlungsgemeinschaften und Stämme pflegten Kulte und Kultstätten von meist nur regionaler Reichweite; verbreitete Gottheit im ostslav. Bereich war Perun, dem bei den Wests. Svarog entsprach (→Polytheist. Religionen, III). Im Zeitraum von der 2. Hälfte des 9. Jh. bis zum Ende des 10. Jh., parallel mit der Ausbildung von Formen ma. Staatlichkeit, nahmen die Fs.en und die führenden Gesellschaftsschichten die christl. Religion an, zuerst in Mähren (um 863) und Bulgarien (864/865), dann in Böhmen (um 894), Polen (um 965) und in der Kiever Rus' (988); nur die elb- und ostseeslav. Stämme, bei denen es zu keiner dauerhaften großräumigen Herrschaftsbildung kam, bewahrten bis zur Mitte des 12. Jh. die heidn. Religion (→Lutizen). Das Christentum führte zugleich die Schriftkultur ein und begründete über die Anlehnung an Byzanz (Osts., Bulgaren, Serben) oder Rom (Wests., Slowenen, Kroaten) eine tiefgreifende kulturelle Dichotomie der slav. Welt.

IV. Das Slavenbild im Mittelalter: Die Überlieferung von Kenntnissen der slav. Welt durch die Nachbarn setzt in der Mitte des 6. Jh. mit den Gotengesch.en Prokops und Cassiodors/Jordanes' ein; hier findet ein erster Versuch der Gliederung der S. in Veneter, Anten und Sklavenen. Nähere Informationen geben erst aus dem 9. Jh. der sog. Geographus Bavarus und die Orosius-Übers. Alfreds d. Gr.; arab. Schriftsteller des 10./11. Jh. bieten auf eigenen Erfahrungen basierende Berichte über die slav. Länder. Systemat. Überblicke vermitteln später die Gesch.swerke von →Thietmar v. Merseburg, →Adam v. Bremen und →Helmold v. Bosau, aus der skand. Lit. sind →Saxo Grammaticus und die →Knýtlinga saga hervorzuheben. Insgesamt werden die slav. Völker von ihren Nachbarn (Germanen, Romanen, Byzantinern, Arabern) meist in ihrer polit., ethn. und kulturellen Andersartigkeit in den jeweiligen Kontakt- und Interessenbereichen wahrgenommen. Rezeptionsgeschichtl. wichtige Texte sind in dieser Hinsicht die Langobardengesch. von→Paulus Diaconus, die →Fredegar-Chronik, die →Reichsannalen mit ihren Fortsetzungen sowie die Chronik →Reginos v. Prüm und später Adams v. Bremen. Eine neue Phase der Wahrnehmung des östl. Europa setzte im 12. Jh. ein, geprägt durch eine zunehmende Differenzierung und terminolog. Präzisierung in der Beschreibung der slav. Nachbarn; dabei ging die Verwendung des S.begriffs zugunsten der ethn.-polit. Einzelbezeichnungen zurück. Diese Tendenz zur 'Nationalisierung' äußert sich auch in der gleichzeitigen Begründung nationalhistoriograph. Traditionen in Polen (→Gallus Anonymus), Böhmen (→Cosmas v. Prag) und Altrußland (→Povest' vremennych let). Das Phänomen eines slav. Einheits- oder Gemeinschaftsbewußtseins im MA ist in der Forsch. lange überbetont worden. Alle hierfür angeführten Belege sind Ausdruck gelehrter Konstruktionen, keineswegs hist. Reminiszenzen, und erlauben nicht Rückschlüsse auf ein 'Volksbewußtsein'. Die früheste Äußerung enthält der Prolog der altruss. Chronik, worin das slav. Volk (*jazykъ slověnèskъ*) von Japhet abgeleitet wird und sich von Pannonien ausgebreitet haben soll. Die späteren Zeugnisse entstammen dem westslav. Bereich und behandeln primär ein durch unterschiedl. aktuelle Interessen motiviertes poln.-böhm. Zusammengehörigkeitsgefühl, wie im 'Polenmanifest' Přemysl→Otakars II. 1278; aussagekäftiger sind historiograph. Zeugnisse aus der Mitte des 14. Jh., so die Großpoln. Chronik ([→Chronik, M. II] Herleitung der S. aus Pannonien als Nachfahren der drei Söhne Lech, Rus und Czech des Urvaters Pan, andererseits Einführung des slav. Eponyms 'Slawus') sowie die böhm. Geschichten Giovannis de →Marignolli (Ableitung der S. von Japhet) und→Pulkavas (BrüderpaarLechundCzech). N. Kersken

Lit.: SłowStarSłów – Glossar östl. Europa mit Beih. 5 und 6, 1973–90 – Formirovanie rannefeodal'nych slavjanskich narodnostej, 1981 – Gli slavi occidentali e meridionali nell' alto medioevo (Sett. cent. it. 30, 1983) – Z. VÁŇA, Die Welt der alten Slawen, 1983 – F. CONTE, Les slaves, 1986 – K. W. STRUVE, Die Ethnogenese der S. aus der Sicht der Vor- und Frühgesch. (Ethnogenese europ. Völker, hg. W. BERNHARD – A. KANDLER-PÁLSSON, 1986), 297–321 – Die Welt der S., hg. J. HERRMANN, 1986 – Studia nad etnogenezą Słowian i kulturą wczesnośredniowiecznej Europy, 2 Bde, 1987–88 – Razvitie ètničeskogo samosoznanija slavjanskich narodov v èpochu zrelogo feodalizma, 1989 – H. POPOWSKA-TABORSKA, Wczesne dzieje Słowian w świetle ich języka, 1991 – L. A. TYSZKIEWICZ, Słowianie w historiografii ..., 2 Bde, 1990, 1991 [Acta Univ. Wratislaviensis 849, 924] – Z. GOŁĄB, The Origins of the Slavs, 1992 – L. MOSZYŃSKI, Die vorchristl. Religion der S. im Lichte der slav. Sprachwiss., 1992.

Slavenaufstand (von 983). Als Ergebnis der Kriegszüge Heinrichs I. und Ottos I. gegen die Slaven östl. der Elbe (u. a. Schlacht an der →Raxa) sowie der Einrichtung der Marken (→Mark, -grafschaft, II; Mgf. →Gero) und der Ebm.s →Magdeburg (968) galten die →Elb- und Ostseeslaven als christianisiert (968: »Sclauorum plebs ... deo noviter adquisita«), ihr Land als fester Bestandteil des Reiches. Diese Annahme erwies sich als Trugschluß. Während im Reich um die Nachfolge Ottos II. gestritten wurde, vertrieben im Sommer 983 slav.-heidn. Verbände unter der Führung der →Lutizen die polit. und kirchl. Repräsentanten des Reiches, besetzten die Bf.ssitze →Brandenburg und →Havelberg und drangen über die Elbe nach W vor, wo sie das Kl. Kalbe plünderten. Ein eilig zusammengestelltes sächs. Aufgebot erreichte nur ihren Rückzug hinter die Elbe. Unter dem Einfluß der Lutizen siegte bald auch bei den →Abodriten (Bm. →Oldenburg) die heidn. Reaktion (spätestens seit den 90er Jahren, Überfall auf →Hamburg eventuell schon 983). Dagegen waren die sorb. Marken, wo ostsächs.-thür. Adelsfamilien bereits Fuß gefaßt hatten, und die →Lausitz an dem großen S. von 983 nicht beteiligt.

In seit 985 fast jährl. unternommenen Kriegszügen, in deren Brennpunkt mehrmals Brandenburg stand, mühten sich die Reichsgewalten mit Hilfe der Fs.en Polens (Mieszko I., Bolesław I.) vergebl. um die Niederschlagung der heidn. Erhebung; die Slaven antworteten mit Überfällen auf das östl. Sachsen. Ein dauerhafter Erfolg war der Reichspolitik aber nicht beschieden. Begünstigt durch das Bündnis Heinrichs II. mit den Lutizen (1003 in Quedlinburg) festigte sich vielmehr die slav.-heidn. Herrschaft und blieb bis ins 12. Jh. erhalten. Chr. Lübke

Q.: Thietmar v. Merseburg, Chronik (MGH SRG NS 9, hg. R. HOLTZMANN, 1955²), III/17–19 – Adam v. Bremen, Gesta Hammaburgensis eccl. pontificum (MGH SRG [in us. schol.], hg. B. SCHMEIDLER, 1917), II/42ff. – *Lit.:* H. LUDAT, An Elbe und Oder um das Jahr 1000, 1971 – W. BRÜSKE, Unters. zur Gesch. des Lutizenbundes, 1983², 39ff. – W. H. FRITZE, Der slaw. Aufstand von 983 – eine Schicksalswende in der Gesch. Mitteleuropas (Fschr. der Landesgeschichtl. Vereinigung für die Mark Brandenburg ..., 1984), 9–55 – HERMANN, Siedlung, Neubearb. 1985, 345ff. – CHR. LÜBKE, Reg. zur Gesch. der Slaven an Elbe und Oder, III, 1986.

Slavische Keramik → Keramik, I. 3

Slavische Mythologie → Polytheistische Religionen, III

Slavníkiden, Fs.engeschlecht in →Böhmen, benannt nach Slavník († 981), Fs. in →Libice und Ostböhmen, ∞ Střezislava (= Adilburc?), sechs Söhne: Soběbor oder →Soběslav, Spytimír, Pobraslav, Pořej, Čáslav und Vojtěch–→Adalbert (später Bf. v. Prag); Sohn von einer unbekannten Gemahlin: Radim–→Gaudentius (später Ebf. v. Gnesen). Vielleicht stand Slavník in einem Verwandtschaftsverhältnis zu Heinrich II., vielleicht war er mit einem Fs.en v. Kouřim (Radslav?) und auch mit den →Přemysliden verwandt. Schon die Adalbertslegenden schreiben ihm eine bes. Machtstellung zu, nach →Cosmas v. Prag gehörte zu seinem Herrschaftsbereich sogar mehr als die Hälfte Böhmens. Die ältere Forsch. sah daher in den S. ein altes Fs.engeschlecht der böhm. Kroaten, das einen Konkurrenzkampf mit den Přemysliden führte. Die neuere Forsch. bezweifelt diese Interpretation und hält die S. für ein mit den Přemysliden verwandtes Geschlecht, das an der neuen staatl. Organisierung Böhmens durch →Boleslav I. teilgenommen hat. Um 950 kam Slavník nach Libice, offenbar als ein Beamter Boleslavs I., und regierte von dort einen größeren Teil Ostböhmens. Slavníks Nachfolger Soběbor ließ sogar (nach 985) eigene Münzen prägen, z. T. auch für seinen Bruder Adalbert, den Bf. v. Prag. Als Böhmen seine Ausdehnung im Osten gegen die Angriffe →Mieszkos I. v. Polen nicht halten konnte und 990 Kleinpolen und Schlesien verlor, machte man v. a. Adalbert für die dadurch ausgelöste Krise verantwortl. Ende Sept. 995 wurde Libice von →Boleslav II. überfallen und geplündert, wobei auch die vier Brüder Soběbors fielen. Soběbor, der damals mit dem tschech. Heer an dem Kriegszug Ottos III. gegen die →Abodriten teilgenommen hatte, suchte Zuflucht bei →Bolesław I. Chrobry. Er kam mit diesem 1003 nach Böhmen, fiel aber bei dem Rückzug Bolesławs aus Prag im Jahr 1004. Spätere Nachrichten von seinen Nachkommen in Polen sind ohne Wert. D. Třeštík

Lit.: J. LOSERT, Der Sturz des Hauses Slawnik, AÖG 65, 1883, 327–348 – V. NOVOTNÝ, České dějiny I. 1., 1913 – R. TUREK, Libice, knížecí hradisko X. věku, 1966/68 – V. RYNEŠ, Libická tragedie a její oběti v tradici století, Vlastivědný zpravodaj Polabí, 1967, 9–14, 37–42, 89–92 – J. SLÁMA, Slavníkovci, dosud neobjasněná kapitola českých dějin 10. století, Společenské vědy ve škole 27, 1971, 39–44 – P. RADOMĚRSKÝ, Mincovnictví Přemyslovců a Slavníkovců, Studie z dějin homictví 4, 1973, 76–106 – J. HÁSKOVÁ Slavnikovská mincovnictví, 1976 – R. TUREK, Slavníkovci a jejich panství, 1982 – R. NOVÝ, Slavníkovci v raně středověkých Čechách (Slavníkovci ve středověkém písemnictví, 1987), 11–93.

Slavonien (slav. Slavonija). Das ma. S. ('Slavenland' aus ung. Sicht) grenzte im N entlang der Drau an →Ungarn, im W an die →Steiermark und →Krain, im S an →Kroatien und →Bosnien mit den Dinariden, der Kupa und der Sava als Grenze. In der NZ bezeichnet 'S.' nur die Gebiete des heutigen NO-Kroatiens, die einst unter türk. Herrschaft standen. Nach slav. Besiedlung des Raumes finden sich im 9. Jh. Ansätze von Herrschaftsbildungen unter →Ljudevit Posavski und Braslav. Um den aufgrund von Erbrechten 1089 erlangten Herrschaftsanspruch über Kroatien durchsetzen zu können, war die feste polit. und kirchl. Organisation S.s für die ung. Krone wichtig: So wurde 1094 das Bm. →Zagreb eingerichtet. Die sich auf das castrum Zagreb und eine Reihe weiterer castra als Zentren von Gespanschaften (→Komitat) stützende Kg.sherrschaft wurde durch Schenkungen an Adelsfamilien und Immunitätsprivilegien an das Domkapitel v. Zagreb bald geschwächt. Seit der Zeit Bélas III. wurde für S. ein eigener →Banus eingesetzt. Die Sonderstellung S.s gegenüber Ungarn kam auch durch eigene Münzprägung zum Ausdruck. Seit dem 12. Jh. wurde S. in den Kolonisationsprozeß in Ostmitteleuropa einbezogen. Bei der ländl. Kolonisation kam der Entstehung eines Netzes von Kl. Bedeutung zu, die wie das Zagreber Kapitel große Grundherrschaften aufbauten. Wichtigste Q. zur Stadtkolonisation sind die kgl. Privilegien (u.a. →Varaždin [1209], Perna [1225], →Vukovar [1231], Petrinja [1240], →Samobor [1242]). Ähnlich wie in Ungarn begann in S. im 13. Jh. die ständ. Organisation des Adels. 1273 tagte erstmals in Zagreb ein Landtag für S.

Die Verbindung zw. Kroatien-Dalmatien und S. wurde im 13. Jh. enger, als ztw. ein Sohn oder Bruder des ung. Kg.s die Herrschaft als dux über beide Territorien ausübte. S. wird erstmals 1240 unter Hzg. Koloman als regnum bezeichnet. Nachdem seit 1260 regelmäßig ein Banus für Kroatien-Dalmatien und einer für S. amtiert hatte, wurde das Amt 1476 in den Händen eines 'dalmatin.-kroat.-slavon.' Banus dauerhaft geeint. I. Goldstein

Lit.: V. KLAIĆ, Slavonija od X do XIII stoljeća, 1882 – F. ŠIŠIĆ, Pregled povijesti hrvatskog naroda, 1962 – G. GYÖRFFY, Die Nordwestgrenze des byz. Reiches im XI. Jh. und die Ausbildung des »ducatus Sclavoniae« (Mél. offerts à SZABOLCZ DE VAJAY, 1971), 295–313 – A. DABINOVIĆ, Hrvatska državna i pravna povijest, 2. izd., 1990 – N. KLAIĆ, Povijest Hrvata u srednjem vijeku, 1990 – N. BUDAK, Gradovi Varaždinske županije (Urbanizacija Varaždinske županije do kraja 16. stoljeća), 1994 – I. GOLDSTEIN, Hrvatski rani srednji vijek, 1995.

Sletty (Sléibte), Kirche in Mittelirland, Leinster/→Laigin (Gft. Laois), angeblich vom hl. Fiacc unter der Oberhoheit des hl. →Patrick gegr. (tatsächl. aber wahrscheinlich eine – vorpatrician. ? – eigenständige Gründung). Das →Book of Armagh (um 807) bewahrt archival. Texte aus S.; diese weisen hin auf frühe Verbindungen mit dem (der Überlieferung nach in S. bestatteten) Kg. Crimthann mac Éndai, dem Ahnherren der →Uí Chennselaig (südl. Leinster). Die um 700 von →Muirchú moccu Machtheni v. Armagh verfaßte »Vita Patricii« entstand auf Wunsch des Bf.s →Aéd v. S., der wie Muirchú an der Synode v. →Birr (697) teilnahm; doch bestanden wohl bereits ältere Verbindungen zu Armagh: S. gehörte der 'Paruchia Patricii', dem Verband v. Armagh, an. Nach späteren Überlieferungen war S. nach den Wikingereinfällen des 9. Jh. Zufluchtsort für Mönche und Reliquien anderer Kl. des südl. Leinster. Die Kirche v. S. bestand bis ins 11. Jh. D. Ó Cróinín

Lit.: J. F. KENNEY, Sources for the Early Hist. of Ireland, 1929, 312, 331–335 – L. BIELER, Patrician Texts in the Book of Armagh, 1979, 178f.

Sligo, Stadt im westl. →Irland, Gft. Connacht, entstand bei der 1245 von Maurice FitzGerald errichteten Burg an einem verkehrsreichen Übergang über den Fluß Garravogue. Offenbar war S. von Anfang an als Plansiedlung angelegt: 1252–53 wurde ein Dominikanerkonvent gegr.; um 1289 sind 180 *burgages* (bürgerl. Anwesen, →Bourgage, →Borough) belegt, wohl nach rechtl. Vorbild v. Breteuil. Nach Zerstörungen, die S. in den Kriegen zw. ir. und angloir. Herren erlitt (1257, 1270, 1315, 1385, 1398), blühte es im 15. Jh. als Standort der Heringsfischerei auf und kam 1539 als einträgl. Ort an die Herrschaft des Maghnus →O Donnell, Lord of →Donegal.
G. MacNiocaill

Q. und Lit.: M. CARNEY, Agreement Between Ó Domhnall and Tadhg Ó Conchobhair Concerning S. Castle (23 June 1539), IHS 3, 1942–43, 282–296 – Annála Connacht: the Annals of Connacht, ed. A. M. FREEMAN, 1944 – The Red Book of the Earls of Kildare, ed. G. MAC NIOCAILL, 1964 – A. GWYNN–R. N. HADCOCK, Medieval Religious Houses: Ireland, 1970.

Slovaken, westslav. Nachkommen der slav. ma. Bewohner des Karpatenbeckens.

[1] *Name*: 'Slovene', die sprachl. Wurzel des Ethnonyms S., bezeichnete ursprgl. alle →Slaven. Dagegen meint der Name 'Slovák', der seit dem 15. Jh. allg. gebräuchl. wurde, in slovak. Sprache bis jetzt nur den männl. Angehörigen des slav. Volkes in der heutigen Slowakei; noch im 17.–18. Jh. benutzte man aber im Lat. das allg. 'Slavus' zur Kennzeichnung eines S. Im Ung. heißen die S. 'Tót', womit die Magyaren schon bei ihrer Landnahme vorgefundenen slav. Bewohner des Karpatenbeckens bezeichnet hatten.

[2] *Besiedlung*: Die ältesten Spuren der Besiedlung der heutigen Slowakei stammen aus dem Paläolithikum. In den letzten zwei Jahrhunderten v. Chr. lebten im westl. Teil des Landes Kelten; an der Stelle von Preßburg befand sich ein großes kelt. oppidum mit einer Münzstätte (silberne und goldene Münzen des Typus BIATEC). In den ersten Jahrhunderten n. Chr. waren diese an der Nordgrenze des Limes Romanus gelegenen Gebiete von Quaden bewohnt. Die röm. Inschrift aus dem Jahr 178 auf dem Burgfelsen in Trentschin (Trenčín) ist die nördlichste röm. Inschrift in Ostmitteleuropa. Die Slaven erscheinen spätestens an der Wende des 5./6. Jh. im Karpatenbecken. Die slav. Besiedlung war bis ins 10. Jh. in der heutigen West-/Südwestslowakei am dichtesten; weniger ausgeprägt reichte sie unterhalb der Karpaten bis in die heutige Ukraine, bis zur Theiß sowie in Transdanubien bis zum Plattensee. Die slav. Vorfahren der S. hatten also Kontakt zu Ost- und Südslaven, und bes. nah standen ihnen die Bewohner des sö. Mährens, das bis heute »Mähr. Slovakei« (Moravské Slovácko) genannt wird. Die alten Siedelgrenzen – an den Kleinen und Weißen Karpaten nach W und am Hauptkamm der westl. Karpaten entlang nach N – waren seit dem 11. Jh. auch die Grenzen des Kgr.es Ungarn, wobei aber die Westgrenze von den Kleinen Karpaten nach W zur Morava/March vorgeschoben wurde. Als Folge der mit der Ankunft der Ungarn zu Beginn des 10. Jh. verbundenen Kriege wurde die slav. Bevölkerung zurückgedrängt. Wo sich Magyaren niederließen und die Mehrzahl stellten, v. a. in den südl. Landesteilen, wurden die Slaven assimiliert.

[3] *Geschichte*: Seit der Wende des 6./7. Jh. standen die Slaven in der heutigen Slowakei im S in direkter Berührung mit den →Avaren. Der SW des Landes gehörte dann zum Kernbereich der Herrschaft →Samos (620–658/659). Vor 828 entstand ein Fsm., das von einem größeren und ein bis zwei kleineren Stämmen gebildet wurde; sein Fs. (wahrscheinl. schon in zweiter oder dritter Generation) hieß →Privina, der in Neutra (→Nitra) residierte, wo der Salzburger Ebf. Adalram 828 eine christl. Kirche weihte.

Schon um das Jahr 833 eroberte →Mojmír I., Fs. des nach W angrenzenden mähr. Fsm.s, Neutra und legte damit die Basis für die Entwicklung des Großmähr. Reiches, das unter →Svatopluk I. (871–894) eine Blütezeit (→Mähren) erlebte. Der erste und einzige namentl. bekannte Suffragan des mähr. Ebf.s Method (→Konstantin und Method) wurde 880 für die Kirche in Neutra ernannt (→Wiching).

Nach der Eroberung durch die Magyaren um 906 (?) wurde Neutra zum Sitz des ung. Teilhzg.s Üllö (Jelec, Hulec), Sohn des Gfs.en Árpád. Nach 955 war Neutra kurze Zeit in den Händen des böhm. Fs.en →Boleslav I., doch residierte hier Anfang der 70er Jahre der ung. Teilhzg. Michael, Bruder des Gfs.en Géza. Später saßen Michaels Söhne Ladislaus d. Kahle und Vasul (1031–37?) in Neutra. Als Andreas, Vasuls Sohn, 1046 ung. Kg. wurde, gab er seinem jüngeren Bruder Béla ein Drittel des Kgr.es mit Sitz in Neutra und Bihar. Seine Nachfolger waren dort 1063–77 dessen Söhne, die späteren ung. Kg.e Géza I. (1074–77) und Ladislaus I. (1077–95). Im 11. Jh., als sich das Kgr. Ungarn gegen die Ansprüche des dt. Ks.s wehrte, war v. a. die sw. Slowakei Schauplatz der Kämpfe. Eine ähnl. Bedeutung hatte dieses Gebiet dann wieder in der Zeit der Auseinandersetzungen zw. →Přemysliden und →Arpaden um die babenberg. Erbschaft (1260–78).

Seit der 2. Hälfte des 12. Jh., verstärkt am Anfang des 13. Jh. und nach dem Tatareneinfall (1241–42), wurden dt. Siedler in die Zips (Spiš) geholt. Spätestens zu Beginn des 13. Jh. kamen Gruppen dt. Siedler auch in das Bergrevier von Schemnitz, und →Preßburg (Bratislava) hatten sie schon zuvor erreicht. Im 2. Viertel des 14. Jh. siedelten Deutsche am oberen Neutrafluß (Deutschprobener Insel) und in der Kremnitzer Gegend (Kremnica). Seit dieser Zeit kamen auch kleinere Gruppen von Ruthenen (bzw. Wallachen) ins Land.

Mit städt. Privilegien wurden zuerst zugewanderte fremde Bewohner der meist schon älteren Orte ausgestattet, doch wurden die Rechte manchmal auf die einheim. Bevölkerung (1237–38: Trnava-Tirnau, Banská Štiavnica-Schemnitz, Zvolen-Altsohl, Krupina-Karpfen) übertragen; bis zum Jahre 1300 gab es in der Slowakei 30 privilegierte Städte. Ein großer Teil der bedeutenden ma. Städte im Kgr. Ungarn, v. a. der freien kgl. →Bergstädte, lag auf dem Gebiet der heutigen Slowakei. Die meisten kleineren Städte, in denen seit ihrer Privilegierung dt. Zuwanderer und einheim. Bewohner dieselben Rechte genossen, gewannen bis in die 2. Hälfte des 15. Jh. slav. Charakter. Aus diesem Grund wurde z. B. 1473 in Žilina-Sillein die dt. Fassung des bis dahin gebrauchten →Magdeburger Rechts aus dem Jahre 1378 ins Slovak. übersetzt.

Reiche Erzvorkommen wurden seit ca. 1200 im Schemnitzer Revier mit Hilfe dt. Einwanderer abgebaut. Die größten Goldgruben gab es in Kremnitz, wo um 1330 eine bis heute arbeitende Münzstätte entstand. Eisenerz wurde in Gemer, Salz seit der 2. Hälfte des 13. Jh. in Solivar (bei Prešov–Preschau) gewonnen, und an der Wende des 15./16. Jh. entstand in Banská Bystrica (Neusohl) eine große Kupfergrube, die den Unternehmerfamilien →Thurzo und →Fugger gehörte.

In den Jahren 1428–33 erreichten die Züge der →Hussiten nach Ungarn stets nur slovak. Gebiet, das mehrmals geplündert wurde. Als die Witwe Kg. Albrechts II. 1440 den Söldnerkapitän Johann Jiskra v. Brandeis zur Wahrung der Thronansprüche ihres Sohnes →Ladislaus Postumus in ihre Dienste nahm, bildete eben dieses Land die Operationsbasis Jiskras, dem es gelang, die Verbindung des ung. Kg.s Władysław I. (Jagiello) mit seiner poln. Heimat zu unterbrechen. Während der Regierung von Matthias Corvinus wurde 1465 in Preßburg die damals einzige Universität in Ungarn gegründet (→Academia Istropolitana).   R. Marsina

Lit.: P. Ratkoš, La conquête de la Slovaquie par les magyars, Studia historica slovaca 3, 1965, 7–57 – B. Varsik, Zo slovenského stredoveku, 1972 – H. Wolfram, Conversio Bagoariorum et Carantanorum, 1979 – Dejiny Slovenska, I, 1986 [R. Marsina] – Ders., Über die Besiedlung der Slowakei vom 11. bis in die Hälfte des 13. Jh., Studia historica slovaca 16, 1988, 173–220 – Ders., V. Čičaj, D. Kováč, L. Lipták, Slovenské dejiny, Matica slovenská, 1993 – H. Wolfram, Historické pramene a poloha (Velkej) Moravy, Historický časopis 43, 1995, 1ff.

Slovakische Sprache und Literatur. Die Vorfahren der heutigen slovak. Bevölkerung zogen – laut der vorherrschenden Ansicht – im 5.–6. Jh. n. Chr. in ihren heutigen Raum zw. den Karpaten und der mittleren Donau ein, in dem sich ihr gesellschaftl.-polit. Leben und ihre Sprache kontinuierl. entwickelten, im SO im Kontakt mit der ostslav. und (vor dem Vordringen der ung. Stämme in das Donaugebiet) mit der südslav. Bevölkerung. Das westl. und östl. Gebiet der Slovakei besiedelte die ihrem Ursprung nach westslav. Ethnie, den südl. Teil des zentralen Gebietes die der slav. Ethnie im Donauland, Siebenbürgen und in N-Kroatien am nächsten stehende urslav. Ethnie. Dies belegt auch das alte Ethnonym 'Slověne', ursprgl. Benennung aller Slaven, das in diesem Raum neben den Slovaken (vgl. *Sloven-ka, Sloven-in*, seit dem 15. Jh. *Slovák*) auch die Slovenen und Kroaten in →Slavonien namengebend bewahrten. Im 10.–11. Jh. begann das Slovak. sich zu einer selbständigen Sprache zu entwickeln; beim Zerfall des Urslav. kamen innersprachl. Prozesse in Gang, deren Ergebnisse das Slovak. für immer von den benachbarten Tschech. und Poln. differenzierten. Hinzu trat als wesentl. außersprachl. Umstand die Entstehung der frühfeudalen (tschech., poln., ung.) Staatsgebilde. Nach dem Zerfall des Großmähr. Reiches (→Mähren) gliederte sich der von den Vorfahren der Slovaken besiedelte östl. Teil allmähl. in den ung. Staat ein. Kultursprache des multinationalen ung. Staates war das Latein, die Formierung der slovak. Kultur- und Schriftsprache wurde gebremst. Die Entwicklung der slovak. Mundarten, die im 15.–16. Jh. grundsätzl. ihre heutige Form gewannen, setzte sich jedoch in den drei Regionen fort.

Die Gesch. des slovak. Schrifttums und der Lit. beruht auf dem Wirken von →Konstantin und Method, das zunächst der mähr. und slovak. Bevölkerung galt. Die Schaffung der ersten slav. Schrift (Glagolica, →Alphabet, III) und die Gestaltung der ersten slav. Schriftsprache sind Errungenschaften von epochaler Bedeutung. Nach Methods Tod (885) und nach der Eingliederung des slovak. Territoriums in den ung. Feudalstaat wurde zunächst durch die lat.-kirchl. Ausrichtung jede schriftl. Aufzeichnung in nationaler Sprache gelähmt. Von entscheidender Bedeutung für das weitere Bestehen einer slovak. Lit. und Kultur war die Konstituierung des slovak. Bürgertums und Landadels im späten MA (13.–14. Jh.), die wesentl. zur Gestaltung und Stabilisierung der nationalen Sprache, auch als Schriftsprache, beitrugen.   V. Blanár

Lit.: E. Pauliny, Slovesnosť a kultúrny jazyk Veľkej Moravy, 1964 – J. Vintr, Das Slovak. (Einf. in die slav. Sprachen, hg. P. Rehder, 1986), 88–95 – R. Krajčovič, Vývin slovenského jazyka a dialektológia, 1988 – S. Šmatlák, Dejiny slovenskej literatúry od stredoveku po súčasnosť, 1988 – V. Blanár, Relationship between Slovak and Czech as a Slavistic Problem, Slovak Review, 2, Nr. 1, 1993, 73–87.

Slovenen. Die moderne Nation der Slovenen ist hervorgegangen aus der slav. sprechenden Bevölkerung im

Raum der hist. Territorien →Kärnten, →Steiermark, →Görz, →Krain und im N des istr. Küstenlandes (→Istrien). Auf die slav. Besiedlung im 7. Jh. folgte die Herrschaftsbildung der Karantanen mit Ansätzen der Christianisierung. Der Raum war seit dem Ende des 8. Jh. in das frk. bzw. dt. Reich einbezogen. Unabhängig von polit. Integration und Einbeziehung in den Landesausbau hielt sich die durch Status und Handlungsfelder regulierte Zweisprachigkeit: *slavisch* ('windisch'), allmähl. zum Slovenischen ausdifferenziert, und *deutsch* (bzw. an der Küste auch *italienisch*). Erst im 19. Jh. vollzog sich die Abgrenzung auf der Grundlage des Nationalbewußtseins.

L. Steindorff/P. Štih

Lit.: L. Hauptmann, Entstehung und Entwicklung Krains, Erläuterungen zum hist. Atlas der österr. Alpenländer I/4, 1929 – S. Vilfan, Rechtsgesch. der S. bis zum Jahre 1941, 1968 – P. Blaznik u. a. [Red.], Gospodarska in družbena zgodovina Slovencev, Zgodovina agrarnih panog, I, 1970; II, 1980 – B. Grafenauer, Zgodovina slovenskega naroda, I, 1978³; II, 1965² – Ders. u. a., Zgodovina Slovencev, 1979 – H. Wolfram, Die Geburt Mitteleuropas. Gesch. Österreichs vor seiner Entstehung (378–907), 1987 – B. Otorepec, Srednjeveški pečati in grbi mest in trgov na Slovenskem, 1988 – M. Benedik [Red.], Zgodovina Cerkve na Slovenskem, 1991 – J. Šašel, Opera Selecta, Situla 30, 1992.

Slovenen, Ilmenseeslaven (aruss. *slověne*), am weitesten nördl., im Gebiet des Ilmensees, siedelnder ostslav. Stamm (→Ostslaven); möglicherweise sind mit den *S.l.wijun* im Brief des Chazarenkhagans Josef (um 960; Goehrke) und mit der *Salawija* innerhalb der ar-Rus bei arab. Autoren des 10. Jh. (Lewicki) die S. gemeint. Eine ostslav. Besiedlung der ursprgl. finn. besiedelten Gebiete wird nicht vor dem 8. Jh. anzusetzen sein, wobei die Herkunft der slav. Zuwanderer nicht verläßl. nachzuzeichnen ist; umstritten ist in der Forsch. die ethn. Zuordnung der im Ilmenseebecken konzentrierten sog. Sopki-Kultur (konische Steilhügelgräber). Ebenso wie die südwestl. Nachbarn, die →Kriviچen, werden die S. in der Überlieferung als polit. handelnder Großverband kaum faßbar. Neben den finn. Čuden und den Kriviچen gehörten die S. zu den Trägern der zu 862 datierten 'Berufung' der →Waräger; als burgstädt. Zentrum kristallisierte sich seit dem 10. Jh. nach dem älteren →Alt-Ladoga →Novgorod heraus. Am Ende des 9. Jh. wurden die S. durch →Oleg der sich formierenden waräg.-ostslav. Herrschaft in →Kiev eingegliedert. Der Name der S. wird in Slovensk, dem erst im 15. Jh. überlieferten Namen einer älteren Burg auf dem Gebiet des späteren Novgorod, tradiert.   N. Kersken

Lit.: SłowStarSłow V, 296–299 [H. Łowmiański] – G. A. Chaburgaev, Ètnonimija »povesti vremennyx let«, 1979, 108–119 – HGesch Rußlands I, 1, 237ff. [H. Rüss] – V. V. Sedov, Vostočnye slavjane v VI–XIII vv., 1982, 169–185 – Ders., Žilišča slovensko-krivičskogo regiona VIII–X vv., KSIA 183, 1986, 10–15 – E. Mühle, Die städt. Handelszentren der nw. Rus', 1991, 76–89 – C. Goehrke, Frühzeit des Ostslaventums, 1992.

Slovenische Sprache und Literatur. Die slov. Sprache, zu der westl. Gruppe der südslav. Sprachen gehörend, zählt zu den kleineren, aber dialektolog. differenziertesten slav. Sprachen. Bis Ende des 12. Jh. vollzog sich die lautl. Profilierung und Bildung einer überdialektalen mündl. tradierten Kultursprache. Bis zum Ende des 15. Jh. festigte sich das regionale Profil. Hist. und kultursoziolog. Umstände hemmten die Entwicklung einer eigensprachl. Schriftlichkeit. Die ältesten in lat. Schrift fixierten slav. Texte, die altslov. (alpenslav.) →Freisinger Denkmäler (Abschriften zw. 972 und 1039) bieten die älteste Schicht einer slav. chr. Terminologie. Kirchl. Gebrauchstexte sind: die Klagenfurter Hs. (Celovški rokopis, 2. Hälfte 14. Jh.), die Sitticher Hs. (Stiški rokopis, 1. Hälfte 15. Jh.), die Hs. v. Stara Gora bei Görz (Starogorski rokopis, 1492–98) und andere kleinere Texte. Mit dem Reformationsschrifttum beginnt 1550 die eigtl. lit. Tradition.   St. Hafner

Lit.: F. Ramovš, Historična gramatika slov. jezika, 2. 7. 1924, 1935 – Ders., Kratka zgodovina slov. jezika, 1936 – G. O. Svane, Grammatik der slowen. Schriftsprache, 1958 – Srednjevėško slovstvo, 1972 – I. Grafenauer, Kratka zgodovina starejšega slov. slovstva, 1973 – J. Pogačnik – F. Zadravec, Zgodovina slov. slovstva, 1973 – I. Grafenauer, Literarno-zgodovinski spisi, 1980 – R. L. Lenček, The Structure and Hist. of the Slovene Language, 1982 – J. Toporišič, Slovenska slovnica, 1984² – P. Rehder, Das Sloven. (Einf. in die slav Sprachen, hg. Ders., 1986), 61–73 – T. Logar u. a., Slovenija. Karta slov. narečij, 1990 – J. Toporišič, Enciklopedija slovenskega jezika, 1992 – Brižinski spomeniki, 1993² [Bibliogr.].

Slovo o polkú Ígoreve → Igorlied

Slowenien → Slovenen

Sluis (frz. L'Écluse, 'Schleuse, Wehr'), Hafenstadt (→Hafen, C) der Gft. →Flandern (heute Niederlande, Prov. Seeland), verdankt seinen Ursprung der Entstehung des →Zwin (1134), der nicht nur →Brügge als künftigem »Welthandelsplatz des MA« völlig neue Möglichkeiten eröffnete, sondern auch eine Reihe mittlerer Hafenstädte entstehen ließ: →Damme, →Hoeke, Monnikerede und – als jüngste – S. (in offiziellen Texten auch 'Lamminsvliet'), erst 1290 belegt, aber wohl schon um 1270 entstanden, bei einer Zollstätte in einem eingedeichten Gebiet (→Deich- und Dammbau). Die im 1. Viertel des 14. Jh. vom Gf. en Johann v. Namur, ihrem damaligen Stadtherrn, geförderte Stadt konnte dank ihrer meernahen Lage im 14. und 15. Jh. vom Niedergang des landeinwärts gelegenen, versandenden Damme profitieren, blieb aber stets sekundärer »Vorhafen« von Brügge, das eifersüchtig über die wirtschaftl. Vormachtstellung (→Stapelrecht) wachte (1323 Zerstörungen durch Brügger Milizen). Rechtlich stets Brügge als seinem Oberhof unterstellt, hatte S. große strateg. Bedeutung (→Sluis, Schlacht v., 1340). Seit 1382–83 befestigt, erhielt S. in der 1. Hälfte des 15. Jh. regelrechte Stadtmauern, am Ende des 16. Jh. moderne Bastionen. Seit 1386 entstand (unter Leitung eines frz. Maurermeisters) ein eindrucksvolles Seekastell (wohl anstelle einer älteren Burg des späten 12. Jh.). Die beiden Hauptkirchen der Stadt (Liebfrauen, Sint-Jan) sind nicht erhalten.   M. Ryckaert

Lit.: Encyclopedie van Zeeland, III, 1984, 92–96 – J. H. van Dale, Een blik op de vorming der stad S., 1871 – R. Häpke, Die Entstehung von S., HGbll 32, 1905.

Sluis, Seeschlacht v. (24. Juni 1340). Für die geplante Landung in →England vereinigte der Kg. v. →Frankreich, →Philipp VI., an der fläm. Küste um die 200 Schiffe (von ganz unterschiedl. Tonnage) aus frz. Häfen der Kanal- und Atlantikküste, verstärkt durch ca. 20 Galeeren aus →Genua unter Antonio →Doria. Das reguläre Flottenkommando übte Admiral Hue →Quiéret aus, assistiert vom kgl. Rat Nicolas Béhuchet. Der frz. Invasionsplan wurde aber von einem Spion vorzeitig dem engl. Hof verraten. →Eduard III. griff daraufhin mit einer fast gleichgroßen Flotte die frz. Flotte im →Zwin an. Obwohl die frz. Schiffsphalanx, die nach bewährter Ordnung in unbewegl. Dreierreihen vertäut auf der Reede lag, ein unüberwindl. Hindernis für den Angreifer hätte bilden sollen, gelang es den Engländern unter Ausnutzung der günstigen Bedingungen (am Vormittag kämpften die Franzosen gegen gleißendes Sonnenlicht, am Nachmittag behinderte sie unruhige See), die drei Reihen nacheinander aufzubrechen und zu entern. Am Abend griff eine fläm. Flottille zudem die letzten frz. Schiffsreihen vom Rücken her an. Nur etwa 30 frz. Schiffe entkamen im Schutz der manövrierfähigen genues. Galeeren. Der große engl. Seesieg fand Beachtung weit über seine unmittelbare militär. Bedeutung hinaus. Er bot Eduard III. den Anstoß zum Aufbau einer regulären →Flotte. Philipp VI. wurde dagegen zur See wie zu Lande in die Defensive gedrängt. →Hundertjähriger Krieg. M. Mollat

Q.: Froissart, Chroniques, éd. S. LUCE, II – *Lit.*: CH. DE LA RONCIÈRE, Hist. de la marine française, I, 1909, 438-457 – J. FAVIER, La guerre de Cent Ans, 1980, 94-100 – T. J. RUNYAN, Ships, Seafaring and Society, 1987, 37-52 – J. J. SUMPTION, The Hundred Years War, 1988 – M. MOLLAT DU JOURDIN, Les enjeux maritimes de la Guerre de Cent Ans (Hist. militaire de la France, hg. PH. CONTAMINE, I, 1992), 154-158.

Sluter, Claus, ndl.-burg. Bildhauer, * wohl um 1360 in Haarlem, † Ende Jan. 1406 in Dijon; um 1379/80 zu Brüssel in die Mitgliederliste der →Steinmetze eingetragen, 1385 Mitarbeiter des hzgl. Bildhauers Jean de Marville in →Dijon und 1389 nach dessen Tod sein Nachfolger. 1399 erlitt er eine gefährl. Krankheit, deren Heilungskosten der Hzg. übernahm. Am 7. April 1404 trat er als freier Pensionär mit Teilnahme am Haushalt und Gottesdienst ins Augustinerkl. St-Étienne ein, das neben Residenzschloß und eigener Werkstatt lag, setzte seine Arbeit aber fort. Nach seinem Tod wurde sein Neffe Claus de → Werve, der bereits 1396 bei ihm arbeitete, sein Nachfolger als hzgl. Bildhauer. S.s Rang als Schöpfer einer realist., von der Architektur sich lösenden Plastik ist im Europa nördl. der Alpen ohne Parallele. Überliefert sind einzig die Fragmente der Ausstattung der 1385 von Hzg. →Philipp II. d. Kühnen gestifteten Kartause Champmol mit der herrscherl. →Grablege bei Dijon (zerstört 1793): Die in den 1390er Jahren entstandenen Figuren des Kirchenportals und des Brunnens im Kreuzgang, dann die nach Philipps Tod 1404 begonnenen Statuetten am Sarkophag (Bildwerk des Toten in der Frz. Revolution zerschlagen). Untergegangen sind die aktenmäßig belegten profanen S. plastiken am Eingang des hzgl. Lustschlosses Germolles von 1393 (Pastorale: Hzg. spaar unter einer Ulme, von Schafen umgeben). 1393 begutachtete S. auch die Ausschmükkung des Prunkschlosses Méhun-sur-Yèvre. →Burgund, B. VI. A. Reinle

Lit.: G. TROESCHER, C. S., 1932 – H. DAVID, C. S., 1951 – TH. MÜLLER, Sculpture in the Netherlands, Germany, France and Spain 1400 to 1500 (The Pelican Hist. of Art, 1966), 7-12 – K. MORAND, C. S., 1991.

Smaragd → Edelsteine

Smaragdus v. St-Mihiel, Benediktinermönch, seit spätestens 809 Abt des Kl. →St-Mihiel (Lothringen). Vermutl. septiman. oder span. Herkunft, mit engen Verbindungen zu →Theodulf, v. a. aber zu →Benedikt v. Aniane, war S. in der Generation nach Alkuin an der Organisation des geistigen Lebens entscheidend beteiligt. Noch als presbyter schrieb er einen stark von Cassiodor abhängigen Psalmenkomm. (uned., 2 Hss.) und einen »Liber in partibus Donati« (10 Hss.), der im Sinne der →»Admonitio generalis« die unbefangene Nutzung profanantiker Bildung propagiert. Dem theol. Gutachten über das »Filioque« (809) folgt etwa um 812 die »Expositio libri comitis«, ein aus namentl. markierten patrist. und hibernolat. Q. kompiliertes Homiliar. Nicht genau zu datieren ist der wohl für Ludwig d. Fr. als Kg. v. Aquitanien bestimmte →Fürstenspiegel »Via regia«. Im Zusammenhang mit der monast. Reform schrieb S. seine beiden letzten Werke: eine bis in das späte MA sehr erfolgreiche Tugendlehre für Mönche, »Diadema monachorum« (um 816/817), und den ersten erhaltenen Komm. zur »Regula Benedicti« (über 50 Hss.). F. Rädle

Ed.: MPL 102, 1-970 C – Carmina, MGH PP I, 605-619 – Liber in partibus Donati, ed. B. LÖFSTEDT, L. HOLTZ, A. KIBRE, CChrCM 68,

1986 – Expositio in Regulam S. Benedicti, ed. A. SPANNAGEL–P. ENGELBERT OSB, CCM 8, 1974 – *Lit.*: WATTENBACH–LEVISON–LÖWE III, 308-310 – BRUNHÖLZL I, 444-449, 567 – F. RÄDLE, Stud. zu S. v. St-M., 1974 – H. H. ANTON, Fs.enspiegel und Herrscherethos in der Karolingerzeit, 1968 – W. WITTERS, Smaragde au MA: la diffusion de ses écrits d'après la tradition manuscrite, Études ligériennes d'hist. et d'archéol. médiévales, 1975, 361-376 – O. EBERHARDT, Via regia, 1977 – A. DUBREUCQ, Smaragde de St-M. et son temps: enseignement et bibl. à l'époque carolingienne, Mél. Bibl. de la Sorbonne 7, 1986, 7-36 – L. HOLTZ, La tradition ancienne du 'Liber in partibus Donati' de Smaragde de St-M., Rev. d'hist. des textes 16, 1986, 171-211 – J. HILL, Ælfric and S., ASE 21, 1992, 203-237 – F. STELLA, La poesia carolingia lat. a tema biblico, 1993.

Smederevo (lat. Semendria), Burg und Hafen an der Mündung der Jezava in die Donau (Serbien), Sitz des serb. Despoten bis zur Einnahme durch die Türken 1459. 1428-30 errichtete Đurađ →Branković einen befestigten Hof (monumentale Inschrift am mittleren Turm). An der Mauer standen einst Wohngebäude. Die got. Fensterpaare in der Mauer an der Donauseite gehörten zu dem in einer ven. Q. erwähnten Palast, der spätbyz. Palastanlagen entsprach. 1430-39 (Ergänzungen 1444, 1456) wurde eine ungefähr dreieckige Fläche (Seitenlänge 550, 502 und 400 m) entsprechend byz. Festungstechnik der Zeit mit steinernen Mauern umgeben; Ziegel hatten nur dekorative Funktion. In der Festung entstand eine Siedlung mit Markt und einer Kirche der Verkündigung mit Reliquien des Apostels Lukas; hier residierte unter Đurađ Branković ein Metropolit. Unter den Türken wurde die Anlage, die trotz Zerstörungen im 1. und 2. Weltkrieg relativ gut erhalten ist, für die Aufstellung von Kanonen umgestaltet.

V. Korać

Lit.: Enciklopedija likovnih umjetnosti 4, 1964, 246 – A. DEROKO, Smederevski grad, Starinar NS II, 1951, 59-98 – DJ. MANO-ZISI, Stara crkva u Smederevu, ebd., 153-74 – P. POPOVIĆ, Spomenica petstogodišnjice smederevskog grada, 1990.

Smerdy → Bauer, Bauerntum, D. X

Smil Flaška z Pardubic, * vor 1350, † 13. Aug. 1403, aus reicher und bedeutender böhm. Adelsfamilie stammend, Neffe des Prager Ebf.s → Ernst v. Pardubitz (9. E.), Baccalaureus der Karlsuniv. (vor 1367). S. beteiligte sich aktiv am polit. Leben und gehörte 1395 der böhm. Adelsfronde gegen Kg. Wenzel IV. an. Ab 1396 höchster Landesnotar, starb er auf dem Feldzug gegen die kg. streue Stadt Kuttenberg. Ihm werden mehrere alttschech. moralisierende Dichtungen zugeschrieben. Zweifellos ist er der Verf. von »Nová rada« ('Der neue Rat', 1394-95), eines umfangreichen (2126 Achtsilber, unauffällige Paarreime) allegor.-satir.-didakt. Gedichts, das nach dem Vorbild der westeurop. 'Vogeltag-Gedichte' und →Fürstenspiegel ein Idealbild des Herrschers und Ritters vermittelt: Die versammelten Untertanen, die Tiere, erteilen in lebendigem Dialog ihrem Kg., dem Löwen (böhm. Wappentier; Allegorie Wenzels IV.), Ratschläge für ein gottesfürchtiges, gerechtes Leben und für eine gnädige Herrschaft. Abwechselnd melden sich ein Vogel und ein Vierbeiner zu Wort; zuerst spricht der Adler (Wappentier der Mgft. Mähren), zuletzt mahnt der Schwan zur Beachtung des Seelenheils. Auch ein Rechtsstreit mit Wenzel IV. um den Familienbesitz findet im Werk seinen Niederschlag. Geschickt sind in die abwechslungsreich gestaltete Komposition durch Gnomen und Sprichwörter ergänzte Passagen eingeflochten, die das genußsüchtige Leben von Kg. und Adel ironisieren. Das Gedicht wurde oft abgeschrieben und nachgeahmt (erhalten in zwei Hss. der Museumsbibl. und Nationalbibl. Prag [15. Jh.], ein Wiegendruck), noch in Werken des 16. Jh. zitiert und vom Humanisten Joannes Dubravius frei ins Lat. übertragen (Theriobulia, Nürnberg 1520).

Nicht mehr S., sondern der Smilova škola (S.-Schule) werden von der neueren Forsch. zwei weitere moralisierende große Gedichte zugeschrieben: »Rada otce synovi« ('Rat des Vaters an den Sohn': Belehrung und Schwertübergabe an den ins öffentl. Leben eintretenden Sohn) und »Svár vody s vínem« ('Streitgespräch des Wassers mit dem Wein': humorvolle Wechselrede über ihren Vorrang in der Welt), beide etwa zeitgleich mit »Nová rada«. Wohl nicht ganz zu Recht gilt S. auch als Verf. der Slg. tschech. Sprichwörter »Proverbia Flassconis«. J. Vintr

Ed.: Nová rada, ed. J. Daňhelka, 1950 – Staročeské satiry Hradeckého rukopisu a Smilovy školy, ed. J. Hrabák, 1962, 131–145 [Svár vody s vínem] – Rada otce synovi, ed. A. Patera, ČČM 66, 1892, 393–415 – Proverbia Flassconis, ed. F. Palacký, ČČM 1, 1827/2, 62–70 – *Lit.*: Lex. české literatury, I, 1985, 717f. s.v. Flaška – J. Hrabák, Smilova škola, 1941.

Smilec, Zar v. →Bulgarien 1292–98, herrschte vor seiner Krönung gemeinsam mit seinen Brüdern Voisil und Radoslav über das Gebiet von Sredna gora mit der Festung Kopsis als Zentrum (bei der heutigen Stadt Karlovo). Seine Erhebung verdankte S. Nogai, dem Chān der →Goldenen Horde; er war daher vom bulg. Adel und den Herrschern der Nachbarstaaten völlig isoliert. Während seiner Regierungszeit wuchs die Tendenz zur Zentralisierung und zum polit. Separatismus. V. Gjuzelev

Lit.: P. Nikov, Tatarobǎlgarski otnošenija prez srednite vekove s ogled kǎm caruvaneto na Smileca, Godišnik na Sofijskija universitet. Istoriko-filologičeski fakultet, 15/16, 1919–20, 1–95.

Smolensk

I. Stadt – II. Fürstentum – III. Bistum.

I. Stadt: Noch ist nicht eindeutig geklärt, ob sich der ursprgl. Siedlungskern von S. bei dem 15 km westl. gelegenen Gräberfeld (9.–11. Jh.) von →Gnezdovo befand. Nach der →*Povest*' vremennych let nahm →Oleg S. 882 für Rjuriks minderjährigen Sohn Igor' ein. Die Inkorporation in das Reich v. →Kiev basierte auf Tributleistungen und Heeresfolge. Durch die Lage am →Dnepr und die über Schleppstellen laufenden Verbindungen zu den Nebenflüssen von →Düna und →Wolga entwickelte sich S. zu einer prosperierenden Handelsstadt. Vom 9. bis zum Beginn des 11. Jh. nahm es eine Schlüsselposition auf dem Weg 'von den Warägern zu den Griechen' ein. Die weitgespannten Wirtschaftsbeziehungen sind durch arab. und byz. Münzfunde belegt. Vom Ende des 12. bis zur Mitte des 13. Jh. florierte der Handel mit dem Baltikum. Für die Intensität des Warenaustausches spricht die damalige Existenz eines Gotteshauses für die dt. Kaufleute. Unter Mstislav Davidovič (1219–30) wurde 1229 ein Handelsvertrag mit →Riga und Gotland abgeschlossen (von den nachfolgenden Fs. en bis ins 14. Jh. bestätigt). S. lieferte im wesentl. Waldprodukte wie Pelze, Wachs, Honig, Holz und Pech – aus letzterem (*smola*) leitete sich der Name der Stadt ab. Die wirtschaftl. Blüte des 12. Jh. fand in den Sakralbauten ihren Ausdruck: Mutter-Gottes-Kathedrale (1101), hl. Peter und Paul (1146), hl. Johannes d. Theologe (1173–76), Erzengel Michael (1191–94). Mitte des 13. Jh. begann die Rezession. Bei den Opfern der Hungersnot und Seuche von 1230 werden Zahlen von 23 900–32 000 gen. Vom Einfall der →Tataren 1238 blieb S. militär. verschont. Nach der Eroberung durch den litauischen Gfs. en →Witowt 1404 erhielt die Stadt →Magdeburger Recht und Glaubensfreiheit. Ein Aufstand gegen den Statthalter des noch minderjährigen litauischen Gfs. en Kasimir (1440) wurde 1441 mit dem Niederbrennen eines Drittels der Stadt gesühnt. 1514 wurde S. von den Moskauer Gfs. en Vasilij III. eingenommen und blieb bis 1610 im Moskauer Herrschaftsbereich.

II. Fürstentum: Bei der Aufteilung der Kiever Rus' unter den Söhnen →Jaroslavs d. Weisen 1054 lag das Fsm. S. – umgeben von →Vladimir-Suzdal', →Černigov, →Polock und der Republik Novgorod – genau im Zentrum des Reiches. Der Prozeß der Verselbständigung des Fsm. s fand unter →Rostislav Mstislavič (1127–59) seinen Abschluß; unter Rostislavs Sohn Roman (1161–80) erreichte es den Zenit seiner äußeren Macht. Die größte Ausdehnung erlangte das Fsm. an der Wende vom 12. zum 13. Jh. Im Laufe des 13. Jh. schwanden die dynast. Verbindungen mit Kiev ebenso dahin wie der polit. Einfluß auf Polock und Novgorod. Bei der Schlacht an der →Kalka 1223 zur Abwehr des ersten Tatarenvorstoßes brachte S. das größte Truppenkontingent aller russ. Fsm. er auf; 1274 wurde es dem Chan der →Goldenen Horde in Sarai tributpflichtig. In der zweiten Hälfte des 14. Jh. wurde das Fsm. zw. →Litauen und →Moskau aufgerieben: 1352 hatte sich Ivan Aleksandrovič (1313–58) den Bedingungen des sich auf den Mongolenchan stützenden Moskauer Fs. en →Semen Ivanovič zu unterwerfen. 1386 mußte Jurij Svjatoslavič (1386–92) nach dem Tod seines Vaters Svjatoslav Ivanovič (1358–86) in der Schlacht v. Mistislavl' dem litauischen Gfs. en Jogaila (→Jagiełło) in Wilna die Treue schwören. Witowt ernannte 1392 Jurijs Bruder Gleb Svjatoslavič (1392–95) zum Fs. en v. S. und ersetzte diesen nach der Gefangennahme der Fs. enfamilie 1395 durch einen litauischen Statthalter. 1401 kam es zu einer Rebellion, in deren Verlauf es Jurij mit Hilfe seines Schwiegervaters →Oleg Ivanovič v. Rjazan' gelang, S. zurückzuerobern. Jedoch konnte Witowt die Stadt nach einer Belagerung 1404 erneut unter Kontrolle bringen. Das Fsm. verlor endgültig seine Autonomie und verblieb bis 1514 bei Polen-Litauen.

III. Bistum: Im Zuge der Autonomiebestrebungen berief Rostislav Mstislavič 1136/37 Bf. Manuil nach S. Die Gründungsurk. der Eparchie datiert nicht vor 1138/39. Rostislav versah den Bf. mit Land und gewährte ihm den Zehnten des fsl. Tributs. Th. M. Bohn

Q.: Smolenskie gramoty XIII–XIV vekov, ed. R. I. Avanesov, 1963 – *Lit.*: P. V. Golubovskij, Istorija Smolenskoj zemli do načala XV stoletija, 1895 – Materialy po izučeniju Smolenskoj oblasti, I–IX, 1952–76 – P. A. Rastorguev, Govory na territorii Smolenščiny, 1960 – V. V. Sedov, Sel'skie poselenija central'nych rajonov smolenskoj zemli (VIII–XV vv.), 1960 – P. N. Tret'jakov – E. A. Šmidt, Drevnie gorodišča Smolenščiny, 1963 – S. K 1100-letiju pervogo upominanija goroda v letopisi (Materialy jubilejnoj konferencii), 1967 – N. N. Voronin, Smolenskaja živopis' 12–13 vv., 1977 – Ders. – P. A. Rappoport, Zodčestvo Smolenska XII–XIII vv., 1979 – L. V. Alekseev, Smolenskaja zemlja v IX–XIII vv., 1980 – E. Mühle, Gnezdovo – das alte Smolensk?, Ber. der Röm.-Germ. Kommission 69, 1988, 358–410 – Ders., Die städt. Handelszentren der nw. Rus', 1991, 239–280 – S. i Gnezdovo (k istorii drevnerusskogo goroda), hg. D. A. Avdusin, 1991.

Smyrna (İzmir), Hafenstadt an der türk. Westküste. Wie →Ephesos und →Milet eine der ältesten gr. Siedlungen in Kleinasien, wurde S. in hellenist. Zeit am Pagos-Hügel (Kadife Kale) im Stadtgebiet des heutigen İzmir neugegr. Suffraganbm. v. Ephesos in der Prov. Asia, 451–457 autokephales Ebm. und 869 Metropolis. Trotz Mauerreparaturen unter Arkadios und →Herakleios 654 von den Arabern verwüstet und 672/673 besetzt. Seit dem 8. Jh. als zweite Stadt nach Ephesos zum →Thema Thrakesion gehörig, war S. im 9./10. Jh. auch Hauptquartier des Flottenthemas Samos. Nach →Mantzikert (1071) Flottenstützpunkt des Emirs Tzachas, 1097 von den Byzantinern zurückerobert. Unter den →Laskariden im 13. Jh. wichtigster Hafen des Reiches v. →Nikaia und Ausbau der Festung auf dem Pagos. Nach dem Fall v. Ephesos (1304) kurzfristig Hauptstadt des Themas Thrakesion. 1317 eroberten die Türken von →Aydïn die obere Festung, die Hafenfestung blieb bis 1329 unter genues. Herrschaft. 1344 erstürmte eine päpstl. Flotte die Unterstadt, die 1374 den →Johannitern gegeben wurde, die dort die St. Peters-Burg bauten, während die Oberstadt türk. blieb.→Timur vertrieb die Johanniter 1403 aus der Stadt, die 1425 endgültig osman. wurde. Bei einem Angriff der päpstl.-ven. Flotte wurde S. 1472 geplündert und niedergebrannt.

F. Hild

Lit.: Kl. Pauly V, 244 – LThK² IX, 839f. – Oxford Dict. of Byzantium, 1991, 1919f. – RE III A/1, 730–764 – P. Lemerle, L'Émirat d'Aydin, 1957 – W. Müller-Wiener, Die Stadtbefestigungen von Izmir, Siğacık und Candarlı, Istanbuler Mitt. 12, 1962, 59–114 – H. Ahrweiler, L'hist. et la géographie de la région de Smyrne, TM 1, 1965, 1–204.

Snádud (air. 'Geleit, Schutz'; Aktionsnomen zum Verb 'snádid'), Institut des alten →Ir. Rechts; walis. Entsprechung: 'nawdd'. Es zählte zu den Eigenschaften eines freien Mannes, einem Gleichrangigen (oder sozial Tieferstehenden) auf Zeit oder für eine bestimmte Wegstrecke →Geleit bzw. Schutz zu bieten. Der air. Rechtstraktat →»Críth Gablach« erwähnt S., das »über ein Kgr. hinweg« von einer Person gewährt wird; eine der Funktionen des S. war es vielleicht, einem Bewohner eines ir. Kleinkönigreiches (túath) die Möglichkeit einzuräumen, einem Fremden aus einem anderen Kgr. Schutz zu geben. S. tritt aber auch in Schuldverträgen auf (als temporärer Schutz des Schuldners durch den Gläubiger, ztw. Verschonung von Pfändung) und beinhaltete hier u. a. eine Bürgschaft des Schutzgewährenden, wenn sich der Schutzbefohlene einer rechtlich begründeten Verpflichtung entzogen hatte. S. verschaffte wohl demjenigen, der von Haftung (Pfändung, Vermögenseinziehung, Schuldknechtschaft) bedroht war, eine Frist zur Regelung seiner Angelegenheiten.

T. M. Charles-Edwards

Lit.: R. Thurneysen, Die Bürgschaft im ir. Recht, AAB Phil.-hist. Kl., Nr. 2, 1928, §§45–48 – D. A. Binchy, Críth Gablach, 1941, 106f. – F. Kelly, An Introduction to Early Irish Law, 1988, 140f.

Snorra Edda (Prosa-Edda, [fälschl.] Jüngere Edda), wichtigstes mytholog. und poetolog. Hb. des skand. MA von →Snorri Sturluson (1179–1241), verfaßt um 1220. Ziel des anfängl. nur →'Edda' gen. Werkes war, die nach 200 Jahren Christianisierung →Islands schwindende Kenntnis der an. Mythologie und die Elemente heidn. Dichtkunst in Metrik und Wortwahl für die junge Generation von →Skalden zu sammeln, zu erklären und in Beispielen vorzustellen. Das Werk umfaßt vier Teile: Der kurze *Prolog* fügt die Sprache und das polytheist. Göttersystem Alt-Skandinaviens (→Polytheist. Religionen, I) in die »gelehrte Urgeschichte« (A. Heusler) der Menschheit ein und deutet sie von einem euhemerist. Standpunkt (→Euhemerismus) aus, indem er die →Asen-Götter mit →Odin an der Spitze als frühgesch. Einwanderer aus dem kleinasiat. Troja (→Trojaner, -abstammung) erklärt. In dem *Gylfaginning* ('Betörung Gylfis') gen. ersten Hauptteil sucht der sagenhafte Schwedenkg. Gylfi in der Gestalt eines alten Mannes die Asen auf, um eine Erklärung für ihre Macht und ihren Erfolg zu erhalten. In einer von den zauberkundigen Einwanderern inszenierten Sinnestäuschung tritt er in einer hohen Halle vor die übereinander thronende Götter-Trias Hár (Hoch), Jafnhár (Ebenhoch) und Priði (Dritt) und erfährt in einem den edd. Gedichten →Grímnismál und →Vafþruðnismál nachgebildeten Wissenswettstreit von Ursprung und Ende der Welt, von →Walhall, dem Entstehen von Menschen und Zwergen, sowie vom Wesen der einzelnen Götter und ihren Taten, die in zahlreichen mytholog. Erzählungen (z. B. Freyrs Werbung, Baldrs Tod) dargestellt werden. Bevor Gylfi die letzten Fragen, die nur von der chr. →Eschatologie beantwortet werden können, zu stellen vermag, löst sich das Trugbild auf, so daß dem Leser das illusionäre Wesen des heidn. Glaubens erkennbar wird. Da die S., neben der Hauptq.→Völuspá und anderen edd. Liedern, auch nur mündl. überlieferte Stoffe verwendet, ist sie eine unschätzbare Quelle für die an. Religionsgesch. In den *Skáldskaparmál* ('Dichtersprache') entwickelt Snorri in 88 Kap. die Grundlagen der skald. Dichtungstechnik, bes. der Kenningar (→Kenning), und bietet zur Unterweisung 411 Strophen von Skalden des 9.–12. Jh. Der abschließende Teil →*Háttatal* ('Verzeichnis der Versformen'), ein Preislied auf den norw. Kg. →Hákon IV. Hákonarson und seinen polit. Gegenspieler Jarl Skúli, stellt als Mustergedicht in 102 Strophen (wohl nach dem Vorbild des →*Háttalykill*) 100 verschiedene skald. Versmaße vor. Ohne die S. wären das Verständnis der an. Dichtung und Religion für die nachfolgenden chr. Jahrhunderte nicht möglich und große Teile der heidn. Lit. Skandinaviens für immer verloren.

R. Volz

Facs.: Cod. Wormianus. The Younger Edda, hg. S. Nordal, 1931 – Cod. Regius of the Younger Edda, hg. E. Wessén, 1940 – Ed.: F. Jónsson, 1931 – Übers.: G. Neckel – F. Niedner, 1925 [Neudr. 1966] – Germ. Götterlehre, hg. U. Diederichs, 1984, 12–16 [Prolog; U. Groenke] – Bibliogr.: H. Hermannsson, Bibliogr. of the Eddas, 1920 (Islandica 13) [Neudr. 1966] – J. S. Hannesson, Bibliogr. of the Eddas. A Suppl. to Islandica 13, 1955, 93–104 (Islandica 37) – Hoops² VI, 1986, 394–412 [G. W. Weber] – R. Simek – H. Pálsson, Lex. der an. Lit., 1987, 325 – Snorri Sturluson, hg. A. Wolf, 1993.

Snorri Sturluson, Staatsmann und bedeutendster Autor →Islands im MA, * 1179 in Hvamm (Westisland), † 23. Sept. 1241 auf Reykjaholt (ermordet), Sohn Sturla Þórðarsons, des Helden der →Sturlunga saga und Stammvater des Sturlungengeschlechts. In Oddi, einem Zentrum lit. und gesch. Bildung, wurde S. vom mit der norw. Kg.sfamilie eng verwandten Jón Loptsson erzogen. Nach seiner Heirat ließ S. sich 1202 in Borg nieder und erlangte die polit. einflußreiche Stellung eines →Goden. Endgültiger Wohnsitz wurde 1206 der Hof Reykjaholt, 1215–18 und 1222–31 übte er das Amt des →Rechtssprechers auf dem →Allthing aus. Als Führer einer der mächtigsten Familien Islands beteiligte S. sich wiederholt an innenpolit. Konflikten, im Lauf seines Lebens verfocht er immer entschiedener eine Loslösung Islands von Norwegen. Dorthin unternahm er 1218–20 und 1237–39 Reisen, hielt sich am Hof Kg.s →Hákon IV. Hákonarson auf, schloß Freundschaft mit Jarl Skúli und geriet so in die Auseinandersetzung der beiden mächtigsten Männer Norwegens. Als er gegen den ausdrückl. Befehl des Kg.s in seine Heimat zurückkehrte, ließ ihn Hákon in der Nacht zum 23. Sept. 1241 auf dem Hof Reykjaholt töten.

Obwohl S. eine außerordentl. dichter. Begabung besaß, ist keines seiner skald. Werke erhalten, die nach dem Zeugnis des Skáldatal und der Íslendinga saga Preislieder auf Kg. Sverrir, Kg. Ingi Bárdarson, Jarl Skúli und Hákon Jarl galinn sowie dessen Frau Kristin Nikulásdóttir umfaßten. Von einzigartigem Wert ist die »Heimskringla«, eine gesch. Darstellung der norw. Kgtm.s bis z. J. 1177, die »Ólafs saga Tryggvasonar« (→Olafssagas) und die →»Snorra Edda«, ein Hb. der skald. Dichtung und germ. Mythologie, das das einzige von ihm erhaltene Preislied →»Háttatal« (entstanden 1220/23) bietet. S. wird heute von der Forsch. weitgehend übereinstimmend auch als Verf. der Egillsaga (→Egill Skallagrímsson) angesehen.

R. Volz

Ed.: Heimskringla, I–IV, ed. F. JÓNSSON, 1893–1901 – Edda, ed. F. JÓNSSON, 1931 – *Übers.:* Heimskringla, übers. F. NIEDNER, 1922 [1965²] – Die jüngere Edda, übertr. G. NECKEL–F. NIEDNER, 1925 [1966²]–*Lit.*: NBL XIV, 1962, 107–120 [H. KOHT]–S. NORDAL, S. S., 1920 [1973²] – F. PAASCHE, S. S. og Sturlungerne, 1948² – G. BENEDIKTSSON, S. skáld í Reykholti, 1957 – A. HOLTSMARK, Studier i S. mytologi, 1964 – S. BEYSCHLAG, S. Bild des 12. Jh. in Norwegen (Fschr. W. BAETKE, 1966), 59–67–A. Y. GUREVICH, Saga and Hist. The »Historical Conception« of S. S., MSc 4, 1971, 42–53 – M. CIKLAMINI, S. S., 1978 – R. SIMEK–H. PÁLSSON, Lex. der an. Lit., 1987, 325–327 – S. BAGGE, S. S. und die europ. Gesch.sschreibung, Skandinavistik 20, 1990, 1–19 – DERS., Society and Politics in S. S. Heimskringla, 1991 – S. S., hg. A. WOLF, 1993.

Soares, Martin, ptg. Dichter, * Riba (heute: Ponte) de Lima (Minho), schrieb etwa zw. 1230/35 und 1270, wurde von den Zeitgenossen zu Recht hoch gerühmt, verkehrte am Dichterhofe →Alfons' X., des Weisen (10. A.). Erhalten sind 27 »cantigas de amor« in der prov. Tradition (→Cantiga [1]; bei vieren ist die Zuschreibung unsicher), 17 Hohn- und Schimpflieder (→Cantiga [3]) sowie eine Tenzone. Sein berühmtestes Gedicht ist die ebenso virtuose wie rätselhafte, hinsichtl. ihrer Deutung umstrittene »cantiga da garvaia«. W. Mettmann

Lit.: V. BERTOLUCCI PIZZORUSSO, Le poesie di M. S., 1963 – M. RODRIGUES LAPA, Cantigas d'escarnho e de mal dizer, 1970², 428–449 – Zur »Cantiga da garvaia« zuletzt F. RICO (Fschr. R. LAPESA, I, 1972), 443–453.

Soběslav. 1. S. I., Hzg. v. →Böhmen 1125–40, † 14. Febr. 1140 in Hostinné (Arnau) in Nordostböhmen, Sohn →Vratislavs II., lebte wegen Streitigkeiten mit dem regierenden Hzg. →Vladislav I. lange im Ausland (v. a. in Polen), wurde nach dem Tode Vladislavs zum Hzg. gewählt. Dagegen erhob Fs. Otto v. →Olmütz Einwände, der Kg. Lothar III. bat, ihm aufgrund seines höheren Nachfolgeanspruchs das Hzm. zu übertragen. Es gelang Otto, den Kg. zu einem Feldzug nach Böhmen zu bewegen. Doch erlitt Lothar 1126 eine verheerende Niederlage in der Schlacht bei Kulm (Chlumec), in der Otto getötet wurde. Der Kg. war genötigt, S.s Huldigung entgegenzunehmen und ihn als Hzg. anzuerkennen; ihr Verhältnis zueinander war seither friedlich. S. regierte unabhängig und knüpfte internat. Beziehungen an, bes. zu Ungarn. Seine Sorge galt der öffentl. Ordnung (1130 Bestrafung von Aufständischen) und der Sicherheit des Landes (Befestigung der Grenzgebiete). In seinen letzten Lebensjahren suchte er die Nachfolge seines Sohnes Vladislav zu sichern: 1138 erbat er erfolgreich von Kg. Konrad III. das Hzm. für Vladislav und zwang die böhm. Adligen zu einem Treueschwur. Doch begannen bereits 1140, als S. im Sterben lag, im Adel Auseinandersetzungen um die Nachfolge, und nach S.s Tod erlangte nicht der bereits belehnte Sohn S.s, sondern der gleichnamige Sohn Vladislavs I., →Vladislav II., das Hzm. J. Kejř

Lit.: V. NOVOTNÝ, České dějiny, I/2, 1913 – J. ŽEMLIČKA, Vyšehrad 1130: soud, nebo inscenace? Husitství–Renesance–Reformace, 1994, 47–68.

2. S. II., Hzg. v. →Böhmen 1173–79, † 1180, Sohn →Soběslavs I., lebte seit dem Regierungsantritt →Vladislavs II. (1140) im Exil in Deutschland. Die Teilnahme Vladislavs am II. Kreuzzug nutzte S. zu einem Umsturzversuch in Böhmen, doch wurde er gefangengenommen und auf der Burg Přimda (Pfraumberg) in Westböhmen eingekerkert. Nach seiner Flucht 1150 lebte er erneut im Exil (ztw. am Hof Friedrich Barbarossas), bis er sich 1161 der Burg →Olmütz bemächtigte. Bei Friedensverhandlungen in Prag wurde S. von Vladislav festgenommen und erneut nach Přimda verbracht. Erst 1173 erlangte er auf Intervention Barbarossas die Freiheit, der die rechtswidrig, ohne Bewilligung des Ks.s, vorgenommene Übertragung der Herrrschaft auf Vladislavs Sohn Friedrich zum Anlaß nahm, beide ihrer Würde zu entkleiden und S. als Hzg. einzusetzen. S. wurde in Böhmen begeistert aufgenommen (u. a. bestätigte er urkdl. die Privilegien der Deutschen in Prag), doch entsprach seine Politik nicht den Wünschen des Ks.s: Nach einem Einfall nach Österreich (1176–77) fiel S. in Ungnade. Barbarossa gestattete dem vorher enthronten Friedrich die Wiedererlangung des Hzm.s (Anfang 1179 Sieg Friedrichs über S. bei Prag). S. floh und starb im Ausland. J. Kejř

Lit.: V. NOVOTNÝ, České dějiny, I/2, 1913 – Z. FIALA, Princeps rusticorum, Zápisky katedry československých dějin a archivního studia 5, 1961, 31–42 – J. KEJŘ, K privilegiu knížete Soběslava II. pro pražské Němce, Právněhistorické studie 14, 1969, 241–258.

Sobrado (de los Monjes), Abtei SOCist (bis Mitte 11. Jh. OSB) in Galicien (Prov. La Coruña; Diöz. Santiago) am Oberlauf des Tambre im Tal von Présares (ð S. María la Real [zuerst S. Salvador]), von dem Gf.enpaar v. Présares, Hermenegildo und Paterna, unterstützt von den Söhnen, Rodrigo und Sisnando, Bf. v. Iria-Compostela, sowie der Tochter Elvira, als Abtei OSB und Doppelkl. gegr. (14. Mai 952; vielleicht schon früherer Konvent seit 8. Jh.), dank Grundbesitz, abhängiger Kl., Kirchen und Priorate eine der reichsten Abteien der Iber. Halbinsel. Nach einer Zeit des Niedergangs im 11. Jh. gelangte es durch kgl. Schenkung in den Besitz der Gf.en v. →Traba. Um 1142 dem Zisterzienserorden übertragen, von Mönchen aus →Clairvaux beschickt, wurde S. 1151 durch Kg. Alfons VII. v. Kastilien-León reich dotiert. Der Reorganisation folgte bis 1213 ein architekton. Ausbau. Tochtergründungen: Benavides in Kastilien (1169), Valdedios in Asturien (1196), Monfero in Galicien (1201). 1494 wurde der Konvent durch Alexander VI. der kast. Zisterzienserkongregation angeschlossen. L. Vones

Q. und Lit.: DHEE III, 1676 [Lit.] – P. LOSCERTALES DE G. DE VALDEAVELLANO, Tumbos del Monasterio de S., 2 Bde, 1976 – M. COCHERIL, L'implantation des abbayes cisterciennes dans la Péninsule Ibérique, AEM 1, 1964, 217–287 – H. DE SÁ BRAVO, El monacato en Galicia, I, 1972, 142, 329–341 – A. LINAGE CONDE, Los orígenes del monacato benedictino en la Península Ibérica, II, 1973, 411, Nr. 1481 – P. FEIGE, Filiation und Landeshoheit (Zisterzienser Stud. I, 1975, 37–76) – M. del Carmen PALLARES MÉNDEZ, El Monasterio de S., 1979 – E. PORTELA SILVA, La colonización cisterciense en Galicia, 1981 – Galicia en la Edad Media, 1990 – La introducción del Cister en España y Portugal, 1991 – A. ISLA FREZ, La sociedad gallega en la alta edad media, 1992.

Sobrarbe, Gft. (Aragón), in den Pyrenäen zw. den Gft.en →Bigorre und →Comminges im Norden, →Ribagorza im Osten und →Aragón im Süden und Westen gelegen. Nach der frühen Christianisierung durch Mönche wie den hl. Victorian, der im 6. Jh. das Kl. Asán gründete, wurde S. nach 714 von den Muslimen erobert. Die Familie des Gf.en Galindo Belascotenes konnte dort eine eigenständige Herrschaft errichten, jedoch scheiterte ihr Versuch einer Rebellion gegen das Emirat v. →Córdoba (781). Die in karol. Zeit eingesetzten frk. Gf.en Aureolus (800–809) und Aznar Galíndez (812–820) vermochten sich nicht durchzusetzen, da S. eine Enklave im muslim. besetzten Gebiet darstellte (im Süden errichtete Jalaf ibn Rašid im 9. Jh. Alquézar und →Barbastro zur Grenzsicherung) und die einheim. Herrscherfamilie die Verbindung zum Reich v. Pamplona und zum →wālī v. →Huesca suchte, um so eine gewisse Unabhängigkeit zu bewahren. Nach der definitiven Integration von S. in den chr. Herrschaftsbereich Anfang des 10. Jh. blieb der Besitz der Gft. zw. den Gf.en v. Ribagorza und den Kg.en v. Navarra umstritten. Kg. →Sancho III. Garcés eroberte S. (1015–18) und übertrug die Gft.en S. und Ribagorza seinem Sohn →Gonzalo

(1025), dem 1045 sein Bruder →Ramiro I. v. Aragón folgte. Nach der Wiedereroberung von Alquézar und Barbastro wurde S. zusammen mit Ribagorza dem Infanten →Peter (I.) v. Aragón 1085 als Kgr. übertragen und bildete seit 1094 einen Teil des Kgr.es Aragón. Kirchl. unterstand S. nach der →Reconquista zunächst dem Bm. →Urgell, seit 950 dem Bm. →Roda, seit dem 12. Jh. dem Bm. Huesca, mit Sitz eines Archidiakonats in Ainsa. Kl.: Asán, S. Pedro de Castillán, S. Juan de Matidero, Samitier, S. Juan de Pano, S. María de Alquézar.

U. Vones-Liebenstein

Lit.: Gran Enciclopèdia Catalana XIII, 675–677 – A. UBIETO ARTETA, Gonzalo, rey de S. y Ribagorza, Pirineos 8, 1956, 299–325 – F. DE LA GRANJA, La Marca Superior en la obra de al-Udri, EEMCA 8, 1967, 447–545 – J. M. LACARRA, Aragón en el pasado, 1972 – A. DURÁN GUDIOL, De la Marca Superior de al-Andalus al reino de Aragón, S. y Ribagorza, 1975 – DERS., Los Condados de Aragón y S., 1988 – A. UBIETO ARTETA, Hist. de Aragón. Orígines de Aragón, 1989, 171–181.

Socage, ein anglo.-norm. Begriff, der sich nach der norm. Eroberung (1066) herausbildete und ursprgl. das Lehen von *sokemen* ('freie Bauern', die der Jurisdiktion ihrer Grundherrn [*lords*] unterstanden [→*soke*]) bezeichnete. Während des 12. Jh. bezog sich dieser Begriff auf jedes freie Lehen, das nicht ein kirchl., militär. oder das eines →*serjeant* war. Dieses Lehen war befreit von den Abgaben, die von einem Ritterlehen gefordert wurden, z. B. der →*scutage*. Beim Heimfall von Land, das man nach s. zu Lehen hatte, erfolgte Erbschaftsteilung unter den Söhnen.

Free socage ist dagegen die Bezeichnung, die zur Definition eines Lehens von bäuerl. Lehnsmännern auf »altem Domänenland« (*ancient demesne*) gebraucht wurde, wobei es sich um Land handelte, das der Krone 1066 gehört hatte, unabhängig davon, ob es später veräußert worden war. Bauern auf »altem Domänenland« mußten ähnl. Agrardienste leisten wie anderswo die *villeins* (Hintersassen), doch waren sie befreit von öffentl. Lasten, z. B. dem Erscheinen vor dem Gft.sgericht und dem Hundertschaftsgericht. Sie waren aber zur *tallage* verpflichtet.

J. Barrow

Lit.: P. VINOGRADOFF, English Society in the Eleventh Century, 1908 – F. POLLOCK–F. W. MAITLAND (unter Mitarb. v. S. F. C. MILSOM), The Hist. of English Law before the Time of Edward I, 1968².

Socinus (Sozzini), **Bartholomaeus,** it. Rechtslehrer, Doctor iuris utriusque, * 1436 in Siena, † 1507 ebd. S. studierte in Siena, bei seinem Vater, Marianus S. sen. (1401–67), und dessen Freund Thommas Docci, in Bologna, bei →Alexander de Tartagnis und Andreas Barbatia, sowie in Pisa, bei Francesco →Accolti, und lehrte Zivilrecht in Siena (bis 1471), Ferrara (1471–73), in Pisa (bis 1494), Bologna (1494–96) und Padua (1498–1501). S. hinterließ Vorlesungen und →Repetitionen zu Digesten und Codex Iustinianus sowie →Consilien und bearbeitete die kanonist. Vorlesungen seines Vaters. Ein angesehener Rechtslehrer war auch S.' Neffe, Marianus S. iun. (1482–1556). Marianus' Sohn Lelio und dessen Neffe Fausto S. waren die Führer der antitrinitar. Sekte der Sozinianer, die Mitte des 16. Jh. in Polen entstand (Poln. Brüder).

P. Weimar

Ed.: In Digesti Veteris ac Infortiati (Digesti Novi ac Codicis) rubricae, leges atque §§ ... Comm., Venetiis 1579 – Mariani et B. de S. Consilia, Lugduni 1545–46 – Additiones ad Mariani S. in aliquot singulares ... titulos Decretalium, Francofurti 1583 – Lit.: SAVIGNY VI, 342–355 – J. A. TEDESCHI, Notes Toward a Genealogy of the S. Family (Italian Reformation Studies in Honor of Laelius S., hg. DERS., 1965), 287–291 – A. MAZZEI, Breve storia della nobile e celebre famiglia senese dei S. dalle sue origini alla sua estinzione (sec. XIV–XIX), Bull. senese di storia patria 73–75, 1966–68, 131–145 – P. NARDI, Mariano S., giureconsulto senese del Quattrocento, 1974 – A. BELLONI, Professori giuristi a Padova nel sec. XV, 1986, 168–172 [Edd.] – G. MINNUCCI u.a., Lo Studio di Siena nei sec. XIV–XVI, 1989, 235f. [Lit.] – C. PIANA, Il »Liber secretus iuris pontificii« dell'Univ. di Bologna, 1989, 26*–30*.

Soderini, florent. Familie, die erstmals vielleicht bereits im 12. Jh. bezeugt ist (Ubertus S., Jurist). Bekannter Spitzenahn ist jedenfalls *Soderino di Bonsignore,* Vater des Notars *Geri,* gestorben 1294. Die Familie, von der einige Mitglieder zur Handelsgesellschaft der →Peruzzi gehörten, begann erst Anfang des 14. Jh. aufzusteigen und gab Florenz in der Folge 34 Prioren und 16 Gonfalonieri di Giustizia. Die S. gewannen v. a. politischen Einfluß nach dem Aufstieg des Cosimo de' →Medici »Pater Patriae« zur Macht (1434), traten jedoch seit 1465 mit *Niccolò* und *Tommaso* auf die Seite der Opposition gegen die Medici. Nach der Rückkehr des republikanischen Regimes (1494) gehörten die S. unter der Führung des *Paolantonio di Tommaso di Lorenzo* (1448–99) zu den einflußreichsten Mitgliedern der Oligarchie, die zuerst →Savonarola unterstützte und nach dessen Tod (1498) wieder die Zügel der Regierung übernahm. Auf diese Weise konnte ein Bruder Paolantonios, *Piero* (1452–1524), einer der reichsten Bürger von Florenz, 1502 zum Gonfaloniere auf Lebenszeit gewählt werden und hatte dieses Amt bis zur Rückkehr der Medici inne (1512). Auf kirchl. und religiösem Gebiet bedeutend waren die selige *Giovanna* aus dem Servitenorden (1301–67) und *Francesco* (1453–1524), ebenfalls ein Bruder des Paolantonio, Dr. iur. in Pisa, der zum Bf. v. Volterra und 1503 zum Kardinal erhoben wurde.

M. Luzzati

Lit.: G. A. BRUCKER, Florentine Politics and Society, 1343–1378, 1962, 30–38 und passim – S. BERTELLI, Pier S. »Vexillifer perpetuus Reipublicae florentinae«, 1502–1512 (Renaissance Studies i. Hon. of H. BARON, hg. A. MOHLO–J. A. TEDESCHI, 1971), 333–359 – R. P. COOPER, Pier S.: Aspiring Prince or Civic Leader?, Studies in Medieval and Renaiss. History, NS, I, 1978, 69–126 – P. MANNI, Il libro del dare e dell' avere dei figli di Stefano S. (1306–25), Studi di filologia italiana 36, 1978, 67–155 – P. C. CLARKE, The S. and the Medici: Power and Patronage in Fifteenth Cent. Florence, 1991 – K. J. P. LOWE, Church and Politics in Renaissance Italy: the Life and Career of Cardinal Francesco S. (1453–1524), 1993.

Södermannalagh (schwed. Södermannalagen), Recht der schwed. Landschaft Södermanland (SO-Schweden/Svealand), im Norden angrenzend an die sveäländ. Kernlandschaft Uppland (→Landschaftsrecht). Überliefert in den Hss. A (nach 1325/27) und B (nach 1335), zeigt das S. zahlreiche Übereinstimmungen mit dem in den 1290ern Jahren redigierten Uppländ. Recht (→Upplandslagh [UL]; kgl. confirmatio v. 1296). Umstritten ist, ob der uppländ. Redaktion bereits ein Text des S. vorlag (u. a. erwähnen zwei kgl. Urkk. v. 1281 und 1285 'consuetudo'/'leges Suthirmannie'; HAFSTRÖM) oder ob das S. erst nach dem Vorbild der sorgfältigen Redaktion des UL um ca. 1300 aufgezeichnet wurde, wobei das erwähnte ältere Södermannarecht eher die mündl. *lagsaga* gemeint hätte (WESSÉN). Inzwischen nimmt man an, daß das södermanländ. Rechtsbuch der 1280er Jahre dem Redaktionsausschuß des UL vorlag und daß Hs. A diese ältere Version des S. weitgehend repräsentiert.

Unter Vorsitz des *lagmans* (→Rechtssprecher) v. Södermanland, Lars Ulfsson, unternahm um 1325 ein Redaktionsausschuß eine Revision des S. (v. a. des kirchenrechtl. Abschnitts), die von Vertretern der bäuerl. Dinggemeinden und der Kirche weitgehend angenommen wurde. Strittig blieben Fragen des Schenkungs- und Testamentsrechts zugunsten der Kirche, die erst das Reichsrecht von ca. 1350 (→Magnús Erikssons Landslag) löste. Diese jüngere Redaktion, repräsentiert durch die Hs. B, bestätigte

Kg. →Magnús Eriksson 1327 in einer confirmatio, die nahezu wörtl. der des UL folgt. Punkto inhaltl. Aufbau und sprachl.-stilist. Gestalt gehört das S. (v. a. die Hs. A) zu den hochstehenden Werken ma. schwed.-volkssprachl. Rechtslit. Die gelehrte Prägung des Textes weist auf einen geistl. Redaktor, den HAFSTRÖM mit Bf. Anund Jonsson v. Strängnäs (1275–91) identifizieren möchte.

H. Ehrhardt

Ed. und Lit.: Samling af Sweriges Gamla Lagar, IV, 1838 – KL XVIII, 9ff. – Å. HOLMBÄCK–E. WESSÉN, Svenska landskapslagar, III, 1940 [schwed. Übers., Komm.] – H. JÄGERSTAD, Den äldre och yngre Södermannalagen, Svensk Jurist Tidning, 1952 – G. HAFSTRÖM, De svenska rättskällornas hist., 1978.

Sodomie → Unzucht; →Homosexualität

Soest, Stadt in →Westfalen. Im Schnittpunkt von →Hellweg und (späterem) Fernweg (Frankfurt–)Arnsberg–Osnabrück/Münster entwickelte sich zw. Lippe und Haarstrang auf bodentrockenem, fast waldfreiem, fruchtbarem Lößland der S.er Börde früh eine Siedlung, deren Stadtwerdung im wesentl. in der 1. Hälfte des 12. Jh. abgeschlossen war. Im Bereich eines sich von W nach O ziehenden Solquellenhorizonts gelegen, weisen zahlreiche Einzelfunde auf weit zurückreichende Siedlungstätigkeit hin; für das eigtl. Stadtgebiet muß von einer Siedlung auf dem Petri-/Patrokli-Hügel spätestens in der 2. Hälfte des 8. Jh. ausgegangen werden; archäolog. Spuren im Sälzerviertel (Kohlbrink-Gelände) belegen sogar Salzgewinnung im 6./7. Jh., ohne daß die zugehörige Siedlungszelle bereits lokalisiert werden konnte. Die Translation s. Viti erwähnt S. zu 836 als »villa, quae Sosat vocatur«, um 980 wird es civitas genannt.

Als Keimzelle der städt. Entwicklung wird ein merowingerzeitl. Kg.s(?)hof angesehen, in dessen Bereich neben der, in das 8. Jh. zu setzenden Petri-(Missions-)Kirche in otton. Zeit auf wohl ca. 4,5 ha umfassendem, (ab 9. Jh.) befestigtem Raum das 954 gegr. Patroklus-Stift (Translation der Gebeine 964), eine Pfalz des Kölner Ebf.s und eine gewerbl. orientierte Siedlung entstanden. Nördl. davon dehnte sich ab dem 11./12. (?) Jh. eine Marktsiedlung in Richtung auf das alte Sälzerviertel aus. Die Siedlungsflächen gingen unter dem Stadtherrn →Philipp v. Heinsberg († 1191) in der Anlage des endgültigen, 102 ha bergenden (um 1550 zehn Tore und 27 Türme) Berings auf, der die versch., inzwischen vorhandenen Siedlungszellen (Sälzerviertel, Marktsiedlung, bäuerl. Siedlung bei St. Thomas, Bf.shof, Burghof, Schultheißenhof) umschloß.

Seit ca. dem 10. Jh. (nach gefälschter, aber vielleicht inhaltl. glaubhafter Urk. v. 1074 bereits durch Schenkung Dagoberts I.) im Besitz der Kölner Ebf.e (Übernahmevorgang noch ungeklärt) entwickelte sich S. polit. und kirchenorganisator. zum köln. Vorort in Westfalen, bis die Stadtführung nach langen, bereits im ausgehenden 12. Jh. faßbaren Auseinandersetzungen mit ihrem Stadtherrn 1444 sich von diesem lossagte und im pactum ducale den Hzg. v. →Kleve, der zugleich Gf. von der Mark war, als neuen Stadtherrn annahm, der seinerseits dem Rat seine schon gegenüber dem Kölner erreichte, fast völlig autonome Stellung zusicherte. In der folgenden →S.er Fehde konnte der Rat diese Entscheidung behaupten. Vom 14. bis 16. Jh. vorhandene Kontakte zum Kg. dürfen nicht im Sinne einer »quasi«-reichsstädt. Stellung fehlgedeutet werden (→»Freie Städte«). Grundlage dieses höchst ungewöhnl. Stadtherrnwechsels war die auf Salzexport (Produktion in S. selbst wenigstens ab dem 7. Jh., dort eingestellt zw. spätem 10. und 12./13. Jh., danach Saline Sassendorf) und Fernhandel beruhende ökonom. Machtstellung von S., die bes. im 13. und 14. Jh. eine weit über das Umland zielende westfäl. Politik betrieb. Der S.er Fernhandel, gestützt auf Zoll- und Handelsprivilegien des 12./13. Jh., umfaßte neben Salz v. a. Tuche und Metallfertigwaren aus eigener (für das 12./13. Jh. archäol. nachgewiesen) Produktion sowie der des Sauerlandes und erreichte die Seestädte, Visby und Livland ebenso wie die westeurop. Handelszentren. Zeitweise trat, v. a. im 12.–14. Jh., eine bedeutende Stellung im Transithandel hinzu, durchgängig nahm S. eine zentralörtl. Funktion als Distributionszentrum für die Agrarproduktion des Umlandes und v. a. des Süderberglandes als Hinterland ein. Die, zumeist in Konkurrenz zu →Dortmund gewonnene führende Stellung im Städtenetz Westfalens zeigt sich in der Teilhabe S.s an fast allen Städtebünden Westfalens (bes. 1253 Werner Bund, →Rhein. Bund), an den westfäl. Landfriedensbündnissen (ab 1298) und (bis 1444) in seiner Rolle in der sich seit dem ausgehenden 13. Jh. formierenden Städtekurie des Kölner Hzm.s Westfalen. Sie wird ergänzt durch eine frühe, im 15. Jh. aber zurückgehende, überdurchschnittl. Bedeutung im hans. Verband (z. B. 1229 Vertrag v. Smolensk). Dazu tritt korrespondierend die erhebl. Bedeutung des parallel zur Stadtwerdung entwickelten →S.er Rechts für den gesamten hans. Raum (→Lübisches Recht). Acht belegte Kg.sbesuche zw. 985 und 1377 sowie eine dichte Verbreitung des Herkunftsnamens »van S.« im hans. Raum unterstreichen das Gesagte.

Bereits im frühen 13. Jh. ist ein Ratskolleg sicher faßbar, das sich aus einer vor 1170 bezeugten Gruppe von →Meliores entwickelt hat. Der erste Bürgermeisterbeleg datiert von 1223. Ein Verfassungsstatut v. 1260 legte zusammen mit dem Ratswahlstatut v. 1283 einen zweischichtigen 24er-Rat fest, in den jeder Bürger wählbar war; dennoch lag die städt. Politik im wesentl. in den Händen einer von Fernhandelsfamilien gestellten, überstädt. und bes. mit Dortmundern versippten Führungsgruppe (→Patriziat). Ein Siegel ist bereits zu 1168 belegt. Die Emanzipation vom Stadtherrn drückt sich v. a. in der frühen Übernahme der Gerichtsrechte durch bürgerl. besetzte Institutionen aus.

Kirchl. gehörte S. zum Ebm. Köln; auf Philipp v. Heinsberg geht die Einteilung in sechs Pfarreien (Patrozinien: Peter, Paulus, Georg, Thomas, Maria zur Höhe, Maria zur Wiese) zurück. Neben den Pfarrkirchen entstanden ein Kollegiatstift (ŏ Patroklus), dessen Propst als Archidiakon der geistl. Gerichtsbarkeit im S.er Dekanat wahrnahm, ein 1449 in die Stadt verlegtes Frauenkl. (ŏ Walburg), Kl. der Dominikaner (1231) und der Franziskaner (1233) sowie zeitweise 22 Kapellen und ein reichgegliedertes System von Einrichtungen der sozialen Fürsorge (v. a. Hohes Hospital ab 1180). Eine Lateinschule am Stift ist seit dem HochMA bezeugt, eine reiche Bautätigkeit ca. 1150/1250 unterstreicht eine frühe Blütezeit. Bes. in der Sakralarchitektur spiegelt sich die Nähe zu Köln und zum Hanseraum.

Bis zum Anfang des 15. Jh. stieg die Zahl der in sechs Hofen (→Leischaften, →Stadtviertel) gegliederten Bevölkerung auf ca. 10000, hinzu kamen ca. 5000–12000 Einw. (unsichere Schätzung auf der Basis des Bördekatasters von 1686) des S.er Landgebietes, das der Rat in einer Ausdehnung von ca. 220 km² und bestehend aus 49 Dörfern seit dem ausgehenden 13. Jh. erworben hatte. Ansatzpunkt dabei waren der Erwerb von Gogerichtsbarkeiten (→Go), Freigft.en und bes. die Übernahme der Stadtvogtei 1279 von den →Arnsberger Gf.en. Die Einführung der Reformation ab 1531 machte S. zu einem Kristallisationspunkt der neuen Lehre in Westfalen. – Zu den Beziehungen zw. der Thidrekssaga und der Stadt S. →Dietrich v. Bern, IV, 3.   F. B. Fahlbusch

Lit.: S.er Zs. 1, 1882ff. [bisher 106 Bde] – S.er Wiss. Beitr. e 1 ff., 1949ff. [bisher 51 Bde] – F. v. Klocke, Patriziat und Stadtadel im alten S., 1927 [= Hans. Pfingstbll. 18] – K. Diekmann, Die Herrschaft der Stadt S. über ihre Börde, WZ 115, 1965, 101–218 – S. Stadt – Territorium – Reich ..., hg. G. Köhn, 1981 [= S.er Beitr. e 41] – V. Jakob–G. Köhn, Wege zum Modell einer ma. Stadt ..., 1985 [= Veröff. des Stadtarchivs S. für das Osthofentormuseum H. 2] – E. Dösseler, S.s auswärtige Beziehungen, bes. im hans. Raum, T. 1, 1988 [= S.er Beitr. e 49, T. 1] – B. M. Wenzke, S. Strukturen einer otton. Stadt [Diss. Bonn 1990; dazu: S.er Zs. 103, 1991, 183–185] – G. Isenberg, Neue Erkenntnisse zur Frühgesch. S.s, Westfalen 70, 1992, 194–210 – S. Gesch. der Stadt, hg. W. Ehbrecht–G. Köhn [Druck in Vorber.].

Soester Fehde. Bei dem Versuch, seine Landesherrschaft in Westfalen zu intensivieren, kollidierte der Kölner Ebf. →Dietrich II. v. Moers seit 1439 v. a. mit der Stadt →Soest, die sich am 22. Juni 1444 von ihrem Landesfs. en lossagte und den von Burgund gestützten Hzg. en v. →Kleve Erbhuldigung leistete. Der kommunale Autonomiekonflikt eskalierte zu einem Krieg um die polit. Hegemonie im NW und gipfelte im Sommer 1447 in der Belagerung Soests, die der Ebf. und sein etwa 15000 Mann starkes, überwiegend aus böhm. und sächs.-meißn. Söldnern bestehendes Heer am 21. Juli 1447 aus finanziellen Gründen abbrechen mußten. Der am 27. April 1449 in Maastricht von päpstl. und burg. Gesandten vermittelte Friede schrieb den durch die Fehde entstandenen Status quo fest und blieb in Kraft, obwohl der Papst die vorgesehene Abschlußsentenz nicht erließ. Kleve mußte die Aufhebung der zwischenzeitl. Exemtion aus dem Kölner Sprengel hinnehmen und auf ein eigenes Landesbm. verzichten, gewann aber Soest und →Xanten und sicherte v. a. seine selbständige Stellung gegenüber Kurköln. Die kurköln. Territorialgewinne wurden durch das endgültige Scheitern der Hegemonialbestrebungen und mehr noch dadurch entwertet, daß auch dieses geistl. Kfsm. fortan desorganisiert sowie finanziell ruiniert und deshalb in das machtpolit. zweite Glied zurückgefallen war, in welches seine weltl. Nachbarn soeben vorgerückt waren.

P.-J. Heinig

Lit.: Chr. dt. Städte 21, 1889 [Kriegstagebuch] – W.-H. Deus, Die S. F., 1949 – H.-D. Heimann, Zw. Böhmen und Burgund, 1982 – W. Ehbrecht, Emanzipation oder Territorialisierung? (Studia Luxemburgensia, hg. F. B. Fahlbusch–P. Johanek, 1989), 404–432 – W. Janssen, Das Ebm. Köln im späten MA, 1. T., 1995, 266–269 [Gesch. des Ebm.s Köln, II, 1].

Soester Recht. Das seit Anfang des 12. Jh. nur lückenhaft aufgezeichnete S. R. ist die Grundlage einer der größten Stadtrechtsfamilien Altdtl.s. Die älteste erhaltene lat. Aufzeichnung des S. R.s stammt aus dem Anfang des 13. Jh., die zweite lat. Aufzeichnung vom Ende des 13. Jh.; die aus dieser mit Zusätzen gebildete »Alte Schrae« von Anfang des 14. Jh. ist verloren, aber rekonstruierbar, da aus ihr und dem um 1350 begonnenen →Stadtbuch (später irrtüml. als »Alte Schrae« bezeichnet) die »Neue Schrae« von 1531 zusammengefaßt wurde. Das S. R. hat sich aus dem Landrecht des westfäl.-engerischen Raumes unter starken Einflüssen kaufmänn. Gewohnheitsrechts gebildet. Eine (wiederholt behauptete) Übernahme Kölner Rechts ist nicht nachweisbar. Die Bedeutung des S. R.s schwindet ab dem 17. Jh. nach dem Erwerb Soests durch Brandenburg.

Für die Verfassung →Soests ist das Nebeneinander von Gesamtstadt und »Hoven«, den von Burrichtern geleiteten Sondergemeinden, bezeichnend. Ratsfähig waren seit 1283 nicht allein die Kaufleute, sondern auch die Handwerker, die Bürgerschaft war gegenüber dem Rat bes. vertreten. In der Gerichtsverfassung dominiert das fast umfassend zuständige Ratsgericht, neben dem das landrechtl.-stadtherrl. Gericht und die kleine Gerichtsbarkeit der Burrichter zurücktreten.

Das Privatrecht ist gekennzeichnet durch die Bedeutung des Kaufmannsrechts. Im Familienrecht hat sich das westfäl.-engerische Ehegüterrechtssystem erhalten, wonach Gütergemeinschaft nur bei beerbter Ehe und erst von Todes wegen eintritt. Das Strafrecht kennt eine vom Rat zusätzl. verhängte Willkürstrafe für Taten, die mit besonderer Vorbedacht (*Vorsate*) begangen worden sind. Soester Ursprungs ist die eigentüml. Ehrenstrafe des »Schuppestools«, bei der der Delinquent in das Wasser gestoßen wird.

Das S. R. hat über den Bereich Soests hinaus durch die Bewidmung von etwa 60 westfäl. Städten (unter ihnen Medebach, Lippstadt, Rüthen, Corbach und Siegen) mit S. R. große Bedeutung erlangt, die jedoch (obwohl Soest für viele →Oberhof war) zahlreiche Eigentümlichkeiten, insbes. der Soester Stadt- und Ratsverfassung, nur eingeschränkt übernommen oder schon bald aufgegeben haben. Das S. R. hat außerdem über den hohen Anteil Soester Familien unter den Gründern →Lübecks großen Einfluß auf das →Lübische Recht ausgeübt, der sich in einzelnen Einrichtungen und Rechtsbegriffen noch über einen langen Zeitraum hinweg erhalten hat. L. Weyhe

Lit.: W.-H. Deus, S. R., Q.-Slg., 1969ff. – W. Ebel, Das S. R. (Ders., Rechtsgeschichtl. aus Niedersachsen, 1978), 89ff. [Lit.].

Sofia (Sardika/Serdika, Sredec, Triadiza, Straliz), eine der ältesten Städte →Bulgariens und Europas, gegr. im 8.–7. Jh. v. Chr. vom altthrak. Stamm der Sardi, im 4.–7. Jh. eines der wichtigsten militär.-administrativen und kirchl. Zentren des Byz. Reiches. Zunächst war S. Bf.s-sitz, später Metropolie. 343 fand in S. die Synode v. →Sardika statt. 809–811 wurde S. an das Territorium des Bulg. Staates angeschlossen und erhielt den slav. Namen 'Sredec' ('Mittelpunkt'), den byz. Autoren zu 'Triadiza', westl. zu 'Straliz' veränderten. Nach der byz. Eroberung v. →Preslav (971), der Hauptstadt des Bulg. Reiches, wuchs die Bedeutung S.s für die Verteidigung der westl. Teile Bulgariens. Nach einem mißlungenen Versuch der Byzantiner, 986 S. zu erobern, erlitten sie an der Trajanspforte eine Niederlage. Während der byz. Herrschaft in Bulgarien (11.–12. Jh.) wurde S. zur Residenz des Katepan des →Themas und zur Metropolie. S. spielte, da es auf dem Landweg der Kreuzfahrer von Mitteleuropa nach Konstantinopel lag, eine wichtige Rolle bei den ersten drei →Kreuzzügen. 1195 wurde S. in die Grenzen des wiederhergestellten Bulg. Reiches aufgenommen und entwikkelte sich dank günstiger geogr. Lage im 12.–15. Jh. zu einem wichtigen Handels- und Gewerbezentrum der Balkanhalbinsel (Kaufleute aus Ragusa, Venedig und Florenz). In der 2. Hälfte des 14. Jh. begann man, die Stadt nach ihrer Kathedrale Hl. Sophia 'Sofia' zu nennen. Die 1385 von den Türken eroberte Stadt wurde zum Zentrum des →Beglerbegi v. →Rumelie, im 15. Jh. dann zum Ausgangspunkt der türk. Armee für Maßnahmen gegen die Feldzüge der →Ungarn sowie für die Unterwerfung der Balkanländer.

In S. und seiner Umgebung sind viele ma. Kirchen und Kl. aus den 4.–15. Jh. mit bedeutenden Mosaiken und Wandmalereien vollständig oder als Ruinen erhalten, u. a. die Kirchen Hl. Georgi (4. Jh.), Hl. Sophia (6. Jh.) und Hl. Nikola in Bojana (1259), die Kl. in Dragalevzi, Kremikovzi, Kurilo und German (14.–15. Jh.).   V. Gjuzelev

Lit.: Jubilejna kniga na grad S. (1878–1928), 1928 – S. Bobčev, Serdika. Materiali za izučavane na topografijata, ustrojstvoto i arhitekturata na grada, 1943 – Serdika-Sredez-S., 1976 – M. STANČEVA, S. au MA à la lumière de nouvelles études archéologiques, Byzantino-bulgarica 5, 1978, 216-220.

Soissons, Stadt, Bm. und Gft. in Nordfrankreich, südöstl. →Picardie (dép. Aisne).
I. Stadt, Bistum und Grafschaft – II. Abteien – III. Synoden und Versammlungen.

I. STADT, BISTUM UND GRAFSCHAFT: S. (Noviodunum, seit röm. Kaiserzeit: Augusta Suessionum) war in galloröm. Zeit Vorort der bedeutenden 'Civitas Suessionum'; Anfänge des Christentums im späten 3. Jh. (hll. Märtyrer →Crispinus und Crispinianus, vor 305); Bm. seit dem frühen 4. Jh. (erster sicher bezeugter Bf.: Mercurius, Teilnehmer der Synoden v. Sardika, 343, und Köln, 346). Herrschaftszentrum des →Syagrius, wurde S. 486 vom frk. Kg. →Chlodwig erobert, der hier den entscheidenden Sieg über seinen Gegner errang (berühmte Episode vom »zerbrochenen Krug«, →Gregor v. Tours, Hist. Fr. II, 27) und S. zu seiner Residenz machte (um 492 Heirat mit →Chrodechilde); seit den →Merowingern war die Stadt als Vorort des Teilreiches v. S. (→Regnum) eines der führenden polit. und kirchl. Zentren im Herzen von →Neustrien, der Kernzone des →Frankenreiches. Im Nov. 751 fand hier die Königswahl →Pippins III. statt.

Die Gft. S. kam vor 898 an →Heribert I. 'v. →Vermandois', der zugleich als →Laienabt v. St-Crépin und St-Médard fungierte. Sein Sohn →Heribert II. († 943) spielte eine entscheidende Rolle im Kampf um das westfrk. Kgtm., in dessen Verlauf Kg. →Robert I. (→Robertiner) in der Schlacht v. S. (15. Juni 923) fiel, doch konnte →Karl III. den Tod des Gegners nicht nutzen, da dessen Anhänger bereits am 13. Juli 923 Roberts Schwager →Rudolf v. Burgund in S. zum westfrk. Kg. erhoben und Karl bald darauf von Heribert II. gefangengenommen wurde.

Die Stadt S., im Herzen einer ertragreichen Getreideregion (→Getreide) gelegen, wurde im frühen 12. Jh., bes. 1115, durch das Auftreten einer häret. Bewegung erschüttert. 1126 erhielt S. ein Kommunalprivileg (→Kommune), das in Nordfrankreich Verbreitung fand. Die ab 1175 errichtete Kathedrale (Weihe 1475) zählt zu den Spitzenleistungen der frz. Gotik und war (in Konkurrenz zu →Chartres) Vorbild für eine Reihe nordfrz. Kathedralbauten.

Im 14. Jh. kam die Gft. S. durch Heirat zunächst an Johann v. Hennegau, dann an Ludwig v. Châtillon, Gf. v. Blois. 1367 wurde sie von Enguerran VII. v. →Coucy erworben. Dessen Tochter Marie v. Coucy veräußerte einen Teil der Gft. an →Ludwig v. Orléans.

II. ABTEIEN: [1] *St-Médard*: Die große Abtei entstand 557 als Stiftung (und Grablege) der frk. Kg.e →Chlothar I. und →Sigibert über dem Grab des hl. →Medardus, eines der hochverehrten frk. Königsheiligen. Sie genoß als eines der vornehmsten monast. Zentren der Francia die Gunst der frk. Herrscher (reiche Schenkungen, Immunitätsverleihungen). Die Karolinger, die sich hier öfter aufhielten, förderten den Neubau des Kl. und die reiche Ausstattung der Bibliothek (Evangeliar v. St-Médard de S., ein Hauptwerk der karol. →Buchmalerei, entstanden am Hofe Karls d. Gr. in dessen späten Regierungsjahren, heute Paris, Bibl. Nat. lat. 8850).

Die u.a. durch Normannen- und Ungarneinfälle geschädigte Abtei wurde im 11. Jh. reformiert, im 12. Jh. erfolgte eine Neuerrichtung der Bauten. In den Zeiten des Hundertjährigen Krieges und der Religionskriege erlitt St-M. Plünderungen und Verfall. Die Abtei trat 1637 der Mauriner-Kongregation bei und wurde 1790 aufgehoben. Eine karol. Krypta blieb erhalten.

[2] *Weitere Abteien: St-Crépin-le-Grand,* bes. im Früh-MA wichtige Abtei, bfl. Gründung des 5. Jh., seit dem 9. Jh. benediktinisch; *Notre-Dame,* Benediktinerinnenabtei, gegr. 667 durch den Hausmeier →Ebroin; *St-Léger,* augustin., gegr. 1039 von Bf. Gauzlin; *St-Jean-des-Vignes,* augustin., gestiftet 1076 vom Gf.en Hugo; *St-Crépin-en-Chaie,* augustin., 1131.

III. SYNODEN UND VERSAMMLUNGEN: S. war häufig Tagungsort von Synoden und Versammlungen der Großen des Kgr.es: 744 schloß sich unter dem Hausmeier Pippin III. eine neustr. Synode (in konzertierter Aktion mit der vom Hausmeier →Karlmann einberufenen austras. Synode v. Les→Estinnes) der von →Bonifatius (→'Concilium Germanicum') initiierten grundlegenden Kirchenreform des Frankenreiches an (Bemühen um Wiederherstellung von Kirchenzucht, Metropolitanverfassung und geregelten kirchl. Rechtsverhältnissen, Restitution des Kirchengutes usw.) und verurteilte die Irrlehren von →Clemens und Adalbertus (→Kapitularien, →Frankenreich, B. II, 2). 853 und 861 hielt →Hinkmar v. Reims hier Synoden zur Durchsetzung seiner Metropolitangewalt ab (Absetzung des Bf.s →Rothad II. v. S., 862). Die Synode v. 1121 verurteilte die Auffassungen →Abaelards, dem die Verbrennung seiner theol. Schrift auferlegt wurde.

Bedeutsam für die Gesch. der kapet. Monarchie waren: die Versammlung vom Juni 1155, auf der →Ludwig VII. einen zehnjährigen Frieden (→Gottesfrieden) für das gesamte Kgr. verkündete und damit den Geltungsanspruch der kgl. Friedens- und Rechtswahrung entscheidend (weit über den engeren Bereich der →Krondomäne hinaus) erweiterte; die Synode von 1201 über die von Kg. →Philipp II. Augustus vergeblich geforderte Ehescheidung von →Ingeborg v. Dänemark; die Versammlung vom April 1213, in der die frz. →Barone (mit Ausnahme des Gf.en v. →Flandern, →Ferrand v. Portugal) den Plänen Kg. Philipps II. Augustus, der mit päpstl. Unterstützung eine Eroberung →Englands für seinen Sohn →Ludwig (VIII.) vorbereitete, zustimmten. U. Mattejiet

Lit.: LThK[2] IX, 161f., 857 [Lit.] – J. FAVIER, Dict. de la France méd., 1993, 886 – J. DAUVERNÉ, L'abbaye de St-M. de S. ... [Position des th. Éc. des Chartes, 1907] – G. BOURGIN, S. et le groupe communal soissonnais, 1912 – J. SAINCIR, Le dioc. de S., 2 Bde, 1935-36 – E. EWIG, Die frk. Teilungen und Teilreiche (511-613); Die frk. Teilreiche im 7. Jh. (613-714), 1953 [DERS., Spätantikes und frk. Gallien, I. Francia Beih. 3/I, 1976, 114-171, 172-230] – D. LOHRMANN, Répartition et création de nouveaux domaines monastiques au XIIe s.: Beauvaisis – Soissonais – Vermandois (Villa-Curtis-Grangia. Francia Beih. 11, hg. W. JANSSEN-D. LOHRMANN, 1983), 242-259 – G. BRUNEL-D. DEFFENTE, Hist. de S. et des villages du Soissonais, 1986 – W. HARTMANN, Die Synoden der Karolingerzeit im Frankenreich und in Italien, 1989 – PH. RACINET, Les maisons de l'Ordre de Cluny au MA: Évolution et permanence ..., 1990 [zum Kl.wesen in der Diöz. S.].

Soke, in England ein Bezirk unter der Jurisdiktion eines Grundherrn. Bei Landübertragungen erteilte die Kg.e oft den Empfängern das Recht, von den Bewohnern ihrer s.s fordern zu können, daß ein bestimmter Rechtsfall (*sake*), der normalerweise an den öffentl. Hundertschaftsgerichten (→*hundred*, 2) verhandelt wurde, vor dem Grundbesitzer entschieden werden mußte. Der Besitz von *sake and soke* war bes. in Gebieten mit dän. Besiedlung (→Danelaw) verbreitet, wo die Agrarabgaben, die von den →Bauern - oft als *sokemen* bezeichnet - an den Grundherrn gezahlt werden mußten, relativ gering waren. In Ostanglien wurden an einige große Abteien s.s übertragen, die auf die Zeit vor der norm. Eroberung zurückgingen, sich weit über die abteil. Besitzungen erstreckten und mehrere vollständige Hundertschaften umfaßten. Die s.s von →Ely und →Peterborough, in denen die Äbte ihre eigenen Richter für bedeutendere Gerichtsverfahren unterhielten, blieben bis ins 20. Jh. verwaltungsmäßig separate Gft.en. A. Harding

Lit.: LIEBERMANN, Gesetze, II, 99 – H. M. CAM (Communications of the Cambridge Antiquarian Society, 1928) – H. R. LOYN, Anglo-Saxon England and the Norman Conquest, 1962.

Sokkason, Bergr, isländ. Benediktiner, um 1316/17 im Kl. →Thingeyrar/Südisland belegt, 1322 Prior des Kl. Thverá. Seit 1325 Abt v. Thverá, resignierte er 1334, war 1345 nochmals Abt, starb jedoch noch im gleichen Jahr. Die altnord. hagiograph. Texte »Michaels saga« und »Nikulás saga erkibiskups« nennen ihn ausdrückl. als Verf.; in der isländ. Sammel-Hs. »Bergsbók« (ca. 1400; ed. G. KINDBLAD, 1963) wird ihm die »Óláfs saga Tryggvasonar« (→Olafssagas) ebenfalls zugeschrieben. Daß der gelehrte Benediktiner auch weitere Hl.nsagas (→Hagiographie, B. IX) verfaßt habe, erwähnt schon die »Laurentíus saga« und wird aufgrund sprachl. Kriterien auch von der neueren Forsch. angenommen. R. Simek

Lit.: A. STEINES, Eit gammalt utdrag or Bergsbok, 1965 – P. HALLBERG, Jóns saga helga (Afmælisrit J. HELGASONAR, 1969), 59–79 – DERS., Om Magnúss saga helga (Einarsbók. Afmæliskveðja til E. ÓL. SVEINSSON, 1970), 59–70.

Sokrates, Kirchenhistoriker, * um 380 in Konstantinopel, † nach 450, Schüler des Grammatiker Helladios und Ammonios, als Anwalt (σχολαστικός) tätig. Seine zw. 439 und 450 verfaßte Kirchengesch. setzt das Werk des →Eusebios v. Kaisareia für die Zeit von 305 bis 439 fort. S. verwendet viele Q. und Originaldokumente und zeichnet sich durch Objektivität bei der Behandlung seines Stoffes aus; gegliedert ist das Werk in sieben Bücher, wobei ein jedes jeweils der Herrschaft eines Ks.s gewidmet ist (von Konstantin I. bis Theodosius I.) J. M. Alonso-Núñez

Ed.: MPG 67, 28–842 – R. HUSSEY–W. BRIGHT, 1893[2] – *Lit.*: CPG III, 6027–6029 – Oxford Dict. of Byzantium, 1991, 1923 – F. GEPPERT, Die Q. des Kirchenhistorikers Socrates Scholasticus, 1898 [Neudr. 1972] – G. F. CHESNUT, The First Christian Historians, 1977 – A. FERRARINI, Eresia e storia ecclesiastica, Museum Patavinum 4, 1979, 127–185 – DERS., Tradizioni orali nella storia ecclesiastica di Socrate Scolastico, Studia Patavina 28, 1981, 29–54.

Sokrates im MA. Basierend auf erhebl. divergierenden Testimonien der paganen (Aristoteles; Cicero; Valerius Maximus; Seneca; Gellius; Apuleius) und chr. Antike (maßgebl. Augustinus, De civ. Dei VIII; daneben Hieronymus, Adv. Iovinian.), boten zahlreiche →Schriftstellerkataloge (bes. Vinzenz v. Beauvais, Spec. hist. V, 56–57. 66; Johannes Gallensis, Breviloquium de vita philos. III, 3; Walter Burleigh, Libellus de vita et mor. philos. XXX, ed. H. KNUST, 108–143) eine anekdotisch strukturierte Darstellung von Leben und Lehre des S., die einen gewissen Höhepunkt fand in der Parallelvita des G. Manetti, Vita S.tis et Senecae, ed. A. DE PETRIS, 1979. S., dessen Name (später hs. auch zu 'Sortes' verknappt) unzählige Male für Beispielsätze bemüht wurde, vertrat in der Poesie (Walther v. Châtillon, Moral.-satir. Gedichte, hg. K. STRECKER, 1929, Nr. 6; Jean de Meun, Roman de la Rose I, 209ff.; Dante, Div. com., Inf. IV, 134, dazu den Komm. des Boccaccio) und Ikonographie des MA häufig metonymisch die Philos.; bisweilen auch die Prudentia. Lob und Verdienst des S. begründete man durch Lebensführung und Lehre. S. ist ein 'praecipuus philosophus' und Martyrer für die Wahrheit (Abaelard, Theol. chr. II, 74). Daß er Begründer und Protagonist der (paganen) Ethik ist, sah man als seine Leistung (Isidor v. Sevilla, Etym. II, 24, 5; Hugo v. St. Victor, Didas. III, 2; VI, 14; Gottfried v. St. Victor, Fons philos. 407, ed. PH. DELEHAYE, 49), aber auch als seine Grenze (Hildebert v. Lavardin, Carm. de

invent. S. Crucis 359, MPL 171, 1321C; Rupert v. Deutz, In Eccl. I, 1, MPL 168, 1198A; Jacobus de Voragine, Leg. aurea 129, ed. TH. GRAESSE[3], 602). Anerkennung fanden sein heiligmäßiges Leben (Joh. v. Salisbury, Entheticus 773–806, STGMA 17, 154–157, 326–328), so daß er auch neben Christus auftreten konnte (Alanus ab Insulis, Distinct., MPL 210, 781B), und seine vorbildlich standhafte Tugend (Wilhelm v. Auvergne, De moribus X, Op. Omn., ed. 1674, I, 242), aber z.B. auch seine reservierte Bewertung des Lachens (De virtut. XVII, ebd. I, 173). Notker Labeo, In Boeth. cons. philos. III, ATB 100, 178, sprach noch S. ab, das höchste Gut zu kennen und die Quelle der Seligkeit finden zu können. Dagegen führt gemäß einer im 12. Jh. feststellbaren Neubewertung S.' dessen apollin. Aufforderung zur →Selbsterkenntnis jeden Menschen zum Eingeständnis eigenen Nichtwissens (Albert. M., Super Eth. IV, 14, Ed. Colon. XIV, 292; Eckhart, In Ex. n. 194, LW II, 158; Nicolaus Cusanus, De docta ignorantia I, 4), das auf eine demütige, vom Hl. Geist beseelte Gotteserkenntnis vorbereitete. S., ein Verächter religiöser Heuchelei (Petrus Alfonsi, Disc. cler., ed. min., hg. A. HILKA–W. SÖDERHJELM, 1911, 2f.), hat als wahrer Philosoph einen einzigen Gott anerkannt (Alanus ab Insulis, Summa 'Quoniam homines', AHDL 20, 1953, 124), mag er ihn nach Bonaventura, Hexaem. I, 2, 3, ed. F. DELORME, 80, auch nur 'per rationem, sed non per fidem' verehrt haben. Für Albert. M., Summa de creat. II, 50, 3, 3, sol., ed. A. BORGNET, 35, 439f., hat S. zutreffend den göttl. Ursprung divinator. (Traum-)Wissens erkannt. Der aufkommende Humanismus erwählte sich S. zum proto-christlich stilisierten Patron der Bewegung (M. Ficino, Confirmatio Christianorum per Socratica, Op. omn., ed. 1576, I, 898). – Im MA kursierende, z. T. durch die Quellenlage bedingte hist. Irrtümer gingen z. B. dahin, daß man S. den gemeinsamen Lehrer des Plato und Aristoteles nannte (Otto v. Freising, Chron. II, 8), ihn für das Haupt der Stoiker hielt (Albert. M., Super Metaph. I, 4, 12, Ed. Colon. XVI, 63), ihm 24 B. über die positive Gerechtigkeit zuschrieb (Isidor und Hugo v. St. Victor, locc. citt.) und berichtete, S. sei von seinen Schülern und Mitphilosophen getötet worden, weil er sich geweigert hätte, 'per canem iurare' (Theoderich v. Fleury, In epist. cath., ed. K. DÜMMLER, 10). M. Laarmann

Lit.: LCI IV, 174f. – MANITIUS, Register, s.v. – TH. DEMAN, RSPhTh 29, 1940, 177–205 [Thomas v. Aquin] – A. NELSON, Eranos. Acta philol. Suecana 46, 1948, 161–164 [Sortes] – R. MARCEL, Rev. int. de Philos. 5, 1951, 135–143 [S. als Protochrist im Humanismus] – J. A. MARAVALL, Rev. de Arch. Bibl. Museos 63, 1957, 5–68 [Spanien] – P. COURCELLE, Connais-toi même. De S. à St Bernard, 1974/75 – Fschr. G. VERBEKE, 1976, 353–356 [15. Jh.] – Enc. Dant., hg. U. BOSCO, 1976, 283f. – G. Manetti, Vita S. is et Senecae, ed. A. DE PETRIS, 1979, 67–88 [pagane und chr. Antike; Boccaccio; Petrarca] – K. DÖRING, Exemplum S.tis, 1979 – I. PIAIA, Vestigia philosophorum. Il medioevo e la storiografia filosofica, 1983 – I. ALON, Socrates in Medieval Arabic Lit., 1991 – A. PATZER, Bibliographia Socratica, 1993.

Sola (Sualo, Suolo) **v. Solnhofen,** hl., † 4. Dez. 794, Angelsachse, folgte vor Mitte des 8. Jh. dem Ruf des →Bonifatius auf den Kontinent und gehörte zu dessen Schülern. Priester und Mönch in →Fulda (Angehöriger des Baugulf-Konvents v. 781), zog S. sich vor 754 ins Altmühltal zurück. Seine Propstei Solnhofen wurde zum Anziehungspunkt der Unterweisung im Glauben suchenden Bevölkerung. Der Eremit S. wirkte auf dieser Dependenz Fuldas als dessen Treuhänder. Unterstützt von Bf. →Willibald v. Eichstätt und dessen Bruder →Wunibald, konnte er deshalb Schenkungen an die Fuldaer Gemeinschaft entgegennehmen, so auch Solnhofen von Karl d. Gr., der S. 793 aufsuchte. Gegen Lebensende übertrug S.

den Grundbesitz an sein Mutterkl. Fulda. 838/839 erhob Guntram die an der Nordwand des Oratoriums v. Solnhofen bestatteten Gebeine S.s und veranlaßte seinen Freund →Ermenrich v. Ellwangen zur Abfassung der Vita Sualonis (839–842). L. E. v. Padberg

Lit.: BHL 7925/6 – LThK² IX, 859f. – A. Hirschmann, Der hl. S., 1894 – F. Heidingsfelder, Die Reg. der Bf.e v. Eichstätt, 1915, Nr. 7 – A. Bauch, Der hl. Mönch und Einsiedler S. (Bavaria Sancta 2, 1971), 66–78 – V. Milojčič, Die Propstei Solnhofen an der Altmühl in Mittelfranken (Ausgrabungen in Dtl. 2/I, 1975), 278–312 – Kommentiertes Parallelregister (Die Kl.gemeinschaft v. Fulda im früheren MA, hg. K. Schmid 2, 1, 1978), 268f. – E. Freise, Stud. zum Einzugsbereich der Kl.gemeinschaft v. Fulda (ebd. 2, 3, 1978), 1129f. – L. E. v. Padberg, Hl. und Familie, 1981, 53–56 – W. Berschin, Biogr. und Epochenstil im lat. MA, III, 1991, 264–267.

Solariego (lat. homo de mandatione, iunior; zu unterscheiden von homines mandationis oder iuniores der Zeit des leones. Kgtm.s [Sánchez-Albornoz]), Bezeichnung für eine Art von Grundholden in León, Kastilien, Navarra und Aragón. Der S., der als Bauer bzw. Landarbeiter auf einer zur Herrschaft eines Grundherrn gehörigen Scholle (*solar*, lat. solum) saß bzw. in einer Behausung gleichen Rechtsstands lebte, bearbeitete zwar wie die früheren *tributarios*, iuniores oder *collazos* zu kultivierendes Land, doch war er nicht durch die allg. Abgabenpflicht gekennzeichnet oder Nachfahre hispano-roman. Bauern, sondern als Siedler auf fremdem Boden durch Vertrag der Herrschaft eines Grundherrn unterworfen, der seinerseits Felder seines →Señorío in der vertragsrechtl. Form des →Préstamo zur Bebauung überlassen hatte. Die Entstehung der Schicht der S. scheint eine Folge der →Repoblación seit dem 11. Jh. gewesen zu sein, als durch →Pres(s)ura frei zu besetzendes Land seltener wurde: Die (ursprgl. freien) Siedler waren gezwungen, sich in die erbl. Abhängigkeit eines Grundherrn zu begeben und eine (unter Mitnahme ihrer Mobilien auflösbare) Bindung an die Scholle einzugehen. Sie bearbeiteten das Land auf eigene Rechnung, hatten aber Abgaben und Dienste an den Herrn zu entrichten. Um die Landflucht einzudämmen, wurde seit dem 12. Jh. immer mehr Hörigen bzw. Sklaven der Status von S. zugestanden, so daß sich schließlich weltl. *Señoríos de S.* herausbildeten. L. Vones

Lit.: F. Aznar y Navarro, Los s. de León y Castilla, Cultura Española 1906, 4–26, 299–326 – S. Parga Pondal, Los s. o juniores, 1928 – Ch. Verlinden, La condition des populations rurales dans l'Espagne médiévale (Le servage, 1937), 176–190 – L. García de Valdeavellano, Curso de Hist. de las instituciones españolas, 1975⁴ – S. de Moxó, Repoblación y Sociedad en la España Cristiana Medieval, 1979 – C. Sánchez-Albornoz, La España Cristiana de los siglos VIII al XI, I, 1980 – A. García-Gallo, Las instituciones sociales en España en la alta edad media, 1981 – J. A. García de Cortázar, La sociedad rural en la España medieval, 1988.

Solarljoð (an. 'Sonnenlied'), chr. skald. Dichtung eines unbekannten Autors, wohl eines Geistlichen, um 1200 auf Island verfaßt. Die im schon für die heidn. →Spuchdichtung verwendeten Versmaß des →Ljóðaháttr gestalteten 82 Strophen entwerfen in der Form einer Rede des toten Vaters an seinen Sohn eine visionäre Schau der Beschwernisse des Lebens und des Schicksals der Seele nach dem Tod. In dieser einzigartigen chr. Lehrdichtung (→Lehrhafte Lit., XIII), Gegenstück zum heidn. Jenseitsgedicht →Völuspá, werden in Str. 1–24 fünf Beispiele aus der sündigen Welt genannt, dann in moral.-didakt. Absicht Mahnungen zu einem tugendhaften Leben ausgesprochen, im dritten Teil schildert der Vater sein Leben und seinen Tod, 33–74 malen die Erfahrungen der Seele in Hölle und Himmel, und in 75–82 wird auf die Erlösung aus den ird. Versuchungen durch Christus hingewiesen und der Sohn ermahnt, die Botschaft der S. unter den Lebenden zu verbreiten. R. Volz

Ed.: F. Jónsson, Skjaldedigtning AI, 1912, 628–640; BI, 1912, 635–648 – B. M. Ólsen, S., 1915 – E. A. Kock, Skaldedigtning I, 1946 – Übers.: K. Simrock, Die Edda, 1864³ – A. Baumgarten, Stimmen aus Maria Laach 34, 1888 – W. Lange, Chr. Skaldendichtung, 1958, 45–56 – Lit.: KL XVI, 403–406 – H. Falk, S., 1914 – F. Paasche, Kristendom og kvad, 1914 – F. Jónsson, S., Edda 5, 1916, 139–164 – W. Lange, Stud. zur chr. Dichtung der Nordgermanen, 1958 – J. de Vries, An. Lit.-gesch., II, 1967, 71–74 – B. Fidjestøl, S. Tydning og tolkingsgrunnlag, 1979 – D. Brennecke, Zur Strophe 78 der S., ANF 100, 1985, 97–108.

Soldaïca → Sugdea

Söldner, -wesen
I. Abendländischer Westen – II. Byzanz – III. Iberische Halbinsel.

I. Abendländischer Westen: Bereits durch seine Etymologie setzt das Konzept des 'S.wesens' voraus, daß die von ihm geprägten Beziehungen zw. einer staatl./herrschaftl. Macht und den von ihr rekrutierten Kriegsleuten von (grundsätzl., wenn nicht ausschließl.) monetärem Charakter sind. In diesem Sinne ist jedoch nicht jeder Kriegsmann, der von seinem Auftraggeber Geld empfängt, notwendig als S. anzusprechen (die Q. des MA kennen zwar gelegentl. den Begriff des 'mercenarius', der aber zumeist einen besoldeten Dienstmann im allg. Sinne, sehr selten aber einen Kriegsmann bezeichnet, wohingegen das frz. Wort *soudoyer*, dessen lat. Entsprechungen 'solidarius' und 'stipendiarius' sind, seit dem 12. Jh. in afrz. Texten erscheint); vielmehr ist die Anwendung des Begriffes des S.s auf einen (besoldeten) Kriegsmann dann unangemessen, wenn dieser in feudalen oder verwandtschaftl. Beziehungen zu seinem Auftraggeber steht oder ihm durch starke landsmannschaftl. oder 'nationale' Bindungen verpflichtet ist. Daher ist bei jedem militär. Verhältnis die Frage zu berücksichtigen, mit welcher Intention oder aus welchen vorrangigen Motiven die jeweilige polit. Gewalt bzw. der jeweilige Kriegsmann eine Rekrutierung vornahm bzw. sich rekrutieren ließ. Hier spielt die Mentalität eine dominierende Rolle.

Auch wenn die Q. hierüber weitgehend schweigen, ist keineswegs ausgeschlossen, daß in der Periode des Frankenreiches »öffentl.« wie »private« Gewalten Krieger gegen Entgelt (Naturalien oder Geld) in ihren Dienst nahmen. Das sich in der nachfolgenden Periode voll ausbildende Lehnssystem (→Lehnswesen, →Feudalismus), das v. a. in Frankreich und England (nach 1066) seine stärkste Ausprägung erfuhr, sah vor, daß der Lehnsmann als Gegenleistung für das empfangene Lehen dem Lehnsherrn (bzw. mehreren Lehnsherren) unbezahlten Heeresdienst (→Heer, →Krieg) schuldete, wobei die Einkünfte aus dem Lehen gleichsam als übliche 'Bezahlung' für die geleistete Heerfolge betrachtet wurden. Damit waren Organisation der Heere und Organisation der Feudalgesellschaft (im Sinne des von M. Bloch geprägten Begriffes der *société féodale*) nicht nur eng miteinander verzahnt, sondern bildeten gleichsam eine organ. Einheit. Die Heere jenes Zeitalters spiegelten in ihren institutionellen und sozialen Strukturen das Über-, Neben- und Untereinander der feudalen Mächte wider. Die Art und Dauer des feudalen Heeresdienstes (*servitium debitum*) wurden im allg. durch das Lehnsrecht sorgfältig definiert, wobei es auch zu (gerichtl.) Streitigkeiten zw. den Beteiligten kommen konnte. Ebenso hatten auch die städt. Gemeinwesen (→Stadt) kostenlos Heereskontingente (Berittene, aber v. a. Fußsoldaten; →Miliz) zu stellen. Um diese Kontingente aufzubringen, warben die Städte Freiwillige an, die sie in der einen oder anderen Weise unterhielten und die somit – in gewisser Weise – als S. betrachtet werden können.

Infolge tiefgreifender Wandlungen in der Kriegführung und der wachsenden finanziellen Mittel (→Finanzwesen), die den Staaten zur Verfügung standen, erfolgte um die Mitte bzw. im 3. Viertel des 12. Jh. eine merkl. Wandlung: Die →Plantagenêt, in geringerem Umfang auch die →Kapetinger und die →Staufer, übertrugen die Kriegführung vielfach an umherziehende Scharen (Rotten, *routiers*), die – etwa als →Brabanzonen oder 'Cotteraux' bekannt – jederzeit für Kampfeinsätze gegen Bezahlung verfügbar und wegen ihrer Brutalität gefürchtet waren. In diesem Zusammenhang ist auf den Einsatz von »Rotten« durch den Kölner Ebf. →Philipp v. Heinsberg gegen Heinrich d. Löwen 1179 hinzuweisen. Doch kam dieses Phänomen frühen S.tums in Frankreich und England des 13. Jh. sowie im Reich wieder weitgehend zum Erliegen.

An der Wende des 13. zum 14. Jh. führten die Kriege zw. →Eduard I. v. England und →Philipp IV. v. Frankreich zu neuen sozialen und polit. Wandlungen, die mit dem Ausbruch des →Hundertjährigen Krieges eine ausgesprochene Intensivierung erfuhren. Von nun an wurde die Heeresorganisation dominiert von entlohnten Truppen, die ihren Sold tägl., monatl., alle paar Monate oder gar jährl. erhielten. Eine Armee aufzustellen bedeutete nunmehr, vorab ihre Finanzierung zu sichern. Ein Feldherr warb seine Truppen in dem Moment an, der ihm eine Bezahlung, welche die 'Soldaten' vom ersten Tag des Feldzugs an erwarteten, möglich machte.

Dies bedeutete zum einen, daß das Problem der Besoldung die anderen mit einem Kriegszug verbundenen Fragen an prekärer Bedeutung oft übertraf: Die kriegführenden Staaten, die immer knapp an flüssigem Geld waren, schafften es zumeist nicht (trotz häufiger Geldentwertung), ihre Verpflichtungen hinsichtl. der Soldzahlungen wirklich einzuhalten. Dies galt in bes. Maße für die frz. Monarchie, deren Soldverträge (*lettres de retenue*) stets nur eine Anzahlung beinhalteten, der längst nicht in allen Fällen die Auszahlung des gesamten Soldbetrags folgte. Die engl. Monarchie war ihrerseits dagegen weitaus sorgsamer darauf bedacht, den in ihren Soldverträgen (→*Indentures*) festgesetzten Zahlungsverpflichtungen auch tatsächl. nachzukommen. Auf jeden Fall stellten die Soldzahlungen nur einen Teil des Profits der Kriegsleute dar; andere Einnahmequellen wie v. a. Lösegelder (→Kriegsgefangene) und Beuteanteile waren oft umfangreicher und folgl. attraktiver. Hinzuzufügen ist, daß die Kriegsleute stets versucht waren, in Feindes-, aber auch Freundesland für das, was sie konsumierten, so wenig wie mögl. zu zahlen, was den ursprgl. eher als Entschädigung für Ortswechsel konzipierten Sold zu einem fast ausschließl. Reingewinn werden ließ. Andererseits machten S. im eigtl. Sinne (*soudoyers aventureux*) nur einen Teil der Armeen aus, selbst der besoldeten. Die adligen Untertanen, die dem Kg. v. Frankreich dienten, können wegen ihres Rechtsstatus' und ihrer Einkünfte nicht als S. betrachtet werden, auch wenn sie den Empfang eines Soldes als selbstverständl. und unabdingbar ansahen. Demgegenüber können als S. gelten: die genues. Armbrustschützen, die zu Wasser und zu Lande Philipp VI. v. Valois dienten, die Lombarden, Spanier und Schotten im Solde Karls VII., die von Ludwig XI. und Karl VIII. für die Bretagne- und Italienzüge angeworbenen Schweizer sowie die engl. Bogenschützen unter Karl d. Kühnen. Die ausländ. Kriegsleute können selbst dann als S. angesehen werden, wenn ein Bündnis zw. ihrem Landesherrn und demjenigen, der sie anstellte, bestand (z. B. die sog. →Auld Alliance zw.

Frankreich und Schottland). Das S.tum impliziert auch ein Fehlen berufl.-zünft. Bindung, des geregelten Einkommens und des Sozialstatus', einen Bruch mit dem Herkunftsmilieu, der bis zur Entwurzelung reichen konnte. Die S. waren keine Adligen, die häufig (aus Neigung zu Krieg und Beutemachen oder Verpflichtung) an den Kriegen ihres Fs.en teilnahmen, sondern professionelle Kriegsleute, für die der Krieg zugleich Mittel des Unterhalts wie Lebensinhalt war. In diesem Sinn mußten S. nicht zwangsläufig Fremde, sondern konnten auch Landeskinder sein.

Die betroffene Bevölkerung und die öffentl. Meinung stand den S.n voll Aversion, bestimmt von Furcht wie Verachtung, gegenüber. Die Haltung der Staatsgewalten war eine ambivalente: Einerseits wurden sie wegen ihres unkontrollierbaren Verhaltens und ihrer ausschließl. auf Geldgewinn gerichteten Motivation voll Mißtrauen betrachtet (allerdings ist bei manchen S.n über den Wunsch, Profite zu machen, hinaus eine gewisse Selbstliebe und ein Stolz, zu einem wehrhaften Volk zu gehören, erkennbar, ausgeprägt bei den Schweizern), die Staaten waren besorgt über die Erhöhung der Ausgaben, doch erkannten sie andererseits die professionellen Kompetenzen der im Grunde unentbehrl. S. durchaus an und bemerkten, daß ihnen eine gewisse Art der Treue und Loyalität eigen war. (Karl VII. und seine Nachfolger ließen folgl. ihre Sicherheit bevorzugt durch schott. →Leibwachen schützen.) →Kompagnien. Zu Italien →Compagnia di ventura.

Ph. Contamine

Lit.: H. GRUNDMANN, Rotten und Brabanzonen, DA 5, 1942, 419–492 – PH. CONTAMINE, La Guerre au MA, 1992³.

II. BYZANZ: Eine gewisse Eigenentwicklung nahm im Hinblick auf das S. das Byz. Reich, wo, wie in spätröm. Zeit, die Bezahlung von fremdstämmigen Soldtruppen von jeher nicht unbekannt war. Aufgrund einer allg. Wehrpflicht und der seit dem 7. Jh. sich entwickelnden Themenstruktur (→Thema) spielten S. während des 6.–9./10. Jh. in Byzanz keine wesentl. Rolle. Der Verfall der Themenarmee und eine davon vielleicht unabhängige Umdisponierung in der Verteidigungsstruktur durch Einführung beweglicher, zentral gelenkter Einheiten seit der 2. Hälfte des 10. Jh. (→Nikephoros Phokas?) führten zu einem stärkeren Bedarf an Soldaten, der durch Anwerbung von außen gedeckt wurde. Bekanntestes Beispiel ist die 987/988 aus →Kiev erbetene Warägergarde. Im 11. und 12. Jh. wurden Truppen in Skandinavien, bes. aber unter den Turkvölkern an der Donau (→Kumanen, →Pečenegen), in NW-Europa, aber auch unter den (oft als 'Waräger' bezeichneten) Normannen in England angeworben. Die spätbyz. Armee bestand zum größten Teil aus fremdstämmigen Soldaten, unter denen jene der →Katal. Kompagnie zu trauriger Berühmtheit gelangten. Das S. trug erheblich zum finanziellen und (seit dem 13. Jh.) durch die Pronoiavergabe (→Pronoia) auch zum wirtschaftl. und sozialen Verfall des byz. Staates bei.

P. Schreiner/P. Thorau

Lit.: S. VRYONIS, Byz. and Turkish Societies and their Sources of Manpower (War, Technology and Society in the Middle East, ed. V. J. PARRY–M. E. YAPP, 1975), 126–140 – N. OIKONOMIDÈS, À propos des armées des premiers Paléologues et des compagnies des soldats, TM 8, 1981, 353–371 – Oxford Dict. of Byzantium II, 1990, 1343 – P. SCHREINER, Il soldato (L'uomo bizantino, ed. G. CAVALLO, 1992), 95–127.

III. IBERISCHE HALBINSEL: S. wurden in →al-Andalus erst seit dem letzten Drittel des 10. Jh. vermehrt im Kalifat v. →Córdoba angeworben (insbes. erst jüngst aus dem Maghrib eingewanderte Berber und auf Sklavenmärkten erworbene →Sklaven). Manche dieser S. truppen stiegen im 11. Jh. in verschiedenen Taifenreichen zur Macht auf. Die Taifenherrscher ihrerseits waren auf militär. Schutz sowohl gegen ihre chr. als auch ihre muslim. Nachbarn angewiesen. Deshalb zahlten sie den Kg.en und Gf.en des chr. Spanien für den Erhalt des Friedens und für die Entsendung von Truppen zu ihrer Verteidigung Tribute (→Parias). Das System der Parias (Blüte zw. 1040 und 1090) wurde später verschiedentl. ebenso wiederbelebt wie die Entsendung chr. S. in muslim. Herrschaftsgebiete (zw. 1220 und 1300 Kastilier im Dienst der Almohaden in Fes, Katalanen im Sold der Ḥafṣiden in Tunis). Span. S. kämpften sogar auf entfernten Kriegsschauplätzen wie Kleinasien und Griechenland (zw. 1302 und 1311 die katal. →Almogávares; →Katal. Kompagnie; →Flor, Roger de). Auf span. Boden griffen fremde S. truppen v. a. während der Kriege zw. Peter I. v. Kastilien, Heinrich v. Trastámara und Peter IV. v. Aragón (1361–69) ein: die engl. Truppen des 'Schwarzen Prinzen', →Eduard (8. E.), unterstützten Peter I., die Grandes Compagnies des Bertrand →Du Guesclin dagegen Heinrich (II.) v. Trastámara; Johann I. seinerseits sah sich mit den engl. Truppen des →John of Gaunt, Hzg. v. Lancaster, konfrontiert, der mit Portugal verbündet war. Aber die spätma. span. Herrscher warben normalerweise keine fremden S. truppen an: es gab kein Phänomen, das dem der it. Condottieri vergleichbar gewesen wäre, da die in den Kriegen gegen die Muslime mobilisierten Stadtmilizen von Vollbürgern gestellt wurden, die ihrer Wehrpflicht entweder selbst nachkamen oder Vertreter stellten. Im Seekrieg dagegen war es in Kastilien üblich, entweder direkt andere Seemächte wie Genua u. Aragón mit der Wahrung der eigenen Interessen zu betrauen oder im eigenen Reich Seeleute in der Vizcaya oder Kantabrien anzuwerben. M. A. Ladero Quesada

Lit.: K. M. SETTON, Catalan Domination of Athens. 1311–88, 1948 – CH. E. DUFOURCQ, L'Espagne catalane et le Maghrib aux XIIIᵉ et XIVᵉ s., 1966 – J. M. LACARRA, Aspectos económicos de la sumisión de los reinos de taifas, Colonización, parias, repoblación y otros estudios, 1981, 41–76 – J. F. POWERS, A Society Organized for War. The Iberian Municipal Militias in the Central Middle Ages, 1000–1284, 1988 – K. FOWLER, The Wages of War. The Mercenaries of Great Companies, XVIII Semana de Estudios Medievales, Estella, 1991, 217–244 – M. A. LADERO QUESADA, La organización militar de la Corona de Castilla durante los siglos XIV y XV, La incorporación de Granada a la Corona de Castilla, 1993, 195–227.

Soleuvre, Vertrag v. (13. Sept. 1475), geschlossen zu S. (Hzm. Luxemburg, nw. von Esch) von den Bevollmächtigten Kg. →Ludwigs XI. v. →Frankreich und Hzg. →Karls des Kühnen v. →Burgund, sah für beide Parteien (und ihre Verbündeten) eine neunjährige Waffenruhe vor (bis 1484). Karl der Kühne nahm von der Wohltat des Friedens ausdrücklich mehrere 'Überläufer' aus (bes. Philippe de →Commynes), Ludwig XI. seinerseits den abgesetzten Connétable Ludwig v. Luxemburg, Gf. v. →St-Pol, zu dessen Auslieferung Karl der Kühne sich bereiterklärte (gegen Abtretung von konfiszierten Besitzungen St-Pols, v. a. →St-Quentin). Der Vertrag ließ beiden Parteien freie Hand bei nicht unmittelbar gegen die andere Seite gerichteten militär. Aktionen: Ludwig wandte sich der Eroberung der aragon. Gft.en →Cerdagne und →Roussillon zu, wohingegen Karl das Hzm. →Lothringen besetzte und seinen Druck auf das Oberelsaß (→Elsaß) verstärkte. Die Bestimmungen des Vertrags v. S. regelten bis zum Tode Karls vor →Nancy (1477) die frz.-burg. Beziehungen. B. Schnerb

Q.: Olivier de la Marche, Mémoires, ed. H. BEAUNE–J. D'ARBAUMONT, 1883–88, III, 214–234 – Lit.: R. VAUGHAN, Charles the Bold, 1973.

Solidus (lat.; 'vollkommen', dt. →Schilling, frz. *sou d'or*, it. *soldo*, span. *sueldo*, griech. νόμισμα), um 309/324 von Konstantin I. eingeführte Goldmünze im Wert von 1/72 röm. →Pfund (= 4,55 g), unterteilt in die Semissis (1/2 S.) und den →Triens (1/3 S.). Der S. war die Hauptwährungsmünze des spätröm. und byz. Reiches. Sein Bild wurde in fast allen germ. Reichen der Völkerwanderungszeit nachgeahmt, zunächst anonym mit Namen der röm. bzw. byz. Ks., seit Theudebert I. (534–548) auch mit eigenem Namen. Seit dem 6. Jh. finden sich S. i auch weit außerhalb des röm. Reiches (NW-Europa, Ostseegebiet, Osteuropa, Vorderer Orient, Indien, China). In den →Wergeldern der germ. Volksrechte ist der S. die Hauptrechnungsmünze. Der S. als Goldmünze wurde nochmals vorübergehend in der Karolingerzeit geprägt und in Friesland nachgeahmt. Der S. wird später zum Schilling, in lat. Urkk. aber weiter als S. bezeichnet. P. Berghaus

Lit.: F. v. SCHROETTER, Wb. der Münzkunde, 1930, 642f. – H. L. ADELSON, Light Weight S. and Byz. Trade during the 6th and 7th Centuries (Numism. Notes and Monogr. 138, 1957) – J. M. FAGERLIE, Late Roman and Byz. S. found in Sweden and Denmark (ebd. 157, 1967) – P. GRIERSON–M. BLACKBURN, Medieval European Coinage 1, 1986 – P. GRIERSON, Coins of Medieval Europe, 1991, 226.

Solignac, Abtei in Südwestfrankreich, südl. von→Limoges (dép. Haute-Vienne), gegr. 632 vom hl. →Eligius in einer ihm von Kg. →Dagobert übertragenen Villa. Der erste, aus →Luxeuil berufene Abt, der hl. →Remaclus, bemühte sich in der schwierigen Anfangsphase, eine aus →Regula Benedicti und Regula Columbani (→Columban) gemischte monast. Lebensform zu installieren. Nach seinem Wegzug nach →Stablo stand Tillo (Theau) dem Kl. vor, zog sich aber bald ins Einsiedlerleben zurück. Als günstig erwies sich die →Exemtion von der Jurisdiktion der Bf.e v. Limoges. Im 9. Jh. erwirkte S., obwohl von den Reformen →Benedikts v. Aniane unberührt, umfangreiche →Immunitätsprivilegien der Karolinger (Ludwig d. Fr., Pippin I. v. Aquitanien, Karl d. K., Karl der Einfältige). 864 von →Normannen verwüstet (ztw. Rückzug der Mönche nach Brivezac), vollzog sich im 10. und 11. Jh. erneut ein Aufstieg (reicher Grundbesitz im Regionalbereich; 66 Pfarreien, zumeist im südl. Teil des Bm.s Limoges); die roman. Kirche, ein wohlerhaltenes Zeugnis der Kuppelarchitektur aquitan.-périgordin. Typs erfuhr mehrere Weihen (1143, 1195, 1211). Wenig ist bekannt über die Zeit nach dem 12. Jh. G. Devailly

Lit.: C. RIVAIN, Le rouleau des morts de l'abbaye de S., 1876 – L. DUMAS, Chronique du monastère de St-Pierre de S., hg. A. LECLER, Bull. soc. arch. et hist. du Limousin 43, 1895; 46, 1896 – M. AUBRUN, L'ancien dioc. de Limoges des origines au milieu du XIᵉ s., 1981.

Solin → Salona

Solinus im Mittelalter. Die Collectanea rerum memorabilium (»Sammlung von Merkwürdigkeiten«) des Gaius Julius S. aus dem 3./4. Jh. n. Chr. gehören ähnl. wie die Naturalis historia des älteren Plinius, aus dem sie zu drei Vierteln geschöpft sind, zu den Werken, durch welche dem MA zahlreiche Kenntnisse von Realien aus dem Altertum zugeflossen sind. Ähnl. wie bei Plinius wurde das Werk schon in der Spätantike und im frühen MA viel benutzt, und ebenso müssen frühzeitig auch Auszüge eine wichtige Rolle gespielt haben. Für die Erhaltung und Weitergabe des Textes scheint ein Exemplar, das Ks. Theodosius II. durchkorrigierte (seine Subskription in einem Teil des Zweiges mit dem reineren Text, z. B. Heidelberg Pal. lat. 1568 saec. XI erhalten), Bedeutung gehabt zu haben; es ist die älteste erreichbare Textstufe. – Die mittelbare Wirkung Solins ist aufs stärkste dadurch gefördert worden, daß das Werk zu den bevorzugten Q.

des →Isidor v. Sevilla gehörte. Die ältesten erhaltenen Textzeugen veranschaulichen die Beliebtheit und Verbreitung Solins schon vor der karol. Erneuerung: Exzerpte der 2. Hälfte des 8. Jh., wahrscheinl. aus Corbie (ehem. Donaueschingen, Hofbibl. 18, jetzt in Privatslg.: CLA VIII 1178), und ein Fragment (eines Auszugs?) vom Ende des 8. Jh. aus Salzburg, das man als Abschrift einer ir. Vorlage mit →Virgil v. Salzburg in Verbindung gebracht hat (Wien lat. 15269 + ser. n. 37: CLA X 1510). Ähnl. verhält es sich mit den Hss. des vollständigen Werkes, die seit der 2. Hälfte des 9. Jh. erstmals auftauchen, hier bereits in drei deutl. voneinander unterscheidbaren Überlieferungszweigen. Um diese Zeit erscheint in einem der Zweige, der bes. durch St. Galler Exemplare belegt ist, erstmals der im MA häufige Titel 'Polyhistor' für das Werk; ob er auf eine Bearbeitung durch den Autor selber zurückgeht oder späteren Ursprungs ist, ist umstritten. Neben den vielfach an verschiedenster Stelle auftretenden Benutzungen Solins hat im 9. Jh. der Ire →Dicuil in seinem »Liber de mensura orbis terrae« und der sog. Anonymus Leidensis de situ orbis terrae größere Partien aus Solin entnommen. – Seit dem 10. Jh. vermischen sich infolge starker Kontamination die Hss.-Zweige völlig, zugleich nimmt die Zahl der Exemplare und die Häufigkeit der Benutzungen bis ins 12. Jh. kontinuierl. zu; über das späte MA, in dem die Zahl der Abschriften – wie in der frühen Humanistenzeit – weiter kräftig angewachsen ist, fehlen bezügl. der Benutzung zumeist die Angaben. Im 12. Jh. verfaßte Theoderich v. St-Trond eine Versifizierung von Teilen der Collectanea; eine afrz. Übers. (vielleicht noch desselben Jh.) zeugt für die Wirkung selbst in den volkssprachl. Raum hinein. F. Brunhölzl

Lit.: Solini Collectanea ... ed. TH. MOMMSEN, 1895² (praefatio) – MANITIUS I–III – H. WALTHER, Die Collectanea rerum memorabilium des C. Iulius S., 1969 – R. H. ROUSE (Texts and Transmission, ed. L. REYNOLDS, 1983), 391ff.

Söller → Altan

Sollicitatores litterarum apostolicarum,
am 13. Juni 1482 von Papst →Sixtus IV. errichtetes Vakabilistenkolleg mit 100 Mitgliedern. Aufgabe der S. war vordergründig die Betreuung der per cancellariam und per cameram expedierten päpstl. Urkk. (→Kanzlei, B); der Bittsteller konnte sich jedoch weiterhin auch selbst um die erforderl. Schritte kümmern (gegen Gebührenermäßigung). Die Tätigkeit der S. war aber nur Vorwand; eigtl. Motiv der Kolleggründung war der Wunsch, durch neue käufl. Ämter Einnahmen für die Kurie zu erzielen. Einnahmen des Kollegs waren eine neue →Taxe auf die Urk. (in der Regel 1–2 fl.) sowie Anteile an den →Annaten, →Servitien und Kompositionen. Die S. waren äußerst unbeliebt, viele Reformvorschläge fordern ihre Abschaffung; im Kurienjargon hießen sie »Janitscharen«. Th. Frenz

Lit.: TH. FRENZ, Die Kanzlei der Päpste der Hochrenaissance 1471–1527, 1986, 128f., 212–214, 476–480 – DERS., Papsturkk. des MA und der NZ, 1986, 57 § 102.

Solmisation
(lat. solmisatio oder solmizatio) bezeichnet eine seit →Guido v. Arezzo gebräuchl. Methode der musikal. Elementarlehre, die verschiedenen Intervalle durch Merksilben zu veranschaulichen. Die benutzten Silben ut, re, mi, fa, sol, la sind dem Hymnus »Ut queant laxis resonare fibris« des →Paulus Diaconus entnommen, dessen Melodie an den entsprechenden Stellen von C nach a aufsteigt. Der Halbton liegt zw. mi und fa. Bis zum 13. Jh. entwickelte sich daraus ein System von Hexachorden (jeweils 6 Töne), die auf verschiedenen Tonstufen beginnen und übereinandergeschichtet das ganze Tonsystem umfassen. Die drei Grundtypen sind: das *hexachordum naturale* von C–a (mi–fa auf E und F), das *hexachordum molle* von F–d (mi–fa auf a und b) und das *hexachordum durum* von G–e (mi–fa auf h und c).

Ausführlich dargestellt wurde das System zum ersten Mal in den Musiktraktaten von →Hieronymus de Moravia und →Engelbert v. Admont. Im MA seit dem 13. Jh. durchgehend im Gebrauch und weiter entwickelt, wirkt die S.slehre bis in die NZ in den Tonbezeichnungen der roman. Länder weiter. M. Bernhard

Lit.: G. LANGE, Zur Gesch. der S., Sammelbde der Internat. Musikgesellschaft 1, 1899–1900, 535–622 – G. G. ALLAIRE, The Theory of Hexachords, Solmization and the Modal System (Musicological Studies and Documents 24, 1972).

Solms,
Gft. in Hessen, südl. und nördl. der Lahn zw. Wetzlar und Weilburg, großenteils aus dem Erbe der Gf.en v. Gleiberg stammend, leitet sich über diese territorialisierte Gft. von der karolingerzeitl. Gft. der →Konradiner im Oberlahngau bzw. an der mittleren Lahn her. Das Geschlecht wird mit zwei Brüdern (Heinrich, Marquard) in der 1. Hälfte des 13. Jh. faßbar. Seit etwa 1260 ist die Familie in die drei Linien Königsberg (später Hohens.), Burgs. und Braunfels gespalten. Mit diesen Burgen sind zugleich die Vororte des nach wie vor gemeinsamen Territoriums gen. Die einzelnen Linien waren polit. uneinig und gerieten auf verschiedenen Seiten in den territorialpolit. Gegensatz zw. dem Ebm. →Mainz und der →Lgft. Hessen. Damit verbunden waren zahlreiche Fehden mit der Stadt →Wetzlar (Mitte 14. Jh.), welche die S.er Gft. schwächten und den finanziellen Ruin Wetzlars mitverursachten. Die Existenz der im O von den hess. Lgf.en und im W von den Gf.en v. →Nassau bedrängten S.er Territorien bewahrte, wenn auch mit Einbußen, Gf. Johann VI. v. Burgs. (1360–1402). Eine bedeutende Ausweitung in die →Wetterau gelang durch die Beteiligung an der Falkensteiner Erbschaft 1418 (2/3 S., 1/3 Eppstein). Darauf entstanden die Hauptlinien S.-Braunfels (Gf. Bernhard II.) und S.-Lich (Gf. Johann V.), von denen Lich durch eine abermalige Erbschaft (1461) ein Übergewicht erlangte. Weitere Teilungen seit dem 16. Jh. in beiden Hauptlinien verhinderten eine starke Stellung der Gf.en, die jedoch als Mitglieder des Wetterauer Gf.envereins polit. und kulturell hervortraten. F. Schwind

Lit.: F. UHLHORN, Gesch. der Gf.en v. S. im MA, 1931 – K. E. DEMANDT, Gesch. des Landes Hessen, 1980³, 505–513.

Solo, Gerhard v.
(Geraldus Bututus de S. [Sola], Girardus Bituricensis), * möglicherweise in der frz. Prov. Berry, ab 1335 Mitglied der Med. Fakultät zu Montpellier, † 1360. Kommentierte die Constantin. Übers. des 'Viaticums' von →Ibn al-Ǧazzār, die lat. Übertragung des chirurg. 'Liber nonus ad Almansorem' von →Rhazes, schrieb in enger Anlehnung an die 'Isagoge' des →Johannitius ein 'Introductorium juvenum sive De regimine corporis humani in morbis' und verfaßte einen 'Tractatus de febribus', wobei er mit diesen seinen Hauptwerken erhebl. Erfolg hatte. (Übers. ins Hebr. 1379–1402; 1504/05 Druck in Lyon bzw. Venedig). Zur selben Zeit aufgelegt wurde auch S.s 'Tractatus de gradibus medicinae', ein Vertreter der 'Modus-medendi'-Lit., der die Intensitätsstufen akzentuiert und von seiner →humoralpatholog. Ausrichtung her sich neben den diagnost. 'Tractatus de signis humorum' stellt. In Salerner Tradition (→Maurus) wurzelt S.s Kommentar zu den hippokrat. 'Aphorismen'; unter seinem Namen laufen des weiteren therapeut. Kleinschriften wie 'De clisteriis', 'De suppositoriis' sowie der therapeut. Traktat 'De pestilentia in actu curativo'. Das 'Regimen pro domino episcopo Sancti Pauli, qui erat

dispositus ad paralisim et colicam passionem' hat S. zusammen mit seinen Fakultätskollegen Jordanus de Turri, Raimund de Moleriis sowie G[] de Marceriis verfaßt (ed. SudArch 14, 1923, 184–186); es erweist sich als genauso rückwärtsgewandt wie die übrigen, an →Salerno orientierten Schriften, die den Einfluß der quantifizierenden Pharmakologie Montpelliers erst sublim zu erkennen geben (→Arnald v. Villanova, →Wilhelm v. Brescia, →Theriaktraktate). G. Keil

Lit.: WICKERSHEIMER, Dict. I, 185 - SARTON, III/2, 876f. – L. DULIEU, La médecine à Montpellier, I, 1975, 112, 193, 196, 205.

Solomon and Saturn, Titel mehrerer ae. Texte in Dialogform (→Dialog, IX). [1] Der *poet. S.* (Frgm. erhalten in den Hss. CCCC 422 und CCCC 41; insges. 506 Verse) besteht aus zwei durch ein Prosastück verbundenen Gedichten wohl unterschiedl. Ursprungs. Solomon verkörpert die chr. Weisheit (→Salomo), Saturn dagegen die heidn.-oriental. Gedicht I, das auch häufig →Runen verwendet, behandelt die Wirksamkeit des palmzweigförmigen Vaterunsers gegen den Teufel. Das Prosastück schildert die Formen, die der Teufel und das Vaterunser annehmen, wenn sie streiten. Gedicht II, das als künstler. wesentl. besser gilt, entfaltet, z. T. in Rätselform, heroischmyth., dämonolog., moral. sowie theol. Motive und wirft die Frage nach Schicksal und Bestimmung des Menschen auf (→Spruchdichtung, III); bekannte Passagen betreffen z. B. einen Helden namens Wilder Wolf (*weallende wulf*) und den Vogel Vasa Mortis. Im oriental. und germ. Traditionen vereinenden Gedicht siegt anscheinend am Schluß Solomon.

[2] Der *Prosa-S.* ist im aus dem 12. Jh. stammenden Teil der Hs. BL Cotton Vitellius A. xv überliefert, entstand aber wohl schon im 10. oder 11. Jh. Die Namen sind womögl. aus den poet. Dialogen übernommen; das in jenen dominante Element der Debatte fehlt. Der Prosa-S. ist ein didakt. Dialog von 59 Fragen, in dem Solomon (als Lehrer) die Fragen Saturns beantwortet, die sich v. a. mit bibl. (Schöpfung, Adam und seine Nachkommen, Noah, Zahl der Völker, Sprachen usw.), aber auch mit naturkundl. Wissen (Zahl der Vögel und Fische usw.) befassen. Das in der Tradition der →»Ioca Monachorum« stehende Werk weist Ähnlichkeiten mit dem ae. Dialog →»Adrian and Ritheus« auf (vermutl. gemeinsame Vorstufe). Der in zwei Hss. überlieferte me. Dialog »Questiones betwene the Maister of Oxenford and his Clerke« (»The Maister of Oxford's Catechism«) des 15. Jh. stimmt inhaltl. weitgehend mit dem ae. Prosadialog überein. Vermutl. gehen die ae. und die me. Version auf eine gemeinsame, verlorene (oder bisher nicht identifizierte) lat. Vorlage zurück, weniger wahrscheinl. ist, daß die me. Version unmittelbar nach der ae. Version übersetzt wurde. H. Sauer

Bibliogr.: ManualME 3. VII, 1972 [Nr. 68–69] – S. B. GREENFIELD-F. C. ROBINSON, A Bibliogr. of Publ. on OE Lit., 1980, 270–272, 378 – S. HOLLIS u. a., Annotated Bibliogr. of Old and ME Lit., IV: OE Prose of Secular Learning, 1992, 51–75 – *Ed.*: C. HORSTMANN, Questiones by-twene the Maister of Oxenford and his Clerke, EStn, 8, 1885, 284–287–R. J. MENNER, The Poetical Dialogues of S., 1941–ASPR VI, 1942–J. E. CROSS–T. D. HILL, The Prose S. and Adrian and Ritheus, 1982 – *Lit.*: S. B. GREENFIELD u. a., A New Critical Hist. of OE Lit., 1986, 98f., 269, 273–276.

Solomon bar Simson, wichtigster hebr. Chronist zur Entwicklung und zum Ablauf des 1. →Kreuzzugs. Seine Chronik (auf 1140 datiert [Erwähnung jüd. Leiden in Eller]) fußt auf älteren unabhängigen und zeitgenöss. Dokumenten und berücksichtigt auch Bußdichtungen, die z. T. in der jüd. Liturgie enthalten sind. Durch den einleitenden Hinweis auf die erwartete Erlösung und das Anbrechen der messian. Zeit (→Messias), deren Beginn durch Auslegungen von Jer 31, 6 und Berechnungen (256. lunar. Zyklus von je 19jähriger Dauer) für das Jahr 1096 erhofft wurde, verdeutlicht S. bar S. die verheerenden Auswirkungen, die der 1. Kreuzzug auch auf das geistige Leben der Juden hatte, die nicht nur verfolgt und ermordet wurden, sondern aus Verzweiflung die individuelle oder gemeinschaftl. Selbstopferung in Anlehnung an die Aqedat Jizchak der Pression oder Konversion vorzogen. Wenn auch mindesten 44 Jahre nach dem Ereignis geschrieben, hat das Werk als hist. Q. Bestand und erhält seine Ergänzung durch weitere jüd. und chr. Chronisten. R. Schmitz

Lit.: A. NEUBAUER-M. STERN, Hebr. Berichte über die Judenverfolgungen während der Kreuzzüge, 1892 – A. M. HABERMANN, Sefer Gezirot Aschkenaz we-Zarfat, 1946 – S. W. BARON, A Social and Religious Hist. of the Jews, 1960 [Ind.].

Solothurn, Stadt (Kt. Solothurn, Schweiz; antiker Name 'Salodurum' kelt. Ursprungs, kelt. Siedlung archäolog. [noch] nicht nachgewiesen), bestand als befestigter Ort (Castrum) von der Spätantike bis ins MA fort. Das kgl. St. Ursenstift (archäolog. unerforscht) und die St. Peterskirche (5.–17. Jh. archäolog. belegt) bildeten die beiden Pole des ma. S. Vermutl. gab es nach der Castrumbefestigung keine weiteren Mauerringe bis zur auch die unbefestigte Siedlung erfassenden Stadtummauerung im 13. Jh. Zentrum der seit dem 11. Jh. allmähl. gewachsenen Straßenmarktsiedlung war der Siedlungsteil Schaalgasse–Goldgasse–Markt, (Zeitglocken-) Turm, Schaal, Judenviertel und Münz. Aus →Wipos Bericht über die Erhebung Heinrichs III. zum Kg. v. →Burgund in der Stephanskirche (1038) wurde auf eine Kg.spfalz S. geschlossen (von der modernen Pfalzenforsch. bezweifelt). Außer der burg. Reichsversammlung 1038 sind für 1042, 1045, 1048 und 1052 Hoftage in S. belegt. Für 1048 wird Verleihung von Markt und Münze (wahrscheinl. an St. Ursen) vermutet, explizite Erwähnung der Münze 1146, des Marktrechts 1376. – Das Ursenstift ([Monasterium] Sancti Ursi in Soloduro) wurde 870 im Vertrag v. →Meersen Ludwig d. Dt. zugesprochen. Die Nachricht von der Umwandlung des Kl. in ein Stift und der Errichtung einer neuen Kirche um 930 durch Kgn. →Bertha (⚭ Rudolf II. v. Burgund) findet sich erst in einem spätma. Jahrzeitbuch, ebenso ist die Translation der Ursusreliquien 1019 nicht gesichert, das Stiftskapitel erst 1208 belegt. Propst Felix →Hemmerlin (1422–55) reformierte das Stift (1424 neue Statuten). Die Stiftsschule war bis zum Ende des MA die einzige Bildungsstätte der Stadt. Gewalt wurde das Stift seit dem Rektorat der →Zähringer über Burgund zunehmend in Frage gestellt: 1181 erscheinen urkdl. erstmals burgenses Solodorenses in Verbindung mit dem Stadtgericht; dieses entwickelte sich zum städt. Rat (Schultheiß, elf Beisitzer oder Räte). Mit dem Aussterben der Zähringer 1218 wurde die Stadt reichsfrei, bis 1250 befreiten sich die Stadtbürger unter Ausnutzung des Kampfes zw. Staufern und Papsttum von den letzten herrschaftl. Rechten des Stiftes. Unter Rudolf v. Habsburg erhielt die Stadt die ersten Privilegien, 1344 übertrug Ludwig d. Bayer ihr das freie Schultheißenwahlrecht sowie Verfügung über Münze und Zoll, Karl IV. schenkte 1365 den Blutbann im Umkreis von 3 Meilen. Zw. 1350 und 1450 starben die adligen und großbürgerl. Geschlechter aus und wurden in den höchsten Ämtern durch Vertreter aus dem in Zünfte gegliederten Handwerkerstand abgelöst (nach Unruhen um 1340 Erweiterung des 11köpfigen Rats ['Altrat'] durch je zwei Vertreter der 11 Zünfte ['Jungrat']; um 1360: Erweiterung des Regierungskollegiums durch den Großen Rat [66 Mitglieder = je sechs aus jeder Zunft]). 1476 entstand ein neues, später erweitertes Rathaus am heutigen Standort. – Die Stadt baute von 1344–1532 in Rivalität mit →Bern und →Basel ihr Territorium auf. Seit 1295 mit Bern verbündet, wurde S. durch Berns Eintritt in die →Eidgenossenschaft 1353 mittelbar mit den acht Alten Orten verbunden. Die Bundesaufnahme erfolgte unter Vermittlung von →Nikolaus v. Flüe(li) erst 1481 zusammen mit →Freiburg. Die Stadt hatte um 1450 ca. 2000 Einw. (ummauerte Fläche rund 13 ha).

O. Noser

Lit.: B. Amiet, S.ische Gesch., I, 1952 – S., Beitr. zur Entwicklung der Stadt im MA, 1990 [= ID, Veröff. des Inst. für Denkmalpflege an der Eidgenöss. Techn. Hochschule Zürich, 9] – B. Schubiger, Die Kunstdenkmäler des Kt.s S., I, 1994.

Soloveckij-Kl., Kl. in Nordrußland, im westl. Teil der gleichnamigen Weißmeerinsel, geht zurück auf eine Siedlung (1429), gegr. von den hll. Savvatij († 1435) und German († 1484), Mönchen des Kirillo-Belozerskij-Kl. (→Beloozero); stark beteiligt war (nach Savvatijs Tod) auch der hl. Zosima († 1478). Die umfangreiche hagiograph. Lit. über die Gründer ist überwiegend späteren Datums. – Im 15. Jh. erhielt das Kl. zahlreiche Landschenkungen von Novgoroder Familien (u. a. auch von Marfa Boreckaja, Witwe des →Posadnik Isak Andreevič Boreckij, vor 1475), 1468 von der Stadt →Novgorod die Inselgruppe zu »ewigem Besitz« übertragen; diese Rechte wurden 1479 vom Gfs.en v. →Moskau, →Ivan III., bestätigt. Das nach einem Brand (1485) wiederaufgebaute Kl. entwickelte sich seit dem 16. Jh. zu einem der wichtigsten Zentren russ. Religiosität (Pilgerwesen). 1918 wurde es in das erste sowjetruss. Konzentrationslager umgewandelt.

F. B. Poljakov

Lit.: L. I. Denisov, Pravoslavnye monastyri Rossijskoj imperii, 1908, 10–21 – N. S. Čaev, Severnye gramoty XV v., Letopis' zanjatij Archeografičeskoj komissii..., 35, 1929, 121–164 – Gramoty Velikogo Novgoroda i Pskova, hg. S. N. Valk, 1949, 296–313 – M. V. Kukuškina, Monastyrskie biblioteki Russkogo Severa, 1977 – M. Rozanov, S. konclager' v monastyre, 1979–87 – R. P. Dmitrieva, Slovar' knižnikov i knižnosti Drevnej Rusi, II/1, 1988, 252–254, 264–267 – Akty social'no-ėkonomičeskoj istorii Severa Rossii konca XV–XVI v.: Akty Soloveckogo monastyrja..., 1988–90 – S. paterik, 1991 – V. L. Janin, Novgorodskie akty XII–XV vv., 1991, 232f., 254–258, 261–268 – F. B. Poljakov, Kirchen im Kontext unterschiedl. Kulturen, 1991, 883–900.

Solözismus, Soloecismus, Σολοικισμός: nach einer der (ungesicherten) antiken Etymologien, die im MA z. B. bei →Papias nachwirkt, ein Ausdrucksfehler, wie ihn die gr. Bewohner der Stadt Soloi im barbar. Kilikien machten. Im lat. MA meint S., antiken Sinnvarianten folgend, a) als durch Donatkommentare von →Sedulius Scotus u. a. geförderter grammat. rhetor. Terminus einen Verstoß (vitium) gegen die Syntax(regeln), wie z. B. – nach →Isidor, orig. 1, 33 – 'inter nobis' statt 'inter nos' (während eine in sich fehlerhafte Einzelwortform wie 'tottum' für 'totum' als →Barbarismus gilt; in außertechn. Lit. verschwimmen die Begriffsgrenzen); Übertragen bezeichnet S. b) als eine der beliebten 'grammatical metaphors' einen Fehler im (moral., sexuellen) Verhalten, z. B. bei →Alanus ab Insulis (De planct. nat.) und →Matthaeus v. Boulogne (Schmitt, 195f.); vgl. →Ruodlieb 10 (12), 28. – In der Logik bedeutet S. auch einen Verstoß gegen die Logiknormen, so bei →Albertus Magnus, De elenchis sophist. 1, 6, 4 (aus →Boethius [Aristoteles], el. soph. 1, 13 [14] entwikkelt).

Für Σ. als grammat. Fachausdruck im gr. Osten zeugt die gr. Grammatik von →Theodor Gazes (15. Jh.). – Bei Dichtern (und Rednern) wird ein (metrisch bzw. ornatusbedingter) bewußt gesetzter S. positiv als figura/schema (→Figurae) gewertet (vgl. Ruodlieb 10 (12), 28 s.mi scemate), ein solcher Barbarismus als →Metaplasmus (Lausberg).

F. Quadlbauer

Lit.: Material des ThLL und MlatWb – G. Schepss, De soloecismo, 1875 – F. Lochner v. Hüttenbach, Soloi und Soloikismos, RhMus, NF 119, 1976, 336–345 – J. A. Alford, The Grammat. Metaphor... in the MA, Speculum 57, 1982, 728–760 – M. L. Coletti, Gli esempi di 'soloecismus' nei commenti irlandesi a Donato del sec. IX., Romanobarbarica 7, 1982/83, 77–109 – Dies., Il 'barbarismus' e il 'soloecismus' nei commentatori altomedievali di Donato, Orpheus 4, 1983, 67–92 – P. Flobert, La théorie du solécisme dans l'antiquité, RevPhil 60, 1986, 173–181 – H. Lausberg, Hb. der lit. Rhetorik, 1990³ – A. Schmitt, Der geritene Aristoteles (Arbor amoena comis, ed. E. Könsgen, 1990), 193–197.

Solskifte (adän.; 'Sonnenteilung'). Vermessungen und Katasterkarten des späten 17. und 18. Jh. zeigen die Gewannflur dän. und schwed. Dörfer mit 50 bis 100 Parzellen je Bauernhof. Anbautechn. Einheit waren lange und schmale Parzellen, meist 6–12 m breit. Um 1200 mag eine Art von Blockflur üblicher gewesen sein, aber die Landschaftsgesetze des 13. Jh. erwähnen zwei Prinzipien für die systemat. Verteilung der Parzellen: Bol- (Hufen-) Einteilung und S. Bei den S.n lagen die Parzellen der Gehöfte in allen Gewannen in derselben Reihenfolge, der Anteil der Höfe war für die Breite der Parzellen maßgebl. In strenger Form war die S. nur brauchbar, wenn der Hof eine unveränderl. Einheit bildete, jede Veränderung forderte im Prinzip eine totale Neuvermessung. In Dänemark war die Boleinteilung weit verbreitet, in den die Gewannen auf →Hufen gleicher Größe aufgeteilt wurden; in Schweden dagegen scheint die S.-Einteilung üblicher gewesen zu sein. → Dorf, C.

E. Ulsig

Lit.: KL, s.v. Bol; s.v. Byamål; s.v. Bymark; s.v. S.

Solsona, Santa Maria de, Regularkanonikerabtei (Katalonien, Bm. Urgell), 1593 zum Bf.ssitz erhoben. An der um 916 errichteten gfl. Eigenkirche, von der drei Kirchweihurkk. (977, 1070, 1163) überliefert sind, ist seit Ende des 10. Jh. die Existenz einer Kanonie belegt. Unter Prior Raimund Guitard (1092–1113), der auch einen Schutzurk. Urbans II. erwirkte (1097), erfolgte sowohl die Übernahme der Augustinusregel (Beziehungen zu →S. Joan de les Abadesses, →Roncesvalles und →St-Ruf in Avignon) als auch die Umwandlung des Priorats in eine Propstei (1104). Mitte des 12. Jh. gelang es Propst Bernhard de Pampe (1160–95), der den Bau von Claustrum und Refektorium vollendete, nach einem langjährigen Rechtsstreit mit den Bf.en v. →Urgell um die Besitzrechte des Stiftes in den 68 abhängigen Pfarrkirchen (u. a. in Balaguer), die Unabhängigkeit S.s durch Privilegien Alexanders III. bestätigen zu lassen. Das Stift wurde im 11. und 12. Jh. von den Gf.en v. Urgell durch reiche Schenkungen gefördert (Allodien, Pfarrkirchen mit Zehnten, Burgen mit Gerechtsamen). Diese expansive Phase endete mit dem 12. Jh., so daß im SpätMA v. a. Besitzstandwahrung angestrebt wurde. Im 13. Jh. hatte die Propstei zusammen mit der vgfl. Familie v. →Cardona den Seniorat über die Stadt, im 14. Jh. besaß der Propst dort das 'merum imperium'. 1409 erhob Benedikt XIII. S. zur Abtei.

U. Vones-Liebenstein

Lit.: DHEE IV, 2503–2505 – Gran Enc. Cat. XIII, 1979, 752 [A. Pladevall] – D. Costa y Bafarull, Memorias de la ciudad de S. y su Iglesia, 2 Bde, 1959² – O. Engels, Episkopat und Kanonie im ma. Katalonien, SFGG. GAKGS 21, 1963, 120–131 [= Ders., Reconquista und Landesherrschaft, 1989, 186–197] – Ders., Schutzgedanke und Landesherrschaft im östl. Pyrenäenraum, 1970 – M. Riu i Riu, La canónica de S. M. de S. Precedents medievals d'un bisbat modern, Urgellia 2, 1979, 211–256 – R. Planes i Albets, S. M. de S. Notes sobre els orígens i les transformacions del temple romànic, 1986 – Ders. u. a., Catalunya romànica, XIII, 1987, 278–303.

Solutiones contrariorum, bei der scholast. Exegese der Rechtsq. die 'Lösungen von Widersprüchen', wie sie insbes. in quaestiones legitimae (→Quaestiones iuris) formuliert wurden und in →Brocardica zutage traten.
                                                                P. Weimar

Lit.: P. WEIMAR, Die legist. Lit. und die Methode des Rechtsunterrichts der Glossatorenzeit, Ius commune 2, 1969, 43–83 – G. OTTE, Dialektik und Jurisprudenz, 1971, 18off.

Somerset, Dukes and Earls of. Richard II. ernannte 1397 John →Beaufort (um 1371–1410), den ältesten Sohn von →John of Gaunt und dessen Mätresse Catherine Swynford (∞ seit 1396), zum Earl of S. Einen Tag nach der Legitimation der Kinder aus dieser Verbindung (9. Febr. 1397) erhielt Beaufort seinen Titel. Im Earldom folgten ihm seine drei Söhne, Henry (1401–18), John (um 1404–44) und Edmund (um 1406–55). Die Besitzungen des Earldom lagen hauptsächl. in S., Devon und Dorset, die John of Gaunt zusammen mit den Ländereien in Northamptonshire und Leicestershire John Beaufort übertragen hatte. John und seine Nachfolger im Earldom versuchten mit gewissem Erfolg, ihr Erbe durch Heirat und Kg.sdienst zu vergrößern. Die Earls John und Edmund sowie Edmunds Sohn Henry (um 1436–64) erlangten die Gunst von Heinrich VI. Der 3. Earl John wurde 1443 zum Duke of S. erhoben und das Dukedom 1448 für dessen Bruder Edmund erneuert. Die Rivalität zw. Edmund und →Richard, Duke of York (10. R.), bildete den entscheidenden Ausgangspunkt für die polit. Konflikte der frühen 50er Jahre des 15. Jh., und Edmund wurde – vielleicht absichtl. – von den Yorkists in der 1. Schlacht v. →St. Albans 1455 getötet. Der Rachegedanke war nun ein Beweggrund für die fortgesetzte Unterstützung Heinrichs VI. durch die Familie Beaufort, und Duke Henry befehligte die Streitkräfte der Lancastrians in den Schlachten v. →Wakefield, St. Albans und →Towton (1460–61). Nach dem Sieg der Yorkists in Towton wurden Duke Henry die Titel aberkannt, und das Dukedom zog man mit seinen Ländereien ein. Obwohl er 1463 erneut in seine Rechte eingesetzt worden war, sammelte er die verbliebenen Lancastrians 1464 um sich und wurde in der Schlacht v. →Hexham im Mai 1464 besiegt und hingerichtet. Henry, dem letzten Duke der Beaufort-Linie, wurden zwar 1465 alle Rechte aberkannt, doch erfolgte 1485 eine Widerrufung. Sein Erbe, sein Bruder Edmund (um 1439–71), wurde nach der Schlacht v. →Tewkesbury hingerichtet und hinterließ keinen Erben.   A. Tuck

Lit.: R. A. GRIFFITHS, The Reign of Henry VI, 1981 – G. L. HARRISS, Cardinal Beaufort, 1988.

Somme le roi (Livre des vices et des vertus, 'Buch der Laster und Tugenden'), erbaul. Werk (→Spiegellit.) in afrz. Sprache, verfaßt 1279–80 für Kg. →Philipp III. den Kühnen von Frère Laurent (Laurentius v. Orléans) OP († 1296/1300), Prior von St. Jakob zu Paris (→Dominikaner A, I. 2) und kgl. Beichtvater (→Confesseur), Teilnehmer des →Aragón-Kreuzzuges v. 1285 und (nach dem Tode des Kg.s) Lektor und Inquisitor in Tours. – S. richtet sich in erster Linie an Laien, wurde aber auch von Klerikern als Beichtspiegel benutzt. Das Werk besteht aus fünf Einzeltraktaten: 1. die Zehn Gebote, kurzer Komm. des Dekalogs; 2. die Zwölf Glaubensartikel, deren jeder einem Apostel zugeschrieben wird; 3. die Sieben Hauptsünden (über dem »Miroir du Monde« weitgehend aus der »Summa de vitiis et virtutibus« des Guillaume Peyraut entlehnte Abhandlung, unter Anwendung der Baum-Metaphorik: Hauptsünden als Wurzeln, aus denen Äste und Zweiglein erwachsen); 4. ein theoret. Traktat über die Tugend, gestützt auf patrist. Zitate; 5. ein Sieben-Tugenden-Traktat, der längste und zugleich eigenständigste Teil des Werkes. S. fand ungemein starke Verbreitung (um die hundert Hss., zwei Inkunabeln von Antoine Vérard), auch in weiten Teilen Europas (drei it. Übers., mehrere altprov. Bearb., katal. Übers., kast. Bearb., zwei mndl. und acht engl. Übers., eine davon in Versen).   F. Vielliard

Ed.: E. BRAYER (SATF) [in Vorber.] – La S. de Frère Laurent (Positions thèses de l'École des Chartes, 1940), 27–35 – *Lit.*: DLFMA, 1992², 921f. [*Lit.*] – DSAM IX, 404–406 – DThC IX, 934f. – E. BRAYER, Contenu, structure et combinaisons du Miroir du Monde et de la S., Romania 79, 1958, 1–38, 433–470 – M. BRISSON, The Influence of Frère Laurent's S. on Frère Robert's Le Chastel Perilleux, MAe 36, 1967, 134–140 – L. CARRUTHERS, La S. et ses traductions anglaises, étude comparée, 1986 – DERS., Laurens of Orleans and the S., Vox Benedicta 5, 1988, 190–200 – DERS., L'echelle de Jacob ou le bonheur céleste (L'idée de bonheur au MA. Actes du Colloque d'Amiens 1984, 1990), 103–113.

Somme rurale → Jean le Boutillier (20. J.)

Sommerschenburg, Pfgf.en v. Sachsen. Das Geschlecht wird faßbar, nachdem Friedrich I. v. S. († 1120), Sohn eines Edelfreien Adalbert und der Oda v. Goseck, 1088 dem Gf.en Friedrich II. v. Goseck in der Würde des sächs. →Pfalzgf.en folgte und zugleich auch in dessen Gft.srechte im Hassegau (zw. Unstrut und Saale) eintrat. Von seinen pfgfl. Funktionen ist nichts bekannt. Die Höhenburg S. (sö. Helmstedt) wird seit dem ersten Drittel des 12. Jh. zunächst als Zubenennung erwähnt (»Fridericus palatinus comes de Somerischenborg«, MGH DL. III. 21 von 1129). Allode der S.er lagen insbes. an der oberen Aller und am Lappwald, an dessen altbesiedeltem Saum vor 1147 (1138?) die Zisterze Mariental als Hauskl. gestiftet wurde. Gf.enrechte hatten die S.er außer im Hassegau in und um Seehausen (nö. Oschersleben). Ihrer Vogtei unterstanden Mariental, →Helmstedt (seit 1145 belegt), →Walbeck a. d. Aller (1145–79?), →Schöningen (1120), →Huysburg (seit 1123/24), Hamersleben (um 1149–78?), →Quedlinburg (vor 1137–79), Ringelheim (nach 1152) und →Gandersheim (nach 1152). Ehedem ein Vertrauter Ks. Lothars III., war Friedrich II. v. S. († 1162) durchweg ein Parteigänger Heinrichs d. Löwen, während sein Sohn Adalbert († 1179) 1165 in Kämpfe mit dem Hzg. verwickelte und 1167 zur antiwelf. Fs.enkoalition gehörte. Um vom Hzg. erhobene Ansprüche zu unterlaufen, verkaufte Adalberts Schwester und Erbin Adelheid, Äbt. v. Quedlinburg und Gandersheim, 1179/80 die Burg S. nebst Zubehör an Ebf. →Wichmann v. Magdeburg. Das Ebm. hat die Burg seit 1208 gegenüber den Welfen behauptet. Die gfl. Rechte in und um Seehausen gelangten nach 1180 an den Wettiner Dietrich v. Groitzsch († 1207). Die Würde des sächs. Pfgf.en und die Gft. im Hassegau fielen 1180 an die →Ludowinger und 1247 von diesen an die→Wettiner.
                                                                W. Petke

Q. und Lit.: E. HEINZE, Die Entwicklung der Pfgft. Sachsen bis ins 14. Jh., SaAn 1, 1925, 33–63 – H.-D. STARKE, Die Pfgf.en v. Sachsen bis zum Jahre 1088, Braunschweig. Jb. 36, 1955, 24–52 – DERS., Die Pfgf.en v. S. (1088–1179), JGMODtl 4, 1955, 1–71 – W. PETKE, Die Gf.en v. Wöltingerode-Wohldenberg, 1971, 284–286, 551–553.

Sommestädte (villes de la Somme), schlagwortartige Sammelbezeichnung für eine Gruppe strategisch wichtiger Grenzorte am oder nahe dem nordfrz. Fluß Somme (→St-Quentin, →Corbie, →Amiens, Doullens, →St-Riquier, →Abbeville; kgl. Kastellaneien v. →Montdidier, Roye und →Péronne, im 15. Jh. heißumkämpfter Zankapfel zw. dem Kg. v. →Frankreich und dem Hzg. v. →Burgund. Die S. bildeten eine Festungslinie, welche die nördl. (fläm.) Länder Burgunds schützte und deren Besitz den Hzg.en die Kontrolle über die →Picardie ermöglichte.

Bereits Hzg. Johann (→Jean sans Peur) suchte sie daher militär. und polit. zu beherrschen; 1418 ließ er sich von Kg. →Karl VI. Roye, Péronne und Montdidier als Pfand auf die Mitgift seiner künftigen Schwiegertochter →Michèle de France übertragen. 1420–30 versicherte sich Burgund, um den Preis langfristiger militär. Operationen, der Region. Im Vertrag v. →Arras (1435) bestätigte Kg. →Karl VII. dem Hzg. →Philipp dem Guten den Besitz der drei Kastellaneien und übertrug ihm als Pfandschaft die Städte St-Quentin, Corbie, Doullens, Amiens, Abbeville sowie die (von Frankreich dann für 400 000 *écus* zurückerworbene) Gft. →Ponthieu. Der Rückkauf der S., den →Ludwig XI. gegenüber Hzg. Philipp in zähen Verhandlungen 1463 durchsetzte, erzürnte den Erbprinzen →Karl den Kühnen aufs heftigste und trug zu dessen Eintritt in die königsfeindl. →'Ligue du Bien Public' entscheidend bei; im Vertrag v. Conflans (1465) ließ sich Karl die S. erneut abtreten. Im Okt. 1468 (→Péronne) mußte der Kg. unter heftigstem Druck des Hzg.s die Unwiderrufbarkeit der Abtretungen von 1435 und 1465 beschwören, dessenungeachtet ließ Ludwig 1471 Amiens und St-Quentin, 1475 Roye, Montdidier und Corbie besetzen. Der Hzg. konnte nur mehr St-Quentin rekuperieren (→Soleuvre, Sept. 1475). Nach dem Tode Karls d. Kühnen (1477) okkupierte Frankreich definitiv die gesamte Sommegrenze.

B. Schnerb

Q.: Les grands traités de la guerre de Cent Ans, hg. E. COSNEAU, 1889 – *Lit.*: R. VAUGHAN, John the Fearless, 1966 – DERS., Philip the Good, 1970 – DERS., Charles the Bold, 1972.

Soncino, Druckerei. Die Familie S., die ursprgl. aus Dtl. (Speyer und Fürth) nach Italien eingewandert war und ihren Namen von dem Städtchen S. bei Cremona herleitete, gründete dort 1483 eine Druckerei, die bald der wichtigste Produzent hebr. Bücher im 15. Jh. wurde. Am Anfang sind vier Pressen zu unterscheiden, die des Josua Salomon ben Israel Nathan, die seines Neffen Gerschom ben Moses (auch Menzlein gen.), die dessen Bruders Salomon ben Moses und die der 'Söhne S.s'. Über 25 Ausg.en wurden publiziert, darunter die ersten einzelnen Talmudtraktate, die erste vollst. hebr. Bibel und das erste große jüd. Gebetbuch (2. Teil aus unbekannten Gründen in Casal Maggiore gedruckt). Die Soncinaten introduzierten stilisierte sephard. Quadrat- und Semikursivtypen und waren auch die ersten, die Holzschnittinitialen und Zierleisten verwendeten. Vermutl. unter kirchl. Druck mußten Josua Salomon (gest. 1493?) um 1490 nach dem Kgr. Neapel und Gerschom nach Brescia, Barco, später Fano, Pesaro, Ortona, Cesena, Rimini und bis in die Türkei ausweichen. Die von Gerschom 1494 in Brescia gedr. hebr. Bibel wurde von Luther verwendet. Im 16. Jh. publizierte Gerschom (gest. 1534) noch ca. 200 Werke (hebr., lat., griech., it.), seine Typen wurden von Francesco Griffo da Bologna geschnitten. Seit 1530 arbeitete er in Konstantinopel. Nachfolger war sein Sohn Eliezer (gest. 1547), dessen Sohn Gerschom (gest. 1562) druckte als letzter der Soncinaten 1557 in Kairo.

A. K. Offenberg

Lit.: G. MANZONI, Annali tipografici dei S., II, T. 1; III, T. 2; IV, T. 2, 1883–86 [weiter nicht erschienen; Nachdr. 1969] – A. M. HABERMANN, Hamadpismin bené S. (hebr.), 1933 – M. MARX, Gershom S.s Wanderyears in Italy 1498–1527, 1969 [Selbst.ausg. eines Beitr. in Hebr. Union Coll. Annual 11, 1936] – G. TAMANI, Tipografia ebraica a S. 1483–1490, 1988.

Sondergemeinden, in →Köln 12 Bezirke mit eigener Organisation und Leitung, in den Q. parochia, tribus, Kirchspiel genannt. Ob die S. vom Stadtherrn bzw. von der Gesamtstadt her oder von den jeweiligen Bezirksbürgern geschaffen worden sind, ist strittig. Für lokale Initiativen spricht die anfängl. Verschiedenheit der Verfassungen der S. Die Kaufmannsgilde wird nicht mehr als Modell für die S. betrachtet. Die ältesten S. sind wohl schon im 11. Jh. entstanden. In der Altstadt, der Rheinvorstadt und in den seit 1180 umwallten Gebieten bildeten sich die S. im Rahmen von Pfarrsprengeln, während die 1106 umwallten Bezirke Airsbach und Niederich Pfarrgrenzen überschnitten. Zentren der S. waren Geburhäuser (domus civium), in denen sich die Bürger (cives, contribules) versammelten. Vorsteher der S. waren in der Regel zwei jährl. wechselnde Meister. In der voll entfalteten S. verfassung bildeten Anwärter (unverdiente Amtleute), amtierende und gewesene Meister (verdiente Amtleute) eine Bruderschaft von Amtleuten (officiales), die sich durch Zuwahl selbst ergänzte. Die Amtleute nahmen Aufgaben auf den Gebieten des Gerichtswesens (Niedergericht, Schuldklagen bis zu fünf Schilling Streitwert, Rügegericht), der Steuererhebung und Finanzverwaltung sowie der kirchl. Verwaltung (Pfarrerwahl, Armenwesen, Hospitäler u.a.) wahr. Ihr Zeugnis in Liegenschaftsgeschäften führte zur Ausbildung des →Schreinwesens. Die Amtleute teilten sich Gebühren, Bußen und andere Leistungen. Nach 1396 übernahmen die Gaffeln Funktionen der S. Die Amtleutekollegien bestanden aber als Pfründenanstalten weiter.

M. Groten

Lit.: E. LIESEGANG, Die S. Kölns, 1885 – TH. BUYKEN – H. CONRAD, Die Amtleutebücher der köln. S., 1936.

Sondersprachen, in der Linguistik alle Sprachformen, die von »sozialen, sachl.-begriffl. geschlechts- und altersspezif. Sonderungen« (D. MÖHN) herrühren. Meist sind damit aber nur die sog. 'verhüllenden', von gesellschaftl. →Randgruppen benutzten S. (Rotwelsch, Argot, Gergo, Cant etc.) gemeint. Ein wichtiges Merkmal dieses Typs S. ist die Geheimhaltungsfunktion. Insbes. an der spätma. Gauner- und Bettlersprache (→Rotwelsch) läßt sich das Streben nach möglichst perfekter Geheimhaltung, verbunden mit einer durch den gemeinsamen esoter. Sprachgebrauch geförderten Gruppensolidarität exemplar. nachweisen. Was das spätma. Rotwelsch von anderen S. unterscheidet, ist die bes. Motivation zur Ausbildung eines eigenen Wortschatzes. Ausschlaggebend dürften vier Beweggründe gewesen sein: Geheimhaltung von Information, Gefahrenabwehr, Täuschungsabsicht, Integration. So liegen bezeichnenderweise für das ältere, von einem begrenzten Personenkreis gesprochene Argot kaum direkte oder gar schriftl. Sprachzeugnisse vor. Aufzeichnungen über die spätma. Geheimsprachen, wie man die S. früher nannte, stammen fast ausschließl. aus Kreisen, die ein prakt. Interesse (moral.-didakt. Aufklärung, Sozialkritik, Verbrechensbekämpfung etc.) an der Bekanntmachung oder Enttarnung einer solchen Geheimsprache hatten. Die Geheimhaltungsfunktion der Gauner- und Bettlersprache wurde bereits von den Zeitgenossen als das herausragende Merkmal empfunden, wie eine Stelle aus der Chronik Matthias' v. Kemnat (1475) belegt: »[...] vnd sie geben iren orden vnd sect so manchen nottlichen namen vnd haben ein besunder deutsch vnd sprach, das sich irer einer vor dem andern selbs nit mage gehuten«. Die gruppenspezif. Geheimhaltungsfunktion erfüllen v. a. oft nur schwer zu erkennende Sprachentlehnungen aus weniger bekannten Sprachen (z. B. Hebräisch, Zigeunersprache), auch der spieler. Umgang mit der jeweiligen Landessprache dient dem gleichen Zweck.

R. Jütte

Q.: F. KLUGE, Rotwelsches Q.buch, 1901 [Neudr. 1987] – *Lit.*: Lex. der germ. Linguistik, 1980², 384–390 [D. MÖHN] – A. STEIN, L'École gie de l'argot ancien, 1974 – Enciclopedia Einaudi, VI, 1979, 724–746, s.v. Gergo [B. Geremek] – R. Jütte, Abbild und soziale Wirklichkeit des Bettler- und Gaunertums zu Beginn der NZ, 1988.

Sone de Nansay, frz. Roman eines unbekannten Autors aus dem letzten Viertel des 13. Jh. Er ist in einer einzigen Hs. überliefert (Turin, Bibl. Nazionale, L. I. 13), die wenige Jahrzehnte nach der Abfassung des Textes entstand und u.a. »Cligès«, Gautier d'Arras und Jean de Condé enthält. Sie wurde 1904 in einem Brand schwer beschädigt; die kurz vorher angefertigte, ziemlich sorgfältige Ed. von M. Goldschmidt gestattet den Zugang zu den mehr als 21 000 Versen des Romans. Nach der Art des Jean Renart sind Teile in verschiedenen Metren in die Erzählung (in *octosyllabes* mit auf der vorletzten Silbe betontem Reim) eingefügt. Der Protagonist erlebt einen Aufstieg vom Knappen zum Ritter und schließlich zum Ks.; die Handlung spielt auf häufig wechselnden Schauplätzen, v.a. in Norwegen – ein ungewöhnl. Ziel im frz. Abenteuerroman –, wo S. sogar Kg. wird. Der Reichtum und die Vielfalt seiner Themen (Abenteuer, religiöse Thematik, Liebe – vorwiegend die ehel. Liebe –, ausgezeichnete Schilderung von Charakteren und Personen, auch Frauengestalten, gute Beobachtungsgabe für Seelenregungen, Gliederung in Form einer Herrscherbiographie) erheben S. zu einem der bedeutendsten Romane aus dem Ende des 13. Jh., dem die Forschung bis in die neueste Zeit nicht die gebührende Aufmerksamkeit gewidmet hat.

A. Vitale Brovarone

Ed. und Lit.: S., ed. M. Goldschmidt, 1899 – K. Nyrop, S. et la Norvège, Romania 35, 1906, 555–569 – Cl. Lachet, S. et le roman d'aventures en vers au XIIIe s., 1992.

Sonett (it. *sonetto*), aus dem prov. *sonet* ('kleiner Tonsatz'), Bezeichnung für eine kurze stroph. Gattungsform, die sich in der it. Lit. von den Anfängen im 13. Jh. bis in die heutige Zeit der größten Verbreitung erfreut und auch in Nachahmung →Petrarcas, dessen »Canzoniere« hauptsächl. aus S. en besteht, in zahlreiche europ. Lit. en Eingang gefunden hat. Beigetragen zu dieser, sich bis in unsere Zeit fortsetzenden Blüte des S.s hat wahrscheinl. seine ausgewogene und klare Struktur: das S. besteht aus zwei vierzeiligen und zwei dreizeiligen Strophen in Elfsilbern mit verschiedenen Reimstellungen, wobei das Thema in den ersten acht Versen exponiert und in den sechs restl. Versen rasch entwickelt oder kurz erweitert wird. Bereits in den ersten Jahrhunderten war das S. nicht themat. festgelegt und fand unterschiedslos sowohl in der lyr. Dichtung als auch in der Scherz- und in der moralisierenden Dichtung Verwendung, ebenso für →Tenzonen und in Zyklen (»collane«). Seit dem 14. Jh. bildeten sich strukturelle Variationen heraus (S. e in Siebensilbern und S. e mit langer Cauda, gen. *sonettesse*). Über den Ursprung des S.s gibt es auch in neuester Zeit verschiedene und komplexe Hypothesen.

G. Capovilla

Lit.: C. Montagnani, Appunti sull'origine del s.o, Riv. lett. it. IV, 1986, 9–64 – W. Pötters, Chi era Laura? Strutture linguistiche e matematiche nel Canzoniere di Francesco Petrarca, 1987 – R. Antonelli, L'»invenzione« del s.o (Fschr. A. Roncaglia, 1989), 35–75 – D'A. S. Avalle, Paralogismi aritmetici nella versificazione tardoantica e medievale, Atti Coll. Metrica classica e linguistica, Urbino, 3–6 ott. 1988, 1990.

Songe du Vergier, Le, frz. Traktat, verfaßt auf ausdrückl. Wunsch Kg. →Karls V. v. Frankreich; die Verfasserschaft kann heute mit Sicherheit Évrart de →Trémaugon, Rechtsprofessor in Paris sowie kgl. Rat und Hofrichter, zugewiesen werden. Als grundlegendes publizist. Werk im Streit um den →Gallikanismus behandelt S. in Dialogform (→Dialog) das Verhältnis von geistl. und weltl. Gewalt. Auf einen Prolog, der Ausgangssituation und Bezüge (Traumgesicht des in einem Baumgarten entschlummerten Autors, dem der 'Roi', 'Puissance spirituelle' und 'Puissance temporelle' erscheinen) umreißt, folgt der in zwei Bücher gegliederte Hauptteil, in Gestalt eines Streitgesprächs zw. einem Kleriker und einem Ritter, eingeteilt in Kapitel, die (bei aller Kürze) jeweils Teilstükke des Dialoges darstellen. Den Abschluß bildet ein Epilog.

Das zunächst in lat. Version (»Somnium Viridarii«) abgefaßte Werk (zw. 1374 und dem 16. Mai 1376) ist eine weitschweifige Kompilation älterer Texte, denen der Verf. eigene Passagen und Kapitel hinzufügt. In weniger als zwei Jahren entstand dann die frz. Fassung, die sich als gut geschriebener und wohlgegliederter Text darbietet; Zusätze und Streichungen tragen oft die Prägung des kgl. Mäzens, der an der Arbeit seines 'Schriftstellers' eingehenden Anteil nahm. Umfaßt der lat. Text 188 Kapitel (Buch 1) und 364 (Buch 2), so hat die ausgereifte frz. Version nur mehr 186 Kapitel (Buch 1) und 282 (Buch 2).

Beide Texte waren weitverbreitet (sieben lat. Hss. und um die 20 frz. Hss., aber auch gemeinsame Abschriften beider Fassungen); S. bietet das wohl einzigartige Beispiel für die gleiche Popularität eines Werks in seiner lat. wie seiner simultan erarbeiteten volkssprachl. Fassung. – Das Originalms. (London, Brit. Libr., Royal 19 CIX) trug die hs. Notiz (Rasur): »Cest livre est a moi, Charles, cinquieme du nom, et l'ai fait compiler, translater et ecrire.« Hauptziel des S. war, dem Vorrang des Kg.s v. Frankreich gegenüber den Ansprüchen der kirchl. Jurisdiktion zu bekräftigen. Der Autor zog hierzu die überreiche jurist. und theol. Lit. des 13. und 14. Jh. heran: die anonyme »Disputatio inter clericum et militem«, die Schriften von →Wilhelm v. Ockham, →Marsilius v. Padua, Pierre →Bertrand, Pierre de →Cugnières, →Durandus de S. Porciano sowie die anonyme »Quaestio de potestate Papae«.

Andere erörterte Themen sind: die Ursprünge des Kgtm.s, das Wunder der →Lilie, Krieg, Zweikampf, Heraldik (Wappen und Farben), Juden, Medizin, Astrologie und Astronomie (aufgrund der Schriften von Johannes v. →Lignano, →Petrus v. Blois, →Bartolus, des hl. →Petrus Thomas), Steuerwesen und manche Aspekte der Politik des Kgr.es (Bretagne, Rückkehr des Papstes nach Rom) und v.a. die Frage der weibl. Erbfolge (unmittelbar aus einer erhaltenen 'leçon' Évrarts de Trémaugon entlehnt). – An Kapiteln, die nur in der frz. Fassung des S. erscheinen, seien genannt: Debatten über die Ereignisse in der Guyenne sowie Unbefleckte Empfängnis und Bettelorden (wohl unmittelbarer Einfluß Karls V., der ein starker Marienverehrer war). – Als Werk der Propaganda zum Ruhm des Kg.s v. Frankreich verfaßt, bietet der S. neben seinem hist. und jurist. Interesse wichtiges philolog. Material, infolge seiner vergleichsweise modernen Form und der großen Anzahl neuer Wörter.

M. Schnerb-Lièvre

Lit.: DLFMA, 1992², 1402f. – LThK² IX, 873 – C. Müller, Ueber das »Somnium Viridarii«, ZKR 14, 1877, 134–205 – A. Coville, Evrart de Trémaugon et le S., 1934 – S. du Vergier, ed. M. Schnerb-Lièvre, 1982–83 – Somnium Viridarii, ed. Dies., 1994–95.

Songe (le) Véritable, frz. polit. Dichtung in 3175 Achtsilbern, entstanden Ende des Jahres 1406; der Verf., offenbar ein kleiner Bediensteter am Königshof, stand (wohl ohne entschiedener 'Bourguignon' zu sein) den universitären Reformideen nahe. Das Werk spiegelt die Irritation der Pariser Öffentlichkeit wider, die wenige Monate später die Machtübernahme Hzg. Johanns v. Burgund (→Jean sans Peur) ermöglichen sollte. Zwar hält der Verf.

in mitleidvoller Zuneigung ungebrochen zum geisteskranken Kg. →Karl VI., klagt dafür aber vehement die Verwandten des Kg.s und die Mächtigen als korrupte Verschwender an. In Anlehnung an den →Roman de la Rose ist S. als allegor. Traumdichtung konzipiert: 'Chacun' ('Jedermann', der 'Gemeine Mann'), durch exzessive Steuerlast total ausgeplündert, sucht nach den Verantwortlichen (wobei der Kg., der nie einen Sou angerührt habe, betont aus dem Spiel gelassen wird) und führt Klage vor 'Souffrance', 'Raison' und 'Fortune', die ihm im Verlauf des Prozesses ('Enquête') recht geben und sich zur Verurteilung der Hauptschuldigen (der Hzg.e Louis/→Ludwig v. Orléans und →Jean de Berry, der Kgn. →Isabella v. Bayern und des kgl. Rates Jean de →Montaigu) anschicken.　　　　　　　　　　　　P. Bourgain

Ed. und Lit.: Moranvillé, Mém. Soc. Hist. de la Ville de Paris, 17, 1890, 217-438 – *Lit.:* Molinier IV, 3716.

Sonne

I. Astronomie – II. Alchemie.

I. Astronomie: Die meisten ma. Astronomen folgten hinsichtl. der Anordnung der Gestirne (→Astronomie, →Himmel, →Kosmologie) dem geozentr. Ptolemäischen System (→Ptolemaeus) mit einigen Modifikationen, obwohl auch andere Systeme bekannt waren (z. B. das von →Martianus Capella im 5. Jh. erwähnte heliozentr. System für Merkur und Venus, das homozentr. System de →al-Biṭrūǧī aus dem 12. Jh.). Nach der ptolemäischen Tradition galt die S. als →Planet, d. h. als ein Stern, der außer seinem tägl. Umlauf auch eine Bewegung in östl. Richtung vollzog. In physikal. Hinsicht bestand die S. wie alle Himmelskörper aus dem unwandelbaren Element der →Äthers, besaß aber als größtes Gestirn (166 mal größer als die Erde) eine mächtigere Quantität dieser Substanz und war ganz offensichtl. fähig, sowohl himml. als auch ird. Objekte zu beeinflussen (durch ihr Licht, das Erde und Mond erleuchtete, wie durch ihre Bewegung, die Hitze produzierte, obwohl die S. selbst, da sie ohne sublunare Qualitäten war, nicht als heiß gelten konnte). Die jährl. Bewegung der S. (→Ekliptik) galt oft als Werk der Vorsehung, da sie verantwortl. war für die Jahreszeiten und somit für den Zyklus von Werden und Vergehen; sie wurde damit zu einem der Grundpfeiler der astrolog. Vorstellungen (→Astrologie).

In kosmograph. Hinsicht war die S. eingebettet in eine solide ausgehöhlte →Sphäre, exzentrisch zur Erde, die selbst wiederum eingebettet war in eine weitere, zur Erde konzentr. Sphärenschale. Diese beiden Sphärenschalen bildeten einen Teil des himml. Plenum, das auf eine unbewegl. Erde zentriert war; oft wurde der S. die edle, mittlere Position zw. den Sphären der drei oberen Planeten (Saturn, Jupiter, Mars) und denen der drei unteren Planeten (Venus, Merkur, Mond) zugeschrieben, obwohl sie nur 1210 Erdradien von der Erde entfernt war, wogegen das gesamte Universum einen Radius von ca. 20000 Erdradien umfaßte. Die große Bedeutung der S. wurde durch weitere Fakten unterstrichen: Die jährl. Bahn d. S. bildete das Zentrum des Bandes des →Tierkreises (Zodiacus), in dem sich d. Planetenbewegungen vollzogen; die Bewegungen aller Planeten waren auf erkennbare, doch (im Bezugsrahmen des Ptolemäischen Systems) unerklärbare Weise mit dem Lauf der S. koordiniert; die S. spielte eine wichtige Rolle bei →Finsternissen und Mondphasen (→Mond). In kinemat. Hinsicht wurde die Bewegung der S. durch die gleichförmige Drehung der ihr zugeordneten Sphären hervorgebracht, da die Grundsätze der Aristotel. Physik eine Bewegung von Körpern im leeren Raum nicht zuließen (→Dynamik, →Kinematik, →Vakuum). Da die S. sich in einer exzentr. Sphärenschale befand und ihre Bahn gegenüber dem himml. Äquator geneigt war, wurde die scheinbare Bewegung der S. als eine irreguläre beobachtet; sie galt daher als Urheber von Ungleichheiten der Länge von Jahreszeiten und Tagen. Islam. Astronomen verbesserten die verschiedenen auf die S. bezogenen Parameter (Exzentrizität, mittlere Bewegung, tropische und siderische Jahreslänge, Schiefe der Ekliptik). Des weiteren wiesen sie die Ptolemäische Auffassung zurück, daß das →Apogaeum der S. durch seine astron. Länge fixiert war; sie errechneten, daß es sich seit der Antike ungefähr mit der präzessionalen Bewegung (→Präzession) der Fixsterne bewegt hatte. Im 12. Jh. sollte der hispano-arab. Astronom →Ibn az-Zarqālī entdecken, daß das Apogaeum der S. ebenfalls seine eigene unabhängige Bewegung vollführte. Beobachtete Abweichungen mit Bezug auf die Ptolemäischen Werte der Jahreslänge, Präzessionsrate und Schiefe der Ekliptik führte zu einer Vielzahl von »Trepidationsmodellen«, die diese Diskrepanzen erklären sollten. Manche dieser Modelle waren im lat. Westen bekannt, z. B. die im fälschlich dem →Ṯābit b. Qurra zugeschriebenen Traktat »De motu octave sphere« dargelegten Theorien. Obgleich diese Theorien von späteren islam. Astronomen abgelehnt wurden (die in Ptolemäus einfach einen unzureichenden Beobachter sahen), so blieben sie doch in der europ. Astronomie landläufiges Gemeingut – bis zu →Kopernikus und über diesen hinaus. Die wohlentwickelte astron. Tradition der islam. Welt befaßte sich ausführlich mit der S., die in theoret. und prakt. Traktaten sowie in philos. Werken behandelt wurde. Die astron. Tradition des lat. Westens war dagegen bis ins 15. Jh. weit weniger entwickelt, aber auch hier wurden zahlreiche Diskussionen von den scholast. Gelehrten über die verschiedenen Aspekte des physikal. Status der S., ihre Kräfte und Wirkungen geführt. Die recht ausgeklügelten Sonnenuhren (→Gnomon, →Uhren), die sich in islam. Q. finden, verdienen gleichfalls Erwähnung.　　F. J. Ragep

Q. und Lit.: W. Hartner–M. Schramm, Al-Bīrūnī and the Theory of the Solar Apogee (Scientific Change, hg. A. C. Crombie, 1963), 206–218 – G. J. Toomer, The Solar Theory of az-Zarqāl: A Hist. of Errors, Centaurus 14, 1969, 306–336 – Campanus of Novara and Medieval Planetary Theory: Theorica planetarum, ed. und übers. F. S. Benjamin jr.–G. J. Toomer, 1971 – A Source Book in Med. Science, hg. E. Grant, 1974 – Le soleil, la lune, et les étoiles au MA, 1983 – R. Morelon, Ṯābit ibn Qurra: Œuvres d'astronomie, 1987–F. J. Ragep, Naṣīr al-Dīn al-Ṭūsī's Memoir on Astronomy, 2 Bde, 1993 – E. Grant, Planets, Stars, and Orbs: The Med. Cosmos (1200–1687), 1994.

II. Alchemie: Seit der gr. →Alchemie steht auch im MA die S. (sol) als Zeichen für →Gold (aurum), so wie die anderen bekannten Himmelskörper (→Planeten) für die übrigen damaligen Metalle (auch mit angenommenem sympathet. Einfluß) bis in die NZ nomenklator. genutzt wurden. Neben dem Gold als Ziel der →Transmutation ist auch das erstrebte Mittel hierzu, das →Elixier, das →Magisterium, der →Stein der Weisen als S. dargestellt worden. Dazu treten seit dem →Hermet. Schrifttum (→Corpus hermeticum) in Allegorien und spätma. alchemist., oft aenigmat. Bildtraktaten (u. a. Splendor solis; Sol et Luna: →Rosarium philosophorum) weitere Entsprechungen: S.: Gold/Kg. / Mann zu Luna (Mond): Silber/Kgn./Frau. Auch die Dichotomie 'forma' – 'materia', ebenso 'anima' – 'corpus' werden durch S. und Mond bezeichnet. Dazu wird unter S. auch das 'feurige' Schwefel-Prinzip neben Luna, als dem Quecksilber-Silber-Prinzip, v. a. für die Metallogenese verstanden (→Elemente).　　G. Jüttner

Lit.: →Alchemie, bes. IV, V, →Aurum potabile – J. TELLE, Sol und Luna (Schrr. zur Wiss.sgesch., II, hg. A. GEUS–G. PRESSLER, 1980) [Lit.].

Sonne, Sonne und Mond (Frühchristentum). [1] *Theologische und imperiale Bildersprache:* Der Bedeutung der S. für das menschl. Leben entspricht die große Zahl verschiedenartiger S.-Kulte in den antiken Kulturen, bis hin zum Bild des röm. Ks.s als neuem S.gott und der Vorstellung des S.gottes als unbesiegbarem und siegverleihendem Begleiter (Sol invictus comes) der röm. Ks. bis zu →Konstantin I. Im AT und NT fand die S. als Bild für die Herrlichkeit Gottes oder Christi Verwendung. Seit Clemens v. Alexandria ist die Bezeichnung Christi als »S. der Gerechtigkeit« bes. häufig (Protr. 11, 114, 3; DÖLGER, 100–110). Daß die Auferstehung Christi auf den ersten Wochentag, den Tag des S.gottes, fiel, führte zum Vergleich seines Begräbnisses und seiner Auferstehung mit Unter- und Aufgang der S. (Stellenangaben RAHNER, 100–120). Die Verlegung der Feier der Geburt Christi als der »wahren S.« auf den 25. Dez. sollte den Geburtstag des Sol invictus am Wintersolstitium verdrängen (Q. seit dem 4. Jh.: ebd., 133–140). Auch die für das MA bes. wichtige Übertragung des Bildes von S. u. M. auf Christus und die Kirche (z.T. mit mariolog. Tendenz) ist bereits frühchr. belegt (ebd.; SUNTRUP, 320–327).

[2] *Ikonographie:* Allegor. Verbindungen zw. röm. Ks.n und Helios/Sol gehen mit Konstantin I. zu Ende, der i. J. 325 im Osten nach Erringung der Alleinherrschaft letztmalig Sol-comes-Münzen prägen ließ (zur Sol-Angleichung Konstantins s. LEEB, 9–28). Dagegen wurde die kosm. Überhöhung von kult., myth. und imperialen Bildzusammenhängen durch Beigabe von S. u. M. (z.B. kaiserzeitl. Mithrasreliefs, Sarkophage, Ehrenbögen; vgl. LETTA, Kat.-Nr. 340–399) in der frühchr. Herrscher-Ikonographie fortgeführt und auch auf Christusbilder übertragen. Diese Verbildlichung des Anspruchs universaler Geltung findet sich in der ö. und w. Kunst bes. häufig und bis ins MA fortlebend bei der →Kreuzigung Christi, seltener bei seiner Himmelfahrt (Rabula-Evangeliar, Nischenmalereien aus Bawit/Ägypten). Wie in der röm. Ks.zeit wurden S. u. M. als Gestirne (Strahlensonne und Mondsichel) oder →Personifikationen dargestellt, letztere entweder als (bisweilen eine Fackel tragende) Büsten mit Strahlenkrone bzw. Mondsichel auf dem Kopf (z.B. auf palästinens. Pilgerampullen) oder als Lenker der Pferde des Sonnenwagens und der Stiere des Mondgefährts. Auch die gebräuchl. Plazierung der Gestirne bzw. Personifikationen wurde in der Spätantike und im MA beibehalten: die S. zur Rechten des Ks.s oder Christi, der M. zu seiner Linken. Eine überzeugende und allgemeingültige Erklärung für Darstellungen mit umgekehrter Anordnung wurde bisher nicht gefunden (Lit.-Übersicht: ENGEMANN, 1986), zumal sich solche auch im Kontext nichtreligiöser Themen finden. Auch die Darstellung des S.wagens oder der Personifikationen von S. u. M. als Zentrum von Kreisen der →Tierkreiszeichen (Denkmälerverzeichnis: GUNDEL) oder der →Monate und →Jahreszeiten brach in der Spätantike nicht ab. Dagegen wurde die noch in konstantin. Zeit belegte vollständige Verbildlichung des Gedankens universaler Geltung, in der neben der durch S. u. M. repräsentierten zeitl. Ebene auch die räuml. Dimension durch Darstellung von Erde und Meer angesprochen wurde, in der christl. Kunst erst im MA wieder aufgenommen. Zum MA →Erddarstellung; ENGEMANN, 1991, 5–7. S. a. →Sterne. J. Engemann

Lit.: LCI IV, 175–180 – LIMC IV, 592–625 [C. LETTA] – A. G. ROTH, Die Gestirne in der Landschaftsmalerei des Abendlandes, 1945 – H. RAHNER, Gr. Mythen in chr. Deutung, 1957 – F. RADEMACHER, Der thronende Christus der Chorschranken aus Gustorf, 1964 – The Sun in Art, hg. W. HERDEG, 1968 – F. J. DÖLGER, Sol Salutis, 1972³ – R. SUNTRUP, *Te igitur*-Initialen und Kanonbilder in ma. Sakramentarhss. (Text und Bild, hg. C. MEIER–U. RUBERG, 1980), 278–382 – J. ENGEMANN, Zur Position von S. u. M. bei Darstellungen der Kreuzigung Christi (Studien zur spätantiken und byz. Kunst [Fschr. F. W. DEICHMANN, 1986]), 95–101 – DERS., Das Hauptportal der Hohnekirche in Soest, 1991 – R. LEEB, Konstantin und Christus, 1992 – H. G. GUNDEL, Zodiakos, 1992.

Sonntag. Der schon in ntl. Zeit durch die gottesdienstl. Versammlung der chr. Gemeinde ausgezeichnete (vgl. 1 Kor 16, 2; Apg 20, 7; Offb 1, 10), originär chr. Tag erhält seine Dignität durch die Verwurzelung in Auferstehung bzw. Erscheinungen Christi am ersten Tag der Woche. Die variierenden Namen der ersten drei Jahrhunderte spiegeln die breite christolog.-eschatolog. Deutung wider: Herrentag, Achter Tag (Neuschöpfung; Zeit der Erfüllung), Tag der Sonne (Bezug der röm. Sonnensymbolik auf Christus), Tag der Auferstehung. Ausdruck der S.sfreude sind der Verzicht auf das Fasten und Knien in der Liturgie.

Der S. prägt stark die Spiritualität der Christen. Steht zunächst der 'Freudentag der Erlösung' im Vordergrund, so setzt mit dem MA eine Verrechtlichung ein, an deren Ende die Einhaltung des S.s moral. Pflicht ist. 321/337 wurde der S. unter Konstantin v. a. aus sozialen und polit. Gründen zum arbeitsfreien Tag (ausgenommen für die Bauern). Man ist frei für den Gottesdienst. Das gilt, wie die kirchl. Gesetzgebung bes. betont, auch für die Sklaven. Eine S.pflicht entwickelt sich seit dem frühen 4. Jh. (Synode v. Elvira), deren Mißachtung im 15. Jh. als Todsünde gilt. Im 6. Jh. ist die Zusammenschau von Sabbatheiligung und S. ausgebildet, die Sabbatruhe wird auf den S. übertragen: Verbot 'knecht. Arbeit', Friedenspflicht, Pflicht zur geschlechtl. Enthaltung, Verbot von Hochzeiten, Totenmesse und -kommemoration. Unter dem Einfluß archaischer Vorstellungen vom 'hl. Tag' wird der S. im FrühMA tabuisiert. Das HochMA begründet die S.sruhe in einem pädagog.-jurid. Biblizismus mit dem Dekalog. Das Ruhegebot dominiert, wenngleich die früher. Deutungen weiterleben. Der S. entfaltet sich seit der 2. Hälfte des 9. Jh. zunehmend zu einem Feiertag der Dreifaltigkeit, die österl. Dimension des Tages tritt aus dem Bewußtsein. B. Kranemann

Lit.: DACL IV, 858–994 – DSAM III, 948–982 – HWDA VIII, 88–99, 99–104, 104–114 – Liturg. Woordenboek, 1965–68, 2996–3001 – W. THOMAS, Der S. im frühen MA, 1929 – H. HUBER, Geist und Buchstabe der S.ruhe, 1958 – G. TROXLER, Das Kirchengebot der S.smeßpflicht, 1971 – W. RORDORF, Sabbat und S. in der Alten Kirche, 1972 – H. AUF DER MAUR, Feiern im Rhythmus der Zeit, I (Gottesdienst der Kirche 5, 1983) – A. HEINZ, Trinitar. und österl. Aspekte in der S.sfrömmigkeit des MA (Der S., hg. A. M. ALTERMATT u. a., 1986), 82–98.

Sonntag der Orthodoxie (Κυριακὴ τῆς Ὀρθοδοξίας), Hochfest im byz. Ritus am ersten Sonntag der Großen Fastenzeit zur Erinnerung an den engültigen Sieg der Kirche gegen die Bilderfeinde im 9. Jh. (→Bilderstreit). Im März 843 fand unter Leitung des Patriarchen →Methodios I. in Konstantinopel eine Synode statt, die gemäß dem VII. ökumen. Konzil v. →Nikaia (787) die Wiederherstellung der Bilderverehrung und außerdem ihre jährl. Feier am ersten Fastensonntag bestimmte. Am 2. März 844 wurde erstmals das »Fest der Orthodoxie« gefeiert und das sog. »Synodikon der Orthodoxie« verlesen. Es umfaßt eine Liste der Bekenner und Märtyrer sowie eine Reihe von Anathemata gegen ältere und jüngere Häresien. Dieses Synodikon wurde im Laufe der Jh. ergänzt und wird bis heute am S. in allen orth. Kirchen in der Regel zw. Orthros und →Basiliusliturgie (Hebr 11, 24–26. 32–40; Joh 1, 44–52) feierl. verlesen, umrahmt durch eine Prozession der Ikonen, ihr Ablegen auf ein Pult (Proskynetarion), Gebete und das Singen eines dem →Theodoros Studites († 826) zugeschriebenen Kanons, der jedoch wohl erst von Methodios stammt. H.-J. Feulner

Q.: Τριῴδιον, [Athen 1970], 143–166 – K. KIRCHHOFF–CH. SCHOLLMEYER, Die Ostkirche betet, I, 1962², 281–305, 438–449 – J. GOUILLARD, TM 2, 1967, 1–316 – Lit.: A. MICHEL, OrChr NS 12, 1925, 151–161 – J. F. TH. PERRIDON, Het Christelijk oosten en hereniging 9, 1956/57, 182–200 – BECK, Kirche, 56, 255, 497 – K. ONASCH, Kunst und Liturgie, 1993², 341 [Lit.].

Sonus (lat.; griech. φθόγγος) bedeutet im allgemeinen alle Gehörseindrücke in ihrer ungeschiedenen Schwingungsvielfalt als Schall, Geräusch, Getöse, Ton, Klang, meton. auch Stimme (eines Tieres oder einer Sache), Laut, Ruf. Durch Einengung des Begriffs auf einen Schall mit festen Proportionen einer schwingenden Saitenlänge (= mit regelmäßiger Schwingung) entsteht der musikal. brauchbare Einzel»ton« (→Musica enchiriadis: canorae vocis ptongi, qui Latine dicuntur soni ... Ptongi autem non quicumque dicuntur soni, sed qui legitimis ab invicem spaciis melo sunt apti.). Dieser Einzelton mit stetiger Tonhöhe ist nicht mit dem Intervall (Ganz)Ton bzw. (Halb)Ton oder Ton = Tonart, modus (tonus) zu verwechseln. →Boethius benutzt den Terminus s. auch für simultan erklingende Töne, (Zusammen)Klänge, vgl. reddunt permixtum ... et suavem sonum, duae voces in unum quasi coniunctae). Als akust. Phänomen ist der musikal. Ton als Klang anzusprechen, da er im Gegensatz zum physikal. reinen »Sinuston« noch Obertöne enthält.
H. Leuchtmann

Lit.: H. GEORGES, Ausführl. lat.-dt. Hwb, 1983⁸, s.v. – RIEMANN, s.v. – NEW GROVE, s.v. Sound – M. BERNHARD, Wortkonkordanz zu A. M. S. Boethius De institutione musica, 1979, s.v., 220, 05 – Musica et scolica enchiriadis, hg. H. SCHMID, 1981, 3 – M. WITTMANN, Vox atque s. (Musikwiss. Stud. 4, 1987).

Sophia. Das Streben nach Weisheit (ḥakmā; σοφία) als reflektierter Religiosität und die daraus resultierende Erkenntnis, daß eigtl. und volle Weisheit allein in Gott ihren Sitz und ihre Quelle hat, führten im nachexil. Judentum zu der Tendenz, die Weisheit zu personifizieren (Höhepunkte: Spr 8, 22–36; Sir 24, 3–22; Weish 7, 22–8, 1). Daran anknüpfend lehrt das NT (Mt 11, 19 par; 1 Kor 1, 24. 30) insges. und bes. das Johannes-Evangelium (etwa 6, 35 auf dem Hintergrund von Spr 9, 1–6) Jesus Christus als Gottes hypostasierte ewige Weisheit. Findet dies in der gr. Patristik (z. B. Origenes, Athanasios v. Alexandria, Gregorios v. Nyssa) noch ein gewisses Echo, so fehlt eine lit. Fortsetzung dieses Themas – abgesehen von gelegentl. bibl. Zitaten in gottesdienstl. Hymnen – fast völlig. Um so beachtlicher ist sein Weiterleben im Bereich der religiösen Kunst. So ist die Ἁγία Σοφία in Konstantinopel als Hauptkirche des Reiches eine Christus-Kirche. Ebenso sind es die Kirchen dieses Titels in Ohrid, Thessalonike, Sofia, Kiev, Novgorod und Jerusalem. Ein auf dem Balkan und in der Rus' begegnender Ikonentyp zeigt Christus als präexistente S. (Premudrost') in Gestalt eines thronenden feuerdurchfluteten Engels. Schließlich verbirgt sich auch in der Anastasis-Ikone, dem bevorzugten Osterbild der orth. Kirche nach dem →Bilderstreit, ein bedeutsamer sophian.-christolog. Zug. Der ursprgl. – ebenso wie sein Vater David – nicht zum Bildinhalt selbst gehörige, sondern als dessen Deuter dargestellte Kg. Salomo verweist auf einen Vers in dem ihm zugeschriebenen Buch der Weisheit: »Sie (S.) beschirmte den erstgebildeten Vater der Welt, als er allein erschaffen war, und zieht ihn aus seinem Fall empor« (10, 1). P. Plank

Lit.: A. M. AMMANN, Darstellung und Deutung der S. im vorpetrin. Rußland, OrChrP 4, 1938, 120–156 – J. MEYENDORFF, L'iconographie de la Sagesse Divine dans la tradition Byz., CahArch 10, 1959, 259–277 – G. FLOROVSKY, The Hagia S. Churches (DERS., Collected Works, IV, 1975), 131–135 – J. MEYENDORFF, Wisdom-S., DOP 41, 1987, 391–40 – P. PLANK, Die Wiederaufrichtung des Adam und ihre Propheten. Eine neue Deutung der Anastasis-Ikone, OKS 41, 1992, 34–49.

Sophia Palaiologa (Zoë), zweite Gattin des Gfs.en →Ivan III. Vasil'evič von Moskau, * nach 1446, † 7. April 1503, Tochter des Despoten Thomas v. →Morea, Nichte des letzten byz. Ks.s Konstantin XI. Palaiologos. Nach der türk. Eroberung Moreas und dem Tod des Vaters (1465) lebte sie in Rom unter dem Schutz Kard. →Bessarions. Nach mehreren gescheiterten Eheprojekten heiratete sie 1472 in Moskau Ivan III. Hoffnungen des Papstes und Bessarions, Moskau durch diese Ehe für die Kirchenunion oder für ein Bündnis gegen die Osmanen zu gewinnen, erfüllten sich nicht. Lange Zeit wurde ihre Ehe mit Ivan fälschlicherweise mit dem Entstehen der Lehre von Moskau dem Dritten Rom (→Romidee, III) im Sinne eines Moskauer Anspruchs auf das byz. Erbe verknüpft. Von Bedeutung aber war ihr Einfluß bei den Auseinandersetzungen um Ivans Nachfolge, für die nach dem Tod seines gleichnamigen Sohnes aus erster Ehe 1490 sowohl dessen Sohn →Dmitrij (3. D.) als auch S.s ältester Sohn →Vasilij (III.) in Betracht kamen. Nach schweren Rückschlägen erreichte sie im April 1502 ihr Ziel: Dmitrij wurde inhaftiert und Vasilij zum Nachfolger bestimmt. In diesen Auseinandersetzungen hatte S. sich anscheinend auf Kreise der hochadligen Opposition, aber auch auf die Vertreter der offiziellen Kirche gestützt, die zu dieser Zeit mit Ivan um das Recht auf kirchl. Grundbesitz im Streit lag.
P. Nitsche

Lit.: P. PIERLING, La Russie et le Saint-Siège, I, 1896 [Neudr. 1967] – J. L. I. FENNELL, Ivan the Great of Moscow, 1961 – M. HELLMANN, Moskau und Byzanz, JbGO NF 17, 1969, 321–344 – P. NITSCHE, Gfs. und Thronfolger, 1972.

Sophismata. Der in der scholast. →Logik verbreitete Begriff des 'Sophisma' läßt sich am besten umschreiben als ein Satz, bei dem nicht unmittelbar feststeht, ob er wahr oder falsch ist. Ein bekanntes, in scholast. Lehrbüchern immer wieder behandeltes Beispiel ist der Satz: »Omnis homo necessario est animal«. ('Jeder Mensch ist notwendig ein – lebendes – Wesen.'). Die Wahrheit dieses Satzes ist strittig im Fall, daß kein Mensch existierte. Ob der Satz letztendlich als wahr oder als falsch bewertet wird, hängt ab von der Definition des Begriffs 'Mensch'; diese kann entweder auf eine Wesenheit Menschsein bezogen werden (in diesem Fall ist der Satz wahr) oder aber ledigl. auf augenblickl. existierende Menschen, d. h. bestimmte Individuen (in diesem Fall ist er falsch). Seitdem Schulen der →Dialektik bestanden, waren ma. Denker an Problemen, welche die Wahrheit von einzelnen Sentenzen und konkreten Fällen des log. Argumentationsprozesses betrafen, interessiert. Daher überrascht es nicht, daß Autoren des MA häufig von S. zur Klärung theoret. Aspekte bestimmter log.-semant. Regeln Gebrauch machten. So war es auch üblich, derartige »problemat.« Sentenzen anzuwenden, um Rechenschaft über die Wege zu geben, durch die der Gebrauch von synkategoremat. Begriffen wie 'necessario' geregelt war. Neben dieser konkreten Verwendung von S. als Hilfsmittel zur Lösung einzelner log. und semant. Schwierigkeiten gab es auch einen breiten Strom von Traktaten, die ausschließl. S. als ihren Hauptgegenstand hatten, als eine Art von Sentenzen, die Fallstricke für die log. Argumentationskette boten. Es sind Abschriften von S.-Traktaten aus dem frühen 12. Jh. erhalten. Nach der Wiederentdeckung des Aristotel. Traktats der Trugschlüsse wandelte sich jedoch der Brennpunkt des Interesses dieser Traktate. Die Probleme, die von nun an den S. exemplifiziert werden, waren eng verbunden mit dem Gebrauch (und Mißbrauch) von 'Syncategoremata'. Diese S.-Slg. en, die wir seit dem letzten Viertel des 12. Jh. finden, sind engstens verbunden mit einem nur wenig differierenden Genus des 13. Jh., den Traktaten über synkategoremat. Begriffe sowie den sog. Distinctiones (→Distinktion). Gemeinsam bilden diese drei Genera der Traktatlit. ein Textcorpus, das Lösungen für log.-semant. Probleme durch gründl. Erfragen der Regeln, welche die korrekten Formen der Argumentation bestimmten, bieten will. Alle Traktate dieser Art befassen sich mit der Signifikation oder Bedeutung sowohl synkategoremat. Begriffe als auch der Art und Weise, in der diese Begriffe in einem gegebenen Kontext ihre Funktion ausüben. Hinsichtl. ihrer allg. Thematik ist es vergleichsweise schwierig, eine klare Unterscheidung zw. den drei Werktypen zu treffen, doch haben sie jeweils unterschiedl. Ausgangspunkte der Diskussion. Die »Syncategoremata« sind Werke, die primär auf die Bedeutung und den Gebrauch synkategoremat. Wörter und anderer mehrdeutiger Ausdrücke abzielen, während die Traktate über »Distinctiones« teilweise befaßt sind mit der Formulierung semant., syntakt. und log. Unterscheidungen, die zur Lösung konkreter Fälle semant. Mehrdeutigkeit führen sollen. Diese beiden Gattungen bedienen sich der S. als einer Art Gegenprobe, um die Theorien zu illustrieren oder zu demonstrieren. Andererseits gibt es aber S.-Slg. in reinen Wassers, ausgehend von einem Sophisma, das als Beispiel zur Erklärung bestimmter log. und syntakt. Regeln dient, ebenso zur Darlegung von Instruktionen hinsichtl. des Gebrauchs von synkategoremat. Begriffen. Im Hinblick auf die Entwicklung der S.-Literatur lassen sich grosso modo drei Stadien erkennen; sie gehen Hand in Hand mit der Entwicklung der synkategoremat. Begriffe verwendenden Literatur. Von den ersten beiden Stadien (in der 1. Hälfte bzw. 2. Hälfte des 12. Jh.) wurde bereits gesprochen; im 14. Jh. ist ein drittes Stadium erkennbar, die S.-Literatur ist nun durch eine gewisse Verselbständigung der →Logik gegenüber anderen Bereichen der scholast. Wissenschaft gekennzeichnet. Daher wird im 14. Jh. eine Verfeinerung bei der Analyse problematl. Sätze deutlich, ebenso ein wachsendes Interesse an der Erörterung von S.-Sentenzen in ihrem Zusammenhang mit den formalen Eigenschaften der log. Regeln selbst. Erst in dieser abschließenden Periode konzentrierte sich die S.-Literatur auf bestimmte Schlüsselwörter (wie 'notwendigerweise' oder 'schlüssigerweise': necessarius; contingens usw.), aber auch auf paradoxe Aussagen, die heute noch als 'insolubilia' (unlösbare Probleme) bekannt sind. J. Spruyt

Ed.: R. STELLE, Roger Bacon: Summa de sophismatibus et distinctionibus (Opera Hactenus Inedita Rogeri Baconi, 14, 1937) – L. M. DE RIJK, Some Earlier Parisian Tracts on Distinctiones Sophismatum (= Artistarium 7), 1988 – *Lit.*: M. GRABMANN, Die S. lit. des 12. und 13. Jh., mit Textausg. eines Sophisma von Boetius v. Dacien, BGPhMA 356, H. 1, 1940 – E. A. MOODY, Truth and Consequence in Medieval Logic, 1953 – W. KNEALE – M. KNEALE, The Development of Logic, 1962 – L. M. DE RIJK, Logica Modernorum. A Contribution to the Hist. of Early Terminist Logic, 2 Bde, 1962–67 – J. PINBORG, Logik und Semantik im MA, 1972 – H. A. G. BRAAKHUIS, De 13de Eeuwse Tractaten over Syncategorematische Termen, 2 Tle [Diss. Nijmegen 1979] – English Tracts on Syncategorematic Terms from Robert Bacon to Walter Burley (English Logic and Semantics from the End of the 12th Cent. to the Time of Ockham and Burleigh, hg. H. A. G. BRAAKHUIS u. a., Acts of the 4th European Symposium on Medieval Logic and Semantics, Leiden–Nijmegen [1979], Artistarium Suppl. I, 1981), 131–165 – Syncategoremata, Exponibilia, S. (The Cambridge Hist. of Later Medieval Philos., hg. N. KRETZMANN u. a., 1982), 211–245 – A. DE LIBERA, La litt. des abstractiones et la tradition logique d'Oxford (The Rise of British Logic, hg. P. O. LEWRY, Acts of the 6th European Symposium on Medieval Logic and Semantics, Balliol Coll., Oxford [1983], 1985), 63–114 – La litt. des S. dans la tradition terministe parisienne de la seconde moitié du XIIIe s. (The Editing of Theological and Philosophical Texts from the MA, hg. M. ASZKALOS, Acts of the Conference ... Dep. Class. Languages, Univ. Stockholm [1984], 1986), 213–244 – La problématique de l'instant du changement au XIIIe s.: contribution à l'hist. des s. physicalia (Stud. in Medieval Natural Philos., hg. S. CAROTI, 1989), 43–93 – Argumentationstheorie. Scholast. Forsch. zu den log. und semant. Regeln korrekter Folgerns, hg. K. JACOBI, 1993.

Sophronios, hl. (Fest: 11. März), Patriarch v. →Jerusalem 633/634–639, * um 550, wohl ident. mit S. Sophistes aus Damaskus, Schüler des →Johannes Moschos, der diesem in Palästina in den Mönchsstand folgte und mit ihm Kl. auf dem Sinai, in Ägypten und schließlich in Rom bereiste. Nach Moschos' Tod (619) wieder in Palästina, lernte er dort →Maximos Homologetes kennen. Er verteidigte vergebl. die Lehre von den zwei Willen bzw. Energien in Christus gegen den in Konstantinopel von Ks. Herakleios und Patriarch Sergios I. vertretenen →Monotheletismus und →Monenergismus, wurde aber wegen seiner dogmat. Haltung zum Patriarchen v. Jerusalem gewählt. Papst Honorius I. erklärte sich mit ihm solidar., ließ sich aber später von Konstantinopel im monothelet. Sinn beeinflussen. Anfang 638 mußte S. Jerusalem dem Kalifen 'Omar übergeben. Sein Werk umfaßt Hagiographisches, dogmat. gehaltreiche Homilien, religiöse Oden im anakreont. Versmaß, Epigramme sowie ein Synodalschreiben (634), das als bedeutendes Manifest gegen den Monenergismus gilt. F. Tinnefeld

Lit.: DSAM XIV, 1066–1073 – Oxford Dict. of Byzantium, 1991, 1928f. – Tusculum-Lex., 1982^3, 737f. – C. SCHÖNBORN, Sophrone de Jérusalem, 1972 [grundlegend] – J. L. VAN DIETEN, Gesch. der Patriarchen von Sergios I. bis Johannes VI. (610–715), 1972.

Sopoćani, Kl. in →Serbien, westl. von Novi Pazar, ö Hl. Dreifaltigkeit (Sv. Trojica), errichtet um 1260 von Kg. →Stefan Uroš I. in der einstigen serb. Hauptstadt →Ras. Die Gesch. des Kl. wird nur durch wenige Q. und materielle Zeugnisse (u. a. Kreuz der Kgn. →Jelena) erhellt. Nach Kriegszerstörung durch die Türken (1680) verfiel S. Die Kirche wurde 1926 restauriert; konservator. Arbeiten und archäolog. Forschungen sind noch im Gang. Die Kirche (einschiffig, mit drei Jochen, rechteckigen Seitenchören, halbrunder Apsis, runder Kuppel) gehört der Schule v. →Raška an. Gleichzeitig mit der Kirche wurden der (Eso-)Narthex sowie die Altar-Seitenräume (Diakonikon, Prothesis) errichtet. Der Exonarthex mit Glockenturm an der Stirnseite kam am Anfang des 14. Jh. hinzu. Das Bauwerk ist aus fein gemörteltem und geweißtem Sinterstein erbaut. Reste des Klosterkomplexes entstammen dem 13. Jh.

Die ältesten Teile der Ausmalung (→Wandmalerei) wurden um 1265 im Auftrag von Stefan Uroš geschaffen (bes. reich die Fresken im Altarraum und Naos). Hauptthemen sind: Leben Christi, Propheten, Erzväter, Kirchenväter, Apostel und Martyrer. Die symmetr. angeordneten monumentalen Kompositionen bilden mit ihren kraftvollen Figuren und dem leuchtenden Kolorit einen der Höhepunkte der byz. Malerei des 13. Jh. Im Narthex schuf eine zweite Künstlergruppe weitere Fresken (ökumen. Konzilien, Wurzel Jesse, Jüngstes Gericht). Durch vergoldete Bildhintergründe, auf die Würfel gezeichnet sind, wird der Anschein von Mosaiken erweckt. Eine Reihe von →Bildnissen der Herrscherfamilie im Narthex (der Stifter und seine Gemahlin, Sterbebild der Anna Dandolo, der Mutter des Kg.s usw.) sowie u. a. der Bilderzyklus zu Ehren des hl. Dynastiegründers Simeon (→Stefan Nemanja) in der Südkapelle am Narthex weisen auf die Bedeutung von S. für die dynast. Überlieferung und Herrscherideologie der Nemanjiden (→Nemanja) hin. Auch die nur in Fragmenten erhaltenen Fresken (1345) im Exonarthex stellen großenteils Persönlichkeiten der Nemanjidendynastie dar. Bei Ausgrabungen wurde lasierte und bemalte Keramik des 13. und 14. Jh. gefunden, die schönste des damaligen Serbien. V. Djurić

Lit.: Oxford Dict. of Byzantium, 1991, 1929 – R. HAMANN-MAC LEAN–H. HALLENSLEBEN, Die Monumentalmalerei in Serbien und Makedonien, 1, 1963, 25f., Abb. 115-142; Pläne 16-17b – V. DJURIĆ, S., 1967 – R. HAMANN-MACLEAN, Grundlegung zu einer Gesch. der ma. Monumentalmalerei in Serbien und Makedonien, 1976, 330-336 – V. DJURIĆ, Byz. Fresken in Jugoslawien, 1976, 54-57 und passim – DERS., S., 1991 [Lit.].

Sora, Stadt im südl. Latium, in einer Flußschleife des Liri am Fuße des Monte San Casto gelegen. Oskische Gründung, von Römern und Samnitern umkämpft, wurde S. latin. Kolonie und röm. Munizipium. Nach dem Untergang des weström. Reiches gehörte S. – nunmehr christianisiert – zum byz. Dukat→Rom. 702 von →Gisulf erobert und dem langob. Fsm. →Benevent einverleibt, wurde es Hauptort des langob. Gastaldats, der das Lirital umfaßte. 787 wurde die Stadt von →Karl d. Gr. nominell dem Hl. Stuhl geschenkt, dem sie in kirchenrechtl. Hinsicht seit dem 4. Jh. (Diözese »domini papae«) unterstand; in Realität wurde S. aber in jener Zeit der langob. Gft. →Capua angeschlossen. 851 mit dem Fsm. →Salerno vereinigt, wurde es 858→Wido v. →Spoleto abgetreten und blieb bis zum Ende des 9. Jh. in der Einflußsphäre dieses Fsm.s, danach wurde es selbständige Gft. unter dem Einfluß der Abtei OSB →Montecassino. 1062 kam S. unter norm. Herrschaft, 1215 durch Schenkung Friedrichs II. an die Kirche. 1229 griff der Ks. S. jedoch an und zerstörte das Kastell. 1268 erlebte S. unter →Karl I. v. Anjou einen neuen Aufschwung und wurde zur Königsstadt erhoben. Beim Niedergang der Anjou-Verwaltung wurde S. 1399 an die Tomacelli verlehnt, 1439 an die Cantelmo und 1475 an die Della Rovere. Im Diözesanbezirk von S. lag das blühende Kl. OSB S. Maria e S. Domenico, das 1030 gegründet und dem Kl. S. Bartolomeo di Trisulti angeschlossen worden war. 1222 wurde die Abtei in ein Priorat OCist umgewandelt, das →Casamari unterstand.

P. De Leo

Lit.: UGHELLI I, 394-402 – ECatt II, 1729 – IP I, 100-104.

Soran im MA. Wegen der lückenhaften Erhaltung des gr. Originaltextes ist oft nicht sicher, welche der lat. überlieferten, für das MA bedeutenden Werke tatsächlich S., dem griech. Arzt aus Ephesos (Anfang 2. Jh. n. Chr.), gehören, ob sie bearbeitet oder ihm nur ohne Autorität zugeschrieben sind. Am wichtigsten ist die Übers. der Schrift über akute und chron. Krankheiten durch →Caelius Aurelianus; daß dieser Text ein zweites Mal übertragen wurde und dann in die therapeut. Bücher unter den Namen des Aurelius und Esculapius Eingang fand, macht P. SCHMID wahrscheinlich. Auszüge daraus auch in einer Sammelschrift (Oxea et chronia passiones Yppocratis, Gallieni et ⟨S⟩urani), ein Kapitel über Blutspucken im Augiens. CXX, der für die Überlieferung des S./Caelius Aurelianus wichtigsten Hss. (s. 9). Eine Doppelübers. gibt es auch für ein Werk zur →Frauenheilkunde und Geburtshilfe, die mit S.s erhaltenen Gynaikeia – allerdings in abweichender Bearbeitung – identisch sein könnte. Reich überliefert ist die durch eine Serie von wahrscheinlich auf ein gr. Originalzurückgehenden Kindslagenbildern illustrierte Version des Mustio (auch: Muscio/Musio) aus dem 5. oder 6. Jh., die später unter dem Namen des Moschion ins Gr. zurückübers. wurde und im HochMA sowohl bei Ps. Albertus Magnus (De secretis mulierum) als auch bei Thomas v. Cantimpré (De natura rerum) in einer hebr. und in mehreren landessprachigen ma. Übers. repräsentiert ist; der Einfluß ihrer Abbildungen ist bis ins 17. Jh. nachweisbar. Die Übers. durch Caelius Aurelianus ist, abgesehen von in die sog. ältere Oribasiusübers. eingearbeiteten Kapiteln, in einer einzigen Hs. (s. XIII) mit Mustio vermischt überliefert. S. wird auch das doxograph. Fragment im Cod. Bruxell. 1348-1359, angeblich von →Vindicianus übers. (Vindic. med.), zugeschrieben. Unsicher bleibt S.s Autorschaft bei einer kleinen Pulsschrift und med. Definitionen in Frageform (Quaestiones medicinales), die sich z. T. mit den ps. galen. Def. med. überschneiden; das Einleitungskapitel der Quaest. med. entspricht dem Beginn der Isagoge Sorani, einer wirkungsmächtigen, aus zahlreichen spätantiken (und frühma.?) Q. kompilierten Einführung in die Med. Der erstmals von GOLDAST veröffentlichte angebl. Briefwechsel (obszönen Inhalts) zw. S., Marc Anton und Cleopatra enthält eine Passage aus Mustio, der Zeitpunkt der Fälschung (bereits 7. Jh.?) ist noch offen. K.-D. Fischer

Ed.: BTML, puls. außerdem bei J. A. PITHIS, Die Schriften Περὶ σφυγμῶν des Philaretos, Text-Übers.-Komm. (AGMN 46, 1983), 201-203 – Briefwechsel: Caspar Scioppius, Priapea, Padua/Amsterdam 1664 – Johannes Meursius, Elegantiae Latini sermonis... Adjunctis Fragmentis quibusdam eroticis, nova ed. emendator, pars secunda, Londini 1781, 178-192 – Konkordanz zu Muscio v. M. P. SEGOLONI, 1993, zu Quaest. med. und puls. v. G. FLAMMINI, 1994 – Lit.: RE III A, 1113-1130 [F. E. KIND] – J. ILBERG, Die Überlieferung der Gynäkologie des S. v. Ephesos, 1910 (Abh. der kgl. sächs. Gesellschaft der Wiss., phil.-hist. Klasse 28. 2) – CH. FERCKEL, Die Gynäkologie des Thomas v. Brabant (Alte Meister der Med. und Naturkunde, 5, 1912) – P. SCHMID, Contributions à la critique du texte de Caelius Aurelianus [thèse Neuchâtel 1942], bes. 66 – P. DIEPGEN, Frau und Frauenheilkunde in der Kultur des MA, 1963 – B. LAWN, The Salernitan Questions, 1963, bes. 8-12 – M. H. GREEN, The Transmission of Ancient Theories of Female Physiology and Disease Through the Early MA [PhD thesis Princeton 1985] – G. BAADER, Der Hebammenkatechismus des Muscio (Frauen in Spätantike und FrühMA. Beitr. einer internat. Tagung an der Freien Univ. Berlin, hg. W. AFFELDT, red. U. VORWERK, 1990), 115-128 – A. E. HANSON–M. H. GREEN, S. of Ephesus: Methodicorum princeps (Aufstieg und Niedergang der röm. Welt, Teil II: Principat, Bd. 37:2, 1994, 968-1075 [Lit.] – A. STÜCKELBERGER, Bild und Wort. Das illustrierte Fachbuch in der antiken Naturwiss., Med. und Technik, 1994, 90-94.

Soratte, S. Andrea del, Kloster OSB. Im Gebiet des Monte Soratte (Soracte), nördl. von Rom, entstanden nach den ältesten Q. im 8. Jh. eine Reihe von Benediktinerklöstern. Zu den größten zählten S. Stefano und S. Andrea »in flumine« in der Nähe von Ponzano Romano. Von Anfang an waren diese Ordenshäuser mit den Karolingern verbunden, standen unter ihrem Schutz und wurden mit Privilegien und Grundbesitz ausgestattet. Zusammen mit den Abteien S. Maria in→Farfa und S. Salvatore in →Rieti bildeten sie für die karol. Herrscher bzw. Ks. einen wichtigen Stützpunkt in Latium. Pippin und Karl d. Gr. nahmen dort ihren Aufenthalt. Im 9. Jh. erreichte das Andreaskloster eine größere Bedeutung als die anderen mönch. Gemeinschaften des Soratte und wurde zum Reichskl. Um die Wende vom 9. zum 10. Jh. wurde es von den Sarazenen zerstört, jedoch 946 vom princeps →Alberich (3. A.) wieder aufgebaut. Dieser entsandte auch den Abt Leo in das Kl., um die Gemeinschaft wieder zur Klosterzucht zurückzuführen. In der Folgezeit erlebte das Kl. einen allmähl. Niedergang. Papst→Honorius IV. unterstellte es 1285 dem Bf. v. Ancona, Pietro Capocci, so daß das Andreaskloster endgültig seine Selbständigkeit verlor. 1408 wurde es zusammen mit S. Silvestro v. Rieti mit der röm. Abtei S. Paolo fuori le mura vereinigt. 1548 wurde es an die röm. Abtei Tre Fontane angeschlossen.

Im Andreaskloster entstand das »Chronicon« des Mönchs→Benedikt (16. B.) (2. Hälfte des 10. Jh.), eine der wichtigsten Q. für die Geschichte Italiens im FrühMA. Von den alten Kl.gebäuden sind Reste der Umfassungsmauer, die Kirche mit Kosmatenfußböden und Fresken des 12. und 15. Jh. sowie der Abtpalast, der von den Farnese wiederaufgebaut wurde, erhalten.

A. Menniti Ippolito

Lit.: →Benedikt v. S. Andrea – G. Tomassetti, La campagna romana, III, 1976 [bearb. Neufassung], 409–413.

Sorben, slav. Stammesverband, im späten 6. Jh. aus dem SO in das Elb-Saale-Gebiet eingewandert. Sprachl. gehören die S. zum sog. Westflügel des altsorb. Sprachgebietes. Ihrem Namen liegt der Wortstamm *Sǝrb-/*Sŕb (ursprgl. 'Verwandter, Verbündeter') zugrunde. Als »gens Surbiorum« (Fredegar, IV, 68) 631/632 erstmals bezeugt, besiedelten sie 782 die »campos inter Albim et Salam« (Einhard), aber auch Teile Ostthüringens und des oberen Maingebietes. Der Verband zerfiel früh in zahlreiche Kleinstämme, die wiederholt Zweckbündnisse eingingen. Die sorb. Ges. war sozial reich gegliedert, an ihrer Spitze standen reges, duces und primores. Gruppen kleiner offener Siedlungen (villae), zu denen seit dem 8. Jh. in der Regel eine Burg gehörte, bestimmten das Siedlungsbild (→civitates, III). Die wirtschaftl. Grundlage bildeten Ackerbau und Viehzucht. Geeignete Rohstoffe (Mahlsteine, Salz) begünstigten das Entstehen eines marktorientierten Handwerks und von Handel. Eine mehrfach zu beobachtende Verbreitung altsorb. Soziotoponyme (u. a. *žornosěky, *podgrodici) im Umfeld von Burgen läßt an Anfänge einer herrschaftl. Bindung einzelner Dienste (→Dienstsiedlungen) denken. Für das archäolog. faßbare Sachgut sind Keramik der sog. Leipziger Gruppe, eingetiefte, beheizbare Wohnbauten sowie die auf frk. Einfluß zurückgehende Trockenmauertechnik im Wehrmauerbau charakteristisch. Unter Kg. Heinrich I. wurden die sorb. Stämme unterworfen und das Land in →Marken und →Burgwarde eingeteilt, 968 die Bm.er →Meißen, →Merseburg und →Zeitz/Naumburg eingerichtet.

H. Brachmann

Lit.: W. Schlesinger, Mitteldt. Beitr. zur dt. Verfassungsgesch. des MA, 1961 – E. Eichler, Stud. zur Frühgesch. slaw. Mundarten zw. Saale und Neiße, 1965 – H. Brachmann, Slaw. Stämme an Elbe und Oder, 1978.

Sorbonne → Paris, D

Sordello, prov. Troubadour it. Herkunft, * um 1200 in Goito bei Mantua, † bald nach 1266, stammte aus einer kleinadligen Familie. In seiner frühen Jugend wirkte er als Troubadour an den Signorenhöfen des Veneto. Infolge eines Skandals – er verführte und entführte Cunizza da Romano, die Schwester →Ezzelinos und Albericos und Gattin des Gf.en von Sambonifacio und verließ sie dann wieder – ging S. in die Provence. Dort errang er an den Adelshöfen großen Ruhm: so erhielt er sowohl von →Raimund Berengar V. als auch von →Karl v. Anjou Ehren- und Gunstbeweise. 1266 kehrte er im Gefolge Karls v. Anjou nach Italien zurück und wurde mit einigen Lehen in den Abruzzen investiert, starb aber bald darauf. Fast das gesamte dichterische Schaffen S.s entstand während seiner Zeit in der Provence. In einer Verfallsperiode der höf. →Canzone schreibt S. Liebesgedichte traditioneller Art, die durch die Qualität ihrer formalen Erfindungen beachtl. Höhe erreichen. Sein Ruhm beruht jedoch v. a. auf den Streitgedichten moral.-lehrhaften oder satir. Inhalts, die er mit den bedeutendsten Dichtern seiner Zeit wechselte, sowie auf den polit. →Sirventes, dem berühmten →Planh auf den Troubadour Blacatz und dem »Ensenhamen d'honor« in achtsilbigen Distichen, Werken, in denen S. sich als Bewahrer der ritterl. Tugenden zu erkennen gibt. Diese Qualitäten erregten →Dantes Interesse, der S. in der »Divina Commedia« als Symbol der Heimatliebe präsentiert und ihn, was außergewöhnl. ist, ein Stück des Weges begleitet (Purgatorio, VI–IX).

S. Asperti

Ed. und Lit.: DLFMA, 1992², 1403–1406 – M. Boni, S. Poesie, 1954 – M. de Riquer, Los trovadores, 1975, 1455–1472 – M. Perugi, Il S. di Dante e la tradizione mediolatina dell'invettiva, Studi danteschi LV, 1983, 23–135 – T. Barolini, Dante's Poets. Textuality and Truth in the »Comedy«, 1984 [it. Übers.: Il Miglior fabbro. Dante e i poeti della Commedia, 1993].

Sorel, Agnès, Mätresse des frz. Kg.s →Karl VII., * um 1422, † 9. Febr. 1450 auf Le Mesnil, einem Meierhof der norm. Abtei →Jumièges; ▭ Herz: Jumièges, Abteikirche (einstige Prachtgrablege), Leichnam: →Loches, Kollegiatkirche. Als Tochter von Jean Soreau, Seigneur de Coudun, und Catherine de Maignelais entstammte S. dem pikard. Adel, ist aber (nach den derzeit vorliegenden Q.) erst 1444 erstmals bezeugt als Hofdame der Isabella v. Lothringen, Gemahlin Kg. →Renés, und wechselte dann in den Hofstaat (→Hôtel) der Kgn. Maria v. Anjou über. Möglicherweise bestand die Liaison mit dem Kg. erst seit 1443. Die Zeitgenossen rühmen Schönheit und modische Eleganz der 'belle Agnès', aber auch ihre fromme Mildtätigkeit sowie die Protektion, die sie jungen, vielversprechenden Adligen angedeihen ließ (so bes. Pierre de Brézé). Ein gewisser polit. Einfluß der S. (ab 1445) ist in der Tat möglich. Sie erhielt vom Kg. neben →Pensionen (Renten) mehrere Grundherrschaften: Beauté-sur-Marne (daher ihr doppeldeutiger Beiname 'dame de Beauté'), Issoudun und Bois-Trousseau (mit Schloß Bois-Sire-Amé, auf dem sie oft den Kg. empfing), Roquecezière en Rouergue und Vernon-sur-Seine. Aus der Verbindung mit dem Kg. gingen drei überlebende Töchter hervor: Marie (∞ 1458 Olivier de →Coëtivy), Charlotte (∞ 1462 Jacques de Brézé) und Jeanne (∞ 1461 Antoine de →Bueil).

Ph. Contamine

Lit.: P. Champion, La dame de Beauté, A. S., 1931.

Soria, Stadt im nö. Kastilien, am oberen Duero; erstmals erwähnt im frühen 12. Jh. im Rahmen der Wiederbesiedlung (→Repoblación) durch Kg. →Alfons I. v. Aragón (1109–34). Unter der Regierung →Alfons' VII. v. Kastilien-León (1126–57) wurde S. dauerhaft dem Kgr. →Kastilien eingegliedert und hatte infolge seiner strategisch günstigen Lage zunächst primär militär. Funktionen als Burgort (Kastellane). Das durch eine Mauer geschützte, zunächst noch locker besiedelte Areal (30 kleine Kirchen als Siedlungskerne) erfuhr erst in einem späteren Prozeß Verdichtung der Bebauung und Ausdehnung des städt. Siedlungsraumes auf Gebiete 'extra muros' (das Kgtm. war bestrebt, diese Entwicklung aufzuhalten, indem es die innerhalb der Mauer ansässigen Bürger mit fiskal. Privilegien bedachte).

Im Zuge der Wiederbesiedlung, die v. a. mit Bewohnern der angrenzenden Bezirke v. Cameros und Burgos durchgeführt wurde, stiegen die Caballeros (→Caballería) zur führenden Schicht auf, die nahezu alle wichtigen Ämter besetzte. Im Laufe des 14. Jh. vollzog diese (zunächst noch offenere) Gruppe ihre Abschließung zum oligarch., dem Adel angehörenden Verband von zwölf Geschlechtern. S., das zu den polit. einflußreichsten Städten des Landes gehörte (es entsandte im 15. Jh. als eine der 17 kast. Städte Prokuratoren zu den →Cortes), wurde seit dem 14. Jh. stärker dem kgl. Einfluß unterstellt; die städt. Caballería war eng verbunden mit dem Kgtm., das ihren Besitz durch Gunsterweise (→*mercedes*) mehrte.

Als Mittelpunkt eines ausgedehnten Territoriums (über 300 Ortschaften), dessen Sommerweidegründe seit Mitte des 13. Jh. große Bedeutung für die Transhumanz (→Mesta) erlangten, stieg S. zu einem wichtigen Handelsplatz für →Wolle auf und beschickte im 15. Jh. den expandierenden fläm. Markt (→Flandern, B. III, 2). Während das eigtl. Exportgeschäft in den Händen großer Wollkaufleute aus →Burgos lag, spielten die in S. ansässigen Händler, in ihrer Mehrzahl Juden oder →Konvertiten, nur die untergeordnete Rolle von Zulieferern. Angesichts der Ausfuhr der hochwertigen Wolle nach Flandern produzierten die Weber in S. nur mindere Wollstoffe vornehmlich für den lokalen Bedarf. Bereits seit dem 13. Jh. gewann die Leineweberei eine gewisse Bedeutung.   M. Diago Hernando

Lit.: E. JIMENO, La población de S y su término en 1270, BRAH 152, 1958, 230–270, 365–494 – L. TORRES BARBÁS, S., Interpretacíon de los orígines y evolución urbana, Celtiberia 3, 1958, 7–31. M. DIAGO HERNANDO, S. en la Baja Edad Media. Espacio rural y economía agraria, 1993 – DERS., Estructuras de poder en S. a fines de la Edad Media, 1993 – DERS., Caballeros y ganaderos. Evolución del perfil socioeconómico de la oligarquía soriana en los siglos XV y XVI, Hispania 53, 1993, 451–495.

Sorø, Abtei SOCist auf Seeland (→Dänemark, E), gestiftet als benediktin. Hauskl. um 1140/44 von den Brüdern Toke, Ebbe und Asser Rig, Söhnen des mächtigen Adligen Skjalm Hvide († um 1113), 1161 den →Zisterziensern übergeben. S. wurde von Ebf. →Absalon, dem Sohn Assers († 1201), nachdrücklich gefördert und fungierte bis ca. 1250 als →Grablege des Geschlechts der Hvide, von denen einige Bf.e v. →Roskilde waren. Nach Beschädigung durch Feuer (1247) wurde die Kl.kirche nach 1290 mit einem berühmten Wappenschildfries, der sämtl. Wohltäter zu kommemorieren suchte, ausgemalt. Diente S. schon als Grablege für Kg. →Christoph II. († 1332) und seine Gemahlin Euphemia v. Pommern, so ließ Kgn. →Margarete I. die sterbl. Überreste ihres Vaters →Waldemar IV. († 1375) und ihres Sohnes →Olav († 1387) nach S. überführen, wurde auch selbst hier 1412 beerdigt, bereits 1413 jedoch in den Dom v. Roskilde transferiert. S. war seit 1536 Sammelkl. der dän. Zisterzienser (bis zum Aussterben des dän. Ordenszweiges). Aus S. stammen die Annales Sorani, »S. Gavebog« (Liber Donationum) um 1440, eine Privilegienslg., bestätigt 1494, sowie die dän. →Reimchronik, gedr. 1495.   T. Nyberg

Q.: Scriptores Rerum Danicarum, IV, 1776/1969, 463–587 – Den Danske Rimkrønike, hg. H. TOLDBERG, 1961 – Danmarks ma. annaler, hg. E. KROMAN, 1980, 88–105 – Lit.: P. NØRLUND, Klostret og dets Gods, S. Klostret-Skolen-Akademiet gennem Tiderne, I, 1924, 53–131 – Danmarks Kirker, 5: S. Amt, hg. V. HERMANSEN–P. NØRLUND, 1936–38, 17–108 – B. P. MCGUIRE, Patrons, Privileges, Property: S. Abbey's First Half Century, Kirkehistoriske Samlinger, 1974, 5–39 – DERS. The Cistercians in Denmark, 1982 – J. FRANCE, The Cistercians in Scandinavia, 1992 – TH. HILL, Kg. e, Fs.en und Kl. Stud. zu den dän. Kl.gründungen des 12. Jh. (Kieler Werkstücke A:4), 1992, 206–287.

Sorrent, Stadt in Süditalien (Kampanien), in röm. Zeit Municipium (Surrentum) und beliebter Sommeraufenthaltsort von Ks.n und Adelsfamilien. Bereits im 5. Jh. Bf.ssitz, gehörte S. bis zum Anfang des 11. Jh. zum Dukat →Neapel und wurde danach von einer eigenen Hzg.sdynastie regiert. Ebenfalls zu Beginn des 11. Jh. erlebte die Stadt einen weiteren Aufstieg und wurde zum Ebm. erhoben. 1039 kam S. unter die Herrschaft →Waimars (Guaimarius) IV. v. →Salerno, gewann aber 1052 seine Unabhängigkeit zurück. 1067 wurde die Stadt von Hzg. Sergius I. beherrscht, dem i. J. 1110 sein Sohn Sergius II. nachfolgte. 1135 in das Kgr. →Sizilien eingegliedert, teilte S. von da an das Geschick der anderen Städte Süditaliens, nahm bald Bf. für die einen, bald für die anderen der verschiedenen Thronprätendenten Partei, vermochte jedoch, abgesehen von einigen kurzfristigen Episoden, seinen Status als Stadt der →Krondomäne zu bewahren.   G. Vitolo

Lit.: B. CAPASSO, Memorie storiche della Chiesa sorrentina, 1854 – N. CORTESE, Il ducato di S. e Stabia e il suo »territorium«, ASPN XIII, 1927, 7–33.

Soteriologie. Die chr. Heilslehre (S.) hat ihren Grund in Jesus Christus, näherhin im ewigkeitl. Heilsplan Gottes (»oikonomia«), der in Christus zur geschichtl. Entscheidung kam und in der Kirche durch den Hl. Geist zum Heil aller Menschen verwirklicht wird (Eph 1, 3–14; Kol 1, 12–20). Die →Christologie ist S.; eine Aufteilung der beiden Traktate und die Verselbständigung der S. kannte die patrist. und scholast. Theologie nicht. In der Menschwerdung des Ewigen Wortes hat dieses die Menschheit angenommen, die Unheilsgeschichte Adams aufgehoben (»recapitulatio«, Irenaeus v. Lyon, Adv. haereses III c. 18, 7; c. 21, 10) und den Menschen in Heiligkeit und Gerechtigkeit erneuert (»innovatio«, [Ps.-?]Athanasius, Contra Apollinarium II, 5); »...quod non est assumptum non est sanatum«, Gregor v. Nazianz, Ep. 101; vgl. Marius Victorinus, Adv. Arium III, c.3. Alle Lebensgeheimnisse Christi sind Heilsgeheimnisse, in Sonderheit die Passions- und Kreuzesgeschichte, weil der menschl. Sohn Gottes in der Kreuzeserniedrigung (»kenosis«, Phil 2, 5–9) die sünden- und todverfallene Existenz des Menschen (in Buße, Demut und Selbstverleugnung) in die Sohnesfolgsamkeit gewendet und ausgekehrt hat. Dieses Beispiel des Lebens und Leidens Jesu ist die Lebensform der Erlösten (Augustinus, Confessiones VII, 20, 26). Im Anschluß an die apostol. Tradition (der Abendmahlsüberlieferung, 1 Kor 11, 23–27, der Kreuzespredigt des Apostels Paulus, Röm 3, 24–26 und der Kreuzestheologie des Hebr. Briefes) verstanden die Väter (z. B. Origenes, In Numeros homilia 24, 1) die Wirk*weise* des Kreuzestodes als Sühne und Opfer (vgl. auch die Paschalammüberlieferung Joh 1, 29; 1 Kor 5, 7). Die bildhaften Ausdrücke der Hl. Schrift über den »Löse- und Kaufpreis des Kreuzesopfers« (1 Tim 2, 6; 1 Petr 1, 18; 1 Kor 6, 20; Offb 5, 9–10) wurden von den lat. Kirchenlehrern (Augustinus, De Trin. XIII, 15,19, Ambrosius, Ep. 41, Leo I, Serm. 22, 4 und Gregor I, moralia in Job, XVII, 30, 46) in den anschaulichen Bildern vom Kreuzessieg über den Satan und die Dämonen ausgelegt. Unter Sünde und Tod versklavt, müssen alle Menschen – Christus ausgenommen – dem Teufel Tribut leisten. Am Kreuz hat Gott in Christus »den Schuldbrief der alten Sünde voll Liebe ausgelöscht« (Österl. Exsultet). Diese »Redemptionstheorie« hat die S. des MA maßgebend bestimmt in der Predigt, Dichtung und Kunst (vgl. →Heinrich v. Augsburg, Planctus Evae, Bartolus de Saxoferrato, Processus satanae, →Jacobus de Theramo [† 1417], Processus Luciferi contra Jesum Chr. et de Belial). Die dt. Symbolisten, →Rupert v. Deutz, →Honorius Augustodunensis, →Gerhoch v. Reichersberg und →Hildegard v. Bingen, nahmen die soteriolog. Bildersprache der Väter auf und verstanden das ganze Leben Jesu Christi,

v. a. die Passion, als Befreiung vom Joch des Satans, als Überwindung der Trennung und Feindschaft und als Einigung mit Gott. Nach Rupert v. Deutz, »De victoria Verbi Dei« (1124), begründet der Sieg des Lammes über die Unheilsmächte (Offb 13, 8) Christi Herrschaft als Haupt der Kirche, der Menschheit und des Kosmos. Die Feier der Eucharistie ist das Geheimnis der Erlösung. »In dieser Opferfeier ist in geistl. Weise ein und derselbe Priester und Opfergabe, weil er sich selber darbringt« (Rupert v. Deutz, de Trinitate XIV c. 18, ed. CC cont. med. XXII, 826). Der sakramentale Heilsdienst sichert der Kirche ihre absolute Vorrangstellung in der Welt. Honorius und Hildegard betrachteten das Kreuz als »Baum des Lebens« (Gen 3, 22; Offb 22, 2); er steht im Zentrum der Schöpfung: er ist in alle Lebensgeheimnisse Christi hineinverzweigt und trägt die Kardinaltugenden als Kräfte des Lebens. In der Tradition der neuplaton. S. (des Ps-Dionysius und des →Maximus Homologetes) erklärte →Johannes Scotus Eriugena die Erlösung als der kosm. Erneuerung und Einigung durch den (fleischgewordenen) Gott-Logos. Alle traditionellen Elemente der S. werden dieser Idee zugeordnet.

Die Schultheologie des MA mußte in sprachlog. Anstrengung die bibl. und patrist. Überlieferung auf den theol. zutreffenden und bedeutsamen Begriff bringen. →Anselm v. Canterbury suchte in seinem Dialog »Cur Deus homo« (1098) und in seiner »Meditatio redemptionis humanae« (1099/1100) die Heils-Notwendigkeit des Todes des menschl. Sohnes Gottes apologetisch (gegen die Juden?) und dogmatisch zu erweisen. In der Wiederherstellung der geistmächtigen Freiheit des Menschen, des Partners Gottes im Schöpfungs- und Gnadenbund, ging es letztlich um die Ehre Gottes. »Nicht Gott bedurfte des harten Leidens, sondern der Mensch, daß er versöhnt würde.« (Medit. red. hum. III, ed. F. S. SCHMITT, III, 86). Gerechtigkeit und Erbarmen Gottes fallen im Kreuzestod Christi zusammen und werden aufgehoben in der versöhnenden Liebe. Anselms Beweisgang im Dialog fand im 12. und auch im 13. Jh. wenig Gehör; die Idee der stellvertretenden Wiedergutmachung (»satisfactio«) wurde weithin rezipiert, v. a. in der Schule von St. Victor in Paris. Und der Widerstreit der Gottes-Tugenden im Erlösungsgeschehen hat auch die lat. und mhd. Dichtung vielfach angeregt. Vgl. den Dialogus »De salvatione hominis« eines anglo-norm. Autors, das Werk des Petrus v. Poitiers (?), »Rex et famulus«, ferner »Château d'Amour« des →Robert Grosseteste und das Gedicht »Die Erlösung« eines mhd. Autors (um 1300). Petrus Abaelard sprach im Exkurs zu Röm 3, 21–26 (ed. CC cont. med. XI, 111–118) einer radikalen Verinnerlichung der Erlösungsgnade das Wort, ohne das Heilsgeschehen zu übersehen. Der von Gott versöhnte Mensch empfängt im Glauben an Christus und durch dessen Beispiel des Kreuzesgehorsams die erlösende und befreiende Gnade. Die entscheidende Abkehr von der traditionellen Redemptionslehre vollzog auch die Schule Abaelards. →Gilbert v. Poitiers und seine Schüler nahmen mit dem Begriff des freien Verdienstes (»meritum«) der Loskauftheorie den Stachel des Anstoßes. Der Gehorsamstod des Sohnes ist nach Phil 2, 9 in sich der Annahme durch Gott wert und würdig. Mit des Hilarius' Sentenz (aus De Trin. XI n. 19): »mereri est ex se habere quod quis operatur«, lehrte sie, daß und wie der Todesgehorsam des Sohnes die Erlösung wirkte: Befreiung aus der Macht des Satans, Versöhnung, Rechtfertigung und Annahme an Sohnes statt, die Öffnung des Himmels und die Gemeinschaft mit den Engeln (Radulfus Ardens, Speculum universale, vgl. LANDGRAF DG II.2, 181). Nach →Hugo v. St. Victor sind Heil und Erlösung das doppelte Verdienst Christi: er macht uns würdig, es zu erlangen und zu behalten. Zur meritum-Diskussion im 12. Jh. vgl. LANDGRAF, DG II.2, 170–253. →Petrus Lombardus diskutierte im 3. Buch der Sententiae, dist. 18–20 (ed. Rom, II, 111–129), Wirkweise (»meritum«) und Wirkung der Erlösung (Loskauf) und deren Konvenienz. Die scholast. S. des 13.–15. Jh. war an diese Gliederung des Schulbuchs gebunden.

Im Rahmen der Geheimnisse des Lebens und Sterbens Christi erläutert →Thomas v. Aquin, S. th. III q. 48–49, zuerst die soteriolog. Grundbegriffe »meritum«, »satisfactio«, »sacrificium« und bezieht diese ereinst und insgesamt auf den Gehorsamstod Christi, in dem die Sohnesfolgsamkeit Jesu in ihrer befreienden, sühnenden und versöhnenden Kraft und Gnade offenbar wird. Diese S. der Passion setzt aber voraus, daß nach Thomas, S. th. III q. 8, der menschgewordene Logos das Haupt der ganzen Menschheit ist und also auch das universale Heil aller Menschen. Auch Bonaventura, Sent. III d. 18–19, diskutierte im Anschluß an das Lehrbuch Verdienst und Heilswirkung der Passion Christi. In den geistl. Schriften, »Vitis mystica« und »Lignum vitae«, ist der inkarnierte Logos Mitte des Kosmos und Mittler des Heils. Die Mysterien des Lebens und Leidens Christi sind Wegweis der Erlösten. Die ma. Passionstraktate des Ps.-Bonaventura, des Heinrich v. St. Gallen, des Klaus Schulmeister in Engelberg und die Passionsmystik haben aus diesen Opuscula Bonaventuras geschöpft. Vom Gedanken der universalen Mittlerschaft Christi ausgehend, schlug →Johannes Duns Scotus OFM die Brücke zur Erlösungslehre. Nicht der Sündenfall des Menschen und dessen Erlösungsbedürftigkeit sind der Grund der Inkarnation des Ewigen Wortes, sondern die absolute Prädestination des menschl. Sohnes Gottes ist der Grund der Erlösung des gefallenen Adams (Ord. III d. 7 q. 3, ed. VIVES, XIV, 348–360). Durch den ewigkeitl. Heilswillen Gottes und durch die Annahme (»acceptatio«) der stellvertretenden Genugtuung im Leiden Christi durch Gott ist dieses »unendliches Verdienst« (»meritum«), nicht aber aus sich (ebd. d. 20 q. unic., ed. 731–739). Die Frage nach dem Verdienstcharakter des Leidens Christi (auf Grund der »acceptatio« durch Gott) wurde zu einer Unterscheidungslehre zw. den Schulen, die auch innerhalb derselben kontrovers beantwortet wurde: in der Pariser Dominikanerschule durch →Durandus de S. Porciano und in der Franziskanerschule durch →Petrus Aureoli. In der »schola moderna« haben →Wilhelm v. Ockham OFM, →Peter d'Ailly, →Robert Holcot OP, →Gabriel Biel zu Sent. III d. 18–20 die Grundbegriffe: Heilsnotwendigkeit des Kontingenten, »acceptatio« auf Grund der potentia Dei ordinata, »meritum«, sehr formal diskutiert, ohne Rückbindung in die Schrift und Tradition. Diese hat Martin Luther mit Recht eingefordert. Nikolaus v. Kues nahm in seinen Lehrschriften (z. B. De docta ignorantia III c. 3) die soteriolog. Idee vom inkarnierten Logos, der Mitte und Fülle des Kosmos, auf; dieser Logos ist der vollkommene Mensch, Leitbild des Lebens. In der Karfreitagspredigt betrachtete er die Demut und Standhaftigkeit des Leidenden. Der Reformtheologe beteiligte sich nicht an der Schuldiskussion über das »meritum«. L. Hödl

Lit.: LThK² III, 1020–1024 [Erlösung] – J. RIVIÈRE, Le dogme de la Rédemption au début du MA, 1934 – DERS., Rev. m. a. lat. 1946², 101–112, 219–230 – D. E. DECLERCK, RThAM 13, 1946, 150–184; 14, 1947, 32–64 – A. M. LANDGRAF, Dogmengesch., II.2, 1954 – B. CATATÃO, Salut et rédemption chez s. Thomas d'Aquin, 1965 – The Middle English Translations of Robert Grosseteste's »Château d'Amour«, ed. K. Sajavaara, 1967 – R. L. Weingart, The Logic of the Divine Love ... Soteriology of Peter Abailard, 1970 – R. Peppermüller, Abaelards Auslegung des Römerbriefes, 1972 – M. Seckler (»Virtus politica« [Fschr. Hufnagel, 1974]), 107-125 – B. P. McGuire, Cah. Inst. MA gr. lat. (Kopenhagen) 18, 1976, 18–82 – G. Plasger, Die Not-Wendigkeit der Gerechtigkeit ..., BGPhMA 38, 1993 – M. Burger, Personalität im Horizont absoluter Prädestination ..., BGPhMA 40, 1994.

Sotomayor, Adelsgeschlecht in →Galicien aus der Gegend um Tuy, verdankte den Aufstieg im 13. Jh. v. a. seiner Vorrangstellung innerhalb der Kirche v. →Tuy und den Möglichkeiten, die sich aus seinem Einwirken auf die dauernden Grenzkonflikte zw. Kastilien und Portugal ergaben. Der Durchbruch gelang ihr mit dem Herrschaftsantritt der →Trastámara, beruhend einerseits auf kgl. Gunstbezeugungen beiderseits des Miño, andererseits auf dem Ausbau einer hegemonialen Machtposition auf lokaler Ebene (Kontrolle über die Städte nahe Tuy; Kampf mit dem Bf.sstuhl in →Santiago um den Besitz einiger Orte [u. a. Redondela, Vigo]; Bestrebungen zur Vernichtung der benachbarten Familie der →Sarmiento; Intervention in Pontevedra). Eine hervorragende Rolle in dieser Periode spielten *Payo Sorredia* de S. und *Fernán Yáñez* de S., die beide durch ihre Nachfolger *Alvar Páez* de S. (um 1435–68) und *Pedro Alvárez* de S. (P. Madruga, 1468–86) noch weit in ihrem Schatten gestellt wurden. Pedro Alvárez profilierte sich durch seine gegen den Compostellaner Stuhl unter Ebf. Alfonso de →Fonseca gerichtete Politik als Führer der ptg. Faktion in Galicien. Verschiedene Zweige des Geschlechts finden sich auch in der Estremadura und Andalusien, obwohl die Verwandtschaftsverbindungen zu den galic. S. nicht immer klar sind. M. Rábade Obradó

Lit.: J. García Oro, La nobleza gallega en la baja Edad Media, 1981, 213–267 – Vasco de Aponte, Recuento de las casas antiguas del Reino de Galicia, hg. M. C. Díaz y Díaz u. a., 1986, 105–111 – J. García Oro, Galicia en los siglos XIV y XV, I, 1987.

Sotskij (*sotnik*), Hundertschaftsführer, 996 erstmals in Kiev erwähnte Bezeichnung für ein militär. Amt, dem später auch administrative und diplomat. Aufgaben zufielen. In Novgorod hießen seit dem Anfang des 12. Jh. die Vorsteher der *sotni* gen. militär. und zivilen Organisationseinheiten der Stadt s., die wohl vom →*veče* aus Angehörigen der Oberschicht gewählt wurden; aus ihren Reihen wurde der →*tysjackij* gewählt. Nach 1291 hießen nurmehr die Verwalter eines ländl. Bezirks der Novgorodskaja zemlja s., während in Pskov die s. ihre dort direkt hinter dem →*posadnik* rangierende Stellung bis in die 2. Hälfte des 15. Jh. beibehielten. Im Nordosten, insbes. in Moskau, unterstand den s., von denen es für jede Stadt nur jeweils einen gab, als Vertretern der fsl. Verwaltung seit dem 14./15. Jh. die steuer- und lastenpflichtige Bevölkerung; sie waren vornehml. für die Steuererhebung zuständig. E. Kraft

Lit.: W. Knackstedt, Moskau. Stud. zur Gesch. einer ma. Stadt, 1975, 147ff. – J. Leuschner, Novgorod. Unters. zu einigen Fragen seiner Verfassungs- und Bevölkerungsstruktur, 1980, 113ff. – G. Pickhan, Gospodin Pskov, 1992, 87f., 203, 225.

Sottie, Form des kom. Theaters im spätma. Frankreich (2. Hälfte 15.–16. Jh.), von Narrenvereinigungen (Basoche, Enfants sans souci, →Confrérie) häufig zur →Fastnacht aufgeführt. In den meist kurzen S.s (weniger als 500 Achtsilber) treten gewöhnl. vier oder fünf (selten mehr) Personen auf, die meisten in traditionellen Narrenkostümen (Prince des sots, Mère sotte), daneben agieren allegor. Figuren. Überliefert sind etwa 30 S.s, die Hälfte davon aus dem 15. Jh. Einige S.s setzen die (oft obszöne) Unsinnsrede der Narren im Stil der Fatrasie (→Unsinnsdichtung) in Szene, in anderen steht polit. oder Standessatire im Zentrum: Pierre →Gringore kritisiert im »Jeu du Prince des Sots« (1512) die Mißstände in der röm. Kirche, die als Mère Sotte auftritt, und ergreift Partei für den frz. Kg. Die Mitwirkung allegor. Figuren verbindet die S.s mit den Moralités (→Moralitäten, II). A. Gier

Bibliogr.: H. Lewicka, Bibliogr. du théâtre profane frç. des XVe et XVIe s., 1980^2 – *Ed.:* E. Picot, Recueil général des s. s., 3 Bde, 1902–12 – *Lit.:* B. Goth, Unters. zur Gattungsgesch. der S., 1967 – J.-Cl. Aubailly, Le Monologue, le Dialogue et la S., 1976 – H. Arden, Fool's Plays. A Study of Satire in the S., 1980.

Souburg, Ort, frühma. Burgwall in →Seeland, 1162 erstmals erwähnt (Südburg, ndl. Zuidburg). Die Kirche, eine der Urpfarreien auf Walcheren, unterstand der Abtei →Middelburg; 1250 Abteilung von *Oost-S.* als Tochterpfarrei von S. (das nun *West-S.* hieß). Durch Ausgrabungen (C14-Datierung) ergaben sich für Errichtung/Besiedlung des Ringwalls die Eckdaten 835 und 975; Datierung auf das 3. Viertel des 9. Jh. erscheint (im Verbund mit archäolog. Daten für →Domburg, Middelburg und Burgh-op-Schouwen) am wahrscheinlichsten (Henderikx). Die Burgen waren möglicherweise Teil eines Verteidigungssystems gegen die Normannengefahr. S., das auch als Zufluchtsort bei Sturmfluten diente (mehrfache Erhöhung des Walls), hatte einen Durchmesser von ca. 144 m und wurde von zwei einander kreuzenden Straßen in vier gleiche Segmente geteilt. An den vier Zugängen überquerten Brücken den ca. 16 m breiten Burggraben. Die morpholog. Übereinstimmungen mit den späteren Rundburgen in Dänemark sind auffällig. →Burg C. II.
L. H. J. Sicking

Lit.: C. Dekker, Zuid-Beveland, 1971 – J. A. Trimpe Burger, Oost-S., Province of Zeeland: A Preliminary Report... (1969–71), Ber. van de Rijksdienst voor het Oudheidkundig Bodemonderzoek 23, 1973, 355–365 – P. A. Henderikx, Walcheren van de 6e tot de 12e eeuw, Archief. Mededel. Koninklijk Zeeuwsch Genootschap der Wetenschappen, 1993, 113–156.

Souillac (Ste-Marie de S.), Kl. OSB, Dekanat und Abtei (Ende des 15. Jh.) des Bm.s →Cahors in Südwestfrankreich (dép. Lot), nördl. der Dordogne (Vicomté Brassac, dann →Turenne). Das Gründungsdatum ist unbekannt; einige Quellenbelege des 10. Jh. liegen vor: 909 Testament des hl. →Geraldus v. Aurillac (Besitzungen in S. und dem angrenzenden Ort Borrèze); 930 diplomatisch unechte, aber hist. wohl glaubwürdige Urk. (Übertragung der 'curtis' S. durch den Vizgf. en Frothar v. Cahors an →Aurillac); 945 Schenkungsurk. des Archidiakons Benjamin (nun über Ste-Marie de S., das 961 auch im Testament des Gf. en Raimund v. Rouergue angesprochen wird). Das Dekanat besaß ca. 20 Kirchen, aber nur bescheidenen Grundbesitz, v. a. den im 13. Jh. aufblühenden →Burgus sowie drei kleine →Seigneurien; andere Besitzungen lagen dagegen in der Hand oft widersetzl. ritterl. Lehnsleute. – Die bedeutende roman. Kirche, ein Kuppelbau mit Querschiff und Chor, wurde zw. 1140 und 1200 errichtet (Turm und Vorhalle bereits 11. Jh.); von höchstem Rang, vergleichbar mit →Moissac und →Cahors, sind die roman. Skulpturen (Prophet Isaias). Der langsame Fortgang des (unvollendet gebliebenen) Baus zeigt, daß den Mönchen die Mittel zur Verwirklichung ihrer ehrgeizigen Pläne fehlten. J. Lartigaut

Lit.: H. Pradalier, Ste-Marie de S., Congrès arch. de France: Quercy, 1993, 481–508.

Soul and Body (Seele und Leib). In der ma. engl. Lit. sind Reden der →Seele an den Leichnam und Dialoge zw. beiden häufig. Gewöhnl. werden zwei Haupttypen unterschieden: im einen spricht nur die verdammte Seele und wirft dem stumm daliegenden Leichnam sein sündiges Leben vor, das beide ins Verderben führte; im anderen entwickelt sich ein →Dialog bzw. Streitgespräch, in dem der Leib Gegenvorwürfe an die Seele richtet. Die ae. und frühme. Beispiele gehören zum ersten Typ, die späteren me. zum zweiten. Die Reden können unmittelbar nach dem Tode stattfinden oder z. B. auch erst am Jüngsten Tag. Der verwesende Leichnam wird z.T. sehr drast. beschrieben. Zwei offenbar eng miteinander verwandte ae. dichter. Versionen sind im →Vercelli-Buch (»SB I«) und im →Exeter-Buch (»SB II«) erhalten; im Vercelli-Buch schließt sich die Rede einer geretteten Seele an. Ferner gibt es mehrere ae. Prosaversionen dieses Themas, z. B. in der sog. Macarius-Homilie (ed. Sauer), in der 4. Vercelli-Homilie, usw. Spätere poet. Versionen sind: »The Grave«, das am Übergang vom Ae. zum Me. steht (ca. 1175), sowie die frühme. Fassung in den »Worcester Fragments« (ca. 1200). Das bekannteste me. Beispiel ist die »Desputisoun bitwen the Body and the Soule« (vor 1300; ed. Linow); einen anderen me. Seelen-Leib-Dialog druckt Reichl (Nr. 52). H. Sauer

Bibliogr.: ManualME 3.VII, 1972, Nr. 18 – S. B. Greenfield–F. C. Robinson, A Bibliogr. of Publ. on OE Lit., 1980, 272f. – *Ed.:* ASPR II, 54–59; III, 174–178 – W. Linow, þe Desputisoun bitwen þe Body and þe Soule, 1889 – K. Reichl, Religiöse Dichtung im engl. HochMA, 1973 – H. Sauer, Theodulfi Capitula in England, 1978 – D. Moffat, The S.'s Address to the B.: The Worcester Frgm.s, 1987 – Ders., The OE S. and B., 1990 – D. G. Scragg, The Vercelli Homilies, EETS 300, 1992 – *Lit.:* R. Willard, The Address of the S. to the B., PMLA 50, 1935, 957–983 – S. B. Greenfield–D. G. Calder, A New Critical Hist. of OE Lit., 1986, 235–237.

Sousa, große ptg. Adelsfamilie mit Landbesitz im nö. von →Porto gelegenen S. (benannt nach dem Duero-Nebenfluß S.), stieg durch Königsdienst und Heirat zum einflußreichsten Geschlecht die werdenden Kgr. →Portugal auf (größte Machtfülle Mitte des 12. bis Anfang des 13. Jh.). *Gomes Egicaz* stand in Diensten →Ferdinands I. v. León; *Mendo Viegas* fungierte als Mitunterzeichner von Urkk. des Gf.en →Raimund, des Gf.en →Heinrich v. Portugal und dessen Frau →Teresa; *Soeiro Mendes* kam dem in Guimarães belagerten Infanten →Alfons Henriques zu Hilfe (1128) und zählte zum Kreis der adligen Wohltäter des →Templerordens in Portugal, sein Bruder *Gonzalo Mendes de S.* war von 1157 bis zu seinem Tod 1167 mordomo-mor (→Mayordomo) des nun Kg. gewordenen Alfons. Die →Livros de Linhagens sahen in ihm die Verkörperung adliger Wesensart schlechthin. *Mendo Gonçalves de S.* war *Alferes* (→Alférez) des Infanten →Sancho (I.), der ihn als Kg. zum *mordomo-mor* ernannte. Ein halbes Jahrhundert später wurden die S.-Erbinnen *Maria Pais* und *Ines Lourenço* mit einem unehel. Sohn →Alfons' III. bzw. mit einem Halbbruder dieses Bastarden verheiratet. Der ursprgl. S.-Besitz wurde im Laufe der Zeit in die Herrschaften Aguiar de S. und Penafiel de S. bzw. S. Cruz de S. geteilt, die Familie in die Zweige S. de Arronches und S. do Prado bzw. Chichorros. Viele S.s liegen in →Alcobaça, der Grablege Sanchos I., begraben. P. Feige

Lit.: L. Gonzaga de Lancastre e Tavora, Dicionário das famílias portuguesas, 1989 – A. de Almeida Fernandes, Acção das linhagens no Repovoamento e na Fundação da Nacionalidade, 1960 – Ders., A Nobreza na Epoca Vimarano-Portucalense, 1981 – J. Mattoso, A nobroza medieval portug., 1981 – Ders., Ricos homens, infançōes e cavaleiros, 1985.

Souterliedekens, älteste vollständige ndl. Umdichtung der Psalmen, möglicherweise von Willem van Zuylen van Nijevelt, einem Utrechter Edelmann (Druck: 1540 Symon Cock, Antwerpen). Die Texte sind größtenteils auf weltl. Melodien komponiert. Lang war umstritten, ob die S. rein kath. oder reformator. Charakters seien; denkbar ist auch eine Herkunft aus Sakramentarier- oder Wiedertäuferkreisen. Die S. entsprachen augenscheinl. einem vorhandenen Bedürfnis: zw. 1540 und 1613 erschienen mindestens 33 Aufl. n. A. M. J. van Buuren

Ed.: J. van Biezen–M. Veldhuyzen, S. 1540, facs.-ed. with Introd. and Notes, 1984 [Lit.] – *Lit.:* D. F. Scheurleer, Die S., Beitr. zur Gesch. der ältesten ndl. Umdichtung der Psalmen, 1898 – H. A. Bruinsma, The S. and its Relation to Psalmody in the Netherlands, 1948 – S. J. Lenselink, De Nederlandse psalmberijmingen van de S. tot Datheen met hun voorgangers in Duitsland en Frankrijk, 1959 [1983²] – R. A. Leaver, »Goostly Psalmes and Spiritual Songes«. Engl. and Dutch Metrical Psalms from Coverdale to Utenhove 1535–66, 1987 – J. W. Bonda, Ts. v. d. Vereniging voor Nederl. muziekgesch. 38, 1988, 136–141.

South English Legendary (SEL), bedeutendste Legenslg. SW-Englands im 13.–14. Jh. Entstanden um 1270 auf der Grundlage liturg. Texte, wurde sie offenbar um 1280 mit Hilfe der neuen →Legenda Aurea erweitert. Verf. und Verwendung der Texte sind unbekannt. Über 60 Hss. (darunter über zwanzig mehr oder weniger vollständig) bezeugen ebenso wie der schlichte, andachtsartige Stil die Popularität der in paarweise gereimten Langzeilen verfaßten Slg. Der Erzählstil ist volkstüml., mit Betonung der Details der Leiden der Hl.n (hoher Anteil engl. Hl.r: 20 von den ca. 100 des Kernbestandes), aber auch mit vielen romanzenhaften Zügen. Schon vor 1300 wurde das Sanctorale durch ein Temporale ergänzt, dessen Teile dann auch als Texte für die hohen Kirchenfeste erscheinen (v. a. →Southern Passion). Nach einem Geschmackswandel um 1400 wurden die Legenden möglicherweise in London als provinziell betrachtet; mit dem Vorherrschen der Prosa wurde die Slg. durch die erste Prosaübers. der (frz.) »Legenda Aurea« (»Gilte Legende«, 1438, St. Albans?) ergänzt, in die dann zwanzig SEL-Texte in entreimter Form als Ergänzung fehlender Texte (meist engl. Hl.r) aufgenommen wurden und von dort in →Caxtons »Golden Legend« weitergingen. M. Görlach

Bibliogr.: NCBEL I, 529–531 – ManualME, 2. V [Nr. 1] – *Ed.:* EETS, 235, 236, 244 – *Lit.:* Th. Wolpers, Die engl. Hl.nlegende des MA, 1964 – M. Görlach, The Textual Tradition of the SEL, 1974 – Ders., An East Midland Revision of the SEL, 1976 – Ders., The Legenda aurea and the Early Hist. of The SEL (Legenda aurea. Sept siècles de diffusion, ed. B. Dunn-Lardeau, 1986), 301–329 – The SEL, hg. K. P. Jankofsky, 1992 – M. Görlach, ME Legends 1220–1530 (Hist. internat. de la lit. hagiographique, ed. G. Philippart, 1994).

Southampton (Hampton), Stadt *(royal borough)* und Hafen in der südengl. Gft. Hampshire, auf einer Landzunge am Zusammenfluß von Itchen und Test in den Kanal gelegen; 837 erstmals urkdl. als Landungsort der Dänen erwähnt. Die →Burghal Hidage bezeichnet S. als *burgh* mit 150 hides. 925 verzeichnet die Ags. →Chronik dort zwei kgl. Münzen. Kg. Edgar überschrieb 962 seine Einkünfte aus S. an die Abtei in Abingdon. 980 und 981 von Dänen zerstört, verlagerte sich die Siedlung im ausgehenden 10. und 11. Jh. zur Spitze der Landzunge. Es entstand ein relativ regelmäßiges Straßenraster mit drei von N nach S verlaufenden Hauptstraßen und weiteren Querachsen mit den Pfarrkirchen St. Michael, St. John, Holy Rood, St. Lawrence und All Saints. Die ursprgl. Siedlung erhielt den Charakter einer Vorstadt. Das →Domesday Book dokumentiert die Veränderungen innerhalb S.s nach der norm. Eroberung: 1068 76 engl. Einw. als *burgesses* gen., 1086 zusätzl. 161 Normannen als *burgesses* angesiedelt, die hauptsächl. in der French Street lebten. Die Gesamtzahl der Einw. dürfte rund 800 betragen haben. Der Bau einer Burganlage nach der Eroberung (erste urkdl. Erwähnung

1153) zerstörte im NW S.s das regelmäßige Straßenraster. Die Ummauerung der bereits in ags. Zeit mit Graben und Erdwall befestigten Stadt begann zu Beginn des 13. Jh. und wurde nach ihrer kurzfristigen Eroberung durch die Franzosen 1338 intensiviert, die komplette Ummauerung erfolgte im Verlauf des 14. Jh. (29 Mauertürme, acht Toranlagen). Zusätzl. wurde ein zweiter Graben um die Stadt gezogen. Der Baubeginn der Kaianlagen datiert aus dem 14. Jh. S. entwickelte sich nach der norm. Eroberung zu einem bedeutenden Handelszentrum, dessen wirtschaftl. Niedergang erst mit dem Verlust der engl. Besitzungen in Frankreich 1451–53 einsetzte. Von bes. Bedeutung war zunächst der Weinhandel, seit dem 14. Jh. auch der Wollmarkt. Darüber hinaus verlief der engl. Handel mit Venedig und der Levante primär über S. Seit der Regierungszeit Kg. Heinrichs V. war S. ein Zentrum des engl. Schiffbaus. Der früheste erhaltene Freibrief S.s datiert aus dem Jahre 1199. Darin bestätigt Kg. Johann alle Rechte und Freiheiten S.s gegen eine jährl. feste Rente (*feefarm*) in Höhe von £ 200 (1276 Anhebung auf £ 226). Dieser Freibrief verweist auf frühere Charters, welche die Bürger von Zöllen und Abgaben befreit und ihnen Märkte, Messen und eine Gilda Mercatoria bewilligt hatten, die von herausragender Bedeutung für die städt. Selbstverwaltung wurde, ihr Vorsitzender war der *alderman*. Ein von allen Bürgern jährl. gewählter Zwölferrat wählte seinerseits zwei →*bailiffs*, es gab weitere zwölf aldermen, die in den fünf *wards* der Stadt mit der zivilen Kontrolle betraut waren. Mit der formalen Inkorporation S.s 1445 wurde der Titel des führenden alderman in den des Bürgermeisters (→*mayor*) umgewandelt. Seit 1256 ist das Amt des →*coroner* und des damit verbundenen Gerichtshofs urkundl. belegt; seit 1401 existierte das Amt des →*Justice of the Peace*. Auf der Grundlage der →*Poll Tax* v. 1377 lebten zu Ausgang des 14. Jh. rund 1600 Personen in S. B. Brodt

Q. *und Lit.:* VCH Hampshire, III, 1908 – The Charters of the Borough of S., hg. H. W. Gidden, 2 Bde, 1905–08 – The Oak Book of S., hg. P. Studer, 3 Bde, 1910–11 – C. Platt, Medieval S., 1973.

Southern Passion, The. Die Ende des 13. Jh. in SW-England entstandene, in 11 Hss. des →»South English Legendary« überlieferte S. P. erzählt in ca. 2590 paarweise gereimten Septenaren die Passionsgesch. vom Einzug Jesu in Jerusalem bis zur Ausgießung des Hl. Geistes und bildet das ältere Gegenstück zur lit. höher bewerteten →»Northern Passion«. Der von einigen Hss. gekürzt überlieferte Text beruht auf einer kontemporären me. Darstellung des Lebens Jesu, die ein offenbar auch für andere Partien des »South English Legendary« verantwortl. Redaktor zum Zwecke der Integration in die große südme. Homilieslg. umarbeitete. Hauptq. ist neben der Vulgata die »Historia Scholastica« des →Petrus Comestor. Die zur Unterweisung einfacher Gläubigen gedachte S. P. verbindet in z. T. abruptem Wechsel wörtl. Übers. und Paraphrase des lat. Evangelientextes, mitunter legendenhaft ausgeschmückte didakt.-expositor. Deutung der bibl. Gesch. mit persönl. Ansprache des Lesers bzw. Hörers und scharfem Urteil über die Lebensverhältnisse der Zeit. Ungewöhnl. ist die Verteidigung der Frau gegen männl. Überheblichkeit am Beispiel Maria Magdalenas. K. Dietz

Bibliogr.: ManualME 2.IV, 1970, 406, 551 – *Ed. und Lit.:* The S. P., ed. B. D. Brown, EETS 169, 1927 – The Defence of Women from the S. P., ed. O. S. Pickering (The South English Legendary, ed. K. P. Jankofsky, 1992), 154–176.

Southwell, Marktort in der engl. Gft. Nottinghamshire, nö. von Nottingham. Die Gründung der Kirche St. Mary wird auf den Missionar Paulinus in der 1. Hälfte des 7. Jh. zurückgeführt. Nach der Zerstörung der Kirche durch die Wikinger i. J. 960 ließ Kg. Edgar an gleicher Stelle einen Neubau errichten. 958 hatte Kg. Eadwig Ländereien in S. an den Ebf. v. York überschrieben, und der *manor* blieb bis zur Säkularisation im Besitz der Kirche. Das →Domesday Book gibt eine detaillierte Beschreibung S.s; u. a. verzeichnet es rund 210 steuerpflichtige Einw., zwei Mühlen und Fischteiche. Der Steuerwert des manor belief sich i. J. 1086 wie auch 1066 auf £ 40. Das etwas außerhalb des Ortes gelegene Hospital St. Mary Magdalen unterstand gleichfalls dem Ebf. v. York; eine Q. des Jahres 1313 verweist zugleich auf eine an S. gebundene Schule. 1334 wurde S. mit dem ländl. 15. Teil und £ 5 besteuert. Dieser geringe Betrag läßt sich nur damit erklären, daß die erhebl. Einkünfte aus zwei Messen und einem Samstagsmarkt an den Ortsherrn fielen. B. Brodt

Q. *und Lit.:* VCH Nottinghamshire, II, 1909.

Souveränität. Das polit. Denken des MA kannte S. im nz. Sinne nicht, hatte keinen Begriff von einer gebietseinheitl. letzten Hoheitsgewalt, die, verbunden mit der Gesetzgebungsbefugnis und all den aus dieser ableitbaren Kompetenzen, allein dem maßgebl. Herrschaftsträger, dem »Souverän« im Staate, zusteht. Dieser Begriff, der heute angesichts der vielfachen Verflechtungen der einzelnen Staaten in supranationale Strukturen allmähl. einer Erosion oder doch einer Uminterpretation unterliegt, wurde maßstabsetzend erst 1576 von Jean Bodin in seinen »Six livres de la République« geprägt und sofort in das Repertoire jurist. Staatsdenkens aufgenommen. Das ma. Nachdenken über den Staat, seine Funktionen, seine Legitimierung und seine Grenzen hatte freilich Bodin weithin vorgearbeitet und sogar das Wort der S. zur Verfügung gestellt. Jede Bemühung ist um das ma. Verständnis von S. geht daher den ma. Wurzeln des nz. Staatsdenkens nach.

[1] *Wortgeschichte:* Das frz. »souverains«, abgeleitet aus dem Komparativ »superior« über das mlat. »superanus«, taucht bereits im 13. und 14. Jh. auf. →Philippe de Beaumanoir schreibt in seinen »Coutumes de Beauvaisis« (1283) »chascuns barons est souverains en sa baronie, ... li rois est souverains par dessus tous« ([§ 1043]). Deutl. steht die lehnrechtl. Bindung im Vordergrund dieser pyramidalen Vorstellung, der gemäß verschiedene Überordnungsverhältnisse neben-, richtiger unter- und übereinander denkbar sind, zumal inhaltl. keine Konkretion der Herrschaftsrechte und ihrer Ausübung vorgenommen wird. Die frz. Rechtssprache entwickelt »S.« in der Folgezeit entsprechend der Konsolidierung kgl. Herrschaft und der hohen Bedeutung, die für das ma. Herrschaftsdenken der »iurisdictio« zukommt, in Richtung auf die kgl. Gerichtshoheit, insbes. der Durchsetzung des kgl. Gerichts als Appellationsinstanz. Aus der kgl. »S.« läßt sich die Endgültigkeit der Entscheidungen des kgl. Gerichts gegenüber allen anderen Instanzen ableiten: »car li rois est souverains, si doit estre sa corz souverains« (Usage d' Orlenois). »Souverän« heißt dann diejenige Instanz, die letztgültige Entscheidungen zu fällen berechtigt ist, »souverän« sind diejenigen Entscheidungen, die einen Rechtsstreit bestandskräftig abschließen. Insofern wird eine zunehmende Einengung des Wortgebrauchs auf Entscheidungen des Kg.s oder der dem Kg. zuarbeitenden Instanzen (wie der →Parlamente) verständl., wobei diese Instanzen durch das Adjektiv »souverän« gekennzeichnet werden (Cour souveraine, Souverain Maistre des Eaues et Forêts).

Gleichwohl ist die Entwicklung des Wortgebrauchs keineswegs gradlinig, führt nicht automat. auf Bodin und seine neue Definition zu. Das Wort steht nicht ausschließl.

für die Zusammenfassung sämtl. Herrschaftsrechte eines »souveränen« Herrschers, sondern kann zugleich auch konkret jede einzelne seiner Befugnisse meinen. Als Kollektivbegriff für die Summe der Herrschaftsrechte gebrauchen die spätma. Juristen mit Vorliebe andere Termini, wie ja auch die zunehmende Rezeption des röm. Rechts die dort anzutreffenden Herrschaftsbegriffe (maiestas, imperium, potestas, auctoritas, dominium) überwiegend begünstigt, von denen keiner regelmäßig oder auch nur überwiegend als Äquivalent von »souverän« gebraucht wird. Im 15. und frühen 16. Jh. ist das Wort »souverän« gleichsam zu einem Eigennamen der mit ihm bezeichneten Instanzen geworden. Erst Bodin hat dann seine theoret. Kraft wieder ins Licht gerückt.

[2] *Allgemeine Bedeutungsgeschichte:* Sieht man von der unmittelbaren Wortgesch. in der frz. (und engl.) Rechtssprache des SpätMA ab, so müßte ein genauer Überblick über die S.svorstellungen all jenen Elementen des ma. polit. Denkens nachgehen, die in den modernen Staatsbegriff einmündeten. Als Relationsbegriff, der einem Komparativ entstammt, wird »superioritas« in aller Regel als strittiger Anspruch auf letztgültige Entscheidung in Auseinandersetzungen formuliert. Für das Staatsdenken relevant werden solche Ansprüche im MA v. a. im Streit zw. dem werdenden Staat und der geistl. Gewalt, zw. Ks. und Papst, Kg. und Kirche, partiellen Herrschaftsträger und staatl. Hoheit. Die Ausbildung des Begriffs vollzieht sich daher von Anfang an ununterschieden auf beiden Ebenen moderner Staatlichkeit, der Beziehungen zur Außenwelt (äußere S.) und der Beziehungen der Herrschaftsträger auf die Beherrschten (innere S.).

Mit der Selbstausgrenzung der Kirche als Amtskirche von der laikalen »Welt«, die sie im sog. →Investiturstreit vollzog, trat die rechtl. Regulierung des kirchl. Lebens in eine neue Phase, wobei die werdende Wiss. der Kanonistik systematisierend, stichwortgebend und die traditionellen Formulierungen bereithaltend und überbietend wertvolle Hilfestellung leistete. Ihrerseits profitierten die Kanonisten von der Begriffsarbeit der Legisten, die die Texte des →»Corpus Iuris Civilis« auf ma. Verhältnisse anwendbar machten, sowie von den theoret. Anstrengungen der Theologen, so daß keine Wiss.sdisziplin allein diese wichtigen Fragen der theoret. Orientierung löste, so sehr auch die Juristen naturgemäß gleichsam federführend beteiligt blieben.

Hatte zuerst die Unabhängigkeit der als Klerikerkirche verstandenen geistl. Sphäre von laikaler Beeinflussung im Vordergrund des Interesses gestanden, so sorgte der ausgreifende Systematisierungswille der →Dekretisten und frühen →Dekretalisten bereits im 12. Jh. für die Ausarbeitung zweier verschiedener und konkurrierender Vorstellungen über das Verhältnis von geistl. und weltl. Gewalt, einer die traditionelle Distanz beider zueinander festhaltenden »dualist.« Auffassung, die beide Gewalten unmittelbar auf die geistl. Ordnung zurückführte, und einer integralist. monist. argumentierenden Position, die dem kirchl. Oberhaupt die allerletzte Entscheidungskompetenz und Legitimitätsvermittlung zuschob, ja in ihm den »verus imperator« sah.

Die frühe Ausprägung der sog. »hierokrat.«, d. h. monist. Entwürfe im Anschluß an die Formeln, die in Innozenz III. richtungsweisend gebraucht hatte, vollzog sich freilich noch nicht in konsequenter Systematik, sondern häufig in nur funktionaler Annäherung, da die traditionelle Unterscheidung von →'spiritualia' und →'temporalia' sowie die Eingriffsmöglichkeit des Kirchenhauptes 'ratione peccati' und 'certis causis inspectis' hier sichtl. Zügel anlegten. Solche vorsichtigen Formulierungen erlaubten es noch Innozenz III., die weltl. Fs.en in grundsätzl. Unabhängigkeit zu sehen, wenigstens im Falle des frz. Kg.s, dem er bescheinigte, er sei Herrscher »superiorem in temporalibus non recognoscens«.

Die Durchbildung der Theorie päpstl. Kompetenz innerhalb der Kirche – noch nicht als gesellschaftl. Organisation unter anderen, sondern als umfassende Struktur der »Christianitas« verstanden – über die Ausarbeitung päpstl. Kompetenzfülle (plenitudo potestatis) machte schon für Innozenz IV. eine theoret. Anknüpfung an die spätestens seit Innozenz III. für den Papst monopolisierte Titulatur eines »vicarius Christi« (wenig später »vicarius dei«) fast unausweichl., indem dem Papst als nunmehr ausschließl. jurist. verstandenem Stellvertreter des Gottmenschen Christus auch gleichsam göttl. Kompetenz zuerkannt wurde, so daß schließlich die Formel möglich wurde: »papa quasi deus in terris«.

Der Relationsbegriff »superior« wurde demnach nur durch Negation zu einer unbestimmten Eigenschaftszuschreibung genutzt, die gegen die zeitgenöss. Theorien des röm. Rechts den Kg. eines großen Landes prinzipiell vom Ks. unabhängig sah (»rex imperator in regno suo«, »non habet imperium par in parem«). Die Debatten um das Verhältnis weltl. Herrscher untereinander, ob solche Unabhängigkeit nur de facto oder auch de iure bestehe, füllte jurist. Bemühungen das ganze 13. Jh. hindurch, konnte aber das Verhältnis der weltl. Machthaber zum Kirchenoberhaupt in der Schwebe und undiskutiert lassen, so daß sich das Papsttum in seinem Kampf mit dem seit dem 12. Jh. neu verstandenen Universalanspruch der stauf. Ks. auf die Hilfe der als selbständig geltenden Kg.e stützen mochte.

Päpstl. Kompetenzfülle gegenüber konnte weltl. Gewalt theoret. bei den Kanonisten und Theologen kaum eigenen Bestand behalten, wurde zunehmend nur noch als abgeleitet verstanden, in der Sprache der →Zweischwerterlehre gesagt, nur zum Gebrauch, »ad nutum sacerdotis« (→Bernhard v. Clairvaux), verliehen. An der Wende zum 14. Jh. wurden schließlich im Anschluß an die Herrschaftsrhetorik Bonifatius' VIII. und die Regierungspraxis der frühen avign. Kirche kurialist. Theorien kirchl. Hoheit über alle weltl. Gewalt formuliert (→Aegidius Romanus, →Jacobus v. Viterbo, →Augustinus v. Ancona, →Alvarus Pelagius usw.), die in ihrer Rigidität und Scheinstringenz zwar zeitgenöss. Realisierungschancen weit vorauseilten, die aber noch von Bodin selbst als eindrucksvolle Vorläufer seiner eigenen weltl. Staatstheorie angesehen worden sind.

Auch jene Theoretiker, die sich diesem hypertrophen Extremismus entgegenstemmten und im Konflikt mit der Kurie die Unabhängigkeit der weltl. Herrschaftsordnung betonten, gehören zu der Vorgesch. modernen Staatsdenkens insofern, als sie die grundsätzl. Eigenständigkeit und das unableitbare Eigenrecht säkularer polit. Herrschaft mit verschiedenen Mitteln naturalist., auf der Basis einer aristotel. Sozialphilosophie und einer naturrechtl. prakt. Philosophie, zu begründen und gegen kuriale Ansprüche zu verteidigen suchten. Im Konflikt zw. Bonifatius VIII. und dem frz. Kg. Philipp IV. hat so →Johannes v. Paris auf der Grundlage radikalisierter Elemente eines von →Thomas v. Aquin vorformulierten Aristotelismus eine erste theoret. überzeugende geschlossene »dualist.« Staatsvorstellung begründet, die dem Staat eine »Gleichursprünglichkeit« mit der Kirche zugestand. →Marsilius v. Padua hat dann eine vollständig aristotel. Theorie staatl. Organisation entworfen, in die nun die Kirche als Sozialgebilde gänzlich integriert wurde. →Wilhelm v. Ockham hat schließlich Kirche und Staat in ihrer Sozialverfassung nach den gleichen Prinzipien organisiert gesehen und damit ebenfalls einer »säkularen« Staatsauffassung Bahn gebrochen.

Nach dem Scheitern der kurialist. Ansprüche wurde im »Konziliarismus« (insbes. auf dem Konzil v. →Basel) um die »superioritas« von Papst oder Konzil innerhalb der Kirche gerungen, weil der übersteigerte Papalismus unfähig gewesen war, einen Ausweg aus der Krise des Schismas zu finden. Das Problem des Trägers der »S.« innerhalb eines geschlossenen Systems wurde damit vorweg und für spätere Debatten in gewissem Sinne wegweisend aufgegriffen, wenn es auch zu keinen rein polit. Antworten kam. Neben dieser Diskussionslinie aus der Auseinandersetzung zw. den »zwei Gewalten« hat das ma. werdende Staatsdenken auch in Übernahme und Ausarbeitung röm.-rechtl. Formeln verschiedentl. wichtige Voraussetzungen des modernen Staatsdenkens erarbeitet, die dann freilich in der NZ ihre ma. Vorgesch. ebenfalls noch kräftig überholen sollten (→Staat). J. Miethke

Lit.: HRG IV, 1714-1725 [H. QUARITSCH] – S. MOCHI ONORY, Fonti canonistiche dell'idea moderna dello Stato (Pubblicazioni dell'univ. del Sacro Cuore, NS 38, 1951) – F. CALASSO, I glossatori e la teoria della sovranità, 1957³ – E. H. KANTOROWICZ, The King's Two Bodies, A Study in Medieval Political Theology, 1957 [dt.: Die zwei Körper des Kg.s, Eine Studie zur polit. Theologie des MA, 1990] – W. BERGES, Ks.recht und Ks.theorie der »Siete Partidas« (Fschr. P. E. SCHRAMM zu seinem 70. Geb., 1964), 143-165 – G. POST, Stud. in Medieval Legal Thought, Public Law and the State, 1100-1322, 1964 – H. QUARITSCH, Staat und S., I: Die Grundlage, 1970 – H. G. WALTHER, Imperiales Kgtm., Konziliarismus und Volkss., Stud. zu den Grenzen des ma. S.s-gedankens, 1976 – P. OURLIAC, Science politique et droit canonique au XVᵉ s. (DERS., Études d'hist. du droit médiévale, 1979), 529-552 – DERS., Souveraineté et lois fondamentales dans le droit canonique du XVᵉs. (ebd.), 553-565 – B. TIERNEY, Church, Law, and Constitutional Thought in the MA, 1979 – J. CANNING, The Political Thought of Baldus de Ubaldis, 1987 – Renaissance du pouvoir législatif et genèse de l'État, éd. A. GOURON – A. RIGAUDIÈRE (Publ. de la Société d'Hist. du droit et des institutions des anciens pays de droit écrit 3, 1988) – J. KRYNEN, L'empire du roy: idées et croyances politiques en France, XIIIᵉ-XVᵉs. (Bibl. des hist., 1993) – J. MIETHKE, Der Weltanspruch des Papstes im späteren MA. Die polit. Theorie der Traktate »De potestate Papae« (Pipers Hb. der polit. Ideen, hg. I. FETSCHER – H. MÜNKLER, II: Das MA, 1993), 351-445 – K. J. PENNINGTON, The Prince and the Law, 1200-1600, Sovereignty and Rights in the Western Legal Tradition, 1993 – →Staat.

Souvigny, große cluniazens. Abtei (→Priorat) in Mittelfrankreich, Bourbonnais (dép. Allier). 915 tradierte Aimard, Ahn der Herren v. →Bourbon und 'fidelis' des Fundators v. Cluny, Hzg. →Wilhelm v. Aquitanien, die 'curtis' S. mit ihrer Kirche an →Cluny. Aimards Sohn Aimo übertrug 950 Land an S., vollzog dann eine (Wieder-)Schenkung von S. und weiteren 'villae' an Cluny, die ausdrücklich der Jurisdiktion des Abtes unterstellt wurden (954). S. wird erstmals 974 'monasterium' genannt. Ab 998 erscheint es in päpstl. Bullen als von Cluny abhängiges Besitztum. Andererseits hatte S. seinerseits um 1095 50 Kirchen und 8 Abteien in Besitz.

S. und Cluny waren aufs engste miteinander verbunden. Zwei Äbte v. Cluny starben in S. und wurden hier bestattet (→Maiolus, 994; →Odilo, 1049); ihre Gräber machten S. zur Wallfahrtsstätte (Besuche u. a. von Ksn. Adelheid, Kg. Hugo Capet und Papst Urban II.). Die Prägungen der vor 1095 eingerichteten Münzstätte trugen das Bild des hl. Maiolus. S. stand bis 1078 unter unmittelbarer Leitung der Äbte v. Cluny, dann wurde mit Guido, dem 1078 in Cluny eingetretenen Gf.en v. →Mâcon, der erste unabhängige Prior v. S. eingesetzt. Ein fragmentar. erhaltenes →Necrolog aus S. zeigt enge Anlehnung des Memorialwesens (→Memoria) an das Vorbild Clunys.

Die ersten Klosterbauten, errichtet unter Maiolus, sind nicht erhalten, dagegen Teile der 1063 geweihten neuerbauten Kirche, einer Spitzenleistung der burg. Romanik, die aber durch den got. Umbau von 1433-45 stark verändert wurde. Erhaltene Reliefplatten (heute an der westl. Innenwand von S.) eines in S. tätigen Bildhauers weisen enge Beziehungen zu Schlüsselfiguren des Königsportals v. Chartres auf. Im 15. und 16. Jh. diente S. als dynast. →Grablege der Hzg.e v. Bourbon. B. H. Rosenwein

Lit.: J. FAVIER, Dict. de la France méd., 1993, 890 – L. CÔTE, Hist. du prieuré clunis. de S., 1942 – F. LARROQUE, S.: Les origines du prieuré, RevMab 58, 1970, 1-24 – J.-L. LEMAÎTRE, Un nouveau témoin du nécrologe de Cluny, FMASt 17, 1983, 445-458 – F. NEISKE, Cluniacens. Totengedenken in S., ebd. 19, 1985, 432-465 – W. CAHN, S.: Some Problems of its Architecture and Sculpture, Gesta 27, 1988, 51-62 – C. EDSON ARMI, The »Headmaster« of Chartres and the Origins of »Gothic« Sculpture, 1994.

Soziallehre → Verfassung und Soziallehre

Sozialstruktur. [1] *Definition:* Der metaphor. Neologismus S. (zu lat. *socialis* ['kameradschaftl.', 'ehel.', 'bundesgenöss.'] und lat. *structura* ['Bau, Bauart, Errichtung']) bezeichnet Aufbau, Plan und Regelwerk geschichtl. Vergesellschaftungsformen. Seine theoret. Grundlagen wurzeln zum einen in der frz. »Annales«-Schule (M. BLOCH, L. FEBVRE, F. BRAUDEL), die die Politik- oder Ereignisgesch. (»Histoire événementielle«) um die Dimension der »Strukturgesch. « (»Histoire structurale«) erweiterte; zum anderen in der amerikan.-dt. Systemtheorie (T. PARSONS, N. LUHMANN), die die method. Neuansätze zur Analyse der »funktionalen Hauptprobleme der Systemstruktur« entwickelte. In den 60er Jahren wurde er in die Mediävistik eingeführt (O. BRUNNER, TH. SCHIEDER, W. CONZE), um die Termini 'Ordnung' (→Ordo, I), 'Organismus' und 'Gefüge' zu ersetzen.

[2] *Mittelalterliche Deutungsmuster des menschheitlichen Ganzen:* Im MA waren zwar keine Theorien der Gesamtges., aber doch diverse »Deutungsschemata der sozialen Wirklichkeit« (O. G. OEXLE) bekannt. Besonderer Beliebtheit erfreuten sich bipolare Komplementärformeln aus dem Gebiet der Metaphysik und Religion (→civitas dei und civitas terrena; ordo clericalis und ordo secularis [→Klerus]) sowie aus der Erfahrung sozialer Realität (potens et pauper, nobilis et inferior, Arm und Reich [→Armut und Armenfürsorge], ehrl. und unehrl. [→Ehre], »fromm« und »lose« u. ä.). Im HochMA stand das funktionale Schema der drei »Stände der »Betenden, Kämpfenden und Arbeitenden« (oratores, bellatores [pugnatores], laboratores [agricultores]) im Zentrum der theol. Reflexion (→Adalbero, Bf. v. Laon). In den Intitulationes der städt. Urkk. wird die Gesamtheit der Bevölkerung häufig durch die Dreierformel »Bürgermeister, Ratmannen und ganze Gemeinde der Stadt« (proconsules, consules et tota universitas [communitas] civitatis) zum Ausdruck gebracht. In den →Kleider-, →Luxus- und Prozessionsordnungen wird dagegen die ganze Bandbreite der hierarch. gestaffelten Statussymbole entfaltet. Im ausgehenden MA wurde ein erstaunl. hoher terminol. Aufwand getrieben, um die verschiedenen Teilgruppen der Bettler, Vaganten und »Scharlatane« höhnend zu diversifizieren (Sebastian →Brant, »Liber vagatorum«, 1510). Diese »Deutungsschemata« wurden von »Sozialmetaphern« flankiert, welche die Totalität der Teile und die Harmonie der Ungleichheit zu veranschaulichen suchten, insbes. von Bildern aus dem Bereich des Körpers (Christenheit als Corpus Christi mysticum; Kirche als Mater ecclesia), des

Militärs (Kirche und Reich als militia Christi und militia secularis), der Architektur (Kirche oder Imperium als säulengetragene Tempel) und der Schiffahrt (Metapher des schwankenden Schiffleins).

[3] *Sozialgeschichtliche Theoriebildung vom 19. Jh. bis heute:* L. A. BLANQUI (1805–81) entwarf in seiner »Critique sociale« ein erstes Dreiklassenmodell, indem er die *classes très élévées* und die *classe ouvrière* um die *classe moyenne*, die »Mittelklasse«, erweiterte. K. MARX entfaltete eine gesamthist. Theorie konfligierender Klassen, die an die Entwicklungsphasen der Produktion gebunden sind und nach einer bestimmten Abfolge von Kämpfen und Revolutionen in die klassenlose Ges. übergehen. Mit Hilfe der Basis-Überbau-Metapher umschrieb er die S. der ma. Stadt mit den Komplementärbegriffen »Patrizier und Plebejer, Zunftbürger und Gesell« (MEW IV, 462). Die SED-nahe Mediävistik der ehem. DDR orientierte sich an den marx.-leninist. Gesch.sentwürfen und konzentrierte sich auf die Darstellung der »sozioökonomischen« Interdependenzen sowie der internen »Antagonismen« des »Feudalsystems«.

Der Begriff 'Schicht(ung)', schon 1932 von TH. GEIGER in die Sozialwiss. eingebracht, wurde in den 50er Jahren von der westdt. Mediävistik rezipiert. Die Soziologie definiert 'Schichten' als »durch das ganze soziale System hindurchziehende, klar voneinander abzugrenzende und aufgrund der Wertung des jeweils betrachteten Merkmals als über- und untereinander, als höher- und tieferliegend empfundene Gruppierungen von Mitgliedern eines sozialen Systems« (K. M. BOLTE). Allg. Verbreitung fand der Vorschlag E. MASCHKES, die S. der →Stadt in Ober-, Mittel- und Unterschicht zu untergliedern und dieses Grobraster um nichtschichtenspezif. Sozialkriterien zu erweitern. Mit Hilfe EDV-gestützter Analysen der Schoß- und Wortzinsregister wurden differenzierte Schichtungsmodelle nach dem Dezimalsystem entworfen, welche die Gesamtbevölkerung in vergleichsfähige Vermögensgruppen einteilten.

Andere Forscher stellten die hermeneut. Möglichkeiten des Begriffs 'System' (zu gr. σύστασις 'Zusammenstellung', 'Vereinigung') und seiner Derivate (Meta-, Subsystem) in den Vordergrund. Im Gegensatz zur Generationsfamilie als »primärem System« wurde die spätma. Stadt als sekundäres System interpretiert, das die Aufrechterhaltung sozialer Werte und die arbeitsteilige Bedürfnisbefriedigung durch Subsysteme garantierte (R. SPRANDEL).

V. a. die Analysen mikrosozialer Einheiten und kurzfristiger Prozesse bevorzugen den Sozialbegriff 'Gruppe', verstanden als ein »Kollektiv von Personen, die durch auf Dauer abgestellte soziale Beziehungen bestimmte Ziele und Zwecke durch aufeinander abgestimmte Rollen erreichen wollen« (J. WÖSSNER). Die einzelnen »Merkmalsgruppen« (H. RÜTHING) können nach (vielfach konvergierenden) polit., sozialen, ökonom. und gewerbl. Kriterien differenziert werden. Die hierarch., pyramidale S. einer vollentwickelten Stadt gliedert sich auf in: ratsfähige Familien (→Patrizier); korporierte Gewerbe (→Zünfte, Innungen); nichtkorporierte Gewerbe und »Dienstleistungsberufe« (soziale »Zwischengruppen« wie Köche, Gärtner, Löffelmacher, Steinhauer, Bartscherer etc.); Mittel- und Erwerbslose sowie →Randgruppen. Von diesen sind die →Einwohner sowie die »Sondergruppen« wie →Ministerialität, stadtsässiger Adel, Klerus, →Gäste sowie die »temporären Gruppen« (z. B. Sechziger- und Hunderterkollegien in Zeiten des Aufstands) zu unterscheiden. Mit Hilfe von Katasterplänen, Häuserbüchern und Rentenverzeichnissen bemüht sich die moderne Sozialtopographie um eine möglichst »flächendeckende und parzellengenaue« (H. STEENWEG) Rekonstruktion der räuml. Verteilung dieser Gruppen (ausgezeichnete Ergebnisse für →Lübeck, →Köln und →Göttingen). Die (horizontalen) Gruppen pflegten sich, in förml. und informellen genossenschaftl. und bruderschaftl. Vereinigungen mit religiöser, sozialer und polit. Zwecksetzung zusammenzuschließen (→Gilde, →Einung); der Gefahr der ständ. Abschottung wurde durch die Errichtung überwiegend vertikaler Vereinigungen, der →Bruderschaften und städt. Trinkstubengesellschaften (→Gesellschaften, städt.), vorgebeugt.

Der Begriff 'Elite' (zu lat. eligo, 'auswählen') wird seit seiner Rezeption im 18. Jh. mit der Vorstellung der subjektiven Erfolgstüchtigkeit und eines qualifizierenden Leistungswissens verbunden, seit V. PARETO aber auch allg. zur Bezeichnung führender Kreise in Politik, Wirtschaft und Kultur verwandt. – Zu den basalen Gruppen gehörten auch die Consanguinitäts- und Verwandtschaftsverbände, die den Wunsch ihrer Mitglieder nach sozialem Aufstieg nachhaltig unterstützten und das interstädt. Migrationsverhalten förderten. In Oberitalien, Flandern und anderen Regionen schlossen sich führende Familien mit Freunden, Gefolgsleuten und Dienern zu informellen innerstädt. Clans und Faktionen zusammen, die in erbitterten Straßenschlachten um die soziale Vorrangstellung konkurrierten.   B.-U. Hergemöller

Lit.: H. P. DREITZEL, Elitebegriff und S., Göttinger Abh. Soziologie 6, 1961 – J. SCHILDHAUER, Die S. der Hansestadt Rostock von 1378–1569 (Forsch. zur ma. Gesch. 8, 1961), 341–353 – Städt. Mittelschichten, hg. E. MASCHKE–J. SYDOW, 1972 – R. SPRANDEL, Mentalitäten und Systeme, 1972 – W. HERBORN, Sozialtopographie des Kölner Kirchspiels St. Kolumba im ausgehenden 13. Jh. (Zwei Jahrtausende Kölner Wirtschaft, hg. H. KELLENBENZ, I, 1975), 205–215 – R. SPRANDEL, Verfassung und Ges. im MA, 1975, 1984⁵ – M. MITTERAUER, Probleme der Stratifikation in ma. Ges.ssystemen (Theorien in der Praxis des Historikers, hg. J. KOCKA, 1977), 12–54 [= Gesch. und Ges., Sonderheft 3] – G. DUBY, Les trois ordres ou l'imaginaire du féodalisme, 1978 – O. G. OEXLE, Die funktionale Dreiteilung der 'Ges.' bei Adalbero v. Laon, FMASt 12, 1978, 1–54 – D. DENECKE, Sozialtopographie und sozialräuml. Gliederung der spätma. Stadt (Über Bürger, Stadt und städt. Lit. im SpätMA, hg. J. FLECKENSTEIN–K. STACKMANN, 1980), 161–202 – J. ELLERMEYER, »Schichtung« und »S.« in spätma. Städten (Gesch. und Ges., 1980), 125–149 – K. H. KIRCHHOFF, Die Unruhen in Münster/Westf. 1450–1457 (Städt. Führungsgruppen und Gemeinde in der werdenden NZ, hg. W. EHBRECHT, 1980), 153–312 – E. MASCHKE, Städte und Menschen, VSWG Beih. 68, 1980 – E. WEYRAUCH, Über soziale Schichtung (Städt. Ges. und Reformation, hg. I. BATORI, 1980), 5–57 – H. RÜTHING, Höxter um 1500. Analyse einer Stadtges., 1986 – R. HAMMEL, Hauseigentum im spätma. Lübeck, Lübecker Schr. zur Archäologie und Kulturgesch. 10, 1987, 85–300 – O. G. OEXLE, Deutungsschemata der sozialen Wirklichkeit im frühen und hohen MA (Mentalitäten im MA, hg. F. GRAUS [VuF 35], 1987), 65–118 – F. W. HEMANN, Das Rietberger Stadtbuch, 1994 – H. STEENWEG, Göttingen um 1400. Sozialstruktur und Sozialtopographie einer ma. Stadt, 1994 – Sozialer Wandel im MA, hg. J. MIETHKE–K. SCHREINER, 1994.

Sozomenos, Kirchenhistoriker, * Bethelia b. Gaza, † ca. 450, Rechtsanwalt in Konstantinopel. Seine Theodosius II. gewidmete Kirchengesch. (9 Bücher) umfaßt die Jahre 324–439, der Schluß (425–439) von Buch 9 ist verloren. S. setzte das Werk des →Eusebios unter Benutzung vieler Q. fort. Beeinflußt von →Sokrates, dem er stilist. überlegen ist, jedoch wundergläubig, verfügt S. über Kenntnisse des Westens (Reisen nach Italien) und zeigt Interesse für das Leben der Mönche.   J. M. Alonso-Núñez

Ed.: MPG 67, 843–1666 – J. BIDEZ–G. C. HANSEN, 1960 (GCS 50) – Lit.: DThC XIV, 2469–2471 – LThK² IX, 933f. [Lit.] – Oxford Dict. of Byzantium, 1991, 1932f. – RE III A, 1240–1248 – ALTANER-STUIBER,

227 – G. F. Chesnut, The First Christian Historians, 1977 – J. Quasten, Patrologia, II, 1980, 539–541.

Spalato → Split

Spaldenier, mhd. Wort für einen Schulterschutz aus Reifen, von it. *spallacci*. O. Gamber

Spandau, Stadtbezirk von Berlin. 1 km s. der heutigen Altstadt entstand seit dem 7. Jh. eine mehrgliedrige slav. Burgstadt, die allein durch den Namen »Burgwall« und archäolog. Unters. bekannt ist. Der Fundverteilung zufolge gehörte der S.er Raum zum Gebiet der →Heveller, mit dem er 1150/57 an die →Askanier gelangte. Bei der heutigen Zitadelle bestand seit dem 11. Jh. eine Handwerkersiedlung neben einer Befestigung, die einen weniger bedeutenden Havelübergang schützte und aus der die dt. Burg hervorging. S. ist 1197 erstmals gen. Die Bevölkerung der slav. Siedlungen lebte im →Kietz (dort noch im 14. Jh. bezeugt), in der Vorstadt Behnitz und in der neu entstehenden Marktsiedlung um St. Nikolai weiter. Hier reichen die Fundschichten bis in das ausgehende 12. Jh. zurück, als die Siedlung auf dem Burgwall aufgegeben wurde. Die hochma. Stadt setzte die Funktion der Burgstadt fort, die ihr den Namen gab. Sie entwickelte sich vor dem Havelübergang der Straße, die am n. Ufer der Spree nach O führte. Zunächst war S. stark vom (Fern-)Handel geprägt (Judengemeinde, ältester Grabstein 1244). 1240 erhielt S. das Brandenburger Recht; die angebl. Verleihung 1232 ist eine Verfälschung zw. 1267/1320 und Reaktion auf den schnellen Aufstieg →Berlin-Cöllns, der S.s Geltung minderte. 1239 Gründung eines Benediktinerinnenkl. s. der Stadt, 1282 Ratsverfassung nachweisbar, 1319 Errichtung einer Steinmauer um die Stadt. E. Bohm
Lit.: A. v. Müller–K. v. Müller-Muči, Die Ausgrabungen auf dem Burgwall in Berlin-S., 1983 [und zwei Forts.bde 1987, 1989] – Slawenburg–Landesfestung–Industriezentrum, hg. W. Ribbe, 1983 – W. H. Fritze, Die S.er Stadtrechtsurkk. v. 1232 und 1240 und die Anfänge Berlins, JBLG 38, 1987, 7–35 – M. Brocke u.a., Die ma. jüd. Grabdenkmale in S. 1244–1474 (Ausgrabungen in Berlin 9, 1994), 8–116.

Spandugnino, Theodor, byz. Adliger, * ca. 1455/60 in Italien, † nach 1538, über seine Mutter, eine Kantakuzena, mit dem Balkanadel verwandt, ging in der Levante und Venedig Handelsgeschäften nach, wurde 1509 verbannt, lebte in Frankreich, Rom, Wien und Istanbul. An diplomat. Missionen beteiligt, ist S. Verf. einer Abh. über Gesch., Hof- und Staatsorganisation sowie Sitten des Osman. Reiches, die in drei Fassungen überliefert ist: eine von Papst Leo X. nach 1516 gewidmete, eine von 1524 für Giovanni Giberti (Geheimsekretär Clemens' VII.), eine von 1538 für den frz. Thronfolger Heinrich (II.). Die in zeitgenöss. Übers.en weit verbreitete Schr. ist eine wesentl. Q. für das Osman. Reich der Sultane Meḥmed II., Bāyezīd II. und Selīm I. Ch. K. Neumann
Ed.: C. N. Sathas, Μνημεια ἑλληνικῆς ἱστορίας, IX, 1890, 133–261 – C. Schefer, Petit traicté de l'origine des Turcqz, 1896 [Nachdr. 1971] – C. Villain-Gandossi, La cronaca Italiana di T. S., Il Veltro 23, 1979 – Lit.: F. Babinger, Die Aufzeichnungen des Iacopo de Promontorio de Campis, 1957, 13–18.

Spaneas (Name ungeklärt, vermutl. 'Bartloser'), in byz. Fünfzehnsilbern abgefaßtes Lehr- und Mahngedicht (knapp 700 V.), das direkt auf ein konkretes byz. Gnomologion (»Excerpta Parisina«), indirekt auf antike Spruchweisheit (»Die Sprüche der sieben Weisen«; Bibel) zurückgeht. Die ältere Herleitung von der ps.-isokrat. Rede »Pros Demonikon« ist widerlegt (v. a. G. Danezis). Das in byz. Zeit außerordentl. beliebte lit. Genus spielte in der rhetor. Ausbildung und Praxis eine bedeutende Rolle. Die Zusammenfassung in der Form eines spätbyz. S. als Ermahnung des ksl. (?) Vaters an seinen Sohn ist also eine Neuschöpfung auf alter und ältester Grundlage. Der heute bekannte Text ist in verschiedenen Redaktionen mit 35 bekannten Textzeugen überliefert (älteste und vollständigste: Palatinus 367 [13. Jh.]). Spätere Bearb.en verändern das Werk z. T. bis zur Unkenntlichkeit. H. Eideneier
Ed.: G. Wagner, Carmina graeca medii aevi, 1874, 1–27 – Lit.: Oxford Dict. of Byzantium, 1991, 1935 – Beck, Volksliteratur, 105–108 – G. Danezis, S.: Vorlage, Q., Versionen, 1987 – G. S. Anagnostopulos, Die hsl. Überlieferung des S., 1993 [gr.].

Spangenhelm, nach sarmat. Vorbild hergestellter ostgot. →Helm aus Scheitelplatte samt Buschtülle und unten verbreiterten Spangen aus vergoldetem und graviertem Kupfer oder Bronze. An dieses Gestell war unten mittels Plättchen ein Stirnreif mit ornamentaler Preßblechauflage angenietet. Die Lücken zw. den Spangen waren durch untergenietete, mandelförmige Füllplatten geschlossen. Zum Helm gehörten Wangenklappen und ein Nackenschutz aus Ringelgeflecht. – Die S.e wurden anscheinend zur Zeit Kg. Theoderichs (493–526) in einer oberit. Großwerkstatt hergestellt und als diplomat. Geschenke an benachbarte Germanenfürsten vergeben. Mit Ausnahme Spaniens und Englands wurden S.e daher in fast ganz Europa und in Nordafrika gefunden. O. Gamber
Lit.: P. Post, Der kupferne S. (34. Ber. der Röm.-Germ. Kommission, 1954) – O. Gamber, Die frühma. S.e (Waffen- und Kostümkunde, 1982).

Spanheimer, Hzg.e v. →Kärnten, Mgf.en v. Verona, Istrien und Tuszien, Pfgf.en v. Bayern, Gf.en v. Lebenau, v. Kraiburg und v. →Ortenberg. *Siegfried I.* (* um 1010/15 auf der Burg Spanheim, heute →Sponheim) kam im Gefolge der Salier nach Kärnten, war 1045 Mgf. der Ungarnmark (im ö. Niederösterreich) und erwarb durch seine Heirat mit Richgard, der Erbtochter des Gf.en Engelbert aus der Sippe der →Sighardinger, reichen Besitz in Kärnten und den sö. Mgft.en. Seine Söhne *Engelbert I.,* Gf. im frk. Kraichgau, im Pustertal und Vogt des Ebm.s →Salzburg, und *Hartwig,* Ebf. v. →Magdeburg, gründeten in der mütterl. Burg 1191 →St. Paul im Lavanttal als Hauskl. und Erbgrablege. Engelberts jüngster Sohn *Heinrich* wurde 1122 als Patenkind des letzten →Eppensteiners Hzg. v. Kärnten, ihm folgte 1124 sein älterer Bruder *Engelbert II.,* der seit 1107 Mgf. v. Istrien war. Obwohl enge Parteigänger der Staufer, blieben die S. als Hzg.e v. Kärnten macht- und glücklos, da die reichen Güter der Eppensteiner ebenso wie das Erbe von Engelberts Bruder *Bernhard,* Gründer des OCist-Kl. →Viktring, an die steir. →Otakare fielen. Die Mgft.en Tuszien (erworben 1135) und Istrien gingen verloren, 1151 wurde auch die wichtige Mgft. Verona den S.n abgesprochen. Nachdem Hzg. →*Bernhard II.* (1202–56) die hzgl. Position gefestigt hatte, nannte sich sein Sohn →*Ulrich III.* als Gatte der Agnes v. Andechs-Meranien auch Herr v. →Krain. Im Podiebrader Vermächtnis sicherte er seinem Onkel, Kg. Přemysl →Otakar II. v. Böhmen, die Nachfolge im Hzm. zu und machte damit die Anwartschaft seines jüngeren Bruders →*Philipp,* des erwählten Ebf.s v. Salzburg und Patriarchen v. Aquileia, auf Kärnten zunichte. Mit diesem erlosch 1279 die hzgl. Linie der S. Von *Siegfried II.,* einem Bruder Engelberts II., stammt die Linie der Gf.en v. Lebenau (n. von Laufen a. d. Salzach) ab, die mit Gf. Bernhard 1229 erlosch. Der Ehe von Engelberts II. Tochter Mathilde mit Gf. Theobald IV. v. d. Champagne entstammte Adelheid, die Gattin Kg. Ludwigs VII. v. Frankreich. Engelberts Sohn *Rapoto* nannte sich nach den reichen bayer. Erbgütern seiner Mutter Uta, der Tochter des Gf.en Ulrich v. Passau, Gf. v. Ortenberg (s. Passau), Kraiburg und Marquartstein. Während die Linie der Gf.en v. Kraiburg, seit 1209 Pfgf.en v. Bayern, mit *Rapoto III.* 1248 erlosch, bestehen die Gf.en v. Ortenberg-Murach als Gf.en v. →Ortenburg auf Tambach (in Franken) bis heute.

H. Dopsch

Lit.: A. v. JAKSCH, Gesch. Kärntens, 2 Bde, 1928/29 – H. DOPSCH, Die Gf.en v. Lebenau, Das Salzfaß, NF 4, 1970, 33–59 – F. HAUSMANN, Siegfried, Mgf. der »Ungarnmark«, und die Anfänge der S. in Kärnten und im Rheinland, Jb. für LK v. Niederösterreich 43, 1977, 115–168 – C. FRÄSS-EHRFELD, Gesch. Kärntens, I, 1984 – H. DOPSCH, Die Gründer kamen vom Rhein. Die S. als Stifter v. St. Paul (Schatzhaus Kärnten, Kat. der Landesausst. St. Paul, II, 1991), 43–67 – F. HAUSMANN, Die Gf.en zu Ortenburg und ihre Vorfahren im Mannesstamm, die S. in Kärnten, Sachsen und Bayern sowie deren Nebenlinien, Ostbair. Grenzmarken 36, 1994, 9–62 – →Sponheim, →Kärnten.

Spanien → Hispania

Spanische Ära → Chronologie, C. II, 3

Spanische Spätscholastik, historiograph. Bezeichnung der an den span. Univ.en – →Salamanca (1218 gegr., 1333 Paris gleichgestellt), →Valladolid (1346 gegr., 1418 durch die Theologie erweitert), →Alcalá (1499 gegr.) – v. a. im 16. Jh. aufblühenden Schulen, zu denen die zahlreichen Ordensstudien in Toledo, Valencia u. a. der Dominikaner, Franziskaner, Augustinereremiten, Karmeliten kommen (Repertorio de hist. de las ciencias eclesiásticas en España, III, 1972). Säkulare Bedeutung erlangten die Schulen v. Salamanca, die schon im 15. Jh. bedeutende Gelehrte hatten (z. B. →Juan v. Segovia [† 1458], Pedro de Osma [† 1480], Diego de Deza OP [† 1523]), v. a. im 16. Jh. durch die →Dominikanerschule (»Span. Thomistenschule«, »Salmaticenses«). Francisco de →Vitoria OP (1483–1546), »Vater der span. Scholastik«, leitete die Thomas-Renaissance ein; er ersetzte in der Schule die Sentenzenbücher des →Petrus Lombardus durch die Summa theologiae des →Thomas v. Aquin und erneuerte dessen Naturrechtslehre (gegen das überkommene Verständnis). Diese sozial-eth. und naturrechtl. Studien, die von seinen Schülern und Nachfolgern – Domingo de Soto OP († 1560), Bartolomé de Medina († 1580) u. a. – fortgesetzt wurden, hatten im Zeitalter der span. und europ. →Expansion bes. Bedeutung. Bartolomé de las →Casas OP († 1566) wies in der Auseinandersetzung mit Juan Ginés Sepúlveda 1550 (in Valladolid) auf die Würde und Rechte der Indios hin. Mechior →Cano OP († 1560) analysierte in der Schule v. Salamanca theol. Einleitungsfragen; Domingo Báñez OP († 1604), Dozent in Avila, Alcalá, Salamanca und Valladolid, begründete das thomas. Verständnis von Gnade und Freiheit und opponierte außerordentlich scharf gegen Luis de Molina SJ († 1600). In dem aus dieser Kontroverse resultierenden »Gnadenstreit« (zw. molinist. und banezian.-thomist. Gnadensystem) geht es nicht nur um unterschiedl. theol. Positionen, sondern um verschiedene philos. Grundvoraussetzungen, die Sein, Freiheit und Wollen betreffen. Die S. bestimmen sehr unterschiedl. geistesgesch. Strömungen: 1. Die Randzonen der ma. Kultur- und Geisteswelt standen in fruchtbarem Austausch mit der Mitte Europas (Einfluß der →Devotio moderna von den Niederlanden nach Spanien; Einfluß der ndl. Humanisten, v. a. des →Erasmus: »Erasmismus« in Alcalá). 2. Die multikulturelle Geisteswelt Spaniens forderte und förderte die Auseinandersetzung mit der arab. und jüd. Tradition (Alfons v. Buenhombre OP [† vor 1353] Arabist; Alfons v. Zamora [† 1531] Hebraist). 3. In dieser angespannten geistesgesch. Situation gewann die »span. Inquisition« auch im Bereich der Univ. an Einfluß. 4. Der »Wegestreit« zw. Thomisten, Skotisten und Nominalisten wurde ebenso in Salamanca wie auch in Alcalá aktuell.

L. Hödl

Lit.: →Salamanca, →Vitoria – M. SOLANA, Hist. de la Filosofia española (s. XVI), 1943 – T. u. J. CARRERAS Y ARTAU, Hist. de la Filosofía española: Filos. crist. de los siglos XIII al XV, 1939–1943 – C. GUTIÉREZ, Españoles en Trento, 1951 – V. BELTRÁN DE HEREDIA, Domingo de Soto, 1960 – R. HERNÁNDEZ, Teólogos dominicos posttridentinos (Rep. de las Ciencias Eclesiásticas en España 3, 1971), 179–223 [zu D. Báñez] – J. L. ABELLÁN, Hist. crítica de pensiamento español, I–III, 1979–81 – J. GOÑI GAZTAMBIDE, Estado actual de los estudios sobre Pedro de Osma, Celtiberia 30, 1980, 5–35 – Hist. de la teología española, hg. M. ANDRÉS-MARTÍN, 1983–87 – E. VILANOVA, Hist. de la teología cristiana, 1984–89 – FR. DELGADO DE HOYOS, Apuntes para la hist. de la Escuela de Salamanca, I–II, Anthol. Annua 32, 1985, 387–412; 34, 1987, 417–427 – M. ANDRÉS-MARTÍN, La Teología española en el siglo XVI, 2 Bde, 1976–77 – J. L. ILLANES–J. I. SARANYANA, Hist. de la Teología, 1995, 105–179.

Spanische Sprache und Literatur

I. Allgemein – II. Die Iberoromanischen Sprachen und Dialekte – III. Kastilische Literatur.

I. ALLGEMEIN: Die Bezeichnung sp. S. und Lit. im MA ist angesichts der Tatsache, daß Spanien (Hispania, España) als Gemeinschaft der unabhängigen christl. Königreiche im Kampf um die Rückeroberung der seit 711 unter arab. Herrschaft gefallenen Gebiete der Iber. Halbinsel lediglich eine ideelle Größe, aber keine staatl.-polit. Einheit darstellt, genau genommen unzutreffend. Es gibt sogar Belege dafür, daß mit »Spanien« die von den Mauren besetzten Territorien gemeint sind. Die einzelnen Staatsgebilde, mit einer Hoheitsformel auch »las Españas« genannt – Galicien, Asturien-León, Kastilien, Navarra, Aragón und Katalonien –, sind sprachlich voneinander unterschieden. Galicien und Katalonien haben eine eigenständige lit. Entwicklung genommen. Auf der Pyrenäenhalbinsel wurde außer Ptg. auch Arab., Hebr., Baskisch sowie Lat. gesprochen. Auf »spanischem« Gebiet bestehen also – bis heute – verschiedene Sprachen und mehrere Lit.en bzw. mündl. Textüberlieferungen mit- und nebeneinander. Im folgenden werden nur die kast. Sprache und Lit. behandelt.

Mit der Führungsrolle Kastiliens bei der Reconquista und Besiedlung der wiedereroberten Gebiete sowie infolge der Vereinigung der Kronen von Kastilien und Aragón durch die Heirat (1469) der →Kath. Kg.e Isabella v. Kastilien und Ferdinand v. Aragón wird der Dialekt Kastiliens (*castellano*) zur Reichs-, Amts-, Verkehrs- und Nationalsprache (*español*) unter Zurückdrängung aller anderen Dialekte und Regionalsprachen. Nachdem die Kanar. Inseln 1477 unter die Herrschaft der Kath. Kg.e kamen, leitet die Entdeckung der Neuen Welt 1492 die Hispanisierung Amerikas ein: das Kastilische wird damit eine Weltsprache. Die sich immer reicher entfaltende Lit. in kast. Sprache nimmt im Siglo de Oro den Rang der Nationallit. ein.

II. DIE IBEROROMANISCHEN SPRACHEN UND DIALEKTE: Die auf der Halbinsel entstandenen iberoroman. Sprachen und Dialekte leiten sich ab von dem im Zuge der Romanisierung in den Prov.en der Hispania verbreiteten Sprechlatein (Vulgärlatein, sermo rusticus), das sich bereits zur Ks.zeit von der gebildeten Hoch- und Lit.sprache in der Metropole Rom abhob. Sprechlatein bedeutet nicht, daß es ausschließlich dem mündl. Gebrauch, der Alltagskommunikation diente, sondern es wurde nicht mehr gemäß allgemeingültigen Normen erworben, vermittelt und angewandt (Schule, Grammatik, Dichtung). Schriftl. Textzeugnisse sind daher selten (z. B. Inschriften). Mit fortschreitender Romanisierung kommt es auch zu einer weiteren regionalen Differenzierung. Vorröm. Substratsprachen, z. B. der Keltiberer, Basken, üben einen gewissen Einfluß aus (Toponymie). Der Zusammenbruch des röm. Imperiums, die Westgotenherrschaft und die Invasion der Berber nach Nordafrika markieren tiefe Einschnitte in der Sprach- und Kulturentwicklung. Sie verstärken die räuml. Aufgliederung und Abschottung insbes. der nördl. Randgebiete der Halbinsel. Das westgot. Superstrat wird in ma. Personen- und Ortsnamen deutlich (Alfonso, Fernando, Fernández, Gonzalo, González, Menéndez, Rodrigo, Rodríguez). Wann genau nicht mehr Latein, sondern eine roman. Sprache (*romance*: »in roman. Sprechweise«; romance als Substantiv wird zur Bezeichnung für Volkssprache überhaupt, etwa Kastilisch) gesprochen wurde, läßt sich nicht mehr ermitteln.

Für die Entwicklung aller iberoroman. Sprachen und Dialekte ist das Kulturadstrat des Arab. wichtig. Infolge der Eroberung entsteht im Süden (Al-Andalus) ein neues kulturelles Zentrum. Die unter maur. Herrschaft lebenden hispano-roman. Christen (Mozaraber) sind zwar stark arabisiert, sprechen jedoch weiterhin Romanisch, wenngleich in einer von den hispan. Rückeroberern verschiedenen Form. Arab. Lehnwörter sind im Kast. und Aragones. häufig (Fachterminologie des Militär- und Verwaltungswesens, Bautechnik, Landwirtschaft, Handel, Wiss.) und dringen z. T. auch in andere europ. Sprache ein (z. B. Admiral, Zucker, Tarif, Alcalde, Alkohol, Ziffer). Mudéjares heißen die in den von den Christen eingenommenen Gebieten ansässigen islam. Bewohner. Mozarab. Auswanderer und Flüchtlinge vermitteln in christl. Gebieten die arab. Kultur. Als Mozarabisch wird eine Gruppe iberoroman. Dialekte im maur. Herrschaftsbereich der Iber. Halbinsel bezeichnet. Die roman. Sprache wurde von den Mauren als »Fremdsprache« (*aljamía*) empfunden. Die bruchstückhafte Überlieferung mozarab. Texte erfolgte in arab. Schriftzeichen mit unterschiedl. Transliteration (ohne Vokalisierung und Diphthonge).

Die →Reconquista geht vom asturisch-leones. Raum aus, die Verbreitung der astur.-leones. Sprachvarietät hatte im 13. Jh. schon Badajoz erreicht, als Kastiliens Hegemoniestreben deren Ausweitung aufhielt. Das Kgr. Asturien-León war durch die Verbindung mit Galicien zweisprachig. Im Unterschied zu Kastilien bildet sich in Asturien-León keine Lit. aus. Auch das Aragonesische hatte sich westwärts nach Navarra ausgedehnt, wo außerdem Baskisch gesprochen wurde, und erreicht im N die Rioja, im S erstreckt sich das Sprachgebiet bis Teruel und Segorbe. Die Rioja erfuhr im 12./13. Jh. eine starke Kastilianisierung. Das seit dem 13. Jh. dynastisch von Frankreich beherrschte, von frz. Sprache und Kultur geprägte Navarra fiel 1512 an Kastilien. Obwohl aus dem aragones. Raum wichtige volkssprachl. Textzeugnisse (Gesetze, Fueros, Urkunden) aus der Zeit vor dem Erstarken des Kast. stammen, entsteht dort keine Lit. Die beiden ältesten iberoroman. Sprachdokumente aus dem 10. Jh. sind die Glosas Emilianenses (Hs. aus dem Kl. San Millán de la Cogolla in der Rioja) und die Glosas Silenses (Hs. aus dem Kl. Santo Domingo de Silos bei Burgos).

Der Aufstieg des kast. Dialekts ist mit der hist.-polit. Entwicklung der abgelegenen Grenzmark Castella (Castilla – »Burgenland«) im O des astur.-leon. Reiches am Fuß des Kantabr. Gebirges von einer kleinen Gft. zum Kg.reich verbunden (9.–11. Jh), das sich das Kgr. León einverleibt. Kg. Alfons VI. führt den Herrschaftstitel Imperator totius Hispaniae. Ferdinand III. vereinigt 1230 als Kg. v. Kastilien und León endgültig beide Reiche und erobert die muslim. Herrschaftsgebiete von Córdoba, Murcia, Jaén und Sevilla. Neben der Hauptstadt Toledo (Neukastilien) ist Burgos (Altkastilien) das bedeutendste kulturelle Ausstrahlungszentrum. Als ältestes kast. Lit.-denkmal hat sich der Cantar de Mio →Cid erhalten (frühes 13. Jh.). In wachsendem Umfang wird in der Hofkanzlei sowie bei der Rechtskodifizierung neben dem Lat. das Kast. verwendet. Als Norm sollte der Toledaner höf. Sprachgebrauch dienen. Kg. Alfons V. und die von ihm berufenen Gelehrten, Geschichtsschreiber, waren um »nuestro romanz de Castiella«, um das »castellano drecho« – richtiges Kastilisch –, besorgt. Der Geistliche →Gonzalo de Berceo aus der Rioja bedient sich für seine Dichtungen bewußt der allgemeinverständl. Volkssprache (*romanz*) im Gegensatz zum gelehrt-schriftsprachl., kirchenamtl. Latein. Unter Alfons X., dem Gelehrten, wirken in →Toledo jüd., christl. (aus mehreren europ. Ländern) und arab. Übersetzer bei der Vermittlung oriental. Lit. und Wiss. zusammen. Neben der gesamteurop. geistesgesch. Bedeutung der lat. Übertragungen philos. und wiss. Werke aus arab. Vorlagen ist die Schöpfung einer kast. Fachsprache (für Recht, Astronomie, Naturwiss.; Bibel, klass. Lit.) eine einzigartige Kulturleistung. Der Kg. verwendet allerdings für seine Dichtung (→Cantigas) das Galicische als Idiom lit. Bildung. Das Galicische, aus dem, hist. betrachtet, das Ptg. hervorging, konnte sich als Sprache der Kunstdichtung bis in das 15. Jh. halten, bis es durch das Kast. abgelöst, auf den vorwiegend mündl. Gebrauch zurückgedrängt und stark kastilianisiert wurde. Mit fortschreitender Reconquista und Kolonisierung dringt das Kast. weit nach S vor, hier bildet sich das Andalusische als Unterdialekt des Kast. heraus.

Ein bemerkenswertes Phänomen stellt das Judenspan. (Sephardische) dar, das im wesentl. bis heute am Laut- und Entwicklungsstand des Kast. zum Zeitpunkt der Vertreibung der Juden 1492 festhält. Es gibt auch eine Reihe bedeutender Übers.en aus dem Hebr., wie etwa die Bibel (AT) des Mose Arragel (um 1422), Talmud, Maimonides, kontroverstheol. Werke. →Ladino.

Die Entwicklung des Kast. im 15. Jh. wird geprägt durch die Verfeinerung des dichter. Ausdrucksrepertoires, durch intensive Übers.spraxis (zumal aus dem Lat.) und durch eine patriotisch-apologet. Sprachbetrachtung. Dichter wie →Juan de Mena, die im Wettstreit mit den antiken Musterautoren ihre Muttersprache als ausdrucksarm und ungelenk empfinden, versuchen eine Kunstsprache zu schaffen, die mit ihren forcierten Wortneuschöpfungen und gelehrter stilistisch-syntakt. Latinisierung schwer verständlich ist.

Der legitimierende Nachweis der Verwandtschaft mit dem Lat., die Betonung der Überlegenheit des Kast. im Wettstreit der Sprachen und die Hinwendung zur Rhetorik kennzeichnen die vor- und frühhumanist. Sprachreflexion und den neuen Bildungsanspruch in Kastilien unter dem Eindruck Italiens. Der Andalusier →Nebrija kündigt in den Vorreden zu seinem span.-lat. Wörterbuch und zur Gramática castellana (1492) die von ihm ausgehende Erneuerung der Sprachpflege an. Er preist den Herrschern im Jahr, da Amerika entdeckt wurde, Granada als letzte arab. Bastion fiel und die Juden vertrieben wurden, die Sprache als Mittel der Macht (*la lengua compañera del imperio*) an. Der span. Herrschaft künftig unterworfene »barbar. Völker und Nationen mit fremdartigen Sprachen« müssen die Gesetze der Sieger anerkennen und daher »unsere Sprache« erlernen. Die Grammatik bietet die kodifizierte Grundlage für sprachl. Einheit als Voraussetzung für den Bestand der polit., religiösen und kulturellen Gemeinschaft. Im Gegensatz zu den am Hebr., Griech.

und Lat. zu beobachtenden, jeweils nach einer Blütezeit eintretenden Verfall will Nebrija den durch das Zusammentreffen von sprachl. Reife und polit. Machtgeltung in Spanien erreichten Gipfel dauerhaft festschreiben und gewährleisten, daß Dichtung und Geschichtsschreibung zum unvergängl. Zeugnis für die Nation werden.

D. Briesemeister

Lit.: Lex. der Romanist. Linguistik, VI, 1, 1992 – H.-G. KOLL, Lingua latina, lingua roman(ic)a und die Bezeichnungen für die roman. Vulgärsprachen, Estudis Romànics 6, 1957/58, 95–164 – R. MENÉNDEZ PIDAL, Orígenes del español, 1964⁵ – J. A. NARAVALL, El concepto de España en la Edad Media, 1964² – D. BRIESEMEISTER, Das Sprachbewußtsein in Spanien bis zum Erscheinen der Grammatik Nebrijas, Iberoromania 1, 1969, 35–55 – K. BALDINGER, La formación de los dominios lingüísticos en la Península Ibérica, 1972² – H.-J. NIEDEREHE, Die Sprachauffassung Alfons' des Weisen, 1975 – F. GONZÁLEZ OLLÉ, El establecimiento del castellano como lengua oficial, BRAE 58, 1978, 229–280 – A. ALONSO, Castellano, español, idioma nacional. Hist. espiritual de tres nombres, 1979⁵ – R. LAPESA, Historia de la lengua española, 1981⁹ – J. MONDÉJAR CUMPIÁN, Castellano y español, dos nombres para una lengua, 1981 – R. WRIGHT, Late Latin and Early Romance, 1982 – O. WINKELMANN, Vom Dialekt zur Nationalsprache. Die Entwicklung des Kast. während des Reconquista (Entstehung von Sprachen und Völkern, 1984), 193–208.

III. KASTILISCHE LITERATUR: Die Kast. Lit. ist eine von mehreren Schriftkulturen, die sich im MA auf engem Raum nebeneinander und im Austausch untereinander entwickelt haben unter den komplexen polit., soziokulturellen und religiösen Gegebenheiten des Zusammenlebens von Christen, Juden und Mauren auf der Iber. Halbinsel. Damit werden auch unterschiedl. internat. Verflechtungen und Überlieferungen im lit. Formungsprozeß wirksam. Die Lit. in lat. Sprache hat sich im ma. Kastilien nur schwach entwickelt, wenngleich sie schon im Umfeld der frühesten lit. und schriftlich überlieferten Zeugnisse in kast. Sprache, des →Cid-Epos, präsent ist (Carmen Campidoctoris, Ende 11. Jh.; Carmen de morte Sanctii regis). Abgesehen vom Einfluß okzitan. Dichtung – prov. Troubadours zogen bereits um die Mitte des 12. Jh. zu dem kast. Hof –, ist die Wallfahrt nach →Santiago de Compostela – der »camino francés« (frz. Weg) – durch das ganze MA hindurch die Schiene der Vermittlung lit. Stoffe, Formen, Ideen und Vorbilder aus Frankreich sowie des Austausches mit Europa. Die Cluniazenserreform verstärkt zudem die Verbindungen mit Frankreich.

Der Cantar de mio →Cid weist enge Bezüge auf zw. Epos, (fast zeitgenössischer) kast. Landesgesch. und Auseinandersetzung mit den Mauren, wobei allerdings weniger der Glaubenskampf als vielmehr Konflikte zw. Lehnsherr und Vasall im Vordergrund stehen. Im Vergleich zur frz. Lit. ist die kast. Ependichtung nicht sehr umfangreich. Lediglich fünf Werke sind z. T. fragmentarisch überliefert. Aus Prosaauflösungen in Chroniken lassen sich Textpassagen von Heldenliedern rekonstruieren. Die Verfasser lat. und kast. Chroniken kannten nicht nur die →cantares de gesta, sondern greifen auch in ihrer Darstellung z. T. korrigierend auf die Spielmannsepik zurück. Die kast. Heldenepik nimmt schon früh den karol. Stoff auf (Roland im →Roncesvalles-Fragment). Das Gedicht über den legendären Helden Bernardo del Carpio hat im Romancero sowie in der Kunstepik und im Theater des Siglo de Oro eine breite Nachwirkung hinterlassen.

Mester de juglaría bezeichnet die mündl. Überlieferung von Texten im formelhaft geprägten Vortragsrepertoire von Spielleuten (juglares, joculatores).

Die Orallit. nimmt in der hispan. Welt bis in die Gegenwart mit der Romanzendichtung, Kleinlyrik (coplas) und Spruchweisheit (refranes, proverbios) eine kulturgesch. hervorragende Stellung ein. Volkstüml. überlieferte Dichtung und Kunstdichtung stehen in enger Wechselbeziehung. Die alten Romanzen handeln vielfach von gesch. Begebenheiten aus der Zeit der Reconquista und von der Grenze zum maur. Herrschaftsgebiet.

Für die altspan. Dichtung haben die Ḫarğas (arab. 'Ausgang') einzigartige Bedeutung; es sind die pointierten refrainartigen Schlußverse in mozarab. Dialekt zu arab., gelegentlich auch hebr. strophischen Gedichten (muwašṣaḥa) aus der Mitte des 11.–13. Jh.

Mester de clerecía umfaßt die von gebildeten Klerikern für ein breiteres Publikum geschriebene »gelehrte« Dichtung. Dabei werden frz. Vorlagen und Versformen in →cuaderna vía benutzt. Der Libro de Alexandre (2. Hälfte 13. Jh.) hängt mit der Alexandreis des →Walter v. Châtillon zusammen. →Gonzalo de Berceos geistl. Dichtung (Hl.nleben, Marienwunder) steht im Dienst der Werbung für das bedeutende klösterl. Zentrum →San Millán de la Cogolla (Rioja). Dort entstand vielleicht auch das einzige erhaltene volkssprachl. liturg. Spiel →Auto de los Reyes Magos (12. Jh.). Lat. liturg. Oster- und Weihnachtsspiele sind auch in anderen Gedichten belegt.

Am Beginn der lyr. Dichtung in Kastilien stehen die →Cantigas, Marienlob und Wundererzählungen, die Kg. →Alfons X. in galic. Sprache verfaßte. Die mit Musiknotation und Miniaturen überlieferte Prachths. stellt eines der bedeutendsten Dokumente ma. Kultur in Kastilien dar. In der 1. Hälfte des 14. Jh. bietet der Erzpriester von Hita, Juan →Ruiz, im Libro de buen amor in virtuoser Aufbereitung eine Mischung religiöser erbaul. Gedichte, volkstüml. Gesänge, Vagantenlieder, Verssatire und Parodie liturg. Texte.

Der Toledaner Hof bildet um die Mitte des 13. Jh. das für die Textproduktion in kast. Sprache (wiss. Fachprosa, Gesch.schreibung, Recht, Lit.) führende Zentrum. Bereits zuvor war Toledo der Hauptort für die Vermittlung arab. Wiss. und oriental. Lit. geworden. Am Anfang dieser europaweit ausstrahlenden Bewegung steht →Petrus Alfonsi mit der Disciplina clericalis (frühes 12. Jh.).

Die Entwicklung des Romans beruht zunächst auf Verbindungen nach Frankreich (Artusstoff). Die kast. Fassung Tristán de Leonís wurde um 1400 niedergeschrieben. Kast. Versionen El baladro del sabio Merlin und La demanda del sancto Grial gelangten erst an der Wende zum 16. Jh. in Druck. Im späten 13. Jh. entstand La →gran conquista de Ultramar, eine Kompilation verschiedener historiograph. Materialien und Erzählstoffe. Auch der →Troja-Stoff wurde mehrfach verbreitet bzw. übersetzt. Bezeichnend für den lit. Austausch ist beispielsweise die wörtl. Umsetzung der kast. Prosafassung des frz. Versromans von →Benoît de Sainte-Maure ins Galicische bzw. Abschriften, die kast. und galic. Versionen vermengen.

Der erste kast. Ritterroman Libro de →cavallero Cifar entstand um 1300. Durch den späten Erstdruck von 1512 blieb er bis in das 16. Jh. hinein beliebt. Aus dem 14. Jh. stammt ebenfalls die (verlorene) 1. kast. Fassung des Amadis, der in der Umarbeitung und Erweiterung (etwa (1482/92) durch Garci →Rodríguez de Montalvo (1508 gedr.) ein riesiger europ. Bucherfolg werden sollte. Die Crónica Sarrazina von Pedro del Corral (um 1430), aus der nicht wenige Romanzen über die Niederlage des letzten Gotenkg.s Rodrigo (→Roderich) im Kampf gegen die Araber schöpfen, gibt sich als Mischung von Geschichtsschreibung und Romanfiktion. Mit der »novela sentimental« (des Galiciers Juan Rodríguez del Padrón, der Katalanen Juan de Flores, Diego de San Pedro) hat die kast. Lit. im 15. Jh. einen weiteren für die europ. Romanentwicklung wichtigen Beitrag hervorgebracht (Briefroman), dessen Erfolg bis in das frühe 17. Jh. anhält.

Die lyr. Produktion des 15. Jh. überliefern großenteils Sammlungen (Cancionero de Baena, →Cancionero de Stúñiga – Dichter am Hof von Neapel –, Cancionero General, 1511 gedr.). Neben satir. und moralist. Dichtung entwickelt sich im späteren 15. Jh. auch geistl. Kleinepik. Unter den Dichtern aus der für den lit. Aufschwung wichtigen Regierungszeit Johanns I. ragen hervor: Iñigo López de →Mendoza, Marqués de Santillana, der, »Armas y Letras« verbindend, it. Musterautoren nacheifert und refranes sammelt, →Juan de Mena mit dem Epos El laberinto de Fortuna (1444), Jorge →Manrique und Juan del →Encina, dessen Cancionero (1496) auch 8 teils liturg., teils höf.-festl. dramat. Eklogen und eine Poetik enthält.

Das Theater ist schwach entwickelt (Festaufzüge – momos –, Dialoggedichte, religiöse szen. Darstellungen). Erst um die Jahrhundertwende kommt es zu geistl. und weltl. dramat. Spielen (Encina, Lucas Fernández, Torres Naharro). Der Portugiese Gil →Vicente schreibt seine Stücke z. T. in kast. Sprache bzw. mischt mehrere Sprachen. Eine Sonderstellung nimmt die →Celestina (1499) als »Lesedrama« und Humanistenkomödie ein, die in Übertragungen und Fortsetzungen bis in das 17. Jh. nachwirkte.

Die ma. Fachprosa umfaßt im Vergleich zur Dichtung und Erzähllit. eine umfangreichere Textüberlieferung. Das nichtfiktionale volkssprachl. Prosaschrifttum behandelt die Sieben Freien Künste, Theol. und Moraldidaktik, Recht, Gesch., Medizin und prakt. Kenntnisse. Es ist damit Spiegel und Ausdruck der bildungs- und geistesgesch. Entwicklung Spaniens mit seinen bes. Lebensbedingungen am Schnittpunkt dreier Kulturen. Bereits früh wurde die Volkssprache in den Dienst der kirchl. Verkündigung und Glaubensunterweisung gestellt. Literatur spielt eine wichtige Rolle bei der Ausbildung der Laienspiritualität. Das erbaul. Schrifttum wächst seit Mitte des 14. Jh. stark an (auch durch Übersetzungen), neben der religiösen Traktatlit. stehen apologet. und kontroverstheol. Schriften in der Auseinandersetzung mit Juden und Mohammedanern.

In der weltl. Prosa nimmt seit dem 13. Jh. Weisheitslit. (Lehr- und Merksprüche, Ratgeber) einen breiten Raum ein. Die Gnomik prägt den Bildungshorizont und Verhaltenskodex einer sich bildenden Laienkultur. Einen reichen Bestand moralist.-didakt. Kurzprosa liefern die Exempelbücher mit anekdot. unterhaltsamen und zugleich belehrenden Erzählungen.

Der wichtigste Impuls zur Schaffung der kast. Prosa geht vom Hof Alfons' »des Weisen« aus. Unter seinem Patronat führen Kompilatoren, Übersetzer, Schreiber und Wissenschaftler die Vermittlung zw. Orient und Abendland fort. Für die vom Kg. geplante Estoria de España wurden die verfügbaren Kenntnisse über Spanien, auch aus der Heldenepik und arab. Gesch.schreibung, zusammengetragen. Die Estoria de España stellt die früheste 'Nationalgeschichte' in einer europ. Volkssprache dar. Die →Siete Partidas systematisieren die leones.-kast. Gesetzgebungspraxis und vereinheitlichen Verwaltung und Gesellschaft. Nach dem Vorbild des von Alfons X. geförderten Programms schuf sein Neffe, der Infant →Juan Manuel, lit. selbstbewußt, ein vielseitiges Prosawerk. Das philos. Schrifttum spricht vornehml. Bildungsinteressen und Lebensfragen höf.-adliger Kreise an (u. a. Übertragungen griech., lat. und it. Autoren). Eine bes. Wirkung entfaltete die Seneca-Rezeption im 15. Jh. Der von den Zeitgenossen als »zweiter Seneca« gefeierte jüd. Konvertit Alonso de Cartagena (→28. Alfons) hat nach Lucenas Worten die Philos. in Spanien wieder heimisch gemacht, hielt doch der Marqués de Santillana die Volkssprache der 'moral filosofia' noch nicht gewachsen. Für die frühhumanist. Tendenzen ist die berühmte Bibliothek Santillanas charakteristisch. Im Lehrbrief an den Kondestabel von Portugal (1449) entwirft Santillana den ersten Abriß der span. Literaturgeschichte. Beispiele stilisierter Briefkultur geben die Sammlungen der Chronisten →Hernando del Pulgar und →Diego de Valera. Fernán Pérez de →Guzmán begründet mit den Generaciones y semblanzas (nach 1430) die Biographik. Geschichtsschreibung und Herrscherchroniken entwickeln sich in lat. und kast. Sprache verstärkt weiter.

Die in der Literaturgeschichte zumeist nur beiläufig berücksichtigte Sachlit. liefert mehr als nur einen Steinbruch der Ideen und Bildungsstoffe. Im Verlauf von 3 Jahrhunderten hat sie sich in ihrem Fächer-, Themen- und Formenspektrum breit entfaltet und verschaffte dem Kast. nicht nur kulturelles Prestige und lexikal. Bereicherung, sondern sie trägt auch entscheidend zur Verfeinerung und Erweiterung der Ausdrucksmöglichkeiten des romance mit einem oft betonten Formwillen bei. Die Entwicklung des Fachschrifttums wird zum guten Teil getragen vom Aufstieg der *hombres de saber,* der *letrados,* zu einer führenden Gruppe in der ständ. Gesellschaft. Letrados sind nicht nur die des Lesens und Schreibens Kundigen, es sind gebildete Fachleute für die verschiedensten Bereiche des tätigen Lebens – darunter nicht wenige jüd. *conversos* –, Sekretäre, 'Beamte', Ratgeber, Richter, die mit ihren Funktionen soziales Prestige und neue Vorrechte erlangen. Das Fachschrifttum trägt dazu bei, übergreifende, verbindl. Gemeinsamkeiten zu schaffen (im Glauben, Geschichtsverständnis), im verfügbaren Wissenskanon, in den gesellschaftl. Idealtypen des Lebens (Armas y Letras) sowie in den Verhaltensformen. Durch die Aneignung einer immer größeren intellektuellen Beweglichkeit in der Schriftkultur hat es den Verlauf des hist.-gesellschaftl. und lit. Gesamtprozesses im MA in entscheidender Weise mitgetragen und mitgeformt. D. Briesemeister

Lit.: GRLMA III, Bd. I/2, H. 9; V, Bd. I/2, H. 2; IX, Bd. 1, H. 4 und 7, Bd. 2, H. 4, XI/2, 3 – P. Le Gentil, La poésie lyrique espagnole et portugaise à la fin du MA, 1949–53 – Rep. de hist. de las ciencias eclesiásticas en España, 1, 1967, 175–351; 3, 1971 [theol. Autoren] – H. López Morales, Tradición y creación en los orígenes del teatro cast., 1968 – O. Di Camillo, El humanismo castellano del s. XV, 1976 – L. Chalon, L'hist. et l'épopée castillane du MA. Le cycle du Cid, le cycle des comtes de Castille, 1976 – J. Vernet, La cultura hispano-árabe en Oriente y Occidente, 1978 – F. López Estrada, Introducción a la literatura medieval esp., 1979 – A. D. Deyermond, Hist. y crítica de la lit. española hg. F. Rico, 1980, Ergbd. 1991 – M. Solá-Solé, Sobre árabes, judíos y su impacto en la lengua y lit. esp., 1983 – A. Castro, La realidad hist. de España, 1984 – Bibliogr. of Old Spanish Texts, ed. CH. B. Faulhaber, 1984³ – F. González Ollée, Die Anfänge des span. Theaters (Das span. Theater, hg. K. Pörtl, 1985), 30–90 – C. Smith, Christians and Moors in Spain, 1988–89 – C. Nepaulsingh, Towards a Hist. of Lit. Composition in Medieval Spain, 1989 – H. U. Gumbrecht, Eine Gesch. der span. Lit., 1990 – R. Menéndez Pidal, Poesía juglaresca y juglares, 1990 – J. Weiss, The Poet's Art. Lit. Theory in Castille, 1990 – R. Menéndez Pidal, Hist. de la épica esp., 1991 – A. D. Deyermond, Hist. de la lit. española. La Edad Media, 1992¹⁵.

Spanisch-mozarabische Liturgie, Bezeichnung für jenen lat. nicht-röm. Ritus, der bis heute an einzelnen Orten Spaniens (u. a. Toledo, Salamanca) erhalten geblieben ist. Weil sie schon im 7. Jh. in Toledo ihre Blütezeit erlebte, also vor der arab. Invasion (711), nennt man sie richtigerweise nicht mozarabische (→Mozaraber), sondern altspanische L. Sie hat ihre Wurzeln in oriental. und westl. L.n. Die Tradition hat nur wenige Autoren liturg. Texte überliefert, u. a. →Leander v. Sevilla (540–600), →Ildefons v. Toledo (610–667) und →Julian v. Toledo (642–690). Die Kompilation der liturg. Bücher im Sinne der Einheit der L. erfolgte auf dem 4. Konzil v. Toledo (633) v. a. durch →Isidor, Ebf. v. Sevilla (560–636). Die s.-m. L. wurde, nachdem sie 1074 durch Gregor VII. wegen der röm. Einheits-L. verboten wurde, durch Kard. Jiménez de →Cisneros 1495 in Toledo (mozarab. Kapelle) wieder eingeführt, wo seither jeden Tag Offizium und Messe nach dem alten Ritus gefeiert werden. Der Meßritus unterscheidet sich nicht im Wesen, wohl aber in seiner Struktur vom röm.: 1. Einführender Teil; 2. Die L. des Wortes; 3. Gabenbereitung – Feierliche Fürbitten – Friedenszeichen; 4. Eucharist. Gebet; 5. Kommunionritus mit Credo, Brotbrechung (in 9 Hostienteile, den 9 Mysterien des Lebens Jesu entsprechend), Vaterunser, Segen, Kommunion; 6. Abschluß. A. Thaler

Q.: Missale Mixtum secundum regulam beati Isidori, ed. A. Ortiz, Toledo 1500 – Le »Liber Ordinum« en usage dans l'Église visigothique et mozarabe, ed. M. Ferotin, 1904 – Le »Liber Mozarabicus Sacramentorum« et les mss. mozarabes, ed. Ders., 1912 – Liber Missarum de Toledo y Libros Misticos, I/II, ed. J. Janini, 1982–83 – Missale Hispano-Mozarabicum, ed. Marcelo Card. Gonzales Marin u. a., 1991 – Lit.: DACL XII/1, 390–491 [Lit.] – J. Pinell, Liturgia hispanica, Prex eucharistica, 1968, 494–513 – A. Thaler, Altspan. Gebete zum Kirchenjahr, 1980 – Ders., Das Hochgebet der altspan. L. (Fschr. B. Fischer, 1992), 503–514.

Spanos (eigtl. »Messe des gottlosen ziegenbärtigen Bartlosen«), anonyme, spätbyz. volkssprachl. →Satire, in der ein Bartloser (σπανός), d. h. der eunuchoide Mensch, derb verspottet und verwünscht wird. Formal parodiert S. metr. und musikal. Liturgie- sowie Prosaformulare (Hl.nvita, Mitgiftvertrag, Heilbuch), erklärtes Ziel ist es, zum Lachen anzuregen. Das an originellen Wortschöpfungen reiche Werk erfreute sich bis ins 19. Jh. großer Beliebtheit. Die Entstehung der Urform ist ins 14./15. Jh. zu datieren; erhalten ist der S. in drei Versionen: 2 Hss. (Anfang 16. Jh.) und ein ven. Druck (um 1533, 12 Aufl.), der der Urform am nächsten steht. M. Hinterberger

Ed.: H. Eideneier, 1977 – Lit.: Oxford Dict. of Byzantium, 1991, 1935 – Beck, Volksliteratur, 195f.

Spargel (Asparagus officinalis L./Liliaceae). Die schon im Altertum bekannte S.kultur (Plinius, Nat. hist. XIX, 145–151) verbreitete sich wohl erst seit dem 15. Jh. auch in Dtl., wo der S. jedoch ein Luxusgemüse blieb. Med. wurden v. a. die Samen der (a)sparagus (MlatWb I, 1033f.) bzw. spargen gen. Pflanze gegen Milz- und Leberverstopfungen, Blasen- und Nierenleiden sowie Zahnschmerzen empfohlen (Sigerist, 151 u. ö.; Circa instans, ed. Wölfel, 110; Gart, Kap. 389). I. Müller

Lit.: Marzell I, 463–466 – R. v. Fischer-Benzon, Altdt. Gartenflora, 1894 [Neudr. 1972], 124–126 – H. E. Sigerist, Stud. und Texte zur frühma. Rezeptlit., StGM 13, 1923 [Neudr. 1977] – U. Körber-Grohne, Nutzpflanzen in Dtl., 1994³, 252–255.

Sparren → Dach

Spatha, kelt. Langschwert für Reiter, von der röm. Kavallerie und den Germanen übernommen. Die westl. S. hatte einen gedrechselten Handgriff mit flachrundem Knauf. Die von den Sarmaten, Ostgoten und Hunnen geführte östl. Form der S. hatte eine kurze Parierstange und einen kleinen Balkenknauf. Sie ging während der Völkerwanderung auf alle Germanen über. Fürsten hatten den Griff mit Goldblech belegt (Goldgriffs.), Knauf, Parierstange und Scheidenbeschläge wurden oft durch Almandine in Zellfassung geschmückt. O. Gamber

Lit.: H. Seitz, Blankwaffen, I, 1965 – W. Menghin, Das Schwert im frühen MA, 1983.

Speaker of the Commons. Die Repräsentanten aller Gft.en und vieler Städte wurden seit 1295 häufig zu den engl. →Parliaments einberufen, seit 1325 immer vorgeladen und trafen seit den 30er Jahren des 14. Jh. unter der Bezeichnung 'Commons' (→House of Commons) zusammen. Zunächst erstattete eine Abordnung ihrer Mitglieder dem Kg. und den Lords Bericht, wobei einer von ihnen als Sprecher fungierte. Der erste S., Sprecher für das gesamte Parliament, war sicherl. 1376 Sir Peter de la →Mare, den die Commons zu ihrem Sprecher gewählt hatten. Er wurde wegen seiner Kühnheit eingekerkert, aber im Okt. 1377 wieder zum S. gewählt. Seit 1376 gab es fast immer einen S. in jedem Parliament. Die Namen der S.s sind seit 1398 belegt. Ihre ursprgl. Pflicht war es, im Namen der Commons zu sprechen, doch bald wurden sie regelmäßig am Beginn des Parliament gewählt und verfügten über bedeutende Vollmachten, welche die Angelegenheiten der Commons betrafen, z. B. die Weiterleitung der Petitionen an den Kg. und die rasche Erledigung kgl. Geschäfte. Seit dem späten 15. Jh. erhielt der S. in allg. für seinen Dienst vom Kg. eine Vergütung. Die S.s waren immer Parliamentsmitglieder der Gft.en. Als erstes Parliamentsmitglied einer Stadt wurde 1533 Sir Humphrey Wingfield S., ein gfl. Grundbesitzer und Rechtsgelehrter, der im Dienst des Kg.s stand. A. L. Brown

Lit.: J. S. Roskell, The Commons and their S.s in English Parliaments 1376–1523, 1965.

Spechtshart, Hugo, * 1285 in Reutlingen, † 1359/60 oder später ebd., Geistlicher, geriet infolge der Auseinandersetzungen zw. Ks. Ludwig IV. und Papst Johannes XXII. unter päpstl. Bann (1348 aufgehoben). Seine Werke – sämtlich in leonin. Hexametern abgefaßt – sind Gegenständen des Unterrichts gewidmet. Conrad Spechtshart, ein Verwandter, hat v. a. kommentierend an H.s Schriften mitgewirkt. Die 1332–42 entstandenen »Flores musicae omnis cantus Gregoriani« (635 vv.), ein in der Tradition →Guidos v. Arezzo stehendes Kompendium der Musiktheorie, zählen zu den am häufigsten benutzten (13 mehrfach kommentierte Hss., viele Drucke) Schulbüchern. Die »Forma discendi«, 1346 abgeschlossen (1 Hs., ca. 770 vv.), gibt im 1. Teil einen Überblick über Aufbau und Gegenstände des Unterrichts – bemerkenswert ist hier eine nach steigenden Anforderungen zusammengestellte Lektüreliste mit mehr als 40 Autoren und Werken; im 2. Teil folgt eine Anleitung zum Schreiben (Handhabung der Feder, Ligaturen, Abständen zw. Buchstaben und Wörtern, Abkürzungen). Wohl 1350 schloß H. seine »Cronica« (2 Bücher, 803 bzw. 529 vv.) ab (1 glossierte Hs., vermutl. Autograph); von den knappen Ausführungen über das röm. und frk. Reich sowie die dt. Ks. sind diejenigen über die Zeit Ludwigs IV. und Karls IV. als zeitgenöss. Bericht wichtig wegen der darin beschriebenen Geißelzüge von 1349 und der Flagellantenlieder, deren Texte H. mit Melodien überliefert. Q. bis zum 13. Jh. sind v. a. →Ps.-Turpin, →Martin v. Troppau, →Vinzenz v. Beauvais, →Jacobus a Voragine. Zw. 1350 und 1358 verfaßte H. gemeinsam mit Conrad das »Speculum grammaticae«, sein umfangreichstes Handbuch: 4 Bücher (5240 vv.) behandeln die 4 Konjugationen, außer zahlreichen Verba werden ganze Wortfamilien (Substantive, Adjektive) nebst Etymologien angeführt. B. Gansweidt

Ed.: Flores musicae: K.-W. Gümpel, AAMz 1958, Nr. 3 – Forma discendi: A. Diehl, Mitteil. der Ges. für dt. Erziehungs- und Schulgesch. 20, 1910, 41–80 (vv. 1–188, 497–528, 558–779); S. H. Steinberg, The Library. Transactions of the Bibliograph. Soc. 4th Ser. 21, 1940/41, 264–278 (vv. 658–785a); G. Silagi (Fschr. B. Bischoff zum 65. Geb., 1971, 417–434 [vv. 187–496, 529–557]) – Cronica: K. Gillert,

Forsch. zur dt. Gesch. 21, 1881, 23–65 – Speculum: Anfangs- und Schlußverse bei DIEHL l. c. 8–10 – *Lit.:* Verf.-Lex² IX/1, 35–40.

Specksteinschnitzerei. Speckstein (Steatit, soapstone, στεατῖται [πλακοῦντες], πίονες, ἀμίαντος λίθος, pinguis onyx, auch syphn. Stein) wird seit sumer. Zeit in der Antike (auch in der altägypt., minoischen, gr. und röm. Zeit) für kleine Gefäße und (Skarabäen u. ä. apotropäischen) Schmuck sowie in der byz. Reliefschnitzerei (für Siegel, Kreuzanhänger) häufig benutzt. Ab dem 10. Jh. ist die Verwendung als Privat-Ikone kleineren Formats belegt. Das Material scheint nach Farbe (meist grünlich bis gelblich) ausgesucht zu sein und ähnelte auch den Halbedelsteinen. Die hohe Dichte des Steins war mit großer Weichheit verbunden, erleichterte die Bearbeitung und ergab eine bes. glatte Oberfläche, kam also, in der Verbindung mit der Farbigkeit, ganz bestimmten ästhet. Wünschen der Auftraggeber nach. Die bei der Weichheit des Steins unvermeidl. Beschädigungen der Oberfläche im Laufe der Zeit und die Brüchigkeit des Materials, bes. bei Hinterschneidung, ließen die Qualität der S. schwer erkennen, so daß man die Stücke lange als billigeren Ersatz für Elfenbeinarbeiten ansehen wollte. Die begrenzte Größe (maximal 30,6×23 cm bis jetzt bekannt) und das in Dichte und Farbe Ausgesuchte zeigt demgegenüber die Kostbarkeit der bekannten Stücke. Dies wird, relativiert man die durch die Weichheit des Materials bedingte heutige Oberflächenerhaltung der bekannten Stücke, durch die ursprgl. polierte und teilw. vergoldete Reliefoberfläche bestätigt. Zum Schutz sind die S.en, auch mehrere zu ikonograph. Gruppen zusammengeschlossen, in hölzerne Rahmen gefaßt worden. Die funktionale Rolle und damit auch der ikonograph. Themenbereich stimmen mit dem der →Elfenbeinschnitzerei überein. Stilistisch folgt die Spezies ebenfalls der Entwicklung im Elfenbein, mit dem sie bislang meistens zusammen behandelt wurde.

M. Restle

Lit.: I. KALAVREOU-MAXEINER, Byz. Icons in Steatite, 1985.

Speculum wird als Büchertitel, wie es scheint, erstmals von Augustinus gebraucht (S. 'Quis ignorat'), doch findet sein Beispiel zunächst keine Nachfolge. Im frühen MA gibt es zwar eine Reihe von Werken, die man heute als z. B. →Fürstenspiegel zu bezeichnen pflegt; doch tragen diese durchweg andere Bezeichnungen (z. B. »Via regia«, »de rectoribus christianis«). Wahrscheinl. hat →Honorius Augustodunensis (1. Hälfte 12. Jh.) als erster den Titel für seine Predigtslg. »S. ecclesiae« wieder aufgenommen, der ungefähr seit dieser Zeit beliebt zu werden beginnt. Von der Grundvorstellung der Spiegelung eines bestimmten Ausschnittes der sichtbaren oder in irgendeiner Weise wahrnehmbaren Welt oder eines Idealbildes bleibt nur die mit belehrender Absicht vorgenommene Zusammenfassung bestimmter Gegenstände, deren Gebiet und Umfang beliebig ist, so daß der Titel 'S.' eine ungemein starke Verbreitung, und zwar in der ganzen hl. Welt, erfährt. Im Zuge der allmähl. die verschiedensten Gebiete der Wiss. und des Schrifttums erfassenden →scholast. Methode wird S. zumeist gleichbedeutend mit Summa gebraucht, ohne daß auf die Form oder auf das Gebiet, dem die Gegenstände entnommen werden, Rücksicht genommen würde; auch das belehrende Moment kann weitgehend zurücktreten, gelegentl. auch in satir. oder erzählender Form erscheinen. Das gewichtigste S. ist die (oft als 'S. maius' genannte) Enzyklopädie des →Vinzenz v. Beauvais, von der das »S. historiale« wohl am stärksten gewirkt hat. Die durchaus häufige Übertragung der Bezeichnung auch auf Werke, die ursprgl. andere Titel trugen (z. B. S. naturale des Plinius) kann geradezu als ein Charakteristikum spätma. Lit. angesehen werden. S. a. →Spiegelliteratur.

F. Brunhölzl

Lit.: P. LEHMANN, Ma. Büchertitel (DERS., Erforsch. des MA, V, 1962), 1ff. – →Spiegellit.

Speculum Christiani, me. religiöser Traktat in Prosa, um 1370 vielleicht von einem Franziskanermönch oder →Lollarden für den niederen Klerus aus dem Lat. übersetzt. Strukturell besteht der Text aus einem kürzeren Prolog und acht »tables«, die zur Hälfte von John →Peckhams »Constitutiones« (1281) beeinflußt, im zweiten Teil aber deutl. heterogen und z. T. recht eigenständig sind; die Kapitel sind daher teilweise als eigene »Geschichten« überliefert worden. Die Erörterung des Glaubensbekenntnisses, der Sieben Todsünden, der Zehn Gebote, der Sieben Tugenden und anderer Glaubensweisheiten war v. a. zur Chaucerzeit üblich (vgl. →Chaucers »Parson's Tale«); die Beliebtheit des S. C. zeigt sich in der Fülle und Unterschiedlichkeit der lat. und engl. Hss. (mindestens 65 sind überliefert), in der Zugehörigkeit derselben zu verschiedensten me. Dialekten und in der frühen Entstehung (ab 1480) gedruckter Fassungen.

M. Markus

Bibliogr.: NCBEL I, 490 – ManualME 7. XX [Nr. 15] – *Ed. und Lit.:* G. HOLMSTEDT, EETS 182, 1933 – H. GRABBES, The Mutable Glass, 1982, 251 – F. N. M. DIEKSTRA, Robert de Sorbon, The S. C. and the Visio Sancti Pauli, ESts 73, 1992, 385–405.

Speculum ecclesiae → Honorius Augustodunensis (8. H.)

Speculum humanae salvationis
I. Text – II. Ikonographie.

I. TEXT: Am weitesten verbreiteter Vertreter der großen heilsgesch. typolog. Text-Bild-Werke des 13./14. Jh. (überliefert in rund 300 lat. Hss., Übers.en in verschiedene Volkssprachen [engl., ndl., tschech.], unterschiedl. dt. Übers.en, lat. und ndl. Blockbuchausgaben, lat., frz. und dt. Inkunabeln [HAIN 14922–14941; COPINGER 5580–5588], zu den Einzelheiten vgl. STORK/WACHINGER).

Das Werk ist streng gegliedert, zu jedem Antitypus des NT werden drei Typen aus dem AT, gelegentl. auch außerbibl., sowie jeweils 25 Vv. Text gestellt, die wegen ihrer »allgemeinere[n] Aussagen zur Bestimmung des Menschen, zum Verhältnis von Mann und Frau und zum Heilsplan Gottes« (STORK/WACHINGER, 55) sowie katechet. Belehrungen über die reine Erläuterung der typolog. Entsprechungen weit hinausgehen. Die ältere Forschung ging von einer »Vulgatfassung« mit 45 Kapiteln (Proömium 300 Z., Prologus 100 Z., beide ohne Bilder, Hauptteil 42×100 Z., drei Schlußkapitel zu je 208 Z. = 5224 Z.) und 192 Miniaturen aus (GOTTSCHALL, 90: 4924 Z. und 186 Miniaturen), da diese Fassung in der überwiegenden Zahl der Hss. überliefert wird. Dagegen nimmt man heute an, daß diese bereits eine frühe, erweiternde Fassung ist und ursprgl. Textbestand 34 Kapitel mit 136 Miniaturen umfaßt (vgl. APPUHN, GOTTSCHALL sowie bereits BREITENBACH, 44–55). Diese Fassung ist in nur vier Hss. erhalten, allerdings entspricht die Kapitelzahl genau der der →Biblia pauperum, als deren Weiterführung das S. zu sehen ist. »Die Erweiterung auf 45 Kapitel beruht auf Zusätzen aus dem Marienleben und drei myst. Traktaten über die sieben Leidensstationen Christi, die sieben Schmerzen und die sieben Freuden Marias.« (GOTTSCHALL, 90). Durch die Umbewertung der Fassungen sind auch Entstehungszeit und Autorfrage wieder offen.

Die Überlieferung setzt um 1330 ein, zwei Hss. des 14. Jh. (Paris, BN) nennen 1324 als Entstehungsdatum des Textes und den Titel des Textes (titulus sive nomen operis est Speculum humane salvacionis, zit. nach STORK/WACHINGER, 56). Die bisherige Zuschreibung des S. an Ludolf v. Sachsen kann allenfalls für die Erweiterung und Bearbeitung der Kurzfassung zur Langfassung gelten (GOTTSCHALL, 90). Hauptq. sind: Thomas v. Aquin, S. th.; Hugo Ripelin v. Straßburg, Compendium theologicae veritatis; Petrus Comestor, Hist. scholastica; Jacobus de Voragine, Legenda aurea; Gesta romanorum; Valerius Maximus, Facta et dicta memorabilia. – Während das Werk von kunsthist. Seite immer wieder Beachtung fand, ist die Texttradition selbst bis heute kaum aufgearbeitet.

G. Roth

Ed. und Faks.: J. LUTZ–P. PERDRIZET, S., 2 Bde, 1907–09 – S. Ein ndl. Blockbuch, hg. E. KLOSS, 1925 – M. R. JAMES–B. BERENSON, S. Being a Reproduction of an Italian Ms. of the 14th Cent., Oxford (Privatdr. Roxburghe Club), 1926 [Slg. J. D. Coleridge und Paris, BN, ms. lat. 9584] – W. NEUMÜLLER, S. Vollständige Faks.-Ausg. des Cod. Cremifanensis 243 des Benediktinerstifts Kremsmünster (Codices selecti 32), 1972 – H. APPUHN, Heilsspiegel. Die Bilder des ma. Andachtsbuches S., 1981 [Darmstadt, Hess. Hochschul- und Landesbibl., Hs. 2505] – Lit.: Verf.-Lex.² IX, 52–65 [H.-W. STORK–B. WACHINGER] – Literaturlex. XI, 90f. [D. GOTTSCHALL] – E. BREITENBACH, S., 1930 – M. NIESNER, Das SHS der Stiftsbibl. Kremsmünster. Ed. der mhd. Versübers. und Stud. zum Verhältnis von Bild und Text, 1995 (Pictura et Poesis 8).

Die me. Evangelienparaphrase des S. aus dem 15. Jh., eine vorwiegend im nördl. Dialekt verfaßte Übers. des lat. Textes, umfaßt 5124 paarweise gereimte Verszeilen (Alexandriner). Der Text gliedert sich in Proemium (300 Verse), 42 Hauptkapitel (je 100 Verse) und drei eigenständige Schlußkapitel; sie enthalten Dankgebete und Hymnen, während im langen Hauptteil jeweils ein Vorgang aus der ntl. Heilsgesch. geschildert wird, wobei man jeweils auf drei ähnl. Ereignisse des AT, der Gesch. oder der Gleichnisse Jesu Bezug nimmt. Die Nähe zur lat. Q. zeigt sich u.a. in der angepaßten Metrik und in zahlreichen Latinismen. Der engl. Text ist in mindestens vier Hss. überliefert. Volkstüml. sind stilist. Merkmale wie Formelhaftigkeit und häufige Leseranreden. Ob ein im Text gen. »Thomas Cowper« der Autor ist oder nur der Schreiber oder ein Besitzer der Hs., ist unklar.

M. Markus

Bibliogr.: ManualME 2. V [Nr. 316] – Ed.: A. H. HUTH, 1888 – A. HENRY, The Mirour of Mans Salvacioun [Univ. of Pennsylvania 1987] – Lit.: O. BRIX, Über die me. Übers. des S., 1900.

II. IKONOGRAPHIE: Das S. stellt in der Kunst des späten MA eine wichtige Q. für das Bildprogramm dar. Sein ikonograph. Einfluß ist ab dem 14. Jh. n. der Alpen, jedoch nicht in der it. Kunst, auf fast jedem Gebiet der bildenden Kunst faßbar: in der Tafelmalerei (Jan van Eyck: sog. Van Maelbeke-Altar, um 1441, Privatbesitz, Warwick Castle [für St. Martin in Ipern; nach Van Eycks Tod vollendet], Rogier van der Weyden: Bladelinaltar, um 1460, Berlin, Gemäldegalerie; Dieric Bouts: Sakramentsaltar, 1464–67, Löwen, St. Peter; Konrad Witz: Heilsspiegelaltar, um 1434/36, Basel, Kunstmuseum; u.a.), Wandmalerei (Kreuzgang Emauskloster Prag, um 1360), Glasmalerei (St. Stephanus-Kirche Mülhausen, um 1350; Martinskirche Colmar, 1325; Speculum-Fenster in der Münchner Frauenkirche, 1480 [vgl. S. REHM, Das Münster 47, 1994, 236]), Bildstickerei (Heilsspiegel-Teppich im Kl. Wienhausen, um 1430).

M. Grams-Thieme

Lit.: LCI IV, 182ff. [Lit.] – LThK² V, 164 – J. LUTZ–P. PERDRIZET, S., Bd. 1.2., 1907–09 – E. BREITENBACH, S., 1930.

Speculum Sacerdotale, mindestens zwei anonyme Werke aus dem engl. SpätMA tragen diesen Titel: S. S. sive libellus de ordine missae (1): Ms. Oxford, Merton College 110, Ende 14. Jh., offenbar lat., uned.; S. S. (2): Ms. BL Add. 36791, frühes 15. Jh., kein Autograph, sprachl. Verbindungen zu Warwick. Weder S. S. (1) noch S. S. (2) sind exemplar. Spiegel mit moral.-didakt. Intention (→Spiegellit.). S. S. (2) ist eine Slg. von Predigtvorlagen unterschiedl. Länge für 67 Anlässe des (engl.) Kirchenjahres, gedacht als Hilfe für des Lateins nicht sehr kundige Seelsorger, vergleichbar mit John →Mirks »Festial«, von dem es aber unabhängig ist. In schlichtem Me. geschrieben, ist S. S. (2) traditionell, mit vielen Wundergeschichten, in den erzählenden Teilen jedoch nicht ohne Reiz. Lollard. Verbindungen fehlen. Es paraphrasiert seine Hauptq., neben der bibl. Gesch. →Johannes Beleths »Rationale divinorum officiorum« und →Jacobus' de Voragine »Legenda aurea«; daneben Augustinus; Gregor d. Gr.; Ado, »Martyrologium«; Pseudo-Abdias, »Hist. apostolica«; »Vitae patrum«; Sulpicius Severus; Beschlüsse des III. Laterankonzils u.a.

R. Gleißner

Ed.: E. H. WEATHERLY, S. S., EETS 200, 1936 – Lit.: G. R. OWST, Preaching in Medieval England, 1926 – H. GRABES, The Mutable Glass, 1982, 255, 271 – A. MCINTOSH u.a., A Linguistic Atlas of Late ME, 1986.

Speculum virginum

I. Text – II. Kunsthistorisch.

I. TEXT: In einem Lehrgespräch zw. einem geistl. Lehrer, Peregrinus, und einer frommen Frau, Theodora, wird in 12 Büchern den uirgines Christi der Weg zu innerer Vollkommenheit gewiesen, damit sie ihrem himml. Bräutigam zu gefallen vermögen. Im Zentrum stehen jeweils Begründung und Rechtfertigung der Virginität, letztlich fußend auf dem Anspruch von I Cor. 7, 34, daß nur eine uirgo wirklich frei sei, sich in Gedanken und Werken Gott zu widmen (SEYFARTH 16). Dementsprechend wird Maria durchgängig als Vorbild dargestellt, zudem findet sich im SV eine »gesteigerte Marienfrömmigkeit« (Buch V ist ganz Maria gewidmet: hymn. Aufzählung von Marienmetaphern, antiphonal aufgebautes Marienlob etc.).

Der Text ist bald nach 1140 entstanden und reich überliefert (36 lat., 25 mndl. Hss. sowie eine altschwed. Übers.), seine Rezeptionsschwerpunkte liegen zum einen im ausgehenden 12./beginnenden 13. Jh. (11 Hss.) im Bereich der Zisterzienser, zum anderen in der Mitte/ 2. Hälfte des 15. Jh. (20 Hss.) im Einflußgebiet der Devotio moderna; die mndl. Übers. ist Ende des 14. Jh. entstanden (älteste Hs. Ende 14. Jh.).

Der Autor ist unbekannt, die auf Joh. Trithemius zurückgehende Identifikation des Peregrinus mit →Konrad v. Hirsau wird von SEYFARTH (bes. 39*ff., s.a. KÜSTERS-SEYFARTH, 68f.) zurückgewiesen. Der Verf. war jedenfalls ein rhetor. geschulter Autor, der sein Ziel (»theologische Begründung, historische Herleitung und pragmatische Einrichtung einer weiblichen vita monastica«, KÜSTERS-SEYFARTH, 70) anhand eines durchdachten (und durchgehaltenen) Werkentwurfs zu erreichen gedachte, wie er in der Einleitung ankündigt und durch zahlreiche Querverweise erweist. Als Q. dienen ihm neben der Bibel (bes. Hld, Psalmen, Korintherbrief), den Kirchenvätern (Ambrosius, Augustinus, Hieronymus), dem Physiologus und Märtyrerlegenden auch hist. Werke (z.B. Beda, Einhard), außerdem sind neuplaton. Einflüsse und Berührungen mit frühscholast. Denkweisen erkennbar.

G. Roth

Ed.: (lat. Text) J. SEYFARTH, SV, 1990 – (mittelschwed. Fassung): R. GEETE, S. u. – Jungfruspegel, 1897/98 (Svenska Fornskrift-Sällskapet, Samlingar Häft III, 113, 115) – (mndl. Fassung): I. BERKENBUSCH, S. v. Mndl. Text. Ed., Unters. zum Prolog und einleitende Interpretation, 1995 – Lit.: LCI IV, 185ff. – Verf.-Lex.² IX, 67–76 [U. KÜSTERS-J. SEYFARTH] – M. BERNARDS, S. v. Geistigkeit und Seelenleben der Frau im HochMA, 1955, 1982².

II. Kunsthistorisch: Zum ursprgl. Bestand des S. v. gehören 12 Bilder, die nicht nur in den frühesten Textzeugnissen (Lond. Arund. 44, Köln W 276a) nahezu ident. überliefert sind, sondern im Text selbst angekündigt und erläutert werden. Sie sind Teil der Gesamtkonzeption, dem Verf. selbst zuzuweisen und verfolgen seine didakt. Intention, die Erkenntnisfähigkeit ex scriptura durch Hinzufügung der mistica pictura zu erweitern (I, 999; VII, 869; X, 440). Es sind lavierte Federzeichnungen, die Gegenständlichkeit mit abstrakt-geometr. Formen verbinden (Myst. Paradies, Erntebild, Haus der Weisheit u. a.). Zahlreich eingefügte Inschriften unterstreichen die didakt. Funktion. Die Überlieferung der Bilder ist in den ersten beiden Hss.-Generationen einheitlich (außer Trier 132), später überwiegen lokale Einflüsse der Skriptorien. In den volkssprachl. Übers.en fehlen die Bilder trotz Ankündigung meistens. – Für einzelne Darstellungen lassen sich Vorbilder nachweisen (Tugend-Lasterbäume), andere sind originäre Erfindungen des Autors (Quadriga). Versuche stilist. Einordnung (Boeckler u. a.) brachten nur Teilergebnisse. J. Seyfarth

Lit.: J. Seyfarth, CChrCM 5, 1990, 18*, 133*, 144* [farbige Abb.] und s. v. Boeckler, Strube, Greenhill, Esmeijer, Goggin [dazu: Ch. Meier, Malerei des Unsichtbaren (Text und Bild, Bild und Text, 1990), 35–65].

Speer, gleichbedeutend mit →Spieß, Stangenwaffe mit blattförmiger oder rhomb. Klinge und etwa 2 m langem Holzschaft für Fußvolk, 3–5 m langem Schaft für Reiter.
O. Gamber

Lit.: H. Seitz, Blankwaffen, I, 1965.

Jagdwesen: Der S. wurde wie der Spieß bei der Jagd auf größeres Wild (etwa Rot- und Schwarzwild, Bär und Elch) in der Regel als Stoß-, aber auch als Wurfgerät vielfach verwendet, speziell in Form der »S.falle« als Waffenfalle, d. h. als selbstauslösende Einrichtung, wohl bei allen germ. Stämmen bekannt (Lex Visig. Tit. VIII, 4, 23, 2: »Si quis in terris suis foveas fecerit, ut feras in eisdem foveis conprehendat, aut laqueos vel arcos protenderit seu ballistas in locis secretis vel desertis … si alicuius animal per hanc occasionem, que ad feras adparatur, extinguatur aut occidatur, pecus, quod periit, incautus venator exelvat…« [Germanenrechte XI, 324]). Im Einsatz auf Bären und Elche ist die S.falle in der nordgerm. Kultur altes Allgemeingut (vgl. etwa Älteres Westgötalag, Älteres Westmannalag, →Södermannalag). S. Schwenk

Speisegesetze (Judentum). In strenger Rezeption der talmud. Tradition war für die ma. jüd. Küche die Trennung von Milch- und Fleischgerichten mitsamt dem dazugehörigen, separat benutzten Geschirr grundlegend. Bei anderen Speisen bestand ebenfalls eine Fülle bes. Vorschriften. So durften z. B. Früchte und Gemüse von Juden nur dann und insoweit verzehrt werden, als sie keine Würmer oder Insekten aufwiesen. Ein eigenes Problem bildeten Nahrungs- und Genußmittel nichtjüd. Herkunft. Grundsätzl. galt, daß Juden im Rohzustand verzehrbare Früchte und Gemüse von Nichtjuden problemlos erwerben und konsumieren durften. Milch und Käse von Nichtjuden durften Juden nur dann konsumieren, wenn der Melkvorgang oder Gerinnungsprozeß von Juden überwacht wurde. Im ersten Fall galt es der Möglichkeit vorzubeugen, daß ein Nichtjude der Milch von Kühen, Schafen oder Ziegen Milch von nach jüd. Ritualgesetz unreinen Tieren beimischte; im zweiten Fall mußte sichergestellt sein, daß keine nach jüd. Ritualgesetz verbotenen Gerinnungsstoffe zur Käseherstellung verwendet wurden. Butter nichtjüd. Herkunft galt hingegen spätestens seit dem 13. Jh. für Juden selbst dann als erlaubt, wenn das Melken der Milch und die anschließende Verbutterung ohne jüd. Aufsicht erfolgt waren. Begründet wurde dies damit, daß nur die Milch reiner Tiere zur Verbutterung geeignet sei. Nichtjüd. Schlachtfleisch auch von reinen Tieren war für Juden nicht erlaubt (→Fleisch, VI); selbst von Juden geschlachtetes Fleisch mußte wegen des Verbots des Blutgenusses in Wasser geweicht, vorgesalzen und sorgfältig ausgespült werden, ehe es an die eigtl. Zubereitung ging. Fische hingegen durften von Nichtjuden erworben und verzehrt werden, sofern es sich um keine unreinen Arten, z. B. Aale, handelte. Krebse und Schalentiere waren streng verboten. Eier von reinen Vögeln durften Juden von Nichtjuden erwerben, falls sie nicht schon gekocht oder gebraten waren. Für alle Speisen, die von Nichtjuden gekocht, gebraten, gebacken oder eingemacht wurden und die nur so zubereitet genießbar waren, galt für Juden nämlich ein grundsätzl., mit markanten Ausnahmen versehenes Genußverbot, das selbst dann galt, wenn das Gericht keine unreinen oder nach jüd. Gesetz sonstwie verbotenen Bestandteile aufwies – es sei denn, ein Jude hätte bei dessen Zubereitung mitgewirkt. Zu den Ausnahmen zählte der Verzehr des von professionellen nichtjüd. Bäckern gebackenen Brotes, dessen Genuß in den ma. jüd. Gemeinden nicht gerne gesehen, aber widerwillig hingenommen wurde. Der Konsum nichtjüd. Biers war mit keinem Verbot bewehrt. Nichtjüd. Wein jedoch oder von Nichtjuden berührter jüd. Wein galt als rituell hochgradig verunreinigt und mußte von einem jüd. Eigentümer weggeschüttet werden. Im Frankreich des 11. Jh. wurzelnde Versuche, derartigen Wein für Juden wenigstens zur kommerziellen Nutznießung freizugeben, fanden bei der Mehrheit der Rabbinen dort und anderswo keine Unterstützung und konnten sich kaum durchsetzen.

Aufgrund des sakralen Charakters des jüd. Ritualgesetzes galten auch die S. als Manifestation von Gottes geoffenbartem Willen, deren Befolgung der jüd. Gemeinschaft aufgegeben war und deren Mißachtung als unterschiedl. schwere Sünde galt. Ob die zahlreichen Speisegebote und -verbote freilich von allen Gemeindemitgliedern in der gebotenen Strenge beachtet wurden, darf man bezweifeln. Gesetzesnorm und hist. Wirklichkeit dürften auch hier verschiedentl. stark auseinandergeklafft haben. Welch ein enormes Problem die S. darstellten, beweist die Fülle von ma. →Responsen, die zu diesem Teilgebiet der jüd. Gesetzeslehre überliefert ist. H.-G. von Mutius

Lit.: Enc. Talmudit IV[8], 1993, 657ff. [Bischule Goyim], 690ff. [Basarbe-Chalab]; V[6], 1992, 84ff. [Gebinat Goyim]; XV[5], 1991, 171ff. [Chalab schel Goy] – I. A. Agus, Urban Civilisation in Pre-Crusade Europe, II, 1965, 772ff. – S. Wagschal, The New Practical Guide to Kashrut, 1991.

Speiseordnungen → Luxusordnungen

Spekulation → Fürkauf, →Wucher

Spekulative Grammatik. Bezeichnung für eine philos. Weiterentwicklung der Grammatik, welche deren traditionelle Aufgabe, die Theorie der Redeteile einem System von Regeln zu unterwerfen, mit einer Theorie der Wirklichkeit spekulativ verbindet. Ihre Anfänge gehen auf die sog. »dänische Schule« (→Martin, →Johannes und v. a. →Boetius v. Dacien, 2. Hälfte des 13. Jh.) zurück. Im Zuge der Rezeption der aristotel. Kategorienschrift und Hermeneutik, durch welche die Grammatik aus dem Corpus der →artes liberales langsam herausgelöst und unter dem Einfluß des aristotel. Wissenschaftsbegriffs von einer positiv normativen Lehre von den Teilen der Rede (partes orationis) zu einer Theorie sprachl.-log. Aussagebestandteile wird, trägt die s. G. in die traditionelle Aufgabe der Grammatik eine ontolog. Diskussion um die Frage nach dem Verhältnis zw. sprachl. Ausdruck und dingl. Wirklichkeit hinein. Gefragt wird nunmehr, wie sich die Weisen der Bezeichnung (→modi significandi) zu den Seinsweisen (modi essendi) verhalten. In der hochma. →Philosophie wird dieses Verhältnis unterschiedlich gedeutet: im *realistischen* Sinn, indem man entweder die modi significandi in den modi essendi fundiert sieht bzw. zumindest eine strukturelle Affinität zw. beiden behauptet, oder im *nominalistischen* Sinn, indem man derartige Wirklichkeitsbezüge bestreitet. Die realist. Position findet sich v. a. im lange Zeit →Johannes Duns Scotus zugeschriebenen, in Wirklichkeit von →Thomas v. Erfurt stammenden 'Tractatus de modis significandi sive grammatica speculativa', in der es im Unterschied zur traditionellen 'positiven' Grammatik konkreter Einzelsprachen um die einheitl. Theorie einer Fundamental- oder Universalgrammatik geht. Das Beziehungsgefüge zw. Sprache und Wirklichkeit wird durch einen dritten Aspekt, den des Denkens (modus intelligendi), erweitert, wobei die Wörter als Zeichen verstanden werden, die eine doppelte Vermittlungsarbeit sowohl zur Sprache als auch zur Wirklichkeit hin leisten müssen. Thomas v. Erfurt sieht im Modus significandi sowohl eine vom Denken vorgenommene Bedeutungszuweisung als auch deren Ergebnis, wobei jeder Bedeutungsform eine eigene Seinskategorie entspricht. Diese ontolog. Fundierung der Bedeutungsweisen in den Seinsweisen der Dinge trifft im 14. Jh. auf die Kritik des →Nominalismus, v. a. bei Johannes Aurifaber (ca. 1330), für den die Sprache nichts anderes als ein Instrument zur Handhabung des kausal bestimmten Verhältnisses zw. Begriffs- und Dingwelt darstellt. Die s. G., deren Wirkung im 15. Jh. endgültig erloschen ist, erregt erst wieder im 20. Jh. als Frühform einer semant. Theorie verstärkt Aufmerksamkeit. J. P. Beckmann

Lit.: (Pseudo-)Johannes Duns Scotus [recte: Thomas v. Erfurt]: Grammatica speculativa, hg. M. FERNÁNDEZ GARCÍA, 1902 – M. HEIDEGGER, Die Kategorien- und Bedeutungslehre des Duns Scotus, 1916 – M. GRABMANN, De Thoma Erfordiensi auctore Grammaticae quae I. Duns Scoto adscribitur Speculativae, AFrH 15, 1922 – DERS., Die Entwicklung der ma. Sprachlogik (Ma. Geistesleben, I, 1926) – H. ROOS, Die Modi significandi des Martinus de Dacia, 1952 – H. ROOS, 'Grammatik' (HWP III, 846–849, 1974) – J. PINBORG, Die Entwicklung der Sprachtheorie im MA, 1976.

Sperber → Greifvögel

Speroni, Ugo, Häretiker des 12. Jh., entstammte aller Wahrscheinlichkeit nach einer der größten Adelsfamilien in Piacenza und bekleidete zw. 1164 und 1171 mehrmals das Konsulat. Danach sind keine weiteren Belege über seine Teilnahme am öffentl. Leben bekannt. Nach Aussage des →Salvo Burci (oder »di Burca«), der 1235 publiziert, entstand die Häresie S.s etwa 1185: In der Tat wird sie in der Liste heterodoxer Lehren der Dekretale »Ad abolendam« (1184) Papst Lucius' III. nicht genannt. Über die theol. und religiösen Ideen S.s ist nur wenig bekannt und dies nur durch die Widerlegung des Rechtsgelehrten Magister Vacarius, wahrscheinl. eines früheren Studienkollegen. Im Spektrum der heterodoxen Lehren des letzten Viertels des 12. Jh. fallen die Thesen S.s durch ihre Originalität auf, da sie sich nicht an den beiden großen »Leitideen« der Zeit, der evangel. Armut und der »ecclesiae primitivae forma« inspirieren. S. entwickelt seine Ideen v. a. im Anschluß an die Paulusbriefe und beschäftigt sich bes. mit den theol. Begriffen der Gnade und der Prädestination (»Niemand kann ein Christ oder ein Priester sein, wenn er nicht das Gesetz Gottes im Herzen geschrieben trägt«). Sein bes. Interesse für diese Thematik beruht auf seinen starken »intellektuellen« Bedürfnissen, so daß Magister Vacarius ihm vorwirft, er »philosophiere herum«. Ergebnis seiner Reflexionen ist eine Abwertung der charismat. Natur der kirchl. Gewalt. Da »Kleriker und Laien in Christus eins sind«, sei die Unterscheidung zw. »genus clericorum« und »genus laicorum« nur eine Wiederaufnahme der antiken Unterscheidung zw. Herren und Sklaven. Eine weitere Besonderheit zeigt sich in S.s Thesen: U. S. ist kein Laie, der im Organismus der Kirche einen Platz anstrebt; er setzt frei und vorurteilslos Lektüre und Interpretation der Bibel ein und gewinnt aus ihr die Basis einer Spiritualität und Religiosität, die frei von Äußerlichkeiten und einengenden institutionellen Formen sind. Der Bezug auf die Hl. Schrift scheint ihn auch gegen die festen Formen der Liturgie und der Sakramente, insofern sie als Äußerlichkeiten zu betrachten sind, einzunehmen. Welche Verbreitung und Entwicklung die theol. und religiösen Ideen S.s erfahren haben, und ob er selbst eine missionar.-apostol. Tätigkeit entfaltet hat, ist unbekannt.
G. G. Merlo

Lit.: ILARINO DA MILANO, L'eresia di U. S. nella confutazione del maestro Vacario, 1945.

Speronisten, Anhänger des piacentin. Häretikers Ugo →Speroni, über die nur sehr wenig bekannt ist. Eine antihäret. »Summa« aus den ersten Jahrzehnten des 13. Jh. schreibt ihnen die folgenden drei religiösen Thesen als wichtigste Positionen zu: Erbsünde nur »secundum carnem«, als Folge Nutzlosigkeit der Kindertaufe, Seelenheil der »Guten« auch vor der Ankunft Christi. Derartige Glaubenssätze finden sich nicht allein bei den S. Eine Besonderheit stellt jedoch ihre Lebensweise dar: »Die S. haben Besitztümer und verbleiben im Stand der Ehe«. Zum Unterschied von den zeitgenöss. pauperist.-evangel. Gruppierungen und Bewegungen entscheiden sich die S. nicht für Armut, Keuschheit oder Enthaltsamkeit. Wahrscheinl. im letzten Viertel des 12. Jh. entstanden, erscheinen die S. als bloßer Name noch bis zur Mitte des 13. Jh. in den Häretikerverzeichnissen. G. G. Merlo

Lit.: G. G. MERLO, Eretici ed eresie medievali, 1989, 63–67.

Spervogel, in der Kl. und Gr. Heidelberger Liederhs. (A = cpg 357 und C = cpg 848) überlieferter Verfassername für 51 Sangspruchstrophen in zwei unterschiedl. Tönen (= Strophenformen). Diese werden in der Forschung zwei Dichter, →Herger (28 Strr.) und S. (23 Strr.), verteilt; außerdem wird ein weiterer Autor 'Der junge S.' (in Hs. A für eine Spruchgruppe genannt) in Erwägung gezogen. Die Berechtigung dieser Aufteilung (der Name Herger kommt in der Strophe MF 26, 21 ohne sicheren Bezug auf den Verfasser vor) ist anfechtbar, weil sie formale und themat. Einheitlichkeit der Strophen eines Autors postuliert. Gegenüber Herger gilt S. aus reim- und verstechn. wie auch inhaltl. Gründen als der jüngere Sänger. Biograph. Anhaltspunkte und Lokalisierungsmöglichkeiten bieten die ihm zugewiesenen Strophen nicht, während sich Hergers Auftreten durch erwähnte Gönnernamen in den 70er Jahren des 12. Jh. im Rhein- und Neckargebiet ansetzen läßt. 'S.' ist wahrscheinl. ein für Berufsdichter typischer Übername eines Fahrenden, der etwa gleichzeitig mit →Reinmar d. A. und →Walther v. der Vogelweide am Ende des 12. Jh. an Adelshöfen gesungen hat. Er faßte Lebenslehre in Langzeilenstrophen mit sprichwörtlich pointierter Prägnanz und Bildhaftigkeit. Die Thematisierung von höf. Tugenden gilt als Indiz für seine Einbindung in den Rahmen der höf. Dichtung. S.s stilisierte Ratgeberrolle sowie die Klage über die Wechselhaftigkeit des Glücks und unangemessen belohnten Dienst sind Themen, die die Spruchdichter der Folgezeit weiterführen. Religiöse Motive und aktuelle polit. Bezüge – wie bei Walther v. der Vogelweide – kommen bei S. nicht vor. Die literaturgesch. Bedeutung der unter S.s Namen tradierten Strophen liegt darin, daß sie den Anfang der Überlieferung deutscher →Spruchdichtung darstellen und durch ihre Gewandtheit eine mündl. Vorphase der Gattung wahrscheinlich machen. U. Schulze

Ed.: Des Minnesangs Frühling, hg. K. Lachmann u. a., bearb. H. Moser-H. Tervooren, 1988³⁸, 38–46 [S.], 47–55 [Herger] – *Lit.*: Verf.-Lex² IX, 81–87, s.v. S. [H. Tervooren]; III, 1035–1041, s.v. Herger [V. Honemann] – O. Ludwig, Die Priameln S.s, PBB (Tübingen) 85, 1963, 297–314 – H. Tervooren, Einzelstrophe oder Strophenbindung, 1966 [Lit.] – Ders., Doppelfassungen zu S., ZDA 99, 1970, 163–178.

Spetum (Friauler Spieß). Aus dem Enterhaken entstandene Stangenwaffe mit Mittelklinge und zwei seitl., abwärts gebogenen Nebenspitzen. Ein aus dem 13. Jh. stammendes S. wird als hl. Waffe im Triester Domschatz verwahrt. O. Gamber

Lit.: H. Seitz, Blankwaffen, I, 1965.

Speyer, Stadt am Rhein (Rheinland-Pfalz); Bm.
A. Stadt – B. Bistum und Hochstift

A. Stadt
I. Archäologie und Topographie – II. Stadtgeschichte.

I. Archäologie und Topographie: Eine verkehrs- und siedlungsgünstige Niederterrasse des Rheins wurde seit dem 1. Jahrzehnt v. Chr. zur Anlage von drei aufeinanderfolgenden röm. Militärlagern mit zugehörigen vici genutzt. Der diese im späten 1. Jh. n. Chr. ablösende zivile Vorort der Civitas Nemetum (Noviomagus, Nemetae) wurde seit 275 mindestens zweimal bei Germaneneinfällen zerstört, die Siedlung danach auf den nach O vorspringenden Sporn der Terrasse reduziert und – wohl unter Valentinian – ummauert. Archäolog. Befunde belegen Kontinuität einer roman. Bevölkerungsgruppe über die Mitte des 5. Jh. hinaus. Seit dessen Mitte entstanden im unmittelbaren Vorland einzelne germ. Hofstellen, von denen die villa Spira (Altspeyer) im N und Winternheim im S zeitweise dörfl. Charakter hatten. Für die Weiterbesiedlung auch der spätantiken Stadt bis zum Beginn der schriftl. Überlieferung um 614 gibt es bislang nur spärl. Anzeichen. Zumindest topograph. knüpfte die →Bf.sstadt des frühen MA jedoch sicher an die befestigte spätantike Siedlung an. Die merow. Bf.skirche beat. Mariae virg. vel s. Stephani (um 664; im Bereich des sal. Mariendoms oder der seit 1220 belegten Stephanskirche an der spätantiken Südmauer?) und eine bisweilen vermutete vorsal. Kg.spfalz (im Nordteil der Stadt?) sind archäolog. nicht nachgewiesen, wohl aber spätestens für das 7. Jh. ein Vorgängerbau der (Kl.-)Kirche St. German im Bereich des spätantiken Gräberfelds. Der sal. Dombau führte offenbar zur Umgestaltung der Strukturen der vorsal. Stadt (mit Ausbau einer als via triumphalis gedeuteten breiten Marktstraße) und einer erhebl. Erweiterung des Stadtgebiets in mindestens zwei Abschnitten. Dabei wurde spätestens in frühstauf. Zeit die durch zwei frühsal. Stifte vorgegebene endgültige Ausdehnung der Kernstadt erreicht. Seit dem 12. Jh. entstanden sukzessive vier im 14. Jh. ummauerte Vorstädte, deren nördl. auch Altspeyer, Reste der Judensiedlung von 1084 und den Judenfriedhof umschloß. H.-J. Engels

II. Stadtgeschichte: Ausgehend von sehr bescheidenen Verhältnissen am Ende des 10. Jh. (→Walther v. S.: 'vaccina') nahm die Stadt im Schatten des sal. Dombaus mit seiner Kg.sgrablege wie auch als Sitz eines aufblühenden Bm.s eine positive Entwicklung und gewann an Zentralität (→Ordericus Vitalis: 'metropolis Germaniae'); bis in die 2. Hälfte des 16. Jh. war S. Schauplatz zahlreicher Hof- und Reichstage, seit 1527 Sitz des →Reichskammergerichts. 1084 wurden aus Mainz geflohene Juden hier angesiedelt und 1090 durch den Ks. privilegiert. Ein 1111 den Bewohnern der Stadt von Heinrich V. erteilter Freiheitsbrief, dessen Text über dem Hauptportal des Doms angebracht war (1182 von Friedrich I. bestätigt) der die S.er vom Todfall (Buteil) und von anderen Abgaben befreite sowie ihnen den ausschließl. Gerichtsstand vor dem Stadtgericht und den Wert ihres Geldes garantierte, schuf die Voraussetzungen für den Aufstieg der Bürgerschaft sowie für deren wirtschaftl. Erfolg. Heinrich VI. bewilligte einen frei zu wählenden Rat von zwölf Personen, Bürgermeister begegnen erstmals im ältesten Stadtrecht von 1230. 1254 beteiligte sich S. am Rhein. Städtebund. Seit der Mitte des 13. Jh. eskalierten die Auseinandersetzungen mit dem Bf., der 1294 den städt. Forderungen in einem Vertrag nachgeben und in der Folge aus der Stadt weichen mußte; wiederholte, z. T. krieger. Versuche, dorthin zurückzukehren (1376, 1403/22, 1466/70), blieben dank der Unterstützung seitens der Kurpfalz und anderer Nachbarterritorien ohne Erfolg, schwächten aber die städt. Kräfte. Nach jahrzehntelangen Kämpfen gelang es 1349 den 13 Zünften, das Patriziat aus dem Rat zu verdrängen. Einen Markt gab es in S. schon vor 993, dazu genehmigte Friedrich II. der Stadt 1245 eine 14tägige Messe; Fernkaufleute begegnen erstmals 946. Stapelrecht ist zwar erst vor der Mitte des 15. Jh. bezeugt (privilegiert 1512), dürfte indes viel älter sein. Der v. a. nach N und in den Ostseeraum orientierte, aber auch an den →Champagnemessen beteiligte S.er Handel erstreckte sich namentl. auf Wein, Holz, Krapp und Zwiebelsamen; S.er Tuche fanden im 14./15. Jh. Verbreitung bis nach Gent, Wismar und Kronstadt. Als Kapitalmarkt bediente die Stadt ganz Oberdtl. und prägte mit ihren Gewohnheiten das dort verbreitete Darlehensrecht. Am Ende des MA umfaßte das ummauerte Areal der Stadt insgesamt 84,9 ha, die Zahl der Einw. betrug zw. 6000 u. 7000. K. Andermann

B. Bistum und Hochstift
I. Geschichte – II. Bischöfe – III. Pfarreiorganisation – IV. Stifte und Klöster.

I. Geschichte: Abgesehen von dem 343 erwähnten Jesse beginnt die Reihe der S.er Bf.e im frühen 7. Jh. Seine ersten geistigen und kulturellen Impulse hat das bis um 664/666 zum alem., dann zum frk. Stammesgebiet gehörende Bm. (Patrozinium: Unserer lieben Frau und St. Stephan) offenbar von Metz her empfangen. Die Herausbildung des im O bis nach Backnang reichenden Diözesansprengels vollzog sich im 7. und 8. Jh. v. a. in Konkurrenz mit dem damals überlegenen Bm. →Worms. Zur gleichen Zeit ist das im Entstehen begriffene weltl. Herrschaftsgebiet mit Schenkungen und Privilegierungen seitens der merow. Kg.e im S.gau zu fassen; die ersten Erwerbungen rechts des Rheins geschahen vielleicht schon in der frühen Karolingerzeit. Immunitätsrechte über die Stadt (969) und ihre Mark (989) wurden dem Bm. en durch Otto I. und Otto III. verliehen. Seit dem 8. Jh. erlebten Stadt und Bm. einen gravierenden Bedeutungsverlust, der erst mit der Entscheidung Konrads II., sich in S. seine Grablege zu schaffen, und mit dem um 1025/29 begonnenen Dombau aufgefangen und ins Positive gewendet werden konnte. Unter Heinrich III. und Heinrich IV. erfolgte die großzügige

▭▭Dotierung des nunmehr aufblühenden Bm.s links (Gft. Lutramsforst, Deidesheim) und insbes. rechts des Rheins (Gft. Forchheim, Bruchsal, Lußhardt, Rotenfels); folgerichtig sind die S.er Bf.e im →Investiturstreit als loyale Parteigänger Heinrichs IV. hervorgetreten. Die bereits im späteren 10. Jh. gegründete Domschule erfreute sich in sal. und stauf. Zeit eines hohen Ansehens im Reich. Indes hat die weitere Entfaltung der bfl. Herrschaft seit ca. 1170 darunter gelitten, daß die Staufer als S.er Hochstiftsvögte ihre eigenen Interessen verfolgten und bald auch der Konflikt mit der Bf.sstadt sich zuspitzte. Vom späteren 13. Jh. bis in den Ausgang des 14. Jh. erlebte das Bm. trotz einer Reihe territorialer Zugewinne wiederum eine krit. Periode, konnte sich aber schließlich mit neuer Residenz in Udenheim (heute Philippsburg) und eingebunden ins Satellitensystem der Kurpfalz neuerl. konsolidieren. Der von Bf. Johann Nix v. Hoheneck (1459–64) unternommene Versuch, das Hochstift aus der pfälz. Umklammerung zu befreien, scheiterte 1462. Seinen Höhepunkt erlebte das enge Verhältnis zur Pfalz 1513–29 mit dem Pontifikat des Pfgf. en Georg, sein Ende fand es bald darauf, nicht zuletzt unter dem Einfluß der Reformation.

II. BISCHÖFE: Die Bf.e waren bis um die Mitte des 8. Jh. in Personalunion Äbte der von Bf. Dragebodo gegr. Abtei →Weißenburg. Während im hohen MA entstammten sie dem altfreien Adel Schwabens und (Rhein-)Frankens; Bf. Johann (Kraichgaugf., 1090–1104) war verwandt mit den Ebf.en v. Köln und Magdeburg. Seit dem 13. Jh. rekrutierte sich der S.er Episkopat zunehmend aus dem Ministerialenadel der Nachbarschaft, Bf.e aus altem Adel kommen aber noch im späten 14. Jh. vor. Vom Ende des 14. Jh. bis in die Mitte des 16. Jh. befand sich der Bf.sstuhl fest in der Hand einer kurpfälz. Klientel aus Kreisen der Kraichgauer Ritterschaft; Matthias Ramung (1464–78) stand der pfälz. Kanzlei vor, war aber gleichwohl ein sehr energ. Oberhirte und Landesherr. Mehrfach bekleideten S.er Bf.e das Amt eines kgl. Kanzlers: Ulrich v. Dürrmenz (1161–63), →Konrad v. Scharfenberg (1200–24; 32. K.), Heinrich v. Leiningen (1245–72), Raban v. Helmstatt (1396–1430/38); Gerhard v. Ehrenberg (1336–63), der bedeutendste S.er Bf. des 14. Jh., war ein entschiedener Parteigänger Ludwigs d. Bayern; Lambert v. Born (1364–71, davor Bf. v. Brixen, danach Bf. v. Straßburg und Bamberg) stand bei Karl IV. in hohem Ansehen.

III. PFARREIORGANISATION: Der Aufbau des Landkirchenwesens in der frühma. Diöz. ging links und rechts des Rheins im wesentl. von der Abtei Weißenburg i. Elsaß aus und wurde gefördert durch Dotationen adliger Grundherren; seinen Abschluß fand er im 11./12. Jh. mit der Konstituierung der Landdekanate, die in vier Archidiakonaten zusammengefaßt waren. Zum Archidiakonat des Dompropstes gehörten im 15. Jh. die linksrhein. Dekanate Weißenburg, Herxheim, Weyher und Böhl; alle anderen Archidiakonate lagen rechtsrhein.: der des Propstes v. St. German umfaßte die Dekanate Kuppenheim, Durlach und Graben (ehem. bei Kuppenheim), der des Propstes v. St. Guido Bruchsal (urspgl. bei St. German), Bretten, Marbach, Pforzheim und Bönnigheim, der des Propstes v. Allerheiligen Weil der Stadt, Markgröningen (ehem. bei Vaihingen) und Vaihingen a. d. Enz. Um 1468/70 gab es in der Bf.sstadt zehn Pfarrkirchen und mehrere Kapellen mit insgesamt 69 Benefizien; in den vier Archidiakonaten belief sich die Zahl der Pfarreien auf 411, die der Inkuratbenefizien auf rund 600. Seit dem späten 13. Jh. oblag die Leitung der geistl. Verwaltung einem Generalvikar.

IV. STIFTE UND KLÖSTER: Von ihnen reichen nur St. German vor S. (gegr. 6./7. Jh., OSB, vor 1092 Kollegiatstift, seit 1468 St. German und Moritz in S.) und SS. Peter und Paul zu Weißenburg (OSB, gegr. Mitte 7. Jh.) in die Frühzeit des Bm.s zurück. Neben dem Domstift und St. German gab es in der Bf.sstadt noch die Stifte SS. Johannes Ev. und (seit 1047) Guido (gegr. durch Konrad II.) sowie Dreifaltigkeit und Allerheiligen (gegr. 1039/51 durch Bf. Sigibodo), außerhalb die Säkularkanonikerstifte in Weißenburg (St. Stephan, um 1032), Neustadt (Unsere liebe Frau, 1356), Baden(-Baden, Unsere liebe Frau, 1453), Ettlingen (St. Martin, 1459) und Pforzheim (St. Michael, 1460), dazu ein Damenstift in Oberstenfeld (St. Peter, um 1016, seit 14. Jh. mit Augustinerregel). Am Ende des MA bestanden im Bm. sieben Benediktinerabteien: Gottesau, Hirsau, Klingenmünster (1490 Stift), Limburg, Odenheim (1494 Stift, 1507 nach Bruchsal verlegt), Sinsheim, Weißenburg (1522/23 Kollegiatstift); drei Zisterzienserabteien: Eußerthal, Herrenalb, Maulbronn; ein Wilhelmitenkl.: Mühlbach bei Eppingen; drei Augustinerchorherrenstifte: Backnang (1477 Kollegiatstift), Hördt, Landau (1483 Kollegiatstift); vier Augustinereremitenkl.: S., Landau, Weil der Stadt, Weißenburg; drei Dominikanerkl.: S., Pforzheim, Weißenburg; ein Servitenkl.: Germersheim (1527 Kollegiatstift); ein Karmelitenkl.: S.; drei Franziskanerkl.: S., Pforzheim, Weißenburg; ein Hl. Grab-Kl.: S.; zwei Deutschordenshäuser: S., Weißenburg; zwei Johanniterkommenden: Dätzingen, Haimbach; drei Benediktinerinnenabteien: Frauenalb, Schönfeld, Seebach; vier Zisterzienserinnenabteien: Heilsbruck, Kirchbach, Lichtenthal, Rechentshofen; drei Dominikanerinnenkl.: S., Lambrecht, Steinheim a. d. Murr; ein Franziskanerinnenkl.: S.; drei Reuerinnenkl.: S., Pforzheim, St. Johann (Kanskirchen).

K. Andermann

Bibliogr., Q. und Lit.: [allg.]: Urkk. zur Gesch. der Stadt S., hg. A. HILGARD, 1885 – Kunstdenkmäler von Bayern, Pfalz, III: B. H. RÖTTGER, Stadt und Bezirksamt S., 1934 – Gesch. der Stadt S., hg. W. EGER, 3 Bde, 1982–89 – *zu [A. I]*: R. ENGELS, Zur Topographie S.s im hohen MA (Siedlungen und Landesausbau zur Salierzeit, hg. H. W. BÖHME, Bd. 2, 1991), 153–176 – DIES., Materialien zur Topographie im ma. S.: die Kl.höfe, Mitt. des Hist. Vereins der Pfalz 90, 1992, 41–138 – H. BERNHARD, Von der Spätantike zum frühen MA in S. (Palatia historica, hg. P. SPIESS, 1994), 1–47 – *zu [A]*: A. DOLL, S. (Dt. Städtebuch IV, 3, 1964), 384–416 – DERS., Handel und Wandel in einer alten Stadt, 1964 – E. VOLTMER, Reichsstadt und Herrschaft, 1981 – B. KIRCHGÄSSNER, Nach S.er Recht und Gewohnheit (DERS., Wirtschaft, Finanzen, Ges., 1988), 40–56 – H. GRAFEN, Die S.er im 11. Jh. (Siedlungen und Landesausbau zur Salierzeit, hg. H. W. BÖHME, Bd. 2, 1991), 97–152 – *zu [B]*: UB zur Gesch. der Bf.e v. S., 2 Bde, hg. F. X. REMLING, 1852–53 [Nachdr. 1970] – DERS., Gesch. der Bf.e v. S., 2 Bde, 1852–54 [Nachdr. 1975–76] – Der Dom zu S., hg. E. KUBACH-W. HAAS, 3 Bde, 1972 – L. G. DUGGAN, Bishop and Chapter, 1978 – R. BOHLENDER, Dom und Bm. S. Eine Bibliogr., 1979[2] – K. ANDERMANN, Das älteste Lehnbuch des Hochstifts S. von 1343/47 bzw. 1394/96, ZGO 130, 1982, 1–70 – G. FOUQUET, Das S.er Domkapitel im späten MA, 1987 – F. STAAB, Episkopat und Kl., Archiv für mittelrhein. Kirchengesch. 42, 1990, 13–56 – Hb. des Bm.s S., 1991[2] – I. HEIDRICH, Bf.e und Bf.skirche v. S. (Die Salier und das Reich, hg. ST. WEINFURTER, Bd. 2, 1991), 187–224 – K. ANDERMANN, Die Residenzen der Bf.e v. S. im späten MA und in der frühen NZ (Südwestdt. Bf.sresidenzen außerhalb der Kathedralstädte, hg. V. PRESS, 1992), 49–81 – DERS., Die Hofämter der Bf.e v. S., ZGO 140, 1992, 127–187 – DERS., Die Städte der Bf.e v. S. (Landesherrl. Städte in Südwestdtl., hg. J. TREFFEISEN – K. ANDERMANN, 1994), 67–88 – DERS., Hochstift S. (Hb. der Baden-Württ. Gesch., Bd. 2, 1995), 481–490 – *zu [B. III, IV]*: F. X. GLASSCHRÖDER, Die S.er Bm.s-Matrikel des Bf.s Matthias Ramung, Mitt. des Hist. Vereins der Pfalz 28, 1907, 75–126 – A. SEILER, Stud. zu den Anfängen der Pfarrei- und Landdekanatsorganisation in den rechtsrhein. Archidiakonaten des Bm.s S., 1959 – P. MORAW, Kl. und Stifte, Pfalzatlas, Karte 71, 1964 – W. PETSCHAN, Spätma. Kl., Hist. Atlas von Baden-Württ. VIII, 6, 1975 – Palatia sacra, hg. L. A. DOLL, bisher 3 Lfg.en, 1988ff.

Speyerer Ständetag (26./27. März 1338), eine durch den Ebf. v. Mainz nach Speyer einberufene Provinzialsynode, an der neben dem Metropoliten die Bf.e v. Straßburg und Paderborn, die Elekten v. Speyer und Augsburg sowie Gesandte der Bf.e v. Bamberg, Basel, Eichstätt, Chur und Würzburg mit dem Ziel teilnahmen, im Konflikt zw. dem ebenfalls anwesenden Ks. Ludwig d. Bayern und der Kurie in Avignon zu vermitteln. Der an den Papst gerichteten Bitte, sich mit dem Ks. zu versöhnen, schlossen sich hernach zahlreiche Städte und Adlige an, aber Benedikt XII. verharrte in schroffer Ablehnung. Indem einige seiner bisherigen Gegner infolge ihrer Mitwirkung an dieser Initiative beim Papst in Ungnade fielen, brachte der S. S. dem Ks. gleichwohl einen takt. Vorteil.
K. Andermann

Q. und Lit.: Reg. der Ebf.e v. Mainz 1289–1396, bearb. E. VOGT, F. VIGENER, H. OTTO, I/2, 1913, 4145 – H. THOMAS, Ludwig d. Bayer, 1993.

Sphäre, Sphärenharmonie. Auf die Pythagoreer (→Pythagoras) geht die Vorstellung zurück, daß die Planeten an Kugeln befestigt sind, die sich um die Erde als Mittelpunkt drehen. Sie erzeugen dabei eine für sterbl. Ohren nicht hörbare S.nmusik, deren Harmonie grundlegend für die weltl. →Musik ist (vgl. u. a. Boethius, De institutione musica; Carm. Cant. 12). Nach Platon wurde die Bewegung der S.n durch →Astralgeister verursacht. Platons Schüler Eudoxos v. Knidos arbeitete ein System von homozentr. S.n aus, das die am Himmel beobachtbaren Bewegungen der →Planeten einigermaßen gut erklärte. Aristoteles nahm zusätzl. an, daß die Bewegung der äußersten S. der →Fixsterne auf die übrigen S.n übertragen wird. Diese Vorstellungen galten, wenn auch gelegentl. modifiziert, in der Spätantike und im MA (auch im islam. Bereich) unbestritten als richtig (s. a. →Empyreum). Noch →Kopernikus hielt daran fest, daß sich die Planeten nicht frei im Raum bewegen, sondern daß die S.n, an denen sie angeheftet sind, sich um die Sonne drehen. Giordano Bruno vertrat als erster die Ansicht, daß die Fixsterne nicht an einer S. angeheftet sind, sondern frei den Raum erfüllen. Sein Zeitgenosse Kepler war in dieser Frage noch unentschieden. Seit etwa der Mitte des 17. Jh. ist die Auffassung von S.n, an denen die Himmelskörper hängen, aufgegeben. Ein Relikt ist in der modernen Wiss. der Ausdruck 'sphär. Astronomie', der denjenigen Teil der Astronomie bezeichnet, der von den beobachtbaren Erscheinungen an der (scheinbaren) Himmelskugel handelt.
F. Schmeidler

Lit.: J. Kepler, Epitome astronomiae copernicanae. Ges. Werke VII, hg. M. CASPAR, 1953 – B. L. VAN DER WAERDEN, Die Astronomie der Pythagoreer, Verhandl. der ndl. Akad. der Wiss., T. XX, Nr. 1, 1950 – R. HASSE, Gesch. des harmonikalen Pythagoreismus, 1969 – B. MINXELHAUS, Pythagoras musicus, 1976 – A. SZABÓ, Das geozentr. Weltbild, 1992 – H. F. HAEFELE, Die Pythagoras-Sequenz, DA 49, 1993, 479–499.

Sphinx. Das Mischwesen mit Löwenkörper und männl. oder weibl. Menschenkopf, das im pharaon. Ägypten den Kg., später auch die Kgn. und Gottheiten symbolisierte und in der gr.-röm. Kunst in der Regel weibl. und geflügelt wiedergegeben wurde, erlebte seine hauptsächliche Wiederbelebung in ägyptologisierenden Kunstwerken seit der Renaissance (z. B. in Grotesken). Doch begegnet die weibl. oder männl. S. auch in der Buchmalerei des 6. und 11. Jh. (z. B. als Thronstütze bzw. unter den Tieren der Arche Noahs) und in der frz., röm. und südit. Bauplastik des 12. und 13. Jh. (Kapitelle, Sockelfiguren; Beispiele: POESCHKE).
J. Engemann

Lit.: EncArteAnt VII, 230–232 – KL. PAULY V, 307–309 – LCI IV, 187f. [J. POESCHKE] – RDK IV, 759–762 – D. JALABERT, Recherches sur la faune et la flore romanes, 1: Le sphinx, BullMon 94, 1935, 71–104 – H. WENTZEL, Antikenimitation des 12. und 13. Jh. in Italien, ZKW 9, 1955, 29–72. Weitere Lit. →Fabelwesen.

Sphrantzes, Georgios, byz. Geschichtsschreiber (→Chronik, N), * 30. Aug. 1401 in Konstantinopel, † um 1478 auf Korfu; lebte seit seiner Kindheit am Kaiserhof. Unter →Manuel II. Palaiologos und seinen Söhnen Page und Kammerherr, unter →Konstantin XI. Gesandter und Minister, verfolgte er eine geschickte Schaukelpolitik zw. westl. Mächten, balkan. Staaten und Osmanen. Bei der Einnahme von Konstantinopel (1453) gefangengenommen, konnte er sich freikaufen und diente dem Fs. en Thomas v. →Morea, floh dann vor den anrückenden Osmanen nach Korfu, wo er als Mönch seine knappe, aber inhaltsreiche Chronik verfaßte. Sie stützt sich auf ein persönl. Tagebuch, Nachrichten aus erster Hand sowie Familien- und Hofchroniken, weist formale und inhaltl. Bezüge zur byz. Kleinchronistik auf und zeichnet sich durch (weitgehende) chronolog. Genauigkeit und sorgfältige Stoffauswahl aus. S., dessen Werk für zahlreiche Zeitereignisse die einzige Q. bildet, folgt der polit. Haltung Manuels II. und Konstantins XI., steht dagegen zur Politik →Johannes' VIII. in respektvoller Distanz und lehnt die Kirchenunion sowie die palaiologenfeindl. Einstellung der großen Familien offen ab. Das Werk ist in der typ. Umgangssprache eines Hofbeamten abgefaßt.

Nach der Schlacht v. Lepanto (1571) verfaßte der Ebf. v. Monemvasia, Makarios Melisurgos (Melissenos), mit Mitarbeitern eine durch authent., aber auch gefälschtes Material angereicherte erweiterte Version der Chronik, das sog. »Chronicon maius« des Ps.-S., dessen Funktion v. a. in einer Sensibilisierung der öffentl. Meinung in Europa (Venedig, Rom, Madrid) zugunsten der Türkenabwehr bestand.
R. Maisano

Ed.: G. S., Memorii 1401–77, ed. V. GRECU, 1966 [mit Chron. maius und rumän. Übers.] – Giorgio Sfranze, Cronaca, ed. R. MAISANO, 1990 [Krit. Ed., it. Übers.] – *Übers.*: The Fall of the Byz. Empire. A Chronicle by George S., übers. M. PHILIPPIDES, 1980 – *Lit.*: PLP, Nr. 27278 [Lit.] – H. HUNGER, Profane Lit., I, 494–499 – J. KARAYANNOPULOS – G. WEISS, Q.kunde zur Gesch. von Byzanz, 1982, 518f. – R. MAISANO, Riconsiderazioni sul testo delle memorie di Giorgio Sfranze (Talariskos [Fschr. A. GARZYA, 1987]), 363–390.

Sphygmologie → Puls, Pulstraktate

Spiegel. Der bereits in der Antike reichlich Verwendung findende S. tritt auch im MA in verschiedenen Formen, aus verschiedenem Material gefertigt und mit unterschiedlichen symbol. Bedeutungsmustern auf, bis zum Ende des 11. Jh. allerdings in relativer Seltenheit. Im 7. Jh. erwähnt →Isidor v. Sevilla in seinem »Originorum liber« S. (»specula«). Es lassen sich bes. die runden Hands. bzw. Griffs. sowie Stands. nachweisen. Für das adlige Ambiente des 13. und 14. Jh. finden sie sich regelmäßig in der Q. Erhaltene Originale sowie Beschreibungen und Darstellungen zeigen die oft schmuckvolle Ausgestaltung der S.rahmen (Elfenbein, Metall, Holz). Wands. treten v. a. im 15. Jh. auf und sind in einer Reihe bürgerl. Darstellungen – vgl. bes. das →Arnolfini-Porträt des Jan van →Eyck und die Werke anderer früher Niederländer – überliefert. Neben den polierten metallenen Versionen (Stahl, Bronze, Silber) sind bes. ab dem 13. Jh. vorrangig mit Blei oder Zinn hinterlegte Glass. nachweisbar. Ihre Form tritt üblicherweise als kreisrund-konvex und damit verkleinernd reflektierend auf. Neben der Funktion als Mittel zur eigenen Betrachtung zeigt sich die symbol. Zeichenhaftigkeit des S.s von Wichtigkeit. Er kann – kontextabhängig – stehen für (bes. weibliche) Hoffart, Hochmut, Eitelkeit und Vergänglichkeit, für (Selbst)erkenntnis, Klugheit und Wissen sowie für Reinheit, Lauterkeit und Tugend (Symbol für die Hl. →Maria). G. Jaritz

Lit.: GRIMM, DWB 16, 2222–2241 – KL 16, 470f. – W. WACKERNAGEL, Über den S. im MA (Kleinere Schriften, I, 1872) – G. F. HARTLAUB, Zauber des S.s. Gesch. und Bedeutung des S.s in der Kunst, 1951 – H. SCHWARZ, The Mirror in Art, Art Quarterly 15/1952, 97–118 – J. BIALOSTOCKI, Man and Mirror in Painting: Reality and Transcience (Studies in Late Medieval and Renaissance Painting in Honor of M. MEISS, I, 1977), 61–72 – L. DÄLLENBACH, The Mirror in the Text, 1989 – L. SEIDEL, Jan van Eyck's Arnolfini Portrait. Studies of an Icon, 1993.

Spiegelliteratur

I. Mittellateinische Literatur – II. Romanische Literaturen – III. Deutsche und mittelniederländische Literatur – IV. Englische Literatur.

I. MITTELLATEINISCHE LITERATUR: →Speculum.

Speculum ('Spiegel') gen. Werke, mit oder ohne die Thematik charakterisierendem Genitivattribut, gibt es in nahezu allen Bereichen der mlat. Lit. (jurist. und weltl.-didakt. Lit.: →Fürstenspiegel, →Kaiserrecht, →Rechtsspiegel; Musiktheorie: z. B. »Speculum Musicae« des →Jacobus v. Lüttich [† 1330]; lat. Wortlehre: Hugo →Spechtsharts »Speculum grammaticae« [1350–58]).

Die Mehrzahl der 'Speculum'-Texte – im dt. Sprachraum entstanden oder rezipiert – gehört der Theologie an, darunter sind sowohl theoret. Schrr., z.B. Alberts v. Dießen »Speculum clericorum« (1369), eine Slg. kirchenrechtl. und pastoraltheoret. Vorschriften (Verf.-Lex.² I, 119–122, bes. 120) als auch prakt. Glaubensunterweisung zu finden. Im nicht-theol. Schrifttum steht die Metapher des 'Spiegels' oft für die Summe des gesamten Zeitwissens zum Themengebiet. Dagegen ist die Titelmetapher, seitdem der 'Spiegel' durch Augustinus Einzug in die theol. Lit. gehalten hat (BRADLEY, 103f.), multifunktional; der 'Spiegel' dient sowohl als Abbild als auch als Zerrbild. Zu unterscheiden sind: 1: Werke, die die Welt- und/oder Heilsgesch. abbilden, z. B. →Vinzenz v. Beauvais, »Speculum maius« (um 1256), →»Speculum humanae salvationis«. 2: Werke, die dem Leser einen Spiegel der Selbsterkenntnis vorhalten und den Weg der moral.-geistl.-sittl. Besserung vorzeichnen, z.B. →»Speculum virginum« (nach 1140); Bernardus a Bessa, »Speculum disciplinae«, 2. Hälfte 13. Jh. (Verf.-Lex.² I, 743f.); »Speculum monachorum« bezeichnet sowohl →Davids v. Augsburg († 1272) Traktat »De exterioris et interioris hominis compositione« als auch die »Formula noviciorum Ad quid venisti?« (MPL 184, 1189–1198); →Hermanns v. Schildesche († 1357) »Speculum manuale sacerdotum«; →Bernhardins v. Siena († 1444) »Speculum peccatorum de contemptu mundi«; →Dionysius des Kartäusers († 1471) »Speculum conversionis peccatorum«; Jacobus' van Gruitrode († 1475) »Specula omnis status humanae vitae«; das Johannes →Busch († 1479) zugeschriebene »Speculum exemplorum«. 3: Werke, die einen Extrakt aus älteren Werken bieten: etwa das anonyme, →Alkuin exzerpierende »Speculum« (MPL 40, 967–984), Adalbertus' Levita (A. v. Metz) »Speculum« (10. Jh.), ein Exzerpt aus →Gregors d. Gr. »Moralia in Job« (MPL 136, 1309–1312; vgl. Verf.-Lex.² I, 31f.) oder Gebenos v. Eberbach »Speculum futurorum temporum« (1220), das durch gezielte Auswahl aus den Schrr. →Hildegards v. Bingen diese zur Endzeitprophetin reduziert (Verf.-Lex.² III, 1277). 4: Die Bezeichnung 'Speculum' ist irreführend, wenn damit nicht ein Text gemeint ist, sondern ledigl. die Zusammenfassung einzelner kleinerer, womöglich unabhängiger Werke unter einem Titel: z.B. die Predigtslg. »Speculum ecclesiae« des →Honorius Augustodunensis; die Marienmirakelslg. »Speculum exemplorum« (HAIN 12562–12566; vgl.

Verf.-Lex.² VI, 24, 28); Hendrik Herps († 1477) »Speculum aureum de praeceptis divinae legis«, eine Slg. von 212 Predigten über die Zehn Gebote (Verf.-Lex.² III, 1132; BANGE, 113ff.). 5: Lebensrückblick und Sterbehilfe: Anleitung zu Beichte und zum guten Tod wird in zahlreichen »Specula artis bene moriendi« geboten (→Ars moriendi). 6: Gott, Christus, Maria erscheinen als 'Spiegel', d.h. als Vorbild, z. B. →Konrads v. Sachsen († 1297) »Speculum beatae Mariae virginis«, Ulrich Pinders »Speculum passionis« (Nürnberg 1507).

Ihre Blüte erlebte die S. im 14.–15. Jh., als eine Vielzahl von didakt. und katechet. 'Specula' entstand. Im Einzelfall muß jeweils hinterfragt werden, ob der 'Speculum'-Titel authent. ist. Probleme bereiten die häufigen Titelkongruenzen: Einerseits benennen ident. Überschriften verschiedene Werke, andererseits erscheint ein- und derselbe Text unter abweichenden Titeln. G. Roth

Lit.: DSAM X, 1290–1303 [M. SCHMIDT] – P. LEHMANN, Ma. Büchertitel, SBA.PPH 1948, H. 4; 1953, H. 3 (= DERS., Erforschung des MA V, 1962, 1–93 ['Speculum'-Titel: 71–84]) – R. BRADLEY, Backgrounds of the Title Speculum in Mediaeval Lit., Speculum 29, 1954, 100–115 – M. BERNARDS, Speculum Virginum, 1955 [1982²] – H. GRABES, Speculum, Mirror und Looking-Glass, 1973 – M. W. BLOOMFIELD, Incipits of Lat. Works on the Virtues and Vices, 1100–1500 A. D., 1979, 726f. – P. BANGE, Spiegels der Christenen, 1986 – G. ROTH, Sündenspiegel im 15. Jh. Unters. zum pseudo-augustin. »Speculum peccatoris« in dt. Übers., 1991 – Schwb. der Mediävistik, hg. P. DINZELBACHER, 1992, 769f. [H. GRABES] – s. a. Lit. zu den gen. Autoren und Werken.

II. ROMANISCHE LITERATUREN: Spiegel (lat. Speculum), Miroir, specchio, ist als Metapher im europ. MA überaus beliebt und kommt seit dem 12./13. Jh. bis in die frühe NZ als (Buch) Titel sowohl im lat. als auch im volkssprachl. Schrifttum häufig vor. Der Spiegel dient der Erkenntnis und Belehrung. Dementsprechend erscheint Miroir in moralisierenden, geistl.-erbaul., belehrenden, jurist. und satir. Werken in Prosa oder Versform als Titel. →Vinzenz v. Beauvais OP versuchte um die Mitte des 13. Jh. in dem vierteiligen Speculum maius (oder Speculum quadruplex) – Speculum naturale, Speculum doctrinale, Speculum morale, Speculum historiale – das gesamte Wissen der hochscholast. Zeit »wie in einem Spiegel«, sozusagen spekulativ zusammenzufassen. Es ist die umfangreichste enzyklopäd. Kompilation des MA von weitreichender Wirkung und europ. Verbreitung. In der Somme le Roi (1279) exzerpierte Laurent d'Orléans OP möglicherweise den zeitgenöss. Miroir du monde. Der Miroir historial des Abtes Jean de Noyal (des Nouelles) (frühes 14. Jh.) oder der Myreur des histors von Jean d'Outremeuse bieten Regional- oder Weltgesch. dar. Der anglo-norm. Bf. Britton stellte einen Miroir des Justices (1269–75) zusammen. Bes. häufig sind Miroirs in der geistl. Lit. Die Begine →Margareta Porete († 1310) verfaßte den Traktat Miroir des simples âmes (1280/90) in Form eines Dialogs zw. Seele und Göttl. Liebe. Der Miroir de l'âme ist ein umfangreicher geistl. Lehrbrief für Kgn. →Blanca (3. B.) v. Kastilien. Jean →Castels Specule (oder Mirouer) des pecheurs geht auf das weitverbreitete ps. augustin. Speculum peccatorum zurück. Von →Johannes (79) Gerson stammt der Miroir de bonne vie. Jacopo →Passavanti OP († 1357) nannte die Slg. seiner Fastenpredigten »Specchio della vera penitenza«. Der Engländer John →Gower bereitete im Mirour de l'omme (1376–79, über 30000 Verse) Tugend- und Ständekritik, Lebensweisheit und Beispielerzählungen auf. In der Todesdidaktik wird das Spiegelbild bes. drastisch ausgedeutet. Robert de l'Orme schrieb um 1266 den Miroir de vie et de mort, einen theol. Verstraktat, Georges →Chastellain († 1475) ein moralisierendes Lehrgedicht Miroir de mort. Jean Miélot schrieb einen Miroir de l'âme pecheresse und übersetzte den Heilsspiegel des Ludolf v. Sachsen (Miroir de l'umaine salvacion, 1448), eine weitere Übers. von Julien Macho (Mirouer de la redempcion de l'umain lignage) erschien 1478 (mehrere Auflagen). Den Titel Miroir tragen auch zahlreiche Ständespiegel. Der Franziskaner Durand de Champagne verfaßte als Beichtvater der frz. Kgn. für sie ein Speculum dominarum, das ins Frz. übersetzt wurde und bis ins 15. Jh. nachwirkt (Jean →Castel, Mirouer des dames et damoyselles). Le livre des Trois Vertus a l'ensegnement des dames der →Christine de Pisan wurde zw. 1447/55 auf Wunsch der Kgn. Isabel de Lancastre ins Ptg. übersetzt und später unter dem Titel O Espelho de Christina gedruckt (1518). Aus dem 14./15. Jh. stammen das moralisierende Gedicht Miroir des dames, Le miroer des nobles hommes de France von Georges Chastellain, eine Versepistel, sowie die Frauensatire Miroir de mariage von Eustache →Deschamps. Das erfolgreiche Speculum vitae humanae (1468) des span. Bf.s und päpstl. Diplomaten Rodrigo Sánchez de Arévalo, eine Abhandlung über die geistl. und weltl. Stände, wurde in Frankreich von 1472 bis in das 16. Jh. oft aufgelegt. Der Augustinermönch Julien Macho übersetzte es 1477/80 (Mirouer de la vie humaine).

D. Briesemeister

Lit.: H. Grabes, Speculum, Mirror und Looking-Glass. Kontinuität und Originalität der Spiegelmetapher in den Buchtiteln des MA und der engl. Lit. des 13.–17. Jh., 1973 – G. Agamben, Stanze, 1977 – E. M. Johnson, Speculum. Recherches sur le symbolisme du miroir et la naissance d'un genre litt., 1985.

III. Deutsche und mittelniederländische Literatur: Der überwiegende Teil der volksprachl. S. behandelt geistl. Themen (Einflüsse der →Devotio moderna, Laienkatechese), im 14., bes. aber im 15. Jh. erscheinen zahlreiche, häufig anonym überlieferte Christen-, Ehe-, (Jung-)Frauen-, Gewissens-, Heils-, Laien-, Menschen-, Mönchs-, Nonnen-, Seelen-, Sitten-, Sünden-, Sünder- und Tugendspiegel. Dabei handelt es sich hauptsächl. um Übersetzungen. »Spiegel der maechden« bzw. »joncfrouwen« ist mndl. Übers. des →»Speculum virginum«; →Jakobs van Maerlant »Spieghel historiael« (um 1290) übers. 52 Marienmirakel aus →Vinzenz v. Beauvais, »Speculum maius«; »Spiegel der Sonden« (anonym, ca. Mitte 14. Jh.) übers. und bearb. die »Summa vitiorum« des →Wilhelm Peraldus; Heinrich →Steinhöwels »Spiegel des menschl. Lebens« (1473) übers. aus Rodericus Zamorensis' »Speculum humanae vitae«; Ludwig Moser (um 1497), »Goldener Spiegel des Sünders« ist Übers. des »Speculum aureum anime peccatricis« von Jacobus van Gruitrode († 1475); »Spiegelmenschl. Behaltnis« ist Übers. des→»Speculum humanae salvationis«. Die S. reicht bis in die NZ, Ulrich Pinders »Speculum Passionis« (1507) erscheint 1663 als »Speculum Passionis das ist: Spiegel deß bitteren Leydens und Sterbens Jesu Christi«.

Neben den Übers. en stehen Originalwerke, z. B. »Spiegel der Gottheit« (2. Hälfte 13. Jh.); Jan van →Ruusbroecs »Spieghel der eewigher salicheit« (1359); →Martins v. Amberg »Gewissensspiegel« (um 1380); Hendrik Herps »Spieghel der volkomenheyt« (ca. 1450–77); »Joseps Sündenspiegel« (2. Hälfte 15. Jh.); im obdt. »Spiegel des Sünders« (2. Hälfte 15. Jh.); →Albrechts v. Eyb »Spiegel der Sitten« (1497).

Daneben betätigen sich auch Drucker als Hg., z.B. kompiliert der Lübecker Drucker Bartholomäus Ghotan 1496 mehrere Werke zum »Spiegel der Tugenden«. Nur wenige lit. Werke mit 'Spiegel'-Titeln sind überliefert (Minnerede Hermanns v. →Sachsenheim, Texte aus dem Bereich von Märe, Ehedidaxe, Fabel, →Colijn van Rijssele); zur jurist. Fachlit. →Deutschen-, →Sachsen-, →Schwabenspiegel.

G. Roth

Lit.: Verf.-Lex.² s. v. Spiegel; Einträge zu den gen. Autoren und Werken – C. C. de Bruin, Mndl. geestelijk Proza, 1940 – P. Bange, Vijftiende eeuwse Speculum-Literatuur in de Nederlanden: Een verkenning van terrain en materiaal, Archif voor de Geschiedenis van de Katholieke Kerk in Nederland 22, 1980, 122–153 – s. a. Lit. zu den gen. Autoren und Werken.

IV. Englische Literatur: Für das 12. Jh. lassen sich unter den lat. Werken bereits ein »Speculum fidei« von Robert Canut (Robertus Krikeladensis), ein »Sp. ecclesiae« von →Johannes Beleth (67. J.), ein »Sp. caritatis« von →Ælred v. Rievaulx und das literar. bedeutsame »Sp. stultorum« von →Nigellus de Longo Campo (Nigel Wireker) nennen. Und vom 13. Jh. an werden die engl. Autoren von Spiegelschriften so zahlreich, daß sie sich in diesem Rahmen nicht alle aufzählen lassen.

Die ersten engl. sprachigen Spiegelschriften stammen aus dem 14. Jh. und sind ausnahmslos Übers. en lat. oder frz. (bzw. anglonorm.) Vorbilder, darunter das verbreitete pseudo-augustin. »Sp. peccatoris« (»The mirrour of synners«), das »Sp. ecclesiae« →Edmunds v. Abingdon ([7. E.] »The merour of Saynt Edmunde«), das zuweilen John Waldeby, Richard →Rolle oder William of →Nassyngton zugeschriebene »Sp. vitae« (→»Mirror of Life«) und Robert of Grethams »Miroir« (»The myrrour«). Im 15. Jh. nahmen die engl. sprachigen Spiegelschriften im Unterschied zu den lat. »Specula« deutl. zu, und es sind auch schon Originalwerke darunter, z. B. Reginald →Pecocks »Poore mennis myrrour«, Thomas →Gascoignes »The →Mirror of our Lady« und John Irlandes »The meroure of wysdome«. Die bei weitem meisten »Mirrors« stammen allerdings erst aus dem 16. Jh.

Die Vielzahl der »Spiegel« läßt sich zunächst unterscheiden in solche, die etwas ledigl. vorzeigen (»fakt. Spiegel«), und in solche, die in deutl. pastoraler bzw. eth. Absicht demonstrieren, was sein oder nicht sein soll (»exemplar. Spiegel«). Während die zur ersteren Gruppe gehörenden Enzyklopädien und Kompendien größerer Sachgebiete nur durch Übers. en vertreten sind (z. B. durch →Caxtons »The mirrour of the world« und durch die Darstellung der gesamten Heilsgesch. in »The Miroure of Mans Saluacionne«), haben engl. Autoren wichtige »Spiegel« einzelner Sachgebiete verfaßt, darunter William of Paghams »Sp. iuris canonici« (13. Jh.), Richard of Chichesters Chronik der Angelsachsen (»Sp. historiale de gestis rerum Angliae«), William Grisaunts »Sp. astrologiae« und John →Ardernes »Sp. phlebotomie« (alle 14. Jh.).

Zu den exemplar. »Spiegeln« gehören zunächst diejenigen Schr. en, die allein vorbildl. Verhalten zeigen wollen. Dies geschieht in »Sp. Gy de Warewyke« (um 1325), dem abenteuerl. Lebensgesch. eines vorbildl. Ritters, der aus der älteren me. Fassung »Guy of Warwick« bereits bekannt war (→Romanzen, II). Verbreiteter aber waren die »Spiegel«, die sowohl Sünden wie Tugenden zeigen: das »Sp. ecclesiae« Edmunds v. Abingdon und Robert Grethams anglonorm. »Miroir« sowie John →Waltons »Sp. Christiani« und John →Gowers frz. Verspredigt »Mirour de L'Omme«. Fast noch beliebter aber waren die »Spiegel«, die zur Warnung dasjenige zeigten, was nicht sein soll, die Sünden-, Narren- und Vanitasspiegel: z. B. das »Sp. stultorum« des Nigellus de Longo Campo, der in den Abenteuern des ehrgeizigen Esels Brunellus auf allegor. Weise die Torheiten der verschiedenen Stände geißelte. Hierher gehören auch John →Wyclifs »Sp. militantis ecclesie« und »Sp. cleri« sowie Simon →Islips »Sp. regis«, in dem er als Ebf. v. Canterbury Kg. Eduard III. Mißbrauch der Privilegien, Schmähung der kirchl. Rechte und Duldung der Ausnutzung des Volkes durch die mächtigen Lehnsherren vorwarf und so bereits die Entwicklung von den Sündenspiegeln zu den späteren polit. Streitschr.en mit Spiegeltiteln einleitete. →Mirror, →Speculum.

H. Grabes

Lit.: P. LEHMANN, Ma. Büchertitel, SBA. PPH 3, 1953, 27–44 – H. GRABES, Sp., Mirror und Looking-Glass, 1973 [engl. Fassung: The Mutable Glass, 1982].

Spiele (Vergnügen, »Freizeit«)
A. Mittel-, West- und Südeuropa – B. Byzantinischer Bereich
A. Mittel-, West- und Südeuropa
I. Begriffliches und Soziales. Mittel- und Westeuropa – II. Südeuropa – III. Spiele im privaten Bereich.

I. BEGRIFFLICHES UND SOZIALES. MITTEL- UND WESTEUROPA: Die Gesch. von →Arbeit und Freizeit, von Sport und Spiel, von →Festen hat sich in den letzten Jahrzehnten zu mehreren sich überschneidenden Spezialdisziplinen entwickelt. Es geht um den geschichtl. Wandel im Spiegel von alltagsspezif., anthropolog. und soziolog. Grundkategorien bzw. -bedürfnissen; S. werden benutzt als Instrument »pour lire une société« (J.-M. MEHL). Für S. und Feste gibt es entsprechende Begriffe im Mhd. und in den anderen Sprachen des MA. Insbes. für Feste ist ihre bes., von heut. Verhältnissen unterschiedene religiöse, höf. und bürgerl. Funktion inzwischen deutlich herausgearbeitet worden. Dem Begriff 'Vergnügen' kann man sich durch die mhd. und anderen Entsprechungen für Fröhlichkeit und Kurzweil annähern. In den Hamburger →Burspraken des Spätherbstes wurde alljährl. verkündet: »Eine hohe Zeit geht hier zu, wo ein jeder fröhlich sein will«; dem entsprach die Bursprake des Febr.: »Eine Zeit geht hier zu, wo sich ein jeder nähren will«. 'Kurzweil' (mlat. sublevamen temporis) ist ein Begriff der höf. Lit. des HochMA, spiegelt die Entlehnung von Lebenskunst-Traditionen aus Antike und Orient wider und zugleich eine Nutzung der ird. Lebenszeit, die sich von den – natürl. weiterlebenden – kirchl. Normen erhebl. unterscheidet. Im SpätMA wird der Begriff auch im Bürgertum heimisch, wie sich u. a. an dessen Geschichtsschreibung ablesen läßt.

Die größten Schwierigkeiten macht der Begriff 'Freizeit', der mhd. – selten gebraucht – mit der Marktfreiheit zusammenhing, die zeitl. Entsprechung von Freistatt, Asyl, Immunität bedeutete. In Wirklichkeit gab es die heut. Freizeit im MA nicht; der Begriff bekam im 18. Jh. seine heutige Bedeutung, das entsprechende frz. loisir (lat. licentia) im 16. Jh. Die ma. Freizeit-Forschung ist deswegen im wesentlichen eine Fest- und Sport-Forschung geworden. Fest und Sport sind nicht wie die moderne Freizeit, sei es individualistisch, sei es negativ geprägt, sondern bezeichnen gegenüber der Berufsarbeit unterschiedene Rhythmen des kollektiven, aktiven Lebens (L. SCHMUGGE), wie es auch in der oben zitierten Hamburger Bursprake zum Ausdruck kommt.

Der Rhythmus der Fest- und Sportzeit ist nicht nur durch den Gegensatz zur Berufsarbeit bestimmt, sondern auch durch den von der Kirche aus der Antike vermittelten Begriffsgegensatz 'otium' und 'otiosus, otiositas'. Letzteres wurde auch mit den mhd. Wortformen von 'Müßiggang' ausgedrückt, bezeichnete von kirchl. Seite aus in negativer Einschätzung manchmal dieselben Betätigungen, die von höf. und bürgerl. Seite als Kurzweil positiv bewertet wurden. Otium war die Muße, die für den Gottesdienst eingesetzt wurde, einschließl. der »fröhlichen« Ausgestaltung der Kirchenfeste des Jahres oder der Familie. Dafür, daß diese Feste im kirchl. Rahmen blieben und nicht in »Müßiggang« und Luxus umschlugen, sollten die ab 1200 erhaltenen, kirchl. inspirierten über 500 Hochzeits-, Tauf- und Begräbnisordnungen (→Luxusordnungen) sorgen (N. BULST). Umgekehrt konnte man den erzwungenen »Müßiggang« eines Kuraufenthaltes (→Badewesen) durch lit. Arbeit in ein otium verwandeln. Entsprechend wurde das Leben der beschäftigungslosen Kranken und Alten in den Städten etwa durch Teilnahme am religiösen Leben eines Spitals aufgewertet. Auch die kirchl. notwendige Funktion des Almosengebens und -nehmens stützte die vagierende Beschäftigungslosigkeit der neuen →Armut in den spätma. Städten.

Der antike Begriff otium war von philosoph. Strömungen mitgeprägt worden, die eine Verachtung der Handarbeit lehrten. Nachwirkungen davon sind in ma. Schriftzeugnissen erkennbar (P. STERNAGEL). Dem entsprach die Freistellung und Abkömmlichkeit des Landadels und von Teilen der städt. Oberschichten durch Renteneinkommen, die durch kirchl. inspirierte Ordo-Lehren (→Ordo) in ihren verschiedenen Variationen (G. DUBY) theoret. abgesichert wurden. Die Abkömmlichkeit war gesellschaftl. notwendig, solange und soweit nicht professionelle Rollen für Militär, Politik und Verwaltung ausgebildet waren. Sie wurde aber auch genutzt für die Entfaltung eines höf. und patriz. S.-, Sport- und Festbetriebes, der sich weiter vom kirchl. Gottesdienst-Fest entfernte als die entsprechende mittelständ., handwerkl.-brüderschaftl. Aktivität in den Städten.

Die feste Einordnung von S., Sport usw. in die ma. Gesellschaft hatte zur Folge, daß diese beim Übergang zur NZ inhaltl. und funktional stark verändert wurden. Solche Veränderungen kündigten sich z. B. an, als schon auf dem Konstanzer Konzil nicht mehr nur die Lösung des Festbetriebes aus dem kirchl. Rahmen kritisiert wurde, sondern gleichzeitig die zu große Zahl kirchl. Feiertage. Auf die Entstehung eines neuen humanist. und reformator. Ethos der Arbeit, der das bisher religiös legitimierte Betteln (→Bettlerwesen) als Müßiggang abqualifizierte, sei nur kurz hingewiesen. Sicherlich besteht für diesen Bereich noch ein großer Bedarf an weiteren Forschungen.

R. Sprandel

Lit.: J. HUIZINGA, Homo ludens, 1938 – P. STERNAGEL, Die Artes mechanicae im MA, 1966 – W. NAHRSTEDT, Die Entstehung der Freizeit, 1972 – G. DUBY, Les trois ordres ou l'imaginaire du féodalisme, 1978 – L. SCHMUGGE, Feste feiern, wie sie fallen (Stadt und Fest, hg. P. HUGGER, 1987), 61–82 – J.-M. MEHL, Les jeux au royaume de France du XIIIe au début du XVIe s., 1990 – N. BULST, Feste und Feiern unter Auflagen (Feste und Feiern im MA, hg. D. ALTENBURG u. a., 1991), 39–52 – J.-M. MEHL, Jeux, sports et divertissements au MA et à la Renaissance: Rapport introductif, 116e Congr. nat. des Soc. sav., Chambéry, 1991, Hist. méd. et Phil., 5–22 – H. BOOCKMANN, Lebensgefühl und Repräsentationsstil der Oberschicht in den dt. Städten um 1500 (Kurzweil viel ohn' Maß und Ziel, hg. Dt. Hist. Mus., 1994), 33–47 – R. SPRANDEL, Kurzweil durch Gesch. (DERS., Chronisten als Zeitzeugen, 1994), 207–220 – Il tempo libero, hg. S. CAVACIOCCHI, Atti della XXVI Sett. di Studi, Prato, 1995.

II. SÜDEUROPA: Der den chr. Kulturen des Mittelmeerraums eigene jährl. Festzyklus (→'Kirchenjahr', →Fest, →Brauchtum) nahm oft Überbleibsel vormittelalterl. paganer und bäuerl. Traditionen auf: Während der Wintersonnenwende (25. Dez. bis 6. Jan.) wurde nicht nur der Geburt Christi gedacht, sondern auch das Würfelspiel gepflegt, dessen ursprgl. Wahrsagefunktion jedoch in Vergessenheit geraten war. Eine eindeutige Verbindung der im Dez./Anfang Jan. (anläßl. der Unschuldigen Kindlein) gefeierten, von einer Umkehr hierarch. Strukturen geprägten Feste ('episcopus puerorum', *fiesta del obispillo*;

Bohnenkönig, *rey de la Navidad*, *zaharrón* [Hanswurst] u. ä.; →Kinderbf., →Klerikerfeste, →Narr, V) mit den antiken 'libertates decembricae' läßt sich allerdings nicht nachweisen. Die im Febr. im Zusammenhang mit weibl. Fruchtbarkeit gefeierten chr. (Marien-)Feste (2. oder 14. Febr. Lichtmeß, 'purificatio Mariae') stehen wohl in röm. Tradition ('lupercales', 'matronalia'). Nach Karneval (→Fastnacht) und →Fasten waren →Ostern ('Pascua florida') und →Pfingsten Hochfeste, ebenfalls seit Beginn des 14. Jh. →Fronleichnam, in den Städten das wichtigste religiöse Fest der Bürgerschaft (vielfältiges Brauchtum mit spieler. Elementen; →Geistl. Spiel). Noch volkstümlicher wurden Frühlingsfeste mit Riten z. T. vorchristlichen Ursprungs (Maianfang, Sommersonnenwende), die schließlich in chr. Feste eingebunden wurden (3. Mai: Fest der Kreuzauffindung, seit dem 14. Jh. v. a. von den Franziskanern propagiert; 24. Juni: Fest Johannes' des Täufers) sowie die eng mit landwirtschaftl. Brauchtum verbundenen sommerl. Feste wie Peter und Paul (29. Juni), Mariae Himmelfahrt (15. Aug.) und Mariae Geburt (8. Sept.), Michaeli (29. Sept.) und in Spanien das Jakobusfest (25. Juli).

In Italien (aufgrund des sich in charakterist. Weise ausprägenden kommunalen Identitätsbewußtseins), aber auch in Südfrankreich und auf der Iber. Halbinsel gewannen lokale, meist dem Stadtpatron geweihte und mit Prozessionen, S.n oder Wettkämpfen verbundene Feste eine herausragende Bedeutung: Johannesfest in Florenz, *festín* in Palermo (15. Juli), Januariusfest in Neapel, Christi Himmelfahrt in Venedig (Vermählung mit dem Meer), Wettlauf um die Fahnenstange in Marseille, 'Tarasca' in Tarascon (im 15. Jh. unter dem Mäzenatentum →Renés v. Anjou), Georgsfest in Barcelona (seit 1456). In einigen span. Städten wurde der Tag der Eroberung durch die Christen gefeiert ('Festa de l'Estendard' in Mallorca: 31. Dez., Clemenstag in Sevilla: 23. Nov., Dionysiustag in Valencia: 9. Okt.).

Die Ritualisierung bestimmter polit. Feste und ihrer einzelnen Elemente, die häufig anderen Festen, S.n oder Zeremonien entlehnt waren, nahm gegen Ende des MA immer vielfältigere Formen an, wie sich am Beispiel des Einzugs (→adventus regis) des Kg.s/Fs.en in eine Stadt ('entradas reales', 'entrées royales', 'joyeuses entrées') beobachten läßt; hierbei wurden die Beziehungen zw. polit. Macht und Gesellschaft symbolhaft dargestellt. Eine spezielle span. Variante war der triumphale Einzug des Kg.s in eine aus muslim. Hand zurückeroberte Stadt. Regierungsantritt, kgl. Hochzeit, Geburt des Thronerben, Siege des Kg.s usw. wurden mit Freudenfesten (»festejos o alegrías«) gefeiert, Trauerfeierlichkeiten für einen Kg. gleichsam als Volksfest begangen, wobei die frohe spieler. Komponente schließlich in Trauer und Schmerz umschlug (Mallorca, 1504).

Unter den verschiedenen Arten von S.n am aufwendigsten waren stets →Turniere und andere Formen von (ritterl.) Kampfs.n wie Lanzenstechen, Zweikampf, Ringstechen, Scheinkampf oder →Stierkampf (Spanien) sowie die Arten des 'hastiludium' it. Ursprungs (Stechen auf Strohpuppen oder 'quintana'). Wetts., die bes. in Italien weitverbreitet waren, wurden manchmal in Form von Scheingefechten um Burgen und Brücken ausgetragen ('Il Gioco del Ponte' in Pisa) oder als Pferderennen bzw. 'palio' (Siena, Genua, Ferrara; Elche, Sevilla: Ende des 15. Jh.). Bestandteil vieler Feste waren geistl. und weltl. Schaus. (→Drama, →Geistl. Spiel, →Mirakel-, →Mysteriens.) sowie Darbietungen von Gauklern und Pantomimen (→Spielmann), ebenso Eß- und Trinkgelage und verschiedene Formen des →Tanzes: höf., liturg. oder volkstüml. Tänze (mit Speeren oder Stöcken; im chr. Spanien maur. und chr. Tänze in Form von Scheingefechten; *carolas* oder von Tanzenden gebildete Ketten; Reigen, katal. *ball rodó* usw.).

Stärker der »Freizeit« zugeordnet waren zahlreiche Balls., kämpfer. Wetts. (wie die *lucha leonesa*), Scheibenschießen mit Bogen oder Armbrust (auch als Kriegsertüchtigung) sowie die im Sitzen gespielten S. (Bretts.: Schach, Dame; Würfels., v. a. seit dem 15. Jh. Kartens.). Glückss. erlangten immense gesellschaftl. Bedeutung, weshalb ihre Ausübung seit dem 13. Jh. reglementiert (und besteuert), manchmal sogar verboten wurde (→Luxusordnungen). In Kastilien erließ bereits →Alfons X. ein Gesetz über die S.häuser (»Ordenamiento de tafurerías«). Seiner Initiative verdanken wir auch den »Libro del axedrez, dados e tablas« (1283), die kast. Übers. eines arab. Werkes, das die aus der Antike überkommenen Kenntnisse der Mittelmeerwelt über die S. zusammenfaßt.

M. A. Ladero Quesada

Lit.: J. Caro Baroja, El Carnaval, 1965 – B. Guenée–F. Lehoux, Les Entrées royales françaises de 1328 à 1515, 1968 – J. Heers, Fêtes, jeux et joutes dans les sociétés d'Occident à la fin du MA, 1971, 1982² – J. Caro Baroja, La estación del amor. Fiestas populares de mayo a San Juan, 1979 – B. Mitchell, Italian Civic Pageantry in the High Renaissance, 1979 – G. Llompart, Folklore de Mallorca. Folklore de Europa, 2 Bde, 1982–84 – J. Caro Baroja, El estío festivo. Fiestas populares del verano, 1984 – J. Heers, Vom Mummenschanz zum Machttheater. Europ. Festkultur im MA, 1986 – S. Bertelli, Il corpo del re. Sacralità del potere nell'Europa medievale e moderna, 1990 – J. M. Mehl, Les jeux au royaume de France du XIIIe au début du XVIe s., 1990 – La Civiltà del Torneo (sec. XII-XVII), 1990 – A. R. Romero Abao, Las fiestas de Sevilla en el siglo XV, CEIRA (Sevilla) 2, 1991, 12–178 – Espai i temps d'oci a la història. XI Jornades d'Estudis Històrics Locals, 1993 – Jeux, sports et divertissements au MA et à l'âge classique, 1993 – Gioco e giustizia nell' Italia di commune, hg. Gh. Ortalli, Ludica 1, 1993 – M. A. Ladero Quesada, La fiesta en la Europa Mediterránea Medieval (Il tempo libero, hg. S. Cavaciocchi, Atti della XXVI Sett. di Studi, Prato, 1995), 83–110 – A. Rizzi, Ludus/ludere. Il gioco nell' Italia dei comuni, Ludica 3, 1995.

III. Spiele im privaten Bereich: Das S. ist seit frühesten Zeiten in sämtl. menschl. Kulturen nachweisbar. Zahlreiche S.e der Antike, beschrieben bei Suetonius, Pollux, leben im MA weiter; hinzu kommen oriental. (→Schach) und neue, dem Zeitgeist entsprungene S., z. B. →Turniere.

Das S. des Kindes ist vornehml. Nachahmung des Erwachsenenlebens (Puppe, Steckenpferd, Haushalt, Krämer, Prozession) und hat meist keinen Wettbewerbscharakter mit festen Regeln; Fang- und Suchs. besitzen bereits einfache Regeln, ausgeprägte Rivalität besitzen erst S., die von Erwachsenen übernommen wurden (z. B. Marmeln). Das Hüpfs., oft mit dem Endziel »Himmel«, »Paradies«, soll mag. Ursprungs sein und mit den Mosaik-Labyrinthen roman. Kirchen in Verbindung stehen. Eine Reihe von Geschicklichkeitss.n ergänzt die Reihe (s. u.).

Die Rolle des S.s in der Erwachsenenwelt ist bedeutend, was auch mit der »Jugendlichkeit« des MA begründet wird (geringe durchschnittl. Lebenserwartung). Bedeutungsvoll ist auch die hohe Zahl kirchl. Feiertage (Frankreich 30–50, Ungarn zeitweise 62), so daß mit den Sonntagen fast ein Drittel der Jahrestage »Freizeit« war.

Die ma. Beurteilung des S.s ist unterschiedlich, z. T. widersprüchl. Eindeutig abgelehnt wird der epikur. Satz »Ede, bibe, lude«, bes. des Nachsatzes »post mortem nulla voluptas« wegen. Bei Tertullian werden Leibesübungen verurteilt, Märtyrer jedoch im Paradies mit »ite et ludite«

empfangen; Bernardinus v. Siena ist jeder Spielbetätigung abgeneigt, ebenso Petrarca; Savonarola und Johannes v. Capistrano ließen S. bretter, Karten, Würfel auf Scheiterhaufen verbrennen. Andererseits schreibt Notker Balbulus von der spielenden Kirche, Ingold im Dez guldin spil (1472) von S. arten, mit denen die sieben Hauptsünden bekämpft werden sollen (z. B. Würfeln gegen Geiz usw.). Fürstenspiegel (z. B. des Aeneas Sylvius für Ladislaus v. Ungarn) billigen S. zur Körperertüchtigung (Ball, Reifenschlagen). Einzelne Fs. en, z. B. Richard II. v. England (1388), untersagen ihrem Volk Kegeln, Balls. usw., aber halten es zur Übung des Bogenschießens an; viele Städte (so Nördlingen 1426) kategorisierten erlaubte und verbotene S. Die öffentl. Meinung hingegen verurteilt eindeutig nur Glückss.

Der erste Autor des MA, der S. systemat. beschreibt, ist Kg. →Alfons X. v. Kastilien und León im Buche Juegos diversos de Axedres, dados y tablas (1283). Er betont, es sei Gottes Wille, daß der von Sorgen gepeinigte Mensch Zerstreuung im S. suche. Er beschreibt bes. Bretts. und unterscheidet bereits Denk- (taktische) und Glückss. Das vornehmste der takt. S. ist →Schach, aber auch eine ganze Reihe einfacherer S. entbehrt eines Glücksfaktors. Das volkstümlichste, die Mühle (engl. *morris*, frz. *marelle*), zwar erst im Roman Renard le Contrefait (13. Jh.) erwähnt, ist antikes Erbe und wird in vielen Varianten gespielt. Komplizierter ist die Gruppe der sog. Alquerque-S. Gemeinsam für diese ist die Aufgabe, den Gegner am Überspringen eigener Steine zu hindern. Auch dieses S. stammt aus dem Altertum, das älteste ma. Exemplar eines Spielbretts (10. Jh.) wird in Dublin aufbewahrt. In Frankreich wurden Varianten im 12.-13. Jh. auf dem Schachbrett gespielt, von diesen wird das Dames. abgeleitet. In der isländ. Grettis saga wird es als Hala-tafl um 1300, in England in den Rechnungsbüchern Eduards IV. (1461-83) erwähnt. In Dtl. war es als Fuchsjagd und Belagerungss. bekannt. Dem Schach ähnlich ist das auf 324 Feldern gespielte nord. Hnefatafl-S., dessen Grundriß aus einem dän. Grab des 4. Jh. bekannt ist und dessen Regeln schon im 10. Jh. beschrieben worden waren.

Die taktischen Glückss. geben dem Zufall eine Chance, sei es mittels Einbeziehung des Würfels, sei es durch die zufallsmäßig bestimmte Ausgangsposition. Das wichtigste S. dieser Gruppe ist das von der Antike übernommene Zwölflinien-S. (ludus duodecim scriptorum), im Dt. Wurfzabel (= tafel), später Puff, im Engl. (back-)gammon, im Frz. meist tric-trac benannt. Die zahlreichen - in Alfons' Buch 15 - Varianten ähneln sich darin, daß die Schritte der Steine im Verfolgungss. durch Würfel bestimmt sind. Die andere Gruppe ist vornehml. die der Kartens. Ihr Ursprung ist orientalisch. Sie sind in Europa seit dem 14. Jh. belegt (→Spielkarten). Daß sie zur Belustigung Karls VI. erfunden worden seien, ist unglaubhaft. Schon früh sonderten sich die it.-span. von den frz. Karten und dem anspruchsvollen Tarock. Frühe Verbote und das Wettern der Prediger in allen Ländern zeugen von der schnellen Verbreitung der Karten. Auch mit Bretts. n kombinierte Kartens. sind um 1500 entstanden, so das Pochs. (ältestes erhaltenes Brett 1527), aus dem Poker abgeleitet wird.

Die echten Glücks-(Hazard-)s. sind bei allen Kulturen mag. Ursprungs, und ihr Ausgang wird oft als Gottesurteil gewertet; die Kg. e von Schweden und Norwegen entschieden über die Zugehörigkeit einer Provinz durch Würfeln (1020). Das Glückss. mit einer Alternative, wie Halm (»den Kürzeren«) ziehen, mittels Münze (Wappen oder Schrift) oder Gerade-ungerade (Trimberg 13. Jh.),
sind gang und gäbe. Mehrere Variationen bot das Würfeln mit Schafsknöcheln und dem Tetraeder. Die echten Würfels. wurden mit 2-4 Würfeln gespielt; →Johannes v. Salisbury zählt zehn S. arten. Der Kreiselwürfel (Pirouette) und Brettlaufs. (Gänses.) erscheinen im 16. Jh. Unter den übrigen Glückss. n sind Glückstopf (später Lotterie) Mitte des 15. und Roulette im 16. Jh. zu erwähnen.

Gesellschaftss. im Freien konnten mit oder ohne Hilfsmittel unternommen werden. Unter ersteren sind mannigfaltige Lauf- und Springs. zu verzeichnen, Wettlauf (auch für Mädchen, Florenz seit 1325, Wien 1382), Barrelaufen (Wolfram v. Eschenbach), Bäumchen wechseln (Altswert) u. a. werden oft erwähnt, desgleichen Fangs. z. B. engl. *last couple out*, Springs. wie Bockspringen, Faule Brücke (Altswert). Das populäre Blinde-Kuh-S. ist von Altgriechenland bis Hermann v. Sachsenheim belegt. Derber ging es beim Schinkenklopfen (dargestellt auf dem sog. Ritter Teppich um 1500), Topfschlagen oder dem frz. *briche* zu, wobei ein Spieler, dem man die Augen verbunden hatte, mit dem Stock auf die Spielenden einhieb (seit 1408). Übergang zu Kampfs. n bildete das Birnbaumschütteln (frz. *poirier*, engl. *badger the bear*), wobei ein Spieler einen Wehrlosen am Kopf hält und ihn nur mit den Beinen gegen seine Feinde verteidigt, es ist seit der Antike nachgewiesen (dargestellt in einer Pariser Hs. 14. Jh.). Beim it. *civettino* stehen drei Spieler nebeneinander, der mittlere darf beide, die anderen eine ihrer Hände zum Backpfeife-Verabreichen gebrauchen, ähnlich frz. *abattre le chapeau*. Hier schließen sich Kraftproben wie Fingerhakeln, Stangen- oder Seilziehen, Ringen, Boxen, Schneeball- und Steinschlachten (in Perugia seit dem 13. Jh.), auch solche mit Keulen (*mazzascudo*, Siena), an. Glimpflicher ging es bei Ball- und Kugels. n zu. Die meisten der ersteren Gruppens. sind weltweit gleicher Art, aber dürften als typisch europäisch gelten: so das ursprgl. mit der Handfläche (frz. *paume*), später mit einem Schläger (frz. *raquette*) gespielte Tennis (seit dem 14. Jh.). Das Volk spielte *longue paume* im Freien, die Wohlhabenden in Ballhäusern (erhalten jenes von Hampton Court 16. Jh.); ähnliche S. sind Federball und Pelota (bask. Wandball). Mit aufblasbaren Bällen (it. *pallone*) wurde Faust- und Fußball gespielt; letzteres ist seit 1137 nachzuweisen; auf dem Boden mittels Holzschlägern ins Ziel geleitete Bälle bilden den Übergang zu Kugels. n (Crosse, Hockey, Kricket, Golf, Pferdepolo).

Kugels. ohne Hilfsgerät (it. *boccia*, frz. *petanque*) sind bei allen Völkern üblich. Mit Schlägern wurde das Meilens. (aus dem frz. *mail*) seit dem 13. Jh., Billard mit gebogenen Stöcken im Freien seit dem 15. Jh. ausgeführt. Auf die Kegel wurde ursprgl. mit Stöcken geworfen, um 1500 verbreitet sich der Kugelschub. Einfache Wurfs. mit Pflöcken (frz. *jeu de chat*, schweiz. *Hornussen*), Wurfpfeilen (engl. *darts*), Hufeisen, Metallscheiben (Eisschießen) sind in ganz Europa bekannt. Bogen-, Armbrustschießen war anfangs Pflichtübung, aus ihnen gingen die Schützenfeste hervor. Diese können jedoch, wie Wettlaufen, Springen, Stoßen, Ringen, Pferderennen, Turniere usw. den öffentlichen Spielen (s. Abschnitt I) zugerechnet werden.

Eine weitere Gruppe stellen die Geschicklichkeitss. dar, in denen das Rivalitätsprinzip nicht ausgeprägt ist. Ursprgl. sind Kreiselspielen, Reifen- und Seilspringen, Voltigieren, Stelzenlaufen, Drachensteigen (anfangs Kriegsgerät) u. a. im MA für die Erwachsenen nachweisbare Belustigungen, die allmähl. zu Kinders. n geworden sind.

W. Endrei

Lit.: J. Strut, The Sports and Pastimes of the People of England ... from the Earliest Period to the Present Time, 1801 - A. Burckhardt,

Das S. im dt. MA, 1893 – H. ALLEMAGNE, Jeux, I–II, 1900 – K. RANKE, »Meister Altswerts S.register«, SchAV XLVIII, 1952, 137–197 – J. B. MASÜGER, Schweizer Buch der alten Bewegungss., 1955 – W. ENDREI, S. und Unterhaltung im alten Europa, 1986 – Il tempo libero, hg. S. CAVACIOCCHI, Atti della XXVI Sett. di Studi, Prato, 1995.

B. Byzantinischer Bereich
Kinderspielzeuge (→Kind, II) aus spätantiker und frühbyz. Zeit haben sich bes. in Ägypten erhalten (Puppen, Tonfiguren, Miniaturwerkzeuge oder -möbel). Öfter ist das Spielen mit lebenden oder nachgebildeten Tieren belegt. Nachgeahmt wird auch der Alltag (Athanasiosvita: Kinder stellen eine Messe nach; MPG 25, 186f.). S. mit Würfeln, Knöcheln (ἀστραγαλισμός) oder auf dem Brett (τάβλα) waren in allen Altersschichten beliebt (dagegen Joh. Chrysostomos, MPG 49, 159; Klerikern sind sie verboten [Theodoros Balsamon, MPG 137, 125Cff.]). Theodosius I. hatte den Artemistempel in Konstantinopel in eine S.halle für Würfler umgewandelt (ταβλοπαρόχιον τοῖς κοττίζουσιν; Joh. Malalas 345, 16f. [D.]). Ausgiebiges Bretts. kann den Ruf des Feldherrn schädigen (Kekaumenos, Strateg. 20, 26 [58]; 64, 8f. [168]). Neben dem Mühles. war auch das →Schachs. (ζατρίχιον) bekannt (wohl nicht vor dem 7. Jh.; Anna Komnene nennt oriental. Herkunft [Alex. III 71, 11f.]). Zirkuss. und Wagenrennen fanden in Hippodrom statt, wobei dieser Ort oft mit dem polit. Geschehen verzahnt ist (→Demen). Eine Losmaschine (»Berliner Kugelspiel«) bestimmte die Startposition des Wagenlenkers, der von der blauen oder grünen Partei unterstützt wurde. Reiters. erwähnt Johannes Kinnamos unter Manuel I. (1143–80), bei dem entschärfte Waffen verwendet wurden (III 16, 124f. [M.] αὐτόζυλα δόρατα; ein »Turniers.« [→Turnier] aus spätbyz. Zeit bei S. LAMBROS, Νέος Ἑλληνομνήμων, 1908, 1ff.; vgl. die Fresken mit S.szenen aus dem Hippodrom von Konstantinopel im Nordturm der Kiever Sophienkathedrale [um 1050]). In den Balkanländern sind Ziel- und Ringreiten bis heute verbreitete Wetts. Am Hofe Alexios' III. Angelos vergnügte man sich an einer Art Fastnachts. (Niketas Choniates, Hist. 508, 83f. [van D.]). Zu erwähnen sind auch die Buchstaben- und Worts. M. Grünbart

Lit.: Oxford Dict. of Byzantium, 1991, 820f. – Ph. Kukules, Βυζαντινῶν βίος καὶ πολιτκός. A, 1, 1948, 161–184; 185–229 – L. KRETZENBACHER, Ritters. und Ringreiten im europ. SO, SOF 22, 1963, 437–455 – A. CAMERON, Porphyrius the Charioteer, 1973 – E. D. MAGUIRE, Art and Holy Powers in the Early Christian House, 1989 – TH. M. SCHMIDT–G. FIELDER, Stud. zu den Bildwerken der frühchr.-byz. Slg., IV: Ein Sarg als S.brett, Forsch. und Ber. [der Staatl. Mus. zu Berlin] 28, 1990, 169–188 – H. HUNGER, Anagrammatismos–Paragrammatismos. Das S. mit dem Buchstaben, BZ 84/85, 1991/92, 1–11 – A. EFFENBERGER–H.-G. SEVERIN, Das Mus. für spätantike und byz. Kunst, 1992, 116f. – C. HEUCKE, Circus und Hippodrom als polit. Raum, 1994.

Spielkarten. 1377 werden die S. zum ersten Mal in Europa, in Italien, erwähnt. Möglicherweise gibt es schon 1367 eine Q. aus Bern. Da alle frühen Q. Verbote sind, muß eine Inkubationszeit von ein oder zwei Jahrzehnten angenommen werden, bis das Kartenspiel sozial auffällig wird. Es ist deswegen plausibel davon auszugehen, daß das Kartenspiel Mitte des 14. Jh. aus dem Orient nach Europa kam. Diese These war lange Zeit umstritten, da in der islam. Welt Karten erst Anfang des 16. Jh. belegt sind – allerdings in einem sehr fortgeschrittenen Stadium, das berechtigt, eine längere Vorlaufzeit anzunehmen. Während die oriental. Karten des SpätMA alle mit der Hand gemalt waren, verbindet sich die Entwicklung in Europa eng mit der Einführung des Holzschnitts. Diese anfangs alltägl. verwendeten S. sind nur aus Q. (etwa Johannes v. Rheinfelden, 1377) oder aus späteren Drucken (nach 1460/80) zu erschließen. Erhalten sind dagegen die unüblich illuminierten Karten. Das älteste ist das Stuttgarter Spiel (um 1427–31), das eine höf. Jagd zeigt. Seit 1450 gibt es S., die vom Kupferstich gedruckt sind (Meister der S., Meister ES und andere). Es ist wahrscheinl., daß das Kartenspiel aus dem Orient als reines Stichspiel kam. In Norditalien wurde dann um 1430 der Trumpf erfunden, indem dem Vierfarbspiel eine eigene Trumpfreihe von 22 Karten (sog. Tarocchi) zugeordnet wurde. Die Regeln des Tarockspiels und des Karnöffelspiels (um 1500) wurden rekonstruiert. D. Hoffmann

Lit.: Ausstellungskat. S., ihre Kunst und Gesch. in Mitteleuropa, 1974 – R. v. LEYDEN, Karnöffel. Das Kartenspiel der Landsknechte, seine Gesch. vom 15. Jh. bis zur Gegenwart, 1978 – M. DUMMETT, The Game of Tarot from Ferrara to Salt Lake City, 1980 – D. HOFFMANN, Gemalte S., 1985 – DERS. – M. DIETRICH, Tarot–Tarock–Tarocchi, Tarocke mit it. Farben, 1988 – D. HOFFMANN, Altdt. S. 1500–1650, 1993.

Spielmann, -leute (Gaukler, Jongleur). 'S.' war noch im hohen MA ein Sammelbegriff für Unterhaltungskünstler aller Art, die ihren Lebensunterhalt als fahrende Leute (→Fahrende), als Teil der *gernden diet* gewannen. Schon im frühen MA entsprachen *histrio* und 'ioculator' diesem umfassenden Sinn. Erst allmähl. zeichnete sich im hohen MA eine Entwicklung ab, die das umfassende Verständnis von 'ioculator' und im Gaukler einerseits und den S. andererseits im dt. Sprachgebrauch trennte. Damit war die Grundlage geschaffen, daß, erst im 14. Jh. erkennbar, 'S.' im heutigen Sinne als Musikant verstanden wurde. In dieser Zeit ist auch häufiger belegt, daß artist. Kunststücke musikal. begleitet wurden; wahrscheinl. war dies der Grund dafür, daß 'ioculator' ursprgl. beide Tätigkeitsbereiche benennen konnte. Die erwähnte Begriffsspaltung des mlat. Wortes dürfte damit zusammenhängen, daß der Nachfahre des frühma. 'ioculator' nicht mehr allein an den Adelshöfen, sondern nunmehr auch auf belebten Marktplätzen als *gernder man*, als jemand, der Gaben begehrte, auftreten konnte.

Mit neuen Publikumserwartungen verbanden sich auch neue Künste. Das betraf v.a. die Gaukler, die in den spätma. Städten häufig als sog. »Seilriesen« auftraten, da sie nunmehr die Seile von den hohen Kirchtürmen spannend, die baul. Voraussetzungen für Hochseilakte fanden. Daneben mußte ein Gaukler vielseitige Kunststücke beherrschen, um im Umherziehen sein Geld verdienen zu können. Dabei zeigten sich unvermeidl. die Qualitätsunterschiede zw. dem Hundedompteur und demjenigen, der mit einem Affen (meist einer Meerkatze) unterwegs war und die Aufmerksamkeit durch verschiedenste Fertigkeiten auf sich zog.

Zur Bedeutungsverengung des Begriffs 'S.' im SpätMA trug auch die Spezialisierung einer bereits im 13. Jh. konturiert erscheinenden Entwicklung bei, die den »Sprecher« als Meister gereimter Wortkunst hervortreten ließ. Der noch um 1200 so enge Zusammenhang von »singen und sagen« löste sich zugunsten spezialisierter Tätigkeiten auf.

Die Bedeutungsverengung von 'S.' hing nicht zuletzt damit zusammen, daß seit dem ausgehenden 13. Jh. die großen Städte dazu übergingen, Musikanten in Dienst zu nehmen, und damit eine Entwicklung zur Ratskapelle anbahnten, die im Verlauf des SpätMA auch für Mittelstädte selbstverständl. wurde. Je kleiner die Stadt war, um so häufiger begegnete, daß Stadtpfeifer und Stadttürmer ident. waren. Mit den sog. Ratskapellen konnten Musikanten auch seßhaft werden, doch blieb das »Fahren«, zumindest im regionalen Umkreis, für die meisten Spielleute die übliche Existenzform. Dabei machten sich große soziale Unterschiede, nicht nur, was die Kunstfertigkeit, sondern auch, was die gespielten Instrumente anging, bemerkbar. Die teuren Blasinstrumente, die Trompeten zumal (→Musikinstrumente), galten als die vornehmsten, weswegen obdt. →Reichsstädte im frühen 15. Jh. glaubten, daß sie nur aufgrund kgl. Privilegs einen Stadttrompeter einstellen dürften. Doch um 1500 gehörte der Trompeter wie selbstverständl. zur städt. →Kapelle. Mit dem Aufstieg dieses Instruments und derjenigen, die es beherrschten, hing der Abstieg alter Instrumente wie des Dudelsacks und des Trumscheits zusammen, die in der frühen NZ v. a. von Angehörigen der vagierenden Unterschicht gespielt wurden. Die →Unehrlichkeit des S.s, wie sie Sachsen- und Schwabenspiegel sowie (von diesen abhängig) vereinzelte Stadtrechte des 13. Jh. formulieren, eine Unehrlichkeit des Minderrechts, das den Betreffenden nur Scheinbußen zugesteht, wird weitgehend überschätzt. Im 14. und 15. Jh. gab es allenfalls noch Spuren dieser Auffassung, die erkennbar weder für die städt. Spielleute noch für die »patronisierten Fahrenden« galt, für jene Leute, die unter dem Schutz eines Fs.en oder Adligen, mit dessen Wappen geziert, durch die Lande zogen.

Weit bedeutsamer als die weltl. »Unehrlichkeit« war die kirchl. Infamierung (→Infamie), die, in ihren Wurzeln bereits in frühma. Zeit erkennbar, den Unterhaltungskünstler als »Diener des Satans« ansah, der die Menschen zu verwerflichem Tun veranlasse. Auch wenn die Welt der kirchl. Verdammung nicht folgen wollte, wenn selbst geistl. Fs.en die Dienste von Spielleuten in Anspruch nahmen und →Thomas v. Aquin das Tun des S.s zur Erleichterung der Erdenqual billigte oder →Franziskus v. Assisi, den Schimpf von einem Begriff nehmend, seine Anhänger als Spielleute Gottes bezeichnete, blieb die kirchl. Infamierung, da sie von strengen Klerikern als Ausschluß der Spielleute vom Abendmahl ausgelegt wurde, eine gravierende Erschwerung spielmänn. Existenz. Die v. a. in Oberdeutschland seit dem späten 14. Jh. sich zusammenfindenden S.genossenschaften – am berühmtesten ist das Pfeiferkgr. unter dem Schutz der Herren v. →Rappoltstein – hatten neben weltl., genossenschaftl. Interessen auch den Zweck, den Angehörigen den Empfang des Abendmahls zu ermöglichen. →Narr.

E. Schubert

Lit.: W. SALMEN, Der S. im MA, 1983 – E. SCHUBERT, Fahrendes Volk im MA, 1995 [Lit.: 441–473].

Spielmannsdichtung

I. Romanische Literaturen – II. Deutsche Literatur – III. Englische Literatur.

I. ROMANISCHE LITERATUREN: Ein Großteil der ma. Spielleute (zumeist waren es Ex-Kleriker) war imstande, die Dichtungen, die sie vortrugen, niederzuschreiben. Ihre Haupttätigkeit – vom 11. bis zum 15. Jh. – bestand darin, »Spektakel« der verschiedensten Art zu veranstalten: von der Unterhaltung der Gläubigen vor den Kirchen, des Publikums an den Höfen oder auf Marktplätzen bis zur Abfassung und dem Vortrag verschiedenartigster Texte. Die als S. definierten Texte sind durch ein Paradox geprägt, das die Forsch. in mehrere Lager gespalten hat: Konzipiert für die mündl. Verbreitung, sind sie durch Niederschriften überliefert, die dem Kanon der →Schriftlichkeit entsprechen (→Mündl. Lit.tradition). Diese Texte umfassen die unterschiedlichsten Genera: vom Drama (→Miracula, Mirakel, →Mysterienspiele, →Sacre Rappresentazioni), der epischen Dichtung (→Chansons de geste) und der kurzen Narrativik (→Fabliaux, →Cantari) bis zur lyr. Dichtung (→Chanson). Characterist. für die S. ist die Mischung der Genera infolge der Heterogenität des Repertoires, die Verwendung stereotyper Formeln, die die Memorierung der Texte erleichtern, die Parodie der Hauptwerke der höf. Dichter (→Parodie) sowie Spott und Burleske (→Schwank).

In der neueren Forsch. fehlt eine eingehende Sichtung der in der ma. Romania tätigen echten Spielleute, und es ist nicht immer leicht, eine strenge Unterscheidung zw. Spielleuten und Troubadours zu treffen (→Troubadourdichtung, →Trouvères).

Was die *afrz. Literatur* betrifft, so soll ein Spielmann (Menestrel) namens Taillefer (Incisorferri) nach Wace (»Roman de Rou«, v. 8035) eine »Cantilena Rolandi« bei der Schlacht v. Hastings (1066) vorgetragen haben (→Rolandslied). Der Spielmann Béroul ist der Verf. der sog. »epischen Version« des →Tristan. Erst seit dem Ende des 12. Jh., als die großen Bruderschaften entstanden, unter denen die »Confrérie des bourgeois et des jongleurs« von Arras (→Jean Bodel, Baude Fastoul, →Trouvères, →Adam de la Halle) und die Confrérie v. Paris (→Rutebeuf) den ersten Platz einnahmen, gibt es die ersten lit. Belege über die Lebensumstände der frz. Spielleute. Im Norden Frankreichs wirkten im 13. Jh. u. a. →Gautier le Leu, →Adenet le Roi, →Jean de Condé, Douin de Lavesne, →Trubert.

In der *okzitanischen Literatur* beginnt der Mythos des Menestrels mit dem ersten Troubadour, →Wilhelm IX. v. Poitiers, der sich gerne als Spielmann darstellt. Als Spielleute werden →Cercamon, →Marcabru, →Gaucelm Faidit, →Cadenet, →Peirol, →Perdigon bezeichnet. Eine Vorstellung von dem Repertoire eines prov. Spielmanns vermitteln die »Serventes Ensenhamens« des Guerau de →Cabrera, Bertrand de Paris, →Guiraut de Calanson.

Auch die frühe *italienische Literatur* ist durch die dominierende Präsenz der Spielleute geprägt: vom »Ritmo Laurenziano« zum →»Ritmo Cassinese«, dem »Detto del Gatto lupesco«, »Rainaldo e Lesengrino«, und v. a. dem Werk des Ruggieri Apugliese (→Siz. Dichterschule) und des →Cielo d'Alcamo im 13. Jh. bis zu den »Cantampanca« des 15. Jh. (→Cantari).

Auf der *Iberischen Halbinsel* sind die kast. →»Cantares de Gesta«, ebenso die sog. →»Cantares Caçurros«, auf die im 14. Jh. Juan →Ruiz im »Libro de Buen Amor« zurückgreift, eng mit dem Wirken der Spielleute verbunden. Gleiches gilt für die *galizisch-portugiesischen* »Cantigas de Amigo« und die »Cantigas de escarnho e de maldizer« (→Cantiga).

L. Rossi

Lit.: E. FARAL, Les jongleurs en France au MA, 1910 – DERS., Mimes français du XIIIe s., 1910 – V. BERTOLUCCI-PIZZORUSSO, La Supplica di Guiraut Riquier, Studi mediolatini e volgari XIV, 1966, 10–135 – F. PIROT, Recherches sur les connaissances litt. des troubadours ... Les »sirventes ensenhamens«, 1972 – C. ALVAR, Poesía trovadoresca en España y Portugal, 1977 – La juglaresca. Actas del I Congreso Internacional sobre la juglaresca, hg. M. CRIADO DE VAL, 1986 – P. ZUMTHOR, Jongleurs et diseurs: interprétation et création poétique au MA, MR XI, 1986, 3–26 – C. CASAGRANDE–S. VECCHIO, L'interdizione del giullare nel vocabulario clericale del XII e XIII sec. (Il teatro medievale, hg. J. DRUMBL, 1989), 317–368 – T. SAFFIOTI, I Giullari in Italia. Lo spettacolo, il pubblico, i testi, 1990 [Lit.] – L. M. WRIGHT, More on the Meanings and Uses of »Jongleur« and »Menestrel«, Romance Stud. XVII, 1990, 7–19 – M. MENEGHETTI, Giullari e trovatori nelle corti medievali. Passare il tempo. La lett. del gioco dal XII al XVI sec. (Atti del Conv. Pienza 1991), 1993, 67–89 – R. MENÉNDEZ PIDAL, Poesía juglaresca y juglares. Orígines de las literaturas románicas, 1991[9] – L. PATERSON, The World of the Troubadours, 1993 – A. RESENDE D'OLIVIERA, Depois do espectáculo trovadoresco. A estrutura dos cancioneiros peninsulares e as recolhas dos sécs. XIII e XIV, 1994 – Les Jongleurs en spectacle, hg. L. ROSSI, numéro spécial de Versants, 1995.

II. DEUTSCHE LITERATUR: Der im 19. Jh. entstandene Terminus S. sucht einen zu verschiedenen Zeiten je unterschiedl. weit gefaßten Bereich der ma. Lit. vom präsumtiven Träger her zu definieren; allenfalls die Unterkategorie Spielmannsepik wird dabei als Gattungsbezeichnung im engeren Sinne, wenn auch mit großen Einschränkungen, verwendet. Aber selbst wenn der Begriff als ein mehrere lit. Gattungen übergreifender Terminus für Texte, deren Vortragende nicht nur reproduktiv, sondern auch schöpfer. mit der von ihnen vermittelten Lit. umginge, unbrauchbar ist, gerät damit doch ein zentraler Aspekt ma. lit. Lebens in den Blick: der Einfluß einer reich und unübersichtl. gegliederten, zwischenständ. Gruppe von Berufsunterhaltern, den sog. →Spielleuten, auf die ma. Lit.produktion des MA, deren Anteil an der mlat. und volkssprachl. ma. Lit. jedoch kaum konkret zu bestimmen ist.

Durch Sekundärzeugnisse ist der mündl. Vortrag v.a. situationsbezogener unterliterar. Kleinformen durch Spielleute häufiger bezeugt: Laut →Notker I. Balbulus stimmten die Verse eines »scurra« Karl d. Gr. gegenüber einem in Ungnade gefallenen Gf.en Ulrich um; →Petrus Cantor verweist in seinem Komm. zu Ps 118, 171 darauf, daß »scurrilia vel effeminata carmina« nicht die geeignete Unterhaltung für Pilger seien; →Saxo Grammaticus berichtet in der Dänenchronik von einem »cantor germanicus«, der bei Tisch ein Spottlied auf die Flucht des Dänenkg.s Svend (1157) vorgetragen habe. V.a. auf höf. Festen scheinen Spielleute Lob- und Scheltreden dargeboten zu haben, wie die Erwähnung ihrer Belohnung etwa in →Heinrichs v. Veldeke »Eneas« (V. 13199f.) oder →Hartmanns v. Aue »Erec« (V. 2199) nahelegen. Nicht bezeugt ist dabei jedoch die eigene Autorschaft der Sänger: Vom Kanzler Richards I., →William Longchamp, ist überliefert, daß er »cantores et joculatores« Lobsprüche auf sich vortragen ließ, die – als »emendicata carmina« – nicht von den Sängern selbst verfaßt worden waren. Die Grenze dieser zw. Mündlichkeit und Schriftlichkeit oszillierenden Gelegenheitsdichtungen zur ma. →Spruchdichtung ist wohl fließend, was sich noch in ausgeprägten Selbstbewußtsein und Rollenverständnis →Walthers v. der Vogelweide niederschlägt.

Sicher verfehlt ist es, in Weiterführung von HEUSLERS evolutionärer 'Nibelunglied'-Theorie den Spielleuten eine schöpfer. Rolle am Entstehen und der lit. Ausformung des Heldenepos zuzuschreiben. Sänger wie der in der »Vita S. Kanuti« des Robertus Elgensis erwähnte Sachse Siward, der 1131 Hzg. Knud Laward mit einem Lied von Kriemhilds Rache vor Verrat warnen wollte, waren, wie der *histrio* Taillefer, der in der Schlacht v. Hastings 1066 das norm. Heer mit einem Lied über Karl und Roland motivierte, wohl eher Berufssänger, die über ein entsprechendes, ad hoc akzentuiertes Repertoire verfügten, also zwar für die auch unterlit. Verbreitung von heldenepischen Stoffen im mündl. Lit.betrieb sorgten, jedoch nicht ihre alleinigen Träger waren. Auf die im Detail zwar ungeklärte, dennoch aber nicht unterzubewertende Funktion der Spielleute für die im wesentl. im mündl. Vortrag je neu realisierte Lit. des MA verweisen auch Äußerungen wie die des Thomas v. Chobham in seiner »Summa confessorum« (um 1215), der unterscheidet zw. Sängern, die »lascivas cantilenas« singen, und solchen »ioculatores [...] qui cantant gesta principum et vitas sanctorum«. Mit dem Wirken letzterer könnte, übertragen auf die dt. Situation, eine Gruppe von Epen mittlerer Länge in Verbindung gebracht werden, die gewöhnl. als Spielmannsepen bezeichnet werden und die meist dem internat. Erzählschema der Brautwerbung (→Brautwerberepos) folgen: die polit.-hist. orientieren Epen →»Kg. Rother« und →»Hzg. Ernst«, die Legendenepen →»Oswald« und →»Orendel« sowie »Salman und Morolf«. Wohl schon in der 2. Hälfte des 12. Jh. wurden alle diese Texte schriftl. fixiert; als Autoren der Buchfassung gelten heute einhellig Geistliche; die vorlit. Fassung läßt sich nur in Umrissen greifen. Wenn nach heutigem Forsch.skonsens der Spielmann auch als Autor dieser Buchepen ausfällt, an einer Gattung »Spielmannsepos« also kaum mehr festzuhalten ist, schließen sich die Texte doch insofern zusammen, als sie den für das 12. Jh. typ. Aufstieg heim. mündl. Erzähltradition in die von Geistlichen repräsentierte Buchlit. repräsentieren. 'Gattungs'typisch sind dabei die geogr.-kulturhist. unterschiedl. Herkunft der Stoffe, die motiv. und themat. Verflechtung mit anderen Erzähltypen (v.a. →Chanson de geste, lat. →Legende) und v.a. eine neue Welthaltigkeit des Erzählens: 'Welt' ist dabei nicht die eigene oder heldenepisch-hist. verbürgte, also 'reale' Welt, sondern eine mittelmeer.-oriental. Wunderwelt, in die die zeitgenöss. Kreuzzugserfahrung einging und damit sowohl eine neue Wirklichkeit schuf als auch die hist. Wirklichkeit symbol. verfremdete. Thema dieses neuen, auf die höf. Epik vorausweisenden Erzähltyps ist der polit. Gebrauch weltl. Macht, die Organisation der Gesellschaft und das Funktionieren zwischenmenschl. und zwischengeschlechtl. Beziehungen. Aus der Erzähltechnik dieser Lit. – reflektierende Manipulation traditioneller Kompositionsmuster, aus der handwerkl. Schematik der Darstellung abgeleitete Strukturen und Individualisierungseffekte – hat man einen bestimmten spielmänn. Stil (Derbheit des Ausdrucks, sorglose Erzähltechnik, Übertreibung und Wiederholung, Formelhaftigkeit der Sprache, Quellenberufung, Wahrheitsbeteuerung, Publikumsanrede u.a.) abstrahieren und darin auch ein spezif. Ethos der (spielmänn.) Autoren erkennen wollen, statt die Schematik der Komposition und die Stereotypik der Sprache als Indiz der →mündl. Tradition dieser als Buchepen überlieferten Werke zu erkennen. N. H. Ott

Lit.: MERKER–STAMMLER, IV, 1984², 105–122 [J. BAHR–M. CURSCHMANN]–P. WAREMAN, S. Versuch einer Begriffsbestimmung, 1951–S. des SpätMA, 1966 – W. J. SCHRÖDER, Spielmannsepik, 1967² – M. CURSCHMANN, Waltherus Cantor, Oxford Germ. Stud. 6, 1971/72, 5–17 – DERS., Oral Poetry in Mediaeval English, French, and German Lit., Speculum 42, 1967, 36–52 – DERS., Spielmannsepik. Wege und Ergebnisse der Forsch. 1907–65. Mit Erg. und Nachtr. bis 1967, 1968 – Spielmannsepik, hg. W. J. SCHRÖDER, 1977 (WdF 385) – W. RÖCKE, Höf. und unhöf. Minne- und Abenteuerromane (Epische Stoffe des MA, hg. V. MERTENS–U. MÜLLER, 1984), 394–423.

III. ENGLISCHE LITERATUR: Aus dem engl. MA sind zahlreiche Belege dafür erhalten, daß Spielleute (→Minstrel) nicht nur musikal. und akrobat. Darbietungen gaben, sondern auch Dichtungen vortrugen. Zeitgenöss. Q. geben auch Aufschluß über das Repertoire der engl. Spielleute, das außer →Romanzen und Heiligenlegenden (→Hagiographie) auch kürzere Dichtungen wie Liebeslyrik, satir. und polit. Gedichte u.ä. umfaßte. Von einer Reihe von Spielleuten sind die Namen überliefert, doch läßt sich nur in wenigen Fällen ein erhaltenes Werk einem bestimmten Spielmann zuweisen (Thomas →Chestre: »Sir Launfal«, Laurence →Minot: polit. Lyrik, 14. Jh.), und selbst hier ist umstritten, ob die Autoren tatsächl. Spielleute waren.

Die meisten der me. Romanzen sind anonym überliefert, und ein Großteil ist dem Bereich der volkstüml. Narrativik zuzuordnen (→Mündl. Literaturtradition, →Roman). Diese Romanzen weisen stilist. und erzähltechn. Merkmale auf, die auf ein mündl. Milieu hindeuten: Formelhaftigkeit; konventionelle Diktion; Strophenformen, die Flickverse begünstigen (Schweifreimstrophe); stereotype Charaktere; Motive der Volkserzählung u. a. m. Stilist. Züge allein erweisen eine Dichtung allerdings nicht eindeutig als S.; auch die Überlieferungsgesch. muß hinzugezogen werden. Ob allerdings unter den erhaltenen me. Hss. Minstrelhss. sind, ist in jüngster Zeit bezweifelt worden. Die me. volkstüml. Romanzen dürften z. T., wie schon Thomas →Percy vermutete, von Spielleuten gedichtet worden sein, z. T. wurden sie wohl aber auch von literar. Lohnschreibern (*hack writers*) speziell für Minstrels verfaßt. K. Reichl

Lit.: W. Grossmann, Frühme. Zeugnisse über Minstrels (ca. 1100 bis 1400) [Diss. Berlin 1905] – A. Brandl, Spielmannsverhältnisse in frühme. Zeit, SB der kgl. preuß. Akad. der Wiss., Philos.-hist. Cl. 91, 1910, 873–892 – C. C. Olson, The Minstrels at the Court of Edward III, PMLA, 56, 1941, 601–612 – A. C. Baugh, The ME Romance, Speculum 42, 1967, 1–31 – S. Wittig, Stylistic and Narrative Structures in the ME Romances, 1978 – L. C. Ramsey, Chivalric Romances: Popular Lit. in Medieval England, 1983 – K. Reichl, The ME Popular Romance: Minstrel versus Hack Writer (The Ballad and Oral Lit., ed. J. Harris, 1991), 243–268 – A. Taylor, The Myth of the Minstrel Manuscript, Speculum 66, 1991, 43–73.

Spielstein → Schachspiel, III

Spieß, eine der ältesten Waffen, bestehend aus Stoßklinge und langem Schaft, vielfach einzige Waffe des Kriegers zu Fuß, höchstens zusammen mit einer Blankwaffe geführt. Der Reiters. unterschied sich ursprgl. nicht vom gewöhnl. S. Von den Griechen hatten die Parther die lange Sarise der Infanterie als Reiterwaffe übernommen, die sie bei der Attacke unter den Arm klemmten. Der »eingelegte« lange Reiters. führte sich nach dem I. Kreuzzug in Europa ein. Der spätma. »Reiß.« hatte eine verdünnte Handhabe und häufig einen kannellierten Schaft. Der »Langs.« (Pike) der Landsknechte des 15. und 16. Jh. hatte einen etwa 4 m langen Schaft und ein kleines Eisen. O. Gamber

Lit.: H. Seitz, Blankwaffen, I, 1965.

Jagdwesen: Der S. wurde bei der Jagd auf größeres Wild, etwa auf Rotwild, Bären und vornehml. auf Schwarzwild, verwendet und bestand aus einer meist breiten Stoßklinge und einem langen Schaft. Um zu verhindern, daß die Klinge und der Schaft beim Stoß oder beim Auflaufen des Wildes zu weit in den Tierkörper drangen und damit der Jäger dem Wild gefährl. nahekam, wurde hinter der Klinge ein »Knebel« (ein meist aus Horn oder Holz gefertigtes Querstück) befestigt. Der Schaft wurde in der Regel mit Noppen versehen oder mit Riemen umwickelt, um ihn griffig zu gestalten. In ma. Texten auch: *jage-, jeger-, tier-, weide-* und *wiltspiez*, speziell zur Saujagd *eber-* und *swinspieß* (was dann durch den Terminus »Saufeder« abgelöst wurde); »Item, wurde ein bär oder schwin gefangen von denselben lüten ... und wäre, das der spiesz breche an dem gejagte, so ... sol inen der vogt einen nüwen geben.« (Uelfingen 1352, Dt. Weist. V, 31). S. Schwenk

Spinat (*Spinacia oleracea* L./Chenopodiaceae). Den wahrscheinl. in Zentralasien beheimateten S. brachten erst die Araber im 11. Jh. nach Spanien. Entsprechend leiten sich die mlat. und dt. Bezeichnungen *spinac(h)ia* bzw. *spinat(z), benetz* (Steinmeyer–Sievers III, 565; Gart, Kap. 364) von dem pers./arab. Namen äspänäh/isfinäġ für den S. ab. Albertus Magnus (De veget. VI, 434) kennt den S. als Gemüse und als Heilmittel, das bei Lungenleiden, Atem- und Verdauungsbeschwerden helfen sollte. Im übrigen ist der S. in der ma. Rezeptlit. kaum verbreitet und wird dort noch im 16. Jh. als »neue Pflanze« bezeichnet.

I. Müller

Lit.: Marzell IV, 449–452 – U. Körber-Grohne, Nutzpflanzen in Dtl., 1994³, 215–219.

Spinelli, Niccolò (oder Nicola) **da Giovinazzo**, Diplomat und Staatsmann, * zw. 1320 und 1325 in Giovinazzo oder wahrscheinlicher in Neapel, wo er studierte und als Rechtslehrer wirkte, † um 1395 wohl in Pavia. Kurz nach der Mitte des Jahrhunderts zog er nach Norditalien, wo er an den Univ. en Padua und Bologna lehrte. Er begann sich jedoch bald als Diplomat zu betätigen und entwickelte sich in der zweiten Hälfte des 14. Jh. zu einem der Protagonisten der it. Politik und der Kirchenpolitik. Im Dienst von Bologna wurde er zu Kard. →Albornoz (1355) und danach zu Papst →Innozenz VI. nach Avignon geschickt (1357), um die Rücknahme des Interdikts, mit dem der Papst die Stadt belegt hatte, zu erwirken. Er blieb in Avignon, dem neuen Papst →Urban V. treu ergeben, und wirkte für die Restauration der päpstl. Macht über Bologna und für den Schutz der Interessen von Kgn. →Johanna I. v. Neapel. 1366 zum Großkanzler des Kgr.es erhoben, übernahm er im Kgr. →Neapel die Rolle des Niccolò →Acciaiuoli als einflußreichste Persönlichkeit in der Regierung und bei der Kgn. (Galasso, 206). Von Johanna I. wurde S. auch mit der Gft. Gioia investiert. Als Promotor der Konsolidierung der freundschaftl. Beziehungen zw. dem Papsttum und dem Kgr. Neapel geleitete S. Urban V. bei seinem Einzug in Rom am 16. Okt. 1367. Im gleichen Jahr war er im Hinblick auf die Ankunft Urbans V. in Italien nach Florenz entsandt worden. Als Urban V. nach Avignon zurückkehrte, wurde S. von Johanna I. zum Seneschall der Provence ernannt (1370). In der Folge war er Generalkapitän der angevin. Herrschaften in Piemont (1372) und wirkte in den folgenden Jahren weiterhin für die Verstärkung des Bündnisses zw. dem Kgr. Neapel und dem Papsttum.

S. spielte auch eine entscheidende Rolle beim Ausbruch des großen →Abendländischen Schismas, indem er in Fondi die Wahl →Clemens' VII. betrieb und den neapolitan. Hof dazu bewog, gegen den in Rom 1378 gewählten Urban VI. zu opponieren. 1381–82 begann mit der Niederlage Johannas I., ihrer Gefangenschaft (auch S. war in Castel dell' Ovo eingekerkert) und ihrem Tod der Abstieg des Kanzlers. Nach einer kurzen Zeit an der Seite →Ludwigs v. Anjou ging er nach Frankreich und schließlich an den Hof der →Visconti. M. Luzzati

Lit.: G. Romano, N. S. da G. diplomatico del secolo XIV, Archivio Storico per le Provincie Napoletane, XXIV, 1899, – XXVI, 1901 – G. Galasso, Il Regno di Napoli. Il Mezzogiorno angioino e aragonese (1266–1494), 1992, 206ff.

Spini, florent. Familie des Sesto di Borgo, die seit Anfang des 13. Jh. einen wirtschaftl. Aufstieg erlebte (sie war in die Arte di →Calimala eingeschrieben) und bald polit. Bedeutung gewann. Ursprüngl. Popolaren (nach Erringung der Ritterwürde später als Magnaten eingestuft), Guelfen und nach der Schlacht v. →Montaperti verbannt, gehörten die S. in der 2. Hälfte des 13. Jh. zu den reichsten Familien von Florenz, die riesigen Grundbesitz besaßen. Zuerst mit den →Scali und →Mozzi, seit etwa 1270 nur mit letzteren, führten sie eine der wichtigsten Handelskompagnien und Banken. Seit der Mitte des 13. Jh. mit Finanzgeschäften in England engagiert, wurde die Gesellschaft in der Folge auch für die Kurie und dadurch im ganzen kirchl. Bereich sowie in den Kgr.en Frankreich, Neapel und Sizilien tätig. Anfang des 14. Jh. wurde die Verbindung mit den Mozzi aufgelöst, als die beiden Familien Anhänger der gegensätzl. Faktionen der »Bianchi« und der »Neri« wurden. Im Lauf des 14. Jh. verschlechterte sich die wirtschaftl. Lage der S. rasch, obgleich ihre Kompagnie Anfang des Jh.

noch zu den größten der Stadt zählte. Unter den Mitgliedern der Familie seien als bes. bedeutend genannt: *Manetto* und *Ugo di Spina* sowie *Lapo* und *Spina di Ugo*, wobei letztere zw. 1286 und 1292 jeweils zweimal Mitglieder des Priorats waren. M. Luzzati

Lit.: S. Raveggi, M. Tarassi, D. Medici, P. Parenti, Ghibellini, Guelfi e Popolo Grasso, 1978, ad indicem.

Spinnen, lat. araneae, wurden im MA im Gegensatz zur Antike (vgl. Aristoteles, h. a. 9, 39 p. 622 b 27–623 b 3, zit. bei Bartholomaeus Anglicus 18, 10) kaum nach Arten unterschieden und fast nur wegen ihrer kunstvollen Netze zum Insektenfang erwähnt. Thomas v. Cantimpré 9, 3 (zit. bei Vinzenz v. Beauvais, Spec. nat. 20, 112–114) kommentiert Jakob v. Vitry (hist. orient., c. 92) damit, daß die S. ihre Eingeweide durch das Spinnen so sehr entleere, daß sie sterbe. Für ihn ist Hauptquelle Plinius (n. h. 11, 79–85, nach Aristoteles, 1. c.) mit guter Beschreibung der Netzherstellung und des Fanges. Das Material dafür stamme nicht aus dem Darm (so Demokrit), sondern sei eine »gewisse wolletragende Fruchtbarkeit« (quedam lanifera fertilitas) im Körperinneren. Nach Plinius (anders Aristoteles!) sollten nur die Weibchen spinnen und die Männchen jagen. Paarungsverhalten und Ablage der eiähnl. »Würmchen« (d. h. von Eipacken) werden neben der tatsächl. langen Hungerfähigkeit aufgrund der aufgesaugten Flüssignahrung (Plin. 10, 198 = Arist., h. a. 8, 4 p. 594 a 21f.) von Thomas ebenfalls erwähnt. Nach Plinius (10, 206) lassen sie sich an einem Spinnfaden auf den Kopf einer im Baumschatten ruhenden Schlange (Arist., p. 623 a 34ff.: Eidechse) herab und töten durch lähmenden Biß ins Gehirn. Spinnfäden dienten nach dem »Experimentator« (vgl. Stuttgart, WLB, cod. phys. 2° 24, f. 121ʳ, dort auch weitere med. Verwendungen) als nicht eiternder Verschluß für Wunden. Die angebl. giftigen Phalangien, die gerne in Nasenlöcher von Mensch und Vieh eindrängen, kennt Thomas 9, 32 auch aus Plinius (11, 79; 11, 85; 29, 84 vgl. Leitner, 34f.), gegen deren Stich sich Hirsche durch Verzehr von Krebsen heilten (Plin. 8, 97). Albertus Magnus (animal. 26, 20) beschreibt nach dem Philosophen Symerion (bei Avicenna) die Vergiftungssymptome. Er kennt als einziger persönl. mehrere Arten der achtbeinigen S. und beschreibt (26, 7–8) 5 Verhaltensweisen beim artmäßig verschiedenen Netzbau. Für Hrabanus Maurus (de univ. 8, 4 MPL 111, 236) sind sie Sinnbild für menschl. Gebrechlichkeit, die Seele des von Versuchungen geplagten Einsiedlers und den Trug des Teufels.
Ch. Hünemörder

Q.: →Albertus Magnus, →Bartholomaeus Anglicus, →Hrabanus Maurus, →Jakob v. Vitry – Thomas Cantimpr., Liber de nat. rerum, T. 1, ed. H. Boese, 1973 – Vinc. Bellov., Speculum nat., 1624 [Neudr. 1964] – Lit.: HWDA VIII, 265–282 – H. Leitner, Zoolog. Terminologie beim Älteren Plinius, 1972.

Spinnen, Spinnrad. Das S. war eine uralte Tätigkeit, insbes. von Frauen, zur Erzeugung eines Fadens aus Fasern, →Wolle, →Flachs, →Hanf, ganz selten einem Mineralstoff (Asbest) sowie in Europa seit dem 12., n. der Alpen seit dem 14. Jh., auch →Baumwolle. Mytholog. wurde es mit Eva und der Vertreibung aus dem Paradies in Zusammenhang gebracht (»Il primo lavoro« am Campanile des Doms zu Florenz bzw. im Dommuseum). Beim Handsp. werden unterschiedl. lange Fasern aus einem gekämmten Vorrat, dem aufgesteckten Rocken, verzogen und gestreckt, vorgedreht und über eine freihängende, durch die andere Hand in Rotation versetzte Spindel aus Spindelstab und Wirtelgewicht zu einem endlosen Faden versponnen. Die europ. →Innovation des Spinnrads im 13. Jh. erforderte den Wechsel zu stationärer Arbeit und stieß auf Widerstände, da auch Qualitätseinbußen des gesponnenen Garns und damit der Webprodukte sowie soziale Probleme befürchtet wurden. Radgesponnenes Garn (nicht das Spinnrad, das auch zum Spulen genutzt werden konnte) für Webzwecke unterlag gelegentl. Verboten: Paris 1268, Abbeville 1288. In Speyer durfte das später sog. Schußgarn seit etwa 1280 am Spinnrad erzeugt werden, doch war der *zetil* oder die Kette »cum manu et fusa« zu spinnen. Das entsprechende Verbot hielt sich mancherorts bis zum Ende des MA, wobei auch sog. Mischgewebe, darunter ggf. →Barchent (→Leinen = Kettgarn, Baumwolle = Schußgarn), den Ausschlag gaben. Es wurde 1478 in Quedlinburg, 1489 in Reichenbach in der Oberlausitz bekräftigt. Inzwischen war das S. durch Einführung der Flügelspindel (Erstbeleg im sog. Ma. Hausbuch, um 1480, →Hausbuchmeister) verbessert worden, woraufhin kontinuierl. gesponnen werden konnte und das gesonderte Aufwickeln entfiel. Die raumzeitl. noch nicht ermittelte Innovation des Flügelspinnrads mit Tretantrieb fällt in die frühe NZ. K.-H. Ludwig

Lit.: K.-H. Ludwig, S. im MA unter bes. Berücksichtigung der Arbeiten »cum rota« (Technikgesch. 57, 1990), 77–89 – L. v. Wilkens, Die textilen Künste, 1991.

Spinola, eine der größten genues. Familien (→Genua), die zusammen mit den →Doria, →Grimaldi und →Fieschi die sog. »quattuor gentes« bildeten. Die S. gehören zum ältesten städt. Adel und sind Abkömmlinge der Vizgf.en v. Manesseno, denen die Otbertinischen Mgf.en (→Otbertiner/Obertenghi) die Ausübung der Macht in der Stadt übertragen hatten. *Guido*, der Enkel oder Urenkel des Vizgf.en *Ido* trug als erster, Anfang des 12. Jh., den Beinamen S., der danach zum Familiennamen wurde. Obgleich Guido und seine Söhne *Ansaldo* und *Oberto* mehrere Male Konsuln waren, hielten sich die S. während der ersten Zeit der kommunalen Herrschaft von den Kämpfen zw. den städt. Familien und Faktionen fern. Sie vermehrten statt dessen ihr Vermögen, indem sie Einkünfte aus Grundbesitz und Fiskalrechten in den Seehandel investierten und ihre Einflußzone innerhalb der Stadt erweiterten. Von ihrem ursprüngl. Sitz in der »compagna« Borgo dehnten sie sich bis zum Hügel von Luccoli aus, der früher bfl. Besitz war, und bauten in derart großem Umfang Häuser und Türme, daß ihre Enklave zu groß wurde, was zur Teilung der Familie in zwei zweien führte, *S. von San Luca* oder *S. della Piazza* und *S. di Luccoli*, die sich nach ihrem Wohnsitz nannten. Beide Zweige waren nicht immer solidarisch und traten bisweilen miteinander in Wettstreit. Zusammen mit den →Doria Anführer der ghibellin. Faktion, gehörten die S. im 13. Jh. zu den Protagonisten der innerstädt. Kämpfe, standen auf der Seite der ksl. Partei und mußten auch ins Exil gehen, wobei sie sich in ihre Besitzungen im Scriviatal zurückzogen und von dort aus wiederholt Angriffe gegen die Stadt führten. Ende des 13. Jh. gelang es ihnen, *Oberto* an die Macht zu bringen, der mit →Oberto Doria die berühmte Dyarchie der 'Capitani del popolo' begründete, unter der →Genua eine der bedeutendsten Phasen seiner Geschichte erlebte.

Die heftigen Kämpfe, die an der Wende vom 13. zum 14. Jh. in der Stadt tobten, machte sich *Opizzino*, das Familienhaupt der S. di Luccoli, zunutze und ließ sich im Nov. 1308 zum Signore der Stadt proklamieren. Im Febr. 1312 erwirkte er von Ks. →Heinrich VII. die Investitur mit zahlreichen Lehen im Oltregiogo und im Tortonese, die den sog. »Spinola-Staat« begründeten. Dies blieb jedoch nur eine kurze Episode, die die Kluft zw. den beiden Zweigen des Hauses vertiefte und die S. di San Luca veranlaßte, ein gemeinsames »Albergo« mit den →Grimaldi zu bilden, nicht zuletzt auch um die häufigen Kontraste über die Besitzverhältnisse rund um die Piazza zu beseitigen. Nach der Reform d. J. 1339, in der Simon →Boccanegra alle Adligen von den Regierungsämtern ausschloß, zogen sich die S. in ihre Lehen im Oltregiogo und an der Riviera di Ponente zurück und zettelten vielfach Rebellionen zum Sturz der Popolaren-Regierung an. Einige zogen aus polit. und wirtschaftl. Gründen nach Spanien, England und Flandern, wo sie Handels- und Bankimperien errichteten. Folgende Mitglieder der Familie sind im spätma. Genua bes. hervorgetreten: *Gaspare* war Ende des 14. Jh. genues. Heerführer im →Chioggia-Krieg; *Francesco* war mehrmals Flottenadmiral, führte 1435 den Aufstand gegen die →Visconti und wurde deshalb zum »Capitano della Libertà« akklamiert; *Agostino*, Signore v. Tassarolo, war ein enger Mitarbeiter von Andrea →Doria und Führer der Truppen Ks. Karls V.

1528 vereinigten sich die beiden Linien zu dem »Albergo« Spinola.
G. P. Balbi

Q. *und Lit.:* Giorgio e Giovanni Stella, Annales Genuenses, ed. G. Petti Balbi, RIS XVII/2, 1975 – G. Caro, Genua und die Mächte am Mittelmeer, 1895 – G. Poggi, Gli S. di Luccoli, Riv. ligure di scienze e lettere XLIV, 1917, 83–135 – J.Heers, Gênes au XVᵉ s., 1961 – A. Goria, Le lotte intestine in Genova tra il 1305 e il 1309 (Misc. di storia ligure in on. di G. Falco, 1962), 251–280 – G. Petti Balbi, Simon Boccanegra e la Genova del Trecento, 1991.

Spira. 1. S., Johannes de, aus Speyer stammender Druckerverleger, † 1469/70 in Venedig (?). S., wahrscheinl. mit dem in Mainzer Urkk. von 1460 und 1461 als Zeuge gen. 'Hans von Spyre' ident., führte die Buchdruckerkunst in Venedig ein. Er lebte wohl aus geschäftl. Gründen schon länger in Venedig (∞ Italienerin; zwei Kinder), als er seine Offizin begründete und dt. Druckergesellen in seine Dienste nahm. Von den drei unter seinem Namen erschienenen Klassiker-Texten erlebten die »Epistolae familiares« Ciceros eine zweite Aufl. (GW 6801). Nach den Angaben der Schlußschrift wurden beide Aufl. zu je 300 Exemplaren gedruckt. Die Republik Venedig erteilte S. am 18. Sept. 1469 ein auf fünf Jahre befristetes Privileg, die Druckkunst als einziger ausüben zu dürfen. Während der Arbeit an Augustinus' »De civitate dei« (GW 2877; Erscheinungsjahr 1470) ist er, wie die Schlußschrift meldet, verstorben. Die Offizin ging an seinen Bruder Vendelinus über.
S. Corsten

Lit.: K. Haebler, Die dt. Buchdrucker des 15. Jh. im Auslande, 1924, 24–26 – Geldner II, 62–64.

2. S., Vendelinus de, Druckerverleger, † nach 1477 in Venedig (?), übernahm nach dem Tod seines Bruders Johannes 1469/70 dessen Unternehmen. Obwohl das Privileg vom 18. Sept. 1469 für ihn nicht galt, konnte er bis einschließl. 1472 zahlreiche Drucke von hoher typograph. Qualität auf den Markt bringen. In seiner Produktion überwiegen Werke klass. Autoren und jurist. Komm. e. Während er zunächst nur mit einer vom Bruder übernommenen Antiquaschrift arbeitete, verwendete er für die Juristica eine rundgot. Letter, um den Erwartungen seiner gelehrten Kundschaft entgegenzukommen. Diese →Rotunda wurde in Italien viel nachgeahmt. Unter seiner Produktion in it. Sprache ragen hervor eine Bibelübers. (GW 4311), Petrarcas »Canzoniere« und Dantes »Divina Commedia« (GW 1964). Durch starke Konkurrenz, u.a. von Nicolaus →Jenson und Johannes de →Colonia, die wahrscheinl. aus dem Unternehmen der Brüder de S. hervorgegangen sind, mußte er seit 1473 seine Produktion stark einschränken.
S. Corsten

Lit.: Geldner II, 64f. – M. Kotrba (Schatzkammer der Überlieferung, hg. A. Cattani, 1989), 30–33, 152f.

Spiritualen, Theologie der. Auch die jüngsten Studien zur ma. Geistesgeschichte konnten keine Th. der S. in engerem Sinne herausarbeiten, das heißt, eine 'Schule', die innerhalb der →Franziskanerschule jene als S. bezeichnete franziskan. Strömung kennzeichnete, die im letzten Viertel des 13. Jh. eine zunehmend krit. Haltung gegenüber der Führungselite der Minderbrüder einnahm, vor allem was die →Armut und die Auslegung der Botschaft des hl. →Franziskus v. Assisi betrifft. Gleichwohl gibt es einige Tendenzen, die Autoren wie →Petrus Johannis Olivi, →Petrus de Trabibus, →Angelus Clarenus und →Ubertino da Casale gemeinsam aufweisen, so daß sie eine Art von 'Spiritualenlehre' darstellen können. Der führende Kopf der Gruppe war sicher Olivi, der in Paris studierte und stark von →Bonaventura da Bagnoregio beeinflußt wurde, obgleich er später eigenständige Positionen vertrat. Olivi wollte jedoch nicht den Magistertitel erreichen, den er mit der franziskan. Demut für unvereinbar hielt; diese krit. Haltung gegenüber den akadem. Würden findet sich auch bei Ubertino, der ebenfalls in Paris Theologie studierte, und bei Clarenus, der eine weniger umfassende Schulbildung hatte. Finden sich in Olivis Lehre neben der deutlichen augustinisch-bonaventuran. Prägung auch aristotel. Anklänge (das Konzept von der Einheit der menschl. Natur, die aus Materie und Form besteht), so sind diese anscheinend nur von dem wenig bekannten →Petrus de Trabibus weiterentwickelt worden. Die Führer der it. S. (Ubertino und Clarenus) scheinen hingegen seine Ablehnung der Theologie im Sinne eines mit den Mitteln der Ratio erreichbaren »Wissens von Gott« und die Hinwendung zur Kontemplation des Göttlichen durch die Caritas übernommen zu haben. Obwohl Olivi zahlreiche 'scholastische' Werke verfaßt hat (darunter die klassischen Sentenzenkommentare), beruht sein Einfluß anscheinend v. a. auf seiner Geschichtskonzeption, die starke Einflüsse des Joachimismus aufweist; allerdings hat Olivi stets den strikt ternarischen Ansatz →Joachims v. Fiore zurückgewiesen, der die Weltgeschichte in drei Zeitalter geteilt sah, die jeweils vom Vater, vom Sohn und vom Heiligen Geist beherrscht werden. Für den provenzal. S. nimmt hingegen die Menschwerdung Christi eine zentrale Rolle in der Geschichte ein und neben dieser die Geburt des Franziskus v. Assisi, des wahren »alter Christus«, der eine neue Zeit ankündigt, in der auf Prüfungen und Leiden Läuterung und Freude folgen werden. Sowohl Clarenus (»Historia septem tribulationum«) als auch Ubertino (»Arbor vite crucifixe«) haben die Geschichtsdeutung Olivis, die zentrale Bedeutung des franziskan. Lebens und die läuternde Kraft des Leidens, übernommen, gelangen aber zur Interpretation einiger Geschehnisse der jüngsten Vergangenheit im Lichte dieser Geschichtsdeutung; auf diese Weise setzt Ubertino Olivis myst. Antichrist mit den Päpsten →Bonifatius VIII. und →Benedikt XI. gleich, die den S. feindlich gegenüberstanden. Weniger leicht zu interpretieren sind die Positionen der S. gegenüber der Römischen Kirche. Olivi hatte einerseits die Theorie von der Unfehlbarkeit der Kirche als gottgewollte Institution und ihres Oberhauptes aufgestellt, andererseits aber auf die Dekadenz eines großen Teils der zeitgenöss. Kirche hingewiesen und sie als Sündenbabel bezeichnet. Seine Schüler, die ständigen Verfolgungen unterworfen wurden, gelangten hingegen zu drast. Verdammungsurteilen über die Kirche ihrer Zeit, v.a. Ubertino. Ein anderer Kernpunkt der Lehre Olivis, den er in den »Quaestiones de perfectione evangelica« erläutert, ist seine Interpretation der franziskan. Armut, der vollkommenen Nachfolge der Armut Christi und des Bettelns der Minoriten, die nicht nur in den theoret. Prämissen, sondern auch in der prakt. Verwirklichung als Fundament des Minoritenordens angesehen wird. In diesem Bereich wurde Olivis Lehre anscheinend vollständig und ohne Entstellungen übernommen. Elemente seiner Lehre finden sich trotz der zahlreichen Verurteilungen seitens der Kirche bei den Observanten und v. a. bei →Bernardinus v. Siena. G. Barone

Lit.: vgl. auch die gen. Verweisstichwörter – G. L. POTESTÀ, Storia ed escatologia in Ubertino da Casale, 1980 – DERS., Angelo Clareno. Dai poveri eremiti ai fraticelli, 1990 – G. BARONE, L'œuvre eschatologique de Pierre Jean-Olieu et son influence (Fin du Monde et signes des temps [Cahiers de Fanjeaux, XXVII], 1992), 49–61 – D. BURR, Petrus Johannis Olivi De usu paupere. The Quaestio and the Tractatus, 1992 – D. FLOOD, Peter Olivi Quaestio de mendicitate, AFH 87, 1994, 287–347.

Spiritualia, im MA die jurisdiktionellen Befugnisse des Bf.s über eine Kirche und ihre Geistlichen, v. a. das Anstellungs- und Entlassungsrecht. Die Unterscheidung zw. weltl. und geistl. Bereich hat ihre Wurzeln u. a. in der →Eigenkirche, bei der wegen des Einflusses des Laienkirchenherrn diese Trennung notwendig war. Aus der Eigenkirche entstanden →Patronatsrecht und →Inkorporation. Das Patronatsrecht wurde (Alexander III.) als eine res spiritualibus adnexa bezeichnet. Bei der Inkorporation unterschied man bald zw. Vermögen (→Temporalia) und Pfarramt (halbe und volle Einverleibung). Eine grundlegende Rolle im Konzept der →Gregorian. Reform spielte die Scheidung von geistl. (S. im weiteren Sinne) und weltl. Bereich (Temporalia), durch die – basierend auf →Ivo v. Chartres – der →Investiturstreit beendet werden konnte; die Temporalia wurden von →Bernhard v. Clairvaux den S. untergeordnet. Die Trennung der Bereiche im Investiturstreit (→Wormser Konkordat) lockerte die Verquickung der kirchl. und staatl. Sphäre und förderte damit die von der Reform erstrebte Emanzipation und Unabhängigkeit. Die geistl. Reichsfs.en verloren aber in der Folge nicht ihr weltl. Amt. Im einzelnen lassen sich folgende Belegstellen anführen: Bei Inkorporation und Patronat haben nach dem →Decretum Gratiani die Kirchen, Kl. und Laien hinsichtl. der S. die Befugnis, den anzustellenden Geistlichen auszuwählen und dem Bf. vorzuschlagen, der ihm darauf das Kirchenamt überträgt (C. 16 q. 7 c. 30 Dictum post). Nach →Rufinus (ähnl. →Huguccio) kann ein Kl., das auf eigenem Grund eine Kirche errichtet, diese nicht quantum ad spiritualem dignitatem beanspruchen. S. sind die Rechte, welche der Bf. normalerweise über die Kirchen seines Bm.s ausübt. Bei Stephan v. Tournai werden unter S. nicht das Kirchenamt, sondern die in Betracht kommenden bfl. Weihe- und Jurisdiktionsakte, die Weihe der Kleriker, die →Exkommunikation und Absolution der Pfarrkinder, der Ausschluß und die Wiederaufnahme der Büßer u. ä. verstanden. Für Innozenz IV. sind die S. die Ausübung der bfl. Weihegewalt und der jurisdiktionellen Rechte (Komm. zu X. 5. 33. 19 [Dekretale »Pastoralis«]). Dazu gehören die Strafgerichtsbarkeit, die Spendung der Sakramente, die den bfl. Charakter erfordern, die Altarkonsekration und die Erteilung der Weihen und das Visitationsrecht. →Nicolaus de Tudeschis versteht unter den S. die geistl. Funktionen, die Seelsorge, aber auch noch das Recht, den Geistlichen anzustellen und wieder zu entlassen, sowie andere Jurisdiktionsrechte. R. Puza

Lit.: D. LINDNER, Die Lehre von der Inkorporation in ihrer gesch. Entwicklung, 1951 – K. MÖRSDORF, Kirchenrecht, 1964[11], 12 f. – G. DUBY, Ritter, Frau und Priester, 1985[2], 230.

Spiritualität. Spiritualitas (S. as) leitet sich vom Adjektiv 'spiritualis' her, einer Schöpfung des chr. Lateins (CH. MOHRMANN) und Übers. des ntl. 'pneumaticos' (1 Kor 2, 13. 15; 3, 1; 15, 44–46 u. ö.). Das Adjektiv erlangte in der lat. Theol. von Anfang an große Bedeutung; das Substantiv 'S. as' kam erst spät und allmähl. vom 5.–11. Jh. in Gebrauch. Ein frühes Zeugnis ist der pseudo-hieronym. Brief 7 (MPL 30, 105–116; wahrscheinl. aus der Umgebung des Pelagius), in dem S. as die chr. Lebensform bezeichnet. In gleicher Bedeutung schrieben auch Bf. →Avitus v. Vienne in einem Brief an den Mitbf. Apollinaris v. Valence und ebenso Bf. →Rather v. Verona, der seinen Kollegen mahnt, daß die geistl. Ehe des Bf.s mit seiner Kirche die »aures spiritualitatis« fordere. →Berengar v. Tours verlangte für das geistl. Verständnis der Abendmahlsbotschaft (»ad vocem spiritualitatis«, ed. R. HUYGENS, 67, 1116f.) das dialekt. geschulte Gehör, um die Präsenz des Herrenleibes nicht sensualist., sondern geistmächtig zu verstehen (ebd. 147, 1686, 1690). →Gilbert v. Poitiers konnte die geistmächtige Subsistenz des Menschen (im Unterschied zur 'rationalitas') als S. as deuten (De trin. I c. 2 n. 77, ed. N. HÄRING, 95, 78). In der frühscholast. Theol. kann S. as auch die heilsgesch. qualifizierte Geistigkeit der Seele bezeichnen, die nicht von der Erbsünde entstellt ist bzw. die durch die »vita spiritualis« wiederhergestellt werden muß (Wilhelm v. Paris). Ebenso konnte die eschatolog. vollendete und verklärte Natur des Menschen als »natura spiritualis« bestimmt werden. Im 13. Jh. wurde der Terminus häufiger verwendet, z. B. auch bei Thomas, ohne aber zu einem Grundbegriff zu werden.

Die vom bibl. und theol. Sprachgebrauch her dialekt. zugerüstete Bedeutung von Spiritualität (S.), im Gegensatz zur Fleischlichkeit und Sinnlichkeit, zur Weltlichkeit und Zeitlichkeit, hat v. a. das ma. Verständnis der chr. Lebensform hoher Geistigkeit aus der Kraft des Glaubens bestimmt, so daß der Terminus zu einem hermeneut. Grundbegriff der Geschichtsschreibung geworden ist. Dessen sachl. Bedeutung ist sehr komplex: 1. S. bezeichnet die das monast. und kanon. Leben bestimmende Praxis der 'spiritualia' (tägl. Opfer des Gebetes, eifrige Schriftlesung, Gewissensprüfung, Andacht und Innerlichkeit; Wilhelm v. St-Thierry, Ep. ad fratres de Monte Dei n. 125, ed. V. HONEMANN, 317). →Guibert v. Nogent beschreibt in seiner Autobiogr. die Bekehrung als Gewinn der S. Wer das Göttliche schauen möchte, muß die 'animalitas' ablegen und die S. as gewinnen (Reimbald v. Lüttich, De vita can. c. 11, ed. C. DE CLERCQ, 28), denn nur der Geistliche empfängt und erfährt die Gnade hoher S. und Weisheit. 2. Die S. ist ebenso individuell wie auch gemeinschaftsbezogen. Sie hat in den verschiedenen Orden des 12. und 13. Jh. unterschiedl. Formen gefunden. 3. Die S. ist standesbestimmt und spezif. im dreifachen Stand der Jungfrauen, Witwen und Verheirateten unterschieden. →Rupert v. Deutz betrachtete im typolog. Blick auf die atl. Gerechten (Job, Noah, Daniel) die unterschiedl. S. in der Kirche, und Thomas v. Aquin, Sent IV d. 49 1. 5 a. 2 begründete den dreifachen Sieg der 's. as' über die 'animalitas'. Auch die sakramentale Ehe hat und braucht ihre S. Das →»Speculum virginum« weist den Weg hoher jungfräul. S. 4. Die S. gründet in der sakramentalen Taufe, dem Abbau der fleischl. und der Auferbauung der pneumat. Existenz (Röm 6, 4; 2 Kor 4, 16 u. ö.). Sie ist nach Thomas (a. a. O.) ebenso heilsnotwendig wie auch überströmend in ihrer inneren Dynamik. Sie überformt in ihrer Fülle Gefühl und Erkennen und schenkt jene charismat. Gaben und Kräfte, die vielfach als →Mystik bezeichnet werden. 5. S. zielt auf die inwendige Vollendung des Menschen; sie geht im Grunde und in der Kraft des Geistes und des Herzens und also im Grund des Seins auf. Die scholast. Metaphysik öffnet sich der S. und vollendet sich in ihr (so Albert d. Gr.). 6. Leitmotive und -ziele der ma. S. sind: →Gottebenbildlichkeit in ihrer Spannung von naturalem Bild und tugendhafter Ähnlichkeit, dreifacher Aufstieg der Geistseele (Läuterung, Verähnlichung, Einigung), Nachfolge Christi, Gotterkennen und Selbsterkenntnis, Einfachheit, Freiheit und Unsterblichkeit.

L. Hödl

Lit.: DSAM XIV, 1142–1160 – L. Tinsley, The French Expressions for Spirituality and Devotion, 1953 – J. Leclercq, F. Vandenbroucke, L. Bouyer, La Spiritualité au MA, 1961 – J. Leclercq, S. as, StM 3, 1962, 279–296 – W. H. Principe, Sciences Religieuses 12, 1983, 127–141 – Christian Spirituality, I: Origins to the Twelfth Cent., 1986; II: High Middle Ages and Reformation, 1987 – J. P. Torrell, RRSPhTh 73, 1989, 75–84 [Thomas v. Aquin].

Spiritus arteriarum → Spiritus-Lehre

Spiritus-Lehre des lat. MA steht in enger Verbindung mit dem von den stoischen Schulen postulierten »pneuma«, das als Träger der physiolog. Kräfte des Organismus galt. Die »Materie« dieses Pneuma besteht aus einer in der Atemluft enthaltenen Feinstoff, der mit dem Atem in die Lunge aufgenommen wird; von dort gelangt er über die Venen in die linke Herzkammer und über die Arterien in den Organismus. In der Schule der Pneumatiker (Archigenes, Aretaios, Ruphos) werden drei Abstufungen beschrieben: eine Grundkraft, die den Organismus zusammenhält, eine mittlere Feinschicht, die Zeugung und Wachstum vermittelt, sowie ein ätherisches Substrat als Träger der psych. Funktionen. Pneuma gilt dabei nicht nur als Träger, sondern auch als Präger des Lebens und wird Lebenskraft. Dieser pneumat. Vitalismus zieht sich – beträchtlich modifiziert und zumeist begrifflich unklar – durch die ganze Gesch. der Medizin. – Bei →Galen kommt es zu einem Synkretismus der stoischen und pneumat. Schulen, wobei das »pneuma physikon« (spiritus naturalis) die Leber zur Werkstätte und die Venen zu Werkzeugen hat; das »pneuma zotikon« (spiritus animalis) hat seine Stätte im Herzen und wirkt über die Arterien; das »pneuma psychikon« (spiritus vitalis) ist dem Gehirn zugeordnet und kommt in den Nerven zur Wirkung. Innerhalb der Funktionen des Nervensystems spielt das »pneuma« die Rolle eines »ersten Werkzeugs der Seele« ($\pi\rho\tilde{\omega}\tau o\nu$ ὄργανον τῆς ψυχῆς). Den »spiritus« zugeordnet werden die anhebenden, umbildenden, aussondernden u. ä. spezif. Kräfte (virtutes). – Die Galenische Spiritus-Lehre übernimmt →Avicenna, um sie in seinem »Canon medicinae« weiter zu differenzieren in bezug auf Ernährung, Bewegung, Generation sowie die Sinnesvermögen. Unterschieden werden auch bei den lat. Scholastikern ein »Spiritus naturalis«, der Ernährung und Wachstum leitet, der »Spiritus animalis«, der die willkürliche Bewegung ermöglicht und über die Elemente Einfluß nimmt auf die Schärfen des Körpers, sowie der »Spiritus vitalis«, der über die Arterien in die Gehirnkammern gelangt, um den Wärmehaushalt zu fördern und körperl. Empfindung zu ermöglichen. – Nachwirkungen der Spiritus-Lehre finden sich im »Archaeus«-Begriff des →Paracelsus, in der »Universa medicina« (1544) von Jean Fernel wie auch in iatrophys. Theorien des 17. und 18. Jh. H. Schipperges

Lit.: H. Driesch, Gesch. des Vitalismus, 1922² – A. J. Brock, Galen on the Natural Faculties, 1963 – M. Putscher, Pneuma, Spiritus, Geist, 1973 – K. E. Rothschuh, Vom Spiritus animalis zum Nervenaktionsstrom, Ciba-Zs. 8, 1958, 2950–2980.

Spital → Hospital

Spitze, Bezeichnung für ein zumeist aus Garn hergestelltes Geflecht; erst ab dem 17. Jh. gebräuchl., davor z. B. Däntelschnüre, Zinnichen, Zinnigen etc. Für die Technik der S. ist in erster Linie die Bindung ausschlaggebend. Aufgrund der Herstellungsweise unterscheidet man zw. Nadels. und Klöppels. Die Nadels. entwickelte sich aus der Durchbruchstechnik: Aus dem zu bestickenden Stoffstück werden Schußfäden entfernt; die verbleibenden Kett- und Schußfäden werden mit Festonstichen zu einem Gitter verstärkt. Bei der echten Nadels., oft Nähs. gen., wird der Schlingstich, der das Muster der S. bildet, frei in der Luft gefertigt. Zumeist dient die Mustervorlage als Halterung. Die Näherin arbeitet nur mit einem Faden; allerdings werden bisweilen neue Fäden zur Musterbildung in bestehende Schlaufenreihen eingeführt. Die wichtigsten Hilfsmittel zur Herstellung der Klöppels. sind Kissen, Gewichte, Vorlage und Stecknadeln. Die Vorlage, der Klöppelbrief, wird zw. Unterlage und Fäden gelegt. Die Klöpplerin führt in jeder Hand zumindest zwei Klöppel, die gedreht und untereinander verkreuzt werden. Nach Drehen und Kreuzen wird der neu entstandene Kreuzungspunkt der Fäden mit einer Stecknadel im Klöppelkissen befestigt. In Venedig sind die ältesten erhaltenen S.n und die ersten gedruckten Modellbücher für S.n entstanden (»Giardinetto novo di ponti tagliati« des Matio Pagano, 1542). Entscheidende künstler. Anregungen gingen dabei vom Osten aus. In den Vorläufern der S.nmodelbücher, den Stickmodellbüchern, spielen islam. Ornamente, Arabesken und Moresken eine große Rolle. Die auf der Technik der Durchbruchsarbeit basierende Nadels. nannte man 'Reticella', die frei ausgeführte Nadels. 'punto in Adria'. Auch für die Klöppels. ist Venedig der Ausgangsort. E. Vavra

Lit.: F. Schöner, S.n Enzyklopädie der S.ntechniken, 1980 – S. Levey, A Hist. of Lace and Lace Making, 1981 – P. Earnshaw, A Dict. of Lace, 1982 – M. Coppens, S.n aus Belgien vom 16. Jh. bis heute, 1983 – G. Graff-Höfgen, Die S. Ein Lex. zur S.nkunde, 1983 – M. Preysing, S.n (Bilderh. des Mus. für Kunst und Gewerbe Hamburg 20, 1987) – M. Bruggemann, Brugge en Kant, 1989 – A. Kraatz, Die Kunst der S., 1989 – S. Vandenberghe-F. Sorber, Kant op zijn best, 1990.

Spitzgroschen, so gen. nach dem mit Spitzen versehenen Dreipaß (→Vierpaß), in dessen Mitte der Landsberger Schild, auf um 1475–82 geprägten Varianten des →Meißner Groschens. Die halben S. tragen den Spitzdreipaß auf beiden Seiten. Der S. wurde in großen Mengen in den Münzstätten Zwickau, Leipzig, Freiberg und Colditz hergestellt. P. Berghaus

Lit.: F. v. Schroetter, Wb. der Münzkunde, 1930, 650 – G. Krug, Die meißn.-sächs. Groschen, 1974, 95f., 177–179.

Spitzovalschild, »Mandelschild«, nach den Abb. auf dem Teppich v. →Bayeux fälschl. auch »Normannischer Schild« gen. →Schild. O. Gamber

Splendor solis, Text/Bild-Werk alchem. Inhalts, entstanden um 1500/30 im dt. Kulturraum. Kompilator und Bildprogrammurheber dieses Hauptwerks der dt. Alchemia-picta-Tradition sind unermittelt; die seit der frühen NZ übliche Zuschreibung an Salomon Trismosin, einen vermeintl. Lehrer Theophrasts v. Hohenheim, ist erfabelt. Der S. setzt sich aus Dicta antik-ma. Autoritäten zusammen und belehrt über Bereitung und Wirkung des »Steins der alten Weisen«. Aus der Masse alchem. Florilegien heben ihn seine künstler. hochstehenden Illustrationen heraus, von denen sich einige in allegor. gefaßten und mit dem Namen Ovids und Vergils verknüpften Erzählungen ableiten, andere in Phiolen placierte und mit Planetenkinder-Darstellungen kombinierte Sinnbilder von Wandlungsgeschehnissen bei der Präparation der alchem.

»Medicin« darbieten. Seit 1599 stellten sich neben die hs. Überl. manche Abdrucke; frühnz. Übers. ins Engl. und Frz. bekunden internat. Ansehen. J. Telle

Ed. und Übers.: S., ed. G. HÖHLE, 1972 [Faks. von Cod. germ. fol. 42 der SB Berlin] – Eröffnete Geheimnisse Des Steins der Weisen, Hamburg 1718 [Nachdr. eingel. K. R. H. FRICK, 1976], 163–213 [Nachdr. der Ed. pr.-Fassg. Rorschach 1599] – S. Alchemical Treatises of Solomon Trismosin, introd. J. KOHN, 1920 [auch: DES PLAINES, 1976; engl. Übers.] – S. by Salomon Trismosin, transl. J. GODWIN, ed. comm. A. MCLEAN, 1981 – Salomon Trismosin, La Toison d'Or, hg. B. HUSSON–R. ALLEAU, 1975 [frz. Übers.] – S. Alchemist. Verhandelingen van Salomon Trismosin, ins Holl., übers. J. P. SCHOONE, 1980 – hist.-krit. Ausg. fehlt – Lit.: G. F. HARTLAUB, Signa Hermetis, ZDVKW 4, 1937, 93–112, 144–162 – DERS., Chym. Märchen, Die BASF, Jg. 1954, H. 2/3; 1955, H. 1 – DERS., Der Stein der Weisen (Bibl. des Germ. Nat. Mus. zur dt. Kunst-und Kulturgesch. 12, 1959), 32, 48 – B. DAENTLER, Die Buchmalerei Albrecht Glockendons und die Rahmengestaltung der Dürernachfolge (tuduv-Studien. Reihe Kunstgesch., 12), 1984, 102–108 – J. VAN LENNEP, Alchimie, 1985², 110–129, 163–165 – H. FRÜHMORGEN-VOSS–N. H. OTT, Kat. der dt. sprachigen ill. Hss. des MA, I, 1987, 44–55, 99.

Split (Aspalathos, Spalatum, it. Spalato), Stadt, Ebm. an der mittleren Ostküste der Adria (Kroatien). Die auf der →Tabula Peutingeriana verzeichnete Siedlung wurde in den 'ager' v. →Salona einbezogen. Um 300 errichtete Diokletian seinen räuml. wie ein Legionslager gegliederten Palast, Kernzelle der späteren Stadt S. Schon seit den Gotenkriegen, endgültig im 7. Jh. mit dem Vordringen der Slaven, verlagerten sich die städt. Funktionen von Salona in den Schutz des Palastes. Der sog. Jupitertempel wurde zur Taufkirche, das Mausoleum zur Kathedrale (zuerst ō Maria, dann Salonitaner Märtyrern Domnius und Anastasius). Ein Teil des ager v. Salona verblieb bei S., der Kernbereich kam an →Kroatien. Wie →Zadar und →Trogir wurde S. zum religiösen, wirtschaftl. und kulturellen Zentrum für das kroat. Hinterland. Gegen die Ansprüche Bf. Gregors v. →Nin wurde auf den Synoden 925 und 928 mit Billigung Kg. →Tomislavs v. Kroatien die Rom unterstellte Kirchenprov. S. eingerichtet, die sowohl das byz. Thema →Dalmatien als auch die slav. Herrschaftsbildungen des Hinterlandes umfaßte. Ähnlich wie die anderen dalmatin. Städte genoß S. unter der byz. Herrschaft fakt. Autonomie. Die Stadtregierung lag in den Händen eines aus der städt. Oberschicht gewählten Priors des bis ins 12. Jh. zumeist aus der Stadt stammenden Ebf.s. Seit 1105 stand S. unter der Herrschaft der ung.-kroat. Kg.e, die v. a. über die Besetzung des ebfl. Stuhles versuchten, in der Stadt und im ganzen Küstengebiet Einfluß zu gewinnen. Um die Mitte des 12. Jh. wurde der Prior durch einen ebenso aus der Stadt gewählten, wahrscheinl. andere Gruppen repräsentierenden comes abgelöst; die Bevölkerung organisierte sich als →Kommune. 1165–80 war S. Zentrum der erneuerten byz. Herrschaft in Dalmatien. Die steigende Bedeutung des Handels zeigte sich in Verträgen mit Pisa, Piran und Fermo. Seit dem Anfang des 13. Jh. übten kroat. Magnaten das Amt des comes aus. Zur Überwindung innerstädt. Parteibildungen berief die Kommune 1239 einen →Podestà aus Ancona, der erstmals ein Statut erstellen ließ, dessen erhaltene Redaktion v. 1312 eine entwickelte Ratsverfassung vorweist. Der Kreis der das Patriziat bildenden, ratsfähigen Familien wurde 1334 geschlossen. Der im 13. Jh. entstandene Stadtteil westl. des Palastes wurde nach 1312 in die Ummauerung einbezogen. 1327 unterstellte sich S. Venedig; der von dort entsandte comes war zugleich Oberbeamter der Kommune und Vertreter des Dogen. Im Frieden v. Zadar 1358 verzichtete Venedig zugunsten des ung.-kroat. Kg.s Ludwig v. Anjou auch auf S. Während der dynast. Krise nach Ludwigs Tod 1382 anerkannte S. 1390 die Stadtherrschaft Kg. Tvrtkos I. v. Bosnien. 1403–13 wirkte der bosn. Magnat Hrvoje Vuk Hrvatinić als comes, 1420 kehrte S. unter ven. Herrschaft zurück (bis 1797). Die von Venedig auferlegten Beschränkungen des Seehandels und das türk. Vordringen im Hinterland führten im 15. Jh. zu einer wirtschaftl. Stagnation. Ž. Rapanić

Lit.: EncJugosl VII, 499–504 – G. NIEMANN, Der Palast Diokletians in Spalato, 1910 – E. HÉBRARD–J. ZEILLER, Le Palais de Dioclétian à Spalato, 1912 – F. BULIĆ–LJ. KARAMAN, Der Ks.-Diokletians-Palast, 1927 – N. DUVAL, La place de S. dans l'architecture du Bas-Empire, URBS S., 4, 1962 – G. NOVAK, Povijest Splita, I–III, 1957–65 [Neudr. 1978] – A. CVITANIĆ, Pravno uredjenje splitske komune po statutu iz 1312. g., 1964 – I. OSTOJIĆ, Metropolitanski kaptol u Splitu, 1975 – Vita religiosa morale e sociale e i concili di S. (Spalato) dei secc. X–XI, 1982 – T. MARASOVIĆ, Dioklecijanova palača, 1982 – L. STEINDORFF, Die dalmatin. Städte im 12. Jh., 1984 – J. DUSA, The Medieval Dalmatian Episcopal Cities, 1991.

Spoleto, mittelitalienische Stadt (Umbrien), Hzm. Das röm. Municipium Spoletium erlebte in der Spätantike einen Niedergang. Unter der Ostgotenherrschaft zeichnete sich ein Aufschwung ab, als →Theoderich Meliorationsmaßnahmen des umliegenden Territoriums durchführen und die Thermen restaurieren ließ. Infolge seiner strateg. wichtigen Position wurde S. in die Gotenkriege (535–553) verwickelt. Der Gotenkg. →Totila zerstörte die Stadtmauern. Unter den →Langobarden gewann S. neue Bedeutung. Um 575/576 wurde S. der Stützpunkt von Gruppen von Kriegern, vielleicht ehemaligen Föderaten von Byzanz, die unter der Leitung autonomer Führer – die ersten uns bekannten (ca. 576–600) sind Faroald und Ariulf – einen Dukat begründeten, der schließlich einen Großteil des mittelit. Berglandes umfaßte. Von diesem Zeitpunkt an war die Geschichte von S. etwa sieben Jahrhunderte lang mit der Geschichte des Hzm.s identisch.

Das Hzm. S., das auch die →Sabina einschloß, bildete für die Stadt →Rom und das Papsttum eine ständige Gefahr. Fast zwei Jahrhunderte lang war das Hzm. nicht an die Direktiven der in →Pavia residierenden Langobardenkg.e gebunden. Erst als Hzg. Transamund II. 729 Kg. →Liutprand den Treueid leistete, gewann die Königsgewalt – nach vielen Auseinandersetzungen – allmähl. die Kontrolle über das Hzm. So leistete der spoletin. Hzg. Theodicius Kg. Desiderius im Kampf gegen die →Franken Waffenhilfe und fiel wahrscheinl. 774 bei den Chiuse di Val di Susa. Unter dem nachfolgenden Ildericus unterstellte sich S. für kurze Zeit dem Papst, unterwarf sich dann aber →Karl d. Gr. (779). Auf Ildericus folgte der Franke Winichis. Das Hzm. wurde geteilt und die Gft. (oder das Hzm.) →Fermo und →Camerino davon abgetrennt. In der gleichen Periode annektierte das Hzm. während eines Krieges gegen die Langobarden von →Benevent (812) das Gastaldat v. Chieti (bis Ortona). Nach einer nur wenig dokumentierten Phase finden wir Mitte des 9. Jh. das Hzm. S. in der Hand der frk. →Widonen, die die Aufgabe hatten, Rom und den langob. Süden für die Ks.macht zu kontrollieren. Mehrmals benutzten die Widonen jedoch diese Aufgabe, um die territoriale Grundlage ihrer Hausmacht v. a. im Süden zu vergrößern. Nach dem Erlöschen der karol. Dynastie in Italien wurde Hzg. →Wido II. v. S. Kg. v. Italien (889) und später Ks. (891). Ihm folgte sein Sohn →Lambert auf den Thron, während das Hzm. auf einen Verwandten, →Wido IV., überging. In dieser Zeit hatte das Hzm. S. die Funktion einer echten Grenzmark (die Umbrien, die Abruzzen und die südl. Marken umfaßte) gegenüber den langob., byz. und sarazen. Gebieten des Südens übernommen. Auf Wido folgte 897 sein Mörder →Alberich (2. A.), Mgf. v. →Camerino, der damit auch Mgf. v. S. wurde. Alberich übernahm die Interventionspolitik der Hzg.e v. S. im Süden und nahm an der Schlacht am →Garigliano (915) teil. Durch seine Heirat mit →Marozia, der Tochter des mächtigen Senators →Theophylakt, gewann er eine wichtige Position in Rom. Sein Sohn →Alberich (3. A.) sollte schließlich mit dem Titel »Princeps Romanorum« Rom beherrschen. Im 10. Jh. verlor das Hzm. an Bedeutung und wurde in die Wirren der Machtkämpfe verwickelt, die das Kgr. Italien heimsuchten. 967–981 unterstand S. der Herrschaft des Langobardenfs.en →Pandulf Eisenkopf, Herr über die gesamte Langobardia des Südens und Gefolgsmann Ottos I. Seit dem 11. Jh. waren dt. Vasallen der Ks. Hzg.e v. S. Die Autorität des Hzg.s beschränkte sich auf Umbrien, und die Städte des Hzm.s (die sich als Kommunen organisierten) gewannen an Macht. Häufig kam es nicht einmal zur Wahl eines Hzg.s. Die Hzg.sgewalt wurde zunehmend als Fremdkörper empfunden, obwohl sie unter →Friedrich I. Barbarossa einen kurzen Aufschwung erlebte; 1152 übertrug er sie seinem Onkel →Welf VI. Nach dem Aufstand der Stadt S. ließ Barbarossa sie niederbrennen (1155). Unter den anderen Stauferherrschern setzte sich der Aufschwung der Hzg.smacht fort. Das Verhältnis zu Rom hatte sich jedoch nunmehr im Vergleich zur Vergangenheit ins Gegenteil verkehrt: Die Päpste, die früher die Macht des Hzm.s S. zu spüren bekommen hatten, beanspruchten nun auf der Basis der Schenkungen der Karolingerherrscher die Souveränität über S. In den Kämpfen zw. den Päpsten und den Ks.n hatte sich zudem die (Ende des 11./Anfang des 12. Jh. entstandene) Kommune S. schließlich der päpstl. Seite angeschlossen. Nach der stauf. Niederlage bei →Benevent (1266) wurde das Hzm. de facto Teil des →Kirchenstaates. Im 14. Jh. kam es zu lebhaften internen Auseinandersetzungen in der Stadt, trotz ihres vorwiegend ländl. Charakters (Getreideanbau, Wein, Öl), und zu zahlreichen Eingriffen von außen, bis S. 1324 für kurze Zeit von →Perugia unterworfen wurde, das die ghibellin. Faktion aus der Stadt vertrieb. Mitte des 14. Jh. führte Kard. →Albornoz, der die Rocca (Festung) erbaute, die noch heute die Stadt dominiert, S. unter die Herrschaft der Päpste zurück. Im 15. Jh. unterstand S. verschiedenen Signoren wie Galeazzo →Visconti (1400), →Braccio da Montone (1419–24) und Pirro Tomacelli, Abt v. Montecassino, der 1440 von Kard. →Vitelleschi entmachtet und hingerichtet wurde. Zusammen mit →Todi rebellierte S. ein letztes Mal 1474 gegen die Kurie, wurde aber von Kard. Giuliano della Rovere von neuem unterworfen. St. Gasparri

Lit.: A. Sansi, Storia del comune di S. dal sec. XII al XVII, 1879 – A. Hofmeister, Mgf.en im it. Kgr. in der Zeit von Karl d. Gr. bis auf Otto d. Gr. (774–962), MIÖG Ergbd. 7, 1907, 215–435 – Il ducato di S., Atti del IX. Congr. internaz. di studi sull'alto medio evo, I–II, Spoleto 1983.

Spolien (von lat. *spolia*, 'in der Schlacht erbeutete Waffen, Beutestücke'), mod. Bezeichnung für Werkstücke, die aus ihrem einstigen architekton. Kontext herausgelöst und sekundär wiederverwendet sind. Dabei ist zu unterscheiden zw. einer rein utilitären Wiederverwendung als Baumaterial, wofür es zu allen Zeiten Belege gibt, und einer mehr ästhet. geprägten, bei der Gestalt und Primärdekor der S. auch am neuen Versatzort zur Geltung kommen.

[1] *Spätantike und Frühchristentum:* Diese letztgen. Art der S.verwendung läßt sich erstmals an stadtröm. Bauten des frühen 4. Jh. fassen (sog. Tempel des Romulus; Konstantinsbogen) und wurde von da an – zumindest in Rom – geradezu kanonisch. So handelt es sich auch bei einem Großteil der in den frühchr. Kirchen Roms verbauten Gebälke, Säulenschäfte, Basen und Kapitele um S.; ident. geformte Glieder sind zumeist in paariger Entsprechung symmetr. zur Gebäudeachse angeordnet, während reiche und seltene Werkstücke (z. B. Porphyrsäulen) der Auszeichnung des Presbyteriums und anderer hervorgehobener Raumteile dienen. Ein ähnl. Umgang mit S. ist – wenn auch in unterschiedl. Ausmaß – im übrigen Italien, in Nordafrika und im östl. Mittelmeerraum zu beobachten. Einzig in Konstantinopel scheinen – wohl bedingt durch die Nähe der prokonnes. Marmorbrüche – Neuanfertigungen in der Regel vorgezogen worden zu sein.

Über die Ursachen der umfangreichen S.verwendung in der spätantik-frühchr. Architektur herrscht Uneinigkeit; ökonom. Begründungen (Deichmann) stehen ideologische und ästhetische (Esch, Brenk) gegenüber. Oft muß wohl eine Kombination dieser Faktoren angenommen werden. Daneben scheint z. T. auch der Wunsch nach opt. Veranschaulichung der ecclesia triumphans für die sichtbare Verbauung »heidnischer« Werkstücke in Kirchen verantwortl. gewesen zu sein (Marc. Diac., Vita S. Porphyrii X, 76).

[2] *Mittelalter:* In der ma. Baukunst hatten S. in den einzelnen Kunstlandschaften und Epochen unterschiedl. Gewicht. Die bloße Verfügbarkeit von entsprechendem Altmaterial mag dabei eine Rolle gespielt haben, war aber nicht allein ausschlaggebend. Oft scheinen es vielmehr polit. und religiöse Motive gewesen zu sein, die das S.verhalten prägten. So ließ bereits →Theoderich im frühen 6. Jh. S.säulen aus Rom nach Ravenna kommen, und knappe 200 Jahre später erbat sich →Karl d. Gr. vom Papst – bei dem seit dem 8. Jh. das S.recht lag – die Erlaubnis, S. aus Ravenna nach Aachen zu überführen. Mit diesen S.importen sollte zweifellos romanitas evoziert und die eigene Machtposition durch Altersnachweis legitimiert werden. Dies gilt auch für →Desiderius v. Montecassino und →Suger v. St-Denis, die im 11. bzw. 12. Jh. für die Neubauten ihrer Abteikirchen S.säulen aus Rom importierten bzw. dies zumindest planten. Mehr machtpolit. motiviert war hingegen der von →Robert Guiscard nach der Einnahme Baris i. J. 1073 veranlaßte S.transfer von Bari nach Troia. Gerade im HochMA waren Säulen und andere Bauelemente oft Teil der Kriegsbeute; so sind denn auch die zahlreichen byz. S. an S. Marco in Venedig als eigentl. Trophäen des Kreuzzugs von 1204 zu verstehen. S. konnten aber auch Reliquiencharakter haben: 1145 brachte z. B. ein engl. Pilger einen »lapidem marmoreum, mediae quantitatis sed preciosi qualitate generis conspicuum« von seiner Romfahrt in die Heimat zurück, um ihn in Durham am Grab des Hl. Cuthbert niederzulegen. Von Baureliquien können wir aber auch dort sprechen, wo – wie etwa im got. Chor des Magdeburger Doms oder bei einer der letzten Umbauphasen des Gernroder Heiligengrabs – einzelne Elemente der Vorgängerstruktur sichtbar in den Neubau integriert wurden. Schwieriger abzuschätzen ist, wo bzw. wann ein Altstück einzig aus ästhet. Gründen oder aber wegen seines hohen Alters, seines kostbaren Materials, vielleicht auch wegen einer zwischenzeitl. erfolgten interpretatio christiana für überlieferungswürdig befunden wurde. Diese Fragen gelten in gleicher Weise für die zahlreichen antiken Sarkophage, Rundskulpturen, Gemmen, Prunkgefäße etc., die im MA zum Teil in ursprgl. Funktion, zum Teil aber auch in zeitgenöss. Umarbeitung bzw. neuer Fassung wiederverwendet wurden. C. Jäggi

Lit.: zu [1]: F. W. DEICHMANN, Säule und Ordnung in der frühchr. Architektur, RömMitt 55, 1940, 114–130 – A. ESCH, S. Zur Wiederverwendung antiker Baustücke und Skulpturen im ma. Italien, AK 51, 1969, 1–64 – F. W. DEICHMANN, Die S. in der spätantiken Architektur, SBA. PPH 1975/76 – W. MÜLLER-WIENER, S.nutzung in Istanbul (Beitr. zur Altertumskunde Kleinasiens [Fschr. K. BITTEL, 1983]), 369–382 – B. BRENK, Spolia from Constantine to Charlemagne: Aesthetics versus Ideology, DOP 41, 1987, 103–109 – M. GREENHALGH, The Survival of Roman Antiquities in the MA, 1989 – *zu [2]:* F. GANDOLFO, Reimpiego di sculture antiche nei troni papali del XII sec., Atti della Pont. Acc. Rom. di Archeol., Rendiconti 47, 1974–75, 203–218 – C. DUFOUR BOZZO, Il reimpiego dei marmi antichi nei monumenti medievali e l'esordio della scultura architettonica del »Protoromanico« a Genova, BA 64, 1979, 1–58 – R. BRILLIANT, I Piedestalli del giardino di Boboli: spolia in se. spolia in re, Prospettiva 31, 1982, 2–17 – Colloquio sul reimpiego dei sarcofagi romani nel medioevo (Pisa 5.–12. Sept. 1982), hg. B. ANDREAE–S. SETTIS, 1984 – B. BRENK, Sugers S., Arte Mediavale 1, 1983, 101–107 – M. GREENHALGH, »Ipsa ruina docet«: l'uso dell'antico nel Medioevo (Memoria dell'antico nell'arte it., 1: L'uso dei classici, 1984), 115–167 – Il reimpiego di materiale antico nel Duomo (Lanfranco e Wiligelmo. Il duomo di Modena, 1984), 309–317 [S. SETTIS]; 319–334 [F. REBECCHI] – D. KINNEY, Spolia from the Baths of Caracalla in Sta. Maria in Trastevere, ArtBull 68, 1986, 379–397 – G. BERTELLI, Sul reimpiego di elementi architettonici bizantini a Bari, Vetera Christianorum 24, 1987, 375–397 – H. WESTERMANN-ANGERHAUSEN, S. und Umfeld in Egberts Trier, ZK 50, 1987, 306–336–S. SETTIS, Von auctoritas zu vetustas: die antike Kunst in ma. Sicht, ZK 51, 1988, 157–179 – P. PENSABENE, Reimpiego dei marmi antichi nelle chiese altomedievali a Roma (Marmi antichi, hg. G. BORGHINI, 1989), 54–64 – P. PENSABENE, Contributo per una ricerca sul reimpiego e il »recupero« dell'Antico nel Medioevo. Il reimpiego nell'architettura normanna, Rivista dell'Ist. Naz. d'Archeol. e Storia dell'Arte, Ser. 3, 13, 1990, 5–138 – A. KRUG, Antike Gemmen und das Zeitalter Bernwards (Bernward v. Hildesheim und das Zeitalter der Ottonen, Ausst.kat. Hildesheim 1993), I, 161–190 – Antike S. in der Architektur des MA und der Renaissance, hg. J. POESCHKE, 1995.

Spolienklage (von lat. spoliare, '[der Kleider, Waffen] berauben, plündern'), eine Klage (→actio) des kanon. Rechts, die »Condictio ex canone 'Redintegranda' (Decr. Grat. C. 3, qu. 1, c. 3)«, auf Wiederherstellung aller tatsächl. Positionen, →Besitz und Innehabung von Sachen sowie Ausübung von Rechten, die dem Kläger ohne rechtl. Grund entzogen wurden, und zwar ohne Rücksicht darauf, ob ihm diese Sachen und Rechte zustehen: Die Klage richtet sich gegen denjenigen, der die betreffenden Positionen innehat, auch wenn ein Dritter sie dem Kläger entzogen hatte. Die S. geht über den Besitzschutz des Zivilrechts weit hinaus. Schon nach den →Pseudoisidor. Dekretalen sollte ein Bf., der an der Ausübung seines Amtes gehindert oder seines Vermögens beraubt war, zuerst wieder in seine Stellung eingesetzt werden, bevor er sich einer Anklage stellen mußte (exceptio spolii).

P. Weimar

Lit.: F. C. v. SAVIGNY, Das Recht des Besitzes, 1803, 1865[7], § 50, 509–521 – C. G. BRUNS, Das Recht des Besitzes im MA und in der Gegenwart, 1848, 131ff. – F. RUFFINI, L'actio spolii, 1889 – L. MASMEJAN, La protection possessoire en droit romano-canonique médiéval (XIIIe–XVe s.), 1990, 184–205.

Spolienrecht (ius spolii, ius exuviarum, rapite capite) bezeichnet den von weltl. oder geistl. Oberen (Ks., Kg.e, Papst, Metropoliten, Bf.en u. a.) gestellten Anspruch auf den Nachlaß der Kleriker (gegen deren Testierfreiheit). Im röm. Recht erbte die Kirche, wenn der Geistliche nicht testamentar. über sein Vermögen verfügt hatte. Hatte er über dieses verfügt, so kam ihr nur ein Teil des Nachlasses zu. Unter dem System der →Eigenkirche hatte der Kirchen-/Grundherr Anspruch auf den Nachlaß des Geistlichen, soweit dieser unfrei war. Die Aufnahme altkirchl. Vorstellungen, nach denen der Nachlaß der Geistlichen der Kirche zufiel, bewirkte, daß die Eigenkirchenherren auch den bewegl. Nachlaß für sich beanspruchten. Seit dem 9. Jh. entstand daraus ein gewohnheitsrechtl. Anspruch, das S. Eine andere Begründung war, daß durch den Tod des Klerikers sein Gut herrenlos geworden sei und er über die Benefizialeinkünfte, soweit sie über die honesta sustentatio hinausgingen, kein freies Testier- und Verfügungsrecht habe. Nach dem →Decretum Gratiani konnte der Geistliche nur über sein Patrimonialvermögen und den ihm gleichgestellten Erwerb frei verfügen (c. 12 q. 2 cc. 38, 42–43; C. 12 q. 5 c. 6). Ks. und Kg.e begründeten ihr S. auf das Regalienrecht (→Regalien). Als diese darauf verzichteten (Otto IV. 1209, Philipp v. Schwaben 1203, Friedrich II. 1213 und 1220, Rudolf v. Habsburg 1275), ging es auf die Landesfs.en und auch auf kirchl. Obere über. Bf.e beanspruchten das S. (auch als Eigenkirchenherren) am Nachlaß von Dom- und Stiftskapitularen, Pfarrern und Benefiziaten, Prälaten und Äbte am Nachlaß der Kapitelmitglieder und Ordensangehörigen. Die Kapitel übten ein S. gegenüber Äbten und Bf.en aus. Päpste erließen Verbote, forderten das S. von den ihnen reservierten Benefizien aber selbst. Der Höhepunkt des S.s wurde während der Zeit des →Abendländ. Schismas erreicht. Gegen das S. nahmen ältere Synoden und die Reformkonzilien Stellung (z. B. →Konstanz sess. XXXIX.). Alexander V. verzichtete auf dem Konzil v. →Pisa darauf. Doch übten es die Landesfs.en z. T. noch im 16. Jh. aus. Partikularrechtl. wurde die Testierfreiheit der Geistlichen erweitert, landeskirchl. Einschränkungen des S.s, wie in Frankreich unter Karl VI. (1385) und Ludwig XI. (1463), erweiterten die Testierfreiheit der Geistlichen.

R. Puza

Lit.: FEINE, 718 – LThK[2] IX, 978 – PLÖCHL I, 434; II, 358f., 403 – RGG VI, 261f. – R. EISENBERG, Das S. am Nachlaß der Geistlichen in seiner geschichtl. Entwicklung in Dtl. bis Friedrich II. [Diss. Marburg 1896] – F. PROCHNOW, Das S. und die Testierfähigkeit der Geistlichen im Abendland bis zum 13. Jh., 1919 – J. KAPS, Das Testamentsrecht der Weltgeistlichen und Ordenspersonen, 1958.

Sponheim (ma. Spanheim; w. von Bad Kreuznach), Burg, Kl., Gft., Gf.en v. Von Stephan I. (ca. 1070–75), wohl einem Neffen Siegfrieds, des Ahnherrn der Kärntner →Spanheimer, stammen die Gf.en v. S. und v. Vianden und Clervaux (in Luxemburg) ab. Stephans Enkel Hugo v. S., Ebf. v. Köln (1137), stiftete 1131 das Prämonstratenserkl. Knechtsteden. Sein älterer Bruder Meginhard I. erwarb durch seine Ehe mit Mechthild, der Erbtochter des Gf.en Adalbert v. Mörsberg, dessen umfangreichen Besitz, der auch Erbgüter der Gf.en v. →Nellenburg (Vogteien von Allerheiligen in Schaffhausen und von Pfaffen-Schwabenheim bei Kreuznach mit der Burg Dill im Hunsrück), der Gf.en v. →Bar und der einstigen Hzg.e v. →Lothringen umfaßte. Meginhard, der sich seither Gf. v. S. und auch Gf. v. Mörsberg nannte, stiftete mit Beteiligung der Kärntner Verwandten in der Nähe der Stammburg die OSB-Abtei S. (geweiht 1124). Gf. Gottfried III. († 1218) erwarb durch seine Gattin Adelheid v. Sayn Anrecht auf das Erbe der Gf.en v. →Sayn, das 1247 zum Großteil an seine Söhne fiel. Die Brüder Johann I., Heinrich und Simon I. teilten vor 1237 das gesamte Erbe, nur die Burgen S. und Dill blieben gemeinsamer Besitz. Heinrich, der durch seine Gattin Agnes v. Heinsberg (n. v. Aachen) die Herrschaft →Heinsberg erhielt, begründete die Geschlechter der Herren v. Heinsberg, Gf.en v. Loon und Blankenheim (bis 1469) und der Herren v. Löwenburg im Siebengebirge (bis Ende 14. Jh.). Simon I. bildete aus seinem Erbgut die Vordere Gft. S. an der Nahe mit der Kauzenburg in Kreuznach als Zentrum. Auf ihn gehen die Gf.en v. S.-Kreuznach zurück, die 1348 durch Heirat die Gft. Vianden (in Luxemburg) erwarben und 1414 mit

Simon III. erloschen. Kürzeren Bestand hatten die Seitenlinien der Gf.en v. Bolanden-Dannenfels (bis 1397) und der Herren v. Neef (bis 1353). Von den Söhnen Johanns I. übernahm Gottfried die Gft. Sayn und wurde zum Stammvater der Gf.en v. Sayn. Sein Bruder Heinrich erhielt die Hintere Gft. S. mit Gütern im Mosel- und Nahegebiet und dem Zentrum Starkenburg an der Mosel. Auf ihn gingen die Gf.en v. S.-Starkenburg zurück, die ihre Erbgrablege im Zisterzienserkl. →Himmerod im Salmtal hatten, 1414 das Erbe der Gf.en v. S.-Kreuznach übernahmen und 1437 mit Johann V. erloschen. Gemeinsame Erben wurden die Mgf.en v. Baden und die Gf.en v. Veldenz bzw. seit 1444 die Pfgf.en v. Simmern.

H. Dopsch

Lit.: H. WITTE, Über die älteren Gf.en v. S. und verwandte Geschlechter, ZGO 50, 1896, 161–229 – H. DISSELNKÖTTER, Auf den ältesten Spuren der S.er Gf.enfamilie an der Mosel, RhVjbll 6, 1936, 1ff. – A. NAUMANN-HUMBECK, Stud. zur Gesch. der Gf.en v. S. vom 11.–13. Jh., Heimatkundl. Schriftenr. für den Landkrs. Bad Kreuznach 14, 1983 – J. MÖTSCH, Genealogie der Gf.en v. S., Jb. für westdt. Landesgesch. 13, 1987, 63–179 [Q., Lit.] – →Spanheimer.

Sponsus (»Drame de l'époux«, »Jeu des vierges sages et des vierges folles«), ältestes erhaltenes Zehnjungfrauenspiel (Hs. Paris BN lat. 1139, fol. 32^r–116^v, um 1100). Grundlage des 87 VV umfassenden zweisprachigen (Lat. / Dialekt des frz. Südwestens) und mit musikal. Notation versehenen Spiels ist die Parabel von den klugen und den törichten →Jungfrauen nach Mt 25, 1–13, ergänzt durch Mk 13, 33–37 und Lk 12, 35–40. Die lat. Expositio »Adest sponsus« (V. 1–10) verkündet die Ankunft des Bräutigams Christus, worauf der Ruf »Oiet, virgines« die Handlung einleitet: Die 5 Törichten erbitten vergebl. Öl für ihre leeren Lampen von den 5 Klugen, dann von Händlern, schließlich von Christus, der sie verurteilt, weil sie ihr Öl achtlos vergeudeten, d. h. die Zeit für gute Werke um Gottes willen nicht nutzten. Dämonen führen die Törichten ab. Der volksprachl. Refrain mahnt zur Wachsamkeit.

L. Gnädinger

Ed. und Lit.: S. Dramma delle vergini prudenti e delle vergini stolte, ed. D'Arco S. AVALLE–R. MONTEROSSO, 1965 – DLFMA, 1992², 1412 – G. DE POERCK, Le ms. BN lat. 1139, ses versus et ses dramatisations (S. etc.), Travaux de linguistique et de litt. 7, 1969, 219–236 – DERS., Le ms. Paris BN lat. 1139. Étude codicologique d'un recueil factice de pièces paraliturgiques (XIe–XIIIe s.), Scriptorium 23, 1969, 298–312 – T. HUNT, Le »sensus moralis« du »S.«, CCM 26, 1983, 327–334 – A. BECK, »Le Jeu des vierges« du ms. Paris BN lat. 1139, Revue Romane 19, 1984, 245–283.

Sporer, Bernhard, Werkmeister und Bildhauer, um 1450–1526. 1470 Lehrzeit bei dem fürstl. Baumeister Aberlin Joerg und gemeinsamer Bau des Chores der Kirche in Münchingen bei Leonberg, spätestens 1487 in Heilbronn und 1491–1501 an der Stiftskirche in Öhringen, jeweils mit Aberlin Joerg. 1503–13 Stadtkirche zu Wimpfen am Berg, 1514–20 Kirche in Schwaigern als Halle an das roman. Langhaus (Inschrift: fecerunt per Bernhardum Sporer opificem), Höhepunkt im Werk von S. und zugleich in der schwäb. Spätgotik. Beeinflußt von Meister →Pilgram. Als Bildhauer schuf S. u. a. die Heilbronner Sediliennische, Halbbüsten der zwölf Aposteln an den Langhausgewölben zu Schwaigern sowie den Schmerzensmann über der dortigen Bauinschrift.

G. Binding

Lit.: THIEME-BECKER 31, 401 – H. KOEPF, B. S., Baumeister und Bildhauer um 1450–1526 (Lebensbilder aus Schwaben und Franken 7, 1960), 18–29 [mit Q. und Lit.].

Sporer, Hans, Formschneider und Buchdrucker, † nach 1504 in Erfurt (?). S. war 1471–79 in Nürnberg tätig, wo er Blockbücher und Holztafeldrucke (u. a. Weltkarten) herstellte. Seit 1487 betrieb er (mit Unterbrechungen) in Bamberg eine bescheiden ausgestattete Offizin und druckte ausschließl. volkstüml. dt. Kleinschrifttum. Neben belehrenden und unterhaltenden Texten mit z. T. sozialkrit. Charakter brachte er 1493 zwei Ausg. eines Bamberger Heiltumsbüchleins (138 Abb., GW 3233, 3235) heraus. Ein Spottgedicht auf Hzg. →Albrecht d. Beherzten v. Sachsen (1443–1500) machte einen weiteren Aufenthalt in Bamberg unmögl. S. verzog nach Erfurt, wo er 1494–1504 weiterhin volkstüml. Lit. druckte.

S. Corsten

Lit.: F. GELDNER, Die Buchdruckerkunst im alten Bamberg, 1964, 53–65 – GELDNER I, 52f. – F. SCHANZE, Ein vergessener Erfurter Druck H. S.s, AGB 15, 1975/76, 1301–1308 – A. LABARRE, Sur quelques incunables de Bamberg (1493), Gutenberg-Jb. 1977, 80–84.

Sporn, Reithilfe zum Antreiben des Pferdes, bestehend aus kurzem Stachel und Fersenbügel. Von den Griechen wegen des schwierigen Aufsteigens ohne Steigbügel nur am linken Fuß getragen, von den Römern übernommen. Von den Franken wurden die Sporen mit kurzem Stachel wegen des Aufkommens der →Steigbügel an beiden Fersen festgeschnallt. Im HochMA erhielt der S. einen zylindr. oder längsgekanteten Stachel an dünnem Hals, der im 12. und 13. Jh. hinauf oder hinunter gebogen wurde. Auch die Fersenbügel wurden kurvig gebogen. Um 1240 erschienen Radsporen, deren zunächst kleine Räder man im 14. Jh. kräftig vergrößerte. Anstelle der Durchzugsösen am Fersenbügel für den S.riemen verwendete man nun bewegl. angehängte Riemenbeschläge für getrennte Rist- und Sohlenriemen. Im 15. Jh. gab es Sporen mit spitzen Stachelrädern und überlangen Hälsen.

O. Gamber

Lit.: W. BOEHEIM, Hb. der Waffenkunde, 1890 – R. ZSCHILLE-FORRER, Der S. in seiner Formenentwicklung, 1891 – M. JAHN, Der Reiters. ..., 1920.

Sport → Spiele, →Ballspiele

Sprachlogik → Spekulative Grammatik, →Significatio

Sprenger, Jakob OP, * um 1436 wohl Basel, † 6. Dez. 1495 Straßburg. 1452 Ordenseintritt im Dominikanerkonvent Basel, 1453 Profeß und Hausstudien; 1467 Immatrikulation an der Univ. Köln, ebd. 1469 Mag. theol., 1471 licentiatus, um 1475 Dr. theol., dozierte ebd. als sacrae theol. professor, 1480 Dekan der Theol. Fakultät; 1472–88 Prior im Kölner Dominikanerkonvent, 1488–95 Provinzial der Teutonia. S. initiierte am 8. Sept. 1475 die Gründung einer Rosenkranzbruderschaft im Kölner Konvent und setzte sich für die Observanzreform ein: 1474 Vikar der reform. Natio Brabantiae, später als Visitator und commissarius super reformationem. 1481 wurde S. Inquisitor in den Ebm.ern Mainz, Trier, Köln, durch die sog. »Hexenbulle« Papst Innozenz' VIII. vom 5. Dez. 1484 (→Hexen) auch in den Ebm.ern Salzburg und Bremen. Eine 1495 gegen ihn angeordnete päpstl. Untersuchung wurde abgebrochen. S. verfaßte Predigtschrr., Sentenzenkomm.e sowie das Büchlein der Kölner Rosenkranzbruderschaft; seine Mitautorschaft beim »Malleus maleficarum« ('Hexenhammer') ist umstritten.

I. Ulpts

Lit.: Verf.-Lex.² IX, 149–157 [Lit.] – J. HANSEN, Q. und Unters. zur Gesch. des Hexenwahns, 1901, 365–380, 395–407 – P. SEGL, Der Hexenhammer, 1988 – A. SCHNYDER, Der 'Malleus maleficarum', AKG 74, 1992.

Sprengkugel, Geschoß, mit dem man die Wirkung der schweren Belagerungsgeschütze (→Steinbüchse, →Mörser [2. M.]) zu erhöhen versuchte. →Bombe.

E. Gabriel

Lit.: B. RATHGEN, Das Geschütz im MA, 1928.

Sprichwort, Sprichwortsammlung (s. a. Spruchdichtung)

I. Mittellateinische Literatur – II. Romanische Literaturen – III. Deutsche Literatur – IV. Englische Literatur – V. Mittelniederländische Literatur – VI. Skandinavische Literatur – VII. Slavische Literaturen – VIII. Byzantinische Literatur.

I. MITTELLATEINISCHE LITERATUR: Das S., die sprichwörtl. Redensart (Proverbium, seltener parabola) und die – als bündige Prägung von gewisser Allgemeingültigkeit – verwandte Sentenz kamen mit ihrer didakt. Haltung, ihrer Lebensdeutung, dem prakt. oder moral. Rat ma. Vorlieben entgegen. Entsprechend häufig hat man S.er und Sentenzen gesammelt, neuverfaßt und angewendet. Viele lat. S.er geben volkssprachl. Gut wieder, andere entstehen in einer bestimmten Umgebung neu, etwa im Kleriker-, Scholaren-, Mönchsmilieu; vielfach werden S.er mit lit. Absicht verfaßt. In der Lit. und wohl auch in der gesprochenen Rede wird das S. zum Beweis, zur Begründung, Bekräftigung, Illustration eines Urteils oder einer Meinung oder auch nur zum Schmuck eingesetzt. Rhetorik und Poetik empfehlen den Gebrauch des S.s, notfalls eines selbstverfertigten (→Johannes de Garlandia, »Parisiana poetria« I, LAWLOR 10–19, mit Definition), z. B. im Exordium (→Galfridus de Vino Salvo »Poetria nova« 126–202; Johannes de Garlandia 52–54). Seit dem 13. Jh. dienen S.slgn. auch Predigtzwecken. Bes. geeignet hielt man das S. für die Unterrichtung der Jugend. Bereits die erste →Schullektüre machte mit Spruchweisheit bekannt durch die →»Disticha Catonis« und →Avian mit seinen Moralisationen, Werke, die viel Ähnliches hervorriefen (→Cato). Eine Fundgrube für Sprichwörtliches ist die Bibel (bes. Weisheitsbücher). Sentenzen aus Autoren werden als »flores« gesammelt (→Florilegium). Aus antiker Überlieferung stammen die →»Proverbia Senecae« (= Publilius Syrus), aus (oder über) Irland kommen die →»Proverbia Grecorum« (s. a. BRUNHÖLZL I, 192). In den ma. Slgn. steht oft Überliefertes neben eigenen Prägungen oder Erfindungen des Sammlers/Verfassers. Es überwiegen Hexameter und Distichen, oft mit Reim; Rhythmen und (gereimte) Prosa sind seltener. Beispiele: Als frühe Slg. sind die »Monastica« (»praecepta vivendi«) des Columbanus von Bedeutung (vgl. BRUNHÖLZL I, 186f., 534f.). Aus dem 11. Jh. sind die »Proverbia Heinrici« überliefert (Verf.-Lex.² VII, 873f.), ferner die Proverbia Wipos vgl. BRUNHÖLZL II, 494, 497), →Egberts v. Lüttich für den Trivialunterricht gedachte »Fecunda ratis«, Arnulfs »Deliciae cleri« (vgl. BRUNHÖLZL II, 318f., 600), und, wieder für Schulzwecke, →Otlohs »liber proverbiorum«, schließlich die Epigramme (»liber proverbiorum«) des →Gottfried v. Winchester. Aus dem 11./12. Jh. stammen die anonymen Slgn. der »Proverbia Salomonis« (MANITIUS III, 716f.), das Florileg v. Heiligenkreuz (ebd. III, 718f.), aus dem 12. Jh. die Schäftlarner Sprüche (ebd. III, 715) und die »Parabole« des →Alanus ab Insulis, dem 13. Jh. gehören die »Flores proverbiorum« (vgl. u. a. L. HERVIEUX, Les fabulistes lat., 1893–99, III, 66), der »Cornutus« des →Johannes de Garlandia an, aus demselben Jh. sind die vielleicht aus dem Frz. übersetzten »Proverbia rustici« und andere z. T. umfangreiche Slgn. überliefert. Zusammen mit ihren volkssprachl. Äquivalenten (meist den Vorlagen) sind die »Durham proverbs« (11. Jh., vgl. Abschnitt IV), die proverbia des →Serlo v. Wilton (frz.-lat.), die »Proverbia rusticorum« (lat.-frz.), die »Versus proverbiales« (14. Jh., frz.-lat.) und die »Proverbia communia« (15. Jh., ndl./nd.-Latein, vgl. Verf.-Lex.² VII, 871f.) überliefert. Burlesk-satir. geht mit der Spruchweisheit der Dialog zw. →Salomon und Marcolf um. Die frühe NZ hat eine Reihe bedeutender Werke auf dem Gebiet hervorgebracht, u. a. Heinrich Bebels »Proverbia germanica« und die »Adagia« des Erasmus mit ihren kommentierenden Essays. G. Bernt

Ed.: S. SINGER, S.er des MA, 1944 – J. WERNER, Lat. S. er und Sinnsprüche des MA, 1966² – WALTHER II, Proverbia sententiaeque latinitatis medii aevi 1–9, 1963–86 – Thesaurus proverbiorum, begr. v. S. SINGER, hg. Kuratorium Singer der Schweizer. Akademie der Geistes- und Sozialwiss., I, 1994 – *Lit.:* GromPhil II 1, 381–383 – MANITIUS III, 714–719 – B. TAYLOR, Medieval Proverb Collections: The West European Tradition, JWarburg 55, 1992, 19–35.

II. ROMANISCHE LITERATUREN: Die roman. Gnomik des MA speist sich aus drei Quellen: der bibl. Spruchweisheit (Sprüche Salomos, Prediger Salomo, Jesus Sirach), den profanen →Disticha Catonis und speziellen antiken Sentenzenschreibern wie →Seneca.

In *Frankreich* stammen die ersten volkssprachl. Versionen sowohl der Sprüche Salomos als auch der Disticha Catonis aus dem anglonorm. Sprachbereich. Um 1150 entstand die Übers. mit Glossen der »Proverbia Salomonis« des Sanson de Nanteuil, in der 2. Hälfte des 12. Jh. Disticha-Catonis-Fassungen von Everard, von Elie de Winchester und von einem Anonymus. Sie alle sind gereimt und verwenden neben dem lat. Disticha-Text auch vorhandene Glossen und Kommentare. Wie ihre lat. Vorlagen dienten sie wohl vornehml. der schul. Unterweisung. Frz. Fassungen datieren erst aus der 2. Hälfte des 13. Jh., so die von Adam de Suel und die von Jean de Paris (J. du Châtelet). Ebenso ab der 2. Hälfte des 13. Jh. entstanden freiere S.- und Sentenzenslg.en, bei denen, abgesehen vom Rückgriff auf Bibel, Äsop und Disticha Catonis, z. T. auch klass. Auth auch Autoritäten fingiert und Anekdoten eingestreut wurden. Hier sind Alart de Cambrai mit seinen »Livre de philosophie et de moralité« sowie die anonymen »Proverbes dont Tulles dist«, »Diz et proverbes des sages« und »Proverbes aux philosophes« zu nennen. Relativ spät erst werden volkstüml. S.er zusammengestellt und meist alphabetisch geordnet. Offensichtlich waren diese Slgn. für den Predigt- und Schulgebrauch bestimmt; denn sie sind teilweise mit lat. Übers. und Komm. versehen, mit weiteren bibl. Sentenzen auf Latein erläutert, ja gelegentlich mit allegor. Komm. erweitert. In diese Gruppe gehören die Slgn. des Serlon de Wilton (?) (Anfang 13. Jh.) und die »Proverbia vulgaria et latina« (Ende 13. Jh.). Von ausgeprägt lit. Charakter erscheinen die »Proverbes au Vilain« (1174–91), die durch ihren misogynen und iron. Akzent auffallen, sowie die »Proverbes au Conte de Bretaigne« (Anfang 13. Jh.), in denen ein antiklerikaler Tenor vorherrscht. Beide Slgn. enthalten S.er mit Komm. Das wohl ebenfalls im 13. Jh. entstandene anglonorm. »Respit del curteis et del vilain« läßt abwechselnd einen Höfling und einen Bauern je ein S. zitieren und kommentieren und demonstriert auf diese Weise verschiedene soziale Ebenen der Moral und des Stils. Einen Gegensatz von theol. und utilitarist.-alltägl. Moral präsentieren die in verschiedenen Versionen überlieferten »Proverbes de Marcoul et de Salemon« (Anfang 13. Jh.). Sowohl den bibl. Ecclesiasticus (= Jesus Sirach) als auch die Disticha Catonis und apokryphe Sentenzen Senecas verarbeitet das prov. »Lo Savi« oder »Libre de Seneca« aus der 2. Hälfte des 13. Jh., das unter Kapitelüberschriften wie »Gehorsam gegen Gott«, »Vorsehung« oder »Gedanken an den Tod« eine Fülle von bibl. Sentenzen, Lebensweisheiten und volkstüml. S.ern aufführt. In den »Proverbia rusticorum« (13. Jh.), einer Slg. aus dem nordöstl. Frankreich, sind 269 frz. S.er vereinigt und jeweils mit einer gereimten lat. Übers. und einem moral. Komm. versehen. Aus dem 15. Jh.

stammen die illustrierten »Proverbes en rimes« sowie der »Congié pris du siecle seculier« von Jacques de Bugnin aus Lausanne, der die S.er alphabet. anordnet.

In *Italien* findet sich als volkssprachl. Bearbeitung der Sprüche Salomonis das »Splanameteo de li proverbii de Salomone« (1. Hälfte 13. Jh.) des Lombarden Girardo →Patecchio. Er verarbeitet in diesem gereimten Werk neben Bibelvorlagen (Sprüche Salomos und Jesus Sirach) die profanen Disticha Catonis. Er ordnet seine Spruchslg. thematisch, entweder unter moral. Begriffen wie »Stolz«, »Zorn«, »Demut« oder nach alltägl. Lebensphänomenen wie »Armut«, »Reichtum«, »Frauen«. Er richtet sein Werk nicht an die Gelehrten, sondern an jedermann. Der Lombarde →Bonvesin da la Riva bearbeitet die Disticha Catonis in der Weise, daß er den lat. Distichen jeweils eine in Alexandrinern gereimte Übers. mit Komm. folgen läßt, und betitelt sein Werk entsprechend »Explicationes Catonis« (Ende 13. Jh.). Catenaccio Catenacci d'Anagni (Ende 13., Anfang 14. Jh.) verfährt ähnlich, fügt aber jeweils noch eine volkstüml. Lebensweisheit an. Catenaccio wie die Disticha Catonis und die Disciplina clericalis werden als Quelle benutzt in den »Proverbia«, die immer wieder fälschlich Jacopone da Todi (Ende 13., Anfang 14. Jh.) zugeschrieben werden. Spruchweisheiten, die sich durch ihren vorwiegend religiösen Charakter auszeichnen, sind unter dem Namen des Schiavo da Bari (13. Jh.) überliefert; sie werden häufig von anderen Autoren zitiert. Eine Sentenzenslg. in toskan. Volkssprache stellt der sonst lat. religiöse und moral. Traktate verfassende Dominikaner Remigio dei Girolami (→Remigius v. Florenz) zusammen: »Sentenze contro i bugiardi« (Ende 13. Jh.). 240 paarweise gereimte volkstüml. S.er notierte der umbr. Dichter Garzo (Ende 13. Jh.). Zu jedem Buchstaben des Alphabets listet er 12 Sprüche auf. S.er erscheinen in funktionalem Rahmen auch in größeren didakt. Werken. So finden innerhalb der traktathaften Behandlung von Tugenden und Lastern sowie des Themas der Fortuna Spruchweisheiten aus der Bibel, den Kirchenvätern, griech. und arab. Philosophen Eingang in die »Ammaestramenti degli antichi« des Toskaners Bartolomeo da San Concordio (→Bartholomaeus v. Pisa; 1. Hälfte des 14. Jh.). In vergleichbarer Weise verbindet der zw. 1313 und 1323 in Bologna geschriebene »Fiore di virtù« theol. Weisheiten mit proverbialen Verhaltensidealen der ritterl. Welt. Sie erscheinen jeweils innerhalb einer Textgruppe, die aus der Definition einer Tugend oder eines Lasters besteht sowie einem Beispiel aus der Bestiarienlit. und einem moral. →Exemplum.

Wie in Frankreich und Italien sind auch in *Spanien* sowohl die bibl. Spruchbücher als auch die Disticha Catonis Quelle für zahlreiche kat. und kast. Spruchslgn. Darüber hinaus beruft sich der Katalane Guilhem de Cervera in seinen »Proverbis« (2. Hälfte 13. Jh.) neben Hieronymus und Bernhard v. Clairvaux auch auf Autoritäten, die aus der profanen Lit. bekannt sind, wie Tristan oder Alexander aus den entsprechenden Romanen oder Helden aus oriental. Erzählungen. Ramon Lull (→Raymundus Lullus) verfaßte drei verschiedene Slgn. von Spruchweisheiten: die »Proverbis de Ramón« (um 1296), mit rund 6000 Sprüchen eine der umfangreichsten Slgn. des MA, in systemat. Gliederung, die »Mil proverbis« (1302), eine Slg. von volkstüml. S.ern, und die »Proverbis d'ensenyament« (um 1309).

In Spanien kommt nun noch eine ganz andere Tradition zum Tragen: die arab. und zugleich, über die arab. Lit. vermittelt, die griech.-antike. Rein arab. Ursprungs sind die »Bocados de oro« aus der Mitte des 13. Jh., nach Abū l-Wafā' Mubaššir ibn Fātik. Jedem Kapitel ist die Vita des Philosophen vorangestellt, dessen moral. Spruchweisheiten im folgenden aufgelistet sind. Ebenso als freie Übers. aus dem Arab. ist das »Libro de los buenos proverbios« (ebenfalls Mitte 13. Jh.) aufzufassen, dessen ursprgl. Autor Ḥunain ibn Isḥāq sich intensiv mit der griech. Philos. auseinandergesetzt hatte und seine eigenen, locker aneinandergereihten Spruchweisheiten bekannten antiken Philosophen zugewiesen hatte. Arab. Ursprungs ist auch das kat. »Libro de la nobleza y lealtad« (1250–60?), das vorgibt, die Antworten von zwölf Weisen auf moral. Fragen des Kg.s Ferdinand III. wiederzugeben. An die »Bocados de oro« schließt sich das kat. »Libre de paraules e dits dels savis e filòsofs« (vor 1298) von Jafuda Bonsenyor an, das 753 Maximen enthält und nach eigenem Bekunden des Autors vom Kg. als Übers. arab. Weisheiten in Auftrag gegeben worden war. Nicht nach den Autoren wie im »Bocados de oro«, sondern nach Themen sind die kast. »Flores de filosofía« (13. Jh.) geordnet, eine kunstvolle Slg. von →Maximen und moral. Sentenzen, die in 18 Kapiteln religiöse und weltl. Lebensweisheiten enthält. Dies Werk übt seinen Einfluß auf das »Libro de los cien capítulos« (Ende 13. Jh.) aus, in dem moral. und polit. Maximen zusammengetragen wurden. Im Rahmen der Spruchdichtung münzt Lopez de Baez weltl. Lebensweisheiten in christl.-moral. Verhaltensempfehlungen um: »Dichos de santos padres« (Anfang 14. Jh.). Sem Tob, alias Santob de Carrión, ersetzt für seine kunstvoll durchkomponierten »Proverbios morales« (1. Hälfte 14. Jh.) die bisherige prakt.-didakt. Intention solcher Slgn. durch eine mehr theoret.-kontemplative, allerdings mit skept. Einschlag. Als letzte Slg. entstehen im 15. Jh. die »Castigos y Dotrinas que un sabio dava a sus hijas« und die »Proverbios de Seneca«. Letzter namentlich bekannter Vertreter ma. Gnomik in Spanien ist Iñigo López de →Mendoza, Marqués de Santillana, der zum einen eine Slg. volkstüml. S.er herausgab, zum andern mit seinen »Proverbios de gloriosa dotrina e fructuosa ensenança« (= Centiloquio«, um 1450) eine Art Fürstenspiegel verfaßte und im Rückgriff auf originale antike Quellen neue humanist. Tendenzen dokumentierte.
U. Ebel

Bibliogr.: W. MIEDER, Internat. Proverb Scholarship, an Annotated Bibliogr., 1982 – *Ed. und Lit.:* DLFMA, 1992², 1206-1207 [Bibliogr. frz. Sprichwortslgn.] – Thesaurus Proverbiorum Medii Aevi/Lexikon der S.er des roman.-germ. MA, 1995ff. – Catenaccio Catenacci, Liber Catonis, ed. ALTAMUR, Testi napoletani dei sec. XIII e XIV, 1949, 107-137 – Elie de Winchester, ed. E. STENGEL, Ausg. und Abh. XLVII, 1886, 110-145 – Fiore di virtù, ed. G. ULRICH, 1890 – Flores de filosofía, ed. H. KNUST, Dos obras didacticas y dos leyendas, 1878, 1–87 – Jafuda Bonsenyor, Libre de paraules e dits dels savis e filòsofs, ed. G. LLABRÉS Y QUINTANA, 1898 – Libro de los cien capítulos, ed. A. REY, 1960 – Proverbes au Conte de Bretaigne, ed. J. MARTIN, 1892 – Proverbes de Marcoul et de Salemon, ed. A. CRAPELET, Proverbes et dictons populaires, 1831 – Proverbia, ed. F. A. UGOLINI, 1959 – Ramon Lull, Proverbis, ed. Obras, XIV, 1928 – Lo Savi ou Libre de Seneca, ed. K. BARTSCH (Denkmäler der prov. Lit., 1856), 192-215 – Schiavo da Bari, La dottrina, ed. F. ZAMBRINI, 1865 – E. O'KANE, Refranes y frases proverbiales españolas de la Edad Media, 1959 – Girardo Patecchio, Splanameto de li proverbii di Salomone, ed. La letteratura it., Storia e testi II/1, 1960, 560-583 – GRLMA VI, 1, 1968, 102-108; VI, 2, 1970, Nr. 2904-3132 [C. SEGRE] – E. RATTUNDE, Li proverbes au vilain, 1966.

III. DEUTSCHE LITERATUR: Der schon mhd. Terminus 'sprichwort' (neben *altsprochen wort, gemeines wort*, auch *spruch, bispruch, biwort*) leitet sich vermutl. aus der tautolog. Zusammensetzung der gleichbedeutenden mhd. Wörter 'spriche' und 'wort' her und bedeutet soviel wie 'vielgesprochenes Wort'; für lat. proverbium ist auch die mhd. Lehnübersetzung 'vorwort' überliefert. Wesentl.

Stilmerkmale des S.s, das in relativ festgefügter Form allgemeingültige Lebensregeln, Handlungsempfehlungen und Tatsachenfeststellungen – oft bildhaft – tradiert, sind Kürze, Prägnanz und Formelhaftigkeit, die häufig durch Parallelismen, Ellipsen und antithet. Fügungen, mitunter durch Reim, →Assonanz und →Alliteration erreicht werden; der Übergang zu benachbarten Kleinstformen wie Sentenzen und Aphorismen ist fließend. Als gruppenspezif. Sonderformen des S.s gelten Rechtss.er, Bauern-, Wetter- und Arbeitsregeln. Quelle des S.s ist neben volkstüml. Spruchweisheit v. a. die über die Schule vermittelte bibl. und antike Lit.

Schon die frühen Aufzeichnungen lat. Proverbia stehen im Gebrauchszusammenhang des Schulunterrichts, wie z. B. zwölf von →Notker (III.) Labeo als Übungsbeispiele für die St. Galler Kl.schule aufgezeichnete ahd. S.er (11. Jh.) oder die älteste lat. S.slg., →Egberts v. Lüttich »Fecunda ratis«. Neben unterliterarisch-volksläufigen Beispielen finden sich volkssprachl. dt. S.er vorwiegend in Werken didakt. Funktion wie in der →Spruchdichtung →Spervogels, →Reinmars, →Walthers v. der Vogelweide oder des →Teichners und im Œuvre →Heinrichs v. Melk, →Thomasins v. Zerclaere, →Hugos v. Trimberg oder Ulrich →Boners.

Als gesprochene, unterlit. Gattung urspgl. mündl. tradiert, ist das volksläufige S. oft in Sammelhss. als Streugut überliefert, seit dem Ende des 14. Jh. aber auch zu mitunter zweisprachigen und kommentierten größeren Corpora vereinigt worden, die wohl, wie die *Schwabacher*, die *Straßburger* und die *Grazer Sprüche* des 14. Jh. und die *Prager, Klagenfurter, Münchner* und *Ebstorfer Sprüche* des 15. Jh. bis hin zur umfangreichsten Slg., den »Proverbia communia sive seriosa« (803 S.er; Ende 15. Jh.), als →Schullektüre dienten. Blütezeit des dt. S.s ist das 16. Jh., als unter dem Einfluß der »Adagiorum collectanea« des →Erasmus v. Rotterdam (1500) die »Proverbia Germanica« Heinrich Bebels (1508 mit ca. 800, 1515 mit 3400 S.n) und die Slg.en Johannes Agricolas (drei Teile 1529–48) und Sebastian Francks (1541, ca. 7000 S.er) entstanden, die bis weit in die NZ v. a. von protestant. Predigern prakt. genutzt wurden. N. H. Ott

Ed.: A. BEYER–H. BEYER, S.erlex., 1985 – L. RÖHRICH, Lex. der sprichwörtl. Redensarten, 3 Bde, 1991² – *Bibliogr.*: O. MOLL, S.erbibliogr., 1958 – W. MIEDER, Proverbs in Lit.: An Internat. Bibliogr., 1978 – *Lit.*: MERKER-STAMMLER IV, 1984², 132–151 [G. BEBERMEYER] – H. BAUSINGER, Redensart u. S. (DERS., Formen der 'Volkspoesie', 1968), 90–106 – Ergebnisse der S.erforsch., hg. W. MIEDER, 1978 – M. EIKELMANN, S.er [Habil. masch. Göttingen 1995].

IV. ENGLISCHE LITERATUR: S.er sind nicht immer leicht von anderen Formen der Weisheitslit. abzugrenzen (Maximen, Gnomen, Sentenzen usw.; →Spruchdichtung); genannt werden Charakteristika wie Kürze, feste Form, weite Verbreitung. Schon aus (spät)ae. Zeit sind zwei S.slgn. überliefert, nämlich eine ae. Prosaübers. von 89 der weitverbreiteten →»Disticha Catonis« (Abschnitt VI) sowie die 46 lat.-ae. »Durham Proverbs«, deren ae. Zeilen z. T. alliterieren. Dazu kommen einige einzelne S.er bzw. ganz kurze Gruppen, auch in poet. Form (ed. ASPR VI, 109). Im Me. setzt sich die Tradition fort. Aus frühme. Zeit stammen die »Proverbs of Alfred« (12. Jh.) und die »Proverbs of Hendyng« (13. Jh.); letztere enthalten auch zwei der »Durham Proverbs«. Erstere sind zwar wohl nicht von Kg. Alfred († 899), bezeugen aber seinen lange nachwirkenden Ruf als weiser Herrscher und sind gleichzeitig ein Beispiel für die Zuschreibung von Texten an bekannte Persönlichkeiten, um ihnen mehr Autorität zu verleihen. Aus dem 14. und 15. Jh. gibt es u. a. mehrere me. Versionen der »Disticha Catonis«, das »ABC of Aristotle« (→Aristoteles, C. II), »Proverbs of Salamon« (→Solomon), »Proverbis of Wysdom« usw. In die Form von Ermahnungen der Eltern an ihre Kinder sind z. B. gekleidet »How the Wise Man Taught his Son« und »How the Good Wife Taught her Daughter«. →Caxton druckte 1478 eine S.slg. S.er wurden natürl. auch in vielen me. Werken verwendet; nur drei seien herausgegriffen: Das Streitgedicht →»Owl and Nightingale« schreibt ebenfalls mehrere S.er Kg. Alfred zu. →Chaucer und →Gower zeigen deutl. Unterschiede in ihrem S.gebrauch: In seiner »Confessio Amantis« legt Gower hauptsächl. dem Genius (Priester der Venus und Beichtvater des Amans) S.er in didakt. Absicht in den Mund. Chaucer benutzt S.er dagegen u. a. auch zur Charakterisierung von Personen und in spielerischer, humorvoller oder satirischer Absicht, so wenn der Hahn Chauntecleer in den »Canterbury Tales« (»Nun's Priest's Tale«, VII, 3164–3166) »Mulier est hominis confusio« falsch übersetzt mit »Womman is mannes joye and al his blis«. Auch in →Predigten wurden S.er gern verwendet (→»Fasciculus Morum«). H. Sauer

Bibliogr.: CAMERON, OE Texts, A. 35, B. 7 – ManualME 9. XXII, 1993 – N. R. KER, Cat. of MSS Containing Anglo-Saxon, 1957, 545 – S. B. GREENFIELD–F. C. ROBINSON, A Bibliogr. of Publ. on OE Lit., 1980 – *Ed.*: B. J. WHITING–H. W. WHITING, Proverbs, Sentences and Proverbial Phrases from English Writings Mainly before 1500, 1968 – O. ARNGART, The Durham Proverbs, Speculum 56, 1981, 288–300 – *Lit.*: G. WALZ, Das S. bei Gower, 1907 – B. J. WHITING, Chaucer's Use of Proverbs, 1934 – A. C. BAUGH, A Literary Hist. of England, 1967.

V. MITTELNIEDERLÄNDISCHE LITERATUR: Mndl. Sprüche und S.er sind noch kaum untersucht. Die folgende Übersicht kann darum nicht mehr sein als eine erste, unvollständige Bestandsaufnahme. Viele Sprüche sind in Sammelhss., vielfach aus dem 15. Jh., überliefert (z. B. Brüssel KB II 116 und Berlin ms. germ. qu. 557). Die umfangreiche Hs. Brüssel KB 15. 589–623, die sog. Hs. Van Hulthem, enthält vier Spruchslg.en. Zuweilen stehen Sprüche auf den Vorsatzblättern einer Hs. (Brüssel KB 19546) und in einem Fall auf einer Rolle (Antwerpen, UFSIA Necrl. 413/1). Jacob van Maerlants 'Spiegel historiael' (eine Übers. des 'Speculum historiale' von Vinzenz v. Beauvais) enthält mehrere Slg.en von Proverbien antiker und chr. Autoren. Andere Spruchslg.en werden Autoritäten wie Seneca oder Salomo zugeschrieben; außerdem gibt es die sog. Vogelsprüche.

Von einigen Spruchslg.en ist bekannt, daß es sich um Übers.en handelt, wie der 'Dietsche Catoen' (→Disticha Catonis), 'Van Zeden' und 'De bouc van seden' (Liber →Facetus), 'Dit es Doctrinael sauvage' (Bernardin Sauvage), und um Sprüche, die auf →Freidanks 'Bescheidenheit' zurückgehen. Eine zweisprachige, lat.-ndl. Spruchslg. kommt in der Hs. Basel UB, F. IV 38 und in der mehrmals gedruckten Slg. 'Proverbia communia' vor.

D. E. van der Poel

Lit.: Wat is wijsheid?, hg. J. REYNAERT, 1994 [Beitr. A. M. J. VAN BUUREN (Lit.), H. BRINKMAN, TH. MEDER] – Den zoet akkord, hg. F. WILLAERT, 1992 [Beitr. W. VAN ANROOIJ].

VI. SKANDINAVISCHE LITERATUR: S.er finden sich in der altwestnord. Lit. sowohl in Prosa als auch in der Dichtung, hier bes. in moral.-didakt. Werken (z. B. edd. Hávamál und Hugsvinnsmál [12. Jh.], chr. –Sólarljóð [um 1200]). In Hávamál und Hugsvinnsmál sind v. a. archaische Lebensregeln gnom. zusammengefaßt. Die 148 Strophen (Versmaß →Ljóðaháttr) der Hugsvinnsmál sind eine recht getreue Übers. der →Disticha Catonis (V), auch die Hávamál zeigt deutl. Einflüsse der lat. Spruchslg. Eine weitere Slg. von S.ern findet sich u. a. in den Málsháttakvæði (12./13. Jh.), aber auch andere Gedichte enthalten S.er; solche einzelnen S.er, die zu einem guten Teil Übers.en lat. Proverbia sind, treten auch in den →Sagas auf, am eigenartigsten in der »Parcivals saga« (vor Mitte 13. Jh.), wo sich der Autor bemüht, jedes Kapitel mit einem endgereimten S. abzuschließen. →Spruchdichtung, IV.

R. Simek

Lit.: F. JÓNSSON, Oldislandske ordsprog og talemåder, ANF 39, 1914, 61–111, 170–217 – A. HEUSLER, S.er in den edd. Sittengedichten, Zs. des Vereins für VK, 1915–16 – H. GERING, Altnord. S.er und sprichwörtl. Redensarten, ebd. 32, 1916, 1–31 – BJ. VILHJÁLMSSON–O. HALLDÓRRSSON, Islenzkir málshættir, 1966 – H. PÁLSSON, Ur hugmyndaheimi Hrafnkels sögu og Grettlu, 1981.

VII. SLAVISCHE LITERATUREN: Sowohl die Originalwerke des slav. MA als auch auch die Übers.en (→ »Alexanderroman«, →»Stefanit i Ichnilat«, »Akir premudryj« etc.) zeigen als dichter. Ausschmückung neben euphon. Elementen, Epitheta ornantia, »Wortgeflecht«-Rekurrenzen u. ä. die Verwendung von S.ern (*pritča, poslovica*) und feststehenden Redewendungen, v. a. in den Reden der handelnden Personen (»Es gibt kein Kraut, das die Strafe Gottes abwenden könnte«, sagt z. B. der Gelähmte zu Christus in einer aruss. Predigt des Kirill v. Turov). S.er oder spruchartige Sätze begegnen auch in ma. slav. Hl.nlegenden (z. B. in der abulg. Vita des Konstantin-Kyrill), in dem vermutl. von Konstantin verfaßten »Proglas« zum Evangelium, in den aruss. Annalen (z. B. in der »Nestorchronik«: »Schleicht sich der Wolf bei den Schafen ein, trägt er die ganze Herde fort, wenn man ihn nicht erschlägt«), im aruss. »Igorlied« (z. B. »Lieber zerhauen werden, denn gefangen«), im »Slovo Daniila zatočnika« und anderswo, so z. B. in atschech. Werken, wo sich sogar längere Sentenzen finden (»Der Ermüdete greift gern nach einem Getränk, dem vertrockneten Bogen ist Feuchtigkeit nützlich, die ehrwürdige Frau ist dem Mann über alles teuer« in der »Alexandreis«). Von großem Einfluß auf die slav. Lit.en des MA und auch auf die Volkssprichwörter war – neben der Spruchweisheit der Bibel (Sprüche Salomos, Jesus Sirach etc.) – die aruss. Kompilation »Izbornik Svjatoslava« von 1076 sowie das Florilegium »Pčela« (Biene), das in Südrußland vermutlich im 13. Jh. aus dem Griech. übers. wurde und über Bulgarien nach Serbien wanderte (→Melissa). – Die ersten S.sammlungen tauchen erst in nach-ma. Zeit auf (z. B. in Rußland im 17. Jh.).

D. Burkhart

Lit.: D. TSCHIŽEWSKIJ, Vergleichende Gesch. der slav. Lit.en, I, 1968 – D. WÖRN, Die Theorie der lit. »kleinen Gattungen« (Gattung und Narration in den älteren slav. Lit.en, hg. K.-D. SEEMANN), 1987 – DJ. TRIFUNOVIĆ, Azbučnik srpskih srednjovekovnih književnih pojmova, 1990² [Lit.] – Starobŭlgarskata literatura. Enciklopedičen rečnik, hg. D. PETKANOVA, 1992 [Lit.].

VIII. BYZANTINISCHE LITERATUR: S.er (παροιμίαι) als unverändert über die Zeit hinweg tradierte »Lebensweisheiten«, die weder auf lit. Quellen noch auf eine hist. Person zurückgehen (so im Gegensatz zu den »Geflügelten Worten«, den Sentenzen oder den →Apophthegmata), wurden in Byzanz in der Form hochsprachl. wie auch volkssprachl. Slg.en überliefert. Erstere basieren im wesentl. auf der Forschungstätigkeit der alexandrin. Philologen, deren heute größtenteils verlorengegangene Einzelslg.en im 9. Jh. eine Kompilation in alphabet. Anordnung erfuhren. Darauf griffen für ihre eigenen Arbeiten etwa der Patriarch →Gregorios Kyprios oder →Michael Apostoles zurück, wobei sie die klass.-hellenist. S.er um Material aus byz. Zeit ergänzten, das sie jedoch in die Hochsprache übertrugen. Für die volkssprachl. S.er läßt sich das sprachwiss. Prinzip, daß ihr Ursprung nicht nachweisbar sein darf, nur teilweise durchhalten. Auch die moderne Forsch. ging auf dieses Problem bislang kaum ein. Die Beliebtheit solcher, meist metrisch gebildeter S.er läßt sich schon für die patrist. Zeit konstatieren, da sie sich als leicht eingängige Formeln für den katechet. Gebrauch gut eigneten. Daneben kursierten verschiedene S.sammlungen, etwa unter dem Namen des Äsop, die vom 10. Jh. an lit. greifbar sind. Für die Folgezeit seien bes. Michael →Glykas, der eine umfangreiche Kompilation byz. S.er abfaßte und kommentierte, sowie Maximos →Planudes erwähnt, der aber sein Material in die Hochsprache übertrug. Daneben liegt eine ganze Reihe anonymer S.sammlungen vor, die K. KRUMBACHER zum großen Teil ediert hat.

L. Hoffmann

Lit.: BECK, Volksliteratur, 30f., 206f. [Edd., Bibliogr.] – PH. KUKULES, Βυζαντινῶν βίος καὶ πολιτισμός, I/2, 1948, 42–63 – PH. PAPADOPULLOS, Κυπριαχαὶ παροιμίαι, 1992 [bes. die Einl.].

Springiersbach, CanA Stift nördl. von Kröv/Mosel, alte Erzdiöz. →Trier (Rheinland-Pfalz). Benigna, Witwe des pfalzgfl. Ministerialen Ruker, verwandte 1100/02 ihr Witwengut Thermunt zur Gründung eines unter der Vogtei des rhein. Pfgf.en stehenden Kanonikerkonvents, dessen Traditio an den Trierer Ebf. dieser 1107 bestätigte. Benignas Sohn Richard leitete die Gemeinschaft ab ca. 1115 als Propst, seit 1129 als Abt, dessen strenge Regelauslegung schon 1118 Gelasius II. beschäftigte. Die 1123/28 entstandenen Consuetudines v. S. hatten erhebl. Einfluß auf die Kanonikerreform in Dtl. Sie enthielten als erste Reformconsuetudines z. B. Vorschriften über die jährl. Abhaltung von Generalkapiteln. Kanoniker aus S. wurden nach →Klosterrath (Diöz. Lüttich), →Steinfeld (Erzdiöz. Köln), Frankenthal (Diöz. Worms) und →Bolanden (Erzdiöz. Mainz) gerufen. Zum Verband gehörten im Ebm. Trier der Doppelkonvent Lonnig (um 1120), dessen Frauenkonvent 1143 nach Schönstatt verlegt wurde, Stuben/Mosel (1137), Martental bei Cochem (1139/41), Merzig/Saar (1152), Marienburg/Mosel. Der S. angegliederte Frauenkonvent wurde 1127/29 unter der Leitung von Richards Schwester →Tenxwind nach Andernach verlegt. S. unterstellt waren außerdem Pedernach bei Boppard, St. Irminen (Oeren) in Trier. Das später dem Prämonstratenserorden angehörende Stift →Wadgassen dürfte in seiner Frühzeit ebenfalls von S. aus geprägt worden sein. Eine dauerhafte Verbandsbildung scheiterte aber an den Interessengegensätzen der Pfgf.en und der Trierer Ebf.e. Seit 1119 stand S. unter päpstl., seit 1143 auch unter kgl. Schutz. Die Weihe der Stiftskirche erfolgte am 6. Aug. 1136 durch Ebf. →Albero v. Trier. Mit dem Tode des Abtes Richard 1158 verfiel die strenge Konventszucht und damit die Bedeutung S.s. Reformversuche des 4. Abtes, Absalon (nach 1190–vor 1196), führten zu keiner dauerhaften Besserung. Seit dem 13. Jh. sind persönl. Besitz und eigene Einkünfte der Konventualen belegt. Auch die Frauenkonvente übernahmen die lockeren Chorfrauengebräuche, ohne den Verband aber zu verlassen. Mittels einer Strafordnung versuchte Abt Matthäus v. Merl mit Hilfe Ebf. →Balduins v. Trier 1352/54 erneut, die Zucht zu bessern, und auch im 15. Jh. scheiterten mehrere Ansätze zur Reform sowie die versuchte Anbindung S.s an die →Windesheimer Kongregation. J. Simon

Lit.: GP X, 338–350 [Lit.] – F. PAULY, S., 1962 – O. ENGELS, Der Ebf. v. Trier, der rhein. Pfgf. und die gescheiterte Verbandsbildung v. S. im 12. Jh. (Secundum Regulam Vivere [Fschr. P. N. BACKMUND, 1978], 87–103 – ST. WEINFURTER, Consuetudines canonicorum regularium Springirsbacenses-Rodenses (CChrCM 48, 1978) – →Tenxwind.

Spruchband, von einer Figur gehaltene oder von ihr ausgehende entrollte Schriftrolle mit oder ohne Text, die in repräsentativen Darstellungen den autoritativen »Spruch« der betreffenden Person, in szen. Darstellungen den Dialog konkretisiert oder (wenn leer) suggeriert. Im frühchr. Bildtypus der Traditio legis (→Gesetzesübergabe) ist die offene Schriftrolle Symbol des neuen Gesetzes Christi; ähnl. bei der Wiederkunft Christi auf der Holztür von S. Sabina, Rom, um 432–440. Auch Propheten oder Patriarchen sind schon in der Frühzeit mit offen herabhängendem, meist leerem S. dargestellt (z.B. »Eleazar«, St. Paul vor den Mauern, Rom, um 440–461; Stuckfiguren im Orthodoxen-Baptisterium in Ravenna). In Byzanz setzt sich diese Tradition das ganze MA hindurch fort, hier aber fast immer mit beschrifteten S.ern (z.B. Propheten im Purpurcod. v. Rossano). Im W sind frühma. Beispiele selten: Rom, S. Maria Antiqua, Wandmalerei-Reste des 7. Jh. auf der Apsiswand, 4 Kirchenväter mit (im Disput mit Byzanz bedeutsamen) Zitaten aus ihren Schrr. auf lang herabhängenden S.ern; S. Vincenzo al Volturno, Halle beim Refectorium, gemalte Serie von Propheten mit ähnl. vorgewiesenen Texten, frühes 9. Jh. Erst im späteren 11. Jh. greift man häufiger auf die frühchr. Thematik zurück: Autoren- und Protagonisten-Bilder in den röm. →Riesenbibeln mit offen herabhängenden, leeren oder beschrifteten S.ern; →Sant'Angelo in Formis, Propheten in den Arkadenzwickeln schmale, in Längsrichtung beschriftete S.er aus. Serien von Halb- oder Ganzfiguren von Propheten und Hll. mit »sprechenden« oder leeren S.ern sind von nun an in der gesamten ma. Kunst zu finden. – Um 1100 beginnt man, auch im narrativen Kontext weithin wehende schmale S.er mit oder ohne Text zur Verlebendigung von Rede und Gegenrede einzusetzen, so vereinzelt in der Wandmalerei (Canterbury, Kathedrale, Gabriels-Kapelle; Schwarzrheindorf, Unterkirche), bes. aber in der Buchmalerei, z.B. an der Maas (Bibel v. Lobbes), in der Lambeth-Bibel aus Canterbury, der nordfrz. Kapuziner-Bibel (Paris BN lat. 16744) und im Evangeliar Heinrichs des Löwen. Die S.er signalisieren ein neues Interesse am Text und an den dort gegebenen kausalen wie den theol. Bezügen; sie rechnen mit dem gebildeten Betrachter. Sie sind aber auch wichtiges Kompositionsmittel von formaler, die »Stimmung« der Rede spiegelnder Aussagekraft, so bes. im 13. Jh. in der »Eneit« des →Heinrich v. Veldeke in Berlin, wo selbst gedankl. Argumentation in monolog. Rede durch die Führung der S.er konkretisiert wird. U. Nilgen

Lit.: N. HENKEL, Bildtexte, Die S.er in der Berliner Hs. von Heinrichs v. Veldeke Eneasroman (Poesis et pictura [Fschr. D. WUTTKE, 1989]), 1–43 – U. NILGEN, Theol. Konzept und Bildorganisation im Evangeliar Heinrichs des Löwen, ZKG 52, 1989, 313–316 – K. CLAUSBERG, S.aussagen, Städel-Jb. NF 13, 1991, 61–110 [Lit.] – J. MITCHELL, The Display of Script and the Uses of Painting in Langobard Italy (Sett. cent. it. 41, 1993 [1994]), 905–907 – S. WITTEKIND, Schrift-Verwendung, FMASt 30, 1996.

Spruchdichtung (s. a. Sprichwort, Sprichwortsammlung)

A. Deutsche Literatur – B. Englische Literatur – C. Skandinavische Literatur

A. Deutsche Literatur

I. Sangspruchdichtung – II. Reimreden.

I. SANGSPRUCHDICHTUNG: [1] *Terminologische Probleme und Definition der Gattung:* S. ist ein Teilbereich der ma. dt. Lyrik (mit Entsprechungen im Mlat., Prov., Afrz.; →Dit), der sich vom liedhaften →Minnesang sowie von →Liedern und →Leichs mit diversen Inhalten abhebt, ohne daß eine scharfe Abgrenzung möglich ist. Doch markiert bereits die Überlieferung in den großen lyr. Sammelhss. (→Liederhss.) das ma. Bewußtsein einer gattungsmäßigen Unterscheidung (die Weingartner Liederhs. B, Anfang des 14. Jh., sondert die Sprüche und Lieder Walthers v. der Vogelweide; die Jenaer Liederhs., Mitte 14. Jh., enthält nur S., auch von Dichtern, die Minnelieder verfaßt haben). Dies schlägt sich jedoch nicht in einer bestimmten Terminologie nieder, da die ma. Autoren 'liet', 'sanc' und 'rede' wechselweise für beide Bereiche verwenden. Die Bezeichnung 'S.' ist eine Hypothek des 19. Jh., die auf K. SIMROCKS Annahme unterschiedlicher Vortragsart (»mehr recitativ oder parlando«) gegenüber dem gesungenen Lied beruht. Heute steht der gesungene Vortrag für beide Gattungen aufgrund der Melodieüberlieferung fest (Jenaer Liederhs. u. a.). Dem trägt der weithin durchgesetzte Terminus 'Sangspruchdichtung' Rechnung.

Die wichtigsten definitor. Kriterien – prägnante Einstrophigkeit, diverse lehrhafte Inhalte, Verfasserschaft gesellschaftlich inferiorer →Berufsdichter – sind vom 12. bis 14. Jh. Wandlungen unterworfen und bei den einzelnen der über 50 tradierten Dichter unterschiedl. belegbar.

Die themat. Aussage ist in Einzelstrophen gefaßt, meist mit pointiertem Schluß. Bei der üblichen wiederholten Verwendung des gleichen Tons (Strophenbau und Melodie) ergeben sich Strophenreihen mit mehr oder weniger themat. Bezügen – doch kaum log. Verknüpfung –, die im Vortrag zur Geltung gebracht und variiert werden konnten. Die bes. bei Walther v. der Vogelweide diskutierte Möglichkeit vom Dichter selbst konzipierter liedhafter Einheiten (MAURER) ist im Blick auf Walthers S. insgesamt sicher abwegig. Auch die Gleichung von Ton und Vortragseinheit erscheint zumindest in der Primärrezeption dort problematisch, wo der gleiche Adressat in verschiedenen Sprüchen extrem positiv und negativ beleuchtet wird. Die Benennung der von →Walther v. der Vogelweide benutzten rund 30 Töne nach themat. Dominanzen (»Reichston«, »Philippston«, »Unmutston« usw.) stammt aus dem 19. Jh. und überdeckt im gleichen Ton vorhandene disparate Inhalte und entstehungszeitl. Abstände. Die Zahl der von einem Spruchdichter verwendeten Töne nimmt im 13. Jh. ab. Nach Anfängen in Reimpaarversen hat Walther die Kanzonenstrophe (→Canzone, II) des Minnesangs auch für die S. eingeführt und durchgesetzt; Zeilenzahl und -umfang sind im Vergleich zum Lied oft etwas größer dimensioniert und verstechnisch freier gestaltet.

Als Inhaltstyp wird die S. konstituiert durch Thematisierung allg. christl. Ethik und höf.-ritterl. Tugendlehre, lebensprakt. Verhaltensnormen, christl. Glaubensvorstellungen, laientheol. und naturwiss. Gelehrsamkeit, polit. Ereignisse, der Lebensbedingungen fahrender Dichter und des Wertes ihrer Kunst, dargeboten im Redegestus von Belehrung, Lob und Schelte (an Gott, Maria, Herrscher, Gönner und Dichterkollegen adressiert), Gebet und Bitte (um Lohn und Anerkennung), Klage, Kritik, Propaganda und Streit.

Das betonte Selbstbewußtsein der Sangspruchdichter erscheint als übergreifendes Charakteristikum ihrer Texte und steht im Kontrast zu dem permanenten Ringen um materielle und gesellschaftl. Anerkennung. Es gründet sich auf ihre Verfügung über die letztlich von Gott abgeleitete Kunst, Weisheit und Gelehrsamkeit. Die entworfenen Rollen des Sängers als Bote Gottes, Weiser, Ratgeber, Prophet und Urteiler kehren das Abhängigkeitsverhältnis von Dichter und Publikum um, suggerieren das Angewiesensein auch der Herrschenden auf die Kunst und fingieren damit eine Bedeutung der S., die sie in Wirklichkeit nicht besessen hat. Trotzdem sind ihre Realitätsbezüge unvergleichlich intensiver als die des Minnesangs, nicht nur durch die direkte Erwähnung bestimmter Personen, Orte und Ereignisse, die Datierungsindizien liefern, und durch Verweise auf die Lebens- und Berufssituation der Dichter, sondern auch durch die Zielsetzung der lehrhaften Texte, die auf die hist. Wirklichkeit einwirken sollten.

Nur bei wenigen Dichtern bieten die Sprüche biograph. Anhaltspunkte zur genaueren Bestimmung ihrer Herkunft und ihres sozialen Status. Selbst die selten vorkommenden urkdl. Erwähnungen (so bei Walther v. der Vogelweide, Konrad v. Würzburg, Regenbogen, Heinrich v. Meißen/Frauenlob) reichen dazu nicht aus. Die z. T. allein überlieferten Künstlernamen, wie Spervogel, Marner, der Unverzagte, Höllenfeuer, der Wilde →Alexander, Frauenlob u. a., gelten als Signum der Berufsgruppe fahrender Dichter-Sänger. Armutsklage und Heischen um Unterhalt und Behausung sind zwar topisch für die Gattung, reflektieren aber auch die sozialen Konditionen der meisten Autoren. Erfolg des Werbens um herrscherl. Gunst läßt sich bei Walther und Heinrich v. Meißen erkennen, die wohl den Übergang in eine seßhafte Lebensform erreichten.

[2] *Geschichte der Gattung:* Die faßbare Gesch. der S. beginnt etwa gleichzeitig wie die der Minnelyrik in der 2. Hälfte des 12. Jh. mit →Herger und →Spervogel (vielleicht eine Autorperson). Nach der Gewandtheit der Strophen zu urteilen, ging eine unschriftl. Phase voraus, aber auch die Schulung an vergleichbaren mlat. Texten, wie sie die →»Carmina Cantabrigiensia« und →»Carmina Burana« überliefern, dürfte zur Entwicklung der dt. S. beigetragen haben, zumal für sie z. T. vagierende Kleriker als Verfasser in Frage kommen. Das Auftrittsforum bildeten weltl. und geistl. Adelshöfe. Außer der polit. Thematik ist in der Frühphase bereits das später behandelte Inhaltsspektrum vorhanden. Mit Walther gelangte die Gattung zu einem unübertroffenen künstler. Höhepunkt. Er schuf Modelle, die die nachfolgenden Generationen von Spruchdichtern aufgenommen und modifiziert haben, und gehört zu den wenigen Lyrikern, die die S. und Minnesang in Personalunion vertreten wie später der →Tannhäuser, →Konrad v. Würzburg und Heinrich v. Mügeln; Minnesänger wie →Friedrich v. Hausen, →Hartmann v. Aue u. a. haben lediglich einzelne der S. zurechenbare Strophen verfaßt. Walthers wichtigste inhaltl. Innovation besteht in der Erörterung aktueller polit. Ereignisse (beginnend mit dem Thronstreit von 1198), doch nicht als persönl. Stellungnahme, sondern im Interesse bestimmter, wechselnder Mäzene: Kg.e und Fs.en des Reiches. Im Zusammenhang mit der Parteinahme für die Zentralgewalt formulierte Walther scharfe Invektiven gegen den päpstl. Einfluß auf die Reichspolitik und etablierte die Kontroverse von Imperium und Sacerdotium als Thema der S. Unter der Perspektive angemessener und unangemessener Würdigung der Dichter-Sänger erörterte er auch die 'Kulturpolitik' der Fs.en. Durch die Absetzung des Minnesangs als angenehme Kunst der Begüterten und Seßhaften von den bissigen Tönen der Fahrenden bestätigt er die autorsoziolog. Unterscheidung beider Gattungen. Bildhafte Anschaulichkeit, verbale Prägnanz, pointierte Struktur, Personifizierungen, Gesprächsinszenierungen und auch karikaturist. Verzerrungen prägen Walthers themat. vielfältige Sangsprüche, denen →Thomasin v. Zerklaere große Wirkung attestiert.

Nach Walther haben zunächst drei Fahrende etwa gleichzeitig die Kunst der S. auf unterschiedl. Weise weitergeführt: →Reinmar v. Zweter (ca. 1225–50), von dem mehr als 300 Spruchstrophen, überwiegend in einem Ton, überliefert sind (nicht alle echt), aktualisierte die polit. Themen in neuem hist. Kontext (Spätzeit Ks. Friedrichs II.) und gab religiösen Inhalten, ritterl. Tugend- und Lebenslehren breiten Raum. Bruder →Wernher (ca. 1225–50), von dem 74 Strophen in 7 Tönen erhalten sind und der ein intertextuelles Spiel mit Walthers Sprüchen betrieb, artikulierte polit. Positionen hauptsächl. aus der Perspektive seines österr. Gönners. Der →Marner (ca. 1230–65), von den Meistersingern später als Begründer ihrer Kunst gefeiert, dichtete lat. und dt. für geistl. und weltl. Mäzene in kunstvoll verfeinertem Strophenbau. Bei ihm erfolgte eine themat. Verschiebung zur Didaxe aufgrund selbstbewußter Gelehrsamkeit und polem. Auseinandersetzung mit Sängerkollegen, die in Strophen von Rumelant (ca. 1270–90), dem →Meißner (ca. 1270–1300) u. a. reflektiert wird. Durch diese beiden und Hermann →Damen (ca. 1280–1310) wurde die S. auch in Norddtld. verbreitet, während die früheren Sänger vornehml. im südwestdt. Raum, Bayern, Österreich, Böhmen und Mitteldtld. auftraten. →Regenbogen (1302 in Tirol im Kontakt zu Kg. Ludwig II. von Kärnten bezeugt) war vielleicht der erste S. verfassende Handwerker (wenn nicht seine Identifizierung als Schmied eine Autorenlegende darstellt). →Heinrich v. Meißen gen. Frauenlob († 1318 in Mainz), dem die Kolmarer Liederhs. (Ende 15. Jh.) über 1000 Strophen zuweist (mehr als die Hälfte unecht), markiert einen relativen Endpunkt der Gattung. Er erhebt den Anspruch, die berühmtesten Dichter (Walther, Reinmar und Wolfram) zu übertreffen. Seine Bedeutung definiert er selbst auf der inhaltl. Ebene durch die Vermittlung von höf. Werten und gesichertem Wissen, doch diese Programmatik steht im Gegensatz zu der heute primär gesehenen Bedeutung der überaus kunstvollen, geblümten, z. T. verrätselten sprachl. Präsentation, die die Autonomie der Dichtung neben der Theologie mit begründet. Einen Nachfolger fand er in dem geistl. hochgebildeten →Heinrich v. Mügeln (2. Hälfte 14. Jh.), der neben anderen lit. Werken 383 Spruchstrophen verfaßte, die systemat. behandelte wiss. Themen in der zu seiner Zeit bereits selten gewordenen Medium darbieten. Die im Laufe des 13. Jh. stark angewachsene Produktion der S. ging im 14. Jh. zurück und mündete in die konservierende Slg. der Liederhss. ein. Im 15. Jh. knüpften als nennenswerte Autoren →Muskatblüt (belegt 1415–38) und Michael →Beheim (1416/21–74/78) noch einmal an die Tradition Frauenlobs und Heinrichs v. Mügeln an. Die Konzentration auf soziale und polit. Probleme der Zeit gibt ihren an Adelshöfen vorgetragenen Sprüchen eine Art publizist. Charakter. Eine produktive Rezeption in neuem sozialem Rahmen erfuhr die S. bei den →Meistersingern, die sich als Handwerker neben ihrem bürgerl. Beruf der Dichtkunst widmeten. Aus der Überlieferung der ma. Lyrik nehmen sie lediglich die S. auf, verehrten eine Reihe von Spruchdichtern als ihre »alten meister« (Walther v. der Vogelweide, Reinmar v. Zweter, den Marner, Regenbogen, Frauenlob u. a. in wechselnder Auswahl), deren Töne sie – mit eigenen Namen versehen – für ihre »Lieder« bis ins 18. Jh. weiterverwendeten.

II. REIMREDEN: Eine eigene Gattung außerhalb der gesungenen Lyrik stellt die gesprochene S. dar, die bisweilen als »Sprechspruch« (H. SCHNEIDER), heute überwiegend als 'Reimrede' bezeichnet wird. Sie besteht aus einer unterschiedl. Zahl von Reimpaaren mit ähnl. Themen wie die Sangsprüche und wurde von »Spruchsprechern« vorgetragen. Abgesehen von →Freidank († 1233), der seine Lehren und Zeitkritik in Zweizeilern, z. T. unter übergreifenden Themen präsentiert, entfaltete sich die Reimrede

erst im 14. Jh. und trat an die Stelle der Sangs. Ihr wichtigster Vertreter ist →Heinrich der Teichner (belegt 1350–65) mit fast 800 Reimreden. Aus Mangel an formalen Kriterien ist der Texttyp nicht genau fixierbar und der Übergang zur gelesenen S. gleitend. →Sprichwort, →Politische Dichtung; →Satire, IV. U. Schulze
Ed.: Die Jenaer Liederhs. In Abb., hg. H. Tervooren–U. Müller, 1972 – Des Minnesangs Frühling, hg. K. Lachmann u. a., bearb. H. Moser–H. Tervooren, 1988³⁸ – Minnesinger, hg. F. H. v. der Hagen, 4 Bde, 1838 [Nachdr. 1963] – Polit. Lyrik des dt. MA, Texte, hg. U. Müller, 2 Bde, 1972–74 – weitere Ed.: s. Artikel über die im Text gen. einzelnen Autoren – *Lit.:* Merker-Stammler IV, 1984², 160–169 [H. Tervooren] – E. Lämmert, Reimsprecherkunst im SpätMA. Eine Unters. der Teichnerreden, 1970 – Mhd. S., hg. H. Moser, 1972 (WdF) – B. Wachinger, Sängerkrieg. Unters. zur S. des 13. Jh., 1973 – K. Franz, Stud. zur Soziologie des Spruchdichters in Dtld. im späten 13. Jh., 1974 – U. Müller, Unters. zur polit. Lyrik des dt. MA, 1974 – H. Brunner, Die alten Meister. Stud. zur Überlieferung und Rezeption der mhd. Spruchdichter im SpätMA und in der frühen NZ, 1975 – U. Müller, Sangs. (Dt. Lit., eine Sozialgesch., hg. H. A. Glaser, 1, 1988), 187–192 – G. Scholz, S. (Dt. Dichter, hg. G. E. Grimm–F. R. Max, 1989), 430–441 – U. Müller, Sangverslyrik, Dt. Lit., 2, 1991, 46–69.

B. Englische Literatur
I. Altenglisch – II. Mittelenglisch.

I. Altenglisch: Die reinsten Beispiele ma. engl. S. sind die beiden ae. Gedichte »Maxims I« und »Maxims II«. Sie bestehen beinahe ausschließl. aus stark verdichteten Aussagen über die Gesellschaft und die Natur. An deren einem Extrempunkt befinden sich tautolog. Aussagen oder Gemeinplätze wie »Frost shall freeze« oder »Every mouth needs food«; am anderen Extrempunkt erreichen sie universelle Tragweite. Beide Gedichte scheinen am Ende ein Prinzip elementaren Konflikts darzustellen. Oft wurden sie als Ausdruck einer Ethik der ags. Kultur verstanden. Der Wettstreit um die Weisheit im poet. »Salomon und Saturn II« (→»Solomon and Saturn«) schließt Aussagen über Alter, Zeit, Schicksal und (Un)gerechtigkeit mit ein. Obwohl es ebenfalls einen prakt. Ansatz hat, bietet das Gedicht »Precepts« moralisierende Aussagen eines viel vertrauteren Stils. Es gibt daneben stark gnom. Elemente in mehreren anderen ae. Dichtungsgattungen. Die Gruppe der →Elegien enthält eindeutige wörtl. Ähnlichkeiten zu den »Maxims«-Gedichten, und insbes. »The Wanderer« und »The Seafarer« entwickeln sich von einer eleg. zu einer gnom. Aussage. Auch die erzählenden Dichter von →»Beowulf«, →»Andreas«, →»Guthlac A« und →»Genesis B« verwenden wirkungsvolle, oft sogar kampflustige Sprüche. Eine Anzahl poet. Maximen, die aus der religiösen Lit. (z. B. »Bede's Death-Song«; →Beda Venerabilis), aus Randglossen und ae. Prosa-Sprichwortslg.en stammen, belegt eine kulturelle Vorliebe für gnom. Aussagen. Ae. Kataloggedichte wie »The Fortunes of Men« oder »Menologium« berühren sich entweder im Inhalt oder im Manuskript mit den Maximen. Während die erwähnten Gedichte offene religiöse Aussagen treffen, unterscheiden sie sich in unterschiedl. Maße von späterer Lit. durch das Element eines klugen Materialismus.

II. Mittelenglisch: Aus der me. Epoche sind viele S.en erhalten, denen die Literaturwissenschaftler aber wenig Interesse entgegengebracht haben. Meist wurde die These einer Kontinuität vom Ae. zum Me. abgelehnt, die in solchen Titeln wie »The Proverbs of Alfred« impliziert ist. Die Slg.en »The Proverbs of Alfred« aus dem 12. Jh. und »Proverbs of Hendyng« aus dem 13. Jh. weisen jedoch sowohl beträchtl. Übereinstimmung mit ae. Vers- und Prosaslg.en als auch eine beträchtl. Unabhängigkeit von der bekannten lat. Tradition der →»Disticha Catonis« auf.

In ihnen tritt die Spannung zw. moral. und prakt. Ratschlägen noch deutl. zutage. Obwohl in seiner Aussage beinahe so komprimiert wie die ae. »Maxims«-Gedichte, behandelt im Gegensatz dazu das →»Poema Morale« (12. Jh.) ausschließlich das Schicksal der einzelnen Seele. →Sprichwort, -sammlungen. T. A. Shippey
Bibliogr.: Manual ME 9, 1993 – S. B. Greenfield–F. C. Robinson, A Bibliogr. of Publ. on OE Lit., 1980 – *Ed.:* B. C. Williams, Gnomic Poetry in Anglo-Saxon, 1914 – O. S. Arngart, The Proverbs of Alfred, 1955 [verbesserte Aufl. 1978] – T. A. Shippey, Poems of Wisdom and Learning in OE, 1976 – *Lit.:* D. Pearsall, OE and ME Poetry, 1977 – N. Howe, The OE Catalogue Poems, Anglistica 23, 1985 – E. T. Hansen, The Solomon Complex, 1988 – C. Larrington, A Store of Common Sense, 1993 – T. A. Shippey, Miscomprehension and Re-Interpretation in OE and EME Proverb Collections (Text und Zeittiefe, hg. H. F. C. Tristram [ScriptOralia 58], 1993).

C. Skandinavische Literatur
Die wichtigsten altwestnord. S.en sind die Hugsvinnsmál (Übertragung der lat. →Disticha Catonis) und die von den Disticha Catonis wohl ebenfalls beeinflußte, aber stärker durch einheim. Material geprägte →Hávamál. Das Versmaß →Ljóðaháttr, in dem beide S.en stehen, ist das Versmaß der Wissens-, Lehr- und Zauberdichtung der Liederedda, es fand auch im edd. Heldenlied Sigrdrífumál und im chr. →Sólarljóð Verwendung, die beide ebenfalls Spruchweisheit enthalten; vielleicht geht die Entwicklung des Ljóðaháttr sogar auf Einflüsse der lat. Distichen zurück. Das Málsháttakvæði, eine Slg. von →Sprichwörtern, Aphorismen und Naturbeschreibungen, ist dagegen ebenso wie das sog. Norw. Runengedicht, das die Runennamen mit Sprichwörtern und Redensarten untermalt, im Versmaß Runhent abgefaßt. R. Simek
Lit.: →Sprichwort, VIII.

Spur II. → Šāpūr II.

Spurfolge bezeichnet die erlaubte Selbsthilfe des Opfers eines →Diebstahls gegenüber dem (vermeintl.) Besitzer der entwendeten Sache. Sie ist schon seit dem Altertum bekannt, für viele idg. Völker belegt und in einigen germ. Volksrechten unter dem Namen minatio vestigii als ein Fall des Verfahrens auf →Handhafte Tat geregelt: Verfolgte der Verletzte mit den unmittelbar zur Hilfe gerufenen Nachbarn (→Gerüfte) den flüchtigen Täter und führte sie eine Spur innerhalb einer bestimmten Frist (drei Tage nach Lex Salica 37 und Lex Ribuaria 47) zu dem Diebesgut, so konnte der Eigentümer dieses wieder an sich nehmen. Endete die Spur an einem Haus, hatte der Hausherr eine Haussuchung zu dulden, bei einer Weigerung wurde er für den Dieb gehalten (Lex Burgundiorum 16, 1). Sowohl die frk. als auch die ags. Q. nennen als Objekte des Diebstahls fast ausschließl. Vieh, was damit zusammenhängen mag, daß nur dieses Spuren hinterließ, die über eine längere Zeit verfolgbar waren. Die Beteiligung der Nachbarn und die augenfällige Spur brachten als Elemente der Offenkundigkeit den Diebstahl an den Tag, der Formalismus des Verfahrens sollte statt einer nicht etablierten Staatsgewalt den Frieden zw. den streitenden Parteien sichern und weitergehende Selbsthilfemaßnahmen abschneiden. Dem entspricht es, wenn ags. Q. genau die Überschreitung territorialer Grenzen sowie die Amtshilfe regeln. Während nach einigen, insbes. nord. Rechten der Bestohlene als Rechtsfolge der S. auch gewaltsam Selbsthilfe üben durfte, ließ die Lex Salica dem Besitzer die Verteidigungsmöglichkeit einer Berufung auf den Gewährsmann, von dem er die Sache erhalten hatte; die S. geht hier in das →Anefang-Verfahren über (Klage auf Rückgabe der gestohlenen Sache), das dem Verletzten auch nach erfolgloser S. noch offenstand. A. Roth

Q. und Lit.: LIEBERMANN, Gesetze, II, 658–HRG IV, 1791f. – E. GOLDMANN, Tertia Manus und Intertiation im S.- und Anefangsverfahren des frk. Rechtes, ZRGGermAbt 39, 1918, 145–222; 40, 1919, 199–235 – K. RAUCH, S. und Dritthandverfahren in der frk. Rechtsentwicklung, ZRGGermAbt 68, 1951, 1–77.

Spürhund (auch *spurihunt, spürehunt*), zu den Laufhunden zu rechnender Hund, der in zweierlei Funktion bei der Jagd Verwendung fand: Zum einen führte er den Jäger am Seil oder am Riemen auf der gesunden Fährte an unverletztes Wild heran, zum anderen verfolgte er – ebenfalls am Seil oder Riemen – verwundetes Wild auf der Wund-, Rot- oder Schweißfährte (Schweiß bezeichnet in der Jägersprache das aus dem Tierkörper austretende Blut). Die Buße für einen S. war höher als die für einen Meutehund (*triphunt,* Treibhund) und der für einen Leithund (*leitihunt*) vergleichbar: »Si quis canem seucem, quod *leitihunt* dicunt, furaverit (vel occiderit) aut similem aut ipsum reddat et cum VI solidis conponat ... Qui in ligamine vestigium tenet quod *spurihunt* dicunt, furaverit, cum VI solidis conponat et similem aut ipsum reddat.« (Lex Baiuv. Tit. 20). S. Schwenk

Q. und Lit.: W.-E. BARTH, Der Hannoversche Schweißhund [Diss. 1969].

Spytihněv. 1. S. I., Fs. in Mittelböhmen 894–915, * ca. 875, † 915, →Sohn Bořivojs und →Ludmilas. Nach dem Tod →Svatopluks (894) suchten die Tschechen bei Kg. →Arnulf » v. Kärnten« Unterstützung gegen Mähren und unterwarfen sich ihm. 895 stand S. zusammen mit einem gewissen Vitislav an der Spitze der tschech. Fs.en, die er nach 911 offenbar zur Anerkennung der Oberherrschaft der Prager →Přemysliden zwang. Dazu hatte ihm v. a. die neue, straffe 'staatl.' Organisation des Prager Fsm.s, die sich auf eine Burgenorganisation nach mähr. Vorbild stützte, geholfen. Bereits 895 hatte S. offenbar die Prager Kirche dem Bm. →Regensburg unterstellt und in Prag ein mit Mönchen aus St. Emmeram/Regensburg besetztes Archipresbyteriat errichtet, während die anderen Fsm.er Böhmens wohl noch heidn. geblieben waren. S. bewahrte seine Treue zu Bayern, stand in einem guten Verhältnis zu den Ungarn und lenkte so Böhmens erfolgreich durch die Wirren der ersten Dezennien des 10. Jh. D. Třeštík

Lit.: V. NOVOTNÝ, České dějiny, I/1, 1913 – D. TŘEŠTÍK, Počátky Přemyslovců, 1981 – DERS., Václav a Berengar. Politické pozadí postřižin sv. Václava roku 915, ČČH 89, 1991, 641–661.

2. S. II., Hzg. v. →Böhmen 1055–61, * ca. 1030, † 28. Jan. 1061, erstgeborener Sohn Hzg. →Břetislavs I., übernahm die Regierung nach dem Tod des Vaters (10. Jan. 1055). Zur Stärkung der Zentralgewalt suchte er gewaltsam seinen Brüdern die Teilfsm.er in →Mähren zu entziehen, hatte aber nur z. T. Erfolg und mußte nach einigen Jahren seinem Bruder →Vratislav (II.) den →Olmützer Teil zurückgeben. Daß S., wie →Cosmas v. Prag überliefert, die Deutschen aus dem Lande vertrieb, ist unwahrscheinl.; derselbe Chronist berichtet nämlich auch, daß S. die slav. Mönche des Kl. →Sazava durch Deutsche ersetzte. Von Papst Nikolaus II. erwarb S. das Recht, gegen Zahlung von 100 Pfund Silber jährl. die bfl. Insignien zu tragen. S. gilt als Gründer des Kollegiatkapitels v. →Leitmeritz und der roman. St. Veits-Basilika auf der Prager Burg (→Prag, I). Als Gemahlin S.s erwähnen die Q., die seine außerordentl. Frömmigkeit betonen, Hidda aus dem Hause→Wettin. J. Žemlička

Lit.: J. LOSERTH, Krit. Stud. zur älteren Gesch. Böhmens: Der Hzg. Spitihniew und dię angebl. Vertreibung der Deutschen aus Böhmen, MIÖG 4, 1883, 177–191 – V. NOVOTNÝ, České dějiny, I/2, 1913, 81–114 – J. ŽEMLIČKA, Mitra českých knížat, Sborník Společnosti přátel starožitností, 3, 1992, 17–22.

Squarcialupi, Antonio (auch A. degli Organi, A. di Bartolomeo, A. del Bessa), * 27. März 1416 Florenz, † 6. Juli 1480 Florenz, berühmtester it. Organist seiner Zeit. Seine Lehrer waren Giovanni Mazzuoli und Matteo di Pagolo da Prato. 1431 wurde er Organist in Orsanmichele (Florenz), 1432 bis zu seinem Tod in der Florentiner Kathedrale. Er war Mitglied der Laudenbruderschaften von San Zanobian (ab 1437) und Orsanmichele (ab 1453). Um 1450 ist eine Reise nach Neapel bezeugt. Enge Verbindungen hatte er zu Lorenzo il Magnifico de' →Medici und zu →Dufay. Er besaß den »Squarcialupi-Codex« (Florenz, Bibl. Medicea Laurenziana), eine der Hauptq. mit Musik des it. Trecento. B. Schmid

Lit.: MGG (mit Suppl.) – NEW GROVE – L. PARIGI, Laurentiana, Lorenzo dei Medici cultore della musica, 1954, 49ff. – G. GIACOMELLI, A. S. e la tradizione organaria in Toscana, 1992.

Squarcione, Francesco di Giovanni, Maler in Padua, * 1397, † 1468, war von Haus aus Schneider und wird als solcher bis 1426 in den Dokumenten erwähnt. Seit spätestens 1431 stand er in Padua einer großen Malerwerkstatt vor, in der sich die spätgot.-ven. Kunsttradition mit den Neuerungen der Florentiner Frührenaissance verband. Als Maler von eklektizist. Haltung, übte S. v. a. als Kunstunternehmer und Kunstsammler, der in seiner Werkstatt auch das Antikenstudium förderte, einen beträchtl. Einfluß auf die Malerei in Padua und im weiteren östl. Oberitalien aus. Sein bedeutendster Schüler, zugleich auch sein Adoptivsohn, war Andrea→Mantegna. An sicheren Werken S.s sind nur zwei bekannt: ein 1449 für die Kapelle der Familie De Lazara in S. Maria del Carmine in Auftrag gegebenes Polyptychon (Padua, Mus. Civico) und ein um 1455 entstandenes Halbfigurenbild einer Madonna mit Kind (Berlin, Staatl. Museen). J. Poeschke

Lit.: A. SCHMITT, F. S. als Zeichner und Stecher, MüJb 1974, 205–213 – M. BOSKOVITS, Una ricerca su F. S., Paragone 28, 1977, 40–70 – La pittura nel Veneto: Il Quattrocento, II, hg. M. LUCCO, 1990, 513–525.

Squillace, südit. Stadt (Kalabrien, Prov. Catanzaro), griech. Gründung, dann röm. Kolonie, am gleichnamigen Golf (Jon. Meer) gelegen. Nach dem Zusammenbruch des röm. Imperiums fiel S. an die Goten und wurde dann dem oström. Reich eingegliedert. Im 5. Jh. Bf.ssitz, wie aus den Briefen Papst Gelasius' hervorgeht, war S. Geburtsort von →Cassiodor, der dort die Kl. Castellense und Vivarium gründete, deren Hss. heute in vielen europ. Bibliotheken zerstreut sind. In einem strateg. Knotenpunkt zw. N und S des heutigen Kalabrien gelegen, wurde S. nach der Konsolidierung der byz. Herrschaft in der Region 732 Suffraganbm. von →Reggio Calabria, das dem Patriarchen v. Konstantinopel unterstand, so daß sich die Bf.e v. S. häufig zu Synoden in die Kapitale begaben. Seit dem 10. Jh. litt S. unter den Sarazeneneinfällen. Mitte des 11. Jh. kam es unter norm. Herrschaft und wurde Gft. 1096 gab die Diöz. S. den griech. Ritus auf und wurde exemtes lat. Bm. Zu diesem Latinisierungsprozeß leistete der hl. →Bruno v. Köln (d. Kartäuser) einen beachtl. Beitrag, der 1091 im gebirgigen Hinterland der Diöz. S. den Eremus S. Maria della Torre gründete, auf den bald →S. Stefano del Bosco folgte. Der norm.-stauf. Dynastie treu ergeben, erlitt S. in dem Vesperkrieg (→Sizilian. Vesper) Schaden. Als sich in Kalabrien die Anjou-Herrschaft durchsetzte, wurde S. an Guglielmo (Wilhelm) v. Montfort verlehnt (1270). 1314 war es Feudalgut der Familie Marzano. 1494 erhob Friedrich v. Aragón, der S. zusammen mit Tarent und Nicastro besaß, S. zum Fsm. und übertrug es seiner Tochter Sancia bei ihrer Heirat mit Goffredo Borgia. P. DeLeo

Lit.: IP X, 55ff. – N. KAMP, Kirche und Monarchie im stauf. Kgr. Sizilien, I, 2, 1973ff., 984ff.

Srem, Gebiet zw. der Donau und dem Unterlauf der Sava (Serbien), nach der antiken Ks.residenz Sirmium gen. Nach Angriffen durch die →Quaden (374) und →Goten (nach 380) gelangte S. bei der Reichsteilung 395 zunächst an das Westreich, stand aber spätestens 437 unter byz. Herrschaft. Der Eroberung durch die →Hunnen 441 folgte die Besiedlung durch →Ostgoten nach 453. Nach Zugehörigkeit zum Einflußbereich der →Gepiden wurde S. 510 zw. dem Ostgotenkg. Theoderich und Ks. Anastasius I. geteilt. Der östl. Teil (Siedlungsgebiet der →Heruler) gehörte zum 535 errichteten Ebm. →Iustiniana Prima. Nach der Eroberung durch die →Avaren 582 begann die slav. Besiedlung (archäolog. Fundstätten Boljevci, Zemun). Im 9. Jh. unter bulg. Herrschaft, gelangte S. unter Basileios II. 1018/19 erneut unter Byzanz; der Bf. v. S. wurde Suffragan des Ebf.s v. →Ohrid. 1071 eroberten die →Ungarn S. Nach schweren Kämpfen zw. Ungarn und Byzanz etablierte sich die ung. Herrschaft Ende des 12. Jh. Der Name der Stadt S. verschwand und auf den antiken Ruinen entstand die neue Siedlung Civitas sancti Demetrii (in slav. Texten Dmitrovci, Mitrovica; heute Sremska M.) gemäß der Tradition der Herkunft des hl. →Demetrius aus S. Die Siedlung entwickelte sich um das Demetrius-Kl., als monasterium Grecorum erwähnt bis 1344, als Clemens VI. es den Benediktinern überließ. Im MA umfaßte die Landschaft S. auch Gebiete südl. der Sava. Das 1229 gegr. kath. Bm. hatte seinen Sitz zuerst in Kö (heute Banoštor), dann in Mitrovica in der Irinäus-Kirche. Im 14. Jh. blühten in S. Landwirtschaft, Handwerk und Handel, bes. mit Silber aus den serb. und bosn. Bergwerken, doch nach der Schlacht v. →Nikopolis 1396 verwüsteten die Türken die Region und deportierten die Bevölkerung nach Kleinasien. 1526 gelangte S. dauerhaft unter osman. Herrschaft.

J. Kalić

Lit.: H. GELZER, Ungedr. und wenig bekannte Bm.erverzeichnisse der oriental. Kirche, BZ 2, 1893, 257 – A. THEINER, Vetera mon. Hungariam sacram illustrantia, I, 1859, 48, 667 – C. JIREČEK, Das chr. Element in der topogr. Nomenklatur der Balkanländer, SB der Ksl. Akad. d. Wiss., Phil.-hist. Classe, CXXXVI, 1897, 93–98 – M. DINIĆ, Srednjevekovni S., Glasnik Istoriskog društva u Novom Sadu 4, 1931, 1–12 – G. GYÖRFFY, Das Güterverzeichnis des gr. Kl. zu Szavaszentdemeter (Sr. Mitrovica) aus dem 12. Jh., Studia Slavica Acad. Sc. Hung. 5, 1959, 9–74 – B. FERJANČIĆ–S. ĆIRKOVIĆ, Sremska Mitrovica, 1969, 33–71 – Villes et peuplement dans l'Illyricum protobyzantin, 1984 [Kongr. bd.].

Staat
A. Westen – B. Byzanz

A. Westen

I. Wort und Quellenbegriff – II. Ordnungsbegriff und Typus – III. Juristische Staatslehren – philosophische und moraltheologische Staatstheorien.

I. WORT UND QUELLENBEGRIFF: Die klass. Antike hat dem MA mit dem Wort 'status' (lat.; dt. *stand/stat/staat,* frz. *estat/estament/état,* it. *stato,* span. *estado,* engl. *state*) keine Bezeichnung für Gemeinwesen, S. oder beherrschtes Territorium überliefert. Der moderne S.sbegriff leitet sich daher auch nicht direkt aus Prägungen des röm. Rechts- und S.sdenkens wie 'status (publicus) rei Romanae' her, die im MA seit dem 12. Jh. glossiert und kommentiert wurden. 'Status' in den Wendungen 'status rei publicae' oder 'status civitatis' meint die polit. Form und Verfassung, den aktuellen Zustand und die Wohlfahrt oder die Existenz und Bestandskräftigkeit des Gemeinwesens. Polit. Verbände werden stattdessen mit den allg. und abstrakten, als Oberbegriffe dem Ausdruck 'S.' am ehesten vergleichbaren Begriffen republica und civitas, auch mit communitas und universitas, seit dem späten MA mit der ethn. fundierten polit. →'natio' (lingua, *zunge*) und dem 'Land' (→terra, territorium, provincia), sodann konkret mit den spezif. Reichsbegriffen→'imperium (Romanum)' und →'regnum', herrschaftl. Untergliederungen wie 'principatus', 'ducatus', 'comitatus' oder →'civitas' im Sinne von Stadt bezeichnet. Die Begriffsentwicklung von 'status' bei fortbestehenden Grundbedeutungen hin zur speziellen Bedeutung von Gemeinwesen und S. nimmt an der Wende vom 15. zum 16. Jh. ihren Ausgang vom roman. Sprachraum mit seinen Herrschaftsbildungen, in erster Linie den it. Kommunen und Signorien sowie dem frz. und span. Kgtm. Zusammengeflossen sind zu einem breiten Feld von Sinnfüllungen zwei Bedeutungsstränge, einmal 'status' im Sinne von Verfassungsform ('forma' oder 'species politiae, reipublicae, regiminis') und Herrschaftsweise, zum andern als 'status' des Kg.s ('status regalis'), des Fs.en und anderer Herrschaftsträger. 'Stato' – meist in charakterisierenden Verbindungen – erscheint bei Machiavelli, nicht anders bei Guicciardini und anderen Zeitgenossen in den Bedeutungen »Verfassungs-, Regimentsform, Regiment, Herrschaftsbehauptung, Machtbesitz, Partei, Familie, Volksschicht, Person (Personen), die die Regierung bilden oder die tatsächl. Macht innehaben, Gesamtheit der Beherrschten, Gebiet« (W. MAGER, 426). Im Eingangssatz des »Principe« Machiavellis erscheint 'stato' aber bereits ohne weiteren Zusatz dem älteren 'respublica' entsprechend als abstrakter Begriff für umfassende polit. und herrschaftsorganisator. Einheiten, zugleich als Oberbegriff für die freien und unfreien Verfassungsformen »republica« und »principato«. Die weitere Etablierung des S.sbegriffs in der frühen NZ war jedoch allem Anschein nach vorrangig an die westeurop. Kgr.e und ihre monarch. Verfassungsentwicklung geknüpft. Als Allgemeinbegriff für Gemeinwesen und S. in einem universalen Sinne blieb im MA und noch bis weit in die frühe NZ hinein der Ausdruck 'respublica' vorherrschend. →Souveränität.

II. ORDNUNGSBEGRIFF UND TYPUS: Die Antwort auf die Frage, ob es im MA, ungeachtet des fehlenden quellensprachl. Wortes und Begriffs, dennoch von der Sache und Funktion her einen 'S.' gegeben habe, hängt davon ab, wie man den Ausdruck 'S.' als Ordnungsbegriff definiert. Am umfassendsten, aber auch in sehr unterschiedl. Weise setzt sich als wissenschaftl. Sonderdisziplin – in Ergänzung der S.rechtslehre – die jurist. (Allg.) S.slehre mit dem gesellschaftl. und rechtl., auch psycholog. Wesen, den empir. Erscheinungsformen und der Wirksamkeit, der Entstehung und Gesch. des S.es, der Rechtfertigung und den Grenzen staatl. Herrschaft, den S.sformen und S.stheorien auseinander. Wird 'S.' als ein überfamiliärer größerer Herrschaftsverband, als eine polit. Ordnung und Organisation, die den menschl. Zusammenleben im Innern ermöglichen und Schutz nach außen bieten soll, aufgefaßt, dann meint dieser ganz allg. und inhaltsarme S.sbegriff zunächst lediglich den durch spezif. Formelemente und Machtdispositionen noch nicht charakterisierten oder definierten universalgeschichtl. Sachverhalt, daß es zu allen Zeiten und in allen Kulturen menschl. Zusammenschlüsse und Verbandsbildungen gegeben hat. Insoweit hat es natürl. auch im MA einen S. gegeben. Freilich sind jenseits des universalen S.sbegriffs hist. Konkretionen und Spezifikationen der polit. Verbandsbildung zu ermitteln, und man kann im Hinblick auf eine bestimmte Entwicklungsstufe mit konstitutiven Merkmalen wie äußere und v. a. innere Souveränität, Gebietshoheit, rechtl. einheitl. Untertanenverband, absoluter Friede mit Selbsthilfeverbot und »Monopol legitimen phys. Zwanges« (M. WEBER), kontinuierl. Zweckhandeln institutionalisierter Verwaltungs- und Rechtsprechungsbehörden oder im Hinblick auf die gesteigerte Integrationsleistung des S. es als »organisierter Entscheidungs- und Wirkungseinheit« (H. HELLER) vom »modernen« S. sprechen. Man kann ferner diesen modernen S. als S. schlechthin begreifen und früheren Typen der Verbandsbildung die Qualität von S.lichkeit weitgehend absprechen. Der (moderne) S. als Typus mit bestimmten Merkmalen, insbes. in der gedankl. gesteigerten Form als Idealtypus (M. WEBER), kann bei entsprechender Präzisierung dazu benutzt werden, die Eigenart ma. Verbandsbildungen, deren nichtstaatl. Elemente, aber auch Ansätze und Prozesse der »Verstaatung« in der polit. Theoriebildung des MA und in der Verfassungsgesch., in erster Linie der westeurop. Kgr.e und genereller der autonomen Stadtrepubliken, deutlicher hervortreten zu lassen. Aber auch das röm.-dt. Reich, das nie S. geworden ist, weist am Ausgang des MA bei einem solchen Verfahren hinsichtl. des absoluten Friedens, der Kammergerichtsreform (→Kammergericht), der Exekutionsordnung und des →Gemeinen Pfennigs v. 1495 sowie der Entwicklung und Integrationsleistung des →Reichstags durchaus Elemente von S.lichkeit auf, wenngleich ihm das konstitutive Merkmal der souveränen S.gewalt u. a. mit einseitiger Befehlsgewalt, Gesetzgebungshoheit und Kompetenzkompetenz, ferner sogar über die →Reichsstände und →Reichsstädte hinaus unmittelbare Untertanen fehlen. Das Problem der ma. dt. S.sentwicklung hat TH. MAYER (293f.) in idealtyp. Begriffsbildung mit dem Übergang vom »aristokrat., dezentralist. zum zentralist. feudalen Personenverbandss.« hin zum »monist.«, »anstaltl.« oder »institutionellen Flächen(herrschafts)s.« bezeichnet. Von seinem beschränkten 'S.szweck' her betrachtet ist der ma. Herrschaftsverband als »Rechtsbewahrungss.« im Unterschied zum modernen Gesetzgebungss. gekennzeichnet worden. Als entscheidendes Kriterium für S.lichkeit gilt vielfach die souveräne, d.h. ständige, einseitige, einheitl., unabgeleitete, von Bindungen des positiven Rechts freie (potestas legibus soluta) und unwiderstehl. S.sgewalt, die alle sonstigen Gewalten im S. als ledigl. delegiert und widerrufbar gelten läßt. Tatsächl. gibt es aber in ma. Herrschaftsverbänden neben der höchsten Gewalt eine Reihe von autogenen allodialen oder selbständig gewordenen, gewissermaßen allodifizierten lehnrechtl. Gewalten, die eigenständig herrschaftl.-hoheitl. Rechte wahrnehmen und legitimen phys. Zwang ausüben, sofern dem nicht friedensrechtl. Sonderregelungen entgegenstehen. »Verstaatung« bedeutet bei dieser Betrachtung die Absorption bestehender eigenständiger und eigenberechtigter Gewalten durch den künftigen Souverän und ihre rechtl. Einordnung in einen Delegationszusammenhang, ein Vorgang, der theoret. und jurist. für den frühmodernen S. in der Souveränitätsdoktrin Jean Bodins vollzogen wird, polit. und verfassungsgeschichtl. sich aber vom HochMA bis in das 19. Jh. hinein erstreckt. Die jurist. Vorstellung der Delegation vermittelt dem MA das röm. Recht, eine Anschauung davon aber auch das → Lehnswesen mit seinem devolutiven, der Natur nach zentralist., konzentrierenden Leihegedanken, der Herrschaft in höherem Auftrag, aus abgeleitetem Recht und auf Grund höherer Legitimation, freilich auch im eigenen Namen und auch zu eigenem Nutzen (H. MITTEIS, TH. MAYER, 312; W. EBEL, 32f.). In England und Frankreich erfüllte das Lehnrecht weitgehend diese konzentrierende Funktion, während die Staufer mit dem Versuch einer durchgängigen Feudalisierung der Reichsverfassung scheiterten. Nicht zufällig hat Bodin das Prinzip der Delegation in seinem Souveränitätskapitel auch anhand der precaria erläutert (République, I, 8).

III. JURISTISCHE STAATSLEHREN – PHILOSOPHISCHE UND MORALTHEOLOGISCHE STAATSTHEORIEN: Das jurist. und polit. Denken des MA ist zwar nicht vollständig zum modernen Souveränitätsbegriff durchgestoßen, es hat jedoch seit dem ausgehenden 11. Jh. wesentl. Elemente von S.lichkeit v. a. im Rückgriff auf das röm. Recht und das philosoph. Werk des →Aristoteles entwickelt. Das röm. Recht überlieferte in der justinian. Kompilation eine Unterscheidung von ius publicum und ius privatum, bezogen auf das Gemeinwohl (status) der respublica und den Nutzen (utilitas) der Einzelpersonen (Dig. 1.1.2; Inst. 1.1.4), ferner die Vorstellung von der Rechtsmacht des Princeps, willentl. neues Recht zu setzen (Dig. 1.4.1), bestehendes positives Recht zu abrogieren oder davon zu dispensieren (Dig. 1.3.31), sowie das Gewaltmonopol des Princeps (Cod. 11.47.1), indessen auch den Gedanken der Herrschaftsübertragung durch das röm. Volk (Lex regia; Dig. 1.14.1), und das ius gentium wird auf der Grundlage geordneter innerweltl. Gemeinschaften abgehandelt (Dig. 1.1.5). Die ma. Legisten und Kanonisten formulierten im Wechselspiel auf der Grundlage des röm. Rechts und des kanon. Rechts vornehml. in der Form der päpstl. Dekretalengesetzgebung (→Dekretalen) die monarch. Lehre von der plenitudo potestatis (potestas absoluta et ordinata), der höchsten Jurisdiktions- und Gesetzgebungsgewalt, wobei zeitweise die Kanonisten (→Henricus de Segusio) mit ihrer Erörterung der päpstl. Gewalt führend wurden und die Legisten die Resultate für den Ks., die höchste weltl. Herrschaftsgewalt schlechthin, übernahmen. →Bartolus de Saxoferrato und Baldus de Ubaldis entwickelten in Anknüpfung an den röm. Begriff der →universitas in entscheidendem Maße eine Korporationstheorie, die bis zur Idee der bei allem Wechsel der Mitglieder ident. bleibenden Rechtspersönlichkeit (persona ficta) der Körperschaft gelangte und damit über die partiellen Ansätze eines transpersonalen Denkens (»Fiscus«, »Krone«, Rechtsbegriff des »Reiches«, die »zwei Körper« des Kg.s) und die organolog. Metaphorik hinaus einen wesentl. Schritt hin zur Vorstellung vom S. als einer abstrakten Einheit oder Wesenheit darstellte. Insbes. Gelehrte auf den Konzilien von →Konstanz (→Johannes Gerson, Pierre d'→Ailly, →Franciscus Zabarella) und →Basel (→Johannes v. Ragusa, →Johannes v. Segovia) erarbeiteten im 15. Jh. in Verbindung mit der Korporationstheorie eindringl. konziliarist. Repräsentationsideen und Konsenstheorien (→Nikolaus v. Kues, »De concordantia catholica«, 1433), die die Einheit aus der Vielheit von unten her durch den consensus omnium hervorgehen lassen. Zur Zeit des niedergehenden Basler Konziliarismus bauten Antonio →Roselli mit seiner »Monarchia« (1442) und Enea Silvio Piccolomini (→Pius II.) mit seinem Traktat »De ortu et auctoritate imperii Romani« (1446) zugunsten der höchsten weltl. Gewalt, der des Ks.s, die Lehre von der plenitudo potestatis und der potestas absoluta aus und kamen dem modernen Souveränitätsbegriff sehr nahe, während →Johannes de Turrecremata die strukturelle Gleichheit der päpstl. und weltl. Herrschaft hervorhebend seine monarch. Theorie (»Summa de ecclesia«, 1449) durch die hierarch. Vorstellungen des christl. Neuplatonismus (Ps. →Dionysius) anreicherte, um in Abwehr der Korporationsidee die Vielheit durch die alle Fähigkeit und Macht (totalitas, plenitudo potestatis) virtuell in sich bergende Einheit, die Gemeinschaft durch die monarch. Gewalt von oben her zu konstituieren und alle

Gewalten von der monarch. Gewalt abzuleiten sowie deren unmittelbare Eingriffsrechte auf allen Ebenen zu begründen. In Auseinandersetzungen zw. und mit der universalen Gewalten des Papstes und des Ks.s wurden seit dem 13. Jh. durch die »rex-imperator«-Theorie die jurist. Vorstellungen von äußerer Souveränität – Unabhängigkeit von der universalist. höheren ksl., dann gleichfalls von der päpstl. (Jurisdiktions-)Gewalt – und innerer Souveränität – Innehabung einer ks.gleichen, d. h. höchsten weltl. Gewalt – in prägnanten Rechtsparömien zum Ausdruck gebracht (Formel: »rex qui superiorem non recognoscit«, Parömie: »rex in regno suo est imperator regni sui«). V. a. Kirchenrecht und Kanonistik haben früh modernen Vorstellungen von Herrschaft und S. durch die rasche Aufarbeitung röm. Rechts hinsichtl. des Körperschaftsbegriffs und der starken Betonung des an positives Recht nicht gebundenen Gesetzgebers vorgearbeitet, doch haben die theol.-transzendente Begründung von Herrschaft und die ungelösten Kontroversen um die hierarch. Überordnung und die Zuordnung der universalen Gewalten des Papstes (potestas directa oder indirecta in temporalibus) und des Ks.s verhindert, daß es zu einer vollen Ausbildung des Begriffs der staatl. Souveränität gekommen ist. Eine überragende Q. für eine innerweltl. und von universalen Gewalten gelöste Begründung von Herrschaft und der Eigenständigkeit polit. Handelns wurde jedoch seit etwa der Mitte des 13. Jh. die aristotel. »Politik« mit ihrer natürl. Bestimmung des Menschen zur Gemeinschaftsbildung und ihrem polit. Modell der autarken, sich selbst genügenden Polis. Ohne die transzendentale Fundierung und Teleologie der weltl. Herrschaft aufzugeben, gestand →Thomas v. Aquin dem natürl. polit. Handeln eine relative Eigenberechtigung zu, während →Johannes v. Paris die Universalität des Papsttums auf den spirituellen Bereich beschränkte und der Weltmonarchie wegen der natürl. Verschiedenheit der Völker, ihrer Lebensbedingungen und ihrer Kultur zugunsten der Existenz mehrerer Reiche den Boden entzog. Es war →Marsilius v. Padua (»Defensor pacis«, 1324), dem das korporativ gedeutete, der antiken Polis nicht ganz unähnl. Verfassungsmodell oberit. Stadts.en vor Augen stand, vorbehalten, die Priester als Bürger und die Religion, soweit sie das Gemeinwesen betraf, unter die weltl. Gesellschaftsordnung und Herrschaft zu mediatisieren, die Jurisdiktion in essentiellem Sinne auf die weltl. Herrschaft zu beschränken, das ständ.-korporativ gegliederte Volk, die Gesamtheit der Bürger oder ihren repräsentativen valentior pars als kollektiven legislator humanus zu dem nur durch die Vernunft in seinem Willen begrenzten Gesetzgeber und zur Q. aller Regierungsgewalt zu machen.

E. Isenmann

Lit.: G. v. BELOW, Der dt. S. des MA, I, 1914 – G. JELLINEK, Allg. S.slehre, 1928³ – K. ECKERMANN, Stud. zur Gesch. des monarch. Gedankens im 15. Jh., 1933 – W. HAMEL, Das Wesen des S.sgebiets, 1933 – H. MITTEIS, Lehnrecht und S.sgewalt, 1933 – H. HELLER, S.slehre, 1934 – TH. MAYER, Die Ausbildung der Grundlagen des modernen dt. S.es im hohen MA, 1939 (Herrschaft und S. im MA, hg. H. KÄMPF, 1964), 284–331 – E. H. KANTOROWICZ, The King's Two Bodies. A Study in Medieval Political Thought, 1957 [dt.: Die zwei Körper des Kg.s, Eine Studie zur polit. Theologie des MA, 1990] – W. EBEL, Über den Leihegedanken..., 1960 – G. POST, Stud. in Medieval Legal Thought, 1964 – O. BRUNNER, Land und Herrschaft, 1965⁵ – H. KRÜGER, Allg. S.slehre, 1966² – W. ULLMANN, Principles of Government and Politics in the MA, 1966² – E. v. HIPPEL, Allg. S.slehre, 1967² – W. MAGER, Zur Entstehung des modernen S.sbegriffs, 1968 – H. MITTEIS, Der S. des hohen MA, 1968⁸ – P. L. WEINACHT, S. Stud. zur Bedeutungsgesch. des Wortes von den Anfängen bis ins 19. Jh., 1968 – A. J. BLACK, Monarchy and Community. Political Ideas in the Later Conciliar Controversy 1430–1450, 1970 – H. QUARITSCH, S. und Souveränität, 1970 – R. ZIPPELIUS, Allg. S.slehre, 1971³ – M. WEBER, Wirtschaft und Ges., 1972⁵ – H. HOFMANN, Repräsentation. Stud. zur Wort- und Begriffsgesch. von der Antike bis ins 19. Jh., 1974 – J. R. STRAYER, Die ma. Grundlagen des modernen S.es, 1975 [engl. 1970] – D. WYDUCKEL, Princeps Legibus Solutus. Eine Unters. zur frühmodernen Rechts- und S.slehre, 1979 – H. FENSKE, D. MERTENS, W. REINHARD, K. ROSEN, Gesch. der polit. Ideen, 1981 – The Cambridge Hist. of Medieval Political Thought, c. 350–1450; 1450–1700, ed. J. H. BURNS, 1988, 1991 – H. BUCHHEIM, Wie der S. existiert (Der Staat 27, 1988), 1–21 – L'état moderne: Genèse. Bilans et perspectives, hg. J.-PH. GENET, 1990 – →Lehen, Lehnswesen, →Souveränität.

B. Byzanz

I. Staatsbegriff – II. Staatstheorie.

I. STAATSBEGRIFF: [1] *Allgemeine Grundlagen:* Die Byzantiner bezeichneten ihr polit. Gemeinwesen mit einer Vielzahl von Wörtern: ἡ πολιτεία, τὸ πολίτευμα, τὸ κοινόν, τὰ τῶν Ῥωμαίων πράγματα, τὸ κράτος, ἡ ἀρχή, »während ein Wort für den Begriff des S.es an sich geradezu fehlt« (SINOGOWITZ). Eher hatten die Byzantiner ein Wort für ihr »Reich« (ἡ βασιλεία). Dessen Existenz war heilsgeschichtlich – mit der Ankunft Christi auf Erden, mit der Herrschaft des →Augustus oder mit der des ersten chr. Ks.s, →Konstantin d. Gr. – begründet und bedurfte als solche keiner weiteren Definition. Ein Interesse, das Byz. Reich als polit. Identität näher zu beschreiben, äußert sich jedoch in Abgrenzungen zu anderen Reichen, Mächten oder S.en. Dabei verbot die Idee des chr. Weltreichs, diese Unterscheidungen durch Grenzen im kartograph. Sinn, durch ethn. Zugehörigkeit oder durch einen willentl. »S.sgründungsakt« zu treffen. Mit der Eschatologie vereinbar und am häufigsten in den Q. anzutreffen sind vielmehr drei Eigenschaften, welche kumulativ die polit. Einheit der Byzantiner ausmachten: →Orthodoxie, »Römaertum« (→Rhomaioi) und gottgewollter Ks. (→Kaiser, II.). Diese Attribute dienten zugleich als Bezugsrahmen für anhaltende Diskussionen um die Ordnung von polit. Herrschaft auf Erden.

[2] *Orthodoxie:* Die heftigen christolog. Debatten der frühen Jahrhunderte und die Auseinandersetzungen im Ikonoklasmus (→Bilderstreit) dokumentieren, daß strenge Einheit im Glauben unentbehrlich schien, um die Einheit der polit. Gesellschaft und ihre Abgrenzung gegenüber Barbaren, Gottlosen und Häretikern zu begründen. Theol. Streitigkeiten boten darüber hinaus Gelegenheit, das Verhältnis von weltl. und kirchl. Macht zu ordnen. Nahezu alle in der Folgezeit maßgebl. Optionen wurden bereits im 4. Jh. formuliert. Sie schwankten (in der Terminologie M. WEBERS) zw. hierokrat. Konzepten, die, bei prinzipieller Trennung der »Gewalten«, den Ks. als gehorsamen Sohn der Kirche definierten (→Athanasios, →Ambrosius, →Gelasius; wiederaufgenommen während des Ikonoklasmus z. B. von Johannes Damaskenos), theokrat. Annäherungen, die den Ks. und den Hohepriester nahezu in einer Person verschmolzen (→Eusebios) und »cäsaropapist.« (→Cäsaropapismus) Versuchen einiger Ks., als Oberhaupt oder höchster Schiedsrichter in kirchl. Fragen zu fungieren (z. B. →Constantius II., →Justinian, →Konstantin V., →Manuel I.). Da Rechtgläubigkeit nicht allein eine Frage der Religion war, sondern als elementares polit. Merkmal zählte (»polit. Orthodoxie«, BECK), war prinzipiell eine doppelte Kompetenz, der Kirche und des Ks.s, gegeben. Die Folge waren häufige Konflikte um den Vorrang.

Wenn auch die innerbyz. Einschätzung der weltl. und kirchl. Politik zw. hierokrat. und »cäsaropapist.« Tendenzen schwankte, so blieb Rechtgläubigkeit als solche doch ein wesentl. Kriterium zur Abgrenzung des Byz.

Reichs von fremden Mächten, nicht nur von Ungläubigen, sondern auch von westl. Christen. Als →Michael VIII. aus wohlerwogenen außenpolit. Gründen 1274 der Kirchenunion v. →Lyon zustimmte (und in noch stärkerem Maße nach der Union v. Florenz 1439 [→Ferrara–Florenz]), waren Aufstände und Kirchenspaltung in Konstantinopel die Folge. Der Ks. hatte verraten und verkauft, was das polit. Gebilde Byzanz von anderen unterschied: die Orthodoxie.

[3] *Romäertum:* Das Reich der Byzantiner war keine Neugründung – gegr. wurde nur eine Hauptstadt, das »Neue Rom« –, sondern die nahtlose Fortsetzung des →röm. Reichs. Dementsprechend pflegten die Byzantiner sich als 'Romäer' zu bezeichnen, eine Selbstdefinition, die lange unangefochten blieb. Anlaß, sich dieses Merkmals zu versichern, gaben erst polit. Ansprüche des Westens. Auf dessen Machtzuwachs im →Frankenreich der →Karolinger antworteten die Byzantiner gewissermaßen mit der sog. »makedon. Renaissance«, welche zumindest die »Kulturhoheit« des Ostens dokumentierte. Die gleichzeitige Rezeption des justinianischen →Corpus iuris civilis (→Basiliken, →Byz. Recht) verstärkte die Überzeugung der Byzantiner, nach röm. Recht zu leben und mithin Römer zu sein. – Das Verhältnis zu fremden – nicht nur westl. – Herrschern wurde durch die Hilfskonstruktion der »Familie der Könige« (DÖLGER) geordnet, in welcher der (ost-)röm. Ks. die Vorrangstellung innehatte, ohne die Legitimität seiner »Verwandten« zu bezweifeln.

[4] *Der gottgewollte Kaiser:* Ein byz. »S.« war ohne einen Ks. nicht denkbar. Er war, wie Selbsttitulaturen, Fremdbezeichnungen und das →Zeremoniell immer wieder bestätigen, ein von Gott eingesetzter Ks. Der charismat. Ursprung des Ksm.s (→Autokratie) stellte dieses jedoch nicht von Auseinandersetzungen frei, in denen sich die Prinzipien staatl. Ordnung manifestierten und stets erneuerten. »Von Gott gewollt« war, zumindest in den Augen professioneller Interpreten göttl. Willens, keineswegs gleichbedeutend mit gottgleicher Macht und Willkür. Kirchl. Kritik ksl. Fehlverhaltens, später Verweigerung der Krönung oder des Zutritts zur Kirche und schließlich förml. Exkommunikation des Ks.s (Michael VIII.) waren Versuche, von Gott gewollte und legitimierte Macht auf das rechte Maß zu beschränken. Neben dem Patriarchen gewannen gelegentlich das Volk und die Armee, zuweilen auch der →Senat bzw. die mächtigen Familien (→'Mächtige') Einfluß auf Beginn, Schicksal und Ende von Ks.macht. Im Zeremoniell spielten diese Gruppen eine traditionell starke Rolle, wurden aber nicht selten auch in der Praxis zum »Kaisermacher« (→Revolte, II). Ein Bedarf, die Zustimmung von Volk, Senat und/oder Armee zur Ks.wahl zu gewinnen oder zu fingieren, ist gut dokumentiert. Auch die Fiktion läßt erkennen, daß die Byzantiner die »röm.« Form der Herrschaftslegitimation nicht vergessen hatten.

Keine der genannten Gruppen und Personen erlangte jedoch jemals verfassungsmäßige Rechte bei der Ks.wahl, geschweige denn bei der Ausübung von Ks.macht. Viele byz. Ks. wurden ermordet oder zum Rücktritt ins Kloster genötigt, einige wenige wurden durch Mißfallenskundgebung (Dysphemie) vom Thron verjagt, aber ein ordentl. Absetzungsverfahren war weder vorgesehen noch üblich. Die meisten byz. Ks. erlangten den Thron durch Erbfolge; manche wurden – außer durch göttl. Berufung – von der Aristokratie, der Armee oder der Ks.witwe erwählt und vom Volk akklamiert, aber keiner wurde in einem durch Regeln verbürgten Verfahren gewählt. Eine Festlegung von polit. Rechten und Pflichten, d. h. eine Verfassung,

hätte bedeutet, den charismat. Charakter von Ks.herrschaft zu leugnen und Gottes unerforschl. Willen durch menschl. Tat zu regulieren.

II. STAATSTHEORIE: Ansätze, den »S.« abstrakt zu begreifen und zu beschreiben, erschöpften sich weitgehend in herkömml. Vergleichen von Monarchie, Aristokratie und Demokratie. Ausgreifender ist ein – ehemals dem →Petros Patrikios zugeschriebenes – Exposé der S.slehre aus dem frühen 6. Jh., welches das Konzept des Philosophenkönigs in chr. Gewand reformuliert. Kurz vor Ende des Byz. Reichs legte ferner Georgios Gemistos →Plethon ein umfassendes, stark an Platon angelehntes Konzept einer S.sordnung vor (→Philosophie, B).

Versuche, zumindest die funktionale »S.sspitze«, den Ks., auf Verhaltensregeln zu verpflichten, wurden hingegen mehrfach unternommen. Hierzu zählen die Fürstenspiegel (→Fürstenspiegel, C. I), welche in normativer Absicht die Tugendhaftigkeit des Herrschers formulierten.

Den einzigen Entwurf, der Tugenden in Pflichten verwandelte sowie das Verhältnis von Ks. und Patriarch in Rechtsnormen festschrieb, enthielt die »Eisagoge« (→Epanagoge, →Photios), die aber in diesem Punkt ohne größere Nachwirkung blieb. Einen dauerhaften Diskussionsgegenstand bildete hingegen ein seit der röm. Ks.zeit latentes Problem: die Bindung des Ks.s an das Gesetz (v. a. Theodoros →Balsamon, 12. Jh., Demetrios →Chomatenos, 13. Jh.). Der Versuch, loyale und stabile Beziehungen zw. Herrscher und Volk durch Treueeide herzustellen und zu sichern, ist ab dem 12. Jh. häufiger belegt; im späten 13. Jh. skizzierte Manuel →Moschopulos die durch Eid begründeten Rechte und Pflichten.

Die genannten Ansätze zu einem normativen oder theoret. Konzept des byz. S.es zeugen zwar von einer teils hohen Reflexion der Byzantiner über polit. Herrschaft. Zu einer Theorie, welche die Selbstbeschreibung durch Orthodoxie, Romäertum und gottgewollten Ks. ersetzt, konkretisiert oder überhöht hätte, sind sie nie gediehen. S.theorie in Byzanz war ähnlich unverbindlich wie die S.spraxis unterreguliert. Eine byz. 'politeía' blieb, in Theorie und Praxis, gleichwohl bestehen, solange ihre Mitglieder sich von anderen, nicht-orthodoxen, barbar. und kaiserlosen Gesellschaften unterscheiden konnten.

M. Th. Fögen

Lit.: B. SINOGOWITZ, Die Begriffe Reich, Macht und Herrschaft im byz. Kulturbereich, Saeculum 4, 1953, 450–455 – A. MICHEL, Die Ks.macht in der Ostkirche (843–1204), 1959 – F. DÖLGER, Byzanz und die europäische S.enwelt, 1964² – H. HUNGER, Prooimion. Elemente der byz. Ks.idee in den Arengen der Urkk., 1964 – H. G. BECK, Senat und Volk von Konstantinopel (Ideen und Realitäten in Byzanz, hg. DERS., 1972) XII – G. PODSKALSKY, Byz. Reichseschatologie, 1972 – H. AHRWEILER, L'idéologie politique de l'empire byz., 1975 – A. PERTUSI, Storia del pensiero politico (La civiltà bizantina, hg. A. GUILLOU, I, 1977), 31–85; (II, 1978), 35–87; (III, 1982), 25–62 – P. E. PIELER, Verf. und Rechtsgrundlagen der byz. S.es, JÖB 31/1, 1981, 213–231 – D. SIMON, Princeps legibus solutus. Die Stellung des byz. Ks.s zum Gesetz (Gedenkschr. W. KUNKEL, 1984), 449–492 – A. PERTUSI, La concezione politica e sociale dell'Impero di Giustiniano; Il pensiero politico e sociale bizantino dalla fine del sec. VI al sec. XIII (Storia delle idee politiche, economiche e sociali, hg. L. FIRPO, 1985, 1983), 541–583, 667–816 – D. M. NICOL, Byz. Political Thought (The Cambridge Hist. of Medieval Political Thought, 1988), 49–79 – M. TH. FÖGEN, Das polit. Denken der Byzantiner (Pipers Hb. der polit. Ideen, hg. I. FETSCHER–H. MÜNKLER), 2, 1993, 41–85 – H. G. BECK, Das byz. Jahrtausend, 1994², 33–108 – R.-J. LILIE, Byzanz. Ks. und Reich, 1994, 1–118 – →Kaiser, Kaisertum, II.

Staatsanleihe. S.n des MA sind begriffl. schwer zu fassen, schon weil der Begriff →Staat Schwierigkeiten macht. Wenn man davon ausgeht, daß die Staatlichkeit verteilt war auf Kg.s- und Fs.enherrschaften, Städte, adlige und geistl. Grundherrschaften, muß man die alltägl. Anleihen aller dieser Herrschaften und Städte in die Betrachtung einbeziehen. Eine Weite der Betrachtung ist auch deswegen notwendig, weil die Anleihen im MA unter Formen auftraten, die heute ungewohnt sind: so etwa als Vorschuß auf zu erwartende Staatseinnahmen, als Verpfändung (→Pfand) von Einnahmetiteln oder Ämtern (wobei der Vorschuß oft darin bestand, daß der Pfandnehmer die geldl. Honorierung einer Dienstleistung stundete). Es gab auch die Versteigerung von zu erwartenden Staatseinnahmen. In den Städten war der Verkauf von →Renten, vornehml. von Leibrenten, üblich. Für Anleihen bei →Juden und chr. Pfandleihern, →Lombarden, →Kawertschen oder auch Goldschmieden wurden z.B. Kronjuwelen verpfändet. Für die Gewährung von Anleihen konnten staatl. Zwangsmittel eingesetzt werden. Dazu gehört es auch, daß die Einräumung von Handelsvorteilen auf jene Kaufleute beschränkt blieb, die Anleihen gewährten. Sicherl. waren die S.n von der restriktiven, aber sich verändernden und differenzierenden kirchl. Zinsgesetzgebung (→Zins) abhängig. Unter Berufung auf die Kirche konnte der Herrscher Zinsbegrenzung oder Zinsverzicht verlangen. Nutzungspfänder z.B. konnten in eine Totsatzung verwandelt werden. Mit der Vertreibung von Juden konnten deren Rückzahlungsansprüche erlöschen. Der Staat profitierte wie andere Schuldner davon, daß das Zinsniveau im SpätMA auch aus wirtschaftl. Gründen allg. absank.

Als Q. kommen die herrscherl. und städt. Einnahme- und Ausgabenabrechnungen in Frage, die nur in Einzelfällen in das HochMA zurückreichen (so in Frankreich für die Jahre 1202/03, für England usw. →Rechnungsbücher), im SpätMA aber aus fast allen Gegenden Europas mehr oder weniger dicht überliefert sind. Sie werden ergänzt oder auch ersetzt, wo Lücken bestehen, durch Individualdokumente, etwa Leibrentenbriefe oder Pfandurkk., die auch in Reihen erhalten sind. Ein Stadtrentenbuch, wie es aus Hamburg erhalten ist, kann als Spezialregister der öffentl. Anleihe aufgefaßt werden.

Die Benutzung auch der vollständig erscheinenden Einnahme- und Ausgabenabrechnungen ist deswegen erschwert, weil es oft in den zentralen Büchern der Herrschaftsverwaltung nicht festgehalten wird, wenn regionale Einnahmen gegen einen Vorschuß abgetreten worden sind. Dieser Vorschuß selbst erscheint oft nicht in den Büchern, wenn der Herrscher ihn für einen Zweck außerhalb der gewöhnl. Verwaltung verwandte (→Assignationen). Das raffinierteste System einer Verknüpfung von S. und Staatseinnahmen ist in Genua mit der →Casa di San Giorgio, einem Konsortium der Staatsgläubiger, errichtet worden. Dort, wo einmal halbwegs befriedigende Berechnungen über die Anteile des Schuldendienstes an den öffentl. Ausgaben möglich sind, kommen hohe Zahlen zustande. Sie steigen z.B. in Hamburg von etwa 10% im ausgehenden 14. Jh. auf über 30% im ausgehenden 15. Jh. In einer Ausgabenübersicht des frz. Kg.s von 1349 sind Debita soluta et mutua reddita mit 20% nach Guerra der zweithöchste Posten (R. FAWTIER, LXIV). R. Sprandel

Lit.: [Auswahl]: B. KUSKE, Das Schuldenwesen der dt. Städte im MA, Zs. für die Ges. der Staatswiss., Ergh. 12, 1904 – Documenti finanziari della Repubblica di Venezia, hg. Accademia dei Lincei, 3 Bde, 1925-37 – C. BAUER, Epochen der Papstfinanz, HZ 138, 1928 – H. ALBERS, Die Anleihen der Stadt Bremen vom 14.-18. Jh., 1930 – R. FAWTIER, Comptes du Trésor royal, 1930 – H. REINCKE, Die alte Hamburger Stadtschuld der Hansestadt 1300-1563 (Städtewesen und Bürgertum. Gedächtnisschr. F. RÖRIG, 1953) – Öffentl. Finanzen und privates Kapital im späten MA und in der ersten Hälfte des 19. Jh., hg. H. KELLENBENZ, 1971 – R. W. KAEUPER, Bankers to the Crown. The Riccardi of Lucca and Edward I, 1973 – I.-M. PETERS, Hansekaufleute als Gläubiger der engl. Krone (1294-1350), 1978 – R. SCHNEIDER, Vom Kl.haushalt zum Stadt- und Staatshaushalt. Der zisterziens. Beitr., 1994.

Stab

I. Kulturgeschichte und Ikonographie – II. Rechtssymbolik.

I. KULTURGESCHICHTE UND IKONOGRAPHIE: [1] *Allgemein:* Der S. hat Bedeutung in der Spannweite vom Gegenstand tägl. Gebrauchs bis zum Zeichen übergeordneter weltl. oder religiöser Macht sowie als Instrument des Zaubers. Im natürl. Bereich ist er Hilfe von Wanderer, Bettler, Hirte und Greis, Attribut des Philosophen, »Weggefährte« von Pilger, Einsiedler und Mönch, in ideeller Bedeutung Sinnbild von Würde, Autorität, Amt und Feier, in fast unübersehbarer Vielfalt von Typen und Bezeichnungen: baculus, virga, ferula, pedum, cambula, crocia, pastorale u. a. S. a. →Zepter. V. H. Elbern

[2] *Frühchristentum und Spätantike:* Während der Zauber-S. (virga thaumaturga), dessen sich Moses, Christus und Petrus in Darstellungen von Wundern bedienen, auf die Kunst des 3. und 4. Jh. beschränkt blieb, hat die Spätantike andere antike S.formen an das MA weitergegeben. Der Wander-S., mit dem bisweilen die drei Magier (→Drei Könige) auf ihrer Reise dargestellt wurden, gehört als Pilger-S. zur Ausstattung ma. →Pilger und Pilgerhll. Das kurze Adlerzepter des Zeus wurde aus einem speziellen Triumphal- und Konsulatsattribut zum Insigne des Ks.s und blieb auch im MA wichtiges Herrschaftszeichen. Das Ks.-Insigne des langen S.-Zepters wurde, oben mit einem Kreuz versehen, zum Kreuz-Attribut Christi, Petri und anderer Hll. Die langen Stäbe, mit denen Engel in Repräsentationsbildern seit dem 6. Jh. dargestellt wurden, gehen auf die Insignien der Silentiarii des byz. Hofzeremoniells zurück. Der antike, oben gebogene Hirten-S. (pedum) fand auch in frühchr. Darstellungen zur →Bukolik und des →Guten Hirten Verwendung. Sein Gebrauch als bfl. Insignie ist seit dem 7. Jh. gesichert (Isidor v. Sevilla, De eccl. officiis 2,5 [MPL 83, 783f.]; Can. 28 der Synode v. Toledo v. J. 638 [MPL 84, 375]; zur Geschichte des Bf.s- und Abtss.es s. BRAUN, SALMON). J. Engemann

Lit.: HOOPS[2] III, 43-45 – LCI IV, 193-198 – RAC XIV, 937-966, bes. 956f. – RDK II, 792-808 [J. BRAUN] – A. ALFÖLDI, Insignien und Tracht der röm. Kaiser, RömMitt 50, 1935, 3-158 – P. SALMON, Mitra und S., 1960.

[3] *Mittelalter:* Vom Altertum her gewinnt der S. im MA weitere Bedeutungen. Höchste profane Zuweisung macht ihn zum Zeichen des Herrschers, oft in kostbarem Material (»sceptrum et baculus aureus«, Geschenk des Papstes an Karl d. K. 876; vgl. auch Herrscherbilder). Morphologisch sind zu unterscheiden der lange S. (mit Knauf) vom kurzen als Zepter (s. Kugelzepter, Budapest). Als Amtszeichen des Richters wird der S. bei Eidesleistung und Belehnung verwendet (Main de Justice, Paris). Auch niedere Amtsträger bedienen sich des S.s als Würdesymbol (Schulzen-S., Universitätszepter). – Eine entscheidende Rolle spielt der S. im christl.-kirchl. Bereich. Christus trägt den S. in Kreuzform, Erzengel führen ihn. Im jüd. wie christl. Bereich ist er Zeichen des Thaumaturgen. Die symbol. Übertragung vom Hirten-S. auf die kirchl. Hierarchie liegt bes. nahe. Aus den erhaltenen Denkmälern ergeben sich Aufschlüsse auf die materielle, formale und künstler. Beschaffenheit des »baculus pastoralis« für Bf., Abt (später auch Äbtissin). Der meist hölzerne S. wird in der Regel durch eine verzierte Krümme

(curvatura) ausgezeichnet, oft aus (Elfen-)Bein oder edlen Metallen, mit symbol. bzw. figürl. Zieraten, offen für vielseitige Interpretationen (Inschriften). S. a. Hon. August., De baculo episc. MPL 172, 609s.). In manchen Fällen sind S.e von Hl.n als Reliquien verehrt worden (→S.reliquiar). Schließlich gilt der Maß-S. wieder als Gottessymbol: »Ipse est virga quia regit et mensurat omnia« (Joh. Scot. Eriug., De divis. nat. V, 36). – Quasi religiöse Funktion außerhalb der kirchl. Sphäre übt der S. im MA nicht zuletzt in magisch-zauber. Sinne aus (Ahnen-S., Zauber-S., Hexen-S.), wirkend durch Berührung oder Schlag. V. H. Elbern

Lit.: LCI IV, 193ff. – RE III A 2, 1894ff. – K. AMIRA, Der S. in der germ. Rechtssymbolik, 1905 – F. FOCKE, Szepter und Krumm-S. (Fschr. A. FUCHS, 1950), 337ff. – W. PAATZ, Sceptrum Universitatis, 1953 – P. E. SCHRAMM, Herrschaftszeichen und Staatssymbolik, I, 1954, 145ff., 281ff., 370ff. – R. BAUERREISS, Abts- und Bf.s-S., SMGB 68, 1957, II–IV, 215ff. – H. SACHS, E. BADSTÜBNER, H. NEUMANN, Christl. Ikonographie in Stichworten, 1988³, 320.

II. RECHTSSYMBOLIK: Der S. (baculum, virga, fustis, hasta, lignum, contum) spielt als Symbol der Macht eine wichtige Rolle in der Frühgesch. fast aller alten Kulturen. Die frühma. lat. Q. bezeugen v. a. seine bes. Bedeutung als mag.-sakrales Symbol der Kg.smacht bei den verschiedenen germ. Völkern. Von den ursprgl. einfachen S. leiten sich das Szepter ab sowie das Pastorale des Bf.s oder Abtes (→Krümme, →Bischof). V. a. in den Chroniken wird der germ. Kg. normalerweise mit einem S. dargestellt, wenn er den Vorsitz bei den Volksversammlungen führt; die Übergabe der kgl. Gewalt wird oft in anschaul. Weise durch die Übergabe des S.es symbolisiert. Unter den verschiedenen Belegen vgl. z.B. Gregor v. Tours (Hist. Franc. VII, 33): »Rex Guntramnus, data in manu regis Childeberti hasta, ait: hoc est indicium quod tibi omne regnum meum tradidi«; Chron. Guelferb. ad a. 787: »Illuc venit dux Tassilo, et reddit ei ipsam patriam cum baculo...« (GRIMM, RA, 133); Paulus Diac. Hist. Lang. VI, 55: »Hildeprandum ... regem levaverunt. Cui dum contum, sicut moris est, traderent...«; a. 1029: »Conradus rex ... curtem per investituram baculi imperialis tradidit...« (MGH DD K. II n. 139).

Der S. erscheint später im Zeitalter des Lehnswesens als Symbol richterl. Gewalt, die sich von der kgl. Gewalt ableitet. Der S. wird von dem Mann, der den Vorsitz bei Gericht führt, in der Hand gehalten, wie unter vielen Belegen eine Urk. des Jahres 911 zeigt: »... Tunc Wilfredus comes, per fustem quod in suis tenebat manibus...« (PERTILE VI, 199).

Neben dem Handschuh und der →festuca gehört der S. (in der Form eines Zweiges oder Stäbchens) zu den häufigsten Rechtssymbolen in der abendländ. jurist. Praxis des FrühMA bei den Formen der Übertragung von Immobilien-Besitz. Während der öffentl. feierl. Übertragungszeremonie (Investitura) bekundete der Verkäufer seine Absicht, den Käufer in den Besitz einzusetzen (investire) durch die Übergabe eines S.es an diesen. Diese expressive Geste war das Symbol der Gewalt über die betreffende Sache (vgl. z. B. eine Urk. aus Vercelli v. J. 1089, Mon. Hist. Pat., Chartae, II, 136): »... per lignum quod sua manu tenebat, dominus Rainerius episcopus fecit datum et investituram et traditionem...«). In einem Ehevertrag von 966 aus Nocera (Codex Dipl. Cavensis II) erscheint der S. als Symbol der Gewalt über die Person der Frau, die von dem Vater auf den Bräutigam übergeht: »... per baculum ipse Petrus ipsa filia sua mihi legitimam uxorem tradidit, et arre a me recepi(t) pro ipsa filia sua solidum aureum costantinum unum...«. A. Cavanna

Lit.: DU CANGE, I, 517 – GRIMM, RA 1854, 133 – A. PERTILE, Storia del diritto it., 1892–1903 [Nachdr. 1965], I, 37; IV, 232; VI, 199 – F. SCHUPFER, Il diritto privato dei popoli germanici, II, 1907, 126 – F. OLIVIER MARTIN, Hist. du droit français, 1951², 277f. – E. BESTA, I diritti sulle cose nella storia del diritto it., 1964², 26 – P. OURLIAC-J. DE MALAFOSSE, Hist. du droit privé, II: Les biens, 1971, 337 – R. ELZE, Insegne del potere sovrano e delegato in Occidente, Sett. cent. it. 1976, II, 582ff. – J. LE GOFF, Les gestes symboliques dans la vie sociale. Les gestes de la vassalité, ebd., 714ff.

Stabat mater, betrachtendes Reimgebet, das das Leiden Mariae unterm Kreuz vergegenwärtigt und sich an Maria mit der Bitte um Fürsprache wendet. Melodie in Sequenzenform. Ursprgl. vielleicht für die Privatandacht bestimmt, doch wohl schon im 14. Jh. in der Liturgie verwendet. Entstanden wohl im 13. Jh., seit dem 14. Jh. vorwiegend in Orationalien und Horarien überliefert, seit dem 15. Jh. als Sequenz auch in gedruckten Meßbüchern. Die Textgruppen lassen Entstehung in Frankreich oder Italien vermuten. Die traditionelle Zuschreibung an →Jacopone da Todi (seit L. WADDING, 1650) ist strittig und heute überwiegend aufgegeben. G. Bernt

Ed.: AnalHym 54, 312 – Graduale triplex, 1979, 602–605 – Antiphonale Romanum ... a Solesmensibus monachis praeparatum, 2, Liber hymnarius, 1983, 434–439 – Lit.: Verf.-Lex² IX, 207–214 – H. A. DANIEL, Thesaurus hymnologicus, 2, 1844, 131–154 – AnalHym 54, 313–318.

Stabbau → Holzbau

Stabili, Francesco → Cecco d' Ascoli

Stabilitas loci, Ortsgebundenheit als Basis des Zönobitentums. Schon die →Regula Magistri kritisiert ein freizügiges Wanderleben von Scheinmönchen (Gyrovagi) und schreibt monast. Beständigkeit vor (Kap. 88); die →Regula S. Benedicti verpflichtet den Mönch zum Verharren in klösterl. Gemeinschaft bis zum Tod (Kap. I, 10–12; IV, 78), erlaubt aber, auf Befehl des Abtes und wenn Notwendigkeit es gebietet, den Konvent zu verlassen (LVIII, 15–17; LXVII, 7). So wurde 451 in →Chalkedon (c. III) und 787 auf dem VII. ökumen. Konzil v. →Nikaia (c. XXI) angeordnet, beim Ortswechsel von Mönchen (→transitus) bestimmte Grundsätze zu beachten, in deren Rahmen sich die Sonderform der ir. →peregrinatio religiosa entwickeln konnte. Im Sinne einer bloßen s. status empfahl auch →Caesarius v. Arles das geduldige Festhalten am Mönchsstand (»Sermo ad Monachos Lerinenses«, 4). Während das erste Glied der benediktin. Profeß lediglich von stabilitate sua perseverantiam spricht, wird der ständige Verbleib am Kl. ort als Begriff erst in der prämonstratens. Professformel festgelegt. Um Beweglichkeit trotz zentraler Leitung zu erreichen, wurde die dauernde Ansässigkeit an einem Ort zum Aufenthalt in der gleichen Ordensprovinz (s. in congregatione) erweitert, der bei den Prämonstratensern durch die persönl. Angliederung an ein Einzelkl. (affiliatio) ermöglicht wurde. Die Erfordernisse der umherziehenden Mendikanten zwangen diese dazu, auf eine Bindung an einen bestimmten Konvent zu verzichten, Gelübde vor den Provinzoberen abzulegen und innerhalb eines ortsungebundenen Personenverbands bettelnd und predigend Termineien aufzusuchen. Dagegen hielten sich die weibl. Religiosen bis auf wenige Ausnahmen stets in einem geschlossenen Bereich auf, wie bereits das Capitulare Missorum generale Karls d. Gr. v. 802 forderte (c. 18). Nicht nur diese Regelung, an die sich die Klarissen anlehnten, sondern auch die auf den Gepflogenheiten von S. Sisto in Rom fußende dominikan. Regel für Frauenkl. v. 1259 sah strenge Klausur vor; eine erneute Einschärfung dieser festen Abschließung gegen die Außenwelt gehörte zu den Anliegen der Reformbewegungen des 15. Jh. A. Rüther

Lit.: DDC VII, 1078–1086 – LThK² IX, 1001 – TRE XII, 305–309 – J. HOURLIER, L'âge classique 1140–1378: Les religieux (Hist. du droit et des institutions de l'église en occident, 10, 1971), 214–251.

Stabkirchen (Mast[en]kirche). Holzkirchen, die seit dem 11. Jh. im skand. Raum errichtet wurden, die heute jedoch fast ausschließl. in Norwegen (ca. 25 Kirchen) überliefert sind. Die Wände der S. bestehen aus senkrechten Planken und runden Eckpfosten; das konstruktive Gerüst wird von Masten gebildet (Stabbau), so daß die relativ kleinen, quadrat. oder längsrechteckigen Innenräume verstellt sind. Man unterscheidet zw. Einmast- und Mehrmastkirchen (bis zu zwölf Masten). Die S. können Seitenschiffe haben, die jedoch so schmal sind, daß das Mittelschiff einen saalartigen Charakter wahrt. An der Ostseite befindet sich oft ein unterschiedl. ausgebildeter Chor, während sich die drei übrigen Seiten in hallenartigen Eingängen öffnen. Licht erhielten die S. mit ihren zumeist offenen Dachstühlen ursprgl. nur durch bullaugenartige Öffnungen am Dachansatz, so daß der textilverhangene Innenraum im Halbdunkel verblieb. Ein die ganze Kirche umziehender Laubengang kann sich innen wie außen befinden. Das bes. Charakteristikum der S. ist ihr bewegtes Äußeres, das durch die steilen, gestaffelten Dächer entsteht, deren Firste oft mit Drachenköpfen u. a. apotropäischen Zeichen bestückt sind. Die reiche Tier- und Bandornamentik der Schnitzereien, hauptsächl. an den Portalen, aber auch den oberen Mastenenden und Kapitellen ist ebenso wie Konstruktionsdetails dem Wikingerstil (Schiffbau) entlehnt. Auch wenn es eventuell zur Einbeziehung von Elementen der roman. Steinbaukunst gekommen ist (Würfelkapitell, halbrunde Apsis), so wurzelt die Kunst der S. doch im heim. Zimmerhandwerk. Vorläufer, die die ausgereifte Konstruktion und Technik der S. erklären, können die nord. Kg.shallen gewesen sein (Borgund/Norwegen, um 1150; Heddal/Norwegen, um 1250; Urnes/Norwegen, erster Bau Mitte 11. Jh., Um- und Neubau 12. Jh., Eidsborg 13. Jh., Hege sowie Wang 1842 nach Brückendorf/Riesengebirge übertragen). G. Binding

Lit.: Lex. d. Kunst VI, 1994, 827 – H. PHLEPS, Die norw. S., 1958 – D. LINDHOLM, S. in Norwegen, 1968 – R. HAUGLID, Norske Stavkirker, 1976 (dazu G. BINDING, Bonner Jb. 179, 1979, 810–812) – E. BURGER, Norw. S., 1978 – H. CHRISTJE, H.-E. LIDEN, H. LENT (Foreningen til norske fortidsminnesmerkers bevaring, Arsbok 135), 1981 – H. HINZ, S. im Landesteil Schleswig, Offa 38, 1981, 349–355.

Stäbler, ursprgl. durch die Stadt Basel seit der völligen Erlangung des Münzrechts geprägte →Hohlpfennige im Gewicht von 0,26 g, so genannt nach dem Basler Wappenbild (Baselstab). Seit 1403 ging der Name auf eine der Hauptmünzen des →Rappenmünzbundes über; der S. trug seitdem das Wappen des betreffenden Münzstandes. Ursprgl. von vierkantiger Gestalt, wurden die S. seit 1425 in runder Form (Wappenschild innerhalb eines Perlkreises) geprägt. Ein Münzvertrag v. 1425 zw. Zürich, Luzern, Uri, Schwyz, Unterwalden, Zug und Glarus legte ebenfalls den S. als Vertragsmünze, freilich von geringerem Wert (0,24 g), fest. P. Berghaus

Lit.: J. CAHN, Der Rappenmünzbund, 1901, 68ff. – F. v. SCHROETTER, Wb. der Münzkunde, 1930, 654.

Stablo (Stavelot), Männerkl. OSB im heut. Belgien (Prov. Lüttich). Kurz vor 650 übertrug Kg. →Sigibert III. dem hl. →Remaclus einen ausgedehnten Besitzkomplex in den Ardennen zur Gründung einer Abtei, die in zwei Monasterien, S. (zum Bm. Lüttich) und →Malmedy (zum Ebm. Köln), konstituiert wurde. Remaclus wurde in S. begraben; dieses wurde, gestützt auf die sich verbreitende Verehrung des hl. Gründers, zum führenden monast. Zentrum. Die Reformäbte Odilo (938–954) und →Poppo (1020–48) ebenso wie der ksl. Ratgeber Abt →Wibald (1130–58) machten S. zur bedeutenden kgl. und ksl. Abtei (→Reichskirche). 1182 trat Abt Erlebald die Pfarrkirche v. S. den Mönchen ab (Inkorporation). Das abteiliche Territorium wurde als geistl. Fsm., der Abt als Fs.abt bezeichnet. Der Schatz der Abtei umfaßte die wohl bedeutendste Sammlung von roman. →Maaskunst (insbes. unter Abt Wibald geschaffene Meisterwerke), die aber heute über verschiedene Museen verstreut sind. Die Bibel v. S. (London, Brit. Libr. Add. 28106–7) von 1097 enthält auch den 1105 abgefaßten Bibliothekskatalog. Der Remaclusschrein (um 1263–68) wird heute in der Pfarrkirche St-Sébastien zu S. aufbewahrt. Die Abtei wurde während der Frz. Revolution aufgehoben, die unter Poppo errichtete Kirche abgebrochen (bis auf das Untergeschoß mit dem Turm des 16. Jh.); die Klausurbauten (größtenteils 18. Jh.) sind erhalten. Archäolog. Ausgrabungen sind im Gange.
Ph. George

Q. und Lit.: LThK² IX, 1101f. – J. HALKIN–C.-G. ROLAND, Recueil des chartes de S.-M., 2 Bde, 1909–30 – U. BERLIÈRE, Monasticon belge, II, 1928, 58–105 – Rhein und Maas, Ausst.kat., 1972, s.v. – Monumenta Annonis, 1975, 212–214 – M. VAN REY, Der dt. Fernbesitz der Kl. und Stifte der alten Diöz. Lüttich, AHVN 186, 1983, 19–80, 187; 1984, 31–89 – PH. GEORGE, Les confraternités de l'abbaye de S.-M., Bull. de la Comm. Royale d'Hist. de Belgique 161, 1995, 105–169 [Lit.].

Stabreim, -dichtung. Im Gegensatz zur reichen früh- und hochma. Alliterationspoesie (→Alliteration) des Ae. und An., ja selbst des spätma. Me., spielt der S. und die in dieser Technik des Gleichlauts von Konsonanten (bzw. *sk, sp, st;* as. auch *j* mit *g*) und aller Vokale untereinander im Anlaut (im Sinne eines Schallreims) verfaßte Dichtung im Festlandgerm. nur noch eine untergeordnete Rolle und läuft im 9. Jh. im Gefolge einer untergehenden Abschwächung des germ. Stammsilbenakzents aus. Dabei ergibt sich allerdings ein beschränktes Nachleben selbst in der nachfolgenden Endreimdichtung und Prosa des Ahd., Mhd., Mnd., bes. in der →Rechtssprache (auch der spätüberlieferten afries. Rechtsbücher) bis ins SpätMA hinein. Während sich in den spärlichen südgerm. Runeninschriften (→Runen) nur vereinzelte, z. T. unsichere Beispiele für den S. erkennen lassen, weisen der frühahd. Lit. um und nach 800 sowie die as. Lit. aus der Mitte des 9. Jh. eine Reihe von kleineren und größeren Denkmälern in reiner S.-Technik auf, die als Beispiele agerm. Oralpoesie der Gedächtniskultur, im As. vermischt mit der Buchschriftkultur der Bibelepik (→Bibeldichtung), gelten dürfen und gleichzeitig zur ältesten Überlieferungsschicht des ma. dt. Schrifttums gehören. Im Ahd. sind es die heidn.-germ. →Merseburger Zaubersprüche sowie weitere, z. T. schon verchristlichte Zauber- und Segenssprüche, das →Hildebrandslied als einziges im Ahd. überliefertes germ. Heldenlied (63 teils unvollständige Vv.), schließlich das kurze kosmogon. →Wessobrunner Gedicht (mit angehängtem Prosagebet ohne S.). Im As. sind es neben drei Segenssprüchen (darunter der Wurmsegen 'Pro Nessia' ahd., 'Contra vermes' as. fast gleichlautend) die große bibelepische Dichtung →Heliand (5983 Vv.) und die drei Frgm.e der atl. →Genesisdichtung (337 Vv.). Dazu treten als einziges festlandgerm. Runengedicht das in ahd.-as.-anord. Mischsprache durch →Walahfrid Strabo vor 830 aufgezeichnete Abecedarium Nordmannicum (→Abecedarien) mit stabreimenden Merkversen zur jüngeren skand. Runenreihe sowie als Spätform einer schon zerfallenden S.-Technik das chr.-predigthafte ahd. →Muspilli über den Weltuntergang aus dem späteren 9. Jh. (104 Vv.). Trotz der recht verschiedenartigen Überlieferung der S.-Denkmäler im Ahd. und As. dokumentieren die Texte nach

Gattungen und Stilformen eine vielfältige Verwendung dieser ältesten germ. Schallreimtechnik, wobei die HEUSLERsche Formel des Langverses (oder der Langzeile aus zwei in sich stabenden Kurzversen oder Kurzzeilen) a a / a x, a x / a x bzw. x a / a x (a = stabender Iktus oder Haupthebung, x = nicht stabender Iktus) mit dem unbewegl., aber sinnbetonten Hauptstab des Abverses weitestgehend bewahrt ist: z. B. Wessobrunner Gedicht 1 *Dat gafregin ih mit firahim / firiuuizzo meista* (f-Stab, Hauptsinnträger *firiuuizzo*: »Das erfragte ich unter den Menschen / als der Wunder größtes«). Stilist. zeigen sich die Formen des strengen Zeilenstils mit syntakt. Einheit der Zeile (v. a. Zaubersprüche, teilweise Hildebrandslied), des freien Zeilenstils (gelockerte Form von zwei oder mehr Langzeilen als syntakt. Einheit, oft so im Hildebrandslied) und des Bogen- oder Hakenstils (Periode von mehreren Langzeilen, z. T. erweitert zu Schwellversen, mit Satzgrenze oft in der Zäsur der Langzeile: Heliand, etwas weniger Genesis).

Seit dem Durchbruch der vom Lat.-Roman. ausgehenden Endreimtechnik eines Silbenreims (im Ahd. zunächst oft noch eines Endsilbenreims oder einer Assonanz), im Ahd. erstmals im Evangelienbuch →Otfrids v. Weißenburg (bei zusätzl. gelegentl. S.-Verwendung) um 870 verwirklicht, kommt dem S. nur noch die Funktion eines Nachlebens in Mischformen (Endreim mit S. gemischt, beispielhaft in →Notkers [III.] Labeo v. St. Gallen ahd. Versbeispielen in 'De arte rhetorica') sowie in der hervorhebenden, oft rhythm. getragenen Stilisierung durch S.-Verbindungen in der Prosa (zunächst häufig in den schullit. Übers.en Notkers um 1000, später v. a. in der mhd., mnd. und afries. Rechtsprosa der Rechtsbücher, kaum aber der Urkk.), ferner in isolierten Paarformeln oder →Sprichwörtern (z. B. mhd. *wider gift sol man gâbe geben* 'Gabe soll man mit Gegengabe vergelten') zu. Solche hervorhebende Stabstilisierung ist im übrigen seit den Anfängen der ahd. Überlieferung immer wieder anzutreffen, auch in Übers.stexten. Eine relative Häufung von S. findet sich in der zwar endreimenden mhd. Heldenepik, exemplar. im →Nibelungenlied nach 1200, insbes. in den Kampfschilderungen, oft auch in der Verbindung mit den Namen der handelnden Personen oder Völker (z. B. V. 2131, 3 *den habent mir die Hunnen / zerhouwen von der hant*). Dies geht zweifellos auf die Nachwirkung mündl. Vortragstradition zurück. Spuren dieser Technik reichen bis in das frühnhd. überlieferte jüngere Hildebrandslied (V. 23 *du soltest da heimen bliben / und haben gut husgemach*). Eine Sonderform der S.-Technik ist die Verwendung stabender Zusammensetzungen in Dichtung und Rechtssprache (z. B. frühahd. *zauganzuht* 'Heranziehung von Zeugen').

S. Sonderegger

Lit.: A. HEUSLER, Dt. Versgesch., I–II, 1956² – J. SPLETT, Der S. im Nibelungenlied, PBB (Ost) 86, 1964, 248–278 – B. BAUM, Der S. im Recht, 1986 – D. HOFMANN, Die as. Bibelepik zw. Gedächtniskultur und Schriftkultur, Sett. cent. it. 32, 1986, 453–483 – J. M. JEEP, Stabreimende Wortpaare bei Notker Labeo, 1987 – S. SONDEREGGER, Ahd. Sprache und Lit., 1987² – DERS., Notker der Dt. als Meister einer volkssprachl. Stilistik (Fschr. R. SCHÜTZEICHEL, I, 1987), 839–871 – E. BUHOFER, Stabende Komposita in Rechtstexten und poet. Denkmälern der altgerm. Sprachen, 1992.

Stabreliquiar. Dem S. als »redendem →Reliquiar« liegen verschiedene Typen und Bestimmungen des Stabes zugrunde: Hirten-, Mönchs-, Bf.s- bzw. Abtsstab, ferner Zepter (baculus, pedum, ferula, sceptrum, kelt. cambuta). Gestaltl. sind zu unterscheiden Stäbe mit offener oder spiraliger, oft verzierter Krümme, mit/ohne Nodus, ferner Tau-Stab und Kugelstab bzw. -zepter; bedeutungshaft als Zeichen von Führung, Amt, Macht, Hoheit, Dämonenabwehr und Wunderkraft, mit durchdachter Deutung auch der materiellen Merkmale (Honor. August., Gemma Animae I, 207f.). Stäbe als (Sekundär-) Reliquien von Heiligen begegnen seit dem frühen MA, vom legendären »bachall Josa« = baculus Jesu im Besitz des hl. Patrick (†461) zu den Stäben der hll. Hubertus (St. Hubert), Bonifatius (Fulda), Erhard (Regensburg), Heribert (Köln) – dieser in Tau-Form – Anno (Siegburg), Bernward (Hildesheim), Godehard (Niederaltaich/Hildesheim). Die überwiegend elfenbeinernen, teils aus südl. Ländern importierten, oft als Grabbeigaben erhaltenen Stäbe wurden von der Tradition den betreffenden Heiligen als »Reliquien« zugewiesen. – Daneben stehen die eigtl. S.e mit in kostbare Hüllen gefaßen älteren Stäben. Frühe Beispiele sind der mit Almandin-Zellenwerk bekleidete St. Germanus-Stab (Delémont, 7. Jh.) oder der Stab der hl. Austreberthe (Montreuil-sur-Mer, 11. Jh.). Am sog. Servatiusstab (Quedlinburg, 10. Jh.) machen Arkadenöffnungen im Goldbeschlag den Holzkern sichtbar. Bedeutendstes S. des MA ist der 175 cm lange, goldbekleidete sog. Petrusstab Ebf. Egberts v. Trier von 980 im Typ eines Kugelzepters (Limburg). Mit Inschrift und bildl. Wiedergabe von Papst- und Bf.sreihen wird er zum Rechtsdenkmal für Apostolizität und Primat der Trierer Kirche. Die andere Hälfte des Petrusstabes mit elfenbeinernem Knauf gehört dem Kölner Dom. Ein 1354 für Karl IV. entnommener Teil gelangte nach Prag.

S.e spielen eine bes. wichtige Rolle in der irischen Kirche, wo ca. 40 Stücke bezeugt sind. Bedeutende Beispiele sind ein »crozier« aus Clonmacnoise (11. Jh.) mit Bronzebekleidung im Ringerike-Stil und das S. aus Lismore (vor 1113), dessen Holzkern dem hl. Carthach († 638) zugeschrieben wird (beide Dublin). Hohe Strafandrohungen für Diebstahl in irischen Bußbüchern bezeugen bes. Wertschätzung. Neben S.n mit Krümmen begegnet auch ein Tau-Stab (Co. Kilkenny, 12. Jh.). – Aus dem spätma. Abendland ist noch die St. Bernwardskrümme mit silbervergoldeter Hülle (1492) zu nennen, deren Aufschrift Verehrung als Reliquie bezeugt (Hildesheim).

V. H. Elbern

Lit.: DACL III, 2, 3148 – LCI IV, 193f. – RDK II, 795ff. – H. S. CRAWFORD, Journ. of the Royal Soc. of Antiq. Ireland 53, 1923, 74–93, 151–176 – J. BRAUN, Die Reliquiare des christl. Kultes, 1940, 453f. – M. BÁRÁNY-OBERSCHALL, Baculus Pastoralis, Zs. für KuWiss XII, 1958, 13–36 – V. H. ELBERN-H. REUTHER, Der Hildesheimer Domschatz, 1969, Nr. 8, 74 – Kat. Ir. Kunst aus drei Jt., 1983, Nr. 77, 81 – Kat. Ornamenta Ecclesiae, 1985, Bd. 1, 400f., C 29f.; Bd. 2, E 21, 93 – Kat. Bernward v. Hildesheim und das Zeitalter der Ottonen, 1993, IV-47, –52; VII-8, –36.

Stabwerk → Maßwerk

Stabwurz → Eberraute

Stachelhäuter (Echinodermata), mariner Tierstamm mit Kalkskelett, den Aristoteles zu den blutlosen Ostrakodermata rechnete. Dazu gehört der Seestern (gr. astḗr, lat. stella), über den Thomas v. Cantimpré 7, 73 als »Fisch« in einem Mischtext aus Aristoteles (h. a. 5, 15 p. 548 a 6–10) und Plinius (n. h. 9, 183) berichtet (zit. bei Vinzenz v. Beauvais, Spec. nat. 17, 95), daß er bei wenig Fleisch eine sehr harte Schale besitze und wegen seiner feurigen Hitze alles im Meer bei Berührung verbrenne, so daß man seine tier. Nahrung im Magen sofort wie zweimal gekocht (Thomas: zweimal gebackenes Brot = Zwieback?) vorfinde. Wesentl. besser kannte Aristoteles verschiedene Seeigelarten (gr. echînos ho thalássios, lat. ericius marinus). Von der Hauptstelle (h. a. 4, 5 p. 530 a 32–531 a 7 = Plinius, n. h. 9, 100, vgl. dazu LEITNER, 115) hat Thomas 7, 33 (= Vinzenz v. Beauvais, Spec. nat. 17, 58) nur wenig übernommen, was sich z.T. auf den in Form der Eierstöcke eßbaren Echinus esculentus bezieht: Kopf und Mund liegen auf der Unterseite, der After als Ausnahme oben. Seine Stacheln, wodurch er sich gegen Gefressenwerden von anderen Fischen wehre, benutze er als Füße zum Laufen. Daß ihr Fleisch sehr rot wie Mennige sei, behauptet Thomas irrtüml. nach Plinius. Der von Aristoteles gut beschriebene fünfzähnige Kieferapparat, die »Laterne des Aristoteles«, wird von den naturkundl. Enzyklopädikern des HochMA nicht erwähnt. Durch die Lesung »Körper« statt »Mund« behauptet Michael Scotus (wie auch der Übersetzer GOHLKE, 168) p. 531, der Körper des Seeigels hänge nur am Anfang (Mund) und Ende (After) zusammen, auf der Oberseite mit den Stacheln sei er gegliedert, womit die Unterteilung (in 5 Abschnitte durch die Ambulakralplatten) gemeint sein kann. Thomas mißversteht aber die Oberseite (pars superior) als Vorderseite (anteriora). Kulinar. und med. Verwendung ist nur aus der Antike belegt. Ch. Hünemörder

Q.: Aristoteles, Tierkunde, übers. P. GOHLKE, 1949 – Thomas Cantimpr., Liber de nat. rerum, T. 1, ed. H. BOESE, 1973 – Vinc. Bellov., Speculum nat., 1624 [Neudr. 1964] – *Lit.*: H. LEITNER, Zoolog. Terminologie beim Älteren Plinius, 1972.

Stachelschwein (Lehnwort aus dem Gr. hystrix, mlat. istrix), wahrscheinl. von den Römern aus Afrika eingeführtes Nagetier (NIETHAMMER, 89ff.), von Plinius (n.h. 8, 125 = Solinus 30, 27, vgl. Isidor, etym. 12, 2, 35) wegen seiner angebl. gegen Hunde ausschleuderbaren Schwanzstacheln bewundert. Es soll am Meer und in Berghöhlen leben. Thomas v. Cantimpré übernimmt 4, 52 die Berichte beider Autoren, verkehrt aber die Angabe des Plinius, es halte Winterschlaf, ins Gegenteil (von Albertus Magnus, animal. 22, 105 bekräftigt). Sein Zorn soll es (fälschl. nach Jakob v. Vitry), in der Interpretation des Thomas, zur sofortigen Rache (s.o.) veranlassen. Die Bezeichnung »porcus spinosus« ist hier tatsächl. nicht Volksname, sondern, wie Vinzenz v. Beauvais (Spec. nat. 19, 63) richtigstellt, Glosse des Michael Scotus in seiner lat. Version der Zoologie des Aristoteles (zu 1, 6 p. 490 b 25ff.: animal quod dicitur succa vel porcus spinosus). In England soll in einem Tiergarten in Woodstock unter Kg. Heinrich I. (1100–35) ein S. gehalten worden sein, dessen Borsten Wilhelm v. Malmesbury genau beschreibt (5, 409, S. 485). Ch. Hünemörder

Q.: →Albertus Magnus, →Isidor, →Solinus – Thomas Cantimpr., Liber de nat. rerum, T. 1, ed. H. BOESE, 1973 – Vinc. Bellov., Speculum nat., 1624 [Neudr. 1964] – Willemus Malmesburiensis, De gestis regum Anglorum, ed. W. STUBBS, t. 2, RerBrit 90, 1889 [Neudr. 1964] – *Lit.*: HWDA VIII, 352 – G. NIETHAMMER, Die Einbürgerung von Säugetieren und Vögeln in Europa, 1963.

Stade, Stadt in Niedersachsen; Gft. [1]*Grafen, Markgrafen der sächsischen Nordmark, Grafschaft:* Das hochadlige Geschlecht ist seit dem 929 bei →Lenzen gefallenen nobilis Liuthar zu greifen. Sein Sohn Heinrich I. († um 976) war 959 Inhaber von Gf.enrechten zw. Niederelbe und -weser (MGH DO. I. 205), ⚭ 1. mit Judith († vor 973), Tochter des Konradiners →Udo, Kinder u.a.: Heinrich II. († 1016), Siegfried († 1037), Kunigunde, Mutter →Thietmars v. Merseburg, sowie Liuthar-Udo d. Ä. († 994), Stammvater der Gf.en v. →Katlenburg, der die Namen beider Großväter trug. Durch Nachbenennung blieb der Doppelname bis zu Liuthar-Udo III. († 1106) bei den S.rn gebräuchl.; Helmold v. Bosau II, 102 kennt das Geschlecht als Udonum prosapia. Die Zubenennung der Gf.en, verwandt mit Ottonen, Saliern, Welfen, →Billungern und den Gfs.en v. →Kiev – mit diesen durch die Eheschließung Gf. Heinrichs III. († 1087) mit →Adelheid (Eupraxia; 2. A.) – sowie mit den Gf.en v. →Sponheim, →Walbeck und →Werl, nach S. erfolgte erstmals 1063/64 und 1103. Alsleben (sw. Bernburg), Freckleben (sö. Aschersleben) und →Salzwedel als weitere Herkunftsbezeichnungen deuten die Herrschaftsrechte auch an Saale und mittlerer Elbe an. Seinem Ziehsohn →Wiprecht II. hatte Mgf. Udo II. († 1082), 1073–75 der sächs. Opposition gegen Heinrich IV. zugehörig, zunächst →Tangermünde und dann tauschweise den Burgward →Groitzsch überlassen. Das 1002 oder wenig später als Hauskl. in der Burg Harsefeld (südl. S.) gegr. Chorherrenstift wurde 1100/02 durch einen Reformkonvent aus →Ilsenburg unter gfl. Stiftervogtei besetzt. Das Prämonstratenserstift St. Georg in S. ist 1132/37 gegen den Willen Ebf. Adalberos v. Bremen († 1148) und des S.r Ministerialen →Friedrich (40. F.) von Rudolf II. († 1144), dem letzten weltl. Angehörigen des Geschlechts, fundiert worden. 1056–1128 haben die Gf.en als Mgf.en der sächs. Nordmark amtiert, zudem wohl seit 1088/89 als Hochvögte des Ebm.s →Bremen.

Die an der Niederelbe gelegene Gft. der S.r war seit 1063 (MGH DH. IV. 112) ein Lehen der Ebf.e v. Bremen. Gegen den Versuch von Rudolfs Bruder →Hartwig (1144 Bremer Dompropst, seit 1148 Ebf.), sie für sich auf Lebenszeit zu erwerben, wurde sie 1145 von Heinrich d. Löwen usurpiert, der sie teils nach Erb-, teils nach Lehnrecht beanspruchte (Helmold v. Bosau II, 102) und sich Ebf. Adalbero durch dessen Gefangennahme gefügig gemacht hatte. Zunächst gestützt von Ks. Friedrich I., konnte sie der Hzg. über den Tod Hartwigs († 1168) hinaus bis 1181 behaupten. Als Ebf. →Hartwig II. sie 1195 wiedererlangte, mußte er sie Gf. Adolf III. v. Schauburg und 1202, als Gefangener Ottos IV., Pfgf. →Heinrich (67. H.) zu Lehen geben. Nachdem dieser 1219 seine Eigengüter in der Gft. dem Ebm. Bremen aufgelassen und nebst der Gft. zu Lehen zurückerhalten hatte, bestätigte Ks. Friedrich II. sie 1232 der Bremer Kirche, deren Lehensherrlichkeit die Welfe Hzg. →Otto d. Kind (14. O.) nach erneuten Kämpfen 1236 schließlich anerkannte.

[2] *Stadt:* Ein Gräberfeld des 9. Jh. und der Ortsname (Stethu/Statho zu as. *stath*, ahd. *stad* 'Ufer, Gestade') legen nahe, daß das an der Schwinge unweit von deren Mündung in die Niederelbe gelegene S. schon vor seiner Ersterwähnung ein Seehandelsplatz war. Die 994 von Wikingern zerstörte Burg (urbs; Thietmar IV, 25) ist wahrscheinl. mit einem Ringwall ident., der an der Stelle und unterhalb des erst durch jüngere Aufschüttungen entstandenen Burghügels, der Motte des »Spiegelberg« in S., archäolog. nachgewiesen wurde. Die 994 erwähnte Schiffslände (portus) mit zugehöriger Siedlung wird am Westrand des Stadthügels vermutet. Die von Gf. Siegfried nach 1000 errichtete gfl. Burg (castrum Stadis) mit Münze wird bis 1132/37 im Bereich der damals gegr. Stifts St. Georg lokalisiert, was wegen der im 14. Jh. in dessen s. Nachbarschaft bezeugten Adelshöfe plausibel erscheint. Die Aufschüttung der Motte über dem alten Ringwall erfolgte im 12. Jh.; sie wurde um 1235 (dendrochronolog. Datierung) vielleicht durch den Bremer Ebf. als Stadtherrn um weitere 4–5 m etwa auf ihr jetziges Niveau erhöht. Ein ebfl. Siedlungskern lag seit 1038, als Ks. Konrad II. der Bremer Kirche die Errichtung eines Marktes in S. zugestand (MGH DKo. II. 278), bei der späteren Pfarrkirche St. Wilhadi. Vom Flußhafen begünstigt, entwickelte sich seit dem 11. Jh. die städt. Siedlung zw. dem gfl. und dem ebfl. Herrschaftszentrum; Alter und Stellung von St. Cosmas und Damian im älteren S.r Pfarreisystem

sind noch unklar. Heinrich d. Löwe hat S. wie →Lübeck und die →Braunschweiger Hagenstadt privilegiert. 1181 zog er sich in das von ihm befestigte S. zurück, wobei das Ausmaß der damaligen Umwallung nicht gesichert ist. Für das SpätMA wird bei einem Stadtareal von 32 ha die Einwohnerzahl auf 3000 geschätzt. Ebf. Hartwig II. stellte 1204 den Handel der S.r unter seinen Schutz; eine Stadtrechtsverleihung durch Otto IV. folgte 1209. Gegen den seit 1225 bezeugten Rat kam es im 14. und 15. Jh. zu Aufständen. Das S.r Stadtrecht wurde 1279 in mnd. Sprache kodifiziert. 1252 genoß S. Handelsprivilegien in Holland und Seeland und war seit dem 13. Jh. in der →Hanse (bis 1601/02). Der Hafen, seit 1259 Stapelplatz für alle von See kommenden Güter und zudem ebfl. Zollstelle, verlor zunehmend gegenüber →Hamburg an Bedeutung. In einem franziskan. Konvent lebte 1240 →Albert v. S. (16. A.); das Franziskanerkl. S. Johannes wurde um 1300 errichtet. W. Petke

Q.: GP VI, 113–119 – W. H. Jobelmann–W. Wittpenning, Gesch. der Stadt S., Archiv für die Gesch. der Hzm.er Bremen und Verden 3–5, 1869–75 – Das S.r Stadtrecht v. J. 1279, hg. G. Korlén, 1950 – J. Bohmbach, UB der Stadt S. 994–1698, 1981 – *Lit.*: R. G. Hucke, Die Gf.en v. S. 900–1144, 1956 – M. Hohmann, Das Erzstift Bremen und die Gft. S. im 12. und 13. Jh., S.r Jb. NF 59, 1969, 49–118 – L. Fenske, Adelsopposition und kirchl. Reformbewegung im ö. Sachsen, 1977 – G. Althoff, Heinrich d. Löwe und das S.r Erbe, DA 41, 1985, 66–100 – Geschichtl. Handatlas v. Niedersachsen, bearb. G. Pischke, 1989, Karten 16, 48/12 – Gesch. der Stadt S., red. J. Bohmbach, 1994 – A. Mindermann, Adel in der Stadt des SpätMA. Göttingen und S. 1300 bis 1600 [im Dr.].

Stadt

A. Allgemein (Forschungsbegriff und -geschichte) – **B.** Deutschland – **C.** Italien – **D.** Flandern und Niederlande – **E.** Frankreich – **F.** Iberische Halbinsel – **G.** England, Schottland und Irland – **H.** Skandinavien – **I.** Ostmitteleuropa – **J.** Altlivland – **K.** Rus' – **L.** Byzantinisches Reich – **M.** Südosteuropa – **N.** Osmanisches Reich.

A. Allgemein (Forschungsbegriff und -geschichte)

Die Frage nach Herkunft und Begriff der ma. S. wurde aufgeworfen von den Philosophen, die der Ständegesellschaft des 18. Jh. den Anspruch des Bürgertums auf Gleichberechtigung erhoben. Voltaire (1754) bestimmte die S. als Gemeinde freier Bürger und meinte, um eine Gegenmacht gegen die Fs.en aufzubauen, habe Kg. Ludwig VII. v. Frankreich seit 1137/38 die Munizipalverfassung geschaffen, indem er den aus der Unfreiheit entlassenen Bürgern das Recht verlieh, Schöffen und Bürgermeister zu wählen; aus dem Geldbedürfnis der Fs.en sei so die den Menschen natürl. Freiheit wiedergeboren worden. Smith (1776) definierte die S. als ständigen Markt; nachdem auf dem Land nur Arbeitskraft und Boden hätten der Gütererzeugung nutzbar gemacht werden können, schufen die Kg.e mit der Herstellung des →S.friedens und der S.freiheit die Voraussetzung dafür, daß Unternehmer auch Kapital für die Produktion einsetzten; damit hätten die Städter den Markt und in der Folge eine neue Form des Eigentums und des Staates geschaffen, wobei ihnen die Privilegien der Zünfte einen weiteren Vorteil gewährten. Herder (1791) verknüpfte die Anfänge des S.ewesens mit dem durch die Kreuzzüge freigesetzten Handelsgeist und bestimmte die S.e als »gleichsam stehende Heerlager der Kultur, Werkstätten des Fleißes und de(n) Anfang einer besseren Staatshaushaltung«, deren Verfassungen »dem ersten Hauch eines Gemeingeistes Raum gaben«; in dem S.ebund der →Hanse sah er einen für die NZ vorbildl. gewordenen »weitverbreiteten Handelsstaat«.

Die mit der Abschaffung des Feudalismus einschließl. aller S.- und Zunftprivilegien durch die frz. Nationalversammlung (4. Aug. 1789) einsetzende, acht bis neun Jahrzehnte währende Modernisierung der Staats- und Gemeindeverfassung in W- und Mitteleuropa lenkte das Augenmerk der Forsch. zunächst auf das Verfassungsproblem. Unter dem Begriff S. verstand man ausschließl. die S.gemeinde, denn im Streit der Parteien, die bestrebt waren, die Berechtigung ihrer polit. Forderungen hist. zu begründen, war nicht nur die Entstehung der S., sondern auch die Legitimität ihrer Privilegien einschließl. der Zunftrechte problemat. So erklärte etwa Guizot (1847), der Dritte Stand stamme vom Bürgertum des 12. Jh. ab, dem dritten Element des Feudalsystems, dessen Ziel es gewesen sei, der Bedrückung durch den Hochadel zu entgehen; sein umstrittener Ursprung werfe zwei Fragen auf, nämlich die nach der Herkunft der Freiheit der Kommunen und die nach dem Ursprung ihrer Selbstverwaltung; jene hätten sich die Städter, die vom 5. bis zum 11. Jh. weder Sklaven noch Freie gewesen seien, im Wege der feudalen Selbsthilfe und durch Verschwörungen gegen die Fs.en erkämpft; diese aber ginge auf den Willen der zur Gemeinde versammelten Bürger zurück, die sich ihre Magistrate selbst vorgesetzt hätten. Die Kommunerechte seien keine Privilegien gewesen, sondern Friedensverträge in einem Klassenkampf, der im 12. Jh. begonnen und schließl. das moderne Europa geschaffen habe. Und noch als die S. Paris (1879) ihre ma. Zunftsatzungen veröffentlichte, wies L.-M. Tisserand in seinem Vorwort darauf hin, daß die Proklamation der Gewerbefreiheit den einzelnen Arbeiter schutzlos der Macht der Kapitalisten ausgeliefert habe, weil die berufl. Bindungen des Zunftrechts zerrissen wurden, und wenn der Gesetzgeber jetzt die individuelle Freiheit in wirtschaftl. Bereich wieder einschränke, so sei darin eine Nachwirkung des Zunftrechts zu sehen, das doch wohl auch einen Teil der ökonom. Wahrheit enthalten habe.

Es gab zwei Lehrmeinungen, die die Auffassung bestritten, die S.gemeinde, namentl. die it. und frz. →Kommune, sei erst seit dem 12. Jh., und zwar großenteils auf gewaltsame Weise, entstanden. Savigny (1834–51²) beschrieb als erster die Verwaltungspraxis des spätröm. Anstaltsstaates und erschloß aus der Fortdauer des röm. Rechts, daß die röm. Gerichtsverfassung und die mit ihr zusammenhängende S.everfassung im MA fortbestanden hätten. Dagegen erklärte v. Maurer (1869–71) die S.gemeinde als Sonderform der altgerm. Marken- oder Landgemeinde, die sich entwickelt habe, sobald die von den Kg.en seit dem 11. Jh. gewährte Marktfreiheit den freien Verkehr hervorgerufen hatte; die Kämpfe mit den →S.herren seien nicht um die (längst anerkannte) Existenz der Gemeinden, sondern lediglich. um deren Repräsentation durch selbstgewählte S.räte geführt worden; so hätten sich nach und nach die heute noch bestehenden S.gemeinden aus uralten Keimen entwickelt. Nachdem Hegel (1847) Savignys Kontinuitätstheorie widerlegt hatte, schlug die Forsch. in W-Europa und in Deutschland verschiedene Wege ein.

Im W, wo der Auftritt des Dritten Standes zusammenfiel mit der Ablösung der Lehnsmonarchie durch das Parlamentssystem, stellte sich die S.gemeinde seit Beginn des 14. Jh. v. a. als wehr- und steuerpflichtige Lastengemeinde, ihre Selbstverwaltung als Repräsentation in den Parlamenten dar, und die Forsch. konzentrierte sich auf die Frage, kraft welchen Rechtes die S.e dorthin Deputierte entsandten und dem Kg. Bedingungen für die Steuerbewilligung stellten. Zuerst Thierry (1850), nach anderen dann ausführl. Luchaire (1890) nahmen an, mit der Verleihung des Kommuneprivilegs hätten die Kg.e die S.e der

Lehnshierarchie eingefügt, sie zu Kronvasallen und gegenüber den Bürgern zu Kollektivlehnsherren erhoben; die S. steuern seien Lehnssteuern gewesen, und nach Lehnrecht (→Lehen) habe der Kg. wie die adligen Vasallen, so auch die S.e bei allen außerordentl. Maßregeln um Zustimmung bitten müssen. Aber da einerseits auch S.e, deren Kommunen der Kg. aufgehoben oder gar nicht anerkannt hatte, andererseits aber keineswegs alle S.e die Parlamente besandten, war diese Lehre wenig überzeugend. Gegen sie führte STEPHENSON (1922) den Nachweis, daß sowohl die Wehr- und Steuerpflicht als auch das Konsensrecht der Bürger auf deren landrechtl. Freiheit beruhte, daß diese Lasten im 13. Jh. bereits durch Herkommen fixiert und manche S.e per Privileg von ihnen ganz oder teilweise befreit waren und daß hieran die Willkür der Kg.e ihre Grenze fand: Nur wenn sie im Parlament einen Staatsnotstand nachweisen konnten, waren die Kg.e berechtigt, außerordentl. Steuern zu fordern, und die S.e verpflichtet, sie zu bewilligen. – Unter Gemeindefreiheit verstand man in Frankreich und England nicht wie in Italien den Besitz der Gerichtsbarkeit oder in Deutschland wenigstens den Einfluß auf die Gestaltung des Gerichtswesens, sondern das Recht, die Staatssteuern selbst zu erheben und pauschal an den Kg. abzuführen. Weiter klärten die daraus folgenden Probleme der städt. Repräsentation POST (1943), PETIT-DUTAILLIS (1947) und PROCTER (1959).

Anders war die Lage im Dt. Reich, das sich erst seit 1180 in eine Lehnsmonarchie umwandelte und wegen des Zerfalls der Kg.smacht im 13. Jh. kein Reichsparlament ausbildete. Daher konnte NITZSCH (1859) den Versuch machen, die dt. S. verfassung aus der Verfassung der herrschaftl. Fronhöfe und ihrer unfreien Gemeinden herzuleiten. Indessen zeigte schon v. MAURER (1869–71), daß keine der großen S. gemeinden des 12. Jh. aus einem Fronhof entstanden und der Vorgang überhaupt nur möglich war, wenn das ganze S. gebiet einem einzigen Grundherrn gehörte (was nur bei der jüngsten Schicht der kleinen Gründungss.e, der →borgi franchi, villae francae, bourgades, →Weichbilde usw., vorgekommen ist). Richtig betonten dagegen v. BELOW (1887) und RIETSCHEL (1897) die Bildung der S. gemeinden aus den freien Mitgliedern der städt. Einwohnerschaft, die ihren Lebensunterhalt aus freier gewerbl. Arbeit für den Markt bezogen. Den Rechtsgrund für die Gemeindebildung hatte zuvor schon GIERKE (1868) aus den (im Vergleich mit dem Individualismus des röm. Rechts hervortretenden) kollektivist. Zügen der germ. Rechte erschlossen; daraus leitete er das Prinzip der freien →Einung, d. h. der nicht in natürl. Gegebenheiten, sondern im freien Willen der Verbundenen gründenden Genossenschaft, ab: Die als Individuen frei gewordenen S.leute hätten sich zuerst in den alten →Bf.ss.en durch den →Bürgereid als frei gewollte (gewillkürte) Gemeinschaft konstituiert und einem frei gewählten Vorstand unterworfen, dessen Organ-Handeln sie als für jeden einzelnen verbindl. anerkannten. Mächtig genug, um die S.herren zu ausdrückl. Anerkennung per Privileg oder zu bloßer Duldung zu zwingen, hätten die S.e eine vorbildhafte Verwirklichung des konstitutionellen Staates vorweggenommen und in der Ratsherrschaft das Prinzip des von unten her, auf genossenschaftl. Wege, begründeten Verfassungsstaates realisiert. Diese Theorie wurde dem Umstand gerecht, daß in Deutschland die Repräsentation der S.e durch →Bürgermeister und →Rat nicht auf kgl. Ladung zum Parlament und bürgerl. Pflicht zur Steuerbewilligung beruht und daher weder reichsrechtl. geordnet noch jurist. durchdacht worden ist. Im Anschluß an GIERKES Lehre gelang es KEUTGEN (1903), UNWIN (1908) und COORNAERT (1941), die richtige Lösung für das Zunftproblem zu finden. GIERKES Auffassungen sind von PLANITZ (1954) und EBEL (1958) weiterentwickelt worden.

Aus SMITHS Anregung, die S. durch ihre Wirtschaftsweise zu definieren, war keine hist. Analyse hervorgegangen, weil sich die engl. Wirtschaftswiss. sehr bald das nach hypothet. Gesetzen strebende Verfahren der Naturwiss. angeeignet hatte. Erst als um die Mitte des 19. Jh. die Industrialisierung und ihre sozialen Probleme den Kontinent erfaßten, entstand in Deutschland eine hist. Schule der Nationalökonomie, die das Problem aufgriff. SCHMOLLER (1879) legte die erste vollständige Wirtschaftsgesch. einer Zunft und eines ma. Gewerbezweiges vor, BÜCHER (1886) führte die statist. Betrachtungsweise für die städt. Demographie und Sozialgesch. ein und entwickelte (1893) eine Stufentheorie, der zufolge auf ein Zeitalter geschlossener →Hauswirtschaft eine Periode der S.wirtschaft gefolgt sei; deren Kennzeichen sah er in dem direkten, ohne Einschaltung berufsmäßiger Händler über den Lokalmarkt abgewickelten Austausch zw. städt. und ländl. Produzenten und im Ausbau eines entsprechend dichten Netzes von S.en, wie es für die dt. und roman. Länder am Ende des MA typ. gewesen sei. SOMBART (1902) entwarf eine Theorie der S.ebildung; er unterschied zw. primären S.egründern, die imstande waren, den Produktionsüberschuß des Umlandes in die S. zu ziehen, und sekundären S.efüllern, namentl. Handwerkern und Händlern, die jenen Dienste leisteten und dafür bezahlt wurden. Die ma. →Kaufleute betrachtete er als »kleine Schnorrer, Marktbesucher, Packenträger und Hausierer«, die ihr Gewerbe noch handwerksmäßig, d. h. ohne Kapitaleinsatz und Gewinnstreben, betrieben und erst spät an den Kapitalien partizipiert hätten, die zunächst die S.egründer durch Agglomeration der Grundrente angesammelt hätten.

Gegen solche theoret. Konstruktionen wandte sich PIRENNE (1893, 1895). Er wies auf die Bedeutung des seit dem 10. Jh. neu aufkommenden Standes der Fernhändler für die Entfaltung der Märkte und S.e hin, von denen die Handwerker von Anfang an abhängig waren; er definierte die werdende S. des MA als Zentrum kontinuierl. →Fernhandels und tat darüber hinaus den entscheidenden Schritt, um die älteren verfassungsgeschichtl. S.etheorien zu überwinden, indem er die Verfassungsfragen konsequent den wirtschafts- und sozialgeschichtl. unterordnete, die als Verursacher hinter den rechtl. Formen stünden und in ganz Europa, unabhängig von den nationalen Rechtsordnungen, dieselben Wirkungen gehabt hätten. Diese Ansicht setzte sich sehr rasch durch; ihr kam zugute, daß sich die Probleme der Groß.e und der Arbeiterbevölkerung inzwischen so weit von denen der älteren Zeit entfernt hatten, daß der Historismus als polit. Argument abstarb und die Erforschung des ma. S.ewesens völlig der Wiss. überließ. Man sah jetzt, daß außer dem Streben nach Freiheit und Selbstverwaltung noch viele andere Motive für die S.entstehung eine Rolle gespielt und sich von Fall zu Fall in bes. Weise vermischt hatten; so lernte man, verschiedene S.typen voneinander zu unterscheiden und den Begriff der S. als hist. Begriff zu verstehen, d. h. als Begriff, der für verschiedene Zeitalter und Länder nach deren jeweils eigenen Voraussetzungen zu definieren ist und sich im Verlauf geschichtl. Vorgänge zu verändern pflegt. Damit stellte sich bereits für PIRENNE von neuem das sog. Kontinuitätsproblem (→Kontinuität), die Frage des Nachlebens der spätantiken S.e im frühen MA, die als

Siedlungen in der Regel Bestand hatten, auch wenn sie der röm. Munizipalverfassung verlustig gegangen waren. WEBER (1921) zeigte in einem postum erschienenen Aufsatz, daß die Wiss. außer dem polit.-administrativen S.begriff, der die Forsch. des 19. Jh. beherrscht hatte, und dem ökonom. S.begriff auch die S. als Siedlungsform zu beachten hätte; er betonte, daß nur das Abendland einen Begriff der S. kannte, für den die Vereinigung der kapitalist., auf Rentabilität gerichteten Arbeitsorganisation mit der polit. Freiheit als der dem Kapitalismus angemessenen Rechtsform typ. sei. STOOB (1956) und HAASE (1958) konnten den S.begriff als von der Vielfalt geschichtl. Merkmale geprägt endgültig klären. Auf den Zusammenhang zw. städt. Lebensweise und gebauter Siedlungsform hatte als erster MEIER (1909–14) hingewiesen; hierauf gehen die Bestrebungen zurück, S.entwicklung und S.etypen kartograph. in S.eatlanten darzustellen, die seit 1955 von der Internat. Kommission für S.egesch. koordiniert werden. Als sehr fruchtbar hat sich der Begriff des zentralen Ortes (→Zentralität) erwiesen, den der Geograph CHRISTALLER (1933) in die Diskussion über das Verhältnis der S. zu ihrem Umland (→S.-Umland-Beziehungen) einführte, vgl. MITTERAUER (1971). Da sich v. a. seit der Entstehung der Bettelorden und der Univ.en auch der Schwerpunkt des geistigen Lebens in die ma. S.e verlagert hatte, finden sich heute alle sozial- und kulturhist. Phänomene in die S.eforsch. integriert. Typ. für deren von BÜCHER und PIRENNE angeregte Umwandlung in eine hist. Sozialwiss. wurde seit den 20er Jahren das Streben nach präzisen statist. Materialien, wofür die Amtsbuchserien der spätma. S.verwaltung die Q.grundlage und die Fortschritte zunächst der mechan., dann der elektron. Datenverarbeitung das Hilfsmittel boten. Gleichzeitig empfing die Erforschung der städt. Frühgesch. weitreichende Anregungen von der Archäologie des MA. Die von JANKUHN (1955[3]) geleiteten Ausgrabungen machten seit 1930 das dän., seit dem 11. Jh. verlassene →Haithabu bekannt; nach 1945 konnten während des Wiederaufbaus im Kriege zerstörter S.teile in großem Umfang auch die Zentren bestehender S.e untersucht werden. Seither sind in Großbritannien und Irland, in Skandinavien, Deutschland und Osteuropa die Überreste zahlreicher früher S.e freigelegt worden, die die Anfänge der Urbanisierung in ein ganz neues Licht setzten.

Der heute in der Geschichtswiss. zu beobachtenden extremen Spezialisierung steht die Aufgabe gegenüber, durch vergleichende Betrachtung ein Gesamtbild der europ. S.gesch. des MA zu entwerfen (ENNEN 1972, SCHULZ 1992).

E. Pitz

Lit.: F. M. DE VOLTAIRE, Essai sur les mœurs et l'esprit des nations, 1754 – A. SMITH, An Inquiry into the Nature and Causes of the Wealth of Nations, 1776 – J. G. HERDER, Ideen zur Philos. der Gesch. der Menschheit, 1784–91 – SAVIGNY – F. GUIZOT, Hist. de la civilisation en Europe depuis la chute de l'empire romain jusqu'à la révolution française, 1847 – K. HEGEL, Gesch. der S.everfassung von Italien seit der Zeit der röm. Herrschaft bis zum Ausgang des 12. Jh., 1847 – A. THIERRY, Recueil des monuments inédits de l'hist. du Tiers État (Documents inédits, I, 1, 1850) – K. W. NITZSCH, Ministerialität und Bürgertum im 11. und 12. Jh., 1859 – O. GIERKE, Das dt. Genossenschaftsrecht, I, 1868 – G. L. V. MAURER, Gesch. der S.everfassung in Dtl., 1–4, 1869–71 – Le livre des métiers d'Étienne Boileau, hg. R. DE LESPINASSE – F. BONNARDOT (Hist. générale de Paris, 1879) – G. SCHMOLLER, Straßburger Tucher- und Weberzunft, 1879 – K. BÜCHER, Die Bevölkerung von Frankfurt a. M. im XIV. und XV. Jh., I, 1886 – G. v. BELOW, Zur Entstehung der S.verfassung, HZ 58, 1887, 193–244; 59, 1888, 193–247 – A. LUCHAIRE, Les communes françaises, 1890 – G. v. BELOW, Der Ursprung der dt. S.verfassung, 1892 – K. BÜCHER, Die Entstehung der Volkswirtschaft, 1893, 1926[17] – H. PIRENNE, L'origine des constitutions urbaines au MA, RH 53, 1893, 52–83; 57, 1895, 57–98, 293–327 – S. RIETSCHEL, Markt und S. in ihrem rechtl. Verhältnis, 1897 – W. SOMBART, Der moderne Kapitalismus, I: Die vorkapitalist. Wirtschaft, 1902 [vollst. umgearb. 1916[2], 1928[7]] – F. KEUTGEN, Ämter und Zünfte, 1903 – G. UNWIN, The Gilds and Companies of London, 1908, 1963[4] – P. J. MEIER, Der Grdr. der dt. S. des MA in seiner Bedeutung als gesch. Q., KorrblGV 57, 1909, 105–121; 62, 1914, 222–246 – M. WEBER, Die S., Archiv für Sozialwiss. und Sozialpolitik 47, 1921, 621–772 – C. STEPHENSON, Les aides des villes françaises aux XIIe et XIIIe s., M-A 33, 1922, 274–328 – H. PIRENNE, Les villes du MA, 1927 – W. CHRISTALLER, Die zentralen Orte in S-Dtl., 1933 – E. COORNAERT, Les corporations en France avant 1789, 1941 – G. POST, Plena potestas and Consent in Medieval Assemblies, Traditio 1, 1943, 355–408 – CH. PETIT-DUTAILLIS, Les communes françaises, 1947 – H. PLANITZ, Die dt. S. im MA, 1954, 1975[4] – H. JANKUHN, Haithabu, 1955[3], 1986[8] – W. EBEL, Der Bürgereid als Geltungsgrund und Gestaltungsprinzip des dt. ma. S.rechts, 1958 – C. HAASE, S.begriff und S.entstehungsschichten in Westfalen, WF 11, 1958, 16–32 – E. S. PROCTER, The Towns of León and Castile as Suitors before the King's Court in the 13th cent., EHR 74, 1959, 1–22 – H. STOOB, Forsch.en zum S.ewesen in Europa, 1970 – M. MITTERAUER, Das Problem der zentralen Orte als sozial- und wirtschaftshist. Forschungsaufgabe, VSWG 58, 1971, 433–467 – E. ENNEN, Die europ. S. des MA, 1972, 1981[3] – Vor- und Frühformen der europ. S. im MA. Bericht über ein Symposium, T. I–II (AAG, Philos.-hist. Klasse, 3. F. Nr. 83–84, 1973–74) – Dt. Städteatlas, hg. H. STOOB, Lfg. 1ff., 1973ff. – S.kernforsch., hg. H. JÄGER (Städteforsch. A 27, 1987) – Häuser und Höfe in Lübeck. Hist., archäolog. und baugesch. Beitr. zur Gesch. der Hanses., hg. R. HAMMEL-KIESOW, 1ff., 1988ff. – Die S. Gestalt und Wandel, hg. H. STOOB, 1989[2] – K. SCHULZ, »Denn sie lieben die Freiheit so sehr ...«. Kommunale Aufstände und Entstehung des europ. Bürgertums im HochMA, 1992.

B. Deutschland

I. Frühformen in fränkischer Zeit – II. Sächsisch-salische Kaiserzeit – III. Staufische und nachstaufische Zeit – IV. Spätmittelalter.

I. FRÜHFORMEN IN FRÄNKISCHER ZEIT: Die Germanen hatten im 5. Jh. die Römers.e s. der Donau bis auf die Ringmauern zerstört, aber links des Rheins waren viele S.e, wenn auch mit stark dezimierter Bausubstanz und Bevölkerung, als Siedlungen und Festungen unter frk. und alam. Herrschaft bestehen geblieben. Begriffl. unterschied man zw. →civitates, d. h. ummauerten Siedlungen mit Bf.skirche und ländl. Verwaltungsbezirk, also Orten mit administrativer Zentralität, und vici oder →oppida, den im Territorium einer civitas gelegenen Kastells.en, von denen sich manche als gfl. oder hzgl. Machtzentren bewährten (→Bonn, →Jülich, →Regensburg). Die Germanen betrachteten alle Siedlungen mit Römermauern als Burgen, wie der Ersatz des Namens Argentorate durch Strateburgum (→Straßburg) zeigt. – Rechts des Rheins gab es als polit. Zentren lediglich mit Holz und Erde befestigte Burgen (z. B. →Würzburg). Die Karolinger stützten ihre Herrschaft v. a. auf die zw. 739 und 831 als Bf.ssitze errichteten sechzehn Kirchenburgen, die sie den alten civitates gleichstellten, und auf mancherlei Stifts- und Kl.burgen. – Als Siedlungen waren alle diese S.burgen dadurch gekennzeichnet, daß in und vor den Mauern oder Wällen die Fronhöfe des Bf.s und anderer kirchl. Grundherren mit unfreien, auch gewerbl. tätigen Hintersassen lagen und daß Marktplätze in ihnen nicht vorhanden (oder unerkennbar klein) waren. Die Anwesenheit freier Handwerker und Kaufleute ist erst seit der 2. Hälfte des 8. Jh. vereinzelt bezeugt. Seither bildeten sich innerhalb, oft aber auch in günstiger Verkehrslage vor den Mauern Kaufmanns- und Händler-, am Rhein speziell sog. Friesensiedlungen, die man begriffl. als →suburbium, →burgus oder →vicus von der civitas oder dem oppidum unterschied. In den rechtsrhein. Landen schlossen sich solche Händlersiedlungen an herrschaftl. Burgen an (→Dorestad, →Hamburg, →Magdeburg). Sie werden in der Forsch. vielfach mit dem modernen Fachwort →Wik

(-siedlung) bezeichnet. – Kommerzielle Zentralität war kein notwendiges Merkmal des S. begriffs dieser Zeit. Das Verkehrsbedürfnis wurde überall noch von Jahrmärkten befriedigt, die auch auf Dörfern oder bei grundherrl. Fronhöfen stattfinden konnten und noch ungeeignet waren, Handwerker oder Kaufleute zu dauernder Niederlassung zu bewegen. Auch die vor den Burgen oder Burgs. en entstehenden Suburbien kannten ledigl. ein saisonales händler. Leben. Wochenmärkte, die für die spätere S. wirtschaft typ. sind, entstanden allenfalls in den großen →Bf. ss. en am Rhein (→Köln, →Mainz, →Worms). Weder die Burgs. e noch die Suburbien besaßen eine bes. Verfassung; zusammen mit dem flachen Land gehörten sie der jeweiligen Gft. an, und der Gf. war zuständig für Gewerbe- und Marktaufsicht. Da der Kg. Schutzherr der Fernhändler war (→Königsschutz) und seit dem 9. Jh. Grundherren neue Märkte nur mit kgl. Genehmigung errichten durften, bahnte sich eine für die ständ. Freiheit der Marktleute wichtige Kg. sunmittelbarkeit des S. volkes an.

II. Sächsisch-salische Kaiserzeit: In der sächs.-sal. Ks. zeit (919–1125) bildeten sich sowohl die nichtagrar. Siedlungsform und Wirtschaftsweise als auch die Existenz einer Bürgergemeinde als Kennzeichen der S. aus. Voraussetzungen dafür waren die Befriedung Mitteleuropas, der Anstieg der Bevölkerung und fortschreitende Arbeitsproduktivität und Arbeitsteilung. Viele Gewerbetreibende wanderten nun vom Land ab und errichteten in den S. en ein Vollzeitgewerbe, das über den Eigenbedarf hinaus für den Absatz auf dem Markt arbeitete. Die Zuwanderer erweiterten die bestehenden oder (etwa in →Merseburg, →Naumburg, →Bamberg) jetzt gegr. Bf. s- oder Kastells. e um neue S. teile, deren Zentrum nun regelmäßig ein Marktplatz war. Ältere Händlersiedlungen, die solchen Zuwachs nicht an sich zu ziehen vermochten, wurden dagegen wüst (z. B. →Tiel). In den civitates füllten die Neusiedler die Zwischenräume zw. den älteren Siedlungskernen aus; meistens jedoch ließen sie sich vor der Befestigung nieder, wo die Schiffslände eine und der erforderl. Raum für den Marktplatz verfügbar war (sog. topograph. Dualismus). Die Regensburger Neus. wurde seit etwa 917 ummauert; es ist der erste nachantike Mauerbau, von dem wir wissen. Die Kölner Vors. am Rhein wurde erstmals 948, erneut nach Erweiterung 1106 mit Wall und Graben befestigt. Im rechtsrhein. Deutschland entstanden Marktsiedlungen auch bei Kg. spfalzen und kirchl. oder weltl. Herrenhöfen, oft in Form eines Straßenmarktes, der vor dem Tor einer Herrenburg als Jahrmarkt begonnen hatte; bei wirtschaftl. Gedeihen schloß sich daran eine Handwerkersiedlung mit Viereckmarkt und Dauerbetrieb an. Für eine solche Vors. erlangten erstmals 996 die Bf. e zu Freising und Salzburg das Recht, tägl. Markt zu halten. Nicht jeder neu gegr. →Markt freilich lockte genug Siedler an, um eine S. ins Leben zu rufen; viele Marktorte dieser Zeit sind Dörfer geblieben oder nur mit Verzögerung noch zu Kleins. en geworden (Allensbach, →Marsberg). In der 2. Hälfte des 11. Jh. begannen die Gründer, mit dem Zuzug von Ansiedlern fest zu rechnen und Marktplatz, Straßen und Grundstücke im voraus planmäßig abzumarken. Die städt. Siedlungs- und Wirtschaftsform unterschied sich jetzt so deutl. von der der Dörfer und Wehrburgen, daß man eines bes. Wortes für sie bedurfte. Als solches kam das dt. Wort 'S.' in Gebrauch, während sich für den Bewohner das frankolat. Lehnwort →Bürger (aus burgensis) durchsetzte. Um 1125 könnte es in Deutschland etwa 30 S. e mit Fernhandelsmarktorte und 1000 bis 5000 Einwohnern sowie mehrere hundert Nahmarktorte m. 200 bis 1000 Einwohnern gegeben haben. – Nicht nur die im Kg. sschutz stehenden Kaufleute, sondern alle Einwohner der Marktsiedlungen waren frei. Während auf dem Dorf Land nur zu erhalten war, wenn sich der Erwerber dem Hofrecht des Eigentümers unterwarf, setzten die Zuzüglinge in den S. en die freie Bodenleihe durch (Gent vor 941, Naumburg um 1030). Sie bildeten eine Gemeinde, wenn der Ortsherr vom Kg. das Marktrecht und damit die Absonderung eines Marktgerichtsbezirks erlangte und wenn die Marktleute ihm den Treueid – zwar jeder einzelne für sich, aber nur gemeinsam mit allen anderen – leisteten. In Vollversammlungen (Toul 1069) wiesen sie sodann dem Ortsherrn das Markt- und werden de S. recht und übten in seinem Auftrag (zuerst bezeugt für Huy 1066) Hoheitsrechte aus. Zunächst konnte nur der Orts- oder S. herr die Bürger versammeln und Beschlüsse fassen lassen. Selbständig und gegen seinen Willen entschieden und handelten erstmals vorübergehend die Bürger zu Worms 1073 und zu Köln 1074; aus der Sicht des Herrn war das Treubruch (→coniuratio). Die vom Hzg. v. Zähringen 1120 gegr. Siedlung zu →Freiburg i. Br. gilt als erste dt. Gründungss., weil der Gründer den Ansiedlern von Anfang an nicht nur persönl. Freiheit und Marktrecht, sondern auch den Gemeindestatus verlieh (→Gründerkonsortium).

III. Staufische und nachstaufische Zeit: In das stauf. und nachstauf. Zeitalter (1125–1313) fällt die Blütezeit der ma. dt. S. Da sich die Bevölkerung des Dt. Reiches, ihre Arbeitsproduktivität und der →Fernhandel beständig mehrten, konnten die um 1125 vorhandenen S. e weiter wachsen und zahlreiche neue gegr. werden. Das Wachstum vollzog sich einerseits als Verdichtung innerhalb der Mauern, wo die Häuser entlang den Straßen zu geschlossenen Fronten zusammenrückten und die alten Fronhöfe als Fremdkörper einkapselten, andererseits im Ausbau von Vors. en, der ein- oder mehrfache Erweiterungen des Mauerrings zur Folge hatte. Die Gründungsbewegung setzte in Oberdeutschland ein, wo die Zähringer nach Freiburg i. Br. weitere S. e anlegten und namentl. die stauf. Kg. e die Reichslande dicht mit →Reichss. en besetzten. In Niederdeutschland waren Hann. Münden (um 1170/85) und →Lippstadt die ersten Gründungss. e. Mit →Lübeck (1143, 1159) überschritt die Bewegung die Reichsgrenze; im Zuge der →Ostsiedlung übertrugen dt. Kolonisatoren das im Altreich ausgebildete Siedlungs-, Wirtschafts- und Verfassungssystem in die Gebiete der entstehenden dt. Neustämme, indem sie zugleich mit den Bauerndörfern die erforderl. Markt- und Fernhandelss. e und als spezielle Zentren gewerbl. Wirtschaft die ersten →Bergs. e gründeten. – Nur vereinzelt knüpften die Neus. e an ältere Siedlungskerne (Alts. e, mit denen sie später vereinigt wurden: →Braunschweig, Hamburg; Burgen, Dörfer, im O slav. Burg- und →Dienstsiedlungen) an; erbaut auf planmäßigem Grundriß mit rechtwinklig gekreuzten Straßen und geräumigen Märkten und Kirchhöfen, waren sie gewöhnl. frei von Herrenburgen und eingeschlossenen Immunitäten. Von den im 12. Jh. gegr. S. en stiegen etliche (→Breslau, →Leipzig, Lübeck) zu Fernhandels- und Groß. e auf; während der letzten Gründungswelle im 13. Jh. entstanden, im Altreich auch durch Aufsiedlung von Fronhöfen und Entlassung der Einwohner aus der →Hörigkeit, nur noch Kleins. e, deren Wirtschaftsleben sich kaum vom dörfl. unterschied; sie sollten v. a. polit. und strateg. Zwecken der nach Landesherrschaft strebenden →S. herren dienen. Um 1320 gab es in Deutschland nahezu 4000 S. e, darunter etwa 50 Groß. e mit mehr als 50 ha

Fläche und über 5000 Einwohnern sowie etwa 200 Mittels.e mit 20–50 ha Fläche und 2000 bis 5000 Einwohnern; den Rest bildeten Kleins.e. – Der S.begriff der Zeit ergibt sich aus den →S.rechten, die die S. in vier Punkten vom Land unterscheiden: 1. Sie besaß eine aus Freien bestehende (Hörige ausschließende) Bürgergemeinde, 2. sie war Marktort mit tägl. Marktbetrieb, 3. für ihr Gebiet bestand ein bes. Gerichtsbezirk, 4. sie war hinsichtl. der öffentl. Lasten bevorzugt. In den Besitz dieser Rechte gelangte das S.volk durch stadtherrl. Privileg. Bes. streng kontrollierten die S.herren das Recht der Gemeinden, sich selbst Organe für Willensbildung und Gesamthandeln zu setzen, da diese den einzelnen Bürger gegenüber der Herrschaft mediatisierten. Nachdem als Organe im 12. Jh. nebenberufl. und intermittierend tätige Ausschüsse der Bürgerschaften (Kaufmannsgilden, Köln: →Richerzeche; Schöffenkollegien [→Schöffe]) fungiert hatten, führten die Gemeinden im 13. Jh. (der →Rat erstmals erwähnt in Utrecht 1196, Worms 1198, Lübeck 1201) die Ratsverfassung ein, die eine regelmäßige, kontinuierl., nach Ressorts gegliederte Verwaltung ermöglichte. Der Rat erlangte rasch (in Lübeck zw. 1212 und 1227) eine obrigkeitl. Stellung gegenüber der Bürgerschaft, da diese ihm ihr Ratswahl- und Satzungsrecht überließ. Außerdem übernahmen die S.räte von den S.herren, oftmals unter Kämpfen, einen mehr oder weniger großen Teil der Hoheitsrechte, niemals jedoch deren Gesamtheit, so daß die S.herrschaft nirgendwo völlig beseitigt wurde. Der Aufstieg des Rates zur Obrigkeit rief Spannungen zw. den ratsfähigen Geschlechtern der Oberschicht und dem S.volk hervor, die mehrfach zu offenen Konflikten führten (Worms 1263, Köln 1270, Erfurt 1283, Braunschweig 1293).

IV. SPÄTMITTELALTER: Seit 1313 trat ein Bruch in der Entwicklung ein. Das Wachstum der bestehenden und die Gründung neuer S.e hörten auf; die wenigen Neugründungen des SpätMA entsprangen nur noch den stadtherrl. Interessen und produzierten vornehml. städt. →Minderformen, die nicht mehr alle vier Merkmale des S.begriffs erfüllten. Die von der →Pest seit 1350 verursachten Bevölkerungsverluste (→Bevölkerung) konnten allerdings überall ausgeglichen werden, da die städt. Arbeit besser bewertet wurde als die bäuerl. (→Agrarkrise) und daher die Zuwanderung vom Lande her anhielt. So kommt es, daß die wirtschaftl. und kulturelle Blüte der S.e fortdauerte; die Not der Zeit äußerte sich jedoch in der Schließung der →Zünfte und dem steigenden Anteil armer Leute am S.volk, die weder Bürger- noch Zunftrecht zu erwerben vermochten (→Einwohner) und als Heimarbeiter, Gesellen, Tagelöhner und Dienstboten kümmerl. existierten. Auch mehrten sich die Konflikte zw. ratsfähigen Geschlechtern und der Bürgerschaft, die bis zur Öffnung des Rates für neue Männer führen konnten; oft ging die Ratswahl auf die (zu diesem Zwecke in polit. Körperschaften umgewandelten) Zünfte über (Augsburg 1368, Köln 1396), oder man richtete ständige Ausschüsse der Bürgerschaft ein, die namentl. das Finanzgebaren des Rates kontrollierten. Jedoch behaupteten die Räte stets ihre obrigkeitl. Stellung gegenüber Bürgern und Einwohnern. In ressortmäßiger Aufteilung der laufenden Geschäfte auf die einzelnen Ratsmitglieder schufen sie eine frühe Form des am Gemeinwohl orientierten, zu umfassender sozialer Fürsorge, aber auch zum Schutze der bürgerl. Rechte verpflichteten Gemeinwesens mit obrigkeitl. Gewaltmonopol und Zuständigkeit für Lebensmittelversorgung, Preis- und Lohnpolitik, Armenpflege, Hygiene, Schulwesen, Kirchen- und Stiftungsaufsicht, Feuerschutz, freiwillige Gerichtsbarkeit (→Grundbuch) und vieles andere.

– Problemat. blieb das Verhältnis zu den S.herren, die jeweils bei Antritt der Herrschaft von ihren S.en Huldigung und Öffnung der →S.tore erlangen mußten, was ihnen die S.e nur nach Bestätigung ihrer Privilegien zu bewilligen pflegten; brauchten sie hernach über das festgelegte Maß hinaus finanzielle Hilfen, so mußten sie die S.e um deren Bewilligung bes. bitten. Die Fs.en empfanden dies als ehrenrührig, und einigen gelang es, die Privilegien gewaltsam zu kassieren (Berlin 1442, Mainz 1462, Erfurt 1483). Zum Schutz vor solchen Machtansprüchen verbündeten sich die S.e; aus den territorialen →S.ebünden ging die Landstandschaft der landsässigen S.e hervor (im Bm. Lüttich schon um 1270, Gft. Geldern 1293, Bm. Münster 1306, Hzm. Niederbayern 1311). Die vom Ks. seit den Hussitenkriegen eingeführten Reichssteuern (→Finanzwesen, B.II) wandelten die Bündnisse der Reichss.e und der sieben →Freien S.e seit der Mitte des 15. Jh. in der S.ebank des →Reichstags um. Fs.en und S.e standen sich überall mißtrauisch oder gar feindselig gegenüber, ein Ausgleich der Interessen und Rechtsansprüche blieb unerreichbar. →Deutschland, H. E. Pitz

Bibliogr.: Bibliogr. zur S.egesch. Dtl.s, hg. E. KEYSER, 1969–Bibliogr. zur Gesch. der S.e Österreichs, hg. W. RAUSCH, 1984–Bibliogr. zur dt. hist. S.eforsch., bearb. B. SCHRÖDER–H. STOOB, T. I (S.eforsch., B I), 1986–Q.: Urkk. zur städt. Verfassungs-Gesch., hg. F. KEUTGEN, 1901 – Chr. dt. Städte – Elenchus fontium hist. urbanae, Vol. 1, 1–277, bearb. B. DIESTELKAMP, 1967–Q. zur Wirtschafts- und Sozial-Gesch. mittel- und oberdt. S.e im SpätMA, ausgew. und übers. G. MÖNCKE (AusgQ 37, 1982) – Urkk. zur Gesch. des S.ewesens in Mittel- und Nieder-Dtl., bisher 3 Bde, bearb. H. STOOB, F. B. FAHLBUSCH, F.-W. HEMANN, W. HÖLSCHER (S.eforsch., C 1, 4, 4 ff.), 1985 – Lit.: G. v. BELOW, Zur Entstehung der dt. S.verfassung, HZ 58, 1887, 193–244; 59, 1888, 193–247 – A. ERLER, Bürgerrecht und Steuerpflicht im ma. S.ewesen, 1939, 1963² – H. PLANITZ, Die dt. S. im MA, 1954, 1975⁴ – W. EBEL, Der Bürgereid als Geltungsgrund und Gestaltungsprinzip des dt. ma. S.rechts, 1958 – E. HERZOG, Die otton. S., 1964 – H. JANKUHN, Die frühma. Seehandelsplätze im N- und Ostseeraum (Stud. zu den Anfängen des europ. S.ewesens [VuF 4, 1965]), 451–498 – PH. DOLLINGER, Die Hanse, 1966, 1989⁴ – Gesellschaftl. Unterschichten in den sw. dt. S.e, hg. E. MASCHKE–J. SYDOW (Veröff. der Kommission für geschichtl. LK in Baden-Württ., B 41, 1967) – DtStb – Österr. S.ebuch, hg. A. HOFMANN, Bd. 1ff., 1968ff. – Dt. S.eatlas, H. STOOB, Lfg. 1ff., 1973ff. – B. AM ENDE, Stud. zur Verfassungsgesch. Lübecks im 12. und 13. Jh. (Veröff. zur Gesch. der S. Lübeck, B 2, 1975) – M. MITTERAUER, Markt und S. im MA (Monogr. zur Gesch. des MA 21, 1980) – S.e und Ständestaat. Zur Rolle der S.e bei der Entwicklung der Ständeverfassung, hg. B. TÖPFER (Forsch. zur ma. Gesch. 26, 1980) – Beitr. zum hochma. S.ewesen, hg. B. DIESTELKAMP (S.eforsch., A 11), 1982 – Beitr. zum spätma. S.ewesen, hg. B. DIESTELKAMP (S.eforsch., A 12), 1982 – C. MECKSEPER, Kleine Kunstgesch. der dt. S. im MA, 1982 – G. BINDING, S.bau und Heilsordnung, 1986 – E. ISENMANN, Die dt. S. im SpätMA, 1988 – E. ENGEL, Die dt. S. des MA, 1993 – H. STOOB, Die Hanse, 1995.

C. Italien

I. Spätantike und frühes Mittelalter – II. Die Zeit der Kommunen – III. Die Bezeichnung »Stadt«. Die »Stadtstaaten« – IV. Spätes Mittelalter.

I. SPÄTANTIKE UND FRÜHES MITTELALTER: Die Gesch. des ma. S.ewesens in Italien ist geprägt durch die Präsenz des in der röm. Antike angelegten S.enetzes und dessen in vielen Regionen der Apenninenhalbinsel bewiesene Dauerhaftigkeit.

Es bestand v. a. im Norden, oberhalb der Linie Roselle (Grosseto) – Ancona, in seiner alten weitmaschigen Form weiter und verdankt seine Kontinuität nicht zuletzt der Festigkeit seiner Strukturen und den ausgewogenen, regelmäßigen →S.-Umland-Beziehungen, die auf den ursprgl. Urbanisierungsprozeß der Römerzeit zurückgehen. Auch in diesen Regionen fielen jedoch einige S.e wüst oder verloren ihren Rang eines Munizipiums oder Bm.s: am Po (Brescello, Ostiglia), in der westl. Poebene (Pollenzo, Velleia, Lomello), an der Küste des Tyrrhenischen Meeres (Luni) und v. a. im östl. Veneto und in dem Küstenstreifen vom Friaul bis zur Romagna. Außer dem bekanntesten Fall, →Aquileia, sind hier Oderzo, Altino, Concordia Sagittaria, →Comacchio und Adria zu nennen. Eine ungewöhnl. Ursprungsgesch. hatte →Venedig. Gleichwohl hielt sich das antike S.enetz in weitem Umfang; auch die Ausdehnung der S.e scheint nicht auf das geringe Niveau – unter 10 ha – herabgesunken zu sein, das für eine Anzahl europ. S.e zu beobachten ist.

Anzumerken ist, daß die S., auch wenn sie rechtl. und verwaltungstechn. nicht immer von dem umliegenden Territorium getrennt ist, auch in langob. und frk. Zeit in der Regel Sitz der polit., jurist. und administrativen Organe blieb: eine Rolle, die sich im 10./11. Jh. verstärkte, da die Funktion der Bf.e als Träger der weltl. Gewalt im regnum an Bedeutung zunahm.

In Mittel- und Süditalien kam es zu einer starken Ausdünnung des – ursprgl. viel dichteren und bevölkerungsstärkeren – Netzes von S.en, die Munizipien oder Bf.ssitze gewesen waren. Dies zeigte sich v. a. im Landesinnern, entlang dem Apenninen-Hauptkamm. Auch die erhalten gebliebenen Bf.ssitze sanken häufig zu Dörfern oder Ortschaften herab, die kaum größer als Dörfer waren (nach der Berechnung von E. Sestan war dies in Süditalien bei 35 von 70 Orten der Fall). Nur in einigen Fällen erwuchsen aus den wüstgefallenen S.en neue Bf.ssitze in günstigerer Lage (z. B. aus →Luni Sarzana, aus Populonia →Massa Marittima, aus →Roselle Grosseto, aus →Tarquinia Corneto, aus Pesto [Paestum] Capaccio, aus →Siponto →Manfredonia). Zum Teil anders lag die Situation bei den Küstengebieten, die in dem mediterranen Handelsraum (zuerst von Byzanz, dann von den Muslimen geprägt) eingebunden blieben. Als im 9./10. Jh. die Expansionswellen der Araber gebremst wurden und Byzanz einen Aufschwung nahm, erlebten verschiedene Sees.e →Kampaniens und →Apuliens eine Blüte und knüpften direkte Beziehungen zu Konstantinopel und zu den Emporien des muslim. Mittelmeerraums. Einige dieser S.e bestanden bereits in der Antike (→Neapel, →Otranto, →Tarent, →Reggio di Calabria), andere entstanden in den ersten Jh. des MA (→Gaeta, →Amalfi) oder stiegen in dieser Zeit zur S. empor wie →Salerno und →Bari.

II. Die Zeit der Kommunen: Bezeichnend für den Fortbestand des Netzes der antiken S. e – in den Gebieten, wo es sich im früheren MA gehalten hatte – war die Tatsache, daß sich größtenteils der starke Aufschwung der S.e im 10.–14. Jh. an diesen Punkten entwickelte: Der Bevölkerungszuwachs wirkte sich eher in den bereits bestehenden Zentren aus, als daß er zur Eroberung und Kolonisation neuer Territorien führte, wie anderswo in Europa (abgesehen von jener bes. Form von Kolonisierung, die in der Niederlassung von Bewohnern der it. Sees.e in Handelsemporien des Mittelmeerraums bestand). Man hat festgestellt (Sestan), daß jene rund 40 S.e in Nord- und Mittelitalien, in denen das kommunale Leben am stärksten pulsierte, allesamt röm. oder vorröm. Gründungen waren (auch wenn man nicht von einem reziproken Verhältnis sprechen kann, wie z. B. die Fälle von →Aosta, Acqui, Cervia, →Chiusi und zahlreiche Zentren in Süditalien zeigen).

Aber auch neue Zentren erlebten einen Aufschwung: nicht wenige waren Neugründungen, viele andere, die bereits bestanden, entwickelten und vergrößerten sich in beträchtl. Umfang. Es läßt sich allerdings erkennen, daß nur wenige Neugründungen die Dimensionen und die Funktion der alten S.e erreichten, sich zu Hauptorten der jeweiligen Territorien entwickelten und die früher bestehende S.elandschaft veränderten. Dies war der Fall bei →Ferrara, bei →Alessandria, das zw. 1164 und 1168 als Stützpunkt der lombard. Kommunen in ihrem Kampf gegen das Reich entstanden war, bei →Udine und bei →Cuneo, die sich seit der 1. Hälfte des 13. Jh. stark entwickelten, bei →Viterbo, →L'Aquila, das Mitte des 13. Jh. gegründet wurde, sowie bei →Fabriano und →Macerata, die erstmals Anfang des 11. Jh. belegt sind. In Süditalien gab es zahlreiche neue Zentren und S.e (→Foggia, →Troia, Molfetta, →Catanzaro, →Aversa). Ihre demograph. und polit. Entwicklung wurde allerdings rasch gebremst.

Auf dem Höhepunkt der ma. demograph. Expansion unterschied sich folgl. das Erscheinungsbild der Urbanisierung in Italien beträchtl. vom übrigen Europa, auch wenn innerhalb Italiens der nördl., mittlere und südl. Teil des Landes stark differierte. Man hat berechnet (Ginatempo-Sandri, 195–198), daß vier S.e in Italien wahrscheinl. mehr als 80 000 Einwohner hatten (→Mailand, →Venedig, →Florenz, →Genua), wohingegen im übrigen Europa nur →Paris diesen Rang einer Metropole erreichte. Sieben andere S.e überstiegen die Marke von 40 000 Einwohnern (→Bologna, →Verona, →Brescia, →Cremona, →Siena, →Pisa, →Palermo), im übrigen Europa hingegen nur acht oder neun S.e. Wie stark die Urbanisierung war, läßt sich vielleicht noch besser daran erkennen, daß man 13 S.e in der Kategorie zw. 40 000 und 20 000 Einwohner gezählt hat, sowie 59 in der Gruppe, die zw. 20 000 und 10 000 Einwohner aufweisen konnte. Mit anderen Worten: es gab 72 »große« S.e mit 10 000 bis 40 000 Einwohnern, während man im gesamten übrigen Europa von Spanien bis Osteuropa in dieser Größenklasse nur etwa 50 S.e zählte. Die Dichte und Konsistenz des S.enetzes zeigt sich auch darin, daß es mehr als hundert Zentren gab, die zw. 5000 und 10 000 Einwohner hatten (die man nach it. Maßstäben nur als Kleinstädte bezeichnen kann). Ebenso muß man in Italien die mehrere hundert Orte mit weniger als 5000 Einwohnern als kleinere Zentren oder nur als Landgemeinden bezeichnen (mit Ausnahme einiger nur wenig urbanisierter Gebiete in Sardinien und Piemont), eine Obergrenze, die im übrigen Europa bereits eine sehr hohe Stufe der Urbanisierung darstellte.

Innerhalb dieses komplexen S.enetzes hatten Mittel- und Norditalien (das Italien der →Kommunen) eine deutl. Vorrangstellung inne, d. h. die großen Metropolen der Toskana und in der Poebene, die bedeutenden Sees.e →Venedig und →Genua, die zahlreichen Groß- und Mittels.e in der Poebene, die Zentren im Piemont, im östl. Veneto, in den Marken, in Umbrien und im nördl. Teil von Latium. Der wirtschaftl. weniger prosperierende Süden hingegen (v. a. im Landesinneren), der frühzeitig in die festen Strukturen des norm. und danach stauf. Kgr.es gepreßt wurde, wies eine geringere, weniger dichte und weniger stabile Urbanisierung auf: Abgesehen von →Neapel, →Messina und →L'Aquila (mit 20 000 bis 40 000 Einwohnern) war nur in Apulien und in einigen Gebieten Kampaniens und Siziliens eine Verdichtung des S.enetzes festzustellen, was v. a. auf die dortigen Hafens.e zurückzuführen ist, während die Zahl der Zentren, die 5000 bis 15 000 Einwohner aufwiesen, unverhältnismäßig hoch war.

III. Die Bezeichnung »Stadt«. Die »Stadtstaaten«: In Italien war die Bezeichnung »S.« – civitas – in der Regel während des gesamten MA den Zentren vorbehalten, die Bf.ssitze waren. Die anderen Zentren, die ebenfalls ein starkes Bevölkerungswachstum verzeichneten, so daß sie nach europ. Maßstab mit vollem Recht den Titel »S.« oder sogar »Groß.« hätten tragen können (wie z. B. →Chieri, →Monza, →Crema, →Prato, die Ende des 13./Anfang des 14. Jh. an die 10000 oder mehr Einwohner hatten), wurden weiterhin nur als »castra«, »burgi« oder »terrae« bezeichnet. Während die Zahl der »S.e« in vielen europ. Ländern im SpätMA stark zunahm, bleibt in Italien die Zahl der →»civitates« genannten Zentren relativ gering (Biondo Flavio zählt im Italien seiner Zeit nur 264 S.e, im Sinne von »Bf.ss.en«, wobei er zu diesen auch die alten 'civitates-diocesi' rechnet, die v. a. im Süden, nicht mehr städt. Charakter trugen). Die Erhebung zum Bf.ssitz, die einem städt. Zentrum allein den Rang und Titel »civitas« verlieh, war zieml. selten.

Die Bezeichnung wies nicht nur auf einen Unterschied in der Bevölkerungsgröße hin (in der Regel lag sie in den civitates höher als in den anderen Orten, die nicht den Rang einer S. besaßen), v. a. wurde sie schließl. auf die Zentren in Mittel- und Norditalien angewendet, die eine singulär hohe kommunale Entwicklung erreicht und jene bes. Physiognomie ausgebildet hatten, die die it. S. von den S.en im übrigen Europa unterscheidet.

Die »civitates« im Norden und in der Mitte Italiens konnten sich in der Regel bereits in den Anfängen der Kommunen rühmen, eine alte Tradition als Zentralorte zu besitzen: als röm. Munizipien und später als Bf.ssitze, d. h. als administrative Zentren eines größeren, ihr Umland bildenden Territoriums oder Distrikts. Aus dieser Rolle leitet sich die charakterist. Verbindung verschiedener Schichten und Interessen auch von Grundbesitzern und Grundherren ab (und nicht nur vorwiegend von Kaufleuten und Handwerkern wie in vielen europ. S.en). Jene Schichten von bfl. Vasallen, Grundbesitzern und Inhabern grundherrl. Rechte im Umland hatten einen großen Anteil am Prozeß der Kommunenbildung und an der Konsolidierung und Behauptung dieses neuen Organismus gegenüber den größeren polit. Organisationsformen, in die die S.e nördl. der Alpen eingegliedert waren, die sich aber in Italien als schwach und einem festen Fundaments ermangelnd erwiesen. (Als die Staufer versuchten, die ksl. Autorität in Italien wiederherzustellen, war die Autonomie der S.kommunen bereits zu einem irreversiblen Faktor geworden). Auf diesen partikulären Charakter der kommunalen Gesellschaft lassen sich auch die Entwicklung ihrer Institutionen, das Verhältnis zum Bf. und die Formen des S.regiments zurückführen sowie insbes. die Entwicklung des Podestariats (→Podestà) – ein anderswo unbekanntes Phänomen – und letztl. der Ursprung der →Signorien, Zeichen dafür, daß in der it. S. lange eine »antike«, traditionelle Mentalität erhalten blieb und neben dem neuen, »bürgerl.« Geist weiterbestand, der sich mit Macht durchgesetzt hatte (JONES).

Analog dazu bildeten die engen Beziehungen zu den ländl. Gebieten, die überwiegend keinen Gegensatz sondern eine Symbiose darstellten, die Voraussetzung für die starke polit. und wirtschaftl. Ausstrahlungskraft, die die S. seit dem Ende des 12. Jh. bei der »Eroberung des →Contado« bewies, d. h., als die Kommune ihre Herrschaft auf ein relativ großes Territorium ausdehnte, das vielfach mit dem Distrikt der Diözese ident. war und dabei die Grundherrschaften eliminierte oder absorbierte. Dies geschah vorwiegend in der Poebene, wo das antike S.enetz in relativ weitmaschiger Form erhalten geblieben war und die antiken Munizipal- und Diözesandistrikte widerspiegelte (der geringen Anzahl der S.e entspricht ein beträchtl. Umfang ihres Umlandes). Hier bildete sich frühzeitig ein dauerhaftes System von Territorialherrschaften, die ihr polit. Zentrum in S.en hatten, die S.staaten. Sie grenzten direkt aneinander oder – wie es in anderen Gebieten Italiens und v. a. nördl. der Alpen der Fall war – ließen nur wenig Raum für andersgeartete Herrschaften wie Grundherrschaften und Territorialfsm.er, die im übrigen Europa die eigtl. und dauerhaften territorialen Organisationsformen darstellten. In diesem auf die civitates antiken Ursprungs gestützten, festen Gefüge fanden die Terrae und Burgus-Siedlungen, die sich erst in neuerer Zeit entwickelt hatten, nur in begrenztem Umfang Raum für territoriale Expansion, die zu einer Änderung der alten, gefestigten Hierarchien der Zentren und polit. Machträume geführt hätte, und konnten auch nur begrenzte Möglichkeiten polit. Selbständigkeit entwickeln; eine Ausnahme bilden wieder die Gebiete, in denen das Netz der S.staaten dünner und durchlässiger war (wie im Piemont und im östl. Veneto).

IV. SPÄTES MITTELALTER: Die demograph. Krise im 14. und 15. Jh. führte auch in Italien zu einem Stillstand der städt. Entwicklung. Innerhalb der neuen Mauerringe, die Anfang des 14. Jh. im Hinblick auf eine weitere Ausdehnung angelegt worden waren, blieben in vielen Fällen weite Flächen bis zum Beginn des Industriezeitalters unbesiedelt. Es kam sogar zu einem Bevölkerungsschwund der S.e, wobei es jedoch in den einzelnen Regionen beträchtl. Unterschiede gab. Der Bevölkerungsrückgang scheint in Norditalien und in Sizilien verhältnismäßig gering gewesen zu sein. Bedeutend stärker war er hingegen in der Toskana – wo viele Zentren zwei Drittel bis drei Viertel ihrer Einwohnerzahl verloren – und im Kgr. Neapel, wo etwa 70 Zentren unter die Marke von 5000 Einwohnern herabsanken (im Norden hat man nur acht gezählt). Die Auswirkungen der Krise waren also dort deutlicher zu spüren, wo im frühen 14. Jh. vorwiegend ein Netz kleinerer und mittlerer Zentren bestand, die schwächer waren und leichter beseitigt werden konnten.

Auch der im 15. Jh. stattfindende Aufschwung kam in Norditalien früher und stärker (Anfang des 16. Jh. hatten mindestens 10 S.e erneut mehr als 40000 Einwohner, an erster Stelle Venedig und Mailand mit mehr als 80000 Einwohnern), in der Toskana und in Mittel- und Süditalien hingegen war die Aufwärtsentwicklung langsamer und mühevoller. Als Folge veränderte sich das Erscheinungsbild der Urbanisierung Italiens. Einerseits vergrößerte sich der Unterschied in der Bevölkerungszahl zw. den S.en des Nordens und den Zentren des südit. Kgr.es – mit Ausnahme des imponierenden, polit. bedingten Wachstums von →Neapel (mit ca. 200000 Einwohnern i. J. 1547). Andererseits kam es zu dem neuartigen Phänomen, daß sich nicht nur die Bevölkerungszahl der S.e des Nordens und des Südens von Italien unterschied, sondern daß sich auch eine Schere zw. dem Norden und Mittelitalien (einschließl. der Toskana) öffnete, wobei die Bedeutung der mittelit. S.e abnahm: die Zentren mit mehr als 5000 Einwohnern (im frühen 14. Jh. noch 64) hatten sich Anfang des 16. Jh. etwa um die Hälfte reduziert, und alle waren stark geschrumpft. Von dem allg. Niedergang blieben nur →Florenz ausgenommen, das jedoch seinen Rang als europ. Metropole definitiv verlor, und →Rom, dessen Bevölkerungszahl nach der Rückkehr der Päpste wieder zunahm.

Das SpätMA brachte den Niedergang der freien Kommunen und das fast völlige Verschwinden des »S.staats«, der jetzt nicht mehr in ein polit. System paßte, das in Mittel- und Norditalien im Rahmen der neuen Regionalstaaten nun in weitere Dimensionen ausgriff. Die alten S.e wurden mit wenigen Ausnahmen zu abhängigen Provin-

zen der neuen Staaten. Das S.regiment wurde nun häufig von einem nach unten hin abgeschlossenen Patriziat wahrgenommen und verlief in kontrollierten Formen. Eine Besonderheit Italiens im Vergleich zum übrigen Europa waren auch in dieser Phase das starke Gewicht, das die S.e weiterhin in den neuen polit. Ordnungen besaßen, und die andauernde enge Verbindung zw. dem städt. Zentrum und dem Territorium, das weiterhin in großem Umfang der Kontrolle der S. unterlag.
S. a. →Italien, B. G. Chittolini

Lit.: N. Ottokar, Studi comunali e fiorentini, 1948 – E. Sestan, Italia Medievale, 1968 – Topografia urbana e vita cittadina nell'Alto Medioevo, Sett.Cent.It., 1974 – P. Jones, Economia e società nell'Italia medievale: il mito della borghesia (Economia e società nell'Italia medievale), 1980 – Comuni e Signorie: istituzioni, società e lotte per l'egemonia (Storia d'Italia, hg. G. Galasso, IV, 1981) – Modelli di città. Strutture e funzioni politiche, hg. P. Rossi, 1987 [bes. G. Tabacco, La città vescovile nell'Alto Medioevo, 327–345; R. Bordone, La città comunale, 347–370] – F. Panero, Comuni e borghi franchi nel Piemonte medievale, 1988 – M. Ginatempo–L. Sandri, L'Italia delle città. Il popolamento urbano tra Medioevo e Rinascimento (secoli XIII–XVI), 1990 – G. Chittolini, »Quasi città«: borghi e terre in area lombarda nel tardo Medioevo, Società e storia 47, 1990, 3–26 – Athens and Rome, Florence and Venice. City-States in Classical Antiquity and Medieval Italy, hg. A. Molho, K. Raaflaub, J. Emlen, 1991 – S.adel und Bürgertum in den it. und dt. S.en des SpätMA, hg. R. Elze–G. Fasoli, 1991 – Statuten, S.e und Territorien zw. MA und NZ in Italien und Dtl., hg. G. Chittolini–D. Willoweit, 1992 – I borghi nuovi, hg. R. Comba–A. A. Settia, 1993.

D. Flandern und Niederlande
I. Früh- und Hochmittelalter – II. Spätmittelalter.

I. Früh- und Hochmittelalter: [1] *Spätrömische Voraussetzungen:* Die spätröm. S.e im Raum der alten Niederlande spielten für die S.entwicklung des MA eine nur begrenzte Rolle; manche waren (wie im Fall von Bavai, →Thérouanne und selbst →Tongern) als Vorläufersiedlungen bedeutungslos, für andere ist eine bestimmte →Kontinuität gesichert (→Maastricht, →Tournai). Einige kleinere befestigte Siedlungen an der →Maas sind als Vorläufer von S.en (→Huy, →Namur) erkennbar. In den sw. Niederlanden können kleinere röm. Siedlungen (ohne erkennbaren städt. Charakter) ledigl. eine gewisse Platzkontinuität zu späteren ma. Großstädten (→Gent, →Antwerpen, →Brügge) beanspruchen. Auch in den nördl. Niederlanden, an den Mündungsarmen des →Rheins, sind →Utrecht, →Dorestad und →Nijmegen zumindest am Platz von röm. Vorgängerorten zu lokalisieren.

[2] *Merowinger- und Karolingerzeit:* Das späte 6. und das 7. Jh. bildeten den Tiefpunkt städt. Lebens. Erste Anzeichen eines Wiederaufstiegs um 700 blieben beschränkt auf einige Handelsplätze an der Küste der →Nordsee, nahe den Flußmündungen: →Quentowic (an der Canche), 'Iserae Portus' (an der IJzer), →Domburg (auf Walcheren, nahe der Oosterschelde), →Witla (an der Maas), →Dorestad (an der Teilung von Rijn und Lek), Medemblik an der Almere (späteren Zuidersee). Die Existenz dieser Hafenorte war kurz; nach einer Blüte im 8. und 9. Jh. fielen sie am Ende des 9. oder spätestens im 10. Jh. vollständig wüst und fungierten auch nicht als Kristallisationskerne von bedeutenden ma. S.en. Als wichtige Grenzorte des →Frankenreiches (z. T. sehr ertragreiche Zollstätten: Quentowic, Dorestad) waren sie eng mit dem frk. Kgtm. verbunden. Der internationale Handel (→Fernhandel, →'Friesenhandel'), der über diese Orte ging, umfaßte in erster Linie Luxuswaren, die aufgrund des wachsenden Reichtums des karol. Kgtm.s sowie der geistl. und weltl. Aristokratie des 8. und 9. Jh. stärkeren Absatz fanden. Dagegen standen diese Orte weitgehend außerhalb des regionalen wirtschaftl. Kreislaufs und hatten für ihr ländl. Umland keine zentralörtl. Funktion.

Anders verhielt es sich mit den im Laufe des 9. Jh. als →'portus' entstandenen frühstädt. Siedlungen. Als →Häfen lagen sie sämtl. an Flüssen, oft an Kreuzungspunkten mit wichtigen Landwegen; zu nennen sind an der Maas Maastricht, Huy, Namur und →Dinant, an der Schelde →Valenciennes, Tournai, Gent und vielleicht Antwerpen. Ihr Entstehen war bedingt durch den Aufschwung der Agrarwirtschaft in der Karolingerzeit (→Grundherrschaft). Die meisten dieser Siedlungen hatten bereits in der vorausgehenden Periode des 8. Jh. zentralörtl. Funktion für das umliegende Gebiet ausgeübt. Erst am Ende des 10. Jh. waren diese 'portus' in den internationalen Handel integriert. Die Zollordnungen v. London (991–1002) und Koblenz (Mitte 11. Jh.) erwähnen Kaufleute aus Flandern (einschl. Antwerpen), dem Maasland sowie dem mittleren und östl. Niederrheingebiet (→Tiel, Utrecht, →Deventer). Schon damals war die Lage an der Handelsroute von England ins Rheinland der große Trumpf der niederländ. S.e. Nördl. der großen Ströme übernahmen Deventer (Ijssel) und Tiel (Waal) im 10. Jh. die Rolle des alten Dorestad, doch verzeichnet auch Utrecht bereits Handelsaktivität. Im S der Niederlande stiegen seit dem 10. Jh. →Lüttich an der Maas, →Ename und →Douai an der Schelde bzw. Scarpe, Brügge, →Veurne und →St-Omer an der Küste auf.

[3] *Stadtentwicklung im 11.–12. Jh.:* Eine dritte, chronolog. jüngere Gruppe von S.en bildete sich im 11. Jh. heraus; wichtigste Vertreter waren →Ypern und →Lille im westl. Flandern. In →Brabant sollten →Löwen, →Brüssel, →Mecheln und Antwerpen, obwohl schon im 11. Jh. entstanden, erst im Laufe des 12. Jh. zu S.en mit starkem Handelsstrom aufsteigen. Alle lagen an nordsüdl. ausgerichteten Flußläufen (Dijle, Zenne, Schelde), die sich mit der Handelsroute von →Köln nach Brügge, seit dem 12. und 13. Jh. eine europ. Hauptverkehrsachse, kreuzten; auch S.e wie →St-Truiden und →Zoutleeuw verdankten diesem großen Handelsweg den Aufstieg. In →Friesland traten →Groningen und →Staveren im 11. Jh. frühzeitig hervor.

Die jüngste S.egruppe in Flandern und Brabant bestand aus Gründungss.en des 12. Jh. Der umsichtigen Politik des Gf.en v. Flandern, →Philipp v. Elsaß (1157–91), verdanken →Calais, Gravelines, →Dünkirchen, →Nieuwpoort und →Damme ihre Gründung; entstanden im Rahmen des Landesausbaus (→Deich- und Dammbau), fungierten sie als Vorhäfen (→Hafen, C) von St-Omer, St-Winoksbergen (→Bergues–St-Winnoc), →Diksmuide und Brügge. In Brabant gründete Hzg. →Heinrich I. am Ende des 12. Jh. u. a. →'s Hertogenbosch (1196). Die erste spontane S.entstehung in Holland und Seeland, Dordrecht, entstammt dem späten 12. Jh. bzw. dem beginnenden 13. Jh.

[4] *Gewerbliche Tätigkeit:* Im Laufe des 11. Jh. vollzog sich der Prozeß einer Ansiedlung von Gewerbetätigkeiten in den neuen Handelss.en. In Flandern verbreitete sich insbes. das Tuchgewerbe (→Textilien) auf der Grundlage der →Wolle, die von den riesigen Schafherden (→Schaf) auf den unbedeichten Vorlandflächen (*Schorren, Groden*) der Nordseeküste geliefert wurde. Das vorwiegend von Männern betriebene städt. Tuchgewerbe trat z. T. an die Stelle der Weberei, die zuvor in den großen, sich nun auflösenden Grundherrschaftsverbänden, zumeist von →Frauen, ausgeübt worden war. Das reiche metallverarbeitende Gewerbe in einigen Maass.en (→Dinanderie, →Maaskunst) könnte dagegen mit auf ältere (z. T. wohl

schon römerzeitl.) Handwerkstraditionen zurückgehen; diese sind auch bei der Wollweberei in Flandern nicht auszuschließen.

[5] *Topographie und Verfassungsentwicklung:* Lokalisierung und topograph. Entwicklung der im 9.-12. Jh. auf spontane Weise entstandenen S.e wurden geprägt – außer durch Überreste röm. Siedlung (Maass.e) – v. a. durch topograph. Kristallisationselemente, die (neben makroökonom. Faktoren) insbes. in einem kgl. oder fsl. Domanialverband (Valenciennes, Tournai, Douai, Ypern, Lille), einer großen Abtei (Gent, →Arras), einer →Burg (Brügge, St-Omer) bestehen konnten. Abgesehen von den beiden letztgenannten Fällen, war die Burg ein eher sekundäres Moment der S.entwicklung, während ein bedeutendes grundherrschaftl. Zentrum, an dem agrar. und gewerbl. Produkte zusammenflossen, für das Aufblühen einer S. und ihrer Handelsfunktionen weitaus tragfähiger war; im Laufe des 10. Jh. wurden S.e zunehmend durch Befestigungsbauten gesichert (Gent, Douai). Verbunden mit der Burg, sowohl hinsichtl. der Genese wie auch der geogr. Situation, war der außerhalb des eigtl. Burgbereichs gelegene →Markt, der ursprgl. ausschließl. lokale und regionale Funktion hatte. Der internationale Handelsverkehr konzentrierte sich bis ins 12. Jh. in vielen S.en auf den am S.rand abgehaltenen Jahrmarkt (→Messe).

Im Laufe des 11., spätestens zu Beginn des 12. Jh., wurden die meisten fläm. S.e mit einer Umwallung ausgestattet; sie bestand bis ins beginnende 13. Jh. stets aus einem Graben (*gracht*) und palisadenbewehrtem Wall und schützte allein die Kaufmannssiedlung (→Suburbium), während die Burg über eine eigene, oft aus Stein errichtete Mauer (Brügge) verfügte.

Der Bau einer S.mauer war das Werk der →Bürger, die mancherorts schon früh (im 10. Jh.), zumeist aber erst seit dem 11. (bzw. frühen 12.) Jh. eine selbstbewußte Gemeinschaft bildeten und eine gewisse Autonomie (eigenes Recht, städt. Institutionen) erwarben. V. a. im äußersten S (St-Omer, Arras, →Cambrai) waren die städt. Vertreter in der Anfangszeit Geschworene ('commune jurée', →Jurés). Die von ihnen repräsentierte →Kommune war oft identisch mit der Kaufmannsgilde ('amicitia', 'caritet'), die in einigen S.en der südl. Niederlande (Valenciennes, St-Omer), aber auch im N nach 1000 bestand. In den meisten fläm. S.en, auch im S der Gft. Flandern, traten aber die städt. →Schöffen, die der Gf. im späten 11. oder frühen 12. Jh. aus der allg. Schöffenbank des (ländl.) Kastellaneibezirks ausgesondert hatte und die im Laufe des 12. Jh. die 'jurés' verdrängten, als Repräsentanten ihrer städt. Gemeinwesen hervor. A. Verhulst

II. SPÄTMITTELALTER: [1] *Städtische Entwicklungsprozesse des 13. und 14. Jh.:* Im Laufe des 13. Jh. und zu Beginn des 14. Jh. mehren sich die Anzeichen einer fortschreitenden Urbanisierung (Errichtung von Konventen der →Bettelorden und →Beginenhöfen, Aufgliederung älterer Pfarrbezirke, Bau neuer, mächtiger S.mauern, auch als Schutzmaßnahme im Zeitalter militär. Konflikte: Flandern, 13./14. Jh.). Die städt. Areale erreichten nun erstaunl. Dimensionen (Gent: 664 ha, Löwen: 410 ha), die erst im Zuge der industriellen Revolution des 19. Jh. überboten wurden. In den nördl. Niederlanden hielt sich die Entwicklung dagegen in bescheidenerem Rahmen (→Haarlem und →Leiden: ca. 94 ha). Der Verstädterungsgrad in den niederländ. Fsm.ern zählte zu den höchsten in Europa: Um 1469 lebten 34% der Gesamtbevölkerung der alten Niederlande in S.en. Es lassen sich vier demograph. Verstädterungszonen erkennen: 1. der Bereich der Nordseeküste und der Flußmündungen: städt. Bevölkerungsanteil von 36% für Flandern, sogar von 54% für Südholland; 2. Brabant, Nordholland, Fürstbm. Lüttich, Gft.en Namur und Hennegau: 25-30% städt. Bevölkerung; 3. Friesland, Picardie, Artois: 21-25%; 4. Luxemburg, Boulonnais, Hzm. Limburg: unter 20%. Dieses statisch wirkende Bild macht jedoch nicht die oft stürmischen demograph. Aufschwünge und Einbrüche (einschließl. der großen demograph.-wirtschaftl. Krisenperiode des SpätMA) sowie die höchst ungleiche ökonom. Entwicklung deutlich (Flandern als am frühesten entwickelte S.elandschaft, gefolgt von Brabant und Holland, wo die Urbanisierungsprozesse z.T. mit der Verspätung eines Jahrhunderts abliefen). Wesentl. war, daß die S.e durchgängig Zuwanderer aus der Landbevölkerung anzogen, dank ihrer hochentwickelten Gewerbestruktur aber auch qualifizierte Arbeitskräfte aus Gebieten außerhalb der alten Niederlande.

[2] *Handel und Gewerbe:* Charakterist. Merkmal der städt. Gewerbeaktivität war die Kombination der Funktion einer Handelsdrehscheibe mit gewerbl. Produktion von europ. Rang. Das früh urbanisierte Flandern hatte mit seinem exportorientierten Tuchwesen, das sowohl qualitativ hochwertige als auch preiswerte Textilien in hoher Stückzahl produzierte, eine internationale Spitzenposition inne, wobei die vorindustrielle Produktionsweise eine außergewöhnl. hohe Konzentration spezialisierter Arbeitskräfte entstehen ließ. Diese Tuchproduktion entstand in Artois und Flandern bereits im 11. und 12. Jh., in Brabant und Lüttich im 13. Jh., während sie Holland erst im ausgehenden MA erfaßte. In Gent gehörten 1356 63% der Bevölkerung dem Tuchsektor an, in Ypern 1431 52%, in Leiden 1498 34%. Eine fast vergleichbare Konzentration bestand in der Kupfer- und Metallverarbeitung der S.e des wallon. Maaslandes.

Den Gegenpol bildeten die in →Gilden zusammengeschlossenen Kaufleute, häufig der Kern der künftigen städt. Elite. Schon früh bildeten sie interurbane Genossenschaften (bald nach 1230 →Hanse der 17 Städte, orientiert auf die →Champagnemessen; Fläm. →Hanse v. London; in den S.en der nördl. und östl. Niederlande Beteiligung an der Dt. →Hanse).

Nachdem im Zuge eines Verlagerungsprozesses die Textilproduktion während des 15. Jh. aus den Großs.en in die kleineren S.e Flanderns (und der benachbarten Fsm.er) ausgewichen war, erhielten in den großen fläm. S.en wie Gent und Brügge Dienstleistungssektor und Regionalhandel vergleichsweise größeren Stellenwert. Charakteristisch für die Umschichtung der städt. Wirtschaftsschwerpunkte im SpätMA und an der Schwelle der Frühen NZ war das Vordringen des Luxusgewerbes, das (neben innerstädt. Absatzmöglichkeiten) von der steigenden Nachfrage der Fs.enhöfe stimuliert wurde und daher stark exportorientiert war. Auf diesem Hintergrund führte ein Komplex von physisch-geogr. Faktoren und polit. Umwälzungen zur Verlagerung der wirtschaftl. Schwerpunkte in den Niederlanden: Das brabant. Antwerpen nahm zunehmend die alte Drehscheibenfunktion der flandr. Metropole Brügge wahr (um sie Ende des 16. Jh. an Amsterdam abzutreten). Die Flexibilität der städt. Wirtschaft in Brabant wie Flandern war im übrigen so groß, daß echte Einbrüche des städt. Gefüges in der Krisenzeit fast völlig ausblieben.

[3] *Recht und Politik:* Größe und Wirtschaftskraft der S.e bildeten die feste Grundlage ihrer polit. und rechtl. Position. Die bedeutendsten S.e genossen den Status von 'Guten S.en' (*goede steden, bonnes villes*): in der Gft. Flandern Arras, Lille und Douai (bis zur Abtretung an den Kg. v. Frankreich im frühen 14. Jh.) sowie Gent, Brügge und

Ypern, im Hzm. Brabant Löwen, Brüssel, Antwerpen und 's Hertogenbosch. Alle diese 'Haupts.e' (hoofdsteden) spielten eine dominierende Rolle in den Volksvertretungen, die sich im Rahmen der jeweiligen Fsm.er herausbildeten. Durch ihr (fiskal.) Gewicht beherrschten sie die Delegationen des Dritten Standes (→Stände), in der Gft. Flandern konstituierten sie sich als →'Leden van Vlaanderen'. Rechtlich und jurisdiktionell dehnten viele S.e ihren Einflußbereich weit über die S.mauern aus und bildeten städt. Territorialherrschaften. Außerhalb der S. ansässige →'Ausbürger' (buitenpoorters) genossen gleichwohl städt. Bürgerrecht. Innerhalb einer bestimmten Einflußzone (in Flandern: *Kwartier*, 'quartier') nahm die jeweilige städt. Schöffenbank als Oberhaupt (*hoofd*) der nachgeordneten S.e für deren Schöffenbänke die Kompetenzen einer Rechtsbelehrungs- und Appellationsinstanz wahr (→ Oberhof, *chef de sens*). Aufgrund der gesetzgeber. Tätigkeit der Fs.en im 12. und 13. Jh. bestimmten 'Keuren' (städt. Statuten) das Rechtsleben und die Rechtskultur der S.e, bis sich im 16. Jh. eine (bereits vom burg. Staat des 15. Jh. vorbereitete) Vereinheitlichungstendenz durchzusetzen vermochte. Zunehmend entwickelten die S.e auf der Basis von Gewohnheitsrecht und prakt. Administrationstätigkeit eine spezifisch städt. Verwaltungskultur, die bald das entscheidende Reservoir für die Rekrutierung des Beamtennachwuchses des fsl. Behördenwesens bilden sollte.

[4] *Patrizier und Zünfte:* Seit altersher wurden das städt. Zusammenleben und die Politik von einer geschlossenen Führungsschicht, die in der Lit. mit der (veralteten) Bezeichnung →'Patriziat' umschrieben wird, dominiert. Es handelt sich um eine Elite, bestehend aus den alteingesessenen, grundbesitzenden S.bürgern (Gent: 'viri hereditarii', Erbsassen), den Angehörigen der großen *geslachten* (Geschlechter, bes. in den brabant. S.en: Brüssel, Antwerpen), den Mitgliedern der großen Hansen (Brügge), den Dienstmannen (→Ministerialen) und Zinspflichtigen (→Zensualen) der Schutzpatrone in den Abtei- und Bf.sstädten (Lüttich, Tournai, Arras). Das starke patriz. Gemeinschafts- und Sonderbewußtsein war durch eine Nachahmung adliger Lebensformen gekennzeichnet (etwa des Instituts der →Fehde als Mittel der Konfliktlösung) und artikulierte sich in der Schaffung eigener Patriziergesellschaften und Bruderschaften (z.B. 'damoiseaux' in Tournai, Liebfrauenbruderschaft in 's Hertogenbosch). Stets mündete die Herausbildung des städt. Patriziats politisch in eine ausgesprochene Oligarchie ein.

Im Zeichen des Konjunkturabschwungs der 2. Hälfte des 13. Jh. wurde die Vorherrschaft des Patriziats von nachdrängenden Gruppen heftig angefochten; den Anlaß bot in der Regel die der patriz. S.verwaltung angelastete schlechte Finanzlage der S.e. Die oft unter dem Deckmantel religiöser Verbände operierenden Korporationen (*ambachten, ambachtsgilden*) artikulierten die Forderungen und Sehnsüchte der polit. unmündig gehaltenen, aber wirtschaftl. immer einflußreicheren Schichten der S.bevölkerung. Die patriz. Reaktion suchte sich mit Hilfe überregionaler Bündnisse (Einungen flandr., brabant. und Lüttischer S.e) gegen die vordringenden Zünfte zu behaupten. Seit 1270–80 brachen organisierte Aufstände aus, mit den Massen von proletarisierten Tuchwerkern als entscheidendem Motor und stets untrennbar verbunden mit dem großen Machtkampf zw. zentralstaatl. (Kg. v. Frankreich) und landesherrl. (Gf. v. Flandern) Gewalten sowie auch mit dem schwelenden anglo-frz. Konflikt; einen Höhepunkt bildete die aufsehenerregende 'Goldsporenschlacht' v. →Kortrijk (1302), in der die fläm. Zunftverbände ihre polit. Emanzipation erkämpften. Dagegen konnten sich die Zünfte in Brabant, Lüttich und Utrecht nur mühsam gegen die patriz. Reaktion behaupten. Im Zeitraum zw. dem mittleren 14. Jh. und frühen 15. Jh. hatte sich eine gewisse Machtaufteilung zw. patriz. und zünft. Eliten durchgesetzt. Die großen Aufstandswellen (→Revolte), die Westeuropa um die Mitte des 14. Jh. und in den 80er Jahren erschütterten, fanden in den S.en der Niederlande starke Resonanz (→Artevelde, →West-Rozebeke).

[5] *Städtisches Selbstbewußtsein:* Bei der Entwicklung städt. Lebensformen spielten die (südniederländ.) S.e eine gewichtige Rolle. Sie bildeten charakterist. städt. Gemeinschafts- und Geselligkeitsformen und gildeartige Vereinigungen aus (Bruderschaften, Nachbarschafts- und Viertelverbände, Milizen, Schützengilden, Zünfte), die auch als Ausdruck polit. Willensbildung und Interessenvertretung stark hervortraten, oft in Frontstellung gegen die dynast. Politik des Landesherrn ('scabini Flandriae': Vereinigung der Schöffenbänke der großen fläm. S.e, bereits im 13. Jh.). Aus dem weniger konfliktreichen Verhältnis zw. S.en und landesherrl. Gewalt in Brabant ging dagegen im 14. Jh. eine Reihe beachtl. Privilegien hervor (→Joyeuse Entrée, Landcharta v. Kortenberg), die die Beziehungen zw. S. und Fs. regelten und die individuellen Rechte der S.bürger garantierten. Erst das Große Privileg v. 1477 war als einheitl. Verfassungsurkunde für alle Untertanen in den alten Niederlanden konzipiert; es wurde zum Manifest der polit. Wünsche einer städt. Elite, die im 16. Jh. die Republik der Vereinigten Niederlande (Generalstaaten) schuf und damit einen Endpunkt des Emanzipationsstrebens der niederländ. S.bürger im Spät-MA setzte.   M. Boone

Lit.: *zu [1]:* The Cambridge Econ. Hist. of Europe, III, 1963, 3–41 [H. van Werveke] – Alg. Geschiedenis der Nederlanden, I, 1981, 183–215 [A. Verhulst]; II, 1982, 148–186 [H. P. J. Jansen] – A. Verhulst, The Origin of Towns in the Low Countries and the Pirenne Thesis, PP 122, 1989, 3–35 – La genèse et les premiers siècles des villes méd. dans les Pays Bas méridionaux, 1990 – *zu [II]:* Alg. Geschiedenis der Nederlanden, II, 1982, 188–253 [R. van Uytven] – L'initiative publique des communes en Belgique (XIe coll. internat. Spa), 1982 – Le reseau urbain en Belgique dans une perspective hist. (XVe coll. internat. Spa), 1992.

E. Frankreich
I. Die Städte in der Frühzeit des Mittelalters (5.–10. Jh.) – II. Die städtische Erneuerung des 10.–13. Jh. – III. Städtisches Leben im 13. und frühen 14. Jh. – IV. Wandlungen des 14. und 15. Jh.

I. Die Städte in der Frühzeit des Mittelalters (5.–10. Jh.): [1] *Spätrömische Voraussetzungen und Merowingerzeit:* Am Ende der (für die städt. Entwicklung in →Gallien grundlegenden) röm. Ks.zeit lassen sich die S.e der einstigen Gallia Narbonensis und Gallia Comata unter drei Kategorien fassen: 1. die Provinzhaupts.e, die zu Metropolitansitzen wurden; 2. die Vororte von galloröm. →civitates, die als Bf.ssitze fungierten; 3. die →vici, größere Siedlungen halbländl. Gepräges, die sich als frühe Zentren des entstehenden Pfarrwesens (→Pfarrei) etablierten. Einige S.e der röm. Ks.zeit erloschen (Lugdunum Convenarum beim späteren St-Bertrand de →Comminges, Lillebonne bei Rouen, Boutae bei Annecy), andere führten über Jahrhunderte ein Schattendasein (Aix-les-Bains, Carhaix, →Sées). Die große Mehrzahl der S.e aber bewahrte urbane Funktionen und nahm teil an den Wandlungen (→Kontinuität, →Transformation).

Trotz der topograph. Beschränkung auf stark verkleinerte, befestigte S.kerne (→Orléans: 25 ha, →Soissons: 12 ha, →Paris: 9 ha, →Auxerre: 6 ha), umgeben von unbefestigten Vors.en (→suburbia), darf die Rolle der S.e in der

Merowingerzeit nicht unterschätzt werden. Die Kg.e der →Franken (sowie der →Westgoten und →Burgunder) residierten in den S.en und nutzten ehem. Prätorien oder ksl. Residenzen als →Pfalzen (→Chlodwig in Soissons und Paris, →Eurich in →Toulouse, →Gundobad in →Lyon), hielten Versammlungen und Synoden ab (Orléans, Paris) und ließen Bauten instandsetzen (Thermen und Arenen in Paris unter →Chilperich I.). In einem Teil der S.e fungierte bereits ein →'comes' (→Graf), der über einen →pagus und Gefolgsleute ('clientes') gebot und einem →Gericht (→mallum) vorstand. Gelegentl. Q.texte sowie archäol. Forschungsergebnisse belegen die Tätigkeit von spezialisierten, für den gehobenen Bedarf produzierenden Handwerkern (z. B. Goldschmiede, Emailverarbeitung). Vereinzelt sind Kaufleute aus dem Orient ('Syri'; →Fernhandel) erwähnt (bes. für Südfrankreich: →Arles, →Fos-sur-Mer, →Marseille, →Agde), desgleichen jüd. Gemeinden (→Frankreich, D). Die wirtschaftl. Beziehungen zu Rheinland, Friesland (→Friesenhandel) und England festigten sich seit dem 7. Jh. mit dem Aufblühen der (allerdings meist kurzlebigen) frühma. Handelszentren (→Emporium) wie →Quentowic und →Verdun (Handel mit →Sklaven).

Die S.e waren zugleich Sitze der →Bischöfe, die als Schirmherren der S.e und zugleich Träger moral. und spiritueller Werte im FrühMA wachsende Bedeutung gewannen. Als Zentren des chr. Lebens, das von hier aus die länger vom Paganismus (→Heidentum) geprägten Landgebiete erfaßte (→Wallfahrt: hl. →Martin, →Tours), entwickelten die frühen →Bischofsstädte eine ausgeprägte Sakraltopographie (Typ der 'ville sacrée') mit 'Kathedralgruppe': in der Regel zwei Kathedralen, →Baptisterium (St-Jean de →Poitiers, →Fréjus, →Riez, Marseille), bfl. Palast, Pfarrkirchen, Votivkapellen, Hospitälern (→Xenodochion), Begräbniskirchen und →Friedhöfen 'extra muros' ('Hypogée des Dunes' bei Poitiers). Stadtnahe Kl. (→Basilikakl.) wurden zu Ausgangspunkten früher vorstädt. Siedlungen (St-Germain und Ste-Geneviève in →Paris, St-Sernin in Toulouse, St-Symphorien in →Autun).

[2] *Karolingerzeit:* Trotz der von Historikern oft einseitig betonten ländl. Prägung der Gesellschaft der Karolingerzeit (→Grundherrschaft) behielten die S.e ihren wichtigen Platz im polit. Leben (→Metz als Wiege des Hauses der →Karolinger), bes. als Standorte von →Pfalzen. Die 'Städtelandschaft' wandelte sich jedoch in einem allmähl. Prozeß. Einerseits kam es infolge der 'pax Carolina' unter Karl d. Gr. und Ludwig d. Fr. zu einer Vernachlässigung der Befestigungen (als →Spolien verwendete Steine: →Reims unter Ebf. →Ebo; →Beauvais), andererseits führte der Wille zur spirituellen Erneuerung (Kanonikerreform des hl. →Chrodegang, Benediktinerreform des hl. →Benedikt v. Aniane) zu reicher sakraler Bautätigkeit (Wiederherstellung der Kathedralgruppen, Errichtung von Abteikirchen, z. T. mit →Kreuzgängen sowie →Krypten zur Bewahrung von →Reliquien).

Der Handel ließ (nach dem Verfall Quentowics) neue, stärker auf das regionale Umland bezogene Zentren (→portus) entstehen (→Rouen, →Nantes, →Bordeaux); frühe S.e fungierten als Standorte von →Messen (→St-Denis, →Troyes), →Märkten (→Fleury-sur-Loire, Soissons) und Münzstätten (→Münzwesen). Domaniale Zentren, an denen Agrarprodukte zusammenflossen und sich Kaufleute aus einem näheren oder weiteren Einzugsbereich einfanden, erhielten hierdurch starke Impulse zur S.werdung. Die städt. Siedlungszonen wurden durch 'burgi' (→Burgus), die meist bei bedeutenden monast. Stätten entstanden (St-Bénigne de →Dijon, →St-Omer bei der Abtei St-Bertin), erweitert.

Die Einfälle der →Wikinger/Normannen (in großem Umfang seit 840) in Nord- und Westfrankreich, der →Ungarn in Ostfrankreich und Burgund, der →Sarazenen in Südfrankreich (→Fraxinetum) führten (neben den inneren Konflikten) zur Zerstörung von S.en und Kl. und zum wirtschaftl. Verfall, wenn auch die Klagen der Chronisten nicht frei von Übertreibungen sind. Die Autoritäten des Westfrankenreiches und lokale Machtträger organisierten in zahlreichen S.en die Verteidigung, was sich im Bau von →Befestigungen manifestiert (»Fliehburgen«: Marseille, →Nizza, Nantes; äußere Verteidigungsanlagen: →Bourges; Umwandlung von Burgi der Abteien in kleine »Garnisonen«: St-Rémi de Reims, St-Omer, St-Martin de Tours; Turmburgen: Paris, rechtes Seineufer, →Laon; Umbau von antiken Monumenten [→Nîmes] sowie karol. Pfalzen und Domänen [→Douai, →Perpignan] in Wehranlagen).

II. DIE STÄDTISCHE ERNEUERUNG DES 10.–13. JH.: Nach dem Abflauen der Invasionen trat das S.ewesen des westfrk. Reiches/Frankreichs in eine Phase des Ausbaus ein. Die alten bfl. civitates wurden in ihrer Mehrheit durch Zuwanderung aus den ländl. Gebieten, die vom →Landesausbau erfaßt wurden, neubelebt. Wichtige Impulse gaben der Aufschwung des Land- und Seehandels sowie das sich entwickelnde Bauwesen. Die städt. Siedlung im Innern der alten Befestigungsmauern gewann stärkere Verdichtung und Geschlossenheit (Reims, Nantes) und wurde durch die Bildung von vorstädt. Vierteln (*bourgs, forbourgs/faubourgs, portus*) ergänzt. Eine in Handwerk und Handel aktive Bevölkerung konzentrierte sich insbes. an Knotenpunkten der See- und Flußschiffahrt (→Hafen), vor S.toren mit starkem Durchgangsverkehr, an großen Flüssen (Orléans) und wichtigen Brücken (Lyon). Siedlungskerne einer autonomen Bevölkerung entstanden spontan in unmittelbarer Nachbarschaft oder in einer gewissen Distanz von →Burgen, Abteien, Stiften und Prioraten, die zugleich Funktionen des Schutzes, der Verwaltung, des wirtschaftl. Austausches und des spirituellen Lebens wahrnehmen. Sehr oft war es eine Befestigung, topograph. oder funktional mit einer religiösen Einrichtung in Verbindung stand, die den Anstoß gab zur Entstehung einer mit Pfarrkirche ausgestatteten Siedlung, die rasch städt. Merkmale entwickelte. →Caen etwa erwuchs einerseits aus einem unter weltl. Herrschaft stehenden Burgus nahe der Burg (→Motte), andererseits aus den drei monast. Burgi, die sich bei den beiden großen Abteien und einem Priorat herausbildeten. Bereits bestehende S.e, die durch den wachsenden Handelsstrom und die Geldwirtschaft (z. B. →Champagnemessen) Impulse erhielten, konnten sich z. T. zu Zentren ('grandes villes') feudaler →Fürstentümer mit Residenz-, Verwaltungs- und Gerichtsfunktionen aufschwingen (z. B. →Annecy und →Chambéry in der Gft. →Savoyen, →Vitré im Hzm. →Bretagne, Montluçon im Hzm. →Bourbon u. a.).

Doch wurden S.e auch planvoll gegründet; ihre Aufgabe bestand in der gezielten wirtschafl. Nutzung eines beherrschten Gebietes durch den S.herrn, in Neugruppierung und Überwachung von Bevölkerung, in der Verteidigung einer bestimmten Region oder einer Grenzzone. Gründungen erfolgten auf Initiative des Kg.s, eines Fs.en (→Alfons v. Poitiers), weltl. oder geistl. Grundherren (→Seigneurie), der Gemeinschaften von Zuwanderern. Bes. Südwestfrankreich kannte charakterist. Typen von Plansiedlungen: *castelnaux* (Castelnaudary, dép. Aude), →*sauvetés* (Nogaro, dép. Gers), →*bastides* (um die 300 in

Aquitanien, z. B. →Montauban); für Westfrankreich (Poitou, Saintonge) sind die befestigten Burgi zu nennen, für die Pariser Region und andere nordwestfrz. Gebiete z. B. Verneuil, →St-Aubin-du-Cormier, Villeneuve-l'Archevêque.

Nach wie vor schwierig ist eine Quantifizierung der frz. S.e für diese Zeit, allein schon für den engeren Bereich der →Krondomäne. Die ersten Ladungen von S.bürgern zu den Provinzialversammlungen, den États de Langue d'Oïl und Langue d'Oc (→États), zeigen unausgeglichene, offenbar situationsbedingte Zahlenverhältnisse: 1302 werden 91, 1308 dagegen 259, 1316 aber nur mehr 227 S.e zu den États geladen. Allein für die Krondomäne wurden dagegen 570 städt. Gemeinwesen aufgeboten; sie sollten in den Repräsentativversammlungen der frz. Monarchie als kgl. S.e intervenieren.

III. STÄDTISCHES LEBEN IM 13. UND FRÜHEN 14. JH.: [1] *Bevölkerung:* Bei der Definition der städt. Merkmale wird manchmal das demograph. Kriterium bevorzugt, zumal die städt. Bevölkerung (in Ermangelung von Q. zur funktionalen Gliederung) v. a. durch »prästatist.« Material fiskal. und kirchl. Ursprungs (→Feuerstättenverzeichnisse, so die kgl. Enquête v. 1328: →Paroisses et feux; dann: kirchl. →Matrikeln, Tauf- und Begräbnisregister) bekannt ist. Aus diesem eher heterogenen Q. material wurde geschlossen, daß die große Mehrheit der S.e des Kgr.es Frankreich (Krondomäne und Lehnsfsm.er) kaum mehr als 1500–2000 Einwohner umfaßte; S.e mit über 10000 Einwohnern bildeten die Ausnahme. Auf einsamer Gipfelhöhe stand →Paris, mit mehr als 220000 Einwohnern die Megalopolis des MA; etwa zehn weitere Großs.e (unter ihnen →Rouen, →Lyon, →Toulouse, →Montpellier, →Bordeaux und →Metz) dürften wohl 30–40000 Einwohner gezählt haben, andere (→Béziers, →Reims, →Tours, →Arras, →Amiens) noch um die 20000 Einwohner.

[2] *Topographie:* Das 12. und 13. Jh. prägten als Epoche des städt. Aufschwungs den Grundriß und die Topographie: Die kleinsten und am wenigsten entwickelten S.e beschränken sich in ihrem ummauerten Inneren auf eine Hauptstraße (oder zwei parallele Straßenzüge) mit einigen 'Seitengassen' (→Dol, Montbrison). Ausgereifter sind viereckige Grundrisse (meist irregulär: Châteaubriant), selten die schachbrettförmigen Anlagen, die von bewußter S.planung zeugen und 'inter muros' in regelmäßige Parzellen (Haus und Garten), orientiert auf einen zentralen →Platz, eingeteilt sind (→Aigues-Mortes, Montauban). Andere städt. Siedlungen verfügen über einen sternförmig ausstrahlenden Grundriß, bestimmt von einer kreisförmigen oder ovalen Befestigung und der Ausrichtung auf ein Zentrum, das in einer Kirche (Brive), Burg (La Guerche) oder Halle (Clisson) bestehen kann. Komplexer ist die Topographie der 'Doppels.e' und 'mehrkernigen' S.e, bei denen einer bfl. civitas (auch: castrum) röm. Ursprungs ein wirtschaftl. aktiver Burgus gegenübersteht (manchmal mehrere Burgi), z. B. in Arles, →Périgueux, Toulouse, Reims. Der 'intra muros' verfügbare Raum wird (im Vergleich zu it. S.en) weniger intensiv aufgesiedelt; Äkker, Weinberge und Gärten bleiben als Grundlage der agrar. Aktivitäten der Bürger (Béziers) und Reserveflächen für künftige Bebauung (Reims) erhalten.

[3] *Verkehr und Bautätigkeit:* Die Hauptstraße ('La Rue', 'La Grande Charrière'; →Straße) war zumeist mehr als 10m breit und sollte auch größeren Karren und Wagen die Passage ermöglichen. Mühsam war der Verkehr innerhalb des Gewirrs der kleinen, oft abschüssigen Gassen in den Vierteln (→Tarascon, Cahors), in denen der Durchgang durch Vieh, abgelagerte Materialien und Unrat behindert wurde. Nur wenige S.e sorgten vor dem 15. Jh. für den Unterhalt gepflasterter Straßen, die Ausrichtung der Fassaden auf eine Baulinie, die öffentl. →Hygiene (→Aurillac, St-Omer) und die Versorgung mit gutem Trinkwasser (→Wasser, -versorgung).

Im Mittelpunkt der städt. Bautätigkeit stand zumeist der sich über Generationen erstreckende, kostspielige Ausbau der roman.-got. Kathedrale oder großen Pfarrkirche (→Kirchenbau) sowie anderer kirchl. Bauten (→Hospitäler, Kirchen in neuen städt. Pfarreien). Eine repräsentative öffentl. Profanarchitektur ließ z. T. monumentale Stätten der Regierung und Verwaltung, des wirtschaftl. und soziokulturellen Austausches und des Gemeinschaftslebens entstehen: 'maisons communes' (Vorform des →Rathauses), ausgestattet mit →Belfrieden (bes. im fläm. geprägten Norden: Douai, Arras), →Kaufhäuser/Hallen (Paris und nordfrz. S.e), gedeckte Märkte ('grenettes' in Südostfrankreich, 'cohues' in der Bretagne), →Brücken (Cahors), Speicher und Magazine, Häuser der →Gilden, →Hansen und →Zünfte sowie →Bruderschaften. Die →Bettelorden, die sich im 13. Jh. mit Unterstützung der städt. Autoritäten und der Bevölkerung etablierten, übten starken Einfluß auf das städt. Leben aus.

[4] *Gewerbe und Handel:* Im Zuge starker gewerbl. Diversifizierung, angeregt durch die Belebung der Geldwirtschaft, erzeugten zahlreiche S.e die gebräuchl. Tuchsorten (→Textilien), z. T. auch qualitätvolle Gewebe für den Export (Douai, St-Omer, Rouen, Reims, Vitré), betrieben →Gerberei und Verarbeitung von →Leder (S.e der Gft. →Forez), produzierten Arbeitsgeräte für die ländl. Bevölkerung. Durch den Ankauf von Lebensmitteln und Rohstoffen, durch den Vertrieb von Fertigwaren, durch finanzielle Investitionen (Handel mit →Getreide, →Wein, →Waid, →Fisch usw.) erschlossen sie die Landgebiete für den regionalen und überregionalen Austausch und schufen sich ein (entsprechend der Größe und wirtschaftl. Dynamik differerierendes) »Hinterland«.

[5] *Soziale Schichten:* Führende Familien der Kaufmannschaft, des Juristenstandes (Lyon), der Finanzbourgeoisie (Tours) konstituierten sich als →Patriziat; es blieb letztl. stärker einem traditionellen, auf Mehrung wertbeständigen →Grundbesitzes (im städt., dann vermehrt im ländl. Bereich: Erwerb von Seigneurien) gerichteten Denken verhaftet, nicht so sehr einem dynam. →Unternehmertum. Die (wirtschaftl. wenig gesicherte) Handwerker- und Arbeiterbevölkerung lebte meist verstreut, seltener konzentriert in eigenen Straßen und Vierteln. Handwerker konnten in Zünften (*métiers*) oder Bruderschaften (*confréries*) zusammengeschlossen sein (Languedoc, Paris). Unterhalb von ihnen rangierten die Arbeiter (z. B. des →Baugewerbes), die diversen Gruppen der (männl. und weibl.) Dienstboten (→Gesinde), Handlanger und Tagelöhner; ihr karges Los wird von →Chrétien de Troyes in der Klage der armen »fileresses« eindrucksvoll beschworen.

[6] *Verfassung:* Die städt. Elite (→Bürgertum) forderte seit dem Ende des 11. Jh. polit. Freiheiten. Blieben gewaltsame →Revolten zumeist ein kurzlebiges Phänomen (Kommunebildung in →Le Mans, 1070; →Laon, 1111), so vollzog sich die Erlangung städt. Freiheitsrechte in der Regel durch Vereinbarungen mit den S.herren, denen von seiten einer städt. Vereinigung (→coniuratio) Ablösesummen und Abgaben entrichtet wurden. Verschiedene konstitutionelle Typen bildeten sich aus, einige von überregionaler Bedeutung wie das im weiten anglonorm./angevin. Herrschaftsbereich verbreitete S.recht der →Établissements de Rouen. Unter den als →Kommune (Nord-

frankreich), →Konsulat (Aquitanien, Languedoc, Provence) und →Syndikat (Lyonnais, Dauphiné, Savoyen) bezeichneten Hauptformen der städt. Verfassung verbergen sich in der Realität sehr vielfältige Phänomene mit zahlreichen lokalen Nuancen.

IV. WANDLUNGEN DES 14. UND 15. JH.: [1] *Die Krise des 14. Jh.*: Die Ära des →Hundertjährigen Krieges war für S.e wie ländl. Gebiete »eine Zeit der Tragödien«. Die →Hungersnot von 1315 (nordfrz. S.e), die großen militär. Konflikte ab 1337 und die wiederholten Pestzüge ab 1348 (→Pest, →Epidemien) trafen den Lebensnerv der S.e, deren Bevölkerung durch Flüchtlinge stark anschwoll und in deren ärmeren Vierteln sich Verelendung ausbreitete. Der (nicht exakt meßbare) demograph. und soziale Verfall wird deutl. anhand eines abrupten Absinkens der Zahl der Steuerpflichtigen, der Geschäftsabschlüsse, Lehr- und Dienstverträge, des Rückgangs der städt. Grundstückspreise und Renteneinkünfte, der Zunahme der Testamente (Lyon, →Besançon), selbst des Anstiegs beim Verkauf von Leichentüchern in den Hospitälern (Nantes). Die Einwohnerzahl von Toulouse soll zw. 1335 und 1405 von 50000 auf 15000 gesunken sein; katastrophale demograph. Einbrüche verzeichneten auch Albi und Rouen. Kriegsverwüstungen (1355: Zug des 'Schwarzen Prinzen' durch das Languedoc) und militärtechn. bedingter Abbruch von Häusern und ganzen Vierteln zwecks Erlangung freien Schußfeldes (Tours, Poitiers, Rennes) beeinträchtigten die städt. Bausubstanz. Die das urbane Leben mancherorts über Jahrzehnte lähmende Krise artikulierte sich in »Teuerungen« der Lebensmittel, Verschuldung von Familien, extremer Belastung durch kgl. und städt. Steuern sowie Bankrotten und bildete den Hintergrund furchtbarer Judenverfolgungen. Revolten erschütterten die großen S.e: 1306 Paris, 1358 ebd. Aufstand unter Étienne →Marcel, 1378 Nîmes und Le Puy, 1379 Montpellier, 1382 Rouen ('Harelle'), Paris (→'Maillotins') und Lyon ('Rebeynes'). Schwerer zu fassen ist das chron. »Krisenbewußtsein«, das sich in der alltägl. Begegnung mit »Deklassierten«, »Bettlern und »Krüppeln« ('chenus et cassés') im Straßenbild sowie in der stets präsenten Bedrohung durch Strolche und organisierte Banden manifestierte.

[2] *Wandlungen und Innovationen*: Zugleich aber vollzogen sich tiefgreifende Wandlungen. Die städt. Bevölkerung regenerierte sich rasch trotz weiterer Pestwellen, nicht zuletzt infolge des lebhaften Zuzugs aus dem ländl. Bereich. Der wirtschaftl. Wiederaufstieg der S.e wurde in der Kriegszeit gefördert durch die Errichtung von militär. Werkstätten (nach der weitgehenden Demobilisierung in den Friedensjahren unter Ludwig d. Hl.), so in Reims (nach 1337), Toulouse (1345-80), Paris (1355-56), Rouen (kgl. Flottenarsenal »Clos des Galées). Es wurden nun die neuartigen Geschütze gegossen, aber auch vollendete 'Blankwaffen' (Tours) angefertigt (→Waffen).

Die Präsenz von →Höfen (Kgtm., große Lehnsfs.en: Apanagen) konnte zu dauerhafter wirtschaftl. Regeneration führen (Tours, Nantes, Chambéry, Annecy, Dijon); das Eintreffen des prachtliebenden Hzg.s →Jean de Berry in Poitiers ließ hier am Ende des 14. Jh. die Grundstückspreise hochschnellen und führte zu großer Bautätigkeit. Paris erfuhr unter →Karl V. und →Karl VI. eine stärkere Urbanisierung (Ausbau des Louvre, Errichtung fsl. Paläste, Bau von →Collegien, Neuerrichtung ganzer S.teile: Univ.sviertel). Die S.e, soweit sie nicht überschuldet waren, unternahmen Anstrengungen zur Verbesserung der Infrastruktur: Straßenpflasterung, Wasserversorgung (→Brunnen), Hospitäler (z. T. bereits mit spezieller Krankenhaus-Funktion), Ausbau der Kathedralen, Bau von Belfrieden und Uhrtürmen (Rouen, Rennes), Errichtung von Fleisch- und Fischmärkten, oft als monumentale Hallen (selbst in kleinen S.en wie Crémieux oder Clisson), Schaffung von Bildungseinrichtungen (→Schulen, →Univ.en). Der private Hausbau umfaßte – neben den aufwendigen Palais einer städt. Aristokratie (z. B. Bourges, Tours) – bemerkenswerte Beispiele etwa des →Fachwerkbaus auf Ständern (Angers, Rouen, St-Brieuc).

[3] *Stadt und Königtum*: Die Schwierigkeiten des monarch. Staates bei der Bewältigung der Krise (unter Johann II., dann Karl VI.) und die Politik eines Dialogs zw. öffentl. Gewalt und örtl. Gemeinwesen (→Stände) begünstigten zunächst die Bewahrung städt. Freiheit und Selbständigkeit. Die S.e entsandten Delegierte zu den →États généraux, die (zunächst in Frontstellung gegen das Kgtm.) das Steuerbewilligungsrecht für direkte (→Taille) und indirekte Steuern wahrnahmen und an der Steuerveranlagung beteiligt waren.

Die Wiederherstellung der kgl. Autorität unter Karl V., dann verstärkt unter →Ludwig XI. beendete großenteils die Autonomie der Kommunen und Konsulate; die Einschaltung der Kg.sgewalt in die städt. Angelegenheiten wurde durch Spannungen zw. dem Patriziat, den Zunftmeistern und dem 'menu peuple', auch durch die oft schlechte Verwaltung der städt. Finanzen begünstigt. Das Verhältnis zw. Kgtm. und S.en blieb aber ein komplexes. Charakterist. ist der in kgl. Briefen und Dokumenten gern verwendete Ehrentitel der 'bonne ville' für die wohlhabende, dem Kg. loyal ergebene S., deren patriz. Führungsschicht (z. B. die großen Familien der Finanzbourgeoisie in Tours, Rouen, Paris) enge Beziehung zum Kg. (oder Fs.en: Burgund, Bretagne, Anjou) pflegte (Kreditvergabe und Hoffinanz, Dienst als Familiaren, Räte, hohe Beamte, Militärs, Prälaten), von ihm einträgl. Sinekuren, →Pensionen und →Nobilitierungen empfing und für die eigene S. reiche Privilegien (Hzm. Bretagne) erwirkte. Dieses Klima des Paternalismus entsprach am Ende des 15. Jh. offenbar den Wünschen der S.e, die als Sprachrohre ihrer Region, als Hüter ihrer Sonderinteressen und als Zentren des künstler., wirtschaftl., spirituellen und kulturellen Lebens fungierten.

J.-P. Leguay

Lit.: P. LAVEDAN-J. HUGUENEY, L'Urbanisme au MA, 1974 – BRÜHL, Palatium – Y. BAREL, La ville médiévale, système social, système urbain, 1975 – Hist. de la France urbaine, hg. G. DUBY u. a., II, 1980 – B. CHEVALIER, Les bonnes villes de France du XIVe au XVIe s., 1982 – S. ROUX, Le monde des villes au MA, XIe-XVe s., 1994 [Lit.].

F. Iberische Halbinsel
I. Spätantikes und muslimisches Städtewesen – II. Städtewesen des christlichen Herrschaftsbereiches.

I. SPÄTANTIKES UND MUSLIMISCHES STÄDTEWESEN: Für die Iber. Halbinsel stellt sich das Problem einer →Kontinuität städt. Lebens unter zwei Aspekten dar: In der *Antike* bildete sich in der altbesiedelten →Hispania mit ihren reichen Erzvorkommen ein hochentwickeltes, z. T. auf frühe Zentren (Tartessos) und phönik. sowie griech. Einflüsse (→Baetica, →Lusitania) zurückgehendes S.ewesen aus; im Zuge der früheitig einsetzenden, regional aber unterschiedlich intensiven Romanisierung entstand eine Reihe bedeutender röm. S.e (z. B. →Mérida, →Segovia, Hispalis/→Sevilla, →Tarragona, →Emporiae), von denen ein Großteil nach der Phase des spätantiken Rückgangs und den Invasionen der 'Völkerwanderungszeit' als Bf.ssitze und Herrschaftszentren des →Westgotenreiches (→Toledo) in zumindest eingeschränkter Weise fortbestand.

In *muslim. Zeit* ist in →al-Andalus eine deutl. Wiederbelebung städt. Lebens feststellbar, die die wichtigsten S.e aus röm. Zeit erfaßte und ebenso zur Gründung einiger neuer S.e (→Calatayud, →Murcia, →Madrid, →Lérida, →Badajoz, →Almería, →Gibraltar) führte. →Córdoba zählte im 10. Jh. an die 100000 Einwohner, →Toledo im 11. Jh. 30000, →Sevilla im 12. Jh. 80000; Zentren wie →Badajoz, →Zaragoza, →Valencia, →Málaga, Almería oder →Mallorca hatten ztw. über 20000 Einwohner; →Granada (mit Vorstädten) zählte im 15. Jh. an die 50000.

Die Eroberung durch die Christen bedeutete einen tiefen Einschnitt, sowohl hinsichtl. der Zusammensetzung der Bevölkerung als auch der Art der städt. Verfassung, doch blieben bestimmte aus der muslim. Ära überkommene Konstanten des urbanen Lebens, etwa die Verteilung vieler wirtschaftl. Tätigkeiten, teilweise erhalten.

II. STÄDTEWESEN DES CHRISTLICHEN HERRSCHAFTSBEREICHES: Die Gesch. der S.e des christl. Spanien stellt einen Teilaspekt der europ. Entwicklung dar. In den von den Christen vor dem 11. Jh. beherrschten Gebieten gab es nur wenige und meist kleine städt. Zentren: Kg.städte wie →Oviedo und →León, Zentren von Gft.en mit Handelsfunktionen wie →Barcelona, territoriale Verwaltungszentren (→Burgos, →Porto, Guimarães, →Pamplona), Bf.städte wie →Lugo und →Braga. Die Pilgerfahrt nach →Santiago de Compostela führte seit Mitte des 11. Jh. zur Ausbildung eines festen Pilgerweges (sog. *Camino de Santiago*), der für die weitere S.entwicklung eine bedeutende Rolle spielen sollte, da an ihm neue S.e entstanden und alte sich ausdehnten (→Jaca, Pamplona, Estella, Puente la Reina, →Logroño, →Nájera; die neuen Viertel von Burgos, León, →Astorga, Oviedo, Lugo und Compostela). In der Zwischenzeit machte auch die Besiedlung dieser nördl. Gebiete dank des Bevölkerungsanstiegs und einer verbesserten polit. und wirtschaftl. Organisation weitere Fortschritte: Im Tal des Duero war etwa die Gründung der S.e →Zamora, →Palencia und →Valladolid im 11. Jh. das wichtigste Ergebnis dieser Entwicklung. In →Galicien erreichte der Wiederaufstieg der S.e in der 2. Hälfte des 12. Jh. einen ersten Höhepunkt (La Coruña, →Túy, Vivero, Ribadeo), während in →Asturien (mit Ausnahme von Oviedo und Avilés) eine Neuordnung des Gebietes und der Bevölkerungsstruktur v.a. zur Zeit Alfons' X. (1252-84) zur Entstehung von 27 *polas* bzw. Siedlungen führte. Weiter im O entstanden die vier wichtigsten →Häfen der kast. Küste Kantabriens (S. Vicente de la Barquera, →Santander, Laredo, Castro Urdiales) zur Zeit Alfons' VIII. (1169-1214). Die ersten städt. Zentren des Baskenlandes (→Bask. Provinzen) bildeten sich gegen Ende des 12. Jh. aus (→Vitoria, S. Sebastián, Fuenterrabía, Durango, Valmaseda), obwohl erst seit Mitte des 13. Jh. von einer gezielten Bevölkerungspolitik, verbunden mit der Entstehung des Großteils der *villae*, gesprochen werden kann (Salvatierra 1256, Bilbao 1300). In →Katalonien kam es dank des Bevölkerungswachstums im 11.-13. Jh. zu einer Konsolidierung der neben Barcelona bereits bestehenden städt. Zentren (Girona/→Gerona, →Perpignan, Seo d'→Urgell, Granollers, →Terrassa) und zur Gründung weiterer Orte (Salses, Palamós, Figueres).

Die Einnahme von Toledo (1085) durch den Kg. v. →Kastilien ermöglichte in den neueroberten Gebieten die Gründung von S.en im Mittelpunkt ausgedehnter Ländereien (*tierras*), die ihrer Jurisdiktion, Verwaltung und Herrschaft unterstellt wurden. Diese Entwicklung ist für die →Estremadura in dem Gebiet zw. Duero und zentralem Bergland seit Ende des 11. Jh. nachweisbar. Beispiele sind: →Coimbra, →Salamanca, →Ávila, →Segovia, →Sepúlveda und →Soria. In der 2. Hälfte des 12. Jh. entstanden unter den gleichen Voraussetzungen im S der Cordillera central (Transierra) die S.e →Coria, Ledesma, →Ciudad Rodrigo und →Plasencia, im Bereich der Cordillera Ibérica →Cuenca, Alcaraz, →Teruel und Albarracín.

Die Organisationsform der S.e der Estremadura diente im 12. und 13. Jh. häufig den von den Muslimen zurückeroberten S.en als Vorbild: die besten Beispiele dafür sind neben Toledo im mittleren Tal des Tajo die S.e →Talavera, Madrid, →Guadalajara und →Alcalá. Ähnlich waren die Verhältnisse in →Portugal (→Lissabon, →Santarém, →Évora) und im Ebrobecken (→Huesca, Zaragoza, Calatayud und →Tarazona wurden in den ersten Jahrzehnten des 12. Jh., →Lérida und →Tortosa in der Mitte des 12. Jh. und Alcañiz etwas später erobert). →Tarragona, dessen Wiederbesiedlung um 1120 einsetzte, bildet einen Sonderfall.

Im Laufe der großen →Reconquista des 13. Jh. fielen den Christen die großen, häufig von ihrer Bevölkerung verlassenen S.e des al-Andalus in die Hand. Verbliebene →Mudéjares erlangten nur in Valencia und Murcia größere Bedeutung. In vielen anderen Gebieten wurde die Repoblación dagegen nur mit Christen durchgeführt, so in →Mallorca, aber auch in den S.en der Estremadura (Cáceres, Badajoz, Trujillo und Mérida von 1229-1232), der Mancha (→Ciudad Real, 1255 gegr.) und des westl. Andalusien (Baeza, 1226; →Úbeda, 1233; Andújar, 1232; Córdoba, 1236; →Jaén, 1246; Sevilla, 1248; →Cádiz und →Niebla, 1262). Nach dem Aufstand von 1264 verließen die Mauren S.e wie →Écija und →Jérez de la Frontera, was zur Wiederbesiedlung mit christl. Bevölkerung führte (auch in Murcia). Gegen Ende des 15. Jh. wurden die wichtigsten S.e des zw. 1482 und 1492 eroberten Reiches der →Naṣriden v. Granada mit Christen wiederbesiedelt (→Ronda, Málaga, →Baza, →Guadix, →Almería, Loja); einzig in →Granada verblieben maur. Bevölkerungsreste in den Vorstädten, bes. in Albaicín. Auch auf den Kanar. Inseln (→Atlant. Inseln) wurden nach der Eroberung und Wiederbesiedlung zw. 1477 und 1496 europ. S.rechte nach dem Vorbild Sevillas eingeführt (Las Palmas de Gran Canaria, S. Cristóbal de la Laguna auf Teneriffa).

Im Rahmen der Wiederbesiedlungs- und S.entwicklungsprozesse kam es zur Ausbildung recht verschiedenartiger S.typen und topograph. Formen: u. a. 'ciudades-itinerantes', Pilgers.e am Jakobusweg; mehrkernige S.e in der Estremadura (Segovia, Soria), bestehend aus einzelnen Orten/Pfarreien, die längst nicht immer durch eine gemeinsame S.mauer verbunden waren; Doppels.e wie →Sigüenza; rechteckige S.anlagen, entweder in röm. Tradition stehend (León, Astorga) oder auf Initiative von Siedlern errichtet (zahlreiche Beispiele aus Navarra und dem Baskenland, den an Aquitanien [→Bastide, →Sauveté] grenzenden Landschaften), und Lagers.e ('ciudades-campamento') in Andalusien (Puerto Real, Santa Fé).

Die topograph. Struktur muslim. S.e blieb mit wenigen Varianten in Toledo und Andalusien erhalten, wo sich die S.e um einen Kern, mit dem →Alcázar oder der S.burg, der ehemaligen, nun in eine Kathedrale oder eine Kollegiatkirche umgewandelten →Moschee, den Märkten und Handwerkerstraßen, gruppierten. Jedoch ergaben sich bestimmte Modifikationen bezüglich der Viertelaufteilung und der Bebauungsdichte. Fast überall entstanden im Laufe des 15. Jh. außerhalb der S.mauern Vorstädte, bedingt zum einen durch Bevölkerungswachstum, zum anderen durch die günstigen Möglichkeiten für kaufmänn. und handwerkl. Tätigkeiten. In zahlreichen S.en (z. B. →Tudela) bestanden jüd. Gemeinden (→Sefarden).

Eine für die S.entwicklung in Nordspanien (z. B. Pamplona, León) wichtige Sondergruppe waren die *francos*, Pilger und Zuwanderer aus dem frz. Bereich. →Bürger, -tum, E; →Patriziat, V; →Fuero.
M. A. Ladero Quesada

Lit.: A. García y Bellido u.a., Resumen hist. del urbanismo en España, 1968² - J. Gautier Dalché, Hist. urbana de León y Castilla en la Edad Media (s. IX-XIII), 1979 – La ciudad hispánica durante los siglos XIII al XVI, 2 Bde, 1985 – A. Andrade u.a., Atlas de cidades medievais portuguesas, 1990 – C. Batlle, Ciutats i villes de la Corona d'Aragó a la baixa Edat Mitjana: bibliogr. des del 1975 al 1990, Anales de la Univ. de Alicante, Hist. Medieval, 8, 1990, 323–352 – Concejos y ciudades en la edad media hispánica, 1990 – Les sociétés urbaines en France méridionale et en Péninsule Ibérique au MA, 1991 – M. A. Ladero Quesada, Las ciudades de la Corona de Castilla: fundación o renovación (s.s XI–XVIII), 17° Congreso Internacional de Ciencias Hist., Rapports, II, 1992, 895–909 – R. Pavón, Ciudades hispanomusulmanas, 1992 – S. Bensch, Barcelona and its Rulers 1096–1291, 1995.

G. England, Schottland und Irland
I. England – II. Schottland – III. Irland.

I. England: [1] *Entwicklung vor 1066:* Die aufgelassenen röm. civitates blieben als Ruinen erhalten, manche wurden jedoch als Herrschaftsstützpunkte genutzt. Um 700 entwickelten sich →vici, städt. Handelsplätze, die anscheinend Herrschern unterstanden, deren inländ. Gebiete keine städt. Zentren besaßen. Einige besetzten vorübergehend unbesiedelte Küstenplätze (z. B. →Ipswich, →Southampton), während andere sich röm. civitates bemächtigten, die nun als Herrschaftssitze dienten (z. B. →London, →York). Um 800 waren die S.e durch eine dichte Besiedlung und ein wertvolles S.areal gekennzeichnet. Der vicus v. London umfaßte 60 ha. Die unbefestigten vici wurden während der Invasionen des 9. Jh. verwüstet. In Wessex entstand ein Netz von befestigten Orten, das sich nach 900 auf Gebiete ausdehnte, die vorher unter der Kontrolle der Wikinger gestanden hatten. Viele dieser *burhs* entwickelten sich auf Dauer zu S.en, für die eine geradlinige Anlage mit einer beherrschenden Marktstraße charakterist. war. Diese entstanden entweder innerhalb der erhaltenen Mauern der röm. civitates (London, →Winchester) oder an bisher unbefestigten Orten (z. B. Cricklade, →Oxford, →Wallingford, Wareham). Ähnl. Zentren wurden im Gebiet des →Danelaw errichtet. Die S.e des 10. Jh. dienten der kgl. Kontrolle von Handel und Münzprägung, entwickelten bes. Gewerbezweige und waren soziale und Rechtszentren für ihr S.umland. Einige wenige (so z. B. Winchester) besaßen kgl. Residenzen und große Kirchen. Zwar existierten Handelsbeziehungen zum Kontinent, doch dienten die S.e in erster Linie als Zentren für den Binnenhandel. Seit ca. 1000 prägte sich wieder ein Fernhandel aus, und die städt. Entwicklung schritt rasch voran. Marktorte entstanden an ländl. Machtzentren, einschließl. der Kl. (z. B. →Abingdon, →Bury St. Edmunds, →St. Albans). Im dichtbesiedelten Norfolk ragte →Norwich aus einer Reihe von dörfl. Siedlungen an einem wichtigen Schnittpunkt des Tauschhandels heraus. In den S.en wurden viele Kirchen errichtet: im 12. Jh. hatte London über 120, während zweitrangige S.e wie Winchester, →Lincoln, Norwich und York über 50 Kirchen besaßen. Da die Bf.e nun die Errichtung von Pfarrkirchen einschränkten, verfügten S.e, deren Areal sich in späterer Zeit ausdehnte, über weniger Pfarrkirchen. Das →Domesday Book (1086) und andere Q. beweisen, daß die engl. S.e zahlreiche Einwohner hatten und ein komplexes Erscheinungsbild zeigten. Ihr Wohlstand gründete sich auf die regulären Einnahmen (*farm*, einschließl. der Zölle, Renten, Einnahmen aus der Gerichtsbarkeit) und auf ihre Funktion als Kapitalgeber des Kg.s.

London dürfte 25 000 Einwohner oder mehr gezählt haben, gefolgt von vier Provinzzentren, die nur ein Drittel dieser Einwohnerzahl besaßen, dann folgten zehn S.e mit jeweils ca. 5000 Einwohnern. Diese 15 S.e umfaßten insgesamt vielleicht 6% der Gesamtbevölkerung Englands. → *borough* (burgus) und 'civitas' bezeichneten Orte mit anerkannten städt. Merkmalen.

[2] *Entwicklung nach 1066:* Die norm. Eroberung unterbrach diese S.entwicklung nicht, aber durch die Anlegung von Burgen wurden städt. Wohnbezirke zerstört. Doch legte man in einigen Orten neue S.viertel für frz. Bürger (*burgesses*) in Verbindung mit der Burg an (z. B. Norwich, →Nottingham). Im 11. und 12. Jh. erlangte eine Gruppe von Küstens.en an Bedeutung (z. B. →Chester, →Bristol, Southampton, →Dover, →Sandwich, →Dunwich, Yarmouth, Lynn, →Boston). Sie betrieben Fischerei und Fernhandel und pflegten enge Beziehungen zu Irland, der Normandie, den Niederlanden und Skandinavien. Die räuml. Ausdehnung vieler S.e verlief dramat., einige extra muros gelegenen Märkte oder Jahrmärkte entwickelten sich zu neuen Siedlungszellen (z. B. Bristol, →Hereford, →Northampton). Der Aufstieg von →Newcastle upon Tyne um 1300 ist ein Beweis für das andauernde wirtschaftl. Wachstum und die Ausbeutung der Bodenschätze im N, außerdem wurde auch die Errichtung von Ausgangspunkten für kgl. Feldzüge gegen Schottland von Bedeutung.

Während des 12. und 13. Jh. gründete der Kg., seltener die Lords, viele neue S.e, oft mit einem regelmäßigen Straßennetz, einschließl. einem Marktplatz. Diese Gründungen waren Teil eines lang andauernden Siedlungsprozesses, der sowohl eine Konzentration der ländl. als auch der städt. Siedlungen bewirkte und die Erwerbung der Marktrechte einschloß. In Wales stand die Errichtung neuer S.e in allg. in Verbindung mit Burgen und der Ausbreitung der engl. Herrschaft. Die meisten größeren S.e besaßen S.mauern. Einige befestigte S.bezirke wurden erweitert, wenn die S.e wuchsen, doch dieses Phänomen und die Befestigung von kleineren S.en sind seltener festzustellen als in anderen Teilen Europas – ein Ausdruck der friedl. polit. Lage in England und ein Hinweis auf die umfangreichen, aus der röm. Zeit überkommenen Befestigungen. Viele S.e besaßen große extra muros gelegene →Suburbien. S.mauern waren kein entscheidendes städt. Merkmal. Einige größere S.e, die keine Mauern besaßen, begannen nach 1250, ein ausgedehntes S.umland zu errichten (→Coventry, Norwich).

Die Grundbesitzer setzten ihre überschüssigen Agrarerträge auf den in ihrer Nähe befindl. Märkten ab, wo sie sich gewerbl. Produkte und Luxusgüter besorgten. Doch wurden seit 1280 infolge des Niedergangs der wichtigsten Provinzjahrmärkte hochwertige Güter zunehmend aus London bezogen. Die Berufe der Kaufleute und Handwerker waren in den S.en in unterschiedl. Maße vertreten und trotz der Berufsbezeichnungen nicht immer spezialisiert. Die vermögendsten Kaufleute versorgten die oberen Lords mit Gütern, betrieben Fernhandel und waren bereits eine Art »Unternehmer«. Die größte Berufsgruppe innerhalb der S.bevölkerung war dem Ernährungssektor tätig. Es folgten Tuchgewerbe und -handel, während in einigen S.en Handwerker des leder- sowie metallverarbeitenden Gewerbes fast ebenso zahlreich vertreten waren. Diese Berufsstruktur war allg. verbreitet und zeigt, daß die regionalen Wirtschaftszentren relativ unabhängig voneinander waren. Trotzdem erlangten einige S.e eine bes. Bedeutung, weil sie auf den Vertrieb bestimmter Produkte aus ihrem Umland spezialisiert waren (z. B.

Tuche, Kohle, Felle, Blei, Silber, Zinn) oder diese durch auswärtigen Handel bezogen (z. B. Stockfisch, Wachs, Wein, Waid). Einige kleine S.e lieferten vorzugsweise Waren nach London.

Viele bedeutende S.e besaßen zw. ca. 1100 und 1290 jüd. Gemeinden (→ England, J), unter den Fremden dominierten die Einwohner aus Flandern. Städt. →Gilden sind seit dem 9. Jh. überliefert, ihre Zahl wuchs mit ihren *guildhalls* seit der Mitte des 11. Jh. rasch an. In ihnen vereinigten sich die innerhalb der S. bevölkerung sozial herausragenden Gruppen: Priester, Kaufleute und Handwerker. Diese Vereinigungen, die ersten sozialen und polit. Organisationsformen, umfaßten wahrscheinl. die nicht genau zu bestimmende Gruppe der burgesses, deren Gewohnheiten und Privilegien der Kg. und andere Lords bestätigten oder durch eine →Charter gewährten. Die Charter gewann seit 1200 zunehmend an Bedeutung, als sich viele S. gemeinden kommunal organisierten (oft unter einem →*mayor* [Bürgermeister]), die Aufgaben einer Körperschaft (was u. a. durch das S.siegel zum Ausdruck kam) und bis zu einem gewissen Grad eine direkte Kontrolle über finanzielle und rechtl. Angelegenheiten übernahmen. Diese Entwicklungen wurden begleitet von Konflikten zw. den einzelnen Gruppen der burgesses sowie zw. burgesses und Lords. Seit den 70er Jahren des 14. Jh. wurde der Rechtsstatus einer S. manchmal zusätzl. dadurch bestätigt, daß man eine Charter of Incorporation verlieh und auch Gilden Charters erhielten. Seit 1200 und bes. seit 1370 entwickelte sich eine städt. Kultur (u. a. Dichtung, Musik, zeremonieller Bereich sowie Hospitäler, Armenhäuser, Marktkreuze, Gildehallen, Erweiterungsbauten der Pfarrkirchen.

Einige wenige neue S.e traten nach 1300 in Erscheinung, als die Bevölkerungsentwicklung ihren Höhepunkt erreicht hatte. Für die meisten S.e folgte nun ein Niedergang. Etwa 600 Orte im ma. England konnten als boroughs identifiziert werden, von denen 400 kleine S.e mit 500-2500 Einwohnern waren. Die geogr. Verbreitung der S.e in England war unausgewogen, in einigen Regionen spiegelte sie eher institutionelle Kriterien als die wirtschaftl. Realität wider. So gab es z. B. in East Anglia nur wenige S.e, auf die die Merkmale eines borough zutrafen, aber viele Dörfer mit städt. Merkmalen. Kulturelle S. merkmale waren kennzeichnend für die wichtigsten der 600 S.e: 9% waren Kathedrals.e, 39% hatten Kl. (13% mehr als eines), 34% besaßen Charters. Die meisten S.e waren klein, nur London dominierte (1300: 80000 oder mehr Einwohner, 1400 und 1500: nur 40000-50000 Einwohner) in einem außergewöhnl. Maße. Zw. 1100 und 1300 gab es einen Wechsel der städt. Präsenz von den Zentren der kgl. Herrschaft im s. England zur ö. Küste. S.e, die im 14. und 15. Jh. an die Spitze traten, standen in Verbindung mit dem Anwachsen der Textilindustrie (z. B. Bury St. Edmunds, →Colchester, Coventry, →Exeter, →Salisbury). Um 1500 zeigte sich eine städt. Konzentration in einem S.eband, das von Norwich bis Exeter reichte und die Zentren der Tuchherstellung sowie des Handels mit den burg. Niederlanden widerspiegelte. Das Anwachsen der ndl. Märkte förderte den Londoner Handel, aber beeinträchtigte das Gewerbe, so daß sich 1500 viele S.e in einer Krise befanden, die sich auch in London bemerkbar machte. →England, H.   D. Keene

Bibliogr.: C. Gross, Bibliogr. of British Municipal Hist., 1897, 1966² – G. H. Martin-S. McIntyre, A Bibliogr. of British and Irish Municipal Hist., I, General Works, 1972 – *Lit.:* The Study of Urban Hist., ed. H. J. Dyos, 1968 – Atlas of Historic Towns, ed. M. D. Lobel, I-III, 1969-89 – H. L. Turner, Town Defences in England and Wales, 1971 – A New Hist. Geography of England before 1600, ed. H. C. Darby, 1973 – C. Platt, The English Medieval Town, 1976 – S. Reynolds, An Introduction to the Hist. of English Medieval Towns, 1977 – Anglo-Saxon Towns of Southern England, ed. J. Haslam, 1984 – D. Keene, Survey of Medieval Winchester, 1985 – Work in Towns 850-1850, ed. P. J. Corfield – D. Keene, 1990 – The English Medieval Town: a Reader in English Urban Hist. 1200-1540, ed. G. Rosser – R. Holt, 1990 – H. Clarke – B. Ambrosiani, Towns in the Viking Age, 1991 – R. H. Hilton, English and French Towns in Feudal Society 1000-1500, 1992 – R. H. Britnell, The Commercialisation of English Society 1000-1500, 1993 – B. M. S. Campbell, J. A. Galloway, D. Keene, M. Murphy, A Medieval Capital and its Grain Supply, 1993 – J. Schofield – A. Vince, Medieval Towns, 1994.

II. Schottland: S.e im Sinne von Bevölkerungskonzentrationen, die zur Marktentstehung und zu einem spezialisierten Gewerbe führen, scheinen in Schottland nicht vor ca. 1100 existiert zu haben, ausgenommen vielleicht einige Seehäfen mit Kaufmannsgemeinden, z. B. →Aberdeen und →Perth, oder ein Pilgerzentrum wie →St. Andrews. Die quellenmäßig belegte städt. Gesch. beginnt im frühen 12. Jh. mit der Verleihung von Handels- und Rechtsprivilegien durch die Krone an Gemeinden, die durch Handel und Handwerk gekennzeichnet waren. Bis zum Ende des MA zeigte sich eine gewisse städt. Konzentration im ö. Schottland. So hatten um ca. 1100 und ca. 1150 Berwick upon Tweed, Roxburgh, →Edinburgh, →Stirling, Perth und Aberdeen den Status eines burgh (burgus) erworben. Das ermöglichte den führenden Mitgliedern der städt. Gemeinschaft (burgesses), ein Handelsmonopol nicht nur in ihrer eigenen S., sondern auch über das Umland (→S.-Umland-Beziehungen) zu errichten. Nichtschott. Kaufleute mußten ihre Geschäfte innerhalb der burghs abwickeln. Der →Markt, geschützt durch das Marktkreuz, lag in einem bedeutenden Platz innerhalb des S.areals eines typ. burgh, normalerweise im Zentrum oder an einem Ende einer bes. breiten Hauptverkehrsstraße (High Street, King's Street). An beiden Seiten dieser Straße befanden sich die Wohnhäuser der burgesses mit Warenspeichern und Werkstätten, die sich an den Rückfronten auf *tofts* oder *backlands* erstreckten. Andere bemerkenswerte Gebäude waren *tolbooth* (pretorium), Sitz der Stadtregierung, und Pfarrkirche (in schott. S.en gibt es typischerweise immer nur eine), die zentral (z. B. Edinburgh, Aberdeen), an einem Ende (Stirling und ursprgl. auch Perth) oder am Rand der S. (Forres, Ayr, Dumfries) liegen konnte. Die meisten städt. Bauten waren aus Holz und deshalb ständig durch Brand gefährdet. Die Einwohnerzahl auch der größten schott. S.e betrug vermutl. nur bis zu 1500. Die S.entwicklung erreichte wohl um 1300 einen Höhepunkt, erlebte dann einen Niedergang und erholte sich nicht mehr bis ca. 1500. Von den in den S.en ansässigen Gewerben sind hauptsächl. zu nennen: Metallverarbeitung, Brauwesen, Fleischergewerbe, Textil- sowie Lederverarbeitung (mit den typ. Fertigprodukten wie Pferdesattel und -geschirr sowie Schuhe). Die führenden Handwerkszweige der Steinmetzen und Bildhauer (sowohl für Stein als auch Holz) waren wohl nicht immer in den S.en vertreten. Kaufmannsgilden gehörten seit dem Ende des 12. Jh. zu den Kennzeichen der wichtigsten S.e, ihre Statuten entsprachen wohl allg. den »Statuta Gildae« v. Berwick (Text v. 1249 erhalten). Zünfte wurden im 15. Jh. bedeutend. Die herausragende Funktion der S.e wurde seit frühester Zeit von der Krone durch die Übertragung von Privilegien anerkannt. Die polit. Bedeutung zeigte sich auch im *Court of the Four Burghs* aus dem 12. Jh., dem ursprgl. Berwick, Roxburgh, Edinburgh und Stirling angehörten. Der frz.-schott. Vertrag v. 1295 wurde durch die führenden schott. burghs garantiert, und seit 1326 hatten die Repräsentanten der kgl. burghs (d. h. diejenigen, die auf kgl. Domänenland lagen und von der Krone gegr. worden waren) einen formalen Platz im →Parliament. →Schottland, [3]. G. W. S. Barrow

Lit.: W. M. MACKENZIE, The Scottish Burgh, 1949 – G. S. PRYDE, The Burghs of Scotland: a Critical List, 1965 – The Scottish Medieval Town, ed. M. LYNCH, M. SPEARMAN, G. STELL, 1988 – E. EWAN, Townlife in 14th-century Scotland, 1990.

III. IRLAND: Das ir. FrühMA (→Irland, B) kannte keine S.e im eigtl. Sinne, doch hatten die bei den großen klösterl. Zentren wie →Clonmacnoise, →Kells und →Armagh entstandenen Agglomerationen durchaus stadtähnl. Charakter. Ihre Größe wird nicht so sehr durch archäolog. Belege, sondern anhand der hohen Zahl von Gefangenen, die bei den Wikingereinfällen (seit dem späten 8. Jh.) verschleppt wurden, dokumentiert. Ausgeprägtere städt. Züge trugen dagegen die von Wikingern (Norwegern) errichteten Orte wie →Dublin, →Wexford, →Waterford und →Limerick, die im 10. und 11. Jh. als aktive →Emporien, bes. für den Handel mit England und Wales, fungierten.

Im 12. Jh. erfuhr das städt. Leben in Irland, v. a. im Zuge der beginnenden engl. Expansion, neue Impulse. Die bestehenden hibernoskand. S.e genossen Förderung von seiten des Kgtm.s der Plantagenêt (Dublin wurde Leuten aus →Bristol zur Besiedlung übertragen); im letzten Viertel des 12. Jh. und zu Beginn des 13. Jh. erhielten Dublin, Waterford, →Cork und Limerick stufenweise städt. Privilegien der Krone. Auch Grundherren, die große Landbesitzschenkungen empfangen hatten, errichteten städt. Siedlungen; zu nennen sind etwa das auf eines der großen Kl. zurückgehende →Kilkenny und der Handelsort New Ross in der anglior. Herrschaft →Leinster, Kells (ebenfalls 'Abteistadt') und der Hafenort Drogheda in →Mide. Das Recht, mit dem Bürger dieser S.e bewidmet wurden, war gewöhnl. dem anglonorm. Recht v. Breteuil nachgebildet. Soweit noch unbefestigt, wurden die S.e zügig mit Mauern oder Wällen ausgestattet.

Die kontinuierl. Expansion des englisch beherrschten Territoriums ('colony') in der 1. Hälfte des 13. Jh. führte zur Erweiterung der S.privilegien und zur Entstehung neuer S.e (Galway, →Sligo). In kolonialer Gründungseuphorie erwarben Grundherren für zahlreiche Orte kgl. Markt- und Jahrmarktsprivilegien; doch erwiesen sich diese neuen Siedlungen allzuoft als Fehlgründungen, bes. als sich in der 2. Hälfte des 13. Jh. der Rhythmus der territorialen Expansion empfindl. verlangsamte. Das 14. Jh. brachte dann, bes. infolge der seit 1348 period. auftretenden Pestwellen, starke demograph. und wirtschaftl. Regression. Wenn auch im 14. Jh. und 15. Jh. von Zeit zu Zeit noch städt. Privilegien verliehen wurden, so durchlebte das S.ewesen Irlands insgesamt eine Phase der Stagnation; die städt. Bevölkerung bestand nun fast ausschließl. aus Angloiren, galten einheim. Iren doch als Bedrohung und waren (anders als noch im prosperierenden 13. Jh.) von der Mitgliedschaft in Gilden ausgeschlossen. Da sie aber als Arbeitskräfte willkommen waren, lebten sie in sog. 'Irishtowns' vor den Mauern der S.e (Dublin, Kilkenny, Galway u. a.).

Das städt. Gefüge Irlands entsprach am Ende des MA weitgehend den Verhältnissen des ausgehenden 13. Jh. Erst im 16. Jh. vollzogen sich einige größere Neuentwicklungen. G. MacNiocaill

Lit.: G. MACNIOCAILL, Na Buirgéisí XII–XV Aois, 1964 – The Comparative Hist. of Urban Origins in Non-Roman Europe, hg. H. B. CLARKE–A. SIMMS, 1985 – Irish Cities, hg. H. B. CLARKE, 1995 [Bibliogr.].

H. Skandinavien

I. Allgemeines – II. Rechtliche Stellung – III. Städtische Verwaltung – IV. Bevölkerung.

I. ALLGEMEINES: Im Unterschied zu den S.en Mittel-, West- und Südeuropas sind in Skandinavien weder →Stadtrecht noch →Stadtmauer hinreichende S. kriterien. Als solche können gelten: 1. eine gewisse Siedlungsdichte im Verhältnis zum Umland; 2. eine gewisse wirtschaftl. Spezialisierung (größere Bedeutung der nichtlandwirtschaftl. Berufe im Vergleich zum Umland); 3. rechtl. Absonderung vom Umland, eigene Verwaltung und wirtschaftl. Sonderrechte; 4. ganzjährige Ansiedlung.

Der Urbanisierungsgrad der skand. Länder und Regionen war sehr unterschiedl.: Am Ende des MA war →Dänemark fast vollständig urbanisiert (nur noch wenige S.e entstanden zw. 1500 und 1800), während →Norwegen, →Schweden und →Finnland erst in der Frühen NZ stärkere Urbanisierung erfuhren (→Island, das im MA ledigl. über saisonale Handelsplätze verfügte, kannte S.e erst seit dem späten 18. Jh.). Die ältesten Siedlungen, die später zu S.en aufstiegen, gehen in Dänemark auf das 8. Jh. zurück (→Ribe, frühes 8. Jh.; →Haithabu, um 800, doch trat im 11. Jh. →Schleswig an seine Stelle), in Norwegen auf das 10.–11. Jh. (→Oslo, →Drontheim), in Schweden auf das 11. Jh. (→Sigtuna, →Visby auf →Gotland), in Finnland auf das ausgehende 12. Jh. (Korois, nach Turku/Åbo verlegt).

Die Frage, wieweit S.e auf stadtherrl. (meist kgl.) Land entstanden, läßt sich nicht eindeutig beantworten. In →Bergen (S.entwicklung ab 1130) stellte anscheinend der Kg. den Siedlern den Grund zur Verfügung, ähnlich wie in den eigtl. Gründungss.en (z. B. Køge/Dänemark, 1288). Für die meisten bestehenden Siedlungen, die sich zu S.en entwickelten, ist anzunehmen, daß sie den Rang einer S. gegen Zahlung von Regalien an den Kg. erhielten, wie es bereits für Næstved (Dänemark, 1140) belegt ist.

II. RECHTLICHE STELLUNG: In Schweden entstanden gegen Ende des 13. Jh. die ersten Stadtprivilegien (Jönköping 1284) und Stadtrechte, z. B. das *Bjärköarätt*, das zuerst in →Stockholm, aber auch in →Lödöse und andernorts Eingang fand. 1341–44 wurde das Visbyer S.recht kodifiziert, während das allg. *S.recht Magnús Erikssons* (→»Magnús Erikssons Stadslag«) für die S.e des schwed. Festlandes und Finnlands spätestens um 1360 in Kraft trat. – In Norwegen galt wohl schon im 12. Jh. das ältere *Bjarkøyrett* als S.recht für Drontheim und Bergen; ein neues, allg. S.recht wurde in den 1270er Jahren unter der Regierung des Kg.s →Magnús Lagabœtir erlassen; daneben gab es Privilegien für einzelne S.e. – Dänemark hatte keine einheitl. S.gesetzgebung; Rechtsgrundlage waren Privilegien und ggf. (aber nicht immer) ein S.recht. Gewisse Stadtrechtslandschaften lassen sich feststellen: 1. die vom →Lübischen Recht inspirierte Zone (Tondern 1243, Ribe 1269); 2. die Schleswiger Stadtrechtslandschaft (Schleswig 1216–41, Hjørring 1243 [?], →Flensburg 1284, →Viborg und →Aarhus vor 1317, Æbeltoft 1317); 3. die schonischen S.e (Birkerei), →Schonen (→Schon. Recht); 4. die spätma. Øresundgruppe (→Malmö 1353, 1360 und 1487, →Lund 1361, →Kopenhagen 1443, Landskrona 1489, Halmstad 1498, Skagen 1507, Helsingør Anfang 16. Jh.); ferner scheint das Roskilder S.recht v. 1268 (→Roskilde) für mehrere S.e auf Seeland maßgebend gewesen zu sein.

III. STÄDTISCHE VERWALTUNG: In Schweden löste der →Rat (zuerst 1288 für Jönköping erwähnt) anscheinend die ältere Einwohnerversammlung ab; der Kg. ließ sich durch einen Vogt in der S.verwaltung vertreten. (Für Finnland ist über städt. Verwaltung vor Einführung der spätma. Ratsverfassung kaum etwas bekannt.) – In Norwegen (zumindest in den größeren S.en) fungierte der *Gjaldker*, seit ca. 1300 der *Advocatus* als kgl. Vertreter. Ein S.rat wird im allg. S.recht der 1270er Jahre erwähnt. – In Dänemark wurde der Kg. in den S.en durch einen *Villicus* oder (in Lund, Roskilde und Schleswig) durch einen *Präfekten* vertreten, während die S.verwaltung vor Einführung der Ratsverfassung (früheste Erwähnung: Ribe 1252) von einem Gremium der *Seniores* oder *Senatores* wahrgenommen wurde; ihre Beziehungen zu den →Gilden sind noch nicht eindeutig geklärt. Seit Mitte des 13. Jh. wirkte als Vertreter des S.herrn (des Kg.s, ggf. eines Hzg.s, Gf.en oder einer geistl. Institution) der *S.vogt*. Neben den Gremien der S.verwaltung gab es überall in Skandinavien die städt. Gerichtsversammlung (→Ding, II), *Byting* (Schweden, Finnland, Dänemark) oder *Mót* (Norwegen). Als Oberinstanz führte das S.recht Magnús Lagabœtirs das *Bylagting* ein, während in Dänemark seit Ende des 13. Jh. der S.rat Gerichtsfunktionen übernahm. Im Gegensatz zu Norwegen scheint das dän. Byting keine polit. Funktionen gehabt zu haben.

Für die staatl. Verwaltung (Residenzen, Festungen, Steuer- und Zolleinnahmestellen sowie Münzstätten; →Burg, C. XII; →Pfalz, G) spielten die S.e eine wichtige Rolle; die →Itinerare der Kg.e v. Dänemark des 13. und frühen 14. Jh. belegen bevorzugt Kg.saufenthalte in den S.en. Auch die Bf.ssitze lagen (mit Ausnahme Islands) fast ausschließlich in S.en.

IV. Bevölkerung: Die Hauptgruppen der städt. Einwohner waren Kaufleute und Handwerker, letztere waren in Norwegen und Schweden/Finnland ratsfähig; in Dänemark kam dies wegen der Kontrolle des Rates über die Ämter nur selten vor (Odense, 1495).

Die skand. S.e hatten geringe Einwohnerzahlen; die größten S.e waren: in Dänemark Kopenhagen (1510: 3300 Einwohner) und Malmö (1518: 3400 Einwohner), in Schweden Visby und Stockholm (wohl je 6–10000), in Norwegen Bergen (um 1300: wohl 7000), Drontheim (3000), Oslo (2000). Ausländer waren in unterschiedl. Maße in skand. S.en ansässig, v.a. Deutsche, in der Øresundregion auch Schotten. In Dänemark und Finnland erfolgte dt. Einwanderung v.a. im 14. und 15. Jh.; in Norwegen war sie mit dem Hansekontor (→Hanse) zu Bergen verknüpft; in Schweden reichte sie schon ins 13. Jh. zurück, und es wurde den Deutschen in manchen S.en (z.B. Stockholm, →Kalmar) Repräsentation im S.rat garantiert. Zur verhältnismäßig schwachen Stellung der dän. S.e trug vielleicht bei, daß seit 1483 nur die freien Stände, also nicht die S.bürger, adligen oder kirchl. Landbesitz erwerben durften. →Bürger, -tum, G.   Th. Riis

Bibliogr.: Internat. Bibliogr. of Urban Hist., hg. F. Lindberg, 1960 – Guide internat. d'hist. urbaine: Europe, hg. Ph. Wolff, 1977, 144–156, 187–192, 305–312, 453–464 – Swedish Bibliogr. of Urban Hist., hg. L. Nilsson, 1994 [Auswahlbibliogr.: 1960–92] – A Select Bibliogr. of Danish Works on the Hist. of Towns, 1960ff., 1972ff. [bisher bis 1989] – *Lit.*: KL XVI, 545–565, 584–593, 611–722; XVII, 1–23 – Scand. Atlas of Hist. Towns I ff., 1977ff. – Urbaniseringsprosessen i Norden, 1: Middelaldersteder, hg. G. Authén Blom, 1977 – K. Berth Paulsen, Den skånske birkeret, Scandia XLIV, 1978, 25–57 – Th. Riis, Juridical and Social Problems of Danish Medieval Towns, Storia della Città 14, 1980, 117–124 – Ders., The Typology of Danish Medieval Towns, ebd. 18, 1981, 117–136 – K. Helle, Kongssete og kjøpstad. Fra opphavet til 1536 (Bergen bys hist., I, 1982) – A. Andrén, Den urbana scenen. Städer och samhälle i det medeltida Danmark, Acta Arch. Lundensia Ser. in 8° Nr. 13, 1985 – Storia della Città 36, 1986 [Themenheft: Città e campagne in Europa] – R.-G. Werlich, Kgtm. und S.e in Dänemark 1340–1439 [Diss. Greifswald 1989] – J. Elsøe Jensen, Danmarks Middelalderlige Byplaner, Iff., 1992ff. – Der Urbanisierungsprozeß im w. Ostseeraum in Norwegen im 12. und 13. Jh., hg. E. Hoffmann–F. Lubowitz (Kieler Werkstücke A 14, 1995) – Stud. zur Gesch. des Ostseeraumes, I, hg. Th. Riis, 1995.

I. Ostmitteleuropa

I. Westslaven – II. Ungarn.

I. Westslaven: [1] *Frühmittelalter:* Schriftl. und archäolog. Q. bezeugen die Existenz eines autochthonen, präkommunalen S.ewesens, dessen Wurzeln zum einen im Fernhandel lagen, und das zum anderen eine lokale, durch autochthone Kräfte und vom Hinterland getragene Grundlage besaß. Für beide Ansätze war der Marktverkehr konstituierend. Orte des Fernhandels begegnen seit dem 8. Jh. in ständig wachsender Zahl an den Küsten der Ostsee. Von der Forsch. werden sie vorwiegend als →Emporien oder Seehandelsplätze bezeichnet. An ihrer Entstehung waren nach Ausweis der Funde in größerem Umfang Skandinavier beteiligt, und ihr Verhältnis zum Umland war durch tolerierendes Übereinkommen mit den lokalen und regionalen Gewalten gekennzeichnet, deren Zentren im Binnenland selbst zu Händlertreffs wurden.

Frühstädt. Strukturen entstanden erst im Zuge slav. Staatsbildungen, als die Fs.en den Fernhandel an ihre zentralen Vororte banden und durch das Fs.enrecht (→*ius ducale*) das Umland in den Austausch einbezogen. Die zentralist. organisierte Gesellschaft bestimmte Elemente und Struktur der sich entwickelnden Siedlungskomplexe, an denen sich polit. und kult. Funktionen mit Handwerk und Handel bündelten. Topograph. waren sie durch den Dualismus von Burg und Vorburg (zentrale Fs.enburgen) und durch einer dezentral organisierte Siedlungsagglomerationen gekennzeichnet. Das Fs.enrecht sicherte in beiden Fällen dem meist befestigten Zentrum des Komplexes die Dominanz zu, wodurch sich die Doppeldeutigkeit von **gord* im Sinn von »Burg/Burgs.« (→*gorod*) erklärt. Einheim. Partner im Handel blieb der Fs. Fremde Kaufleute (Juden, Deutsche) wurden abseits der Zentren unter fsl. Schutz angesiedelt. Im 12. Jh. infolge Vergabe von Land und Immunitätsrechten einsetzende Zerfall der fsl. Vorherrschaft führte zur allmähl. Auflösung des Marktmonopols und damit zur Ausbildung auch eines breiteren Marktsystems (*villae fori*). Zugleich öffnet er der Formierung der ma. Rechtss. den Weg.   H. Brachmann

Lit.: SłowStarSłow II, 163–168; III, 211–224, 229–234 – W. Hensel, Anfänge des S.ewesens bei den Ost- und Westslawen, 1967 – W. Schich, Die slaw. Burgs. und die frühe Ausbreitung des Magdeburger Rechts ostwärts der mittleren Elbe (Stud. zur Gesch. des sächs.-magdeburg. Rechts in Dtl. und Polen, hg. D. Willoweit–W. Schich [Rechtshistor. R. 10], 1980, 22–61 – Herrmann, Slawen, 1985, 232–249 – Miasto zachodniosłowiańskie w XI–XII wieku. Społeczeństwo-Kultura, hg. L. Leciejewicz, 1991 – Lokalne ośrodki władzy państwowej w XI–XII wieku w Europie Środkowo–Wschodniej, hg. S. Moździoch, 1993 – Burg – Burgs. – S. Zur Genese ma. nichtagrar. Zentren in Ostmitteleuropa, hg. H. Brachmann, 1995.

[2] *Hoch- und Spätmittelalter:* Die Gründung von S.en zu dt. Recht, zuerst mit dt. Siedlern, dann auch mit einheim. Kräften, leitete seit dem beginnenden 13. Jh. eine neue Epoche in der städt. Entwicklung ein: die der hochma. kommunalen oder institutionellen S. (Bürger-, Rechtss.). Ebenso wie im Dt. löste sich im Poln. und Tschech. die *stat* (*miasto/město*) begriffl. von der *burg* (*gród, hrad*). Wirtschaftl. Grundlage des neuen Typs der S. war neben dem Anschluß an den Fernhandel der ständige Markt in enger Verflechtung mit dem agrar. Umland, rechtl. Vorbild war v.a. das →Magdeburger, in S-Mähren das Wiener Recht. Die slav. städt. Frühformen entwickelten sich zwar nicht auf evolutionärem Wege zur Rechtss., doch setzte diese wesentl. Funktionen derselben fort. Die sog. »S.e zu poln. Recht« waren Siedlungsagglomerationen in der Zeit

der allg. Geltung des Fs.enrechts. Die Lokation (→Lokator) mit der rechtl. Privilegierung schuf eine geschlossene, eigenständig umwehrte Handels- und Gewerbes. mit dem Markt im Zentrum, deren Bewohner selbständig produzierten und verkauften und eine Bürgergemeinde mit weitgehender Selbstverwaltung bildeten. Etwa seit der Mitte des 13. Jh. entstanden die großen planmäßigen Zentralmarktanlagen (z. B. →Breslau, →Posen, →Krakau). Die neue S. wurde zum Kern der weiteren Entwicklung, die älteren Siedlungskerne rückten in eine Randsituation. Die Gründung von Rechtss.en war ein untrennbarer Bestandteil des →Landesausbaus. In Schlesien wurde im 13. Jh. planvoll eine kombinierte S.-Land-Siedlung durchgeführt (»Weichbildverfassung«). In den böhm. Ländern hat sich das neuartige S.ewesen seit etwa 1220 innerhalb weniger Jahrzehnte allg. verbreitet. Im engeren Polen lebte neben den neuen S.en eine große Zahl städt. Siedlungen alter Art über das 13. Jh. hinaus fort; die S.lokationen nach Magdeburger Recht erreichten erst im späten MA ihren Höhepunkt. Trotz mancher Erfolge in den Autonomiebestrebungen bis zum 14. Jh. blieb die Masse der S.e im Kgr. Polen ebenso wie in den böhm. Ländern eng an die Kg. gebunden. Alle S.e trugen zur allg. Landessteuer bei. Im 14. Jh. wurden die adligen und geistl. S.e in Polen auch fiskal. ihrer Herrschaft untergeordnet. In den kgl. S.en nahm über die provinzialen und lokalen Amtsträger der kgl. Einfluß zu. Weiter ausgehöhlt wurde der rechtl. Sonderstatus der kgl. S.e in Polen und Böhmen durch die Verpfändungen an adlige Herren. Die poln. S.e schieden im 15. Jh. weitgehend aus dem polit. Leben des Landes aus. In Böhmen sicherte die hussit. Revolution der Gruppe der kgl. S.e eine feste Position im Landtag. W. Schich

Lit.: H. LUDAT, Die Bezeichnung für 'S.' im Slaw., 1956 (DERS., Dt.-slaw. Frühzeit und modernes poln. Geschichtsbewußtsein, 1969), 82–96, 339–341 – W. KUHN, Die dt.rechtl. S.e..., 1968 – TH. SPORN, Die »S.e zu poln. Recht«..., 1978 – S.e und Ständestaat, hg. B. TÖPFER, 1980 [M. BISKUP, J. KEJŘ] – M. LUDWIG, Tendenzen und Erträge der modernen poln. SpätMAForsch. unter bes. Berücksichtigung der S.gesch., 1983 – DERS., Besteuerung und Verpfändung kgl. S.e im spätma. Polen, 1984 – M. BOGUCKA–H. SAMSONOWICZ, Dzieje miast i mieszczaństwa w Polsce przedrozbiorowej, 1986 – H. WECZERKA, Neuere Forsch. zur Gesch. des S.ewesens in Ostmitteleuropa, ZOF 37, 1988, 443–478 – B. ZIENTARA, Die sozialen, wirtschaftl. und räuml. Veränderungen der S.e in der Zeit der Lokation (Altständ. Bürgertum, hg. H. STOOB, Bd. 3, 1989), 265–298 – K. KAMIŃSKA, Lokacje miast na prawie magdeburskim na ziemiach polskich do 1370 r., 1990.

II. UNGARN: Vor der Gründung der eigtl. S.e gab es im Kgr. Ungarn schon präkommunale Siedlungen, so z. B. die Suburbien der Feudalsitze und die Marktorte. S.privilegien erteilte der Kg. seit Anfang des 13. Jh. Die ung. S.rechte entstanden aus den Freiheiten der →hospites (Wallonen oder Deutsche). Zu den wichtigsten Bürgerrechten gehörte die freie Richter- und Pfarrerwahl. Die bedeutendsten S.e entstanden noch im 13. Jh. Da die Kg.e und Feudalherren vielen Siedlungen städt. Rechte erteilten, mußte man schon im 14. Jh. eine Unterscheidung treffen: Nur die ummauerten und direkt dem Kg. unterstellten städt. Siedlungen galten als →civitates. Für die anderen privilegierten Ortschaften verwendete man seit den 70er Jahren des 14. Jh. das Wort →oppidum, in dt. Urkk. 'Markt'. Diese Unterscheidung war jedoch nicht konsequent: →Szegedin, eine der fünf größten kgl. S.e, besaß keine Stadtmauer, und es gab ummauerte oppida wie Kőszeg. Das spätma. ung. Recht (z. B. Werbőczy, 1514) erkannte nur die Bürger der kgl. S.e als solche an; die Einwohner aller anderen städt. Siedlungen, auch die der ummauerten Bf.ss.e, galten rechtl. als Hörige (→iobagie).

Es gab im Kgr. etwa 30 kgl. S.e und 500–600 oppida. Von den letzteren könnte man höchstens 100 zu den S.en rechnen, sie übten städt. Funktionen aus und waren Zentralorte einer großen Region. Die kgl. S.e kann man in vier Gruppen ordnen: Die »sieben Freis.e« (seit Ende des 15. Jh. acht) oder →Tavernikals.e waren die mächtigsten, sie benutzten das Budaer S.recht (→Buda und Pest). Zu der nächsten Gruppe gehörten u. a. Esztergom (→Gran), Székesfehérvár (→Stuhlweißenburg) und Szegedin. Die kgl. →Bergs.e und die S.e der siebenbürg. →Sachsen bildeten die dritte und vierte Gruppe. Siebenbürgen nicht dazugerechnet gab es sö. der Linie Zagreb, Buda, Košice, Bardejów nur eine einzige kgl. S. (Szegedin), aber bedeutende Bf.ss.e (Pécs [→Fünfkirchen]) oder oppida (→Debrecen, Gyula, usw.). Allein mit der rechtl. Stellung kann man also die S.entwicklung des Landes nicht erklären. Viele S.e (so z. B. auch Debrecen) verschenkte der Kg., darum gehörten sie später nicht zu den civitates. Die Vertreter der kgl. S.e konnten erst ab der Mitte des 15. Jh. am Reichstag teilnehmen. A. Kubinyi

Lit.: E. FÜGEDI, Die Entstehung des S.ewesens in Ungarn, Alba Regia 10, 1969, 101–118 – A. KUBINYI, Einige Fragen zur Entwicklung des S.enetzes Ungarns im 14.–15. Jh. (S.eforsch. A 4, 1977), 164–183 – DERS., Zur Frage der Vertretung der S.e im ung. Reichstag bis 1526 (S.e und Ständestaat, hg. B. TÖPFER [Forsch. zur ma. Gesch. 26, 1980]), 215–246 – G. GRANASZTÓI, A középkori magyar város, 1980.

J. Altlivland
Die ältesten S.e in →Livland waren durch Ringmauern befestigte Gründungen, vorwiegend an Handels- und Winterliegeplätzen dt. Fernhändler, teils solchen mit →Kaufmannskirche, an Landschaft und Verkehrswegen orientiert und im Schutz einer vom Landesherrn errichteten oder erneuerten →Burg gelegen. Für die (nieder-)dt. Einwanderung waren zunächst →Visby (→Gotland, -fahrer), dann →Lübeck Ausfalltore. Später wurden auch unbefestigte Flecken (→Hakelwerke) zu S.en erhoben. Ursprgl. nach gotländ. Recht lebend, erhielten die S.e schon früh Ratsverfassungen und dt. S.rechte. Das aus Hamburg. Recht abgeleitete Rigische Recht (→Riga, B) galt auch für fast alle übrigen S.e, nur in →Reval mit →Narva und →Wesenberg galt →Lübisches Recht. Gegenüber den Landesherren (Bf.e, Orden) bestand bei feindl. Einfällen Pflicht zur Heeresfolge. Die vom Rat repräsentierte Autonomie umfaßte in erster Linie die niedere und hohe Gerichtsbarkeit in S. und S.mark, auch an Hals und Hand, eigene Handelspolitik, für Riga und Reval auch die Münzhoheit. Bes. die größeren S.e lebten vom →Fernhandel. Gesellschaftl. Organisationsform waren →Gilden, die im 14. Jh. nach dem Aufkommen des Zunftwesens nach Ständen umgeschichtet wurden, wobei die »Großen Gilden« der Kaufleute und die »Kleinen Gilden« der meist dt. Handwerker allein die S.gemeinde bildeten, die Hilfsgewerbe treibenden 'undeutschen' Einwohner jedoch vom Bürgerrecht ausgeschlossen waren. Sie mußten aber mit den Bürgern an Wach-, Kriegs- und anderen öffentl. Diensten teilnehmen und Schoß (→Steuer) zahlen. In Handelssachen waren die Kaufleute vor Adel und Fremden, aber auch vor den Handwerkern privilegiert. Gemeinsame Angelegenheiten der S.e wurden im späten MA auf S.etagen beraten, die auch in livländ. Landtagen meist nur von Riga, Reval und Dorpat im Interesse auch der kleineren S.e beraten. Gleiches gilt für die Teilnahme an Tagfahrten der →Hanse, der auch 6–7 kleinere S.e angehörten. →Bürger, -tum, H. II. H. v. zur Mühlen

Lit.: →Livland [V. NIITEMAA, 1949; 1952; F. BENNINGHOVEN, 1961; P. JOHANSEN, Hanse und Livland, 1961; P. JOHANSEN–H. V. ZUR MÜHLEN, 1973] – →Riga, →Reval, →Dorpat, →Narva, →Pernau, →Fellin.

K. Rus'

Die S. der Rus' kann als multifunktionale, ständige Siedlung mit Festung (*krom,* →Kreml', *detinec*), Verwaltungsmittelpunkt (einer fsl., seit dem 12. Jh. auch nichtfsl. Burg; →Burg, C. XIV), kirchl. Zentrum und kaufmännisch-handwerkl. →Suburbium definiert werden. S.e entstanden auf unterschiedl. Weise: aus Zufluchtsorten ohne ständige Bevölkerung, aus Befestigungen bzw. Kultstätten des Typs der Burgwälle, aus *grady* (→Gorod) im eigtl. Sinne, d. h. befestigten Gemeinde- und Stammessiedlungen, in denen Handwerk und Verwaltung konzentriert waren, aus Zentren des überregionalen Handels oder als geplante Gründungen (A. V. KUZA, B. A. TIMOŠČUK, I. JA. FROJANOV, C. GOEHRKE, H. RÜSS, E. MÜHLE u. a.).

Viele dieser Entstehungsweisen wurden verabsolutiert und als einzig mögliche dargestellt. Daraus gingen die Außenhandelstheorie (V. O. KLJUČEVSKIJ), die Handwerks- und Handelstheorie (M. N. TICHOMIROV, B. A. RYBAKOV) sowie die Verwaltungstheorie (I. JA. FROJANOV) der S.entstehung hervor. Die präurbane Periode reichte bis zum Beginn des 11. Jh., die frühstädt. bis zur Mitte des 12. Jh., die Blütezeit bis zum Mongolensturm (C. GOEHRKE, V. KUZA). Für das 12. Jh. wurden 100 (P. A. RAPPOPORT), 150 (V. KUZA) oder sogar 300 (M. N. TICHOMIROV) S.e angenommen. Die Fläche der Festung erreichte 2, 5 ha, das Suburbium mit der freien Bevölkerung aus Kaufleuten und Handwerkern war bedeutend größer. Die Bevölkerungszahl schwankte im allgemeinen von 2–3000 bis 11–15 000. →Novgorod hatte im 12. und 13. Jh. 20–30 000, →Kiev sogar um 50000 Einwohner.

Handwerker (mehr als 100 verschiedene Handwerksberufe sind bekannt) und Kleinhändler beschäftigten sich zusätzl. mit Gartenbau und Viehzucht. Mit dem freien Handwerk konkurrierte die unfreie Arbeit der →Sklaven von Fs.en und →Bojaren. Ausgebildete Zünfte fehlten, doch wurden Spezifika einer Zunftorganisation im Zusammenwohnen von Angehörigen desselben Handwerksberufes, in Patronatskirchen usw. gesehen (M. N. TICHOMIROV, B. A. RYBAKOV). Die bekanntesten Kaufmannsorganisationen sind die Ivan-Hundertschaft ('Ivanskoe sto') in Novgorod (12.–13. Jh.) und die Vereinigung der 'Surožane' in Moskau (15. Jh.). Der Kampf der freien S.gemeinde für kommunale Freiheiten im 11.–13. Jh. führte zur Fixierung von Vertragsverhältnissen zw. Fs. und S. in der Form des *rjad* (K. ZERNACK, V. T. PAŠUTO), der die Rechte und Verpflichtungen beider Seiten bestimmte (Novgorod, →Pskov, →Polock, →Smolensk, →Vitebsk und Kiev). Stabile Organe der Selbstverwaltung bestanden in Novgorod und Pskov, und zwar in Gestalt der *gospoda*, die aus der oberen Bojarenschicht gewählt wurde (V. L. JANIN, I. O. KOLOSOVA, G. PICKHAN), und des unregelmäßig zusammentretenden →*Veče*, einer Versammlung freier Städter. Der Mongolensturm und das Tatarenjoch, die eine demograph. Krise in dem ohnehin dünn besiedelten Land zur Folge hatten, förderten die Agrarisierung der Wirtschaft, schwächten die S.gemeinden und verzögerten die Entwicklung der S.e stark. Die Wiederbelebung des städt. Lebens und die Neuentstehung von S.en begannen am Ende des 14. Jh. im NO, im 15. Jh. im S der Rus'.   A. Choroškevič

Lit.: HGeschRußlands 1, I, 394–399 [Lit. bis 1980] – Drevnjaja Rus'. Gorod, zamok, selo, 1985 – I. JA. FROJANOV–A. JU. DVORNIČENKO, Goroda-gosudarstva Drevnej Rusi, 1988 – A. V. KUZA, Malye goroda Drevnej Rusi, 1989 – B. A. TIMOŠČUK, Vostočno-slavjanskaja obščina VI.–X. vv., 1990 – E. MÜHLE, Die städt. Handelszentren der nordwestl. Rus', 1991 – G. PICKHAN, Gospodin Pskov. Entstehung und Entwicklung eines städt. Herrschaftszentrums in Altrußland, 1992.

(Fortsetzung des Artikels Stadt in Band VIII)

MITARBEITER DES SIEBENTEN BANDES

Das Verzeichnis beruht auf Angaben der Mitarbeiter der Lieferungen 1–10, die von 1994 bis 1995 erschienen sind.

Alessio, Gian Carlo, Venezia
Algar, Hamid, Berkeley
Allmand, Christopher T., Liverpool
Alonso-Núñez, José M., Madrid
Althoff, Gerhard, Bonn
Álvarez Álvarez, César, León
Ambrosioni, Annamaria, Milano
Ament, Hermann, Mainz
Andermann, Kurt, Karlsruhe
Angenendt, Arnold, Münster (Westf.)
Angermann, Norbert, Hamburg
Anton, Hans H., Trier
Anzelewsky, Fedja, Berlin
Aris, Marc-Aeilko, Trier
Arnaldi, Girolamo, Roma
Asperti, Stefano, Roma
Aßfalg, Julius, München
Auer, Leopold, Wien
Autrand, Françoise, Paris
Avella-Widhalm, Gloria-Maria, München
Avonds, Piet, Antwerpen

Backes, Herbert, Saarbrücken
Backhouse, Janet, London
Bagge, Sverre, Bergen
Bak, János M., Budapest
Balard, Michel, Paris
Banaszkiewicz, Jacek, Warszawa
Barone, Giulia, Roma
Barrow, Geoffrey W. S., Edinburgh
Barrow, Julia S., Nottingham
Batlle, Carmen, Barcelona
Battenberg, J. Friedrich, Darmstadt
Bauchau, Blanche, Roma
Bauer, Thomas, Trier
Baum, Hans-Peter, Würzburg
Baumeister, Theofried, Mainz
Bäumer, Remigius, Freiburg i. Br.

Baumgärtner, Ingrid, Augsburg
Bauschke, Ricarda, Berlin
Becker, Hans-Jürgen, Regensburg
Beckers, Hartmut, Münster (Westf.)
Beckmann, Jan P., Hagen
Behrmann, Thomas, Münster (Westf.)
Beinert, Wolfgang, Regensburg
Belke, Klaus, Wien
Benninghoven, Friedrich, Berlin
Berg, Dieter, Hannover
Bergdolt, Klaus, Köln
Berger, Harald, Graz
Berghaus, Peter, Münster (Westf.)
Berlioz, Jacques, Lyon
Bernhard, Michael, München
Bernt, Günter, München
Bertolucci Pizzorusso, Valeria, Pisa
Beumann, Helmut †
Bianchi, Rossella, Roma
Biedermann, Hermenegild M., OSA †
Billot, Claudine, Paris
Binding, Günther, Köln
Bischofberger, Hermann, Brunnen
Bitterling, Klaus, Berlin
Blagojević, Miloš, Beograd
Blanár, Vincent, Bratislava
Blaschke, Karlheinz, Friedewald
Bocken, Inigo, Antwerpen
Bodart, Emmanuel, Namur
Bohm, Eberhard, Berlin
Bohn, Thomas, Berlin
Böhringer, Letha, Köln
Bompaire, Marc, Sèvres
Boockmann, Hartmut, Berlin; Göttingen
Boone, Marc, Gent
Borchardt, Karl, Würzburg
Bordone, Renato, Torino
Borgolte, Michael, Berlin

Borkopp, Birgitt, Nürnberg
Bormann, Karl, Köln
Börner, Johannes, Hamburg
Bourgain, Pascale, Paris
Braasch-Schwersmann, Ursula, Marburg a. d. Lahn
Brachmann, Hansjürgen, Berlin
Brandes, Wolfram, Frankfurt a. M.
Breidert, Wolfgang, Karlsruhe
Brennecke, Hanns Ch., Erlangen-Nürnberg
Bresc, Henri, Paris
Briesemeister, Dietrich, Berlin
Brieskorn, Norbert, SJ, München
Brisch, Klaus, Berlin
Brodersen, Kai, München
Brodt, Bärbel, London
Brown, Alfred L., Glasgow
Browning, B. Robert, London
Brück, Thomas, Greifswald
Brüggemann, Karsten, Hamburg
Brühl, Carlrichard, Düsseldorf
Brunckhorst, Almut, Hamburg
Brunhölzl, Franz, München
Bruni, Francesco, Venezia
Brunner, Horst, Würzburg
Buck, August, Marburg a. d. Lahn
Bullough, Donald, A., St. Andrews
Bulst, Neithard, Bielefeld
Bünz, Enno, Jena
Bur, Michel, Nancy
Burgmann, Ludwig, Frankfurt a. M.
Burkhart, Dagmar, Hamburg

Caals, Leo, OPraem, Roma

Caie, Graham D., Glasgow
Caille, Jacqueline, Montpellier
Cameron, Alan, Edinburgh
Campanati Farioli, Raffaella, Ravenna
Capovilla, Guido, Padova
Capuzzo, Ester, Roma
Cardini, Franco, Firenze
Carlen, Louis, Brig
Carpenter, David A., London
Castellaccio, Angelo, Cagliari
Casula, Francesco C., Cagliari
Cauchies, Jean-Marie, Bruxelles
Cavanna, Adriano, Milano
Cesarini Martinelli, Lucia, Firenze
Chadour, Anna B., Münster (Westf.)
Charles-Edwards, Thomas M., Oxford
Charon, Annie, Paris
Chauney-Bouillot, Martine, Dijon
Chédeville, André, Rennes
Cheney, Jean-Claude, Paris
Chiodi, Giovanni, Milano
Chittolini, Giorgio, Milano
Chomel, Vital, Grenoble
Choroškevič, A. Leonidovna, Moskva
Chropovsky, Bohuslav, Nitra
Ciccarelli, Diego, OFM, Palermo
Ćirković, Sima, Beograd
Coigneau, Dirk, Gent
Contamine, Philippe, Paris
Conti, Pier Maria, La Spezia
Coppini, Donatella, Firenze
Cordes, Albrecht, Freiburg i. Br.
Corner, David J., St. Andrews

Corsi, Pasquale, Bari
Corsten, Severin, Bonn
Cortesi, Mariarosa, Cremona
Coulet, Noël, Aix-en-Provence
Courth, Franz, SAC, Vallendar
Coutaz, Gilbert, Lausanne
Cramer, Winfrid, OSB, Münster (Westf.)
Crawford, Barbara E., St. Andrews
Critchley, John S., Exeter
Csendes, Peter, Wien
Cuozzo, Errico, Napoli
Cupane, Carolina, Wien
Cursente, Benoît, Nice

Dahlbäck, Göran, Stockholm
D'Alessandro, Vincenzo, Palermo
Daxelmüller, Christoph, Regensburg
Declercq, Georges, Gent
Decorte, Jos N. J., Leuven
De Leo, Pietro, Roges di Rende/Cosenza
Dell'Omo, Mariano-Antimo, OSB, Abbazia di Montecassino
Delmaire, Bernard, Lille
Delogu, Paolo, Roma
Démians d'Archimbaud, Gabrielle, Aix-en-Provence
Demotz, Bernard, Lyon
Denton, Jeffrey H., Manchester
Despy, Georges, Bruxelles
Devailly, Guy, Rennes
Diago Hernando, Maximo, Madrid
Dietz, Klaus, Berlin
Dilg, Peter, Marburg a. d. Lahn
Dilger, Konrad, Hamburg
Diller, Hans-Jürgen, Bochum
Dini, Bruno, Firenze
Dinzelbacher, Peter, Salzburg
Dirlmeier, Ulf, Siegen
Ditsche, Magnus, Bonn
Djurič, Vojislav J., Beograd
Dobson, Richard B., Cambridge
Doerfer, Gerhard, Göttingen
Dold-Samplonius, Yvonne, Heidelberg
Dopsch, Heinz, Salzburg
Dralle, Lothar, Gießen
Dreyer, Mechthild, Bonn

Drüppel, Hubert, Würzburg
Dubielzig, Uwe, München
Dubuis, François-Olivier, Sion
Düchting, Reinhard, Heidelberg

Ebel, Friedrich, Berlin
Ebel, Uda, Würzburg
Eberl, Immo, Ellwangen
Ebner, Herwig, Graz
Eckermann, Karl W., Vechta
Eckert, Willehad P., OP, Düsseldorf
Ehlers, Joachim, Berlin
Ehrhardt, Harald, Oberursel
Eideneier, Hans, Hamburg
Elbern, Victor H., Berlin
Elders, Leo J., Kerkrade
Elkar, Rainer S., Siegen
Elm, Kaspar, Berlin
Elmshäuser, Konrad, Stade
Endrei, Walter, Budapest
Engels, Heinz-Josef, Speyer
Engels, Odilo, Köln
Engemann, Josef, München; Golling
Epperlein, Siegfried, Neuenhagen
Erb, Rainer, Berlin
Erkens, Franz-Reiner, Leipzig
Escher, Felix, Berlin
Estepa Diéz, Carlos, Madrid
v. Euw, Anton, Köln

Fahlbusch, Friedrich Bernward, Bonn
Falcón, Isabel, Zaragoza
Faroqhi, Suraiya, München
Favreau, Robert, Poitiers
Fees, Irmgard, Gießen
Feige, Peter, Madrid
Felten, Franz J., Halle-Wittenberg
Feo, Michele, Pisa
Ferjančić, Božidar, Beograd
Feulner, Hans-Jürgen, Tübingen
Fiebig, Annegret, Berlin
Filip, Václav, Chieti
Fischer, Klaus-Dietrich, Mainz
Flachenecker, Helmut, Eichstätt
Fleckenstein, Josef, Göttingen

Flemming, Barbara, 's-Gravenhage
Fodale, Salvatore, Palermo
Fögen, Marie Th., Zürich
Folkerts, Menso, München
Forey, Alan, Durham
Fößel, Amalie, Bayreuth
Fouquet, Gerhard, Siegen
Fournier, Gabriel, Chamalières
Frank, Karl Suso, OFM, Freiburg i. Br.
Frantzen, Allen J., Chicago
Franz, Ansgar, Mainz
Frenken, Ansgar, Augsburg
Frenz, Thomas, Passau
Freund, Stephan, Jena
Fried, Pankraz, Augsburg
Frioli, Donatella, Trento
Fuchs, Franz, Mannheim
Fuhrmann, Bernd, Siegen
Fuhrmann, Horst, München

Gabriel, Erich, Wien
Gabriel, Ingo, Schleswig
Gaffuri, Laura, Padova
Gahbauer, Ferdinand R., OSB, Kl. Ettal
Gamber, Ortwin, Wien
Gamillscheg, Ernst, Wien
Gansweidt, Birgit, Berlin
García Oro, José, Santiago de Compostela
Gasnault, Marie-Claire, Sceaux
Gasparri, Stefano, Venezia
Gawlas, Sławomir, Warszawa
Gawlik, Alfred, München
Gazeau, Véronique, Le Mans
George, Philippe, Liège
Georgi, Wolfgang, Köln
Gerabek, Werner, Würzburg
Gerhards, Albert, Bonn
Gerlich, Alois, Mainz
Gerstl, Doris, Regensburg
Gerwing, Manfred, Bochum
Gier, Albert, Bamberg
Gieysztor, Aleksander, Warszawa
Gilles, Henri, Toulouse
Gilomen, Hans-Jörg, Zürich
Gilomen-Schenkel, Elsanne, Basel
Giunta, Francesco †
Giustiniani, Vito R., Freiburg i. Br.

Gjuzelev, Vassil, Sofia
Glatthaar, Michael, Freiburg i. Br.
Glauche, Günter, München
Gleißner, Reinhard, Regensburg
Gnädinger, Louise, Zürich
Göckenjan, Hansgerd, Gießen
Goldstein, Ivo, Zagreb
Golinelli, Paolo, Verona
Göller, Jutta, Regensburg
Göller, Karl H., Regensburg
Golob, Nataša, Ljubljana
Gombocz, Wolfgang L., Graz
Gómez-Montero, Janvier, Köln
Goodman, Anthony, Edinburgh
Görlach, Manfred, Köln
Gottzmann, Carola L., Leipzig
Grabes, Herbert, Gießen
Graf, Klaus, Koblenz
Grams-Thieme, Marion, Köln
Graßmann, Antjekathrin, Lübeck
Griffiths, Ralph A., Swansea
Grohe, Johannes, Aachen
Große, Rolf, Paris
Groten, Manfred, Köln
Gruber, Joachim, München
Grünbart, Michael, Wien
Grünbeck, Elisabeth, Freiburg i. Br.
Grünberg-Dröge, Monika, Köln
Gschwind, Charlotte, Zürich
Guillotel, Hubert, Paris
Gutkas, Karl, Wien
Guyotjeannin, Olivier, Boulogne
Györffy, György, Budapest

Haage, Bernhard D., Mannheim
Haase, Claus-Peter, Kiel
Hafner, Stanislaus, Graz
Hage, A. L. H., Wassenaar
Hageneder, Othmar, Wien
Hägermann, Dieter, Bremen
Haider, Siegfried, Linz
Haimerl, Edgar, Salzburg
Haines, Roy Martin, Somerset
Hälg-Steffen, Franziska, Zürich

Halm, Heinz, Tübingen
Hannick, Christian, Würzburg
Harding, Alan, Liverpool
Harriss, Gerald L., Oxford
Härtel, Reinhard, Graz
Harth, Helene, Potsdam
Hässler, Hans-Jürgen, Hannover
Hausmann, Frank-Rutger, Freiburg i. Br.
Häußling, Angelus A., OSB, Maria Laach; Benediktbeuern
Haustein, Jens, Jena
Haverals, Marcel, Leuven
Hayez, Michel, Avignon
Hedwig, Andreas, Wiesbaden
Heidemann, Stefan, Berlin
Heinemann, Hartmut, Wiesbaden
Heinemeyer, Karl, Marburg a. d. Lahn
Heinig, Paul-Joachim, Mainz
Heinrich, Gerd, Berlin
Heinzelmann, Martin, Paris
Heinzle, Joachim, Marburg a. d. Lahn
Heit, Alfred, Trier
Hellmuth, Doris, Freiburg i. Br.
Helmrath, Johannes, Köln
Helsen, Johan, Tongeren
Hemann, Friedrich-Wilhelm, Münster (Westf.)
Hemptinne, Thérèse, Gent
Herbers, Klaus, Tübingen
Herborn, Wolfgang, Bonn
Herde, Peter, Würzburg
Hergemöller, Bernd-Ulrich, Münster (Westf.)
Herrmann, Hans-Walter, Riegelsberg
Herrmann, Joachim, Berlin
Heß, Wolfgang, Icking-Irschenhausen
Heyen, Franz-Josef, Koblenz
Heyse, Elisabeth, München
Hiestand, Rudolf, Düsseldorf
Higounet-Nadal, Arlette, Bordeaux
Hild, Friedrich, Wien
Hill, Lamar M., Irvine
Hill, Thomas, Kiel
Hilsch, Peter, Tübingen

Hingst, Kai-Michael, Hamburg
Hinterberger, Martin, Wien
Hinz, Hermann, Tübingen
Hlaváček, Ivan, Praha
Hlawitschka, Eduard, München
Hödl, Günther, Klagenfurt
Hödl, Ludwig, Bochum
Hoeges, Dirk, Hannover
Hoffmann, Detlef, Oldenburg
Hoffmann, Erich, Kiel
Hoffmann, Lars M., Mainz
Holenstein, Stefan, Zürich
Homann, Hans-Dieter, Münster (Westf.)
Hoquet, Jean-Claude, Villeneuve d'Ascq
Hörandner, Wolfram, Wien
Horst, Ulrich, München
Horstkötter, Ludger, OPraem, Hamborn
Houben, Hubert, Lecce
Hübner, Reinhard M., München
Hudson, John G. H., St. Andrews
Hundsbichler, Helmut, Krems/Donau
Hünemörder, Christian, Hamburg
Hunger, Herbert, Wien
Hye, Franz-Heinz, Innsbruck

Imbach, Ruedi, Fribourg
Ioannidou, Alexandra, Athinä
Isenmann, Eberhard, Bochum

Jacobi, Klaus A., Freiburg i. Br.
Jacobsen, Peter Ch., Erlangen
Jacoby, David, Jerusalem
Jacquart, Danielle, Paris
Jaeckel, Peter, München
Jäger, Helmut, Würzburg
Jäggi, Carola, Basel
Jahn, Wolfgang, München
Jähnig, Bernhart, Berlin
Janotta, Christine E., Salzburg
Janssen, Wilhelm, Bonn
Janssens, J. D., Brüssel
Jaritz, Gerhard, Krems/Donau
Jarnut, Jörg, Paderborn
Jászai, Géza, Münster (Westf.)

Jauernig-Hofmann, Birgit, Hallstadt
Jeck, Udo R., Wetter
Jenni, Ulrike, Wien
Jeudy, Colette, Paris
Johanek, Peter, Münster (Westf.)
Jones, Michael Ch. E., Nottingham
De Jong, Everard, Kerkrade
Joris, André, Sart-lez-Spa
Jung, Marc-René, Zürich
Junk, Heinz-K., Münster (Westf.)
Jütte, Robert, Stuttgart
Jüttner, Guido, Berlin

Kaczynski, Reiner, München
Kadlec, Jaroslav, Litoměřice
Kaiser, Reinhold, Zürich
Kalić, Jovanka, Beograd
Kaminsky, Hans H., Gießen
Kamp, Norbert, Braunschweig
Kämpfer, Frank, Münster (Westf.)
Karpp, Gerhard, Düsseldorf
Keene, Derek J., London
Keil, Gundolf, Würzburg
Kejř, Jiří, Praha
Kersken, Norbert, Buxtehude
Kesting, Peter, Würzburg
Kiaupa, Zigmuntas, Vilnius
Kiaupiene, Jurate, Vilnius
Kießling, Rolf, Eichstätt
Kindermann, Udo, Köln
Kintzinger, Martin, Berlin
Kislinger, Ewald, Wien
Klein, Richard, Erlangen-Nürnberg
Klemm, Christian, Zürich
Klöckener, Martin, Trier
Klopsch, Paul, Erlangen-Nürnberg
Knape, Joachim, Tübingen
Knapp, Fritz P., Kiel
Knowles, Clive H., Cardiff
Knuuttila, Simo, Helsinki
Köbler, Gerhard, Innsbruck
Koch, Walter, München
Kocher, Gernot, Graz
Koder, Johannes, Wien
Kolias, Taxiarchis G., Ioannina
Koller, Fritz, Salzburg
Koller, Heinrich, Salzburg
Koller, Walter, Zürich

Kolmer, Lothar, Maxhütte
Kölzer, Theo, Bonn
Korać, Vojislav, Zemun
Körndle, Franz, München
Körntgen, Ludger, Regensburg
Kraft, Ekkehard, Heidelberg
Krah, Adelheid, München
Kramer, Karl S., Dießen
Kranemann, Benedikt, Trier
Kreiker, Sebastian, Göttingen
Kreiser, Klaus, Bamberg
Krekić, Bariša, Los Angeles
Kretzschmar, Robert, Stuttgart
Kreuzer, Georg, Augsburg
Kroeschell, Karl, Freiburg i. Br.
Krüger, Karl-Heinrich, Münster (Westf.)
Kubinyi, András, Budapest
Kuhlen, Franz-Josef, Marburg a. d. Lahn
Kühnel, Harry †
Kulcsár, Peter, Budapest
Kunze, Konrad, Freiburg i. Br.
Kupper, Jean-Louis, Liège
Küppers, Kurt, Augsburg
Kurze, Dietrich, Berlin
Kurze, Wilhelm, Roma

Laarmann, Matthias, Bochum
Labuda, Gerard, Poznań
Ladero Quesada, Miguel A., Madrid
Ladner, Pascal, Fribourg
Lagler, Kerstin, Mössingen
Lalinde Abadía, Jesús, Barcelona
Lalou, Elisabeth, Paris
La Penna, Antonio, Firenze
Lartigaut, Jean, Pontcirq
Laudage, Johannes, Köln
Lauer, Hans H., Marburg a. d. Lahn
Laur, Wolfgang, Schleswig
Lebecq, Stéphane, Lille
Lechner, Gregor M., OSB, Stift Göttweig
Leciejewicz, Lech, Wrocław
Leguay, Jean-Pierre, Rouen
Leibold, Gerhard, München

Lendinara, Patricia, Palermo
Leng, Rainer, Würzburg
van Lengen, Hajo, Aurich
Leroy, Béatrice, Biarritz
Leuchtmann, Horst, München
Leven, Karl-Heinz, Freiburg i. Br.
Lieb, Hans, Schaffhausen
Liebertz-Grün, Ursula, Köln
Lieberwirth, Rolf, Halle
Liebl, Ulrike, Regensburg
Lindgren, Uta, Bayreuth
Lohr, Charles, Freiburg i. Br.
Longère, Jean, Paris
Lorenz, Sönke, Tübingen
Losert, Hans, Bamberg
Lotter, Friedrich, Kassel
Lübke, Christian, Berlin
Lucken, Christopher, Genf
Lückerath, Carl A., Köln
Ludwig, Karl-Heinz, Bremen
Lugon, A., Sion
Lunari, Marco, Milano
Lund, Niels, København
Luzzati, Michele, Pisa
Luzzati Laganà, Francesca, Pisa
Lyon, Bryce, Providence, R. I.

Machilek, Franz, Bamberg
McEvoy, James, Louvain-la-Neuve
Mac Niocaill, Gearóid, Galway
Magdalino, Paul, St. Andrews
Maisano, Riccardo, Napoli
Majeska, George P., Maryland
Makris, Georgios, Köln
Maksimović, Ljubomir, Beograd
Maleczek, Werner, Graz
Maltese, Enrico V., Albisola
Marazzi, Federico, Roma
Margaroli, Paolo, Milano
Markus, Manfred, Innsbruck
Marsina, Richard, Bratislava
Massa, Paola, Genova
Matschke, Klaus-Peter, Leipzig
Mattejiet, Roswitha, München
Mattejiet, Ulrich, München

Maurer, Helmut, Konstanz
Mazal, Otto, Wien
Mehl, Dieter, Königswinter
Meibeyer, Wolfgang, Braunschweig
Menjot, Denis, Strasbourg
Menniti Ippolito, Antonio, Roma
Menzel, Josef J., Mainz
Merlo, Grado G., Torino
Mertens, Volker, Berlin
Meßner, Reinhart, Innsbruck
Mettmann, Walter, Köln
Meyer, Hans Bernhard, SJ, Innsbruck
Michalowska, Teresa, Warszawa
Michaud-Fréjaville, Françoise, Orléans
Middeldorf-Kosegarten, Antje, Göttingen
Miethke, Jürgen, Heidelberg
Militzer, Klaus, Köln
Mischlewski, Adalbert, Grafing
Mitsch, Ralf, Mannheim
Modigliani, Anna, Roma
Moeller, Bernd, Göttingen
Möhring, Hannes, Tübingen
Mojsisch, Burkhard, Bochum
Mollat, Michel, Paris
Moraw, Peter, Gießen
Mordek, Hubert, Freiburg i. Br.
Morelle, Laurent, Paris
Moser, Peter, Bamberg
Moyse, Gerard, Vesoul
von zur Mühlen, Heinz, Neubiberg
Mühlethaler, Jean-Claude, Lausanne
Müller, Heribert, Köln
Müller, Irmgard, Bochum
Müller, Ulrich, Salzburg
Müller-Mertens, Eckhard, Berlin
Munić, Darinko, Rijeka
von Mutius, Hans-Georg, München

Nagel, Tilman, Göttingen
Nagorni, Dragan, München
von der Nahmer, Dieter, Hamburg
Nardi, Paolo, Siena
Naß, Klaus, Wolfenbüttel
Nazarenko, Alexander, Moskva

Nehlsen-v. Stryk, Karin, Köln
Neuenschwander, Erwin, Zürich
Neumann, Christoph K., Istanbul
Newhauser, Richard, San Antonio, Texas
Nilgen, Ursula, München
Nitsche, Peter, Kiel
Nonn, Ulrich, Bonn
North, John D., Groningen
Noser, Otmar, Solothurn
Noth, Albrecht, Hamburg
Novarese, Daniela, Messina
Nyberg, Tore S., Odense

Obenaus, Herbert, Hannover
Ochmański, Jerzy, Poznań
Ó Cróinín, Dáibhí, Galway
Oexle, Otto G., Göttingen
Offenberg, Adrian K., Amsterdam
Ohler, Norbert, Freiburg i. Br.
Okasha, Elisabeth, Cork
Onasch, Konrad, Halle (Saale)
Orioli, Raniero, Roma
Orlandi, Giovanni, Milano
Oro, José G., Santiago de Compostela
Orth, Peter, Erlangen-Nürnberg
Otorepec, Božo, Ljubljana
Ott, Hugo, Freiburg i. Br.
Ott, Norbert H., München
Overgaauw, Eef A., Berlin
Ozols, Jakob, Bonn

Pabst, Angela, Erlangen-Nürnberg
Pabst, Bernhard, Erlangen-Nürnberg
v. Padberg, Lutz, Paderborn
Pailhes, Claudine, Foix
Paravicini, Werner, Paris
Parisse, Michel, Nancy
Pásztor, Edith, Roma
Patschovsky, Alexander, Konstanz
Pattin, Adriaan, Mechelen
Peppermüller, Rolf, Bochum
Pérez Rodríguez, Estrella, Valladolid
Petersohn, Jürgen, Marburg a. d. Lahn
Petke, Wolfgang, Göttingen

Petschar, Hans, Wien
Petti Balbi, Giovanna, Parma
Petzolt, Martin, Würzburg
Philipps, Jonathan P., York
Pickhan, Gertrud, Hamburg
Picone, Michelangelo, Zürich
Pieler, Peter E., Wien
Pietschmann, Horst, Hamburg
Pini, Antonio J., Bologna
Piovan, Francesco, Padova
Pischke, Gudrun, Bühren
Piskorski, Jan M., Poznań
Pitz, Ernst, Berlin
Plank, Peter, OSA, Würzburg
Podskalsky, Gerhard, SJ, Frankfurt a. M.
Poeschke, Joachim, Münster (Westf.)
Pohl, Hans, Bonn
Pohl, Werner, Augsburg
Pohlkamp, Wilhelm, Münster (Westf.)
Polívka, Miloslav, Praha
Poljakov, Fedor B., Köln
Poppe, Andrzej, Warszawa
Potestà, Gian L., Milano
Pototschnig, Franz, Salzburg
Poulin, Joseph-Claude, Quebec
Poulle, Béatrice, Caen
Praßl, Franz K., Graz
Prelog, Jan, München
Preto, Paolo, Vicenza
Prevenier, Walter, Gent
Prinz, Friedrich, München
Prinzing, Günter, Mainz
Prosperetti Ercoli, Fiorella, Milano
Provero, Luigi, Torino
Prügl, Thomas, München
Puhle, Matthias, Braunschweig
Pulega, Andrea, Milano
Putallaz, François-X., Sion
Puza, Richard, Tübingen

Quadlbauer, Franz, Seekirchen
Quinto, Riccardo, Padova

Rábade Obradó, María del Pilar, Madrid
Rabikauskas, Paulius, SJ, Roma
Racine, Pierre, Strasbourg
Rädle, Fidelis, Göttingen

MITARBEITER

Rädlinger, Christine, München
Radtke, Christian, Schleswig
Ragep, F. Jamil, Norman, Oklahoma
Ranft, Andreas, Kiel
Ranieri, Filippo, Rostock
Rapanić, Željko, Zagreb
Rapp, Francis, Strasbourg
Redigonda, Luigi, OP, Bologna
Rees, Wilhelm, Bamberg
Reichl, Karl, Bonn
Reifenberg, Hermann, Mainz
Reinicke, Christian, Düsseldorf
Reinle, Adolf, Zürich
Reith, Reinhold, Berlin
Rener, Monika, Marburg a. d. Lahn
Renoux, Annie, Le Mans
Renzo Villata, Maria Gigliola di, Milano
Restle, Marcell St., München
Reynart, Joris, Gent
Richard, Jean, Dijon
Ricklin, Thomas, Fribourg
Riedlinger, Helmut, Freiburg i. Br.
Riedmann, Josef, Innsbruck
Riehle, Wolfgang, Graz
Rigaudière, Albert, Paris
Riis, Thomas, Kiel
Rippa Bonati, Maurizio, Padova
Roberg, Burkhard, Bonn
Rohde, Saskia, Hamburg
Röhrkasten, Jens, Birmingham
Rolle, Renate, Hamburg
Romer, Hermann, Zürich
Rösener, Werner, Göttingen
Rosenwein, Barbara H., Chicago, Ill.
Rossi, Luciano, Zürich
Roth, Andreas, Mainz
Roth, Gunhild, Münster (Westf.)
Rottenwöhrer, Gerhard, München
Rübsamen, Dieter, Mainz
Rudolph, Ulrich, Göttingen
Rumpf, Marianne, Berlin
Ruppert, Godehard, Bamberg
Russocki, Stanisław, Warszawa
Rüther, Andreas, Berlin
Ryckaert, Marc, Brugge

Salvatori, Enrica, Monterosso al Mare
Samsonowicz, Henryk, Warszawa
Sander-Berke, Antje, Schwerin
Sandmann, Mechthild, Münster (Westf.)
Sanfilippo, Mario, Roma
Sansone, Giuseppe E., Roma
Sappler, Paul, Tübingen
Saracco Previdi, Emilia, Macerata
Sauer, Albrecht, Bremerhaven
Sauer, Hans, Dresden
Sauer, Walter, Heidelberg
Sauser, Ekkart, Trier
Sawyer, Peter H., Skara
Saxer, Victor, Roma
Schaller, Hans M., München; Zorneding
Scheffczyk, Leo, München
Schein, Sylvia, Haifa
Schellewald, Barbara, Hamburg
Scherner, Karl O., Mannheim
Schich, Winfried, Berlin
Schieffer, Rudolf, München
Schiewer, Hans-Jochen, Berlin
Schild, Wolfgang, Bielefeld
Schipperges, Heinrich, Heidelberg
Schlageter, Johannes, OFM, Schmalkalden
Schlosser, Marianne, München
Schmalzbauer, Gudrun, Trier
Schmeidler, Felix, München
Schmid, Alois, Eichstätt
Schmid, Bernhold, München
Schmid, Peter, Konstanz
Schmidt, Fritz, Heidelberg
Schmidt, Hans-Joachim, Marburg a. d. Lahn
Schmidt, Heinrich, Oldenburg
Schmidt, Paul G., Freiburg i. Br.
Schmidt, Roderich, Marburg a. d. Lahn
Schmidt-Wiegand, Ruth, Münster (Westf.)
Schminck, Andreas, Frankfurt a. M.
Schmitt, Michael, Münster (Westf.)

Schmitt, Wolfram, Saarbrücken
Schmitz, Rolf P., Köln
Schmugge, Ludwig, Zürich
Schnall, Uwe, Bremerhaven
Schneider, Herbert, München
Schneider, Joachim, Würzburg
Schneider, Johannes, München
Schneider, Notker, Köln
Schneidmüller, Bernd, Bamberg
Schnerb, Bertrand, Paris
Schnerb-Lièvre, Marion, Paris
Schnith, Karl, München
Scholz, Birgit, Hamburg
Schönberger, Rolf, München
Schott, Clausdieter, Zürich
Schottky, Martin, Berlin
Schreiner, Peter, Köln
Schrimpf, Gangolf, Fulda
Schubert, Ernst, Göttingen
Schuler, Peter-Johannes, Potsdam
Schuller, Wolfgang, Konstanz
Schulze, Ursula, Berlin
Schupp, Volker, Freiburg i. Br.
Schwab, Ingo, Schondorf
Schwaiger, Georg, München
Schwarzmaier, Hansmartin, Karlsruhe
Schwenk, Bernd, Niedererbach
Schwenk, Sigrid, Göttingen
Schwertl, Gerhard, Landshut
Schwind, Fred, Marburg a. d. Lahn
Scorza Barcellona, Francesco, Roma
Seebohm, Allmuth, München
Seibert, Hubert, Mainz
Seibt, Werner, Wien
Seidel, Kurt O., Bielefeld
Semmler, Josef, Düsseldorf
Senner, Walter, OP, Köln
Sergi, Giuseppe, Torino
Sesiano, Jacques, Lausanne
Seyfarth, Jutta, Köln
Shippey, T. A., St. Louis
Short, Ian, London

Sicking, Louis H. J., Leiden
Simbula, Pinuccia S., Cagliari
Simek, Rudolf, Wien
Simon, Jürgen, Hamburg
Simoni Balis Crema, Fiorella, Roma
Singer, Hans-Rudolf, Mainz-Germersheim
Šmahel, František, Praha
Sonderegger, Stefan, Zürich
Soustal, Peter, Wien
Speer, Andreas, Köln
Spiegel, Joachim, München
Spies, Hans-Bernd, Aschaffenburg
Spieß, Karl-Heinz, Greifswald
Spilling, Herrad, Stuttgart
Spinelli, Giovanni, OSB, Pontida
Spitzbart, Günter, Herscheid
Sprandel, Rolf, Würzburg
Spruyt, Joke, Maastricht
Stadler, Christoph, Radolfzell
Stanesco, Michel, Strasbourg
Stefánsson, Magnús, Bergen
Steigerwald, Gerhard, Nürtingen
Steindorff, Ludwig, Münster (Westf.)
Stelzer, Winfried, Wien
Stemmler, Theo, Mannheim
Steppan, Thomas, Innsbruck
Stettler, Bernhard, Zürich
Štih, Peter, Ljubljana
Stirnimann, Heinrich, Fribourg
Stohlmann, Jürgen, Köln
Stoll, Ulrich, Marburg a. d. Lahn
Storey, Robin L., Carlisle
Störmer, Wilhelm, München
Stratmann, Martina, München
Strubel, Armand, Poulx
Struve, Tilman, Wuppertal
Strzelczyk, Jerzy, Poznań
Studt, Birgit, Münster (Westf.)
Suhling, Lothar, Mannheim
Szabó, Thomas, Göttingen
Szarmach, Paul E., Kalamazoo, MI

Tabacco, Giovanni, Torino
Telle, Joachim, Nürtingen-Hardt
Thaler, Anton, Fulda
Thein, Maria-Luise, Würzburg
Thomas, Heinz, Bonn
Thorau, Peter, Saarbrücken
Thoss, Dagmar, Wien
Tietze, Andreas, Wien
Tiftixoglu, Viktor, München
Tinnefeld, Franz, München
Todt, Klaus-Peter, Mainz
Toubert, Pierre, Paris; Roma
Trachsler, Richard, Paris
Tramontana, Salvatore, Messina
Třeštík, Dušan, Praha
Tripps, Manfred, Heilbronn
Trnek, Helmut, Wien
Troianos, Spyros N., Athinä
Trolese, Francesco G. B., OSB, Padova
Trusen, Winfried, Würzburg
Tucci, Ugo, Perugia
Tuck, J. Antony, Cambridge
Twomey, Michael W., Ithaca, NY

Uhl, Anne, Göttingen
Ulbert, Tuilo, Bonn
Ulpts, Ingo, Münster (Westf.)
Ulsig, Erik, Århus
Uther, Hans-Jörg, Göttingen
Utz Tremp, Kathrin, Fribourg

Vaglienti, Francesca M., Milano
Van Buuren, Alphonsus M. J., Amersfoort
Van Dijk, Hans, Utrecht
Van Houtte, Jan A., Leuven
Van der Poel, Dieuwke, Utrecht
Van Uytfanghe, Marc, Gent
Varanini, Gian Maria, Trento
Várvaro, Alberto, Napoli
Vasina, Augusto, Bologna
Vavra, Elisabeth, Krems/Donau
Verger, Jacques, Paris
Verhulst, Adriaan, Gent
Vicaire, Marie-Humbert, OP, †
Vielliard, Françoise, Paris
Vintr, Josef, Wien
Visani, Oriana, Bologna
Vismara, Giulio, Milano
Visser, Jacobus C., Maasland
Vitale Brovarone, Alessandro, Torino
Vitolo, Giovanni, Napoli
Vogel, Volker, Schleswig
Vogler, Werner, St. Gallen
Vogt, Hermann-Josef, Tübingen
Vogüé, Adalbert de, OSB, St-Léger Vauban
Volk, Robert, Scheyern
Vollmann, B. Konrad, München
Volz, Ruprecht, München
Vones, Ludwig, Köln
Vones-Liebenstein, Ursula, Köln
Vuijlsteke, Marc, Brugge

Wacke, Andreas, Köln
Wagner, Fritz, Berlin
Walker, David, Wales
Waterschoot, Werner, Gent
Watkin, Thomas G., Cardiff
Wefers, Sabine, Frankfurt a. M.
Weigand, Rudolf, Würzburg
Weimann, Klaus, Heidelberg
Weimar, Peter, Zürich
Weinfurter, Stefan, München
Weinstock, Horst, Aachen
Weiß, Günter, Bayreuth
Weitzel, Jürgen, Frankfurt a. M.
Weltin, Max, Wien
Wendehorst, Alfred, Erlangen-Nürnberg
Werner, Karl Ferdinand, Paris; Rottach-Egern
Werner, Matthias, Jena
Westermann, Ekkehard, Karlsruhe
Wetzel, Claus-Dieter, Göttingen
Weyhe, Lothar, Hamburg
Wicki, Nikolaus, Luzern
Bei der Wieden, Helge, Bückeburg
Wieland, Gernot, Vancouver
Wiget, Josef, Schwyz
v. Wilckens, Leonie, München
Willoweit, Dietmar, Würzburg
Wirth, Gerhard, Bonn
Wolf, Norbert R., München
Wolfram, Herwig, Wien
Wolter, Heinz, Köln
Wormald, C. Patrick, Oxford
Worstbrock, Franz J., München
Wriedt, Klaus, Osnabrück

Zach, Krista, München
Zachariadou, Elizabeth A., Athinä
Zachrisson, Inger, Stockholm
Zapp, Hartmut, Freiburg i. Br.
Zedelmaier, Helmut, München
Žemlička, Josef, Praha
Zettler, Alfons, Freiburg i. Br.
Zieleman, G. C., Capelle aan den Ijssel
Zimmer, Petra, Basel
Zimmermann, Albert, Köln
Zink, Michel, Versailles
Zotz, Thomas, Freiburg i. Br.
Zurstraßen, Annette, Köln
Zutshi, Patrick, Cambridge

ÜBERSETZER DES SIEBENTEN BANDES

Englisch: Mattejiet, Roswitha, München
Französisch: Mattejiet, Ulrich, München
Englisch (anglistische Beiträge): Thein, Maria-Luise, Würzburg
Italienisch: Avella, Antonio, München
Niederländisch: Gerritsen, Gisela, Utrecht
Polnisch: Lübke, Christian, Berlin
Portugiesisch, Spanisch: Vones-Liebenstein, Ursula, Köln
Russisch: Brunckhorst, Almut, Hamburg
Serbisch und Kroatisch: Prinzing, Günter, Mainz; Steindorff, Ludwig, Münster
Skandinavische Sprachen: Ehrhardt, Harald, Oberursel

ABBILDUNG

	Spalte
Sankt Galler Klosterplan	1157–1158

ERSCHEINUNGSDATEN DER LIEFERUNGEN ZUM SIEBENTEN BAND DES LEXIKONS DES MITTELALTERS

1. Lieferung: März 1994
2. Lieferung: Mai 1994
3. Lieferung: Juli 1994
4. Lieferung: September 1994
5. Lieferung: November 1994
6. Lieferung: März 1995
7. Lieferung: Mai 1995
8. Lieferung: Juni 1995
9. Lieferung: Oktober 1995
10. Lieferung: November 1995